D1726770

Münchener Kommentar zur Strafprozessordnung

Herausgegeben von

Dr. Christoph Knauer
Rechtsanwalt in München

Prof. Dr. Hans Kudlich
Universität Erlangen-Nürnberg

Prof. Dr. Hartmut Schneider
Bundesanwalt beim Bundesgerichtshof

Die einzelnen Bände des Münchener Kommentars zur StPO

Band 1
§§ 1–150

Band 2
§§ 151–332

Band 3
§§ 333–495
GVG · EGGVG · MRK
EGStPO · EGStGB · ZSHG
StrEG · JGG · AO · G10

Münchener Kommentar zur Strafprozessordnung

Band 1
§§ 1–150 StPO

Herausgegeben von

Professor Dr. Hans Kudlich
Universität Erlangen-Nürnberg

1. Auflage 2014

C.H.BECK

Zitiervorschlag:
MüKoStPO/*Bearbeiter* § … Rn. …

www.beck.de

ISBN 978 3 406 64681 2

Wilhelmstraße 9, 80801 München

Druck: Kösel GmbH & Co. KG
Am Buchweg 1, 87452 Altusried-Krugzell

Satz: Meta Systems Publishing & Printservices GmbH, Wustermark

Gedruckt auf säurefreiem, alterungsbeständigem Papier
(hergestellt aus chlorfrei gebleichtem Zellstoff)

Die Bearbeiter des ersten Bandes

Folker Bittmann
Leitender Oberstaatsanwalt der Staatsanwaltschaft Dessau-Roßlau

Klaus Michael Böhm
Richter am Oberlandesgericht Karlsruhe

Stefan Conen
Rechtsanwalt in Berlin

Dr. Klaus Ellbogen
Wissenschaftlicher Mitarbeiter an der Universität Potsdam

Dr. Sönke Florian Gerhold
Privatdozent an der Universität Kiel

Ralf Günther
Vorsitzender Richter am Landgericht Göttingen

Dr. Jörn Hauschild
Oberstaatsanwalt beim Bundesgerichtshof

Dr. Simone Kämpfer
Rechtsanwältin in Düsseldorf

Dr. Hans Kudlich
Professor an der Universität Erlangen-Nürnberg

Stefan Maier
Vorsitzender Richter am Landgericht Ravensburg

Marcus Percic
Richter am Landgericht Ravensburg

Dr. Jan C. Schuhr
Akad. Rat a. Z. an der Universität Erlangen-Nürnberg sowie Rechtsanwalt

Dr. Sven Thomas
Rechtsanwalt in Düsseldorf

Dr. Thomas Trück
Oberstaatsanwalt bei der Staatsanwaltschaft Tübingen

Bearbeiter

Dr. Michael Tsambikakis
Rechtsanwalt in Köln

Dr. Brian Valerius
Professor an der Universität Bayreuth

Eric Werner
Richter am Landgericht Karlsruhe

Im Einzelnen haben bearbeitet:

Einleitung	Dr. Hans Kudlich
§§ 1–21	Dr. Klaus Ellbogen
Vor § 22, §§ 22–31	Stefan Conen/Dr. Michael Tsambikakis
§§ 33–47	Dr. Brian Valerius
Vor § 48	Stefan Maier/Marcus Percic
§§ 48–54	Marcus Percic
§§ 55–71	Stefan Maier
§§ 72–93	Dr. Thomas Trück
§§ 94–98	Dr. Jörn Hauschild
§§ 98a–101	Ralf Günther
§§ 102–110	Dr. Jörn Hauschild
§§ 110a–111	Ralf Günther
§ 111a	Dr. Jörn Hauschild
Vor §§ 111b ff., §§ 111b–111p	Folker Bittmann
§ 112	Klaus Michael Böhm/Eric Werner
§§ 112a–113	Klaus Michael Böhm
§§ 114–115a	Klaus Michael Böhm/Eric Werner
§§ 116–116b	Klaus Michael Böhm
§§ 117–119a	Klaus Michael Böhm/Eric Werner
§§ 120–122a	Klaus Michael Böhm
§§ 123–130	Klaus Michael Böhm/Eric Werner
§§ 131–132a	Dr. Sönke Florian Gerhold
Vor §§ 133 ff., §§ 133–136a	Dr. Jan C. Schuhr
§§ 137–150	Dr. Sven Thomas/Dr. Simone Kämpfer

Vorwort

Mit den drei Bänden zum Strafprozessrecht wird nunmehr eine in der seit langem erfolgreichen Reihe der Münchener Kommentare bestehende Lücke geschlossen. Gerade in einem Rechtsgebiet, in dem – wohl noch stärker als in anderen Gebieten – dem Prozessrecht in der Praxis eine mindestens gleich bedeutsame Rolle zukommt wie dem materiellen Recht, erschien es dem Verlag sinnvoll, das in der Praxis erfolgreiche und anerkannte Format eines Münchener Kommentars auch auf das Strafprozessrecht auszudehnen und den Bänden zum materiellen Strafrecht an die Seite zu stellen. Dabei soll die Kommentierung auch hier die „goldene Mitte" zwischen einbändigen Kommentierungen (in denen aus Umfangsgründen Lösungsvorschläge mitunter nur präsentiert, nicht aber entwickelt werden können) und vielbändigen Werken (in denen für den Praktiker mitunter die rasche Orientierung schwierig sein kann) bilden.

Im Mittelpunkt der Kommentierung stehen die Vorschriften der Strafprozessordnung, die in den letzten Jahren durch wichtige Reformgesetze geändert worden ist und auch weiterhin von Reformvorschlägen begleitet wird. In diesem Kontext soll hier die Chance ergriffen werden, altes Fallmaterial und ausgetragene oder nicht mehr praxisrelevante Streitstände außen vor zu lassen und stattdessen die modernen strafprozessualen Entwicklungen darzustellen und kritisch zu begleiten.

Der Münchener Kommentar zum Strafprozessrecht wendet sich vorrangig an Richter, Staats- und Amtsanwälte, Strafverteidiger und alle weiteren strafrechtlichen Praktiker. Entsprechend dieser Ausrichtung steht das Bestreben im Vordergrund, auf der Basis der höchstrichterlichen Rechtsprechung und zuverlässigen Wiedergabe der wesentlichen Literatur stets klare und praxisnahe Lösungsvorschläge und Entscheidungshilfen anzubieten. Dass ein so konzeptioniertes Werk auch für eine Strafprozessrechtswissenschaft wichtig sein kann, die sich als anwendungsbezogene Wissenschaft an der Rechtspraxis orientieren und für diese anschlussfähig sein sollte, liegt auf der Hand.

Der Aufbau der Darstellung folgt grundsätzlich einer allen Bänden einheitlichen Struktur. Die Erläuterung beginnt regelmäßig mit der Erörterung des Zwecks und der Rechtsnatur der Norm. Auf deren Entstehungsgeschichte wird nur dort vertieft eingegangen, wo sie für die Auslegung und das Verständnis der Vorschrift bedeutsam ist. Die einzelnen Voraussetzungen der Vorschriften werden jeweils vom Wortlaut ausgehend erläutert. Gegebenenfalls wird ergänzend auf Aspekte des Internationalen, insbesondere europäischen Rechts eingegangen.

Wegen seiner auf die Praxis bezogenen Ausrichtung auf wissenschaftlichem Fundament haben die Herausgeber und der Verlag großen Wert darauf gelegt, im Strafverfahrensrecht ausgewiesene Wissenschaftler und berufserfahrene Praktiker als Autoren zu gewinnen, die in ihren Beiträgen theoretische Ideen und praktische Notwendigkeiten harmonisch miteinander verknüpfen. Die Übertragung wichtiger Passagen der Kommentierung nicht nur in diesem Band an Rechtsanwälte sowie die Aufnahme eines Strafverteidigers in den Herausgeberkreis machen deutlich, dass vorliegend – abweichend von einer stark ausgeprägten Wissenschafts- oder aber Justiz-Zentrierung in manchen Parallelwerken – gerade auch der Perspektive der auf hohem rechtlichen Niveau professionalisierten Strafverteidigung ein besonderer Stellenwert eingeräumt werden soll.

Bei der Erstauflage eines mehrbändigen Werkes mit vielen Autoren kommt es traditionell zu gewissen Verzögerungen, die einen punktgenau identischen Bearbeitungsstand in allen Teilen verhindern; so war es auch hier. Diesem ersten Band des Kommentars liegt deshalb grundsätzlich ein Bearbeitungsstand Ende 2013/Anfang 2014 zu Grunde, wobei allerdings noch an vielen Stellen neuere Rechtsprechung und Literatur berücksichtigt werden konnte. Der Gesetzesstand des Werkes ist Mitte 2014. Dem hier vorgelegten Band 1 werden in kurzen Abständen die Bände 2 und 3 folgen. Die erste Auflage soll im Jahr 2015 abgeschlossen werden.

Im Juli 2014 Herausgeber und Verlag

Inhaltsverzeichnis

Inhaltsverzeichnis

Inhaltsverzeichnis

Inhaltsverzeichnis

Abkürzungsverzeichnis

aA	anderer Ansicht
AA	Auswärtiges Amt
aaO	am angegebenen Ort
Abg.	Abgeordnete(r)
abgedr.	abgedruckt
AbgG	Gesetz über die Rechtsverhältnisse der Mitglieder des Deutschen Bundestages
abl.	ablehnend
ABl. EG (Nr.)	Amtsblatt der Europäischen Gemeinschaft
Abs.	Absatz
Abschn.	Abschnitt
abw.	abweichend
AcP	Archiv für die civilistische Praxis (zitiert nach Band und Seite)
aE	am Ende
AE-Wiedergutmachung	Alternativ-Entwurf Wiedergutmachung, 1992
AEUV	Vereinbarung über die Arbeitsweise der Europäischen Union (ABl. 2008 Nr. C 115)
aF	alte Fassung
AfP	Archiv für Presserecht (zitiert nach Jahr und Seite)
AG	Amtsgericht/Aktiengesellschaft
AGB	Allgemeine Geschäftsbedingungen
AGGVG	Ausführungsgesetz zum Gerichtsverfassungsgesetz
AJIL	American Journal of International Law
AktG	Aktiengesetz
AkWiss.	Akademie der Wissenschaften und der Literatur (zitiert nach Jahr und Seite)
allg.	allgemein
allgA	allgemeine Ansicht
allgM	allgemeine Meinung
Alt.	Alternative
aM	anderer Meinung
Amtl. Begr.	Amtliche Begründung
ÄndG	Änderungsgesetz
ÄndVO	Änderungsverordnung
Angekl.	Angeklagter
Anh.	Anhang
Anl.	Anlage
Anm.	Anmerkung
AnO	Anordnung
AnwBl.	Anwaltsblatt (zitiert nach Jahr und Seite)
AO	Abgabenordnung (AO 1977)
AÖR	Archiv für öffentliches Recht (zitiert nach Jahr und Seite)
ArbGG	Arbeitsgerichtsgesetz
ArbuR	Arbeit und Recht (zitiert nach Jahr und Seite)
Arch.Krim.	Archiv für Kriminologie (zitiert nach Band und Seite)
ArchPT	Archiv für Post und Telekommunikation (zitiert nach Jahr und Seite)

Art.	Artikel
ASOG	Allgemeines Gesetz zum Schutz der Sicherheit und Ordnung (Berliner Polizeigesetz)
AsylbLG	Asylbewerberleistungsgesetz (AsylbLG)
AsylVfG	Gesetz über das Asylverfahren (Asylverfahrensgesetz – AsylVfG)
AT	Allgemeiner Teil
ATDG	Antiterrordateigesetz
AufenthG	Gesetz über den Aufenthalt, die Erwerbstätigkeit und die Integration von Ausländern im Bundesgebiet
Aufl.	Auflage
ausf.	ausführlich
AuslG	Gesetz über die Einreise und den Aufenthalt von Ausländern im Bundesgebiet (Ausländergesetz – AuslG)
AV	Allgemeine Verfügung
AWG	Außenwirtschaftsgesetz
AWPrax	Außenwirtschaftliche Praxis
AZRG	Gesetz über das Ausländerzentralregister (AZR-Gesetz)
BA	Blutalkohol
BaFin	Bundesanstalt für Finanzdienstleistungsaufsicht
BAG	Bundesarbeitsgericht; Entscheidungen des Bundesarbeitsgerichts
BAK	Blutalkoholkonzentration
BannMG	Bannmeilengesetz
BAnz.	Bundesanzeiger (ab 1983 zitiert nach Jahr und Seite)
BÄO	Bundesärzteordnung
Bay.	Bayern
BayAGGVG	Gesetz zur Ausführung des Gerichtsverfassungsgesetzes und von Verfahrensgesetzen des Bundes
BayBS	Bereinigte Sammlung des Bayerischen Landesrechts
BayGZVJu	Bayerische Verordnung über gerichtliche Zuständigkeiten im Bereich des Staatsministeriums der Justiz
BayJMBl	Bayerisches Justizministerialblatt (zitiert nach Jahr und Seite)
BayObLG	Bayerisches Oberstes Landesgericht
BayObLGSt	Bayerisches Oberstes Landesgericht, Sammlung von Entscheidungen in Strafsachen (alte Folge zitiert nach Band und Seite, neue Folge nach Jahr und Seite)
BayPAG	Bayerisches Polizeiaufgabengesetz
BayVBl.	Bayerische Verwaltungsblätter
BayVerf	Verfassung des Freistaates Bayern
BayVerfGH	Bayerischer Verfassungsgerichtshof
BayVSG	Bayerisches Verfassungsschutzgesetz
BB	Betriebs-Berater (zitiert nach Jahr und Seite)
BBergG	Bundesberggesetz (BBergG)
BBesG	Bundesbesoldungsgesetz
Bd.	Band
BDG	Bundesdisziplinargesetz vom 9.7.2001
BDH	Bundesdisziplinarhof
BDO	Bundesdisziplinarordnung (BDO)
BDSG	Bundesdatenschutzgesetz (BDSG)
BeamtStG	Gesetz zur Regelung des Statusrechts der Beamtinnen und Beamten in den Ländern (Beamtenstatusgesetz)
BeckOK	Beck'scher Online-Kommentar zur StPO, zitiert nach Bearbeiter, Randnummer und Paragraph

BeckTKG-Komm .... Beck'scher TKG-Kommentar (3. Aufl, 2006; zitiert nach Bearbeiter, Randnummer und Paragraph)
Begr. .... Begründung
Beil. .... Beilage
Bek. .... Bekanntmachung
Ber. .... Bericht (früher Schriftlicher Bericht) des federführenden Ausschusses des Deutschen Bundestages
BerlVerfGH .... Berliner Verfassungsgerichtshof
Beschl. .... Beschluss
Bespr. .... Besprechung
bestr. .... bestritten
betr. .... betreffend
BetrVG .... Betriebsverfassungsgesetz
BeurkG .... Beurkundungsgesetz
BewHi .... Bewährungshilfe, Fachzeitschrift für Bewährungs-, Gerichts- und Straffälligenhilfe (zitiert nach Jahr und Seite)
BezG .... Bezirksgericht
BFH .... Bundesfinanzhof
BFHE .... Sammlung der Entscheidungen des Bundesfinanzhofes (zitiert nach Jahr und Seite)
BfV .... Bundesamt für Verfassungsschutz
BGB .... Bürgerliches Gesetzbuch
BGBl. I, II, III .... Bundesgesetzblatt Teil I, Teil II; die Verweisung auf Teil III entspricht dem jährlich veröffentlichten Fundstellennachweis A (FNA) des BGBl.
BGH .... Bundesgerichtshof; Entscheidungen des Bundesgerichtshofs in Strafsachen (zitiert nach Band und Seite)
BGH GrS .... Großer Senat beim Bundesgerichtshof in Strafsachen
BGHR .... BGH-Rechtsprechung – Strafsachen, herausgegeben von den Richtern des Bundesgerichtshofes (seit 1987), (zitiert nach Paragraph, abgekürztem Stichwort und laufender Nummer)
BGHSt .... Entscheidungen des Bundesgerichtshofs in Strafsachen (zitiert nach Band und Seite)
BGHZ .... Entscheidungen des Bundesgerichtshofs in Zivilsachen (zitiert nach Band und Seite)
BGSG .... Gesetz über den Bundesgrenzschutz (Bundesgrenzschutzgesetz – BGSG)
BHO .... Bundeshaushaltsordnung
BJagdG .... Bundesjagdgesetz
BKA .... Bundeskriminalamt
BKAG .... Gesetz über das Bundeskriminalamt und die Zusammenarbeit des Bundes und der Länder in kriminalpolizeilichen Angelegenheiten (Bundeskriminalamtgesetz – BKAG)
BKartA .... Bundeskartellamt
BKatV .... Verordnung über Regelsätze für Geldbußen und über die Anordnung eines Fahrverbotes wegen Ordnungswidrigkeiten im Straßenverkehr (Bußgeldkatalog-Verordnung – BKatV)
Bln. .... Berlin
Blutalkohol .... Blutalkohol, Wissenschaftliche Zeitschrift für die medizinische und juristische Praxis (zitiert nach Jahr und Seite)
BMF .... Bundesministerium der Finanzen
BMI .... Bundesministerium des Innern

BMinG	Gesetz über die Rechtsverhältnisse der Mitglieder der Bundesregierung (Bundesministergesetz)
BMJ	Bundesministerium der Justiz
BMVg	Bundesministerium der Verteidigung
BND	Bundesnachrichtendienst
BNDG	Gesetz über den Bundesnachrichtendienst (Bundesnachrichtendienstgesetz – BNDG)
BNotO	Bundesnotarordnung (BNotO)
BORA	Berufsordnung für Rechtsanwälte
BPersVG	Bundespersonalvertretungsgesetz (BPersVG)
BPolG	Bundespolizeigesetz
BPolZV	Verordnung über die Zuständigkeit der Bundespolizeibehörden
BPräs	Bundespräsident
Brandenbg.	Brandenburg
BRAO	Bundesrechtsanwaltsordnung
BRat	Bundesrat, auch Plenarprotokoll (zitiert nach Sitzungsnummer)
BR-Drucks.	Drucksache des Bundesrats (zitiert nach Nummer und Jahr)
BReg.	Bundesregierung
Brem.	Freie Hansestadt Bremen
BRep.	Bundesrepublik Deutschland
BRRG	Rahmengesetz zur Vereinheitlichung des Beamtenrechts (Beamtenrechtsrahmengesetz – BRRG)
BSGE	Amtliche Sammlung der Entscheidungen des Bundessozialgerichts
BSHG	Bundessozialhilfegesetz (BSHG)
BSozG	Bundessozialgericht
Bsp.	Beispiel
bspw.	beispielsweise
BStatG	Gesetz über die Statistik für Bundeszwecke (Bundesstatistikgesetz – BStatG)
BStBl.	Bundessteuerblatt (zitiert nach Jahr und Seite)
BT	Besonderer Teil
BTA	Bild-Ton-Aufzeichnung
BTag	Deutscher Bundestag, auch Plenarprotokoll (zitiert nach Wahlperiode und Seite)
BT-Drucks.	Drucksache des Deutschen Bundestags (zitiert nach Wahlperiode und Nummer)
BT-GeschO	Geschäftsordnung des Deutschen Bundestages
BtMG	Gesetz über den Verkehr mit Betäubungsmitteln (Betäubungsmittelgesetz – BtMG)
BtPrax	Betreuungsrechtliche Praxis (zitiert nach Jahr und Seite)
Buchst.	Buchstabe
BVerfG	Bundesverfassungsgericht
BVerfGE	Entscheidungen des Bundesverfassungsgerichts (zitiert nach Band und Seite)
BVerfGG	Gesetz über das Bundesverfassungsgericht (Bundesverfassungsgerichtsgesetz – BVerfGG)
BVerfSchG	Gesetz über die Zusammenarbeit des Bundes und der Länder über Angelegenheiten des Verfassungsschutzes und über das Bundesamt für Verfassungsschutz (Bundesverfassungsschutzgesetz - BVerfSchG)
BVerwG	Bundesverwaltungsgericht

BVerwGE .... Entscheidungen des Bundesverwaltungsgerichts (zitiert nach Band und Seite)
BW .... Baden-Württemberg
BWAGGVG .... Baden-Württembergisches Gesetz zur Ausführung des Gerichtsverfassungsgesetzes und von Verfahrensgesetzen der ordentlichen Gerichtsbarkeit
BWahlG .... Bundeswahlgesetz
BWO .... Bundeswahlordnung (BWO)
BWStAnz. .... Staatsanzeiger Baden-Württemberg
BwVollzO .... Bundeswehrvollzugsordnung
bzgl. .... bezüglich
BZR .... Bundeszentralregister
BZRG .... Gesetz über das Zentralregister und das Erziehungsregister (Bundeszentralregistergesetz – BZRG)
bzw. .... beziehungsweise

CLF .... Criminal Law Forum
CR .... Computer und Recht (zitiert nach Jahr und Seite)

DAR .... Deutsches Autorecht (zitiert nach Jahr und Seite)
DAV .... Deutscher Anwaltverein
DB .... Der Betrieb (zitiert nach Jahr und Seite)
ders./dies. .... derselbe/dieselbe(n)
desgl. .... desgleichen
DGVZ .... Deutsche Gerichtsvollzieher-Zeitung (zitiert nach Jahr und Seite)
dh. .... das heißt
Die Justiz .... Amtsblatt des Justizministeriums Baden-Württemberg (zitiert nach Jahr und Seite)
Diss. .... Dissertation
diff. .... differenzierend
DJ .... Deutsche Justiz (zitiert nach Jahr und Seite)
DJT .... Deutscher Juristentag
DJZ .... Deutsche Juristenzeitung (zitiert nach Jahr und Seite)
DNotZ .... Deutsche Notar-Zeitschrift
DÖD .... Der öffentliche Dienst (zitiert nach Jahr und Seite)
DÖV .... Deutsche Öffentliche Verwaltung (zitiert nach Jahr und Seite)
DR .... Deutsches Recht (Wochenausgabe)
DRiB .... Deutscher Richterbund
DRiG .... Deutsches Richtergesetz
DRiZ .... Deutsche Richterzeitung (zitiert nach Jahr und Nummer)
Drucks. .... Drucksache
DRW .... Deutsches Recht, vereinigt mit Juristischer Wochenschrift (zitiert nach Jahr und Seite)
DRZ .... Deutsche Rechtszeitschrift (zitiert nach Jahr und Seite)
DStR .... Deutsches Steuerrecht (zitiert nach Band und Seite)
DStrZ .... Deutsche Strafrechtszeitung
DStZ .... Deutsche Steuerzeitung (zitiert nach Jahr und Seite)
DtZ .... Deutsch-Deutsche Rechtszeitschrift (zitiert nach Jahr und Seite)
DuD .... Datenschutz und Datensicherheit (zitiert nach Jahr und Seite)
DVBl. .... Deutsches Verwaltungsblatt
DVJJ-Journal .... Zeitschrift für Jugendkriminalrecht und Jugendhilfe (zitiert nach Jahr und Seite)
DVO .... Durchführungsverordnung

E	Entwurf
EBAO	Einforderungs- und Beitreibungsanordnung
ebd.	ebenda
EBO	Eisenbahn-Bau- und Betriebsordnung
EG	Einführungsgesetz
EG	Europäische Gemeinschaften
EGGVG	Einführungsgesetz zum Gerichtsverfassungsgesetz
EGH	Entscheidungen der Ehrengerichtshöfe der Rechtsanwaltschaft des Bundesgebietes und des Landes Berlin
EGMR	Europäischer Gerichtshof für Menschenrechte
EGOWiG	Einführungsgesetz zum Gesetz über Ordnungswidrigkeiten
EGStGB	Einführungsgesetz zum Strafgesetzbuch
EGStPO	Einführungsgesetz zur Strafprozeßordnung
EGV	Vertrag zur Gründung der Europäischen Gemeinschaft vom 25.3.1957 idF des Vertrags über die Europäische Union vom 7.2.1992
EGWStG	Einführungsgesetz zum Wehrstrafgesetz
EheG	Ehegesetz (Gesetz Nr. 16 des Kontrollrates)
Einf.	Einführung
Einl.	Einleitung
einschr.	einschränkend
EJIL	European Journal of International Law
EKMR	Europäische Kommission für Menschenrechte
EMRK	Konvention v. 4.11.1950 zum Schutze der Menschenrechte und Grundfreiheiten
entspr.	entspricht/entsprechend
erg.	ergänzend
Erg.	Ergebnis
Erl.	Erlass
EStG	Einkommensteuergesetz
ETS	European Treaty Series
EU	Europäische Union
EuAbgG	Europaabgeordnetengesetz
EuAlÜbk.	Europäisches Auslieferungsübereinkommen
EU-BestG	Gesetz zu dem Protokoll vom 27. September 1996 zum Übereinkommen über den Schutz der finanziellen Interessen der Europäischen Gemeinschaften (EU-Bestechungsgesetz – EUBestG)
EuGH	Europäischer Gerichtshof (Gerichtshof der Europäischen Gemeinschaften)
EuGRZ	Europäische Grundrechte Zeitschrift (zitiert nach Jahr und Seite)
EuR	Europarecht (zitiert nach Jahr und Seite)
EuRAG	Gesetz zur Umsetzung von Richtlinien der Europäischen Gemeinschaft auf dem Gebiet des Berufsrechts der Rechtsanwälte
EuRhÜbk.	Europäisches Übereinkommen über die Rechtshilfe in Strafsachen
EuropolG	Gesetz zu dem Übereinkommen vom 26. Juli 1995 auf Grund von Artikel K.3 des Vertrags über die Europäische Union über die Errichtung eines Europäischen Polizeiamts (Europol-Gesetz)
EuTerrÜbk.	Europäisches Übereinkommen v. 27.1.1977 zur Bekämpfung des Terrorismus
EUV	Vertrag vom 7.2.1992 über die Europäische Union

EuWG	Gesetz über die Wahl der Abgeordneten der Europäischen Parlaments aus der Bundesrepublik Deutschland (Europawahlgesetz – EuWG)
EuZW	Europäische Zeitung für Wirtschaftsrecht (zitiert nach Jahr und Seite)
EV	Einigungsvertrag (Vertrag zwischen der Bundesrepublik Deutschland und der Deutschen Demokratischen Republik über die Herstellung der Einheit Deutschlands)
EWG	Europäische Wirtschaftsgemeinschaft
EWR	Europäischer Wirtschaftsraum
EzSt.	Entscheidungssammlung zum Straf- und Ordnungswidrigkeitenrecht (zitiert nach Paragraph und laufender Nummer)
f./ff.	folgende/fortfolgende
FA	Finanzamt
FAG	Gesetz über Fernmeldeanlagen
Fallbespr.	Fallbesprechung
FamFG	Gesetz über das Verfahren in Familiensachen und in den Angelegenheiten der freiwilligen Gerichtsbarkeit (FamFG)
FamRZ	Ehe und Familie im privaten und öffentlichen Recht (zitiert nach Jahr und Seite)
FD-StrfR	fachdienst strafrecht (beck-online, zitiert nach Jahr und lfd. Nr.)
FeV	Verordnung über die Zulassung von Personen zum Straßenverkehr (Fahrerlaubnis-Verordnung – FeV)
FEVG	Gesetz über das gerichtliche Verfahren bei Freiheitsentziehungen
FG	Festgabe, Finanzgericht
FGG	Gesetz über die Angelegenheiten der freiwilligen Gerichtsbarkeit
FGG-RG	FGG-Reformgesetz
FGO	Finanzgerichtsordnung (FGO)
FGPrax	Praxis der freiwilligen Gerichtsbarkeit
FinB	Finanzbehörde
Fn	Fußnote
FNA	Fundstellennachweis A des Bundesgesetzblattes (früher BGBl. III)
FrhEntzG	Gesetz über das gerichtliche Verfahren bei Freiheitsentziehungen
FS	Festschrift
G	Gesetz
G 10	Gesetz zur Beschränkung des Brief-, Post- und Fernmeldegeheimnisses (Artikel 10-Gesetz – G 10)
GA	Goltdammer's Archiv für Strafrecht (bis 1952 zitiert nach Band und Seite, ab 1953 zitiert nach Jahr und Seite)
GABl	Gemeinsames Amtsblatt
GBA	Generalbundesanwalt beim Bundesgerichtshof
GBG	Gesetz über die Beförderung gefährlicher Güter (Gefahrgutbeförderungsgesetz)
GBl.	Gesetzblatt
GedS	Gedächtnisschrift
gem.	gemäß
GerS	Der Gerichtssaal (zitiert nach Band und Seite)
GeschlKrG	Gesetz zur Bekämpfung der Geschlechtskrankheiten
GeschO BGH	Geschäftsordnung des Bundesgerichtshofes
GeschO BRat	Geschäftsordnung des Bundesrates
GeschO BReg	Geschäftsordnung der Bundesregierung
GeschO BTag	Geschäftsordnung des Deutschen Bundestages

GeschO BVerfG ...... Geschäftsordnung des Bundesverfassungsgerichts
GesE .... Gesetzentwurf
GewO .... Gewerbeordnung
GewSchG .... Gewaltschutzgesetz
GG .... Grundgesetz für die Bundesrepublik Deutschland
GgA .... Gegenansicht
ggf. .... gegebenenfalls
GjS .... Gesetz über die Verbreitung jugendgefährdender Schriften und Medieninhalte
GKG .... Gerichtskostengesetz
GmbH .... Gesellschaft mit beschränkter Haftung
GmbHG .... Gesetz betreffend die Gesellschaften mit beschränkter Haftung
GMBl. .... Gemeinsames Ministerialblatt
GnO .... Anordnung über das Verfahren in Gnadensachen (Gnadenordnung – GnO)
grds. .... grundsätzlich
GrS .... Großer Senat
GrStrK .... Große Strafkammer
GRUR .... Gewerblicher Rechtsschutz und Urheberrecht (zitiert nach Jahr und Seite)
GS .... Gesetzessammlung
GStA .... Generalstaatsanwalt
GSSt .... Großer Senat für Strafsachen
GüKG .... Güterkraftverkehrsgesetz (GüKG)
GÜV .... Gesetz zur Überwachung strafrechtlicher und anderer Verbringungsverbote
GVBl. .... Gesetz- und Verordnungsblatt
GVG .... Gerichtsverfassungsgesetz (GVG)
GWB .... Gesetz gegen Wettbewerbsbeschränkungen
GwG .... Gesetz über das Aufspüren von Gewinnen aus schweren Straftaten (Geldwäschegesetz (GwG)

hA .... herrschende Ansicht
Hbg. .... Hamburg
Hdb. .... Handbuch
Hdbwb .... Handwörterbuch
Hess. .... Hessen
HESt .... Höchstrichterliche Entscheidungen in Strafsachen (zitiert nach Band und Seite)
HGB .... Handelsgesetzbuch
HinterlO .... Hinterlegungsordnung
HIV .... Human Immunodeficiency Virus
hL .... herrschende Lehre
hM .... herrschende Meinung
HmbAGGVG .... Hamburgisches Gesetz zur Ausführung des Gerichtsverfassungsgesetzes vom 31.5.1965 (GVBl 99)
HRR .... Höchstrichterliche Rechtsprechung (zitiert nach Jahr und Nummer)
HRRS .... Onlinezeitschrift für Höchstrichterliche Rechtsprechung zum Strafrecht. Internetzeitung für Strafrecht – www.hrr-strafrecht.de – 2000 ff
Hrsg. .... Herausgeber
HS .... Halbsatz

HSOG	Hessisches Gesetz über die öffentliche Sicherheit und Ordnung
HV	Hauptverhandlung
ICC	International Criminal Court
ICJ	International Court of Justice
ICJ Reports	Amtliche Sammlung der Entscheidungen des Internationalen Gerichtshofs
ICLR	International Criminal Law Review
ICTR	International Criminal Tribunal for Rwanda
ICTY	International Criminal Tribunal for the Former Yugoslavia
idF	in der Fassung (Bekanntmachung der Neufassung auf Grund einer Ermächtigung)
idR	in der Regel/im Rahmen der
ieS	im engeren Sinne
IfSG	Gesetz zur Verhütung und Bekämpfung von Infektionskrankheiten beim Menschen (Infektionsschutzgesetz (IfSG)
IGH	Internationaler Gerichtshof
ILC	International Law Commission
ILM	International Legal Materials
ILR	International Law Reports (London)
IMG	Internationaler Militärgerichtshof
insb./insbes.	insbesondere
insg.	insgesamt
InsO	Insolvenzordnung (InsO)
IntBestG	Gesetz zu dem Übereinkommen vom 17. Dezember 1997 über die Bekämpfung der Bestechung ausländischer Amtsträger im internationalen Geschäftsverkehr (Gesetz zur Bekämpfung internationaler Bestechung – IntBestG)
IPRax	Praxis des Internationalen Privat- und Verfahrensrechts (zitiert nach Jahr und Seite)
iRd.	im Rahmen des/der
IRG	Gesetz über die internationale Rechtshilfe in Strafsachen (IRG)
iS	im Sinne
IStGH	Internationaler Strafgerichtshof
IStGHG	Gesetz über die Zusammenarbeit mit dem Internationalen Strafgerichtshof (IStGH-Gesetz – IStGHG)
IuR	Informatik und Recht (zitiert nach Jahr und Seite)
iVm.	in Verbindung mit
iwS	im weiteren Sinne
JA	Juristische Arbeitsblätter (zitiert nach Jahr und Seite)
JAVollzO	Verordnung über den Vollzug des Jugendarrestes (Jugendarrestvollzugsordnung – JAVollzO)
JBeitrO	Justizbeitreibungsordnung
JBlRP	Justizblatt Rheinland-Pfalz
JBl.	Juristische Blätter (zitiert nach Jahr und Seite)
JGG	Jugendgerichtsgesetz (JGG)
JK	Jura-Kartei
JKomG	Justizkommunikationsgesetz
JMBl.	Justizministerialblatt
JMBlNW	Justizministerialblatt für das Land Nordrhein-Westfalen
JP	Juristische Person
JR	Juristische Rundschau (zitiert nach Jahr und Seite)
JStGH	Internationaler Strafgerichtshof für das ehemalige Jugoslawien

JugG	Jugendgericht
JugK	Jugendkammer
JugSchG	Jugendschöffengericht
JuMiG	Justizmitteilungsgesetz und Gesetz zur Änderung kostenrechtlicher Vorschriften und anderer Gesetze vom 18.6.1997
JuMoG	Justizmodernisierungsgesetz (1. JuMoG vom 24.8.2004, 2. JuMoG vom 22.12.2006)
Jura	Juristische Ausbildung (zitiert nach Jahr und Seite)
JurA	Juristische Analysen (zitiert nach Jahr und Seite)
JurBüro	Das Juristische Büro (zitiert nach Jahr und Spalte)
JuS	Juristische Schulung (zitiert nach Jahr und Seite)
Justiz	Die Justiz – Amtsblatt des Justizministeriums Baden-Württemberg (zitiert nach Jahr und Seite)
JV	Justizverwaltung
JVA	Justizvollzugsanstalt
JVBl.	Justizverwaltungsblatt (zitiert nach Jahr und Seite)
JVEG	Justizvergütungs- und -entschädigungsgesetz
JVerwA	Justizverwaltungsakt
JVerwB	Justizverwaltungsbehörde
JW	Juristische Wochenschrift (zitiert nach Jahr und Seite)
JZ	Juristenzeitung (zitiert nach Jahr und Seite)
JZ-GD	Juristenzeitung, Gesetzgebungsdienst (zitiert nach Jahr und Seite)
Kap.	Kapitel
Kfz	Kraftfahrzeug
KG	Kammergericht bzw. Kommanditgesellschaft
KonsularG	Gesetz über die Konsularbeamten, ihre Aufgaben und Befugnisse (Konsulargesetz)
KostO	Gesetz über die Kosten in Angelegenheiten der freiwilligen Gerichtsbarkeit (Kostenordnung)
KostRÄndG 1994	Gesetz zur Änderung von Kostengesetzen und anderen Gesetzen (Kostenrechtsänderungsgesetz 1994)
KostRMoG	Kostenrechtsmodernisierungsgesetz
KostVfg	Durchführungsbestimmungen zu den Kostengesetzen vom 1. 3.1976 idF vom 1.6.1987 (bundeseinheitlich)
KrG	Kreisgericht
Kriminalist	Der Kriminalist (zitiert nach Jahr und Seite)
Kriminalistik	Kriminalistik (zitiert nach Jahr und Seite)
KrimJ	Kriminologisches Journal
KrimZ	Kriminologische Zentralstelle e. V. Wiesbaden
krit.	kritisch
KritJ	Kritische Justiz
KritV	Kritische Vierteljahreszeitschrift für die Gesetzgebung und Rechtswissenschaft (zitiert nach Jahr und Seite)
KUG	Gesetz betr das Urheberrecht an Werken der bildenden Künste und der Fotografie
KUP	Kriminologie und Praxis (herausgegeben von der Kriminologischen Zentralstelle Wiesbaden e. V.)
KVGKG	Kostenverzeichnis zum GKG (Anlage 1 zum GKG)
KWG	Gesetz über das Kreditwesen
KWKG	Ausführungsgesetz zu Artikel 26 Abs. 2 des Grundgesetzes (Gesetz über die Kontrolle von Kriegswaffen)
LG	Landgericht
li. Sp.	linke Spalte

Lit.	Literatur
LKA	Landeskriminalamt
LM	Entscheidungen des Bundesgerichtshofs im Nachschlagewerk des Bundesgerichtshofs von Lindenmaier/Möhring (zitiert nach Nr. und Paragraph)
Losebl.	Loseblattsammlung
LPartG	Gesetz über die Eingetragene Lebenspartnerschaft (Lebenspartnerschaftsgesetz)
LPresseG	Landespressegesetz
LRiG	Landesrichtergesetz
LS	Leitsatz
LVerwG	Landesverwaltungsgericht
LVO	Landesverordnung
LZ	Leipziger Zeitschrift (zitiert nach Jahr und Seite)
MABl.	Ministerialamtsblatt
mAnm.	mit Anmerkung
Mat.	Materialien zur Strafrechtsreform, 15 Bände, 1954–1962
MBl.	Ministerialblatt
MDR	Monatsschrift für deutsches Recht (zitiert nach Jahr und Seite)
MeckVorp.	Mecklenburg-Vorpommern
MedR	Medizinrecht (zitiert nach Jahr und Seite)
MiStra	Anordnung über Mitteilungen in Strafsachen. AV BMJ
MMR	MultiMedia und Recht, Zeitschrift für Information, Telekommunikation und Medienrecht (zitiert nach Jahr und Seite)
MOG	Gesetz zur Durchführung der gemeinsamen Marktorganisationen (MOG)
MRVfÜbk.	Europäisches Übereinkommen v. 6.5.1969 über die am Verfahren vor der Europäischen Kommission und dem Europäischen Gerichtshof für Menschenrechte teilnehmenden Personen
MschrKrim	Monatsschrift für Kriminalpsychologie und Strafrechtsreform (bis 1936; dann für Kriminalbiologie u. Strafrechtsreform), (zitiert nach Jahr und Seite)
mwN	mit weiteren Nachweisen
mWv.	mit Wirkung vom
Nachw.	Nachweis
Nds.	Niedersachsen
NdsAGGVG	Ausführungsgesetz zum Gerichtsverfassungsgesetz
NdsRpflege	Niedersächsische Rechtspflege (zitiert nach Jahr und Seite)
nF	neue Fassung
NJ	Neue Justiz (zitiert nach Jahr und Seite)
NJOZ	Neue Juristische Online-Zeitschrift (zitiert nach Jahr und Seite)
NJW	Neue Juristische Wochenschrift (zitiert nach Jahr und Seite)
NJW-CoR	Computerreport der Neuen Juristischen Wochenzeitschrift (zitiert nach Heft und Jahr)
NJW-RR	NJW-Rechtsprechungs-Report Zivilrecht
NPA	Neues Polizeiarchiv
Nr.	Nummer
NRW	Nordrhein-Westfalen
NRW SGV	Sammlung des bereinigten Gesetz- und Verordnungsblattes für das Land Nordrhein-Westfalen
NRW VBl.	Verwaltungsblatt des Landes Nordrhein-Westfalen

NStE	Neue Entscheidungssammlung für Strafrecht (zitiert nach Paragraph und Nummer; ist kein Paragraph angegeben, so handelt es sich um eine Entscheidung zu dem kommentierten Paragraphen)
NStZ	Neue Zeitschrift für Strafrecht (zitiert nach Jahr und Seite)
NStZ-RR	NStZ-Rechtsprechungs-Report Strafrecht (zitiert nach Jahr und Seite)
NTS	NATO-Truppenstatut
NTSG	Gesetz zu dem Abkommen zwischen den Parteien des Nordatlantikvertrags v. 19. Juni 1951 über die Rechtsstellung ihrer Truppen und zu den Zusatzvereinbarungen v. 3. Aug. 1959 zu diesem Abkommen (Gesetz zum NATO-Truppenstatut und zu den Zusatzvereinbarungen)
NTS-ZA	Zusatzabkommen zu dem Abkommen zwischen den Parteien des Nordatlantikvertrages (vom 19. Juni 1951) über die Rechtsstellung ihrer Truppen hinsichtlich der in der Bundesrepublik Deutschland stationierten Truppen
NZV	Neue Zeitschrift für Verkehrsrecht (zitiert nach Jahr und Seite)
NZWiSt	Neue Zeitschrift für Wirtschafts-, Steuer- und Unternehmensstrafrecht
ObLG	Oberstes Landesgericht
öffentl.	öffentlich(e)(en)(er)
ÖJZ	Österreichische Juristenzeitung (zitiert nach Jahr und Seite)
OEG	Gesetz über die Entschädigung für Opfer von Gewalttaten (Opferentschädigungsgesetz – OEG)
o. g.	oben genannt
OGH	Oberster Gerichtshof für die britische Zone in Köln
OGHSt	Oberster Gerichtshof für die britische Zone in Köln, auch Rechtsprechung des OGH in Strafsachen (zitiert nach Band und Seite)
OLG	Oberlandesgericht
OLG-NL	OLG-Rechtsprechung – Neue Länder (zitiert nach Jahr und Seite)
OLGR	OLG-Report, Schnelldienst zur Zivilrechtsprechung der Oberlandeslandesgerichte (zitiert mit dem Ort des jeweiligen Oberlandesgerichts)
OLGSt	Entscheidungen der Oberlandesgerichte zum Straf- und Strafverfahrensrecht (zitiert nach Paragraph und Seite; Neuaufl. [Entscheidungen seit 1982] innerhalb der Paragraphen nur mit laufender Nr. zitiert)
OpferRRG	Opferrechtsreformgesetz
OpferSchG	Erstes Gesetz zur Verbesserung der Stellung des Verletzten im Strafverfahren (Opferschutzgesetz)
OrgK	Organisierte Kriminalität
OrgKG	Gesetz zur Verbesserung der Bekämpfung der Organisierten Kriminalität
OrgStA	Anordnung über Organisation und Dienstbetrieb der Staatsanwaltschaften (bundeseinheitlich)
OStA	Oberstaatsanwalt
OVG	Oberverwaltungsgericht
OWiG	Gesetz über Ordnungswidrigkeiten
PAG	Polizeiaufgabengesetz
ParlStG	Gesetz über die Rechtsverhältnisse der Parlamentarischen Staatssekretäre

ParteienG	Gesetz über Parteien und andere politische Vereinigungen (Parteiengesetz)
pass.	passim; im angegebenen Werk da und dort verstreut
PassG	Passgesetz
PatentanwaltsO	Patentanwaltsordnung
PatentG	Patentgesetz
PAuswG	Gesetz über Personalausweise
PflVG	Gesetz über die Pflichtversicherung für Kraftfahrzeughalter (Pflichtversicherungsgesetz)
PKS	Polizeiliche Kriminalstatistik des BKA
POGNW	Polizeiorganisationsgesetz (des Landes Nordrhein-Westfalen)
PolG	Polizeigesetz
PolGBW	Polizeigesetz (des Landes Baden-Württemberg)
PolGNW	Polizeigesetz (des Landes Nordrhein-Westfalen)
POGRP	Polizei- und Ordnungsbehördengesetz (des Landes Rheinland-Pfalz)
Polizei	Die Polizei (zitiert nach Jahr und Seite)
PolVO	Polizeiverordnung
PostG	Postgesetz
Präs	Präsident
PräsLG	Präsident des Landgerichts
PräsOLG	Präsident des Oberlandesgerichts
PStG	Personenstandsgesetz
PVG	Polizeiverwaltungsgesetz
r. Sp.	rechte Spalte
RA	Rechtsausschuss bzw. Rechtsanwalt
RA-BTag	Rechtsausschuss des Deutschen Bundestages
RAK	Rechtsanwaltskammer
RBerG	Rechtsberatungsgesetz
RdErl.	Runderlass
RDG	Gesetz über außergerichtliche Rechtsdienstleistungen (Rechtsdienstleistungsgesetz)
RdSchr.	Rundschreiben
RefE	Referentenentwurf
RegBl.	Regierungsblatt
RegE	Regierungsentwurf (des jeweiligen Änderungsgesetzes)
RG	Reichsgericht
RGBl. I, II	Reichsgesetzblatt Teil I, Teil II
RGSt	Entscheidungen des Reichsgerichts in Strafsachen (zitiert nach Band und Seite); auch Reichsgericht
RhPf.	Rheinland-Pfalz
RiStBV	Richtlinien für das Strafverfahren und das Bußgeldverfahren in der ab 1.2.1997 (bundeseinheitlich) geltenden Fassung
RiVASt	Richtlinien für den Verkehr mit dem Ausland in strafrechtlichen Angelegenheiten
RiWG	Richterwahlgesetz
RMBl.	Reichsministerialblatt
Rn	Randnummer/Randnummern
ROW	Recht in Ost und West (zitiert nach Jahr und Seite)
RpflAnpG	Rechtspflege-Anpassungsgesetz vom 26.6.1992, aufgehoben durch Gesetz vom 19.4.2006
RPflBegrV	Verordnung über die Begrenzung der Geschäfte des Rechtspflegers bei der Vollstreckung in Straf- und Bußgeldsachen

RPfleger	Der Deutsche Rechtspfleger (zitiert nach Jahr und Seite)
RpflEntlG	Gesetz zur Entlastung der Rechtspflege
RPflG	Rechtspflegergesetz
Rspr.	Rechtsprechung
RStGH	Internationaler Strafgerichtshof für Ruanda
RuP	Recht und Psychiatrie (zitiert nach Jahr und Seite)
RVG	Rechtsanwaltsvergütungsgesetz
RVO	Reichsversicherungsordnung
s.	siehe
S.	Seite/Satz
s. o.	siehe oben
s. u.	siehe unten
Saarl.	Saarland
Sachs.	Sachsen
SchG	Schöffengericht
SchlH	Schleswig-Holstein
SchlHA	Schleswig-Holsteinische Anzeigen (zitiert nach Jahr und Seite)
SchwarzArbG	Gesetz zur Bekämpfung der Schwarzarbeit und illegalen Beschäftigung
SchweizJZ	Schweizerische Juristenzeitung (zitiert nach Jahr und Seite)
SchweizStGB	Schweizerisches Strafgesetzbuch
SchweizZSt.	Schweizerische Zeitschrift für Strafrecht (zitiert nach Jahr und Seite)
SchwurG	Schwurgericht
SDÜ	Übereinkommen zur Durchführung des Übereinkommens von Schengen vom 14. Juni 1985 zwischen den Regierungen der Staaten der Benelux-Wirtschaftsunion, der Bundesrepublik Deutschland und der Französischen Republik betreffend den schrittweisen Abbau der Kontrollen an den gemeinsamen Grenzen (Schengener Durchführungsübereinkommen) vom 19. Juni 1990
Sen.	Senat
SGB I–XI	Sozialgesetzbuch I–XI
SGG	Sozialgerichtsgesetz (SGG)
SH	Schleswig-Holstein
SigG	Signaturgesetz
SJZ	Süddeutsche Juristenzeitung
Slg.	Sammlung
sog.	sogenannt
SoldG	Gesetz über die Rechtsstellung der Soldaten
Sonderausschuss	Sonderausschuss des Bundestages für die Strafrechtsreform
StA	Staatsanwalt bzw. Staatsanwaltschaft
StAG	Staatsangehörigkeitsgesetz (StAG)
StARegG	Gesetz zur Regelung von Fragen der Staatsangehörigkeit
StBerG	Steuerberatungsgesetz (StBerG)
Stbg	Die Steuerberatung (zitiert nach Jahr und Seite)
StGB	Strafgesetzbuch (StGB)
StGB-DDR	Strafgesetzbuch der Deutschen Demokratischen Republik
StORMG	Gesetz zur Stärkung der Rechte von Opfern sexuellen Missbrauchs
StPO	Strafprozeßordnung (StPO)
str.	streitig

StraFo	Strafverteidiger Forum
StrÄndG	Strafrechtsänderungsgesetz
StrEG	Gesetz über die Entschädigung für Strafverfolgungsmaßnahmen (StrEG)
StrK	Strafkammer
StrRehaG	Gesetz über die Rehabilitierung und Entschädigung von Opfern rechtsstaatswidriger Strafverfolgungsmaßnahmen im Beitrittsgebiet (Strafrechtliches Rehabilitierungsgesetz – StrRehaG)
StRR	StrafRechtsReport (zitiert nach Jahr und Seite)
StrRG	Gesetz zur Reform des Strafrechts
StV	Strafverteidiger (zitiert nach Jahr und Seite)
StVÄG	Strafverfahrensänderungsgesetz
StVÄG 1979	Strafverfahrensänderungsgesetz 1979 vom 5.10.1978
StVÄG 1987	Strafverfahrensänderungsgesetz 1987 vom 27.1.1987
StVG	Straßenverkehrsgesetz (StVG)
StVK	Strafvollstreckungskammer
StVO	Straßenverkehrs-Ordnung (StVO)
StVollstrK	Strafvollstreckungskammer
StVollstrO	Strafvollstreckungsordnung (StVollstrO)
StVollzG	Gesetz über den Vollzug der Freiheitsstrafe und der freiheitsentziehenden Maßregeln der Besserung und Sicherung – Strafvollzugsgesetz (StVollzG)
StVRG	Gesetz zur Reform des Strafverfahrensrechts
StVZO	Straßenverkehrs-Zulassungs-Ordnung (StVZO)
SubvG	Gesetz gegen mißbräuchliche Inanspruchnahme von Subventionen (Subventionsgesetz – SubvG)
SVR	Straßenverkehrsrecht (zitiert nach Jahr und Seite)
TDG	Gesetz über die Nutzung von Telediensten (Teledienstegesetz – TDG)
teilw.	teilweise
TerrorBG	Gesetz zur Bekämpfung des Terrorismus
ThUG	Gesetz zur Therapierung und Unterbringung psychisch gestörter Gewalttäter
Thür.	Thüringen
ThürPAG	Thüringer Polizeiaufgabengesetz
TKG	Telekommunikationsgesetz (TKG)
TKÜ	Telekommunikationsüberwachung
TKÜV	Telekommunikations-Überwachungsverordnung
TMG	Telemediengesetz
TOA	Täter-Opfer-Ausgleich
u. a.	unter anderem/und andere
üA	überwiegende Ansicht
Übers.	Übersicht
ÜberstÜbk.	Übereinkommen über die Überstellung verurteilter Personen
Übk.	Übereinkommen
UHaft	Untersuchungshaft
UKG	Gesetz zur Bekämpfung der Umweltkriminalität
umstr.	umstritten
UN	United Nations
Univ.	Universitas (zitiert nach Jahr und Seite)
unstr.	unstreitig
unveröff.	unveröffentlicht

unzutr. .... unzutreffend(e)(en)(er)
UrhG .... Gesetz über Urheberrecht und verwandte Schutzrechte (Urheberrechtsgesetz)
UrkB .... Urkundenbeamter der Geschäftsstelle
urspr. .... ursprünglich
Urt. .... Urteil
usw. .... und so weiter
UrkB .... Urkundsbeamte, -en, -er
uU .... unter Umständen
UVollzO .... Untersuchungshaftvollzugsordnung
UVollzG .... Untersuchungshaftvollzugsgesetz
UWG .... Gesetz gegen den unlauteren Wettbewerb
UZwG .... Gesetz über den unmittelbaren Zwang bei Ausübung öffentlicher Gewalt durch Vollzugsbeamte des Bundes (UZwG)
UZwGBw .... Gesetz über die Anwendung unmittelbaren Zwanges und die Ausübung besonderer Befugnisse durch Soldaten der Bundeswehr und zivile Wachpersonen

v. .... von/vom
VA .... Vermittlungsausschuss/Verwaltungsakt
VAG .... Versicherungsaufsichtsgesetz
Vbl. .... Verordnungsblatt
VDA .... Vergleichende Darstellung des deutschen und ausländischen Strafrechts, Allgemeiner Teil, 1908
VereinheitlG .... Gesetz zur Wiederherstellung der Rechtseinheit auf dem Gebiete der Gerichtsverfassung, der bürgerlichen Rechtspflege, des Strafverfahrens und des Kostenrechts
VereinsG .... Gesetz zur Regelung des öffentlichen Vereinsrechts (Vereinsgesetz)
Verf. .... Verfassung, Verfasser
VerfGH .... Verfassungsgerichtshof
VerjG .... Verjährungsgesetz
VerkMitt .... Verkehrsrechtliche Mitteilungen (zitiert nach Jahr und Seite)
vern. .... verneinend
VersammlG .... Gesetz über Versammlungen und Aufzüge (Versammlungsgesetz)
VersR .... Versicherungsrecht Juristische Rundschau für die Individualversicherung (zitiert nach Jahr und Seite)
VerwRspr .... Verwaltungsrechtsprechung in Deutschland. Sammlung obergerichtlicher Entscheidungen aus dem Verfassungs- und Verwaltungsrecht (zitiert nach Band und Nummer)
VG .... Verwaltungsgericht
VGH .... Verwaltungsgerichtshof
vgl. .... vergleiche
VGO .... Vollzugsgeschäftsordnung
VGrS .... Vereinigte Große Senate
VMBl. .... Ministerialblatt des Bundesministers der Verteidigung (zitiert nach Jahr und Seite)
VN .... Vereinte Nationen
VO .... Verordnung
VollstrB .... Vollstreckungsbehörde
VOR .... Zeitschrift für Verkehrs- und Ordnungswidrigkeitenrecht (zitiert nach Jahr und Seite)
Voraufl. .... Vorauflage

Vorbem.	Vorbemerkung
VRS	Verkehrsrechtssammlung (zitiert nach Band und Seite)
VStGB	Völkerstrafgesetzbuch (VStGB)
VStSen.	Vereinigte Strafsenate
VV	Verwaltungsvorschrift
VVRVG	Vergütungsverzeichnis zum RVG
VwGO	Verwaltungsgerichtsordnung – VwGO
VwKostG	Verwaltungskostengesetz (VwKostG)
VwV	Allgemeine Verwaltungsvorschriften
VwVfG	Verwaltungsverfahrensgesetz (VwVfG)
VwVG	Verwaltungs-Vollstreckungsgesetz (VwVG)
VwZG	Verwaltungszustellungsgesetz
WaffG	Waffengesetz (WaffG)
WaffV	Verordnung zum Waffengesetz
WaffVwV	Allgemeine Verwaltungsvorschrift zum Waffengesetz (WaffVwV)
WDO	Wehrdisziplinarordnung
WiB	Wirtschaftliche Beratung. Zeitschrift für Wirtschaftsanwälte und Unternehmensjuristen (zitiert nach Jahr und Seite)
WiPrO	Wirtschaftsprüferordnung
wistra	Zeitschrift für Wirtschafts- und Steuerstrafrecht (zitiert nach Jahr und Seite)
wN	weitere Nachweise
WPflG	Wehrpflichtgesetz (WPflG)
WpHG	Gesetz über den Wertpapierhandel (Wertpapierhandelsgesetz – WpHG)
WStG	Wehrstrafgesetz (WStG)
WÜD	Wiener Übereinkommen über diplomatische Beziehungen
WÜK	Wiener Übereinkommen über konsularische Beziehungen
WÜV	Wiener Übereinkommen über das Recht der Verträge
WVRK	Wiener Vertragsrechtskonvention
ZAP	Zeitschrift für Anwaltspraxis
zB	zum Beispiel
ZfdG	Zollfahndungsgesetz
ZfS	Zeitschrift für Schadensrecht (zitiert nach Jahr und Seite)
ZfStrVo.	Zeitschrift für Strafvollzug und Straffälligenhilfe (zitiert nach Jahr und Seite)
ZfW	Zeitschrift für Wasserrecht (zitiert nach Jahr und Seite)
ZfWBankR	Zeitschrift für Wirtschaft und Bankrecht (zitiert nach Jahr und Seite)
ZfZ	Zeitschrift für Zölle und Verbrauchssteuern (zitiert nach Jahr und Seite)
ZGR	Zeitschrift für Unternehmens- und Gesellschaftsrecht (zitiert nach Jahr und Seite)
ZInsO	Zeitschrift für das gesamte Insolvenzrecht (zitiert nach Jahr und Seite)
ZIP	Zeitschrift für Wirtschaftsrecht und Insolvenzpraxis (zitiert nach Jahr und Seite)
ZIS	Zeitschrift für Internationale Strafrechtsdogmatik (zitiert nach Jahr und Seite)
ZLR	Zeitschrift für Luftrecht und Weltraumfragen (zitiert nach Jahr und Seite)

ZLuftSiÜbk. .... Übereinkommen v. 23.9.1971 zur Bekämpfung widerrechtlicher Handlungen gegen die Sicherheit der Zivilluftfahrt
ZKA .... Zollkriminalamt
ZmedEthik .... Zeitschrift für medizinische Ethik (zitiert nach Jahr und Seite)
ZMR .... Zeitschrift für Miet- und Raumrecht (zitiert nach Jahr und Seite)
ZollV .... Zollverordnung (ZollV)
ZollVG .... Zollverwaltungsgesetz (ZollVG)
ZPO .... Zivilprozessordnung
ZRP .... Zeitschrift für Rechtspolitik (zitiert nach Jahr und Seite)
ZS .... Zivilsenat
ZSchG .... Zeugenschutzgesetz
ZSEG .... Gesetz über die Entscheidung von Zeugen und Sachverständigen
ZSHG .... Zeugenschutz- und Harmonisierungsgesetz
ZStV .... Zentrales staatsanwaltschaftliches Verfahrensregister
ZStW .... Zeitschrift für die gesamte Strafrechtswissenschaft (zitiert nach Jahr, Band und Seite)
ZSW .... Zeitschrift für das gesamte Sachverständigenwesen (zitiert nach Jahr und Seite)
zT .... zum Teil
ZugabeVO .... Verordnung des Reichspräsidenten zum Schutze der Wirtschaft Erster Teil: Zugabewesen (Zugabeverordnung)
ZUM .... Zeitschrift für Urheber- und Medienrecht (zitiert nach Jahr und Seite)
ZUR .... Zeitschrift für Umweltrecht (zitiert nach Jahr und Seite)
zust. .... zustimmend
zutr. .... zutreffend
ZVG .... Gesetz über die Zwangsversteigerung und die Zwangsverwaltung (ZVG)
ZVR .... Zeitschrift für Verkehrsrecht (zitiert nach Jahr und Seite)
zw. .... zweifelhaft, zweifelnd

Literaturverzeichnis

Achenbach/Ransiek/ *Bearbeiter*	*Achenbach/Ransiek,* Handbuch Wirtschaftsstrafrecht, 3. Aufl. 2012
AK/*Bearbeiter*	Kommentar zur Strafprozeßordnung in der Reihe Alternativkommentare (Hrsg. *Wassermann*). Band 1 (Einl – § 93) 1988, Band 2 Teilband 1 (§§ 94–212 b) 1992, Teilband 2 (§§ 213–275) 1993, Band 3 (§§ 276–477) 1996
Alsberg/*Bearbeiter*	*Alsberg,* Der Beweisantrag im Strafprozess, 6. Aufl. 2013
AnwFormulare/ *Bearbeiter*	*Breyer/Endler/Thurn,* AnwaltFormulare Strafrecht, 2. Aufl. 2009
AnwK/Bearbeiter	*Krekeler/Löffelmann* (Hrsg.), AnwaltKommentar StPO, 2007
Arloth	*Arloth,* Strafvollzugsgesetz, 3. Aufl. 2011
Artkämper	*Artkämper/Herrmann/Jakobs/Kruse,* Aufgabenfelder der Staatsanwaltschaft, 2008
Bär	*Bär,* Handbuch der EDV-Beweissicherung, 2007
Beulke	*Beulke,* Strafprozessrecht, 12. Aufl. 2012
BeckOK-StGB/ *Bearbeiter*	Beck'scher Online-Kommentar zum StGB, von *v. Heintschel-Heinegg (*Hrsg.), ab 2007
BeckOK-StPO/ *Bearbeiter*	Beck'scher Online-Kommentar zur StPO, von *Graf/Volk (*Hrsg.), ab 2008
BGH-FG/*Verfasser*	50 Jahre Bundesgerichtshof, Festgabe aus der Wissenschaft, Bd IV, 2000
BGH-FS/*Verfasser*	Festschrift aus Anlass des fünfzigjährigen Bestehens von Bundesgerichtshof, Bundesanwaltschaft und Rechtsanwaltschaft am Bundesgerichtshof, 2000
BGHR	BGH-Rechtsprechung in Strafsachen
Blaese/Wielop	*Blaese/Wielop,* Die Förmlichkeiten der Revision in Strafsachen, 3. Aufl. 1991
Bohnert OWiG	*Bohnert,* Ordnungswidrigkeitengesetz, 3. Aufl. 2010
Bouska/Laeverenz	*Bouska/Laeverenz,* Fahrerlaubnisrecht, 3. Aufl. 2004
Bringewat	*Bringewat,* Strafvollstreckung: Kommentar zu den §§ 449–463d StPO, 1993
Brodag	*Brodag,* Strafverfahrensrecht, Kurzlehrbuch zum Ermittlungsverfahren der StPO, 12. Aufl. 2008
Brunner/Dölling	*Brunner/Dölling,* Jugendgerichtsgesetz, 12. Aufl. 2011
Buddendiek/Rutkowski	*Buddendiek/Rutkowski,* Lexikon des Nebenstrafrechts (Loseblattausgabe) = Registerband zu *Erbs/Kohlhaas, Strafrechtliche Nebengesetze*
Burhoff EV	*Burhoff,* Handbuch für das strafrechtliche Ermittlungsverfahren, 6. Aufl. 2013
Burhoff HV	*Burhoff,* Handbuch für die strafrechtliche Hauptverhandlung, 7. Aufl. 2013
Calliess/Müller-Dietz	*Calliess/Müller-Dietz,* Strafvollzugsgesetz, 12. Aufl. 2011
Dahs	*Dahs,* Handbuch des Strafverteidigers, 7. Aufl. 2005
Dahs Revision	*Dahs,* Die Revision im Strafprozess, 8. Aufl. 2012
Deckers	*Deckers,* Der strafprozessuale Beweisantrag, 3. Aufl. 2013

Diemer/Schatz/ Sonnen	*Diemer/Schatz/Sonnen*, Jugendgerichtsgesetz, 6. Aufl. 2011
Dölling/Duttge/ Rössner	s. HK-GS/*Bearbeiter*
Eisenberg Beweisrecht	*Eisenberg*, Beweisrecht der StPO, 8. Aufl. 2013
Eisenberg JGG	*Eisenberg*, Jugendgerichtsgesetz mit Erläuterungen, 17. Aufl. 2014
Erbs/Kohlhaas/ *Bearbeiter*	*Erbs/Kohlhaas*, Strafrechtliche Nebengesetze, Loseblattkommentar
Eyermann	*Eyermann*, VwGO, 13. Aufl. 2010
Feuerich/Weyland	*Feuerich/Weyland*, Bundesrechtsanwaltsordnung, 7. Aufl. 2008
Fezer	*Fezer*, Strafprozessrecht, 2. Aufl. 1995
Fischer	*Fischer*, Strafgesetzbuch und Nebengesetze, 61. Aufl. 2014
Franke/Wienroeder	*Franke/Wienroeder*, BtMG, Teil II: Strafprozessrecht, 3. Aufl. 2007
Frowein/Peukert	*Frowein/Peukert*, Europäische Menschenrechtskonvention, 3. Aufl. 2009
Göbel	*Göbel*, Strafprozess, 8. Aufl. 2013
Göhler/*Bearbeiter*	*Göhler*, Gesetz über Ordnungswidrigkeiten, begründet von *Göhler*, fortgeführt von *Gürtler/Seitz*, 16. Aufl. 2012
Graf/*Bearbeiter*	*Graf*, Strafprozessordnung, 2. Aufl. 2013
Grote/Marauhn	*Grote/Marauhn* (Hrsg.), Konkordanzkommentar zum europäischen und deutschen Grundrechtsschutz: EMRK/GG, 2006
Grünwald Beweisrecht	*Grünwald*, Das Beweisrecht der Strafprozessordnung, 1993
Hamm	*Hamm*, Die Revision in Strafsachen, 7. Aufl. 2010
Hartmann	*Hartmann*, Kostengesetze, 43. Aufl. 2013
HBStrVf/*Bearbeiter*	*Heghmanns/Scheffler* (Hrsg.), Handbuch zum Strafverfahren, 2008
HdbStA/*Bearbeiter*	*Vordermayer/v. Heintschel-Heinegg* (Hrsg.), Handbuch für den Staatsanwalt, 4. Aufl. 2013
Heghmanns	*Heghmanns*, Das Arbeitsgebiet des Staatsanwalts, 4. Aufl. 2010
Heghmanns Verteidigung	*Heghmanns*, Verteidigung in Strafvollstreckung und Strafvollzug, 2. Aufl. 2012
Heghmanns Strafverfahren	*Heghmanns*, Strafverfahren, 2014
Hellebrand	*Hellebrand*, Die Staatsanwaltschaft (1999; zitiert nach Randnummer)
Hellmann	*Hellmann*, Strafprozessrecht (2. Aufl, 2005; zitiert nach Randnummer)
Henssler/Prütting/ *Bearbeiter*	*Henssler/Prütting* (Hrsg.), Bundesrechtsanwaltsordnung, 3. Aufl. 2010
Hentschel/*Bearbeiter* ..	*Hentschel*, Straßenverkehrsrecht, von *König/Dauer*, 42. Aufl. 2013
HK-StPO/*Bearbeiter* ..	Heidelberger Kommentar zur Strafprozessordnung, von *Gercke/Julius/Temming/Zöller* (Hrsg.), 5. Aufl. 2012
HK-GS/*Bearbeiter*	*Dölling/Duttge/Rössner* (Hrsg.), Gesamtes Strafrecht, Handkommentar, 3. Aufl. 2013
IntKommEMRK/ *Bearbeiter*	*Pabel/Schmahl* (Hrsg.), Internationaler Kommentar zur Europäischen Menschenrechtskonvention, Loseblatt
Jäger	*Jäger*, Beweisverwertung und Beweisverwertungsverbote im Strafprozess, 2003

Jarass/Pieroth	*Jarass/Pieroth*, Grundgesetz für die Bundesrepublik Deutschland, 12. Aufl. 2012
Jessnitzer/Ulrich	*Jessnitzer/Ulrich*, Der gerichtliche Sachverständige. Ein Handbuch für die Praxis, 12. Aufl. 2007
Joecks	*Joecks*, Studienkommentar StPO, 3. Aufl. 2011
Kindhäuser	*Kindhäuser*, Strafprozessrecht, 3. Aufl. 2013
Kissel/Mayer	*Kissel/Mayer*, Gerichtsverfassungsgesetz, 7. Aufl. 2013
KK/*Bearbeiter*	Karlsruher Kommentar zur Strafprozessordnung, hrsg. von *Hannich*, 7. Aufl. 2013
KK-OWiG/*Bearbeiter*	Karlsruher Kommentar zum Gesetz über Ordnungswidrigkeiten, hrsg. von *Senge*, 3. Aufl. 2006
Kleinknecht-FS	Strafverfahren im Rechtsstaat. Festschrift für Theodor Kleinknecht zum 75. Geburtstag, 1985
KMR/*Bearbeiter*	Kleinknecht/Müller/Reitberger, KMR – Kommentar zur Strafprozessordnung, hrsg. von *von Heintschel-Heinegg/Stöckel*, Loseblattkommentar
Kleine-Cosak	*Kleine-Cosak*, Bundesrechtsanwaltsordnung, 6. Aufl. 2009
Klesczewski	*Klesczewski*, Strafprozessrecht, 2. Aufl. 2013
Krekeler/Löffelmann/ Sommer	*Krekeler/Löffelmann/Sommer*, Anwaltskommentar StPO, 2010
Koch-FG	Strafverteidigung und Strafprozess. Festgabe für Ludwig Koch (1989)
Körner/Patzak/ Volkmer	*Körner/Patzak/Volkmer*, Betäubungsmittelgesetz, Arzneimittelgesetz, 7. Aufl. 2012
Kühne	*Kühne*, Strafprozessrecht, 8. Aufl. 2010
Kunz	*Kunz*, Gesetz über die Entschädigung für Strafverfolgungsmaßnahmen, 4. Aufl. 2010
Lackner/Kühl	*Lackner/Kühl*, Strafgesetzbuch mit Erläuterungen, 27. Aufl. 2010
Leitner/Michalke	*Leitner/Michalke*, Strafprozessuale Zwangsmaßnahmen, 2007
LK-StGB/*Bearbeiter* ...	Strafgesetzbuch – Leipziger Kommentar, hrsg. von *Laufhütte/Rissing-van Saan/Tiedemann*, 12. Aufl. 2007 ff.
Löwe/Rosenberg/ *Bearbeiter*, 25. Aufl. ...	*Löwe/Rosenberg*, Die Strafprozessordnung und das Gerichtsverfassungsgesetz, hrsg. von *Riess*, 25. Aufl. 1997 ff.
Löwe/Rosenberg/ *Bearbeiter*	*Löwe/Rosenberg*, Die Strafprozessordnung und das Gerichtsverfassungsgesetz, hrsg. von *Erb/Esser/Franke*, 26. Aufl. 2006 ff.
LR/*Bearbeiter*	s. *Löwe/Rosenberg*
Marxen/Tiemann	*Marxen/Tiemann*, Die Wiederaufnahme in Strafsachen, 2. Aufl. 2006
Maunz/Dürig	Grundgesetz, Kommentar von Maunz/Dürig u. a., Loseblattausgabe
Meyer-Goßner [Bearbeiter]	*Meyer-Goßner*, Strafprozessordnung, 56. Aufl. 2013, 57. Aufl. 2014
Meyer-Goßner/Appl ...	*Meyer-Goßner/Appl*, Die Urteile in Strafsachen, 28. Aufl. 2008
Meyer-Ladewig	*Meyer-Ladewig*, Europäische Menschenrechtskonvention, 3. Aufl. 2011
von Münch	*von Münch* (Hrsg), Grundgesetz-Kommentar, Band I, 4. Aufl. 1992; Band II, 3. Aufl. 1995; Bd. III, 3. Aufl. 1996

von Münch/Kunig ...... *von Münch/Kunig,* Grundgesetz-Kommentar. Band 1: Präambel, Art. 1–69; Band 2: Art. 70b–146; 6. Aufl. 2012

Münchhalffen/Gatzweiler .... *Münchhalffen/Gatzweiler,* Das Recht der Untersuchungshaft, 3. Aufl. 2009

MünchKommStGB/*Bearbeiter* .... *Münchener Kommentar zum StGB, Bände 1–6, von Joecks/Miebach (Hrsg.) 2003–2008*

MünchKommZPO/*Bearbeiter* .... *Münchener Kommentar zur ZPO, Bände 1–3, von Wax/Wenzel/Rauscher (Hrsg.), 3. Aufl. 2007, 2008*

Ostendorf .... *Ostendorf* (Hrsg.), Jugendgerichtsgesetz, 9. Aufl. 2013

Park .... *Park,* Handbuch Durchsuchung und Beschlagnahme, 2. Aufl. 2009

Peters .... *Peters,* Strafprozess. Ein Lehrbuch, 4. Aufl. 1985

Peters Fehlerquellen .... *Peters,* Fehlerquellen im Strafprozess, Band I 1970; Band II 1972; Band III 1974

Pfeiffer .... *Pfeiffer,* Strafprozessordnung, 5. Aufl. 2005

Pohlmann/Jabel/Wolf . *Pohlmann/Jabel/Wolf,* Strafvollstreckungsordnung, 8. Aufl. 2001

Putzke/Scheinfeld .... *Putzke/Scheinfeld,* Strafprozessrecht, 5. Aufl. 2013

Radtke/Hohmann/*Bearbeiter* .... *Radtke/Hohmann,* Strafprozessordnung, 2010

Rebmann/Roth/Herrmann/*Bearbeiter* . *Rebmann/Roth/Herrmann,* Gesetz über Ordnungswidrigkeiten. Loseblattkommentar

Röttle/Wagner .... *Röttle/Wagner,* Strafvollstreckung, 8. Aufl. 2009

Roxin .... *Roxin,* Strafverfahrensrecht, 25. Aufl. 1998 (27. Aufl. 2012 siehe *Roxin/Schünemann*)

Roxin/Achenbach .... *Roxin/Achenbach,* Strafprozessrecht, 16. Aufl. 2006

Roxin/Schünemann .... *Roxin/Schünemann,* Strafverfahrensrecht. Ein Studienbuch, 27. Aufl. 2012

Rüping .... *Rüping,* Das Strafverfahren (3. Aufl. 1997; zitiert nach Randnummer)

Schäfer/Sander/v. Gemmeren .... *Schäfer/Sander/v. Gemmeren,* Praxis der Strafzumessung, 5. Aufl. 2012

Schaffstein/Beulke ...... *Schaffstein/Beulke,* Jugendstrafrecht, 14. Aufl. 2002

Schlothauer/Weider ..... *Schlothauer/Weider,* Untersuchungshaft, 4. Aufl. 2010

Schmidt .... *Schmidt,* Gewinnabschöpfung im Straf- und Bußgeldverfahren (2006, zitiert nach Randnummer)

Schmidt-Räntsch .... *Schmidt-Räntsch,* Deutsches Richtergesetz (5. Aufl, 1995)

Schönke/Schröder/*Bearbeiter* .... *Schönke/Schröder,* Strafgesetzbuch, 29. Aufl. 2014

Schomburg/Lagodny/Gleß/Hackner/*Bearbeiter* .... *Schomburg/Lagodny/Gleß/Hackner,* Internationale Rechtshilfe in Strafsachen, 5. Aufl. 2012

Schroeder/Verrel .... *Schroeder/Verrel,* Strafprozessrecht, 5. Aufl. 2011

Schulz/Händel/Soiné .. s. *Soiné/Schulz*

Schwind/Böhm/ Jehle/Laubenthal/ *Bearbeiter*	*Schwind/Böhm/Jehle/Laubenthal*, Strafvollzugsgesetz, 6. Aufl. 2013
SK-StPO/*Bearbeiter* ...	Systematischer Kommentar zur Strafprozessordnung. Mit GVG und EMRK, von *Rudolphi/Wolter/Rogall/Paeffgen,* Loseblattkommentar
SK-StGB/*Bearbeiter* ...	Systematischer Kommentar zum Strafgesetzbuch von *Rudolphi/ Horn/Samson*, Loseblattkommentar
Sodan/*Bearbeiter*	*Sodan* (Hrsg.), Grundgesetz, 2. Aufl. 2011
Soiné/Schulz	*Soiné/Schulz,* Strafprozessordnung mit Erläuterungen, Kommentar für Polizeibeamte im Ermittlungsdienst, bearbeitet von Michael Soiné, Loseblattkommentar
SSW/*Bearbeiter*	*Satzger/Schluckebier/Widmaier*, Strafprozessordnung, 1. Aufl. 2014
SSW-StGB/*Bearbeiter*	*Satzger/Schluckebier/Widmaier*, Strafgesetzbuch, 2. Aufl. 2014
Thomas/Putzo/ *Bearbeiter*	*Thomas/Putzo*, Zivilprozessordnung mit Gerichtsverfassungsgesetz und den Einführungsgesetzen, 34. Aufl. 2013
Uhlenbruck/ *Bearbeiter*	*Uhlenbruck*, Insolvenzordnung, 13. Aufl. 2010
Volckart/Pollähne/ Woynar	*Volckart/Pollähne/Woynar,* Verteidigung in der Strafvollstreckung und im Vollzug, 4. Aufl. 2008
Volk	*Volk*, Grundkurs StPO, 8. Aufl. 2013
Wabnitz/Janovsky/ *Bearbeiter*	*Wabnitz/Janovsky,* Handbuch des Wirtschafts- und Steuerstrafrechts, 4. Aufl. 2014
Wasserburg	*Wasserburg*, Die Wiederaufnahme des Strafverfahrens, 1983
Widmaier/*Bearbeiter* MAH Strafverteidigung	Münchener Anwaltshandbuch Strafverteidigung, hrsg. von *Widmaier*, 2006
Zöller/*Bearbeiter*	Zöller, Kommentar zur ZPO, 29. Aufl. 2012 (zitiert nach Bearbeiter, Randnummer und Paragraph)

Strafprozeßordnung (StPO)

In der Fassung der Bekanntmachung vom 7. April 1987 (BGBl. I S. 1074, ber. S. 1319)

FNA 312-2

Zuletzt geändert durch Art. 2 Abs. 9 G zur Modernisierung des Außenwirtschaftsrechts vom 6.6.2013 (BGBl. I S. 1482)

Einleitung

Schrifttum: *Ahlbrecht,* Strukturelle Defizite Europäischer Verteidigung – Gründe und Möglichkeiten ihrer Überwindung, StV 2012, 491; *Altenhain/Hagemeier/Haimerl/Stammen,* Die Praxis der Absprachen in Wirtschaftsstrafverfahren, 2007; *Abdallah,* Die Problematik des Rechtsmißbrauchs im Strafverfahren, 2002; *Altvater,* Kann nach der gesetzlichen Regelung der Verständigung im Strafverfahren noch auf die bisherige Rechtsprechung des Bundesgerichtshofes zur Urteilsabsprache zurückgegriffen werden? FS Rissing-van Saan, 2011, S. 1; *Ambos,* Die transnationale Verwertung von Folterbeweisen, StV 2009, 151; *Ambos/Poschadel,* Transnationales Strafverfolgungsersuchen – Verfolgungshindernis im ersuchenden Staat?, GA 2011, 95; *Ambos/Rackow,* Erste Überlegungen zu den Konsequenzen des Lissabon-Urteils des Bundesverfassungsgerichts für das Europäische Strafrecht, ZIS 2009, 397; *Amelung,* Zur dogmatischen Einordnung strafprozessualer Grundrechtseingriffe, JZ 1987, 737; *ders.,* Informationsbeherrschungsrechte im Strafprozess, 1990; *ders.,* Die Entscheidung des BVerfG zur Gefahr im Verzug iS des Artikel 13 II GG, NStZ 2001, 337; *ders.,* Die Darstellung der Lehre von den Informationsbeherrschungsrechten im strafprozessualen Gutachten für den 67. Deutschen Juristentag in Erfurt, JR 2008, 327; *Appel,* Verfassung und Strafe, 1998; *Appl,* Die strafschärfende Verwertung von nach §§ 154, 154a StPO eingestellten Nebendelikten und ausgeschiedenen Tatteilen bei der Strafzumessung, 1987; *Arndt,* Die Zeit im Recht (Zum Streit um die „Rückwirkung" von Gesetzen), NJW 1961, 14; *Arzt,* Die deutsche Strafrechtswissenschaft zwischen Studentenberg und Publikationsflut, GedS Armin Kaufmann, 1989, 839; *Bachmann,* Probleme des Rechtsschutzes gegen Grundrechtseingriffe im strafrechtlichen Ermittlungsverfahren, 1994; *Basdorf,* Formelle und informelle Präklusion im Strafverfahren, StV 1997, 488; *Bauer,* Die Präklusion von Verfahrensrügen und des Widerspruchs im Zusammenhang, NStZ 2012, 191; *Bauer,* Der prozessuale Tatbegriff, NStZ 2003, 174; *Becker/Meinicke,* Die sog. Quellen-TKÜ und die StPO – Von einer „herrschenden Meinung" und ihrer fragwürdigen Entstehung, StV 2011, 50; *Bernsmann,* Verwertungsverbot bei fehlender und mangelhafter Belehrung, StraFo 1998, 73; Bettermann/Nipperdey/Scheuner (Hrsg.), Die Grundrechte, Band III/2, 2. Aufl., 1972; *Beulke,* Die Strafbarkeit des Verteidigers, 1980; *ders.,* Hypothetische Kausalverläufe im Strafverfahren bei rechtswidrigem Vorgehen von Ermittlungsorganen, ZStW 103 (1991), 657; *ders.,* Der prozessuale Tatbegriff, FG BGH (Wissenschaft), 2000, 781; *ders.,* Die Unmittelbarkeit der Beweisaufnahme in der Hauptverhandlung, §§ 250 ff. StPO, JA 2008, 758; *ders.,* Rechtsmißbrauch im Strafprozeß – Eine Erwiderung auf Pfister, StV 2009, 554; *ders./Ruhmannseder,* Die Strafbarkeit des Verteidigers, 2. Aufl., 2010; *ders./Witzigmann,* Das Akteneinsichtsrecht des Strafverteidigers in Fällen der Untersuchungshaft, NStZ 2011, 254; *Bischoff,* Der Zwischenrechtsbehelf des § 238 II StPO im Spiegel von Rechtsprechung und Literatur: Beanstandungsrecht oder Beanstandungspflicht?, NStZ 2010, 77; *Bittmann,* Risikogeschäft – Untreue – Bankenkrise, NStZ 2011, 361; *Bleckmann,* Verfassungsrang der Europäischen Menschenrechtskonvention?, EuGRZ 1994, 149; *Bloy,* Zur Systematik der Einstellungsgründe im Strafverfahren, GA 1980, 161; *Bock,* Das Opfer vor dem Internationalen Strafgerichtshof, ZStW 119 (2007), 664; *Böckenförde,* Zur verfassungsrechtlichen Beurteilung der Einführung der Unverjährbarkeit des Mordes, ZStW 91 (1979), 888; *Böhm,* Das neue Europäische Haftbefehlsgesetz, NJW 2006, 2592; *Börner,* Die Vermögensbeschlagnahme nach §§ 290 ff. StPO, NStZ 2005, 547; *ders.,* § 243 III, 1 StPO und der Große Senat für Strafsachen, NStZ 2011, 436; *Bosch,* Beweiskraft des Protokolls bei Protokollberichterstattung, JA 2006, 578; *Böse,* Die Entscheidung des Bundesverfassungsgerichts zum Vertrag von Lissabon und ihre Bedeutung für die Europäisierung des Strafrechts, ZIS 2010, 76; *Böse/Meyer,* Die Beschränkung nationaler Strafgewalten als Möglichkeit zur Vermeidung von Jurisdiktionskonflikten in der Europäischen Union, ZIS 2011, 336; *Braum,* Europäisches Strafrecht im Fokus konfligierender Verfassungsmodelle, ZIS 2009, 418; *Brause,* Zum Zeugenbeweis in der Rechtsprechung des BGH, NStZ 2007, 505; *Brodersen,* Das Strafverfahrensänderungsgesetz 1999, NJW 2000, 2536; *Brodowski,* Strafrechtsrelevante Entwicklungen in der Europäischen Union – ein Überblick, ZIS 2010, 749; 2011, 940; *Buermeyer/Bäcker,* Zur Rechtswidrigkeit der Quellen-Telekommunikationsüberwachung auf Grundlage des § 100a StPO, HRRS 2009, 433; *Buhrow,* Neuregelung des Rechts des Urkundsbeamten der Geschäftsstelle, NJW 1981, 907; *Bünger,* Die tatrichterlichen Möglichkeiten der Reaktion auf einen Missbrauch des Beweisantragsrechts, NStZ 2006, 305; *Burchard,* Zu den Folgen einer Verletzung der Belehrungspflicht gegenüber ausländischen Beschuldigten über das Recht auf konsularische Unterstützung, JZ 2007, 891; *Bürger,* Die tatrichterlichen Möglichkeiten der Reaktion auf einen Missbrauch des Beweisantragsrechts, NStZ 2006, 305; *Busch,* Zur Geltung des § 140 I Nr. 4 StPO in Fällen der Überhaft und sog. Verfahrenskumulation, NStZ 2011, 663; *Calvelli-Adorno,*

Die Verlängerung der Verjährungsfrist für die Strafverfolgung von Verbrechen, die mit lebenslangem Zuchthaus bedroht sind, NJW 1965, 273; *Christensen/Kudlich,* Recht und Missbrauch des Rechtsmissbrauchs, in: Feldner/Forgó (Hrsg.), Norm und Entscheidung. Prolegomena zu einer Theorie des Falls, 2000, 189; *dies.,* Theorie richterlichen Begründens, Berlin 2001; *dies.,* Gesetzesbindung: Vom vertikalen zum horizontalen Verständnis, Berlin 2008; *Cierniak,* Verschlechterungsverbot bei einer unbeschränkten Berufung des Angeklagten und einem auf den Rechtsfolgenanspruch beschränkten Rechtsmittel der Staatsanwaltschaft?, NStZ 2001, 399; *Coing,* Grundzüge der Rechtsphilosophie, 5. Aufl., 1993; *Dallmeyer,* Beweisführung im Strengbeweisverfahren, 2002; *Dannecker,* Das materielle Strafrecht im Spannungsfeld des Rechts der Europäischen Union, JURA 2006, 95, 173; *De Wall,* Der Schutz des Seelsorgegeheimnisses (nicht nur) im Strafverfahren, NJW 2007, 1856; *Deal (= Weider),* Der strafprozessuale Vergleich, StV 1982, 545; *Dehne-Niemann,* Kritische Anmerkungen zur neuen Praxis der „Rügeverkrümmung", wistra 2011, 213; *Demko,* Das Recht auf Verfahrensbeschleunigung gemäß Art. 6 Abs. 1 S. 1 EMRK in Strafverfahren und dessen Verhältnis zum Recht auf wirksame Beschwerde gemäß Art. 13 EMRK in der Rechtsprechung des EGMR – Teil 1, HRRS 2005, 283; *Dencker,* Verwertungsverbote im Strafprozeß, 1977; *Duttge,* Möglichkeiten eines Konsensualprozesses nach deutschem Strafprozeßrecht, ZStW 115 (2003), 539; *Echterhölter,* Die Europäische Menschenrechtskonvention im Rahmen der verfassungsmäßigen Ordnung, JZ 1955, 689; *Eidam,* Zur Problematik der Verschleppungsabsicht in Strafverfahren, JZ 2009, 318; *Eisenberg,* Aspekte des Verhältnisses von materieller Wahrheit und Wiederaufnahme des Verfahrens gemäß §§ 359 ff. StPO, JR 2007, 360; *Ellbogen,* Die Fluchttagebücher Frank Schmökel und ihre Verwertbarkeit im Strafprozess, NStZ 2001, 460; *Erb,* Ein Freibrief zur Willkür? GA 2012, 72; *Ernst,* Auf die Haftanstalt einer Internationalen Organisation anwendbares Recht und die negative Ausprägung des Äquivalenzprinzips, NStZ 2011, 430; *Eschelbach/Gieg/Schulz,* Begründungsanforderungen an die Urteilsverfassungsbeschwerde in Strafsachen, NStZ 2000, 565; *Eschenhagen,* Der Mißbrauch des Beweisantragsrechts, 2001; *Eser/Meyer,* Öffentliche Vorverurteilung und faires Strafverfahren, 1986; *Esser,* Sicherungsverwahrung, JA 2011, 727; *ders./Gaede/Tsambikakis,* Übersicht zur Rechtsprechung des EGMR in den Jahren 2008 bis Mitte 2010, NStZ 2011, 78, 140; *Fahl,* Rechtsmißbrauch im Strafprozeß, 2004; *ders.,* Der abgesprochene Rechtsmittelverzicht, ZStW 117 (2005), 605; *ders.,* Aufgabe des Verbots der Rügeverkümmerung durch den BGH von BVerfG bestätigt, JR 2009, 245; *ders./Geraats,* Absprachen im Strafprozess, JA 2009, 791; *Fezer,* Die erweiterte Revision – Legitimierung der Rechtswirklichkeit? 1974; *ders.,* Polizeiliche Vernehmung eines infolge seines geistig-seelischen Zustands die Belehrung zur Aussagefreiheit nicht nachvollziehenden Beschuldigten, JZ 1994, 686; *ders.,* Grundfragen der Beweisverwertungsverbote, 1995; *ders.,* Zu den Auswirkungen einer mangelhaften Darstellung des wesentlichen Ermittlungsergebnisses in einer Anklageschrift, NStZ 1995, 297; *ders.,* Ist die Vornahme einer verbotenen Vernehmungsmethode nur nach Widerspruch gegen ihre Verwertung in der Hauptverhandlung mit der Revision angreifbar?, StV 1997, 57; *ders.,* Zum Fristbeginn bei Abhörmaßnahmen und den Folgen eines Fristverstoßes, JZ 1999, 526; *ders.,* Überwachung der Telekommunikation und Verwertung eines Raumgesprächs, NStZ 2003, 625; *ders.,* Zur Reichweite einer Rügepflichtverletzung im Strafverfahren, JZ 2006, 474; *ders.,* Gesetzeswidrige Fristsetzung für die Stellung von Beweisanträgen, HRRS 2009, 17; *ders.,* Inquisitionsprozess ohne Ende? – Zur Struktur des neuen Verständigungsgesetzes NStZ 2010, 177; *Fischer,* Regelung der Urteilsabsprache – ein Appell zum Innehalten, NStZ 2007, 433; *ders.,* Absprache-Regelung: Problemlösung oder Problem?, StraFo 2009, 177; *ders./Maul,* Tatprovozierendes Verhalten als polizeiliche Ermittlungsmaßnahme, NStZ 1992, 7; *ders./Krehl,* „Vieraugenprinzip", gesetzlicher Richter und rechtliches Gehör, StV 2012, 550; *Forschner,* Rechtshandwerk, Rechtsgemeinschaft und Rechtsidee, AöR 136 (2011), 616; *Foth,* Fortdauer der U-Haft bei Verfahrensverzögerung im Revisionsverfahren, NStZ 2005, 457; *Freyschmidt/Ignor,* Mehr Verteidigung im Ermittlungsverfahren?, NStZ 2004, 465; *Frisch,* Wandel der Revision als Ausdruck geistigen und gesellschaftlichen Wandels, in: Festschrift für Gerhard Fezer, 2008, 353; *ders.,* Konzepte der Strafe und Entwicklungen des Strafrechts in Europa, GA 2009, 385; *Frister,* Beschleunigung der Hauptverhandlung durch Einschränkung von Verteidigungsrechten?, StV 1994, 445; *Fronza/Malarino,* Die Auslegung von multilingualen strafrechtlichen Texten am Beispiel des Status für den Internationalen Strafgerichtshof, ZStW 118 (2006), 927; *Gaede,* Grundkenntnisse des materiellen und formellen Steuerstrafrechts, JA 2008, 88; *ders.,* Zur Frage der Fristsetzung zur Stellung von Beweisanträgen und dem Indiz für Verschleppungsabsicht, NJW 2009, 608; *ders.,* Vorbeugende Rügepräklusionen gegen vermuteten Revisionsmissbrauch, wistra 2010, 210; *Gärditz/Gusy,* Zur Wirkung europäischer Rahmenbeschlüsse im innerstaatlichen Recht, GA 2006, 225; *Geppert,* Gedanken zur Rechtskraft und Beseitigung strafprozessualer Beschlüsse, GA 1972, 165; *ders.,* Der Grundsatz der Unmittelbarkeit im deutschen Strafverfahren, 1979; *Gerckel/Heinisch,* Auswirkungen der Verzögerungsrüge auf das Strafverfahren, NStZ 2012, 300; *Giesler,* Der Ausschluß der Beschwerde gegen richterliche Entscheidungen im Strafverfahren, 1981; *Gillmeister,* Zur normativ-faktischen Bestimmung der strafprozessualen Tat, NStZ 1989, 1; *Gleß,* Europa – Eine Herausforderung für die Strafverteidigung, StV 2010, 400; *dies./Eymann,* Nachträgliches Verwertungsverbot und internationale Beweisrechtshilfe, StV 2008, 318; *Globke,* Die Wirkung eines Europäischen Haftbefehls, GA 2011, 412; *Goldbach,* Der Deal mit dem Recht, 2004; *Goldschmidt,* Der Prozess als Rechtslage, 1962; *Gössel,* Rechtsmittel gegen Nicht-Urteile?, JR 1979, 75; *ders.,* Die Beweisverbote im Strafverfahrensrecht der Bundesrepublik Deutschland, GA 1991, 486; *ders.,* Zur Zulässigkeit von Absprachen im Strafverfahren in der Rechtsprechung, in: Recht gestalten, dem Recht dienen, FS Böttcher, 2007, 79; *Grabenwarter,* Wirkungen eines Urteils des Europäischen Gerichtshofs für Menschenrechte – am Beispiel des Falls M. gegen Deutschland, JZ 2010, 857; *ders.,* Androhung von Folter und faires Strafverfahren – Das (vorläufig) letzte Wort aus Straßburg, NJW 2010, 3128; *Grüner,* Über den Mißbrauch von Mitwirkungsrechten und die Mitwirkungspflichten des Verteidigers im Strafprozeß, 2000; *Grunst,* Prozeßhandlungen im Strafprozeß, 2002; *Grünwald,* Beweisverbote und Verwertungsverbote im Strafverfahren,

JZ 1966, 489; *ders.*, Zur selbstverschuldeten Verhandlungsunfähigkeit, JZ 1976, 767; *Haas,* Vorermittlungen und Anfangsverdacht, Berlin 2003; *Habetha,* Übergehen „unwahrscheinlicher" Beweisanträge ohne Ablehnungsgrund, StV 2011, 239; *Hackner,* Das teileuropäische Doppelverfolgungsverbot insbesondere in der Rechtsprechung des Gerichtshofes der Europäischen Union, NStZ 2011, 425; *ders./Schomburg/Lagodny/Gleß,* Das 2. Europäische Haftbefehlsgesetz, NStZ 2006, 663; *Hamm,* Absprachen im Strafverfahren?, ZRP 1990, 337; *ders.*, Die (Verfahrens-)Rüge in der (Sach-)Rüge, FS Rissing-van Saan, Berlin 2011, 195; *Hanack,* Die Rechtsprechung des Bundesgerichtshofs zum Strafverfahrensrecht, JZ 1972, 236; *Hassemer,* Die „Funktionstüchtigkeit der Strafrechtspflege" – ein neuer Rechtsbegriff?, StV 1982, 275; *ders.*, Sicherheit durch Strafrecht, StV 2006, 321; *Hecker,* Statement: Jurisdiktionskonflikte in der EU, ZIS 2011, 60; *Hefendehl,* Die Entfesselung des Strafverfahrens über Methoden der Nachrichtendienste, GA 2011, 209; *Heger,* Perspektiven des Europäischen Strafrechts nach dem Vertrag von Lissabon, ZIS 2009, 406; *ders.*, James Goldschmidt und der Strafprozess als Rechtslage, JZ 2010, 637; *Heine,* Beweisverbote und Völkerrecht: Die Affäre Liechtenstein in der Praxis, HRRS 2009, 540; *Heinrich,* Rügepflichten in der Hauptverhandlung und Disponibilität strafverfahrensrechtlicher Vorschriften, ZStW 112 (2000), 398; *Hellwig/Zebisch,* Pflichtverteidigung – Die Entpflichtung des Verteidigers wegen eines gestörten Vertrauensverhältnisses – (Rechts-)Probleme und Lösungsansätze, NStZ 2010, 602; *Henkel,* Strafverfahrensrecht, 2. Aufl., 1968; *Herdegen,* Das Beweisantragsrecht – Zum Rechtsmissbrauch – Teil 3, NStZ 2000, 1; *Herzog, R.*, Das Bundesverfassungsgericht und die Anwendung einfachen Gesetzesrechts, FS Dürig, 1990, 431; *Herzog, F.*, Schlanke Justiz, StV 1995, 372; *Hillenkamp,* Verfahrenshindernisse von Verfassungs wegen, NJW 1989, 2841; *Hofmann,* Die Online-Durchsuchung – staatliches Hacken oder zulässige Ermittlungsmaßnahme?, NStZ 2005, 121; *Hollaender,* Der Rechtsmissbrauch im Strafverfahren und die Grenzen der Gesetzesauslegung, JR 2007, 6; *Hombrecher,* Grundzüge und praktische Fragen des Internationalen Strafrechts – Teil 2: Europäisches Strafrecht und Völkerstrafrecht, JA 2010, 731; *Hörster,* Die (soziale) Gerichtshilfe zur Persönlichkeitserforschung, JZ 1982, 92; *Hoven,* Frieden versus Gerechtigkeit? ZIS 2011, 230; *Huber,* Grundwissen – Strafprozessrecht: Beweismittel in der Hauptverhandlung, JuS 2010, 1056; *Ignor,* Geschichte des Strafprozesses in Deutschland 1532–1846, 2002; *ders./Jahn,* Der Staat kann auch anders – Die Schweizer Daten-CDs und das deutsche Strafrecht, JuS 2010, 390; *Jäger,* Zulässigkeit der Beschlagnahme und Verwertung von E-Mails, StV 2002, 243; *ders.*, Beweisverwertung und Beweisverwertungsverbote im Strafprozess, 2003; *ders.*, Grund und Grenzen des Gesetzlichkeitsprinzips im Strafprozessrecht, GA 2006, 615; *ders.*, Beweiserhebungs- und Beweisverwertungsverbote als prozessuale Regelungsinstrumente im strafverfolgenden Rechtsstaat, GA 2008, 473; *Jahn,* „Konfliktverteidigung" und Inquisitionsmaxime, Baden-Baden 1998; *ders.*, Zurück in die Zukunft – Die Diskurstheorie des Rechts als Paradigma des neuen konsensualen Strafverfahrens, GA 2004, 272; *ders.*, Aktuelle Probleme des Strafverfahrens, NJ 2005, 106; *ders.*, Der strafprozessuale Zugriff auf Telekommunikationsverbindungsdaten, JuS 2006, 491; *ders.*, Die Konsensmaxime in der Hauptverhandlung, ZStW 118 (2006), 427; *ders.*, Strafprozessuale Eingriffsmaßnahmen im Lichte der aktuellen Rechtsprechung des BVerfG, NStZ 2007, 255; *ders.*, Beweiserhebung und Beweisverwertungsverbote im Spannungsfeld zwischen Garantien des Rechtsstaates und der effektiven Bekämpfung von Kriminalität und Terrorismus –Gutachten C zum 67. Deutschen Juristentag, 2008; *ders.*, Grundfragen und aktuelle Probleme der Beweisverwertung im Straf- und Steuerstrafverfahren. Zugleich ein Beitrag zur Fortentwicklung der Beweisbefugnislehre nach dem „Fall Liechtenstein", FS Stöckel, 2010, 259; *ders.*, Rechtstheoretische Grundlagen des Gesetzesvorbehaltes im Strafprozessrecht, in: Kudlich/Montiel/Schuhr (Hrsg.), Gesetzlichkeit und Strafrecht 2012, 223; *ders./Dallmeyer,* Zum heutigen Stand der beweisrechtlichen Berücksichtigung hypothetischer Ermittlungsverläufe im deutschen Strafverfahrensrecht, NStZ 2005, 297; *ders./Geck,* Tagebuch revisited – Der Bundesgerichtshof, die Gedankenfreiheit und ein Selbstgespräch im Auto, JZ 2012, 561; *ders./Kudlich,* Die strafprozessuale Zulässigkeit der Online-Durchsuchung, JR 2007, 57; *ders./Löffelmann/Güntge/Krehl,* Die Verfassungsbeschwerde in Strafsachen, 2011; *ders./Müller,* Das Gesetz zur Regelung der Verständigung im Strafverfahren – Legitimation und Reglementierung der Absprachenpraxis, NJW 2009, 2625; *Joerden,* Verbotene Vernehmungsmethoden – Grundfragen des § 136a StPO, JuS 1993, 927; *Jung,* Die Sicherungsverwahrung auf dem Prüfstand der EMRK, GA 2010, 639; *Kadelbach,* Zu den Auswirkungen des MRK Art. 6 Abs. 1 auf das deutsche Prozeßrecht, insbesondere auf das Normenkontrollverfahren, JZ 2000, 1053; *Kaiser,* Zulässigkeit des Ankaufs deliktisch erlangter Steuerdaten, NStZ 2011, 383; Kaufmann/Hassemer/Neumann (Hrsg.), Einführung in Rechtsphilosophie und Rechtstheorie der Gegenwart, 8. Aufl., 2011; *Kempf,* Rechtsmißbrauch im Strafprozeß, StV 1996, 507; *ders.*, Anstiftung einer bis dahin Unverdächtigen durch einen polizeilichen Lockspitzel, StV 1999, 128; *Kinzig,* Bewegung in der Lockspitzelproblematik nach der Entscheidung des EGMR: Muß die Rechtsprechung ihre strikte Strafzumessungslösung verabschieden?, StV 1999, 288; *ders.*, Die Neuordnung des Rechts der Sicherungsverwahrung, NJW 2011, 177; *Klasen/Schäfer,* Whistleblower, Zeuge und „Beschuldigter" – Informationsweitergabe im Spannungsfeld grundrechtlicher Positionen, BB 2012, 641; *Klitsch,* Der neue EU-Rahmenbeschluss zu Abwesenheitsverurteilungen – ein Appell zur Revision, ZIS 2009, 11; *Knauer,* Untersuchungshaft und Beschleunigungsgrundsatz, StraFo 2007, 309; *ders.*, Zur Wahrheitspflicht des (Revisions-)Verteidigers, FS Widmaier, 2008, S. 291; *ders.*, Interne Ermittlungen, ZWH 2012, 41, 81; *ders.*, Anträge auf Beweiserhebung in der neueren Rechtsprechung des Bundesgerichtshofs, StraFo, 2012, 473; *ders./Buhlmann,* Unternehmensinterne (Vor-) Ermittlungen – was bleibt von nemo-tenetur und fair trial, AnwBl. 2010, 387; *ders./Lickleder,* Die obergerichtliche Rechtsprechung zu Verfahrensabsprachen nach der gesetzlichen Regelung – ein kritischer Überblick, NStZ 2012, 366; *ders./Wolf,* Zivilprozessuale und strafrechtliche Änderungen durch das Justizmodernisierungsgesetz – Teil 2: Änderungen der StPO, NJW 2004, 2932; *Kölbel,* Zur Verwertbarkeit privat-deliktisch beschaffter Bankdaten, NStZ 2008, 241; *König,* Fristsetzung für Beweisanträge, StV 2009, 171; *Kraatz,* Das Beweisverbot des § 252 StPO, Jura 2011, 170; *Krack,* Der Normzweck des § 136a StPO,

NStZ 2002, 120; *Krahl,* Mißachtung rechtsstaatlicher Verfahrensgrundsätze durch die schriftliche und selbstlesende Hauptverhandlung, GA 1998, 329; *Krämer,* Die verfassungsrechtliche Stellung des Rechtsanwalts, NJW 1995, 2313; *Kranjčić,* Dolmetschen im Strafverfahren: wider die Wörtlichkeit und für wirkliche Zweckorientierung (oder: Wem dient der Dolmetscher?), NStZ 2011, 657; *Krehl,* Richtervorbehalt und Durchsuchungen außerhalb gewöhnlicher Dienstzeiten, NStZ 2003, 461; *Kreß,* Die strafprozessualen Texte des Internationalen Strafgerichtshofs, GA 2006, 528; *ders.,* Die verfassungsrechtliche Pflicht der deutschen Strafverfolgungsbehörden zur Berücksichtigung des Wiener Konsularabkommens, GA 2007, 296; *Krey,* Studien zum Gesetzesvorbehalt im Strafrecht, 1977; *ders.,* Grundzüge des Strafverfahrensrechts – Einführung, JA 1983, 233; *ders.,* Keine Strafe ohne Gesetz, Einführung in die Dogmengeschichte des Satzes „nullum crimen, nulla poena sine lege", 1983; *Kröpil,* Die prozessuale Tat als Zentralbegriff in der strafrechtlichen Ausbildung und Prüfung, JuS 1986, 211; *ders.,* Zum Begriff des Mißbrauchs in §§ 241 Abs. 1, 138a Abs. 1 Nr. 2 StPO, JR 1997, 315; *Kropp,* Zur Überprüfung von Terminsbestimmungen des Vorsitzenden in Strafsachen, NStZ 2004, 668; *Kubiciel,* Das „Lissabon"-Urteil und seine Folgen für das europäische Strafrecht, GA 2010, 99; *Kudlich,* Strafprozeß und allgemeines Missbrauchsverbot, Berlin 1998; *ders.,* Der Öffentlichkeitsgrundsatz im Strafprozeß, JA 2000, 970; *ders.,* Die strafrahmenorientierte Auslegung im System der strafrechtlichen Rechtsfindung, ZStW 115 (2003), 1; *ders.,* Grundrechtsorientierte Auslegung im Strafrecht, JZ 2003, 127; *ders.,* Die Unterstützung fremder Straftaten durch berufsbedingtes Verhalten, 2004; *ders.,* Herkunftslandprinzip und internationales Strafrecht, HRRS 2004, 278; *ders.,* Missbrauch durch bewusste Berufung auf ein unrichtiges Hauptverhandlungsprotokoll?, HRRS 2007, 9; *ders.,* Erosion des Hauptverhandlungsprotokolls durch den Bundesgerichtshof?, BLJ 2007, 125; *ders.,* Zur Zulässigkeit strafprozessualer Online-Durchsuchungen, HFR 2007, 201; *ders.,* Rechtsmissbrauch bei Verfahrensrüge aufgrund eines als unrichtig erkannten Hauptverhandlungsprotokolls, JA 2007, 154; *ders.,* Unvorsätzliches Entfernen vom Unfallort, JA 2007, 549; *ders.,* Wie absolut sind die absoluten Revisionsgründe?, FS Fezer, 2008, 435; *ders.,* Enge Fesseln für „Landes- und Bundestrojaner" – Anforderungen an die Zulässigkeit einer (sicherheitsrechtlichen) Online-Durchsuchung, JA 2008, 475; *ders.,* Nichtanwendung von § 66b Abs. 3 StGB in Fällen, in denen nach Erledigung der Unterbringung im psychiatrischen Krankenhaus noch eine Freiheitsstrafe zu vollstrecken ist, JR 2008, 257; *ders.,* Erfordert das Beschleunigungsgebot eine Umgestaltung des Strafverfahrens? – Gutachten C zum 68. Deutschen Juristentag, 2010; *ders.,* „Gesetzesumgehung" und andere Fälle teleologischer Lückenschließung im Strafrecht. Zugleich ein Beitrag zur Ermittlung der sog. „Wortlautgrenze", FS Stöckel, Berlin 2010, 93; *ders.,* Fristsetzung für Beweisanträge als legitimes Mittel zur Verfahrensbeschleunigung, FS Karras, 2010; *ders.,* Strafrechtliche Fragen der mittelbaren Patentverletzung, in: Bosch/Bung/Klippel (Hrsg.), Geistiges Eigentum und Strafrecht, 2011, 39; *ders.,* Strafverfolgung im Internet, GA 2011, 193; *ders.,* Zur Bedeutung der absoluten Revisionsgründe im Strafverfahren, StV 2011, 212; *ders.,* Wie weit reicht die Widerspruchslösung?, HRRS 2011, 114; *ders.,* Das Gesetzlichkeitsprinzip im deutschen Strafprozessrecht, in: Kudlich/Montiel/Schuhr (Hrsg.), Gesetzlichkeit und Strafrecht 2012, 233; *ders.,* Straftaten und Strafverfolgung im Internet, StV 2012, 560; *ders.,* Grenzen der Verfassungsgerichtsbarkeit – die Entscheidung des BVerfG zur strafprozessualen Verständigung, NStZ 2013, 379; *ders.,* Die Entscheidung des BVerfG zu den strafprozessualen Absprachen – Konsequenzen für den Gesetzgeber?, ZRP 2013, 162; *ders.,* Nichtigkeit eines Strafurteils nach informeller Verständigung und fehlender Sachaufklärung, NJW 2013, 3216; *ders.,* Die Lehre von der objektiven Zurechnung als Vorbild für die Argumentationslastverteilung bei der Entstehung unselbständiger Beweisverwertungsverbote, FS Wolter, 2013, 995; *ders./Christensen,* Die Methodik des BGH in Strafsachen, Köln 2009; *ders./Christensen,* Wortlaut, Wörterbuch und Wikipedia – wo findet man die Wortlautgrenze?, JR 2011, 146; *ders./Christensen/Sokolowski,* Zauberpilze und Cybernauten – oder: Macht Sprache aus Pilzen Pflanzen?, in: Müller (Hrsg.), Politik, (Neue) Medien und die Sprache des Rechts, 2007, 119; *Kuhlen,* Zum Vertrauensschutz bei belastenden Rechtsprechungsänderungen, HRRS 2012, 114; *Kühne,* Wer mißbraucht den Strafprozess?, StV 1996, 684; *ders.,* Europäische Methodenvielfalt und nationale Umsetzung von Entscheidungen Europäischer Gerichte, GA 2005, 195; *Lagodny,* Strafrecht vor den Schranken der Grundrechte, Tübingen 1996; *Lampe,* Unzulässigkeit der Rügeverkümmerung?, NStZ 2006, 366; *Lamprecht,* Strafrecht und Disziplinarrecht, 1997; *Lange,* Vorermittlungen, 1999; *Laser,* Das Rechtsschutzsystem gegen strafprozessuale Zwangsmaßnahmen, NStZ 2001, 120; *Laubenthal/Nestler,* Strafvollstreckung, 2010; *Lehmann,* Zur Beiordnung des auswärtigen Verteidigers, NStZ 2012, 188; *Lien,* Analytische Untersuchung der Ursachen des andauernden Streits um Absprachen, GA 2006, 129; *Lilie,* Augenscheinseinnahme und Öffentlichkeit der Hauptverhandlung, NStZ 1993, 121; *Lindemann/Reichling,* Sieg der Wahrheit über die Form? Die neue Rechtsprechung des Bundesgerichtshofes zur unwahren Verfahrensrüge, StV 2007, 152; *Löffelmann,* Die normativen Grenzen der Wahrheitserforschung im Strafverfahren, Berlin 2008; *ders.,* Die Lehre von den Verwertungsverboten oder die Freude am Hindernislauf auf Umwegen, JR 2009, 10; *Loos,* Probleme der beschränkten Sperrwirkung strafprozessualer Entscheidungen, JZ 1978, 592; *Looschelders/Roth,* Juristische Methodik im Prozeß der Rechtsanwendung, Berlin 1996; *Lorenzmeier,* Kartellrechtliche Geldbußen als strafrechtliche Anklage im Sinne der europäischen Menschenrechtskonvention, ZIS 2008, 20; *Lüderssen,* Politische Grenzen des Rechts – rechtliche Grenzen der Politik, JZ 1979, 449; *ders.,* Die Krise des öffentlichen Strafanspruchs, 1989; *ders.,* Verständigung im Strafverfahren, Das Modell und seine Implikationen, FS Hamm, 2008, 419; *ders.,* Muss Strafe sein? Das Strafrecht auf dem Weg in die Zivilgesellschaft, FS Hassemer, 2010, 467; *Luhmann,* Legitimation durch Verfahren, 8. Aufl., 1983; *ders.,* Gesellschaftsstruktur und Semantik, 1993; *Maier,* Aussage gegen Aussage und freie Beweiswürdigung, NStZ 2005, 246; *Mandla,* „Wesentliche Förderung" und „Verhandeln zur Sache" – Probleme des § 229 StPO, NStZ 2011, 1; *Mankowski/Bock,* Die internationale Zuständigkeit der deutschen Strafgerichte als eigene Kategorie des Internationalen Strafverfahrensrechts, JZ 2008, 555; *Marxen,* Der prozessuale Tatbegriff in der neueren Rechtsprechung, StV 1985, 472; *Matt,* Nemo tenetur se ipsum accusare – Europäische Perspektiven, GA 2006, 323; *Maul/Eschelbach,* Zur „Widerspruchslösung" von Beweisverbotsproblemen in der Rechtsprechung, StraFo 1996, 66; *Meyer,* Die Lissabon-Entscheidung des BVerfG und das Strafrecht, NStZ 2009, 657; *ders.,* Eine Geologie des Strafrechts, ZStW 123 (2011), 1; *Meyer-Goßner,* Eröffnungsbeschluß nach Eröffnung der Hauptverhandlung?, JR 1981, 214; *ders.,* Sind Verfahrenshindernisse von Amts wegen zu beachten?, NStZ 2003, 281; *ders.,* Der „falsche" Angeklagte, ZIS 2009, 522; *ders.,* Prozessvoraussetzungen und Prozesshindernisse, 2011; *Meyer-Ladewig/Petzold,* 50 Jahre Europäischer Gerichtshof für Menschenrechte, NJW 2009, 3749; *Michael,* Die drei Argumentationsstrukturen des Grundsatzes der Verhältnismäßigkeit – Zur Dogmatik des Über- und Untermaßverbotes und der Gleichheitssätze, JuS 2001, 148; *Mitsch,* Der Europäische Haftbefehl, JA 2006, 448; *ders.,* Grundzüge des Ordnungswidrigkeitenrechts (Teil 2), JA 2008, 409; *Mittermaier,* Die Gesetzgebung und Rechtsübung über Strafverfahren nach ihrer neuesten Fortbildung dargestellt und geprüft, 1856; *Moldenhauer/Wenske,* Die Verständigung in Strafsachen und die Berufungsinstanz, NStZ 2012, 184; *Montiel/Ludeña,* Von Biologie-Studenten als Kellner bis zu Richtern als Biologen, ZIS 2010, 618; *Morgenstern,* Strafvollstreckung im Heimstaat – der geplante EU-Rahmenbeschluss zur transnationalen Vollstreckung von Freiheitsstrafen, ZIS 2008, 76; *Morozinis,* Die Strafbarkeit der „Auschwitzlüge" im Internet, insbesondere im Hinblick auf „Streaming-Videos", GA 2011, 475; *Mosbacher,* Rügeobliegenheiten in der strafrechtlichen Hauptverhandlung, JR 2007, 387; *ders.,* Rügepräklusion mangels Rechtsschutzbedürfnis, Zur Unzulässigkeit von Verfahrensrügen beim Unterlassen von Zwischenrechtsbehelfen, in: Strafverteidigung, Revision und die gesamten Strafrechtswissenschaften, FS Widmaier 2008, 339; *ders.,* Zur aktuellen Debatte um die Rügepräklusion, NStZ 2011, 606; *ders.,* Straßburg locuta – § 329 I StPO finita?, NStZ 2013, 312; *Müller,* Probleme um eine gesetzliche Regelung der Absprachen im Strafverfahren, 2008; *Müller-Dietz,* Sozialstaatsprinzip und Strafverfahren, in: FS Dünnebier 1982, 75; *Nack,* Abhängigkeit des Richters vom Sachverständigen, GA 2009, 201; *Naucke,* Der Nutzen der subjektiven Auslegung im Strafrecht, Festschrift für Karl Engisch, 1969, S. 274; *ders.,* Die Legitimation strafrechtlicher Normen, – durch Verfassungen oder durch überpositive Quellen?, in: Lüderssen (Hrsg.) Aufgeklärte Kriminalpolitik oder Kampf gegen das Böse?, Bd. I, 1998, 156; *ders.,* Eine leblose Vorschrift: Art. 103 II GG, in: Albrecht/Denninger u. a. (Hrsg.), FG Hassemer, 2000, 132; *Neuhaus,* Zum Strafklageverbrauch bei mit einem Dauerdelikt idealkonkurrierenden Taten, NStZ 1993, 202; *ders.,* Die Änderung der StPO durch das Erste Justizmodernisierungsgesetz vom 28.4.2004, StV 2005, 47; *Niebler,* Der Einfluß der Rechtsprechung des Bundesverfassungsgerichts auf das Strafprozeßrecht, in: FS Kleinknecht, 1985, S. 299; *Niemöller, Schuppert,* Die Rechtsprechung des Bundesverfassungsgerichts zum Strafverfahrensrecht, AöR 107 (1982), 387; *Niese,* Doppelfunktionelle Prozeßhandlungen, 1950; *Nobis,* Die Strafprozeßgesetzgebung der späten Weimarer Republik (1930–1932), 2010; *Nüse,* Zu den Beweisverboten im Strafprozeß, JR 1966, 281; *Oehler,* Neuere Verschiebungen beim prozessualen Tatbegriff, in: GedS Schröder, 1978, S. 439; *Otto,* Grenzen und Tragweite der Beweisverbote im Strafverfahren, GA 1970 289; *ders.,* Prozessualer Tatbegriff bei der Umsatzsteuerhinterziehung, NStZ 2005, 515; *Paeffgen,* Vernachrichtendienstlichung des Strafprozesses GA 2003, 647; *ders.,* Prozessualer Tatbegriff und das Kriterium der Untersuchungsrichtung, in: GedS Heinze, 2005, S. 615; *Papier,* Die finanzrechtlichen Gesetzesvorbehalte und das grundgesetzliche Demokratieprinzip, 1973; *Paulduro,* Die Verfassungsgemäßheit von Strafrechtsnormen, insbesondere der Normen des Strafgesetzbuches im Lichte der Rechtsprechung des Bundesverfassungsgerichts, 1992; *Paulus,* Dogmatik der Verteidigung, NStZ 1992, 305; *ders.,* Prozessuale Wahrheit und Revision, in: FS Spendel 1992, 687; *Pawlik,* Der Polizeibeamte als Garant zur Verhinderung von Straftaten, ZStW 111 (1999), 335; *ders.,* Zur strafprozessualen Verwertbarkeit rechtswidrig erlangter ausländischer Bankdaten, JZ 2010, 693; *Pawlowski,* Aufgabe des Zivilprozesses, ZZP 80 (1967), 345; *Peglau,* Akteneinsichtsrecht des Verteidigers in Untersuchungshaftfällen, JR 2012, 231; *Peters,* § 154 StPO im Hinblick auf ausländische Strafverfahren und Verurteilungen, NStZ 2012, 76; *Petry,* Beweisverbote im Strafprozeß, 1971; *Peukert,* Die überlange Verfahrensdauer (Art. 6 Abs. 1 EMRK) in der Rechtsprechung der Straßburger Instanzen, EuGRZ 1979, 261; *Pfeiffer,* Zum Spannungsverhältnis richterlicher Unabhängigkeit – Dienstaufsicht – Justizgewährungspflicht, in: FS Karl Bengl, 1984, S. 85; *ders.,* Die innere Unabhängigkeit des Richters, in: FS Zeidler, Bd. 1, 1987, 67; *Pfister,* Rechtsmißbrauch im Strafprozeß, StV 2009, 550; *Pieroth/Silberkuhl,* Die Verfassungsbeschwerde, 2008; *Puppe,* Verführung als Sonderopfer, NStZ 1986, 404; *Radtke,* Bestandskraft staatsanwaltlicher Einstellungsverfügungen und die Identität des wiederaufgenommenen Verfahrens, NStZ 1999, 481; *ders.,* Die Anfechtbarkeit richterlicher Beschlüsse im Strafverfahren, JR 2003, 127; *ders.,* Der Europäische Staatsanwalt. Ein Modell für Strafverfolgung in Europa mit Zukunft?, GA 2004, 1; *ders./Busch,* Transnationaler Strafklageverbrauch in der Europäischen Union, NStZ 2003, 281; *Ranft,* Der Tatbegriff des Strafprozessrechts, JuS 2003, 417; *ders.,* Das beschleunigte Verfahren (§§ 417–420 StPO) in der Rechtsmittelinstanz, NStZ 2004, 424; *Rath,* Internationales Strafrecht (§§ 3 ff. StGB), JA 2006, 435; 2007, 26; *Reichert,* Revision und Verfassungsbeschwerde in Strafsachen, 2007; *Renzikowski,* Fair trial und anonymer Zeuge, JZ 1999, 605; *Ress,* Verfassungsrechtliche Auswirkungen der Fortentwicklung völkerrechtlicher Verträge, in: FS Zeidler Bd. 2, 1987, S. 1775; *Rieß,* Prolegomena zu einer Gesamtreform des Strafverfahrensrechts, in: FS Karl Schäfer, 1980, S. 155; *ders.,* Die Zukunft des Legalitätsprinzips, NStZ 1981, 2; *ders.,* Prozeßmaximen und Ermittlungsverfahren in: FS Rebmann, 1989, S. 381; *ders.,* Der Bundesgerichtshof und die Prozeßvoraussetzungen, in: 50 Jahre FG BGH (Wissenschaft IV), 2000, S. 809; *ders.,* Über die Aufgaben des Strafverfahrens, JR 2006, 269; *Rogall,* Hypothetische Ermittlungsverläufe im Strafprozeß, NStZ 1988, 385; *ders.,* Beweiserhebungs- und Beweisverwertungsverbote im Spannungsfeld zwischen den Garantien des Rechtsstaates und der effektiven Bekämpfung von Kriminalität und Terrorismus, JZ 2008, 818; *ders.,* Gegenwärtiger Stand und Entwicklungstendenzen der Lehre von den strafprozessualen Beweisverboten, ZStW 91 (1979), 1; *Roggan/Bergemann,* Die „neue Sicherheitsarchitektur" der Bundesrepublik Deutschland- Anti-Terror-Datei, gemeinsame Projektdateien und Terrorismusbekämpfungsgesetz, NJW 2007, 876; *Rose,* Beweisanträge auf Vernehmung von Auslandszeugen: Entwicklung und Tendenzen der neueren Rechtsprechung, NStZ 2012, 18; *Rotsch,* Der Handlungsort iSd. § 9 Abs. 1 StGB, ZIS 2010, 168; *Roxin,* Zum Beweisverwertungsverbot bei bewusster Missachtung des Richtervorbehalts nach § 105 I 1 StPO, NStZ 2007, 616; *Rudolph,* Die politische Abhängigkeit der Staatsanwaltschaft, NJW 1998, 1205; *Rüping,* Der Schutz der Menschenrechte im Strafverfahren – Wesentliche Erfordernisse eines gerechten Strafverfahrens, ZStW 91 (1979), 351; *ders.,* Der Mißbrauchsgedanke im Strafprozeßrecht und sein Mißbrauch, JZ 1997, 865; *ders./Dornseifer,* Dysfunktionales Verhalten im Prozeß, JZ 1977, 417; *ders./Jerouscheck,* Grundriss der Strafrechtsgeschichte, 6. Aufl., 2011; *Rüthers,* Methodenfragen als Verfassungsfragen?, Rechtstheorie 40 (2009) 253; *Safferling,* Die zwangsweise Verabreichung von Brechmittel: Die StPO auf dem menschenrechtlichen Prüfstand, Jura 2008, 100; *Sahan,* Keine Steuererklärungspflicht bei Gefahr strafrechtlicher Selbstbelastung, Köln 2006; *Satzger,* Chancen und Risiken einer Reform des strafrechtlichen Ermittlungsverfahrens – Gutachten C für den 65. Deutschen Juristentag, 2004; *ders./Hanft,* Erheben einer bewusst unwahren Protokollrüge im Rahmen der Revision als Rechtsmissbrauch?, NStZ 2007, 185; *Sauer,* Konsensuale Verfahrensweisen im Wirtschafts- und Steuerstrafrecht, 2008; *Schlothauer,* Zur Bedeutung der Beweisverwertungsverbote im Ermittlungs- und Zwischenverfahren, in: FS Lüderssen, 2002, S. 761; *ders.,* Wiederaufleben des Rechts zum Widerspruch gegen Beweisverwertung nach Urteilsaufhebung, StV 2006, 397; *Schlüchter,* Beschleunigung des Strafprozesses und insbesondere der Hauptverhandlung ohne Rechtsstaatsverlust, GA 1994, 397; *Schmid,* Nebenklage und Adhäsionsantrag in der Berufung, NStZ 2011, 611; *Schmidt,* Das Beschleunigungsgebot in Haftsachen, NStZ 2006, 313; *Schmidthäuser,* Zur Frage nach dem Ziel des Strafprozesses, in: FS Eb. Schmidt, 1961, S. 511; *Schmidt-Hieber,* Vereinbarungen im Strafverfahren, NJW 1982, 1017; *Schöch,* Die Gerichtshilfe aus kriminologischer und verfahrensrechtlicher Sicht, in: Kriminologie – Psychiatrie – Strafrecht, FS Leferenz, 1983, S. 127; *Schomburg/Lagodny,* Verteidigung im international-arbeitsteiligen Strafverfahren, NJW 2012, 348; *Schomburg/Suominen-Picht,* Verbot der mehrfachen Strafverfolgung, Kompetenzkonflikte und Verfahrenstransfer, NNJW 2012, 1190; *Schoreit,* Absolutes Strafverfahrenshindernis und absolutes U-Haftverbot bei begrenzter Lebenserwartung des Angeklagten?, NJW 1983, 881; *Schramm,* Acht Fragen zum Europäischen Strafrecht, ZJS 2010, 615; *Schreiber,* Gesetz und Richter – Zur geschichtlichen Entwicklung des Satzes nullum crimen, nulla poena sine lege, 1976; *Schroeder,* Die Rechtsnatur des Grundsatzes „ne bis in idem", JuS 1997, 227; *ders.,* Das Immutabilitätsprinzip als Merkmal des inquisitorischen Strafprozesses, GA 2011, 501; *Schroth,* Beweisverwertungsverbote im Strafverfahren – Überblick, Strukturen und Thesen zu einem umstrittenen Thema, JuS 1998, 969; *Schuhr,* Brechmitteleinsatz als unmenschliche und erniedrigende Handlung, NJW 2006, 3538–3541; *Schünemann,* Das strafprozessuale Wiederaufnahmeverfahren propter nova und der Grundsatz „in dubio pro reo", ZStW 84 (1972), 870; *ders.,* Verjährung der Beihilfe zum Mord, NStZ 1981, 143; *ders.,* Absprachen im Strafverfahren? Grundlagen, Gegenstände und Grenzen – Gutachten B für den 58. Deutschen Juristentag 1990; *ders.,* Hände weg von der kontradiktorischen Struktur der Hauptverhandlung, StV 1993, 607; *ders.,* Zeugenbeweis auf dünnem Eis, Von seinen tatsächlichen Schwächen, seinen rechtlichen Gebrechen und seiner notwendigen Reform, in: FS Meyer-Goßner, 2001, S. 385; *ders.,* Wohin treibt der deutsche Strafprozess?, ZStW 114 (2002), 1; *ders.,* Strafrechtssystematisches Manifest, GA 2006, 378; *ders.,* Die Liechtensteiner Steueraffäre als Menetekel des Rechtsstaats, NStZ 2008, 305; *ders.,* Risse im Fundament, Flammen im Gebälk: Zum Zustand des kontinentaleuropäischen Strafverfahrens, 2010; *ders./Roger,* Stellungnahme zum Grünbuch der EU-Kommission „Erlangung verwertbarer Beweise in Strafsachen aus einem anderen Mitgliedstaat" (KOM 2009, 624 endg.), ZIS 2010, 92; *Schwabenbauer,* Zweifelssatz („in dubio pro reo") und Prozessvoraussetzungen, HRRS 2011, 26; *Seban,* Das Beschleunigungsgebot in Haftsachen und sonstigen Strafverfahren und die Kompensation rechtsstaatswidriger Verfahrensverzögerungen, 2011; *Senge,* Missbräuchliche Inanspruchnahme verfahrensrechtlicher Gestaltungsmöglichkeiten – wesentliches Merkmal der Konfliktverteidigung? – Abwehr der Konfliktverteidigung, NStZ 2002, 225; *Sieber,* Ermittlungen in Sachen Liechtenstein – Fragen und erste Antworten, NJW 2008, 881; *ders.,* Die Zukunft des Europäischen Strafrechts, ZStW 121 (2009), 1; *Simon,* Gesetzesauslegung im Strafrecht, 2005; *Soiné,* Erkenntnisverwertung von Informanten und V-Personen der Nachrichtendienste in Strafverfahren, NStZ 2007, 247; *ders.,* Kriminalistische List im Ermittlungsverfahren, NStZ 2010, 596; *Sowada,* Zur Notwendigkeit der Verteidigerbeiordnung im Ermittlungsverfahren, NStZ 2005, 1; *ders.,* Der Doppelvorsatz beim BGH und das Prinzip des gesetzlichen Richters, NStZ 2012, 353; *Soyer/Schumann,* Verteidigungsrechte im Vorverfahren, StV 2012, 495; *Spendel,* Wahrheitsfindung im Strafprozeß, JuS 1964, 465; *Spiekermann,* Der Mißbrauch des Beweisantragsrechts, Berlin 2001; *Stächelin,* Strafgesetzgebung im Verfassungsstaat, Berlin 1998; *Staudig/Weber,* Europäische Bewährungsüberwachung, NStZ 2008, 17; *Stein,* Die rechtswissenschaftliche Arbeit, 2000; *Steinmetz,* Zur Kumulierung strafprozessualer Ermittlungsmaßnahmen, NStZ 2001, 344; *Tepperwien,* „Schöpferische Rechtsfindung" in der neueren Rechtsprechung des Bundesgerichtshofs zum Strafverfahrensrecht, FS Widmaier, 2008, S. 583; *dies.,* Beschleunigung über alles?, NStZ 2009, 1; *Tiedemann,* Die Auslegung des Strafprozeßrechts, in: FG Karl Peters, 1984, 131; *ders.,* Verfassungsrecht und Strafrecht, 1991; *ders./Sieber,* Die Verwertung des Wissens von V-Leuten im Strafverfahren, NJW 1984, 753; *Tinkl,* Die Ungleichbehandlung eigener und fremder Staatsbürger im deutschen Auslieferungsrecht, ZIS 2010, 320; *Trepper,* Zur Rechtskraft strafprozessualer Beschlüsse, 1996; *Trück,* Die revisionsrechtliche Einordnung der Rüge rechtsfehlerhafter Anwendung des Richtervorbehalts bei Durchsuchung und Blutprobenentnahme, NStZ 2011, 202; *Trüg/Habetha,* Beweisverwertung trotz rechtswidriger Beweisgewinnung – insbesondere mit Blick auf die Liechtensteiner Steueraffäre, NStZ 2008, 481; *Ulsenheimer,* Einschränkungen des Beweisrechts in Gegenwart und Zukunft, AnwBl. 1983, 373; *Valerius,* Internationaler Terrorismus und nationales Strafanwendungsrecht, GA 2011, 696; *Valls Prieto,* Die juristische Natur der Sanktionen der Europäischen Union, ZStW 120 (2008), 403; *Ventzke,* „…

bringt alles Palaver dem Revidenten nichts.", NStZ 2011, 481; *Vogel*, Juristische Methodik, 1998; *ders./Grotz*, Perspektiven des internationalen Strafprozessrechts, 2004; *ders./Matt*, Gemeinsame Standards für Strafverfahren in der Europäischen Union, StV 2007, 206; *ders./Norouzi*, Europäisches ne bis in idem – EuGH, NJW 2003, 1173, JuS 2003, 1059; *Volk*, Prozessvoraussetzungen im Strafrecht. Zum Verhältnis von materiellem Recht und Prozessrecht, 1978; *ders.*, Wahrheit und materielles Recht im Strafprozess, 1980; *von Beling*, Deutsches Reichsstrafprozeßrecht, 1928; *Wabnitz/Janowsky*, Handbuch des Wirtschafts- und Steuerstrafrechts, 3. Aufl., 2007; *Walter*, Der deutsche Strafprozess und das Völkerrecht, JR 2007, 99; *Warg*, Anmerkungen zum Kernbereich privater Lebensgestaltung, NStZ 2012, 237; *Weber*, Der Missbrauch prozessualer Rechte im Strafverfahren, GA 1975, 289; *Weigend*, Deliktsopfer und Strafverfahren, 1989; *ders.*, Das „Opportunitätsprinzip" zwischen Einzelfallgerechtigkeit und Systemeffizienz, ZStW 109 (1997), 103; *ders.*, Unverzichtbares im Strafverfahrensrecht, ZStW 113 (2001), 271; *Wenske*, Die Beiordnung des „Pflichtverteidigers" (§§ 141 IV, 142 StPO) – Alte Fragen im neuen Gewand?, NStZ 2010, 479; *Weßlau*, Vorfeldermittlungen, 1989; *dies.*, Konsensprinzip als Leitidee des Strafverfahrens, StraFo 2007, 1; *Widmaier*, Mitwirkungspflicht des Verteidigers in der Hauptverhandlung und Rügeverlust, NStZ 1992, 519; *ders.*, Münchener Anwaltshandbuch Strafverteidigung, 2006; *ders.*, Präklusion von Verfahrensrügen durch Zweckentfremdung des § 238 II StPO, NStZ 2011, 305; Willoweit (Hrsg.), Die Entstehung des öffentlichen Strafrechts, 1999; *Wohlers*, Zur Verlesbarkeit ausländischer richterlicher Vernehmungsprotokolle, wenn der vernommene Beschuldigte zuvor nicht auf sein Schweigerecht hingewiesen worden war, NStZ 1995, 45; *ders.*, Prozessuale Konsequenzen präjudizierender Medienberichterstattung, StV 2005, 186; *ders.*, Rechtliches Gehör im strafrechtlichen Revisionsverfahren, JZ 2011, 78; *ders./Schlegel*, Zum Umfang des Rechts der Verteidigung auf Akteneinsicht gemäß § 147 I StPO, NStZ 2010, 486; *Wolter*, Zur Fernwirkung von Beweisverwertungsverboten, NStZ 1984, 276; *ders.*, Verfassungsrecht im Strafprozeß- und Strafrechtssystem, NStZ 1993, 1; *ders.*, Datenschutz und Strafprozeß, ZStW 107 (1995), 793; *ders.*, Zur Fristberechnung bei der richterlichen Anordnung einer Abhörmaßnahme und zu den Folgen einer Fristüberschreitung, JR 1999, 524; *Zimmermann*, Mehr Fragen als Antworten: Die 2. EuGH-Entscheidung zur Strafrechtsharmonisierung mittels EG-Richtlinien, NStZ 2008, 662; *Zippelius*, Juristische Methodenlehre, 10. Aufl., 2006; *Zuck*, Das Recht der Verfassungsbeschwerde, 3. Aufl., 2006; *Zuleeg*, Der Beitrag des Strafrechts zur europäischen Integration, JZ 1992, 761.

Übersicht

A. Wesen und Ziel des Strafprozesses

I. Begriff des Strafprozesses

1 **1. Die Stellung des Strafrechts in der Gesamtrechtsordnung.** Strafrechtliche Sanktionen stellen die schärfsten Eingriffe dar, mit denen die Rechtsordnung den Bürger üblicherweise konfrontiert. Insoweit ist das Strafrecht das **„schärfste Schwert“** des Staates zur Gewährleistung des Schutzes hochrangiger Rechtsgüter. Zugleich ist es damit aber auch – und in vielen Bereichen zunehmend ohne wirkliche Beachtung von Prinzipien wie dem „fragmentarischen Charakter des Strafrechts“ oder dem „Strafrecht als ultima ratio des Rechtgüterschutzes“ – schlicht ein Instrument der staatlichen Sozialkontrolle in solchen Fällen, in denen zivil- und öffentlich-rechtliche Eingriffsmechanismen nicht Erfolg versprechend erscheinen. Zum Schutz individueller und kollektiver Rechtsgüter (die ungeachtet der soeben erwähnten Tendenzen aber über einen bloßen „Schutz des gedeihlichen Zusammenlebens“ hinausgehen müssen) werden Verbote und Gebote aufgestellt, deren Verletzung scharf sanktioniert wird.

2 **2. Strafprozessrecht als „Prozessrecht des Strafrechts“.** Vor dem Hintergrund dieser Charakterisierung des Strafrechts (als Gesamtmaterie) als Schutzrecht für besonders bedeutsame Rechtsgüter gegen schwerwiegende Eingriffe stellt der Strafprozess – vergleichbar auch jeder anderen Form von Prozess im Verhältnis zum zugehörigen materiellen Recht – einen rechtlich geordneten, sich von Lage zu Lage fortentwickelnden **Prozess zur Gewinnung einer richterlichen Entscheidung** über ein materielles Rechtsverhältnis dar. Das Strafprozessrecht **konstituiert das materielle Recht** dahingehend, als dort die Regeln aufgestellt werden, nach denen zum einen festgestellt wird, ob ein Verdächtiger sich strafbar gemacht hat, und zum anderen geregelt wird, wie eine etwaige Strafe vollstreckt wird. Insoweit ist auch das Strafprozessrecht in ein Erkenntnis- und Vollstreckungsverfahren (vgl. §§ 449 ff. StPO) unterteilt, wobei die inhaltliche Ausgestaltung der Vollstreckung von Freiheitsstrafen im Strafvollzugsrecht eine eigene Materie bildet. Für die einzelnen am Strafverfahren beteiligten Personen (vgl. unten D. II., Rn. 280 ff.) enthält das Strafprozessrecht positive wie negative Verhaltensanordnungen.

3 **3. Weitere Charakteristika.** Einige weitere wichtige Charakteristika für das deutsche Strafverfahrensrecht lassen sich – mosaikartig und unvollständig – wie folgt benennen: Das Strafverfahren in Deutschland ist **kein Parteiprozess** (vgl. § 160 Abs. 2). So sehr seine Durchführung einerseits Ausdruck des staatlichen Gewaltmonopols ist, wird es andererseits doch traditionell als angewandtes bzw. geronnenes Verfassungsrecht bzw. als **„Seismograph der Staatsverfassung“** bezeichnet (→ Rn. 45 ff.). Zuletzt ist das Strafverfahren – schon mit Blick auf die Unschuldsvermutung – **nicht als Teil des Strafübels** zu betrachten, sondern es ist im Gegenteil Aufgabe des Strafverfahrensrechts, die mit der Sachverhaltsermittlung zwangsläufig einhergehenden Belastungen zB für den Beschuldigten und die Zeugen möglichst gering zu halten (→ Rn. 9).

II. Ziele des Strafprozesses und des Strafprozessrechts

4 **1. Begrifflichkeiten und Bedeutung der Frage.** Bei den nachfolgenden Überlegungen werden die Begriffe des **„Ziels“ bzw. des „Zwecks“** des Strafprozesses schon deshalb

synonym verwendet, weil auch die Diskussion in der Lit. vielfach divergierend unter beiden Stichworten geführt wird.[1] Wegen der Vielzahl der hier in Betracht kommenden und sich teilw. auch widersprechenden (→ Rn. 11) Aspekte darf die Frage nach Ziel bzw. Zweck des Strafprozessrechts **für die praktische Rechtsanwendung gewiss nicht überschätzt** werden; freilich ist sie auch nicht nur rein akademischer Natur. Überall dort, wo es um Grundfragen der Auslegung des Strafverfahrensrechts bzw. um Grenzbereiche einzelner Regelungen geht (wie etwa bei der Missbrauchsdiskussion, → Rn. 342 ff.[2]), kann der Rückgriff auf die Prozessziele die Auslegung leiten. Dass sich diese Prozessziele vielfach nicht unmittelbar aus dem Normtext ergeben und ihre Gewichtung zumindest teilw. letztlich rechtspolitischer Natur ist, steht der Bedeutung für die Gesetzesanwendung nicht notwendig entgegen: Man mag zwar mit guten Gründen behaupten, dass die intersubjektive Verbindlichkeit des „Prozesszielarguments" darunter leidet; jedenfalls werden dadurch aber – methodisch allein redlich – die **kriminalpolitischen Prämissen der eigenen Argumentation** offen gelegt.

2. Die wichtigsten Verfahrensziele in der Diskussion. a) Verwirklichung des materiellen Strafrechts. Schon aus dem eingangs genannten Wesen jedes Prozesses als rechtlich geordnetem Vorgang zur Gewinnung einer Entscheidung über ein materielles Rechtsverhältnis ergibt sich, dass es im Ausgangspunkt (vielleicht nicht abschließend, aber doch jedenfalls) nicht falsch sein kann, wenn als ein Zweck des Strafprozesses die **Verwirklichung des materiellen Strafrechts** genannt wird.[3] Dabei ist unter „Verwirklichung des materiellen Strafrechts" weder eine völlige Verschmelzung iS einer Schaffung bzw. Realisierung des materiellen Rechts erst im Prozess[4] noch eine fast vollständige Trennung zwischen materiellem Recht und Prozess im *Goldschmidt*'schen Sinne des „Prozesses als Rechtslage"[5] bzw. eine reine Legitimation durch Verfahren im *Luhmann*'schen Sinne[6] zu verstehen. 5

Vielmehr handelt es sich um ein **Zusammenwirken von materiellem und prozessualem Recht,** wobei Letzteres gleichwohl unterstützende Funktion hat, oder anders gewendet: Das Strafprozessrecht ist gegenüber dem materiellen Strafrecht zwar eigenständig, hat aber gleichwohl instrumentalen Charakter.[7] Dabei lassen sich freilich bestimmte prozessuale Regeln und Gegebenheiten nur verstehen, wenn das zu verwirklichende materielle Strafrecht gleichsam „prozessual aufgeladen" gedacht wird: Während nämlich zB durch den Freispruch des Unschuldigen das materielle Strafrecht noch in gleicher Weise „verwirklicht" wird, wie durch die Verurteilung des Schuldigen, stellt der Freispruch desjenigen, der nur nicht zur Überzeugung des Gerichts (§ 261) der Tat überführt werden konnte (diese aber in Wahrheit begangen hat), isoliert betrachtet gerade keine Verwirklichung des materiellen Strafrechts dar, sondern ist nur dann auch Ausfluss seiner Garantiefunktion, wenn man das materielle Recht um prozessuale Garantien und um das Erfordernis gerade eines prozessordnungsgemäßen Schuldnachweises ergänzt denkt. 6

b) Wahrheitsermittlung als Ziel des Strafprozesses. Häufig wird als das (bzw. zumindest als vorrangiges) Ziel des Strafprozesses die Ermittlung der materiellen Wahrheit 7

---

[1] Vgl. zur sinnvollen synonymen Verwendung der beiden Begriffe auch *Ries* JR 2006, 269 (270).

[2] Zum Zusammenhang zwischen Prozesszielen und Missbrauchsurteil vgl. auch *Kudlich* Strafprozeß und allgemeines Mißbrauchsverbot, 1998, S. 199 ff.

[3] Insbes. in der älteren Lit. weit verbreitet, vgl. nur *v. Beling* Deutsches Reichsstrafprozessrecht, 1928, S. 5; *Henkel* Strafverfahrensrecht, 1968, S. 17; ausf. Nachw. bei *Weigend* Deliktsopfer und Strafverfahren, S. 191 f. Vgl. aus der neueren Lit. etwa HK-GS-II/*Dölling* Vorb. zu § 1 Rn. 1; NK/*Hassemer/Neumann* Vor § 1 Rn. 200; KK-StPO/*Pfeiffer/Hannich* Einleitung Rn. 2. Offensiver formuliert ist hier auch von der Durchsetzung des öffentlichen Strafanspruchs die Rede; krit. *Lüderssen* Die Krise des öffentlichen Strafanspruchs, 1989, pass.

[4] So – iS einer allgemeinen Prozessrechtslehre – *Pawlowski* ZZP 80 (1967), 345, 368.

[5] Vgl. *Goldschmidt* Der Prozess als Rechtslage, etwa S. 150 f.; 246 ff.; zum Verständnis des Strafprozesses bei *Goldschmidt* in jüngerer Zeit auch *Heger* JZ 2010, 637.

[6] Vgl. *Luhmann* Legitimation durch Verfahren, S. 114 ff.

[7] Vgl. auch *Kudlich* Strafprozeß und allgemeines Mißbrauchsverbot, 1998, S. 206; *Volk* Prozessvoraussetzungen im Strafrecht, S. 192, 201.

genannt.[8] Jenseits der damit verbundenen erkenntnistheoretischen Fragen[9] würde ein Abstellen allein darauf zu kurz greifen, da der Strafprozess **kein historisches Forschungsvorhaben** ist[10] und am Ende keine Verlesung eines Protokolls über den Tathergang, sondern die Verkündung einer Entscheidung steht.[11] Die Suche nach der Wahrheit ist nämlich nicht nur in zahlreichen Fällen bewusst „prozessual verfälscht“,[12] da es nach einer vielfach wiederholten Formulierung des BGH gerade „kein Grundsatz der StPO (ist), dass die Wahrheit um jeden Preis erforscht werden müsste“.[13] Vielmehr erfolgt die Suche nach der Wahrheit sogar dort, wo nicht auf sie verzichtet werden soll, nicht um ihrer selbst Willen, sondern als **Grundlage für das spätere Urteil** bzw. für die im Strafverfahren erstrebte „Beseitigung der Folgen einer Verdachtssituation“.[14]

8 **c) Gerechtigkeit als Ziel des Strafprozesses.** Soweit die „Gerechtigkeit“ als Ziel des Strafverfahrens postuliert wird,[15] ist dies zwar ein hehres Ziel, und die Gerechtigkeit mag im Einzelfall auch einmal (dann aber wohl auch mit präziseren Begriffen umschreibbar) gewisse unhintergehbare Grenzen des Prozessrechts markieren; als **operabler Maßstab** positive Inhalte festzusetzen vermag sie dagegen in den **meisten Fällen nicht.** Dies gilt selbst dann, wenn man den allgemeinen Gerechtigkeitsgedanken – etwa in der klassischen und bis heute in der abendländischen Kultur wirkmächtigen Differenzierung nach Aristoteles – etwa zwischen austeilender und ausgleichender Gerechtigkeit (*iustitia distributiva* und *iustitia communicativa*) weiter ausdifferenziert. Denn gerade die diesen beiden Ausprägungen zuzuordnenden Prinzipien einer mehr oder weniger strikten Normtreue gegenüber einer Berücksichtigung aller Besonderheiten des Einzelfalles können etwaige Auslegungsprobleme noch „härter“ hervortreten lassen, statt sie mit Rückgriff auf ein Prozessziel der „Gerechtigkeit“ zu beseitigen. Einen stärkeren Bezug zum Strafverfahren mag man einem dritten Gerechtigkeitsaspekt zubilligen, der etwa bei *Coing* als *„iustitia protectiva“* bezeichnet wird und besagt, dass alle Macht von Menschen über alle Menschen begrenzt sein müsse.[16] Indes ist auch dieser Gesichtspunkt positiv rechtlich wohl schärfer an der Geltung von Grundrechten gegen staatliche Eingriffe im Strafverfahren festzumachen.

9 **d) Schutz kollidierender Rechtsgüter als eigenes Prozessziel?** Die voranstehenden Überlegungen lassen einzelne Aspekte immer wieder als Verfahrensziele deshalb nicht restlos überzeugend erscheinen, weil **Persönlichkeitsrechte der Betroffenen** einer Realisierung dieses Zwecks bzw. einer Erreichung dieses Ziels entgegenstehen. Zumindest wenn man die Frage nach dem Zweck des Strafverfahrens nicht iS eines monistischen Modells auf einen Aspekt beschränken möchte, könnte man auch den Schutz dieser kollidierenden Persönlichkeitsrechte als ein Prozessziel definieren. Freilich spricht hiergegen, dass das Strafverfahren bestenfalls mittelbar (und auch nur sehr selten) *gerade dafür durchgeführt* wird, damit diese Rechte geschützt werden; insofern kann man von ihnen kaum als Zweck des Verfahrens sprechen, sondern muss sie in Abgrenzung dazu als **Aufgaben des Strafverfahrens*rechts*** begreifen.[17] Spätestens dies macht deutlich, dass in einem konkreten Strafverfahren

---

[8] Vgl. etwa *Beulke* Rn. 3; *Rüping/Dornseifer* JZ 1977, 417; *Weigend,* Deliktsopfer und Strafverfahren, S. 177; vgl. auch *Ries* JR 2006, 269 (273).

[9] Vgl. dazu etwa – speziell mit Bezug auf die strafprozessuale Dimension der Fragestellung – *Volk* Wahrheit und materielles Recht im Strafprozess, S. 7 ff.; *ders.* Prozessvoraussetzung im Strafrecht, S. 193 ff.; *Weigend* Deliktsopfer und Strafverfahren, S. 177 ff.; *Paulus,* FS Spendel, 1992, 687 ff.

[10] Vgl. anschaulich *Spendel* JuS 1964, 465 (466 f.).

[11] Vgl. *Weigend,* Deliktsopfer und Strafverfahren, S. 178.

[12] Vgl. *Volk,* Wahrheit und materielles Recht im Strafprozess, S. 9; für die Revision *Knauer,* FS Widmaier, 2008, 291 ff.

[13] Vgl. nur BGH 14.6.1960 – 1 StR 683/59, BGHSt 14, 358 (365) = NJW 1960, 1580 (1582), ständige Rspr.

[14] Vgl. *Weigend,* Deliktsopfer und Strafverfahren, S. 213.

[15] Eingehend zu dieser Frage sowie zu etwaigen Gerechtigkeitsdefiziten *Radtke,* in: Goldenstein (Hrsg.), Mehr Gerechtigkeit, 2011, S. 131 ff.

[16] *Coing* Grundzüge einer Rechtsphilosophie, S. 220 ff.

[17] Vgl. *Kudlich* Strafprozeß und allgemeines Mißbrauchsverbot, 1998, S. 220 f.; zu einer Differenzierung zwischen Zielen und Aufgaben des Strafverfahrens (bei denen die Aufgaben zumindest teilw. gerade solche des Verfahrensrechts, nicht des Verfahrens als Institution beschreiben) vgl. auch *Ries* JR 2006, 269 (270 ff.).

als tatsächlichem Lebensvorgang verschiedene Ziele des Verfahrens als Institution und des Verfahrensrechts aufeinander treffen und das Verfahren damit gerade durch Zielkonflikte geprägt ist (vgl. auch → Rn. 11).

e) Rechtsfrieden als Ziel des Strafverfahrens. Ein Versuch, diese (und andere) Zielkonflikte mit Hilfe eines **Meta-Prozessziels** aufzulösen hat namentlich *Schmidhäuser* mit seinem vielfach (allerdings wohl nicht immer inhaltsgleich)[18] rezipierten[19] Begriff des **Rechtsfriedens** unternommen, in welchem er ein „letztlich (…) übergeordnetes Ziel" darin sieht, einen Zustand zu schaffen, „bei dem sich die Gemeinschaft über den Rechtsbruch beruhigen kann",[20] dh mit dem Prozessausgang „zu-*frieden* sein kann". Ein **wirklich operabler Ansatz** ist damit freilich **nicht geschaffen,** denn da der Rechtsfrieden in diesem Sinne kaum als empirisch-gesellschaftlicher Zustand, sondern als normative Größe verstanden werden muss, ist er letztlich von einer Abwägung abhängig, in welche gerade die widerstreitenden Begriffe bzw. Interessen einbezogen werden müssen. Die *Bezeichnung* eines so gefundenen Ergebnisses als „Rechtsfrieden" ist zwar plakativ, bringt aber keinen wirklich neuen Erkenntniswert. Vielmehr ist sie sogar geeignet, **unbestreitbare Zielkonflikte** innerhalb des Verfahrens zu verwischen. 10

3. Ziele, Zwischenziele und Zielkonflikte. Zusammenfassend kann man also als ein zentrales Ziel des Strafprozesses (als Institution) die **Verwirklichung des materiellen Strafrechts** betrachten, welche freilich bereits **mit bestimmten prozessualen Vorwertungen aufgeladen ist.** Ein wichtiges **Zwischenziel** hierzu ist die Wahrheitsfindung (welche ihrerseits normativ etwa durch Persönlichkeitsrechte der Beteiligten beschränkt ist). Soweit die Regelungen des verwirklichten materiellen Rechts abstrakt betrachtet „gerecht" sind, dient die Durchsetzung des materiellen Strafrechts auch der Gerechtigkeit. Gleichsam als Reaktion auf die mit Wahrheitsfindung und Rechtsdurchsetzung notwendigerweise verbundenen Belastungen für den Bürger auch schon vor Abschluss des Verfahrens (und damit noch zur Zeit der Geltung der Unschuldsvermutung) beinhaltet das Strafprozess*recht* **verschiedene Schutzmechanismen.** Da die prozessualen Regeln mithin einerseits der Verwirklichung der Ziele und Zwischenziele des Strafverfahrens als Institution dienen, andererseits aber auch gerade den damit verbundenen Gefahren entgegenwirken, kann eine einheitliche Zielvorgabe für den durch das Strafverfahrensrecht geprägten Strafprozess nicht formuliert werden. Vielmehr ist das Strafverfahren insoweit durch **diverse Zielkonflikte** gekennzeichnet,[21] deren Aufzählung hier noch weiter fortgeführt werden könnte (etwa im Konflikt zwischen der Durchsetzung eines staatlichen Strafanspruchs und dem Verständnis des StGB „magna charta des Verbrechers" uÄ). 11

III. Historische Entwicklung des Strafverfahrens in Deutschland

Ungeachtet des großen wissenschaftlichen Reizes der Materie[22] ist hier nicht der Raum, die historischen Wurzeln im Detail nachzuzeichnen. Mit Blick jedenfalls auf die praktische Rechtsanwendung (und sogar mit Blick auf etwaige Änderungsdiskussionen) dürfte dies aber in einem von rechtspolitischen Strömungen und zahlreichen Änderungen in den letzten Jahrzehnten geprägten Rechtsgebiet eine verzeihbare Lücke in der Darstellung sein. Insofern muss und darf sich die Darstellung bis in die Gegenwart hinein mit **einigen knappen Federstrichen** begnügen. 12

Nachdem es in der **germanischen Zeit** in Deutschland noch keinen öffentlichen Strafprozess gegeben hat, sondern Verletzungen zwischen den Sippen mit den Instituten der 13

---

[18] Vgl. *Kudlich* Strafprozeß und allgemeines Mißbrauchsverbot, 1998, S. 225.

[19] Vgl. nur *Ries* JR 2006, 269 (270 f.).

[20] *Schmidhäuser*, FS Eb. Schmidt, 1961, 511 (515 f.).

[21] Vgl. auch SSW/*Beulke* Einl. Rn. 4; *Kudlich* Strafprozeß und allgemeines Mißbrauchsverbot, 1998, S. 222 ff.

[22] Vgl. zur Strafprozessrechtsgeschichte im Überblick etwa *Rüping/Jerouschek;* beeindruckend für den Zeitraum zwischen Mitte des 16. und Mitte des 19. Jahrhunderts *Ignor* Geschichte des Strafprozesses in Deutschland 1532–1846; eine Zusammenstellung neuerer Forschungsansätze zur Entstehung des öffentlichen Strafrechts bei *Willoweit* (Hrsg.) Die Entstehung des öffentlichen Strafrechts.

Buße und Fehde vergolten wurden,[23] entwickelte sich in der zweiten Hälfte des Mittelalters ein zumindest vereinfachtes öffentliches Strafverfahren,[24] was einem „sprunghaften Anstieg der Kriminalität" in dieser Zeit, die „im Zuge der zunehmenden Urbanisierung und der Entstehung eines ‚fahrenden Volks' in Form von Vaganten, Spielleuten, gescheiterten Studenten und Bettlern" geschuldet sein dürfte.[25] Dieses Strafverfahren wurde nicht zuletzt durch die Rezeption fortentwickelt,[26] und mit der „Carolina" bildete sich die Wurzel des in der Folgezeit auch wissenschaftlich begleiteten gemeinen Strafprozesses, der als **Inquisitionsprozess** durch die Personaleinheit von Ankläger und Richter sowie durch ein geheimes Verfahren geprägt war. Das für diese Zeit auch immer wieder betonte Phänomen der Folter stellt sich dabei als (inhumane) Konsequenz eines (eigentlich fortschrittlichen) Postulats weitgehender Gewissheit vor einer strafrechtlichen Verurteilung dar.

14 Während es insoweit schon im 17. und 18. Jahrhundert zu **„Humanisierungstendenzen"** kam, welche etwa mit den Namen *Friedrich Spee von Langenfeld* und *Christian Thomasius* verbunden waren, nahmen **strukturelle Änderungen** hin zu einem reformierten Strafprozess in Deutschland erst seit dem Beginn des 19. Jahrhunderts ihren Lauf, wozu insbes. die Trennung von Anklagebehörde und entscheidendem Gericht gehörte.[27] Nach Vorläuferprozessordnungen etwa in Bayern, Preußen und Baden in der Mitte des 19. Jahrhunderts kam es auf dieser Basis **1871** zur **Reichsstrafprozessordnung.** Vor dem Zweiten Weltkrieg wurde diese im Wesentlichen durch die sog „Lex Emminger" im Jahr 1924 sowie dann in den Jahren der Weimarer Republik zunehmend, gipfelnd in der Notverordnung vom 14.6.1932,[28] geändert.[29]

15 Auch **nach dem Zweiten Weltkrieg** hat die Strafprozessordnung diverse Änderungen erfahren, die jedoch in den meisten Fällen bis in die jüngste Vergangenheit hinein **eher Einzelmaßnahmen als Strukturveränderungen** betroffen haben. Besonders die Reformgesetzgebung der letzten ca. 30 Jahre ist vor allem durch drei Aspekte geprägt: Die **„Bekämpfungsgesetzgebung"**[30] (mit welcher auf neue Bedrohungslagen durch eine zunehmende Ausweitung von prozessualen Eingriffsbefugnissen reagiert wird, was nach Auffassung von Kritikern bis hin zu einer „Vergeheimdienstlichung" des Strafverfahrens führt[31]), die **Beschleunigungsgesetzgebung**[32] (in deren Rahmen verfahrensverschlankende und ressourcenschonende Änderungen aufgenommen worden sind) sowie den **Gedanken des Opferschutzes**[33] (an dessen grundsätzlicher Berechtigung nicht gezweifelt werden kann, der jedoch im Einzelfall dazu führen kann, dass Rechte des Beschuldigten – der unter der Geltung der Unschuldsvermutung gerade noch nicht als mit dem „Opfer" korrespondierender „Täter" betrachtet werden darf! – zurückgedrängt werden).

---

[23] Vgl. zu dieser Phase *Rüping/Jerouschek* Rn. 1 ff.

[24] Vgl. zu dieser Phase *Rüping/Jerouschek* Rn. 26 ff.

[25] Vgl. *Schroeder/Verrel* Rn. 28.

[26] Vgl. zu dieser Phase *Rüping/Jerouschek* Rn. 85 ff.

[27] Vgl. dazu *Rüping/Jerouschek* Rn. 243 ff.

[28] RGBl. I 285.

[29] Vgl. zur „Strafprozessgesetzgebung der späten Weimarer Republik (1930–1932)" eingehend die gleichnamige Monographie von *Nobis;* Überblick bei *Rüping/Jerouschek* Rn. 261 ff.

[30] Vgl. Gesetz zur Bekämpfung des illegalen Rauschgifthandels und anderer Erscheinungsformen der Organisierten Kriminalität (OrgKG) v. 15.7.1992, BGBl. I 1302; Gesetz zur Änderung des Strafgesetzbuches, der Strafprozeßordnung und anderer Gesetze (Verbrechensbekämpfungsgesetz) v. 28.10.1994, BGBl. I 3186; Gesetz zur Verbesserung der Bekämpfung der Organisierten Kriminalität v. 4.5.1998, BGBl. I, 845.

[31] Vgl. *Wolter* ZStW 107 (1995), 793; *Roggan/Bergemann* NJW 2007, 876; *Hefendehl* GA 2011, 209 („Methoden des Nachrichtendienstes"); *Paeffgen* GA 2003, 647; *Pawlik* JZ 2010, 693 (695); *Schünemann* in: ders. (Hrsg.), Risse im Fundament, Flammen im Gebälk, S. 71 (78 f. = ZIS 2009, 484, 488 f.); *Soiné* NStZ 2007, 247.

[32] Vgl. Gesetz zur Entlastung der Rechtspflege v. 11.1.1993, BGBl. I 50; Gesetz zur Änderung des Strafgesetzbuches, der Strafprozeßordnung und anderer Gesetze (Verbrechensbekämpfungsgesetz) v. 28.10.1994, BGBl. I 3186.

[33] Vgl. Gesetz zur Verbesserung der Rechte von Verletzten im Strafverfahren (Opferrechtsreformgesetz – OpferRRG) v. 24.6.2004, BGBl. I 1354 und Gesetz zur Stärkung der Rechte von Verletzten und Zeugen im Strafverfahren (2. Opferrechtsreformgesetz) v. 29.7.2009, BGBl. I 2280.

Eine strukturelle Reform in der jüngeren Vergangenheit, die freilich im Wesentlichen nur eine *praeter legem* verlaufende Entwicklung in gesetzliche Form gegossen hat, stellt das **Gesetz zur Verständigung im Strafverfahren** aus dem Jahre 2009 dar.[34] Inwieweit hierin eine kritisch zu beurteilende Vermengung des tradierten „Normalverfahrens" mit konsensualen Elementen zu sehen ist, gegenüber dem eine gesamte Reform des Strafverfahrens vorzugswürdig gewesen wäre[35] oder ob es sich um den grundsätzlich zu billigenden Versuch des Gesetzgebers handelt, gewisse verfahrensökonomisch erforderliche und auch rechtspolitisch nicht per se als negativ zu bewertende konsensuale Elemente unter im Übrigen möglichst weitgehender Beibehaltung des traditionellen Strafverfahrens zu berücksichtigen,[36] wird unterschiedlich beurteilt. 16

IV. Wichtige Rechtsquellen des geltenden Strafverfahrensrechts

Die im Strafverfahren zu beachtenden Normen entspringen einer ganzen Reihe – teils zentraler, teils nur im Einzelfall relevanter – Gesetze. Der **Schwerpunkt** liegt hier anders als in vielen anderen Rechtsgebieten noch immer klar auf dem **nationalen Recht** (vgl. im Folgenden I.–V.); aber auch das europäische Recht gewinnt in einzelnen Bereichen zunehmend an Einfluss (vgl. unten VI.). Für das Strafverfahren vor deutschen Gerichten spielt dagegen das Völkerstrafrecht keine Rolle, da auch Verfahren mit der Anwendung völkerstrafrechtlicher Straftatbestände vor deutschen Gerichten nach dem deutschen Strafprozessrecht durchgeführt werden; die speziellen Verfahrensvorschriften der Art. 34 ff. des Rom-Statuts dagegen gelten nur für Strafverfahren vor dem internationalen Strafgerichtshof selbst. 17

1. Strafprozessordnung mit Einführungsgesetz. Die zentrale Rechtsquelle für das Strafverfahrensrecht ist naturgemäß die **Strafprozessordnung (StPO),** die in ihrem Kern noch auf die Reichsstrafprozessordnung vom 1.2.1877[37] zurückgeht. Die StPO regelt in **acht Büchern** das Verfahren im ersten Rechtszug (2. Buch) und etwaigen Rechtsmittelinstanzen (3. Buch), das Wiederaufnahmeverfahren (4. Buch), besondere Verfahrensarten mit Beteiligung des Verletzten am Verfahren (5. Buch), weitere besondere Verfahrensarten (insbes. vereinfachte bzw. beschleunigte Verfahrensformen) sowie Verfahren für die Einziehung, Vermögensbeschlagnahme sowie die Festsetzung von Geldbußen gegen juristische Personen innerhalb eines Strafverfahrens (6. Buch), die Strafvollstreckung und Kosten (7. Buch) sowie die Akteneinsicht und Datenverwendung (8. Buch). All dies wird durch die allgemeinen Vorschriften des ersten Buches ergänzt, die allerdings trotz ihrer Stellung im „Allgemeinen Teil" zumindest teilw. vorrangig für bestimmte Verfahrensstufen eine Rolle spielen (so etwa die Zwangsmaßnahmen und die Untersuchungshaft im 8. und 9. Abschn. im Bereich des Ermittlungsverfahrens). 18

In dem in der Praxis nicht besonders bedeutsamen **Einführungsgesetz zur Strafprozessordnung (EGStPO)** wird ihr Anwendungsbereich bestimmt und werden die Länder ermächtigt, für Strafsachen nach der Landesgesetzgebung abweichende Verfahrensregelungen zu treffen (§§ 3 und 6 EGStPO). Außerdem enthält es eine Regelung über die Mitteilungen in Strafsachen gegen Abgeordnete (§ 8 EGStPO) und einige Übergangsvorschriften. 19

2. Gerichtsverfassungsgesetz mit Einführungsgesetz. Die Gerichtsverfassung (dh insbes. sachliche Zuständigkeiten und Besetzung der Spruchkörper) bei den ordentlichen Gerichten und damit auch in Strafsachen ist im **Gerichtsverfassungsgesetz (GVG)** geregelt. Neben der Gerichtsverfassung im engeren finden sich auch allgemeine Verfahrensregelungen für die ordentlichen Gerichte wie insbes. die Vorschriften über die Öffentlichkeit 20

---

[34] Vgl. Gesetz zur Regelung der Verständigung im Strafverfahren v. 29.7.2009, BGBl. I 2353; ausf. hierzu die Behandlung bei *Schlothauer/Weider/Niemöller.*

[35] Vgl. eindringlich etwa *Fezer* NStZ 2010, 177.

[36] Positiver in der Bewertung daher *Kudlich,* Gutachten C zum 68. Deutschen Juristentag, 2010, S. 67.

[37] RGBl. 1877 253.

(§§ 169 ff.), die Gerichtssprache (§§ 184 ff.) sowie Beratung und Abstimmung (§§ 192 ff.) im GVG, wobei die Regelungen teilw. strafrechtsspezifisch durch die StPO ergänzt bzw. modifiziert werden (zB § 263 StPO für das qualifizierte Stimmenverhältnis gegenüber § 196 GVG).

21 Das **Einführungsgesetz zum Gerichtsverfassungsgesetz (EGGVG)** enthält neben einer Regelung des Anwendungsbereichs insbes. einige praktisch nicht unwichtige Vorschriften zur Datenübermittlung (§§ 12 ff. EGGVG) und zum Rechtsschutz gegen Justizverwaltungsakte (§§ 23 ff. EGGVG).

22 **3. Strafgesetzbuch.** Das Strafgesetzbuch bestimmt nicht nur die zentralen Inhalte des Strafverfahrens in Gestalt der Straftatbestände des Besonderen Teils sowie der – nach Art. 1 Abs. 1 EGStGB auch für das Nebenstrafrecht geltenden – Regelungen des Allgemeinen Teils, sondern beinhaltet mit den **Vorschriften zur Verjährung** (insbes. zur Verfolgungsverjährung §§ 78 ff. StGB) sowie zum **Strafantrag** (§§ 77 ff. StGB) auch zwei zentrale Prozessvoraussetzungen (vgl. auch → Rn. 381 ff.). Dagegen sind die Indemnitätsvorschriften der §§ 36 f. StGB – anders als die Immunität nach Art. 46 Abs. 2 GG – keine Prozesshindernisse, sondern echte persönliche bzw. sachliche Strafausschließungsgründe und gehören insoweit dem materiellen Recht an.[38]

23 **4. Grundgesetz.** Ebenso wie umgekehrt die Strafprozessordnung als „Ausführungsgesetz zum Grundgesetz" bezeichnet wird,[39] kann man das GG in Teilen als **zentrales strafprozessuales Regelwerk** interpretieren: Dabei bilden die **Grundrechte der Art. 1 ff. GG** insbes. Schranken für strafprozessuale Ermittlungsmaßnahmen, welche (zB in Gestalt von Hausdurchsuchungen, Beschlagnahmen oder Überwachungen der Telekommunikation) geradezu Paradefälle staatlicher Grundrechtseingriffe darstellen. Nicht weniger wichtig – mit ihrer Bedeutung zwar nicht ausschließlich, aber vorrangig im Hauptverfahren – sind die **Verfahrensgrundrechte** der Art. 101 ff. GG. Durch das gesamte Strafverfahren als intensive Form staatlicher Machtausübung gegenüber dem Bürger ziehen sich schließlich die aus dem Rechtsstaatsgebot abzuleitenden Postulate.[40]

24 **5. Spezialregelungen für besondere Fragen.** Daneben gibt es ergänzende und konkretisierende Vorschriften für bestimmte Elemente des Verfahrens bzw. für das Handeln spezieller Verfahrensbeteiligter:

25 **a) Regelungen für Verfahrensbeteiligte nach deren beruflicher Stellung.** Das Wirken vor allem der **Berufsrichter** (vgl. § 2 DRiG) wird durch das Deutsche Richtergesetz näher geregelt. Hierin sind zwar keine unmittelbaren Vorschriften für den Strafprozess enthalten, (wenn man von der gesetzlich angeordneten Bezeichnung der ehrenamtlichen Richter in der Strafgerichtsbarkeit als „Schöffen" in § 45a DRiG absieht). Indes prägen Postulate wie etwa dasjenige der Unabhängigkeit des Richters (§§ 25 ff. DRiG) selbstverständlich auch den Strafrichter. Das Wirken der **Verteidiger,** die – nicht notwendig aber meistens – Rechtsanwälte sind, wird durch die Regelungen der **Bundesrechtsanwaltsordnung (BRAO)** und der **Berufsordnung für Rechtsanwälte (BORA)** geregelt. Dies gilt zum einen dahingehend, dass für das alltägliche Handeln der Anwälte, soweit in der StPO keine Regelungen enthalten sind, Vorschriften aus BRAO bzw. BORA zu berücksichtigen sein können; zum anderen bestimmen diese Vorschriften auch das Leitbild der anwaltlichen Tätigkeit maßgeblich mit, auf das es etwa ankommt, wenn strafprozessuale Vorschriften explizit (vgl. insbes. § 138a Abs. 1 Nr. 2 StPO) oder der Sache nach auf einen Missbrauch der Verteidigerstellung Bezug nehmen.

---

[38] Vgl. nur *Fischer* § 36 Rn. 2; § 37 Rn. 1.

[39] Vgl. *Sax,* in: Bettermann/Nipperdey/Scheuner (Hrsg.) Die Grundrechte, Bd. III/2, 1959, S. 909 (967); vom „angewandten Verfassungsrecht" sprechen BGH und BVerfG in den beiden Entscheidungen BGH 21.2.1964 – 4 StR 519/63, NJW 1964, 1139 (1142 f.) und BVerfG 8.3.1972 – 2 BvR 28/71, BVerfGE 32, 373 (383) = NJW 1972, 1123 (1125).

[40] Vgl. zu all dem → Rn. § 83 ff.

26 **b) Regelungen zur Verwertbarkeit von Vorverurteilungen.** Die Frage, in welchem Ausmaß ins Strafverfahren frühere Verurteilungen eingebracht oder sogar bei der Entscheidung (im Rahmen der Strafzumessung) berücksichtigt werden dürfen, ist im Detail im **Bundeszentralregistergesetz** geregelt.

27 **c) Kosten.** Ergänzend zu den Kostenvorschriften der §§ 464 ff. (die sich im Wesentlichen damit beschäftigen, *von wem* die Kosten zu tragen sind) wird die Höhe der Kosten maßgeblich durch das **Gerichtskostengesetz (GKG)** sowie durch das Gesetz über die Vergütung der Rechtsanwältinnen und Rechtsanwälte **(Rechtsanwaltsvergütungsgesetz – RVG)** bestimmt.

28 **d) Entschädigung.** Ein Strafverfahren kann in zweierlei Hinsicht Anlass für „Entschädigungsansprüche" der Verfahrensbeteiligten sein. Zum einen geht es um die **Entschädigung für eigenen Aufwand,** der im Zusammenhang mit der Teilnahme am Strafverfahren als solchem entstanden ist. Dieser wird durch das „Gesetz über die Vergütung von Sachverständigen, Dolmetscherinnen, Dolmetschern, Übersetzerinnen und Übersetzern sowie die Entschädigung von ehrenamtlichen Richterinnern, ehrenamtlichen Richtern, Zeuginnen, Zeugen und Dritten" (Justizvergütungs- und -entschädigungsgesetz – **JVEG**) geregelt. Zum anderen kann für den Betroffenen eine Entschädigung für Urteilsfolgen zu leisten sein, wenn die strafrechtliche Verurteilung, nachdem sie rechtskräftig geworden ist, wieder wegfällt oder gemildert wird. Diese Ansprüche sind (ebenso wie die praktisch wichtige Entschädigung für zu Unrecht erlittene Untersuchungshaft) im Gesetz über die Entschädigung von Strafverfolgungsmaßnahmen **(StrEG)** geregelt.

29 **6. Europäisches und internationales Recht.** Im Strafverfahren wird grundsätzlich – sowohl hinsichtlich der Verfahrensregelungen vor den deutschen Gerichten als auch hinsichtlich des anzuwendenden materiellen Strafrechts – **vor deutschen Gerichten deutsches Strafrecht** angewendet. Die Vorschriften über das sog internationale Strafrecht der §§ 3 ff. StGB sind keine Entsprechungen des internationalen Privatrechts auf dem Gebiet des Strafrechts, sondern enthalten lediglich einseitige Kollisionsnormen[41] und beschreiben mit dem Anwendungsbereich des deutschen Strafrechts eine Prozessvoraussetzung.[42] Anders als im Zivilrecht werden daher deutsche Strafgerichte regelmäßig kein ausländisches Strafrecht anwenden. Sehr wohl eine Rolle spielen können aber **supranationale Regelungen,** sei es dass sie als völkerrechtliche Verträge mit entsprechenden Umsetzungsgesetzen im Rang einfachen Gesetzesrechtes als deutsches Recht gelten, sei es dass sie etwa Fragen der internationalen Zusammenarbeit regeln. Zu nennen sind hier insbes. (vgl. auch → Rn. 611 ff. sowie die einschlägige Kommentierung zu europäischen Vorgaben des Strafverfahrens in Bd. 3) die Europäische Menschenrechtskonvention **(EMRK)** bzw. Konvention zum Schutze der Menschenrechte und Grundfreiheiten und der Internationale Pakt über bürgerliche und politische Rechte **(IPbpR)** sowie die (durch Art. 6 EUV in der Fassung des Lissabonner Vertrags in Bezug genommene) **Grundrechtscharta** und das **Schengener Durchführungsübereinkommen.**[43] Daneben ist aber – und sei es auch nur gegenstandsbezogen – auch ein mittelbarer Einfluss europäischer Rechtsakte auf das Strafverfahrensrecht und seine Auslegung vorstellbar;[44] schließlich sind im Rahmen der polizeilichen und justiziellen Zusammenarbeit in Strafsachen (dh im Bereich der ehemals „dritten Säule" vor dem Vertrag von Lissabon) diverse Vorschriften etwa über Auslieferung, Rechts- und Vollstreckungshilfe oder Anerkennung von Urteilen getroffen worden.[45]

---

[41] Vgl. *Kudlich* HRRS 2004, 278 (279).

[42] Vgl. *Fischer* Vor §§ 3–7 Rn. 1.

[43] Vom 19.6.1990, ABl. 2000 L 239/19 v. 22.9.2000; BGBl. 1993 II, 1010; 1994 II, 631; 1996 II, 242; 1997 I, 1606. Vgl. hierzu einleitend näher *Kühne* Rn. 74 ff.

[44] Vgl. *Kühne* Rn. 56 ff.

[45] Überblick bei *Kühne* Rn. 71; → Rn. 611 ff.; knapp auch SSW/*Beulke* Einl. Rn. 17a.

V. Verwandte Verfahrensarten

30 **1. Überblick. Strukturelle Ähnlichkeiten mit dem Strafprozess** haben auch andere Verfahrensarten, in denen es um die **Aufklärung** und anschließende **Ahndung von Fehlverhalten** geht. Diese Verfahren kennen teilw. Verweisungsnormen auf die StPO (so zB in § 25 Abs. 2 BDO auf die §§ 22–55 zu den Einschränkungen der Zeugenpflicht); teilw. werden umgekehrt im Strafverfahrensrecht Rechtsgedanken aus diesen anderen Verfahrensarten aufgegriffen (so zB zur objektiven Bestimmung des Beschuldigtenbegriffs durch Rückgriff auf den in § 397 Abs. 1 AO geregelten Gedanken[46]). Vielfach ergeben sich auch unmittelbare Verzahnungen durch das Nebeneinander von Regelungen der Strafprozessordnung und der jeweiligen Spezialgesetze (so im Steuerstrafverfahren nach der AO und im Bußgeldverfahren nach dem OWiG).

31 Es handelt sich hierbei insbes. um das **Steuerstrafverfahren,** das ordnungswidrigkeitenrechtliche **Bußgeldverfahren** sowie um das **disziplinarrechtliche Verfahren** bei Verfehlungen von Beamten und Soldaten. Während die letzten beiden Verfahrensarten als genuin verwaltungsrechtliche Materien hier nicht weiter vertieft werden sollen, werden aufgrund der engen Verzahnungen und Übergänge ineinander einige knappe Grundzüge des Steuerstrafverfahrens (vgl. dazu im Einzelnen auch die Kommentierungen der §§ 385 ff. AO) sowie des Bußgeldverfahrens kurz angerissen.[47]

32 **2. Steuerstrafverfahren. a) Allgemeines.** Der 3. Abschn. des 8. Teils der AO (§§ 385 ff. AO) regelt das Steuerstrafverfahren.[48] Zentrale Vorschrift und zugleich **Brückennorm in die StPO** ist dabei **§ 385 Abs. 1 AO,** nach dem für das Strafverfahren wegen Steuerstraftaten (vgl. § 369 AO) die „allgemeinen Gesetze über das Strafverfahren, namentlich die Strafprozessordnung" geltenden, soweit in den §§ 386 ff. AO nichts Abweichendes bestimmt ist. Neben diesen ergänzenden Vorschriften für das Strafverfahren sind für das steuerrechtliche Bußgeldverfahren ergänzend zu den Vorschriften des OWiG (vgl. unten 3.) die §§ 409–412 AO von Bedeutung.

33 **b) Organisatorische und kompetenzielle Unterschiede.** Ein wesentlicher und auch praktisch bedeutsamer Unterschied zu allgemeinen Strafsachen besteht in Steuerstrafverfahren darin, dass die Ermittlungen des Sachverhalts durch die **Finanzbehörden** (vor allem durch die **Steuerfahndung,** vgl. § 208 AO, sowie durch die **Straf- und Bußgeldstelle,** sog StraBu bzw. BuStra) geführt werden können. Die Finanzbehörden haben dabei grundsätzlich die gleichen Ermittlungskompetenzen wie die Polizei in allgemeinen Strafsachen (vgl. §§ 420 Abs. 1, 404 AO). Soweit die verfolgte Tat entweder ausschließlich eine Steuerstraftat darstellt oder die verfolgte Tat Kirchensteuern oder andere öffentliche-rechtliche Abgaben betrifft, die an die Besteuerungsgrundlagen, Steuermessbeträge oder Steuerbeträge anknüpfen, führt die Finanzbehörde das Ermittlungsverfahren nach § 386 Abs. 2 AO selbständig durch und hat damit erst einmal eine Stellung wie die Staatsanwaltschaft in allgemeinen Strafsachen. Die **Kompetenz zur selbständigen Führung** des Verfahrens **endet,** sobald gegen einen Beschuldigten wegen der Tat ein **Haftbefehl** oder ein **Unterbringungsbefehl** erlassen ist. Ferner hat die ermittelnde Finanzbehörde auch unabhängig davon **jederzeit** die **Möglichkeit,** die Strafsache **an die Staatsanwaltschaft abzugeben** (§ 386 Abs. 4 S. 1 AO), und die Staatsanwaltschaft kann das Verfahren jederzeit von sich aus **an sich ziehen** (sog **Evokationsrecht,** § 386 Abs. 4 S. 2 AO).

---

[46] Vgl. BGH 3.7.2007 – 1 StR 3/07, BGHSt 51, 367 (370) = NStZ 2007, 653 mAnm *Mikolajczyk* ZIS 2007, 565.

[47] Zu den verfahrensrechtlichen Abweichungen im Jugendstrafverfahren vgl. §§ 33 ff., insbes. §§ 43 ff. JGG samt den Regelungen für die Anwendung bei Heranwachsenden in §§ 107–109 JGG sowie ausführlich die Kommentierung des Jugendstrafverfahrensrechts im 3. Bd.

[48] Vgl. dazu überblicksartig *Gaede* JA 2008, 88 (92 ff.), sowie Wabnitz/Janovsky/*Kummer,* Handbuch Wirtschafts- u. Steuerstrafrechts, Kap. 18; Volk/*Bohnert,* Verteidigung in Wirtschafts- und Steuerstrafsachen § 30, sowie die Kommentierung der §§ 385 ff. AO im 3. Bd. Vertiefend die Kommentierungen von *Randt, Joecks* und *Jäger* in: Franzen/Gast/Joecks.

Gleichsam spiegelbildlich zu den Ermittlungsbefugnissen der sachnahen und inhaltlich kompetenten Finanzbehörden gibt es auf **Verteidigerseite** nach § 392 Abs. 1 AO die Möglichkeit, dass ergänzend neben einem Verteidiger bzw. Rechtslehrer an einer deutschen Hochschule mit Befähigung zum Richteramt (ähnlich § 138 Abs. 1) Steuerberater, Steuerbevollmächtigte, Wirtschaftsprüfer oder vereidigte Buchprüfer zu Verteidigern gewählt werden. Solange die Finanzbehörde nach § 396 Abs. 2 AO das Strafverfahren selbständig durchführt, können die Steuerberater usw auch als alleinige Verteidiger auftreten. 34

c) Verfahrensstrukturelle Besonderheiten. Steuerverfahren sind keineswegs immer, aber zumindest in größeren Fällen häufig gleichsam „wirtschaftsstrafrechtstypisch" durch **lange Verfahren** und **komplexe, zahlreiche außerstrafrechtliche Vorfragen** berührende Sachverhalte geprägt. Umfang wie Komplexität der Fälle, möglicherweise aber auch typische soziostrukturelle Merkmale der Steuerstraftäter führen dazu, dass gerade auch Steuerstrafverfahren ein wichtiges **Anwendungsfeld für Verfahrensabsprachen** – seien es solche nach § 257c, seien es (für die Beschuldigten oft noch erstrebenswerter) solche im Ermittlungs- oder Zwischenverfahren[49] – darstellen. Im Einzelfall kann auch an die Gefahr rechtsstaatswidriger Verfahrensverzögerungen gedacht werden. 35

Weiterhin typisch für das Steuerstrafverfahren ist aufgrund der häufigen Parallelität mit dem Besteuerungsverfahren und seinen vom Strafverfahren abweichenden Prinzipien (insbes. in Gestalt von umfangreichen Mitwirkungspflichten, vgl. nur §§ 99 ff., 200 AO) ein **Ziel- und vor allem Prinzipienkonflikt zwischen den beiden Verfahrensarten,** insbes. mit Blick auf den strafrechtlichen Grundsatz der Freiheit von Selbstbelastung. Den Konflikt versucht **§ 393 AO** – mehr oder weniger erfolgreich – zu entschärfen,[50] indem die Rechte und Pflichten der Verfahrensbeteiligten in beiden Verfahren unabhängig voneinander gestaltet werden und auch im Steuerungsverfahren steuerrechtliche Zwangsmittel für unzulässig erklärt werden, wenn der Steuerpflichtige dadurch gezwungen würde, sich wegen einer Steuerstraftat bzw. Ordnungswidrigkeit selbst zu belasten. Dies gilt nach § 393 Abs. 1 S. 3 AO insbes. dann, wenn wegen der Tat gegen den Steuerpflichtigen ein Strafverfahren eingeleitet worden ist; nach § 393 Abs. 1 S. 4 AO ist der Steuerpflichtige darüber auch zu belehren. Ferner errichtet § 393 Abs. 2 AO eine Sperre dahingehend, dass Erkenntnisse aus pflichtgemäß gemachten Angaben in den Steuerakten von den Strafverfolgungsbehörden grundsätzlich nicht für andere als Steuerstraftaten verwertet werden dürfen, soweit an der Verfolgung nicht ein zwingendes öffentliches Interesse iSd § 30 Abs. 4 Nr. 5 AO besteht.[51] 36

3. Ordnungswidrigkeitenverfahren. a) Allgemeines. Hinsichtlich des Verfahrens bei der Ahndung der „kleinen Geschwister" der Straftat, dh der Ordnungswidrigkeitentatbestände, ist zu unterscheiden: Soweit die **Verfolgung der Ordnungswidrigkeit Gegenstand eines Strafverfahrens** ist (was nach §§ 40 ff. OWiG insbes. immer dann der Fall ist, wenn die gleiche Tat als Straftat und als Ordnungswidrigkeit verfolgt werden kann) gilt ganz selbstverständlich grundsätzlich die StPO (welche aber über die Ordnungswidrigkeiten rechtlichen Vorschriften dann modifiziert wird, wenn das Gericht die Anklage zur Hauptverhandlung nur unter dem rechtlichen Gesichtspunkt einer Ordnungswidrigkeit zulässt, vgl. § 82 Abs. 2 OWiG). Geht es dagegen „nur" um Ordnungswidrigkeiten, so ist das **Bußgeldverfahren** nach dem OWiG durchzuführen, das zwar über eine Reihe von Sondervorschriften verfügt, ergänzend in § 46 Abs. 1 OWiG jedoch ebenfalls auf die – hier explizit nur „sinngemäße" – Anwendung der Vorschriften der StPO verweist. Einige schwerwiegende Grundrechtseingriffe sind nach § 46 Abs. 3 OWiG vom Verweis ausdrück- 37

[49] Vgl. hierzu umfassend *Sauer* Konsensuale Verfahrensweisen im Wirtschafts- und Steuerstrafrecht, 2008.

[50] Vgl. ausf. etwa *Sahan,* Keine Steuererklärungspflicht bei Gefahr strafrechtlicher Selbstbelastung, sowie die Kommentierung zu § 393 AO im 3. Bd.

[51] Zu Konsequenzen für die Steuerpflicht, welche nicht entfällt, soweit sich die Erklärungspflicht auf die betragsmäßige Angabe der Einnahmen beschränkt und nicht deren deliktische Herkunft umfasst, vgl. BGH 2.12.2005 – 5 StR 119/05, BGHSt 50, 299 = NStZ 2006, 210.

lich ausgenommen; andere Ausnahmen ergeben sich mehr oder weniger aus der Natur der Sache, so etwa das Fehlen einer notwendigen Verteidigung, da auf Ordnungswidrigkeiten *a priori* keine der Voraussetzungen des § 140 StPO anwendbar sein kann, oder für die Pflicht zur Teilnahme der Staatsanwaltschaft an der Hauptverhandlung nach § 226 StPO, da nach § 75 Abs. 1 S. 1 OWiG eine solche explizit nicht erforderlich ist.[52]

38 **Bedeutsam** sind **mangels eigener Vorschriften im OWiG** etwa die strafprozessualen Regelungen über den Zeugenbeweis (§§ 48 ff.), den Sachverständigen (§§ 72 ff.) oder die Beweismittelsicherung (§§ 94 ff., 102 ff.). Ein Ordnungswidrigkeitenverfahren darf nur durchgeführt werden, solange keine Verfolgungsverjährung eingetreten ist (vgl. § 31 Abs. 1 S. 1 OWiG). Die Verjährungsfrist richtet sich dabei gem. § 31 Abs. 2 OWiG nach dem Höchstmaß der angedrohten Geldbuße. Regelungen über das Ruhen und die Unterbrechung der Verfolgungsverjährung finden sich in §§ 32 f. OWiG. Auch nach Eintritt der Verjährung kann die Anordnung eines Verfalls zulässig sein (§ 31 Abs. 1 S. 2 OWiG).

39 **b) Verwaltungsverfahren.** Zuständig für die Verfolgung und Ahndung von Ordnungswidrigkeiten sind nach § 35 Abs. 1, 2 OWiG zunächst die **Verwaltungsbehörden,** wobei sich die **sachliche Zuständigkeit** oft in den speziellen Fachgesetzen findet (vgl. § 36 Abs. 1 Nr. 1 OWiG), während **örtlich** nach § 37 Abs. 1 OWiG die Verwaltungsbehörde zuständig ist, in deren Bezirk die Ordnungswidrigkeit begangen oder entdeckt worden ist bzw. der Betroffene zur Zeit der Einleitung des Bußgeldverfahrens seinen Wohnsitz hat. Soweit dadurch die örtliche Zuständigkeit mehrerer Behörden begründet wird, gebührt grundsätzlich nach § 39 Abs. 1 OWiG derjenigen Verwaltungsbehörde der Vorzug, die sich zuerst mit der Sache dem Betroffenen gegenüber erkennbar befasst hat.[53] Bei Gefahr im Verzug kann nach § 46 Abs. 1, 2 OWiG iVm den einschlägigen Vorschriften der StPO bzw. des GVG jede sachlich zuständige Behörde ungeachtet der örtlichen Zuständigkeit tätig werden.

40 **Einleitung und Durchführung des Ordnungswidrigkeitenverfahrens** bis hin zur Ahndungsentscheidung obliegen den soeben beschriebenen Behörden (so dass insoweit gewissermaßen die Inquisitionsmaxime gilt),[54] ggf. mit Unterstützung der Polizei (vgl. § 53 OWiG), und erfolgen nach § 46 Abs. 1 OWiG iVm § 152 StPO beim Vorliegen eines **Anfangsverdachts.** Die Staatsanwaltschaft wird nur tätig, wenn die Ordnungswidrigkeit mit einer von ihr verfolgten Straftat zusammenhängt (vgl. § 42 Abs. 1 S. 1 OWiG). Dabei gilt für das gesamte Verfahren nach § 47 OWiG das **Opportunitätsprinzip,** dh anders als für die Staatsanwaltschaft bei der Verfolgung von Straftaten (sog Legalitätsprinzip) besteht für die Verwaltungsbehörden bei der Verfolgung von Ordnungswidrigkeiten kein strenger Verfolgungszwang, sondern die Durchführung des Verfahrens liegt in ihrem pflichtgemäßen Ermessen.[55] Soweit ermittelt wird, hat die Verwaltungsbehörde nach § 46 Abs. 1 OWiG iVm § 160 Abs. 2 StPO nicht nur be-, sondern auch entlastendes Material zu ermitteln. Gegenüber Ermittlungshandlungen, durch die in die Rechte des Betroffenen oder Dritter eingegriffen wird, steht diesen nach Maßgabe des § 62 OWiG ein Rechtsmittel zu.

41 Der **Abschluss des Ordnungswidrigkeitenverfahrens** erfolgt durch eine **Einstellung** (§ 47 Abs. 1 S. 2, Abs. 2, 3 OWiG), durch eine **Verwarnung** ohne oder mit Verwarnungsgeld (in Höhe von 5 bis 35 EUR, vgl. § 56 OWiG) oder durch einen **Bußgeldbescheid** (§§ 65 f. OWiG).

42 **c) Einspruch und gerichtliches Verfahren.** Gegen einen Bußgeldbescheid kann der Betroffene nach § 67 Abs. 1 OWiG binnen zwei Wochen nach Zustellung **Einspruch** einlegen.[56] Verwirft die Verwaltungsbehörde den Einspruch im Zwischenverfahren nach

---

[52] Zu diesen und weiteren Bsp. vgl. *Mitsch* JA 2008, 409 (410).

[53] Gegen Doppelahndungen gewährt § 84 OWiG Schutz; zu den insoweit erforderlichen Feststellungen zur Tatidentität vgl. KG 28.9.2001 – 2 Ss 437/98 u.a., wistra 2002, 227 (228 f.); KK-OWiG/*Wache* § 84 Rn. 2 ff.

[54] Vgl. *Mitsch* JA 2008, 409 (411).

[55] Näher zum Opportunitätsprinzip *Göhler,* OWiG, OWiG § 47 Rn. 3 ff.

[56] Näher zum Einspruchsverfahren vgl. KK-OWiG/*Bohnert* § 67 Rn. 1 ff.

§ 69 OWiG als unzulässig, kann der Betroffene dagegen innerhalb von zwei Wochen einen **Antrag auf gerichtliche Entscheidung** nach §§ 69 Abs. 1 S. 2, 62 OWiG stellen. Ist der Einspruch zulässig und wird der Bußgeldbescheid von der Verwaltungsbehörde aufrechterhalten, so übersendet sie die Akten an die Staatsanwaltschaft (vgl. § 69 Abs. 3 OWiG), die diese dem nach § 68 OWiG zuständigen Strafrichter vorlegt. Verwirft auch dieser den Einspruch nicht als unzulässig (vgl. § 70 OWiG), so kommt es zu einem (öffentlichen) **Hauptverfahren,** das sich im Wesentlichen nach den **Verfahrensregeln der StPO** nach Einspruch gegen einen Strafbefehl (vgl. § 411 Abs. 1 S. 2) richtet (vgl. § 71 Abs. 1 OWiG; zu Modifikationen des Verfahrens, insbes. mit erweiterten Möglichkeiten des Abwesenheitsverfahrens, vgl. §§ 72 ff. OWiG). Rechtsmittel gegen die Entscheidung des Amtsgerichts ist allein die Rechtsbeschwerde zum OLG (vgl. § 79 OWiG), die im Wesentlichen der strafprozessualen Revision nachgebildet ist.

d) Beitreibung der Geldbuße. Zahlt der Betroffene das in einem rechtskräftig gewordenen Bußgeldbescheid festgesetzte Bußgeld nicht, kann aus dem Bescheid vollstreckt werden. Dies erfolgt nach § 90 Abs. 1 Hs. 1 OWiG (oder übereinstimmenden Regeln in den einschlägigen Spezialgesetzen, vgl. etwa § 23 Abs. 5 S. 2 AEntG) **nach den Vorschriften des Verwaltungsvollstreckungsgesetzes des Bundes.** Ein **gerichtlicher Bußgeldbescheid** wird dagegen gemäß § 91 OWiG **nach** § 451 Abs. 1 und 2, § 459 bzw. § 459g Abs. 1 und Abs. 2 iVm § 459 **StPO vollstreckt.** Nach pflichtgemäßem Ermessen[57] der Vollstreckungsbehörde (dh nach § 92 OWiG grundsätzlich der Behörde, die auch den Bußgeldbescheid erlassen hat) kann diese nach erfolglosen Vollstreckungsversuchen oder auch schon vor bzw. statt einer Vollstreckung nach §§ 90, 91 OWiG nach § 96 OWiG Erzwingungshaft anordnen. 43

Auch ein rechtskräftig festgesetztes Bußgeld darf nach Ablauf der **Vollstreckungsverjährungsfrist** nicht mehr vollstreckt werden, § 34 Abs. 1 OWiG. Die Verjährungsfrist beträgt nach § 34 Abs. 2 OWiG bei einer verhängten Geldbuße bis zu 1.000 Euro drei Jahre, bei einer Geldbuße von mehr als 1.000 Euro fünf Jahre. Näheres regelt § 34 Abs. 3, 4 OWiG. Zur **Sicherung und Durchführung der Vollstreckung** kann nach § 46 Abs. 1 OWiG iVm § 132 StPO eine **Sicherheitsleistung angeordnet** werden. Die Schwierigkeiten, die insbes. im Zusammenhang mit Betroffenen auftreten können, die ihren (Wohn-) Sitz im Ausland haben, können im Einzelfall – insbes. zur Sicherung des Verfalls – die Anordnung eines dinglichen Arrestes nach § 46 OWiG iVm § 111d StPO angezeigt erscheinen lassen. Beide Möglichkeiten sind nicht zuletzt **vor dem Hintergrund der Tatsache** zu sehen, dass die **Rechtshilfe im Ordnungswidrigkeitenbereich** und die Vollstreckung daraus erwachsender Geldforderungen im Ausland **noch vielfach auf unsicheren Füßen** steht.[58] 44

B. Verfassungsrechtliche Rahmenbedingungen

I. Strafprozess und Verfassung

1. Bedeutung des Verfassungsrechts. Nicht erst[59] unter der Geltung des Grundgesetzes wurde schon früh betont, dass das **Strafprozessrecht „angewandtes Verfassungsrecht“**[60] oder aber ein **„Seismograph der Staatsverfassung“**[61] sei. In eine ähnliche 45

---

[57] Vgl. KK-OWiG/*Mitsch* § 96 Rn. 15.

[58] Vgl. etwa zu den Schwierigkeiten im Zusammenhang mit dem IRG und dem EuRhÜbk. KK-OWiG/*Bohnert,* Einleitung Rn. 190 ff.

[59] Vgl. etwa schon aus der Mitte des 19. Jahrhunderts *Mittermaier,* Die Gesetzgebung und Rechtsübung über Strafverfahren nach ihrer neuesten Fortbildung dargestellt und geprüft von C. J. A. Mittermaier, 1856, S. 131 ff. („Zusammenhang des Strafverfahrens mit dem politischen, socialen und sittlichen Zuständen eines Volkes“).

[60] Vgl. *Sax,* in: Bettermann/Nipperdey/Scheuner (Hrsg.) Die Grundrechte, Bd. III/2, 1959, S. 909 (967); auf S. 910 spricht *Sax* (ohne Nachw.) davon, dass schon 1959 die Einordnung der StPO als „Ausführungsgesetz zum Grundgesetz“ verbreitet gewesen sei. Das Bild des „angewandten Verfassungsrechts“ wird später auch vom BVerfG (etwa BVerfG 8.3.1972 – 2 BvR 28/71, BVerfGE 32, 373 [383] = NJW 1972, 1123 [1125]) aufgenommen.

[61] Vgl. *Roxin/Schünemann* § 2 Rn. 1.

Richtung – allerdings mit eher kritischer Konnotation – geht es, wenn *Arzt* vom Strafprozessrecht als „Kolonie" des Verfassungsrechts spricht.[62] All diese Metaphern belegen die besondere Bedeutung der verfassungsrechtlichen Rahmenbedingungen – und zwar in verschiedenen Ausprägungen (→ Rn. 47 ff.) – für das Strafprozessrecht, welche von der Tatsache herrühren, dass es sich um einen **Prototyp des staatlichen Eingriffsrechts** handelt wie sonst wohl nur noch das Polizeirecht.[63] Nicht zuletzt die Tatsache, dass die Grundrechtseingriffe etwa im Bereich der Ermittlungsmaßnahmen besonders sicht- und greifbar sind, dürfte der Grund dafür sein, dass die verfassungsrechtliche Diskussion im Verfahrensrecht sogar eher eingesetzt hat und bis heute stärker ausgeprägt ist als diejenige zum materiellen Strafrecht, welche (abgesehen von der Bestimmtheitsproblematik und Art. 103 Abs. 2 GG) erst Mitte der 1990er Jahre ihren ersten Höhepunkt erreicht hat.[64]

46 Die Intensität dieser Diskussion und die starke verfassungsrechtliche Verankerung des Strafprozessrechts stärken vielfach die **Beschuldigtenrechte,** derer sich das BVerfG in zahlreichen Entscheidungen angenommen hat.[65] Die Wirkung ist aber durchaus ambivalent, da als ein mit verfassungsrechtlichen Weihen ausgestatteter Argumentationstopos umgekehrt auch die **„Funktionstüchtigkeit der Strafrechtspflege"** (→ Rn. 87 ff.) herangezogen wird, um Beschuldigtenrechte einzuschränken (bzw. zumindest um ihrer Erweiterung Grenzen zu ziehen). Neben dieser Ambivalenz, die letztlich bereits in dem in verschiedene Richtungen wirkenden Rechtsstaatsprinzip begründet liegt (vgl. unten 83 ff.), ergeben sich weitere Probleme daraus, dass die Auflösung der verfassungsrechtlichen Schranken in einfachgesetzliche Tatbestandsvoraussetzungen auf der einen und die vom Verfassungsrecht her in das Strafprozessrecht (und insbes. auch in die Rechtsprechung dazu) diffundierende Abwägungshypertrophie zum anderen die Rechtsanwendung erschweren und vor allem ihre Vorhersehbarkeit beeinträchtigen können: Einerseits treten nämlich verfassungsrechtliche Schranken gewissermaßen als „zweite Linie des Grundrechtsschutzes" neben etwa Subsidiaritätsanforderungen, Beschränkungen von Eingriffsbefugnissen auf den Verdacht von Katalogtaten etc, welche insbes. in neu geschaffenen bzw. geänderten prozessualen Eingriffsbefugnissen vielfältig schon existieren, um die Grundrechte hinreichend zu sichern. Andererseits führt die stete Abwägung von etwa Beschuldigteninteressen mit den Belangen der Strafverfolgung dazu, dass klare Grenzziehungen vielfach vermieden werden[66] und möglicherweise gerade aufgrund der Existenz solcher zusätzlichen verfassungsrechtlichen Rückzugslinien die einfachgesetzlichen Merkmale im Einzelfall vergleichsweise sorglos bejaht werden.

47 **2. Verfassungsrechtliche Problemstellungen im Überblick. Anknüpfungspunkte für verfassungsrechtliche Überlegungen** können sich im Einzelnen unter folgenden Aspekten ergeben:

48 **a) Grundrechte.** Im Strafverfahren spielen sowohl die **„materiellen" Grundrechte** der Art. 1 ff. GG (hier insbes. im Ermittlungsverfahren bei eingriffsintensiven Ermittlungsbefugnissen, vgl. unten II.) als auch die **sog Verfahrensgrundrechte** (bei der Verfahrensgestaltung im Einzelnen und damit nicht zuletzt auch prominent in der Hauptverhandlung, vgl. dazu unten III.) eine Rolle.

[62] Vgl. *Arzt,* GS Armin Kaufmann 1989, 839 (847 ff.); vgl. auch *Niemöller/Schuppert* AöR 107 (1982), 387 (389, 411 f.), *Wolter* NStZ 1993, 1.

[63] Vgl. *Niemöller/Schuppert* AöR 107 (1982), 387 (389 f.).

[64] Vgl. etwa *Appel,* Verfassung und Strafe, 1998; *Lagodny,* Das Strafrecht vor den Schranken der Grundrechte, 1996; *Paulduro,* Die Verfassungsmäßigkeit von Strafrechtsnormen, insbesondere der Normen des Strafgesetzbuches, 1992, sowie *Staechelin,* Strafgesetzgebung im Verfassungsstaat, 1998; als Vorreiter der Diskussion ist auch die Kurzmonographie von *Tiedemann,* Verfassungsrecht und Strafrecht, 1991, zu nennen. Zu einer grundrechtsorientierten Auslegung materiell rechtlicher Strafnormen vgl. auch (teilw. durchaus auf das Strafprozessrecht übertragbar) *Kudlich* JZ 2003, 127.

[65] Vgl. zur älteren Rspr. nur die Nachw. bei *Niebler,* FS Kleinknecht, 1985, 299 (303 ff.), sowie bei *Niemöller/Schuppert* AöR 107 (1982), 387 (421 ff.); zur neueren Rspr. vgl. unten die Nachw. ab Rn. 53.

[66] Exemplarisch die Entscheidung des Großen Strafsenats zur Hörfalle, BGH 13.5.1996 – GSSt 1/96, BGH(GS)St. 42, 139 = NJW 1996, 2940 mAnm *Kudlich* JuS 1997, 696.

Gerade bei den letztgenannten Verfahrensgrundrechten, aber auch bei speziellen Ausprägungen der Menschenwürde des Art. 1 Abs. 1 GG ergeben sich **Überschneidungen mit strafverfahrensrechtlichen Prozessmaximen,** welche auch in der Rspr. nicht nur als Kondensat des Prozessrechts, sondern gleichsam als Zwischenebene zwischen verfassungs- und einfachem Gesetzesrecht behandelt werden.[67] Gleichwohl werden in diesem Unterabschnitt nicht alle Prozessmaximen, bei denen man einen verfassungsrechtlichen Bezug herstellen kann, behandelt. Vielmehr sind diese vielfach erst Gegenstand von Teil C (→ Rn. 120 ff.), wobei die Aufteilung der Darstellung zugegebenermaßen teilw. „willkürlich" ist und sich im Wesentlichen an bestehenden Traditionen orientiert. Vergröbernd beschrieben werden in diesem Abschn. B nur solche „Prozessmaximen" behandelt, welche (wie der Grundsatz „ne bis in idem", → Rn. 78 ff.) eine **explizite Ausprägung im GG** gefunden haben (und nicht nur als bspw. „menschenwürderelevant" in einen weiten Kontext zu Art. 1 Abs. 1 GG gestellt werden). 49

b) Rechtsstaatsprinzip. Von Bedeutung für das Verfassungsrecht ist ferner das Rechtsstaatsprinzip als **inhaltliches Kriterium** (vgl. IV., Rn. 83 ff.), dessen Ausprägungen den Grundrechtsschutz teils ergänzen (wobei es dann für das Ergebnis eher zweitrangig ist, ob dem Rechtsstaatsprinzip insoweit auch subjektive Rechtspositionen entnommen werden oder ob man es als eine bloße Grenze für Eingriffe in die allgemeine Handlungsfreiheit aus Art. 2 Abs. 1 GG interpretiert), teils aber in Gestalt der „Funktionstüchtigkeit der Strafrechtspflege" auch Gegengewichte dazu bilden werden. 50

c) Gesetzesvorbehalt. Im Unterschied zum inhaltlich wirkenden Rechtsstaatsprinzip ist als ebenfalls verfassungsrechtlich verankerte, aber **formell** ausgestaltete Grenze der **Gesetzesvorbehalt** für das Strafverfahrensrecht von Bedeutung. Nach verbreiteter Auffassung handelt es sich hierbei freilich nicht um den speziellen strafrechtlichen Gesetzesvorbehalt des Art. 103 Abs. 2 GG, sondern „nur" um den allgemeinen Gesetzesvorbehalt für staatliche Grundrechtseingriffe (vgl. näher unten V., Rn. 92 ff.), womit zugleich auch eine methodenrelevante Dimension des Verfassungsrechts angesprochen ist (zu weiteren Methodenfragen des Strafprozessrechts vgl. unten Teil I, Rn. 577 ff.). 51

d) Verfahren zur Wahrung der Verfassung. Die verfassungsrechtlichen Implikationen sind schon mit Blick auf Art. 1 Abs. 3 GG auch von den Fachgerichten im Prinzip **vollumfänglich bei der Rechtsanwendung** zu berücksichtigen. Gleichwohl spielt natürlich auch im Strafverfahrensrecht die Möglichkeit eine große Rolle, die Einhaltung verfassungsrechtlicher Grenzen **in speziellen Verfahren** – hier insbes. bedeutsam die Individualverfassungsbeschwerde nach Art. 93 Abs. 1 Nr. 4a GG – überprüfen lassen zu können (vgl. unten VI. Rn. 101 ff.). 52

II. Materielle Grundrechtsgarantien und Strafverfolgung

Die „materiellen" Grundrechte der Art. 1 ff. GG sind insbes. als **Abwehrrechte** gegen strafprozessuale Zwangsmaßnahmen und daher **vorrangig im Ermittlungsverfahren** von Bedeutung. Die Grundrechte schützen hier all die Lebensbereiche, in welche der Staat im Rahmen seiner Ermittlungstätigkeit einzugreifen gezwungen sein kann. Eine detaillierte Darstellung der grundrechtsorientierten oder gar verfassungskonformen Auslegung der Eingriffsnormen[68] muss daher der Kommentierung der jeweiligen Befugnisnormen vorbehalten bleiben. Einige wichtige Grundsätze gewissermaßen aus der umgekehrten Perspektive – dh nicht von der Befugnisnorm, sondern vom Grundrecht her gedacht – sollen im Folgenden aber gleichwohl (nicht nur *colorandi causa*) genannt werden: 53

1. Menschenwürde (Art. 1 GG). Unter den zahlreichen – naturgemäß im Strafverfahren auch häufig nicht-offenen sowie nicht-konsensual erfolgenden – Eingriffen finden sich 54

[67] Vgl. die Analyse von *Niemöller/Schuppert* AöR 107 (1982), 387 (406, 408 ff.).
[68] Vgl. zum Unterschied zwischen beiden Auslegungsmethoden *Kudlich* JZ 2003, 127.

zwangsläufig auch solche, die mehr oder weniger deutlich menschenwürderelevant sind. Ebenso wie in anderen Bereichen bietet sich freilich auch hier an, die Menschenwürde nicht mit „zu **kleiner Münze**"[69] zu messen, um weder zielgerichtete Ermittlungen immer schon im Keim zu ersticken noch umgekehrt die normative Prägnanz der Menschenwürdegarantie dadurch zu verwässern, dass bei zu großzügiger Annahme des Schutzbereichs zahlreiche an sich in der Verfassung nicht vorgesehene (vgl. auch Art. 1 Abs. 3 GG) Einschränkungen hingenommen werden müssen. Als **menschenwürderelevant** genannt werden etwa die akustische Überwachung von Wohnräumen dahingehend, dass der Kernbereich der privaten Lebensgestaltung[70] gesichert bleiben muss[71] oder der Zugriff auf Tagebücher;[72] auch der nemo tenetur-Grundsatz wird als Ausprägung von Art. 1 GG verstanden.[73]

55 **2. Allgemeine Handlungsfreiheit und allgemeines Persönlichkeitsrecht (Art. 2 Abs. 1 GG, insbes. iVm Art. 1 GG).** Ebenso wie in anderen Rechtsgebieten kommt auch im Strafprozessrecht der allgemeinen Handlungsfreiheit – ggf. ein wenig konkretisiert zum allgemeinen Persönlichkeitsrecht (Art. 2 Abs. 1 iVm Art. 1 GG) – eine **Auffangfunktion zu,** wenn staatliche Maßnahmen nicht den Schutzbereich eines konkreten Grundrechts erfassen, gleichwohl jedoch als „invasiv" empfunden werden. **Beispiele,** in denen die Rspr. diese Position diskutiert hat, sind etwa wiederum die Beschlagnahme von Tagebuchaufzeichnungen (soweit nicht schon unter die Menschenwürde isoliert gefasst),[74] die Beschlagnahme einer Karteikarte über den Beschuldigten bei seinem Arzt[75] oder das Abhören von Selbstgesprächen im Krankenzimmer[76] oder in einem Pkw.[77] In neuerer Zeit wurde hier etwa auch das **„Computergrundrecht"** auf Gewährleistung und Vertraulichkeit der Integrität informationstechnischer Systeme verortet.[78] Zuletzt bietet die allgemeine Handlungsfreiheit auch einen generellen Schutz gegen strafrechtliche Verurteilungen dahingehend, dass eine solche nicht aufrechterhalten werden kann, wenn vor der letzten Entscheidung die zugrundeliegende Strafvorschrift außer Kraft getreten ist.[79]

56 **3. Schutz der körperlichen Unversehrtheit (Art. 2 Abs. 2 S. 1 GG).** Mitunter sind strafprozessuale Zwangsmaßnahmen mit **Eingriffen in die körperliche Unversehrtheit** verbunden, für die es in Gestalt von § 81a StPO zwar eine Befugnisnorm gibt, die jedoch immer in besonderer Weise an den Anforderungen des **Verhältnismäßigkeitsgrundsatzes** zu messen sind. Bekannt sind hier etwa – auch das gesamte Spektrum an Eingriffsintensität abbildend – Entscheidungen zur Veränderung der Haar- und Barttracht,[80] zur Liquorentnahme[81] sowie zur Hirnkammerlüftung;[82] ungewöhnlich, aber ebenfalls schon Gegenstand einer höchstrichterlichen Entscheidung ist die Untersuchung zur Erektionsfähigkeit.[83] Insbes. zu Ermittlungen in BtM-Sachen wurde lange Zeit der zwangsweise Einsatz von **Brechmitteln** diskutiert, welcher durch eine Entscheidung des EGMR im Jahr 2006

---

[69] Vgl. Maunz/Dürig/*Herdegen* Art. 1 Rn. 44.
[70] Vgl. hierzu allgemein *Warg* NStZ 2012, 237.
[71] Vgl. BVerfG 3.3.2004 – 1 BvR 2378/98 u. 1 BvR 1084/99, BVerfGE 109, 279 (319 ff.) = NJW 2004, 999 (1003 ff.).
[72] Vgl. BVerfG 14.9.1989 – 2 BvR 1062/87, BVerfGE 80, 367 (379) = NJW 1990, 563 (564 f.).
[73] Vgl. BVerfG 26.2.1997 – 1 BvR 2172/96, BVerfGE 95, 220 (241 f.) = NJW 1997, 1841 (1843 f.); vgl. auch *Rüping* ZStW 91 (1979), 351 (352).
[74] Vgl. BGH 21.2.1964 – 4 StR 519/63, BGHSt 19, 325 (330) = NJW 1964, 1139 (1142).
[75] Vgl. BVerfG 8.3.1972 – 2 BvR 28/71, BVerfGE 32, 373 (383) = NJW 1972, 1123 (1124 f.).
[76] Vgl. BGH 10.8.2005 – 1 StR 140/05, BGHSt 50, 206 = NJW 2005, 3295.
[77] Vgl. BGH 22.12.2011 – 2 StR 509/10, NStZ 2012, 277 mAnm *Jahn/Geck* JZ 2012, 561.
[78] Vgl. BVerfG 27.2.2008 – 1 BvR 370/07, 1 BvR 595/07, BVerfGE 120, 274 (302 ff.) = NJW 2008, 822 (824 ff.).
[79] Vgl. BVerfG 19.2.1993 – 2 BvR 1551/92, NJW 1993, 2167 (2168).
[80] Vgl. BVerfG 14.2.1978 – 2 BvR 406/77, BVerfGE 47, 239 = NJW 1978, 1149.
[81] Vgl. BVerfG 10.6.1963 – 1 BvR 790/58, BVerfGE 16, 194 = NJW 1963, 1597.
[82] Vgl. BVerfG 25.7.1963 – 1 BvR 542/62, BVerfGE 17, 108 = NJW 1963, 2368.
[83] Vgl. BVerfG 21.5.2004 – 2 BvR 715/04, NJW 2004, 3697, dort auch zugleich zur Frage, ob die dafür notwendige Freiheitsentziehung von § 81a StPO gedeckt ist.

im Wesentlichen obsolet geworden ist.[84] Die Flut jüngerer Entscheidungen zu § 81a StPO im Zusammenhang mit Trunkenheitsfahrten[85] schließlich knüpft weniger am Recht auf körperliche Unversehrtheit als vielmehr am Richtervorbehalt an. Dagegen hat die körperliche Unversehrtheit auch im Recht der Hauptverhandlung Relevanz, wenn sich die Frage stellt, ob diese bei drohenden irreparablen Gesundheitsschäden abzubrechen ist.[86]

4. Freiheit der Person (Art. 2 Abs. 2 S. 2 GG). Die Freiheit der Person ist im Straf- 57
verfahren thematisch das zentral einschlägige Grundrecht mit Blick auf das **Haftrecht,** in dem verfassungskonforme Auslegung und besondere Anforderungen von Verfassungs wegen eine besondere Rolle spielen.[87] Freilich wird Art. 2 Abs. 2 S. 2 GG hierbei ganz maßgeblich durch die spezielleren Garantien des **Art. 104 GG** überlagert, vgl. daher → Rn. 82 ff.

5. Allgemeiner Gleichheitsgrundsatz (Art. 3 Abs. 1 GG). Der allgemeine Gleich- 58
heitsgrundsatz hat als solcher ein großes spontanes **„Gerechtigkeitspotential"** und eine thematische Nähe zur Idee der **„Waffengleichheit",** die grundsätzlich durchaus als wichtige Ausprägung eines rechtsstaatlichen Verfahrens betrachtet werden kann.[88] Freilich werden aufgrund der unterschiedlichen Funktionen der verschiedenen Verfahrensbeteiligten nicht selten **Differenzierungskriterien** zu benennen sein, welche eine **nicht-willkürliche** Ungleichbehandlung ermöglichen. Der scheinbare Vorteil der Weite des Grundrechts (im Vergleich zu den Einzelgrundrechten der Art. 2, 4 ff. GG) führt als Kehrseite insoweit dazu, dass etwaige Verstöße auch weniger leicht „scharf gestellt" werden können. Gerade verteidigerseitig sollte nicht der vielleicht manchmal naheliegenden Versuchung nachgegangen werden, über Art. 3 Abs. 1 GG mehr oder weniger floskelhaft „Ungleichbehandlungen" zu rügen, obwohl speziellere einfachgesetzliche und mitunter sogar in den Freiheitsgrundrechten fundierte verfassungsrechtliche Abwehrmechanismen existieren.[89]

6. Religionsfreiheit und Schutz von Ehe und Familie (Art. 4, 6 GG). Die die 59
persönliche Lebensgestaltung in religiöser und familiärer Hinsicht schützenden Grundrechte aus Art. 4 und 6 GG wirken sich insbes. im Zusammenhang mit den Zeugenpflichten (und damit nicht nur im Ermittlungsverfahren, sondern in gleicher Weise in der Hauptverhandlung) aus. Insbes. eheliche und verwandtschaftliche Beziehungen sind bereits durch die Einräumung von Zeugnisverweigerungsrechten in §§ 52 ff. StPO berücksichtigt, deren Auslegung dann noch zusätzlich durch die Ausstrahlungswirkung der Grundrechte beeinflusst wird. Zeugnisverweigerungsrechte im Zusammenhang mit der **Religionsausübung** werfen insbes. die **Frage ihrer Reichweite,** so etwa hinsichtlich des vom Zeugnisverwei-

[84] *Jalloh/Deutschland,* vgl. EGMR 11.7.2006 – 54810/00, NJW 2006, 3117 mit Besprechung *Schuhr* NJW 2006, 3538; aus materiell-rechtlicher Sicht interessant zum Problem aus jüngerer Zeit BGH 29.4.2010 – 5 StR 18/10, NJW 2010, 2595.

[85] Vgl. die Flutwelle auslösend BVerfG 12.2.2007 – 2 BvR 273/06, NJW 2007, 1345 (einschränkend aber auch BVerfG 28.7.2008 – 2 BvR 784/08, NJW 2008, 3053 sowie BVerfG 11.6.2010 – 2 BvR 1046/08, NJW 2010, 2864; sodann aber wieder BVerfG 11.6.2010 – 2 BvR 1046/08, NStZ 2011, 289 mAnm *Rabe von Kühleheim*) sowie aus der fachgerichtlichen Rechtsprechung nachfolgend etwa OLG Dresden 11.5.2009 – 1 Ss 90/09, NJW 2009, 2149; OLG Bremen 14.7.2009 – SsBs 15/09, NStZ-RR 2009, 353; OLG Bamberg 19.3.2009 – 2 Ss 15/09, NJW 2009, 2146; KG 1.7.2009 – (3) 1 Ss 204/09 (71/09), NJW 2009, 3527; OLG Hamm 18.8.2009 – 3 Ss 293/08, NJW 2009, 3109; OLG Oldenburg 12.10.2009 – 2 SsBs 149/09, NJW 2009, 3591; OLG Zweibrücken 16.8.2010 – 1 SsBs 2/10, StRR 2010, 468; LG Itzehoe 3.4.2008 – 2 Qs 60/08, NStZ-RR 2008, 249.

[86] Vgl. dazu BVerfG 19.6.1979 – 2 BvR 1060/78, BVerfGE 51, 324 = NJW 1979, 2349.

[87] Vgl. an dieser Stelle statt aller nur BVerfG 15.12.1965 – 1 BvR 513/65, BVerfGE 19, 342 (350) = NJW 1966, 243; *Niemöller/Schuppert* AöR 107 (1982), 387 (489 f.).

[88] Vgl. etwa BVerfG 25.7.1979 – 2 BvR 878/74, BVerfGE 52, 131 (156) = NJW 1979, 1925 (1927).

[89] Erfolglos waren insoweit auf die angebliche Verletzung von Art. 3 Abs. 1 GG gestützte Rügen bzw. Gegenvorstellungen gegen eine Beschlussverwerfung als offensichtlich unbegründet gem. § 349 Abs. 2 StPO (vgl. BGH 12.10.2000 – 5 StR 414/99, NStZ 2001, 334), gegen unterschiedliche Sicherheitszuschläge bei Blut- und Atemalkoholkonzentrationsbestimmungen (vgl. BGH 3.4.2001 – 4 StR 507/00, BGHSt 46, 358 (367) = NJW 2001, 1952 (1953 f.) oder gegen eine (vermeintlich) unterschiedliche Bereitschaft zum Eingehen von Absprachen (insbes. vor Inkrafttreten des Verständigungsgesetzes).

gerungsrecht noch umfassten Bestandteils der Dienstausübung eines Gefängnisseelsorgers[90] oder hinsichtlich der Reichweite des Seelsorgerprivilegs bei Angehörigen der Glaubensgemeinschaft der Yeziden auf.[91]

60 **7. Meinungs- und Pressefreiheit (Art. 5 Abs. 1 GG).** Vor allem die **Pressefreiheit** kann bei Durchsuchungs- oder Überwachungsmaßnahmen beeinträchtigt werden, wenn diese sich gegen Pressemitarbeiter richten und deren Recherchetätigkeit bzw. die Informantenermittlung zum Gegenstand haben. Besonders deutlich hat dies das BVerfG in neuerer Zeit in seiner CICERO-Entscheidung ausgesprochen, nach der Durchsuchungen und Beschlagnahmen in einem Ermittlungsverfahren gegen Presseangehörige dann verfassungsrechtlich unzulässig sind, wenn sie ausschließlich oder vorwiegend dem Zweck dienen, die Person des Informanten zu ermitteln.[92] Weitere Konstellationen, in denen sich das Verfassungsgericht mit Ermittlungsmaßnahmen im Pressebereich befasst und diese teils eingeschränkt, teils aber auch für grundsätzlich zulässig erachtet hat, betreffen etwa die Überwachung von Mobiltelefonen,[93] die Beschlagnahme von Filmmaterial[94] oder aber eines Bekennerschreibens einer terroristischen Gruppe bei einem Presseunternehmen.[95] Gerichtsverfassungsrechtlich schließlich kann die Pressefreiheit mit dem **Persönlichkeitsrecht** der Beteiligten in einen Konflikt geraten, was die Auslegung der Reichweite insbes. des § 169 GVG beeinflussen kann (vgl. dazu im Einzelnen die Kommentierungen im 3. Bd.).[96]

61 **8. Berufsfreiheit (Art. 12 Abs. 1 GG).** Eingriffe in die Berufsfreiheit (und hier insbes. mit der für eine Beeinträchtigung des Art. 12 GG erforderlichen objektiv berufsregelnden Tendenz[97] an der es zB bei mit beruflichen Terminen kollidierenden Zeugenpflichten oder Ähnlichem fehlt) kommen insbes. **gegenüber dem Strafverteidiger** in Betracht, wenn prozessuale Maßnahmen unmittelbar an seine berufliche Tätigkeit anknüpfen. Dies ist immer dann der Fall, wenn es um Bestellung oder auch um Entpflichten des Verteidigers (insbes. gegen seinen Willen) geht,[98] oder aber im Zusammenhang mit dem Umgang mit dem Beschuldigten, etwa bei der Überwachung von Briefverkehr[99] oder der Telekommunikation zwischen dem Angeklagten und seinem Verteidiger.[100]

62 **9. Schutz des Brief- und Fernmeldegeheimnisses (Telekommunikationsfreiheit, Art. 10 GG).** Gerade in der jüngeren Vergangenheit[101] von eminenter Bedeutung

[90] Vgl. BVerfG 25.1.2007 – 2 BvR 26/07, NJW 2007, 1865 mit Besprechungsaufsatz *de Wall* NJW 2007, 1856.

[91] Vgl. BGH 15.4.2010 – 4 StR 650/09, NStZ 2010, 646: Grundsätzlich keine Beschränkung des Begriffs des „Geistlichen" iSd § 53 Abs. 1 Nr. 1 StPO auf Angehörige der staatlich anerkannten und öffentlich-rechtlich verfassten Religionsgemeinschaften; aber jedenfalls dann keine seelsorgerische Tätigkeit, wenn das Gespräch über einen Konflikt den späteren Tatopfern keine religiös geprägte Zuwendung oder geistliche Begleitung im Interesse des seelischen Wohles war; vgl. andererseits aber auch BGH 15.11.2006 – StB 15/96, BGHSt 51, 140 = NStZ 2007, 275.

[92] Vgl. BVerfG 27.2.2007 – 1 BvR 538/06, 1 BvR 2045/06, BVerfGE 117, 244 = NJW 2007, 1117; vorher bereits BVerfG 5.8.1966 – 1 BvR 586/62, 610/63, 512/64, BVerfGE 20, 162 = NJW 1966, 1603 (Spiegelurteil).

[93] Vgl. BVerfG 12.3.2003 – 1 BvR 330/96 u. 1 BvR 348/99, BVerfGE 107, 299 (334) = NJW 203, 1787 (1793 ff.).

[94] Vgl. BVerfG 1.10.1987 – 2 BvR 1434/86, BVerfGE 77, 65 (78 ff.) = NJW 1988, 329 (grds. zulässig).

[95] Vgl. BVerfG 22.8.2000 – 1 BvR 77/96, NJW 2001, 507 (grds. zulässig). Vgl. ferner zu den verfassungsrechtlichen Anforderungen an die Ausgestaltungen der Zeugnisverweigerungsberechtigung von Pressemitarbeitern auch BVerfG 28.11.1973 – 2 BvL 42/71, BVerfGE 36, 193 (204) = NJW 1974, 356.

[96] Vgl. BVerfG 19.12.2007 – 1 BvR 620/07, BVerfGE 119, 309 (318 ff.) = NJW 2008, 977 (978 ff.).

[97] Vgl. etwa BVerfG 30.10.1961 – 1 BvR 833/59, BVerfGE 13, 181 (185 f.) = NJW 1961, 2299 f.; BVerfG 19.6.1985 – 1 BvL 57/79, BVerfGE 70, 191 (214) = NJW 1986, 575 = NVwZ 1986, 113 (117); BVerfG 29.11.1989 – 1 BvR 1402/87, 1528/87, BVerfGE 81, 108 (121 f.) = NJW 1990, 2053 (2055).

[98] Vgl. etwa zur Verweigerung der Festsetzung und Auszahlung einer Pflichtverteidigervergütung BVerfG 4.5.2009 – 1 BvR 2252/08, AnwBl 2009, 551.

[99] Vgl. BVerfG 12.4.2005 – 2 BvR 1027/02, NJW 2005, 1917.

[100] Vgl. BVerfG 30.4.2007 – 2 BvR 2151/06, NJW 2007, 2752.

[101] Zur Rspr. bis zum Anfang der 1980er Jahre vgl. knapp zusammenfassend *Niemöller/Schuppert* AöR 107 (1982), 387 (485).

sind Probleme im Zusammenhang mit dem Telekommunikationsgeheimnis des Art. 10 GG. Diese rühren daher, dass aufgrund **veränderter technischer Möglichkeiten** zum einen **Umfang und Intensität der elektronischen Individualkommunikation** massiv zugenommen haben und dass zum anderen selbst die nachträglich in die StPO eingefügten Vorschriften nicht immer mit der technischen Entwicklung Stand halten bzw. ihre Auslegung zumindest teilw. ungeklärt ist,[102] zumal etwa im Zusammenhang mit Überwachungsmaßnahmen im Internet durch die Konvergenz der Medien teilw. auch die **grundrechtliche Zuordnung** einzelner Verhaltensweisen **schwierig** ist.[103] Nicht zuletzt durch das Gesetz zur Neuregelung der Telekommunikationsüberwachung und anderer verdeckter Ermittlungsmaßnahmen sowie zur Umsetzung der Richtlinie 2006/24/EG sind hierbei durch eine detailliertere und an Vorgaben des BVerfG ausgestaltete Gesetzesformulierung diverse verfassungsrechtliche Konflikte schon in das einfache Gesetzesrecht transportiert und zumindest für viele Fälle aufgelöst worden, einschließlich eines speziellen Rechtsbehelfs in § 101 StPO.

Zur **Reichweite** und zu den **inhaltlichen Anforderungen** an die Überwachung der Telekommunikation findet sich eine **ganze Reihe von Entscheidungen des BVerfG,** die ihren Ursprung im präventiven Bereich haben, für die verfassungsrechtlichen Leitlinien aber auch mit Blick auf das Strafverfahrensrecht zu beachten sind.[104] Zum praktisch nicht unbedeutsamen Fall der Email-Beschlagnahme bei Providern gehen nach längeren kontroversen Diskussionen in der Lit. das BVerfG und der BGH übereinstimmend (wenngleich im Ergebnis durchaus zweifelhaft) davon aus, dass diese nach § 94 (ggf. iVm § 99) möglich ist.[105] Zu der infolge einer Entscheidung des Ermittlungsrichters am BGH und einer bestätigenden Entscheidung des 3. Strafsenats[106] intensiv diskutierten „Online-Durchsuchung" hat das BVerfG jedenfalls im sicherheitsrechtlichen Zusammenhang grundsätzliche Ausführungen gemacht, die über den konkreten Fall hinaus auch für die Schaffung einer entsprechend prozessualen Befugnisnorm *de lege ferenda* von Bedeutung wären.[107] Praktisch bedeutsam ist, dass das Telekommunikationsgeheimnis nach herrschender und zutreffender Auffassung **„am Endgerät endet",**[108] was immer dann bedeutsam ist, wenn etwa Abhörgeräte erst am Endgerät angebracht oder beim Empfänger gespeicherte Informationen (sei es auf seinem Anrufbeantworter, sei es im Email-Programm auf seinem Rechner) zum Gegenstand der Strafverfolgung werden. 63

10. Unverletzlichkeit der Wohnung (Art. 13 GG). Als praktisch enorm wichtige Ermittlungsmaßnahme greift die **Durchsuchung** nach §§ 102 ff. StPO regelmäßig in den Schutzbereich des Art. 13 GG ein. Die Anforderungen an solche Eingriffe und an die Anordnungen, insbes. auch an die **Feststellung der Gefahr im Verzug,** sind Gegenstand reichhaltiger Rspr. des BVerfG.[109] Neben einem physischen Eindringen in die Wohnungen 64

---

[102] Vgl. zu aktuellen Problemen und Entwicklungen überblicksartig *Kudlich* StV 2012, 560 (564 ff.).

[103] Vgl. hier *Kudlich* GA 2011, 193 (195 ff.).

[104] Vgl. hierzu etwa BVerfG 20.6.1984 – 1 BvR 1494/78, BVerfGE 67, 157 (172 f.) = NJW 1985, 121 (122 f.); BVerfG 14.7.1999 – 1 BvR 2226/94, 2420/95 u. 2437/95, BVerfGE 100, 313 (372 ff.) = NJW 2000, 55 (56 ff.); BVerfG 27.7.2005 – 1 BvR 668/04, BVerfGE 113, 348 (364 ff.) = NJW 2005, 2603 (2604 ff.).

[105] Vgl. BVerfG 16.6.2009 – 2 BvR 902/06, BVerfGE 124, 43 = NJW 2009, 2431; BGH 31.3.2009 – 1 StR 76/09, NStZ 2009, 397 mAnm *Kudlich* JA 2009, 660; zur Kritik auch *Kudlich* GA 2011, 193 (201 ff.).

[106] Vgl. BGH 31.1.2007 – StB 18/06, BGHSt 51, 211 = NJW 2007, 930.

[107] Vgl. BVerfG 27.2.2008 – 1 BvR 370/07, 1 BvR 595/07, BVerfGE 120, 274 = NJW 2008, 822.

[108] Vgl. bereits BGH 16.3.1983 – 2 StR 775/82, BGHSt 31, 296 (298) = NJW 1983, 1569; BVerfG 9.10.2002 – 1 BvR 1611/96, 1 BvR 805/98, BVerfGE 106, 28 (37) = NJW 2002, 3619 (3620); BVerfG 2.3.2006 – 2 BvR 2099/04, NJW 2006, 976 mAnm *Jahn* JuS 2006, 491.

[109] Vgl. etwa BVerfG 5.8.1966 – 1 BvR 586/62, 610/63, 512/64, BVerfGE 20, 162 (223 ff.) = NJW 1966, 1603 (1607 ff.); BVerfG 26.5.1976 – 2 BvR 294/76, BVerfGE 42, 212 (220) = NJW 1976, 1735; BVerfG 3.4.1979 – 1 BvR 994/76, BVerfGE 51, 97 (111) = NJW 1979, 1539; BVerfG 10.11.1981 – 2 BvR 1118/80, BVerfGE 59, 95 (97) = MDR 1982, 291; BVerfG 20.2.2001 – 2 BvR 1444/00, BVerfGE 103, 142 (153 ff.) = NJW 2001, 1121; vgl. ferner BVerfG 23.6.1990 – 2 BvR 417/88, NJW 1991, 690; BVerfG 4.7.2006 – 2 BvR 950/05, NJW 2006, 2974; BVerfG 21.1.2008 – 2 BvR 1219/07, NJW 2008, 3629. Vgl. dazu auch *Amelung* NStZ 2001, 337.

ist auch die **akustische Wohnraumüberwachung** am Maßstab des Art. 13 GG gemessen worden,[110] was die Auffassung des BVerfG, bei einer „Online-Durchsuchung" sei regelmäßiger Art. 13 GG nicht berührt, widersprüchlich erscheinen lässt.[111] Gerade im Zusammenhang mit nicht offenen Überwachungsmaßnahmen ist die Frage nach dem Schutzbereich des Art. 13 GG von besonderer Bedeutung, da hier nicht jede neu zu schaffende einfachgesetzliche Vorschrift allein den Anforderungen des Gesetzesvorbehaltes genügen könnte, die durch das **Schrankensystem** des Art. 13 GG aufgestellt werden.

III. Verfahrensgrundrechte im Strafprozess

65 **1. Allgemeines.** Neben den materiellen Grundrechtsgarantien der Art. 1 ff. GG kennt das Grundgesetz auch eine Reihe von Rechtsgewährleistungen des Bürgers gegenüber der Justiz, welche nicht zuletzt aufgrund ihrer Verfassungsbeschwerdefähigkeit als **„Justizgrundrechte"** bezeichnet werden. Diese Garantien gelten nicht nur, aber selbstverständlich auch – und teilw. sogar exklusiv – im Strafverfahren. Die wahrscheinlich wichtigste spezifisch strafrechtliche Garantie in Gestalt von Art. 103 Abs. 2 GG spielt dabei freilich weniger im Zusammenhang mit dem Strafprozessrecht als vielmehr mit dem materiellen Recht eine Rolle, bezieht sich der nicht umsonst in § 1 StGB wortgleich niedergelegte „nulla-poena-Grundsatz" doch vorrangig auf die Strafbarkeit[112] und nicht genuin auf die Strafverfolgung.[113] Genuin das Verfahren(srecht) betreffen dagegen die Garantien des gesetzlichen Richters (Art. 101 Abs. 1 S. 2 GG), des rechtlichen Gehörs (Art. 103 Abs. 1 GG), des Verbotes der Doppelbestrafung (Art. 103 Abs. 3 GG) sowie bei der Beschränkung der Freiheit der Person (Art. 104 GG).

66 **2. Garantie des gesetzlichen Richters (Art. 101 Abs. 1 S. 2 GG).** Der Grundsatz des gesetzlichen Richters soll nicht nur Eingriffe unbefugter (und dabei auch von staatlicher Seite, etwa durch die Exekutive) Dritter in Gerichtsverfahren verhindern,[114] sondern dadurch, dass **die Entscheidungszuständigkeit bereits *ante casum*** feststeht und nicht mit Blick auf den konkreten Fall erst statuiert wird, dafür sorgen, dass sowohl der Betroffene als auch die Öffentlichkeit grundsätzlich in die Unparteilichkeit und Sachlichkeit des Gerichts vertrauen können. Die Garantie gilt nicht nur hinsichtlich des **zuständigen Gerichts** (als übergeordnete Organisationseinheit), sondern auch für die **Festlegung des konkreten Spruchkörpers** bis hin zu der darin tätig werdenden **konkreten Person,** mit anderen Worten: Über die gesetzlichen Zuständigkeitsregelungen hinaus auch für die konkrete **Geschäftsverteilung,** weshalb auch Geschäftsverteilungspläne hinsichtlich ihrer Ausgestaltung am Maßstab des Art. 101 Abs. 1 S. 2 GG zu prüfen sind.[115] Die hervorgehobene Bedeutung des gesetzlichen Richters ergibt sich etwa daraus, dass Besetzungs- und Zuständigkeitsverstöße nach § 338 Nr. 1 und 4 als **absolute Revisionsgründe** geltend gemacht werden können.

67 Die **Zuständigkeitsverteilung** (oberhalb der Ebene der Geschäftsverteilungspläne) richtet sich für das Strafprozessrecht nach den Regelungen der StPO (örtliche Zuständigkeit) und des GVG (sachliche Zuständigkeit). Das BVerfG hat hier auch keine grundsätzlichen Einwände gegen solche Vorschriften, welche im Sinne einer „beweglichen Zuständigkeit" die letzte (freilich überprüfbare) Entscheidung bei der Staatsanwaltschaft (bei der Zuständigkeit des LG wegen der besonderen Bedeutung des Falles, § 24 Abs. 1 Nr. 3 bzw. bei der

---

[110] Vgl. BVerfG 3.3.2004 – 1 BvR 2378/98 u. 1 BvR 1084/99, BVerfGE 109, 279 (335) = NJW 2004, 999, 1005.

[111] Vgl. zu BVerfG 27.2.2008 – 1 BvR 370/07, 1 BvR 595/07, BVerfGE 120, 274 = NJW 2008, 822 (826); zur Kritik *Kudlich* JA 2008, 475 (478) sowie ausführlicher ders. HFR 2007, 201 (205 ff.).

[112] Vgl. zu den vier Garantien (lex scripta, stricta, certa und praevia) des Art. 103 Abs. 2 GG statt vieler nur MüKoStGB/*Schmitz* § 1 Rn. 23 ff.

[113] Zur Frage einer (direkten oder entsprechenden) Anwendung des Art. 103 Abs. 2 GG auch auf das Strafverfahrensrecht → Rn. 92 ff.

[114] Vgl. *Niemöller/Schuppert* AöR 107 (1982), 387 (417).

[115] Vgl. BVerfG 16.2.2005 – 2 BvR 581/03, NJW 2005, 2689; BVerfG 18.3.2009 – 2 BvR 229/09, NJW 2009, 1734; BayObLG 12.2.1980 – 3 Ob OWi 5/80, BayObLGSt 1980, 9.

Straferwartung, §§ 25 Nr. 3, 28 GVG)[116] bzw. beim Revisionsrichter (bei der Zurückverweisung an ein anderes Gericht[117]) ansiedeln.

Zuständigkeitsmängel, die zu einem Verstoß gegen Art. 103 Abs. 1 S. 2 GG führen, **68**
liegen in **Abgrenzung von bloßen *„errores in procedendo"*** (insbes. wenn die Zuständigkeit nur mittelbare Folge einer anderen Entscheidung ist) **nur bei willkürlicher Verkennung**[118] vor. Dies gilt etwa nach der mittlerweile vom BGH[119] geteilten Auffassung des BVerfG[120] in Fällen einer willkürlichen Verwerfung eines Ablehnungsgesuches als unzulässig iSd **§ 26a** (statt einer Zurückweisung als unbegründet nach § 27), bei welcher nach § 26a Abs. 2 S. 1 (abweichend von § 27 Abs. 1) ein anders besetzter Spruchkörper unter Mitwirkung des abgelehnten Richters entscheidet. In solchen Fällen der Willkür wird dann auch ein absoluter Revisionsgrund nach § 338 Nr. 3 angenommen, obwohl bei einem unbegründeten Ablehnungsgesuch an sich nach allgemeinen Grundsätzen daran gedacht werden könnte, den absoluten Revisionsgrund wegen des „denkgesetzlichen Ausschlusses des Beruhens" zu relativieren. Ebenfalls zur Revision führt bei willkürlicher Verkennung des gesetzlichen Richters abweichend von der allgemeinen Regelung des **§ 269** die unvertretbare Anklage zu einem bzw. die Verhandlung vor einem Gericht höherer Ordnung.[121]

Soweit als eigentliches Ziel des gesetzlichen Richters **Sachlichkeit und Unvoreingenommenheit** des mit der Sache befassten Richters erreicht werden sollen,[122] hängen mit dieser Garantie thematisch auch die Regelungen über **Ausschluss bzw. Ablehnbarkeit** wegen des Verdachts der Befangenheit (§§ 22 ff.) eng zusammen, was freilich nicht dahingehend missverstanden werden dürfte, dass ein formal zuständiger Richter nie als möglicherweise befangen in Betracht käme. Man könnte aber durchaus argumentieren, dass die Regeln über Ausschluss und Ablehnung individuelle und verfahrenskonkretisierte Ergänzungen der allgemeinen Zuständigkeitsregeln sind, so dass der ausgeschlossene und der (erfolglos, aber der Sache nach zu Recht) abgelehnte Richter letztlich auch nicht „gesetzlich" iSd Art. 101 Abs. 1 S. 2 GG sind. Die besondere Bedeutung dieser Regeln ergibt sich wiederum aus den **absoluten Revisionsgründen** der §§ 338 Nr. 2 und 3. Ob der „gesetzliche Richter" auch dann fehlt, wenn ein Richter die ihm übertragenen Aufgaben auf Grund (objektiver) Überlastung nicht ordnungsgemäß erfüllen zu können droht, hat Rechtsprechung und Literatur im Zusammenhang mit den Querelen um den Doppelvorsitz im 2. und 4. Strafsenat beschäftigt,[123] erscheint aber (ungeachtet einer etwaigen justizpolitischen Zweifelhaftigkeit der Maßnahme) rein verfassungsrechtlich zweifelhaft.[124] **69**

3. Anspruch auf rechtliches Gehör (Art. 103 Abs. 1 GG). a) Grundlagen. Eine **70**
weitere zentrale Garantie stellt der Anspruch auf rechtliches Gehör dar. Die Bedeutung ergibt sich auch daraus, dass die Rüge seiner Verletzung bei **erfolgreichen Verfassungsbeschwerden** eine durchaus exponierte Position einnimmt bzw. eingenommen hat.[125] Die Garantie des rechtlichen Gehörs wird traditionell weit verstanden und mit gewissen **„Vor- und Nachwirkungen"** neben dem eigentlichen Äußerungsrecht bedacht. Damit sind als drei „Verwirklichungsstufen" ein Anspruch auf Information als Grundlage einer effektiven Äußerung, ein Recht zur Äußerung selbst sowie ein Anspruch auf Beachtung der Äußerung

[116] Vgl. BVerfG 19.3.1959 – 1 BvR 295/58, BVerfGE 9, 223 (229) = NJW 1959, 871; BVerfG 19.7.1967 – 2 BvR 489/66, BVerfGE 22, 254 (258 ff.) = NJW 1967, 2151.

[117] Vgl. BVerfG 25.10.1966 – 2 BvR 291, 656/64, BVerfGE 20, 336 (342 ff.) = NJW 1967, 99.

[118] Vgl. *Niemöller/Schuppert* AöR 107 (1982), 387, 420 f. mwN.

[119] Vgl. BGH 14.6.2005 – 3 StR 446/04, NJW 2005, 3434.

[120] Vgl. BVerfG 2.6.2005 – 2 BvR 625/01, NJW 2005, 3410.

[121] Vgl. BGH 27.2.1992 – 4 StR 23/92, NStZ 1992, 342; *Meyer-Goßner* § 338 Rn. 32; *Pfeiffer* § 338 Rn. 14.

[122] Vgl. BVerfG 8.2.1967 – 2 BvR 235/64, BVerfGE 21, 139 (145 f.) = NJW 1967, 1123.

[123] Für einen Verstoß BGH 11.1.2012 – 2 StR 346/11, NStZ 2012, 406; vgl. dazu auch *Sowada* NStZ 2012, 353.

[124] Gegen einen Verstoß dann auch BVerfG 23.5.2012 – 2 BvR 610/12 und 2 BvR 625/12, StV 2012, 513; vgl. dazu auch *Fischer/Krehl* StV 2012, 550.

[125] Vgl. Dreier/*Schulze-Fielitz*, GG, Art. 103 I Rn. 14.

zu beachten.[126] Auch wenn insbes. mit Blick auf diesen letztgenannten Gesichtspunkt der „Berücksichtigung" das BVerfG betont, dass Art. 103 Abs. 1 GG keinen „Anspruch auf ein Rechtsgespräch" gewähre,[127] wird man den Anwendungsbereich der Norm nicht allein auf den Tatsachenvortrag beschränken können, sondern auch die rechtliche Argumentation[128] zumindest insoweit mit einzubeziehen haben, als auch hinsichtlich der Rechtsausführungen ein **„Verbot von Überraschungsentscheidungen"** anzuerkennen ist und die spätere Entscheidungsbegründung – soll sie *lege artis* sein – sich der argumentativen Auseinandersetzung mit relevanten vorgebrachten rechtlichen Argumenten nicht völlig entziehen darf;[129] ein justitiabler Verfassungsverstoß wird insoweit freilich in der Tat selten begründbar sein.

71 **b) Ausprägungen.** Vor dem Hintergrund dieses weiten Verständnisses der Vorschrift lässt sich in den verschiedensten Normen der StPO eine Ausprägung des Anspruchs auf rechtliches Gehör sehen, so etwa in §§ 226, 230, 239, 243 Abs. 4, 257 oder 258. Auch das gesamte **Beweisantragsrecht** ist vor diesem Hintergrund zu verstehen.[130] Da nach § 184 GVG die Gerichtssprache Deutsch ist, ist es letztlich *auch*[131] als Ausfluss des Anspruchs auf rechtliches Gehör zu verstehen, wenn § 185 GVG vorschreibt, dass ein Dolmetscher hinzuzuziehen ist,[132] wenn „unter Beteiligung von Personen verhandelt (wird), die der deutschen Sprache nicht mächtig sind" und die dabei anfallenden Kosten nach § 464c auch dem Verurteilten zumindest regelmäßig nicht auferlegt werden, wodurch auch die Vorgaben des Art. 6 Abs. 3e EMRK umgesetzt werden.

72 Eine ausdrückliche **Regelung zur Anhörung** der Beteiligten in verschiedenen Verfahrensstadien enthält **§ 33.** §§ 33a, 311a und § 356a ermöglichen eine nachträgliche Anhörung bzw. geben dem Betroffenen ein diesbezügliches Antragsrecht **(Anhörungsrüge).** Dies ist insbes. im Zusammenhang mit dem Grundsatz der Subsidiarität der Verfassungsbeschwerde zu sehen, welche nicht mehr zulässig erhoben werden kann, wenn das Verfahren nach § 33a nicht durchgeführt worden ist.[133]

73 **c) Grenzen.** Grenzen des Anspruchs auf rechtliches Gehör bestehen zunächst darin, dass insbes. der Angeklagte nur die **Möglichkeit** haben muss, sich zu äußern, Entscheidungen aber auch getroffen werden können, wenn er sich dieser Möglichkeit mutwillig verschließt (vgl. § 231a zur Hauptverhandlung ohne Angeklagten bei vorsätzlich herbeigeführter Verhandlungsunfähigkeit). Des Weiteren ergibt sich schon aus der Natur der Sache, dass bei zumindest vielen strafprozessualen Maßnahmen eine **vorherige Anhörung** des Betroffenen **nicht möglich** ist, so dass die nachträgliche Gewährung rechtlichen Gehörs (vgl. nochmals § 33a) ausreichend sein muss. Dies hat das BVerfG schon früh für verschiedene Maßnahmen explizit gebilligt,[134] und es entspricht auch einem allgemeinen Grundsatz des Strafverfahrensrechts (vgl. auch § 33 Abs. 4).

---

126 Vgl. BVerfG 17.5.1983 – 2 BvR 731/80, BVerfGE 64, 135 ff. = NJW 1983, 2762; BVerfG 30.1.1985 – 1 BvR 876/84, BVerfGE 69, 145 (148) = NJW 1985, 1150; aus der Lit. statt vieler nur Maunz/Dürig/*Schmidt-Aßmann,* Art. 103 Rn. 69; *Wohlers* JZ 2011, 78 (79 f.); vgl. ferner *Christensen/Kudlich,* Theorie richterlichen Begründens, 2001, S. 294 ff.; *dies.,* Gesetzesbindung, 2008, S. 188 ff.

127 Vgl. BVerfG 27.7.1971 – 2 BvR 443/70, BVerfGE 31, 364 (370); BVerfG 24.3.1976 – 2 BvR 804/75, BVerfGE 42, 64 (85 – Sondervotum *Geiger*); BVerfG 19.5.1992 – 1 BvR 986/91, BVerfGE 86, 133 (145).

128 Dazu auch *Wohlers* JZ 2011, 78 (79 f.).

129 Speziell für Revisionsentscheidungen nochmals *Wohlers* JZ 2011, 78 (81 ff.).

130 Vgl. *Rüping* ZStW 91 (1979), 351 (356).

131 Üblicherweise werden Herbeiziehung des Dolmetschers und Kostentragungsregelungen vorrangig als Ausfluss des Anspruchs auf ein faires Verfahren betrachtet, vgl. BVerfG 27.8.2003 – 2 BvR 2032/01, BVerfGE 1, 331 (333) = NJW 2004, 50.

132 Vgl. zum Dolmetschen im Strafverfahren auch *Kranjčić* NStZ 2011, 657.

133 Vgl. BVerfG NStZ-RR 2000, 110; BVerfG 8.3.1994 – 2 BvR 477/94, NStZ 1994, 498; BVerfG 30.6.1976 – 2 BvR 164/76, BVerfGE 42, 243 (250) = NJW 1976, 1837 (1839).

134 Vgl. bereits BVerfG 8.1.1959 – 1 BvR 396/55, BVerfGE 9, 89 (95 ff.) = NJW 1959, 427 (zum Erlass eines Haftbefehls); BVerfG 2.3.1965 – 2 BvR 176/63, BVerfGE 18, 399 (404) = NJW 1965, 1171 (Beschlagnahme); BVerfG 11.10.1978 – 2 BvR 1055/76, BVerfGE 49, 329 (342) = NJW 1979, 154 (155); BVerfG 16.6.1981 – 1 BvR 1094/80, BVerfGE 57, 346 (358 ff.) = NJW 1981, 2111 (2121) (Durchsuchungsbefehl). Vgl. auch *Niemöller/Schuppert* AöR 107 (1982), 387 (481 f.).

Weitere Einschränkungen gerade der Geltung des Anspruchs auf rechtliches Gehör drohen **in der Hauptverhandlung,** wenn – sei es als Reaktion auf einen (vermeintlichen) Missbrauch, sei es auch als „anlasslose" verfahrensstraffende Maßnahme – die **Ausübung von bestimmten Rechten eingeschränkt** wird. Im Mittelpunkt steht hier insbes. das Beweisantragsrecht, hinsichtlich dessen (nicht nur) in Missbrauchsfällen verschiedene Maßnahmen von der neueren Fristsetzungslösung des insbes. 1. Strafsenats[135] bis hin zu einer Beschränkung des Beweisantragsrechts auf die Geltendmachung durch den Verteidiger[136] diskutiert werden.[137] **74**

Da der Anspruch auf rechtliches Gehör in einem hohen Maße ein **normgeprägtes Grundrecht** ist[138] und etwa die gegenwärtige Ausgestaltung des Beweisantragsrechts gewiss nicht das verfassungsrechtlich gerade noch zulässige Minimum darstellt, wäre *de lege ferenda* seine Einschränkung strikt verfassungsrechtlich wahrscheinlich nicht zu beanstanden (wenngleich strafprozessrechtspolitisch zweifelhaft); **ungeschriebene bzw. richterrechtlich begründete Einschränkungen** sind aber – zumindest jenseits einer auf Extremfälle begrenzten Missbrauchskontrolle – **problematisch,** da durch eine Verkürzung von Ausprägungen und des Anspruchs auf rechtliches Gehör in dieses Grundrecht ohne gesetzliche Befugnisnorm eingegriffen wird. Insoweit dürfte die teilw. „eigenmächtige" Lösung der durch ein vermeintlich überbordendes Beweisantragsrecht entstehenden Probleme durch die Obergerichte der falsche Weg sein.[139] **75**

d) Prozessuale Geltendmachung. Hinsichtlich der Geltendmachung des Anspruchs auf rechtliches Gehör ist zu berücksichtigen, dass trotz (oder gerade wegen) der Durchdringung nahezu des gesamten Verfahrensrechts durch diesen Grundsatz der **isolierte Rückgriff** darauf zwar oft erfolgt, aber ebenso **häufig erfolglos** ist. Zwar bildet der Art. 103 Abs. 1 GG einen wichtigen Maßstab für das Prozessrecht. Soweit dieses jedoch grundsätzlich verfassungsgemäß ist, ist das Verfahren im Übrigen vorrangig an den prozessrechtlichen Vorschriften und nach fachgerichtlichen Maßstäben zu messen; dabei wird auch nicht jede einfachgesetzliche Rechtsverletzung automatisch zu einem Verstoß gegen Art. 103 Abs. 1 GG.[140] Ist der Betroffene gleichwohl der Meinung, dass spezifisches Verfassungsrecht verletzt worden ist, so kann gegen die Entscheidung die Verfassungsbeschwerde offenstehen (vgl. ausführlicher zu diesem Instrument → Rn. 101 ff. sowie bereits → Rn. 72). **76**

Gewisse Berührungspunkte und damit **Abgrenzungsprobleme** zum Anspruch auf rechtliches Gehör bestehen zur Rechtsweggarantie des **Art. 19 Abs. 4 GG.** Da dieser grundsätzlich nur den Rechtsweg zum, nicht gegen den Richter eröffnet, ist er originär insbes. dort von Bedeutung, wo auch im Strafprozessrecht – generell oder bei Gefahr im Verzug – belastende Maßnahmen durch nicht-richterliche Personen angeordnet werden dürfen. Freilich entnimmt das Verfassungsgericht der Vorschrift auch die Garantie, dass bestehende Rechtsschutzmöglichkeiten durch den Bürger ausgenutzt werden können, was zB einen zu engen Begriff vom bestehenden Rechtsschutzbedürfnis verbietet,[141] Einfluss auf die Gestaltung der Rechtsbehelfsbelehrung haben kann[142] oder eine antragstellerfreundliche Auslegung von Anträgen im Verfahren erforderlich machen kann.[143] **77**

4. Der Grundsatz ne bis in idem (Art. 103 Abs. 3 GG). a) Grundlagen. Im Spannungsverhältnis zwischen Rechtssicherheit und Verwirklichung der materiellen Gerechtig- **78**

[135] Vgl. BGH 23.9.2008 – 1 StR 484/08, BGHSt 52, 355 = NJW 2009, 605; auch BVerfG 24.3.2010 – 2 BvR 2092/09, 2 BvR 2523/09, NJW 2010, 2036.

[136] Vgl. BGH 7.1.1991 – 4 StR 252/91, BGHSt 38, 111 = NJW 1992, 1245.

[137] Zu den Reaktionsmöglichkeiten des Richters auch *Bürger* NStZ 2006, 305.

[138] Vgl. Maunz/Dürig/*Schmidt-Aßmann* Art. 103 Rn. 22.

[139] Vgl. *Kudlich,* Gutachten C zum 68. Deutschen Juristentag, 2010, S. 104 f.; *Knauer* StraFo 2012, 139 ff.

[140] Vgl. etwa BVerfG 5.5.1987 – 1 BvR 903/85, BVerfGE 75, 302 (313 ff.) = NJW 1987, 2733 (2734 f.); BVerfG 21.4.1982 – 2 BvR 810/81, BVerfGE 60, 305 (310) = NJW 1982, 1636 (1637), jeweils zum Zivilprozessrecht.

[141] Vgl. BVerfG 30.4.1997 – 2 BvR 817/90, BVerfGE 96, 27 = NJW 1997, 2163.

[142] Vgl. BVerfG 2.12.1995 – 2 BvR 2033/95, NJW 1996, 1811.

[143] Vgl. BVerfG 10.8.1999 – 2 BvR 184/99, NStZ 2000, 44.

keit enthält Art. 103 Abs. 3 GG eine **Entscheidung für die Rechtssicherheit** und verbürgt sogleich ein **subjektives Recht des Einzelnen,** nicht wegen einer Straftat wiederholt zur Verantwortung gezogen zu werden.[144] Über den Wortlaut der Vorschrift hinaus wird durch Art. 103 Abs. 3 GG nach ganz hM nicht nur ein Verbot der „Doppelbestrafung" aufgestellt, sondern weitergehend ein **Verbot der nochmaligen Befassung nach einem Sachurteil,** dh also auch der späteren Verfolgung nach einem rechtskräftigen Freispruch.[145] Ein rechtskräftiges Sachurteil führt insoweit also – gleichgültig, ob verurteilend oder freisprechend – zu einem **Strafklageverbrauch,** der sich prozessual als Verfahrenshindernis darstellt (→ Rn. 377). Soweit darüber hinaus auch bei anderen Entscheidungen im Verfahren (etwa in Fällen des § 153a[146] oder des § 211) ein teilweiser Strafklageverbrauch angenommen wird, dürfte dieser nicht durch Art. 103 Abs. 3 GG abgesichert sein.

79 **b) Reichweite.** Die Garantie des Art. 103 Abs. 3 GG bezieht sich auf den „geschichtlichen Vorgang, auf welchen Anklage und Eröffnungsbeschluss hinweisen und innerhalb dessen der Angeklagte als Täter oder Teilnehmer einen Straftatbestand verwirklich haben soll",[147] mithin also auf den **prozessualen Tatbegriff,** wie er aus § 264 bekannt ist. Die Anwendung auf den Bereich des Ordnungswidrigkeitenrechts ist umstritten, als strenge verfassungsrechtliche Garantie allerdings mit Blick auf den Wortlaut der Vorschrift wohl abzulehnen. Dies schließt naturgemäß nicht aus, dass auch hier allgemeine Vertrauensschutzgedanken Platz greifen.

80 Aufgrund beschuldigtenbegünstigender Zielrichtung ist eine **Wiederaufnahme** zu Gunsten des Angeklagten nach einer Verurteilung aus verfassungsrechtlichen Gründen unproblematisch möglich. Die Beschränkung der Wiederaufnahmegründe (§ 359) dient nicht seinem Schutz, sondern objektiv der Wahrung der Rechtskraft. Die nur in engen Grenzen zugelassene Wiederaufnahme auch zu Ungunsten des Angeklagten (vgl. § 362) ist vom BVerfG gebilligt worden,[148] dürfte verfassungsrechtlich freilich kaum gänzlich unbedenklich sein. Dies gilt insbes. für § 362 Nr. 4, der auf keinerlei Mängel des Verfahrens abstellt, sondern letztlich schlicht ein unrichtiges Urteil zum Gegenstand hat, wie es ja gerade typischer Ausgangsfall (und nicht Sonderkonstellation) eines Konflikts zwischen Rechtskraft und materieller Gerechtigkeit ist.

81 **c) Internationale Dimension. Im Ausgangspunkt** gilt die Garantie des Art. 103 Abs. 3 GG **nur national;** dies schon deshalb, da auch das Grundgesetz selbstverständlich nur die deutsche staatliche Gewalt bindet. Insoweit handelt es sich auch nicht um einen allgemeinen Grundsatz des Völkerrechts.[149] Grds. bleibt insoweit nur die **Möglichkeit einer Anrechnung** im Ausland erlittener Strafhaft auf die in Deutschland zu verhängende Strafe und damit eine Lösung auf Vollstreckungsebene (vgl. § 51 Abs. 3 StGB). Auf europäischer Ebene finden sich freilich Erweiterungen insbes. in **Art. 54 SDÜ**[150] (→ Rn. 508, 656) bzw. Art. 50 der EU-Grundrechtscharta, dessen Inhalt auch in Art. II-110 VVE übergehen sollte.

---

[144] Zu den Grenzen vgl. etwa BGH 12.10.2004 – WpSt(R) 1/04, BGHSt 49, 258 = NJW 2005, 1057 (Freispruch nach einer Berufsordnung steht nicht Verfolgung nach anderer entgegen).

[145] Vgl. etwa *Schroeder* JuS 1997, 227.

[146] Vgl. zum beschränkten Strafklageverbrauch in diesen Fällen BGH 26.8.2003 – 5 StR 145/03, BGHSt 48, 331 = NStZ 2004, 633.

[147] Vgl. nur BVerfG 7.3.1968 – 2 BvR 354, 355, 524, 566, 567, 710/66 und 79, 171, 431/67, BVerfGE 23, 191 (202); BVerfG 8.1.1981 – 2 BvR 873/80, BVerfGE 56, 22 (28) =NJW 1981, 1433 (1434).

[148] Vgl. BVerfG 17.1.1961 – 2 BvL 17/60, BVerfGE 12, 62 (66) = NJW 1961, 867; BVerfG 17.1.1961 – 2 BvL 17/60, NJW 1961, 867; vgl. auch BGH (GrStrSen.) 9.12.1953 – GS St 2/53, BGHSt 5, 323 (328 f.) = NJW 1954, 609.

[149] Vgl. BVerfG 31.3.1987 – 2 BvM 2/86, BVerfGE 75, 1 (23 f.) = NJW 1987, 2155 (2156) mAnm *Lagodny* NJW 1988, 2146.

[150] Zu dessen Auslegung vgl. insbes. EuGH 11.2.2003 – C-187/01 und C-385/01, NStZ 2003, 332, sowie dazu *Radtke/Busch* NStZ 2003, 281. In größerem Zusammenhang zu „ne bis in idem" im Schengenraum auch *Schomburg/Suominen-Picht* NJW 2012, 1190 (1191 f.).

5. Rechtsgarantien bei Freiheitsentziehung (Art. 104 GG). Art. 104 GG sichert als grundrechtsgleiches Recht bestimmte prozessuale Voraussetzungen bei Eingriffen in die Freiheit der Person und stellt insoweit ein **formelles Gegenstück** zur materiellen Freiheitsgarantie des **Art. 2 Abs. 2 S. 2** dar.[151] Gefordert werden ein förmliches **Gesetz** als Befugnisnorm (Art. 104 Abs. 1 S. 1 GG[152]) und die Entscheidung eines **Richters** (Art. 104 Abs. 2, 3 GG), über die grds. ein Angehöriger des Festgehaltenen oder eine Person seines Vertrauens zu benachrichtigen ist (vgl. Art. 104 Abs. 4 GG). Die strafprozessuale Bedeutung der Vorschrift liegt naturgemäß vornehmlich im Haftrecht, wobei das System der §§ 112 ff. den Anforderungen der Verfassung grds. genügt. Allerdings sind dieses Garantien auch bei der **Anwendung im Einzelfall** und der Behandlung atypischer Konstellationen (insbes. mit Blick auf das aus Art. 104 Abs. 1 S. 4 GG abzuleitende Analogieverbot) im Blick zu behalten. Die in den letzten Jahren kontrovers geführte Diskussion zur überlangen Untersuchungshaft[153] ist weniger unter dem Gesichtspunkt des Art. 104 GG als vielmehr unter demjenigen des Beschleunigungsgebotes bzw. des konventionsrechtlich verbürgten Anspruchs auf die Behandlung des Falles in angemessener Zeit zu verstehen.[154] 82

IV. Das Rechtsstaatsprinzip als inhaltliches Kriterium

Aus Art. 20 Abs. 3 GG, wonach die Legislative an die verfassungsmäßige Ordnung sowie Exekutive und Judikative „an Gesetz und Recht gebunden" sind, wird traditionell das sog **Rechtsstaatsprinzip** abgeleitet. Dieses Prinzip lässt sich in verschiedene – in ihren Auswirkungen auf die Behandlung konkreter Fälle mitunter durchaus gegenläufige – Ausprägungen konkretisieren. Vergröbernd kann man dabei einerseits eine **Beschuldigten schützende Dimension** erkennen (vgl. unten 1., Rn. 84 ff.), da dieser grds. nur Belastungen dulden muss, welche den Anforderungen eines Rechtsstaats genügen; andererseits ist aber auch eine **funktionierende und effektive Justiz,** hier in ihrer speziellen Ausprägung der Funktionstüchtigkeit der Strafrechtspflege ein hohes Gut für den Rechtsstaat (vgl. unten 2., Rn. 87 ff.). Schon im Verfassungstext selbst steht in Art. 20 GG das Rechtsstaatsprinzip als Staatszielbestimmung des Abs. 3 in einem gewissen Zusammenhang mit der Staatszielbestimmung des Sozialstaats nach Abs. 1 (vgl. unten 3., Rn. 90 f.). 83

1. Das Rechtsstaatsprinzip als Ergänzung des grundrechtlichen Schutzes. 84
a) Grundlagen. Als wichtige Ausprägungen des Rechtsstaatsprinzips (und damit zugleich als „Zwischenebenen" zwischen dem sehr allgemeinen Postulat des Art. 20 Abs. 3 GG und den einfachgesetzlichen Normen) werden gemeinhin der **Grundsatz der Gesetzmäßigkeit** (Vorrang und Vorbehalt des Gesetzes, Wesentlichkeitstheorie und Bestimmtheit), der Aspekt des **Vertrauensschutzes,** der **Verhältnismäßigkeitsgrundsatz** sowie der Gedanke effektiven Rechtsschutzes und eines gerechten Verfahrens **(fair trial)** genannt. Eine Reihe dieser Aspekte, die nicht nur aus Art. 20 Abs. 3 GG, sondern näher am Normtext auch aus Art. 6 Abs. 1, 3 EMRK abgeleitet werden können, haben – zumindest teilw. – spezielle Normierungen im Grundgesetz und selbstverständlich erst recht ausdifferenzierten Niederschlag in zahlreichen Vorschriften der StPO gefunden. Dabei ist die Ausgestaltung des Strafverfahrensrechts in einer Weise, die den Grundsatz des fairen Verfahrens und damit den Rechtsstaatsgedanken wahrt, **vorrangig Sache des Gesetzgebers** und dann **als zweiter Schritt** – in den vom Gesetz gezogenen Grenzen – **auch der Gerichte** bei der diesen obliegenden Rechtswendung und -auslegung. Eine Verletzung des Rechts auf ein faires Verfahren bzw. ein Verstoß gegen das Rechtsstaatsprinzip liegt daher erst dann vor, wenn

---

[151] Vgl. BVerfG 10.2.1960 – 1 BvR 526/53, 29/58, BVerfGE 10, 302 (323 f.) = NJW 1960, 811 (812).

[152] Dabei hält das BVerfG eine Spezifizierung des Eingriffstatbestandes durch Rechtsverordnung aber für möglich, vgl. BVerfG 3.7.1962 – 2 BvR 15/62, BVerfGE 14, 174 (186 f.) = NJW 1962, 1339; BVerfG 6.5.1987 – 2 BvL 11/85, BVerfGE 75, 329 (342) = NJW 1987, 3175; BVerfG 22.6.1988 – 2 BvR 234/87, 2 BvR 1154/86, BVerfGE 78, 374 (383) = NJW 1989, 1663.

[153] Vgl. eingehend *Seban* Das Beschleunigungsgebot in Haftsachen ..., 2011, pass.

[154] Zum Zusammenhang von Beschleunigungsgrundsatz und Untersuchungshaft auch *Knauer* StraFo 2007, 309.

eine Gesamtschau auf das Verfahrensrecht – auch in seiner Auslegung und Anwendung durch die Gerichte – ergibt, das rechtsstaatlich zwingende Forderungen nicht erfüllt werden oder rechtsstaatlich Unverzichtbares preisgegeben wird.[155]

85 **b) Beispielhafte Kasuistik.** Aufgrund dieser relativ weichen Konturen ist es nicht erstaunlich, dass Verstöße gegen das Rechtsstaatsprinzip nicht selten geltend gemacht werden, wenn bei **„gefühlten" Härten oder Ungerechtigkeiten** das einfache Gesetzesrecht nicht weiter hilft, weil für den in Rede stehenden Sonderfall keine Spezialregelungen getroffen worden sind. Ebenso klar ist aber auch, dass eine „Preisgabe von rechtsstaatlich Unverzichtbarem" dabei **keineswegs immer erreicht** wird. **Themenfelder,** in denen schon länger oder aber schwerpunktmäßig in der jüngeren Vergangenheit das Rechtsstaatsprinzip mit unterschiedlichem Erfolg bemüht worden ist, betreffen so divergente Fragen wie die ohne Vorwarnung erfolgende Zurückweisung einer unleserlichen Unterschrift als nicht ordnungsgemäß,[156] die Verweigerung einer Wiedereinsetzung in den vorherigen Stand nach irreführenden Angaben der Fachgerichte,[157] das Bekanntwerden der Verteidigungsstrategie im Rahmen einer unzulässigen Beschlagnahme,[158] die Androhung einer die Schuldangemessenheit übersteigenden Strafe (Sanktionenschere),[159] die Sperrerklärung für Vernehmungen verdeckter Ermittler,[160] die Beschränkung des Fragerechts des Angeklagten in einem Verfahren vor einem ausländischen Gericht,[161] die fehlende Unterstützung bei der Verteidigerkonsultation (gleichsam rechtsstaatsgemäße Erweiterung der Belehrungspflicht des § 136 Abs. 1 S. 2),[162] die Annahme einer Rügeverkümmerung kraft Protokollberichtigung nach Einlegung einer zulässigen Verfahrensrüge,[163] die erweiternde Auslegung des § 354 Abs. 1a S. 1 StPO bei Fehlern im Schuldspruch,[164] die Überwachung der Besucherzelle in der Untersuchungshaft bei gleichzeitigem Erwecken des Eindrucks unüberwachter Gesprächsmöglichkeiten,[165] das verdeckte Verhör eines inhaftierten Beschuldigten durch einen als Besucher getarnten nicht offen ermittelnden Polizeibeamten unter Zwangseinwirkung[166] sowie die Verwertung von Untersuchungsergebnissen aus „internen Ermittlungen", bei denen arbeitsvertraglicher Aussagezwang besteht.[167]

86 Auch in der **Rspr. des BGH** wird immer wieder (und so teilw. auch in den in → Rn. 85 genannten Fällen) anerkannt, dass sich unmittelbar aus der Verfassung (Verstoß gegen das Rechtsstaatsprinzip bzw. den Fair-trial-Grundsatz) Beweisverwertungsverbote ergeben können – sei es in Gestalt von selbständigen **Beweisverwertungsverboten** im eigentlichen Sinn (vgl. zur Terminologie → Rn. 450), sei es dadurch, dass Verletzungen des Fair-trial-Grundsatzes bzw. des Rechtsstaatsprinzips die Beweiserhebung per se rechtswidrig machen. Wichtige Fälle sind hier etwa der **Einsatz privater Ermittlungsgehilfen** mittels einer „Mithör-Falle" jedenfalls in Abwägung zur Schwere der zu verfolgenden Straftat,[168] die

[155] Vgl. BVerfG 26.5.1981 – 2 BvR 215/81, BVerfGE 57, 250 (275 f.) = NJW 1981, 1719 (1722 ff.); BVerfG 17.5.1983 – 2 BvR 731/80, BVerfGE 64, 135 (145 f.) = NJW 1983, 2762 (2763 f.).

[156] Vgl. BVerfG 26.4.1988 – 1 BvR 669/87, BVerfGE 78, 123 (126) = NJW 1988, 2787: Berufung auf fair trial-Grundsatz erfolgreich (zum Zivilverfahrensrecht).

[157] Vgl. BVerfG 4.5.2004 – 1 BvR 1892/03, BVerfGE 110, 339 = NJW 2004, 2887: erfolgreich (zur Verwaltungsgerichtsbarkeit).

[158] Vgl. BGH 10.3.2005 – 3 StR 233/04, NJW 2005, 1668 (1669): offengelassen.

[159] Vgl. BGH 12.1.2005 – 3 StR 411/04, NStZ 2005, 393: erfolgreich (fair trial bzw. § 136a Abs. 1 S. 3).

[160] Vgl. BGH 17.8.2004 – 1 StR 315/04, NStZ 2005, 43: erfolglos.

[161] Vgl. BGH 27.2.2004 – 2 StR 146/03, NStZ 2004, 505: erfolglos.

[162] Vgl. BGH 29.10.1992 – 4 StR 126/92, BGHSt 38, 372 = NJW 1993, 338 sowie BGH 12.1.1996 – 5 StR 756/94, BGHSt 42, 15 = NJW 1996, 1547: erfolgreich.

[163] Vgl. BVerfG 15.1.2009 – 2 BvR 2044/07, BVerfGE 122, 248 = NJW 2009, 1469: erfolglos.

[164] Vgl. BVerfG 14.6.2007 – 2 BvR 1447/05, 2 BvR 136/05, BVerfGE 118, 212 = NJW 2007, 2977: erfolgreich.

[165] Vgl. BGH 29.4.2009 – 1 StR 701/08, BGHSt 53, 294 = NJW 2009, 2463: erfolgreich (obwohl an sich die formalen Voraussetzungen des § 100f vorlagen).

[166] Vgl. BGH 18.5.2010 – 5 StR 51/10, BGHSt 55, 138.

[167] Vgl. statt vieler *Knauer/Buhlmann* AnwBl 2010, 387; *Knauer* ZWH 2012, 81 (86, dort mwN in Fn. 57).

[168] Vgl. BGH 13.5.1996 – GSSt 1/96, BGHSt 42, 139 = NJW 1996, 2940 mAnm *Kudlich* JuS 1996, 696.

Verwertung von Aussagen gegenüber einer Mitgefangenen, welche als Wahrsagerin den Beschuldigten während der Untersuchungshaft unter Drogeneinfluss ausgehorcht hat,[169] Durchsuchungsmaßnahmen, bei denen in eklatanter Weise die **Bedeutung des Richtervorbehalts** verkannt wird[170] oder die unterlassene Belehrung über das Recht auf konsularischen Beistand;[171] nach Auffassung des BGH soll dies nicht (ohne weiteres) gelten, wenn der Verteidiger eines Mitbeschuldigten nicht nach § 168c Abs. 1, 5 StPO belehrt worden ist.[172]

2. Die Funktionstüchtigkeit der Strafrechtspflege als Ausprägung des Rechtsstaatsprinzips. Das Rechtsstaatsprinzip fordert freilich nicht nur eine faire Ausgestaltung und Anwendung des Strafverfahrensrechts, sondern gestattet und verlangt auch die Berücksichtigung der **Belange einer funktionstüchtigen Strafrechtspflege.**[173] Dies setzt ausreichende Vorkehrungen dafür voraus, dass Straftäter im Rahmen der geltenden Gesetze verfolgt, abgeurteilt und einer gerechten Bestrafung zugeführt werden.[174] So unbestreitbar dies im Ausgangspunkt erscheint, so auffällig und auf den ersten Blick problematisch (und daher auch in der Lit. kritikbehaftet[175]) ist, dass der Topos der „Funktionstüchtigkeit der Strafrechtspflege" praktisch nur Erwähnung findet, wenn es um die (zumindest Prüfung hinsichtlich der) **Einschränkung von Beschuldigtenrechten** geht. Obwohl also auch der Schutz dieser Rechte zu einem funktionierenden rechtsstaatlichen Strafprozess gehört, wird die Argumentationsfigur ganz überwiegend **einseitig gegen Beschuldigtenrechte** in Stellung gebracht und basiert auf einem mehr oder weniger unbestimmten Begriff, welcher eine scheinbare Harmonisierung antagonistischer Interessen[176] suggeriert. Dadurch laufen im Ergebnis die Beschuldigteninteressen zumindest Gefahr, im Konfliktfall in den Hintergrund gedrängt zu werden. **87**

Auch wenn man sich dieser Probleme bewusst ist, sollte man freilich mit der Kritik am Begriff nicht über das Ziel hinausschießen:[177] Denn zum einen lehrt nicht nur die Erfahrung zahlreicher höchst- und obergerichtlicher Entscheidungen einschließlich solcher des BVerfG, dass die **Beschuldigteninteressen keinesfalls immer im Konfliktfall hintangestellt** werden; zum anderen dürfte der Topos der „Funktionstüchtigkeit der Strafrechtspflege" weniger als ein neu geschaffenes, den Beschuldigtenrechten entgegengesetztes Abwägungskriterium fungieren, sondern eher einen **verfassungsrechtlichen Überbegriff** für eine Reihe von ohne Zweifel grds. **legitimen Zielen** bilden, denen in der Abwägung die Rechte des Beschuldigten unmittelbar in ihrer grundrechtlichen Ausgestaltung oder als andere Ausprägungen des Rechtsstaatsprinzips sehr wohl gegenübergestellt werden.[178] **88**

Dass schließlich innerhalb des Funktionstüchtigkeitstopos' Beschuldigteninteressen regelmäßig kaum explizit berücksichtigt werden, lässt sich sehr leicht auch weniger skandalisierend erklären: Soweit in der konkreten Situation die hinter dem Funktionstüchtigkeitstopos stehenden Aspekte (etwa Ziel einer umfassenden Wahrheitsermittlung) auch seinen Interes- **89**

---

169 Vgl. BGH 21.7.1998 – 5 StR 302–97, BGHSt 44, 129 = NJW 1998, 3506 mAnm *Jahn* JuS 2000, 441.

170 Vgl. BGH 18.4.2007 – 5 StR 546/06, BGHSt 51, 285 (288 f.) = NJW 2007, 2269.

171 Vgl. BGH 20.12.2007 – 3 StR 318/07, BGHSt 52, 110 (111) = NJW 2008, 1090 = NStZ 2008, 356; BGH 25.9.2007 – 5 StR 475/02, BGHSt 52, 48 = NStZ 2008, 168.

172 Vgl. BGH 24.7.2003 – 3 StR 212/02, NStZ 2003, 671; BGH 17.2.2009 – 1 StR 691/08, BGHSt 53, 191 = NStZ 2009, 345 mAnm *Kudlich* JR 2009, 303.

173 Vgl. BVerfG 19.7.1972 – 2 BvL 7/71, BVerfGE 33, 367 (383) = NJW 1972, 2214 (2216); BVerfG 20.10.1977 – 2 BvR 631/77, BVerfGE 46, 214 (222) = NJW 1977, 2355 (2356).

174 Vgl. ständige Rspr., vgl. nur BVerfG 19.7.1972 – 2 BvL 7/71, BVerfGE 33, 367 (383) = NJW 1972, 2214 (2216); BVerfG 20.10.1977 – 2 BvR 631/77, BVerfGE 46, 214 (222) = NJW 1977, 2355 (2356).

175 Vgl. nur *Grünwald* JZ 1976, 767; *Hassemer* StV 1982, 275.

176 Zum strukturellen Antagonismus im Strafverfahren vgl. auch *Schünemann* StV 1993, 607.

177 Vgl. zum Folgenden auch *Kudlich,* Strafprozeß und allgemeines Mißbrauchsverbot, 1998, S. 168 ff.

178 Deutlich etwa BGH 27.2.1992 – 5 StR 190/91, BGHSt 38, 214 (220) = NJW 1992, 1463 (1464 f.): Obwohl die Abwägung zwischen Beschuldigtenrechten und Funktionstüchtigkeit gerade dazu führte, dass unter Aufgabe der bisherigen Rspr. ein Beweisverwertungsverbot bei Verstößen gegen die Belehrungspflicht des § 136 Abs. 1 S. 2 bejaht wurde.

sen dienen (weil damit ein Verdacht ausgeräumt werden kann), ergibt sich von vornherein kein Konflikt, so dass keine Abwägung explizit vorgenommen werden muss; soweit dagegen tatsächlich Interessengegensätze bestehen (weil der Beschuldigte kein Interesse an der Sachverhaltsaufklärung hat), ist es angesichts des **strukturellen Rollenantagonismus** des Strafverfahrens und der durch **Zielkonflikte und Zwischenziel geprägten Struktur** (→ Rn. 11) nahezu selbstverständlich, dass auch verschiedene Ausprägungen des Rechtsstaatsprinzips in einen Widerspruch miteinander treten müssen, bei denen es dann fast schon nur noch eine terminologische Frage ist, ob man bestimmte von diesen (mehr oder weniger exklusiv) unter den Topos der „Funktionstüchtigkeit" begrifflich versammelt. Größere Gefahr droht rechtspolitisch, wenn Funktionstüchtigkeitsüberlegungen, welche in mehr oder weniger extremen Einzelfällen entwickelt worden sind und in ihnen auch ihre singuläre Berechtigung haben mögen, **aus ihrem Kontext als Notbehelf** in exzeptionellen Einzelfällen gerissen und **„kochrezeptartig"** auch auf andere Verfahren(ssituationen) übertragen werden, bei denen die Funktionstüchtigkeit nicht einmal mit Blick auf den konkreten Prozess ernsthaft gefährdet ist (sondern nur eine Verschlankung oder Erhöhung der Bequemlichkeit in Rede steht).[179]

90 **3. Exkurs: Strafprozess und Sozialstaatsprinzip.** Wie oben bereits erwähnt (→ Rn. 83), ist das Rechtsstaatsprinzip mit dem **Sozialstaatsprinzip** durch die gemeinsame Eigenschaft als Staatszielbestimmung sowie die Normierung in Art. 20 GG vereint. Daher bietet es sich an, an dieser Stelle die Frage zu verorten, welche Bedeutung diesem Prinzip **im Strafverfahren** zukommt bzw. zukommen muss. Obwohl entsprechende Diskussionen immer wieder aufkeimen,[180] wird sehr leicht deutlich, dass dem Sozialstaatsprinzip im Strafrecht – mit Ausnahme des Strafvollzugs – **keine große Bedeutung** zukommt.[181] Dies dürfte mittlerweile nicht mehr daran liegen, dass im Strafprozess die „Repression des Sozialschädlings" im Vordergrund steht,[182] sondern daran, dass zB schon eine verbesserte „Behandlung" des Straftäters im Rahmen des Verfahrens oder eine noch stärkere Einbeziehung des Wiedergutmachungsgedankens mit der **Unschuldsvermutung kollidieren** und ganz generell Beschuldigtenrechte beschneiden können. Eine ernsthaft verbesserte Berücksichtigung sozialstaatlicher Interessen in den gegebenen Strukturen (und ohne grundsätzliche Änderungen wie etwa die Einführung des Tat- oder Schuldinterlokuts[183]) ist vorrangig bei einer noch weiteren Verbesserung des **Opferschutzes** (freilich mit den oben bereits angesprochenen Gefahren für die Beschuldigtenrechte) und einer Verbesserung der **notwendigen Verteidigung**[184] denkbar.

91 Gerade soweit diesbezüglich auch von einer „Chancengleichheit" gesprochen wird,[185] sollte man sich freilich klarmachen, dass auch aus dem Sozialstaatsprinzip keine übertriebenen Ansprüche abgeleitet werden können: Wenn erst einmal – woran man für bestimmte Konstellationen sicher mit guten Gründen zweifeln kann – im Bereich der notwendigen Verteidigung sowohl hinsichtlich ihres Anwendungsbereichs als auch hinsichtlich der Vergütung der Pflichtverteidiger ein Standard erreicht ist, der eine **rechtsstaatlich akzeptable Verteidigung** ermöglicht, wäre es unserem Staatswesen fremd (und kann auch kein Postulat des Sozialstaatsprinzips sein, welches dann gerade im Strafverfahrensrecht mit einer in der gesellschaftlichen Realität sonst nie verfolgten Radikalität gelten müsste), dass jedes Gefälle zu den noch weiter verbesserten Verteidigungsmöglichkeiten besser situierter Beschuldigter nivelliert würde.

---

[179] Vgl. zu diesem Phänomen bereits krit. *Kudlich,* Gutachten C zum 68. Deutschen Juristentag, 2010, S. 101 f.

[180] Vgl. ausf. *Müller-Dietz,* FS Dünnebier, 1982, 75 ff.; zusammenfassend etwa *Roxin/Schünemann* § 2 Rn. 6.

[181] Vgl. auch *Müller-Dietz,* FS Dünnebier, 1982, 75.

[182] So für frühere Epochen die Begr. bei *Roxin/Schünemann* § 2 Rn. 6.

[183] Vgl. im Überblick nur *Roxin/Schünemann* § 44 Rn. 62 ff. mwN.

[184] Vgl. dazu nunmehr aber auch bereits die seit 2010 geltende notwendige Verteidigung bei Inhaftierung in § 140 Abs. 1 Nr. 4 StPO.

[185] Vgl. *Müller-Dietz,* FS Dünnebier, 1982, 75 (79) mwN.

V. Das Gesetzlichkeitsprinzip als formell-methodische Größe

1. Bedeutung der Frage. Das Verfassungsrecht kommt nicht nur als inhaltlicher Maßstab für verfahrensbedingte Eingriffe in die Grundrechte der Art. 1 ff. GG oder die Verfahrensgrundrechte in Betracht, sondern es liefert auch **formal-methodische Vorgaben** für die Rechtsfindung und ihre Grenzen. Dieser Aspekt, der für das materielle Strafrecht in Art. 103 Abs. 2 GG überragende Bedeutung hat,[186] wird im Strafprozessrecht traditionell weniger diskutiert bzw. tritt zumindest deutlich hinter die Grundrechte als inhaltlicher Prüfungsmaßstab zurück. Dabei ist die **Gesetzlichkeitsfrage im Prozessrecht** kaum weniger bedeutsam, weil das Verfahren als Zustand rechtlicher Interaktion immer in die eine oder andere Richtung „weitergehen" muss; ein dem materiellen Recht vergleichbarer Zustand von „Keine Regelung, daher keine Relevanz" ist hier oft nicht denkbar, weil prozessual zumindest irgendwie reagiert werden muss.[187] Interessant ist daher insbesondere, ob die **Garantien des Art. 103 Abs. 2 GG** auch – vollständig oder zumindest teilw. – für das Strafprozessrecht gelten, wo ggf. Grenzen verlaufen und ob sich verneinendenfalls aus der Verfassung andere Grenzen ableiten lassen. 92

2. Rechtsprechung. Die Rechtsprechung bietet – soweit die Frage angesprochen wird – ein **uneinheitliches Bild,** aus dem kaum verallgemeinerungsfähige Grundsätze abgeleitet werden können. So stellt zB das BVerfG in einer Entscheidung vom 23.2.1990[188] im Zusammenhang mit Straferlass und Gesamtstrafenbildung fest, dass für verfahrensrechtliche Vorschriften ein Analogieverbot gelte, lässt aber offen, ob dieses aus Art. 103 Abs. 2 GG oder aus dem allgemeinen Vorbehalt des Gesetzes herzuleiten sei. Demgegenüber führt der BGH in seiner bekannten Leitentscheidung zum ungeschriebenen allgemeinen Missbrauchsverbot im Strafprozessrecht[189] ohne weitere Begründung (oder auch nur Erörterung dieser Problematik) aus, dass auf der Grundlage des allgemeinen Missbrauchsverbots – das *prima vista* für den Gesetzesvorbehalt ähnlich relevant erscheint wie der Analogieschluss[190] – das Beweisantragsrecht des Angeklagten auch ohne gesetzliche Verankerung nicht unerheblich eingeschränkt werden dürfe. Andererseits betont der BGH in seiner Entscheidung zur Unzulässigkeit der strafprozessualen Onlinedurchsuchung,[191] dass es „dem Grundsatz des **Gesetzesvorbehaltes für Eingriffe in Grundrechte** (Art. 20 Abs. 3 GG) sowie dem Grundsatz der Normenklarheit und Tatbestandsbestimmtheit von strafprozessualen Eingriffsnormen widersprechen" würde, wenn gewissermaßen aus mehreren, für sich allein jeweils nicht „passenden" Eingriffsbefugnissen eine als solche nicht geschriebene Befugnis für diese Ermittlungsmaßnahme abgeleitet würde. 93

In einer **Reihe weiterer Entscheidungen** wird die **Frage nach einer Analogie** zwar gestreift, jedoch sogar jeweils für sich genommen **kaum verallgemeinerungsfähig beantwortet,** zB weil nicht zur Möglichkeit einer Analogie im Strafverfahren überhaupt Stellung genommen wird, sondern eine solche bspw. mit der (zumindest konkludenten) Begründung 94

---

[186] Die damit zusammenhängenden Fragen betreffen dann zwar (das materielle und) nicht das Strafprozessrecht, sehr wohl aber die Rechtsanwendung im Strafprozess. Gleichwohl können sie hier nicht aufgegriffen werden, sondern statt vieler sei etwa auf die Kommentierung zu § 1 StGB von *Schmitz* im MüKo/StGB, Bd. I verwiesen. Zum noch wenig diskutierten Problem eines Vertrauensschutzes bei Rechtsprechungsänderung vgl. BVerfG 16.5.2011 – 2 BvR 1230/10, HRRS 2011 Nr. 737 mAnm *Kuhlen* HRRS 2012, 114.

[187] Zum Zusammenhang zwischen Inhalt und Struktur der rechtlichen Materie und Regeln der Rechtsanwendung auch *Jahn,* in: Kudlich/Montiel/Schuhr (Hrsg.), Gesetzlichkeit und Strafrecht 2012, S. 223 (225 ff.), sowie hierzu und zum Folgenden auch näher *Kudlich,* in: Kudlich/Schuhr/Montiel aaO, S. 233 ff. und teilweise auch schon *ders.,* Strafprozeß und allgemeines Mißbrauchsverbot, 1998, S. 131 ff.

[188] BVerfG 23.2.1990 – 2 BvR 51/90, NJW 1991, 558.

[189] BGH 7.11.1991 – 4 StR 252/91, BGHSt 38, 111 (insbes. 112 f.) = NJW 1992, 1245.

[190] Zur methodischen Dimension des „Missbrauchsurteils" vgl. *Christensen/Kudlich,* in: Norm und Entscheidung, 2000, S. 189.

[191] Vgl. BGH 31.1.2007 – StB 18/06, BGHSt 51, 211 (219) = NJW 2007, 930 (932) mAnm *Kudlich* JA 2007, 391, sowie schon vorher zur Entscheidung des Ermittlungsrichters des BGH *Jahn/Kudlich* JR 2007, 57.

abgelehnt wird, dass eine vergleichbare Interessenlage gar nicht vorliege.[192] Umgekehrt tragen einzelne, eine weite Rechtsanwendung billigende Entscheidungen nicht die Annahme eines allgemeinen Grundsatzes, wonach eine Analogie stets zulässig sei.[193]

95 **3. Literatur.** In der Literatur wird für verfahrensrechtliche Vorschriften jedenfalls eine Geltung von **Art. 103 Abs. 2 GG überwiegend abgelehnt.**[194] Andere vertreten ein Konzept einer zumindest weitgehenden Gleichwertigkeit der strafrechtlichen und strafprozessualen Eingriffe,[195] das auf das Bild „einer gleitenden Skala von Eingriffen in die Rechtssphäre der Personen, die der Strafverfolgung ausgesetzt sind" gestützt wird, die „einander sehr ähnlich" seien und „sich zusammen in einem gleichsam durch ein ‚Auf und Ab' geprägten Kontinuum" bewegen. **Vermittelnde Auffassungen** unterstellen zumindest solche strafprozessualen Normen den speziellen Garantien des Art. 103 Abs. 2 GG, die unmittelbar dem Nachweis der Voraussetzungen der Tatbestandsmerkmale dienen (wie zB Vorschriften aus dem Beweiserhebungsrecht), da diese Regelungen mittelbar ebenfalls zu „Strafbarkeitsvoraussetzungen" führen.[196]

96 **4. Keine Geltung von Art. 103 Abs. 2 GG, aber allgemeiner Gesetzesvorbehalt.** Richtigerweise dürfte eine Geltung des strengen strafrechtlichen Gesetzesvorbehalts des Art. 103 Abs. 2 GG für das Verfahrensrecht **abzulehnen** sein.[197] Dafür spricht schon der **Wortlaut** der Regelung (obwohl vorstellbar wäre, den Begriff der „Strafbarkeit" verfassungsspezifisch weit zu verstehen[198] und unter seine Garantie all die Normen fallen zu lassen, die letztlich für die Verhängung einer Strafe von Bedeutung sein können). Hätte der Verfassungsgeber einen weiteren Anwendungsbereich gewünscht, hätte er genauer von einer „Verfolgbarkeit" sprechen müssen.[199] Unter **systematischen Gesichtspunkten** ist

---

[192] Vgl. nur BayObLG 16.1.1963 – RReg. 1 St 674/62, NJW 1963, 772; OLG Hamm 9.2.1967 – 2 Ss 1562/66, NJW 1967, 1524 (alle ablehnend zur analogen Ableitung aktiver Mitwirkungspflichten aus § 81a *mangels vergleichbarer Interessenlage*); BGH 15.3.1976 – AnwSt (R) 4/75, BGHSt 26, 298 (303) = NJW 1976, 1462 (1463); BGH 16.3.1983 – 2 StR 775/82, BGHSt 31, 296 (301)= NJW 1983, 1569 (1570) (keine analoge Anwendung von § 108 aF auf Zufallsfunde bei Telefonüberwachungen [heute gesetzlich übergreifend geregelt in § 477 Abs. 2 S. 2 V StPO] bzw. auf Raumgespräche); BVerfG 14.2.1973 – 2 BvR 667/72, BVerfGE 34, 293 = NJW 1973, 696 (gegen BGH 25.8.1972 – 1 BJs 6/71, NJW 1972, 2140 kein Verteidigerausschluss ohne gesetzliche Grundlage, vor allem begründet mit dem Eingriff in die Berufsfreiheit); BVerfG 13.10.1970 – 1 BvR 226/70, BVerfGE 29, 183 (195 f.) = NJW 1970, 2205 (2207) (gegen BGH 7.2.1968 – 4 ARs 48/67, BGHSt 22, 58 = NJW 1968, 1056 kein Haftbefehl auf Grundlage einer analogen Anwendung von § 30 DAG, da diese Analogie den Anforderungen des Art. 104 GG nicht genüge).

[193] BVerfG 14.2.1978 – 2 BvR 406/77, BVerfGE 47, 239, insbes. 246 ff. = NJW 1978, 1149 (Veränderung der Haar- und Barttracht des Beschuldigten als „weite Auslegung" des und damit gerade nicht als Analogie zu § 81a); BGH 21.6.1956 – 3 StR 158/56, BGHSt 9, 297 (300) = NJW 1956, 1527 (1528) (für eine analoge Anwendung von § 251 Abs. 1 Nr. 2 aF, der freilich nur bedingt beschuldigtenschützende Wirkung hatte); BVerfG 26.2.1969 – 2 BvL 15, 23/68, BVerfGE 25, 269 (insbes. 287) = NJW 1969, 1059 ff. (Billigung der faktischen Verlängerung der Verjährung für bestimmte Straftaten durch Anordnung einer Verjährungsunterbrechung für die Zeit vom 8.5.1945 bis zum 31.12.1949, was Akt des Gesetzgebers und nicht der Judikative ist, so dass sich jedenfalls die Vorbehaltsproblematik nicht stellte).

[194] Vgl. Maunz/Dürig/*Schmidt-Aßmann* Art. 103 Rn. 233.

[195] Vgl. etwa *Jahn,* in: Kudlich/Montiel/Schuhr (Hrsg.), Gesetzlichkeit und Strafrecht 2012, S. 223 (228 ff.).

[196] Vgl. *Jäger* GA 2006, 615 (619 ff.).

[197] Vgl. zum Folgenden auch bereits *Kudlich,* Strafprozeß und allgemeines Mißbrauchsverbot, 1998, S. 134 ff., sowie *ders.,* in: in: Kudlich/Montiel/Schuhr (Hrsg.), Gesetzlichkeit und Strafrecht 2012, S. 233 (240 ff.).

[198] In diesem Sinne wohl *Arndt* NJW 1961, 14, 15; *Lüderssen* JZ 1979, 449 (450). Allgemein zum Gebot einer weiten Auslegung von Grundrechten, nach der „die juristische Wirkungskraft der betreffenden Norm am stärksten entfaltet" wird, BVerfG 17.1.1957 – 1 BvL 4/54, BVerfGE 6, 55 (72) = NJW 1957, 417 (418); BVerfG 15.12.1976 – 2 BvR 841/73, BVerfGE 43, 154 (167) = NJW 1977, 1189 als Beispiele aus der ständigen Rspr. des BVerfG.

[199] So iErg auch *Calvelli-Adorno* NJW 1965, 273 (274); *Krey* JA 1983, 233 (235); vgl. auch BVerfG 26.2.1969 – 2 BvL 15, 23/68, BVerfGE 25, 269 (287) = NJW 1969, 1059 (1061), wonach mit der Strafbarkeit die Verfolgbarkeit, nicht dagegen mit der Verfolgbarkeit auch die Strafbarkeit entfallen soll; vgl. dazu auch *Böckenförde* ZStW 91 (1979), 888 (891); krit. insoweit *Schünemann* NStZ 1981, 143 (144).

anzuführen, dass auch der Art. 103 Abs. 2 GG nachfolgende Grundsatz des *ne bis in idem* (Art. 103 Abs. 3 GG, → Rn. 78 ff.) den Begriff des „Strafgesetzes" und des „Bestrafens" sinnvollerweise nur iSd materiellen Rechts und der darin angedrohten Sanktion verstehen kann.

Etwas anderes ergibt sich letztlich auch nicht – und zwar auch nicht unter Berücksichtigung der teilw. gemeinsamen historischen Entwicklung von Straf- und Strafprozessrecht – aus dem **historischen Hintergrund** des nulla-poena-Grundsatzes,[200] der neben dem rechtsstaatlichen Element des Schutzes vor richterlicher Willkür (das einer Erstreckung seiner Geltung auf das Strafverfahrensrecht nicht entgegenstehen, ja sogar für sie sprechen würde) eben auch das präventive Element nach *von Feuerbachs* Theorie des psychologischen Zwanges enthält, dem echte Berechtigung nur für das materielle Strafrecht zukommt. Vor allem aber liegt die **Sonderstellung des materiellen** – und nur des materiellen! – **Strafrechts** innerhalb eines generell vom Postulat des Gesetzlichkeitsprinzips für das Verhältnis zwischen Staat und Bürger beherrschten Rechtssystems gerade darin, dass mit der strafrechtlichen Verurteilung der **sozialethische Vorwurf** einer Schädigung elementarer gesellschaftlicher Interessen verbunden ist. Das gilt schon wegen der Unschuldsvermutung und wegen des Verdachts als hinreichendem Anordnungsgrund selbst für einschneidendste strafprozessuale Ermittlungsmaßnahmen gerade nicht für das Strafprozessrecht. 97

Kann damit auch als Zwischenergebnis davon ausgegangen werden, dass Art. 103 Abs. 2 GG jedenfalls grundsätzlich auf das Strafverfahrensrecht nicht anwendbar ist (sondern nur im Einzelfall die Frage aufgeworfen werden muss, ob alle in der Strafprozessordnung geregelten oder traditionell etwa als Verfahrensvoraussetzung dem Prozessrecht zugeschlagenen Materien wirklich rein formaler Natur sind oder ob sie nicht doch zumindest im hier interessierenden Sinne auch dem materiellen Recht zuzurechnen sind), bedeutet das **keinesfalls,** dass das Gericht im Strafverfahrensrecht **von der Gesetzesbindung freigestellt** wäre. Vielmehr ist auch die Rechtsanwendung im Strafprozessrecht als typischem „Eingriffsrecht" (→ Rn. 45) dem allgemeinen Vorbehalt des Gesetzes unterworfen. Die unbefangene Neigung zu Analogien aus dem Zivilrecht lässt sich damit nicht auf Rechtsverkürzungen durch das Strafverfahren übertragen.[201] 98

Konsequenz daraus ist, dass jedenfalls **die Gebote der *lex scripta* und der *lex stricta*** auch im Anwendungsbereich des **einfachen Gesetzesvorbehalts** Geltung beanspruchen können. Dagegen ist eine Art. 103 Abs. 2 GG vergleichbare Garantie der *lex praevia* dem allgemeinen Gesetzesvorbehalt fremd. Zwar gelten auch insoweit die allgemeinen rechtsstaatlichen Grundsätze über den **Vertrauensschutz bei einer Rückwirkung.** Soweit man hier als Anknüpfungspunkt aber jeweils nur das prozessuale Geschehen (und nicht die zu verfolgende Straftat) sieht, werden sich Rückwirkungsverbote in einer in Art. 103 Abs. 2 GG vergleichbaren Weise regelmäßig nicht ergeben. Vielmehr ist der Prozess nach dem jeweils geltenden Verfahrensrecht zu führen. Unterschiede ergeben sich schließlich auch hinsichtlich der Garantie der ***lex certa:*** So sind etwa im Sicherheitsrecht, in dem als klassischem Eingriffsrecht selbstverständlich auch der allgemeine Gesetzesvorbehalt gilt, **Generalklauseln,** die in ihrer Bestimmtheit hinter den für materielle Strafgesetze geltenden Anforderungen deutlich zurückbleiben, nicht unüblich und hinsichtlich ihrer Zulässigkeit auch grundsätzlich anerkannt. Freilich wird man insoweit eine gewisse **Korrespondenz mit der Eingriffstiefe** dahingehend anzunehmen haben, dass auf Generalklauseln gestützte Maßnahmen zum einen keine massiven Grundrechtsbeeinträchtigungen gestatten können und dass durch sie zum anderen die Wertungen spezieller Vorschriften nicht unterlaufen werden dürfen. 99

[200] Vgl. eingehend nur *Schreiber,* Gesetz und Richter – Zur geschichtlichen Entwicklung des Satzes nullum crimen, nulla poena sine lege, 1976; zusammenfassend *Krey,* Keine Strafe ohne Gesetz, 1983, Rn. 13, 38 (53); *Kudlich,* Strafprozeß und allgemeines Mißbrauchsverbot, 1998, S. 136 ff.

[201] Ähnlich (für das öffentliche Recht insg. im Unterschied zum Zivilrecht) *Papier,* Die finanzrechtlichen Gesetzesvorbehalte und das grundgesetzliche Demokratieprinzip, 1973, S. 172.

VI. Verfahren zur Wahrung der Verfassung

100 Um praktische Wirksamkeit zu erlangen, bedürfen die verfassungsrechtlichen Bindungen einer **prozessualen Absicherung** bzw. Durchsetzbarkeit. Teilw. wird eine solche schon durch die **Fachgerichte selbst** gewährt, wenn diese etwa auf Grundrechtseingriffe ohne hinreichende gesetzliche Grundlage oder unter Rückgriff auf verfassungsrechtlich problematische Analogien (→ Rn. 98 f.) verzichten, wenn sie strafprozessuale oder auch materiellrechtliche Vorschriften grundrechtsorientiert systematisch auslegen[202] oder aber bei drohender „harter" Verfassungswidrigkeit einer bestimmten Auslegung eine verfassungskonforme Interpretation vornehmen. Daneben wird die Einhaltung des Verfassungsrechts aber auch **durch das BVerfG** gewährleistet,[203] insbes. durch die Individualverfassungsbeschwerde nach Art. 93 Abs. 1 Nr. 4a GG, daneben aber auch durch die Möglichkeit konkreter Normenkontrollanträge nach Art. 100 GG.

101 **1. Die Individualverfassungsbeschwerde im Strafrecht (Art. 93 Abs. 1 Nr. 4b, §§ 90, 92 f. BVerfGG). a) Allgemeines.** Die Individualverfassungsbeschwerde nach Art. 93 Abs. 1 Nr. 4a GG ist eine (auch im internationalen Vergleich bemerkenswerte) **individuelle Möglichkeit des Bürgers,** Rechtschutz gegen Grundrechtsverletzungen durch eine spezielle Instanz (und dabei auch gegen Akte der Legislative und der Judikative) zu suchen. Die Gefahr solcher Grundrechtsverletzungen durch strafgerichtliche Verurteilungen, aber auch schon durch die strafprozessualen Ermittlungsmaßnahmen liegt auf der Hand. Mit ihr kann nach Art. 93 Abs. 1 Nr. 4a GG jedermann rügen, „durch die öffentliche Gewalt in einem seiner Grundrechte oder in einem seiner in Art. 20 Abs. 4, 33, 38, 101, 103 und 104 enthaltenen Rechte verletzt zu sein". Im strafrechtlichen Instanzenzug ist die Verfassungsbeschwerde (obgleich die Rechtssache im Ergebnis im Falle ihrer Erhebung oft abschließend) **kein zusätzliches Rechtsmittel**[204] und insbes. keine „Superrevisionsinstanz",[205] sondern nur eine zusätzliche verfassungsrechtsspezifische Rechtsschutzmöglichkeit,[206] welche in ihrem Prüfungsumfang auf die „Verletzung spezifischen Verfassungsrechts" beschränkt ist.[207]

102 Statistisch sind die **Erfolgsaussichten** einer Verfassungsbeschwerde **gering,**[208] und in Relation zu diesen begrenzten Erfolgsaussichten ist ihre ordnungsgemäße Erhebung (und auch ansprechende Begründung) mit erheblichem Aufwand verbunden.[209] Freilich bringt sie in Fällen, in denen der Beschwerdeführer nicht „einfach nur unzufrieden" mit seiner Verurteilung ist, sondern in denen verfassungsrechtliche Probleme ernsthaft im Raume stehen und bei denen im Zeitpunkt des Entschlusses, Verfassungsbeschwerde zu erheben, noch hinreichend Zeit für eine ordnungsgemäße Begründung ist, immerhin eine zusätzliche Verteidigungsmöglichkeit, die insbes. auch einen **(zumindest mittelbaren) Angriff auf**

---

[202] Vgl. zur grundrechtsorientierten Auslegung im Strafrecht (im Unterschied zur verfassungskonformen Auslegung) *Kudlich* JZ 2003, 127.

[203] Parallele Fragen stellen sich für die Überprüfung der Wahrung der Garantien der EMRK durch Verfahren vor dem EGMR, vgl. dazu auch unten Teil J sowie die Kommentierung im 3. Bd.

[204] Ungeachtet dessen haben sich für die Verfassungsbeschwerde und die strafprozessuale Revision teilweise ganz ähnliche Strukturen etwa hinsichtlich der Erschwernisse der Zulässigkeitsvoraussetzungen oder der Begründungsanforderungen herausgebildet, und schon mit Blick auf den Grundsatz der Subsidiarität (→ Rn. 108) ergeben sich auch schon für die Revisionsbegründung Erfordernisse mit Blick auf eine etwaige spätere Verfassungsbeschwerde. Vgl. eingehend zum Vergleich der beiden Rechtsschutzmöglichkeiten *Reichart,* Revision und Verfassungsbeschwerde in Strafsachen, 2007, pass.

[205] Vgl. *Herzog,* FS Dürig, 1990, 431 (435).

[206] Vgl. bereits BVerfG 27.9.1951 – 1 BvR 121/51, BVerfGE 1, 3 (5).

[207] Sog Heck'sche Formel, vgl. BVerfG 10.6.1964 – 1 BvR 37/63, BVerfGE 18, 85 (92 ff.) = NJW 1964, 1715 (1716 f.), sowie speziell für das Strafrecht BVerfG 24.10.1996 – 2 BvR 1851/94, 1853/94, 1875/94 u. 1852/94, BVerfGE 95, 96 (127 f.) = NJW 1997, 929.

[208] Vgl. auch *Arnold* StraFo 2005, 28, der insbes. in Restriktionen durch §§ 93a, 93b BVerfGG empfindliche Rechtsschutzlücken sieht und die Messlatte für erfolgreiche Angriffe auf Akte des Gesetzgebers als „kaum erreichbar" einstuft.

[209] Überblicksartig zur Erhebung einer Verfassungsbeschwerde in Strafsachen vgl. *Eschelbach/Gieg/Schulz* NStZ 2000, 565.

die strafbarkeitsbegründende Rechtnorm zulässt.[210] Die Voraussetzungen einer Verfassungsbeschwerde können im Folgenden nur knapp und spezifisch mit Blick auf strafrechtliche Fragen erörtert werden.[211]

b) Zulässigkeit. aa) Beschwerdegegenstand. Taugliche Angriffsgegenstände der Verfassungsbeschwerde sind nach Art. 93 Abs. 1 Nr. 4a GG, § 90 Abs. 1 BVerfGG **Maßnahmen der öffentlichen Gewalt,** dh nach Art. 1 Abs. 3 GG grds. Akte der Exekutive, Legislative und Judikative. Für den strafrechtlichen Bereich sind dabei Verfassungsbeschwerden **unmittelbar gegen Gesetze oder aber Urteilsverfassungsbeschwerden** (auch als mittelbare Rechtssatzverfassungsbeschwerden) von Bedeutung. Neben prozessbeendenden Urteilen bzw. Beschlüssen sind **Zwischenentscheidungen** nicht grds.,[212] wohl aber dann beschwerdefähig, wenn mit ihnen über eine für das Verfahren wesentliche Rechtsfrage abschließend entschieden wird, zB über eine Richterablehnung,[213] eine Durchsuchungsanordnung[214] oder die Aufrechterhaltung eines Haftbefehls.[215] 103

bb) Partei- und Prozessfähigkeit. Beschwerdeführer im Strafverfahren werden regelmäßig (geborene und lebendige) **natürliche Personen** sein, so dass insoweit keine nennenswerten Probleme auftreten. Da jedoch auch **juristische Personen** etwa als Einziehungs- und Verfallsbeteiligte am Strafverfahren beteiligt sein können, ist von Bedeutung, dass auch sie nach Maßgabe von Art. 19 Abs. 3 GG im Einzelfall Grundrechtsträger sein können und dann einer entsprechenden Vertretung bedürfen. Außerhalb der mündlichen Verhandlung besteht vor dem BVerfG kein Anwaltszwang (vgl. § 22 BVerfGG). Der Beschwerdeführer kann sich aber in jeder Lage des Verfahrens durch einen an einem deutschen Gericht zugelassenen Rechtsanwalt oder einen Rechtslehrer an einer deutschen Hochschule vertreten lassen, so dass grds. diejenigen Personen, die nach § 138 StPO als Verteidiger in Betracht kommen, auch vertretungsberechtigt vor dem BVerfG sind. 104

cc) Frist. Die Verfassungsbeschwerde ist gem. § 93 Abs. 1 BVerfGG bei Urteilsverfassungsbeschwerden binnen **eines Monats** nach (erstmaliger) Bekanntgabe der letztinstanzlichen Entscheidung zu erheben. Die Fristberechnung erfolgt entsprechend § 222 Abs. 1 ZPO iVm § 187 f. BGB.[216] Soweit letztinstanzliche Urteile nicht zugestellt werden, da sie keine (reguläre) Rechtsmittelfrist in Gang setzen (vgl. § 35 Abs. 2 S. 2 StPO), kommt es auf den Zeitpunkt der formlosen Mitteilung an. Verfassungsbeschwerden unmittelbar gegen **(Straf-) Gesetze** können gem. § 93 Abs. 3 BVerfGG **nur binnen eines Jahres** seit dem Inkrafttreten des Gesetzes erhoben werden. 105

dd) Beschwerdebefugnis. Der Beschwerdeführer muss die Möglichkeit einer Grundrechtsverletzung (dh der Verletzung eines der in § 90 Abs. 1 BVerfGG genannten Rechte) behaupten. Diese Behauptung muss die **eigene, unmittelbare und gegenwärtige Betroffenheit** des Beschwerdeführers beinhalten. Bei Verurteilungen in einem Strafverfahren ist dies beim Angeklagten unproblematisch der Fall; soweit die Urteilsverfassungsbeschwerde zugleich eine mittelbare Rechtssatzverfassungsbeschwerde ist, stellt die Entscheidung auch unproblematisch einen Vollziehungsakt der mittelbar angegriffenen Strafvorschriften dar. Bei unmittelbaren Rechtssatzverfassungsbeschwerden[217] ist hier zu 106

---

[210] IErg ähnlich Widmaier/*Eschelbach* MAH Strafverteidigung § 28 Rn. 12.

[211] Vgl. dazu auch instruktiv ausführlicher Widmaier/*Eschelbach* MAH Strafverteidigung § 28 Rn. 16 ff.; noch weiter vertiefend *Jahn/Löffelmann/Güntge/Krehl,* Die Verfassungsbeschwerde in Strafsachen; als „allgemeines Anleitungsbuch" zur Verfassungsbeschwerde vgl. insbes. *Zuck,* Das Recht der Verfassungsbeschwerde.

[212] Etwa nicht ein Eröffnungsbeschluss, vgl. 16.4.1969 – 2 BvR 115/69, BVerfGE 25, 336 (343 f.) = NJW 1969, 1104 (1106).

[213] Vgl. BVerfG 25.6.1968 – 2 BvR 599, 677/67, BVerfGE 24, 56 (60) = NJW 1968, 1621.

[214] Vgl. BVerfG 24.5.1977 – 2 BvR 988/75, BVerfGE 44, 353 (366) = NJW 1977, 1489.

[215] Vgl. BVerfG 6.2.1980 – 2 BvR 1070/79, BVerfGE 53, 152 (157 f.) = NJW 1980, 1448.

[216] Vgl. nur BVerfG 30.7.2001 – 2 BvR 128/00, NJW 2001, 3534.

[217] Zur Beschwerdebefugnis hier allg. Widmaier/*Eschelbach,* MAH Strafverteidigung § 28 Rn. 49 mit zahlreichen weiteren Nachw.

berücksichtigen, dass – abweichend von allgemeinen Grundsätzen[218] – bei einer **Strafnorm** dem Beschwerdeführer regelmäßig **nicht zumutbar** ist, erst eine unmittelbare Beschwer durch eine eigene **Verurteilung abzuwarten,** bevor er sich gegen die Strafnorm wendet.[219]

107 **ee) Erschöpfung des Rechtswegs.** Nach § 90 Abs. 2 S. 1 BVerfGG muss der Rechtsweg erschöpft worden sein. Das Vorliegen dieser Voraussetzung richtet sich nach dem **strafgerichtlichen Instanzenzug** und ist bei Sachentscheidungen nach der **Revisionsentscheidung** (des OLG bzw. des BGH) erfüllt. Ausreichend ist insoweit nicht, dass kein Rechtsmittel mehr möglich ist, sondern dass auch die zur Verfügung stehenden Rechtsmittel ausgeschöpft worden sind. Ist daher etwa eine Revision nicht fristgerecht eingelegt worden, so kann gegen das landgerichtliche Urteil keine zulässige Verfassungsbeschwerde erhoben werden. Auch soweit das Revisionsgericht die landgerichtliche Verurteilung im Strafausspruch aufhebt und die Sache zu einer neuen Verhandlung und Entscheidung zurückverweist, ist der Schuldspruch damit rechtskräftig geworden und – soweit die Grundrechtsverletzung darin behauptet wird – im fachgerichtlichen Instanzenzug nicht mehr angreifbar, so dass insoweit sofort Verfassungsbeschwerde erhoben werden kann (und mit Blick auf die drohende Verfristung auch erhoben werden muss[220]).

108 **ff) Subsidiarität der Verfassungsbeschwerde.** In mittlerweile ständiger Rspr. hat das BVerfG aus § 90 Abs. 1 BVerfGG **über die formelle Erschöpfung des Rechtswegs hinaus** auch den Grundsatz der Subsidiarität der Verfassungsbeschwerde dahingehend entwickelt, dass sie erforderlich sein muss, um eine Grundrechtsverletzung zu verhindern oder auszuräumen, welche **im fachgerichtlichen Verfahren** trotz der Bemühungen um eine Korrektur der Verfassungsverletzung des Beschwerdeführers **nicht beseitigt werden konnte.**[221] Der Blick auf eine mögliche Verfassungsbeschwerde mit entsprechenden Argumenten schon bei der fachgerichtlichen Verteidigung steht zwar in einem gewissen Kontrast zu etwaigen Bemühungen um konsensuale Verteidigungsformen,[222] ist aber im Einzelfall unvermeidlich, um den Subsidiaritätsanforderungen zu genügen, und sollte an sich auch „emotional" jedenfalls bei einer späteren Rechtssatzverfassungsbeschwerde nicht genuin die Strafverfolgungsbehörden treffen. **Beispiele** für Subsidiaritätsanforderungen[223] aus der Rspr. des BVerfG sind etwa[224] die Ablehnung eines Richters,[225] die Erhebung eines Widerspruchs gegen die Beweisverwertung nach der „Widerspruchslösung",[226] ein Antrag analog § 98 Abs. 2 S. 2 gegen Maßnahmen nach § 81a,[227] die Stellung von Beweisanträgen[228] oder die Erhebung einer Verfahrensrüge nach Maßgabe von § 344 Abs. 2 S. 2 bei überlanger Verfahrensdauer.[229] Bei einer Rüge der Verletzung von Art. 103 Abs. 1 GG besonders bedeutsam ist die Anhörungsrüge nach § 33a StPO.

---

[218] Vgl. Sachs/*Sturm* Art. 93 Rn. 93; Schmidt-Bleibtreu/Hofmann/Hopfauf/*Hopfauf* Art. 93 Rn. 187 ff.

[219] Vgl. BVerfG 14.11.1989 – 1 BvL 14/85, 1 BvR 1276/84, BVerfGE 81, 70 (82 f.) = NJW 1990, 1349; BVerfG 14.1.1998 – 1 BvR 1995–94, BVerfGE 97, 157 (165 f.) = NJW 1998, 1385.

[220] Vgl. BVerfG 26.6.2007 – 1 BvR 1877/01, BVerfGK 11, 357 (358 ff.).

[221] Vgl. dazu aus neuerer Zeit grds. die BVerfG-Entscheidung BVerfG 30.4.2003 – 1 PBvU 1/02, BVerfGE 107, 395 (414) = NJW 2003, 1924 (1928). Weitere Nachw. – auch zur Kasuistik im Einzelnen – Widmaier/*Eschelbach* MAH Strafverteidigung § 28 Rn. 71 ff.; zur Gehörsrüge als Voraussetzung für eine erfolgreiche Verfassungsbeschwerde vgl. BGH 13.8.2008 – 1 StR 162/08, wistra 2009, 33 sowie nochmals → Rn. 72.

[222] Vgl. Widmaier/*Eschelbach* MAH Strafverteidigung § 28 Rn. 73, der zu Recht darauf hinweist, dass verfassungsrechtliche Argumente auch sonst bei den Strafjustizorganen oft auf fehlendes Verständnis stoßen.

[223] Vgl. dazu außer den nachfolgenden Fußnoten auch eingehend die Zusammenstellung bei *Reichart* (Fn. 204), S. 380 ff.

[224] Vgl. auch die Aufzählung bei Widmaier/*Eschelbach* MAH Strafverteidigung § 28 Rn. 74.

[225] Vgl. BVerfG 26.8.1991 – 2 BvR 964/90, NJW 1993, 2926; BVerfG 27.3.2000 – 2 BvR 434/00, NStZ 2000, 382 (383).

[226] Vgl. BVerfG 1.3.2000 – 2 BvR 2017 u. 2039/94, NStZ 2000, 489 (490); zu generellen Bedenken gegen die Widerspruchslösung → Rn. 479 f.

[227] Vgl. BVerfG 15.9.1999 – 2 BvR 2360/95, NStZ 2000, 96.

[228] Vgl. BVerfG 21.8.1996 – 2 BvR 1304/96, NStZ 1997, 94 (95).

[229] BVerfG 17.12.1996 – 2 BvR 1533/96.

c) Annahmevoraussetzungen des § 93a Abs. 2 BVerfGG. Die Verfassungsbeschwerde wird nach § 93a BVerfGG nur zur Entscheidung angenommen, soweit ihr **grundsätzliche verfassungsrechtliche Bedeutung** zukommt **oder** wenn die Annahme **zur Durchsetzung der in § 90 Abs. 1 BVerfGG genannten Rechte angezeigt** ist, was auch dann der Fall sein kann, wenn dem Beschwerdeführer durch die Versagung der Entscheidung in der Sache ein besonders schwerer Nachteil entsteht. Nach der Rspr. des BVerfG ist ein solcher besonders schwerer Nachteil bei einem **Schuldspruch regelmäßig** zu bejahen, wenn die Beanstandung nicht nur einen untergeordneten Punkt betrifft.[230] Grundsätzliche verfassungsrechtliche Bedeutung kommt der aufgeworfenen Frage insbes. zu, wenn sie für bereits laufende oder in der Zukunft denkbare ähnlich gelagerte Verfahren Bedeutung haben kann und verfassungsgerichtlich noch nicht geklärt ist.[231] 109

d) Begründetheit. Die Verfassungsbeschwerde ist begründet, wenn der Beschwerdeführer durch den angegriffenen Akt der öffentlichen Gewalt in einem der **in Art. 93 Abs. 1 Nr. 4a GG, § 90 Abs. 1 BVerfGG genannten Rechte verletzt** ist. Die hier für eine Begründetheit erforderliche Verletzung spezifischen Verfassungsrechts (vgl. nochmals → Rn. 101) kann dabei vorliegen, wenn dem belastenden Eingriff in die Freiheitsrechte des Beschuldigten **keine verfassungsgemäße Norm zugrunde liegt** (mittelbare Rechtssatzbeanstandung[232]), wenn bei der **Auslegung und Anwendung des Gesetzes** verfassungsrechtlich relevante Fehler passieren, weil etwa der mögliche Wortsinn einer Strafnorm überschritten wird oder Bedeutung und **Reichweite der Grundrechte grundlegend verkannt** werden[233] oder aber wenn **Prozessgrundrechte verletzt** wurden.[234] Für die verfassungsrechtlich-inhaltlichen Anforderungen insoweit ist auf die Ausführungen oben (→ Rn. 54 ff., 65 ff.) sowie auf die Kommentierungen etwa zu den einzelnen Eingriffsbefugnissen zu verweisen. 110

e) Sonstiges. Wird eine Verfassungsbeschwerde eingelegt, so ist sie nach § 23 Abs. 1 S. 2 BVerfGG zu begründen. Dabei sind das angeblich verletzte Recht sowie der angegriffene Akt der öffentlichen Gewalt zu bezeichnen. Darüber hinaus muss sich aus der **Begründung** aber auch ergeben, dass die Gebote der Rechtswegerschöpfung und der Subsidiarität erfüllt sind. Auch wenn die Anforderungen an eine schlüssige Begründung mit Blick auf das fehlende Anwaltserfordernis nicht überstrapaziert werden sollten, ist doch eine **sorgfältige Ausarbeitung** und eine **gründliche Dokumentation** durch mitgesandte Unterlagen zu empfehlen.[235] 111

Da die Verfassungsbeschwerde keine aufschiebende Wirkung hat, besteht nach § 32 Abs. 1 BVerfGG die Möglichkeit, dass das BVerfG einen Zustand durch **einstweilige Anordnung** vorläufig regelt. Obwohl eine solche Anordnung auch von Amts wegen erlassen werden darf, ist ein entsprechender Antrag zu empfehlen, soweit dies aus Sicht des Beschwerdeführers wünschenswert und sinnvoll erscheint. Schon seit seiner frühen Rspr.[236] geht das BVerfG davon aus, dass im Verfassungsbeschwerdeverfahren die zivilprozessualen Bestimmungen über die **Prozesskostenhilfe** grds. entsprechend anzuwenden sind. Da das 112

[230] Vgl. BVerfG 9.7.1997 – 2 BvR 1371/96, BVerfGE 96, 245 (249 f.) = NJW 1998, 443 (444).

[231] Vgl. *Barley,* in: Pieroth/Silberkuhl (Hrsg.), Die Verfassungsbeschwerde, BVerfGG § 93a Rn. 13 f.

[232] Vgl. hierzu überblicksartig Widmaier/*Eschelbach* MAH Strafverteidigung § 28 Rn. 101 ff., mit zutreffendem Hinweis darauf, dass hier nicht nur inhaltliche, sondern auch grundgesetzlich-formale Mängel etwa in der Gesetzgebungskompetenz beachtlich sein können.

[233] Vgl. zu Fehlern bei Auslegung und Anwendung der Gesetze Widmaier/*Eschelbach* MAH Strafverteidigung § 28 Rn. 125 ff. mwN; *Löffelmann,* in: Jahn/Löffelmann/Güntge/Krehl, Die Verfassungsbeschwerde in Strafsachen, 2011, Rn. 566 ff., 580 ff.

[234] Vgl. zur Missachtung von Prozessgrundrechten Widmaier/*Eschelbach* MAH Strafverteidigung § 28 Rn. 132 ff. mwN; *Löffelmann,* in: Jahn/Löffelmann/Güntge/Krehl, Die Verfassungsbeschwerde in Strafsachen, 2011, Rn. 394 ff.

[235] Zu Hinweisen für eine „übersichtliche" Begründungsformulierung vgl. Widmaier/*Eschelbach* MAH Strafverteidigung § 28 Rn. 81 ff.

[236] Vgl. BVerfG 31.1.1952 – 1 BvR 68/51, BVerfGE 1, 109 (110 f.) = NJW 1952, 457.

Verfahren kostenfrei ist und kein Anwaltszwang besteht, werden insoweit freilich strenge Maßstäbe angelegt.[237]

113 Soweit im Landesverfassungsrecht vorgesehen, können **Verfassungsbeschwerden auch zu den Landesverfassungsgerichten** erhoben werden. Zwischen diesen und dem BVerfG besteht teilw. eine parallele Zuständigkeit (vgl. § 90 Abs. 3 BVerfGG),[238] wobei die Landesverfassungsgerichte Akte der öffentlichen Gewalt des Bundes (Bundesgesetze oder Entscheidungen von Bundesgerichten) nicht überprüfen können.[239]

114 **2. Konkrete Normenkontrolle (Art. 100 GG). a) Allgemeines.** Im Zusammenhang mit einem Strafverfahren kann das BVerfG nicht nur durch den Beschuldigten im Rahmen einer Verfassungsbeschwerde, sondern auch **durch das Gericht** einbezogen werden. Dieses hat das Verfahren auszusetzen und die Entscheidung des BVerfG einzuholen,[240] wenn es ein **Gesetz,** auf dessen Gültigkeit es bei der Entscheidung ankommt, **für verfassungswidrig hält.** Pflicht zur und Verfahren der sog konkreten Normenkontrolle dienen somit dem Schutz der Verfassung gegenüber den Akten der Legislative und zugleich dem Verwerfungsmonopol des BVerfG. Aus diesen erstgenannten Schutzrichtungen ergibt sich sogleich zwanglos, dass die Vorlage nur bei **formellen nachkonstitutionellen Gesetzen** erforderlich ist.

115 **b) Vorlagezuständigkeit.** Vorlageverpflichtet ist das zur Entscheidung berufene **Gericht in der Urteilsbesetzung,** dh ggf. auch unter Beteiligung der Schöffen;[241] „Gericht" in diesem Sinne ist beim Strafrichter als Einzelrichter auch dieser allein. Ob der **Große Strafsenat** des BGH zur Vorlage berechtigt ist, ist umstritten, da er keine Endentscheidung fällt und der den Großen Senat anrufende Spruchkörper sich ohnehin seine eigene Überzeugung von der Frage der Verfassungsmäßigkeit oder Verfassungswidrigkeit bilden und letzterenfalls selbst dem BVerfG vorlegen muss.[242]

116 **c) Vorlagerelevante Normen.** Wie oben bereits angedeutet, müssen **nur Gesetze im formellen Sinn** vorgelegt werden, welche freilich im Straf- und Strafverfahrensrecht (mit Ausnahme von gesetzgeberischen „Ausrutschern" nach Art der MaKonV) im Strafrecht meist vorliegen. „Zwischenbereiche" zwischen Verordnungen und Gesetzen[243] spielen hier ebenso wenig eine Rolle wie (zumindest im materiellen Strafrecht strafbegründendes) Gewohnheitsrecht.

117 Ferner besteht das **Verwerfungsmonopol des BVerfG** nur für **nachkonstitutionelles Recht.** Durch eine Reihe von **Neuverkündungen** des StGB und der StPO nach 1945 ist diese Voraussetzung jedenfalls im Kernstrafrecht unproblematisch gegeben.[244] Soweit sich im Nebenstrafrecht einmal die Frage vorkonstitutioneller und nicht neuverkündeter Regelungen stellen sollte, ist dies anhand der allgemeinen Regeln zu lösen, welche für die Frage gelten, wann vorkonstitutionelles Recht in nachkonstitutioneller Zeit „in den Willen

---

237 Vgl. BVerfG 2.10.1969 – 1BvR 132/67, BVerfGE 27, 57.

238 Soweit das Landesrecht allerdings einen Ausschluss der Landesverfassungsbeschwerde bei Erhebung der Bundesverfassungsbeschwerde vorsieht, muss der Betroffene zwischen beiden wählen, vgl. BVerfG 18.1.1996 – 1 BvR 1375/95, NJW 1996, 1464, sowie *Meyer-Goßner* Einl. Rn. 241.

239 Widmaier/*Eschelbach* MAH Strafverteidigung § 28 Rn. 179 f. weist darauf hin, dass bei einer „Aufgabenparallelität" das Anrufen der Landesverfassungsgerichte im Einzelfall günstiger sein kann, soweit das Landesrecht für sein Verfassungsbeschwerdeverfahren keine oder niedrigere Annahmevoraussetzungen vorsieht.

240 Art. 100 Abs. 1 S. 1 GG differenziert zwischen Vorlagen zum BVerfG und zum jeweils zuständigen Landesverfassungsgericht danach, ob das Gesetz, das zur Beurteilung vorgelegt wird, Landes- oder Bundesverfassungsrecht verletzt. Da Prüfungsmaßstab der Landesverfassungsgerichte jedoch nur Akte der öffentlichen Gewalt des Landes und damit Landesgesetze sein können, spielt die konkrete Normenkontrolle bei den Landesverfassungsgerichten im Strafrecht keine bedeutende Rolle.

241 Vgl. BVerfG 25.5.1965 – 1 BvL 16/64, BVerfGE 19, 71 (72).

242 Für die Vorlagemöglichkeit eines Großen Senats: BVerfG 19.2.1957 – 1 BvL 13/54, BVerfGE 6, 222 (241) = NJW 1957, 625 (627); Maunz/Dürig/*Maunz* Art. 100 Rn. 30; dagegen Umbach/Clemens/*Clemens* Art. 100 Rn. 37, 145.

243 Vgl. dazu Umbach/Clemens/*Clemens* Art. 100 Rn. 52.

244 Vgl. zur Rolle von Neuverkündungen BVerfG 23.10.1958 – 1 BvL 45/56, BVerfGE 8, 210 (213 f.) = NJW 1958, 2059.

des Gesetzgebers aufgenommen" und dadurch **„quasi-nachkonstitutionell"** geworden sein kann, etwa durch nachträgliche – nicht nur redaktionelle – Änderungen,[245] durch Ergänzungen im engen Zusammenhang mit bestehenbleibenden Normen,[246] durch Verweisungen bzw. Inkorporationen[247] sowie durch tiefgreifende Änderungen eines begrenzten und überschaubaren Rechtsgebiets.[248] Die umgekehrte Frage, inwiefern früher erlassenes Gesetzesrecht an später in Kraft tretenden GG-Novellen gemessen werden kann bzw. muss,[249] dürfte (nicht nur wegen der regelmäßigen Neuverkündungen des StGB) praktisch keine große Rolle spielen.

d) Sonstiges. Die Vorlage setzt voraus, dass die vorgelegte Norm **entscheidungserheblich** ist und dass das Gericht von der **Verfassungswidrigkeit überzeugt** ist (und nicht nur Zweifel an ihr hat).[250] Auch darf keine Möglichkeit zu einer verfassungskonformen Auslegung bestehen.[251] 118

Ist die Verfassungsmäßigkeit der fraglichen Vorschrift schon in einer **früheren Entscheidung** des BVerfG festgestellt worden, so ist eine Vorlage nach Art. 100 GG nur zulässig, wenn neue Tatsachen bzw. rechtliche Gesichtspunkte aufgetreten sind.[252] Ebenfalls grds. keine Vorlage ist möglich, wenn die Sache vom Obergericht an ein neues Instanzengericht zurückverwiesen worden ist, da insoweit dann die Annahme der Verfassungsmäßigkeit durch das Obergericht bindend ist.[253] Eine unterlassene Vorlage führt nur dann zu einer Verletzung des **Anspruchs auf den gesetzlichen Richter** nach Art. 101 Abs. 1 S. 2 GG, wenn diese sich als willkürlich darstellt.[254] Dies wird im Ergebnis oft ausscheiden, wenn das Gericht substantiiert darlegt, warum es von einer Vorlage abgesehen hat. 119

C. Strafprozessuale Verfahrensmaximen

I. Allgemeines

1. Bedeutung der Verfahrensmaxime. Ähnlich wie in anderen Rechtsgebieten (so etwa mit Blick auf die Staatszielbestimmungen im Staatsorganisationsrecht oder mit Blick auf das Postulat der Privatautonomie im Zivilrecht) ist auch das Strafverfahrensrecht durch **„Grundsätze" bzw. „Maximen"** geprägt, die man als eine Art **„Zwischenebene"** zwischen der hochabstrakten Verbürgung des Rechtsstaatsprinzips (→ Rn. 83 ff.) und den strafprozessualen Einzelvorschriften verstehen kann.[255] Der Kanon dieser Verfahrens- bzw. Prozessmaximen ist nicht völlig klar konturiert (und wird daher auch unterschiedlich weit 120

---

[245] Vgl. BVerfG 14.1.1969 – 1 BvL 24/68, BVerfGE 25, 25 (27); BVerfG 16.11.1971 – 1 BvL 29/70, 11/71, BVerfGE 32, 256 (258 f.).

[246] Vgl. Umbach/Clemens/*Clemens* Art. 100 Rn. 65.

[247] Vgl. BVerfG 26.1.1972 – 1 BvL 3/71, BVerfGE 32, 296 (300) = NJW 1972, 571; BVerfG 4.6.1985 – 1 BvL 14/84, BVerfGE 70, 126 (130).

[248] Vgl. BVerfG 26.1.1972 – 1 BvL 3/71, BVerfGE 32, 296 (300) = NJW 1972, 571; BVerfG 4.6.1985 – 1 BvL 14/84, BVerfGE 70, 126 (130).

[249] Vgl. Umbach/Clemens/*Clemens* Art. 100 Rn. 72.

[250] Vgl. BVerfG 29.11.1967 – 1 BvL 16/63, BVerfGE 22, 373 (378) = NJW 1968, 99; BVerfG 7.4.1992 – 1 BvL 19/91, BVerfGE 86, 52 (57).

[251] Vgl. BVerfG 12.2.1992 – 1 BvL 21/88, BVerfGE 85, 329 (333 f.) = NJW 1992, 1951; BVerfG 12.5.1992 – 1 BvL 7/89, BVerfGE 86, 71 (77).

[252] Vgl. BVerfG 13.5.1996 – 2 BvL 33/93, BVerfGE 94, 315 (322 f.) = NJW 1996, 2717.

[253] Vgl. BVerfG 15.7.1953 – 1 BvL 7/53, BVerfGE 2, 406 (411) = NJW 1953, 1385; BVerfG 19.12.1984 – 2 BvL 20/84, 2 BvL 21/84, BVerfGE 68, 352 (358).

[254] Vgl. zur Abgrenzung von Willkür und bloßem error in procedendo bei Art. 101 Abs. 1 S. 2 GG bereits → Rn. 68 sowie – zu jeweils anderen Formen der Nichtvorlage – auch BVerfG 11.5.1965 – 2 BvR 259/63, BVerfGE 19, 38 (42 f.) = NJW 1965, 1323; BVerfG 12.4.1983 – 2 BvR 678/81, 2 BvR 679/81, 2 BvR 680/81, 2 BvR 681/81, 2 BvR 683/81, BVerfGE 64, 1 (20 f.) = NJW 1983, 2766; BVerfG 31.5.1990 – 3 BvL 12/88, 3 BvL 13/88, 2 BvR 1436/87, BVerfGE 82, 159 (194 ff.); BVerfG 10.6.1997 – 2 BvR 1516/96, BVerfGE 96, 68 (77) = NJW 1998, 50. Spezifisch zur Vorlage an den EuGH vgl. die Maßstäbe bei BVerfG 9.1.2001 – 1 BvR 1036/99, NJW 2001, 1267 (1268).

[255] Ähnlich auch Löwe/Rosenberg/*Kühne* Einl. I Rn. 1; *Rieß*, FS Schäfer, 1979, 155 (172).

gefasst), weil zum einen für bestimmte Aspekte unklar ist, ob sie tatsächlich als „bedeutsam" genug zu erachten sind, um ihnen den Rang einer Prozessmaxime zukommen zu lassen und weil zum anderen auch die **verfassungsrechtlichen Grundlagen** des Strafverfahrensrechts (→ Rn. 45 ff.) teilw. pauschalierend als Verfahrensmaximen verstanden werden, während andere zwischen positiv-verfassungsrechtlichen Grundlagen und prozessrechtstheoretischen Verfahrensmaximen unterscheiden.[256]

121 Ebenso wie bei den Maximen/Grundsätzen in anderen Rechtsgebieten gilt auch für die strafprozessualen Verfahrensmaximen: Zwar handelt es sich um **wichtige Leitlinien** für den Gesetzgeber bei der Gestaltung des Strafverfahrensrechts; primär maßgeblich für die Rechtsanwendung ist aber die ganz **konkrete Ausprägung** in den jeweiligen Einzelnormen, in denen die Verfahrensmaximen zumeist nicht in Reinform zum Ausdruck kommen. Lässt also etwa § 251 explizit die Verlesung einer Urkunde zu, so macht es für die Rechtsanwendung *de lege lata* keinen Sinn, hierin einen Verstoß gegen den Unmittelbarkeitsgrundsatz zu sehen: Letztlich ausschlaggebend ist für die praktische Rechtsanwendung eben, in welchem Umfang der Unmittelbarkeitsgrundsatz Eingang in die §§ 249 ff. tatsächlich gefunden hat (und nicht, ob bei einer idealisierten Geltung des Unmittelbarkeitsgrundsatzes die §§ 249 ff. anders strukturiert sein müssten). Insoweit ist anschaulich, wenn *Kühne* den Prozessmaximen „Dominanz nicht aber Ausschließlichkeit" zuspricht.[257]

122 Gleichwohl bedeutsam sind die Maximen dann jedoch für die Behandlung von nicht explizit geregelten Fragen bzw. auch für die **Auslegung** in Grenzfällen einer Norm oder aber für die Bewahrung einer gewissen Konstanz in der gesetzlichen Systematik bei Überlegungen *de lege ferenda.*[258] Und auch die Rspr. argumentiert in ihren Entscheidungen nicht selten unter Rückgriff auf die Prozessmaximen.[259]

123 **2. Ergänzende Parameter und Geltungsanspruch des Prozessmodells.** In inhaltlicher bzw. systemtranszendenter Hinsicht ist für die Frage, welcher Aspekt so bedeutsam ist, dass ihm die Rolle einer Verfahrensmaxime zukommt, bzw. für die zu fordernde Reichweite einer Verfahrensmaxime auch die **Gesamtausgestaltung des Verfahrens** bedeutsam,[260] mithin also das jeweils gewählte „Prozessmodell"[261] insgesamt. So liegt etwa auf der Hand, dass für die Frage, wie stark mit Blick auf ein gerechtes Verfahren und den Subjektstatus des Angeklagten die Unmittelbarkeit der Beweisaufnahme in der Hauptverhandlung ausgeprägt sein muss, nicht zuletzt auch entscheidend ist, welche Mitwirkungsgarantien der spätere Angeklagte im Ermittlungsverfahren hat und umgekehrt.[262] Vor diesem Hintergrund ist dann auch nicht erstaunlich, wenn ein nachträglich inkorporiertes mehr oder weniger eigenständiges „Verfahrensmodell" wie die Regelung über die Verständigung in § 257c[263] mit einer Vielzahl von Prozessmaximen in einen zumindest potentiellen Konflikt tritt.[264]

---

[256] Beispiele für solche Aspekte, die teils zu den Verfahrensmaximen, teils zu den verfassungsrechtlichen Grundlagen gezählt werden, sind etwa die Unschuldsvermutung, der nemo-tenetur-Grundsatz, die gerichtliche Fürsorgepflicht oder der Grundsatz der richterlichen Unabhängigkeit.

[257] Löwe/Rosenberg/*Kühne,* Einl. G Rn. 9.

[258] Löwe/Rosenberg/*Kühne* Einl. I Rn. 2 spricht insoweit von der rechtsgestaltenden, systematisierenden und interpretatorischen Funktion der Prozessmaximen.

[259] Vgl. statt vieler nur BGH 23.5.1956 – 6 StR 14/56, BGHSt 9, 280 (281, 283 ff.) = NJW 1956, 1646 (1647); BGH 23.9.1960 – 3 StR 28/60, BGHSt 15, 155 (157 ff.) = NJW 1960, 2346; BGH 28.8.1997 – 4 StR 240/97, BGHSt 43, 195 (205 f.) = NJW 1998, 86 (88).

[260] Vgl. *Weigend* ZStW 113 (2001), 271 f.; *ders.* ZStW 109 (1997), 104 f.

[261] Vgl. Löwe/Rosenberg/*Kühne* Einl. E Rn. 9.

[262] Vgl. *Weigend* ZStW 113 (2001), 271 (283); zur rechtsvergleichenden Betrachtung der Geltung verschiedener, miteinander kommunizierender Prozessmaximen in unterschiedlich geprägten Rechtsordnungen auch Löwe/Rosenberg/*Kühne* Einl. G Rn. 8 ff., 22 ff.

[263] Krit. insbes. mit Blick auf die fehlende systematische Stimmigkeit etwa *Fezer* NStZ 2010, 177.

[264] Vgl. zu den Verfahrensmaximen, die durch Absprachen im Strafverfahren möglicherweise verletzt sein könnten, statt vieler nur *Schünemann* Gutachten B zum 58. Deutschen Juristentag, 1990. S. 93 ff.; plastisch *Fahl* ZStW 117 (2005), 605: „Die verfahrensbeendende ‚Absprache' (…) gerät in Konflikt mit so gut wie allen Verfahrensgrundsätzen des deutschen Strafprozesses".

Zugleich zeigt dieses Beispiel auch, dass es letztlich **Sache des Gesetzgebers** ist, durch Abänderung des geltenden oder Ergänzung um ein neues Prozessmodell die Reichweite der Prozessmaximen zu bestimmen[265] (womit natürlich über die Frage, ob diese Neuausrichtung misslungen, gelungen oder zumindest praktischen Bedürfnissen geschuldet ist, noch nichts ausgesagt ist). Schließlich darf nicht übersehen werden, dass das jeweils geltende „Prozessmodell" nicht nur durch die Verfahrensmaximen, sondern – unabhängig von der terminologischen Einordnung als Verfahrensmaximen oder nicht – auch von verfassungsrechtlichen Parametern geprägt ist, so durch den fair trial-Grundsatz, den Verhältnismäßigkeitsgrundsatz, den Anspruch auf rechtliches Gehör oder den Anspruch auf Justizgewährleistung.[266] 124

Zuletzt muss man sich stets vergegenwärtigen, dass der Geltungsanspruch ebenso des allgemeinen „Prozessmodells" wie der einzelnen Maximen auch dadurch eingeschränkt wird, dass diese üblicherweise das **„vollständige Normalverfahren"** beschreiben. Ein solches ist aber statistisch keineswegs der Regelfall, sondern erhebliche Teile aller Strafverfahren werden entweder bereits im Ermittlungsverfahren durch Einstellung nach §§ 153 ff. oder aber durch den Erlass eines Strafbefehls beendet, bevor es überhaupt zur Hauptverhandlung kommt, in welcher dann seinerseits die seit 2009 legalisierte Möglichkeit einer verfahrensbeendenden Absprache noch hinzu kommt.[267] Selbst innerhalb des „Normalverfahrens" hängt die Geltung einzelner Maximen dann noch vom jeweiligen **Verfahrensstadium** ab.[268] 125

3. Überblick über die wichtigsten Verfahrensmaximen. Im Folgenden werden als **spezielle Verfahrensmaximen** behandelt das Legalitätsprinzip, das Offizialprinzip, der Amtsermittlungsgrundsatz, der Anklagegrundsatz, die Beschleunigungs- und Konzentrationsmaxime, die (in ihrer Geltung als neue Verfahrensmaxime sehr umstrittene) Konsensmaxime sowie die spezifischen Prinzipien zur Ausgestaltung der Hauptverhandlung (Unmittelbarkeitsgrundsatz, Mündlichkeitsgrundsatz, Öffentlichkeitsgrundsatz, freie Beweiswürdigung samt ihren Bezügen zum Grundsatz *in dubio pro reo*). Neben diesen und den verfassungsrechtlichen Grundlagen (vgl. zum Verhältnis zwischen verfassungsrechtlichen Grundlagen und Prozessmaximen bereits → Rn. 120) prägend sind etwa auch die Rechtsweggarantie, die Unparteilichkeit des Richters, das Recht auf Unterstützung durch einen Verteidiger oder der nemo-tenetur-Grundsatz; diese, doch sehr speziell auf bestimmte Verfahrensbeteiligte zugeschnittenen, Aspekte werden im Zusammenhang mit jenen unten ausführlicher behandelt werden. 126

II. Legalitätsprinzip

1. Ermittlungs- und Anklagepflicht. Das sog Legalitätsprinzip besagt, dass den Staat eine **Ermittlungs- und Anklagepflicht** bzgl. etwaiger Straftaten trifft. Es hat explizit insbes. in § 152 Abs. 2 Niederschlag gefunden, auf dessen Kommentierung hier ergänzend auch verwiesen wird. Dieser grundsätzliche Ermittlungs- und Anklagezwang beinhaltet **zwei Stoßrichtungen:**[269] Zum einen sollen Straftaten nicht zuletzt als **prozessuale Absicherung** der rechtsgüterschützenden Funktion des materiellen Strafrechts effektiv verfolgt werden;[270] zum anderen soll eine sachliche Verfolgung ohne Ansehen der Person erfolgen, worin zugleich eine **Vorkehrung gegen Willkür** im Strafverfahren liegt.[271] Unter diesem 127

[265] Möglicherweise sogar: neue Maximen in Gestalt einer Konsensmaxime zu schaffen, dafür *Jahn* ZStW 118 (2006), 427.

[266] Vgl. Löwe/Rösenberg/*Kühne* Einl. G Rn. 17; Einl. H Rn. 16.

[267] Vgl. auch Löwe/Rösenberg/*Kühne* Einl. G Rn. 32 (auch rechtsvergleichend); *Weigend* ZStW 113 (2001), 271 (272 f., 274 ff.).

[268] Vgl. *Rieß*, FS Rebmann, 1989, 381 (386).

[269] Vgl. auch *Weigend* ZStW 109 (1997), 103 f.

[270] Vgl. *Rieß* NStZ 1981, 2 (5).

[271] Vgl. auch BVerfG 23.7.1982 – 2 BvR 8/82, NStZ 1982, 430 (gleiche Verfolgung eines mindestens Gleichverdächtigen).

zuletzt genannten Gesichtspunkt ist es zugleich auch ein Korrelat des staatlichen Anklagemonopols[272] und die Konsequenzen daraus, dass das deutsche Strafverfahren kein Parteienprozess ist.

128 Das Legalitätsprinzip gilt nicht nur für die Staatsanwaltschaft, sondern **auch für die Polizei** (vgl. § 163), welche im Strafverfahren (anders als im Sicherheitsrecht) gerade im Prinzip **keine Opportunitätserwägungen** anzustellen hat. Freilich ist praktisch die Arbeit der Staatsanwaltschaften (und damit gem. § 399 Abs. 1 AO im Unterschied zur Polizei auch diejenige der Finanzbehörden) in der Praxis ganz wesentlich durch Opportunitätsregeln geprägt. Inhaltlich lässt sich dem Legalitätsprinzip zwar keine Verpflichtung zur „anlasslosen" Suche nach Straftaten entnehmen; demgegenüber wird man aber zumindest eine Berechtigung auch für **„Vorermittlungen"** anzuerkennen haben (die freilich nicht notwendig auch schon Grundrechtseingriffe rechtfertigen), wenn diese auf einem konkreten Hinweis beruhen, der nach kriminalistischer Erfahrung die Annahme einer Straftat nahe legt, selbst wenn die Anforderungen an einen „Anfangsverdacht" iSd § 152 Abs. 2 noch nicht vorliegen.

129 **2. Konsequenzen aus dem Legalitätsprinzip für die Rechte und Pflichten von Staatsanwaltschaft und Polizei. a) Immutabilitätsprinzip.** Zwar bindet das Legalitätsprinzip vorrangig die Staatsanwaltschaft (vgl. oben). In seiner konkreten Ausprägung ist es aber auch im Zusammenhang mit dem den deutschen Strafprozess beherrschenden Prozessmodell einer Aufgabenteilung von Staatsanwaltschaft (als Anklagebehörde) und Gericht (Entscheidungsbehörde) zu sehen. Verbreitet wird daher der Grundsatz der Immutabilität,[273] nach welchem die Staatsanwaltschaft die **öffentliche Klage nicht mehr zurücknehmen** kann, wenn das beschließende Gericht die Hauptverhandlung eröffnet hat (vgl. § 156), als Ausfluss des Legalitätsprinzips betrachtet.

130 **b) Außerdienstliche Kenntniserlangung.** Im Spannungsfeld zwischen Legalitätsprinzip und Achtung der Privatsphäre auch von Mitgliedern der Strafverfolgungsbehörden steht die Frage nach einem Verfolgungs- und Anklagezwang auch bzgl. solcher Tatsachen, von denen **außerdienstliche Kenntnis** erlangt worden ist. Die **hM** schließt einen solchen Anklagezwang auch bei privater Erkenntniserlangung nicht aus, relativiert ihn aber durch eine **Abwägung** mit dem Schutz der Privatsphäre und nimmt daher in solchen Fällen im Ergebnis nur bei **schwerwiegenden** (etwa unter dem Katalog des § 138 StGB fallenden) **Straftaten** einen Ermittlungszwang an.[274] Auf den ersten Blick erscheint ein Verfolgungszwang in solchen Konstellationen nicht als übermäßige Belastung, handelt es sich doch um Fälle, in denen selbst dem „Jedermann" eine Handlungspflicht abverlangt wird. Ein nicht nur den Strafrahmen betreffender, sondern durchaus auch kategorialer Unterschied liegt freilich darin, dass mit der Anerkennung des Verfolgungszwangs zugleich eine Art **„Sonderzuständigkeit"** (mit der Möglichkeit einer Strafbarkeit nach §§ 258a, 13 StGB) anerkannt wird, die qualitativ etwas durchaus Verschiedenes zur allgemeinen Solidaritätspflicht des § 138 StGB ist. Insoweit mag man daran zweifeln, ob überhaupt ein Verfolgungszwang angenommen werden kann, soweit die Kenntniserlangung klar ausschließlich im privaten Bereich wurzelt.[275] Freilich ändert die private *Kenntniserlangung* letztlich nichts daran, dass die spätere **Kenntnis auch** beim Amtsträger während seiner Dienstausübung vorliegt; insoweit käme auch niemand auf die Idee, sonstige **basale Grundkenntnisse,** die außerhalb des Dienstes erlangt worden sind (wie zB das „Einmaleins"), aus dem Kopf des Amtsträgers gleichsam „auszublenden", wenn sich nur im Zusammenhang mit diesen Grundkenntnissen

[272] Vgl. BGH 23.9.1960 – 3 StR 28/60, BGHSt 15, 155 (159) = NJW 1960, 2346 (2347 f.); KK/*Fischer* Einl. Rn. 8; SSW/*Beulke* Einl Rn. 50.

[273] Zu diesem Prinzip als Merkmal des inquisitorischen Strafprozesses *Schroeder* GA 2011, 501.

[274] Vgl. etwa BGH 29.10.1992 – 4 StR 358/92, BGHSt 38, 388 = NJW 1993, 544 mAnm *Laubenthal* JuS 1993, 907; eingehend *Pawlik* ZStW 111 (1999), 335.

[275] Krit. auch Löwe/Rosenberg/*Kühne* Einl. I Rn. 23.

auch der Verdacht einer Straftat ergibt. Vor diesem Hintergrund ist die vermittelnde Lösung des BGH zumindest keinen unüberwindbaren Bedenken ausgesetzt.

c) Divergierende Rechtssauffassungen zwischen Staatsanwaltschaft und Rechtsprechung. Zumindest teilw. mit dem Legalitätsprinzip zusammen hängt die Frage, inwieweit die Staatsanwaltschaft bei ihrer **Entscheidung über die Anklageerhebung** (vgl. insoweit auch ergänzend die Kommentierung zu § 78 Abs. 1) **an** eine – zumindest gefestigte und höchstrichterliche – **Rspr. gebunden** ist, soweit es um die Bewertung des Verhaltens als strafbar bzw. straflos geht. Vergleichsweise wenig Probleme wirft dabei der Fall auf, in welchem die Staatsanwaltschaft **über die Rspr. hinausgehen** und ein Verhalten als strafbar erachten will, das nach der (bisherigen) Rspr. ggf. straflos bleiben würde. Da die Gerichte in diesen Fällen trotz einer Anklageerhebung bei ihrer Position bleiben und das Hauptverfahren nicht eröffnen oder jedenfalls den Angeklagten freisprechen können, liegt hierin kein nennenswerter Eingriff der Staatsanwaltschaft in richterliche Befugnisse; vor diesem Hintergrund wird man es durchaus als Ausfluss des Legalitätsprinzips verstehen können, dass ein Verhalten, welches ein **Staatsanwalt für strafbar hält, von ihm auch verfolgt** und angeklagt wird, zumal auch nur auf diese Weise die Rspr. überhaupt die Möglichkeit bekommt, ihren Standpunkt zu überdenken und ggf. zu korrigieren.[276] Zwar hat der hiergegen vorgebrachte **Einwand** einer ex post unnötigen Belastung des Beschuldigten durch eine Anklageerhebung und möglicherweise sogar eine öffentliche Hauptverhandlung durchaus Gewicht.[277] Andererseits darf dieses Problem auch **nicht überschätzt** werden, dürfte es letztlich doch deutlich seltener auftauchen als Fälle einer „Tatsachenunsicherheit", in denen es zwar zur Anklage, letztlich mangels hinreichender Überzeugungsbildung durch das Gericht aber auch nicht zu einer Verurteilung kommt; im Vergleich zu diesen Fällen dürfte ferner dem Beschuldigten/Angeklagten das Verfahren sogar noch eher zuzumuten sein, da der dann ggf. erfolgende Freispruch aus Rechtsgründen noch klarer, überzeugender und rehabilitierender ist als ein bloßer „Mangel an Beweisen" bei einer Anklageerhebung trotz Tatsachenunsicherheit. 131

Problematischer ist demgegenüber die Situation, in welcher die **Staatsanwaltschaft** ein **Verhalten für straflos hält,** welches von der bislang herrschenden Rspr. als strafbar erachtet würde. Gegen einen Verfolgungszwang in solchen Fällen könnten insbes. die organisatorische Trennung zwischen Staatsanwaltschaft und Gerichten sowie das letztlich im Anklagegrundsatz (→ Rn. 144) zum Ausdruck kommende Erfordernis sprechen, dass einer strafrechtlichen Verurteilung das negative Urteil zweier voneinander unabhängiger Stellen vorangehen muss. Freilich streitet gerade das Legalitätsprinzip in solchen Fällen für einen Verfolgungszwang, da der **„Rahmen der Legalität"** gewissermaßen durch die Auslegung der Strafvorschriften seitens der zur Entscheidung berufenen Instanzen (und dh damit der Gerichte) gespannt wird.[278] Auch die übliche Umschreibung des „genügenden Anlasses zur Erhebung der öffentlichen Klage" in § 170 Abs. 1 damit, dass eine Verurteilung wahrscheinlicher erscheint als ein Freispruch, spricht insoweit für einen Anklagezwang, da nach Erhebung der Klage auf der Grundlage der bisherigen Rspr. eine Verurteilung eben wahrscheinlich wäre. Selbstverständlich muss es der Staatsanwaltschaft freistehen, in der Hauptverhandlung auf Freispruch zu plädieren – Gegenstand des Legalitätsprinzips ist es aber eben auch, dass dem **Gericht** zumindest die **Möglichkeit** gegeben wird, davon abweichend zu entscheiden. 132

3. Grenzen des und Ausnahmen vom Legalitätsprinzip(s). Eine echte Ausnahme vom Legalitätsprinzip ist die in §§ 376, 377 Abs. 1 S. 1 vorgesehene Möglichkeit, den Geschädigten auf die **Privatklage** zu verweisen. Theoretisch begründet dies zwar keine Ausnahme vom **Ermittlungszwang;** faktisch werden die Ermittlungen aber in solchen 133

---

[276] Zu diesem letztgenannten Gesichtspunkt auch *Beulke* Rn. 89.

[277] Zu diesem Einwand vgl. *Kühne* Rn. 144.

[278] So auch BGH 23.9.1960 – 3 StR 28/60, BGHSt 15, 155 (158) = NJW 1960, 2346 (2347); *Beulke* Rn. 90; aA etwa SK-StPO/*Weßlau* § 152 Rn. 22.

Fällen selbstverständlich knapper ausfallen, so dass aus Sicht der Staatsanwaltschaft die Möglichkeit, auf den Privatklageweg zu verweisen, auch ein **Beschleunigungspotential** beinhaltet. Keine derartige vollständige Durchbrechung, aber doch eine wesentliche (und zahlenmäßig relevantere) Einschränkung des Legalitätsprinzips bilden die **Opportunitätsvorschriften,** nach denen – vielfach bis zur Eröffnung des Gerichts auch ohne dessen Zustimmung – auf eine weitere Verfolgung nach dem Ermessen der Staatsanwaltschaft verzichtet werden kann. Neben den speziellen jugendstrafrechtlichen Vorschriften der §§ 45, 47 JGG (für die Staatsanwaltschaft bzw. den Richter) sind dies in der StPO selbst insbes. die §§ 153–154e.

134 Wollte man diese nach dem **Grund für die Einräumung des Ermessens** systematisieren, so sind entscheidende Gesichtspunkte diejenigen

- der **Geringfügigkeit** bzw. der **Verfahrensökonomie** (§§ 153, 153a, 154, 154a – gerade bei der Einstellung gegen Auflage freilich keinesfalls auf Bagatellfälle beschränkt);
- der **Korrespondenz** mit der im **materiellen Recht** vorgesehenen Möglichkeit, von Strafe abzusehen (§ 153b iV etwa mit §§ 46b StGB, 31 BtMG);
- der **verfahrensökonomischen Zurückschneidung** des in manchen Fällen extrem weit ausgedehnten **Anwendungsbereichs** des deutschen Strafrechts mit entsprechender Zuständigkeit der deutschen Strafverfolgungsbehörden (§§ 153c und 153f);[279]
- des **Staatsschutzes,** dh des Überwiegens des Interesses an der öffentlichen Sicherheit gegenüber demjenigen an der Strafverfolgung (§§ 153d und 153e iVm §§ 74a Abs. 1, 120 Abs. 1 GVG);
- sonstiger **materieller Gerechtigkeitserwägungen** oder Unsicherheiten über die Angemessenheit der Strafverfolgung (§§ 154c, 154d, 154e, 154f).

135 **Statistisch** spielen diese Einstellungsmöglichkeiten – insbes. diejenigen nach §§ 153, 153a, 154 und 154a – **eine überragende Rolle.** Andererseits sind sie aber **abschließend,** dh trotz der in ihnen zum Ausdruck kommenden „Wertschätzung" des Opportunitätsprinzips durch den Gesetzgeber ist den Strafverfolgungsbehörden außerhalb des Anwendungsbereichs dieser Vorschrift ein Rückgriff auf das Opportunitätsprinzip (etwa im Wege einer Gesamtanalogie) untersagt. Angesichts der zahlreichen Einstellungsmöglichkeiten ist das Erfordernis eines solchen Rückgriffes allerdings zumindest in geeigneten Fällen auch kaum vorstellbar.

III. Das Offizialprinzip und seine Beschränkungen

136 Mit der Bezeichnung „Offizialprinzip" wird zum Ausdruck gebracht, dass die Strafverfolgung grds. **Sache des Staates** ist und es sich um **keinen Parteienprozess** handelt. Daraus ergibt sich regelmäßig auch – rechtspolitisch nicht immer völlig unproblematisch – dass das Einschreiten **ohne Rücksicht auf den Willen des Verletzten** erfolgt. Historische Wurzel des Offizialprinzips ist der Inquisitionsprozess; aber auch nach dessen Überwindung durch das Akkusationsprinzip bleibt die Strafverfolgung als genuin staatliche Aufgabe – idealtypisch nunmehr verteilt auf mehrere verschiedene Behörden – bestehen.

137 **Zuständig** zur Durchführung des Strafverfahrens sind zum einen die **Gerichte,** wobei die konkrete Zuständigkeit (die sich nach der StPO und dem GVG bestimmt) Ausdruck des auch verfassungsrechtlich garantierten gesetzlichen Richters (→ Rn. 66 ff.) ist. Als staatliche Ermittlungs- und Anklagebehörde werden die **Staatsanwaltschaft** mit ihren (früher im Gesetz durchaus anschaulich als „Hilfsbeamte" bezeichneten) Ermittlungsbeamten sowie in Steuerstrafsachen die Finanzbehörden zuständig. Die besondere Monopolstellung der Staatsanwaltschaft zeigt sich darin, dass sie auch dort, wo eine anderweitige Zuständigkeit begründet ist, die Sache in jedem Stadium des Verfahrens an sich ziehen kann (sog Evokationsrecht, vgl. § 377 Abs. 2 StPO für die Privatklage und § 386 Abs. 4 S. 2 AO für das Steuerstrafverfahren).

[279] Vgl. aber auch zur Möglichkeit eines Vorgehens nach § 154 im Hinblick auf ausländische Verfahren bzw. Verurteilungen *Peters* NStZ 2012, 76.

Einschränkungen des Offizialprinzips bestehen zum einen in der **Privatklage** (§§ 374 ff.), welche nicht nur das Legalitäts-, sondern auch das Offizialprinzip durchbricht. Einschränkungen gelten ferner bei **Antrags- oder Ermächtigungsdelikten,** bei denen die Strafverfolgung zwar weiterhin durch den Staat, aber nicht (so bei absoluten Antragsdelikten) oder jedenfalls nicht ohne weiteres (so bei relativen Antragsdelikten) gegen den Willen des Verletzten erfolgen kann (zB §§ 123, 185 ff., 223, 229, 242 iVm §§ 247, 248a, 303 StGB sowie diverse Vorschriften aus dem Nebenstrafrecht[280]). 138

IV. Amtsermittlungsgrundsatz

Mit Blick auf das – (zentrale[281]) – (Zwischen-)Ziel der **Wahrheitsermittlung** im Strafprozess (→ Rn. 7, 11) ergibt sich fast notwendig die Verpflichtung der Strafverfolgungsorgane, die (ungeachtet etwa erkenntnistheoretischer Einschränkungen möglichst materielle, nicht nur prozessuale/formale[282]) Wahrheit zu ermitteln, dh den zugrundeliegenden Sachverhalt möglichst so, wie er wirklich vorgefallen ist, aufzuklären. Diese Verpflichtung ist Gegenstand des sog **Amtsermittlungsgrundsatzes** (synonym: Untersuchungsgrundsatz oder Instruktionsmaxime). Einem solchen materiellen Wahrheitsbegriff entspricht es, dass auch die Strafverfolgungsbehörden (und zwar nicht nur das Gericht, sondern auch die Staatsanwaltschaft, vgl. § 160) verpflichtet sind, nicht nur belastende, sondern **auch entlastende Informationen** zu sammeln. Zumindest flankierend und reflexartig, teilw. wohl aber auch final wird der Gedanke der bestmöglichen Wahrheitserforschung neben dem Aufklärungsgrundsatz auch noch durch andere prozessuale Maximen bzw. Rechtsinstitute unterstützt, so etwa durch den Unmittelbarkeitsgrundsatz (→ Rn. 177 ff.) sowie durch die Konzentrationsmaximen (vgl. unten 150 ff., welche vor einer Verschlechterung der Beweislage durch Zeitablauf schützt). 139

Das Recht, aber eben auch die Verpflichtung zur Sachverhaltsaufklärung trifft nicht nur die Staatsanwaltschaft im Rahmen des Ermittlungsverfahrens (vgl. auch § 155 Abs. 2), sondern ebenso das **Gericht im Rahmen der Hauptverhandlung** (vgl. § 244 Abs. 2). Es ist dort bei seiner Wahrheitsfindung weder an die Ermittlungsergebnisse der Staatsanwaltschaft noch an irgendwelche Anträge gebunden. Durch seine Verhandlungsleitung in der Hauptverhandlung (vgl. § 238 Abs. 1) kommt dabei dem Vorsitzenden eine starke Stellung bei der Wahrheitsermittlung zu, da etwa Art und Reihenfolge der Beweisaufnahme durchaus für ihr Ergebnis von Bedeutung sein können. 140

Die Pflicht des Tatgerichts zur Wahrheitsermittlung hat nicht nur etwa zur Folge, dass diese allein seine Aufgabe wäre. Vielmehr gewährt die StPO verschiedenen Beteiligten mehr oder weniger starke Teilhaberechte, insbes. das **Beweisantragsrecht** (→ Rn. 428 ff.). Auch dort, wo der Inhalt eines Beweisantrages (in der Metapher zweier konzentrischer Kreise) gewissermaßen außerhalb des Bereichs der ermessenpflichtgemäßen Amtsermittlung liegt, kann ein solcher nur in den engen Grenzen der §§ 244 Abs. 3–5, 245 abgelehnt werden; ist dies nicht möglich, muss grds. die beantragte Beweiserhebung durchgeführt werden. Bei zutreffendem Verständnis ist diese starke Stellung des Beweisantragsberechtigten (zwar im Einzelfall mitunter ein Ärgernis für das Gericht,[283] aber) keine 141

[280] So etwa alle Straftatbestände aus dem Bereich des gewerblichen Rechtsschutzes, soweit sie nicht gewerbsmäßig begangen werden, vgl. § 109 UrhG; § 143 Abs. 6 MarkenG; § 25 Abs. 6 GebrMusterG; § 51 Abs. 6 GeschmMusterG; § 142 Abs. 6 PatG; vgl. auch *Kudlich,* in: Bosch/Bung/Klippel (Hrsg.), Geistiges Eigentum und Strafrecht, 2011, S. 39 (47).

[281] Vgl. BGH 23.5.1956 – 6 StR 14/56, BGHSt 9, 280 (281) = NJW 1956, 1646 (1647); BVerfG 26.5.1981 – 2 BvR 215/81, BVerfGE 57, 250 (275) = NJW 1981, 1719 (1722); BVerfG 12.1.1983 – 2 BvR 864/81, BVerfGE 63, 45 (61) = NJW 1983, 1043.

[282] Dies schließt nicht aus, dass in bestimmten Verfahrenssituationen – und hier insbes. in der Rechtsmittelinstanz – Abstriche vom materiellen Wahrheitsbegriff gemacht werden, wenn etwa Rechtsmittel zulässigerweise beschränkt werden. Wenn der BGH im Zusammenhang mit der Zulässigkeit der Rügeverkümmerung daher betont, dass im Strafprozessrecht eine prozessuale Wahrheit nie beachtlich sei, ist dies nicht zutreffend, vgl. *Kudlich* HRRS 2007, 9 (14 f.); *ders.* BLJ 2007, 125 (127 f.); *Knauer,* FS Widmaier, 2008, 291.

[283] Zur „Angst des Richters vor dem Beweisantrag" bzw. zum vorgeblichen „Missbrauch des Beweisantragsrechts" und den Reaktionsmöglichkeiten → Rn. 342 ff. sowie vertiefend *Eschenhagen,* Der Mißbrauch

Ausnahme vom Amtsermittlungsgrundsatz, sondern eher seine Folge bzw. ein **damit korrespondierender Umstand,** kann doch diese Bindung gerade deshalb zur bestmöglichen „materiellen" Sachverhaltsaufklärung führen, weil damit auch Perspektiven der möglicherweise am verhandelten Geschehen beteiligten Personen mit eingebracht werden können, über welche das Gericht kraft Natur der Sache überhaupt nicht verfügen kann.

142 Das Prinzip der Amtsermittlung und das Ziel einer möglichst umfassenden Sachverhaltsaufklärung haben selbstverständlich dennoch nicht zur Folge, dass diese Aufklärung uneingeschränkt erfolgen würde. **Grenzen** liegen zum einen schon kraft Natur der Sache – außer im **begrenzten menschlichen Erkenntnisvermögen** überhaupt – schon darin, dass ein Strafverfahren **kein zeitlich unbegrenztes Forschungsprojekt,** sondern auf einen Abschluss und die rechtliche Bewertung eines Sachverhaltes (und damit auch die Schaffung von Rechtsfrieden, → Rn. 10) angelegter Prozess ist. So können etwa im Einzelfall das Institut der Rechtskraft ebenso wie Erschwernisse bei der zulässigen Einlegung einer Revision[284] zu einer Begrenzung der Wahrheitsfindung führen und damit die Unwahrheit zementieren; Vergleichbares gilt etwa für der Verfahrensökonomie geschuldeten Durchbrechungen des Unmittelbarkeitsgrundsatzes, soweit im Einzelfall mit dem unmittelbaren Beweismittel ein besserer Beweis hätte geführt werden können. Ferner kann die Wahrheitsfindung der – als solcher ja ebenfalls durchaus gewünschten (→ Rn. 150 ff.) – Beschleunigung zum Opfer fallen, wie ungeachtet der Salvatorischen Klausel in § 257c Abs. 1 S. 2 besonders deutlich bei der verfahrensbeendenden Verständigung.[285]

143 Aber auch dort, wo mit vertretbarem prozessökonomischen Aufwand eine weitere Wahrheitserforschung möglich wäre (oder sogar erfolgt ist), können sich **Beschränkungen aus übergeordneten Gesichtspunkten** ergeben, wenn die Ermittlung in einer als unzulässig erachteten Weise in die Grundrechtspositionen der Verfahrensbeteiligten eingreift. Für solche Fälle erkennt auch die Rspr. an, dass es kein **Ziel des Strafverfahrens ist, die Wahrheit „um jeden Preis zu erforschen",**[286] wobei die Frage, unter welchen Voraussetzungen hierbei ungeschriebene Beweiserhebungs- bzw. Beweisverwertungsverbote auftreten, trotz einer reichhaltigen Rspr. und trotz intensiver Bemühungen in der Lit.[287] in vielen Bereichen noch als ungeklärt gelten muss (→ Rn. 451 ff.).

V. Anklagegrundsatz

144 **1. Allgemeines.** Prägend für den modernen, nicht mehr nach (gemeinrechtlich-)inquisitorischem Muster ablaufenden Strafprozess ist die **Verschiedenheit und auch Unabhängigkeit von Anklagebehörde und Gericht.** Nach dem sog Anklagegrundsatz bzw. Akkusationsprinzip kommt es nach §§ 151, 152 zu einer „gerichtlichen Untersuchung"[288] nur auf

---

des Beweisantragsrechts, 2001; *Herdegen* NStZ 2000, 1; *Kudlich,* Gutachten C zum 68. Deutschen Juristentag, 2010, S. 69 ff.; *ders.* Strafprozeß und allgemeines Mißbrauchsverbot, 1998, S. 275 ff.; *Spiekermann* Der Mißbrauch des Beweisantragsrechts, 2001.

[284] Zu Tendenzen, die Durchsetzung prozessualer Positionen zu erschweren, vgl. zusammenfassend *Kudlich,* Gutachten C zum 68. Deutschen Juristentag, 2010, S. 86 ff.

[285] Zur Kritik daher statt vieler nur *Meyer-Goßner,* § 257c Rn. 3 („bloßes Lippenbekenntnis"); *Fischer* StraFo 2009, 177 (186: „bloßes Postulat"); für eine neue Deutung des § 244 Abs. 2 im Licht einer Konsensmaxime *Jahn* GA 2004, 272. Zum Versuch einer Synthese über den Gedanken der wechselseitigen Abhängigkeit von Amtsaufklärung und richterlicher Überzeugung (§§ 244 Abs. 2 und 261) *Kudlich,* Gutachten C zum 68. Deutschen Juristentag, 2010, S. 64 f., sowie → Rn. 172 ff.; für ein striktes Verständnis auch um den Preis einer Einschränkung des Anwendungsbereichs der Verständigungen aber BVerfG 19.3.2013 – 2 BvR 2628/10 u.a., NJW 2013, 1058 (1063) m. Anm. *Kudlich,* NStZ 2013, 379.

[286] Vgl. nur BGH 14.6.1960 – 1 StR 683/59, BGHSt 14, 358 (365) = NJW 1960, 1580 (1582); BGH 17.3.1983 – 4 StR 640/82, BGHSt 31, 304 (309) = NJW 1983, 1570 (1571) stRspr.

[287] Vgl. aus jüngerer Zeit nur monographisch *Jäger,* Beweisverwertung und Beweisverwertungsverbote im Strafprozess, 2003; *Jahn,* Gutachten C zum 67. Deutschen Juristentag, 2008.

[288] Löwe/Rosenberg/*Kühne,* Einl. I Rn. 9 weist zu Recht darauf hin, dass die Formulierung der „Eröffnung einer gerichtlichen Untersuchung" in § 151 zu Verständnisschwierigkeiten führt, da sie in der ursprünglichen Fassung der StPO auch noch die gerichtliche Voruntersuchung mit umfasst hat; nach geltendem Recht verläuft die Trennlinie der Anklage zwischen dem Ermittlungsverfahren und dem Zwischenverfahren nach §§ 199 ff., in dem sich das (potentielle) spätere Tatgericht erstmals mit der Sache befasst.

eine Anklage hin. Zuständig für diese und zugleich Herrin des die Anklage vorbereitenden Ermittlungsverfahrens ist die **Staatsanwaltschaft.** Insbes. das (potentielle) spätere Tatgericht ist strukturell vor Anklageerhebung mit dem Fall nie befasst. Hinter diesem Grundsatz steckt die Idee, dass einer Verurteilung die **strafrechtliche Würdigung durch zwei unterschiedliche und voneinander unabhängige strafjuristische Einrichtungen** voraus gehen soll, die das Verhalten beide als strafbar erachtet haben; aus anderem Blickwinkel könnte man auch formulieren: Schon der Belastung mit dem gerichtlichen Verfahren soll der Bürger nur unterzogen werden, wenn eine vom Gericht unabhängige Behörde von der Strafbarkeit seines Verhaltens ausgeht. Dies gilt nach der gesetzlichen Konzeption nicht nur generell, sondern auch für **jede einzelne** vom Gericht zu beurteilende **Tat,** woraus sich etwa das Erfordernis einer Nachtragsanklage (§ 266, im Unterschied zur bloßen Hinweispflicht nach § 265 bei Änderung der rechtlichen Bewertung[289]) bei Einbeziehung einer weiteren prozessualen Tat ergibt. Insoweit kann man auch davon sprechen, dass die **Anklage den Prozessstoff bestimmt,** der im Verfahren dann „abgearbeitet" werden muss, was sich insbes. in §§ 155 und 264 widerspiegelt, aber etwa auch Auswirkungen auf die Frage hat, in welchen Konstellationen jedenfalls Teilfreisprüche ergehen müssen, in welchem Umfang Ermittlungsverfahren ggf. innerhalb einer Anklageschrift eingestellt werden müssen etc.

Zur soeben genannten Funktion des Anklagegrundsatzes für jeden einzelnen Tatvorwurf darf man freilich nicht die Augen davor verschließen, dass gerade in **komplexeren und umfangreicheren Verfahren** wohl nicht selten Einzelaspekte auch unterhalb der an sich durch § 170 Abs. 1 gebotenen Verdachtsschwelle angeklagt werden, um damit einen gewissen Druck auszuüben und **Verhandlungsmasse** für die in solchen Verfahren nicht selten Gespräche über Verfahrenseinstellungen (§§ 153a, 154, 154a) bzw. im Rahmen einer Verständigung (§ 257c) zu haben. **145**

2. Anklage als Prozessvoraussetzung. Die prägende Kraft und zentrale Bedeutung des Akkusationsprinzips dürfte auch ein Grund dafür sein, dass in der **fehlerfreien Anklage** selbst eine **Prozessvoraussetzung** (und nicht nur eine sonstige formale Rechtsmäßigkeitsanforderung) gesehen wird (→ Rn. 369 ff.). Die Konsequenz daraus ist, dass bei hinreichend schweren Mängeln ein Prozesshindernis vorliegt. **146**

3. Durchbrechungen des Anklagegrundsatzes. Der Anklagegrundsatz gilt **im Kern ausnahmslos.** Auch Verfahrensschritte, die explizit oder der Sache nach **Surrogate der Anklage** darstellen (wie insbes. der Antrag auf Erlass eines Strafbefehls) ändern daran nichts, sondern bestätigen diese Regel sogar noch, soweit sie durch eine vergleichbare Struktur der Trennung und Unabhängigkeit von zwei Behörden geprägt sind. Dass dabei tatsächlich in der Praxis gerade im **Strafbefehlsverfahren** diese Unabhängigkeit kritisch hinterfragt werden kann, da Strafbefehlsanträgen wohl nicht selten ohne nähere Prüfung entsprochen wird, steht dem nicht entgegen, sondern ist eher ein **Missstand bei der praktischen Umsetzung** (wobei an dieser Stelle nicht drüber geurteilt werden soll, ob dieser mit den zur Verfügung stehenden Ressourcen behoben werden kann). **147**

Ebenfalls keine Durchbrechung des Anklagegrundsatzes bildet das **Klageerzwingungsverfahren.** Vielmehr dient es nur der **Kontrolle des staatsanwaltschaftlichen Handelns.** Dies wird dadurch deutlich, dass nicht etwa das spätere Tatgericht (sondern das OLG) über den Antrag entscheidet, dass dies erst nach einer internen Kontrolle innerhalb der Staatsanwaltschaft selbst erfolgt und dass die Entscheidungskompetenzen des Gerichts insbes. bei den praktisch sehr wichtigen Opportunitätseinstellungen beschränkt sind (vgl. § 172 Abs. 2 S. 3). **148**

4. Verhältnis zu anderen Prozessmaximen bzw. verfassungsrechtlichen Garantien. Der Anklagegrundsatz steht aufgrund seines verfahrensprägenden und verschiedene formale Anforderungen nach sich ziehenden Charakters in **Interdependenzen zu ver-** **149**

---

[289] Dazu, dass diese Pflicht durch etwaige Verständigungen nach § 257c nicht berührt wird, vgl. BGH 11.5.2011 – 2 StR 590/10, NStZ 2012, 45 mAnm *Jahn/Rückert*.

schiedenen anderen Verfahrensmaximen bzw. verfassungsrechtlichen Garantien: So dient die der gerichtlichen Verhandlung vorhergehende Anklage etwa sowohl der **Effektivierung des Verteidigungsrechtes** als auch insbes. des Grundsatzes auf **rechtliches Gehör,** welche für seine effektive Ausübung gerade bestimmte Informationsrechte voraussetzt (→ Rn. 70). Dass auch schon eine Anklageerhebung als solche stigmatisierend wirken und damit für den Angeschuldigten belastend wirken kann, ist zwar nicht von der Hand zu weisen, steht dem aber nicht entgegen. Denn würde man sich den Anklagegrundsatz wegdenken, so würde in diesen Fällen eher nicht die möglicherweise ungerechtfertigte Inanspruchnahme entfallen, sondern es müsste – *mutatis mutandis* – im Gegenteil sogar zu einer noch belastenderen (ggf. sogar öffentlichen) Untersuchung durch das Gericht kommen. Durch die Voraussetzung, dass jedenfalls im Normalverfahren der Anklagesatz auch verlesen werden muss, ergeben sich spezielle Berührungspunkte zum **Mündlichkeitsgrundsatz.** Freilich liegt weder nach dessen Ratio noch nach Sinn und Zweck des Anklagegrundsatzes ein besonders schwerer, da „prozessprinzipienwidriger" Fehler darin, wenn etwa in einem umfangreichen Anklagesatz mit zahlreichen tabellarischen Übersichten eine Zahl oder ein Komma falsch verlesen werden.

VI. Beschleunigungsgrundsatz und Konzentrationsmaxime

150 **1. Allgemeines.** Oft in einem Atemzug genannt werden als Prozessmaximen ferner der **Beschleunigungsgrundsatz** und die sog **Konzentrationsmaxime.** Daran ist richtig, dass beide Grundsätze – wenn man sie denn begrifflich voneinander trennen möchte – meist **gleichgerichtet** wirken werden, da eine Konzentration des Verfahrens regelmäßig auch zu seiner Beschleunigung führt. Möchte man beide Prinzipien aber begrifflich auseinanderhalten, so haben sie durchaus verschiedene Schutzrichtungen (die freilich beide auch in ein insoweit wertfreies Beschleunigungspostulat hineingelesen werden können): Die Beschleunigung des Verfahrens als solche dient insbes. als Schutz vor den damit verbundenen Belastungen für den Beschuldigten/Angeklagten sowie auch der Ökonomie mit Blick auf die staatlichen Strafverfolgungsorgane; bei der Konzentrationsmaxime tritt noch stärker als beim Beschleunigungsgebot der Gesichtspunkt einer **Sicherung der Wahrheitsfindung** hervor.[290]

151 **2. Konzentrationsmaxime im engeren Sinn.** Hauptanliegen der Konzentrationsmaxime ist die **Durchführung der Hauptverhandlung** möglichst **in einem Zug** (wobei sich das Ideal des „Ein-Verhandlungstages" in umfangreicheren Verfahren auch bei optimaler Vorbereitung selbstverständlich nicht wahren lässt). Insoweit wird die soeben angedeutete Schutzrichtung des **kompakten und unmittelbaren Eindrucks vom Tatgeschehen** deutlich, und eine insgesamt kürzere Hauptverhandlung dient durchaus auch im oben genannten Sinne den Interessen der Verfahrensbeteiligten. Freilich darf nicht vernachlässigt werden, dass zu konzentrierte und eng getaktete Verhandlungstage bzw. -terminierungen auch eine belastende Wirkung haben können.

152 Ausdruck findet dieses Bestreben insbes. in der Unterscheidung zwischen zulässiger, aber zeitlich an mehr oder weniger enge Fristen geknüpfter **Unterbrechungen** der Hauptverhandlung (§ 228 Abs. 1 S. 1 Alt. 2, § 229 Abs. 1) und zum Erfordernis völlig neuer Verhandlungen führender **Aussetzung** des Verfahrens (§§ 228 Abs. 1 Alt. 1, 229 Abs. 4). Die Unterscheidung zwischen beiden Instituten richtet sich hier allein nach der **tatsächlichen Dauer,** nicht nach einer (im Einzelfall etwa auch falschen) Bezeichnung durch das Gericht. Zu den in Abhängigkeit vom bisherigen Verhandlungsverlauf zulässigen Obergrenzen einer Unterbrechung vgl. §§ 228, 229 sowie die dazugehörigen Kommentierungen.

153 Problematische Konsequenz dieser Regelung sind seit jeher sog **„Schiebetermine",** die nur abgehalten werden, um eine weitere Unterbrechung zu ermöglichen, ohne dass zielgerichtet in dem Umfang zur Sache verhandelt wird, in dem dies aktuell möglich wäre. Zu den Anfor-

[290] Vgl. auch BGH 5.2.1970 – 4 StR 272/68, BGHSt 23, 224 (225 f.) = NJW 1970, 767; BGH 25.7.1996 – 4 StR 172/96, NJW 1996, 3019.

derungen an das von der Rechtsprechung[291] (in Abgrenzung zu unzulässigen bzw. rechtsmissbräuchlichen[292] Schiebeterminen) erforderliche **„Verhandeln zur Sache"** vgl. näher die Kommentierung zu § 229. An dieser Stelle sei allein der Hinweis erlaubt, dass durch das erste **JuMoG** aus dem Jahr 2004[293] eine **großzügigere Unterbrechungsregelung** geschaffen worden ist, um das „Erfordernis" solcher Schiebetermine zu verringern.[294] Freilich darf dabei nicht vernachlässigt werden, dass gerade dadurch die Gefahr einer zeitlich noch weiteren Ausdehnung des Verfahrens geschaffen worden ist, wenn weiterhin in der vom Gesetzgeber an sich nicht erwünschten (aber auch durch keine Regelung explizit stärker unterbundenen) Weise „Schiebetermine" durchgeführt werden. Dies spricht durchaus dafür, nach dem ersten JuMoG die Anforderungen an eine „Verhandlung zur Sache" strenger zu gestalten,[295] wozu sich der BGH freilich zumindest in dieser Allgemeinheit noch nicht durchringen kann.[296]

Die **absolute Dauer** des Verfahrens ist – soweit die zulässigen Unterbrechungsgrenzen eingehalten worden sind – mit Blick auf die Konzentrationsmaxime grds. unbeachtlich. Hier kommt nur eine – sehr eingeschränkte – Kontrolle anhand des eher unkonkreten Beschleunigungsgebotes (vgl. sogleich → Rn. 155 ff.) in Betracht.[297] 154

3. Der Beschleunigungsgrundsatz im Übrigen. a) Grundlagen und Rahmen. 155
Anders als die speziellen Ausprägungen der Konzentrationsmaxime in §§ 228, 229 ist ein allgemeiner Beschleunigungsgrundsatz in der StPO **nicht explizit ausformuliert.** Gleichwohl geht die hM davon aus, dass dieses Gebot eine strafprozessuale Verfahrensmaxime darstellt[298] – dabei freilich eine solche, bei deren Handhabung in besonderer Weise Vorsicht geboten sein soll.[299] Seine Bedeutung wird in der Geschichte des Strafprozessrechts durchaus nicht einheitlich wahrgenommen, wie etwa ein Vergleich der sehr knappen und „vorsichtigen" Erwähnung der „Schnelligkeit" als Prozessprinzip in der 1. Auflage des Lehrbuchs von *Henkel* aus dem Jahre 1953 mit der wahren Flut von Entscheidungen zum Beschleunigungsgrundsatz etwa durch das BVerfG in den Jahren 2003 bis 2006[300] zeigt. Diese unterschiedliche Wahrnehmung dürfte ihren Grund in der in den letzten Jahren, wenn nicht sogar schon Jahrzehnten bestehenden **notorischen Überlastung der Justiz** einerseits,[301] aber auch in der **besonderen Sensibilität** gegenüber (oder tatsächlichen oder vermeintlichen[302]) Verfahrensverzögerungen andererseits haben. Als allgemeines Prinzip ist der Beschleunigungsgrundsatz in **Art. 6 Abs. 1 S. 1 EMRK** verankert, der jedermann das Recht garantiert, dass über eine gegen ihn „erhobene strafrechtliche Anklage" ua auch „innerhalb angemessener Frist verhandelt wird." Nicht umsonst hatte in der Geschichte vielfach gerade der EGMR die Rolle eines „Motors" in der Diskussion um die Beschleunigung des Strafverfahrens.[303]

---

[291] Vgl. nur aus neuerer Zeit BGH 7.4.2011 – 3 StR 61/11, NStZ 2011, 532.
[292] Vgl. hierzu auch *Fahl,* Rechtsmissbrauch im Strafprozess, 2004, S. 293 ff.
[293] BGBl. I 2198.
[294] Zu den Konsequenzen daraus auch *Knauer* StV 2007, 340.
[295] Zutr. *Knauer/Wolf* NJW 2004, 2932 (2934); vgl. auch *Mandla* NStZ 2011, 1.
[296] Vgl. BGH 3.8.2006 – 3 StR 199/06, NStZ 2006, 710 (711).
[297] Vgl. auch BGH 3.8.2006 – 3 StR 199/06, NJW 2006, 3077 (3078) mAnm *Gössel* JR 2007, 38; *Neuhaus* StV 2005, 47 (51).
[298] Vgl. nur Löwe/Rosenberg/*Kühne,* Einl. B Rn. 41; Einl. E Rn. 67 f.; *Kindhäuser* § 18 Rn. 1, 6 ff., 24; *Volk* Grundkurs StPO § 18 Rn. 11, 13. Zur Geltendmachung in der Revision (regelmäßig Verfahrensrüge, uU aber auch Sachrüge ausreichend, wenn sich die Verzögerung aus dem Urteil ergibt) vgl. BGH 11.11.2004 – 5 StR 376/03, BGHSt 49, 342 = NStZ 2005, 223.
[299] Vgl. bereits *Henkel* Strafverfahrensrecht, S. 104 f.; *Kühne* Rn. 268.
[300] Vgl. nur BVerfG 25.7.2003 – 2 BvR 153/03, NJW 2003, 2897; BVerfG 23.9.2005 – 2 BvR 1315/05, NJW 2005, 3485; BVerfG 22.2.2005 – 2 BvR 109/05, NStZ 2005, 456; BVerfG 29.12.2005 – 2 BvR 2057/05, StV 2006, 81; BVerfG 5.12.2005 – 2 BvR 1964/05, NJW 2006, 672; BVerfG 16.3.2006 – 2 BvR 170/06, NJW 2006, 1336; BVerfG 21.6.2006 – 2 BvR 750, 752 und 761/06, NStZ 2006, 680.
[301] Vgl. Löwe/Rosenberg/*Kühne,* Einl. B Rn. 40.
[302] Insoweit kritisch zur Rechtsprechung des BVerfG *Foth* NStZ 2005, 457 f.
[303] Vgl. zur Auswirkung der Rechtsprechung des EGMR bzw. der Praxis der Menschenrechtskommission auf das nationale Verfahrensrecht gerade auch unter dem Gesichtspunkt der Beschleunigung nur *Demko* HRRS 2005, 283; *Kadelbach* JZ 2000, 1053; *Peukert* EuGRZ 1979, 261.

156 Verfassungsrechtlich zieht das BVerfG (das auf Art. 6 EMRK als Prüfungsmaßstab nicht zurückgreifen kann) **Art. 2 Abs. 2 S. 2 GG iVm dem Verhältnismäßigkeitsgrundsatz** heran.[304] Damit wird das Beschleunigungsgebot einerseits als Ausfluss des Rechtsstaatsprinzips verstanden,[305] während es von anderen teilw. nur als das Prinzip der Wahrheitsfindung einschränkende „Praktikabilitätserwägung" bezeichnet wird,[306] die mit dem Rechtsstaatsprinzip nur schwerlich friedvoll vereint werden kann. Diese divergierenden Bewertungen dürften daher rühren, dass das „Beschleunigungsgebot" **zwei ganz unterschiedliche Dimensionen** beinhaltet, die in der Diskussion nicht immer hinreichend klar voneinander getrennt werden: Zum einen eine **beschuldigtenschützende,** zum anderen eine **verfahrensökonomische.** Dass beide Dimensionen – nicht immer, aber doch mitunter – konträr zueinander stehen können, dürfte nicht erstaunen, so dass sie – wenngleich terminologisch traditionell in beiden Fällen auf „das Beschleunigungsgebot" abgestellt wird – inhaltlich deutlich voneinander zu trennen sind.[307] Anderenfalls läuft die Argumentation Gefahr, im Einzelfall fast schon zynisch, zumindest aber „unangemessen paternalistisch" zu verlaufen, wenn der Angeklagte vor Verzögerungen des Verfahrens „geschützt" werden soll, die durch das von ihm eingelegte Rechtsmittel eintreten, und ihm dieses Rechtsmittel daher genommen wird.[308]

157 **b) Voraussetzung bzw. Anforderungen.** Das Beschleunigungsgebot dient vorrangig dem Schutz des Beschuldigten.[309] Es gilt keineswegs nur, aber naturgemäß in hervorgehobener Weise in Haftsachen.[310] Soweit daneben auch das öffentliche Interesse[311] etwa iS einer „wirtschaftlichkeitsdienlichen"[312] bzw. ressourcenschonenden Dimension und damit die „Funktionstüchtigkeit der Strafrechtspflege" angesprochen wird, wird man allein hierfür kaum Art. 6 Abs. 1 S. 1 EMRK als Grundlage heranziehen können, da gerade der Beschuldigte Adressat dieser Gewährleistung ist. Auch sind Anforderungen an das konkrete Verfahren daraus schwer ableitbar (bzw. kommen allenfalls als kollidierende Rechtspositionen in Betracht, mit denen ggf. Rechtspositionen der Verfahrensbeteiligten in Ausgleich gebracht werden müssen). Greifbare Anforderungen an die Verfahrensbeschleunigung, an deren Verletzung ggf. auch Konsequenzen zu knüpfen sind, bestehen daher nur in der beschuldigtenschützenden Dimension. Die beiden meist diskutierten Fragen in diesem Zusammenhang sind daher die Berechnung der „angemessenen Frist" (iSd Art. 6 Abs. 1 EMRK) sowie die Folge einer etwaigen Verletzung des Beschleunigungsgebotes.

158 Dabei ist davon auszugehen, dass der maßgebende Zeitraum in Strafsachen **spätestens mit der Erhebung der Anklage,** möglicherweise aber auch früher (etwa durch eine vorläufige Festnahme oder andere Ermittlungsmaßnahmen) beginnt.[313] Ein Verstoß gegen Art. 6 Abs. 1 S. 1 EMRK kommt allerdings nur bei einer ***rechtsstaatswidrigen* Verfahrensverzögerung** in Betracht;[314] insbesondere Verfahrensverlängerungen, die nur dadurch entstehen, dass auf die Revision eines Angeklagten hin ein Urteil aufgehoben und die Sache zur erneuten Verhandlung zurückverwiesen wird, begründen grundsätzlich – obwohl der zur Aufhebung führende Fehler aus der Sphäre des Gerichts und damit des Staates kommt – keine rechtsstaatswidrige Verfahrensverzögerung.[315] Anderes kann gelten, wenn die Auf-

---

304 Vgl. nur BVerfG 25.7.2003 – 2 BvR 153/03, NStZ 2004, 335.

305 Vgl. etwa BVerfG 12.1.1983 – 2 BvR 864/81, BVerfGE 63, 45 (69) = NJW 1983, 1043 (1045); BVerfG 21.6.2006 – 2 BvR 750, 752 und 761/06, NStZ 2006, 680; aus Literatur etwa KK-StPO/*Pfeifer/Hannich,* Einl. Rn. 11.

306 Vgl. Löwe/Rosenberg/*Kühne,* Einl. B Rn. 41.

307 Vgl. *Kudlich,* Gutachten C zum 68. Deutschen Juristentag, 2010, S. 13 ff.

308 So etwa in BGH 23.4.2007 – GSSt 1/06, BGHSt 51, 298 (310) = NJW 2007, 2419 (2422).

309 Vgl. etwa KK-StPO/*Pfeiffer/Hannich* Einl. Rn. 11; *Meyer-Goßner* Einl. Rn. 160; MAH-Strafverteidigung/*König* § 4 Rn. 235.

310 Zu Letzteren *Schmidt* NStZ 2006, 313.

311 Vgl. KK-StPO/*Pfeiffer/Hannich* Einl. Rn. 11; *Meyer-Goßner* Einl. Rn. 160.

312 Zur Frage nach dem Erfordernis einer „Wirtschaftlichkeit des Strafverfahrens" vgl. *Kühne* Rn. 279 ff.

313 Vgl. EGMR 31.5.2001 – 37591/97, NJW 2002, 2856; *Tepperwien* NStZ 2009, 1 mwN.

314 Näher *Tepperwien* NStZ 2009, 1 (2) mwN.

315 Vgl. BVerfG 5.2.2003 – 2 BvR 29/03, NJW 2003, 2228; BVerfG 23.9.2005 – 2 BvR 1315/05, NJW 2005, 3485 (3487).

hebung auf einen offensichtlich der Justiz anzulastenden Verfahrensfehler zurückzuführen ist.[316] Wichtig ist dabei, dass die Angemessenheit der Frist stets im Hinblick auf die **Umstände des konkreten Einzelfalls** geprüft werden muss,[317] weil erst diese konkreten Umstände Zeit und Verfahrenshandlungen in eine aussagekräftige Relation bringen können.[318] Steht eine Verletzung des Beschleunigungsgrundsatzes im Raum, so muss diese bereits im Rahmen des fachgerichtlichen Verfahrens gerügt werden. Für eine etwaige Verfassungsbeschwerde gilt nämlich auch insoweit der Grundsatz der **Subsidiarität** (→ Rn. 108).

c) Folgen einer Verletzung des Beschleunigungsgrundsatzes. Die Folgen aus einer festgestellten Verletzung des Beschleunigungsgrundsatzes sind seit langem **umstritten;** in der Literatur besteht bis heute noch kein Konsens. Zumindest teilw. dürften größer als die grundsätzlichen Unterschiede in der Dogmatik die Unterschiede in den konkret zu beurteilenden Sachverhalten sein. Je nach Verfahrenssituation, Umfang der unzulässigen Verzögerung und auch Grad der Zurechenbarkeit sind **verschiedene Kompensationsformen denkbar** und auch in der Rspr. nicht nur des BGH, sondern auch des EGMR durchaus für möglich erachtet worden: UU kann bereits die bloße Feststellung der Verzögerung als Kompensation genügen,[319] wie sie im Übrigen auch der Gesetzgeber nunmehr im Gesetz zur Vermeidung überlanger Verfahrensdauern nicht zuletzt mit Blick auf das Strafrecht vorgesehen hat.[320] Weitere denkbare Kompensationsmöglichkeiten (die gegenüber einem bloßen Strafzumessungs- oder Vollstreckungsgesichtspunkt, → Rn. 160 f., vorrangig sein können) sind etwa eine Einstellung aus Opportunitätsgründen oder wegen eines Verfahrenshindernisses,[321] das Absehen von Strafe, die Verwarnung mit Strafvorbehalt, oder aber die Berücksichtigung bei der Strafaussetzung zur Bewährung bzw. bei der Anordnung von Maßregeln.[322] Zumindest für bestimmte Konstellationen dürften auch diese aus teilw. schon länger zurückliegenden Entscheidungen stammenden Kompensationsmöglichkeiten nicht ihre Berechtigung verloren haben, da die Rspr. zwar grds. lange Zeit Strafzumessungs- und nunmehr Strafvollstreckungslösungen verfolgt, aber die Bedeutung des Beschleunigungsgebotes gegenüber der Rspr. aus den 80er und 90er Jahren des letzten Jahrhunderts kaum zurückgegangen sein dürfte. **159**

Zumeist wurden Verletzungen des Beschleunigungsgrundsatzes lange Zeit jedoch „nur" als selbständiger **Strafzumessungsgesichtspunkt** betrachtet, der **zu dem ohnehin strafmildernden Gesichtspunkt des Zeitablaufs** seit Begehung der Tat selbständig hinzutrat.[323] Als Grundproblem dieser Strafzumessungs- bzw. „Strafabschlagslösung" wurde freilich schon seit Langem bemängelt, dass damit im Ergebnis uU die gesetzlichen Mindeststrafen unterschritten werden müssen. Die Rspr. verfolgt daher seit einigen Jahren nach einer richtungsweisenden Entscheidung des Großen Strafsenats[324] die sog **„Strafvollstreckungslösung".** Danach erfolgt in einem ersten Schritt eine „normale" Strafzumessung unter Berücksichtigung des § 46 StGB und anschließend in einem gesonderten Schritt die Berechnung bzw. Erklärung, **160**

---

[316] Vgl. BVerfG 5.12.2005 – 2 BvR 1964/05, NJW 2006, 672.

[317] Vgl. EGMR 26.1.1993 – 92/1991/344/417, EuGRZ 1993, 384; EGMR 29.7.2004 – 49746/99, NJW 2005, 3125 (3126).

[318] Vgl. dazu auch – jeweils in etwas anderem Zusammenhang – BVerfG 16.12.1980 – 2 BvR 419/80, BVerfGE 55, 349 (369) = NJW 1981, 1499 (1500); BVerfG 28.12.1984 – 2 BvR 1541/84, NJW 1985, 1019.

[319] So EGMR 10.2.2005 – 64387/01, StV 2005, 475 (477).

[320] → Rn. 163 ff.

[321] Vgl. BGH 25.10.2000 – 2 StR 232/00, BGHSt 46, 159 (168 ff.) = NJW 2001, 1146 (1148 ff.); OLG Stuttgart 18.3.1993 – 3 Ws 36/93, NStZ 1993, 450 (451); OLG Koblenz 9.12.1992 – 1 Ws 502/92, NJW 1994, 1887.

[322] Vgl. BVerfG 24.11.1983 – 2 BvR 121/83, NJW 1984, 967.

[323] Vgl. BGH 20.1.1987 – 1 StR 687/86, NStZ 1987, 232; BGH 6.9.1988 – 1 StR 473/88, NStZ 1988, 552; BGH 10.11.1999 – 3 StR 361/99, BGHSt 45, 308 = NJW 2000, 748; vgl. auch BVerfG 24.11.1983 – 2 BvR 121/83, NJW 1984, 967; BVerfG 5.2.2003 – 2 BvR 327/02, 2 BvR 328/02, 2 BvR 1473/02, NJW 2003, 2225, BVerfG 25.7.2003 – 2 BvR 153/03, NJW 2003, 2897.

[324] Vgl. BGH 17.1.2008 – GSSt 1/07, BGHSt 52, 124 = NStZ 2008, 234 mAnm *Bußmann*.

dass ein nach dem Rechtsgedanken des § 51 Abs. 1 S. 1, Abs. 4 S. 2 StGB bezifferter Anteil der Strafe bereits für vollstreckt erklärt wird.

161 Dabei ist zu berücksichtigen, dass die lange Verfahrensdauer als solche bereits mildernd bei der Strafzumessung nach § 46 StGB in Ansatz zu bringen ist, so dass es nur noch um einen **Ausgleich für die rechtsstaatswidrige Verfahrensverzögerung** als solche geht. Die zugemessene Strafe und der bezifferte, als vollstreckt erachtete Teil **ist in die Urteilsformel** aufzunehmen. Wird eine Gesamtstrafe verhängt, so erfolgt die Anrechnung nur auf diese selbst (nicht auf die Einzelstrafen), da nur sie Grundlage der Vollstreckung ist; dies hat zur Folge, dass bei einer nachträglichen Auflösung der Gesamtstrafe das nunmehr neu zu erkennende Gericht den als vollstreckt anzurechnenden Teil (unter Berücksichtigung des Schlechterstellungsverbotes) zu beziffern hat.[325]

162 Freilich wirft auch das Vollstreckungsmodell – über die teils diffizilen Anforderungen an die Berechnungen und Darstellungen im Urteil hinaus – **Schwierigkeiten** auf, auf die sich insbes. die Verteidigung einzustellen hat: Da nicht die zugemessene Strafe als solche, sondern nur ihre Vollstreckung betroffen ist, kann über rechtsstaatswidrige bzw. zumindest rechtsstaatskritische Verfahrensverzögerungen **deutlich weniger leicht** zu einer zweijährigen und damit **bewährungsfähigen Freiheitsstrafe** gekommen werden als bisher. Dass eine vollstreckbare Freiheitsstrafe von zwei Jahren und sechs Monaten, von denen das erste Jahr bereits als vollstreckt gilt, für den Angeklagten deutlich schmerzhafter ist als eine aufgrund der Verzögerung zugemessene Strafe „von zwei Jahren mit", liegt auf der Hand.

163 In Umsetzung konventionsrechtlicher und verfassungsgerichtlicher Vorgaben mit Blick auf Art. 19 Abs. 4, 20 Abs. 3 GG und Art. 6 Abs. 1 EMRK hat der Bundesgesetzgeber 2011 in Gestalt der §§ 198 ff. GVG einen **innerstaatlichen Rechtsbehelf** geschaffen, mit dem ein Betroffener sich gegen Gefährdungen und Verletzungen seines Rechts auf angemessene Verfahrensdauer wehren kann. Ziel war dabei, die befassten Gerichte zu einer schnelleren Entscheidungsfindung zu veranlassen **(präventive Wirkung)** und zugleich dem Rechtsuchenden für die bereits entstandenen Verzögerungen eine angemessene Entschädigung – insbesondere auch für immaterielle Nachteile – zu gewähren **(kompensatorische Wirkung).** § 198 GVG legt dabei die Voraussetzungen eines Entschädigungsanspruchs wegen Verfahrensverzögerungen (unangemessene Dauer und hierdurch erlittener Nachteil) fest und regelt auch den möglichen Umfang eines solchen Anspruchs. Ebenso wie bei sonstigen Verstößen gegen den Beschleunigungsgrundsatz kommt es auch hier nicht auf die absolute Dauer eines Verfahrens, sondern auf die Angemessenheit der Verfahrensdauer unter Berücksichtigung der Umstände des konkreten Einzelfalls an. Der Eintritt eines Schadens (der oft nur schwer darzulegen und nachzuweisen sein wird) wird zugunsten des Anspruchsinhabers vermutet (§ 198 Abs. 2 GVG). Neben oder an Stelle einer Entschädigung kann allerdings nach § 198 Abs. 4 GVG auch die bloße Feststellung einer unangemessenen Verfahrensdauer treten.

164 Die Regelung gilt nach der expliziten Regelung des § 199 GVG auch **für das Strafverfahren** und umfasst hierbei nach § 199 Abs. 1 GVG auch das **Ermittlungsverfahren,** in welchem im Falle der Geltendmachung eines Entschädigungsanspruchs die Rüge konsequenterweise gegenüber der Staatsanwaltschaft (bzw. in Fällen des § 386 Abs. 2 AO gegenüber der Finanzbehörde) zu erheben ist, vgl. § 199 Abs. 2 GVG. Dabei gilt im Strafverfahren aber die Besonderheit, dass nach § 199 Abs. 3 GVG die **„Berücksichtigung"** einer überlangen Verfahrensdauer durch Staatsanwaltschaft oder Strafgericht[326] – und das muss wohl verstanden werden als: **Kompensation** in der schon bisher praktizierten Weise[327] – **„als ausreichende Wiedergutmachung auf andere Weise"** iSd 198 Abs. 2 S. 2 GVG gilt. Eine Geldentschädigung kommt dann regelmäßig nicht in Betracht.

---

[325] Vgl. zusammenfassend zu den Darstellungsanforderungen im Urteil auch KK-StPO/*Pfeiffer/Hannich* Einl. Rn. 13a.

[326] Und zwar grds. mit einer für das Entschädigungsgericht bindenden Wirkung, vgl. § 199 Abs. 3 S. 2 GVG.

[327] Vgl. näher BeckOK-StPO/*Graf* § 199 Rn. 8 ff.

Vor diesem Hintergrund ist fraglich, welche **Bedeutung** die Neuregelung für das Strafrecht haben wird.[328] Es spricht aber einiges dafür, dass die Geltendmachung einer Verzögerungsrüge dazu führen kann, dass etwaige entstandene oder drohende Verfahrensverzögerungen möglichst beseitigt oder durch besondere Anstrengungen der Verfahrensbeteiligten bezüglich einer Erledigung des Verfahrens kompensiert werden.[329] Soweit tatsächlich eine Entschädigung geltend gemacht wird, ist nach § 201 Abs. 1 GVG für die Klagen auf Entschädigung gegen ein Land das Oberlandesgericht, in dessen Bezirk das streitgegenständliche Verfahren durchgeführt wurde, für Klagen auf Entschädigung gegen den Bund der Bundesgerichtshof (ausschließlich) **zuständig.** In Strafverfahren (samt Ermittlungsverfahren) hat das Entschädigungsgericht dabei das nach § 201 Abs. 3 S. 2 GVG das **Verfahren auszusetzen,** solange das Strafverfahren noch nicht abgeschlossen ist. 165

d) Zwangsmaßnahmen. Der Beschleunigungsgrundsatz ist nicht nur im Zusammenhang mit den verfahrensbeendenden Entscheidungen (als Strafzumessungs- oder Strafvollstreckungsgesichtspunkt) zu berücksichtigen, sondern hat auch für die **Bewertung von prozessualen Zwangsmaßnahmen** Bedeutung. Da diese ganz generell unter dem Grundsatz der Verhältnismäßigkeit stehen (→ Rn. 84), können sie im Laufe der Zeit unzulässig werden. Dies gilt ersichtlich etwa für eine zu lang andauernde U-Haft, wenn das Recht des Beschuldigten auf eine Verhandlung innerhalb angemessener Frist verletzt wird;[330] entsprechendes wird aber auch zu gelten haben, wenn etwa eine Sicherstellung (zB von komplett beschlagnahmten Aktenschränken aus einem Büro oder von EDV-Anlagen) unverhältnismäßig lang andauert, ohne dass die Strafverfolgungsbehörden die Auswertung soweit vorantreiben, dass für den Beschuldigten wichtige Unterlagen, die objektiv nicht zum Verfahren beitragen, zurückgegeben werden können. 166

VII. Bedeutung einer „Konsensmaxime" im Strafverfahren?

1. Allgemeines. Auf den ersten Blick scheinen die oben beschriebenen Maximen des Legalitätsprinzips, des Offizialprinzips und des Amtsermittlungsgrundsatzes gegen **konsensuale Elemente** im Strafverfahren und zumindest klar gegen eine zum Verfahrensgrundsatz erhobene „Konsensmaxime" zu sprechen. Klassisch ist vielmehr das Verständnis, das im Strafverfahren geradezu einen **„strukturellen Antagonismus"** zwischen zumindest Staatsanwaltschaft und Beschuldigtem/Verteidigung sieht.[331] 167

Gleichwohl drängt sich aus zwei Richtungen zumindest die Frage auf, ob und ggf. welche Bedeutung eine Konsensmaxime auch im Strafverfahrensrecht haben kann: Zum einen wird man nicht (zeitlich wie inhaltlich) unbegrenzt die Augen davor verschließen dürfen, dass schon seit langem Elemente einer – mehr oder weniger – konsensualen Verfahrenserledigung **in der Praxis** des Strafprozesses eine **herausragende Rolle** spielen. Hierfür kann nicht einmal nur auf die Realität verfahrensbeendender Absprachen im Hauptverfahren rekurriert werden;[332] vielmehr ist daneben auch an die noch größere Zahl ebenfalls konsens(mit)geprägter Entscheidungen im Rahmen des Vorverfahrens zu denken, aufgrund welcher das Verfahren nach § 153a eingestellt oder durch einen Strafbefehl beendet werden kann.[333] 168

2. Kritik am Postulat einer Konsensmaxime. Zumindest **systemtranszendent** steht ein **großer Teil der Strafrechtswissenschaft** der Geltung einer wie auch immer gearteten 169

---

[328] Näher *Gerckel/Heinisch* NStZ 2012, 300 ff.

[329] Zutr. BeckOK-StPO/*Graf* § 198 Rn. 4.

[330] Vgl. etwa BVerfG 23.9.2005 – 2 BvR 1315/05, NJW 2005, 3485; BVerfG 5.12.2005 – 2 BvR 1964/05, NJW 2006, 672 (674 f.); BVerfG 16.3.2006 – 2 BvR 170/06, NJW 2006, 1136; zusammenfassend *Seban* Das Beschleunigungsgebot in Haftsachen ..., 2011, S. 69 ff.

[331] Vgl. *Schünemann* StV 1993, 607; in einem speziellen Kontext aufgegriffen auch bei *Kudlich* Strafprozeß und allgemeines Mißbrauchsverbot, 1998, S. 227 ff.

[332] Vgl. hier statt vieler nur den „Hilferuf" des Großen Strafsenats an den Gesetzgeber in BGH 3.3.2005 – GSSt 1/04, BGHSt 50, 40 (63 f.) = NJW 2005, 1440 (1444); krit. *Fischer* NStZ 2007, 433 (434).

[333] Zutr. hierauf besonders hinweisend *Sauer,* Konsensuale Verfahrensweisen im Wirtschafts- und Steuerstrafrecht, 2008, pass.

„Konsensmaxime" nach wie vor **krit.** gegenüber. Der **Gesetzgeber** scheint sogar in den Materialien zum „Verständigungsgesetz" die Geltung einer Konsensmaxime zu leugnen, wenn er betont, dass „keine neue – dem deutschen Strafprozess bislang unbekannte – Form einer konsensualen Verfahrenserledigung, die die Rolle des Gerichts, insb. bei seiner Verpflichtung zur Ermittlung der materiellen Wahrheit, zurückdrängen würde, wünschenswert" sei und dass die „Verständigung als solche (…) niemals die Grundlage eines Urteils bilden" könne.[334]

170 In der **Lit.** wenden ebenso wortgewaltige wie einflussreiche Kritiker[335] gegen die Geltung einer Konsensmaxime ua ein, dass **prozedurale Gerechtigkeit** eine notwendige, aber **keine hinreichende Bedingung** für einen Rechtsfrieden wiederherstellenden Abschluss des Strafverfahrens sei und den strategisch motivierten Aushandlungsprozess verschweigen müsse,[336] dass der Strafprozess aufgrund des **strukturellen Machtgefälles** kein Ort für eine erfolgreiche und faire Konsensfindung sei,[337] dass der konsensorientierte Strafprozess seine soziale Funktion verfehle,[338] dass nicht nur über den Beweisstoff, sondern unzulässigerweise auch über den Verfahrensstand disponiert werde[339] und dass der Konsensgedanke nur ein „ideologischer Steigbügelhalter" dafür sei, die Masse der Strafverfahren ökonomisch effizient abzuwickeln.[340]

171 Freilich sind Einwände gegen praktisch durchgeführte konsensuale Erledigungsformen aus einer Zeit vor Inkrafttreten des Verständigungsgesetzes *de lege lata* ebenso wenig ein Gegenargument gegen die Annahme eines nunmehr zumindest partiell Einzug haltenden Konsensprinzips wie die vermeintliche Inkompatibilität mit anderen Verfahrensmaximen; letztere mag etwas darüber aussagen, ob die Reform gelungen oder misslungen ist,[341] aber nicht unbedingt über den Geltungsstand des Gesetzes, zumal zumindest teilw. gegenläufige Prozessmaximen und auch Verfahrensziele (→ Rn. 9, 11) keineswegs etwas Ungewöhnliches sind, wenn die groben Linien des Prozessrechts beschrieben werden. Insofern nötigt zumindest der **Respekt vor dem Gesetzgeber**[342] dazu, sich jedenfalls halbwegs unvoreingenommen mit der Frage eines Konsensprinzips im geltenden Strafprozessrecht auseinanderzusetzen und den Versuch einer irgendwie gearteten Integration zu unternehmen,[343] zumal sich einem konsensualen Verfahren mit Blick auf Aspekte wie die Erreichung von Rechtsfrieden (→ Rn. 10) oder den Beschleunigungsgrundsatz (→ Rn. 155 f.[344]) durchaus auch „Pluspunkte" abgewinnen lassen.

172 **3. Bedeutung einer Konsensmaxime de lege lata und Versuch einer Integration.** Der Konflikt zwischen der faktischen – und durch das Verständigungsgesetz auch („noch verfassungsgemäß"[345]) formal-gesetzlichen – Zulassung einer teilkonsensualen[346] Verfahrensbeendigung und dem programmatischen Beschwören der tradierten Verfahrensstruktur (überdeutlich zum Ausdruck kommend in § 257c Abs. 1 S. 2) kann nur aufgelöst oder zumindest abgeschwächt werden, wenn es gelingt, eine **Konsensmaxime zumindest ansatzweise mit Prinzipien** wie Amtsaufklärung, Legalitätsprinzip und schuldangemesse-

---

[334] Vgl. BT-Drs. 16 12310, 8 (13).

[335] Vgl. statt vieler nur *Duttge* ZStW 115 (2003), 539 (541 ff.); *Fischer* NStZ 2007, 433 (434); *Hamm* ZRP 1990, 337 (342); *Hassemer* StV 2006, 321 (327); *Schünemann* ZStW 114 (2002), 1 (26 ff.); *ders.* GA 2006, 378 (382); *Weigend* ZStW 113 (2001), 271 (303).

[336] Vgl. *Duttge* ZStW 115 (2003), 539 (554).

[337] Vgl. *Weigend* ZStW 113 (2001), 271 (303); *Lien* GA 2006, 129 (140 ff.).

[338] Vgl. *Weigend* ZStW 113 (2001), 271 (304).

[339] Vgl. *Weßlau* StraFo 2007, 1 (5).

[340] *Weigend,* Deal mit dem Recht, S. 39 f.; zusammenfassend zu diesen Einwänden auch *Müller,* Probleme um eine gesetzliche Regelung der Absprachen im Strafverfahren, S. 392 ff.

[341] Krit. und deutlich für die Annahme eines „Misslingens" etwa *Fezer* NStZ 2010, 177.

[342] Vgl. N/S/W-*Niemöller* § 257c Rn. 72.

[343] Elaborierte Entwürfe dazu bei *Jahn* GA 2004, 272 (281 ff.); *ders.* ZStW 118 (2006), 427.

[344] Vgl. zum Zusammenhang zwischen Beschleunigung und Verständigung auch eingehend *Kudlich,* Gutachten C zum 68. Deutschen Juristentag, 2008, S. 30.

[345] Vgl. BVerfG 19.3.2013 – 2 BvR 2628/10 u.a., NJW 2013, 1058; zu Konsequenzen daraus für den Gesetzgeber *Kudlich,* ZRP 2013, 162.

[346] Nur „*teil*konsensual", weil das zu erledigende Verfahren ja keinesfalls konsensual eingeleitet wurde.

ner Strafe **zu harmonisieren.** Ausgangspunkt entsprechender Überlegungen kann der Vorschlag von *Jahn* sein, insbes. § 244 Abs. 2 „konsenstheoretisch" zu deuten.[347]

Dabei ist **zwar fraglich,** ob die Frage, was iSd § 244 Abs. 2 von „Bedeutung" ist, tatsächlich durch die Beteiligten (konsensual) beeinflussbar ist. Denn auch durch die verfassungsrechtlich gebotenen Garantien der Chancengleichheit (Art. 3 GG) und des rechtlichen Gehörs (Art. 103 Abs. 1 GG) werden wohl im diskurstheoretischen Sinne (und erst Recht nach strafprozessualen Maßstäben) keine **„ideale Sprechsituation"** geschaffen, da trotz des antagonistischen Charakters gerade des Handelns von Staatsanwaltschaft und Verteidigung, der grundsätzlich durchaus wahrheitsfördernd wirken kann,[348] die Beteiligten vorliegend ein – und zwar nach traditionellem Verständnis vom Zweck des Strafverfahrens **dysfunktionales** – **gemeinsames Interesse** an einem raschen und unkomplizierten Ausgang haben. 173

Umgekehrt darf man aber nicht aus dem Blick verlieren, was – zunächst einmal ***streng*** *orientiert* ***am gesetzlichen Regelwerk*** – bei einer Verständigung nach § 257c **in der Sache** denn passieren soll: Idealtypisch sollte das **Gericht** unter Beachtung von § 244 Abs. 2 sowie der gängigen Strafzumessungserwägungen einen **Rechtsfolgenvorschlag** machen, zu dem sich dann die Verfahrensbeteiligten ihrerseits äußern können. Dieser Vorschlag erlangt überhaupt **nur** dann irgendeine **Wirkung,** wenn er auf **Zustimmung** durch die Verfahrensbeteiligten stößt. Das danach erfolgende Urteil ist nach allgemeinen Grundsätzen (bzw. sogar darüber hinaus) angreifbar. Vergleicht man diese Situation mit dem „normalen Verfahrensablauf", so ist dieser oftmals – jedenfalls hinsichtlich der Wahrung der Beteiligtenrechte – so unterschiedlich nicht. 174

In diesem Sinne lässt sich dann auch § 244 Abs. 2 – weniger in seinem grundsätzlichen Verständnis als vielmehr in seiner ***Anwendung im Einzelfall***[349] – besser in das Gefüge einpassen: Auch in nicht abgesprochenen Verfahren wird dem Aufklärungsauftrag im Falle eines Geständnisses insgesamt weniger intensiv nachgegangen als dann, wenn ein solches fehlt. Denn selbstverständlich ist auch in nicht abgesprochenen Verfahren der Umfang der Aufklärungspflicht durchaus vom Prozessverhalten insbesondere des Angeklagten abhängig. Dieser hat – va durch sein Beweisantragsrecht – erheblichen Einfluss auf die Ermittlung des Sachverhalts, und der Umfang der Ausübung dieses Einflusses ist nicht nur für das Beweisantragsrecht relevant, sondern wirkt sich **mittelbar auch auf § 244 Abs. 2** aus. Im **Wechselspiel zwischen § 244 Abs. 2 und § 261** wird das Gericht ohne Rechtsfehler leichter und schneller zu einer Überzeugung kommen,[350] wenn der Angeklagte ein plausibles Geständnis abgibt. 175

Dabei soll nicht geleugnet werden, dass die Verständigungsregeln insoweit ein **Missbrauchspotential** bieten. Indes besteht dieses **im Normalverfahren** (und bestand dieses insbesondere bei informellen Absprachen ohne gesetzliche Regelung) **in gleicher Weise.** Arbeiten Gerichte im traditionellen Normalverfahren „schlampig", so ist das keinesfalls „besser" bzw. „weniger schlimm" als im Rahmen einer Verständigung, bei der das Zustandekommen immerhin noch (anders als nach streitiger Verhandlung!) die Zustimmung von Staatsanwaltschaft und Angeklagtem voraussetzt und bei welcher der Inhalt der Verständigung zumindest teilw. im Protokoll enthalten ist. Wer also die konsensualen Elemente vor allem mit Blick darauf kritisiert, dass die Gerichte die gesetzlichen Vorgaben nicht einhalten könnten, hat wenig Grund zu hoffen, dass dies im Fall des regulären Verfahrens generell anders ist. 176

VIII. Verfahrensmaximen zur Gestaltung der Hauptverhandlung

1. Unmittelbarkeitsgrundsatz. a) Allgemeines. Die **Beweisaufnahme in der Hauptverhandlung** ist (jedenfalls in wichtigen Teilen bzw. „als Prinzip") durch den 177

[347] Vgl. zu den Grundlagen *Jahn* GA 2004, 272 (281 ff.); zur Deutung des § 244 Abs. 2 *ders.* ZStW 118 (2006), 427 ff., insbesondere 437 ff.; krit. etwa *Lüderssen*, FS Hamm, 2008, 419 (432).

[348] Vgl. auch *Jahn* GA 2004, 272 (284).

[349] Darauf stellt im Ergebnis auch N/S/W-*Niemöller* § 257c Rn. 76 wohl ab.

[350] Vgl. zum Wechselspiel zwischen (abgeschlossener bzw. dann wieder in Frage zu stellender) Überzeugungsbildung und Amtsermittlungspflicht KK-StPO/*Fischer* § 244 Rn. 33.

Grundsatz der **Unmittelbarkeit** geprägt. Dieser wird nicht nur als mehr oder weniger willkürliche „technische" Entscheidung für die Verfahrensgestaltung verstanden, sondern ihr wird auch ein **Bezug** zu den Verteidigungsrechten des Angeklagten sowie **zur Wahrheitsfindung** (da der Richter sich ein Bild insbes. von den Personalbeweismitteln machen kann) zugesprochen. In diesem Sinn kann es etwa auch sein, dass grds. zulässige Abweichungen vom Unmittelbarkeitsgrundsatz wie der durch § 250 nicht untersagte[351] Zeuge vom Hörensagen unter dem Gesichtspunkt der bestmöglichen Sachaufklärung unzulänglich sein kann bzw. zumindest im Rahmen der Beweiswürdigung auf das „Sorgfältigste"[352] zu überprüfen sein soll.[353]

178 Gleichwohl ist der Unmittelbarkeitsgrundsatz **keine Selbstverständlichkeit,** und manche andere Rechtsordnungen kommen auch ohne ihn aus. Denn so anerkennenswert es ist, wenn dieser (theoretisch) Richtern und Verfahrensbeteiligten die gleiche Informationsgrundlage sichert, so sehr birgt er die **Gefahr,** dass gegen Missverständnisse und **Fehlwahrnehmungen des Gerichts** nicht erfolgreich vorgegangen werden kann. Da die Ergebnisse der Beweisaufnahme erst im Urteil stehen und die anderen Verfahrensbeteiligten nicht wissen, wie das Gericht den erhobenen Beweis wahrgenommen hat, was es gehört und gesehen hat etc, können sie sich darauf entsprechend schlecht „einstellen". Die Kommunikation in der Verhandlung kompensiert das nur rudimentär, und es ist praktisch durchaus schwierig, Teilergebnisse der Beweisaufnahme revisibel festzuschreiben. Insoweit könnte man auch auf dem Standpunkt stehen, dass der Unmittelbarkeitsgrundsatz in einem Spannungsverhältnis zu dem Grundsatz steht, dass die Pflicht zur sorgfältigen Entscheidung aus einer Pflicht zur sorgfältigen Beschaffung einer tragfähigen Informationsgrundlage und einer Pflicht zur sorgfältigen Entscheidung auf dieser Grundlage besteht, denn das Einhalten des erstgenannten Teils ist unter der Herrschaft des Unmittelbarkeitsgrundsatzes nur eingeschränkt überprüfbar. Vielmehr kann das Gericht das Maß der Nachprüfbarkeit durch das Revisionsgericht in nicht unbeträchtlichem Umfang selbst steuern.

179 Im Ergebnis soll deshalb zwar keiner Abschaffung des Unmittelbarkeitsgrundsatzes das Wort geredet werden; **rechtspolitischen Reformüberlegungen** sollte aber auch nicht völlig verschlossen gegenübergestanden werden. Selbstverständlich ist dabei indes, dass eine (noch stärkere) Zulassung auch der mittelbaren Beweiserhebung mit Ergebnissen aus dem Ermittlungsverfahren mit einer deutlichen Stärkung der Beteiligungsrechte in diesem Verfahrensabschnitt einhergehen müsste.[354]

180 **b) Ausprägungen und Reichweite des Unmittelbarkeitsgrundsatzes. Zentrales Anliegen** des Unmittelbarkeitsgrundsatzes ist, dass **nicht als Prozessstoff** verwertet werden darf, was **nicht Gegenstand der Hauptverhandlung** gewesen ist; soweit ein Strengbeweis zu erbringen ist, muss die Tatsache auch nicht nur Gegenstand der Hauptverhandlung selbst, sondern der Beweisaufnahme gewesen sein.[355] Ein idealtypischer strafprozessualer Unmittelbarkeitsgrundsatz fordert damit **materiell** die Verwendung unmittelbarer Beweismittel im Gegensatz zu mittelbaren (abgeleiteten/indirekten) und **formell** die Beweisaufnahme vor dem erkennenden Gericht, das später das Urteil fällt (was in § 226 Abs. 1 als Leitidee der for-

---

[351] Vgl. bereits BGH 30.10.1951 – 1 StR 67/51, BGHSt 1, 373 (375) = NJW 1952, 153; ferner etwa *Geppert,* Der Grundsatz der Unmittelbarkeit im deutschen Strafverfahren, 1979, S. 130 ff.; *Beulke* JA 2008, 758 (762); krit. aber etwa *Grünwald* JZ 1966, 489 (493); *Hanack* JZ 1972, 236 f.; *Schünemann,* FS Meyer-Goßner, 2001, 385 (400).

[352] Vgl. BGH 30.10.1951 – 1 StR 67/51, BGHSt 1, 373 (376) = NJW 1952, 153; BGH 1.8.1962 – 3 StR 28/62, BGHSt 17, 382 (384 f.) = NJW 1962, 1876 (1877). Zum Ganzen mwN auch SSW-StPO/*Kudlich/Schuhr* § 250 Rn. 15 f.

[353] Vgl. BGH 4.3.2004 – 3 StR 218/03, BGHSt 49, 112 (118 ff.) = NJW 2004, 1259 (1261); ebenso EGMR 14.2.2002 – 26668/95, StraFo 2002, 160.

[354] Vgl. statt vieler nur sowie *Freyschmidt/Ignor* NStZ 2004, 465; zum Zusammenhang von Unmittelbarkeit und Trennung von Vor- und Hauptverfahren auch SK-StPO/*Velten* Vor § 250 Rn. 7 ff., 15 ff.

[355] Vgl. BGH 10.8.1989 – 4 StR 393/89, NStZ 1990, 228 (229); BGH 26.6.1984 – 1 StR 188/84, NJW 1984, 2172 (zu Tatsachen, die nur gegen den Mitangeklagten verhandelt worden sind).

mellen Unmittelbarkeit besonders deutlich wird).[356] Beide Ausprägungen gehören freilich zusammen. Denn formell mittelbar erhobene Beweise werden ihrerseits als materiell mittelbares Beweismittel in die Hauptverhandlung eingeführt, während umgekehrt die Verwendung eines materiell mittelbaren Beweismittels dazu führt, dass das Gericht sich nur aus der Wiedergabe der Wahrnehmung eines Dritten unterrichtet.

In der *lex lata* ist das Prinzip der **materiellen Unmittelbarkeit** nicht als Verbot indirekter Beweismittel umgesetzt, sondern verlangt nur, dass **auch das unmittelbare Beweismittel** (ggf. neben den mittelbaren) herangezogen wird.[357] In diesem Sinn kann man auch mit einer gängigen Wendung vom Vorrang des Personalbeweises vor dem Urkundsbeweis sprechen,[358] in dem der materielle Unmittelbarkeitsgrundsatz Ausdruck in § 250 gefunden hat. Diese Vorschrift spricht auch maßgeblich dafür, dass der materielle Unmittelbarkeitsgrundsatz nur mit Blick auf personale Beweismittel (Zeugen und Sachverständige) und auch nur im Strengbeweisverfahren gilt (so im Ergebnis auch die hM), was freilich als Prinzip keineswegs selbstverständlich ist. 181

c) Ausnahmen vom Unmittelbarkeitsgrundsatz. Gerade beim **Unmittelbarkeitsgrundsatz** wird deutlich, was einleitend für alle Prozessmaximen erläutert worden ist (→ Rn. 121 f.): Er gilt zunächst einmal **nur soweit, wie** (bzw. in den Grenzen, in denen) **er geregelt ist,** nicht aber uneingeschränkt. Vielmehr kennt die StPO selbst eine Reihe von **Ausnahmen vom Unmittelbarkeitsgrundsatz,** deren Reichweite in Grenzfällen freilich möglicherweise mit Blick auf ein generelles Prinzip oder zumindest eine Richtungsentscheidung des Gesetzgebers zugunsten der Unmittelbarkeit zu beurteilen ist. Diese Ausnahmen betreffen die **formelle Unmittelbarkeit** (vor wem werden die Beweise erhoben) ebenso wie die **materielle** (welche Beweise werden erhoben). Zu nennen sind hier insbes. die §§ 249 Abs. 1 S. 2 (beispielhafte Auflistung wichtiger verlesbarer Urkunden), Abs. 2 (Selbstleseverfahren); 251, 253, 354, 255a, 256 (Verlesbarkeit von Vernehmungsprotokollen, Vorführen von Bild-Ton-Aufzeichnungen sowie Verlesung von Gutachten und Attesten); ferner die §§ 49, 50 (Ort der Vernehmung beim Bundespräsidenten oder Parlamentarier als Zeugen), 232 f. (Verhandlung in Abwesenheit des Angeklagten) und 325 (Verlesung von Schriftstücken in der Berufungsverhandlung). Teils (und vielfach insbes. nach der ursprünglichen gesetzlichen Konzeption) beruhen diese Ausnahmen auf der fehlenden oder doch sehr erschwerten Möglichkeit der unmittelbaren Beweisaufnahme, teils sind sie (insbes. in ihrer richterrechtlichen Ausgestaltung) auch Resultat einer Kollision zwischen dem Unmittelbarkeitsgrundsatz und etwaigen staatlichen Geheimhaltungsinteressen, die durch das persönliche Auftreten des Zeugen vor dem erkennenden Gericht (ggf. sogar in öffentlicher Verhandlung) erheblich beeinträchtigt sein können. Wo freilich – wie insbesondere im Selbstleseverfahren – „nur" prozessökonomische Gründe eine Ausnahme vom Unmittelbarkeitsgrundsatz tragen sollen, ist Zurückhaltung geboten, denn in der geltenden Verfahrensstruktur ist hier für die Verteidigung besonders schwer angemessen zu ermitteln, worauf das Gericht abstellt und wie es die Dinge einschätzt. Daher muss die Verlesung der Urkunde auch praktisch Regelfall, ein Vorgehen nach Abs. 2 die Ausnahme bleiben, und das Selbstleseverfahren ist unzulässig, wo ohne Mitteilung zumindest des wesentlichen Inhalts die Fairness des Verfahrens in einer das Rechtsstaatsprinzip oder Art. 6 Abs. 1 S. 1 **EMRK** verletzenden Weise beeinträchtigt wird[359] oder wo die Aufklärungspflicht des Gerichts eine Erörterung mit den Beteiligten gebietet und diese ohne Verlesung oder Mitteilung des wesentlichen Inhalts nicht ausreichend erfolgen kann.[360] 182

---

[356] Vgl. *Beulke* Rn. 24; SSW-StPO/*Kudlich/Schuhr* § 250 Rn. 2.

[357] Vgl. SSW-StPO/*Kudlich/Schuhr* § 250 Rn. 4.

[358] Vgl. BGH 13.12.1960 – 1 StR 389/60, BGHSt 15, 253 (254) = NJW 1961, 327.

[359] Vgl. SSW/Kudlich/Schuhr § 249 Rn. 38; noch weiter gehend *Krahl* GA 1998, 329 (333 ff.). Zur Frage, wann ein Selbstleseverfahren angeordnet und sogleich als durchgeführt erklärt werden kann, vgl. BGH 10.1.2012 – 1 StR 587/11, NStZ 2012, 346; dazu, dass aber grds. die Anordnung im pflichtgemäßen Ermessen stehen soll, BGH 14.12.2010 – 1 StR 422/10, NStZ 2011, 300.

[360] Vgl. *Ulsenheimer* AnwBl 1983, 373 (380).

183 Gerade zu diesem letztgenannten Aspekt hat sich ein mehr oder weniger **ausdifferenziertes System** über die **Einführung der Aussagen auch anonymer Zeugen** entwickelt. Wichtig sind hier insbes. die Fälle, in denen Polizei, Kriminalämter oder Verfassungsschutz verdeckte Ermittler nach §§ 100a ff. bzw. V-Leute (ohne klare gesetzliche Grundlage) „sperren", dh zur Person gar keine Angaben machen oder aber Kontaktdaten unter der Bedingung mitteilen, dass der gesperrte Zeuge nicht in der Hauptverhandlung vernommen wird. Bevor Zeugen auf diese Weise grds. unerreichbar werden (vgl. auch dazu die Kommentierung zu § 251), ist freilich **in abgestufter Weise** nach dem Grad des Geheimhaltungsinteresses vorzugehen:[361] Hierbei kommen auf der ersten Stufe ein Vorgehen nach § 247a oder auch ein Ausschluss der Öffentlichkeit nach § 172 GVG in Betracht, bevor das Gericht sich auf eine nach § 251 Abs. 1 uU zulässige Verlesung des Protokolls einer kommissarischen Vernehmung des Gewährsmanns oder gar die Vernehmung des Verbindungsbeamten bzw. gar nur der Verhörsperson beschränkt.[362] Zwar ist nach üA die **Verwertung mittelbarer Wahrnehmung** auch in solchen Fällen nach den allgemeinen Regeln zulässig;[363] allerdings sind diese besonders **sorgfältig zu prüfen** und können die Verurteilungsüberzeugung im Einzelfall nur bei Vorliegen weiterer gewichtiger Beweisanzeichen tragen.[364]

184 Soweit der Verteidigung aus der Sperre Nachteile zu entstehen drohen, fordert **Art. 6 Abs. 1 EMRK** im Verfahren insgesamt einen **angemessenen Ausgleich;** insbes. muss dem Angeklagten nach Art. 6 Abs. 3d EMRK irgendwann im Verfahren Gelegenheit gegeben werden, dem Zeugen Fragen zu stellen bzw. durch seinen Verteidiger stellen zu lassen,[365] etwa durch ein unter Mitwirken des Angeklagten und seines Verteidigers vorbereitenden Fragenkatalog.[366] Noch höhere Anforderungen (nämlich Fragen in der Hauptverhandlung) stellt der EGMR, wenn die Verurteilung allein oder maßgeblich auf die Aussage eines anonymen Belastungszeugen gestützt werden soll,[367] wobei eine den Justizbehörden nicht zuzurechnende Kooperationsverweigerung des Staates dann nicht zur Unverwertbarkeit führt, wenn die belastende Aussage durch andere Beweismittel gestützt wird[368] und/oder[369] im Verfahren insg. ein fairnesssichernder Ausgleich erfolgt.[370] Tendenziell entsteht hier der Eindruck, dass der **BGH trotz** formalen bzw. scheinbaren **Aufgreifens der Rspr. des EGMR** in Grenzfällen die **Hürden** immer noch ein **wenig niedriger** legt. Allerdings sind in den Entscheidungen beider Gerichte die Formulierungen vielfach auch so „weich", dass scheinbar voneinander abweichende Standpunkte leicht ineinander verfließen können.

185 **2. Mündlichkeitsgrundsatz. a) Allgemeines.** Eng mit dem Grundsatz der formellen Unmittelbarkeit zusammen hängt der Mündlichkeitsgrundsatz, nach dem nur **in der Hauptverhandlung mündlich vorgetragener** („verbalisierter") **Verfahrensstoff** dem Urteil zugrunde gelegt werden darf. Anders ausgedrückt: Inbegriff der Hauptverhandlung

---

[361] Vgl. näher SSW-StPO/*Kudlich/Schuhr* § 250 Rn. 20.

[362] Vgl. BGH 5.2.1986 – 3 StR 477/85, BGHSt 34, 15 (17) = NJW 1986, 1766; BGH 31.3.1989 – 2 StR 706/88, BGHSt 36, 159 (162) = NJW 1989, 3291 (3292).

[363] Vgl. nur BGH 1.8.1962 – 3 StR 28/62, BGHSt 17, 382 (383 ff.) = NJW 1962, 1876; BGH 10.10.1979 – 3 StR 281/79, BGHSt 29, 109 (110 f.) = NJW 1980, 464; ferner BVerfG 11.4.1991 – 2 BvR 196/91, NJW 1992, 168. Aus der Lit. grundlegend *Tiedemann/Sieber* NJW 1984, 753 (760 ff.).

[364] Vgl. BGH 1.8.1962 – 3 StR 28/62, BGHSt 17, 382 (384) = NJW 1962, 1876; BGH 4.4.2007 – 4 StR 345/06, BGHSt 51, 280 (282) = NJW 2007, 2341 (2342 f.); für steigende Anforderungen mit der steigenden Zahl der Zwischenglieder BGH 5.2.1986 – 3 StR 477/85, BGHSt 34, 15 (18) = NJW 1986, 1766.

[365] Vgl. nur EGMR 20.11.1989 – 10/1988/154/208, StV 1990, 481 (482); EGMR 18.10.2001 – Nr. 37225/97, NJW 2003, 2297 f.

[366] Vgl. BVerfG BVerfG 21.8.1996 – 2 BvR 715/96, NJW 1996, 3408; BGH 30.1.1996 – 1 StR 624/95, StV 1996, 471; ferner EGMR 25.6.1992 – 17/1991/269/340, StV 1992, 499 (500).

[367] Vgl. EGMR 23.4.1997 – 55/1996/674/861–864, StV 1997, 617 (619) mAnm *Renzikowski* NStZ 1999, 605.

[368] Vgl. BGH 17.3.2010 – 2 StR 397/09, BGHSt 55, 70 (78) = NJW 2010, 2224, (2225).

[369] Hier scheinen sich BGH und EGMR zu unterscheiden.

[370] EGMR 23.11.2005 – 73047/01, JR 2006, 289 (291) mAnm *Gaede* und Anm. *Esser* NStZ 2007, 106.

iSd § 261 ist grds. (zu Ausnahmen → Rn. 189) nur das mündlich Vorgetragene. **Bezüge** zum Mündlichkeitsgrundsatz weisen unter den Prozessmaximen bzw. verfassungsrechtlichen Rahmenbestimmungen des Strafprozessrechts insbes. der **Anspruch auf rechtliches Gehör** (Art. 103 Abs. 1 GG) und der **Öffentlichkeitsgrundsatz** (§ 169 GVG) auf: Ersterer, da dem Angeklagten in der Hauptverhandlung noch einmal deutlich alles, was dem Urteil zugrunde gelegt werden kann, „vor Ohren" geführt wird, so dass er in seiner Einlassung darauf reagieren kann und sich dann auch vergleichsweise einfach auf qualitativ gleiche Weise (nämlich auch mündlich) äußern kann. Zweiterer insoweit, als die Verfolgung der Verhandlung durch die Öffentlichkeit bei einer mündlichen Verhandlung deutlich leichter möglich ist, als wenn (organisatorisch ohnehin nicht ernsthaft vorstellbar) schriftliche Verfahrensakten im Saal öffentlich gemacht würden. Dass hierbei freilich für die Anforderungen an die Mündlichkeit aus dem im GVG statuierten Öffentlichkeitsgrundsatz das im Strafverfahrensrecht geltende Ausmaß nicht den unverzichtbaren Minimalzustand bildet, wird im Zivilverfahrensrecht deutlich, in dem unter der Geltung des gleichen § 169 GVG vom mündlichen Vortrag in der Verhandlung doch deutliche Abstriche gemacht werden.

Die mit dem **Mündlichkeitsgrundsatz** mit Blick auf rechtliches Gehör und Reaktions- 186
möglichkeit **verfolgten Ziele** werden in der Praxis freilich kaum vollständig erreicht: Geht es nämlich – vorbehaltlich der Interessen der die Öffentlichkeit verkörpernden Zuschauer – für die Verfahrensbeteiligten vor allem darum, dass sie aufgrund der mündlichen Verhandlung wissen, was Gegenstand der Entscheidung des Gerichts sein wird, um sich in ihrem Prozessverhalten darauf einstellen zu können, scheitert dies nicht selten schon daran, dass die Beteiligten nicht wissen, was das Gericht wahrnimmt, sondern dies gerade erst im Urteil erfahren.

Wie oben schon zum Unmittelbarkeitsgrundsatz angedeutet (→ Rn. 178), bedeuten 187
Unmittelbarkeits- und Mündlichkeitsprinzip eine sehr **weite Freiheit des Gerichts beim Treffen der Feststellungen** und eine entsprechende eingeschränkte Revisibilität, welche den Grund für die diversen bekannten Versuche der Verteidigung bilden, Beweisergebnisse schon vor dem Urteil festzuschreiben oder zumindest zu erfahren. Überspitzt ausgedrückt: Diese Ziele könnten besser erreicht werden, wenn das Gericht am Anfang eines Sitzungstages die bisherige Beweisaufnahme zusammenzufassen und am Ende der Beweisaufnahme deren Ergebnisse zunächst in Form eines Entwurfs zur Diskussion zu stellen hätte, ehe daraus dann die rechtlichen Konsequenzen gezogen werden. Dass ein solches Vorgehen freilich in strenger und konsequenter Form nicht wirklich realistisch ist (möglicherweise nunmehr aber zumindest in eingeschränkter Form durch § 257b gestärkt werden könnte) liegt auf der Hand; ohne derartige Sicherungs- und Nachprüfungsmechanismen freilich stellt der Mündlichkeitsgrundsatz ein zumindest nicht a priori untaugliches Mittel dar, diese Ziele zu erreichen.

b) Umfang und Ausnahmen. Grds. müssen **alle Tatsachen verbalisiert** werden, 188
welche der späteren Urteilsfindung zugrunde gelegt werden sollen. Dies gilt auch für offenkundige Tatsachen,[371] **nicht** aber für **allgemein bekannte Tatsachen.** Schon in der Rspr. vor Erlass des Verständigungsgesetzes war seit längerem anerkannt, dass etwaige **Urteilsabsprachen** mit dem wesentlichen Inhalt in die Hauptverhandlung eingeführt werden müssen;[372] mittlerweile ist dies durch den neugefassten **§ 243 Abs. 4** unmittelbar gesetzlich geregelt.

Gewisse **Einschränkungen** des Mündlichkeitsgrundsatzes in seiner Dimension der 189
Erfassbarkeit eines mündlichen Vortrags durch die Öffentlichkeit ergeben sich zwangsläufig immer dann, wenn auch der **Öffentlichkeitsgrundsatz eingeschränkt** wird (so etwa beim Ausschluss der Öffentlichkeit im Einzelfall oder im Jugendstrafverfahren); das Erfordernis der mündlichen Verhandlung als solches wird dadurch freilich nicht tangiert. Eine echte Ausnahme stellt dagegen das **Selbstleseverfahren** nach § 249 Abs. 2 dar. Ferner gilt

---

371 Vgl. BGH 14.7.1954 – 6 StR 180/54, BGHSt 6, 292 (295 f.) = NJW 1954, 1656.
372 Vgl. BGH 28.8.1997 – 4 StR 240/97, BGHSt 43, 195 (205 f.) = NJW 1998, 85 (88).

selbstverständlich der Mündlichkeitsgrundsatz nicht, soweit ein Verfahrensabschluss in einem eigenständigen, nicht auf eine öffentliche Verhandlung angelegten Verfahren erreicht werden kann, so insbes. im **Strafbefehlsverfahren.** Dies ist aber keine echte Einschränkung des Öffentlichkeitsgrundsatzes, soweit man diesen ohnehin „nur" als eine die Hauptverhandlung prägende Maxime versteht.

190 **c) Sonderproblem: Kenntnis der Schöffen von vorbereitenden Unterlagen.** Soweit man davon ausgeht, dass nur mündlich zum Gegenstand der Hauptverhandlung (und Beweisaufnahme) gemachte Umstände dem Urteil zugrunde gelegt werden dürfen, entstehen potentielle Probleme mit Blick auf den Mündlichkeitsgrundsatz auch dann, wenn etwaige **Schöffen auf andere Weise als durch die Verbalisierung** des Verfahrensstoffs in der Hauptverhandlung so **beeinflusst** werden, dass sie (möglicherweise) ihr Urteil nicht auf den Inbegriff der Verhandlung, sondern auf andere (etwa in schriftlicher Form mitgeteilte) Einschätzungen stützen. Scheinbar konsequenterweise hat insbes. die frühere Rspr. daher eine **Einsichtnahme** vom Schöffen in schriftliche Darstellungen der Staatsanwaltschaft über das Ergebnis der Ermittlungen für generell unzulässig erklärt.[373]

191 Diese **ganz strenge Linie** ist etwa seit den 90er Jahren des 20. Jahrhunderts in mehreren Entscheidungen **zumindest aufgeweicht** worden. So hat der 3. Strafsenat entschieden, dass das Überlassen von Tonbandprotokollen an die Schöffen als Hilfsmittel zum besseren Verständnis der Beweisaufnahme über abgehörte Telefongespräche in der Hauptverhandlung zulässig sein kann,[374] und wenig später auch für die Verlesung eines mit Gründen versehenen Vorlagebeschlusses nach § 209 Abs. 2 in der Hauptverhandlung eine Verletzung des Mündlichkeitsgrundsatzes nur angenommen, wenn wegen besonderer Umstände im Einzelfall zu befürchten ist, dass sich die Schöffen in ihrem Urteil durch die Gründe des Vorlageschlusses beeinflussen lassen.[375] Schon vorher hatte der 1. Strafsenat für den Fall eines Anklagesatzes, der der Sache nach das wesentliche Ergebnis der Ermittlungen enthält, zwischen der Überlassung der Anklageschrift und deren einmaliger Verlesung unterschieden sowie für den zuletzt genannten Fall zumindest ausgeschlossen, dass das Urteil auf einem möglichen Verfahrensfehler beruht.[376]

192 Die genannten Entscheidungen dürften Ausdruck einer neueren Linie sein, die **Schöffen** insoweit aufgrund ihrer auch sonst in weiten Teilen erfolgten **Gleichstellung mit den Berufsrichtern** nicht nennenswert anders zu bewerten als diese. Auch wenn böse Zungen behaupten mögen, dass die dem Richter, der schriftliche vorgelegte Ermittlungsergebnisse kennt und sich dennoch auf den mündlichen Vortrag beschränken soll, zugemuteten schizophrenen Tendenzen mit einer gewissen Plausibilität prima facie erst nach mehrjähriger juristischer Ausbildung zu vermuten seien, erscheint eine Annäherung hier durchaus **überzeugend,** da der **Mündlichkeitsgrundsatz als „Wert an sich" gewiss nicht höher einzuschätzen** ist **als die Wahrheitsfindung,** der durch ein verbessertes Verständnis aufgrund eines unterstützenden Blicks in die Akten durchaus Vorschub geleistet werden könnte, wenn der Schöffe sonst das mündlich Formalisierte nicht verstehen kann (und nach allgemeiner Erfahrung regelmäßig auch nicht geneigt ist in der Verhandlung nachzufragen). **Anders** wäre dies freilich zu bewerten, wenn etwaige Schriftstücke (außerhalb zB des gesetzlich geregelten Selbstleseverfahrens) den Schöffen **vor der mündlichen Verhandlung eigenständig** zur Verfügung gestellt werden, da sie dann bei der Wahrnehmung des Inhaltes und seiner (Nicht-)Bewertung im Verhältnis zum mündlichen Vortrag keine Anleitung durch den Vorsitzenden erfahren können.

193 **3. Öffentlichkeitsgrundsatz. a) Allgemeines.** Einfachgesetzliche Grundlage des Öffentlichkeitsgrundsatzes in der ordentlichen Gerichtsbarkeit und damit auch im Strafverfah-

---

[373] Vgl. RG 8.2.1935 – 4 D 787/34, RGSt 69, 120 (124); auch noch BGH 17.11.1958 – 2 StR 188/58, BGHSt 13, 73.

[374] Vgl. BGH 26.3.1997 – 3 StR 421/96, BGHSt 43, 36 ff. = NJW 1997, 1792 (1793).

[375] Vgl. BGH 10.12.1997 – 3 StR 250/97, BGHSt 43, 360 = NJW 1998, 1163.

[376] Vgl. BGH 2.12.1986 – 1 StR 433/86, JR 1987, 389 mAnm *Rieß*.

ren ist **§ 169 S. 1 GVG.** Er gewährleistet die zumindest grundsätzliche **Rspr. „in aller Öffentlichkeit"** im Gegensatz zu einer solchen „hinter verschlossenen Türen"[377] und dient damit nicht nur dem **Informationsinteresse der Allgemeinheit,** sondern auch einer **Festigung des öffentlichen Vertrauens** in die Rspr. und dem Schutz vor willkürlichen Entscheidungen durch öffentliche Kontrolle. Eine gleichlautende Garantie findet sich auch in **Art. 6 Abs. 1 S. 1, 2 EMRK** sowie in einigen Landesverfassungen,[378] während eine explizite Erwähnung im GG fehlt. Allerdings dürfte der Öffentlichkeitsgrundsatz im Rechtsstaatsprinzip verankert sein,[379] auch wenn das BVerfG in ihm keinen „Verfassungsrechtssatz" sieht[380] (ihn aber immerhin als wesentlich für die Staatszielbestimmung der Demokratie sieht[381]). Ergänzung findet der Öffentlichkeitsgrundsatz durch den Mündlichkeitsgrundsatz, welcher der Öffentlichkeit das Nachvollziehen des Strafprozesses deutlich erleichtert (vgl. auch bereits → Rn. 185; obwohl nicht unmittelbar die Öffentlichkeit betreffend, werden zumindest ähnliche Ziele durch die in der Rspr. teilw. anerkannten Pflichten zur Veröffentlichung bzw. Zugänglichmachung von den Entscheidungen verfolgt,[382] die auch auf einer Linie mit den Zielen etwa der Informationsfreiheitsgesetze des Bundes und der Länder liegen.

b) Gewährleistungsumfang. Zu den Details und zur reichhaltigen Kasuistik des **194** Gewährleistungsumfangs des Öffentlichkeitsgrundsatzes mit Blick auf § 169 S. 1 GVG sei auf die dortige Kommentierung verwiesen. Als einige **wichtige Grundlinien** lässt sich das Folgende skizzieren:[383] Umfasst vom Verfahren sind **alle Teile der Hauptverhandlung** bis zur Verkündung des Urteilstenors sowohl in der ersten Instanz als auch im Rechtsmittelverfahren (einschließlich der Revision). Dagegen gilt der Öffentlichkeitsgrundsatz **nicht** für das **Vor- und Zwischenverfahren** und im Hauptverfahren insbes. nicht für die Urteilsberatung. Gefordert wird, dass Verhandlungen grds. an einem Ort stattfinden, zu **dem jedermann Zutritt** hat[384] und dass ausreichende vorherige Informationsmöglichkeiten über Ort und Zeit der Verhandlung bestehen.[385]

Zutritt ist (auf jeden Fall, aber auch „nur") **im Rahmen der tatsächlichen Gegeben- 195 heiten** zu gewähren,[386] wobei ein Verhandlungsraum im Einzelfall aber durchaus sehr klein sein und nur wenigen Personen (regelmäßig freilich nicht nur einer einzigen[387]) Platz bieten kann. Anspruch auf einen Platz, der freie Sicht auf Augenscheinsobjekte ermöglicht, besteht nicht.[388] Begehren **mehr Besucher** Einlass in die Verhandlung, als Platz vorhanden ist, so ist in der Reihenfolge grds. nach dem **Prioritätsprinzip** vorzugehen; aber auch eine Regelung über „Eintrittskarten" erscheint vorstellbar,[389] darf jedoch nicht zu einer bewussten Selektion des Publikums führen. Auch ein bewusstes Ausweichen auf Räumlichkeiten, in denen weniger Zuschauer, als zu erwarten sind, Platz finden, ist problematisch. Die **Presse- und Rundfunkfreiheit** muss **angemessen berücksichtigt** werden, ggf. auch durch verschiedene Vertreter (und erforderlichenfalls über eine „Pool-Lösung"); dabei kann bei begrenzten Plätzen das Prioritätsprinzip bei der Anmeldung grundsätzlich ein zulässiges

[377] Vgl. BGH 23.5.1956 – 6 StR 14/56, BGHSt 9, 280 (281) = NJW 1956, 1646 (1647); BGH 28.8.1997 – 4 StR 240/97, BGHSt 43, 195 (205) = NJW 1998, 86 (88).

[378] Vgl. etwa Art. 90 BayVerf.

[379] Vgl. auch BGH 18.12.1968 – 3 StR 297/68, BGHSt 22, 297 (301 f.) = NJW 1969, 756 (758).

[380] Vgl. BVerfG 7.9.1963 – 2 BvR 629, 637/62, BVerfGE 15, 303 (307) = NJW 1963, 757 (758).

[381] Vgl. BVerfG 24.1.2001 – 1 BvR 2623/95, NJW 2001, 1633 (1635 f.).

[382] Vgl. OLG Celle 12.6.1990 – 1 VAs 4/90, NJW 1990, 2570; OVG 25.10.1988 – OVG 1 BA 32/88, NJW 1989, 926.

[383] Vgl. zusammenfassend auch *Kudlich* JA 2000, 970.

[384] Dies wird nicht dadurch in Frage gestellt, dass eine Außentür ins Schloss gefallen ist, die sich nicht ohne weiteres von außen öffnen lässt, wenn durch andere Vorkehrungen (zB Klingel und Pförtner) die Zutrittsmöglichkeit weiter sichergestellt ist, vgl. BGH 28.9.2011 – 5 StR 245/11, NStZ 2012, 173.

[385] Vgl. BGH 10.6.1966 – 4 StR 72/66, BGHSt 21, 72 (73) = NJW 1966, 1570.

[386] Vgl. BGH 10.11.1953 – 5 StR 445/53, BGHSt 5, 75 (83) = NJW 1954, 281 (283); BGH 6.10.1976 – 3 StR 291/76, BGHSt 27, 13 (14) = NJW 1977, 157.

[387] Vgl. BayObLG 30.11.1981 – 1 Ob OWi 331/81, NJW 1982, 395.

[388] Vgl. BGH 26.7.1990 – 4 StR 301/90, NStZ 1991, 122.

[389] Vgl. RG 30.1.1920 – IV 1178/19, RGSt 54, 225.

Verfahren sein, allerdings ist in besonders gelagerten Einzelfällen vorstellbar, dass besonderen Gruppen (etwa ausländischen Medienvertretern) eine gewisse Zahl von Plätzen reserviert werden, die dann über das Los vergeben werden.[390] Auch psychische Zutrittshemmnisse (etwa in Gestalt von besonders strengen Kontrollen) können den Öffentlichkeitsgrundsatz tangieren,[391] sind aber grds. zulässig, solange sie nicht unverhältnismäßig sind.[392]

196 Grenzen des Zulassungsanspruchs können sich aus der **Natur der Sache** ergeben. Dies gilt nicht nur für **zu kleine** (solange nicht willkürlich klein gewählte, → Rn. 195) **Gerichtssäle** bei massivem Öffentlichkeitsinteresse, sondern insbes. bei **Terminen außerhalb des Gerichts** (etwa zu einer Augenscheinseinnahme). So hat zwar der Inhaber des privaten Hausrechts eine solche zu dulden; allerdings ist er nicht verpflichtet, die komplette Öffentlichkeit mit in seine Räume einzulassen.[393] Bei der **Augenscheinseinnahme** in einem Krankenhaus kann der Zutritt für das Publikum aus medizinischen Gründen untersagt werden; freilich darf dann die Verhandlung nicht länger als erforderlich im Krankenzimmer fortgesetzt und insbes. nicht auf eine Zeugenvernehmung etwa eines Arztes ausgedehnt werden.[394]

197 **c) Grenzen des Öffentlichkeitsgrundsatzes. § 169 S. 2 GVG** stellt klar, dass der Öffentlichkeitsgrundsatz **keine Fernsehübertragungen** fordert (sondern dass diese im Gegenteil untersagt sind). Ob das auch für **Übertragungen in andere Gerichtssäle** (bei großem, in einem Raum nicht zu befriedigendem Publikumsinteresse) gilt, ist fraglich, aber nicht von der Hand zu weisen, da zumindest die Situation der „Beobachtung durch eine Kamera" wie auch die Beobachtung durch für das Gericht seinerseits nicht sichtbare Zuschauer auch hier vorliegen; vor einer Klärung dieser Frage dürften **Tatgerichte gut beraten sein, nicht** so vorzugehen, da das Fehlen einer solchen Öffentlichkeitserweiterung gewiss kein revisibler Verstoß gegen Satz 1 der Vorschrift ist. Weitere wichtige Grenzen des Öffentlichkeitsgrundsatzes im Strafverfahren bilden **§ 48 JGG** im Verfahren gegen Jugendliche sowie die **§§ 171a** (Verfahren über die Unterbringung des Beschuldigten in einem psychiatrischen Krankenhaus oder einer Entziehungsanstalt), **171b** (Verhandlung über Umstände aus dem persönlichen Lebensbereich eines Prozessbeteiligten, deren öffentlicher Erörterung schutzwürdige Interessen widersprechen) und **172 GVG** (Ausschließung zum Schutz der Staatssicherheit, der öffentlichen Ordnung oder der Gesundheit von Zeugen sowie bei der Vernehmung von Personen unter 16 Jahren). Diese Ausschlussmöglichkeiten werden von der Rspr. freilich hinsichtlich einzelner Zuhörer nicht als abschließend erachtet, so dass auch **sitzungspolizeiliche Maßnahmen** nach §§ 176, 177 GVG zu der Ausschließung einzelner Teile der Öffentlichkeit führen können, wobei das Öffentlichkeitsprinzip und die Belange eines zügigen und ungestörten Verhandlungsablaufs grds. als gleichrangig zu erachten sind.[395]

198 **d) Revisibilität.** Bei Verletzung der Vorschrift über die Öffentlichkeit – nach ganz hM freilich **nur bei unzulässigen Beschränkungen,** nicht dagegen bei unzulässigen Erweiterungen[396] – ordnet **§ 338 Nr. 6** einen absoluten Revisionsgrund an. Entsprechend den auch sonst sichtbaren Tendenzen einer allgemeinen Relativierung absoluter Revisionsgründe[397] ist die Rspr. auch hier teilw. bemüht, die **Revisibilität einzuschränken.** „Öffent-

---

390 Vgl. BVerfG 12.4.2013 – 1 BvR 990/13, NJW 2013, 1293.

391 Vgl. BGH 11.7.1979 – 3 StR 165/79, NJW 1980, 249.

392 Vgl. etwa zur Durchsuchung nach Waffen BVerfG 7.4.1978 – 2 BvR 202/78, NJW 1978, 1048; OLG Koblenz 20.3.1975 – 1 Ss 39/75, NJW 1975, 1333; zur Ausweiskontrolle BGH 6.10.1976 – 3 StR 291/76, BGHSt 27, 13 = NJW 1977, 157.

393 Vgl. BGH 14.6.1994 – 1 StR 40/94, BGHSt 40, 191 = NJW 1994, 2773; zust. *Kudlich* JA 2000, 970 (972); anderer Auffassung *Lilie* NStZ 1993, 121 (125).

394 Vgl. BGH 14.6.1994 – 1 StR 40/94, BGHSt 40, 191 = NJW 1994, 2773.

395 Vgl. BGH 22.1.1971 – 3 StR 3/70 II, BGHSt 24, 72 (74) = NJW 1971, 715; BGH 6.10.1976 – 3 StR 291/76, BGHSt 27, 13 (15) = NJW 1977, 157 (158); BGH 23.4.1980 – 3 StR 434/79, BGHSt 29, 258 (259 f.) = NJW 1981, 61.

396 Vgl. BGH 8.2.1957 – 1 StR 375/56, BGHSt 10, 202 (206 f.) = NJW 1957, 881; 23, 82 (85); 36, 119 (122).

397 Vgl. *Kudlich*, FS Fezer, 2008, 435; *ders.* StV 2011, 212.

lichkeitsgrundsatzspezifisch" etwa durch die Forderung, dass revisible Verfahrensverstöße nur vorliegen sollen, **wenn das erkennende Gericht** (dh den Spruchkörper) daran auch eine **Schuld trifft**[398] oder einer allgemeinen (und bei engem Verständnis auch zu akzeptieren) Tendenz beim Umgang mit absoluten Revisionsgründen entsprechend,[399] jedenfalls dann wenn (ausnahmsweise) denknotwendig ausgeschlossen ist, dass die Verletzung der Öffentlichkeit Einfluss auf das Ergebnis des Verfahrens gehabt haben könnte.[400]

4. Grundsatz der freien Beweiswürdigung. a) Allgemeines. Die Hauptverhandlung im Strafverfahren und die diese abschließende Urteilsfindung ist durch den Grundsatz der **freien richterlichen Beweiswürdigung** geprägt, wie er einfachgesetzlich insbes. in **§ 261** zum Ausdruck kommt. Wenngleich der Stellung im Gesetz nach ein spezieller Grundsatz für die Hauptverhandlung (und deshalb hier auch in diesem Kontext behandelt), zeigt das Prinzip der freien Beweiswürdigung selbstverständlich gewisse **Vor- und Nachwirkungen:** Sie führt dazu, dass die Beweiswürdigung im Revisionsverfahren nur sehr eingeschränkt überprüfbar ist (→ Rn. 201, 263); umgekehrt dürfen und müssen Staatsanwaltschaft und Gericht bei ihren **Prognoseentscheidungen** über Anklageerhebung bzw. Verfahrensöffnung im Ermittlungs- bzw. Zwischenverfahren berücksichtigen, dass in der Hauptverhandlung eine freie Beweiswürdigung erfolgen wird und der Tatnachweis somit zumindest grds. nicht an feste Beweisregeln gebunden ist. Ob man diese Einschätzung, wie die freie Beweiswürdigung in der Hauptverhandlung erfolgen könnte, ebenfalls als gleichsam „abgeleitete freie Beweiswürdigung" versteht oder als mit einem mehr oder weniger großen Spielraum ausgestaltete Prognose über die Ausübung der Beweiswürdigung durch das Gericht in der Hauptverhandlung, dürfte im Wesentlichen eine terminologische Frage sein. **199**

b) Inhalt des Grundsatzes und Bezug zu „in dubio pro reo" und Unschuldsvermutung. Der Grundsatz der freien Beweiswürdigung (vgl. dazu ausführlich die Kommentierung zu § 261 StPO) besagt, dass für die Beweiswürdigung und Entscheidung in der Hauptverhandlung grds. **keine festen Beweisregeln bzw. -richtlinien** gelten,[401] so dass in Abkehr vom gemeinen deutschen Strafprozess und seinen Vorläufern kein streng formales Beweisrecht gilt. Dies ist nur auf den ersten Blick eine Aufweichung „schützender Formen" und hat historisch vielmehr erheblich zur Humanisierung des Strafverfahrens (etwa durch die Verzichtbarkeit der Folter) beigetragen. Überdies bleiben als formale Elemente in Tat- und Schuldfragen immerhin das **Strengbeweisverfahren** mit seinem Numerus Clausus an Beweismitteln sowie das Erfordernis einer subjektiv zweifelsfreien Überzeugungsbildung des Gerichts bestehen. **200**

Daneben wird einer (nicht nur freien, sondern ganz und gar) **willkürlichen Beweiswürdigung** auch dadurch **vorgebeugt,** dass auch **im Revisionsverfahren** zumindest die Übereinstimmung des Urteils mit gesicherten wissenschaftlichen Erkenntnissen, den **Regeln der Logik** und allgemein anerkannten Erfahrungssätzen sowie in gewissen Grenzen auch die erschöpfende Beweiswürdigung überprüft werden. Gerade die formalen Anforderungen[402] an Klarheit und Vollständigkeit der Beweiswürdigung haben in den letzten Jahren zu einem engeren revisionsrechtlichen Überprüfungsmaßstab geführt, der im Einzelfall auf die Sachrüge hin zu einer Aufhebung des Urteils führen kann. **201**

Soweit der Richter sich innerhalb dieser (weiten) Grenzen befindet, kommt es grds. allein auf seine **persönliche Überzeugung** an. Dieser steht die auch vom Richter erkannte theoretische Möglichkeit eines anderen Geschehensablaufes nicht entgegen, da absolutes **202**

---

[398] Vgl. BGH 10.6.1966 – 4 StR 72/66, BGHSt 21, 72 = NJW 1966, 1570; BGH 28.11.1994 – 5 StR 611/94, NStZ 1995, 143.

[399] Vgl. nochmals *Kudlich* (Fn. 397), 435 (448 ff.).

[400] Vgl. BGH 9.6.1999 – 1 StR 325–98, BGHSt 45, 117 = BGH NJW 1999, 3060, mAnm *Gössel* NStZ 2008, 181 und mAnm *Park* StV 2000, 246; ferner BGH 2.2.1999 – 1 StR 636–98, StV 2000, 248 mAnm *Ventzke*.

[401] Vgl. BGH 19.8.1993 – 4 StR 627/92, BGHSt 39, 291 (295) = NJW 1993, 3081 (3082).

[402] Dazu, dass es sich um formelle, nicht materiell-rechtliche Bindungen handelt, vgl. BGH 7.6.1979 – 4 StR 441/78, BGHSt 29, 18 (20) = NJW 1979, 2318; BGH 8.2.2000 – 5 StR 310/99, NStZ-RR 2000, 171.

Wissen unmöglich ist.[403] Glaubt er dagegen nicht nur an die „theoretische Möglichkeit" eines alternativen Geschehensablaufes, sondern hat **selbst Zweifel** (und hätte nicht nur „zweifeln müssen"[404]), so gilt der Grundsatz ***in dubio pro reo.*** Dabei kommt es freilich nicht auf einzelne Beweiserhebungen bzw. Beweiselemente, sondern auf die **gesamte Beweissituation** an.[405] Hat der Richter insoweit mit Blick auf Tatsachenfragen – Rechtsfragen unterfallen dem Grundsatz nicht und sind grds. voll umfänglich revisibel[406] – Zweifel, so darf keine belastende Entscheidung getroffen werden, welche materiell-rechtlich den nicht zweifelsfrei festgestellten Sachverhalt voraussetzen würde. Der **Zweifelssatz** ist somit wie der Grundsatz der freien Beweiswürdigung keine Beweis-, sondern eine **Entscheidungsregel.**[407]

203 Wenngleich mitunter miteinander vermengt und auch keinesfalls beziehungslos nebeneinander stehend, so doch vom Zweifelssatz zu unterscheiden ist die **Unschuldsvermutung.** Dieser in Art. 6 Abs. 2 EMRK niedergelegte und im Rechtsstaatsprinzip verankerte Grundsatz[408] gilt viel stärker als die Entscheidungsregel des Zweifelssatzes im gesamten Verfahren (und insbes. auch im Ermittlungsverfahren) und besagt, dass jedermann bis zum gerichtlichen Beweis des Gegenteils als unschuldig zu gelten hat. Dies muss Konsequenzen etwa für die Gestaltung und Handhabung von prozessualen Ermittlungsmaßnahmen haben, ist aber auch bei der Ausformung des materiellen Strafrechts zu berücksichtigen (weshalb etwa die Vermögensstrafe § 43a StGB für verfassungswidrig erklärt worden ist[409] oder die bis an die Grenze der Beweislastumkehr konstruierte Strafvorschrift des § 261 StGB nicht unproblematisch ist). Das **strukturelle Verhältnis zum Zweifelssatz** dürfte so aussehen, dass die Unschuldsvermutung den gerichtlichen Nachweis der Schuld fordert und der Zweifelssatz eine Entscheidungsregel darstellt, wenn dieser Nachweis jedenfalls nicht als erbracht angesehen werden darf. Auch **inhaltlich** wird man aber wohl einen **Zusammenhang** dahingehend sehen müssen, dass die Unschuldsvermutung eine generelle Beweislastverteilung zu Lasten des Beschuldigten nicht zulassen würde,[410] was für den Fall des Zweifels als gleichsam „subjektivem non liquet" fast notwendig zur Entscheidungsregel „pro reo" führt.

204 **c) Ausnahmen und Durchbrechungen. Durchbrechungen** der freien richterlichen Beweiswürdigung in Gestalt von echten Beweisregeln enthalten etwa **§§ 190 StGB** (Beweis der Ehrverletzten Tatsache durch Urteil), **274 StPO** (Beweiskraft des Hauptverhandlungsprotokolls, soweit dieses nicht gefälscht oder berichtigt[411] ist) sowie **§ 51 BZRG** (nachteilige Berücksichtigung von im Zentralregister getilgten bzw. tilgungsreifen Eintragungen). Auch die **Rspr. zur absoluten Fahruntüchtigkeit** (für Kraftfahrzeuge ab 1,1 ‰) kann als eine solche Ausnahme verstanden werden, wenn man den von der hM darin offenbar gesehenen Erfahrungssatz[412] nicht in dem Maße für allgemeinverbindlich hält, wie dies vielfach postuliert wird. Keine echte Durchbrechung, sondern nur eine **Modifizierung**

---

[403] Vgl. BGH 9.2.1957 – 2 StR 508/56, BGHSt 10, 208 (209) = NJW 1957, 1039; BGH 6.11.1998 – 2 StR 636/98, StV 1999, 5 (6); *Beulke* Rn. 490.

[404] Vgl. BVerfG 23.9.1987 – 2 BvR 814/87, NJW 1988, 477; BVerfG 16.5.2002 – 2 BvR 665/02, NJW 2002, 3015.

[405] Vgl. BHG 25.11.1998 – 3 StR 334–98, NStZ 1999, 205; BGH 17.3.2005 – 4 StR 581/04, NStZ-RR 2005, 209.

[406] Vgl. BGH 16.12.1959 – 4 StR 484/59, BGHSt 14, 68 (73) = NJW 1960, 540 (541); OLG Celle 31.7.1968 – 1 Ws 37/68, NJW 1968, 2119 (2120).

[407] Vgl. aus neuerer Zeit nur BGH 12.10.2011 – 2 StR 202/11, NStZ 2012, 171.

[408] Vgl. *Kühne* Rn. 301, der insbes. einen engen Zusammenhang zur Instruktionsmaxime, aber etwa auch zum nemo-tenetur-Grundsatz herstellt.

[409] Vgl. BVerfG 20.3.2002 – 2 BvR 794/95, BVerfGE 105, 135 = NJW 2002, 1779.

[410] Vgl. nochmals *Kühne* Rn. 301.

[411] Zum Problem der für eine neueren Rspr. insoweit zugelassenen „Rügeverkümmerung" vgl. BGH 23.4.2007 – GSSt 1/06, BGHSt 51, 298 = NJW 2007, 2419, sowie bestätigend BVerfG 15.1.2009 – 2 BvR 2044/07, BVerfGE 122, 248 = NJW 2009, 1469; zur Kritik statt vieler nur *Knauer*, FS Widmaier, 2008, 291; *Kudlich* HRRS 2007, 9; *ders.*, BLJ 2007, 125; *ders./Christensen* JZ 2009, 943; ferner *Dehne-Niemann* wistra 2011, 213; sowie → Rn. 270 ff. und die Kommentierung zu § 274.

[412] Vgl. KK-StPO/*Pfeiffer/Hannich* Einl. Rn. 16.

sind dagegen **bloße Beweisvermutungen** bzw. widerlegbare Beweisregeln (wie etwa §§ 69 Abs. 2 StGB oder 71 Abs. 2 Nr. AO), da sie die freie richterliche Beweiswürdigung nicht einschränken, sondern nur das Beweisthema anders stellen bzw. den Bezugspunkt für die Beweiswürdigung und damit den Beurteilungsmaßstab verändern,[413] ohne zu einer (strikten) Bindung zu führen.[414]

Praktisch wichtige und im Gesetz nicht explizit behandelte Ausnahmen ergeben sich als mittelbare Konsequenz insbes. **aus bestimmten Rechtspositionen** (vornehmlich, aber nicht ausschließlich des Beschuldigten). Hier kann als Faustregel gelten, dass aus der Berufung auf eine gesetzlich eingeräumte Rechtsposition **keine negativen Schlüsse** gezogen werden können. Dies gilt für die Berufung auf das Aussageverweigerungsrecht und damit den Nemo-tenetur-Grundsatz ebenso wie für die Berufung eines Zeugen auf sein Zeugnisverweigerungsrecht (etwa als Angehöriger). Dabei ist jedoch zu beachten, dass nach der Rspr. Schlüsse aus dem Schweigen zu bestimmten Fragen gezogen werden dürfen, wenn sich die Auskunftsperson teilw. zur Sache einlässt.[415] Dies ist zumindest dann nicht unproblematisch, wenn das (nur) Teil-Schweigen schematisch schon dann angenommen wird, wenn der Aussagende nicht sofort jede Antwort verweigert, sondern zunächst mehr oder weniger unspezifische Erklärungen abgibt, bevor er sich auf konkrete Nachfragen hin auf sein Schweigerecht beruft. 205

D. Ablauf, Beteiligte und Interaktion im Strafverfahren

I. Verfahrensabschnitte

Wie aus vielen anderen Verfahrensordnungen bekannt, lässt sich auch das Strafverfahren grob in ein **Erkenntnis- und ein Vollstreckungsverfahren** untergliedern, wobei das Erkenntnisverfahren als ordentliches oder als besonderes[416] ablaufen kann. Gemeinhin wird das Erkenntnisverfahren dabei – nicht zuletzt orientiert an der wechselnden Zuständigkeit hinsichtlich der Verfahrensherrschaft zwischen StA und Gericht und mit Blick auf die jeweils von einer in die nächste Stufe überleitenden Entscheidungen (§§ 170, 203) – weiter in **Ermittlungsverfahren (bzw. Vorverfahren), Zwischenverfahren und Hauptverfahren** untergliedert, welche um ein **Rechtsmittelverfahren** ergänzt sein können. 206

Der Dreiteilung in Ermittlungs-, Zwischen- und Hauptverfahren entspricht als parallele Begriffstrias die unterschiedliche Bezeichnung des Beschuldigten auch als Angeschuldigter (ab Klageerhebung) bzw. Angeklagter (ab Zulassung zur Hauptverhandlung), vgl. § 157. Betrachtet man die Stufen nicht nur chronologisch, sondern funktional, so kann man auch anschaulich vom **Stoffsammlungs-** bzw. Vorklärungsabschnitt (Vorverfahren und Zwischenverfahren), vom **Entscheidungsabschnitt** (Hauptverfahren) und vom **Kontrollabschnitt** (Rechtsmittel) sprechen.[417] 207

Diese Stufen werden naturgemäß keineswegs von allen Verdächtigen durchlaufen. Vielmehr werden aufgrund eines gewissermaßen zunehmend verengenden „Durchlasses" beim Übergang von einer auf die nächste Stufe (welchen von *Riess* anschaulich gleichsam wie ein **„Trichtermodell"** beschrieben wird[418]) von Abschnitt zu Abschnitt weniger Personen betroffen: Nur ein Teil der Ermittlungsverfahren führt irgendwann zur Anklage; die ange- 208

[413] Vgl. KK-StPO/*Pfeiffer/Hannich* Einl. Rn. 18.

[414] Vgl. BGH 19.8.1993 – 4 StR 627/92, BGHSt 39, 291 (295) = NJW 1993, 3081 (3082).

[415] Angedeutet etwa bereits in BGH 26.10.1965 – 5 StR 415/65, BGHSt 20, 281 = NJW 1966, 210.

[416] Als partiell besondere Arten des Erkenntnisverfahrens sind insbes. das Strafbefehlsverfahren, das beschleunigte Verfahren und das Privatklageverfahren zu nennen (→ Rn. 535 ff.). Das Verfahren bei einer Verständigung nach § 257c weist zwar auch deutliche Eigenheiten auf, ist aber gesetzessystematisch nur als besondere Variante innerhalb des ordentlichen Verfahrens, nicht als besondere Verfahrensart ausgestaltet.

[417] So Löwe/Rosenberg/*Kühne*, Einl. G Rn. 3, der freilich selbst darauf hinweist, dass dies nur eine gewissermaßen idealtypische Klassifizierung ist, ohne dass sich die einzelnen Verfahrensabschnitte in diesen Funktionen vollständig erschöpfen bzw. diese exklusiv für sich beanspruchen können.

[418] Vgl. FS Schäfer, 1980, 155 (177).

klagten Fälle führen nur zu einem (dann freilich größeren) Teil zu einer Hauptverhandlung; in diesen kommt es wiederum nur in einem Teil der Fälle zu einer Verurteilung.

209 Die ebenso legitimen wie nachvollziehbaren Ziele, einen Verdächtigen ggf. möglichst frühzeitig zu entlasten und auch die Funktionstüchtigkeit der Strafrechtspflege trotz der Masse an Verfahren zu sichern, führen dazu, dass **in früheren Verfahrensstadien** teilw. raschere und dementsprechend noch **weniger formalisierte** (sowie mit weniger Schutzmechanismen versehene) **Abläufe dominieren** bzw. Entscheidungen getroffen werden. Soweit ein Verdächtiger dabei freilich bis in die Angeklagtenstellung in der Hauptverhandlung „durch den Filter rutscht", führt dies zu einem **Dilemma,** da in den frühen, noch weniger formalisierten und „abgesicherten" Verfahrensabschnitten durchaus entscheidende Weichenstellungen erfolgen, die in der Hauptverhandlung nur noch schwer korrigiert werden können. Die insoweit durchaus zu einem gewissen Schutz beitragenden Prinzipien der Unmittelbarkeit und Mündlichkeit (→ Rn. 177 ff.) sind dabei aufgrund der Aktenkenntnis der Strafverfolgungsbehörden sowie auch aufgrund des von dieser Aktenkenntnis auf den Beschuldigten zumindest unbewusst ausgehenden Druckes nur begrenzt hilfreich. Schon aus diesem Grund sind allfällige rechtspolitische Überlegungen zu einer Stärkung der Beschuldigtenposition im Ermittlungsverfahren[419] ernst zu nehmen, und es ist auch *de lege lata* bei der Auslegung der Vorschriften des Ermittlungsverfahrens auf ihren möglicherweise vorentscheidenden Charakter zu achten.

210 **1. Das Ermittlungsverfahren. a) Einordnung und Abgrenzung.** Nach §§ 152 Abs. 2, 158 ff. setzt ein Ermittlungsverfahren einen **Anfangsverdacht**[420] voraus (ist aber ab dessen Vorliegen auch in dem für das Ermittlungsverfahren geltenden gesetzlichen Rahmenbedingungen durchzuführen), der auf verschiedene Weise entstehen kann (→ Rn. 214 f.). Einem solchen strafprozessualen Ermittlungsverfahren vorgeschaltet sind – abhängig vom jeweiligen Kriminalitätstyp mehr oder weniger häufig – präventiv-polizeiliche Ermittlungen, die nicht auf die StPO, sondern auf die Polizeigesetze der Länder (bzw. in besonderen Fällen auch auf bundespolizeigesetzliche Regelungen, etwa im BKAG) gestützt sein können.

211 Liegt ein Anfangsverdacht vor, der sich auch noch nicht auf eine konkrete Person beziehen muss, findet § 152 Abs. 2 Anwendung. In einem – freilich schwer abgrenzbaren – Vorfeld soll bei Hinweisen auf die Möglichkeit einer Straftat nach verbreiteter Auffassung auch eine **„Verdachtsschöpfung"** zulässig sein.[421] Die Frage, ob auch diese bereits Teil des Ermittlungsverfahrens oder diesem vorgelagert ist,[422] verliert[423] an Ergebnisrelevanz, wenn man sich klar macht, dass der StA in einer Phase vor einem Anfangsverdacht **jedenfalls** auch **noch keine Zwangsmittel** zur Verfügung stehen, was freilich nichts daran ändert, dass bei Befragungen von Personen die Vorschriften, die dem Schutz der Auskunftsperson in einem förmlichen Ermittlungsverfahren dienen, entsprechende Anwendung finden.[424]

212 Außerhalb des Anwendungsbereichs der StPO liegt dagegen die gleichsam **anlasslose Suche** nach irgendwelchen denkbaren Straftaten. Konkret: Erleidet ein Unternehmen durch ein Geschäft einen überraschenden Verlust, so begründet dies noch keinen Anfangsverdacht hinsichtlich einer Untreue durch seine Organe, erlaubt aber wohl eine Verdachtsschöpfung, um etwa Anhaltspunkte für eine Vermögensbetreuungspflichtverletzung zu fin-

---

[419] Eingehend *Satzger* Gutachten C zum 65. DJT, 2004, pass.; zum status quo auch *Soyer/Schumann* StV 2012, 495.

[420] Zu den Anforderungen eines Anfangsverdachts vgl. *Meyer-Goßner* § 152 Rn. 4 sowie hier die Kommentierung zu § 152.

[421] Vgl. zur Problematik KK-StPO/*Schoreit* § 152 Rn. 3; Löwe/Rosenberg/*Beulke* § 152 Rn. 33 f.; *Meyer-Goßner* § 152 Rn. 4a; anschaulich anhand eines aktuellen Beispiels *Bittmann* NStZ 2011, 361 f.

[422] Zur Abgrenzung und zu weiteren Fragestellungen vertiefend *Weßlau,* Vorfeldermittlungen, 1989; *Lange,* Vorermittlungen, 1999; *Haas,* Vorermittlungen und Anfangsverdacht, 2003.

[423] Wohl abgesehen von der – unterschiedlich gehandhabten – technischen Führung unter einem AR- (Allgemeines Register) statt unter einem Js-Aktenzeichen.

[424] Zutr. *Bittmann* NStZ 2011, 361.

den.[425] Dagegen ist nicht jedes gute Konzernergebnis *als solches* ein Anhaltspunkt, der eine Verdachtsschöpfung dahingehend legitimieren würde, ob dieses Ergebnis vielleicht durch betrügerische Machenschaften, Korruption oÄ erzielt worden ist. Justitiable Auswirkungen wird freilich eine in diesem Sinne unzulässige (aber auf korrektem Wege, dh ohne Zwangsmaßnahmen etc erfolgte) Verdachtsschöpfung nicht haben, auch wenn an ihrem Ende dann ein Anfangsverdacht steht, der zu weiteren Ermittlungen berechtigt.

So schwierig die Abgrenzung schon theoretisch ist, umso problematischer und teilw. **213** unbefriedigend verläuft sie in der Praxis, zumal in diesem Stadium mit der **Polizei** auch die gleiche Behörde **teils präventiv, teils repressiv** tätig ist. Hinsichtlich der anzuwendenden (Ermittlungs-)Befugnisse wird man methodisch zwar leicht begründen können, dass die Voraussetzungen, die in den Polizeigesetzen an präventive Maßnahmen gestellt werden, zugleich (ggf. ungeschriebene) Mindeststandards auch für die Anwendung strafprozessualer Befugnisnormen bilden müssen. Dies stellt freilich keinen hinreichenden Schutz gegen die von *Kühne* resigniert konstatierte **„Flucht aus der StPO"** dar.[426] Soweit es um die Nutzung von Informationen aus dem einen Tätigkeitsfeld im jeweils anderen geht, enthält die StPO seit dem Jahr 2000 in den §§ 474 ff., insbes. in § 481 eine Regelung für die Verwendung strafprozessual gewonnener Erkenntnisse im präventiven Bereich; umgekehrt scheint § 161 eine weitgehende Befugnis zur Verwendung präventiv gewonnener Erkenntnisse für das Strafverfahren zuzulassen.[427] Wieweit diese Nutzungsbefugnis freilich tatsächlich geht, ist noch nicht abschließend geklärt. Exemplarisch sei hier nur darauf hingewiesen, dass § 477 Abs. 2 S. 2 diese Fälle nach seinem Wortlaut nicht erfasst, so dass die Behandlung von Zufallsfunden nicht geklärt ist. Aber auch überall dort, wo die präventiven Befugnisse deutlich weiter gehen als die strafprozessualen, erscheint die **ungefilterte Verwendung im Strafverfahren zweifelhaft.**

b) Einleitung und Ablauf des Ermittlungsverfahrens. aa) Einleitung. Deutlicher **214** als in den vorhergehend beschriebenen repressiv-präventiven Gemengelagen ist in „klassischen" Ermittlungsverfahren aufgrund eines konkreten Straftatverdachtes die **Staatsanwaltschaft** die **„Herrin des Vorverfahrens"**, wenngleich sie sich zu ihrer Arbeit in vielen Bereichen ganz wesentlich der Mithilfe der Polizei bedient. Nach § 152 Abs. 2 (zum **Legalitätsprinzip** → Rn. 127 ff.) ist sie zu Ermittlungen verpflichtet, wenn sie Kenntnis vom Verdacht einer Straftat erlangt. Dies ist insbes. denkbar infolge von Strafanzeigen (§ 158 Abs. 1 S. 1 Alt. 1[428]), einem Strafantrag (§ 158 Abs. 1 S. 1 Alt. 2 als Mitteilung eines Verdachtes verbunden mit dem zum Ausdruck gebrachten Wunsch nach Strafverfolgung[429]) oder von eigenen Wahrnehmungen (vgl. § 160 Abs. 1: „auf anderem Wege"[430]). Als Sonderfall im Gesetz geregelt ist hier der Leichenfund bei (vermeintlich) unnatürlichem Tod in § 159.

Der **Erkenntnisgrad** für die zulässige Annahme eines Anfangsverdachtes dürfte – gerade **215** auch in Anbetracht des vorhergehenden „Nichtwissens" als Vergleichsgrundlage – **nicht zu hoch** anzusetzen sein. Umgekehrt muss berücksichtigt werden, dass unter ermittlungsökonomischen Aspekten die begrenzten Strafverfolgungsressourcen nicht „in lauter unbedeutenden und letztlich voraussehbar erfolglosen Aktionen" vergeudet werden dürfen und dass „bereits verhältnismäßig harmlose Ermittlungsmaßnahmen für den betroffenen Bürger gravierende Folgen", insbes. in Gestalt einer stigmatisierenden Wirkung haben können.[431] Dies gilt umso mehr da bzw. soweit gerade erste Anhaltspunkte und Indizien ausgesprochen

[425] Bsp. bei *Bittmann* NStZ 2011, 361.
[426] Vgl. *Kühne* Rn. 393.
[427] Vgl. hierzu auch *Brodersen* NJW 2000, 2536 (2538).
[428] Nach empirischen Befunden sind solche Anzeigen in mehr als 90 % der Fälle die Quelle für die Kenntnis vom Anfangsverdacht, vgl. *Kühne* Rn. 314.
[429] Nicht notwendig auch im Sinne eines Strafantrags als Verfolgungsvoraussetzung iSd § 158 Abs. 2, §§ 77 ff. StGB.
[430] Zur Frage, inwiefern dies auch bei privater Erkenntniserlangung gilt, bereits → Rn. 130.
[431] Vgl. *Kühne* Rn. 316 f.

mehrdeutig sein können. Viel spricht hier für den Ansatz *Kühnes,*[432] für die Einleitungen von Ermittlungen als solchen (dh insbes. auch „gegen Unbekannt") relativ großzügig zu sein, während bei den potentiell stigmatisierenderen Ermittlungen gegen eine bestimmte Person als Beschuldigter eine gewisse Zurückhaltung geboten ist. Dies darf freilich nicht so verstanden werden, dass die Zuerkennung einer Beschuldigtenstellung willkürlich herausgezögert werden dürfte. Im Gegenteil ist es für die Strafverfolgungsbehörden besonders wichtig, bei Entstehen eines Anfangsverdachts gegen eine Person den Zeugen zu einem Beschuldigten „umzuwandeln".[433]

216 **bb) Durchführung der Ermittlungen.** Die weitere Verdachtsklärung bzw. Sachverhaltserforschung erfolgt insbes. durch die Vernehmung des Beschuldigten und von Zeugen sowie mit strafprozessualen Ermittlungsmaßnahmen (→ Rn. 222 ff.). Dabei betont § 160 Abs. 2 die Verpflichtung einer Staatsanwaltschaft, **auch entlastende Umstände** zu ermitteln. Dass dies tatsächlich nicht immer im gleichen Umfang erfolgt, muss keineswegs stets auf einen „bösen Willen" hindeuten, sondern ist auch der durchaus naheliegenden Vermutung geschuldet, dass zumindest bestimmte entlastende Umstände vom Beschuldigten vorgebracht werden dürften, soweit sie im Raume stehen, so dass die Staatsanwaltschaft weniger Anlass hat, ohne entsprechende Hinweise in bestimmte Richtungen weiter zu forschen.

217 Insgesamt freilich ist gerade das **Ermittlungsverfahren** noch mehr oder weniger stark **vom Inquisitionsprozess geprägt,** und die Rechte und Gestaltungsmöglichkeiten des Beschuldigten sind vergleichsweise gering. Forderungen nach mehr Teilhaberechten im Ermittlungsverfahren sind daher systematisch und theoretisch gewiss gerechtfertigt;[434] inwieweit selbst bei entsprechenden Gesetzänderungen eine Umsetzung realistisch erscheint, steht auf einem anderen Blatt und muss zumindest für viele Fälle bezweifelt werden, wenn man betrachtet, wie wenig die mittlerweile bereits bestehenden Rechte von manchen Beschuldigten (und mitunter auch Verteidigern) wahrgenommen werden bzw. welche Verteidigungsdefizite es sogar in der wesentlich greifbareren Hauptverhandlung mitunter gibt.

218 In der **Gestaltung des Ermittlungsverfahrens** und bei der Wahl der Maßnahmen ist die Staatsanwaltschaft (innerhalb der rechtlichen Grenzen der StPO) **grds. frei.**[435] Nicht zuletzt vor diesem Hintergrund ist mitunter die Befürchtung geäußert worden, die Staatsanwaltschaften würden zukünftig Verfahren im Wesentlichen über die Ermittlungsgeneralklausel des § 163 durchführen und die „Gesetzgebungsbereitschaft" werde umgekehrt zurückgehen.[436] Bislang hat sich dies allerdings nicht bestätigt; vielmehr ist die Entwicklung der letzten Jahre stark (nicht zuletzt auf Grund der sich durch die fortschreitende Technisierung ergebenden Möglichkeiten) durch mehr oder weniger massive Grundrechtseingriffe – Stichworte seien hier nur die Hörfalle,[437] die Online-Durchsuchung[438] oder (ganz anders geartet) die sog Cold-Case-Technik[439] – geprägt, die von ihrer Tiefe her a priori nicht unter § 163 subsumiert werden können.

219 **c) Insbesondere strafprozessuale Grundrechtseingriffe.** Die zur Ermittlung durchgeführten strafprozessualen Grundrechtseingriffe (die aufgrund des häufig heimlichen Cha-

---

[432] *Kühne* Rn. 318 f.

[433] Vgl. BGH 18.10.1956 – 4 StR 278/56, BGHSt 10, 8 (12) = NJW 1957, 230 (231); BGH 31.5.1990 – 4 StR 112/90, BGHSt 37, 48 (51) = NJW 1990, 2633 (2634).

[434] Vgl. zur Diskussion eingehend *Satzger* Gutachten C zum 65. DJT, 2004.

[435] Vgl. nur *Meyer-Goßner* Einl. Rn. 60.

[436] Vgl. *Hefendehl* StV 2001, 700 (702).

[437] Vgl. BGH 13.5.1996 – GSSt 1/96, BGHSt 42, 139 = NJW 1996, 2940.

[438] Vgl. BGH 25.11.2006 – 1 BGs 184/06, BeckRS 2007 00295 und BGH 31.1.2007 – StB 18/06, BGHSt 51, 211 = NJW 2007, 930, mAnm *Cornelius* JZ 2007, 798, *Fezer* NStZ 2007, 535 und *Jahn/Kudlich* JR 2007, 57. Für eine Zulässigkeit aus der Zeit vor der Entscheidung des BGH aber grds. *Hofmann* NStZ 2005, 121.

[439] Vgl. OLG Zweibrücken 26.5.2010 – 1 Ws 241/09, NStZ 2011, 113.

rakters nicht auf den Begriff der „Zwangsmaßnahme" reduziert werden sollten[440])[441] richten und richteten sich **vor allem gegen den Beschuldigten,** in der historischen Entwicklung nachfolgend (bzw. *de lege lata:* unter jeweils besonderen Voraussetzungen) **auch gegen Dritte.** Zeugnisverweigerungsberechtigte Personen genießen hier durch § 160a seit einigen Jahren einen relativ weitreichenderen Schutz.

Das in den verschiedenen Eingriffsbefugnissen zum Ausdruck kommende abgestufte und **220**
am Grundrechtschutz orientierte System differenziert auf mehreren Ebenen im Hinblick auf die Zulässigkeit des Eingriffs: Maßgeblich sind hier etwa die **Intensität** des erforderlichen Verdachtsgrades, die **Entscheidungs- bzw. Handlungsbefugnisse** (nur Richter? bei Gefahr im Verzug auch Staatsanwaltschaft und Polizei? stets auch Staatsanwaltschaften und Polizei?)[442] sowie die **Verhältnismäßigkeit** des Eingriffs[443] (in einer Abwägung der Verfolgungsinteressen gegenüber den betroffenen Grundrechten).

Soweit prozessuale Befugnisnormen zur Beweiserhebung bestehen, kann sich hier im **221**
Einzelfall die Frage stellen, inwiefern diese zugleich auch eine **„Annexkompetenz"** zu vorbereitenden Maßnahmen (etwa: kurze Freiheitsentziehung für körperliche Untersuchungen; Verbringen eines Fahrzeugs in eine Werkstatt zum Einbau von Abhöreinrichtungen; Eindringen in eine Wohnung, um dort Hilfsmittel für eine [Quellen-]TKÜ anzubringen etc) beinhalten. Die Rspr. erschöpft sich hier im Wesentlichen noch in einer Einzelkasuistik; ein genereller Ansatz zu Reichweite und Grenzen für Annexmaßnahmen steht bislang noch aus (und dürfte angesichts der Vielgestaltigkeit der in Betracht kommenden Maßnahmen und aufgrund des im Verhältnis zur Primärmaßnahme ganz unterschiedlichen denkbaren Gewichts der Sekundärmaßnahme auch nur schwer möglich sein). Ein auf jeden Fall bedeutsamer Aspekt dürfte die vom AG Hamburg (im Zusammenhang mit der Beurteilung der Zulässigkeit einer beantragten Quellen-TKÜ) aufgeworfene Frage danach sein, ob die entsprechende Annexmaßnahme **typischerweise** bei der Durchführung der Ermittlung **auftritt** und diese somit mehr oder weniger **phänotypisch prägt** oder nicht.[444]

d) Insbesondere Rechtsschutz gegen Grundrechtseingriffe durch Ermittlungs- **222**
maßnahmen. Gerichtlicher Rechtsschutz gegen strafprozessuale Grundrechtseingriffe (Zwangsmaßnahmen im Ermittlungsverfahren) ist zum einen mittelbar durch **Rechtsmittel** gegen ein etwaiges **erstinstanzliches Urteil** möglich: Wurde eine Maßnahme unrechtmäßig durchgeführt, so kann dies im Einzelfall[445] zu **Beweisverwertungsverboten** führen, deren Missachtung wiederum eine erfolgreiche **Revision** auf die Verfahrensrüge hin ermöglicht, wenn die Verurteilung auf die Ergebnisse dieser Beweisaufnahme gestützt wird. Daneben ist aber auch Rechtsschutz **unmittelbar gegen den belastenden Eingriff** möglich und kann für den Betroffenen von Interesse sein, wenn er sich gegen die Maßnahme (oder ihre Folgen) etwa noch im laufenden Ermittlungsverfahren wehren möchte.

Die **ausdrücklichen gesetzlichen Vorgaben** für den Rechtsschutz gegen Ermitt- **223**
lungsmaßnahmen zeichnen ein etwas **uneinheitliches System:** Teils ist er explizit gere-

---

[440] Zutr. *Amelung* JZ 1987, 737.

[441] Zu Eingriffen in verschiedene Grundrechte bereits → Rn. 53 ff.

[442] Dabei wird insbes. die „Gefahr im Verzug" in der verfassungsrechtlichen Rspr. seit einigen Jahren (grundlegend BVerfG 20.2.2001 – 2 BvR 1444/00, NJW 2001, 1121 [1122 ff.]) als voll überprüfbarer Rechtsbegriff verstanden; dazu und zur damit einhergehenden „Renaissance des Richtervorbehalts" vgl. nur BGH 28.6.2001 – 1 StR 198/01, NJW 2001, 3793 (3794); BVerfG 4.2.2005 – 2 BvR 308/04, NJW 2005, 1637 (1638 ff.); BGH 18.4.2007 – 5 StR 546/06, NStZ 2007, 601; OLG Dresden 11.5.2009 – 1 Ss 90/09, NJW 2009, 2149; OLG Hamm 18.8.2009 – 3 Ss 293/08, NStZ 2010, 165.

[443] Etwa auch mit Blick auf die Kumulation von Ermittlungsmaßnahmen, vgl. dazu BGH 24.1.2001 – 3 StR 324/00, BGHSt 46, 266 (277) = NStZ 2001, 386, sowie *Steinmetz* NStZ 2001, 344. Generell zur Bewertung von strafprozessualen Grundrechtseingriffen durch das BVerfG *Jahn* NStZ 2007, 255.

[444] Vgl. AG Hamburg 160 Gs 301/09 mAnm *Kudlich* JA 2010, 310; der konkrete Fall macht gleich wieder deutlich, dass man im Einzelfall trefflich darüber streiten kann, wodurch eine Ermittlungsmaßnahme phänotypisch geprägt ist – insbes. ob es auf die nach dem Wortlaut der Vorschrift denkbaren Maßnahmen oder auf die bisherige Durchführungspraxis ankommt; vgl. dazu auch *Kudlich* GA 2011, 193 (205 ff.).

[445] Muss allerdings nicht notwendig, → Rn. 451 ff.

gelt (so etwa historisch dominierend in § 98 Abs. 2 S. 2), teils nicht; teils handelt es sich um Maßnahmen, die bereits erledigt sind (etwa Durchsuchungsmaßnahmen), teils nicht (etwa Beschlagnahmen); teils sind die entsprechenden Maßnahmen durch Staatsanwaltschaft und Polizei angeordnet worden, teils durch Gerichte. Erschwert wird die Situation dadurch, dass der in unsicheren Fällen zumindest subsidiär zur Verfügung stehende Rechtsschutz nach **§§ 23 ff. EGGVG wenig praktikabel** ist, da insbes. die Entscheidungszuständigkeit beim OLG zum einen für viele Fälle „unangemessen hoch aufgehängt" erscheint und zu einer Entscheidung durch nicht sachnah mit dem Fall befassten Richtern führt.[446]

224 Durch die Rspr. des BVerfG und der Fachgerichte[447] insbes. in den 1990er Jahren hat sich ein **System des Rechtsschutzes** etabliert,[448] das knapp zusammengefasst auf folgende wichtige Punkte reduziert werden kann:[449] Richtet sich der **Rechtsschutz gegen gerichtliche Anordnungen,** so ist **die Beschwerde nach §§ 304 ff.** grds. statthaft. Dabei ist auch regelmäßig nicht von einem Entfallen des Rechtsschutzbedürfnisses für eine Entscheidung über die Rechtmäßigkeit wegen Erledigung auszugehen, da es zum einen mit der Rechtsschutzgarantie des Art. 19 Abs. 4 GG unvereinbar wäre, wenn in der Strafjustiz ein als existent vorausgesetztes Rechtsmittel praktisch regelmäßig entfallen würde und da zum anderen bei strafprozessualen Ermittlungsmaßnahmen das (etwa auch im Verwaltungsrecht in der Fortsetzungsfeststellungsklage anerkannte) Rehabilitationsinteresse des Betroffenen zumindest regelmäßig vorliegen wird.[450] Diese Überlegung gilt entsprechend auch dann, wenn sich der Rechtsschutz gegen **Anordnungen der Polizei bzw. Staatsanwaltschaft oder aber** gegen die konkrete **Art und Weise der Durchführung** einer (ggf. auch vom Gericht angeordneten) Zwangsmaßnahme durch die Polizei richtet. In diesen Fällen ist **§ 98 Abs. 2 S. 2 unmittelbar oder analog** anzuwenden, soweit keine ihm **entsprechenden Sonderregelungen** (etwa § 161a Abs. 3 S. 1) bestehen; zuständig ist damit zur Überprüfung der Maßnahme also das Gericht, welches diese regelmäßig auch selbst hätte anordnen können (Gedanke der Sachnähe).

225 Knapp zusammengefasst: Gerichtliches Handeln wird mit der Beschwerde überprüft; staatsanwaltschaftliches oder polizeiliches Handeln – sei es in Gestalt von Anordnungen durch diese beiden Behörden oder aber in Gestalt der konkreten Durchführung einer Maßnahme – mit einem Rechtsbehelf gemäß oder analog § 98 Abs. 2 S. 2 bzw. entsprechenden Sonderregelungen. Eine einheitliche **Sonderregelung für verdeckte Ermittlungsmaßnahmen** insbes. nach §§ 98a, 99, 100a, 100c-100i und 110a enthält § 101 Abs. 7 S. 2, wonach bis zwei Wochen nach der Benachrichtigung der betroffenen Personen über die Durchführung der verdeckten Maßnahme (§ 101a Abs. 4, 5) die „überprüfende Rechtmäßigkeit der Maßnahme sowie der Art und Weise ihres Vollzugs" beantragt werden kann.

226 **e) Abschluss des Ermittlungsverfahrens. aa) Systematik.** Sind die Ermittlungen so weit durchgeführt, dass die Staatsanwaltschaft den Verdacht aus ihrer Sicht bestätigen oder verwerfen kann, verläuft streng gesetzessystematisch die Trennlinie zwischen verschiedenen Ermittlungsverfahren **abschließenden Entscheidungen** bei der Frage, ob iSd **§ 170 Abs. 1** genügender Anlass zur Erhebung der öffentlichen Klage besteht, dh ob die Staatsanwaltschaft nach Abschluss der Ermittlungen eine Verurteilung in einer Hauptverhandlung für wahrscheinlicher hält als einen Freispruch (vgl. näher auch die Kommentierung zu § 170) oder nicht (dann Einstellung nach **§ 170 Abs. 2**). Die nach außen vielleicht **sichtbarere**

---

[446] Vgl. monographisch mit damit zusammenhängenden Problemen und mit mittlerweile vielfach durch die Rspr. der Sache nach übernommenen Lösungsvorschlägen *Bachmann,* Probleme des Rechtsschutzes gegen Grundrechtseingriffe im strafrechtlichen Ermittlungsverfahren, 1994.

[447] Grundlegend BVerfG 27.5.1997 – 2 BvR 1992/92, BVerfGE 96, 44 (48 ff.) = NJW 1997, 2165; ferner etwa BGH 21.11.1978 – 1 BJs 93/77, NJW 1978, 1013; StB 210/78, BGHSt 28, 206 = NJW 1979, 882; BGH 23.11.1987 – I BJs 55/81 – 4 – I BGs 517/87, StV 1988, 90.

[448] Vgl. auch *Laser* NStZ 2001, 120.

[449] Vgl. auch mit anschaulicher Graphik *Beulke* Rn. 326c.

[450] Vgl. BVerfG 27.5.1997 – 2 BvR 1992/92, BVerfGE 96, 44 (50 f.; 55) = NJW 1997, 2165.

Trennlinie zwischen **Einstellung des Verfahrens und Anklageerhebung** deckt sich damit nur teilw., da auch in Fällen einer Verfahrenseinstellung nach §§ 153 ff. an sich ein für § 170 Abs. 1 „genügender Anlass" vorliegen müsste, da bei seinem Fehlen das Verfahren nach § 170 Abs. 2 eingestellt werden müsste. Zur Frage, ob die Staatsanwaltschaft bei der verfahrensabschließenden Entscheidung einer rechtlichen Beurteilung an eine etwaige gesicherte Rspr. gebunden ist, bereits → Rn. 131 f.

Der Grundsatz **„in dubio pro reo"** soll bei der Anklageerhebung noch keine unmittelbare Anwendung finden,[451] wird sich aber **mittelbar** dahingehend auswirken können, dass bei der mehr oder weniger sicheren Prognose einer Zweifelssituation eben nicht davon ausgegangen werden kann, dass eine Verurteilung wahrscheinlicher ist als ein Freispruch. Gerade hinsichtlich solcher im tatsächlichen – aber uU auch im rechtlichen – Bereich „unsicheren" Anklagepunkte entsteht freilich mitunter der Eindruck, dass von den Staatsanwaltschaften überraschend viele Aspekte „erst einmal mit angeklagt" werden, wohl auch um „Verhandlungsmasse" für die allfälligen Gespräche über Einstellungen nach §§ 154, 154a bzw. für etwaige verfahrensbeendende Absprachen in der Hauptverhandlung (§ 257c) zu haben. Soweit es sich hier nicht um einen „konstruierten Verdacht" handelt, ist dies wohl nicht in justitiabler Weise zu beanstanden, auch wenn aus verschiedenen Gründen ein **früher sinnvoller „Zuschnitt" des Prozessstoffes** sinnvoller erscheinen kann; problematisch daran ist allerdings, dass uU auch schon die Anklageerhebung für den Angeschuldigten (aber auch durch andere in der Anklage erwähnte Personen) mit einer erheblich stigmatisierenden Wirkung verbunden sein kann. 227

bb) Einstellung nach § 170 Abs. 2. Fehlte es an dem iSd Rn. 226 beschriebenen Verdachtsgrad bzw. „genügenden Anlass zur Erhebung der öffentlichen Klage", so ist das Verfahren nach **§ 170 Abs. 2** einzustellen. Für den Beschuldigten ist dies **folgenlos,** bietet ihm aber auch keine Sicherheit für die Zukunft, da ein **Strafklageverbrauch unstreitig nicht** eintritt.[452] Ein etwaiger **Antragsteller** (§ 158 Abs. 1 Alt. 2, → Rn. 214) ist nach § 171 über die Einstellung mit Gründen zu bescheiden. Ist er zugleich **Verletzter,** so kann er nach § 172 das zweistufige **Klageerzwingungsverfahren** mit einem Antrag bei der Generalstaatsanwaltschaft und erforderlichenfalls einen nachfolgenden Antrag beim OLG verfolgen. 228

Statistisch gesehen sind Klageerzwingungsverfahren **wenig aussichtsreich,** was nicht nur an den Einschränkungen dahingehend liegt, dass der Antrag bei Privatklagedelikten und in Fällen der Opportunitätseinstellung nicht zulässig ist (§ 172 Abs. 2 S. 3). Ob die letztgenannten Einschränkungen auch schon für den Antrag an die Generalstaatsanwaltschaft gelten (da es sich um einen „vorbereitenden Akt" für das spätere gerichtliche Klageerzwingungsverfahrens handelt) ist zumindest hinsichtlich der Opportunitätseinstellungen fraglich, da der Zweck dieser Zulässigkeitseinschränkung, dass das Gericht nicht sein Ermessen an die Stelle desjenigen der Staatsanwaltschaft setzen soll, nicht durchgreift, solange sich das Verfahren innerhalb der Behördenhierarchie hält. 229

cc) Einstellung und Verfolgungsbeschränkungen aus Opportunitätsgründen. Auch wenn an sich ein hinreichender Verdacht vorliegt (oder jedenfalls nicht mit der von der Staatsanwaltschaft für eine Einstellung nach § 170 Abs. 2 erforderlich gehaltenen Gewissheit ausgeschlossen werden kann), kommt es in vielen Fällen nicht zur Anklageerhebung, sondern zu einer Einstellung aus Opportunitätsgesichtspunkten nach **§§ 153 ff.** (vgl. zum Opportunitätsprinzip auch bereits → Rn. 133 ff.). Die **praktische Bedeutung** dieser Einstellungsmöglichkeiten – insbes. derjenigen nach §§ 153, 153a, 154 und 154a – ist enorm. Ihre Wirkung ist auf den ersten Blick und auch in der Sache häufig eine **beschuldigtenfreundliche;** freilich besteht auch die Gefahr einer gewissen **„Instrumentalisierung",** indem in Zweifelsfällen, in denen sonst möglicherweise „zähneknirschend" nach § 170 Abs. 2 eingestellt würde, Druck 230

[451] Vgl. nur *Meyer-Goßner* § 170 Rn. 1.

[452] Vgl. nur *Meyer-Goßner* § 170 Rn. 9; *Loos* JZ 1978, 592 (594 – kein „Vertrauensschutz" auf den Bestand einer Einstellungsverfügung).

in Richtung auf eine Einstellung nach § 153a ausgeübt werden kann, welchem der Beschuldigte nicht selten nachgeben wird, da er eine andererseits auch nicht völlig ausgeschlossene Verurteilung, jedenfalls aber eine öffentliche Hauptverhandlung scheut.

231 Soweit es zu einer Einstellung kommt, ist danach zu unterscheiden, ob diese **mit oder ohne Auflage** erfolgt. Einstellungen nach § 153a gegen Auflage haben nach der ausdrücklichen Regelung in § 153a Abs. 1 S. 5 einen **beschränkten Strafklageverbrauch** (Tat nicht mehr als Vergehen verfolgbar) zur Folge. Für die Einstellung ohne Auflagen nach § 153 sieht das Gesetz dies nicht vor; in Rspr. und Lit. werden aber mit guten Gründen auch hier Einschränkungen – etwa analog § 153a Abs. 1 S. 5[453] oder mit dem Erfordernis eines „sachlich einleuchtenden Grundes" für eine neue Verfolgung[454] – verlangt.

232 Werden Teile des Anklagevorwurfs nach **§§ 154, 154a** ausgeschieden, handelt es sich oft um ein sinnvolles Mittel zu einem „vernünftigen Zuschnitt" des Verfahrensstoffes im Interesse einer prozessökonomischen (und oft auch: dadurch weniger konfliktträchtigen) Bewältigung des Verfahrens. Das Gesetz sieht hier **keinen partiellen Strafklageverbrauch** vor, allerdings wird man einen **sachlich einleuchtenden Grund** für eine erneute Verfolgung voraussetzen müssen.[455] Ob ausgeschiedene Vorwürfe **strafschärfend berücksichtigt** werden dürfen, ist umstritten;[456] Einigkeit sollte darüber bestehen, dass eine solche strafschärfende Berücksichtigung jedenfalls dann nicht möglich ist, wenn der Vorwurf nicht in einer prozessordnungsgemäßen Weise festgestellt oder der Angeklagte auf diese Möglichkeit hingewiesen worden ist. Liegen diese Voraussetzungen vor, lässt der BGH eine strafschärfende Berücksichtigung zu.[457] Das mag zwar unter materiellen Gerechtigkeitserwägungen mitunter angezeigt erscheinen; andererseits ist gerade Voraussetzung der §§ 154, 154a, dass die Taten nicht nennenswert ins Gewicht fallen, so dass dieses Argument relativiert wird. Prozessual betrachtet ist problematisch, dass die Verfolgungsbeschränkung nach §§ 154, 154a formal nicht von einer Zustimmung des Angeklagten abhängig ist. Deshalb wird man zumindest dann, wenn der Angeklagte nach der Belehrung (§ 265 StPO) der Beschränkung widerspricht bei einem gleichwohl erfolgenden Vorgehen nach §§ 154, 154a, eine Strafschärfung nicht zulassen dürfen; hält das Gericht die Schärfung für unverzichtbar, müssen diese Vorwürfe „durchprozessiert" werden. Wird dagegen nach Belehrung nicht widersprochen, dürfte nichts gegen die strafschärfende Verwendung sprechen, wofür zumindest auch die Wertung des § 257c spricht.

233 **dd) Klageerhebung nach § 170 Abs. 1 und ihre Surrogate.** Liegt dagegen ein hinreichender Verdacht (bzw. in den Worten des § 170 Abs. 1: „ein genügender Anlass") vor, so hat die Staatsanwaltschaft grds. **Klage** zu erheben, soweit nicht eine Einstellung aus Opportunitätsgesichtspunkten erfolgt (vgl. dazu → Rn. 232). **Ausnahmen** gelten insoweit in **Privatklagesachen,** in denen der Geschädigte nach § 376 auf die Möglichkeit der Privatklage (→ Rn. 536 ff.) verwiesen wird und die Staatsanwaltschaft öffentliche Klage nur erhebt, „wenn diese im öffentlichen Interesse liegt", sowie bei einem Vorgehen im **Strafbefehlsverfahren** (→ Rn. 556 ff.), in welchem der Antrag auf Erlass eines Strafbefehls durch die Staatsanwaltschaft der Erhebung der öffentlichen Klage gleichgestellt ist (vgl. § 407 Abs. 1 S. 3).

234 Der notwendige **Inhalt der Klageschrift** ergibt sich im Einzelnen aus § 200 und umfasst den Angeschuldigten, die zu Last gelegte Tat, Zeit und Ort der Begehung, die gesetzlichen

---

[453] Vgl. BGH 26.8.2003 – 5 StR 145/03, NJW 2004, 375 (für gerichtliche Einstellungsbeschlüsse nach § 153 Abs. 2); *Radtke* NStZ 1999, 481 (483).

[454] Vgl. Löwe/Rosenberg/*Beulke* § 153 Rn. 56.

[455] Vgl. *Meyer-Goßner* § 154 Rn. 21; Löwe/Rosenberg/*Beulke* § 154 Rn. 35.

[456] Vgl. zum Meinungsstand mwN KK-StPO/*Schoreit* § 154 Rn. 48; *Meyer-Goßner* § 154 Rn. 2; Löwe/Rosenberg/*Beulke* § 154 Rn. 57 ff. Monographisch zum Problem *Appel,* Die strafschärfende Verwertung von nach §§ 154, 154a StPO eingestellten Nebendelikten und ausgeschiedenen Tatteilen bei der Strafzumessung, 1987.

[457] Für diese Fälle aber für die Möglichkeit einer Berücksichtigung etwa BGH 1.6.1981 – 3 StR 173/81, BGHSt 30, 147 (148) = NJW 1981, 2422; BGH 9.9.1981 – 3 StR 290/81, BGHSt 30, 197 (198) = NStZ 1982, 40.

Merkmale der Straftat und die anzuwendenden Strafvorschriften im sog (in einer etwaigen Hauptverhandlung auch zu verlesenden) **Anklagesatz** sowie ferner die Beweismittel, das zuständige Gericht und ggf. den Verteidiger. **Fehler in der Anklageschrift** führen nicht grds. zu einem Verfahrenshindernis, sondern nur wenn sie zu einem funktionalen Mangel der Anklageschrift in dem Sinne führen, dass Täter und/oder Tat nicht hinreichend genau identifiziert werden können. In diesen Fällen nämlich kann die Anklageschrift ihrer Aufgabe nicht gerecht werden, den Prozessstoff des Verfahrens auf dieser Stufe (und bei der häufig unveränderten Zulassung zur Hauptverhandlung dann auch für das gesamte weitere Verfahren) festzulegen. Daraus ergibt sich umgekehrt sogleich, dass durch eine korrekte Anklage der **Prozessgegenstand** (vorläufig oder endgültig) **festgelegt** wird.

Die Anklage ist durch das Gericht (zumindest im Zwischenverfahren, bei unveränderter **235** Zulassung dann auch im Hauptverfahren) **erschöpfend zu behandeln;** umgekehrt darf über sie nicht hinausgegangen werden.[458] Entscheidend ist dabei der in § 155 zum Ausdruck kommende und in § 264 identisch fortgeführte[459] **prozessuale Tatbegriff.** Dieser ist im Verhältnis zum materiellen Tatbegriff der §§ 52 ff. StGB selbständig, auch wenn faktisch von wenigen Ausnahmen abgesehen jeweils große Überschneidungen bestehen, so dass bei materiell-rechtlicher Handlungseinheit zumeist auch eine Tat im prozessualen Sinn vorliegt, während materiell-rechtliche Handlungsmehrheit regelmäßig auch zu zwei Taten im prozessualen Sinne führt.[460] Inhaltlich handelt es sich bei der Tat im prozessualen Sinn um einen einheitlichen geschichtlichen Vorgang, der sich von anderen ähnlichen oder gleichartigen unterscheidet,[461] und zu dem das gesamte Verhalten des Täters gehört, soweit es nach natürlicher Auffassung einen einheitlichen Lebensvorgang darstellt.[462] Entscheidend ist hier, ob ein enger sachlicher Zusammenhang besteht, angesichts dessen eine getrennte Aburteilung der Geschehnisse als unnatürliche Aufspaltung empfunden würde.[463]

Wirkung der Anklageerhebung ist die **Anhängigkeit der Sache** (nicht die Rechts- **236** hängigkeit, die erst durch Zulassung zur Hauptverhandlung erfolgt). Mit Anklageerhebung (bzw. auch schon mit dem Abschluss der Ermittlungen und einem entsprechenden Aktenvermerk, vgl. § 169a) ist nach § 141 Abs. 3 S. 2 auf Antrag der Staatsanwaltschaft im Fall der notwendigen Verteidigung ein **Verteidiger zu bestellen;** ferner ist im Umkehrschluss zu § 147 Abs. 2 mit dem Abschluss der Ermittlungen auf Antrag **Akteneinsicht** zu gewähren. Nach § 162 Abs. 3 S. 1 geht die Zuständigkeit zur richterlichen Anordnung von Ermittlungsmaßnahmen vom Ermittlungsrichter nach § 162 Abs. 1 auf das durch die Anklage mit der Sache befasste Gericht über. Gleiches gilt nach § 126 Abs. 2 S. 1 für Entscheidungen in Haftsachen (dh im Wesentlichen für Entscheidungen nach §§ 116, 116b, 117, 118, 118a, 119, 119a, 123, 124).[464]

Ist in einer anderen Sache bereits das Hauptverfahren eröffnet, ohne dass die von der **237** Anklage betroffene prozessuale Tat Verfahrensgegenstand ist, so ist die Einbeziehung einer weiteren Tat nur im Wege der **Nachtragsanklage nach § 266** unter den dort genannten Voraussetzungen möglich, dh insbes. nur mit Zustimmung des Angeklagten. Handelt es sich dagegen um die gleiche Tat im prozessualen Sinne, so genügt für eine etwaige abweichende Würdigung bei der Verurteilung ein Hinweis nach § 265.[465]

---

458 Vgl. nur *Meyer-Goßner* § 155 Rn. 1.

459 Vgl. daher ergänzend zu den folgenden Ausführungen auch die Kommentierungen zu diesen beiden Vorschriften.

460 Vgl. – auch mit Erläuterung etwaiger Ausnahmen – *Meyer-Goßner* § 264 Rn. 6 ff.

461 Vgl. nur BGH 20.5.1969 – 5 StR 658/68, BGHSt 22, 375 (385) = NJW 1969, 1181 (1183).

462 Vgl. nur BGH 5.11.1969 – 4 StR 519/68, BGHSt 23, 141 (145) = NJW 1970, 255; BGH 21.12.1983 – 2 StR 578/83, BGHSt 32, 215 (216) = NJW 1984, 808 ständige Rspr.; zusammenfassend zur Rspr. *Marxen* StV 1985, 472; krit. etwa *Paeffgen*, GS Heinze, 2005, 615.

463 Eingehend und zT auch krit. *Bauer* NStZ 2003, 174.

464 Vgl. *Meyer-Goßner* § 126 Rn. 1.

465 Nicht einmal ein solcher Hinweis ist erforderlich, wenn bei einer notwendig ungenauen Anklageformulierung der Tatvorwurf sich im Laufe der Hauptverhandlung (innerhalb des ursprünglichen Rahmens) näher konkretisiert, vgl. BGH 20.2.2003 – 3 StR 222/02, BGHSt 48, 221 (223 f.) = NStZ 2003, 674.

238 **2. Zwischenverfahren. a) Allgemeines.** Dem Zwischenverfahren kommt zunächst die Funktion eines weiteren, nunmehr **„gerichtlichen Filters"** zu, bevor die Sache ins Hauptverfahren kommt. Maßstab für die Zulassung ist nach § 203 der hinreichende Tatverdacht, welcher mit dem Maßstab des „genügenden Anlasses" zur Klageerhebung in § 170 Abs. 1 übereinstimmt. **Aspekte der Prozessökonomie** könnten eine weitere Verfahrensstufe – noch dazu durch das gleiche Gericht, das sich in der Hauptsache ohnehin mit dem Fall befassen wird – **kaum rechtfertigen,** da die Quote der insg. nicht zugelassenen Anklagen relativ gering ist, so dass die Ressourcenschonung durch die relativ geringe Anzahl der „ausgefilterten" Anklagen in keinem Verhältnis zur Ressourcenbelastung durch die Durchführung des Zwischenverfahrens in jedem einzelnen Fall steht (wenngleich zu berücksichtigen ist, dass die Befassung mit der Sache durch das Gericht im Zwischenverfahren zugleich auch der inhaltlichen Vorbereitung der Hauptverhandlung dient).

239 Ein wichtiger Aspekt des Zwischenverfahrens liegt daher im **Schutz des Angeschuldigten** bzw. späteren Angeklagten, indem eine weitere, von der Staatsanwaltschaft unabhängige Instanz den Fall auch bereits prüft, **bevor** es zu einer **öffentlichen** (und damit uU besonders belastenden bzw. stigmatisierenden) **Hauptverhandlung** kommt. Auch darf nicht unterschätzt werden, dass zumindest bei komplexeren Vorwürfen häufig erst durch die Anklageschrift die dort dann konkret erhobenen Vorwürfe und das wesentliche Ergebnis der Ermittlung für den Beschuldigten bzw. seinen Verteidiger im Detail klar werden, so dass erst auf dieser Grundlage zielgenaue Erläuterungen gegeben oder weitere Beweiserhebungen angestoßen werden können (vgl. auch § 201 Abs. 1). Hinzukommt, dass mit der Anklageerhebung nun für etwaige **Gespräche zum Verfahrensstand** in Gestalt des Gerichts ein **weiterer Beteiligter** hinzutritt (vgl. auch § 202a). Dies ist nicht zuletzt deswegen wichtig, weil bei Gesprächen unter Einbeziehung des Gerichts (im Zwischenverfahren zwar noch keine förmliche Bindungswirkung wie in § 257c hergestellt werden kann, aber doch immerhin) eine zumindest „etwas verlässlichere" Kommunikation mit dem späteren Entscheidungsgremium stattfinden kann. Das hat nicht zuletzt aufgrund der Präklusion des im Jahre 2009 eingeführten § 46b Abs. 3 StGB (ggf. iVm § 31 BtMG) an Bedeutung gewonnen, weil nur solche Aufklärungshilfen durch diese Vorschrift strafmildernd berücksichtigt werden können, die vor Eröffnung der Hauptverhandlung erfolgen und ein nicht von der Hand zu weisendes Interesse des Verdächtigen besteht, derartige Hilfestellungen nicht anzubieten, wenn die strafmildernde Berücksichtigung noch vollständig ungewiss ist.

240 Abgesehen von der Möglichkeit solcher Gespräche und der besonderen Bedeutung dieses Abschnittes durch die nunmehr geltende Kronzeugenregelung wird das **Gewicht des Zwischenverfahrens** insg. **eher als gering eingeschätzt.** Aus der Praxis werden teilw. „formularmäßige" Eröffnungsbeschlüsse berichtet. Selbst dann darf jedoch das „retardierende Element" des Zwischenverfahrens nicht zu gering geschätzt werden, das schon durch seine Existenz mitunter die Möglichkeit zu weiteren Überlegungen oder Gesprächen bzw. zum Aufgreifen weiterer Entwicklungen nach Anklageerhebung eröffnet. Das Zwischenverfahren entfällt im sog beschleunigten Verfahren (§§ 417 ff.) sowie naturgemäß im Strafbefehlsverfahren.

241 **b) Entscheidungsmöglichkeiten im Zwischenverfahren.** Der § 170 Abs. 1 vergleichbare (vgl. oben) Entscheidungsmaßstab ist die Frage, ob der Angeschuldigte nach den bisherigen Ermittlungsergebnissen einer Straftat hinreichend verdächtig erscheint. Ist dies nicht der Fall, wird nach **§ 204 die Eröffnung des Hauptverfahrens abgelehnt.** Der Staatsanwaltschaft steht hiergegen gem. § 210 Abs. 2 die **sofortige Beschwerde** zu. Ist der Beschluss nicht mehr anfechtbar (vgl. § 311 Abs. 2 zur Wochenfrist für die Einlegung der sofortigen Beschwerde), so tritt **beschränkter Strafklageverbrauch** ein, und die Klage kann nur aufgrund neuer Tatsachen oder Beweismittel wieder aufgenommen werden, vgl. § 211.

242 Liegt dagegen ein hinreichender Tatverdacht vor, so wird die **Eröffnung des Hauptverfahrens gem. § 203** beschlossen, wobei das Gericht bei seiner Würdigung der von der

Anklage erfassten prozessualen Tat(en) nach § 206 nicht an die Anträge der Staatsanwaltschaft gebunden ist und die Anklage **ggf. mit Änderungen** zur Hauptverhandlung zulassen kann (vgl. § 207 Abs. 2). Durch die Zulassung zur Hauptverhandlung tritt **Rechtshängigkeit** ein, und gem. **§ 156** kann die öffentliche Klage durch die Staatsanwaltschaft nicht mehr zurückgenommen werden. Der Zulassungsbeschluss ist gem. § 210 Abs. 1 vom Angeklagten **nicht isoliert anfechtbar;** leidet er freilich an Mängeln, die zu seiner Unwirksamkeit führen, kann dies mit Blick auf eine dann fehlende Prozessvoraussetzung eine Revision begründen. Ferner gilt auch § 33a (Möglichkeit einer Anhörungsrüge).

Neben der Eröffnung des Hauptverfahrens und ihrer Ablehnung besteht auch noch die **243** Möglichkeit einer **vorläufigen Einstellung,** wenn für längere Zeit in der Person des Angeschuldigten liegende Gründe der Hauptverhandlung entgegenstehen. Davon zu unterscheiden sind die Fälle echter Prozesshindernisse (→ Rn. 352 ff.), bei deren Vorliegen die Eröffnung nach § 204 abzulehnen ist, wenn diese nicht mehr beseitigt werden können. Nach Eröffnung des Hauptverfahrens erfolgt bei Vorliegen eines Verfahrenshindernisses der Einstellungsbeschluss nach § 206a[466] (der insoweit systematisch nicht ganz stimmig im Recht des Zwischenverfahrens angesiedelt ist) bzw. innerhalb der Hauptverhandlung nach § 260 Abs. 3.

3. Hauptverfahren. Das Hauptverfahren (§§ 212–275) zerfällt in die Vorbereitung der **244** Hauptverhandlung als Teil des Hauptverfahrens (§§ 212–225a) und die eigentliche Hauptverhandlung als gleichsam „Kernstück" des Strafprozesses (jedenfalls des Strafprozesses in der idealtypischen Form der StPO).

a) Vorbereitung der Hauptverhandlung. In den §§ 212–212a werden Organisation **245** und Planung der Hauptverhandlung beschrieben. Hierbei geht es insbes. um Fragen der Terminsbestimmung,[467] der Ladungen und sonstiger „Beweismittelvorbereitungen", der mit der Vorbereitung zusammenhängenden Mitteilungspflichten sowie etwaiger eigener Ermittlungstätigkeiten des Gerichts.

b) Die Hauptverhandlung. Die Hauptverhandlung ist durch die Geltung insbes. der **246** Maximen der Mündlichkeit und der Unmittelbarkeit (→ Rn. 177 ff.) nach der Konzeption der StPO **zentraler Abschnitt des Strafverfahrens,** in dem insbes. auch sämtliche Fakten noch einmal zusammengeführt werden, damit das Gericht „aus dem Inbegriff der Hauptverhandlung" sein Urteil fällen kann (vgl. § 261). Die Verfahrenswirklichkeit freilich sieht teilw. anders aus, da entscheidende Weichen bereits im Ermittlungsverfahren gestellt werden und da durch (seit 2009 gesetzlich geregelte und damit formalisierte, daneben aber wohl mitunter immer noch auch nicht formalisierte) Verständigungen, aber auch durch massive Beschneidungen des Beweisstoffes etwa durch die „Fristsetzungslösung"[468] oder die „Widerspruchslösung"[469] der **Inhalt der Hauptverhandlung ausgedünnt** wird. Gleichwohl ist der gesetzliche Regelfall der vollständigen, mündlichen Unmittelbarkeitsprinzip achtenden Hauptverhandlung nicht zu unterschätzen, da sich nicht nur zahlreiche Verfahren auch immer noch daran orientieren, sondern weil auch etwaige – formelle oder informelle – Abweichungen nur vor diesem Hintergrund zu verstehen sind und sich letzt-

---

[466] Zur Fortsetzung des Verfahrens nach einem täuschungsbedingt irrtümlichen Beschluss nach § 206a vgl. BGH 12.12.2007 – 2 StR 485/06, BGHSt 52, 119 = NStZ 2008, 296.

[467] Zur Überprüfung *Kropp* NStZ 2004, 668.

[468] Vgl. – aufbauend auf BGH 14.6.2005 – 5 StR 129/05, StV 2006, 113 und BGH 9.5.2007 – 1 StR 32/07, BGHSt 51, 333 = NStZ 2007, 659 – insbes. BGH 23.9.2008 – 1 StR 484/08, BGHSt 52, 355 = NStZ 2009, 169 sowie diese Rspr. billigend BVerfG 6.10.2009 – 2 BvR 2580/08, NStZ 2010, 155 = NJW 2010, 592.

[469] Grundlegend BGH 27.2.1992 – 5 StR 190/91, BGHSt 38, 214 = NJW 1992, 1463; Vorläufer dazu schon in RG 24.6.1881 – 1431/81RGSt 4, 301; RG 6.3.1924 – III 68/24, RGSt 58, 100 (101); nachfolgend etwa BGH 27.2.1992 – 5 StR 190/91, BGHSt 38, 214 = NJW 1992, 1463 (1466), BGH 12.1.1996 – 5 StR 756/94, BGHSt 42, 15 (19, 22) = NJW 1996, 1547 (1549 f.); BGH 20.12.1995 – 5 StR 445/95, NStZ 1996, 290 (291); BGH 15.8.2000 – 5 StR 223/00, StV 2001, 545; BGH 15.8.2000 – 5 StR 223/00, NStZ-RR 2001, 260. Vgl. näher → Rn. 476 ff.

lich daran messen lassen müssen, ob sie mit den idealtypischen Prinzipien (wenngleich nicht immer übereinstimmen, so doch) noch zu vereinbaren sind.

247 Der **Ablauf** der Hauptverhandlung ist in **§ 243** beschrieben. Nach dem Aufruf der Sache und der Feststellung der erforderlichen Anwesenheiten (Abs. 1) wird der Angeklagte über seine persönlichen Verhältnisse vernommen (Abs. 2). Es folgen die Verlesung des Anklagesatzes (Abs. 3) und etwaige Mitteilungen über Erörterungen nach §§ 202a, 212 (Abs. 4), bevor der Angeklagte zur Sache aussagen kann (Abs. 5). Dem folgt die in §§ 244 ff. geregelte Beweiserhebung durch das Gericht (zu der inhaltlich auch die Angeklagtenvernehmung schon zu zählen ist), bevor nach dem Ende der Beweiserhebung Staatsanwaltschaft und Angeklagter/Verteidiger ihre Abschlussplädoyers halten und dem Angeklagten das letzte Wort gewährt wird (§ 258).[470] Dem schließen sich zuletzt Beratung (mit der Abstimmung, vgl. §§ 192 ff. GVG) und Urteilsverkündung (§ 260 Abs. 1) an.

248 **c) Zentrale inhaltliche Fragen im Recht der Hauptverhandlung.** Die Hauptverhandlung als Kernstück des Verfahrens ist naturgemäß Gegenstand zahlreicher – teilw. auch aktuell heftig umstrittener – Fragestellungen. Freilich liegen diese ganz überwiegend in speziellen, an anderer Stelle erörterten Kontexten, so dass sie hier nur kurz benannt werden müssen: Zentral etwa sind hier das **Beweisrecht** (einschließlich des Beweisantragsrechts und der Problematik der Beweisverwertungsverbote, → Rn. 403 ff.), Ausgestaltungen und Durchbrechungen des Unmittelbarkeitsgrundsatzes (bereits → Rn. 177 ff.) sowie die Prozesshandlungen in der Hauptverhandlung (etwa unter dem Gesichtspunkt eines allgemeinen Missbrauchsverbotes, → Rn. 342 ff.).

249 Ohne dies hier vertiefen zu können,[471] kann man für die mit der Hauptverhandlung verbundenen Rechtsfragen für die jüngere Vergangenheit eine **Tendenz** konstatieren, in der die Rspr. die **Ausübung von Verfahrensrechten** – insbes. auch mit Blick auf eine spätere revisionsrechtliche Überprüfung – **zunehmend erschwert.** Als Schlagworte können hier nur nochmals die Fristsetzungslösung für Beweisanträge, die sog Widerspruchslösung oder das Erfordernis eines Zwischenrechtsbehelfs nach § 238 Abs. 2 genannt werden. Damit geht einher eine (bzw. dies ist Ausdruck einer) Annahme einer zunehmenden Professionalisierung der Verteidigung, in deren Folge dem Verteidiger zunehmend die Verantwortung für den ordnungsgemäßen Verfahrensablauf aufgebürdet wird. Dass dieses Konzept in nicht seltenen Fällen schlicht nicht aufgeht, belegen eindrucksvoll die Fälle, aus denen sich die einschlägigen Entscheidungen speisen. Die Entwicklung ist jenseits dessen aber auch normativ nicht überzeugend.

250 **d) Sonderproblem: Verständigung in der Hauptverhandlung.** Der oben skizzierte Ablauf der Hauptverhandlung sowie die aufgeworfenen Fragen in ihrer Reinform stellen sich bei einem **Prozessmodell,** welches bis zu den Schlussvorträgen von einer **streitigen Verhandlung mit voller Beweisaufnahme** ausgeht. Dieses Modell entspricht schon lange nicht mehr in allen Fällen der **Verfahrensrealität.** Eine nicht zu vernachlässigende Anzahl von Verfahren ist vielmehr durch **konsensuale Elemente** (→ Rn. 172 ff.) geprägt, welche ihren Gipfel in verfahrensbeendenden Absprachen mit verkürzter Beweisaufnahme und vorher – und sei es auch nur nolens volens – konsentiertem Strafmaß erreicht. Vielleicht schon seit den 60er, jedenfalls aber seit den 70er Jahren des 20. Jahrhunderts[472] hatte sich eine – zumindest später nicht nur Groß- und Wirtschaftsstrafverfahren erfassende[473] – Absprachenpraxis entwickelt, die Anfang der 80er Jahre in der fachwissenschaftlichen Dis-

---

[470] Wenn der Verteidiger eines Mitangeklagten erwidert hat, ist dabei dem Angeklagten nochmals die Gelegenheit zum letzten Wort zu erteilen, vgl. BGH 17.1.2003 – 2 StR 443/02, BGHSt 48, 181 = NStZ 2003, 382.

[471] Vgl. ausführlicher *Kudlich,* Gutachten C 68. Deutschen Juristentag, 2010, S. 86 ff.

[472] Vgl. KMR/*von Heintschel-Heinegg* § 257c Rn. 2 unter Berufung auf BT-Drs. 16/12310, 7.

[473] Vgl. *Altenhain/Hagemeier/Haimerl/Stammen,* Die Praxis der Absprachen in Wirtschaftsstrafverfahren, 2007 S. 333 ff. *Jahn/Müller* NJW 2009, 2625; *M. Müller,* Probleme um eine gesetzliche Regelung der Absprachen im Strafverfahren, 2008, S. 35 ff.

kussion berichtet worden ist.[474] Obwohl das BVerfG Anfang 1987 eine Verständigung zwischen Gericht und Verfahrensbeteiligten außerhalb der Hauptverhandlung jedenfalls von Verfassungs wegen nicht grundsätzlich beanstandete,[475] blieb das Phänomen „Absprachen" weiterhin in hohem Maße umstritten.

Mangels gesetzlicher Regelung war nicht zuletzt der **BGH** bemüht, durch mehrere **Leitentscheidungen** den Tatgerichten **Richtlinien** an die Hand zu geben.[476] Die Leitlinienentscheidung des 4. Strafsenats aus dem Jahre 1997[477] untersagte dabei mit Blick auf §§ 260 Abs. 1, 261 die verbindliche Zusage zur Höhe der zu verhängenden Strafe, während die Verständigung auf eine Strafobergrenze nicht zu beanstanden sei. Ferner dürfe der „Boden schuldangemessenen Strafens" nicht verlassen und der Angeklagte nicht durch Drohung mit einer höheren Strafe zu einem Geständnis gedrängt werden. Des Weiteren werden Amtsaufklärungspflicht und Öffentlichkeitsgrundsatz betont sowie zuletzt das Versprechen eines Rechtsmittelverzichts als unzulässig erachtet.[478] Dieser zuletzt genannte Aspekt führte später zur bekannten **Entscheidung des Großen Strafsenats** des BGH,[479] welcher den Gerichten im Rahmen einer Urteilsabsprache die Erörterung eines Rechtsmittelverzichts oder gar die Hinwirkung auf einen solchen untersagt und eine qualifizierte Belehrung des Angeklagten verlangt. Zugleich enthält die Entscheidung geradezu einen „Hilferuf" an den Gesetzgeber, die notwendig unvollkommenen Versuche der obergerichtlichen Rspr., Urteilsabsprachen ohne Bruch in das System des geltenden Strafverfahrensrechts einzupassen, zu unterstützen.[480] 251

Als Konsequenz daraus wurde nach einer längeren Phase deutlicher Zurückhaltung das Problem aus verschiedenen Richtungen angegangen.[481] Entgegen der einige Zeit lang sehr realen Befürchtung, das später zum **Verständigungsgesetz** führende Gesetzgebungsverfahren würde im Herbst 2009 der Diskontinuität zum Opfer fallen, verzichtete der Bundesrat schließlich darauf, den Vermittlungsausschuss anzurufen, so dass das Gesetz schließlich am 3.8.2009 verkündet werden konnte. Damit und insbes. mit seiner **„Königsnorm" des § 257c**[482] ist dieses Verfahren nunmehr auf ein solides Fundament gestellt. Man kann dessen Ausgestaltung im Detail sowie auch die fehlende Harmonisierung mit dem „Normalverfahren"[483] kritisieren, muss aber bei einer Beschreibung der *lex lata* des Prozessrechts darauf hinweisen, dass diese Alternative in der Verfahrensgestaltung besteht.[484] 252

4. Rechtsmittel. a) Allgemeines und Einordnung. Eine Überprüfung der strafprozessualen Urteile und Entscheidungen erfolgt insbes. durch die sog **Rechtsmittel** (vgl. §§ 296 ff.), welche sich innerhalb der größeren Gruppe der (insbes. förmlichen) **Rechtsbehelfe**[485] dadurch auszeichnen, dass sie eine noch nicht rechtskräftige gerichtliche Entscheidung 253

---

[474] Vgl. *Schmidt-Hieber* NJW 1982, 1017; *Deal* (= Weider) StV 1982, 545 ff.

[475] Vgl. BVerfG 27.1.1987 – 2 BvR 1133/86, NJW 1987, 2662.

[476] Zur Frage, welche Bedeutung diese Grundsätze nach der Neuregelung durch § 257c noch haben, vgl. *Altvater*, FS Rissing-van Saan, 2011, 1.

[477] Vgl. BGH 28.8.1997 – 4 StR 240/97, BGHSt 43, 195 = NJW 1998, 86 mAnm *Weigend* NStZ 1999, 57; vgl. auch *Fahl/Geraats* JA 2009, 791.

[478] Vgl. BGH 28.8.1997 – 4 StR 240/97, BGHSt 43, 195 (204 ff.) = NJW 1998, 86. Krit. zur Regelung der Materie durch die Rspr. etwa *Gössel*, FS Böttcher, 2007, 79 (85 ff.).

[479] Vgl. BGH 3.3.2005 – GSSt 1/04, BGHSt 50, 40 = NJW 2005, 1440; aus der umfangreichen Lit. zu dieser Entscheidung und dem Problemkreis des Rechtsmittelverzichts vgl. nur *Fahl*, ZStW 117 (2005), 605.

[480] Vgl. BGH 3.3.2005 – GSSt 1/04, BGHSt 50, 40 (63 f.) = NJW 2005, 1440 (1443 f.), krit. dazu *Fischer* NStZ 2007, 433 (434).

[481] Knappe Zusammenfassung etwa bei *Kudlich*, Gutachten C 68. Deutschen Juristentag, 2010, S. 38.

[482] Vgl. *Harms*, in: Jahn/Nack (Hrsg.), Wer regelt das Strafrecht?, 2009, S. 18. Zur Bedeutung der Verständigung in der Berufungsinstanz *Moldenhauer/Wenske* NStZ 2012, 184.

[483] Krit. dazu statt vieler etwa *Fezer* NStZ 2010, 177.

[484] Einen krit. Überblick zur Rechtsprechung in den ersten knapp drei Jahren Verständigungsgesetz geben *Knauer/Lickleder* NStZ 2012, 366.

[485] Wie etwa dem Wiederaufnahmerecht (→ Rn. 517 ff.), dem Einspruch gegen einen Strafbefehl (→ Rn. 561), dem Antrag auf Wiedereinsetzung in den vorigen Stand (vgl. §§ 44, 235, 329 Abs. 3 und 412), dem Antrag auf gerichtliche Entscheidung etwa nach §§ 111l Abs. 6, 161a Abs. 3, 172 Abs. 2; vgl. ergänzend auch §§ 23 ff. EWGVG.

zur Nachprüfung vor ein Gericht höherer Instanz bringen (sog **Devolutiveffekt**) und – in den Fällen der Berufung sowie der Revision – die Rechtskraft des Urteils und damit seine Vollstreckbarkeit hindern (sog **Suspensiveffekt,** vgl. §§ 316 Abs. 1, 343 Abs. 1).[486] Die StPO kennt insoweit die Rechtsmittel der **Beschwerde** (gegen Beschlüsse und Verfügungen), der **Berufung** und der **Revision** (letztere gegen Endurteile), die jeweils in den Fällen statthaft sind, in denen sie vom Gesetz explizit zur Verfügung gestellt werden. Allgemeine Zulässigkeitsvoraussetzungen jedes Rechtsmittels sind (wie auch in anderen Prozessordnungen) eine **Beschwer** (die sich insbes. für den verurteilten Angeklagten[487] ohne weiteres stets aus der Tatsache der Verurteilung ergibt), die Einhaltung der vorgesehenen **Formen** und **Fristen** (zT nicht nur für die Einlegung, sondern auch für die Begründung) sowie das Fehlen eines zur Unwirksamkeit führenden Verzichts- oder Rücknahmeaktes[488] (§ 302). Die übrigen Zulässigkeitsvoraussetzungen (Verhandlungsfähigkeit, Zulässigkeit der Vertretung etc) richten sich nach den allgemeinen Vorschriften.

254 Das **Rechtsmittelsystem** gegen instanzabschließende Urteile ist **teils zweistufig** (Berufung und anschließende Revision gegen erstinstanzliche Urteile des AG), **teils nur einstufig** (nur Revision gegen erstinstanzliche Urteile des LG und des OLG), im Einzelnen → Rn. 258 und 262. Das überrascht auf den ersten Blick, weil in komplexeren Fällen mit schwerer wiegenden Strafdrohungen eine Überprüfungsmöglichkeit weniger zur Verfügung steht. Soweit dies gemeinhin damit erklärt wird, dass bei einer erstinstanzlichen Zuständigkeit des LG von Anfang an ein Kollegialgericht mit größerer Sachkompetenz zuständig ist, darf dies nicht zynisch dahingehend missverstanden werden, dass am AG erstinstanzlich überwiegend falsch entschieden würde. Vielmehr dürften – da auf Grund der unterschiedlichen Gerichtsbesetzung eine viel größere Menge an Verfahren mit den zur Verfügung stehenden Ressourcen bewältigt werden kann – der weitaus größere Teil der amtsgerichtlichen Entscheidungen richtig sein, und viele von ihnen werden auch nicht angefochten. Es ist aber eben nicht der gleiche (als erstrebenswert empfundene) Grad an Richtigkeitsgewähr und Urteilsqualität gesichert wie bei den mit weniger Fällen befassten LGen, so dass für die verbleibenden **„Ausreißer" eine zweite Tatsacheninstanz** (→ Rn. 258) existiert. In diesem Sinne mag man mit *Schünemann* von einer „genialen Intuition des Schöpfers der RStPO" sprechen, der in der Berufung „Legitimation und Verfahrensökonomie miteinander verbindet".[489]

255 Ein allgemeines und teilw. auch im Strafprozessrecht verwirklichtes Prinzip des Rechtsmittelrechts ist das **Verbot der reformatio in peius.** Dieses gilt – soweit nur der Angeklagte (bzw. zu seinen Gunsten die Staatsanwaltschaft) Rechtsmittel eingelegt hat – für Berufung (§ 331) und Revision (§ 358 Abs. 2).[490] Dadurch soll vermieden werden, dass die Rechtsmitteleinlegung für den Anklagten mit einem Risiko verbunden ist. Durch die mitunter anzutreffende Praxis einiger Staatsanwaltschaften, auch bei nur geringfügigen Abweichungen von der beantragten Strafhöhe **„Sperrrechtsmittel"** einzulegen, wird diese rechtsstaatliche Garantie teilw. ausgehöhlt. Dagegen gilt das Verbot der reformatio in peius nicht bei der Beschwerde. Freilich wird sich hier die Problematik in vielen Konstellationen (etwa bei der Überprüfung einer Ermittlungsmaßnahme im laufenden Ermittlungsverfahren) nicht stellen, da eine echte „Verschlechterung" kaum vorstellbar ist. In manchen anders gelagerten Fällen, nämlich bei solchen Beschlüssen, die Rechtsfolgen endgültig festsetzen und der materiellen Rechtskraft fähig sind (etwa nach § 51 StGB oder nach § 460 sowie für die Untersuchungshaft betreffende Haftverschonungsbeschlüsse) soll dies dagegen nicht gelten, so dass hier ein Verschlechterungsverbot angenommen wird.[491]

---

[486] Die Beschwerde hat diese Wirkung nicht, vgl. § 307 Abs. 1.

[487] Zur Beschwer bei einer Verfahrenseinstellung wegen eines behebbaren Verfahrenshindernisses, wenn vorgetragen wird, es liege auch ein unbehebbares vor, vgl. BGH 2.3.2011 – 2 StR 524/10, NStZ 2011, 531, 650.

[488] Zur Unwirksamkeit eines Rechtsmittelverzichts bei einer (auch irrtümlich) falschen Erklärung bzw. Auskunft des Gerichts vgl. BGH 10.1.2001 –2 StR 500/00, BGHSt 46, 257 = NStZ 2001, 493.

[489] Vgl. *Roxin/Schünemann* § 54 Rn. 5.

[490] Zu Sonderfällen des Verschlechtungsverbotes auch *Cierniak* NStZ 2001, 359.

[491] Vgl. OLG Hamm 13.12.1995 – 2 Ws 195/95, NStZ 1996, 303 (304) (Widerruf der Strafaussetzung); *Meyer-Goßner* Vor § 304 Rn. 5.

b) Die Beschwerde. Die Beschwerde ist nach **§ 304 Abs. 1** gegen von den Gerichten in den Tatsacheninstanzen erlassenen **Beschlüsse** und gegen **richterliche Verfügungen** zulässig, soweit das Gesetz sie nicht ausdrücklich einer Anfechtung entzieht, was in einer ganzen Reihe von wichtigen Vorschriften der Fall ist,[492] so etwa in §§ 28 Abs. 1, 46 Abs. 2, 68b Abs. 3 S. 1, 81c Abs. 3 S. 4, 153a Abs. 2 S. 4, 163a Abs. 3 S. 5, 201 Abs. 2 S. 2, 247a S. 2, 305 S. 1 sowie im GVG etwa in §§ 52 Abs. 4, 53 Abs. 2 S. 2 und 171b Abs. 3 GVG; daneben gibt es auch verschiedene Vorschriften, in denen die Beschwerde partiell ausgeschlossen ist. In einigen dieser Fälle kann die Entscheidung dann freilich stattdessen mit dem Rechtsmittel gegen das Urteil angefochten werden, vgl. insbes. **§ 28 Abs. 2 S. 2** (unberechtigte Zurückweisung einer Richterablehnung als Revisionsgrund) und **§ 305 S. 1** (iVm § 336: Entscheidungen der erkennenden Gerichte, die der Urteilsfällung vorausgehen, als etwaige Revisionsgründe). 256

Arten der Beschwerde sind die (unbefristete) einfache Beschwerde, die (befristete) sofortige Beschwerde, für die § 311 eine allgemeine Regelung vorsieht, welche in der StPO aber an verschiedenen Stellen gefordert wird, wenn aus Gründen der Rechtssicherheit eine schnelle Klärung erforderlich ist, sowie zuletzt die weitere Beschwerde in den in § 310 Abs. 1 genannten Fällen. In allen Konstellationen stellt sie sowohl die Tatsachengrundlage als auch die Rechtsanwendung der angefochtenen Entscheidung zur Nachprüfung des Beschwerdegerichts; entsprechend können auch **neue Tatsachen vorgebracht** und berücksichtigt werden. Die Beschwerde wird nach § 306 Abs. 1 bei dem Gericht, von dem oder von dessen Vorsitzenden die angefochtene Entscheidung erlassen worden ist, eingelegt. Nach § 306 Abs. 2 kann dort auch der **Beschwerde abgeholfen** werden; anderenfalls ist sie dem Beschwerdegericht vorzulegen. Soweit konstruktiv denkbar, ist eine Schlechterstellung des Beschwerdeführers im Gegenschluss zur Regelung in §§ 331 und 358 Abs. 2 nicht generell ausgeschlossen (vgl. bereits oben). 257

c) Berufung. Die Berufung ist nach **§ 312 gegen amtsgerichtliche Strafurteile** statthaft (gegen die nach § 335 allerdings auch eine Sprungrevision eingelegt werden kann); bei geringfügigen Verurteilungen sowie bei Freisprüchen nach geringfügigen Anträgen der Staatsanwaltschaft erfordert die Berufung nach § 312 Abs. 1 eine Annahme, die allerdings schon immer dann erfolgen soll, wenn die Berufung nicht offensichtlich unbegründet ist (vgl. § 312 Abs. 2). Soweit die Berufung zulässig ist, führt sie nicht nur zu einer Überprüfung des erstinstanzlichen Urteils, sondern zu einer **völligen Neuverhandlung** mit neuer Hauptverhandlung und Entscheidung über alle Tat- und Rechtsfragen auf der Grundlage des Eröffnungsbeschlusses, gewissermaßen nach Art einer „zweiten Erstinstanz“.[493] Auch die Grundsätze der Mündlichkeit und der Unmittelbarkeit der Beweisaufnahme gelten im Berufungsverfahren daher im Ausgangspunkt, sind jedoch durch § 325 abgeschwächt. 258

Die Berufung ist **binnen einer Woche nach Urteilsverkündung** beim iudex a quo einzulegen (§ 314) und bedarf **keiner zwingenden Begründung** (vgl. § 317). Zuständig zur Entscheidung über die Berufung sind die **kleinen Strafkammern** am LG, vgl. §§ 74 Abs. 3, 76 Abs. 1, 3 GVG. 259

Die Berufung kann auf bestimme Beschwerdepunkte **beschränkt** werden, die nach dem engeren Zusammenhang des Urteils losgelöst von den nicht angegriffenen Teilen rechtlich und tatsächlich selbständig beurteilt werden können, ohne eine Prüfung der Entscheidung im Übrigen erforderlich zu machen (sog Trennbarkeitsformel).[494] Dabei gilt im Einzelnen: **Prozessual voneinander „unabhängige Straffälle“**[495] können unproblematisch unab- 260

---

[492] Ausführlicherer Überblick etwa bei *Meyer-Goßner* § 304 Rn. 5; eingehend zum Ganzen auch *Giesler,* Der Ausschluß der Beschwerde gegen richterliche Entscheidungen im Strafverfahren, 1981.

[493] Vgl. *Meyer-Goßner* Vor § 312 Rn. 1.

[494] Vgl. nur BGH 8.1.1954 – 2 StR 572/53, BGHSt 5, 252 = NJW 1954, 441; BGH 25.9.1961 – AnwSt (R) 4/61, BGHSt 16, 237 (239) = NJW 1961, 2219 (2220); BGH 22.7.1971 – 4 StR 184/71, BGHSt 24, 185 (187 f.) = NJW 1971, 1948 (1949); BGH 21.10.1980 – 1 StR 262/80, BGHSt 29, 359 (364) = NJW 1981, 589 (590) – ständige Rspr.

[495] So anschaulich *Meyer-Goßner* § 318 Rn. 9.

hängig voneinander angefochten werden; dies gilt also etwa für die Anfechtung durch einen **Mitangeklagten** ohne die anderen oder für **selbständige prozessuale Taten** iSd § 264. Auch bei materiell-rechtlich selbständigen Straftaten ist eine Berufungsbeschränkung wirksam, selbst wenn diese prozessual eine einheitliche Tat bilden;[496] hinsichtlich der Feststellungen zu dem nicht angefochtenen Urteilsteil tritt aber eine Bindung ein.[497] Demgegenüber kann die Berufung nicht auf einzelne rechtliche Gesichtspunkte des Schuldspruchs beschränkt werden,[498] also nicht auf die Nachprüfung einzelner Gesetzesverletzungen.[499] Demgegenüber ist eine Beschränkung der Anfechtung der Berufung auf den **Rechtsfolgenausspruch** wirksam,[500] soweit im Urteil hierfür eine hinreichende Grundlage zur Überprüfung vorliegt[501] und nicht über doppelrelevante Tatsachen (die sowohl für den Rechtsfolgen- als auch für den Schuldausspruch von Bedeutung sind) abweichende Feststellungen getroffen werden müssten. Auch innerhalb des Rechtsfolgenausspruchs sind Beschränkungen auf **abtrennbare Urteilsteile** (etwa auf die Zahl oder die Höhe der Tagessätze sowie uU auf die Bewährungsentscheidung) möglich. Soweit eine getrennte Überprüfung, die ggf. zur vertikalen oder horizontalen Teilrechtskraft des erstinstanzlichen Urteils führt, nicht möglich ist, gilt die Berufung als uneingeschränkt eingelegt.

261 Eine Besonderheit gilt im Berufungsverfahren beim **unentschuldigten Ausbleiben des Angeklagten,** bei dem in Abweichung von der Regelung der §§ 231 ff. nach § 329 Abs. 1 S. 1 das Gericht die Berufung des Angeklagten ohne Verhandlung der Sache verwirft, was freilich nach Auffassung des EGMR[502] jedenfalls dann gegen Art. 6 Abs. 1, Abs. 3c EMRK verstoßen soll, wenn ein verteidigungsbereiter Verteidiger für den Angeklagten erschienen ist.[503] Nach § 329 Abs. 3 kann unter den Voraussetzungen der §§ 44 f. binnen einer Woche nach Zustellung des Urteils Wiedereinsetzung in den vorigen Stand beansprucht werden.

262 **d) Revision. aa) Einordnung, Grundkonzeption und Rügearten.** Die Revision ist nach § 333 gegen **Urteile der Strafkammern** (einschließlich der Schwurgerichte) sowie die **erstinstanzlichen Urteile der Oberlandesgerichte** statthaft oder anders gewendet: Sie ist das Rechtsmittel sowohl gegen erstinstanzliche Entscheidungen des LG (große Strafkammern) und der Oberlandesgerichte als auch gegen Berufungsurteile der kleinen Strafkammern. Ferner ist sie nach § 335 als **Sprungrevision** gegen solche Urteile statthaft, gegen die auch Berufung hätte eingelegt werden können. Zur Entscheidung zuständig sind bei Revisionen gegen Berufungsurteile (sowie gegen erstinstanzliche Urteile der großen Strafkammern, soweit – selten! – ausschließlich die Verletzung von Landesrecht gerügt wird) die Strafsenate der OLGe (vgl. § 121 Abs. 1 Nr. 1 GVG). Über Revisionen gegen erstinstanzliche Urteile des LG (große Strafkammern und Schwurgerichte) sowie der OLGe entscheidet der BGH, vgl. § 135 Abs. 1 GVG.

263 Die Revision ist eine **reine Rechtsprüfung,** dh keine neue Tatsacheninstanz. Dies bedeutet freilich nur, dass **keine eigenen Tatsachenfeststellungen** zur Schuld- und Straffrage getroffen werden (sondern insoweit allenfalls eine Zurückverweisung zu neuen Feststellungen erfolgt); die auf dem Weg zur Schaffung der Tatsachengrundlage notwendigen Schritte, dh die Beweiserhebung (vollumfänglich) und Beweiswürdigung (eingeschränkt) werden rechtlich durchaus überprüft.

---

496 Vgl. BGH 26.5.1967 – 2 StR 129/67, BGHSt 21, 256 (258) = NJW 1967, 1972.

497 Vgl. BGH 22.7.1971 – 4 StR 184/71, BGHSt 24, 185 (187 f.) = NJW 1971, 1948 (1949).

498 Vgl. BGH 26.5.1967 – 2 StR 129/67, BGHSt 21, 256 (258) = NJW 1967, 1972. (keine zulässige Beschränkung bei einer einheitlichen Tat im Sinne des materiellen Rechts).

499 Vgl. BGH 22.7.1971 – 4 StR 184/71, BGHSt 24, 185 (189) = NJW 1967, 1972.

500 Vgl. BGH 21.10.1980 – 1 StR 262/80, BGHSt 29, 359 (364) = NJW 1981, 589 (590); BGH 5.11.1984 – AnwSt (R) 11/84, BGHSt 33, 59 = NJW 1985, 1089.

501 Vgl. BGH 5.11.1984 – AnwSt (R) 11/84, BGHSt 33, 59 = NJW 1985, 1089; BGH 27.5.2003 – 4 St RR 47/2003, NStZ-RR 2003, 310.

502 EGRM 8.11.2012 – 30804/07, StraFo 2012, 490.

503 Gegen eine Berücksichtigung dieser Rechtsprechung *de lege lata* wegen des eindeutigen Gesetzeswortlauts OLG München 17.1.2013 – 4 StRR (A) 18/12, NStZ 2013, 358; eingehend *Mosbacher,* NStZ 2013, 312.

Insgesamt ist die Überprüfung des Urteils **in zwei Richtungen** möglich: Auf die sog **Sachrüge** hin wird das Urteil materiell-rechtlich überprüft, dh Gegenstand der Prüfung sind die Beweiswürdigung, die materiell-rechtliche Subsumtion des Tatsachenstoffes unter die Strafnormen sowie die Strafzumessung. Mit hierher gehört auch die generelle Prüfung, ob die Urteilsfeststellung überhaupt eine **tragfähige Grundlage** für die rechtliche Bewertung bietet, insbes. ob sie frei von Lücken und Widersprüchen sind (sog Darstellungsrüge). Demgegenüber werden auf die sog **Verfahrensrüge** hin, für welche nach § 344 Abs. 2 S. 2 erhöhte Anforderungen an die **Revisionsbegründung** bestehen, überprüft, ob eine Vorschrift verletzt worden ist, die „den Weg bestimmt" auf dem der Richter zur Urteilsfindung berufen und gelangt ist. Dieses inhaltliche Kriterium ist für die Abgrenzung zwischen Sach- und Verfahrensrüge (welche im Einzelfall an ihren Rändern schwierig sein kann) wichtiger als die Frage, ob sich die verletzte Vorschrift etwa in der StPO oder in einem anderen Gesetz befindet.[504] Cum granu salis kann die Abgrenzung daran festgemacht werden, ob der Richter zur Überprüfung der Rüge allein den Urteilstext benötigt (dann Sachrüge) oder ob er insbes. auch auf das Hauptverhandlungsprotokoll angewiesen ist. 264

Das **„originäre" Prüfungsprogramm der Revision nach der StPO** und die daraus erwachsenden Folgen für Bestand oder Aufhebung von Urteilen waren damit durchaus **ambivalent:** Einerseits weitgehende Unüberprüfbarkeit der tatrichterlichen Feststellungen; andererseits insbes. bei der Verfahrensrüge (zumal bei den sog absoluten Revisionsgründen, → Rn. 268 f.) die Gefahr einer „Aufhebungsanfälligkeit" von Urteilen auch in solchen Fällen, in denen das Ergebnis „materiell" an sich nicht zu beanstanden ist. Dieses – in der originären Revisionskonstruktion der StPO gegenüber dem heutigen Meinungsstand in der Rspr. noch viel deutlicher zum Ausdruck kommende – Dilemma war durchaus schon bei der Schaffung der Reichsstrafprozessordnung gesehen worden, wo etwa auf Probleme beim Vollzug der Nichtigkeitsbeschwerde bzw. der Kassation bzw. des Kassationsrekurses hingewiesen wird, die nach der Auffassung des Gesetzgebers von 1877 „vor allem in der zur formalen Ausgestaltung dieses Rechtsmitteltyps lagen".[505] 265

Diese Konzeption hat im Laufe der Entwicklung – ungeachtet ihrer grundsätzlichen Anlage in den beiden verschiedenen Rügeformen – gewisse **Aufweichungen und Weiterentwicklungen** erfahren,[506] indem einerseits die Möglichkeit einer Anfechtung auch in ursprünglich für irreversibel erachteten Bereichen (insbes. im Bereich der Tatsachenfeststellung und Beweiswürdigung) ausgeweitet worden ist,[507] andererseits die Revisibilität in anderen Bereichen (insbes. im Zusammenhang mit der Verfahrensrüge) eingeschränkt worden ist.[508] Diese Entwicklung gründet zum einen auf geänderten „rechtstheoretischen" Vorstellungen über Tat- und Rechtsfrage,[509] dürfte aber auch damit zusammenhängen, dass die Revisionsgerichte über die ursprüngliche Konzeption einer zwar einerseits scharfen, andererseits aber gleichwohl häufig „beschnittenen" reinen Rechtskontrolle hinaus die **Neigung** verspürt haben, **„in der Sache richtige"**, „gerechte" **Urteile zu fällen,** wozu einerseits ein (über eine Ausweitung der Sachrüge) erleichterter Zugriff auf die Tatsachenfeststellung erforderlich ist,[510] andererseits rein formale Aufhebungsmöglichkeiten bei sachlich gerechtfertigten Urteilen zurückgedrängt werden mussten.[511] Diese – insbes. auch aus Sicht des Verurteilten – Stärkung der Sachrüge 266

---

[504] Vgl. *Meyer-Goßner* § 337 Rn. 8.

[505] Vgl. *Frisch*, FS Fezer, 2008, 353 (354) (mwN aus den Materialien).

[506] Für eine noch weitergehende Zulassung der „Verfahrensrüge in der Sachrüge" in allen Fällen, „in denen sich der Verfahrensfehler vollständig aus den Urteilsgründen ergibt", *Hamm,* FS Rissing-van Saan, 2011, 195 (203).

[507] Vgl. grundlegend bereits *Fezer* Die erweiterte Revision, 1984, pass.; *Frisch* (Fn. 505), S. 357 ff.

[508] Vgl. *Frisch* (Fn. 505), S. 361 ff.; zu jüngeren Entwicklungen auch *Kudlich*, Gutachten C zum 68. Deutschen Juristentag, S. 92 ff.; zur Situation des Verteidigers *Ventzke* NStZ 2011, 481.

[509] Vgl. *Frisch* (Fn. 505), S. 368.

[510] Dieser fällt möglicherweise unter den Strafsenaten des BGH unterschiedlich stark aus: verteidigerseitig wird hier mitunter die Kritik laut, dass teilweise das „Halten von Urteilen" als solches im Mittelpunkt steht, vgl. den Bericht bei *Erb* GA 2012, 72 [dort Fn. 1].

[511] Vgl. auch *Wohlers* JZ 2011, 78 (mit Forderungen nach Konsequenzen für die Begründung der entsprechenden Revisionsentscheidungen).

gegenüber der Verfahrensrüge in den Erfolgsaussichten sollte für den Verteidiger Grund genug sein, auch neben einer noch so feinen ausdifferenzierten Verfahrensrüge zumindest die allgemeine, unausgeführte Sachrüge zu erheben (wobei es selbstverständlich ist, dass eine – erläuternd, nicht einschränkend – erfolgende Begründung an neuralgischen Punkten auch für die Sachrüge empfehlenswert ist).

267 **bb) Beruhenserfordernis.** In jedem Fall setzt eine erfolgreiche Revision zudem voraus, „dass das Urteil auf einer Verletzung des Gesetzes beruht" (vgl. § 337 Abs. 1). Anders gewendet: Der Rechtsanwendungsfehler muss für Schuld- und/oder Rechtsfolgenausspruch (und nicht nur für die Begründung) **kausal geworden** sein. Oder nochmals anders: Ein Gesetzesverstoß begründet die Revision nur, wenn das Urteil **bei richtiger Anwendung anders** ausgefallen wäre. Dabei reicht die bloße **Möglichkeit,** dass das Urteil auf dem Fehler beruht, aus.[512] Am notwendigen Zusammenhang fehlt es umgekehrt nur, wenn diese Möglichkeit ausgeschlossen bzw. rein theoretischer Natur ist.[513] Bei sachlich-rechtlichen Mängeln ergibt sich das Beruhen in der Regel ohne weiteres aus dem Urteil; bei Verfahrensfehlern kommt es darauf an, ob ein rechtsfehlerfreies Verfahren zu demselben oder vielleicht zu einem anderen Urteil geführt hätte; hier ist auch eine Heilung von Verfahrensverstößen möglich, die das Beruhen ausschließt.[514]

268 Der **Beruhensnachweis** ist **entbehrlich** (und wäre regelmäßig auch kaum möglich), wenn einer der in **§ 338 sog absoluten Revisionsgründe** vorliegt. In den dort aufgezählten Fällen (zu ihren Voraussetzungen im Detail vgl. die Kommentierung zu § 338) wird das Beruhen im Ausgangspunkt unwiderleglich vermutet (bzw. im Falle des § 338 Nr. 7 schlicht fingiert). Der Grund für die Sonderstellung der in § 338 StPO genannten Verfahrensfehler wird unterschiedlich beschrieben: *Kuckein*[515] sieht etwa im Anschluss an *Schünemann*[516] die in § 338 StPO genannten Verfahrensmängel als „so gravierend" an, dass „der davon betroffene Prozess insgesamt das **Signum der Rechtsstaatlichkeit verliert**". Das ist freilich nicht nur schwer operabel, sondern wäre auch im Katalog des § 338 StPO nur unvollständig (und fast ein wenig willkürlich) umgesetzt, wie insbes. das Fehlen einer mit § 136a StPO korrespondierenden Nummer zeigt.

269 Vielmehr dürfte die Aufnahme von bestimmten Verfahrensfehlern als absolute Revisionsgründe in § 338 StPO zumeist und im Grundsatz auf zwei Elementen beruhen: Zunächst handelt es sich zumindest grundsätzlich um **zentrale Institutionen und Garantien** des Strafverfahrensrechts, die vielfach mehr oder weniger eng mit den hergebrachten Prozessmaximen (→ Rn. 120) zusammenhängen. Hinzu tritt, dass bei den meisten in § 338 StPO genannten Verfahrensfehlern zwar einerseits die Möglichkeit eines Beruhens aus Sicht eines sensiblen Beobachters nicht wirklich ausgeschlossen werden kann, dass aber andererseits der **Beruhensnachweis für den Revisionsführer schwer** zu führen ist.[517] Dies führt zugleich auch dazu, dass aus den zahlreichen Bemühungen der Rspr., die absoluten Revisionsgründe in diversen Fallgruppen irgendwo zwischen teleologischer Reduktion und „heimlicher Rechtsprechung *contra legem*"[518] zu relativieren und die Wirkung des § 338 StPO auf schwerwiegende Rechtsverletzungen[519] zu beschränken oder von über objektiven Rechts-

---

[512] Vgl. bereits BGH 2.10.1951 – 1 StR 434/51, BGHSt 1, 346 (350) = NJW 1952, 192 (193) – ständige Rspr.

[513] Vgl. nur BGH 3.5.1960 – 1 StR 155/60, BGHSt 14, 265 (268 f.) = NJW 1960, 1358 (1359); BGH 6.8.1987 – 4 StR 333/87, NJW 1988, 1223 (1224).

[514] Vgl. bereits RG Feriensenat 28.7.1908 – II 647/08, RGSt 41, 404 (405), aus der Rspr. des BGH etwa BGH 18.3.1980 – 1 StR 213/79, BGHSt 29, 224 (228 ff.) = NJW 1980, 1858; BGH 1.4.1981 – 2 StR 791/80, BGHSt 30, 74 (76) = NJW 1981, 1568.

[515] Vgl. StraFo 2000, 397.

[516] Vgl. JA 1982, 123 (128).

[517] Vgl. auch *Meyer-Goßner* § 338 Rn. 1; eingehend *Kudlich*, FS Fezer, 2008, 435 (436 ff.).

[518] Vgl. *Kudlich* (Fn. 397), S. 435 (444).

[519] Etwa Beschränkung von § 338 Nr. 5 auf „wesentliche Teile" der Hauptverhandlung, vgl. BGH 11.7.2006 – 3 StR 216/06, BGHSt 51, 81 = NStZ 2006, 715 (bloße Feststellung der Nichtvereidigung gemäß § 59 während Ausschlusses nach § 247); BGH 28.7.2010 – 1 StR 643/09, NStZ 2011, 233; BGH 9.2.2011 – 5 StR 387/10, NStZ 2011, 534.

verstößen hinausgehenden subjektiven Pflichtverletzungen abhängig zu machen,[520] vorrangig (wenn nicht ausschließlich) diejenigen überzeugen, die gerade hier ansetzen. Eine einschränkende Auslegung des § 338 ist in diesem Sinne dann möglich, wenn in der konkreten Situation der **Beruhensnachweis** (eben nicht nur schwer zu führen, sondern) **denkgesetzlich ausgeschlossen** ist.[521]

cc) Sonderproblem Rügeverkümmerung. Insbes. der **Nachweis von Verfahrensfehlern** im Rahmen der Verfahrensrüge ist oftmals nur über das **Hauptverhandlungsprotokoll** möglich, dem hinsichtlich der Beachtung wesentlicher Förmlichkeiten nach § 274 positive wie negative Beweiskraft zukommt. Diese weitgehende Beweiswirkung führt wie auch bei anderen stark formalisierten Regeln zu einem Spannungsverhältnis zwischen der formell angeordneten Rechtsfolge und der materiell zutreffenden Rechtslage bzw. tatsächlich vorliegenden Situation.[522] In der jüngeren Rspr. hat der **Große Strafsenat** (nachdem zunächst der 3. Senat für einen Fall der Berufung auf ein nach Auffassung des Gerichts erkanntermaßen unrichtiges Protokoll auf den Missbrauchsgedanken rekurriert hatte[523]) mit Billigung des BVerfG[524] **in Abweichung von seiner bisherigen Rspr.** und gegen weite Teile der Lit. einer nachträglichen Protokollberichtigung Wirkung zum Nachteil bereits eingelegter und auf den von der Protokollberichtigung betroffenen Inhalt gestützten Revisionen zugebilligt (sog **Rügeverkümmerung**).[525] 270

Überzeugend ist das nicht:[526] Soweit der Große Senat darauf hinweist, dass auch § 274 StPO nur der Korrektur tatsächlich geschehener Verfahrensfehler diene und keine eigene „prozessuale Wahrheit" schaffe, wird man diese strikte Trennung zwischen tatsächlicher bzw. behaupteter Wahrheit und ihrer Beweisbarkeit nicht aufrecht erhalten können. Zwar wird eine Behauptung natürlich nicht durch ihre prozessuale Beweisbarkeit „wahr"; damit ist aber auch noch nicht ausgemacht, dass wegen der Möglichkeit einer gedanklichen Trennung von „Wahrheit", „Behauptbarkeit" und „Beweisbarkeit" Letzteres *strafprozessrechtlich* keinesfalls auf die ersten beiden Kategorien zurückwirken würde. Zumindest **in der Revision** ist eine formelle Bewertung auch iS eines **„eigenen Realitätsbegriffs"** trotz des Grundsatzes der materiellen Wahrheit im Strafverfahren durchaus **kein Fremdkörper,** wie sich besonders plastisch bei der Möglichkeit der Rechtsmittelbeschränkung (zu der in der Revision die → Rn. 260 genannten Grundsätze entsprechend gelten) zeigt. 271

Akzeptiert man das, wird man die **praktischen Schwierigkeiten einer Berichtigung** (etwa nachlassendes Erinnerungsvermögen der Urkundspersonen; Gefahr des „Umerinnerns") nicht einfach so abtun können, die bei einer die Revision des Angeklagten beschneidenden Interpretation auch nicht durch den Beschleunigungsgrundsatz legitimiert werden können.[527] Auch die **verfahrensmäßigen Sicherungen** in einem System von Benachrichtigungspflichten, Widerspruchsmöglichkeiten und Würdigung des Protokolls durch das Revisionsgericht federn all das kaum hinreichend ab, da jedenfalls bei einer Revision der 272

---

[520] Knappe Zusammenstellung dieser Fälle und gesetzgeberischer „Relativierungen" (etwa durch Präklusionsregeln) bei *Kudlich* (Fn. 397), S. 435 ff., sowie bei *dems.* StV 2011, 212.

[521] Vgl. zu diesem Aspekt auch nochmals BGH 28.7.2010 – 1 StR 643/09, NStZ 2011, 233.

[522] Vgl. *Bosch* JA 2006, 578, der zu Beginn der im Folgenden skizzierten Entwicklung davon spricht, dass die „Beweiskraft (…) dem BGH schon seit längerem ein Dorn im Auge" sei.

[523] Vgl. BGH 11.8.2006 – 3 StR 284/05, BGHSt 51, 88 = NJW 2006, 3579 mAnm *Fahl* JR 2007, 34; *Hollaender* JR 2007, 6; *Kudlich* JA 2007, 154; *Lindemann/Reichling* StV 2007, 152.

[524] Vgl. BVerfG 15.1.2009 – 2 BvR 2044/07, BVerfGE 122, 248 = NJW 2009, 1469 mAnm *Kudlich/Christensen* JZ 2009, 943; *Fahl* JR 2009, 245.

[525] Vgl. BGH 23.4.2007 – GSSt 1/06, BGHSt 51, 298 = NJW 2007, 2419. Aus der entgegenstehenden früheren Rspr. vgl. nur BGH 19.12.1951 – 3 StR 575/51, BGHSt 2, 125 (127) = NJW 1952, 432 (433); BGH 4.2.1986 – 1 StR 643/85, BGHSt 34, 11 (12) = NJW 1986, 1820. Aus der Lit. etwa *Lampe* NStZ 2006, 366. Einschränkend (für den speziellen Fall der fehlenden Feststellung der Kenntnisnahme von Urkunden im Selbstleseverfahren) BGH 8.7.2009 – 2 StR 54/09, BGHSt 54, 37; BGH 11.11.2009 – 5 StR 460/08, NJW 2010, 1012; BGH 28.1.2010 – 5 StR 169/09, BGHSt 55, 31 (34).

[526] Vgl. zum Folgenden ausführlicher bereits *Kudlich* BLJ 2007, 125.

[527] Zum darin liegenden Zynismus bereits *Kudlich,* Gutachten C zum 68. Deutschen Juristentag, 2010, S. 13.

Verteidigung nur schwer vorstellbar ist, dass das Revisionsgericht ihr im Widerspruch zu den Erklärungen von Tatrichter und Urkundsbeamtem Glauben schenken wird, was für den Verteidiger sogar die Gefahr des (unberechtigten, aber dennoch drohenden) Verdachts einer Strafbarkeit wegen Strafvereitelung begründen kann.[528] All dies gewinnt zusätzlich an Gewicht, wenn man berücksichtigt, dass schlussendlich auch unter Berücksichtigung des vermeintlich falschen Protokolls kein materiell unrichtiges Ergebnis droht, da die entsprechende Rüge regelmäßig nicht zum Freispruch, sondern nur zu einer Zurückverweisung und Neuverhandlung führen wird.

273 **5. Strafvollstreckung (§§ 459 ff.). a) Allgemeines.** Die Strafvollstreckung stellt als Durchführung der im Urteil angeordneten Rechtsfolgen die **Realisierung des Straferkenntnisses** dar.[529] Die Statuierung eines mit dem Erkenntnisverfahren korrespondierenden Vollstreckungsverfahrens ist typisch für das Prozessrecht in allen Teilgebieten der Rechtsordnung.[530] **Rechtsgrundlagen** der Vollstreckung, welche Freiheits- und Geldstrafen ebenso wie Nebenstrafen und Maßregeln der Besserung und Sicherung betreffen, sind insbes. die §§ 459 ff. sowie die §§ 56–58 StGB. Sonderregelungen für bestimmte Delikte bzw. Täter existieren aber etwa auch im Betäubungsmittelrecht (§ 35 BtMG zur Vollstreckungsreihenfolge) und im Jugendstrafrecht (§§ 82 Abs. 1, 110 Abs. 1 JGG zum Jugendrichter als Vollstreckungsleiter). Daneben finden sich auch **untergesetzliche Vorschriften,** insbes. in der praktisch bedeutsamen Strafvollstreckungsordnung (StVollstrO), der Justizbeitreibungsordnung (JBeitrO) sowie der Einforderungs- und Beitreibungsanordnung (EBAO).

274 **b) Ablauf der Vollstreckung.** Zentrale allgemeine Vollstreckungsvoraussetzung ist die Rechtskraft der Entscheidung im Erkenntnisverfahren. Diese muss absolut vorliegen,[531] wobei auch bei vertikaler und in bestimmten Konstellationen auch bei horizontaler Teilrechtskraft eine Vollstreckung denkbar ist.[532] Wichtige **Vollstreckungshindernisse** neben einer fehlenden hinreichenden Rechtskraft sind insbes. die Vollstreckungsverjährung, der Gnadenerweis, eine Amnesie sowie (selbstverständlich) der Tod der sanktionierten Person. UU können auch Verstöße gegen den Vertrauensgrundsatz ein Vollstreckungshindernis darstellen.[533] Weitere, nur bestimmte Rechtsfolgen betreffende Vollstreckungshindernisse sind insbes. im Bereich der freiheitsentziehenden Sanktionen die Immunität, die Aussetzung zur Bewährung oder die Zurückstellung der Strafvollstreckung gem. § 35 BtMG. Auch die Ausweisung des Verurteilten aus dem Geltungsbereich der StPO oder eine Überstellung an einen internationalen Strafgerichtshof bilden Vollstreckungsgegengründe.

275 Zuständige **Vollstreckungsbehörde** ist nach § 451 Abs. 1 grds. die **Staatsanwaltschaft,** wobei eine Reihe von Maßnahmen gem. § 31 Abs. 2 RPflG auf den Rechtspfleger übertragen werden können. Im Jugendstrafrecht ist der Jugendrichter Vollstreckungsleiter (vgl. oben) ohne dass es in gleicher Weise wie im Erwachsenenstrafrecht zu einer prinzipiellen Übertagung der Vollstreckungssachen auf den Rechtspfleger kommen würde.

276 Bei Freiheitsstrafen berechnet sich die Zeit der zu verbüßenden Strafe nach §§ 37 ff. StVollstrO. Eine wichtige gesetzliche Vorschrift zur Anrechnung von erlittener Untersuchungshaft bildet § 450 Abs. 1; auch **überlange Verfahrensdauern** können bei der Vollstreckung angerechnet werden (sog Vollstreckungslösung, bereits → Rn. 160 f.). Die Reihenfolge der Vollstreckung mehrerer Freiheitsstrafen richtet sich nach § 43 Abs. 2 StVollstrO. Für das Absehen von der Vollstreckung enthalten insbes. die §§ 453, 454, 454a und 462 Regelungen.

---

[528] Dass dieses Risiko nicht nur theoretischer Natur ist, zeigt die Prozessgeschichte bei LG Augsburg 14.3.2011 – 3 KLs 400 Js 110961/10, NJW 2012, 93 mAnm *Kudlich* JA 2011, 948.

[529] Vgl. *Laubenthal/Nestler* Rn. 1, 3.

[530] Zu einer Vermischung der beiden Elemente Erkenntnisverfahren und Vollstreckung an manchen Stellen vgl. Löse/Rosenberg/*Kühne* Einl. G Rn. 2.

[531] Vgl. *Laubenthal/Nestler* Rn. 18.

[532] Vgl. *Laubenthal/Nestler* Rn. 20 ff.

[533] Vgl. *Laubenthal/Nestler* Rn. 40 ff.

Geldstrafen sind nach Maßgabe der §§ 459–463 sowie der §§ 48–51 StVollstrO einzufordern und beizutreiben. Das nähere Prozedere ist in der EBAO und der JBeitrO geregelt. 277

Die Vollstreckung freiheitsentziehender **Maßregeln der Besserung und Sicherung** richtet sich nach §§ 53 f. StVollstrO und den Unterbringungsgesetzen der Länder,[534] diejenige nichtfreiheitsentziehender Maßregeln nach § 54a StVollstrO.[535] Nebenstrafen und sonstige Nebenfolgen werden nach Maßgabe von § 59a StVollstrO vollstreckt.[536] 278

c) Rechtsmittel. In **§§ 458, 459h** sowie § 103 OWiG wird die Möglichkeit eröffnet, in den dort genannten Fällen eine gerichtliche Entscheidung herbeizuführen; für die Vollstreckung von Maßregeln der Besserung und Sicherung gelten diese Vorschriften nach **§ 463 Abs. 1** entsprechend. Soweit Entscheidungen des Rechtspflegers angegriffen werden, ist nach **§ 31 Abs. 6 S. 1 RPflG** derjenige Rechtsbehelf statthaft, der auch nach den allgemeinen verfahrensrechtlichen Vorschriften zulässig wäre (dh insbes. die Anrufung des Gerichts nach § 459h oder die sofortige Beschwerde nach § 311). Soweit kein anderer Rechtsbehelf speziell vorgesehen ist, sind Einwendungen gegen die Entscheidung des Rechtspflegers gem. § 31 Abs. 6 S. 2 RPflG möglich, über welche der Staatsanwalt zu entscheiden hat. Neben diesem Regelungssystem hat der subsidiäre allgemeine Rechtsbehelf gegen Justizverwaltungsakte nach §§ 23 ff. EGGVG keine praktische Bedeutung. Abzugrenzen von diesen Rechtsbehelfen, welche Vollstreckungsmaßnahmen betreffen, ist der Antrag auf gerichtliche Entscheidung nach **§§ 109 ff. StVollzG,** welcher gegen Maßnahmen zur Regelung einzelner Angelegenheiten auf dem Gebiet des **Strafvollzugs** möglich ist. 279

II. Verfahrensbeteiligte

1. Beschuldigter. a) Begriff und Begründung der Beschuldigtenstellung. Der **Beschuldigte** – ab Erhebung der öffentlichen Klage auch Angeschuldigter und ab Zulassung zur Hauptverhandlung auch Angeklagter (→ § 157 Rn. 207) – ist diejenige **Person,** gegen die ein Strafverfahren geführt wird[537] und über deren Strafbarkeit im strafprozessualen Erkenntnisverfahren entschieden wird. Die Beschuldigteneigenschaft ist mit einer Reihe von (insbes. Duldungs-)*Pflichten* (insbes. einer vergleichsweise leichteren Anordnung von prozessualen Zwangsmaßnahmen), aber auch mit diversen **Rechten** (vgl. auch → Rn. 282 ff.) verbunden, so dass von Interesse ist, wann die **Beschuldigtenstellung entsteht.** Voraussetzung ist hierfür nach hM sowohl objektiv ein (zumindest Anfangs-)Verdacht sowie subjektiv ein entsprechender Verfolgungswille bzw. **Inkulpationsakt** durch die Strafverfolgungsbehörden.[538] Solange der Inkulpationsakt nicht willkürlich erfolgt, wird das objektive Vorliegen eines Verdachts mit ihm immer einhergehen, so dass dieses Merkmal kaum eigenständige Bedeutung für die Begründung der Beschuldigtenstellung hat (sondern vielmehr ein Kriterium dafür ist, ob der Inkulpationsakt zu Recht bzw. in vertretbarer Weise erfolgt ist). 280

Soweit in der Lit. mitunter auf den subjektiven Inkulpationsakt verzichtet wird, so ist daran zwar richtig, dass die Beschuldigtenstellung nicht willkürlich vorenthalten werden darf; praktisch lässt sich dies auch dadurch lösen, dass im Fall einer **rechtsmissbräuchlichen Vorenthaltung der Beschuldigtenposition** (zB bei der Vernehmung als Zeuge, obwohl bereits von einer nicht nur theoretischen Möglichkeit der Täterstellung ausgegangen wird) die Rechtsfolgen so herangezogen werden, als ob bereits eine Beschuldigtenstellung vorgelegen hätte. Ein genereller Verzicht auf einen subjektiven Inkulpationsakt und die bloße 281

---

[534] Nähere Darstellung bei *Laubenthal/Nestler* Rn. 338 ff.

[535] Vgl. näher *Laubenthal/Nestler* Rn. 371 ff.

[536] Vgl. ausführlicher noch *Laubenthal/Nestler* Rn. 426 ff.

[537] Dies wird auch in dem gebräuchlichen Begriff deutlich, dass ein Ermittlungsverfahren „gegen Unbekannt" geführt wird, solange noch kein individualisierter Beschuldigter benannt werden kann.

[538] Vgl. BGH 18.10.1956 – 4 StR 278/56, BGHSt 10, 8 (10 f.) = NJW 1957, 230 (231); *Meyer-Goßner,* Einl. Rn. 76; Löwe/Rosenberg/*Gleß* § 136 Rn. 4.

Beschränkung auf einen bestimmten Verdachtsgrad kann demgegenüber weniger überzeugen, wie nicht zuletzt die Regelung des § 55 StPO deutlich macht: Dieser gibt gerade Zeugen (und nicht Beschuldigten) in eben dieser Verfahrensrolle ein Auskunftsverweigerungsrecht, wenn die Gefahr besteht, dass der Zeuge sich durch die wahrheitsgemäße Aussage selbst belasten würde, was in vielen Fällen mit dem objektiven Vorliegen eines „Verdachts" einhergehen dürfte.

282 **b) Der Beschuldigte als Prozesssubjekt.** Es gehört zu den zentralen Errungenschaften des modernen **rechtsstaatlichen Strafverfahrens,** dass der Beschuldigte als **Prozesssubjekt** und **nicht nur als Objekt** einer gerichtlichen Untersuchung angesehen wird.[539] Ausdruck findet diese Subjektstellung etwa in verschiedenen Anwesenheitsrechten sowohl innerhalb (vgl. §§ 231 ff.)[540] als auch außerhalb (vgl. § 168c Abs. 2) der Hauptverhandlung oder in der Rücksicht auf die Verhandlungsfähigkeit,[541] in der Anerkennung des nemo-tenetur-Grundsatzes[542] teilw. auch über die konkreten gesetzlichen Ausprägungen hinaus,[543] im starken (über die Reichweite der Amtsaufklärung hinausgehenden) Beweisantragsrecht[544] sowie in der Geltung der Unschuldsvermutung bis zur rechtskräftigen Verurteilung.[545] Gerade diese letzte Garantie wird in der Verfahrenswirklichkeit – und zwar vielfach wohl, ohne dass die Beteiligten bewusst rechtstaatliche Grundsätze hintanstellen würden – in vielen Konstellationen nicht konsequent zu Ende gedacht.[546] Insbes. die vom Beschuldigten mitunter nur durch die Anwendung von subtilem Druck konsentierte Anwendung des § 153a oder die Handhabung der Regelungen über den erweiterten Verfall nach § 73d StGB stehen mitunter in einem scharfen Konflikt zur Unschuldsvermutung.

283 **c) Insbesondere: Vernehmung des Beschuldigten.** Die Vernehmung des Beschuldigten ist seine **Befragung durch Organe der Staatsgewalt,** die dem Beschuldigten nach außen erkennbar mit dem Anliegen gegenübertreten, Auskunft von ihm zu erlangen;[547] Äußerungen gegenüber verdeckten Ermittlern, Vertrauenspersonen oder sonstigen Informanten fallen daher nicht unter den Begriff. Einen „funktionalen Vernehmungsbegriff" dahingehend, dass hierzu alle Äußerungen des Beschuldigten gehören, welche ein Strafverfolgungsorgan direkt oder indirekt herbeigeführt hat, lehnt die Rspr. demgegenüber im Grundsatz zu Recht ab[548] (ohne dass damit über die Frage der Verwertbarkeit solcher Äußerungen vorentschieden wäre): Denn die **vernehmungstypische Zwangs- bzw. Stresssituation,** wie sie bei einer förmlichen Befragung durch ein als solches wahrgenom-

---

[539] Vgl. nur BVerfG 21.6.1977 – 1 BvL 14/76, BVerfGE 45, 187 (227 f.) = NJW 1977, 1525 (1526); BVerfG 12.4.1983 – 2 BvR 1304/80, 432/81, BVerfGE 63, 380 (390) = NJW 1983, 1599; vgl. auch EGMR 28.8.1991 – 37/1990/228/292–294, NJW 1992, 3085.

[540] Zu den Anforderungen an eine Abwesenheitsverhandlung etwa BGH 14.6.2000 – 3 StR 26/00, BGHSt 46, 81 = NJW 2000, 2830; zur Annahme eines eigenmächtigen Entfernens nach § 231 Abs. 2, wenn der Angeklagte auf Grund einer mittelgradigen depressiven Episode einen Suizidversuch unternimmt, der zur Verhandlungsunfähigkeit führt, vgl. BGH 25.7.2011 – 1 StR 631/10, NStZ 2012, 105.

[541] Vgl. nur BVerfG 24.2.1995 – 2 BvR 345/95, NJW 1995, 1951.

[542] Vgl. hierzu nur BVerfG 8.10.1974 – 2 BvR 747, 748, 749, 750, 751, 752, 753/73, BVerfGE 38, 105 (113) = NJW 1975, 103; BGH 27.2.1992 – 5 StR 190/91, BGHSt 38, 214 (220) = NJW 1992, 1463 (1464).

[543] Vgl. etwa BGH 21.1.2004 – 1 StR 364/03, BGHSt 49, 56 = NStZ 2004, 392 (Verstoß gegen nemo-tenetur, wenn die Verweigerung einer freiwilligen Speichelprobe in die Beweiswürdigung einfließt); kein Verstoß dagegen, wenn eine Privatperson unter Verheimlichung ihres Ermittlungsinteresses den auf freiem Fuß befindlichen Beschuldigten zu einem Gespräch über die Tat veranlasst und dieses Gespräch aufgezeichnet wird, vgl. BGH 31.3.2011 – 3 StR 400/10, NStZ 2011, 596.

[544] Vgl. dazu *Knauer* StrF0 2012, 473.

[545] Vgl. BVerfG 5.6.1973 – 1 BvR 536/72, BVerfGE 35, 202 (232) = NJW 1973, 1226 (1230); BVerfG 8.10.1974 – 2 BvR 747, 748, 749, 750, 751, 752, 753/73, BVerfGE 38, 105 (111) = NJW 1975, 103.

[546] Zur Relativierung der Unschuldsvermutung durch die „effektive Durchsetzung" europäischer Verbotsnormen am Beispiel des Insiderstrafrechts EuGH 23.12.2009 – C-45/08, ZIP 2010, 78; grds. zustimmend, aber für die Berücksichtigung von Zweifeln, wenn der Beschuldigte plausibel machen kann, dass ein Geschäft auch ohne Insiderkenntnisse durchgeführt worden wäre, *Ransiek* wistra 2011, 1.

[547] Vgl. BGH 13.5.1996 – GSSt 1/96, BGHSt – GrS – 42, 139 (145) = NJW 1996, 2940 (2941); *Meyer-Goßner* § 136a Rn. 4.

[548] Vgl. BGH 13.5.1996 – GSSt 1/96, BGHSt – GrS – 42, 139 (145 f.) = NJW 1996, 2940 (2941).

menes Organ der Strafverfolgung auftritt, besteht nicht, wenn (vermeintlichen) Privatpersonen Dinge offenbart werden, von denen von vornherein bekannt ist, dass sie nicht offenbart werden müssen.

Von einer Vernehmung ist, auch bei einem Gespräch mit als solchen erkennbaren Orga- **284**
nen der Strafverfolgung, die sog **„informatorische Befragung"** abzugrenzen,[549] bei der es noch nicht um die Ermittlung gegen eine bestimmte Person, sondern nur um das Verschaffen eines ersten Eindrucks vom Geschehen (etwa an einem Unfallort) geht. Zur Frage, ob und unter welchen Voraussetzungen hier gleichwohl Belehrungspflichten nach § 136 Abs. 1 S. 2 bestehen bzw. unabhängig von diesen Pflichten bei fehlender Belehrung ein Beweisverwertungsverbot anzunehmen ist, → § 136 Rn. 5, 61, 66.

Der Beschuldigte ist nach § 136 Abs. 1 S. 2 vor seiner ersten Vernehmung über die gegen **285**
ihn erhobenen Vorwürfe zu informieren und über sein **Schweigerecht (zur Sache) zu belehren.** Der Verstoß gegen solche Belehrungspflichten kann zu einem Beweisverwertungsverbot führen;[550] mit dem Schweigerecht als Beschuldigter korrespondiert für den Zeugen § 55 (→ Rn. 281), wobei es für die Anwendung der Vorschrift jeweils auf den Zeitpunkt der Vernehmung ankommt. Den Beschuldigten trifft bei seiner Aussage auch **keine Wahrheitspflicht,** so dass prozessual keine unmittelbaren negativen Konsequenzen an eine Falschaussage geknüpft werden dürfen und auch die §§ 153 ff. StGB dem Beschuldigten im Ergebnis nicht als tauglichen Täter eines Aussagedeliktes ansehen. Diese Wertung ist auch bei der Auslegung etwa der §§ 145d, 164 oder 185 StGB zu berücksichtigen,[551] von denen seitens eines Beschuldigten im Strafverfahren nur ein Verhalten erfasst werden darf, das über das bloße wahrheitswidrige Abstreiten der eigenen Täterschaft hinausgeht.

Neben einem Hinweis auf das Schweigerecht hat auch ein solcher auf den **Anspruch auf** **286**
anwaltliche Vertretung bzw. ein Rückspracherecht mit dem Verteidiger zu erfolgen.[552] Je nach konkreter Situation darf sich der Vernehmende dabei auch nicht auf diesen Hinweis beschränken, sondern muss die **Konsultation eines Verteidigers in effektiver Weise gewähren** (ohne dass er dadurch notwendig dazu gezwungen wäre, eine weitere Befragung a priori abzubrechen, bis der Verteidiger erreicht wurde und eingetroffen ist[553]). Ferner ist bei der Beschuldigtenvernehmung das Verbot **unzulässiger Vernehmungsmethoden nach § 136a** zu berücksichtigen,[554] dem der Gesetzgeber einen so hohen Stellenwert zubilligt, dass er einen expliziten Fall eines – noch dazu absoluten – Beweisverwertungsverbots annimmt, vgl. § 136a Abs. 3 S. 2. Näher zu §§ 136, 136a und den aus ihrer Missachtung resultierenden Verwertungsverboten → Rn. 467 sowie die Kommentierung zu beiden Vorschriften.

2. Staatliche Organe der Strafrechtspflege. a) Gerichte. aa) Allgemeines und **287**
Stellung des Richters. Der Richter hat während des gesamten Erkenntnisverfahrens eine zentrale Stellung. Im **Ermittlungsverfahren** wird diese – obwohl es von der Staatsanwaltschaft beherrscht wird – dadurch deutlich, dass für wichtige Ermittlungshandlungen entweder ein **Richtervorbehalt** besteht[555] oder aber eine richterliche Mitwirkung (zB bei **Vernehmungen**) dazu führt, dass Beweismittel wesentlich leichter in die Hauptverhandlung

---

[549] Vgl. BGH 27.10.1982 – 3 StR 364/82, NStZ 1983, 86; BGH 25.3.1980 – 5 StR 36/80, BGHSt 29, 230 (232 f.) = NJW 1980, 1533.

[550] Vgl. BGH 27.2.1992 – 5 StR 190/91, BGHSt 38, 214 (220) = NJW 1992, 1463 (1464). Ferner zur Pflicht einer „qualifizierten Belehrung" über die mögliche Unverwertbarkeit, wenn vor der nächsten Vernehmung eine Belehrung erfolgt, vgl. BGH 18.12.2008 – 4 StR 455/08, BGHSt 53, 112 (dort allerdings gegen ein Beweisverwertungsverbot bei Verstoß gegen die qualifizierte Belehrungspflicht).

[551] Vgl. BGH 18.3.1986 – 5 StR 74/86, NStZ 1986, 325.

[552] Vgl. BGH 29.10.1992 – 4 StR 126/92, BGHSt 38, 372 (373) = NJW 1993, 338 (339); BGH 12.1.1996 – 5 StR 756/94, BGHSt 42, 15 (19) = NJW 1996, 1547 (1548); BGH 22.11.2001 – 1 StR 220/01, BGHSt 47, 172 (174) = NJW 2002, 975.

[553] Anderes liegt nahe, wenn der Beschuldigte den Abbruch der Vernehmung bis zum Eintreffen des Verteidigers explizit verlangt.

[554] Zu dessen Zweck vgl. *Krack* NStZ 2002, 120.

[555] Vgl. hierzu (speziell für die Situation außerhalb der üblichen Dienstzeiten) *Krehl* NStZ 2003, 461.

transportiert werden können (vgl. etwa §§ 252, 254). In der **Hauptverhandlung** ist das Gericht – und hier insbes. der Vorsitzende – das zentrale Organ des Verfahrens, dem auch das Verurteilungsmonopol zukommt.[556] Mit dieser herausgehobenen Stellung korrespondiert in einem Strafrechtssystem, das von exekutivischen und politischen Einflussmaßnahmen möglichst frei sein soll, die verfassungsrechtlich garantierte **Unabhängigkeit** der Richter.[557]

288 Diese fachliche und personelle Unabhängigkeit findet freilich ihre Grenzen: Formal unterliegen zunächst auch die Richter einer Dienstaufsicht, die natürlich immer im Lichte ihrer Unabhängigkeit ausgeübt werden muss.[558] Ferner gilt selbstverständlich auch für richterliche Entscheidungen das allgemeine rechtstaatliche Willkürverbot, welches sowohl durch Art. 20 Abs. 3 als auch durch Art. 3 GG gewährt wird.[559] Ein Verstoß hiergegen ist aber wesentlich seltener anzunehmen, als dies gerne von Verfassungsbeschwerdeführern gerügt wird, die mit einer fachgerichtlichen Auslegung nicht zufrieden sind. Obergerichtlichen Strafurteilen wird vom Verfassungsgericht dieser Vorwurf praktisch nie gemacht. Zuletzt ist an die **Ausschließung** von Richtern gem. § 22 in bestimmten Fällen der persönlichen oder sachlichen Voreingenommenheit sowie insbes. auch an die **Ablehnung wegen der Besorgnis der Befangenheit** nach § 24 zu denken. Während es sich beim Ausschluss kraft Gesetzes um einen formalen und damit vergleichsweise leicht handhabbaren Katalog handelt, ist die Besorgnis der Befangenheit in hohem Maße durch eine Kasuistik geprägt,[560] bei der es in extremer Weise auf die Umstände des Einzelfalles ankommt. Besondere Schärfe erlangen sowohl Ausschließung als auch Ablehnbarkeit dadurch, dass diesbezügliche Fehler zu **absoluten Revisionsgründen** nach § 338 Nr. 2 bzw. 3 führen.

289 Eine nicht geringe Bedeutung spielt in der Strafgerichtsbarkeit auch der Einsatz von **Laienrichtern.** Mit Schöffen besetzt sind neben dem erstinstanzlichen Schöffengericht am AG insbes. auch sowohl Große als auch Kleine Strafkammer am LG. Über Vor- und Nachteile einer Laienbeteiligung lässt sich rechtspolitisch trefflich streiten, und man tut den Schöffen im Strafrecht wohl kein Unrecht, wenn man ihre Bedeutung gegenüber den Beisitzern etwa im arbeitsrechtlichen Verfahren oder in der Kammer für Handelssachen eher relativiert. Gleichwohl sollte die für eine **Verurteilungsmehrheit** (vgl. § 263) erforderliche Überzeugung auch der bzw. mindestens eines Schöffen durch den bzw. die Berufsrichter nicht unterschätzt werden, soweit es etwa um die Frage des Wortlauts einer strafbarkeitsbegründenden Vorschrift und insbes. um die richterliche Überzeugungsbildung bei schwierigen Beweislagen geht. Zu den Schwierigkeiten im Zusammenhang mit der Aktenkenntnis und sonstigen schriftlichen Unterlagen bei Schöffen und dem Unmittelbarkeitsgrundsatz bzw. dem Mündlichkeitsgrundsatz bereits → Rn. 190 ff.

290 **bb) Zuständigkeit.** Ebenso wie im Zivilverfahren ist die **sachliche Zuständigkeit** der Strafgerichte im Wesentlichen im **Gerichtsverfassungsgesetz** geregelt, während die **örtliche Zuständigkeit** in der fachgerichtlichen Prozessordnung selbst, dh hier in **§§ 7 ff. StPO** geregelt ist. Örtlich sind hierbei insbes. die Gerichtsstände des Tatortes, des Wohn- oder Aufenthaltsortes sowie des Ergreifensortes (§§ 7–9 ff.) von Bedeutung; §§ 10 ff. enthalten Sonderregelungen für Straftaten auf Schiffen bzw. Luftfahrzeugen, bei Straftaten gegen die Umwelt und für deutsche Beamte im Ausland. Zwischen den verschiedenen Gerichtsständen gilt im Konfliktfall grds. das **Prioritätsprinzip.** Das Auswahlermessen der Staatsanwaltschaft, wo bei divergierenden Gerichtsständen Anklage erhoben wird, ist mit Blick auf den Grundsatz des gesetzlichen Richters nicht völlig unproblematisch, *de lege lata* aber

---

556 Vgl. BVerfG 6.6.1967 – 2 BvR 375, 53/60, 18/65, BVerfGE 22, 49 (73 ff.).

557 Vgl. statt vieler nur BVerfG 26.4.1988 – 1 BvR 669, 686, 687/87, BVerfGE 78, 123 (126) = NJW 1988, 2787; BVerfG 3.11.1992 – 1 BvR 1243/88, BVerfGE 87, 273 (278) = NJW 1993, 996.

558 Zum Verhältnis von Dienstaufsicht und Unabhängigkeit vgl. *Pfeiffer*, FS Bengl, 1984, 85; *ders.*, FS Zeidler, Bd. 1, 1987, 67 (70).

559 Vgl. nur BVerfG 7.4.1992 – 1 BvR 1772/91, BVerfGE 86, 59 (62 f.) = NJW 1992, 1675.

560 Vgl. zu dieser statt vieler nur hier die Kommentierung zu § 24 sowie SSW/*Kudlich*/*Noltensmeier* § 24 Rn. 9 ff.

letztlich (in den Grenzen des Willkürverbotes, das letztlich aber selten verletzt sein wird) wohl hinzunehmen.

Sachlich besteht nach §§ 22 ff., 73 ff. und 120 GVG letztlich **systematisch eine „Auffangzuständigkeit" für die großen Strafkammern** (vgl. § 74 Abs. 1 S. 1 GVG) soweit nicht – wie häufig und bei Vergehen stets – das AG oder – wie nur in einem engen Katalog insbes. im Staatsschutzbereich – das OLG erstinstanzlich zuständig ist. Für die Abgrenzung im Einzelnen vgl. die Kommentierung zu den einschlägigen Vorschriften des GVG. Mit Blick auf die sachliche Zuständigkeit ist auch das System der **§§ 269 f.** zu beachten, wonach bei einer materiell unrichtigen Anklage vor einem Gericht höherer Ordnung dieses die Sache nach § 269 nicht an ein Gericht niederer Ordnung verweisen darf (so dass aus der Verhandlung vor dem Gericht höherer Ordnung auch kein revisibler Rechtsfehler folgt, soweit die Zuständigkeit nicht willkürlich angenommen wurde) während nach § 270 bei einer fehlerhaften Anklage an ein Gericht niederer Ordnung grds. eine Verweisung an das Gericht höherer Ordnung erforderlich ist.[561] Neben der sachlichen und örtlichen Zuständigkeit im Regel-Erkenntnisverfahren ist insbes. auch die **Sonderzuständigkeit der Jugendgerichte** in Jugendstrafsachen (vgl. §§ 33 ff. JGG) zu beachten. 291

cc) Instanzenzug. Gegen erstinstanzliche Urteile des AG (ob Strafrichter oder Schöffengericht) ist eine Berufung zur Kleinen Strafkammer des LG möglich (vgl. § 312; § 76 Abs. 1 S. 1 GVG); gegen das Berufungsurteil dann eine Revision zum OLG (das nach § 335 auch unmittelbar mit der Sprungrevision angerufen werden kann). Gegen erstinstanzliche Urteile des LG (Große Strafkammer) oder des OLG ist eine Revision zum BGH statthaft (vgl. § 333). 292

dd) Gerichtszuständigkeit im Ermittlungsverfahren. Vor Anklageerhebung ist als Gericht der sog **Ermittlungsrichter** zuständig, dessen örtliche und sachliche Zuständigkeit in der StPO geregelt ist: Grds. ist als Ermittlungsrichter ein Richter bei dem AG, in dessen Bezirk die Staatsanwaltschaft oder ihre den Antrag stellende Zweigstelle ihren Sitz hat (vgl. § 162 Abs. 1 S. 1; seit 2007 also nicht mehr bei dem AG, in dessen Bezirk die beantragte Maßnahme auszuführen ist[562]). Funktional zuständig ist der nach § 21e Abs. 1 S. 1 GVG bestellte Richter am AG. In Sachen, die nach § 120 GVG zur Zuständigkeit des OLG im ersten Rechtszug gehören, können neben dem Ermittlungsrichter am AG Maßnahmen auch durch Ermittlungsrichter dieses OLG angeordnet werden (§ 169 Abs. 1 S. 1). Führt der Generalbundesanwalt die Ermittlungen, so ist der Ermittlungsrichter des BGH zuständig (§ 169 Abs. 1 S. 2). 293

b) Staatsanwaltschaft. aa) Grundlagen und Stellung. Die Staatsanwaltschaft ist eine **hierarchisch strukturierte Behörde,** die ein gegenüber den Gerichten selbständiges Organ der Strafrechtspflege darstellt,[563] welcher im Verfahren aber – trotz eines gewissen strukturellen Antagonismus gegenüber Angeklagtem und Verteidiger – **keine echte Parteistellung** zukommt.[564] Dies wird schon durch die in § 160 Abs. 2 (dort freilich explizit nur für das Ermittlungsverfahren) festgeschriebene Neutralität deutlich. Auf Bundesebene besteht die dem Justizminister unterstellte (vgl. § 147 Nr. 1 GVG) **Bundesanwaltschaft** beim BGH (vgl. § 142 Nr. 1 GVG), die vom Generalbundesanwalt geleitet wird und an der Staatsanwälte als Bundesanwälte tätig sind. In die Zuständigkeit des Bundesanwaltes fallen die Verfolgung von Straftaten nach § 120 Abs. 1 und 2 GVG (erstinstanzliche Zuständigkeit der Oberlandesgerichte im ersten Rechtszug, insbes. Staatsschutzbereich) sowie die 294

---

561 Vgl. hierzu neben der Kommentierung zu §§ 269, 270 auch hier → Rn. 365.

562 Das ermöglicht auch eine parallele landesweit Zuständigkeit des lokalen Ermittlungsrichter bei Bestehen von Schwerpunktstaatsanwaltschaften iSd § 143 Abs. 4 GVG.

563 Vgl. nur BGH 14.7.1971 – 3 StR 73/71, BGHSt 24, 170 (171) = NJW 1971, 2082 (2083); *Rudolph* NJW 1998, 1205 (1206).

564 Vgl. BGH 23.9.1960 – 3 StR 28/60, BGHSt 15, 155 (159) = NJW 1960, 2346 (2347). Eine andere Metaphorik liegt allerdings § 347 S. 1 zu Grunde, der im Revisionsverfahren von der Zustellung der Begründung an den „Gegner" spricht.

Verhandlung von Revisionen vor dem BGH. Die Staatsanwaltschaften der Länder unterstehen nach § 147 Nr. 2 GVG dem Justizminister des jeweiligen Bundeslandes. Sie sind nach § 142 Nr. 2 GVG als Generalstaatsanwaltschaften bei den Oberlandesgerichten (mit dem Generalstaatsanwalt als Behördenleiter und weiteren Staatsanwälten) bzw. nach § 142 Nr. 2 GVG als Staatsanwaltschaft bei den Landgerichten (mit dem leitenden Oberstaatsanwalt als Behördenleiter und weiteren Staatsanwälten sowie einer Zuständigkeit auch für etwaige Amtsanwälte) angesiedelt.

295 Ungeachtet der unterhalb der hier angedeuteten Strukturen weiter fein ausdifferenzierten Aufgabenbereiche der einzelnen Staatsanwälte in verschiedenen Abteilungen ergibt sich aus der hierarchischen Struktur der jeweiligen Behörde, dass „die Staatsanwaltschaft" im Außenverhältnis **durch den jeweils handelnden Staatsanwalt wirksam vertreten** wird und dass der jeweils erste Beamte der Staatsanwaltschaften nach § 145 Abs. 1 GVG jeweils ein **Devolutions- und Substitutionsrecht** hat; letzteres kommt auch dem jeweiligen Justizminister zu. Ferner besteht – jedenfalls in den Grenzen rechtmäßigen Handelns – sowohl ein internes als auch (durch den jeweiligen Justizminister) externes **Weisungsrecht,** wobei im Zweifelsfall und bei grundlegender Bedeutung der Fragen wohl einer Konfliktlösung durch Devolutions- und Substitutionsrecht der Vorzug vor Weisungen zu geben ist, welche die agierenden Staatsanwälte nur schlecht mit ihrem „juristischen Gewissen" vereinbaren können.

296 **bb) Aufgaben, Rechte und Pflichten der Staatsanwaltschaft.** Die Staatsanwaltschaft ist im Rahmen ihrer jeweiligen Zuständigkeit zunächst **Herrin des Ermittlungsverfahrens** (bereits → Rn. 214), wobei sie auch durch die – ihr gegenüber insoweit weisungsgebundene – Polizei tätig wird. Mit dem Abschluss des Ermittlungsverfahrens wird sie ggf. von der Ermittlungs- zur **Anklagebehörde,** welche dabei nicht nur das Anklagemonopol besitzt, sondern auch im Rahmen der **Hauptverhandlung mit diversen Rechten** (Anträgen, Äußerungsrechten und insbes. einem bei Verletzung absolut revisiblen Anwesenheitsrecht, vgl. §§ 226, 338 Nr. 5) ausgestattet ist. Im Falle einer Verurteilung wirkt die Staatsanwaltschaft schließlich auch als **Vollstreckungsbehörde** (→ Rn. 275). Bei ihrer Arbeit ist die Staatsanwaltschaft systematisch grds. an das Legalitätsprinzip gebunden (vgl. zum Legalitätsprinzip bereits → Rn. 127 ff.), wobei rein tatsächlich bei kleinerer und mittlerer Kriminalität die Anwendung des Opportunitätsprinzips insbes. nach §§ 153 und 153a (bzw. beim „Zuschnitt" der Verfahren auch nach §§ 154, 154a) überwiegt.

297 **cc) Sonstiges.** Die Vorschriften über **Ausschließung und Besorgnis der Befangenheit** nach §§ 22 ff. gelten nach hM nicht unmittelbar für Staatsanwälte.[565] Unabhängig davon ist es mit rechtstaatlichen Grundsätzen nicht zu vereinbaren, wenn ein persönlich betroffener Staatsanwalt an dem Verfahren in entscheidender Weise mitwirkt. Ungeachtet der Tatsache, dass die meisten verbindlichen Entscheidungen (insbes. Verurteilungen) nur durch das Gericht getroffen werden können, ist der rechtliche, vor allem aber auch faktische Einfluss der Staatsanwaltschaft zu groß, als dass dieser Gesichtspunkt vernachlässigt werden dürfte. Hinzukommt, dass durch das **Substitutionsrecht** (und etwa auch die Beschränkung des Anwesenheitsrechts der Staatsanwaltschaft in § 226 nur auf einen Vertreter der Staatsanwaltschaft, nicht notwendig auf dieselbe Person während des gesamten Verfahrens) ein „Austausch" des Staatsanwaltes viel einfacher möglich ist als bei einem Richter, bei dem stets die feinen, bis in den Geschäftsverteilungsplan hinunterreichenden Garantien des gesetzlichen Richters (→ Rn. 66 ff.) ebenso zu berücksichtigen sind wie das Erfordernis der ununterbrochenen Anwesenheit des letztlich entscheidenden Richters, der sein Urteil aus dem Inbegriff der gesamten Hauptverhandlung zu fällen hat. Wirkt daher ein aufgrund seines Näheverhältnisses oder aufgrund von anderen Umständen greifbar dem Verdacht einer Befangenheit unterliegender Staatanwalt in erheblicher Weise am Verfahren mit,

---

[565] Verfassungsrechtlich abgesegnet durch BVerfG 16.4.1969 – 2 BvR 115/69, BVerfGE 25, 336 (345); vgl. im Einzelnen auch die Kommentierung zu §§ 22 und 24 sowie ergänzend SSW/*Kudlich/Noltensmeier* § 22 Rn. 5, § 24 Rn. 23.

liegt es nicht fern, darin auch nach allgemeinen **rechtsstaatlichen Grundsätzen einen potentiell revisiblen Rechtsfehler** zu sehen.[566]

298 Eine gewisse **„Kontrolle"** der Orientierung am Legalitätsprinzip erfolgt durch das **Klageerzwingungsverfahren** (→ Rn. 228 f.). Eher ergänzenden als kontrollierenden Charakter hat das Strafantragsanrecht (iSd § 77 StGB), da es hier nicht um die Absicherung des Legalitätsprinzips, sondern um eine Ergänzung bzw. partielle Durchbrechungen geht. Erst recht gilt dies für das Privatklageverfahren. Eine gerichtliche Kontrolle ist unabhängig davon ebenso wie bei sonstigem behördlichem Handeln denkbar, wodurch im Einzelfall auch Schadensersatz- bzw. Entschädigungsansprüche begründet werden können (ohne dass insoweit das Spruchrichterprivileg des § 839 BGB eingreifen würde).[567]

299 **c) Polizei. aa) Stellung und Funktion.** Der Polizei kommen **repressive wie präventive Aufgaben** zu. Im hier interessierenden Bereich der Strafverfolgung liegt genuin repressives Handeln vor, was dazu führt, dass sich die polizeilichen Befugnisse im Wesentlichen aus der StPO (Strafprozessrecht als Bundesrecht), nicht aus den Polizeigesetzen der Länder (Polizeirecht im Sinn des präventiven Sicherheitsrechts als Landesrecht) ergeben. Insbes. in einigen (rechtlich oder auch nur phänomenologisch abgrenzbaren) Deliktsgruppen mit wiederholter Tatbegehung und verfestigten Täterstrukturen kann die **Abgrenzung** zwischen repressivem und präventivem Handeln **schwierig** sein. Die heute hM fragt hier nach dem **Schwerpunkt** der jeweiligen Maßnahme, wobei grds. eine Vermutung dafür besteht, dass die Polizei rechtmäßig, dh insoweit auch „aufgabengerecht" handeln will[568] (was freilich nicht notwendig dazu führt, dass bei einem einheitlichen Handeln die präventiven und repressiven Befugnisse gleichsam kombiniert werden und sich wechselseitig ergänzen können[569]). Für den **Rechtschutz gegen polizeiliches Handeln** führt dies dazu, dass gegen sicherheitsrechtliche (präventive) Maßnahmen der Rechtsweg zu den Verwaltungsgerichten eröffnet ist, während die Rechtmäßigkeit von Maßnahmen im Rahmen der Strafverfolgung von den ordentlichen Gerichten überprüft werden, sei es über Sondervorschriften (wie insbes. § 98 Abs. 2), sei es mangels anderer Bestimmungen nach §§ 23 ff. EGGVG.

300 Dass die Polizei formal nicht der Staatsanwaltschaft bzw. nicht dem Justizministerium, sondern den Länderministerien des Inneren (bzw. im Fall der Bundespolizei dem Bundesministerium) unterstellt ist, ändert daran nichts. Denn trotz der **faktischen Vorrangstellung der Polizei** bei der Durchführung vieler Ermittlungen und einer daraus resultierenden tatsächlichen Machtverschiebung zur Polizei hin[570] bleibt die Staatsanwaltschaft nach der Konzeption der Strafprozessordnung Herrin des Ermittlungsverfahrens, und die Ermittlungsaufträge der Polizei werden gleichsam für die Staatsanwaltschaft als Justizbehörde durchgeführt.

301 **bb) Polizeiliches Legalitätsprinzip.** Nach Maßgabe von § 163 Abs. 1 wird die (Kriminal-)Polizei **auch ohne konkreten Ermittlungsauftrag** durch die Staatsanwaltschaft tätig; insoweit ist sie im gleichen Umfang dem Legalitätsprinzip verpflichtet wie diese.[571] Anders als im durch das Opportunitätsprinzip geprägten Sicherheitsrecht gelten auch und gerade für die Polizei im Rahmen des Strafprozessrechts **keine Ausnahmen vom Legalitätsprinzip.** Die Befugnis, nach pflichtgemäßem Ermessen in den im Gesetz geregelten Fällen Verfahren einzustellen bzw. die Verfolgung zu beschränken (vgl. §§ 153 ff. sowie → Rn. 230 ff.) kommt nur der Staatsanwaltschaft, nicht aber der Polizei zu. Insofern hat die Polizei hier jedenfalls soweit zu ermitteln, dass die Staatsanwaltschaft eine Grundlage für eine entsprechende Entscheidung hat. Allein dort, wo ein Opportunitätsprinzip iS eines

---

[566] Vgl. BGH 19.10.1982 – 5 StR 408/82, NStZ 1983, 135; BGH 21.12.1988 – 2 StR 377/88, NStZ 1990, 24; vgl. näher auch die Kommentierung zu § 22.

[567] Vgl. BGH 21.4.1988 – III ZR 255/86, NStZ 1988, 510 (511 f.).

[568] Einschränkend *Kühne* Rn. 155.

[569] Vgl. BGH 23.2.1962 – 4 StR 511/61, NJW 1962, 1020 (1021) sowie *Kühne* Rn. 156.

[570] Vgl. BVerwG 3.12.1974 – BVerwG I C 11.73, BVerwGE 47, 255 (261 f.) = NJW 1975, 893 (894); *Kühne* Rn. 135 f. unter Hinweis auf ein „kriminalistisches Kompetenzgefälle".

[571] Vgl. *Meyer-Goßner* § 163 Rn. 1.

echten Wahlrechts[572] besteht (etwa bei Privatklagedelikten), muss die Polizei nur beim Bestehen von Anhaltspunkten dafür ermitteln, dass die Staatsanwaltschaft ein öffentliches Interesse bejahen könnte. Entsprechend kann sich auch und gerade für Polizisten die oben allgemein angesprochene Frage nach einer Ermittlungspflicht bei privater Kenntniserlangung stellen.[573] Insoweit gelten die Ausführungen in → Rn. 130 entsprechend.

302 **cc) Ermittlungsbefugnisse der Polizei.** Nach § 163 Abs. 1 S. 2 ist die Polizei befugt, alle Behörden um **Auskunft** zu ersuchen bzw. bei Gefahr im Verzug die Auskunft zu verlangen; ferner dürfen **„Ermittlungen jeder Art"** vorgenommen werden, soweit keine abweichenden gesetzlichen Sonderregelungen bestehen. Diese strafprozessuale Ermittlungsgeneralklausel muss freilich so verstanden werden, dass sie sich in das ausdifferenzierte und abgestufte **System der strafprozessualen Zwangsmaßnahmen** einfügt und dieses (und insbes. auch die darin enthaltenen Kompetenzzuweisungen) **nicht aufweicht.** So wird man auf § 163 Abs. 1 S. 2 allein solche Maßnahmen nicht stützen können, die in der Eingriffstiefe mit in der StPO speziell geregelten Ermittlungsmaßnahmen vergleichbar sind. Auch die Anwendung von Zwang wird durch die Vorschrift allein nicht gedeckt.[574]

303 Vor diesem Hintergrund haben trotz der Generalklausel die **speziellen Befugnisse** und ihre Voraussetzungen eine erhebliche Bedeutung. Insoweit ist zwischen der **Durchführung** von gerichtlich oder staatsanwaltschaftlich angeordneten Maßnahmen und einer **eigenen Anordnungskompetenz** der Polizei – sei es originär oder bei Gefahr im Verzug – zu unterscheiden. Erstere liegt sehr häufig bei der Polizei; die zweitgenannten Befugnisse sind dagegen etwas seltener bzw. an höhere Hürden geknüpft. In Betracht kommen hier insbes. die Festnahmerechte nach §§ 127 Abs. 2, 127b, die Durchführung erkennungsdienstlicher Maßnahmen nach § 81b, der (nur zustimmungs-, nicht anordnungspflichtige) Einsatz von verdeckten Ermittlern nach § 110a, und die Identitätsfeststellung nach § 163b. Bei „Gefahr im Verzug" bzw. (der Sache nach gleichbedeutend) „Gefährdung des Untersuchungsergebnisses durch Verzögerung" hat die Polizei anstelle originärer richterlicher oder staatsanwaltschaftlicher Anordnungsbefugnis auch die Möglichkeit, Maßnahmen nach §§ 81a (vgl. Abs. 2), 81c (vgl. Abs. 5), 94 (vgl. § 98 Abs. 1 S. 1), 102 (vgl. § 105 Abs. 1 S. 1) oder 111 (vgl. Abs. 2) anzuordnen.

304 **d) Urkundsbeamter. aa) Stellung.** Auch die Urkundsbeamten der Geschäftsstelle, über welche die Norm über die Geschäftsstelle in § 153 GVG einige Regelungen enthält, sind **Teil des Gerichts** bzw. der Staatsanwaltschaft und damit Organ der Rechtspflege, nicht Teil der Verwaltung.[575] Im Strafprozess sind sie sogar insoweit ein **notwendiges Mitglied des erkennenden Gerichts,** als die Hauptverhandlung nach § 226 Abs. 1 in ununterbrochener Gegenwart eines Urkundsbeamten der Geschäftsstelle durchgeführt werden muss; bei einer Verletzung gegen diese Pflicht liegt ein absoluter Revisionsgrund nach **§ 338 Nr. 5** vor.

305 **bb) Aufgaben.** Die den Urkundsbeamten der Geschäftsstelle übertragenen Aufgaben liegen außerhalb der funktionellen Zuständigkeit des Richters,[576] was freilich nicht ausschließt, dass etwa bei der Abgabe von Erklärungen ein richterliches (Hauptverhandlungs-)Protokoll der Niederschrift der Geschäftsstelle gleichstehen und diese ersetzen kann. Wichtige Aufgaben im Einzelnen sind die **Führung der Schöffenliste** (vgl. § 44 GVG), die **Protokollierung von Vernehmungen** durch die Staatsanwaltschaft oder das Gericht, die Aufnahme von **Rechtsmittelerklärungen** (vgl. §§ 314, 341) oder die Protokollierung von Strafanträgen (vgl. § 158 Abs. 2). Von zentraler Bedeutung ist die **Erstellung des Hauptverhandlungsprotokolls,** welches nach § 271 nicht nur vom Vorsitzenden, sondern auch vom Urkundsbeamten der Geschäftsstelle zu unterschreiben ist. Die besondere Bedeutung dieses Protokolls und damit

---

572 Vgl. *Meyer-Goßner* § 152 Rn. 7.

573 Vgl. auch BGH 29.10.1992 – 4 StR 358/92, BGHSt 38, 388 = NJW 1993, 544 mAnm *Mitsch* NStZ 1993, 384 und *Laubenthal* JuS 1993, 907 (zum konkreten Fall eines Beamten der Schutzpolizei).

574 Vgl. *Meyer-Goßner* § 163 Rn. 32.

575 Vgl. *Buhrow* NJW 1981, 907.

576 Vgl. BGH 19.8.1982 – 1 StR 595/81, BGHSt 31, 109 (113) = JR 1983, 383.

auch die spezielle Verantwortung des Urkundsbeamten ergeben sich aus der positiven und negativen Beweiskraft hinsichtlich der wesentlichen Förmlichkeiten (vgl. § 274), welche das Hauptverhandlungsprotokoll zum wichtigsten Beweismittel bei der Begründung von Verfahrensrügen in der Revision macht.[577] Daneben stellt die Geschäftsstelle auch Urteilsausfertigungen bzw. Auszüge und Vollstreckbarkeitsbescheinigungen aus und wirkt auch sonst in unterschiedlicher Weise (insbes. bei Ladungen und Zustellungen) mit. Auch das **Kosten- und Rechnungswesen** liegt in der Hand der Geschäftsstelle.

cc) Fehlerhafte Besetzung der Position der Urkundsperson. Für die Urkundspersonen in der Geschäftsstelle – auch dies zeigt die Bedeutung, welche der Gesetzgeber ihnen beimisst – gelten hinsichtlich **Ausschließung und Ablehnung** nach § 31 Abs. 1 die Vorschriften der §§ 22 ff. über die Richter entsprechend. Insoweit bestehen hier klarere und letztlich strengere Regeln über Ausschluss und Ablehnbarkeit als für die Staatsanwaltschaft (→ Rn. 297). Freilich ist hier zu beachten, dass die absoluten Revisionsgründe der **§§ 338 Nr. 2, 3** auf Richter und Schöffen beschränkt sind und die **Urkundsbeamten gerade nicht mit einbeziehen.** Dies führt im Ergebnis dazu, dass die Mitwirkung eines ausgeschlossenen oder befangenen Urkundsbeamten kaum erfolgreich gerügt werden kann, da das Urteil hierauf nicht beruhen wird.[578] Sehr wohl verliert das Protokoll eines nach § 22 ausgeschlossenen Urkundsbeamten aber nach verbreiteter Auffassung seine Beweiskraft[579] (während bei einem wegen Befangenheit erfolgreich abgelehnten Urkundsbeamten streitig ist, ob das Protokoll bis zu dessen Ausscheiden voll wirksam ist oder nicht[580]). 306

e) Gerichtshilfe. Die in § 160 Abs. 3 S. 1 und § 463d erwähnte Gerichtshilfe[581] ist nach Art. 294 EGStGB **Teil der Landesjustizverwaltungen,** wobei durch eine Rechtsverordnung auch eine andere Behörde aus dem Bereich der Sozialverwaltung mit den entsprechenden Aufgaben betreut werden kann. Aufgrund dieser rudimentären bundesgesetzlichen Regelungen ist das System auf **Landesebene ausdifferenziert** und höchst unterschiedlich: teilw. ist die Gerichtshilfe als eigenständige Einheit bei der Staatsanwaltschaft, teilw. bei der Justizverwaltung angesiedelt; teilw. ist sie in andere soziale Dienste beim LG, beim OLG oder bei der Justizverwaltung eingegliedert.[582] 307

Arbeitsschwerpunkte der Gerichtshilfe sind zunächst Ermittlungshilfen für Sanktionierung (vgl. § 160 Abs. 3) und Vollstreckung (§ 463d). Beiträge zur Überführung oder Nichtüberführung des Angeklagten gehören dagegen nicht in ihren Aufgabenbereich.[583] Anders als die Jugendgerichtshilfe (vgl. § 38 JGG), die auch im Verfahren gegen Heranwachsende tätig wird (vgl. § 107 JGG), ist die Erwachsenen-Gerichtshilfe **keine Verfahrensbeteiligte.** 308

Weitere denkbare Tätigkeiten sind die Vermittlung von Arbeitsstellen (auch zur Abwendung von drohenden Ersatzfreiheitsstrafen) vgl. auch Art. 293 EGStGB. Ferner kann die Gerichtshilfe sog Haftentscheidungshilfe (Ermittlung der für die Anordnung oder Aufrechterhaltung von Untersuchungshaft nach § 112 bedeutsamen Aspekte) leisten oder bei der Durchführung des Täter-Opfer-Ausgleichs tätig werden. 309

3. Verteidiger. a) Allgemeines und Stellung des Verteidigers. Die Rolle des Verteidigers des Beschuldigten im Strafverfahren ist primär in § 137 ff. geregelt. Ergänzend spielen **verfassungsrechtliche Aspekte** (und dabei über die auch für den Beschuldigten bedeutsamen Grundrechte, → Rn. 53 ff., hinaus insbes. auch Art. 12 GG[584]) eine Rolle. 310

[577] Vgl. hierzu und zum Problem der Protokollberichtigung und Rügeverkümmerung → Rn. 270 ff.; ferner die Kommentierung zu §§ 271 ff.

[578] Vgl. für den Protokollführer bereits RG 2.7.1934 – 3 D 1281/33, RGSt 68, 272 (273).

[579] Vgl. RG 2.7.1934 – 3 D 1281/33, RGSt 68, 272 (273); Löwe/Rosenberg/*Siolek* § 31 Rn. 17; SSW/*Kudlich/Noltensmeier* § 31 Rn. 10.

[580] Vgl. etwa *Meyer-Goßner* § 31 Rn. 3 (für Gültigkeit des Protokolls); SSW/*Kudlich/Noltensmeier* § 31 Rn. 7; KK-StPO/*Pfeiffer* § 31 Rn. 3 (gegen Gültigkeit).

[581] Vgl. zu den Aufgaben allg. *Hörster* JZ 1982, 92; *Schöch*, FS Leferenz, 1983, 127.

[582] Vgl. für einen Überblick Löwe/Rosenberg/*Erb* § 160 Rn. 70 ff.

[583] Vgl. *Meyer-Goßer* § 160 Rn. 24.

[584] Vgl. *Jahn* „Konfliktverteidigung" und Inquisitionsmaxime, 1998, S. 155 ff.

Auch die **BRAO** kann im Einzelfall mit Gewinn herangezogen werden. Der Verteidiger soll dem Beschuldigten die Möglichkeit gewähren, Gang und Ergebnis des Strafverfahrens zu beeinflussen,[585] und wird vom BVerfG als „Garant der Unschuldsvermutung" angesehen.[586] Seine **Aufgaben** sind vielfältig und beginnen (bis heute bisweilen unterschätzt) schon lange vor der Hauptverhandlung. In dieser ist seine Rolle freilich besonders deutlich, da er diverse aktive Mitwirkungsrechte hat, um seiner Kontroll-, Aufklärungs- und Äußerungsfunktion nachzukommen, so insbes. das Beweisantragsrecht (§§ 244–246), das Fragerecht (§§ 239–241) und das Recht zum Schlussvortrag (vgl. § 258).

311 Insbes. die Rspr. sieht im Verteidiger neben Gericht und Staatsanwaltschaft ein weiteres **„Organ der Rechtspflege".**[587] Daran ist – unabhängig davon, wie man seine Stellung und insbes. das Verhältnis zu seinem Mandanten insg. im Detail bewertet[588] – ohne Zweifel richtig, dass dem Verteidiger von der StPO an vielen Stellen (etwa beim Akteneinsichtsrecht) eine mehr oder weniger **starke Stellung** eingeräumt wird, mit der **legitimerweise eine gewisse Erwartungshaltung** verbunden ist, dass der Verteidiger diese nicht missbraucht.[589] Die Erwartungshaltung, dass gleichsam nicht „negativ Obstruktion betrieben wird", führt jedoch nicht dazu, dass umgekehrt gleichsam im positiven Sinne kooperiert werden muss bzw. Loyalitätspflichten gegenüber dem Gericht bestehen. In diesem Sinne ist der Verteidiger auch **kein Bestandteil des staatlichen Organisationsapparates**[590] und darf auch nicht uneingeschränkt vom Gericht kontrolliert werden.[591]

312 Anders gewendet lässt sich formulieren: Der Verteidiger ist zwar ein „Organ der Rechtspflege" (gegen das etwa deshalb auch keine Maßnahmen nach §§ 177, 179 GVG verhängt werden dürfen[592]), aber natürlich kein Teil des staatlichen Strafverfolgungsapparates. Oder nochmals anders gewendet: Gerade aufgrund der Bedeutung einer effektiven Verteidigung für ein rechtsstaatliches Strafverfahren ist „die Rechtspflege" im Sinne der „Organformel" weiter zu verstehen als die staatliche Organisation zur Strafverfolgung.[593] Auch wenn der Verteidiger **auf Seiten des Beschuldigten** steht,[594] hat er eine mit Sonderrechten ausgestattete Rolle in dem (über die staatliche Organisation hinaus zu verstehenden) Subsystem „Strafrechtspflege", mit der die Beschränkung auf den Einsatz rechtlich erlaubter Mittel zur Verteidigung korrespondiert.[595]

---

[585] Vgl. BVerfG 12.4.1983 – 2 BvR 1304/80, 432/81, BVerfGE 63, 380 (390 f.) = NJW 1983, 1599.

[586] Vgl. BVerfG 8.10.1974 – 2 BvR 747, 748, 749, 750, 751, 752, 753/73, BVerfGE 38, 105 (111 ff.) = NJW 1975, 103 ff.

[587] Vgl. BVerfG 26.2.1980 – 2 BvR 752/78, BVerfGE 53, 207 (214) = NJW 1980, 1677 (1678); BGH 2.3.1961 – 3 StR 49/60, BGHSt 15, 326 = NJW 1961, 614. Zu weiteren Ansätzen neben dieser – in verschiedenen Schattierungen durchaus herrschenden – Organtheorie vgl. den Überblick bei *Beulke/Ruhmannseder,* Die Strafbarkeit des Verteidigers, 2010, Rn. 10 ff.; zusammenfassend und auf den „Dualismus zwischen Individual- und Allgemeininteresse" herunterbrechend *Paulus* NStZ 1992, 305 f.

[588] Vgl. hierzu auch die Kommentierung zu § 137.

[589] Hier in einem untechnischen Sinn zu verstehen. Zum Missbrauch von Verfahrensrechte – nicht nur aber auch durch den Verteidiger – vgl. auch → Rn. 342 ff.

[590] Vgl. *Krämer* NJW 1995, 2313 (2315).

[591] Vgl. BVerfG 14.2.1973 – 2 BvR 667/72, BVerfGE 34, 293 (299 ff.) = NJW 1973, 696 ff.; eine Kontrolle erfolgt vielmehr vorrangig über die Ehrengerichtsbarkeit (vgl. BVerfG 4.4.1984 – 1 BvR 1287/83, BVerfGE 66, 337 (345 f.; 352 ff.) = NJW 1984, 2341 ff.), wobei etwa die Standespflichten nach § 43 BRAO zu beachten sind.

[592] Maßnahmen nach § 176 GVG bleiben demgegenüber möglich, vgl. BVerfG 7.4.1978 – 2 BvR 202/78, BVerfGE 48, 118 (122 ff.) = NJW 1978, 1048 (1049); BVerfG 29.9.1997 – 2 BvR 1676/97, NJW 1998, 296 (297 f.).

[593] In diesem Sinn ist der Verteidiger dann auch allenfalls eingeschränkt einer effektiven Rechtspflege verpflichtet, falls man diese eng nur mit der Durchsetzung (und nicht mit der prozessordnungsgemäßen Abwehr) des staatlichen Strafanspruchs assoziiert, vgl. insoweit auch *Beulke,* Der Verteidiger im Strafverfahren, 1980, S. 259 ff., auf der Grundlage seiner „eingeschränkten Organtheorie" (aaO, S. 145 ff.).

[594] In diesem Sinne ist er natürlich auch ein Interessenvertreter, wie es die gleichnamige Theorie postuliert, vgl. etwa *Bernsmann* StraFo 1999, 226 (229 f.); *Gatzweiler* StV 1985, 248; *Wassmann,* Strafverteidigung und Strafvereitelung, 1982, S. 64 ff., 71 ff., 255, ohne dass deren extreme Folgerungen überzeugen könnten, vgl. anschaulich *Beulke/Ruhmannseder,* Die Strafbarkeit des Verteidigers, 2010, Rn. 16.

[595] Vgl. *Meyer-Goßner,* FS 50 Jahre BGH, 2000, 615 (637).

Die Entwicklung der Strafverteidiger in den letzten Jahren und Jahrzehnten ist durch eine **zunehmende Professionalisierung** – oder genauer gesagt: durch eine deutliche Ausweitung derjenigen Anwälte, die sich entsprechend spezialisieren – gekennzeichnet. Dies dürfte neben allgemeinen professionssozilogischen Tendenzen hin zu einer Spezialisierung etwa durch die Einführung der Fachanwaltschaften, aber auch durch die ständige Ausdifferenzierung der Materie und verbesserte Informationsmöglichkeiten in einer veränderten Medienlandschaft bedingt sein. Noch stärker als die tatsächliche Spezialisierung und Professionalisierung ist aber vielleicht die (wenn nicht notwendig empirische, so doch normative) **Erwartungshaltung der Rspr.** an diese Professionalisierung angestiegen. Durch diverse **Mitwirkungsobliegenheiten**[596] wird die Verteidigung mehr denn je „in die Pflicht genommen", und bei einer Nichterfüllung dieser Pflichten drohen dem Mandanten Nachteile. Es ist aber fraglich, ob diese Erwartungshaltung in allen Bereichen angemessen ist, was freilich nicht vorschnell als Problem allein der Verteidigung abgetan werden kann, denn eine entsprechende Fehleinschätzung[597] geht letztlich meist zulasten des Beschuldigten. 313

Ein Verteidiger kann nach Maßgabe der **§§ 138a, 138b** (in jeder Lage des Verfahrens) **ausgeschlossen** werden, dh etwa auch im Vollstreckungs-, Strafvollzugs- oder Wiederaufnahmeverfahren.[598] Diese – nach Auffassung des BVerfG[599] verfassungsgemäßen – Vorschriften regeln die strafprozessualen Ausschließungsgründe abschließend; andere „Verfehlungen" des Verteidigers rechtfertigen seine Ausschließung nicht; ein Rückgriff auf allgemeine Abwägungskriterien (etwa analog § 34 StGB) ist nicht möglich. 314

b) Arten der Verteidigung. Die Verteidigerstellung kann durch **Beiordnung**[600] (bei der sog Pflichtverteidigung → Rn. 317 ff.) **oder durch Bevollmächtigung** (bei der Wahlverteidigung) begründet werden. Als Verteidiger wählbar sind nach § 138 Abs. 1 insbes. alle in Deutschland zugelassenen Rechtsanwälte sowie Rechtslehrer (Professoren und Privatdozenten) an deutschen Hochschulen. Mit Genehmigung des Gerichts sind auch andere Beistände wählbar. Beschränkungen in der freien Verteidigerwahl ergeben sich dahingehend, dass ein Beschuldigter in einem Strafverfahren **maximal von drei Verteidigern** vertreten werden darf, vgl. § 137 Abs. 1 S. 2; umgekehrt gilt ein durch § 146 statuiertes (und durch § 356 StGB flankiertes) **Verbot der Mehrfachverteidigung.** Nicht erfasst von diesem prozessualen Verbot wird die sog sukzessive Mehrfachverteidigung.[601] Wird der das Mandatsverhältnis tragende Geschäftsbesorgungsvertrag mit einer **Sozietät** abgeschlossen, so werden grds. alle Sozien zu Verteidigern bestellt, sofern bei Vertragsabschluss keine namentliche Beschränkung erfolgt.[602] Dies kann zu Problemen sowohl mit dem Verbot der Mehrfachverteidigung als auch mit der Beschränkung auf maximal drei Wahlverteidiger führen. Da es sich letztlich um eine Frage der Auslegung des Vertrages handelt, wird man hinsichtlich des letztgenannten Punktes auch eine **Vollmacht,** die auf eine Sozietät ausgestellt wird, nicht so **auslegen,** dass ggf. mehr als drei Sozien zu Verteidigern bestellt werden; wenn keine anderen Anhaltspunkte deutlich werden, wird man (neben dem für die Sozietät unterzeichnenden) die weiteren Vertreter anhand von objektiven Kriterien (und sei es die Reihenfolge auf dem Briefkopf) zu bestimmen versuchen zu haben. 315

Das Verbot der Mehrfachverteidigung kann zu Problemen führen, wenn **mehrere Personen** innerhalb einer Rechtssache **die Sozietät mandatieren** wollen. Soweit hier keine 316

---

[596] Vgl. auch *Kudlich,* Gutachten C zum 68. Deutschen Juristentag, 2010, S. 92 ff.

[597] Man könnte auch von einem Auseinanderfallen der normativen Erwartung und der empirischen Befunde sprechen.

[598] Vgl. *Meyer-Goßner* § 138a Rn. 2.

[599] Vgl. BVerfG 4.7.1975 – 2 BvR 482/75, NJW 1975, 2341.

[600] Zur Beiordnung eines auswärtigen Verteidigers vgl. *Lehmann* NStZ 2012, 188.

[601] Vgl. OLG Celle 3.1.1989 – 3 Ws 394/88, StV 1989, 471 f. Dazu, dass diese aber den Vorwurf des § 356 StGB begründen kann, vgl. BGH 25.6.2008 – 5 StR 109/07, BGHSt 52, 307 = NStZ 2008, 627 mAnm *Gillmeister* NJW 2008, 2726 und *Bosch* JA 2008, 903.

[602] Vgl. BVerfG 28.10.1976 – 2 BvR 23/76, BVerfGE 43, 79 (94) = NJW 1977, 99 (100); BGH 7.6.1994 – 5 StR 85/94, BGHSt 40, 188 (189) = NJW 1994, 2302.

klare (und dh insbes. zwischen den verschiedenen Mandanten nach plausiblen Gesichtspunkten differenzierende) Auslegung möglich ist, muss damit gerechnet werden, dass das Gericht die Bestellung zurückweist. Schon aus diesem Grund ist bei der Mandatierung einer Sozietät regelmäßig zu empfehlen, die Vollmacht auf einzelne Sozien bzw. andere Rechtsanwälte zu beschränken. Dies ist auch insoweit unproblematisch, als die zulässige Verteidigerhöchstzahl von drei einer internen Mitwirkung anderer Anwälte im Hintergrund in keiner Weise entgegensteht.

317 Von den Fällen, in denen schon das „Ob" der Unterstützung durch einen Verteidiger in der freien Entscheidung des Beschuldigten steht, zu unterscheiden sind die Fälle der **notwendigen Verteidigung** nach §§ 140 ff. Begrifflich ist hier zwischen der „notwendigen Verteidigung" und der „Pflichtverteidigung" zu differenzieren: In Fällen der notwendigen Verteidigung nach § 140 StPO muss der Beschuldigte ab den nach § 141 (→ Rn. 319) einschlägigen Zeitpunkten einen Verteidiger haben: Dies kann ein frei gewählter Wahlverteidiger sein; wählt der Beschuldigte einen solchen nicht aus bzw. kann er diesen nicht engagieren, wird ihm ein **Pflichtverteidiger** zur Seite gestellt. Anders gewendet: Pflichtverteidiger gibt es nur in den Fällen der notwendigen Verteidigung; nicht jeder Verteidiger bei der notwendigen Verteidigung ist aber auch ein Pflichtverteidiger. Das Institut einer notwendigen Verteidigung ist eine Konkretisierung des Rechtstaatsprinzips, da mit der Bestellung eines Verteidigers ohne Rücksicht auf die Einkommens- und Vermögensverhältnisse des Angeklagten das Interesse gesichert wird, welches der Rechtstaat an einem prozessordnungsgemäßen Strafverfahren und zu diesem Zweck auch an einer wirksamen Verteidigung des Beschuldigten hat.[603]

318 **§ 140 Abs. 1** benennt dabei **katalogartig aufgezählte Einzelfälle,** von welchen die Hauptverhandlung im ersten Rechtszug vor dem LG oder OLG (Nr. 1) oder der Vorwurf eines Verbrechens (Nr. 2) die größte praktische Bedeutung haben; bedeutsam ist daneben auch die Beiordnung nach § 140 Abs. 1 Nr. 4 bei Anordnung der Untersuchungshaft.[604] Die **Auffangklausel des § 140 Abs. 2** greift ein, „wegen der Schwere der Tat oder wegen der Schwierigkeit der Sach- oder Rechtslage die Mitwirkung eines Verteidigers geboten erscheint oder wenn ersichtlich ist, dass sich der Beschuldigte nicht selbst verteidigen kann".

319 Die Beiordnung eines notwendigen Verteidigers[605] hat nach **§ 141 Abs. 1** regelmäßig zu dem **Zeitpunkt** zu erfolgen, zu dem der Angeschuldigte nach § 201 zur Erklärung über die Anklageschrift aufgefordert worden ist,[606] kann aber nach § 141 Abs. 3 auch schon früher erfolgen;[607] in Fällen des § 140 Abs. 1 Nr. 4 erfolgt die Beiordnung mit „Vollstreckung" der Untersuchungshaft, dh mit Eröffnung (nicht schon mit Erlass) des Haftbefehls. Ergibt sich die Notwendigkeit einer Verteidigung erst später, so ist in diesem Moment sofort zu handeln (vgl. § 141 Abs. 2). Auch wenn eine Wahlverteidigung erfolgt, ist nach Auffassung der Rspr. bei Vorliegen eines sachlichen Grundes[608] die Beiordnung eines **zusätzlichen Pflichtverteidigers** möglich, obwohl das Gesetz dies nicht ausdrücklich vorsieht.[609] Ist das Vertrauensverhältnis zwischen Mandant und Pflichtverteidiger nachhaltig gestört, muss eine **Entpflichtung** erfolgen,[610] wobei dem regelmäßig eine Abmahnung vorauszugehen

---

603 Vgl. nur BVerfG 6.11.1984 – 2 BvL 16/83, BVerfGE 68, 237 (254) = NJW 1985, 727 (728); BVerfG 19.10.1977 – 2 BvR 462/77, BVerfGE 46, 202 (210) = NJW 1978, 151; BVerfG 12.4.1983 – 2 BvR 1304/80, 432/81, BVerfGE 63, 380 (390 f.) = NJW 1983, 1599; *Meyer-Goßner* § 140 Rn. 1.

604 Zur Anordnung bei Überhaft vgl. *Busch* NStZ 2011, 663.

605 Vgl. dazu aus neuerer Zeit *Wenske* NStZ 2010, 479.

606 Zur Beiordnung schon im Ermittlungsverfahren *Sowada* NStZ 2005, 1.

607 Zur notwendigen Verteidigung bei ermittlungsrichterlicher Vernehmung vgl. BGH 25.7.2000 – 1 StR 169/00, BGHSt 46, 93 = NStZ 2001, 212.

608 Vgl. nur die Zusammenstellung bei *Meyer-Goßner* § 141 Rn. 1a.

609 Vgl. BGH 24.1.1961 – 1 StR 132/60, BGHSt 15, 306 (309) = NJW 1961, 740 (741); BVerfG 28.3.1984 – 2 BvR 275/83, BVerfGE 66, 313 (331) = NJW 1984, 2403.

610 Vgl. BGH 26.8.1993 – 4 StR 364/93, BGHSt 39, 310 (314 f.) = NJW 1993, 3275 (3277); BGH 19.5.1985 – 2 StR 22/88, NStZ 1988, 420; BGH 18.11.2003 – 1 StR 481/03, NStZ 2004, 632 (633); BVerfG 25.9.2001 – 2 BvR 1152/01, NJW 2001, 3695 (3697). Zusammenfassend *Hellwig/Zebisch* NStZ 2010, 602.

hat,[611] gegen welche isoliert keine Beschwerde möglich ist.[612] Gleiches gilt, wenn der Pflichtverteidiger die Verteidigung einstellt, weil sein Mandant ihn ablehnt. Das Gericht hat hier einen Ersatzverteidiger beizuordnen;[613] anderenfalls beruht das Urteil idR auf diesem Fehler.[614]

c) Verteidigung als Recht des Beschuldigten. Die Verteidigung des Beschuldigten liegt nicht nur als unverzichtbares Merkmal eines rechtstaatlichen Strafverfahrens im öffentlichen Interesse. Vielmehr und insbes. handelt es sich auch um ein **elementares subjektives Recht** des Beschuldigten. Über die Möglichkeit, einen Verteidiger seiner Wahl zu konsultieren, ist nach § 136 Abs. 1 S. 2 bereits bei der ersten Vernehmung zu **belehren;** entsprechende Versäumnisse – und sogar auch die mangelnde Unterstützung bei der Suche nach einem Verteidiger – können zu einem Beweisverwertungsverbot führen.[615] Auch besteht zumindest eine eingeschränkte[616] Pflicht des Staates, etwa bei der Terminierung der Hauptverhandlung entsprechende Absprachen mit dem Verteidiger zu treffen und auf diesen Rücksicht zu nehmen.[617] Hat der Beschuldigte mehrere Verteidiger gewählt, so besteht kein Anspruch darauf, dass immer alle anwesend sein können.[618] 320

d) Rechte des Verteidigers und ihre Grenzen. aa) Rechtsposition als Beistand. 321
Der Verteidiger übt als Beistand des Beschuldigten **eigene** (und nicht nur vom Beschuldigten abgeleitete) **Rechte** aus. Auch aus seiner eigenen Rechtsposition ist er damit umfassend berechtigt und verpflichtet, kann aber in den (seltenen) Fällen einer Abwesenheit des Angeklagten (zB in der Revisionshauptverhandlung) auch die Rechte des Angeklagten unmittelbar wahrnehmen.[619] In vielen Fällen ist diese Trennung eine theoretische. Und auch der Fall, in welchem der Verteidiger sein Recht abweichend vom Willen des Beschuldigten wahrnehmen wird, wird schon rein praktisch selten sein und es wird sich darüber hinaus die Frage stellen, inwiefern dies mit dem Mandatsvertrag vereinbar ist.

bb) Rechte des Verteidigers. Die Rechte des Verteidigers umfassen zunächst die voll- 322
ständige **Beratung und Vertretung** des Beschuldigten. Dies beinhaltet etwa die Erteilung umfassenden Rechtsrats (welcher als solcher auch nicht als Teilnahme einer in der Folge der Beratung durchgeführten Straftat strafbar sein kann[620]), die Entwicklung und Besprechung der Verteidigungsstrategie, die **Aufklärung** über das Schweigerecht des Beschuldigten und dessen Folgen. Des Weiteren hat der Verteidiger **Anwesenheitsrechte** in der Hauptverhandlung (§ 218), bei Inaugenscheinsnahmen (§ 168d) sowie bei Beschuldigten- und Zeugenvernehmungen (§ 168c). Dies gilt auch bei einer Vernehmung durch die Staatsanwaltschaft (vgl. § 163a iVm § 168c), nicht jedoch verpflichtend bei polizeilichen Vernehmungen. Zumindest mittelbar kann der Beschuldigte, der bereits über einen Verteidiger verfügt, dessen Hinzuziehung „erzwingen", indem er sich weigert, ohne ihn eine Aussage zu machen. Bedeutsam ist ferner das **Akteneinsichtsrecht,**[621] das im Grundsatz vom ersten Tag des Ermittlungsverfahrens an besteht, bei Gefährdung des Untersuchungszwecks bis zum Abschluss der Ermittlungen (vgl. § 147 Abs. 2 S. 1) jedoch beschränkt werden kann[622] (was kaum effektiv überprüfbar ist). Vgl. zum Umfang des Einsichtsrechts hinsichtlich der

---

[611] Vgl. OLG Hamburg 17.11.1997 – 2Ws 255/97, NJW 1998, 621.
[612] Vgl. OLG Hamburg 16.1.1998 – 2 Ws 16–97, NJW 1998, 1328.
[613] Vgl. BGH 14.5.1992 – 4 StR 202/92, NStZ 1992, 503.
[614] Vgl. BGH 14.5.1992 – 4 StR 202/92, NJW 1993, 340.
[615] → Rn. 284 ff., 467.
[616] Zur Situation bei der Pflichtverteidigung vgl. BGH 6.11.1991 – 4 StR 515/91, NJW 1992, 849.
[617] Vgl. zu den Maßstäben dieser Rücksicht und zu den Konsequenzen einer Verhinderung BGH 9.11.2006 – 1 StR 474/06, NStZ-RR 2007, 81 (82); BGH 6.7.1999 – 1 StR 142/99, NStZ 1999, 527.
[618] Vgl. BGH 9.11.2006 – 1 StR 474/06, NStZ-RR 2007, 81 (82); OLG Frankfurt a. M. 10.2.1997 – 3 Ws 111/97, NStZ 1997, 177.
[619] Vgl. BGH 8.3.1995 – 5 StR 434/94, BGHSt 41, 69 (71) = NJW 1995, 393.
[620] Vgl. *Kudlich,* Die Unterstützung fremder Straftaten durch berufsbedingtes Verhalten, 2004, S. 478 ff.
[621] Vgl. dazu auch *Wohlers/Schlegel* NStZ 2010, 486.
[622] Vgl. BVerfG 11.7.1994 – 2 BvR 777/94, NStZ 1994, 551 (552).

verschiedenen Aktenteile und -arten näher die Kommentierung zu § 147.[623] Üblicherweise erfolgt eine Abgabe der Akten an den Strafverteidiger in dessen Kanzlei; allerdings besteht hierauf kein uneingeschränkter gesetzlicher Anspruch.[624]

323 Das wohl vornehmste Recht des Verteidigers ist der – schriftliche wie mündliche – **freie Verkehr** mit seinem Mandanten, der (auch bei fernmündlichem Verkehr) grds. keiner Überwachung unterliegt.[625] Dieses Privileg des § 148 ergänzt auch § 53 Abs. 1 Nr. 2 sowie die flankierende Regelung des § 97 bei Beschlagnahmeverboten,[626] wenn eine Beschlagnahmefreiheit etwa auch dann vorliegt, wenn die Verteidigerpost sich nicht in den Räumlichkeiten des Verteidigers befindet. In Verfahren nach §§ 129a, 129b StGB sind Einschränkungen des freien Verkehrs nach Maßgabe der §§ 31, 34 EGGVG möglich.

324 **cc) Grenzen.** In der Frage nach den Grenzen der Rechte des Verteidigers spiegelt sich diejenige nach seiner Stellung (**Organtheorie versus Interessenvertreter,** → Rn. 311) wider. Geht man mit der hier vertretenen Auffassung davon aus, dass der Verteidiger zwar entsprechend der Regelung des § 1 BRAO „Organ der Rechtspflege" ist, dies jedoch nicht als Quasi-Inkorporierung in den Staatsapparat, sondern nur als Rollenzuweisung im Gesamtgeschehen der staatlichen Rechtspflege zu betrachten ist, so ergibt sich daraus Folgendes: Der Verteidiger ist nicht zur Unparteilichkeit und erst recht **nicht zu einer Loyalität gegenüber dem Staat** bzw. seinen Strafverfolgungsbehörden verpflichtet. Er ist aber in den Wahrheits- und Gerechtigkeitsfindungsprozess eingebunden und darf dies **nicht gesetzeswidrig boykottieren.** Eine Obstruktion der Rechtspflege, wie sie jedenfalls für den Angeklagten straflos möglich ist, ist dem Verteidiger nicht erlaubt; andererseits darf er aber sehr wohl im Rahmen dessen, was der formalisierte Rechtsfindungsprozess zu- oder auch nur offen lässt, alle Spielräume zugunsten seines Mandanten ausschöpfen.[627]

325 Konkret bedeutet dies etwa, dass auch wider besseres Wissen mit **sozialzulässigen Mitteln** ein Freispruch herbeigeführt und beantragt werden darf; auch gibt es zwar ein „Verbot der Lüge", umgekehrt aber **keine Offenbarungspflichten** gegenüber dem Gericht.[628] Unzulässig ist demgegenüber etwa der Rat oder die Unterstützung zu bzw. bei einer wissentlich wahrheitswidrigen Einlassung des Angeklagten (da diese zwar sanktionslos, deswegen aber noch lange nicht prozessordnungsgemäß ist).[629] Auch für den Verteidiger gelten ferner im **Grundsatz die allgemeinen Strafgesetze,** so etwa bei beleidigenden, verleumderischen oder volksverhetzenden Äußerungen[630] im Verfahren. Soweit hier – wie häufig (zB auch mit Blick auf Art. 5 Abs. 1 GG bei den Beleidigungsdelikten) – auslegungsbedürftige Tatbestands- bzw. Rechtfertigungsmerkmale enthalten sind, ist die prozessuale Sondersituation zu berücksichtigen. Eine prozessrechtliche Grenze des Verteidigerhandelns findet sich darüber hinaus – wie auch bei allen anderen Verfahrensbeteiligten, beim Verteidiger besonders intensiv diskutiert – in einem **allgemeinen Missbrauchsverbot,** das auch für das Strafprozessrecht anzuerkennen ist, keinesfalls aber vorschnell herangezogen werden darf (vgl. ausführlicher → Rn. 342 ff.).

326 **4. Weitere Verfahrensbeteiligte. a) Verletzter.** Der Verletzte war schon immer – und sei es als Zeuge (zum Zeugen als Beweismittel → Rn. 417 ff.) – ein Verfahrensbeteiligter. Seine **Stellung** hat sich allerdings im Lauf der Jahrzehnte **stark gewandelt** und ist

---

[623] Zum Akteneinsichtsrecht speziell in Fällen der Untersuchungshaft *Beulke/Witzigmann* NStZ 2011, 254; *Peglau* JR 2012, 231.

[624] Vgl. BGH 14.9.1993 – 5 StR 283/93, NStZ 1994, 227.

[625] Vgl. BGH 5.11.1985 – 2 StR 279/85, BGHSt 33, 347 (349); BGH 11.5.1988 – 3 StR 563/87, NStZ 1988, 562 f.

[626] Zu diesen etwa BGH 23.9.1977 – 1 BJs 55/75, 123, 126, 128, 133/76; 23, 80/77; StB 215/77, BGHSt 27, 260 (262); BGH 13.8.1973 – 1 BJs 6/71/StB 34/73, NJW 1973, 2035.

[627] Ähnlich iErg BGH 1.9.1992 – 1 StR 281/92, BGHSt 38, 345 (347 f.) = NJW 1993, 273 (274); BGH 9.5.2000 – 1 StR 106/00, BGHSt 46, 53 (55) = NJW 2000, 2433 (2434); vgl. auch – zugleich mit Hinweisen auf die Grenzen – *Senge* NStZ 2002, 225 (227).

[628] Vgl. *Dahs,* StraFo 2000, 181.

[629] Vgl. BGH 26.11.1998 – 4 StR207/98, NStZ 1999, 188 (189).

[630] Vgl. dazu BGH 6.4.2000 – 1 StR 502/99, BGHSt 46, 36 (44) = NJW 2000, 2217 (2218).

dabei immer wieder **gestärkt** worden. Der nach wie vor immer wieder pauschal erhobene Vorwurf, das Strafverfahrensrecht würde „Täterschutz über Opferschutz" stellen, kann daran nichts ändern, zumal insoweit auch kein unmittelbarer Zusammenhang besteht: Durch eine Berücksichtigung der Interessen des „Täters" (dh sowohl des Beschuldigten als auch insbes. später des Verurteilten) werden zumindest unmittelbar nur selten Rechtspositionen des Verletzten berührt. In den letzten Jahren ist der Pegel in der Diskussion aber auch bereits in die gegenteilige Richtung ausgeschlagen, und es wird zunehmend eine Beeinträchtigung von Beschuldigtenrechten durch eine zu starke Ausweitung der Verletztenrechte im Strafverfahren befürchtet.[631]

Die gegenwärtige Stellung des Verletzten – sei es als subsidiärer (vgl. §§ 172 ff., 374 ff.) 327
bzw. zusätzlicher (§§ 395 ff.) Vertreter des Sanktionsanspruchs, sei es als Vertreter seiner privaten Ansprüche (vgl. §§ 403 ff.) – ist maßgeblich durch das **Opferschutzgesetz** aus dem Jahre 1986[632] sowie durch das **1. und 2. Opferrechtsreformgesetz** in den Jahren 2004 bzw. 2009[633] geprägt worden. Zentrale Rechte, die dem (präsumtiv) Verletzten allein aufgrund der Verletztenposition als solcher zustehen, betreffen insbes. Mitteilungspflichten über den Verfahrensausgang (§ 406d), die Akteneinsicht (§ 406e) sowie die Vertretung durch einen Anwalt im Verfahren (§ 406f). Außerhalb der og speziellen Opferschutzgesetze ist noch die Verankerung des Täteropferausgleichs (§ 46a StGB) in den §§ 153a, 155a und 155b im Jahre 1999 zu nennen.[634]

Nicht in der Eigenschaft als Verletzter als solcher, wohl aber in derjenigen als **Privat- oder** 328
Nebenkläger besteht ferner im Falle einer Verurteilung oder einer Einstellung des Verfahrens nach § 153a StPO eine Kostentragungspflicht des Beschuldigten für die Kosten des Verletzten-Beistandes, vgl. §§ 472 Abs. 3, 473 Abs. 1 S. 2. Zuletzt genießt der Verletzte in seiner Eigenschaft als Zeuge bestimmte Rechte. So insbes. die Möglichkeit einer audiovisuellen Aufzeichnung der Zeugenvernehmung (zur Vermeidung eines späteren Auftritts in der Hauptverhandlung) nach § 58a, die weitgehende Untersagung entehrender Fragen nach § 68a, die Beiordnung eines Rechtsanwalts nach § 68b oder den Ausschluss der Öffentlichkeit während der Verhandlung über Umstände aus seinem persönlichen Lebensbereich nach § 171b GVG.

b) Dolmetscher. Mit Blick darauf, dass die **Gerichtssprache nach § 184 GVG grds.** 329
Deutsch ist, besteht bei einer Verhandlung unter Beteiligung von Personen, die der deutschen Sprache nicht mächtig sind, das Erfordernis der Hinzuziehung eines Dolmetschers (ohne dass ein Nebenprotokoll in der fremden Sprache zu führen wäre, vgl. § 185 Abs. 1 S. 2). Um eine Benachteiligung fremdsprachiger Verfahrensbeteiligter so gut wie möglich zu verhindern, ist der **Dolmetscher** für das gesamte Verfahren **kostenfrei** hinzuzuziehen,[635] da auch mit Blick auf die Kostenfolge keine Benachteiligung eintreten soll.[636] Der Dolmetscher iSd § 185 GVG ist dabei ein Verfahrensbeteiligter eigener Art.[637] Davon zu unterscheiden sind im Einzelfall Personen, die irgendwann im Verfahren einmal als Übersetzer tätig geworden sind und als Zeugen vernommen werden können, sowie sonstige Sprachkundige, welche etwa die Übersetzung eines Schriftstückes vornehmen und als Sachverständige zu hören sind.[638] Der Dolmetscher ist zu **vereidigen** (§ 189 Abs. 1 GVG). Diese Vereidigung bzw. die Berufung auf einen allgemein geleisteten Eid muss ausdrücklich und vor dem Tätigwerden erfolgen (§ 189 Abs. 2 GVG).[639] Für die **Ablehnung** und den **Ausschluss** von Dolmetschern gelten nach § 191 GVG die Regeln über den Sachverständigen (und damit nach § 74 im Ergebnis diejenigen über den Richter) entsprechend.

---

[631] Vgl. *Jahn* NJ 2005, 106 (109) mwN (dort Fn. 36).
[632] Vgl. BGBl. I 2496 ff.
[633] Vgl. BGBl. 2004 I 1354 ff.; BGBl. 2009 I 2280 ff.
[634] Vgl. BGBl. I 2491 f.
[635] Vgl. BVerfG 17.5.1983 – 2 BvR 731/80, BVerfGE 64, 135 (145 ff.) = NJW 1983, 2762 (2763); OLG Düsseldorf 21.3.1985 – 5 Ws 2/84, NStZ 1985, 370 (371); EGMR 23.10.1978 – XX, NJW 1979, 1091 (1092).
[636] Vgl. BGH 26.10.2000 – 3 StR 6/00, BGHSt 46, 178 (186 f.) = NJW 2001, 309 (311).
[637] Vgl. bereits BGH 28.11.1950 – 2 StR 50/50, BGHSt 1, 4 (6 f.).
[638] Vgl. auch *Meyer-Goßner* GVG § 185 Rn. 2.
[639] Vgl. BGH 2.9.1987 – 2 StR 420/87, NStZ 1987, 568.

330 Die nach § 185 GVG notwendige Übersetzungstätigkeit erstreckt sich auf alle wesentlichen Vorgänge und Äußerungen.[640] Für die Schlussvorträge der Staatsanwaltschaft und des Verteidigers beschränkt § 259 Abs. 1 diese Pflicht auf die Anträge. Es steht allerdings im Ermessen des Vorsitzenden, den Dolmetscher dazu zu beauftragen, auch die Schlussvorträge wörtlich oder jedenfalls in Gestalt einer komprimierten Inhaltsangabe verständlich zu machen.[641] Soweit ein erforderlicher Dolmetscher nicht zugezogen worden ist, ist dies nach **§ 338 Nr. 5 iVm § 185 GVG** ein absoluter Revisionsgrund.[642] Anderes gilt, wenn der Angeklagte zwar nur teilw. der deutschen Sprache mächtig, eine Verständigung jedoch möglich ist; in diesem Falle steht es im pflichtgemäßen Ermessen des Tatrichters, in welchem Umfang er unter der Mitwirkung des Dolmetschers verhandeln will.[643] Wird dieses Ermessen fehlerhaft ausgeübt bzw. ist die Übersetzungsleistung des Dolmetschers unzureichend, so kann darin ein relativer Revisionsgrund liegen.[644]

III. Prozesshandlungen

331 **1. Begriff und Arten der Prozesshandlung.** Die Prozesshandlungen sind in allgemeiner Form in der StPO nicht legal definiert. Beschreiben lassen sie sich als **prozessgestaltende Betätigung** des Gerichts, der Staatsanwaltschaft oder eines anderen Verfahrensbeteiligten.[645] **Beispiele** sind etwa gerichtliche Entscheidungen, Erklärungen und Anträge der Verfahrensbeteiligten, wohl auch Realakte (zB Aktenvorlagen), Strafanträge und ihre Rücknahme und anderes.[646] Abzugrenzen sind Prozesshandlungen von reinen **Wissensäußerungen** wie etwa den Aussagen des Beschuldigten, des Zeugen oder auch des Sachverständigen, sowie von Justizverwaltungsakten nach § 23 EGGVG. Die Erklärungen sind – auch mit Blick auf die primären Adressaten – **auslegungsfähig** und im Einzelfall **auslegungsbedürftig.** Entscheidend ist der mit der Erklärung verfolgte Sinn, nicht ihr Wortlaut (vgl. explizit etwa auch § 300). Insoweit sind eher die Auslegungsregeln für Willenserklärungen (§§ 153, 157 BGB) als diejenigen für (insbes. Straf-) Gesetze (Art. 103 Abs. 2 GG/„Wortlautgrenze") maßgeblich.

332 Hinsichtlich der **Zielrichtung** der Prozesshandlungen kann zurückgehend auf *Goldschmidt* und *Niese* zwischen Erwirkungs- und Bewirkungshandlungen (dh zwischen Handlungen, die sich unmittelbar an das Gericht wenden und eine Entscheidung erfordern, sowie solchen Handlungen, welche selbst rechtsgestaltend wirken) unterschieden werden.[647] Hinsichtlich der **eingetretenen Wirkungen** kann mit *Grunst* zwischen den Rechtswirkungen (dh der Begründung, Änderung oder Aufhebung von Rechten und Pflichten) und den Gestaltungswirkungen (dh der Einwirkung auf den Prozess als Entwicklungsvorgang) differenziert werden.[648]

333 **2. Handlungsfähigkeit.** Die Anforderungen an die **Handlungsfähigkeit** im Sinn der Befähigung, grundsätzlich wirksame Prozesshandlungen vorzunehmen, sind für die **verschiedenen Verfahrensbeteiligten** zumindest partiell **unterschiedlich anzusetzen.** Dies liegt daran, dass die Handlungsfähigkeit nicht nur ein „Privileg" des Handelnden ist, sondern dass die Verantwortung für die vorgenommenen Handlungen auch mehr oder weniger einschneidende persönliche Konsequenzen nach sich zieht und dass Aspekte der Rechtssicherheit zu berücksichtigen sind. Beim Beschuldigten dürfte die Handlungsfähig-

---

[640] Vgl. zu Details BVerfG 17.5.1983 – 2 BvR 731/80, BVerfGE 64, 135 (148) = NJW 1983, 2762 (2763 f.).

[641] Vgl. BGH 16.10.1962 – 5 StR 405/62, GA 1963, 148 (149); *Meyer-Goßner* § 259 Rn. 1.

[642] Vgl. BGH 11.11.1952 – 1 StR 484/52, BGHSt 3, 285 = NJW 1953, 114; vgl. auch BVerfG 17.5.1983 – 2 BvR 731/80, BVerfGE 64, 135 (149) = NJW 1983, 2762 (2764).

[643] Vgl. BGH 22.11.2001 – 1 StR 471/01, NStZ 2002, 275 (276).

[644] Vgl. BGH 11.11.1952 – 1 StR 484/52, BGHSt 3, 285 = NJW 1953, 114.

[645] Vgl. *Meyer-Goßner* Einl. Rn. 95; vgl. auch SSW/*Beulke* Einl. Rn. 203 (jede prozessual relevante Betätigung).

[646] Vgl. BGH 5.8.1976 – 5 StR 240/76, BGHSt 26, 384 = NJW 1976, 1755.

[647] Vgl. *Niese* Doppelfunktionelle Prozeßhandlungen, 1950, S. 89 ff.; knapp zur Unterscheidung auch *Eb. Schmidt* Lehrkommentar, Bd. I, Rn. 210.

[648] Vgl. *Grunst* Prozeßhandlungen im Strafprozeß, 2002, S. 133; *Meyer-Goßner* Einl. Rn. 95.

keit im genannten Sinne mit dem häufiger verwandten Begriff der „Verhandlungsfähigkeit" übereinstimmen; bei den übrigen Verfahrensbeteiligten ist die Handlungsfähigkeit eine Folge der (wiederum unterschiedlich zu bewertenden) Prozessfähigkeit:

a) Beschuldigter. Die **Verhandlungsfähigkeit** wird gemeinhin definiert als die Fähig- 334
keit des Beschuldigten, in oder außerhalb der Hauptverhandlung seine Interessen vernünftig wahrzunehmen, die Verteidigung in verständlicher und verständiger Form zu führen sowie Prozesserklärungen abzugeben und entgegenzunehmen.[649] **Geschäftsfähigkeit** im bürgerlich-rechtlichen Sinne wird dafür **nicht notwendig vorausgesetzt**[650] (was im Übrigen ja auch schon durch das Jugendstrafverfahren deutlich wird); im Übrigen sind an die Handlungsfähigkeit in den unterschiedlichen Prozessstadien auch unterschiedliche Anforderungen zu stellen: So dürften sie in der Hauptverhandlung, in welcher die Subjektposition des Angeklagten regelmäßig eine größere Rolle spielt, höher sein als im Ermittlungsverfahren. Umgekehrt genügt im Revisionsverfahren die Möglichkeit, verantwortlich über die Frage einer Rechtsmitteleinlegung entscheiden zu können.[651]

Die Verhandlungsfähigkeit ist als **Prozessvoraussetzung** (→ Rn. 380) – jedenfalls bei 335
hinreichendem Anlass[652] stetig – zu prüfen;[653] wenn und soweit sie nicht vorliegt, muss der staatliche Strafanspruch zurücktreten,[654] dh bei vorübergehender Verhandlungsunfähigkeit ist das Verfahren gem. § 205 vorläufig einzustellen,[655] bei dauerhafter Verhandlungsunfähigkeit ist eine Verfahrenseinstellung nach § 206a bzw. § 260 Abs. 3 geboten.[656] Zur Ausnahme des **Sicherungsverfahrens** vgl. § 415.[657] Ob der Angeklagte verhandlungsfähig ist, ist durch das Gericht zu beurteilen, welches sich dabei der Sachkunde von Sachverständigen bedienen kann.[658] Einer eingeschränkten Verhandlungsfähigkeit kann durch eine angepasste Verhandlungsführung, etwa beschränkte Verhandlungszeit pro Tag, hinreichende Pausen bei ärztlicher Aufsicht etc, begegnet werden.[659] Dagegen ist der Angeklagte nicht verpflichtet, zur Herstellung seiner Verhandlungsfähigkeit erhebliche körperliche Eingriffe bei sich vornehmen zu lassen.[660]

b) Weitere Verfahrensbeteiligte. Die zur Definition der Verhandlungsfähigkeit heran- 336
gezogenen Kriterien (→ Rn. 334) wird man in ähnlicher Weise auch heranziehen können, wenn es um die Frage der **Prozessfähigkeit der weiteren Verfahrensbeteiligten** geht. Eine solche ist jedenfalls auch für Verteidiger und Staatsanwalt[661] zu fordern,[662] wobei die Kontrolldichte des Gerichts auch hinsichtlich des (insbes. Wahl-)Verteidigers gering ist.[663] Auch für den Sachverständigen muss aufgrund seiner unmittelbaren Mitverantwortlichkeit für die Aufklärung der Straftat (die nicht zuletzt auch durch § 74 und seinen Verweis auf die

---

[649] Vgl. BVerfG 24.2.1995 – 2 BvR 345/95, NJW 1995, 1951; BGH 8.2.1995 – 5 StR 434/94, BGHSt 41, 16 (18) = NJW 1995, 1973.

[650] Vgl. BGH 11.1.1983 – 1 StR 788/82, NStZ 1983, 280.

[651] Vgl. BVerfG 24.2.1995 – 2 BvR 345/95, NJW 1995, 1951 (1952); BGH 8.2.1995 – 5 StR 434/94, BGHSt 41, 16 (19) = NJW 1995, 1973.

[652] Also etwa insbes. bei einschlägig bekannten Erkrankungen.

[653] Vgl. OLG Karlsruhe 12.7.1977 – 1 Ws 166/77, NJW 1978, 601 f.

[654] Vgl. LG Konstanz 14.1.2002 – 3 KLs 25/01 33; Js 17730/00, NJW 2002, 911.

[655] Vgl. nur BGH 14.12.1995 – 5 StR 208/95, NStZ 1996, 242.

[656] Vgl. BVerfG 19.6.1979 – 2 BvR 1060/78, BVerfGE 51, 324 (342 ff.) = NJW 1979, 2349 ff.; BVerfG 24.2.1995 – 2 BvR 345/95, NJW 1995, 1951.

[657] Die Rspr. lässt allerdings bei einer erst während des Verfahrens festgestellten Verhandlungsunfähigkeit keinen Übergang vom Straf- ins Sicherungsverfahren zu, vgl. BGH 23.3.2001 – 2 StR 498/00, BGHSt 46, 345 = NJW 2001, 3277.

[658] Vgl. BVerfG 24.2.1995 – 2 BvR 345/95, NJW 1995, 1951 (1952 f.); BVerfG 2.10.2009 – 2 BvR 1724/09, EuGRZ 2009, 645 (647).

[659] Vgl. *Meyer-Goßner* Einl. Rn. 97.

[660] ZB einer Ballondilatation vgl. BGH 14.4.1992 – 1 StR 68/92, StV 1992, 553 (554). Ferner BVerfG 22.9.1993 – 2 BvR 1732/93, BVerfGE 89, 120 (129 f.) = NJW 1994, 1590 (1591).

[661] Zur Geisteskrankheit des Richters *Meyer-Goßner* Einl. Rn. 106.

[662] Vgl. *Meyer-Goßner* Einl. Rn. 99.

[663] Vgl. BGH 10.7.1962 – 5 StR 294/62, JR 1962, 428.

richterlichen Vorschriften für die Ablehnung deutlich wird) Prozessfähigkeit vorliegen; der **Zeuge** dagegen muss „nur" **aussagetüchtig** sein, was etwa selbst bei Kindern der Fall sein kann, wenn von ihnen eine verständliche Aussage zu erwarten ist.[664] Für bestimmte Verfahrensbeteiligte bzw. Verfahrenshandlungen sieht das Gesetz auch spezielle Vertretungsregelungen bei der Vornahme von Prozesshandlungen vor, so etwa in § 77 Abs. 3 StGB für die Stellung des Strafantrages sowie für § 374 Abs. 3 für die Erhebung der Privatklage.

337 **3. Form.** Aufgrund der Weite des Begriffs der Prozesshandlung und der Vielgestaltigkeit der darunter gefassten Verhaltensweisen (unterschiedliche Verfahrensstadien, unterschiedliche Verfahrensbeteiligte) gibt es für die bei Prozesshandlungen einzuhaltenden Formen **keine einheitlichen Regelungen.** Prozesshandlungen innerhalb von mündlichen Verhandlungen und Vernehmungen werden regelmäßig auch mündlich vorgenommen; soweit eine **Protokollierung** vorgeschrieben ist (vgl. etwa §§ 168, 271), dient diese nur Beweiszwecken und ist nicht konstitutiv für die Wirksamkeit der Handlung. Außerhalb der Hauptverhandlung sind Prozesshandlungen grds. nur **schriftlich oder zu Protokoll der Geschäftsstelle** möglich. Dieser Schriftform genügen regelmäßig auch Telefax oder Telegramm,[665] sowie elektronische Dokumente nach Maßgabe von § 41a. Die telefonische Abgabe der prozessualen Erklärungen genügt dagegen nach üA auch bei einer entsprechenden Niederschrift durch den Gesprächspartner nicht.[666]

Der Einhaltung einer **qualifizierten Form** (Unterschrift durch einen Verteidiger) findet sich etwa bei der Revisionsbegründung (§ 345 Abs. 2) beim Antrag auf Wiederaufnahme des Verfahrens (§ 366 Abs. 2) und beim Antrag auf gerichtliche Entscheidung im Klageerzwingungsverfahren (§ 172 Abs. 3 S. 2).

338 **4. Wirksamkeitsanforderungen im Übrigen. a) Allgemeines.** Prozesshandlungen werden erst **mit Eingang** bei der jeweils zuständigen Stelle wirksam,[667] was freilich etwa bei der Vielzahl der mündlich möglichen Prozesshandlungen in der Hauptverhandlung keine weiteren Probleme aufwirft. Im Übrigen sind Prozesshandlungen (neben den Fällen der Handlungsunfähigkeit, → Rn. 333) unwirksam, wenn sie offensichtlich **nicht ernst** gemeint oder nur **zum Schein** abgegeben sind;[668] jedenfalls wenn dies zwischen den Beteiligten streitig ist, ist bei der Annahme einer unernsten oder Scheinerklärung Zurückhaltung geboten. Auch wenn die Äußerungen mit Beschimpfungen oder Beleidigungen verbunden sind,[669] darf daraus jedenfalls nicht ohne weiteres gefolgert werden, dass das damit verbundene Antragsziel automatisch nicht ernst gemeint sei.

339 Dagegen wird man Prozesshandlungen, die **durch eine Drohung herbeigeführt** worden sind oder die in einem durch das Gericht verursachten unverschuldeten Rechtsirrtum wurzeln, im Einzelfall die Wirksamkeit absprechen können.[670] Ferner wird die Unwirksamkeit von Prozesshandlungen teilw. im Gesetz selbst explizit bestimmt (vgl. etwa § 8 Abs. 4 RPflG) oder aber ergibt sich daraus, dass sie nach einer konkreten Gesetzesbestimmung von vornherein keine Folgen auslösen kann,[671] zB bei der Zurücknahme eines Rechtsmittels des Verteidigers ohne ausdrückliche Ermächtigung nach § 302 Abs. 2 oder bei der Mittei-

[664] Vgl. *Meyer-Goßner* Vor § 48 Rn. 13; zum Fehlen einer allgemeinen Zeugnisunfähigkeit vgl. RG 12.2.1918 – V 804/17, RGSt 52, 138 (139); zur Möglichkeit etwa der Vernehmung auch Geisteskranker in der Hauptverhandlung vgl. RG 9.10.1900 – 3479/00, RGSt 33, 393; RG 27.11.1924 – II 836/24, RGSt 58, 396.

[665] Vgl. BGH 9.3.1982 – 1 StR 817/81, BGHSt 31, 7 = NJW 1982, 1470; BVerfG 11.2.1987 – 1 BvR 475/85, BVerfGE 74, 228 (235) = NJW 1987, 2067.

[666] Vgl. BGH 26.3.1981 – 1 StR 206/80, BGHSt 30, 64 (66) = NJW 1981, 1627; anders allerdings für eine Berufungseinlegung LG Münster 11.10.2004 – 15 Ns 622 Js 467/04, NJW 2005, 166 mAnm *Kudlich* JuS 2005, 660.

[667] Vgl. *Meyer-Goßner* Einl. Rn. 95.

[668] Vgl. *Meyer-Goßner* Einl. Rn. 110.

[669] Vgl. zu solchen Fällen OLG Karlsruhe 18.12.1973 – 2 Ss 222/73, NJW 1974, 915.

[670] Vgl. zum Ganzen auch BGH 6.12.1961 – 2 StR 485/60, BGHSt 17, 14 = NJW 1962, 598; OLG Hamm 14.6.1976 – 4 Ws 131/76, NJW 1976, 1952.

[671] Vgl. *Meyer-Goßner* Einl. Rn. 104.

lung der Besetzung der Richterbank an den Angeklagten anstatt an seinen Verteidiger (vgl. § 222a Abs. 1 S. 2). In anderen Fällen tritt die Unwirksamkeit nicht automatisch ein, sondern muss **konstitutiv festgestellt** werden, so etwa bei präkludierten Ablehnungsanträgen.

b) Insbesondere Wirksamkeit von Urteilen. Auch gerichtliche Entscheidungen (Urteile oder Beschlüsse) stellen Prozesshandlungen dar. Insbes. zu ihnen gibt es auch eine umfangreiche Diskussion über die Wirksamkeit sowie über Abgrenzungsprobleme zwischen einer bloßen **Anfechtbarkeit und einer Nichtigkeit** (oder gar Nichtexistenz) der Entscheidungen. Aufgrund der besonderen Bedeutung der Urteile sollten diese nach früher vielfach vertretener Auffassung bei extrem schweren Mängeln, welche die Entscheidung auch unter Berücksichtigung der Belange der Rechtssicherheit und des Rechtsfriedens als „schlechthin unerträglich" erscheinen ließen, jedenfalls dann nichtig sein, wenn der Mangel für einen verständigen Beurteiler offensichtlich war.[672] In jüngerer Zeit wurde ein solches nichtiges Urteil in einer für Aufsehen sorgenden Entscheidung des OLG München im Fall einer informellen Verständigung bei praktisch vollständig fehlender Sachaufklärung angenommen.[673] Soweit solche Urteile – vergleichbar mit offensichtlichen **„Nicht-Urteilen"**, die etwa durch einen Rechtsreferendar im Rahmen einer simulierten Hauptverhandlung zu Ausbildungszwecken erlassen werden – schlechthin und für jedermann unbeachtlich sein sollen,[674] spricht (von der zumeist fehlenden praktischen Relevanz solcher Überlegungen abgesehen[675]) viel dafür, eine solche **Nichtigkeit** mit wichtigen Stimmen in der Lit.[676] und auch gewissen Tendenzen in der neueren Rspr.[677] **nicht anzuerkennen.** Die Möglichkeit, ein solches Urteil (soweit es kein „Nicht-Urteil" im og Sinn ist) durch das Rechtsmittelverfahren, im Wiederaufnahmeweg oder in den einschlägigen Fällen jedenfalls durch eine Nichtvollstreckbarerklärung nach § 458 aus der Welt zu schaffen bzw. seine Wirkungen zu beseitigen, dürften im Allgemeinen ausreichen. Die mit der Abgrenzung zwischen nur anfechtbaren und „nichtigen" Urteilen sowie mit etwaigen Zweifeln über die Verbindlichkeit solcher Urteile verbundenen Unsicherheiten und Schwierigkeiten rechtfertigen vor diesem Hintergrund keine Anerkennung der Kategorie des „nichtigen" Urteils. 340

Dies dürfte auch in Fällen des **Verstoßes gegen den Grundsatz „ne bis in idem"** (→ Rn. 78 ff.) gelten,[678] da auch dieser Mangel durch Wiederaufnahme des Verfahrens nach § 359 geltend gemacht werden[679] oder bei einer Prüfung nach § 458 berücksichtigt werden kann. Soweit man gleichwohl eine Nichtigkeit bzw. sonstige „Unwirksamkeit" einer gerichtlichen Entscheidung aufgrund eines schwerwiegenden evidenten Verfahrensfehlers anerkennen würde, müssten gegen solche Entscheidungen Rechtsmittel gleichwohl in gleicher Weise zulässig sein wie gegen „wirksame" Entscheidungen,[680] da die im Einzelfall schwierige (und daher nach hier vertretener Auffassung überhaupt nicht anzuerkennende) Abgrenzung zwischen rechtswidrigen, aber „nur" anfechtbaren und „nichtigen/unwirksamen" Urteilen dem Rechtsmittelführer nicht abverlangt werden kann. 341

---

[672] Vgl. BGH 16.10.1980 – 1 BJs 80/78; StB 29, 30, 31/80, BGHSt 29, 351 (352) = JR 1981, 379; BGH 13.2.1980 – 3 StR 5/80, BGHSt 29, 216 (219) = NJW 1980, 1586; BGH 16.1.1985 – 2 StR 717/84, BGHSt 33, 126 (127) = NJW 1985, 926; vgl. auch BVerfG 12.11.1984 – 2 BvR 1350/84, NJW 1985, 125.

[673] OLG München 17.5.2013 – 2 Ws 1149, 1150/12, NJW 2013, 2371 m. krit. Anm. *Meyer-Goßner,* StV 2013, 613; abl. dazu auch *Kudlich,* NJW 2013, 3216.

[674] Dafür etwa OLG Karlsruhe 24.8.1989 – 2 AR 21/89, NStZ 1990, 100; OLG Hamm 10.5.1993 – 2 Ss 372/93, MDR 1993, 1002; OLG Frankfurt a. M. 31.5.1996 – 3 Ws 436/96, StV 1996, 533; OLG Düsseldorf 12.3.1998 – 1 Ws 142/98, StraFo 1998, 274 (275); vgl. auch BVerfG 12.11.1984 – 2 BvR 1350/84, NJW 1985, 125 f.; BGH 16.1.1985 – 2 StR 717/84, BGHSt 33, 126 (127) = NJW 1985, 926.

[675] Vgl. *Meyer-Goßner* ZIS 2009, 522.

[676] Vgl. nur *Meyer-Goßner* Einl. Rn. 105a; Löwe/Rosenberg/*Kühne* Einl. K Rn. 16; *Volk* § 15 Rn. 11; *Radtke* JR 2003, 127 (130).

[677] Vgl. BGH 19.2.2009 – 3 StR 439/08, NStZ 2009, 579 (580).

[678] Ähnlich bereits BGH 24.1.1984 – 1 StR 874/83, NStZ 1984, 279.

[679] Vgl. Löwe/Rosenberg/*Kühne* Einl. K Rn. 119.

[680] Ebenso BGH 12.10.1953 – III ZR 379/52, NJW 1954, 34 (zum Zivilprozessrecht); anders aber etwa *Gössel* JR 1979, 75 (76).

342 **c) Sonderproblem: Missbrauch von Verfahrensrechten. aa) Begründbarkeit eines allgemeinen Missbrauchsverbots?** Ein schon seit längerem[681] und auch bis in die jüngste Vergangenheit[682] intensiv diskutiertes Problem im Zusammenhang mit der „Wirksamkeit" von Prozesshandlungen betrifft den **Missbrauch von Befugnissen** (in einem weit verstandenen Sinne). Theoretisch – und je nach Reichweite der Missbrauchsdefinition auch phänomenologisch – lässt sich die Frage für alle Verfahrensbeteiligten und insbes. auch für das richterliche Handeln stellen.[683] Im Fokus der Diskussion steht freilich der Missbrauch von Verfahrensrechten durch den Angeklagten bzw. durch den Verteidiger,[684] nicht zuletzt wohl auch deshalb, weil entsprechende Verhaltensweisen auf Seiten des Gerichts zumindest teilw. in anderen Termini bzw. Kategorien bearbeitet und gelöst werden,[685] so dass das Verteidigungsverhalten am meisten ins Bewusstsein gerückt ist.

343 Versucht man, sich dem Missbrauchsproblem in allgemeiner Form von den strukturellen Grundlagen her anzunähern, so zeichnen sich **drei grundsätzliche Fragen** ab: Kann ein **„Missbrauchsverbot" überhaupt begründet** und insbes. mit Blick auf den Vorbehalt des Gesetzes legitimiert werden? Bejahendenfalls:[686] Was sind seine **Voraussetzungen?** Und: Welche **Rechtsfolgen** kann es (auch in welcher formalen Weise) nach sich ziehen?[687] Ohne dass der ersten – auch in der einschlägigen Lit. selten vertieft und etwa in ihren methodischen[688] und verfassungsrechtlichen Dimensionen[689] angesprochenen – Frage hier angemessen nachgegangen werden könnte, dürfte zu Recht verbreitet (wenngleich nicht einhellig) Konsens darüber bestehen, dass ein ungeschriebenes Missbrauchsverbot **auch im Strafprozessrecht** jedenfalls nicht von vorneherein ausgeschlossen ist: Sieht man als wesentliches Strukturmerkmal des Missbrauchs den **zweckwidrigen Einsatz einer Befugnis,** erscheint die grundsätzliche Zulässigkeit einer Missbrauchskontrolle nämlich durchaus mit den anerkannten Regeln der Methodenlehre, aber auch mit den meisten Aspekten des Gesetzesvorbehalts (Demokratieprinzip, Gewaltenteilungsgrundsatz und wohl auch Willkürverbot) vereinbar.

344 Das kann zwar nur gelten, wenn dadurch nicht im konkreten Einzelfall der klare Wortlaut bei einer deutlich als abschließend beabsichtigten Regelung überspielt wird. Aber davon kann jedenfalls in dieser Allgemeinheit für das Strafverfahrensrecht keine Rede sein: Zwar geben die *de lege lata* bestehenden **missbrauchsrelevanten Vorschriften**[690] wohl keine

---

[681] Vgl. nur aus den Monographien der letzten ca. 15 Jahre – jeweils mit zahlreichen weiteren Nachweisen aus der Literatur – *Abdallah* Die Problematik des Rechtsmißbrauchs im Strafverfahren, 2002 (dazu *Kudlich* GA 2003, 852 ff.), *Eschenhagen,* Der Mißbrauch des Beweisantragsrechts, 2001 (dazu *Kudlich* JA 2002, 580 ff.), *Fahl,* Rechtsmißbrauch im Strafprozeß, 2004; *Grüner,* Über den Mißbrauch von Mitwirkungsrechten und die Mitwirkungspflichten des Verteidigers im Strafprozeß, 2000; *Jahn,* „Konfliktverteidigung" und Inquisitionsmaxime, 1998; Kudlich, Strafprozeß und allgemeines Mißbrauchsverbot, 1998; *Spiekermann,* Der Mißbrauch des Beweisantragsrechts, 2001 (dazu nochmals *Kudlich* JA 2002, 580).

[682] Vgl. nur *Beulke* StV 2009, 554 einer- und *Pfister* StV 2009, 550 andererseits.

[683] Vgl. statt vieler *Fischer* NStZ 1997, 212 (215); *Kempf* StV 1996, 507 (511); *Kühne* StV 1996, 684 (689); *Rüping* JZ 1997, 865 (869).

[684] Zu Missbrauchsverbot und Konfliktverteidigung vgl. auch *Senge* NStZ 2002, 225.

[685] So etwa über verfassungskonforme – restriktive Auslegung, über den Verhältnismäßigkeitsgrundsatz oder über die Lehre von Beweisverboten.

[686] Verneinendenfalls würde sich die Frage stellen: Sollte dies de lege ferenda geändert werden? Vgl. dazu näher *Eschenhagen,* Der Missbrauch des Beweisantragsrechts, 2001, S. 215 ff.

[687] Vgl. zu dieser Fragentrias *Kudlich,* Strafprozeß und allgemeines Mißbrauchsverbot 1998, insbes. S. 189 ff., 248 ff., sowie *ders.,* NStZ 1998, 588.

[688] Vgl. *Christensen/Kudlich* in: Feldner/Forgó (Hrsg.) Norm und Entscheidung 2000, S. 189. *Fahl,* Rechtsmissbrauch im Strafprozess 2004, S. 116 ff., insbes. 124 ff., geht davon aus, dass jedes Recht von vornherein nur in den Grenzen seines zweckmäßigen Einsatzes eingeräumt wird, und dürfte damit letztlich von einem Fall der teleologischen Auslegung ausgehen, während *Weber* GA 1975, 289 (295) darin einen Sonderfall der teleologischen Reduktion sieht.

[689] Vgl. dazu *Kudlich* Strafprozeß und allgemeines Mißbrauchsverbot 1998, S. 126 ff.; mit Blick auf die Verteidigerrechte und Art. 12 Abs. 1 GG auch *Jahn* „Konfliktverteidigung" und Inquisitionsmaxime, 1998, S. 192 ff., 220 f.; grundlegend zur Frage des Gesetzesvorbehalts im Strafverfahren *Krey* Studien zum Gesetzesvorbehalt im Strafrecht 1977, pass.; *ders.* Keine Strafe ohne Gesetz, 1983, pass.

[690] Zu diesen *Kröpil* JR 1997, 315 ff., und *Kudlich* Strafprozeß und allgemeines Mißbrauchsverbot 1998, S. 26 ff.

taugliche Analogiebasis her; dem Rückgriff auf einen allgemeinen Rechtsgedanken wie das Missbrauchsverbot stehen aber gesetzliche Einzelausprägungen nicht entgegen. Sieht man dies schon kategorial anders, müsste man konsequenterweise davon ausgehen, dass einem auch noch so krassen Missbrauch – der gewiss nicht den Regelfall bildet, aber eben auch nicht auszuschließen ist – nicht in rechtsstaatlicher Weise begegnet werden kann.[691] Der Begründung eines Missbrauchsverbots mit methodischen Standards jedenfalls kaum überlegen erscheint die etwa von *Spiekermann* vorgeschlagene Lösung,[692] das im Einzelfall auch von ihr zugestandene Bedürfnis nach einer Missbrauchsreaktion über § 34 StGB zu befriedigen. Denn von den bekannten grundsätzlichen Einwänden gegen die Interpretation eines Rechtfertigungsgrundes als staatliche Eingriffsermächtigung (die hier nicht vertieft werden sollen) einmal abgesehen, gelten die gegen ein allgemeines Missbrauchsverbot traditionell erhobenen Einwände der geringen Bestimmtheit, des Fehlens verlässlicher Aussagen zur Rechtsfolge, des Erfordernisses einer ausführlichen Begründung usw hier ganz genauso.

bb) Voraussetzungen eines Missbrauchs. Hinsichtlich des tatsächlichen Vorliegens 345
eines Missbrauchsfalles in der konkreten Situation muss geprüft werden, ob die **Zweckwidrigkeit** ein Maß erreicht, das es gerechtfertigt erscheinen lässt, als **Ausnahme von der gesetzlichen Regelanordnung** die Ausübung einer prozessualen Befugnis als unzulässig anzusehen[693] oder sie für die Zukunft einzuschränken bzw. sogar völlig zu entziehen. Hinsichtlich der Bestimmung dieser Zweckwidrigkeit ist zu beachten, dass die konkrete Bezugsgröße dieses Urteils *nicht* der *Zweck des Strafverfahrens* als Institution oder der Zweck des Strafverfahrens*rechts* insgesamt sein kann, sondern stets der **Zweck der *jeweils betroffenen Befugnis*.** Zwar ist dieser oft durch den Zweck des Verfahrens als Institution mehr oder weniger stark beeinflusst; gleichwohl kann nur das Anknüpfen an der Einzelbefugnis zu überzeugenden Ergebnissen führen. Dies ergibt sich nicht nur methodisch aus der allgemeinen Regel des Vorrangs der *lex specialis,* sondern auch aus der Tatsache, dass der Gesetzgeber mit der Einräumung bestimmter Verteidigungsbefugnisse bewusst in Kauf genommen hat, dass durch sie zB der Verfahrensabschluss erschwert wird, und ganz offenbar auch davon ausgeht, dass die Meinungen etwa über die Zweckmäßigkeit einer Beweiserhebung zwischen Gericht und Verteidigung auseinander gehen.

cc) Rechtsfolgen eines festgestellten Missbrauchs. Bei der Auswahl einer Miss- 346
brauchsreaktion macht das Gesetz im Anwendungsbereich eines *ungeschriebenen* Missbrauchsverbots notwendigerweise keine klaren Vorgaben. Es kommt zum einen in Betracht, eine **einzelne Befugnisausübung zurückzuweisen** (wobei sich durchgesetzt hat, diese im Sinne der prozessualen Wertkategorien als „unzulässig" zu bezeichnen) oder – effektiver, aber auch eingriffsintensiver – ihre **zukünftige Ausübung** zu untersagen. Wichtiges Kriterium für die Auswahl der konkreten Rechtsfolge muss dabei zum einen sein, ob nur eine einzelne Befugnisausübung „missbräuchlich" war oder aber das „Ausübungsverhalten" insgesamt, maW: Die Missbrauchsreaktion **sollte mit dem Gegenstand des Missbrauchs korrespondieren.**[694] Zum anderen ist aber jede Missbrauchsreaktion als Eingriff in (prozess-) grundrechtlich geschützte Positionen am **Verhältnismäßigkeitsgrundsatz** zu messen. Hier kann etwa auf das Erfordernis einer „Abmahnung" hingewiesen werden, die – um ihrem Zweck gerecht werden zu können – hinreichend klar sein muss, die mögliche Missbrauchsreaktion nennen sollte und erst einem bereits erfolgten Missbrauch nachfolgen (und nicht „gleichsam auf Vorrat" zu Beginn der Verhandlung erfolgen) darf. Eher „technischer Natur" ist die Frage, ob die

---

[691] Exemplarisch: Dem Verlesen eines letzten Wortes, das sich über Dutzende von Hauptverhandlungstagen hinzieht. Man mag dieses Problem auch dadurch lösen, dass man diese Ausführungen nicht mehr als „letztes Wort" interpretiert, das ist dann aber allenfalls eine (noch dazu eher vertuschende als klärende) Umetikettierung des methodischen Instrumentariums.

[692] Der Mißbrauch des Beweisantragsrechts, 2001, S. 175 ff.

[693] So etwa im (zutreffend entschiedenen) Fall BGH 21.10.1994 – 2 StR 328/94, BGHSt 40, 287 = NJW 1995, 603 mAnm *Kudlich* JuS 1997, 507 (missbräuchliche Verknüpfung zwischen Bedingung und Antragsinhalt beim Hilfsbeweisantrag).

[694] Vgl. auch bereits *Kudlich* Strafprozeß und allgemeines Mißbrauchsverbot, 1998, S. 256, 333.

Missbrauchsreaktion durch eine bloße Verfügung des Vorsitzenden erfolgen kann oder aber eines Beschlusses des Gerichts als Kollegium bedarf. Vorzugswürdig erscheint, generell einen solchen Beschluss zu fordern, wie etwa auch der Vergleich mit den geschriebenen Fällen einer Missbrauchsreaktion in §§ 26a Abs. 1 Nr. 3,[695] II, 244 Abs. 3 S. 2 Mod. 6, VI StPO zeigt und was auch dem og Ausnahmecharakter besser gerecht wird.[696]

347 **5. Anfechtung, Widerruf und Bedingungen. a) Anfechtbarkeit.** Wiewohl insbes. ein **Motivirrtum ohne Auswirkungen** auf die Wirksamkeit von Prozesshandlungen ist[697] und aufgrund des öffentlich-rechtlichen Charakters der Prozesshandlung auch eine Anfechtung nach Irrtumsregeln nach Analogie zum bürgerlichen Recht nicht möglich sein soll,[698] können in **besonders schwer gelagerten** Fällen Täuschungen durch das Gericht, die zu einem Irrtum der Verfahrensbeteiligten führen, eine Unwirksamkeit, jedenfalls aber **Anfechtbarkeit** der Täuschung bedingt abgegebenen Erklärung nach sich ziehen (bereits → Rn. 338 f.).

348 **b) Widerruf und Rücknahme.** Der **Widerruf** von Prozesshandlungen und seine Voraussetzungen sind für einzelne Handlungen ausdrücklich geregelt: So für den Strafantrag in § 77d StGB, für die Anklage in § 156 (sowie für den Strafbefehl in § 411 Abs. 3), für die Rechtsmittel in § 302 oder für die Privatklage in § 391. Soweit keine expliziten Regelungen existieren, kann man aus diesem divergenten Bild **keine klaren allgemeinen Grundsätze** ableiten, sondern muss nach Sinn und Zweck der jeweiligen Handlung **differenzieren:**[699] Kein Widerruf ist möglich für Urteile und urteilsähnliche Entscheidungen wie den Strafbefehl, aber auch für mit der sofortigen Beschwerde anfechtbare Beschlüsse oder den Eröffnungsbeschluss sowie für die Rücknahme eines Rechtsmittels.[700] Dagegen sind Beschlüsse, gegen welche die einfache Beschwerde zulässig ist oder die nur aufgrund ihres Charakters als Zwischenentscheidung nicht selbständig anfechtbar sind (§ 305), widerruflich.

349 Als **Faustregel** wird man einerseits für tragende Prozesshandlungen (dh solche, die unmittelbare Voraussetzungen für den Fortgang, die Beschränkung oder die Beendigung des Prozesses schaffen) sowie für solche Handlungen, welche im Ergebnis zu einer Beendigung des Verfahrens führen (neben dem Rechtsmittelverzicht etwa die Übernahmeerklärung der Staatsanwaltschaft nach § 377 Abs. 2,[701] welche gewissermaßen zur Beendigung des Privatklageverfahrens führt), keine Rücknahmemöglichkeit zulassen, während einfache Prozesserklärungen widerruflich sind. So dürfte etwa ein Beweisantrag ohne weiteres widerrufbar sein, ohne dass dies freilich das Gericht daran hindert, die beantragte Beweiserhebung durchzuführen (sondern es vielmehr nur von der Bescheidungspflicht bei Nichtdurchführung entbindet). Auch Verfahrenshandlungen, die aufgrund des später zurückgenommenen oder widerrufenen Antrags durchgeführt worden sind, verlieren dadurch nicht ihre Wirksamkeit.

350 **c) Verzicht.** Von der späteren Rücknahme bzw. dem späteren Widerruf ist der **Verzicht** auf eine Prozesshandlung zu unterscheiden. Ein solches ist immer dann möglich, wenn der Beteiligte zur Ausübung der Handlung nicht verpflichtet ist. Eine Wirkung wird man einem solchen Verzicht allerdings nur dann zugestehen können, wenn das Gesetz diese (wie insbes. in § 302) ausdrücklich vorsieht. In den übrigen Fällen kann sich der Prozessbeteiligte (soweit keine Fristabläufe entgegenstehen) grds. auch wieder umentscheiden, und man wird nur in sehr engen Grenzen eine Verwirkung durch die Verzichtsäuße-

---

695 Zu diesem vgl. etwa BGH 2.11.2010 – 1 StR 544/09, NStZ 2011, 294.

696 AA *Fahl* Missbrauch im Strafprozess, 2003, S. 434 (dort mit Fn. 3099–3101) mit Verweis auf §§ 238, 241 Abs. 1 – in diesen Fällen müsste der Betroffene eine Entscheidung nach § 238 Abs. 2 herbeiführen, um einen Beschluss des ganzen Kollegiums erlangen zu können.

697 Vgl. BGH 3.11.1983 – 1 StR 681/83, NStZ 1984, 181; BGH 14.11.1986 – 1 StR 589/85, NStZ 1986, 277 (278).

698 Vgl. BGH 6.12.1961 – 2 StR 485/60, BGHSt 17, 14 (18) = NJW 1962, 598; *Meyer-Goßner* Einl. Rn. 103.

699 Nachweise bei *Meyer-Goßner* Einl. Rn. 116.

700 Vgl. hierzu BGH 3.5.1957 – 5 StR 52/57, BGHSt 10, 245 (247) = NJW 1957, 1040.

701 Vgl. OLG Saarbrücken 9.10.1958 – Vs 2/58, NJW 1959, 163.

rung bzw. eine Unzulässigkeit der späteren Rechtsausübung nach dem Gedanken des venire contra factum proprium annehmen können.

d) Bedingungen. Im Grundsatz sind die **meisten Prozesshandlungen bedingungsfeindlich,** dh sie dürfen nicht von einer außerprozessualen Bedingung abhängig gemacht werden, da Unklarheiten über den Verfahrensstand (und insbes. über den Eintritt der Rechtskraft) vermieden werden sollen. Soweit eine unzulässige Bedingung vorliegt, führt dies regelmäßig nicht dazu, dass die Prozesshandlung als unbedingte interpretiert wird, sondern dass sie unwirksam wird,[702] allerdings sind hier durchaus auch Fälle einer „geltungserhaltenden" Auslegung vorstellbar. Für spezielle Konstellationen erkennt auch die StPO selbst die bedingte Ausübung von Prozesshandlungen an, sogar im Rechtsmittelrecht (vgl. §§ 315 Abs. 2; 342 Abs. 2 im Zusammenhang mit einem Antrag auf Wiedereinsetzung in den vorigen Stand). Darüber hinaus sind nach allgemeinen Grundsätzen **auch innerprozessuale Bedingungen zulässig, dh** solche Bedingungen, deren Eintritt in der Hand des Gerichts selbst liegt, so dass es im entscheidenden Verfahrensstadium Klarheit darüber hat oder jedenfalls selbst herstellen kann, ob ein Bedingungseintritt vorgelegen hat oder nicht. Der wichtigste Fall dürften insoweit **bedingte Beweisanträge** sein. Auch die Zurücknahme eines Strafantrags unter der Bedingung einer dem Antragsteller günstigen Kostenentscheidung wird für möglich gehalten. Ferner ist auch die Ankündigung einer (zulässigen) Rücknahme einer Prozesshandlung unschädlich, da es sich insoweit genau genommen um keine Bedingung handelt (sondern bis zur Zurücknahme gerade Klarheit über den Stand des Verfahrens bestätigt). 351

E. Prozessvoraussetzungen

I. Begriff und Bedeutung

1. Prozessvoraussetzungen und Prozesshindernisse – die traditionelle Sichtweise. Die StPO enthält **weder Legaldefinitionen noch systematisch zusammenhängende Regeln** über die Behandlung von Prozessvoraussetzungen und Prozesshindernissen. Das Verhältnis der beiden Figuren wird im Gesetz selbst nicht angesprochen. An einigen Stellen werden Folgen für das Vorliegen von „Verfahrenshindernissen" angeordnet (so etwa in §§ 206a, 260 Abs. 3, 304 Abs. 4 S. 2 Nr. 2). Indes betreffen auch diese Regelungen nur kleine Ausschnitte aus der Gesamtsystematik der Prozessvoraussetzungen und Prozesshindernisse und enthalten außerdem keine Aussage darüber, wann solche vorliegen. Ferner sind in der StPO für einige Umstände, welche gemeinhin als Prozessvoraussetzung verstanden werden, Regelungen enthalten (so etwa zur sachlichen Zuständigkeit in §§ 209, 269 und 270); allerdings sind diese keineswegs ohne weiteres auf andere Prozessvoraussetzungen übertragbar, und gerade die Regelungen in §§ 269 und 270 sind zumindest auf den ersten Blick für die sonst übliche Behandlung von Prozessvoraussetzungen gerade untypisch. 352

Gleichwohl haben sich **Definitionen** herausgebildet, welche zumindest in ihrem Kern weitgehend konsentiert sind. So spricht die Rspr. von **Prozessvoraussetzungen als** „Bedingungen für die Zulässigkeit (…), in einem bestimmten Verfahren – vor diesem Gericht, unter Mitwirkung dieser Prozessobjekte – zu einem Sachurteil in einer bestimmten Sache zu gelangen"[703] bzw. von „Verfahrenshindernissen" als solchen Umständen, „die es ausschließen, dass über einen Prozessgegenstand mit dem Ziel einer Sachentscheidung verhandelt werden darf. Sie müssen so schwer wiegen, dass von ihrem Vorhandensein oder Nichtvorhandensein die Zulässigkeit des gesamten Verfahrens abhängig gemacht werden muss".[704] Ferner findet man 353

[702] Vgl. bereits RG 30.5.1932 – 3 TB 50/32, RGSt 66, 265 (268); weiter BGH 12.11.1953 – 3 StR 435/53, BGHSt 5, 183 (184); BGH 16.5.1973 – 2 StR 497/72, BGHSt 25, 187 (188) = NJW 1974, 66 (67).

[703] Vgl. BGH 10.1.1957 – 2 StR 575/56, BGHSt 10, 74 (75) = NJW 1957, 511; vgl. auch SSW/*Beulke* Einl. Rn. 83.

[704] Vgl. BGH 25.10.2000 – 2 StR 232/00, BGHSt 46, 159 (169) = NJW 2001, 1146 (1148) mwN.

verbreitet – teils vielleicht bewusst, teils auch unbewusst verkürzt – noch die Feststellungen, dass das Fehlen einer Prozessvoraussetzung bzw. das Vorliegen eines Prozesshindernisses in jedem Verfahrensstadium von Amts wegen zu beachten sei und eine Einstellung des Verfahrens zur Folge habe. Beides sind Feststellungen, die zwar häufig zutreffen und insoweit auch wichtige Charakteristika der Prozesshindernisse etwa im Unterschied zu Beweisverwertungsverboten zum Ausdruck bringen; beide Aussagen bedürfen jedoch in den Details bereits nach traditioneller Auffassung und in einigen Punkten sogar darüber hinaus noch einer Relativierung (insbes. → Rn. 388 ff.).

354 Die soeben genannten Formulierungen scheinen dafür zu sprechen, dass das **Fehlen von Prozessvoraussetzungen** und das **Vorliegen von Prozesshindernissen** letztlich nur zwei Seiten derselben Medaille sind, dh dass es sich gewissermaßen nur um positive bzw. negative Formulierungen jeweils ein und desselben Umstandes handelt. Soweit an dieser Gleichsetzung unmittelbar „begriffliche" Kritik geäußert wird, da es etwa „unsinnig (sei) zu sagen", „es sei eine Prozessvoraussetzung, dass keine Verjährung oder Amnestie gegeben ist",[705] kann diese Kritik jedenfalls nicht pauschal überzeugen. Gerade bei letztlich technischen Begriffsbildungen, die sich nicht unmittelbar im Gesetz finden, ist es eine Frage der Zweckmäßigkeit, wie man bestimmte Umstände formuliert; in diesem Sinne könnte man sehr wohl davon sprechen, dass es eine Prozessvoraussetzung – dh im Sinne der oben genannten Definition eine Bedingung dafür, dass zu einem Sachurteil in einer bestimmten Sache gelangt werden darf – ist, dass hinsichtlich des Vorwurfs jedenfalls keine Verjährung eingetreten ist.[706] Eine andere Frage ist, ob nicht eine bewusst enge und damit differenzierende Verwendung der Begriffe geboten ist, um damit jeweils unterschiedliche Fallgruppen zu beschreiben, in denen trotz der auf den ersten Blick bestehenden Ähnlichkeiten in der rechtlichen Behandlung für bestimmte Konstellationen auch Unterschiede bestehen. In diesem Sinn würde es sich dann freilich um keine begriffliche Argumentation, sondern um eine funktional jeweils unterschiedliche Verwendung der beiden Begriffe handeln.

355 **2. Die Unterscheidung zwischen Befassungs- und Bestrafungsverboten.** In diesem Sinne (→ Rn. 354) einer **funktional unterschiedlichen Begriffsverwendung** für zwei unterschiedliche Fallgruppen mag man zwischen Prozessvoraussetzungen und Prozesshindernissen strenger unterscheiden.[707] Vorzugswürdiger, da aufgrund einer neuen und insoweit „unbelasteten" Begriffsbildung weniger anfällig für Missverständnisse und auch „bildhafter" für daran anknüpfenden Konsequenzen ist freilich die **Differenzierung zwischen Befassungs- und Bestrafungsverboten,** welche auf *Meyer-Goßner* zurückgeht[708] und über die Aufnahme in die Rspr. des BGH[709] rasch auch Eingang in die Judikatur anderer Obergerichte[710] sowie in die Kommentarliteratur[711] gefunden hat. Dieser Unterscheidung liegt der Gedanke zugrunde, dass bestimmte Umstände eine Befassung (generell oder zumindest durch das jeweilige Gericht) mit dem Fall vollständig untersagen, so dass ein **Sachurteil stets ausgeschlossen** ist, während andere Umstände nur **untersagen,** dass es zu einer **Bestrafung** kommt. Hierauf kann mit einem Prozessurteil (bzw. allgemeiner:

[705] *Meyer-Goßner,* Prozessvoraussetzungen und Prozesshindernisse, 2011, S. 37.

[706] Eher überzeugend ist die Kritik bei dem bei *Meyer-Goßner,* Prozessvoraussetzungen und Prozesshindernisse, 2011, S. 37 genannten Verfahrenshindernis einer überlangen Verfahrensdauer, soweit ein solches anzuerkennen ist. Hier stößt die Bezeichnung eines „Verfahrenshindernisses" etwas auf, da sich dieser Umstand erst im Laufe des Verfahrens entwickelt. Aber selbst insoweit würde nichts gegen ein weites Verständnis dieses technischen Begriffs sprechen, welches von der eingangs genannten Definition durchaus noch gedeckt ist.

[707] Vgl. die zusammenfassende Auflistung nach Fallgruppen bei *Meyer-Goßner,* Prozessvoraussetzungen und Prozesshindernisse, S. 37. Ferner auch *Dahs,* Münchener Anwaltshandbuch § 12 Rn. 61 ff.; MK-*Freund,* Vorb. zu §§ 13 ff. Rn. 364.

[708] Vgl. neben *Meyer-Goßner* Einl. Rn. 143 auch *ders.,* Prozessvoraussetzungen und Prozesshindernisse, S. 38; zust. etwa SSW/*Beulke* Einl. Rn. 84.

[709] Vgl. insbes. BGH 10.1.2007 – 5 StR 305/06, BGHSt 51, 202 (205) = NJW 2007, 853 (854).

[710] Vgl. OLG Hamm 2.6.2008 – 2 Ss 190/08, NStZ-RR 2008, 383; OLG München 17.6.2008 – 5 St RR 28/08, NJW 2008, 3151 (3153).

[711] Vgl. Löwe/Rosenberg/*Kühne* Einl. K Rn. 37 ff.; SK-StPO/*Paeffgen* § 206a Rn. 3a – dort als „wohl schon hL" zeichnet; krit. allerdings Löwe/Rosenberg/*Stuckenberg* § 206a Rn. 29.

durch Verfahrenseinstellung) reagiert werden, aber auch ein anderes Sachurteil als eine „Bestrafung" (oder einfacher ausgedrückt: ein Freispruch) bleibt durchaus vorstellbar. Bloße „Bestrafungsverbote" im letztgenannten Sinne sind insbes. der **fehlende Strafantrag,** die **Verjährung** und die **Amnesie;** daneben wohl aber auch die Verhandlungsunfähigkeit sowie – soweit jeweils als Prozesshindernis anerkannt – die unzulässige Tatprovokation und die überlange Verfahrensdauer.[712]

Diese Unterscheidung wird auch im Folgenden zugrunde gelegt werden und immer **356** wieder eine Rolle spielen. Die eingeführten Begriffe der Prozessvoraussetzung bzw. des Prozesshindernisses finden gleichwohl Verwendung (wobei die Prozessvoraussetzungen im Wesentlichen mit den Befassungsverboten, die Prozesshindernisse mit den Bestrafungsverboten gleichgesetzt werden können), freilich eher als Überbegriffe bzw. ohne eine voneinander differenzierende Konnotation.

3. Übersichtskatalog über Prozessvoraussetzungen und Prozesshindernisse und **357** **seine Erweiterung bzw. Beschränkung.** Prozessvoraussetzungen bzw. Prozesshindernisse können nicht nur nach ihren Wirkungen (als Befassungs- oder Bestrafungsverbote) unterschieden, sondern auch nach ihrer **thematischen Herkunft geordnet** werden, was in seinen Fallgruppen mit der Wirkung vielfach, aber nicht durchgehend Überschneidungen mit sich bringt. Für den vorliegenden ersten Überblick, was überhaupt alles als Prozessvoraussetzung bzw. Prozesshindernis diskutiert wird, soll der besseren Übersichtlichkeit wegen allein diese thematische Zuordnung erfolgen. Wenn im Anschluss (→ Rn. 361 ff.) die einzelnen Prozessvoraussetzungen näher beschrieben werden,[713] wird dagegen die Gliederung durch die Unterscheidung zwischen Befassungs- und Bestrafungsverboten überlagert.

In diesem Sinne lassen sich als Prozessvoraussetzungen, welche die **Zuweisung an ein** **358** **bestimmtes Gericht** betreffen, das Eingreifen der deutschen Gerichtsbarkeit, der Rechtsweg nach § 13 GVG, die örtliche Zuständigkeit sowie auch die sachliche Zuständigkeit begreifen. Prozessvoraussetzungen bzw. Prozesshindernisse, welche die **zu verfolgende Sache** betreffen, sind die Verjährung, der Strafantrag, entgegenstehende Rechtskraft oder Rechtshängigkeit, Niederschlagung des Verfahrens, der Spezialitätsgrundsatz (bei der Auslieferung), die wirksame Anklageerhebung sowie ein wirksamer Eröffnungsbeschluss. **Angeklagtenorientierte** Prozessvoraussetzungen bzw. Prozesshindernisse sind die Strafmündigkeit, die Verhandlungsfähigkeit, der Tod sowie die nur noch begrenzte Lebenserwartung, die Ab- bzw. Anwesenheit in der Hauptverhandlung sowie parlamentarische Immunität und Indemnität. Prozessvoraussetzungen bzw. Prozesshindernisse, die **aus der Verfassung abgeleitet** werden, in ihrer Existenz aber letztlich umstritten sind, betreffen die überlange Verfahrensdauer, die unzulässige Tatprovokation durch einen Lockspitzel sowie nach vereinzelter Auffassung auch Verstöße gegen das Folterverbot des § 136a.

Über diesen Katalog hinaus, der an seinen Rändern ohnehin schon umstritten ist und **359** dessen letztgenannte Fallgruppe nach überwiegender Auffassung regelmäßig gar nicht zu Prozesshindernissen führt (→ Rn. 384 ff.), ist beim **Anerkennen weiterer neuer Prozesshindernisse Zurückhaltung** geboten. So dürfte etwa trotz gewichtiger Argumente der von *Jäger*[714] unterbreitete Vorschlag, in entsprechender Anwendung von § 260 Abs. 3 ein Verfahren dann einzustellen, wenn der Angeklagte ausschließlich durch **unverwertbare Beweismittel** belastet werde, letztlich nicht praktikabel sein.[715] Zum einen ist es ein qualitativer Unterschied, ob ein Verfahren überhaupt nicht durchgeführt werden darf oder ob nur bestimmte Beweise nicht erhoben werden dürfen (und deswegen – ebenso wie in anderen Fällen, in denen das Gericht zu keiner Überzeugung der Strafbarkeit gelangen kann – eben keine Verurteilung stattfindet); zum anderen dürfte die Abgrenzung, wann

---

[712] → Rn. 386, sowie *Meyer-Goßner,* Prozessvoraussetzungen und Prozesshindernisse, S. 37.

[713] Nur „etwas näher" deshalb, weil die Anforderungen an die entsprechenden Aspekte (etwa an eine wirksame Anklage oder einen wirksamen Eröffnungsbeschluss) naturgemäß in der Kommentierung der einschlägigen Vorschriften vorbehalten bleiben muss.

[714] Beweisverwertung und Beweisverwertungsverbot im Strafprozess 2003, S. 257 ff.

[715] Krit. auch *Meyer-Goßner,* Prozessvoraussetzungen und Prozesshindernisse, S. 11 f.

„ausschließlich" unverwertbare Beweismittel und wann zwar auch verwertbare, aber für eine Überzeugungsbildung nicht hinreichende Beweismittel vorliegen, vor große Schwierigkeiten stellen. Diesen Problemen muss man sich aber nicht aussetzen, wenn kein Vorteil einer Einstellung entsprechend § 260 Abs. 3 gegenüber einem Einspruch ersichtlich ist. Diese Gedanken gelten entsprechend bei Ansätzen, **andere schwere Verfahrensfehler** zu Prozesshindernissen zu definieren bzw. sie zumindest wie solche zu behandeln, indem Verfahrenseinstellungen (hier besonders iSd §§ 206a, 260 Abs. 3) erfolgen.[716] Mit einem solchen Vorgehen in Situationen, denen andererseits zugleich die Qualifikation eines Verfahrenshindernisses abgesprochen wird, dürfte letztlich nichts gewonnen sein.

360 Umgekehrt ist der oben genannte Katalog (→ Rn. 358) auch nicht „auszudünnen". Insbes. soweit in manchen Fällen eine Nachholbarkeit denkbar ist und von der Rspr. anerkannt wird (vgl. etwa zur Anklageerhebung → Rn. 369), ändert dies nichts daran, dass die fehlende oder unzureichende Anklage **vor der Nachholung bzw. Nachbesserung** ein Verfahrenshindernis darstellt. Ob ein solches in bestimmten Konstellationen behoben werden kann, hat mit der grundsätzlichen Qualifikation eines bestimmten Umstandes als (zumindest potentielles) Verfahrenshindernis nichts zu tun

II. Die einzelnen Prozessvoraussetzungen bzw. Prozesshindernisse

361 Wie oben angedeutet, soll im Folgenden die **Differenzierung zwischen Befassungs- und Bestrafungsverboten** zugrunde gelegt werden und dementsprechend die **erste Gliederungsebene** bilden. Unterhalb dieser Ebene orientiert sich die Darstellung der einzelnen Prozessvoraussetzungen bzw. Prozesshindernisse an der ebenfalls bereits angedeuteten Differenzierung zwischen gerichtsbezogenen, personenbezogenen, sachbezogenen und unmittelbar aus der Verfassung abgeleiteten Prozessvoraussetzungen bzw. Prozesshindernissen. Demgegenüber bildet die Unterscheidung zwischen behebbaren und nichtbehebbaren Prozesshindernissen keine eigene Gliederungsebene, sondern wird – soweit insofern Besonderheiten bestehen – bei der jeweiligen Fallgruppe mitbehandelt. Die Konsequenzen aus dem Fehlen von Prozessvoraussetzungen bzw. dem Fehlen von Prozesshindernissen (oder anders formuliert: aus dem Vorliegen von Befassungs- oder Bestrafungsverboten) werden zusammenfassend in Abschn. III (→ Rn. 388 ff.) behandelt.

362 **1. Befassungsverbote. a) Befassungsverbote mangels Zuweisung an das entscheidende Gericht. aa) Eingreifen der deutschen Gerichtsbarkeit.** Anders als im Privatrecht, in welchem nach den Regelungen des sog internationalen Privatrechts deutsche Gerichte auch ausländisches Sachrecht anwenden können, korrespondiert im Strafverfahren die **Anwendbarkeit des deutschen Strafrechts** mit der Zuständigkeit der deutschen Strafgerichtsbarkeit. Die Durchführung eines Strafverfahrens ist unzulässig, wenn das deutsche Strafrecht nach Maßgabe der §§ 3–7, 9 StGB nicht anwendbar ist.[717] An der Schnittstelle zwischen personenbezogenem Befassungsverbot und mangelnder Zuweisung an die deutsche Gerichtsbarkeit bewegen sich ferner die Fälle, in welchen nach §§ 18–20 GVG bestimmte Personen aufgrund ihrer **Extraterritorialität** nicht der deutschen Gerichtsbarkeit unterworfen sind, weil sie diplomatische, konsularische oder anderweitige Immunität besitzen.[718]

363 **bb) Eröffnung des Rechtswegs zu den Strafgerichten.** Ebenfalls ein Befassungsverbot greift ein, wenn der **Rechtsweg** zu den Strafgerichten als Teil der ordentlichen Gerichtsbarkeit **nach § 13 GVG nicht eröffnet** ist. Auch insoweit ist das Verfahren daher einzustellen (bzw. ggf. ein an die Stelle der Einstellung tretender Verweisungsbeschluss zu

---

[716] Vgl. etwa die Entscheidung BGH 3.8.1998 – 5 StR 311–98, NStZ-RR 1999, 303 sowie krit. dazu *Meyer-Goßner,* Prozessvoraussetzungen und Prozesshindernisse, S. 14 ff.; ferner BGHSt 35, 137: krit. *Meyer-Goßner* aaO, S. 20 ff.; vorsichtig zust. dagegen *Riess,* FG BGH (Wissenschaft IV), 2000, S. 809 (826, siehe auch dort Fn. 87).

[717] Vgl. BGH 22.1.1986 – 3 StR 472/85, BGHSt 34, 1 (3) = NJW 1986, 2895; *Kindhäuser* § 14 Rn. 6.

[718] Vgl. *Graf/Valerius* GVG § 18 Rn. 1, 8, 12; SK-StPO/*Paeffgen* Anh. zu § 206a Rn. 5.

erlassen). In Einzelfällen können allerdings Ordnungswidrigkeiten nach § 82 OWiG im Strafverfahren abgeurteilt werden.[719]

cc) Örtliche Zuständigkeit. Die örtliche Zuständigkeit folgt eigenen Regeln, was nicht zuletzt auch daran deutlich wird, dass ihr **Fehlen** nach **§ 338 Nr. 4** (anders als andere Befassungsverbote) als absoluter Revisionsgrund ausgestaltet ist. Bis zur Eröffnung des Hauptverfahrens ist sie nach **§ 16 S. 1** von Amts wegen zu prüfen und bildet somit zumindest eine **„kurzlebige" Prozessvoraussetzung.**[720] Danach kann das Gericht seine örtliche Zuständigkeit gem. § 16 S. 2, 3 nur noch bis zum Beginn der Vernehmung des Angeklagten auf seinen Einwand hin aussprechen und das Verfahren nach § 206a bzw. § 260 Abs. 3 einstellen.[721] **364**

dd) Sachliche Zuständigkeit. Die sachliche Unzuständigkeit eines **höheren Gerichts,** vor dem angeklagt worden ist, ist nach **§ 269** grds. unbeachtlich, wenn die Zuständigkeit nicht willkürlich angenommen worden ist.[722] Wird die Sache dagegen beim unzuständigen Gericht **niederer Ordnung** angeklagt, so ist sie nach **§ 270 Abs. 1** an das zuständige Gericht zu verweisen. Dies ändert allerdings nichts an der Einordnung als Prozessvoraussetzung (in Gestalt eines Befassungsverbotes), da zum einen § 6 explizit anordnet, dass die sachliche Zuständigkeit von Amts wegen zu prüfen ist (was im Allgemeinen typisch für Prozessvoraussetzungen ist) und da zum anderen in dem **Verweisungsbeschluss zugleich eine Einstellung** des Verfahrens vor dem niederen Gericht gesehen werden kann.[723] **365**

b) Befassungsverbote in der Person des Beschuldigten. aa) Strafunmündigkeit. Kinder, die zum Zeitpunkt der Tat **jünger als 14 Jahre** alt waren, sind gem. § 19 StGB **schuldunfähig** und damit nicht strafmündig. Gegen sie darf deshalb kein Strafverfahren eingeleitet werden; ein gleichwohl eingeleitetes Verfahren ist einzustellen.[724] Auch insoweit liegt also ein Befassungsverbot vor. **366**

bb) Tod des Beschuldigten. Mit dem Tod des Beschuldigten ist ein Abschluss des Verfahrens durch Sachentscheidung ausgeschlossen und es liegt – **ab diesem Zeitpunkt – ein Befassungsverbot** vor. Entgegen einer früher in Rspr. und Lit. vertretener Auffassung[725] ist ein Einstellungsbeschluss hier auch nicht nur deklaratorisch, sondern konstitutiv erforderlich, um ein förmlich eingeleitetes Verfahren formell zu beenden.[726] **367**

cc) Begrenzte Lebenserwartung des Beschuldigten. Ob ein Befassungsverbot auch dann vorliegt, wenn der noch verhandlungsfähige Beschuldigte den Abschluss des Verfahrens aufgrund einer **tödlichen Krankheit** mit an Sicherheit grenzender Wahrscheinlichkeit nicht erleben wird, ist **umstritten.** Während der BerlVerfGH und ihm nachfolgend das LG Berlin im Fall Honecker ein entsprechendes Verfahrenshindernis angenommen hatten,[727] lehnt eine verbreiterte Auffassung in der Lit. dies ab, da das Feststellungs- und Aufklärungsinteresse der Rechtsgemeinschaft bei einer Verfahrenseinstellung vor dem Tod oder tatsächlich eingetretener Verhandlungsunfähigkeit missachtet würde.[728] **368**

c) Befassungsverbote, welche die zu verfolgende Sache betreffen. aa) Wirksame Anklage. Für die Durchführung eines Verfahrens muss eine wirksame Anklage nach **§ 200** **369**

---

[719] Vgl. *Beulke* Rn. 275.
[720] So *Meyer-Goßner,* Prozessvoraussetzungen und Prozesshindernisse, S. 29.
[721] Vgl. HK-StPO/*Bosbach* § 16 Rn. 1.
[722] Vgl. die Nachw. bei *Meyer-Goßner* § 269 Rn. 8.
[723] Vgl. auch *Meyer-Goßner,* Prozessvoraussetzungen und Prozesshindernisse, S. 10.
[724] Vgl. NK-*Schild* § 19 Rn. 9; *Kindhäuser* § 14 Rn. 8.
[725] Vgl. BGH 3.10.1986 – 2 StR 193/86, BGHSt 34, 184 = NJW 1987, 661 (662); BGH 9.11.1982 – 1 StR 687/81, NStZ 1983, 179, *Bloy* GA 1980, 161 (168 f.).
[726] Vgl. BGH 8.6.1999 – 4 StR 595/97, BGHSt 45, 108 (111 ff.) = NJW 1999, 3644 ff.
[727] Vgl. BerlVerfGH 12.1.1993 – VerfGH 55/92, NJW 1993, 515 (517); LG Berlin 13.1.1993 – 527 – 10/92, NStZ 1993, 298.
[728] Vgl. etwa *Beulke* Rn. 12, 289; *Schoreit* NJW 1993, 881 (885 f.).

vorliegen. **Fehlt sie** völlig oder ist sie aufgrund eines Fehlers **unwirksam** (vgl. zugleich Rn. 370),[729] führt dies zu einem Befassungsverbot. Für das völlige Fehlen der Anklage ist dies im Grundsatz unstreitig. Der nachträgliche Verlust einer Anklageschrift ist dagegen für das Verfahren nach der Rspr. dann ohne Bedeutung, wenn der Anklagesatz soweit wieder hergestellt werden kann, dass die angeklagte Person und der Prozessgegenstand festgestellt werden können.[730]

370 Ebenfalls ein Befassungsverbot liegt bei einer **unwirksamen Anklageschrift** vor. Jedoch führen nicht alle Mängel in dieser zugleich auch zur Unwirksamkeit, sondern es ist nach hM zu unterscheiden, ob Mängel nur in der Informations- oder auch in der **Umgrenzungsfunktion** der Anklage vorliegen.[731] Mängel in der bloßen Informationsfunktion führen nicht zur Unwirksamkeit,[732] da diese zwar die Verteidigungsmöglichkeiten des Angeklagten und sein Recht aus Art. 103 Abs. 1 GG (→ Rn. 70) beeinträchtigen können, aber den Prozessgegenstand hinreichend konkretisieren (und daher nur mit der Revision gerügt werden können). Solche Mängel in der Informationsfunktion liegen etwa vor, wenn die gesetzlichen Merkmale der Straftat nicht aufgeführt sind, die Angabe der verletzten Strafnormen unvollständig ist oder fehlt,[733] die Beweismittelliste unvollständig ist[734] oder Angaben nach § 200 Abs. 1 S. 4 fehlen.[735] Selbst Unklarheiten darüber, wer der Geschädigte ist oder fehlerhafte Angaben des Tatdatums,[736] sollen nicht zur Unwirksamkeit führen, wobei dies zweifelhaft ist, weil damit auch die angeklagte Tat letztlich fehlt und in diesen Fällen deshalb auch die Umgrenzungsfunktion betroffen ist.[737] **Ob gravierende Mängel hinsichtlich der Informationsfunktion** (nicht nur zu einer Verweigerung der Zustellung an den Angeklagten,[738] sondern auch) in Extremfällen zu einem Befassungsverbot führen können, ist umstritten.[739]

371 Jedenfalls ein Befassungsverbot besteht dagegen bei Mängeln in der **Umgrenzungsfunktion,** die dazu führen, dass der Prozessgegenstand nicht hinreichend genau bestimmt ist.[740] Probleme tauchen hier regelmäßig auf, wenn eine **Vielzahl gleichartiger Handlungen** angeklagt ist. Auch nach Aufgabe der „Fortgesetzten Handlung" lässt die Rspr. eine sachgerechte Zusammenfassung der begangenen Taten in der Anklageschrift zu. Diese müssen aber soweit präzisiert werden, dass der Angeklagte feststellen kann, worauf er seine Verteidigung ausrichten muss. Danach müssen die jeweiligen Tatopfer und Tatorte, die Anzahl der vorgeworfenen Einzelakte sowie der Tatzeitraum und die Grundzüge der Begehungsweise angegeben sein.[741] Typische Anwendungsfälle sind hier etwa Betrugs-, Betäubungsmittel- und Sexualdelikte. Bei letzteren muss im Hinblick auf die unterschiedlichen Altersschutzgrenzen der

---

[729] Die Anforderungen an die Bestimmtheit einer Anklage verlangen dabei freilich nicht mehr Substanz, als materiell-rechtlich für einen Schuldspruch erforderlich ist, vgl. BGH 24.1.2012 – 1 StR 412/11, NStZ 2012, 279.

[730] Zum umgekehrten Fall vgl. aber OLG Oldenburg 11.8.2005 – Ss 408/04, NStZ 2006, 119 (Einstellung des Verfahrens wegen nicht auszuschließenden Verfahrenshindernisses, wenn die Akten verloren gegangen sind und sich nicht mehr rekonstruieren lassen, da dann nicht auszuschließen ist, dass es an Anklageschrift und/oder Eröffnungsbeschluss fehlt).

[731] Vgl. BGH 29.7.1998 – 1 StR 94/98, BGHSt 44, 153 (156) = NJW 1998, 3788 f.; BGH 2.3.2011 – 2 StR 524/10, NJW 2011, 2308.

[732] Vgl. BGH 25.1.1995 – 3 StR 448/94, BGHSt 40, 390 (392) = NJW 1996, 1221 (1222); OLG Karlsruhe 20.1.2005 – 3 Ws 108/04, NJW 2005, 767 (770).

[733] Vgl. BGH 15.11.1983 – 5 StR 657/83, StV 1984, 63 (64); BGHR StPO § 200 Abs. 1 S. 1 Anklagesatz 5.

[734] KMR/*Seidl* § 200 Rn. 60.

[735] Löwe/Rosenberg/*Stuckenberg* § 200 Rn. 90.

[736] Vgl. *Graf/Ritscher* § 200 Rn. 21.

[737] Teils krit. zur Rspr. daher zu Recht *Börner* NStZ 2011, 436.

[738] Vgl. KMR/*Seidl* § 200 Rn. 64; *Fezer* NStZ 1995, 297 (298).

[739] Dafür OLG Schleswig 3.5.1995 – 1 Ws 456, 457/94, NStZ-RR 1996, 111; OLG Düsseldorf 22.10.1996 – 3 Ws 555, 566/96, StV 1997, 10; tendenziell dagegen KK-StPO/*Schneider* § 200 Rn. 34.

[740] Vgl. BGH 19.2.2008 – 1 StR 596/07, NJW 2008, 2131; OLG Karlsruhe 20.1.2005 – 3 Ws 108/04, NJW 2005, 767 (770); *Beulke* Rn. 285.

[741] Vgl. BGH 11.1.1994 – 5 StR 682/93, BGHSt 40, 44 (46 f.) = NJW 1994, 2556 f.

§§ 174, 176, 182 StGB aus der Anklageschrift erkennbar werden, wie viele Taten welchen Altersstufen des Opfers zuzuordnen sind.[742] Soweit hier (oder erst recht: soweit bei an sich einfacher gelagerten Fällen) Fehler auftreten, welche dazu führen, dass die angeklagte Tat nicht klar wird,[743] ist die Anklageschrift unwirksam, was zu einem Befassungsverbot führt. Vgl. ergänzend auch die Kommentierung zu § 200.

Inwieweit solche Fehler in Begrenzungs- oder Informationsfunktion durch eine **„Nachbesserung"** geheilt werden können, ist umstritten und hängt jedenfalls vom **Verfahrensstadium** ab: Vor Eröffnung des Hauptverfahrens ist es im Grundsatz unproblematisch möglich. Nach Eröffnung des Hauptverfahrens können Mängel in der Informationsfunktion grds. durch Klarstellungen und Hinweise in der Hauptverhandlung ausgeglichen werden.[744] Dagegen ist eine Heilung von Mängeln, welche die **Begrenzungsfunktion** betreffen, jedenfalls nicht durch Hinweise in der Hauptverhandlung heilbar, da es weder Aufgabe noch überhaupt Kompetenzbereich des Gerichts ist, die zur Konkretisierung der Anklageschrift erforderlichen Ermittlungen in der Hauptverhandlung durchzuführen und die nach dem Akkusationsprinzip durch die Staatsanwaltschaft gebotene Stoffkonkretisierung vorzunehmen.[745] Nach bestrittener,[746] mittlerweile aber wohl gefestigter Rspr.[747] wird allerdings eine Heilung durch **Rückgriff auf die wesentlichen Ergebnisse** der Ermittlungen für möglich gehalten, wenn sich die im Anklagesatz fehlenden Angaben daraus eindeutig ergeben, der Verfolgungswille des Staatsanwalts sich auch eindeutig auf diese erstreckt und die dort näher umgrenzte Tat in der Anklageschrift zumindest genannt ist. 372

bb) Wirksamer Eröffnungsbeschluss. Im Grundsatz **Ähnliches,** aufgrund der unterschiedlichen Zuständigkeiten (Staatsanwaltschaft und Gericht) aber dennoch zu Modifizierendes gilt für den Eröffnungsbeschluss: Auch ein solcher ist für die spätere Hauptverhandlung erforderlich und sein vollständiges Fehlen führt zu einem Befassungsverbot.[748] Teilw. wird hier freilich zugelassen, dass sich der Wille des Gerichts, die Anklage zuzulassen, auch aus einer anderen schriftlichen Entscheidung (etwa einem Verbindungsbeschluss oder eine Entscheidung über die Fortdauer der Untersuchungshaft) eindeutig ergibt.[749] Bloße Termins- und Ladungsverfügungen reichen hingegen ebenso wie Verweisungs- und Übernahmebeschlüsse nicht aus.[750] Wie bei der Anklageschrift kann auch ein **verlorengegangener Eröffnungsbeschluss** rekonstruiert werden, soweit dies zweifelsfrei möglich ist. 373

Daneben können auch **gravierende Mängel** des Eröffnungsbeschlusses zu seiner Unwirksamkeit und damit zu einem Befassungsverbot führen, wobei hier weniger der Gesichtspunkt einer fehlenden Umgrenzungsfunktion in Rede steht, da diese an sich schon durch die Anklage erreicht worden sein sollte. Fehlt es freilich an einer insoweit wirksamen Anklage, so verliert auch der Eröffnungsbeschluss seine Wirksamkeit;[751] Ähnliches gilt auch für das Fehlen sonstiger zur Eröffnung der Hauptverhandlung erforderlicher Prozessvoraussetzungen wie dem Eingreifen der deutschen Gerichtsbarkeit oder dem auslieferungsrechtlichen Spezialitätsgrundsatz (→ Rn. 379); dagegen müssen etwa Strafantrag (oder behördliches Strafverlangen) erst in der Hauptverhandlung für die Verurteilung vorliegen, was 374

---

[742] Vgl. BGH 16.12.2004 – 3 StR 387/04, NStZ 2005, 282 (283).

[743] Vgl. zur Bedeutung der Anklage für den Verfahrensstoff → Rn. 144.

[744] Vgl. BGH 23.8.1995 – 3 StR 163/95, NJW 1996, 206.

[745] Vgl. OLG Jena 1.12.1997 – 1 Ss 160/97, NStZ-RR 1998, 144 (145). Eine Änderung der Tatzeiten nach Zulassung der Anklage hält etwa für unzulässig BGH 17.8.2000 – 4 StR 245/00, BGHSt 46, 130 (133 ff.) = NJW 2000, 3293.

[746] Vgl. OLG Schleswig 3.5.1995 – 1 Ws 456/94, 457/94, StV 1995, 455 (456).

[747] Vgl. nur BGH 28.10.2009 – 1 StR 205/09, NJW 2010, 308 (309).

[748] Vgl. BGH 14.5.1957 – 5 StR 145/57, BGHSt 10, 278 (279) = NJW 1957, 1244 (1245); KK-StPO/*Schneider* § 207 Rn. 20.

[749] Vgl. BayObLG 24.11.2000 – 4 St RR 134/2000, BayObLGSt 2000, 161 (162); BGHR StPO § 203 Beschl. 5; OLG Hamm 5.12.1989 – 1 Ss 604/89, NStZ 1990, 146; vgl. auch Graf/*Ritscher* § 207 Rn. 8.

[750] Vgl. BayObLG 24.11.2000 – 4 St RR 134/2000, BayObLGSt 2000, 161 (162); Löwe/Rosenberg/*Stuckenberg* § 207 Rn. 54.

[751] Vgl. BGH 3.5.1972 – 3 StR 49/72, GA 1973, 111.

die auch hier favorisierte Unterscheidung zwischen Befassungs- und Bestrafungsverboten bestätigt.[752] Unwirksam ist ein Eröffnungsbeschluss ferner, wenn er weder schriftlich erlassen noch protokolliert wurde;[753] wie sich eine fehlende Unterschrift unter dem Beschluss auswirkt, ist umstritten.[754]

375 **Nicht zur Unwirksamkeit** (und damit zu keinem Befassungsverbot) führen soll hingegen, wenn die Zulassung zur Hauptverhandlung nicht erkennen lässt, welche Alternative innerhalb eines gesetzlichen Tatbestands durch die Tat verwirklicht wurde,[755] wenn sich die Bezeichnung der anzuwendenden Strafnorm und die Qualifizierung der Tat zwischen Anklageerhebung und Eröffnung des Hauptverfahrens geändert haben[756] oder wenn bloße Mängel in der Informationsfunktion der Anklageschrift vorliegen bzw. das wesentliche Ergebnis der Ermittlungen fehlt.[757] Auch bloße **Besetzungsfehler** beim Erlass des Eröffnungsbeschlusses machen diesen nicht unwirksam;[758] etwas anderes gilt, wenn nicht die erforderliche Zahl von Richtern an seinem Erlass mitgewirkt hat.[759] Nach Auffassung der Rspr. führt auch die Mitwirkung eines ausgeschlossenen Richters nicht zur Unwirksamkeit,[760] da diese selbst in der Hauptverhandlung nur einen absoluten Revisionsgrund nach sich ziehe.

376 Bis zum Beginn der Hauptverhandlung ist die **Heilung** etwaiger Mängel nach allgA möglich.[761] Ebenso sicher nicht mehr nachholbar ist der Eröffnungsbeschluss dagegen nach Erlass des erstinstanzlichen Urteils, insbes. auch **nicht im Berufungsverfahren.**[762] In der Hauptverhandlung erster Instanz lässt eine inzwischen gefestigte Rspr. eine Heilung bzw. Nachholung des Eröffnungsbeschlusses bis zum Beginn der Vernehmung des Angeklagten zu, wobei die Eröffnungsentscheidung in der Verhandlung bekannt zu machen und der Angeklagten über seine Möglichkeit zu belehren ist, die Aussetzung der Hauptverhandlung zu verlangen.[763] Die Gegenansicht, die eine solche Nachholung nicht für möglich hält,[764] kann für sich immerhin in Anspruch nehmen, dass bei einer Entscheidung in der Hauptverhandlung die Schöffen mitwirken, während der Eröffnungsbeschluss im Zwischenverfahren ohne sie zu erlassen wäre;[765] ferner wird – auch wenn es auf den ersten Blick paradox klingt – die **Sicherungsfunktion** des Zwischenverfahrens und des Eröffnungsbeschlusses (→ Rn. 239) konterkariert, wenn das (von der Besetzung abgesehen) gleiche Gericht, das den Eröffnungsbeschluss versäumt hat, diesen regelmäßig selbst in der eigenen Hauptverhandlung nachholen könnte. Gleichwohl bleibt aus **prozessökonomischen Gründen** durchaus fraglich, ob ein Befassungsverbot – mit der Konsequenz, dass der Angeklagte der Nachholung nicht einmal dann zustimmen könnte, wenn er es wollte – die angemessene Rechtsfolge ist, wenn man berücksichtigt, dass einerseits eine neue Anklageerhebung für

---

752 Vgl. Löwe/Rosenberg/*Stuckenberg* § 207 Rn. 79.

753 Vgl. BGH 9.6.1981 – 4 StR 263/81, NStZ 1981, 448; BGH 17.12.1999 – 2 StR 376/99, NStZ 2000, 442 (443).

754 Vgl. OLG Düsseldorf 8.12.1999 – 2 Ws 358362/99, NStZ-RR 2000, 114 (keine Unwirksamkeit) einerseits und OLG Frankfurt a. M. 28.5.1991 – 1 Ss 43/91, NJW 1991, 2849 (2850); OLG Zweibrücken 5.8.2008 – 1 Ss 35/08, NStZ-RR 2009, 287 (grds. unwirksam) andererseits.

755 Vgl. BGH 15.11.1983 – 5 StR 657/83, NStZ 1984, 133.

756 Vgl. BGH 17.2.1981 – 1 StR 546/80, NStZ 1981, 309.

757 Vgl. BGH 25.1.1995 – 3 StR 448/94, BGHSt 40, 390 (392) = NJW 1996, 1221 (1222).

758 Vgl. BGH 18.2.1981 – 3 StR 269/80, NStZ 1981, 447.

759 Anders, wenn lediglich die Unterschriften der Richter fehlen, ihre Mitwirkung aber zweifelsfrei feststeht.

760 Vgl. BGH 16.10.1980 – 1 BJs 80/78; 3StB 29, 30, 31/80, BGHSt 29, 351 (354 f.) = NJW 1981, 133 (134).

761 Zu den Anforderungen daran etwa BGH 29.9.2011 – 3 StR 280/11, NStZ 2012, 225.

762 Vgl. BGH 4.4.1985 – 5 StR 193/85, BGHSt 33, 167 ff. = NJW 1985, 1720; OLG Zweibrücken 5.8.2008 – 1 Ss 35/08, NStZ-RR 2009, 287 (288); KK-StPO/*Schneider* § 207 Rn. 21.

763 Vgl. BGH 18.3.1980 – 1 StR 213/79, BGHSt 29, 224 (228 ff.) = NJW 1980, 1858; BGH 2.11.2005 – 4 StR 418/05, BGHSt 50, 267 (268 f.) = NJW 2006, 240.

764 Vgl. *Meyer-Goßner* JR 1981, 214 (215, 217); *Beulke* Rn. 284.

765 Nach BGH 29.9.2011 – 3 StR 280/11, NStZ 2012, 225, scheidet eine Heilung jedenfalls aus, wenn in der Hauptverhandlung nur mit zwei Berufsrichtern verhandelt wurde, während die Eröffnungsentscheidung außerhalb der Hauptverhandlung mit drei Berufsrichtern zu treffen wäre; vgl. auch BGH 7.9.2011 – 1 StR 388/11, NStZ 2012, 50.

den Beschuldigten sogar belastender sein könnte, und dass er umgekehrt auch ohne den Eröffnungsbeschluss aufgrund der Anklageschrift an sich die Möglichkeit hatte, sich auf das Verfahren inhaltlich vorzubereiten.[766]

cc) Entgegenstehende Rechtskraft. Wie sich aus Art. 103 Abs. 3 GG (**ne bis in idem,** → Rn. 78) ergibt, darf niemand wegen derselben Tat mehrmals bestraft werden, wobei die Vorschrift nicht nur ein Doppelbestrafungs- sondern hinsichtlich der gleichen prozessualen Tat auch ein **Doppelverfolgungsverbot** enthält. Soweit also ein (verurteilendes wie freisprechendes) Urteil zur gleichen prozessualen Tat bereits vorliegt, führt dies für ein neues Gericht zu einem Befassungsverbot.[767] Anders, als früher teilw. angenommen, wäre freilich ein gleichwohl ergehendes zweites Urteil nicht „nichtig", sondern bedürfte einer konstitutiven Aufhebungsentscheidung. Zur fehlenden Anwendbarkeit auf ausländische Urteile und zur Erweiterung aufgrund völkerrechtlicher Verträge sowie insbes. auch aufgrund von Art. 54 SDÜ → Rn. 81. 377

dd) Anderweitige Rechtshängigkeit. Ebenso besteht ein **Befassungsverbot,** wenn der Anklagegegenstand (prozessuale Tat) bereits bei einem **anderen Gericht rechtshängig** ist, so dass die Gefahr einer Doppelbestrafung besteht. Nach dem **Prioritätsgrundsatz** des § 12 Abs. 1 hat dasjenige Gericht Vorrang, das zuerst eröffnet hat;[768] eine Ausnahme gilt nur, wenn dem anderen Gericht umfassendere Aburteilungsmöglichkeiten zur Verfügung stehen.[769] Kein Befassungsverbot besteht jedoch, wenn die Tat von jedem der Gerichte nur unter solchen rechtlichen Gesichtspunkten beurteilt werden kann, zu dem das jeweils andere Gericht keinen Zugang hat.[770] 378

ee) Spezialitätsgrundsatz. Nach dem sog Spezialitätsgrundsatz darf ein Beschuldigter, der **von einem fremden Staat** zur Durchführung eines Strafverfahrens **ausgeliefert** wurde, nur innerhalb der vom ausliefernden Staat gesetzten tatsächlichen und rechtlichen Grenzen verfolgt werden. Eine Strafverfolgung ist also nur für solche Taten zulässig, für die eine Auslieferung bewilligt worden ist; auch eine andere rechtliche Beurteilung der Taten kann nur erfolgen, soweit die Auslieferung auch danach bewilligt worden wäre.[771] Hinsichtlich anderer selbständiger Taten besteht ähnlich wie für die fehlende Zuständigkeit der deutschen Strafgerichte (→ Rn. 362) ein **Befassungsverbot,** das aber entfallen kann, wenn der ausliefernde Staat die Auslieferung nachträglich bewilligt. Bei einer Verfolgung des Beschuldigten wegen einer weiteren Tat innerhalb des prozessualen Tatbegriffs führt der Spezialitätsgrundsatz nur zu einem beschränkenden Schuldspruch und zu keinem Befassungsverbot.[772] 379

2. Bestrafungsverbote. a) Bestrafungsverbote in der Person des Beschuldigten: Verhandlungsfähigkeit. Anders als die Strafunmündigkeit oder der Tod des Angeklagten führt seine **Verhandlungsunfähigkeit** „nur" zu einem Bestrafungs-, nicht zu einem Befassungsverbot. Bei einer nur vorübergehenden Verhandlungsunfähigkeit wird das Verfahren gem. § 205 StPO vorläufig eingestellt; die dauerhafte Verhandlungsunfähigkeit führt grds. zur endgültigen Einstellung,[773] wobei jedoch bei der Durchführung einer Verhandlung bis zur **Freispruchreife** wegen der Einordnung als bloßes Bestrafungsverbot gerade auch ein 380

[766] Zu diesem Argument vgl. auch BGH 18.3.1980 – 1 StR 213/79, BGHSt 29, 224 (230) = NJW 1980, 1858 (1859).

[767] Vgl. aus der neueren Rspr. nur OLG Hamm 2.6.2008 – 2 Ss 190/08, NStZ-RR 2008, 383; ferner etwa *Schroeder/Verrel* § 10 Rn. 69.

[768] Bei dieser Zuständigkeit bleibt es auch, wenn eine Verbindung und Übernahme durch ein anderes Gericht – etwa wegen Verstoßes gegen § 13 Abs. 2 (wenn auch die sachliche Zuständigkeit betroffen ist) und mangels Beschlusses nach § 4 Abs. 2 S. 2 – unwirksam ist, vgl. OLG Oldenburg 23.8.2011 – 1 Ss 133/11, NStZ-RR 2011, 376 (377).

[769] Vgl. Löwe/Rosenberg/*Stuckenberg* § 206a Rn. 64.

[770] Vgl. Löwe/Rosenberg/*Stuckenberg* § 206a Rn. 64.

[771] Vgl. BGH 20.12.1968 – 1 StR 508/67, BGHSt 22, 307 ff. = NJW 1969, 995 f.

[772] Vgl. Löwe/Rosenberg/*Stuckenberg* § 206a Rn. 70.

[773] Vgl. BGH 23.3.2001 – 2 StR 498/00, BGHSt 46, 345 (346) = NJW 2001, 3277 (3278).

Freispruch erfolgen könnte. Einer Sachentscheidung in solchen Fällen wird man auch nicht mit *Volk*[774] entgegenhalten können, dass die Rechtsordnung „ihre Macht“ nicht „in einem Verfahren“ demonstrieren solle, dem „der Betroffene nicht folgen“ könne, da die berechtigten Interessen des Verhandlungsunfähigen durch seinen Freispruch nicht beeinträchtigt werden. Verhandlungsfähigkeit in diesem Sinne setzt **keine Geschäfts- oder Prozessfähigkeit** wie im Zivilverfahren voraus, sondern es ist ausreichend, dass der Beschuldigte seine Interessen innerhalb und außerhalb der Verhandlung vernünftig wahrnehmen und seine Verteidigung in verständiger und verständlicher Weise führen kann sowie Prozesserklärungen abzugeben und entgegenzunehmen vermag.[775]

381 **b) Bestrafungsverbote, welche die zu verfolgende Sache betreffen. aa) Verjährung.** Die nach § 78 Abs. 1 S. 1 StGB ausgeschlossene Ahndung der Tat in Fällen der Verjährung besitzt nach heutiger ganz hM zumindest auch prozessualen Charakter.[776] Der Eintritt der Verjährung führt grds. zur **Verfahrenseinstellung.** Ist bis zu dem Zeitpunkt, an dem die Verjährung festgestellt worden ist, jedoch schon bis zur **Freispruchreife** verhandelt worden, muss dieser ausgesprochen werden.[777]

382 **bb) Strafantrag.** Bei **Antragsdelikten** verlangt das Gesetz das Vorliegen eines wirksamen Strafantrags, damit ein Verfahren eingeleitet und durchgeführt werden darf. Fehlt es an einem solchen (und kann dieser auch nicht mehr gestellt werden), liegt bei absoluten Antragsdelikten ein endgültiges Prozesshindernis in Gestalt eines **Bestrafungsverbotes** vor. Gleiches gilt, wenn bei relativen Antragsdelikten die Staatsanwaltschaft ein Einschreiten von Amts wegen nicht für geboten hält.[778] Ähnlich wie bei der Verjährung gilt: Steht zu dem Zeitpunkt, zu dem das Fehlen des Strafantrags bemerkt wird, schon fest, dass der Angeklagte keinen Straftatbestand verwirklicht hat bzw. ihm dieser nicht nachzuweisen ist, muss ein **Freispruch** erfolgen.[779]

383 **cc) Amnestie.** Wegen der grundsätzlichen verfassungsrechtlichen Unzulässigkeit der Einzelabolition (Einzelniederschlagung) kommt eine Niederschlagung grds. allenfalls durch **Massenabolition (Amnestie)** in Betracht. Bei dieser ist es ähnlich wie bei der Verjährung teilw. umstritten, ob sie neben dem prozessualen auch einen materiell-rechtlichen Charakter hat,[780] was aber nichts daran ändert, dass sie jedenfalls ein Verfahrenshindernis als Bestrafungsverbot darstellt.[781]

384 **c) Verfassungsrechtlich begründete Bestrafungsverbote. aa) Grundsätzliches.** In einer Reihe weiterer Fälle werden Verfahrenshindernisse auch für Konstellationen diskutiert, welche in der StPO (jedenfalls mit dieser Rechtsfolge) keinen ausdrücklichen Niederschlag gefunden haben. Insoweit erfolgt regelmäßig argumentativ ein Rückgriff unmittelbar auf das **GG** oder auch die **EMRK.** Ernsthaft diskutiert und auch von praktischer Bedeutung sind insbes. die **Tatprovokation** durch einen Lockspitzel und die **überlange Verfahrensdauer,** wenngleich beide von der heute hM regelmäßig anders behandelt werden. Einzelne andere Vorschläge haben nur wenige Anhänger gefunden.

385 **bb) Tatprovokation.** Als Verfahrenshindernis diskutiert wird der Fall der unzulässigen Tatprovokation.[782] Inhaltlich ist dabei die erste Frage, wann überhaupt von einer „unzulässi-

[774] Prozessvoraussetzungen im Strafrecht, 1978, S. 246.

[775] Vgl. BGH 14.12.1995 – 5 StR 208/95, NStZ 1996, 242.

[776] Vgl. SK-StGB/*Rudolphi/Wolter* Vor § 78 Rn. 9 f.; Löwe/Rosenberg/*Stuckenberg* § 206a Rn. 55: Ob sie neben dem verfahrensrechtlichen Charakter zugleich auch materiell-strafrechtlicher Natur ist, spielt für die prozessuale Behandlung keine Rolle.

[777] Vgl. bereits *Volk,* Strafprozessvoraussetzungen im Strafrecht, 1978, S. 243 ff.; *Meyer-Goßner,* Prozessvoraussetzungen und Prozesshindernisse, S. 34.

[778] Vgl. *Krey/Esser,* Strafrecht AT § 8 Rn. 237.

[779] Vgl. *Meyer-Goßner,* Prozessvoraussetzungen und Prozesshindernisse, S. 34.

[780] Vgl. BGH 18.11.1971 – 1 StR 302/71, BGHSt 24, 262 (265) = NJW 1972, 262 (263).

[781] Vgl. *Meyer-Goßner,* Prozessvoraussetzungen und Prozesshindernisse, S. 34.

[782] Zahlreiche Nachw. zur Problematik bei *Meyer-Goßner* Einl. Rn. 148a.

gen" Provokation gesprochen werden kann, da nach herrschender Auffassung im Rahmen von verdeckten Ermittlungen gewisse Anreize zur Tatbegehung durchaus geschaffen werden dürfen. Die Grenze ist dann jedoch überschritten, wenn eine **anfangs nicht tatgeneigte Person** ausschließlich von einer dem Staat zurechenbaren Provokation zu der Straftat „verführt" wird.[783]

cc) Überlange Verfahrensdauer. Auch im Fall einer überlangen Verfahrensdauer aufgrund eines **Verstoßes gegen das Beschleunigungsverbot** wird ein Verfahrenshindernis diskutiert. Zu den Anforderungen an diese Verstöße und zum regelmäßigen Fehlen eines Verfahrenshindernisses nach hM sowie zur Behandlung über die sog Vollstreckungslösung → Rn. 159 ff. Soweit in Extremfällen ein Verfahrenshindernis angenommen würde,[784] wäre auch dieses als bloßes Bestrafungshindernis anzusehen, welches bei einer Ermittlung bis zur Freispruchreife einen solchen nach sich ziehen müsste.[785] 386

dd) Weitere Fälle. Weitere Fälle, in denen – jeweils freilich nur für extreme Konstellationen – Verfahrenshindernisse diskutiert werden, sind die **öffentliche Vorverurteilung in den Medien,**[786] rechtsstaatswidrige und über die normalen Aufgaben der Strafverfolgungsbehörden hinausgehende **parteiische Versuche,** eine Verurteilung um jeden Preis herbeizuführen (etwa bei **Beweismanipulationen** durch die Ermittlungsbehörden oder den Bruch der Zusage der Nichtverfolgung)[787] sowie Verstöße gegen die allgemeinen **Regeln des Völkerrechts,** etwa bei einer völkerrechtswidrigen Festnahme und Verschleppung.[788] Vom BVerfG anerkannt ist ein Verfolgungshindernis aus dem Verhältnismäßigkeitsgrundsatz für **DDR-Spione** nach der Wiedervereinigung;[789] freilich betrifft dieses nur eine historische Sondersituation, die sich voraussichtlich in absehbarer Zeit nicht mehr so wiederholen wird. 387

III. Die Rechtsanwendung bei Prozesshindernissen bzw. fehlenden Prozessvoraussetzungen

1. Rechtsfolgen. a) Grundsatz: Verfahrenseinstellung. Grds. ist das Verfahren beim Vorliegen eines Prozesshindernisses bzw. beim Fehlen einer Prozessvoraussetzung – und damit also in gleicher Weise bei Befassungs- wie bei Bestrafungsverboten – **einzustellen.** Auch eine **Teilrechtskraft** steht dabei einer Einstellung nicht entgegen;[790] vielmehr genügen auch die Anhängigkeit nur noch wegen einer Nebenfolge,[791] eine auf die Rechtsfolgen beschränkte Anfechtung des Urteils[792] oder ein Verfahren über die Frage der Strafausset- 388

[783] Vgl. EGMR 9.6.1998 – 44/1997/828/1034, NStZ 1999, 47 (48); EGMR 5.2.2008 – 74420/01, NJW 2009, 3565 (3566). Vgl. zu verschiedenen Vorschlägen zur Behandlung solcher Fälle (von der Annahme eines materiellen Strafausschließungsgrundes über die Annahme eines Prozesshindernisses kraft Verwirkung bis zur Lösung über Beweisverwertungsverbote) etwa BGH 13.7.1984 – 2 StR 199/84, NStZ 1984, 519 (520); *Fischer/Maul* NStZ 1992, 7 (13); *Hillenkamp* NJW 1989, 2841 (2843 f.); *Kempf* StV 1999, 128; *Kinzig* StV 1999, 288; *Puppe* NStZ 1986, 404 (406); *Roxin* AT I § 10 Rn. 28. Zur unzulässigen Provokation wegen fehlenden Bezugs zum konkreten Tatverdacht vgl. BGH 30.5.2001 – 1 StR 42/01, BGHSt 47, 44 = NStZ 2002, 50.

[784] Vgl. für ungewöhnliche Einzelfälle BGH 25.10.2000 – 2 StR 232/00, BGHSt 46, 159 (170 ff.) =NJW 2001, 1146 (1148 ff.).

[785] Vgl. *Meyer-Goßner,* Prozessvoraussetzungen und Prozesshindernisse, S. 35.

[786] Vgl. hierzu *Wohlers* StV 2005, 186 (190) (als ultima ratio); ausführlicher *Eser/Meyer,* Öffentliche Vorverurteilung und faires Strafverfahren 1986, insbes. S. 344 ff.

[787] Vgl. mwN *Meyer-Goßner* Einl. Rn. 148b.

[788] Vgl. mwN *Meyer-Goßner* Einl. Rn. 149: Davon zu unterscheiden ist die Frage, ob nicht der ausländische Staat ggf. Ansprüche gegen die BRD stellen können, welche zB beim Verlangen der unverzüglichen Rückführung einem Verfahren zumindest faktisch entgegenstehen.

[789] Vgl. BVerfG 15.5.1995 – 2 BvL 19/91, 2 BvR 1206/91, 1584/91, 2601/93, BVerfGE 92, 277 (341 ff.) = NJW 1995, 1811 (1816 ff.).

[790] Vgl. BGH 11.11.1955 – 1 StR 409/55, BGHSt 8, 269 (270 f.) = NJW 1956, 110; BGH 24.9.1954 – 2 StR 598/53, BGHSt 6, 304 = NJW 1954, 1776; BGH 28.4.1982 – 3 StR 35/82, BGHSt 31, 51 = NJW 1982, 1954.

[791] Vgl. BGH 24.9.1954 – 2 StR 598/53, BGHSt 6, 304 ff. = NJW 1954, 1776 ff.; BGH 13.5.1959 – 4 StR 122/59, BGHSt 13, 128 f. = NJW 1959, 1331.

[792] Vgl. BGH 14.6.1977 – 4 StR 243/77, DAR 1978, 160.

zung.[793] Nicht ausreichend ist dagegen, wenn ein Prozesshindernis sich auf prozessuale Taten bezieht bzgl. derer die Entscheidung (insbes. für Fälle der horizontalen Teilrechtskraft) rechtskräftig wurde, selbst wenn eine Gesamtstrafe gebildet wurde.[794]

389 Die entsprechende Rechtsgrundlage hängt hier vom **konkreten Verfahrensstadium** ab: Wird das Prozesshindernis (im weiteren Sinne) bereits im Ermittlungsverfahren deutlich, so ist das Verfahren nach § 170 Abs. 2 einzustellen; im Zwischenverfahren führt das Prozesshindernis zu einer Nichteröffnung nach § 204 bzw. bei einem nur vorübergehenden Prozesshindernis zu einer vorläufigen Einstellung nach § 205. Nach Eröffnung des Hauptverfahrens erfolgt die Einstellung außerhalb der Hauptverhandlung nach § 206a durch Beschluss bzw. innerhalb der Hauptverhandlung nach § 260 Abs. 3 durch Einstellungsurteil. Zu (zT nur scheinbaren) Ausnahmen bei der Behandlung der sachlichen Zuständigkeit → Rn. 365 sowie → Rn. 393). Im Falle einer Privatklage wird diese bei Fehlen einer Prozessvoraussetzung bzw. Vorliegen eines Prozesshindernisses vom Gericht nach § 383 Abs. 1 S. 1 zurückgewiesen.[795]

390 **b) Zum Verhältnis von Einstellung und Freispruch.** Unstreitig und damit im Ergebnis klar ist, dass es bei Vorliegen eines Prozesshindernisses bzw. Fehlen einer Prozessvoraussetzung zu keiner Verurteilung kommen kann. Weniger klar ist aber, ob bzw. in welchen Fällen **statt einer Verfahrenseinstellung** in der Verhandlung ein **Freispruch** in Betracht kommt. Diese Frage stellt sich freilich nur, wenn in dem Moment, in welchem das Prozesshindernis bzw. die fehlende Prozessvoraussetzung vom Gericht erkannt wird, bereits bis zur **Freispruchreife** verhandelt worden ist. Ist dies nicht der Fall, soll auf jeden Fall eine Einstellung erfolgen. In anderen Fällen ist zu differenzieren:

391 **aa) Bestrafungsverbote.** Liegt „nur" ein Bestrafungsverbot, also nach hier vertretener Auffassung das Fehlen eines Strafantrags, Eintritt von Verjährung, Amnestie, Verhandlungsunfähigkeit sowie – soweit anerkannt – überlange Verfahrensdauer und Tatprovokation, vor, hat der **Freispruch Vorrang vor der Einstellung.**[796] Soweit gleichwohl eine Einstellung erfolgt, erwächst diese in materielle Rechtskraft.[797]

392 **bb) Befassungsverbote.** Handelt es sich dagegen um Befassungsverbote (→ Rn. 355) wie etwa das Fehlen der Anklage[798] oder des Eröffnungsbeschlusses,[799] bleibt ein **Vorrang der Einstellung** bestehen und es kann kein Freispruch erfolgen.

393 **cc) Sonderfall der sachlichen Unzuständigkeit.** Ist das angerufene **niedere Gericht** sachlich unzuständig, ist grds. eine (die Einstellung enthaltende, → Rn. 365) **Verweisung** an das zuständige höhere Gericht erforderlich; diese setzt nach hM voraus, dass das niedere Gericht von einer Schuld des Angeklagten überzeugt ist. Begründen erst in der Hauptverhandlung neu hervorgetretene Umstände eine höhere Zuständigkeit, muss insoweit zumindest hinreichender Tatverdacht bestehen.[800] Nimmt das AG eine **Freispruchreife** an, so hat es insoweit beides verneint und eine Verweisung scheidet aus.[801] Ergibt sich die sachliche Unzuständigkeit des AG aber bereits ohne weiteres aus der Anklage selbst (etwa bei Anklage

---

793 Vgl. BGH 26.6.1958 – 4 StR 145/58, BGHSt 11, 393 (395) = NJW 1958, 1307 (1308).

794 Insoweit aA BGH 11.11.1955 – 1 StR 409/55, BGHSt 8, 269 = NJW 1956, 110.

795 Vgl. *Meyer-Goßner* § 383 Rn. 3, 7.

796 bereits → Rn. 355 ff.; ferner etwa OLG München 17.6.2008 – 5 St RR 28/08, NJW 2008, 3151 (3155).

797 Vgl. BGH 5.6.2007 – 5 StR 383/06, NJW 2007, 3010 (3011); Löwe/Rosenberg/*Kühne* Einl. K Rn. 95 ff.

798 Vgl. BGH 17.8.2000 – 4 StR 245/00, BGHSt 46, 130 = NJW 2000, 3293.

799 Vgl. *Meyer-Goßner*, Prozessvoraussetzungen und Prozesshindernisse, S. 29; vgl. ferner allg. auch BGH 14.5.1957 – 5 StR 145/57, BGHSt 10, 278 (279) = NJW 1957, 1244 (1245); BGH 4.4.1985 – 5 StR 193/85, BGHSt 33, 167 = NJW 1985, 1720; weitere Bsp. bei *Meyer-Goßner* aaO, S. 32 f.

800 Vgl. BGH 13.2.1980 – 3 StR 5/80, BGHSt 29, 216 (219) = NJW 1980, 1586; BGH 26.9.1980 – 1 BJs 202/79, 5 StB 32/80, BGHSt 29, 341 (344) = NJW 1981, 180.

801 Vgl. *Meyer-Goßner*, Prozessvoraussetzungen und Prozesshindernisse, S. 30.

einer Straftat, für die nach § 74a GVG die Staatsschutzkammer zuständig ist[802]), fehlt dem Gericht jede Zuständigkeit, in der Sache zu entscheiden und es darf deswegen nicht freisprechen, sondern muss verweisen. In den „normalen" Fällen des § 269 steht einem Freispruch ohnehin nichts entgegen. Bei einer willkürlichen Annahme der Zuständigkeit durch das höhere Gericht (die auch in der Revision zu berücksichtigen ist) ist allerdings zu erwägen, ob nicht ähnlich wie bei der originären Unzuständigkeit des niederen Gerichts eine Sachentscheidung nicht erfolgen darf.[803]

c) Einstellung und Freispruch bei Tateinheit. Ist beim Zusammentreffen **tateinheitlich verbundener Taten** ein Vorwurf nicht nachweisbar, während der andere aufgrund eines Verfahrenshindernisses nicht verfolgt werden darf, muss zumindest auch eine Sachentscheidung iS eines Freispruches ergehen. Im Unterschied zu den oben genannten Fällen bezieht sich der Grund für den Freispruch hier aber auf einen anderen Straftatbestand als denjenigen, hinsichtlich dessen ein Verfahrenshindernis vorliegt. Als Folge einer solchen Konstellation möchte eine Auffassung den Angeklagten immer freisprechen,[804] während nach wohl herrschender Auffassung **der schwerere Tatvorwurf** bestimmt, welches Urteil ergeht: Wiegt der nicht nachweisbare Tatvorwurf schwerer als derjenige, der aufgrund des Verfahrenshindernisses nicht verfolgt werden darf, soll freigesprochen werden;[805] in anderen Fällen hat ein Einstellungsurteil zu ergehen (da hinsichtlich eines – und zwar hier des schwereren – Vorwurfs keine Freispruchreife vorliegt). Konkret heißt dies: Beim Zusammentreffen eines Verbrechens und eines Vergehens kann ein Freispruch nur erfolgen, wenn der Grund hierfür beim Verbrechen und das Verfahrenshindernis beim Vergehen vorliegen;[806] beim Zusammentreffen von Straftat und Ordnungswidrigkeit müssen die Freispruchreife bei der Straftat und das Verfahrenshindernis bei der Ordnungswidrigkeit vorliegen;[807] beim Zusammentreffen von Vorsatz- und Fahrlässigkeitsdelikt muss die vorsätzliche Tat nicht nachweisbar (und die fahrlässige Tat aufgrund eines Verfahrenshindernisses unverfolgbar) sein.[808] 394

2. Berücksichtigung der Prozesshindernisse von Amts wegen. a) Grundsatz der Berücksichtigung von Amts wegen. Verbreitet findet sich in Rspr. und Lit. die Formulierung, dass Verfahrenshindernisse **in jeder Lage des Verfahrens von Amts wegen** zu berücksichtigen seien.[809] Dies wird auch bei tateinheitlicher Begehung für jedes einzelne „verletzte" Strafgesetz gelten,[810] wobei dies nicht zur Verfahrenseinstellung führen kann, wenn hinsichtlich der anderen tateinheitlich begangenen Delikte eine Verurteilung erfolgt. In der **ersten Instanz** beansprucht dieser Grundsatz in der Tat Geltung. Dies gilt nach hM sogar bei Verfahrenshindernissen, die erst nach Urteilserlass entstehen, so dass das Verfahren nach § 206a einzustellen ist, solange die Akten nicht nach § 347 Abs. 2 dem Revisionsgericht vorgelegt sind;[811] freilich berechtigen den Tatrichter Verfahrenshindernisse, die er bei der Urteilsfällung übersehen hat, nicht zu einer späteren Urteilsaufhebung oder -abänderung, selbst wenn die Rechtskraft nach § 343 Abs. 1 gehemmt ist.[812] 395

---

[802] Bsp. bei *Meyer-Goßner,* Prozessvoraussetzungen und Prozesshindernisse, S. 30.
[803] Dafür *Meyer-Goßner,* Prozessvoraussetzungen und Prozesshindernisse, S. 31.
[804] Vgl. SK-StPO/*Schlüchter/Velten* § 260 Rn. 50.
[805] Vgl. BGH 16.2.2005 – 5 StR 14/04, BGHSt 50, 16 (30) = NJW 2005, 1287 (1290); OLG Frankfurt a. M. 9.11.1979 – 1 Ws (B) 254/79, NJW 1980, 2824 (2825); KK-StPO/*Schoreit* § 260 Rn. 51.
[806] Vgl. BGHR StPO § 260 Abs. 3 Freispruch 1.
[807] Vgl. BGH 10.1.1978 – 5 StR 383/77, GA 1978, 371.
[808] Vgl. BGH 9.1.1990 – 5 StR 601/89, BGHSt 36, 340 = NJW 1990, 2073.
[809] Vgl. nur BGH 24.9.1954 – 2 StR 598/53, BGHSt 6, 304 (305 f.) = NJW 1954, 1776; BGH 10.1.1957 – 2 StR 575/56, BGHSt 10, 74 (75) = NJW 1957, 511; BGH 10.11.1965 – 2 StR 387/65, BGHSt 20, 292 (293) = NJW 1966, 114 (115); KK-*Schoreit* § 260 Rn. 48; Löwe-Rosenberg/*Kühne* Einl. K Rn. 42; NK-*Saliger* § 78 Rn. 2; *Beulke* Rn. 273 und *Roxin/Schünemann* § 22 Rn. 22. Differenzierend bereits *Meyer-Goßner* NStZ 2003, 169.
[810] Vgl. bereits RG 20.3.1928 – I 963/27, RGSt 62, 83 (88).
[811] Vgl. *Meyer-Goßner* § 346 Rn. 3.
[812] Vgl. BGH 17.7.1968 – 3 StR 117/68, BGHSt 22, 213 (216) = NJW 1968, 2253 (2254).

396 **b) Ausnahmen bei Rechtsmitteln.** Einschränkung erfährt der Grundsatz der Berücksichtigung von Amts wegen aber richtigerweise im **Rechtsmittelverfahren.** Sowohl das Berufungs- als auch das Revisionsrecht kennen nämlich bestimmte Voraussetzungen, unter denen das **Rechtsmittelgericht überhaupt in eine Sachprüfung** eintreten darf: Bei der Berufung ist dies – nach freilich bestrittener Auffassung – bei **§ 329 Abs. 1 S. 1** der Fall, da bei einem nichterschienenen Angeklagten keine Sachprüfung stattfindet; dies wird auch nicht durch § 206a Abs. 1 relativiert. Der hiergegen denkbare Einwand, das Rechtsmittelgericht dürfe ein insoweit fehlerhaftes Urteil nicht bestehen lassen, verliert an Überzeugungskraft, wenn man berücksichtigt, dass auch aus anderen Gründen fehlerhafte Urteile bestehen bleiben, wenn der Angeklagte nicht zur Verhandlung erscheint, und dass auch trotz eines Prozesshindernisses in erster Instanz ergangene Urteile in Rechtskraft erwachsen, wenn keine Berufung eingelegt wird. Anders ausgedrückt: „Dass Prozessvoraussetzungen (regelmäßig) von Amts wegen zu überprüfen sind, besagt nicht, dass sie ohne Rücksicht auf den Verfahrensstand zu beachten sind, sondern nur dass sie – *falls* das Gericht in eine Prüfung eintreten darf – auch ohne Rüge des Rechtsmittelführers durchschlagen."[813]

397 In der **Revision** gilt Entsprechendes selbstverständlich dann, wenn die Revision **nicht fristgerecht** eingelegt worden (und damit Rechtskraft eingetreten) ist, aber auch dann, wenn sie bei einer bloßen **Verfahrensrüge nicht ordnungsgemäß begründet** worden und damit unzulässig ist.[814] Erst recht nicht möglich ist daher entgegen einer (freilich auch vereinzelt gebliebenen) Entscheidung des BayObLG eine Einstellung wegen eines Verfahrenshindernisses nach Rücknahme des Rechtsmittels.[815] Eine Ausnahme gilt aber umgekehrt dann, wenn das **Verfahrenshindernis erst im Rechtsmittelverfahren** entstanden ist. Dann ist § 206a sowohl im Berufungs- als auch im Rechtsmittelverfahren anzuwenden.[816]

398 Speziell in der Revision mit ihren strengen Rügepflichten stellt sich des Weiteren noch die Frage, ob selbst bei einem zulässigen Rechtsmittel nicht auch noch – je nach Verfahrenshindernis – eine Sachrüge oder eine einschlägige Verfahrensrüge erhoben werden muss. Insbes. bei solchen Verfahrenshindernissen, die eng mit dem materiellen Recht verwoben sind (wie etwa dem Strafantragserfordernis) besteht sonst die „Gefahr", dass etwa ohne Erhebung einer Sachrüge ein materiell-rechtlicher Fehler, bei dem die fehlende Strafbarkeit verkannt wird, nicht berücksichtigt wird, während das weniger schwerwiegende Fehlen des Strafantrags zur Urteilsaufhebung führen würde. *Meyer-Goßner* schlägt daher vor, auch hier die Unterscheidung zwischen Befassungs- **und Bestrafungsverboten** fruchtbar zu machen und nur erstere **in jedem Fall von Amts wegen für beachtlich** zu halten, während bei Bestrafungsverboten teilw. die Erhebung einer Sachrüge, teilw. die Geltendmachung einer Verfahrensbeschwerde erforderlich sei.

399 Doch scheint damit der Grundsatz von der „Berücksichtigung von Amts wegen" **zu weit zurückgenommen** zu sein: Soweit „die Tür" zu einem zulässigen Rechtsmittel „aufgestoßen" ist, sollte der Grundsatz der Prüfung von Amts wegen uneingeschränkt Berücksichtigung finden. Dass damit bei defizitärem Rügeverhalten des Revisionsführers andere materiell-rechtliche Fehler weniger Gewicht bekommen als fehlende Prozessvoraussetzungen, liegt in der Natur der Prozessvoraussetzungen, die auch in der Tatsacheninstanz mitunter schneller und einfacher dazu führen können, dass das Verfahren eingestellt wird, als dies sonst bei einem Freispruch aus Rechtsgründen möglich wäre. Die „Gewichtung" unterschiedlicher Parameter in der StPO ist hier ersichtlich nicht immer völlig stimmig, wie etwa die Einordnung bestimmter Aspekte als Prozesshindernis oder auch als absoluten

---

[813] So prägnant *Meyer-Goßner,* Prozessvoraussetzungen und Prozesshindernisse, S. 46 (Hervorhebung dort); vgl. andererseits aber auch BGH 13.12.2000 – 2 StR 56/00, BGHSt 46, 230 = NStZ 2001, 440 (zumindest keine Einschränkung der revisionsrechtlichen Prüfungsweite).

[814] Anders noch BGH 9.11.1960 – 4 StR 407/60, BGHSt 15, 203 (206 ff.) = NJW 1961, 228 ff. sowie *Roxin/Schünemann* § 55 Rn. 66; wie hier jedoch BGH 16.6.1961 – 1 StR 95/61, BGHSt 16, 115 (117 f.) = NJW 1961, 1684 (1685); *Meyer-Goßner,* Prozessvoraussetzungen und Prozesshindernisse, S. 44.

[815] Vgl. BayObLG 31.1.1974 – 1 St 1/74, BayObLGSt 74, 8 ff. = JR 1975, 120.

[816] *Meyer-Goßner,* Prozessvoraussetzungen und Prozesshindernisse, S. 48.

Revisionsgrund im Unterschied zu einem nur zu einem Beweisverwertungsverbot führenden Verstoß gegen § 136a zeigt. Diese unterschiedlichen **Kategorisierungen** sind **durch den Rechtsanwender hinzunehmen.**

3. Anwendung des Zweifelssatzes (in dubio pro reo). Seit der Entscheidung BGHSt 18, 274[817] hat die Rspr. in verschiedenen Entscheidungen **Zweifel** etwa über die Strafmündigkeit des Angeklagten, über das Vorliegen eines Strafantrags, über den Eintritt der Verjährung sowie der anderweitigen Rechtshängigkeit oder über die entgegenstehende Rechtskraft **zugunsten des Angeklagten gewertet** und das Verfahren eingestellt.[818] Zweifel über die Verhandlungsfähigkeit des Angeklagten sollten dagegen lediglich zu einer vorläufigen Einstellung nach § 205 führen.[819] Auch in der Lit. wird die Problematik **kontrovers und teils differenzierend** behandelt.[820] *Meyer-Goßner* zieht auch hier die Unterscheidung zwischen Befassungs- und Bestrafungsverboten zumindest im Grundsatz heran und möchte den Zweifelssatz nur bei dem zweitgenannten berücksichtigen.[821] Das mutet zumindest auf den ersten Blick erstaunlich an, weil die eigentlich weitergehenden Befassungsverbote insoweit eine weniger „starke Wirkung" entfalten als die bloßen Bestrafungsverbote. Mit Blick auf die ganz unterschiedliche Verwurzelung der Prozessvoraussetzungen bzw. -hindernisse teils stärker im materiellen, teils stärker im Prozessrecht sowie auch wegen der unterschiedlich strengen Formulierung über das Erfordernis ihres bzw. ihrer Beweisbarkeit im Gesetz sind hier pauschalierende Aussagen nur schwer möglich. Allerdings spricht vieles dafür, den **Zweifelssatz tendenziell großzügig** anzuwenden,[822] soweit sich nicht aus der Auslegung der zugrundeliegenden Vorschriften ergibt, dass ihre Voraussetzungen zweifelsfrei vorliegen müssen. Denn wenn Prozessvoraussetzungen allg. so definiert werden, dass sie Voraussetzung für die Zulässigkeit sind, in einem bestimmten Verfahren zu einem Sachurteil in einer bestimmten Sache zu gelangen (→ Rn. 353), so darf sich die Ungewissheit darüber, ob diese Bedingung vorliegt, nicht zum Nachteil des Angeklagten auswirken. 400

4. Prozesshindernisse und Verschlechterungsverbot. Diffizile Probleme können sich ergeben, wenn sich der **Angeklagte gegen eine Entscheidung,** innerhalb derer ein **Prozesshindernis übersehen** wurde, mit einem Rechtsmittel wendet, obwohl diese Entscheidung gegenüber dem status quo ante bereits eine erste „Verbesserung" gebracht hatte. Denkbar ist dies etwa, wenn der Amtsrichter die im Bußgeldbescheid festgesetzte Geldbuße herabgesetzt hatte, obwohl der Antrag auf gerichtliche Entscheidung verspätet gestellt worden war, und die amtsrichterliche Entscheidung deswegen im Rechtsbeschwerdeverfahren aufzuheben ist.[823] Ein ähnliches Problem ergibt sich, wenn auf den unzulässigen Einspruch gegen den Strafbefehl hin zur Sache verhandelt und die im Strafbefehl festgesetzte Strafe herabgesetzt worden ist[824] oder wenn die Strafe im Berufungsverfahren gemildert worden ist und das Revisionsgericht der Auffassung ist, das LG hätte (zB wegen entgegenstehender Teilrechtskraft) nicht zur Sache entscheiden dürfen.[825] Nach überwiegender Auffassung[826] soll in solchen Fällen das **Verschlechterungsverbot trotz (Teil-)Rechtskraft** 401

---

[817] BGH 19.2.1963 – 1 StR 318/62 (zu Zweifeln an der Verjährung).

[818] Vgl. BGH 21.2.1968 – 2 StR 719/67, BGHSt 22, 90 (93) = NJW 1968, 1148 (1149); BGH 23.5.2002 – 3 StR 58/02, BGHSt 47, 311 (313) = NJW 2002, 2483 (zur Verweisung an die Jugendkammer, wenn der Angeklagte zum Tatzeitpunkt nicht ausschließbar noch Heranwachsender war); BGH 30.7.2009 – 3 StR 273/09, NStZ 2010, 160 mAnm *Schwabenbauer* HRRS 2011, 26; KG 27.12.1988 – I AR 1725/88, 4 Ws 263/88, StV 1989, 197 f.; OLG Oldenburg 11.8.2005 – Ss 408/04, NStZ 2006, 119.

[819] Vgl. BGH 14.12.1995 – 5 StR 206/95, StV 1996, 250 (251).

[820] Nachw. bei *Meyer-Goßner,* Prozessvoraussetzungen und Prozesshindernisse, S. 69 ff.

[821] Vgl. *Meyer-Goßner,* Prozessvoraussetzungen und Prozesshindernisse, S. 69.

[822] So wohl auch SK-StPO/*Paeffgen* § 286 Rn. 19, dort Fn. 101. Klar bejahend *Schwabenbauer* HRRS 2011, 26.

[823] So im Fall BGH 16.11.1962 – 2 StR 316/62, BGHSt 18, 127 (129 f.) = NJW 1963, 166.

[824] Vgl. zu einem solchen Fall BGH 19.11.1959 – 2 StR 357/59, BGHSt 13, 306 ff. = NJW 1960, 109 f.

[825] So etwa im Fall OLG Hamburg 9.2.2005 – 1 Ss 5/05, NStZ-RR 2006, 18 (19 f.).

[826] Soweit sich eine solche mit Blick auf die divergierenden einschlägigen Verfahrenssituationen feststellen lässt, vgl. nur BayObLG 22.4.1980 – 2 Ob OWi 44/80, NJW 1980, 2367; OLG Düsseldorf 26.11.1984 – 5 Ss 349/84, 312/84, JR 1986, 121 (122); KMR/*Metzger* § 411 Rn. 8; KK-StPO/*Fischer* § 411 Rn. 5.

der vorangegangenen Entscheidung zu beachten sein. Dahinter steht der allgemeine Gedanke, dass der Rechtsmittelführer nicht befürchten soll, dass durch die Einlegung eines Rechtsmittels eine Verfahrenssituation nachteilig verändert.

402 *Meyer-Goßner* wendet hiergegen auf den ersten Blick plausibel ein,[827] dass die durch das Verbot der reformatio in peius zu sichernde „Wohltat“ von einem Gericht nur dann mit dauerhafter Sicherheit gewährt werden könne, wenn es selbst zu einer Sachentscheidung zuständig sei und der Angeklagte durch die spätere Korrektur dieses Ergebnisses nur einen „ihm nicht zustehenden, unberechtigten Vorteil“, „gegenüber der wiederhergestellten ersten Entscheidung (…) hingegen keinen Nachteil“ erleiden würde. Im Ergebnis ist aber letztlich die Gegenauffassung dennoch überzeugender: **Das Verbot der reformatio in peius schützt** – mit Blick auf den Vertrauensschutz des Rechtsmittelführers oft mit gutem Grund[828] – auch sonst **vor dem Verlust „ungerechtfertigter Vorteile“,** so etwa wenn bei einzelnen Tatvorwürfen in erster Instanz zu Unrecht ein Freispruch erfolgte und die verbleibende Verurteilung gleichwohl vom Angeklagten angefochten worden ist. Der formale Aspekt, dass das Zweitgericht zu der (den Angeklagten partiell begünstigenden) Zweitentscheidung nicht befugt war, sollte demgegenüber nicht so viel schwerer wiegen, dass das Berufung und Revision prägende Prinzip des Verbots der reformatio in peius (→ Rn. 255) dadurch außer Kraft gesetzt wird.

F. Beweisrecht

I. Begriff, Beweismittel und Beweiswürdigung

403 **1. Begriffsbestimmungen, Systematik und Ziele. a) Grundlagen. aa) Definition.** Die StPO enthält **keine gesetzliche Definition,** was ein „Beweis“ ist. Die Definitionsansätze in der Lit. laufen – bei allen Unterschiedlichkeiten in Details – darauf hinaus, dass unter „Beweis“ der am Ziel der Ermittlung der objektiv-relativen Wahrheit orientierte Vorgang zu verstehen ist, in dem **Tatsachen festgestellt** werden;[829] damit bildet er die **Rekonstruktion** eines vermuteten historischen Ereignisses, um den in der Anklage formulierten Vorwurf in allen Einzelheiten auf seinen Realitätsgehalt hin zu überprüfen.[830] Oder anders formuliert: Der Beweis ist der Vorgang, mit dem sich das Gericht die erforderliche **Gewissheit von der Tatsachengrundlage** verschafft, welche der rechtlichen Bewertung zugrunde gelegt wird. „Beweisen“ kann damit als Feststellen und Würdigen von Tatsachen beschrieben werden,[831] wobei Regeln über „Produktion“ (dh Sammlung erforderlicher Informationsträger), „Restriktion“ (dh Einschränkung dieser Sammlung mit Blick auf übergeordnete Ziele) und „Interpretation“ (dh die Würdigung der Beweise) gelten.[832]

404 **bb) Gegenstand des Beweises.** Gegenstand des Beweises sind also Tatsachen, welche in **äußere** (zB Verletzungserfolge) **und innere Tatsachen** (Vorsatz, besondere Absichten) unterschieden werden können. Beide sind – wenngleich auf unterschiedlichem Wege – einem Beweis zugänglich. Tatsachen ieS werden regelmäßig **mit Hilfe von Erfahrungssätzen miteinander verbunden,** um eine Aussage über das zu erforschende Tatgeschehen zu ermöglichen.[833] Auch solche Erfahrungssätze (zB über die Wirkungsweise von Stoffen, über Methoden zu bestimmten Messungen etc) sind Gegenstand des Beweises.[834] Kein

---

[827] Vgl. *Meyer-Goßner,* Prozessvoraussetzungen und Prozesshindernisse, S. 73 ff.

[828] Vgl. auch Löwe/Rosenberg/*Gössel* § 411 Rn. 8.

[829] Vgl. *Jäger,* Beweisverwertung und Beweisverwertungsverbote im Strafprozess, 2003, S. 131 f.; Löwe/Rosenberg/*Gössel* Einl. I Rn. 2.

[830] Vgl. *Kühne* Rn. 751.

[831] Vgl. Löwe/Rosenberg/*Gössel* Einl. I Rn. 3.

[832] Vgl. *Kühne* Rn. 751.

[833] Vgl. *Kühne* Rn. 754.

[834] Der Umstand, dass diese Erfahrungssätze regelmäßig nur „Regelmäßigkeiten“ beschreiben, ändert nichts an ihrer Einordung unter den Beweisbegriff, sondern ist bei Beweiswürdigung zu berücksichtigen.

Gegenstand der Beweisaufnahme sind demgegenüber **Rechtsfragen.** Diese muss und kann das Gericht sich regelmäßig selbst erarbeiten (was die Berücksichtigung von Rechtsgutachten selbstverständlich nicht unzulässig macht, einer standardmäßigen Inauftraggabe von diesen durch die Gerichte aber durchaus entgegensteht). Diese Arbeit wird im Strafverfahren – im Unterschied etwa zum Zivilverfahren – dadurch erleichtert, dass deutsche Strafgerichte regelmäßig auch nur deutsches Strafrecht anzuwenden haben. Von einer „Beweisaufnahme" über Rechtsfragen zu unterscheiden ist die Möglichkeit, in bestimmten Konstellationen auf **Entscheidungen anderer Gerichte** zurückzugreifen. Dies ist leicht einsehbar bei einer Vorlage nach **Art. 100 GG** an das BVerfG der Fall (→ Rn. 114 ff.); daneben aber etwa auch in Fällen **des § 262 Abs. 2,** nach dem die Entscheidung eines Zivilgerichts abgewartet werden kann, wenn die strafrechtliche Beurteilung von zivilrechtlichen Problemen abhängt.

cc) Beweisbedürftigkeit. Beweisbedürftig ist nach dem **Gebot der Amtsaufklärung** 405
(vgl. insbes. § 244 Abs. 2) grds. alles, was **nicht allgemeinkundig** (dh einen größerem Personenkreis unzweifelhaft bekannt und in allgemein zugänglichen Quellen nachzulesen[835]) oder **gerichtskundig** (dh jedenfalls dem Richter in seiner Position bekannt) ist. Quellen allgemeinkundiger Tatsachen sind etwa Zeitungen, Lexika oder Landkarten; zur Gerichtskundigkeit gehört auch die in § 244 Abs. 4 S. 1 erwähnte Sachkunde des Gerichts, welche die Vernehmung eines Sachverständigen entbehrlich machen kann, was indes auf Grund der sonst schweren Überprüfbarkeit jedenfalls bei Wissen, das nicht zum Allgemeingut der Richter gehört, an strenge Voraussetzungen gebunden ist. Ferner kein Gegenstand der Beweisaufnahme sind schon erwiesene Tatsachen, wie sich nicht zuletzt aus § 244 Abs. 3 S. 2 Mod. 6 ergibt;[836] entgegen dem ersten durch § 244 Abs. 3 S. 2 Mod. 7 vermittelten Eindruck ist die Wahrunterstellung, die auch nach der Rspr. zulässig ist, wenn sie ohne Verletzung der Aufklärungspflicht erfolgen kann,[837] kein genereller Fall der fehlenden Beweisbedürftigkeit.

b) Ziele des Beweises. Die oben genannte Rekonstruktion der Tatsachenbasis, die der 406
rechtlichen Bewertung zugrunde gelegt werden soll, als Kern des Beweises erfährt in den verschiedenen Verfahrensstadien unterschiedliche Ausprägungen (ohne sich in diesen einander zu entsprechen): Im **Ermittlungsverfahren** geht es um die **Sachverhaltserforschung** zur Entscheidung, ob eine Anklageerhebung (oder ein Surrogat → Rn. 233 ff.) oder eine Verfahrenseinstellung erfolgen sollen (vgl. §§ 170 Abs. 1, Abs. 2); im **Zwischenverfahren** geht es um die Feststellung der späteren **Verurteilungswahrscheinlichkeit,** vgl. § 203. Im **Hauptverfahren** (sowie grds. gleichgerichtet auch in der Berufungsinstanz) geht es um die **Sachverhaltserforschung zur späteren Urteilsfindung,** vgl. § 264 Abs. 1.

Auch wenn somit spätestens mit Abschluss der Berufungsinstanz die Beweiserhebung 407
zur Straf- und Schuldfrage abgeschlossen erscheint, ist das Beweisrecht auch in ggf. anschließenden Verfahrensstadien von großer Bedeutung: In der **Revision** erfolgt hierüber zwar keine eigene Beweiserhebung. Es werden aber sowohl die Tatsachenfeststellung (im oben genannten Sinne: Produktion bzw. Restriktion – regelmäßig durch die Verfahrensrüge) als auch ihre Würdigung (im oben genannten Sinne: Interpretation – regelmäßig durch die Sachrüge) überprüft. Im Bereich des **Wiederaufnahmerechts** steht **§ 359 Nr. 5,** der neue Tatsachen oder Beweismittel voraussetzt, im Mittelpunkt. Schwieriger als die Frage, was nun ein „Beweismittel" sein kann, ist diejenige, was iSd Vorschrift „neu" ist. Hierzu muss ein Vergleich mit Beweisführung und vor allem mit Beweiswürdigung im früheren Verfahren stattfinden, so dass diese im Wiederaufnahmeverfahren ebenfalls zu einem zentralen Gegenstand werden.

---

[835] Vgl. *Kühne* Rn. 772.

[836] Ob man diese dann auch als zumindest „nicht *mehr*" beweisbedürftig bezeichnen sollte, ist wohl nur eine terminologische Frage.

[837] Vgl. nur BGH 4.6.1996 – 4 StR 242/96, NStZ-RR 1997, 8; zu weiteren Einschränkungen dieses Instruments vgl. *Kühne* Rn. 776 ff. sowie *Eisenberg,* Beweisrecht, Rn. 242; KK/*Krehl* § 244 Rn. 184, 194.

408 **c) Beweisarten.** Wenn Beweis der Vorgang der Rekonstruktion bestimmter äußerer und innerer Tatsachen ist (→ Rn. 404), so kann mit Blick auf den Zusammenhang zwischen dem herangezogenen Beweismittel und der zu erweisenden Tatsache zwischen **direkten (unmittelbaren) und indirekten (mittelbaren) Beweisen** unterschieden werden. Beim direkten oder unmittelbaren Beweis wird vom Beweismittel auf eine unmittelbare entscheidungserhebliche Tatsache (sog Haupttatsache) geschlossen. Beim indirekten bzw. mittelbaren Beweis oder Indizienbeweis erbringt das Beweismittel nur einen Nachweis für nicht unmittelbar entscheidungserhebliche Tatsachen (Nebentatsachen), von denen auf Haupttatsachen erst geschlossen werden muss.

409 Freilich darf von dieser tradierten begrifflichen Unterscheidung nicht vorschnell auf die **„Wertigkeit"** der Beweisarten bzw. Beweismittel geschlossen werden. Zum einen ergibt sich schon aus dem Charakter der Rekonstruktion von Tatsachen, dass letztlich jeder Beweis ein mittelbarer ist, der noch einer weiteren Interpretation bedarf; nur der „Grad der Mittelbarkeit" kann unterschiedlich sein. Zum anderen sind manche typische mittelbare bzw. indirekte Beweise (etwa die Ergebnisse einer Faseruntersuchung) von deutlich höherer Validität als die häufig einen unmittelbaren Beweis darstellende Zeugenaussage. Mittelbarkeit bzw. Unmittelbarkeit dürfen also nicht gegeneinander ausgespielt werden, sondern bei der Würdigung der Überzeugungskraft ist für jeden einzelnen Beweis insbes. auch im Blick zu behalten, wo seine Schwachstellen liegen.

410 Von den Beweisen für Haupt- und Nebentatsachen können begrifflich diejenigen für **Hilfstatsachen,** welche allein den Beweiswert eines anderen, originären Beweises (etwa die Glaubwürdigkeit eines Zeugen oder die Zuverlässigkeit eines wissenschaftlichen Untersuchungsverfahrens) belegen, unterschieden werden.

411 **d) Beweisformen: Streng- und Freibeweisverfahren.** Hinsichtlich der Frage, wie und insbes. mit welchen Mitteln ein Beweis geführt werden kann, ist im Strafverfahrensrecht zwischen dem im Gesetz (insbes. in §§ 244 ff.) näher geregelten **Strengbeweisverfahren** und dem sog **Freibeweisverfahren** zu unterscheiden. Für die Sachverhaltsaufklärung hinsichtlich der **Schuld- und Tatfrage** innerhalb der Hauptverhandlung gilt das Strengbeweisverfahren. In diesem darf nur auf die **gesetzlich zugelassenen Beweismittel** (Zeuge, Sachverständiger, Urkunde, Augenscheinsobjekt und Beschuldigter, soweit man diesen zu den Beweismitteln ieS zählt, zurückgegriffen werden. Andere Beweismittel – aber auch im Gesetz nicht geregelte Formen der Beweisführung (etwa eidesstattliche Versicherungen) – sind nicht zulässig. Der Beweis muss hinsichtlich der die Schuld und Tatfrage tragenden Tatsachen **zur vollen Überzeugung** des Gerichts geführt sein.

412 Dem steht das sog **Freibeweisverfahren** gegenüber, in welchem grds. auf alle (nicht a priori unzulässigen) Beweismittel zurückgegriffen werden kann, mit denen iSd oben genannten Beweisdefinition (→ Rn. 403) ein Sachverhalt rekonstruiert werden kann. Das Freibeweisverfahren gilt bis zur Eröffnung des Hauptverfahrens im Grundsatz auch hinsichtlich der Schuld- und Rechtsfolgenfragen,[838] wobei allerdings für die Prognose der Verurteilungswahrscheinlichkeit, welche in abschließenden Entscheidungen im Ermittlungs- und Zwischenverfahren zugrunde gelegt wird (vgl. §§ 170 Abs. 1, 203), gedanklich einzustellen ist, ob eine Verurteilung mit im Strengbeweisverfahren zulässigen Beweismitteln möglich sein wird.

413 Nicht nur vor, sondern auch im Hauptverfahren und sogar innerhalb der Hauptverhandlung „genügt" das Freibeweisverfahren grds. bei der Klärung **prozessualer Fragen** wie etwa dem Vorliegen von Verfahrensvoraussetzungen bzw. Verfahrenshindernissen,[839] oder der Eidesfähigkeit eines Zeugen.[840] Soweit eine Tatsache sowohl für prozessuale Fragen als auch für die Sachentscheidung relevant ist, ist das Strengbeweisverfahren einzuhalten.[841]

---

[838] Vgl. *Eisenberg,* Beweisrecht, Rn. 38; KK/*Krehl* § 244 Rn. 8.
[839] Vgl. bereits RG 24.4.1917 – V 74/17, RGSt 51, 71 (72).
[840] Vgl. bereits RG 30.5.1921 – 697/21, RGSt 56, 102 (103). Nähere Bsp. bei *Kühne* Rn. 760.
[841] Vgl. BGH 11.11.1981 – 2 StR 596/81, StV 1982, 101.

Eine Ausnahme von der Geltung des Freibeweisverfahrens für prozessuale Fragen wird für das Vorliegen von Verfahrensverstößen **nach § 136a StPO** diskutiert, da es sich um einen besonders schwerwiegenden Eingriff handle und die damit verknüpfte Frage nach einem Beweisverwertungsverbot einen engen Bezug zur Sachentscheidung habe. Isoliert überzeugt dies als Argument freilich nur bedingt, da dies bei sehr vielen Verfahrensverstößen der Fall ist.[842]

Dass theoretisch im Freibeweisverfahren auch ein geringerer **Grad an Überzeugung** seitens des Gerichts für ausreichend erachtet wird, dürfte praktisch nicht zu bedeutsam sein: Da die richterliche Überzeugungsbildung als solche nur in sehr engen Grenzen überprüfbar ist und sich unterschiedliche Konsequenzen etwa mit Blick auf den Grundsatz „in dubio pro reo" erst dann ergeben, wenn das Gericht seine fehlende feststehende Überzeugung offenlegt, dürften die Unterschiede im Ergebnis gering sein, da unterschiedliche „Abstufungen" der subjektiven Überzeugung schwer mitteilbar, noch schwerer nachvollziehbar und fast gar nicht überprüfbar sind. 414

2. Arten von Beweismitteln im Strengbeweisverfahren. In dem **für die Tat- und Schuldfrage geltenden Strengbeweisverfahren** gibt es neben dem Beschuldigten (zu dessen Stellung als „Beweismittel" → Rn. 416) vier weitere zulässige Beweismittel, von denen zwei persönliche Beweismittel (Zeuge, Sachverständiger), die anderen beiden sächliche Beweismittel (Urkunden, Augenscheinsobjekt) sind.[843] 415

a) Beschuldigter. Zumindest **in einem weiteren Sinn ein Beweismittel** sind die Aussagen des Beschuldigten (bzw. in der Hauptverhandlung: Angeklagten). Nach der gesetzlichen Systematik in § 243 Abs. 5 S. 2 (Vernehmung des Angeklagten in der Hauptverhandlung) und des § 244 Abs. 1 („nach der Vernehmung des Angeklagten folgt die Beweisaufnahme") scheint der Angeklagte kein Beweismittel ieS zu sein; dem entspricht prozessrechtstheoretisch auch die dezidierte Betonung seiner Subjektstellung, die einer Einordnung als „Mittel" zum Beweis entgegenstehen könnte. Dies ändert freilich nichts daran, dass die Aussagen des Beschuldigten/Angeklagten – ungeachtet seiner Möglichkeit, diese Aussage zu verweigern, sowie des Erfordernisses einer besonders sorgfältigen Würdigung – ein **wichtiges** und vom Gesetz explizit vorgesehenes (vgl. auch §§ 136, 136a) **Mittel zur Rekonstruktion** der für den Prozess bedeutsamen Tatsachen darstellt, so dass er zumindest in einem materiellen Sinn ein „Beweismittel" ist. Dies gilt dann erst recht und in noch stärkerem Maße für den jeweils individuellen Angeklagten hinsichtlich der Aussagen von Mitbeschuldigten, welche (zwar nicht immer,[844] aber) in manchen Fällen den Zeugen sogar gleichgestellt sind (vgl. insbes. § 251 Abs. 1 Nr. 2, Abs. 2 Nr. 1). 416

b) Zeugen. aa) Zeugenstellung.[845] Der Zeugenbeweis ist die Beweisführung durch ein **persönliches Beweismittel,** welches Aussagen über **sinnlich wahrgenommene Tatsachen** zu machen hat.[846] In Abgrenzung zu diesen sinnlich wahrgenommenen Tatsachen als Geschehnissen in der Außenwelt ist die Bewertung dieser Geschehnisse gerade kein Gegenstand der Zeugenaussage. In Anlehnung an *Peters*[847] kann man den Zeugen also 417

---

842 Für die Anwendung des Freibeweisverfahrens auch hier etwa BGH 28.6.1961 – 2 StR 154/61, BGHSt 16, 164 (166) = NJW 1961, 1979 (1980); für das Strengbeweisverfahren etwa *Eisenberg,* Beweisrecht, Rn. 707; *Kühne* Rn. 760.

843 Vgl. zu den Arten der Beweismittel etwa *Beulke* Rn. 179 ff.; KK-StPO/*Pfeiffer/Hannich* Einl. Rn. 94 ff.; *Huber* JuS 2010, 1056.

844 Vgl. etwa § 168c Abs. 2 sowie hier für die Differenzierung zwischen Zeugen und Mitbeschuldigten BGH 20.2.1997 – 4 StR 598/96, BGHSt 42, 391 ff. = NJW 1997, 1790 ff.; abw. etwa SK-StPO/*Wohlers* § 168c Rn. 11 ff.

845 Vgl. zum Zeugenbeweis zusammenfassend *Beulke* Rn. 181 ff.; KK-StPO/*Pfeifer/Hannich* Einl. Rn. 95 ff.; zur Bedeutung in der Rechtsprechung des BGH *Brause* NStZ 2007, 505.

846 Vgl. *Kühne* Rn. 795.

847 Strafprozessrecht, S. 342.

als „erweitertes Auge“ (aber auch als erweitertes Ohr, erweiterte Nase, erweiterten Tastsinn) des Richters begreifen.[848]

418 **bb) Zeugenpflichten.** Die Zeugenpflichten, die auch schon vor ihrer teilweisen ausdrücklichen Regelung in § 48 Abs. 1 im Jahre 2009 gleichsam als **Grundpflichten** des Bürgers vorausgesetzt wurden, sind die **Erscheinenspflicht,** die **Aussagepflicht,** die **Wahrheitspflicht** und die **Eidespflicht.** Die Erscheinenspflicht wird durch die Möglichkeit, dem ordnungsgemäß geladenen und nicht erscheinenden Zeugen ein Ordnungsgeld bzw. eine Ordnungshaft aufzuerlegen, vgl. § 51 Abs. 1, abgesichert. Aus §§ 51 Abs. 3, 161a Abs. 2 und 163a Abs. 5 ergibt sich, dass dies uneingeschränkt für das angeordnete Erscheinen vor dem Richter und im Grundsatz auch vor der Staatsanwaltschaft gilt (wobei die Festsetzung einer Ordnungshaft dem Richter vorbehalten ist), während eine **Ladung durch die Polizei** nicht zwangsweise durchgesetzt werden kann, da insbes. in § 163a Abs. 5 nicht auf § 51 verwiesen wird. Ähnliches gilt für die Aussagepflicht mit der Möglichkeit von Ordnungsmaßnahmen nach § 70, der ebenfalls (eingeschränkt) für die Staatsanwaltschaft (§ 161a Abs. 2), nicht jedoch für die Polizei (§ 163a Abs. 5) gilt. Gegen Auslandszeugen, aber auch gegen Exterritoriale dürfen Maßnahmen nach § 51 nicht angeordnet werden; zur Durchführung der Vernehmung ist aber an die Möglichkeit einer konsularischen Vernehmung zu denken, die nach § 15 Abs. 4 KonsularG einer richterlichen Vernehmung gleichgestellt ist. Ausländer mit Wohnsitz im Inland können dagegen grds. von den gleichen Maßnahmen betroffen sein wie Inländer.[849]

419 **Grenzen** findet die Aussagepflicht in den **Zeugnisverweigerungsrechten,**[850] welche für Angehörige des Beschuldigten (vgl. § 52) sowie für besondere Berufsgruppen mit einem hervorgehobenen Vertrauensverhältnis zu ihren Patienten/Mandanten gelten (vgl. §§ 53 f.). Partielle Einschränkungen, die im Einzelfall jedoch bis zu einem vollständigen Zeugnisverweigerungsrecht erwachsen können, ergeben sich aus dem **Auskunftsverweigerungsrecht nach § 55** auf solche Fragen, durch deren Beantwortung der Zeuge selbst oder einer seiner Angehörigen in die Gefahr geraten würde, wegen einer Straftat oder einer Ordnungswidrigkeit verfolgt zu werden. Die Zeugenaussage von Richtern und Beamten ist nach § 54 von einer Aussagegenehmigung des Dienstherrn abhängig, bei deren Fehlen im Ergebnis ebenfalls eine berechtigte Verweigerung der Aussage erfolgt. Dass die Aussagen auch wahr sein müssen, ergibt sich nicht unmittelbar aus der StPO, wohl aber aus der dem **§ 153 f. StGB** zugrundeliegenden Verhaltensnorm. Auch die Eidespflicht wird in der StPO konkludent vorausgesetzt; in Fällen, in denen die Aussage verweigert wird, stellt sich die Eidesfrage nicht. Auch wenn ausgesagt wird, haben die in § 52 Abs. 1 genannten Angehörigen das Recht, jedenfalls die Beeidigung ihres Zeugnisses zu verweigern. Ferner soll nach § 60 bei nicht eidesmündigen Personen (Nr. 1) oder iwS beteiligungsverdächtigen Personen (Nr. 2) von einer Vereidigung abgesehen werden.

420 **c) Sachverständiger. aa) Begriff und Pflichten.** Der Sachverständige[851] ist ebenfalls ein **persönliches Beweismittel,** das als Gehilfe des erkennenden Gerichts[852] **spezielles fachliches Wissen** zur Verfügung stellt, dessen die Richter zur Beurteilung der die Anklage tragenden tatsächlichen Umstände bedürfen, um darauf aufbauend das Recht überhaupt erst anwenden zu können.[853] Als solches kann der Sachverständige über die Erfahrungs-

---

[848] Während der Sachverständige – abermals in der Terminologie von *Peters* – gleichsam das erweiterte „Hirn des Richters“ ist.

[849] Vgl. Radtke/Hohmann/*Otte* § 51 Rn. 3.

[850] Vgl. BGH 29.10.1991 – 1 StR 334/90, NJW 1992, 1116 (1117); BGH 29.10.1991 – 1 StR 334/90, BGHSt 38, 96 (100) = NJW 1992, 1116 (1117).

[851] Vgl. zum Sachverständigenbeweis zusammenfassend *Beulke* Rn. 197 ff.; KK-StPO/*Pfeiffer/Hannich* Einl. Rn. 104 ff.

[852] Vgl. BGH 7.6.1956 – 3 StR 136/56, BGHSt 9, 292 (293) = NJW 1956, 1526 (1527). Zum Sachverständigen als „erweitertem Gehirn“ vgl. bereits oben Fn. 848.

[853] Vgl. *Kühne* Rn. 856; zur steigenden Bedeutung der Sachverständigen in der strafgerichtlichen Praxis vgl. *Nack* GA 2009, 201.

und Wissenssätze seiner Disziplin Auskunft erteilen, diese auf konkrete Sachverhalte anwenden und auch unter Anwendung einer Fachkunde Tatsachen ermitteln (etwa bei der psychiatrischen Begutachtung eines Beschuldigten).

Wer zum **Sachverständigen ernannt** wird, hat dem nach § 75 Abs. 1 Folge zu leisten, 421
wenn er „zur Erstattung von Gutachten der erforderten Art öffentlich bestellt ist oder wenn er die Wissenschaft, die Kunst oder das Gewerbe, deren Kenntnis Voraussetzung der Begutachtung ist, öffentlich zum Erwerb ausübt oder wenn er zu ihrer Ausübung öffentlich bestellt oder ermächtigt ist". Die Gründe zur Verweigerung des Zeugnisses berechtigen auch den Sachverständigen nach § 76 Abs. 1 zur **Verweigerung des Gutachtens.** Bei einer unberechtigten Verweigerung sind Ordnungsmittel nach § 77 möglich. Nach § 74 Abs. 1 kann ein Sachverständiger aus denselben Gründen abgelehnt werden, die auch zur Ablehnung eines Richters berechtigen.

bb) Sachverständiger Zeuge. Vom Sachverständigen zu unterscheiden ist der in § 85 422
behandelte **„sachverständige Zeuge".** Ein solcher berichtet über eigene Wahrnehmungen, die allerdings nur aufgrund der (sonst für den Sachverständigen typischen) besonderen Sachkunde in dieser Form möglich ist. Insofern steht der „sachverständige Zeuge" in gewisser Hinsicht zwischen Sachverständigem und Zeugen, wird vom Gesetz aber als Zeuge behandelt („... gelten die Vorschriften über den Zeugenbeweis"). Dies ist auch insoweit stimmig, als letztlich über eigene Wahrnehmungen berichtet wird, und diese auch unterhalb der Schwelle zum „sachverständigen Zeugen" letztlich immer von persönlichen Befähigungen des Zeugen abhängen werden.

d) Urkunden. Der in §§ 249 ff. geregelte **Urkundenbeweis**[854] wird mit **Trägern von** 423
Gedankenerklärungen geführt, die durch Schriftzeichen beliebiger Art vermittelt werden.[855] Es handelt sich also um ein sachliches Beweismittel, welches sich in Abgrenzung zu den Augenscheinsobjekten (→ Rn. 424) dadurch auszeichnet, dass es einen **verlesbaren Inhalt** hat. Insoweit stimmt der strafprozessuale Urkundsbegriff nicht mit dem strafrechtlichen überein: Er ist insofern enger, als Urkunden im strafprozessualen Sinn nur aus Schriftzeichen bestehen können (während beim Strafrecht auch sog Beweiszeichen genügen können, insbes. bei der zusammengesetzten Urkunde); andererseits ist er insoweit weiter, als das zu verlesende Schriftstück seinen Aussteller nicht notwendig erkennen lassen muss. Soll der Inhalt einer Urkunde (und nicht etwa nur ihr äußeres Erscheinungsbild) im Urteil verwendet werden, so muss sie durch Verlesen (bzw. durch die Anordnung des Selbstleseverfahrens nach § 249 Abs. 2) in die Hauptverhandlung eingebracht werden. Ein (und sei es auch nur im Protokoll so bezeichnetes) **„In-Augenschein-Nehmen" genügt nicht.**

e) Augenscheinsobjekte. Das zweite **sachliche Beweismittel** sind die sog Augen- 424
scheinsobjekte. Der Augenscheinsbeweis[856] ist in der StPO nicht zusammenhängend geregelt oder gar definiert; vielmehr erwähnt das Gesetz den Begriff nur an verschiedenen Stellen (§§ 86, 168d, 225, 244 Abs. 5). Gemeint sind hiermit solche sachlichen Beweismittel, von denen sich das Gericht (im Unterschied zu den nach ihrem Inhalt zu verlesenden Urkunden) einen **sinnlichen Eindruck** verschafft und damit die „faktische Mittelbarkeit der Beweisaufnahme" in solchen Fällen überwindet, in denen sonst eine Auskunftsperson dem Gericht nur ihre Wahrnehmungen über das Objekt berichten könnte.[857]

Die sinnliche Wahrnehmung kann dabei **nicht nur eine visuelle,** sondern auch eine 425
taktile (etwa zur Beschaffenheit eines als Waffe eingesetzten Gegenstandes), akustische oder im Einzelfall auch olfaktorische sein. Ebenfalls als Augenschein bewertet werden von der

---

[854] Vgl. zusammenfassend *Beulke* Rn. 203; KK-StPO/*Pfeiffer/Hannich* Einl. Rn. 114 ff.; *Eisenberg* Beweisrecht Rn. 2003 ff.

[855] Vgl. *Kühne* Rn. 878.

[856] Vgl. zusammenfassend *Beulke* Rn. 204 ff.; KK-StPO/*Pfeiffer/Hannich* Einl. Rn. 110 ff.; *Eisenberg* Beweisrecht Rn. 2220 ff.

[857] Vgl. *Kühne* Rn. 857.

Rspr. Tonbandaufzeichnungen, die in der Verhandlung abgespielt werden,[858] da es zwar nicht um die unmittelbare Wahrnehmung des Beweisgegenstandes (zB Gespräch) geht, dieser aber „gleichsam aus der Vergangenheit" in die Gegenwart transportiert wird.[859]

426 Ist eine Augenscheinseinnahme **vor Ort durch das Gericht nicht möglich,** kann diese durch einen sog Augenscheinsgehilfen erfolgen. Das Ergebnis einer richterlichen Augenscheinseinnahme im Ermittlungsverfahren kann nach § 86 iVm § 249 Abs. 1 S. 2 in der Hauptverhandlung anstelle einer eigenen Augenscheinseinnahme durch das Gericht verlesen werden.

427 **f) Kombination mehrerer Beweisarten.** Im Grundsatz unstreitig und auch nicht problematisch ist, dass mehrere Beweismittel auch **in verschiedener Weise miteinander kombiniert** werden können. Dies ist etwa zum einen dadurch möglich, dass für die gleiche Beweistatsache verschiedene (mehr oder weniger unmittelbare) Beweise geführt werden, die gemeinsam leichter in der Lage sind, die Überzeugung des Gerichts zu tragen. Denkbar ist aber auch, dass ein Beweismittel einer Art Hilfsbeweismittel für ein Beweismittel der anderen Art ist, so etwa, wenn ein Zeuge etwas dazu aussagen kann, wo eine bestimmte Urkunde gefunden werden kann (und der Fundort einen Hinweis darauf gibt, dass es sich um eine beabsichtigte endgültige Regelung und nicht nur um einen Entwurf handelt).

428 **3. Das Beweisantragsrecht in der Hauptverhandlung. a) Amtsaufklärung und Beweisanträge.** Anders als im Zivilprozess gilt im Strafprozess der Grundsatz der **Amtsaufklärung,** dh das Gericht muss grundsätzlich von sich aus die Beweisaufnahme „auf alle Tatsachen und Beweismittel erstrecken, die für die Entscheidung von Bedeutung sind" (§ 244 Abs. 2). Gleichwohl steht auch anderen Prozesssubjekten (vor allem der Staatsanwaltschaft und dem Angeklagten sowie seinem Verteidiger, darüber hinaus auch dem Neben- und dem Privatkläger) das Recht zu, auf die Beweiserhebung durch Anträge und Anregungen Einfluss zu nehmen. Wichtigstes Mittel hierzu ist das in §§ 244–246 geregelte **Beweisantragsrecht.**

429 Diese Vorschriften bestimmen ua die (engen) **Voraussetzungen,** unter denen ein **Beweisantrag vom Gericht abgelehnt** werden darf, dh die begehrte Beweisaufnahme nicht erfolgen muss. Damit setzen sie gleichzeitig implizit voraus, dass es neben der Amtsaufklärungspflicht ein solches Recht zur Stellung von Beweisanträgen gibt, welches beim Angeklagten zugleich eine einfachgesetzliche Ausgestaltung des Grundrechts auf rechtliches Gehör nach Art. 103 Abs. 1 GG[860] sowie auch eine Kompensation für das Teilhabedefizit im Ermittlungsverfahren darstellt. Amtsaufklärung und Reichweite des Beweisantragsrechts stehen dabei im **Verhältnis sich überschneidender Kreise,**[861] so dass zwar ein großer Teil des durch Beweisanträge vorgebrachten Beweisstoffes auch von der Amtsaufklärungspflicht gedeckt ist, aber auch zulässige und begründete Beweisanträge zu Sachverhalten denkbar sind, auf die sich die Amtsaufklärungspflicht nicht erstrecken würde.

430 **b) Voraussetzungen eines Beweisantrags.** Da das Gericht den Beweisanträgen durch eine entsprechende Beweisaufnahme nachkommen muss, wenn kein Ablehnungsgrund vorliegt, werden gewisse **Mindestanforderungen an das Vorliegen eines Beweisantrags** gestellt: So muss jeder Beweisantrag eine bestimmte **Tatsachenbehauptung** (sog Beweisbehauptung) und ein bestimmtes **Beweismittel** (aus dem Kreis der Strengbeweismittel) enthalten. Nicht ausreichend sind dagegen bloße Vermutungen oder Werturteile. Der

---

[858] Vgl. BGH 14.6.1960 – 1 StR 73/60, BGHSt 14, 339 (341) = NJW 1960, 1582 (1583); die Niederschrift einer Tonbandaufzeichnung ist dagegen als Urkunde einzuführen, vgl. BGH 3.3.1977 – 2 StR 390/76, BGHSt 27, 135 = NJW 1977, 1545 (1546).

[859] Vgl. *Kühne* Rn. 877.

[860] Vgl. nur BVerfG 23.11.1977 – 1 BvR 481/77, BVerfGE 46, 315 (319) = NJW 1978, 413; BVerfG 29.11.1983 – 1 BvR 1313/82, BVerfGE 65, 305 = NJW 1984, 1026; *Meyer-Goßner* § 244 Rn. 29, sowie → Rn. 70.

[861] Vgl. *Schlüchter* GA 1994, 397 (411).

Antragsteller muss dabei die Beweistatsache als feststehend behaupten,[862] selbst wenn er sie subjektiv nur für möglich hält. Fehlt es an einer oder beiden Voraussetzungen, liegt kein Beweisantrag iSd §§ 244 ff., sondern allenfalls ein sog **Beweisermittlungsantrag** vor. Die Unterscheidung ist von Bedeutung, weil Beweisermittlungsanträge nicht beschieden werden müssen und nicht nur unter den Voraussetzungen des §§ 244 Abs. 3–5, 245 abgelehnt werden dürfen, sondern nur die Aufklärungspflicht des Gerichts intensivieren.

c) Ablehnung eines Beweisantrags. Wird ein Beweisantrag gestellt, muss das Gericht den beantragten Beweis erheben, wenn der Antrag nicht (durch Beschluss, vgl. § 244 Abs. 6) abgelehnt werden kann. Die **Ablehnungsgründe** sind in den §§ 244 Abs. 3–5 und 245 StPO geregelt. Danach ist zunächst zwischen **präsenten** (dh vorgeladene und auch erschienene Zeugen und Sachverständige sowie herbeigeschaffte Urkunden und Augenscheinsobjekte) und **nicht präsenten** Beweismitteln zu unterscheiden: Auf präsente Beweismittel ist die Beweiserhebung grundsätzlich zu erstrecken, wenn nicht die engen Ausnahmen des § 245 StPO eingreifen. Sind die Beweismittel nicht präsent iSd § 245, muss eine Beweiserhebung (und damit eine Ladung der benannten Zeugen oder Sachverständigen bzw. eine Herbeischaffung der Urkunden oder Augenscheinsobjekte) erfolgen, wenn nicht die Ablehnungsgründe des § 244 Abs. 3–5 eingreifen.[863] **431**

Gemeinsamer Grund für die Ablehnungsgründe des § 244 Abs. 3 S. 2 StPO, welcher für alle Beweismittel gilt, ist, dass die beantragte Beweisaufnahme für die **Wahrheitsfindung unerheblich** ist.[864] Für den Sachverständigenbeweis kommen auf dem gleichen Grundgedanken basierend die Ablehnungsgründe des § 244 Abs. 4 StPO hinzu,[865] wenn das Gericht den Sachverständigen nicht mehr braucht, weil es eigene Sachkenntnis hat oder das Gegenteil der behaupteten Tatsache bereits erwiesen ist. § 244 Abs. 5 StPO schließlich stellt die Beweiserhebung bei Augenscheinsobjekten und Zeugen, die im Ausland geladen werden müssten, in das pflichtgemäße Ermessen des Gerichts. Diese Vorschrift, die für die Ermessensausübung eine (sonst unzulässige) Beweisantizipation voraussetzt und ersichtlich auch der Vereinfachung der Beweisaufnahme dienen soll, fügt sich nicht in den oben genannten Grundgedanken der fehlenden Wahrheitsfindungsmöglichkeit ein und ist entsprechend restriktiv auszulegen. **432**

Sowohl bei präsenten als auch bei nicht präsenten Beweismitteln ist neben den genannten Ablehnungsgründen die **„Unzulässigkeit der Beweisaufnahme"** genannt. Eine Besonderheit der „Unzulässigkeit" gegenüber den og Ablehnungsgründen ist, dass sie **zwingend,** nicht nur fakultativ zur Ablehnung der beantragten Beweisaufnahme führt. Unzulässig ist die beantragte Beweisaufnahme dabei grundsätzlich, wenn sie nicht den gesetzlichen Vorschriften entspricht, vor allem also, wenn das angegebene Beweismittel unter ein Beweiserhebungs- oder Beweisverwertungsverbot (→ Rn. 437 ff.) fällt. **Kein Ablehnungsgrund** für einen Beweisantrag ist dagegen ausweislich des klaren Wortlauts des § 246 Abs. 1 StPO, dass das Beweismittel oder die zu beweisende Tatsache **zu spät vorgebracht** worden seien. Anders als im Zivilprozessrecht gibt es also im Strafprozessrecht keine Präklusion für Beweisanträge, vielmehr können diese während der gesamten Hauptverhandlung bis zum Beginn der Urteilsverkündung gestellt werden.[866] **433**

---

[862] Vgl. zur Bestimmtheit der Beweistatsache etwa BGH 29.8.1990 – 3 StR 184/90, BGHSt 37, 162 (164 ff.) = NJW 1991, 435 (436 f.).

[863] Zur Entwicklung bei Auslandszeugen (§ 244 Abs. 5 S. 2) vgl. *Rose* NStZ 2012, 18; dazu, dass die Ablehnung wegen Prozessverschleppung diejenige nach § 244 Abs. 5 S. 2 „umfasst", vgl. BGH 8.6.2011 – 3 StR 49/11, NStZ 2011, 646.

[864] Zu den Ablehnungsgründen im Einzelnen vgl. auch näher die Kommentierung zu § 244.

[865] Daneben kann ein Sachverständiger auch nach allgemeinen Grundsätzen ein ungeeignetes Beweismittel sein; dafür genügt aber nicht, wenn er absehbar aus den Anknüpfungstatsachen keine sicheren und eindeutigen Schlüsse zu ziehen vermag, vgl. BGH 1.12.2011 – 3 StR 284/11, NStZ 2012, 345.

[866] Zur Diskussion *de lege ferenda* vgl. etwa *Frister* StV 1994, 445 (447 f.); *Herzog* StV 1995, 372 (375); *Schlüchter* GA 1994, 397 (413 ff.). Zum Problem einer Umgehung des § 246 durch die „Fristsetzungslösung" der Rspr. vgl. BGH 23.9.2008 – 1 StR 484/08, BGHSt 52, 355 = NJW 2009, 605 (in Fortführung von BGH 15.11.2005 – 3 StR 327/05, StV 2006, 113; BGH 9.5.2007 – 1 StR 32/07, NStZ 2007, 659 mAnm

434 **d) Hilfsbeweisanträge und ihre Ablehnung.** Zur Möglichkeit, Beweisanträge von **innerprozessualen Bedingungen** abhängig zu machen, → Rn. 351. Verfahrensrechtlich ist zu beachten, dass dabei solche Anträge, die unter der Bedingung einer bestimmten verfahrensabschließenden Entscheidung gestellt werden, grds. erst in den Urteilsgründen beschieden werden müssen: Tritt nämlich die Bedingung durch das (erstrebte) Urteil gar nicht ein, gibt es keinen Beweisantrag, der zu bescheiden wäre.

435 **4. Die Beweiswürdigung.** So (mehr oder weniger) eng durch die Pflicht nach § 244 Abs. 2 und insbes. durch das Beweisantragsrecht die Vorgaben sind, welche Tatsachen zur Kenntnis genommen werden müssen, so weit ist andererseits der Spielraum, den das **Tatgericht bei der Bewertung der Beweismittel** bzw. bei den daraus dann abzuleitenden Konsequenzen hat. Dieser Spielraum ist durch die Figur der **„freien"** (insbes. regelmäßig nicht durch Beweisregeln eingeschränkten, vgl. dazu, aber auch zu den Einschränkungen → Rn. 200 sowie 204 f.) **tatrichterlichen Beweiswürdigung** (vgl. näher bereits → Rn. 199 ff. sowie die Kommentierung zu § 261) geprägt, die einfachgesetzlich insbes. in **§ 261** zum Ausdruck kommt. Zur Bedeutung auch außerhalb der Hauptverhandlung (etwa Vorwirkungen in früheren Verfahrensstadien und Einschränkungen der Revisibilität der Beweiswürdigung) → Rn. 199, 202; zum Verhältnis zum Grundsatz „in dubio pro reo" → Rn. 202.

436 Die **inhaltlichen Anforderungen** und damit auch die Überprüfbarkeit durch das Revisionsgericht im Detail hängen stark vom Einzelfall ab und sind vielfach auch gar nicht nur mit Blick auf das **Ergebnis** der Beweiswürdigung, sondern vor allem auch hinsichtlich der Anforderungen an die Darstellung im Urteil, dh also der hinreichend intensiven Auseinandersetzung mit bestimmten Fragen zu berücksichtigen.[867] So gelten etwa besonders strenge Anforderungen, wenn **Aussage gegen Aussage** steht[868] und die Entscheidung allein davon abhängt, welcher der beiden Angaben das Gericht Glauben schenkt[869] oder wenn nach der Tatsituation typischerweise oder gar erwiesenermaßen ein **besonderer Belastungseifer** eines Zeugen besteht.[870] Auch ein **fehlgeschlagener Alibibeweis** darf nicht automatisch in einen Gegenbeweis umgedeutet werden; vielmehr muss auch dieser anhand weiterer Indizien geführt werden,[871] da auch ein Unschuldiger in einer schwierigen Beweissituation durchaus „Zuflucht zur Lüge nehmen" könnte.[872] Dagegen muss sich ein aus tatsächlichen Gründen freisprechendes Urteil näher mit dem Einlassungsverhalten des Angeklagten auseinandersetzen, wenn belangvolle Belastungsmomente den Anklagevorwurf stützen.[873] Kann ein potentiell **entlastendes Beweismittel** auf Grund von Maßnahmen der Exekutive **(Sperrung eines Zeugen)** nicht in die Hauptverhandlung eingeführt werden, obwohl seine Erhebung ein Gebot der Aufklärungspflicht gewesen wäre, bedingt diese Verkürzung der Beweisgrundlage und der Verteidigungsmöglichkeiten das Erfordernis einer besonders vorsichtigen Beweiswürdigung, ggf. mit Anwendung des Zweifelssatzes.[874]

Beulke/Ruhmannseder NStZ 2008, 300 und BGH 19.6.2007 – 3 StR 149/07, StV 2007, 563) und (diese Rspr. billigend) BVerfG 24.3.2010 – 2 BvR 2092/09, 2 BvR 2523/09, NJW 2010, 2036 sowie aus der Lit. krit. *Eidam* JZ 2009, 318; *Fezer* HRRS 2009, 17, 18; *Gaede* NJW 2009, 608; *König* StV 2009, 171; *Kudlich,* Gutachten C zum 68. Deutschen Juristentag, 2010, S. 75 ff.; *ders.*, FS Karras, 2010, 591. Dazu, dass eine solche Fristsetzung das Gericht nicht davon enthebt, die Beweisanträge in der Hauptverhandlung zu bescheiden, vgl. BGH 20.7.2011 – 3 StR 44/11, NStZ 2011, 647.

[867] Vgl. nur KK-StPO/*Kuckein* § 337 Rn. 32; MAH-*Dahs* § 12 Rn. 278.

[868] Vgl. zu solchen Fällen auch *Maier* NStZ 2005, 246; zu den Anforderungen an die Begründung eines Freispruchs in solchen Konstellationen vgl. BGH 10.8.2011 – 1 StR 114/11, NStZ 2012, 110.

[869] Vgl. BGH 19.7.1989 – 2 StR 182/89, StV 1990, 99; BGH 24.11.1993 – 3 StR 517/93, StV 1994, 358 (359).

[870] Vgl. BGH 27.7.1990 – 2 StR 324/90, NStZ 1990, 603; BGH 7.6.1991 – 2 StR 175/91, StV 1991, 452.

[871] Vgl. BGH 5.7.1995 – 2 StR 137/95, BGHSt 41, 153 (154) = NJW 1995, 2997 (2998).

[872] Vgl. BGH 16.7.1996 – 5 StR 370/96, NStZ-RR 1996, 363.

[873] Vgl. BGH 3.8.2011 – 2 StR 167/11, NStZ 2012, 227, sowie ferner BGH 18.1.2011 – 1 StR 600/10, NStZ 2011, 302.

[874] Vgl. BGH 4.3.2004 – 3 StR 218/03, BGHSt 49, 112 = NStZ 2004, 343 (344) mAnm *Kudlich* JuS 2004, 929 – Fall El Motassadeq.

II. Beweisverbote

437 Wie oben bereits angedeutet, ist nicht nur die Produktion, sondern auch die **Restriktion von Beweismaterial** Teil des Beweisrechts. Geregelt sind also auch Begrenzungen der zulässigen Beweiserhebung und Beweisverwertung, die sich als Einschränkungen in der Aufklärungspflicht nach § 244 Abs. 2 darstellen. Diese an die Strafverfolgungsorgane gerichteten Beschränkungen dienen dem **Schutz kollidierender Rechtsgüter,** welche durch das Strafverfahren in Mitleidenschaft gezogen werden können und mit denen ein Ausgleich hergestellt werden muss (wie etwa den Grundrechten,[875] insbes. der Menschenwürde und der freien Entfaltung der Persönlichkeit). Es gilt mithin, dass auch im Strafprozess die Erforschung der Wahrheit nicht um jeden Preis stattfinden darf.[876]

438 Bei diesen Beweisverboten ist zu unterscheiden zwischen solchen Verboten, die bereits die **Beweiserhebung** betreffen (Beweiserhebungs- bzw. auch Beweisgewinnungs- oder Beweisverfahrensverbote) und solchen Verboten die – sei es darauf aufbauend, sei es eigenständig auch bei an sich korrekter Beweiserhebung – die **Verwertung des Beweises** in der Hauptverhandlung untersagen (sog Beweisverwertungsverbote).

439 Der **Zusammenhang** zwischen beiden Formen ist dabei ein zweiseitiger, jeweils jedoch nicht zwingend durchgehender bzw. automatisierter: Aus dem Verstoß gegen ein Beweiserhebungsverbot kann sich ein Beweisverwertungsverbot ergeben; nach hM ist dies jedoch nicht zwangsläufig der Fall, sondern – soweit im Gesetz nicht ausnahmsweise explizit angeordnet – eine Frage des Einzelfalles (→ Rn. 453 ff.). Umgekehrt können Beweisverwertungsverbote auch dann eintreten, wenn die Beweiserhebung als solche nicht zu beanstanden war. Umgekehrt sind Situationen denkbar, in welchen das sicher abzusehende Eintreten eines Beweisverwertungsverbotes sich auch schon auf die Beweiserhebung auswirkt und diese unzulässig macht (→ Rn. 486 f.).

440 **1. Beweiserhebungsverbote. a) Allgemeines.** Beweiserhebungsverbote ziehen als Ausnahmen von der strafprozessualen Aufklärungspflicht (vgl. oben) Schranken bereits für die Gewinnung von Beweisen im Strafprozess. Traditionell werden Beweiserhebungsverbote in **Beweisthemenverbote, Beweismittelverbote und Beweismethodenverbote** unterteilt (→ Rn. 441). Die Abgrenzung zwischen diesen Kategorien ist in einzelnen Fällen schwierig, da etwa das Beweisthema mehr oder weniger eng am Beweismittel „hängen" kann. Freilich ist die Abgrenzung im Einzelfall auch nicht entscheidend, da sie **nur** einer **Systematisierung** der Beweiserhebungsverbote dient, ohne dass strikt-dogmatisch Konsequenzen daran hängen würden, ob ein bestimmtes Beweisverbot in die eine oder andere Gruppe fällt. Quer zu dieser Einteilung bzw. unabhängig davon könnte man zudem von „relativen Beweisverboten" sprechen,[877] soweit eine Beweisgewinnung nur von bestimmten Personen angeordnet bzw. durchgeführt werden darf; Beispiele hierfür finden sich in der StPO zu Hauf (vgl. nur §§ 81a, 98, 100, 100b Abs. 1, 105, 111e und 111n), da strafprozessuale Grundrechtseingriffe häufig (zumindest standardmäßig) nur durch den Richter angeordnet werden dürfen.

441 **b) Beweisthemenverbote.** Von Beweisthemenverboten wird gesprochen, wenn **bestimmte Sachverhalte bzw. Tatsachen** als Gegenstand der strafprozessualen Beweisführung ausscheiden. Dies ist zum einen in einer Reihe von Konstellationen der Fall, in welchen der strafprozessuale Ermittlungsauftrag hinter den unterschiedlichsten staatlichen **Geheimhaltungsinteressen** zurücktritt. Dies gilt etwa für das Verbot der Aufklärung von Staatsgeheimnissen (iSd § 93 StGB) oder Amtsgeheimnissen (iSd § 67 f. BBG bzw. § 37 BeamtStG oder § 14 SoldG), daneben aber auch für Vorgänge, die dem richterlichen Beratungsgeheimnis nach §§ 43, 45 DRiG unterliegen,[878] für Tatsachen, die das Abstim-

---

[875] Zu den Beweisverboten zur Wahrung des fairen Verfahrens in der Rechtsprechung des EGMR vgl. zusf. *Gaede* JR 2009, 493.

[876] Vgl. grundlegend BGH 14.6.1960 – 1 StR 683/59, BGHSt 14, 358 (365) = NJW 1960, 1580 (1581 f.).

[877] Vgl. *Roxin/Schünemann* § 24 Rn. 15.

[878] BGH 8.7.2009 – 2 StR 54/09, NJW 2009, 2836 (2837).

mungsverhalten bei geheimen demokratischen Wahlen (vgl. Art. 28 Abs. 1 S. 2, 38 Abs. 1 S. 1 GG) betreffen, oder aber für Umstände, auf die sich das gerichtliche Schweigeverbot nach § 174 Abs. 3 GVG nach einem Ausschluss der Öffentlichkeit bezieht.

442 Zum anderen betreffen die Beweisthemenverbote Umstände, die aus **prozessstrukturellen Gründen nicht (mehr) in Frage gestellt** bzw. verwertet werden sollen und über die deshalb kein Beweis erhoben werden soll. Beispiele hierfür sind bereits getroffene bindende Feststellungen zum Tatgeschehen innerhalb eines Verfahrens oder getilgte Verurteilungen im Bundeszentralregister (vgl. §§ 51, 63 Abs. 4 BZRG)[879] bzw. getilgte gerichtliche Entscheidungen im Verkehrszentralregister (vgl. § 29 Abs. 8 S. 1 StVG). Ebenfalls in diese Gruppe gehören Befragungen, mit denen missbräuchliche Zwecke iSd § 241 Abs. 2 verfolgt werden; auch wenn diese Fragen zurückgewiesen werden, handelt es sich (zumindest formal) um eine Verkürzung der Beweiserhebung zu den in der Frage angesprochenen Themen.

443 **c) Beweismethodenverbote.** Von den inhaltsbezogenen Beweisthemenverboten zu unterscheiden sind die sog Beweismethodenverbote. Diese untersagen unabhängig vom Beweisziel (und im Prinzip auch unabhängig vom Beweismittel, wobei naturgemäß bestimmte Methoden oftmals nur bei bestimmten Beweismitteln vorkommen können) eine **bestimmte Art und Weise** der „sonst" (dh im Grundsatz durch ein solches Beweismittel) zulässigen Beweisgewinnung. Wichtigstes und anschaulichstes Beispiel sind die verbotenen Vernehmungsmethoden in § 136a: Die Vernehmung des Beschuldigten ist (wenn man den Beschuldigten zumindest als Beweismittel iwS versteht, → Rn. 416) eine ebenso wichtige wie grds. zulässige Art der Beweisführung. Die Vernehmung darf aber nicht mit Hilfe der dort aufgeführten Methoden erfolgen. Wenn man den nicht zu den Strafverfolgungsbehörden zählenden Arzt, der eine Blutprobe abnehmen soll, ebenfalls als „Instrument" und damit „Methode" der Beweiserhebung betrachtet, bildet auch § 81a für körperliche Eingriffe durch einen Nichtarzt ein Beispiel.

444 Ganz allg. könnte man jedenfalls dann, wenn man für **strafprozessuale Grundrechtseingriffe** aus dem **allgemeinen Gesetzesvorbehalt** ein Analogieverbot ableitet (→ Rn. 92 ff.) in nahezu jeder Eingriffsbefugnis zumindest eine Art „mittelbares Beweismethodenverbot" für solche Durchführungen der Beweiserhebung sehen, die im thematischen Anwendungsbereich der Vorschrift nicht die in der StPO vorgesehene Art und Weise der Durchführungen einhält. Letztlich geht es hier um eine Frage der Auslegung der Reichweite der gesetzlichen Befugnisse, wie zB in der Diskussion darüber, ob § 100a (von seinem Wortlaut durchaus gedeckt, nach der Systematik, insbes. mit Blick auf § 100b Abs. 3 aber durchaus fraglich) auch die sog Quellen-TKÜ gestattet, die sich als Überwachung der Telekommunikation mit einer „anderen Methode" (insbes. ohne Mitwirkung des Providers) deuten lässt.[880]

445 **d) Beweismittelverbote.** Die sog Beweismittelverbote untersagen nicht die Beweiserhebung zu bestimmten Inhalten oder auf eine bestimmte Weise, sondern die **Nutzung eines bestimmten** (sachlichen oder persönlichen) **Beweismittels.** Ein solches liegt etwa vor, wenn ein Zeuge ein Zeugnisverweigerungsrecht nach §§ 52 f. ausübt oder sich auf sein Auskunftsverweigerungsrecht nach § 55 beruft; in diesen Fällen ist (nur) dieser Zeuge ausgeschlossen. Formal scheiden auch der Beschuldigte, etwaige Mitbeschuldigte und Privatkläger aufgrund ihrer Stellung im Verfahren als Zeugen aus und kommen insoweit nicht

---

[879] Vgl. dazu auch BVerfG 27.11.1973 – 2 BvL 12/72; 3/73, BVerfGE 36, 174 ff. = NJW 1974, 179 ff.; BGH 19.7.1972 – 3 StR 66/72, BGHSt 24, 378 (382) = NJW 1973, 66 (67); BGH 6.3.1979 – 1 StR 747/78, BGHSt 28, 338 (340) = NJW 1979, 1720 f.

[880] Vgl. zu dieser Frage etwa LG Bayreuth 17.9.2009 – Gs 911/09, MMR 2010, 266 m. zust. Anm. *Bär;* LG Hamburg 1.10.2007 – 629 Qs 29/07, MMR 2008, 423 m. abl. Anm. *Bär;* AG Hamburg 28.8.2009 – 160 Gs 301/09, StV 2009, 636 mAnm *Kudlich* JA 2010, 310. Aus der Kommentarliteratur für die Zulässigkeit *Meyer-Goßner,* § 100a Rn. 7a; *Graf/Graf,* § 100a Rn. 31; KK/*Bruns,* § 100a Rn. 27, KMR/*Bär,* § 100a Rn. 31a; krit. dagegen SK-StPO/*Wolter,* § 100a Rn. 27 ff. Vgl. zusammenfassend zum Streitstand jeweils aus neuerer Zeit *Buermeyer/Bäcker* HRRS 2009, 433 (438); *Becker/Meinicke* StV 2011, 50.

als Beweismittel für den Zeugenbeweis in Betracht. Dazu, dass insbes. der Beschuldigte und etwaige Mitbeschuldigte gleichwohl zumindest in einem weiteren Sinne Beweismittel sind, bereits → Rn. 416. Auch durch das Amtsgeheimnis gebundene Beamte scheiden nach § 67 f. BBG bzw. § 37 BeamtStG (vgl. auch § 39 BRRG aF) als Zeugen aus. Hier sind die **Grenzen zum Beweisthemaverbot fließend,** da sich die Verweigerung der Aussagegenehmigung auch nur auf bestimmte Themen beschränken kann.

Weitere Beweismittelverbote betreffen den Körper anderer Personen als des Beschul- 446
digten, soweit diese nicht in eine Untersuchung eingewilligt haben oder aber „eine bestimmte Spur oder Folge einer Straftat" gesucht wird (vgl. § 81c Abs. 1). Ähnliches gilt für Gegenstände, die einem Beschlagnahmeverbot nach § 97 unterliegen[881] oder für die in § 160a genannten anwaltlichen bzw. anwaltsgleichen Personen, gegen welche sonstige Ermittlungen durchgeführt werden sollen. Des Weiteren enthalten etwa §§ 250, 252 Beweismittelverbote hinsichtlich verlesbarer Urkunden, soweit ihre Voraussetzungen nicht vorliegen; § 274 untersagt grds. die Verwendung eines anderen Beweismittels als des Hauptverhandlungsprotokolls zur Beweisaufnahme über die Einhaltung wesentlicher Förmlichkeiten.

Zuletzt können sich – gerade in umgekehrter Richtung, als üblicherweise geprüft – 447
Beweismittelverbote auch aus Beweisverwertungsverboten ergeben: Soweit feststeht, dass hinsichtlich eines bestimmten Beweismittels ein (selbständiges) Beweisverwertungsverbot eintreten würde, lässt sich hieraus auch ein Verbot ableiten, diese Beweismittel überhaupt zu erheben. Der damit verbundene Eingriff ist nämlich unter Verhältnismäßigkeitsgesichtspunkten nicht zu rechtfertigen, wenn feststeht, dass das Beweismittel ohnehin nicht verwertet werden darf. Freilich darf die Bedeutung derartiger Fälle nicht überschätzt werden: Betrachtet man nämlich das vieldiskutierte selbständige Beweisverwertungsverbot in sog Tagebuchfällen (→ Rn. 475), so wird man vor der Beweiserhebung regelmäßig nicht mit der erforderlichen Sicherheit von einer Unverwertbarkeit ausgehen können, da diese sich erst aus einer näheren Analyse des Tagebuchs ergeben kann, → Rn. 487. Auch kann ein strafprozessuales Beweisverwertungsverbot gerade dazu führen, dass **in anderen Verfahrensarten** legitimerweise auch solche Äußerungen erzwungen werden dürfen, die zu einer Selbstbelastung führen würden.[882]

e) Beweistransfer. Grenzüberschreitend agierende Straftäter, wie sie in vielen Berei- 448
chen (etwa der Betäubungsmittel- oder Teilen der Wirtschaftskriminalität) eher die Regel als die Ausnahme darstellen, aber auch die „private" Mobilität von Tatverdächtigen bei an sich rein national beschränkten Straftaten bedingen eine Internationalisierung der Strafverfolgung,[883] die auch das Beweisrecht betrifft. Da die Beweiserhebung als Ausübung von Hoheitsrechten im Grundsatz auf das jeweils eigene Staatsgebiet beschränkt ist, muss eine Beweiserhebung im Ausland regelmäßig im Wege der Rechtshilfe (vgl. knapp Rn. 657 ff.) erfolgen. Von Bedeutung ist hierbei zunächst, ob die Beweiserhebung nach der anzuwendenden bi- oder multilateralen Regelung nach dem Recht des ersuchten Staates (*locus regit actum,* so insbes. in Art. 3 Abs. 1 EuRhÜbK[884]) oder des ersuchenden Staates (*forum regit actum,* so teilw. ermöglicht in Art. 4 Abs. 2 EU-RhÜbK[885]) erfolgt.[886] Soweit eine im Ausland an sich zulässige Beweiserhebung[887] in dieser Form in Deutschland nicht möglich

[881] Zu Grenzen Beschlagnahmefähigkeit aus Verhältnismäßigkeitsgründen, insbes. mit Blick auf Art. 5 GG im Bereich von Rundfunk und Presse vgl. auch BVerfG 27.2.2007 – 1 BvR 538/06, 1 BvR 2045/06, BVerfGE 117, 244 = NJW 2007, 1117 mAnm *Gaede* AfP 2007, 410; BVerfG 10.12.2010 – 1 BvR 1739/04, 1 BvR 2020/04, NJW 2011, 1859 mAnm *Jäger* JA 2011, 712.

[882] Vgl. BVerfG 13.1.1981 – 1 BvR 116/77, BVerfGE 56, 37 = NJW 1981, 1431 (Gemeinschuldnerentscheidung). Zur Frage der Übertragbarkeit dieses Beweisverwertungsverbots auf die Ergebnisse sog interner Ermittlungen vgl. *Klasen/Schaefer* BB 2012, 641 (646).

[883] → Rn. 611 ff.

[884] Also dem Europäischen Rechtshilfeübereinkommen des Europarats aus dem Jahre 1959.

[885] Also dem Rechtshilfeübereinkommen der Europäischen Union von 2000.

[886] Vgl. näher → Rn. 618 f.

[887] Zu den Fällen, in denen die Beweiserhebung schon nach dem Maßstab des Auslandes unzulässig war, vgl. *Jahn,* Gutachten C zum 67. DJT, S. 119 f.

wäre, stellt sich die (wohl jedenfalls in schwer wiegenden Fällen zu bejahende) Frage, ob nicht iS eines „ordre public-Vorbehalts"[888] ein Beweis(verwertungs)verbot (vgl. allgemein → Rn. 449 ff.) angenommen werden muss, wenn die im Ausland vorgenommene Handlung mit grundlegenden Wertungen eines rechtsstaatlichen Verfahrens nach deutschem Verständnis unvereinbar wäre. Ein solcher – freilich „hoch zu hängender" – Vorbehalt dürfte (durchaus auch in Konsequenz der Rechtsprechung des BVerfG) wohl selbst vorstellbar bleiben, wo im Anwendungsbereich von Art. 82 Abs. 1 AEUV eine Entwicklung hin zu einem Grundsatz der gegenseitigen Anerkennung postuliert wird,[889] der freilich eine weitere Harmonisierung der Schutzstandards unter Berücksichtigung auch der unterschiedlichen denkbaren Verfahrensstrukturen voraussetzt (welche etwa zu verschiedenen Beweisstandards in einzelnen Verfahrensabschnitten führen können, die in andere Systeme nicht ohne weiteres übertragbar sind).[890]

449 **2. Beweisverwertungsverbote. a) Allgemeines und Systematik.** Anders als die Beweiserhebungsverbote, die bereits die Beweisgewinnung untersagen bzw. beschränken, geht es bei den Beweisverwertungsverboten darum, dass grds. **bereits zur Verfügung stehende Beweise** im weiteren Verfahren **nicht verwertet** werden dürfen. Dies gilt originär für die Verwertung in der **Hauptverhandlung;** dort absehbar zu berücksichtigende Beweisverwertungsverbote wirken sich aber auch in **vorherigen Verfahrensstadien** zumindest dahingehend aus, dass bei der Prognose über den Ausgang der Hauptverhandlung, welche den abschließenden Entscheidungen im Ermittlungs- und Zwischenverfahren zugrunde liegt (→ Rn. 226, 241) zu berücksichtigen ist, dass voraussichtlich ein Beweisverwertungsverbot bestehen wird.[891] Soweit man davon ausgeht, dass jedenfalls in der Hauptverhandlung jede Beweisverwertung zugleich auch eine Beweiswürdigung beinhaltet, mag man auch mit *Gössel* davon sprechen, dass die Beweisverwertungsverbote das Verbot enthalten, „bestimmte Tatsachen zum Gegenstand der Beweiswürdigung zu machen".[892] Sachgrund für das Verbot der Verwertung von an sich zur Verfügung stehenden Beweismitteln, das naturgemäß mit dem Aufklärungsgrundsatz § 244 Abs. 2 kollidiert, ist regelmäßig der Schutz der Rechte des Beschuldigten bzw. der von der Beweiserhebung betroffenen Personen.

450 Im Anschluss insbes. an *Rogall*[893] hat sich durchgesetzt, zwischen **selbständigen und unselbständigen Beweisverwertungsverboten** zu unterscheiden, wobei beide Formen sowohl Kraft ausdrücklicher gesetzlicher Anordnung als auch ohne gesetzliche Normierung vorkommen: Von **unselbständigen** Beweisverwertungsverboten spricht man, wenn das Verbot die **Folge eines vorausgegangenen Verfahrensverstoßes** (und damit letztlich des Verstoßes gegen ein Beweiserhebungsverbot) war. Prominentes Bsp. einer gesetzlichen Regelung hierzu ist das Beweisverwertungsverbot des § 136a Abs. 3 S. 2. In den meisten Fällen allerdings fehlt eine solche ausdrückliche Regelung, so dass im Einzelfall zu entscheiden ist, wann aus einem Fehler bei der Beweiserhebung ein Beweisverwertungsverbot erwächst (→ Rn. 453 ff.). Von **selbständigen** Beweisverwertungsverboten spricht man dagegen, wenn die Beweiserhebung als solche nicht zu beanstanden war, aber aus später eintretenden bzw. übergeordneten Gründen ein Beweismittel nicht verwertet werden soll. Auch hier gibt es gesetzlich angeordnete Fälle (zB § 257c Abs. 4 S. 3) und gesetzlich nicht normierte Fälle, wobei letztere hier regelmäßig auf einer drohenden Grundrechtsverlet-

---

[888] Vgl. auch *Jahn,* Gutachten C zum 67. DJT, S. 118.

[889] Vgl. hierzu das Grünbuch der EU-Kommission „Erlangung verwertbarer Beweise in Strafsachen aus einem anderen Mitgliedstaat" (KOM [2009] 624 endg.) sowie dazu *Schünemann/Rogers* ZIS 2009, 92.

[890] Zutr. *Schünemann/Rogers* ZIS 2009, 92, die zu Recht darauf hinweisen, dass die „Freiheitsoptimierung", die durch gegenseitige Anerkennung im Bereich der Grundfreiheiten entsteht nicht einfach umgekehrt werden darf, weil sonst gerade eine Kumulation strukturell illiberaler Effekte droht.

[891] In diesem Sinn kann man auch mit Löwe/Rosenberg/*Gössel* Einl. L Rn. 7 davon sprechen, dass die Beweisverwertungsverbote „in allen Verfahrensstadien" gelten. → Rn. 487.

[892] Vgl. Löwe/Rosenberg/*Gössel* Einl. L Rn. 7.

[893] Vgl. *Rogall* ZStW 91 (1979), 1 (3 f.).

zung durch die Verwertung des Beweismittels in der Hauptverhandlung beruhen (→ Rn. 473 ff.).

b) Entstehen von unselbständigen Beweisverwertungsverboten. Bei der Frage nach der Entstehung unselbständiger Beweisverwertungsverbote geht es darum zu untersuchen, wann gerade aus einem Fehler bei der Beweiserhebung auch ein Beweisverwertungsverbot erwächst. **451**

aa) Gesetzlich geregelte Fälle. Als ausdrückliche Konsequenz aus Verstößen gegen Beweiserhebungsverbote sind **nur in wenigen Fällen** Beweisverwertungsverbote im Gesetz angeordnet. Der Gesetzgeber geht hier offensichtlich davon aus, dass Beweiserhebungsverbote bzw. die Vorgabe von Regelungen für die Beweiserhebung von den Strafverfolgungsbehörden regelmäßig auch beachtet werden. Im Übrigen wird – nicht zuletzt auch mit Blick auf die **Vielgestaltigkeit der denkbaren Sachverhalte** – die Einzelentscheidung der Rspr. überlassen. Namhafte Ausnahme ist insbes. **§ 136a Abs. 3 S. 2,** der explizit ein absolutes Beweisverwertungsverbot bei Verstößen gegen verbotene Vernehmungsmethoden anordnet; streng genommen setzt die Anordnung dieses Verbotes auch bei Einverständnis des Beschuldigten aber wohl das Verbot bei einem fehlenden Einverständnis ohnehin mehr oder weniger (und dann ebenfalls ungeschrieben) voraus. Die Besonderheit liegt hier darin, dass Aussagen, die unter Verstoß gegen § 136a erlangt worden sind, nicht nur in extremer Weise rechtstaatlich bedenklich sind, sondern dass im Einzelfall auch die Qualität zum Wahrheitsbeweis darunter leiden kann.[894] Auch **§§ 100a Abs. 4 S. 2** und **100c Abs. 5 S. 2** können als solche unselbständige Beweisverwertungsverbote gedeutet werden (dürften zugleich aber auch selbständige Beweisverwertungsverbote darstellen, wenn bei der Beweiserhebung noch nicht absehbar war, dass der Kernbereich privater Lebensgestaltung betroffen sein würde). **452**

bb) Allgemeine Lehren. Vor dem Hintergrund dieser doch sehr rudimentären gesetzlichen Regelung ist nicht erstaunlich, dass die Frage, anhand welcher Kriterien aus einem Fehler bei der Beweiserhebung ein (und auch wie weit reichendes) Beweisverwertungsverbot abzuleiten ist, ein zentrales Problem des Strafprozessrechts darstellt.[895] **453**

(1) Automatismus von Erhebungs- und Verwertungsverbot. Eine gewisse Plausibilität *prima facie* und auch den Vorzug großer Anwendungseinfachheit hätte ein Konzept, nach dem grds. jeder Fehler bei der Beweiserhebung zu einem Beweisverwertungsverbot führt. Ein Argument für diesen radikalen „verwertungsfeindlichen" Weg bestünde in dem (auch von den Vertretern einer sog „Beweisbefugnistheorie" vorgebrachten[896]) Überlegung, dass jede Beweisverwertung zum Nachteil des Angeklagten grundrechtsrelevant ist und daher einer (grds. vollständig) rechtmäßigen Grundlage bedarf.[897] **454**

Diesen Weg beschreiten allerdings auch die Anhänger der **Beweisbefugnistheorie** nicht konsequent,[898] und zwar zu Recht: Würde ein Beweisverwertungsverbot automatisch auf jeden, und sei es an ein noch so „kleinen"[899] Fehler bei der Beweiserhebung folgen lassen, so würde damit nicht nur das Interesse an einer **funktionstüchtigen Strafrechtspflege** **455**

---

[894] Vgl. *Joerden* JuS 1993, 927.

[895] Dass zu diesem Problem einiges an scharfsinniger Dogmatik entwickelt worden ist und viele Einzelfragen befriedigend gelöst worden sind, ist unbestritten (vgl. auch *Rogall* JZ 2008, 818 [819]); ein stimmiges, Anwendungseinfachheit und Rechtsicherheit gewährendes Konzept dürfte freilich noch nicht gefunden sein (vgl. auch *Löffelmann* JR 2009, 10).

[896] Vgl. *Jahn/Dallmeyer* NStZ 2005, 297, (303 f.); eingehend zur Beweisbefugnistheorie *Dallmeyer,* Beweisführung im Strengbeweisverfahren, 2002, S. 50 ff.; *Jahn,* Gutachten C zum 67. DJT, S. 66 ff.

[897] Vgl. zu einem solchen Modell eines Automatismus von Beweiserhebungs- und Beweisverwertungsverbot auch *Kühne* Rn. 907.

[898] Zur Einschränkung bei Beweisverwertungsverboten etwa *Jahn,* Gutachten C zum 67. DJT, S. 68 ff. (§ 244 Abs. 2 als Rechtsgrundlage der Beweisverwertung, für welche die Rechtmäßigkeit des Verschaffungsaktes nicht unverzichtbar ist).

[899] Möchte man „unbedeutende" Fehler bei der Beweiserhebung ausschließen, wäre damit der Charme einer klaren Lösung sogleich wieder verspielt.

als jedenfalls im Ausgangspunkt durchaus schützenswerter öffentlicher Belang[900] erheblich in Mitleidenschaft gezogen, sondern auch ein wichtiger Unterschied etwa zu zahlreichen verwaltungsrechtlichen Maßnahmen übersehen: Selbst wenn dort grds. die meisten Rechtsfehler zu einer Anfechtbarkeit des hoheitlichen Aktes führen, so können doch viele dieser Fehler geheilt werden[901] oder aber der erneute Erlass eines Verwaltungsakts kommt jedenfalls dann, wenn der alte „nur" an formalen Fehlern gelitten hat, in Betracht. Diese Möglichkeit besteht im Strafprozessrecht zumindest regelmäßig nicht, da etwa **strafprozessuale Ermittlungsmaßnahmen** nach ihrem Bekanntwerden durch den Betroffenen in sehr vielen Fällen schlicht **nicht sinnvoll wiederholt** werden können. Insoweit würde eine ausnahmslose Unverwertbarkeit der Beweismittel die Strafverfolgung wesentlich stärker treffen als die grundsätzliche Beachtlichkeit von formalen Fehlern in dem (im Grundsatz nach jederzeit nachholbaren) Verwaltungsverfahren.

456 **(2) Einzelfallabhängige Entscheidungen.** Aus diesem Grund bleibt es zwar aus Rechtssicherheitsgesichtspunkten unbefriedigend, ist aber **nahezu unvermeidlich,** dass die Frage des Erwachsens eines Beweisverwertungsverbotes aus einem Fehler bei der Beweiserhebung letztlich **nur für den Einzelfall entschieden** werden kann. Umso wichtiger sind dann tragfähige und zumindest eine gewisse Rechtssicherheit gewährende Kriterien, sei es in Gestalt von mehr oder minder monistischen Modellen, sei es in Gestalt von Kriterienkatalogen.[902]

457 Ein früher Ansatz in der Rspr. des BGH war hierzu die sog **Rechtskreistheorie,**[903] nach der die Verwertung eines Beweismittels trotz Verletzung eines Beweisverwertungsverbotes davon abhängt, ob dadurch der „Rechtskreis des Beschuldigten" betroffen ist.[904] Die Einwände gegen diese – zumindest als alleiniges Kriterium auch in der Rspr. zunehmend an Gewicht verlierende[905] – Theorie besteht nicht darin, dass der Rechtskreis als Kriterium generell als Ausschlusskriterium nicht sinnvoll wäre. Problematisch ist vielmehr, dass zum einen die Betroffenheit „des Rechtskreises" wohl nicht unbedingt für die Annahme eines Beweisverwertungsverbotes genügen kann und dass zum anderen gerade erst durch Auslegung im Einzelfall zu ermitteln ist, welche Vorschriften den Rechtskreis des Beschuldigten berühren und welche nicht. Dies wird nicht zuletzt am Beispiel des § 55, an dem die Rechtskreistheorie mit entwickelt worden ist, besonders deutlich, da man durchaus gut vertreten könnte, dass die Frage, ob ein möglicherweise Tatverdächtiger und daher gegenüber anderen Beteiligten besonders „belastungsfreudiger" Zeuge über sein Auskunftsverweigerungsrecht belehrt worden ist, eben doch auch den Rechtskreis des Beschuldigten mit betrifft. Soweit sich Vorschriften als **reine Ordnungsvorschriften** bei der Beweiserhebung klassifizieren lassen, spricht zwar in der Tat einiges dafür, dass ihre Verletzung den Beschuldigten nicht in seinem Rechtskreis verletzen kann;[906] fraglich ist jedoch, wann in einer Rechtsmaterie, die auch ganz wesentlich durch den „schützenden Wert der Form"[907] geprägt ist, tatsächlich von „reinen Ordnungsvorschriften" gesprochen werden kann. Zutreffenderweise wird man aufgrund all dieser Angriffspunkte die Rechtskreistheorie nur als einen Topos in größer angelegten Konzepten betrachten können.[908]

---

[900] Vgl. zum Funktionstüchtigkeitstopos und seinen Grenzen, aber auch seinen berechtigten Kern → Rn. 87 ff.

[901] Vgl. § 45 VwVfG.

[902] Kompakte Darstellung verschiedener Ansätze etwa bei *Schroth* JuS 1998, 969 (973 f.).

[903] Vgl. BGH 21.1.1958 – GSSt 4/57, BGHSt 11, 213 (216 f.) = NJW 1958, 557 (558).

[904] Vgl. zur Rechtskreistheorie auch die Darstellung bei Löwe/Rosenberg/*Gössel* Einl. L Rn. 20 ff.

[905] Vgl. auch die Analyse bei *Jahn,* Gutachten C zum 67. DJT, S. 39 ff., für den eine „eigenständige Rechtskreis-Theorie (…) Rechtsgeschichte" ist (S. 41).

[906] Vgl. auch *Schroth* JuS 1998, 969 (973).

[907] Vgl. bis heute lesenswert *Zachariae* Handbuch des deutschen Strafprozesses Bd. I, 1861, S. 145 f.; ferner hierzu auch *Schlüchter,* in: Wolter (Hrsg.) Zur Theorie und Systematik des Strafprozeßrechts, 1995, S. 205; *Eb. Schmidt* ZStW 65 (1953), 161 (166 ff.); *Tiedemann,* FS Peters, 1984, 131 (148).

[908] Vgl. nochmals *Jahn,* Gutachten C zum 67. DJT, S. 41.

Gleichsam einen „materiellen" Ansatz verfolgt die namentlich von *Amelung* begründete **„Informationsbeherrschungstheorie"**, wonach Beweisverwertungsverbote auf informationellen Abwehransprüchen beruhen, die sich aus der Verletzung eines Informationsbeherrschungsrechts des Beschuldigten ergeben können.[909] Soweit man hieraus freilich ableiten möchte,[910] dass formelle Fehler (wie etwa die fehlende Zuständigkeit zur Anordnung der Zwangsmaßnahme) allein ein Beweisverwertungsverbot nicht tragen können, würde damit nicht hinreichend berücksichtigt, dass etwa eine willkürliche Verletzung des Richtervorbehaltes[911] ebenso wie die unvertretbare Annahme einer eigenen Zuständigkeit die Entscheidung des Gesetzgebers untergraben würde, dass nur von unabhängigen Institutionen und nur im Rahmen ihrer Zuständigkeit Grundrechtseingriffe angeordnet werden können. **458**

Im Gegensatz zu dem stark materiell ausgerichteten Informationsbeherrschungsansatz verfolgen **„revisionsrechtliche Theorien"**[912] in verschiedenen Spielarten einen streng verfahrensbezogenen Ansatz. Danach liegt ein Beweisverwertungsverbot nur vor, wenn der Verstoß gegen das Erhebungsverbot zu einer Urteilsaufhebung führen würde. Jedenfalls in dieser Form(ulierung) ist der Ansatz freilich **zirkulär,** da die Revisibilität gerade davon abhängt, ob ein Beweisverwertungsverbot besteht. Auf dem Fehler bei der Beweiserhebung als solcher nämlich kann das Urteil ohnehin nicht beruhen, sondern nur auf der nachfolgenden Verwertung oder eben Nichtverwertung des Beweismittels. Damit soll nicht geleugnet werden, dass die Beruhensfrage im Zusammenhang mit Beweisverwertungsverboten von Bedeutung ist;[913] allerdings handelt es sich hierbei um eine nachgelagerte Frage, die sich überhaupt erst stellt, wenn trotz Vorliegens des Beweisverwertungsverbotes ein Beweismittel verwertet (oder umgekehrt: auch ohne Vorliegen eines Beweisverwertungsverbotes ein Beweismittel nicht verwertet) worden ist. Nicht einmal die einschränkende Deutung von *Schroth,*[914] wonach dann, „wenn Urteile nicht auf Verstößen gegen Beweisverwertungsverbote beruhen, dies auch nicht dazu führen kann, dass eine Verwertung ausgeschlossen" sei, da „die Funktionseffizienz der Strafrechtspflege zu sehr beeinträchtigt wäre, wenn man in diesen Fällen immer ein Beweisverwertungsverbot annehmen würde", überzeugt: Denn Urteile beruhen nur dann nicht auf Verstößen gegen Beweisverwertungsverbote, wenn sie auch von den anderen verwerteten (und nicht nur weiteren, theoretisch erlangbaren aber tatsächlich nicht herangezogenen!) Beweismitteln getragen werden – wird das Urteil aber ohnehin durch diese anderen Beweismittel getragen, wird die Funktionstüchtigkeit der Strafrechtspflege in keiner Weise beeinträchtigt, wenn ein einzelnes, fehlerhafterweise hervorgebrachtes Beweismittel nicht verwertet wird. **459**

Dominierend in der **Rspr.** ist die **einzelfallbezogene Abwägung,**[915] bei der überprüft wird, ob mit der bei der Beweiserhebung verletzten Vorschrift ein Interesse des Angeklagten geschützt wird, das gewichtiger ist als das Interesse an der Effizienz der Strafverfolgung. In den hierbei möglichen **bunten Strauß an Abwägungskriterien** werden etwa Schutzzwecküberlegungen, Schwere der Straftat und des Verstoßes sowie auch Überlegungen zur hypothetischen rechtmäßigen Beweisgewinnung[916] eingeflochten. Die Kritik daran, dass ein solches umfassendes Abwägungsmodel der Rechtssicherheit nicht dienlich ist, liegt auf **460**

---

[909] Grundlegend *Amelung,* Informationsbeherrschungsrechte im Strafprozess, 1990.

[910] Zu unterschiedlichen „Lesarten" des Informationsbeherrschungsansatzes vgl. einerseits *Jahn,* Gutachten C zum 67. DJT, 2008, S. 64 f.; krit. zur Darstellung seines eigenen Ansatzes andererseits *Amelung* JR 2008, 327 f.

[911] Zu Fällen der Umgehung des Richtervorbehalts und einem daraus erwachsenden Beweisverwertungsverbot vgl. BGH 30.8.2011 – 3 StR 210/11, NStZ 2012, 104.

[912] So genannt bei *Schroth* JuS 1998, 969 (973); *Gössel* GA 1991, 486 sowie Löwe/Rosenberg/*ders.* Einl. L Rn. 18 spricht insoweit von der „Funktionslehre".

[913] Vgl. auch – freilich weiter reichend als hier angedeutet – Löwe/Rosenberg/*Gössel* Einl. L Rn. 19.

[914] Vgl. JuS 1998, 969 (973).

[915] Vgl. nur BGH 21.2.1964 – 4 StR 519/63, BGHSt 19, 325 (329) = NJW 1964, 1139 (1143); BGH 17.3.1983 – 4 StR 640/82, BGHSt 31, 304 (307) = NJW 1983, 1570 (1571); BGH 25.9.2007 – 5 StR 116/01, 475/02, NJW 2008, 307 (309); BGH 20.12.2007 – 3 StR 318/07, NJW 2008, 1090 (1092).

[916] Vgl. zu den hypothetischen Ermittlungsverläufen auch *Jahn* NStZ 2005, 297.

der Hand. Verstärkt wird diese Kritik in der Lit. teilw. noch durch den Hinweis darauf, dass entgegen der Berufung auf eine Abwägungslösung eine umfassende Abwägung in Wahrheit durch die Gerichte nur selten vorgenommen wird.[917]

461 Im Unterschied zur „allgemeinen" und insbes. auch die Schwere des Tatvorwurfs einbeziehenden Abwägung der Rspr. orientiert sich eine (mit Unterschieden im Detail) in der **Lit.** stark vertretene Auffassung bei ihrer Einzelfallentscheidung über die Verwertung ausschließlich oder zumindest vorrangig am **Schutzzweck** der bei der Beweiserhebung verletzten Norm.[918] Hierzu zählen in einem weiteren Sinn auch solche Ansätze, die das Eingreifen des Beweisverwertungsverbotes davon abhängig machen wollen, ob ein mit der Anerkennung eines Beweisverwertungsverbotes verbundener **Zweck** in der konkreten Situation erreicht werden kann bzw. muss,[919] etwa der Gedanke der Disziplinierung der Strafverfolgungsbehörden (sog „Funktionslehren"[920]) oder die Ausrichtung der Verfahrensgestaltung am Zweck der Spezialprävention und Resozialisierung, welcher Urteile auf der Grundlage staatlicher Rechtsverstöße entgegenstehen könnten.[921]

462 Zumindest in einem weiteren Sinn ebenfalls zu den Schutzzwecklehren zu zählen ist die von *Jäger* entwickelte und von ihm selbst so bezeichnete **„Lehre von der Fehleridentität",**[922] nach welcher vor dem Hintergrund einer im Gesetz vorgezeichneten zumindest grundsätzlichen Abstraktion von Erhebungs- und Verwertungsverbot nur solche Verstöße gegen Beweiserhebungsverbote auch zu Beweisverwertungsverboten führen, bei denen durch die Anordnung des Verbotes ein „beweisgegenständlicher Ausschluss" verfolgt wird, dh wenn mit Blick auf den „sachlich-gegenständlichen (…) Schutzbereich der Norm" hinsichtlich Erhebung und Verwertung „beweisgegenständliche Tatsachenidentität" vorliegt bzw. „wenn die jeweilige Vorschrift das Beweismittel im Hinblick auf ein Beweisziel vor verwertbarer Existenz oder in seiner unverwertbaren Existenz schützt".

463 Schon dieser kurze, auch nicht im Entferntesten Vollständigkeit beanspruchende Überblick macht deutlich, dass die Lehre von den Beweisverwertungsverboten im Grundsätzlichen ebenso wie in ihren Details nach wie vor **umstritten** ist. Die jeweils denkbaren Einwände gegen einzelne Ansätze (jedenfalls in ihrer Reinform) sowie auch die mit der konkreten Rechtsanwendung verbundenen Schwierigkeiten machen deutlich, dass „nicht ein Theorienkonstrukt Beweisverwertungsverbote begründen kann, sondern unterschiedliche Wertungsgesichtspunkte ineinandergreifen".[923] **Grundsätzlichen Vorzug** verdienen **schutzzweckbezogene Ansätze,** die danach fragen, ob die Verwertung des Beweismittels gerade dem Sinn des Beweiserhebungsverbotes zuwiderläuft bzw. die Verwertung die Verletzung des Schutzzwecks des Erhebungsverbotes noch weiter vertiefen würde. Ob und wann dies der Fall ist, bleibt im Einzelfall freilich eine schwierige Auslegungsfrage. Diesen Schwierigkeiten muss man sich aber stellen, wenn man einerseits auf keine differenzierte gesetzliche Regelung zurückgreifen kann und sich andererseits auch nicht mit einer „Radikallösung" (die dann freilich nur in Gestalt eines Automatismus von Erhebungs- und Verwertungsverbot und sicher nicht in einer grundsätzlichen Unbeachtlichkeit von Verstößen bei der Beweiserhebung liegen könnte) anfreunden mag. Über solche Schutzzweckerwägungen könnten und müssten letztlich dann sogar teilw. solche (allgemeinen) Fragen ent-

---

[917] Vgl. zur Kritik etwa *Dallmeyer,* Beweisführung im Strengbeweisverfahren, 2002, S. 149 ff., 213 ff.; *Löffelmann,* Die normativen Grenzen der Wahrheitserforschung im Strafverfahren, 2008, S. 51 ff., 294 ff.; *Wolters* JR 1999, 524 (525); *Fezer* JZ 1999, 526; *ders.* NStZ 2003, 625 (629).

[918] Grundlegend zu den Schutzzwecklehren *Grünwald* JZ 1966, 489 (492 ff.); *Beulke* ZStW 103 (1991), 657 ff.; monographisch *Petry,* Beweisverbote im Strafprozeß, 1971, insbes. S. 29 ff.; *Fezer,* Grundfragen der Beweisverwertungsverbote, 1995, etwa S. 20 ff.; zusammenfassender Überblick auch bei *Jäger,* Beweisverwertung und Beweisverwertungsverbote im Strafprozess, 2003, S. 69 ff.

[919] Von *Jäger,* Beweisverwertung und Beweisverwertungsverbote im Strafprozess, 2003, S. 69 ff.

[920] Ähnlich *Nüse* JR 1966, 281 (284). Zu abweichenden Begriffsverwendungen vgl. Fn. 912.

[921] Vgl. zu diesem Ansatz *Otto* GA 1970, 289 (290, 297 f.). Zu einem stärker an der Generalprävention orientierten Beweisverbotsverständnis vgl. *Dencker,* Verwertungsverbote im Strafprozeß, 1977, S. 59 ff.

[922] Vgl. *Jäger,* Beweisverwertung und Beweisverwertungsverbote im Strafprozess, 2003, insbes. S. 137 ff.

[923] Zutr. *Schroth* JuS 1998, 969 (974).

schieden werden, die in der jeweiligen Norm selbst gar nicht explizit angesprochen sind, so etwa nach der Beachtlichkeit von hypothetischen Ermittlungsergebnissen.

Als **grobe Marschrichtung** muss dabei jedoch Folgendes festgehalten werden: Den Ausgangspunkt der Überlegungen bildet (bei den unselbständigen Beweisverwertungsverboten) ein **vom Staat**[924] **begangener Fehler bei der Beweiserhebung.** Liegt ein solcher vor, spricht – dies ist der richtige Kern etwa an der Beweisbefugnistheorie – erst einmal viel dafür, dass darauf basierend kein weiterer Grundrechtseingriff in Gestalt einer Beweisverwertung vorliegen darf. Ein Beweisverwertungsverbot kann aber nach dem Schutzzweck der jeweiligen Vorschrift ausgeschlossen sein. Vergegenwärtigt man sich dies und auch die Parallele zu den Überlegungen bei der objektiven Zurechnung im Rahmen der materiell-strafrechtlichen Haftungsbegründung,[925] so muss hier ebenso wie für die Frage nach dem Ausschluss der objektiven Zurechnung trotz kausalem Verletzungshandeln gelten, dass die **argumentative Begründungslast** bei demjenigen liegt, der eine **Unbeachtlichkeit des Verstoßes bejaht** (und nicht bei demjenigen, der ein Beweisverwertungsverbot postuliert). Ebenso wie der Ausschluss der objektiven Zurechnung trotz kausaler Rechtsgutsverletzung zumindest systematisch und damit argumentationsstrukturell die begründungsbedürftige Ausnahme ist,[926] muss auch derjenige, der die Verwertung eines Beweismittels trotz Fehler bei der Beweisaufnahme behauptet, eine Begründung dafür benennen können. Dass diese im Einzelfall genauso leichtfällt wie etwa diejenige für die fehlende objektive Zurechnung im materiellen Strafrecht bei den bekannten „Erb-Onkel-Gewitterfällen“, steht dem nicht entgegen. 464

cc) Kasuistik. Die einzustehende Vagheit des hier postulierten Lösungsweges, aber auch aller anderen Abwägungs- und Schutzzwecklehren führt dazu, dass für die praktische Rechtsanwendung in diesem Bereich fast noch stärker als in anderen Fällen die **Orientierung an der Kasuistik** von bereits in der Rspr. entschiedenen Fällen (freilich durchaus auch unter Berücksichtigung daran geübter Kritik, denn auch die Vorstellungen zu den Beweisverwertungsverboten ändern sich[927]) zu beachten ist. Wichtige Konstellationen, in denen die Rspr. in diesem Sinne unselbständige Beweisverwertungsverbote anerkannt oder gerade abgelehnt hat, sind etwa:[928] 465

(1) Verletzung des Anwesenheitsrechts. Bei Verletzung des Anwesenheitsrechts des Beschuldigten oder seines Verteidigers nach §§ 168c Abs. 2, 168d Abs. 1 soll nach verbreiteter Auffassung in der Lit. ein Beweisverwertungsverbot entstehen,[929] während die Rspr. nur von einer Minderung des Beweiswertes, nicht aber einem Bewertungsverbot ausgeht.[930] 466

(2) Fehler bei der Beschuldigtenvernehmung. Ein klarer Fall eines Beweisverwertungsverbotes liegt bei einer Anwendung **verbotener Vernehmungsmethoden** nach § 136a Abs. 1 iVm Abs. 3 S. 2 vor (→ Rn. 452); hier fokussiert die Frage – wie so oft bei unflexiblen Rechtsfolgen – eher darauf, ob tatsächlich gegen die Vorschrift verstoßen worden ist (oder ob nicht zB statt einer Täuschung „nur“ kriminalistische List vorliegt[931]). Auch **Verstöße gegen die Belehrungspflicht** nach § 136 Abs. 1 S. 2 begründen – entgegen der 467

[924] Zur Sonderfrage Beweisermittlung durch Private → Rn. 481 ff.

[925] Vgl. *Kudlich*, FS Wolter, 2013, 995 ff.; ferner zu dieser Parallele Löwe/Rosenberg/*Gössel* Einl. I Rn. 179, freilich nur im Zusammenhang mit dem Beruhen.

[926] Vgl. zu den Argumentationslasten beim Urteil über die objektive Zurechnung im materiellen Strafrecht *Kudlich*, S. 331 f.; zur Übertragung auf die Beweisverwertungsverbote *Kudlich*, FS Wolter, 2013, 995 (1003 ff.).

[927] Augenscheinlich in der Entscheidung BGH 27.2.1992 – 5 StR 190/91, BGHSt 38, 214 = NJW 1992, 1463, in der erstmalig und abw. von der bisherigen Rspr. das zu diesem Zeitpunkt schon lange in der Lit. geforderte Beweisverwertungsverbot bei Verstoß gegen die Belehrungspflicht nach § 136 Abs. 1 S. 2 im Grunde nach anerkannt worden ist.

[928] Darstellung der Kasuistik etwa auch bei Löwe/Rosenberg/*Gössel* Einl. L Rn. 37 ff.; *Jäger*, Beweisverwertung und Beweisverwertungsverbote im Strafprozess, 2003, S. 4 ff., 14 ff., 143 ff.

[929] Vgl. etwa *Kühne* Rn. 910 (dort bei Fn. 159); *Schroth* JuS 1998, 969 (974); *Renzikowski* JZ 1999, 605 (609 ff.).

[930] Vgl. BGH 25.7.2000 – 1 StR 169/00, BGHSt 46, 93 (103 ff.) = NJW 2000, 3505 (3509 f.).

[931] Vgl. näher zu den Voraussetzungen an § 136a die dortige Kommentierung; zusammenfassend auch *Soiné* NStZ 2010, 593.

früheren Rspr.[932] – seit der Entscheidung BGHSt 38, 214 ein Beweisverwertungsverbot,[933] soweit nicht der Beschuldigte auch ohne Belehrung Kenntnis von seinen Rechten hatte (und soweit in der Hauptverhandlung rechtzeitig Widerspruch gegen die Verwertung eingelegt worden ist[934]). Gleiches gilt, wenn der Beschuldigte die Belehrung über die Aussagefreiheit wegen seines geistig-seelischen Zustands nicht verstanden hat.[935] Hinsichtlich der Möglichkeit der **Konsultation eines Verteidigers** begründet die fehlende Belehrung unter den gleichen Voraussetzungen ebenso ein Beweisverwertungsverbot[936] wie die Verwehrung der Beiziehung des Verteidigers.[937] Welche aktiven Bemühungen getätigt werden müssen, um die Verteidigerkonsultation zu ermöglichen, bleibt freilich Frage des Einzelfalles.[938] Die unterbliebene oder gar nur verspätete Belehrung eines ausländischen Beschuldigten über das **Recht auf konsularischen Beistand** sollte nach der Rspr. des BGH ursprünglich kein Beweisverwertungsverbot begründen;[939] nach der neueren Rechtsprechung des BVerfG soll ein solches Beweisverwertungsverbot aber jedenfalls nicht grundsätzlich ausgeschlossen sein,[940] weshalb zumindest der 4. Strafsenat in seiner aktuellen Rechtsprechung eine Abwägung im Einzelfall vornimmt.[941]

468 **(3) Verletzung von Zeugnis- bzw. Auskunftsverweigerungsrechten.** Die unterbliebene **Zeugenbelehrung eines Angehörigen** nach § 52 Abs. 3 kann (auch nach dem Tod des Zeugen) ein Beweisverwertungsverbot begründen;[942] auch hier gilt anderes, wenn der Berechtigte über sein Recht informiert war.[943] Dagegen soll ein Verstoß gegen die **Belehrungspflicht nach § 55 Abs. 2** nach Ansicht der Rspr. kein Beweisverwertungsverbot begründen,[944] da insoweit der Rechtskreis des Angeklagten nicht berührt sei. Dies ist zumindest zweifelhaft.[945] Mangels Belehrungspflichten stellt sich diese Frage bei den Zeugnisverweigerungsrechten der Berufsträger nach § 53 regelmäßig nicht; unrichtige Belehrungen bzw. der unrichtige Hinweis darauf, dass eine Entbindung nach § 53 Abs. 2 erfolgt ist, führen aber zu einem Beweisverwertungsverbot.[946] Auch die Verletzung des die Beweisverwertungsverbote flankierenden § 97 Abs. 1 können ein solches begründen;[947] nach der Rspr. soll dies aber nur gelten, wenn bereits die Beschlagnahme unzulässig war und dies auch geblieben ist, während bei einer an sich zulässigen Beschlagnahme spätere Umstände, die ihr entgegenstehen, ebenso wenig zu einem Beweisverwertungsverbot führen wie eine unzulässige Beschlagnahme, falls die Unzulässigkeitsgründe nachträglich weg-

[932] Vgl. BGH 31.5.1968 – 4 StR 19/68, BGHSt 22, 170 (173 ff.) = NJW 1968, 1838 f.

[933] Vgl. BGH 27.2.1992 – 5 StR 190/91, BGHSt 38, 214 (218) = NJW 1992, 1463 (1464); zu den Grenzen BGH 22.11.2001 – 1 StR 220/01, BGHSt 47, 172 = NJW 2002, 975.

[934] → Rn. 476 ff.

[935] Vgl. BGH 12.10.1993 – 1 StR 475/93, BGHSt 39, 349 (351 f.) = NJW 1994, 333 (334) mAnm *Fezer* JZ 1994, 686 f.

[936] Vgl. BGH 22.11.2001 – 1 StR 220/01, BGHSt 47, 172 (174) = NJW 2002, 975 (976).

[937] Vgl. BGH 29.10.1992 – 4 StR 126/92, BGHSt 38, 372 (373) = NJW 1993, 338 (339); BGH 12.1.1996 – 5 StR 756/94, BGHSt 42, 15 (21 f.) = NJW 1996, 1547 (1548 f.).

[938] Vgl. daher auch einschr. BGH 21.5.1996 – 1 StR 154/96, BGHSt 42, 170 ff. = NJW 1996, 2242 ff.; BGH 5.2.2002 – 5 StR 588/01, BGHSt 47, 233 (234 f.) = NStZ 2002, 380.

[939] Vgl. BGH 25.9.2007 – 5 StR 116/01, 5 StR 475/02, BGHSt 52, 48 = NJW 2008, 307 (309); BGH 20.12.2007 – 3 StR 318/07, BGHSt 52, 110 (111) = NJW 2008, 1090 (1092); mit Blick auf ein postuliertes, aber nicht erfülltes Widerspruchserfordernis offen gelassen in BGH 11.9.2007 – 1 StR 273/07, BGHSt 52, 38 (41) = NJW 2007, 3587.

[940] Vgl. BVerfG 8.7.2010 – 2 BvR 2485/07 ua, NJW 2011, 207 (209 f.). Frühere Stellungnahmen in BVerfG 19.9.2006 – 2 BvR 2115/01, 2132/01, 348/03, NJW 2007, 499 (503 f.).

[941] Vgl. BGH v. 7.6.2011 – 4 StR 643/10, StV 2011, 603. Vgl. zur Problematik auch *Kreß* GA 2007, 296 (304); *Walter* JR 2007, 99 (101 f.); *Burchard* JZ 2007, 891 (893 f.).

[942] Vgl. BGH 21.1.1958 – GSSt 4/57, BGHSt 11, 213 (216) = NJW 1958, 557 (558); *Kühne* Rn. 910.

[943] Vgl. BGH 27.2.1992 – 5 StR 190/91, BGHSt 38, 214 (225) = NJW 1992, 1463 (1465).

[944] Vgl. BGH 21.1.1958 – GSSt 4/57, BGHSt 11, 213 (218) = NJW 1958, 557 (558).

[945] → Rn. 457.

[946] Vgl. BGH 7.3.1996 – 4 StR 737/95, BGHSt 42, 73 (75 f.) = NJW 1996, 2435 (2436).

[947] Vgl. BGH 23.1.1963 – 2 StR 534/62, BGHSt 18, 227 ff. = NJW 1963, 870 f. zu § 97 Abs. 1 Nr. 1 iVm § 52.

fallen (und sich dieser Wegfall nicht erst aus den rechtswidrig beschlagnahmten Unterlagen ergibt[948]).[949]

(4) Beeinträchtigungen der Verteidigung. Beweisverwertungsverbote ergeben sich auch aus Verstößen gegen die **Garantie des freien Verkehrs mit dem Verteidiger** nach § 148 sowie hinsichtlich der Verwertung von Aussagen eines kommissarisch vernommenen Zeugen, an dessen Vernehmung der Verteidiger nicht teilnehmen durfte.[950] Ob die vermeidbare Verhinderung der direkten Befragung von Belastungszeugen ebenfalls ein Beweisverwertungsverbot nach sich zieht, ist umstr.;[951] für ein Beweisverwertungsverbot könnten die Formulierungen des EGMR in einer Entscheidung vom 20.12.2001 sprechen.[952] **469**

(5) Zwangsmaßnahmen. Soweit es um Beweisverwertungsverbote nach der Durchführung von prozessualen Ermittlungsmaßnahmen (Zwangsmaßnahmen) geht, stellt sich als allgemeines Problem die Frage, wie es sich auswirkt wenn der oftmals vorgesehene **Richtervorbehalt** dadurch unterlaufen wird, dass entweder ganz ohne richterliche Beteiligung oder unter schwer vertretbarer Annahme einer anderweitigen Notkompetenzen begründenden Gefahr im Verzug eine Anordnung erfolgt. Soweit die zuständige (richterliche oder ggf. auch staatsanwaltliche) Anordnungsperson gleichsam **vollständig umgangen** wird, ist in jedem Fall von einem Beweisverwertungsverbot auszugehen.[953] Dagegen sollen nach der Rspr. bloße Fehler in der Zuständigkeit in der Annahme der Zuständigkeit oder auch eine **„einfach-fehlerhafte" Annahme der Gefahr im Verzug** kein Beweisverwertungsverbot nach sich ziehen, während ein willkürlicher Rückgriff auf die Eilkompetenz[954] zu einem solchen führen kann.[955] Die – zT auch uneinheitliche – Kasuistik hierzu insbes. im Zusammenhang mit körperlichen Eingriffen nach § 81a im Straßenverkehr ist nicht zuletzt seit der Entscheidung des BVerfG vom 12.2.2007[956] Legion.[957] **470**

Im Übrigen gilt für **einzelne Ermittlungsmaßnahmen** exemplarisch:[958] **Körperliche Untersuchungen bzw. Blutprobenentnahmen,** die entgegen §§ 81a, 81b nicht von einem Arzt durchgeführt wurden, bleiben verwertbar,[959] da der diesbezügliche Schutzzweck der Schonung der körperlichen Integrität auch durch ein Beweisverwertungsverbot nicht erreicht werden kann. Etwas anderes gilt freilich, wenn bewusst über das (Nicht-)Vorliegen eines Arztes getäuscht worden ist. Aus dem gleichen Grund ist ein Beweisverwertungsverbot **471**

---

[948] Vgl. BGH 28.6.2001 – 1 StR 198/01, NStZ 2001, 604 (606).

[949] Vgl. zu diesen Konstellationen *Meyer-Goßner* § 97 Rn. 47 f.

[950] Vgl. BGH 17.10.1983 – GSSt 1/83, BGHSt 32, 115 (128) = NJW 1984, 247.

[951] Abl. BGH 18.11.1999 – 1 StR 221/99, BGHSt 45, 321 (331) = NJW 2000, 1123 (1125).

[952] Vgl. EGMR 20.12.2001 – 33900/96, StV 2002, 289 (290).

[953] Vgl. auch (jeweils zu § 100) BGH 17.3.1983 – 4 StR 640/82, BGHSt 31, 304 = NJW 1983, 1570; BGH 6.8.1987 – 4 StR 333/87, BGHSt 35, 32 = NJW 1988, 1223; ferner *Jäger* StV 2002, 243 (244); *ders.* GA 2008, 473 (497); vgl. auch (zu § 105 Abs. 1 S. 1) BGH 18.4.2007 – 5 StR 546/06, BGHSt 51, 285 = NJW 2007, 2269.

[954] Dem gleichgestellt: Die Berufung auf die Eilkompetenz, obwohl vorher eine Stunde nicht versucht wurde, einen Richter zu erreichen, vgl. bemerkenswert und zustimmungswürdig OLG München 21.2.2011 – 4 StRR18/11, BeckRS 2011, 27553. Zum Beweisverwertungsverbot bei bewusster Missachtung eines Richtervorbehaltes auch NStZ 207, 616. Zur Problematik auch *Satzger/Hanft* NStZ 2007, 185.

[955] Vgl. ferner auch (im Zusammenhang mit § 81a) OLG Dresden 11.5.2009 – 1 Ss 90/09, StV 2009, 458; OLG Hamm 12.3.2009 – 3 Ss 31/09, StV 2009, 459.

[956] Vgl. BVerfG 12.2.2007 – 2 BvR 273/06, NJW 2007, 1345.

[957] Vgl. nur OLG Dresden 11.5.2009 – 1 Ss 90/09, NJW 2009, 2149; OLG Bremen 14.7.2009 – SsBs 15/09, NStZ-RR 2009, 353; OLG Bamberg 19.3.2009 – 2 Ss 15/09, NJW 2009, 2146 sowie OLG Bamberg 20.11.2009 – 2 Ss OWi 1283/09, StV 2010, 621; OLG Nürnberg 7.12.2009 – 1 St Ss 232/09, StV 2010, 624; KG 1.7.2009 – 1 Ss 204/09 (71/09), NJW 2009, 3527; OLG Hamm 18.8.2009 – 3 Ss 293/08, NJW 2009, 3109; OLG Köln 26.9.2008 – 83 Ss 69/08, DAR 2008, 710; OLG Oldenburg 12.10.2009 – 2 SsBs 149/09, NJW 2009, 3591; OLG Zweibrücken 16.8.2010 – 1 SsBs 2/10, StRR 2010, 468; vgl. aber auch BVerfG 28.7.2008 – 2 BvR 784/08, NJW 2008, 3053 sowie BVerfG 11.6.2010 – 2 BvR 1046/08, NJW 2010, 2864. Knapp zusammengefasst bei *Beulke* Rn. 241; zur revisionsrechtlichen Einordnung einer entsprechenden Rüge *Trück* NStZ 2011, 202.

[958] Vgl. zum Beweisverwertungsverbot bei einzelnen Maßnahmen auch jeweils die einschlägigen Kommentierungen.

[959] Zutr. BGH 17.3.1971 – 3 StR 189/70, BGHSt 24, 125 (128) = NJW 1971, 1097.

auch abzulehnen, wenn entgegen § 81f Abs. 2 S. 3 nicht teilanonymisiert worden sind.[960] Fehler bei **Durchsuchungsmaßnahmen** (§§ 102 ff.) werden als solche selten Beweisverwertungsverbote hervorrufen, soweit die eigentliche Beschlagnahme ordnungsgemäß verläuft. Etwas anderes gilt, wenn die zur Fehlerhaftigkeit der Durchsuchung führenden Verfahrensverstöße schwerwiegend waren oder bewusst bzw. willkürlich begangen worden sind.[961] Rechtswidrig hergestellte **Tonbandaufnahmen,** die unter Verletzung des Persönlichkeitsrechts angefertigt wurden, sind unverwertbar.[962] Zu Beweisverwertungsverboten im Zusammenhang mit Fehlern bei der **Beschlagnahme,** insbes. beim Verstoß gegen Beschlagnahmeverbote bereits → Rn. 468.

472 Im Zusammenhang mit dem **Zugriff auf informationstechnische Systeme** ist zunächst zu prüfen, ob die konkrete Art des Zugriffs überhaupt eine gesetzliche Grundlage hat.[963] Fehlt es daran, müssen entspr. erlangte Beweismittel jedenfalls unverwertbar sein. Soweit eine unter § 100a subsumierbare Maßnahme **(Überwachung der Telekommunikation)** vorliegt, sollen einfache Zuständigkeitsfehler (→ Rn. 470) nicht zur Unverwertbarkeit führen. Unverwertbar sind dagegen Beweismittel, wenn von vornherein überhaupt kein Tatverdacht bzw. jedenfalls kein Verdacht einer Katalogtat bestanden hat.[964] Beweismittel, die aufgrund eines willkürlich fehlerhaft angeordneten großen Lauschangriffs gewonnen worden sind,[965] sind ebenso unverwertbar wie solche Erkenntnisse aus dem Einsatz eines verdeckten Ermittlers, der trotz des Fehlens der materiellen Eingriffsvoraussetzungen tätig geworden ist[966] oder der einen Beschuldigten, der sich bereits auf sein Aussageverweigerungsrecht berufen hat, beharrlich zu einer Aussage drängt.[967]

473 **c) Entstehen von selbständigen Beweisverwertungsverboten.** Selbständige Beweisverwertungsverbote sind dann unproblematisch anzunehmen, wenn sie **im Gesetzestext ausdrücklich angeordnet** sind. Prominente Beispiele sind hier etwa **§ 252,** der gerade keinen Fehler bei der früheren Vernehmung des Zeugen voraussetzt,[968] sowie **§ 477 Abs. 2 S. 2 für Zufallsfunde,** der ein generelles Beweisverwertungsverbot für personenbezogene Daten statuiert, soweit diese zur Ermittlung einer Straftat herangezogen werden sollen, bei deren Verdacht die konkrete Maßnahme nicht hätte angeordnet werden dürfen. Bedeutsam ist das insbes. bei Zwangsmaßnahmen, die einen bestimmten Straftatenkatalog voraussetzen (vgl. etwa §§ 100a, 100c). **Weitere** (zumindest partielle bzw. situationsgebundene) **selbständige Beweisverwertungsverbote** ergeben sich etwa aus §§ 81c Abs. 3 S. 5, 98b Abs. 3 S. 3, 100c Abs. 5 S. 3, Abs. 6 S. 2 und Abs. 7.

---

[960] Vgl. BGH 12.11.1998 – 3 StR 421/98, NStZ 1999, 209.

[961] Vgl. auch BVerfG 2.7.2009 – 2 BvR 2225/08, NJW 2009, 3225 (3226); weitere Nachweise bei *Meyer-Goßner* § 94 Rn. 21. Zur gröblichen Verkennung des Richtervorbehalts BGH 18.4.2007 – 5 StR 546/06, BGHSt 51, 285 (295) = NJW 2007, 2269 (2271 f.).

[962] Vgl. BGH 14.6.1960 – 1 StR 683/59, BGHSt 14, 358 = NJW 1960, 1580.

[963] Vgl. auch BGH 31.1.2007 – StB 18/06, NJW 2007, 930; sowie zum Problem auch *Jahn/Kudlich* JR 2007, 57 ff. zur Unzulässigkeit der Online-Durchsuchung.

[964] Vgl. BGH 17.3.1983 – 4 StR 640/82, BGHSt 31, 304 (308 f.) = NJW 1983, 1570 (1571); BGH 24.8.1983 – 3 StR 136/83, BGHSt 32, 68 (70) = NJW 1984, 2772. Dasselbe soll gelten, wenn die TKÜ auf den Verdacht der Geldwäsche gestützt wird, eine solche Verurteilung aber wegen § 261 Abs. 9 S. 2 StGB nicht zu erwarten ist und die Vortat keine Katalogtag nach § 100a ist, vgl. BGH 26.2.2003 – 5 StR 423/02, BGHSt 48, 240 = NStZ 2003, 444 mAnm *Kudlich* JR 2003, 453.

[965] Vgl. dazu BGH 9.4.1986 – 3 StR 551/85, BGHSt 34, 39 (43 ff.) = NJW 1986, 2261 (2262 ff.); BGH 15.1.1997 – StB 27/96, BGHSt 42, 372 (374 ff.) = NJW 1997, 1018 (1019).

[966] Vgl. BGH 23.3.1996 – 1 StR 685/95, BGHSt 42, 103 (107) = NJW 1996, 2518 (2519); *Kühne* Rn. 910.

[967] Vgl. BGH 26.7.2007 – 3 StR 104/07, BGHSt 52, 11 = NStZ 2007, 714.

[968] Eingehend zu § 252 etwa *Kraatz* Jura 2011, 170; zur Anwendung bei „Vernehmung" durch einen Rechtsanwalt vgl. BGH 10.2.2000 – 4 StR 616/99, BGHSt 46, 1 = NStZ 2001, 49; zur Anwendung auf vom Sachverständigen berichteten Zusatztatsachen BGH 3.11.2000 – 2 StR 354/00, BGHSt 46, 189, 355 = NJW 2001, 528; keine Anwendung findet die Vorschrift, wenn der zeugnisverweigerungsberechtigte Zeuge in der Hauptverhandlung selbst aussagt, um Aussagen aus einer früheren richterlichen Vernehmung zu entkräften, vgl. BGH 28.5.2003 – 2 StR 445/02, BGHSt 48, 294 (297 ff.) = NStZ 2003, 612. Zu den Grenzen der Anwendung, wenn ein Zeuge im Ermittlungsverfahren von seiner Schweigepflicht entbunden war, vgl. BGH 20.12.2011 – 1 StR 547/11, NStZ 2012, 281.

Deutlich problematischer sind die **im Gesetz nicht geregelten** selbständigen Beweisverwertungsverbote, die **unmittelbar aus der Verfassung,** insbes. aus Art. 1, 2 Abs. 1 GG, abgeleitet werden müssen und dem Schutz der Privatsphäre dienen. Entscheidende Frage ist hier, ob die Verwertung des (und sei es auch rechtmäßig erhobenen) Beweismittels selbst einen eigenständigen Verfassungsverstoß darstellt. Das BVerfG hat hierzu eine **„Sphärentheorie"** mit drei Stufen entwickelt:[969] Auf der ersten Stufe steht die Intimsphäre als absolut geschützter Kernbereich des Grundrechts, in welchen auf keinen Fall eingegriffen werden darf (absolutes Verwertungsverbot); auf der zweiten Stufe ist die schlichte Privatsphäre angeordnet, aus der persönlichkeitsnahe Beweismittel verwertet werden dürfen, soweit das Strafverfolgungsinteresse das Individualinteresse überwiegt und der Verhältnismäßigkeitsgrundsatz gewahrt ist;[970] auf der dritten Stufe stehen die allgemeinen sozialen Kontakte, die keines besonderen Schutzes bedürfen. 474

Diese „Sphärentheorie" ist nicht nur dem Einwand ausgesetzt, mehr oder weniger schwer vorhersehbare bis hin zu willkürlichen Ergebnissen zu produzieren,[971] sondern ist insbes. vom **BVerfG** selbst in gewisser Weise ausgehöhlt worden, indem es davon ausgegangen ist, schon mit einer schriftlichen Niederlegung von Gedanken in einem Tagebuch habe der Verfasser diese Gedanken der Gefahr der Kenntnisnahme preisgegeben und damit aus dem absolut geschützten Kernbereich entlassen.[972] Während der **BGH** zumindest in extrem gelagerten Fällen (Aufzeichnung eines Selbstgesprächs[973]) den Kernbereich des Persönlichkeitsrechts als betroffen ansieht, hat das BVerfG mithin einen absolut geschützten Kernbereich im Ergebnis mehr oder weniger aufgegeben,[974] indem der Kernbereich im Grunde genommen „auf Gedanken und Gefühle beschränkt (wird), auf die schon faktisch niemand zugreifen kann".[975] 475

d) Sonderfragen. aa) Widerspruchslösung. (1) Allgemeines und Begründung. Prominent als Grundlage ihrer heutigen Ausprägung in BGHSt 38, 214 (225 f.) statuiert,[976] besagt die sog Widerspruchslösung, dass ein **Beweisverwertungsverbot** im Anwendungsbereich dieser „Lösung"[977] tatsächlich **nur eingreift,** wenn der verteidigte Angeklagte[978] der Verwertung der Aussage (bzw. des sonstigen Beweismittels) **bis zu dem in § 257 StPO genannten Zeitpunkt in der Hauptverhandlung widersprochen** hat.[979] Die Rspr. hat auf verschiedene Weise versucht, das im Gesetz nicht vorgesehene Widerspruchserfordernis zu begründen, wobei der Ansatz des BGH, hierin nichts anderes als eine „Einschränkung des Verwertungsverbotes" zu sehen, welche „die Rechte des Angeklagten nicht in unangemessener Weise" beschneide, wenn ihm das Recht, sich auf ein Verwertungsverbot zu berufen, genommen werde,[980] trotz oder gerade wegen seiner Schlichtheit noch am überzeugendsten ist. Denn zumindest ist dem zuzugestehen, dass die bloße **ungeschriebene Einschränkung eines genauso ungeschriebenen Beweisverwertungsverbotes** letzt- 476

[969] Vgl. BVerfG 31.1.1973 – 2 BvR 454/71, BVerfGE 34, 238 (245 ff.) = NJW 1973, 891 (892 f.).
[970] Vgl. BGH 14.9.1989 – 2 BvR 1062/87, NStZ 1990, 89 (90).
[971] Vgl. Löwe-Rosenberg/*Gössel* Einl. L Rn. 89.
[972] Vgl. BVerfG 14.9.1989 – 2 BvR 1062/87, BVerfGE 80, 367 (376) = NJW 1990, 563 (564).
[973] Vgl. BGH 10.8.2005 – 1 StR 140/05, NJW 2005, 3295 (3297) mAnm *Jahn* JuS 2006, 91; BGH 22.12.2011 – 2 StR 509/10, NJW 2012, 945. Vgl. auch zum Brief eines Drogensüchtigen an seinen Arzt (allerdings nur für Fälle „nicht schwerer Kriminalität") BayObLG 15.4.1992 – 4 St RR 10/92, NJW 1992, 2370.
[974] So auch die Einschätzung von Löwe-Rosenberg/*Gössel* Einl. L Rn. 94.
[975] Vgl. auch *Ellbogen* NStZ 2001, 460 (463).
[976] BGH 27.2.1992 – 5 StR 190/91, NJW 1992, 1463 (1466).
[977] Dieser ist „in Bewegung" und nicht auf Verstöße gegen § 136 Abs. 1 beschränkt, weshalb „im Zweifel" ein Widerspruch ratsam ist. Vgl. etwa zum Widerspruchserfordernis bei einem Verstoß gegen das WÜK BGH 11.9.2007 – 1 StR 274/07, BGHSt 52, 38 = NStZ 2008, 168.
[978] Dem verteidigten Angeklagten wird ein solcher gleichgestellt, der vom Gericht über die Möglichkeit des Widerspruchs belehrt worden ist.
[979] Vgl. neben den folgenden Nachweisen hier nur *Meyer-Goßner* § 136 Rn. 25.
[980] Vgl. BGH 27.2.1992 – 5 StR 190/91, BGHSt 38, 214 (226) = NJW 1992, 1463 (1466).

lich kein Problem des strafprozessualen Gesetzesvorbehalts darstellt.[981] In der Lit. hat diese Figur verbreitet Kritik,[982] durchaus aber auch von namhaften (und verteidigungsnahen) Stimmen Zustimmung erfahren.[983]

477 **(2) Anforderungen nach der Rechtsprechung.** Der Widerspruch muss nach Auffassung der Rspr. in der Hauptverhandlung **in erster Instanz** spätestens bis zum in § 257 StPO genannten Zeitpunkt erhoben werden. Nicht ausreichend ist damit aber nicht nur ein **verspäteter,** sondern auch ein **verfrühter** (dh etwa im Ermittlungsverfahren getätigter und dann nicht wiederholter) Widerspruch.[984] Sinnvoll ist das nicht, und jedenfalls wird man aus der allgemeinen Garantie eines fairen Verfahrens, die unstreitig auch für den verteidigten Angeklagten gilt, eine Pflicht des Gerichts ableiten müssen, bei einem entsprechenden Widerspruch im Ermittlungsverfahren auf die Widerspruchsmöglichkeit und -notwendigkeit in der Hauptverhandlung hinzuweisen. Innerhalb der Hauptverhandlung meint die Bezugnahme auf § 257 den Passus **„nach jeder einzelnen Beweiserhebung".** Damit wird klargestellt, dass der Widerspruch nicht bis zum Ende der Beweiserhebung aufgeschoben werden kann (was ebenfalls weder zwingend noch förderlich für die Verfahrensökonomie ist). Zu erheben ist der Widerspruch dabei grundsätzlich bereits in der ersten Instanz, so dass nach der Rspr. **weder im Berufungsverfahren**[985] (obwohl an sich „zweite Tatsacheninstanz") **noch nach der Zurückweisung** der Sache durch das Revisionsgericht an ein neues Tatgericht ein Widerspruch wirksam erhoben werden kann.[986]

478 Eine wenig überzeugende Steigerung haben diese Anforderungen in einer Entscheidung des OLG Frankfurt a. M. erfahren,[987] das in einem Fall, in dem tatgerichtlich ein Beweisverwertungsverbot wegen Verstoßes gegen den Richtervorbehalt nach § 81a Abs. 2 in zwei Instanzen angenommen worden war, auf die Revision der Staatsanwaltschaft hin das Berufungsurteil aufhob und als *obiter dictum* erklärte, dass **auch bei einem Freispruch in der Tatsacheninstanz** jedenfalls ein Widerspruch hätte erhoben werden müssen. Das Gericht habe nämlich „das Vorliegen eines Verwertungsverbotes nicht von Amts wegen zu überprüfen", sondern die Erhebung des Widerspruchs unterliege „allein der Dispositionsfreiheit des Beschuldigten", so dass die Unterlassung „des Widerspruchs in der erstinstanzlichen Hauptverhandlung (…) die **prozessuale Rechtslage dauerhaft umgestaltet**" und der Angeklagte „mit seinem Rügerecht endgültig präkludiert" ist.[988] Damit geht es nicht mehr nur um das in BGHSt 38, 214, 226 genannte Recht, „sich auf ein Verwertungsverbot zu berufen" bzw. auf die (von den Voraussetzungen des Verwertungsverbots abzugrenzende) „Durchsetzbarkeit", sondern darum, dass gewissermaßen gleich einem Gestaltungsrecht das Prozessverhältnis dauerhaft umgestaltet worden sein soll.[989]

479 **(3) Kritik.** Insgesamt steht das gesamte Konstrukt – ähnlich wie die vergleichbaren Argumente, mit denen aus dem Beanstandungsrecht nach § 238 Abs. 2 StPO eine Beanstan-

---

981 Vgl. *Basdorf* StV 1997, 488, 491; zust. *Kudlich,* Gutachten C zum 68. DJT, 2010, S. 94.

982 Vgl. bereits *Maul/Eschelbach* StraFo 1996, 66; *Heinrich* ZStW 112 (2000), 398, 406 ff., 412 ff.; aus neuerer Zeit etwa *Tepperwien,* FS Widmaier, 2008, 583 (591); *Kudlich* HRRS 2011, 114.

983 Vgl. etwa *Matt* GA 2006, 323 (325 f.); *Widmaier* NStZ 1992, 519 (521) (mit einem Schwerpunkt freilich auf der Möglichkeit, entlastende Gesichtspunkte verwertbar zu belassen; zur darüber hinausgehenden Zuweisung von Verantwortung zum Verteidiger krit. *Tepperwien,* FS Widmaier, 2008, 583 (591 f.); *Wohlers* NStZ 1995, 45 (46) (möglicherweise eher referierend als affirmativ).

984 Vgl. etwa BGH 17.6.1997 – 4 StR 243/97, NStZ 1997, 502 (503). Krit. *Schlothauer,* FS Lüderssen, 2002, 761 (769 f.); *ders.* StV 2006, 397; aber auch *Mosbacher,* FS Widmaier, 2008, 339 (343 f.).

985 Vgl. OLG Stuttgart 4.3.1997 – 4 Ss 1/97, NStZ 1997, 405; zust. *Meyer-Goßner* § 136 Rn. 25; krit. Löwe/Rosenberg/*Gössel* Einl. L Rn. 32.

986 Vgl. BGH 9.11.2005 – 1 StR 447/05, BGHSt 50, 272 = NJW 2006, 707; BayObLG 19.7.1996 – 1 St RR 71/96, NJW 1997, 404; krit. *Fezer* JZ 2006, 474 ff.; *Schlothauer* StV 2006, 397.

987 OLG Frankfurt a. M. 8.11.2010 – 3 Ss 285/10, NStZ-RR 2011, 46.

988 Vgl. OLG Frankfurt a. M. 8.11.2010 – 3 Ss 285/10, NStZ-RR 2011, 46 (48).

989 Vgl. zur Kritik an der Entscheidung ausführlich *Kudlich* HRRS 2011, 114.

dungspflicht gemacht werden soll[990] – **dogmatisch auf tönernen Füßen.** Zu Recht kritisieren etwa *Bernsmann* und *Fezer* gleichgerichtet, dass die Idee einer Rügepräklusion in der StPO stets eine Ausnahme darstelle und dass es an einer allgemeinen Präklusionsvorschrift fehle, so dass die Widerspruchslösung eine „völlig freischwebende (...) richterrechtliche (...) Rechtsfortbildung" darstelle, die zudem „den Eindruck eines bloßen ergebnisorientierten Machtspruches" erwecke.[991]

Auch ist das Erfordernis des Widerspruchs als **Sachkriterium** für das Erwachsen eines **480** Beweisverwertungsverbotes als solches **zweifelhaft.** Denn die Abwägungsleitlinien sowie die Verantwortungsbereiche werden dadurch unangemessen zu Lasten der Verteidigung und damit letztlich auch des Beschuldigten verschoben: Im Konflikt zwischen dem staatlichen Interesse an der Strafverfolgung auf der einen und dem Interesse des Bürgers auf Wahrung seiner Rechte auf der anderen Seite beeinflussen beide „Versäumnisse" weder das Gewicht des Verfahrensverstoßes noch die Schwere des verfolgten Delikts als die beiden wichtigen Abwägungsparameter, so dass die Interessenerwägung für ein Beweisverwertungsverbot und damit für die Revisibilität mit oder ohne Zwischenrechtsbehelf bzw. Widerspruch an sich gleich ausfallen müsste. Insoweit ist auch die Widerspruchslösung letztlich als Ausfluss einer allgemeinen (und rechtspolitisch wie prozessrechtsdogmatisch durchaus zweifelhaften) Linie zu verstehen, unter dem Schlagwort der „erhöhten Professionalisierung der Strafverteidigung" die **Verantwortung für Verfahrensfehler** von den Verfolgungsbehörden auf den Beschuldigten und seinen Verteidiger **zu verschieben** und damit die Revision zu erschweren.[992] Dies alles gibt Anlass zu mancherlei Zweifeln und Einwänden, scheint bis auf Weiteres zumindest im Grundsatz für die praktische Betrachtung aber ein hinzunehmender und für Folgeüberlegungen zugrunde zu legender Zustand zu sein.

bb) Beweiserlangung durch Private. Die strafprozessualen **Regeln über die** **481** **Beweiserhebung,** welche letztlich auch die Quelle etwaiger Beweisverwertungsverbote sind, richten sich grundsätzlich nur an die Strafverfolgungsbehörden als **Träger hoheitlicher Gewalt.** Soweit also keine selbständigen Beweisverwertungsverbote unabhängig von der Art der Erhebung vorliegen, unterliegen daher von Privaten beigebrachte Informationen grundsätzlich keinen Beweisverwertungsverboten[993] und müssen deshalb sogar im Rahmen der Aufklärungspflicht des § 244 Abs. 2 verwertet werden.

Ebenso herrschende Meinung wie dieser Ausgangspunkt sind jedoch auch **zwei Ausnah-** **482** **men,** die hiervon zu machen sind:[994] Eine Unverwertbarkeit wird zum einen angenommen bei **krassen Menschenwürdeverstößen** durch den Privaten (wofür grundsätzlich nicht

[990] Vgl. aus neuerer Zeit *Mosbacher* JR 2007, 387 f., sowie *ders.* NStZ 2011, 606; krit. dazu *Bauer* NStZ 2012, 191. Ferner *Widmaier* NStZ 2011, 305, sowie zusammenfassend *Bischoff* NStZ 2010, 77. Zu den Gemeinsamkeiten von Widerspruchslösung und Erfordernis eines Zwischenrechtsbehelfs auch *Kudlich,* Gutachten C zum 68. Deutschen Juristentag, 2010, S. 92 ff. Aus der neueren Rechtsprechung BGH 16.11.2006 – 3 StR 139/06, BGHSt 51, 144 = NStZ 2007, 230, BGH 9.3.2010 – 4 StR 606/09, BGHSt 55, 65 (Pflicht, auf Anerkenntnis eines Verlöbnisses durch das Gericht hinzuwirken), sowie BGH 10.1.2012 – 5 StR 508/11, NStZ 2012, 344 (Pflicht, auf einen Fairnessverstoß wegen verspäteten rechtlichen Hinweises hinzuweisen).

[991] Vgl. *Bernsmann* StraFo 1998, 73 (76); *Fezer* StV 1997, 57 (58); krit. auch SSW/*Beulke* Einl. Rn. 264.

[992] Zu dieser Tendenz vgl. *Kudlich,* Gutachten C zum 68. DJT, 2010, S. 86 ff., sowie *Gaede* wistra 2010, 210. Als weitere Beispiele hierfür können etwa die geänderte Rspr. zur Rügeverkümmerung (→ Rn. 270 ff.) oder die Relativierung absoluter Revisionsgründe genannt werden. Allgemein zu geänderten Sichtweisen im Revisionsrecht als Ausdruck „geistigen und gesellschaftlichen Wandels" *Frisch,* FS Fezer, 2008, 353 (insbes. 368 ff.).

[993] Vgl. BGH 22.2.1978 – 2 StR 334/77, BGHSt 27, 355 (357) = NJW 1978, 1390; BGH 9.4.1986 – 3 StR 551/85, BGHSt 34, 39 (52) = NJW 1986, 2261 (2264); BGH 12.4.1989 – 3 StR 453/88, BGHSt 36, 167 (173) = NJW 1989, 2760 (2761 f.); vgl. auch EGMR 12.7.1988 – 8/1987/131/182, NJW 1989, 654 ff., Löwe/Rosenberg/*Gleß* § 136a Rn. 10; zu abweichenden Standpunkten vgl. zusammenfassend *Jäger,* Beweisverwertung und Beweisverwertungsverbote im Strafprozess, 2003, S. 124 ff. (iErg dann aber der hM zust., S. 222 ff.).

[994] Über die genannten Fallgruppen hinaus diskutiert *Kölbel* NStZ 2008, 241 (242 ff.) noch die „doppelte Rechtswidrigkeit", die zu einem Beweisverwertungsverbot führen soll, wenn nicht nur die „Erhebung" eines Beweises durch die Privaten, sondern auch die Verwertung durch den Staat rechtswidrig ist; krit. dazu *Schünemann* NStZ 2008, 305 (307 f.); abw. auch *Sieber* NJW 2008, 881 (882 f.).

alle in § 136a genannten verbotenen Vernehmungsmethoden ohne weiteres ausreichen),[995] zum anderen aber auch dann, wenn das entsprechende Verhalten den Strafverfolgungsbehörden **zugerechnet** werden kann. Für eine solche Zurechnung freilich genügt nicht das bloße Ausnutzen der Informationen und noch nicht einmal jedes „Kausal-Werden" dafür, dass diese Informationen erhoben werden; umgekehrt ist die Beauftragung des Privaten mit der einschlägigen Informationserhebung ein klarer Fall der Zurechnung.[996]

483 Die letztgenannte Fallgruppe ist auch denkbarer Anknüpfungspunkt für die in der jüngeren Vergangenheit intensiv geführte Diskussion über die Verwertung der **Liechtensteiner und Schweizer „Daten-CD"**, welche von den Strafverfolgungsbehörden von Informanten abgekauft wurden, die sich diese Daten wohl illegal von den Kreditinstituten verschafft hatten.[997] Wenn man sich den Grund für die Ausnahme von der Unbeachtlichkeit in Gestalt der Zurechnungsfälle vergegenwärtigt, so liegt diesen die Wertung zu Grunde, dass der Staat zwar auf Beweismittel aus zweifelhafter Herkunft zurückgreifen kann (und nach § 244 Abs. 2 sogar muss), wenn er mit den näheren Umständen dieser Herkunft selbst nichts zu tun hatte; umgekehrt soll von ihm aber nicht die **Initiative** ausgehen, dass Private in illegaler Weise Beweismittel sammeln und zur Verwertung zur Verfügung stellen. Legt man dies zugrunde, so kann man sich nur auf den ersten Blick damit beruhigen, dass die Entwendung der Daten im Moment der Kontaktanbahnung mit den deutschen Behörden jeweils bereits abgeschlossen gewesen ist. Denn selbst dort, wo die Überlassung der Informationen an die Behörden strafrechtlich nicht ohnehin noch einmal selbständig Relevanz erlangt, wird jedenfalls das og „Und-zur-Verwertung-zur-Verfügung-Stellen" gerade erst **durch die Bezahlung initiiert.** Es könnte auch kaum überzeugen, Fälle wie die bislang bekannten grundsätzlich anders zu behandeln als den hypothetischen Fall, in welchem der Private erst anbietet, sich gegen Bezahlung illegal Informationen zu verschaffen. Auch ist bei einem Ankauf illegal erlangter Informationen die **Anreizwirkung** für spätere Täter so groß, dass es schon deswegen angemessen erscheint, eine entsprechende Zurechnung vorzunehmen.[998]

484 In der dann auf der Grundlage der Abwägungslehre der Rspr. vorzunehmenden Abwägung der betroffenen Interessen sprechen hier die große Zahl von Straftaten und die hohen vermuteten Hinterziehungsbeträge für eine Verwertung. Gegen eine Verwertung sprechen neben der **fatalen Signalwirkung**[999] für zukünftige Datendiebe und einem drohenden Vertrauensverlust in die Integrität der Strafverfolgung insbesondere der Aspekt, dass mit dem Ankauf evident illegal erlangter Informationen **in finaler Weise ein Straftäter unterstützt** und finanziell entlohnt wird, um an Beweismittel zu gelangen, mit dem der Staat vorher in keinerlei Verfolgungsverhältnis gestanden hat. Die hier vertretene Position findet freilich keinen Rückhalt in der bisherigen Rspr., in welcher insbes. das **BVerfG** (in einer Kammerentscheidung[1000]) auf eine gegen eine Durchsuchungsanordnung gerichtete Verfassungsbeschwerde hin entschieden hat, dass es jedenfalls von Verfassungs wegen nicht zu beanstanden sei, wenn insoweit strafprozessual **kein Beweisverwertungsverbot** angenommen wurde, das dem für die Durchsuchung erforderlichen Verdacht (gleichsam als „Vorwir-

---

[995] Vgl. Löwe/Rosenberg/*Gleß*, § 136a Rn. 12; *Meyer-Goßner* § 136a Rn. 3 mwN; KK/*Diemer*, § 136a Rn. 3.

[996] Vgl. BGH 21.7.1998 – 5 StR 302/97, BGHSt 44, 129 = NJW 1998, 3506 („U-Haft"-Fall); ferner *Jahn*, FS Stöckel, 2010, 259 (279).

[997] Zu weiteren Problemen in diesen Fällen mit Blick auf eine Verletzung des Trennungsgebots (im Fall Liechtenstein mit Blick auf die Abgrenzung zwischen den Kompetenzen des BND und den Strafverfolgungsbehörden) und auf internationale Kompetenzverstöße vgl. *Schünemann* NStZ 2008, 305 (309), sowie *Heine* HRRS 2009, 540 (545 mwN, dort Fn. 67); vgl. zum Problemfeld auch *Kaiser* NStZ 2011, 383; *Kölbel* NStZ 2008, 241; *Trüg/Habetha* NStZ 2008, 481.

[998] Krit. *Wohlers* JZ 2011, 252 (253).

[999] *Ignor* und *Jahn* stellen angesichts der raschen Häufung entsprechender Fälle die süffisante Frage, ob der Ankauf derartiger Daten „fast schon als eine neue Ermittlungsroutine staatlicher Dienststellen außerhalb ihres Kompetenzkreises" angesehen werden könne, vgl. JuS 2010, 390 (394).

[1000] Vgl. BVerfG 9.11.2010 – 2 BvR 2101/09, NJW 2011, 2417 mAnm *Wohlers* JZ 2011, 252; vgl. auch bereits LG Bochum 7.8.2009 – 2 Qs 2/09, NStZ 2010, 351, sowie unmittelbar nach der Verfassungsgerichtsentscheidung LG Düsseldorf NStZ-R 2011, 84.

kung") entgegenstehen würde. Diese Linie wird auch in der finanzgerichtlichen Rspr. für das Besteuerungsverfahren bestätigt.[1001] Das macht wenig Hoffnung, schließt aber ein abweichendes Ergebnis hinsichtlich der „harten" unmittelbaren Verwertbarkeitsfrage zum Schuldnachweis in einem Strafverfahren noch nicht aus.[1002]

cc) Fern- und Vorwirkung. Unmittelbare Konsequenz eines Beweisverwertungsverbotes ist die Unzulässigkeit, das konkrete bereits erhobene Beweismittel in der Entscheidungssituation (insbes. in der **Hauptverhandlung**) zu verwerten (→ Rn. 449). Von diesem Ausgangspunkt aus stellt sich die Frage nach einer **Ausstrahlungswirkung** eines solchen Verbotes in verschiedene Richtungen, welche als Problem der Vorwirkung und der Fernwirkung beschrieben werden kann: **485**

(1) Vorwirkung. Die Frage einer Vorwirkung stellt sich zum einen hinsichtlich der der Hauptverhandlung **vorangehenden Verfahrensstadien,** falls man die eigentliche Wirkung des Beweisverwertungsverbotes auf die Hauptverhandlung als eigentlicher Ort der richterlichen Beweiswürdigung beschränken möchte. Selbst wenn man dies so sieht, ist nämlich bei vorangehenden Entscheidungen – insbes. auch bei der Entscheidung über die Anklageerhebung (§ 170) und die Zulassung zur Hauptverhandlung (§§ 203, 204) – in Rechnung zu stellen, wenn ein zentrales Beweismittel voraussichtlich einem Verwertungsverbot unterliegen wird. Soweit eine Verurteilung nur darauf gestützt werden kann, wird man hier nämlich nicht von der für die Entscheidung erforderlichen überwiegenden Wahrscheinlichkeit der Verurteilung gegenüber dem Freispruch (→ Rn. 226, 241) ausgehen können. Richtigerweise ist dies auch dann der Fall, wenn etwa auf dem Boden der (in der Rspr. herrschenden, → Rn. 476 f.) **Widerspruchslösung** die tatsächliche Entstehung eines Beweisverwertungsverbotes erst noch von einem entsprechenden Verhalten in der Hauptverhandlung abhängen würde. Vergleichbares gilt bei der Entscheidung über Beweisanträge, wenn das beantragte Beweismittel (ggf. auch erst nach einem Widerspruch) einem Beweisverwertungsverbot unterliegen würde, so dass der Beweisantrag nach § 244 Abs. 3 S. 1 abgelehnt werden kann. **486**

In eine andere Richtung weist die „Vorwirkung" von Beweisverwertungsverboten, wenn es um die Frage nach der **Beweiserhebung** geht: Steht fest, dass für das Beweismittel ein Beweisverwertungsverbot besteht, so ist im Grundsatz zumindest aus Verhältnismäßigkeitsgesichtspunkten auf jede Beweiserhebung zu verzichten, die (wie in den meisten Fällen) ihrerseits bereits einen Grundrechtseingriff darstellt.[1003] In der konkreten Rechtsanwendung dürfte diese Überlegung allerdings **weitgehend folgenlos** sein: Denn entweder knüpfen die Beweisverwertungsverbote als unselbständige ohnehin an Fehlern bei der Beweiserhebung an, so dass sich das Verbot der ganz konkreten Durchführung nicht aus dem Beweisverwertungsverbot, sondern aus den Erhebungsvorschriften ergibt. Oder aber das Beweisverwertungsverbot gründet als selbständiges darin, dass die Verwertung einen eigenständigen Grundrechtseingriff (etwa in den Tagebuchfällen, → Rn. 475) darstellen würde. Dies dürfte aber vor der Erhebung des Beweismittels kaum jemals mit der erforderlichen Sicherheit feststellbar sein, da die Verwertungsverbote hier stets von einer Abwägung im Einzelfall abhängig sind, die ohne Kenntnis des Beweismittels praktisch nicht getroffen werden kann. **487**

(2) Fernwirkung. Von dieser Vorwirkung zu unterscheiden ist die sog **Fernwirkung.** Sie hat Situationen im Blick, in denen (insbes. im Ermittlungsverfahren) auf der Grundlage von später als unverwertbar eingestuften Ermittlungsergebnissen **weitere Beweismittel** gefunden worden sind, welche auch allein den Nachweis der Tatbegehung tragen. Beispielhaft mag man hier an eine unter Verstoß gegen §§ 136 oder gar 136a zustande gekommene Aussage denken, die den Weg dann zu der Leiche mit entsprechenden Gewebe- und Faserspuren des Täters gewiesen hat. Die in diesem Kontext oft als Vergleichsmaßstab **488**

[1001] Vgl. FG Köln 15.12.2010 – 14 V 2484/10, ZWH 2011, 33 mAnm *Kudlich.*
[1002] Vgl. *Kudlich* ZWH 2011, 35: „Die Hoffnung (...) stirbt zuletzt".
[1003] Vgl. auch Löwe/Rosenberg/*Gössel* Einl. L Rn. 125.

bemühte, aus der amerikanischen Strafprozessrechtsdiskussion stammende „Fruits of the Poisonous Tree-Doctrine" erstreckt (freilich auch dort schon mit weiten Einschränkungen) das Beweisverwertungsverbot grds. über „mehrere Stufen der Mittelbarkeit hin"[1004] auch auf weitere Beweismittel.

489 Obwohl eine solche Fernwirkung immer dann, wenn die neuen Beweismittel nicht völlig selbständig sind (dh in keinem „Kausalnexus zu der rechtswidrigen Ermittlungshandlung stehen"[1005]) erforderlich erscheinen würde, um nicht gerade zu einer „Umgehung" der Beweisverwertungsverbote aufzufordern, geht die **Rspr.** hierzulande von dem Erfordernis eines **Abwägungsprozesses im Einzelfall** aus. Dieser wird von wenigen Ausnahmen abgesehen zugunsten der Verwertbarkeit (und damit gegen eine Fernwirkung) entschieden: Der BGH hat eine Fernwirkung soweit ersichtlich bisher nur in einem einzigen Fall anerkannt, in dem es um das Verwertungsverbot des § 7 Abs. 3 des G-10-Gesetzes ging,[1006] während hingegen bei einer unzulässigen Telefonüberwachung in der Folgezeit eine Fernwirkung abgelehnt wurde.[1007] Die **Lit.** zeichnet ein uneinheitliches Bild, in dem teilw. von einem Grundsatz der Fernwirkung ausgegangen wird,[1008] teils nach der Intensität der das Beweisverwertungsverbot begründenden Rechtsverletzung differenziert[1009] und teils bei grundsätzlicher Akzeptanz eines Fernwirkungsgebotes eine Verwertbarkeit dann angenommen wird, wenn hypothetisch auch ohne die rechtswidrige Beweiserhebung nach dem zu diesem Zeitpunkt bestehenden Ermittlungsstand das Beweismittel mit großer Sicherheit gefunden worden wäre.[1010]

490 In der neueren Zeit wird betont, dass das Beweisverwertungsverbot nach **§ 257c Abs. 4 S. 3** bei Lösung des Gerichts von einer Verständigung keine Fernwirkung zeitigt.[1011] Das ist im Grundsatz zwar fragwürdig, da diesem Beweisverwertungsverbot mit Blick darauf eine besonders starke Wirkung zugebilligt werden sollte, dass die vom Gesetzgeber vorgesehenen Lösungsmöglichkeiten (ohne jede Beschränkung auf die fehlende Erkennbarkeit der übersehenen Gesichtspunkte beim Gericht) unbegreiflich weit gehen.[1012] Wirklich praktisch dürfte diese Konsequenz jedoch selten werden, da in den Fällen des § 257c das Geständnis, für welches das originäre Beweisverwertungsverbot gilt, erst in der Hauptverhandlung abgegeben worden ist, so dass für den Regelfall nicht zu erwarten ist, dass im Anschluss daran und darauf beruhend noch nennenswert neue Beweismittel gefunden werden, die im Ermittlungsverfahren bisher unbeachtet geblieben sind.

491 **dd) Disponibilität von Beweisverwertungsverboten.** Da Beweiserhebungen – und seien sie auch noch so rechtswidrig durchgeführt – aus Sicht des Angeklagten **sowohl** negative (dh **belastende**) als auch positive (dh **entlastende**) Umstände zutage bringen können, stellt sich die Frage, ob Beweisverwertungsverbote in dem Sinne „disponibel" sind, dass der Angeklagte auf sie verzichten und eine Beweiserhebung zulassen bzw. sogar fordern kann. Insoweit sind verschiedene Konstellationen zu unterscheiden: Ein **absolutes Beweisverwertungsverbot** – dezidiert auch bei Zustimmung des Beschuldigten – statuiert § 136a Abs. 3 S. 2; dies hat seine Berechtigung darin, dass Aussagen, die unter den dort genannten Umständen hervorgebracht worden sind, auch in ihrem Beweiswert zweifelhaft erscheinen (bereits → Rn. 452). Insofern steht das Beweisverwertungsverbot auch nicht zur Disposition des Angeklagten. In vielen anderen Fällen ergibt sich de facto eine Disponibilität schon daraus, dass zumindest der verteidigte Angeklagte nach hM einer Beweisver-

---

[1004] Vgl. *Kühne* Rn. 912.
[1005] Vgl. *Kühne* Rn. 912.
[1006] Vgl. BGH 18.4.1980 – 2 StR 731/79, BGHSt 29, 244 = NJW 1980, 1700.
[1007] Vgl. BGH 24.8.1983 – 3 StR 136/83, BGHSt 32, 68 (70 f.) = NJW 1984, 2772 (2773); BGH 6.8.1987 – 4 StR 333/87, BGHSt 35, 32 (34) = NJW 1988, 1223 (1224).
[1008] So etwa *Dencker,* Verwertungsverbote im Strafprozeß, 1977, S. 80.
[1009] Vgl. *Grünwald* JZ 1966, 489.
[1010] Vgl. *Rogall* NStZ 1988, 385 (392); *Wolter* NStZ 1984, 276 (277). Krit., da diese „hypothetische Kausalität ernsthaft kaum" ermittelt werden könne, *Kühne* Rn. 912.2.
[1011] Vgl. nur *Meyer-Goßner* § 257c Rn. 28; N/S/W/*Niemöller* § 257c Rn. 150; nur für enge Ausnahmen anders *Jahn/Müller* NJW 2009, 2625 (2629).
[1012] Zur Kritik vgl. auch *Kudlich,* Gutachten C zum 68. DJT, 2010, S. 53.

wertung **widersprechen** muss, um ein Beweisverwertungsverbot herbeizuführen (→ Rn. 476 ff.); ohne einen solchen Widerspruch tritt das Verwertungsverbot nicht ein, und das Beweismittel ist schon mit Blick auf § 244 Abs. 2 heranzuziehen.

Auch wenn man die Widerspruchslösung für grds. falsch hält (bzw. soweit sie von der Rspr. noch nicht auf bestimmte Beweisverwertungsverbote ausgedehnt worden ist), spricht aber mehr dafür, grds. von einer Disponibilität auszugehen, da die **Beweisverwertungsverbote** regelmäßig gerade unmittelbaren oder zumindest mittelbaren **Schutzinteressen des Beschuldigten** dienen.[1013] Da freilich immer dann, wenn ein Widerspruch nicht erforderlich ist (bzw. generell nicht für erforderlich gehalten wird), ein Beweisverwertungsverbot auch ohne Widerspruch zu entstehen droht und es für das Gericht nicht in allen Fällen hinreichend klar erkennbar sein wird, ob das Beweismittel Beweisergebnisse hervorbringen wird, die vom Angeklagten subjektiv als positiv empfunden werden, muss insoweit gleichsam umgekehrt wie nach der Widerspruchslösung ein „Dispositionsakt" des Angeklagten erfolgen, damit das Beweismittel verwertet wird. 492

Dieser Dispositionsakt kann, muss aber nicht notwendig in der förmlichen Gestalt eines **Beweisantrages** erfolgen, da die Ermittlungspflicht des Gerichts bei für den Verfahrensstoff grds. einschlägigen Beweismitteln schon durch Hinweise aktiviert werden dürfte, die etwa die Intensität eines Beweisermittlungsantrags bzw. einer bloßen Beweisanregung haben. Ist es dazu gekommen, wird hier die fehlende Ermittlung des Gerichts ausnahmsweise einmal relativ leicht eine Aufklärungsrüge begründen. Denn ist das Beweismittel grds. existent sowie thematisch einschlägig und steht seiner Verwertung nur ein Verwertungsverbot entgegen, so muss das Gericht sich im Sinne einer Aufklärungsrüge zur Beweisaufnahme „gedrängt" fühlen,[1014] wenn der Angeklagte deutlich macht, dass er das Beweisverwertungsverbot unberücksichtigt lassen möchte. 493

ee) Nachweis von Beweisverwertungsverboten. Ob ein Fehler bei der Beweiserhebung mit der Folge eines Beweisverwertungsverbotes vorgelegen hat, unterliegt den Regeln des **Freibeweises.**[1015] Nach BGHSt 16, 164 und wohl hM gilt dies auch für Verstöße gegen § 136a. Die üA geht hierbei davon aus, dass der Grundsatz **„in dubio pro reo"** keine Anwendung findet, sondern Verfahrensfehler nachgewiesen werden müssen.[1016] Freilich darf diese Frage auch nicht überschätzt werden, da der Grundsatz „in dubio pro reo" nur Anwendung findet, wenn das Gericht tatsächlich Zweifel hat (und nicht schon, wenn es ggf. solche „haben müsste", bereits → Rn. 202). Soweit das Gericht also der Überzeugung ist, dass – trotz anzweifelbarer Tatsachengrundlage – letztlich kein Verfahrensfehler aufgetreten ist, kommt nach beiden Auffassungen kein Beweisverwertungsverbot in Betracht. Gerade deshalb allerdings spricht unter rechtstaatlichen Gesichtspunkten einiges dafür, mit einer Mindermeinung in der Lit. in solchen Fällen, in denen das Gericht sich davon nicht überzeugen konnte, in dubio pro reo von einem Beweisverwertungsverbot auszugehen. 494

G. Die Rechtskraft und ihre Durchbrechungen

I. Überblick

Wenn eine Entscheidung im Strafverfahren getroffen (und insbes. ein instanzabschließendes Sachurteil gefällt) worden ist, so führt dies unmittelbar in das **Spannungsfeld zwischen** 495

[1013] Für die Vertreter der Rechtskreistheorie, → Rn. 457, ist dies schon deshalb selbstverständlich, weil nur dann, wenn der Rechtskreis des Beschuldigten betroffen ist, überhaupt ein Beweisverwertungsverbot entstehen kann.

[1014] Vgl. KK/*Krehl* § 244 Rn. 215 f.; Löwe/Rosenberg/*Becker* § 244 Rn. 361; *Meyer-Goßner* § 244 Rn. 80 ff.

[1015] Ständige Rspr., vgl. nur BGH 12.1.1996 – 5 StR 756/94, BGHSt 42, 15 (18) = NJW 1996, 1547 (1548); Löwe/Rosenberg/*Gössel* Einl. L Rn. 117.

[1016] Vgl. Löwe/Rosenberg/*Gössel* Einl. L Rn. 118. Zweifelnd aber – zumindest jeweils für bestimmte Konstellationen – *Beulke* Rn. 143; *Roxin/Schünemann* § 45 Rn. 63.

Rechtssicherheit und materieller Richtigkeit der Entscheidung: Der Gedanke der Rechtssicherheit, der deutlich über etwa rein ökonomische Interessen hinausgeht, streitet dafür, den Bestand der jeweiligen Entscheidung möglichst zu erhalten, damit Klarheit über die Bewertung des Falles besteht und auf der jeweiligen Entscheidung aufbauende Folgeschritte anlaufen können. Demgegenüber spricht der Gedanke der materiellen Richtigkeit dafür, eine Entscheidung möglichst lange und im Prinzip beliebig oft wieder korrigieren zu können, bis dieser Zustand erreicht ist.

496 Der Gesetzgeber hat in diesem unvermeidbaren Spannungsverhältnis einen **Kompromiss** dahingehend geschaffen, dass gegen Entscheidungen innerhalb des Strafverfahrens (seien sie verfahrensinterner Art, seien sie instanzabschließend) in der Regel **wenigstens eine** (reguläre bzw. ordentliche) **Korrekturmöglichkeit** besteht, dass aber nach einer bestimmten Anzahl von Instanzen[1017] oder aber vielfach auch nach einem bestimmten Zeitraum seit Erlass der Entscheidung[1018] die Überprüfungsmöglichkeiten ein Ende haben und ab diesem Zeitpunkt die Rechtssicherheit im Grundsatz Vorrang vor dem Gedanken der materiellen Richtigkeit hat, so dass diese gleichsam nur noch in außerordentlichen Verfahren verfolgt werden kann.[1019]

497 Dieser Zustand, in welchem die Rechtssicherheit höher gewichtet wird als die materielle Richtigkeit der Entscheidung, kann mit dem Terminus der **„Rechtskraft"** beschrieben werden. Diese bildet einerseits einen **Abschluss des Erkenntnisverfahrens** (bzw. zumindest des Streits über einzelne Maßnahmen in diesem), andererseits aber auch die Grundlage für weitere Schritte (insbes. für die Vollstreckung, → Rn. 273 ff.) und hat auch weitere Folgewirkungen. Die verfahrensabschließende Dimension, dh die Unanfechtbarkeit des Urteils wird als **„formelle Rechtskraft"** bezeichnet; die daraus abzuleitenden über das konkrete Verfahren hinausgehenden Folgen werden durch die **„materielle Rechtskraft"** gekennzeichnet. In besonders gelagerten Ausnahmefällen kann diese Rechtskraft **durchbrochen** werden (vgl. unten 516), wobei der systematisch wichtigste Fall (ungeachtet der geringen Erfolgsaussichten in der Praxis) die Wiederaufnahme des Verfahrens nach §§ 359 ff. ist (→ Rn. 517).

II. Formelle Rechtskraft

498 Wie auch in anderen Prozessrechtsordnungen ist von der **formellen Rechtskraft** die Rede, wenn eine Entscheidung (insbes. aufgrund eines Fristablaufs oder des Fehlens weiterer Rechtsmittelmöglichkeiten) **nicht mehr angefochten** werden kann. Im Strafverfahren ist zwischen der (weitaus bedeutsameren) formellen Rechtskraft von Urteilen und derjenigen von Beschlüssen zu unterscheiden. Ob insoweit ein Urteil oder ein Beschluss vorliegt, richtet sich nicht zwingend nach der Bezeichnung, welche die Entscheidung trägt; maßgeblich für die formelle Rechtskraft und die Anfechtbarkeit ist vielmehr die Form, in der die Entscheidung hätte ergehen müssen.[1020]

499 **1. Formelle Rechtskraft von Urteilen.** Formelle Rechtskraft eines Urteils liegt vor, wenn das laufende Verfahren beendet und keine Änderung mehr möglich ist. Dieser Zustand tritt ein, wenn **kein ordentliches Rechtsmittel mehr** zur Verfügung steht (dh insbes. nach Revisionsurteilen), wenn eine etwaige **Rechtsmittelfrist** (vgl. § 314 oder § 341) **abgelaufen** ist, wenn auf ein **Rechtsmittel** (wirksam, vgl. insoweit insbes. § 302 Abs. 1 S. 2[1021]) **verzichtet** worden ist oder wenn dieses **zurückgenommen** wurde. Die formelle Rechtskraft bildet die Grundlage für die Vollstreckung (§ 449) und für die Eintra-

---

[1017] Vgl. zum Instanzenzug in Abhängigkeit von der erstinstanziellen Zuständigkeit → Rn. 254.

[1018] Dh im Ergebnis: nach Ablauf der jeweiligen Rechtsmittelfrist.

[1019] Aus Sicht des Strafprozesses in diesem Sinne außerordentlich sind sowohl die Aufhebung eines Urteils aufgrund einer Verfassungsbeschwerde sowie die Wiederaufnahme des Verfahrens.

[1020] Vgl. BGH 15.12.1960 – 3 StR 26/59, BGHSt 15, 259 (262) = NJW 1961, 227; *Meyer-Goßner* Einl. Rn. 167.

[1021] Zur fehlenden Rückwirkung dieser Vorschrift auf Fälle vor Inkrafttreten des Verständigungsgesetzes vgl. BGH 29.9.2009 – 1 StR 367/09, BGHSt 54, 167.

gung ins Bundeszentralregister (vgl. § 4 BZRG). Ferner wird mit Eintritt der Rechtskraft die Rechtshängigkeit beendet (wobei innerhalb der gleichen logischen Sekunde also ein Prozesshindernis durch ein anderes[1022] ersetzt wird).

Ob man insoweit zwischen **relativer** und **absoluter (formeller) Rechtskraft** unterscheiden sollte oder nicht,[1023] erscheint letztlich als eher begriffliche Frage: Wenn man von „relativer Rechtskraft" sprechen möchte, so muss man sich darüber im Klaren sein, dass damit nicht in jeder Hinsicht die gleichen Folgen verbunden sind wie mit der „absoluten" Rechtskraft; andererseits ist durchaus möglich, dass die typische Konsequenz der formellen Rechtskraft in Gestalt einer „Nicht-mehr-Anfechtbarkeit" nur einem von mehreren Verfahrensbeteiligten gegenüber eintritt. 500

Viel wichtiger sind daher die **Sachfragen,** über die sich relativ rasch Einigkeit herstellen lassen wird: So ist unstreitig, dass sich die **„Noch-Anfechtbarkeit"** einer Entscheidung **bei verschiedenen Angeklagten** unterschiedlich entwickeln kann. Dies kann etwa auf unterschiedlichen Zustellungszeitpunkten einer Entscheidung (die ihrerseits für den Lauf der Rechtsmittelfrist entscheidend sind) beruhen oder aber darauf, dass nur einer von mehreren Mitangeklagten ein Rechtsmittel einlegt, weshalb nur ihm gegenüber der zum Eintritt der Rechtskraft führende (→ Rn. 499) ungenutzte Ablauf der Rechtsmittelfrist nicht eintritt. Positiv festgehalten ist in § 450 Abs. 1 iVm § 51 StGB sodann, dass auch die unverkürzte **Anrechnung der Untersuchungshaft** auf die zu vollstreckende Freiheitsstrafe für jeden Angeklagten ab dem Zeitpunkt läuft, in dem er auf sein Rechtsmittel verzichtet und das eingelegte Rechtsmittel zurückgenommen hat. Umgekehrt ist nach § 357 bis zum Eintritt der absoluten Rechtskraft möglich, dass bestimmte **Entscheidungen** im Revisionsverfahren sich auch auf nicht revidierende Mitangeklagte **erstrecken.**[1024] Ob man dies nun als eine Art Durchbrechung der relativen Rechtskraft oder als Ausfluss daraus, dass noch keine absolute Rechtkraft eingetreten ist, bezeichnet, ist eher ein Streit um Worte als in der Sache. 501

2. Beschlüsse. Bei strafprozessualen **Beschlüssen**[1025] ist die Situation aufgrund der vielen verschiedenen Verfahrensgestaltungen, in denen solche gefällt werden, *weniger übersichtlich* als bei den Urteilen: **Instanzabschließende Beschlüsse in Revisionsverfahren** (vgl. § 349 Abs. 1) werden mangels ordentlicher Anfechtungsmöglichkeit in gleicher Weise **sofort rechtskräftig** wie andere instanzenzugabschließende Urteile. Beschlüsse nach **§§ 153 Abs. 2, 153a Abs. 2** sind grds. nicht anfechtbar (vgl. § 153 Abs. 2 S. 4 bzw. § 153a Abs. 2 S. 4); eine Beschwerde wird aber für möglich gehalten, wenn eine prozessuale Voraussetzung des Beschlusses nach § 153 Abs. 2 fehlte.[1026] Der Strafklageverbrauch ist dabei freilich nur ein beschränkter (→ Rn. 509). Bei **sonstigen Beschlüssen** innerhalb eines Verfahrens (sei es in Gestalt von Anordnungen im Ermittlungsverfahren, sei es bei verfahrensleitenden Beschlüssen innerhalb der Hauptverhandlung) ist **im Grundsatz** eine nachträgliche **Abänderung jederzeit möglich.** Formelle Rechtskraft ieS tritt daher nur ein, wenn der Beschluss für unanfechtbar erklärt wird oder aber der Beschluss einer Anfechtung ohnehin entzogen ist (etwa in Fällen der §§ 46 Abs. 2, 138d Abs. 6 S. 3, 419 Abs. 2 S. 2). Auch für Beschlüsse, die lediglich mit der sofortigen Beschwerde angefochten werden können (vgl. § 311), wird eine formelle Rechtskraft anerkannt, zu der außer der Unanfechtbarkeit eben auch gehört, dass die Entscheidung durch das Gericht grds. nicht mehr abgeändert werden kann.[1027] Die Einstellung des Verfahrens nach **§ 170 Abs. 2 generiert keine** 502

[1022] Zu anderweitiger Rechtshängigkeit und entgegenstehender Rechtshängigkeit als Prozesshindernisse, → Rn. 377 f.

[1023] Krit. zur begrifflichen Unterscheidung etwa *Meyer-Goßner* Einl. Rn. 164, da Rechtskraft, wenn sie denn eintrete, immer nur eine absolute sein könne.

[1024] Dies soll nach BGH 9.5.2006 – 1 StR 57/06, BGHSt 51, 34 = NStZ 2006, 518 nicht gelten, wenn für diesen die Revision nach § 56 JGG unzulässig wäre (zw.).

[1025] Monographisch dazu *Trepper,* Zur Rechtskraft strafprozessualer Beschlüsse, 1996.

[1026] Vgl. OLG Hamm 13.11.2003 – 4 Ws 578-578/03, NStZ-RR 2004, 144.

[1027] Vgl. *Meyer-Goßner* Einl. Rn. 166.

Rechtskraft, da das Verfahren jederzeit wieder aufgegriffen werden kann. Bei den Opportunitätseinstellungen der §§ 153 ff. ist zu unterscheiden: Für die Einstellung gegen Auflagen ordnet **§ 153a Abs. 1 S. 5** explizit an, dass nach Erfüllung der Auflagen durch den Beschuldigten die Tat **nicht mehr als Vergehen** verfolgt werden kann, dh das Verfahren kann nur wiederaufgegriffen werden, wenn sich herausstellt, dass die von der Einstellung betroffene prozessuale Tat tatsächlich ein Verbrechen (§ 12 Abs. 1 StGB) war. Inwiefern das auf **§ 153,** der keine eigene Regelung zum Strafklageverbrauch enthält, übertragbar ist, ist umstritten.[1028] Klar dürfte sein, dass der Strafklageverbrauch – und zwar auch bei Einstellungen durch das Gericht – jedenfalls nicht weiter gehen kann als in Fällen des § 153a Abs. 1 S. 5 (ggf. i.V. mit Abs. 2 S. 2); Uneinigkeit herrscht dagegen darüber, ob jedenfalls in Fällen des § 153 Abs. 2 die Voraussetzungen analog § 153a Abs. 1 S. 5 zwingend sind[1029] oder ob darüber hinaus wegen der verringerten Schutzwürdigkeit in Analogie zu § 47 Abs. 3 JGG und §§ 174 Abs. 2, 211 auch neue Tatsachen genügen.[1030] In den Fällen des **§ 154** schließlich enthalten Abs. 3–5 Voraussetzungen für die Wiederaufnahme nach einer gerichtlichen Einstellung nach **§ 154 Abs. 2,** der in diesem Umfang Strafklageverbrauch zukommt, während an die Fortführung eines nach **§ 154 Abs. 1** eingestellten Verfahrens keine besonderen Voraussetzungen zu stellen sein sollen (man aber einen gewissen Vertrauensschutz in Gestalt des Erfordernisses eines „nachvollziehbaren" Grundes wird gewähren müssen).

III. Materielle Rechtskraft und Strafklageverbrauch

503 **1. Einordnung.** Die materielle Rechtskraft baut auf der formellen Rechtskraft auf. Sie hat insbes. zwei Wirkrichtungen: Zum einen ist **sie inhaltliche Rechtfertigung der Vollstreckung;** zum anderen ist sie unter dem Stichwort des **„Strafklageverbrauchs"** Anknüpfungspunkt der Frage, ob bzw. in welchem Umfang trotz der rechtskräftigen Entscheidung noch (weitere) Sanktionen wegen derselben Tat möglich sind.

504 **2. Wesen der Rechtskraft und Legitimation der Vollstreckung.** Wie einleitend erläutert (→ Rn. 496), bedeutet die Rechtskraft eine gewisse Einschränkung der Idee der materiellen Richtigkeit und schmälert damit auch die Legitimationsgrundlage für die Vollstreckung der Strafe, welche einerseits gerade durch die formelle Rechtskraft bedingt ist, andererseits unter Gerechtigkeitsgesichtspunkten natürlich nur bei materieller Richtigkeit der Entscheidung legitimiert werden könnte. Um dieses Dilemma zu vermeiden, ist die insbes. früher vertretene **materiell-rechtliche Rechtskrafttheorie** davon ausgegangen, dass das Urteil gewissermaßen auf das materielle Recht einwirke und den Unschuldigen damit auch unabhängig von der „Wahrheit" zum Schuldigen machen könne.[1031] Mit einem anderen Anknüpfungspunkt zum gleichen Ergebnis kommt auch die **prozessrechtliche Gestaltungstheorie,** die eine nur prozessuale, aber gleichwohl allgemein verbindliche Umgestaltung der Rechtslage annimmt, so dass auch dadurch die darauf basierende Vollstreckung rechtmäßig würde.

505 Die **heute hM** geht dagegen von einer **rein prozessrechtlichen Rechtskraftslehre** aus, die zu keiner Veränderung der Rechtslage führt, so dass die Vollstreckung gegen einen Unschuldigen rechtswidrig bleibt. Freilich soll diese Rechtswidrigkeit nach hM nicht zur Notwehr (und wohl auch nicht zur Nothilfe) berechtigen, was in der Tat die Frage aufwirft, was mit einem Rechtswidrigkeitsurteil gewonnen ist, „an das sich keine der normalerweise mit dem Begriff der Rechtswidrigkeit verbundenen Rechtsfolgen knüpfen".[1032] Vor diesem Hintergrund sprechen **gute Gründe für die Theorie von der prozessrechtlichen**

[1028] Vgl. zum Meinungsstand eingehend Löwe/Rosenberg/*Beulke* § 153 Rn. 88 ff.

[1029] Dafür BGH 26.8.2003 – 5 StR 145/03, BGHSt 48, 331 = NJW 2004, 375 m. Anm. *Beulke,* NStZ 2004, 218 und *Heghmanns,* NStZ 2004, 633.

[1030] Dafür etwa Löwe/Rosenberg/*Beulke* § 153 Rn. 90.

[1031] In diese Richtung noch RG 18.12.1893 – 3145/93, RGSt 25, 27 ff.; Nachw. bei *Schroeder* JuS 1997, 227 (229).

[1032] Vgl. Löwe/Rosenberg/*Kühne* Einl. K Rn. 82.

Gestaltung, die relativ „ehrlich" zum Ausdruck bringt, welche Folgewirkungen man mit dem rechtskräftigen Urteil tatsächlich verbindet, ohne den nicht begründbaren materiellrechtlichen Fiktionen materieller Gestaltungstheorien anzuhängen.

3. Rechtskraft und Strafklageverbrauch. a) Verfassungsrechtlicher Rahmen (Art. 103 Abs. 3 GG). Der **Strafklageverbrauch** als Folge der materiellen Rechtskraft (und zugleich als **Verfahrenshindernis,** → Rn. 377) wird in **Art. 103 Abs. 3 GG** vom einfachen Recht auf Verfassungsrang erhoben. Dabei reicht die Garantie wesentlich weiter, als es der gebräuchliche Begriff des „Doppelbestrafungsverbots" vermuten lassen könnte. Denn der Strafklageverbrauch tritt gerade nicht nur mit einer Bestrafung, sondern etwa auch mit einem rechtskräftigen Freispruch ein (→ Rn. 78). Dabei bleibt freilich alleiniger Bezugspunkt das **Strafverfahren,** dh eine erneute Ahndung etwa nach Berufs- oder wohl auch Disziplinarrecht[1033] bleibt möglich. Dagegen dürfte der Strafklageverbrauch hinsichtlich einer späteren Verhängung einer Geldbuße Geltung beanspruchen, da § 82 OWiG klarstellt, dass das Strafgericht die Tat auch nach ordnungswidrigkeitsrechtlichen Gesichtspunkten zu beurteilen hat. 506

Der verfassungsrechtliche Schutz gegen „Doppelbestrafung" sichert freilich nur den Kern des Rechts ab, welches mittelbar durch die einfachgesetzliche Auslegung (etwa des prozessualen Tatbegriffs) durchaus beschränkt werden kann. Umgekehrt ist freilich auch diese Auslegung ihrerseits im Lichte des Art. 103 Abs. 3 GG vorzunehmen.[1034] 507

b) Rechtskraftfähige Entscheidungen und Strafklageverbrauch. Wichtigster Anwendungsfall des Strafklageverbrauchs kraft entgegenstehender Rechtskraft sind die **Urteile der Strafgerichte.** Ein Strafklageverbrauch tritt bei solchen auch dann ein, wenn eine Strafe nicht festgesetzt wird (vgl. §§ 59b Abs. 2 StGB, 453 Abs. 2 S. 3). Dabei gilt die Garantie unmittelbar nur für **Akte der deutschen Judikative.** Eine Harmonisierung im Sinne einer internationalen Rechtskrafterstreckung bzw. eines internationalen ne bis in idem erfolgt aber auf europäischer Ebene insbes. über **Art. 54 SDÜ** (vgl. auch bereits → Rn. 81 sowie → Rn. 656)[1035] sowie über Art. 50 der europäischen Grundrechts-Charta und Art. 20 des Rom-Statutes.[1036] 508

Rechtskraftfähig sind auch Urteile im **Sicherungsverfahren** (vgl. §§ 413 ff.) sowie **Strafbefehle,** gegen die kein Einspruch eingelegt worden ist (vgl. § 410 sowie arg. e contr. § 373a). Obwohl im Detail umstritten, sollte auch bei Beschlüssen nach §§ 260 Abs. 3, 206a von einer Rechtskraftwirkung ausgegangen werden. Eine beschränkte Rechtskraftwirkung iS eines eingeschränkten Strafklageverbrauchs geht auch von Entscheidungen nach §§ 211 (im **Zwischenverfahren**) und 174 Abs. 2 (im **Klageerzwingungsverfahren**) aus.[1037] Eine ähnliche „Quasi-Rechtskraft" entfaltet auch § 153a Abs. 1 S. 5, der nach Auffassung des BGH auf Fälle des § 153 Abs. 2 entsprechend anwendbar sein soll.[1038] 509

c) Reichweite der materiellen Rechtskraft und des Strafklageverbrauchs. aa) Persönliche Reichweite. In persönlicher Hinsicht kommt es zur materiellen Rechtskraft gegenüber **demjenigen, gegen** den sich das **Verfahren tatsächlich richtete.** Bei einer Teilnahme des (richtigen) Angeklagten an der Hauptverhandlung unter falschem Namen führt dies also dazu, dass ein rechtskräftiges Urteil (nur) gegenüber dem tatsächlich Verurteilten, nicht aber gegenüber dem wahren Namensträger ergeht.[1039] 510

[1033] Zu den Details vgl. *Lamprecht* Strafrecht und Disziplinarrecht, 1997, insbes. S. 103 ff.

[1034] Vgl. BVerfG 7.9.1977 – 2 BvR 674/77, BVerfGE 45, 434 ff. = NJW 1978, 414 f.; BVerfG 7.3.1968 – 2 BvR 354, 355, 524, 566, 567, 710/66; 79, 171, 431/67, BVerfGE 23, 191 (202 f.) = NJW 1968, 982 (983 f.). Ergänzend zu Art. 103 Abs. 3 GG → Rn. 78 ff. sowie etwa *Jarass/Pieroth,* GG, Art. 103 Rn. 72 f.; Sachs/*Degenhart,* GG, Art. 103 Rn. 77 f.; Schmidt-Bleibtreu/*Hofmann/Hopfauf,* GG, Art. 193 Rn. 41.

[1035] Vgl. auch *Hackner* NStZ 2011, 425.

[1036] Zusammenfassend zu den internationalen Dimensionen *Vogel/Norouzi* JuS 2003, 1059.

[1037] Vgl. *Roxin/Schünemann* § 42 Rn. 19.

[1038] Vgl. BGH 26.8.2003 – 5 StR 145/03, JZ 2004, 737 (738); eingehend und trotz des Alters der Untersuchung für die Grundprobleme immer noch instruktiv *Geppert* GA 1972, 165.

[1039] Ggf. ist ein Berichtigungsbeschluss zu erlassen, vgl. BGH 9.8.1995 – 2 StR 385/95, NStZ-RR 1996, 9.

511 **bb) Sachliche Reichweite.** Die sachliche Reichweite des Strafklageverbrauchs hängt von der Erstreckung der jeweils abgeurteilten **„Tat" im prozessualen Sinne** ab.[1040] Als solche Tat (iSd § 264, vgl. daneben auch § 155 Abs. 1) wird von der Rspr. jeder einheitliche geschichtliche Vorgang verstanden, der das gesamte Verhalten des Täters beschreibt, soweit er sich **nach natürlicher Auffassung als einheitlicher Lebensvorgang** darstellt.[1041] Die Bewertung des konkreten Einzelfalls stellt sich eher als normative Wertentscheidung denn als Subsumtion unter diese Definition dar. Mit dieser stärker normativen als faktischen Betrachtung sind naturgemäß gewisse Unschärfen verbunden. Darüber hilft auch nicht das Kriterium hinweg, dass der Strafklageverbrauch soweit reicht, wie der Richter die Möglichkeit hatte, die Strafklage abzuarbeiten und ggf. umzugestalten.[1042] Denn im Grunde genommen beschreibt das die gleiche Frage (und keine Antwort darauf), in welchem Umfang der Richter eine solche Umgestaltungsbefugnis hat. Gerade, soweit es darum geht, den Anwendungsbereich der Rechtskraft zu reduzieren (→ Rn. 513), tut man wohl gut daran, für die Reichweite auch das Vertrauen des Angeklagten in die Erledigung des Verfahrens zu berücksichtigen.[1043]

512 Eine nicht zu unterschätzende Indizwirkung besteht dabei – ungeachtet der grundsätzlichen Eigenständigkeit beider Begriffe – auf Grund der **materiell-rechtlichen Konkurrenzverhältnisse,**[1044] so dass in weiten Bereichen ein Gleichlauf von materieller und prozessualer Tat erfolgt und letztlich nur „an den Rändern" fraglich ist, wann einerseits trotz materiell-rechtlicher Handlungsmehrheit eine prozessuale Tat angenommen werden kann und andererseits trotz Handlungseinheit ausnahmsweise mehrere prozessuale Taten vorliegen. Eine prozessuale Tat trotz materiell-rechtlicher (anerkannter oder zumindest ernsthaft diskussionswürdiger) **Handlungsmehrheit** liegt etwa bei einer mehr oder weniger durchgehenden Trunkenheitsfahrt vor, bei welcher in der Fortsetzung nach einem Unfall materiell-rechtlich eine Zäsur und damit eine zweite Handlung gesehen wird;[1045] weitere Beispiele sind die Umsatzsteuervoranmeldungen eines Kalenderjahres samt der dazugehörigen Umsatzsteuerjahreserklärung[1046] oder die Brandstiftung und ein auf ihr basierender Versicherungsbetrug[1047] (und zwar selbst dann, wenn die unverändert zugelassene Anklage zu einer versuchten Täuschung der Versicherung keine Angaben enthält[1048]). Umgekehrt werden trotz materiell-rechtlicher **Handlungseinheit** mehrere prozessuale Taten insbes. im Zusammenhang mit „modernen" Organisationsdelikten angenommen, die als mehraktige Tätigkeits- bzw. Dauerdelikte ausgestaltet sind und bei denen eine materiell-rechtliche Verklammerung über die Gedanken der Bewertungseinheit erfolgt, obwohl der Ablauf eines engeren Zeitraums dem Delikt immanent ist. Beispiele sind hier etwa das Handelstreiben mit Betäubungsmitteln (§ 29 Abs. 1 Nr. 1 BtMG), die Organisationsdelikte der §§ 129, 129a StGB oder die Agententätigkeit nach §§ 89 ff. StGB.[1049]

513 Nicht immer überzeugend sind die **Versuche in der Rspr.**, einen **Strafklageverbrauch** durch die Konstruktion zweier prozessualer Taten in Fällen **zu vermeiden,** in denen ein erhebliches Unrechtsgefälle zwischen einem Dauerdelikt (etwa einem unerlaubten Waffenbesitz) und einer schwerer wiegenden konkreten Tat (etwa einem schweren Raub unter Benutzung eben dieser Waffe) vorliegt.[1050] Freilich ist der Rspr. insoweit

---

[1040] Vgl. zum tatprozessualen Sinn näher etwa *Kröpil* JuS 1986 211; *Gillmeister* NStZ 1989, 1; *Oehler*, GS Schröder, 1978, 439.

[1041] Vgl. nur BGH 21.12.1983 – 2 StR 578/83, BGHSt 32, 215 (216) = NJW 1984, 808.

[1042] Vgl. zu diesem Gesichtspunkt KK-StPO/*Engelhardt* § 264 Rn. 2.

[1043] Vgl. zu diesem Aspekt *Neuhaus* NStZ 1993, 202 (204).

[1044] Vgl. BGH 19.12.1995 – KRB 33/95, BGHSt 41, 385 ff. = NJW 1996, 1973 ff.

[1045] Vgl. BGH 5.11.1969 – 4 StR 519/68, BGHSt 23, 141 (144) = NJW 1970, 255 (256).

[1046] Vgl. BGH 24.11.2004 – 5 StR 206/04, BGHSt 49, 359 = NJW 2005, 836 mAnm *Otto* NStZ 2005, 515 f. und *Kudlich* JR 2005, 168.

[1047] Vgl. BGH 23.9.1999 – 4 StR 700/98, BGHSt 45, 211 (212 f.) = NJW 2000, 226 f.

[1048] Vgl. BGH 23.11.2005 – 2 StR 327/05, NStZ 2006, 350.

[1049] Vgl. BGH 14.8.1991 – StB 15/91, BGHSt 38, 54 (56 f.) = NJW 1991, 2779 f.; zum Ganzen auch *Ranft* JuS 2003, 417 sowie *Beulke* FG BGH (Wissenschaft IV), 2000, S. 781.

[1050] Vgl. OLG Hamm 9.9.1985 – 1 Ws 83/85, NStZ 1986, 278 f.

zuzugestehen, dass der og Aspekt des Vertrauens des Angeklagten in die Erledigung des Verfahrens hier eher gegen einen Strafklageverbrauch sprechen mag.

cc) Zeitlicher Anwendungsbereich. Nach zutreffender Auffassung wird man eine Rechtskrafterstreckung bzw. einen Strafklageverbrauch sogar hinsichtlich solcher **Folgen** anzunehmen haben, die **erst nach der Verurteilung eintreten** (also etwa in Fällen einer versuchten Tötung, die erst nach dem Urteil zu einer vollendeten wird, bzw. einer Körperverletzung, deren Todesfolge erst nach dem Urteil eintritt). Die hierzu teilw. vertretene Möglichkeit einer „Ergänzungsklage sui generis"[1051] ist mit der wohl überwiegenden Auffassung in der Lit.[1052] und dem BVerfG[1053] abzulehnen. Für bestimmte Entscheidungsformen mit **bewusst eingeschränkter Rechtskraftwirkung** ermöglichen Sondervorschriften hier in extremen Fällen eine befriedigende Lösung (vgl. etwa § 373a). Dass die (in der materiell-rechtlichen Bewertung sogar dominierende, vgl. nur § 8 StGB) Tathandlung aber zentral auch die prozessuale Tat prägt, kann letztlich nicht verleugnet werden. Fragwürdig sind jedoch selbst vor diesem Hintergrund Entscheidungen (bzw. zumindest Entscheidungsbegründungen), welche bei mehreren selbständigen Handlungen eine einheitliche prozessuale Tat bereits deswegen annehmen, weil diese auf einem einheitlichen Handlungsentschluss beruhen[1054] oder weil die Handlungen Verstöße gegen eine einheitlich entstandene Pflicht darstellen.[1055] 514

IV. Teilrechtskraft

Bei **beschränktem Revisionsvorbringen** oder bei Teilbarkeit des Prozessstoffs ist auch der Eintritt einer **Teilrechtskraft** denkbar. Dies ist etwa bei mehreren **Mitangeklagten** der Fall (wobei es sich dann hier um die in ihrer grundsätzlichen Berechtigung umstrittene relative Rechtskraft handelt, → Rn. 497) oder auch bei mehreren prozessualen Taten denkbar. Während man in diesen Fällen von einer vertikalen Teilrechtskraft sprechen mag, kommt eine horizontale Teilrechtskraft in Betracht, wenn bei einem Täter bzw. einer Tat im Rechtmittel nur noch über den Rechtsfolgenausspruch gestritten wird.[1056] 515

V. Durchbrechung der Rechtskraft (ohne Wiederaufnahme)

Auch Entscheidungen, die im oben beschriebenen Sinne formell und materiell rechtskräftig geworden sind, können in bestimmten Konstellationen ihre **Verbindlichkeit verlieren,** wenn die **Rechtskraft durchbrochen** wird. Neben dem Sonderfall der Wiederaufnahme (vgl. dazu sogleich ausf. → Rn. 517) ist dies etwa bei einer Wiedereinsetzung in den vorigen Stand (bei Fristversäumnis hinsichtlich des Rechtsmittels) nach §§ 44, 45 der Fall.[1057] Daneben kommt die Revisionserstreckung auf Mitverurteilte **(§ 357)** und auch die Aufhebung des Urteils durch das BVerfG der **§ 95 Abs. 2 BVerfGG** in Betracht. Da es sich bei der Verfassungsbeschwerde um einen außerordentlichen Rechtsbehelf handelt, der nicht im regulären Instanzenzug integriert ist, steht nämlich die theoretische Möglichkeit der Einlegung einer Verfassungsbeschwerde der Rechtskraft begrifflich noch nicht entgegen, und die Aufhebung des Urteils führt damit zu ihrer Durchbrechung. Dagegen ist eine **Verurteilung durch den EGMR** kein Grund dafür, dass das Urteil automatisch seine Rechtskraft verliert. Die Konventionswidrigkeit bildet aber einen denkbaren Wiederaufnahmegrund nach § 359 Nr. 6. 516

1051 Vgl. etwa *Roxin,* Strafverfahrensrecht, 25. Aufl. § 50 Rn. 17.

1052 Vgl. nunmehr *Roxin/Schünemann* § 52 Rn. 15; Löwe/Rosenberg/*Kühne* Einl. K Rn. 86.

1053 Vgl. BVerfG 7.12.1983 – 2 BvR 282/80, BVerfGE 65, 377 (381) = NJW 1984, 604 (605).

1054 Vgl. BVerfG 7.3.1968 – 2 BvR 354, 355, 524, 566, 567, 710/66; 79, 171, 431/67, BVerfGE 23, 191 (202 ff.) = NJW 1968, 982 (983 f.) für die wiederholte Ersatzdienstverweigerung aufgrund einer gleichbleibenden Gewissensentscheidung; nur im Ergebnis zust. *Roxin/Schünemann* § 52 Rn. 17; krit. *Niemöller/Schuppert* AöR 107 (1982), 387, 473.

1055 So etwa im Fall OLG Brandenburg (2) 53 Ss 71/11 (28/11), ZWH 2012, 166 mAnm *Schuhr* (Nichtmeldung unterschiedlicher sukzessiver Beschäftigungsverhältnisse nach Gewährung von Sozialleistungen).

1056 Zur horizontalen Teilrechtskraft BGH 6.5.1980 – 1 StR 89/80, NJW 1980, 1807.

1057 Zu den Anforderungen an den Wiedereinsetzungsantrag vgl. BGH 8.12.2011 – 4 StR 430/11, NStZ 2012, 276.

VI. Das Wiederaufnahmeverfahren (§§ 359 ff.)

517 **1. Bedeutung und Anwendungsbereich. a) Funktion des Wiederaufnahmeverfahrens.** Die Wiederaufnahme des Verfahrens führt zu einer **Durchbrechung der Rechtskraft** und stellt sich somit als außerordentlicher Rechtsbehelf bzw. Rechtsbehelf eigener Art dar, durch welchen ermöglicht werden soll, trotz eines rechtskräftigen Verfahrensabschlusses Fehlentscheidungen unter bestimmten Voraussetzungen zu berichtigen und somit dem Prinzip der Gerechtigkeit/der materiellen Richtigkeit (auch zu Lasten der Rechtssicherheit) zum Durchbruch zu verhelfen. Setzt man den Rechtsfrieden als ein Ziel des Strafrechtprozesses (→ Rn. 10) nicht einseitig mit der Rechtssicherheit gleich, sondern stellt auch auf die „befriedende" Funktion für die Rechtsgemeinschaft ab, so wird die Möglichkeit einer solchen Wiederaufnahme in extrem gelagerten Fällen dem **Rechtsfrieden** sogar eher dienlich sein als ein uneingeschränktes Beharren auf einer erkanntermaßen bzw. zumindest greifbar möglich unrichtigen Entscheidung.

518 Da es sich hierbei jedoch um einen **Ausnahmefall** handelt und rechtskräftige Entscheidungen schon aufgrund der Überprüfungsmöglichkeiten im regulären Instanzenzug auch eine gewisse Vermutung der Richtigkeit für sich in Anspruch nehmen können, ist die Wiederaufnahme nur in engen, im Gesetz abschließend geregelten Grenzen möglich.[1058] Insbes. die **falsche Rechtsanwendung allein** – und sei sie auch noch so evident fehlerhaft – **reicht** für eine Wiederaufnahme **grds. nicht aus.**[1059]

519 **b) Anwendungsbereich.** Die Wiederaufnahmevorschriften der §§ 359 ff. sind unmittelbar auf **Urteile** anwendbar. Eine entsprechende Anwendung auf **Beschlüsse**[1060] kommt grds. nicht in Betracht.[1061] Dies gilt nach hM auch dann, wenn sie in urteilsähnlicher Art sachlich-rechtliche Rechtsfolgen festsetzen (so etwa in Fällen des § 460 oder der §§ 56 f., 67 GStGB).[1062] In den praktisch wichtigen Fällen des **§ 174 Abs. 2** und insbes. des **§ 211** sind insoweit allerdings Sonderregelungen enthalten, die in bestimmten Konstellationen ein wiederaufnahmeäquivalentes Aufgreifen des Verfahrens ermöglichen. Im Verfahren nach **§§ 109 ff. StVollzG** soll eine Wiederaufnahme nicht statthaft sein.[1063]

520 **2. Wiederaufnahmegründe. a) Grundsätzliches.** Die Wiederaufnahmegründe (vgl. im Detail → Rn. 521) sind nicht nur **eng gefasst** (→ Rn. 518), sondern im Gesetz **abschließend** aufgezählt. Es ist insoweit zu **unterscheiden** zwischen der Aufnahme **zu Gunsten und zu Ungunsten** des Verurteilten: Vielfach besteht hier zwar Übereinstimmung für Konstellationen, in welchen es dem Gesetzgeber grds. angemessen erscheint, die Rechtskraft des Urteils in Frage zu stellen. Insg. erweist sich die Regelung jedoch als verurteiltenfreundlich, da zu seinen Gunsten auch einige so für die Wiederaufnahme zu Ungunsten des Verurteilten nicht bekannte Wiederaufnahmegründe existieren, darunter insbes. der besonders häufig (wenngleich meist ohne Erfolg) herangezogene Wiederaufnahmegrund der Beibringung neuer Tatsachen oder Beweismittel nach § 359 Nr. 5 (vgl. unten).

521 **b) Wiederaufnahmegründe zu Gunsten des Verurteilten.** In **§ 359 Nr. 1–6** sind die Wiederaufnahmegründe **zu Gunsten des Verurteilten** aufgezählt: Es handelt sich hierbei zunächst um den Nachweis

- der Verwendung unechter oder verfälschter **Urkunden** im Ursprungsverfahren (Nr. 1),
- der vorsätzlichen oder fahrlässigen **Falschaussage** eines Zeugen bzw. Falschbegutachtung durch einen Gutachter (Nr. 2), wobei der Nachweis für diese grds. nur durch eine rechtskräftige Verurteilung wegen dieser Tat erbracht werden kann, vgl. **§ 364,** soweit dieser nicht ein Verfolgungshindernis – insbes. die Verjährung – entgegensteht,

---

1058 Vgl. BGH 3.12.1992 – StB 6/92, BGHSt 39, 75 (78 f.) = NJW 1993, 1481 (1482).
1059 Vgl. BGH 3.12.1992 – StB 6/92, BGHSt 39, 75 (79 f.) = NJW 1993, 1481 (1482).
1060 Vgl. dazu *Meyer-Goßner* Vor § 359 Rn. 4 f.
1061 Vgl. etwa für §§ 153, 153a LG Baden-Baden 30.1.2004 – 3 Qs 36/03, NStZ 2004, 513.
1062 Im Einzelnen freilich umstritten, vgl. kompakte Nachweise bei *Meyer-Goßner* Vor § 359 Rn. 5.
1063 Vgl. OLG Hamburg 5.3.2001 – 3 Vollz (Ws) 5/01, NStZ 2001, 391.

- der strafbaren **Amtspflichtverletzung** (Nr. 3; insbes. – aber nicht ausschließlich – in Gestalt von Bestechungsdelikten, Rechtsbeugung und Aussageerpressung sowie Verfolgung Unschuldiger) sowie
- des **Wegfalls eines zivilgerichtlichen Urteils,** auf welchem das Strafurteil beruht (Nr. 4).

Die größte Bedeutung freilich dürfte das Vorbringen **neuer Tatsachen oder Beweismittel** 522
gemäß **§ 359 Nr. 5** haben, welches von der Rspr. aber grds. restriktiv ausgelegt wird. Dies erfolgt zunächst dadurch, dass „neue" Tatsachen im Einzelfall schon dann nicht angenommen werden, wenn in der Ursprungsentscheidung das entsprechende Gegenteil festgestellt wurde (da hiermit inzident auch eine spiegelbildliche Aussage zur Kehrseite der Urteilsfeststellung getroffen sein soll[1064]); des Weiteren aber auch durch die in der Rspr. (bedenklicherweise) existente Tendenz einer vorgezogenen Beweiswürdigung bereits im Zulassungsverfahren (→ Rn. 528). Die im Jahre 1998 eingefügte **Nr. 6** knüpft an die Feststellung einer **Verletzung der EMRK** durch den EGMR an und zieht die Konsequenz daraus, dass der EGMR selbst nicht in den nationalen Instanzenzug integriert ist und daher keine Entscheidungen der mitgliedstaatlichen Gerichte aufheben kann. Nach § 363 Abs. 1 **ausgeschlossen** ist dagegen ein Wiederaufnahmeantrag, der nur das Ziel einer **günstigeren Rechtsfolge** bei gleichem Schuldspruch verfolgt.[1065]

c) Wiederaufnahme zu Ungunsten des Angeklagten (§ 362 Nr. 1–4). Die Wieder- 523
aufnahmegründe zu Ungunsten des Angeklagten nach **§ 362 Nr. 1–3** entsprechen im Prinzip denjenigen des **§ 359 Nr. 1–3.** Zu Auslegungsdetails aufgrund der unterschiedlichen Situation vgl. näher die Kommentierung zu § 362. Ein in dieser Form naturgemäß bei der Wiederaufnahme zu Gunsten des Verurteilten nicht bekannter Grund ist das **glaubwürdige Geständnis** der Straftat durch den Freigesprochenen (Nr. 4). Von besonderer Bedeutung ist, dass (nicht nur – naturgemäß – eine § 359 Nr. 6 entsprechende Regelung, sondern auch) ein Wiederaufnahmegrund mit Blick auf neue Tatsachen oder Beweismittel, der § 359 Nr. 5 entsprechen würde, bei der Wiederaufnahme zu Ungunsten des Angeklagten fehlt.

d) Sonderfälle. Eine Wiederaufnahme ist auch im **Strafbefehlsverfahren** möglich, 524
was zum einen von § 373a vorausgesetzt wird und was sich zum anderen auch aus der Gleichstellung des Strafbefehls, gegen den nicht rechtzeitig Einspruch erhoben worden ist, mit einem rechtskräftigen Urteil nach § 410 Abs. 3 ergibt. Die Wiederaufnahmegründe **zu Gunsten** des Angeklagten sind hier **identisch** mit denjenigen beim Urteil, wobei sich aus der Natur des Strafbefehlsverfahrens Abweichungen ergeben können, etwa bei den neuen Tatsachen und Beweismitteln dahingehend, dass für die Neuheit nicht auf die Beweiswürdigung im Urteil als Vergleichsmaßstab abgestellt werden kann, sondern der gesamte Akteninhalt herangezogen werden muss.

Eine Wiederaufnahme **zu Ungunsten** des durch einen rechtskräftigen Strafbefehl Verur- 525
teilten ist über die Fälle des § 362 hinaus nach **§ 373a** auch dann möglich, wenn neue Tatsachen oder Beweismittel geeignet sind, die Verurteilung wegen eines **Verbrechens** zu begründen. Eine **verfassungsprozessual** begründete Wiederaufnahme gewährt **§ 79 Abs. 1 BVerfGG** gegen rechtskräftige Strafurteile, die auf einer mit dem GG für unvereinbar oder nach § 78 BVerfGG für nichtig erklärten Norm (bzw. auf einer Auslegung der Norm, die das BVerfG für unvereinbar mit dem GG erklärt hat) beruhen.[1066] Für das Verfahren gelten die §§ 359 ff. entsprechend.

[1064] Vgl. BGH 22.10.1999 – 3 StE 15/93-1; StB 4/99, NStZ 2000, 218.

[1065] Damit ist der Wiederaufnahmeantrag aber umgekehrt zulässig, wenn er sich nicht isoliert auf eine Änderung der Strafe richtet, sondern den Schuldspruch angreift, vgl. BGH 20.12.2002 – StB 15/02, BGHSt 48, 153 (156 f.) = NStZ 2003, 678.

[1066] Vgl. ergänzend *Meyer-Goßner* Vor § 359 Rn. 7. Zur Frage, ob dies nur bei einer Nichtigerklärung einer materiell-rechtlichen Strafnorm oder auch bei Normen des Verfahrensrechts möglich ist, vgl. näher BGH 28.11.1996 – StB 13/96, BGHSt 42, 314 (318 ff.) = NJW 1997, 670 ff.

526 **3. Verfahrensablauf bei der Wiederaufnahme. a) Allgemeines und Zuständigkeit.** Im Wiederaufnahmeverfahren selbst wird gemeinhin zwischen den beiden Verfahrensstufen des **Additions- und des Probationsverfahrens** unterschieden: Im ersteren wird die Zulässigkeit des gestellten Antrags (→ Rn. 528 ff.), im zweiteren seine Begründetheit (→ Rn. 531 ff.) geprüft, wobei das Probationsverfahren nicht mit der **ggf. erforderlichen neuen Sachentscheidung** nach einer erfolgreichen Wiederaufnahme verwechselt werden darf.

527 Das Wiederaufnahmeverfahren, das nach **§ 367 Abs. 1 S. 1 iVm § 140a GVG** vor einem anderen Gericht mit gleicher sachlicher Zuständigkeit wie das Gericht, gegen dessen Entscheidung sich der Wiederaufnahmeantrag richtet,[1067] durchgeführt wird, setzt stets einen Antrag voraus. Dieser ist **nicht fristgebunden,** kann umgekehrt allerdings nicht vor Eintritt der Rechtskraft zulässig gestellt werden. Auch nach dem Tod des Verurteilten oder nach der Strafvollstreckung bleibt ein Antrag grds. möglich (vgl. § 361). Erforderlich ist eine Beschwer durch den Urteilstenor, sofern die Wiederaufnahme nicht von der StA beantragt wird.[1068] Für den Angeklagten wird schon wegen § 366 Abs. 2 (Form der Antragstellung durch von einem Rechtsanwalt unterzeichneter Schrift oder zu Protokoll der Geschäftsstelle) regelmäßig ein Anwalt tätig werden, der nach Maßgabe der §§ 364a, 364b für das Wiederaufnahmeverfahren und auch für seine Vorbereitung bereits auf Antrag beizuordnen ist. **Ziel** der Wiederaufnahme darf dabei **nicht** (zumindest nicht unmittelbar) eine **andere Strafzumessung** aufgrund desselben Strafgesetzes und auch nicht die Herbeiführung einer Milderung der Strafe wegen verminderter Schuldfähigkeit (vgl. § 362 Abs. 1, 2) sein.

528 **b) Additionsverfahren.** Nach § 368 prüft das Gericht die Zulässigkeit des gestellten Antrags hinsichtlich seiner **Form** und der **Angabe eines gesetzlichen Wiederaufnahmegrundes** (vgl. § 366) sowie auf seine Schlüssigkeit insbes. in den wichtigen Fällen des § 359 Nr. 5 dahingehend, dass die **Erheblichkeit des Vorbringens** für den Fall untersucht wird, dass die im Antrag behaupteten Tatsachen richtig sind und dass die beigebrachten Beweismittel den ihnen zugedachten Erfolg haben werden.[1069] In welchem Umfang hier (insbes. wieder mit Blick auf § 359 Nr. 5) eine **vorweggenommene Beweiswürdigung** vorgenommen werden darf, ist umstritten.[1070] Die (insbes. ältere) strafgerichtliche Rspr. neigt hier dazu, die beigebrachten Beweismittel zumindest insoweit auch schon zu bewerten, soweit dies ohne förmliche Beweisaufnahme möglich ist.[1071] Demgegenüber ist zu berücksichtigen, dass nach einem Beschluss der 2. Kammer des **BVerfG**[1072] aus verfassungsrechtlichen Gründen im Zulassungsverfahren unter dem Prüfungspunkt der „Eignung" **keine Beweise antizipiert** zu würdigen und überhaupt keine Feststellungen zu treffen sind, die nach der Struktur des Strafprozesses der Hauptverhandlung vorbehalten sind. Dabei sind insbes. solche Tatsachen, die den Schuldspruch wesentlich tragen, nur in der Hauptverhandlung festzustellen.[1073]

529 Dieser **„wiederaufnahmefreundlicheren"** verfassungsgerichtlichen Linie ist schon deshalb **zuzustimmen,** weil eine Abwägung zwischen Beweisergebnissen aus einer förmlichen und mündlich durchgeführten Beweisaufnahme in der Hauptverhandlung mit bloßen schriftlich vorgebrachten Beweisbehauptungen kaum möglich ist. Auch ist die Gefahr nicht von der Hand zu weisen, dass die „Abwägung" zwischen den neuen Beweismitteln und

---

[1067] Vgl. BGH 11.12.1959 – 4 StR 321/59, BGHSt 14, 64 (66) = NJW 1960, 545.

[1068] Vgl. LG Baden-Baden 30.1.2004 – 3 Qs 36/03, NStZ 2004, 513.

[1069] Vgl. BGH 19.6.1962 – 5 StR 189/62, BGHSt 17, 303 (304) = NJW 1962, 1520.

[1070] Vgl. auch *Beulke* Rn. 587.

[1071] Vgl. etwa BGH 7.7.1976 – 5 (7) (2) StE 15/56, NJW 1977, 59. Für ein vorsichtiges Abwägen der Beweiskraft des neuen Beweismittels sowie eines Beweisergebnisses des früheren Verfahrens etwa auch OLG Celle 12.5.1966 – 4 Ws 527/65, GA 1967, 284 f.; OLG Nürnberg 5.8.1963 – Ws 243/63, MDR 1964, 171.

[1072] Solche Kammerbeschlüsse stehen gem. § 93c Abs. 1 S. 2 BVerfGG hinsichtlich ihrer Wirksamkeit und auch hinsichtlich ihrer Bindungswirkung nach § 31 BVerfGG Senatsentscheidungen gleich, vgl. BVerfG 5.12.2005 – 2 BvR 1964/05, NJW 2006, 672 (674).

[1073] Vgl. BVerfG 7.9.1994 – 2 BvR 2093/93, NStZ 1995, 43 (44).

den „alten" Urteilsfeststellungen gerade dann zum Ergebnis einer voraussichtlichen „Ungeeignetheit" führen könnte, wenn sich das alte Urteil mangels hinreichender Detailfülle und Begründungstiefe bei einem Verfahren „nach Papierform" als besonders schwer mit anderen Beweismitteln angreifbar erweist.

Wenn der Wiederaufnahmeantrag als **unzulässig** erachtet wird, so wird er nach § 368 **530**
Abs. 1 **verworfen.** Anderenfalls wird der Antrag dem Gegner des Antragstellers unter Bestimmung einer Frist zur Erklärung zugestellt (vgl. § 368 Abs. 2) und ein – im Gesetz nur mittelbar in § 369 Abs. 1 erwähnter – Zulassungsbeschluss erlassen, der zur Begründetheitsprüfung nach §§ 369 f. führt.

c) Das Probationsverfahren (§§ 369, 370). Wenn der Zulassungsbeschluss ergangen **531**
ist, erfolgt die Prüfung der **Begründetheit** des Antrags im sog **Probationsverfahren.** Das Gericht beauftragt hierbei, soweit dies erforderlich erscheint, einen Richter mit der Aufnahme der angetretenen Beweise für das Vorliegen eines Wiederaufnahmegrundes (vgl. § 369 Abs. 1). Maßstab für die Entscheidung über die Begründetheit ist nach § 370 Abs. 1 insbes., ob die im Antrag aufgestellten Behauptungen eine „genügende Bestätigung gefunden haben", dh ob aufgrund der Beweisaufnahme die Richtigkeit der Behauptungen im Wiederaufnahmeantrag hinreichend wahrscheinlich ist.[1074] In den Fällen der §§ 359/362 Nr. 1 und 2 darf ferner „nach Lage der Sache" nicht ausgeschlossen sein, „dass die in diesen Vorschriften bezeichnete Handlung auf die Entscheidung Einfluss gehabt hat".

Besonderheiten gelten beim **Wiederaufnahmegrund nach § 359 Nr. 5,** bei dem **532**
im Rahmen des Probationsverfahrens bereits geprüft werden soll, ob auch hinreichend wahrscheinlich ist, dass in der neuen Hauptverhandlung eine für den Verurteilten günstige Entscheidung ergeht. Nach Auffassung der Rspr.[1075] muss sich das Wiederaufnahmegericht dabei gleichsam gedanklich auf den Standpunkt des früher erkennenden Gerichts stellen und die Ergebnisse der neuen Beweisaufnahme mit den alten Urteilsfeststellungen vergleichen.[1076] Der Grundsatz **„in dubio pro reo"** ist dabei nach hA[1077] nicht unmittelbar anwendbar, dh bloße Zweifel an der Richtigkeit des alten Urteils sind für eine Wiederaufnahme nicht ausreichend. Allerdings ist bei der Frage der hinreichenden Wahrscheinlichkeit eines anderen Verfahrensausganges durchaus mittelbar zu berücksichtigen, dass in einer neuen Hauptverhandlung der Grundsatz in dubio pro reo Anwendung finden würde.[1078]

Haben die Behauptungen iSd § 370 Abs. 1 **„keine genügende Bestätigung gefun-** **533**
den", so wird der Wiederaufnahmeantrag **ohne mündliche Verhandlung als unbegründet verworfen;** gegen diese Entscheidung ist nach § 372 S. 1 die sofortige Beschwerde möglich. Hält das Wiederaufnahmegericht den Antrag im Probationsverfahren dagegen für **begründet,** so wird nach § 370 Abs. 2 (und insoweit für die StA unanfechtbar, vgl. § 372 S. 2) die **Wiederaufnahme des Verfahrens** und die Erneuerung der Hauptverhandlung angeordnet. Das Verfahren wird mit der Unanfechtbarkeit des Beschlusses in den Zustand der Rechtshängigkeit zurückversetzt. Damit entfällt die Grundlage für eine weitere Vollstreckung des Urteils, was jedoch im Fall eines erfolgreichen Wiederaufnahmeantrags zu Gunsten des Angeklagten einem Haft- oder Unterbringungsbefehl gegen diesen ebenso wenig entgegensteht wie der Anordnung eines vorläufigen Berufsverbotes (§ 132a).

d) Neue Hauptverhandlung nach erfolgreicher Wiederaufnahme. In der nach **534**
§ 370 Abs. 2 angeordneten **neuen Hauptverhandlung** kann nach § 373 Abs. 1 entweder das frühere Urteil aufrechterhalten oder unter seiner Aufhebung anderweitig in der Sache erkannt werden; bei einer Wiederaufnahme zu Gunsten des Angeklagten gilt insoweit nach

---

[1074] Voller Beweis wird nicht gefordert, vgl. BVerfG 20.6.1990 – 2 BvR 1110/89, NStZ 1990, 499; BGH 28.11.1996 – StB 13/96, BGHSt 42, 314 (323) = NJW 1997, 670 (672).

[1075] Vgl. BGH 28.7.1964 – 2 StE 15/56, BGHSt 19, 365 ff.; aA in der Lit. etwa Löwe/Rosenberg/*Gössel* § 359 Rn. 157 ff.; *Eisenberg* JR 2007, 360 (367).

[1076] Vgl. *Meyer-Goßner* § 370 Rn. 4.

[1077] Vgl. *Kühne* Rn. 1123; *Meyer-Goßner* § 370 Rn. 4; anders wohl *Schünemann* ZStW 84 (1972), 870.

[1078] Vgl. bereits OLG Bremen 3.9.1957 – Ws 132/57, NJW 1957, 1730 (1731); OLG Koblenz 25.4.2005 – 1 Ws 231/05, NStZ-RR 2007, 317.

§ 373 Abs. 2 S. 1 das **Verbot der reformatio in peius;** Ausnahme bildet nach S. 2 die Anordnung der Unterbringung in einem psychiatrischen Krankenhaus oder einer Entziehungsanstalt. In dieser Verhandlung, die ebenfalls vor dem nach § 140a GVG zuständigen Gericht stattfindet, gilt der Grundsatz **„in dubio pro reo"** wieder uneingeschränkt und unmittelbar. Gegen das dort ergehende Urteil sind die üblichen Rechtsmittel zulässig. Ein Freispruch (und auch eine Verfahrenseinstellung wegen eines Prozesshindernisses[1079]) ist mit Zustimmung der StA auch ohne Durchführung einer neuen Hauptverhandlung möglich, wenn hierzu bereits genügende Beweise vorliegen (vgl. § 371 Abs. 2). Soweit – was möglich ist – hier nur ein Teilfreispruch erfolgt, so muss in der Entscheidung nach § 371 Abs. 2 auch die Gesamtstrafe neu gebildet werden.[1080]

H. Besondere Verfahrensarten

535 Neben dem (in den sonstigen Erläuterungen als selbstverständlich einschlägig vorausgesetzten) „Normalverfahren" kennt die StPO noch eine Reihe von besonderen Verfahrensarten, die zumeist (aber nicht ausnahmslos) der **Verfahrensbeschleunigung** oder aber der besseren **Beteiligung des Verletzten** dienen. Diese sind (anders als die „nur verwandten" Verfahrensarten im OWiG und der AO, → Rn. 30 ff.) vor allem im 5. und 6. Buch der StPO geregelt.

I. Besondere Verfahrensarten zur Beteiligung des Verletzten

536 **1. Privatklage. a) Allgemeines.** Das in §§ 374–394 geregelte Privatklageverfahren trägt im Unterschied zum Normalverfahren **Züge eines Parteiprozesses,** bleibt jedoch dem Ziel verpflichtet, den staatlichen Strafanspruch durchzusetzen. Der Verletzte kann hier als Privatkläger auftreten, was indes wegen des **Kostenrisikos** (§ 471 Abs. 2) und der Pflicht zum Kostenvorschuss bzw. zur Sicherheitsleistung (vgl. §§ 379, 379a; §§ 108 ff. ZPO; § 67 Abs. 1 GKG) nur relativ selten wahrgenommen wird. Auch wenn ein Privatklageverfahren geführt wird, kann die StA das Verfahren jederzeit übernehmen; anschließend ist die Privatklage ausgeschlossen und das Offizialverfahren hat Vorrang, so dass auch der Privatkläger in dieser Funktion aus dem Verfahren ausscheidet, sich aber gem. § 396 Abs. 1 S. 1 als Nebenkläger anschließen kann. Eine (genuine) Privatklage gegen **Jugendliche** ist nach § 80 Abs. 1 JGG unzulässig; dies gilt nach § 109 Abs. 1 JGG nicht gegenüber **Heranwachsenden.** § 80 Abs. 2 JGG lässt aber eine Widerklage gegen einen jugendlichen Privatkläger zu, wobei dann in deren Folge allerdings keine Jugendstrafe verhängt werden darf.

537 **b) Straftatenkatalog und Privatklageberechtigung.** Im umfangreichen Katalog des § 374 Abs. 1 sind **abschließend** die Delikte aufgeführt, die zur Privatklage berechtigen. Neben dem dort genannten Verletzten besteht nach Maßgabe des § 374 Abs. 2, 3 eine Privatklageberechtigung auch noch für weitere Personen (insbes. gesetzliche Vertreter).

538 **c) Verfahren bei der Privatklage.** Bei einer Reihe von Privatklagedelikten setzt die zulässige Klageerhebung durch den Privatkläger nach § 380 einen erfolglosen **Sühneversuch** voraus, der Klagevoraussetzung ist und vor einer durch die Landesjustizverwaltung zu bezeichnenden Vergleichsbehörde[1081] durchzuführen ist. Ist dieser Sühneversuch erfolglos verlaufen, beginnt das eigentliche Privatklageverfahren mit der Erhebung der Klage beim AG (Strafrichter, vgl. § 25 Nr. 1 GVG). Die **Anklageschrift** muss im Wesentlichen einer staatsanwaltschaftlichen Anklage entsprechen, wobei die Darstellung des wesentlichen Ermittlungsergebnisses verzichtbar ist, vgl. § 381, der nur auf § 200 Abs. 1 (nicht auch auf Abs. 2) verweist.

[1079] Vgl. *Meyer-Goßner* § 371 Rn. 8.

[1080] Vgl. BGH 27.1.1960 – 2 StR 604/59, BGHSt 14, 85 (89) = NJW 1960, 780 (782).

[1081] Vgl. zu einem Überblick über die Vergleichsbehörden in den verschiedenen Bundesländern *Meyer-Goßner* § 380 Rn. 3.

Ist die Klage vorschriftsmäßig erhoben, so teilt das Gericht sie nach § 382 dem Beschuldigten unter Bestimmung einer Frist zur Erklärung mit. Nach Eingang der Erklärung oder Ablauf der Frist entscheidet das Gericht – entsprechend der Entscheidung im Zwischenverfahren im regulären Strafverfahren – nach § 383 darüber, ob das Hauptverfahren zu eröffnen ist. Kommt es zu einem solchen, so richtet sich das weitere Verfahren (und insbes. die Hauptverhandlung) grds. nach den Vorschriften des regulären Verfahrens, wie es nach einer öffentlichen Klage gem. § 170 Abs. 1 verläuft, vgl. § 384 Abs. 1. Insbes. gilt auch im Privatklageverfahren der **Amtsermittlungsgrundsatz,** so dass es nur konsequent ist, wenn das Gericht gem. § 384 Abs. 3 auch im Privatklageverfahren den Umfang der Beweisaufnahme bestimmt[1082] (was eine Stellung von Beweisanträgen durch den Privatkläger natürlich nicht ausschließt). Der Privatkläger befindet sich hier gewissermaßen in der Stellung der StA (vgl. § 385 Abs. 1), ohne in gleicher Weise zur Objektivität verpflichtet zu sein. Statt einer Verlesung der Anklageschrift durch ihn sieht § 384 Abs. 2 vor, dass der Vorsitzende den Beschluss über die Eröffnung des Hauptverfahrens verliest. **539**

In Fällen einer wechselseitigen Verletzung besteht für den Angeklagten die Möglichkeit einer **Widerklage** nach § 388. Die Privatklage selbst kann jederzeit zurückgenommen werden (vgl. § 391). Als Rechtsfolge dürfen im Fall einer Verurteilung Maßregeln der Besserung und Sicherung nicht angeordnet werden (vgl. § 384 Abs. 1 S. 2). Eine besondere prozessuale Möglichkeit zur Vorbereitung der Verfahrensbeendigung ist der gerichtliche Vergleich,[1083] der die unwiderrufliche Beendigung des Verfahrens herbeiführen soll und dafür die Zurücknahme der Privatklage (sowie einer etwaigen Widerklage) und ggf. auch eines Strafantrags voraussetzt. Zum Ausgleich dafür erklärt sich der Angeklagte gewöhnlich dazu bereit, Schadensersatz zu leisten oder eine Geldbuße zu Gunsten einer gemeinnützigen Einrichtung zu zahlen und die Kosten des Verfahrens (zumindest teilw.) zu übernehmen. **540**

2. Nebenklage. a) Allgemeines. Die in §§ 395 ff. geregelte Nebenklage hat ihre heutige Struktur im Wesentlichen durch das **OpferSchG**[1084] sowie durch das 1. und 2. **Opferrechtsreformgesetz**[1085] erhalten. Anders als das Privatklageverfahren handelt es sich um kein vollständig selbständiges Verfahren, sondern der Nebenkläger tritt gleichsam als (mit eigenen Rechten ausgestatteter) **Gehilfe der StA im regulären Verfahren**[1086] auf. Neben dem persönlichen Interesse an Genugtuung des Nebenklägers[1087] hat die Nebenklage somit auch eine zusätzliche Kontroll- und Aufklärungsfunktion, ohne dass der Nebenkläger deshalb zur Objektivität verpflichtet wäre; vielmehr ist auch er (wie der Privatkläger) in einer Parteirolle. Auch im Verfahren gegen **Jugendliche** ist eine Nebenklage nicht (mehr) generell ausgeschlossen (vgl. § 80 Abs. 3 JGG); gegen **Heranwachsende** ist sie uneingeschränkt zulässig. **541**

b) Nebenklagefähige Delikte und Antragsberechtigung. Die Befugnis zur Nebenklage ist zentral in § 395 geregelt, der einen (durch die Opferrechtsreformgesetze zunehmend ausgeweiteten) **Katalog** nebenklagefähiger Delikte enthält und die Befugnis zur Nebenklage grds. dem Verletzten, nach § 395 Abs. 2 insbes. aber auch nahen Angehörigen im Falle eines vollendeten Tötungsdeliktes gegenüber dem Verletzten zuspricht. Eine Anschlussmöglichkeit besteht auch nach erfolgreichem Klageerzwingungsverfahren (vgl. § 395 Abs. 2 Nr. 2). Der Beitritt erfolgt durch eine schriftliche **Anschlusserklärung** mit anschließendem Zulassungsbeschluss des Gerichts (welche außer in den Fällen des § 395 Abs. 3 nur deklaratorische Bedeutung hat). **542**

c) Verfahren bei der Nebenklage. Die **Rechte** des Nebenklägers sind in **§ 397 Abs. 1** (teils durch explizite Nennung, teils durch Verweis auf die Rechtsposition der StA) enume- **543**

1082 Vgl. BVerfG 12.4.1983 – 2 BvR 1304/80, 432/81, BVerfGE 63, 380 (392) = NJW 1983, 1599.
1083 Vgl. im Überblick *Meyer-Goßner* Vor § 374 Rn. 8 ff.
1084 BGBl. 1986 I 2496.
1085 Vgl. BGBl. 2004 I 1354 sowie BGBl. 2009 I 2280.
1086 Seit dem 1. Opferrechtsreformgesetz (vgl. Fn. 1085) auch im Sicherungsverfahren nach §§ 113 ff.
1087 Vgl. BGH 23.1.1979 – 5 StR 748/78, BGHSt 28, 272 (273) = NJW 1979, 1310.

rativ aufgezählt.[1088] Sie betreffen insbes. das Recht auf Anwesenheit, auf anwaltliche Vertretung, auf Anhörung und Terminsmitteilung samt Einhaltung von Ladungsfristen, auf Akteneinsicht über einen RA, auf die Ablehnung von Richtern und Sachverständigen, auf Fragen, Beanstandungen und Erklärungen sowie auf die Stellung eigener Beweisanträge. Da der Nebenkläger nur ein Gehilfe der StA und nicht wie der Privatkläger Träger der Anklage ist, treffen ihn auch nicht dessen Pflichten. Insbes. besteht mit Ausnahme des § 401 Abs. 3 (Berufungseinlegung allein durch den Nebenkläger) **keine Anwesenheitspflicht,** und auch das persönliche Erscheinen kann nicht angeordnet werden; auch besteht keine Pflicht zur Sicherheitsleistung oder zu sonstigen Mitwirkungen. Die Androhung von Zwangsmaßnahmen gegen den Nebenkläger ist nur in seiner Eigenschaft als Zeuge möglich.

544 Schon vor Erhebung der öffentlichen Klage kann sich der Nebenklageberechtigte nach § 406g durch einen RA als **Beistand** vertreten lassen. Für die Bestellung des RA und die Bewilligung von Prozesskostenhilfe gilt nach § 406g Abs. 3 die Vorschrift des § 397a entsprechend.

545 Nach § 401 Abs. 1 S. 1 kann der Nebenkläger **unabhängig von der StA Rechtsmittel** einlegen.[1089] Eine Anfechtung ist allerdings nur mit Blick auf den Schuldspruch möglich, während die Rechtsfolgen der Tat gem. § 400 Abs. 1 dem Anfechtungsrecht des Nebenklägers entzogen sind. Ein Rechtmittel des Nebenklägers kann – entsprechend § 301 – auch zu Gunsten des Angeklagten wirken,[1090] während eine genuin zu Gunsten des Angeklagten eingelegte Revision des Nebenklägers unzulässig ist.[1091]

546 **3. Adhäsionsverfahren. a) Allgemeines.** Das in §§ 403–406c geregelte Adhäsionsverfahren soll eine **Entscheidung des Strafgerichts über vermögensrechtliche Ansprüche**[1092] sowie über Herausgabe-, Bereicherungs- und Unterlassungsansprüche (soweit wirtschaftliche Interessen verfolgt werden) ermöglichen. In der Praxis spielt das Adhäsionsverfahren nur eine ganz **untergeordnete Rolle,** was sich wohl auch durch die Streichung der in § 405 S. 2 aF vorgesehenen Möglichkeit des Absehens von einer Entscheidung im Adhäsionsverfahren noch nicht nachhaltig geändert hat. Gegen **Jugendliche** findet nach § 81 JGG kein Adhäsionsverfahren statt; gegen **Heranwachsende** ist es seit 2006 uneingeschränkt zulässig, vgl. § 109 JGG, der keinen Verweis auf § 81 JGG enthält.

547 **b) Verfahren bei der Adhäsion. Antragsberechtigt** im Verfahren ist der **Verletzte** oder sein Erbe (§ 403). Der **Antrag,** bei dem sich der Antragssteller durch einen RA vertreten lassen kann,[1093] muss schriftlich oder zu Protokoll oder in der Hauptverhandlung bis zu Beginn der Schlussvorträge gestellt werden[1094] und sich gegen den Beschuldigten richten.

548 **c) Entscheidung und Rechtsfolgen.** Anders als nach früherer Rechtslage (vgl. § 405 S. 2 aF) kann das Gericht den Antrag **nicht zurückweisen,** sondern eben nur entweder (ganz oder teilweise) stattgeben oder von einer Entscheidung absehen, soweit der Antrag unzulässig oder unbegründet erscheint. Von diesen Fällen abgesehen ist ein Absehen von einer Entscheidung nach § 406 Abs. 1 S. 4, 5 regelmäßig nur noch dann möglich, wenn die Entscheidung zu einer erheblichen Verzögerung des Verfahrens führen würde. Nach § 406 Abs. 2 ist auch ein Anerkenntnisurteil zulässig.

[1088] Abweichend von der früheren Gesetzesfassung wird also nicht mehr pauschal auf die Rechte des Privatklägers verwiesen.

[1089] Zur Nebenklage in der Berufung *Schmid* NStZ 2011, 611.

[1090] Vgl. BGH 19.3.1986 – 2 StR 38/86, NJW 1986, 2716 (2717).

[1091] Vgl. BGH 12.7.1990 – 4 StR 247/90, BGHSt 37, 136 f. = NJW 1990, 2479.

[1092] Vgl. BGH 30.10.1992 – 3 StR 478/92, NStZ 1993, 145.

[1093] Zur Möglichkeit der Prozesskostenhilfe vgl. § 404 Abs. 5. Die Beiordnung eines RA als Nebenkläger erstreckt sich nicht automatisch auf das Adhäsionsverfahren, vgl. BGH 30.3.2001 – 3 StR 25/01, NJW 2001, 2486.

[1094] Vgl. § 404 Abs. 1 S. 1.

Gegen den Beschluss, über den Antrag nicht zu entscheiden (vgl. § 406 Abs. 5 S. 2), ist nach § 406a Abs. 1 die **sofortige Beschwerde** zulässig; soweit dem Antrag stattgegeben wird, sind nach § 406a Abs. 2 **Berufung und Revision** zulässig. Nach § 406c kann auch ein Antrag auf Wiederaufnahme des Verfahrens darauf gerichtet sein, eine wesentlich andere Entscheidung über den Anspruch herbeizuführen. Nicht zugesprochene Teile der im Adhäsionsverfahren angeforderten Leistung können – da keine rechtskräftige Sachentscheidung darüber vorliegt, sondern von einer Entscheidung abgesehen wird – vor dem **Zivilgericht** geltend gemacht werden. 549

II. Beschleunigtes Verfahren

1. Allgemeines. Das in §§ 417 ff. geregelte beschleunigte Verfahren soll in Fällen mit **einfachen Sachverhalten** bzw. **klarer Beweislage** eine rasche und damit auch **zeitnahe Behandlung** der Sache im Bereich der geringfügigen bis unteren mittleren Kriminalität ermöglichen. Anders als im Strafbefehlsverfahren (→ Rn. 556) wird dabei zwar ein mündliches Verfahren beibehalten, allerdings an verschiedenen Stellen entschlackt bzw. gestrafft. 550

Im Privatklageverfahren sind die Vorschriften über das beschleunigte Verfahren nicht anwendbar; eine Beteiligung als **Nebenkläger** ist jedoch möglich. Gegenüber **Jugendlichen** findet (anders als gegenüber **Heranwachsenden**) kein beschleunigtes Verfahren statt (vgl. § 79 Abs. 2 JGG); stattdessen kann hier das vereinfachte Jugendverfahren nach § 76–78 JGG zur Anwendung kommen. Zur Frage nach der Zulässigkeit des beschleunigten Verfahrens in der Rechtsmittelinstanz vgl. *Ranft* NStZ 2004, 424. Zur Sicherung des beschleunigten Verfahrens ist nach § 127b eine **vorläufige Festnahme** und Inhaftierung möglich. 551

2. Voraussetzungen. Liegen ein einfacher Sachverhalt oder eine klare Beweislage sowie eine **Straferwartung bis maximal ein Jahr Freiheitsstrafe** (vgl. § 419) vor, so ist das beschleunigte Verfahren auf Antrag der StA nach § 417 vor dem Strafrichter oder dem Schöffengericht möglich. Die Zurücknahme des Antrags ist nach verbreiteter Meinung bis zur Urteilsverkündung,[1095] nach anderer Auffassung nur bis zum Beginn der Vernehmung des Angeklagten in der Hauptverhandlung zulässig.[1096] Liegen die Voraussetzungen für ein beschleunigtes Verfahren nicht vor, so wird der Antrag gem. § 419 Abs. 2 S. 2 durch unanfechtbaren Beschluss abgelehnt. Dies ist auch noch in der Hauptverhandlung möglich, insbes. sofern die Straferwartung nicht ausreicht oder eine Maßregel nach § 61 Nr. 1–4, 6 StGB verhängt werden müsste, da aus dem Bereich der **Maßregeln der Besserung und Sicherung** nur die Entziehung der Fahrerlaubnis nach § 61 Nr. 5 StGB zulässig ist (vgl. § 419 Abs. 1 S. 3). Wenn das Gericht die Entscheidung im beschleunigten Verfahren ablehnt, der Angeschuldigte einer Straftat aber iSd § 203 hinreichend verdächtig erscheint, so beschließt es zugleich die Eröffnung des Hauptverfahrens; von der Einreichung einer neuen Anklageschrift kann hier abgesehen werden (vgl. § 419 Abs. 3). Liegen dagegen die Voraussetzungen vor, so hat das Gericht nach § 419 Abs. 1 S. 1 dem Antrag zu entsprechen; es gibt insoweit also kein Ermessen des Gerichts. 552

3. Verfahrensbesonderheiten. Abweichend vom Regelverfahren ist nach § 418 Abs. 3 S. 1 die **mündliche Anklage ausreichend.**[1097] Das **Zwischenverfahren entfällt** insoweit, als nach § 418 Abs. 1 S. 1 ohne Entscheidung über die Eröffnung des Hauptverfahrens die Hauptverhandlung sofort oder in kurzer Frist durchgeführt werden kann. Die Ladungsfristen sind nach § 418 Abs. 2 S. 3 auf 24 Stunden verkürzt; wenn der Beschuldigte erscheint oder vorgeführt wird, ist überhaupt keine Ladung erforderlich. 553

[1095] Vgl. BayObLG 18.12.1997 – 5 St RR 147–96, NJW 1998, 2152; KK/*Graf* § 417 Rn. 6; SK/*Paeffgen* § 417 Rn. 11.

[1096] So OLG Oldenburg 21.2.1961 – 1 Ss 14/61, NJW 1961, 1127; *Meyer-Goßner* § 417 Rn. 13.

[1097] Vgl. auch OLG Hamburg 3.11.1999 – 2 Ss 117/99, StV 2000, 127; OLG Frankfurt a. M. 19.10.2000 – 3 Ss 346/00, StV 2001, 341.

554 In der Verhandlung ist insbes. die Beweisaufnahme entformalisiert: Nach § 420 Abs. 1, 2 ist eine erweiterte vernehmungsersetzende Verlesung von Niederschriften möglich, soweit Angeklagter, Verteidiger und StA zustimmen (vgl. § 420 Abs. 3). Nach § 420 Abs. 4 wird der Umfang der Beweisaufnahme unbeschadet der Amtsaufklärungspflicht (§ 244 Abs. 2) im Verfahren vor dem Strafrichter von diesem bestimmt, dh insbes. das formelle **Beweisantragsrecht entfällt,** und Beweisanträge können nicht nur unter den Voraussetzungen der §§ 244 Abs. 3–5, 245 abgelehnt werden.

555 Bei einer **Straferwartung von mindestens 6 Monaten** liegt – gleichsam als Kompensation für die Entformalisierung und die damit einhergehenden Rechtsverluste – ein Fall der notwendigen Verteidigung vor, vgl. § 418 Abs. 4.

III. Das Strafbefehlsverfahren

556 **1. Allgemeines.** Das in §§ 407–412 geregelte Strafbefehlsverfahren ist ein **summarisches Verfahren**[1098] zur raschen Erledigung tatsächlich und rechtlich einfach gelagerter Fälle. Seine Durchführung schont aber nicht nur justizielle Ressourcen, sondern kann auch im Interesse des Beschuldigten liegen, da es **kostengünstig und „diskret"** (dh insbes. ohne öffentliche Hauptverhandlung) vonstatten geht.[1099] Vor diesem Hintergrund sieht Nr. 75 Abs. 3 RiStBV vor, dass in geeigneten Fällen der Strafbefehl der Regelfall und die Anklage die Ausnahme sein sollen.

557 **2. Voraussetzungen.** Der Erlass eines Strafbefehls setzt einen entsprechenden **Antrag** durch die StA (vgl. § 407 Abs. 1 S. 1) bzw. der zuständigen Finanzbehörde (vgl. § 400 AO) voraus. Dieser Antrag muss auf eine bestimmte Rechtsfolge gerichtet sein und ersetzt die Erhebung der **öffentlichen Klage.** Nach § 408a ist auch nach Eröffnung des Hauptverfahrens der Übergang ins Strafbefehlsverfahren vorstellbar.

558 Soweit die übrigen Voraussetzungen vorliegen, ist das Strafbefehlsverfahren bei allen **Vergehen** grds. zulässig. Mögliche Rechtsfolgen sind insbes. Geldstrafe, Verwarnung mit Strafvorbehalt, Absehen von Strafe sowie bei verteidigten Angeschuldigten auch eine Freiheitsstrafe bis zu 1 Jahr auf Bewährung. Ferner können Fahrverbot, Verfall und Einziehung sowie Entziehung der Fahrerlaubnis bis zu 2 Jahren angeordnet werden.

559 Lehnt das Gericht den Antrag auf Erlass des Strafbefehls mangels hinreichenden Tatverdachts ab (vgl. § 408 Abs. 2 S. 1), hat die StA nach § 408 Abs. 2 S. 2 iVm § 210 Abs. 2 die Möglichkeit der sofortigen Beschwerde. Die **Ablehnung des Erlasses** wegen örtlicher oder sachlicher Unzuständigkeit können mit der einfachen Beschwerde nach § 304 Abs. 1 angefochten werden. Liegen beim Richter Zweifel vor, deren Behebung durch eine Hauptverhandlung zu erwarten ist, oder möchte er in der rechtlichen Beurteilung des Sachverhalts oder in der Rechtsfolge vom Antrag der StA abweichen, beraumt er nach § 408 Abs. 3 S. 2 eine **Hauptverhandlung** an.

560 **3. Verfahrensablauf bei Erlass eines Strafbefehls.** Liegen die Voraussetzungen für den Erlass dagegen vor, erlässt der Strafrichter (vgl. § 25 Nr. 2 GVG) den Strafbefehl; wegen der begrenzten Rechtsfolgenkompetenz im Strafverfahren und der höherliegenden Eröffnungszuständigkeit kommt ein Strafbefehl durch das Schöffengericht regelmäßig nur in Fällen des § 408a in Betracht. Eine Anhörung des Beschuldigten durch das Gericht vor Erlass des Strafbefehls ist nicht notwendig. Der Strafbefehl wird **ohne Hauptverhandlung** erlassen (vgl. § 408 Abs. 3 S. 1) und schriftlich zugestellt, weshalb auch das Erfordernis eines Eröffnungsbeschlusses entfällt. Sein in § 409 geregelter Inhalt muss ungefähr den Anforderungen einer Anklageschrift entsprechen;[1100] zusätzlich ist aber die Festsetzung einer Rechtsfolge erforderlich, ohne welche der Strafbefehl unwirksam und damit unbeachtlich ist.[1101]

[1098] Vgl. BGH 8.7.1980 – 5 StR 686/79, BGHSt 29, 305 (307) = NJW 1980, 2364; BVerfG 15.2.1993 – 2 BvR 1746/91, NJW 1993, 2735 (2736).

[1099] Vgl. auch BVerfG 21.1.1969 – 2 BvR 724/67, BVerfGE 25, 158 (165) = NJW 1969, 1103.

[1100] Vgl. OLG Düsseldorf 30.10.1990 – 5 Ss 203/90 – 31/90 III, wistra 1991, 32.

[1101] Vgl. OLG Düsseldorf 30.3.1984 – 2 Ss 109/84; 47/84 III, MDR 1984, 690.

4. Einspruch. Gegen den Strafbefehl kann der Angeschuldigte **binnen zwei Wochen Einspruch** einlegen, vgl. § 410 Abs. 1. Soweit dies nicht erfolgt, steht der nicht mehr anfechtbare Strafbefehl nach § 410 Abs. 3 einem **rechtskräftigen Urteil** gleich, ist vollstreckbar[1102] und verbraucht die Strafklage. Ohne Einspruch kann dem – auch vor Ablauf der Einspruchsfrist – nicht durch Rücknahme von Strafbefehlsantrag und Strafbefehl der Boden entzogen werden; da der Erlass des Strafbefehls der Zulassung zur Hauptverhandlung gleich steht (vgl. auch § 433 Abs. 1 S. 2), ergibt sich das letztlich aus dem Prinzip der Immutabilität gem. § 156. Wegen der Besonderheiten des summarischen Verfahrens besteht aber eine **erweiterte Möglichkeit der Wiederaufnahme** zu Ungunsten des Verurteilten, vgl. § 373a sowie → Rn. 524. 561

Wird Einspruch eingelegt, so kommt es zu einer **Hauptverhandlung nach** grundsätzlich **allgemeinen Vorschriften.** Nach § 411 Abs. 2 S. 2 gilt allerdings das **vereinfachte Beweisaufnahmeverfahren** wie im beschleunigten Verfahren (und damit insbes. auch das Entfallen des förmlichen Beweisantragsrechts, was die unschöne Konsequenz hat, dass der doch massive Einschnitt in die Verteidigungsrechte in dem praktisch weitaus häufigeren Fall des Einspruchs auf einen Strafbefehl hin nicht explizit, sondern nur durch einen versteckten Verweis auf den praktisch viel selteneren Fall des beschleunigten Verfahrens erfolgt). In der Hauptverhandlung besteht allerdings abweichend von den allgemeinen Regeln keine Pflicht des Angeklagten zum Erscheinen, soweit er durch einen bevollmächtigten RA vertreten wird (vgl. § 411 Abs. 2). Erscheinen weder der Angeklagte noch sein Vertreter, wird der Einspruch verworfen. 562

Die **Entscheidung** nach der Hauptverhandlung wird **wie im Regelverfahren tenoriert.** Es besteht insoweit keine Bindungswirkung des Strafbefehls, vielmehr ist nach § 411 Abs. 4 hier auch eine **reformatio in peius zulässig** (und wird nicht selten eintreten, da in die in dem Strafbefehl festgesetzte Rechtsfolge bereits die in seiner Akzeptanz liegende geständnisgleiche Funktion „eingepreist" ist). 563

IV. Weitere besondere Verfahrensarten

1. Das Sicherungsverfahren. a) Allgemeines. Das in §§ 413–416 geregelte Sicherungsverfahren bietet die Möglichkeit der **selbständigen Anordnung von Maßregeln bei schuldunfähigen Tätern,** gegen die kein reguläres Strafverfahren durchführbar ist. Damit korrespondiert das Verfahren mit der zweiten Spur im Sanktionensystem des materiellen Strafrechts, in welcher neben der (repressiven) Strafe auch die (präventiven) Maßregeln der Besserung und Sicherung beheimatet sind. **Gegenstand der selbständigen Anordnung** ist dabei insbes. die Unterbringung in einem psychiatrischen Krankenhaus (nach § 71 Abs. 1 StGB[1103]) oder aber Berufsverbot und Entziehung der Fahrerlaubnis nach § 71 Abs. 2 StGB. Auch im Sicherungsverfahren ist nach § 395 Abs. 1 eine Nebenklage zulässig. 564

b) Voraussetzungen. Das Sicherungsverfahren ist nur zulässig, wenn ein **Strafverfahren wegen Schuldunfähigkeit** oder Verhandlungsunfähigkeit **nicht durchgeführt** werden kann; nach hM gilt dies auch bereits bei Zweifeln, die der Durchführbarkeit entgegenstehen.[1104] Bei Verhandlungsunfähigkeit ist ein Sicherungsverfahren nur bei dauernder, dh für unabsehbare Zeit nicht behebbare Verhandlungsunfähigkeit zulässig; anderenfalls hat eine vorläufige Einstellung nach § 205 zu erfolgen. 565

c) Verfahren. Zuständig ist in den **meisten Fällen** nach **§ 24 Abs. 2 GVG** das **AG,** nämlich dann, wenn es um die Unterbringung in einer Entziehungsanstalt, die Verhängung eines Berufsverbotes oder die Entziehung der Fahrerlaubnis geht; innerhalb der amtsgerichtlichen Zuständigkeit soll aufgrund der erweiterten Zuständigkeit des Einzelrichters nach 566

1102 Worauf nach § 409 Abs. 1 Nr. 7 im Strafbefehl hingewiesen werden muss.

1103 Für die Unterbringung in einem psychiatrischen Krankenhaus ist dabei eine erhöhte Wahrscheinlichkeit schwerer Störungen erforderlich, vgl. BGH 15.9.1992 – 1 StR 603/92, NStZ 1993, 78.

1104 Vgl. BGH 26.9.1967 – 1 StR 378/67, BGHSt 22, 1 ff. = NJW 1968, 412 f.

§ 25 Nr. 2 GVG seit dem Rechtspflegeentlastungsgesetz regelmäßig dieser und nur noch bei schwereren Straftaten bzw. Verbrechen das Schöffengericht zuständig sein.[1105] Trivial ist die Beantwortung dieser Frage deshalb nicht, weil das Sicherungsverfahren nicht ohne weiteres in das Schema der Höhe der erwarteten Freiheitsstrafe passt. Die Unterbringung in einem psychiatrischen Krankenhaus und die Entscheidung in Fällen besonderer Bedeutung sind nach § 74 Abs. 1 S. 2 GVG den Strafkammern vorbehalten; bei Straftaten nach § 74 Abs. 2 GVG ist auch für das Sicherungsverfahren das Schwurgericht zuständig,[1106] in Verfahren gegen **Jugendliche** und **Heranwachsende** gelten die §§ 40, 41, 109 JGG (Zuständigkeit der Jugendgerichte).[1107]

567 Im Sicherungsverfahren sind nach § 414 Abs. 1 grds. sinngemäß die Vorschriften über das reguläre Strafverfahren anwendbar. **Verfahrensbesonderheiten** ergeben sich insbes. dadurch, dass ein Unterbringungsbefehl statt eines Haftbefehls erlassen werden kann (vgl. § 126a), dass eine Antragsschrift statt einer Anklageschrift vorzulegen ist (vgl. § 414 Abs. 2) sowie dass nicht vom Angeklagten, sondern vom Beschuldigten die Rede ist (vgl. § 415). Die Öffentlichkeit kann nach § 171a GVG ausgeschlossen werden. Auch kann in Abwesenheit des Beschuldigten verhandelt werden, sofern er vorher unter den Voraussetzungen des § 415 Abs. 2, 4 angehört wurde (vgl. § 415 Abs. 1, 3). Das Sicherungsverfahren bildet nach Maßgabe des § 140 Abs. 1 Nr. 7 einen Fall der **notwendigen Verteidigung;** ebenfalls notwendig ist die Berichterstattung eines Sachverständigen über den Zustand des Beschuldigten, vgl. § 415 Abs. 5.

568 Stellt sich heraus, dass die Tat doch im schuldfähigen Zustand begangen wurde, ist eine **Überleitung in das allgemeine Strafverfahren möglich** (vgl. § 416). Auch durch ein rechtskräftiges Sicherungsurteil tritt Strafklageverbrauch ein.[1108]

569 **2. Verfahren bei Einziehung und Beschlagnahme.** In §§ 430 ff. ist das **Verfahren bei Einziehung und Beschlagnahme** geregelt. Dabei betreffen die §§ 431–439 und 440 das **subjektive Verfahren,** also das Verfahren über die Einziehung oder Beschlagnahme im Rahmen eines Strafverfahrens gegen eine bestimmte (vom Einziehungsadressaten verschiedene) Person, während die §§ 440 und 441 das **objektive Verfahren** regeln, also die Beschlagnahme nach § 76a StGB in Fällen, in denen wegen der Straftat keine bestimmte Person verfolgt oder verurteilt werden kann. § 430 ermöglicht allgemein in Anknüpfung an § 154a die Einziehung oder den Verfall als Gegenstand der Untersuchung und Entscheidung auszuklammern, um das Verfahren zu vereinfachen und zu beschleunigen. Der im Gesetz genannten Einziehung stehen dabei in den §§ 430–441 Verfall, Vernichtung, Unbrauchbarmachung und Beseitigung eines gesetzwidrigen Umstandes gleich (vgl. § 442). § 443 schließlich ermöglicht die Beschlagnahme des gesamten im Geltungsbereich der StPO befindlichen Vermögens (oder einzelne Vermögensgegenstände) eines Beschuldigten, gegen den wegen der dort genannten Straftaten öffentliche Klage erhoben oder der Haftbefehl erlassen worden ist.

570 **3. Festsetzung von Geldbußen gegenüber juristischen Personen und Personenvereinigungen.** In der Vorschrift des **§ 444,** welche allein den 4. Abschnitt des 6. Buches bildet, ist das Verfahren bei der **Festsetzung von Geldbußen gegen juristische Personen** oder Personenvereinigungen (§ 30 OWiG) geregelt, soweit diese **im Strafverfahren** erfolgt.[1109] **§ 30 OWiG** setzt dabei voraus, dass eine natürliche Person eine Straftat oder Ordnungswidrigkeit begangen und dabei in ihrer Funktion als eine der vertretungsberechtigten bzw. organschaftlichen Person gehandelt hat, welche in § 30 OWiG genannt werden. Durch die Tat muss eine Pflicht der juristischen Person bzw. Personenvereinigung verletzt oder diese bereichert (oder zumindest eine Bereicherung derselben angestrebt) worden sein.

571 Die Entscheidung über die Geldbuße hat grds. **einheitlich mit der Entscheidung über Schuldspruch und Rechtsfolgen** gegen den Angeklagten und im selben (subjektiven)

[1105] Vgl. *Meyer-Goßner* § 414 Rn. 8; KMR/*Metzger* § 414 Rn. 7.
[1106] Vgl. BGH 5.4.2001 – 4 StR 56/01, NStZ-RR 2002, 104.
[1107] Vgl. OLG Stuttgart 27.10.1987 – 3 Ws 342/87, NStZ 1988, 225 f.
[1108] Vgl. BGH 29.4.1958 – 1 StR 68/58, BGHSt 11, 319 (322) = NJW 1958, 1050 (1051).
[1109] Näher zum Ganzen auch SSW/*Kudlich*/*Schuhr* § 444 Rn. 1 ff.

Verfahren zu erfolgen. Nur unter der Voraussetzung des § 30 Abs. 4 OWiG ist ein selbständiges (objektives) Verfahren statthaft, auf das § 444 Abs. 3 Anwendung findet.

Inhaltlich erfolgt die Ausgestaltung weitgehend durch **Verweis auf die Rechtsstellung des Einziehungsbeteiligten bzw. Einziehungsinteressenten** nach §§ 431 ff., obwohl die Zielsetzung von § 444 iVm § 30 OWiG eine wesentlich andere ist und hier gerade eine der Beschuldigtenstellung ähnliche Position geschaffen werden soll.[1110] 572

Obwohl § 444 Abs. 1 die Anordnung der Beteiligung am Verfahren erst „im Strafverfahren", dh nach Erhebung der öffentlichen Klage[1111] zulässt, sind die **verfahrensrechtlichen Positionen** nach § 444 Abs. 2 S. 2 (etwa über das Schweigerecht) **auch schon im Vorverfahren** zu berücksichtigen. 573

4. Verfahren gegen Abwesende. § 276 sowie die unmittelbar anschließenden (§§ 277–284 sind unbesetzt) **§§ 285–295** regeln das **Verfahren gegen Abwesende.** Gegen diese kann nicht im genuin strafprozessualen Sinne „verhandelt" werden, da ein Anspruch auf rechtliches Gehör nach Art. 103 Abs. 1 GG besteht. Entsprechend betont § 285 Abs. 1, dass ein Verfahren gegen Abwesende nicht stattfindet und das insoweit eingeleitete Verfahren nur der **Beweissicherung** dient. Um ihm gleichwohl die Möglichkeit zu geben, am Verfahren Einfluss zu nehmen, sieht § 288 die Möglichkeit vor, den Abwesenden „in einem oder mehreren öffentlichen Blättern zum Erscheinen vor Gericht oder zur Anzeige seines Aufenthaltsortes" aufzufordern und ihm nach § 295 sicheres Geleit zu erteilen. Im Rahmen der Sicherung der Beweismittel kann nach § 290 auch eine (in §§ 291–293 näher geregelte) **Vermögensbeschlagnahme** gegen den Abwesenden angeordnet werden, deren Zweck darin liegt, die Stellung des Abwesenden durch Entzug seiner finanziellen Mittel zu bezwingen und damit letztlich die Durchführung der Hauptverhandlung zu ermöglichen.[1112] 574

Nicht geregelt sind in den §§ 276 ff. die Verletzungen der Anwesenheitspflicht gem. §§ 231 Abs. 2–232 bzw. der zeitweise Ausschluss aus der Hauptverhandlung nach § 247, da es sich jeweils um Maßnahmen in der Situation des Strafverfahrens gegen den „grundsätzlich Anwesenden" handelt. 575

5. Verfahren im Zusammenhang mit dem Völkerstrafgesetzbuch. In dem durch das Rom Statut (IStGH-Statut) und für Deutschland durch das VStGB sowie durch das IStGHG geprägten **Völkerstrafrecht** sind hinsichtlich des Prozessrechts – korrespondierend mit dem Komplementaritätsprinzip[1113] in Art. 17 IStGH-Statut – zwei verschiedene Konstellationen zu unterscheiden: Grds. sind die nach dem IStGH-Statut für strafbar erachteten Verhaltensweisen in den Straftatbeständen des deutschen VStGB abgebildet, für welche nach § 1 VStGB (zumindest theoretisch) ein weites und uneingeschränktes Weltrechtsprinzip gilt. Soweit nach dieser Maßgabe Straftatbestände des deutschen Strafrechts erfüllt sind und über diese **vor deutschen Gerichten verhandelt** wird, gilt im Grundsatz das normale **Regelverfahren der deutschen StPO.** Von einer Verfolgung kann freilich nach **§§ 153c Abs. 1 S. 2, 153f** in relativ weitem Umfang abgesehen werden, wenn sich der Beschuldigte nicht im Inland aufhält und ein solcher Aufenthalt auch nicht zu erwarten ist (wobei für deutsche Beschuldigte noch weitere, tendenziell verfolgungsfreundlichere Regelungen gelten). Nur soweit – ausnahmsweise bzw. nach der Konzeption des deutschen Gesetzgebers eigentlich nicht vorhergesehen – durch das deutsche Strafrecht keine hinreichende Verfolgung einer Völkerstraftat erfolgt, wird nach dem Komplementaritätsprinzip der **internationale Strafgerichtshof** tätig. Hierzu findet sich in den **Teilen 5 und 6 des IStGH-Statuts** (Art. 57 ff.) eine Reihe von Vorschriften sowohl zum Ermittlungs- als auch zum Hauptverfahren. 576

[1110] Vgl. Löwe/Rosenberg/*Gössel* § 444 Rn. 6.

[1111] Vgl. *Meyer-Goßner* § 444 Rn. 6; SSW/*Kudlich/Schuhr* § 444 Rn. 5, 12.

[1112] Vgl. *Börner* NStZ 2005, 547 (548); *Meyer-Goßner* § 290 Rn. 1.

[1113] Vgl. knapp jeweils *Ambos* Internationales Strafrecht § 6 Rn. 34; § 7 Rn. 110; *Safferling* Internationales Strafrecht § 7 Rn. 22 ff.; *Satzger* Internationales und Europäisches Strafrecht § 14 Rn. 17 ff.; eingehend *Lafleur* Der Grundsatz der Komplementarität, 2011.

I. Auslegung des Strafprozessrechts

I. Allgemeines

577 **1. Strafprozessrecht als Auslegungsgegenstand.** Gemessen etwa am Allgemeinen Teil des (materiellen) Strafrechts, der sich schlagwortartig mit der Kennzeichnung „wenig Gesetz – viel Dogmatik" beschreiben ließe, ist die **StPO** an vielen Stellen ein sehr **detailreiches** und zT auch technisches **Gesetz.** Das ändert aber selbstverständlich nichts daran, dass – in manchen Bereichen mehr, in manchen Bereichen weniger[1114] – eine nähere Auseinandersetzung mit dem Gesetz und seine **Auslegung erforderlich** sind,[1115] weil für den ganz konkreten, eventuell auch atypisch gelagerten Fall verschiedene Lesarten denkbar sind.[1116] Dabei gelten im Grundsatz die **allgemeinen Auslegungsregeln,** wie sie sich als *leges artis* der Rechtsanwendung herausgebildet haben; die besondere strukturelle Situation des Strafprozesses und dabei insbes. seine erhebliche **Eingriffsintensität** sind dabei natürlich zu berücksichtigen, da die verfassungsrechtliche Stellung des von der staatlichen Strafverfolgung betroffenen Bürgers sich auch methodisch widerspiegeln muss.[1117]

578 **2. Die Rechtsquellen des Strafprozessrechts als Auslegungsgegenstand.** Gegenstand der Auslegung sind die **strafprozessualen Rechtsquellen,** also insbes. die einschlägigen gesetzlichen Vorschriften (vor allem die StPO, daneben etwa das GVG, das StGB oder das JGG) samt seinen verfassungsrechtlichen und zB auch international-rechtlichen Rahmenbedingungen.[1118] Nach tradiertem Verständnis keine Rechtsquelle in diesem Sinne sind **Entscheidungen** und auch nicht einmal eine ständige Rspr. (soweit sie sich nicht zu Gewohnheitsrecht verfestigt hat[1119]). Das ändert aber natürlich nichts daran, dass die höchstrichterliche Rspr. (und insbes. die „Obersätze" einer gefestigten Rspr.) tatsächlich von Bedeutung für die nachfolgende Rechtsfindung sind und diese möglicherweise noch stärker prägen als der Gesetzeswortlaut. Dies gilt nicht nur praktisch, da **Selbstreferenzen** empirisch zu den wichtigsten Begründungsinstrumentarien gerade auch der Obergerichte zählen,[1120] sondern es dürfte zumindest die Berücksichtigung einschlägiger Rspr. (gleichsam als Systematik zweiter Ordnung) auch unter methodischen Gesichtspunkten durchaus zu fordern sein.[1121]

579 Werden nun aber solche **Vorentscheidungen** (ersichtlich und auch legitimerweise) herangezogen, so sind auch sie im Einzelfall hinsichtlich ihrer Reichweite „auslegungsbedürftig", zB hinsichtlich der allgemeinen Abwägungsformel für das Eingreifen eines unselb-

---

1114 Auslegungsbedarf kann dabei durchaus auch bei eher technisch erscheinenden Regelungskomplexen wie der Fristberechnung entstehen, so etwa bei der früher in der Rspr. umstrittenen Frage, ob der Anfangstag einer Frist auch dann nach § 43 Abs. 1 nicht mitgezählt wird, wenn die Frist mit dem Beginn eines Tages anfängt (zB wenn sich die Revisionsbegründungsfrist an die Einlegungsfrist des § 341 anschließt, vgl. BGH 30.8.1989 – 3 StR 15/89, BGHSt 36, 241 = NJW 1990, 460; aA noch BayObLG 27.11.1967 – BWReg. 4 b St 15/67, NJW 1968, 904).

1115 Vgl. hierzu auch *Tiedemann*, FS Peters, 1984, 131 (gerade auch zur Auslegungsbedürftigkeit vermeintlicher rein technischer Normen bzw. bloßer „Ordnungsvorschriften").

1116 Exemplarisch etwa die Frage, ob auch der von der typischen Vorstellung des Gesetzgebers (vgl. § 100b Abs. 3) offenbar abweichende Fall einer Quellen-TKÜ von § 100a gedeckt sein soll, vgl. dazu zusammenfassend zum Streitstand jeweils aus neuerer Zeit *Buermeyer/Bäcker* HRRS 2009, 433 (438); *Becker/Meinicke* StV 2011, 50. Gerichtliche Stellungnahmen dazu bei AG Bayreuth 17.9.2009 – Gs 911/09, MMR 2010, 266 m. zust. Anm. *Bär;* LG Hamburg 1.10.2007 – 629 Qs 29/07, MMR 2008, 423 m. abl. Anm. *Bär;* AG Hamburg 28.8.2009 – 160 Gs 301/09, StV 2009, 636 mAnm *Kudlich* JA 2010, 310.

1117 Dass Methodenfragen auch Verfassungsfragen sind, dürfte nicht ernsthaft bestritten werden; vgl. aus neuerer Zeit etwa *Rüthers* Rechtstheorie 40 (2009) 253; *Forschner* AöR 136 (2011) 616. Zur Bedeutung des Verfassungsrechts für das Strafprozessrecht vgl. bereits → Rn. 45 ff.

1118 Zu den Rechtsquellen des Strafprozessrechts → Rn. 17 ff. sowie eingehend Löwe/Rosenberg/*Kühne* Einl. C und D.

1119 Ein solches (in diesem Falle verfassungsrechtliches) Gewohnheitsrecht, das auch für das Strafprozessrecht von maßgeblicher Bedeutung ist, dürfte mittlerweile der Grundsatz der Verhältnismäßigkeit sein.

1120 Vgl. hierzu *Kudlich/Christensen* Die Methodik des BGH in Strafsachen, 2009, S. 37 ff.

1121 Vgl. *Christensen/Kudlich,* Gesetzesbindung, 2008, S. 139 f., 161 ff.; *dies.,* Theorie richterlichen Begründens, 2001, S. 411 ff.

ständigen Beweisverwertungsverbotes (→ Rn. 460) oder hinsichtlich des Widerspruchserfordernisses bei Beweisverwertungsverboten, wie es die sog Widerspruchslösung (→ Rn. 476) postuliert: Gegenstand eines Auslegungsvorganges, der im Ausgangspunkt ganz ähnlich verläuft wie bei einer hypothetischen gesetzlichen Regelung mit dem Wortlaut der einschlägigen Rechtsprechungs-Obersätze, wäre hier etwa die Frage, ob in der konkreten Situation ein Beweisverwertungsverbot anzunehmen ist oder ob dem „Widerspruchserfordernis bis zum in § 257 StPO genannten Zeitpunkt" auch ein Widerspruch in der zweiten Tatsacheninstanz (Berufung) noch genügen kann. Dass auf eine solche „Auslegung von Vorentscheidungen" nicht alle für die Gesetzesauslegung entwickelten Parameter 1 : 1 übertragbar sind, ist schon deshalb nicht erstaunlich, weil der Entstehungsvorgang eines Gesetzes und einer Entscheidung maßgeblich voneinander abweichen. Vieles ist aber – zumindest *mutatis mutandis* – durchaus übertragbar, da auch die juristische Auslegung letztlich eine Spielart der allgemeinen hermeneutischen Texterschließung ist und weil jedenfalls bestimmte für das Recht besonders wichtige Kriterien (wie etwa der Vorhersehbarkeit oder der Rechtssicherheit) auch für die höchstrichterliche Rspr. nicht bedeutungslos sind.

3. „Auslegung" als Entscheidung eines Bedeutungskonfliktes. Nach traditionel- 580
lem Verständnis besteht die Auslegung von Gesetzen darin, dass der Normtext soweit „entfaltet" (bzw. „aus-legt") wird, bis die in ihm gleichsam versteckte Lösung des Auslegungsproblems deutlich wird. Realistischer ist demgegenüber wohl die Annahme, dass die Lösung des Problems noch nicht wirklich in der Norm „steckt" (und daher dort auch nicht einfach „gefunden" werden kann). Vielmehr hat der Rechtsanwender den **Konflikt über die Bedeutung des Normtextes** tatsächlich selbst zu entscheiden. Er hat zwar das Gesetz, an das er nach Art. 20 Abs. 3, 97 GG gebunden ist, als zentralen Orientierungspunkt. Auch dieses entbindet ihn jedoch nicht von der Last, letztlich eine eigene Entscheidung zu treffen.[1122]

Dieses unterschiedliche Verständnis vom tatsächlichen Vorgehen bei der Auslegung, 581
welches auch eher die Beschreibung als das wirkliche Vorgehen beim Auslegungsprozess betrifft, muss hier nicht vertieft werden. Unabhängig davon gilt: Für die Entfaltung der oder aber für die Entscheidung über die Bedeutung des Normtextes bilden die **Canones der Auslegung** die wichtigsten Hilfsmittel. Sie sind die Argumente für eine Vermehrung oder Reduzierung der Bedeutungsmöglichkeiten von gesetzlichen Begriffen, indem der Begriff in einen bestimmten Kontext gestellt wird. Bei der grammatischen Auslegung ist dies der Kontext des (insbes. Alltags-)Sprachgebrauchs; bei der systematischen Auslegung der Kontext der Verwendung des Begriffs in anderen Vorschriften, usw (zu den gängigen Canones der Auslegung → Rn. 584 ff.).

4. Die allgemeinen Kollisionsnormen. Auch im Strafverfahrensrecht gelten neben 582
den allgemeinen Canones der Auslegung, (→ Rn. 584 ff.) insbes. die **allgemeinen Kollisionsnormen** bei der Auslegung. Diese sind etwa die Grundsätze des Vorranges der ***lex specialis*** oder der ***lex posterior*** (wobei von Letzterem die allgemeinen Grundsätze des intertemporalen Strafprozessrechts bzw. die Existenz von Überleitungsvorschriften bei Gesetzesänderungen zu unterscheiden sind, → Rn. 607 ff.). Nicht anders als in den sonstigen Rechtsgebieten ist bei diesen Kollisionsnormen im Einzelfall zu prüfen, ob sich nicht aus Sinn und Zweck einer der beiden jeweils kollidierenden Normen ein anderes Vorrangverhältnis ergibt. Im Strafprozessrecht ist dies als Problem etwa greifbar, soweit es um das Verhältnis der EMRK zu Regelungen der deutschen StPO geht. Nach überwiegender Auffassung gilt die EMRK in Deutschland im Rang einfachen Gesetzesrechts,[1123] so dass nachkonventionelles einfaches deutsches Gesetzesrecht nach dem lex posterior-Grundsatz an sich der EMRK vorgehen müsste. Soweit dieses Ergebnis irgendwie durch Auslegung zu verhindern ist, ist aber zu unterstellen, dass der deutsche Gesetzgeber grds. nicht die

---

[1122] Vgl. näher *Christensen/Kudlich,* Theorie richterlichen Begründens, 2001, pass., insbes. S. 157 ff.

[1123] Vgl. statt vieler nur mwN Sieber/Brünner/Satzger/von Heintschel-Heinegg/*Kreicker,* Europäisches Strafrecht § 51 Rn. 7 f.; divergierende Ansätze etwa bei *Bleckmann* EuGRZ 1994, 149 (153).

Absicht hat, in konventionswidriger Weise von der EMRK abweichende gesetzliche Regelungen zu schaffen, so dass sich kraft Natur der Sache eine Einschränkung (wenngleich auch keine vollständige Durchbrechung) des *lex posterior*-Grundsatzes ergibt.

583 **5. In dubio pro reo.** Der Grundsatz „in dubio pro reo" (→ Rn. 203) gilt für die **Rechtsanwendung nach ganz hM nicht.** Dies ist zwar in einem Rechtssystem mit staatlich gesetzten Normen (welche letztlich auch die Tatsachen darstellen) und unter Berücksichtigung der realistischerweise doch nur eingeschränkten Determination der Auslegungsentscheidung durch den Normtext nicht so selbstverständlich, wie es in einem naiven Bild einer entweder naturrechtlich intersubjektiv geltenden Rechtsordnung oder aber zumindest eines durch den Normtext bereits vollständig determinierten Rechtssystem, in welchem die Auslegungsentscheidung stets einen Akt der besseren Erkenntnis darstellt, angenommen werden könnte. Gerade wenn man davon ausgeht, dass Auslegungsfragen Bedeutungskonflikte über den Normtext zugrunde liegen (→ Rn. 580 f.) und es Aufgabe des Richters ist, diesen **Bedeutungskonflikt** zu entscheiden, tritt strenggenommen die für die Anwendung des in dubio-Grundsatzes erforderliche Situation des „Zweifels" nicht ein. Dessen Bezugspunkt ist ja das tatsächliche Geschehen, bei welchem der Richter (unüberwindbare) Zweifel haben kann, ob dieses so oder anders verlaufen ist. Bei der Entscheidung über einen Bedeutungskonflikt, zu dem es gerade keine einfach erkennbare *lex ante casum* gibt, kann über die Existenz des „Ist-Zustandes" ein solcher Zweifel gerade nicht bestehen. Vielmehr würde ein Auslegungszweifel nur zum Ausdruck bringen, dass der Bedeutungskonflikt schwierig zu entscheiden ist. Wo solche Schwierigkeiten bestehen, dürfte es aber wohl durchaus zulässig sein, mit (ihrerseits wieder durch Auslegung zu ermittelnden) **„Argumentationslastregelungen"**[1124] zu arbeiten, wie man sie etwa im Bereich strafprozessualer Grundrechtseingriffe mit dem Grundsatz „in dubio pro libertate", bei der Zulässigkeit von nur mittelbaren Beweismitteln in der Hauptverhandlung mit dem Unmittelbarkeitsgrundsatz[1125] usw formulieren könnte.

II. Die tradierten Auslegungsmethoden

584 In der **dogmatischen Literatur** werden traditionell – in Anlehnung an das, wenngleich nicht in völliger Übereinstimmung mit dem *Savigny*'sche(n) Methodenquartett[1126] – die grammatische, die systematische, die historische und die teleologische Auslegung als wesentliche Auslegungsmethoden genannt. Auch wenn neben diesen **klassischen Canones**[1127] (bzw. teilw. auch innerhalb derselben weiter ausdifferenzierend) noch diverse „Auslegungsargumente" vorstellbar sind,[1128] verdienen sie besondere Beachtung, weil sie solche Kontexte erschließen, die für das Verständnis von Rechtsnormen typischerweise besonders bedeutsam sind:

585 **1. Grammatische Auslegung.** Die grammatische Auslegung erschließt den Kontext der **Alltagssprache** und **des Sprachgebrauchs des Gesetzes;** daneben kann insbesondere in Spezialregelungen für bestimmte Lebensbereiche auch der **Fachsprachgebrauch** der

---

[1124] Vgl. zu solchen „Argumentationslastregelungen" im materiellen Strafrecht etwa *Kudlich,* Die Unterstützung fremder Straftaten durch berufsbedingtes Verhalten, 2004, etwa S. 197 f., 222 f., 355 f., sowie zusammenfassend S. 427 ff.

[1125] Die Interpretation als eine solche „Argumentationslastregel" bei der Auslegung ist ein denkbarer Anwendungsbereich für den Unmittelbarkeitsgrundsatz als Prozessmaxime, wenn oben (→ Rn. 122) erläutert wurde, dass überall dort, wo klare/im Einzelfall unstreitige Regelungen bestehen, der Unmittelbarkeitsgrundsatz nur insoweit Geltung beanspruchen kann, wie er in den Einzelregeln der StPO Ausdruck gefunden hat.

[1126] Vgl. *Stein,* Die rechtswissenschaftliche Arbeit, 2000, S. 13.

[1127] Zu deren Verwendung in der strafrechtlichen Rspr. des BGH ausführlich *Simon,* Gesetzesauslegung im Strafrecht, 2005.

[1128] Genau genommen, ist die Zahl der Argumente sogar nicht abschließend benennbar. Eine Übersicht mit weiteren Argumenten, die aber auch keinesfalls abschließend ist, findet sich bei *Kudlich/Christensen,* Die Methodik des BGH in Strafsache, 2009, S. 23 f.

jeweiligen Gruppe eine Rolle spielen.[1129] Dahinter steht der Gedanke, dass der Gesetzgeber einen Begriff im Zweifel so verwenden wird, wie er allgemein oder in Fachkreisen der geregelten Materie verwendet wird oder wie er ihn selbst an anderer Stelle im Gesetz verwendet. Wirklich enge Grenzen werden damit freilich nicht gezogen, da „mögliche" Begriffsverwendungen **denkbar weit** gehen. Selbst Verwendungsbeispiele in Wörterbüchern können nicht iS einer negativen Ausschlussfunktion bei Nichterwähnung bedeutungsreduzierend wirken, da sie keine abschließenden „Sprachgesetzbücher", sondern nur Sammlungen nicht enumerativ aufgezählter Beispiele sind.[1130] Insoweit wird das grammatische Argument im Regelfall zu einer Erweiterung der potentiellen Verständnismöglichkeiten eines Normtexts herangezogen und spielt darüber hinaus in der Entscheidungspraxis – selbst im materiellen Strafrecht mit der strengen Bindung des Art. 103 Abs. 2 GG – wohl eine geringere Rolle, als man spontan erwarten würde.[1131]

2. Systematische Auslegung. Die systematische Auslegung erschließt den **Kontext des Gesetzes bzw. der Rechtsordnung** als Ganzes. Dahinter steht primär der Gedanke, dass der Gesetzgeber insgesamt um eine möglichst widerspruchsfreie Regelung bemüht ist. Dass ihm dies nicht immer gelingt (und dass dies einer der Punkte ist, derentwegen die systematische Auslegung an ihre Grenzen stößt), ist unter Juristen hinlänglich bekannt. Während der Umstand, dass die in Bezug genommene Stelle ihrerseits erst wieder ausgelegt werden müsste, bevor etwas darüber ausgesagt werden kann, wie die eigentliche interessierende Norm im Sinne einer widerspruchsfreien Regelung zu lesen wäre, oft eher ein theoretisches Problem ist, wiegt ein anderer Punkt schwerer: Nicht selten ist nicht ohne weiteres klar, ob die in Bezug genommene Regelung **eher Modell- oder Ausnahmecharakter** hat, dh ob die daran anknüpfende Argumentation eher analogischen oder gegenschlüssigen Charakter hat. Mit diesen Vorbehalten bezüglich der Ergiebigkeit kann die systematische Auslegung sowohl einen „bedeutungsreduzierenden" als auch „bedeutungserweiternden" Kontext darstellen, wenn es um die Frage geht, ob ein bestimmter Sachverhalt noch von der Norm gedeckt ist. 586

Gleichsam als „Systematik zweiter Ordnung" können und müssen auch die **Ergebnisse früherer Entscheidungen** in den Rechtsfindungsvorgang einbezogen werden.[1132] Dies nicht nur iS einer dadurch möglichen Präzisierung von Generalklauseln und unbestimmten Rechtsbegriffen, sondern auch als Teil eines Gesamtgefüges, in dem jede neue Entscheidung über einen Bedeutungskonflikt begründet verortet werden muss.[1133] 587

3. Historische und genetische Auslegung. Die oft unter dem Oberbegriff „historische Auslegung" firmierenden Argumente lassen sich präziser zuordnen, wenn man zwischen **historischer Auslegung** (ieS) und (historisch-) **genetischer** Auslegung unterscheidet. Erste bezieht sich auf das historische Verständnis von **Vorgängerregelungen,** letztere auf die **Gesetzesmaterialien.**[1134] Dahinter steht der Gedanke, dass der Gesetzgeber sich 588

[1129] Vgl. dazu mit Beispielen auch *Vogel,* Juristische Methodik, 1998, S. 114. Zu den Grenzen der Berücksichtigung der Fachsprache BGH 25.10.2006 – 1 StR 384/06, NJW 2007, 524 (in einem materiell-rechtlichen Kontext), sowie zu dieser Entscheidung *Kudlich/Christensen/Sokolowski* in: Müller (Hrsg.), Politik, (Neue) Medien und die Sprache des Rechts, 2007, S. 119 einerseits sowie *Montiel/Ludeña* ZIS 2010, 618 andererseits.

[1130] Zur Wörterbuchproblematik vgl. auch *Kudlich/Christensen* JR 2011, 146.

[1131] *Kudlich/Christensen* Die Methodik des BGH in Strafsachen, 2009, S. 23 ff. Für das Strafprozessrecht gilt dies umso mehr, und so ist es kein Zufall, dass etwa die zur grammatischen Auslegung bei *Meyer-Goßner* Einl. Rn. 196 angeführten Beispiele alle das materielle Strafrecht (BGHSt 3, 259 (262) = NJW 1953, 72 zur Strafzumessung; BGHSt 14, 116 (118) = NJW 1960, 829 zu § 142 StGB; BGHSt 18, 151 (152) = NJW 1963, 914 zu § 91 StGB) und in einem Fall sogar das Beamtenrecht betreffen (BVerfGE 8, 28 (33) = NJW 1958, 1227).

[1132] Vgl. auch *Meyer-Goßner* Einl. Rn. 197 unter Verweis auf BVerfG 21.6.1977 – 2 BvR 308/77, BVerfGE 45, 363 (372) = NJW 1977, 1815; zur Bedeutung von Selbstreferenzen und zur Systematik zweiter Ordnung auch *Kudlich/Christensen,* Die Methodik des BGH in Strafsachen, 2009, S. 37 ff., 80.

[1133] Zum rechtstheoretischen Rahmen (insbes. iS eines horizontalen Gesetzesbindungsverständnisses) vgl. *Christensen/Kudlich,* Gesetzesbindung, 2008, insbes. S. 125 ff.

[1134] Zum Nutzen einer subjektiven Auslegung (nicht nur dort, aber ua auch) dabei vgl. *Naucke*, FS Engisch, 1969, 274 ff.

bei seiner Arbeit teilw. an Vorläuferregelungen – sei es ihnen folgend, sei es gerade bewusst neue Wege einschlagend – orientiert und dies auch oft in den Materialien zum Ausdruck bringen wird. Auch die unkommentierte Übernahme älterer Regelungen kann freilich von Bedeutung sein und ggf. so gedeutet werden, dass der Gesetzgeber eine bekannte Praxis zur Kenntnis genommen und keinen Anlass dazu gesehen hat, diese zu ändern. Wo es keine unmittelbaren Vorläuferregelungen gibt, wird in den Gesetzgebungsverfahren mitunter umso intensiver auf die mit der Regelung verfolgten Ziele eingegangen. Gerade die **modernen Instrumente der Datenverarbeitung, Texterstellung und Fundstellenerschließung** führen dazu, dass die genetische Auslegung an Bedeutung gewinnt, da es offenbar in der Vorbereitung der Gesetze leichter fällt, entsprechende Papiere zu produzieren (was nicht notwendig mit einer gestiegenen gedanklichen Durchdringung einhergeht), und da solche Texte über die einschlägigen Datenbanken komfortabel erschließbar sind.[1135]

589 **4. Teleologische Auslegung.** Die teleologische Auslegung erschließt den **Regelungszweck** des Gesetzes, so wie er sich dem Interpreten – durchaus auch unter Berücksichtigung weiterer Canones – darstellt. Dahinter steht der Gedanke, dass der Gesetzgeber Normen so gestalten bzw. verstanden wissen möchte, dass die mit dem Gesetz bzw. der einzelnen Norm verfolgten Ziele möglichst gut erreicht werden. Soweit – wie häufig – durch die Förderung eines dieser Ziele andere an sich schützenswerte Interessen zwangsläufig beeinträchtigt werden, kann der teleologische Kontext auch Anhaltspunkte dafür geben, wie restriktiv eine Norm zum Nutzen dieser anderen Interessen noch ausgelegt werden darf, ohne dass der Regelungszweck der Norm gefährdet wird. In Fällen, in denen dabei die Anwendung einer Vorschrift gewissermaßen über die Wortlautgrenze hinaus zurückgenommen wird, wird üblicherweise nicht mehr von teleologischer Auslegung, sondern von einer teleologischen Reduktion gesprochen.

590 Solche teleologischen Erwägungen liegen natürlich auch anderen Argumenten teilw. zu Grunde, so dass sich **Überschneidungen** ergeben: So können historisch-genetische Auslegung oder Systematik auf einen bestimmten Sinn hindeuten, der dann als Argument für oder gegen eine Lesart herangezogen wird. Die teleologische Auslegung soll aber nach traditionellem Verständnis auch einen Rückgriff auf Regelungszwecke zulassen, die weniger spezifisch zum Ausdruck gebracht und dem Gesetz eher vom Interpreten nach seinem Verständnis zugebilligt werden. Dies macht sie freilich nicht nur besonders **anfällig** für den Einfluss eigener rein **subjektiver Anschauungen** des Rechtsanwenders, sondern auch jeweils eine genaue Prüfung erforderlich, ob durch den Rückgriff auf ein vermeintliches Telos nicht andere, normtextnähere Kontexte vernachlässigt werden. Auch darf die teleologische Auslegung insbesondere bei prozessualen Ermittlungsbefugnissen nicht zum „grundrechtsinvasiven Superargument" mit der Begründung werden, dass ein Maximum an Eingriffserlaubnis den mit den Eingriffsbefugnissen verfolgten Aufklärungszweck schließlich optimiere.[1136]

591 **5. Hierarchie der Auslegungsmethoden.** Betrachtet man dieses Quartett schon der traditionell auch in der dogmatischen Literatur anerkannten Auslegungsmethoden (und hat darüber hinaus sogar weitere denkbare Argumentformen aus dem grundsätzlich unbegrenzten Repertoire, → Rn. 584, im Blick), so drängt dies zu dem von *Arthur Kaufmann* so bezeichneten „Kardinalproblem"[1137] der Auslegungslehre, nämlich zur Frage einer **Hierar-**

[1135] Vgl. zu diesem Phänomen auch *Kudlich/Christensen,* Die Methodik des BGH in Strafsachen, 2009, S. 27.

[1136] Hier gelten die (verfassungsrechtlichen) Überlegungen entsprechend, die auch im materiellen Strafrecht Grund dafür sind, dass die teleologische Auslegung dort nicht zum „punitiven Superargument" werden darf, vgl. dazu *Kudlich,* FS Stöckel, 2010, 93 (113 f. mit Hinweis auf BVerfG 1.9.2008 – 2 BvR 2238/07, NJW 2008, 3627 (3629) und BVerfG 19.3.2007 – 2 BvR 2273/06, NJW 2007, 1666).

[1137] *Kaufmann,* in: ders./Hassemer/Neumann (Hrsg.), Einführung in Rechtsphilosophie und Rechtstheorie der Gegenwart, 2011, S. 136.

chie der Canones.[1138] Die **Ausgangspunkte** für dieses sind bekanntlich **konträr:**[1139] Während insbesondere in der dogmatischen Literatur im Rahmen von „methodischen Exkursen“ nicht selten von einem Primat der teleologischen Auslegung ausgegangen wird,[1140] zeigt sich andererseits auch eine Sympathie für einen Vorrang der normtextnahen Methoden der grammatischen und systematischen Auslegung,[1141] die nicht zuletzt in der stereotyp wiederholten Formel deutlich wird, wonach „der Wortlaut die äußerste Grenze der Auslegung“ bilde, was zwar nicht verkürzt als Beschränkung auf eine grammatische Auslegung verstanden werden darf,[1142] aber doch als starke Betonung des grammatischen Auslegungsarguments gedeutet werden muss.

Zutreffenderweise ist – das legen auch schon die einander so diametral gegenüberstehenden Grundannahmen nahe – davon auszugehen, dass eine für alle Fälle **feste „Rangfolge“** der Canones *nicht angegeben werden kann.*[1143] Vielmehr müssen die vorgebrachten **Argumente** in **doppelter Weise bewertet** werden,[1144] nämlich abstrakt **normstrukturell** sowie konkret nach ihrer **Intensität:** *Normstrukturell* ist das Gewicht eines Arguments umso größer, je näher es am Normtext steht. Textbezogene Argumente schlagen also Normbereichsargumente aus dem Feld, und diese wiederum bloße rechtspolitische Bewertungen usw. Neben dieser Einordnung des Arguments in die Normstruktur als „direkt textbezogen“, „indirekt textbezogen“ und „normgelöst“ muss jedoch noch eine *konkrete Bewertung* treten, die sich allerdings nur schwer vom jeweiligen Fall abheben lässt. Eine denkbare Abstufung wären die Kategorien Möglichkeit, Plausibilität und Evidenz.[1145] Möglich ist dabei ein Argument, wenn es nicht von vornherein ausgeschlossen ist. Plausibel heißt, dass das Argument überzeugend ist, aber Alternativen denkbar sind. Evident ist ein Argument, wenn im Moment keine Alternativen denkbar sind.[1146] **592**

Diese **doppelte Unterscheidung** macht auch die beiden scheinbar widersprüchlichen Ansätze von der teleologischen Auslegung als „Königsdisziplin“ einerseits und dem Vorrang normtextnaher Argumente andererseits miteinander kompatibel: Die grammatische Auslegung ist zwar abstrakt-normstrukturell vorrangig, fällt aber ihrer Intensität nach häufig nur unter die Kategorie „möglich“; die teleologische Auslegung ist abstrakt-normstrukturell zwar nachrangig, lässt aber – wenn man das als erkannt geglaubte Telos als verbindlich unterstellt – die Einschlägigkeit oder Nichteinschlägigkeit einer Norm am ehesten „evident“ erscheinen. **593**

III. Weitere gängige Auslegungsmethoden

Neben dem mehr oder weniger klassischen → Rn. 584 genannten „Methodenquartett“ gibt es noch **zahlreiche weitere Auslegungsargumente,** die als **Sachgesichtspunkte** **594**

[1138] Vgl. zum Folgenden auch bereits *Christensen/Kudlich,* Theorie richterlichen Begründens, 2001, S. 375 ff.; *Kudlich* JR 2008, 257 (258 ff.).

[1139] Vgl. etwa auch zur Bezugnahme auf Wortlaut einer- und Telos andererseits die Nachweise bei *Simon* Gesetzesauslegung im Strafrecht, 2005, S. 583 ff.

[1140] Vgl. etwa *Jescheck/Weigend* § 17 IV 1b mwN dort Fn. 14; *Wessels/Beulke/Satzger* Rn. 57; in diese Richtung zielend aus der Rspr. des BVerfG 21.5.1952 – 2 BvH 2/52, BVerfGE 1, 299 (312) = NJW 1952, 737; BVerfG 17.5.1960 – 2 BvL 11/59, 11/60, BVerfGE 11, 126 (130 f.) = NJW 1960, 1563 (1564); aus der Rspr. der Fachgerichtsbarkeiten exemplarisch BGH 11.12.1961 – AnwSt. (B) 6/61, BGHSt 17, 21 (23) = NJW 1962, 824.

[1141] Vgl. die – allerdings explizit nicht als „feste Rangordnung“ verstandene – „subsidiäre Stufenfolge“ der Rechtsgewinnung (grammatische und systematische Interpretation/historische und genetische Interpretation/teleologische Interpretation), die *Looschelders/Roth,* Juristische Methodik im Prozeß der Rechtsanwendung, 1996, S. 193 f. skizzieren.

[1142] Vgl. *Kudlich* JA 2007, 549 (551).

[1143] Vgl. etwa auch (zu einer sanktionenrechtlichen Frage) BGH 2.4.2008 – 1 ARs 3/08, JR 2008, 255 (256).

[1144] Für eine „nachvollziehbare Gewichtung“ der Argumente und anschließende „Berücksichtigung je nach ihrem Gewicht“ auch *Zippelius* Juristische Methodenlehre, 10. Aufl. 2006, § 10 VI, der zutreffend auch darauf hinweist, dass bei widerstreitenden „Auslegungsargumenten (...) keine streng rationale Rangordnung zwischen ihnen besteht“.

[1145] Vgl. *Luhmann,* Gesellschaftsstruktur und Semantik, 1993, S. 119, 163 f., 201 f., 204 f.

[1146] Ähnlich *Looschelders/Roth,* Juristische Methodik im Prozeß der Rechtsanwendung, 1996, S. 194.

zur Entscheidung über einen Bedeutungskonflikt (vulgo: zur Auslegung) herangezogen werden können. Streng genommen ist der Katalog dieser Kriterien mehr oder weniger unendlich groß und an seinen Rändern auch nur noch bedingt systematisierbar. Topoi, die gleichwohl immer wieder eine Rolle spielen und daher hier besondere Erwähnung finden sollen, sind die verfassungskonforme (und damit vergleichbar: jede andere Form einer die Konformität mit übergeordnetem Recht darstellende) Auslegung, die strafrahmenorientierte Auslegung sowie die grundrechts- bzw. verfassungsorientierte Auslegung:

595 **1. Verfassungskonforme Auslegung.** Als verfassungskonforme Auslegung wird die Überlegung bezeichnet, dass unter mehreren grds. denkbaren Auslegungsergebnissen **im Zweifelsfall** dasjenige den Vorrang verdient, das zu einer auch **verfassungskonformen Lösung** führt, wenn andere Auslegungsergebnisse gegen die Verfassung verstoßen würden. Theoretisch ist dies als Konzept ohne weiteres überzeugend; die praktischen Anwendungsfälle werden sich dagegen in Grenzen halten, da sie voraussetzen würden, dass es bei der Auslegung einer grundsätzlich verfassungsgemäßen einfachrechtlichen Vorschrift starke (etwa systematische, historische oder teleologische) Argumente dafür gibt, ein verfassungswidriges Ergebnis zu erzielen. Unabhängig davon: Auch wenn eine solche Konstellation einmal vorstellbar ist, ist die verfassungskonforme Auslegung im eigentlichen Sinne, wie sie hier beschrieben ist, **kein eigenständiges Auslegungskriterium,** sondern „nur" ein **Kontrollmechanismus** nach Abschluss einer Auslegung, welche verschiedene Ergebnisse nebeneinander bestehen lässt. Von dieser Art der Ergebniskontrolle zu unterscheiden, ist die unten (→ Rn. 598 ff.) beschriebene grundrechtsorientierte Auslegung als Sonderfall einer verfassungsrechtlich-systematischen Interpretation.

596 *Mutatis mutandis* das Gleiche gilt, wo nicht die Verfassungskonformität des Auslegungsergebnisses, sondern die **Vereinbarkeit mit anderen als höherrangig/vorrangig erachteten Rechtsnormen** überprüft wird. Dies ist etwa denkbar bei einer europarechtskonformen Auslegung (auch soweit dem Unionsrecht gegenüber dem deutschen Gesetzesrecht kein Geltungs-, sondern nur ein Anwendungsvorrang zugebilligt wird), einer EMRK-konformen Auslegung (wenn man im og Sinne unterstellen möchte, dass der deutsche Gesetzgeber sich selbst dann nicht über die EMRK hinwegsetzen möchte, wenn dies nur im Range einfachen Gesetzesrechts gilt[1147]) oder zB einer „Grundrechts-Charta konformen" Auslegung, die im Prinzip ohne weiteres auch denkbar wäre.

597 **2. Strafrahmenorientierte Auslegung.** Hinsichtlich des im Strafverfahren auszulegenden materiellen Strafrechts nicht zu unterschätzen ist die (wenngleich theoretisch nur wenig beleuchtete[1148]) **„strafrahmenorientierte Auslegung".** Richtigerweise wird man einer solchen „strafrahmenorientierten Auslegung" (nur, aber immerhin) den Charakter eines **„Auslegungsarguments zweiter Ordnung"** zusprechen können, welches geeignet ist, etwa systematische Zusammenhänge, historische Entwicklungen oder auch Sinn und Zweck einer Vorschrift (zumindest hinsichtlich der Einordnung eines Verstoßes durch den Gesetzgeber als besonders schwerwiegend oder weniger schwerwiegend) näher zu bestimmen. Ihr „Charme" liegt dabei darin, dass **„Zahlen",** wie sie üblicherweise den Strafrahmen kennzeichnen, einen **massiv plakativen Charakter** besitzen und außerdem eine relativ einfache „Vergleichbarkeit" versprechen.

598 **3. Verfassungsorientierte Auslegung.** Gerade im Strafprozessrecht als neben dem Polizeirecht wohl typischster Materie für Grundrechtseingriffe noch einer näheren Erwähnung wert ist ein Argumentationsmuster, das man als **verfassungsorientierte oder systematisch-grundgesetzliche Argumentation** bezeichnen kann[1149] und das von einer verfassungskonformen Auslegung (→ Rn. 595) zu unterscheiden sowie im praktischen

---

[1147] → Rn. 643 mwN.

[1148] Vgl. aber *Kudlich* ZStW 115 (2003), 1 (mit Beispielen zur Berücksichtigung bei konkreten Auslegungsfragen, die weitaus häufiger erfolgt, als es das geringe theoretische Interesse in diesem Rechtsinstitut vermuten lässt).

[1149] Vgl. zur verfassungsorientierten Auslegung *Kudlich* JZ 2003, 127.

Anwendungsbereich deutlich weiterreichend ist: Es geht dabei um den der Sache nach oft herangezogenen, aber deutlich seltener theoretisch explizierten Gedanken, dass zwar eine (strafprozessuale oder auch sonstige) Vorschrift *als solche* nur verfassungsgemäß sein kann oder eben nicht,[1150] dass aber ***verschiedene Auslegungsvarianten*** **aus grundgesetzlicher Sicht wünschenswerter oder bedenklicher** sein können.

Deshalb kann die verfassungsrechtliche Perspektive nicht nur zu einer verfassungskonformen Auslegung ieS herangezogen werden, welche nur in Fällen „harter Verfassungswidrigkeit" eine Ergebniskontrolle bei mehreren nach anderen Kriterien vorstellbaren Auslegungsergebnissen liefert. Vielmehr ist die Ausstrahlungswirkung der Verfassung auch – bei genauerer Einordnung dann als Akt der systematischen Auslegung – ein **Argument bei der Entscheidung für die eine oder andere Lesart diesseits des Verdikts der harten Verfassungswidrigkeit:** Wenn etwa durch eine bestimmte Interpretation die Wirkkraft der tangierten Grundrechte optimiert wird, ist dies ein Argument für diese Interpretation. Dieses ist dann freilich – und darin liegt ein Unterschied zur verfassungskonformen Auslegung ieS – nicht zwingend bzw. unüberwindbar, sondern muss **mit den anderen Argumenten,** die für oder gegen eine bestimmte Lesart sprechen, **abgewogen und diskursiv verarbeitet** werden. Die Intensität der systematisch-grundgesetzlichen Argumentation wird dabei umso größer, je problematischer eine bestimmte Interpretation *sub specie constitutionis* wird; und in dem Moment, in dem die Interpretation verfassungswidrig wird, schlägt die Argumentation in eine verfassungskonforme Auslegung um, die zumindest ein bestimmtes Ergebnis zwingend verbietet. 599

Für eine solche **abgestufte Berücksichtigung** der verfassungsrechtlichen Vorgaben spricht, dass das Grundgesetz nicht kategorisch immer eine optimale Verwirklichung etwa eines Grundrechtes gebietet[1151] (was auf Grund der steten Kollisionen verfassungsrechtlicher Rechtspositionen ohnehin nicht möglich ist), sehr wohl aber die völlige Vernachlässigung eines Grundrechts zugunsten anderer Interessen verbietet. Anders als bei der verfassungsrechtlichen Beurteilung einer Strafnorm als solcher ist deshalb bei der Gesetzesauslegung eine Aussage über eine mehr oder weniger gute Berücksichtigung von verfassungsrechtlichen Garantien durchaus sinnvoll. Lassen sich hier signifikante Unterschiede feststellen, ist auch diesseits „harter Verfassungswidrigkeit" die nähere Orientierung an den Grundrechten ein gewichtiges systematisches Argument bei der Rechtsfindung. 600

Zuzugeben ist zwar, dass einer zu starken Gewichtung des GG im Rahmen einer solchen verfassungsorientierten (systematischen) Auslegung die **Einwände** entgegengehalten werden können, die generell **gegen die Ergiebigkeit verfassungsrechtlicher Argumentationsformen** (insbes. bei einem Vergleich der relativ allgemein gehaltenen Normen des GG mit den zT viel detaillierteren Vorschriften des Strafprozessrechts) erhoben werden. So wendet etwa *Naucke* gegen Rückgriffe auf das GG ein, dass diese sich nur „verfassungsrechtlich ein(kleideten)",[1152] während es in Wahrheit um überpositive Argumentationsstränge gehe. Dem Vorwurf, für weitergehende Ansätze besitze die Verfassung zu wenig argumentatives Potential, ist allerdings[1153] entgegenzuhalten, dass der (zugegebenermaßen oft knapp gehaltene) Verfassungstext insbesondere durch die Spruchpraxis des BVerfG mittlerweile vielfach in einem Maße an Substanz gewonnen hat, das durchaus **reichhaltiges Argumen-** 601

[1150] Das wird besonders plastisch, wenn man sich die Entscheidungssituation des BVerfG mit Blick auf § 31 Abs. 2 (Gesetzeskraft) und § 78 BVerfGG (Nichterklärung) vorstellt. Einer Differenzierung auf dem Spektrum zwischen „verfassungsrechtlich in jeder Hinsicht unbedenklich" und „verfassungsrechtlich bedenklich, aber gerade noch hinnehmbar" kommt hier allenfalls politische Appellfunktion, nicht aber rechtliche Bedeutung zu.

[1151] Vgl. auch *Michael* JuS 2001, 148 (149 f.).

[1152] Deutlich *Naucke* in: Lüderssen (Hrsg.), Aufgeklärte Kriminalpolitik … ? Bd. I, 1998, S. 156, 164 f.; knapp auch nochmals *ders.* FG Hassemer, S. 132 (134).

[1153] Neben der Tatsache, dass in einem verfassten Rechtsstaat mit geschriebenem Gesetzesrecht „Textinterpretationen" eben das zentrale Problem der Gesetzesanwendung sind und dass judikative Gewalt nur in ihrer Einhegung durch Recht und Gesetz (und damit eben auch: durch die Verfassung) legitim ausgeübt wird.

tationsmaterial an die Hand gibt und dass die beschränkte Leistungsfähigkeit einer verfassungsrechtlichen Beurteilung bei der Gewichtung des Arguments redlich berücksichtigt werden kann, ohne es *a priori* als untauglich zu verwerfen.

IV. Gesetzlichkeitsgrundsatz und Analogieverbot

602 **1. Ausgangspunkt: Gesetzesvorbehalt und Analogieverbot.** Im Zusammenhang mit den verfassungsrechtlichen Dimensionen des Strafprozessrechts (→ Rn. 96 ff.) wurde bereits näher erläutert, dass **nicht** der strenge Gesetzlichkeitsgrundsatz des **Art. 103 Abs. 2 GG,** wohl aber der **allgemeine strafrechtliche Gesetzesvorbehalt** gilt (der insbes. im Zusammenhang mit Haftfragen auch noch durch den speziellen Gesetzlichkeitsgrundsatz des Art. 104 GG ergänzt werden kann). Wendet man diesen Gesetzesvorbehalt konsequent an, so müsste dies zu einem **Analogieverbot für belastende Maßnahmen** führen. Obwohl dies in anderen Bereichen der Eingriffsverwaltung nicht immer mit dieser Konsequenz durchgehalten wird, spricht viel dafür, es jedenfalls im Strafprozessrecht als dem Bereich der schärfsten staatlichen Eingriffe ernst zu nehmen. Die analoge Anwendung von **prozessualen Eingriffsbefugnissen** (iwS) ist damit ebenso unzulässig wie der Rückgriff auf sonstige ungeschriebene, etwa aus der Kombination zweier verschiedener Eingriffsbefugnisse konstruierte, Eingriffserlaubnisse.[1154]

603 Wer freilich ein Analogieverbot postuliert, muss (sich zumindest darüber im Klaren sein, idealerweise aber sogar) Angebote machen, welche **Folge das Fehlen einer Regelung** hat. Für das Analogieverbot des Art. 103 Abs. 2 GG etwa ist dies ganz klar: Ein Verhalten, das von keinem Straftatbestand erfasst wird, ist schlicht nicht strafbar. Nimmt man dies ernst, so muss das für das Strafprozessrecht bedeuten: Ein prozessualer Grundrechtseingriff, der von keiner Norm gedeckt ist, darf nicht vorgenommen werden (wobei man gewohnheitsrechtlich anerkannte allgemeine Prozessrechtsinstitute sicher großzügiger zulassen wird, als dies beim rigiden Gebot der *lex scripta* im gängigen Verständnis des Art. 103 Abs. 2 GG der Fall ist, und wobei für Maßnahmen der Sachverhaltserforschung auch die Ermittlungsgeneralklausel des § 161 Abs. 1 S. 1 zu beachten ist).

604 **2. Konsequenzen.** Konkret in der Anwendung dürfte dies bedeuten, dass **Ermittlungsmaßnahmen,** welche in materielle Grundrechte (Eigentum, Wohnung, Telekommunikation etc) eingreifen, ohne gesetzliche Grundlage unzulässig sind. Zumindest in gewissen Grenzen wird man hierbei allerdings auch **ungeschriebene Annexbefugnisse** für Vorbereitungshandlungen als noch von der Befugnisnorm umfasst betrachten können. Im Grundsatz gilt dies auch für sonstiges **innerprozessuales Verhalten,** wenn auf **Prozessgrundrechte gestützte prozessuale Befugnisse** ohne Grundlage eingeschränkt werden sollen. Dieser auf den ersten Blick weitreichenden Konsequenz wird allerdings ein wenig die „Spitze abgebrochen", wenn man sich vergegenwärtigt, dass die Prozessgrundrechte vielfach (etwa beim gesetzlichen Richter oder beim Anspruch auf strafrechtliches Gehör) **normgeprägt** sind und daher grundsätzlich ohnehin nur in dem Umfang gelten, wie der einfache Gesetzgeber sie zur Verfügung stellt. Soweit eine solche einfachgesetzliche Gewährleistung dann aber klar erfolgt ist, ist ihre Beschränkung durch ungeschriebene Regelungen bzw. die analoge Anwendung anderer Vorschriften als unzulässig zu betrachten. Wo dagegen ohnehin keine oder nur rudimentäre Regelungen bestehen, ist auch der Spielraum des Rechtsanwenders relativ groß.[1155]

605 **Exemplarisch:** Da das Beweisantragsrecht ebenso wie die Beweisverwertungsverbote nur rudimentär (hinsichtlich der Anforderungen eines Vorliegens eines Beweisantragsrechts) oder praktisch gar nicht (hinsichtlich allgemeiner Grundlagen der Beweisverwertungsverbote) geregelt sind, wird der strafprozessuale Gesetzesvorbehalt nicht dadurch

[1154] Zu diesem letzten Fall der Kombination zweier Eingriffsnormen anschaulich noch einmal BGH 31.1.2007 – StB 18/06, BGHSt 51, 211 (218 f.) = NJW 2007, 930 (932) (zur verdeckten strafprozessualen Online-Durchsuchung).

[1155] Vgl. *Kudlich,* Gutachten C zum 68. DJT 2010, S. 104 f.

verletzt, dass ohne gesetzliche Grundlage etwa erhöhte Anforderungen an die Konnexität beim Beweisantrag[1156] gestellt werden oder das Erwachsen eines Beweisverwertungsverbotes von einem Widerspruch abhängig gemacht wird. Auch der grundsätzlich weite Gestaltungspielraum des Vorsitzenden bei der Verhandlungsleitung nach § 238 Abs. 1 führt dazu, dass es (ganz ungeachtet der wohl berechtigten *dogmatischen* Kritik daran, ob dadurch § 246 Abs. 1 unterlaufen werden darf[1157]) zumindest nicht völlig trivial ist, dass darin ein Verstoß gegen den Gesetzesvorbehalt liegt. Ganz allgemein freilich ist es mit Blick auf die weiten Gestaltungsspielräume des Gesetzgebers bei normgeprägten Grundrechten rechtspolitisch doch bemerkenswert, dass Einschränkungen etwa der Verteidigungsrechte vielfach gerade nicht – was verfassungsrechtlich relativ unkritisch wäre – durch den Gesetzgeber erfolgen, sondern dass die obergerichtliche Rspr. hier – verfassungsrechtlich problematische – Grenzen zieht.[1158]

3. Gesetzesvorbehalt und Missbrauchsverbot? Die vorstehenden Ausführungen zur grundsätzlichen Geltung eines Analogieverbots bei belastenden Maßnahmen, welche auch in der Verkürzung von Verfahrensrechten liegen können, stehen auch nicht im Widerspruch zu der hier für Extremfälle für möglich gehaltenen Missbrauchskontrolle bzw. zur Annahme der Geltung eines **„ungeschriebenen Missbrauchsverbots"** auch im Strafverfahrensrecht (→ Rn. 342 ff.). Nach dem hier zugrundeliegenden Verständnis des allgemeinen Missbrauchsverbotes ist dieses **keine Begrenzung,** welche vergleichbar einem Analogieschluss einer bestehenden prozessualen Befugnis **gleichsam „von außen"** entgegengehalten werden muss und als solche einer gesetzlichen Grundlage bedarf, sondern ist fast jeder Befugnis **bereits immanent.** Anders gewendet: Es erfolgt hier keine Beschränkung eines an sich weitergehenden grundgesetzlich gestützten Verhaltens, sondern die grundrechtliche Garantie (ggf. in ihrer konkreten Ausgestaltung, „normgeprägte Grundrechte", vgl. oben) geht bereits ihrem Schutzbereich nach nicht weiter.[1159] 606

V. Intertemporales Strafrecht

Der Gesetzesauslegung gleichsam vorgelagert, damit aber zugleich einen Teil der Rechtsfindung bildend kann im Einzelfall die Frage nach dem anwendbaren (Prozess-)Recht sein, wenn dieses entweder zwischen Tatbegehung und Urteil oder sogar noch im Laufe des Verfahrens Änderungen unterworfen ist (sog intertemporales Strafrecht). Sehr **häufig** finden sich für solche Fälle spezielle **Übergangsvorschriften,** welche etwas dazu aussagen, ob die neuen Regelungen mit sofortiger Wirkung gelten oder aber ob bereits begonnene Verfahren nach den alten Regeln zu Ende geführt werden sollen.[1160] 607

Gerade der wiederholten gesetzgeberischen Wahl desselben „Übergangsmechanismus" für vergleichbare Verfahrenssituationen lassen sich zumindest vorsichtig auch **allgemeine Grundsätze** für eben diese Arten von Änderungen entnehmen. Diese gehen etwa dahin, dass bei **Besetzungs- und Zuständigkeitsänderungen** regelmäßig im Zeitpunkt des Inkrafttretens bereits laufende Hauptverhandlungen **in der bisherigen Besetzung** mit den bisherigen Zuständigkeiten **fortzuführen** sind, dass Änderungen von **Verfahrensvoraussetzungen** sich häufig auch auf bereits **laufende Verfahren** beziehen und dass neu eingeführte **Präklusionsvorschriften** für bereits anhängige Verfahren dann **keine Anwendung** finden, wenn der für die Präklusion maßgebliche Zeitpunkt bereits verstrichen ist.[1161] 608

[1156] Vgl. etwa aus neuerer Zeit BGH 3.11.2010 – 1 StR 497/10, NStZ 2011, 169 mAnm *Ventzke* NStZ 2011, 301 und *Habetha* StV 2011, 239; BGH 14.1.2010 – 1 StR 620/09, StraFo 2010, 152.

[1157] Vgl. zur Diskussion um die Fristsetzungslösung zusammenfassend mwN *Kudlich,* Gutachten C zum 68. DJT 2010, S. 68 ff.

[1158] Zu diesen Zusammenhängen näher *Kudlich,* Gutachten C zum 68. DJT 2010, S. 105.

[1159] Vgl. zum Problem auch – mit etwas anderer Fokussierung – *Kudlich,* Strafprozeß und allgemeines Mißbrauchsverbot, 1998, S. 148 f.

[1160] Vgl. Löwe/Rosenberg/*Kühne* Einl. E Rn. 16.

[1161] Vgl. zu all diesen Beispielen mit Nachweisen aus entsprechenden Überleitungsgesetzen Löwe/Rosenberg/*Kühne* Einl. E Rn. 19 ff.

609 Soweit solche expliziten Übergangsregelungen oder aber „typische" Übergangsmechanismen für bestimmte Verfahrenskonstellationen fehlen, gilt Folgendes: Änderungen zwischen (vorgeworfener) Tatbegehung und Verfahrensbeginn wirken stets sofort; anders als beim Rückwirkungsverbot im materiellen Recht ist der **Tatzeitpunkt** also für das Prozessrecht erst einmal **unerheblich.** Aber auch innerhalb eines laufenden Verfahrens gilt zumindest als **Grundsatz** des intertemporalen Verfahrensrechtes, dass gesetzliche Änderungen vom Tage ihres Inkrafttretens an auch **gerade laufende Verfahren erfassen,** soweit nichts Abweichendes geregelt ist.[1162] Ein Art. 103 Abs. 2 GG vergleichbares Rückwirkungsverbot gilt damit ebenso wenig wie der in § 2 StGB für die meisten Fällen angeordnete Grundsatz der *„lex mitior"*, weshalb im Einzelfall eine Abgrenzung erforderlich ist, ob eine bestimmte Neuregelung prozessualen oder materiellen Charakter trägt.[1163]

610 Ein Sonderproblem stellen unzulässige Prozesshandlungen dar, aus denen ein **Beweisverwertungsverbot** erwachsen ist, wenn das neue Recht diese nunmehr für zulässig erachtet. Die besseren Gründe sprechen hier gegen die Möglichkeit einer „Heilung" und damit dagegen, dass aus zum Zeitpunkt ihrer Vornahme unzulässigen Prozesshandlungen später verwertbare Beweismittel entstehen.[1164] Denn regelmäßig wird die spätere Regelung gerade nicht den Inhalt haben, dass sie rückwirkend bestimmte Handlungen zulässt.[1165] Entweder ist die Prozesshandlung nunmehr nach dem jetzt geltenden Recht nachzuholen; oder aber die Strafverfolgungsbehörden müssen wie in allen anderen Fällen auch, in denen eine Nachholung einer ordnungsgemäßen Beweiserhebung nicht mehr möglich ist, auf das mittlerweile nicht mehr verfügbare Beweismittel verzichten. Umgekehrt sind zulässig erhobene und damit bereits existente Beweismittel auch dann verwertbar, wenn ihre Erhebungsgrundlage während des Verfahrens wegfällt (soweit dies nicht – wie etwa bei der Nichtigkeitserklärung durch das BVerfG – explizit ex tunc-Wirkung haben soll[1166]).

J. Internationale Dimensionen des Strafverfahrensrechts

I. Überblick

611 Das Strafverfahrensrecht hat mannigfaltige internationale Bezüge. Diese kann man auf unterschiedliche Weise **systematisieren:**[1167]

612 **1. Systematik nach Regelungsmaterien.** Zunächst lassen sich **Regelungsmaterien** unterscheiden. Die Regelung der **internationalen** (und intraföderalen) **Zuständigkeit** in Strafsachen begrenzt den Zugang zu den deutschen Gerichten (bzw. den Gerichten eines

---

1162 Vgl. *Meyer-Goßner* Einl. Rn. 203; vgl. auch BVerfG 7.11.1992 – 2 BvR 1631, 1728/90, BVerfGE 87, 48 (64), wo darin ein allgemeiner Grundsatz des intertemporalen Prozessrechts gesehen wird.

1163 Sieht man etwa in der Regelung, dass das Gericht im Urteil feststellen kann, wenn es lediglich deshalb nicht auf Verfall erkannt hat, weil Ansprüche eines Verletzten iSd § 73 Abs. 1 S. 2 StGB entgegenstehen, eine rein prozessuale Regelung, so würde nichts dagegen sprechen, diese auch auf laufende Strafverfahren anzuwenden. Erkennt man darin dagegen eine Rechtsfolge, für welche § 2 StGB gilt, so kann eine solche Feststellung nicht für Taten erfolgen, die vor Inkrafttreten der aktuellen Fassung des § 111i Abs. 2 beendet worden sind (dafür BGH 10.11.2011 – 3 StR 314/11, BeckRS 2011, 27881).

1164 Anders aber für Zufallsfunde aus einer Telefonüberwachung, die nicht nach § 100b Abs. 5 aF, wohl aber nach § 477 Abs. 2 S. 2 verwertbar sind, BGH 27.11.2008 – 3 StR 342/08, BGHSt 53, 64 (67 f.), freilich mit der Besonderheit, dass hier überhaupt erst die Verwertung der Zufallsfunde problematisch war, während die zu Grunde liegende Zwangsmaßnahme als solche nicht zu beanstanden war, so dass dieser Fall nicht ohne weiteres übertragbar ist.

1165 AA offenbar Löwe/Rosenberg/*Kühne* Einl. E Rn. 22; wie hier möglicherweise *Meyer-Goßner* Einl. Rn. 203 (Ordnungsgemäßheit von Prozesshandlungen richtet sich nach dem Zeitpunkt ihrer Vornahme – wohl anders interpretiert bei Löwe/Rosenberg/*Kühne* aaO, dort Fn. 60).

1166 Vgl. BGH 18.1.2011 – 1 StR 663/10, BGHSt 56, 138 (140) = NJW 2011, 1377 (1378) = ZWH 2011, 97 mAnm *Kudlich* (wobei im konkreten Fall wiederum eine Ausnahme mit Blick auf eine einstweilige Anordnung nach § 32 BVerfGG angenommen worden ist, die von der Rückwirkung nicht erfasst wird).

1167 Eine eingehende Analyse „geologischer Schichten", die sich im nationalen und internationalen Strafrecht überlagern, gibt Meyer ZStW 123 (2011), 1.

bestimmten Bundeslandes). Das **interlokale** Strafverfahrensrecht beschäftigt sich mit der Frage, welches Strafverfahrensrecht am jeweiligen Ort Anwendung findet. **International vereinheitlichtes Strafverfahrensrecht** kann es demgegenüber in allen Teilen der Strafprozessordnung geben. Dabei geht es entweder um Vorschriften der StPO, des GVG oder in selbstständigen Gesetzen (etwa Teilen des IRG), denen internationale Vereinbarungen oder unionsrechtliche Umsetzungsverpflichtungen zu Grunde liegen; oder es handelt sich unmittelbar um die Vereinbarungen selbst, die über entsprechende Zustimmungsgesetze im Range nationaler Gesetze (zB das EuRhÜbk.[1168]) bzw. als unmittelbar anwendbares Unionsrecht (zB das EU-RhÜbk. 2000[1169]) gelten. Naheliegender primärer Gegenstand internationaler strafverfahrensrechtlicher Vereinbarungen und Vereinheitlichungen ist das Recht der **internationalen Rechtshilfe** in Strafsachen. Internationalen Bezug hat freilich auch das nationale Recht, welches das nationale Verfahren, in dem diese Zusammenarbeit realisiert wird, regelt.

2. Systematik nach Normgebern. Daneben gibt es aber noch eine Vielzahl von Ein- 613
wirkungen insbes. der **EMRK** und des **Unionsrechts** auf das Strafverfahrensrecht, ohne welche die Aufzählung der internationalen Bezüge in einer ganz wesentlichen Hinsicht unvollständig bleiben würde. Das „Wirkungsgebiet" dieser Einwirkungen lässt sich heute aber praktisch nicht mehr thematisch eingrenzen oder systematisieren, so dass die Systematisierung nach Regelungsmaterien verlassen werden muss. Eine sinnvolle Ordnung ergibt sich hier vielmehr nach der „Quelle" der Einwirkung.

Eine zweite, „quer" zur ersten stehende Unterscheidung erfolgt daher nach Normgebern 614
bzw. nach den Organisationen, die die Vereinbarungen „betreuen": Dies sind namentlich der nationale Gesetzgeber, der **Europarat** (va bzgl. der EMRK) und die **Europäische Union,** innerhalb derer wiederum verschiedene hierarchische Ebenen bestehen.

Erhebliche praktische Bedeutung haben das Unionsrecht und die EMRK nicht zuletzt 615
deshalb, weil jeweils eigene Gerichte über ihre Auslegung und Anwendung wachen. Über den im GVG geregelten Instanzenzug der ordentlichen Gerichtsbarkeit hinaus können uU nicht nur das **BVerfG,** sondern auch der **EuGH** (→ Rn. 633 ff.) und der **EGMR** (→ Rn. 640 ff., insbes. 645 ff.) mit demselben Strafverfahren befasst werden: Ein Recht auf Individualbeschwerde zum EuGH fehlt zwar bislang.[1170] Er kann aber von einem nationalen Gericht im Instanzenzug (und später vom BVerfG) zur Vorabentscheidung[1171] mit dem Verfahren befasst werden. Wer durch ein rechtskräftiges strafrechtliches Urteil beschwert ist, kann (wegen Art. 35 Abs. 1 EMRK im Allgemeinen erst nach einer Verfassungsbeschwerde) die rechtskräftige Entscheidung uU durch Individualbeschwerde[1172] vor dem EGMR angreifen. Nach einer Kammerentscheidung des EGMR ist unter den Voraussetzungen des Art. 43 EMRK schließlich auch noch eine Befassung der Großen Kammer des EGMR mit demselben Verfahren möglich. Stellt der EGMR eine Verletzung der EMRK fest, ist eine Wiederaufnahme des Strafverfahrens zugunsten des Verurteilten nach § 359 Nr. 6 StPO zulässig, wenn das Urteil auf der Verletzung beruhte.

II. Internationale Zuständigkeit und interlokales Strafprozessrecht

1. Grundsatz der Anwendung deutschen Verfahrensrechts durch deutsche 616
Strafgerichte. Deutsche Strafgerichte wenden grundsätzlich ihr eigenes, dh deutsches Strafverfahrensrecht (die ***lex fori***) an. Unter diesen Umständen fallen der räumliche Geltungsbereich des Strafverfahrensrechts, sein Anwendungsbereich und der Zuständigkeitsbereich der deutschen Gerichte grundsätzlich zusammen.[1173] Reflektiert wird vor allem der

[1168] BGBl. 1964 II 1369, 1386; BGBl. 1976 II 1799.
[1169] Rechtsakt des Rates vom 29.5.2000, ABl. 2000 C 197/01 vom 12.7.2000.
[1170] Kritisch dazu zB LR/*Kühne* Einl. D Rn. 43.
[1171] → Rn. 634.
[1172] → Rn. 642.
[1173] Zur Unterscheidung von internationaler und örtlicher Zuständigkeit und dem Gleichlaufprinzip näher *Mankowski/Bock* JZ 2008, 555.

letztere. Die Frage nach dem (die internationale Zuständigkeit begrenzenden) Schutzbereich des deutschen Strafrechts[1174] kommt dabei meist zu kurz. Die Frage nach dem anwendbaren Recht wird – ganz anders als in privatrechtlichen Streitigkeiten mit Auslandsbezug – kaum gestellt.

617 Das führt zu einer rechtlich vergleichsweise simplen Situation, zumal meist Bundesrecht einschlägig ist, so dass auch **inner-föderale** Komplikationen selten sind. Praktisch genügen zu ihrer Lösung die folgenden beiden Klarstellungen: 1. Soweit ein Revisionsgericht vorinstanzliche Entscheidungen zu überprüfen hat, geschieht das nicht am Maßstab des eigenen (Verfahrens-) Rechts, sondern am Maßstab des Rechts, das die Vorinstanz anzuwenden hatte. 2. Besteht ein Verfahrenshindernis nur in einem Bundesland, kann das Verfahren in einem anderen Bundesland zulässig sein, wenn dort ein Gerichtsstand begründet ist. Von diesem Grundsatz können aber Ausnahmen angeordnet werden. So ist vor allem die nach Landesrecht bestehende Immunität eines Landtagsabgeordneten ein bundesweites Verfahrenshindernis (§ 152a StPO).

618 **2. Ausnahmen und Aufweichungen des Grundsatzes.** Dieser Zustand, in dem die Anwendbarkeit des eigenen (insbes. des deutschen) Rechts als Selbstverständlichkeit erscheint, die gar nicht zu hinterfragen wäre, beginnt seit geraumer Zeit aufzubrechen. Vor allem wird zunehmend wahrgenommen, dass in Rechtshilfe vorgenommene Ermittlungshandlungen funktional Teil des Verfahrens sind, um dessentwillen das Ersuchen erfolgt. Daraus ist nicht nur die Konsequenz zu ziehen, dass ein am Ort des ersuchten Gerichts bestehendes Verfahrenshindernis Untersuchungshandlungen nicht entgegensteht, sondern für Verfahrenshindernisse allein das Recht am Sitz des ersuchenden Gerichts maßgeblich ist[1175] (solange es nach der lex fori des ersuchten Gerichts statthaft ist, dem Ersuchen nachzukommen). Auch ansonsten fördern die Untersuchungshandlungen das Verfahren oft wesentlich besser und vermögen ihre Funktion bisweilen überhaupt nur dann zu erfüllen, wenn sie dem Recht jenes Verfahrens folgen.[1176] Dazu muss das Gericht (und müssen ggf. ebenso andere Behörden) uU auch bei der Untersuchungshandlung selbst **fremdes Verfahrensrecht** anwenden.[1177]

619 Rechtliche Regelungen, die auf dieser Einsicht beruhen, sind zwar noch selten, und es blieb bislang grundsätzlich auch hier beim Territorialitätsprinzip.[1178] Immerhin kann in Rechtshilfeersuchen an Mitgliedstaaten der EU aber nach **Art. 4 Abs. 1 EU-RhÜbk.** nunmehr ausdrücklich angegeben werden, welche Formvorschriften und Verfahren, auf die es nach dem Recht des ersuchenden Staates ankommt, im ersuchten Staat einzuhalten sind.[1179] Zumindest diese Vorgaben sind – unter *ordre public*-Vorbehalt – für den ersuchten Staat bindend, soweit das EU-RhÜbk. keine Sonderregelungen enthält. Indirekt wurde hier das Tor zur Anwendung fremden Rechts zumindest ein kleines Stück geöffnet.

620 Daneben bestehen gelegentlich zumindest **informelle Möglichkeiten,** fremdes Verfahrensrecht zur Anwendung zu bringen. Zunächst können – und müssen[1180] – Rechtshilfeersuchen mit der Darlegung der zwingend einzuhaltenden Verfahrensvorschriften des Ausgangsverfahrens und der Bitte um ihre Einhaltung und Dokumentation verbunden werden.

1174 Dazu *Walter* JuS 2006, 870; *Satzger* Internationales und Europäisches Strafrecht, 5. Aufl. 2011, § 6 jeweils mwN.

1175 Zu der davon zu unterscheidenden Frage, wie sich Verfahrenshindernisse des Tatortrechts auswirken *Satzger* Internationales und Europäisches Strafrecht, 5. Aufl. 2011, § 5 Rn. 97 ff.

1176 Notgedrungen ist die Praxis bei der Anerkennung ausländischer Untersuchungshandlungen bislang – unter Verlust des Schutzes der hintangestellten eigenen Anforderungen – großzügig, vgl. BGHSt 1, 219 (221); 2, 300 (304); 7, 15 (16); 42, 86 (90).

1177 Vgl. zur Unterscheidung zwischen lex fori und lex loci bei der Durchführung von Beweiserhebungen und den damit zusammenhängenden Transferfragen auch bereits → Rn. 448.

1178 Vgl. LR/*Kühne* Einl. E Rn. 9 ff.; für Ermittlungshandlungen auf Schiffen und Luftfahrzeugen außerhalb fremden Hoheitsraums gilt grundsätzlich das Flaggenprinzip entsprechend § 4 StGB (*Meyer-Goßner* Einl. Rn. 209 mwN).

1179 Vgl. auch BGH 15.3.2007 – 5 StR 53/07, StV 2007, 627 und SSW-StPO/*Kudlich/Schuhr* § 251 Rn. 31.

1180 BGHSt 35, 82 (84).

Soweit nach dem im ersuchten Staat anwendbaren Recht entsprechende Spielräume bestehen, dh keine zwingenden Vorschriften entgegenstehen, wird das ersuchte Gericht dem oft Folge leisten, freilich ohne dass darauf ein Anspruch bestünde. Ist das Ersuchen auf eine Videovernehmung gerichtet, kann in deren Rahmen ggf. vom ersuchenden (und die Vernehmung letztlich selbst durchführenden und oft zumindest teilw. selbst leitenden) Gericht selbst eigenes Recht angewendet werden. Eventuell besteht auch bei anderen Vernehmungen die Möglichkeit, ein Mitglied des Gerichts zur Durchführung nach eigenem Recht zu entsenden,[1181] was freilich mit eigenen Problemen behaftet ist (neben den Kosten insbes. mit der mangelnden Hoheitsgewalt des Entsandten, dem Risiko der Verletzung fremder Hoheitsgewalt und jedenfalls dem Problem, dass das entsandte Mitglied des Gerichts sich seine Überzeugung aufgrund anderer und vor allem außerhalb der Hauptverhandlung gewonnener Eindrücke bilden und auf die übrigen Mitglieder des Gerichts ungleichen Einfluss gewinnen kann).

3. Ausblick zum interlokalen Strafprozessrecht. Aufgabe eines interlokalen Strafprozessrechts muss es vor diesem Hintergrund sein, die Verfahrensrechte der im jeweiligen Fall betroffenen Staaten zu koordinieren. Dabei muss – ohne unnötigen National- und Souveränitätsdünkel – das für den jeweiligen Verfahrensteil anwendbare Recht nach allgemeinen Regeln im Voraus so bestimmt werden, dass der späteren Verwertung seiner Ergebnisse und ihrer inhaltlichen Zuverlässigkeit keine absehbaren Hürden entgegenstehen. Von diesem Idealbild ist die heutige Rechtslage weit entfernt. Mit Art. 4 Abs. 1 EU-RhÜbk. wurde hier aber ein erster und schon allein deshalb wichtiger Fortschritt erzielt. In dieser Richtung weiterzuarbeiten steht daher zu Recht auf der **Agenda der Europäischen Kommission.** 621

III. Europarecht und supranationale Gerichte

1. Formen des Europarechts. Das deutsche Strafverfahrensrecht erhält seine internationale Dimension heute vor allem aus dem Europarecht. Dabei spielen neben dem Recht der Europäischen Union (dem **Unionsrecht**) gerade auch die zum Europarecht im weiteren Sinne gehörenden multilateralen völkerrechtlichen Verträge, die im Rahmen des **Europarats** abgeschlossen wurden, eine wesentliche Rolle. Der prominenteste im Rahmen des Europarats abgeschlossene völkerrechtliche Vertrag ist die Europäische Menschenrechtskonvention (EMRK); aber zB auch das Europäische Übereinkommen über die Rechtshilfe in Strafsachen vom 20.4.1959 (EuRhÜbk.) gehört hierzu. 622

Das strafprozessual bedeutsame Europarecht lässt sich indes nicht einfach in Unionsrecht und Abkommen des Europarats einteilen; die Struktur der Rechtsmaterie ist komplexer. Neben dem Unionsrecht und den Verträgen des Europarats gibt es diverse weitere Formen zwischenstaatlicher Vereinbarungen, auch wenn sie bisweilen mit der EU eng verbunden sind. So ist das Übereinkommen über die Rechtshilfe in Strafsachen zwischen den Mitgliedstaaten der Europäischen Union vom 29.5.2000 (EU-RhÜbk.)[1182] ein uneigentlicher Beschluss des Rates der Europäischen Union und gehört damit nur **funktionell** zum **Unionsrecht** (im weiteren Sinne). Obwohl das EU-RhÜbk. immerhin auch sekundäres Unionsrecht ersetzt,[1183] hat es grundsätzlich die gleiche völkerrechtliche Qualität wie andere zwischenstaatliche Einzelabkommen. Es ist ein völkerrechtlicher Vertrag der Mitgliedstaaten und im engeren Sinne weder primäres noch sekundäres Unionsrecht (eigentliches Unionsrecht), sondern diesem (wie nationales Recht) an sich hierarchisch nachgeordnet. Daher könnte es eigentlich auch nur indirekt zum Gegenstand eines Verfahrens vor dem EuGH gemacht wer- 623

[1181] Vgl. auch LR/*Kühne* Einl. E Rn. 10.

[1182] Rechtsakt des Rates vom 29.5.2000, ABl. 2000 C 197/01 vom 12.7.2000.

[1183] Der Rb. 2002/465/JI des Rates vom 13.6.2002 über gemeinsame Ermittlungsgruppen wurde gerade deshalb erlassen, weil das EU-RhÜbk. zunächst nur zögerlich ratifiziert wurde und erst am 23.8.2005 in Kraft trat; mit seinem Inkrafttreten trat der Rb. außer Kraft (Art. 5 S. 2 des Rb.).

den, indem Verstöße gegen eigentliches Unionsrecht gerügt werden.[1184] Bereits Art. K.3 Abs. 2 Spiegelstr. 2 lit. c UAbs. 3 EUV aF (Maastricht 1992) gestattete es aber in Übereinkommen zur justiziellen Zusammenarbeit in Strafsachen, den EuGH anzurufen, und der – bei Erstellung des EU-RhÜbk. bereits gültige – Art. 35 EUV aF (Amsterdam 1997) sah auch schon das Vorabentscheidungsverfahren ausdrücklich vor. Das EU-RhÜbk. ist somit ein Beispiel für eine weitere Eigentümlichkeit solcher Abkommen, die ihren Grund in Assoziationsabkommen hat: Auch wenn ein Übereinkommen zwischen den Mitgliedstaaten der EU getroffen wurde, entfaltet es uU Wirkung für andere Staaten. So entwickelt eine Reihe von Bestimmungen des EU-RhÜbk. den Schengen-Besitzstand fort, weshalb diese Bestimmungen auch für die assoziierten Staaten Island und Norwegen gelten.[1185]

624 Ein mindestens ebenso wichtiger Normenkomplex grundsätzlich gleicher Art sind die **Schengener Abkommen.** Der Schengen-Besitzstand[1186] wurde aber ausdrücklich in den rechtlichen Rahmen der EU einbezogen.[1187] Auf ihn stützt sich der „Raum der Sicherheit, der Freiheit und des Rechts" (→ Rn. 635; angesprochen in Art. 87 Abs. 3 UAbs. 4 AEUV). Im Schengenraum sind nicht nur stationäre Grenzkontrollen weitgehend abgeschafft, sondern es bestehen auch weitgehende Regelungen über die Zusammenarbeit von Zoll,[1188] Polizei und Justiz, ein eigenes Schengener Informationssystem (SIS) und Regelungen über die Strafverfolgung.

625 Ferner bestehen zahlreiche **zwischenstaatliche Einzelabkommen,** die für die Entscheidung im Einzelfall von erheblicher Bedeutung sein können (→ Rn. 657 ff.). Für die Systematisierung internationaler Einflüsse auf das Strafprozessrecht und Rechtsschutzmöglichkeiten haben sie aber geringere Bedeutung. Deshalb können sie in diesem Überblick ausgeblendet werden.

626 **2. Unionsrecht. a) Primäres und sekundäres Unionsrecht.** Das Recht der Europäischen Union hat in letzter Zeit nicht nur inhaltliche Neuerungen, sondern zugleich regelmäßige Änderungen der **Nomenklatur** erfahren. Es wurde ursprünglich als „Gemeinschaftsrecht" bezeichnet, denn es war zunächst das Recht der Europäischen Gemeinschaften (bzw. einer der Europäischen Gemeinschaften). Dann war es (seit Inkrafttreten des Vertrags von Maastricht 1993) das Recht der Europäischen Gemeinschaft. Oft wurde auch das auf die Gemeinsame Außen- und Sicherheitspolitik (GASP) sowie das auf die polizeiliche und justizielle Zusammenarbeit in Strafsachen (PJZS) bezogene Recht (also das Recht der gerade entstandenen EU, das nicht zugleich im eigentlichen Sinne Recht der EG war) als Gemeinschaftsrecht bezeichnet. Seit mit dem Inkrafttreten des Vertrags von Lissabon am 1.12.2009 nur noch die europäische Union besteht und an die Stelle der bisherigen EG getreten ist (Art. 1 Abs. 3 S. 3 EUV), wird dieser gesamte Rechtscorpus üblicherweise als **„Unionsrecht"** bezeichnet.

627 Hierarchisch ist zwischen primärem und sekundärem Unionsrecht zu unterscheiden. Die ebenfalls mehrfach umbenannten bzw. unterschiedlich abgekürzten **Verträge des primären Unionsrechts** sind (nach Art. 1 Abs. 1 S. 1 und 2 sowie Art. 6 Abs. 1 UAbs. 1 EUV) heute der EUV, der AEUV (der in weiten Teilen mit dem bisherigen EGV bzw. EG stark überein-

---

[1184] *Vedder*/Heintschel v. Heinegg AEUV Art. 288 Rn. 47 ff.

[1185] Vgl. Art. 2 EU-RhÜbk. sowie das Übereinkommen ABl. 2004 L 26 und den erläuternden Bericht ABl. 2000 C 379/02 (S. 7 ff.) mit Nachweisen unter I. B.

[1186] Eine konsolidierte Zusammenstellung des damaligen Standes insbes. einschließlich Schengener Übereinkommen, Schengener Durchführungsabkommen (SDÜ) und Grundlagen des SIS gab ABl. 2000 L 239. Beachte seither insbes. den Prümer Vertrag vom 27.5.2005 (BGBl. 2006 II, 626; 2006 I, 1458) einschließlich Beschluss 2008/615/JI des Rates v. 23 Juni 2008 (ABl. 2008 L 210/1), den Schengener Grenzkodex, VO (EG) Nr. 562/2006 v. 15.3.2006 (ABl. 2006 L 105/1) sowie zu SIS II die VOen (EG) Nr. 1986 und 1987/2006 (ABl. 2006 L 381/1 und 4) sowie den Beschluss 2007/533/JI des Rates vom 12.6.2007 (ABl. 2007 L 205/63). Näher *Hetzer* in: *Sieber/Brüner/Satzger/v. Heintschel-Heinegg* Europäisches Strafrecht, 2011, § 41 Rn. 50–102.

[1187] Prot. zum Vertrag von Amsterdam (ABl. 1997 C 340/93) und Prot. Nr. 19 zum Vertrag von Lissabon (ABl. 2010 C 83/290).

[1188] Vgl. insoweit *Gellert* in: *Sieber/Brüner/Satzger/v. Heintschel-Heinegg* Europäisches Strafrecht, 2011, § 42.

stimmt und auch die ehemaligen „Säulen" der EU – GASP und PJZS – umfasst) sowie die **Grundrechtscharta** (GRCh). Letztere enthält in Art. 47 ff. GRCh auch verschiedene Verfahrensgrundrechte.[1189] Dazu gehören das Recht auf einen wirksamen Rechtsbehelf und ein unparteiisches (und durch Gesetz errichtetes) Gericht (Art. 47), die Unschuldsvermutung und Verteidigungsrechte (Art. 48), die Grundsätze der Gesetzmäßigkeit und der Verhältnismäßigkeit im Zusammenhang mit Straftaten und Strafen (Art. 49) sowie das Recht, wegen derselben Straftat nicht zweimal strafrechtlich verfolgt oder bestraft zu werden (Art. 50).

Zum **sekundären Unionsrecht** zählen zunächst Verordnungen, Richtlinien, Beschlüsse[1190] und Empfehlungen (Art. 288 AEUV). Verordnungen sind allgemeine, unmittelbar anwendbare Regelungen. Richtlinien bedürfen hingegen grds. einer Umsetzung in nationales Recht und entfalten nur in Ausnahmefällen auch ohne Umsetzung nach Ablauf der Umsetzungsfrist unmittelbare Wirkung.[1191] Doch auch hier ist die Situation bei den strafprozessual bedeutsamen Rechtsakten der EU komplexer, als Art. 288 AEUV sie auf den ersten Blick erscheinen lässt: 628

Zunächst ergingen im Rahmen der EU (zur PJZS) vor dem Vertrag von Lissabon auch (den Richtlinien eng verwandte) **Rahmenbeschlüsse,** die im Rang des sekundären Unionsrechts fortgelten. Zudem treten uneigentliche Ratsbeschlüsse (vgl. nochmals Rn. 623) bisweilen auch in der Variante **gemischter Rechtsakte** auf, die teilw. Akte des Rates im Rahmen der Kompetenzen der EU und insoweit auch sekundäres Unionsrecht (mit entsprechendem normhierarchischen Status und Zuständigkeit des EuGH), in den übrigen (idR nicht von den Kompetenzen der EU gedeckten) Teilen aber kein eigentliches Unionsrecht sind.[1192] 629

Schließlich gehören auch von der EU selbst abgeschlossene **völkerrechtliche Verträge** (Art. 216 AEUV) zum Unionsrecht.[1193] Nach der ganz herrschenden Mezzanin-Theorie stehen sie im Rang unterhalb des Primärrechts, gehen innerhalb des Sekundärrechts aber allen anderen Rechtsakten vor.[1194] Wenn die EU – wie vorgesehen[1195] – der EMRK beitritt, wird das für diese der Fall sein. Das führt dann zu einer noch stärkeren Verflechtung zwischen dem Unionsrecht und sonstigem Europarecht mit unmittelbaren nationalen Auswirkungen. 630

b) Stellung in der Normenhierarchie. Unionsrecht geht dem nationalen Recht der Mitgliedstaaten vor. In der Frage, ob dies ein Geltungs- oder „nur" ein Anwendungsvorrang sei, erfreut sich in Deutschland bekanntlich der zweitgenannte Einsatz dauerhafter Beliebtheit, da er die nationale Souveränität weniger zu tangieren scheint (dabei aber nicht ganz einfach miteinander zu vereinbarende Prämissen voraussetzt). Konsequenzen werden daraus praktisch nur für die hypothetischen Szenarien gezogen, mit denen sich die neuere Solange-Rechtsprechung[1196] beschäftigt. In praktischer Hinsicht genügt daher die Feststellung, dass sowohl 631

[1189] Einen auf das Strafverfahren bezogenen Überblick über den Grundrechtsschutz in EUV, AEUV, GRCh und allgemeinen Grundsätzen des Unionsrechts nach der Rspr. des EuGH gibt *Esser* in: *Sieber/Brüner/Satzger/v. Heintschel-Heinegg* Europäisches Strafrecht, 2011, § 53 Rn. 1–30.

[1190] Zu Besonderheiten sog unspezifischer Beschlüsse (zB Geschäftsordnungen, Mitteilungen und Entschließungen) und interinstitutioneller Vereinbarungen zwischen Unionsorganen siehe zB *Vedder*/Heintschel v. Heinegg AEUV Art. 288 Rn. 45 f. mN.

[1191] Näher dazu und mN zB *Vedder*/Heintschel v. Heinegg AEUV Art. 288 Rn. 33 ff.; speziell zur Strafrechtsharmonisierung mittels Richtlinien *Zimmermann* NStZ 2008, 662.

[1192] Näher dazu und mN zB *Vedder*/Heintschel v. Heinegg AEUV Art. 288 Rn. 49.

[1193] Einen Überblick über die Beziehungen der EU im Vertragsgeflecht internationaler Kooperation in Strafsachen gibt *Hecker* Europäisches Strafrecht, 3. Aufl. 2010, § 5.

[1194] Vgl. EuGH 10.9.1996 – C-61/94, Kom./.D, § 52 (Slg. 1996, I-3989) = EuZW 1997, 122; Vedder/Heintschel v. Heinegg/*Hummer* AEUV Art. 216 Rn. 21 ff. mN.

[1195] Zu den aktuellen Entwicklungen mN zB *Brodowski* ZIS 2010, 749; 2011, 940.

[1196] BVerfG 22.10.19862 – BvR 197/83, BVerfGE 73, 339 = NJW 1987, 577; BVerfG 30.6.2009 – 2 BvE 2/08, 2 BvE 5/08, 2 BvR 1010/08 ua, BVerfGE 123, 267 – „Lissabon" = NJW 2009, 2267; siehe aber auch BVerfG 18.7.20052 – BvR 2236/04, BVerfGE 113, 273 – „Europäischer Haftbefehl"= NJW 2005, 2289. Zu den Auswirkungen der Lissabon-Entscheidung auf das Strafrecht vgl. *Kubiciel* GA 2010, 99; *Böse* ZIS 2010, 76; *Braum* ZIS 2009, 418; *Heger* ZIS 2009, 406; *Ambos/Rackow* ZIS 2009, 397; *Meyer* NStZ 2009, 657 und *Esser* in: *Sieber/Brüner/Satzger/v. Heintschel-Heinegg* Europäisches Strafrecht, 2011, § 56 Rn. 12 ff.

primäres als auch sekundäres Unionsrecht **Vorrang** vor dem nationalen Recht jedweder Hierarchiestufe – und zumindest vielfach auch vor den Verfassungen – besitzen.[1197]

632 Dieser Vorrang führt nicht nur dazu, dass das Unionsrecht ggf. entgegenstehendes nationales Recht verdrängt. Er hat – in dem Maße, in dem das nationale Recht auslegungsfähig ist – auch die Konsequenz, dass eine **unionsrechtskonforme Auslegung**[1198] des nationalen Rechts geboten ist (→ Rn. 596). Schließlich ergeben sich aus dem Unionsrecht oft auch Handlungspflichten der Nationalstaaten. Nicht nur Richtlinien involvieren eine Pflicht zu ihrer Umsetzung; bei der Auslegung des Unionsrechts gilt vielmehr das Effektivitätsgebot (effet utile), und aus der unionsrechtlichen Pflicht zur effektiven Anwendung des Unionsrechts können sich im Extremfall – wenn andere ähnlich effektive Mittel nicht zur Verfügung stehen – auch eine Pflicht zur Absicherung unionsrechtskonformen Verhaltens durch Straftatbestände und eine **Pflicht zur Strafverfolgung** ergeben.[1199]

633 **3. EuGH.** Im primären Unionsrecht wird terminologisch zwischen dem **„Gerichtshof der Europäischen Union"** und dem „Gerichtshof" unterschieden. „Der Gerichtshof der Europäischen Union umfasst den Gerichtshof, das Gericht und Fachgerichte." (Art. 19 Abs. 1 UAbs. 1 S. 1 EUV). Wo die Verträge von dem „Gerichtshof der Europäischen Union" sprechen, ist das also gleichbedeutend mit „den Gerichten der Union" (vgl. Art. 52 Abs. 7 GRCh). Der Gerichtshof der Europäischen Union ist insgesamt ein Organ der EU (Art. 13 Abs. 1 UAbs. 2 Spiegelstr. 5 EUV).[1200] Die ältere Bezeichnung für „das Gericht" (EuG) ist „Gericht erster Instanz". Einerseits sind „die Fachgerichte" heute dem Gericht aber instanziell vorgelagert, andererseits ist „der Gerichtshof" (EuGH) in einigen Streitigkeiten erste und einzige Instanz. Noch stärker, als mit Bezug auf das deutsche Gerichtssystem der „BGH" auch für die Rechtsprechung der ordentlichen Gerichtsbarkeit insgesamt steht, wird auch oft vom „EuGH" gesprochen, ohne dabei zwischen EuGH und EuG zu differenzieren.

634 Der Gerichtshof der Europäischen Union „sichert die Wahrung des Rechts bei der Auslegung und Anwendung der Verträge"; es ist aber Aufgabe der Mitgliedstaaten, die „erforderlichen Rechtsbehelfe" zu schaffen, „damit ein wirksamer Rechtsschutz in den vom Unionsrecht erfassten Bereichen gewährleistet" wird (Art. 19 Abs. 1 EUV). Er hat keine originäre Zuständigkeit in Kriminalstrafsachen, verhandelt er über **Bußgeldangelegenheiten** zB des europäischen Wettbewerbsrechts.[1201] Er ist auch keine Revisionsinstanz über den Straf- oder Verfassungsgerichten der Mitgliedstaaten. Die Gerichte der Mitgliedstaaten können ihn aber zur **Vorabentscheidung** (Art. 19 Abs. 3 lit. b EUV; Art. 267 AEUV; § 1 EuGHG) über entscheidungserhebliche Fragen der Auslegung von Unionsrecht (einschließlich funktionellem Unionsrecht mit Jurisdiktion des EuGH) anrufen; letztinstanzlich entscheidende Gerichte sind dazu ggf. verpflichtet.[1202] **Exemplarisch zu Entscheidungen zum Strafverfahrensrecht:** So hat der EuGH in einer Vorabentscheidung im

---

[1197] Einen Überblick über Auswirkungen auf das materielle deutsche Strafrecht geben *Nelles/Tinkl/Lauchstädt* in: *Schulze/Zuleeg/Kadelbach* (Hrsg.), Europarecht, 2. Aufl. 2010, § 42 Rn. 10 ff. und *Dannecker* Jura 2006, 95, 173.

[1198] In der Diskussion um rahmenbeschlusskonforme Auslegungen spielt die (mit der besonderen Situation eines noch gar nicht umgesetzten Rahmenbeschlusses befasste) Entscheidung EuGH 16.6.2005 – C-105/03, Slg. 2005, I-5285 – *(Pupino)* = NJW 2005, 2839 eine besondere Rolle. Bspr. zB von *Hillgruber* JZ 2005, 841; *Wehnert* NJW 2005, 3760; *Gärditz/Gusy* GA 2006, 225; *Bock* ZStW 119 (2007), 664; *Schramm* ZJS 2010, 615.

[1199] EuGH 21.9.1989 – C-68/88, Slg. 1989, 2965 – „Griechischer Mais"= EuZW 1990, 100 mAnm *Tiedemann,* Zu Gefahren einer überbordenden Pönalisierung zB *Frisch* GA 2009, 385.

[1200] Das „Gericht für den öffentlichen Dienst der Europäischen Union" (Anhang I iVm Art. 62c EUV) ist bislang ihr einziges Fachgericht.

[1201] Zum strafrechtlichen Charakter (iSv Art. 6 und 7 EMRK) kartellrechtlicher Sanktionen *Lorenzmeier* ZIS 2008, 20. Allgemeiner zur Natur der Sanktionen im Unionsrecht *Valls Prieto* ZStW 120 (2008), 403.

[1202] Näher zu den Rechtsschutzmöglichkeiten vor dem EuGH im Strafverfahren (einschließlich Nichtigkeitsklage, Vertragsverletzungsverfahren, Untätigkeitsklage, Amtshaftungsklage und vorläufigem Rechtsschutz) *Böse* in: *Sieber/Brüner/Satzger/v. Heintschel-Heinegg* Europäisches Strafrecht, 2011, § 54. Kritisch dazu, wie selten deutsche Gerichte den EuGH anrufen, *Vogel* JZ 2012, 25 (26).

italienischen Strafverfahren gegen den Österreicher Bickel (wegen Trunkenheit im Verkehr) und den Deutschen Franz (wegen Beisichführens eines verbotenen Messers) entschieden, dass diesen als Folge des Verbots jeder Diskriminierung aus Gründen der Staatsangehörigkeit (heute Art. 18 Abs. 1 AEUV) ebenso wie deutschsprachigen Bürgern in der Provinz Bozen das Recht zustehe, Deutsch als Verfahrenssprache zu wählen.[1203] Mit einer Vorabentscheidung im belgischen Strafverfahren gegen *Ibiyinka Awoyemi*[1204] begann auch die rege Entscheidungs- und Rechtsetzungstätigkeit mit Bezug auf Führerscheine und damit indirekt zur Strafbarkeit wegen Fahrens ohne Fahrerlaubnis.

4. Europäisches Strafverfahrensrecht. Es gibt – zumindest bislang – kein europäisches **635**
Strafverfahrensrecht und auch keine umfassende Kompetenz der Union, strafverfahrensrechtliche Vorschriften zu erlassen.[1205] EU und Mitgliedstaaten teilen sich aber die Zuständigkeit für den **„Raum der Freiheit, der Sicherheit und des Rechts"** (Art. 4 Abs. 2 lit. j sowie Titel V AEUV). Zu ihm gehört auch eine **justizielle Zusammenarbeit in Strafsachen** (Titel V Kap. 4 AEUV).[1206] Gemäß Art. 82 Abs. 1 UAbs. 1 AEUV beruht sie „auf dem Grundsatz der gegenseitigen Anerkennung gerichtlicher Urteile und Entscheidungen und umfasst die Angleichung der Rechtsvorschriften der Mitgliedstaaten in den in Absatz 2 und in Artikel 83 genannten Bereichen".

Dabei enthält Art. 82 Abs. 2 AEUV einen strafprozessualen und Art. 83 AEUV einen mate- **636**
riell-strafrechtlichen Zuständigkeitskatalog.[1207] In beiden Bereichen haben das europäische Parlament und der Rat die Befugnis, durch **Richtlinien** Mindestvorschriften festzulegen. Das geschieht grundsätzlich im ordentlichen Gesetzgebungsverfahren; gemäß dem jeweiligen Abs. 3 beider Vorschriften kann dabei aber ein Staat, der grundlegende Aspekte seiner Rechtsordnung berührt sieht, den europäischen Rat mit der Angelegenheit befassen und eine einvernehmliche Entscheidung erforderlich machen bzw. die Angelegenheit auf eine verstärkte Zusammenarbeit nur eines Teils der Mitgliedstaaten beschränken. Gebunden an die Erforderlichkeit zur Erleichterung entweder der gegenseitigen Anerkennung gerichtlicher Urteile oder sonstiger Entscheidungen bzw. der polizeilichen oder justiziellen Zusammenarbeit in Strafsachen mit grenzüberschreitender Dimension nennt Art. 82 Abs. 2 AEUV die folgenden **Gegenstandsbereiche zur Rechtsvereinheitlichung:**

- die Zulässigkeit von Beweismitteln auf gegenseitiger Basis zwischen den Mitgliedstaaten,
- die Rechte des Einzelnen im Strafverfahren und
- die Rechte der Opfer von Straftaten.

Zu diesen recht generell formulierten und damit sehr umfassenden Bereichen tritt hinzu

- die Möglichkeit, dass der Rat nach Zustimmung des Europäischen Parlaments einstimmig weitere „spezifische Aspekte des Strafverfahrens" als weiteren Gegenstand der Rechtsvereinheitlichung benennt.

Zusätzlich – **vor allem** aber weder auf Richtlinien beschränkt noch mit der Möglichkeit **637**
eines einzelnen Mitgliedstaats, die Rückkehr zum Prinzip der Einvernehmen zu erzwingen – dürfen nach Art. 82 Abs. 1 UAbs. 2 AEUV im ordentlichen Gesetzgebungsverfahren **Maßnahmen** erlassen werden, um

---

[1203] EuGH 24.11.1998 – C-274/96, Slg. 1998 Seite I-7637 = EuZW 1999, 82 mAnm *Novak*.

[1204] ZB EuGH 29.10.1998 – C-230/97, Slg. 1998, I-6781 = EuZW 1999, 52 zu den Führerscheine betreffenden RL 80/1263/EWG und 91/439/EWG.

[1205] Grundlegend zu Problemen der Kooperation verschiedener Rechtsordnungen LR/*Kühne* Einl. D Rn. 55–79 und Einl. G Rn. 8 ff.

[1206] Zu ihrer Entwicklung *Zuleeg* JZ 1992, 761. Näher zu den Neuerungen durch den Vertrag von Lissabon die Nachweise in Fn. 1196. Zu den Problemen der Suche nach gemeinsamen Standards zB *Vogel/Matt* StV 2007, 206.

[1207] Materiell-strafrechtliche Aspekte können hier nicht weiter aufgegriffen werden, erst recht nicht – allgemeiner – solche des „supranationalen Sanktionenrechts". Aktuelle systematische Überblicke hierzu finden sich bei *Vogel* in: *Sieber/Brüner/Satzger/v. Heintschel-Heinegg* Europäisches Strafrecht, 2011, §§ 5 und 6. Dort befassen sich (§§ 9–30) *Böse, Gazeas, Hecker, Herz, Huber, Kilchling, Killmann, H.-G. Koch, T. Koch, Kreß, Kuhl, Satzger, Schröder, Sieber* und *Weiß* auch eingehend mit der Beeinflussung des nationalen materiellen Rechts durch europäische Regelungen (sowohl allgemein als auch jeweils für einzelne Deliktsbereiche).

- Regeln und Verfahren festzulegen, mit denen die Anerkennung aller Arten von Urteilen und gerichtlichen Entscheidungen in der gesamten Union sichergestellt wird,
- Konflikte zwischen den Mitgliedstaaten zu verhindern und beizulegen,
- die Weiterbildung von Richtern und Staatsanwälten sowie Bediensteten zu fördern und
- die Zusammenarbeit zwischen den Justizbehörden oder entsprechenden Behörden der Mitgliedstaaten im Rahmen der Strafverfolgung sowie des Vollzugs und der Vollstreckung von Entscheidungen zu erleichtern.

638 Damit werden die zuvor va in Art. 29 ff. EUV aF (seit Amsterdam 1997) bzw. – neben anderem – in Art. K EUV aF (Maastricht 1992) enthaltenen Kompetenzen fortgeschrieben und erweitert. Auf ihrer Grundlage bestehen bereits ua.

- die Übereinkommen über
  - den Entzug der Fahrerlaubnis[1208] und
  - die Rechtshilfe in Strafsachen (EU-RhÜbk.)[1209] nebst Protokoll,[1210]
- die Rahmenbeschlüsse über
  - die gegenseitige Anerkennung
    - von Geldstrafen und Geldbußen,[1211]
    - von Einziehungsentscheidungen,[1212]
    - von Urteilen in Strafsachen, durch die eine freiheitsentziehende Strafe oder Maßnahme verhängt wird,[1213]
    - von Urteilen und Bewährungsentscheidungen im Hinblick auf die Überwachung von Bewährungsmaßnahmen und alternativen Sanktionen[1214] und
    - von Überwachungsmaßnahmen als Alternative zur Untersuchungshaft,[1215]
  - die Stellung des Opfers im Strafverfahren,[1216]
  - den Europäischen Haftbefehl,[1217]
  - die Vollstreckung von Entscheidungen über die Sicherstellung von Vermögensgegenständen oder Beweismitteln,[1218]
  - die Berücksichtigung der in anderen Mitgliedstaaten der EU ergangenen Verurteilungen in einem neuen Strafverfahren,[1219]

[1208] Rechtsakt des Rates vom 17.6.1998, ABl. 1998 C 216/01.

[1209] Vgl. oben Fn. 1182.

[1210] Rechtsakt des Rates vom 16.10.2001, ABl. 2001 C 326/01.

[1211] Rb. 2005/214/JI des Rates v. 24.2.2005, ABl. 2005 L 76/16; geändert durch Rb. 2009/299/JI des Rates v. 26. Februar 2009, Abl. 2009 L 81/24; zur Umsetzung insbes. im IRG siehe BGBl. 2010 I, 1408. Näheres bei *Gleß* in: *Sieber/Brüner/Satzger/v. Heintschel-Heinegg* Europäisches Strafrecht, 2011, § 39a.

[1212] Rb. 2006/783/JI des Rates v. 6.10.2006, ABl. 2006 L 328/59; geändert durch Rb. 2009/299/JI (siehe Fn. 1211); zur Umsetzung insbes. im IRG siehe BGBl. 2009 I, 3214. Näheres (auch zur Harmonisierung der materiellrechtlichen Bestimmungen und zur Zusammenarbeit) bei *Gleß* in: *Sieber/Brüner/Satzger/v. Heintschel-Heinegg* Europäisches Strafrecht, 2011, § 40.

[1213] Rb. 2008/909/JI des Rates v. 27.11.2008, ABl. 2008 L 327/27; geändert durch Rb. 2009/299/JI (siehe Fn. 1211). Siehe dazu *Morgenstern* ZIS 2008, 76.

[1214] Rb. 2008/947/JI des Rates v. 27.11.2008, ABl. 2008 L 337/102; geändert durch Rb. 2009/299/JI (siehe Fn. 1211). Siehe dazu *Staudigl/Weber* NStZ 2008, 17.

[1215] Rb. 2009/829/JI des Rates v. 23.10.2009, ABl. 2009 L 294/20. Siehe dazu *Esser* in: *Sieber/Brüner/Satzger/v. Heintschel-Heinegg* Europäisches Strafrecht, 2011, § 53 Rn. 48 ff.

[1216] Rb. 2001/220/JI des Rates v. 15.3.2001, ABl. 2001 L 82/1. Vgl. dieser Materie im nationalen Recht insbes. das OpferRRG (BGBl. 2004 I, 1354) und das 2. OpferRRG (BGBl. 2009 I, 2280) jeweils va mit Änderungen der StPO. Aus der neueren Literatur vgl. hierzu *Bock* JZ 2011, 469 (zu EuGH – C-467/05, Slg. 2007 I-5557, EuGRZ 2007, 566, NJW 2007, 2835 – Giovanni Dell'Orto), *Safferling* ZStW 122 (2010), 87 und *Esser* in: *Sieber/Brüner/Satzger/v. Heintschel-Heinegg* Europäisches Strafrecht, 2011, § 53 Rn. 63 f.

[1217] Rb. 2002/584/JI des Rates v. 13.6.2002, ABl. 2002 L 190/1; geändert durch Rb. 2009/299/JI (siehe Fn. 1211); zur Umsetzung insbes. im IRG siehe BGBl. 2006 I, 1721 (EuHbG) sowie zuvor BVerfG 18.7.2005 – 2 BvR 2236/04, BVerfGE 113, 273 – „Europäischer Haftbefehl" = NJW 2005, 2289. Siehe auch *v. Heintschel-Heinegg* in: *Sieber/Brüner/Satzger/v. Heintschel-Heinegg* Europäisches Strafrecht, 2011, § 37; *Globke* GA 2011, 412 ff.; *Böhm* NJW 2006, 2592; *Hackner/Schomburg/Lagodny/Gleß* NStZ 2006, 663; *Mitsch* JA 2006, 448.

[1218] Rb. 2003/577/JI des Rates v. 22.7.2003, ABl. 2003 L 196/45; zur Umsetzung insbes. im IRG siehe BGBl. 2008 I, 995. Näheres bei *Gleß* in: *Sieber/Brüner/Satzger/v. Heintschel-Heinegg* Europäisches Strafrecht, 2011, § 39.

[1219] Rb. 2008/675/JI des Rates v. 24.7.2008, ABl. 2008 L 220/32; zur Umsetzung insbes. im IRG siehe BGBl. 2009 I, 3214.

– den Schutz personenbezogener Daten, die im Rahmen der polizeilichen und justiziellen Zusammenarbeit in Strafsachen verarbeitet werden,[1220]
– die Europäische Beweisanordnung,[1221]
– die Stärkung der Verfahrensrechte und Förderung der gegenseitigen Anerkennung von Entscheidungen nach Abwesenheitsverhandlungen[1222] und
– die Vermeidung und Beilegung von Kompetenzkonflikten in Strafverfahren[1223] sowie
• die Richtlinie zur Entschädigung der Opfer von Straftaten.[1224]

Mittelfristig zu erwartende Entwicklungen in diesem Bereich lassen sich dem **Stockholmer** 639
Programm[1225] entnehmen. Danach werden Rechtsakte der EU insbesondere
• zum „Schutz der Rechte von Verdächtigen und Beschuldigten"[1226] (nach dem „Fahrplan" des Rates[1227]),
• für „benutzerfreundlichere" Rechtsinstrumente zur grenzüberschreitenden Zusammenarbeit[1228] einschließlich
– einer Stärkung der Rechte und des Schutzes von Opfern und gefährdeter Zeugen,[1229]
– „eines **umfassenden Systems für die Beweiserhebung** in Fällen mit grenzüberschreitenden Bezügen",[1230] „das sämtliche bestehenden Instrumente in diesem Bereich ersetzen soll, unter anderem auch den Rahmenbeschluss 2008/978/JI des Rates vom 18. Dezember 2008 über die Europäische Beweisanordnung",[1231]
– der Möglichkeit, „Ermittlungsmaßnahmen durch Strafverfolgungs- oder Justizbehörden des ersuchenden/ausstellenden Mitgliedstaats in Verbindung und in Absprache mit den Behörden des ausführenden Staates"[1232] durchzuführen,
– Mechanismen, um „rasch Informationen von privaten und öffentlichen Einrichtungen eines anderen Mitgliedstaats erhalten [zu] können"[1233] sowie
– eines weiteren Ausbaus von Eurojust,[1234]
• zum Strafvollzug einschließlich Alternativen zum Freiheitsentzug,[1235]

[1220] Rb. 2008/977/JI des Rates v. 27.11.2008, ABl. 2008 L 350/60. Näher zum Datenverkehr und Datenschutz im Rahmen der PJZS *Eisele* in: *Sieber/Brüner/Satzger/v. Heintschel-Heinegg* Europäisches Strafrecht, 2011, §§ 49 und 50. Änderungen in verschiedenen Gesetzen hierdurch durch das Gesetz über die Vereinfachung des Austausches von Informationen und Erkenntnissen zwischen den Strafverfolgungsbehörden der Mitgliedstaaten der Europäischen Union v. 21.7.2012 (BGBl. I 1566 ff.).

[1221] Rb. 2008/978/JI des Rates v. 18.12.2008, ABl. 2008 L 350/72; vgl. dazu BT-Drs. 17/1543 (Antwort auf kl. Anfrage). Näheres bei *Gleß* in: *Sieber/Brüner/Satzger/v. Heintschel-Heinegg* Europäisches Strafrecht, 2011, § 38; *Meyer-Goßner* Einl. Rn. 207g.

[1222] Rb. 2009/299/JI des Rates v. 26.2.2009, ABl. 2009 L 81/24. Siehe dazu *Klitsch* ZIS 2009, 11 und *Esser* in: *Sieber/Brüner/Satzger/v. Heintschel-Heinegg* Europäisches Strafrecht, 2011, § 53 Rn. 43 ff.

[1223] Rb. 2009/948/JI des Rates v. 30.11.2009, ABl. 2009 L 328/42. Näher zu diesem Problemkreis *Hecker* ZIS 2011, 60 und *Böse/Meyer* ZIS 2011, 336.

[1224] RL 2004/80/EG des Rates v. 29.4.2004, ABl. 2004 L 261/15; vgl. dazu BT-Drs. 16/6541, 49 und *Esser* in: *Sieber/Brüner/Satzger/v. Heintschel-Heinegg* Europäisches Strafrecht, 2011, § 53 Rn. 65 f.

[1225] ABl. 2010 C 115/1.

[1226] ABl. 2010 C 115/10; vgl. dazu *Esser* in: *Sieber/Brüner/Satzger/v. Heintschel-Heinegg* Europäisches Strafrecht, 2011, § 53 Rn. 33 ff.

[1227] Fahrplan zur Stärkung der Verfahrensrechte von Verdächtigen oder Beschuldigten in Strafverfahren, Entschließung 2009/C 295/01 (ABl. 2009 C 295/1) des Rates v. 30.11.2009. Teilrealisiert zuletzt durch Richtlinie 2013/48/EU v. 22.10.2013 über das Recht auf Zugang zu einem Rechtsbeistand im Strafverfahren.

[1228] ABl. 2010 C 115/12; siehe zu den folgenden Teilaspekten auch die Vorschläge der Kommission zu Rahmenbeschlüssen über bestimmte Verfahrensrechte, KOM(2004) 328 endg., und über das Recht auf Verdolmetschung und Übersetzung in Strafverfahren, KOM(2009) 338 endg.; dazu *Esser* in: *Sieber/Brüner/Satzger/v. Heintschel-Heinegg* Europäisches Strafrecht, 2011, § 53 Rn. 56 ff.

[1229] S. entspr. Fahrplan, Entschließung 2011/C 187/01 (ABl. 2011 C 187/1) des Rates v. 10.6.2011.

[1230] ABl. 2010 C 115/12.

[1231] ABl. 2010 C 115/12; siehe dazu insbes. das Grünbuch der Kommission „Erlangung verwertbarer Beweise in Strafsachen aus einem anderen Mitgliedstaat", KOM(2009) 624 endg., mit Stellungnahmen von *Schünemann/Roger* ZIS 2010, 92 sowie → Rn. 448.

[1232] ABl. 2010 C 115/12.

[1233] ABl. 2010 C 115/12.

[1234] ABl. 2010 C 115/13. Vgl. hierzu aus jüngerer Zeit auch das Gesetz zur Änderung des Eurojust-Gesetzes v. 7.6.2012 (BGBl. I, 1270 ff.).

[1235] ABl. 2010 C 115/14 und 15.

- für einen erleichterten Zugangs zur Justiz einschließlich E-Justiz-Systemen, eines häufigeren Einsatzes von Videokonferenzen und einer Vernetzung nationaler Register[1236] sowie
- zum Ausbau der justiziellen „Zusammenarbeit mit wichtigen Drittländern"[1237]

angestrebt. In der hier als rechtsdogmatisch primär in den Vordergrund gestellten Rechtsetzungstätigkeit erschöpft sich die Arbeit der EU freilich bei Weitem nicht. Ihren Schwerpunkt bilden Aktivitäten, um die **praktische Zusammenarbeit** der Behörden der Mitgliedstaaten zu fördern (→ Rn. 649 ff.); aus politischer Perspektive und aus Sicht der Rechtspflege stellt die Schaffung neuer Regelungen im Unionsrecht sich dabei oft geradezu als bloße Begleitmaßnahme dar.[1238] Deshalb tritt das Bemühen um effektive Strafverfolgung bislang auch immer wieder zu Lasten der Individualrechte va (aber nicht nur) des Beschuldigten zu stark in den Vordergrund.[1239]

640 **5. Verträge im Rahmen des Europarats (insbes. EMRK).** Dem am 5.5.1949 in London gegründeten Europarat[1240] mit Sitz in Straßburg gehören heute fast alle europäischen Staaten an. Einzige Ausnahmen sind Weißrussland (Beitrittskandidat seit 1993), das Kosovo (völkerrechtlicher Status ungeklärt) sowie der Heilige Stuhl, der Beobachterstatus besitzt. Der Europarat hat als älteste internationale Organisation Europas mit genuin politischer Zielsetzung „die Aufgabe, einen engeren Zusammenschluss unter seinen Mitgliedern zu verwirklichen, um die Ideale und Grundsätze, die ihr gemeinsames Erbe sind, zu schützen und zu fördern und um ihren wirtschaftlichen und sozialen Fortschritt zu begünstigen" (Art. 1a der Satzung). Seine Hauptziele sind der Schutz der **Menschenrechte** und die Förderung der **Demokratie** und **Rechtsstaatlichkeit.**[1241]

641 Wichtigstes Instrument des Europarats ist die **EMRK** einschließlich ihrer Zusatzprotokolle. Sie bezieht sich ihrerseits auf die Erklärung der Menschenrechte der Generalversammlung der UN vom 10.12.1948, hatte eine ganz zentrale Vorbildfunktion für die GRCh und Einfluss auf etliche weitere Übereinkommen, zB den IPbpR. Sie formuliert Menschenrechte und Grundfreiheiten, die die Vertragsstaaten allen unter ihrer Hoheitsgewalt stehenden Personen zusichern. **Für das Strafverfahren** hat das Recht auf ein faires Verfahren (Art. 6) besondere Bedeutung. Verbürgt werden ua.[1242] auch das Recht auf Leben (Art. 2), das Verbot der Folter (Art. 3), das Recht auf Freiheit und Sicherheit (Art. 5), das Recht, nicht ohne Gesetz bestraft zu werden (Art. 7), das Recht auf Achtung des Privat- und Familienlebens (Art. 8), die Gedanken-, Gewissens- und Religionsfreiheit (Art. 9), die Freiheit der Meinungsäußerung (Art. 10), der Schutz des Eigentums (Art. 1 1. Zusatzprotokoll), das Verbot der Freiheitsentziehung wegen Schulden (Art. 1 4. ZP), das Verbot der Ausweisung eigener Staatsbürger (Art. 3 4. ZP) und der Kollektivausweisung fremder Staatsbürger (Art. 4 4. ZP), die Abschaffung der Todesstrafe (jeweils Art. 1 6. und 13. ZP) und ein allgemeines Diskriminierungsverbot (Art. 1 12. ZP). Das 7. ZP ua mit verfahrensrechtlichen Schutzvorschriften in Bezug auf die Ausweisung ausländischer Personen (Art. 1), Rechts-

[1236] ABl. 2010 C 115/15 f.

[1237] ABl. 2010 C 115/17.

[1238] Siehe statt vieler den Beschluss 2007/126/JI des Rates v. 12.2.2007 zur Auflegung des spezifischen Programms „Strafjustiz" als Teil des Generellen Programms „Grundrechte und Justiz" für den Zeitraum 2007 bis 2013, ABl. 2007 L 58/13. Dazu, dass auch die deutsche Strafrechtswissenschaft sich insbes. methodisch stärker öffnen und gedankliche Fixierungen auf eine national-gesetzespositivistische Herangehensweise ablegen muss, wenn sie nicht wegen Integrationsunfähigkeit obsolet werden möchte, *Vogel* JZ 2012, 25 (28 ff.). Zu Zielen und Modellen für ein europäisches Straf(verfahrens)rechtssystem *Sieber* ZStW 121 (2009), 1; *Vogel/Grotz* Perspektiven des internationalen Strafprozessrechts, 2004.

[1239] Zu Analysen, Kritik und konstruktiven Vorschlägen insbes. unter Verteidigungsgesichtspunkten siehe *Gleß* StV 2010, 400 ff.; *Nelles/Tinkl/Lauchstädt* in: *Schulze/Zuleeg/Kadelbach* (Hrsg.), Europarecht, 2. Aufl. 2010, § 42 Rn. 212 und *Esser* in: *Sieber/Brüner/Satzger/v. Heintschel-Heinegg* Europäisches Strafrecht, 2011, §§ 57–59. Vgl. ferner *Ahlbrecht* StV 2012, 491.

[1240] Einen umfassenderen Überblick gibt *Hecker* Europäisches Strafrecht, 3. Aufl. 2010, § 3.

[1241] Warschauer Erklärung, Schlusserklärung des Dritten Gipfels am 16. und 17.5.2005.

[1242] Siehe auch die Überblicke bei *Kreicker* (§ 51) und *Esser* (§ 56 Rn. 17 ff.), jeweils in: *Sieber/Brüner/Satzger/v. Heintschel-Heinegg* Europäisches Strafrecht, 2011, § 51 sowie *Satzger* Internationales und Europäisches Strafrecht, 5. Aufl. 2011, § 11 Rn. 20 ff. und *Hombrecher* JA 2010, 731 (733 f.).

mitteln in Strafsachen (Art. 2), dem Recht auf Entschädigung bei Fehlurteilen (Art. 3) und dem Recht, wegen derselben Sache nicht zweimal vor Gericht gestellt zu werden (Art. 4) wurde von der Bundesrepublik Deutschland 1985 zwar unterzeichnet, bislang aber nicht ratifiziert. Die Konvention bzw. ihre Zusatzprotokolle regeln und begrenzen damit auch die Zulässigkeit von Abweichungen und Ausnahmen.

Die Rechtsverbürgungen der EMRK werden nicht nur durch ein **Recht auf wirksame (innerstaatliche) Beschwerde** (Art. 13), sondern vor allem auch durch ein **eigenes Rechtsschutzsystem** abgesichert. Zu diesem gehörte ursprünglich auch die Europäische Kommission für Menschenrechte (als Vor- bzw. Hauptinstanz), die die Auslegung der Konvention zusammen mit dem Gerichtshof wesentlich prägte. Heute können Beschwerden unmittelbar an den **Europäischen Gerichtshof für Menschenrechte (EGMR)** gerichtet werden.[1243] Der Umgang mit der EMRK wird stark durch sein case law (und das der Kommission) geprägt. In gewisser Weise ähnlich wie der EuGH regelmäßig auf den „effet utile" einer Regelung bzw. ihrer Anwendung abstellt, „dynamisiert" der EGMR die Rechtsverbürgungen der EMRK und konstruiert sie insbesondere gezielt auch zur Förderung von Rechtsstaatlichkeit und Demokratie.[1244] 642

Als Abkommen des Europarats und damit völkerrechtlicher Vertrag steht die EMRK heute in Deutschland grundsätzlich nur im **Rang** des Zustimmungsgesetzes, gilt also als einfaches (nationales) **Bundesrecht.** Weil Art. 52 Abs. 3 GRCh zur Auslegung vieler Vorschriften der GRCh auf die EMRK und indirekt auch auf die Rechtsprechung des EGMR (vgl. Präambel Abs. 5 GRCh) verweist, nimmt die EMRK im Anwendungsbereich der GRCh (dh einerseits nur für eigene Akte der EU sowie die Anwendung des Unionsrechts durch die Mitgliedstaaten und andererseits nur soweit die GRCh der EMRK entsprechende Bestimmungen enthält) bereits seit Inkrafttreten des Vertrags von Lissabon indirekt den Rang primären Unionsrechts ein. Wenn die EU der Konvention beitritt, wird sie dadurch zudem zu sekundärem Unionsrecht mit – innerhalb dieser Hierarchiestufe – Vorrang (→ Rn. 631 f.). Darüber hinaus begründet der verfassungsrechtlich verankerte Grundsatz des völkerrechtsfreundlichen Verhaltens zwar keinen Geltungsvorrang der EMRK, verlangt aber – im Rahmen des Auslegungsspielraums von Vorschriften – eine **konventionskonforme Auslegung** des gesamten deutschen Rechts einschließlich der Grundrechte.[1245] Dabei geht es immer nur um Mindeststandards, denn einem über ihr Schutzniveau hinausgehenden nationalen Menschenrechtsschutz steht die Konvention nicht entgegen. Auslegungsfragen stellen sich nur für neueres Recht, denn älteres entgegenstehendes Recht hat das Zustimmungsgesetz (als *lex posterior*) derogiert. 643

Zu den **weiteren,** im Rahmen des Europarats abgeschlossenen **Übereinkommen**[1246] mit strafverfahrensrechtlichem Inhalt gehören 644

- das Europäische Auslieferungsübereinkommen (EuAlÜbk.),[1247] Paris 13.12.1957,
- das Europäische Übereinkommen über die Rechtshilfe in Strafsachen (EuRhÜbk.),[1248] Straßburg 20.4.1959,

---

[1243] Zu den Änderungen im Rechtsschutzsystem der EMRK und der Geschichte des EGMR siehe *Meyer-Ladewig/Petzold* NJW 2009, 3749.

[1244] Näher dazu anhand der Entscheidung *Jalloh ./. D* (Brechmitteleinsatz als unmenschliche und erniedrigende Behandlung) *Schuhr* NJW 2006, 3538.

[1245] Vgl. knapp bereits → Rn. 596 sowie näher insbes. BVerfG 14.10.2004 – 2 BvR 1481/04, BVerfGE 111, 307 = NJW 2004, 3407 (3408 ff.) mwN; dazu zB *Kühne* GA 2005, 195; *Esser* in: *Sieber/Brüner/Satzger/v. Heintschel-Heinegg* Europäisches Strafrecht, 2011, § 56 Rn. 6 ff., 17 ff. und 39 ff. und Radtke/Hohmann/*Radtke* Einl. Rn. 16. Näher zum Verhältnis von BVerfG und EGMR LR/*Kühne* Einl. D Rn. 81 ff.

[1246] Aktuelle Auskunft über alle im Rahmen des Europarats abgeschlossenen Übereinkommen einschließlich Ratifikationsstand ist abrufbar unter http://conventions.coe.int/Treaty/Commun/ListeTraites.asp?CL=GER&CM=8, speziell zum Strafrecht http://www.conventions.coe.int/Treaty/Commun/ListeTraites.asp?MA=20&CM=7&CL=GER. Ausführlicher hierzu *Schomburg* in: *Sieber/Brüner/Satzger/v. Heintschel-Heinegg* Europäisches Strafrecht, 2011, §§ 3 und 4.

[1247] CETS No. 24, in Kraft seit 18.4.1960, für die BRD seit 1.1.1977, BGBl. 1964 II, 1369; 1976, 1778, auch ggü. Israel, Korea und Südafrika, bislang 3 Zusatzprotokolle. Vgl. dazu auch *Meyer-Goßner* Einl. Rn. 215a.

[1248] CETS No. 30, in Kraft seit 12.6.1962, für die BRD seit 1.1.1977, BGBl. 1964 II, 1369, 1976, 1799, auch ggü. Chile, Israel und Korea, bislang 2 Zusatzprotokolle. Vgl. dazu auch *Meyer-Goßner* Einl. Rn. 215b.

- das Europäische Übereinkommen zur Bekämpfung des Terrorismus,[1249] Straßburg 27.1.1977, sowie das Übereinkommen des Europarats zur Verhütung des Terrorismus,[1250] Warschau 16.5.2005,
- das Europäische Übereinkommen über die Zustellung von Schriftstücken in Verwaltungssachen im Ausland,[1251] Straßburg 24.11.1977, sowie das Europäische Übereinkommen über die Erlangung von Auskünften und Beweisen in Verwaltungssachen im Ausland,[1252] Straßburg 15.3.1978,
- das Übereinkommen über die Überstellung verurteilter Personen (ÜberstÜbk.),[1253] Straßburg 21.3.1983,
- das Europäische Übereinkommen über die Entschädigung für Opfer von Gewalttaten,[1254] Straßburg 24.11.1983,
- das Europäische Übereinkommen über Gewalttätigkeiten und Fehlverhalten von Zuschauern bei Sportveranstaltungen und insbesondere bei Fußballspielen,[1255] Straßburg 19.8.1985,
- das Europäische Übereinkommen zur Verhütung von Folter und unmenschlicher oder erniedrigender Behandlung oder Strafe,[1256] Straßburg 26.11.1987,
- das Übereinkommen über Geldwäsche sowie Ermittlung, Beschlagnahme und Einziehung von Erträgen aus Straftaten,[1257] Straßburg 8.11.1990,
- die Europäische Charta der Regional- oder Minderheitensprachen,[1258] Straßburg 5.11.1992, sowie
- das Übereinkommen über Computerkriminalität,[1259] Budapest 23.11.2001,

und – für Deutschland (bislang) nicht in Kraft –

- das Europäische Übereinkommen über die Überwachung bedingt verurteilter oder bedingt entlassener Personen,[1260] Straßburg 30.11.1964,
- das Europäische Übereinkommen über die Ahndung von Zuwiderhandlungen im Straßenverkehr,[1261] Straßburg 30.11.1964,
- das Europäische Übereinkommen über die internationale Geltung von Strafurteilen,[1262] Den Haag 28.5.1970,
- das Europäische Übereinkommen über die Übertragung der Strafverfolgung,[1263] Straßburg 15.5.1972,
- das Übereinkommen über Insidergeschäfte,[1264] Straßburg 20.4.1989,

---

[1249] CETS No. 90, in Kraft (auch für die BRD) seit 4.8.1978, BGBl. II, 321, 907, bislang 1 Zusatzprotokoll.

[1250] CETS No. 196, in Kraft seit 1.6.2007, für die BRD seit 1.10.2011, BGBl. II, 300, 1006.

[1251] CETS No. 94, in Kraft seit 1.11.1982, für die BRD seit 1.1.1983, BGBl. 1981 II, 533, 1982, 1057.

[1252] CETS No. 100, in Kraft (auch für die BRD) seit 1.1.1983, BGBl. 1981 II, 533, 1982, 1052.

[1253] CETS No. 112, in Kraft seit 1.7.1985, für die BRD seit 1.2.1992, BGBl. 1991 II, 1006, 1992, 98, auch ggü. Australien, Bahamas, Bolivien, Chile, Costa Rica, Ecuador, Honduras, Israel, Japan, Kanada, Korea, Mauritius, Mexiko, Panama, Tonga, Trinidad und Tobago, Venezuela und den Vereinigten Staaten von Amerika, bislang 1 Zusatzprotokoll. Umgesetzt im Überstellungsausführungsgesetz (ÜAG). Vgl. dazu auch *Meyer-Goßner* Einl. Rn. 215c.

[1254] CETS No. 116, in Kraft seit 1.2.1988, für die BRD seit 1.3.1997, BGBl. 1996 II, 1120, 1997, 740.

[1255] CETS No. 120, in Kraft seit 1.11.1985, für die BRD seit 1.5.2005, BGBl. 2004 II, 1642, 2005, 893.

[1256] CETS No. 126, in Kraft seit 1.2.1989, für die BRD seit 1.6.1990, BGBl. 1989 II, 946, 1990, 491, bislang 2 Zusatzprotokolle.

[1257] CETS No. 141, in Kraft seit 1.9.1993, für die BRD seit 1.1.1999, BGBl. 1998 II, 519, 1999, 200, auch ggü. Australien.

[1258] CETS No. 148, in Kraft seit 1.3.1998, für die BRD seit 1.1.1999, BGBl. 1998 II, 1314, 1999, 59.

[1259] CETS No. 185, in Kraft seit 1.7.2004, für die BRD seit 1.7.2009, BGBl. 2008 II, 1242, 2010. 281, auch ggü. den Vereinigten Staaten von Amerika, bislang 1 Zusatzprotokoll.

[1260] CETS No. 51, in Kraft seit 22.8.1975; die BRD gehört zu den Erstunterzeichnern, hat das Übereinkommen bislang aber nicht ratifiziert.

[1261] CETS No. 52, in Kraft seit 18.7.1972; die BRD gehört zu den Erstunterzeichnern, hat das Übereinkommen bislang aber nicht ratifiziert.

[1262] CETS No. 70, in Kraft seit 26.7.1974; die BRD gehört zu den Erstunterzeichnern, hat das Übereinkommen bislang aber nicht ratifiziert.

[1263] CETS No. 73, in Kraft seit 30.3.1978; von der BRD nicht unterzeichnet.

[1264] CETS No. 130, in Kraft seit 1.10.1991; von der BRD nicht unterzeichnet.

- das Strafrechtsübereinkommen über Korruption,[1265] Straßburg 27.1.1999,
- die Konvention des Europarates gegen Menschenhandel,[1266] Warschau 16.5.2005,
- die Konvention des Europarates über Geldwäsche, Terrorismusfinanzierung sowie Ermittlung, Beschlagnahme und Einziehung von Erträgen aus Straftaten,[1267] Warschau 16.5.2005,
- das Übereinkommen des Europarats zur Verhütung und Bekämpfung von Gewalt gegen Frauen und häuslicher Gewalt,[1268] Istanbul 11.5.2011, sowie
- die Konvention des Europarats über die Fälschung von Arzneimittelprodukten und ähnlichen Verbrechen, die eine Bedrohung der öffentlichen Gesundheit darstellen,[1269] Moskau 28.10.2011.

6. EGMR. Der EGMR entscheidet über die Feststellung eines **Verstoßes gegen die EMRK** und spricht ggf. eine gerechte Entschädigung zu (Art. 41 EMRK).[1270] Der Vertragsstaat ist verpflichtet, in einem endgültigen Urteil festgestellte Verstöße zu beseitigen, soweit dies noch möglich ist (Art. 46 Abs. 1 EMRK). Dazu besteht im deutschen Recht insbesondere die Möglichkeit einer Wiederaufnahme von Strafverfahren zugunsten des Verurteilten nach § 359 Nr. 6 StPO. Die formelle Bindungswirkung besteht zwar nur für den Einzelfall, eine Missachtung der Rechtsprechung des EGMR (sein **„case law"**) behandelt dieser aber als Verstoß gegen die zugrundliegenden Vorschriften der EMRK. 645

Die **Anzahl** der an den EGMR gerichteten **Beschwerden** ist in den letzten Jahren **dramatisch gestiegen.**[1271] Sie lag 1999 bei 8400 Beschwerden, 2009 bei 57100 Beschwerden und 2011 bei 64500 Beschwerden, die einem Spruchkörper zugewiesen wurden. Im gleichen Zeitraum stieg die Anzahl offener Verfahren von 12600 auf 151600. Nur ein kleiner Teil der Beschwerden führt letztlich zu einem Urteil. Für die BRD liegt der Anteil (im Zeitraum 1959 bis 2010) bei 1 %. Bezogen auf alle Mitgliedstaaten der Konvention führen 4 % aller Beschwerden zu einem Urteil. Im Zeitraum von 1959 bis 1998 ergingen 837 Urteile des EGMR. Mit der Änderung des Rechtsschutzsystems (11. ZP; → Rn. 642) stieg dieser Wert von 177 Urteilen in 1999 kontinuierlich auf bis zu 1625 Urteile im Jahr 2009. Durch neuerliche Änderungen des Rechtsschutzsystems in den ZP 14 bzw. 14bis, mit denen auf die **enorme Belastung des Gerichts** reagiert wurde, ging die Anzahl der Urteile in 2011 wieder auf 1157 zurück. 646

234 (1,6 %) der Urteile aus den Jahren 1959 bis 2011 ergingen in Verfahren **gegen die BRD.** Besonderes Aufsehen erregten in den letzten Jahren Urteile gegen die Bundesrepublik Deutschland zur Sicherungsverwahrung,[1272] zum Folterverbot[1273] und zum Brechmittel- 647

[1265] CETS No. 173, in Kraft seit 1.7.2002; die BRD gehört zu den Erstunterzeichnern, hat das Übereinkommen bislang aber nicht ratifiziert.

[1266] CETS No. 197, in Kraft seit 1.2.2008; von der BRD am 17.11.2005 unterzeichnet, bislang aber nicht ratifiziert.

[1267] CETS No. 198, in Kraft seit 1.5.2008; von der BRD nicht unterzeichnet.

[1268] CETS No. 210, noch nicht in Kraft; die BRD gehört zu den Erstunterzeichnern, hat das Übereinkommen bislang aber nicht ratifiziert.

[1269] CETS No. 211, noch nicht in Kraft; die BRD gehört zu den Erstunterzeichnern, hat das Übereinkommen bislang aber nicht ratifiziert.

[1270] Siehe auch den Überblick bei *Böse* in: *Sieber/Brüner/Satzger/v. Heintschel-Heinegg* Europäisches Strafrecht, 2011, § 52 mwN.

[1271] Diese und die folgenden Werte entstammen folgenden Statistiken der Public Relations Unit des EGMR: Overview 1959–2011 (Feb. 2012); Statistics 1959–2010, Statistics on judgements by state, provisional edition Sept. 2011; Analysis of Statistics 2011, Jan. 2012 (jeweils http://www.echr.coe.int/ECHR/EN/Header/Reports+and+Statistics/Statistics/Statistical+data/).

[1272] Ua EGMR 17.12.2009 – 19359/04, Rep. 2009, NJW 2010, 2495 – *M./D*, neben zahlreichen weiteren Bspr. vgl. ua Esser JA 2011, 727, *Jung* GA 2010, 639; *Grabenwarter* JZ 2010, 857; *Eschelbach* NJW 2010, 2499; *Kinzig* NJW 2011, 177 sowie *Kallweit/D* 13.1.2011/17792/07, EuGRZ 2011, 255; *Haidn/D* 13.1.2011/6587/04, NJW 2011, 3423 und *Homann/D* 9.5.2007 –12788/04, NJW 2008, 2320 mAnm *Meyer-Mews*.

[1273] EGMR [GK] 1.6.2010 – 22978/05, Rep. 2010, NJW 2010, 3145 – *Gäfgen/D* m. Bespr. *Grabenwarter* NJW 2010, 3128.

einsatz.[1274] Die meisten Urteile des EGMR betrafen die Türkei (18 %), Italien (15 %), Russland (8 %), Polen, Frankreich und die Ukraine (mit je 6 %) und Griechenland (5 %). Bei diesen Staaten wurde auch am häufigsten eine Verletzung der EMRK oder ihrer Zusatzprotokolle festgestellt (abweichender Wert nur für die Ukraine: 7 %). In 66 % aller Urteile in Verfahren gegen die BRD kam es zu einer Verurteilung, in 24 % der Urteile wurde keine Verletzung der BRD festgestellt, 5 % beruhten auf einer gütlichen Einigung oder bestanden in einer Streichung der Beschwerde aus dem Register und 5 % sonstige Urteile ergingen. Bezogen auf alle Mitgliedstaaten der Konvention enthalten 83 % aller Urteile die Feststellung einer Verletzung der Konvention oder eines ihrer Zusatzprotokolle, nur 6 % stellen fest, dass keine Verletzung stattfand.

648 51 % der Verurteilungen der BRD lag eine **überlange Verfahrensdauer** (Verstoß gegen Art. 6 EMRK) zugrunde,[1275] je 10 % der Verurteilungen beruhten auf sonstigen Verletzungen von Art. 6 einerseits und Art. 8 andererseits, 9 % auf Verletzungen von Art. 5, 20 % auf sonstigen Verstößen. Bezogen auf alle Mitgliedstaaten der Konvention beruhten 26 % der Verurteilungen auf einer überlangen Verfahrensdauer, 20 % auf sonstigen Verletzungen von Art. 6,14 % auf Verletzungen des Eigentumsschutzes, 11 % auf Verstößen gegen Art. 5 und 29 % auf anderen Verstößen. Die relative Häufigkeit der in Art. 6 EMRK gegründeten Verurteilungen zeigt, dass die EMRK gerade für die Verfahrensrechte eine enorme Rolle spielt und Art. 6 eine besondere praktische Bedeutung besitzt.[1276]

IV. „Europäisierung" der Strafverfolgung

649 Neben der zunehmenden Europäisierung des Strafverfahrensrechts – und dieser nicht selten voranschreitend – erfolgt auch eine zunehmende Europäisierung der Strafverfolgung. Diese manifestiert sich insbesondere in den folgenden Institutionen:[1277]

650 Seit 1.7.1999 besteht **Europol,** das „Europäische Polizeiamt".[1278] Seine Grundlage sind heute Art. 88 AEUV[1279] und der Europol-Beschluss.[1280] Es ist nun eine Agentur der Europ. Union. Seine Aufgabe besteht darin, nationale Ermittlungsbehörden zu unterstützen und zu koordinieren. Es ist aber auch zu eigenen Ermittlungen befugt.[1281] Operative Maßnahmen darf es nur in Absprache mit den territorial zuständigen nationalen Behörden ergreifen; Zwangsmaßnahmen bleiben allein letzteren vorbehalten (Art. 88 Abs. 3 AEUV).

651 **Eurojust** ist die Justizbehörde der EU zur Koordinierung der nationalen Behörden bei der Verfolgung schwerer Kriminalität, von der mindestens zwei Mitgliedstaaten betroffen sind (Art. 85 Abs. 1 UAbs. 1 AEUV[1282]). Sie wurde 2002 gegründet und hat ihren Sitz in Den Haag. Die nach nationalem Recht erforderlichen förmlichen Prozesshandlungen sind von

---

[1274] EGMR [GK] 11.7.2006 – 54810/00, Rep. 2006-IX, NJW 2006, 3117 – *Jalloh/D* m. Bespr. *Schuhr* NJW 2006, 3538 und *Safferling* Jura 2008, 10.

[1275] Zu Problemen des Beschleunigungsgebots vgl. schon → Rn. 150 ff. mwN.

[1276] Eingehend *Esser,* Auf dem Weg zu einem europäischen Strafverfahrensrecht, 2002; vgl. auch *Satzger* JA 2005, 656. Einen Überblick über neuere, strafverfahrensrechtlich bedeutsame Entscheidungen des EGMR geben *Esser/Gaede/Tsambikakis* NStZ 2011, 78, 140.

[1277] Siehe dazu vertiefend *Brodowski* ZIS 2011, 940, *Hetzer* in: *Sieber/Brüner/Satzger/v. Heintschel-Heinegg* Europäisches Strafrecht, 2011, § 41 Rn. 1–18, auch mit Ausführungen zu EPCTF, COSPOL und COSI (→ Rn. 19–49), sowie *Satzger* Internationales und Europäisches Strafrecht, 5. Aufl. 2011, § 10 Rn. 2 ff. Zur Koordination der verschiedenen europäischen Einrichtungen untereinander *Storbeck* in: *Sieber/Brüner/Satzger/v. Heintschel-Heinegg* Europäisches Strafrecht, 2011, § 47.

[1278] Näher dazu *Neumann* in: *Sieber/Brüner/Satzger/v. Heintschel-Heinegg* Europäisches Strafrecht, 2011, § 44. Vgl. auch *Nelles/Tinkl/Lauchstädt* in: *Schulze/Zuleeg/Kadelbach* (Hrsg.), Europarecht, 2. Aufl. 2010, § 42 Rn. 86 ff. sowie *Meyer-Goßner* Einl. Rn. 207 f.

[1279] Ferner Art. 12 lit. c, 85 Abs. 1 UAbs. 1 und 86 Abs. 2 AEUV.

[1280] Beschluss 2009/371/JI des Rates v. 6.4.2009, ABl. 2009 L 121/37.

[1281] Ausführlicher zur vertikalen Zusammenarbeit *Schröder* (§ 33) und zu gemeinsamen Ermittlungsteams – auf Basis von Art. 13 EU-RhÜbk. – *Neumann* (§ 34), jeweils in: *Sieber/Brüner/Satzger/v. Heintschel-Heinegg* Europäisches Strafrecht, 2011.

[1282] Grundlage sind die Beschlüsse des Rates 2002/187/JI v. 28.2.2002 (ABl. 2002 L 63/1) und 2009/426/JI v. 16.12.2008 (ABl. 2009 L 138/14); siehe auch Art. 12 lit. c, 88 Abs. 2 lit. b AEUV. Näher zu Eurojust *Grotz* in: *Sieber/Brüner/Satzger/v. Heintschel-Heinegg* Europäisches Strafrecht, 2011, § 45. Vgl. auch

national zuständigen Amtsträgern vorzunehmen, Eurojust kann aber insbesondere auch selbst Ermittlungen einleiten (Art. 85 Abs. 2 bzw. Abs. 1 UAbs. 2 lit. a AEUV).

CEPOL (auch: EPA) ist die im Jahr 2000 gegründete Europäische Polizeiakademie in Bramshill (UK).[1283] **OLAF** ist die Agentur zur Bekämpfung von Betrug und Korruption zum Nachteil der finanziellen Interessen der EU mit Sitz in Brüssel.[1284] Sie ist die Nachfolgeeinrichtung der 1988 eingerichteten UCLAF. In der Bestimmung und Bekämpfung von Straftaten zum Nachteil der finanziellen Interessen der Europäischen Union kristallisieren sich zahlreiche Mechanismen des materiellen Strafrechts und des Strafprozessrechts erstmalig heraus und erfahren von dort aus eine Fortentwicklung. Zu den hierbei wegweisenden Entwicklungen zählt insbesondere der sog **Corpus Iuris**[1285] als (aus der Wissenschaft stammender) Entwurf eines möglichen „Nukleus" eines genuin europäischen Strafrechts. **652**

Nach Art. 86 AEUV besteht die Möglichkeit, eine **Europäische Staatsanwaltschaft** einzurichten.[1286] Diese wäre zunächst zur Verfolgung von Straftaten zum Nachteil der finanziellen Interessen der Union zuständig, ihre Zuständigkeit wäre aber durch Ratsbeschluss erweiterbar (Art. 86 Abs. 4 AEUV). Ferner bestünde die Möglichkeit, der Kommission nationale Durchführungsbefugnisse zu übertragen (Art. 291 Abs. 2 AEUV). **653**

Das Europäische Justizielle Netz **(EJN)** ist ein „Netz justitieller Kontaktstellen" mit Sekretariat in Den Haag, iÜ aber dezentral. Es wurde 1998 gegründet[1287] und umfasst auch Kontaktstellen außerhalb der EU. Es dient der Abwicklung von Rechtshilfeersuchen. **654**

V. Internationale Zusammenarbeit

1. „Eigene" im Gegensatz zu „fremder" Strafverfolgung. Strafverfolgung durch deutsche Behörden erstreckt sich grundsätzlich auf das gesamte Gebiet der BRD als Geltungsbereich der StPO, endet aber zugleich an den Staatsgrenzen **(Territorialitätsprinzip).** Einschränkungen der Befugnis zur Strafverfolgung innerhalb dieses Territoriums entstehen insbesondere durch Beschränkungen des persönlichen Geltungsbereichs, zB für Exterritoriale (§§ 18–20 GVG).[1288] Eine Ausweitung der Strafverfolgung über die Staatsgrenzen hinaus kann im Einzelfall von fremden Hoheitsträgern genehmigt werden. Generelle Regelungen dieser Art bestehen in Art. 39 ff. SDÜ. Konsularbeamte der BRD im Ausland handeln (zB bei Vernehmungen) aus deutscher Perspektive innerstaatlich, dürfen aber keine Zwangsmittel anwenden (§§ 2, 15 KonsG). **655**

Nelles/Tinkl/Lauchstädt in: *Schulze/Zuleeg/Kadelbach* (Hrsg.), Europarecht, 2. Aufl. 2010, § 42 Rn. 114 ff. Aus jüngerer Zeit die Änderungen des Eurojust-Gesetzes (insbes. Einfügung von §§ 4a–4d zur Datenverwendung) durch das Gesetz zur Änderung des Eurojust-Gesetzes v. 7.6.2012 (BGBl. I 1270 ff.) sowie der Vorschlag für eine Verordnung zur Modernisierung von Eurojust in KOM (2013) 535 final.

[1283] Ihre Grundlage war der Beschluss 2000/820/JI des Rates (ABl. 2000 L 336/1) und ist nunmehr der Beschluss 2005/681/JI des Rates v. 20.9.2005 (ABl. 2005 L 256/63).

[1284] Ihre Grundlage sind insbes. die VO (EG) Nr. 1073/1999 (ABl. 1999 L 136/1), die Institutionelle Vereinbarung v. 25.5.1999 (ABl. 1999 L 136/15), abgelöst durch VO 883/2013 mit Wirkung v. 1.10.2013, sowie der Beschluss KOM(1999) 802 (ABl. 1999 L 136/20). Näher zu OLAF *Brüner/Spitzer* in: *Sieber/Brüner/Satzger/v. Heintschel-Heinegg* Europäisches Strafrecht, 2011, § 43; *Nelles/Tinkl/Lauchstädt* in: *Schulze/Zuleeg/Kadelbach* (Hrsg.), Europarecht, 2. Aufl. 2010, § 42 Rn. 132 ff. Knapp auch *Meyer-Goßner* Einl. Rn. 207e.

[1285] Urspr. *Delmas-Marty* (Hrsg.), Corpus Iuris der strafrechtlichen Regelungen zum Schutze der finanziellen Interessen der Europäischen Union, Ius Criminale 1998, überarbeitet: *Delmas-Marty/Vervaele* (Hrsg.), The Implementation of the Corpus Iuris in the Member States, Vol. I 2000. Näher dazu LR/*Kühne* Einl. D Rn. 49 ff. mwN.

[1286] Zu Vorarbeiten siehe das Grünbuch der Kommission KOM(2001) 715 vom 11.12.2001, *Radtke* GA 2004, 1; siehe auch *Meyer-Goßner* Einl. Rn. 207c. Eingehend *Killmann/Hofmann* in: *Sieber/Brüner/Satzger/v. Heintschel-Heinegg* Europäisches Strafrecht, 2011, § 48. Aktuell nunmehr der Vorschlag für eine Verordnung über die Errichtung einer Europäischen Staatsanwaltschaft in KOM (2013) 534 final.

[1287] Gemeinsame Maßnahme 98/428/JI des Rates vom 29.6.1998, ABl. 1998 L 191/4. Siehe auch Art. 85 Abs. 1 UAbs. 2 lit. c AEUV. Näher zum EJN *Stiegel* in: *Sieber/Brüner/Satzger/v. Heintschel-Heinegg* Europäisches Strafrecht, 2011, § 46. Vgl. auch LR/*Kühne* Einl. D Rn. 28 ff.

[1288] Näher und zu weiteren Ausnahmen (Angehörige fremder Truppen; ohne Auslandsbezug: Fälle der Immunität bei staatlichen Funktionsträgern) LR/*Kühne* Einl. E Rn. 6 ff.

656 Das **materielle Strafanwendungsrecht** der §§ 3–7 StGB, § 1 VStGB enthält hingegen mannigfache Ausnahmen vom Territorialitätsprinzip und fasst dieses zB im Erfolgsortprinzip (§§ 3, 9 Abs. 1 Alt. 3 und 4 StGB) weit.[1289] So wird der Tatbestand der Volksverhetzung (§ 130 StGB) auch auf Inhalte angewendet, die ausländische Staatsbürger im Ausland auf ausländische Server nach dortigem Recht rechtmäßig (im entschiedenen Fall ein Australier in Australien auf einen australischen Server), aber von Deutschland aus über das Internet abrufbar einstellen.[1290] Das materielle Strafanwendungsrecht hat unmittelbar prozessrechtliche Auswirkungen, denn aus ihm ergibt sich die Befugnis, entsprechende Auslandstaten im Inland zu verfolgen. Dabei entstehen Kompetenzkonflikte, die nicht nur für die involvierten Behörden praktische Probleme, sondern zugleich für die Verfolgten beträchtliche Belastungen mit sich bringen. Soweit diese in Schwierigkeiten bestehen, die einschlägigen Verhaltensnormen überhaupt erkennen zu können (insbes. § 17 StGB und ggf. Art. 103 Abs. 2 GG bzw. Art. 7 EMRK) bzw. in der Unmöglichkeit, in der Situation des Handelns allen Verhaltensnormen gerecht zu werden, die irgendein Staat der Welt in der Situation als anwendbar erachtet, sind diese materiell-rechtlicher Natur und hier nicht weiter zu vertiefen. Diese Schwierigkeiten werden aber prozessrechtlich dadurch verschärft, dass das innerhalb rechtsstaatlich verfasster Rechtsordnungen weithin garantierte Verbot der Doppelverfolgung im Verhältnis dieser Rechtsordnungen zueinander als Beschränkung der Souveränität empfunden würde und nicht durchgehend anerkannt wird. Diese etatistische Herangehensweise und die dem **Grundsatz *ne bis in idem*** innewohnende individualrechtliche Betrachtung stehen in einem schwer auflösbaren Spannungsverhältnis.[1291] Art. 54 SDÜ (und § 83 Nr. 1 IRG) ist ein Meilenstein auf diesem Weg.[1292] Die Ausnahme vom Legalitätsprinzip in § 153c StPO und die Anrechnung ausländischer Strafe nach § 51 Abs. 3 StGB schaffen demgegenüber nur Raum für (wenngleich praktisch bisher zT bedeutsame) Notlösungen im Einzelfall.

657 **2. Rechtshilfe.** Es gibt zahlreiche **Formen justizieller Zusammenarbeit** im Strafverfahren. Sie kann im Austausch von Erfahrungen und Informationen liegen, die nicht einmal fallbezogen sein müssen. Sie kann in der Koordination von Maßnahmen bestehen, die bisweilen – soweit jede Seite dabei in ihrem eigenen Tätigkeitsfeld handelt – auch informell erfolgen kann und zB von Eurojust (→ Rn. 651) gezielt unterstützt wird. Sie kann bis zur Abgabe oder Übernahme ganzer Strafverfahren reichen.[1293]

658 Das regelungstechnisch bedeutsamste Feld ist aber die (horizontale) **Rechtshilfe.**[1294] Sie wird grundsätzlich nur auf ein förmliches Ersuchen hin, nur im Rahmen dieses Ersuchens und nur über die vorgesehenen Geschäftswege gewährt (Nr. 4 Abs. 1, 5, 8 RiVaSt). In ausgehenden Ersuchen bittet die BRD um Rechtshilfe einer ausländischen Stelle. Die – im

---

[1289] Zu Problemen der §§ 3 ff. StGB vgl. aus der neueren Lit. als Überblicksdarstellungen etwa *Hombrecher* JA 2010, 637 (638 ff.); *Rotsch* ZIS 2010, 168; *Rath* JA 2006, 435 und 2007, 26; ferner *Satzger* Internationales und Europäisches Strafrecht, 5. Aufl. 2011, §§ 3–6 und *Schramm* Internationales Strafrecht, 2011, Kap. 1. Eingehend *Oehler,* Internationales Strafrecht, 2. Aufl. 1983. Insbes. auch unter dem Gesichtspunkt völkerrechtlicher Probleme, die durch die zunehmende Ausweitung deutscher Strafrechtsanwendung entstehen, *Valerius* GA 2011, 696. Näher zu den völkerrechtlichen Grundlagen *Ambos* Internationales Strafrecht, 3. Aufl. 2011, §§ 2 und 3.

[1290] BGHSt 46, 212 (220 ff.) mAnm *Kudlich* StV 2001, 397. Aktuell dazu *Morozinis* GA 2011, 475.

[1291] Vertiefend statt vieler eingehend *Eser* in: *Sieber/Brüner/Satzger/v. Heintschel-Heinegg* Europäisches Strafrecht, 2011, § 36 mwN und *Hecker* Europäisches Strafrecht, 3. Aufl. 2010, § 13.

[1292] Vgl. bereits knapp → Rn. 81, 508. Zur einschlägigen Rspr. des EuGH *Hacker* NStZ 2011, 425. Speziell zu BGH 9.6.2008 – 5 StR 342/04, BGHSt 52, 275 = NStZ 2009, 457 und EuGH 18.7.2007 – C-288/05, Slg. 2007, I-6441 – *Kretzinger* = NJW 2007, 3412 siehe *Rübenstahl* NJW 2008, 2934.

[1293] Zur Frage, ob aus entsprechenden ausgehenden Ersuchen zugleich ein inländisches Verfolgungshindernis resultiert, *Ambos/Poschadel* GA 2011, 95.

[1294] Zu einem Überblick siehe auch LR/*Kühne* Einl. D Rn. 108 ff. und *Hombrecher* JA 2010, 637 (641 ff.). Näher zur horizontalen Rechtshilfe *Lagodny* (§ 31), *Wasmeier* (§ 32) und *Schröder/Stiegel* (§ 35), jeweils in: *Sieber/Brüner/Satzger/v. Heintschel-Heinegg* Europäisches Strafrecht, 2011. Eingehend dazu *Schomburg/Lagodny/Gleß/Hackner* Internationale Rechtshilfe in Strafsachen, 5. Aufl. 2012 und *Hackner/Schierholt* Internationale Rechtshilfe in Strafsachen, 2. Aufl. 2012. Zur Verteidigungsperspektive *Schomburg/Lagodny* NJW 2012, 348 (351 ff.).

Erfolgsfall – regelmäßig darauf folgende Anknüpfung an Verfahrensakte anderer Hoheitsträger ist oft mit eigenen Problemen verbunden, etwa der Frage, ob bereits im Ausland eingetretene Verfahrensverzögerungen kompensiert werden müssen[1295] und ob Beweismittel verwertet werden können, die direkt oder indirekt durch (nach deutschem Verständnis) verbotene Vernehmungsmethoden (bis hin zur Folter) erlangt wurden.[1296] In eingehenden Ersuchen wird umgekehrt Rechtshilfe einer deutschen Stelle von ausländischer Seite erbeten. Zu typischen Rechtshilfeangelegenheiten zählen die Auslieferung, die Vollstreckungshilfe sowie Zustellungs-, Beschlagnahme-, Herausgabe- und Vernehmungsersuchen. Die Auslieferung eines Deutschen darf nach Art. 16 Abs. 2 GG nur an einen Mitgliedstaat der EU oder den IStGH erfolgen.[1297] Asyl steht einer Auslieferung grds. nicht entgegen (§ 4 S. 2 AsylVfG).

Einen Eindruck von Fallzahlen gibt zB die **Auslieferungsstatistik.** Für das Jahr 2009[1298] weist sie 776 erledigte an die BRD gerichtete Ersuchen um Auslieferung aus der BRD zur Strafverfolgung und 676 zur Strafvollstreckung aus (die Neueingänge lagen jeweils darunter). Mit Mehrfachzählungen wegen unterschiedlicher Entscheidungen hinsichtlich verschiedener Straftaten im selben Ersuchen waren dies 2616 abgeschlossene Verfahren. In 1125 Fällen wurde die Auslieferung mit Einverständnis des Verfolgten bewilligt, in 920 Fällen aufgrund gerichtlicher Entscheidung, in 362 Fällen wurde sie abgelehnt und in 209 Fällen das Verfahren auf andere Weise erledigt. 1192 dieser Verfahren beruhten auf polnischen Ersuchen, 163 auf rumänischen, 146 auf österreichischen, 107 auf italienischen, 98 auf belgischen und 95 auf französischen. Alle 89 Ersuchen um Durchlieferung durch die BRD wurden bewilligt. Im gleichen Zeitraum wurden 895 Ersuchen der BRD um Auslieferung an die BRD (Einlieferung) zur Strafverfolgung und 237 zur Strafvollstreckung erledigt (die Neueingänge lagen auch hier darunter). Mit Mehrfachzählung wurden dabei 2520 Verfahren abgeschlossen, 2139 durch Bewilligung, 196 durch Ablehnung und 185 auf andere Weise. In 370 dieser Verfahren wurde Polen ersucht, in 274 die Schweiz, in 249 Österreich, in 196 Spanien. Alle 6 Ersuchen um Durchlieferung wurden bewilligt. **659**

Ausgangspunkt für die praktische Bearbeitung von Rechtshilfeangelegenheiten sind die Richtlinien für den Verkehr mit dem Ausland in strafrechtlichen Angelegenheiten **(RiVASt).** Sie umfassen in Anhang I eine Sammlung einschlägiger nationaler Vorschriften (**IRG, ÜAG,** Auszug aus dem **KonsG,** Zuständigkeits- und Kostenvereinbarungen zwischen Bund und Ländern sowie zoll- und außenwirtschaftsrechtliche Bestimmungen). Anhang II besteht aus einem **Länderteil,** dem die jeweils einschlägigen Rechtsgrundlagen und Besonderheiten zu entnehmen sind. Zu diesem Anhang gehören Anlagen mit Rechtsgrundlagen für die Rechts- und Amtshilfe der Zollverwaltungen, einer Zusammenstellung anderer völkerrechtlicher Übereinkünfte von besonderer Bedeutung für den Verkehr mit dem Ausland in strafrechtlichen Angelegenheiten, einer Liste der Urkunden, die gemäß Art. 52 Abs. 1 SDÜ unmittelbar durch die Post zugestellt werden können und mit Rechtsgrundlagen für polizeiliche Rechtshilfemaßnahmen. Anhang III beinhaltet den Rahmenbeschluss zum Europäischen Haftbefehl. Zu den in Rechtshilfeangelegenheiten besonders bedeutsamen bi- und multilateralen Übereinkommen zählen das Nato-TS, das EU-AlÜbk., das EU-RhÜbk., das ÜberstÜbk. und Teile des SDÜ. **660**

3. Internationale Gerichte. Auf der Grundlage des Londoner Viermächteabkommen vom 8.8.1945 wurde der **Internationale Militärgerichtshof in Nürnberg** eingerichtet. **661**

[1295] BGH 23.8.2011 – 1 StR 153/11, BGHSt 57, 1 = NJW 2011, 3314 verneint dies wohl zu Unrecht, denn es geht bei der Kompensation weniger um eine Sanktionierung des staatlichen Fehlers als um eine schuldangemessene Bestrafung der Tat unter Berücksichtigung der bei ihrer Verfolgung eingetretenen Menschenrechtsverletzung.

[1296] Dazu zB *Ambos* StV 2009, 151 mN. Eingehend zu Verwertungsverboten nach internationaler Beweisrechtshilfe *Gleß/Eymann* StV 2008, 318.

[1297] Näher zur Ungleichbehandlung deutscher und ausländischer Staatsbürger im deutschen Auslieferungsrecht *Tinkl* ZIS 2010, 320.

[1298] Bundesanzeiger Nr. 18 v. 2.2.2011, S. 418 ff.

Er war das erste der **ad-hoc-Tribunale,** die seither zur Verfolgung schwerster Menschenrechtsverbrechen eingerichtet worden sind und die Entwicklung des Völkerstrafrechts entscheidend vorangetrieben haben. Zu diesen gehören auch das International Criminal Tribunal for the former Yugoslavia (ICTY) und das International Criminal Tribunal for Rwanda (ICTR).[1299]

662 Auf der Grundlage des Rom-Statuts vom 17.7.1998[1300] besteht heute der Internationale Strafgerichtshof (**IStGH;** International Criminal Court, ICC) in Den Haag. Er ist ein ständiges internationales Gericht, und die Ära der ad-hoc-Tribunale dürfte ihrem Ende entgegengehen. Die nationale Zuständigkeit zur Strafverfolgung ist grundsätzlich gegenüber der des IStGH bzw. der ihm zugeordneten Anklagebehörde vorrangig (Art. 17 Rom-Statut). Der IStGH wendet eigenes Verfahrensrecht, insbesondere die Rules of Procedure and Evidence an.[1301]

663 Internationale Gerichte sind in besonderem Maße auf nationale Rechtshilfe angewiesen. In der Bundesrepublik wurden zur Zusammenarbeit mit den Tribunalen jeweils eigene Gesetze erlassen. Bzgl. des IStGH gilt ebenso das **IStGHG** sowie insbes. §§ 9a, 67a und 74a IRG.[1302]

[1299] Vgl. dazu auch Meyer/Goßner Einl. Rn. 207a.

[1300] Der Text und der jeweils aktuelle Unterzeichnungs- und Ratifikationsstand sind zB als MTDSG Chap. XVIII No. 10 unter http://treaties.un.org/bzw. als UNTS vol. 2187, No. 38544 multilateral, abrufbar. Vgl. zum IStGH auch *Safferling,* Internationales Strafrecht, 2011, § 7; *Hombrecher* JA 2010, 731 (735) sowie Meyer/Goßner Einl. Rn. 207b.

[1301] ICC-ASP/1/3 (Part. II-A); einen Überblick auch über weitere Rechtsgrundlagen gibt *Kreß* GA 2006, 528. Zu erster Rspr. hierzu siehe *Hoven* ZIS 2011, 230. Vertiefend zur Stellung des Opfers *Bock* ZStW 119 (2007), 664. Zu Problemen des Haftrechts nach Urteilen internationaler Strafgerichte siehe *Ernst* NStZ 2011, 430. Zu den materiellrechtlichen Elements of Crime eingehend zum Völkerstrafrecht *Werle* (Hrsg.) Völkerstrafrecht, 2. Aufl. 2007. Besondere Schwierigkeiten, die sich aus der Mehrsprachigkeit der Rechtsgrundlagen ergeben, behandeln *Fronza/Malarino* ZStW 118 (2006), 927.

[1302] Zu einem Überblick siehe LR/*Kühne* Einl. D Rn. 95 ff.

Erstes Buch. Allgemeine Vorschriften

Erster Abschnitt. Sachliche Zuständigkeit der Gerichte

Schrifttum: *Achenbach,* Staatsanwalt und gesetzlicher Richter – ein vergessenes Problem?, in: FS Wassermann, 1985, S. 849; *Arnold,* Die Wahlbefugnis der Staatsanwaltschaft, 2007; *dies.,* Bewegliche Zuständigkeit versus gesetzlicher Richter, ZIS 2008, 92; *Bernsmann,* Zu den Folgen einer willkürlichen Zuständigkeitsbegründung im Strafprozess und zum Lohnwucher, JZ 1998, 629; *Bettermann,* Der gesetzliche Richter in der Rechtsprechung des Bundesverfassungsgerichts, AöR 94 (1969), 263; *Bockelmann,* Strafprozessuale Zuständigkeitsordnung und gesetzlicher Richter, GA 1957, 357; *ders.,* Entspricht die Zuständigkeitsordnung im Strafprozess dem Grundgesetz?, NJW 1958, 889; *Brause,* Die Zuständigkeit der allgemeinen und besonderen Strafkammern nach dem Strafverfahrensänderungsgesetz, NJW 1979, 802; *Bruns,* Zur Auslegung des Art. 101 Abs. 1 Satz 2 Grundgesetz, NJW 1964, 1884; *Dinslage,* Zur „Überbesetzung" der Gerichte – Perfektionismus oder Praktikabilität?, DRiZ 1965, 12; *Dünnebier,* Die Verbindung von Strafsachen nach §§ 2 bis 4, 13 StPO, JR 1975, 1; *Eisenberg,* Grundsätzliche erstinstanzliche Nichtzuständigkeit von Bundesanwaltschaft und Oberlandesgerichten in Jugendstrafverfahren (§ 120 GVG, § 102 GVG), NStZ 1996, 263; *Engelhardt,* Staatsanwaltschaft und gesetzlicher Richter, DRiZ 1982, 418; *Eser,* Der „gesetzliche Richter" und seine Bestimmung für den Einzelfall, in: FS Salger, 1994, S. 247; *Fahl,* Zur Verbindung von Strafsachen gegen Jugendliche und Erwachsene gemäß § 103 JGG, NStZ 1983, 309; *Felsch,* Rechtsprobleme des fehlerhaften Verbindungsbeschlusses nach § 4 StPO, NStZ 1996, 163; *J. Fischer,* Zum Rollentausch zwischen Zeugen und Angeklagten, StV 1981, 85; *R. Fischer,* Nochmals: Die neue Strafrichterzuständigkeit des § 25 Nr. 2 GVG, NJW 1996, 1044; *Gerlach,* Die Vernehmung von Mitangeklagten als Zeugen, NJW 1964, 2397; *Grünwald,* Die sachliche Zuständigkeit der Strafgerichte und die Garantie des gesetzlichen Richters – BVerfGE 22, 254, JuS 1968, 452; *Gubitz/Bock,* Zur Verbindung weiterer Verfahren während einer bereits begonnenen Hauptverhandlung gegen denselben Angeklagten, StraFo 2007, 225; *Heghmanns,* Auswahlermessen der Staatsanwaltschaft bei Anklageerhebung und gesetzlicher Richter, StV 2000, 277; *Hegmann,* Zuständigkeitsänderung im strafgerichtlichen Berufungsverfahren, NStZ 2000, 574; *Helm,* Grundzüge des Strafverfahrensrechts: Die sachliche Zuständigkeit, JA 2006, 389; *Herzog,* Über bewegliche Zuständigkeitsregelungen, instrumentelle Zuständigkeitswahl und das Prinzip des gesetzlichen Richters, StV 1993, 609; *Hohendorf,* § 225a StPO im Spannungsfeld zwischen Strafrichter und Schöffengericht, NStZ 1987, 389; *ders.,* Die neue Strafrichterzuständigkeit des § 25 Nr. 2 GVG, NJW 1995, 1454; *Katholnigg,* Zur Geschäftsverteilung bei obersten Gerichtshöfen des Bundes und innerhalb ihrer Senate, NJW 1992, 2256; *Krey,* Grundzüge des Strafverfahrensrechts (6. Teil), JA 1984, 288; *Kühl,* Neue Gesetze gegen terroristische Straftaten, NJW 1987, 737; *Lange,* Darf und soll die Staatsanwaltschaft bei Gruppendelikten Jugendlicher in besonderen Fällen abweichend von den Gerichtsständen des § 42 JGG eine gemeinsame Anklage zum Tatortgericht erheben?, NStZ 1995, 110; *Meyer-Goßner,* Verfahrensverbindungen im Strafprozess ohne gesetzliche Grundlage, DRiZ 1985, 241; *ders.,* Die Behandlung von Zuständigkeitsstreitigkeiten zwischen allgemeinen und Spezialstrafkammern beim Landgericht, NStZ 1981, 168; *ders.,* Die Verbindung verschiedener gegen denselben Angeklagten bei demselben Landgericht anhängiger Strafverfahren, NStZ 1989, 297; *ders.,* Die Verbindung von Strafsachen beim Landgericht, NStZ 2004, 353; *Moller,* Strafprozessnovelle und bewegliche Zuständigkeiten, MDR 1966, 100; *Mutzbauer,* Gerichtliche Zuständigkeiten nach der Trennung verbundener Strafverfahren, NStZ 1995, 213; *Oehler,* Der gesetzliche Richter und die Zuständigkeit in Strafsachen, ZStW 64 (1952), 292; *Pechstein,* Der gesetzliche Richter, Jura 1998, 197; *Rebmann,* Die Zuständigkeit des Generalbundesanwalts zur Verfolgung terroristischer Straftaten – Vorschläge zu notwendiger Ergänzung, NStZ 1986, 289; *Rieß,* Die Bestimmung und Prüfung der sachlichen Zuständigkeit und verwandter Erscheinungen im Strafverfahren, GA 1976, 1; *ders.,* Das Strafverfahrensänderungsgesetz 1979, NJW 1978, 2265; *ders.,* Zur Zuständigkeit der allgemeinen und besonderen Strafkammern, NJW 1979, 1536; *Rosenmeier,* Die Verbindung von Strafsachen im Erwachsenenstrafrecht, 1973; *Rotsch,* Materielle Strafrechtsdogmatik und strafprozessuale Zuständigkeit – Zur Kollision von Zuständigkeitskumulation und Art. 101 Abs. 1 S. 2 GG, ZIS 2006, 17; *Rotsch/Sahan,* Verbindung und Trennung von Strafsachen, JA 2005, 801; *dies.,* § 3 StPO und die materiell-rechtlichen Regelungen von Täterschaft und Teilnahme – oder: Gibt es einen strafprozessualen „Beteiligtenbegriff"? ZIS 2007, 142; *Sahan,* Der Begriff der Teilnahme in § 3 StPO, JA 2006, 539; *Schnarr,* Innere Sicherheit – die Zuständigkeit des Generalbundesanwalts nach § 120 II 1 Nr. 3 GVG, MDR 1993, 589; *Schroeder,* Die Anklageerhebung beim LG und beim BGH wegen der „besonderen Bedeutung des Falles", MDR 1965, 177; *Schoreit,* Erstinstanzliche Zuständigkeit der Bundesanwaltschaft und der Oberlandesgerichte in Strafverfahren gegen Jugendliche und Heranwachsende gem. §§ 120, 142a GVG, § 102 JGG, NStZ 1997, 69; *Sowada,* Der gesetzliche Richter im Strafverfahren, 2000; *Steinmetz,* Das Gleichzeitigkeitserfordernis des § 53 StGB und die Rechtsprechungsänderung zu §§ 4, 237 StPO, JR 1993, 228; *Weiler,* Unzuständigkeit eines mit der Sache vorbefaßten Gerichts im Wiederaufnahmeverfahren, NJW 1996, 1042; *Welp,* Die Strafgerichtsbarkeit des Bundes, NStZ 2002, 1; *Wolff,* Zur Bedeutung von § 6 StPO im Revisionsverfahren, JR 2006, 232.

§ 1 [Sachliche Zuständigkeit]

Die sachliche Zuständigkeit der Gerichte wird durch das Gesetz über die Gerichtsverfassung bestimmt.

Übersicht

I. Normzweck

1 Durch § 1 wird das in Art. 101 Abs. 1 S. 2 GG und § 16 S. 2 GVG aufgestellte Gebot, dass niemand seinem **gesetzlichen Richter** entzogen werden darf, konkretisiert. Es soll vermieden werden, dass durch eine auf den Einzelfall bezogene Auswahl der zur Entscheidung berufenen Richter das Ergebnis der gerichtlichen Entscheidung beeinflusst werden kann. Die eine Prozessmaxime darstellende Garantie des gesetzlichen Richters soll also der Gefahr vorbeugen, dass die Justiz durch eine Manipulation der rechtsprechenden Organe sachfremden Einflüssen ausgesetzt wird,[1] egal von welcher Seite die Manipulierung ausgeht.[2] Es soll verhindert werden, dass dem Bürger „sein" Richter durch unbefugte Eingriffe weggenommen wird.[3] Das Recht auf den gesetzlichen Richter ist eine Ausprägung der rechtsstaatlichen Rechtssicherheit[4] und des rechtsstaatlichen Objektivitätsgebotes.[5] Es stellt sicher, dass der zuständige Richter generell vorbestimmt ist und nicht ad hoc und ad personam bestellt wird.

2 Aus Art. 101 Abs. 1 S. 2 GG folgt auch das Gebot an den Gesetzgeber, die richterliche **Zuständigkeit so eindeutig wie möglich** durch allgemeine Normen zu regeln.[6] Welcher Richter, gegebenenfalls in welchem gerichtlichen Spruchkörper, zur Entscheidung im Einzelfall berufen ist, muss sich also im Voraus und möglichst eindeutig aus den allgemeinen Zuständigkeitsregeln ergeben.[7] Die Sache muss nahezu „blindlings" aufgrund allgemeiner, abstrakter, sachlich-objektiver Merkmale auf den Richter zukommen.[8] Gesetzlicher Richter im Sinne des Art. 101 Abs. 1 S. 2 GG ist der gesamte Spruchkörper, wie auch jeder einzelne mitwirkende Richter und Schöffe.[9]

3 Hinsichtlich der Verfassungswidrigkeit einer bestimmten Zuständigkeitsbestimmung ist allerdings zu beachten, dass nach der Rechtsprechung des BVerfG nicht jede irrtümliche Verletzung der den Fachgerichten gezogenen Grenzen, **nicht jeder Verfahrensverstoß**

---

[1] BVerfG 8.4.1997 – 1 PBvU 1/95, BVerfGE 95, 322 (327) = NJW 1997, 1497.

[2] BVerfG 24.3.1964 – 2 BvR 42/63, BVerfGE 17, 294 (299) = NJW 1964, 1020; BVerfG 26.1.1971 – 2 BvR 443/69, BVerfGE 30, 149 (152) = NJW 1971, 1029; BVerfG 3.12.1975 – 2 BvL 7/74, BVerfGE 40, 356 (360) = NJW 1976, 283.

[3] BVerfG 24.3.1964 – 2 BvR 42/63, BVerfGE 17, 294 (299) = NJW 1964, 1020; BVerfG 3.12.1975 – 2 BvL 7/74, BVerfGE 40, 356 (360) = NJW 1976, 283.

[4] BVerfG 25.10.1966 – 2 BvR 291/64, BVerfGE 20, 336 (344) = NJW 1967, 99; BVerfG 3.12.1975 – 2 BvL 7/74, BVerfGE 40, 356 = NJW 1976, 283.

[5] BVerfG 31.5.1990 – 2 BvL 12/88, BVerfGE 82, 159 (194) = NVwZ 1991, 53.

[6] BVerfG 18.5.1965 – 2 BvR 40/60, BVerfGE 19, 52 (59 f.) = NJW 1965, 2291; BVerfG 8.2.1967 – 2 BvR 235/64, BVerfGE 21, 139 (145) = NJW 1967, 1123; BVerfG 16.7.1969 – 2 BvL 2/69, BVerfGE 27, 18 (34) = NJW 1969, 1619.

[7] BVerfG 24.3.1964 – 2 BvR 42/63, BVerfGE 17, 294 (298) = NJW 1964, 1020; BVerfG 3.12.1975 – 2 BvL 7/74, BVerfGE 40, 356 (360 f.) = NJW 1976, 283 40, 352, 360 f. Siehe hierzu auch *Achenbach*, FS Wassermann, 1985, 849; *Pechstein* Jura 1998, 197 ff.

[8] BVerfG 10.7.1990 – 1 BvR 984/87, BVerfGE 82, 286 (298) = NJW 1991, 217; BVerfG 8.4.1997 – 1 PBvU 1/95, BVerfGE 95, 322 (329) = NJW 1997, 1497; BGH 28.9.1954 – 5 StR 275/53, BGHSt 7, 23 (24) = NJW 1955, 152; OVG Hamburg 24.9.1993 – Bs IV 177/93, NJW 1994, 274. Kritisch *Dinslage* DRiZ 1965, 12 ff.

[9] Vgl. BVerfG 3.12.1975 – 2 BvL 7/74, BVerfGE 40, 356 = NJW 1976, 283.

eine Verfassungsverletzung darstellt. Eine verfassungswidrige Entscheidung liegt vielmehr erst dann vor, wenn die fehlerhafte Auslegung bzw. Anwendung des Rechts schlechthin unvertretbar und unter keinen Umständen mehr zu rechtfertigen, also objektiv willkürlich ist.[10]

Neben dem GVG finden sich auch **in anderen Gesetzen** Vorschriften über die sachliche Zuständigkeit: §§ 39–41 und 108 Abs. 1 JGG regeln die Zuständigkeit von Jugendrichter, Jugendschöffengericht und Jugendkammer bei Jugendlichen und Heranwachsenden;[11] § 68 OWiG bestimmt das zuständige Gericht bei einem Einspruch gegen einen Bußgeldbescheid und §§ 1, 2 Abs. 3 und 3 Abs. 3 des Gesetzes über das gerichtliche Verfahren in Binnenschifffahrtssachen regeln die Zuständigkeit in Straf- und Bußgeldsachen, die Binnenschifffahrtssachen sind. 4

II. Erläuterung

1. Arten der Zuständigkeit. Bei der Bestimmung der Zuständigkeit ist zwischen der sachlichen, der örtlichen und der funktionalen Zuständigkeit zu unterscheiden. 5

Die **sachliche Zuständigkeit** (§§ 1–6) regelt die Verteilung der Strafsachen auf die verschiedenen erstinstanzlichen Spruchkörper beim Amtsgericht, Landgericht und OLG nach ihrer Art und Schwere. Bei der Bestimmung spielen ua Deliktscharakter, Straferwartung und Bedeutung des Falls eine Rolle. Gemäß § 6 muss ein Gericht seine sachliche Zuständigkeit in jeder Lage des Verfahrens von Amts wegen prüfen. 6

Gerichte mit unterschiedlicher sachlicher Zuständigkeit stehen nach dem Wortlaut der StPO im Verhältnis von „niedrigerer" und „höherer" Ordnung (vgl. zB §§ 209, 269, 270 Abs. 1, 354 Abs. 3).[12] 7

Die **örtliche Zuständigkeit** („der Gerichtsstand" §§ 7–21) entscheidet darüber, welches unter mehreren sachlich zuständigen Gerichten sich mit der Strafsache zu befassen hat. Das Procedere der Prüfung der örtlichen Zuständigkeit regelt § 16. 8

Die **funktionale Zuständigkeit** erfasst alle Regelungen zur Zuständigkeit, die nicht sachlicher oder örtlicher Natur sind. Insbesondere die Geschäftsverteilungspläne der Gerichte und Spruchkörper[13] geben hier Auskunft. Die in diesen vorgenommene Aufteilung der anfallenden Strafsachen auf die verschiedenen Spruchkörper eines Gerichts kann zB nach Deliktsarten, Anfangsbuchstaben der Beschuldigten, örtlichen Anknüpfungspunkten oder Eingangszahlen erfolgen.[14] 9

Auch die Zuständigkeit des Rechtspflegers wird unter diesem Begriff geprüft.[15]

2. Bewegliche Zuständigkeit. Zahlreiche Vorschriften der StPO und des GVG (zB §§ 2, 3, 7 ff. StPO und §§ 24 Abs. 1 Nr. 3, 74 Abs. 1 S. 2 GVG) scheinen der StA weitreichende Möglichkeiten einzuräumen, unter mehreren sachlich und oder örtlich zuständigen Gerichten zu wählen und selbstständig zu entscheiden, vor welchem Gericht sie Anklage erhebt.[16] Dieses als **bewegliche Zuständigkeit** bezeichnete Wahlrecht steht allerdings im Konflikt mit Art. 101 Abs. 1 S. 2 GG. Das BVerfG hält deshalb – zumindest im Bereich der sachlichen Zuständigkeit – eine **verfassungskonforme Auslegung** des § 24 Abs. 1 Nr. 3 GVG für erforderlich, so dass die Staatsanwaltschaft bei einem Fall minderer Bedeu- 10

---

[10] Vgl. BVerfG 10.10.2001 – 2 BvR 1620/01, NJW 2002, 814; *Helm* JA 2006, 389; *Sowada* Der gesetzliche Richter, S. 202 ff. Siehe auch *Bettermann* AöR 94 (1969), 263 (281).

[11] Beachte insoweit auch § 26 GVG bei Straftaten Erwachsener, durch die Kinder oder Jugendliche verletzt oder unmittelbar gefährdet wurden.

[12] Siehe auch *Rieß* GA 1976, 1 (2).

[13] Siehe hierzu zB BVerfG 8.4.1997 – 1 PBvU 1/95, BVerfGE 95, 322 (327) = NJW 1997, 1497; BVerfG 3.5.2004 – 2 BvR 1825/02, NJW 2004, 3482; BGH 5.5.1994 – VGS 1–4/93, NJW 1994, 1735; BGH 30.3.1993 – X ZR 51/92, NJW 1993, 1596.

[14] Vgl. BGH 2.11.1989 – 1 StR 354/89, NStZ 1990, 138; *Katholnigg* NJW 1992, 2256; *Rieß* GA 1976, 1 (4).

[15] Siehe §§ 21, 22, 24, 31 RPflG.

[16] Vgl. hierzu Nr. 113 RiStBV.

tung Anklage beim Einzelrichter[17] und im Falle besonderer Bedeutung Anklage beim Landgericht erheben *muss.*[18] Die beweglichen Zuständigkeitsregeln seien dann verfassungskonform, wenn die Bedeutsamkeit einer Sache als unbestimmter Rechtsbegriff und nicht als ermessensartiges Wahlrecht der Staatsanwaltschaft verstanden wird.[19] Zudem müsse das Gericht über das Vorliegen der Merkmale entscheiden,[20] die staatsanwaltliche Entscheidung unterliegt also in vollem Umfang der gerichtlichen Überprüfung.[21] Das dem Gesetz nach bestehende Wahlrecht der Staatsanwaltschaft wird daher als nicht bindende Beurteilung der Zuständigkeitsfrage aufgefasst, welche in Einklang mit Art. 101 Abs. 1 S. 2 GG stehe.[22] Zudem muss die Staatsanwaltschaft die Gründe des § 24 Abs. 1 S. 3 GVG, die zur Anklageerhebung bei einem bestimmten Gericht geführt haben, in der Anklageschrift darlegen, soweit sie nicht offenkundig sind.[23]

11 In der Praxis gibt es allerdings trotzdem weiterhin **Zweifelsfälle:** so sei es zulässig, wenn das Schöffengericht eine Anklage wegen besonders schweren Landfriedensbruchs in Tateinheit mit gefährlicher Körperverletzung und Sachbeschädigung zulässt, statt vor dem Strafrichter das Hauptverfahren zu eröffnen.[24] Gegen die Wahlmöglichkeit der Anklageerhebung unter mehreren örtlich zuständigen Gerichten hat das OLG Hamm dann keine Bedenken, wenn die Auswahl der Staatsanwaltschaft nicht auf unsachlichen, sich von den gesetzlichen Maßstäben völlig entfernenden Erwägungen beruht.[25] Allerdings sind auch Fälle bekannt geworden, in denen die alphabetische Reihenfolge der Angeklagten so verändert wurde, dass eine bestimmte gerichtliche Zuständigkeit erreicht oder vermieden wurde.[26]

12 Offensichtlich besteht also trotz der verfassungsrechtlichen Vorgaben ein recht weiter Spielraum der (weisungsgebundenen) Staatsanwaltschaft, bei welchem Gericht sie Anklage erhebt. Gegen diese bewegliche Zuständigkeit werden daher weiterhin[27] **starke Bedenken** vorgebracht.[28] Die für die bewegliche Zuständigkeit angeführten Gesichtspunkte, wie ua Effizienz und Funktionsfähigkeit der Strafrechtspflege, Praktikabilität und Anpassungsfähigkeit an die weiten Strafrahmen des StGB sowie gerichtliche Kontrollmöglichkeiten,[29] können die hiergegen sprechenden Argumente, insbesondere die Bedeutung des Art. 101 Abs. 1 S. 2 GG und die Gefahren des Missbrauchs bzw. der Willkür[30] bei der Entscheidung über die Anklageerhebung, nicht überwiegen und ausräumen.[31]

13 **3. Die zuständigen Gerichte.** Im erstinstanzlichen Rechtszug kommen als zuständige Gerichte in Betracht:

---

[17] BVerfG 19.7.1967 – 2 BvR 489/66, BVerfGE 22, 254 = NJW 1967, 2151.

[18] BVerfG 19.3.1959 – 1 BvR 295/58, BVerfGE 9, 223 = NJW 1959, 871.

[19] Siehe auch KG 23.12.1996 – 1 AR 504/95, OLGSt StPO § 210 Nr. 4.

[20] BVerfG 19.3.1959 – 1 BvR 295/58, BVerfGE 9, 223 (229) = NJW 1959, 871.

[21] OLG Hamburg 1.11.1994 – 1 Ws 288/94, NStZ 1995, 252; anders aber OLG Schleswig 15.6.1984 – 1 Ws 366/84, NStZ 1985, 74 (nur eingeschränkte Überprüfungsbefugnis der Gerichte).

[22] *Kleinknecht* JZ 1965, 153 (159) „nur eine Art Vorschlagsrecht"; *Rieß* GA 1976, 1 (8).

[23] BGH 10.2.1998 – 1 StR 760/97, NStZ-RR 1998, 336; KK/*Hannich* § 24 GVG, Rn. 5.

[24] OLG Karlsruhe 20.2.1997 – 2 Ss 216/96, StV 1998, 252. Siehe zur scheinbar willkürlichen Annahme der Zuständigkeit des Schöffengerichts auch BGH 30.7.1996 – 5 StR 288/95, StV 1996, 585.

[25] OLG Hamm 10.9.1998 – 2 Ws 376/98, NStZ-RR 1999, 16; hierzu *Heghmanns* StV 2000, 277.

[26] Siehe zB OLG Nürnberg 11.12.1962 – Ws 456/62, NJW 1963, 502; *Herzog* StV 1993, 609 (610).

[27] Zu den Bedenken vor den Entscheidungen des BVerfG siehe: *Bockelmann* GA 1957, 357 ff.; ders. NJW 1958, 889 ff.; *Moller* MDR 1966, 100 ff.; *Oehler* ZStW 64 (1952), 292 ff.; *Schmidt* JZ 1959, 535; *Schroeder* MDR 1965, 177 ff. Siehe auch *Bruns* NJW 1964, 1884 ff.

[28] *Achenbach*, FS Wassermann, 1985, 849 (859 f.); *Eisenberg* NStZ 1996, 263 (264); *Engelhardt* DRiZ 1982, 418 ff.; *Grünwald* JuS 1968, 452 ff.; *Herzog* StV 1993, 609 ff.; KMR/*v. Heintschel-Heinegg* Rn. 65; *Kühl* NJW 1987, 737 (747); *Sowada* Der gesetzliche Richter im Strafverfahren, S. 585 ff.

[29] Vgl. *Arnold* ZIS 2008, 92 (93) mwN sowie *Eser*, FS Salger, 1994, 247 (252). Für die bewegliche Zuständigkeit: *Dallinger* MDR 1957, 113 (114); *Dünnebier* JR 1975, 1 (4); KK/*Fischer* Rn. 9; *Krey* JA 1984, 288 (290); *Lange* NStZ 1995, 110 ff.; *Rebmann* NStZ 1986, 289 (292); *Schnarr* MDR 1993, 589 (595); *Schoreit* NStZ 1997, 70.

[30] Siehe die Ergebnisse der empirischen Untersuchung zum Anklageverhalten der StA bei *Arnold* ZIS 2008, 92, 98 sowie *Arnold,* Die Wahlbefugnis der Staatsanwaltschaft, 2007, S. 186 ff.

[31] Gegen die bewegliche Zuständigkeit: *R. Fischer* NJW 1996, 1044 ff.; *Hohendorf* NJW 1995, 1454 ff.; *Heghmanns* StV 2000, 277 ff.; *Rotsch* ZIS 2006, 17 ff.; *Weiler* NJW 1996, 1042 ff.

a) Am Amtsgericht
   – der Strafrichter, § 25 GVG,
   – das Schöffengericht, §§ 24, 28 GVG,
   – das erweiterte Schöffengericht, § 29 Abs. 2 GVG,
b) Am Landgericht
   – die (allgemeine) große Strafkammer, § 74 Abs. 1 GVG; als Schwurgericht, § 74 Abs. 2 GVG; als Staatsschutzkammer, § 74a GVG; als Wirtschaftsstrafkammer, § 74c GVG.[32]
c) Am Oberlandesgericht[33]
   – der Strafsenat, § 120 Abs. 1, Abs. 2 GVG.

Als Rechtsmittel- und Beschwerdegerichte kommen in Betracht: 14
a) Am Landgericht
   – die kleine Strafkammer für Berufungen, § 74 Abs. 3 GVG,
   – die Strafkammer als Beschwerdegericht, § 73 GVG,
b) Am Oberlandesgericht
   – der Strafsenat für Revisionen, § 121 Abs. 1 Nr. 1 GVG; für Beschwerden, § 121 Abs. 1 Nr. 2 GVG; für Rechtsbeschwerden gegen Entscheidungen der Strafvollstreckungskammern, § 121 Abs. 1 Nr. 3 GVG; für Rechtsbeschwerden, § 79 Abs. 3 OWiG,[34]
c) Am Bundesgerichtshof
   – der Strafsenat für Revisionen, § 135 Abs. 1 GVG, für Beschwerden, § 135 Abs. 2 GVG.

4. Kompetenzkonflikte. Die Bestimmung der **sachlichen Zuständigkeit** kann zu Kompetenzkonflikten zwischen Gerichten gleicher oder niedriger und höherer Ordnung führen, wenn sich mehrere Gerichte für zuständig (dann positiver Kompetenzkonflikt) oder für unzuständig (dann negativer Kompetenzkonflikt) halten.[35] Das Gesetz enthält für den **positiven Kompetenzkonflikt** in den §§ 14, 19, 209, 209a, 225a Verfahrensvorschriften. Hinsichtlich des negativen Kompetenzkonflikts fehlt es zwar an ausdrücklichen Regelungen, die Rechtsprechung hält eine analoge Anwendung der §§ 14, 19 hier aber für zulässig, wenn anderenfalls das Verfahren unter Umständen nicht fortgesetzt und zum Stillstand kommen würde.[36] Darüber hinaus gelten folgende Regeln: 15

a) Halten sich mehrere Gerichte für sachlich zuständig, so hat das höhere Gerichte den Vorrang.[37] 16
b) Bei mehrfacher Rechtshängigkeit ist nur das Gericht zuständig, bei dem das Verfahren zuerst rechtshängig wurde,[38] der späteren Eröffnung des Verfahrens steht das Verfahrenshindernis der anderweitigen Rechtshängigkeit entgegen.
c) Halten sich mehrere Gerichte für nicht zuständig, so entscheidet gemäß §§ 14, 19 das gemeinsame Obergericht.
d) Bei einem **negativen Kompetenzkonflikt** zwischen der Wirtschaftsstrafkammer und der allgemeinen Strafkammer im Berufungsverfahren bestimmt nicht das OLG gemäß §§ 14, 19 analog die zuständige Strafkammer, vielmehr steht gemäß §§ 209, 209a, 225a analog der Wirtschaftsstrafkammer gegenüber der allgemeinen Strafkammer die Kompetenz-Kompetenz zu.[39] Hält sich also die Wirtschaftsstrafkammer für unzuständig, so ist in diesem Fall die allgemeine Strafkammer zuständig. 17

---

[32] Zum Vorrangverhältnis zwischen den Strafkammern siehe § 74e GVG.
[33] Das Oberlandesgericht Berlin trägt die historische Bezeichnung Kammergericht; das Bayerische Oberste Landesgericht wurde zum 30.6.2006 aufgelöst.
[34] Bei Kartellordnungswidrigkeiten entscheidet über die Rechtsbeschwerde jedoch der BGH, § 84 GWB.
[35] Hinsichtlich Kompetenzkonflikten auf der Ebene der Staatsanwaltschaft siehe § 143 GVG.
[36] BGH 15.5.1963 – 2 ARs 66/63, BGHSt 18, 381 (384) = NJW 1963, 1747; OLG Karlsruhe 6.5.1987 – 4 Ws 101/87, NStZ 1987, 375. Siehe auch *Rieß* GA 1976, 1 (13 f.).
[37] BGH 13.8.1963 – 2 ARs 172/63, NJW 1964, 506 (507).
[38] BGH 30.8.1968 – 4 StR 335/68, NJW 1968, 2387.
[39] OLG Düsseldorf 3.4.1995 – 1 Ws 223/95, wistra 1995, 362.

e) Die **Jugendgerichte** haben die Kompetenz, über ihre Zuständigkeit selbst zu entscheiden, § 209a Nr. 2.[40] Gemäß § 47a JGG darf sich ein Jugendgericht nach Eröffnung des Hauptverfahrens allerdings nicht deshalb für unzuständig erklären, weil die Sache nach seiner Auffassung vor ein für allgemeine Strafsachen zuständiges Gericht gleicher oder niedrigerer Ordnung gehört.

f) Hat ein LG das Verfahren gemäß § 270 Abs. 1 an das für Staatsschutzstrafsachen erstinstanzlich zuständige OLG verwiesen, hält dieses aber den Verweisungsbeschluss wegen objektiver Willkür für unwirksam, ist der BGH gemäß §§ 14, 19 analog zur Bestimmung des sachlich zuständigen Gerichts berufen.[41]

III. Revision

18 Gemäß § 338 Nr. 4 stellt es einen absoluten Revisionsgrund dar, wenn ein Gericht seine Zuständigkeit zu Unrecht angenommen hat.[42] Umstritten ist, ob die Verletzung der sachlichen Zuständigkeit von Amts wegen oder nur auf entsprechende Rüge hin vom Revisionsgericht überprüft werden muss[43] – richtigerweise ist von einer Prüfungspflicht **von Amts wegen** auszugehen.[44]

§ 2 [Verbindung und Trennung zusammenhängender Sachen]

(1) [1]Zusammenhängende Strafsachen, die einzeln zur Zuständigkeit von Gerichten verschiedener Ordnung gehören würden, können verbunden bei dem Gericht anhängig gemacht werden, dem die höhere Zuständigkeit beiwohnt. [2]Zusammenhängende Strafsachen, von denen einzelne zur Zuständigkeit besonderer Strafkammern nach § 74 Abs. 2 sowie den §§ 74a und 74c des Gerichtsverfassungsgesetzes gehören würden, können verbunden bei der Strafkammer anhängig gemacht werden, der nach § 74e des Gerichtsverfassungsgesetzes der Vorrang zukommt.

(2) Aus Gründen der Zweckmäßigkeit kann durch Beschluß dieses Gerichts die Trennung der verbundenen Strafsachen angeordnet werden.

Übersicht

I. Normzweck

1 Sind von einem oder mehreren Beteiligten eine oder mehrere Straftaten begangen worden, kann es zweckmäßig sein, die Verfahren zu verbinden und gemeinsam zu entscheiden.[1] Eine Verbindung nach § 2 kann daher – wenn ein Zusammenhang nach § 3 besteht – zu einer Arbeitsersparnis führen und es wird verhindert, dass der gleiche Sachverhalt unter-

[40] KK/*Fischer* Rn. 28; siehe auch BGH 4.11.1981 – 2 StR 242/81, BGHSt 30, 260 = NJW 1982, 454; BGH 28.4.1988 – 4 StR 33/88, BGHSt 35, 267 (269) = NJW 1988, 3216.

[41] BGH 17.3.1999 – 3 ARs 2/99, BGHSt 45, 26 = NJW 1999, 1876. Siehe auch *Welp* NStZ 2002, 1 ff.

[42] Im Falle der funktionalen Unzuständigkeit greift jedoch § 338 Nr. 1 – BGH 6.1.1953 – 2 StR 162/52, BGHSt 3, 353 (355); BGH 29.10.1992 – 4 StR 199/92, NJW 1993, 672.

[43] Nur auf entsprechende Rüge: BGH 22.4.1997 – 1 StR 701/96, NJW 1997, 2689, 2690; von Amts wegen: BGH 12.12.1991 – 4 StR 506/91, NJW 1992, 1775, 1776.

[44] KK/*Hannich* § 24 GVG, Rn. 12a.

[1] *Meyer-Goßner* NStZ 2004, 353 (355).

schiedlich beurteilt wird.[2] Die Verbindung oder Trennung von Straftaten dient nach Auffassung des BVerfG daher der Funktionsfähigkeit der Strafrechtspflege.[3]

Ein **Vorteil** der Verbindung von Straftaten zur gemeinsamen Verhandlung und Aburteilung kann bei einem Straftäter zudem darin liegen, dass seine Persönlichkeit auf breiter und umfassender Grundlage sachgerecht beurteilt wird.[4] Auch kann so eine nachträgliche Gesamtstrafenbildung (§ 460) umgangen werden.[5] Jedoch sollte vermieden werden, durch eine Verbindung Großverfahren zu schaffen, da diese dem Beschleunigungsgebot des Art. 6 Abs. 1 S. 1 EMRK zuwiderlaufen können und auch nicht unbedingt verfahrensökonomisch sind.[6] 2

Nachteile einer Verfahrensverbindung können eine Verfahrensverzögerung und eine Rechtszugverkürzung sein. Bei der Verfahrenstrennung besteht hingegen die Gefahr der „Rollenvertauschung", wenn zB aus potentiellen Mitangeklagten Zeugen werden. Da sich durch eine Verfahrensverbindung und -trennung die Zuständigkeit des Gerichts ändern kann, wird auch ein Verstoß der Norm gegen Art. 101 Abs. 1 S. 2 GG diskutiert.[7] 3

II. Erläuterung

1. Verbindung von Strafsachen. Neben der in § 2 Abs. 1 geregelten Situation – die sich auf alle Gerichte erster Instanz bezieht,[8] besteht nach § 4 die Möglichkeit der Verfahrensverbindung durch das Gericht für bereits rechtshängige Strafsachen und § 13 regelt die Verbindung bei unterschiedlicher örtlicher Zuständigkeit. § 237 führt hingegen lediglich zu einer Verbindung zum Zwecke gleichzeitiger Verhandlung und dient nur der Verfahrensvereinfachung.[9] 4

a) Verfahrensverbindung durch die Staatsanwaltschaft. aa) Allgemeines. Über eine Verfahrensverbindung – bereits im Ermittlungsverfahren oder erst mit Anklageerhebung[10] – entscheidet die Staatsanwaltschaft nach pflichtgemäßen **Ermessen.**[11] Ein unzulässiger Ermessensfehlgebrauch liegt vor, wenn durch die Verbindung die Verteidigung des Angeklagten durch den Anwalt seines Vertrauens (im Hinblick auf das Verbot der Mehrfachverteidigung) ohne ersichtlichen Verfahrensgewinn unmöglich wird.[12] Auch darf die Verfahrensverbindung nicht herbeigeführt werden, um ein für möglich erachtetes Zeugnisverweigerungsrecht zu unterlaufen.[13] Weder besteht für die Staatsanwaltschaft eine Verpflichtung zu verbinden,[14] noch ein Anspruch des Angeklagten auf eine Verbindung.[15] 5

Entsteht im Ermittlungsverfahren nach einer Verfahrensverbindung **Streit** darüber, welche Staatsanwaltschaft das verbundene Verfahren nun führt, entscheidet diese Frage gemäß §§ 146, 147 GVG innerhalb eines Landgerichtsbezirks der Leitende Oberstaatsanwalt, inner- 6

[2] BGH 10.1.1958 – 5 StR 487/57, BGHSt 11, 130 (133) = NJW 1958, 469; BGH 5.2.1963 – 1 StR 265/62, BGHSt 18, 238 (239) = NJW 1963, 869.

[3] BVerfG 21.6.1977 – 2 BvR 804/76, BVerfGE 45, 354 (359) = NJW 1977, 1767; BVerfG 12.8.2002 – 2 BvR 932/02, StV 2002, 578 (580).

[4] Vgl. BGH 5.2.1963 – 1 StR 265/62, BGHSt 18, 238 (239) = NJW 1963, 869.

[5] BGH 20.5.1953 – 4 ARs 30/53, BGHSt 4, 152 (153).

[6] LR/*Erb* Rn. 1.

[7] *Herzog* StV 1993, 609 ff.; *Rosenmeier* Die Verbindung von Strafsachen im Erwachsenenstrafrecht, S. 138; siehe auch SK-StPO/*Rudolphi* Rn. 8.

[8] RG 8.6.1914 – T.B. 83/14 VIII 1253/14, RGSt 48, 297; BGH 13.8.1963 – 2 ARs 172/63, BGHSt 19, 177 = NJW 1964, 506.

[9] BGH 13.8.1963 – 2 ARs 172/63, BGHSt 19, 177 (82) = NJW 1964, 506; BGH 3.2.1976 – 1 StR 694/75, BGHSt 26, 271 (273) = NJW 1976, 720.

[10] Vgl. *Meyer-Goßner* DRiZ 1985, 241.

[11] Vgl. *Rotsch/Sahan* JA 2005, 801 (803).

[12] BVerfG 12.8.2002 – 2 BvR 932/02, StV 2002, 578. Siehe auch BVerfG 21.6.1977 – 2 BvR 804/76, BVerfGE 45, 354 (359) = NJW 1977, 1767.

[13] BGH 8.12.1999 – 5 StR 32/99, BGHSt 45, 342 (351) = NJW 2000, 1274.

[14] *Meyer-Goßner* Rn. 3.

[15] BGH 20.11.1990 – 1 StR 588/90, NStZ 1991, 226; OLG Stuttgart 8.7.1960 – 1 Ss 244/60, NJW 1960, 2353; *Rogall* StV 1985, 354.

halb eines OLG-Bezirks der Generalstaatsanwalt, wenn erforderlich innerhalb eines Bundeslandes die Landesjustizverwaltung und bei verschiedenen Bundesländern gemäß § 143 Abs. 3 GVG der Generalbundesanwalt.[16]

7 **bb) Fallvarianten.** Gesetzlich nicht geregelt ist der Fall, dass die Staatsanwaltschaft zusammenhängende Verfahren verbinden möchte, die alle in die **Zuständigkeit ein und des gleichen Gerichts** fallen. Da die Staatsanwaltschaft sogar zusammenhängende Verfahren verbinden darf, die in die Zuständigkeit von Gerichten verschiedener Ordnung gehören (§ 2 Abs. 1), darf sie erst Recht in diesem Fall eine Verbindung vornehmen.[17]

8 Sollen zusammenhängende Strafsachen verbunden werden, die in die **Zuständigkeit verschiedener Gerichte gleicher Ordnung** fallen, wird dadurch die örtliche Zuständigkeit berührt und § 13 ist zu beachten.[18]

9 Im Falle der Verbindung zusammenhängender Straftaten, welche in die **Zuständigkeit verschiedener Gerichte unterschiedlicher Ordnung** gehören, ordnet § 2 Abs. 1 an, dass das verbundene Verfahren beim Gericht der höheren Ordnung anhängig gemacht werden muss. Wird durch die Verbindung in die Zuständigkeit besonderer Strafkammern nach §§ 74 Abs. 2, 74a, 74c GVG eingegriffen, so ist das Verfahren bei der nach § 74e GVG vorrangigen Strafkammer anhängig zu machen.

10 **b) Besondere Fälle und Beispiele.** Nach Nr. 17 Abs. 1, Abs. 2, 114 RiStBV soll die Staatsanwaltschaft zusammenhängende Straftaten verbinden und in einer Anklage zusammenfassen. Nach Nr. 114 RiStBV kann eine Verbindung allerdings unterbleiben, wenn es hierdurch zu Verfahrensverzögerungen kommen würde. Dies kann zB bei einem unterschiedlichen Ermittlungsstand der verschiedenen Strafverfahren in Verbindung mit Haftsachen eintreten.

11 Eine Verbindung ist **unzulässig,** wenn zB eine zur Zuständigkeit des Amtsgerichts gehörende Sache nur deshalb beim Landgericht angeklagt wird, weil dort bereits ein Berufungsverfahren anhängig ist.[19]

12 Im Bereich des **Ordnungswidrigkeitenrechts** kann die Staatsanwaltschaft gemäß §§ 42, 64 OWiG die Verfolgung einer Ordnungswidrigkeit übernehmen und die Anklage auf diese erstrecken, wenn ein Zusammenhang im Sinne des § 42 Abs. 1 OWiG besteht. Eine Trennung der verbundenen Straf- und Bußgeldsache durch das Gericht ist nach hM nicht möglich.[20]

13 Im **Jugendstrafrecht** besteht gemäß § 103 Abs. 1 JGG die Möglichkeit, Strafsachen gegen Jugendliche und Erwachsene nach den allgemeinen Vorschriften der StPO zu verbinden, wenn dies zur Erforschung der Wahrheit oder aus anderen wichtigen Gründen geboten ist.[21] Grundsätzlich ist für das verbundene Verfahren nach § 103 Abs. 2 S. 1 JGG das Jugendgericht zuständig. Gemäß §§ 102, 103 Abs. 2 S. 2 JGG bleibt jedoch die Zuständigkeit des OLG im ersten Rechtszug[22] und die Zuständigkeiten der Wirtschafts- und Staatsschutzkammern bestehen, so dass diese im Falle der Verbindung auch für die Verurteilung der jugendlichen Straftäter zuständig sind. Dies gilt gemäß § 112 S. 1 JGG für Heranwachsende entsprechend. Hat ein Beschuldigter in verschiedenen Alters- und Reifestufen Straftaten begangen, so ist § 32 JGG zu beachten.[23]

---

[16] Vgl. LR/*Erb* Rn. 15.

[17] IE ebenso *Rotsch/Sahan* JA 2005, 801 (803).

[18] Siehe BGH 30.8.1968 – 4 StR 335/68, BGHSt 22, 232 = NJW 1968, 2387; BGH 5.6.1986 – 4 StR 238/86, NStZ 1986, 564.

[19] BGH 12.12.1991 – 4 StR 506/91, BGHSt 38, 172 = NJW 1992, 1775; BGH 6.2.1992 – 4 StR 626/91, NStZ 1992, 397.

[20] *Göhler* § 45 OWiG, Rn. 4 – siehe aber auch KK/*Lampe* § 45 OWiG, Rn. 4.

[21] Für eine grundsätzliche Verfahrenstrennung ist jedoch *Fahl* NStZ 1983, 309 f.

[22] Siehe aber *Eisenberg* NStZ 1996, 263 ff.; hiergegen *Schoreit* NStZ 1997, 69 ff.

[23] BGH 29.2.1956 – 2 StR 25/56, BGHSt 10, 100 = NJW 1956, 680; BGH 2.10.1973 – 1 StR 217/73, JR 1974, 428.

2. Trennung von Strafsachen. Das Gericht ist an die Ermessensentscheidung der Staatsanwaltschaft, zusammenhängende Verfahren zu verbinden, nicht gebunden. Es kann daher die verbundenen Verfahren nach § 2 Abs. 2 wieder trennen. Die Trennung steht im pflichtgemäßen Ermessen des Gerichts und ist aus Gründen der **Zweckmäßigkeit** ebenso zulässig, wie das Unterlassen einer Verbindung.[24] Der Angeklagte hat keinen Anspruch auf eine Verfahrenstrennung. Die Trennung kann dadurch erfolgen, dass das Gericht **bereits mit dem Eröffnungsbeschluss** die von ihm abgetrennte Strafsache vor dem zuständigen Gericht niederer Ordnung nach § 209 Abs. 1 eröffnet.[25] Sind allerdings mehrere Gerichte niedriger Ordnung örtlich zuständig und liegen diese eventuell außerhalb des Bezirkes des höheren Gerichts, muss das Auswahlermessen der Staatsanwaltschaft, vor welchem Gericht sie Anklage erheben will, berücksichtigt werden.[26] 14

Will das nach Absatz 1 für die verbundenen Strafsachen zuständige Gericht **nach Eröffnung des Hauptverfahrens** eine Trennung beschließen, muss es zunächst gemäß § 33 Abs. 1 die Verfahrensbeteiligten anhören.[27] Folge der Trennung ist dann aber nicht, dass das abgetrennte Verfahren in die alte Zuständigkeit zurückfällt.[28] Da das höhere Gericht sich bereits mit dem abgetrennten Verfahren beschäftigt hat, ist es dem § 269 folgend verpflichtet, die Sache auch nach der Trennung weiter zu verhandeln.[29] 15

Eine Trennung wird nicht dadurch bewirkt, dass eines der verbundenen Verfahren nach § 205 eingestellt[30] oder ein Verfahrensteil abgeschlossen wird.[31] 16

Durch eine Verfahrenstrennung kann es zu einem **Rollentausch** kommen, dh der Angeklagte des einen Verfahrens wird zum Zeugen im anderen Verfahren.[32] Durch § 2 Abs. 2 darf allerdings nicht gezielt der Grundsatz umgangen werden, dass ein Angeklagter nicht als Zeuge zu seiner eigenen Straftat gehört werden darf.[33] Eine Verfahrenstrennung, mit dem Ziel den Angeklagten als Zeugen vernehmen zu können, ist aber zulässig, wenn er an der angeklagten Tat, zu der er vernommen werden soll, nicht beteiligt war.[34] **Unzulässig** ist die Trennung in diesem Kontext folglich, wenn die Zeugenaussage auch auf den Angeklagten Einfluss hat.[35] 17

III. Rechtsmittel und Revision

Der Trennungsbeschluss kann von der Staatsanwaltschaft und dem betroffenen Angeklagten mit der **Beschwerde** nach § 304 Abs. 1 angefochten werden.[36] Der Trennungsbeschluss wird in vollem Umfang und nicht nur auf Ermessensfehler hin überprüft.[37] Der Beschluss des erkennenden Gerichts, durch den die Trennung verbundener Verfahren abgelehnt wird, ist hingegen unanfechtbar, da die Entscheidung im Ermessen des Gerichts steht.[38] 18

---

[24] BGH 5.2.1963 – 1 StR 265/62, BGHSt 18, 238 = NJW 1963, 869; OLG Frankfurt a. M. 11.5.1982 – 3 Ws 336/82, StV 1983, 92.

[25] OLG Düsseldorf 7.11.1990 – 3 Ws 936/90, NStZ 1991, 145 (146).

[26] Siehe hierzu KMR/*v. Heintschel-Heinegg* Rn. 19; *Mutzbauer* NStZ 1995, 213 f.

[27] BGH 12.2.1980 – 5 StR 35/80, NStZ 1982, 188.

[28] Für das Jugendstrafrecht ist § 47a JGG zu beachten – BGH 4.11.1981 – 2 StR 242/81, MDR 1982, 244; BayObLG 11.6.1980 – RReg. 5 St 195/79, MDR 1980, 958.

[29] BGH 26.9.2001 – 2 StR 340/01, BGHSt 47, 116 = NJW 2002, 526; KK/*Fischer* Rn. 14.

[30] OLG Frankfurt a. M. 2.12.1980 – Ojs 42/78, StV 1981, 85. Hiergegen *J. Fischer* StV 1981, 85 ff.; LR/*Erb* Rn. 25.

[31] OLG Köln 8.3.1977 – Ss 38 13/77, VRS Band 53, 130.

[32] Grundsätzlich gegen eine Trennung nur zum Zweck des Rollentauschs *Rotsch/Sahan* JA 2005, 801 (804).

[33] BGH 25.2.1964 – 1 StR 13/64, NJW 1964, 1034; BGH 1.3.1977 – 5 StR 65/77, MDR 1977, 637 (639).

[34] BGH 5.10.1983 – 2 StR 298/83, BGHSt 32, 100 = NJW 1984, 501; BGH 24.2.1971 – 3 StR 305/70, MDR 1971, 895 (897). Siehe aber *Gerlach* NJW 1964, 2397 f.

[35] BGH 14.5.1968 – 1 StR 552/67, GA 1968, 305 f.; BGH 5.10.1983 – 2 StR 298/83, BGHSt 32, 100 = NJW 1984, 501; LG Frankfurt 3.10.1985 – 90 Js 13171/83, StV 1986, 470.

[36] OLG Frankfurt a. M. 11.5.1982 – 3 Ws 336/82, StV 1983, 92; OLG Frankfurt a. M. 24.6.1991 – 3 Ws 370/91, StV 1991, 504.

[37] OLG Düsseldorf 7.11.1990 – 3 Ws 936/90, NStZ 1991, 145 (146); OLG Frankfurt a. M. 24.6.1991 – 3 Ws 370/91, StV 1991, 504.

[38] BayObLG 1.7.1952 – BeschwReg. 1 St 128/52, BayObLGSt 1952, 117 f.

19 Mit der **Revision** können keine Ermessensfehler bei der Verbindung oder Trennung nach § 2 gerügt werden. Gerügt werden können aber ein Ermessensmissbrauch, das Fehlen der gesetzlichen Voraussetzungen für die Trennung oder Verbindung oder sonstige Verfahrensfehler, zu denen die Verbindung oder Trennung geführt hat (zB §§ 244 Abs. 2, 261).[39]

§ 3 [Begriff des Zusammenhanges]

Ein Zusammenhang ist vorhanden, wenn eine Person mehrerer Straftaten beschuldigt wird oder wenn bei einer Tat mehrere Personen als Täter, Teilnehmer oder der Begünstigung, Strafvereitelung oder Hehlerei beschuldigt werden.

I. Normzweck

1 § 3 definiert den Begriff des Zusammenhangs für §§ 2, 4 und 13 abschließend. Während für § 237 ein tatsächlicher Zusammenhang genügt, muss für § 3 ein persönlicher Zusammenhang oder ein sachlicher Zusammenhang oder eine Kombination aus beidem vorliegen.

2 Die Verknüpfung im Sinne des § 3 muss durch konkrete, in der Anklage im Einzelnen dargestellte Tatsachen begründet werden, die bloße Möglichkeit eines derartigen Zusammenhanges genügt nicht.[1] Die Zuständigkeit, die durch die Verbindung zusammenhängender Straftaten geschaffen wird, bleibt grundsätzlich auch dann bestehen, wenn der Grund für die Verbindung nach Eröffnung des Hauptverfahrens entfällt.[2]

II. Erläuterung

3 **1. Persönlicher Zusammenhang.** Ein persönlicher Zusammenhang ist gegeben, wenn ein Beschuldigter **mehrere rechtlich selbstständige Straftaten** im Sinne des § 264 begangen hat.[3] Hierfür genügt nicht bereits das Vorliegen von Tatmehrheit nach § 53 StGB innerhalb einer prozessualen Tat.[4] In einem solchen Falle müssen die mehreren Straftaten ohnehin gemeinsam abgeurteilt werden. Sollte die Staatsanwaltschaft in dieser Konstellation irrtümlich getrennt Anklage erhoben haben und das höhere Gericht das andere Verfahren an sich ziehen, würde nur das Prozesshindernis der doppelten Rechtshängigkeit beseitigt werden.[5] Dies gilt auch, wenn hinsichtlich einer Straftat sowohl Anklage im Sinne des § 200 erhoben wurde und gleichzeitig ein Sicherungsverfahren nach §§ 413 ff. betrieben wird.[6]

4 Stehen mehrere rechtshängige Strafsachen in einem persönlichem Zusammenhang, ist es regelmäßig sachgerecht, sie zu einem Verfahren zu verschmelzen, sofern nicht überwiegende Nachteile einer solchen Sachverbindung dazu drängen, die Verfahren getrennt – sei es auch in gemeinsamer Verhandlung gemäß § 237 StPO – weiterzuführen.[7]

5 **2. Sachlicher Zusammenhang.** Ein sachlicher Zusammenhang besteht, wenn hinsichtlich einer prozessualen Tat mehrere Personen als Täter oder Teilnehmer verdächtigt werden oder die weitere Person(en) der Begünstigung (§ 257 StGB),[8] der Strafvereitelung

---

[39] BGH 5.2.1963 – 1 StR 265/62, BGHSt 18, 238 (239) = NJW 1963, 869; BGH 5.3.1953 – 5 StR 676/52, NJW 1953, 836; OLG Koblenz 23.12.1974 – 1 Ws [a] 706/74, VRS Band 49, 115 (zu § 237); *Brunner* JR 1974, 429 f.; *Meyer-Goßner* Rn. 14; SK-StPO/Rudolphi Rn. 22.

[1] LR/*Erb* Rn. 4; siehe auch *Kindhäuser* JZ 1993, 478 (479).

[2] BGH 20.12.1961 – 2 Ars 158/61, BGHSt 16, 391 (393) = NJW 1962, 499; BGH 9.6.1993 – 3 StR 49/93, StV 1993, 452.

[3] *Sahan* JA 2006, 539 (540).

[4] BGH 14.10.1975 – 1 StR 481/75, MDR 1976, 64; *Kleinknecht* MDR 1958, 357; *Rotsch/Sahan* JA 2005, 801 (802).

[5] BGH 13.8.1963 – 2 ARs 172/63, BGHSt 19, 177 (181) = NJW 1964, 506; BGH 31.10.1957 – 4 StR 449/57, NJW 1958, 31.

[6] BGH 25.6.1968 – 5 StR 191/68, BGHSt 22, 185 (186) = NJW 1968, 1730.

[7] OLG Stuttgart 28.9.1994 – 3 ARs 102/94, NStZ 1995, 248.

[8] Siehe speziell hierzu zB BGH 5.2.1963 – 1 StR 265/62, BGHSt 18, 238 = NJW 1963, 869.

(§§ 258, 258a StGB) oder der Hehlerei (§§ 259, 260, 260a StGB) hinsichtlich dieser Tat verdächtigt wird.

6 Ausgangspunkt ist auch hier der **prozessuale Tatbegriff** des § 264.[9] Vom Begriff des Täters werden alle Formen der Täterschaft erfasst, also auch Mittäterschaft (§ 25 Abs. 2 StGB), mittelbare Täterschaft (§ 25 Abs. 1 S. 2 StGB) sowie die gesetzlich nicht geregelte Nebentäterschaft.[10] Täter ist darüber hinaus auch, wer den Erfolg fahrlässig (mit-) herbeiführt.[11]

7 Der Begriff der Teilnahme wird in § 28 Abs. 1 StGB als Anstiftung (§ 26 StGB) und Beihilfe (§ 27 StGB) legal definiert. Von der hM wird der Begriff allerdings insoweit ausgedehnt, dass die Teilnahme nicht auf § 27 StGB beschränkt sei, es genüge vielmehr die in dieselbe Richtung zielende **Mitwirkung an einem einheitlichen geschichtlichen Vorgang.**[12] Es soll die Mitverantwortlichkeit für den dem Mitangeklagten vorgeworfenen Erfolg genügen, auch wenn diese nicht in demselben Umfang besteht oder unter denselben rechtlichen Gesichtspunkten gewürdigt werden kann. Eine derartige erweiternde Auslegung ist vom Wortlaut des § 3 jedoch nicht gedeckt und angesichts des möglichen Eingriffs in das Recht auf den gesetzlichen Richter auch unzulässig und daher abzulehnen.[13]

8 **3. Kombination beider Zusammenhänge.** Auch eine Kombination von persönlichem und sachlichen Zusammenhang ist vom Wortlaut des § 3 („oder") gedeckt. Eine solche ist denkbar, wenn etwa A und B Täter und Teilnehmer einer prozessualen Tat sind und B darüber hinaus Täter einer weiteren prozessualen Tat ist. In diesem Fall des mittelbaren Zusammenhangs ist eine gemeinsame Anklage hinsichtlich aller prozessualen Taten möglich.[14]

III. Revision

9 Das Fehlen der Voraussetzungen des § 3 kann mit der Revision gerügt werden.[15]

§ 4 [Verbindung rechtshängiger Sachen]

(1) Eine Verbindung zusammenhängender oder eine Trennung verbundener Strafsachen kann auch nach Eröffnung des Hauptverfahrens auf Antrag der Staatsanwaltschaft oder des Angeklagten oder von Amts wegen durch gerichtlichen Beschluß angeordnet werden.

(2) [1]Zuständig für den Beschluß ist das Gericht höherer Ordnung, wenn die übrigen Gerichte zu seinem Bezirk gehören. [2]Fehlt ein solches Gericht, so entscheidet das gemeinschaftliche obere Gericht.

Übersicht

[9] BGH 29.10.1992 – 4 StR 199/92, BGHSt 38, 376 (379) = NJW 1993, 672; BGH 25.8.1987 – 1 StR 357/87, NJW 1988, 150; *Kindhäuser* JZ 1993, 478 (479).

[10] RG 22.4.1901 – 923/01, RGSt 34, 255 (258); RG 4.2.1910 – V 36/10, RGSt 43, 293 (296); *Rotsch/Sahan* ZIS 2007, 142 (146).

[11] RG 16.10.1930 – II 536/30, RGSt 64, 377 (379).

[12] BGH 29.10.1992 – 4 StR 199/92, BGHSt 38, 376 (379) = NJW 1993, 672; BGH 25.8.1987 – 1 StR 357/87, NStZ 1987, 569; KK/*Fischer* Rn. 2; LR/*Erb* Rn. 4; *Meyer/Goßner* Rn. 3.

[13] KMR/*v. Heintschel-Heinegg* Rn. 4; *Rotsch/Sahan* ZIS 2007, 142 (149); *Sahan* JA 2006, 539 (542).

[14] Vgl. zB KK/*Fischer* Rn. 5; ablehnend HK-StPO/*Julius* Rn. 5.

[15] BGH 29.10.1992 – 4 StR 199/92, BGHSt 38, 376 (378 f.) = NJW 1993, 672; LR/*Erb* Rn. 6; SK-StPO/*Rudolphi* Rn. 5.

I. Normzweck

1 § 4 regelt die Möglichkeiten der Verbindung und Trennung bereits rechtshängiger Strafverfahren auf Antrag oder von Amts wegen. Während § 2 sich auf noch nicht rechtshängige Strafsachen bezieht,[1] greift § 4 erst nach Eröffnung des Hauptverfahrens ein.

II. Erläuterung

2 **1. Verbindung.** Eine Verbindung nach § 4 setzt voraus, dass zwischen verschiedenen Straftaten im Sinne des § 264 ein Zusammenhang nach § 3 besteht.[2] Von § 4 ist nur der Fall geregelt, dass **bei Gerichten unterschiedlicher Ordnung** zusammenhängende Strafsachen anhängig sind. Dies gilt auch im Verhältnis vom Strafrichter zum Schöffengericht.[3] Gleichgültig ist dabei, ob das niedrigere Gericht sich im Bezirk des höheren befindet. Sind die zu verbindenden Strafsachen bei Gerichten gleicher Ordnung an verschiedenen Orten anhängig, ist § 13 einschlägig.[4]

3 Sind sowohl § 4 als auch § 13 von der zu treffenden Entscheidung betroffen, geht § 4 vor.[5] Eine die sachliche Zuständigkeit verändernde Verbindung bedarf daher stets der Entscheidung des **gemeinschaftlichen oberen Gerichts.** Verkennen dies die beteiligten Gerichte und einigen sich unter Umgehung dieses Gerichts, ist die Verfahrensverbindung unwirksam.[6]

4 **a) Verbindung in verschiedenen Rechtszügen.** Eine Verbindung nach § 4 ist nicht mehr möglich, wenn in einer der zusammenhängenden Strafsachen bereits ein Urteil ergangen ist.[7] Eine Ausnahme besteht nur dann, wenn durch die Verbindung der Rechtsmittelzug nicht verkürzt wird. Dies kann zB eintreten, wenn das Revisionsgericht eine Sache nach § 354 Abs. 2 zurückverweist. Nun kann eine bei einem niedrigen Gericht anhängige zusammenhängende Strafsache verbunden werden, selbst wenn in der einen Sache der Schuldspruch schon rechtskräftig ist.[8]

5 Wegen der damit verbundenen Verkürzung des Instanzenzuges ist es aber **unzulässig,** ein amtsgerichtliches Verfahren mit einem Berufungsverfahren beim Landgericht zu verbinden.[9] Das gleiche gilt für den Fall, das ein am Landgericht anhängiges Verfahren mit der Berufungssache eines anderen Landgerichts verbunden werden soll.[10] Unzulässig ist es nach dem BGH darüber hinaus, eine Anklage beim Landgericht nur deshalb zu erheben, um dieses Verfahren mit einem dort anhängigen Berufungsverfahren zu verbinden, wenn eine Zuständigkeit des Landgerichts nach § 74 GVG sonst nicht gegeben ist.[11]

6 Problematisch ist es jedoch, wenn die Rechtsprechung es zulässt, dass **eine große Strafkammer das bei einer kleinen Strafkammer desselben Landgerichts geführte Berufungsverfahren übernimmt.**[12] Folge der analog § 4 vorgenommenen Verfahrensverschmelzung soll es sein, dass die große Strafkammer das Verfahren insgesamt erstinstanzlich

---

[1] → § 2 Rn. 4.
[2] → § 3 Rn. 3 ff.
[3] Vgl. BGH 15.11.1972 – 2 ARs 300/72, BGHSt 25, 51 = NJW 1973, 204; *Meyer-Goßner* DRiZ 1985, 241 (242).
[4] OLG Düsseldorf 24.5.1985 – 2 Ws 222/85, MDR 1985, 1048.
[5] BGH 30.8.1968 – 4 StR 335/68, NJW 1968, 2387; BGH 21.3.2000 – 1 StR 609/99, NStZ 2000, 435.
[6] BGH 21.3.2000 – 1 StR 609/99, NStZ 2000, 435; siehe auch *Felsch* NStZ 1996, 163 ff.
[7] BGH 13.8.1963 – 2 ARs 172/63, BGHSt 19, 177 = NJW 1964, 506; BGH 24.4.1990 – 4 StR 159/90, BGHSt 37, 15 (17) = NJW 1991, 239; BGH 5.6.1986 – 4 StR 238/86, NStZ 1986, 564; *Eb. Schmidt* JZ 1964, 469 (470).
[8] BGH 15.11.1972 – 2 ARs 300/72, BGHSt 25, 51 = NJW 1973, 204.
[9] BGH 24.4.1990 – 4 StR 159/90, BGHSt 37, 15 = NJW 1991, 239; *Rieß* NStZ 1992, 548 (549).
[10] LR/*Erb* Rn. 15; *Meyer-Goßner* Rn. 3.
[11] BGH 12.12.1991 – 4 StR 506/91, BGHSt 38, 172 = NJW 1992, 1775; BGH 6.2.1992 – 4 StR 626/91, NStZ 1992, 397.
[12] BGH 18.1.1990 – 4 StR 616/89, BGHSt 36, 348 (350) = NJW 1990, 1490; BGH 24.4.1990 – 4 StR 159/90, BGHSt 37, 15 (17) = NJW 1991, 239; BGH 26.8.1998 – 3 StR 201/98, NStZ 1998, 628; BGH 17.12.1998 – 1 StR 628/98, NStZ-RR 1999, 257.

führt und eine Rücknahme der Berufung ausscheidet.[13] Nur wenn in der Berufungssache horizontale Teilrechtskraft eingetreten ist, soll eine derartige Verbindung ausgeschlossen sein.[14] Diese nach der Rechtsprechung zulässige Verbindung wirkt auch insoweit fort, als dass nach einer Verfahrenstrennung das ursprüngliche Berufungsverfahren erstinstanzlich fortzuführen ist.[15] Eine derartige Verbindung zusammenhängender erst- und zweitinstanzlicher Verfahren bei einem Landgericht ist jedoch abzulehnen, da hierdurch ohne gesetzliche Grundlage in den Instanzenzug eingegriffen wird.[16] Möglich ist in einem solchen Fall aber die Anwendung von § 237.[17]

b) Sonderfälle. Von § 4 nicht erfasst wird die Konstellation, dass zusammenhängende Strafsachen bei Gerichten gleicher Ordnung rechtshängig sind und verbunden werden sollen.[18] Sind die Verfahren **bei demselben Spruchkörper im gleichen Rechtszug** anhängig, ist eine Verbindung ohne weiteres möglich,[19] da das Recht auf den gesetzlichen Richter nicht tangiert wird. 7

Sollen Strafsachen verbunden werden, die **bei gleichartigen Spruchkörpern eines Gerichts im gleichen Rechtszug** anhängig sind, wird dies nach § 4 analog für zulässig gehalten, wenn die Spruchkörper sich einig sind.[20] Lässt sich keine Einigung erzielen, soll das Präsidium gemäß § 21e Abs. 1 S. 1 GVG diese Entscheidung treffen.[21] Eine Verfahrensverbindung in dieser Konstellation ist jedoch **problematisch,** da ohne gesetzliche Grundlage in das Recht auf den gesetzlichen Richter eingegriffen wird. Bei einer Uneinigkeit zwischen den gerichtlichen Spruchkörpern das Gerichtspräsidium in einem konkreten Einzelfall eine zuständigkeitsändernde Entscheidung treffen zu lassen, ist noch problematischer. In dieser Konstellation sollte deshalb auf eine Verfahrensverbindung verzichtet werden.[22] 8

Sollen Verfahren verbunden werden, die **bei ungleichartigen Spruchkörpern im gleichen Rechtszug** anhängig sind, ist § 74e GVG zu beachten, mit der Folge, dass das verbundene Verfahren von der vorrangigen Strafkammer geführt wird. Im Jugendstrafrecht sind die §§ 102, 103, 112 JGG zu beachten.[23] 9

c) Verfahrensregeln. Ein Beschluss nach § 4 Abs. 2 ist nicht erforderlich, wenn beim höheren Gericht eine Strafsache anhängig ist und die Staatsanwaltschaft bei diesem eine zusammenhängende Sache anklagt, welche eigentlich in die Zuständigkeit eines Gerichts niedriger Ordnung gehört. In dieser Konstellation macht die Staatsanwaltschaft von ihrer **Dispositionsbefugnis** Gebrauch, um ein förmliches gerichtliches Abgabeverfahren nach § 4 gerade zu vermeiden. § 4 ist vielmehr ein Verfahren für den Fall, dass die Staatsanwaltschaft nach Verlust ihrer Dispositionsbefugnis (§ 156) durch Eröffnung des Hauptverfahrens eine gemeinsame Verhandlung nicht mehr bewirken kann und eine Verbindung der beiden zusammenhängenden Verfahren zweckmäßig erscheint.[24] 10

---

[13] BGH 21.5.1992 – 4 StR 81/92, BGHSt 38, 300 = NJW 1992, 2644.
[14] BGH 18.1.1990 – 4 StR 616/89, BGHSt 36, 348 (350 f.) = NJW 1990, 1490; BGH 24.4.1990 – 4 StR 159/90, BGHSt 37, 15 (17) = NJW 1991, 239; BGH 12.11.1996 – 4 StR 495/96, NStZ-RR 1997, 171.
[15] BGH 21.5.1992 – 4 StR 81/92, BGHSt 38, 300 (301) = NJW 1992, 2644.
[16] LR/*Erb* Rn. 19; *Meyer-Goßner* Rn. 8d; *Meyer-Goßner* NStZ 2004, 353 (357).
[17] LR/*Erb* Rn. 22.
[18] Siehe hierzu auch *Meyer-Goßner* NStZ 2004, 353 ff.
[19] KG 7.2.1997 – 5 Ws 646/96 Vollz, NStZ 1998, 400; *Rotsch/Sahan* JA 2005, 801 (808).
[20] BGH 18.1.1990 – 4 StR 616/89, BGHSt 36, 348 (350) = NJW 1990, 1490; BGH 24.3.1995 – 3 ARs 8/95, NJW 1995, 1688 (1689); OLG Düsseldorf 29.5.1980 – 1 Ws 214/80, MDR 1980, 1041 (1042); *Meyer-Goßner* NStZ 1989, 297 (298); ablehnend *Steinmetz* JR 1993, 228 ff. (Verstoß gegen Art. 101 Abs. 1 S. 2 GG).
[21] *Meyer-Goßner* NStZ 2004, 353 (356).
[22] LR/*Erb* Rn. 7.
[23] → § 2 Rn. 13.
[24] BGH 24.4.1996 – 3 StE 4/96, NStZ 1996, 447; siehe auch *Meyer-Goßner* DRiZ 1985, 241 (242). AA OLG Celle 19.2.1954 – 2 Ws 14/54, MDR 1954, 375, das darauf abstellt, dass die zu verbindenden Verfahren bereits rechtshängig sein müssen – hiergegen zutreffend LR/*Erb* Rn. 3.

11 Eine Verbindung durch das gemeinschaftliche obere Gericht nach § 4 Abs. 2 ist auch dann zulässig, wenn das Hauptverfahren vor dem Gericht, das mit Zustimmung der Staatsanwaltschaft die Sache abgibt, das **Hauptverfahren noch nicht eröffnet** ist.[25] Andererseits ist aber stets erforderlich, dass das Verfahren vor dem höheren Gericht bereits eröffnet ist.[26]

12 Eine Verbindung nach § 4 ist **in jedem Verfahrensabschnitt** zulässig, auch noch in der Hauptverhandlung.[27] Dies gilt unproblematisch bei verschiedenen Angeklagten.[28] Bei demselben Angeklagten ist eine Nachtragsanklage nach § 266 erforderlich,[29] dh dieser muss zustimmen. Wegen einer sonst möglichen Verletzung des § 261 müssen ggf. Teile der Hauptverhandlung wiederholt werden, damit diese gegen den hinzugekommenen Mitangeklagten verwertet werden können.[30]

13 Die Durchführung einer Verfahrensverbindung nach § 4 steht im pflichtgemäßen **Ermessen** des Gerichts.[31] Bei der Ermessensentscheidung muss ua das Beschleunigungsgebot beachtet werden und die Frage, ob hierdurch die Verteidigerwahl des Angeklagten eingeschränkt wird.[32] Vor der Entscheidung muss rechtliches Gehör gewährt werden.[33] Es besteht kein Rechtsanspruch auf eine Verbindung.[34] Mit der Verbindung entfällt die Rechtshängigkeit beim niedrigen Gericht.[35]

14 **2. Trennung.** Eine Verfahrenstrennung kann aus Gründen der **Zweckmäßigkeit** jederzeit beschlossen werden, auch noch im Revisionsrechtszug. Dies bietet sich zB an, wenn eine Sache bereits entscheidungsreif ist.[36] Die Trennung muss nicht deshalb vorgenommen werden, bloß weil der Grund für die Verbindung nachträglich entfallen ist.[37]

15 Nach dem Gesetzeswortlaut ist ein **ausdrücklicher Beschluss** erforderlich, schlüssiges oder stillschweigendes Verhalten genügt also nicht.[38] Der Beschluss – für die Trennung wie für eine Verbindung – ist gemäß § 34 **zu begründen,** dh er muss zumindest – soweit vorhanden – auf die vorgetragenen Argumente der Antragssteller eingehen und die Ermessensentscheidung nachvollziehbar machen.[39] Vor Erlass des Beschlusses ist rechtliches Gehör zu gewähren.[40] Nach der Trennung gilt für die einzelnen Verfahren § 269, dh die Zuständigkeit des höheren Gerichts bleibt für alle ehemals verbundenen Verfahren bestehen.[41]

16 **3. Zuständigkeiten.** Gemäß § 4 Abs. 2 S. 1 wird der Beschluss vom Gericht höherer Ordnung erlassen, wenn die übrigen Gerichte in dessen Bezirk liegen. Für die Bestimmung

---

[25] BGH 27.7.1990 – 2 ARs 318/90, NJW 1990, 2760.
[26] BGH 11.10.2006 – 2 ARs 405/06, StraFo 2006, 492.
[27] BGH 8.12.1999 – 5 StR 32/99, BGHSt 45, 342 (351) = NJW 2000, 1274; *Gollwitzer* JR 2001, 253 (256).
[28] *Meyer-Goßner* Rn. 9.
[29] BGH 24.4.1996 – 3 StE 4/96, NStZ 1996, 447; BGH 11.12.2008 – 4 StR 318/08, NStZ 2009, 222; *Gubitz/Bock* StraFo 2007, 225 ff.
[30] BGH 8.12.1999 – 5 StR 32/99, BGHSt 45, 342 (351) = NJW 2000, 1274; siehe auch BGH 5.3.1953 – 5 StR 676/52, NJW 1953, 836.
[31] BGH 5.2.1963 – 1 StR 265/62, BGHSt 18, 238 = NJW 1963, 869; BGH 8.12.1999 – 5 StR 32/99, BGHSt 45, 342 (351) = NJW 2000, 1274.
[32] → § 2 Rn. 5; BVerfG 12.8.2002 – 2 BvR 932/02, StV 2002, 578.
[33] BGH 27.4.1989 – 1 StR 632/88, NJW 1989, 2403 (2407).
[34] OLG Stuttgart 8.7.1960 – 1 Ss 244/60, NJW 1960, 2353.
[35] BGH 31.10.1957 – 4 StR 449/57, NJW 1958, 31; BGH 27.4.1989 – 1 StR 632/88, NJW 1989, 2403 (2406).
[36] BGH 3.10.1974 – 4 StR 385/74, MDR 1975, 23.
[37] *Meyer-Goßner* Rn. 11.
[38] SK-StPO/*Rudolphi* Rn. 11. Anders aber RG 24.9.1935 – 1 D 279/35, RGSt 70, 65, 69 f.; BayObLG 10.8.1961 – RReg 4 St 190/61, NJW 1961, 2318.
[39] LR/*Erb* Rn. 26; für deutlich geringere Anforderungen aber RG 3.4.1922 – II 130/22, RGSt 57, 44 f.; BGH 17.11.1999 – 3 StR 385/99, NStZ 2000, 211; KK/*Fischer* Rn. 9.
[40] BGH 27.4.1989 – 1 StR 632/88, NJW 1989, 2403 (2407).
[41] → § 2 Rn. 15.

des ansonsten gemäß § 4 Abs. 2 S. 2 zuständigen gemeinschaftlichen oberen Gerichts gilt:[42] Oberes Gericht bei mehreren Amtsgerichten ist das Landgericht, bei mehreren Landgerichten das OLG, sonst der BGH. Ist ein OLG gemäß § 121 Abs. 3 GVG für mehrere Bezirke zuständig, tritt an die Stelle des BGH insoweit das OLG.[43]

Eine rechtsunwirksam herbeigeführte Verfahrensverbindung kann noch im Revisionsverfahren **geheilt** werden, wenn das Revisionsgericht Spruchkörper des gemeinschaftlichen oberen Gerichts ist.[44] **17**

III. Rechtsmittel und Revision

Verfahrenstrennungen und -verbindungen nach § 4 können im gleichen Umfang wie bei § 2 mit Rechtsmitteln bzw. mit der Revision angegriffen werden.[45] **18**

§ 5 [Maßgebendes Verfahren]

Für die Dauer der Verbindung ist der Straffall, der zur Zuständigkeit des Gerichts höherer Ordnung gehört, für das Verfahren maßgebend.

I. Normzweck

§ 5 stellt klar, dass das verbundene Verfahren sich nach der Strafsache richtet, die zur Zuständigkeit des höheren Gerichts gehört. Die verfahrensrechtliche Folge einer Verbindung nach §§ 2 ff. ist darüber hinaus eine **Verschmelzung** der verbundenen Verfahren.[1] Da § 237 diese Folge nicht hat, ist § 5 folglich bei einer bloßen Verbindung zur gleichzeitigen Verhandlung nicht anwendbar.[2] Mit der Verschmelzung endet die Rechtshängigkeit beim Gericht niedrigerer Ordnung.[3] **1**

II. Erläuterung

Der Ausschluss eines Richters nach § 22 bezüglich eines der verbundenen Verfahren, bezieht sich nach der Verbindung auf alle verbundenen Verfahren.[4] Wird das verschmolzene Verfahren nun zB von einer großen Strafkammer des Landgerichts geführt, sind die dort geltenden Verfahrensvorschriften maßgeblich, also etwa über die Mitteilung der Gerichtsbesetzung (§ 222a) oder die notwendige Verteidigung (§ 140). **2**

Wird aufgrund der Verbindung vor einem für allgemeine Strafsachen zuständigen Gericht (auch) gegen einen Jugendlichen oder Heranwachsenden verhandelt (§§ 102, 103, 112 JGG), ist § 104 JGG zu beachten. **3**

Trotz der Verschmelzung sind eventuell bestehende **Prozesshindernisse** oder prozessuale Besonderheiten bei einer der verbundenen Strafsachen weiter zu beachten, wie zB Verjährung,[5] Strafantragserfordernisse oder die Rechtsstellung Dritter in diesem Verfahren. **4**

---

[42] Siehe auch KMR/*v. Heintschel-Heinegg* Rn. 12.

[43] Vgl. BGH 8.1.1997 – 2 ARs 448/96, NStZ-RR 1997, 187; BGH 7.9.2005 – 2 ARs 313/05, NStZ-RR 2007, 129; *Volckart* NStZ 1990, 205.

[44] BGH 29.11.1996 – 2 StR 585/96, NStZ-RR 1997, 170; BGH 8.8.2001 – 2 StR 285/01, NStZ-RR 2002, 257.

[45] → § 2 Rn. 18 f.

[1] Vgl. BGH 18.1.1990 – 4 StR 616/89, BGHSt 36, 348 = NJW 1990, 1490; BGH 22.5.1990 – 4 StR 210/90, NJW 1990, 2697 (2698).

[2] BGH 19.1.1988 – 4 StR 647/87, BGHSt 35, 195 (197 f.) = NJW 1988, 2808; *Meyer* JR 1988, 386.

[3] BGH 31.10.1957 – 4 StR 449/57, NJW 1958, 31; BGH 27.4.1989 – 1 StR 632/88, NJW 1989, 2403 (2406).

[4] BGH 4.11.1959 – 2 StR 421/59, BGHSt 14, 219 (222) = NJW 1960, 301.

[5] RG 25.5.1883 – 982/82, RGSt 8, 310 (312).

5 Bei einer Verbindung mit einem **Strafbefehl**sverfahren ist die Rücknahme des Einspruchs nach § 411 Abs. 3 nur möglich, wenn das Verfahren zuvor wieder abgetrennt wurde.[6]

III. Rechtsmittel

6 Für das zulässige Rechtsmittel ist die Zuständigkeit des Gerichts maßgebend, bei dem die Verfahren verbunden sind – beim persönlichen[7] wie beim sachlichen Zusammenhang.[8] Als Folge der Verschmelzung bleibt es hierbei selbst dann, wenn die Strafsache, welche die höhere Zuständigkeit begründet hat, eingestellt wurde.[9] Ist von den verbundenen Verfahren jenes, das die höhere Zuständigkeit begründet hatte, im Revisionsverfahren inzwischen erledigt, kann das Revisionsgericht die Sache an das Gericht niedrigerer Zuständigkeit zurückverweisen, § 354 Abs. 3.[10]

§ 6 [Prüfung von Amts wegen]

Das Gericht hat seine sachliche Zuständigkeit in jeder Lage des Verfahrens von Amts wegen zu prüfen.

I. Normzweck

1 § 6 hebt die besondere Bedeutung der sachlichen Zuständigkeit heraus, die eine Prozessvoraussetzung ist,[1] dh bei ihrem Fehlen darf keine Sachentscheidung ergehen. Das dies auch den absoluten Revisionsgrund des § 338 Nr. 4 erfüllt, ist dem Umstand geschuldet, dass bei Inkrafttreten der StPO die Lehre von den Prozessvoraussetzungen und deren Wirkungen noch nicht bekannt waren.[2] Wird vom Gericht das Fehlen der eigenen sachlichen Zuständigkeit festgestellt und kommt eine Verweisung bzw. Vorlage an das zuständige Gericht nicht in Betracht, muss das Verfahren nach § 206a oder § 260 Abs. 3 eingestellt werden.[3] Eine solche **Einstellung** schließt allerdings die erneute Anklage vor dem sachlich zuständigen Gericht nicht aus.[4] Wenn möglich, sollten darum aus prozessökonomischen Gründen die bestehenden Verweisungsmöglichkeiten an das zuständige Gericht ausgeschöpft werden.[5]

2 Im Hauptverfahren ist vor der Feststellung der sachlichen Unzuständigkeit durch das höhere Gericht § 269 zu beachten.[6] Eine **Ausnahme** besteht nur dann, wenn die Zuständigkeit des OLG in Frage steht[7] oder wenn die Annahme der Zuständigkeit durch das höhere Gericht unter keinem denkbaren Aspekt rechtlich vertretbar war und sich der Schluss aufdrängt, dass diese Entscheidung auf sachfremden Erwägungen beruhte, dh objektiv willkürlich war.[8]

---

[6] LR/*Erb* Rn. 4; *Meyer-Goßner* Rn. 1; offengelassen von BGH 27.4.1989 – 1 StR 632/88, BGHSt 36, 175 (187) = NJW 1989, 2403.

[7] BGH 26.5.1955 – 3 StR 514/54, MDR 1955, 755 – → § 3 Rn. 3 f.

[8] BGH 13.10.1955 – 4 StR 346/55, NJW 1955, 1890 – → § 3 Rn. 5 ff.

[9] BGH 26.5.1955 – 3 StR 514/54, MDR 1955, 755.

[10] KMR/*v. Heintschel-Heinegg* Rn. 7.

[1] BGH 5.10.1962 – GSSt 1/62, BGHSt 18, 79 (81) = NJW 1963, 60; *Roxin/Schünemann* § 21 Rn. 4 f.

[2] BGH 10.1.1957 – 2 StR 575/56, BGHSt 10, 74 (75 f.) = NJW 1957, 511; *Bernsmann* JZ 1998, 629 (630); *Wolff* JR 2006, 232 (233).

[3] BGH 20.7.1962 – 4 StR 194/62, BGHSt 18, 1 = NJW 1962, 2116; KMR/*v. Heintschel-Heinegg* Rn. 4.

[4] BGH 20.7.1962 – 4 StR 194/62, BGHSt 18, 1 (6) = NJW 1962, 2116.

[5] Vgl. BGH 24.4.1974 – 2 StR 69/74, BGHSt 25, 309 (312) = NJW 1974, 1255; KK/*Fischer* Rn. 1; *Hohendorf* NStZ 1987, 389 (391 f.).

[6] BGH 22.4.1997 – 1 StR 701/96, BGHSt 43, 53 (57) = NJW 1997, 2689; BGH 22.12.2000 – 3 StR 378/00, BGHSt 46, 238 (240) = NJW 2001, 1359.

[7] BGH 22.12.2000 – 3 StR 378/00, BGHSt 46, 238 (241 ff.) = NJW 2001, 1359; *Welp* NStZ 2002, 1 (2 f.).

[8] BGH 30.7.1996 – 5 StR 288/95, BGHSt 42, 205 (206 f.) = NJW 1997, 204; BGH 10.5.2001 – 1 StR 504/00, BGHSt 47, 16 (18) = NJW 2001, 2984; OLG Oldenburg 11.4.1994 – Ss 122/94, StV 1994, 421;

II. Erläuterung

1. Allgemeines. § 6 ordnet an, dass die sachliche Zuständigkeit in jeder Lage des Verfahrens von Amts wegen zu prüfen ist.[9] Dies gilt auch im Revisionsverfahren.[10] Es ist also kein diesbezüglicher Antrag oder eine Rüge erforderlich. Hiervon ausgenommen sind nur die Voraussetzungen von § 24 GVG – die besondere Sachbedeutung und Rechtsfolgenerwartung. Diese werden – nach dem erklärten Willen des Gesetzgebers –[11] nach Beginn der Hauptverhandlung nicht mehr geprüft.[12] Ausnahmsweise erfolgt dies allerdings doch, wenn die Zuständigkeitsbestimmung objektiv willkürlich erfolgte.[13] 3

Das Urteil eines sachlich unzuständigen Gerichts kann – wenn es nicht angefochten wird – in Rechtskraft erwachsen.[14] 4

2. Feststellung der Unzuständigkeit. Stellt das Gericht bei Eröffnung des Hauptverfahrens seine Unzuständigkeit fest, kann es gemäß § 209 Abs. 1 vor dem zuständigen Gericht niederer Ordnung das Verfahren eröffnen, wenn sich dieses in seinem Bezirk befindet. Hält das Gericht die Zuständigkeit eines Gerichts höherer Ordnung für begründet, so legt es diesem gemäß § 209 Abs. 2 die Akten vor. 5

Ergibt eine Prüfung des Gerichts nach Eröffnung des Hauptverfahrens, dass ein Gericht höherer Ordnung zuständig ist, kann es außerhalb der Hauptverhandlung gemäß § 225a diesem die Akten zur Übernahme vorlegen. In der Hauptverhandlung geschieht dies nach § 270. 6

Stellt das **Berufungsgericht** fest, dass das Amtsgericht sachlich unzuständig war – zB weil es mit dem Urteil seine Strafgewalt überschritten[15] oder seine Zuständigkeit objektiv willkürlich angenommen hat –, hebt es das Urteil gemäß § 328 Abs. 2 auf und verweist an das zuständige Gericht.[16] 7

Ob die sachliche Zuständigkeit auch **in der Revision,** wie von § 6 vorgeschrieben, von Amts wegen[17] oder nur auf entsprechende Rüge hin geprüft wird,[18] beurteilt die Rechtsprechung unterschiedlich.[19] Da bei einer irrtümlichen oder auch willkürlichen Annahme der sachlichen Zuständigkeit in das Recht auf den gesetzlichen Richter eingegriffen wird, ist es aber richtig, dies stets **von Amts wegen** zu prüfen.[20] 8

Wird in der Revision die Unzuständigkeit des Revisionsgerichts selbst oder die des Gerichts des vorangehenden Rechtszuges festgestellt, so wird gemäß § 355 das Urteil aufge- 9

OLG Hamm 14.3.1996 – 4 Ss 156/96, StV 1996, 300; *Sowada* JR 1995, 257 (258). Siehe zum Kriterium der Willkür auch BVerfG 15.3.1984 – 1 BvR 200/84, NJW 1984, 1874.

[9] BGH 21.4.1994 – 4 StR 136/94, BGHSt 40, 120 (122) = NJW 1994, 2369; BGH 22.4.1999 – 4 StR 19/99, BGHSt 45, 58 (59) = NJW 1999, 2604.

[10] BGH 10.1.1957 – 2 StR 575/56, BGHSt 10, 74 = NJW 1957, 511; OLG Köln 1.12.1995 – Ss 482/95, StV 1996, 298; OLG Brandenburg 2.3.2000 – 2 Ss 76/97, NStZ 2001, 611 – umstritten, → Rn. 8.

[11] BT-Drs. VIII, 976, 22; *Rieß* NJW 1978, 2265 (2267 f.).

[12] BayObLG 8.2.1985 – RReg 2 St 165/84, NStZ 1985, 470; *Meyer-Goßner* Rn. 2; *Rieß* GA 1976, 1 (16). Ablehnend *Achenbach* NStZ 1985, 471 f.

[13] *Helm* JA 2006, 389 (394).

[14] RG 9.12.1937 – 3 D 639/37, RGSt 71, 377 (378); LR/*Erb* Rn. 17.

[15] Die Strafgewalt des Amtsgerichts nach § 24 Abs. 2 GVG steht dem Strafrichter ebenso wie dem Schöffengericht zu – OLG Düsseldorf 15.6.2000 – 1 Ws 293/00, NStZ-RR 2001, 222 (223); Graf/*Larcher* Rn. 3.

[16] Vgl. KMR/*v. Heintschel-Heinegg* Rn. 14. Siehe auch OLG Naumburg 6.12.1995 – 2 Ss 375/95, NStZ 1996, 248.

[17] BGH 12.12.1991 – 4 StR 506/91, BGHSt 38, 172 (176) = NJW 1992, 1775; BGH 21.4.1994 – 4 StR 136/94, BGHSt 40, 120 = NJW 1994, 2369; BGH 12.2.1998 – 4 StR 428/97, BGHSt 44, 34 (36) = NJW 1998, 2149; OLG Brandenburg 2.3.2000 – 2 Ss 76/97, NStZ 2001, 611 (612); zustimmend *Bernsmann* JZ 1998, 629 (630 f.); *Helm* JA 2006, 389 (394); *Meyer-Goßner* § 269 Rn. 8; Radtke/Hohmann/*Ullenbruch* Rn. 6; *Sowada* JR 1995, 257 (258); *Wolff* JR 2006, 232 (235 f.). Siehe auch *Gollwitzer* JR 1997, 430 ff.

[18] BGH 30.7.1996 – 5 StR 288/95, BGHSt 42, 205 (212) = NJW 1997, 204; BGH 22.4.1997 – 1 StR 701/96, BGHSt 43, 53 (54) = NJW 1997, 2689; zustimmend *Engelhardt* JZ 1995, 262 f.; LR/*Erb* Rn. 17; *Renzikowski* JR 1999, 166 (169); siehe auch *Hegmann* NStZ 2000, 574 (577).

[19] Offengelassen in BGH 10.5.2001 – 1 StR 504/00, BGHSt 47, 16 (18) = NJW 2001, 2984.

[20] KMR/*v. Heintschel-Heinegg* Rn. 21.

hoben und an das zuständige Gericht verwiesen.[21] Eine Aufhebung des Urteils unterbleibt in dieser Situation allerdings dann, wenn zwar bei Eröffnung des Verfahrens dem Gericht die sachliche Zuständigkeit fehlte, das Gericht aber zum Zeitpunkt der Urteilsfällung zuständig war.[22]

10 Auch für die **Jugendgerichte** gelten die §§ 6, 269. Nach Eröffnung des Hauptverfahrens ist § 47a JGG zu beachten. In der Revision wird nach hM die sachliche Unzuständigkeit der Jugendgerichte nur aufgrund einer Rüge überprüft.[23]

§ 6a [Zuständigkeit besonderer Strafkammern]

[1]Die Zuständigkeit besonderer Strafkammern nach den Vorschriften des Gerichtsverfassungsgesetzes (§ 74 Abs. 2, §§ 74a, 74c des Gerichtsverfassungsgesetzes) prüft das Gericht bis zur Eröffnung des Hauptverfahrens von Amts wegen. [2]Danach darf es seine Unzuständigkeit nur auf Einwand des Angeklagten beachten. [3]Der Angeklagte kann den Einwand nur bis zum Beginn seiner Vernehmung zur Sache in der Hauptverhandlung geltend machen.

Übersicht

I. Normzweck

1 § 6a regelt ein Problem der funktionalen Zuständigkeit[1] und stellt eine zeitliche Grenze für die Prüfung der Zuständigkeit besonderer Strafkammern auf. Mit dieser Regelung soll verhindert werden, dass die Hauptverhandlung sich dadurch verzögert, dass eine Strafsache zwischen mehreren Strafkammern mit unterschiedlicher gesetzlich bestimmter **funktioneller Zuständigkeit** hin und her verwiesen wird.[2] Ist die Unzuständigkeit einer allgemeinen Strafkammer nicht innerhalb der Fristen des § 6a festgestellt oder gerügt worden, verbleibt die Strafsache bei der allgemeinen Strafkammer, auch wenn eigentlich eine besondere Strafkammer zuständig wäre.[3]

2 Auf **Jugendgerichte** bezieht sich diese Regelung nicht, deren Zuständigkeit muss folglich immer geprüft werden.[4] Dies gilt auch dann, wenn die Jugendkammer ihre Zuständigkeit verneint hat und sich dann in der Hauptverhandlung vor der (allgemeinen) Strafkammer die Zuständigkeit des Jugendgerichts herausstellt.[5]

---

[21] BGH 5.10.1962 – GSSt 1/62, BGHSt 18, 79 (81) = NJW 1963, 60; OLG Brandenburg 2.3.2000 – 2 Ss 76/97, NStZ 2001, 611 (612); *Meyer-Goßner* NStZ 2001, 612.

[22] BGH 2.10.1951 – 1 StR 434/51, BGHSt 1, 346 (347) = NJW 1952, 192.

[23] BGH 5.10.1962 – GSSt 1/62, BGHSt 18, 79 = NJW 1963, 60; BGH 25.8.1975 – 2 StR 309/75, BGHSt 26, 191 (198 f.) = NJW 1975, 2304; BGH 18.3.1996 – 1 StR 113/96, NStZ-RR 1996, 250; aA OLG Oldenburg 7.10.1980 – Ss 467/80, NJW 1981, 1384; *Eisenberg* JGG §§ 33–33b, Rn. 39; Radtke/Hohmann/*Ullenbruch* Rn. 6.

[1] BGH 11.12.2008 – 4 StR 376/08, NStZ 2009, 404; KK/*Fischer* Rn. 1.

[2] Vgl. BT-Drs. VIII, 976, 21 f.; *Schlüchter* JR 1982, 511 (512).

[3] Siehe auch *Meyer* JR 1985, 522 f.; *Schlüchter* JR 1982, 511 (512).

[4] BGH 4.11.1981 – 2 StR 242/81, BGHSt 30, 260 = NJW 1982, 454; BGH 22.1.1980 – 5 StR 12/80, MDR 1980, 456; BGH 26.11.1980 – 2 StR 689/80, MDR 1981, 269; BGH 9.10.2002 – 2 StR 344/02, StV 2003, 454; OLG Oldenburg 7.10.1980 – Ss 467/80, NJW 1981, 1384 (1385).

[5] BGH 23.5.2002 – 3 StR 58/02, BGHSt 47, 311 f. = NStZ 2003, 47; siehe auch *Rieß* NStZ 2003, 48 f.

II. Erläuterung

1. Prüfung von Amts wegen. Bis zur Eröffnung des Hauptverfahrens (§ 203) prüft das Gericht **von Amts wegen,** ob die Zuständigkeit einer besonderen Strafkammer – also Schwurgericht (§ 74 Abs. 2 GVG), Staatsschutzkammer (§ 74a GVG) oder Wirtschaftsstrafkammer (§ 74c GVG) – gegeben ist. Ist dies der Fall, ist nach § 209 zu verfahren.[6] 3

Eine **besondere Strafkammer** ist von dieser Prüfungspflicht nicht ausgenommen. Auch diese muss prüfen, ob ihre eigene Zuständigkeit oder die einer anderen besonderen Strafkammer gegeben ist (zum Rangverhältnis zwischen den besonderen Strafkammern siehe § 74e GVG). Dieser Prüfungspflicht steht § 269 nicht entgegen.[7] 4

2. Berechtigte. Nach Erlass des Eröffnungsbeschlusses (§ 207) kann nur noch der Angeklagte die (Un-) Zuständigkeit einer besonderen Strafkammer geltend machen. Nach hM wird dabei allerdings der Einwand, zur Beurteilung des Falles seien besondere Kenntnisse der Wirtschaftslebens erforderlich (§ 74c Abs. 1 Nr. 6 GVG), nicht berücksichtigt und auch nicht für revisibel gehalten,[8] es sei denn, es liegt ein Fall von objektiver Willkür vor.[9] 5

Den Einwand der Unzuständigkeit können neben dem Angeklagten dessen Verteidiger (allerdings nur für diesen, nicht aus einer eigenen Rechtsposition heraus, § 297) und im Jugendstrafrecht auch dessen Erziehungsberechtigter und der gesetzliche Vertreter (§ 67 Abs. 1 JGG) erheben. Dies gilt auch, wenn gegen Jugendliche vor für allgemeine Strafsachen zuständigen Gerichten verhandelt wird, § 104 Abs. 1 Nr. 9 JGG. Ein entsprechender Einwand der Staatsanwaltschaft hingegen ist unbeachtlich.[10] 6

Erkennt das Gericht nunmehr seine Unzuständigkeit muss es nach § 225a bzw. § 270 verfahren.[11] 7

3. Zeitraum für die Geltendmachung. Der Angeklagte kann den Einwand nach § 6a schon im Zwischenverfahren und auch noch nach Eröffnung des Hauptverfahrens erheben.[12] Nach dem Beginn der Vernehmung des Angeklagten zur Sache ist der Einwand aber unbeachtlich. Maßgeblich ist der Zeitpunkt des § 243 Abs. 5 S. 1.[13] 8

4. Folgen der Fristversäumnis. Wenn der Angeklagte diesen Zeitpunkt versäumt, ist eine Wiedereinsetzung nach § 44 ausgeschlossen, da es sich um eine **Ausschlussfrist** handelt.[14] Wurde der Einwand nach § 6a nicht rechtzeitig erhoben, ist eine Verweisung nach § 270 selbst dann ausgeschlossen, wenn die Umstände, die der Zuständigkeit der allgemeinen Strafkammer entgegenstehen, sich erst nachträglich ergeben.[15] 9

5. Form der Entscheidung. Über den Antrag des Angeklagten entscheidet das Gericht durch Beschluss nach vorheriger Anhörung der Beteiligten (§ 33).[16] 10

6. Berufungsverfahren. Im Berufungsverfahren ist § 6a analog anwendbar, wenn ein Schöffengericht über eine Wirtschaftsstraftat entschieden hat. Für die Berufung ist dann eine kleine Wirtschaftsstrafkammer zuständig. Die Situation des § 6a stellt sich dann erstmals.[17] 11

---

6 *Brause* NJW 1979, 802.
7 *Rieß* NJW 1978, 2265 (2267 Fn. 58); ders. NJW 1979, 1536.
8 *Rieß* NJW 1978, 2265 (2268); ders., NJW 1979, 1536; krit. *Meyer-Goßner* NStZ 1981, 168 (170).
9 BGH 21.3.1985 – 1 StR 417/84, NStZ 1985, 464 (466).
10 KK/*Fischer* Rn. 7.
11 *Brause* NJW 1979, 802.
12 Vgl. *Meyer-Goßner* NStZ 1981, 168 (170).
13 Vgl. BGH 25.10.1983 – 5 StR 736/82, NStZ 1984, 128 f.
14 KK/*Fischer* Rn. 8; *Meyer-Goßner* Rn. 7.
15 BGH 11.8.1981 – 5 StR 309/81, BGHSt 30, 187 = NJW 1981, 2311; BGH 11.12.2008 – 4 StR 376/08, NStZ 2009, 404; LR/*Erb* Rn. 4; *Schlüchter* JR 1982, 511 ff.
16 Graf/*Larcher* Rn. 8.
17 LR/*Erb* Rn. 21. Siehe hierzu auch OLG Düsseldorf 2.11.1981 – 2 Ws 614/81, JR 1982, 514; OLG Düsseldorf 3.4.1995 – 1 Ws 223/95, wistra 1995, 362; KMR/*v. Heintschel-Heinegg* Rn. 6; *Meyer-Goßner* NStZ 1981, 168 (172); *Rieß* JR 1980, 79 (80); ders. JR 1982, 515 f.

III. Rechtsmittel und Revision

12 Der Beschluss, mit dem der Einwand der Unzuständigkeit des Gerichts abgelehnt wurde, ist für den Beschuldigten unanfechtbar.[18] In der Revision kann der Angeklagte die Rüge des § 338 Nr. 4 erheben. Allerdings muss er dann auch vortragen, dass er den Einwand nach § 6a rechtzeitig erhoben hat.[19]

---

[18] *Meyer-Goßner* Rn. 16; SK-StPO/*Rudolphi* Rn. 19.

[19] Jeweils für § 16: BGH 4.12.1979 – 5 StR 571/79, GA 1980, 255; OLG Düsseldorf 6.6.1986 – 5 Ss (OWi) 181/86, VRS Band 71, 366.

Zweiter Abschnitt. Gerichtsstand

Schrifttum: *Corves,* Nochmals: Wiedereinführung des Gerichtsstandes des Verwahrungsortes (§ 8a StPO), MDR 1956, 335; *Dallinger,* Gerichtsverfassung und Strafverfahren, JZ 1953, 432; *Dorbritz,* Der strafprozessuale Gerichtsstand bei Rundfunksendungen (Fernsehsendungen) mit strafbarem Inhalt, NJW 1971, 1209; *Dose,* Zur analogen Anwendung des § 7 Abs. 2 StPO (Gerichtsstand des Tatortes) auf Rundfunk- und Fernsehsendungen, NJW 1971, 2212; *Felsch,* Rechtsprobleme des fehlerhaften Verbindungsbeschlusses nach § 4 StPO, NStZ 1996, 163; *Groß,* Zum Pressestrafrecht, NStZ 1994, 312; *Hannich/Rautenberg,* Brauchen wir einen besonderen Gerichtsstand für Straftaten im Zusammenhang mit Auslandseinsätzen der Bundeswehr?, ZRP 2010, 140; *Heghmanns,* Auswahlermessen der Staatsanwaltschaft bei Klageerhebung und gesetzlicher Richter, StV 2000, 277; *Helm,* Grundzüge des Strafverfahrensrechts: die örtliche und funktionelle Zuständigkeit sowie der Instanzenzug, JA 2007, 272; *Kammerer,* § 12 StPO – Ein Weg zur Beseitigung der Teilrechtskraft bei Tatidentität?, MDR 1990, 785; *Krey,* Grundzüge des Strafverfahrensrechts (6. Teil), JA 1984, 288; *Meyer-Goßner,* Die Behandlung von Zuständigkeitsstreitigkeiten zwischen allgemeinen und Spezialstrafkammern beim Landgericht, NStZ 1981, 168; *Mitsch,* Strafverfahrensrechtliche Aspekte bei Urheberrechtsverletzungen mittels Presseerzeugnissen, AfP 2011, 544; *Rehbinder,* Grundzüge des Pressestrafrechts, JA 1977, 471; *Rinio,* Piraten-Prozesse – Die strafrechtliche Verfolgung der Seeräuber vor der Küste Somalias, Betrifft JUSTIZ 2009, 150; *Römer,* „Bochum gegen Liechtenstein" oder: Zur örtlichen Zuständigkeit der Wirtschaftsstrafkammer, StraFo 2009, 194; *Rotsch,* Materielle Strafrechtsdogmatik und strafprozessuale Zuständigkeit – Zur Kollision von Zuständigkeitskumulation und Art. 101 Abs. 1 S. 2 GG, ZIS 2006, 17; *Schermer,* Über die Rangordnung der Gerichtsstände im Strafverfahren, MDR 1964, 895; *Schneble,* Wiedereinführung des Gerichtsstandes des Verwahrungsortes (§ 8a StPO), MDR 1955, 656; *Stam,* Strafverfolgung von Bundeswehrsoldaten im Auslandseinsatz, ZIS 2010, 628; *Strubel/Sprenger,* Die gerichtliche Nachprüfbarkeit staatsanwaltschaftlicher Verfügungen, NJW 1972, 1734; *Wagner,* Beschlagnahme und Einziehung staatsgefährdender Massenschriften, MDR 1961, 93; *Walter,* Einführung in das internationale Strafrecht, JuS 2006, 967; *Weidemann,* Zur Bindungswirkung eines Verweisungsbeschlusses nach § 270 StPO, wistra 2000, 45.

§ 7 [Gerichtsstand des Tatortes]

(1) Der Gerichtsstand ist bei dem Gericht begründet, in dessen Bezirk die Straftat begangen ist.

(2) [1]Wird die Straftat durch den Inhalt einer im Geltungsbereich dieses Bundesgesetzes erschienenen Druckschrift verwirklicht, so ist als das nach Absatz 1 zuständige Gericht nur das Gericht anzusehen, in dessen Bezirk die Druckschrift erschienen ist. [2]Jedoch ist in den Fällen der Beleidigung, sofern die Verfolgung im Wege der Privatklage stattfindet, auch das Gericht, in dessen Bezirk die Druckschrift verbreitet worden ist, zuständig, wenn in diesem Bezirk die beleidigte Person ihren Wohnsitz oder gewöhnlichen Aufenthalt hat.

Übersicht

I. Normzweck

Örtlich zuständig ist ein Gericht dann, wenn in seinem Bezirk ein Gerichtsstand begründet ist. Gemäß § 143 Abs. 1 GVG ist die örtliche Zuständigkeit der Staatsanwaltschaft hierzu akzessorisch. Speziell § 7 regelt die örtliche Zuständigkeit des Gerichtsstandes des Tatortes. Da sich bei einer Straftat mehrere Gerichtsstände nach § 7[1] aber auch nach den §§ 7 ff. ergeben können, hat die Staatsanwaltschaft ein Wahlrecht, bei welchem der örtlich zuständi- 1

[1] Siehe hierzu auch *Rotsch* ZIS 2006, 17 ff.

gen Gerichte sie Anklage erhebt.[2] Grenzen ergeben sich nach hM erst aus dem **Willkürverbot.**[3] Die hieraus folgende bewegliche Zuständigkeit ist im Hinblick auf den durch Art. 101 Abs. 1 S. 2 GG verbürgten gesetzlichen Richter aber nicht unproblematisch.[4]

II. Erläuterung

2 **1. Begriff des Tatortes.** Zur Beantwortung der Frage, in welchem Bezirk eine Straftat begangen wurde, muss das materielle Strafrecht herangezogen werden.

3 Für den **Alleintäter** (§ 25 Abs. 1 S. 1 StGB) gilt nach § 9 Abs. 1 StGB, dass die Tat an jedem Ort begangen wurde, an dem der Täter gehandelt hat oder im Falle des Unterlassens hätte handeln müssen oder an dem der zum Tatbestand gehörende Erfolg eingetreten ist oder nach der Vorstellung des Täters eintreten sollte.[5]

4 Für den **mittelbaren Täter** (§ 25 Abs. 1 S. 2 StGB) ist Tatort sowohl sein eigener Betätigungsort als auch der Ort, an welchem die Mittelsperson (das „Werkzeug") gehandelt hat oder der Erfolg eingetreten ist.[6]

5 Im Falle der **Mittäterschaft** (§ 25 Abs. 2 StGB) ist Tatort jeder Ort, an dem auch nur ein Mittäter gehandelt hat.[7]

6 Für den **Teilnehmer,** also den Anstifter (§ 26 StGB) oder Gehilfen (§ 27 StGB), gilt gemäß § 9 Abs. 2 StGB als Tatort jeder Ort, an dem die Tat begangen wurde, und auch der Ort, an dem er gehandelt hat oder im Falle des Unterlassens hätte handeln müssen oder an dem nach seiner Vorstellung die Tat begangen werden sollte.[8]

7 Im Falle der **Begünstigung** (§ 257 StGB), **Strafvereitelung** (§§ 258, 258a StGB) und der **Hehlerei** (§§ 259 ff. StGB) kommt es nicht auf den Tatort der Vortat an, sondern auf den Ort, an dem der Nachtäter gehandelt hat.[9]

8 Soweit § 9 StGB auf einen **Erfolg** abstellt, sind nur solche Tatfolgen zu berücksichtigten, die für die Verwirklichung des Deliktstatbestandes erheblich sind.[10] Liegt der Tatort außerhalb des Geltungsbereiches der StPO, so kann ein Gerichtsstand nur nach den §§ 8–11, 13, 13a begründet sein.[11]

9 **2. Gerichtsstand bei Presseinhaltsdelikten.** Wird ein Delikt durch ein Druckwerk, welches im gesamten Bundesgebiet vertrieben wird, verwirklicht, wäre nach § 7 Abs. 1 ein Gerichtsstand an jedem Ort begründet, wo das Druckwerk verkauft wird. Um einen derartigen „fliegenden Gerichtsstand" der Presse zu verhindern, bestimmt § 7 Abs. 2, dass nur am Erscheinungsort des Druckwerkes ein Gerichtsstand besteht.[12]

10 Lässt sich allerdings nicht feststellen, wo die Druckschrift erschienen ist – insbesondere wegen eines falschen oder fehlenden Impressums, ist jedes Gericht zuständig, in dessen Bezirk das Presseinhaltsdelikt begangen wurde.[13] Das gleiche gilt, wenn das Druckwerk

---

[2] Siehe aber Nr. 2, 26 RiStBV.

[3] OLG Hamm 10.9.1998 – 2 Ws 376/98, NStZ-RR 1999, 16.

[4] → § 1 Rn. 10 ff.

[5] Beispiele: BGH 19.6.1986 – 4 StR 622/85, BGHSt 34, 101 (106) = NJW 1987, 1152; BGH 19.5.1999 – 2 StR 86/99, BGHSt 45, 97 (100) = NJW 1999, 2908; OLG Koblenz 17.11.1983 – 1 Ss 428/83, wistra 1984, 79 f.

[6] Vgl. RG 2.3.1933 – II 834/32, RGSt 67, 130 (138); BGH 15.1.1991 – 1 StR 617/90, wistra 1991, 135.

[7] RG 14.11.1922 – IV 561/22, RGSt 57, 144 f.; BGH 4.12.1992 – 2 StR 442/92, BGHSt 39, 88 (91) = NJW 1993, 1405; BGH 3.4.1996 – 2 ARs 105/96, NStZ 1996, 502; OLG Karlsruhe 12.8.1997 – 1 Ws 229/97, StV 1998, 603 f.

[8] Vgl. BGH 30.10.1964 – 3 StR 42/64, BGHSt 20, 89 f. = NJW 1965, 162.

[9] RG 9.12.1909 – I 868/09, RGSt 43, 84 (85); OLG München 17.4.1990 – 2 Ws 339/90, StV 1991, 504.

[10] BGH 25.4.2006 – 1 StR 519/05, BGHSt 51, 29 (31) = NJW 2006, 1984.

[11] *Meyer-Goßner* Rn. 5.

[12] BGH 7.11.1957 – 2 ARs 143/57, BGHSt 11, 56 (59) = NJW 1958, 229; – siehe zur alten Rechtslage RG 17.6.1892 – 1671/92, RGSt 23, 155 ff.

[13] BGH 27.6.1997 – StB 8/97, BGHSt 43, 122 = NJW 1997, 2828.

im Ausland erschienen ist. In diesen Fällen ist als Tatort auch jeder Beförderungs- und Unterwegsort anzusehen.[14]

a) Begriff der Druckschrift. Zur Definition des Begriffes Druckschrift kann auf die Begriffsbestimmungen in den Landespressegesetzen zurückgegriffen werden. Eine **Druckschrift** ist demnach jede mittels Buchdruckerpresse oder eines sonstigen zur Massenherstellung geeigneten Vervielfältigungsverfahrens hergestellte und zur Verbreitung bestimmte Schrift. Erfasst sind darüber hinaus aber auch besprochene Tonträger, bildliche Darstellungen mit und ohne Schrift sowie Bildträger und Musikalien mit Text oder Erläuterungen.[15] Es muss sich nicht um ein periodisch erscheinendes Werk handeln. 11

b) Erscheinungsort. Erscheinen im Sinne des § 7 Abs. 2 wird dann angenommen, wenn die Druckschrift einem größeren Personenkreis zugänglich gemacht werden soll.[16] Beim Erscheinungsort wurde früher regelmäßig an den Ort angeknüpft, an welchem die Druckschrift hergestellt wird oder den sie zum Zwecke der Verbreitung verlässt (zB ein Auslieferungslager).[17] 12

Wenn man hieran anknüpft, lässt man allerdings außer Acht, dass heutzutage Druckaufträge von den Verlagen oft an (auswärtige) Fremdfirmen vergeben werden, die mitunter verschiedene Druckaufträge gleichzeitig erfüllen. Zudem werden die fertig gestellten Druckwerke oft erst an Haupt- und Zwischenlager geliefert, von wo sie dann am Erscheinungstag ausgeliefert werden. Die derart begründeten Gerichtsstände führen folglich nicht notwendig zu demjenigen, der das Druckwerk inhaltlich zu vertreten hat. Richtiger ist es daher, als Erscheinungsort auf den **Sitz der Geschäftsniederlassung** des Verlegers bzw. des verantwortlichen Redakteurs abzustellen.[18] 13

c) Presseinhaltsdelikt. § 7 Abs. 2 findet nur bei Presseinhaltsdelikten Anwendung. Es muss sich also um ein Druckwerk handeln, bei dem der Grund, aus dem seine Verbreitung bestraft wird, nur in seinem Inhalt liegt. Das Druckwerk muss die nach dem jeweiligen Straftatbestand erforderliche Erklärung enthalten, die zur Verwirklichung der Strafbarkeit weiterhin erforderlichen Tatbestandsmerkmale (zB Nichterweislichkeit der Wahrheit bei § 186 StGB) können aber auch außerhalb des Druckwerkes liegen.[19] Als Delikte kommen daher zB §§ 184, 185 ff., 353b, 353d StGB in Betracht.[20] Verstöße gegen das Urheberrechtsgesetz fallen nicht hierunter.[21] 14

d) Rundfunk- und Fernsehsendungen. Nach zutreffender Ansicht gilt § 7 Abs. 2 analog für Ton- und Fernsehsendungen. Dies hat zur Folge, dass Tatort für eine Straftat, die durch eine Ausstrahlung einer Sendung verwirklicht wurde, der **Verwaltungssitz der Sendeanstalt** ist.[22] Würde hier § 7 Abs. 1 Anwendung finden, wäre sonst überall dort ein Gerichtsstand eröffnet, wo die entsprechende Sendung empfangen werden konnte. 15

---

[14] *Wagner* MDR 1961, 93.

[15] Siehe zB § 6 Abs. 1 Berliner Pressegesetz oder § 7 Abs. 1 Pressegesetz des Landes Brandenburg.

[16] BGH 6.10.1959 – 5 StR 384/59, BGHSt 13, 257 (258) = NJW 1959, 2125.

[17] RG 29.10.1907 – V 569/07, RGSt 40, 354 (359); RG 29.8.1930 – 7 TB 62/30, RGSt 64, 292 f. – siehe auch BGH 27.6.1997 – StB 8/97, BGHSt 43, 122 = NJW 1997, 2828.

[18] KK/*Fischer* Rn. 6; LR/*Erb* Rn. 21; *Meyer-Goßner* Rn. 9.

[19] Siehe RG 6.3.1903 – 5632/02, RGSt 36, 145 (146); RG 14.12.1931 – II 1004/31, RGSt 66, 145 (146 f.); BGH 18.12.1974 – 3 StR 105/74, BGHSt 26, 40 (44) = NJW 1975, 1039; OLG Düsseldorf 18.3.1982 – 5 Ss (OWi) 16/82 I, NJW 1982, 2614; OLG Hamburg 1.7.1965 – 2 Ss 41/65, NJW 1965, 2168; *Groß* NStZ 1994, 312 (313); LR/*Erb* Rn. 18; Löffler/*Kühl* Presserecht § 20 Rn. 52; Radtke/Hohmann/*Kronthaler* Rn. 7; *Rehbinder* JA 1977, 471.

[20] Zu § 184 StGB – OLG Hamm 5.5.1952 – 2 Ss 50/52, MDR 1952, 441.

[21] *Mitsch* AfP 2011, 544 (545 f.).

[22] Siehe LG Arnsberg 30.6.1964 – 4 Qs 138/64, NJW 1964, 1972; LG Landshut 5.7.1999 – 4 Qs 166/99, NStZ-RR 1999, 367 f.; AG Würzburg 30.1.1989 – 1 Bs 16/88, NStZ 1990, 199 f.; *Dose* NJW 1971, 2212 f.; LR/*Erb* Rn. 12; *Kusch* NStZ 1990, 200; aA *Dorbritz* NJW 1971, 1209 f.; KMR/*Stöckel* Rn. 9; *Krey* JA 1984, 288 (295); SK-StPO/*Rudolphi* Rn. 8.

16 **e) Privatklagen bei Beleidigungsdelikten.** Wird eine Beleidigung (§§ 185–187a, 189 StGB) durch ein Druckerzeugnis im Wege der Privatklage verfolgt, so ist hierfür neben dem Gericht des Erscheinungsortes gemäß § 7 Abs. 2 S. 2 auch das Gericht des Verbreitungsortes zuständig, wenn in dessen Bezirk die beleidigte Person ihren Wohnsitz oder gewöhnlichen Aufenthalt hat (§ 8).[23]

17 Hat der Beleidigte beim Gericht seines Wohnsitzes, in dessen Bezirk die Druckschrift verbreitet wurde, die Privatklage erhoben, so ist das Verfahren bei **Übernahme** durch die Staatsanwaltschaft (§ 377) an diesem Gericht fortzusetzen. Der Gerichtsstand des § 7 Abs. 2 S. 1 tritt gegenüber dem Gerichtsstand des § 7 Abs. 2 S. 2 zurück, falls beide Gerichtsstände auseinanderfallen.[24]

§ 8 [Gerichtsstand des Wohnsitzes oder Aufenthaltsortes]

(1) Der Gerichtsstand ist auch bei dem Gericht begründet, in dessen Bezirk der Angeschuldigte zur Zeit der Erhebung der Klage seinen Wohnsitz hat.

(2) Hat der Angeschuldigte keinen Wohnsitz im Geltungsbereich dieses Bundesgesetzes, so wird der Gerichtsstand auch durch den gewöhnlichen Aufenthaltsort und, wenn ein solcher nicht bekannt ist, durch den letzten Wohnsitz bestimmt.

I. Normzweck

1 § 8 bestimmt die örtliche Zuständigkeit des Gerichts, in dessen Bezirk der Beschuldigte seinen Wohnsitz hat. Fehlt ein solcher, tritt an dessen Stelle subsidiär der Gerichtsstand des gewöhnlichen Aufenthaltsortes. Fehlt auch ein solcher, kommt – soweit vorhanden – der letzte Wohnsitz zum tragen. Zwischen mehreren örtlich zuständigen Gerichten (auch nach § 8 Abs. 1) kommt der Staatsanwaltschaft ein (willkürfreies) Ermessen zu.[1]

II. Erläuterung

2 **1. Wohnsitz.** Zur Bestimmung des Wohnsitzes kann auf die §§ 7–11 BGB zurückgegriffen werden. Für Berufs- und Zeitsoldaten ist dabei § 9 BGB einschlägig, bei besonderer Auslandsverwendung ist allerdings § 11a zu beachten. Zur **Begründung eines Wohnsitzes** muss sich der Betreffende an einem bestimmten Ort mit dem entsprechenden rechtsgeschäftlichen Willen (Domizilwille) niedergelassen haben.[2] Auch ein Hotelzimmer kann einen Wohnsitz begründen. Der erforderliche Willensentschluss braucht sich nicht auf den Rechtserfolg der Begründung eines Wohnsitzes, sondern nur auf die Niederlassung zu erstrecken.[3] Ein Amtssitz oder gewerbliche Niederlassung begründet allerdings keinen Wohnsitz.[4]

3 Hat der Beschuldigte **mehrere Wohnsitze** (§ 7 Abs. 2 BGB), bestehen auch mehrere Gerichtsstände nach § 8 Abs. 1. Scheitert der Versuch einen Wohnsitz aufzugeben, führt dies noch nicht zu dessen Aufhebung. Ein Wohnsitz liegt erst dann nicht mehr vor, wenn der Ort tatsächlich und endgültig aufgegeben wurde.[5] Für exterritoriale Deutsche und deutsche Beamte im Ausland ist § 11 einschlägig.

4 Gemäß § 8 Abs. 1 ist der Wohnsitz zur Zeit der Klageerhebung maßgebend.[6] Frühere Wohnsitze sind folglich ebenso unerheblich, wie nach diesem Zeitpunkt eingetretene Änderungen.

---

[23] Siehe auch KK/*Fischer* Rn. 9.
[24] BGH 7.11.1957 – 2 ARs 143/57, BGHSt 11, 56 f. = NJW 1958, 229.
[1] → § 7 Rn. 1.
[2] Siehe auch *Helm* JA 2007, 272.
[3] BVerfG 10.7.1958 – 1 BvR 532/56, BVerfGE 8, 81 (86).
[4] Radtke/Hohmann/*Kronthaler* Rn. 3; vgl. auch MüKoBGB/*Gitter* § 7 Rn. 10 f.
[5] LG Frankfurt/Main 8.2.1988 – 5/6 Qs 69/87, StV 1988, 381.
[6] Siehe BGH 15.1.2003 – 2 ARs 383/02, NStZ-RR 2004, 33.

2. Gewöhnlicher Aufenthalt. Besteht kein Wohnsitz nach Absatz 1, kommt es auf den gewöhnlichen Aufenthaltsort des Beschuldigten an. Dieser muss sich im Bundesgebiet befinden.[7] Als **Aufenthaltsort** gilt der Ort, an dem sich die Person freiwillig ständig oder für längere Zeit – wenn auch nicht ununterbrochen – aufhält, ohne dort einen Wohnsitz zu begründen.[8] Als Aufenthaltsort kommt daher nicht ein Krankenhaus, eine Heilanstalt oder eine Justizvollzugsanstalt in Betracht. Die Begründung eines Gerichtsstandes nach Absatz 2 kommt ebenfalls nicht in Frage, wenn sich der Betreffende auf der Flucht[9] oder in einem Flüchtlingslager[10] befindet. Der Beschuldigte kann nur einen gewöhnlichen Aufenthaltsort haben. 5

Für die Zuständigkeit eines **Jugendgerichts** ist auch nach der Anklageerhebung der faktische Aufenthaltsort und nicht gemäß § 8 der Wohnsitz oder die Meldeanschrift des Jugendlichen maßgebend.[11] 6

Der Gerichtsstand des letzten Wohnsitzes kommt nur zum Zuge, wenn es weder einen aktuellen Wohnsitz im Bundesgebiet gibt, noch ein gewöhnlicher Aufenthaltsort bekannt ist oder dieser im Ausland liegt.[12] 7

§ 9 [Gerichtsstand des Ergreifungsortes]

Der Gerichtsstand ist auch bei dem Gericht begründet, in dessen Bezirk der Beschuldigte ergriffen worden ist.

I. Normzweck

Einen Gerichtsstand am Ergreifungsort eröffnet § 9. Mit dieser Vorschrift wollte der Gesetzgeber einen allgemeinen, dh nicht nur subsidiären Gerichtsstand schaffen.[1] Gleichwohl ist der praktische Anwendungsbereich eher gering. Bedeutung hat er aber bei **Auslandstaten.**[2] 1

Beim Gerichtsstand des Ergreifungsortes Anklage zu erheben, bietet sich an, wenn der Beschuldigte an einem Ort inhaftiert ist, an dem er alsbald überführt werden kann, ohne das Zeugen oder Sachverständige weite Reisen unternehmen müssen. So können insbesondere unnötige Kosten für den Transport des inhaftierten Beschuldigten, eine Verzögerung des Verfahrens und eine Verlängerung der Untersuchungshaft vermieden werden.[3] Wenn diese Umstände **nicht ersichtlich** sind bzw. fehlen, spricht aber vieles dafür, dass die Entscheidung der Staatsanwaltschaft gerade an diesem Gerichtsstand Anklage zu erheben, willkürlich bzw. ermessensfehlerhaft war.[4] 2

II. Erläuterung

Ergreifung ist jede befugte und gerechtfertigte Festnahme durch Beamte oder Privatpersonen zum Zwecke der Strafverfolgung vor allem nach § 127 Abs. 1 bzw. Abs. 2.[5] Nach früher hM wurde der Gerichtsstand nach § 9 allerdings nur dann begründet, wenn die Ergreifung zum Erlass eines Haftbefehls führte. Nach Auffassung des BGH, der sich ua 3

---

[7] OLG Köln 27.12.1977 – 2 Ws 782/77, JMBlNW 1978, 113.
[8] *Meyer-Goßner* Rn. 3. Siehe auch BGH 30.6.1959 – 2 ARs 158/58, BGHSt 13, 209 (210 ff.) = NJW 1959, 1834.
[9] Siehe OLG Köln 27.12.1977 – 2 Ws 782/77, JMBlNW 1978, 113.
[10] BGH 9.12.2008 – 2 ARs 536/08, NStZ-RR 2009, 84.
[11] BGH v. 10.1.207 – 2 ARs 545/06, StraFo 2007, 162.
[12] *Meyer-Goßner* Rn. 4.
[1] BT-Drs. 1/3713, 46; LR/*Erb* Rn. 1.
[2] *Beulke* Rn. 57; siehe auch BGH 27.10.1993 – 2 ARs 164/93, NStZ 1994, 139 (140).
[3] BT-Drs. 1/3713, 46; *Dallinger* JZ 1953, 432 (441); vgl. auch HK-StPO/*Zöller* Rn. 1.
[4] Vgl. OLG Hamm 10.9.1998 – 2 Ws 376/98, NStZ-RR 1999, 16 ff.; siehe auch LR/*Erb* Rn. 3; Radtke/Hohmann/*Kronthaler* Rn. 2; sowie *Heghmanns* StV 2000, 277 (279 f.).
[5] *Meyer-Goßner* Rn. 2.

auf den Wortsinn beruft, genügt es jedoch nunmehr, wenn die Ergreifung lediglich **zur Einleitung eines Ermittlungsverfahrens führt.**[6] Dies erscheint allerdings bedenklich, weil die Strafverfolgungsbehörden so im gesamten Bundesgebiet einen Gerichtsstand begründen können.[7] Hinsichtlich des Rechts auf den gesetzlichen Richter aus Art. 101 Abs. 1 S. 2 GG muss in diesen Fällen daher sorgfältig geprüft werden, ob nicht eine willkürliche Anklageerhebung vorliegt.[8]

4 Auch nach der weiten Auslegung des BGH liegt ein Gerichtsstand nach § 9 jedoch dann nicht vor, wenn der Beschuldigte aufgrund einer Ausschreibung zur Aufenthaltsermittlung lediglich festgestellt und zur Sache vernommen wird.[9]

5 Bei einem gemeinsamen Amtsgericht nach § 58 Abs. 1 GVG ist der Sitz dieses Amtsgerichts Ergreifungsort, selbst wenn der Beschuldigte im Bezirk eines der verbundenen Amtsgerichte ergriffen wurde.[10] **Ergreifen** im Sinne des § 9 liegt auch dann vor, wenn der Beschuldigte sich stellt.[11] Bei einer Auslieferung ist für den Gerichtsstand der Ort des Grenzüberganges entscheidend.[12] Die Zuständigkeit des Gerichtsstandes erstreckt sich nach hM auch auf zuvor begangene Straftaten des Beschuldigten, wegen denen die Ergreifung nicht stattfand.[13]

6 Der nach § 9 begründete Gerichtsstand bleibt bestehen, auch wenn der Beschuldigte entweicht oder aus der Haft entlassen wird. Wird er dann erneut (an einem anderen Ort) ergriffen, entsteht ein weiterer Gerichtsstand nach § 9.[14]

§ 10 [Gerichtsstand bei Straftaten auf Schiffen oder Luftfahrzeugen]

(1) Ist die Straftat auf einem Schiff, das berechtigt ist, die Bundesflagge zu führen, außerhalb des Geltungsbereichs dieses Gesetzes begangen, so ist das Gericht zuständig, in dessen Bezirk der Heimathafen oder der Hafen im Geltungsbereich dieses Gesetzes liegt, den das Schiff nach der Tat zuerst erreicht.

(2) Absatz 1 gilt entsprechend für Luftfahrzeuge, die berechtigt sind, das Staatszugehörigkeitszeichen der Bundesrepublik Deutschland zu führen.

I. Normzweck

1 Gemäß § 4 StGB gilt das deutsche Strafrecht, unabhängig vom Recht des Tatorts, für alle Straftaten, die auf einem Schiff oder in einem Luftfahrzeug begangen wurden, welches berechtigt ist, die Bundesflagge oder das Staatsangehörigkeitszeichen der Bundesrepublik Deutschland zu führen.[1] Hieran anknüpfend eröffnet § 10 für den Fall einen Gerichtsstand, dass sich das See- oder Luftfahrzeug zum Zeitpunkt der Tat außerhalb des Bundesgebietes befunden hat. Befindet sich das Schiff oder das Luftfahrzeug zum Tatzeitpunkt innerhalb des deutschen Hoheitsgebietes, gilt § 7.[2]

---

[6] BGH 20.1.1999 – 2 ARs 518/98, BGHSt 44, 347 ff. = NJW 1999, 1412, zustimmend zB HK-StPO/*Zöller* Rn. 3; LR/*Erb* Rn. 6.
[7] *Meyer-Goßner* Rn. 2.
[8] → § 1 Rn. 10 ff.
[9] AG Kehl 1.7.2008 – 2 Cs 4 Js 2360/07 (Juris).
[10] KK/*Fischer* Rn. 1. vgl. auch *Corves* MDR 1956, 335 f.; *Schneble* MDR 1955, 656.
[11] SK-StPO/*Rudolphi* Rn. 2.
[12] BGH 8.3.2006 – 2 ARs 79/06, NStZ-RR 2007, 114.
[13] BGH 8.3.2006 – 2 ARs 79/06, NStZ-RR 2007, 114; BGH 14.4.1954 – 3 ARs 22/54, MDR 1954, 336; siehe auch OLG München 7.6.1956 – Ws 330/56, MDR 1956, 566.
[14] Vgl. KMR/*Stöckel* Rn. 6; LR/*Erb* Rn. 10.
[1] Siehe zu § 4 StGB zB *Walter* JuS 2006, 967.
[2] Siehe auch *Meyer-Goßner* Rn. 1; HK-StPO/*Zöller* Rn. 1.

II. Erläuterung

1. Gerichtsstand bei Schiffen. Schiffe sind Wasserfahrzeuge jeder Art, die zur See- und Binnenschifffahrt bestimmt sind.[3] Die weiterhin für § 10 erforderliche Berechtigung dieser Schiffe, die Bundesflagge zu führen, ergibt sich aus dem Flaggenrechtsgesetz. Die Berechtigung von Schiffen der Bundesmarine die Bundesflagge zu führen folgt aus der Anordnung des Bundespräsidenten über die Dienstflagge der Seestreitkräfte der Bundeswehr vom 25.5.1956.[4] 2

Als **Heimathafen** eines Schiffes gilt gemäß § 480 Abs. 1 HGB der Hafen, von welchem aus die Seefahrt mit dem Schiff betrieben wird. Fehlt ein solcher Ort gilt § 4 Schiffsregisterordnung. Ein Gerichtsstand nach Absatz 1 ist alternativ neben dem Gericht, in dessen Bezirk sich der Heimathafen des Schiffes befindet, auch im Bezirk des Gerichts begründet, in welchem der erste (deutsche) Hafen liegt, den das Schiff nach Begehung der Tat anläuft. 3

2. Gerichtsstand bei Luftfahrzeugen. Luftfahrzeuge sind nach § 1 Abs. 2 Luftverkehrsgesetz Flugzeuge, Drehflügler (zB Hubschrauber), Luftschiffe („Zeppeline"), Segelflugzeuge, Motorsegler, Frei- und Fesselballone, Drachen, Rettungsfallschirme, Flugmodelle, Luftsportgeräte und sonstige für die Benutzung des Luftraums bestimmte Geräte, sofern sie in Höhen von mehr als 30 Meter über Grund oder Wasser betrieben werden können. Die nach § 10 Abs. 2 erforderliche Berechtigung dieser Luftfahrzeuge das Staatsangehörigkeitszeichen der Bundesrepublik Deutschland zu führen, folgt aus § 2 Luftverkehrsgesetz. 4

Beim Gericht, in dessen Bezirk der Heimathafen des Luftfahrzeugs liegt, ist ein Gerichtsstand begründet. Als **Heimathafen** des Luftfahrzeugs gilt entsprechend § 480 Abs. 1 HGB der Ort, von dem aus der Flugverkehr mit diesem betrieben wird. Dabei wird es sich also regelmäßig um einen Flughafen oder einen regulären Flugplatz handeln. Daneben ist entsprechend Absatz 1 ein Gerichtsstand auch an dem Ort begründet, den das Luftfahrzeug als erstes nach der Tatbegehung auf deutschen Boden erreicht. Da Absatz 1 allerdings auf einen Hafen abstellt, muss es sich bei Absatz 2 um einen Flughafen oder Flugplatz handeln. Wenn das Luftfahrzeug nach einer Notlandung wieder auf einem solchen landet, so ist dieser für die Gerichtsstandsbestimmung ausschlaggebend. Bei einer „Bruchlandung" hingegen, kommt es für den Gerichtsstand auf den Unfallort an.[5] 5

§ 10a [Gerichtsstand bei Straftaten auf dem Meer]

Ist für eine Straftat, die außerhalb des Geltungsbereichs dieses Gesetzes im Bereich des Meeres begangen wird, ein Gerichtsstand nicht begründet, so ist Hamburg Gerichtsstand; zuständiges Amtsgericht ist das Amtsgericht Hamburg.

I. Normzweck

§ 10a schafft – seinem eindeutigen Wortlaut gemäß – nur einen **subsidiären** Gerichtsstand für alle Straftaten, die außerhalb des Bundesgebietes **auf dem Meer** gegangen wurden. Die frühere Beschränkung auf Umweltstraftaten (§§ 324–330d StGB) wurde durch das Ausführungsgesetz zum Übereinkommen der Vereinten Nationen gegen den unerlaubten Verkehr mit Suchtstoffen und psychotropen Stoffen vom 20.12.1988 im Jahre 1993 aufgehoben.[1] § 10a kann ua bei der Verfolgung von **Piraterie** zur Anwendung kommen.[2] 1

[3] *Fischer* § 4 Rn. 3.
[4] BGBl. 1956 I 447; siehe auch BGH 7.4.2009 – 2 ARs 180/09, NStZ 2009, 464.
[5] Siehe auch LR/*Erb* Rn. 11.
[1] BGBl. 1993 I 1407.
[2] *Rinio* Betrifft Justiz 2009, 150 (154).

II. Erläuterung

2 Bei der Klärung der Frage, ob eine Straftat außerhalb des Geltungsbereiches der StPO begangen wurde, ist zu beachten, dass die Bundesrepublik Deutschland durch Proklamation der Bundesregierung 1994 ihre Küstengebiete auf die **12 Seemeilen-Zone** ausgeweitet hat.[3] Wird eine verfolgbare Straftat also innerhalb dieses Gebietes begangen, gilt der Gerichtsstand nach § 7, außerhalb dieses Bereiches – auf dem Meer – greift § 10a.[4] Der Begriff des **Meeres** umfasst dabei auch die Küstengewässer anderer Staaten einschließlich des Luftraumes über dem Meer.[5] Zuständiges Gericht ist das Amtsgericht Hamburg.[6]

§ 11 [Gerichtsstand für deutsche Beamte im Ausland]

(1) [1]Deutsche, die das Recht der Exterritorialität genießen, sowie die im Ausland angestellten Beamten des Bundes oder eines deutschen Landes behalten hinsichtlich des Gerichtsstandes den Wohnsitz, den sie im Inland hatten. [2]Wenn sie einen solchen Wohnsitz nicht hatten, so gilt der Sitz der Bundesregierung als ihr Wohnsitz.

(2) Auf Wahlkonsuln sind diese Vorschriften nicht anzuwenden.

I. Normzweck

1 In Ergänzung zu § 8 Abs. 2 bestimmt § 11, dass Gerichtsstand für Straftaten exterritorialer Deutscher und deutscher Auslandsbeamter deren letzter Wohnsitz im Bundesgebiet ist. Ist ein solcher nicht vorhanden, so gilt der Sitz der Bundesregierung (also Berlin) als ihr Wohnsitz. Unerheblich ist, ob der Tatort im In- oder Ausland liegt.[1]

II. Erläuterung

2 Ob ein deutscher Staatsbürger (vgl. §§1, 3 Staatsangehörigkeitsgesetz) das **Recht der Exterritorialität** genießt, also nicht der Gerichtsbarkeit und Zwangsgewalt seines Aufenthaltsstaates unterliegt, bestimmt sich nach dem Völkerrecht, das gemäß Art. 25 GG Bestandteil des Bundesrechts ist. Regelmäßig handelt es sich hierbei um Botschafter und Gesandte sowie deren Personal und Familien (vgl. auch §§ 18–20 GVG).

3 **Deutsche Beamte** die **im Ausland** arbeiten, haben meist dort auch ihren Wohnsitz, so dass es einer Gerichtsstandsbestimmung nach § 11 bedarf. Der Begriff des Beamten ist hier weit auszulegen und bestimmt sich nach § 11 Abs. 1 Nr. 2–4 StGB.[2] Die ebenfalls im Ausland lebenden Familienangehörigen des Beamten fallen nicht unter § 11, für sie gilt § 8 Abs. 2.[3] Ein (Berufs-) Konsul ist gemäß §§ 1, 2 Konsulargesetz ebenfalls Beamter.

4 **Honorar- oder Wahlkonsuln** sind Ehrenbeamte im Sinne des § 6 Abs. 2 Bundesbeamtengesetz. Bei ihnen handelt es sich meist um Staatsangehörige des Empfangsstaates, die nur in loser Verbindung zur Bundesrepublik Deutschland stehen. Daher sind sie nach Absatz 2 von der Gerichtsstandsbestimmung des § 11 Abs. 1 ausgenommen.[4]

§ 11a [Soldatinnen und Soldaten in besonderer Auslandsverwendung]

Wird eine Straftat außerhalb des Geltungsbereiches dieses Gesetzes von Soldatinnen oder Soldaten der Bundeswehr in besonderer Auslandsverwendung (§ 62

---

[3] Einzelheiten siehe BGBl. 1994 I 3428 f.
[4] KK/*Fischer* Rn. 2.
[5] LR/*Erb* Rn. 2; *Meyer-Goßner* Rn. 2.
[6] Siehe hierzu auch HK-StPO/*Zöller* Rn. 1.
[1] LR/*Erb* Rn. 4; *Meyer-Goßner* Rn. 1.
[2] Graf/*Bachler* Rn. 2; KK/*Fischer* Rn. 2.
[3] Radtke/Hohmann/*Kronthaler* Rn. 4.
[4] KMR/*Stöckel* Rn. 4.

Absatz 1 des Soldatengesetzes) begangen, so ist der Gerichtsstand bei dem für die Stadt Kempten zuständigen Gericht begründet.

§ 11a wurde durch das Gesetz für einen Gerichtsstand bei besonderer Auslandsverwendung der Bundeswehr vom 21.1.2013 in die StPO eingefügt und trat zum 1.4.2013 in Kraft.[1] 1

I. Normzweck

§ 11a trifft eine Gerichtsstandsregelung für Soldaten, die gemäß § 62 Abs. 1 Soldatengesetz[2] in **besonderer Auslandsverwendung** dienen. Nach § 1a WStG gilt für diese das deutsche Strafrecht unabhängig vom Recht des Tatorts für Straftaten, die sie während eines dienstlichen Aufenthalts oder in Beziehung auf den Dienst im Ausland begangen haben. Der Bund hat zwar durch Art. 96 Abs. 2 GG die Möglichkeit eingeräumt bekommen, eine eigenständige Wehrstrafgerichtsbarkeit zu errichten, hat diese Möglichkeit bislang aber nicht genutzt.[3] 2

Für die jährlich etwa bis zu 20 Verfahren[4] fehlte daher bislang ein besonderer Gerichtsstand. Dies hatte zur Folge, dass nach den allgemeinen Gerichtsstandsregelungen Gerichte und Staatsanwaltschaften an verschiedenen Orten für diese Verfahren zuständig sein konnten. Als Anknüpfungspunkt für die Zuständigkeit kam meist nach § 8 Abs. 1 der letzte inländische Standort in Betracht. Dies führte dann aber zu **Mehrfachzuständigkeiten,** wenn Soldaten verschiedener Stammeinheiten an den Straftaten beteiligt waren.[5] 3

Die Notwendigkeit für die Schaffung eines besonderen Gerichtsstandes wurde auch deshalb gesehen, weil die bisherige Rechtslage den Anforderungen an eine effiziente Strafverfolgung und den Besonderheiten der Verfahren mit Auslandsberührung nicht gerecht geworden sei. Neben der Kenntnis militärischer Abläufe und Strukturen sowie der rechtlichen und tatsächlichen Rahmenbedingungen der besonderen Auslandsverwendung seien auch spezielle Erfahrungen bei **Ermittlungen mit Auslandsbezug** erforderlich.[6] Gleichwohl ist aber weiterhin das Problem ungeklärt, wie und durch wen die staatsanwaltlichen Ermittlungen im Ausland auch unter Berücksichtigung der Verfahrensrechte der Beschuldigten zu führen sind. Die jetzige Rechtslage ist unbefriedigend.[7] 4

Als Ort des besonderen Gerichtsstandes wurde in früheren Gesetzentwürfen das Gericht vorgeschlagen, in dessen Bezirk das für den Auslandseinsatz zuständige Einsatzführungskommando der Bundeswehr seinen Sitz hat.[8] Dass die Wahl dennoch auf **Kempten** fiel, wurde im Gesetzgebungsverfahren – wenig überzeugend – damit begründet, dass dort schon eine Schwerpunktstaatsanwaltschaft besteht, die mit der Verfolgung von Straftaten, die Soldaten in Ausübung des Dienstes im Rahmen von Auslandseinsätzen begehen, befasst ist und entsprechende Erfahrungen sammeln konnte.[9] 5

II. Erläuterung

1. Zuständiges Gericht. Der besondere Gerichtsstand besteht beim AG bzw. beim LG Kempten. Die Ermittlungen führt daher im Grundsatz gemäß § 143 Abs. 1 GVG die dort 6

[1] BGBl. 2013 I 89 f.

[2] § 62 Abs. 1 Soldatengesetz lautet: „Besondere Auslandsverwendungen sind Verwendungen, die auf Grund eines Übereinkommens, eines Vertrages oder einer Vereinbarung mit einer über- oder zwischenstaatlichen Einrichtung oder mit einem auswärtigen Staat auf Beschluss der Bundesregierung im Ausland oder außerhalb des deutschen Hoheitsgebietes auf Schiffen oder in Luftfahrzeugen stattfinden."

[3] Siehe hierzu Mangoldt/Klein/Starck – *Voßkuhle* GG, Art. 96 Rn. 15; sowie *Berg* DRiZ 1986, 128 ff.; *Tondorf* StV 1983, 388 ff.

[4] *Hannich/Rautenberg* ZRP 2010, 140 (142); *Zimmermann* NJW 2013, 905 (906).

[5] Siehe auch *Hannich/Rautenberg* ZRP 2010, 140; *Stam* ZIS 2010, 628.

[6] Siehe hierzu zB den Bericht von *Demmer* Der Spiegel Nr. 30/2009, S. 38 (40).

[7] Siehe hierzu *Stam* ZIS 2010, 628 ff. und die Schilderung bei *Ambos* NJW 2010, 1725. Allgemein zu den Problemen bei Strafverfahren gegen Soldaten *Poretschkin* DRiZ 2009, 288 ff.

[8] Siehe BT-Drs. 15/3508 und 16/673 sowie *van Essen* DRiZ 2009, 274. Das Einsatzführungskommando der Bundeswehr hat seinen Sitz in Geltow bei Potsdam.

[9] BT-Drs. 17/9694, 7.

bestehende Staatsanwaltschaft. Für Verfahren, welche in die erstinstanzliche Zuständigkeit des OLG fallen, ist das OLG München zuständiges Gericht. Die Ermittlungen führt dann der **GBA.**[10]

7 Im Rahmen der Ermittlungszuständigkeit ist allerdings noch eine Verfügung des GBA zu beachten. Nach dieser ist der GBA auch für die Prüfung und die abschließende Entscheidung hinsichtlich solcher Taten **(militärische Handlungen)** zuständig, die in Zusammenhang mit einem bewaffneten Konflikt begangen wurden und mangels Erfüllung einzelner Tatbestandsmerkmale zwar nicht nach dem VStGB strafbar sind, für die jedoch eine Strafbarkeit nach dem StGB in Betracht kommt.[11]

8 **2. Kein ausschließlicher Gerichtsstand.** § 11a begründet **keinen ausschließlichen Gerichtsstand.** Gerichtsstände nach dem allgemeinen Verfahrensrecht oder nach besonderen Vorschriften bleiben also neben § 11a bestehen.[12] So werden zB die für Heranwachsenden bestehenden Gerichtsstände nach § 108 Abs. 1, § 42 Abs. 1 Nr. 2, 3 JGG nicht verdrängt.[13]

§ 12 [Zusammentreffen mehrerer Gerichtsstände]

(1) Unter mehreren nach den Vorschriften der §§ 7 bis 11a und 13a zuständigen Gerichten gebührt dem der Vorzug, das die Untersuchung zuerst eröffnet hat.

(2) Jedoch kann die Untersuchung und Entscheidung einem anderen der zuständigen Gerichte durch das gemeinschaftliche obere Gericht übertragen werden.

Übersicht

I. Normzweck

1 Sind bei einer Tat im prozessualen Sinne (§§ 155, 264)[1] mehrere Gerichtsstände nach den §§ 7–11a oder – dem nachträglich eingefügten – § 13a[2] eröffnet, hat zunächst die Staatsanwaltschaft ein – willkürfreies[3] – Wahlrecht, bei welchem örtlich zuständigen Gericht sie Anklage erheben will.[4] Im Ermittlungsverfahren sind dabei Nr. 2, 26 RiStBV zu beachten. Sind verschiedene Staatsanwaltschaften in die Untersuchung involviert, müssen diese eine Einigung herbeiführen, welche Staatsanwaltschaft das Verfahren führt und anklagt.[5]

II. Erläuterung

2 **1. Allgemeines.** Wurde eine prozessuale Tat bei mehreren Gerichten im 1. Rechtszug anhängig gemacht, so ist nach § 12 Abs. 1 dasjenige Gericht für die Entscheidung über die Strafsache ausschließlich[6] zuständig, das die Untersuchung zuerst eröffnet hat – **Prioritätsprinzip.**[7] Hierdurch wird das Strafverfahren rechtshängig und den bei den anderen Gerich-

[10] *Meyer-Goßner* Rn. 2; siehe auch grundsätzlich *Werle* JZ 2012, 373 (377).
[11] Verfügung des GBA vom 16.4.2010, NStZ 2010, 581 ff.; kritisch insoweit *Kaleck/Schüller/Steiger* KJ 2010, 270 (282).
[12] BT-Drs. 17/9694, 7.
[13] KK/*Scheuten* Rn. 2; *Meyer-Goßner* Rn. 3.
[1] SK-StPO/*Rudolphi* Rn. 4.
[2] BGH 10.5.1957 – 2 ARs 74/56, BGHSt 10, 255 (259) = NJW 1957, 1160.
[3] Vgl. OLG Hamm 10.9.1998 – 2 Ws 376/98, NStZ-RR 1999, 16.
[4] Hinsichtlich der Bedenken gegenüber der so begründeten beweglichen Zuständigkeit → § 1 Rn. 10 ff.
[5] → § 2 Rn. 6.
[6] BGH 11.6.1952 – 3 StR 233/51, BGHSt 3, 134 (138) = NJW 1952, 1148.
[7] BGH 5.4.2000 – 1 StR 75/00, NStZ-RR 2000, 332.

ten anhängigen Verfahren in der gleichen Sache steht nun das Prozesshindernis der anderweitigen Rechtshängigkeit entgegen.[8] Auf diese Weise wird einer sonst drohenden Doppelbestrafung entgegengewirkt (Art. 103 Abs. 3 GG). Die anderen Verfahren müssen nach § 206a bzw. § 260 Abs. 3 eingestellt werden.[9]

Bei welchem Gericht zuerst Anklage erhoben wurde, ist unerheblich.[10] Die Regelung 3
des § 12 Abs. 1 gilt auch zwischen Gerichten unterschiedlicher Ordnung.[11] Im Zwischenverfahren spielt sie hingegen keine Rolle.[12]

Die **Eröffnung der Untersuchung** erfolgt regelmäßig durch den Erlass des Eröffnungs- 4
beschlusses (§ 203) bzw. in den besonderen Verfahrensarten (beschleunigtes Verfahren, Strafbefehlsverfahren[13] etc) durch Vornahme der gerichtlichen Handlung, die eine Rücknahme der Anklage der Staatsanwaltschaft unmöglich macht, die also deren Dispositionsbefugnis zum Erlöschen bringt.[14]

Der Vorrang des nach § 12 Abs. 1 zuständigen Gerichts besteht nur solange, wie dieses 5
das Verfahren nicht endgültig einstellt. Bewirkt die **Einstellung** keinen Strafklageverbrauch, kann das Verfahren bei einem anderen örtlich zuständigen Gericht fortgeführt werden.[15]

Hat das nach § 12 Abs. 1 an sich nicht vorrangige Gericht eine **rechtskräftige** Entschei- 6
dung gefällt, ist das Verfahren beim eigentlich vorrangigen Gericht einzustellen.[16] Dies gilt auch schon bei Teilrechtskraft.[17]

Der Grundsatz des § 12 Abs. 1 wird von der Rechtsprechung **gewohnheitsrechtlich** 7
eingeschränkt.[18] Vorrangig soll stets das Gericht sein, das – wegen seiner höheren sachlichen Zuständigkeit – die Strafsache umfassender und nach allen rechtlichen Gesichtspunkten erschöpfender behandeln und aburteilen kann.[19] Bei tateinheitlich begangenen Delikten (§ 52 StGB), die bei verschiedenen Gerichten angeklagt sind, hat das höhere Gericht den Vorrang, wenn das untere nicht für alle angeklagten Straftaten zuständig ist.[20]

2. Übertragung aus Zweckmäßigkeitsgründen. Aus Zweckmäßigkeitsgründen 8
kann nach § 12 Abs. 2 durch das **gemeinschaftliche obere Gericht**[21] einem anderen, als dem nach § 12 Abs. 1 zuständigen Gericht, in jeder Lage des Verfahrens die Untersuchung und Entscheidung des Strafverfahrens übertragen werden. Gründe für diese Übertragung können zB sein, dass der Beschuldigte am Sitz des anderen Gerichts inhaftiert ist und so ein unnötiger Transport entbehrlich wird, Kosten gespart oder für eine Vielzahl von Zeugen längere Reisen zum Gerichtsort vermieden werden können. Die Interessen eventueller Mitangeklagter sind bei der Entscheidung ebenso zu berücksichtigen, wie eine möglicherweise eintretende Verfahrensverzögerung durch die Übertragung oder der Umstand, dass

---

[8] Siehe auch KMR/*Stöckel* Rn. 5.

[9] Graf/*Bachler* Rn. 5.

[10] *Meyer-Goßner* Rn. 1.

[11] RG 20.12.1920 – III 1738/20, RGSt 55, 186 (187 f.); BGH 30.8.1968 – 4 StR 335/68, BGHSt 22, 232 (233) = NJW 1968, 2387; Radtke/Hohmann/*Kronthaler* Rn. 2.

[12] BGH 20.2.1990 – 5 StR 48/90, BGHSt 36, 361 (362) = NJW 1990, 1675.

[13] Siehe für dieses BGH 30.6.1976 – 2 ARs 169/76, BGHSt 26, 374 = NJW 1976, 2172; BGH 16.9.2003 – 2 ARs 323/03, NStZ 2004, 449; OLG Karlsruhe 3.5.1991 – 1 Ws 81/91, NStZ 1991, 602.

[14] Vgl. SK-StPO/*Rudolphi* Rn. 9.

[15] Siehe auch LR/*Erb* Rn. 13.

[16] BGH 17.7.1991 – 5 StR 225/91, BGHSt 38, 37 (42) = NJW 1991, 3227; BGH 20.1.1995 – 3 StR 585/94, NStZ 1995, 351 (352).

[17] *Kammerer* MDR 1990, 785 f.; siehe aber auch BayObLG 27.10.1988 – RReg. 2 St 254/88, NStZ 1989, 241.

[18] LR/*Erb* Rn. 15; KK/*Fischer* Rn. 2.

[19] RG 13.12.1932 – I 708/31, RGSt 67, 53 (56); RG 5.11.1936 – 3 D 636/36, RGSt 70, 336 (337); BGH 14.1.1954 – 3 StR 642/53, BGHSt 5, 381 (384) = NJW 1954, 847; BGH 27.4.1989 – 1 StR632/88, BGHSt 36, 175 (181) = NJW 1989, 2403; BGH 20.1.1995 – 3 StR 585/94, NStZ 1995, 351; BayObLG 27.10.1988 – RReg. 2 St 254/88, NStZ 1989, 241.

[20] BGH 20.1.1995 – 3 StR 585/94, NStZ 1995, 351 f.

[21] → § 4 Rn. 16.

bereits eine längere Zeit beim vorrangigen Gericht verhandelt wurde.[22] Die Übertragung kann von Amts wegen oder auf Antrag hin erfolgen und ergeht nach pflichtgemäßen Ermessen.[23]

9 Das Gericht, dem das Verfahren übertragen wird, muss jedoch **zuständig** sein.[24] Eine Übertragung auf ein Gericht scheidet darum aus, wenn dessen Zuständigkeit bei Eröffnung des Hauptverfahrens auf Grund eines Sachzusammenhangs nach § 13 Abs. 1 hätte begründet werden können, dieser Sachzusammenhang aber nicht mehr besteht.[25]

10 Voraussetzung für eine Entscheidung nach § 12 Abs. 2 ist nicht, dass das Strafverfahren bei mehreren Gerichten anhängig ist.[26] Die Untersuchung muss aber bereits eröffnet worden sein, ansonsten könnte die Staatsanwaltschaft die Klage nach § 156 zurücknehmen und nach ihrer Wahl bei einem anderen zuständigen Gericht einreichen.[27]

11 § 12 Abs. 2 gilt nicht im **Rechtsmittelverfahren,**[28] da sonst in den Instanzenzug eingegriffen würde, und auch nicht, wenn ein Urteil nach § 354 Abs. 2 aufgehoben und zurückverwiesen wurde.[29] Im **beschleunigten Verfahren** ist eine Übertragung nach Absatz 2 ebenfalls ausgeschlossen.[30]

12 Durch die Übertragung nach § 12 Abs. 2 endet die **Rechtshängigkeit** des Strafverfahrens beim alten Gericht und wird beim neuen – durch das gemeinschaftliche obere Gericht bestimmte – Gericht begründet.[31]

13 Eine **Beschwerde** gegen die Übertragung ist unzulässig.[32]

§ 13 [Gerichtsstand des Zusammenhanges]

(1) Für zusammenhängende Strafsachen, die einzeln nach den Vorschriften der §§ 7 bis 11 zur Zuständigkeit verschiedener Gerichte gehören würden, ist ein Gerichtsstand bei jedem Gericht begründet, das für eine der Strafsachen zuständig ist.

(2) [1]Sind mehrere zusammenhängende Strafsachen bei verschiedenen Gerichten anhängig gemacht worden, so können sie sämtlich oder zum Teil durch eine den Anträgen der Staatsanwaltschaft entsprechende Vereinbarung dieser Gerichte bei einem unter ihnen verbunden werden. [2]Kommt eine solche Vereinbarung nicht zustande, so entscheidet, wenn die Staatsanwaltschaft oder ein Angeschuldigter hierauf anträgt, das gemeinschaftliche obere Gericht darüber, ob und bei welchem Gericht die Verbindung einzutreten hat.

(3) In gleicher Weise kann die Verbindung wieder aufgehoben werden.

I. Normzweck

1 Aus Gründen der Zweckmäßigkeit und Verfahrensökonomie eröffnet § 13 einen gleichberechtigten Gerichtsstand[1] neben §§ 7–11 und § 13a[2] für zusammenhängende Strafsachen

[22] Vgl. BGH 17.1.2001 – 2 ARs 7/01, NStZ-RR 2002, 65; BGH 13.12.2006 – 2 ARs 511/06, NStZ-RR 2009, 1 f.; BGH 29.4.1998 – 2 ARs 146/98, wistra 1998, 307.
[23] Vgl. SK-StPO/*Rudolphi* Rn. 15.
[24] BGH 30.6.1959 – 2 ARs 158/58, BGHSt 13, 209 (217) = NJW 1959, 1834.
[25] BGH 20.12.1961 – 2 ARs 158/61, BGHSt 16, 391 = NJW 1962, 499.
[26] OLG Düsseldorf 4.7.1983 – 2 Ws 292/83, MDR 1984, 70.
[27] BGH 11.10.1957 – 2 ARs 167/57, BGHSt 10, 391 (392) = NJW 1957, 1809; BGH 14.11.1958 – 2 ARs 182/58, BGHSt 12, 180 (184) = NJW 1959, 396.
[28] BGH 13.8.1963 – 2 ARs 172/63, BGHSt 19, 177 (179) = NJW 1964, 506.
[29] BGH 15.2.1963 – 2 ARs 26/63, BGHSt 18, 261 f. = NJW 1963, 965; BGH 9.1.1985 – 2 ARs 412/84, BGHSt 33, 111 (112) = NJW 1985, 872.
[30] BGH 31.1.1961 – 2 ARs 1/61, BGHSt 15, 314 = NJW 1961, 789.
[31] BGH 31.10.1957 – 4 StR 449/57, NJW 1958, 31; Graf/*Bachler* Rn. 8.
[32] BGH 5.2.2003 – 2 ARs 31/03, StraFo 2003, 272.
[1] Vgl. BGH 22.11.1957 – 4 StR 497/57, BGHSt 11, 106 (108) = NJW 1958, 429.
[2] KK/*Fischer* Rn. 2; *Schermer* MDR 1964, 895 f.

bei jedem Gericht, das für eine der Strafsachen zuständig ist. Ist der Zusammenhang vor Eröffnung des Hauptverfahrens allerdings entfallen, so ist § 13 unanwendbar. Ein Entfallen nach diesem Zeitpunkt hingegen ist unbeachtlich.[3]

II. Erläuterung

1. Gemeinsame Anklage durch die Staatsanwaltschaft. Liegen zusammenhängende Strafsachen im Sinne des § 3 vor,[4] hat die Staatsanwaltschaft die Wahl, ob sie die Strafverfahren einzeln oder insgesamt bei einem der örtlich zuständigen Gerichte anklagt. Voraussetzung für § 13 Abs. 1 ist, dass verschiedene **Gerichte gleicher Ordnung** örtlich zuständig sind.[5] Für jede der Strafsachen muss ein inländischer Gerichtsstand bestehen.[6] Sind verschiedene Staatsanwaltschaften involviert, müssen diese untereinander eine Einigung herbeiführen, bei welchem Gericht Anklage erhoben werden soll und welche Staatsanwaltschaft folglich das Verfahren führt.[7] Die Entscheidung über die gemeinsame Anklage ergeht nach pflichtgemäßen Ermessen und willkürfrei.[8] Erfolgte die Gerichtswahl dennoch missbräuchlich, kann das Gericht nach § 16 verfahren.[9] 2

Ist erst eine der zusammenhängenden Strafsachen rechtshängig, können weitere auch durch eine Nachtragsanklage (§ 266) beim ersten Gericht anhängig gemacht werden.[10] 3

2. Verbindung durch das Gericht. Sind zusammenhängende Strafsachen bei verschiedenen Gerichten anhängig gemacht worden, können diese nach Absatz 2 ganz oder zum Teil durch **Vereinbarung** der betroffenen Gerichte verbunden werden. Dies ist schon nach Erhebung der Anklage zulässig.[11] 4

Voraussetzung ist, dass alle verfahrensbeteiligten Staatsanwaltschaften sich über die Verbindung **einig sind** und entsprechende Anträge stellen. Wird von gerichtlicher Seite eine entsprechende Anregung gemacht, genügt die ausdrückliche Zustimmung aller Staatsanwaltschaften.[12] Auch der Angeschuldigte kann eine Verfahrensverbindung beantragen, das Gericht kann sie jedoch nicht von Amts wegen herbeiführen.[13] Für eine Verbindung darf aber noch kein Urteil ergangen sein[14] und diese muss sach- und justizgemäß erscheinen.[15] Erforderlich ist weiterhin, dass der Sachzusammenhang noch besteht[16] und Gerichte gleicher Ordnung zuständig sind.[17] Wird durch die Verbindung **die sachliche Zuständigkeit geändert** ist § 4 einschlägig. Eine dennoch irrtümlich nach § 13 Abs. 2 vorgenommene 5

---

[3] BGH 20.12.1961 – 2 ARs 158/61, BGHSt 16, 391 (393) = NJW 1962, 499; BGH 9.6.1993 – 3 StR 49/93, NJW 1993, 2819 (2820); BGH 24.10.2002 – 5 StR 600/01, NJW 2003, 446 (452); BGH 27.8.2003 – 2 StR 309/03, NStZ 2004, 100.

[4] → § 3 Rn. 3 ff. sowie zB *Römer* StraFo 2009, 194 (196 f.).

[5] RG 21.9.1911 – 119/11, RGSt 45, 166 (167); BGH 30.8.1968 – 4 StR 335/68, BGHSt 22, 232 = NJW 1968, 2387; BGH 24.4.1990 – 4 StR 159/90, BGHSt 37, 15 (17) = NJW 1991, 239; BGH 17.3.1982 – 2 StR 414/81, NStZ 1982, 294; BGH 5.6.1986 – 4 StR 238/86, NStZ 1986, 564; BGH 23.3.2006 – 3 StR 458/05, NStZ-RR 2008, 33.

[6] BGH 20.3.1992 – 2 ARs 151/92, NJW 1992, 1635.

[7] → § 2 Rn. 6.

[8] Vgl. OLG Hamm 10.9.1998 – 2 Ws 376/98, NStZ-RR 1999, 16.

[9] Vgl. LR/*Erb* Rn. 7; SK-StPO/*Rudolphi* Rn. 4. Siehe auch HK-StPO/Zöller Rn. 3 sowie *Strubel/Sprenger* NJW 1972, 1734 (1738).

[10] BGH 5.5.1965 – 2 StR 66/65, BGHSt 20, 219 (221) = NJW 1965, 1609.

[11] BGH 5.5.1965 – 2 StR 66/65, BGHSt 20, 219 (221) = NJW 1965, 1609; BGH 21.6.1967 – 2 ARs 177/67, BGHSt 21, 247 (248) = NJW 1967, 1720.

[12] BayObLG 12.6.1957 – RevReg. 1 St 198/57, NJW 1957, 1329.

[13] BGH 21.6.1967 – 2 ARs 177/67, BGHSt 21, 247 (248) = NJW 1967, 1720.

[14] RG 8.6.1914 – T.B. 83/14, RGSt 48, 297 (299); OLG Düsseldorf 24.5.1985 – 2 Ws 222/85, MDR 1985, 1048.

[15] OLG Nürnberg 8.1.1965 – Ws 1/65, MDR 1965, 678.

[16] BGH 20.12.1961 – 2 ARs 158/61, BGHSt 16, 391 (393) = NJW 1962, 499; OLG München 21.6.1968 – Ws 339/68, NJW 1969, 148; OLG Zweibrücken 24.11.1978 – Ws 296/78, NJW 1979, 827.

[17] BGH 30.8.1968 – 4 StR 335/68, BGHSt 22, 232 = NJW 1968, 2387; BGH 17.3.1982 – 2 StR 414/81, NStZ 1982, 294; BGH 5.6.1986 – 4 StR 238/86, NStZ 1986, 564; *Helm* JA 2007, 272 (273).

Verbindung ist unwirksam[18] – das Verfahren bleibt also tatsächlich beim abgebenden Gericht rechtshängig. Wird dann gegen ein aufgrund der Verfahrensverbindung ergangenes Urteil Revision eingelegt, wird dieses aufgehoben und das Verfahren zurückverwiesen.[19]

6 Die Verbindung erfolgt durch eine **Vereinbarung der beteiligten Gerichte** sowie den Erlass eines förmlichen Abgabebeschlusses und eines entsprechenden Übernahmebeschlusses.[20] Die zusammenhängende Strafsache wird dadurch beim übernehmenden Gericht anhängig.

7 Kommt eine gerichtliche Vereinbarung nicht zustande, kann diese – nicht aber **eine fehlende Einigung** der Staatsanwaltschaften[21] – durch eine Entscheidung des gemeinschaftlichen oberen Gerichts ersetzt werden. Stimmt eine der beteiligten Staatsanwaltschaften nicht zu, scheidet eine Verbindung nach § 13 also stets aus.

8 **3. Verfahrenstrennung.** Unter Umständen kann es zweckmäßig sein, die nach Absatz 1 gemeinsam angeklagten oder nach Absatz 2 verbundenen Strafsachen wieder zu trennen.[22] Dies kann zB der Fall sei, wenn der Sachzusammenhang nach Eröffnung des Hauptverfahrens entfallen ist.[23] Die Verfahrenstrennung erfolgt aber nicht von Amts wegen, sondern nur auf **Antrag** der Staatsanwaltschaft oder des Angeklagten. Es darf noch kein Urteil ergangen sein.[24] Die Aufhebung der Verfahrensverbindung wird durch einen förmlichen Trennungsbeschluss und Übernahmebeschlüsse der beteiligten Gerichte bewirkt.[25] Die Verfahrenstrennung kann entsprechend Absatz 2 auch durch eine Entscheidung des gemeinschaftlichen oberen Gerichts herbeigeführt werden.

III. Rechtsmittel

9 Die Anklage der zusammenhängenden Strafsachen nach § 13 Abs. 1 bei einem Gericht ist nicht anfechtbar. Gegen die Abgabe- und Übernahmebeschlüsse der beteiligten Gerichte ist hingegen das Rechtsmittel der Beschwerde nach § 304 gegeben – es sei denn der Beschluss wurde vom erkennenden Gericht erlassen (§ 305).[26] Die Entscheidung des gemeinsamen oberen Gerichts ist unanfechtbar.[27]

§ 13a [Zuständigkeitsbestimmung durch den BGH]

Fehlt es im Geltungsbereich dieses Bundesgesetzes an einem zuständigen Gericht oder ist dieses nicht ermittelt, so bestimmt der Bundesgerichtshof das zuständige Gericht.

I. Normzweck

1 Unterfällt eine Straftat der deutschen Gerichtsbarkeit, ist aber kein zuständiges Gericht ersichtlich bzw. kann ein solches nicht ermittelt werden, bestimmt der BGH das zuständige

---

[18] BGH 21.3.2000 – 1 StR 609/99, NStZ 2000, 435 f.; BGH 16.4.1996 – 4 StR 80/95, NStZ-RR 1996, 232; BGH 9.5.2000 – 4 StR 105/00, NStZ-RR 2001, 129; BGH 20.12.2001 – 2 StR 493/01, NStZ-RR 2003, 1 f.; BGH 1.12.2005 – 4 StR 426/05, NStZ-RR 2006, 85 f.

[19] BGH 26.7.1995 – 2 StR 74/95, NStZ 1996, 47; *Felsch* NStZ 1996, 163 ff.

[20] BGH 17.3.1982 – 2 StR 414/81, NStZ 1982, 294; BGH 15.5.2002 – 2 ARs 127/02, NStZ-RR 2003, 97.

[21] BGH 21.6.1967 – 2 ARs 177/67, BGHSt 21, 247 = NJW 1967, 1720; BGH 10.6.1992 – 2 ARs 259/92, NStZ 1993, 27; BGH 4.6.2004 – 2 ARs 184/04, NStZ 2004, 688; BGH 25.7.2001 – 2 ARs 187/01, NStZ-RR 2002, 257; BGH 5.2.2003 – 2 ARs 25/03, NStZ-RR 2003, 173; BGH 12.11.2004 – 2 ARs 329/04, NStZ-RR 2005, 77.

[22] Vgl. RG 27.10.1914 – IV 532/14, RGSt 49, 9 (10).

[23] Graf/*Bachler* Rn. 7.

[24] *Meyer-Goßner* Rn. 7.

[25] KK/*Fischer* Rn. 7.

[26] *Meyer-Goßner* Rn. 8; siehe aber auch LR/*Erb* Rn. 21.

[27] Radtke/Hohmann/*Kronthaler* Rn. 8.

Gericht, um die Strafverfolgung zu ermöglichen. Die so herbeigeführte Konkretisierung des gesetzlichen Richters (Art. 102 Abs. 1 S. 2 GG) ist verfassungsgemäß.[1]

II. Erläuterung

Schon im **Ermittlungsverfahren** kann eine Entscheidung des BGH nach § 13a herbeigeführt werden.[2] Durch die Gerichtsbestimmung wird zugleich gemäß § 143 Abs. 1 GVG eine zuständige Staatsanwaltschaft bestimmt.[3] Der **Antrag** zur Herbeiführung einer Entscheidung nach § 13a kann von der Staatsanwaltschaft oder einem Dritten gestellt werden. Der BGH kann aber auch **von Amts wegen** tätig werden.[4] 2

Voraussetzung der Zuständigkeitsbestimmung ist, dass ein Gerichtsstand nicht durch Auslegung des Gesetzes bestimmt bzw. auch nicht aus dessen Sinn und Zweck hergeleitet werden kann.[5] Die Unmöglichkeit einer anderweitigen Zuständigkeitsbestimmung ist aber nicht Voraussetzung, es darf nur kein anderer Gerichtsstand ermittelt sein.[6] Das Vorliegen von **Prozesshindernissen** muss bei der Entscheidung nicht berücksichtigt werden.[7] Steht allerdings ohne weiteres von vornherein und zweifelsfrei fest, dass die Untersuchung und Entscheidung in einer Strafsache nicht zum Aufgabenbereich der deutschen Gerichte gehört oder aus sonstigen Gründen unzulässig ist, ist eine Entscheidung nach § 13a überflüssig und wird auch nicht getroffen.[8] Dies gilt insbesondere, wenn der Strafverfolgung die §§ 18 ff. GVG entgegenstehen.[9] Eine Entscheidung nach § 13a ist auch entbehrlich, wenn § 14 Abs. 2 IRG eingreift.[10] 3

§ 13a dient darüber hinaus nicht der Klärung verfahrensunabhängiger, abstrakter Zuständigkeitsfragen.[11] Stets muss es also um die Verfolgung einer konkreten und individualisierten Straftat gehen.[12] 4

Ergibt sich **nach der Entscheidung** des BGH ein Gerichtsstand nach den §§ 7–11, 13, entfällt derjenige nach § 13a nicht.[13] Der Staatsanwaltschaft steht dann trotz der Bestimmung durch den BGH ein – willkürfreies[14] – Wahlrecht zu, bei welchem örtlich zuständigen Gericht sie Anklage erheben will.[15] 5

III. Rechtsmittel

Die Entscheidung des BGH ist gemäß § 304 Abs. 4 S. 1 unanfechtbar. 6

---

[1] BVerfG 25.10.1966 – 2 BvR 291/64, NJW 1967, 99 f.

[2] Vgl. BT-Drs. 1/3713, 46.

[3] BGH 24.8.1962 – 2 ARs 54/62, BGHSt 18, 19 (20) = NJW 1962, 2018; BGH 4.11.1983 – 2 ARs 365/83, BGHSt 32, 159 (160 f.) = NJW 1984, 623.

[4] BGH 18.10.2000 – 2 ARs 280/00, NStZ-RR 2001, 257; KK/*Fischer* Rn. 4.

[5] BGH 29.1.1965 – 2 ARs 368/64, BGHSt 20, 157 (158) = NJW 1965, 923; BGH 25.9.1987 – 2 ARs 251/87, NStZ 1988, 209.

[6] BGH 10.5.1957 – 2 ARs 74/56, BGHSt 10, 255 (257) = NJW 1957, 1160; BGH 29.9.1997 – 2 ARs 400/97, NStZ-RR 1998, 257; LR/*Erb* Rn. 5.

[7] BGH 24.8.1962 – 2 ARs 54/62, BGHSt 18, 19 = NJW 1962, 2018; BGH 14.12.1984 – 2 ARs 252/84, NJW 1985, 639; siehe auch *Jescheck* JZ 1963, 564 f.

[8] BGH 13.5.1958 – 2 ARs 64/58, BGHSt 11, 379 ff. = NJW 1958, 1547; BGH 9.1.1959 – 2 ARs 59/58, BGHSt 12, 326 = NJW 1959, 779; BGH 15.7.1960 – 2 ARs 193/60, BGHSt 15, 72 f. = NJW 1960, 1963; BGH 11.12.1998 – 2 ARs 499/98, NStZ 1999, 236; BGH 18.4.2007 – 2 ARs 32/07, NStZ 2007, 534; BGH 11.2.1999 – 2 ARs 51/99, StV 1999, 240.

[9] BGH 14.12.1984 – 2 ARs 252/84, BGHSt 33, 97 ff. = NJW 1985, 639 – aA KK/*Fischer* Rn. 5.

[10] BGH 22.7.1988 – 2 ARs 347/88, wistra 1989, 34.

[11] BGH 27.2.1991 – 2 ARs 90/91, NStZ 1992, 27; BGH 12.2.1997 – 2 ARs 62/97, NStZ 1998, 25.

[12] BGH 27.10.1993 – 2 ARs 164/93, NStZ 1994, 139 – „Kriegsverbrechen im Bosnienkonflikt"; siehe auch BGH 12.8.1999 – 3 ARs 9/99, NStZ 1999, 577.

[13] BGH 10.5.1957 – 2 ARs 74/56, BGHSt 10, 255 (258 f.) = NJW 1957, 1160; BGH 4.11.1983 – 2 ARs 365/83, BGHSt 32, 159 (160) = NJW 1984, 623; BGH 17.6.2003 – 2 ARs 59/03, NStZ-RR 2003, 268.

[14] Vgl. OLG Hamm 10.9.1998 – 2 Ws 376/98, NStZ-RR 1999, 16.

[15] *Schermer* MDR 1964, 895 f.

§ 14 [Bestimmung bei Zuständigkeitsstreit]

Besteht zwischen mehreren Gerichten Streit über die Zuständigkeit, so bestimmt das gemeinschaftliche obere Gericht das Gericht, das sich der Untersuchung und Entscheidung zu unterziehen hat.

I. Normzweck

1 Nach § 14 entscheidet das gemeinschaftliche obere Gericht,[1] wenn zwischen mehreren Gerichten ein **örtlicher Kompetenzkonflikt**[2] infolge der Auslegung der gesetzlichen Zuständigkeitsbestimmungen besteht. § 14 ist allerdings nicht anwendbar, wenn es bei dem Streit nur um eine in Verwaltungsvorschriften enthaltene gerichtliche Anhörungskompetenz geht.[3]

II. Erläuterung

2 **1. Kompetenzstreit.** Erfasst ist von § 14 der positive örtliche Kompetenzstreit, wenn sich mehrere Gerichte für zuständig halten. Ein **negativer örtlicher Kompetenzstreit,** wenn kein Gericht seine Zuständigkeit gegeben sieht, ist nur solange nach § 14 lösbar, wie mindestens noch zwei Entscheidungen anfechtbar sind.[4] Nach diesem Zeitpunkt ist § 19 einschlägig. § 14 ist bereits im Ermittlungsverfahren[5] anwendbar und gilt auch im Strafvollstreckungsverfahren und in Strafvollzugssachen.[6]

3 **Keine Entscheidung** des gemeinschaftlichen oberen Gerichts ergeht jedoch, wenn zwischen Spruchkörpern eines Gerichts der Geschäftsverteilungsplan strittig ist (dann muss das Gerichtspräsidium entscheiden), die Zuständigkeit nach den §§ 74 Abs. 2, 74a, 74c GVG[7] oder zwischen Jugend- und Erwachsenengericht ungeklärt ist[8] oder die inhaltliche Richtigkeit einer Entscheidung des übergeordneten Gerichts in Zweifel gezogen wird.[9] Bei einem Rechtshilfeersuchen regelt § 159 GVG abschließend die Zuständigkeit, so dass es auf § 14 ebenfalls nicht ankommt.[10]

4 **2. Analoge Anwendung von § 14.** Nach hM findet § 14 entsprechende Anwendung bei einem **negativen sachlichen Kompetenzstreit,** wenn sonst das Verfahren nicht fortgesetzt werden könnte und somit die Strafrechtspflege zum Stillstand käme.[11] Diese Situation kann zB beim Streit zwischen Berufungs- und Beschwerdekammer in Haftsachen eintreten,[12] **nicht aber** beim Streit um die Art des Rechtsmittels[13] oder bei dem Streit zwischen zwei Führungsaufsichtsstellen.[14]

---

[1] → § 4 Rn. 16.

[2] OLG Düsseldorf 29.5.1980 – 1 Ws 214/80, DRiZ 1981, 192; HK-StPO/*Zöller* Rn. 1.

[3] OLG Frankfurt a. M. 23.12.1981 – 3 Ws 717/81, NStZ 1982, 260.

[4] OLG Hamm 30.8.1979 – 3 (s) Sbd 17 – 2/79, VRS Band 58, 363 (364); LR/*Erb* Rn. 5; *Wendisch* JR 1995, 519 (520).

[5] BGH 14.10.1975 – 2 ARs 292/75, NJW 1976, 153 f.

[6] BGH 1.12.1989 – 2 ARs 543/89, BGHSt 36, 313 (314) = NJW 1990, 723; BGH 20.10.1976 – 2 ARs 347/76, MDR 1977, 418; BayObLG 24.1.1955 – AR 50/54, NJW 1955, 601.

[7] OLG Düsseldorf 2.11.1981 – 2 Ws 614/81, JR 1982, 514 (515); OLG Düsseldorf 9.3.1982 – 1 Ws 840/81, MDR 1982, 689 (690); OLG Düsseldorf 3.4.1995 – 1 Ws 223/95, wistra 1995, 362; aA OLG München 6.6.1979 – 1 Ws 510/79, JR 1980, 77; siehe auch *Meyer-Goßner* NStZ 1981, 168 (174).

[8] BGH 14.5.2008 – 2 ARs 168/08, NStZ 2008, 695; KG 15.6.1964 – 2 ARs 8/64, NJW 1964, 2437; LG Zweibrücken 4.1.2005 – Qs 119/04, NStZ-RR 2005, 153, 154.

[9] BGH 11.6.1993 – 2 ARs 213/93, NStZ 1994, 23; BGH 17.1.2007 – 2 ARs 527/06, NStZ-RR 2007, 179.

[10] OLG Frankfurt a. M. 7.11.2003 – 3 Ws 1250/03, NStZ-RR 2004, 50 (52).

[11] BGH 15.5.1963 – 2 ARs 66/63, BGHSt 18, 381 (384) = NJW 1963, 1747; BGH 29.4.1983 – 2 ARs 118/83, BGHSt 31, 361 (362) = NJW 1983, 1918; BGH 17.3.1999 – 3 ARs 2/99, BGHSt 45, 26 (28) = NJW 1999, 1876; *Franke* NStZ 1999, 524 ff.; *Eb. Schmidt* JZ 1963, 715 (716), siehe aber auch *Weidemann* wistra 2000, 45 (46 f.).

[12] OLG Frankfurt a. M. 28.6.1996 – 3 Ws 535/96, NStZ-RR 1996, 302 ff.

[13] BGH 21.12.1982 – 2 ARs 388/82, BGHSt 31, 183 = NJW 1983, 1437; BGH 19.3.1993 – 2 ARs 43/93, BGHSt 39, 162 = NJW 1993, 1808.

[14] OLG Zweibrücken 29.5.2001 – 1 AR 29/01, NStZ 2002, 279 – da es sich um eine Justizverwaltungsangelegenheit handelt, kann eine Lösung nur im Rahmen der Dienstaufsicht erfolgen.

3. Entscheidung des gemeinschaftlichen oberen Gerichts. Einen **Antrag** auf Entscheidung des gemeinschaftlichen oberen Gerichts kann von den Prozessbeteiligten, wie der Staatsanwaltschaft,[15] oder – dann durch einen förmlichen Vorlagebeschluss, es sei denn das vorlegende Gericht besteht nach dem GVG nur aus einem Richter[16] – von den beteiligten Gerichten gestellt werden.[17] Die Entscheidung kann aber auch **von Amts wegen** erfolgen.[18] Ein Rechtspfleger kann keine Entscheidung nach § 14 herbeiführen, sondern muss Streitigkeiten gemäß § 5 Abs. 1 Nr. 2 RPflG seinem Richter vorlegen.[19] 5

Durch die Entscheidung wird eines der streitenden Gerichte als das zuständige bestimmt.[20] 6
Ist allerdings tatsächlich keines der Gerichte **zuständig,** kann das gemeinschaftliche obere Gericht nicht von sich aus ein weiteres Gericht für zuständig erklären, sondern muss den Antrag nach § 14 zurückweisen.[21] Es kann aber das an sich zuständige Gericht in den Urteilsgründen benennen. Es ist dann Sache der Staatsanwaltschaft, dort Anklage zu erheben.[22]

III. Rechtsmittel

Die Entscheidung des gemeinschaftlichen oberen Gerichts ist **unanfechtbar** (§ 304 7
Abs. 1, Abs. 4).[23] Macht das Gesetz allerdings die Verweisung des Verfahrens an ein anderes Gericht davon abhängig, dass ein Verfahrensbeteiligter dies beantragt, so ist ein ohne Antrag ergangener Verweisungsbeschluss rechtsunwirksam.[24]

§ 15 [Verhinderung des zuständigen Gerichts]

Ist das an sich zuständige Gericht in einem einzelnen Falle an der Ausübung des Richteramtes rechtlich oder tatsächlich verhindert oder ist von der Verhandlung vor diesem Gericht eine Gefährdung der öffentlichen Sicherheit zu besorgen, so hat das zunächst obere Gericht die Untersuchung und Entscheidung dem gleichstehenden Gericht eines anderen Bezirks zu übertragen.

I. Normzweck

§ 15 bietet im Falle der rechtlichen oder tatsächlichen **Verhinderung** des an sich zuständigen Gerichts die Möglichkeit einer Übertragung der Zuständigkeit auf ein Gericht der gleichen Ordnung. Trotz der damit verbundenen Änderung des gesetzlichen Richters (Art. 101 Abs. 1 S. 2 GG) ist die Norm verfassungsgemäß,[1] muss aber gleichwohl **restriktiv angewendet** werden.[2] Mittels § 15 kann vermieden werden, dass die Rechtspflege wegen der Verhinderung zum Stillstand kommt und infolge dessen ein Schuldiger nicht bestraft oder ein unschuldig Angeklagter nicht freigesprochen wird.[3] 1

---

[15] BGH 23.4.2003 – 2 ARs 89/03, BGHSt 48, 275 (276) = NJW 2003, 2252; Thüringer OLG 2.5.2007 – 1 AR(S) 23/07, VRS 113, 342.
[16] OLG Düsseldorf 3.8.2000 – 2 Ws 196/00, NStZ 2000, 609.
[17] Vgl. BGH 7.11.1957 – 2 ARs 143/57, BGHSt 11, 56 (58) = NJW 1958, 229; BGH 4.2.1983 – 2 ARs 328/82, NJW 1983, 1687.
[18] KK/*Fischer* Rn. 3; SK-StPO/*Rudolphi* Rn. 4.
[19] BGH 30.5.1990 – 2 ARs 163/90, NStZ 1991, 27; OLG Hamm 26.7.2007 – 3 (s) Sbd. I-8/07, NStZ-RR 2008, 79.
[20] *Wendisch* JR 1995, 519 (520).
[21] BGH 27.6.1975 – 2 ARs 137/75, BGHSt 26, 162 (164) = NJW 1975, 1846; BGH 4.2.1983 – 2 ARs 328/82, BGHSt 31, 244 (245) = NJW 1983, 1687; BGH 9.12.1994 – 2 ARs 402/94, NStZ 1995, 218; BGH 15.1.1997 – 2 ARs 481/96, NStZ 1997, 255; BGH 27.9.2000 – 2 ARs 69/00, NStZ 2001, 110; BGH 10.11.1999 – 2 ARs 447/99, NStZ-RR 2000, 83.
[22] Vgl. OLG Bamberg 13.6.2005 – Ws 338/05, NStZ-RR 2005, 377.
[23] Radtke/Hohmann/*Kronthaler* Rn. 8.
[24] BGH 1.12.1989 – 2 ARs 543/89, BGHSt 36, 313 = NJW 1990, 723.
[1] Vgl. BVerfG 25.10.1966 – 2 BvR 291/64, BVerfGE 20, 336 (343) = NJW 1967, 99.
[2] BGH 4.4.2002 – 3 ARs 17/02, BGHSt 47, 275 (276) = NJW 2002, 1589.
[3] BGH 15.10.1968 – 2 ARs 291/68, BGHSt 22, 250 (252) = NJW 1969, 105.

II. Erläuterung

2 **1. Allgemeines.** § 15 ist auch anwendbar, wenn neben dem verhinderten Gericht noch andere Gerichtsstände nach §§ 7–11, 12 Abs. 2 oder 13 Abs. 1 bestehen, so kann das im Einzelfall zweckmäßigste Gericht gewählt werden.[4] Als neues zuständiges Gericht kann auch eines gewählt werden, bei dem **sonst** im konkreten Strafverfahren **kein Gerichtsstand** besteht.[5] Die Übertragung kann für die gesamte Verhandlung, aber auch nur für einzelne richterliche Handlungen vorgenommen werden.[6] Sie ist **in jeder Lage des Verfahrens** zulässig,[7] auch im Rechtsmittelzug.[8] Die Übertragung erfolgt nach einem entsprechenden **Antrag** (auch von einem nicht notwendig am Verfahren Beteiligten) oder **von Amts wegen.**[9] Wird die Übertragung bereits vor Rechtshängigkeit vorgenommen, wird das Wahlrecht der Staatsanwaltschaft, vor welchem Gericht sie Anklage erheben will, hierdurch nicht eingeschränkt.[10]

3 **2. Hinderungsgründe.** Eine **rechtliche Verhinderung** des an sich zuständigen gerichtlichen Spruchkörpers liegt vor, wenn alle oder so viele Richter und ihre konkreten Vertreter ausgeschlossen (§§ 22, 23) oder erfolgreich abgelehnt wurden (§ 24), dass das Gericht beschlussunfähig ist.[11] Allein die Gefahr, dass das gesamte Gericht voreingenommen ist, reicht jedoch nicht, um nach § 15 zu verfahren.[12]

4 Eine **tatsächliche Verhinderung** kann angenommen werden, wenn alle Richter für eine nicht nur unerhebliche Zeit erkrankt sind bzw. so viele, dass das Gericht beschlussunfähig ist. Diese Situation kann auch eintreten, wenn wegen Aufruhr, Krieg oder kriegsähnlichen Zuständen in dem betreffenden Gerichtsbezirk die Rechtspflege zum Stillstand gekommen ist.[13]

5 Fehlt es in den Fällen des § 210 Abs. 3 oder § 354 Abs. 2 an einem entsprechenden **Auffangspruchkörper** muss zunächst versucht werden, diesen nachträglich zu bilden.[14] Erst wenn dies nicht möglich ist, kommt § 15 zur Anwendung.[15]

6 Eine Übertragung kommt zudem in Betracht, wenn das Gericht die Hauptverhandlung zwar außerhalb seines Bezirkes durchführen könnte, von dieser Möglichkeit aber keinen Gebrauch macht,[16] oder der Angeklagte nicht vor das zuständige Gericht gebracht werden kann.[17] Allein die weite Entfernung zwischen Gericht und Prozessbeteiligten, durch die möglicherweise die Verhandlung erschwert und erhebliche Kosten verursacht wird, rechtfertigt die Anwendung von § 15 jedoch ebenso wenig[18] wie der Umstand, dass der Aufenthaltsort des Angeklagten nicht feststellbar ist.[19]

7 Eine § 15 rechtfertigende **Gefährdung der öffentlichen Sicherheit** ist gegeben, wenn mit (gewalttätigen) Protesten oder terroristischen Anschlägen gerechnet werden muss,

---

[4] LR/*Erb* Rn. 2; vgl. auch BGH 7.3.1967 – 2 ARs 60/67, BGHSt 21, 212 (215) = NJW 1967, 1045.

[5] RG 15.6.1911 – 86/11, RGSt 45, 67 (69); BGH 2.6.1961 – 2 ARs 70/61, BGHSt 16, 84 (86) = NJW 1961, 1484.

[6] *Meyer-Goßner* Rn. 1.

[7] BGH 7.3.1967 – 2 ARs 60/67, BGHSt 21, 212 (215) = NJW 1967, 1045.

[8] BGH 15.10.1968 – 2 ARs 291/68, BGHSt 22, 250 = NJW 1969, 105.

[9] BGH 4.4.2002 – 3 ARs 17/02, BGHSt 47, 275 (276) = NJW 2002, 1589.

[10] BGH 7.3.1967 – 2 ARs 60/67, BGHSt 21, 212 (215) = NJW 1967, 1045.

[11] Vgl. RG 9.5.1884 – 1063/84, RGSt 10, 381.

[12] BGH 21.3.2007 – 2 ARs 107/07, NStZ 2007, 475.

[13] Vgl. BGH 31.5.1951 – 1 ARs 2/51, BGHSt 1, 211 (214) = NJW 1951, 670.

[14] BGH 25.9.1984 – 2 StR 418/84, NStZ 1985, 204; OLG München 14.7.1977 – 2 Ws 489/77, JR 1978, 301.

[15] OLG Oldenburg 19.10.1984 – 2 Ws 475/84, NStZ 1985, 473.

[16] BGH 15.10.1968 – 2 ARs 291/68, BGHSt 22, 250 = NJW 1969, 105.

[17] Vgl. BGH 2.6.1961 – 2 ARs 70/61, BGHSt 16, 84 (85) = NJW 1961, 1484 (wegen Krankheit reiseunfähiger Angeklagter); BGH 15.10.1968 – 2 ARs 291/68, BGHSt 22, 250 (251) = NJW 1969, 105; SK-StPO/*Rudolphi* Rn. 6.

[18] BGH 27.1.1970 – 2 ARs 12/70, MDR 1970, 383.

[19] BGH 2.10.1996 – 2 ARs 329/96, NStZ 1997, 331.

denen mit polizeilichen Mitteln nicht begegnet werden kann.[20] Angesichts der bei dieser Übertragungsmöglichkeit gebotenen restriktiven Auslegung der Voraussetzungen, ist aber erforderlich, dass die Gefährdung ihre Ursache in der Durchführung der Verhandlung gerade vor dem zuständigen Gericht haben muss (etwa bei Verfahren mit starkem örtlichem oder regionalem Bezug) und nicht auf andere Weise – zB durch Verlegung der Hauptverhandlung an einen besonders gesicherten Ort – beseitigt werden kann. Hierbei ist zudem zu beachten, dass **nicht jede Gefahr** für die öffentliche Sicherheit bereits Anlass für eine Zuständigkeitsübertragung gibt, sondern nur eine solche, die aufgrund ihres Grades und des Ausmaßes der drohenden Schäden eine Situation begründet, die dem Fall der Verhinderung des Gerichts aus tatsächlichen oder rechtlichen Gründen vergleichbar ist und eine nachteilige Rückwirkung auf die Unbefangenheit der zur Urteilsfindung berufenen Personen ausüben kann.[21]

3. Entscheidung des zunächst oberen Gerichts. Das **zunächst obere Gericht** ist jenes, das dem verhinderten Gericht unmittelbar übergeordnet ist. Dies ist das Landgericht für ein Amtsgericht, das OLG für ein Landgericht und der BGH für ein OLG. Es muss allerdings beachtet werden, dass die Übertragung nur auf ein **Gericht mit der gleichen sachlichen Zuständigkeit** erfolgen kann und sich dieses **im Bezirk** des oberen Gerichts befinden muss. Ist ein solches Gericht nicht vorhanden, muss die Übertragung vom gemeinschaftlichen oberen Gericht vorgenommen werden, dass sowohl dem verhinderten wie auch dem neuen Gericht übergeordnet ist. Notfalls muss die Übertragung vom BGH vorgenommen werden.[22] Der BGH hat auch die Möglichkeit an ein Gericht eines anderen Bundeslandes zu übertragen.[23] Liegen die Voraussetzungen von § 15 vor, muss das obere Gericht die Entscheidung treffen und hat insoweit **kein Ermessen.**[24] 8

4. Wirkung der Übertragung. Wird ein Verfahren nach Eröffnung des Hauptverfahrens auf ein anderes Gericht nach § 15 übertragen, so wird dieses Gericht örtlich zuständig und bleibt dies auch, wenn die zugrundeliegende Verhinderung später wegfällt. Der Vorzug des neuen Gerichts kann nur durch eine erneute Entscheidung des oberen Gerichts beendet werden.[25] 9

III. Rechtsmittel

Eine **Beschwerde** gegen den Übertragungsbeschluss ist gemäß § 304 Abs. 1, Abs. 4 unzulässig.[26] Das Gericht, auf welches das Verfahren übertragen wurde, darf sich zudem nicht gemäß § 16 für unzuständig erklären.[27] 10

§ 16 [Einwand der Unzuständigkeit]

[1]Das Gericht prüft seine örtliche Zuständigkeit bis zur Eröffnung des Hauptverfahrens von Amts wegen. [2]Danach darf es seine Unzuständigkeit nur auf Einwand des Angeklagten aussprechen. [3]Der Angeklagte kann den Einwand nur bis zum Beginn seiner Vernehmung zur Sache in der Hauptverhandlung geltend machen.

---

[20] Vgl. RG 9.5.1884 – 1063/84, RGSt 10, 381 (383); *Best* JR 2002, 433; *Meyer-Goßner* Rn. 5.
[21] BGH 4.4.2002 – 3 ARs 17/02, BGHSt 47, 275 f. = NJW 2002, 1589; siehe auch *Best* JR 2002, 433 ff.
[22] BGH 2.6.1961 – 2 ARs 70/61, BGHSt 16, 84 (87) = NJW 1961, 1484; BGH 7.3.1967 – 2 ARs 60/67, BGHSt 21, 212 (213) = NJW 1967, 1045.
[23] BGH 15.10.1968 – 2 ARs 291/68, BGHSt 22, 250 (252) = NJW 1969, 105.
[24] RG 15.6.1911 – 86/11, RGSt 45, 67 (69).
[25] LR/*Erb* Rn. 18.
[26] OLG Celle 1.11.1956 – 2 Ws 362/56, NJW 1957, 73; KK/*Fischer* Rn. 7.
[27] Radtke/Hohmann/*Kronthaler* Rn. 12.

Übersicht

I. Normzweck

1 § 16 verdeutlicht, dass die örtliche Zuständigkeit – im Gegensatz zur sachlichen, die nach § 6 in jeder Lage des Verfahrens zu prüfen ist – nur eine kurzlebige bzw. befristete **Verfahrensvoraussetzung** ist.[1] Durch die zeitliche Begrenzung der Prüf- und Rügemöglichkeit soll der ungehinderte und zügige Fortgang des Verfahrens sichergestellt werden.[2]

II. Erläuterung

2 **1. Prüfungszeitraum.** Das Gericht prüft **von Amts wegen** nur bis zur Eröffnung des Hauptverfahrens seine örtliche Zuständigkeit, also bis zum Erlass des Eröffnungsbeschlusses bzw. im beschleunigten Verfahren bis zur Vernehmung des Angeklagten zur Sache.[3] Wird das Gericht schon vor Anklageerhebung tätig, zB um Entscheidungen nach §§ 81 oder 141 zu treffen, muss es auch schon in diesem Stadium seine örtliche Zuständigkeit prüfen.[4]

3 **Der Angeklagte** kann den Einwand der örtlichen Unzuständigkeit wie bei § 6a nur bis zum Beginn seiner Vernehmung zur Sache (§ 243 Abs. 5 S. 1) erheben.[5] Eine nach diesem Zeitpunkt eintretende Änderung der tatsächlichen Umstände oder der rechtlichen Beurteilung ist für die örtliche Zuständigkeit irrelevant.[6]

4 **2. Entscheidung des Gerichts.** Stellt das Gericht nach der vorzunehmenden Prüfung seine örtliche Unzuständigkeit fest, lehnt es nicht die Eröffnung des Verfahrens nach § 204 ab, denn nach Verneinung der örtlichen Zuständigkeit fehlt für eine Prüfung des hinreichenden Tatverdachts die Grundlage. Vielmehr erklärt sich das Gericht **durch** einen **Beschluss für unzuständig.**[7] Damit endet die Rechtshängigkeit des Verfahrens bei diesem Gericht und die Staatsanwaltschaft hat die Möglichkeit, vor einem anderen Gericht erneut Anklage zu erheben.

5 In den Fällen von §§ 12 Abs. 2, 13 Abs. 2 S. 2, 14, 19 in denen das **obere Gericht** die örtliche Zuständigkeit bestimmt oder überträgt, kann das Gericht nicht seine Unzuständigkeit feststellen. Der Angeklagte hat aber, außer bei §§ 13a, 15, gleichwohl die Möglichkeit, die Unzuständigkeit zu rügen.[8]

6 Ist die – eventuell auch irrtümlich ergangene[9] – Entscheidung, mit der das Gericht sich für unzuständig erklärt hat, unanfechtbar geworden, kann vor diesem Gericht die Sache nicht noch einmal angeklagt werden.[10]

7 Wird die fehlende örtliche Zuständigkeit erst **nach Eröffnung des Hauptverfahrens** festgestellt, muss das Verfahren außerhalb der Hauptverhandlung durch einen Beschluss nach § 206a, sonst durch Urteil nach § 260 Abs. 3 eingestellt werden.[11] Wird stattdessen

---

[1] Vgl. BGH 12.7.2001 – 1 StR 171/01, NStZ 2001, 588; *Meyer-Goßner* Rn. 1.

[2] Vgl. RG 19.5.1881 – 975/81, RGSt 4, 232; RG 14.12.1894 – 2736/94, RGSt 26, 340 (341 f.); RG 29.10.1907 – V 569/07, RGSt 40, 354 (356); RG 20.4.1931 – II 255/31, RGSt 65, 267 (268).

[3] KK/*Fischer* Rn. 3.

[4] SK-StPO/*Rudolphi* Rn. 4.

[5] BGH 25.10.1983 – 5 StR 736/82, NStZ 1984, 128.

[6] RG 20.4.1931 – II 255/31, RGSt 65, 267 f.

[7] RG 20.2.1899 – 5100/98, RGSt 32, 50 (51); OLG Köln 22.2.2000 – Ss 15/00, NStZ-RR 2000, 273; Graf/*Bachler* Rn. 1.

[8] Vgl. OLG Köln 10.7.1987 – Ss 150/87 (Z), VRS Band 74, 32; LR/*Erb* Rn. 2.

[9] Radtke/Hohmann/*Kronthaler* Rn. 3.

[10] BGH 20.7.1962 – 4 StR 194/62, BGHSt 18, 1 (5) = NJW 1962, 2116, BGH 1.3.1988 – 1 StR 701/87, NStZ 1988, 371.

[11] OLG Düsseldorf 24.10.1990 – 3 Ws 870/90, VRS Band 80, 281; OLG Köln 10.7.1987 – Ss 150/87 (Z), VRS Band 74, 32 (33).

irrtümlich nur ein Beschluss über die Unzuständigkeit getroffen, bedeutet dies aber ebenfalls eine Einstellung des Verfahrens.[12] Infolge dessen endet die Rechtshängigkeit und die Wirkungen der Anklageerhebung entfallen. Die Staatsanwaltschaft kann damit erneut vor dem zuständigen Gericht Anklage erheben.[13]

Die **Abgabe oder Verweisung** des Verfahrens an das örtlich zuständige Gericht ist im 1. Rechtszug ausgeschlossen und unwirksam,[14] denn hierfür fehlt es an einer gesetzlichen Grundlage. Zudem bestehen regelmäßig noch weitere Gerichtsstände, so dass das Gericht zudem sonst in das Auswahlermessen der Staatsanwaltschaft eingreifen würde. Erfolgt gleichwohl eine Verweisung und wird vor einem anderen Gericht daraufhin das Verfahren fortgesetzt, so leidet dieses Verfahren an dem unheilbaren Mangel, dass ein Eröffnungsbeschluss oder eine diesem gleichstehende gerichtliche Entscheidung fehlt. Eine Ausnahme ist nur dann möglich, wenn die Verweisung mit dem Einverständnis der Staatsanwaltschaft erfolgt.[15] 8

Das **Berufungs- und Revisionsgericht** hat hingegen die Möglichkeit, wenn das angefochtene Urteil von einem örtlich unzuständigen Gericht erlassen wurde, dieses Urteil gemäß § 328 Abs. 2[16] bzw. § 355 aufzuheben und an das örtlich zuständige Gericht zu verweisen. In dem praktisch seltenen Fall, dass das Rechtsmittelgericht seine örtliche Unzuständigkeit feststellt, ist § 16 entsprechend anzuwenden.[17] 9

III. Rechtsmittel

Erklärt sich das Gericht für örtlich unzuständig, steht der Staatsanwaltschaft hiergegen die **Beschwerde** nach § 304 zu. Ist die Beschwerde begründet, verweist das Beschwerdegericht das Verfahren zurück.[18] Gegenüber einer Einstellung nach § 206a besteht nach § 206a Abs. 2 die Möglichkeit, die sofortige Beschwerde zu erheben. Gegen eine Einstellung nach § 260 Abs. 3 kann Berufung oder Revision eingelegt werden. 10

Wurde der vom Angeklagten erhobene Einwand der örtlichen Unzuständigkeit abgewiesen, hat er hiergegen keine Beschwerdemöglichkeit. Er hat dann aber die Rüge nach § 338 Nr. 4,[19] wenn er vortragen kann, dass er den Einwand nach § 16 rechtzeitig erhoben hat.[20] 11

§§ 17, 18 (weggefallen)

§ 19 [Bestimmung bei negativem Zuständigkeitsstreit]

Haben mehrere Gerichte, von denen eines das zuständige ist, durch Entscheidungen, die nicht mehr anfechtbar sind, ihre Unzuständigkeit ausgesprochen, so bezeichnet das gemeinschaftliche obere Gericht das zuständige Gericht.

I. Normzweck

§ 19 greift bei einem **negativen örtlichen Kompetenzstreit,** wenn sich also zwei oder mehr Gerichte nicht für örtlich zuständig halten. Halten sich hingegen nur verschiedene 1

[12] BGH 20.7.1962 – 4 StR 194/62, BGHSt 18, 1 = NJW 1962, 2116.
[13] BGH 20.7.1962 – 4 StR 194/62, BGHSt 18, 1 (3) = NJW 1962, 2116; KMR/*Stöckel* Rn. 13.
[14] Vgl. BGH 23.7.1969 – 2 ARs 201/69, BGHSt 23, 79 (82) = NJW 1969, 1820; OLG Hamm 12.9.1960 – 2 Ss 476/60, NJW 1961, 232; OLG Hamm 12.3.1970 – 3 (s) Sbd. 13-6/70, VRS Band 38, 345 (346).
[15] OLG Braunschweig 21.7.1961 – Ss 119/61, GA 1962, 284; OLG Karlsruhe 23.7.1976 – 1 Ss (B) 292/76, GA 1977, 58.
[16] BayObLG 26.3.1987 – RReg. 3 St 43/87, NJW 1987, 3091.
[17] *Meyer-Goßner* Rn. 6; für § 348 analog hingegen LR/*Erb* Rn. 20.
[18] BayObLG 26.3.1987 – RReg. 3 St 43/87, NJW 1987, 3091; OLG Hamm 1.9.2005 – 2 Ss 66/05, wistra 2006, 37.
[19] BGH 10.1.1958 – 5 StR 487/57, BGHSt 11, 130 (131) = NJW 1958, 469; *Rieß* NStZ 1981, 447 (448).
[20] BGH 4.12.1979 – 5 StR 571/79, GA 1980, 255; BGH 9.6.1993 – 3 StR 49/93, MDR 1993, 891; OLG Köln 10.1.2003 – Ss 530/02, StV 2004, 314.

Spruchkörper ein und desselben Gerichts für unzuständig, unterfällt dies nicht § 19.[1] Das gleiche gilt bei einem Kompetenzkonflikt zwischen zwei Führungsaufsichtsstellen.[2]

2 Die Vorschrift ist anwendbar, wenn mehrere Gerichte ihre Unzuständigkeit selbst ausgesprochen haben oder diese in einer Beschwerdeentscheidung festgestellt wurde.[3] Die Entscheidungen müssen allerdings **unanfechtbar** sein, sind mindestens zwei noch anfechtbar, ist § 14 einschlägig.

3 § 19 ist bei einem **negativen sachlichen Zuständigkeitsstreit** entsprechend anwendbar, wenn andernfalls das Verfahren nicht fortgesetzt werden könnte und es sonst insoweit zu einem Stillstand der Strafrechtspflege kommen würde.[4]

II. Erläuterung

4 Der Kompetenzstreit wird durch das **gemeinschaftliche obere Gericht** gelöst.[5] Gehören die beteiligten Gerichte verschiedenen OLG Bezirken an, ist dies der BGH.[6] Die Entscheidung wird auf Antrag eines Prozessbeteiligten, meist der Staatsanwaltschaft herbeigeführt. Die Gerichte kommen hierfür nicht in Betracht, da sie sich ja für unzuständig erklärt haben und zwischen ihnen somit kein Streit besteht. Der Antrag muss eines der Gerichte, die sich für unzuständig erklärt haben, als zuständig bezeichnen. Ist tatsächlich aber keines von ihnen nach den §§ 7–11, 13 örtlich zuständig, muss das obere Gericht die Entscheidung ablehnen.[7] Auch eine **Verweisung** an das an sich zuständige Gericht kommt nicht in Betracht, vielmehr ist es Sache der Staatsanwaltschaft vor diesem Anklage zu erheben.

5 Ist kein zuständiges Gericht ersichtlich, darf nicht an ein unzuständiges Gericht verwiesen werden, sondern dieses muss – auf einen entsprechenden Antrag hin – nach § 13a bestimmt werden. Die Anträge bezüglich § 19 und § 13a können auch zusammengestellt werden.[8]

6 Die Entscheidung nach § 19 ergeht nach **Anhörung** des Prozessgegners, § 33 Abs. 2, Abs. 3. Mit dem Beschluss, mit dem das zuständige Gericht bestimmt wird, wird die Unzuständigkeitserklärung des unteren Gerichts unwirksam, ohne das es einer ausdrücklichen Aufhebung bedarf.

III. Rechtsmittel

7 Die Entscheidung des gemeinschaftlichen oberen Gerichts ist **unanfechtbar,** § 304 Abs. 1, Abs. 4.

§ 20 [Handlungen eines unzuständigen Gerichts]

Die einzelnen Untersuchungshandlungen eines unzuständigen Gerichts sind nicht schon dieser Unzuständigkeit wegen ungültig.

I. Normzweck

1 Nach § 20 sind einzelne Untersuchungshandlungen, nicht das gesamte Verfahren, auch dann wirksam, wenn ein örtlich unzuständiges Gericht diese **irrtümlich** vornimmt oder

---

[1] Siehe OLG Düsseldorf 9.3.1982 – 1 Ws 840/81, MDR 1982, 689.

[2] OLG Zweibrücken 29.5.2001 – 1 AR 29/01, NStZ 2002, 279 – da es sich um eine Justizverwaltungsangelegenheit handelt, kann eine Lösung nur im Rahmen der Dienstaufsicht erfolgen.

[3] LR/*Erb* Rn. 2.

[4] BGH 15.5.1963 – 2 ARs 66/63, BGHSt 18, 381 (384) = NJW 1963, 1747; BGH 29.4.1983 – 2 ARs 118/83, BGHSt 31, 361 (362) = NJW 1983, 1918; BGH 17.3.1999 – 3 ARs 2/99, BGHSt 45, 26 (28) = NJW 1999, 1876; → § 14 Rn. 4.

[5] Siehe zu diesem → § 4 Rn. 16.

[6] Vgl. BGH 1.9.2004 – 5 ARs 55/04, NStZ-RR 2005, 146.

[7] BGH 23.12.1977 – 2 ARs 415/77, BGHSt 27, 329 (330) = NJW 1978, 835; BGH 14.12.1983 – 2 ARs 374/83, NStZ 1984, 177.

[8] KK/*Fischer* Rn. 3.

anordnet.[1] Der dem zugrundeliegende Rechtsgedanke, die Wirksamkeit einer richterlichen Handlung nicht an der örtlichen Unzuständigkeit scheitern zu lassen, findet sich auch in § 7 FGG und § 44 Abs. 3 Nr. 1 VwVfG. Zudem steht nach § 22d GVG der Wirksamkeit einer Handlung nicht entgegen, dass diese nach dem Geschäftsverteilungsplan von einem anderen Richter hätte vorgenommen werden müssen. § 20 ist auf Entscheidungen in Strafvollstreckungs- und Strafvollzugssachen **entsprechend anwendbar.**[2]

Die Wirksamkeit einer Entscheidung kann jedoch dann **nicht auf § 20 gestützt** werden, 2
wenn das Ausmaß und das Gewicht der Fehlerhaftigkeit für die Rechtsgemeinschaft geradezu unerträglich wäre, die Entscheidung also an einem so schweren und offenkundigen Mangel leidet, dass sie mit wesentlichen Grundsätzen des Strafprozessrechts und des rechtsstaatlichen Verfahrens unvereinbar ist.[3] Eine Heilung des Zuständigkeitsmangels scheidet demzufolge aus, wenn der Richter offensichtlich unzuständig ist und die reguläre Zuständigkeit in grober Weise verletzt wurde.[4] Ebenfalls unanwendbar ist § 20 bei sachlicher Unzuständigkeit.[5]

II. Erläuterung

§ 20 bezieht sich auf **einzelne Untersuchungshandlungen,** § 162 Abs. 1, also vor allem 3
richterliche Beweiserhebungen, wie zB die Vernehmung und Vereidigung von Zeugen (§§ 58, 59), und die Anordnung strafprozessualer Zwangsmaßnahmen, wie zB die Anordnung der körperlichen Untersuchung des Beschuldigten oder anderer Personen (§§ 81a, c) oder der Erlass von Durchsuchungs- und Beschlagnahmeanordnungen (§ 98 Abs. 1).[6] § 20 bewirkt, dass Beweiserhebungen nach §§ 223–225 nicht wiederholt werden müssen und Protokolle nach §§ 251, 253, 254 verlesen werden können.[7] Dies gilt auch bei der Wiederaufnahme des Verfahrens für § 369 entsprechend.[8]

Eine **Wiederholung der Untersuchungshandlungen** ist aber gleichwohl möglich und 4
unter Umständen auch aus Gründen der Unmittelbarkeit und Mündlichkeit des Verfahrens erforderlich.[9]

Die Entscheidung des unzuständigen Gerichts kann – ohne das dem § 20 entgegen- 5
stünde – aufgehoben werden.[10] Gegebenenfalls muss, wenn die Unzuständigkeit des Gerichts entdeckt wird, darüber entschieden werden, ob die Maßnahme, zB ein Haftbefehl, nach § 21 aufrechtzuerhalten ist.[11]

§ 21 [Befugnisse bei Gefahr im Verzug]

Ein unzuständiges Gericht hat sich den innerhalb seines Bezirks vorzunehmenden Untersuchungshandlungen zu unterziehen, bei denen Gefahr im Verzug ist.

I. Normzweck

§ 21 erlaubt bei Gefahr im Verzug, dass ein örtlich unzuständiges Gericht **in Kenntnis** 1
seiner Unzuständigkeit Untersuchungshandlungen vornimmt oder anordnet. Im Gegensatz zu § 20 handelt das Gericht also nicht irrtümlich, sondern bewusst an Stelle des zuständigen

[1] LG Köln 26.6.1995 – 107 Qs 144/95, MDR 1996, 192.
[2] BGH 23.12.1977 – 2 ARs 415/77, BGHSt 27, 329 (331) = NJW 1978, 835.
[3] Vgl. grundsätzlich BGH 16.10.1980 – 1 BJs 80/78, BGHSt 29, 351 (353) = NJW 1981, 133; BGH 24.1.1984 – 1 StR 874/83, NStZ 1984, 279.
[4] *Meyer-Goßner* Rn. 1; SK-StPO/*Rudolphi* Rn. 1.
[5] OLG Köln 27.2.2004 – 2 Ws 57/04, StV 2004, 417 (418).
[6] Siehe auch LR/*Erb* Rn. 4.
[7] *Meyer-Goßner* Rn. 3.
[8] OLG Düsseldorf 28.3.1979 – 5 Ws 6/79, NJW 1979, 1724.
[9] KMR/*Stöckel* Rn. 3.
[10] Vgl. OLG Köln 27.2.2004 – 2 Ws 57/04, StV 2004, 417 (418).
[11] Siehe KG 3.12.1997 – 1 AR 1480/97, StV 1998, 384.

Gerichts. Ein **sachlich unzuständiges** Gericht kann aber nicht aufgrund der Notzuständigkeit tätig werden.[1]

2 § 21 gilt grundsätzlich in allen Verfahrensstadien. Aufgrund der Ausgestaltung der §§ 162, 165 spielt die Norm im Ermittlungsverfahren aber praktisch keine Rolle. Bedeutung kann sie aber erlangen, wenn bereits Anklage erhoben wurde.[2]

II. Erläuterung

3 § 21 erlaubt dem örtlich unzuständigen Gericht die Vornahme bzw. Anordnung **einzelner** Untersuchungshandlungen.[3] Voraussetzung ist jedoch, dass Gefahr im Verzug ist. Dies ist der Fall, wenn die Einschaltung des zuständigen Gerichts wegen der damit verbundenen zeitlichen Verzögerung den Untersuchungserfolg gefährden oder unmöglich machen würde.[4] **Nicht eilbedürftige** Untersuchungshandlungen bleiben dem an sich zuständigen Gericht vorbehalten.[5]

4 Das Gericht kann **von Amts wegen** oder auf **Antrag** der Staatsanwaltschaft tätig werden.[6]

[1] LR/*Erb* Rn. 1.
[2] Radtke/Hohmann/*Kronthaler* Rn. 3.
[3] Siehe zu diesen → § 20 Rn. 3.
[4] Vgl. BVerfG 3.4.1979 – 1 BvR 994/76, NJW 1979, 1539 (1540); BVerfG 20.2.2001 – 2 BvR 1444/00, NJW 2001, 1121 (1125).
[5] HK-StPO/*Zöller* Rn. 2.
[6] KK/*Fischer* Rn. 2.

Dritter Abschnitt. Ausschließung und Ablehnung der Gerichtspersonen

Vor § 22

1 Die §§ 22 ff. sichern in der StPO das verfassungsrechtlich in Art. 101 Abs. 1, S. 2 GG verankerte Prinzip des gesetzlichen und i.S.d. Art. 97 GG unabhängigen Richters.[1] Dem Gesetzgeber ist es **verfassungsrechtlich aufgegeben,** dafür Sorge zu tragen, dass die Richterbank von Richtern freigehalten wird, welche dem zu entscheidenden Rechtsfall oder den hieran beteiligten Personen nicht mit der erforderlichen Distanz einer unbeteiligten, am Verfahrensausgang nicht privat interessierten Person gegenüber stehen.[2] Die §§ 22 ff. mögen dem verfassungsrechtlichen Auftrag gerecht werden und ihn ausfüllen. Sie stellen indes keine parlamentarische Reflektion des Art. 101 GG dar, denn das Normgefüge der §§ 22–24 StPO war schon Bestandteil der 1877 in Kraft getretenen StPO. Auf einfachgesetzlicher Ebene fordert daneben auch Art. 6 Abs. 1 S. 1 EMRK, dass über eine strafrechtliche Anschuldigung durch ein unparteiisches und unabhängiges Gericht entschieden wird. Die Unbefangenheit der Gerichtspersonen ist damit auch eine Forderung des Fair-Trial-Prinzips.[3]

2 Überraschen kann dies nicht, gilt doch die grundsätzliche Unparteilichkeit von Gerichtspersonen als international geforderte **Voraussetzung rechtsstaatlichen Prozedierens** und ist in Art. 14 Abs. 1 des Internationalen Paktes über Bürgerliche und Politische Rechte ebenso kodifiziert wie in Art. 10 der Allgemeinen Erklärung der Menschenrechte. Sie ist weiterhin völkergewohnheitsrechtlich als Mindeststandard im Internationalen Menschenrechtsschutz anerkannt.[4] Unparteilichkeit stellt damit auch eine Legitimationsbedingung von Rechtspflege im rechtsstaatlichen Sinne dar, mögen auch die Anforderungen hieran entsprechend den unterschiedlichen Prozessordnungen differieren.

3 Die Regeln der StPO über den Ausschluss oder die Ablehnung von Gerichtspersonen dienen einerseits dem **Ansehen und der Akzeptanz der Rechtspflege,** sollen mithin auch deren **Autorität und Verbindlichkeit** sichern. Herkömmlich wird dies durchaus als Zweck der Regelungen der §§ 22 ff. gesehen. Nicht verkannt werden darf hierbei, dass Art. 101 GG i. V. m Art. 6 Abs. 1 S. 1 EMRK und den Normen des 2. Abschnitts der StPO dem Angeschuldigten auch einen **Leistungsanspruch** auf eine unparteilich besetzte Richterbank vermitteln und ihm ein Ablehnungsrecht einräumen, welches auch seine Subjektstellung im Strafprozess sichert. In der Gesetzgebungsgeschichte um das Ablehnungsrecht fand die intensivste Auseinandersetzung denn auch um den Widerstreit der Gewährung dieses Rechts einerseits und dem gleichzeitigen staatlichen Bedürfnis es effektiv einzuhegen andererseits statt. Letztere Bemühungen führten zunächst dazu, dem Angeklagten ein Ablehnungsrecht für Gründe zu verwehren, die sich erst im Laufe der Hauptverhandlung ergaben. Generell war er bis zur Reform von 1965 darauf angewiesen, Ablehnungsgründe bis zum Beginn der Beweisaufnahme geltend zu machen. Späteres Vorbringen war auch dann unzulässig, wenn sich die Gründe, an der Unvoreingenommenheit des Gerichts zu zweifeln, erst in der Beweisaufnahme ergaben. Bis zur 1965 in Kraft getretenen Reform stand einer großzügigeren Regelung stets die Sorge vor dem Missbrauch des Ablehnungsrechts durch den Angeklagten entgegen.[5]

---

[1] BVerfG v. 8.2.1967 – 2 BvR 235/64, BVerfGE 21, 139, 146; BVerfG v. 26.1.1971 – 2 BvR 443/69, BVerfGE 30, 149, 153; BVerfG v. 12.1.1983, BVerfGE 63, 77, 79 ff.

[2] BVerfG v. 8.2.1967 – 2 BvR 235/64, BVerfGE 21, 139, 145 f.; BVerfG v. 5.10.1977, BVerfGE 46, 34, 37; KK/*Scheuten* § 22 Rn. 1.

[3] AK/*Wassermann* vor § 22 Rn. 2; KMR/*Bockemühl* vor § 22 Rn. 1.

[4] *Borchard,* Proceedings of the American Society of International Law at its Annual Meeting, 27.–29. April 1939, S. 63; *Doehring,* Völkerrecht, S. 379.

[5] S. etwa Protokolle der Kommission für die Reform des Strafprozesses (1903), Erster Band, Erste Lesung, S. 17; Protokolle der Reichstagsverhandlungen bei *Schubert,* Bericht der 7. Kommission (1910/1911), S. 127 ff.

4 Diese Sorge, die **Effektivität der Strafrechtspflege** könne durch ein nicht hinreichend restriktiv interpretiertes Ablehnungsrecht beeinträchtigt werden, prägt noch heute – häufig unausgesprochen – die Diskussion hinsichtlich streitiger Einzelfragen. Begünstigt wird dies dadurch, dass es an einer dogmatischen Durchdringung des Befangenheitsrechts fehlt. Das Ergebnis ist eine Kasuistik, welcher der gelegentliche Eindruck einer gewissen Zufälligkeit kaum abzusprechen ist. Überraschen kann dies nicht, denn die einschlägigen Entscheidungen ergehen anhand von Formeln, deren normative Vagheit das Subsumtionsergebnis schwerlich vorhersehbar macht.

5 So wird von der h.M. einerseits die Sicht eines vernünftigen Angeklagten auf den zu beurteilenden Vorgang als die maßgebliche postuliert. Diese fiktive, aus richterlicher Sicht kreierte Figur des vernünftigen Angeklagten ist letztlich eine empiriefreie, leere Projektionsfläche, die sich mit gewisser Beliebigkeit bedürfnisgerecht füllen lässt. Dies gilt zumal, wenn von diesem „vernünftigen" Angeklagten entgegen jeder empirischen Wahrscheinlichkeit auch verlangt werden kann, selbst dann keine Zweifel an der Unbefangenheit eines Richters zu hegen, wenn dieser sich im Urteil eines Parallelverfahrens schon von seiner Schuld überzeugt gezeigt hat. Denn nach h. M. gilt hierzu, dass „das deutsche Verfahrensrecht von der Auffassung beherrscht [werde], dass der Richter auch dann unvoreingenommen an die Beurteilung einer Sache herantrete, wenn er sich schon früher über denselben Sachverhalt ein Urteil gebildet habe".[6]

6 Damit ist eine **wiederkehrende Argumentationsfigur** bei der Auslegung der §§ 22 ff. angesprochen. Nicht selten wird hierbei der normativ angestrebte Sollzustand zum empirisch gegebenen (v)erklärt und damit die Auseinandersetzung mit den erfahrungswissenschaftlich tatsächlich naheliegenden Problemen einer Befangenheit im Rechtssinne gemieden. Dies betrifft wie angesprochen teilweise Fragen der Vorbefasstheit ebenso wie Thesen, nach denen sich Richter von privaten Überzeugungen, öffentlichem Druck durch Medienberichterstattungen über den konkreten Fall und ähnlichem jederzeit frei machen könnten, sobald sie im Richteramt wirkten. Mag es unvermeidlich sein, Voreinstellungen des Richters, auch wenn sie einer vollkommen unbefangenen Herangehensweise abträglich erscheinen, zunächst einmal hinzunehmen, um Rechtspflege überhaupt betreiben zu können, kann dies für die im Richteramt getätigte **Vorbefassung** so pauschal nicht verschlagen. Jedenfalls dann, wenn ein Richter in dem Urteil eines Parallelprozesses zum gleichen Sachverhalt zu erkennen gegeben hat, den nun in seiner Zuständigkeit befindlichen Angeklagten für schuldig zu halten, wird dies die Ablehnung wegen Besorgnis der Befangenheit entgegen der h.M. begründen.[7]

7 Insoweit fehlt es in der nationalen Diskussion des Befangenheitsrechts auch weitestgehend an einer vertieften Auseinandersetzung mit der Rechtsprechung des EGMR. Nach dieser ist eine richterliche Vorbefassung zwar ebenfalls grundsätzlich unschädlich. Sofern jedoch gelegentlich dieser Vorbefassung erkennbar eine richterliche Überzeugung über die Schuld des nun zu beurteilenden Angeklagten zum Ausdruck gekommen ist, wird die Berechtigung einer Befangenheitsbesorgnis regelmäßig nicht mehr von der Hand zu weisen sein.[8] Dies kann hiernach u.a. auch bereits dann der Fall sein, wenn das entscheidende Gericht eigeninitiativ vor Beginn der Hauptverhandlung Untersuchungshaft anordnete.[9]

8 Das normativ hergeleitete, empirisch eher zweifelhafte Dogma, der Richter im deutschen Strafverfahren gehe auch dann unvoreingenommen an eine Sache heran, wenn er sich über selbige bereits zuvor ein Urteil gebildet hatte, droht zudem den Blick auf die grundsätzliche Problematik dieser Situation zu verstellen. Das insoweit **fehlende Problembewusstsein**

[6] BGH v. 18.5.1994 – 3 StR 628/93, NStZ 1994, 447, krit. auch SK/*Weßlau* § 24 Rn. 25.

[7] S. hierzu auch § 24 Rn. 52 ff.

[8] *Steinfatt,* Die Unparteilichkeit des Richters in Europa im Lichte der Rechtsprechung des Europäischen Gerichtshofs für Menschenrechte, S. 96.

[9] EGMR v. 17.1.2012 – *Kate vs. Spanien* = NJOZ 2013, 1598 (1599); ähnliches kann u. U. für Vorbefassungen mit Haftentscheidungen gelten, bei denen das später entscheidende Gericht eine gesteigerte Stufe des Tatverdachts annimmt, welche den Anforderungen an eine Verurteilung nahe kommt, vgl. LR/*Esser* Art. 6 EMRK Rn. 160.

verleitet die Justiz nicht selten im Sinne vermeintlich ressourcenschonender Effizienz dazu, **Vorbefassungen durch Geschäftsverteilungspläne** sogar bewusst zu kumulieren. So etwa, wenn landgerichtliche Kammern deshalb für ein Hauptverfahren als zuständig bestimmt werden, weil sie bereits im Ermittlungsverfahren mit diesem im Rahmen von Beschwerden befasst waren, und zwar auch solchen, bei denen sie bereits über die Dringlichkeit des Tatverdachts zu befinden hatten, etwa betreffend Haftbeschwerden. Bedenken sind hierzu höchstrichterlich soweit ersichtlich allenfalls dann formuliert worden, wenn selbst Revisionsrückläufer aufgrund der Geschäftsverteilung eines Landgerichts absehbar und entgegen der Intention des § 354 Abs. 2 StPO den identischen Richtern zur erneuten Entscheidung zugeteilt werden, deren Urteil gerade durch das Revisionsgericht aufgehoben wurde.[10] Tatsächlich wäre es im Interesse einer auch strukturellen Unparteilichkeit der entscheidenden Richter wichtig, diese durch entsprechende Fassung der Geschäftsverteilungspläne jenseits gesetzlich unvermeidlicher Vorbefassungen weitestgehend von solchen frei zu halten.

Dem deutschen Strafprozessrecht sind diese Erwägungen auch keinesfalls fremd. So galt 9
bis zur Emmingerschen Justizreform 1924, dass der Berichterstatter, der über die Eröffnung des Hauptverfahrens mitentschieden hatte, an der Hauptverhandlung nicht teilnehmen durfte. Fiskalische Argumente, Richter im Rahmen von Geschäftsverteilungsplänen über das im Gesetz angelegte hinaus jeweils erneut mit Sachverhalten und Personen zu befassen, zu denen sie schon Entscheidungen getroffen haben, können jedenfalls nicht verschlagen. Denn die Garantie, eines auch dem Anschein nach möglichst unbefangenem Richter überantwortet zu sein, ist eine verfassungsrechtliche. Ein gegebenenfalls existierendes justizielles Bedürfnis in getrennten Verfahren zu gleichen Sachverhalten widerstreitende Entscheidungen durch unterschiedlich besetzte Kammern des gleichen Gerichts dadurch zu meiden, dass solche Verfahren im Geschäftsverteilungsplan auf eine Kammer konzentriert werden, wäre im übrigen eher geeignet, die Besorgnis zu nähren, Richter lösten sich empirisch eben doch nur ähnlich schwer von bereits gefassten Überzeugungen wie sonstige Personengruppen und würden gerade nicht stets frei von ihren Vorentscheidungen an die Sache herangehen. Die Frage **tatsächlicher Unbefangenheit nach bereits getroffenen Vorentscheidungen** – etwa sich von in Parallelverfahren über die Glaubhaftigkeit eines Belastungszeugen getroffenen Überzeugungen zu lösen – **harrt des empirischen Nachweises.** Einen solchen vermag das rein normative Postulat, nach welchem das deutsche Verfahrensrecht von dem Gedanken steter Unvoreingenommenheit auch nach Vorfestlegungen geleitet sei, nicht überzeugend zu ersetzen.

Eine weitere **Schwäche des Ablehnungsrechts** liegt in der **Zuständigkeit** der zur 10
Entscheidung über ein Befangenheitsgesuch berufenen Richter. Bei landgerichtlichen Kammern, in denen der Vorsitzende wegen Besorgnis der Befangenheit abgelehnt wird, sind etwa dessen Beisitzer zur Entscheidung berufen, § 27 Abs. 1 StPO. Letztere stehen in einem solchen dienstlichen **Näheverhältnis** zum Vorsitzenden ihrer Kammer, der zudem regelmäßig durch Beurteilungen der Beisitzer nicht unwesentlichen Einfluss auf deren berufliches Fortkommen hat. Eine unbefangene Herangehensweise erscheint hierdurch zumindest strukturell gefährdet. Anerkannt ist insoweit in anderem Zusammenhang, dass eine große dienstliche Nähe geeignet ist, ihrerseits bereits die Besorgnis der Befangenheit zu begründen.[11] Daneben ist es aufgrund von landgerichtlichen Geschäftsverteilungsplänen nicht selten der Fall, dass sofern sämtliche Kammermitglieder abgelehnt und ein solches Gesuch für begründet erklärt wird, die über das Gesuch entscheidenden Richter sodann selbst für das Verfahren zuständig werden. Sie entscheiden in diesen Fällen also inzident nicht nur über die Befangenheit, sondern auch über die eigene Übernahme der Sachverhandlung und damit der eigenen Arbeitsbelastung, was geeignet sein kann, die Entscheidungsfindung störend zu beeinflussen.[12]

---

10 BGH v. 28.11.2012 – 5 StR 416/12, NStZ 2013, 542.
11 Etwa OLG Düsseldorf v. 20.10.2009 – 2 Ss 107/09 – m.w.N. = NStZ-RR 2010, 114.
12 OLG Celle, Urt. v. 29.8.1989 – 1 Ss 174/89 = NJW 1990, 1308 (1309).

11 Unbeschadet obiger Ausführungen wird es Richtern auch generell nicht leicht fallen, einem Befangenheitsgesuch gegen Kollegen stattzugeben. Denn Unparteilichkeit dürfte zum Kern der Eigenschaften gehören, die im richterlichen Selbstverständnis die **richterliche Berufsehre** ausmachen. Einem Kollegen zu attestieren, dass auch ein vernünftiger Angeklagter im konkreten Fall berechtigte Zweifel an der Unbefangenheit hegt, wird daher im kollegialen Umgang stets schwerer fallen als den abgelehnten Richter von der Berechtigung solchen Vorbringens freizusprechen.[13] Strukturelle Schwierigkeiten bei der Umsetzung des verfassungsrechtlichen Versprechens auf eine auch dem äußeren Anschein nach stets unbefangene Richterbank verdienen hiernach mehr wissenschaftliche Aufmerksamkeit als die stets wiederkehrende, indes wohl rein akademische Frage der Anwendbarkeit des Befangenheitsrechts auf den Staatsanwalt.[14]

§ 22 Ausschließung eines Richters

Ein Richter ist von der Ausübung des Richteramtes kraft Gesetzes ausgeschlossen,
1. **wenn er selbst durch die Straftat verletzt ist;**
2. **wenn er Ehegatte, Lebenspartner, Vormund oder Betreuer des Beschuldigten oder des Verletzten ist oder gewesen ist;**
3. **wenn er mit dem Beschuldigten oder mit dem Verletzten in gerader Linie verwandt oder verschwägert, in der Seitenlinie bis zum dritten Grad verwandt oder bis zum zweiten Grad verschwägert ist oder war;**
4. **wenn er in der Sache als Beamter der Staatsanwaltschaft, als Polizeibeamter, als Anwalt des Verletzten oder als Verteidiger tätig gewesen ist;**
5. **wenn er in der Sache als Zeuge oder Sachverständiger vernommen ist.**

Schrifttum: *Arzt,* Der befangene Strafrichter, 1969; *Goeckenjahn/Eisenberg,* Eingang von die Schuldfrage betreffenden Wahrnehmungen des beauftragten Richters in die Hauptverhandlung, JR 2001, 123; *Kelker,* Wohin will der BGH beim Zeugenstaatsanwalt?, StV 2008, 381; *Pfeiffer,* Zur Ausschließung und Ablehnung des Staatsanwalts im geltenden Recht in: *Säcker* (Hrsg.): Festschrift für Kurt Rebmann zum 65. Geburtstag, S. 359; *Schairer,* Der befangene Staatsanwalt: Ausschluß und Ablehnung de lege lata und de lege ferenda sowie Rechtsfolgen der Mitwirkung des disqualifizierten Staatsanwalts im Strafverfahren, 1983; *Schmidt,* Richterausschluß (§ 22 Nr. 5 StPO) durch „dienstliche Äußerungen"?, GA 1980, 285; *Schneider,* Gedanken zur Problematik des infolge einer Zeugenvernehmung „befangenen" Staatsanwalts, NStZ 1994, 457; *Volkmer,* Der entscheidungsbefugte Verletzte – Zu den Grenzen des Ausschlusses nach § 22 Nr. 1 StPO, NStZ 2009, 371; *Wendisch,* Zur Ausschließung und Ablehnung des Staatsanwalts, in *Hassenpflug* u. a. (Hrsg.), Festschrift für Karl Schäfer zum 80. Geburtstag, S. 243.

Übersicht

1 **1. Normzweck der §§ 22 ff.** Die §§ 22 ff. sind die einfachgesetzliche Umsetzung des verfassungsmäßigen Rechts auf den **gesetzlichen Richter,** Art. 101 Abs. 1 S. 2 GG. Dieses ist nicht gewahrt, wenn ein Betroffener vor einem Richter steht, der Anlass zu der Besorgnis

[13] Gespräche mit Richtern über „vergiftete Atmosphären" nach Stattgaben von Befangenheitsgesuchen sind keine Seltenheit. Gelegentlich ist auch zu beobachten, dass in Geschäftsverteilungsplänen des Folgejahres die Zuständigkeiten der Vertreterkammern hiernach anders bestimmt werden.

[14] S. hierzu § 22 Rn. 4 ff.

bietet, er werde ihm oder der Sache gegenüber eine innere Haltung einnehmen, die seine Unparteilichkeit und Unvoreingenommenheit störend beeinflussen kann.[1] Der Ausschluss (§§ 22, 23) und die Ablehnungsmöglichkeit (§ 24) eines Richters sollen die Richterbank von Richtern freihalten, die schon dem Anschein nach nicht mit der für die richterliche Unparteilichkeit erforderlichen Distanz eines unbeteiligten, am Verfahrensausgang nicht interessierten „Dritten" gegenüberstehen.[2] Dies kann sich auch erst **im Laufe des Verfahrens** als begründete Besorgnis erweisen. Die Vorschriften dienen aber keinesfalls ausschließlich den Individualinteressen der von richterlicher Entscheidungsmacht Betroffenen. Schutzweck der §§ 22 ff. ist es gleichfalls das **öffentliche Vertrauen in die Unparteilichkeit der Justiz** zu stärken. Vom Gesetzgeber als offenkundig erkannte Gründe, die dies erschüttern könnten, sind in § 22 der Disposition der Betroffenen gänzlich entzogen. Damit soll nicht nur die Akzeptanz richterlicher Entscheidungen, sondern letztlich auch deren Autorität gesichert werden.

Die beiden Rechtsinstitute des Ausschlusses und der Ablehnung nach § 24 unterscheiden 2
sich: Der Ausschluss tritt **kraft Gesetzes ein;** ein dies feststellender Gerichtsbeschluss ist nur deklaratorisch. Ausgeschlossen sind – um schon den Anschein des Verdachts einer Parteilichkeit zu vermeiden – alle Personen, bei denen aus den in §§ 22 Nr. 1 bis 5 angeführten Gründen die abstrakte Gefahr der Voreingenommenheit besteht.[3] Das Ausscheiden eines Richters wegen Befangenheit bedarf hingegen einer gerichtlich konstitutiven Entscheidung nach einem Ablehnungsgesuch (§ 24) oder einer Selbstanzeige (§ 30). Die §§ 22, 23 sollen nach hM mit den Regelungen über die gerichtliche Zuständigkeit kollidieren und schon deshalb eng auszulegen sein.[4] Richtigerweise wird man sagen müssen, dass diese Regelungen die Zuständigkeit präzisieren, indes eine zu restriktive Auslegung die Gefahr birgt, den verfassungsrechtlichen Auftrag aus Art. 97 Abs. 1, 101 Abs. 1 S. 2 GG zu verkürzen, eine Rechtsprechung durch unbefangene Richter zu gewährleisten.[5] Hiernach scheidet eine den Wortsinn restriktiv einschränkende Auslegung ebenso aus wie eine diesen überdehnende oder gar analoge Anwendung auf ähnlich erscheinende Sachverhalte, welche jenseits der Norm über den gesetzlichen Richter disponieren würde;[6] bei Ähnlichkeit kann ggf. ein Befangenheitsgrund iSd § 24 vorliegen.[7] Während die Umstände, welche die berechtigte Besorgnis der Befangenheit auslösen können, gesetzlich nicht begrenzt sind, ist der Richterausschluss an abschließend aufgezählte Tatbestände geknüpft, bei denen objektivierbare Tatsachen[8] die unwiderlegliche Vermutung einer Störung der Unparteilichkeit begründen. Diese Vermutung ist der **Disposition der Verfahrensbeteiligten entzogen;** auf subjektive Empfindungen – etwa, ob die Prozessbeteiligten keine Bedenken haben – kommt es nicht an.

2. „Richter". a) Richter iSd §§ 22 ff. Richter im Sinne des Abschnitts sind alle 3
Berufsrichter, gemäß § 31 auch Schöffen, Urkundsbeamte und sonstige Protokollführer, nicht aber Sachverständige (vgl. hierzu § 74) und Dolmetscher (§ 191 GVG). Für Rechtspfleger verweist § 10 RPflG auf die §§ 22 ff. Der Richter muss in Ausübung seines Richter-

---

[1] BVerfG 8.2.1967 – 2 BvR 235/64 (= BVerfGE 21, 139 (146) = NJW 1967, 1123); BVerfG 26.1.1971 – 2 BvR 443/69, BVerfGE 30, 149 (153) = NJW 1971, 1029; BVerfG 2.6.2005 – 2 BvR 625/01, 2 BvR 638/01, NJW 2005, 3410 (3411) mwN; BGH 10.8.2005 – 5 StR 180/05, BGHSt 50, 216 (218) = NJW 2005, 3436.

[2] BVerfG 8.2.1967 – 2 BvR 235/64; BVerfGE 21, 139 (145 f.); BVerfG 5.10.1977 – 2 BvL 10/75, BVerfGE 46, 34 (37).

[3] BGH 29.4.1983 – 2 StR 709/82, BGHSt 31, 358 (359) = NJW 1983, 2711; BGH 27.9.2005 – 4 StR 413/05, NStZ 2006, 113 f.

[4] BGH 28.1.1998 – 3 StR 575/96, BGHSt 44, 4 (7) = NJW 1998, 1234 (1235); *Meyer-Goßner* Rn. 43; *Rissing-van Saan* MDR 1993, 310.

[5] Hierzu: BVerfGE 21, 139 (146) = NJW 1967, 1123; 30, 149 (153) = NJW 1971, 1029. BVerfG NJW 2005, 3410 (3411) mwN; BGHSt 50, 216 (218) = NJW 2005, 3436.

[6] BVerfG 5.10.1977 – 2 BvL 10/75, BVerfGE 46, 34 (38) = NJW 1978, 37.

[7] BGH 18.10.2006 – 2 StR 499/05, BGHSt 51, 100 (111) = NJW 2007, 1760.

[8] BGH 28.1.1998 – 3 StR 575/96, BGHSt 44, 4 (7) = NJW 1998, 1234 (1235); BVerfGE 46, 34 = NJW 1978, 37.

amtes tätig werden, so dass er Aufgaben der Justizverwaltung weiter wahrnehmen kann; der Ausschluss erfasst ansonsten richterliche Handlungen jeder Art.[9]

4 **b) Staatsanwälte.** Die Frage, ob Staatsanwälte analog der §§ 22 ff. wegen Besorgnis der Befangenheit mit der Folge ihres Ausschlusses abgelehnt werden können, erscheint in ihrer Bedeutung überschätzt. In der Praxis spielt sie kaum noch eine Rolle.

5 Bei Kodifizierung der StPO hielt man besondere Vorschriften zum Ausschluss von Staatsanwälten für entbehrlich, weil die Organisation der StA es gestatte, dass „in Fällen, in denen die Ersetzung eines staatsanwaltlichen Beamten durch einen anderen geboten oder wünschenswert erscheint, diese auf Antrag des Beschuldigten oder jenes Beamten selbst oder auch von Amts wegen durch die vorgesetzte Behörde bewirkt werden kann, ohne dass es eines förmlichen Verfahrens bedarf".[10] Es schien demnach außer Frage zu stehen, dass Ausschließungs- und Ablehnungsgründe auch beim Staatsanwalt auftreten können.

6 Nach hM sind die §§ 22 ff. jedoch **nicht,** auch nicht analog, anwendbar.[11] Der Staatsanwalt kann daher weder kraft Gesetzes ausgeschlossen noch wegen Befangenheit abgelehnt werden; es fehlt hierfür auch schlicht an einer Rechtsgrundlage in der StPO. Auch aus den §§ 141–151 GVG wird sich hierfür nichts herleiten lassen.[12] Es wäre auch verfehlt, den gleichen Maßstab an Neutralität und Unvoreingenommenheit, der an den Richter anzulegen ist, auf den Staatsanwalt anzuwenden. Es ist im konkreten Fall Sache des Staatsanwalts, bei dem Ausschlussgründe vorliegen oder der sich für befangen hält, **auf seine Ablösung zu drängen,** und Aufgabe seines Dienstvorgesetzten, ihn abzulösen (§ 145 Abs. 1 GVG).[13] Unterbleibt dies, kann es seitens des Gerichts – und zwar sowohl auf Antrag anderer Prozessbeteiligter als auch von Amts wegen – geboten sein, auf die Ablösung hinzuwirken, um die Fairness des Verfahrens zu gewährleisten.[14]

7 Die Mitwirkung eines Staatsanwalts, bei dem die Ausschlussgründe des (nicht anwendbaren) § 22 vorliegen, kann ggf. einen Verfahrensfehler darstellen. Der absolute Revisionsgrund des § 338 Nr. 5 ist hier jedoch nicht einschlägig, so dass das Urteil iSd § 337 auf der Mitwirkung des Staatsanwalts **beruhen** muss.[15] Ob die Mitwirkung eines Staatsanwalts verfahrensfehlerhaft ist, soll sich hiernach in Anlehnung an die Ausschlussgründe der §§ 22, 23 bestimmen.[16] Es scheint auf der Hand zu liegen, dass ein Staatsanwalt nicht mit anderen Verfahrensbeteiligten in der von § 22 Nr. 1 bis 3 genannten Verwandtschafts- oder Näheverhältnissen stehen oder gar mögliches Opfer der aufzuklärenden Straftat sein darf. Andererseits vermag wegen der unterschiedlichen verfahrensrechtlichen Stellung von Richtern und Staatsanwälten[17] die Rüge eines entsprechenden, aber unter dem Vorbehalt des § 337 stehenden Verfahrensfehlers nicht sicher zu verschlagen.

8 Ein als **Zeuge vernommener Staatsanwalt** kann anschließend nicht mehr ohne Verlust der gebotenen Objektivität an der Hauptverhandlung teilnehmen, sofern er seine eigene

---

[9] BVerfG 21.1.1992 – 1 BvR 517/91, NJW 1992, 2471 (2472).

[10] *Hahn* Motive I, S. 93.

[11] Ganz hM: BVerfG 16.4.1969 – 2 BvR 115/69, BVerfGE 25, 336 (345) = NJW 1969, 1104 (1106); BGH 3.5.1960 – 1 StR 155/60, BGHSt 14, 265 = NJW 1960, 1358; 21, 85 (89) = NJW 1966, 2321 (2322); BGH 25.9.1979 – 1 StR 702/78, NJW 1980, 845; BGH 9.12.1983 – 2 StR 452/83, NJW 1984, 1907; *Wendisch*, FS Schäfer, 1979, 243; *Pfeiffer*, FS Rebmann, 1989, 359 (364); *Meyer-Goßner* vor § 22 Rn. 3; LR/*Siolek* vor § 22 Rn. 8 ff.; *Schneider* NStZ 1994, 457.

[12] BGH 25.9.1979 – 1 StR 702/78 (= BGH NJW 1980, 845).

[13] *Meyer-Goßner* vor § 22 Rn. 4; Auffassungen, die einen Rechtsanspruch auf Auswechslung nach § 23 Abs. 2 EGGVG (*Buckert* NJW 1969, 808) bzw. nach § 24 analog (*Schairer,* Der befangene Staatsanwalt, S. 159 ff.) befürworten, haben sich nicht durchgesetzt.

[14] S. a. KMR/*Bockemühl* vor § 22 Rn. 3–4, der eine Pflicht des Gerichts, auf die Ablösung hinzuwirken, aus § 145 GVG herleitet.

[15] Ausgeschlossen zB von BGH 10.7.1996 – 3 StR 50/96, NJW 1997, 66 (67): Dass ein Staatsanwalt die Richtigkeit der Niederschrift einer von ihm geführten Vernehmung bestätigte, habe keinen Einfluss auf die Überzeugungsbildung des Gerichts gehabt.

[16] KK/*Scheuten* Vor § 22 Rn. 16a ff. spricht von Anhaltspunkten.

[17] BVerfG 25.10.1978 – 1 BvR 983/78, JR 1979, 28; BGH 9.12.1983 – 2 StR 452/83, NJW 1984, 1907 (1908); BGH 15.9.1995 – 5 StR 642/94, 5 StR 68/95, StV 1996, 297.

Zeugenaussage würdigen müsste.[18] (Dass er sie auch gewürdigt hat, muss die Revision freilich vortragen.[19]) Er muss sich bei der Beweiswürdigung, besonders bei seinem Plädoyer, auf diejenigen Teile der Beweisaufnahme beschränken, die von seiner zeugenschaftlichen Aussage nicht beeinflusst sein können.[20] Ist die Würdigung seiner Zeugenaussage zwar relevant, aber trennbar, so kann dies ein anderer Staatsanwalt übernehmen.[21] Der erste Strafsenat des BGH ist jedoch der Ansicht, in der Mitwirkung eines als Zeugen vernommenen Staatsanwalts liege kein Verfahrensverstoß.[22]

3. Ausschlussgründe. Die in § 22 Nr. 1–5 genannten Ausschlussgründe sind **abschließend.**[23] Nr. 1–3 betreffen persönliche Beziehungen des Richters zu Beschuldigtem oder Verletztem, Nr. 4 und 5 die nichtrichterliche Vorbefassung mit der Sache. 9

a) Nr. 1: Verletzter Richter. Verletzt iSd Vorschrift soll nach hM nur der durch die verfahrensgegenständliche Tat unmittelbar in seinen Rechten betroffene Richter sein.[24] Eine mittelbare Betroffenheit könne allenfalls die Besorgnis der Befangenheit iSd § 24 begründen.[25] Dies erscheint zweifelhaft, da – obschon die StPO keinen einheitlichen Verletztenbegriff pflegen soll[26] – § 403 nach hM auch den mittelbar Betroffenen als Verletzten anerkennt und ihm die Geltendmachung von Ansprüchen im Adhäsionsverfahren gestattet. Nach hiesiger Auffassung ist daher auch der iSd § 403 nur **mittelbar Verletzte,** der Adhäsionskläger werden könnte, vom Richteramt ausgeschlossen. Für diese nicht einengende Auslegung des Verletztenbegriffs spricht auch, dass es nach hM im Weiteren nicht darauf ankommen soll, ob es wegen der den Richter verletzenden Tat noch zu einer Verurteilung kommen kann; wird die Verfolgung mehrerer verbundener Sachen insoweit etwa nach §§ 153 f. oder 154 ff. beschränkt, ändert dies am Ausschluss nichts.[27] Sind mehrere Sachen nach §§ 2 ff. verbunden, ist der Ausschluss dauerhaft: Auch eine spätere Trennung berührt den einmal eingetretenen Ausschlussgrund nicht.[28] Straftaten während der Hauptverhandlung sind nicht Verfahrensgegenstand und können damit auch keine Verletzteneigenschaft iSd Norm begründen, die zum gesetzlichen Ausschluss des Richters führte.[29] 10

aa) Vermögensdelikte. Da es nach hM zu einer unmittelbaren Verletzung des Richters kommen muss, soll ein **unmittelbarer Vermögensnachteil** erforderlich sein, wohingegen mittelbare Einbußen wie etwa auf Mietnebenkosten des Richters umgelegte überhöhte Straßenreinigungsentgelte[30] oder ein verringerter Gewinn des für die geschädigte GmbH tätigen Richters[31] nicht hinreichen sollen, den gesetzlichen Ausschluss zu begründen. Richtigerweise wird man jedoch iSd § 403 zu unterscheiden haben, ob der betreffende Richter **als Verletzter im Adhäsionsverfahren** legitimiert wäre. Die hM mit ihrer Unterscheidung zwischen mittelbaren und unmittelbaren Verletzungen differenziert hingegen wie folgt: Beim Betrug ist nicht der Getäuschte, sondern der Geschädigte Verletzter im Sinne von § 22 Nr. 1.[32] Beim Diebstahl soll hingegen neben dem Eigentümer auch der Gewahr- 11

[18] BGH 19.3.1996 – 1 StR 497/95, NJW 1996, 2239 (2241).
[19] BGH 30.1.2007 – 5 StR 465/06, NStZ 2007, 419 (420).
[20] BGH 30.1.2007 – 5 StR 465/06, NStZ 2007, 419 (420); BGH 7.12.2000 – 3 StR 382/00, NStZ-RR 2001, 107.
[21] Vgl. BGH 7.12.1993 – 5 StR 171/93, NStZ 1994, 194.
[22] BGH 22.1.2008 – 1 StR 607/07, NStZ 2008, 353; vgl. hierzu *Kelker* StV 2008, 381.
[23] BVerfG 5.10.1977 – 2 BvL 10/75, BVerfGE 46, 34 (38); OLG Düsseldorf 1.7.1987 – 1 Ws 469/87, NStZ 1987, 571.
[24] BGH 26.7.1951 – 2 StR 251/51, BGHSt 1, 298 (299); SK/*Weßlau* Rn. 3.
[25] BGH 24.3.2009 – 5 StR 394/08, NStZ 2009, 342 mAnm *Volkmer* NStZ 2009, 371.
[26] *Riedel/Wallau* NStZ 2003, 393 mwN.
[27] BGH 4.11.1959 – 2 StR 421/59, BGHSt 14, 219 betreffend § 153; für § 154a vgl. KG 19.5.1980 – 2 OJs 9/78 (2/79), StV 1981, 13.
[28] BGH 4.11.1959 – 2 StR 421/59, BGHSt 14, 219 (223).
[29] BGH 5.5.1954 – 6 StR 17/54, MDR 1954, 628; KK/*Scheuten* Rn. 3, 4; BeckOK/*Cirener* Rn. 14.
[30] BGH 24.3.2009 – 5 StR 394/08, NStZ 2009, 342, kritisch *Volkmer* NStZ 2009, 371.
[31] BGH 26.7.1951 – 2 StR 251/51, BGHSt 1, 298 (299).
[32] BGH 24.11.1970 – 2 StR 538/70, MDR 1971, 363.

samsinhaber verletzt sein.[33] Bei Insolvenzdelikten ist jeder aus der Masse nicht voll Befriedigte verletzt.[34] Unbeachtlich ist hierbei die spätere Vollbefriedigung.[35] Nicht verletzt soll der Konkursverwalter bei Straftaten zulasten der Masse sein.[36]

12 Ist eine **Gesellschaft** geschädigt, kommt es auf die Gesellschaftsform an. Juristischen Personen (ua GmbH, AG, rechtsfähiger Verein, Genossenschaft) ist das Vermögen zugeordnet, so dass die Gesellschaft, nicht aber die Gesellschafter unmittelbar geschädigt sind, was nach hM wie erwähnt für § 22 Nr. 1 nicht ausreichen soll.[37] Anders ist dies bei den Gesellschaftern einer GbR (vgl. nur § 718 Abs. 1 BGB, wonach das Gesellschaftsvermögen den Gesellschaftern gemeinschaftlich zusteht) und eines nicht rechtsfähigen Vereins;[38] Einschränkungen können sich ergeben, wenn der Gesellschafter im Einzelfall nicht haftet und somit nicht unmittelbar geschädigt sein kann.[39] Die Verletzteneigenschaft aller Gesellschafter einer OHG oder aller Komplementäre einer KG ist strittig.[40]

13 **bb) Sonderfall Beleidigung.** Beleidigungen des Richters **im laufenden Verfahren** führen **nicht** zum Ausschluss, s. o. Der Richter kann daher auch ein diesbezügliches Ordnungsmittel selbst festsetzen. Er ist nur gehindert, in einem späteren Verfahren wegen dieser Beleidigung mitzuwirken.

14 Ist eine Beleidigung oder Bedrohung Verfahrensgegenstand, ist derjenige verletzt, der persönlich getroffen werden sollte und gegen den die Beleidigung unmittelbar gerichtet ist.[41] Wer den Strafantrag gestellt hat (vgl. § 193 Abs. 3 StGB), ist nicht von Belang. **Kollektivbeleidigungen** gegen Richter begründen eine Verletzteneigenschaft nur, wenn einzelne Richter persönlich getroffen werden sollen und die Kundgebung unmittelbar gegen sie gerichtet ist.[42] Wenn aber bei einer Kollektivbeleidigung ein Richter Strafantrag stellt, bringt er damit zum Ausdruck, die Beleidigung auf sich bezogen zu haben, und wird so Verletzter.[43]

15 **b) Nr. 2: Ehegatte, Lebenspartner, Vormund, Betreuer.** § 22 Nr. 2 betrifft **durch Rechtsakt begründete besondere Näheverhältnisse,** nämlich Ehe, Lebenspartnerschaft, Vormundschaft und Betreuung. Das Näheverhältnis muss zum Beschuldigten bestehen; dieser Begriff ist mit dem des § 157 identisch.[44] Das **Verlöbnis** ist – anders als bei § 52 – **nicht** umfasst; es besteht aber Einigkeit, dass dies jedenfalls eine Befangenheit iSd § 24 besorgen lässt.

16 Der Begriff des Ehegatten bestimmt sich wie bei § 52: Die (bestehende oder bestandene) Ehe muss nach deutschem Recht gültig anzuerkennen sein; auf Mängel der Ernstlichkeit bei Eheschließung oder das Vorliegen von Aufhebungsgründen kommt es nicht an. Auch Geschiedene und Partner einer aufgehobenen oder für nichtig erklärten Ehe sind Ehegatten.[45] Keine Ehe im Sinne der Norm sind rein kirchliche Trauungen und Ehen nach

---

[33] RG 17.4.1916 – I 66/16, RGSt 50, 46 (47); LR/*Siolek* Rn. 16; vgl. auch BGH 26.7.1957 – 4 StR 257/57, BGHSt 10, 401; BGH 17.9.1980 – 2 StR 355/80, BGHSt 29, 319 (323); zweifelnd KK/*Scheuten* Rn. 5.

[34] RG 7.10.1884 – 2160/84, RGSt 11, 223; 33, 309 (310).

[35] RG 15.1.1891 – 3485/90 RGSt 21, 291.

[36] RG, HRR 1938, 636.

[37] RG 3.3.1905 – 8/05; 26.2.1935 – 4 D 76/35 RGSt 37, 414 (415); 69, 127 (128).

[38] Vgl. RGSt 37, 414 (415); 46, 77 (80); 69, 127 (128). RG 3.3.1905 – 8/05; 25.4.1912 – I 345/12; 26.2.1935 – 4 D 76/35.

[39] BGH 18.10.2006 – 2 StR 499/05, BGHSt 51, 100, (110 f.) = NJW 2007, 1760 (1763); BGH 11.7.2006 – 2 StR 499/05, 2006, 646.

[40] Dafür RGSt 46, 77 (80); *Meyer-Goßner* Rn. 7; LR/*Siolek* Rn. 17; zweifelnd KK/*Scheuten* Rn. 6.

[41] BVerfG 21.1.1992 – 1 BvR 517/91, NJW 1992, 2471 (2472); für Personen, die in einem Gebäude arbeiten, auf das der Beschuldigte einen Anschlag angekündigt hat, eine unmittelbare Betroffenheit verneinend BGH 10.5.2001 – 1 StR 410/00, NStZ-RR 2002, 66.

[42] BVerfG 2.2.1995 – 2 BvR 37/95, NJW 1995, 2912 (2913).

[43] BVerfG 21.1.1992 – 1 BvR 517/91, NJW 1992, 2471 (2472).

[44] KMR/*Bockemühl* Rn. 7.

[45] RG 3.2.1922 – 1473/21 RGSt 56, 427 (428); BGH 27.1.1956 – 2 StR 446/55, BGHSt 9, 37 (38) = NJW 1956, 679 (680) jeweils zu § 52 StPO.

islamischem Recht. Der Begriff des Lebenspartners richtet sich nach § 1 LPartG, der des Vormunds nach §§ 1773, 1792 BGB und der des Betreuers nach § 1896 bis § 1908i BGB. Vormund ist hierbei sowohl der vorläufige (§ 1906 BGB) als auch der Gegenvormund (§ 1792 BGB);[46] nicht aber der Pfleger (§§ 1909 f. BGB).

c) Nr. 3: Verwandte und Verschwägerte. Dieser Ausschlussgrund betrifft Verwandtschaft und Schwägerschaft. Diese muss den Richter mit dem Beschuldigten oder Verletzten verbinden; ist der Richter mit einem anderen Verfahrensbeteiligten verwandt, besteht aber ggf. ein Ablehnungsgrund gem. § 24.[47] Das Bestehen dieser Verhältnisse richtet sich nach den BGB-Vorschriften. 17

Gemäß § 1589 BGB sind Personen, die voneinander in gerader Linie abstammen (Großeltern – Eltern – Kinder – Enkel) und Personen, die von derselben dritten Person abstammen (va Geschwister – Neffen, Nichten), in der Seitenlinie verwandt. Der Grad der Verwandtschaft bestimmt sich nach der Zahl der sie vermittelnden Geburten. Da die Verwandtschaft in der Seitenlinie nur bis zum dritten Grad von § 22 Nr. 3 erfasst wird, sind Cousins und Cousinen nicht betroffen. 18

Zwischen ehelichen und nichtehelichen Kindern unterscheidet das Gesetz seit Aufhebung des § 1589 Abs. 2 BGB aF nicht mehr. Bei Adoption gelten §§ 1755, 1756, 1770, 1772 BGB. Hier sind die unterschiedlichen Rechtsfolgen hinsichtlich der Begründung der Verwandtschaft bei Annahme eines Minderjährigen bzw. eines Volljährigen zu beachten. 19

Verschwägert sind die Verwandten eines Ehegatten mit dem anderen Ehegatten. Schwägerschaft in gerader Linie besteht zwischen dem Ehegatten und den Schwiegereltern (und deren Eltern usw, aufsteigender Linie) sowie mit den Stiefkindern (und deren Kindern usw, absteigender Linie). In der Seitenlinie ist die Schwägerschaft bis zum zweiten Grad von § 22 Nr. 3 umfasst (Geschwister des Ehegatten). Die Schwägerschaft bleibt nach Auflösung der Ehe bestehen. Nach § 11 Abs. 2 LPartG gelten auch die Verwandten eines Lebenspartners mit dem anderen Lebenspartner als verschwägert. 20

d) Nr. 4: Nichtrichterliche Vortätigkeit. § 22 Nr. 4 regelt abschließend die zum Ausschluss führende nichtrichterliche Vortätigkeit (Beamter der Staatsanwaltschaft, Polizeibeamter, Anwalt des Verletzten, Verteidiger); zur richterlichen Vortätigkeit vgl. § 23. 21

aa) Sache. Ein Richter darf „in der Sache" noch nicht in einer der genannten Funktionen tätig gewesen sein. Das ist weit zu verstehen, um dem Normzweck des § 22 zu genügen: Die „Sache" betrifft **das gesamte Verfahren** vom Beginn der Ermittlungen über die Hauptverhandlung bis zum Wiederaufnahmeverfahren.[48] Für Sachgleichheit kommt es auf Tatmehrheit im Sinne von § 53 StGB oder das Vorliegen mehrerer prozessualer Taten im Sinne von § 264 nicht an. Denn es entscheidet regelmäßig die Einheit der Hauptverhandlung; sie kann auch solche Vorgänge, die bei natürlicher Betrachtung als verschiedene historische Ereignisse erscheinen, zu einer Einheit zusammenfassen.[49] So ist bei verbundenen Sachen das gesamte Verfahren als eine Sache im Sinne der Nr. 4 anzusehen. 22

Verfahrensidentität ist aber keine Voraussetzung für die Sachgleichheit: Der Anschein der Parteilichkeit kann ebenso aufkommen, wenn der Richter materiell in derselben Sache, formell aber in einem anderen Verfahren tätig war; denn dann besteht ein enger und für die zu treffende Entscheidung bedeutsamer Sachzusammenhang.[50] Ein solcher soll aber nicht schon vorliegen, wenn eine Strafe aus einem früheren Verfahren, in dem der Richter 23

---

[46] RG 7.10.1884 – 2160/84 RGSt 11, 223.

[47] BGH 6.3.1974 – 3 StR 129/72, MDR 1974, 547; *Meyer-Goßner* Rn. 10; KMR/*Bockemühl* Rn. 9; SSW-StPO/*Kudlich/Noltensmeier* Rn. 12.

[48] BGH 4.11.1959 – 2 StR 421/59, BGHSt 14, 219 (223) = NJW 1960, 301; BGH 16.1.1979 – 1 StR 575/78, BGHSt 28, 262 (264) = NJW 1979, 2160; BGH 12.8.2010 – 4 StR 378/10, NStZ 2011, 106.

[49] BGH 2.12.2003 – 1 StR 102/03, BGHSt 49, 29 (30) = NJW 2004, 865; BGH 16.1.1979 – 1 StR 575/78, BGHSt 28, 262 (263 ff.) = NJW 1979, 2160.

[50] BGH 16.1.1979 – 1 StR 575/78, BGHSt 26, 265 = NJW 1979, 2160 mwN.

als Staatsanwalt mitgewirkt hat, nun nach § 55 StGB in eine Gesamtstrafe einbezogen wird.[51] Zweifelhaft und abzulehnen ist diese Ansicht indes für das Verfahren nach dem JGG, wenn die Bildung einer Einheitsjugendstrafe gem. § 31 JGG im Raum steht. Denn insoweit ist nach dem Prinzip des JGG die zu findende Maßnahme losgelöst von der im einzubeziehenden Urteil gefundenen Rechtsfolge neu zu bestimmen, so dass der Richter in diesem Fall auch über „diese Sache" neu befindet. Letztlich liegt dies auch in der Konsequenz der zutreffenden Ansicht, die auch Einstellungen nach § 154 StPO unter „Sache" iSd Norm subsumiert, sofern diese im anhängigen Verfahren strafschärfende Berücksichtigung finden sollen.[52]

24 **bb) Art der Vortätigkeit.** Beamte der Staatsanwaltschaft im formellen Sinn sind auch Amtsanwälte und mit Aufgaben dieser Beamten betraute Referendare. Ob zum damaligen Zeitpunkt der Täter noch unbekannt, die Tätigkeit förmlicher oder sachlicher Art, für das Verfahren wesentlich oder unbedeutend war, spielt keine Rolle. Es ist darauf abzustellen, ob der Richter zuvor als Beamter der Staatsanwaltschaft irgendetwas zur Erforschung des Sachverhalts oder zur **Beeinflussung des Ganges des Verfahrens** getan hat.[53] Es genügt jede (noch so unerhebliche) Verfügung, mit welcher der Gang des Verfahrens gefördert werden sollte, beispielsweise auch eine Sachstandsanfrage bei der Polizei und Bestimmung einer Wiedervorlagefrist[54] oder die Gewährung von Akteneinsicht und Bestimmung einer Frist zur Stellungnahme.[55]

25 Für die Vortätigkeit als **Polizeibeamter** kann nichts anderes gelten als für den Staatsanwalt. Es wird indes vertreten, dass dies eigene Ermittlungstätigkeit voraussetze; und sonstige Tätigkeiten für einen Ausschluss nicht genügten (zB bloße Anzeigenerstattung, Bewachung).[56] Auch soll ein Polizeibeamter, der ein wissenschaftliches oder kriminaltechnisches Gutachten erstellt oder erstattet, nicht im Sinne von § 22 Nr. 4 tätig gewesen sein.[57] Dies überzeugt nicht. Die insoweit zitierten Entscheidungen des Reichsgerichts sowie auch frühe Entscheidungen des BGH differenzierten aufgrund des ausgedehnteren Polizeibegriffs in der öffentlichen Verwaltung, der so heute nicht mehr gepflegt wird.[58] Im Sinne der Normenklarheit ist hiernach jeder Polizeibeamte ausgeschlossen, der mit der Sache inhaltlich befasst und irgendetwas zur Erforschung des Sachverhalts oder zur Beeinflussung des Ganges des Verfahrens getan hat.

26 **Anwälte des Verletzten** sind ausschließlich Rechtsanwälte, nicht aber andere Beistände oder Interessenvertreter. Schon eine Beratung in der Sache genügt; der Verletzte muss nicht formell vertreten worden sein.[59]

27 **Verteidiger** im Sinne von § 22 Nr. 4 sind Wahlverteidiger und Pflichtverteidiger sowie zu Verteidigern bestellte Rechtskundige, und zwar auch Referendare, die nach § 139 tätig geworden oder gem. § 142 Abs. 2 bestellt worden sind.[60] Die Dauer des Mandatsverhältnisses ist ohne Belang. Blieb es hingegen bei einem Anbahnungsgespräch ohne Mandatserteilung, findet kein gesetzlicher Ausschluss nach § 22 statt, indes wird die Ablehnung nach

---

[51] BGH wie Fn. 50; anders aber, wenn die Entscheidung auch Einfluss auf die Strafvollstreckung hat, OLG Stuttgart 8.3.1988 – 3 Ws 55/88, NStZ 1988, 375.

[52] L/R/*Siolek* Rn. 26; BeckOK/*Cirener* Rn. 25.1.

[53] BGH 24.3.2006 – 2 StR 271/05, wistra 2006, 310; BGH 12.8.2010 – 4 StR 378/10, NStZ 2011, 106.

[54] BGH 3.11.1981 – 1 StR 711/81, StV 1982, 51.

[55] BGH 12.8.2010 – 4 StR 378/10, NStZ 2011, 106. Weitere Beispiele bei BGH 8.8.1952 – 1 StR 334/52, NJW 1952, 1149 und bei BGH 7.8.1973 – 1 StR 219/73: Abzeichnen von Verfügungen durch den Behördenleiter, auch wenn es in erster Linie dem Zweck diente, einen Überblick über die Dauer der Erledigung der Geschäfte der Staatsanwaltschaft zu erhalten.

[56] Vgl. RG 30.4.1888 – 777/88 RGSt 17, 415 (424); 8.7.1902 – 811/02 35, 319; LR/*Siolek* Rn. 35.

[57] BGH 24.6.1958 – 1 StR 267/58, MDR 1958, 785; s. a. anders RG 30.4.1888 – 777/88 RGSt 17, 415 (418).

[58] RGSt RG 30.4.1888 – 777/88 17, 415: Bahnpolizeiliche Betätigung; RGSt 8.7.1902 – 811/02 35, 319: Überwachung von Nahrungs- und Genussmitteln durch das Gewerbekommissariat, das dem königlichen Polizeipräsidium zu Berlin unterstand; ähnlich wie hier SK-*Weßlau* Rn. 15.

[59] RG GA 47, 377.

[60] Vgl. im Einzelnen §§ 138 f., 142.

§ 24 regelmäßig begründet sein. War der Richter bei dem Verteidiger, ohne iSd § 139 tätig geworden zu sein, als Referendar tätig und mit der Bearbeitung der Sache in irgendeiner Form in Berührung gekommen, rechtfertigt dies grundsätzlich seinen Ausschluss mangels formaler Verteidigereigenschaft nicht. Regelmäßig werden diese Konstellationen indes Anlass zur Anzeige nach § 30 sein und die Ablehnung nach § 24 rechtfertigen.

e) Nr. 5: Vernehmung als Zeuge oder Sachverständiger. Der Richter soll nicht in die Zwangslage kommen, seine eigenen als Zeuge oder Sachverständiger gemachten Äußerungen bei der Urteilsfindung würdigen zu müssen. Damit würde er sein im Kern „privates Wissen“ zur Urteilsbasis erheben,[61] obwohl niemand in einer Sache gleichzeitig Zeuge und Richter sein kann.[62] Voraussetzung ist, dass er als Zeuge vernommen worden ist. Damit schließt ihn das Gesetz nicht für den Fall aus, dass er unvernommener Tatzeuge ist. Selbiges wird der Richter indes nach § 30 anzuzeigen haben. Seine Ablehnung nach § 24 wird in diesen Fällen regelmäßig aus der Ratio des Gesetzes begründet sein. Denn dieses setzt in § 22 Nr. 5 nicht voraus, dass die frühere Vernehmung des Richters Gegenstand der Hauptverhandlung nach § 261 und damit formal entscheidungserheblich werden kann. 28

Sachidentität hat hier dieselbe Bedeutung wie bei Nr. 4 (siehe oben). Daher ist ein Richter ausgeschlossen, wenn er in einem anderen Verfahren als Zeuge zu demselben Tatgeschehen vernommen worden ist, das er jetzt abzuurteilen hätte.[63] Dies gilt auch, wenn das Verfahren hinsichtlich dieses Tatgeschehens später gem. § 154 Abs. 2 StPO eingestellt wurde.[64] 29

Vernehmung bedeutet die Anhörung durch ein Strafverfolgungsorgan in irgendeinem Verfahrensabschnitt. Ob ein Vernehmungsprotokoll erstellt wurde, ist unerheblich. Mit Sachgleichheit ist hier nicht Verfahrensidentität gemeint,[65] so dass der Ausschluss auch eintritt, wenn der Richter in einem anderen Verfahren als Zeuge zum selben Lebenssachverhalt einvernommen wurde.[66] Für den Ausschluss genügen kann das bloße Erscheinen des als Zeuge geladenen Richters im Hauptverhandlungstermin.[67] Die Möglichkeit oder die Anbahnung einer Vernehmung genügt hingegen nicht,[68] so dass allein die Benennung[69] oder die Ladung[70] nicht zum Ausschluss führt. Es ist den Ablehnungsberechtigten nicht möglich, den Richter durch Benennung als Zeugen auszuschalten. Diesem ist es aber verwehrt, an der Entscheidung über Beweisanträge mitwirken, in denen er als Zeuge benannt wird.[71] Allerdings kann dies zweifelhaft sein, wenn der Beweisantrag als unzulässig zu behandeln wäre.[72] 30

Ob trotz fehlender Vernehmung eine Zeugenaussage vorliegt, richtet sich im Einzelfall stets nach dem mit § 22 Nr. 5 verfolgten Gesetzeszweck.[73] Schriftliche, eine persönliche Zeugenvernehmung ersetzende, auch dienstliche Erklärungen, genügen, wenn sie sachlich erhebliche 31

---

[61] *Schmidt* GA 1980, 285 (294); *Arzt,* Der befangene Strafrichter, 1969, S. 86 ff.

[62] BGH 7.12.1954 – 2 StR 402/54, BGHSt 7, 44 (46) = NJW 1955, 152.

[63] BGH 29.4.1983 – 2 StR 709/82, BGHSt 31, 358 = NJW 1983, 2711; BGH 22.5.2007 – 5 StR 530/06, NStZ 2007, 711; BGH 22.1.2008 – 4 StR 507/07, StV 2008, 283.

[64] BGH 27.9.2005 – 4 StR 413/05, NStZ 2006, 113.

[65] BGH 22.5.2007 – 5 StR 530/06, StraFo 2007, 415; KK/*Scheuten* Rn. 16.

[66] BGH 29.4.1983 – 2 StR 709/82, BGHSt 31, 358; BGH 27.9.2005 – 4 StR 413/05, StV 2006, 4.

[67] BGH 7.12.1954 – 2 StR 402/54, BGHSt 7, 44 (46) = NJW 1955, 152. Insofern aber ein eher theoretischer Sonderfall, als dass sich der Vorsitzende selbst als Zeuge geladen und für die Vernehmung einen Vertreter bestellt hatte.

[68] BGH 18.11.2008 – 1 StR 541/08, NStZ-RR 2009, 85.

[69] BGH 11.2.1958 – 1 StR 6/58, BGHSt 11, 206 = NJW 1958, 557.

[70] BGH 4.11.1959 – 2 StR 421/59, BGHSt 14, 219 (220) = NJW 1960, 301; BGH 23.6.1993 – 3 StR 89/93, BGHSt 39, 239 (241) = NJW 1993, 2758.

[71] 11.2.1958 – 1 StR 6/58 BGHSt 11, 206 = NJW 1958, 537; 23.6.1993 – 3 StR 89/93 BGHSt 39, 239 = NJW 1993, 2793.

[72] S. hierzu 23.6.1993 – 3 StR 89/93 BGHSt 39, 239, dort allerdings fragliches obiter dictum zur Unzulässigkeit des Beweisantrags trotz potentiell die Schuldfrage betreffender Wahrnehmungen des Richters außerhalb der Hauptverhandlung, die er in Dienstlicher Erklärung niederlegte; s. a. Anm. *Bottke* NStZ 1994, 81 sowie KMR/*Bockemühl* Rn. 16.

[73] BGH 9.12.1999 – 5 StR 312/99, BGHSt 45, 354 (356) = NJW 2000, 1204 (1205).

Umstände betreffen.[74] Hierbei soll ein Unterschied bestehen zwischen Bekundungen zur Schuld- und Straffrage, die außerhalb des anhängigen Prozesses gemacht wurden und Äußerungen, die den Gegenstand des bei ihm anhängigen Verfahrens betreffen und die der Richter im Zusammenhang mit seiner amtlichen Tätigkeit in dieser Sache wahrgenommen hat.[75]

32 **Dienstliche Erklärungen** führen dann nicht zum Ausschluss, wenn sie nur prozessual erhebliche Umstände berühren. Gleiches soll gelten, wenn mit der dienstlichen Erklärung nur Klarheit geschaffen werden soll, ob der Richter als Zeuge überhaupt in Betracht kommt.[76] Bei dieser Konstellation muss der Richter nicht seine eigene Zeugenaussage würdigen und die vom Gesetzgeber angestrebte kritische Distanz kann gewahrt werden.[77] Schließlich ist eine dienstliche Erklärung auch dann nicht Vernehmung, wenn der als Zeuge benannte Richter angibt, über das Beweisthema nichts zu wissen.[78]

33 Ebenfalls nicht ausgeschlossen soll nach hM der beauftragte Richter sein, dessen Aufzeichnungen über eine kommissarische Zeugenvernehmung verlesen werden. Der Gesetzgeber habe durch die Schaffung des Rechtsinstituts des beauftragten Richters zu erkennen gegeben, dass er gegen diese Form eingeschränkter Distanz keine Bedenken hegt.[79] Dies mag zutreffen, sofern lediglich der Inhalt der Bekundungen des Zeugen vor dem beauftragten Richter Gegenstand der Hauptverhandlung wird. Ihre Grenzen findet diese Betrachtung jedoch, wo subjektive Vernehmungseindrücke des beauftragten Richters zum Gegenstand der Hauptverhandlung gemacht werden sollen.[80]

34 Zu beachten ist im Kontext mit dienstlichen Erklärungen noch, dass Wahrnehmungen über Umstände, welche die Schuldfrage betreffen, nicht durch dienstliche Erklärung in die Hauptverhandlung eingeführt werden dürfen;[81] ein Verstoß kann die Rüge nach § 261 begründen.[82]

35 Findet eine Vernehmung statt, ist es **unerheblich,** ob der Aussage des richterlichen Zeugen **Bedeutung** zukommt. Es bedarf auch keiner förmlichen Protokollierung[83] oder der Bezeichnung der Vernehmung als solche.[84] Schließlich ist auch ausreichend, dass der Richter nur Angaben vom Hörensagen macht.[85] Ob dem Richter oder anderen Verfahrensbeteiligten die Stellung als Aussageperson bekannt war, ist gleichgültig. Ein Richter wird daher auch dann „als Zeuge vernommen", wenn er zwar in der formellen Funktion eines Richters, in der Sache, aber als Zeuge privates Wissen, das er außerhalb des Verfahrens gewonnen hat, in der Hauptverhandlung (oder, was ebenso unzulässig ist: in der Beratung) kundgibt.[86]

36 **4. Eintritt und Folge des Ausschlusses. a) Eintritt kraft Gesetzes.** Der Ausschluss tritt **kraft Gesetzes** ein; es bedarf weder eines Antrags oder einer – jederzeit möglichen – Anregung noch eines Gerichtsbeschlusses. Auch ein Verzicht der Verfahrensbeteiligten auf den Ausschluss ist nicht möglich. Mit Entstehung des Ausschlussgrundes darf der Richter **keine richterliche Tätigkeit**[87] in der Sache mehr ausführen; davor liegende Tätigkeiten,

---

[74] BGH 28.1.1998 – 3 StR 575/96, BGHSt 44, 4 (9) = NJW 1998, 1234; s.a. SK/*Weßlau* Rn. 21.

[75] Beispiel, weshalb dieser Unterschied zur Vermeidung der „Provokation" von Ausschlussgründen gemacht wird, bei BGH 23.6.1993 – 3 StR 89/93, BGHSt 39, 239 = NJW 1993, 2758.

[76] BGH 9.12.1999 – 5 StR 312/99, BGHSt 45, 354 (361) = NJW 2000, 1204 (1205).

[77] BGH 22.3.2002 – 4 StR 485/01, BGHSt 47, 270 (273) = NJW 2002, 2401 (2402 f.).

[78] BGH 24.5.1955 – 2 StR 6/55, NJW 1955, 1239.

[79] 9.12.1999 – 5 StR 312/99 BGHSt 45, 354 (356) = NJW 2000, 1204.

[80] SK/*Deiters* § 223 Rn. 31f; s. a. AK/*Keller* § 223 Rn. 17: Umgehung des § 22 Nr. 5 StPO; zur Frage der Zulässigkeit einer solchen Einführung generell auch *Goeckenjahn/Eisenberg* JR 2001, 123.

[81] 9.12.1999 – 5 StR 312/99 BGHSt 45, 354 (355 f.).

[82] BGH 28.1.1998 – 3 StR 575/96, BGHSt 44, 4 (13).

[83] BGH 4.11.1997 – 5 StR 423/97, NStZ 1998, 93.

[84] 9.12.1999 – 5 StR 312/99 BGHSt 45, 354 (355).

[85] BGH 4.11.1997 – 5 StR 423/97, NStZ 1998, 93.

[86] KK/*Scheuten* Rn. 16.

[87] Das gilt auch für richterliche Handlungen, welche die Hauptverhandlung vorbereiten. Beispiele bei BGH 3.3.1982 – 2 StR 32/82, BGHSt 31, 3 (5) = NJW 1982, 1655 (Befreiung eines Schöffen von seinem Amt) und BVerfG 20.3.1956 – 1 BvR 479/55, BVerfGE 4, 412 = NJW 1956, 545 (Unzulässige Einflussnahme auf die Terminanberaumung).

wie dies etwa bei § 22 Nr. 5 denkbar ist, sind vom Ausschluss nicht betroffen. Der Ausschluss bezieht sich auf den gesamten Verfahrensgegenstand und wirkt bei Verbindung für alle Sachen.[88] § 29 gilt nur für die Ablehnung, so dass auch unaufschiebbare Amtsgeschäfte erfasst sind. Auf die Kenntnis des Richters kommt es nicht an,[89] mithin kann auch ein entsprechender Irrtum das Mitwirken des gesetzlich ausgeschlossenen Richters nicht verfahrensrechtlich exkulpieren.[90]

b) Folge. Die Mitwirkung eines ausgeschlossenen Richters führt nicht zur Unwirksamkeit, sondern nur zur **Anfechtbarkeit** seiner Amtshandlungen durch Rechtsmittel, vor allem durch die Revision nach § 338 Nr. 2. Eine nicht angefochtene Entscheidung, an der ein ausgeschlossener Richter mitgewirkt hat, erwächst daher nach Verstreichen der Frist in Rechtskraft. 37

Die Ansicht, dass ein **Eröffnungsbeschluss** bei Ausschluss eines an ihm mitwirkenden Richters unwirksam ist, hat der BGH aufgegeben.[91] Damit führt ein solcher Eröffnungsbeschluss nicht – wie beim gänzlichen Fehlen oder bei schwerwiegenden Mängeln – zur Einstellung des Verfahrens. 38

Bei einem während der **Hauptverhandlung** entstehenden Ausschlussgrund ist diese zu wiederholen. Die Hauptverhandlung kann nur fortgesetzt werden, wenn gemäß § 192 GVG ein Ergänzungsrichter zugezogen war und alsbald nach Entstehen des Ausschlussgrundes eingetreten ist. Bei von Anfang an bestehenden Ausschlussgründen ist dieses Vorgehen jedoch nicht möglich, da der Ergänzungsrichter bei Beratungen und Abstimmungen ausgeschlossen war.[92] Der ausgeschlossene Richter hat dann durch seine Beteiligung an Zwischenentscheidungen das Verfahren beeinflusst. Um eine Anfechtbarkeit des Urteils zu verhindern, muss der ordnungsgemäß besetzte Spruchkörper diese Entscheidungen wiederholen beziehungsweise ändern. 39

Beschlüsse bleiben ebenfalls **wirksam.** Bei Anfechtung sind sie aufzuheben und trotz § 309 Abs. 2 ausnahmsweise an die untere Instanz zurückzuverweisen.[93] Bei einer Gegenvorstellung auf einen rechtskräftigen Beschwerdebeschluss hält das OLG Düsseldorf die Zurücknahme des Beschlusses für zulässig, da ein Bestehenbleiben dieser Entscheidung ein grobes prozessuales Unrecht darstellte; die Hinnahme einer unter Verletzung von Art. 101 Abs. 1 S. 2 GG zustande gekommenen Entscheidung sei schlechthin unerträglich.[94] 40

Auch ein **Haftbefehl** muss mit Haftprüfung oder Haftbeschwerde angegriffen werden. 41
Existiert ein von einem ausgeschlossenen Richter aufgenommenes Vernehmungsprotokoll, darf dieses nicht als richterliches Protokoll verwertet werden.[95] In Betracht kommt allenfalls eine Verlesung als nichtrichterliches Vernehmungsprotokoll.[96]

5. Revision. Die Mitwirkung eines ausgeschlossenen Richters ist ein **absoluter Revisionsgrund,** § 338 Nr. 2; auf ein Beruhen kommt es daher nicht an (vgl. zu den Einzelheiten § 338). Eine vorherige Ablehnung des Richters nach § 24 ist für das Revisionsvorbringen nicht nötig. Der Revisionsführer muss die Tatsachen anführen, die den Ausschluss begründen, und den gesetzlich Ausgeschlossenen namentlich bezeichnen.[97] 42

Ist in der Instanz unzutreffend ein in Wahrheit nicht vorliegender Ausschlussgrund angenommen worden, ist § 338 Nr. 1, 1. Halbsatz nur verletzt, wenn der Gesetzesverstoß klar zutage liegt oder die zum Ausschluss führende Annahme willkürlich ist.[98] 43

---

[88] BGH 7.11.1978 – 5 StR 314/78, GA 1979, 311; BGHSt 28, 264.
[89] RG 8.6.1900 – 1831/00 RGSt 33, 309 f.
[90] BVerfG 27.1.1971 – 2 BvR 507/69, BVerfGE 30, 165, 167.
[91] BGH 16.10.1980 – 3 StB 29, 30 u. 31/80, BGHSt 29, 351 (355) = NJW 1981, 133; BGH 30.5.1985 – 4 StR 187/85, NStZ 1985, 464.
[92] KK/*Scheuten* Rn. 23.
[93] *Meyer-Goßner* Rn. 21.
[94] OLG Düsseldorf 25.1.1982 – 2 Ws 48/82, MDR 1982, 518; aA *Meyer-Goßner* Rn. 21.
[95] 4.5.1897 – 1392/97 RGSt 30, 70 (71); L/R/*Sander/Cirener* § 251 Rn. 45.
[96] LR/*Sander/Cirener* § 251 Rn. 3, 9, 44.
[97] BGH 12.12.1961 – 3 StR 35/61, NJW 1962, 500.
[98] BGH 22.11.1957 – 4 StR 497/57 BGHSt 11, 110; 13.2.1959 – 4 StR 446/58 12, 406.

44 Wird mit der Revision die Mitwirkung eines Staatsanwalts gerügt, bei dem Gründe nach § 22 vorliegen, ist § 338 nicht einschlägig. Möglich ist nur ein relativer Revisionsgrund nach § 337, so dass das Urteil auf der Mitwirkung des Staatsanwalts beruhen muss (siehe oben).[99]

§ 23 [Ausschließung bei Mitwirkung in früheren Verfahren]

(1) Ein Richter, der bei einer durch ein Rechtsmittel angefochtenen Entscheidung mitgewirkt hat, ist von der Mitwirkung bei der Entscheidung in einem höheren Rechtszuge kraft Gesetzes ausgeschlossen.

(2) [1]Ein Richter, der bei einer durch einen Antrag auf Wiederaufnahme des Verfahrens angefochtenen Entscheidung mitgewirkt hat, ist von der Mitwirkung bei Entscheidungen im Wiederaufnahmeverfahren kraft Gesetzes ausgeschlossen. [2]Ist die angefochtene Entscheidung in einem höheren Rechtszug ergangen, so ist auch der Richter ausgeschlossen, der an der ihr zugrunde liegenden Entscheidung in einem unteren Rechtszug mitgewirkt hat. [3]Die Sätze 1 und 2 gelten entsprechend für die Mitwirkung bei Entscheidungen zur Vorbereitung eines Wiederaufnahmeverfahrens.

Schrifttum: *Arzt,* Ausschließung und Ablehnung des Richters im Wiederaufnahmeverfahren, NJW 1971, 1112; *Brandt-Jancyk,* Richterliche Befangenheit durch Vorbefassung im Wiederaufnahmeverfahren, 1978; *Dierlamm,* Ausschließung und Ablehnung von Tatrichtern, 1994; *Hanack,* Anmerkung zu BGH, Urteil v. 9.9.1966 – 4 StR 261/66, NJW 1967, 580; *Hanack,* Die Rechtsprechung des Bundesgerichtshofs zum Strafverfahrensrecht, JZ 1973, 777; *Roxin,* Strafverfahrensrecht, 2012; *Seibert,* Das andere Gericht (§ 354 Abs. 2 StPO), NJW 1968, 1317; *Sieg,* Befangenheit nach Zurückweisung, Anmerkung zu Beschluss LG Verden v. 20.3.1975 – 7 Ns 42/74, MDR 1976, 72; *Schünemann,* Der Richter im Strafverfahren als manipulierter Dritter?, StV 2000, 159; *ders.,* Zur Reform der Hauptverhandlung im Strafprozeß, GA 1978, 161; *Sieg,* Richterausschluß im Wiederaufnahmeverfahren, NJW 1984, 1519; *Traut/Nickolaus,* Ist es (wieder) Zeit für eine Trennung zwischen Eröffnungs- und Tatsachenrichter? StraFo 2012, 51; *Wohlers,* Vorbefassung durch Erlass des Eröffnungsbeschlusses, in: *Heinrich/Jäger/Schünemann* (Hrsg.), Festschrift für Claus Roxin zum 80. Geburtstag am 15. Mai 2011, 1313.

Übersicht

1 **1. Ausnahmecharakter nach hM.** § 23 regelt zwei Fälle, in denen die richterliche Vorbefassung zum Ausschluss führt (zur nichtrichterlichen Vorbefassung siehe § 22 Nr. 4): Ein Richter darf **nicht** über ein Rechtsmittel **gegen seine eigene Erkenntnis** entscheiden (§ 23 Abs. 1), und nicht im Wiederaufnahmeverfahren sowie im Verfahren zu dessen Vorbereitung bei der Entscheidung mitwirken, wenn er an der ursprünglichen Entscheidung **beteiligt** war (§ 23 Abs. 2). Einen weiteren Fall enthält § 148a Abs. 2 für den mit Überwachungsmaßnahmen betrauten Richter (siehe dort). Keinen Ausschluss regelt § 74a Abs. 4 GVG; die Norm ist bloße Zuständigkeitsvorschrift und enthält keine Aussage zu den Folgen, wenn der anordnende Richter doch mit der Hauptsache befasst wird.

2 Die Vorschrift des § 23 zielt dabei nicht unmittelbar auf die richterliche Unparteilichkeit selbst ab, sondern auf das schutzwürdige **Vertrauen des Betroffenen** in diese Unparteilichkeit.[1]

3 § 23 gilt als **abschließend** und wird von der hM als **Ausnahmeregelung** verstanden. Hiernach begründet es im Grundsatz keine Befangenheit, wenn ein mit der Sache bereits

[99] BGH 3.5.1960 – 1 StR 155/60, BGHSt 14, 265 = NJW 1960, 1358; BGH 25.9.1979 – 1 StR 702/78, NJW 1980, 845; BGH 1.12.1982 – 2 StR 210/82, NStZ 1983, 135; bei Miebach 1990, 24.

[1] *Hahn* Materialien III/1, S. 89; *Dierlamm* Ausschließung und Ablehnung von Tatrichtern, 1994, S. 66; AK/*Wassermann* vor § 22 Rn. 1.

vorbefasster Richter erneut zur Entscheidung berufen ist.[2] Tatsächlich ist es im Gesetz angelegt, dass ein Richter in verschiedenen Verfahrensstadien Feststellungen über denselben Lebenssachverhalt zu treffen und dieselben Beweismittel zu beurteilen hat.[3] Bereits die Identität des das Hauptverfahren eröffnenden und in der Sache erkennenden Richters ist in der StPO angelegt.[4] Dementsprechend wird der Ausnahmecharakter der Norm betont und postuliert, sie sei eng auszulegen[5] und analoger Anwendung nicht zugänglich.[6]

Nach alledem ist daher auch **nicht** derjenige Richter **ausgeschlossen,** der schon bei dem vom **Revisionsgericht** unter Zurückverweisung nach § 354 Abs. 2 aufgehobenen Urteil **mitgewirkt** hat und der nun – etwa nach einem Wechsel in eine andere Kammer – erneut zuständig wird. Das ist verfassungsgemäß,[7] wird aber zumindest rechtspolitisch mit guten Gründen heftig kritisiert.[8] Zum einen sei die Situation mit der Regelung des § 23 Abs. 2 vergleichbar. Zum anderen liegt es – trotz des Leitbilds des distanzierten, unparteilichen Richters – auf der Hand, an der Unvoreingenommenheit eines Richters zu zweifeln, der den Angeklagten rechtsfehlerhaft verurteilt hat und nun wieder entscheiden soll. Andererseits würde eine Überdehnung des Wortlauts durch Analogien in Konflikt mit Art. 101 GG zu geraten drohen, der die eindeutige Regelung des gesetzlichen Richters verlangt. Nach der Rechtsprechung muss daher der neue Spruchkörper noch nicht einmal überwiegend mit anderen Richtern besetzt sein[9] und auch eine erneute Mitwirkung als Berichterstatter soll nicht ausscheiden.[10] 4

Dies wäre zu verschmerzen, wenn dem Betroffenen in diesem Fall ein Ablehnungsrecht zugestanden werden würde. Die Rechtsprechung nimmt aber auch dieses nur in Ausnahmefällen und keinesfalls allein aufgrund des Umstandes einer Vorbefassung an. Es herrscht die empirisch und psychologisch zweifelhafte Auffassung,[11] nach der ein Richter grundsätzlich auch dann unvoreingenommen an die Beurteilung einer Sache herantritt, wenn er schon früher über denselben Sachverhalt geurteilt hat.[12] Es wird, gleichsam im Umkehrschluss aus § 23, in anderen Konstellationen der Vorbefassung verfehlt eine **quasigesetzliche vermutete Unbefangenheit des Vorbefassten** normativ gefolgert, welche die Ablehnung nach § 24 sperren würde. Hier – und nicht am Wortlaut oder in Analogiebemühungen des § 23 – hat die Kritik anzusetzen (näher dazu Vor 22 Rn. 6 ff. sowie unter § 24 Rn. 52 ff.).[13] Die in Rede stehenden Konstellationen können zudem vermieden werden, indem im Geschäftsverteilungsplan die Zuständigkeit des so vorbefassten Richters aufgehoben wird. Diesbezügliche Versäumnisse können die **Revision** nach § 338 Nr. 1 begründen, was indes einen rechtzeitig erhobenen **Besetzungseinwand** voraussetzt.[14] So ist auch ein Geschäftsverteilungsplan als Umgehung des § 354 Abs. 2 unzulässig, der sämtliche vom Revisionsgericht aufgehobenen Sachen eines Richters demselben Richter zur erneuten Entscheidung zuweist.[15] 5

[2] BGH 4.6.1956 – 2 StR 22/56, BGHSt 9, 233; SSW-StPO/*Kudlich/Noltensmeier* Rn. 2.

[3] KK/*Scheuten* Rn. 1.

[4] Allerdings uneingeschränkt erst nach der Emmingerschen Reform der StPO 1924. Zuvor war der Berichterstatter in dem Verfahren über die Zulassung der Anklage von der Teilnahme an der Hauptverhandlung gesetzlich ausgeschlossen; zur Kritik am status quo und rechtsvergleichend *Traut/Nickolaus* StraFo 2012, 51 [52]; die Vereinbarkeit mit der EMRK bezweifelnd *Wohlers*, FS Roxin, 2011, 1313; krit. a. SK/*Weßlau* Rn. 1.

[5] BVerfG 26.1.1971 – 2 BvR 443/69, BVerfGE 30, 149 (155) = NJW 1971, 1029 (1030) (vgl. aber die insoweit einschränkende abweichende Meinung dreier Verfassungsrichter); BGH 28.1.1998 – 3 StR 575/96, BGHSt 44, 4 (7) = NJW 1998, 1234 (1235).

[6] BGH 17.3.2003 – AnwSt R 3/02, NStZ-RR 2004, 18.

[7] BVerfG 26.1.1971 – 2 BvR 443/69 BVerfGE 30, 149 (155) = NJW 1971, 1029.

[8] *Hanack* NJW 1967, 580; *ders.* JZ 1973, 779; *Seibert* NJW 1968, 1318; *Sieg* MDR 1976, 72; *Roxin* Strafverfahrensrecht § 9 II 2.

[9] OLG Hamm, GA 1971, 185; OLG Saarbrücken 2.10.1969 – Ss 22/67, MDR 1970, 347.

[10] Meyer-Goßner § 354 Rn. 39.

[11] *Brandt-Jancyk,* Richterliche Befangenheit, S. 138 ff. sowie 195 ff.; s. a. *Schünemann* StV 2000, 159 zum Perseveranz- bzw. Inertiaeffekt; *ders.* GA 1978, 161 (172); s.a. SK/*Weßlau* Rn. 1.

[12] BGH 27.8.1991 – 1 StR 438/91, NStZ 1991, 595; BGH 19.5.1994 – 1 StR 132/94-1, NStZ 1994, 447; BGH 7.8.2012 – 1 StR 212/12, NStZ-RR 2012, 350.

[13] Vgl. a. SK/*Weßlau* Rn. 3.

[14] BGH 28.11.2012 – 5 StR 416/12, NStZ 2013, 542 f.

[15] OLG Hamm 11.11.2004 – 4 Ss 476/04, NStZ-RR 2005, 212.

6 Wie schon im Rahmen des § 22 kommt es auf eine tatsächliche Voreingenommenheit nicht an. In den beiden Fällen des § 23 gilt die unwiderlegliche Vermutung, dass Zweifel an der Unparteilichkeit des Richters bestehen. Der Ausschluss erfolgt **kraft Gesetzes;** zum Eintritt und zu den Folgen der Mitwirkung eines ausgeschlossenen Richters siehe oben § 22. Im Unterschied zu § 22 erfasst die Norm keine Protokollführer (siehe dazu § 31).

7 **2. Rechtsmittelentscheidungen.** Ein Richter ist nach Abs. 1 ausgeschlossen, wenn er über ein Rechtsmittel entscheiden müsste, das sich gegen eine Entscheidung richtet, bei der er mitgewirkt hat. Rechtsmittel sind (vgl. bei § 296) nur **Beschwerde, Berufung** und **Revision.** Damit erfasst § 23 Abs. 1 ebenso wenig Anträge auf Wiedereinsetzung (§ 44), auf Haftprüfung (§ 117 Abs. 1) wie den Einspruch gegen den Strafbefehl (§ 410) und andere Rechtsbehelfe.

8 **Mitgewirkt** hat ein Richter, wenn er in seiner richterlichen Funktion an der Urteilsfindung, dh an den tatsächlichen Feststellungen und den rechtlichen Folgerungen, **unmittelbar beteiligt** war, wenn er also **das Urteil mit zu verantworten hat.**[16] Reine Vorbereitungshandlungen genügen nicht.[17] Nicht beteiligt in diesem Sinne ist nach hM auch der nicht eingetretene Ergänzungsrichter (vgl. § 192 GVG), und zwar selbst dann nicht, wenn er unzulässigerweise an der Beratung teilgenommen hat.[18] Teilweise wird aber der Ausschluss eines mittelbar beteiligten Richters gefordert.[19] Das soll zB für den Richter gelten, der am Amtsgericht das Urteil gefällt hat und der jetzt über die Revision gegen das Berufungsurteil entscheiden muss, oder für den Richter, der an einem früheren Berufungsurteil mitgewirkt hatte und nun an der Revisionsentscheidung gegen ein erneutes Berufungsurteil in derselben Sache beteiligt wäre.[20]

9 Für den **Ausschluss** nach § 23 Abs. 1 muss es in der höheren Instanz gerade um die Überprüfung der angefochtenen unterinstanzlichen Entscheidung des betroffenen Richters gehen. Daher ist der Haftrichter im Verfahren nach §§ 121, 122 nicht ausgeschlossen, da diese Entscheidung nicht auf ein Rechtsmittel hin ergeht.[21] Nicht ausgeschlossen bei der Entscheidung über Berufung oder Revision gegen das Urteil ist mangels Identität der Entscheidungen ferner der Richter, der an der Haftentscheidung mitgewirkt hat;[22] an dem Beschluss über die Haftbeschwerde soll er hingegen nicht mitwirken können, da es dann um seine ursprüngliche Entscheidung ginge.[23] Weitere Einzelfälle, bei denen die Rechtsprechung keinen Ausschluss angenommen hat, sind:

– Der nur bei der ausgesetzten Hauptverhandlung mitwirkende Richter.[24]
– Der Ermittlungsrichter (vgl. §§ 162, 169).[25]
– Der an der Eröffnungsentscheidung[26] ebenso wie der an der Beschwerdeentscheidung gegen die Nichteröffnung des Hauptverfahrens[27] mitwirkende Richter.

---

[16] BVerfG 26.1.1971 – 2 BvR 443/69, BVerfGE 30, 149 (156) = NJW 1971, 1029 (1030); BVerfG 27.1.1971 – 2 BvR 507/69, BVerfGE 30, 165 (168) = NJW 1971, 1033; vgl. aber die abweichende Meinung dreier Verfassungsrichter, die eine weitere Auslegung und – aufgrund der gewandelten Stellung des Beschuldigten im Strafverfahren eine Abkehr vom RG fordern: „Es kann nicht mehr einfach auf die früher herrschende Auffassung verwiesen werden, nach der ein Richter, der an einer früheren Entscheidung mitgewirkt (Anm.: gemeint ist: mittelbar mitgewirkt) hat, „selbstverständlich" in der Lage ist, sich aufgrund des in dem neuen Verfahren vorgetragenen Beweisstoffes unbefangen ein neues Urteil, zu bilden." (NJW 1971, 1031, 1032).

[17] ZB die Terminierung, Beweiserhebungen nach § 202 (dazu BGH 4.6.1956 – 2 StR 22/56, BGHSt 9, 233 = NJW 1956, 1246) oder Erteilung des sicheren Geleits nach § 295 Abs. 1, vgl. RGSt 59, 100 (102).

[18] BVerfG 26.1.1971 – 2 BvR 443/69, BVerfGE 30, 149 (157) = NJW 1971, 1029 (1030); SSW-StPO/*Kudlich/Noltensmeier* Rn. 4.

[19] Meyer-Goßner Rn. 5.

[20] Meyer-Goßner Rn. 5 mit Verweis auf KG, JW 1928, 1949 L; OLG Schleswig, SchlHA 1958, 318.

[21] BGH 31.10.1989 – 3 StR 381/89, NStZ 1990, 96; OLG Bremen 31.10.1989 – 3 StR 381/89 NStZ 1990, 96 (97).

[22] BGH 29.1.1968 – 2 StR 519/67 bei Dallinger, MDR 1972, 385/387.

[23] L/R/*Siolek* Rn. 8.

[24] BGH 5.2.1976 – 4 StR 389/75, n.v.; *Meyer-Goßner* Rn. 5.

[25] 4.6.1956 – 2 StR 22/56 BGHSt 9, 233 (235)= NJW 1956, 1246; BGH 29.1.1968 – 2 StR 519/67 bei Dallinger.

[26] 26.1.1971 – 2 BvR 443/69 BVerfGE 30, 149 (156) = NJW 1971, 1029 (1030).

[27] RG 7.10.1981 – 2 StR 331/81 (bei Pfeiffer), JW 1933, 444.

– Der Richter, der Mitglied des Berufungsgerichts in einem zwischen Angeklagtem und Verletztem geführten Zivilrechtsstreit war.[28]
– Der Richter, der am Amtsgericht geurteilt hat, bei der nach § 27 zu treffenden Entscheidung über den Ablehnungsantrag gegen einen Berufungsrichter.[29]
– Der im anwaltsgerichtlichen Verfahren[30] oder als Revisionsrichter im berufsgerichtlichen Verfahren[31] tätige Richter.

3. Wiederaufnahmeverfahren. § 23 Abs. 2 **schließt** im Wiederaufnahmeverfahren über die Regelung des § 140a GVG, wonach im Wiederaufnahmeverfahren ein anderes Gericht zuständig ist, auch den **vormals erkennenden Richters persönlich aus.** Dies gilt bereits, wenn er an der Entscheidung mitgewirkt hat, welche ihrerseits der angefochtenen Entscheidung im Instanzenzug zugrunde lag (Satz 2). Der Ausschluss gilt nicht nur für das neue Erkenntnisverfahren, sondern für alle im Rahmen des Wiederaufnahmeverfahrens zu treffenden Entscheidungen,[32] auch solcher die zur Vorbereitung dienen, wie die Pflichtverteidigerbestellung nach § 364b (Satz 3). 10

Wie schon im Rahmen von § 23 Abs. 1 muss der Richter die angefochtene Entscheidung **richterlich mit zu verantworten haben** (siehe oben). Daran fehlt es beim eröffnenden Richter, der an dem Urteil nicht mitgewirkt hat,[33] und beim Ergänzungsrichter (siehe oben bei § 23 Abs. 1). Ein Richter, dessen Urteil vom Revisionsgericht aufgehoben worden ist und der nur in der Weise mittelbar beteiligt war, dass er die tatsächlichen Feststellungen getroffen hat, die dem späteren Schuldspruch durch das Revisionsgericht zugrunde gelegen haben, ist dagegen ausgeschlossen.[34] Indes soll bei einer Aufhebung des Strafausspruchs in der Revision derjenige Richter, der nach Zurückverweisung am Straffolgenausspruch mitwirkt, nicht ausgeschlossen sein, da ihm der (schon zuvor rechtskräftig gewordene) Schuldspruch nicht zugerechnet werden könne.[35] Dies ist abzulehnen, da die Norm die Mitwirkung an einer Entscheidung zum Gradmesser macht und § 23 Abs. 2 S. 2 auch den Richter ausschließt, der in einem unteren Rechtszug ebenfalls nicht an der angefochtenen Entscheidung des höheren Rechtszuges mitgewirkt hat. Auf „Zurechnungen" der angefochtenen Entscheidungsgründe kann es daher nicht ankommen, sondern allein auf Sachbefassung, die in eine Entscheidung iSd Norm mündet.[36] An einer solchen Mitwirkung fehlt es bei Einstellungsbeschlüssen gemäß §§ 153 Abs. 2 S. 1, 153a Abs. 2 S. 1, 153b Abs. 2, 153e Abs. 2, 154 Abs. 2, 145b Abs. 4, 383 Abs. 2.[37] 11

Mitgewirkt hat auch der **Revisionsrichter,** da er das angefochtene Urteil, das er bestätigt, mit zu verantworten hat; auf ihn trifft deshalb nach Wortlaut und Wortsinn der Ausschlusstatbestand des § 23 Abs. 2 zu; das gilt auch bei der Beschlussverwerfung der Revision nach § 349 Abs. 2,[38] nicht aber bei Verwerfung der Revision als unzulässig oder bei Aufhebung des Urteils.[39] 12

Das Wiederaufnahmeverfahren ist mit der Anordnung der Wiederaufnahme durch das Landgericht nach § 370 Abs. 2 abgeschlossen. Daher sind nach der Wiederaufnahme diejeni- 13

---

[28] BGH 7.10.1981 – 2 StR 331/81 (bei Pfeiffer), NStZ 1983, 208.
[29] RG 7.10.1981 – 2 StR 331/81 (bei Pfeiffer), DRiZ 1927, 326.
[30] BGH 6.2.1961 – AnwSt (R) 3/60, BGHSt 15, 372 f. = NJW 1961, 931.
[31] BGH 17.3.2003 – AnwSt R 3/02, NStZ-RR 2004, 18.
[32] Auch für solche nach §§ 360 Abs. 2, 368, 370, vgl. OLG Saarbrücken 15.9.1965 – Ws 148/65, NJW 1966, 167.
[33] BVerfG 26.1.1971 – 2 BvR 443/69, BVerfGE 30, 149 (157) = NJW 1971, 1029 f.
[34] OLG Koblenz 12.2.1996 – 1 Ws 71/96, NStZ-RR 1997, 111.
[35] OLG Nürnberg 30.6.1998 – Ws 667/98, NStZ-RR 1999, 305; L/R/*Siolek* Rn. 23; aA *Meyer-Goßner* Rn. 6.
[36] Für Ablehnungsmöglichkeit jedenfalls gem. § 24 SK/*Weßlau* Rn. 12.
[37] KMR/*Bockemühl* Rn. 9.
[38] BVerfG 12.1.1983 – 2 BvR 964/82, BVerfGE 63, 77 (80) = NJW 1983, 1900.
[39] *Arzt* NJW 1971, 1113; *Meyer-Goßner* Rn. 7; einschränkend LR/*Siolek* Rn. 17 Fn. 36: Wenn das Revisionsgericht das Urteil wegen eines Formfehlers aufhebt, befasst es sich oft dennoch mit der materiellen Grundlage des Urteils und gibt mitunter Hinweise für die rechtliche Beurteilung in einer neuen Hauptverhandlung.

gen Revisionsrichter, die schon die frühere Revision gegen das durch die Wiederaufnahme angefochtene Urteil verworfen hatten, nicht ausgeschlossen.[40]

14 **4. Revision.** Wirkt ein nach § 23 ausgeschlossener Richter mit, liegt ein **absoluter Revisionsgrund** (§ 338 Nr. 2) vor; auf ein Beruhen des Fehlers kommt es nicht an (vgl. zu den Einzelheiten oben bei § 22 und bei § 338).

§ 24 [Ablehnung eines Richters]

(1) Ein Richter kann sowohl in den Fällen, in denen er von der Ausübung des Richteramtes kraft Gesetzes ausgeschlossen ist, als auch wegen Besorgnis der Befangenheit abgelehnt werden.

(2) Wegen Besorgnis der Befangenheit findet die Ablehnung statt, wenn ein Grund vorliegt, der geeignet ist, Misstrauen gegen die Unparteilichkeit eines Richters zu rechtfertigen.

(3) [1]Das Ablehnungsrecht steht der Staatsanwaltschaft, dem Privatkläger und dem Beschuldigten zu. [2]Den zur Ablehnung Berechtigten sind auf Verlangen die zur Mitwirkung bei der Entscheidung berufenen Gerichtspersonen namhaft zu machen.

Schrifttum: *Becker,* Aus der Rechtsprechung des BGH zum Strafverfahrensrecht, NStZ-RR 2007, 129; *Bittmann,* Das Verständigungsgesetz in der gerichtlichen Praxis, NStZ-RR 2011, 102; *Dallinger,* Aus der Rechtsprechung des Bundesgerichtshofs in Strafsachen, MDR 1972, 569; *Dierlamm,* Ausschließung und Ablehnung von Tatrichtern, 1994; *Ellbogen/Schneider,* Besorgnis der Befangenheit bei Ehe zwischen Richterin und Staatsanwalt, JR 2012, 188; *Fezer,* Inquisitionsprozess ohne Ende? – Zur Struktur des neuen Verständigungsgesetzes, NStZ 2010, 177; *Fischer,* Absprache-Regelung: Problemlösung oder Problem?, StraFo 2009, 177; *Fischer/Krehl,* Strafrechtliche Revision, „Vieraugenprinzip", gesetzlicher Richter und rechtliches Gehör, StV 2012, 550; *Friesenhahn,* Anmerkungen zu BVerfGE 20, 18 JZ 1966, 704; *Hamm,* Der gesetzliche Richter und die Ablehnung wegen Besorgnis der Befangenheit, 1973; *Hanack,* Anmerkung zu BGH, Urteil vom 9.9.1966 – 4 StR 261/66, NJW 1967, 580; *Hanack,* Die Rechtsprechung des Bundesgerichtshofs zum Strafverfahrensrecht, JZ 1973, 777; *Hettinger,* Die Absprache im Strafverfahren als rechtsstaatliches Problem, JZ 2011, 292; *Jahn,* Der befangene Revisionsrichter, *Wessler/Wohlers* (Hrsg.): Festschrift für Gerhard Fezer zum 70. Geburtstag am 29. Oktober 2008, S. 413; *Jahn,* Strafprozessrecht: Richterablehnung wegen „ergänzender Belehrung", JuS 2010, 270; *Jahn,* Strafprozessrecht: Befangenheit eines Richters bei Mitwirkung an Prozessberichterstattung in der Boulevardpresse (Fall Wildmoser), JuS 2006, 1034; *Kepplinger/Zerback,* Der Einfluss der Medien auf Richter und Staatsanwälte. Art, Ausmaß und Entstehung reziproker Effekte, PUB 2009, Vol. 54, 216; *Knauer/Lickleder,* Die obergerichtliche Rechtsprechung zu Verfahrensabsprachen nach der gesetzlichen Regelung – ein kritischer Überblick, NStZ 2012, 366; *Lamprecht,* Karlsruher Befangenheits-Logik, NJW 1999, 2791; *Park,* Anmerkung zu BGH: Urteil vom 11.12.1997 – 4 StR 323/97, StV 1998, 417; *Rabe,* Ablehnung des Strafrichters bei provokativem oder beleidigendem Verhalten des Angeklagten oder seines Verteidigers, NJW 1976, 172; *Rasehorn,* Selbstablehnung eines Richters, NJW 1966, 666; *Riedel,* Das Postulat der Unparteilichkeit des Richters 1980; *Strate,* Freie Beweiswürdigung und gebundene Beweiserhebung, HRRS 2003, 47; *Schünemann,* Ein deutsches Requiem auf den Strafprozess des liberalen Rechtsstaats, ZRP 2009, 104; *Schünemann,* Der Richter, StV 2000, 159; *Seibert,* Das andere Gericht (§ 354 Abs. 2 StPO), NJW 1968, 1317; *Sieg,* Befangenheit nach Zurückweisung, Anmerkung zu Beschluss LG Verden v. 20.3.1975 – 7 Ns 42/74, MDR 1976, 72; *Stange/Rilinger,* Befangenheit – Die Mitwirkung eines Richters an atypischen Vorentscheidungen rechtfertigt die die Annahme der Befangenheit (§ 24 StPO), StV 2005, 579; *Steinfatt,* Die Unparteilichkeit des Richters in Europa im Lichte der Rechtsprechung des Europäischen Gerichtshofs für Menschenrechte, 2012; *Schmuck/Gorius,* Der Zeuge im Strafprozess – Einzelbetrachtungen, NJOZ 2011, 833; *Stemmler,* Nochmals – Ablehnung eines Richters wegen früherer richterlicher, NJW 1974, 1545; *Theile,* Wahrheit, Konsens und § 257c StPO, NStZ 2012, 666; *Traut/Nickolaus,* Ist es (wieder) Zeit für eine Trennung zwischen Eröffnungs- und Tatsachenrichter?, StraFo 2012, 51; *Trüg/Kerner,* Formalisierung der Wahrheitsfindung im (reformiert-) inquisitatorischen Strafverfahren? Betrachtungen unter rechtsvergleichender Perspektive, *Dölling/Helgerth/König/Schöch,* Recht gestalten – dem Recht dienen. Festschrift für Reinhard Böttcher zum 70. Geburtstag: Festschrift für Reinhard Böttcher zum 70. Geburtstag am 29. Juli 2007, S. 191; *Ventzke,* Ausschluss des absoluten Revisionsgrundes des § 338 Nr. 3 StPO im Fall ordnungsgemäßer Urteilsabsprache, HRRS 2009, 28; *Weigend,* Verständigung in der Strafprozessordnung – auf dem Weg zu einem neuen Verfahrensmodell?, *Bloy/Böse/Hillenkamp/Momsen/Rackow,* Gerechte Strafe und legitimes Strafrecht: Festschrift für Manfred Maiwald zum 75. Geburtstag, 2010, 829; *Werdel,* Rechtsgeschichtliche und vergleichende Studie zum strafprozessualen Befangenheitsrecht, 2001; *Weßlau,* Absprachen im Strafverfahren, ZStW 116 (2004), 151; *Zuck,* Befangenheit als Fehlerquelle für ein faires Verfahren, DRiZ 1988, 172.

---

[40] BVerfG 1.3.1982 – 2 BvR 1191/81 (Nichtannahmebeschluss); abl. Anm. *Sieg* NJW 1984, 1519.

Übersicht

1. Allgemeines. a) Grundsatz. Zum Normzweck siehe Vor § 22 Rn. 1 ff. Die Ablehnung eines Richters ist gemäß § 24 sowohl aus einem der **Ausschließungsgründe** der §§ 22, 23 als auch wegen **Besorgnis der Befangenheit** möglich. Das Ablehnungsverfahren soll den grundrechtsgleichen Anspruch auf den gesetzlichen, unbefangenen Richter[1] verwirklichen. Anders als bei den Ausschlussgründen nach §§ 22, 23 bedarf der Ausschluss eines Richters wegen Befangenheit eines insoweit konstitutiven Gerichtsbeschlusses. Erst ab dann tritt die Wirkung des Ausschlusses ein. 1

Nicht abschließend geklärt erscheint das Verhältnis der in §§ 22, 23 genannten gesetzlichen Ausschlussgründe zu denen der Befangenheit nach § 24.[2] 2

Die Ablehnung ist ein **Antrag auf gerichtliche Entscheidung,** die Sorge der Voreingenommenheit bzw. Parteilichkeit betreffend des abgelehnten Richters für begründet zu erklären und hierdurch dessen Ausschluss von künftigen Entscheidungen in der Sache herbeizuführen. Den Ablehnenden trifft die **Darlegungslast.** Gem. § 26 Abs. 2 hat er die Verfahrenstatsachen, welche die Besorgnis begründen sollen glaubhaft zu machen. Den Zeitpunkt der Ablehnung regelt § 25, das Ablehnungsverfahren die §§ 26 ff. (siehe dort). Die Wirkung der Ablehnung kann sich nur auf die zukünftige richterliche Mitwirkung an bestimmten Entscheidungen beziehen, namentlich auf diejenigen am erstinstanzlichen Urteil, an Rechtsmittel- und Rechtsbehelfsentscheidungen und an selbstständigen vorbereitenden und vollstreckenden Entscheidungen. Eine „rückwirkende" Ablehnung existiert nicht.[3] Bereits getätigte Handlungen vor der Ablehnung werden daher auch bei Erfolg selbiger nicht unwirksam. Unzulässig ist die gleichsam prophylaktische Ablehnung für richterliche Handlungen, von denen noch gar nicht feststeht, ob der abgelehnte Richter an ihnen mitwirken wird.[4] Nicht möglich ist zudem die Ablehnung im Revisionsverfahren im formlosen Verfahren der Gegenvorstellung gegen den Verwerfungsbeschluss[5] bzw. im Wege der Anhörungsrüge.[6] 3

b) Antragsrichtung. Die Ablehnung muss sich **gegen den oder die einzelnen, konkret zu benennenden Richter** richten. Schöffen[7] und Protokollführer können ebenfalls abgelehnt werden, § 31.[8] Die Maßstäbe für die Unvoreingenommenheit sollen bei Schöffen dieselben wie bei Berufsrichtern sein;[9] daran soll auch die Schwierigkeit einer Beweissituation nichts ändern, etwa die Frage der Unverwertbarkeit von in die Hauptverhandlung eingeführten Beweismitteln; von Schöffen könne ebenso wie von Berufsrichtern erwartet werden, dass sie der Urteilsfindung nur das verwertbare Beweis- 4

---

[1] BVerfG 8.6.1993 – 1 BvR 878/90, BVerfGE 89, 28 (36) = NJW 1993, 2229; BVerfG 27.12.2006 – 2 BvR 958/06, NJW 2007, 1670.

[2] S. hierzu Vor § 22.

[3] KK/*Scheuten* Rn. 1.

[4] BGH NStE Nr. 9; BGHR § 26a Unzulässigkeit 6; BVerfG 27.9.1982 – 2 BvR 700/82, KG NStZ 1983, 44.

[5] OLG Düsseldorf 5.9.1988 – 1 Ws 861, 862/88, NStZ 1989, 86; BGH 6.6.2001 – 2 StR 194/01, NStZ-RR 2001, 333.

[6] BGH 11.9.2007 – 1 StR 273/07, NStZ 2008, 55; OLG Bremen 14.7.2009 – SsBs 15/09, BGH NStZ-RR 2009, 353.

[7] BGH 28.4.2010 – 2 StR 595/09, NJW 2010, 2226.

[8] Zu Sachverständigen s. § 74, zu Dolmetschern § 191 GVG.

[9] BGH 17.7.1996 – 5 StR 121/96, BGHSt 42, 191 = NJW 1996, 3018.

material zugrunde legen.[10] Mit dieser zweifelhaften Prämisse, deren Richtigkeit empirischer Bestätigung harrt, ist es allerdings schwerlich vereinbar, wenn die Rechtsprechung eine Akteneinsicht für Schöffen grundsätzlich mit der Erwägung für unzulässig hält, bei diesen bestehe die Gefahr, ihre Eindrücke aus den Akten könnten sich – anders als bei Berufsrichtern – untunlich mit denen aus der Hauptverhandlung vermischen.[11]

5 Unzulässig ist es, ein Kollegialgericht als Ganzes[12] oder sämtliche Richter eines Gerichts[13] abzulehnen. Bevor ein solches Ablehnungsgesuch verworfen wird, hat das Gericht jedoch durch **Auslegung** zu ermitteln, ob nicht jedes Mitglied des Spruchkörpers als Einzelperson – wenn auch mit der gleichen Begründung – abgelehnt werden soll und der Eindruck einer **unzulässigen Kammerablehnung** nur durch eine ungeschickte Formulierung entstanden ist.[14]

6 Die StPO kennt keine Rechtsgrundlage für die Ablehnung von Staatsanwälten. Eingehend dazu und zu den Fällen, in denen die Mitwirkung eines „befangenen" Staatsanwalts einen Rechtsfehler begründen kann, siehe oben bei § 22 Rn. 4 ff.

7 **c) Ablehnungsberechtigte.** Ausdrücklich ablehnungsberechtigt nach § 24 Abs. 3 S. 1 sind **Staatsanwalt, Privatkläger** und **Beschuldigter.** Gemäß Art. 101 Abs. 1 S. 2 GG muss die Möglichkeit der Ablehnung auch anderen Verfahrensbeteiligten offenstehen.[15] Weitere ausdrückliche Regelungen enthalten § 397 Abs. 1 S. 3 für den **Nebenkläger,** §§ 431, 433, 442 Abs. 2 für **Verfalls- und Einziehungsbeteiligte,** §§ 444 Abs. 1 S. 1, Abs. 2 S. 2, 433 Abs. 1 für den Beteiligten im Verfahren bei Festsetzung von Geldbußen gegen **juristische Personen** und **Personenvereinigungen,** § 414 Abs. 1 für den **Beschuldigten** im Sicherungsverfahren und § 67 Abs. 1 JGG für **gesetzliche Vertreter** und **Erziehungsberechtigte.** Darüber hinaus können **Dritte,** die im Ermittlungsverfahren von schwerwiegenden grundrechtsrelevanten Eingriffen, zB einer Wohnraumüberwachung, betroffen sind, bei der Überprüfung der Anordnung dieses Eingriffs den Richter ablehnen.[16] Antragsteller im Klageerzwingungsverfahren nach § 172 Abs. 2[17] haben ebenso ein Ablehnungsrecht wie diejenigen im Adhäsionsverfahren nach §§ 403 ff.[18]

8 **Kein** Ablehnungsrecht haben dagegen **Zeugen** und **Sachverständige** und bei der Verhandlung nicht beteiligte Personen im Ordnungsmittelverfahren (vgl. §§ 70, 77; §§ 177, 180, 181 GVG).[19]

9 Der Verteidiger kann einen Richter nicht in eigenem Namen ablehnen. Das Ablehnungsrecht liegt beim Beschuldigten. Der Verteidiger kann und wird es jedoch regelmäßig für ihn wahrnehmen und zwar gerade auch dann, wenn dieser mangels Kenntnis oder Fähigkeit dazu nicht in der Lage ist.[20] Daher ist grundsätzlich davon auszugehen, dass der Verteidiger **Ablehnungsanträge im Namen des Mandanten** stellt, und zwar auch dann, wenn die

---

[10] BGHSt 42, 191 = NJW 1996, 3018 17.7.1996 – 5 StR 121/96.

[11] RG 8.2.1935 – 4 D 787/34 RGSt 69, 120 (124); BGH 5.1.1954 – 1 StR 476/53, BGHSt 5, 261; BGH 17.11.1958 – 2 StR 188/58, BGHSt 13, 73 relativierend indes obiter dicta BGH 26.3.1997 – 3 StR 421/96, BGHSt 43, 36 (39); BGH 10.12.1997 – 3 StR 250/97, BGHSt 43, 360 (365), jeweils 3. Senat.; siehe hierzu auch § 31; zweifelnd auch betreffend der Fähigkeit von Berufsrichtern strikt zu trennen etwa *Schünemann* StV 2000, 159.

[12] BVerfG 22.2.1960 – 2 BvR 36/60, BVerfGE 11, 1 (3); BGH, MDR 1955, 269 (271) bei Dallinger 1.2.1955 – 1 StR 702/54.

[13] BGH, MDR 1955, 269 (271) bei Dallinger 1.2.1955 – 1 StR 702/54; BGH 8.7.2009 – 1 StR 289/09, wistra 2009, 446; BGH 17.5.1994 – 4 StR 181/94, n.v.

[14] BGH 16.12.1969 – 5 StR 468/69, BGHSt 23, 200, 202 = NJW 1970, 478.

[15] BVerfG 8.2.1967 – 2 BvR 235/64, BVerfGE 21, 139, 146 = NJW 1967, 1123 (1124).

[16] BGH NStZ 2006, 584 27.2.2006 – 1 BGs 25/06.

[17] OLG Hamm 5.3.1976 – 2 Ws 383/75, NJW 1976, 1701; OLG Karlsruhe 25.5.1973 – 1 Ws 143/73, NJW 1973, 1658; OLG Koblenz 25.5.1982 – 1 Ws 183/82, NStZ 1983, 470; OLG Saarbrücken 18.6.1974 – Ws 62/74, NJW 1975, 399.

[18] BVerfG 27.12.2006 – 2 BvR 958/06, NJW 2007, 1670, entgegen früherer anderslautender Entscheidungen.

[19] KK/*Scheuten* Rn. 25.

[20] BGH 8.3.1995 – 5 StR 434/94, BGHSt 41, 69 = NStZ 1995, 393.

Ablehnung ausschließlich auf Vorgänge gestützt wird, die das Verhältnis zwischen Richter und Verteidiger betreffen.[21]

d) Namhaftmachung. Grundsätzlich kann die Namhaftmachung von Gerichtspersonen nach § 24 Abs. 3 S. 2 nicht nur für Entscheidungen, sondern für Amtshandlungen jeder Art verlangt werden.[22] Namhaftmachung bedeutet die **Bekanntgabe von Namen und Dienstbezeichnung.** Weitere Daten zur Ermittlung von Ablehnungsgründen (Ausbildung, Meinungen, Lebensumstände) können auf dieser Grundlage nicht begehrt werden.[23] Der Ablehnungsberechtigte soll nach Sinn und Zweck der Norm in der Lage sein, (auch) die über das Ablehnungsgesuch entscheidenden Richter abzulehnen.[24] Die Namhaftmachung ist Aufgabe des Vorsitzenden. Er muss dies nicht von Amts wegen tun (vgl. „auf Verlangen"); sind die Gerichtspersonen namhaft gemacht, muss er indes Änderungen ohne weitere Nachfrage bekanntgeben.[25] Nach der Namhaftmachung versteht es sich von selbst, dass der Ablehnungsberechtigte die Gelegenheit erhält, binnen einer angemessenen Frist die Mitteilung zu prüfen sowie weitere Befangenheitsanträge zu stellen und zu begründen.[26] 10

Der **Anspruch auf Namhaftmachung** ist nicht verletzt, wenn gemäß § 26a Abs. 2 S. 1 über ein Ablehnungsgesuch ohne Ausscheiden der abgelehnten Richter wegen Unzulässigkeit entschieden wird.[27] § 24 Abs. 3 S. 2 gewährleistet nur, dass die Namen der über das Ablehnungsgesuch entscheidenden Richter bekannt werden. Da jedes Gesuch inzident auf seine Zulässigkeit geprüft wird, liegt dies hier wegen § 26a Abs. 2 S. 1 auf der Hand.[28] 11

Eine **unterlassene Namhaftmachung** kann grundsätzlich geeignet sein, die Revision zu begründen. Dies soll jedoch nicht gelten, wenn der Antrag auf Namhaftmachung in der Hauptverhandlung nicht wiederholt wird.[29] 12

2. Ablehnung wegen Vorliegen eines Ausschließungsgrundes. Der Ausschluss eines Richters aus Gründen nach §§ 22, 23 tritt **kraft Gesetzes** ein (siehe oben bei § 22). § 24 Abs. 1 Var. 1 ermöglicht es insoweit nur, das Gericht bzw. weitere Richter, die zur Entscheidung berufen sind, im Rahmen eines förmlichen Verfahrens zu einer feststellenden Entscheidung über die Frage des Ausschlusses zu zwingen. 13

Lehnt der Ablehnungsberechtigte einen Richter aus diesen Gründen ab, gelten für das Verfahren die Regelungen der §§ 26, 27. Für die Zulässigkeit der Rüge des § 338 Nr. 2 in der Revision ist die Ablehnung nach § 24 nicht erforderlich (siehe oben bei § 22). 14

3. Ablehnung wegen Befangenheit. a) Begriff und Sichtweise. Eine **Besorgnis der Befangenheit** besteht nach allgemeiner Auffassung, wenn **aus Sicht eines vernünftigen Ablehnungsberechtigten Zweifel** an der – auch verfassungsmäßig gebotenen – Unvoreingenommenheit und Unabhängigkeit des Richters bestehen. **Befangenheit** ist nach der Definition des Bundesverfassungsgerichts ein innerer Zustand des Richters, welcher seine vollkommen gerechte, von jeder falschen Rücksicht freie Einstellung zur Sache, seine **Neutralität und Distanz** gegenüber den Verfahrensbeteiligten **beeinträchtigen** kann.[30] In diesem Sinne kann die „Parteilichkeit" sowohl personen- als auch sachbezogener Natur sein.[31] 15

---

[21] *Rabe* NJW 1976, 172.

[22] OLG Koblenz 25.5.1982 – 1 Ws 183/82, NStZ 1983, 470.

[23] OLG Koblenz 25.5.1982 – 1 Ws 183/82, NStZ 1983, 470.

[24] Becker NStZ-RR 2007, 129.

[25] RG 13.11.1931 – I 1034/31 RGSt 66, 10; BayObLG 29.9.1989 – RReg. 2 St 10/89, NStZ 1990, 200.

[26] BVerfG 5.6.1991 – 2 BvR 103/91, NJW 1991, 2758.

[27] BFH 16.3.2007 – VII B 21/06, BGH wistra 2007, 319; BGH 13.2.2007 – 3 StR 425/06, NStZ 2007, 416; *Meyer-Goßner* Rn. 21; abl. *Jahn*, FS Fezer, 2008, 413 (427) unter Hinweis auf BVerfG 9.8.2007 – 2 BvR 1277/07, NJW 2007, 3563.

[28] Kritisch dazu *Jahn*, FS Fezer, 2008, 413 (431).

[29] RG 18.9.1896 – 2309/96 RGSt 29, 62.

[30] BVerfG 8.2.1967 – 2 BvR 235/64, BVerfGE 21, 139 (146) = NJW 1967, 1123; BGH 9.2.1951 – 3 StR 48/50, BGHSt 1, 34 = NJW 1951, 323 (324); BGH 10.11.1967 – 4 StR 512/66, BGHSt 21, 334 (341) = NJW 1968, 710 (711); BGH 8.12.1999 – 5 StR 32/99, BGHSt 45, 353 = NJW 2000, 1274.

[31] *Riedel* Das Postulat der Unparteilichkeit des Richters 1980, S. 85; *Stemmler* NJW 1974, 1545 f.; *Dierlamm*, Ausschließung und Ablehnung von Tatrichtern, S. 117; aA *Friesenhahn* JZ 1966, 704, 707.

16 Ob die Befangenheit **tatsächlich vorliegt,** ist hierbei ebenso **unerheblich** wie die Frage der Ernstlichkeit ihrer Besorgnis beim Ablehnenden. Beides wird in aller Regel auch dem Beweis kaum zugänglich sein. Es genügt der Anschein der Befangenheit. Zur Verwirklichung des Individualanspruchs auf einen unbefangenen Richter und dem zugleich verfolgten Zweck, den Anschein parteiischer Entscheidungen zum Wohle des Ansehens der Justiz zu meiden, haben sich Formeln herausgebildet, nach denen sich die Begründetheit eines Ablehnungsgesuchs beurteilen soll.

17 Die hM will einen **individuell-objektivierbaren Maßstab** anlegen: Einem vernünftig urteilenden Angeklagten muss die Besorgnis des Ablehnenden einleuchten.[32] Von diesem Standpunkt aus – und nicht von einem richterlichen, der dem Angeklagten als der seine unterstellt wird – soll sich die Berechtigung der Ablehnungsgründe entscheiden.[33]

18 Tatsächlich ist die Behauptung einer Objektivierung des Maßstabs zumindest trügerisch. Es wird mit der fiktiven, nach normativen Gesichtspunkten erschaffenen Figur des vernünftigen, wahlweise besonnenen Angeklagten oder Dritten operiert, dem die Besorgnis des tatsächlichen Angeklagten ebenso einleuchten müsse, wie er zu unterstellen hat, dass der Richter im Grundsatz dem Idealbild der Anforderungen an Unparteilichkeit auch entspreche.[34] Was die Vernünftigkeit eines Angeklagten ausmacht und was für einen solchen Angeklagten nachvollziehbar sein soll, bleibt hierbei letztlich Resultat normativer richterlicher Zuschreibung. Die Formel ist damit auch geeignet, die Autorität richterlicher Entscheidungsfindung zu sichern, indem sie inzident suggeriert, nach einem abgeschlossenen Verfahren sei selbst aus Sicht zumindest eines vernünftigen Angeklagten hinsichtlich des unparteilichen Agierens der Entscheidungsträger nichts zu erinnern gewesen.

19 Bei Anwendung dieses Maßstabs ist zunächst der **Standpunkt des Ablehnenden** einzunehmen. Ob der Richter tatsächlich parteiisch oder voreingenommen ist,[35] ob er sich (nicht) dafür hält,[36] spielt ebenso wenig eine Rolle wie die Frage, ob er für die Besorgnis des Ablehnenden Verständnis aufbringt. Dementsprechend darf der zur Entscheidung über das Ablehnungsgesuch berufene Richter auch nicht seine Kenntnis von der Persönlichkeit des abgelehnten Richters in die Abwägung einstellen, denn dies verlässt den maßgeblichen Standpunkt des „vernünftigen Angeklagten" bzw. Dritten.

20 Auf der anderen Seite **genügt allein der subjektive Eindruck des Ablehnenden nicht.**[37] Art. 101 Abs. 1 S. 2 GG garantiert nicht nur das individuelle Recht auf den gesetzlichen Richter, sondern enthält auch die justizielle Verpflichtung dieses sicherzustellen. Eine Beliebigkeit der Ablehnung allein aus innerlichen Befindlichkeiten, die sich ggf. intersubjektiv nicht vermitteln lassen, wäre hiermit unvereinbar. Dies gilt, zumal ein Ausschluss sich auf das gesamte Verfahren erstreckt, mithin auch für Mitangeklagte gilt, deren Recht auf den gesetzlichen Richter mitbetroffen sein kann.[38] Ein Ausschluss ohne zureichend objektivierbaren Grund kommt daher kaum in Betracht.[39]

21 Eine Besorgnis der Befangenheit muss auf **tatsächlichen Umständen** in der Person des Richters gründen, welche die Ablehnung bei einer auf vernünftigen Gründen beruhenden

---

[32] BGH 10.11.1967 – 4 StR 512/66, BGHSt 21, 334 (341) = NJW 1968, 710 (711); noch deutlich eingeschränkter sieht das der EGMR 10.8.2006 – 75737/01, NJW 2007, 3553 (3554, Tz. 40) – *Schwarzenberger vs. Deutschland.* Es sei der „Standpunkt desjenigen, der die Parteilichkeit geltend macht, wichtig, aber nicht entscheidend. Entscheidend ist vielmehr, ob die Befürchtung für objektiv berechtigt gehalten werden kann".

[33] LR/*Siolek* Rn. 8; krit. *Zuck* DRiZ 1988, 172: Entscheidung hänge weitgehend „von Leerformeln und arbiträrer Kasuistik" ab.

[34] Hierzu *Lamprecht* NJW 1999, 2791: „Aus dem Ideal ist eine fixe Idee geworden".

[35] BVerfG 3.3.1966 – 2 BvE 2/64, BVerfGE 20, 9 (14) = JZ 1966, 312; BGH 27.4.1972 – 4 StR 149/72, BGHSt 24, 336 (338); BGH 9.8.1988 – 4 StR 222/88, StV 1988, 417.

[36] BVerfG 25.1.1972 – 2 BvA 1/69, BVerfGE 32, 288 (290); BGH 20.11.1951 – 1 StR 300/51, BGHSt 2, 4 (11); viele Richter verweisen dennoch darauf in ihren dienstlichen Äußerungen.

[37] *Jahn* JuS 2010, 270.

[38] BGH 7.11.1978 – 5 StR 314/78, GA 1979, 311.

[39] BGH 13.3.1997 – 1 StR 793/96, NStZ 1997, 559.

Würdigung aller Umstände trägt.[40] **Nicht ausreichend sind daher Vermutungen**[41] oder Stimmungen. Auch das Verhalten Dritter, etwa eine intensive oder auch einseitige Berichterstattung in den Medien, ist kein Umstand, der in der Person des Richters oder eines Schöffen liegt.[42] Anders kann dies freilich sein, wenn zu erkennen ist, dass sich der Richter von der Berichterstattung beeinflussen lässt oder diese gar auf unzulässige Weise mit ausgelöst hat.[43]

Bestehen **Zweifel** am Vorliegen eines Befangenheitsgrundes, etwa aufgrund mehrdeutiger dienstlicher Erklärungen, ist zunächst seitens der zur Entscheidung über das Gesuch Berufenen auf Klarstellung zu dringen.[44] Unterbleibt diese bzw. verbleiben Zweifel, welche in der Sphäre der Abgelehnten behebbar wären, ist **zugunsten des Ablehnenden** zu entscheiden.[45] 22

b) Fallgruppen. § 24 stellt lediglich eine **Generalklausel** bereit, die aus sich heraus weder Anhaltspunkte für Fallgruppen bietet, in denen Befangenheit zu besorgen oder auszuschließen wäre. Nur sehr vereinzelt stellen Gerichte klar, ein bestimmter Sachverhalt müsse „grundsätzlich" zur Befangenheit führen.[46] Die Ablehnungsrechtsprechung ist **stark von Einzelfällen geprägt** und kann kaum verallgemeinert werden.[47] Die Würdigung des Ablehnungsgesuchs wird schwerlich losgelöst von dem Geschehensablauf, in dem es zu dem beanstandeten Verhalten kam und der dienstlichen Erklärung des abgelehnten Richters gemäß § 26 Abs. 3 betrachtet werden können. Ob eine Besorgnis der Befangenheit besteht, hängt daher bei ähnlich erscheinenden Sachverhalten häufig von Nuancen ab.[48] Klar ist auch, dass nicht jeder prozessuale Fehler eine Besorgnis der Befangenheit auslösen kann, denn Fehler sind nicht per se Ausdruck einer Parteinahme. In einer auf § 338 Nr. 2 gestützten Revision ist daher insbesondere der Zusammenhang vorzutragen, in dem das Verhalten des Richters stand.[49] Handelt es sich um Verfahrensfehler, kann zudem entscheidend sein, inwieweit sie mit einer Einschränkung wesentlicher Verteidigungsrechte einhergehen.[50] Aus der Fülle der Entscheidungen lassen sich im Wesentlichen folgende Fallgruppen, die sich ihrerseits überschneiden können unterscheiden: 23

aa) Eigenes Verhalten von Prozessbeteiligten. Prozessbeteiligte sollen es **nicht beliebig** in der Hand haben, die Besorgnis der Befangenheit zu begründen. Daher können deren Handlungen in der Auseinandersetzung mit dem Richter grundsätzlich auch dann nicht zu einer erfolgreichen Ablehnung führen, wenn sie geeignet sein könnten, den Richter 24

---

[40] BVerfG 16.2.1995 – 2 BvR 1852/94, NJW 1995, 1277; ebenso BVerfG 2.12.1992 – 1 BvR 1213/85, BVerfGE 88, 1 (4) = NJW 1993, 2231; BGH 27.4.1972 – 4 StR 149/72, BGHSt 24, 336 (338) = NJW 1972, 1288; stRspr.

[41] BGH 23.11.1995 – 1 StR 296/95, NJW 1996, 1355 (1358); BGH 12.2.1998 – 1 StR 588/97, NJW 1998, 2458 (2459).

[42] BGH 18.12.1968 – 2 StR 322/68, BGHSt 22, 289 (294) = NJW 1969, 703; dass indes Berichterstattung und mediale Erwartungshaltungen durchaus geeignet sind, das Verfahrensergebnis untunlich zu beeinflussen, belegt die Studie von *Kepplinger/Zerback* PUB 2009, Vol. 54, 216 ff.

[43] Etwa durch einseitige oder für einzelne Verfahrensbeteiligte nachteilige Informationen an Pressevertreter, tendenziöse „Hintergrundgespräche", Interviews oder TV-Auftritte, vgl. KK/*Scheuten* Rn. 3; s. a. einschränkend BGH 9.8.2006 – 1 StR 50/06, NJW 2006, 3290 m. krit. Anm. *Jahn* JuS 2006, 1034.

[44] BVerfG 5.3.2012 – 2 BvR 1464/11, NJW 2012, 1136 für die freibeweisliche Aufklärung bei unklarer Verständigung, verallgemeinerungsfähig aufgrund der Herleitung aus Rechtsstaats- und Fair-Trial-Prinzip.

[45] BayObLGZ 26.3.1974 – BReg 1 Z 5/74, BayObLGZ 1974, 131 (137); anders BGH 23.11.1995 – 1 StR 296/95, BGHSt 41, 348 = NJW 1996 1355 (1358), wo nach mehrdeutiger dienstlicher Erklärung der Ablehnungsgrund für nicht erwiesen gehalten wurde.

[46] So aber LG Hamburg 14.7.2004 – 620 KLs 5/04, StV 2004, 590: Hat das BVerfG festgestellt, dass eine Entscheidung gegen das Willkürverbot verstoße, rechtfertigt allein diese Feststellung die Ablehnung der beteiligten Richter am Verfahren.

[47] Vgl. a. *Richter II*, FS Eisenberg, 2009, 559 (562): „Einzelfallbetrachtung, die sich manchmal auch als Kuriositätenschau darstellt."

[48] LR/*Siolek* Rn. 9.

[49] BGH 14.1.2000 – 3 StR 106/99, NStZ 2000, 325; BGH 9.6.2009 – 4 StR 461/08, NStZ 2009, 581; KG 10.7.2008 – (3) 1 Ss 354/07 (123/07), StV 2009, 177.

[50] BGH 9.7.2009 – 5 StR 263/08, NJW 2009, 3248 (3252 f.).

in seiner (vermuteten) Unvoreingenommenheit zu erschüttern. Dies gilt etwa, wenn **Disziplinarverfahren** beantragt oder Strafanzeige gegen den Richter erstattet wird,[51] aber auch für **Provokationen, Beleidigungen und Bedrohungen** des Richters. Einschränkungen werden erwogen, sofern das Gewicht des Rechtsgutsangriffs vermuten lässt, der Richter könne auch bei erheblichem Bemühen die ihm obliegende berufliche Distanz nicht mehr aufbringen.[52] Straftaten gegen den Richter im laufenden Verfahren sind keine solchen, die nach § 22 zum Ausschluss führen (siehe § 22 Rn. 10).

25 Ein Befangenheitsgrund kann sich daher regelmäßig nur daraus ergeben, dass der Richter auf ein Verhalten seinerseits **unsachlich reagiert;** zB wenn er – obwohl es dem Angeklagten nicht um pure Provokation ging – gegen diesen Strafantrag stellt.[53] Unbeschadet der richterlichen Reaktion soll das Befangenheitsrecht ggf. wegen Rechtsmissbrauchs verwirkt sein können, wenn sich das vorherige Verhalten des Ablehnenden als rechtsmissbräuchlich erweist.[54]

Ein gestörtes Verhältnis des Richters zum Verteidiger soll das Vertrauen des Angeklagten in die Unvoreingenommenheit in der Regel nicht beeinträchtigen, es sei denn es droht gleichsam auf den Angeklagten durchzuschlagen.[55] Dies kann etwa der Fall sein, wenn Handlungen des Richters hierbei auch Verfahrensrechte des Angeklagten verletzen. Insoweit können insbesondere Einschränkungen des rechtlichen Gehörs als prozessuales Urrecht des Angeklagten Gewicht erlangen.[56] Ansonsten bleibt die Rechtsprechung vage: Schwerwiegende, auch außerhalb des konkreten Verfahrens begründete Spannungen zwischen Richter und Verteidiger sollen eine Ablehnung nur dann rechtfertigen, wenn sie bei verständiger Würdigung geeignet sind, Zweifel an der Unparteilichkeit des Richters auch gegenüber dem Beschuldigten zu wecken.[57] Sichere Kriterien, wann dies angenommen werden kann, fehlen. Nicht hinreichend sollen jedenfalls auch unangemessene Antworten auf eine provokante Frage des Verteidigers sein.[58]

26 **bb) Persönliche Verhältnisse des Richters (Religion, Weltanschauung, Geschlecht, Familienstand).** Persönliche Gründe in der Person des Richters können eine Besorgnis der Befangenheit begründen, wenn die Voraussetzungen der Ausschlussgründe in § 22 Nr. 1–3 zwar nicht vorliegen, aber der Sachverhalt dem nahekommt.[59] Verlangt wird ein **besonderer Zusammenhang** zwischen einem **persönlichen Merkmal des**

---

[51] BGH 7.10.1952 – 1 StR 94/52, NJW 1952, 1425; BGH 19.1.1962 – 3 StR 41/61, NJW 1962, 748 (749).

[52] KK/*Scheuten* Rn. 6.

[53] BGH 14.2.1992 – 2 StR 254/91, NStZ 1992, 290 (291).

[54] BGH 15.12.2005 – 1 StR 411/05, NJW 2006, 708, wo die Verteidigerin zuvor erfolglos eine ärztliche Untersuchung des Angeklagten beantragt hat, nachdem dieser Rattengift eingenommen und dies verschwiegen hatte; zw., da diese Konsequenz für das verfassungsrechtlich abgesicherte Ablehnungsrecht wohl allenfalls dann gezogen werden könnte, wenn eine bewusste Reaktion des Richters in Kenntnis des rechtsmissbräuchlichen Verhaltens in Rede stünde. Daran fehlte es im entschiedenen Fall indes.

[55] BGH bei Dallinger 1.7.1971 – 1 StR 362/70, MDR 1971, 897; BGH 17.7.1973 – 1 StR 61/73, NJW 1973, 1985; BGH 15.1.1986 – 2 StR 630/85, NStZ 1987, 19.

[56] BGH 5.4.1995 – 5 StR 681/94, StV 1995, 396; BGH 26.1.2006 – 5 StR 500/05, NJW 2006, 854 (Verheimlichung bzw. Nichtmitteilung von Nachermittlungen, deren Ergebnisse dem Gericht vorliegen); BGH 26.6.1996 – 1 StR 328/96, NJW 1996, 3285; OLG Zweibrücken 22.8.1996 – 1 Ss 96/96 StV 1996, 650 (Versagung von Akteneinsicht unmittelbar vor der Hauptverhandlung trotz zeitlicher Möglichkeit); BGH 26.11.1987 – 5 AR Vollz 41/87, NStZ 1988, 150 und BGH 31.1.1990 – 2 StR 449/89, NStZ 1990, 289 (290), Rücknahme von Verteidigerbestellungen wegen Missfallen der Kleidung oder sonstiger Missliebigkeit; OLG Naumburg, BGH 24.8.2004 – 4 StR 293/04, StraFo 2005, 24 (willkürliche Ablehnung des Antrags auf Terminsverlegung).

[57] BGH bei Dallinger 1.7.1971 – 1 StR 362/70, MDR 1971, 897; 1975, 23; BGH 15.1.1986 – 2 StR 630/85, StV 1986, 281; NStZ 1987, 19; BGH 4.5.1993 – 1 StR 921/92, StV 1993, 339; BGH 5.4.1995 – 5 StR 681/94, 1995, 396; BGH 12.2.1998 – 1 StR 588/97, NJW 1998, 2458; *Meyer-Goßner* Rn. 11; LR/*Siolek* Rn. 33.

[58] Etwa BGH 17.7.1973 – 1 StR 61/73 NJW 1973, 1985: Bejahung der Frage: „Sie wollen wohl die Hauptverhandlung unter allen Umständen zu Ende führen?"; anders (weil nicht provokant gefragt?) BGH 13.10.2005 – 5 StR 278/05, NStZ 2006, 49; „Meinen Sie, wir können die Anträge noch schneller ablehnen?"

[59] BGH 18.10.2006 – 2 StR 499/05, BGHSt 51, 100 (111) = NJW 2007, 1760.

Richters und der **Strafsache,** so dass eine Religions- oder Parteizugehörigkeit für sich genommen kein Ablehnungsgrund ist.[60] Unparteilichkeit fordert nicht, dass der jeweilige Richter keine Persönlichkeit und Meinung mit ins Amt einbringt. Von persönlicher Subjektivität ist prozessuale Befangenheit, um die es allein geht, zu unterscheiden.[61] Sie wird zuvörderst in den Blick zu nehmen sein, wenn es um abwertende private Äußerungen über Personengruppen geht, denen der Angeklagte angehört, oder Charakterisierungen der Deliktsart des Verfahrensgegenstands, etwa als besonders abscheulich, vorliegen.

Einzelfälle: 27

- Ausländerfeindlichkeit eines Richters oder Sympathiebekundungen für ausländerfeindliche Personen kann gegenüber einem ausländischen Angeklagten zur Befangenheit führen.[62] Der rechtsradikalen Szene zuzuordnende Bekleidung eines Schöffen führt bei ausländischen Angeklagten zur Befangenheit.[63]
- Keine Befangenheit bei einem Richter, der Fluchthelfer unterstützt hat und nun über einen wegen Tötung an der Mauer angeklagten Grenzsoldaten der DDR zu urteilen hat.[64]
- Bei Schöffen darf nicht zweifelhaft sein, dass sie rechtstreu sind und sich dem Recht verpflichtet fühlen. Bedroht ein Schöffe bei seiner Tätigkeit als Inkassounternehmer rechtswidrig Schuldner und kündigt zudem Maßnahmen der Selbstjustiz an, ist er befangen, vor allem, wenn er in seiner dienstlichen Erklärung nicht von diesem Verhalten abrückt.[65]
- Fragen des Vorsitzenden, etwa an den Sachverständigen, ob er auch (wie der Angeklagte) Mitglied der jüdischen Gemeinde sei, nachdem er die Religionszugehörigkeit des Angeklagten bereits im Zusammenhang mit Fluchtgefahr thematisiert hatte, können besorgen lassen, der Richter lasse sich von Vorbehalten gegenüber dieser Religion leiten und die Besorgnis der Befangenheit begründen.[66]

cc) Persönliche und dienstliche Beziehungen. Enge **Freundschaft**[67] zu Beschuldigtem, Verletzten oder Zeugen kann ebenso zur Befangenheit führen wie **Feindseligkeit.**[68] Teilweise reichen schon freundnachbarliche Verhältnisse aus,[69] ebenso nähere Beziehungen gesellschaftlicher Art wie wechselseitige Einladungen und Zugehörigkeit zu Stammtischen oder Klubs.[70] **Geschäftliche Beziehungen** rechtfertigen die Ablehnung nur im Fall konkreter wirtschaftlicher Interessen des Richters, nicht bei Beziehungen allgemeiner Natur.[71] Anderes kann gelten, wenn der Richter vormals anwaltlich in einem Zivilprozess die Gegenpartei des Angeklagten vertreten hat.[72] 28

Eine Kontroverse zwischen Richter und Sachverständigem kann einen Ablehnungsgrund darstellen, wenn Anhaltspunkte vorliegen, sie könnte sich auf die Bewertung der Gutachtensergebnisse auswirken und der Richter somit die gebotene Distanz in der Sache vermissen lassen werde.[73] Keine Befangenheit liegt vor, wenn ein Rechtsanwalt bei dem Landgericht 29

---

[60] BVerfG 13.5.1953 – 1 BvR 344/51, BVerfGE 2, 295 (297) = NJW 1952, 1097; BayVGH 20.9.2010 – Vf 19 – VII – 09 = NVwZ 2011, 40.
[61] *Riedel,* S. 31 ff.; AK/*Wassermann* § 24 Rn. 10.
[62] OLG Karlsruhe 19.4.1995 – 3 Ws 72/95, NJW 1995, 2503; AG Köln 14.6.2005 – 581 Ls 119/05, StV 2007, 127 (128).
[63] BGH 8.3.2001 – 1 StR 28/01, LG Berlin StV 2002, 132.
[64] BGH 25.3.1993 – 5 StR 418/92, BGHSt 39, 168 = NJW 1993, 1932 (1934).
[65] BGH 28.4.2010 – 2 StR 595/09, NJW 2010, 2226 (2227), wobei abschätzige Äußerungen über den Verteidiger hinzukamen.
[66] LG Berlin v. 25.9.2013 – 514 – 7/12.
[67] LG Bonn 11.10.1965 – 4 T 460/65, NJW 1966, 160.
[68] *Meyer-Goßner* Rn. 11.
[69] AA LG Bonn 11.10.1965 – 45460/65, NJW 1966, 160; *Rasehorn* NJW 1966, 666.
[70] AK/*Wassermann* Rn. 20.
[71] AK/*Wassermann* Rn. 22.
[72] BGH bei *Dallinger* MDR 1972, 572; KK/*Scheuten* Rn. 11.
[73] BGH 12.2.1998 – 1 StR 588/97, NJW 1998, 2458 (2459).

angeklagt wird, bei dem er zugelassen ist, und dienstliche Kontakte zu den Richtern dieses Gerichts unterhält.[74]

30 Unklar ist die Frage der Befangenheit aufgrund persönlicher Nähe des Richters zum mit der Sache befassten **Staatsanwalt, Verteidiger** oder **Nebenklagevertreter.** In der zivilrechtlichen Rechtsprechung ist Befangenheit bereits angenommen worden, wenn der Ehepartner des Richters in einer Kanzlei arbeitet, die eine der Parteien vertritt, und zwar auch dann, wenn eine persönliche Befassung des Gatten mit der Sache nicht gegeben ist.[75] Auf den Strafprozess übertragen könnte dies weitreichende Folgen für eheliche Verbindungen von Richtern und Staatsanwälten,[76] aber auch zu Anwälten zeitigen. Einem Befangenheitsgesuch wird zumindest dann der Erfolg nicht zu versagen sein, wenn eine Ehe oder ein Verlöbnis mit einem Prozessbeteiligten besteht. Aber auch sonstige über Freundschaft hinausgehende intime Beziehungen des Richters zu Prozessbeteiligten sind geeignet, die Befangenheit zu begründen. Ein vernünftiger Ablehnungsberechtigter kann durchaus zutreffend den Schluss ziehen, dass eine enge private Verbindung des Richters zu einem Prozessbeteiligten seine Neutralität störend beeinflussen kann. Entsprechende Näheverhältnisse werden daher nach § 30 anzuzeigen sein. Ein entsprechendes Unterlassen hingegen kann möglicherweise die Besorgnis der Befangenheit begründen.

31 **dd) Verhalten außerhalb des Verfahrens. Rechtsansichten,** die ein Richter unabhängig vom laufenden Verfahren kundtut, zB in wissenschaftlichen Publikationen, können nur im Einzelfall[77] für eine Befangenheit ausreichen. Etwa wenn die Publikation einen Verfahrensbeteiligten unmittelbar berührt und sich nicht als abstrakte Rechtsmeinung darstellt.[78] Dabei ist irrelevant, ob der Richter die Folgen seiner Äußerung absehen konnte und ihm die Verletzung seiner richterlichen Dienstpflichten (§ 39 DRiG) vorzuwerfen ist.[79] Erscheint eine publizierte oder anderweitig geäußerte Rechtsmeinung eines Richters als unumstößlich, kann befürchtet werden, er sei Gegenargumenten verschlossen und in keiner Weise bereit von ihr abzurücken, begreife vielmehr im Gegenteil den anhängigen Fall als günstige Gelegenheit entsprechend seiner vorgefassten Meinung zu judizieren.[80] Vertritt der Richter in anderer Sache mit anderen Verfahrensbeteiligten eine Rechtsansicht, soll dies keine Befangenheit begründen.[81] Äußerungen außerhalb des Verfahrens zu Unbeteiligten abseits der wissenschaftlichen Ebene dürften eher für eine Befangenheit sprechen: Unzweifelhaft ist dies, wenn der Richter dem Angeklagten zur Last gelegte Vorgänge als feststehende Tatsachen der Presse mitteilt.[82] Allein der Umgang mit der Presse soll hingegen nicht die Besorgnis der Befangenheit begründen, selbst wenn das Verhalten des Richters persönlich motiviert war; dabei soll sich der Richter gegen übermäßiges Lob oder sonstige Charakterisierungen in der Presse nicht wehren müssen.[83] Dass der Umgang mit der Presse sehr wohl Sensibilität erfordert, zeigt der Umstand, dass Schöffen regelmäßig vom Vorsitzenden zur Vermeidung von Befangenheitsanträgen hierüber zu belehren sind.[84]

Kritisch sind regelmäßig Äußerungen im Vorfeld gegenüber den Verfahrensbeteiligten. In folgenden Einzelfällen wurde Befangenheit bejaht:

---

[74] OLG Hamm 23.2.1981 – 6 Ws 54/81, NStZ 1981, 233.

[75] BGH 15.3.2012 – V ZB 102/11, NJW 2012, 1890.

[76] Für Befangenheit bei Ehe zwischen Richter und Staatsanwalt *Ellbogen/Schneider* JR 2012, 188.

[77] Bloßes Vertreten wissenschaftlicher Meinungen in Gutachten soll nicht genügen, BVerfG 2.10.1951 – 2 BvG 1/51, BVerfGE 1, 66 (69); ebenso wenig das Äußern von Rechtsansichten allgemein, BGH 16.12.1988 – 4 StR 563/88, StV 1989, 152; BVerfG 25.1.1955 – 1 BvR 522/53, BVerfGE 4, 143.

[78] Vgl. BVerfG 21.5.1996 – 1 BvR 1408/95, NJW 1996, 3333.

[79] BVerfG 19.8.1996 – 2 BvR 115/95, NJW 1996, 3333 (3334).

[80] KK/*Scheuten* Rn. 17.

[81] BGH 9.1.1996 – 5 StR 533/95, n.v.

[82] BGH 9.7.1953 – 5 StR 282/53, BGHSt 4, 264 = NJW 1953, 1358.

[83] BGH 9.8.2006 – 1 StR 50/06, NJW 2006, 3290. Nach dieser Entscheidung soll es auch zulässig sein, dass ein Richter nach negativen Berichten auf eine positivere Berichterstattung über seine Person hinwirkt; zweifelhaft, weil dann die Besorgnis, der Richter werde sein Handeln und Entscheiden untunlich auch mit Bedacht auf dessen mediale Akzeptanz ausrichten, begründet erscheint.

[84] BGH 9.8.2008 – 1 StR 50/06, NJW 2006, 3290 (3295).

- Der Richter erklärt dem Angeklagten vor Eröffnung des Hauptverfahrens, auf Grund seiner Strafliste stehe fest, dass er der „Typ des Gewohnheitsverbrechers“ sei.[85] 32
- Der Richter regt die Ergänzung der Anklage an, damit die Überführung des Angeklagten erleichtert werde.[86]
- Der Richter besucht einen Mitangeklagten in der Haft, um ihm persönlich einen Beschluss zu übergeben und sich mit ihm über das Verfahren und Privates zu unterhalten.[87]
- Der Richter äußert telefonisch gegenüber dem Verteidiger, die Einlassung sei „schwachsinnig“, und die diese Einlassung stützende Sachverständige „könne sich warm anziehen“.[88]
- Der Richter erklärt gegenüber der Verteidigern in einem Telefonat sinngemäß, er könne es verstehen, dass der Angeklagte ihn abknallen wolle. Von einer grundsätzlichen Bereitschaft zu töten, sei beim Angeklagten auszugehen: „Wer sich ein Gewehr kauft, will auch schießen.“[89]
- Nicht fernliegend ist die Besorgnis der Befangenheit, wenn der Vorsitzende nach Inhaftierung mit einer Sachverständigen telefoniert und dabei nachfragt, ob diese an ihrer negativen Beurteilung der Glaubhaftigkeit der Nebenklägerin festhalte.[90]
- Der Richter gibt vor Beginn der Hauptverhandlung zu erkennen, dass aus seiner Sicht der Betroffene mit den Vorwürfen noch gut bedient sei.[91]

Äußert sich der Richter inhaltlich wertend über ein bei ihm anhängiges Verfahren gegenüber Personen, die an diesem nicht beteiligt sind, kann dies ein Verstoß gegen das Mäßigungsgebot nach § 39 DRiG darstellen und die Besorgnis der Befangenheit begründen. 33

Kein Ablehnungsgrund soll hingegen vorliegen bei fahrlässig unrichtiger Belehrung des Angeklagten über Rechtsmittel trotz frühen Verfahrensstadiums[92] und bei telefonischer Äußerung gegenüber einem Zeugen, der Angeklagte könne während der Vernehmung möglicherweise entfernt werden.[93] 34

ee) Verhalten in der Hauptverhandlung. Die meisten Ablehnungsgesuche betreffen das Verhalten des Richters in der **Hauptverhandlung;** den Schwerpunkt bilden dabei Äußerungen. Vom distanzierten, unparteilichen Richter wird erwartet, dass er sich nicht unsachlich äußert. Dazu gehört, dass er ua die Demonstration von Bestrafungswillen, sachfernem Machtbewusstsein oder Humor auf Kosten von Verfahrensbeteiligten unterlässt.[94] Der Richter muss sich – auch auf Provokationen hin – populistischer oder privater Ansichten zur Strafwürdigkeit oder zur Rechtspolitik enthalten.[95] Er darf von der Schuld des Angeklagten nicht bereits endgültig überzeugt sein und dieses auch nicht signalisieren.[96] 35

Bei den im Folgenden genannten Einzelfällen sei betont, dass es nicht so sehr auf das jeweilige Verhalten, sondern immer – gerade bei Äußerungen – auf den Gesamtzusammenhang im Einzelfall ankommt. Daher können mitunter auch mehrere der gebildeten Unterfallgruppen berührt sein. 36

---

85 BGH 7.2.1961 – 1 StR 558/60, NJW 1961, 789.
86 BGH bei Dallinger 18.6.1957 – 5 StR 160/57, MDR 1957, 652 (653).
87 BGH 8.1.1982 – 2 StR 751/80, NStZ 1983, 359.
88 LG Mainz 15.4.2004 – 3214 Js 22893/03-1 Ks, StV 2004, 531.
89 BGH 15.3.1976 – AnwSt (R) 4/75, NJW 1976, 1462.
90 BGH 11.11.2008 – 4 StR 480/08, NStZ-RR 2011, 99.
91 So bei einer Bußgeldsache mit leichtem Personenschaden, bei der der Richter Unverständnis über den Einspruch äußert, da es nicht das Verdienst des Betroffenen sei, dass er sich nicht vor dem Schöffengericht wegen fahrlässiger Tötung zu verantworten habe, AG Tiergarten 19.11.1992 – 213b AR 46/92, StV 1993, 517.
92 BGH 8.3.1979 – 4 StR 708/78, n.v.
93 BGH 12.5.1981 – 5 StR 132/81, n.v.
94 KK/*Scheuten* Rn. 12.
95 KK/*Scheuten* Rn. 13 ff.
96 BGH 10.9.2002 – 1 StR 169/02, BGHSt 48, 4; BGH, GA 1962, 282; BGH 24.8.1999 – 4 StR 339/99, NStZ 1999, 629.

(1) Einzelfälle: Ablehnungsgrund bejaht. (a) Prozessuale Willkür.

37 – Verheimlichen der Ergebnisse von Nachermittlungen während einer laufenden Hauptverhandlung bzw. keine Nachricht an den Verteidiger über den Eingang weiteren belastenden Aktenmaterials kurz vor der Einlassung des Angeklagten zur Sache.[97]
– Bewusstes Versagen des rechtlichen Gehörs;[98] unberechtigte Beschränkung des Fragerechts.[99]
– Entpflichten eines Verteidigers, weil nicht erkennbar sei, ob der Rechtsanwalt einen Langbinder trage;[100] überhaupt kann beim Widerruf einer Pflichtverteidigerbestellung ohne schwerwiegendes Fehlverhalten des Verteidigers beim Angeklagten der Eindruck entstehen, der Richter wolle „unbequemes" Verteidigerverhalten sanktionieren.[101]
– Schließen der Beweisaufnahme und Aufforderung an die Staatsanwaltschaft, den Schlussvortrag zu halten, obgleich der Verteidiger bei schwieriger Beweislage weitere Beweisanträge angekündigt hat.[102]
– Zurückweisung eines Beweisantrags auf Vernehmung eines Hintermanns eines Drogengeschäfts mit der Begründung, dem Angeklagten würde dies ein Unrechtsbewusstsein für das von ihm tatsächlich geschmuggelte Rauschgift nehmen und zu dem untragbaren Ergebnis führen, dass es nach Bekanntwerden dieser Rspr. mit Sicherheit nur noch gutgläubige Betäubungsmitteltransporteure gäbe.[103]
– Richter unterbricht die Einlassung des Angeklagten mit den Worten, er habe nicht das Recht, „solchen politischen Quatsch" von sich zu geben.[104]
– Weigerung, einen Befangenheitsantrag entgegen zu nehmen, mit den Worten, der Verteidiger wolle „ohnehin nur Sand ins Getriebe streuen".[105]
– Behauptung, die Hauptakten enthielten allen verfahrensrelevanten Stoff, ohne Kenntnisnahme der Beiakten mit konkludenter Weigerung, sich mit diesen zu befassen.[106]
– Erweckung des Eindrucks, allein die Tatsache von Antragstellungen werde nachteilige Folgen für den Angeklagten zeitigen.[107]

38 **(b) Unsachliche Äußerungen.** Die Rechtsprechung zeigt sich relativ verständnisvoll im Umgang mit unsachlichen richterlichen Äußerungen. Einmalige Äußerungen werden gern als kontextgebundener verständlicher Unmut toleriert,[108] dessen Anschein einer Befangenheit zudem durch die dienstliche Erklärung des Richters wieder entkräftet werden kann.[109] Soweit hierbei allerdings angenommen wird, eine **Entschuldigung** des abgelehnten Richters in seiner dienstlichen Erklärung sei gleichsam grundsätzlich geeignet, die Besorgnis des Ablehnenden zu beseitigen,[110] **überzeugt dies nicht.** Zum einen läge es damit in der Hand des ggf. tatsächlich befangenen Richters, sich durch ein Lippenbekenntnis weiterhin die Entscheidungsbefugnis zu sichern. Zum anderen wertet es eine Entschuldigung von vornherein ab, wenn diese erst in Reaktion auf ein Ablehnungsgesuch erfolgt.

[97] BGH 5.4.1995 – 5 StR 681/94, StV 1995, 396; BGH 26.1.2006 – 5 StR 500/05, NJW 2006, 854. Anders, wenn über Nachermittlungen nicht unterrichtet wird, neue Aktenbestandteile aber unverzüglich zugänglich gemacht werden, BGH 12.1.2000 – 5 StR 617/99, NStZ 2000, 216.
[98] BGH 16.6.1971 – 4 StR 450/70 VRS 41, 203 (205); OLG Schleswig 1 Ws 350/75, SchlHA 1976, 44.
[99] BGH 4.10.1984 – 4 StR 429/84, StV 1985, 2.
[100] BGH 9.8.1988 – 4 StR 222/88, NStZ 1988, 510.
[101] KG 2.2.2007 – (4) 1 Ss 332/06 (176/06), StV 2008, 68.
[102] BGH 11.3.2003 – 3 StR 28/03, NStZ 2003, 666.
[103] LG Frankfurt/Main 8.3.1988 – 5/4 KLs 88 Js 18059/87, StV 1988, 245.
[104] BGH 3.11.1981 – 1 StR 501/81, LG Freiburg 3.11.1981 – 1 StR 501/81, StV 1982, 112.
[105] BGH 22.4.2005 – 2 StR 46/05, NStZ-RR 2007, 2; BGH 22.6.2005 – 2 StR 118/05, StV 2005, 531.
[106] BGH 16.10.2003 – 5 StR 377/03, LG Hanau 10.9.2003 – 1200 Js 18044/2002, StV 2004, 71.
[107] BGH VRS 41, 203.
[108] BVerfG 13.5.2009 – 2 BvR 247/09, BeckRS 2009, 35214; BGH 2.3.2004 – 1 StR 574/03, NStZ-RR 2004, 208.
[109] BGH 13.10.2005 – 5 StR 278/05, NStZ 2006, 49; 2009, 701; BGH 4.3.2009 – 1 StR 27/09, NStZ 2011, 71.
[110] BGH 26.10.2011 – 5 StR 292/11, NStZ 2012, 168; 2006, 49; BGH 18.8.2011 – 5 StR 286/11, BeckRS 2011, 22407.

Auch von einem vernünftigen Ablehnenden kann normativ nicht erwartet werden, dass er auf derartige Entschuldigungen hin Vertrauen in die Unparteilichkeit (erneut) zu fassen hat, zumal er besorgen muss, dass die Erklärung nicht zuvörderst an ihn, sondern an die Rechtsmittelinstanz gerichtet ist.[111] Anderes kann gelten, wenn eine solche Entschuldigung vor oder unabhängig von einem angebrachten Befangenheitsgesuch erfolgt.

Grob unsachliche Äußerungen rechtfertigen die Befangenheit auch, wenn sie nur einma- 39
lig vorkommen, zB:

- grob neben der Sache liegende Unmutsäußerungen über Beweisanträge des Verteidigers;[112] Ironie vor der Beratung über Beweisanträge des Verteidigers über die voraussichtliche Dauer bis zu einer Entscheidung („Meinen Sie, wir können die Anträge noch schneller ablehnen?").[113]
- Diskriminierende Äußerungen über die Herkunft des Angeklagten und pauschale Charakterisierungen („Ihre Landsleute legen sehr ungern Geständnisse ab. Wenn sie verurteilt werden, fangen sie das Weinen und Zähneknirschen an").[114]
- Versteckte Drohungen an den Angeklagten bezüglich der Konsequenzen einer Prozesshandlung („Die Folgen werden Sie zu tragen haben", zu einem Angeklagten, der in der Hauptverhandlung seinem Wahlverteidiger das Mandat entzogen hatte).[115]
- Kundgabe eines unbedingten Verurteilungswillen durch die Äußerung, man werde die Sache „nicht platzen lassen, auch auf die Gefahr hin, dass wir aufgehoben werden".[116]
- Die Aufforderung an den Angeklagten, sich lieber beim Verletzten zu entschuldigen statt ein Rechtsmittel zu betreiben.[117]
- Unterstellung, der Angeklagte habe sich über die „Fragwürdigkeit seiner eigenen Rechtsansicht" bewusst „aus Rechthaberei" hinweggesetzt.[118]
- Beschwerde beim Vorgesetzten des Sitzungsstaatsanwalts, dass dieser wie ein Verteidiger auftrete.[119]
- Hinweis auf die Todesstrafe in anderen Ländern.[120]
- Vorwurf des Richters an den Angeklagten, „nach Aktenlage" unverschämt zu lügen.[121]
- Der Richter erweckt den Eindruck, von der Unwahrhaftigkeit einer Zeugenaussage schon endgültig überzeugt zu sein, durch die Äußerung, der Zeuge habe die Wahrheit zu sagen, und wenn er das nicht wolle, solle er „gefälligst die Klappe halten";[122] spöttische Befragung einer Zeugin, die diese der Lächerlichkeit preisgibt („Dann hat wohl Superman das Fahrzeug gefahren");[123] Bemerkung bei offener Beweislage, ein Zeuge habe „jetzt endlich die Wahrheit gesagt".[124]
- Ratschlag an die Ehefrau des Angeklagten, sie solle sich mit ihrem Ehemann nicht versöhnen und von ihrem Zeugnisverweigerungsrecht keinen Gebrauch machen.[125]
- Erwiderung der Richterin auf die Äußerung des Angeklagten, der Geschädigte sei ein Krimineller: „Das gibt Ihnen kein Recht auf die Leute zu schießen, Ihre Einstellung wird sich im Strafmaß wiederfinden".[126]

---

[111] Aus der Praxis wird berichtet, dass einige Richter praktisch keine Dienstlichen Erklärungen im Ablehnungsverfahren mehr verfassen, die nicht auch eine prophylaktische Entschuldigung enthalten. Es ist nicht fernliegend, anzunehmen, dass diese eher vorab für das Revisionsgericht denn für den Angeklagten verfasst sind.
[112] BGH 9.3.1988 – 3 StR 567/87, NStZ 1988, 372.
[113] BGH 13.10.2005 – 5 StR 278/05, NStZ 2006, 49.
[114] BGH 2.3.2004 – 1 StR 574/03, NStZ-RR 2004, 208 f.
[115] BGH 14.11.1967 – 5 StR 439/67, n.v.
[116] BGH bei Dallinger 15.2.1972 – 5 StR 35/72, MDR 1972, 569 (571).
[117] OLG Köln 26.1.1988 – Ss 650/87, StV 1988, 287.
[118] OLG Bremen 3.9.1990 – Ws 108/90, StV 1991, 57 (58).
[119] BGH 24.9.1990 – 4 StR 384/9, NStZ 1991, 348.
[120] BGH 23.7.1991 – 5 StR 268/91, NStZ 1991, 226.
[121] BayObLG 4.8.1993 – 5St RR 80/93, NJW 1993, 2948.
[122] BGH 9.12.1983 – 2 StR 452/83, NJW 1984 (1907 ff.).
[123] KG 10.7.2008 – (3) 1 Ss 354/07 (123/07), NJW 2009, 96.
[124] BGH, GA 1978, 243.
[125] BGH 9.2.1951 – 3 StR 48/50, BGHSt 1, 34 = NJW 1951, 323 (324).
[126] BGH 2.8.2001 – 4 StR 290/01, NStZ-RR 2001, 372 (373).

– Die Richterin fragt während der laufenden Beweisaufnahme in einer Sitzungspause bei einer Betreuerin nach, ob die Zeugin sich wegen der außerordentlich belastenden Tatgeschehnisse einer Therapie unterziehe, was doch dringend erforderlich wäre.[127]
– Ungewöhnlich drastisch formulierte Vorwürfe an die Verteidiger, konkret die Qualifizierung eines – ggf. auch kritikwürdigen – Verteidigerverhaltens als „üble, menschenverachtende Entgleisung" und „widerwärtig", auch noch zwei Tage nach der betroffenen Zeugenvernehmung.[128]
– Schöffin äußert sich in der Verhandlungspause, sie nehme vor jeder Sitzung eine Beruhigungspille, denn sie sei schon bedient, wenn sie sehe, wie dreckig und ungewaschen die Angeklagten seien.[129]

40 **(c) Unzulässiger Druck.** Ein Verstoß gegen einen fundamentalen Grundsatz des geltenden Strafverfahrensrechts stellt das Ausüben von Druck dar, um den Angeklagten zu einem Geständnis zu bringen,[130] vgl. §§ 136 Abs. 1 S. 2, 136a, 243 Abs. 5 S. 1 (zum Sonderfall der Befangenheit nach Verständigungsversuchen siehe unten). Daher darf der Richter insbesondere nicht versuchen, den Angeklagten zu einem Geständnis zu drängen.[131] Dies kann insbesondere auch bei Verständigungen nach § 257c bzw. dem Versuch solche herbeizuführen Relevanz erlangen. Unzulässig ist demnach

41 – dem Angeklagten vorzuhalten, fehlende Einsicht in das Unrecht der Tat könne strafschärfend berücksichtigt werden,[132] oder den Angeklagten als Feigling zu bezeichnen, weil er nicht für seine Tat einstehen wolle, verbunden mit dem Wunsch, dass ihm nachts seine tote Frau (deren Ermordung ihm zur Last gelegt wurde) vor die Augen treten möge.[133]
– Den Angeklagten zu fragen, wie lange er sich die Zeugenaussage über die erlittenen Tatfolgen noch anhören wolle.[134]
– Den Eindruck zu erwecken, ein in der Hauptverhandlung verkündeter Haftbefehl sei ergangen, weil der Verteidiger eines Mitangeklagten die Aufhebung des gegen seinen Mandanten erlassenen Haftbefehls beantragt hatte.[135]
– Die Aufforderung, ein Rechtsmittel zurückzunehmen, wenn sie über einen angemessen formulierten Ratschlag hinausgehend einem Einschüchterungsversuch gleicht.[136] Für das Verfahren nach einem Einspruch gegen einen Strafbefehl[137] oder im Verfahren nach dem StVollzG[138] gilt nichts anderes.

(2) Einzelfälle: Ablehnungsgrund verneint.

42 – Die Terminierung des Verfahrens, wenn auf die Belange der Beteiligten Rücksicht genommen wurde;[139] ferner die Bemerkung des Richters bei Absprache der Terminie-

---

127 BGH 24.8.1999 – 4 StR 339/99, NStZ 1999, 629.
128 BGH 9.11.2004 – 5 StR 380/04, NStZ 2005, 218.
129 *Werdel,* Rechtsgeschichtliche und vergleichende Studie zum strafprozessualen Befangenheitsrecht, 2001, S. 123.
130 BGH bei Pfeiffer 4.10.1984 – 4 StR 429/84, NStZ 1985, 204 (205); BGH 2.3.2004 – 1 StR 574/03, NStZ-RR 2004, 208 (209); BGH 8.12.2005 – 4 StR 198/05, NStZ-RR 2007, 116 (118).
131 BGH 9.1.1958 – 4 StR 203/57, NJW 1959, 55; OLG Düsseldorf 23.12.1981 – 3 Ws 243/81, BGH NJW 1982, 1712.
132 BGH 2.8.2001 – 4 StR 290/01, StV 2002, 115.
133 BGH 9.1.1958 – 4 StR 203/57, BGH 9.1.1958 – 4 StR 203/57, NJW 1959, 55.
134 BGH 15.5.2007 – 3 StR 132/07, StV 2007, 449.
135 BGH 9.8.2000 – 3 StR 504/99, wistra 2001, 24, wörtlich: „Das haben Sie nun davon".
136 OLG Nürnberg 20.11.2007 – 2 St OLG Ss 133/07, NStZ-RR 2008, 114 mwN.
137 OLG Stuttgart 30.1.2006 – 1 Ss 5/06, StV 2007, 232 (233).
138 OLG Hamm 30.8.2007 – 3 Ss 339/07, NStZ 2008, 218.
139 BGH 26.11.2001 – 5 StR 54/01, NStZ-RR 2002, 77: Die Terminierung auf den zweiten Tag nach Urlaubsrückkehr des Verteidigers ist bei einfacher Sach- und Rechtslage in Ordnung. BGH 9.11.2006 – 5 StR 349/06, NStZ 2007, 163 (164): Die Terminierung führt auch nicht zur Befangenheit, wenn ermessensfehlerfrei die Wahrung des Beschleunigungsgrundsatzes gegenüber einer Verteidigung durch den Wahlverteidiger der Vorrang eingeräumt wird. Anders aber bei einer bewusst falschen Angabe, es sei ein Fortsetzungstermins erforderlich, an dessen Wahrnehmung der Verteidiger gehindert ist, OLG München 22.11.2006 – 4St RR 182/06, NJW 2007, 449.

rung, es könne nicht sein, dass er am Schluss die Haftbefehle aufheben müsse, weil die Verteidiger keine Zeit hätten.[140]

- Richter bricht wegen Schließung des Gerichtsgebäudes eine Zeugenvernehmung ab und lässt weitere Fragen an den Zeugen nur aufgrund von Beweisanträgen zu.[141]
- Richter weist den Angeklagten zurecht, sein „dummes Geschwätz" zu lassen, nachdem dieser mehrfach die Verhandlung störte;[142] auch die an den Verteidiger nach einer Unterbrechung des Richters gerichtete Äußerung „Ich verbitte mir Ihre Belehrungen" stellt keinen Ablehnungsgrund dar.[143]
- Der Richter schaltet das Mikrofon des Verteidigers ab, während dieser so laut redet, dass er ohnehin deutlich zu verstehen ist.[144]
- Der Richter bedankt sich im Namen der Steuerzahler für Beweisanträge kurz vor dem Schluss der Beweisaufnahme und fügt an: „Uns ist hier nichts zu teuer."[145]
- Den Zeitpunkt einer Zeugenbelehrung nach § 55 darf der Richter gemäß § 238 Abs. 1 selbst bestimmen und gilt nicht als befangen, wenn er diesen – nicht sachwidrig – hinauszögert.[146] Nach neuerer Rechtsprechung darf er auch ergänzend auf Umstände hinweisen, die der Zeuge bei der Entscheidung über sein Auskunftsverweigerungsrecht zu bedenken haben könnte.[147]
- Der Vorsitzende übergibt den Schöffen Teile der Anklageschrift; dies soll auch gegenüber den Schöffen nicht zur Ablehnung berechtigen.[148]
- Fristsetzungen zur Stellung von Beweisanträgen, wenn die Maßgaben der BGH-Rechtsprechung eingehalten werden;[149] eine unangemessen kurze Fristsetzung muss insgesamt willkürlich erscheinen.[150]
- Der Richter lehnt einen Antrag auf Verlesung des Anklagesatzes in türkischer Sprache gegenüber einem der deutschen Sprache mächtigen Angeklagten ab.[151]
- Der Richter nimmt einen Antrag auf Aufhebung des Haftbefehls erst nach der Verhandlung entgegen.[152]
- Der Richter trifft vertretbare sitzungspolizeiliche Maßnahmen.[153]
- Der Richter äußert – in Zusammenhang mit einer aus seiner Sicht nicht zielführenden Zeugenbefragung – Unmut über die Art der Befragung der Verteidigung.[154]
- Die Richterin tut eine Zeugenaussage mit einer Handbewegung ab und sagt in Richtung der neben ihr sitzenden Schöffin: „Unglaublich".[155]
- Der Richter lässt anstelle einer Einlassung den Verteidiger keine anwaltliche Erklärung über ihm von dem Angeklagten mitgeteilte Angaben verlesen.[156]

---

[140] BGH NStZ-RR 2010, 65 (66).
[141] BGH 14.12.2006 – 5 StR 472/06, NStZ 2007, 281 f.
[142] BGH bei Dallinger 10.6.1970 – 2 StR 562/69, MDR 1971, 17.
[143] BGH bei Kusch 22.6.1994 – 3 StR 72/94, NStZ 1995, 18.
[144] BGH bei Kusch 22.6.1994 – 3 StR 72/94, NStZ 1995, 18.
[145] BGH 29.11.1995 – 5 StR 345/95, NStZ-RR 1996, 200 (201).
[146] BGH 12.12.2008 – 2 StR 479/08, NStZ-RR 2009, 142.
[147] BGH 27.10.2009 – 3 StR 424/09, NStZ 2010, 270; das soll selbst dann gelten, wenn dem Zeuge rechtlich unzutreffend gesagt wird, ein Schweigen könne sich in seinem Verfahren negativ auswirken, BGH 12.11.2009 – 4 StR 275/09, NStZ 2010, 342. Überzeugender BGH 9.2.1951 – 3 StR 48/50, BGHSt 1, 34 = NJW 1951, 323: „Jede Einwirkung in dem Sinne, dass er von seinem Recht keinen Gebrauch machen solle, wäre für den Richter ein Eingriff in diese Entschlussfreiheit und ist ihm daher nicht gestattet."; vgl. hierzu a. *Schmuck/Gorius* NJOZ 2011, 833.
[148] BGH 2.11.2010 – 1 StR 544/09, NStZ 2011, 294; vgl. auch EGMR 12.6.2008 – 26771/03, NJW 2009, 2871 – *Elezi vs. Deutschland.*
[149] BGH 8.7.2009 – 1 StR 289/09, wistra 2009, 446 (448).
[150] BVerfG 24.3.2010 – 2 BvR 2092/09, 2 BvR 2523/09, NJW 2010, 2036.
[151] BGH 14.6.2005 – 3 StR 446/04, NJW 2005, 3434.
[152] BGH 9.7.2009 – 5 StR 263/08, NJW 2009, 3248.
[153] BGH 19.5.1994 – 1 StR 132/94-1, NStZ 1994, 447: Fesselung des Angeklagten in Sitzungspausen; BGH 14.2.2002 – 4 StR 272/01, NStZ 2002, 429: Richter zieht auf Antrag der Staatsanwaltschaft Wachtmeister für mögliche Maßnahmen gegen Zeugen hinzu.
[154] BGH 14.1.2000 – 3 StR 106/99, NStZ 2000, 325.
[155] BVerfG 13.5.2009 – 2 BvR 247/09 (Nichtannahmebeschluss).
[156] BGH 20.6.2007 – 2 StR 84/07, NStZ 2008, 349.

– Die Äußerung „Das ist ja lachhaft" ist noch spontan und verständlich, wenn sie durch entsprechendes Verteidigerverhalten provoziert wurde;[157] dialektgefärbte Äußerungen, sofern sie gebräuchlich und nicht beleidigend sind.[158]
– Die an einen Mitangeklagten gerichtete Äußerung gelegentlich seiner Abtrennung, „falls der BGH unsere Rechtsauffassung teilt, werden wir uns wiedersehen" wegen Besonderheiten des Einzelfalls.[159]

43 **ff) Verständigung.** Die eingeführten Regeln über Verfahrensabsprachen nach § 257c stellen einen Fremdkörper im herkömmlichen Verfahrensrecht der StPO dar.[160] Sie verlangen vom Richter, sich „in geeigneten Fällen" von der mit Verfassungsrang ausgestatteten Unschuldsvermutung zu lösen und sie im Wege einer gedanklichen Wahrunterstellung der Anklage gleichsam durch eine Schuldvermutung zu ersetzen sowie hieraus bereits einen Strafmaßkorridor zu antizipieren. Als Ziel der so angestrebten Verständigung ist gesetzgeberisch die **Erlangung eines Geständnisses** genannt, § 257c Abs. 2 S. 2. Dass dieser gesetzlich vorgeschlagene Weg der Verfahrenserledigung auch aus Sicht eines besonnenen Angeklagten den Anschein bergen kann, der Richter habe seine innere Neutralität und Distanz zur Sache aufgegeben, ist zwar schwerlich zu bestreiten und rechtsstaatlich bedenklich. Eine Ablehnung kann auf diese gesetzlich angelegte, „strukturelle Voreingenommenheit"[161] indes nicht per se gestützt werden, so dass auch die Kontaktaufnahmen eines Richters zur Erörterung von Verständigungsmöglichkeiten als **unbedenklich** gelten.[162]

44 Die Rechtsprechung scheint die Besorgnis der Befangenheit tendenziell an Einhaltung der Abspracheregeln zu koppeln. Verletzt ein Richter bei Absprachevers uchen die gesetzlichen (früher richterrechtlichen) Vorgaben, kommt Befangenheit in Betracht. Im Einzelnen erlangen folgende Fallgruppen Relevanz:

45 **(1) Prognosen über Straferwartung.** Die **Angabe einer Strafobergrenze** begründet nicht die Befangenheit; s. auch § 257b StPO.[163] Es soll jedoch stets die gebotene Zurückhaltung zu wahren sein.[164] Der Eindruck einer unabhängig von der Einlassung und dem Ergebnis der Beweisaufnahme bestehenden Festlegung auf eine Strafe darf niemals entstehen.[165] Voreingenommenheit ist anzunehmen, wenn der Unterschied in den Strafobergrenzen mit der strafmildernden Wirkung eines Geständnisses nicht erklärbar ist („Sanktionsschere", ggf. auch iSd § 136a beachtlich).[166]

46 **(2) Nichtbeteiligung anderer Verfahrensbeteiligter.** Bei Bestehen erkennbar widerstreitender Interessen kann die Nichtbeteiligung von Verfahrensbeteiligten, zB durch das Führen von Gesprächen unter Beteiligung nicht aller Verteidiger,[167] die **Befangenheit begrün-**

---

157 BGH 9.6.2009 – 4 StR 461/08, NStZ 2009, 581.

158 BGH 3.11.2010 – 1 StR 500/10, NStZ 2011, 228 (229): Aufforderung eines bayerischen Richters, der Verteidiger solle „sich nicht so aufmandeln".

159 Insoweit nicht abgedruckt in BGH 9.7.2009 – 5 StR 263/08, NJW 2009, 3248, sondern in BGH 9.7.2009 – 5 StR 263/08, BeckRS 2009, 21879.

160 *Fischer* StraFo 2009, 185; *Trüg/Kerner*, FS Boettcher, 2007, 212; *Fezer* NStZ 2010, 177; BeckOK/*Eschelbach* § 257c Rn. 1.

161 BeckOK/*Eschelbach* § 257c Erläuterungen vor Rn. 1.

162 LR/*Siolek* Rn. 59.

163 BT-Drs. 16/11736, 10; BGH 14.4.2011 – 4 StR 511/10, NStZ 2011, 590; BeckOK/*Cirener* § 24 Rn. 18; *Knauer/Lickleder* NStZ 2012, 366, 371; aA BeckOK/*Eschelbach*, § 257c, Rn. 27.4, wonach die Zwischenberatung über die Schuld- und Straffrage vor Abschluss der Beweisaufnahme unzulässig und mit §§ 261, 263 StPO unvereinbar ist. Sie begründe Befangenheit der beteiligten Berufsrichter und Schöffen aufgrund dieses „Vorurteils" nach Aktenlage, das über den Eröffnungsbeschluss hinaus auch noch einen „kleinen Strafrahmen" nennt, *s. dazu auch: Strate* HRRS 2003, 47, 51.

164 BGH 5.7.1984 – 4 StR 255/84, NStZ 1985, 36 (37); BGH 4.3.2009 – 1 StR 27/09, NStZ 2009, 701; BGH 29.3.2012 – 3 StR 455/11, NStZ-RR 2012, 211 f.

165 BGH 14.4.2011 – 4 StR 571/10, NStZ 2011, 590; NStZ-RR 2012, 211 f.

166 BGH 14.8.2007 – 3 StR 266/07, NStZ 2008, 170, 171; BeckOK/*Cirener* § 24 Rn. 18a.

167 BGH 4.7.1990 – 3 StR 121/89, BGHSt 37, 99.

den.[168] Gespräche gezielt an der Staatsanwaltschaft vorbei sind ebenso[169] wie geheime Absprachen mit einem Mitangeklagten, ggf. zu Lasten des Angeklagten, unzulässig und begründen die Ablehnung.[170] Ebenso die Verweigerung der Auskunft auf Fragen des Verteidigers, ob Inhalt von Gesprächen mit StA oder Wirtschaftsreferenten das anhängige Verfahren war.[171] Soweit ausgeführt wird, nachträgliche Transparenz könne derartiges Vorgehen heilen,[172] wird dies uneingeschränkt nur für Gespräche gelten können, die dem Gericht gleichsam aufgedrängt wurden. Hat es selbst die Initiative ergriffen, ist es Frage des Einzelfalls, ob nachträgliche Transparenz den Anschein der Befangenheit entfallen lässt. Keinesfalls kann jedoch die unfreiwillige Offenbarung im Ablehnungsverfahren mittels Dienstlicher Erklärung als nachträglich vertrauensbildend gewertet werden. Auch prozessuale „Überfürsorge" für einen zu Lasten von Mitangeklagten Aussagenden, etwa in Form von schneller Abtrennung und absprachegemäßer (günstiger) Verurteilung nach erfolgter drittbelastender Aussage kann Befangenheit offenbaren.[173]

(3) Umgang mit fehlgeschlagener Verständigung. Problematisch erscheint, dass nach Wegfall der Bindung des Gerichts das Geständnis nicht mehr verwertbar ist, dasselbe Gericht jedoch weiter agieren darf.[174] Die in einer Absprache ohnehin angelegte „strukturelle Voreingenommenheit" droht nach deren Scheitern in einem sich anschließenden streitigen Verfahren zwar eine gefährliche Steigerung zu erfahren;[175] das Gesetz geht jedoch von einer **fortbestehenden Unbefangenheit des Gerichts** aus.[176] Im Rahmen des Ablehnungsrechts erlangt in derartigen Konstellationen jedweder Hinweis darauf, dass dem Gericht das geforderte „Vergessen" des Absprachevorsuchs Schwierigkeiten bereitet, größeres Gewicht und kann die Ablehnung begründen.[177] So ist insbesondere, wenn die gescheiterte Verständigung durch das Gericht selbst initiiert wurde, die Besorgnis der Befangenheit begründet, wenn sich Anzeichen ergeben, das Gericht trauere der fehlgeschlagenen Absprache nach.[178] Dies gilt erst recht, wenn richterlich der Anschein erweckt wird, man mache den Angeklagten für deren Scheitern verantwortlich.[179] 47

Nach Auflösung der Verständigung ist das Gericht an Zusagen nicht mehr gebunden. Fühlt sich ein Richter gleichwohl verpflichtet, kann eine diesbezügliche Erklärung die Befangenheit begründen.[180] Ebenso, wenn das Verhalten des Vorsitzenden nach Scheitern einer Absprache der StA den begründeten Eindruck vermittelt, er ziehe eine schnelle Erledigung der prozessordnungsgemäßen Aufklärung der Vorwürfe vor.[181] 48

---

[168] BGH 7.5.2003 – 5 StR 556/02, NStZ 2003, 563; zur Vorgehensweise vgl. BGH 18.12.2007 – 1 StR 301/07, NStZ 2008, 229; zur Situation bei Angeklagten in verschiedenen Verfahren vgl. BGH 9.2.2012 – 1 StR 438/11, StV 2012, 393; BeckOK/*Cirener* § 24 Rn. 18a.1; Ausschluss eines Angeklagten, *Bittmann* NStZ-RR 2011, 102 (103).

[169] BGH 20.2.1996 – 5 StR 679/95, BGHSt 42, 46 (50) = NJW 1996, 1763; BGH 28.8.1997 – 4 StR 240/97, BGHSt 43, 195 (206).

[170] Vgl. BGH 23.11.1995 – 1 StR 296/95, NJW 1996, 1355 (1358); s. auch BGH 23.8.2007 – 3 StR 301/07, NStZ 2008, 116; BGH 18.12.2007 – 1 StR 301/07, NStZ 2008, 229; BGH 28.8.1997 – 4 StR 240/97, NStZ 2009, 701; vgl. auch BGH 30.6.2010 – 2 StR 455/09, NStZ 2011, 44.

[171] BGH 30.3.1984 – 2 StR 132/84, StV 1984, 318; NStZ 1991, 306; BGH 5.4.1995 – 5 StR 681/94, StV 1995, 397.

[172] BGH 5.10.2010 – 3 StR 287/10, StV 2011, 72.

[173] BGH 10.1.2012 – 3 StR 400/11, NStZ 2012, 519; s. a. BGH 30.6.2010 – 2 StR 455/09, NStZ 2011, 44, wo die Abtrennung im Vorgriff auf das Bemühen der Mitangeklagten erfolgte, die Glaubhaftigkeit des sie belastenden Abzutrennenden zu erschüttern.

[174] *Hettinger* JZ 2011, 292 (301).

[175] *Schünemann* ZRP 2009, 104 (107); SK/*Paeffgen*, § 202a, Rn. 9; *Sommer*, Effektive Strafverteidigung 2011, Kap. 3, Rn. 1586; SK/*Velten*, § 257c, Rn. 47; *Weigend*, FS Maiwald, 2010, 829, 841; BeckOK/*Eschelbach*, § 257c, Rn. 39.2.

[176] Ablehnend SK/*Velten* § 257c Rn. 47; s. a. *Theile* NStZ 2012, 666 (671).

[177] BeckOK/*Eschelbach*, § 257c, Rn. 39.2.

[178] *Weßlau*, ZStW 116 (2004), 151 (167); SK/*Velten*, § 257c, Rn. 33.

[179] BeckOK/*Eschelbach*, § 257c, Rn. 39.2.; zurückhaltend EGMR auf der Grundlage von Art. 6 Abs. 1 S. 1 EGMR 23.11.2010 – 21698/06 – *Kriegisch vs. Deutschland*.

[180] BeckOK/*Eschelbach*, § 257c, Rn. 39.3.; aA LG Verden 4.3.2010 – 2 KLs 13/09, StV 2010, 234 f.

[181] BGH 11.3.2003 – 3 StR 28/03, NStZ 2003, 666 (667); BGH 29.3.2012 – 3 StR 455/11, NStZ-RR 2012, 211.

49 **(4) Verständigungen unter Einbeziehung der §§ 46b StGB, 31 BtMG.** Stellt das Gericht einzelnen Angeklagten für den Fall der Belastung Mitangeklagten oder der Wiederholung entsprechender, bereits im Ermittlungsverfahren getätigter Aussagen, Strafabschläge durch Anwendung des § 46b StGB in Aussicht, wird dies aus Sicht der zu belastenden Mitangeklagten regelmäßig die Besorgnis der Befangenheit rechtfertigen. Auch aus dem Blickwinkel eines besonnenen Angeklagten gibt ein Gericht die gebotene Neutralität und Distanz auf, wenn es selbst, ggf. auch ohne sich dessen gewahr zu sein, einen **suggestiven Anreiz zur Belastung** Mitangeklagter setzt. Der Zweifel, ein Richter, der eine diesem gesetzten Anreiz entsprechende und seinem mutmaßlichen Erwartungshorizont genügende Aussage entgegennimmt, werde noch in der Lage sein, selbige in der gebotenen kritischen Weise zu hinterfragen, die das Gesetz durch ein neutrales distanziertes Gericht garantiert, ist berechtigt und begründet die Ablehnung. Ob in derartigen Konstellationen die Formen des § 257c beachtet wurden, ist sodann ohne Belang.[182]

50 **gg) Mitwirkung an Vorentscheidungen – Fehlerhafte Rechtsanwendung.** Eine **Vortätigkeit** des Richters in derselben Sache stellt per se, sofern kein Ausschlussgrund nach §§ 22 (Nr. 4 und 5), 23 vorliegt, **regelmäßig keinen** Ablehnungsgrund dar.[183] Sie ist nach der Gesetzeslage sogar der Regelfall, da in StPO und GVG angelegt und etwa der nach § 203 die Anklage zulassende Richter auch über selbige in der Instanz entscheidet.[184]

Nur in **Ausnahmekonstellationen** lässt die hM eine Vorbefassung ohne weitere Umstände für die Besorgnis einer Befangenheit genügen: Ein Richter gilt als befangen, wenn er über ein (zweites) Befangenheitsgesuch entscheidet, mit dem geltend gemacht wird, er habe ein gegen ihn gerichtetes (erstes) Befangenheitsgesuch fehlerhaft gem. § 26a selbst abgelehnt und damit dem Ablehnenden (ein zweites Mal) den gesetzlichen Richter entzogen.[185] Schließlich soll ein Richter befangen sein, wenn er über ein Aussagedelikt, das in einem von ihm geleiteten Prozess begangen worden sein soll, zu entscheiden hat.[186]

51 Vorbefassung soll nach hM selbst dann **unschädlich** sein, wenn der zur Entscheidung Berufene bereits ein (vermeintlich abschließendes) Urteil über die Sache gefasst hatte,[187] da „das deutsche Verfahrensrecht von der Auffassung beherrscht [werde], dass der Richter auch dann unvoreingenommen an die Beurteilung einer Sache herantrete, wenn er sich schon früher über denselben Sachverhalt ein Urteil gebildet habe".[188] Ein Ablehnungsgesuch ist hiernach bereits unzulässig nach § 26a Abs. 1 Nr. 2, wenn es ohne nähere Begründung lediglich auf die Teilnahme des Richters an einer früheren Entscheidung verweist.[189]

---

[182] Vgl. in diesem Sinne a. BGH 10.1.2012 – 3 StR 400/11, NStZ 2012, 519 (521).

[183] BGH 25.4.1984 – 3 StR 103/84, BGHSt 32, 334; BGH 1.12.1982 – 2 StR 210/82, NStZ 1983, 135.

[184] BVerfG 26.1.1971 – 2 BvR 443/69, BVerfGE 30, 149 (157) = NJW 1971, 1029; LR/*Siolek* Rn. 47; letztlich entscheidet insoweit ein legislatorischer Imperativ, dessen empirische Berechtigung zweifelhaft ist (vgl. etwa *Schünemann* StV 2000, 159). Dass indes Zweifel an der Unvoreingenommenheit vorbefasster Richter nicht von vornherein als unvernünftig abgetan werden können, belegt neben empirischen Anhaltspunkten auch die Gesetzeslage bis zur *Emminger'schen* Reform 1924, nach welcher zumindest der Berichterstatter über die Eröffnungsentscheidung als Richter für die Hauptverhandlung gesetzlich ausgeschlossen war (§ 23 Abs. 3 aF); *Wohlers*, FS Roxin, 2011, 1313 leitet aus der Rechtsprechung des EGMR berechtigte Zweifel an der Unparteilichkeit der den Eröffnungsbeschluss fassenden Richter ab und sieht den Gesetzgeber gefordert; krit. a. *Traut/Nickolaus* StraFo 2012, 51.

[185] BGH 9.12.1983 – 2 StR 452/83, NStZ 1984, 419 f. Weniger grundsätzlich lesen sich andere Entscheidungen, nach denen es auf die vom Richter vertretene Rechtsmeinung ankommt, etwa in der dienstlichen Erklärung, vgl. BGH 19.5.1994 – 1 StR 132/94-1, BGH NStZ 1994, 447; BVerfG 20.2.1995 – 2 BvR 1406/94, NJW 1995, 2914.

[186] OLG Celle 29.8.1989 – 1 Ss 174/89, NJW 1990, 1308; hinzu kommt, dass selbst wenn insoweit mangels erfolgter Vernehmung des Richters kein Fall des § 22 Nr. 5 vorliegt, er materiell Tatzeuge ist und bereits § 244 Abs. 2 StPO seine Vernehmung gebieten kann.

[187] BVerfG 26.1.1971 – 2 BvR 443/69, BVerfGE 30, 149 = NJW 1971, 1029, vgl. aber auch die abweichende Meinung dreier Verfassungsrichter zu dieser Entscheidung.

[188] BGH 19.5.1994 – 1 StR 132/94-1, BGH NStZ 1994, 447.

[189] BGH 18.11.2008 – 1 StR 541/08, NStZ-RR 2009, 85; BGH 9.6.2009 – 2 StR 164/09, HRRS 2009 Nr. 796; BGH 29.6.2006 – 5 StR 485/05, NJW 2006, 2864 (2866); BGH 30.6.1955 – 4 StR 178/55, n.v.

(1) Kritik an der hM. Letztlich wird durch das Rezitativ, ein Richter trete nach deutschem Verfahrensrecht auch dann unvoreingenommen an die Beurteilung einer Sache heran, wenn er sich schon früher ein Urteil über selbige gebildet habe, ein normativer „Soll-„ schlicht zum „Istzustand" deklariert. Dieses Postulat befremdet nicht nur empirisch, sondern ist auch rechtlich nicht haltbar. Dogmatisch wäre entscheidend, ob § 23 die Konstellationen der Ausschließung eines Richters wegen Vorbefassung abschließend regelt und Sperrwirkung auch für die Geltendmachung jedweder weiteren Fallgestaltung nach § 24 entfaltet.[190] Die Judikatur bejaht dies mit der Behauptung, dass Vorbefassungen in StPO und GVG angelegt seien und damit keine Ablehnung rechtfertigten, sofern nicht die Ausschlussgründe des § 23 vorlägen.[191] Dies überzeugt nicht. Es ist schon bedenklich, durch einfachgesetzliche Auslegung hergeleitete Sperrwirkungen zum Dogma zu erheben, wenn dieses in Widerstreit zu dem verfassungsrechtlich gewährleisteten Anspruch zu geraten droht, nach welchem niemand einem Richter gegenüberstehen muss, dessen Neutralität und Distanz ggf. nicht gewährleistet ist.[192] 52

Letztlich wird auch verkannt, dass das deutsche Verfahrensrecht in gebotener konventionskonformer Auslegung[193] der EMRK und der Rechtsprechung des EGMR Rechnung zu tragen hat. Nach dieser stellt eine Vorbefassung zwar ebenfalls nicht per se die Unbefangenheit infrage.[194] Ein Konventionsverstoß nach Art. 6 Abs. 1 EMRK[195] ist indes gegeben, wenn ein Richter, der sich im Rahmen von Vorbefassungen von der Schuld des Angeklagten überzeugt gezeigt hat, nunmehr über diese im Hauptverfahren entscheidet.[196] Dies gilt insbesondere auch, wenn der jetzt zur Entscheidung berufene Richter bereits in Parallelverfahren die Schuld des jetzigen Angeklagten angenommen hat.[197] Vorentscheidungen gegen andere Angeklagte zum gleichen Lebenssachverhalt bergen ohne solche Vorfestlegungen jedoch keinen Konventionsverstoß.[198] 53

Hiernach begründet entgegen der bislang hM die Annahme der Schuld des Angeklagten gelegentlich Vorbefassungen oder in Parallelverfahren[199] die begründete Besorgnis der Befangenheit. Ein derartiges Präjudiz ist damit als besonderer Umstand zu werten, aus dem sich aus einer an sich unschädlichen Vorbefassung eine Befangenheit begründet. 54

(2) Befangenheit begründende besondere Umstände. Gilt die Vorbefassung als grundsätzlich unschädlich, soll bei **Hinzutreten besonderer Umstände** Befangenheit ggf. zu bejahen sein. Etwa dann, wenn gelegentlich Vorbefassungen – gerade auch in abgetrennten Verfahren, die gegen andere Angeklagte wegen desselben prozessualen Lebenssachverhalts geführt werden – der Sachlage nach unnötige und sachlich unbegründete Werturteile über den jetzt Angeklagten richterlich geäußert bzw. in die Vorentscheidungen eingeflossen sind.[200] 55

---

[190] Bejahend *Meyer-Goßner* § 22 Rn. 3; SSW-StPO/*Kudlich/Noltensmeier* Rn. 10; ablehnend etwa *Arzt* 17 ff., 65 ff.; *Roxin* § 9 II 2; *Hamm*, Der gesetzliche Richter, S. 117 ff., 164 ff.; krit. a. SK/*Weßlau* Rn. 25.

[191] BGH 30.6.2010 – 2 StR 455/09, NStZ 2011, 44 (46) mwN.

[192] Hierzu BVerfG 1.2.1967 – 1 BvR 630/64, BVerfGE 21, 132 (146); sowie BVerfG 26.1.1971 – 2 BvR 443/69, BVerfGE 30, 149 (153): Es muss „Vorsorge dafür getroffen sein, dass im Einzelfall ein Richter, der nicht die Gewähr der Unparteilichkeit bietet, von der Ausübung seines Amtes ausgeschlossen ist oder im Ablehnungsverfahren ausgeschlossen werden kann."

[193] Hierzu etwa BVerfG 11.10.1985 – 2 BvR 336/85, NJW 1986, 1425.

[194] S. etwa EGMR 24.5.1989 10486/83 – *Hauschildt vs. Dänemark;* EGMR 24.2.1993 14396/88 – *Fey vs. Österreich.*

[195] Zum Gebot der Unparteilichkeit nach der EMRK s. EGMR 27.1.2004 – 73797/01 – *Kyprianou vs. Zypern.*

[196] EGMR 25.7.2002 – 45238/99 – *Perote Pellon vs. Spanien;* EGMR 15.2.2007 – 15048/03 – *Mathony vs. Luxemburg.*

[197] EGMR 7.8.1996 – 19874/92 – *Ferantelli und Santangelo vs. Italien;* EGMR 16.11.2000 – 39676/98 – *Morales vs. Italien* (Bezeichnung des Angeklagten als Drahtzieher im Parallelverfahren).

[198] EGMR 10.8.2006 – 75737/01 – *Schwarzenberger vs. Deutschland;* EGMR 24.3.2009 – 32271/04 – *Poppe vs. Niederlande*; verfehlt wäre es indes, die Entscheidung *Schwarzenberger vs. Deutschland* als Beleg für die EMRK-Konformität der nationalen Rechtsprechung heranzuziehen, s.a. SK/*Weßlau* Rn. 25.

[199] Zutreffend LG Bremen 8.2.1990 – 14 KLs 501 Js 6582/89, StV 1990, 203.

[200] St. Rspr. BGH 10.1.2012 – 3 StR 400/11, NStZ 2012, 519 (521) mwN; BGH 10.8.2005 – 5 StR 180/05, BGHSt 50, 216.

Mit der Rechtsprechung des EGMR (vgl. Rn. 53) und in verständiger Würdigung eines „vernünftigen Angeklagten" wird man entgegen der hM desgleichen Befangenheit anzunehmen haben, wenn auch ohne Abwertung des Angeklagten seine Schuld bereits angenommen wurde.

56 Dies wird namentlich dann der Fall sein, wenn in abgetrennten oder sonstigen Verfahren bei einem Angeklagten für Aussagen gegen den jetzigen Angeklagten von einem nun entscheidenden Richter die **Voraussetzungen der §§ 31 BtMG bzw. 46b StGB bejaht** wurden. Denn diese setzen die volle Überzeugung des Richters von einem Aufklärungserfolg und damit von der Tatbeteiligung des jetzigen Angeklagten voraus, über dessen Schuld nunmehr erst zu befinden ist.[201] Hingegen erkennt der BGH Befangenheit bislang nur an, wenn der Richter vorschnell nach einer geständigen Einlassung eines Mitangeklagten diesen abtrennt, ohne zuvor über Beweisanträge entschieden zu haben, die auf die Unglaubhaftigkeit der Aussage abzielen,[202] oder ihn sodann zu einer (günstigen) abgesprochenen Strafe verurteilt.[203]

57 Aber auch sonstige vorbehaltlose Schuldzuschreibungen stellen die Befangenheit begründende besondere Umstände dar.

Nicht anders sollten Fälle behandelt werden, bei denen durch Spruchkörperwechsel ein an einem aufgehobenen Urteil mitwirkender Richter nach Zurückverweisung trotz § 354 Abs. 2 erneut zuständig wird.[204]

58 **(3) Befangenheit begründende Rechtsfehler.** Die Rechtsfehlerhaftigkeit richterlicher Entscheidungen vermag nach zutreffender Ansicht für sich genommen ebenso wenig eine Ablehnung zu begründen wie ein tatsächlicher Irrtum.[205] Denn unzutreffender Rechtsanwendung ist Parteilichkeit nicht notwendig immanent. Anderes kann gelten, wenn sie den Eindruck der Willkür nahelegt,[206] rechtliches Gehör bewusst versagt,[207] dem Angeklagten einen nicht gewünschten Verteidiger aufdrängt[208] oder die Beiordnung seines Vertrauensverteidigers ohne rechtliches Gehör aufhebt.[209] Ebenso wenn der Antrag auf Beiordnung eines Pflichtverteidigers nicht beschieden wird,[210] Terminverlegungsanträge grundlos abgelehnt werden,[211] Ablehnung von Beweisanträgen als verspätet[212] sowie unvertretbare Versagung der Akteneinsicht.[213] Den insoweit ergangenen Entscheidungen lässt sich entnehmen, eine Befangenheit ggf. dann anzunehmen, wenn **grob rechtsfehlerhafte Vorentscheidungen** geeignet sind, die Verteidigungsposition bzw. das rechtliche Gehör zu **beschränken** und damit den **Schluss auf eine Parteilichkeit** nahelegen können. Etwaige (behauptete) **Willkür** des Richters ist im Ablehnungsgesuch schlüssig darzulegen.[214]

59 **(4) Befangenheit verneinende Einzelfälle nach hM.** Hingegen sollen folgende Formen der Vorbefassung nach der Rechtsprechung des BGH für sich genommen nicht die Befangenheit begründen:

---

[201] BT-Drs. 16/6268, 12 (betreffend § 46b StGB); BGH 24.11.1982 – 3 StR 384/82, BGHSt 31, 163.

[202] BGH 30.6.2010 – 2 StR 455/09, NStZ 2011, 44 (46 f.).

[203] BGH 10.1.2012 – 3 StR 400/11, NStZ 2012, 519.

[204] In der Rspr. des EGMR hinsichtlich strafrechtlicher Verfahren nicht abschließend geklärt, vgl. *Steinfatt,* Die Unparteilichkeit des Richters in Europa im Lichte der Rechtsprechung des EGMR, 91 ff.; s. a. zur verfahrenspsychologischen Sicht *Stange/Rilinger* StV 2005, 579; zweifelnd auch mit Blick auf die Rechtsprechung des EGMR SK/*Weßlau* Rn. 29 f.

[205] BGH 15.7.1960 – 4 StR 542/59, BGHSt 15, 40 (46); BGH VRS 43, 201; so auch BGH 19.5.1994 – 1 StR 132/94-1, NStZ 1994, 447 und B BGH 11.12.1997 – 4 StR 323/97, StV 1998, 416, wobei die dortigen Rechtfehler Befangenheit durchaus nahelegten, s. a. abl. Anm. *Park* StV 1998, 417.

[206] BGH 22.4.2005 – 2 StR 46/05 n.v.

[207] BGH VRS 41, 205; s. a. OLG Schleswig, SchlHA 1976, 44 f.; LG Hildesheim 13.10.1986 – 20a Qs 13/86, StV 1987, 12 f. sowie LG Berlin 6.7.1992 – (508) 69 Js 48/92 KLs (33/92), LG Berlin StV 93, 8: Eröffnungsentscheidung vor Ablauf der Stellungnahmefrist.

[208] BayObLG 1.12.1987 – RReg. 4 St 253/87, StV 1988, 97.

[209] BGH 31.1.1990 – 2 StR 449/89, NStZ 1990, 289.

[210] AG Hameln 10.12.2003 – 14 Ls 97/03, StV 2004, 127.

[211] OLG Naumburg StraFo2005, 24; OLG Bamberg 10.10.2005 – 2 Ss OWi 269/05, NJW 2006, 2341.

[212] OLG Köln 19.10.1990 – Ss 490/90, LG Köln StV 1991, 292.

[213] LG Köln 4.9.1985 – 117-7/84, StV 1987, 381.

[214] OLG Düsseldorf 19.8.1996 – 1 Ws 723/96, NStZ-RR 1997, 175.

– Die Befassung mit dem Sachverhalt in anderen Verfahren, konkret die Verurteilung eines ehemals Mitangeklagten wegen einer Tat, die auch dem Angeklagten vorgeworfen wird,[215] und zwar auch dann, wenn die Verurteilung wegen Beteiligung an der Tat des Angeklagten erfolgt.[216]
– Die Mitwirkung des Richters in demselben Verfahren bei einer Zwischenentscheidung oder einem früheren Urteil, das wegen irriger Rechtsauffassung vom Revisionsgericht aufgehoben worden ist.[217] In der Konsequenz muss der neue Spruchkörper noch nicht einmal überwiegend mit anderen Richtern besetzt sein.[218] Auch eine erneute Mitwirkung als Berichterstatter soll nicht ausscheiden.[219]
– Ebenso reichen Verfahrensfehler[220] oder tatsächliche Irrtümer[221] bei der Zwischenentscheidung nicht aus. Ausnahmen können bei ganz fernliegenden Rechtsansichten vorliegen,[222] die Willkür nahelegen.
– Der Richter war an einem anderen Verfahren gegen den Angeklagten als Staatsanwalt beteiligt.[223]
– Der Richter wirkte schon in einem Zivilprozess mit, der denselben Sachverhalt wie das Strafverfahren betraf. Eine solche Vorbefassung soll lediglich „besondere Zurückhaltung" erfordern.[224]
– Richter des BGH, deren Verwerfungsbeschluss nach § 349 Abs. 2 vom BVerfG aufgehoben worden ist, sind für die neue Revisionsentscheidung nicht ausgeschlossen. Bei der Frage der Befangenheit des Revisionsrichters kommt es auch auf die Besonderheiten der Revisionshauptverhandlung an. Die Wahrnehmung der Aufgabe des Berichterstatters nach § 351 Abs. 1 begründet daher keine Besorgnis der Befangenheit, wenn der Angeklagte die Darstellung der für die Beweiswürdigung beachtlichen Aspekte als selektiv oder belastend empfindet.[225]

4. Revision. Ein fehlerhaft abschlägig beschiedenes Ablehnungsgesuch begründet die Revision gem. dem **absoluten Revisionsgrund** des § 338 Nr. 3. Dies setzt **ordnungsge-** 60

[215] BGH 23.11.1995 – 1 StR 296/95, NJW 1996, 1355, NStZ 1996, 323 mwN; dies gilt auch, wenn die Anklageschrift im Wesentlichen aus Textpassagen der Urteile gegen Mitbeschuldigte des vorbefassten Richters besteht, BGH 15.5.1997 – 1 StR 233/96, NJW 1997, 3034. Ausdrücklich zur Abtrennung eines geständigen Mitangeklagten BGH 30.6.2010 – 2 StR 455/09, NStZ 2011, 44.

[216] BGH 29.6.2006 – 5 StR 485/05, NJW 2006, 2864 (2866).

[217] BGH 9.9.1966 – 4 StR 261/66, BGHSt 21, 142 = NJW 1967, 580; BGH 10.11.1967 – 4 StR 512/66, BGHSt 21, 334 (341) = NJW 1968, 710; BGH 27.4.1972 – 4 StR 149/72, BGHSt 24, 336 (337) = NJW 1972, 1288; BGH NStZ 1991, 27; BGH 19.5.1994 – 1 StR 132/94-1, BGH NStZ 1994, 447. Zur Kritik vgl. *Hanack* NJW 1967, 580; *ders.* JZ 1973, 779; *Seibert* NJW 1968, 1318; *Sieg* MDR 1976, 72; der Rechtsprechung aus gesetzessystematischen Gründen folgend *Dierlamm,* Ausschließung und Ablehnung von Tatrichtern, S. 156 f. sowie 208.

[218] OLG Hamm, GA 1971, 185; OLG Saarbrücken 26.2.1969 – 4 Ss 66/69, MDR 1970, 347.

[219] *Meyer-Goßner* § 354 Rn. 39.

[220] BGH 19.5.1994 – 1 StR 132/94, NStZ 1994, 447; selbst bei Beschränkung von Verteidigungsrechten nicht zwingend BGH 9.7.2009 – 5 StR 263/08 (betreffend fehlerhafter Fristsetzung zur Stellung von Beweisanträgen bei gleichzeitiger Abtrennung des Mitangeklagten, insoweit nicht abgedruckt in NJW 2009, 3248, sondern bei BeckRS 2009, 21879).

[221] BGH VRS 41, 203.

[222] BGH 9.12.1983 – 2 StR 452/83, NJW 1984, 1907 (1909).

[223] KK/*Scheuten* Rn. 11; die zitierte Entscheidung BGH 27.8.1991 – 1 StR 438/91, NStZ 1991, 595 betrifft allerdings den umgekehrten Fall, in dem eine ehemals den Angeklagten verurteilende Richterin nach Aufhebung nun als Staatsanwältin teilnahm. Mag diese Entscheidung – mangels Ablehnbarkeit von Staatsanwälten –nachvollziehbar sein, ist sie mit der Konstellation nicht vergleichbar, dass ein ehemaliger Staatsanwalt, der den Angeklagten in frühen Verfahren im Vergleich zu deren Ergebnissen ggf. mit überhöhten Strafanträgen verfolgt hat, nunmehr als Richter über sein Schicksal befinden soll. Dennoch soll auch dies zumindest unsubstantiiert vorgetragen allein kein Umstand sein, der eine Befangenheit begründe, BGH 14.6.1977 – 5 StR 256/77, n.v.

[224] BGH, GA 1978, 243.

[225] BGH 22.1.2008 – 4 StR 507/07, NStZ-RR 2011, 98 Nr. 4; vgl. allerdings die besondere Stellung des Berichterstatters in der Revisionspraxis nach *Fischer/Krehl* StV 2012, 550 sowie *Paeffgen/Wasserburg* GA, 525 (547 f.); diese Position normativ negierend BVerfG 23.5.2012 – 2 BvR 610/12; 2 BvR 625/12, NStZ 2012, 458 (460).

mäße Geltendmachung in der Hauptverhandlung voraus.[226] Die revisionsrichterliche Prüfung erfolgt nach Beschwerdegrundsätzen. Die Revisionsschrift muss das Ablehnungsgesuch, die dienstlichen Erklärungen der abgelehnten Richter sowie den ergangenen Ablehnungsbeschluss geschlossen und im Wortlaut mitteilen; die Mitteilung dessen, was im Rahmen des Ablehnungsverfahrens auf die dienstliche Äußerung erwidert wurde, ersetzt deren eigene Mitteilung nicht.[227] Näher dazu siehe unter § 344.

61 Ist ein **Ablehnungsgesuch zurückgewiesen** worden und die Hauptverhandlung im Weiteren ausgesetzt worden, erscheint es zum Erhalt der Revision ratsam, dieses vor Beginn der neuen Hauptverhandlung **erneut** anzubringen, um dem potentiellen Einwand zu begegnen, die Besorgnis habe ggf. nicht fortbestanden.[228]

62 Abzulehnen ist die Ansicht des 1. und 5. Strafsenats des BGH, die Rüge der Befangenheit könne durch eine verfahrensbeendende Absprache nach § 257c verwirkt sein, da einer Absprache immanent sei, sie „dahin zu verstehen, dass er die zuvor geäußerte Besorgnis in die Unparteilichkeit des Gerichts nicht mehr hegt".[229]

63 Wird die Namhaftmachung entgegen § 24 Abs. 3 S. 2 verweigert, ist die Beschwerde (§ 304 Abs. 1) statthaftes Rechtsmittel. Die Revision soll darauf nur gestützt werden können, wenn der Antrag in der Hauptverhandlung wiederholt und Aussetzung beantragt worden ist.[230]

§ 25 [Zeitpunkt der Ablehnung]

(1) [1]Die Ablehnung eines erkennenden Richters wegen Besorgnis der Befangenheit ist bis zum Beginn der Vernehmung des ersten Angeklagten über seine persönlichen Verhältnisse, in der Hauptverhandlung über die Berufung oder die Revision bis zum Beginn des Vortrags des Berichterstatters, zulässig. [2]Alle Ablehnungsgründe sind gleichzeitig vorzubringen.

(2) [1]Nach diesem Zeitpunkt darf ein Richter nur abgelehnt werden, wenn
1. die Umstände, auf welche die Ablehnung gestützt wird, erst später eingetreten oder dem zur Ablehnung Berechtigten erst später bekanntgeworden sind und
2. die Ablehnung unverzüglich geltend gemacht wird.
[2]Nach dem letzten Wort des Angeklagten ist die Ablehnung nicht mehr zulässig.

Schrifttum: *Drees,* Die Entscheidung des Vorsitzenden über den Zeitpunkt der Anbringung von Ablehnungsgesuchen, NStZ 2005, 184; *Günther,* Unzulässige Ablehnungsgesuche und ihre Bescheidung, NJW 1986, 281; *Meyer-Mews,* Der Befangenheitsantrag nach erfolgloser Gegenvorstellung, StraFo 2000, 369 *Rieß/Hilger,* Das neue Strafverfahrensrecht – Opferschutzgesetz und Strafverfahrensänderungsgesetz 1987, NStZ 1987, 145; *Senge,* Missbräuchliche Inanspruchnahme verfahrensrechtlicher Gestaltungsmöglichkeiten – wesentliches Merkmal der Konfliktverteidigung? Abwehr der Konfliktverteidigung, NStZ 2002, 25; *Steinfatt,* Die Unparteilichkeit des Richters in Europa im Lichte der Rechtsprechung des Europäischen Gerichtshofs für Menschenrechte, 2012; *Zwiehoff,* Der Befangenheitsantrag im Strafverfahren, 2. Aufl., 2013.

---

[226] BVerfG 21.10.1992 – 1 BvR 1233/91, NJW 1993, 2926; BVerfG 2.9.2009 – 2 BvR 448/09, NJW 2010, 669.

[227] BGH 10.11.1967 – 4 StR 512/66, BGHSt 21, 334 = NJW 1968, 710; BGH 8.8.1995 – 1 StR 377/95, StV 1996, 2; NStZ-RR 2002, 134; OLG Hamm 24.1.2008 – 3 Ws 34/08, NStZ-RR 2008, 283.

[228] S. BGH 26.1.2006 – 5 StR 500/05, NStZ 2006, 234, obiter dictum gegen BGH 24.3.1982 – 2 StR 105/82, BGHSt 31, 15.

[229] So jetzt a. BGH 13.9.2011 – 3 StR 196/11, NStZ 2012, 396 (3. Senat) gegen die (vormalige?) Ansicht des 1. (BGH 22.9.2008 – 1 StR 323/08, NStZ 2009, 159) und 5. Senats (BGH 24.2.2010 – 5 StR 23/10, NStZ-RR 2010, 180) unter Verweis auf das Verständigungsgesetz; ablehnend a. *Ventzke* HRRS 2009, 28; *Cirener* BeckOK Rn. 25.

[230] BayObLG 26.10.1987 – RReg. 4 St 106/87, MDR 1988, 339; BayObLG 29.9.1989 – RReg. 2 St 10/89, NStZ 1990, 200 (201).

Übersicht

A. Überblick

§ 25 regelt den Zeitpunkt, bis zu dem ein Richter **in der Hauptverhandlung** wegen Besorgnis der Befangenheit abgelehnt werden darf. Der heute maßgebliche Beginn der Vernehmung des Angeklagten über seine persönlichen Verhältnisse wurde 1987[1] in die Strafprozessordnung eingeführt. Im Urkonzept der RStPO war der Beginn der Verhandlung und damit die Verlesung des Eröffnungsbeschlusses ausschlaggebend. Nachdem die Verlesung des Eröffnungsbeschlusses abgeschafft wurde,[2] konnte ein Ablehnungsgesuch bis zur Vernehmung des Angeklagten zur Sache vorgebracht werden. Zwar wurde die Ablehnungsbefugnis zwischenzeitlich durch Art. 3 Nr. 9 VereinhG erweitert, so dass bis zum Beginn des Teils der Hauptverhandlung, der sich der Vernehmung des Angeklagten zur Sache anschloss, ein Antrag wegen Besorgnis der Befangenheit gestellt werden konnte. Diese Erweiterung wurde aber wieder rückgängig gemacht durch Art. 5 Nr. 2 StPÄG und anschließend die Ablehnungsbefugnis durch das StVÄG 1987 auf die heutige Fassung beschränkt.[3] Bereits dem Wortlaut nach erfasst § 25 nur die Ablehnung in der Hauptverhandlung[4] (zur Ablehnung außerhalb der Hauptverhandlung → Rn. 27 ff.). 1

Bis zur **Vernehmung des ersten Angeklagten zu seinen persönlichen Verhältnissen** nach Abs. 1 S. 1 kann eine Besorgnis der Befangenheit ohne Einschränkungen vorgebracht werden. Im Anschluss besteht ein relatives Zulässigkeitsverbot, dh ein Richter kann nur noch unter engen Voraussetzungen erfolgreich abgelehnt werden (→ Rn. 13 ff.). Abs. 2 S. 2 bestimmt den letzten Zeitpunkt, bis zu dem ein Ablehnungsgesuch geltend gemacht werden kann (→ Rn. 22 f.). 2

Für den **Ausschluss eines Richters kraft Gesetzes** nach § 24 Abs. 1 Alt. 1 gilt § 25 nicht – ebenso wenig für die eigene Ablehnung nach § 30: In diesen Fällen verbleibt es bei der Prüfung von Amts wegen und der Richter kann durch die Verfahrensbeteiligten bis zum Ende der Hauptverhandlung abgelehnt werden.[5] 3

B. Erläuterung

Erst wenn feststeht, welche Richter zu einer Entscheidung berufen sind, können sie abgelehnt werden.[6] Vorher gibt es kein schützenswertes Interesse daran, das (Mit-)Wirken 4

---

[1] StVÄG v. 27.1.1987, BGBl. I 475.

[2] Art. 2 Abs. 2 VO über die Beseitigung des Eröffnungsbeschlusses im Strafverfahren vom 13.8.1942, RGBl. I 512.

[3] Näher: LR/*Siolek* Entstehungsgeschichte.

[4] OLG Schleswig 10.8.1981 – 1 Ws 213/81, SchlHA 1982, 31 (32); OLG Koblenz 10.12.1981 – 2 Ss 362/81, GA 1982, 470 (471); OLG Saarbrücken 18.6.1974 – Ws 62/74, NJW 1975, 399; KG 6.3.1991 – 4 Ws 34/91, NStZ 1991, 401; HK/*Temming* Rn. 5; KK/*Scheuten* Rn. 2; LR/*Siolek* Rn. 1; erläuternd SK/*Deiters* Rn. 6.

[5] OLG Schleswig, SchlHA 1953, 246; HK/*Temming* Rn. 4; KK/*Scheuten* Rn. 1.

[6] KG 13.8.1982 – 2 Ws 176/82 Vollz ua, NStZ 1983, 44; OLG Schleswig 10.8.1981 – 1 Ws 213/81, SchlHA 1982, 31; s. auch OLG Schleswig, SchlHA 1953, 246.

einer unerwünschten Gerichtsperson zu verhindern. Allgemein können Ablehnungsgesuche bis zur Entscheidung durch den Richter vorgebracht werden. Besonderheiten, genauer: **Einschränkungen,** gelten in der Hauptverhandlung, wenn ein erkennender Richter abgelehnt werden soll. Sie ergeben sich aus dem Unverzüglichkeits- (→ Rn. 15 ff.) und dem Konzentrationsgebot (→ Rn. 23) des § 25.

I. Zeitpunkt der Ablehnung

5 Der Zeitpunkt eines Antrags auf Ablehnung wegen Besorgnis der Befangenheit bestimmt maßgeblich die Zulässigkeitsvoraussetzungen.

6 **1. Gesetzlicher Regelfall (Abs. 1 S. 1).** Abs. 1 S. 1 bildet den Regelfall des § 25 ab. Danach ist ein Ablehnungsgesuch **bis zur Vernehmung des Angeklagten über seine persönlichen Verhältnisse** zulässig. Bis dahin kann der Antrag jederzeit gestellt werden.[7] Auch wenn schon früher Kenntnis über den Befangenheitsgrund erlangt wurde, kann bis zu diesem Zeitpunkt abgewartet werden.[8] Das Unverzüglichkeitsgebot nach Abs. 2 S. 1 greift nicht.

7 In einer Hauptverhandlung der Berufung oder Revision, ist der Beginn des **Vortrages des Berichterstatters** entscheidend.[9] Nach anderer Ansicht sei der Beginn der Ausführungen des Angeklagten zur Sache maßgebend bzw. der Beginn der Ausführungen des Verteidigers, soweit der Angeklagte selbst nicht anwesend ist.[10] Aufgrund des eindeutigen Wortlauts des Abs. 1 S. 2 Halbsatz 2 ist diese Meinung abzulehnen; sie findet keine Stütze im Gesetz.

8 Sind **mehrere Täter** angeklagt, ist für den maßgeblichen letzten Zeitpunkt nach Abs. 1 S. 1 nicht auf jeden einzelnen Angeklagten abzustellen, sondern auf die Vernehmung des **ersten Angeklagten.**[11] Dadurch soll eine Verschleppung des Verfahrens vermieden werden.[12] Der Ablehnungsberechtigte darf daher nicht die eigene Vernehmung abwarten, um sein Ablehnungsgesuch vorzutragen. So wird eine Konzentration auf einen bestimmten Zeitpunkt erzielt, die eine einheitliche, zeitgleiche Überprüfung der vorgetragenen Ablehnungsgründe ermöglicht.[13]

9 Je nach **Verfahrensart** kann Abs. 1 S. 1 nicht unmittelbar angewendet werden. Insoweit muss ein entsprechendes Äquivalent zu dem in § 25 geregelten Zeitpunkt bestimmt werden:

10 Jedenfalls finden die Bestimmungen des § 25 bei **Abwesenheit des Angeklagten** Anwendung.[14] Auch wenn der Angeklagte nicht anwesend und nur vertreten wird, kann eine Ablehnungsbefugnis erlöschen, wenn von ihr nicht rechtzeitig Gebrauch gemacht wird. Soweit nach §§ 232 Abs. 1, 233 Abs. 1 oder 415 Abs. 1[15] nur ein richterliches Protokoll verlesen wird, tritt dieses an die Stelle der Vernehmung.[16] Ansonsten ist der Beginn der Verlesung der Anklageschrift (§ 243 Abs. 3) entscheidend.[17] In den Fällen der §§ 412, 329 wird nach Einspruch gegen einen **Strafbefehl** nicht verhandelt. Ein Ablehnungsgesuch muss dann nach der Prüfung der Formalia gestellt werden.[18] Im Übrigen präkludiert die Vernehmung des Beschuldigten im **Sicherungsverfahren** nach §§ 413 ff., die des **Einziehungsbeteiligten** im Verfahren gem. § 430 ff. und die des Vertreters der juristischen Person

---

7 OLG Schleswig, SchlHA 1953, 246.

8 BVerfG 13.5.1953 – 1 BvR 344/51, BVerfGE 2, 295 (297); BGH 9.7.1953 – 5 StR 282/53, BGHSt 4, 264 (270).

9 So auch *Rieß/Hilger* NStZ 1987, 145 (148); HK/*Temming* Rn. 2; KK/*Scheuten* Rn. 4.

10 AK/*Wassermann* Rn. 4 mit Verweis auf BT-Drs. IV/178, 34 – Begründung zu § 25.

11 KMR/*Bockemühl* Rn. 3; HK/*Temming* Rn. 8; BeckOK/*Cirener* Rn. 3; Radtke/Hohmann/*Alexander* Rn. 3; dazu *Rieß/Hilger* NStZ 1987, 145 (148).

12 *Meyer-Goßner* Rn. 2.

13 LR/*Siolek* Rn. 3.

14 BayObLG 5.5.1961 – 4 St 87/60, BayObLGSt 1961, 33 (37).

15 LR/*Siolek* Rn. 19.

16 SK/*Deiters* Rn. 10; KK/*Scheuten* Rn. 4; HK/*Temming* Rn. 10.

17 HK/*Temming* Rn. 10; KK/*Scheuten* Rn. 4.

18 SK/*Deiters* Rn. 10; HK/*Temming* Rn. 10.

oder Personenvereinigung im Verfahren gem. § 444 über die Festsetzung einer **Geldbuße nach § 30 OWiG.**[19]

11 Unklarheiten über die Bestimmung des Zeitpunktes können sich bei **verbundenen Verfahren** ergeben: Wird das Verfahren mit einem schon laufenden Verfahren verbunden, kann der erste Angeklagte bereits zu seinen persönlichen Verhältnissen vernommen worden sein. Nach dem in Abs. 1 S. 1 niedergelegten Grundsatz könnte ein Ablehnungsgesuch der weiteren Angeklagten unzulässig sein, da auch bei mehreren Tätern für die Zulässigkeit eines Ablehnungsgesuchs die Vernehmung des ersten Angeklagten ausschlaggebend ist (→ Rn. 8). Dies würde allerdings zu einer unzulässigen Beschränkung der Rechte des Betroffenen führen. Wird ein Verfahren mit einem anderen verbunden, so führt erst die Vernehmung des nächsten (neuen) Angeklagten zur Präklusion.[20] Andere stellen auf die Vernehmung des Ablehnungsberechtigten ab.[21] Dies führt jedoch zu einer Erweiterung der Ablehnungsbefugnis, die dem Grundgedanken des § 25 Abs. 1 S. 1 in seiner jetzigen Fassung widerspricht. Die erweiterte Möglichkeit zur Ablehnung betrifft aber nur den hinzutretenden Angeklagten.

12 Weitere Ausnahmen ergeben sich, wenn nach der **Aussetzung der Hauptverhandlung** oder nach der **(Zurück-)Verweisung** der Sache die Verhandlung von neuem beginnt.[22] Der Zeitpunkt des § 25 erneuert sich, so dass mit der zeitlichen Beschränkung des § 243 Abs. 2 S. 2 der Richter abgelehnt werden kann.[23] Anders als bei der Verbindung von Verfahren gilt dies auch dann, wenn der Ablehnungsberechtigte in der früheren Verhandlung kein Ablehnungsgesuch gestellt hat:[24] In einer erneuten Hauptverhandlung muss die prozessuale Möglichkeit des Angeklagten, einen Richter wegen Besorgnis der Befangenheit abzulehnen, wieder aufleben, weil in der neuen Hauptverhandlung andere Richter mitwirken können oder einer der bisherigen eine andere Einstellung gegenüber dem Angeklagten erkennen lassen kann als in der ausgesetzten Hauptverhandlung.[25] Die Ablehnungsgründe, die bereits in der ausgesetzten Hauptverhandlung vorgebracht wurden, sind – entgegen neueren Strömungen[26] – nicht erneut vorzutragen, um sich ggf. die Rüge des absoluten Revisionsgrund des § 338 Nr. 3 StPO zu erhalten.[27] Freilich ist der Betroffene angesichts des Meinungsstreits gut beraten, es gleichwohl zu tun.

13 **2. Ausnahmen (Abs. 2 S. 1).** Nach Beginn der Vernehmung des Angeklagten zu seinen persönlichen Verhältnissen ist ein Ablehnungsgesuch grundsätzlich unzulässig. Unter den besonderen Voraussetzungen des Abs. 2 S. 1 wird eine Ablehnung jedoch möglich, wenn zwei Voraussetzungen kumulativ erfüllt werden: Es müssen **neue Tatsachen** vorliegen (§ 25 Abs. 2 S. 1 Nr. 1), die eine Ablehnung begründen können, und die **unverzüglich** geltend gemacht werden müssen (§ 25 Abs. 2 S. 1 Nr. 2).

14 **a) Neue Tatsachen (Nr. 1).** Es müssen **neue Tatsachen eintreten,** die eine Besorgnis der Befangenheit begründen, oder „alte“[28] Tatsachen dürfen dem Ablehnungsberechtigten erst später **bekannt geworden sein.** Hierbei ist ausschließlich auf die Kenntnis des Angeklagten und nicht etwa die seines Verteidigers abzustellen.[29] Eine Wissenszurechnung ist nicht mög-

---

[19] LR/*Siolek* Rn. 8.

[20] *Rieß/Hilger* NStZ 1987, 145; LR/*Siolek* Rn. 5; KK/*Scheuten* Rn. 4; Radtke/Hohmann/*Alexander* Rn. 4; HK/*Temming* Rn. 8; SSW/*Kudlich/Noltensmeier* Rn. 5; SK/*Deiters* Rn. 11.

[21] KMR/*Bockemühl* Rn. 4.

[22] ZB §§ 229, 328 II, 354 II, 355 StPO.

[23] BGH 16.6.1970 – 5 StR 602/69, BGHSt 23, 277 (278); OLG Brandenburg 27.1.1997 – 2 Ss 2/97, StV 1997, 455; BayObLG 19.7.1996 – 1 St RR 71/96, MDR 1997, 284; OLG Oldenburg 13.8.1959 – 2 Ss 246/59, NJW 1959, 2225; OLG Schleswig, SchlHA 1953, 246 (247); RGSt 19, 332 (335).

[24] BGH 16.6.1970 – 5 StR 602/69, BGHSt 23, 277 (278); OLG Brandenburg 27.1.1997 – 2 Ss 2/97, StV 1997, 455; SK/*Deiters* Rn. 1.

[25] BGH 16.6.1970 – 5 StR 602/69, BGHSt 23, 277 (278).

[26] BGH v. 26.1.2006 – 5 StR 500/05, NJW 2006, 854, nicht tragend; HK/*Temming* Rn. 3; *Meyer-Goßner* Rn. 2; LR/*Siolek* Rn. 4; Kritisch: KK/*Fischer* Rn. 1.

[27] BGH v. 24.3.1982 – 2 StR 105/82, BGHSt 31, 15; ausführlich SK/*Deiters* Rn. 15.

[28] Vor dem Zeitpunkt der Abs. 1 S. 1 entstandene Tatsachen.

[29] BGH 18.12.1990 – 5 StR 448/90, BGHSt 37, 264; BGH 17.12.2009 – 3 StR 367/09, NStZ 2010, 401; BGH 18.10.2005 – 1 StR 114/05, NStZ 2006, 236; HK/*Temming* Rn. 12; *Meyer-Goßner* Rn. 7; LR/*Siolek* Rn. 22; zweifelnd: BGH 18.10.2005 – 1 StR 114/05, bei *Becker* NStZ-RR 2007, 129.

lich. Jedoch kann sich eine frühere Kenntnis des Verteidigers nach der Rechtsprechung auf die Auslegung der Unverzüglichkeit des Anbringens des Ablehnungsgesuchs auswirken.[30] Die Überlegenszeitspanne kann dann ggf. kürzer sein. Soweit der Verteidiger die Kenntnisnahme schuldhaft verzögert, ist dies dem Angeklagten nicht zuzurechnen, wenn er keine Kenntnis von den die Besorgnis der Befangenheit erregenden Umständen erlangt hat.[31] Anders ist es beim Nebenkläger, der sich prinzipiell die Kenntnis seines Vertreters zurechnen lassen muss.[32] Der Verteidiger ist im Strafprozess nicht der Vertreter seines Mandanten, sondern unabhängiger Beistand. Er bildet mit dem Mandanten keine rechtliche Einheit, so dass dem Beschuldigten die Kenntnis seines Verteidigers grundsätzlich nicht zugerechnet wird.[33]

15 **b) Unverzügliches Geltendmachen (Nr. 2).** Nach Eintritt der die Ablehnung begründenden Umstände bzw. nach deren Kenntniserlangung ist die betroffene Gerichtsperson **unverzüglich** abzulehnen. Die Umstände müssen so bald wie möglich vorgetragen werden, also ohne dass eine nicht durch die Sache begründete Verzögerung eintritt.[34] Starre zeitliche Grenzen existieren nicht, es bleibt jeweils eine Frage des **Einzelfalles,** ob unverzüglich gehandelt wurde. Die Rechtsprechung legt sei je her einen **strengen Maßstab** an.[35] Ein sachlicher Grund ist dafür nicht zu erkennen: Einem begründeten Ablehnungsgesuch sollte der Erfolg nicht verwehrt sein, weil dem erkennenden Gericht möglicherweise ein Tag zu viel vergangen ist. Das Gesetz verwehrt freilich keine strenge Handhabung. Dem § 25 lassen sich unzweifelhaft die Gebote der Konzentration und Unverzüglichkeit entnehmen.

16 Das Unverzüglichkeitsgebot umfasst auch das Beibringen der **Mittel zur Glaubhaftmachung.** Daher darf der Ablehnungsberechtigte nicht den Fehler machen und abwarten, bis er neues Material für sein Ablehnungsgesuch erhält oder gar nur erhofft, sondern muss sich alsbald um die Ablehnung bemühen. Dieser Grundsatz wird vor allem relevant, wenn der Berechtigte ein bereits abgelehntes Gesuch mit neuen Beweismitteln wiederholen will.[36]

17 Eine Fristsetzung für den Ablehnungsberechtigten, damit er weitere Tatsachen beschaffen oder seinen Antrag begründen kann, sieht das Gesetz nicht vor.[37] Jedoch muss ihm ausreichend Zeit zur Vorbereitung gegeben werden.[38] Unverzüglich heißt eben auch, dass in der Sache liegende Verzögerungsgründe toleriert werden. Hierbei kommt es wiederum auf die Umstände im Einzelfall an:[39]

18 Dem Ablehnungsberechtigten muss **Gelegenheit zum Überlegen und zum Abfassen seines Gesuchs** erhalten.[40] Auch ist ihm ausreichend Zeit zuzubilligen, um **mit seinem**

---

[30] S. Rn. 18.

[31] BGH 17.12.2009 – 3 StR 367/09, NStZ 2010, 401 (403).

[32] BGH 18.12.1990 – 5 StR 448/90, BGHSt 37, 264 (265, 288); unklar SSW/*Kudlich/Noltensmeier* Rn. 7.

[33] Vgl. *Dornach* NStZ 1995, 57, 63 mwN.

[34] BGH 17.11.1999 – 2 StR 313/99, BGHSt 45, 315; BGH 10.11.1967 – 4 StR 512/66, BGHSt 21, 334 (339); BGH 25.4.2006 – 3 StR 429/05, NStZ 2006, 644 (645); BGH 5.4.1995 – 5 StR 681/94, StV 1995, 396; BGH 28.9.1990 – 2 StR 189/90, StV 1991, 49; BGH 3.2.1982 – 2 StR 374/81, NStZ 1982, 291 (292); BayObLG 22.4.1992 – 4 StRR 65/92, NJW 1992, 2242; OLG Köln 26.1.1988 – Ss 650/87, StV 1988, 287 (288); OLG Köln 3.4.1973 – Ss 2/73, JMBlNW 1973, 258.

[35] BGH 10.11.1967 – 4 StR 512/66, BGHSt 21, 334 (339); BGH 27.8.2008 – 2 StR 261/08, NStZ 2009, 223 (224); BGH 10.6.2008 – 5 StR 24/08, NStZ 2008, 578; BGH 3.5.1995 – 2 StR 19/95, NStZ 1996, 47; BGH 22.10.1992 – 1 StR 575/92, NStZ 1993, 141; OLG München 22.11.2006 – 4 St RR 182/06, NJW 2007, 449 (451).

[36] BGH 10.11.1967 – 4 StR 512/66, BGHSt 21, 334 (353).

[37] OLG München 2.12.1975 – 2 Ws 597/75, NJW 1976, 436.

[38] BGH 17.11.1999 – 2 StR 313/99, BGHSt 45, 312 (315); BGH 25.4.2006 – 3 StR 429/05, NStZ 2006, 644 (645).

[39] BGH 17.11.1999 – 2 StR 313/99, BGHSt 45, 312 (315); BGH 25.4.2006 – 3 StR 429/05, NStZ 2006, 644 (645); BGH 3.5.1995 – 2 StR 19/95, NStZ 1996, 47; BGH 14.2.1992 – 2 StR 254/92, NStZ 1992, 290; BGH 28.9.1990 – 2 StR 289/90, StV 1991, 49.

[40] BGH 17.11.1999 – 2 StR 313/99, BGHSt 45, 312 (315); BGH 29.3.2012 – 3 StR 455/11, NStZ 2012, 211; BGH 25.4.2006 – 3 StR 429/05, NStZ 2006, 644 (645); BGH 3.5.1995 – BGH 3.5.1995 – 2 StR 19/95, BGHR StPO § 25 Abs. 2 Unverzüglich 3; BGH 28.9.1990 – 2 StR 289/90, StV 1991, 49; BGH 3.2.1982 – 2 StR 374/81, NStZ 1982, 291; BayObLG 22.4.1992 – 4 St RR 65/92, NJW 1992, 2242.

Verteidiger seine Bedenken gegen den Richter **zu erörtern.**[41] Die zugestandene Zeit darf nach der Rechtsprechung verkürzt werden, wenn dem Verteidiger der Ablehnungsgrund vorher bekannt war.[42] Das überzeugt nicht;[43] zumal dem Angeklagten im Übrigen die Kenntnis seines Verteidigers nicht zugerechnet wird.[44] Das Wochenende ist nicht als Arbeitszeit einzurechnen.[45] Verlängernd berücksichtigt werden darf, dass das weitere Verhalten des abgelehnten Richters den Eindruck der Voreingenommenheit gestützt und verstärkt hat.[46]

Bei **Unterbrechungen** findet § 25 weiterhin Anwendung.[47] Eine Unterbrechung ver- 19
ringert die Anforderungen an ein Ablehnungsgesuch nicht.[48] Damit ist das Unverzüglichkeitsgebot zwingend zu beachten. Für die Beurteilung, ob ein Ablehnungsgesuch rechtzeitig erfolgt, ist die Dauer der Unterbrechung bedeutsam:[49] Liegt nur eine kurze Unterbrechung vor, reicht es aus, den Antrag zu Beginn des nächsten Verhandlungstermins zu stellen.[50] Ist die Unterbrechung dagegen länger, muss das Gesuch unter Umständen außerhalb der Hauptverhandlung zu Protokoll der Geschäftsstelle gebracht werden.[51] Die Dauer, in der das Gesuch dann gestellt werden muss, hängt – wie immer – von den Umständen des Einzelfalls ab und wird in der Praxis sehr unterschiedlich gehandhabt.[52] Der Antragsteller ist gut beraten, das Ablehnungsgesuch so schnell wie möglich anzubringen, um Problemen an dieser Stelle von Beginn an aus dem Weg zu gehen.

Treten die Umstände, die zu einem Ablehnungsgesuch führen**, während einer Beweis-** 20
aufnahme ein, muss das Gesuch nicht sofort geltend gemacht werden. So kann zB bei einer Zeugenvernehmung das Ende der Beweiserhebung abgewartet werden.[53] Eine Pflicht zur sofortigen Geltendmachung besteht nicht. Ein Ablehnungsgesuch ist allerdings verspätet, wenn es nicht unmittelbar nach der erbetenen Pause, sondern erst nach weiteren prozessualen Maßnahmen angebracht wird.[54] Hat der Ablehnungsberechtigte zunächst eine Gegenvorstellung erhoben und erst bei dessen Erfolgslosigkeit das Ablehnungsgesuch vorgetragen,

---

[41] BGH 10.6.2008 – 5 StR 24/08, NStZ 2008, 578; BGH 14.2.1992 – 2 StR 254/92, NStZ 1992, 290 mAnm v. *Krehl* NStZ 1992, 598; BGH 28.9.1990 – 2 StR 289/90 bei *Holtz* MDR 1991, 107; BGH 21.3.1984 – 2 StR 634/83, NStZ 1984, 371; OLG München 22.11.2006 – 4 St RR 182/06, NJW 2007, 449 (451); OLG Köln 26.1.1988 – Ss 650/87, StV 1988, 287; HK/*Temming* Rn. 14; LR/*Siolek* Rn. 24; KMR/*Bockemühl* Rn. 10; zu taktischen Erwägungen, die ggf. zwischen Verteidiger und Mandant zu erörtern sind vgl. bspw. *Barton,* Einführung in die Strafverteidigung, 2007, § 9 Rn. 113 oder Widmaier/*Tsambikakis* MAH Strafverteidigung § 2 Rn. 105 ff.

[42] BGH 5.4.1995 – 5 StR 681/94, StV 1995, 396; s. a. Rn. 14.

[43] Ebenso SK/*Deiters* Rn. 23.

[44] S. Rn. 14.

[45] OLG Düsseldorf 22.4.1992 – 2 Ss 34/92 – 19/92 III, NJW 1992, 2243 (Ls.); *Zwiehoff* Rn. 262.

[46] BGH 29.3.2012 – 3 StR 455/11, NStZ 2012, 211; BGH 9.3.1988 – 3 StR 567/87, StV 1988, 281.

[47] BGH 5.4.1995 – 5 StR 681/94, StV 1995, 396; BGH 22.10.1992 – 1 StR 575/92, NStZ 1993, 141; BGH 2.12.1981 – 2 StR 229/81, bei *Pfeiffer/Miebach* NStZ 1983, 208; KK/*Scheuten* Rn. 2, 10; HK/*Temming* Rn. 13; LR/*Siolek* Rn. 26.

[48] So auch KK/*Scheuten* Rn. 2.

[49] BVerfG 2.8.2006 – 2 BvR 1518/06, NStZ-RR 2006, 379 (380); BGH 10.6.2008 – 5 StR 24/08, NStZ 2008, 578.

[50] BGH 10.11.1967 – 4 StR 512/66, BGHSt 21, 334 (339, 344); BGH 3.5.1995 – 2 StR 19/95, NStZ 1996, 47; BGH 22.10.1992 – 1 StR 575/92, NStZ 1993, 141; BGH 28.9.1990 – 2 StR 289/90, StV 1991, 49; BGH 2.12.1981 – 2 StR 229/81 und 27.1.1981 – 5 StR 143/80 bei *Pfeiffer/Miebach* NStZ 1983, 208; BGH 3.2.1982 – 2 StR 374/81, NStZ 1982, 291 (292); OLG Köln 26.1.1988 – Ss 650/87, StV 1988, 287 (288); OLG Köln 3.4.1973 – Ss 2/73, JMBlNW 1973, 258.

[51] Vgl. BGH 10.6.2008 – 5 StR 24/08, StV 2008, 562; BGH 3.5.1995 – 2 StR 19/95, NStZ 1996, 47 (48); BGH 22.10.1992 – 1 StR 575/92, NStZ 1993, 141.

[52] BGH 10.11.1967 – 4 StR 512/66, BGHSt 21, 334 (344): 10 Tage zu lang; BGH 5.4.1994 – 5 StR 681/95, StV 1995, 397: sechs Tage zu lang; BGH 24.7.1990 – 5 StR 221/89, NJW 1991, 50; BGH 3.2.1982 – 2 StR 374/81, StV 1982, 339: zwei Tage; BGH 27.1.1981 – 5 StR 143/80, StV 1981, 163: eine Woche; BayObLG 22.4.1992 – 4 St RR 65/92, NJW 1992, 2242; OLG Düsseldorf 22.4.1992 – 2 Ss 34/92-19/92 III, NJW 1992, 2243.

[53] BGH 3.5.1995 – 2 StR 19/95, NStZ 1996, 47; BGH 14.2.1992 – 2 StR 254/91, NStZ 1992, 290: bzgl. Kopiervorgang; BGH 15.1.1986 – 2 StR 630/85, StV 1986, 281; BGH 17.7.1973 – 1 StR 61/73, NJW 1973, 1985; KK/*Scheuten* Rn. 9; *Pfeiffer* Rn. 2; SSW/*Kudlich/Noltensmeier* Rn. 8; SK/*Deiters* Rn. 25.

[54] BayObLG 22.4.1992 – 4 St RR 65/92, NJW 1992, 2242.

so wird es als verspätet zurückgewiesen.[55] An die **Staatsanwaltschaft** werden besonders strenge Anforderungen gestellt. So muss sie den Antrag am selben Tag der Kenntnis, spätestens am Vormittag des nächsten Tages – ggf. auch außerhalb der Hauptverhandlung – stellen.[56]

21 Eine Strafvereitelung des Verteidigers durch das Stellen eines Ablehnungsantrags für den Mandanten kommt auch dann nicht in Betracht, wenn der Verteidiger davon ausgeht, das Gesuch sei nicht mehr rechtzeitig gestellt.[57]

22 **3. Absolute Grenze (Abs. 2 S. 2).** Die absolute Grenze für ein Ablehnungsgesuch bestimmt Abs. 2 S. 2. Nach Abschluss des **letzten Wortes** des Angeklagten (§§ 258, 326, 351 Abs. 2) ist eine Ablehnung unzulässig.[58] Bemerkungen des Richters danach können eine Ablehnung nicht mehr begründen. Diese Beschränkung des Ablehnungsrechtes ist verfassungsgemäß.[59] Bei mehreren Angeklagten ist das letzte Wort des jeweiligen Ablehnungsberechtigten entscheidend. Eine **Präklusion** tritt aber selbstverständlich dann nicht ein, wenn nach dem letzten Wort wieder in die Beweisaufnahme eingetreten worden ist.[60] Wenn Umstände unmittelbar vor dem letzten Wort auftreten, die zu einem Ablehnungsgrund führen können, kann es erforderlich und zumutbar sein, eine Unterbrechung der Verhandlung zu beantragen.[61]

II. Konzentrationsgebot (Abs. 1 S. 2)

23 Ein Ablehnungsgesuch ist nur zulässig, wenn das Konzentrationsgebot nach Abs. 1 S. 2 beachtet wurde: Der Berechtigte hat **alle Ablehnungsgründe gleichzeitig** anzuführen, auf die er sich berufen möchte. Zwar kann der Angeklagte bis zu seiner Vernehmung warten, wenn er einen Richter wegen der Besorgnis der Befangenheit ablehnen will,[62] soweit er aber zuvor Gründe anbringt, muss er alle vortragen. Sonst sind später vorgebrachte Gesuche unzulässig, wenn die vorgetragenen Tatsachen schon im Zeitpunkt des ersten Antrags bekannt waren. Mit dem Konzentrationsgebot soll Verzögerungen vorgebeugt werden, die sich durch ein Nachreichen von Ablehnungsgründen ergeben könnten.[63] Das Gebot gilt in allen Verfahrensstadien, auch in der Revision, so dass ein Nachschieben bereits zuvor bekannter Ablehnungsgründen nie statthaft ist.[64] Präkludierte Umstände dürfen nur berücksichtigt werden, wenn es einem nicht präkludierten, grundsätzlich berechtigten Ablehnungsgrund höheres Gewicht verleiht.[65]

24 Ein (Vor-)Verhalten des Angeklagten kann ggf. zur **Verwirkung** des Rechts auf Stellung eines nachfolgenden Ablehnungsantrages führen. Der Bundesgerichtshof hat dies zB in einem Fall angenommen, in dem sich der Angeklagte durch die Einnahme von Rattengift bewusst in einen Zustand versetzt hat, der seine Verhandlungsfähigkeit beeinträchtigen konnte, ohne auf Nachfrage des Gerichts konkrete Beschwerden anzugeben. Im Anschluss hat er die erkennenden Richter wegen Fortsetzung der Hauptverhandlung trotz behaupteter

[55] LG Bremen 7.1.1998 und 13.1.1998 – 11 KLs 320 Js 24874/97; aA *Meyer-Mews* StraFo 2000, 369, 372 f.

[56] BGH 3.5.1995 – 2 StR 19/95, NStZ 1996, 47 (48); BGH 3.2.1982 – 2 StR 374/81, NStZ 1982, 291.

[57] LG Nürnberg/Fürth 17.11.2009 – 7 Qs 89, 90, 91/09, StV 2010, 136 (138).

[58] BGH 25.4.2006 – 3 StR 429/05, NStZ 2006, 644; BVerfG 2.8.2006 – 2 BvR 1518/06, NStZ-RR 2006, 379; LR/*Siolek* Rn. 33; kritisch dazu *Hanack* JR 1967, 230; AK/*Wassermann* Rn. 8; *Steinfatt* S. 236 ff., 250, hält die Rechtslage für konventionswidrig und sieht darin einen Verstoß gegen Art. 6 Abs. 1 EMRK.

[59] BVerfG 23.9.1987 – 2 BvR 814/87, NJW 1988, 477; aA AK/*Wassermann* Rn. 8 und *Hanack* JR 1967, 230 (Anmerkung).

[60] BGH 25.4.2006 – 3 StR 429/05, NStZ 2006, 644; BVerfG 2.8.2006 – 2 BvR 1518/06, NStZ-RR 2006, 379. Zur Erforderlichkeit einer Unterbrechung im Übrigen vgl. SK/*Deiters* Rn. 28 ff.

[61] BGH 25.4.2006 – 3 StR 429/05, wistra 2006, 349 (350); BGH 2.8.2006 – 2 BvR 1518/06, NStZ-RR 2006, 379 (380).

[62] BGH 9.7.1953 – 5 StR 282/53, BGHSt 4, 264 (270).

[63] BT-Drs. IV/178 – Begründung zu § 25 (1).

[64] BGH 13.7.1966 – 2 StR 157/66, BGHSt 21, 85 (88); KK/*Scheuten* Rn. 5.

[65] BGH 2.3.2004 –1 StR 574/03, NStZ-RR 2004, 208; *Zwiehoff* Rn. 247.

Verhandlungsunfähigkeit abgelehnt. Sie stünden nicht einmal seinem Gesundheitszustand unparteiisch gegenüber. Hier habe der Angeklagte sein Ablehnungsrecht wegen Irreführung und Rechtsmissbräuchlichkeit verwirkt.[66] Diese Argumentation überzeugt nicht. Anhaltspunkte dafür, dass ein Betroffener sein Ablehnungsrecht verwirken könnte, finden sich im Gesetz allein aufgrund zeitlicher Aspekte. Namentlich Verzögerungen und Verspätungen missbilligt die Strafprozessordnung im Ablehnungsrecht. Alles andere sind Fragen der Begründetheit. Sonst werden materielle Aspekte in den formalen Teil der Zulässigkeitsprüfung gezogen. Das ist schon verfassungsrechtlich problematisch (vgl. Art. 101 Abs. 1 S. 2 GG), weil die Begründetheitsprüfung dem abgelehnten Richter entzogen ist, während er die Zulässigkeit zu prüfen hat (§ 27 Abs. 1).

III. Gelegenheit zur Anbringung des Ablehnungsgesuchs

Ein Ablehnungsgesuch kann **jederzeit** gestellt werden, soweit die absolute zeitliche Grenze nach Abs. 2 S. 2 eingehalten wird. Der Ablehnungsberechtigte hat aber unter Umständen keinen Anspruch darauf, seinen Antrag sofort in der Hauptverhandlung zu stellen.[67] Der Vorsitzende hat das Recht, auf einen späteren Zeitpunkt – allerdings noch am selben Verhandlungstag – zu verweisen.[68] Allerdings muss er zusichern, dass keine Präklusion eintreten wird.[69] 25

Verteidiger müssen Ablehnungsgesuche mit dem Angeklagten absprechen. Es handelt sich um ein **originäres Recht des Angeklagten,** das in seinem Namen geltend gemacht werden muss. Wird dieser Pflicht nicht nachgekommen, wird das Gesuch möglicherweise als unzulässig zurückgewiesen, wenn nicht ausgeschlossen werden kann, dass die Ablehnung nicht im Namen des Angeklagten erfolgt ist.[70] 26

IV. Ablehnungen außerhalb der Hauptverhandlung

Außerhalb der Hauptverhandlung kann ein Richter **jederzeit** abgelehnt werden[71] – und zwar ohne Rücksicht auf den Zeitpunkt der Kenntnisnahme.[72] Die zeitlichen Grenzen aus § 25 gelten nicht. Eine **absolute Grenze** zieht stets die gerichtliche **Entscheidung.**[73] Danach kann ein Ablehnungsgesuch nie erfolgreich angebracht werden.[74] Dies folgt aus dem Sinn und Zweck der Ablehnung. Im Gegensatz zum Rechtsmittel soll sie sicherstellen, dass an **bevorstehenden** Entscheidungen nur unbefangene Richter mitwirken.[75] Dieser Grundsatz ist verfassungsrechtlich nicht zu beanstanden.[76] Wird erst in der Entscheidungsfassung der Ablehnungsgrund offenbar, bleibt es bei dem Ausschluss des Ablehnungsgesuchs.[77] 27

---

[66] BGH 15.12.2005 – 1 StR 411/0, NJW 2006, 708 (709).

[67] *Drees* NStZ 2005, 184 (185 f.); KK/*Scheuten* Rn. 8; *Senge* NStZ 2002, 225 (232 f.); LR/*Siolek* Rn. 29.

[68] AA HK-GS/*Bosbach* Rn. 4.

[69] BGH 5.11.2003 – 1 StR 368/03, NStZ 2004, 163; HK/*Temming* Rn. 15; LR/*Siolek* Rn. 29.

[70] BGH 12.12.2008 – 2 StR 479/08, StraFo 2009, 145.

[71] ZB im Ermittlungsverfahren, BGH 1 BJs 22/75 – AK 35/77; KMR/*Bockemühl* Rn. 12.

[72] BGH 5.4.2000 – 2 StR 545/99, NStZ-RR 2001, 130; OLG Schleswig 10.8.1981 – 1 Ws 213/81, SchlHA 1982, 31; KG 6.3.1991 – 4 Ws 34/91, NStZ 1991, 401.

[73] BGH 15.11.2012 – 3 StR 239/12, BeckRS 2013, 00504; HK/*Temming* Rn. 5; *Meyer-Goßner* Rn. 10.

[74] BGH 3.2.2007 – 3 StR 425/06, NStZ 2007, 416; BGH 6.8.1993 – 3 StR 277/93, NStZ 1993, 600; OLG Hamm 12.6.2001 – 4 Ss 98/01, VRS 101 (2001) 204; OLG Jena 17.6.1997 – 1 Ws 123/124/94, NStZ 1997, 510; OLG Düsseldorf 5.7.1990 – 1 Ws 558/90, VRS 80 (1991) 27; OLG Düsseldorf 5.9.1988 – 1 Ws 861–862/88, NStZ 1989, 86; KG 13.8.1982 – 2 Ws 176/82, NStZ 1983, 44; aA OLG Saarbrücken 18.6.1974 – Ws 62/73, NJW 1975, 399 mit abl. Anm. *Meyer-Goßner* NJW 1975, 1179.

[75] BGH 6.8.1993 – 3 StR 277/93, NStZ 1993, 600; OLG Hamm 12.6.2001 – 4 Ss 98/01, VRS 101 (2001) 204; OLG Jena 17.6.1997 – 1 Ws 123/124/94, NStZ 1997, 510; OLG Düsseldorf 5.7.1990 – 1 Ws 558/90, VRS 80 (1991) 27; OLG Düsseldorf 5.9.1988 – 1 Ws 861–862/88, NStZ 1989, 86; KG 13.8.1982 – 2 Ws 176/82 Vollz – 2 Ws 171/82, NStZ 1983, 44 (Gesuch in Unkenntnis der Entscheidung erfolgt).

[76] BVerfG 2.5.2007 – 2 BvR 2655/06, NStZ 2007, 709, 710; BGH 28.2.2007 – 2 BvR 2619/06, NStZ 2007, 416.

[77] BVerfG 2.5.2007 – 2 BvR 2655/06, NStZ 2007, 709 (710).

28 Die in §§ 25 ff. niedergelegten Grundsätze des Ablehnungsverfahrens werden im **gesamten Strafprozess** oder bei auf die Strafprozessordnung verweisenden Verfahrensarten angewendet, wie zB bei weiteren Ablehnungen im Verfahren über das Ablehnungsgesuch selbst,[78] im Klageerzwingungsverfahren,[79] im Nachverfahren nach § 33a[80] oder im Verfahren über die Zulässigkeit der Rechtsbeschwerde nach § 79 Abs. 3 OWiG.[81]

29 Dagegen ist ein Ablehnungsgesuch gegen Richter, die einen Verwerfungsbeschluss gem. § 349 Abs. 2 gefasst haben, **unzulässig.**[82] Die Entscheidung ist schon getroffen, was zwangsläufig die in die Zukunft gerichtete Ablehnung unzulässig macht. Etwas anderes gilt auch dann nicht, wenn die Ablehnung mit einem Antrag nach § 356a verbunden wird, der sich jedoch deswegen als unbegründet erweist, weil die gerügte Verletzung des Art. 103 Abs. 1 GG nicht vorliegt.[83] Ebenso ist eine Ablehnung im Verfahren über Gegenvorstellungen nicht möglich, da in der Sache schon entschieden wurde.[84]

30 Verspätetes Vorbringen (nach der Entscheidung) kann nicht über einen Umweg über § 33a zulässig gemacht werden.[85] Ebenso ist eine analoge Anwendung der Nichtanhörungsrüge nach § 356a ausgeschlossen.[86]

§ 26 [Ablehnungsverfahren]

(1) [1]Das Ablehnungsgesuch ist bei dem Gericht, dem der Richter angehört, anzubringen; es kann vor der Geschäftsstelle zu Protokoll erklärt werden. [2]§ 257a findet keine Anwendung.

(2) [1]Der Ablehnungsgrund und in den Fällen des § 25 Abs. 2 die Voraussetzungen des rechtzeitigen Vorbringens sind glaubhaft zu machen. [2]Der Eid ist als Mittel der Glaubhaftmachung ausgeschlossen. [3]Zur Glaubhaftmachung kann auf das Zeugnis des abgelehnten Richters Bezug genommen werden.

(3) Der abgelehnte Richter hat sich über den Ablehnungsgrund dienstlich zu äußern.

---

[78] BGH 10.11.1967 – 4 StR 512/88, NJW 1968, (710).

[79] OLG Karlsruhe 25.5.1973 – 1 Ws 143/73, NJW 1973, 1658.

[80] BGH 20.7.2004 – 5 StR 539/03, NStZ-RR 2006, 1; BGH 1.2.2005 – 4 StR 486/04, NStZ-RR 2005, 173; BGH 6.8.1997 – 3 StR 337/96, NStZ-RR 1998, 51; OLG Koblenz 25.5.1982 – 1 Ws 183/82, NStZ 1983, 470.

[81] LG Düsseldorf 24.4.1991 – 1 Qs 28/91, StV 1991, 411.

[82] BGH 13.2.2007 – 3 StR 425/06, NStZ 2007, 416; BGH 5.4.2000 – 2 StR 545/99, NStZ-RR 2001, 130; BGH 6.8.1993 – 3 StR 277/93, NStZ 1993, 600; OLG Koblenz 10.12.1981 – 2 Ss 362/81, GA 1982, 470 (471); zur Anbringung eines Ablehnungsgesuchs nach Beschlussfassung, aber vor Eingang des Beschlusses auf der Geschäftsstelle vgl. BGH 14.8.2012 – 2 StR 629/11, NStZ 2012, 710.

[83] BGH 31.1.2013 – 1 StR 595/12, BeckRS 2013, 03153; BGH 13.12.2012 – 2 StR 585/11, BeckRS 2013, 02723; BGH 15.11.2012 – 3 StR 239/12, BeckRS 2013, 00504; BGH 2.5.2012 – 1 StR 152/11, NStZ-RR 2012, 314; BGH 13.2.2007 – 3 StR 425/06, NStZ 2007, 416.

[84] BGH 11.7.2001 – 3 StR 462/01, NStZ-RR 2001, 333; BGH 6.8.1997 – 3 StR 337/96, NStZ-RR 1998, 51; OLG Hamm 29.4.1993 – 3 Ws 123/93, MDR 1993, 789; OLG Düsseldorf 5.9.1988 – 1 Ws 861 – 862/88, NStZ 1989, 86; OLG Düsseldorf 18.1.1994 – 1 Ws 886– 887/93 ua, VRS 86 (1994), 444; OLG Düsseldorf 15.4.1992 – 1 Ws 210/92, 1 Ws 324/92, VRS 83 (1992) 356; OLG Düsseldorf 5.7.1990 – 1 Ws 558/90, VRS 80 (1991), 27.

[85] Thüring. OLG 17.6.1997 – 1 Ws 123, 124/97, NStZ 1997, 510; BGH 6.8.1993 – 3 StR 277/93, NStZ 1993, 600; OLG Düsseldorf 12.11.1991 – 1 Ws 912/91 ua, VRS 82 (1992), 189; OLG Celle 23.7.1985 – 1 Ws 92/85, NdsRpfl. 1985, 238; OLG Koblenz 4.10.1982 – 1 HEs 48/82, MDR 1983, 151; OLG Koblenz 10.12.1981 – 2 Ss 362/81, NStZ 1982, 217; OLG Hamm 5.3.1976 – 2 Ws 383/75, NJW 1976, 1701; KG 13.8.1982 – 2 Ws 176/82, NStZ 1983, 44; anders KG 14.3.1983 – 4 Ws 29/82, JR 1984, 39.

[86] BGH 4.8.2009 – 1 StR 287/09, NStZ-RR 2009, 353; auch BGH 7.8.2007 – 4 StR 142/07, NStZ 2008, 55; BGH 13.2.2007 – 3 StR 425/06, NStZ 2007, 416; BGH 22.11.2006 – 1 StR 180/06, JR 2007, 172; HK/*Temming* Rn. 6; zur Statthaftigkeit der Gehörsrüge gegen die Ablehnung eines Befangenheitsantrages im Revisionsverfahren binnen einer Woche nach Kenntnis von der Verletzung des rechtlichen Gehörs: BGH 6.2.2009 – 1 StR 541/08, NJW 2009, 1092.

Schrifttum: *Günther,* Unzulässige Ablehnungsgesuche und ihre Bescheidung, NJW 1986, 281; *Hamm,* Können Ablehnungsgründe bei rechtzeitigem und zulässigem Ablehnungsgesuch verspätet sein? NJW 1973, 178; *Krey,* Grundzüge des Strafverfahrensrechts, JA 1984, 573; *Pentz,* Formelle Fragen der Richterablehnung unter besonderer Berücksichtigung der geschäftsmäßigen Behandlung, JVBl. 1963, 185; *Richter II,* Marginalien zum Ablehnungsrecht, FS Hamm, 2008, S. 587; *Zwiehoff,* Der Befangenheitsantrag im Strafverfahren, 2. Aufl., 2013.

Übersicht

A. Überblick

Die Vorschrift regelt das **Verfahren über die Ablehnung.** Sie sichert, dass die Fristen des § 25 eingehalten werden, leicht überprüfbar bleiben und das Gesuch bei dem für die Zulässigkeitsentscheidung zuständigen Gericht ankommt. § 26 verpflichtet den Antragsteller, seinen Vortrag glaubhaft zu machen. So wird das Gericht in die Lage zu versetzt, ohne weitere eigene Ermittlungen zu entscheiden. Die zusätzliche richterliche Pflicht zur dienstlichen Äußerung soll die Erkenntnisgrundlage verbessern. 1

Das Ablehnungsverfahren ist **kein Teil der Hauptverhandlung,** sondern ein selbstständiges Verfahren nach dem GVG.[1] Daher gilt weder das Öffentlichkeitsprinzip[2] noch das Anwesenheitsrecht[3] des Angeklagten. Wurde der Angeklagte nach § 247 von der Hauptverhandlung ausgeschlossen, muss er vor Verkündung der Entscheidung über das vorausgegangene Ablehnungsverfahren nicht unterrichtet werden.[4] 2

Der Wortlaut erfasst nur die **richterlichen Mitglieder;** § 31 Abs. 1 erstreckt das Ablehnungsverfahren auf **Schöffen** und **Urkundsbeamte** der Geschäftsstelle. 3

Die Vorschrift wurde erst zwei Mal geändert.[5] Durch die letzte Änderung wurde S. 2 in Abs. 1 eingefügt.[6] 4

B. Ablehnungsverfahren

I. Zuständigkeit

Das Ablehnungsgesuch ist gem. Abs. 1 bei dem Spruchkörper (Senat, Kammer, Schöffengericht, Strafrichter) anzubringen, dem der **Richter bei seiner Tätigkeit** angehört, die zur Ablehnung geführt hat.[7] Ist der Richter gleichzeitig beim Amts- oder Landgericht (§§ 22 Abs. 2, 59 Abs. 2 GVG), ist das Gericht zuständig, bei dem die Strafsache anhängig ist. Ist ein Richter einer auswärtigen Strafkammer (§ 78 GVG) oder eines auswärtigen Strafsenats (§ 116 Abs. 2 GVG) betroffen, so ist das Gesuch dort anzubringen, auch wenn ein anderer Senat oder eine andere Kammer für die Entscheidung zuständig ist, § 27. Im Falle eines ersuchten Richters ist der Antrag bei diesem anzubringen, nicht bei dem ersuchenden Gericht.[8] 5

---

[1] HK/*Temming* Rn. 1.
[2] BGH 23.4.1980 – 3 StR 434/79 bei *Pfeiffer* NStZ 1982, 188.
[3] BGH 17.4.1996 – 3 StR 34/96, NJW 1996, 238.
[4] BGH 17.4.1996 – 3 StR 34/96, NJW 1996, 238; LR/*Siolek* Rn. 3.
[5] Näher LR/*Siolek* Entstehungsgeschichte.
[6] Art. 4 des Verbrechensbekämpfungsgesetzes, BGBl. 1994 I 3186.
[7] RG 20.6.1889 – 1142/89 RGSt 19, 332 (336).
[8] *Meyer-Goßner* Rn. 1; LR/*Siolek* Rn. 4; KK/*Scheuten* Rn. 1; SSW/*Kudlich/Noltensmeier* Rn. 2.

II. Form und Inhalt

6 Das Ablehnungsgesuch kann in **jeder Form** eingebracht werden.[9] Innerhalb der Hauptverhandlung kann es mündlich oder schriftlich,[10] außerhalb der Hauptverhandlung schriftlich eingereicht werden. Der Angeklagte kann nicht darauf verwiesen werden, ein Befangenheitsgesuch zu Protokoll der Geschäftsstelle anzubringen. Es steht ihm frei zu entscheiden, ob er das Gesuch in der Hauptverhandlung oder zu Protokoll der Geschäftsstelle erklären will.[11] Die Erklärung zu **Protokoll der Geschäftsstelle** ist stets möglich.[12] Sie kann etwa dann notwendig sein, wenn der Angeklagten gerade wegen des Ablehnungsgrundes nicht vor Gericht erscheint.[13]

7 In der Hauptverhandlung ist ein schriftlicher Antrag oder die Abgabe einer Protokollanlage einem **nur mündlichen Antrag vorzuziehen.**[14] Dies liegt darin begründet, dass nach § 273 Abs. 1 zwar die Anträge zu protokollieren sind, auf die Protokollierung der Begründung jedoch kein Anspruch besteht,[15] so dass mit Blick auf §§ 338 Nr. 3, 344 Abs. 2 S. 2 die Übergabe einer verlesenen Begründung als Anlage zum Protokoll sinnvoll erscheint.[16] Die schriftliche Antragstellung darf gemäß Abs. 1 S. 2 nicht nach **§ 257a** angeordnet werden, da wegen der nach § 25 Abs. 2 S. 1 Nr. 2 erforderlichen Unverzüglichkeit eine schriftliche Antragstellung nicht immer möglich ist.[17]

8 Warum es für den **Zeitpunkt der Ablehnung** (§ 25) im Fall der Erklärung zu Protokoll der Geschäftsstelle darauf ankommen soll, wann der Antrag dem Gericht vorgelegt wird,[18] erschließt sich nicht. Das Ablehnungsrecht erlischt nicht, wenn der Antrag bei ordnungsgemäßer Behandlung rechtzeitig vorgelegen hätte.[19] Das gilt erst recht, wenn sich der Angeklagte nicht auf freiem Fuß befindet und seine Erklärung zu Protokoll der Geschäftsstelle des Amtsgerichts gibt, in dessen Bezirk er verwahrt wird.[20] Hier kann § 299 Abs. 2 analog angewendet werden.

9 In dem Ablehnungsgesuch muss der **abgelehnte Richter** grundsätzlich namentlich[21] bezeichnet werden. Ausreichend kann es aber auch sein, wenn der Richter in anderer Weise hinreichend, also zweifelsfrei bestimmbar ist.[22] Dies etwa dann, wenn der Ablehnende nicht feststellen kann, auf welche von mehreren Richtern ein Ablehnungsgrund zutrifft.[23] Zudem müssen auch die Ablehnungsgründe, also die **Tatsachen,** aus denen sich nach Ansicht des Ablehnenden das Misstrauen gegen die Unparteilichkeit des abgelehnten Richters ergibt (§ 24 Abs. 2), im Gesuch selbst benannt werden.[24]

10 Bei einem Gesuch **nach Vernehmung des Angeklagten** gem. § 25 Abs. 2 müssen zusätzlich die Tatsachen angeführt werden, aus denen sich die Rechtzeitigkeit der Antragstellung ergibt. Hierzu zählt die Angabe, wann die ablehnungsberechtigenden Umstände vorlagen und wann diese erstmalig bekannt geworden sind (§ 25 Abs. 2 Nr. 1) sowie ggf. die Umstände, die einer früheren Anbringung entgegen standen (§ 25 Abs. 2 Nr. 2). Die Benennung der Ablehnungstatsachen darf grundsätzlich **nicht** durch Bezugnahme auf die Akten ersetzt werden. Eine Ausnahme wird zugelassen, wenn die Tatsachen sich aus den

---

9 RG 22.1.1886 – 3250/85, RGSt 13, 302, 304; *Meyer-Goßner* Rn. 2; SK/*Deiters* Rn. 3.
10 LR/*Siolek* Rn. 6; HK-GS/*Bosbach* Rn. 3.
11 BGH 8.6.2005 – 2 StR 118/05, StV 2005, 531.
12 Radtke/Hohmann/*Alexander* Rn. 3.
13 KK/*Scheuten* Rn. 2; LR/*Siolek* Rn. 7.
14 *Zwiehoff* Rn. 270.
15 BGH 12.12.2008 – 2 StR 479/08, NStZ-RR 2009, 142; LR/*Siolek* Rn. 7.
16 AnwK/*Werner* Rn. 9; Radke/Hohmann/*Alexander* Rn. 3; KK/*Scheuten* Rn. 2; KMR/*Bockemühl* Rn. 3; SK/*Deiters* Rn. 3.
17 BT-Drs. 12/6853, 34.
18 So LR/*Siolek* Rn. 8.
19 AA LR/*Siolek* Rn. 8.
20 AA LR/*Siolek* Rn. 8.
21 RG 22.1.1886 – 3250/85, RGSt 13, 302 (305).
22 BVerfG 13.5.1953 – 1 BvR 344/51, BVerfGE 2, 297; *Günther* NJW 1986, 281 (282).
23 LR/*Siolek* Rn. 13.
24 BayObLGSt 1952, 188; KK/*Scheuten* Rn. 3.

Prozessakten selbst (vor allem aus dem Hauptverhandlungsprotokoll) ergeben oder sonst gerichtsbekannt sind.[25]

Einen erkennbaren, aber nicht geltend gemachten Ablehnungsgrund darf das Gericht wegen der insoweit geltenden **Dispositionsmaxime** nicht von Amts wegen heranziehen[26] – auch dann nicht, wenn der andere Grund durch die dienstliche Äußerung des abgelehnten Richters (§ 16 Abs. 3) deutlich wird.[27] Soweit hiergegen vorgebracht wird, dass dies dazu führe, dass die Frage des gesetzlichen Richters so der Disposition des Ablehnenden unterliege,[28] ist dies zwar zutreffend, aber unerheblich, da dieses Ergebnis letztlich der Konzeption des Ablehnungsverfahrens insgesamt entspricht, dass – wie § 26 gerade zeigt – zwingend eines Antrags bedarf. 11

III. Glaubhaftmachung

1. Begriff und Umfang. Da eine förmliche Beweisaufnahme über das Befangenheitsgesuch nicht stattfindet,[29] bedarf es der Glaubhaftmachung zur richterlichen Überzeugungsbildung. Die Glaubhaftmachung erfordert, dass die behaupteten Tatsachen aufgrund der beigebrachten Beweismittel jedenfalls wahrscheinlich sind.[30] Das Gericht muss in die Lage versetzt werden, über das Ablehnungsgesuch zu entscheiden, ohne den Verfahrensfortgang durch Ermittlungen zu verzögern.[31] Die glaubhaft zu machenden Tatsachen müssen nicht bewiesen werden und die volle Überzeugung des Gerichts hinsichtlich der Wahrheit der behaupteten Tatsachen ist nicht erforderlich.[32] Bleiben jedoch Zweifel an der Zuverlässigkeit der angebotenen Beweismittel, soll dies zu Lasten des Ablehnenden gehen.[33] Der Grundsatz in dubio pro reo ist nicht anwendbar.[34] Diese Vorgaben der Rechtsprechung sind jedoch insoweit konkretisierungsbedürftig, als dass unerhebliche Zweifel[35] nicht zu Lasten des Ablehnenden gehen dürfen,[36] da ansonsten das Postulat der Rechtsprechung, dass die glaubhaft zu machenden Tatsachen gerade nicht zur vollen Überzeugung des Richters feststehen müssen, leerlaufen würde. 12

Zur Glaubhaftmachung nicht ausreichend ist die bloße Benennung eines Zeugen, vielmehr ist es notwendig, dass der Antragsteller mindestens eine **schriftliche Erklärung des Zeugen** beibringt.[37] Etwas anderes kann sich ausnahmsweise dann ergeben, wenn das Unvermögen, eine schriftliche Erklärung eines Zeugen beizubringen, glaubhaft gemacht worden ist.[38] Dies kann etwa bei der fehlenden Aussagegenehmigung des Dienstvorgesetzten oder aber bei Nichterreichbarkeit des Zeugen der Fall sein.[39] In diesen Fällen erhebt das Gericht den (Frei-) Beweis von Amts wegen.[40] Das Gericht ist zudem nicht verpflichtet, auf eine weitere Glaubhaftmachung hinzuwirken[41] oder aber Zeugen zu hören.[42] Der Grundsatz des fairen Verfahrens kann 13

[25] KK/*Scheuten* Rn. 4; LR/*Siolek* Rn. 12.

[26] *Günther* NJW 1986, 281, 288; *Peters* JR 1972, 119 (121); KMR/*Bockemühl* Rn. 6; aA *Hamm* NJW 1973, 178, 179.

[27] LR/*Siolek* Rn. 10.

[28] So *Hamm* NJW 1973, 178 (180).

[29] BGH 15.12.2010 – 1 StR 500/10, BeckRS 2010, 28505; BGH 22.8.2006 – 1 StR 382/06, NStZ 2007, 51.

[30] BVerfG 9.7.1969 – 2 BvR 753/68, BVerfGE 26, 315 (319); BGH 10.11.1967 – 4 StR 512/66, BGHSt 21, 334 (350); BGH 30.10.1990 – 5 StR 447/90, NStZ 1991, 144.

[31] BGH 10.11.1967 – 4 StR 512/66, BGHSt 21, 334 (347), NJW 1968, 710.

[32] BGH 10.11.1967 – 4 StR 512/66, BGHSt 21, 334 (352), NJW 1968, 710.

[33] BGH 20.8.2008 – 5 StR 336/08, BeckRS 2008, 19681.

[34] BGH 10.11.1967 – 4 StR 512/66, BGHSt 21, 334 (352), NJW 1968, 710.

[35] S.a. SK/*Deiters* Rn. 10

[36] Insoweit ist es unzutreffend, wenn SSW/*Kudlich/Noltensmeier* Rn. 5 anmerken, die Zweifel an der Richtigkeit der behaupteten Tatsachen wirkten *„immer"* zulasten des Antragstellers.

[37] BGH 10.11.1967 – 4 StR 512/66, BGHSt 21, 334 (347), NJW 1968, 710.

[38] BGH 22.12.1976 – 2 StR 527/76, bei *Holtz* MDR 1978, 108, 111.

[39] *Meyer-Goßner* Rn. 11.

[40] HK/*Temming* Rn. 12.

[41] BGH 10.11.1967 – 4 StR 512/66, BGHSt 21, 334 (347 f.).

[42] OLG Düsseldorf 6.5.1985 – 2 Ws 184/85 u. 2 Ss 161/85 – 104/85 II, NJW 1985, 2207 (2207) – allerdings in Bezug auf § 45 Abs. 2 StPO.

es allerdings gebieten, Zweifelsfragen anzusprechen.[43] Mit welchen Mitteln das Gericht sich Kenntnis der maßgeblichen Tatsachen verschaffen will, obliegt seinem pflichtgemäßen Ermessen.[44] Haben sich die Tatsachen vor demselben Gericht ereignet, so soll es auf Grund eigener Wahrnehmungen ohne weiteres die Entscheidung treffen dürfen.[45]

14 **Nicht** der Glaubhaftmachung bedürfen Tatsachen, deren Richtigkeit sich aus den Akten ergibt oder die sonst wie gerichtsbekannt sind[46] oder aber der vom Verteidiger verfasste Antrag, wenn er Wahrnehmungen des Verteidigers selbst enthält.[47] Die Glaubhaftmachung bezieht sich im **Falle des § 25 Abs. 2** auch auf die Tatsachen, aus denen sich die Rechtzeitigkeit der Antragstellung ergibt. Davon kann abgesehen werden, wenn die Rechtzeitigkeit nach der Sachlage offenkundig ist. Das ist regelmäßig der Fall, wenn das Gesuch unmittelbar im Anschluss an den fraglichen Verfahrensvorgang und unter Bezugnahme auf diesen erfolgt.[48]

15 Da die Glaubhaftmachung nach der Systematik des § 26 mit der Ablehnung zu erfolgen hat und auch das Gesetz selbst in § 26a Abs. 1 Nr. 2 die Glaubhaftmachung zur **Zulässigkeitsvoraussetzung** erhebt, sind auch Ausschließungsgründe glaubhaft zu machen.[49] Aus diesem Grund kann eine Begründung nicht „nachgeschoben" – wohl aber die abgegebene Begründung ergänzt und verbessert werden.[50]

16 **2. Mittel der Glaubhaftmachung.** Als Mittel der Glaubhaftmachung kommt alles in Betracht, was geeignet ist, die Wahrscheinlichkeit der vorgebrachten Tatsachen zu belegen. Hierzu zählen insbesondere schriftliche Erklärungen von Zeugen, Urkunden, ärztliche Zeugnisse, dienstliche Erklärungen des abgelehnten Richters (§ 26 Abs. 2 S. 3, Abs. 3) sowie die Gerichtsakte.[51] Die Bezugnahme auf ein richterliches Zeugnis nach Abs. 2 S. 3 meint jedoch ausschließlich dienstliche Äußerungen nach Abs. 3.[52] Die Berufung auf das Zeugnis des abgelehnten Richters muss ausdrücklich erfolgen, zumindest beim Vorbringen des Gesuchs durch den Verteidiger darf sie nicht unterstellt werden, da dieser durchaus Anlass haben kann, sich gerade nicht auf die Erklärung des Richters zu beziehen.[53] Die bloße Benennung von Zeugen reicht grundsätzlich nicht aus (→ Rn. 13). Der Eid oder die eidesstattliche Erklärung des Ablehnenden scheidet wegen § 26 Abs. 2 S. 2 aus. Dies gilt nicht nur für den Beschuldigten,[54] sondern für alle Antragsteller.[55] Eine dennoch abgegebene eidliche Erklärung des Ablehnungsberechtigten wird als einfache Erklärung gewertet, die als Mittel der Glaubhaftmachung allein meist nicht ausreichen wird.[56] Zwar dürfen wegen S. 2 auch Zeugen nicht vereidigt werden, dies schließt jedoch nicht die eidesstattliche Versicherung durch den Zeugen aus.[57] Wahrnehmungen des Verteidigers können anwaltlich versichert werden.[58] Nach neuerer Rechtsprechung ist es unter Berufung auf die Stellung des Verteidigers als selbstständiges Organ der Rechtspflege[59] unschädlich, wenn der Verteidiger seine Angaben nicht ausdrücklich als *anwaltlich* versichert bezeichnet.[60]

---

[43] AnwK/*Werner* § 26 Rn. 5.

[44] BGH 15.12.2010 – 1 StR 500/10, NStZ 2011, 228; BGH 22.8.2006 – 1 StR 382/06, NStZ 2007, 51.

[45] BGH 15.12.2010 – 1 StR 500/10, NStZ 2011, 228.

[46] HK-GS/*Bosbach* Rn. 5; KK/*Scheuten* Rn. 4.

[47] BGH 29.8.2006 – 1 StR 371/06, NStZ 2007, 161 (162).

[48] BGH 14.9.1965 – 1 StR 296/65, BeckRS 1965, 31177584.

[49] LR/*Siolek* Rn. 18.

[50] KMR/*Bockemühl* Rn. 4; SSW/*Kudlich*/*Noltensmeier* Rn. 4.

[51] OLG Düsseldorf 5.10.2006 – IV-5 Ss-OWi 175/06 – (OWi) 127/06 I, NStZ 2007, 608.

[52] HK-GS/*Bosbach* Rn. 6; LR/*Siolek* Rn. 23.

[53] OLG Frankfurt a. M. 15.12.1976 – 20 W 1044/76, NJW 1977, 767; *Günther* NJW 1886, 281 (283).

[54] RGSt 21.4.1922 – V 48/22 57, 53; 2.7.1936 – 2 D 183/36 70, 266 (268); OLG Düsseldorf 25.7.1984 – 1 Ws 720/84, StV 1985, 223; vgl. OLG Hamm 24.3.1965 – 1 Ws 70/65, MDR 1965, 843.

[55] *Meyer-Goßner* Rn. 10; KK/*Scheuten* Rn. 5; SK/*Rudolphi* Rn. 12; *Hamm* NJW 1973, 178 (179).

[56] *Meyer-Goßner* Rn. 9.

[57] RGSt 30.3.1928 – I 1277/27, RGSt 62, 119 (121); *Krey* JA 1984, 573 (575); *Meyer-Goßner* Rn. 10.

[58] OLG Köln 20.12.1963 – 1 Ws 76/63, NJW 1964, 1038; OLG Schleswig 24.8.1971 – 1 Ws 204/71, MDR 1972, 165.

[59] Vgl. § 1 BRAO.

[60] BGH 29.8.20065 – 1 StR 371/06, NStZ 2007, 161 (172); zuvor schon BayObLG 25.10.1994 – 1 Ob OWi 446/94, StV 1995, 7.

IV. Dienstliche Äußerung

17 Nach Abs. 3 ist der abgelehnte Richter verpflichtet, sich zum Ablehnungsgrund dienstlich zu äußern. Während die dienstliche Erklärung für die Entscheidung nach § 27 verpflichtend ist, soll sie im Verfahren nach § 26a entfallen.[61] Wird das Gesuch fälschlich als unzulässig (§ 26a) behandelt, kann die Erklärung des Richters im Beschwerdeverfahren (§ 28 Abs. 2 S. 1) nachgefordert werden.[62] Dies gilt jedoch nicht für das Revisionsverfahren.[63] Die Erklärung hat **schriftlich** zu erfolgen und darf nicht lediglich in das Protokoll diktiert werden,[64] da sie zu den Sachakten genommen wird und dem Rechtsmittelgericht ggf. noch als Entscheidungsgrundlage dienen muss.[65]

18 Die **Funktion** der Erklärung nach Abs. 3 liegt darin, die Erkenntnisgrundlage für das entscheidende Gericht zu verbessern.[66] Keinesfalls soll darin eine wertende Aussage zur Zulässigkeit oder Begründetheit des Antrags getroffen werden. Die Erklärung dient damit nicht der Gewährung rechtlichen Gehörs für den Richter, sondern ist ein Instrument der objektiven Sachverhaltsaufklärung. Hiergegen spricht auch nicht, dass die Erklärung nach Abs. 3 nach der Rechtsprechung des BGH zur „Klarstellung und Entschuldigung" genutzt werden kann,[67] da dies letztlich auch der Sachverhaltsaufklärung dient. In **inhaltlicher Hinsicht** ist dementsprechend zu fordern, dass die Erklärung sich mit den der Ablehnung zu Grunde liegenden Tatsachen *inhaltlich* auseinandersetzt.[68] Dies legt schon der Wortlaut der Vorschrift nahe, wonach der Richter sich „über den Ablehnungsgrund" zu äußern hat. Da die Vorschrift in Abs. 2 vom Ablehnenden die Benennung der Ablehnungstatsachen fordert, muss die Erklärung nach Abs. 3 sich umgekehrt mindestens zu allen vorgebrachten Tatsachen verhalten. Bloße Erklärungen zu Empfindungen, wie dass der Richter sich „nicht befangen" fühlt, sind damit unzureichend und stehen der Nichtabgabe der Erklärung gleich, was wiederum Grundlage für einen erneuten Befangenheitsantrag sein kann[69] und zudem zur Nachforderung der Erklärung im Beschwerdeverfahren nach § 28 Abs. 2 S. 1 berechtigt. Stellt die Erklärung den Verfahrensablauf falsch dar, kann dies den Verdacht mangelnder Sorgfalt rechtfertigen und ggf. einen selbstständigen Ablehnungsgrund darstellen.[70] Der Richter darf in der dienstlichen Äußerung gegen die Zulässigkeit oder Begründetheit des Gesuchs keine Stellung beziehen. Jede wertende Einlassung verlässt den Boden der Tatsachenaufklärung und kann nach Maßgabe des § 25 Abs. 2 einen erneuten Befangenheitsantrag rechtfertigen.

19 Da sich der Richter zu allen vorgebrachten Tatsachen verhalten muss, wird der glaubhaft gemachte Vortrag zugestanden, soweit sich der betroffene Richter zu entscheidungserheblichen Tatsachen nicht äußert. Dies ergibt sich daraus, dass die richterliche Pflicht sich im Tatsächlichen über den Ablehnungsgrund zu äußern, bestenfalls entfallen kann, soweit der Vortrag des Antragstellers korrekt ist.[71] Nur so lässt sich auch die Rechtsprechung erklären, dass die von abgelehnten Richtern über den Ablehnungsgrund abzugebenden dienstlichen Äußerungen, *soweit sie von der Ablehnungsbegründung abweichen,* den Beteiligten zwecks

---

[61] BVerfG 22.2.1960 – 2 BvR 36/60, BVerfGE 11, 1 (3).

[62] OLG Hamburg 9.3.1998 – 2 Ws 23/98, OLGSt StPO § 26 Nr. 1; LR/*Siolek* Rn. 25.

[63] BGH 16.12.1969 – 5 StR 468/69, NJW 1970, 478 (479).

[64] KK/*Scheuten* Rn. 7; SK/*Deiters* Rn. 16.

[65] BayObLG 27.7.1982 – RReg 5 St 71/82, StV 1982, 460; *Meyer-Goßner* Rn. 14.

[66] BeckOK/*Cirener* Rn. 1.

[67] BGH 13.10.2005 – 5 StR 278/05, NStZ 2006, 49.

[68] AnwK/*Werner* Rn. 7; AK/*Wassermann* Rn. 5; LR/*Siolek* Rn. 26; Radtke/Hohmann/*Alexander* Rn. 9.

[69] LR/*Siolek* Rn. 26; SSW/*Kudlich/Noltensmeier* Rn. 8; vgl. hierzu auch *Richter II*, FS Hamm, 2008, 587 ff. mit Hinweisen auch zur zivilrechtlichen Literatur und Judikatur.

[70] OLG Frankfurt a. M. 6.12.1977 – 20 W 917/77, MDR 1978, 409; HK-GS/*Bosbach* Rn. 7; SSW/*Kudlich/Noltensmeier* Rn. 8.

[71] Nur soweit kann die Aussage in BGH 24.7.2007 – 4 StR 236/07, NStZ 2007, 117 reichen, soweit dort judiziert wird, das Fehlen der gemäß § 26 Abs. 3 grundsätzlich auch bei der Ablehnung von Schöffen erforderlichen dienstlichen Äußerung sei unschädlich, wenn der zu beurteilende Sachverhalt eindeutig feststehe. Im Übrigen ist die dienstliche Äußerung zum Ablehnungsgrund ein Gesetzesbefehl. Kritisch SK/*Deiters* Rn. 15.

Gewährung rechtlichen Gehörs zur Kenntnis zu bringen sind, ehe sie bei der Entscheidung über den Ablehnungsantrag verwertet werden.[72]

20 Die Erklärung ist eine Dienstpflicht.[73] Ihrer **Rechtsnatur** nach ist sie dem engeren Bereich richterlicher Tätigkeit zuzuordnen und damit als Teil der richterlichen Tätigkeit (§ 26 DRiG) der Dienstaufsicht entzogen, § 26 Abs. 1 DRiG.[74]

V. Verfahren

21 Will das Gericht dem Gesuch nicht stattgeben, ist die Erklärung nach Abs. 3 sowohl dem Antragsteller, der Staatsanwaltschaft als auch den übrigen Beteiligten zur Wahrung des **rechtlichen Gehörs** mitzuteilen und diesen die Möglichkeit der Stellungnahme nach § 33 Abs. 2 und 3 zu geben, bevor sie zum Nachteil der Beteiligten verwertet wird.[75] Letzteres gilt auch dann, wenn sich die dienstliche Äußerung in der Erklärung erschöpft, der Richter „fühle sich nicht befangen", da auch dies für die Beurteilung des Ablehnungsgesuchs erheblich sein kann (vgl. schon → Rn. 18).[76] Das liegt aber nicht an dem darin enthaltenen Erklärungsgehalt, wonach es in tatsächlicher Hinsicht zu dem Gesuch nicht zu ergänzen gäbe (→ Rn. 19), sondern an der darin möglicherweise suggestiven Einflussnahme auf die anstehende Entscheidung des Gerichts zu Begründetheit des Gesuchs, die eben nicht Teil der richterlichen Pflicht zur dienstlichen Äußerung nach § 26 Abs. 3 ist (→ Rn. 18). Der Nachteil eines nicht stattgebenden Beschlusses ergibt sich aus der Natur der Sache. Der Privat- und Nebenkläger könnte ebenfalls benachteiligt werden, wenn das Urteil aufgrund des zu Unrecht nicht stattgebenden Ablehnungsantrags aufgehoben wird.[77] Will das Gericht dem Beschluss stattgeben, ist die Mitteilung der Erklärung nicht erforderlich, da stattgebende Beschlüsse wegen § 28 Abs. 1 nicht anfechtbar sind und daher kein Nachteil im Sinne von § 33 Abs. 3 entstehen kann.[78]

22 Zur Wahrung des rechtlichen Gehörs gegenüber dem anwaltlich vertretenen Beteiligten ist es ausreichend, wenn der Verteidiger die Gelegenheit bekommt, sich zu äußern.[79] Soweit die Mitteilung der dienstlichen Erklärung unterlassen worden ist, kann der Berechtigte nach Bekanntgabe des zurückweisenden Beschlusses das Ablehnungsgesuch nach Maßgabe des § 25 Abs. 2 Nr. 2 wiederholen.[80] Das neue Gesuch kann dann sowohl auf bislang unbekannte Umstände gestützt werden, die sich aus dem verwerfenden Beschluss ergeben[81] als auch ggf. darauf, dass die dienstliche Erklärung nicht bekannt gemacht worden ist.[82]

C. Revision

23 Eine erfolgreiche Revision ist möglich, wenn das Gericht dem Antragsteller **kein rechtliches Gehör** gewährt, indem es ihm die Erklärung nach Abs. 3 nicht übermittelt (→ Rn. 22), da auf diesem Verstoß das Urteil beruhen kann.[83] Die Revision ist dann auf das unterlassene rechtliche Gehör zu stützen (§§ 33, 25). Der Beschwerdeführer muss hierzu den Inhalt des Ablehnungsgesuchs sowie des Beschlusses mitteilen und ggf. das Ablehnungs-

---

72 BayObLG 27.7.1982 – RReg 5 St 71/82, StV 1982, 460.
73 KK/*Scheuten* Rn. 7.
74 BGH 12.5.2011 – RiZ (R) 4/09, NJOZ 2012, 151 (153); BGH 18.4.1980 – RiZ (R) 1/80, NJW 1980, 2530 (2531).
75 BVerfG 25.6.1968 – 2 BvR 599, 677/67, NJW 1968, 1621 (1621); BGH 16.12.1969 – 5 StR 468/69, NJW 1970, 478 (479); BGH 13.7.1966 – 2 StR 157/66, NJW 1966, 2321 (2321); *Meyer-Goßner* Rn. 14.
76 OLG Braunschweig 25.6.1976 – 1 W 9/76, NJW 1976, 2024 (2025).
77 *Pentz* JVBl. 1963, 185 (186).
78 LR/*Siolek* Rn. 29.
79 KMR/*Bockemühl* Rn. 10; Radtke/Hohmann/*Alexander* Rn. 10; LR/*Siolek* Rn. 28.
80 HK-GS/*Bosbach* Rn. 7; LR/*Siolek* Rn. 30.
81 LR/*Siolek* Rn. 30.
82 HK-GS/*Bosbach* Rn. 7.
83 OLG Hamm 13.7.1995 – 2 Ss OWi 546/95, NStZ 1995, 596 (597).

verfahren genau darstellen.[84] Zudem ist auch die dienstliche Erklärung nach Abs. 3 geschlossen und im Wortlaut mitzuteilen.[85] Das Urteil beruht auf einem solchen Verstoß jedoch nicht, wenn die Möglichkeit der Erneuerung des Ablehnungsgesuchs bestand.[86]

§ 26a [Unzulässige Ablehnung]

(1) Das Gericht verwirft die Ablehnung eines Richters als unzulässig, wenn
1. die Ablehnung verspätet ist,
2. ein Grund zur Ablehnung oder ein Mittel zur Glaubhaftmachung nicht angegeben wird oder
3. durch die Ablehnung offensichtlich das Verfahren nur verschleppt oder nur verfahrensfremde Zwecke verfolgt werden sollen.

(2) [1]Das Gericht entscheidet über die Verwerfung nach Absatz 1, ohne daß der abgelehnte Richter ausscheidet. [2]Im Falle des Absatzes 1 Nr. 3 bedarf es eines einstimmigen Beschlusses und der Angabe der Umstände, welche den Verwerfungsgrund ergeben. [3]Wird ein beauftragter oder ein ersuchter Richter, ein Richter im vorbereitenden Verfahren oder ein Strafrichter abgelehnt, so entscheidet er selbst darüber, ob die Ablehnung als unzulässig zu verwerfen ist.

Schrifttum: *Deckers,* „Mißbrauch“ von Anwaltsrechten zur „Prozeßsabotage“, AnwBl. 1981, 316; *Güntge,* Die willkürliche Ablehnung von Befangenheitsgesuchen nach § 26a StPO und der gesetzliche Richter, JR 2006, 393; *Günther,* Unzulässige Ablehnungsgesuche und ihre Bescheidung, NJW 1986, 281; *Kröpil,* Zur Entstehung und Bedeutung des § 26a Abs. 1 Nr. 3 und Abs. 2 StPO, AnwBl. 1997, 575; *Nehm/Senge,* Ursachen langer Hauptverhandlungen – dargestellt am Beispiel von 3 Strafverfahren, NStZ 1998, 377; *Rabe,* Zur Zulässigkeit eines Ablehnungsgesuchs gemäß § 26a I Nr. 2 StPO, NStZ 1996, 369; *Röhling,* Verstoß gegen § 26a StPO als absoluter Revisionsgrund iSv. § 338 Nr. 3 StPO; JA 2009, 720; *Senge,* Missbräuchliche Inanspruchnahme verfahrensrechtlicher Gestaltungsmöglichkeiten – wesentliches Merkmal der Konfliktverteidigung? Abwehr der Konfliktverteidigung, NStZ 2002, 225.

Übersicht

A. Überblick

Schon 1894 wurde für eine ähnliche Regelung gestritten. Eingefügt wurde § 26a jedoch erst durch Art. 5 Nr. 4 des StPÄG 1964. Die Richterbezeichnungen in Abs. 2 S. 3 entstammen Art. 1 Nr. 5 des 1. StVRG vom 9.12.1974.[1] 1

[84] OLG Hamm 5.1.2007 – 1 Ss OWi 814/06, SVR 2007, 470 (471); KMR/*Bockemühl* Rn. 11; AnwK/*Werner* Rn. 8.
[85] OLG Hamm 5.1.2007 – 1 Ss OWi 814/06, SVR 2007, 470 (471); KMR/*Bockemühl* Rn. 11; AnwK/*Werner* Rn. 8.
[86] BGH 13.7.1966 – 2 StR 157/66, NJW 1966, 2321.
[1] Zur Historie ausführlich *Kröpil* AnwBl 1997, 575 ff.

2 § 26a regelt eine **Ausnahme zu § 27,** wonach über einen Ablehnungsantrag grundsätzlich ohne den abgelehnten Richter entschieden wird. Unter bestimmten Voraussetzungen darf das Gericht unter Mitwirkung des abgelehnten Richters oder dieser selbst, das Ablehnungsgesuch in einem **vereinfachten Verfahren als unzulässig verwerfen.** Die Aufzählung in Abs. 1 ist auf den ersten Blick **abschließend.** Davon abweichend hält die Rechtsprechung eine entsprechende Anwendung der Vorschrift in engen Grenzen für möglich (→ Rn. 19 ff.). § 26a erlaubt es nicht, nur einzelne Ablehnungsgründe als unzulässig zu verwerfen; das Ablehnungsgesuch darf nur **insgesamt** als unzulässig verworfen werden.[2]

3 Die Vorschrift bezweckt die **Beschleunigung des Verfahrens** und soll dem **Missbrauch des Ablehnungsrechts** entgegenwirken sowie im Falle eines unzulässigen Ablehnungsgesuchs verhindern, dass zur Entscheidung hierüber die Hauptverhandlung unterbrochen oder gar ausgesetzt werden muss.

4 Unbedenklich ist das vereinfachte Verfahren nur in den Fällen des Abs. 1 Nr. 1 und Nr. 2 Var. 1, soweit dort die Unzulässigkeit auf die mangelnde Angabe des Grundes zur Ablehnung gestützt wird. **Verfassungsrechtliche Bedenken** bestehen jedoch sobald die Feststellung der Unzulässigkeit normative Wertungen voraussetzt, die sich einer eindeutigen Beurteilung entziehen. Bedenken bestehen vor allem, weil die Zulässigkeitsprüfung des § 26a keinesfalls eine echte **Entscheidung in eigener Sache** sein darf, also eine materielle Beurteilung des eigenen Verhaltens.[3] Problematisch ist daher schon Nr. 2 Var. 2, da die Frage, ob etwas glaubhaft gemacht worden ist, angesichts der Fülle der dafür zur Verfügung stehenden Möglichkeiten (→ § 26 Rn. 16) durchaus problematisch sein kann.[4] Schwerer wiegen die Bedenken noch bei der Verwerfung wegen Verfahrensverschleppungsabsicht oder Verfolgung verfahrensfremder Zwecke nach Nr. 3.[5] Die Regelung enthält unbestimmte Rechtsbegriffe, die eine normative Wertung bei der Subsumtion unumgänglich machen. Es besteht dann die Gefahr, dass der abgelehnte Richter bzw. das Gericht unter seiner Mitwirkung das Interesse des Beschuldigten an der Unvoreingenommenheit des Richters unbewusst dem öffentlichen Interesse an der Verfahrensbeschleunigung unterordnet.[6] Dem kann letztlich nur durch eine restriktive Auslegung der Vorschrift begegnet werden. Soweit **auch nur geringe Zweifel** hinsichtlich des Vorliegens eines Unzulässigkeitsgrunds bestehen, ist es daher notwendig im Verfahren nach § 27 ohne Mitwirkung des abgelehnten Richters zu entscheiden, um so jeden **Anschein** einer Entscheidung in eigener Sache zu vermeiden.[7] § 26a ist daher auf **echte Formalentscheidungen** oder die Verhinderung eines offensichtlichen Missbrauchs des Ablehnungsrechts beschränkt.[8] Bei Entscheidungen nach Nr. 3 werden wegen der notwendigen wertenden Betrachtung oft Zweifel verbleiben. Lässt man also schon geringe Zweifel ausreichen, um das Verfahren nach § 27 für notwendig zu erachten,[9] verbleibt nur ein schmaler Anwendungsbereich für die Nr. 3. Der Wortlaut unterstützt das gefundene Ergebnis, weil die Merkmale der Nr. 3 „offensichtlich“ vorliegen müssen, was Zweifel ausschließt.

5 Gesetzeswidrig wäre es allerdings, Entscheidungen nach Nr. 3 generell nur nach § 27 zu treffen,[10] da der Gesetzgeber durch den klaren Wortlaut („Das Gericht verwirft“) die Anwendbarkeit des § 26a **nicht in das Ermessen des Gerichts** gestellt hat.[11] Sobald die Voraussetzungen von Abs. 1 vorliegen, ist das Gesuch zwingend als unzulässig zu verwerfen.[12]

---

[2] *Meyer-Goßner* Rn. 2.
[3] BVerfG 2.6.2005 – 2 BvR 625/01, NJW 2005, 3410.
[4] AK/*Dästner* Rn. 1; LR/*Siolek* Rn. 3.
[5] *Deckers* AnwBl 1981, 316 (319); LR/*Siolek* Rn. 4.
[6] LR/*Siolek* § 26a Rn. 4; AK/*Dästner* § 26a Rn. 1.
[7] BVerfG 24.2.2006 – 2 BvR 836/04, NJW 2006, 3129 (3132); AK/*Dästner* Rn. 2.
[8] BVerfG 24.2.2006 – 2 BvR 836/04, NJW 2006, 3129 (3132); BGH 2.4.2008 – 5 StR 129/07, NStZ-RR 2008, 246 (247); BGH 26.6.2007 – 5 StR 138/07, NStZ 2008, 46 (47).
[9] AK/*Dästner* Rn. 2; SK/*Rudolphi* Rn. 2.
[10] So LR/*Siolek* Rn. 4.
[11] *Meyer-Goßner* Rn. 2; AK/*Dästner* Rn. 2; HK/*Temming* Rn. 5; SSW/*Kudlich/Noltensmeier* Rn. 1.
[12] BGH 3.2.1982 – 2 StR 374/81, NStZ 1982, 291 (292); AnwK/*Werner* Rn. 1; aA BGH 10.11.1967 – 4 StR 512/66, NJW 1968, 710, 710: § 26a eröffne nur die nur „die Möglichkeit einer solchen Verwerfung“.

Im Verhältnis zu § 27 ist zu beachten, dass dort das **Regelverfahren** beschrieben ist. 6
Für die **Abgrenzung zu § 27** ergibt sich daraus, dass bei schon geringen Zweifeln am Vorliegen eines Unzulässigkeitsgrundes unter Ausschluss des betroffenen Richters nach § 27 zu entscheiden ist. Zweifel an der Anwendbarkeit drängen sich insbesondere dann auf, wenn zur Begründung der Unzulässigkeit auf den Verfahrensgegenstand, mithin die Begründung des Ablehnungsgesuchs[13] eingegangen werden muss. Dann droht eine unzulässige Entscheidung in eigener Sache.

Wird der Antrag nicht nach § 26a verworfen, obwohl die Voraussetzungen vorgelegen 7
hätten, so entscheidet gleichwohl das nach § 27 zuständige Gericht. Nach § 27 kann sowohl über **zulässige als auch über unzulässige** Anträge entschieden werden.[14] Dies folgt aus dem **Wortlaut** des § 27, da es dort nicht heißt „ist die Ablehnung nicht als unzulässig zu verwerfen", sondern „wird die Ablehnung nicht als unzulässig verworfen". Über alle Anträge, die nicht nach § 26a (als unzulässig) verworfen werden, muss nach § 27 entschieden werden – und zwar auch dann, wenn der Antrag irrtümlich für zulässig gehalten wurde.

B. Erläuterungen

I. Unzulässigkeit (Abs. 1)

1. Verspätung. Ob ein Ablehnungsgesuch gemäß Abs. 1 Nr. 1 verspätet ist, richtet sich 8
nach den Vorgaben des § 25. Ein verspätetes Gesuch liegt damit auch dann vor, wenn entgegen § 25 Abs. 1 S. 2 (Konzentrationsgrundsatz) nicht **alle Ablehnungsgründe gleichzeitig** vorgebracht werden. Dies führt dazu, dass ein Gesuch auch vor dem Zeitpunkt des § 25 Abs. 1 S. 1 verspätet sein kann, wenn der Berechtigte zuvor schon ein Gesuch eingebracht und sich dabei auf die nunmehr vorgetragenen und damals schon bekannten Ablehnungsgründe nicht berufen hat.[15] Andererseits kann ein Ablehnungsantrag nach § 25 Abs. 1 S. 1 noch rechtzeitig sein, wenn der Berechtigte nicht schon beim **ersten Eindruck richterlicher Befangenheit** das Gesuch anbringt, sondern abwartet, ob sich dieser erste Eindruck im weiteren Verfahren durch das Verhalten des Richters verfestigt.[16] Auch die **erneute Einlegung** eines bereits beschiedenen Antrags ist nicht zwingend verspätet: Das wiederholte Gesuch kann neue Behauptungen bzw. ein neue Mittel der Glaubhaftmachung für eine frühere Behauptung enthalten, die jeweils vorher nicht präsentiert werden konnten. Dann ist das Gesuch rechtzeitig gestellt und § 26a Abs. 1 Nr. 1 unanwendbar.[17] Wird ein Richter nach dem Zeitpunkt des § 25 Abs. 1 S. 1 abgelehnt und werden die Voraussetzungen des § 25 Abs. 2 dargetan, hat das Gericht diese zu prüfen. Dies betrifft sowohl den Zeitpunkt, zu welchem dem Ablehnungsberechtigten die Umstände bekannt geworden sind, als auch den, in dem er sie geltend gemacht hat.[18] Wird die Rechtzeitigkeit des Gesuchs entgegen § 26 Abs. 2 S. 1 **nicht glaubhaft** gemacht, kann das Gericht unterstellen, dass der Ablehnungsgrund schon zum Zeitpunkt des § 25 Abs. 1 bekannt war. Eine solche Vorgehensweise ist in der Beschlussbegründung darzulegen.[19]

2. Fehlende Begründung (Nr. 2 Var. 1). Ein entgegen § 25 Abs. 2 Nr. 1 nicht 9
begründetes Ablehnungsgesuch ist unzulässig. Daran ändert sich auch nichts, wenn eine Begründung in Aussicht gestellt wird: Eine „Nachfrist" zur nachträglichen Begründung wäre gesetzeswidrig.[20] Erforderlich ist es, die tatsächlichen Umstände anzugeben, aus denen

---

[13] *Güntge* JR 2006, 363 (365).
[14] BGH 10.11.1967 – 4 StR 512/66, BGHSt 21, 334 (337).
[15] LR/*Siolek* Rn. 10.
[16] OLG München 22.11.2006 – 4St RR 182/06, NJW 2007, 449.
[17] KK/*Scheuten* Rn. 2; LR/*Siolek* Rn. 4; SK/*Deiters* Rn. 12.
[18] LR/*Siolek* Rn. 9.
[19] *Meyer-Goßner* Rn. 3; SSW/*Kudlich/Noltensmeier* Rn. 2.
[20] OLG München 2.12.1975 – 2 Ws 597/75, NJW 1976, 436; *Günther* NJW 1986, 281, 283; SK/*Deiters* Rn. 1.

sich die Besorgnis der Befangenheit ergeben soll; die bloße Behauptung, einen Rechtsgrund zu haben, genügt nicht.[21] Der Wortlaut „ein Grund" ist nicht so zu verstehen, dass schon das Fehlen eines von mehreren denkbaren Gründen zur Unzulässigkeit führt. Das Gesuch ist dann zulässig und es muss gemäß § 27 darüber entschieden werden.[22]

10 Die Rechtsprechung hat über viele Jahre exzessiv die **völlige Ungeeignetheit** einer Begründung dem Fehlen gleichgesetzt.[23] Das ist nicht unbedenklich und birgt verfassungsrechtliche Implikationen. Da im Ablehnungsverfahren über unzulässige Anträge in anderer Besetzung als über unbegründete Anträge entschieden wird, kann eine fehlerhafte Anwendung von Zuständigkeitsregeln einen Verstoß gegen das Recht auf den gesetzlichen Richter begründen. Werden unbegründete und völlig ungeeignete Gesuche gleich behandelt (nämlich als unzulässig), ist dies von Verfassung wegen nur vertretbar, soweit in der Sache keine Begründetheitsprüfung erfolgt. Auf Fälle „offensichtlicher Unbegründetheit" des Ablehnungsgesuchs darf das vereinfachte Ablehnungsverfahren wegen des sonst vorliegenden Verstoßes gegen Art. 101 Abs. 1 S. 2 GG nicht ausgedehnt werden.[24] Vorzugswürdig ist es ohnehin eine Verwerfungsentscheidung, an der ein abgelehnter Richter mitwirkt, ausschließlich in denen vom Wortlaut des § 26a erfassten Fällen zuzulassen. Die Vorschrift eröffnet ein verkürztes Verfahren allein für klare Formalentscheidungen.[25]

11 Völlige Ungeeignetheit in dem vorbeschriebenen Sinn ist nach der **Rechtsprechung** etwa dann gegeben, wenn lediglich Wertungen ohne Tatsachenbehauptungen vorgebracht werden[26] oder ein Grund, wie ein Verwandtschaftsverhältnis, schlicht behauptet wird, was auf eine Ausforschung hinausliefe.[27] Vergleichbar sind Fälle, bei denen als Ablehnungsgrund vorgetragen wird, der erkennende Richter gehöre einer bestimmten Konfession an[28] bzw. wolle diese nicht bekannt geben.[29] Der Verweis auf die prozessordnungsgemäße Mitwirkung an einer Vorentscheidung soll ebenfalls nicht ausreichen (→ Rn. 12).[30] Auch hat der BGH entschieden, die Begründung, ein Richter habe ein Beweisergebnis des laufenden Verfahrens unzutreffend wiedergegeben oder gewürdigt, sei völlig ungeeignet ein Ablehnungsgesuch zu begründen.[31] Ansonsten käme es zur Umgehung des Verbotes, Aufzeichnungen, die ein Prozessbeteiligter über die Vernehmung eines Zeugen in der Hauptverhandlung abweichend von den tatrichterlichen Feststellungen gemacht hat, zu deren Widerlegung im Revisionsverfahren heranzuziehen. Dabei ist bei einer Rechtsprechungskasuistik zu § 26a stets zu beachten, dass zitierte Entscheidungen häufig vor dem grundlegenden Beschluss der 3. Kammer des Zweiten Senats des Bundesverfassungsgerichts zu den verfassungsrechtlichen Grenzen des § 26a ergangen sind. Das Bundesverfassungsgericht hat der Praxis, unbegründete Befangenheitsanträge als unzulässig zu verwerfen, eine deutliche Absage erteilt.[32] Entscheidungen, die vor 2005 datieren, sind daher mit Vorsicht zu lesen.

12 Um eine Begründetheitsprüfung im Gewand einer Zulässigkeitsprüfung zu vermeiden, ist bei der Annahme völliger Ungeeignetheit strikte Zurückhaltung geboten.[33] Das Gericht ist verpflichtet, das Ablehnungsgesuch vollständig zu erfassen und gegebenenfalls wohlwollend auszulegen.[34] Allein die Tatsache, dass eine Begründung schwer verständlich oder

---

[21] KK/*Scheuten* Rn. 5.
[22] LR/*Siolek* Rn. 11.
[23] Vgl. dagegen vor allem BVerfG 2.6.2005 – 2 BvR 625/01, NJW 2005, 3410, 3412; BGH 10.5.2001 – 1 StR 410/00, NStZ-RR 2002, 65.
[24] BVerfG 2.6.2005 – 2 BvR 625/01, NJW 2005, 3410.
[25] *Zwiehoff* Rn. 308.
[26] BGH 20.3.2009 – 2 StR 545/08, NStZ-RR 2009, 207.
[27] HK/*Temming* Rn. 8.
[28] BGH 10.5.2001 – 1 StR 410/00, NStZ-RR 2002, 65.
[29] BayVerfGH 20.9.2010 – Vf. 19-VII-09, NVwZ 2011, 39 (40).
[30] BGH 20.7.2010 – 5 StR 209/10, BGHR StPO § 26a Unzulässigkeit 20 (Gründe).
[31] BGH 18.2.2004 – 2 StR 462/03, NStZ 2004, 630, 631.
[32] BVerfG 2.6.2005 – 2 BvR 625/01, NJW 2005, 3410.
[33] BGH 26.6.2007 – 5 StR 138/07, NStZ 2008, 46.
[34] BVerfG 2.6.2005 – 2 BvR 625/01, NJW 2005, 3410 (3412).

unvollständig ist, macht diese nicht völlig ungeeignet.[35] Die völlige Ungeeignetheit ist abzugrenzen von der **offensichtlichen Unbegründetheit.** Die offensichtliche Unbegründetheit ist kein Gradmesser für die Zulässigkeit des Antrags. Für die **Abgrenzung** ist darauf abzustellen, ob das Ablehnungsgesuch losgelöst und ohne nähere Prüfung des konkreten Einzelfalls zur Begründung der Besorgnis der Befangenheit vollkommen ungeeignet ist oder aber ob über die bloß formale Prüfung hinaus eine inhaltliche Prüfung erforderlich ist.[36] Durch letzteres würde der abgelehnte Richter sich zum „Richter in eigener Sache" erheben, was gegen Art. 101 Abs. 1 S. 2 GG verstößt.[37] Völlig ungeeignet ist nach der Rechtsprechung etwa die Begründung des Gesuchs mit dem Vorliegen von **Vorentscheidungen** zu Lasten des Angeklagten.[38] Anders verhält es sich jedoch schon, wenn besondere Umstände hinzutreten, die über die bloße Vorbefassung hinausgehen. Dies kann etwa der Fall sein, wenn Äußerungen in Vorentscheidungen nach der Sachlage unnötige und sachlich unbegründete Werturteile enthalten, ein Richter sich bei einer Vorentscheidung in sonst unsachlicher Weise zum Nachteil des Angeklagten oder seines Verteidigers äußert[39] oder aber wenn sich aus Inhalt und Umständen einer verfahrensleitenden Anordnung ergibt, dass diese zu verfahrenswidrigen Zwecken erlassen worden ist.[40] Unzulässigkeit ist damit bestenfalls[41] gegeben, wenn bloß die Vorbefassung an sich beanstandet wird, während eine Kritik an der Art und Weise der Mitwirkung das Verfahren nach § 27 notwendig macht.[42] Zumindest über einen Folgeantrag, der die falsche Behandlung des ersten Gesuchs nach § 26a zum Gegenstand hat, ist nach § 27 verfahren.[43]

3. Fehlende Glaubhaftmachung (Nr. 2 Var. 2). Die Notwendigkeit der Glaubhaftmachung bezieht sich nicht nur auf den Ablehnungsgrund, sondern auch auf die Voraussetzungen der Rechtzeitigkeit des Vorbringens (§ 25 Abs. 2, § 26 Abs. 2 S. 1). Dies kann zur Unzulässigkeit des Antrags führen, wenn zwar der Ablehnungsgrund glaubhaft gemacht wurde, nicht aber seine Rechtzeitigkeit. Gerichtsbekannte Tatsachen oder Tatsachen, deren Richtigkeit sich aus den Akten ergibt, bedürfen aber keiner Glaubhaftmachung.[44] Deren Fehlen führt daher nicht zur Verwerfung wegen Unzulässigkeit. Gleiches gilt, soweit die Unverzüglichkeit gemäß § 25 Abs. 2 dadurch gerichtskundig wird, dass sie ganz offensichtlich gegeben ist.[45] Das Fehlen der Glaubhaftmachung eines von mehreren Gründen führt nicht zur Unzulässigkeit.[46] 13

4. Rechtsmissbrauch (Nr. 3). Abs. 1 Nr. 3 regelt nach ganz hM einen **prozessualen Missbrauchstatbestand.**[47] Auch wenn der Regelungszweck der Missbrauchsverhütung im Wortlaut nicht unmittelbar zum Ausdruck kommt, ist die Einordnung der hM zutreffend: Die Einordnung als Missbrauchstatbestand geht eindeutig aus der Entstehungsgeschichte hervor.[48] Die Norm setzt den Missbrauch, also das gezielte Verfolgen verfahrensfremder oder verfahrenswidriger Zwecke durch prozessuale Rechte der StPO[49] inhaltlich 14

---

[35] AK/*Dästner* Rn. 4.
[36] BGH 29.6.2006 – 5 StR 485/05, NStZ 2006, 703 (704).
[37] BVerfG 2.6.2005 – 2 BvR 625/01, NJW 2005, 3410 (3412); BGH 29.6.2006 – 5 StR 485/05, NStZ 2006, 703 (704); BGH 10.8.2005 – 5 StR 180/05, NJW 2005, 3436 (3437).
[38] BGH 13.7.2006 – 5 StR 154/06, NStZ 2006, 705 (707).
[39] BGH 10.8.2005 – 5 StR 180/05, BGHSt 50, 216, NJW 2005, 3436 (3438); BGH 13.7.2006 – 5 StR 154/06, NStZ 2006, 705 (707).
[40] BGH 26.6.2007 – 5 StR 138/07, NStZ 2008, 46.
[41] Vgl. zur Kritik an der h.M. diesbezüglich § 24 Rn. 52 ff.
[42] BVerfG 27.4.2007 – 2 BvR 1674/06, NStZ 2007, 275 (277).
[43] BVerfG 27.4.2007 – 2 BvR 1674/06, NStZ 2007, 275 (277).
[44] § 26 Rn. 14.
[45] LR/*Siolek* Rn. 20.
[46] LR/*Siolek* Rn. 11.
[47] *Kröpil* AnwBl 1997, 575, 575; KMR/*Bockemühl* Rn. 10; HK/*Temming* Rn. 10; *Meyer-Goßner* Rn. 5; LR/*Siolek* Rn. 22; *Senge* NStZ 2002, 225 (226).
[48] Hierzu *Kröpil* AnwBl 1997, 575 (577).
[49] BGH 7.11.1991 – 4 StR 252/91, BGHSt 38, 111.

voraus.[50] Der Schutz des Ablehnungsberechtigten muss dort seine Grenze finden, wo dieser bei der Ablehnung nicht tatsächlich die Besorgnis hegt, dass bei Mitwirken des abgelehnten Richters eine unparteiische Entscheidung zu erwarten ist.[51] Dementsprechend sind nach Abs. 3 solche Ablehnungsgesuche unzulässig, mit denen der Antragsteller nicht das Ausscheiden des abgelehnten Richters, sondern ausschließlich andere Ziele,[52] wie die Verhinderung des Fortgangs des Verfahrens, erreichen möchte.[53]

15 Die Vorschrift ist mit Blick auf Art. 101 Abs. 1 S. 2 GG eng auszulegen (→ Rn. 4). Zudem ist die Vorschrift schon dem Wortlaut nach mit **zwei Einschränkungen** versehen, die sich aus den Begriffen „offensichtlich" und „nur" ergeben. Dies führt dazu, dass Nr. 3 bereits dann nicht mehr anwendbar ist, wenn neben verfahrensfremden Zielen zumindest **auch das Ausscheiden des Richters** angestrebt wird, da dann nicht mehr „nur" die Ziele des Abs. 3 verfolgt werden.[54] Der Missbrauch des Ablehnungsrechts muss zudem **offensichtlich,** dh ohne weitere Nachforschungen feststellbar sein.[55] Das Erfordernis der Offensichtlichkeit bezieht sich – wie sich aus der Satzstellung ergibt – auf beide Tatbestandsvarianten des Abs. 3, so dass Abs. 3 regelmäßig **kaum Bedeutung beigemessen** wird: Es dürfte kaum nachweisbar sein, dass offensichtlich ausschließlich eine Prozessverschleppung beabsichtigt ist oder verfahrensfremde Ziele verfolgt werden. Entbehrlich ist der Missbrauchstatbestand damit trotzdem nicht ohne Weiteres, da es sich ohnehin um eine Ausnahmeregelung für ausgesprochen konfliktbeladene Prozesse handelt[56] und beispielsweise bei äußerst exzessiver Nutzung des Ablehnungsrechts das Vorliegen der Voraussetzungen von Abs. 3 durchaus denkbar erscheint.[57] Abs. 3 ist damit nicht als Ausfluss symbolischer Gesetzgebung einzustufen und – trotz des geringen Anwendungsbereiches – **nicht überflüssig** (zu den Anwendungsbereichen der einzelnen Varianten noch → Rn. 16 ff.). Insbesondere Strafverteidiger sollten akzeptieren, dass es sich um einen ausdrücklich im Gesetz niedergelegten Missbrauchstatbestand handelt. Umso vehementer sollte sich der Widerstand gegen Beschränkungen von Beschuldigtenrechten wegen (vermeintlichen) Rechtsmissbrauchs formieren. Eine allgemeine Missbrauchsklausel ist der deutschen Strafprozessordnung fremd.

16 **a) Verschleppungsabsicht. aa) Inhalt.** Der Begriff ist deckungsgleich mit dem in § 244 Abs. 3 Var. 6.[58] Obwohl das Gesetz auch hier das Wort „Verschleppungsabsicht" nicht verwendet, handelt es sich um ein **subjektives Merkmal.** Das folgt aus der Formulierung „verfolgt werden sollen". Dementsprechend kann Verschleppungsabsicht noch nicht allein aus einer auffälligen Häufung von Anträgen gefolgert werden,[59] da subjektiv erforderlich ist, dass der Antragsteller weiß, dass sein Ablehnungsantrag unzulässig ist und er das Entscheidungsverfahren nur anstrebt, um das Verfahren zu verzögern.[60] Ein Indiz kann in einer auffälligen Häufigkeit der Anträge nach der Rechtsprechung zwar liegen,[61] jedoch darf dabei nicht übersehen werden, dass gerade die subjektive Einschätzung des Antragstellers, der Richter sei befangen, nicht durch Verwerfungen als unzulässig unter Beteiligung des abgelehnten Richters zerstreut werden. Eine Häufung von Ablehnungsgesuchen in einer solchen Konstellation liegt nicht fern und kann für sich alleine genommen niemals auf eine Verschleppungsabsicht schließen lassen. Sie liegt nur vor, wenn ausschließlich bezweckt werden soll, Ablauf und Abschluss des Verfahrens unabhängig von sachlichen Gründen

---

50 *Senge* NStZ 2002, 225 (226).
51 KK/*Scheuten* Rn. 9.
52 *Kröpil* AnwBl 1997, 575 (577).
53 KK/*Scheuten* Rn. 9.
54 BT-Drs. 4/178, 35; KMR/*Bockemühl* Rn. 10; *Meyer-Goßner* Rn. 5.
55 *Meyer-Goßner* Rn. 6; AK/*Dästner* Rn. 4a; KK/*Scheuten* Rn. 9.
56 *Kröpil* AnwBl 1997, 575 (578).
57 Vgl. die Beispiele bei *Nehm/Senge* NStZ 1998, 377 (382). LR/*Siolek* Rn. 20 sieht die Vorschrift in diesen Fällen allerdings als „Anlass zu vermeidbaren Angriffen".
58 Vgl. dazu umfassend Alsberg/*Güntge,* Der Beweisantrag im Strafprozess, 6. Aufl., 2013, Rn. 1237 ff.
59 SK/*Deiters* Rn. 21; KK/*Scheuten* Rn. 10; SSW/*Kudlich/Noltensmeier* Rn. 6.
60 *Kröpil* AnwBl 1997, 575, 577.
61 OLG Nürnberg 5.3.2009 – 1 St OLG Ss 78/08.

hinauszuzögern oder zu vereiteln.[62] Dies kann in der mehrfachen Wiederholung gleichlautender Anträge erkennbar werden, wenn zusätzlich in einer Gesamtschau ersichtlich wird, dass es nur um die Verhinderung eines geordneten Verfahrensfortganges geht.[63] Da die Verschleppungsabsicht „offensichtlich" gegeben sein muss, ist zu fordern, dass die Nichternstlichkeit der Ablehnung und die ausschließliche Absicht der Verschleppung keinem Zweifel unterliegen dürfen.[64] Strebt der Antragsteller nur eine Verfahrensverzögerung an, ohne zu bemerken, dass sein Antrag tatsächlich einen Ablehnungsgrund enthält, kann dies für die Anwendbarkeit der Vorschrift ausreichen, da diese ausschließlich auf die Absicht der Verschleppung abstellt, ohne dass es gleichzeitig auf das objektive Nichtvorliegen von Ablehnungsgründen ankommt. Für ein Verfahren nach § 27 wäre dann kein Raum, da die Vorschrift kein Ermessen einräumt (→ Rn. 5). Da die Verschleppungsabsicht aber offensichtlich sein muss, wird die Anwendbarkeit in aller Regel an diesem Merkmal scheitern.[65] Da nach Abs. 2 S. 2 die Gründe des gerichtlichen Beschlusses, durch den ein Ablehnungsgesuch wegen Verschleppungsabsicht als unzulässig verworfen wird, anzugeben sind, kann es erforderlich sein, dass der Richter sein **eigenes Verhalten** im Prozessgeschehen schildert. Dadurch allein wird er noch nicht zum Richter in eigener Sache, da die Schilderung noch keine Beurteilung des eigenen Verhaltens voraussetzt[66] und der Verwerfungsgrund der Verschleppungsabsicht im Katalog des § 26a Abs. 1 enthalten ist.

bb) Praktische Bedeutung. Der Vorschrift kommt **keine praktische Bedeutung** zu. 17
Dies liegt nicht nur an den Nachweisschwierigkeiten, sondern daran, dass die Variante nur einen **Unterfall der Ablehnung wegen verfahrensfremder Zwecke** darstellt.[67] Da die Konzentrationsmaxime ein anerkannter Verfahrensgrundsatz des Strafverfahrens ist,[68] verfolgt eine Prozessverschleppung damit immer einen verfahrensfremden Zweck.[69] Wegen der Konzentrationsmaxime in § 25 Abs. 1 S. 2 und des Unverzüglichkeitserfordernisses gemäß § 25 Abs. 2 Nr. 2 werden in aller Regel schon die Ablehnungsgründe nach § 26 Abs. 2 Nr. 1 und 2 vorliegen.[70]

b) Verfahrensfremde Zwecke. Unzulässig sind auch Ablehnungsgesuche, mit denen 18
der Antragsteller ausschließlich verfahrensfremde Zwecke verfolgt. Der Begriff „verfahrensfremd" ist inhaltlich **unbestimmt,** da er sämtliche Verhaltensweisen einbezieht, die den Prozessmaximen des Strafverfahrens und einer justizförmigen und Rechtsfrieden schaffenden Entscheidung zuwiderlaufen.[71] Die Weite des Begriffs ist unschädlich, da das Ablehnungsverfahren nur den Anspruch auf den gesetzlichen, mithin unbefangenen Richter schützt und insofern alles andere ausgeblendet werden kann, was damit nichts zu tun hat. Verfahrensfremde Zwecke werden zB verfolgt, wenn mit dem Gesuch nur Demonstrationszwecke[72] verfolgt, die Verunglimpfung des abgelehnten Richters[73] bzw. der Strafjustiz als Ganzes erreicht werden sollen[74] oder aber versucht wird, durch das Ablehnungsverfahren, einen Streit über das Ergebnis der Beweisaufnahme anzustrengen.[75] Die Verfolgung verfahrensfremder Zwecke muss auch in dieser Variante **offensichtlich** sein (→ Rn. 15). Wie bei der Verschleppungsabsicht geht es um ein **subjektives Merkmal** (→ Rn. 16). In der Praxis bleibt diese Variante beson-

[62] KK/*Scheuten* Rn. 10; KMR/*Bockemühl* Rn. 11, NK/*Bosbach* Rn. 6.
[63] BGH 2.11.2010 – 1 StR 544/09, NStZ 2011, 294. Dies könnte aber auch eine Verwerfung wegen Verspätung iSd Abs. 1 Nr. 1 rechtfertigen.
[64] BGH 17.12.1954 – 5 StR 567/54, MDR 1955, 271.
[65] Vgl. *Kröpil* AnwBl 1997, 575 (577).
[66] BGH 8.7.2009 – 1 StR 289/09, BeckRS 2009, 23917.
[67] KK/*Scheuten* Rn. 10; LR/*Siolek* Rn. 28; AnwK/*Werner* Rn. 4.
[68] LR/*Kühne* Einl. Abschn. I Rn. 67.
[69] *Kröpil* AnwBl 1997, 575 (578).
[70] LR/*Siolek* Rn. 27.
[71] *Kröpil* AnwBl 1997, 575 (577).
[72] BT-Drs. 4/178, 35.
[73] BGH 24.10.1996 – 5 StR 474/96, NStZ 1997, 331.
[74] OLG Koblenz 3.1.1977 – 1 AR 44/76 Str, 1 AR 45/76 Str, 1 AR 46/76 Str, MDR 1977, 425.
[75] BGH 18.2.2004 – 2 StR 462/03, NStZ 2004, 630 (631).

ders konfliktbeladenen Prozessen vorbehalten und hat daher einen sehr geringen Anwendungsbereich.[76] Im Vergleich zur Verschleppungsabsicht sind die Voraussetzungen im Einzelfall leichter nachweisbar,[77] da bei den meisten hier denkbaren verfahrensfremden Zwecken aus dem objektiven Vorliegen auf die subjektive Seite geschlossen werden kann. So hat der BGH aus dem Umstand, dass „sachlich nachvollziehbare Anhaltspunkte für das Vorliegen eines zulässigen Ablehnungsgesuchs nicht zu entnehmen" sind, darauf geschlossen, dass offensichtlich nur verfahrensfremde Zwecke verfolgt würden.[78] Das ist nicht unproblematisch, weil so der **offensichtlichen Unbegründetheit** (hierzu schon → Rn. 12) im Missbrauchstatbestand letztlich doch mittelbare Bedeutung zukommt.[79]

19 **5. Sonstige Gründe.** Die Aufzählung der Verwerfungsgründe in Abs. 1 ist grundsätzlich **abschließend.** Gleichwohl sind Fälle denkbar, in denen es – entsprechend dem Regelungsziel des § 26a – zweckmäßig erscheint, zur Beschleunigung des Verfahrens und zur Verhinderung eines Missbrauchs des Ablehnungsrechts, das Gericht außerhalb des Regelverfahrens des § 27 nach Abs. 2 S. 1 entscheiden zu lassen. *De lege lata* sind diese Tendenzen abzulehnen. Gleichwohl greift die Rechtsprechung auf dieses Mittel zurück. Dies darf nicht dazu verleiten, unerwünschte Gesuche stets im vereinfachten Verfahren nach Abs. 2 S. 1 zu verwerfen, da dies das Regel-Ausnahme-Verhältnis zwischen § 26a und § 27 verkennen würde (hierzu schon → Rn. 2) und zudem einen Verstoß gegen Art. 101 Abs. 1 S. 2 GG darstellen kann. Insbesondere das aus Art. 101 Abs. 1 S. 2 GG abzuleitende strenge Verbot einer Entscheidung in eigener Sache führt dazu, dass eine entsprechende Anwendung des Abs. 2 S. 1 ausschließlich bei **echten Formalentscheidungen** denkbar ist. Wirkliche Missbrauchsfälle, die nicht unter Abs. 2 subsumiert werden können, sind ohnehin kaum denkbar.

20 **a) Ablehnung des Gerichts als Ganzes.** Entsprechend angewendet wird Abs. 2 S. 1 auf die Ablehnung des Gerichts als Ganzes. Die Rechtsprechung geht seit jeher davon aus, dass ein Ablehnungsantrag gegen das Gericht in seiner regelmäßigen Besetzung als unzulässig zurückgewiesen werden muss, soweit er sich gegen ein Gericht als Ganzes, gegen alle Richter oder alle Kammern und Senate oder gegen eine Kammer oder einen Senat als Spruchkörper richtet.[80] Dies ist folgerichtig, da „Misstrauen gegen die Unparteilichkeit" schlechthin nicht gegenüber dem „Gericht" als Institution schützenswert bestehen kann, sondern ausschließlich bezüglich der Person des zur Entscheidung berufenen Richters.[81] Die Verwerfung entsprechend Abs. 2 S. 1 stellt dann immerhin noch eine echte Formalentscheidung dar. Ursprünglich wurde vom Gesetzgeber eine spezielle Vorschrift für diesen Fall für überflüssig gehalten, da sich die Unzulässigkeit aus dem Inhalt des Abschnitts von selbst ergebe.[82] Zur Klarstellung wäre es wünschenswert, diesen Fall in den Katalog des § 26a aufzunehmen.[83]

21 **Abzugrenzen** ist die Ablehnung des Gerichts als Ganzes jedoch von Fällen, in denen der Antragsteller **alle Richter einzeln namhaft** macht, selbst dann, wenn er hierzu nur auf die Sitzungsniederschrift verweist, aber gleichzeitig Gründe für die Befangenheit der einzelnen Richter angibt.[84] Der Antrag ist ebenfalls zulässig, wenn zwar das Gericht abgelehnt wird, aber erkennbar ist, dass mit der Sammelbezeichnung die Berufsrichter des Gerichts gemeint sind.[85]

---

[76] KK/*Scheuten* Rn. 11.
[77] Vgl. KK/*Scheuten* Rn. 11; aA LR/*Siolek* Rn. 28 „kaum nachweisbar".
[78] BGH 25.6.2007 – 2 ARs 184/07 2 AR 118/07, BeckRS 2007, 10984.
[79] In diese Richtung gehend KK/*Scheuten* Rn. 11; HK/*Temming* Rn. 12.
[80] RG 24.4.1895 – 311/95, RGSt 27, 175; RG 22.4.1921 – 821/20, RGSt 56, 49; BGH 17.12.1954 – 5 StR 567/54, bei *Dallinger* MDR 1955, 271; BGH 17.5.1994 – 4 StR 181/94, bei *Kusch* NStZ 1995, 18.
[81] *Günther* NJW 1986, 281 (282).
[82] LR/*Siolek* Rn. 30 mwN.
[83] LR/*Siolek* Rn. 30.
[84] BGH 16.12.1969 – 5 StR 468/69, NJW 1970, 478 (479); LR/*Siolek* Rn. 33; KK/*Scheuten* Rn. 2.
[85] *Günther* NJW 1986, 281 (284); vgl. § 24 Rn. 10 ff.

b) Ablehnung im Gegenvorstellungsverfahren. Als unzulässig und entsprechend Abs. 2 S. 1 werden zudem Ablehnungen im Gegenvorstellungsverfahren verworfen.[86] Dies liegt in der Natur des Gegenüberstellungsverfahrens begründet, das als **formloses Rechtsbehelfsverfahren** einer Petition entspricht, die zwar beschieden werden muss, aber nicht zur Ablehnung berechtigt.[87] Der Rechtsgedanke des § 28 Abs. 1 ist hier daher auch nicht entsprechend anwendbar, da der Angeklagte über die voraussetzungslose Petitionsmöglichkeit ansonsten immer eine Ausschließung oder zumindest eine Ablehnung erreichen könnte. 22

c) Verfrühte und verspätete Anträge. Auch das Gesuch gegen einen Richter, der mit der Sache **noch nicht** oder **nicht mehr** befasst ist, wird entsprechend Abs. 2 S. 1 verworfen.[88] Hierunter fallen Gesuche gegen Richter, die vielleicht in der Zukunft einmal nach Geschäftsverteilungsplan zuständig werden könnten, genauso wie der Fall, dass die Umstände, auf welche die Ablehnung gestützt werden soll, noch nicht gegeben sind, sondern nur möglicherweise einmal eintreten werden.[89] Bei diesen Entscheidungen handelt es sich gleichfalls um echte Formalentscheidungen wie bei der Entscheidungen nach Abs. 1 Nr. 1 bis 2, so dass eine entsprechende Anwendung des Abs. 2 S. 1 nicht von vornherein ausgeschlossen ist. 23

II. Verfahren (Abs. 2)

1. Zuständigkeiten. Da durch die Regelung des Abs. 2 S. 1 erreicht werden soll, dass das Gericht unter Mitwirkung des abgelehnten Richters entscheidet,[90] ist unter **„Gericht"** dasjenige zu verstehen, zu dem der Abgelehnte gehört. Es ist damit das Gericht zuständig, dass entsprechend der örtlichen und sachlichen Zuständigkeit sowie nach dem Geschäftsverteilungsplan berufen ist, in der Strafsache zu entscheiden, in der es zur Ablehnung gekommen ist.[91] Die Regelungen zum Verfahren weichen damit ausdrücklich von der in § 27 Abs. 2 ab, da so verhindert werden soll, dass der Antragsberechtigte durch unzulässige Ablehnungsgesuche die Beschlussunfähigkeit des Gerichts herbeiführen kann.[92] 24

Innerhalb der Hauptverhandlung entscheidet das vollbesetzte Gericht, ohne dass bspw. die Schöffen ausscheiden. Daher könnte die Beratung theoretisch auch im Sitzungszimmer mit leiser Stimme erfolgen, was jedoch in der Praxis nicht vorkommen dürfte. Da § 29 Abs. 2 S. 1 eine **Fortsetzung nach Unterbrechung** der Hauptverhandlung auch im Falle des § 26a zulässt, ist eine Beratung im Beratungszimmer unproblematisch möglich.[93] Durch die Unterbrechung der Hauptverhandlung ändert sich die Besetzung des Gerichts nicht;[94] es ist dann auch keine Entscheidung „außerhalb der Hauptverhandlung".[95] **Außerhalb der Hauptverhandlung** wird unter Beteiligung des abgelehnten Richters in Beschlussbesetzung (§ 76 Abs. 1 GVG) entschieden. Wenn das Gericht ein **einzelner Richter,** ein **beauftragter** oder **ersuchter Richter** ist, entscheidet er nach Abs. 2 S. 3 ebenfalls selbst. 25

2. Entscheidung, Begründung und Bekanntmachung. Die Entscheidung ergeht entsprechend § 28 Abs. 1 in Beschlussform. Grundsätzlich ist nach § 196 GVG **Stimmenmehrheit** ausreichend, lediglich im Falle des Abs. 2 S. 2 – also der Entscheidung nach Abs. 1 Nr. 3 – ist **Einstimmigkeit** erforderlich. Die Beteiligten sind nach § 33 vor der Entscheidung **zu hören.** Außerhalb der Hauptverhandlung sind auch sonstige Beteiligte nach § 33 Abs. 3 zu hören, da diesen im Rahmen eines Rechtsmittelverfahrens ein Nachteil daraus entstehen könnte, wenn ein Ablehnungsantrag als unzulässig verworfen würde, 26

---

86 BGH 1.2.2005 – 4 StR 486/04, NStZ-RR 2005, 173 (174); LR/*Siolek* Rn. 36.
87 OLG Düsseldorf NStE Nr. 6 zu § 24; LR/*Siolek* Rn. 36.
88 *Meyer-Goßner* Rn. 1; HK/Temming Rn. 2; AK/*Dästner* Rn. 7.
89 RG 20.6.1932 – II 583/31, RGSt 66, 391.
90 BT-Drs. 4/178, 35.
91 LR/*Siolek* Rn. 38.
92 BT-Drs. 4/178, 35; AK/*Dästner* Rn. 8.
93 LR/*Siolek* Rn. 39.
94 SK/*Deiters* Rn. 123.
95 OLG München 22.11.2006 – 4St RR 182/06, NJW 2007, 449 (450).

obwohl tatsächlich kein Unzulässigkeitsgrund gegeben war.[96] Die Pflicht zur Namhaftmachung des § 24 Abs. 3 S. 2 gilt im Verfahren nach § 26a genauso wenig[97] wie die Pflicht zur Abgabe einer dienstlichen Erklärung nach § 26 Abs. 3.[98]

27 Der Verwerfungsbeschluss ist nach §§ 28 Abs. 2, 34 zu begründen. Die **Begründung** muss dabei so ausführlich gestaltet sein, dass dem Beschwerdegericht eine sachliche Nachprüfung ermöglicht wird.[99] **Strengere Voraussetzungen** gelten jedoch für eine Ablehnung nach Abs. 1 Nr. 3, da dann wegen Abs. 2 S. 2 die Angabe der Umstände erforderlich ist, aus denen sich der Verwerfungsgrund ergibt. Hierzu gehören vor allem die Umstände, aus denen sich ergibt, dass der Ablehnende gar nicht das Ausscheiden des Richters, sondern nur eine Verzögerung der Hauptverhandlung anstrebt.[100] Hier gelten dieselben strengen Voraussetzungen, wie sie bei § 244 Abs. 3 verlangt werden[101] – auch wenn diese offensichtlich sind.[102] Es wird keine **Kostenentscheidung** getroffen.[103]

28 Der Beschluss ist nach § 35 **bekanntzumachen,** also entweder durch Verkündung – wenn er innerhalb der Hauptverhandlung ergeht – oder Zustellung, soweit er außerhalb der Hauptverhandlung ergeht. Soweit die Entscheidung in der Hauptverhandlung erfolgt, ist diese zu protokollieren. § 274 ist anwendbar.[104] Da der abgelehnte Richter an der Entscheidung mitwirkt, verkündet der Vorsitzende die Entscheidung selbst dann, wenn sich die Ablehnung gegen ihn gerichtet hatte.[105]

C. Rechtsbehelfe

29 Gegen den Beschluss ist die sofortige Beschwerde nach § 28 Abs. 2 S. 1 statthaft (→ § 28 Rn. 3 ff.).

D. Revision

30 Zur Verfahrensrüge bei rechtsfehlerhafter Anwendung des § 26a vgl. die Erläuterungen zu § 338 Nr. 3.

31 Die Unzulässigkeitsgründe dürfen durch das Revisionsgericht **ausgetauscht** werden. Dies führt nicht zu einer Verletzung des gesetzlichen Richters nach Art. 101 Abs. 1 S. 2 GG, da sich die Besetzung des zur Entscheidung berufenen Spruchkörpers nicht ändert.[106] Soweit das Ablehnungsgesuch zu Unrecht nach Abs. 1 Nr. 2 oder Nr. 3 behandelt worden ist, kann jedoch eine **Verletzung des gesetzlichen Richters** gegeben sein. In diesen Fällen erfolgt – entgegen der früheren Rechtsprechung – keine Prüfung der hypothetischen Begründetheit des Ablehnungsgesuchs nach Beschwerdegrundsätzen.[107] Nur ausnahmsweise kann eine solche Prüfung erfolgen, nämlich dann, wenn die Anwendung des vereinfachten Verfahrens nicht willkürlich, sondern nur schlicht fehlerhaft war (hierzu ausführlich § 338).[108] Hat die Anfechtung Erfolg, führt dies **nicht zur isolierten Aufhebung und**

[96] LR/*Siolek* Rn. 44.
[97] BGH 24.10.2005 – 5 StR 269/05, bei *Becker* NStZ-RR 2007, 129 (129).
[98] BeckOK/*Cirener* Rn. 13.
[99] OLG Köln 19.10.1990 – Ss 490/90 (Z), StV 1991, 292; SK/*Deiters* Rn. 24.
[100] BGH 13.2.1973 – 5 StR 577/72, bei *Dallinger* MDR 1973, 369 (371); AK/*Dästner* Rn. 9.
[101] KK/*Scheuten* Rn. 13; SSW/*Kudlich/Noltensmeier* Rn. 8.
[102] BeckOK/*Cirener* Rn. 12; AnwK/*Werner* Rn. 5.
[103] HK/*Temming* Rn. 16; AnwK/*Werner* Rn. 5.
[104] AK/*Dästner* Rn. 10.
[105] LR/*Siolek* Rn. 48.
[106] BGH 10.6.2008 – 5 StR 24/08, NStZ 2008, 578; BGH 2.8.2006 – 2 BvR 1518/06, NStZ-RR 2006, 379 (380); OLG Rostock 13.10.2011 – 2 Ss (OWi) 72/11 I 197/11.
[107] BVerfG 2.6.2005 – 2 BvR 625/01, NJW 2005, 3410; BVerfG 24.2.2006 – 2 BvR 836/04, NJW 2006, 3129 (3132).
[108] BGH 14.6.2005 – 3 StR 446/04, NJW 2005, 3434 (3435); BGH 29.8.2006 – 1 StR 371/06, NStZ 2007, 161 (162).

Zurückweisung, in der Weise, dass nur erneut über das Ablehnungsgesuch in der Besetzung nach § 27 entschieden wird. Vielmehr erfolgt die Zurückverweisung nach der Sache aus § 338 Nr. 3 mit der Folge der Urteilsaufhebung, ohne dass es auf die Frage, ob die Ablehnung sachlich begründet war, ankäme.[109]

Wurde das Ablehnungsgesuch als verspätet oder unzulässig verworfen, muss die **Revisionsbegründung** die vollständige Mitteilung des Verfahrensverlaufs, also der Vorgänge, aus denen sich die Rechtzeitigkeit ergeben soll, enthalten.[110] 32

§ 27 [Entscheidung über das Ablehnungsgesuch]

(1) Wird die Ablehnung nicht als unzulässig verworfen, so entscheidet über das Ablehnungsgesuch das Gericht, dem der Abgelehnte angehört, ohne dessen Mitwirkung.

(2) Wird ein richterliches Mitglied der erkennenden Strafkammer abgelehnt, so entscheidet die Strafkammer in der für Entscheidungen außerhalb der Hauptverhandlung vorgeschriebenen Besetzung.

(3) [1]Wird der Richter beim Amtsgericht abgelehnt, so entscheidet ein anderer Richter dieses Gerichts. [2]Einer Entscheidung bedarf es nicht, wenn der Abgelehnte das Ablehnungsgesuch für begründet hält.

(4) Wird das zur Entscheidung berufene Gericht durch Ausscheiden des Abgelehnten Mitglieds beschlussunfähig, so entscheidet das zunächst obere Gericht.

Schrifttum: *Frohne,* NStZ 1984, 472; *Günther,* Unzulässige Ablehnungsgesuche und ihre Bescheidung, NJW 1986, 281; *Janssen,* Rückwirkung von stattgebenden Beschlüssen zur Richterablehnung wegen der Besorgnis der Befangenheit, StV 2002, 170; *Krey,* JA 1984, 576; *Voormann,* Die mehrfache Ablehnung von Richtern im Strafverfahren, NStZ 1985, 444.

Übersicht

A. Überblick

§ 27 regelt die Zuständigkeit und Gerichtsbesetzung für die Entscheidung über Ablehnungsgesuche, soweit sie nicht bereits gemäß § 26a als unzulässig verworfen wurden. 1

Die Norm hat sich im Kern seit ihrer Einführung durch die RStPO kaum verändert. Zwar wurde der Abs. 2 durch § 21 Abs. 2 der EmmingerVO in Verbindung mit der Bekanntmachung 1924 neu eingefügt, die übrigen Absätze bestanden aber schon. Anfänglich hatte das Landgericht in den Fällen des Abs. 3 zu entscheiden. Der Versuch durch die dritte VereinfVO, die Entscheidungsbefugnis der Stelle zu übertragen, der die Dienstaufsicht über den Richter zusteht, wurde dann wieder durch Art. 3 Nr. 10 VereinhG beendet.[1] 2

---

[109] BGH 10.8.2005 – 5 StR 180/05, NStZ 2006, 50 (51).
[110] BGH 12.10.1976 – 1 StR 384/76, bei *Holtz* MDR 1977, 109; HK-GS/*Bosbach* Rn. 8; KK/*Fischer* Rn. 14.
[1] Näheres bei LR/*Siolek* Entstehungsgeschichte.

3 Abs. 1 enthält den Grundsatz, wonach der abgelehnte Richter in der Entscheidung über die Ablehnung nicht mitwirkt. Abhängig vom formalen Rang des Gerichtes ist das nähere Verfahren in Abs. 2 und 3 normiert. Ausdrücklich werden die Strafkammer (Abs. 2) und das Amtsgericht (Abs. 3) erwähnt. Abs. 4 klärt das Vorgehen, soweit ein Gericht beschlussunfähig wird.

B. Erläuterungen

4 Das Verfahren richtet sich nach § 27, wenn die Ablehnung nicht nach § 26a als unzulässig verworfen wurde. Ob § 26a korrekt angewendet wurde, ist unerheblich. Es verbleibt dann bei dem Regelverfahren des § 27.[2] Grundsätzlich entscheidet nach Abs. 1 das Gericht über das Gesuch, dem der abgelehnte Richter angehört – allerdings ohne dessen Mitwirkung.[3]

5 Wenn ein Ablehnungsgrund geltend gemacht und der Antrag nicht nach § 26a verworfen wurde, hat der abgelehnte Richter alsbald auszuscheiden.[4] Die Entscheidung über die Ablehnung findet außerhalb der Hauptverhandlung in Beschlussbesetzung[5] statt und stellt **keinen Teil der Hauptverhandlung** dar.[6] Daher ist die Hauptverhandlung zu unterbrechen, um eine Entscheidung herbeiführen zu können: Der abgelehnte Richter muss aufgrund des Ablehnungsantrags für die anstehende Entscheidung ausscheiden. Das Gericht ist damit nicht mehr vollständig besetzt und § 226 ist nicht mehr erfüllt. Die Hauptverhandlung darf in der verkümmerten Besetzung nicht fortgeführt werden. Das Gericht muss über die Ablehnung nunmehr zwangsläufig in einer anderen Besetzung entscheiden.

6 Die Hauptverhandlung muss nicht sofort unterbrochen werden. Näheres regelt § 29 Abs. 2 S. 1 (→ § 29 Rn. 4 ff.).

7 Der ausdrücklichen Regelung des § 27 Abs. 2, nach dem eine Strafkammer in der für eine Entscheidung außerhalb der Hauptverhandlung vorgeschriebenen Besetzung entscheidet, bedurfte es nach dem eben dargelegten (→ Rn. 5) nicht zwingend. Im Gegensatz dazu fehlt es an einer ausdrücklichen Regelung für die Strafsenate. Abs. 2 wird insoweit entsprechend angewandt.[7]

I. Grundsatz: ohne Mitwirkung des abgelehnten Richters

8 Der abgelehnte Richter entscheidet nicht selbst über die Begründetheit des gegen ihn gerichteten Ablehnungsantrags. Ihm fehlt es an der inneren Unbefangenheit und Unparteilichkeit, um über seine eigene Ablehnung zu entscheiden.[8] Dieser Grundsatz wurde in Abs. 1 festgeschrieben und war in der ursprünglichen Fassung nicht ausformuliert, sondern wurde 1964 durch Art. 5 Nr. 5 StPÄG hinzugefügt.

9 Über seine Ablehnung entscheidet das Gericht, dem er angehört, und nicht etwa ein anderes.[9] Damit bleibt die originäre Zuständigkeit erhalten und das Gebot des gesetzlichen Richters nach Art. 101 Abs. 1 S. 2 GG unverletzt:[10] Es beschließt der **zur Sache berufene Spruchkörper**[11] in seiner nach der Geschäftsverteilung berufenen Besetzung.[12] Eine Ausnahme gilt allein für die auswärtigen Strafkammern.

---

[2] HK/*Temming* Rn. 1.
[3] Dazu *Voormann* NStZ 1985, 444 (445); KK/*Scheuten* Rn. 2; LR/*Siolek* Rn. 2.
[4] RG 22.1.1886 – 3250/85, RGSt 13, 302 (305).
[5] RG 22.1.1886 – 3250/85, RGSt 13, 302 (304).
[6] BGH 17.4.1996 – 3 StR 34/96, NJW 1996, 2382.
[7] LR/*Siolek* Rn. 10.
[8] BVerfG 2.6.2005 – 2 BvR 625/01, NJW 2005, 3410 (3411); BGH 9.12.1983 – 3 StR 452/83, NJW 1984, 1907 (1909).
[9] KK/*Scheuten* Rn. 2.
[10] Radtke/Hohmann/*Alexander* Rn. 2; KK/*Scheuten* Rn. 1.
[11] BGH 3.3.1959 – 1 StR 646/58, NJW 1959, 1141; OLG Zweibrücken 11.4.1968 – Ws 27/68, NJW 1968, 1439; OLG Zweibrücken 28.4.1971 – Ws 92/71, MDR 1971, 861; AnwK/*Werner* Rn. 2.
[12] So LR/*Siolek* Rn. 4 mit Verweis auf: OLG Zweibrücken 11.4.1968 – Ws 27/68, NJW 1968, 1439; OLG Zweibrücken 28.4.1971 – Ws 92/71, MDR 1971, 861; für die Strafvollstreckung KG 6.2.1987 – 5 Ws 613–619/86 Vollz ua, MDR 1987, 606; aA OLG Karlsruhe 6.7.1979 – 3 Ws 133/79, MDR 1979, 1045.

10 Liegt ein Ablehnungsantrag vor, ist die Hauptverhandlung zu unterbrechen[13] und der Richter hat auszuscheiden. Die Entscheidung ist kein Teil der Hauptverhandlung, sondern wird außerhalb der Hauptverhandlung durchgeführt. Das ändert sich auch nicht, wenn das Ablehnungsgesuch direkt im Sitzungssaal behandelt und beraten wird.[14] Der gesamte Verfahrensteil wird als besonderes Zwischenverfahren bezeichnet.[15]

11 Grundlage für die Bestimmung der Zuständigkeit und der Besetzung des entscheidenden Gerichts ist nicht der **Zeitpunkt** der Antragsstellung, sondern **der Entscheidung.**[16] Diese beiden Daten können unter Beachtung von § 29 Abs. 2 S. 1 nicht unbedeutend weit auseinanderfallen und die Besetzung des zuständigen Gerichts kann sich nach Antragstellung verändern.

12 Eine Besonderheit ergibt sich bei dem beauftragten Richter (§ 66b Abs. 1, § 173 Abs. 3, § 223 Abs. 1 und 2, § 233 Abs. 2, § 289, § 369 Abs. 1, § 415 Abs. 2). Gehört er dem Amtsgericht an, ist nach Abs. 3 S. 1 zu verfahren. Ansonsten ist das Gericht zuständig, dem er angehört und nicht das ersuchende Gericht.[17] Für den abgelehnten Richter wird der Vertreter tätig.[18] Ebenso ist zu verfahren, wenn ein Richter vor der Hauptverhandlung abgelehnt wird und über das Gesuch vor der Hauptverhandlung entschieden wird.[19] Auch im Zwischenverfahren kann ein Ablehnungsantrag als unzulässig abgelehnt werden.[20]

II. Besetzung der Strafkammern nach Abs. 2

13 Der erst später eingeführte Abs. 2 regelt die Besetzung für die Strafkammern. Danach ist in **der außerhalb der Hauptverhandlung vorgeschriebenen Form** über das Ablehnungsgesuch zu entscheiden. Nach dem Wortlaut unterfallen der Regelung die große und kleine Strafkammer (§ 76 Abs. 1 GVG) sowie die Jugendkammer nach § 33b JGG. Außerhalb der Hauptverhandlung wird nach § 76 Abs. 1 S. 2 GVG ohne die Schöffen entschieden. Es entscheiden demnach drei Richter, auch bei reduzierter Besetzung des Gerichts nach § 33b Abs. 2 JGG und § 76 Abs. 2 GVG.[21] Der abgelehnte Richter wird durch einen anderen Richter der Kammer oder durch den geschäftsplanmäßigen oder für den Einzelfall bestimmten Vertreter ersetzt.[22] Soweit ein Richter einer kleinen Strafkammer abgelehnt wird, ist umstritten, ob sein Vertreter tätig werden soll. Er könnte hohe Anforderungen stellen, um seine eigene Einsetzung in das Verfahren zu vermeiden.[23] Weiterhin können Besetzungsfragen auftreten, wenn der Vorsitzende abgelehnt wird und die anderen Mitglieder der Kammer eine Vertretung aufgrund von Verhinderung nicht wahrnehmen können. Dann soll der Dienstälteste der von einer anderen Kammer gestellten regelmäßigen Vertreter den Vorsitz übernehmen.[24]

14 Auf die **Strafsenate des OLG und BGH** wird Abs. 2 so angewendet, dass sie in der nach §§ 122 Abs. 1, 139 Abs. 1 GVG vorgeschriebenen Weise bei der Ablehnungsentscheidung besetzt sind. Beim Oberlandesgericht entscheiden drei Richter.[25] Wird nur ein Richter eines Senates abgelehnt, der mit fünf Richtern besetzt ist, hat ein weiterer Richter auszuscheiden. Der Ausschluss richtet sich nach dem Geschäftsverteilungsplan. Nach der Entscheidung des Vorsitzenden wird alternativ das dienstjüngste Mitglied ausgeschlossen.[26] Ansonsten läge eine unzulässige Überbesetzung des Gerichtes vor, vgl. § 192 Abs. 1 GVG.[27]

---

[13] RG 22.1.1886 – 3250/85, RGSt 13, 302 (304 f.); HK/*Temming* Rn. 2; *Meyer-Goßner* Rn. 2.
[14] BGH 17.4.1996 – 3 StR 34/96, NJW 1996, 2382; KK/*Scheuten* Rn. 2.
[15] So LR/*Siolek* Rn. 1.
[16] BGH 12.2.1998 – 1 StR 588/97, BGHSt 44, 26 (2. Ls.).
[17] KK/*Scheuten* Rn. 2.
[18] LR/*Siolek* Rn. 17 bzgl. ersuchter Richter.
[19] RG 19.12.1890 – 2721/90, RGSt 21, 250 (251); RG 28.9.1891 – 2121/90, RGSt 22, 135 (136).
[20] BGH 10.11.1967 – 4 StR 512/66, BGHSt 21, 334.
[21] BGH 2.11.2005 – 4 StR 418/05, BGHSt 50, 267 (269).
[22] BGH 3.3.1959 – 1 StR 646/58, NJW 1959, 1141; KK/*Scheuten* Rn. 5; *Meyer-Goßner* Rn. 3.
[23] So LR/*Siolek* Rn. 13; auf den Vertreter abstellend: BeckOK/*Cirener* Rn. 32; KK/*Scheuten* Rn. 5; HK/*Temming* Rn. 5; Radtke/Hohmann/*Alexander* Rn. 4.
[24] BGH 3.3.1959 – 1 StR 646/58, NJW 1959, 1141; *Meyer-Goßner* Rn. 3.
[25] HK/*Temming* Rn. 6.
[26] LR/*Siolek* Rn. 10.
[27] RG 27.10.1914 – IV 532/14, RGSt 49, 9, 11.

Beim BGH entscheiden fünf Richter, § 139 Abs. 1 GVG. Wird ein Ermittlungsrichter des OLG oder des BGH abgelehnt, ist Abs. 3 S. 1 analog anzuwenden.[28]

15 Eine Besonderheit kann sich bei **auswärtigen Senaten** (§§ 79 Abs. 1, 116 Abs. 2 GVG) ergeben. Grundsätzlich entscheidet der Senat selbst über die Ablehnung. Der abgelehnte Richter wird durch einen nach der Geschäftsverteilung zur Vertretung berufenen Richter ersetzt.[29] Anders ist es zu bewerten, wenn dem auswärtigen Senat ausnahmsweise nur die Tätigkeit als erkennendes Gericht in der Hauptverhandlung zugewiesen worden ist.[30] Für die Entscheidung über ein Ablehnungsgesuch, also außerhalb der Hauptverhandlung, ist der Strafsenat des OLG bzw. die für nicht übertragene Sachen zuständige Strafkammer des LG zuständig.[31]

III. Richter am Amtsgericht, Abs. 3 S. 1

16 Wird ein Amtsrichter abgelehnt, so entscheidet ein **anderer Richter des Gerichts.** Der Regelung des Abs. 3 S. 1 unterfallen der vorsitzende Richter beim Schöffengericht (§ 29 Abs. 1 GVG), der zweite Richter beim erweiterten Schöffengericht (§ 29 Abs. 2 GVG), der Strafrichter (§ 25 GVG) und der ersuchte Richter. Durch die Geschäftsverteilung soll eine sinnvolle Regelung für die Ablehnungsgesuche gefunden werden, § 21e Abs. 1 GVG.[32] Bei einem einstelligen Amtsgericht gemäß § 22b Abs. 1 GVG entscheidet der Vertreter. Der abgelehnte Richter kann das Ablehnungsgesuch für begründet erklären, dann entfällt die Entscheidungsbefugnis des anderen Richters. Voraussetzung dafür ist aber, dass der abgelehnte Richter zunächst die Zulässigkeit des Gesuchs festgestellt hat.

17 Soweit ein **Ermittlungsrichter** abgelehnt wird, findet Abs. 3 S. 1 entsprechende Anwendung.[33] Über das Ablehnungsgesuch entscheidet ein anderer Richter des Amtsgerichts, dem der ersuchte Richter angehört und nicht einer des ersuchenden Gerichts. Dies gilt ebenfalls für den Fall, dass sich ein Ablehnungsgesuch gegen einen Ermittlungsrichter des BGH oder des OLG richtet.[34] Für die Entscheidung über das Ablehnungsgesuch ist ein im Geschäftsverteilungsplan zu bestimmender anderer Ermittlungsrichter[35] oder sein Vertreter[36] und nicht der Strafsenat zuständig.

18 Wird ein Amtsrichter als **Mitglied einer auswärtigen Strafkammer** (§ 78 Abs. 2 GVG) abgelehnt, dann gilt Abs. 2 und nicht Abs. 3.[37]

IV. Verfahren

19 **1. Grundsatz.** Für das Ablehnungsverfahren ist eine **mündliche Verhandlung nicht vorgesehen.**[38] Die Entscheidung über ein Gesuch findet **außerhalb der Hauptverhandlung** statt. Sie ist zu **unterbrechen,** wenn ein Ablehnungsgesuch angebracht wurde.[39] Nach Maßgabe des § 29 Abs. 2 S. 1 muss das nicht immer sofort geschehen (→ § 29 Rn. 6 ff.). Die Entscheidung über das Ablehnungsgesuch ist kein Teil der Hauptverhandlung – auch nicht, wenn über das Gesuch direkt entschieden wird.[40]

---

28 S.a. Rn. 17.

29 LR/*Siolek* Rn. 14.

30 Vgl. RG 22.2.1908 – II 22/08, RGSt 41, 117 (118).

31 RG 22.2.1908 – II 22/08, RGSt 41, 117 (118).

32 KK/*Scheuten* Rn. 7.

33 SK/*Deiters* Rn. 9; KK/*Scheuten* Rn. 8, *Meyer-Goßner* Rn. 7.

34 HK/*Temming* Rn. 8; KK/*Scheuten* Rn. 8; LR/*Siolek* Rn. 12, *Meyer-Goßner* Rn. 7, HK-GS/*Bosbach* Rn. 4; *Pfeiffer* Rn. 3; Radtke/Hohmann/*Alexander* Rn. 8; SK/*Deiters* Rn. 9.

35 BGH, Erm. Richter 10.10.1985 – 1 BJs 284/85-6 bei *Schmidt* MDR 1986, 179; KK/*Scheuten* Rn. 8.

36 LR/*Siolek* Rn. 12.

37 LR/*Siolek* Rn. 17.

38 RG 27.10.1914 – IV 532/14, RGSt 49, 9 (11); SK/*Deiters* Rn. 13.

39 BGH 3.3.1961 – 4 StR 548/60, BGHSt 15, 384 = NJW 1961, 1077; RG 22.1.1886 – 3250/85, RGSt 13, 302 (304); RG 19.12.1890 – 2721/90, RGSt 21, 250.

40 BGH 17.4.1996 – 3 StR 34/96, NStZ 1996, 398; BGH 23.4.1980 – 3 StR 434/79, NStZ 1982, 188; RG 19.12.1890 – 2721/90, RGSt 21, 250 (251); *Krey* JA 1984, 573 (576); Radtke/Hohmann/*Alexander* Rn. 10.

Gegenstand der Entscheidung ist der vorgebrachte **Ablehnungsgrund.** Nur über diesen wird anhand des Gesuchs und der dienstlichen Äußerungen des Richters entschieden.[41] Andere Ablehnungsgründe, auch wenn sie im Rahmen des Verfahrens festgestellt werden, werden nicht berücksichtigt.[42] Der Ablehnende entscheidet selbst, worauf er sich berufen möchte und muss diese Gründe selbst vortragen. Werden allerdings **Ausschließungsgründe** erkennbar, muss über sie von Amts wegen entschieden werden.[43] 20

Zunächst werden die Prozessbeteiligten gehört, § 33 Abs. 2 und 3. Ob Beweise zu erheben sind, entscheidet das Gericht nach pflichtgemäßem Ermessen. Es gilt das **Freibeweisverfahren.**[44] Es können auch Zeugen vernommen werden,[45] soweit dies neben der dienstlichen Äußerung notwendig erscheint. Eine Vereidigung ist möglich.[46] Umstände, die sich vor demselben Gericht zugetragen haben, können aufgrund eigener Wahrnehmung berücksichtigt werden.[47] 21

2. Ausnahme (Abs. 3 S. 2). Zunächst muss der Richter, gegen den ein Ablehnungsgesuch geltend gemacht wurde, die Zulässigkeit des Gesuchs feststellen.[48] Liegen Zweifel vor, wird er die Entscheidung des anderen Richters nach Abs. 3 S. 1 herbeiführen.[49] Der abgelehnte Richter hat das Recht, eine Erklärung gem. Abs. 3 S. 2 abzugeben, sodann entfällt die Entscheidungsbefugnis des anderen Richters:[50] Der betroffene Richter prüft die vorgebrachten Ablehnungsgründe und erkennt in der nach § 26 Abs. 3 abzugebenden Äußerung die Ablehnungstatsachen an und kommt zu dem Ergebnis, dass er ausgeschlossen ist oder dass der Ablehnungsberechtigte besorgen könne, er sei befangen.[51] Eine Erklärung nach Abs. 3 S. 2 muss **schriftlich** erfolgen und ist **unanfechtbar** (§ 28 Abs. 1). Mit ihr steht fest, dass der abgelehnte Richter nicht mehr berufen ist, an dem Strafverfahren mitzuwirken.[52] 22

Eine Erklärung nach Abs. 3 S. 2 ist dann nicht möglich, wenn ein Ablehnungsgrund, der die Besorgnis der Befangenheit rechtfertigt, dem betroffenen Richter auf andere Weise als durch Ablehnung bekannt wird. Dann liegt ein Fall des § 30 vor und ein anderer Richter hat über die Ablehnung zu entscheiden. 23

Aus dem systematischen Zusammenhang folgt, dass Abs. 3 S. 2 **nur für den Richter am Amtsgericht** gilt. 24

3. Ablehnung mehrerer Richter. Es können mehrere Richter eines Gerichtes abgelehnt werden. Wie zu verfahren ist, hängt davon ab, ob die Gesuche **gleichzeitig** eingehen und **ob gleiche oder unterschiedliche Gründe** angegeben werden. Werden nacheinander Ablehnungsgesuche mit unterschiedlichen Gründen angebracht, so sind sie in der Reihenfolge des Eingangs zu überprüfen.[53] Dies gebietet Art. 101 GG.[54] Bei gleichzeitiger Ablehnung von mehreren Richtern bestimmt sich die Reihenfolge nach der **Aufzählung im Gesuch.**[55] Wurde allerdings immer der gleiche Grund angegeben, hat ein einheitlicher 25

[41] RGSt 60, 44; HK/*Temming* Rn. 13; *Meyer-Goßner* Rn. 9.

[42] SK/*Deiters* Rn. 15; LR/*Siolek* Rn. 30; aA BGH 14.9.1971 – 5 StR 232/71, JR 1972, 119 mit abl. Anm. Peters.

[43] LR/*Siolek* Rn. 30.

[44] RG 30.11.1926 – I 662/26, RGSt 61 (67, 70).

[45] RG 30.11.1926 – I 662/26, RGSt 61 (67, 70).

[46] LR/*Siolek* Rn. 31.

[47] BGH 22.8.2006 – 1 StR 382/06, NStZ 2007, 51; AnwK/*Werner* Rn. 7.

[48] RG 10.2.1882 – 108/82, RGSt 5, 438; RG 7.10.1890 – 2735/90, GA 38 (1891), 425.

[49] OLG Düsseldorf 25.9.1986 – 2 Ws 575/86, MDR 1987, 253: der abgelehnte Richter kann das Verfahren frei entscheiden; LR/*Siolek* Rn. 28; *Meyer-Goßner* Rn. 5; aA HK/*Temming* Rn. 7: es fehle dann an einer gerichtlichen Entscheidung.

[50] OLG Düsseldorf 25.9.1986 – 2 Ws 575/86, MDR 1987, 253.

[51] LR/*Siolek* Rn. 27.

[52] OLG Düsseldorf 25.9.1986 – 2 Ws 575/86, MDR 1987, 253.

[53] BGH 9.10.1995 – 3 StR 324/94, NStZ 1996, 144; bestätigt durch: BVerfG 14.4.2004 – 2 BvR 2225/03, NJW 2004, 2514; LR/*Siolek* Rn. 35; *Meyer-Goßner* Rn. 4; SSW/*Kudlich*/*Noltensmeier* Rn. 4; kritisch u. teilweise aA SK/*Deiters* Rn. 27.

[54] BGH 9.10.1995 – 3 StR 324/94, NStZ 1996, 144.

[55] *Voormann* NStZ 1985, 444 (445); LR/*Siolek* Rn. 35; Radtke/Hohmann/*Alexander* Rn. 13.

Beschluss zu erfolgen.[56] Dies folgt aus Sinn und Zweck des § 27:[57] Würde man die Ablehnungsgesuche hintereinander bescheiden, würde ein Richter über einen Sachverhalt urteilen, der auch sein eigenes Verhalten betrifft. Daher ist ein einheitlicher Beschluss herbeizuführen, wenn die Ablehnungsgründe sich auf denselben tatsächlichen Vorgang beziehen oder in enger sachlicher Verbindung[58] stehen.[59] Werden unterschiedliche Ablehnungsgründe gegen denselben Richter vorgetragen, kann ebenfalls eine einheitliche Entscheidung ergehen.[60]

26 Eine Besonderheit kann sich ergeben, wenn **alle Richter einer Kammer oder Senats** gleichzeitig aus unterschiedlichen Gründen abgelehnt werden. Die Reihenfolge sollte sich auch wegen Art. 101 GG **nach dem Geschäftsverteilungsplan** richten.[61] Alternativ wird vorgeschlagen, nach der Aufzählung im Gesuch zu verfahren.[62] Daneben werden die Anfangsbuchstaben oder das Dienstalter als Reihenfolge anempfohlen.[63] Hält man sich an den Geschäftsverteilungsplan, wird der Vorwurf der Willkür von Anfang an vermieden. Der Grundsatz gilt auch für das obere Gericht.[64]

27 Der Grundsatz des gesetzlichen Richters verbietet jedenfalls eine Sortierung von Gesuchen nach dem Umfang oder der Art der Begründung. Eine Auswahl nach nicht oder weniger gut begründeten Gesuchen ist daher unzulässig.[65] Wird ein Richter und dessen Vertreter gleichzeitig abgelehnt, ist vorab über die Ablehnung des Vertreters zu entscheiden.[66] Dies gilt auch bei einer Anzeige nach § 30.[67] Wurde ein Richter abgelehnt und gegen die über das Ablehnungsgesuch zuständigen Richter geltend gemacht, sie hätten das Gesuch fehlerhaft abgelehnt, darf dieser Richter über die Gesuche nicht sachlich entscheiden.[68]

28 **4. Entscheidung.** Die Entscheidung über das Ablehnungsgesuch ergeht durch Beschluss (§ 28) in Abwesenheit der Beteiligten. Das Gesuch kann als unbegründet zurückgewiesen (§ 28 Abs. 2 S. 1) oder als begründet erklärt (§ 28 Abs. 1) werden. Der Antrag kann auch als unzulässig verworfen werden.[69] § 26a spricht nicht dagegen. Das zur Entscheidung nach § 27 zuständige Gericht hat die Zulässigkeit des Ablehnungsgesuchs ebenfalls zu prüfen. Eine Zurückweisung an das nach § 26a entscheidende Gericht ist nicht vorgesehen.[70] Soweit das Gesuch nicht nach § 26a verworfen wurde, ist allein das Gericht in der Besetzung nach § 27 zuständig. Ansonsten könnte ein Kompetenzstreit entstehen, dessen Lösung nicht geregelt ist.[71]

---

[56] BGH 12.2.1998 – 1 StR 588/97, BGHSt 44, 26; OLG Frankfurt a. M. 19.10.1984 – 1 StE 1/84, StV 1984, 499; OLG Hamburg 6.2.1984 – 2 Ws 571/83, MDR 1984, 512; LG Münster 23.1.1984 – 3 KLs 37 Js 762/83, NStZ 1984, 472; anders OLG Schleswig 10.8.1981 – 1 Ws 213/81, NStZ 1981, 489 Ls. = SchlHA 1982, 31: zunächst Ablehnungsgesuch gegen Vorsitzenden, dann gegen Dienstältesten.

[57] BVerfG 14.4.2004 – 2 BvR 2225/03, NJW 2004, 2514; BGH 12.2.1988 – 1 StR 588/97, StV 1999, 463.

[58] BGH 12.2.1998 – 1 StR 588/97, BGHSt 44, 26.

[59] Dazu auch *Zieschang* StV 1999, 468; LR/*Siolek* Rn. 37.

[60] KG 10.7.2008 – 1 Ss 354/07, NJW 2009, 96 mwN.

[61] KK/*Scheuten* Rn. 3; LR/*Siolek* Rn. 36; BGH 10.11.1967 – 4 StR 512/66, BGHSt 21, 334, 337 hat die Bestimmung offen gelassen.

[62] *Voormann* NStZ 1985, 444, 445; HK/*Temming* Rn. 12.

[63] OLG Schleswig Holstein 10.8.1981 – 1 Ws 213/81, NStZ 1981, 489 Ls. = SchlHA 1982, 31; *Frohne* NStZ 1984, 472 (473); *Günther* NJW 1986, 281 (289): zur Prüfung unzulässiger Ablehnungsgesuche; *Münchhalffen* StraFo 2007, 91 (96).

[64] Vgl. OLG Frankfurt a. M. 26.2.1981 – 3 ARs 27/80, NStZ 1981, 233 (234).

[65] KK/*Scheuten* Rn. 3; HK/*Temming* Rn. 10; LR/*Siolek* Rn. 39; *Meyer-Goßner* Rn. 8; aA OLG Zweibrücken 11.4.1968 – Ws 27/68, NJW 1968, 1439.

[66] BGH 10.11.1967 – 4 StR 512/66, BGHSt 21, 334 (337); *Voormann* NStZ 1985, 444 (445 und 446); SK/*Deiters* Rn. 25.

[67] OLG Oldenburg 21.1.1987 – 2 Ws 16/87, NdsRpfl 1987, 61.

[68] BGH 9.12.1983 – 2 StR 452/83, NJW 1984, 1907; BGH 26.1.2006 – 5 StR 500/05, NJW 2006, 854; zw. BGH 3.12.1991 – 1 StR 120/90, BGHSt 38, 144; BGH 19.5.1994 – 1 StR 132/94, NStZ 1994, 447; vgl. auch BVerfG 20.2.1995 – 2 BvR 1406/94, NJW 1995, 2914; aA BGH 10.11.1967 – 4 StR 512/66, BGHSt 21, 334; HK/*Temming* Rn. 12.

[69] BGH 10.11.1967 – 4 StR 512/66, BGHSt 21, 334 (370).

[70] BeckOK/*Cirener* Rn. 9; *Meyer-Goßner* Rn. 9; offen gelassen: OLG München 22.11.2006 – 4 St RR 182/06, NJW 2007, 449, 450.

[71] So LR/*Siolek* Rn. 1; *Meyer-Goßner* Rn. 9; Radtke/Hohmann/*Alexander* Rn. 12.

a) Gründe. Gründe sind nur erforderlich, wenn der Beschluss mit Rechtsmittel angefochten werden kann (§ 28 Abs. 2). Bei stattgebenden Beschlüssen kann daher von einer Begründung abgesehen werden.[72] Eine Kostenentscheidung wird nicht getroffen.[73] Nur die Ablehnungsgründe, die innerhalb der Antragsfrist nach § 25[74] vorgebracht worden sind, dürfen in der Begründetheitsprüfung beachtet werden.[75] 29

b) Bekanntgabe. Der Beschluss muss gegenüber Personen außerhalb des Gerichts bekannt gemacht werden. Die Art der Bekanntgabe richtet sich danach, ob ein **erkennender Richter** abgelehnt wurde. Ist dies der Fall (§ 28 Abs. 2 S. 2), reicht eine **formlose Verkündung** (§ 35 Abs. 2 S. 2), da die Entscheidung nur mit dem Urteil angefochten werden kann und daher keine Frist läuft. Wurde ein **nichterkennender Richter** abgelehnt (§ 28 Abs. 2 S. 1), muss eine **förmliche Zustellung** erfolgen (§ 35 Abs. 2 S. 1). Nichterkennend in diesem Sinne ist ein Richter auch dann, wenn er zwar später erkennender Richter werden würde, über seine Ablehnung jedoch noch vor der Hauptverhandlung entschieden wird.[76] 30

Für die **formlose Verkündung** genügt die mündliche Mitteilung an den abgelehnten Richter oder eine Vorlage der Urschrift.[77] Die Bekanntgabe kann auch bei Fortsetzung der Hauptverhandlung durch Verkündung erfolgen (§ 35 Abs. 1). Dann ist aber eine Protokollierung notwendig, § 274. Bedenken gegen eine solche Vorgehensweise sind nicht ersichtlich.[78] Auch der abgelehnte Richter selbst kann die Verkündung übernehmen,[79] wenn das Gesuch als unzulässig verworfen oder als unbegründet zurückgewiesen wurde. Der Antragsteller hat einen Anspruch auf eine Abschrift des Beschlusses (§ 35 Abs. 1 S. 2). Sie muss aber erst nach Schluss der Hauptverhandlung erteilt werden. Zuvor besteht nicht immer ein rechtliches Interesse daran, weil der Beschluss ohnehin nur mit dem Urteil angefochten werden kann (§ 28 Abs. 2 S. 2).[80] Etwas anderes kann vor allem dann gelten, wenn sich aus den Beschlussgründen Anhaltspunkte für eine Besorgnis der Befangenheit der Richter bieten, die über das Gesuch entschieden haben. 31

c) Wirkung. Ist der **ablehnende Beschluss** rechtskräftig oder der Beschluss nur mit dem Urteil anfechtbar, muss der erfolglos abgelehnte Richter wieder mitwirken.[81] Es tritt der Zustand ein, der vor der Ablehnung bestand. Soweit über den Ablehnungsgrund sachlich entschieden wurde, gilt er grundsätzlich als verbraucht, so dass er nicht ein weiteres Mal vorgebracht werden kann.[82] Ein Verbrauch tritt aber nicht ein, wenn der gleiche Ablehnungsgrund mit anderen Tatsachen begründet wird.[83] 32

Ist die Ablehnung begründet (**stattgebender Beschluss,** § 28 Abs. 1), muss sich der abgelehnte Richter jeder Tätigkeit enthalten.[84] Er ist wie ein ausgeschlossener Richter im Sinne des § 338 Nr. 3 zu behandeln. Der Ausschuss gilt für das gesamte Strafverfahren. Dabei ist es irrelevant, ob der Richter gegenüber dem Ablehnungsberechtigten oder einem anderen Prozessbeteiligten handelt.[85] Er kann in einem einheitlichen Verfahren nicht *teilweise befugt* 33

---

[72] Eine solche aber empfehlend: KMR/*Bockemühl* Rn. 14; AK/*Wassermann* Rn. 8.

[73] KK/*Scheuten* Rn. 14.

[74] BGH 29.8.1952 – 1 StR 256/52, MDR 1952, 659.

[75] LR/*Siolek* Rn. 30; KMR/*Bockemühl* Rn. 14; aA BGH 14.9.1971 – 5 StR 232/71, JR 1972, 119 mit abl. Anm. Peters.

[76] Vgl. LR/*Siolek* Rn. 48.

[77] RG 26.9.1924 – I 756/24, RGSt 58, 285 (288); RG 17.10.1911 – 4 D 721/11, GA 59 (1912) 351; BGH 3.3.1961 – 4 StR 548/60, BGHSt 15, 384 (386).

[78] RG 19.12.1890 – 2721/90, RGSt 21, 250; RG 26.9.1924 – I 756/24, RGSt 58, 285.

[79] BGH 3.3.1961 – 4 StR 548/60, BGHSt 15, 384; RG 26.9.1924 – I 756/24, RGSt 58, 285 (287 ff).

[80] LR/*Siolek* Rn. 10; KK/*Maul* § 35 Rn. 9: berechtigtes Interesse ist Voraussetzung; aA AnwK/*Werner* Rn. 10; LR/*Graalmann-Scheerer* § 35 Rn. 12.

[81] BGH 10.11.1967 – 4 StR 512/66, BGHSt 21, 334 (335).

[82] RG 3.11.1884 – 2323/84, RGSt 11, 224; RG GA 44 (1896), 385; OLG Hamm 27.6.1966 – 3 Ws 50/66, NJW 1966, 2073; LR/*Siolek* Rn. 43; kritisch *Günther* NJW 1986, 281 (288).

[83] RG 13.2.1893 – 4117/92, RGSt 24, 14; BGH 10.11.1967 – 4 StR 512/66, BGHSt 21, 334 (353); → § 25 Rn. 12.

[84] OLG Koblenz 6.7.1982 – 1 Ws 183/82, NStZ 1983, 471.

[85] BGH 7.11.1987 – 5 StR 314/78, GA 1979, 311.

sein.[86] Eine Trennung des Verfahrens bei mehreren Angeklagten würde eine Umgehung der getroffenen Entscheidung darstellen und ist nicht zulässig.[87] In anderen Verfahren ist eine Mitwirkung des abgelehnten Richters weiterhin möglich. Ihm steht es frei, sich ggf. selbst nach § 30 anzuzeigen.[88] Hat der Richter vor seiner erfolgreichen Ablehnung bereits Entscheidungen getroffen, bleiben diese von dem stattgebenden Beschluss unberührt. Eine erfolgreiche Ablehnung hat im Gegensatz zur Ausschließung **keine Rückwirkung.** Entscheidend für die Wirkung der Ablehnung ist der Beschluss und nicht das Vorliegen des Ablehnungsgrundes.[89] Eine Rückwirkung lässt sich auch nicht durch eine analoge Anwendung des § 359 (Wiederaufnahme des Verfahrens) begründen.[90] Der abgelehnte Richter darf eine Mitwirkung an einer nachträglichen Protokollierung daher nicht verweigern.[91]

V. Beschlussunfähigkeit (Abs. 4)

34 Der Abs. 4 regelt den Fall des beschlussunfähigen zuständigen Gerichts, indem das **zunächst obere Gericht** die Entscheidung zugewiesen bekommt. Das ist das Gericht, welches in der Hierarchie unmittelbar über dem beschlussunfähig gewordenen steht.[92] Es kommt nicht auf den Instanzenzug an. Das zunächst obere Gericht bleibt zuständig, bis die Beschlussfähigkeit des unteren Gerichtes wieder hergestellt ist.[93] Die Prüfungsreihenfolge der Ablehnungsgesuche richtet sich nach den Geschäftsverteilungsplan des unteren Gerichtes.[94]

35 Eine Beschlussunfähigkeit kommt selten vor. Sie ist erst gegeben, wenn **nicht nur vorübergehend** kein Vertreter mehr vorhanden bzw. nicht bestellt werden kann,[95] dh auf Dauer dürfen beim Gericht nicht mehr so viele Vertreter bestellt werden können, wie erforderlich sind, um den abgelehnten Richter zu ersetzen.[96] Es reicht nicht, wenn etwa nur an einem Tag die erforderliche Richterzahl fehlt.[97]

36 Kann bei Ablehnung einer gesamten Kammer der Vorsitzende durch das Mitglied einer anderen Kammer ersetzt werden, ist – abgesehen im Fall des § 21f Abs. 2 GVG – ebenso noch keine Beschlussunfähigkeit gegeben.[98] Notfalls kann die Beschlussfähigkeit durch den Präsidenten (§ 21i Abs. 2 S. 1 GVG) oder durch das Präsidium (§ 21e Abs. 1 S. 1 GVG) aufrechterhalten werden.[99] Bei der auswärtigen Strafkammer ist die Besetzung dieser Kammer entscheidend und nicht die Strafkammer des Landgerichts.[100] In dem außergewöhnlichen Fall, dass der BGH beschlussunfähig sein sollte, muss wohl der abgelehnte Richter mitwirken.[101]

---

[86] BGH 7.11.1987 – 5 StR 314/78, GA 1979, 311; LR/*Siolek* Rn. 46.

[87] BGH 7.11.1987 – 5 StR 314/78, GA 1979, 311; HK/*Temming* Rn. 15; KMR/*Bockemühl* Rn. 17.

[88] HK/*Temming* Rn. 16; KK/*Fischer* Rn. 16; KMR/*Bockemühl* Rn. 17; LR/*Siolek* Rn. 46.

[89] OLG Hamm 2.9.1963 – 2 Ss 1785/62, MDR 1964, 344; OLG Koblenz 6.7.1982 – 1 Ws 183/82, NStZ 1983, 471; LR/*Siolek* Rn. 45; *Meyer-Goßner* Rn. 11; aA *Janssen* StV 2002, 170.

[90] HK/*Temming* Rn. 17; LR/*Siolek* Rn. 45.

[91] OLG Hamm 2.9.1963 – 2 Ss 1785/62, MDR 1964, 344; OLG Koblenz 6.7.1982 – 1 Ws 183/82, NStZ 1983, 471; SK/*Rudolphi* Rn. 14; LR/*Siolek* Rn. 45.

[92] So LG Hannover 22.7.1966 – 41-21-4/66, NdsRpfl. 1966, 275 (276); HK/*Temming* Rn. 9; KK/*Scheuten* Rn. 11; KMR/*Bockemühl* Rn. 10; LR/*Siolek* Rn. 24; *Meyer-Goßner* Rn. 8; SK/*Deiters* Rn. 11; nach einem früheren Streitstand wurde ua als das zunächst obere Gericht das im Instanzenzug vorgesetzte gesehen, dazu: LR/*Siolek* Rn. 22 ff.

[93] OLG Frankfurt a. M. 26.2.1981 – 3 ARs 27/80, NStZ 1981, 233; *Meyer-Goßner* Rn. 8.

[94] OLG Frankfurt a. M. 26.2.1981 – 3 ARs 27/80, NStZ 1981, 233 (234); OLG Oldenburg 21.1.1987 – 2 Ws 16/87, NdsRpfl 1987, 61 (62).

[95] BGH 3.3.1959 – 1 StR 646/58, NJW 1959, 1141; RG 10.12.1907 – V 592/07, RGSt 40, 436 (438); OLG Stuttgart 23.7.1974 – 3 Ars 35/74, MDR 1974, 1034; OLG Zweibrücken 11.4.1968 – Ws 27/68, NJW 1968, 1439.

[96] BeckOK/*Cirener* Rn. 8.

[97] RG 10.12.1907 – V 592/07, RGSt 40, 436; OLG Kassel 19.10.1889, GA 37 (1889) 449.

[98] BGH 3.3.1959 – 1 StR 646/58, NJW 1959, 1141; HK/*Temming* Rn. 10.

[99] Vgl. LR/*Siolek* Rn. 19 mit Verweis auf OLG Zweibrücken 11.4.1968 – Ws 27/68, NJW 1968, 1439; OLG Stuttgart 23.7.1974 – 3 Ars 35/74, MDR 1974, 1034 (1035).

[100] OLG Kassel 19.10.1889, GA 37 (1889), 449; *Müller* NJW 1963, 614 (616).

[101] LR/*Siolek* Rn. 24.

§ 28 [Rechtsmittel]

(1) Der Beschluß, durch den die Ablehnung für begründet erklärt wird, ist nicht anfechtbar.

(2) [1]Gegen den Beschluß, durch den die Ablehnung als unzulässig verworfen oder als unbegründet zurückgewiesen wird, ist sofortige Beschwerde zulässig. [2]Betrifft die Entscheidung einen erkennenden Richter, so kann sie nur zusammen mit dem Urteil angefochten werden.

Schrifttum: *Meyer-Mews,* Ablehnungsrecht für Feinschmecker: Der erkennende Richter iSd. § 28 Abs. 2 S. 2 StPO, StraFo 2008, 182; *Schmidt-Leichner,* Befangenheitsgründe und Instanzenzug im politischen Strafrecht, NJW 1977, 1804; *Sieg,* Zum Begriff des erkennenden Richters im Sinne des § 28 II 2 StPO, StV 1990, 283.

Übersicht

A. Überblick

Die Vorschrift behandelt die Anfechtbarkeit von Entscheidungen nach §§ 26a und 27. 1
Ursprünglich fehlte eine Bestimmung für ein Rechtsmittel gegen Verwerfungsbeschlüsse wegen Unzulässigkeit. Nach einzelnen Veränderungen wurde die Vorschrift durch Art. 5 Nr. 6 StPÄG 1964 in der heutigen Fassung Gesetz.[1]

B. Erläuterungen

I. Keine Anfechtung stattgebender Entscheidungen (Abs. 1)

Ein erfolgreiches Ablehnungsgesuch kann weder widerrufen[2] noch erfolgreich angegrif- 2
fen werden. Abs. 1 konstituiert die Unanfechtbarkeit stattgebender Beschlüsse – auch wenn aufgrund einer Selbstanzeige nach § 30 entschieden wurde.[3] Diese gesetzgeberische Wertung darf nicht umgangen werden, so dass eine Anfechtung in der Revision gleichfalls ausscheidet.[4] Dies folgt bereits aus § 336 S. 2; eine Besetzungsrüge nach § 338 Nr. 1 ist daher unzulässig.[5] Die Ansicht, der Grundsatz des gesetzlichen Richters nach Art. 101 GG verdränge die Regelung nach § 336 S. 2 überzeugt nicht.[6] Wer für einen abgelehnten Richter eintritt, ist **gesetzlicher Richter,** wenn das Gericht die Ablehnung für begründet erklärt bzw. ein Amtsrichter das Gesuch nach § 27 Abs. 3 S. 2 für begründet hält.[7] In der

[1] Näheres bei LR/*Siolek* Entstehungsgeschichte.
[2] *Meyer-Goßner* Rn. 1; KK/*Scheuten* Rn. 1.
[3] *Meyer-Goßner* Rn. 1; LR/*Siolek* Rn. 1.
[4] KK/*Scheuten* Rn. 1; LR/*Siolek* Rn. 1; *Meyer-Goßner* Rn. 1.
[5] So aber BGH 3.2.1982 –2 StR 374/81, NStZ 1982, 291 (292).
[6] So BGH 3.2.1982 –2 StR 374/81, NStZ 1982, 291 (292), wohl auch *Joecks* Rn. 1; wie hier: KK/*Fischer* Rn. 1; KMR/*Bockemühl* Rn. 1.
[7] BGH 13.3.1962 – 5 StR 544/61, GA 109 (1962), 338; KK/*Scheuten* Rn. 1.

Regel ist das Gericht daher in diesen Fällen ordnungsgemäß besetzt gewesen,[8] es sei denn die Entscheidung ist **willkürlich** und nicht lediglich rechtsirrig getroffen worden.[9]

II. Anfechtung zurückweisender Entscheidungen (Abs. 2)

3 Angreifbar sind Beschlüsse, durch die ein Ablehnungsgesuch als unzulässig verworfen (§ 26a) oder als unbegründet zurückgewiesen worden ist (Abs. 2).

4 **1. Nichterkennender Richter – sofortige Beschwerde (Abs. 2 S. 1).** Soweit die Entscheidung einen **nichterkennenden Richter** betrifft, ist die sofortige Beschwerde nach Maßgabe des § 304 statthaft. Zu beachten ist aber, dass die sofortige Beschwerde nach § 304 Abs. 4 gegen Entscheidungen des BGH oder eines OLG unzulässig ist,[10] und zwar auch wenn das Oberlandesgericht in erster Instanz entscheidet.[11]

5 Nach § 311 Abs. 2 ist die sofortige Beschwerde binnen einer Wochenfrist, beginnend mit der Bekanntgabe der Entscheidung, einzulegen. Allein der Ablehnende ist **beschwerdebefugt.** Dies gilt nicht für einen Ablehnungsberechtigen, der von seinem Ablehnungsrecht keinen Gebrauch gemacht hat.[12] Dem Richter steht überhaupt kein Beschwerderecht zu, auch wenn er sich – im Gegensatz zur Ansicht des Gerichts – für ausgeschlossen oder befangen hält.[13]

6 Das Beschwerdegericht prüft den angefochtenen Beschluss **vollumfänglich**[14] und trifft eine eigene Entscheidung in der Sache unabhängig davon, ob das Gesuch als unbegründet oder zu Unrecht als unzulässig verworfen wurde.[15] Es ist daher gehalten, den Sachverhalt selbst aufzuklären (§ 308 Abs. 2) und lückenhafte Feststellungen zu schließen, indem bspw. fehlende dienstliche Äußerungen eingeholt werden.[16] Der Antragsteller darf keine weiteren Ablehnungsgründe nachschieben; eine weitere Glaubhaftmachung bleibt dagegen möglich.[17] Der Vortrag neuer Ablehnungsgründe ist der Sache nach ein neues Ablehnungsgesuch.

7 Ein **Zurückverweisen** an das Ausgangsgericht ist dagegen **gesetzlich nicht vorgesehen.** Es ist umstritten, ob diese Verfahrensweise im Beschwerderechtszug überhaupt zulässig ist.[18] In Ablehnungsverfahren wird es gelegentlich so praktiziert.[19] Wenn in der Vorinstanz ein ausgeschlossener Richter mitgewirkt hat, liegt das auch nicht völlig fern.[20]

8 Die Beschwerde kann durch prozessuale Überholung **unzulässig werden.** Dies ist etwa der Fall, wenn ein Instanzenwechsel eintritt und ausgeschlossen ist, dass der abgelehnte Richter an der Entscheidung mitwirkt. Der Schutzzweck der Ablehnungsvorschriften ist dann bereits erreicht[21] bzw. kann nicht mehr erreicht werden.

9 Soweit sich das Ausgangsgericht **für unzuständig erklärt** und daher keine Entscheidung über das Ablehnungsgesuch trifft, fehlt es an einer gesetzlichen Regelung. Dann ist Abs. 2 S. 1 entsprechend anzuwenden, um dem Antragsteller im Interesse der Verfahrensbeschleu-

---

[8] Dazu vgl. auch LR/*Siolek* Rn. 1.

[9] BGH 13.3.1962 – 5 StR 544/61, GA 109 (1962), 338; BGH 28.10.1970 – 4 Ss 80/70, GA 118 (1971), 185, 186; KK/*Scheuten* Rn. 1; KMR/*Bockemühl* Rn. 1; BeckOK/*Cirener* Rn. 2; SK/*Deiters* Rn. 1.

[10] BGH 5.1.1977 – 3 StR 433/76, BGHSt 27, 96.

[11] BGH 5.1.1977 – 3 StR 433/76, BGHSt 27, 96; zur Verfassungsgemäßheit von Abs. 2 S. 2 vgl. BVerfG 21.6.1977 – 2 BvR 308/77, BVerfGE 45, 363.

[12] LR/*Siolek* Rn. 5.

[13] AK/*Dästner* Rn. 3; KMR/*Bockemühl* Rn. 3.

[14] BGH 14.9.2004 – 1 StR 44/04, NStZ-RR 2006, 5; SK/*Deiters* Rn. 6.

[15] KK/*Scheuten* Rn. 4; KMR/*Bockemühl* Rn. 3; AnwK/*Werner* Rn. 3.

[16] OLG Hamburg 8.11.2007 – 2 Ws 331/07, OLGSt Nr. 1 zu § 26; *Meyer-Goßner* Rn. 4.

[17] *Meyer-Goßner* Rn. 3; BeckOK/*Cirener* Rn. 4; aA OLG Schleswig 10.8.1981 – 1 Ws 213/81, NStZ 1981, 489: auch Nachschieben von Ablehnungsgründen möglich.

[18] Vgl. BGH 24.6.1992 – 1 StE 11/88 StB 8/92, BGHSt 38, 312; *Meyer-Goßner* § 309 Rn. 8; Graf/*Cirener* § 309 Rn. 11.

[19] KG 6.3.1991 – 4 Ws 34/91, NStZ 1991, 401.

[20] Vgl. OLG Saarbrücken 15.9.1965 – Ws 148/65, NJW 1966, 167; OLG Bremen 21.12.1965 – Ws 247/65, NJW 1966, 605.

[21] OLG Stuttgart 19.1.2012 – 1 Ws 208/11, Justiz 2012, 301 f.

nigung die sofortige Beschwerde zu ermöglichen. Deutlich wird dies, wenn sich das erkennende Gericht nach Abs. 2 S. 2 für unzuständig erklärt, da diese Erklärung ansonsten nicht anfechtbar wäre.[22] Das Beschwerdegericht hat sich dann auf die Zuständigkeitsfrage zu beschränken und darf nicht in der Sache entscheiden. Die Sachentscheidung ist ggf. im Anschluss durch das erkennende Gericht zu treffen,[23] sonst wird dem Antragsteller eine „Instanz" genommen.

Die Beschwerdeentscheidung kann im Revisionsverfahren nicht mit dem **Revisionsgrund** des § 338 Nr. 3 angegriffen werden, weil die Entscheidung durch das Revisionsgericht nicht überprüft wird, vgl. § 336 S. 2.[24] Nichts anderes gilt, wenn erst gar keine Beschwerde eingelegt wurde.[25] Nur wenn das Beschwerdegericht die Beschwerde rechtsirrig als unzulässig verworfen hat, da es das Revisionsgericht für zuständig gehalten hat, greift der Ausschluss nach § 336 S. 2 nicht.[26] Dies dürfte aber von geringer praktischer Relevanz sein. Möglich bleibt zudem die Rügemöglichkeit nach § 338 Nr. 2 (Ausschluss kraft Gesetz).[27] 10

2. Erkennender Richter – Anfechtung mit dem Urteil (Abs. 2 S. 2). Betrifft die Entscheidung einen erkennenden Richter, ist eine Anfechtung nur „zusammen mit dem Urteil" zulässig. Das soll verhindern, dass ausstehende bzw. laufende Hauptverhandlungen durch den Beschwerderechtszugs verzögert werden.[28] Allerdings sind Fälle denkbar, in denen das Gericht ein Interesse an einer Entscheidung des Beschwerdegerichts haben kann. So kann es bedeutsam sein, die Hauptverhandlung von der Last zu befreien, dass das Urteil womöglich in der Revision aufgehoben wird. Faktisch verkürzt dieses Regularium wohl auch den Rechtsschutz des Betroffenen. Ein Beschwerdegericht mag prinzipiell geneigter sein, einem Ablehnungsgesuch zu Beginn einer Hauptverhandlung stattzugeben, als das Revisionsgericht viele Monate und Hauptverhandlungstage später – zumal wenn es sich in die Verlegenheit kommen sieht, ein vermeintlich „goldrichtiges" Urteil aufheben zu müssen. Der Wortlaut ist jedoch eindeutig und lässt keine Ausnahmen zu.[29] 11

Beim Verfahren nach Abs. 2 S. 2 bleibt es auch dann, wenn der Amtsrichter einen Antrag selbst als unbegründet zurückgewiesen hat, obwohl ein anderer Richter beim Amtsgericht zuständig gewesen wäre (§ 27 Abs. 3 S. 2). Erforderlich ist insoweit nur, dass der unzuständige Richter ein erkennender Richter war.[30] 12

Form und **Frist** der Anfechtung richten sich nach dem jeweiligen **Rechtsmittel.**[31] Der Wille, den Verwerfungs- oder Zurückweisungsbeschluss anfechten zu wollen, muss klar zum Ausdruck kommen. Allein das Einlegen von Rechtsmitteln gegen das Urteil schließt nicht notwendig die Anfechtung der Zurückweisung des Ablehnungsgesuchs mit ein.[32] Bei der Berufung ist zudem zu beachten, dass die Anfechtung der Entscheidung von vornherein nutzlos ist, weil das Berufungsgericht unabhängig von dieser Frage in der Sache urteilen muss und nicht an das Amtsgericht zurückverweisen kann.[33] Ist das Urteil unanfechtbar, besteht auch gegen die Ablehnungsentscheidung kein Rechtsmittel.[34] 13

---

[22] LR/*Siolek* Rn. 6; SK/*Deiters* Rn. 4.
[23] RGSt 19, 332, 338; LR/*Siolek* Rn. 6.
[24] BGH 4.12.1951 – 1 StR 594/51, NJW 1952, 234.
[25] BGH 28.11.1961 – 1 StR 432/61, NJW 1962, 260 (261).
[26] *KMR/Bockemühl* Rn. 4; *Meyer-Goßner* Rn. 4.
[27] KK/*Scheuten* Rn. 12; LR/*Siolek* Rn. 10.
[28] RG 27.9.1882 – 3175/81, RGSt 7, 175 (175 f.); KG 4.6.1975 – 3 Ws 116/75, JR 1976, 26.
[29] *De lege ferenda* wäre zu erwägen, eine Zulassung der Beschwerde durch das Gericht zu ermöglichen; so auch LR/*Siolek* Rn. 19.
[30] OLG Saarbrücken 23.7.1965 – Ws 107/65, NJW 1966, 169 (170).
[31] OLG Köln 19.3.1976 – Ss 118/76, MDR 1976, 774; *Pfeiffer* Rn. 4.
[32] BayObLG 20.11.1956 – 2 St 371/56, NJW 1957, 599; *Pfeiffer* Rn. 4.
[33] Zu engen, aber nicht einschlägigen Ausnahmen vgl. *Meyer-Goßner* Rn. 4; → Rn. 26 ff. Vgl. zur Problematik der Anfechtung in der Berufung SK/*Deiters* Rn. 9 ff.
[34] BeckOK/*Cirener* Rn. 8.

14 Trotz der Verbindung mit den Rechtsmitteln gegen das Urteil sind zusätzlich die Anfechtungsvoraussetzungen der sofortigen Beschwerde zu beachten.[35] Abs. 2 S. 2 bietet dem Antragsteller nicht mehr, sondern bestenfalls genauso viel und im Einzelfall weniger Rechtsschutz als Abs. 2 S. 1. So bleiben erstinstanzliche Entscheidungen des OLG in den Fällen des § 304 Abs. 4 S. 2 (→ Rn. 4) unanfechtbar und werden nicht dadurch anfechtbar, dass gegen das Urteil selbst die Revision statthaft ist.[36]

15 **a) Erkennender Richter. aa) Begriff.** Erkennender Richter ist, wer zur Mitwirkung in der Hauptverhandlung berufen ist.[37] Das kann auch ein Ergänzungsrichter (§ 192 Abs. 2 GVG) sein, wenn sein Eintritt noch bevorsteht,[38] oder ein Ergänzungsschöffe (§ 31 Abs. 1), der zwar an der Hauptverhandlung teilnimmt, aber noch nicht eingetreten ist.[39] Erkennender Richter ist ferner, wer im Verfahren nach § 27 über Ablehnungsgesuche gegen die in der Hauptverhandlung mitwirkenden Richter zu entscheiden hat,[40] bis sie über das Ablehnungsgesuch entschieden haben.[41]

16 Auch bei der Revisionsverwerfung nach § 349 Abs. 2 entscheiden erkennende Richter.[42] Zur Vermeidung von Rechtsschutzlücken kann gegen die Ablehnung eines Befangenheitsgesuchs im Revisionsverfahren die Verletzung des Anspruchs auf rechtliches Gehör geltend gemacht werden.[43]

17 Wenig überzeugend ist die Tendenz der Rechtsprechung Abs. 2 S. 2 weitgehend analog im Strafvollstreckungsverfahren anzuwenden, vorgeblich um eine Zersplitterung der Rechtswege zu vermeiden.[44] Gleiches gilt im Strafvollzugsverfahren[45] – einschließlich des einstweiligen Rechtsschutzes dort[46] –, bei Ablehnungsgesuchen im Wiederaufnahmeverfahren[47] sowie im gerichtlichen Disziplinarverfahren nach der WDO.[48] Dafür gibt es kein Bedürfnis, zumal der Grund für die Existenz des § 28 Abs. 2 S. 2 darin liegt, laufende Hauptverhandlungen nicht zu verzögern. Die genannten Verfahren kennen aber keine Hauptverhandlung.

18 **bb) Maßgeblicher Zeitpunkt.** Die Eigenschaft als erkennender Richter beginnt mit der Rechtshängigkeit. Diese beginnt im erstinstanzlichen Verfahren grundsätzlich mit der **Eröffnung des Hauptverfahrens,** also mit Erlass des Eröffnungsbeschlusses.[49] Der Erlass

---

[35] *Meyer-Goßner* Rn. 8.

[36] BGH 5.1.1977 – 3 StR 433/76, BGHSt 27, 69; BGH 16.1.2007 – 3 StR 251/06, NStZ 2007, 417.

[37] OLG Karlsruhe 18.10.1974 – 1 Ws 339/74, NJW 1975, 458, 459); BayObLGSt 24, 108, 109; *Meyer-Goßner* Rn. 6.

[38] OLG Celle 28.2.1973 – 2 Ws 44/73, NJW 1973, 1054; *Meyer-Goßner* Rn. 6; KK/*Scheuten* Rn. 5; aA LR/*Siolek* Rn. 14: erst ab dem Zeitpunkt, in dem feststeht, dass er eintritt.

[39] OLG Schleswig 5.5.1994 – 3 Ws 163–164/94, 3 Ws 163/94, 3 Ws 164/94, StV 1994, 641.

[40] KK/*Scheuten* Rn. 5; mit Einschränkungen *Sieg* StV 1990, 283, 284.

[41] BGH 16.8.2007 – 1 StR 304/07, NStZ 2007, 719; OLG Hamburg 24.9.1998 – 1 Ws 189/98, NStZ 1999, 50.

[42] BGH 6.2.2009 – 1 StR 541/08, NJW 2009, 1092.

[43] BGH 6.2.2009 – 1 StR 541/08, NJW 2009, 1092.

[44] OLG Rostock 13.8.2010 – I Vollz(Ws) 9/10; OLG Brandenburg 15.7.2004 – 1 Ws 99/04, NStZ 2005, 296; KG 13.8.1982 – 2 Ws 176/82 Vollz – 2 Ws 171/82, NStZ 1983, 44; OLG Düsseldorf 1.10.1986 – 1 Ws 859/86, NStZ 1987, 290; *Meyer-Goßner* Rn. 6a; aA auch OLG Saarbrücken 6.2.2007 – 1 Ws 18/07, NStZ-RR 2007, 222; OLG Hamm 8.11.2007 – 2 Ws 331/07, NStZ 2009, 53.

[45] OLG Brandenburg 15.7.2004 – 1 Ws 99/04, NStZ 2005, 296; OLG Celle 26.5.1998 – 17 StVK 522/97, StraFo 1998, 428; OLG Frankfurt a. M. 12.8.1996 – 3 Ws 661/96, NStZ-RR 1996, 352; OLG Koblenz 11.2.1986 – 2 Vollz (Ws) 3/86, NStZ 1986, 384; aA auch OLG Nürnberg 24.6.1988 – Ws 634/88, NStZ 1988, 475, HK/*Temming* § 28 Rn. 9; *Chlosta* abl. Anmerkung zu OLG Düsseldorf 1.10.1986 – 1 Ws 859/86, NStZ 1987, 290 (291 f.).

[46] OLG Hamburg v. 3 Vollz (Ws) 45/08, StraFo 2008, 520.

[47] OLG Frankfurt a. M. 18.1.2007 – 2 Ws 2/07, NStZ-RR 2007, 222; aA auch OLG Frankfurt a. M. 19.9.2008 – 1 Ws 27/08, NStZ 2008, 378; BeckOK/*Cirener* Rn. 9.4.

[48] BVerwG 5.1.2010 – 2 WD 26/09, DÖV 2010, 619.

[49] BGH 4.12.1951 – 1 StR 594/51, NJW 1952, 234; OLG Karlsruhe 18.10.1974 – 1 Ws 339/74, NJW 1975, 458; OLG Köln 27.10.1992 – 2 Ws 488/92, NJW 1993, 608; OLG Hamm 25.4.2002 – 2 Ws 85/02, NStZ-RR 2002, 238.

des Eröffnungsbeschlusses ist selbst schon ein Akt des erkennenden Gerichts.[50] Eröffnet ein höheres Gericht vor einem niedrigerem, werden dessen Mitglieder mit der Eröffnung erkennende Richter.[51] **Unerheblich** ist der Beginn der Hauptverhandlung, bzw. ob diese unterbrochen oder ausgesetzt worden ist.[52]

Die Beurteilung, ob ein erkennender Richter betroffen ist, richtet sich nach dem **Zeitpunkt der Bescheidung über die Ablehnung** und nicht der Antragseinlegung, denn nur dann betrifft die Entscheidung einen erkennenden Richter.[53] Daher ist auch dann ein erkennender Richter betroffen, wenn der Antrag vor Eröffnung des Hauptverfahrens gestellt, jedoch erst nach diesem Zeitpunkt beschieden wurde.[54] Eine im Zwischenverfahren eingelegte sofortige Beschwerde wird mit dessen Erlass des Eröffnungsbeschlusses unzulässig und damit gegenstandslos.[55] Das erscheint überdenkenswert, weil der abgelehnte Richter sich so eigenmächtig der Kontrolle durch das Beschwerdegericht entziehen kann. Drängt sich dem besonnenen Beobachter eine Flucht des Richters in den § 28 Abs. 2 S. 2 geradezu auf, kann dies erneut die Besorgnis der Befangenheit erregen. Anders liegt der Fall, wenn der abgelehnte Richter nach Erlass des Ablehnungsbeschlusses, aber vor der Beschwerdeentscheidung ausscheidet. Ein erkennender Richter ist dann **nicht** mehr betroffen und der Antrag wird unzulässig und eine sofortige Beschwerde ist als (nunmehr) unbegründet zu verwerfen.[56] 19

Die Eigenschaft als erkennender Richter erstreckt sich auf das gesamte Hauptverfahren.[57] Wird ein Richter bspw. nach Eröffnung des Hauptverfahrens abgelehnt und die Entscheidung ergeht vor Beginn der Hauptverhandlung, bleibt der Richter ein erkennender Richter. Da die Entscheidung fortwirkt, ist sie mit der Revision anfechtbar.[58] Bei der **Zurückverweisung** nach §§ 328 Abs. 2, 354 Abs. 2, 3, 355 beginnt die Eigenschaft als erkennender Richter mit dem Eingang der Akten.[59] Beim **Berufungs- und Revisionsrechtszug** mit der Vorlage der Akten gem. §§ 321, 347 Abs. 2.[60] 20

In Verfahrensarten **ohne Eröffnungsbeschluss** ist auf die gerichtliche Verfügung abzustellen, die erkennen lässt, dass und vor welchem Gericht die Hauptverhandlung stattfinden soll.[61] Im beschleunigten Verfahren nach §§ 417 ff. ist demnach die Terminsanberaumung oder die Anordnung zur sofortigen Durchführung der Hauptverhandlung der entscheidende Zeitpunkt.[62] Im Strafbefehlsverfahren wird der Richter mit der Unterzeichnung des Strafbefehls bzw. Anberaumung der Hauptverhandlung, § 408, ein erkennender im Sinne des Gesetzes.[63] Soweit gegen einen Strafbefehl (§ 411 Abs. 1 S. 2) oder im selbständigen Einziehungsverfahren (§ 440) Einspruch eingelegt wird, ist die Terminsbestimmung entscheidend.[64] Im Wiederaufnahmeverfahren richtet sich die Beurteilung, ob der Antragsteller einen erkennenden Richter ablehnt, nach allen richterlichen Handlungen, die nach Anordnung der Wiederaufnahme sowie Erneuerung der Hauptverhandlung getroffen werden.[65] 21

---

[50] LR/*Siolek* Rn. 750.
[51] LR/*Siolek* Rn. 14.
[52] BGH 24.3.1982 – 2 StR 105/82, BGHSt 31, 15; SK/*Deiters* Rn. 16.
[53] OLG Karlsruhe 18.10.1974 – 1 Ws 339/74, NJW 1975, 458; OLG Hamburg 24.9.1998 – 1 Ws 189/98, NStZ 1999, 50; SK/*Deiters* Rn. 17.
[54] OLG Köln 27.10.1992 – 2 Ws 488/92, NJW 1993, 608; *Meyer-Goßner* Rn. 7.
[55] OLG Düsseldorf 7.11.2002 – 3 Ws 407/02, NStZ 2003, 448.
[56] OLG Hamburg 24.9.1998 – 1 Ws 189/98, NStZ 1999, 50; LR/*Siolek* Rn. 18; aA AK/*Dästner* Rn. 4.
[57] BGH 24.3.1982 – 2 StR 105/82, BGHSt 31, 15; KK/*Scheuten* Rn. 6.
[58] Vgl. BGH 24.3.1982 – 2 StR 105/82, BGHSt 31, 15.
[59] *Meyer-Goßner* Rn. 6.
[60] OLG Karlsruhe 12.1.1998 – 3 Ws 5/98, NStZ-RR 1998, 144; KG 2.6.1980 – 4 Ws 65/80, JR 1981, 168; OLG Karlsruhe 18.10.1974 – 1 Ws 339/74, NJW 1975, 458 (459); aA OLG Bremen 3.9.1990 – Ws 108/90, NStZ 1991, 95; LR/*Siolek* Rn. 22: Terminsanberaumung, da sonst noch keine Rechtshängigkeit.
[61] LR/*Siolek* Rn. 20.
[62] OLG Hamburg 4.3.1964 – 2 Ws 70/64, NJW 1964, 2123.
[63] LG Zweibrücken 12.7.2005 – Qs 75/05, NStZ 2006, 120.
[64] LR/*Siolek* Rn. 26.
[65] LR/*Siolek* Rn. 24.

22 Mit der Urteilsfällung[66] oder der Verfahrenseinstellung **endet** die Eigenschaft als erkennender Richter. Dies gilt bei einer Verwerfung der Berufung nach § 329 Abs. 1 auch dann, wenn noch über einen Antrag nach § 329 Abs. 3 zu entscheiden ist.[67]

23 **b) Nur zusammen mit dem Urteil.** Abs. 2 S. 2 führt aus Gründen der Zweckmäßigkeit einen **vom Regelfall abweichenden Instanzenzug** ein. Die Anfechtung des Verwerfungsbeschlusses ist daher an die Form- und Fristvorschriften der Berufung und Revision (auch Rechtsbeschwerde, § 79 Abs. 3 OWiG, §§ 109 ff. StVollzG) gebunden.[68] Allerdings folgt daraus nicht, dass dem Anfechtenden neben dem Rechtsmittel gegen das Urteil noch eine besondere Beschwerde zusteht oder diese gar vorab erhoben werden müsste. Die rechtsfehlerhafte Zurückweisung bzw. Verwerfung berechtigt (allein) zu einer Rüge, die das Urteil angreift.[69]

24 Das Rechtsmittel bleibt seiner Natur nach weiterhin eine **Beschwerde** (→ Rn. 14).[70] Die Anfechtung ist daher stets unzulässig, wenn keine Anfechtungsmöglichkeit nach Abs. 2 S. 1 gegeben wäre, zB wenn gegen den Verwerfungsbeschluss eines im ersten Rechtszug entscheidenden Oberlandesgerichtes vorgegangen werden würde.[71] Eine Ausnahme ist im Einzelfall lediglich bei Willkür denkbar,[72] da dies eine Verletzung des Art. 101 Abs. 1 S. 2 GG darstellen kann (→ Rn. 2).[73]

25 Gegen die Entscheidung des Revisionsgerichts über einen Befangenheitsantrag ist allein die – befristete – Anhörungsrüge gemäß § 33a statthaft.[74]

26 **c) Anfechtung mit der Berufung.** Die Anfechtung im Rahmen der Berufung ist letztlich **nutzlos,** da das Berufungsgericht die Sache nach der Neufassung des § 328 Abs. 2[75] nicht zurückverweisen darf,[76] sondern in der Sache selbst entscheiden muss (§ 328 Abs. 1). Die Mitwirkung eines ausgeschlossenen oder befangenen Richters in erster Instanz bleibt damit **rechtlich ohne Konsequenzen,** da dieser Umstand auch in einer späteren Revision gegen das Urteil des Berufungsgerichts nicht mehr – auch nicht unter dem Gesichtspunkt des fairen Verfahrens[77] – gerügt werden kann.[78]

27 Wählt der Rechtsmittelführer gleichwohl die Berufung ist auf Folgendes zu achten: Zwar ist eine Berufungsbegründung wegen § 317 an sich nicht zwingend. Etwas anderes gilt jedoch im Falle des Abs. 2 S. 2, da die Anfechtung nur auf solche Tatsachen gestützt werden kann, die dem Ablehnungsbeschluss zugrunde gelegen haben.[79] Die mit der Berufung erfolgende Anfechtung muss zudem innerhalb der Wochenfrist des § 317 erfolgen.[80] Neue

---

[66] OLG Düsseldorf 13.8.1982 – 2 Ws 176/82 Vollz – 2 Ws 171/82, NStZ-RR 2004, 47; OLG München 7.5.1982 – 2 Ws 501/82, MDR 1982, 773; OLG Celle 15.10.1959 – 3 Ws 67/59, NJW 1960, 210; LG Düsseldorf 24.4.1991 – I Qs 28/91, StV 1991, 411.

[67] OLG München 7.5.1982 – 2 Ws 501/82, MDR 1982, 773; OLG Celle 15.3.1982 – 1 Ws 55/82, NdsRpfl. 1982, 100; KG 19.12.2001 – 1 AR 1546/01 – 3 Ws 649/01, NZV 2002, 334); *Meyer-Goßner* Rn. 6, KK/*Scheuten* Rn. 7; SK/*Deiters* Rn. 16; aA OLG Hamm 17.3.2005 – 1 Ws 120/05, NStZ-RR 2005, 267; OLG Düsseldorf 24.4.2003 – III – 3 WS 127–129/03, NStZ-RR 2004, 47.

[68] BGH 10.11.1967 – 4 StR 512/66, BGHSt 21, 334.

[69] LR/*Siolek* Rn. 27.

[70] BGH 5.1.1977 – 3 StR 433/76, BGHSt 27, 96; zur Verfassungsmäßigkeit BVerfG 21.6.1977 – 2 BvR 308/77, NJW 1977, 1816.

[71] BGH 5.1.1977 – 3 StR 433/76, BGHSt 27, 96; BGH 16.1.2007 – 3 StR 251/06, NStZ 2007, 417; für Zulässigkeit in diesem Fall *Schmidt-Leichner* NJW 1977, 1804 (1804 f.).

[72] Offen gelassen in BGH 16.1.2007 – 3 StR 251/06, NStZ 2007, 417; Radtke/Hohmann/*Alexander* Rn. 7.

[73] Vgl. HK-GS/*Bosbach* Rn. 7.

[74] BGH 6.2.2009 – 1 StR 541/08, NStZ 2009, 470.

[75] Art. 1 Nr. 25 StVÄG v. 1987.

[76] *Meyer-Goßner* Rn. 9; LR/*Siolek* Rn. 39; KK/*Scheuten* Rn. 9; BeckOK/*Cirener* Rn. 11; HK-GS/*Bosbach* Rn. 6; HK/*Temming* Rn. 13; aA LG Köln 14.2.1992 – 151 – 6/92, MDR 1992, 893; AK/*Dästner* Rn. 6; AnwK/*Werner* Rn. 7; KMR/*Bockemühl* Rn. 11.

[77] HK/*Temming* Rn. 14.

[78] RGSt 60, 112; LR/*Siolek* Rn. 64.

[79] KK/*Scheuten* Rn. 9.

[80] BayObLG 20.11.1956 – RevReg. 2 St 371/56, BayObLGSt 1957, 11; AK/*Dästner* Rn. 6; SSW/*Kudlich/Noltensmeier* Rn. 11.

Tatsachen oder Glaubhaftmachungen dürfen nicht nachgeschoben werden, da sonst die zeitlichen Grenzen des § 25 unterlaufen würden.[81]

d) Anfechtung mit der Revision. Da Abs. 2 S. 2 im Rahmen der Berufung durch die Änderung des § 328 Abs. 2 nutzlos geworden ist (→ Rn. 26), ist die Revision der **zentrale Anwendungsbereich** der Vorschrift. Die Anfechtung nach Abs. 2 S. 2 wird wie eine Verfahrensrüge – für die insbesondere **§ 344 Abs. 2 S. 2** zu beachten ist – behandelt.[82] Beschwerdeberechtigt ist nur der Ablehnende. Das gilt selbst dann, wenn der gerügte Ablehnungsgrund zwei Mitangeklagte gleichermaßen betrifft; auch dann kann die Zurückweisung des Ablehnungsgesuchs des Mitangeklagten nicht gerügt werden.[83] Die mangelbegründenden **Tatsachen** sind so detailliert anzugeben, dass das Revisionsgericht allein aufgrund der Revisionsbegründung in der Lage ist zu prüfen, ob – soweit die behaupteten Tatsachen erwiesen werden – ein Verfahrensfehler vorliegt.[84] Die Revisionsbegründung muss den **Wortlaut** des Ablehnungsantrags sowie des verwerfenden bzw. zurückweisenden Beschlusses genau mitteilen.[85] Gleiches gilt für den Inhalt der dienstlichen Äußerung nach § 26 Abs. 3.[86] Soweit das Gesuch aufgrund Verspätung als unzulässig verworfen worden ist (§ 26a Abs. 1 Nr. 1), muss die Revisionsbegründung den **Verfahrensablauf** vollständig mitteilen, aus dem sich die Unverzüglichkeit des Gesuchs herleiten lässt.[87] 28

Soweit beanstandet wird, dass dem Ablehnenden unter Verstoß gegen § 24 Abs. 3 S. 2 die Besetzung nicht mitgeteilt worden sei, ist auch eine Darlegung dieser Umstände erforderlich – aber auch ausreichend.[88] Insbesondere eine weitergehende Begründung dahingehend, dass der Ablehnende etwa vorzutragen hätte, welche Ablehnungsgründe er – bei Kenntnis der Namen – geltend gemacht hätte, ist nicht erforderlich.[89] 29

Die Revision kann **nicht** alleine darauf gestützt werden, dass das Gesuch rechtsfehlerhaft als **unzulässig** verworfen worden ist. Entscheidend ist vielmehr, ob das Gesuch sachlich gerechtfertigt war. Mit der Revisionsbegründung sind daher auch diejenigen Tatsachen anzubringen, aus denen sich die sachliche Rechtfertigung des Ablehnungsantrags ergeben soll.[90] Kann eine hinreichende Beurteilungsgrundlage für die Frage, ob das Gesuch sachlich gerechtfertigt war, nicht geschaffen werden, ist das Revisionsgericht jedoch frei, die Sache wegen Verletzung bzw. Nichtanwendung des § 27 gemäß § 337 aufzuheben und zurückzuverweisen.[91] 30

Das Gericht darf nur diejenigen Ablehnungsgründe in Betracht ziehen, die schon zum **Zeitpunkt der Verwerfung** des Gesuchs vorgebracht waren.[92] Im Gegensatz zur Beschwerde gegen nicht erkennende Richter nach Abs. 2 S. 1 (→ Rn. 6) ist damit im Revisionsverfahren nicht nur das Nachschieben von Befangenheitsgründen, sondern auch das Nachschieben von weiteren Mitteln der Glaubhaftmachung unzulässig.[93] 31

Da im Rahmen der Prüfung durch das Revisionsgericht nach **Beschwerdegrundsätzen** zu verfahren ist, ist das Revisionsgericht nicht auf die rechtliche Nachprüfung des tatrichterlichen Beschlusses beschränkt. Vielmehr kann es sämtliche im ersten Rechtszug vorgebrachten und glaubhaft gemachten Ablehnungsgründe auch in tatsächlicher Hinsicht würdigen und überprüfen sowie die Verwerfungsgründe des § 26a austauschen (→ § 26a Rn. 29).[94] 32

[81] BGH 13.7.1966 – 2 StR 157/66, BGHSt 21, 85.
[82] BGH 10.11.1967 – 4 StR 512/66, BGHSt 21, 334; KK/*Scheuten* Rn. 10.
[83] BGH 20.6.1985 – 1 StR 682/84, NStZ 1985, 515; KK/*Scheuten* Rn. 10.
[84] AK/*Dästner* Rn. 7.
[85] BGH 16.1.1979 – 1 StR 575/78, NJW 1979, 2160.
[86] BGH 27.1.1981 – 5 StR 143/80, StV 1981, 163; KK/*Scheuten* Rn. 10.
[87] BGH 12.10.1976 – 1 StR 384/76 bei *Holtz* MDR 1977, 105, 109.
[88] RGSt 13.11.1931 – 5 1034/31 66, 10; HK/*Temming* Rn. 13.
[89] RGSt 13.11.1931 – 5 1034/31 66, 10, LR/*Siolek* Rn. 32.
[90] BGH 8.3.1979 – 4 StR 708/78 bei *Holtz* MDR 1979, 637.
[91] BGH 16.12.1969 – 5 StR 468/69, BGHSt 23, 203; LR/*Siolek* Rn. 37.
[92] RGSt 74, 297; LR/*Siolek* Rn. 38.
[93] BGH 13.7.1966 – 2 StR 157/66, NJW 1966, 2321; LR/*Siolek* Rn. 38; KK/*Scheuten* Rn. 11.
[94] BGH 25.4.2006 – 3 StR 429/05, NStZ 2006, 644; BGH 27.7.2006 – 5 StR 249/06, StraFo 2006, 452.

Dies führt dazu, dass ein Ablehnungsgesuch nur dann „mit Unrecht verworfen" ist, wenn es **sachlich gerechtfertigt** war.[95] Für das Revisionsgericht ist es daher nicht ausschlaggebend, ob der Tatrichter das Ablehnungsgesuch als unzulässig oder als unbegründet verworfen hat, da es auch ein rechtsfehlerhaft als unzulässig verworfenes Gesuchs sachlich prüfen und bescheiden darf.[96] Auf die sachliche Berechtigung des Ablehnungsgesuchs kommt es jedoch dann nicht an, wenn die Verwerfung nach § 26a StPO als unzulässig auf einer **willkürlichen** oder die Anforderungen des Art. 101 GG grundlegend verkennenden Rechtsanwendung beruht.[97] Bei fehlender tatsächlicher Beurteilungsgrundlage besteht die Möglichkeit der Zurückverweisung.[98]

§ 29 [Unaufschiebbare Amtshandlungen]

(1) Ein abgelehnter Richter hat vor Erledigung des Ablehnungsgesuchs nur solche Handlungen vorzunehmen, die keinen Aufschub gestatten.

(2) [1]Wird ein Richter während der Hauptverhandlung abgelehnt und würde die Entscheidung über die Ablehnung (§§ 26a, 27) eine Unterbrechung der Hauptverhandlung erfordern, so kann diese so lange fortgesetzt werden, bis eine Entscheidung über die Ablehnung ohne Verzögerung der Hauptverhandlung möglich ist; über die Ablehnung ist spätestens bis zum Beginn des übernächsten Verhandlungstages und stets vor Beginn der Schlußvorträge zu entscheiden. [2]Wird die Ablehnung für begründet erklärt und muß die Hauptverhandlung nicht deshalb ausgesetzt werden, so ist ihr nach der Anbringung des Ablehnungsgesuchs liegender Teil zu wiederholen; dies gilt nicht für solche Handlungen, die keinen Aufschub gestatten. [3]Nach Anbringung des Ablehnungsgesuchs dürfen Entscheidungen, die auch außerhalb der Hauptverhandlung ergehen können, unter Mitwirkung des Abgelehnten nur getroffen werden, wenn sie keinen Aufschub gestatten.

Schrifttum: *Rieß,* Das Strafverfahrensänderungsgesetz, NJW 1978, 2268; *Waldmann,* Ein Gericht ohne Gschmäckle? – Reformbedarf bei den Befangenheitsregelungen, ZRP 2005, 220.

Übersicht

1 Die Vorschrift unterscheidet die unmittelbare Wirkung der Anbringung eines Ablehnungsgesuchs, je nachdem, ob dies bis zum nach § 25 Abs. 1 maßgeblichen Zeitpunkt oder gem. § 25 Abs. 2 erfolgt.

---

[95] BGH 8.3.1979 – 4 StR 708/78, BGH bei *Holtz* MDR 1979, 637; BGH 12.12.1962 – 2 StR 495/62, BGHSt 18, 200; BGH 26.5.1970 – 1 StR 132/70, NJW 1970, 1558; aA *Joecks* Rn. 4, auf die Begründetheit des Ablehnungsgesuchs komme es nach der Entscheidung des BVerfG zu § 26a (BVerfG 2.6.2005 – 2 BvR 625/01, NJW 2005, 3410) generell nicht mehr an.

[96] BGH 26.5.1970 – 1 StR 132/70, BGHSt 23, 265.

[97] BVerfG 24.2.2006 – 2 BvR 836/04, NJW 2006, 3129; BVerfG 2.6.2005 – 2 BvR 625/01, NJW 2005, 3410; BGH 10.8.2005 – 5 StR 180/05, BGHSt 50, 216; BGH 14.6.2005 – 3 StR 446/04, NStZ 2006, 51; BGH 13.7.2006 – 5 StR 154/06, NStZ 2006, 705; OLG München 13.7.2006 – 5 StR 154/06, NJW 2007, 449).

[98] BGH 26.5.1970 – 1 StR 132/70, BGHSt 23, 265 mwN.

1. Vorläufige Amtsunfähigkeit (Abs. 1). a) Grundsatz. Sobald ein Ablehnungsgesuch gegen einen Richter anhängig gemacht ist, wird er bis zu dessen Erledigung **vorläufig amtsunfähig;** ob das Gesuch begründet ist, spielt keine Rolle. Außerhalb der Hauptverhandlung tritt diese Rechtsfolge mit dem Eingang des Ablehnungsgesuchs bei Gericht ein, auf die Kenntnis des abgelehnten Richters kommt es nicht an.[1] Richterliche Handlungen sind bis zur Erledigung des Ablehnungsgesuchs nicht mehr vorzunehmen. Zweck der Vorschrift ist es, im Interesse des Ablehnenden einen abgelehnten Richter bis zur Entscheidung über das Gesuch von weiterer Einwirkung auf das Verfahren weitgehend freizustellen.[2] Andererseits soll allein das Ablehnungsgesuch nicht dazu führen, den Richter sogleich von jeder Mitwirkung auszuschließen; die bedingte Verfahrensförderung wird daher ebenfalls von der Vorschrift gesichert.[3] Unerheblich ist, ob die Besorgnis der Befangenheit oder das Vorliegen eines Ausschlussgrundes geltend gemacht wird. Allerdings ist § 29 nur eingeschränkt für den ausgeschlossenen Richter von Bedeutung, da bei Vorliegen von Ausschlussgründen der Richter kraft Gesetzes von allen, auch dringlichen Handlungen suspendiert ist (vgl. dazu bereits § 22). § 29 kommt daher im Hinblick auf Ausschlussgründe nur zum Tragen, wenn mit dem Ablehnungsgesuch ein Ausschlussgrund behauptet wird, der offenkundig nicht vorliegt. Eine Anwendung von § 29 auf Konstellationen, in denen der Ausschließungsgrund nicht alsbald feststellbar ist, kommt hingegen nicht in Betracht. Beim Ausschlussgrund kommt es auf die Kenntnis des Richters gerade nicht an.[4] Ebenso wenig anwendbar ist die Vorschrift auf den Richter am Amtsgericht, der den Ablehnungsantrag für begründet hält.[5] 2

Erledigt ist ein Ablehnungsgesuch mit der endgültigen Entscheidung über selbiges.[6] Das kann zunächst der Beschluss nach § 28 Abs. 1 sein. Ist gegen die Entscheidung des Gerichts die sofortige Beschwerde zulässig (§ 28 Abs. 2), tritt Erledigung erst mit der Rechtskraft ein.[7] Diese ist bei § 28 Abs. 2 S. 1 mit Ablauf des Tages der Beschlussfassung des Beschwerdegerichts (§ 34a) oder mit Ablauf der Beschwerdefrist (§ 311 Abs. 2) der Fall, bei § 28 Abs. 2 S. 2 mit Erlass der Entscheidung nach § 27.[8] 3

b) Ausnahme: Unaufschiebbare Handlungen. Als Ausnahme vom Grundsatz der Amtsunfähigkeit regelt Absatz 1 die Vornahme von Handlungen, die keinen Aufschub gestatten. Es soll dem Angeklagten nicht möglich sein, dringende Untersuchungshandlungen durch willkürliche Ablehnungsgesuche zu verzögern oder zu verhindern. **Dringende Untersuchungshandlungen** sind solche, mit denen nicht bis zum Eintritt eines Ersatzrichters zugewartet werden kann. Das ist etwa bei **drohendem Beweisverlust** oder **Fristablauf** der Fall.[9] Hierbei ist ein **strenger Maßstab** anzulegen: Beispiele sind die Vernehmung eines todkranken Zeugen, sofort erforderliche Haftentscheidungen oder nur in der Sitzung zulässige Ordnungsmittel in der Hauptverhandlung.[10] Der Erlass eines Haftbefehls ist für den abgelehnten Richter eines Kollegialgerichts im Grundsatz keine unaufschiebbare Handlung; denn insoweit kann der eintretende Vertreter mitwirken. Anderes kann gelten, wenn alle Richter eines Kollegialgerichts oder der Strafrichter abgelehnt werden und Fluchtgefahr besteht.[11] Der Richter darf auch noch einen Termin anberaumen, um die Verjährung zu 4

---

[1] OLG Frankfurt a. M. 14.11.1997 – 3 Ws 921/97 NJW 1998, 1238.
[2] BGH 17.4.1996 – 3 StR 34/96, NStZ 1996, 398; BGHSt 48, 264 = NJW 2003, 2396; NStZ 1996, 398.
[3] BeckOK/*Cirener* Rn. 1.
[4] LR/*Siolek* Rn. 8.
[5] LR/*Siolek* Rn. 9.
[6] KK/*Scheuten* Rn. 3; LR/*Siolek* Rn. 10; HK/*Temming* Rn. 7.
[7] OLG München 7.5.1982 – 2 Ws 501/82, MDR 1982, 773; OLG Stuttgart 8.11.1993 – 4 Ws 216/93, MDR 1994, 499; *Meyer-Goßner* Rn. 3 mwN.
[8] KK/*Scheuten* Rn. 3; LR/*Siolek* Rn. 10.
[9] BGH 14.2.2002 – 4 StR 272/01, NStZ 2002, 429.
[10] KK/*Fischer* Rn. 2.
[11] LR/*Siolek* Rn. 15, 16.

unterbrechen[12] oder einen Fortsetzungstermin bestimmen und hierzu laden.[13] Bei einer aufwändigen Hauptverhandlung soll zur Sache aufgerufen werden können, wenn das Gesuch erst in der Nacht davor gestellt wurde; allerdings darf dann nicht mehr die Anklage verlesen und deren Zulassung festgestellt werden.[14] Nur weil eine Handlung zweckmäßig ist, macht sie dies noch nicht unaufschiebbar. Nicht ausreichend ist daher, dass ein erschienener Zeuge eine weite Anfahrt, beispielsweise aus dem Ausland unter Zuhilfenahme eines Visums, hatte.[15] Aufschiebbare Handlungen sind auch der Eröffnungsbeschluss und die Verwerfung einer Revision nach § 346 Abs. 1.[16] Bei der richterlichen Beurteilung der Unaufschiebbarkeit besteht ein Spielraum, sie muss aber vertretbar und ermessensfehlerfrei sein.[17] Nimmt der Richter Unaufschiebbarkeit an, sind die Gründe für diese Einschätzung aktenkundig zu machen.[18]

5 **2. In der Hauptverhandlung erfolgte Ablehnung (Abs. 2).** Abs. 2 enthält eine weitergehende Einschränkung des Grundsatzes, über Ablehnungsgesuche sofort zu entscheiden. Gedanke der Regelung ist es, die Beeinträchtigung der laufenden Hauptverhandlung durch unbegründete Ablehnungsgesuche zu minimieren.[19] Die Vorschrift erlaubt es dem Gericht Entscheidungen über Ablehnungsgesuche während der Hauptverhandlung unter engen Voraussetzungen für eine **begrenzte Zeit zurückzustellen** (Abs. 2 S. 1).

6 **a) Fortsetzung der Hauptverhandlung.** Die **Fortsetzung** ist bei einem Ablehnungsgesuch mithin nach Beginn des in § 25 Abs. 1 genannten Zeitpunkts möglich, und zwar auch dann, wenn das Gesuch während einer Unterbrechung der Hauptverhandlung außerhalb selbiger angebracht wird.[20] Die Entscheidung über die zeitlich begrenzte Fortsetzung gehört zur Verhandlungsleitung des Vorsitzenden nach § 238 Abs. 1, der sie nach pflichtgemäßem Ermessen trifft.[21] Voraussetzung ihrer Revisibilität ist eine Beanstandung gemäß § 238 Abs. 2 (dazu siehe unten). Die Verfahrensweise nach § 29 Abs. 2 kommt nur in Betracht, wenn durch die Entscheidung über die Ablehnung eine Unterbrechung erforderlich wird. Ist eine solche ohnehin vorgesehen und kann während dieser über das Gesuch entschieden werden, ist das Weiterverhandeln nach § 29 Abs. 2 nicht statthaft.[22]

7 Hinsichtlich der **Fortsetzungsdauer** setzt Abs. 2 S. 1 zwei Grenzen, wobei sich die Höchstdauer nach dem frühesten dieser Zeitpunkte bestimmt.[23] Stets muss die Entscheidung bis zum Ende der Beweisaufnahme getroffen werden („vor Beginn der Schlussvorträge"), bei einer mehrtägigen Verhandlung zudem spätestens bis zum Beginn des übernächsten Verhandlungstages. Diese Grenzen gelten absolut. Daneben ist nur fortzusetzen, „bis eine Entscheidung über die Ablehnung ohne Verzögerung der Hauptverhandlung möglich ist". Damit ist es untunlich, die absoluten Grenzen auszureizen, wenn eine frühere Entscheidung herbeigeführt werden kann.[24] Im Allgemeinen ist hierfür jede ohnehin notwendige Verhandlungspause zu nutzen.[25]

---

[12] OLG Köln VRS 59, 428.

[13] *Meyer-Goßner* Rn. 4.

[14] BGHSt 48, 264 (265 f.) = NJW 2003, 2396 allerdings betreffend zuvor bereits einmal ausgesetzter und einmal verschobener Hauptverhandlung; anders OLG Düsseldorf 22.7.1994 – 5 Ss 274/94-85/94 I, StV 1994, 528.

[15] BGH 14.2.2002 – 4 StR 272/01, NStZ 2002, 429 (430).

[16] BGHSt 4, 208 = NJW 1953, 114; s. a. BVerfG 5.7.2005 – 2 BvR 497/03, NVwZ 2005, 1304, 1309.

[17] BGH 14.2.2002 – 4 StR 272/01, NStZ 2002, 429 mwN.

[18] OLG Köln 18.4.1980 – 3 Ss 291/80Z VRS 59, 428.

[19] Bei Erlass der StPO waren Ablehnungsgesuche ursprünglich im ersten Rechtszug nur bis zur Feststellung des Eröffnungsbeschlusses möglich, s. LR/*Siolek,* § 25 Entstehungsgeschichte; Abs. 2 ist hingegen 1979 eingefügt worden. Zur rechtspolitischen Kritik zutreffend SK/*Weßlau* Rn. 3.

[20] *Rieß* NJW 1978, 2268; *Meyer-Goßner* Rn. 9.

[21] BGH 14.2.2002 – 4 StR 272/01, NStZ 2002, 429 (430).

[22] KK-*Scheuten* Rn. 7; vgl. a. Begründung BT-Drs. 8/976, 23.

[23] KK/*Scheuten* Rn. 8.

[24] *Rieß* NJW 1978, 2268.

[25] LR/*Siolek* Rn. 31.

Insbesondere im Fall des § 26a ist es kaum vertretbar, eine Entscheidung nicht spätestens bis zum nächsten Verhandlungstag zu treffen.[26] Da außerdem jede Zwischenentscheidung eine **Verzögerung** der Hauptverhandlung zumindest um kurze Zeit mit sich bringt, wird gefordert, dass die Verzögerung, auf welche die Vorschrift abhebt, übermäßig sein soll; nicht jede geringfügige Verzögerung soll gemeint sein, sondern nur solche, die durch ihre Dauer oder wegen mehrfacher Wiederholung die Hauptverhandlung mehr aufhält als eine übliche Beratung.[27] Indes wird sich dies kaum zuverlässig antizipieren lassen, da – sieht man von derjenigen zwischen Verhandlungstagen ab – regelmäßig nicht von vornherein feststeht, wie lang eine Unterbrechung andauern wird.[28] 8

b) Entscheidungen, die auch außerhalb der Hauptverhandlung ergehen können. Ausnahmsweise ist die Weiterverhandlung nach Abs. 2 S. 3 unzulässig, wenn erforderliche Entscheidungen (Haftentscheidungen, Beschlagnahmen, Durchsuchungen und andere Ermittlungsmaßnahmen) auch außerhalb der Hauptverhandlung ergehen können.[29] Dann darf der abgelehnte Berufsrichter **nur bei Unaufschiebbarkeit** mitwirken; sind die Entscheidungen aufschiebbar, ist zunächst das Ablehnungsgesuch zu erledigen. Betrifft die Ablehnung einen Schöffen, können solche Entscheidungen vor der Erledigung des Ablehnungsgesuchs außerhalb der Hauptverhandlung mangels dortiger Schöffenmitwirkung getroffen werden.[30] 9

c) Hauptverhandlung nach begründeter Ablehnung. Bleibt ein Ablehnungsgesuch **erfolglos,** wird die Verhandlung ohne weitere Folgen für selbige **fortgesetzt.**[31] 10

Hat ein Ablehnungsgesuch hingegen Erfolg, scheidet der abgelehnte Richter aus und es kommt in der Regel zur **Aussetzung,** was den **Abbruch der Hauptverhandlung** zur Folge hat. Für den Ausnahmefall, dass für den ausscheidenden Richter ein Ergänzungsrichter gemäß § 192 GVG eintreten kann und es deshalb nicht zur Aussetzung kommt, regelt Abs. 2 S. 2 die Wiederholung des Teils der Hauptverhandlung, der zwischen Stellen des Gesuchs und Entscheidung hierüber lag. Von der Wiederholung nicht betroffen sind unaufschiebbare Handlungen, vgl. Halbsatz 2. Besteht Streit über die Aufschiebbarkeit, empfiehlt es sich, die Handlung zu wiederholen, da dies im Gegensatz zur fehlerhaften Nichtwiederholung regelmäßig unschädlich ist.[32]

Wenn im Zuge der Wiederholung einer Zeugenvernehmung die neue Aussage von der früheren abweicht, soll es zulässig sein, über den Inhalt der früheren Zeugenaussage Beweis zu erheben und das Ergebnis zu verwerten.[33] Diese Auffassung ist nicht bedenkenfrei: Die Wiederholung soll lediglich sicherstellen, dass bei begründeter Ablehnung das eigentlich gebotene sofortige Ausscheiden des Richters gleichsam nachträglich durchexerziert wird.[34] Ließen sich die Ergebnisse des durch Abs. 2 S. 2 herausgetrennten, zu wiederholenden Teils der Hauptverhandlung ohne Weiteres wieder einführen und verwerten, bliebe die Mitwirkung eines zu Recht abgelehnten Richters im Ergebnis oft ohne praktische Auswirkung. 11

Andererseits wird sich im Sinne des Prozesszieles der Wahrheitsermittlung etwa inkonstantes Aussageverhalten schwerlich bewusst ignorieren lassen und per se einem ungeschriebenen Verwertungsverbot anheimfallen können. Sofern der abgelehnte Richter etwa durch Vorhalte- und Fragetechnik oder sonst den Aussagegehalt maßgeblich mitbeeinflusst hat, läge es in der Disposition der Prozessbeteiligten, der Verwertung insoweit zu widersprechen. Eine begründet zu besorgende Befangenheit beschränkt sich nämlich generell nicht allein auf die abschließende Entscheidung, sondern kann sich gerade auch in der Gestaltung des Verfahrens- 12

---

[26] *Meyer-Goßner* Rn. 12.
[27] LR/*Siolek* Rn. 27.
[28] *Meyer-Goßner* Rn. 10.
[29] Unter Hinweis auf die Gesetzesbegründung LR/*Siolek* Rn. 37.
[30] BeckOK/*Cirener* Rn. 8.1.
[31] LR/*Siolek* Rn. 33; KK/*Scheuten* Rn. 10.
[32] LR/*Siolek* Rn. 4.
[33] *Meyer-Goßner* Rn. 14.
[34] KK/*Scheuten* Rn. 11.

ablaufs sowie in Ziel, Umfang und möglicher Tendenz einer Beweiserhebung niederschlagen.[35]

13 **3. Wirksamkeit richterlicher Handlungen nach erfolgreicher Ablehnung.** Bleibt das Ablehnungsgesuch erfolglos, ist ein Verstoß gegen § 29 Abs. 1 geheilt;[36] es handelt sich dann um einen bloß formalen Verstoß, der weder zur Begründetheit der Revision noch zur Unwirksamkeit der Handlung führt.[37] Von Interesse ist die Frage der Wirksamkeit richterlicher Handlungen zwischen Anbringung und Entscheidung über das Ablehnungsgesuch daher zuvörderst bei erfolgreicher Ablehnung.

Zu unterscheiden ist erneut zwischen aufschiebbaren und unaufschiebbaren Handlungen:

14 **a) Aufschiebbare Handlungen.** Nimmt ein abgelehnter Richter eine **aufschiebbare Handlung** vor, ist dies **rechtsfehlerhaft.** Fehlerhaftigkeit führt aber – entgegen einer einzelnen Ansicht[38] – nicht zur Unwirksamkeit.[39] Bereits § 338 Nr. 3 zeigt, dass eine richterliche Entscheidung, die unter Verletzung des § 29 Abs. 1 ergangen ist, nur fehlerhaft und nicht unwirksam ist, da sie mit der Revision angegriffen werden muss.[40] Eine andere Auffassung wäre mit den Grundsätzen des Beschwerde- und Revisionsrechtes schwerlich vereinbar, wonach rechtsfehlerhafte Prozesshandlungen anzufechten sind und ihre Wirksamkeit erst durch begründete Beschwerde oder Revision entfällt.[41]

15 **b) Unaufschiebbare Handlungen.** Nimmt der abgelehnte Richter eine **unaufschiebbare Handlung** vor, bleibt diese auch dann **wirksam,** wenn die Ablehnung für begründet erklärt wird.[42] Anderes kann gelten, wenn das Vorliegen eines Ausschließungsgrundes festgestellt wird (siehe Rn. 2 sowie § 22).

16 **4. Revision.** Wird Unaufschiebbarkeit unzutreffend angenommen, kann dies mit der **Revision** gemäß § 337 als Verletzung von Abs. 1 oder Abs. 2 S. 3 gerügt werden. Die revisionsrechtliche Kontrolle beschränkt sich dabei auf Ermessensüberschreitungen[43] und steht zudem unter dem Vorbehalt des Beruhens, § 337, denn ein Verstoß gegen § 29 stellt keinen Revisionsgrund iSd § 338 Nr. 3 dar. Zur Zulässigkeit der Rüge wird die Beanstandung der Maßnahme des Vorsitzenden gemäß § 238 Abs. 2 gefordert.[44] Dies ist abzulehnen, denn insoweit wird zum Erhalt der Revisibilität verlangt, Rechtsschutz bei einem (teil-)befangenen Gericht zu suchen, das ggf. bereits außerhalb seines Ermessensspielraums[45] agiert.[46] Bei einem unbegründeten Ablehnungsgesuch liegt ohnehin nur ein die Revision nicht begründender formaler Verstoß vor (siehe oben). Die Revision kann auch dann nicht auf einen Verstoß gegen Abs. 1 gestützt werden, wenn das Ablehnungsgesuch noch in der Hauptverhandlung zurückgenommen wird.[47]

---

[35] KK/*Scheuten* Rn. 11.

[36] BVerfG 5.7.2005 – 2 BvR 497/09, NJW 2005, 3414.

[37] BGH 3.4.2005 – 4 StR 506/02 BGHSt 48, 264 (267) = NJW 2003, 2396 (2397); OLG München 5.3.1993 – 2 Ws 100/93, NStZ 1993, 354.

[38] OLG Düsseldorf 22.7.1994 – 5 Ss 274/94-85/94 I, StV 1994, 528; KMR/*Bockemühl* Rn. 8, der Heilung für möglich hält.

[39] Zur Mitwirkung am Eröffnungsbeschluss 19.5.1953 – 2 StR 445 BGHSt 4, 208 (210) = NJW 1953, 114.

[40] Vgl. RG JW 1902, 249; 19.5.1953 – 2 StR 445 BGHSt 4, 208 (210) = NJW 1953, 114; *Waldmann* ZRP 2005, 221.

[41] KG 28.9.2012 – 3 Ws (B) 524/12, StraFo 2013, 203.

[42] LR/*Siolek* Rn. 20; *Meyer-Goßner* Rn. 7; aA KMR/*Bockemühl* Rn. 9: der zwar zutreffend besorgt, dass sich bei einem erfolgreich abgelehnten Richter dessen Befangenheit gerade in der vorgenommenen unaufschiebbaren Handlung manifestiere. Indes wird Unwirksamkeit hieraus jenseits einer gesetzlichen Regelung nicht zu konstatieren sein.

[43] BGH 14.2.2002 – 4 StR 272/01, NStZ 2002, 429 (430).

[44] BGH 14.2.2002 – 4 StR 272/01, NStZ 2002, 429 (430).

[45] Treffender „Beurteilungsspielraum", KK/*Fischer* Rn. 12.

[46] Zum Meinungsstand um die revisionsrechtliche Präklusionswirkung des § 238 s. KK/*Schneider* § 238 Rn. 28 ff.

[47] OLG Koblenz VRS 65, 441 – 19.5.1983 – 1 Ss 149/83.

Überschreitet der Richter die zeitlichen Höchstgrenzen des Abs. 2 S. 1, beruht das Urteil bei einem erfolglosen Gesuch in der Regel nicht auf diesem Fehler.[48] Verstößt das Gericht gegen das Wiederholungsgebot des Abs. 2 S. 2, ist die Rüge nach § 261 begründet, da der nicht wiederholte Teil nicht Inbegriff der Hauptverhandlung ist. 17

§ 30 [Selbstablehnung; Ablehnung von Amts wegen]

Das für die Erledigung eines Ablehnungsgesuchs zuständige Gericht hat auch dann zu entscheiden, wenn ein solches Gesuch nicht angebracht ist, ein Richter aber von einem Verhältnis Anzeige macht, das seine Ablehnung rechtfertigen könnte, oder wenn aus anderer Veranlassung Zweifel darüber entstehen, ob ein Richter kraft Gesetzes ausgeschlossen ist.

Schrifttum: *Teplitzky,* Die Richterablehnung wegen Befangenheit, in: JuS 1969, 318–325.

1. Selbstanzeige. Bereits **von Amts wegen** sind in jeder Lage des Verfahrens die gesetzlichen Ausschlussgründe zu prüfen (§ 22, 23). § 30 sieht darüber hinaus eine **Selbstanzeige** des Richters vor, der bei sich Ausschlussgründe oder Gründe für die Besorgnis der Befangenheit erkennt.[1] Ein Selbstablehnungsrecht existiert indes nicht. Die Entscheidung über die Selbstanzeige trifft nicht der Anzeigende, sondern das nach § 27 zuständige Gericht. 1

Maßstab hierbei ist wie bei jedem Ablehnungsgesuch der **Standpunkt des Beschuldigten;**[2] rechtlich irrelevant ist daher im Unterschied zu § 27 Abs. 3 S. 2, ob der Richter sich selbst für befangen hält. Die Selbstanzeige steht nicht zur Disposition, sondern ist ua eine **Dienstpflicht,** die nach pflichtgemäßem Ermessen auszuüben ist.[3] Sie ist darüber hinaus eine Ausprägung des Gebots des fairen Verfahrens (Art. 6 EMRK)[4] und des Prinzips des gesetzlichen Richters.[5] Mag die Selbstanzeige für den Richter auch im Einzelfall unangenehm sein, als mit ihr ggf. die Privatsphäre betreffende Verhältnisse offenzulegen sind, entbinden Persönlichkeitsrechte nicht von der Offenlegung von Umständen, die für den Anschein von Befangenheit von Belang sein können. Diesbezügliche Versäumnisse können hingegen ihrerseits Anlass für ein begründetes Ablehnungsgesuch sein, wenn sie den Anschein erwecken, der Richter wolle entgegen § 30 zur Ablehnung geeignete Gründe geheim halten. 2

Etwaige **Kenntnis der Prozessbeteiligten** von den anzeigepflichtigen Tatsachen entbindet nicht von der Anzeige.[6] Auf Zweifel über einen Ausschließungsgrund hat der Richter hinzuweisen, auch wenn sie einen anderen Richter oder Schöffen (§ 31) betreffen.[7] Schöffen und Protokollführern ist die Selbstanzeige über § 31 ebenfalls möglich. Eine Frist zur Selbstanzeige besteht nicht, so dass sie auch noch nach dem Zeitpunkt des § 25 möglich ist;[8] der Richter darf die Anzeige aber nicht herauszögern.[9] Nur Richter, die zur Mitwirkung berufen sind, können die Anzeige machen.[10] Ein Ergänzungsrichter (§ 192 GVG) sollte die Selbstanzeige schon vor seinem Eintritt erstatten, da es widersinnig wäre, erst den Eintrittsfall 3

---

[48] BGH 17.4.1996 – 3 StR 34/96, NStZ 1996, 398: Dem Fall lag ein Überschreiten der Höchstfrist durch eine dreiminütige Zeugenbelehrung zugrunde.

[1] BGH 11.6.1970 – III ZR 7/69, NJW 1970, 1644.

[2] BGH, DRiZ 1959, 153.

[3] OLG Neustadt 11.9.1963 – Ss 94/63, NJW 1963, 2087; OLG Schleswig SchlHA 53, 69.

[4] So bereits EGMR 1.10.1982 – 8692/79 – *Piersack vs. Belgien;* EGMR 15.10.2009 – 17056/06 – *Micallef vs. Malta;* KMR/*Bockemühl* Rn. 1; SK/*Weßlau* Rn. 6.

[5] LR/*Siolek* Rn. 2; *Dünnebier* JR 1975, 5; KK/*Scheuten* Rn. 4.

[6] *Meyer-Goßner* Rn. 2; LR/*Siolek* Rn. 2.

[7] KK/*Scheuten* Rn. 2.

[8] BGH GA 1962, 338; RG 6.7.1933 – II 308/33, RGSt 67, 276.

[9] Meyer-Goßner Rn. 2; KMR/*Bockemühl* Rn. 3.

[10] LR/*Siolek* Rn. 9; KMR/*Bockemühl* Rn. 2.

abzuwarten und eventuell alsbald die Mitwirkung wegen Befangenheit wieder auszuschließen.[11] Dies gilt auch für den Vertretungsrichter.[12]

4 **2. Verfahren.** Früher fasste der BGH das Selbstanzeigeverfahren als „innere Angelegenheit des Gerichts" auf.[13] Es ist indes **kein innerdienstlicher Vorgang,** sondern für die Verfahrensbeteiligten von Belang: Der Grundsatz des rechtlichen Gehörs (Art. 103 Abs. 1 GG) gebietet die Mitteilung und die Ermöglichung zur Stellungnahme,[14] zweckmäßigkeitshalber durch das zur Entscheidung nach § 27 berufene Gericht.[15] § 27 Abs. 4 findet Anwendung, wenn ein Fall des § 30 bei so vielen Richtern vorliegt, dass die für die Entscheidung erforderliche Richterzahl nicht mehr erfüllt ist.[16] Mit der Selbstanzeige scheidet der Richter bis zur Entscheidung vorläufig aus und darf in dem betreffenden Verfahren nicht tätig werden. Das gilt auch für die Hauptverhandlung vorbereitende Handlungen.[17] Die Befugnis zur Vornahme unaufschiebbarer Handlungen (§ 29 Abs. 1) bleibt indes unberührt.

5 Das zuständige Gericht entscheidet über die Selbstanzeige durch **förmlichen Beschluss.**[18] Wird die Selbstanzeige für begründet erklärt, ergeben sich dieselben Konsequenzen wie bei einem begründeten Ablehnungsgesuch: Der anzeigende Richter scheidet aus und ist von jeder Art der richterlichen Tätigkeit in dieser Sache ausgeschlossen.[19] Werden keine Ausschließungs- oder Befangenheitsgründe festgestellt, ist das Verfahren fortzusetzen. Stellt daraufhin ein Verfahrensbeteiligter aus denselben Gründen einen Befangenheitsantrag, ist über diesen nach §§ 25 ff. zu entscheiden; er darf nicht als gegenstandslos behandelt werden.[20]

6 Nicht konstitutiv, sondern lediglich deklaratorisch ist die Entscheidung, wenn zweifelsfrei ein Ausschließungsgrund nach §§ 22, 23 gegeben ist.[21] Der Beschluss dient dann lediglich der Feststellung des gesetzlichen Richters.[22]

7 **3. Anfechtung. a) Beschwerde.** Gegen den Beschluss des Gerichts, dass eine Besorgnis der Befangenheit oder Ausschließungsgründe nicht vorliegen, ist die **Beschwerde nicht statthaft,** und zwar weder für den anzeigenden Richter[23] noch für die sonstigen Prozessbeteiligten. Diesen bleibt nur die Möglichkeit, ein eigenes **Ablehnungsgesuch** zu stellen und dessen Verwerfung oder Zurückweisung nach § 28 Abs. 2 anzufechten,[24] der allerdings keine Anwendung findet, wenn die gerichtliche Entscheidung nach dem Eröffnungsbeschluss ergeht.[25] Ebenfalls nicht mit der Beschwerde angreifbar ist der Beschluss, mit dem die Selbstanzeige als begründet erachtet wird.

8 Lag eine Selbstanzeige nicht vor und schließt das Gericht trotzdem im Verfahren des § 30 einen Richter aus, ist die Entscheidung gesetzeswidrig. Hat kein erkennendes Gericht entschieden, steht die Beschwerde zur Verfügung (§ 304 Abs. 1). Andernfalls ist die Beschwerde nach § 305 ausgeschlossen, jedoch die Revision wegen Verletzung von Art. 101 Abs. 1 S. 2 GG, § 16 S. 2 GVG begründet.[26] Die Rüge der Verletzung des § 16 S. 2 GVG will das OLG Köln zudem immer zulassen, wenn der Vorsitzende eines Schöffengerichts

---

[11] LR/*Siolek* Rn. 11.
[12] LR/*Siolek* Rn. 10.
[13] BGH 28.9.1952 – 2 StR 67/52, BGHSt 3, 69.
[14] BVerfG 8.6.1993 – 1 BvR 878/90, BVerfGE 89, 28 = NJW 1993, 2229.
[15] Vgl. OLG Frankfurt a. M. 26.2.1981 – 3 ARs 27/80, NStZ 1981, 233 (234) mwN.
[16] OLG Frankfurt a. M. NStZ 1981, 233 (234); LR/*Siolek* Rn. 6 mwN.
[17] BGH 3.3.1982 – 2 StR 32/82, BGHSt 31, 3 (5) = NJW 1982, 1655 zur Entbindung vom Schöffenamt.
[18] Vgl. BGH 19.1.1999 – 1 StR 171/98, NJW 1999, 1562.
[19] BGH 23.9.1952 – 2 StR 67/52, BGHSt 3, 68 = NJW 1952, 1265.
[20] KK/*Scheuten* Rn. 5; LR/*Siolek* Rn. 27.
[21] BGH 18.10.1972 – 2 StR 384/72, BGHSt 25, 26; Meyer-Goßner Rn. 3; LR/*Siolek* Rn. 13.
[22] BGH 13.2.1973 – 1 StR 541/72, BGHSt 25, 122 (125); KMR/*Bockemühl* Rn. 5.
[23] AA *Teplitzky* JuS 1969, 325.
[24] *Meyer-Goßner* Rn. 8.
[25] RG 6.7.1933 – II 308/33, RGSt 67, 277; BGH 28.9.1952 – 2 StR 67/52, BGHSt 3, 69; LR/*Siolek* Rn. 20.
[26] OLG Köln, JMBlNRW 1965, 214; *Bohnert,* Beschränkung der strafprozessualen Revision durch Zwischenverfahren, 1983, S. 91 ff.; LR/*Siolek* Rn. 21.

oder einer kleinen Strafkammer nach Beginn der Urteilsberatung einen Schöffen für gesetzlich ausgeschlossen oder befangen hält.[27]

b) Revision. Die Behauptung, ein Richter habe eine nach § 30 gebotene Anzeige unterlassen, ist nach hM **revisionsrechtlich unerheblich.**[28] Das Revisionsgericht soll auch den auf die Selbstanzeige folgenden Beschluss grundsätzlich nicht überprüfen können.[29] Gerügt werden könne allenfalls eine **willkürliche Verfahrensweise** (Art. 101 Abs. 1 S. 2 GG)[30] oder die **Verletzung rechtlichen Gehörs** (Art. 103 Abs. 1 GG). Diese Einschränkungen der Revisibilität beruhen auf der Auffassung, dass die **Nichtanzeige** lediglich eine **Dienstpflichtverletzung** darstelle.[31] Dem kann nicht gefolgt werden. Angesichts der gebotenen konventionsfreundlichen Auslegung[32] lässt sich die auch Art. 6 Abs. 1 EMRK verletzende[33] Säumnis der Selbstanzeige nicht zu einer innerdienstlichen, Rechtsmitteln entzogenen Angelegenheit erklären. Die Nichtanzeige nach § 30 muss damit als gleichzeitige Verletzung des fairen Verfahrens der revisionsrechtlichen Überprüfung zugänglich sein. 9

Revisibilität iSd absoluten Revisionsgrundes des § 338 Nr. 1 wird jedenfalls angenommen wegen nicht vorschriftsmäßiger Besetzung, wenn nach der Anzeige eines möglichen Befangenheitsgrundes ein Richter ohne förmliche Entscheidung durch einen Vertreter ersetzt wird.[34] Ebenso bleibt die Rüge nach § 338 Nr. 2 unberührt, wenn ein Ausschließungsgrund nicht beachtet wurde. 10

§ 31 [Schöffen, Urkundsbeamte]

(1) Die Vorschriften dieses Abschnitts gelten für Schöffen sowie für Urkundsbeamte der Geschäftsstelle und andere als Protokollführer zugezogene Personen entsprechend.

(2) [1]Die Entscheidung trifft der Vorsitzende. [2]Bei der großen Strafkammer und beim Schwurgericht entscheiden die richterlichen Mitglieder. [3]Ist der Protokollführer einem Richter beigegeben, so entscheidet dieser über die Ablehnung oder Ausschließung.

Schrifttum: *Basdorf/Harms/Moosbacher/Föhrig,* Kleines Strafrichter-Brevier: oder: Der überlastete Strafrichter? Wegweiser zur zügigen Urteilsfindung, 2013; *Hanack,* Die Rechtsprechung des Bundesgerichtshof zum Strafverfahrensrecht, in: JZ 1972, 313; *Rieß,* Zur Frage, unter welchen Voraussetzungen die Kenntnis der Laienrichter von einer formwidrigen Anklageschrift die Revision begründet, in: JR 1987, 389; *Schultz,* Blick in die Zeit, in: MDR 1980, 108; *Terhorst,* Information und Aktenkenntnis der Schöffen im Strafprozeß, in: MDR 1988, 809.

1. Schöffen. Die Ausschließungsgründe der §§ 22, 23 gelten für Schöffen ebenso wie für die Berufsrichter, weil Schöffen das Richteramt in vollem Umfang und mit gleichem Stimmrecht wie die Richter ausüben (§ 30 Abs. 1, § 77 Abs. 1 GVG). Ergänzend gibt es von Amts wegen[1] zu beachtende **Unfähigkeitsgründe** (§§ 32, 77 Abs. 1 GVG) und **Soll-Vorschriften** 1

---

[27] OLG Köln, JMBlNRW 1965, 214; aA LR/*Siolek* Rn. 22.

[28] BGH bei *Dallinger,* MDR 1966, 22 (24); BGH 1.7.1971 – 1 StR 362/70; HK/*Temming* Rn. 10; aA *Hamm,* Der gesetzliche Richter und die Ablehnung wegen Besorgnis der Befangenheit, S. 143 ff.

[29] BGH 13.2.1973 – 1 StR 541/72, BGHSt 25, 122 (127) = NJW 1973, 860 (861).

[30] BGH 5.1.1977 – 3 StR 433/76 (L), BGHSt 27, 96 (99) = NJW 1977, 1829 (1830).

[31] LR/*Siolek* Rn. 17; BGH 1.7.1971 – 1 StR 362/70 belässt es bei dem Hinweis, das Ablehnungsverfahren sei abschließend in §§ 25 ff. geregelt.

[32] BVerfG 14.10.2004 – 2 BvR 1481/04, BVerfGE 111, 307 (317, 323).

[33] EGMR 1.10.1982 – 8692/79, *Piersack vs. Belgien;* EGMR 15.10.2009 – 17056/06 – *Micallef vs. Malta;* wie hier SK/*Weßlau* Rn. 14.

[34] BGH 13.2.1973 – 1 StR 541/72, BGHSt 25, 122 = NJW 1973, 860, insoweit bedarf es jedoch des Besetzungseinwands in der Hauptverhandlung. Anders bei Offenbarung eines klaren Ausschlussgrundes nach §§ 22, 23, wo der fehlende Beschluss nur deklaratorische Wirkung hätte.

[1] RG 15.6.1894 – 110/94, RGSt 25, 415.

zu nicht zu berufenden Personen (§§ 33, 34 GVG). Da maßgeblicher Zeitpunkt für das Vorliegen der Unfähigkeit derjenige der Ausübung des Schöffenamtes ist, kommt der Regelung des § 32 GVG kein Vorrang zu.[2] Bezüglich einer Besorgnis der Befangenheit gelten für Schöffen die §§ 24 ff. entsprechend;[3] insbesondere streitet auch für Laienrichter die Vermutung der Unparteilichkeit.[4] Schöffen haben wie Berufsrichter bezüglich der Selbstanzeige nach § 30 ihr Ermessen pflichtgemäß auszuüben.[5] Neben den auch für die Berufsrichter geltenden Anzeigepflichten haben sie insoweit die in §§ 33, 34 GVG genannten Umstände anzuzeigen. § 27 Abs. 1 ist nicht anwendbar. An seine Stelle tritt § 31 Abs. 2, der auch § 30 modifiziert.[6]

2 Im Grundsatz kommen für die Schöffen wie für die Berufsrichter **dieselben** unter § 24 genannten **Befangenheitsgründe** in Betracht; die Anforderungen an die Unvoreingenommenheit sind nicht abgeschwächt. Auch für Schöffen verbieten sich unsachliche Bemerkungen während der Hauptverhandlung[7] oder auf Festlegung in der Sache hindeutende Äußerungen gegenüber Verfahrensbeteiligten, Medienvertretern oder sonstigen Dritten.[8] Ständiges Einschlafen kann die Besorgnis der Befangenheit begründen.[9] Auch kann ein Schöffe abgelehnt werden, wenn er in unangemessen erscheinender Weise privaten Kontakt zu Verfahrensbeteiligten aufnimmt und Anhaltspunkte für einen Verfahrensbezug bestehen.[10] Darüber hinaus kann ein Schöffe abgelehnt werden, wenn er bei der geschädigten Behörde bedienstet ist.[11] Der Beruf des Schöffen soll per se kein Ablehnungsgrund sein,[12] indes sei verwiesen auf die Berufsgruppen nach §§ 33, 34 GVG, denen Schöffen nicht angehören sollen. Nebenberufe und Ehrenämter stellen keinen Befangenheitsgrund dar, sofern sie keine einseitige Interessenfestlegung befürchten lassen.[13] Auch eine Verwandtschaft unter Schöffen[14] oder das Verfolgen von Presseberichten zum Verfahren[15] genügen für sich genommen nicht für eine begründete Besorgnis der Befangenheit.

3 Streit ergibt sich aus der **Verfahrensstellung der Schöffen:** Verfahrensakten dürfen ihnen nicht zugänglich gemacht werden, da sie ihre Überzeugung aus dem Inbegriff der Verhandlung schöpfen sollen. Verliest der Sitzungsvertreter der Staatsanwaltschaft versehentlich nicht für die Schöffen bestimmte Teile der Anklage (etwa das wesentliche Ergebnis der Ermittlungen), soll dennoch die Vermutung der Unparteilichkeit fortgelten.[16] Das gilt auch, wenn der Staatsanwalt im Schlussvortrag Schlussfolgerungen zieht, die vom Beweisergebnis nicht gedeckt sind.[17] Andererseits soll es grundsätzlich unzulässig sein, Schöffen schriftliche Darstellungen des Ermittlungsergebnisses zu überlassen, da die Gefahr besteht, dass sie diese Eindrücke mit denen aus der Hauptverhandlung vermengen.[18]

---

[2] LR/*Siolek* Rn. 3; aA SK/*Rudolphi* Rn. 3; *Bohnert,* Beschränkungen der strafprozessualen Revision durch Zwischenverfahren, 1983, S. 95.

[3] BGH 13.7.1966 – 2 StR 157/66, BGHSt 21, 85 = NJW 1966, 2321.

[4] BGH 18.12.1968 – 2 StR 322/68, BGHSt 22, 289 (295) = NJW 1969, 703.

[5] BGH 9.7.1953 – 3 StR 33/53, BGH 9.7.1953 – 3 StR 33/53, n.v.

[6] LR/*Siolek* Rn. 2; KMR/*Bockemühl* Rn. 1.

[7] BGH 30.10.1990 – 5 StR 447/90, NStZ 1991, 144: „Das sieht man ja, dass die mit Drogen zu tun haben" und weitere Ausführungen über das Aussehen von Rauschgifthändlern.

[8] KK/*Scheuten* Rn. 4.

[9] LG Bremen 4.2.2002 – 42 KLs 300 Js 34579/97, StV 2002, 357.

[10] KK/*Scheuten* Rn. 4; s. a. LG Koblenz 19.12.2012 – 2090 Js 29.752/10 – 12 KLs, NJW 2013, 801: Schokoladenpräsente für die Sitzungsvertreter der StA.

[11] BGH, MDR 1954, 151. Gleiches gilt für eine Finanzbeamtin, die im Verfahren wegen Steuerhinterziehung über ähnliche Vorgänge urteilen soll, wie sie zu ihren Aufgaben gehören, AG Bremen 18.2.2009 – 87 Ls 850 Js 56574/07 (2/09), StV 2009, 181.

[12] BGH 19.5.1992 – 1 StR 173/92: Insbesondere genügt es nicht, dass der Schöffe denselben Beruf wie der Angeklagte ausübt und dieser deshalb seitens des Schöffen eine besondere Strenge befürchtet, vgl. auch BGH 13.3.1997 – 1 StR 793/96, BGHSt 43, 16 = NStZ 1997, 559.

[13] KK/*Scheuten* Rn. 6.

[14] BGH bei Dallinger, 6.3.1974 – 3 StR 129/72, MDR 1974, 544 (547).

[15] BGH 18.12.1968 – 2 StR 322/68, BGHSt 22, 289 (294) = NJW 1969, 703 (704).

[16] BGH bei Pfeiffer 30.3.1983 – 2 StR 173/82, NStZ 1984, 14 (15).

[17] BGH bei Pfeiffer 8.9.1982 – 3 StR 241/82 (5), NStZ 1983, 354.

[18] BGH 5.1.1954 – 1 StR 476/53, BGHSt 5, 261 = NJW 1954, 483; BGH 17.11.1958 – 2 StR 188/58, 13, 73; anders zB *Kissel* GVG § 30 Rn. 2 bis 4; *Rieß* JR 1987, 389 (391); *Terhorst* MDR 1988, 809; *Hanack* JZ 1972, 314.

Die **Gleichstellung** des Schöffen mit dem Berufsrichter ist zwar normativ angelegt. Dies besagt indes nichts darüber, ob ein besonnener Prozessbeteiligter nicht begründet insoweit eine größere Skepsis hinsichtlich ihrer Unbefangenheit hegen kann, als gegenüber den Berufsrichtern. Gerade in Zeiten auch vorprozessualer medialer Aufbereitung von Kriminalfällen muss die Skepsis gegenüber der Unbefangenheit von Schöffen im Umgang mit Verfahrensakten erst recht gelten, wenn medialen Schilderungen und Erwartungshaltungen an den Verfahrensausgang kaum zu entkommen ist. Dass Schöffen im Grundsatz leichter zu beeinflussen bzw. zu beeindrucken sein sollen, scheint hierbei auch berufsrichterliche Alltagserfahrung zu sein.[19] Hinzu kommt, dass der Zugang zum Schöffenamt im Gegensatz zu dem des Berufsrichters kaum durch Qualifikationserfordernisse beschränkt ist. Das Vertrauen in die Unparteilichkeit der Schöffen wird durch den weitgehend unreglementierten Zugang, bei gleichzeitigen Kampagnen Schöffe zu werden, um ein höheres Strafmaß gegen „kriminelle Ausländer und Linksradikale" durchzusetzen,[20] nicht eben bestärkt. Die Forderung der Rechtsprechung, Schöffen stets den gleichen Vertrauensvorschuss hinsichtlich ihrer Unbefangenheit wie den Berufsrichtern entgegenzubringen, wäre legitimer, wenn das System der Schöffenauswahl geeignet wäre, dieses Verlangen auch formell zu substantiieren. 4

Einen Befangenheitsgrund verneint der BGH jedenfalls, wenn die Schöffen **zum besseren Verständnis** aus den Akten Protokolle von Tonaufzeichnungen erhalten.[21] Bloß tabellarische Aufzeichnungen über Tatzeiten, Schadenshöhen und ähnliche Tatmerkmale aus dem wesentlichen Ermittlungsergebnis sollen ausgehändigt werden dürfen, da dadurch erst eine sachlich fundierte Beurteilung der Beweisaufnahme sichergestellt werde.[22] 5

2. Urkundsbeamte. Indem § 31 die Befangenheitsvorschriften auch auf Urkundsbeamte und andere Protokollführer erstreckt, dient die Norm der Unvoreingenommenheit dieser Personen im Hinblick auf die **Beweiskraft des Protokolls** (vgl. § 274). Daher muss die Vorschrift dahingehend ausgelegt werden, dass sie nur auf Personen Anwendung findet, die **richterliche Handlungen beurkunden.**[23] Nicht entsprechend anwendbar ist allerdings § 23, da Protokollführer an den Entscheidungen nicht mitwirken. § 25 Abs. 1 ist nur dann anwendbar, wenn der Urkundsbeamte seine Tätigkeit zu Beginn der Sitzung aufnimmt.[24] Die Ablehnung des Protokollführers wegen Befangenheit spielt in der Praxis keine Rolle;[25] es dürfte sich bislang um ein weitgehend akademisches Problem handeln. Im Zuge dieser theoretischen Diskussion ist streitig, ob ein abgelehnter Protokollführer alsbald auszutauschen ist: Dafür spricht, die Wiederholung eines Teils der Hauptverhandlung gemäß § 29 Abs. 2 S. 2 zu vermeiden;[26] eine andere Ansicht hält diese Vorschrift auf den Urkundsbeamten für nicht anwendbar.[27] Es ist unschädlich, dass derselbe Urkundsbeamte in allen Instanzen tätig war; ebenso, dass er Rechtsmittelerklärungen des Angeklagten zu Protokoll nimmt, obwohl er als Sitzungsvertreter der Staatsanwaltschaft an der Hauptverhandlung teilgenommen hat.[28] Selbständige Amtshandlungen unterliegen nicht den §§ 22 ff.[29] 6

3. Entscheidung und Folgen. Die Zuständigkeit für die Entscheidung über das Ablehnungsgesuch regelt nicht § 27, sondern **§ 31 Abs. 2** als **speziellere Norm.**[30] Beim Schöf- 7

---

[19] So in dem prominent editierten Werk von *Föhrig,* Kleines Strafrichterbrevier, S. 86: „Wenn der angloamerikanische Anwalt es vermag, eine ganze Jury zu überzeugen (manipulieren?), ist der deutsche Richter fehl am Platze, misslingt ihm dies mit bloßen zwei Amateuren."

[20] Kampagne der NPD 2009.

[21] BGH 26.3.1997 – 3 StR 421/96, NJW 1997, 1792.

[22] KK/*Scheuten* Rn. 7.

[23] LR/*Siolek* Rn. 4; KMR/*Bockemühl* Rn. 4.

[24] LR/*Siolek* Rn. 8.

[25] *Schultz* MDR 1980, 109; *Meyer-Goßner* Rn. 3.

[26] KK/*Scheuten* Rn. 8.

[27] *Meyer-Goßner* Rn. 3.

[28] OLG Schleswig, SchlHA 1959, 107.

[29] KMR/*Bockemühl* Rn. 4.

[30] KMR/*Bockemühl* Rn. 1.

fengericht und bei der kleinen Strafkammer entscheidet der Vorsitzende über die Ablehnungsgesuche, die nicht nach § 26a verworfen werden. Bei der großen Strafkammer entscheiden die Berufsrichter. Umstritten ist, ob das auch für das OLG und den BGH gilt[31] oder ob sie in der für die Hauptverhandlung bestimmten Besetzung, das OLG im 1. Rechtszug also mit 5, nicht mit 3 Richtern, entscheiden.[32] Betrifft die Entscheidung einen Schöffen, ist sie nach § 28 anfechtbar.[33] Wirkt ein ausgeschlossener oder befangener Schöffe an einer Entscheidung mit, ergeben sich keine Unterschiede zum Mitwirken eines ausgeschlossenen oder befangenen Berufsrichters (vgl. § 338 Nr. 2, 3). Ein vor Beginn der Hauptverhandlung ausgeschiedener Schöffe wird gemäß §§ 49 GVG durch einen Hilfsschöffen ersetzt. Im Ablehnungsverfahren gilt § 29 Abs. 1 und 2 auch bezüglich Schöffen.[34] Nur wenn die Entscheidung auch außerhalb der Hauptverhandlung getroffen werden kann, muss nicht zuerst über das Ablehnungsgesuch entschieden werden, da bei solchen Beschlüssen ohnehin nur die Berufsrichter mitwirken (siehe dazu § 29).

8 Die eine Ablehnung des Urkundsbeamten betreffende Entscheidung ist **unanfechtbar.**[35] Wirkt ein ausgeschlossener Protokollführer mit, kann das Urteil auf diesem Fehler nicht beruhen. Es entfällt dadurch aber die Beweiskraft des Protokolls.[36] Die Verlesung nach § 251 ist dann unzulässig.

§ 32 *(weggefallen)*

31 LR/*Siolek* Rn. 11.

32 KK/*Scheuten* Rn. 9; *Meyer-Goßner* Rn. 5.

33 KMR/*Bockemühl* Rn. 9; *Bohnert,* Beschränkungen der strafprozessualen Revision durch Zwischenverfahren, 1983, 95.

34 *Meyer-Goßner* Rn. 2; aA LR/*Siolek* Rn. 2.

35 *Meyer-Goßner* Rn. 6; KK/*Scheuten* Rn. 10; aA LR/*Siolek* Rn. 14.

36 BGHR StPO § 31 Protokollführer 1.

Vierter Abschnitt. Gerichtliche Entscheidungen und Kommunikation zwischen den Beteiligten

§ 33 [Anhörung der Beteiligten]

(1) Eine Entscheidung des Gerichts, die im Laufe einer Hauptverhandlung ergeht, wird nach Anhörung der Beteiligten erlassen.

(2) Eine Entscheidung des Gerichts, die außerhalb einer Hauptverhandlung ergeht, wird nach schriftlicher oder mündlicher Erklärung der Staatsanwaltschaft erlassen.

(3) Bei einer in Absatz 2 bezeichneten Entscheidung ist ein anderer Beteiligter zu hören, bevor zu seinem Nachteil Tatsachen oder Beweisergebnisse, zu denen er noch nicht gehört worden ist, verwertet werden.

(4) [1]Bei Anordnung der Untersuchungshaft, der Beschlagnahme oder anderer Maßnahmen ist Absatz 3 nicht anzuwenden, wenn die vorherige Anhörung den Zweck der Anordnung gefährden würde. [2]Vorschriften, welche die Anhörung der Beteiligten besonders regeln, werden durch Absatz 3 nicht berührt.

Schrifttum: *Bohnert,* Zum Problem des Anhörungsrechts Dritter im Strafverfahren, JZ 1978, 710; *Kleinknecht,* Gesetz zur Änderung der Strafprozeßordnung und des Gerichtsverfassungsgesetzes (StPÄG), JZ 1965, 153; *Kockel/Vossen-Kempkens,* Zur Sachbehandlung von unschlüssigen, haltlosen, beschimpfenden, sich inhaltlich wiederholenden „querulatorischen" Strafanzeigen, NStZ 2001, 178; *Schneider,* Förmlichkeiten der Einlegung und Begründung von Rechtsmitteln, MDR 1979, 1; *Walther,* Zum Anspruch des Deliktsopfers auf rechtliches Gehör und auf ein faires Verfahren, GA 2007, 615.

Übersicht

I. Überblick

1. Normzweck. Die Vorschrift regelt die Anhörung bei gerichtlichen Entscheidungen und gewährleistet somit den verfassungsrechtlichen **Anspruch auf rechtliches Gehör** gemäß Art. 103 Abs. 1 GG, häufig auch mit dem römischen Rechtsgrundsatz „audiatur et altera pars" umschrieben. Hiernach ist jedermann die Gelegenheit zu geben, sich vor Erlass der gerichtlichen Entscheidung zu dem zugrunde liegenden Sachverhalt in tatsächlicher wie in rechtlicher Hinsicht zu äußern. Das Gericht muss dabei die Ausführungen nicht nur zur Kenntnis nehmen, sondern bei seiner Entscheidung auch in Erwägung ziehen.[1] Das Recht auf rechtliches Gehör (→ Einl. Rn. 70 ff.) beinhaltet allerdings keinen Anspruch auf rechtlichen Dialog, verpflichtet also das Gericht nicht zu einem Rechtsgespräch.[2] 1

[1] BVerfG 19.7.1967 – 2 BvR 639/66, BVerfGE 22, 267 (273) = NJW 1967, 1955 (1956); BVerfG 10.10.1973 – 2 BvR 574/71, BVerfGE 36, 92 (97) = NJW 1974, 133 (133).

[2] BGH 5.3.1969 – 4 StR 610/68, BGHSt 22, 336 (339) = NJW 1969, 941 (941); BGH 27.4.1989 – 1 StR 632/88, NJW 1989, 2403 (2407), in BGHSt 36, 175 nicht abgedruckt; Löwe/Rosenberg/*Graalmann-Scheerer* Rn. 23; *Meyer-Goßner* Rn. 1; SK-StPO/*Weßlau* Rn. 10.

2 **Weitere Ausprägungen** des Anspruchs auf rechtliches Gehör finden sich etwa für die Hauptverhandlung in § 248 S. 2, § 257, § 258, § 265 Abs. 1 und 2 bzw. für Rechtsmittelverfahren in § 311 Abs. 3 S. 2, § 311a Abs. 1, § 326 und § 351 Abs. 2.

3 **2. Anwendungsbereich.** Der Begriff der **„Entscheidungen"** ist wegen des Anliegens des § 33, den verfassungsrechtlichen Anspruch auf rechtliches Gehör aus Art. 103 Abs. 1 GG im Strafverfahren zu sichern (→ Rn. 1), weit auszulegen.[3] Erfasst sind sämtliche Urteile, Beschlüsse und Verfügungen des erkennenden und beschließenden Gerichts, die in die materiell- oder verfahrensrechtliche Stellung eines Beteiligten oder Dritten eingreifen.[4] Wie sich auch aus Abs. 4 ergibt, ist unerheblich, ob die Entscheidung im Vor- oder Hauptverfahren ergeht.[5]

4 **Prozessleitende Verfügungen** (zB die Anordnung, die Verhandlung zu unterbrechen) sind – anders als in § 35 (→ Rn. 3) – demzufolge keine „Entscheidungen" iSd Vorschrift, da sie Eingriffe in Rechtsstellungen und Rechte lediglich vorbereiten, aber noch nicht bewirken. Gleiches gilt für alle sonstigen Entscheidungen, die nur den Gang des Verfahrens betreffen.[6]

5 Ebenso wenig sind in der Regel **gerichtsinterne Entscheidungen** oder bloße Mitteilungen, Belehrungen sowie justizinterne Anordnungen erfasst.[7] Sofern schon hierdurch aber die Rechte der Verfahrensbeteiligten berührt werden, müssen auch insoweit die Anhörungspflichten des § 33 beachtet werden. Beispielsweise ist bei einem Beschluss gemäß § 30 über die Selbstablehnung eines Richters rechtliches Gehör zu gewähren, da dadurch der gesetzliche Richter vorenthalten werden könnte.[8]

6 Jeder Antragsteller hat grds. ein **Recht auf richterliche Entscheidung.** Die Entscheidung kann mangels besonderer gesetzlicher Anforderungen auch formlos ergehen. Dem Antragsteller ist aber jedenfalls die Art der Erledigung schriftlich mitzuteilen.[9]

7 Das Recht auf richterliche Entscheidung **entfällt,** wenn der Antragsteller schon ordnungsgemäß beschieden wurde, er aber gleichwohl seine Eingabe wiederholt.[10] Ebenso wenig muss eine Entscheidung ergehen, wenn der Antrag nicht den Anforderungen entspricht, die an jede Eingabe an eine Behörde zu stellen sind. Dies betrifft vor allem Eingaben, die lediglich ehrverletzende, herausfordernde oder erpresserischere Aussagen enthalten, ohne sich zu sachlichen Fragen zu äußern.[11] Das Gericht hat dem Antragsteller aber mitzuteilen, dass es eine Entscheidung ablehnt. Dies geschieht durch Beschluss, sofern in der Sache auf diesem Wege zu entscheiden wäre, ansonsten formlos.[12] Dem Gericht steht es dabei frei, den Antragsteller auf die Ungehörigkeit seiner Äußerungen hinzuweisen und ggf. Strafanzeige zu erstatten.[13]

---

[3] Löwe/Rosenberg/*Graalmann-Scheerer* Rn. 6; *Meyer-Goßner* Rn. 2; SK-StPO/*Weßlau* Rn. 3; KMR/*Ziegler* Rn. 2.

[4] Löwe/Rosenberg/*Graalmann-Scheerer* Rn. 6; *Meyer-Goßner* Rn. 2; KMR/*Ziegler* Rn. 2.

[5] Löwe/Rosenberg/*Graalmann-Scheerer* Rn. 6; *Meyer-Goßner* Rn. 2; SK-StPO/*Weßlau* Rn. 3.

[6] Löwe/Rosenberg/*Graalmann-Scheerer* Rn. 7; BeckOK-StPO/*Larcher* Rn. 1; KK/*Maul* Rn. 2; *Meyer-Goßner* Rn. 2; *Pfeiffer* Rn. 1; HK-StPO/*Pollähne* Rn. 2; Radtke/Hohmann/*Rappert* Rn. 20; SK-StPO/*Weßlau* Rn. 4.

[7] KK/*Maul* Rn. 2; *Meyer-Goßner* Rn. 2; *Pfeiffer* Rn. 1; Radtke/Hohmann/*Rappert* Rn. 20.

[8] Löwe/Rosenberg/*Graalmann-Scheerer* Rn. 7; KK/*Maul* Rn. 2; SK-StPO/*Weßlau* Rn. 4; KMR/*Ziegler* Rn. 4; s. hierzu BVerfG 8.6.1993 – 1 BvR 878/90, BVerfGE 89, 28 (36) = NJW 1993, 2229 (2230); aA BGH 13.3.1962 – 5 StR 544/61, GA 1962, 338.

[9] *Meyer-Goßner* Vor § 33 Rn. 10; Radtke/Hohmann/*Rappert* Rn. 4; SK-StPO/*Weßlau* Vor § 33 Rn. 14; vgl. auch BVerfG 22.4.1953 – 1 BvR 162/51, BVerfGE 2, 225 (230) = NJW 1953, 817.

[10] BGH 18.12.2006 – 1 StR 161/06, NStZ 2007, 283; *Meyer-Goßner* Vor § 33 Rn. 10; Radtke/Hohmann/*Rappert* Rn. 7; SK-StPO/*Weßlau* Vor § 33 Rn. 15; KMR/*Ziegler* Vor § 33 Rn. 7.

[11] KG 19.8.1968 – 2 VAs 39/68, NJW 1969, 151 (151); OLG Hamm 17.3.1976 – 4 Ss 158/76, NJW 1976, 978; OLG Karlsruhe 25.5.1973 – 1 Ws 143/73, NJW 1973, 1658 (1658 f.); *Meyer-Goßner* Vor § 33 Rn. 11; Radtke/Hohmann/*Rappert* Rn. 5; SK-StPO/*Weßlau* Vor § 33 Rn. 15; KMR/*Ziegler* Vor § 33 Rn. 7; vgl. auch BVerfG 22.4.1953 – 1 BvR 162/51, BVerfGE 2, 225 (229) = NJW 1953, 817; zur Sachbehandlung entsprechender Strafanzeigen *Kockel/Vossen-Kempkens* NStZ 2001, 178.

[12] Vgl. BGH 18.12.2006 – 1 StR 161/06, NStZ 2007, 283; *Meyer-Goßner* Vor § 33 Rn. 12; Radtke/Hohmann/*Rappert* Rn. 5; SK-StPO/*Weßlau* Vor § 33 Rn. 15.

[13] *Meyer-Goßner* Vor § 33 Rn. 13; Radtke/Hohmann/*Rappert* Rn. 6.

§ 33 betrifft – entsprechend dem Schutzbereich des Prozessgrundrechts aus Art. 103 Abs. 1 GG – lediglich Entscheidungen des **Gerichts,** sei es eines Kollegialgerichts oder des Strafrichters. Ob die Entscheidung im Laufe (Abs. 1; → Rn. 9 ff.) oder außerhalb (Abs. 2–4; → Rn. 17 ff.) einer Hauptverhandlung ergeht, ist unerheblich. Allerdings unterscheiden sich die Anforderungen an die Anhörung der Beteiligten: Während Abs. 1 für gerichtliche Entscheidungen in der Hauptverhandlung grds. eine Anhörung vorschreibt, ist dies für Entscheidungen außerhalb der Hauptverhandlung nur unter den Voraussetzungen des Abs. 3 notwendig bzw. in den Fällen des Abs. 4 S. 1 völlig davon abzusehen. Entscheidungen anderer staatlicher Stellen wie der Staatsanwaltschaft sind nicht erfasst.[14] 8

II. Erläuterung

1. Entscheidungen des Gerichts im Laufe einer Hauptverhandlung (Abs. 1). 9
a) Entscheidungen im Laufe einer Hauptverhandlung. Abs. 1 betrifft Entscheidungen (→ Rn. 3 ff.), die **im Laufe einer Hauptverhandlung,** also während der mündlichen Verhandlung im Hauptverfahren, ergehen. Hierzu zählen vornehmlich Urteile, seien es Sach- oder Prozessentscheidungen. Während der Hauptverhandlung können allerdings auch Beschlüsse ergehen, die in die Rechte oder in die Rechtsstellung der Verfahrensbeteiligten eingreifen. Dies gilt zB für den Beschluss über den Ausschluss der Öffentlichkeit gemäß § 172,[15] § 173 Abs. 2 GVG,[16] das Absehen von einer antragsgemäß beschlossenen Beweisaufnahme,[17] die Inverwahrnahme von Beweismitteln gemäß § 94 Abs. 1, die Unterbringung des Beschuldigten in ein öffentliches psychiatrisches Krankenhaus zur Vorbereitung eines Gutachtens über dessen psychischen Zustand gemäß § 81 Abs. 1 oder die Anordnung von Untersuchungshaft gemäß § 112.[18]

Eine Entscheidung **ergeht** mit ihrer Bekanntgabe. Erst mit diesem Akt wird die Entscheidung wirksam und für das Gericht grds. – vorbehaltlich besonderer Regelungen, welche die nachträgliche Änderung ermöglichen (zB § 33a, § 306 Abs. 2, § 311 Abs. 3 S. 2, § 311a Abs. 1, § 356a) – unabänderlich.[19] In der Hauptverhandlung ist demnach der Zeitpunkt des Abschlusses der Verkündung mit Eröffnung auch der Entscheidungsgründe (§ 35 Abs. 1 S. 1 bzw. § 268 Abs. 2 S. 1) maßgeblich; zuvor handelt es sich bei entsprechenden schriftlichen Abfassungen lediglich um Entwürfe, nicht aber um Entscheidungen iSd § 33.[20] Unerheblich ist, ob der Betroffene bei der Verkündung anwesend ist oder nicht.[21] 10

b) Anhörung der Beteiligten. Entscheidungen des Gerichts, die im Laufe einer Hauptverhandlung ergehen, dürfen gemäß Abs. 1 erst nach Anhörung der Beteiligten erlassen werden. Zu den **Beteiligten** zählen sämtliche Personen, die Verfahrensrechte ausüben oder von der jeweiligen Entscheidung unmittelbar betroffen werden.[22] Dies trifft zunächst auf alle **Verfahrensbeteiligte** zu, vornehmlich den Beschuldigten, Verteidiger und Beistand, die Staatsanwaltschaft, Neben- und Privatkläger sowie im Steuerstrafverfahren die Finanzbehörde (§ 403, § 407 AO) und im Jugendstrafverfahren den Erziehungsberechtigten und gesetzlichen Vertreter (§ 50 Abs. 2, § 67 JGG), außerdem den Verletzten (§ 111e Abs. 3, 4, § 111g, § 111i, § 111k, §§ 403 ff.),[23] den Verfalls- (§ 442 Abs. 2) und Einziehungsbeteiligten 11

[14] Löwe/Rosenberg/*Graalmann-Scheerer* Vor § 33 Rn. 8; SK-StPO/*Weßlau* Vor § 33 Rn. 6.
[15] Vgl. BGH 9.2.1977 – 3 StR 382/76, BGHSt 27, 117 (117) = NJW 1977, 964.
[16] RG 4.4.1935 – 3 D 59/35, RGSt 69, 175 (176).
[17] BGH 16.6.1983 – 2 StR 837/82, BGHSt 32, 10 (12) = NJW 1983, 2396 (2397).
[18] Löwe/Rosenberg/*Graalmann-Scheerer* Rn. 16.
[19] OLG Celle 18.7.1950 – Ws 152/50, NJW 1951, 415; OLG Hamburg 27.11.1962 – 2 Ss 128/62, NJW 1963, 874; Löwe/Rosenberg/*Graalmann-Scheerer* Rn. 9; SK-StPO/*Weßlau* Vor § 33 Rn. 7.
[20] Löwe/Rosenberg/*Graalmann-Scheerer* Rn. 10; KK/*Maul* Rn. 3; HK-StPO/*Pollähne* Vor § 33 Rn. 6; SK-StPO/*Weßlau* Vor § 33 Rn. 8; KMR/*Ziegler* Vor § 33 Rn. 3.
[21] OLG Hamm 3.7.1962 – 3 Ws 184/62, NJW 1962, 1734 (1734); Löwe/Rosenberg/*Graalmann-Scheerer* Rn. 10; *Meyer-Goßner* Vor § 33 Rn. 3; SK-StPO/*Weßlau* Vor § 33 Rn. 8.
[22] BVerfG 22.4.1964 – 2 BvR 190/62, BVerfGE 17, 356 (362) = NJW 1964, 1412 (1413); KK/*Maul* Rn. 5; SK-StPO/*Weßlau* Rn. 7.
[23] Für eine generelle Einbeziehung des nebenklageberechtigten Verletzten *Walther* GA 2007, 615 (621 f.).

(§ 431 Abs. 1 S. 1) sowie den Geldbußenbeteiligten nach § 444. Die Verfahrensbeteiligten sind vor sämtlichen Entscheidungen zu hören.

12 Außerdem sind **Dritte** zu hören, die nicht am Prozess beteiligt sind, aber gleichwohl von einer Entscheidung betroffen werden und daher ebenso einen Anspruch auf rechtliches Gehör haben. Sie müssen jedoch nur zu gerichtlichen Entscheidungen gehört werden, die in ihre Rechte eingreifen.[24] Dies betrifft etwa Zeugen, gegen die ein Ordnungsmittel nach § 70 Abs. 1 StPO oder § 178 GVG verhängt werden soll.[25]

13 Dass Abs. 1 generell eine **Anhörung** der Beteiligten vorsieht, ist dem Umstand geschuldet, dass in der Hauptverhandlung in der Regel alle Beteiligten zugegen sind. Beteiligte, die nicht anwesend sind, müssen daher vor der Entscheidung nicht angehört werden.[26] Um ihren Anspruch auf rechtliches Gehör geltend machen zu können, muss den Beteiligten die Anwesenheit allerdings ermöglicht werden. Dies geschieht durch den Aufruf zur Sache gemäß § 243 Abs. 1, bei dessen Fehlerhaftigkeit somit das Recht auf rechtliches Gehör verletzt wird.[27] Ebenso wenig erfolgt eine Anhörung ordnungsgemäß, wenn die Beteiligten überhaupt nicht wissen, zu welchem Sachverhalt sie sich äußern dürfen; sofern der Gegenstand der zu erlassenden Entscheidung nicht offensichtlich ist, muss er den Beteiligten daher mitgeteilt werden.[28]

14 In welcher **Form** das rechtliche Gehör gewährt wird, steht mangels ausdrücklicher Regelung (s. zB § 308 Abs. 1) im Ermessen des Gerichts.[29] Die bloße tatsächliche Möglichkeit zur Äußerung genügt allerdings nicht, sondern es muss Gelegenheit zu einer rechten und ausreichenden Äußerung bestehen.[30] In der Regel genügt es, dem Beteiligten erkennbar zum Bewusstsein zu bringen, sich zur anstehenden Entscheidung äußern zu dürfen. Es ist daher grds. nicht notwendig, den Beteiligten ausdrücklich zur Stellungnahme aufzufordern,[31] sofern die Fürsorgepflicht – etwa beim unverteidigten Angeklagten – ausnahmsweise nichts anderes gebietet.[32] Insbesondere der Sitzungsvertreter der Staatsanwaltschaft muss lediglich die bevorstehende Prozesshandlung erkennen und sich hierzu äußern können.[33]

15 Bei dem verteidigten Angeklagten genügt es in der Regel, den erschienenen **Verteidiger** anzuhören.[34] Der Beschuldigte muss also grds. nicht gehört werden (s. aber etwa § 122 Abs. 2 S. 1). Im umgekehrten Fall, in dem allein der Beschuldigte, nicht aber der Verteidiger gehört wird, ist § 33 nicht gewahrt;[35] allerdings kann der Verteidiger bei der Anhörung seines Mandanten zumeist erkennen, ebenfalls Stellung beziehen zu dürfen.[36] Ebenso reicht die Anhörung des Angeklagten aus, wenn nur er die Tatsachen erkennt, zu denen Gelegenheit zur Äußerung besteht; der Verteidiger kann sich hierzu dann nach § 257 Abs. 2 erklären.[37]

---

[24] BVerfG 28.10.1958 – 1 BvR 5/58, BVerfGE 8, 253 (255 f.) = NJW 1958, 2011; BVerfG 1.2.1967 – 1 BvR 630/64, BVerfGE 21, 132 (137) = NJW 1967, 492 (492); BGH 27.5.1963 – GSSt 2/62, BGHSt 19, 7 (15) = NJW 1963, 1988 (1989); Löwe/Rosenberg/*Graalmann-Scheerer* Rn. 18; SK-StPO/*Weßlau* Rn. 7; vgl. auch *Bohnert* JZ 1978, 710 (711 ff.).

[25] KK/*Maul* Rn. 5; *Meyer-Goßner* Rn. 4.

[26] OLG Celle 1.10.1956 – 1 Ws 285/56, JR 1957, 72; Löwe/Rosenberg/*Graalmann-Scheerer* Rn. 17; KMR/*Ziegler* Rn. 13.

[27] Löwe/Rosenberg/*Graalmann-Scheerer* Rn. 17; KMR/*Ziegler* Rn. 13; vgl. auch BVerfG 5.10.1976 – 2 BvR 558/75, BVerfGE 42, 364 (369 f.) = NJW 1977, 1443 (1443).

[28] *Meyer-Goßner* Rn. 5; KMR/*Ziegler* Rn. 10.

[29] BeckOK-StPO/*Larcher* Rn. 6; *Meyer-Goßner* Rn. 6; HK-StPO/*Pollähne* Rn. 5; KMR/*Ziegler* Rn. 10.

[30] OLG Karlsruhe 15.3.1968 – 3 Ws (B) 3/68, NJW 1968, 1438 (1439); BeckOK-StPO/*Larcher* Rn. 6.

[31] BGH 3.7.1962 – 3 StR 22/61, BGHSt 17, 337 (340); BGH 27.4.1989 – 1 StR 632/88, NJW 1989, 2403 (2407); BGH 20.4.1993 – 5 StR 568/92, NStZ 1993, 500; Löwe/Rosenberg/*Graalmann-Scheerer* Rn. 18; BeckOK-StPO/*Larcher* Rn. 7; KMR/*Ziegler* Rn. 10.

[32] BeckOK-StPO/*Larcher* Rn. 7; KK/*Maul* Rn. 7; *Meyer-Goßner* Rn. 6; *Pfeiffer* Rn. 1; SK-StPO/*Weßlau* Rn. 9; s. auch BGH 3.7.1962 – 3 StR 22/61, BGHSt 17, 337 (341).

[33] BGH 3.7.1962 – 3 StR 22/61, BGHSt 17, 337 (341); Löwe/Rosenberg/*Graalmann-Scheerer* Rn. 19.

[34] Löwe/Rosenberg/*Graalmann-Scheerer* Rn. 20; BeckOK-StPO/*Larcher* Rn. 8; *Meyer-Goßner* Rn. 12; KMR/*Ziegler* Rn. 11.

[35] OLG Karlsruhe 15.3.1968 – 3 Ws (B) 3/68, NJW 1968, 1438 (1438); KK/*Maul* Rn. 6; vgl. auch BGH 18.12.1973 – 1 StR 458/73, BGHSt 25, 252 (255) = NJW 1974, 371 (372).

[36] BeckOK-StPO/*Larcher* Rn. 8; *Meyer-Goßner* Rn. 7; Radtke/Hohmann/*Rappert* Rn. 23; KMR/*Ziegler* Rn. 11.

[37] Löwe/Rosenberg/*Graalmann-Scheerer* Rn. 20; *Meyer-Goßner* Rn. 7; SK-StPO/*Weßlau* Rn. 8.

c) Beurkundung. Die Anhörung der Beteiligten ist nach hL als **wesentliche Förmlichkeit** iSd § 273 Abs. 1 in das Protokoll der Hauptverhandlung aufzunehmen,[38] zB in dem Vermerk, dass gegen die Entscheidung von keiner Seite etwas erinnert worden sei.[39] Da dem Grundsatz des rechtlichen Gehörs auf vielfältige Weise genügt werden kann, lässt der BGH es aber ausreichen, wenn sich aus der Sitzungsniederschrift ergibt, dass die Verfahrensbeteiligten erkennbar Gelegenheit zur Äußerung hatten.[40] 16

2. Entscheidungen des Gerichts außerhalb einer Hauptverhandlung (Abs. 2–4). 17
a) Entscheidungen außerhalb einer Hauptverhandlung. Entscheidungen (→ Rn. 3 ff.) des Gerichts außerhalb einer Hauptverhandlung bedürfen nach Abs. 2 der vorherigen Erklärung der Staatsanwaltschaft. Beispiele für Entscheidungen **außerhalb einer Hauptverhandlung** sind Beschlüsse wie der Erlass eines Haft- oder Durchsuchungsbefehls oder die Anordnung von Zwangsmitteln wie einer Beschlagnahme. Für den Strafbefehl enthält § 407 Abs. 3 eine Ausnahmevorschrift, wonach es entgegen § 33 Abs. 3 nicht der vorherigen Anhörung des Angeschuldigten bedarf. Der Anspruch auf rechtliches Gehör ist hier dadurch gewährleistet, dass der Beschuldigte gegen den Strafbefehl Einspruch einlegen und dadurch die Hauptverhandlung herbeiführen kann.[41]

Sofern die betroffene Person anwesend ist, **ergeht** die Entscheidung durch Verkündung (§ 35 Abs. 1 S. 1). Ansonsten – wie in der Regel – werden Entscheidungen außerhalb der Hauptverhandlung schriftlich erlassen. Sie ergehen wiederum (→ Rn. 10) zu demjenigen Zeitpunkt, ab dem das Gericht seine Entscheidung grds. nicht mehr ändern kann, dh wenn die Entscheidung mit Außenwirkung an eine Behörde oder Person außerhalb des Gerichts bekannt gegeben wird.[42] Zuvor handelt es sich bei der zuzustellenden Entscheidung lediglich um einen Entwurf, den das Gericht jederzeit noch abändern kann.[43] 18

Umstritten ist allerdings, wann die beschriebene **Außenwirkung** eintritt. Einige Stimmen stellen darauf ab, wann die Entscheidung den Verfahrensbeteiligten zugestellt wird.[44] Allerdings ist schon der Zustellungsweg (zB bei der Zustellung per Post) dem Einflussbereich des Gerichts in der Regel entzogen, so dass hiermit jedenfalls eine faktische Unabänderlichkeit einhergeht. Daher ist mit der hM eine Entscheidung bereits als ergangen anzusehen, wenn sie zur Bekanntgabe aus dem **räumlichen Geschäftsbereich des Gerichts** entlassen wird.[45] Hingegen genügt es noch nicht, dass der Vorsitzende die Entscheidung in den Geschäftsgang gibt.[46] Dass 19

[38] KK/*Maul* Rn. 7; *Meyer-Goßner* Rn. 8; HK-StPO/*Pollähne* Rn. 6; Radtke/Hohmann/*Rappert* Rn. 24; SK-StPO/*Weßlau* Rn. 11; KMR/*Ziegler* Rn. 12.

[39] BGH 2.10.1951 – 1 StR 434/51, BGHSt 1, 346 (349) = NJW 1952, 192 (193).

[40] BGH 20.4.1993 – 5 StR 568/92, NStZ 1993, 500; BeckOK-StPO/*Larcher* Rn. 7; *Pfeiffer* Rn. 1; vgl. auch BGH 3.7.1962 – 3 StR 22/61, BGHSt 17, 337 (341); KMR/*Ziegler* Rn. 12.

[41] BVerfG 18.12.1953 – 1 BvR 230/51, BVerfGE 3, 248 (253) = NJW 1954, 69 (69); BVerfG 21.1.1969 – 2 BvR 724/67, BVerfGE 25, 158 (165 f.) = NJW 1969, 1103 (1104); kritisch SK-StPO/*Weßlau* Rn. 2.

[42] BGH 14.8.2012 – 2 StR 629/11, StraFo 2012, 463 (463); OLG Bremen 28.12.1955 – Ws 220/55, NJW 1956, 435 (435); OLG Hamburg 27.11.1962 – 2 Ss 128/62, NJW 1963, 874; OLG Hamm 18.3.1958 – 3 Ss 170/58, GA 1959, 287 (287); Löwe/Rosenberg/*Graalmann-Scheerer* Rn. 12; *Meyer-Goßner* Vor § 33 Rn. 9; aA *Laubenthal* NStZ 1991, 402 (402): aktenmäßiger Erlass genügt.

[43] OLG Celle 12.12.1975 – 2 Ws 303/75, MDR 1976, 508 (509); Löwe/Rosenberg/*Graalmann-Scheerer* Rn. 12.

[44] OLG Koblenz 18.11.1971 – 1 Ws (a) 383/71, VRS 42, 375 (376); Löwe/Rosenberg/*Graalmann-Scheerer* Rn. 12.

[45] BayObLG 29.4.1977 – RReg. 1 St 91/77, BayObLGSt 1977, 77 (79); OLG Bremen 28.12.1955 – Ws 220/55, NJW 1956, 435 (435); OLG Frankfurt a. M. 16.5.1962 – 6 Ws 259/62, MDR 1962, 744; OLG Köln 27.10.1992 – 2 Ws 488/92, NJW 1993, 608 (608); BeckOK-StPO/*Larcher* Rn. 4; KK/*Maul* Rn. 4; *Meyer-Goßner* Vor § 33 Rn. 9; HK-StPO/*Pollähne* Vor § 33 Rn. 9; Radtke/Hohmann/*Rappert* Rn. 15; SK-StPO/*Weßlau* Vor § 33 Rn. 9; KMR/*Ziegler* Vor § 33 Rn. 5.

[46] So aber BGH 21.9.1993 – 4 StR 474/93, NStZ 1994, 96 (97); BayObLG 27.8.1969 – 2a Ws (B) 50/69, NJW 1970, 623; *Pfeiffer* Rn. 2; s. auch BGH 14.8.2012 – 2 StR 629/11, StraFo 2012, 463 (463) für Beschlüsse, die unmittelbar die Rechtskraft einer angefochtenen Entscheidung herbeiführen, zB des Revisionsgerichts nach § 349 Abs. 2.

die Geschäftsstelle ohne richterliche Verfügung handelt, steht dem Erlass der Entscheidung nicht entgegen.[47]

20 **Aktenmäßig erlassen** ist die Entscheidung bereits dann, wenn sie vollinhaltlich zur Kenntnis für Personen außerhalb des Gerichts niedergelegt ist und der zuständige Richter sie unterzeichnet (vgl. zB § 78c Abs. 2 StGB und § 33 Abs. 2 OWiG). Es ist zwar immer noch möglich, die Entscheidung abzuändern. Da die Entscheidung aber schon jetzt existiert, ist sie **anfechtbar,** auch wenn der Betroffene noch überhaupt keine Kenntnis von ihrem Erlass hat.[48]

21 Anders als bei Urteilen (§ 275 Abs. 2) verlangt das Gesetz nicht, **Beschlüsse** zu **unterzeichnen.**[49] Es reicht daher aus, dass nur die zuständigen, nicht aber alle mitwirkenden Richter unterschreiben.[50] Exemplarisch bestimmt § 14 Abs. 2 GeschOBGH für Beschlüsse, die nicht aufgrund einer mündlichen Verhandlung ergehen, dass die Unterzeichnung durch den Berichterstatter und den Vorsitzenden genügt. Allerdings muss der Beschluss erkennen lassen, in vorschriftsmäßiger Besetzung getroffen worden zu sein.[51] Es empfiehlt sich daher, wie bei Urteilen die übrigen Richter im Rubrum nach der Bezeichnung des Gerichts namentlich zu nennen.[52]

22 Wird lediglich der **Entwurf eines Beschlusses** (zB wenn an einem Beschluss noch nicht sämtliche Richter mitgewirkt haben)[53] zugestellt, ist er gleichwohl anfechtbar, um den äußeren Anschein einer Entscheidung zu beseitigen.[54] Das Rechtsmittel wird aber unzulässig, sofern der Rechtsschein auf andere Weise (zB wenn der Beschluss selbst noch ordnungsgemäß ergeht) wieder beseitigt wird. Das Rechtsmittel muss daher erneut eingelegt werden.[55]

23 **b) Erklärung der Staatsanwaltschaft (Abs. 2).** Stets zu hören vor Entscheidungen des Gerichts außerhalb der Hauptverhandlung ist die **Staatsanwaltschaft.** Ihre Erklärung erfolgt in der Regel schriftlich, wenngleich sie nach Abs. 2 ebenso mündlich abgegeben werden kann. Allerdings hat die Staatsanwaltschaft keinen Anspruch auf eine mündliche Anhörung, sofern das Gesetz nicht etwas anderes bestimmt (so zB in § 124 Abs. 2 S. 3).[56] Die Staatsanwaltschaft darf von ihrer Stellungnahme nicht absehen, da sie wegen des Offizialprinzips zur Mitwirkung nicht nur berechtigt, sondern auch verpflichtet ist (vgl. Nr. 127 Abs. 1 S. 1 RiStBV).[57]

24 **Privat- und Nebenkläger** sind zwar gemäß § 385 Abs. 1 S. 1 bzw. § 397 Abs. 1 S. 4 in demselben Umfang zuzuziehen und zu hören wie die Staatsanwaltschaft. Da sie aber anders als die Staatsanwaltschaft keine Mitwirkungspflicht am Verfahren trifft, sind sie wie andere Beteiligte iSd Abs. 3 zu behandeln.[58]

---

[47] BayObLG 6.7.1981 – 3 Ob OWi 108/81, NJW 1981, 2589 (2590); BeckOK-StPO/*Larcher* Rn. 4; KK/*Maul* Rn. 4; *Meyer-Goßner* Vor § 33 Rn. 9; Radtke/Hohmann/*Rappert* Rn. 15; aA Löwe/Rosenberg/*Graalmann-Scheerer* Rn. 12.

[48] BGH 16.5.1973 – 2 StR 497/72, BGHSt 25, 187 (189 f.) = NJW 1974, 66 (67); OLG Koblenz 10.6.1985 – 1 Ws 335/85, MDR 1985, 955 (956); *Schneider* MDR 1979, 1 (2); aA BayObLG 17.5.1961 – RevReg. 1 St 196/61, NJW 1961, 1637 (1637 f.); *Meyer-Goßner* Vor § 33 Rn. 8; Radtke/Hohmann/*Rappert* Rn. 13; SK-StPO/*Weßlau* Vor § 33 Rn. 9.

[49] BayObLG 27.6.1989 – RReg. 4 St 34/89, NStZ 1989, 489 (489); Löwe/Rosenberg/*Graalmann-Scheerer* Rn. 13; KMR/*Ziegler* Vor § 33 Rn. 4.

[50] BGH 7.12.1956 – 5 StR 494/56, JR 1957, 69; Löwe/Rosenberg/*Graalmann-Scheerer* Rn. 14; SK-StPO/*Weßlau* Vor § 33 Rn. 12.

[51] BGH 5.2.1997 – 3 StR 524/96, NStZ-RR 1997, 205; OLG Düsseldorf 5.8.1983 – 1 Ws 668/83, MDR 1984, 164; Radtke/Hohmann/*Rappert* Rn. 14; SK-StPO/*Weßlau* Vor § 33 Rn. 12.

[52] Löwe/Rosenberg/*Graalmann-Scheerer* Rn. 14; *Meyer-Goßner* Vor § 33 Rn. 15.

[53] BVerfG 17.1.1985 – 2 BvR 498/84, NJW 1985, 788; BeckOK-StPO/*Larcher* Rn. 4; SK-StPO/*Weßlau* Vor § 33 Rn. 12.

[54] LG Hildesheim 19.10.1990 – 12 Qs 46/90, NStZ 1991, 401 (401 f.) mAnm *Laubenthal; Meyer-Goßner* Vor § 33 Rn. 6; Radtke/Hohmann/*Rappert* Rn. 14.

[55] Löwe/Rosenberg/*Graalmann-Scheerer* Rn. 13; *Laubenthal* NStZ 1991, 402 (402 f.); s. auch BVerfG 17.1.1985 – 2 BvR 498/84, NJW 1985, 788.

[56] Löwe/Rosenberg/*Graalmann-Scheerer* Rn. 29; BeckOK-StPO/*Larcher* Rn. 9; *Meyer-Goßner* Rn. 10; SK-StPO/*Weßlau* Rn. 14; KMR/*Ziegler* Rn. 14.

[57] BeckOK-StPO/*Larcher* Rn. 9; *Meyer-Goßner* Rn. 10; *Pfeiffer* Rn. 2; KMR/*Ziegler* Rn. 14.

[58] Löwe/Rosenberg/*Graalmann-Scheerer* Rn. 27; SK-StPO/*Weßlau* Rn. 13; KMR/*Ziegler* Rn. 16.

25 **Ausnahmen** von dem Grundsatz der Anhörung der Staatsanwaltschaft enthalten § 125 Abs. 1 für den Fall fehlender Erreichbarkeit und § 128 Abs. 2 S. 2 für den Erlass des Haftbefehls sowie § 165 für richterliche Nothandlungen (vgl. auch § 163 Abs. 2 S. 2). Eine weitere Einschränkung beinhaltet § 309 Abs. 1 für die Entscheidung des Beschwerdegerichts.[59] Außerdem wird die Staatsanwaltschaft nicht bei der Überwachung des Schriftverkehrs gemäß § 148a gehört, da nur der zuständige Richter vom Inhalt der Sendungen Kenntnis nehmen darf.[60] Verfassungsrechtlich bedenklich sind diese Regelungen nicht, da die Staatsanwaltschaft als Vertreterin des Staates nicht Betroffene des Strafverfahrens ist und sich somit nicht auf das Justizgrundrecht auf rechtliches Gehör gemäß Art. 103 Abs. 1 GG berufen kann.[61]

26 **c) Anhörung anderer Beteiligter (Abs. 3).** Andere Beteiligte außer der Staatsanwaltschaft sind bei Entscheidungen des Gerichts außerhalb einer Hauptverhandlung gemäß Abs. 3 (nur dann) zu hören, wenn Tatsachen oder Beweisergebnisse zu ihrem Nachteil verwertet werden sollen. Diese Einschränkung dient dem Interesse der **Verfahrensbeschleunigung,** da eine Anhörung sämtlicher Beteiligter außerhalb der Hauptverhandlung das Verfahren verzögerte. Es existieren allerdings Sondervorschriften, die das Anhörungsrecht des Beteiligten in diesen Fällen erweitern und gemäß Abs. 4 S. 2 von Abs. 3 unberührt bleiben (→ Rn. 37).

27 Das Anhörungsrecht gemäß Abs. 3 setzt voraus, dass Tatsachen und Beweisergebnisse zum Nachteil des Beschuldigten verwertet werden sollen. **Tatsachen** sind sowohl äußere als auch innere Geschehnisse oder Zustände. Auch verfahrensrechtliche Fragen (zB die Rechtzeitigkeit eines Strafantrags) sind erfasst.[62] Eine klare Trennung von Tatsachenaussagen und Werturteilen ist nicht möglich, da Wertungen sich auf Tatsachen beziehen und daher eng mit ihnen verknüpft sind.[63] Auszuscheiden sind aber bloße Rechtsausführungen; insoweit ist nur nach speziellen Vorschriften (zB § 265 in der Hauptverhandlung) rechtliches Gehör zu gewähren.[64] **Beweisergebnisse** sind vor allem Zeugenaussagen und Sachverständigengutachten, sichergestellte Beweismittel und Erkenntnisse aus der Einnahme eines Augenscheins.[65]

28 Die betreffenden Tatsachen oder Beweisergebnisse müssen **zum Nachteil** des Beteiligten verwertet werden. Dies setzt zum einen voraus, dass das Gericht die fraglichen Umstände für entscheidungserheblich hält. Die Anhörung ist also entbehrlich, wenn die Tatsachen oder Beweisergebnisse überhaupt nicht zum Nachteil des Beteiligten berücksichtigt werden sollen.[66] Zum anderen bedarf es keiner Anhörung, wenn nur ein Teil der Tatsachen zu Lasten des Beteiligten gedeutet wird, die gerichtliche Entscheidung insgesamt aber aufgrund anderer Tatsachen zu seinen Gunsten und somit letztlich nicht zu seinem Nachteil ergeht.[67]

29 Die **Anhörung** erfolgt gewöhnlich im schriftlichen Verfahren, in dem der Beteiligte über die zu treffende Entscheidung sowie über diejenigen Tatsachen und Beweisergebnisse (zB durch Abschriften) informiert wird, zu denen der Beteiligte noch nicht gehört wurde und die das Gericht zu dessen Nachteil verwerten will. Der Beteiligte ist darauf hinzuweisen,

---

[59] Zur (geringen) praktischen Anwendung Löwe/Rosenberg/*Graalmann-Scheerer* Rn. 31; kritisch gegenüber der Vorschrift KMR/*Ziegler* Rn. 15.

[60] BayObLG 23.5.1979 – 1 St ObWs 1/79, BayObLGSt 1979, 65 (67 f.); *Meyer-Goßner* Rn. 10.

[61] *Meyer-Goßner* Rn. 10.

[62] OLG Köln 6.2.1970 – 1 Ws OWi 15/70, NJW 1970, 1336 (1336); Löwe/Rosenberg/*Graalmann-Scheerer* Rn. 34; KK/*Maul* Rn. 9; *Meyer-Goßner* Rn. 13.

[63] BVerfG 15.10.1963 – 2 BvR 563/62, BVerfGE 17, 139 (143) = NJW 1964, 293; KK/*Maul* Rn. 9; *Meyer-Goßner* Rn. 13; HK-StPO/*Pollähne* Rn. 9; SK-StPO/*Weßlau* Rn. 18.

[64] Löwe/Rosenberg/*Graalmann-Scheerer* Rn. 34; KMR/*Ziegler* Rn. 18; offen gelassen von BVerfG 11.5.1965 – 2 BvR 242/63, BVerfGE 19, 32 (36).

[65] Löwe/Rosenberg/*Graalmann-Scheerer* Rn. 34; KK/*Maul* Rn. 9.

[66] OLG Hamburg 25.8.1964 – 1 Ws 294/64, NJW 1964, 2315 (2315); BeckOK-StPO/*Larcher* Rn. 11; KK/*Maul* Rn. 8; SK-StPO/*Weßlau* Rn. 17; weitergehend Löwe/Rosenberg/*Graalmann-Scheerer* Rn. 35.

[67] *Meyer-Goßner* Rn. 13; Radtke/Hohmann/*Rappert* Rn. 31; SK-StPO/*Weßlau* Rn. 19; KMR/*Ziegler* Rn. 17.

dass er sich zu den betreffenden Tatsachen und Beweisergebnissen äußern darf.[68] Es empfiehlt sich hierbei, eine Frist für die Stellungnahme des Beteiligten zu setzen.[69] Möglich ist auch, den Beteiligten (zB in der Justizvollzugsanstalt) zu Protokoll anzuhören. Unter Umständen genügt bereits die Anhörung durch die Staatsanwaltschaft, wenn sie erkennen lässt, eine gerichtliche Entscheidung vorzubereiten.[70]

30 Bei einem verteidigten Beschuldigten genügt es in der Regel, den **Verteidiger** anzuhören, da er für den Beschuldigten spricht.[71] Insoweit reicht auch die Gewährung von Akteneinsicht.[72] Gleiches gilt für den Prozessbevollmächtigten eines Nebenbeteiligten und für Rechtsanwälte, die Privat- oder Nebenklägern beistehen.[73]

31 **d) Ausnahme von der Anhörung anderer Beteiligter (Abs. 4).** Das Anhörungsrecht nach Abs. 3 besteht gemäß Abs. 4 S. 1 nicht, wenn die vorherige Anhörung den **Zweck der Anordnung** einer Maßnahme **gefährden** würde, deren erfolgreiche Durchführung also eines Überraschungsmoments bedarf. Hiervon ist auszugehen, wenn Tatsachen im konkreten Einzelfall oder die allgemeine Lebenserfahrung nahe legen, dass bei einer vorherigen Anhörung der Beteiligte die Maßnahme vereitelt.[74] § 33 Abs. 4 S. 1 gilt auch in der Beschwerdeinstanz (§ 308 Abs. 1 S. 2).[75]

32 Den exemplarisch genannten **Maßnahmen** der Untersuchungshaft gemäß §§ 112 ff. und der Beschlagnahme gemäß §§ 94 ff. und §§ 111b ff. lässt sich entnehmen, dass als mögliche Vereitelungshandlungen die Flucht vor Zugriffen auf die eigene Person (zB auch durch eine körperliche Untersuchung gemäß § 81a und eine Vorführung gemäß § 134) und das Verstecken oder Vernichten von Beweismitteln (nicht nur vor Beschlagnahmen, sondern ebenso etwa vor Durchsuchungen) anzusehen sind. Außerdem entfällt naturgemäß bei heimlichen Maßnahmen (zB Überwachung der Telekommunikation gemäß §§ 100a f., Abhören des nichtöffentlich gesprochenen Wortes gemäß §§ 100c ff. oder Einsatz eines verdeckten Ermittlers nach §§ 110a ff.) die Notwendigkeit einer Anhörung.[76]

33 Abs. 4 S. 1 ist **entsprechend anwendbar,** wenn der Anhörung tatsächliche Gründe entgegenstehen, zB der Aufenthaltsort des Beteiligten nicht bekannt ist.[77] Gleiches gilt, wenn die vorherige Anhörung Gefahren für Leib oder Leben anderer begründen könnte.[78] Eine entsprechende Anwendung bleibt jedoch abzulehnen, wenn lediglich von einer Anhörung abgesehen werden soll, weil der erforderliche Aufwand unverhältnismäßig wäre.[79]

34 Da die angeordneten Maßnahmen keine endgültigen Entscheidungen darstellen und zumeist unter einem gewissen Zeitdruck getroffen werden müssen, bedarf es keiner umfassenden Abwägung und **Begründung** des Gerichts. Vielmehr ist in der Regel nach der allgemeinen Lebenserfahrung davon auszugehen und somit offensichtlich, dass eine vorherige Anhörung den Zweck der Anordnung gefährdete.[80]

---

[68] Löwe/Rosenberg/*Graalmann-Scheerer* Rn. 33; SK-StPO/*Weßlau* Rn. 15.

[69] Löwe/Rosenberg/*Graalmann-Scheerer* Rn. 33; BeckOK-StPO/*Larcher* Rn. 10; *Meyer-Goßner* Rn. 11; *Pfeiffer* Rn. 2; SK-StPO/*Weßlau* Rn. 16; KMR/*Ziegler* Rn. 19.

[70] Löwe/Rosenberg/*Graalmann-Scheerer* Rn. 33; KK/*Maul* Rn. 8; *Meyer-Goßner* Rn. 11; KMR/*Ziegler* Rn. 19.

[71] OLG Karlsruhe 15.3.1968 – 3 Ws (B) 3/68, NJW 1968, 1438 (1438); *Meyer-Goßner* Rn. 12; Radtke/Hohmann/*Rappert* Rn. 28; KMR/*Ziegler* Rn. 20.

[72] KK/*Maul* Rn. 8; *Meyer-Goßner* Rn. 11; *Pfeiffer* Rn. 2; SK-StPO/*Weßlau* Rn. 15.

[73] *Meyer-Goßner* Rn. 12; Radtke/Hohmann/*Rappert* Rn. 28.

[74] Löwe/Rosenberg/*Graalmann-Scheerer* Rn. 41; *Meyer-Goßner* Rn. 16; Radtke/Hohmann/*Rappert* Rn. 34.

[75] S. hierzu OLG Hamm 17.4.1997 – 2 Ws 109, 110/97, NStZ-RR 1998, 19 (19); OLG Stuttgart 19.1.1990 – 3 Ws 248/89, NStZ 1990, 247 (247).

[76] Löwe/Rosenberg/*Graalmann-Scheerer* Rn. 41; *Meyer-Goßner* Rn. 15.

[77] BeckOK-StPO/*Larcher* Rn. 12; KK/*Maul* Rn. 13; *Meyer-Goßner* Rn. 17; SK-StPO/*Weßlau* Rn. 25; KMR/*Ziegler* Rn. 24.

[78] *Meyer-Goßner* Rn. 17; Radtke/Hohmann/*Rappert* Rn. 35.

[79] KK/*Maul* Rn. 13; *Meyer-Goßner* Rn. 17; HK-StPO/*Pollähne* Rn. 12; Radtke/Hohmann/*Rappert* Rn. 35; SK-StPO/*Weßlau* Rn. 26; KMR/*Ziegler* Rn. 24.

[80] Löwe/Rosenberg/*Graalmann-Scheerer* Rn. 42; *Meyer-Goßner* Rn. 16; Radtke/Hohmann/*Rappert* Rn. 34; KMR/*Ziegler* Rn. 21.

Selbst wenn sich die vorherige Anhörung gemäß Abs. 4 S. 1 als entbehrlich erweist, bedarf es aber der **nachträglichen Anhörung** des Beteiligten. Sofern gegen die Maßnahme Beschwerde eingelegt wurde, ist rechtliches Gehör im Beschwerdeverfahren zu gewähren.[81] Gewährt das Gericht, dessen Entscheidung mit der Beschwerde angefochten wurde, kein nachträgliches Gehör, muss das **Beschwerdegericht** dies nachholen.[82] 35

Stehen dem Betroffenen keine Rechtsmittel zur Verfügung, bleibt nur der Weg über **§ 33a.** § 33a ist ebenso einschlägig, wenn der Zweck der angeordneten Maßnahme nicht mehr gefährdet ist, spätestens also nach deren Vollzug.[83] Über sein Recht auf nachträgliche Anhörung ist der Beteiligte zu belehren.[84] Besteht nach Vollzug der Maßnahme ein Nachteil für den Beteiligten fort, muss er von Amts wegen nachträglich angehört werden.[85] 36

Sondervorschriften über die Anhörung der Beteiligten bleiben von der allgemeinen Regelung in Abs. 3 unberührt **(Abs. 4 S. 2).** Solche speziellen Regelungen finden sich ua in § 81 Abs. 1, § 111l Abs. 4, § 118a Abs. 3 S. 1, § 122 Abs. 2 S. 1, § 124 Abs. 2, § 175 S. 1, § 201 Abs. 1, § 216 Abs. 2 S. 2, § 225a Abs. 2 S. 1, § 347 Abs. 1 S. 2, § 349 Abs. 3 S. 1, § 453 Abs. 1 S. 2, § 454 Abs. 1 S. 2 und 3, Abs. 2 S. 3 sowie § 462 Abs. 2. 37

III. Revision

Die Verletzung des Anspruchs auf rechtliches Gehör kann einen **relativen Revisionsgrund** darstellen; für einen absoluten Revisionsgrund gemäß § 338 Nr. 8 fehlt es in aller Regel an einem Beschluss, aufgrund dessen rechtliches Gehör versagt wird.[86] Das Urteil kann auf der unterlassenen Gewährung rechtlichen Gehörs einerseits dann **beruhen,** wenn die Stellungnahme des Angeklagten die jeweilige Entscheidung hätte beeinflussen können. Andererseits kann nicht auszuschließen sein, dass die Entgegnung des Gerichts auf eine Äußerung des Angeklagten diesen etwa zu weiteren Anträgen veranlasst hätte, die sich auf die Entscheidung hätten auswirken können.[87] 38

Der Angeklagte soll nach Lit. die Verletzung rechtlichen Gehörs nur rügen können, wenn er die gleichwohl ergangene Entscheidung beanstandet hat. Ansonsten sei von seiner stillschweigenden Billigung der jeweiligen gerichtlichen Entscheidung auszugehen, die daher auch bei erfolgter Anhörung nicht anders ausgefallen wäre.[88] Nach der Rechtsprechung soll ebenso wenig beschwert sein, wem entgegen § 33 die dienstliche Äußerung eines Richters auf ein Ablehnungsgesuch nicht vor der Entscheidung bekannt gegeben wird. Hier sei es nämlich möglich, den Antrag nach Bekanntgabe der Entscheidung und damit auch des wesentlichen Inhalts der dienstlichen Äußerung zu erneuern.[89] 39

§ 33a [Wiedereinsetzung in den vorherigen Stand]

[1]Hat das Gericht in einem Beschluss den Anspruch eines Beteiligten auf rechtliches Gehör in entscheidungserheblicher Weise verletzt und steht ihm gegen den Beschluss keine Beschwerde und kein anderer Rechtsbehelf zu, versetzt es, sofern

[81] BVerfG 5.5.2004 – 2 BvR 1012/02, NJW 2004, 2443 (2443); BVerfG 19.1.2006 – 2 BvR 1075/05, NJW 2006, 1048 (1048 f.); BVerfG 7.9.2007 – 2 BvR 1009/07, NStZ-RR 2008, 16 (17); Löwe/Rosenberg/*Graalmann-Scheerer* Rn. 45.

[82] BVerfG 19.1.2006 – 2 BvR 1075/05, NJW 2006, 1048 (1048 f.).

[83] Löwe/Rosenberg/*Graalmann-Scheerer* Rn. 43; KK/*Maul* Rn. 13; SK-StPO/*Weßlau* Rn. 27.

[84] Vgl. BVerfG 8.1.1959 – 1 BvR 396/55, BVerfGE 9, 89 (107) = NJW 1959, 427 (430).

[85] KK/*Maul* Rn. 14; *Pfeiffer* Rn. 3; *Hanack* JR 1967, 229 (230); *Kleinknecht* JZ 1965, 153 (160); aA *Meyer-Goßner* Rn. 18; Radtke/Hohmann/*Rappert* Rn. 36.

[86] Löwe/Rosenberg/*Graalmann-Scheerer* Rn. 25.

[87] Löwe/Rosenberg/*Graalmann-Scheerer* Rn. 25.

[88] Löwe/Rosenberg/*Graalmann-Scheerer* Rn. 25; *Meyer-Goßner* Rn. 19; SSW-StPO/*Mosbacher* Rn. 15; Radtke/Hohmann/*Rappert* Rn. 38; aA HK-StPO/*Pollähne* Rn. 14; SK-StPO/*Weßlau* Rn. 29; KMR/*Ziegler* Rn. 27.

[89] BGH 13.7.1966 – 2 StR 157/66, BGHSt 21, 85 (87) = NJW 1966, 2321 (2321) mit krit. Anm. *Hanack* JR 1967, 229; BGH 30.6.1982 – 2 StR 260/82, StV 1982, 457.

der Beteiligte dadurch noch beschwert ist, von Amts wegen oder auf Antrag insoweit das Verfahren durch Beschluss in die Lage zurück, die vor dem Erlass der Entscheidung bestand. [2]§ 47 gilt entsprechend.

Schrifttum: *Burhoff,* Die Anhörungsrüge im Strafverfahren, ZAP Fach 22, 409; *Eschelbach/Geipel/Weiler,* Anhörungsrügen, StV 2010, 325; *Esskandari,* Zum Rechtsschutz bei prozessualer Überholung (§§ 304 ff., 33a StPO) – Überlegungen im Anschluß an BVerfG, NJW 1997, 2163 ff., StraFo 1997, 289; *Kiethe,* Entscheidung über die Nebenklagekosten im Wege des § 33a StPO, JR 2007, 321; *Pohlreich,* Zur Fristvorwirkung der Verfassungsbeschwerde im strafgerichtlichen Verfahren, StV 2011, 574; *Ulrici,* Das Anhörungsrügengesetz, Jura 2005, 368.

Übersicht

I. Überblick

1 **1. Normzweck.** § 33a ermöglicht es den Strafgerichten, entscheidungserhebliche Verletzungen des Verfahrensgrundrechts der Beteiligten auf rechtliches Gehör aus Art. 103 Abs. 1 GG auch dann zu beheben, wenn dem Beteiligten kein Rechtsbehelf gegen den jeweiligen Beschluss zusteht. In diesem Fall kann das beschließende Gericht bei fortdauernder Beschwer des Betroffenen das Verfahren in die Lage vor der Entscheidung zurückversetzen. Dies gewährleistet, den in § 33 zum Ausdruck kommenden **Anspruch auf rechtliches Gehör** schon im fachgerichtlichen Verfahren hinreichend zu beachten. Das Bundesverfassungsgericht hat in einer Plenumsentscheidung vom 30.4.2003 hierzu ausgeführt, dass schon die Fachgerichte zumindest einmal die Einhaltung des Anspruchs auf rechtliches Gehör überprüfen[1] und dessen Verletzung in jeder Instanz abhelfen können müssen.[2] Es genüge den Anforderungen des Rechtsstaatsprinzips iVm Art. 103 Abs. 1 GG nicht, mit der Verfassungsbeschwerde die Verletzung des Anspruchs auf rechtliches Gehör rügen zu können.[3]

2 Hauptanliegen der Norm dürfte damit nicht zuletzt sein, das **Bundesverfassungsgericht** zu **entlasten.** Schließlich kann vor ihm jeder Eingriff in Art. 103 Abs. 1 GG – und somit auch Missachtungen des § 33 – mit der Verfassungsbeschwerde beanstandet werden, sofern die Fach- wie etwa die Strafgerichte nicht selbst den Mangel beheben können.[4] Wegen der Regelung des § 33a muss zuerst ein Antrag nach dieser Norm gestellt werden, um den Rechtsweg iSd § 90 Abs. 2 BVerfGG zu erschöpfen. Ohne einen solchen (erfolglosen) Antrag ist die Verfassungsbeschwerde also unzulässig.[5] Für die Notwendigkeit einer Anhörungsrüge genügt, dass bei objektiver Betrachtung eine Korrektur der vom Beschwerdeführer gerügten Grundrechtsverstöße auf diesem Wege möglich ist. Ob der Beschwerdeführer einen Gehörsverstoß überhaupt geltend machen will, ist hingegen unerheblich, sofern die Anhörungsrüge statthaft und nicht von vornherein völlig aussichtslos ist.[6]

3 **2. Anwendungsbereich.** Die Vorschrift setzt einen **Beschluss** voraus, der den Anspruch eines Beteiligten auf rechtliches Gehör verletzt, aber gegen den kein Rechtsbehelf eröffnet

[1] BVerfG 30.4.2003 – 1 PBvU 1/02, BVerfGE 107, 395 (407) = NJW 2003, 1924 (1926).
[2] BVerfG 30.4.2003 – 1 PBvU 1/02, BVerfGE 107, 395 (410 f.) = NJW 2003, 1924 (1926 f.).
[3] BVerfG 30.4.2003 – 1 PBvU 1/02, BVerfGE 107, 395 (413 ff.) = NJW 2003, 1924 (1927 f.).
[4] OLG Düsseldorf 25.11.1987 – 1 Ws 827/87, NJW 1989, 311 (312); *Meyer-Goßner* Rn. 1.
[5] BVerfG 10.5.1972 – 2 BvR 644/71, BVerfGE 33, 192 (194) = NJW 1972, 1227; BVerfG 30.6.1976 – 2 BvR 164/76, BVerfGE 42, 243 (245) = NJW 1976, 1837 (1838); BVerfG 5.3.1985 – 2 BvR 1715/83, NStZ 1985, 277; BVerfG 20.4.2004 – 2 BvR 297/04, NStZ-RR 2004, 372 (372); KK/*Maul* Rn. 14; SK-StPO/*Weßlau* Rn. 33; KMR/*Ziegler* Rn. 1; kritisch *Eschelbach/Geipel/Weiler* StV 2010, 325 (325 ff.).
[6] BVerfG 14.12.2011 – 2 BvR 68/11, BeckRS 2012, 46353; aA *Eschelbach/Geipel/Weiler* StV 2010, 325 (328).

ist. Es handelt sich bei der Anhörungsrüge somit um einen eigenständigen wie – auch bei offenkundigen Verletzungen des rechtlichen Gehörs – **subsidiären Rechtsbehelf.**[7] Vorrangige Sonderregelungen enthalten § 311a für das Beschwerdeverfahren sowie § 356a für das Revisionsverfahren.[8]

Nach früherer Rechtslage betraf § 33a lediglich die Verwertung von Tatsachen oder Beweisergebnissen zum Nachteil eines nicht hierzu gehörten Beteiligten gemäß § 33 Abs. 3. Das **Bundesverfassungsgericht** erachtete dieses Rechtsschutzsystem gegen Verletzungen des Anspruchs auf rechtliches Gehör in der Plenumsentscheidung vom 30.4.2003 (→ Rn. 1) allerdings als unzureichend.[9] Der Gesetzgeber sah sich dadurch veranlasst, das Gesetz über die Rechtsbehelfe bei Verletzung des Anspruchs auf rechtliches Gehör **(Anhörungsrügengesetz)** vom 9.12.2004 (BGBl. I 3220)[10] zu verabschieden. Dessen Art. 2 Nr. 1 erweiterte die Vorschrift des § 33a, indem sie nunmehr **jede Verletzung des Anspruchs auf rechtliches Gehör** im Beschlussverfahren erfasst und sich nicht mehr auf die Fälle des § 33 Abs. 3 beschränkt. 4

In der gebotenen weiten Auslegung der Norm ist rechtliches Gehör auch zu **Anträgen und Rechtsausführungen anderer Beteiligter** zu gewähren, die möglicherweise für das Gericht entscheidungserheblich sind. Dies versetzt den jeweiligen Beteiligten zudem in die Lage, sich auf neue rechtliche Gesichtspunkte einzustellen und hierzu zu äußern.[11] 5

II. Erläuterung

1. Voraussetzungen der Anhörungsrüge. § 33a betrifft nur Verletzungen des Anspruchs auf rechtliches Gehör, die im Beschlussverfahren ergangen sind (→ Rn. 3). Da § 33a die Vorschrift des § 33 ergänzt, sind unter **„Beschluss"** grds. sämtliche dort genannten Entscheidungen (→ § 33 Rn. 3 ff.), insbesondere die Anordnungen in § 33 Abs. 4 zu verstehen.[12] Ausgenommen bleiben lediglich Urteile.[13] 6

Gegen den Beschluss darf dem Beteiligten **kein** anderer **Rechtsbehelf** zustehen. Dies betrifft vor allem die ausdrücklich genannte **Beschwerde** (einschließlich der weiteren Beschwerde nach § 310), die allerdings etwa in den Fällen des § 305 S. 1 oder auch des § 28 Abs. 2 S. 2 (Anfechtung des Beschlusses „nur zusammen mit dem Urteil") ausgeschlossen ist.[14] 7

Weitere Rechtsbehelfe, die § 33a entgegenstehen, sind der Antrag auf Wiedereinsetzung in den vorherigen Stand nach § 44 sowie der Antrag auf Entscheidung des Rechtsmittelgerichts bei verspäteter bzw. formwidriger Einlegung gemäß § 319 Abs. 2, § 346 Abs. 2.[15] 8

Das Gericht muss in dem Beschluss den **Anspruch** eines Beteiligten **auf rechtliches Gehör verletzt** haben. Es darf ihm also keine ausreichende Gelegenheit zur Äußerung eingeräumt haben; dass der Beteiligte diese Möglichkeiten ergreift oder sie von vornherein nicht nutzen kann, weil er etwa unentschuldigt ausbleibt oder schuldhaft seine Verhandlungsunfähigkeit herbeiführt, ist unerheblich.[16] Ebenso ist § 33a jedenfalls entsprechend anwendbar, wenn der Beteiligte im Anschluss an die schuldhaft vereitelte Anhörung ein mögliches Rechtsmittel versäumt (zB beim Widerruf der Strafaussetzung ohne vorherige 9

---

[7] Löwe/Rosenberg/*Graalmann-Scheerer* Rn. 2; KMR/*Ziegler* Rn. 2.

[8] KMR/*Ziegler* Rn. 3 f.; zu § 356a s. BGH 16.5.2006 – 4 StR 110/05, NStZ 2007, 236 (236); BGH 29.11.2012 – 3 StR 236/12, BeckRS 2013, 01370.

[9] BVerfG 30.4.2003 – 1 PBvU 1/02, BVerfGE 107, 395 (416 ff.) = NJW 2003, 1924 (1928 f.).

[10] Siehe hierzu *Burhoff* ZAP Fach 22, 409; *Ulrici* Jura 2005, 368.

[11] BVerfG 7.9.2007 – 2 BvR 1009/07, NStZ-RR 2008, 16 (17); OLG Frankfurt a. M. 8.7.2002 – 3 Ws 692/02, NStZ-RR 2002, 306; Löwe/Rosenberg/*Graalmann-Scheerer* Rn. 3; *Meyer-Goßner* Rn. 1.

[12] Löwe/Rosenberg/*Graalmann-Scheerer* Rn. 6; SK-StPO/*Weßlau* Rn. 5.

[13] Löwe/Rosenberg/*Graalmann-Scheerer* Rn. 4; BeckOK-StPO/*Larcher* Rn. 1; *Meyer-Goßner* Rn. 3; KMR/*Ziegler* Rn. 5.

[14] KG 2.2.1966 – 1 Ws 6/66, NJW 1966, 991 (991 f.); OLG Celle 17.7.1973 – 2 Ws 123/73, NJW 1973, 2306 (2307); Löwe/Rosenberg/*Graalmann-Scheerer* Rn. 15; KK/*Maul* Rn. 2; *Meyer-Goßner* Rn. 4; SK-StPO/*Weßlau* Rn. 18; KMR/*Ziegler* Rn. 9; aA SSW-StPO/*Mosbacher* Rn. 5.

[15] Löwe/Rosenberg/*Graalmann-Scheerer* Rn. 12; *Meyer-Goßner* Rn. 4; KMR/*Ziegler* Rn. 7.

[16] Löwe/Rosenberg/*Graalmann-Scheerer* Rn. 10.

Anhörung des Verurteilten, dessen Aufenthaltsort nicht zu ermitteln war).[17] Unbeachtlich bleibt, ob das Gericht bewusst (etwa unter Berufung auf § 33 Abs. 4 S. 1) von der Anhörung absieht oder dies versehentlich unterlässt.[18]

10 Zum **Beteiligten** → § 33 Rn. 11. Die Staatsanwaltschaft ist zwar – wie aus ihrer Erwähnung in § 33 Abs. 2 folgt – als Beteiligte iSd § 33 anzusehen.[19] Als Vertreterin des Staates kann sie sich allerdings nicht auf das Prozessgrundrecht des Art. 103 Abs. 1 GG berufen (→ § 33 Rn. 25). Da § 33a gerade den hieraus erwachsenden Anspruch auf rechtliches Gehör gewährleisten will (→ Rn. 1), ist die Norm nicht einschlägig, sofern das Gericht etwa das Anhörungsrecht der Staatsanwaltschaft aus § 33 Abs. 2 missachten sollte.[20]

11 Der Anspruch auf rechtliches Gehör muss **in entscheidungserheblicher Weise** verletzt werden. Hiervon kann nur die Rede sein, wenn und soweit sich die unterbliebene oder unzureichende Anhörung auf das Ergebnis des Beschlusses ausgewirkt hat. Die Entscheidungserheblichkeit fehlt, wenn das Gericht auch bei vorgenommener Anhörung nicht anders entschieden hätte, zB weil dem Beschuldigten ohnehin keine anderen Verteidigungsoptionen zur Verfügung standen.[21]

12 Schließlich muss der Beteiligte durch die Verletzung seines Anspruchs auf rechtliches Gehör noch **beschwert** sein. Diese Voraussetzung entspricht dem von § 33a aF (→ Rn. 4) verlangten noch bestehenden Nachteil.[22] Es bedarf einer objektiven Beschwer, dh einer nachteiligen Entscheidung für den Betroffenen, die in seine Rechtsposition eingreift.[23] Allein das Gefühl, etwa durch die Begründung des Beschlusses bei tatsächlich nicht nachteiliger Entscheidung beschwert zu sein, genügt nicht.[24] Unerheblich ist, ob die Entscheidung richtig ist.[25]

13 Der Beteiligte muss **noch** beschwert sein, dh die Beschwer muss fortbestehen. Sie kann insbesondere dadurch nachträglich entfallen, dass sich eine Maßnahme erledigt.[26] Ein Rechtsschutzbedürfnis besteht in diesen Fällen aber etwa fort, wenn der Betroffene ein berechtigtes Feststellungsinteresse aufzuweisen hat, zB die ohne vorherige Anhörung beschlossene Maßnahme einen tiefgreifenden Grundrechtseingriff für ihn bedeutet.[27]

14 **2. Nachholungs- und Überprüfungsverfahren.** Ob der Anspruch eines Beteiligten auf rechtliches Gehör verletzt wurde, prüft das Gericht, das die fragliche Sachentscheidung getroffen hat,[28] im **Nachholungsverfahren** entweder von Amts wegen oder auf Antrag.

15 Für den **Antrag** auf nachträgliche Anhörung enthält § 33a – anders als etwa § 356a S. 2 für das Revisionsverfahren – weder Form- noch Fristerfordernisse. Zur Wahrung der **Form** genügt daher ein formloser Antrag. Inhaltlich ist aber auch ohne gesetzlich vorgeschriebene Begründung zu fordern, die Voraussetzungen des § 33a darzulegen, nicht zuletzt die (zumin-

[17] BGH 6.5.1975 – 7 BJs 14/69 StB 8/75, BGHSt 26, 127 (130 f.) = NJW 1975, 2211 (2212); OLG Düsseldorf 23.4.1992 – 1 Ws 338/92, NStZ 1992, 453 (453); OLG Köln 30.1.2012 – 2 Ws 76/12, NStZ 2012, 528; Löwe/Rosenberg/*Graalmann-Scheerer* Rn. 12; BeckOK-StPO/*Larcher* Rn. 7; KK/*Maul* Rn. 6; *Meyer-Goßner* Rn. 4; Radtke/Hohmann/*Rappert* Rn. 10; KMR/*Ziegler* Rn. 8; aA OLG Stuttgart 19.11.1973 – 2 Ws 277/73, NJW 1974, 284; differenzierend HK-StPO/*Pollähne* Rn. 7; SK-StPO/*Weßlau* Rn. 21.

[18] KK/*Maul* Rn. 5; *Meyer-Goßner* Rn. 3.

[19] Löwe/Rosenberg/*Graalmann-Scheerer* Rn. 7.

[20] Löwe/Rosenberg/*Graalmann-Scheerer* Rn. 8; KK/*Maul* Rn. 3; *Meyer-Goßner* Rn. 3; SK-StPO/*Weßlau* Rn. 4; KMR/*Ziegler* Rn. 6.

[21] Löwe/Rosenberg/*Graalmann-Scheerer* Rn. 11; BeckOK-StPO/*Larcher* Rn. 4; *Meyer-Goßner* Rn. 3; Radtke/Hohmann/*Rappert* Rn. 8.

[22] BeckOK-StPO/*Larcher* Rn. 6; *Meyer-Goßner* Rn. 6.

[23] Löwe/Rosenberg/*Graalmann-Scheerer* Rn. 16; KK/*Maul* Rn. 4; *Kiethe* JR 2007, 321 (323).

[24] *Meyer-Goßner* Rn. 6; KMR/*Ziegler* Rn. 12.

[25] Löwe/Rosenberg/*Graalmann-Scheerer* Rn. 16.

[26] OLG Celle 4.1.1973 – 2 Ws 31/72 und 72/72, NJW 1973, 863; OLG Düsseldorf 3.5.1993 – 4 Ausl (A) 48/92 – 28 und 29/93 III, MDR 1993, 1000 (1001); Löwe/Rosenberg/*Graalmann-Scheerer* Rn. 17; BeckOK-StPO/*Larcher* Rn. 6.

[27] Löwe/Rosenberg/*Graalmann-Scheerer* Rn. 18; HK-StPO/*Pollähne* Rn. 9; Radtke/Hohmann/*Rappert* Rn. 11; KMR/*Ziegler* Rn. 13; weiter *Esskandari* StraFo 1997, 289 (292 f.).

[28] BGH 10.3.1999 – 2 Ars 92–99, NStZ 1999, 362.

dest mögliche) Entscheidungserheblichkeit der Verletzung des Anspruchs auf rechtliches Gehör.[29] Häufig wird der Antrag zusammen mit dem Antrag auf Änderung der Entscheidung gestellt; notwendig ist dies aber nicht.[30]

16 **Fristen** sind mangels Regelung grds. ebenso wenig zu beachten.[31] Zwar darf die Anhörungsrüge nicht ohne vernünftigen Grund grenzenlos hinausgezögert werden, um nicht verwirkt zu werden.[32] Eine Vorwirkung der Monatsfrist des § 93 Abs. 1 BVerfGG dergestalt, dass bei einer Erhebung der Anhörungsrüge nach deren Verstreichen eine etwaige spätere Verfassungsbeschwerde verfristet ist, bleibt aber abzulehnen. Schließlich bildet die Anhörungsrüge trotz ihrer Notwendigkeit für die Erschöpfung des Rechtswegs iSd § 90 Abs. 2 S. 1 BVerfGG einen Teil des fachgerichtlichen Verfahrens.[33]

17 **Von Amts wegen** entscheidet das Gericht über die (entscheidungserhebliche) Verletzung des Anspruchs auf rechtliches Gehör, wenn es hiervon auf andere Weise als durch Antrag des Beteiligten Kenntnis erlangt.[34] Zur nachträglichen Anhörung ist das Gericht insbesondere in den Fällen des § 33 Abs. 4 verpflichtet (→ § 33 Rn. 36). Gleiches gilt, wenn versehentlich kein rechtliches Gehör gewährt wurde.[35] Dass die Gewährung rechtlichen Gehörs aufgrund eines schuldhaften Verhaltens des Beteiligten vorher nicht möglich war, ist unerheblich.[36] Verzichtet der Beteiligte in Kenntnis der Sach- und Rechtslage ausdrücklich oder stillschweigend auf die nachträgliche Anhörung, kann von der Einleitung des Verfahrens aber abgesehen werden.[37]

18 Über die (von Amts wegen oder auf Antrag des Beteiligten geprüfte) Verletzung des Anspruchs auf rechtliches Gehör ist durch **Beschluss** zu entscheiden. Der **Antrag** des Beteiligten auf nachträgliche Anhörung ist als **unzulässig** zu verwerfen, wenn er nicht genügend substantiiert ist (und ggf. auf Hinweis des Gerichts auch nicht entsprechend ergänzt wird) oder die Voraussetzungen des § 33a nicht gegeben sind.[38] Fehlt es hingegen etwa an der Entscheidungserheblichkeit des verletzten rechtlichen Gehörs, ist der Rechtsbehelf als **unbegründet** zurückzuweisen. Die Gerichtsgebühr beträgt in diesen Fällen gemäß Nr. 3920 KVGKG jeweils 50 EUR; der Beschluss bedarf daher einer Kostengrundentscheidung.[39]

19 Ist der Antrag **begründet** oder muss die nachträgliche Anhörung von Amts wegen erfolgen, **versetzt** das Gericht das Verfahren in die Lage **zurück,** die vor dem Erlass der Entscheidung bestand. Dem Beteiligten ist nunmehr nachträglich das rechtliche Gehör zu gewähren.[40] Wie dies zu geschehen hat, gibt das Gesetz nicht vor; in der Regel wird dem Beteiligten die Möglichkeit einer schriftlichen Stellungnahme eingeräumt.[41] Weder der Antrag auf nachträgliche Anhörung noch der stattgebende Beschluss hemmen die Vollstre-

---

[29] OLG Düsseldorf 12.9.2000 – 1 Ws 497/00, 1 Ws 527–528/00, VRS 99, 430 (431); OLG Koblenz 2.4.1987 – 1 Ws 833/84, wistra 1987, 357 (358); Löwe/Rosenberg/*Graalmann-Scheerer* Rn. 19; BeckOK-StPO/*Larcher* Rn. 4; *Hohmann* JR 1991, 10 (11 f.); einschränkend KMR/*Ziegler* Rn. 14.

[30] Löwe/Rosenberg/*Graalmann-Scheerer* Rn. 20; SK-StPO/*Weßlau* Rn. 26.

[31] KK/*Maul* Rn. 9; *Eschelbach/Geipel/Weiler* StV 2010, 325 (330).

[32] OLG Koblenz 2.4.1987 – 1 Ws 833/84, wistra 1987, 357 (358); OLG Köln 14.1.2013 – 2 Ws 308/11, BeckRS 2013, 08026 zur Anhörungsrüge 1½ Jahre nach der betreffenden Kostenentscheidung; Löwe/Rosenberg/*Graalmann-Scheerer* Rn. 20; BeckOK-StPO/*Larcher* Rn. 10; KK/*Maul* Rn. 8; SK-StPO/*Weßlau* Rn. 26; KMR/*Ziegler* Rn. 15; *Kiethe* JR 2007, 321 (324).

[33] *Pohlreich* StV 2011, 574 (575).

[34] Löwe/Rosenberg/*Graalmann-Scheerer* Rn. 21.

[35] BayObLG 15.11.1993 – 2 StRR 111/93, 2 StRR 179/93, VRS 86, 348 (349); KK/*Maul* Rn. 8.

[36] BGH 6.5.1975 – 7 BJs 14/69 StB 8/75, BGHSt 26, 127 (130) = NJW 1975, 2211 (2212); KK/*Maul* Rn. 8; *Meyer-Goßner* Rn. 8.

[37] Löwe/Rosenberg/*Graalmann-Scheerer* Rn. 21; KK/*Maul* Rn. 8; *Meyer-Goßner* Rn. 8; HK-StPO/*Pollähne* Rn. 11.

[38] KG 14.3.1983 – 4 Ws 29/82, JR 1984, 39 (40); Löwe/Rosenberg/*Graalmann-Scheerer* Rn. 22; *Meyer-Goßner* Rn. 7.

[39] OLG Köln 10.10.2005 – 81 Ss OWi 41/05, NStZ 2006, 181 (182).

[40] Löwe/Rosenberg/*Graalmann-Scheerer* Rn. 23; KMR/*Ziegler* Rn. 20.

[41] KMR/*Ziegler* Rn. 17; eingehend Löwe/Rosenberg/*Graalmann-Scheerer* Rn. 24; siehe aber auch BayObLG 20.2.1973 – RReg. 2 St 658/72 OWi, NJW 1973, 1140 (1141): Gewährung in der Hauptverhandlung.

ckung der auf der Verletzung des rechtlichen Gehörs beruhenden Entscheidung (**S. 2** iVm § 47 Abs. 1). Das Gericht kann aber einen Aufschub der Vollstreckung anordnen (S. 2 iVm § 47 Abs. 2).

20 Nach Abschluss des Nach(holungs)verfahrens durch nachträgliche Gewährung des rechtlichen Gehörs entscheidet das Gericht im **Überprüfungsverfahren** erneut und unter Berücksichtigung der Äußerung des Beteiligten durch einen zu begründenden (§ 34) und bekannt zu machenden (§ 35) **Beschluss.** Hierbei ist die frühere Entscheidung, die auf der Verletzung des rechtlichen Gehörs beruht, ggf. abzuändern oder aufzuheben.[42] Eine Verschlechterung ist unzulässig.[43] Ein Beschluss ist auch dann notwendig, wenn das Nachverfahren zu keiner anderen Entscheidung als der angefochtene oder von Amts wegen überprüfte Beschluss führt. Das Nachverfahren kann also nicht formlos beendet werden.[44]

III. Beschwerde

21 Gegen die Ablehnung des Antrags auf nachträgliche Anhörung im **Nach(holungs)verfahren** ist die **Beschwerde** nach § 304 statthaft, unabhängig davon, ob das Gericht den Antrag als unzulässig verworfen oder als unbegründet zurückgewiesen hat.[45]

22 Der Beschluss im **Überprüfungsverfahren** (→ Rn. 20) kann hingegen – unabhängig von der getroffenen Entscheidung – nicht mit der Beschwerde oder einem sonstigen Rechtsbehelf angefochten werden. Da die subsidiäre Anhörungsrüge gemäß § 33a nur bei nicht anfechtbaren Entscheidungen in Betracht kommt (→ Rn. 3), bedeutete dies ansonsten, eine – gesetzlich ausgeschlossene – weitere Beschwerde zuzulassen.[46] Gleiches gilt, wenn dem Gericht vorgeworfen wird, die Rüge inhaltlich nicht ausreichend gewürdigt zu haben.[47] Die Beschwerde ist aber für den Gegner, insbesondere die Staatsanwaltschaft statthaft, wenn das Gericht den ursprünglich getroffenen Beschluss aufhebt.[48] Eine Beschwerde ist nach der Rechtsprechung zudem dann zulässig, wenn der Beschluss erneut auf einer Verletzung des rechtlichen Gehörs beruht.[49]

§ 34 [Begründung]

Die durch ein Rechtsmittel anfechtbaren Entscheidungen sowie die, durch welche ein Antrag abgelehnt wird, sind mit Gründen zu versehen.

---

[42] BayObLG 20.2.1973 – RReg. 2 St 658/72 OWi, NJW 1973, 1140 (1141); KG 17.1.1989 – (5) 1 Ss 81/88 (10/88), JR 1989, 392 (393); Löwe/Rosenberg/*Graalmann-Scheerer* Rn. 24; KK/*Maul* Rn. 10; KMR/*Ziegler* Rn. 20.

[43] BayObLG 20.2.1973 – RReg. 2 St 658/72 OWi, NJW 1973, 1140 (1141); Löwe/Rosenberg/*Graalmann-Scheerer* Rn. 24; *Meyer-Goßner* Rn. 9; KMR/*Ziegler* Rn. 21.

[44] Löwe/Rosenberg/*Graalmann-Scheerer* Rn. 24; *Meyer-Goßner* Rn. 9; aA KK/*Maul* Rn. 10; HK-StPO/*Pollähne* Rn. 11; Radtke/Hohmann/*Rappert* Rn. 15.

[45] KG 2.2.1966 – 1 Ws 6/66, NJW 1966, 991 (991); KG 12.3.2007 – 4 Ws 23/07, StV 2007, 517 (517 f.); OLG Hamburg 12.11.1971 – 1 Ws 263/71, NJW 1972, 219; Löwe/Rosenberg/*Graalmann-Scheerer* Rn. 27; KK/*Maul* Rn. 13; SK-StPO/*Weßlau* Rn. 31; KMR/*Ziegler* Rn. 22; aA OLG Celle 1.2.1968 – 4 Ws 28/68, NJW 1968, 1391 (1391 f.); OLG Frankfurt a. M. 5.8.2011 – 3 Ws 530/11, NStZ-RR 2012, 315; differenzierend OLG Celle 1.8.2012 – 1 Ws 290/12, wistra 2012, 491 (491); BeckOK-StPO/*Larcher* Rn. 11: Beschwerde nur bei als unzulässig verworfenem Antrag statthaft.

[46] KG 2.2.1966 – 1 Ws 6/66, NJW 1966, 991 (991 f.); OLG Düsseldorf 23.4.1992 – 1 Ws 338/92, NStZ 1992, 453 (454); OLG Frankfurt a. M. 25.5.2005 – 3 Ws 452/05, NStZ-RR 2005, 238; OLG Hamburg 12.11.1971 – 1 Ws 263/71, NJW 1972, 219; OLG Nürnberg 21.11.2012 – 2 Ws 481/10, BeckRS 2012, 24767 für eine im Wesentlichen inhaltsgleich wiederholte Anhörungsrüge; Löwe/Rosenberg/*Graalmann-Scheerer* Rn. 26; BeckOK-StPO/*Larcher* Rn. 13; KK/*Maul* Rn. 11; *Meyer-Goßner* Rn. 10; SK-StPO/*Weßlau* Rn. 32; *Kiethe* JR 2007, 321 (324).

[47] OLG Frankfurt a. M. 5.12.2002 – 3 Ws 122/02, NStZ-RR 2003, 79 (79); *Meyer-Goßner* Rn. 10; Radtke/Hohmann/*Rappert* Rn. 22; KMR/*Ziegler* Rn. 23; aA HK-StPO/*Pollähne* Rn. 14.

[48] OLG Karlsruhe 10.5.1985 – 2 Ws 117/84, Justiz 1985, 319 (319); LG Aachen 17.1.1992 – 63 Qs 306/91, MDR 1992, 790; Löwe/Rosenberg/*Graalmann-Scheerer* Rn. 27; KK/*Maul* Rn. 11; *Meyer-Goßner* Rn. 10; SK-StPO/*Weßlau* Rn. 32; KMR/*Ziegler* Rn. 22; *Katzenstein* StV 2003, 359 (364); aA OLG Düsseldorf 23.4.1992 – 1 Ws 338/92, NStZ 1992, 453 (454).

[49] OLG Frankfurt a. M. 25.5.2005 – 3 Ws 452/05, NStZ-RR 2005, 238.

Schrifttum: *Fezer,* Anforderungen an die Begründung revisionsgerichtlicher Entscheidungen – Verfahrenswirklichkeit und normativer Anspruch, HRRS 2010, 281; *Hentschel,* Beschwerde gegen die vorläufige Entziehung der Fahrerlaubnis – Zurückverweisung an den iudex a quo wegen nicht ausreichender Begründung?, DAR 1975, 265; *Krehl,* Die Begründung des Revisionsverwerfungsbeschlusses nach § 349 Abs. 2 StPO, GA 1987, 162.

Übersicht

I. Überblick

1. Normzweck. Eine Entscheidung muss begründet werden, wenn die **Verfahrensbeteiligten** sie in tatsächlicher wie in rechtlicher Hinsicht nachvollziehen und die Chancen eines weiteren prozessualen Vorgehens abwägen können sollen. Anliegen des § 34 ist daher, insbesondere dem Anfechtungsberechtigten eine **sachgemäße Prüfung** der ergangenen Entscheidung zu **ermöglichen.**[1] Auch dies dient letztlich der Sicherung des verfassungsrechtlichen Anspruchs auf rechtliches Gehör. 1

Die Begründung gestattet außerdem dem **Rechtsmittelgericht,** die Entscheidung im Falle ihrer Anfechtung daraufhin zu überprüfen, ob sie auf zutreffenden rechtlichen Erwägungen beruht.[2] Anderen Gerichten oder Behörden, die zB im Wiederaufnahme-, Vollstreckungs- oder Gnadenverfahren auf die Entscheidung zurückgreifen müssen, dient die Begründung zur Information; auch letztinstanzliche Entscheidungen sind daher zu begründen.[3] Schließlich geht mit der Begründungspflicht eine **Eigenkontrolle des Gerichts** einher.[4] 2

2. Anwendungsbereich. Entsprechend seiner Einordnung in den vierten Abschnitt des ersten Buches der StPO erfasst § 34 unmittelbar zwar nur **gerichtliche Entscheidungen.** Die Vorschrift ist allerdings entsprechend auf Entscheidungen der **Staatsanwaltschaft** anzuwenden.[5] Zudem beschränkt sich der Anwendungsbereich der Vorschrift lediglich auf Entscheidungen, die durch ein Rechtsmittel anfechtbar sind (→ Rn. 6) oder die einen Antrag ablehnen (→ Rn. 7). 3

Sonderregelungen zur Begründungspflicht oder zum Inhalt der Begründung enthalten ua § 267 für Urteile, § 26a Abs. 2 S. 2 für die Verwerfung eines Antrags auf Ablehnung eines Richters als unzulässig wegen Verschleppung des Verfahrens bzw. Verfolgung verfahrensfremder Zwecke, § 114 Abs. 2 Nr. 4 und Abs. 3 für den Haftbefehl, § 207 Abs. 1 und 2 für die Eröffnung des Hauptverfahrens bzw. § 204 Abs. 1 für deren Ablehnung und § 225a Abs. 3 für den Vorlage- sowie § 270 Abs. 2 für den Verweisungsbeschluss. Für staatsanwaltschaftliche Entscheidungen ist der Begründungszwang ausdrücklich etwa in § 171 normiert. 4

II. Erläuterung

1. Anwendungsvoraussetzungen. Entscheidungen iSd § 34 sind lediglich Sachentscheidungen, wobei unerheblich ist, ob sie materiell-rechtliche oder nur verfahrensrechtli- 5

[1] KG 2.1.1986 – 5 Ws 531/85, StV 1986, 142; OLG Düsseldorf 23.7.1991 – 1 Ws 588/91, StV 1991, 521 (522); OLG Oldenburg 25.1.1971 – 2 Ws 19/71, NJW 1971, 1098 (1098 f.); Löwe/Rosenberg/*Graalmann-Scheerer* Rn. 1; *Meyer-Goßner* Rn. 1; SK-StPO/*Weßlau* Rn. 1.

[2] KG 2.1.1986 – 5 Ws 531/85, StV 1986, 142; OLG Düsseldorf 23.7.1991 – 1 Ws 588/91, StV 1991, 521 (522); Löwe/Rosenberg/*Graalmann-Scheerer* Rn. 1; KK/*Maul* Rn. 1; *Meyer-Goßner* Rn. 1; SK-StPO/*Weßlau* Rn. 1; KMR/*Ziegler* Rn. 1.

[3] HK-StPO/*Pollähne* Rn. 3; SK-StPO/*Weßlau* Rn. 4; *Krehl* GA 1987, 162 (172).

[4] Löwe/Rosenberg/*Graalmann-Scheerer* Rn. 1; SK-StPO/*Weßlau* Rn. 1; KMR/*Ziegler* Rn. 1.

[5] Löwe/Rosenberg/*Graalmann-Scheerer* Rn. 5; KK/*Maul* Rn. 2; KMR/*Ziegler* Rn. 3.

che Fragen behandeln.[6] Ebenso ist unbeachtlich, ob die Entscheidung schriftlich oder mündlich ergeht.[7] Prozessleitende Verfügungen sind hingegen nicht erfasst.[8] Der Begründungszwang gilt auch für Entscheidungen, die außerhalb der Hauptverhandlung getroffen werden.[9]

6 Es muss sich um eine Entscheidung handeln, die durch ein Rechtsmittel anfechtbar ist.[10] **Rechtsmittel** ist iSd Überschrift des Dritten Buchs (§§ 296 ff.) zu verstehen und umfasst daher Beschwerde (§ 304), weitere Beschwerde (§ 310) und sofortige Beschwerde (§ 311), Berufung (§ 312) und (Sprung-)Revision (§ 333, § 335). Entsprechend ist § 34 anwendbar auf Entscheidungen im Ordnungswidrigkeitenverfahren, die mit der Rechtsbeschwerde (§ 79 OWiG) oder dem Antrag auf deren Zulassung (§ 80 OWiG) angefochten werden können.[11] Für die **Anfechtbarkeit** ist nicht erforderlich, dass die betreffende Entscheidung unmittelbar anfechtbar ist. Vielmehr reicht es aus, sie inzident in der Revision überprüfen zu können, so dass zB auch Beschlüsse des erkennenden Gerichts nach § 305 S. 1 dem Begründungszwang unterliegen.[12]

7 Unabhängig von einer etwaigen Anfechtbarkeit besteht eine Begründungspflicht auch für Entscheidungen, durch welche die Gerichte einen **Antrag ablehnen.** Betroffen sind unter anderem Beschlüsse, durch die Beweis- und Beweisermittlungsanträge, der Antrag auf Vereidigung eines Zeugen oder Anträge der Staatsanwaltschaft auf Anordnung von Ermittlungsmaßnahmen abgelehnt werden.[13]

8 Auf **Entscheidungen von Amts wegen** ist § 34 hingegen grds. nicht anwendbar. Dies soll nach der Rspr. auch dann gelten, wenn ihnen ein (nicht notwendiger) Antrag vorausgeht.[14] Allerdings kann sich hier mit der hL jedenfalls eine Begründungspflicht aus dem Anspruch auf rechtliches Gehör und der gerichtlichen Fürsorgepflicht ergeben.[15] Dies gilt vor allem dann, wenn die Verfahrensbeteiligten sich zur Sache geäußert haben oder wenn ein Beteiligter dem Antrag eines anderen substantiiert widerspricht.[16]

9 **2. Inhalt der Begründungspflicht.** Die von § 34 benannten Entscheidungen (→ Rn. 5 ff.) sind **mit Gründen zu versehen.** Sie müssen insbesondere entsprechend dem Zweck der Begründungspflicht (→ Rn. 1 f.) den Verfahrensbeteiligten ermöglichen, die Entscheidung nachzuvollziehen und die Erfolgsaussichten weiterer Vorgehensweisen zu beurteilen, und den Rechtsmittelgerichten die Überprüfung der Entscheidung gestatten.[17] Dies setzt voraus, die entscheidungserheblichen und -tragenden, tatsächlichen wie rechtlichen Erwägungen erkennen zu lassen.[18] Nicht erforderlich ist, sich mit jedem Vorbringen der Verfahrensbeteiligten in den Entscheidungsgründen auseinanderzusetzen.[19]

---

[6] Löwe/Rosenberg/*Graalmann-Scheerer* Rn. 3; KK/*Maul* Rn. 2; *Meyer-Goßner* Rn. 2; *Pfeiffer* Rn. 1; KMR/*Ziegler* Rn. 3.

[7] SK-StPO/*Weßlau* Rn. 3.

[8] Löwe/Rosenberg/*Graalmann-Scheerer* Rn. 6; KK/*Maul* Rn. 3; SK-StPO/*Weßlau* Rn. 5; KMR/*Ziegler* Rn. 3.

[9] OLG Oldenburg 1.3.1961 – 1 Ws 58/61, NJW 1961, 981 (982); Löwe/Rosenberg/*Graalmann-Scheerer* Rn. 3.

[10] Kritisch *Fezer* HRRS 2010, 281 (286 ff.).

[11] Löwe/Rosenberg/*Graalmann-Scheerer* Rn. 3.

[12] OLG Düsseldorf 9.6.1994 – 1 Ws 395 – 396/94, VRS 87, 437 (437); OLG Hamm 22.2.1996 – 3 Ws 94/96, StV 1996, 421 (421 f.); OLG Koblenz 1.3.1988 – 1 Ws 136/88, GA 1989, 174 (175); Löwe/Rosenberg/*Graalmann-Scheerer* Rn. 3; KK/*Maul* Rn. 2; SK-StPO/*Weßlau* Rn. 3, jeweils mit weiteren Beispielen.

[13] Löwe/Rosenberg/*Graalmann-Scheerer* Rn. 7 mwN.

[14] BGH 13.12.1960 – 1 StR 389/60, BGHSt 15, 253 (253) = NJW 1961, 327 (327); aA HK-StPO/*Pollähne* Rn. 4; SK-StPO/*Weßlau* Rn. 8.

[15] Löwe/Rosenberg/*Graalmann-Scheerer* Rn. 8; Radtke/Hohmann/*Rappert* Rn. 6; KMR/*Ziegler* Rn. 5.

[16] Löwe/Rosenberg/*Graalmann-Scheerer* Rn. 8 f.; KK/*Maul* Rn. 4.

[17] KG 2.1.1986 – 5 Ws 531/85, StV 1986, 142; OLG Celle 25.11.1988 – 3 Ws 374/88, StV 1989, 253 (254); Löwe/Rosenberg/*Graalmann-Scheerer* Rn. 10; KK/*Maul* Rn. 5; SK-StPO/*Weßlau* Rn. 10.

[18] OLG Hamm 4.12.1950 – 2 Ws 184/50, NJW 1951, 166; OLG Köln 25.7.2011 – 2 Ws 428/11, BeckRS 2011, 21778; BeckOK-StPO/*Larcher* Rn. 3; *Meyer-Goßner* Rn. 4.

[19] BVerfG 3.10.1961 – 2 BvR 4/60, BVerfGE 13, 132 (149); BVerfG 1.2.1978 – 1 BvR 426/77, BVerfGE 47, 182 (187) = NJW 1978, 989 (989); KK/*Maul* Rn. 1; *Meyer-Goßner* Rn. 1.

Welche Anforderungen an die Begründung im Einzelnen zu stellen sind, richtet sich nicht zuletzt nach dem jeweiligen Gegenstand der Entscheidung.[20] Es lassen sich aber einige **allgemeine Grundsätze** zur Konkretisierung der Begründungspflicht festhalten. Zum einen sind allgemeine oder formelhafte Wendungen ungenügend. Ebenso wenig darf sich die Begründung darauf beschränken, den Wortlaut der einschlägigen gesetzlichen Vorschriften wiederzugeben.[21] Verweise auf die Gründe früherer Entscheidungen sind zulässig, sofern die Begründung verständlich bleibt (zB bei Wiederholung eines bereits gestellten Antrags ohne neuen Vortrag).[22] Hingegen ist es unzulässig, die Begründung künftigen Entscheidungsgründen vorzubehalten oder auch ohne eine solche Ankündigung die Begründung für einen vorherigen Beschluss in den Urteilsgründen nachzuschieben.[23] 10

Wie weit die Begründungspflicht reicht, bestimmt sich insbesondere nach der **Schwere des** mit der Entscheidung angeordneten oder aufrecht erhaltenen **Grundrechtseingriffs.**[24] Vor allem bei der Anordnung strafprozessualer Ermittlungsmaßnahmen muss sich der Entscheidung entnehmen lassen, dass die notwendige richterliche Einzelfallprüfung unter Berücksichtigung sämtlicher relevanter Umstände erfolgt.[25] Nicht unbedenklich ist daher der Rückgriff auf Formulare; deren Verwendung muss jedenfalls die richterliche Einzelfallprüfung erkennen lassen.[26] 11

Aus den Gründen einer **Ermessensentscheidung** muss zunächst hervorgehen, dass es sich um eine solche handelt und auf welcher rechtlichen Grundlage sie beruht.[27] Es muss der Begründung daher insbesondere zu entnehmen sein, ob das Gericht eine Ermessens- oder Rechtsfrage entschieden, sein Ermessen also überhaupt erkannt hat.[28] Die Ausübung des Ermessens muss begründet werden, indem die relevanten tatsächlichen Umstände angegeben und die maßgeblichen Erwägungen des Gerichts nachvollziehbar dargelegt werden.[29] Schließlich muss die Begründung aufzeigen, dass die Grenzen des Ermessens beachtet wurden.[30] Entbehrlich ist eine Begründung lediglich in dem seltenen Fall, dass sie sich aus dem Inhalt der Entscheidung selbst ergibt, weil sie von bloßen Zweckmäßigkeitserwägungen abhängt.[31] 12

III. Revision

Ergeht ein **Urteil** ohne Begründung, stellt dies einen absoluten Revisionsgrund gemäß § 338 Nr. 7 dar. Ist eine Begründung zwar vorhanden, aber mangelhaft, muss das Urteil 13

---

[20] Löwe/Rosenberg/*Graalmann-Scheerer* Rn. 10 mit Beispielen; SK-StPO/*Weßlau* Rn. 10.

[21] BayObLG 4.12.1952 – Beschw (W) Reg. 1 St 55/52, NJW 1953, 233; OLG Hamm 4.12.1950 – 2 Ws 184/50, NJW 1951, 166; OLG Köln 15.3.1988 – Ss 72/88 (Z), StV 1988, 335 (336 f.); OLG Köln 25.7.2011 – 2 Ws 428/11, BeckRS 2011, 21778; LG Berlin 25.7.2001 – 522 Qs 95/01, StV 2002, 67 (67); Löwe/Rosenberg/*Graalmann-Scheerer* Rn. 10; KK/*Maul* Rn. 5; *Meyer-Goßner* Rn. 4; SK-StPO/*Weßlau* Rn. 10; KMR/*Ziegler* Rn. 8.

[22] BGH 25.11.2003 – 1 StR 182/03, NStZ-RR 2004, 118 (119); Löwe/Rosenberg/*Graalmann-Scheerer* Rn. 10; BeckOK-StPO/*Larcher* Rn. 3; HK-StPO/*Pollähne* Rn. 5; Radtke/Hohmann/*Rappert* Rn. 7.

[23] BGH 27.2.1951 – 2 StR 18/50, NJW 1951, 368; BGH 11.6.1963 – 1 StR 501/62, BGHSt 19, 24 (26) = NJW 1963, 1788 (1788); Löwe/Rosenberg/*Graalmann-Scheerer* Rn. 10; KK/*Maul* Rn. 6; SK-StPO/*Weßlau* Rn. 14.

[24] BVerfG 5.2.2004 – 2 BvR 1621/03, NJW 2004, 1519; Löwe/Rosenberg/*Graalmann-Scheerer* Rn. 10; SK-StPO/*Weßlau* Rn. 12; KMR/*Ziegler* Rn. 8.

[25] BGH 23.3.1996 – 1 StR 685/95, BGHSt 42, 103 (105 f.) = NJW 1996, 2518 (2519); Löwe/Rosenberg/*Graalmann-Scheerer* Rn. 10; SK-StPO/*Weßlau* Rn. 12.

[26] BVerfG 16.10.1981 – 2 BvR 344/81, NJW 1982, 29 (30); BGH 23.3.1996 – 1 StR 685/95, BGHSt 42, 103 (105 f.) = NJW 1996, 2518 (2519); Löwe/Rosenberg/*Graalmann-Scheerer* Rn. 10; KMR/*Ziegler* Rn. 9; zur Kritik SK-StPO/*Weßlau* Rn. 11; *Bernsmann* NStZ 1997, 250 (250 f.); *Weßlau* StV 1996, 579 (579 f.).

[27] BGH 18.5.1951 – 1 StR 173/51, BGHSt 1, 175 (177) = NJW 1951, 671 (671); Löwe/Rosenberg/*Graalmann-Scheerer* Rn. 11; KK/*Maul* Rn. 7; *Pfeiffer* Rn. 1.

[28] OLG Stuttgart 22.10.1986 – 4 Ws 273/86, MDR 1987, 164 (165); SK-StPO/*Weßlau* Rn. 11; KMR/*Ziegler* Rn. 10.

[29] Löwe/Rosenberg/*Graalmann-Scheerer* Rn. 11.

[30] *Meyer-Goßner* Rn. 5.

[31] RG 3.4.1922 – II 129.130/22, RGSt 57, 44 (44 f.); KK/*Maul* Rn. 7; SK-StPO/*Weßlau* Rn. 11.

auf diesem Fehler beruhen, um eine Revision zu stützen. Ebenso liegt ein relativer Revisionsgrund vor, wenn Beschlüsse des erkennenden Gerichts überhaupt nicht oder nur unzureichend begründet sind.[32]

14 **Beschlüsse außerhalb der Hauptverhandlung** sind in der Regel aufzuheben, wenn sie keine Begründung enthalten. Eine Entscheidung des Beschwerdegerichts in der Sache selbst scheidet zumeist aus, um dem Beschwerdeführer keine Instanz zu nehmen. Die angefochtene Entscheidung ist daher aufzuheben und die Sache zurückzuverweisen.[33] Bei einer lediglich mangelhaften Begründung entscheidet das Beschwerdegericht hingegen in der Regel selbst in der Sache.[34]

§ 34a [Rechtskraft durch Beschluss]

Führt nach rechtzeitiger Einlegung eines Rechtsmittels ein Beschluß unmittelbar die Rechtskraft der angefochtenen Entscheidung herbei, so gilt die Rechtskraft als mit Ablauf des Tages der Beschlußfassung eingetreten.

Schrifttum: *Pohlmann,* Welche Bedeutung hat § 34a StPO für die Strafzeitberechnung?, Rpfleger 1979, 126.

I. Überblick

1 **1. Normzweck.** Wann eine Entscheidung **Rechtskraft** erlangt, ist in der Strafprozessordnung nicht allgemein geregelt. Allerdings ist generell anerkannt, dass unanfechtbare Entscheidungen mit ihrem Erlass rechtskräftig werden. Anfechtbare Entscheidungen, gegen die ein Rechtsmittel eingelegt werden kann, werden für den jeweiligen Anfechtungsberechtigten hingegen erst dann rechtskräftig, wenn die Rechtsmittelfrist abläuft, er auf Rechtsmittel verzichtet oder ein bereits eingelegtes Rechtsmittel wirksam zurücknimmt.[1]

2 Bei **Urteilen** richtet sich die Rechtskraft im Wesentlichen nach der Verkündung, dh gemäß § 268 Abs. 2 S. 1 nach der Verlesung der Urteilsformel und Eröffnung der Urteilsgründe. Der maßgebliche Zeitpunkt lässt sich hier demnach ohne Weiteres feststellen: Unanfechtbare Urteile werden mit dem Tag der Verkündung rechtskräftig, anfechtbare Urteile nach den oben aufgezeigten Grundsätzen.[2]

3 Bei **Beschlüssen** kommt es dementsprechend ebenso darauf an, wann der Beschluss ergeht. Wird ein Beschluss nicht in einer Verhandlung verkündet, ist dieser Zeitpunkt allerdings umstritten (→ § 33 Rn. 19). § 34a will insoweit die Rechtsunsicherheit beseitigen. Es wird zwar nicht bestimmt, wann eine Entscheidung ergeht. Allerdings fingiert die Vorschrift, dass die Rechtskraft mit Ablauf des Tages der Beschlussfassung eintritt.[3]

4 Der Eintritt der Rechtskraft einer Entscheidung ist ua von **Bedeutung** gemäß § 449 für den Beginn der Vollstreckbarkeit von Strafurteilen, nach § 56a Abs. 2 S. 1 StGB für den Beginn der Bewährungszeit bzw. nach § 68c Abs. 4 S. 1 StGB für den Beginn der Führungsaufsicht sowie nach § 4 BZRG für die Eintragungsfähigkeit von Entscheidungen in das

[32] KK/*Maul* Rn. 10; HK-StPO/*Pollähne* Rn. 10; SK-StPO/*Weßlau* Rn. 18.

[33] OLG Oldenburg 25.1.1971 – 2 Ws 19/71, NJW 1971, 1098 (1099); Löwe/Rosenberg/*Graalmann-Scheerer* Rn. 14; KK/*Maul* Rn. 11; HK-StPO/*Pollähne* Rn. 10; SK-StPO/*Weßlau* Rn. 19; KMR/*Ziegler* Rn. 11; vgl. auch OLG Bremen 28.11.1950 – Ws 83/50, NJW 1951, 84 (84 f.); aA BeckOK-StPO/*Larcher* Rn. 5; *Meyer-Goßner* Rn. 7; *Pfeiffer* Rn. 2.

[34] Löwe/Rosenberg/*Graalmann-Scheerer* Rn. 16; KK/*Maul* Rn. 11; SK-StPO/*Weßlau* Rn. 19; KMR/*Ziegler* Rn. 12; *Hentschel* DAR 1975, 265 (266); aA OLG Düsseldorf 16.2.1995 – 1 Ws 122–124/95, StV 1995, 538 (539).

[1] Löwe/Rosenberg/*Graalmann-Scheerer* Rn. 1; SK-StPO/*Weßlau* Rn. 1.

[2] *Meyer-Goßner* Rn. 3.

[3] BT-Drs. 8/976, 35; Löwe/Rosenberg/*Graalmann-Scheerer* Rn. 3; KK/*Maul* Rn. 1; SK-StPO/*Weßlau* Rn. 1; KMR/*Ziegler* Rn. 1.

Bundeszentralregister. Des Weiteren wird § 34a zugeschrieben, bei der Strafzeitberechnung nach §§ 37 ff. StVollstrO beachtet werden zu müssen.[4] Von dem Eintritt der Rechtskraft hängt zudem ab, wann Fähigkeiten, Rechtsstellung und Rechte als Nebenfolge einer Verurteilung verloren gehen (§ 45a Abs. 1 StGB), ein angeordnetes Berufsverbot wirksam wird (§ 70 Abs. 4 S. 1 StGB), die Fahrerlaubnis gemäß § 69 Abs. 3 S. 1 StGB erlischt bzw. die Sperre für die Erteilung einer neuen Fahrerlaubnis nach § 69a Abs. 5 S. 1 StGB beginnt sowie das Eigentum bei Anordnung des Verfalls bzw. der Einziehung auf den Staat übergeht (§ 73e Abs. 1 bzw. § 74e Abs. 1 StGB).

2. Anwendungsbereich. § 34a gilt nur für **gerichtliche Beschlüsse,** welche die angefochtene Entscheidung unmittelbar rechtskräftig werden lassen. Dies setzt zum einen voraus, dass der Beschluss selbst nicht mehr anfechtbar ist. Zum anderen darf die angefochtene Entscheidung nicht bereits zuvor rechtskräftig geworden sein; insbesondere darf die Rechtsmittelfrist nicht schon abgelaufen sein (→ Rn. 8). 5

Nicht anwendbar ist § 34a für Beschlüsse, die in der Hauptverhandlung ergehen und mit ihrer Verkündung wirksam werden (§ 33 Abs. 1). Des Weiteren findet die Norm keine Anwendung auf Beschlüsse in sonstigen mündlichen Verhandlungen, die in Gegenwart des Betroffenen verkündet und ebenso schon zu diesem Zeitpunkt wirksam werden (§ 35 Abs. 1 S. 1).[5] 6

II. Erläuterung

Die Vorschrift des § 34a setzt einen Beschluss voraus, der die durch ein rechtzeitig eingelegtes Rechtsmittel **angefochtene Entscheidung unmittelbar rechtskräftig** werden lässt. Der Beschluss darf also selbst nicht mehr angefochten werden können. Dies betrifft insbesondere die Verwerfung eines Rechtsmittels als unzulässig aus anderen Gründen als verspäteter Einlegung gemäß § 322 Abs. 2 für die Berufung sowie gemäß § 346 Abs. 2 und § 349 Abs. 1 für die Revision. Gleiches gilt für die Verwerfung der Revision als offensichtlich unbegründet gemäß § 349 Abs. 2.[6] Im Bußgeldverfahren ist § 34a anwendbar auf die Verwerfung der Rechtsbeschwerde gemäß § 79 Abs. 5 S. 1 OWiG sowie die Verwerfung des Antrags auf deren Zulassung gemäß § 80 Abs. 4 S. 1 OWiG.[7] 7

Das dem Beschluss vorausgegangene Rechtsmittel muss **rechtzeitig eingelegt** worden sein, da ansonsten die anzufechtende Entscheidung bereits mit Ablauf der Rechtsmittelfrist rechtskräftig wird. Die Verwerfung als unzulässig hat demzufolge lediglich feststellende Wirkung.[8] § 34a ist daher nicht anwendbar auf Beschlüsse, die ein Rechtsmittel wegen Verfristung als unzulässig verwerfen; dies gilt zB für die Beschlüsse des Ausgangsgerichts nach § 319 Abs. 1 für die Berufung sowie die Beschlüsse des Rechtsmittelgerichts nach § 319 Abs. 2 für die Berufung bzw. nach § 349 Abs. 1 für die Revision. 8

Unter den beiden vorstehenden Voraussetzungen gilt die Rechtskraft der angefochtenen Entscheidung mit Ablauf desjenigen Tages als eingetreten, an dem der betreffende **Beschluss ergangen** ist. Dies ist derjenige Tag, dessen Datum der Beschluss trägt.[9] Unerheblich ist, wann über die Beschlussfassung in einem Kollegialgericht beraten und abgestimmt wurde. Im Umlaufverfahren ergeht die Entscheidung erst mit der Unterschrift des letzten mitwirkenden Richters.[10] 9

---

[4] Löwe/Rosenberg/*Graalmann-Scheerer* Rn. 4; KMR/*Ziegler* Rn. 3; s. hierzu *Pohlmann* Rpfleger 1979, 126 (126 ff.).

[5] Löwe/Rosenberg/*Graalmann-Scheerer* Rn. 7.

[6] Löwe/Rosenberg/*Graalmann-Scheerer* Rn. 9; Radtke/Hohmann/*Rappert* Rn. 6; SK-StPO/*Weßlau* Rn. 5.

[7] SK-StPO/*Weßlau* Rn. 5.

[8] RG 1.7.1919 – IV 152/19, RGSt 53, 235 (236); Löwe/Rosenberg/*Graalmann-Scheerer* Rn. 8; KK/*Maul* Rn. 5; *Meyer-Goßner* Rn. 6; Radtke/Hohmann/*Rappert* Rn. 9.

[9] BT-Drs. 8/976, 36; KK/*Maul* Rn. 7; *Meyer-Goßner* Rn. 7; KMR/*Ziegler* Rn. 8; vgl. OLG Frankfurt a. M. 25.5.1965 – 3 Ws 280/65, NJW 1965, 1724 (1725); einschränkend SSW-StPO/*Mosbacher* Rn. 5.

[10] KK/*Maul* Rn. 7; HK-StPO/*Pollähne* Rn. 5; SK-StPO/*Weßlau* Rn. 6.

§ 35 [Bekanntmachung]

(1) [1]Entscheidungen, die in Anwesenheit der davon betroffenen Person ergehen, werden ihr durch Verkündung bekanntgemacht. [2]Auf Verlangen ist ihr eine Abschrift zu erteilen.

(2) [1]Andere Entscheidungen werden durch Zustellung bekanntgemacht. [2]Wird durch die Bekanntmachung der Entscheidung keine Frist in Lauf gesetzt, so genügt formlose Mitteilung.

(3) Dem nicht auf freiem Fuß Befindlichen ist das zugestellte Schriftstück auf Verlangen vorzulesen.

Schrifttum: *Heldmann,* Ausländer und Strafjustiz, StV 1981, 251; *Rieß/Hilger,* Das neue Strafverfahrensrecht – Opferschutzgesetz und Strafverfahrensänderungsgesetz 1987, NStZ 1987, 145; *Römer,* Anspruch auf Urteilsübersetzung im Strafverfahren, NStZ 1981, 474; *Sieg,* Urteilsübersetzung für sprachunkundige Ausländer, MDR 1981, 281.

Übersicht

I. Überblick

1 **1. Normzweck.** § 35 regelt die Bekanntmachung von Entscheidungen im Strafverfahren. Erst die Bekanntmachung versetzt den Betroffenen in die Lage, die Entscheidung und ihre Gründe zu prüfen und ein weiteres Vorgehen abzuwägen. Wie schon §§ 33, 33a und 34 dient die Vorschrift somit dem Zweck, den **Anspruch auf rechtliches Gehör** zu gewährleisten.[1]

2 **2. Anwendungsbereich.** Aufgrund ihrer Stellung im vierten Abschnitt des ersten Buches betrifft die Vorschrift nur **gerichtliche Entscheidungen.** Entscheidungen der Staatsanwaltschaft sind nicht erfasst;[2] s. hierzu etwa Nr. 91 Abs. 2 S. 2 RiStBV. § 35 regelt die Bekanntmachung gerichtlicher Entscheidungen im **Strafverfahren,** dh vom Ermittlungs- bis hin zum Vollstreckungsverfahren. Über § 46 Abs. 1 OWiG ist § 35 entsprechend anwendbar im Ordnungswidrigkeitenverfahren, soweit das Ordnungswidrigkeitengesetz nichts anderes bestimmt.

3 Der Begriff der **Entscheidungen** ist in § 35 weiter zu verstehen als in § 33 (→ Rn. 3 ff.) und erfasst auch prozessleitende Verfügungen,[3] zB die Ablehnung eines Beweisantrags,[4] eines Antrags auf Vertagung,[5] auf Entbindung von der Verpflichtung zum Erscheinen in der Hauptverhandlung nach § 233[6] oder auf Erteilung eines Verteidigersprechscheins.[7]

---

[1] Löwe/Rosenberg/*Graalmann-Scheerer* Rn. 1; KK/*Maul* Rn. 1; SK-StPO/*Weßlau* Rn. 1; KMR/*Ziegler* Rn. 1.

[2] OLG Düsseldorf 18.3.1960 – 1 Ws 63/60, MDR 1960, 603 (603); Löwe/Rosenberg/*Graalmann-Scheerer* Rn. 19; KK/*Maul* Rn. 2; KMR/*Ziegler* Rn. 2; *Nöldeke* NStZ 1991, 52; *Wagner* NStZ 1991, 200 (201).

[3] OLG Hamm 7.9.1983 – 3 Ss OWi 947/83, VRS 66, 44 (45); Löwe/Rosenberg/*Graalmann-Scheerer* Rn. 2; BeckOK-StPO/*Larcher* Rn. 1; KK/*Maul* Rn. 2; *Meyer-Goßner* Rn. 1; SK-StPO/*Weßlau* Rn. 3; KMR/*Ziegler* Rn. 2.

[4] S. hierzu BGH 11.6.1963 – 1 StR 501/62, BGHSt 19, 24 (26) = NJW 1963, 1788 (1788).

[5] RG 6.4.1880 – 631/80, RGSt 1, 345 (346); RG 13.5.1892 – 1427–1429/92, RGSt 23, 136 (137).

[6] RG 28.1.1887 – 53/87, RGSt 15, 202 (203); RG 11.7.1910 – I 360/10, RGSt 44, 47 (48).

[7] LG München I 7.3.2000 – 8 Qs 8/00, StV 2000, 517 (517 f.).

Betroffen sind alle Verfahrensbeteiligten wie auch Dritte, in deren Rechte oder Rechtsposition die jeweilige gerichtliche Entscheidung möglicherweise eingreift (→ § 33 Rn. 11 f.). Unerheblich ist, ob die jeweilige Person durch die Entscheidung einen Nachteil erfährt oder sogar begünstigt wird.[8] Ebenso ist die Staatsanwaltschaft stets von einer gerichtlichen Entscheidung betroffen, da sie Rechtsmittel auch zugunsten des Beschuldigten einlegen kann;[9] etwas anderes gilt nur für Privatklageverfahren, solange die Staatsanwaltschaft die Verfolgung nicht übernimmt.[10] 4

Die Anforderungen an die Bekanntmachung der Entscheidung unterscheiden sich danach, ob sie in **An- oder Abwesenheit** der betroffenen Person erfolgt. Abs. 1 bestimmt zunächst die Voraussetzungen bei Entscheidungen, die in Anwesenheit bekanntgemacht werden (→ Rn. 8 ff.). Hingegen regelt Abs. 2 die Bekanntmachung anderer Entscheidungen (→ Rn. 24 ff.); Abs. 3 gewährt insoweit nicht auf freiem Fuß befindlichen Betroffenen das Recht, sich das zugestellte Schriftstück vorlesen zu lassen (→ Rn. 29 ff.). 5

Sondervorschriften über die Bekanntmachung finden sich in § 114a (Aushändigung des Haftbefehls bei Verhaftung), § 201 Abs. 1 (Mitteilung der Anklageschrift), § 268 (Verkündung von Urteilen; → Rn. 9) sowie in § 316 Abs. 2 bzw. § 343 Abs. 2 zur Zustellung von Urteilen nach Einlegung von Berufung bzw. Revision. Im Jugendgerichtsverfahren enthalten § 54 Abs. 2 JGG (Mitteilung der Urteilsgründe gegenüber dem Angeklagten; → Rn. 9) und § 67 Abs. 2 JGG (Mitteilungen an den Erziehungsberechtigten und den gesetzlichen Vertreter) besondere Regelungen. 6

3. Internationalrechtliche Grundlagen und Einflüsse. Um ihre Rechte – vor allem gegen anfechtbare Entscheidungen – wahrzunehmen, muss die betroffene Person das Verfahren nachverfolgen und nachvollziehen können. **Art. 6 Abs. 3 lit. e EMRK** gewährt daher Angeklagten, dh sowohl Beschuldigten im Strafverfahren als auch Betroffenen im Ordnungswidrigkeitenverfahren,[11] welche die Verhandlungssprache des Gerichts nicht verstehen oder sprechen, ausdrücklich das Recht auf unentgeltliche Unterstützung durch einen Dolmetscher. Es sind demnach dem nicht der deutschen Sprache mächtigen Beschuldigten sämtliche für seine Verteidigung wesentlichen mündlichen wie schriftlichen Vorgänge einschließlich gerichtlicher Entscheidungen zu übersetzen (→ Rn. 12, 16 und 23 sowie § 187 GVG).[12] Ein Anspruch auf eine komplette Übersetzung der Verfahrensakte besteht zwar nicht.[13] Die betroffene Person soll aber über die ihr gegenüber erhobenen Vorwürfe informiert sowie in die Lage versetzt werden, sich effektiv zu verteidigen.[14] 7

II. Erläuterung

1. Bekanntmachung in Anwesenheit der Betroffenen (Abs. 1). a) Verkündung (Abs. 1 S. 1). Abs. 1 S. 1 betrifft **Entscheidungen,** die **in Anwesenheit** der betroffenen Person ergehen. Dies betrifft nicht nur Entscheidungen in der Hauptverhandlung, sondern auch Maßnahmen im Ermittlungsverfahren oder des beauftragten oder ersuchten Richters, zB eine kommissarische Vernehmung gemäß § 223 oder die Einnahme eines Augenscheins.[15] 8

Eine gerichtliche Entscheidung, die in Anwesenheit der betroffenen Person ergeht, ist durch **Verkündung** bekanntzumachen. Für **Urteile** enthält § 268 eine vorrangige Sonder- 9

---

[8] OLG Braunschweig 15.12.1952 – Ws 192/52, JZ 1953, 640 (641); Löwe/Rosenberg/*Graalmann-Scheerer* Rn. 4; KK/*Maul* Rn. 3; *Meyer-Goßner* Rn. 2; SK-StPO/*Weßlau* Rn. 4; KMR/*Ziegler* Rn. 3.

[9] Löwe/Rosenberg/*Graalmann-Scheerer* Rn. 4; KK/*Maul* Rn. 3; KMR/*Ziegler* Rn. 3.

[10] BeckOK-StPO/*Larcher* Rn. 2; *Meyer-Goßner* Rn. 2.

[11] Zur konventionsautonomen Auslegung des Begriffs EGMR 25.8.1987 – 8/1986/106/154, EuGRZ 1987, 399 (402); *Meyer-Goßner* MRK Art. 6 Rn. 1; *Meyer-Ladewig* EMRK Art. 6 Rn. 249.

[12] BGH 26.10.2000 – 3 StR 6/00, BGHSt 46, 178 (184) = NJW 2001, 309 (311); *Pfeiffer* Rn. 4; KK/*Schädler* MRK Art. 6 Rn. 61; aA KK/*Maul* Rn. 22.

[13] *Meyer-Goßner* MRK Art. 6 Rn. 26.

[14] *Meyer-Ladewig* EMRK Art. 6 Rn. 250; KK/*Schädler* MRK Art. 6 Rn. 61.

[15] Löwe/Rosenberg/*Graalmann-Scheerer* Rn. 6; KK/*Maul* Rn. 4; *Meyer-Goßner* Rn. 5; SK-StPO/*Weßlau* Rn. 5.

regelung, nach dessen Abs. 2 die Urteilsformel zwingend zu verlesen ist, während für die anschließende Eröffnung der Urteilsgründe die mündliche Mitteilung ihres wesentlichen Inhalts genügt. Im Jugendstrafverfahren ist von der Mitteilung der Urteilsgründe allerdings Abstand zu nehmen, soweit Nachteile für die Erziehung des Angeklagten zu befürchten sind (§ 54 Abs. 2 JGG).

10 Bei **sonstigen Entscheidungen** wie vornehmlich Beschlüssen ist eine wortwörtliche Verlesung der bereits ausformulierten Endfassung nicht erforderlich. Es reicht aus, den wesentlichen Inhalt der Entscheidung einschließlich ihrer Gründe mitzuteilen.[16]

11 Bei Kollegialgerichten obliegt die Verkündung dem **Vorsitzenden Richter** im Rahmen seiner Verhandlungsleitung. Aus besonderem Grund ist eine Übertragung auf andere Richter des erkennenden Gerichts zulässig, nicht hingegen auf Referendare oder nichtrichterliche Beamte wie den Urkundsbeamten der Geschäftsstelle.[17]

12 Die Verkündung muss auch dann erfolgen, wenn der Betroffene nicht der deutschen Sprache mächtig (§ 185 GVG) oder hör- oder sprachbehindert ist (§ 186 GVG). Es muss jedoch ein **Dolmetscher** hinzugezogen werden, der die Entscheidungsformel und -gründe noch während der Verkündung oder in unmittelbarem Anschluss in eine dem Betroffenen verständliche Sprache übersetzt.[18] Erst mit dieser Übersetzung ist die Verkündung abgeschlossen.[19]

13 Entscheidungen in der Hauptverhandlung sind gemäß § 273 Abs. 1 S. 1 in deren **Protokoll** zu beurkunden. Ergeht die gerichtliche Entscheidung in einer anderen Verhandlung, ist deren Verkündung in den Akten zu vermerken.[20]

14 Wird eine gerichtliche Entscheidung **nicht** (wirksam) nach Abs. 1 **verkündet,** liegt ein Verfahrensfehler vor. Bei **Beschlüssen** tritt allerdings durch Zustellung eine **Heilung** der mangelhaften Verkündung ein.[21] Bei **Urteilen** hingegen kann der Mangel einer unzureichenden oder nicht protokollierten und somit gemäß § 274 nicht nachweisbaren Verkündung nicht geheilt werden. Die Verkündung muss innerhalb der zeitlichen Grenzen des § 229 nachgeholt werden, um die Hauptverhandlung abzuschließen; ansonsten ist die Hauptverhandlung neu anzusetzen.[22]

15 **b) Anspruch auf Erteilung einer Abschrift (Abs. 1 S. 2).** Gemäß Abs. 1 S. 2 ist der betroffenen Person auf Verlangen eine **Abschrift** der in ihrer Anwesenheit verkündeten Entscheidung zu erteilen. Dieser Anspruch dient der Information des Betroffenen, um ihm eine Entscheidungsgrundlage für sein weiteres prozessuales Vorgehen zu gewähren.

16 Wer nicht der deutschen Sprache mächtig ist, hat nach hM grds. keinen Anspruch auf eine schriftliche **Übersetzung** der Entscheidung in einer ihm verständlichen Sprache, wenn die Entscheidung in seiner Anwesenheit verkündet wurde und er durch einen sprachkundigen Verteidiger vertreten war.[23] Etwas anderes gilt, wenn der Betroffene für seine weitere Verteidigung eine Übersetzung benötigt.[24] Diese in der Rechtspraxis entwickelten Grund-

---

[16] RG 26.7.1910 – II 605/10, RGSt 44, 53 (54); KK/*Maul* Rn. 6; HK-StPO/*Pollähne* Rn. 4; Radtke/Hohmann/*Rappert* Rn. 7; SK-StPO/*Weßlau* Rn. 6; KMR/*Ziegler* Rn. 4.

[17] OLG Oldenburg 2.9.1952 – Ss 183/52, NJW 1952, 1310; Löwe/Rosenberg/*Graalmann-Scheerer* Rn. 7; Radtke/Hohmann/*Rappert* Rn. 5; SK-StPO/*Weßlau* Rn. 7.

[18] BGH 16.10.1962 – 5 StR 405/62, GA 1963, 148 (149); LG Limburg 11.5.1998 – 5 Qs 80/98, StV 1999, 104 (105); Löwe/Rosenberg/*Graalmann-Scheerer* Rn. 7.

[19] BGH 22.2.1996 – 1 StR 23/96, NStZ-RR 1996, 337; Löwe/Rosenberg/*Graalmann-Scheerer* Rn. 7.

[20] BeckOK-StPO/*Larcher* Rn. 5; *Meyer-Goßner* Rn. 5.

[21] Löwe/Rosenberg/*Graalmann-Scheerer* Rn. 8; *Meyer-Goßner* Rn. 5; SK-StPO/*Weßlau* Rn. 25; KMR/*Ziegler* Rn. 4.

[22] Löwe/Rosenberg/*Graalmann-Scheerer* Rn. 8; SK-StPO/*Weßlau* Rn. 25.

[23] BVerfG 17.5.1983 – 2 BvR 731/80, BVerfGE 64, 135 (151) = NJW 1983, 2762 (2764); BVerfG 3.6.2005 – 2 BvR 760/05, NStZ-RR 2005, 273; OLG Frankfurt a. M. 16.10.1979 – 3 Ws 830/79, NJW 1980, 1238 (1238 f.); OLG Hamburg 18.4.1978 – 1 Ws 145/78, NJW 1978, 2462; Löwe/Rosenberg/*Graalmann-Scheerer* Rn. 28; *Meyer-Goßner* MRK Art. 6 Rn. 27; KMR/*Ziegler* Rn. 21; aA SK-StPO/*Paeffgen* EMRK Art. 6 Rn. 170; *Heldmann* StV 1981, 251 (253); *Sieg* MDR 1981, 281 (282).

[24] EGMR 19.12.1989 – Nr. 9/1988/153/207, ÖJZ 1990, 412 (415 f.); OLG Stuttgart 4.3.1981 – 1 Ws 36/81, NStZ 1981, 225 (226); Löwe/Rosenberg/*Graalmann-Scheerer* Rn. 28; *Meyer-Goßner* MRK Art. 6 Rn. 27; KMR/*Ziegler* Rn. 21; *Römer* NStZ 1981, 474 (475 f.).

sätze wurden durch das am 6.7.2013 in Kraft getretene Gesetz zur Stärkung der Verfahrensrechte von Beschuldigten im Strafverfahren vom 2.7.2013[25] (→ § 37 Rn. 5) in § 187 Abs. 2 GVG aufgegriffen.[26]

Der Betroffene kann lediglich die Abschrift der **gerichtlichen Entscheidung,** nicht hingegen anderer Aktenteile (zB des Protokolls oder von Sachverständigengutachten) verlangen.[27] Zudem hat er nur Anspruch auf **eine** Abschrift. Gleichwohl wird bei begründetem Interesse einem Verlangen nach Erteilung weiterer Abschriften zu entsprechen sein.[28] 17

Ansonsten muss der Betroffene sein **Verlangen** nicht begründen und kann auch nur aus privaten Interessen eine Abschrift der Entscheidung fordern. Es bedarf also keines Zusammenhangs mit einem strafverfahrensrechtlichen Zweck.[29] Unzulässig ist ebenso, die Erteilung einer Abschrift wegen Personal- oder Sachkosten abzulehnen.[30] 18

Beschränkt werden kann der Anspruch auf Erteilung der Abschrift nur aus Gründen der **öffentlichen Geheimhaltung,** insbesondere bei Staatsgeheimnissen iSd § 93 StGB (s. hierzu Nr. 213 RiStBV); schutzwürdige Geheimnisse sind lediglich tatsächliche Umstände, nicht hingegen rechtliche Ausführungen.[31] Hier sind die Notwendigkeit des Geheimschutzes einerseits und die Wahrung der Belange des Strafverfahrens, vornehmlich der dem Beschuldigten und seinem Verteidiger gewährten Rechtsstellung andererseits miteinander abzuwägen.[32] Infolge dieser Abwägung kann es etwa zulässig sein, einzelne Teile der Entscheidung in der Abschrift zu streichen. Dies schließt nicht aus, dem Betroffenen auf der Geschäftsstelle Einsicht in die ungekürzte Entscheidung zu gewähren.[33] Dem Verteidiger ist grds. die vollständige Abschrift zu übermitteln, sofern die Vertraulichkeit hinreichend gewährleistet ist, zB durch das Berichtsverbot gemäß § 174 Abs. 3 GVG oder durch Auflagen über die Verwahrung, Fertigung von Ablichtungen, Rückgabe der Abschrift sowie über deren Zugänglichmachen an andere.[34] 19

Wegen des Zwecks der Abschrift, dem Betroffenen eine klare Grundlage für seine Entscheidung über sein weiteres prozessuales Vorgehen zu gewähren (→ Rn. 1), muss die Abschrift grds. **unverzüglich** erteilt werden.[35] Dies gilt auch bereits während der Hauptverhandlung. Es kann demzufolge nicht darauf verwiesen werden, dass dadurch deren Fortgang gehemmt würde und daher die Fertigstellung der Sitzungsniederschrift abzuwarten sei.[36] Beispiele aus der Rechtsprechung betreffen Beschlüsse, die einen Beweisantrag mit längerer Begründung ablehnen[37] oder Ordnungsmittel gemäß § 178 GVG verhängen.[38] 20

---

[25] BGBl. I 1938.

[26] BT-Drs. 17/12578, 7 und 11.

[27] BGH 27.10.1972 – 2 StR 105/70, *Dallinger* MDR 1973, 369 (371); Löwe/Rosenberg/*Graalmann-Scheerer* Rn. 10; KK/*Maul* Rn. 8; *Meyer-Goßner* Rn. 6; KMR/*Ziegler* Rn. 7.

[28] Löwe/Rosenberg/*Graalmann-Scheerer* Rn. 10; KK/*Maul* Rn. 8; HK-StPO/*Pollähne* Rn. 5; SK-StPO/*Weßlau* Rn. 10; aA wohl KMR/*Ziegler* Rn. 7.

[29] Löwe/Rosenberg/*Graalmann-Scheerer* Rn. 9; KK/*Maul* Rn. 8; HK-StPO/*Pollähne* Rn. 5; SK-StPO/*Weßlau* Rn. 10; aA KG 22.12.1958 – 2 Ws 111/58, JR 1960, 352 (352 f.); BeckOK-StPO/*Larcher* Rn. 10; *Meyer-Goßner* Rn. 7; Radtke/Hohmann/*Rappert* Rn. 12; KMR/*Ziegler* Rn. 6.

[30] Löwe/Rosenberg/*Graalmann-Scheerer* Rn. 9.

[31] *Meyer-Goßner* Rn. 8.

[32] BGH 29.5.1963 – StB 5/63 – 6 BJs 497/62, BGHSt 18, 369 (371 f.) = NJW 1963, 1462 (1462); Löwe/Rosenberg/*Graalmann-Scheerer* Rn. 11; KK/*Maul* Rn. 12; Radtke/Hohmann/*Rappert* Rn. 13; aA SK-StPO/*Weßlau* Rn. 14: keine Einschränkung des Anspruchs aus Gründen des Geheimschutzes.

[33] Löwe/Rosenberg/*Graalmann-Scheerer* Rn. 11; *Meyer-Goßner* Rn. 8.

[34] BGH 29.5.1963 – StB 5/63 – 6 BJs 497/62, BGHSt 18, 369 (373) = NJW 1963, 1462 (1463); Löwe/Rosenberg/*Graalmann-Scheerer* Rn. 11; KK/*Maul* Rn. 12; *Meyer-Goßner* Rn. 8.

[35] Löwe/Rosenberg/*Graalmann-Scheerer* Rn. 12; BeckOK-StPO/*Larcher* Rn. 10; KK/*Maul* Rn. 9; HK-StPO/*Pollähne* Rn. 7; SK-StPO/*Weßlau* Rn. 13.

[36] So aber RG 26.7.1910 – II 605/10, RGSt 44, 53 (54); einschränkend *Meyer-Goßner* Rn. 6; Radtke/Hohmann/*Rappert* Rn. 11, sofern der Betroffene ein besonderes Interesse an einer früheren Erteilung der Abschrift hat; vgl. auch KMR/*Ziegler* Rn. 8.

[37] BGH 10.10.2007 – 1 StR 455/07, NStZ 2008, 110; s. auch Löwe/Rosenberg/*Graalmann-Scheerer* Rn. 12.

[38] OLG Karlsruhe 24.3.1977 – 3 Ws 54/77, Justiz 1977, 385 (385 f.); Löwe/Rosenberg/*Graalmann-Scheerer* Rn. 12; KK/*Maul* Rn. 9.

21 **Vor Rechtskraft** der Entscheidung entscheidet der Vorsitzende des erkennenden Gerichts über die Erteilung einer Abschrift.[39] Allerdings besteht der diesbezügliche Anspruch, solange sich die Akten im Gewahrsam der Justiz befinden. Möglich ist insbesondere, den Anspruch erst nach Rechtskraft der Entscheidung geltend zu machen.[40] **Nach Rechtskraft** ist jedoch die Staatsanwaltschaft als aktenverwahrende Justizstelle zuständig; gemäß § 31 Abs. 2 S. 1 RPflG entscheidet im Vollstreckungsverfahren der Rechtspfleger.[41] Die zuständige Stelle hat die Erteilung der Abschrift anzuordnen und in den Akten schriftlich festzuhalten. Erteilt wird die Abschrift sodann durch die jeweilige Geschäftsstelle.[42]

22 Frei von der Dokumentenpauschale sind nach der amtlichen Anmerkung (2) zu Nr. 9000 KVGKG für den Beschuldigten und seinen bevollmächtigten Vertreter jeweils eine (einzige) vollständige Ausfertigung oder Ablichtung jeder gerichtlichen Entscheidung, der Entscheidung ohne Tatbestand und Entscheidungsgründe sowie jeder Sitzungsniederschrift. Ansonsten werden vom Antragsteller für die Erteilung von Abschriften gerichtlicher Entscheidungen **Auslagen** nach Nr. 9000 KVGKG erhoben. Ein gemäß § 17 Abs. 2 GKG möglicher Vorschuss kann im Straf- und im Ordnungswidrigkeitenverfahren vom Beschuldigten und seinem Verteidiger nicht verlangt werden (§ 17 Abs. 4 S. 2 GKG).

23 Art. 6 Abs. 3 lit. e EMRK gewährt dem Beschuldigten, welcher der Verhandlungssprache nicht mächtig ist, die unentgeltliche Unterstützung durch einen Dolmetscher. Hat der Betroffene einen Anspruch auf Abschrift der Entscheidung in einer ihm verständlichen Sprache (→ Rn. 16), dürfen ihm für die **Übersetzung** als solche somit keine Kosten berechnet werden.[43] Es bedarf auch keiner vorherigen gerichtlichen Bewilligung der Unentgeltlichkeit.[44]

24 **2. Bekanntmachung in Abwesenheit der Betroffenen (Abs. 2 und 3). a) Zustellung (Abs. 2 S. 1). „Andere Entscheidungen"**, dh solche, die nicht in Anwesenheit der betroffenen Person ergehen, werden nach Abs. 2 S. 1 durch **Zustellung** bekanntgemacht. Auch dies dient wiederum der Gewährleistung des Anspruchs auf rechtliches Gehör, indem der Adressat die gerichtliche Entscheidung zur Kenntnis nehmen und die Erfolgsaussichten weiterer Verfahrensmöglichkeiten prüfen kann. Zugleich dient die Zustellungsurkunde dem anordnenden Gericht als Nachweis, dass der Empfänger das zugestellte Schriftstück zur Kenntnis nehmen konnte.[45] Das Zustellungsverfahren bestimmt sich nach den §§ 37 ff.

25 Die Zustellung ist vor allem dann erforderlich, wenn die Bekanntmachung der Entscheidung eine Frist in Lauf setzt;[46] insbesondere sind Beschlüsse zuzustellen, die mit der sofortigen Beschwerde angefochten werden können.[47] Allerdings kann eine Zustellung auch dann geboten sein, wenn eine formlose Mitteilung nach Abs. 2 S. 2 genügt. Dies gilt etwa für die Ladung zur Hauptverhandlung; gegenüber dem Angeklagten und dem Verteidiger wird dadurch die Einhaltung der Ladungsfrist des § 217 nachgewiesen, gegenüber den anderen Beteiligten wird die ordnungsgemäße Ladung dokumentiert, so dass bei deren Ausbleiben

---

[39] Löwe/Rosenberg/*Graalmann-Scheerer* Rn. 14; KK/*Maul* Rn. 11; KMR/*Ziegler* Rn. 10.

[40] Löwe/Rosenberg/*Graalmann-Scheerer* Rn. 13; KK/*Maul* Rn. 10; SK-StPO/*Weßlau* Rn. 11; KMR/*Ziegler* Rn. 9.

[41] KG 22.12.1958 – 2 Ws 111/58, JR 1960, 352 (352); Löwe/Rosenberg/*Graalmann-Scheerer* Rn. 14; SK-StPO/*Weßlau* Rn. 12.

[42] Löwe/Rosenberg/*Graalmann-Scheerer* Rn. 15; KMR/*Ziegler* Rn. 10.

[43] *Römer* NStZ 1981, 474 (476); vgl. auch EGMR 23.10.1978 – o.A., NJW 1979, 1091 (1092); EGMR 21.2.1984 – 9/1982/55/84, NStZ 1984, 269 (270); BGH 26.10.2000 – 3 StR 6/00, BGHSt 46, 178 (184) = NJW 2001, 309 (311); aA BVerfG 17.5.1983 – 2 BvR 731/80, BVerfGE 64, 135 (151) = NJW 1983, 2762 (2764); Löwe/Rosenberg/*Graalmann-Scheerer* Rn. 9.

[44] Vgl. BVerfG 27.8.2003 – 2 BvR 2032/01, NJW 2004, 50 (51); OLG Brandenburg 27.7.2005 – 1 Ws 83/05, StV 2006, 28 (29).

[45] Löwe/Rosenberg/*Graalmann-Scheerer* Rn. 18; BeckOK-StPO/*Larcher* Rn. 12; SK-StPO/*Weßlau* Rn. 16; vgl. auch BGH 21.12.1976 – 4 StR 194/76, BGHSt 27, 85 (88) = NJW 1977, 723; BGH 24.11.1977 – III ZR 1/76, NJW 1978, 1858 (1858).

[46] S. LG Bochum 7.3.2012 – 7 Qs 3/12, StV 2012, 526 zur Anhörung des Beschuldigten gemäß § 142 Abs. 1.

[47] Löwe/Rosenberg/*Graalmann-Scheerer* Rn. 18; KK/*Maul* Rn. 16 jeweils mit weiteren Beispielen.

Ordnungsmittel verhängt werden können.[48] Ebenso ist der Beschluss zuzustellen, durch den der Angeklagte gemäß § 233 Abs. 1 von seiner Verpflichtung entbunden wird, in der Hauptverhandlung zu erscheinen.[49]

b) Formlose Mitteilung (Abs. 2 S. 2). Setzt die Bekanntmachung der Entscheidung keine Frist in Lauf, kann die Zustellung gemäß Abs. 2 S. 2 durch **formlose Mitteilung** ergehen. Es genügt also, eine Ausfertigung oder Abschrift (→ § 37 Rn. 8) der Entscheidung durch einfachen Brief zuzusenden. Jedoch bedarf es einer schriftlichen Mitteilung; die bloß mündliche Eröffnung der Entscheidung durch den Urkundsbeamten reicht nicht aus.[50] Eine Ausnahme stellt die (nachträgliche) Verkündung einer bereits ergangenen Entscheidung, die weder verkündet noch zugestellt werden musste, in der Hauptverhandlung dar; hier ist die formlose Mitteilung auch in der Form der Verkündung zulässig.[51] 26

Abs. 2 S. 2 gilt für sämtliche **Entscheidungen,** deren Bekanntmachung keine Frist in Lauf setzt. Nach der Streichung des früheren § 35 Abs. 2 S. 2 Hs. 2 („dies gilt nicht für die Mitteilung von Urteilen") durch das Strafverfahrensänderungsgesetz 1987 (StVÄG 1987) vom 27.1.1987[52] sind auch alle unanfechtbaren, vor allem letztinstanzliche **Urteile** erfasst. Eine Zustellung bietet sich gleichwohl an, wenn der Zeitpunkt der Entscheidung aus anderen Gründen von Bedeutung ist, etwa für sanktionsbewehrte Pflichten (zB nach § 145a, § 145c StGB oder § 21 Abs. 1 Nr. 1 StVG).[53] 27

Zu berücksichtigen sind nur strafprozessuale **Fristen.** Fristen für die Einlegung der Verfassungsbeschwerde zum BVerfG nach § 93 BVerfGG oder der Individualbeschwerde zum EGMR gemäß Art. 35 Abs. 1 EMRK werden von Abs. 2 S. 2 nicht erfasst.[54] 28

c) Anspruch auf Vorlesen (Abs. 3). Gemäß Abs. 3 ist der von einer Entscheidung betroffenen Person, die sich nicht auf freiem Fuß befindet, das zugestellte Schriftstück auf Verlangen vorzulesen. **Nicht auf freiem Fuß befindlich** ist jede Person, der die persönliche Freiheit auf gerichtliche oder behördliche Anordnung entzogen und die dadurch in der Wahl ihres Aufenthaltsortes beschränkt ist; es ist darunter also Freiheitsentziehung im weitesten Sinne zu verstehen.[55] 29

Die Beschränkung des Abs. 3 auf zugestellte Schriftstücke dürfte ein Redaktionsversehen sein, da Abs. 2 S. 2 erst später eingefügt worden ist. Der Anspruch des Empfängers erstreckt sich somit entsprechend Abs. 3 auch auf gerichtliche Entscheidungen, die ihm formlos mitgeteilt werden.[56] Der Wortlaut der Regelung verdeutlicht aber jedenfalls, dass es sich hierbei nur um eine **ergänzende Bestimmung** zur Bekanntmachung nach **Abs. 2** handelt. Der Anspruch auf Vorlesung setzt demnach die vorherige Zustellung voraus und vermag diese nicht zu ersetzen. Umgekehrt bleibt die Zustellung wirksam, auch wenn dem Verlangen auf Vorlesen nicht stattgegeben wird.[57] 30

Die **Bedeutung** des Abs. 3 in der Praxis ist gering, zumal der nicht auf freiem Fuß Befindliche über seinen Anspruch nicht belehrt werden muss. Ist es etwa bei einem sehbe- 31

---

[48] Löwe/Rosenberg/*Graalmann-Scheerer* Rn. 18; KMR/*Ziegler* Rn. 15.

[49] RG 28.1.1887 – 53/87, RGSt 15, 202 (203); BayObLG 20.11.1969 – RReg. 4 b St 84/69, NJW 1970, 1055 (1056); Löwe/Rosenberg/*Graalmann-Scheerer* Rn. 18; KK/*Maul* Rn. 17; KMR/*Ziegler* Rn. 15.

[50] Löwe/Rosenberg/*Graalmann-Scheerer* Rn. 23; *Meyer-Goßner* Rn. 12; Radtke/Hohmann/*Rappert* Rn. 18; SK-StPO/*Weßlau* Rn. 19; aA KMR/*Ziegler* Rn. 16.

[51] BGH 3.3.1961 – 4 StR 548/60, BGHSt 15, 384 (385) = NJW 1961, 1077 (1077); Löwe/Rosenberg/*Graalmann-Scheerer* Rn. 23; KK/*Maul* Rn. 18; *Meyer-Goßner* Rn. 12; KMR/*Ziegler* Rn. 16.

[52] BGBl. I 475.

[53] BT-Drs. 10/1313, 18; Löwe/Rosenberg/*Graalmann-Scheerer* Rn. 21; SK-StPO/*Weßlau* Rn. 17; *Rieß/Hilger* NStZ 1987, 145 (153).

[54] BT-Drs. 10/1313, 18; Löwe/Rosenberg/*Graalmann-Scheerer* Rn. 22; *Meyer-Goßner* Rn. 12.

[55] BGH 24.6.1953 – GSSt 1/53, BGHSt 4, 308 (309) = NJW 1953, 1561 (1561); BGH 30.6.1959 – 2 ARs 158/58, BGHSt 13, 209 (212) = NJW 1959, 1834 (1835); Löwe/Rosenberg/*Graalmann-Scheerer* Rn. 24; *Meyer-Goßner* Rn. 13; SK-StPO/*Weßlau* Rn. 21; KMR/*Ziegler* Rn. 17.

[56] Löwe/Rosenberg/*Graalmann-Scheerer* Rn. 26; SK-StPO/*Weßlau* Rn. 22; kritisch KMR/*Ziegler* Rn. 18; aA SSW-StPO/*Mosbacher* Rn. 13.

[57] KK/*Maul* Rn. 20; *Meyer-Goßner* Rn. 13; *Pfeiffer* Rn. 3; SK-StPO/*Weßlau* Rn. 21.

hinderten oder des Lesens nicht mächtigen Empfänger erforderlich, die bekanntgemachte Entscheidung vorzulesen, wird dies zudem ohnehin durch die Leitung der jeweiligen Anstalt von Amts wegen erfolgen müssen.[58] Die Vorlesung erfolgt durch den Zustellungsbeamten oder einen Anstaltsbeamten, ggf. auch durch einen Urkundsbeamten der Geschäftsstelle des Amtsgerichts, in dessen Bezirk die Anstalt liegt. Im Zweifelsfall bestimmt das Gericht, dessen Entscheidung zugestellt wird; es kann ebenso einen Urkundsbeamten der eigenen Geschäftsstelle mit der Vorlesung beauftragen.[59]

§ 35a [Rechtsmittelbelehrung]

[1]Bei der Bekanntmachung einer Entscheidung, die durch ein befristetes Rechtsmittel angefochten werden kann, ist der Betroffene über die Möglichkeiten der Anfechtung und die dafür vorgeschriebenen Fristen und Formen zu belehren. [2]Ist gegen ein Urteil Berufung zulässig, so ist der Angeklagte auch über die Rechtsfolgen des § 40 Abs. 3 und der §§ 329, 330 zu belehren. [3]Ist einem Urteil eine Verständigung (§ 257c) vorausgegangen, ist der Betroffene auch darüber zu belehren, dass er in jedem Fall frei in seiner Entscheidung ist, ein Rechtsmittel einzulegen.

Schrifttum: *Altenhain/Haimerl,* Die gesetzliche Regelung der Verständigung im Strafverfahren – eine verweigerte Reform, JZ 2010, 327; *Geuenich/Höwer,* Die neue gesetzliche Normierung strafrechtlicher Verständigungen – Berührungspunkte und Parallelen zu steuerlichen Absprachen, DStR 2009, 2320; *Heldmann,* Ausländer und Strafjustiz, StV 1981, 251; *Nöldeke,* Plädoyer für eine ausführliche Rechtsbehelfsbelehrung im Falle der Verwerfung einer verspäteten oder nicht formgerechten Revision nach §§ 346 I, 349 I StPO, NStZ 1991, 70; *Schrader,* Wiedereinsetzung und Rechtsmittelbelehrung (§§ 35a, 45 StPO), NStZ 1987, 447; *Warda,* Um die Rechtsmittelbelehrung im Strafprozeß, MDR 1957, 717.

Übersicht

I. Überblick

1 **1. Normzweck.** Die Belehrung über Rechtsmittel soll den Adressaten über verfahrensrechtliche Möglichkeiten informieren, um ihn vor nachteiligen Folgen seiner Rechtsunkenntnis zu bewahren und ihm einen **effektiven Rechtsschutz** zu gewährleisten.[1]

2 **2. Anwendungsbereich.** Die Belehrungspflicht über zulässige Rechtsmittel gemäß § 35a betrifft lediglich **gerichtliche Entscheidungen,** die durch ein befristetes Rechtsmittel angefochten werden können. S. 1 bestimmt die Voraussetzungen und den grundsätzlichen Inhalt der Belehrung, S. 2 und 3 normieren besondere Anforderungen für mit der Berufung anfechtbare Urteile bzw. Urteile mit vorheriger Verständigung gemäß § 257c.

[58] Löwe/Rosenberg/*Graalmann-Scheerer* Rn. 27; KK/*Maul* Rn. 20; *Pfeiffer* Rn. 3; SK-StPO/*Weßlau* Rn. 22. Nach Löwe/Rosenberg/*Graalmann-Scheerer* Vor § 33 Rn. 10 ist die Regelung in ihrer derzeitigen Fassung „entbehrlich".

[59] Löwe/Rosenberg/*Graalmann-Scheerer* Rn. 25.

[1] BayObLG 4.8.1966 – BWReg. 4b St 5/66, NJW 1967, 122 (122); Löwe/Rosenberg/*Graalmann-Scheerer* Rn. 1; KK/*Maul* Rn. 1; SK-StPO/*Weßlau* Rn. 1; *Schrader* NStZ 1987, 447 (448).

3. Entstehungsgeschichte der Norm. § 35a wurde in die Strafprozessordnung durch Art. 4 Nr. 5 des **Dritten Strafrechtsänderungsgesetzes** (3. StrÄndG) vom 4.8.1953[2] aufgenommen und trat zum 1.10.1953 in Kraft. In ihrer ursprünglichen Fassung bestand die Vorschrift nur aus ihrem heutigen ersten Satz. 3

Die Norm wurde sodann durch Art. 1 Nr. 3 des **Strafverfahrensänderungsgesetzes 1987** (StVÄG 1987) vom 27.1.1987[3] mit Wirkung zum 1.4.1987 um S. 2 ergänzt. Die Erweiterung der Belehrungspflicht ging mit der zeitgleichen Einfügung des § 40 Abs. 3 einher, der die öffentliche Zustellung erleichtern sollte, um das Berufungsverfahren zu beschleunigen.[4] 4

Schließlich wurde die Norm durch Art. 1 Nr. 2 des **Gesetzes zur Regelung der Verständigung im Strafverfahren** vom 29.7.2009[5] um einen weiteren, zum 4.8.2009 in Kraft getretenen S. 3 ergänzt. Der Gesetzgeber hat damit die vom Großen Senat des BGH[6] im Wege der richterlichen Rechtsfortbildung aufgestellten Voraussetzungen der Verständigung im Strafverfahren weitgehend übernommen. Dass hiernach die Ankündigung eines Rechtsmittelverzichts einer Verständigung entzogen bleibt, soll durch die in S. 3 ausdrücklich geregelte Belehrungspflicht abgesichert werden.[7] 5

4. Internationalrechtliche Grundlagen und Einflüsse. Zu den Vorgaben des **Art. 6 Abs. 3 lit. e EMRK** → § 35 Rn. 7. 6

II. Erläuterung

1. Anwendungsvoraussetzungen. Die Vorschrift betrifft nur (gerichtliche) **Entscheidungen** (→ § 33 Rn. 3, § 34 Rn. 3 und § 35 Rn. 2), die durch ein befristetes Rechtsmittel angefochten werden können. Die **Bekanntmachung** der Entscheidungen erfolgt gemäß § 35 durch Verkündung (→ § 35 Rn. 9) oder Zustellung (→ § 35 Rn. 24). Keine Bekanntmachung ist die Benachrichtigung gemäß § 145a Abs. 3 S. 1, der daher keine Rechtsmittelbelehrung beizufügen ist.[8] 7

Befristete Rechtsmittel sind in erster Linie Berufung (§ 312) und (Sprung-)Revision (§ 333, § 335), die gegen die erstinstanzlichen Urteile von Amts-, Land- und Oberlandesgericht sowie gegen die Berufungsurteile des Landgerichts eingelegt werden können. Gegen Beschlüsse und Verfügungen ist in den gesetzlich bestimmten Fällen außerdem die sofortige Beschwerde statthaft (§ 311). Die sofortige Beschwerde steht nach § 464 Abs. 3 auch dem durch Urteil freigesprochenen Angeklagten zur Verfügung, dessen notwendige Auslagen nicht gemäß § 467 Abs. 1 der Staatskasse auferlegt wurden.[9] 8

Kein Rechtsmittel ist der Antrag auf Wiedereinsetzung in den vorigen Stand gemäß § 44.[10] Jedoch ist § 35a für diesen Antrag bei Ausbleiben des Angeklagten in der Berufungshauptverhandlung (§ 329 Abs. 3) bzw. in der Hauptverhandlung nach Erlass eines Strafbefehls (§ 412 S. 1) entsprechend anwendbar.[11] Dies bestätigt Nr. 142 Abs. 3 Nr. 2 RiStBV, der in diesen Fällen ausdrücklich vorschreibt, den Angeklagten über das Recht 9

[2] BGBl. I 735.
[3] BGBl. I 475.
[4] BT-Drs. 10/1313, 18.
[5] BGBl. I 2353.
[6] BGH GrS 3.3.2005 – GSSt 1/04, BGHSt 50, 40 = NJW 2005, 1440.
[7] BT-Drs. 16/12310, 10; vgl. auch *Geuenich/Höwer* DStR 2009, 2320 (2321).
[8] BGH 21.4.1998 – 4 StR 103/98, *Kusch* NStZ-RR 1999, 33 (34); OLG Karlsruhe 20.10.1988 – 3 Ws 274/88, Justiz 1989, 68; KK/*Maul* Rn. 3; SK-StPO/*Weßlau* Rn. 2; KMR/*Ziegler* Rn. 2.
[9] BGH 26.3.1959 – 2 StR 566/58, BGHSt 13, 75 (77) = NJW 1959, 1449 (1449); Löwe/Rosenberg/*Graalmann-Scheerer* Rn. 5; SK-StPO/*Weßlau* Rn. 4a; s. auch OLG Hamm 5.1.1996 – 2 Ws 614/95, MDR 1996, 643; OLG Koblenz 13.3.1989 – 1 Ws 113/89, NStZ 1989, 291 für die notwendigen Auslagen des Nebenklägers.
[10] BGH 3.6.1988 – 2 StR 263/88, BGHR StPO § 44 S. 2 Rechtsmittelfrist 1; Löwe/Rosenberg/*Graalmann-Scheerer* Rn. 7; KK/*Maul* Rn. 4; *Meyer-Goßner* Rn. 3; KMR/*Ziegler* Rn. 4; aA *Schrader* NStZ 1987, 447 (447 f.); zust. *Nöldeke* NStZ 1991, 70 (71).
[11] *Meyer-Goßner* Rn. 3; SK-StPO/*Weßlau* Rn. 4.

zu belehren, die Wiedereinsetzung in den vorigen Stand beantragen zu können. Ausdrücklich ist die entsprechende Geltung des § 35a angeordnet für Urteile in Abwesenheit des Angeklagten in § 235 S. 2 (s. auch Nr. 142 Abs. 3 Nr. 2 RiStBV) sowie für Anträge auf Entscheidung des Rechtsmittelgerichts in § 319 Abs. 2 S. 3 (Berufung) und § 346 Abs. 2 S. 3 (Revision). **Sondervorschriften** zur Belehrung über Rechtsmittel finden sich in (§ 126a Abs. 2 iVm) § 115 Abs. 4 (Rechtsbehelfe gegen die Aufrechterhaltung des Unterbringungs- bzw. Haftbefehls) und § 409 Abs. 1 S. 1 Nr. 7 (Einspruch gegen einen Strafbefehl).

10 **2. Belehrungspflicht. a) Adressat der Belehrung.** Bei befristet anfechtbaren Entscheidungen trifft das Gericht gemäß § 35a eine Belehrungspflicht gegenüber dem Betroffenen. **Betroffener** iSd Vorschrift ist jeder, der gegen die bekanntgemachte Entscheidung ein befristetes Rechtsmittel (→ Rn. 8) einlegen kann.[12] Zu diesen Anfechtungsberechtigten zählen neben dem Beschuldigten (§ 296 Abs. 1) vor allem Privatkläger (§ 390 Abs. 1 S. 1) und Nebenkläger (§ 401 Abs. 1 S. 1), ferner juristische Personen und Personenvereinigungen bei ihnen gegenüber festgesetzten Geldbußen (§ 444) und Einziehungsbeteiligte (§ 431 Abs. 5 S. 1, § 433 Abs. 1, § 439 Abs. 1, § 440 Abs. 3, § 441 Abs. 2). Ebenso sind Zeugen, Sachverständige und bei der Verhandlung nicht beteiligte Personen von Ordnungsmitteln betroffen, die ihnen gegenüber verhängt wurden (§ 181 GVG).[13]

11 **Gesetzliche Vertreter** sind zwar gemäß § 298 rechtsmittelberechtigt, müssen aber nur gemäß § 35a belehrt werden, wenn ihnen gegenüber die Entscheidung bekanntzumachen ist. Dies ist lediglich dann notwendig, wenn sich der Vertreter durch die Einlegung eines befristeten Rechtsmittels am Verfahren beteiligt.[14] Im Jugendstrafverfahren werden Erziehungsberechtigte und **gesetzliche Vertreter** erst dann Verfahrensbeteiligte, wenn sie auf ihre Rechte gemäß § 67 Abs. 1 und 3 JGG zurückgreifen.[15] Davon unabhängig muss eine Belehrung über die Rechtsmittel des jugendlichen Angeklagten sowie über die eigenen Rechtsmittel nach § 67 Abs. 2 JGG erfolgen. Dies gilt allerdings nur, wenn der Erziehungsberechtigte oder gesetzliche Vertreter bei der Verkündung des Urteils anwesend ist.[16]

12 **Hoheitliche Verfahrensbeteiligte** müssen nicht belehrt werden, wenn von ihrer Kenntnis der zu beachtenden Form- und Fristvorschriften auszugehen ist. Dies gilt vornehmlich für die Staatsanwaltschaft und die Finanzbehörden.[17] Bei anfechtungsberechtigten Verwaltungsbehörden (zB im Bußgeldverfahren) muss hingegen eine Belehrung erfolgen.[18]

13 Dass ein Rechtsmittel schon wegen fehlender Beschwer ausscheidet, lässt die Belehrungspflicht allenfalls bei offensichtlicher Unzulässigkeit des Rechtsmittels entfallen.[19] So wird die Belehrung insbesondere bei freisprechenden Urteilen nicht für geboten gehalten.[20] Ebenso wenig ist die Belehrung entbehrlich, weil der Betroffene rechtskundig oder anwaltlich verteidigt oder vertreten ist.[21]

---

[12] BayObLG 4.8.1966 – BWReg. 4b St 5/66, NJW 1967, 122 (122); Löwe/Rosenberg/*Graalmann-Scheerer* Rn. 8; *Meyer-Goßner* Rn. 4.

[13] Löwe/Rosenberg/*Graalmann-Scheerer* Rn. 9.

[14] Löwe/Rosenberg/*Graalmann-Scheerer* Rn. 10; SK-StPO/*Weßlau* Rn. 6.

[15] Löwe/Rosenberg/*Graalmann-Scheerer* Rn. 11.

[16] BGH 25.9.1962 – 1 StR 368/62, BGHSt 18, 21 (25) = NJW 1962, 2262 (2263); OLG Stuttgart 28.7.1960 – 1 Ws 256/60, NJW 1960, 2353 (2353); Löwe/Rosenberg/*Graalmann-Scheerer* Rn. 12; KK/*Maul* Rn. 7; *Meyer-Goßner* Rn. 4; SK-StPO/*Weßlau* Rn. 7; weiter BayObLG 25.5.1954 – BBReg. 2 St 30/54, NJW 1954, 1378 (1379).

[17] OLG Naumburg 18.10.2006 – 1 Ws 369/06, NStZ 2007, 603 (604) für die Bußgeld- und Strafsachenstelle des Finanzamts; KMR/*Ziegler* Rn. 8; s. *Meyer-Goßner* Rn. 5, wonach die Belehrung „nicht nur überflüssig, sondern unangebracht" sei.

[18] BayObLG 4.8.1966 – BWReg. 4b St 5/66, NJW 1967, 122 (123); KK/*Maul* Rn. 6; *Meyer-Goßner* Rn. 5.

[19] *Meyer-Goßner* Rn. 4; SK-StPO/*Weßlau* Rn. 6.

[20] KK/*Maul* Rn. 3; *Pfeiffer* Rn. 1.

[21] KK/*Maul* Rn. 6; *Meyer-Goßner* Rn. 4; *Pfeiffer* Rn. 1; KMR/*Ziegler* Rn. 8 f.

Da die Belehrung trotz des öffentlichen Interesses an der Information des jeweiligen Betroffenen letztlich in dessen privatem Interesse steht, kann er in den Fällen des S. 1 (zu S. 3 → Rn. 26) wirksam auf die Belehrung **verzichten.**[22] Dies setzt allerdings voraus, dass sich der Betroffene der vollen Tragweite seiner Erklärung bewusst ist. Verneint wurde dies in der Rechtsprechung etwa bei einem unverteidigten Angeklagten mit mangelnden deutschen Sprachkenntnissen.[23] Bei entsprechender ausdrücklicher Vollmacht kann der Verzicht auch durch den Verteidiger des Angeklagten erklärt werden,[24] ggf. schon durch die Aussage, die Rechtsmittelbelehrung zu übernehmen.[25] Dem Verzicht steht es gleich, wenn der Adressat es bewusst vereitelt, über seine Rechtsmittel belehrt zu werden.[26] 14

b) Inhalt der Belehrung. Inhaltlich muss die Belehrung gemäß S. 1 im Einzelnen über die Möglichkeiten der Anfechtung sowie die dafür vorgeschriebenen Fristen und Formen informieren. Die Belehrung muss **klar, unmissverständlich und vollständig** sein.[27] Sie muss ferner neutral und vorbehaltlos erfolgen; das Gericht darf also nicht durch entsprechende Äußerungen oder Formulierungen dem Betroffenen von der Einlegung von Rechtsmittel abraten oder sogar auf einen Verzicht auf Rechtsmittel hinwirken.[28] 15

Als **Möglichkeiten der Anfechtung** sind sämtliche Rechtsmittel, namentlich sofortige Beschwerde, Berufung und Revision, anzugeben, die dem Betroffenen – ggf. auch wahlweise (§ 335 Abs. 1) – zur Verfügung stehen. Wird der Betroffene etwa lediglich über die zulässige Revision belehrt, nicht hingegen über die ebenso statthafte Berufung, ist die Rechtsmittelbelehrung unvollständig.[29] Gleiches gilt im umgekehrten Fall.[30] 16

Die ordnungsgemäße Belehrung über die vorgeschriebenen **Fristen** muss insbesondere den Hinweis enthalten, dass das Rechtsmittel innerhalb der Frist bei Gericht eingehen muss.[31] Es genügt, den Tag des Beginns der jeweiligen Frist zu bezeichnen. Dem Betroffenen darf dann selbst überlassen werden, das konkrete Fristende zu berechnen.[32] Ebenso wenig muss auf die Vorschrift des § 43 Abs. 2 hingewiesen werden, die das Fristende regelt, wenn es nicht auf einen Werktag fällt.[33] 17

Zu belehren ist schließlich über die **Form,** in der das Rechtsmittel einzulegen ist, dh zu Protokoll der Geschäftsstelle oder schriftlich (§ 306 Abs. 1, § 314 Abs. 1, § 341 Abs. 1).[34] Betroffene, die sich nicht auf freiem Fuß befinden, sind zudem über die ihnen mögliche 18

---

[22] OLG Hamm 28.5.1956 – 2 Ws 90/56, NJW 1956, 1330 (1331); OLG Stuttgart 14.7.1989 – 1 Ws 207/89, MDR 1990, 74 (74); Löwe/Rosenberg/*Graalmann-Scheerer* Rn. 34; KK/*Maul* Rn. 14; *Meyer-Goßner* Rn. 6; kritisch BGH 27.4.2010 – 5 StR 129/10, BeckRS 2010, 11839, der „einen Verzicht auf Rechtsmittelbelehrung zwar nicht als unwirksam, aber im Allgemeinen kaum als angemessen erachtet".

[23] OLG Hamm 8.11.1982 – 3 Ws 532/82, NJW 1983, 530 (531).

[24] OLG Zweibrücken 14.7.1978 – Ss 193/78, MDR 1978, 861.

[25] OLG Hamm 20.9.1977 – 4 Ss OWi 1230/77, MDR 1978, 337; Löwe/Rosenberg/*Graalmann-Scheerer* Rn. 34; BeckOK-StPO/*Larcher* Rn. 4; KK/*Maul* Rn. 15; SK-StPO/*Weßlau* Rn. 21.

[26] OLG Düsseldorf 31.1.1990 – 2 Ss OWi 4/90–3/90 III, MDR 1990, 652; Löwe/Rosenberg/*Graalmann-Scheerer* Rn. 2; KMR/*Ziegler* Rn. 36; aA SK-StPO/*Weßlau* Rn. 20.

[27] Löwe/Rosenberg/*Graalmann-Scheerer* Rn. 21; KK/*Maul* Rn. 9; vgl. auch BGH 12.11.1970 – 1 StR 263/70, BGHSt 24, 15 (25) = NJW 1971, 389 (392).

[28] Löwe/Rosenberg/*Graalmann-Scheerer* Rn. 34.

[29] LG München I 9.5.1956 – III AR 41/56, NJW 1956, 1368 (1369); Löwe/Rosenberg/*Graalmann-Scheerer* Rn. 21; KK/*Maul* Rn. 9.

[30] Löwe/Rosenberg/*Graalmann-Scheerer* Rn. 21; KK/*Maul* Rn. 9; HK-StPO/*Pollähne* Rn. 12; SK-StPO/*Weßlau* Rn. 8; KMR/*Ziegler* Rn. 18; aA KG 12.5.1976 – 2 Ss 69/76 (27/76), JR 1977, 81 (81 f.); *Meyer-Goßner* Rn. 14.

[31] BGH 4.8.1955 – 2 StR 250/55, BGHSt 8, 105 (106 f.) = NJW 1955, 1526; OLG Saarbrücken 15.1.1986 – 1 Ws 384/85, NStZ 1986, 470 (471); LG Saarbrücken 28.5.2002 – 8 Qs 108/02, NStZ-RR 2002, 334 (335); KK/*Maul* Rn. 9; *Meyer-Goßner* Rn. 11.

[32] BVerfG 27.7.1971 – 2 BvR 118/71, BVerfGE 31, 388 (390) = NJW 1971, 2217 (2217); KK/*Maul* Rn. 9; *Meyer-Goßner* Rn. 11; HK-StPO/*Pollähne* Rn. 6; SK-StPO/*Weßlau* Rn. 8.

[33] BVerfG 27.7.1971 – 2 BvR 118/71, BVerfGE 31, 388 (390) = NJW 1971, 2217 (2217); *Meyer-Goßner* Rn. 11; KMR/*Ziegler* Rn. 19; aA *Weihrauch* NJW 1972, 243. Nach Löwe/Rosenberg/*Graalmann-Scheerer* Rn. 22 und SK-StPO/*Weßlau* Rn. 8 ist aber eine Aufnahme des § 43 Abs. 2 in die Belehrung empfehlenswert.

[34] OLG Hamm 24.5.1956 – 3 Ws 141/56, NJW 1956, 1571 (1572); Löwe/Rosenberg/*Graalmann-Scheerer* Rn. 23.

Einlegung eines Rechtsmittels gemäß § 299 zu informieren.[35] Eine Belehrung über das statthafte Rechtsmittel der Revision muss auf die Notwendigkeit der Begründung (§ 344) und der dabei zu beachtenden Form (§ 345 Abs. 2) hinweisen.[36] Auch besondere Voraussetzungen der Zulässigkeit eines Rechtsmittels (zB bei der Annahmeberufung gemäß § 313 oder das eingeschränkte Anfechtungsrecht des Nebenklägers gemäß § 400) sind mitzuteilen.[37] Zu der vorgeschriebenen Form gehört auch das Gericht, bei dem das Rechtsmittel einzulegen ist.[38] Die Anschrift des Gerichts einschließlich Ort, Straße und Hausnummer ist in der Rechtsmittelbelehrung anzugeben.[39] Ist der Betroffene der deutschen Sprache nicht mächtig, muss die Rechtsmittelbelehrung, die der gemäß § 185 GVG hinzugezogene Dolmetscher vermittelt, darauf hinweisen, dass die schriftliche Rechtsmitteleinlegung in deutscher Sprache zu erfolgen hat (vgl. Nr. 142 Abs. 1 S. 3 RiStBV für den Angeklagten).[40]

19 **c) Form der Belehrung. Zuständig** für die Belehrung ist das **Gericht,** das die jeweilige Entscheidung erlässt, nicht hingegen andere Verfahrensbeteiligte wie die Staatsanwaltschaft.[41] Die Art und Weise der Belehrung steht dem Gericht grds. frei, wird sich aber gewöhnlich an der jeweiligen Form der Bekanntmachung orientieren.[42] Wird eine gerichtliche Entscheidung durch **Verkündung** bekanntgemacht, belehrt das Gericht daher in der Regel mündlich über die zulässigen Rechtsmittel. Hierbei darf es wegen der Einzelheiten auf ein Merkblatt verweisen, dessen Aushändigung aber die mündliche Belehrung weder ersetzt noch entbehrlich werden lässt.[43] Insbesondere dem nicht anwaltlich vertretenen und rechtsunkundigen Betroffenen ist ergänzend jedenfalls bei schwieriger Belehrung ein Merkblatt zu übergeben (vgl. auch Nr. 142 Abs. 1 S. 2 RiStBV für den Angeklagten).[44]

20 **Entfernt** sich der zunächst anwesende Betroffene vor der Rechtsmittelbelehrung, ist die mündliche Belehrung entbehrlich. Allerdings bleibt sie schriftlich bei der Zustellung der Entscheidung (→ Rn. 23) nachzuholen,[45] sofern sich der Angeklagte nicht bewusst der Belehrung entziehen will.[46] Nicht von der Rechtsmittelbelehrung abgesehen werden kann freilich dann, wenn noch andere Betroffene an dem Verfahren beteiligt und anwesend sind (zB Mitangeklagte, Nebenkläger). Wer sich vor der Rechtsmittelbelehrung entfernt, kann sich nicht darauf berufen, hierüber nicht belehrt worden zu sein. Versäumt er in diesem

---

[35] OLG Bremen 12.1.1979 – Ss 172/78, MDR 1979, 517; Löwe/Rosenberg/*Graalmann-Scheerer* Rn. 23; SK-StPO/*Weßlau* Rn. 9.

[36] Löwe/Rosenberg/*Graalmann-Scheerer* Rn. 23.

[37] Löwe/Rosenberg/*Graalmann-Scheerer* Rn. 24; SK-StPO/*Weßlau* Rn. 9; KMR/*Ziegler* Rn. 23.

[38] OLG Hamburg 10.1.1962 – Ws 881/61, NJW 1962, 602; OLG Stuttgart 15.1.2007 – 4 Ss 629/06, StraFo 2007, 114; *Meyer-Goßner* Rn. 10.

[39] Löwe/Rosenberg/*Graalmann-Scheerer* Rn. 23; SK-StPO/*Weßlau* Rn. 8; KMR/*Ziegler* Rn. 20; aA *Meyer-Goßner* Rn. 10; Radtke/Hohmann/*Rappert* Rn. 16; differenzierend *Warda* MDR 1957, 717 (720).

[40] BVerfG 17.5.1983 – 2 BvR 731/80, BVerfGE 64, 135 (149) = NJW 1983, 2762 (2764); BGH 14.7.1981 – 1 StR 815/80, BGHSt 30, 182 (185) = NJW 1982, 532 (533); BGH 29.6.2005 – 1 StR 222/05, StraFo 2005, 419; OLG Frankfurt a. M. 27.8.1987 – 1 Ss 320/87, StV 1987, 518; Löwe/Rosenberg/*Graalmann-Scheerer* Rn. 23; BeckOK-StPO/*Larcher* Rn. 12; KK/*Maul* Rn. 8; s. hingegen *Heldmann* StV 1981, 251 (253).

[41] OLG Hamm 11.3.1954 – 1 Ws 81/54, NJW 1954, 812; Löwe/Rosenberg/*Graalmann-Scheerer* Rn. 29; SK-StPO/*Weßlau* Rn. 17; KMR/*Ziegler* Rn. 11; differenzierend *Warda* MDR 1957, 717 (720).

[42] Löwe/Rosenberg/*Graalmann-Scheerer* Rn. 14; SK-StPO/*Weßlau* Rn. 13.

[43] Löwe/Rosenberg/*Graalmann-Scheerer* Rn. 17; KK/*Maul* Rn. 10; KMR/*Ziegler* Rn. 14; aA OLG Düsseldorf 20.10.1998 – 1 Ws OWi 138/98, VRS 96, 111 (112); OLG Stuttgart 14.7.1989 – 1 Ws 207/89, MDR 1990, 74 (74); Radtke/Hohmann/*Rappert* Rn. 11.

[44] BVerfG 21.12.1995 – 2 BvR 2033/95, NJW 1996, 1811 (1811); BVerfG 28.2.2007 – 2 BvR 2619/06, NStZ 2007, 416; OLG Saarbrücken 28.4.2003 – 1 Ws 72/03, NJW 2003, 2182 (2183); BeckOK-StPO/*Larcher* Rn. 10; KK/*Maul* Rn. 10; *Pfeiffer* Rn. 2; KMR/*Ziegler* Rn. 14; weiter Löwe/Rosenberg/*Graalmann-Scheerer* Rn. 17; HK-StPO/*Pollähne* Rn. 7; SK-StPO/*Weßlau* Rn. 14.

[45] OLG Koblenz 26.7.1990 – 1 Ss 202/90, NStZ 1991, 42 (43); *Meyer-Goßner* Rn. 7; aA Löwe/Rosenberg/*Graalmann-Scheerer* Rn. 15.

[46] OLG Köln 4.6.2009 – 2 Ws 272 und 276/09, NStZ 2009, 655.

Fall die Frist für die Einlegung des Rechtsmittels, hat er dies entgegen § 44 S. 2 selbst verschuldet.[47]

21 **Versteht** der Betroffene die mündliche Belehrung **nicht** oder falsch, gebietet die Fürsorgepflicht dem Gericht, die mündlich erfolgte Rechtsmittelbelehrung bei der Zustellung der Entscheidung schriftlich zu wiederholen.[48]

22 Ebenso ist es wegen der gerichtlichen Fürsorgepflicht veranlasst, **sprachunkundige Betroffene** in einer ihnen verständlichen Sprache über Rechtsmittel zu belehren. Für Beschuldigte folgt dies bereits aus Art. 6 Abs. 3 lit. e EMRK. Eine mündlich erteilte Rechtsmittelbelehrung in der Hauptverhandlung ist demzufolge durch den gemäß § 185 Abs. 1 GVG hinzuzuziehenden Dolmetscher ebenso zu übersetzen wie ein ergänzend ausgeteiltes Merkblatt.[49] Ansonsten ist dem Betroffenen das Merkblatt über die Rechtsmittelbelehrung in einer ihm verständlichen Sprache auszuhändigen.[50] Wird eine Entscheidung durch Zustellung bekannt gemacht und ergibt sich aus der Akte nicht, dass der Betroffene die deutsche Sprache hinreichend beherrscht, ist die Rechtsmittelbelehrung ebenso zu übersetzen.[51] Dem sprachunkundigen muss also ebenso wie dem sprachkundigen Betroffenen die Möglichkeit gegeben werden, sich auf der Grundlage ihm verständlicher Informationen effektiv zu verteidigen.[52]

23 Ergeht die Entscheidung in Abwesenheit des Betroffenen, wird sie durch **Zustellung** bekanntgemacht (§ 35 Abs. 2 Nr. 1). In diesem Fall muss auch die Rechtsmittelbelehrung schriftlich erfolgen. Es bietet sich insoweit an, die Rechtsmittelbelehrung bereits in die gerichtliche Entscheidung selbst aufzunehmen, zB unter einer gleichlautenden Überschrift nach den Gründen der Entscheidung. Ebenso ist möglich, der Entscheidung ein gesondertes Merkblatt hinzuzufügen; in diesem Fall muss dessen Zustellung in der Zustellungsurkunde aber vermerkt werden, um die Belehrung und deren Inhalt nachzuweisen (vgl. Nr. 142 Abs. 3 S. 1 Hs. 2 RiStBV für den Angeklagten).[53] Allein das Fehlen eines Vermerks soll allerdings nicht beweisen, dass eine Rechtsmittelbelehrung nicht beigefügt war.[54]

24 **d) Sondervorschriften.** Sondervorschriften über den Inhalt der Belehrung enthalten S. 2 und S. 3. **S. 2** (→ Rn. 33) gilt zunächst für Urteile, die (zumindest) mit dem Rechtsmittel der **Berufung** angefochten werden können. In diesem Fall ist der Angeklagte auch über die (für ihn nachteiligen) Rechtsfolgen des § 40 Abs. 3 und der § 329, § 330 zu informieren. Es bietet sich dabei an, den Betroffenen schon im Rahmen der allgemeinen Rechtsmittelbelehrung (→ Rn. 30 ff.) und nicht erst in der öffentlichen Zustellung auf diese Folgen hinzuweisen.[55]

25 § 40 Abs. 3 sieht vor, dass gegenüber dem Angeklagten, der Berufung eingelegt hat, **öffentlich zugestellt** werden darf, wenn eine Zustellung unter derjenigen Anschrift, unter der letztmals zugestellt wurde oder die der Angeklagte zuletzt angegeben hat, nicht möglich ist. Dem Angeklagten wird somit eine Mitwirkungsobliegenheit auferlegt, unter einer ladungsfähigen Anschrift erreichbar zu sein. Unter den Voraussetzungen des § 329 Abs. 1 S. 1 wird die Berufung des Angeklagten verworfen, wenn er bei Beginn der Hauptverhandlung **nicht erscheint;** bei einer Berufung der Staatsanwaltschaft kann gemäß § 329 Abs. 2

---

47 Löwe/Rosenberg/*Graalmann-Scheerer* Rn. 16.

48 OLG Koblenz 8.11.1976 – 1 Ss 574/76, MDR 1977, 425; Löwe/Rosenberg/*Graalmann-Scheerer* Rn. 19; *Meyer-Goßner* Rn. 7; vgl. auch KK/*Maul* Rn. 12; SK-StPO/*Weßlau* Rn. 19.

49 KK/*Maul* Rn. 8; Radtke/Hohmann/*Rappert* Rn. 14; s. auch *Heldmann* StV 1981, 251 (253).

50 Löwe/Rosenberg/*Graalmann-Scheerer* Rn. 20.

51 Löwe/Rosenberg/*Graalmann-Scheerer* Rn. 20; HK-StPO/*Pollähne* Rn. 10; SK-StPO/*Weßlau* Rn. 16; aA *Meyer-Goßner* Rn. 9; Radtke/Hohmann/*Rappert* Rn. 15; KMR/*Ziegler* Rn. 13.

52 *Meyer-Ladewig* EMRK Art. 6 Rn. 250; KK/*Schädler* MRK Art. 6 Rn. 61.

53 OLG Düsseldorf 22.11.1985 – 1 Ws 1028/85, NStZ 1986, 233 (233); Löwe/Rosenberg/*Graalmann-Scheerer* Rn. 18; SK-StPO/*Weßlau* Rn. 18; KMR/*Ziegler* Rn. 12.

54 So OLG Stuttgart 10.8.2010 – 2 Ws 107/10, NStZ-RR 2011, 17 (17); *Meyer-Goßner* Rn. 8; aA OLG Düsseldorf 22.11.1985 – 1 Ws 1028/85, NStZ 1986, 233 (233); HK-StPO/*Pollähne* Rn. 9.

55 BT-Drs. 10/1313, 18 f.; Löwe/Rosenberg/*Graalmann-Scheerer* Rn. 25.

S. 1 auch ohne den Angeklagten verhandelt werden. Diese Normen gelten nach § 330 Abs. 2 S. 2 entsprechend, wenn ein gesetzlicher Vertreter Berufung einlegt. Auf die Folgen seines Ausbleibens ist der Angeklagte bereits in der Ladung zur Hauptverhandlung ausdrücklich hinzuweisen (§ 323 Abs. 1 S. 2).

26 Geht einem Urteil eine **Verständigung gemäß § 257c** voraus (andere „Verständigungen" und Vereinbarungen sind nicht erfasst),[56] sieht **S. 3** (→ Rn. 34) eine erweiterte Belehrungspflicht vor. Danach ist der Betroffene darüber zu belehren, dass er in jedem Fall in seiner Entscheidung frei ist, ein Rechtsmittel einzulegen. Dem Betroffenen soll dadurch verdeutlicht werden, dass die Verständigung ihm nicht die Möglichkeit nimmt, das hierauf beruhende Urteil anzufechten.[57] Im Schrifttum wird der Vorschrift nur eine geringe Bedeutung zugeschrieben.[58] Anders als bei der allgemeinen Rechtsmittelbelehrung gemäß S. 1 steht es dem Angeklagten hier aber jedenfalls **nicht** frei, auf die (allgemeine sowie qualifizierte) Rechtsmittelbelehrung zu **verzichten,** weil gewährleistet sein muss, dass er aufgrund der vorangegangenen Verständigung nicht den Eindruck hat, kein Rechtsmittel mehr einlegen zu dürfen.[59] Ein Verzicht auf das Rechtsmittel selbst ist gemäß § 302 Abs. 1 S. 2 ausgeschlossen.

27 **Inhaltlich** muss die Belehrung unter Anknüpfung an die frühere Rechtsprechung zum Ausdruck bringen, dass der Betroffene ungeachtet der Verständigung und ungeachtet der Empfehlung der übrigen Verfahrensbeteiligten einschließlich seines Verteidigers frei entscheiden kann, Rechtsmittel einzulegen. Auch eine etwaige vorherige Ankündigung, kein Rechtsmittel einzulegen, vermag ihn weder rechtlich noch sonst zu binden.[60] Auf eine solche qualifizierte Belehrung, auf die gleichfalls der Gesetzgeber verwiesen hat,[61] dürfte nach der Einfügung des S. 3 nicht bereits deswegen zu verzichten sein, weil mit der zeitgleich ergangenen Neuregelung in § 302 Abs. 1 S. 2 ein Rechtsmittelverzicht als unwirksam erklärt wurde. Denn der dadurch erzielte Schutz des Betroffenen vor einem Verlust seines Rechtsmittels informiert ihn noch nicht über die ihm zustehende Möglichkeit, von einem solchen Rechtsmittel aktiv Gebrauch zu machen.[62]

28 **3. Beurkundung.** Als wesentliche Förmlichkeit iSd § 273 Abs. 1 ist die mündliche Rechtsmittelbelehrung in das **Protokoll** der Hauptverhandlung aufzunehmen (vgl. auch Nr. 142 Abs. 1 S. 4 RiStBV). Dies gilt sowohl für die allgemeine Rechtsmittelbelehrung gemäß S. 1[63] als auch für die qualifizierte Belehrung gemäß S. 3.[64] Wird dem Betroffenen hierbei ein Merkblatt ausgehändigt (→ Rn. 19), ist auch dies unter genauer Bezeichnung des Merkblatts in der Sitzungsniederschrift festzuhalten.[65] Der Verzicht auf die (einfache) Rechtsmittelbelehrung (→ Rn. 14) ist ebenfalls zu protokollieren.[66]

29 Es genügt, den **Akt der Belehrung** zu protokollieren. Deren Inhalt muss weder bei der einfachen noch bei der qualifizierten Belehrung niedergeschrieben werden.[67] Hieraus wird geschlossen, dass ein Vermerk im Protokoll auch die Vollständigkeit und Richtigkeit der Belehrung beweist.[68]

---

[56] *Meyer-Goßner* Rn. 18; vgl. auch BeckOK-StPO/*Larcher* Rn. 5; aA SSW-StPO/*Mosbacher* Rn. 8.
[57] KMR/*Ziegler* Rn. 26.
[58] *Altenhain/Haimerl* JZ 2010, 327 (333); nach *Meyer-Goßner* Rn. 17 „erscheint … § 35a S. 3 überflüssig".
[59] *Meyer-Goßner* Rn. 18; Radtke/Hohmann/*Rappert* Rn. 9; KMR/*Ziegler* Rn. 32; vgl. auch BGH 3.4.2007 – 3 StR 72/07, BGHSt 51, 275 (276) = NJW 2007, 1829.
[60] Vgl. BGH GrS 3.3.2005 – GSSt 1/04, BGHSt 50, 40 (61) = NJW 2005, 1440 (1446).
[61] BT-Drs. 16/12310, 10.
[62] AA KMR/*Ziegler* Rn. 27.
[63] OLG Hamm 4.3.1980 – 1 Ss OWi 2254/79, VRS 59, 347 (347 f.).
[64] Vgl. BGH GrS 3.3.2005 – GSSt 1/04, BGHSt 50, 40 (61) = NJW 2005, 1440 (1446); Löwe/Rosenberg/*Graalmann-Scheerer* Rn. 30.
[65] Löwe/Rosenberg/*Graalmann-Scheerer* Rn. 30; SK-StPO/*Weßlau* Rn. 18.
[66] Löwe/Rosenberg/*Graalmann-Scheerer* Rn. 34; KK/*Maul* Rn. 15; KMR/*Ziegler* Rn. 31.
[67] BGH 13.5.2009 – 2 StR 123/09, NStZ-RR 2009, 282; Löwe/Rosenberg/*Graalmann-Scheerer* Rn. 31; *Meyer-Goßner* Rn. 20; Radtke/Hohmann/*Rappert* Rn. 18.
[68] So KG 18.1.2002 – 2 Ss 285/01 – 3 Ws (B) 3/02, NZV 2002, 526 (527); Löwe/Rosenberg/*Graalmann-Scheerer* Rn. 30; BeckOK-StPO/*Larcher* Rn. 13; KMR/*Ziegler* Rn. 16.

4. Rechtsfolgen bei fehlerhafter Belehrung. a) Allgemeine Rechtsmittelbelehrung nach S. 1. Dass der Betroffene nicht ordnungsgemäß über die ihm zur Verfügung stehenden Rechtsmittel belehrt wird, hat auf deren Fristlauf und die Wirksamkeit der Entscheidung zwar keinen Einfluss.[69] Wenn die Belehrung **unterbleibt,** ist die Nichteinhaltung der Rechtsmittelfrist gemäß § 44 S. 2 allerdings als unverschuldet anzusehen und dem Betroffenen Wiedereinsetzung in den vorigen Stand zu gewähren (→ § 44 Rn. 71 ff.). Eine Nachholung der Rechtsmittelbelehrung bleibt selbst dann unbeachtlich, wenn sie noch innerhalb der Rechtsmittelfrist erfolgt.[70] 30

Der unterlassenen Rechtsmittelbelehrung steht die **unvollständige** Belehrung gleich, wenn sich der Mangel auf einen **wesentlichen Punkt** bezieht. Dies ist etwa anzunehmen, wenn die in → Rn. 18 genannten Einzelheiten nicht in der Rechtsmittelbelehrung erwähnt werden.[71] Fraglich erscheint lediglich, ob die nicht komplette Angabe der Adresse des Gerichts, bei dem das statthafte Rechtsmittel einzulegen ist, einen solchen wesentlichen Punkt darstellt.[72] Ansonsten bliebe jeweils im Einzelfall zu prüfen, ob der Betroffene die lückenhafte Belehrung durch zumutbare eigene Tätigkeit vervollständigen konnte.[73] 31

Eine **unzutreffende** oder widersprüchliche Belehrung ist wie eine unterlassene Belehrung zu behandeln, wenn sie in einem wesentlichen Punkt nicht zutrifft.[74] Ebenso gilt die Belehrung als unrichtig, wenn die mündliche Belehrung zwar ordnungsgemäß erfolgt, jedoch ein falsches Merkblatt ausgehändigt wird; in diesem Fall darf der Betroffene davon ausgehen, sich nach der schriftlichen Belehrung richten zu müssen.[75] 32

b) Sondervorschriften der S. 2 und 3. Wird die Belehrung nach § 35a **S. 2** unterlassen, steht dies einer öffentlichen Zustellung nach § 40 Abs. 3 nicht entgegen.[76] Wird die Rechtsmittelfrist versäumt, ist dies gemäß § 44 S. 2 (hier insbesondere iVm § 329 Abs. 3) jedoch als unverschuldet anzusehen. 33

Ein Rechtsmittelverzicht, der nach einem aufgrund einer Verständigung ergangenen Urteil erklärt wird, ist zwar gemäß § 302 Abs. 1 S. 2 unwirksam. Dies hindert aber wiederum nicht den Beginn der Rechtsmittelfrist, so dass das Urteil nach deren fruchtlosem Ablauf rechtskräftig wird.[77] Auch ein Verstoß gegen **S. 3** steht dem Beginn und Ablauf der Rechtsmittelfrist nicht entgegen. Unterbleibt die hier vorgesehene Belehrung aber, kann dies ebenso die Wiedereinsetzung in den vorigen Stand begründen, wenngleich wohl nur in seltenen Fällen. Denn die Versäumung der Rechtsmittelfrist gilt – anders als bei der unterlassenen Belehrung nach S. 1 oder S. 2 – nicht gemäß § 44 S. 2 als unverschuldet. Der Gesetzgeber hat davon abgesehen, § 35a S. 3 dort aufzunehmen, weil hier zum einen der Rechtsmittelverzicht – selbst bei insoweit unzulässiger Verständigung – häufig auf der Akzeptanz der Verständigung beruht. Zum anderen sei es im Interesse der Rechtssicherheit nicht hinnehmbar, auch bei bloßem späterem Motivwechsel unbefristete Rechtsmittelmöglichkeiten zu eröffnen.[78] Der Angeklagte müsste daher glaubhaft geltend machen, davon ausge- 34

[69] BGH 3.4.1984 – 5 StR 172/84, NStZ 1984, 329; OLG Saarbrücken 6.3.1964 – Ws 21/64, NJW 1964, 1633 (1634); Löwe/Rosenberg/*Graalmann-Scheerer* Rn. 36; KK/*Maul* Rn. 16; *Meyer-Goßner* Rn. 13; Radtke/Hohmann/*Rappert* Rn. 19; SK-StPO/*Weßlau* Rn. 22; KMR/*Ziegler* Rn. 34.

[70] OLG Stuttgart 13.1.1976 – 3 Ws 352/75, NJW 1976, 1278 (1279); Löwe/Rosenberg/*Graalmann-Scheerer* Rn. 38; SK-StPO/*Weßlau* Rn. 22; KMR/*Ziegler* Rn. 37.

[71] OLG Zweibrücken 5.9.1994 – 1 Ws 388–389/94, VRS 88, 356 (357).

[72] Ablehnend Löwe/Rosenberg/*Graalmann-Scheerer* Rn. 42; kritisch KMR/*Ziegler* Rn. 35.

[73] BayObLG 4.10.1994 – 3 Ob OWi 79/94, wistra 1995, 76; Löwe/Rosenberg/*Graalmann-Scheerer* Rn. 42.

[74] OLG Hamm 9.8.1960 – 1 Ws 337/60, Rpfleger 1961, 80; Löwe/Rosenberg/*Graalmann-Scheerer* Rn. 43; vgl. auch BVerwG 13.12.1978 – 6 C 77/78, NJW 1979, 1670.

[75] BGH 24.11.1993 – 3 StR 523/93, NStZ 1994, 194 (195); OLG Saarbrücken 27.1.1965 – AK 68/64, NJW 1965, 1031 (1032); Löwe/Rosenberg/*Graalmann-Scheerer* Rn. 43; *Meyer-Goßner* Rn. 15.

[76] OLG Hamburg 25.10.1999 – 2 Ws 191/99, NStZ-RR 2000, 238 (239 f.); *Meyer-Goßner* Rn. 16; KMR/*Ziegler* Rn. 24; aA Löwe/Rosenberg/*Graalmann-Scheerer* Rn. 25; SK-StPO/*Weßlau* § 40 Rn. 15; *Wendisch* NStZ 1988, 377.

[77] OLG Frankfurt a. M. 26.10.2010 – 3 Ws 538/10, NStZ-RR 2011, 49 (50).

[78] BT-Drs. 16/12310, 11 unter Verweis auf BGH GrS 3.3.2005 – GSSt 1/04, BGHSt 50, 40 (62 f.) = NJW 2005, 1440 (1446).

gangen zu sein, gegen ein Urteil wegen der vorangegangenen Verständigung keine Rechtsmittel einlegen zu können.[79]

§ 36 [Zustellung und Vollstreckung]

(1) [1]Die Zustellung von Entscheidungen ordnet der Vorsitzende an. [2]Die Geschäftsstelle sorgt dafür, daß die Zustellung bewirkt wird.

(2) [1]Entscheidungen, die der Vollstreckung bedürfen, sind der Staatsanwaltschaft zu übergeben, die das Erforderliche veranlaßt. [2]Dies gilt nicht für Entscheidungen, welche die Ordnung in den Sitzungen betreffen.

Schrifttum: *Rieß,* Der Hauptinhalt des Ersten Gesetzes zur Reform des Strafverfahrensrechts (1. StVRG), NJW 1975, 81; *Strubel/Sprenger,* Die gerichtliche Nachprüfbarkeit staatsanwaltschaftlicher Verfügungen, NJW 1972, 1734; *Wendisch,* Zustellung von Entscheidungen, die der Vollstreckung bedürfen, JR 1978, 445.

Übersicht

I. Überblick

1 **1. Normzweck.** Die Vorschrift regelt die **Zuständigkeit** von Gerichten und Staatsanwaltschaft für die Zustellung und die Vollstreckung gerichtlicher Entscheidungen. Sie bestimmt in Abs. 1 aus verfahrensökonomischen Gründen, dass die Anordnung der **Zustellung** grds. durch den Vorsitzenden desjenigen Gerichts geschieht, das die jeweilige Entscheidung erlässt und daher unmittelbar auch deren Bekanntmachung veranlassen kann.[1] Eine Ausnahme gilt lediglich für vollstreckungsbedürftige Entscheidungen. Sie sind gemäß Abs. 2 S. 1 grds. der Staatsanwaltschaft zu übergeben, da ihr die **Vollstreckung** gerichtlicher Entscheidungen obliegt. Indem Zustellung und Vollstreckung durch ein und dieselbe Stelle erfolgen, wird vor allem gewährleistet, dass die Vollstreckung nicht durch eine vorherige Bekanntmachung der gerichtlichen Entscheidung gefährdet oder vereitelt wird.[2]

2 **2. Anwendungsbereich.** § 36 regelt gemäß der Abschnittsüberschrift der §§ 33 ff. nur die Zustellung **gerichtlicher Entscheidungen.** Die Staatsanwaltschaft stellt ihre Entscheidungen – auch ohne ausdrückliche Normierung – selbst zu.[3]

II. Erläuterung

3 **1. Anordnung der Zustellung (Abs. 1). a) Anordnung durch den Vorsitzenden (S. 1).** Die **Zustellung** iSd § 35 Abs. 2, dh die Bekanntmachung von Entscheidungen, die

[79] *Meyer-Goßner* Rn. 19; Radtke/Hohmann/*Rappert* Rn. 20; vgl. auch BGH GrS 3.3.2005 – GSSt 1/04, BGHSt 50, 40 (63) = NJW 2005, 1440 (1446).

[1] Löwe/Rosenberg/*Graalmann-Scheerer* Rn. 2.

[2] OLG Düsseldorf 30.11.1987 – 2 Ws 452/87, NStZ 1988, 150 (150 f.); Löwe/Rosenberg/*Graalmann-Scheerer* Rn. 16; *Meyer-Goßner* Rn. 10; *Rieß* NJW 1975, 81 (86); *Wendisch* JR 1978, 445 (446 f.); aA OLG Saarbrücken 15.1.1986 – 1 Ws 384/85, NStZ 1986, 470 (471).

[3] *Meyer-Goßner* Rn. 11; SK-StPO/*Weßlau* Rn. 7; KMR/*Ziegler* Rn. 11.

in Abwesenheit der betroffenen Person ergehen, ordnet der Vorsitzende an (S. 1). Unerheblich ist, ob die Entscheidung durch förmliche Zustellung gemäß § 35 Abs. 2 S. 1 (→ § 35 Rn. 24) oder durch formlose Mitteilung gemäß § 35 Abs. 2 S. 2 (→ § 35 Rn. 26) bekanntgemacht wird.[4]

Zuständig für die Anordnung ist über den Wortlaut der Vorschrift hinaus nicht nur der **Vorsitzende** Richter eines Kollegialgerichts, sondern auch der Strafrichter beim Amtsgericht und der Ermittlungsrichter im Vorverfahren, außerdem der beauftragte und der ersuchte Richter (§ 223 Abs. 1).[5] Nach verbreiteter Auffassung soll auch ein richterlicher Beisitzer die Anordnung treffen können;[6] dem ist allerdings nur zuzustimmen, sofern der beisitzende Richter den Vorsitzenden in dessen Eigenschaft vertritt.[7] 4

Eine besondere Form ist für die **Anordnung** der Zustellung nicht vorgesehen. Allerdings muss sie spätestens im Zeitpunkt der Zustellung aktenkundig sein.[8] Über die Anordnung ist **für jeden einzelnen Fall** gesondert zu entscheiden. Der Vorsitzende darf also die Geschäftsstelle nicht allgemein dazu anhalten, sämtliche Entscheidungen seines Spruchkörpers zuzustellen, soweit dies nicht der Staatsanwaltschaft gemäß Abs. 2 obliegt.[9] 5

Inhaltlich muss die Anordnung zunächst den **Zustellungsempfänger** eindeutig benennen.[10] Unzulässig ist etwa die Anordnung Zustellung „an Verteidiger“, wenn mehrere Verteidiger an dem Verfahren beteiligt sind.[11] Wurde der Zustellungsempfänger hinreichend bestimmt, kann bei fehlgeschlagener Zustellung der Rechtspfleger die erneute Zustellung an die neue Anschrift anordnen.[12] 6

Darüber hinaus soll nach wohl herrschender Rechtsprechung die **Zustellungsart** insoweit anzugeben sein, ob förmlich gemäß § 35 Abs. 2 S. 1 oder durch formlose Mitteilung gemäß § 35 Abs. 2 S. 2 zugestellt werden soll.[13] Allerdings genügt die Anordnung, „wie üblich“ zuzustellen.[14] 7

b) Bewirken der Zustellung durch die Geschäftsstelle (S. 2). Die Zustellungsanordnungen des Vorsitzenden führt gemäß Abs. 1 S. 2 die **Geschäftsstelle** des Gerichts aus. Sofern der Vorsitzende die Art der förmlichen Zustellung nicht selbst bestimmt hat, entscheidet die Geschäftsstelle darüber, auf welche Weise förmlich zugestellt wird.[15] Sie kann hierzu der Post, einem Justizbediensteten oder einem Gerichtsvollzieher einen Zustellungsauftrag erteilen oder eine andere Behörde um die Ausführung der Zustellung ersuchen (vgl. § 176 Abs. 1 ZPO). 8

Abs. 1 S. 2 schließt es nicht aus, dass der **Vorsitzende** selbst die Zustellung bewirkt. Deren Anordnung und Ausführung können demnach in einer Person zusammenfallen. So 9

---

[4] Löwe/Rosenberg/*Graalmann-Scheerer* Rn. 6; *Meyer-Goßner* Rn. 2.

[5] Löwe/Rosenberg/*Graalmann-Scheerer* Rn. 5; KK/*Maul* Rn. 2; *Meyer-Goßner* Rn. 2; *Pfeiffer* Rn. 1; SK-StPO/*Weßlau* Rn. 3; KMR/*Ziegler* Rn. 2.

[6] OLG Düsseldorf 23.12.1981 – 1 Ws 938 und 957/81, MDR 1982, 599 (600); Radtke/Hohmann/*Rappert* Rn. 1; s. auch BeckOK-StPO/*Larcher* Rn. 3; aA KK/*Maul* Rn. 2; SK-StPO/*Weßlau* Rn. 3.

[7] Löwe/Rosenberg/*Graalmann-Scheerer* Rn. 5; HK-StPO/*Pollähne* Rn. 3; KMR/*Ziegler* Rn. 2.

[8] OLG Zweibrücken 28.1.1986 – 1 Ws 20/86, MDR 1986, 1047; LG Zweibrücken 19.7.2012 – Qs 71/12, NStZ-RR 2013, 49; Löwe/Rosenberg/*Graalmann-Scheerer* Rn. 7; KK/*Maul* Rn. 2; *Pfeiffer* Rn. 1; HK-StPO/*Pollähne* Rn. 5; Radtke/Hohmann/*Rappert* Rn. 2; SK-StPO/*Weßlau* Rn. 4; KMR/*Ziegler* Rn. 4; aA *Meyer-Goßner* Rn. 3: schriftliche Anordnung erforderlich.

[9] Löwe/Rosenberg/*Graalmann-Scheerer* Rn. 7; KK/*Maul* Rn. 2; *Meyer-Goßner* Rn. 3; SK-StPO/*Weßlau* Rn. 4; KMR/*Ziegler* Rn. 5.

[10] BayObLG 28.1.1982 – 1 Ob OWi 476/81, BayObLGSt 1982, 12 (13); OLG Hamm 18.8.1982 – 6 Ws 215/82, NStZ 1982, 479 (479); OLG Koblenz 3.9.1991 – 1 Ws 424/91, NStZ 1992, 194 (194).

[11] BGH 14.12.2010 – 1 StR 420/10, NStZ 2011, 591 (592); OLG Celle 27.4.1984 – 1 Ss 237/84, NdsRpfl 1984, 173 (174).

[12] OLG Schleswig 27.8.1984 – 1 Ws 668/84, StV 1985, 23.

[13] KG 20.5.1977 – 2 Ws (B) 287/76, JR 1977, 521 (521 f.); OLG Celle 24.8.1976 – 2 Ss OWi 276/76, MDR 1977, 67 (67); OLG Düsseldorf 25.11.1981 – 2 Ss OWi 749/81 – 367/81 II, NJW 1982, 590; LG Zweibrücken 19.7.2012 – Qs 71/12, NStZ-RR 2013, 49; aA BayObLG 12.3.1999 – 1 St RR 51/99, NStZ-RR 1999, 243 (243); OLG Düsseldorf 25.11.1999 – 1 Ws OWi 944 und 952/99, NStZ-RR 2000, 335; *Meyer-Goßner* Rn. 4; SSW-StPO/*Mosbacher* Rn. 5; SK-StPO/*Weßlau* Rn. 4; KMR/*Ziegler* Rn. 3.

[14] BGH 20.12.1982 – AnwSt (B) 20/82, NStZ 1983, 325.

[15] OLG Hamm 18.8.1982 – 6 Ws 215/82, NStZ 1982, 479 (480); Löwe/Rosenberg/*Graalmann-Scheerer* Rn. 11; *Meyer-Goßner* Rn. 6; KMR/*Ziegler* Rn. 7.

kann der Vorsitzende eine Entscheidung dem Empfänger an der Amtsstelle aushändigen und dies in den Akten vermerken (§ 173 ZPO).[16]

10 **c) Mängel bei der Anordnung oder Zustellung.** Die Zustellung einer gerichtlichen Entscheidung **ohne Anordnung** des Vorsitzenden ist unwirksam.[17] Dies gilt auch für Zustellungen gemäß § 41 an die Staatsanwaltschaft.[18] Der überhaupt nicht erteilten steht die **unvollständige Anordnung** gleich. Beispielsweise ist eine Zustellung unwirksam, die trotz fehlender Bestimmung des Zustellungsempfängers bewirkt wird.[19]

11 Zum Teil wird auch befürwortet, dass die Staatsanwaltschaft die versehentlich unterbliebene richterliche Anordnung nachholen kann.[20] Eine derartige **Hilfszuständigkeit der Staatsanwaltschaft** widerspricht indessen dem Wortlaut des Abs. 1 und bleibt daher abzulehnen. Auch die Zustellung einer gerichtlichen Entscheidung durch die Staatsanwaltschaft in anderen Fällen als denen des Abs. 2 ist somit unwirksam.[21]

12 Des Weiteren ist die Zustellung unwirksam, wenn die Geschäftsstelle sie **entgegen der Anordnung** des Vorsitzenden ausführt,[22] zB wenn statt mit Postzustellungsurkunde gegen Empfangsbekenntnis nach § 174 ZPO zugestellt wird,[23] oder anstelle dem Verteidiger dem Betroffenen zugestellt wird[24] oder umgekehrt.[25] Wird hingegen die Zustellung an Verteidiger und Beschuldigten angeordnet und tatsächlich nur dem Verteidiger zugestellt, ist die Zustellung insoweit wirksam.[26]

13 Erfolgt die **Ausführung der Zustellung** nicht ordnungsgemäß, ist sie schließlich gleichfalls unwirksam und muss durch die Geschäftsstelle neu bewirkt werden. Da die Anordnung des Vorsitzenden aber nach wie vor besteht, ist eine neue Anordnung nicht erforderlich.[27]

14 **2. Vollstreckungsbedürftige Entscheidungen (Abs. 2). a) Bekanntmachung und Vollstreckung durch die Staatsanwaltschaft (S. 1).** Bedarf die zuzustellende Entscheidung der Vollstreckung, ist sie nach der Sonderregelung in Abs. 2 der **Staatsanwaltschaft** zu übergeben. Der Vorsitzende darf in diesem Fall nicht die Zustellung anordnen; dies könnte zudem die Vollstreckung der jeweiligen Entscheidung gefährden oder vereiteln (→ Rn. 1).

15 **Vollstreckung** bedeutet mit der hM und nach dem üblichen Wortsinn die erforderlichenfalls zwangsweise Durchführung.[28] Einige Stimmen wollen in einem weiten Verständnis des Vollstreckungsbegriffs Abs. 2 hingegen bereits anwenden, wenn zur Durchsetzung

---

[16] Löwe/Rosenberg/*Graalmann-Scheerer* Rn. 13; *Meyer-Goßner* Rn. 6; SK-StPO/*Weßlau* Rn. 6; KMR/*Ziegler* Rn. 8.

[17] OLG Celle 15.9.2010 – 1 Ws 398/10, NStZ-RR 2011, 45; OLG Köln 17.8.1962 – Ss 293/62, NJW 1962, 1929 (1930); OLG Stuttgart 18.11.1975 – 3 Ws 286/75, MDR 1976, 245; BeckOK-StPO/*Larcher* Rn. 5.

[18] BayObLG 6.7.1981 – 3 Ob OWi 108/81, NJW 1981, 2589 (2590); Löwe/Rosenberg/*Graalmann-Scheerer* Rn. 34; KK/*Maul* Rn. 4; *Meyer-Goßner* Rn. 7; Radtke/Hohmann/*Rappert* Rn. 7; SK-StPO/*Weßlau* Rn. 15; KMR/*Ziegler* Rn. 6.

[19] BGH 14.12.2010 – 1 StR 420/10, NStZ 2011, 591 (592); OLG Hamm 18.8.1982 – 6 Ws 215/82, NStZ 1982, 479 (480); OLG München 24.6.2009 – 5 St RR 157/09, NStZ-RR 2010, 15; Löwe/Rosenberg/*Graalmann-Scheerer* Rn. 35; *Meyer-Goßner* Rn. 7.

[20] OLG Düsseldorf 23.12.1981 – 1 Ws 938 und 957/81, MDR 1982, 599 (600); *Meyer-Goßner* Rn. 2; Radtke/Hohmann/*Rappert* Rn. 1; SK-StPO/*Weßlau* Rn. 15.

[21] OLG Düsseldorf 30.11.1987 – 2 Ws 452/87, NStZ 1988, 150 (150 f.); Löwe/Rosenberg/*Graalmann-Scheerer* Rn. 10; BeckOK-StPO/*Larcher* Rn. 2; HK-StPO/*Pollähne* Rn. 3; KMR/*Ziegler* Rn. 6.

[22] OLG Köln 17.8.1962 – Ss 293/62, NJW 1962, 1929 (1930); Löwe/Rosenberg/*Graalmann-Scheerer* Rn. 36; SK-StPO/*Weßlau* Rn. 16.

[23] BayObLG 12.3.1999 – 1 St RR 51/99, NStZ-RR 1999, 243 (243).

[24] OLG Düsseldorf 14.10.1982 – 1 Ws OWi 799/82, MDR 1983, 339; OLG Hamm 11.11.1997 – 4 Ss OWi 1053/97, NZV 1998, 475 (476).

[25] BayObLG 12.1.1989 – RReg. 3 St 2/89, MDR 1989, 665; OLG Düsseldorf 5.8.1999 – 1 Ws OWi 673 – 674/99, VRS 97, 421 (421).

[26] OLG Düsseldorf 19.11.1982 – 1 Ws OWi 775/82, VRS 64, 269 (269 f.).

[27] Löwe/Rosenberg/*Graalmann-Scheerer* Rn. 12.

[28] Löwe/Rosenberg/*Graalmann-Scheerer* Rn. 18; KK/*Maul* Rn. 11; *Meyer-Goßner* Rn. 10; *Pfeiffer* Rn. 3; Radtke/Hohmann/*Rappert* Rn. 10; SK-StPO/*Weßlau* Rn. 8; *Herrmann* NJW 1978, 653 (653); s. hierzu auch *Wendisch* JR 1978, 445 (447).

der gerichtlichen Entscheidung mehr als deren Zustellung zu veranlassen ist.[29] Dies widerspricht aber dem Anliegen der Norm, die Zustellung demjenigen Gericht zu übertragen, das die jeweilige Entscheidung auch erlassen hat.[30]

Zu den **vollstreckungsbedürftigen Entscheidungen** iSd § 36 Abs. 2 S. 1 gehören insbesondere Haftbefehle gemäß §§ 112 ff. (einschließlich des Widerrufsbeschlusses nach § 116 Abs. 4),[31] § 230 Abs. 2, § 236, § 329 Abs. 4, § 453c und Unterbringungsbefehle gemäß § 126a sowie Ordnungsmittelbeschlüsse nach § 51 Abs. 1 S. 2 und 3, § 70 Abs. 1, Abs. 2 (→ Rn. 21), § 77 Abs. 1 S. 1 und 2, Abs. 2 S. 1, darüber hinaus Anordnungen von Ermittlungsmaßnahmen, zB nach § 81a Abs. 2, § 81c Abs. 5, § 100b Abs. 1 S. 1, § 100d Abs. 1, § 131 Abs. 1 und 3, § 131c Abs. 1 S. 1, vor allem der Beschlagnahme und Durchsuchung gemäß § 98 Abs. 1, § 100 Abs. 1, § 105 Abs. 1 und § 111a Abs. 3 und Abs. 6 S. 2, § 111n Abs. 1, sowie Ordnungsmittelbeschlüsse in diesem Zusammenhang, zB gemäß § 81c Abs. 6 oder § 95 Abs. 2 S. 1, jeweils iVm § 70.[32] 16

Keiner Vollstreckung bedürfen hingegen Entscheidungen, die Zwangsmaßnahmen wie Haftbefehle (zB nach § 120, § 121 Abs. 2, § 122a) oder Unterbringungsbefehle (zB gemäß § 126a Abs. 3) und Beschlagnahmebeschlüsse etc aufheben oder den Vollzug eines Haftbefehls nach § 116 Abs. 1–3 aussetzen. Ebenso wenig erfasst § 36 Abs. 2 S. 1 Beschlüsse des Gerichts des ersten Rechtszugs (§ 462a Abs. 3) oder der Strafvollstreckungskammer (§ 462a Abs. 1) über den Widerruf der Strafaussetzung zur Bewährung[33] oder über die Aussetzung des Strafrestes nach § 454 StPO iVm § 57 StGB;[34] denn diese Entscheidungen weisen bis zum Eintritt der Rechtskraft noch keinen vollstreckbaren Inhalt auf.[35] Auch Urteile, Strafbefehle und Beschlüsse nach den § 460, § 462, § 453, § 463 Abs. 2 StPO und § 72 OWiG unterfallen daher nicht dem § 36 Abs. 2 S. 1.[36] 17

Die nach den vorstehenden Erwägungen von Abs. 2 S. 1 erfassten Entscheidungen sind der Staatsanwaltschaft zu **übergeben.** Zu diesem Zweck ordnet der Vorsitzende idR an, der Staatsanwaltschaft die Akten (mitsamt der betreffenden Entscheidung) zu übersenden. Die Staatsanwaltschaft veranlasst sodann das Erforderliche, dh sie hat – selbst ohne ausdrückliches Ersuchen – die Entscheidung nicht nur bekanntzumachen, sondern auch zu vollstrecken.[37] 18

Zuständig ist die Staatsanwaltschaft bei dem Gericht, das die Entscheidung erlassen hat. Die Staatsanwaltschaft beim Oberlandesgericht kann jedoch die Zustellung einer nachgeordneten und am Verfahren beteiligten Staatsanwaltschaft übertragen (§ 145 Abs. 1 GVG).[38] Die Anordnung der Zustellung geschieht durch den Staatsanwalt oder den Amtsanwalt selbst, nicht durch deren Geschäftsstelle, welche die Anordnungen lediglich ausführen darf.[39] 19

b) Bekanntmachung und Vollstreckung durch das Gericht (S. 2). Nicht der Staatsanwaltschaft gemäß S. 1 übergeben werden vollstreckungsbedürftige Entscheidungen, 20

---

[29] So OLG Frankfurt a. M. 23.10.1980 – 3 Ws 921/79, GA 1980, 474 (475); OLG Hamm 14.10.1977 – 2 Ws 190/77, NJW 1978, 175 (175); OLG Zweibrücken 27.7.1976 – Ws 82/76, JR 1977, 292 (293 ff.) mit zust. Anm. *Schätzler.*

[30] Löwe/Rosenberg/*Graalmann-Scheerer* Rn. 20; *Meyer-Goßner* Rn. 10; SK-StPO/*Weßlau* Rn. 8.

[31] S. hierzu *Wendisch* JR 1978, 445 (447).

[32] OLG Oldenburg 18.3.2009 – 1 Ws 162/09, NStZ-RR 2009, 219; Löwe/Rosenberg/*Graalmann-Scheerer* Rn. 21; *Meyer-Goßner* Rn. 12.

[33] OLG Düsseldorf 30.11.1987 – 2 Ws 452/87, NStZ 1988, 150 (151); SSW-StPO/*Mosbacher* Rn. 8.

[34] OLG Frankfurt a. M. 23.10.1980 – 3 Ws 921/79, GA 1980, 474 (475); OLG Oldenburg 18.3.2009 – 1 Ws 162/09, NStZ-RR 2009, 219; BeckOK-StPO/*Larcher* Rn. 2; KK/*Maul* Rn. 13; *Pfeiffer* Rn. 3; HK-StPO/*Pollähne* Rn. 11; KMR/*Ziegler* Rn. 10; *Wendisch* JR 1978, 445 (448); aA OLG Hamm 14.10.1977 – 2 Ws 190/77, NJW 1978, 175 (175 f.); OLG Zweibrücken 27.7.1976 – Ws 82/76, JR 1977, 292 (294 f.) mAnm *Schätzler; Mrozynski* JR 1983, 133 (139 f.).

[35] Löwe/Rosenberg/*Graalmann-Scheerer* Rn. 22; *Meyer-Goßner* Rn. 12; Radtke/Hohmann/*Rappert* Rn. 12; SK-StPO/*Weßlau* Rn. 9.

[36] KK/*Maul* Rn. 13; SK-StPO/*Weßlau* Rn. 7.

[37] *Meyer-Goßner* Rn. 13; KMR/*Ziegler* Rn. 12.

[38] Löwe/Rosenberg/*Graalmann-Scheerer* Rn. 24; KK/*Maul* Rn. 10; SK-StPO/*Weßlau* Rn. 12; KMR/*Ziegler* Rn. 12.

[39] Löwe/Rosenberg/*Graalmann-Scheerer* Rn. 26; *Meyer-Goßner* Rn. 13; SK-StPO/*Weßlau* Rn. 11; KMR/*Ziegler* Rn. 12.

welche die **Ordnung in den Sitzungen** gemäß §§ 169 ff. GVG betreffen. In diesen Fällen obliegen – entsprechend dem Grundgedanken des Abs. 2 (→ Rn. 14) – sowohl Bekanntmachung der Entscheidung als auch deren Vollstreckung dem Gericht. Gemäß § 179 GVG veranlasst der Vorsitzende unmittelbar die Vollstreckung dieser Ordnungsmittel. IdR wird die Vollstreckung dem Rechtspfleger übertragen, soweit sich der Richter im Einzelfall die Vollstreckung nicht ganz oder teilweise vorbehält (§ 31 Abs. 3 RPflG).

21 Ebenso obliegt es dem Gericht, die **Beugehaft** zur Erzwingung einer Zeugenaussage (§ 70 Abs. 2) oder der Herausgabe von Beweismitteln (§ 95 Abs. 2 iVm § 70 Abs. 2) zu vollstrecken.[40] Denn in diesen Fällen kann nur das Gericht überprüfen, ob zwischenzeitlich ein Vollstreckungshindernis eingetreten ist.[41] Die Staatsanwaltschaft bleibt aber für die Vollstreckung zuständig, wenn die Erzwingungshaft gegen einen Zeugen angeordnet wird, den die Staatsanwaltschaft im Ermittlungsverfahren in eigener Zuständigkeit vernehmen möchte.[42]

III. Rechtsbehelfe

22 Zustellungsmaßnahmen der Staatsanwaltschaft sind mit dem Antrag auf gerichtliche Entscheidung nach **§ 23 EGGVG** anfechtbar.[43] Gegen die Art und Weise der Vollstreckung wie gegen die Anordnung selbst ist hingegen jedenfalls bei Eingriffen in strafprozessuale Grundrechte mit dem Antrag auf gerichtliche Entscheidung nach **§ 98 Abs. 2 S. 2** analog vorzugehen.[44]

§ 37 [Verfahren bei Zustellungen]

(1) Für das Verfahren bei Zustellungen gelten die Vorschriften der Zivilprozeßordnung entsprechend.

(2) Wird die für einen Beteiligten bestimmte Zustellung an mehrere Empfangsberechtigte bewirkt, so richtet sich die Berechnung einer Frist nach der zuletzt bewirkten Zustellung.

(3) [1]Ist einem Prozessbeteiligten gemäß § 187 Absatz 1 und 2 des Gerichtsverfassungsgesetzes eine Übersetzung des Urteils zur Verfügung zu stellen, so ist das Urteil zusammen mit der Übersetzung zuzustellen. [2]Die Zustellung an die übrigen Prozessbeteiligten erfolgt in diesen Fällen gleichzeitig mit der Zustellung nach Satz 1.

Schrifttum: *Arnold,* Zustellungen, Ladungen, Vorführungen in der Bundeswehr, NJW 1957, 1220; *Blankenheim,* Zustellung des Strafbefehls an Nichtseßhafte, MDR 1992, 926; *Dünnebier,* Fristberechnung bei mehrfacher Zustellung (§ 37 Abs. 2 StPO), JZ 1969, 94; *Eyinck,* Zustellungsrecht und Postreform: Gemeinschaftsbriefkasten bei Ersatzzustellung durch Niederlegung, NJW 1998, 206; *Heß,* Die Zustellung von Schriftstücken im europäischen Justizraum, NJW 2001, 15; *ders.,* Neues deutsches und europäisches Zustellungsrecht, NJW 2002, 2417; *Kohlhaas,* Mehrfache Zustellungen nach § 37 StPO, NJW 1967, 24; *Kotz,* Anspruch auf Dolmetsch- und Übersetzungsleistungen im Strafverfahren, StV 2012, 626; *Kuhn,* Zustellung im Strafprozess, JA 2011, 217; *Rose,* Die Ladung von Auslandszeugen im Strafprozeß, wistra 1998, 11; *Schumann,* Der Vorsteher einer Postanstalt als Zustellungsbevollmächtigter wider Willen, NJW 1969, 2185; *Schweckendieck,* Die ordnungsgemäße Ladung von jugendlichen Angeklagten und minderjährigen Zeugen zur Hauptverhandlung, NStZ 1990, 170; *Sommer,* Auswirkung des Schengener Übereinkommens für die Strafverteidigung, StraFo 1999, 37; *Westphal,* Noch einmal: Gemeinschaftsbriefkasten bei Ersatzzustellung durch Niederlegung, NJW 1998, 2413.

---

[40] KK/*Maul* Rn. 17; HK-StPO/*Pollähne* Rn. 14; Radtke/Hohmann/*Rappert* Rn. 15; SK-StPO/*Weßlau* Rn. 13; KMR/*Ziegler* Rn. 14.

[41] BGH 17.3.1989 – I BGs 100/89, BGHSt 36, 155 (156 f.) = NJW 1989, 1740 (1741); Löwe/Rosenberg/*Graalmann-Scheerer* Rn. 29; *Meyer-Goßner* Rn. 14.

[42] BGH 17.3.1989 – I BGs 100/89, BGHSt 36, 155 (157) = NJW 1989, 1740 (1741).

[43] KK/*Maul* Rn. 18; *Meyer-Goßner* Rn. 15; HK-StPO/*Pollähne* Rn. 15; Radtke/Hohmann/*Rappert* Rn. 14; KMR/*Ziegler* Rn. 12; *Strubel/Sprenger* NJW 1972, 1734 (1736).

[44] SK-StPO/*Weßlau* Rn. 14; aA Löwe/Rosenberg/*Graalmann-Scheerer* Rn. 37; *Meyer-Goßner* Rn. 15; Radtke/Hohmann/*Rappert* Rn. 14: Antrag nach § 23 EGGVG.

Übersicht

I. Überblick

1. Normzweck. § 37 regelt das Verfahren bei **Zustellungen,** dh bei Bekanntmachungen gerichtlicher Entscheidungen, die in Abwesenheit der betroffenen Person ergehen (→ § 35 Rn. 24 ff.). Die Zustellung ermöglicht es dem Adressaten, von der Entscheidung Kenntnis zu nehmen, und dient damit der Verwirklichung des Anspruchs auf rechtliches Gehör gemäß Art. 103 Abs. 1 GG sowie des Anspruchs auf Rechtsschutz gemäß Art. 19 Abs. 4 GG (→ § 35 Rn. 1).[1] 1

2. Anwendungsbereich. Ob ein Schriftstück zuzustellen ist, ergibt sich aus den jeweiligen Normen der Strafprozessordnung. Wie eine dort vorgesehene Zustellung erfolgt, richtet sich hingegen gemäß § 37 Abs. 1 nach den **Vorschriften der Zivilprozessordnung,** dh nach den §§ 166–195 ZPO.[2] Diese Regelungen gelten allerdings nur insoweit entsprechend, als ihrer Übertragung Wesen und Struktur des Straf- bzw. Bußgeldverfahrens nicht entgegenstehen. **Anwendbar** sind im Einzelnen insbesondere die §§ 166, 168, 169, 173 bis 183, 189 und 190 ZPO.[3] 2

Da die öffentliche Zustellung in § 40 gesondert normiert ist, gelten die §§ 185–188 ZPO lediglich für Privat- und Nebenkläger und Personen, die für den Beschuldigten Sicherheit geleistet haben (§ 124 Abs. 2 und 3).[4] **Beschränkt anwendbar** sind außerdem § 192 Abs. 2, § 193 und § 194 ZPO bei der unmittelbaren Ladung von Zeugen und Sachverständigen gemäß § 220 Abs. 1 S. 1, § 386 Abs. 2, die Privatkläger und Angeklagte durch den Gerichtsvollzieher zustellen lassen können.[5] 3

3. Entstehungsgeschichte der Norm. Die Vorschrift wurde in den letzten Jahrzehnten häufig geändert und beschränkt sich inzwischen im Wesentlichen (Abs. 1) auf einen Verweis auf die Vorschriften der Zivilprozessordnung. Diese Fassung ist zurückzuführen auf das zum 1.7.2002 in Kraft getretene Gesetz zur Reform des Verfahrens bei Zustellungen im gerichtlichen Verfahren (**Zustellungsreformgesetz** – ZustRG) vom 25.6.2001.[6] Es reformierte das Zustellungsrecht in §§ 166 ff. ZPO umfassend, um es den gewandelten Lebensverhältnissen, nicht zuletzt der technischen Entwicklung anzupassen.[7] 4

Die letzte Änderung des § 37 beruht auf dem **Gesetz zur Stärkung der Verfahrensrechte von Beschuldigten im Strafverfahren** vom 2.7.2013,[8] das am 6.7.2013 in Kraft trat. Es diente ua der Umsetzung der Richtlinie 2010/64/EU des Europäischen Parlaments und des Rates vom 20.10.2010 über das Recht auf Dolmetscherleistungen und Übersetzun- 5

---

[1] Löwe/Rosenberg/*Graalmann-Scheerer* Rn. 1.
[2] Kritisch Löwe/Rosenberg/*Graalmann-Scheerer* Vor § 33 Rn. 9.
[3] Zu den nicht anwendbaren Vorschriften unter den §§ 166 ff. ZPO Löwe/Rosenberg/*Graalmann-Scheerer* Rn. 12 ff.
[4] KK/*Maul* Rn. 3; *Meyer-Goßner* Rn. 5; SK-StPO/*Weßlau* Rn. 7; KMR/*Ziegler* Rn. 45.
[5] Löwe/Rosenberg/*Graalmann-Scheerer* Rn. 23.
[6] BGBl. I 1206.
[7] BT-Drs. 14/4554, 13.
[8] BGBl. I 1938.

gen in Strafverfahren.[9] Zu diesem Zweck wurde in § 37 ein neuer Abs. 3 eingefügt, wonach die gemäß § 187 Abs. 1 und 2 GVG erforderliche Übersetzung eines Urteils zum einen dem betroffenen Prozessbeteiligten gemeinsam mit dem Urteil zuzustellen ist und zum anderen auch die Zustellung an die übrigen Prozessbeteiligten zur selben Zeit zu erfolgen hat (→ Rn. 71 ff.). Dadurch soll ein zeitgleicher Beginn der Rechtsmittelbegründungsfristen für alle Verfahrensbeteiligten gewährleistet werden.[10]

6 **4. Internationalrechtliche Grundlagen und Einflüsse.** Zum europarechtlichen Hintergrund des § 37 Abs. 3 → Rn. 5, zu den Vorgaben des **Art. 6 Abs. 3 lit. e EMRK** → § 35 Rn. 7.

II. Erläuterung

7 **1. Zustellungsverfahren (Abs. 1). a) Grundlagen.** Unter Zustellung ist gemäß § 166 Abs. 1 ZPO die Bekanntgabe eines Dokuments an eine Person in der in §§ 166 ff. ZPO bestimmten Form zu verstehen. Nach der **Legaldefinition** kommt es allein auf die **Bekanntgabe** an, die dem jeweiligen Empfänger Gelegenheit verschaffen soll, von dem zugestellten Schriftstück Kenntnis zu nehmen. Keine Voraussetzung für die Wirksamkeit der Zustellung ist – entgegen früherer Rechtsprechung[11] – hingegen die Beurkundung des Zustellungsaktes, die lediglich dem Nachweis der Zustellung dient.[12]

8 In welcher **Form** eine Zustellung zu erfolgen hat, ist in den §§ 166 ff. ZPO nicht geregelt. Diese Entscheidung bleibt der jeweiligen materiell- oder prozessrechtlichen Vorschrift vorbehalten.[13] Mangels gesetzlicher Bestimmung kann ein Schriftstück daher auch durch die Übergabe einer einfachen Abschrift zugestellt werden.[14] § 275 Abs. 4 spricht aber bei Urteilen von **Ausfertigungen,** dh von Abschriften der gerichtlichen Entscheidung, die einen Ausfertigungsvermerk der Geschäftsstelle enthalten, den der Urkundsbeamte unterschreibt und mit dem Dienstsiegel versieht. Der Vermerk „F.d.R.d.A." genügt nicht.[15] Alternativ können **beglaubigte Abschriften** zugestellt werden.[16] Die Beglaubigung erfolgt durch die Geschäftsstelle (§ 169 Abs. 2 S. 1 ZPO) oder auch die Staatsanwaltschaft. Sie besteht in einem zu unterzeichnenden Beglaubigungsvermerk,[17] für den gesetzlich keine besondere Form vorgeschrieben ist. Einfache Abschriften genügen hingegen nicht.[18] Ebenso werden Beschlüsse entweder in Ausfertigung oder in beglaubigter Abschrift zugestellt.[19] Sie müssen jeweils das zuzustellende Schriftstück wortgetreu und vollständig wiedergeben (zu den Konsequenzen bei Mängeln → Rn. 60).[20]

9 Die Zustellung erfolgt grundsätzlich durch die Übergabe der Ausfertigung bzw. beglaubigten Abschrift der zuzustellenden gerichtlichen Entscheidung. Sie kann an jedem **Ort** stattfinden, an dem der Empfänger angetroffen wird (§ 177 ZPO). Allerdings ist eine Zustellung in unangemessenen Situationen (zB bei einer Beerdigung) oder zu generell unpassender **Zeit** (zB an Sonn- und Feiertagen) nicht gestattet.[21]

10 **Ausgeführt** wird die Zustellung grds. durch die Geschäftsstelle (§ 168 Abs. 1 S. 1 ZPO), die über die Art der Zustellung nach pflichtgemäßem Ermessen entscheidet.[22] IdR wird

---

[9] ABl. L 280, 1; s. hierzu *Kotz* StV 2012, 626.
[10] BT-Drs. 17/12578, 14.
[11] S. etwa BGH 24.11.1977 – III ZR 1/76, NJW 1978, 1858 (1858).
[12] BT-Drs. 14/4554, 15; *Heß* NJW 2002, 2417 (2418).
[13] BT-Drs. 14/4554, 16.
[14] Löwe/Rosenberg/*Graalmann-Scheerer* Rn. 3.
[15] BGH 29.9.1959 – VIII ZB 5/59, NJW 1959, 2117 (2119).
[16] BGH 7.9.1972 – 4 StR 311/71, *Dallinger* MDR 1973, 16 (19); BGH 15.5.1975 – 4 StR 51/75, BGHSt 26, 140 (141) = NJW 1975, 1612 (1612).
[17] BGH 15.5.1975 – 4 StR 51/75, BGHSt 26, 140 (141) = NJW 1975, 1612 (1612).
[18] OLG Köln 23.7.1954 – Ws 223/54, GA 1955, 126; KK/*Maul* Rn. 7; *Meyer-Goßner* Rn. 1; HK-StPO/*Pollähne* Rn. 2.
[19] *Meyer-Goßner* Rn. 1; *Pfeiffer* Rn. 1; Radtke/Hohmann/*Rappert* Rn. 1; SK-StPO/*Weßlau* Rn. 2.
[20] *Meyer-Goßner* Rn. 2; SK-StPO/*Weßlau* Rn. 3; KMR/*Ziegler* Rn. 3.
[21] BT-Drs. 14/4554, 20; Löwe/Rosenberg/*Graalmann-Scheerer* Rn. 52.
[22] Löwe/Rosenberg/*Graalmann-Scheerer* Rn. 26.

sie die Post, dh einen nach § 33 Abs. 1 PostG beliehenen Unternehmer mit der Ausführung beauftragen. Möglich ist aber ebenso die Zustellung durch einen Justizbediensteten wie insbesondere einen Justizwachtmeister (§ 168 Abs. 1 S. 2 ZPO) oder – sofern die vorstehenden Zustellungen keinen Erfolg versprechen – durch einen Gerichtsvollzieher oder eine andere Behörde wie die Polizei (§ 168 Abs. 2 ZPO).[23]

b) Empfänger der Zustellung. Möglicher Empfänger der Zustellung ist in erster Linie derjenige, für den die zuzustellende gerichtliche Entscheidung **bestimmt** ist. Dies gilt auch bei **minderjährigen Personen;**[24] hier ist entgegen § 170 Abs. 1 S. 1 ZPO nicht an den gesetzlichen Vertreter zuzustellen, da im Strafverfahren die Verhandlungsfähigkeit und nicht das Lebensalter maßgeblich ist.[25] Ebenso ist die Zustellung an jemanden zulässig, der lediglich wegen bestimmter Angelegenheiten unter Betreuung gemäß §§ 1896 ff. BGB steht.[26] 11

Darüber hinaus kommen als Adressaten **Zustellungsbevollmächtigte** in Betracht, denen insoweit eine rechtsgeschäftliche Vertretungsmacht eingeräumt wurde. Im Strafverfahren ist die Zustellungsvollmacht allerdings nur von geringer Bedeutung.[27] In den Fällen der § 116a Abs. 3, § 127a Abs. 2 und § 132 Abs. 1 Nr. 2 besteht jedoch die Pflicht, jemanden zum Empfang von Zustellungen zu bevollmächtigen.[28] 12

Außerdem gelten **Pflicht- und Wahlverteidiger** gemäß § 145a Abs. 1 als ermächtigt, Zustellungen und sonstige Mitteilungen für den Beschuldigten zu empfangen. Ihre Vollmacht muss sich aber spätestens zur Zeit der Ausführung der Zustellung bei den Akten befinden.[29] Ist die wirksame Zustellung an mehrere Verteidiger möglich, genügt es, an einen von ihnen zuzustellen (vgl. die Soll-Vorgabe in Nr. 154 Abs. 1 S. 2 RiStBV).[30] Trotz Bevollmächtigung reicht aber stets – entgegen § 172 Abs. 1 S. 1 ZPO – die Zustellung an den Beschuldigten aus, da § 145a zur Zustellung an den Verteidiger lediglich berechtigt, nicht aber verpflichtet.[31] 13

c) Ersatzzustellung. aa) Allgemeines. Scheitert eine Zustellung nach den vorstehenden Grundsätzen, kommt eine Ersatzzustellung nach den §§ 178 ff. ZPO in Betracht. So kann einer Zustellung entgegenstehen, dass die Person, der zugestellt werden soll, **nicht** in ihrer Wohnung, ihren Geschäftsräumen oder in einer Gemeinschaftseinrichtung (vgl. § 178 Abs. 1 ZPO) **angetroffen** wird. In diesem Fall kann ersatzweise an die in § 178 Abs. 1 ZPO näher bezeichneten Personen (→ Rn. 17 ff.) zugestellt werden. Ist diese Form der Ersatzzustellung nicht ausführbar, bleibt in den Fällen des § 178 Abs. 1 Nr. 1 und 2 ZPO die subsidiäre Möglichkeit, durch Einlegen in den Briefkasten (§ 180 ZPO; Rn. 31 ff.) zuzustellen. Sofern dies ebenso ausscheidet oder wenn sich eine Ersatzzustellung gemäß § 178 Abs. 1 Nr. 3 ZPO nicht bewirken lässt, kann durch Niederlegung ersatzweise zugestellt werden (§ 181 ZPO; Rn. 36 ff.). 14

Mit der Durchführung einer zulässigen Ersatzzustellung gilt die gerichtliche Entscheidung als dem Empfänger **wirksam zugestellt.** Die Zugangsfiktion beruht auf der Lebenserfahrung, dass die in § 178 Abs. 1 ZPO genannten Personen das ihnen zugestellte Schriftstück 15

---

[23] Löwe/Rosenberg/*Graalmann-Scheerer* Rn. 27; *Meyer-Goßner* Rn. 6; Radtke/Hohmann/*Rappert* Rn. 7.
[24] Löwe/Rosenberg/*Graalmann-Scheerer* Rn. 4; *Meyer-Goßner* Rn. 3; *Schweckendieck* NStZ 1990, 170 (171).
[25] KG 20.11.2001 – 1 AR 1353/01 – 5 Ws 702/01, StV 2003, 343; OLG Düsseldorf 14.7.1992 – 4 Ws 230/92, MDR 1993, 70 (70); Löwe/Rosenberg/*Graalmann-Scheerer* Rn. 4; KK/*Maul* Rn. 9; KMR/*Ziegler* Rn. 4.
[26] OLG Brandenburg 23.12.2008 – 1 Ws 242/08, NStZ-RR 2009, 219 (219).
[27] Löwe/Rosenberg/*Graalmann-Scheerer* Rn. 5.
[28] S. hierzu OLG München 21.12.1994 – 1 Ws 784/94, MDR 1995, 405 (405 f.).
[29] BGH 24.10.1995 – 1 StR 474/95, BGHSt 41, 303 (304) = NStZ 1996, 97; OLG Hamm 5.10.1981 – 6 Ss OWi 1892/81, NStZ 1982, 129; OLG Karlsruhe 14.3.1996 – 3 Ss 11/96, NStZ-RR 1996, 237 (237).
[30] BGH 30.7.1968 – 1 StR 77/68, BGHSt 22, 221 (222) = NJW 1968, 2019; BGH 13.5.1987 – 2 StR 170/87, BGHSt 34, 371 (372) = NJW 1987, 2824 (2824); BGH 12.8.1997 – 4 StR 329/97, NStZ-RR 1997, 364; BGH 4.3.2003 – 4 StR 466/02, NStZ-RR 2003, 205.
[31] OLG Düsseldorf 8.9.1988 – 1 Ws 868/88, NStZ 1989, 88; BeckOK-StPO/*Larcher* Rn. 2; KK/*Maul* Rn. 9; *Pfeiffer* Rn. 2; SK-StPO/*Weßlau* Rn. 5; KMR/*Ziegler* Rn. 6.

an den eigentlichen Adressaten weiterleiten.[32] Setzt die Zustellung eine **Frist** in Lauf, ist für deren Beginn der Tag der Ersatzzustellung maßgeblich.

16 Ob der Empfänger persönlich **Kenntnis** von der Ersatzzustellung erlangt, ist **unerheblich.**[33] Sein Anspruch auf rechtliches Gehör gemäß Art. 103 Abs. 1 GG ist durch das mit der Ersatzzustellung verbundene Risiko, nicht von der Zustellung zu erfahren, zB bei unterbleibender Benachrichtigung durch die Ersatzperson nach § 178 ZPO, nicht beeinträchtigt.[34]

17 **bb) Ersatzzustellung in der Wohnung, in Geschäftsräumen und Einrichtungen (§ 178 ZPO).** Die Ersatzzustellung nach § 178 Abs. 1 ZPO setzt voraus, dass der Adressat der Zustellung in seiner Wohnung, dem Geschäftsraum oder einer Gemeinschaftseinrichtung **nicht angetroffen** wird. Darunter sind auch Situationen zu verstehen, in denen der Adressat zwar anwesend, aber aus anderen Gründen (zB wegen Krankheit oder unabwendbarer Dienstgeschäfte) das zuzustellende Schriftstück nicht entgegennehmen kann.[35] Die in Nr. 1 bis 3 genannten Möglichkeiten der Ersatzzustellung stehen in absteigender Rangfolge, so dass die höhere gegenüber der niedrigeren Nummer jeweils subsidiär ist.[36]

18 **Wohnung** iSd § 178 Abs. 1 Nr. 1 ZPO ist diejenige Räumlichkeit, die der Empfänger zum Zeitpunkt der Zustellung **tatsächlich** für eine gewisse Dauer zum Wohnen, insbesondere zum Übernachten benutzt, wo sich also der Mittelpunkt seines Lebens befindet.[37] Solche Räumlichkeiten können auch Wohnwägen, Schiffe, Sommer- und Wochenendhäuser sowie Hotelzimmer sein.[38] Lediglich kurzfristige Absenzen wie ein mehrwöchiger Besuch in einem Krankenhaus,[39] kürzere Geschäfts- oder Urlaubsreisen[40] oder der nur vorübergehende Auszug, ohne eine neue Wohnung zu begründen[41] bzw. wenn mit der Rückkehr zu rechnen ist,[42] lassen die Wohnungseigenschaft ebenso unberührt wie die vorläufige Festnahme des Adressaten.[43]

19 Eine Ersatzzustellung scheidet hingegen in Räumlichkeiten aus, die längere Zeit überhaupt nicht oder allenfalls sehr selten benutzt werden, so dass sich der räumliche Lebensmittelpunkt nicht mehr dort befindet.[44] Zu den zu berücksichtigenden Umständen des Einzelfalls zählt insbesondere die Dauer der Abwesenheit. Daher ist eine Ersatzzustellung nach § 178 Abs. 1 Nr. 1 ZPO ua unzulässig bei längerer Straf- oder Untersuchungshaft des Adressaten,[45] bei mehrmo-

---

[32] Löwe/Rosenberg/*Graalmann-Scheerer* Rn. 56.

[33] BGH 21.12.1976 – 4 StR 194/76, BGHSt 27, 85 (88) = NJW 1977, 723; Löwe/Rosenberg/*Graalmann-Scheerer* Rn. 56; KK/*Maul* Rn. 11; *Meyer-Goßner* Rn. 17; SK-StPO/*Weßlau* Rn. 18.

[34] BVerfG 21.1.1969 – 2 BvR 724/67, BVerfGE 25, 158 (165) = NJW 1969, 1103 (1104); BGH 21.12.1976 – 4 StR 194/76, BGHSt 27, 85 (88 f.) = NJW 1977, 723; *Meyer-Goßner* Rn. 17.

[35] BT-Drs. 14/4554, 20.

[36] Löwe/Rosenberg/*Graalmann-Scheerer* Rn. 56.

[37] BGH 24.11.1977 – III ZR 1/76, NJW 1978, 1858 (1858); BGH 12.7.1984 – IVb ZB 71/84, NJW 1985, 2197; BGH 27.10.1987 – VI ZR 268/86, NJW 1988, 713 (713); OLG Frankfurt a. M. 2.4.2003 – 3 Ws 391/03, NStZ-RR 2003, 174 (174); Löwe/Rosenberg/*Graalmann-Scheerer* Rn. 57; BeckOK-StPO/*Larcher* Rn. 8; KK/*Maul* Rn. 12; *Meyer-Goßner* Rn. 8; HK-StPO/*Pollähne* Rn. 7; SK-StPO/*Weßlau* Rn. 20.

[38] Löwe/Rosenberg/*Graalmann-Scheerer* Rn. 57.

[39] BGH 12.7.1984 – IVb ZB 71/84, NJW 1985, 2197; OLG Zweibrücken 30.5.1984 – 2 WF 174/83, MDR 1984, 762.

[40] BayObLG 9.3.1961 – RReg. 4 St 49/61, JR 1961, 271; OLG Köln 26.6.1980 – 1 Ss 476/80, NJW 1980, 2720; s. auch OLG Hamm 26.1.2006 – 2 Ws 27/06 und 2 Ss 31/06, NStZ-RR 2006, 309 (310).

[41] OLG Hamburg 18.2.2005 – 2 Ws 5/05, NJW 2006, 1685 (1686); OLG Hamm 26.1.2006 – 2 Ws 27/06 und 2 Ss 31/06, NStZ-RR 2006, 309 (310).

[42] BGH 24.11.1977 – III ZR 1/76, NJW 1978, 1858 (1858); BGH 27.10.1987 – VI ZR 268/86, NJW 1988, 713 (714); vgl. auch BGH 13.10.1993 – XII ZR 120/92, NJW-RR 1994, 564 (565).

[43] OLG Hamm 13.11.1961 – 3 Ss 1186/61, NJW 1962, 264 (264).

[44] BGH 24.11.1977 – III ZR 1/76, NJW 1978, 1858 (1858); BGH 12.7.1984 – IVb ZB 71/84, NJW 1985, 2197; BayObLG 9.3.1961 – RReg. 4 St 49/61, JR 1961, 271; OLG Düsseldorf 29.12.1986 – 1 Ws 1097/86, 1 Ws 1098/86, StV 1987, 378 (379); Löwe/Rosenberg/*Graalmann-Scheerer* Rn. 58; *Meyer-Goßner* Rn. 9; KMR/*Ziegler* Rn. 19.

[45] BGH 24.11.1977 – III ZR 1/76, NJW 1978, 1858 (1858); OLG Düsseldorf 29.12.1986 – 1 Ws 1097/86, 1 Ws 1098/86, StV 1987, 378 (379); OLG Hamm 6.3.2003 – 2 Ss OWi 1090/02, NStZ-RR 2003, 189; OLG Jena 26.1.2006 – 1 Ws 29/06, NStZ-RR 2006, 277; s. aber OLG Dresden 24.11.2004 – 2 Ws 662/04, NStZ 2005, 398 (399).

natigem Aufenthalt in einer Therapieeinrichtung[46] oder bei Wehrdienst mit Kasernierung,[47] ferner bei Abwesenheit aufgrund eines beruflichen[48] oder privaten (Weltreise) Aufenthalts im Ausland[49] oder auch nur um sich der Strafverfolgung zu entziehen.[50]

Unerheblich ist, wo sich der Wohnsitz des Adressaten nach den §§ 7–11 BGB befindet oder wo der Adressat polizeilich gemeldet ist.[51] Ebenso bleibt gleichgültig, welche Adresse der Empfänger in einem etwaigen Postnachsendeantrag angibt.[52] Allerdings ist trotz fehlender tatsächlicher Nutzung eine Räumlichkeit auch dann als Wohnung anzusehen, wenn der Empfänger deren Anschrift für seine Korrespondenz gebraucht und seine Post dort abholt.[53] 20

In Wohnungen können Schriftstücke gemäß § 178 Abs. 1 Nr. 1 ZPO ersatzweise an einen erwachsenen Familienangehörigen, eine in der Familie beschäftigte Person oder einen erwachsenen ständigen Mitbewohner zugestellt werden. **Familienangehöriger** ist grds. jede Person, die zu der Familie des Adressaten gehört, namentlich Ehe- oder eingetragene Lebenspartner, Verwandte und Verschwägerte.[54] Nach außen muss zwischen den Angehörigen ein Vertrauensverhältnis zum Ausdruck kommen, das die Weitergabe der zugestellten Entscheidung an den vorgesehenen Empfänger erwarten lässt.[55] Dies lässt sich auch bei getrennt lebenden Ehegatten annehmen.[56] Die Ersatzzustellung setzt nicht voraus, dass der in der Wohnung angetroffene Familienangehörige überhaupt dort wohnt; er kann sich vielmehr auch nur zufällig (zB auf Besuch) dort aufhalten.[57] 21

Erwachsen zu sein setzt keine Volljährigkeit des Familienangehörigen voraus. Vielmehr sind auch Minderjährige iSd Nr. 1 erwachsen, wenn sie aufgrund ihres Alters und ihrer geistigen Entwicklung in der Lage sind, die Bedeutung der Zustellung und die Verpflichtung zu erkennen, die Sendung an den Adressaten weiterzuleiten.[58] Dies lässt sich idR bei der Zustellung an einen 17-Jährigen[59] oder auch 14-Jährigen bejahen,[60] bleibt hingegen bei der Übergabe an eine 11-Jährige zu verneinen.[61] 22

In der Familie beschäftigt ist eine Person, die für den Adressaten oder einen seiner Familienangehörigen eine auf Dauer angelegte Tätigkeit im Hausstand oder zur Bedienung, Betreuung oder Pflege erbringt (zB Haushaltshilfen, Köche, Chauffeure, Gärtner, Au- 23

---

[46] OLG Frankfurt a. M. 2.4.2003 – 3 Ws 391/03, NStZ-RR 2003, 174 (174); OLG Hamm 23.8.1982 – 1 Ws 102/82, NStZ 1982, 521 (522); OLG Karlsruhe 18.11.1996 – 1 Ws 291/95, NJW 1997, 3183.
[47] BayObLG 4.6.1971 – 2 St OWi 550/71, VRS 41, 281 (282 f.).
[48] BayObLG 9.3.1961 – RReg. 4 St 49/61, JR 1961, 271; BayObLG 28.11.1967 – RReg. 4a St 117/67, NJW 1968, 513 (514).
[49] LG Berlin 17.2.1992 – 503 Qs 1/92, MDR 1992, 791.
[50] OLG Schleswig 24.10.1991 – 2 Ws 412/91, SchlHA 1992, 144 (144).
[51] BGH 24.11.1977 – III ZR 1/76, NJW 1978, 1858 (1858); OLG Düsseldorf 12.1.1993 – 3 Ws 6 – 6/93, StV 1993, 400 (401 f.); OLG Düsseldorf 19.5.1995 – 1 Ws 399/95, 1 Ws 200/95, StV 1996, 83 (83); OLG Hamm 26.1.2006 – 2 Ws 27/06 und 2 Ss 31/06, NStZ-RR 2006, 309 (310); OLG Köln 26.6.1980 – 1 Ss 476/80, NJW 1980, 2720; LG Ellwangen 13.4.1984 – Qs 104/84–10, StV 1985, 496.
[52] BGH 27.10.1987 – VI ZR 268/86, NJW 1988, 713 (714); OLG Hamburg 20.7.1982 – 2 Ws 203/82 BSch, MDR 1982, 1041; OLG München 23.11.1993 – 24 W 183/93, NJW-RR 1995, 59 (59); KK/*Maul* Rn. 12; aA Löwe/Rosenberg/*Graalmann-Scheerer* Rn. 61.
[53] BayObLG 16.3.2004 – 2 Ob OWi 7/2004, NStZ-RR 2004, 237; OLG Jena 24.1.2006 – 1 Ss 277/05, NStZ-RR 2006, 238 (238); OLG Karlsruhe 27.11.1991 – 9 W 72/91, NJW-RR 1992, 700 (701); OLG Köln 28.2.2000 – 16 U 73/99, NJW-RR 2001, 1511 (1512); BeckOK-StPO/*Larcher* Rn. 11; *Meyer-Goßner* Rn. 8; Radtke/Hohmann/*Rappert* Rn. 12; KMR/*Ziegler* Rn. 21; vgl. auch OLG Hamm 26.1.2006 – 2 Ws 27/06 und 2 Ss 31/06, NStZ-RR 2006, 309 (310); aA KK/*Maul* Rn. 12.
[54] Löwe/Rosenberg/*Graalmann-Scheerer* Rn. 67; HK-StPO/*Pollähne* Rn. 8; SK-StPO/*Weßlau* Rn. 22.
[55] BT-Drs. 14/4554, 20.
[56] Vgl. OLG Hamm 19.9.1968 – 15 W 402/68, NJW 1969, 800 (800).
[57] Löwe/Rosenberg/*Graalmann-Scheerer* Rn. 67; HK-StPO/*Pollähne* Rn. 8.
[58] BGH 13.1.1981 – VI ZR 180/79, NJW 1981, 1613 (1613 f.); LG Konstanz 15.9.1998 – 3 O 305-98, NJW-RR 1999, 1508; Löwe/Rosenberg/*Graalmann-Scheerer* Rn. 70; BeckOK-StPO/*Larcher* Rn. 12; SK-StPO/*Weßlau* Rn. 25.
[59] BGH 13.1.1981 – VI ZR 180/79, NJW 1981, 1613 (1613 f.); OLG Hamm 8.2.1974 – 5 Ws 6/74, NJW 1974, 1150.
[60] LG Köln 8.2.1999 – 153-24/99, NStZ-RR 1999, 368 (369).
[61] KG 6.7.2007 – 1 W 144/07, NJOZ 2007, 5007 (5008).

pairs).[62] Ein Entgelt muss hierfür nicht unbedingt entrichtet werden, so dass auch regelmäßig erbrachte Gefälligkeiten etwa eines Verwandten erfasst sein können, sofern sie nicht schon aufgrund eines bestehenden Vertrauensverhältnisses (→ Rn. 21) als Familienangehörige anzusehen sind.[63] Die Person, an die das Schriftstück übergeben wird, muss – anders als bei den beiden anderen genannten Gruppen – nicht erwachsen sein. Es kann daher ersatzweise auch an Minderjährige ohne erwachsenes äußeres Erscheinungsbild zugestellt werden.[64]

24 **Ständiger Mitbewohner** ist schließlich jeder, der mit dem Adressaten in der gemeinsamen Wohnung seinen Lebensmittelpunkt hat.[65] Ersatzzustellungen sind demnach insbesondere innerhalb von Wohngemeinschaften oder unverheirateten bzw. unverpartnerten Lebensgemeinschaften möglich.[66] Einer häuslichen Gemeinschaft in Form gemeinsamer Haushaltsführung bedarf es nicht.[67] Zu den Kriterien des Erwachsenseins des ständigen Mitbewohners → Rn. 22.

25 **Geschäftsräume** iSd § 178 Abs. 1 Nr. 2 ZPO sind Räumlichkeiten, die der Adressat der Zustellung erkennbar für seine Berufs- oder Gewerbeausübung unterhält; idR sind die Räume dem Publikumsverkehr zugänglich.[68] Dazu zählen ua Behördenräume, Büros, Kanzleien, Praxen, Ateliers, Werkstätten, Warteräume, Ladenlokale und Gastwirtschaften.[69] Ob dem Adressaten in einer beruflichen oder privaten Rechtsangelegenheit zugestellt wird, ist unerheblich.[70] Die Räumlichkeiten müssen aber die Geschäftsräume des Zustellungsadressaten selbst sein. Für dort lediglich tätige Personen kommt eine Ersatzzustellung in den Geschäftsräumen nicht in Betracht. Ebenso ist eine Zustellung an den Geschäftsführer einer GmbH in deren Geschäftsräumen unwirksam.[71]

26 In Geschäftsräumen ist eine Ersatzzustellung an dort **beschäftigte Personen** zulässig, wenn der eigentliche Empfänger nicht angetroffen werden kann. In den Räumen einer Kanzlei können etwa zuzustellende Entscheidungen an anwesende Angestellte oder Gehilfen übergeben werden.[72] Nur zufällig in den Geschäftsräumen anwesende Beschäftigte sind hingegen keine tauglichen Ersatzzustellungsempfänger.[73] Ebenso wenig wie bei Nr. 1 (→ Rn. 23) ist notwendig, dass es sich bei der beschäftigten um eine erwachsene Person handelt.[74]

27 Zu den **Gemeinschaftseinrichtungen** iSd § 178 Abs. 1 Nr. 3 ZPO gehören ua Krankenhäuser, Therapieeinrichtungen, Alten-, Pflege- und Wohnheime, Obdachlosen- und Asylantenunterkünfte, Kasernen (→ Rn. 50) und Justizvollzugsanstalten (→ Rn. 53).[75]

28 Auch hier kann ersatzweise zugestellt werden, sofern diejenige Person, der zugestellt werden soll, nicht angetroffen wird. Dafür genügt es bereits, den eigentlichen Empfänger nicht in den allgemein zugänglichen Teilen der Gemeinschaftseinrichtung vorzufinden; es ist also nicht erforderlich, den Betroffenen in seinem Zimmer (erfolglos) persönlich aufzusuchen.[76] Die Ersatzzustellung ist möglich an den **Leiter der Einrichtung** (zB einer

[62] SK-StPO/*Weßlau* Rn. 24.
[63] OLG Hamm 19.2.1982 – 6 Ss OWi 1705/81, NJW 1983, 694.
[64] AA KMR/*Ziegler* Rn. 23.
[65] HK-StPO/*Pollähne* Rn. 8; SK-StPO/*Weßlau* Rn. 23.
[66] Löwe/Rosenberg/*Graalmann-Scheerer* Rn. 69; *Meyer-Goßner* Rn. 12.
[67] BeckOK-StPO/*Larcher* Rn. 13; *Meyer-Goßner* Rn. 12; SK-StPO/*Weßlau* Rn. 23; KMR/*Ziegler* Rn. 24.
[68] BVerwG 12.5.2005 – 1 WB 45/04, NVwZ 2005, 1331 (1332); Löwe/Rosenberg/*Graalmann-Scheerer* Rn. 71; enger *Kuhn* JA 2011, 217 (220).
[69] *Meyer-Goßner* Rn. 13; SK-StPO/*Weßlau* Rn. 27.
[70] BayObLG 23.10.1981 – 1 Ob OWi 289/81, *Rüth* DAR 1982, 241 (252); Radtke/Hohmann/*Rappert* Rn. 17; SK-StPO/*Weßlau* Rn. 28; KMR/*Ziegler* Rn. 26; aA BeckOK-StPO/*Larcher* Rn. 14.
[71] OLG Bamberg 12.12.2005 – 3 Ss OWi 1354/2005, NJW 2006, 1078 (1078 f.); BeckOK-StPO/*Larcher* Rn. 15; KMR/*Ziegler* Rn. 26.
[72] *Meyer-Goßner* Rn. 13.
[73] Löwe/Rosenberg/*Graalmann-Scheerer* Rn. 71; KMR/*Ziegler* Rn. 27.
[74] S. hierzu BVerwG 19.9.1961 – VIII B 59/61, NJW 1962, 70 (71).
[75] Löwe/Rosenberg/*Graalmann-Scheerer* Rn. 72; *Meyer-Goßner* Rn. 13a; SK-StPO/*Weßlau* Rn. 29; KMR/*Ziegler* Rn. 28.
[76] OLG Nürnberg 20.10.2009 – 1 St OLG Ss 160/09, NStZ-RR 2010, 286 (286); KMR/*Ziegler* Rn. 29.

Justizvollzugsanstalt,[77] eines Krankenhauses[78] oder einer Gemeinschaftsunterkunft für Asylbewerber[79]) oder einen dazu **ermächtigten Vertreter.** Unzulässig ist hingegen die Übergabe an einen ständigen Mitbewohner – sofern er nicht gerade ermächtigt ist –, da er anders als bei Wohnungen iSd Nr. 1 nicht im Gesetz aufgeführt wird.[80]

Unwirksam ist eine Ersatzzustellung gemäß § 178 Abs. 2 ZPO an Personen, die an dem jeweiligen Rechtsstreit als Gegner des Zustellungsadressaten beteiligt sind. Im Strafverfahren ist diese Ausnahme nur von Bedeutung für Zustellungen an Privatkläger, Nebenkläger und Nebenbeteiligte.[81] Darüber hinaus ist die Ersatzzustellung an Personen unzulässig, die durch die dem Beschuldigten vorgeworfene Tat unmittelbar verletzt sind.[82] 29

cc) Zustellung bei verweigerter Annahme (§ 179 ZPO). Verweigert der Zustellungsadressat die Annahme des zuzustellenden Schriftstücks ohne hierzu (etwa bei unangemessener Zustellung nach Rn. 9) berechtigt zu sein, gestattet § 179 S. 1 ZPO die Ersatzzustellung, indem das Schriftstück in der Wohnung oder in dem Geschäftsraum **zurückgelassen** wird. Dies erfolgt idR durch Einwurf des Schriftstücks in den Briefkasten.[83] Das Schriftstück gilt dann mit der Annahmeverweigerung als zugestellt (S. 3). Bei der Zustellung in Gemeinschaftseinrichtungen oder an anderen Orten ist dieser Weg nicht eröffnet und das zuzustellende Schriftstück zurückzusenden (S. 2). 30

dd) Ersatzzustellung durch Einlegen in den Briefkasten (§ 180 ZPO). Sofern eine Zustellung gemäß § 178 Abs. 1 Nr. 1 (→ Rn. 18 ff.) oder Nr. 2 (→ Rn. 25 f.) ZPO nicht ausführbar ist, gestattet § 180 ZPO als subsidiäre Form der Ersatzzustellung, das zuzustellende Schriftstück in den **Briefkasten** einzulegen, der zu der betreffenden Wohnung oder zu dem betreffenden Geschäftsraum gehört. 31

Alternativ kann das Schriftstück in eine einem Briefkasten **ähnliche Vorrichtung** eingelegt werden, die der Adressat für den Postempfang eingerichtet hat und die in der allgemein üblichen Art für eine sichere Aufbewahrung geeignet ist. Dies gilt etwa für den an der Haustür angebrachten Türschlitz eines Einfamilienhauses.[84] Ist eine Ersatzzustellung nach § 180 ZPO nicht ausführbar, kann gemäß § 181 ZPO durch Niederlegung ersatzweise zugestellt werden. 32

Eine Ersatzzustellung durch Einlegen in den Briefkasten oder eine ähnliche Vorrichtung setzt voraus, die Vorrichtung **eindeutig** dem Zustellungsadressaten **zuordnen** zu können.[85] Unwirksam ist eine Ersatzzustellung daher, wenn das zuzustellende Schriftstück in einen Gemeinschaftsbriefkasten eines Mehrfamilienhauses oder in einen dort in der Hauseingangstür angebrachten gemeinsamen Briefschlitz eingeworfen wird.[86] 33

Gemäß § 180 S. 2 ZPO gilt das Schriftstück **mit** seiner **Einlegung** als **zugestellt.** Dass der Briefkasten wegen fehlender Verschlussmöglichkeit objektiv unsicher ist, bleibt unerheblich, sofern dies für den Postzusteller nicht erkennbar ist.[87] 34

Der Zusteller muss gemäß § 180 S. 3 ZPO das **Datum der Zustellung** auf dem Umschlag des zuzustellenden Schriftstücks **vermerken.** Nicht erforderlich ist es hingegen, 35

---

[77] VGH Mannheim 25.6.2001 – 11 S 2290/00, NJW 2001, 3569 (3569).
[78] OLG Stuttgart 18.12.1974 – 8 W 426/74, Rpfleger 1975, 102.
[79] OLG Nürnberg 20.10.2009 – 1 St OLG Ss 160/09, NStZ-RR 2010, 286 (286).
[80] OLG Bremen 17.6.2005 – Ws 71/05, StV 2005, 541.
[81] *Meyer-Goßner* Rn. 16; SK-StPO/*Weßlau* Rn. 19.
[82] OLG Hamburg 29.1.1964 – 1 Ws 38/64, NJW 1964, 678; KK/*Maul* Rn. 11; HK-StPO/*Pollähne* Rn. 6; SK-StPO/*Weßlau* Rn. 19; KMR/*Ziegler* Rn. 30.
[83] BT-Drs. 14/4554, 21; Löwe/Rosenberg/*Graalmann-Scheerer* Rn. 74.
[84] BT-Drs. 14/4554, 21.
[85] OLG Köln 8.6.2009 – 2 Ws 271/09, NStZ-RR 2009, 314 zur Ablage auf einen Schreibtisch in einer Einrichtung; Löwe/Rosenberg/*Graalmann-Scheerer* Rn. 79.
[86] OLG Hamm 1.6.2004 – 4 Ws 172/04, VRS 107, 109 (111); Löwe/Rosenberg/*Graalmann-Scheerer* Rn. 79; *Meyer-Goßner* Rn. 13b; Radtke/Hohmann/*Rappert* Rn. 20; einschränkend OLG Frankfurt a. M. 14.1.2010 – 3 Ws 21/10, NStZ-RR 2010, 349 (350); KMR/*Ziegler* Rn. 32.
[87] OLG Nürnberg 26.5.2009 – 1 St OLGSs 76/09, NJW 2009, 2229 (2229 f.); BeckOK-StPO/*Larcher* Rn. 22; KMR/*Ziegler* Rn. 33; enger LG Darmstadt 15.8.2003 – 3 Qs 522/03, NStZ 2005, 164 (165).

in der Zustellungsurkunde (s. hierzu § 182 ZPO) die zur Einlegung benutzte Vorrichtung konkret zu bezeichnen.[88]

36 **ee) Ersatzzustellung durch Niederlegung (§ 181 ZPO).** Sofern die Ersatzzustellung in Gemeinschaftseinrichtungen nach § 178 Abs. 1 Nr. 3 (→ Rn. 27 f.) oder in den Briefkasten von Wohnungen oder Geschäftsräumen nach § 180 ZPO (→ Rn. 31 ff.) nicht ausführbar ist, kann gemäß § 181 ZPO durch die subsidiäre Zustellungsform der **Niederlegung** ersatzweise zugestellt werden.[89] Ausgeschlossen ist diese Form der Ersatzzustellung jedoch bei Urteilen wegen des ausdrücklichen Wortlauts des § 232 Abs. 4 „muß … durch Übergabe zugestellt werden".[90]

37 Einer Ersatzzustellung nach § 181 ZPO steht nicht entgegen, dass der Adressat einen Nachsendeauftrag an eine andere Adresse gestellt[91] oder die Rücksendung seiner Post an den Absender beantragt hat.[92] Jedoch muss der Adressat zur Zeit des Zustellungsversuchs und der Mitteilung über die Ersatzzustellung nach § 181 ZPO noch an der angegebenen Adresse **tatsächlich wohnhaft** sein. Die Zustellungsurkunde gemäß § 182 ZPO enthält insoweit lediglich ein Indiz.[93]

38 Führt die Zustellung ein **Justizbediensteter** aus, legt er das zuzustellende Schriftstück auf der Geschäftsstelle des Amtsgerichts nieder, in dessen Bezirk der Ort der Zustellung liegt (§ 181 Abs. 1 S. 1 ZPO). Erfolgt die Zustellung durch die **Post,** ist das Schriftstück am Ort der Zustellung oder am Ort des Amtsgerichts bei einer von der Post dafür bestimmten Stelle niederzulegen (§ 181 Abs. 1 S. 2 ZPO); das beliehene Unternehmen iSd § 33 PostG (→ Rn. 10) kann als diesen Ort auch von ihm beauftragte Agenturen wählen.[94]

39 Die Person, der zugestellt werden soll, ist über die Niederlegung durch eine **schriftliche Mitteilung** auf dem hierzu vorgesehenen Formular zu informieren. Die Mitteilung wird grundsätzlich unter der Anschrift des Adressaten in der bei gewöhnlichen Briefen üblichen Weise abgegeben. Ist dies nicht möglich, bleibt die Mitteilung an die Tür der Wohnung, des Geschäftsraums oder der Gemeinschaftseinrichtung anzuheften (§ 181 Abs. 1 S. 3 ZPO). Die Rechtsprechung lässt hierfür mitunter genügen, die Mitteilung durch den gemeinsamen Briefschlitz mehrerer Wohnungsinhaber zu werfen,[95] unter der Haustür durchzuschieben[96] oder – sofern im jeweiligen Einzelfall üblich – vor der Haustür abzulegen.[97] Unzulässig ist es hingegen, die Mitteilung in das Postfach des Zustellungsadressaten einzulegen[98] oder sie am Gartentor[99] oder auf dem Küchentisch des Adressaten zu hinterlassen.[100]

---

[88] BGH 10.11.2005 – III ZR 104/05, NJW 2006, 150 (151 f.); OLG Köln 29.4.2005 – 8 Ss OWi 90/05, NJW 2005, 2026.

[89] S. hierzu OLG Düsseldorf 19.7.2000 – 1 Ws 342–343/00, NJW 2000, 3511; OLG Hamburg 21.10.2002 – II-66/02, NStZ-RR 2003, 46 (46 f.); Löwe/Rosenberg/*Graalmann-Scheerer* Rn. 81; KMR/*Ziegler* Rn. 36.

[90] *Meyer-Goßner* Rn. 6; Radtke/Hohmann/*Rappert* Rn. 8.

[91] BayObLG 27.8.1980 – BReg. 2 Z 71/80, BayObLGZ 1980, 266 (268 ff.); OLG Hamburg 20.7.1982 – 2 Ws 203/82, MDR 1982, 1041.

[92] BayObLG 18.9.1956 – BWReg. I St 70a und 70b/56, NJW 1957, 33.

[93] BVerfG 5.10.1996 – 2 BvR 2195/96, NStZ-RR 1997, 70 (70); OLG Frankfurt a. M. 5.11.1996 – 3 Ws 901–903/96, NStZ-RR 1997, 138 (138 f.); *Pfeiffer* Rn. 3; Radtke/Hohmann/*Rappert* Rn. 36.

[94] BGH 19.10.2000 – IX ZB 69/00, NJW 2001, 832 (832); OLG Rostock 6.3.2002 – 2 Ss OWi 143/01 I 167/01, NStZ-RR 2002, 373 (374): Niederlegung in einem Otto-Shop.

[95] OLG Hamm 17.9.1980 – 2 Ss OWi 1920/80, JMBlNW 1981, 68; zust. KK/*Maul* Rn. 23; KMR/*Ziegler* Rn. 38; *Eyinck* NJW 1998, 206 (206); aA OLG Köln 2.10.1978 – 13 W 17/78, JurBüro 1979, 607; LG Neuruppin 21.3.1997 – 14 Qs 25 Js 1920/95 (26/97), NJW 1997, 2337 (2337); *Westphal* NJW 1998, 2413 (2414).

[96] OLG Koblenz 16.11.1989 – 2 Ws 641/89, NStE Nr. 10 zu § 37 StPO.

[97] BVerwG 13.11.1984 – 9 C 23/84, NJW 1985, 1179 (1180).

[98] BFH 17.2.1983 – V R 76/77, NJW 1984, 448; OLG Oldenburg 6.6.1962 – 2 U 35/62, MDR 1962, 828; LG Köln 30.11.1972 – 1 S 160/72, MDR 1973, 768; KK/*Maul* Rn. 23; *Meyer-Goßner* Rn. 14; Radtke/Hohmann/*Rappert* Rn. 22; SK-StPO/*Weßlau* Rn. 34; aA BVerwG 12.2.1971 – VI C 29/69, NJW 1971, 1284 (1285); *Schumann* NJW 1969, 2185 (2186).

[99] BVerfG 2.6.1987 – 2 BvR 1389/86, NJW 1988, 817.

[100] BVerwG 5.5.1973 – VII C 35/72, NJW 1973, 1945; aA OLG Köln 8.6.2009 – 2 Ws 271/09, NStZ-RR 2009, 314 für das schon früher praktizierte Ablegen einer Mitteilung auf einem Schreibtisch in einer Einrichtung, in welcher der Zustellungsempfänger wohnt; zust. KMR/*Ziegler* Rn. 38.

Das Schriftstück gilt bereits **mit** der Abgabe der schriftlichen **Mitteilung** als **zugestellt** (§ 181 Abs. 1 S. 4 ZPO), also nicht erst mit dessen Niederlegung.[101] Das niedergelegte Schriftstück ist gemäß § 181 Abs. 2 ZPO **drei Monate** zur Abholung **bereitzuhalten** (S. 1). Wird das Schriftstück in dieser Zeit nicht abgeholt, ist es an den Absender zurückzusenden (S. 2). 40

Der Zusteller hat auf dem Umschlag des zuzustellenden Schriftstücks das **Datum der Zustellung** zu **vermerken** (§ 181 Abs. 1 S. 5 ZPO). 41

d) Zustellungen an besondere Personengruppen. aa) Zustellungen an Angehörige von Berufsgruppen erhöhter Zuverlässigkeit (§ 174 ZPO). Gemäß § 174 ZPO können Schriftstücke an Personen, bei denen aufgrund ihres Berufs (nicht also aufgrund ihrer Eigenschaften als Privatperson)[102] von einer **erhöhten Zuverlässigkeit** ausgegangen werden kann, vereinfacht, dh gegen Empfangsbekenntnis gemäß Abs. 1, durch Telekopie (Telefax) gemäß Abs. 2 oder durch elektronisches Dokument (insbesondere E-Mail) nach Abs. 3 zugestellt werden. 42

Exemplarisch nennt Abs. 1 der Vorschrift insoweit Anwälte, Notare, Gerichtsvollzieher und Steuerberater. Darüber hinaus kommen ua Wirtschaftsprüfer, öffentlich bestellte Sachverständige und Hochschullehrer[103] in Betracht, wobei stets eine Abwägung sämtlicher Umstände des Einzelfalls zu erfolgen hat.[104] Zustellungen an einen Rechtsassessor sind hingegen unwirksam, falls er nicht Zustellungsbevollmächtigter iSd § 30 BRAO oder allgemein bestellter Vertreter gemäß § 53 BRAO ist.[105] 43

Für die Zustellung an **europäische Rechtsanwälte** iSd § 1 EuRAG, die nur vorübergehend in Deutschland als Rechtsanwalt tätig werden (sog. dienstleistende europäische Rechtsanwälte iSd § 25 Abs. 1 EuRAG), und sich nicht in Deutschland niederlassen, gilt die Sondervorschrift in § 31 EuRAG.[106] 44

Eine vereinfachte Zustellung ist außerdem bei **Behörden** und Körperschaften oder Anstalten des öffentlichen Rechts möglich (§ 174 Abs. 1 ZPO). 45

IdR wird an die genannten Berufsgruppen per Empfangsbekenntnis gemäß Abs. 1 zugestellt. Die Zustellung ist hierbei erst **wirksam,** wenn der Empfänger durch die Unterzeichnung des Empfangsbekenntnisses zumindest konkludent zum Ausdruck bringt, das Schriftstück als zugestellt entgegennehmen zu wollen.[107] Die Entgegennahme durch Mitarbeiter des Adressaten (zB in der Kanzlei eines Anwalts) genügt somit noch nicht, sondern bereitet die Zustellung erst vor.[108] Ob der Empfänger vom Inhalt des zugestellten Schriftstücks (ggf. pflichtwidrig keine) Kenntnis nimmt, ist unerheblich.[109] 46

174 Abs. 4 S. 1 ZPO verpflichtet den Adressaten dazu, das mit Datum und Unterschrift versehene **Empfangsbekenntnis** zurückzusenden.[110] Der Empfänger muss seinen Annahmewillen jedoch nicht in einem eigens hierfür vorgesehenen Schriftstück zum Ausdruck bringen. Es reicht etwa aus, sich auf das zugestellte Schriftstück in einem Schriftsatz unter Angabe eines Datums zu beziehen.[111] Auch eine nachträgliche Aus- 47

---

[101] BT-Drs. 14/4554, 22; Löwe/Rosenberg/*Graalmann-Scheerer* Rn. 84; KMR/*Ziegler* Rn. 39.
[102] Löwe/Rosenberg/*Graalmann-Scheerer* Rn. 36; KMR/*Ziegler* Rn. 9.
[103] BGH 22.10.1996 – 5 StR 277/96, NStZ 1997, 145.
[104] Löwe/Rosenberg/*Graalmann-Scheerer* Rn. 35.
[105] OLG Stuttgart 17.5.2010 – 2 Ws 48/10, NJW 2010, 2532 (2533).
[106] S. hierzu SK-StPO/*Weßlau* Rn. 14.
[107] BVerfG 27.3.2001 – 2 BvR 2211/97, NJW 2001, 1563 (1564); BGH 31.5.1979 – VII ZR 290/78, NJW 1979, 2566 (2566); BGH 18.1.2006 – VIII ZR 114/05, NJW 2006, 1206 (1207); Löwe/Rosenberg/*Graalmann-Scheerer* Rn. 37; KK/*Maul* Rn. 8; *Meyer-Goßner* Rn. 19; Radtke/Hohmann/*Rappert* Rn. 25; SK-StPO/*Weßlau* Rn. 13; KMR/*Ziegler* Rn. 12; *Kuhn* JA 2011, 217 (219).
[108] BVerfG 27.3.2001 – 2 BvR 2211/97, NJW 2001, 1563 (1564); BGH 31.5.1979 – VII ZR 290/78, NJW 1979, 2566 (2566 f.); BGH 18.9.1990 – XI ZB 8/90, NJW 1991, 42; *Meyer-Goßner* Rn. 19; SK-StPO/*Weßlau* Rn. 42.
[109] BGH 23.11.2004 – 5 StR 429/04, NStZ-RR 2005, 77 (78); Radtke/Hohmann/*Rappert* Rn. 26; KMR/*Ziegler* Rn. 11.
[110] Löwe/Rosenberg/*Graalmann-Scheerer* Rn. 42.
[111] BT-Drs. 14/4554, 18; Löwe/Rosenberg/*Graalmann-Scheerer* Rn. 42; KMR/*Ziegler* Rn. 11.

stellung des Empfangsbekenntnisses (zB auf Nachfrage der Geschäftsstelle) ist möglich.[112]

48 In dem Empfangsbekenntnis ist zunächst der **Zeitpunkt** zu vermerken, zu dem der Empfänger das Schriftstück entgegengenommen hat, nicht etwa also ein darauf angebrachter Datumsstempel der Kanzlei des Adressaten.[113] § 174 Abs. 4 S. 1 ZPO sieht Datum und Unterschrift allerdings nur als Mittel zum Nachweis, nicht hingegen als Voraussetzung der Zustellung an. Es steht der Wirksamkeit der Zustellung demnach nicht entgegen, wenn in das Empfangsbekenntnis ein falsches oder überhaupt kein Datum eingetragen wird. Der Zeitpunkt der Zustellung kann dann auch auf andere Weise festgestellt werden.[114] Unter engen Voraussetzungen ist der Gegenbeweis gegen die Richtigkeit des in dem Empfangsbekenntnis angegebenen Datums zulässig.[115] Korrigiert der Empfänger das Datum auf dem Empfangsbekenntnis, ist das berichtigte Datum zumindest dann maßgebend, wenn dessen Richtigkeit bewiesen ist.[116]

49 Das Empfangsbekenntnis ist ferner zu **unterzeichnen.**[117] Sollte dies (pflichtwidrig) nicht beachtet werden, kann sich der Rechtsanwalt hierauf aber nicht berufen, wenn er einräumt, dass die (unvollständige) Unterschrift von ihm stammt.[118] Das Empfangsbekenntnis ist ferner von dem Anwalt, an den es zugestellt werden soll, selbst zu unterschreiben. Unterzeichnet ein anderer Rechtsanwalt das Empfangsbekenntnis für ein an den Pflichtverteidiger adressiertes Schriftstück, ist die Zustellung unwirksam.[119]

50 **bb) Zustellungen an Soldaten.** An Soldaten wird nach den allgemeinen Grundsätzen zugestellt.[120] Eine **Ersatzzustellung** ist aber häufig nur nach § 178 Abs. 1 Nr. 3 ZPO möglich. Leiter einer Truppenunterkunft als Gemeinschaftseinrichtung in diesem Sinne ist nach dem Erlass des Bundesministeriums der Verteidigung über Zustellungen, Ladungen, Vorführungen und Zwangsvollstreckungen bezüglich Soldaten in der Bundeswehr vom 23.7.1998 (VMBl. S. 246) der Kompaniefeldwebel oder dessen Vertreter.

51 Für in der Bundesrepublik stationierte **Streitkräfte der NATO** gelten Art. 36, 37 NTS-ZA.

52 **cc) Zustellungen an Gefangene.** Die Zustellung an Gefangene richtet sich ebenso nach den allgemeinen Regeln. Ausgeführt wird die Zustellung idR von **Justizbediensteten,** ggf. im Wege der Amtshilfe gemäß § 168 Abs. 1 S. 2 ZPO. Die Zustellungsurkunde (vgl. § 176 Abs. 1 ZPO) ist vom ausführenden Beamten zu unterzeichnen, muss aber nicht dessen Dienstbezeichnung enthalten.[121]

53 Eine **Ersatzzustellung** ist häufig nur nach § 178 Abs. 1 Nr. 3 ZPO möglich, da jedenfalls bei längerer Straf- oder Untersuchungshaft keine Wohnung mehr iSd § 178 Abs. 1 Nr. 1 ZPO zur Verfügung steht (s. schon → Rn. 19). Empfangsberechtigte Personen für die Ersatzzustellung gemäß § 178 Abs. 1 Nr. 3 ZPO sind der Anstaltsleiter oder dessen Vertreter, nicht hingegen der zur Postannahme ermächtigte Beamte.[122]

---

[112] BGH 14.6.1961 – IV ZR 56/61, BGHZ 35, 236 (239) = MDR 1961, 759 (760); BGH 3.5.1994 – VI ZR 248/93, NJW 1994, 2297 (2297); BGH 15.11.1995 – 3 StR 353/95, NStZ 1996, 149; KK/*Maul* Rn. 8; KMR/*Ziegler* Rn. 11.

[113] BVerfG 27.3.2001 – 2 BvR 2211/97, NJW 2001, 1563 (1564); BGH 31.5.1979 – VII ZR 290/78, NJW 1979, 2566 (2567); OLG Karlsruhe 26.8.1983 – 4 Ss 126/83, NStZ 1983, 570.

[114] BGH 11.7.2005 – NotZ 12/05, NJW 2005, 3216 (3217); OLG München 24.6.2009 – 5 StRR 157/09, NStZ-RR 2010, 15; Löwe/Rosenberg/*Graalmann-Scheerer* Rn. 41; KMR/*Ziegler* Rn. 12.

[115] BVerfG 27.3.2001 – 2 BvR 2211/97, NJW 2001, 1563 (1564); BGH 29.10.1986 – IVa ZR 120/85, NJW 1987, 1335; OLG Düsseldorf 22.10.1997 – 1 Ws OWi 846/97, NStZ-RR 1998, 110.

[116] BGH 12.9.1990 – 2 StR 359/90, NJW 1991, 709 (710); BGH 25.10.2003 – 2 StR 379/03, NStZ-RR 2004, 46; *Pfeiffer* Rn. 4.

[117] OLG Celle 22.5.2000 – 1 VAs 2/00, StraFo 2000, 279 (279); *Meyer-Goßner* Rn. 19.

[118] BGH 6.2.1985 – I ZR 235/83, NJW 1985, 2651 (2652).

[119] BGH 25.8.1987 – 4 StR 426/87, *Miebach* NStZ 1988, 209 (213 f.) mwN; BGH 12.4.1988 – 4 StR 105/88, wistra 1988, 236.

[120] KK/*Maul* Rn. 21; *Pfeiffer* Rn. 9; KMR/*Ziegler* Rn. 42; *Arnold* NJW 1957, 1220 (1220).

[121] OLG Düsseldorf 17.9.2001 – 4 Ws 432/01, StraFo 2002, 87 (87).

[122] LG Saarbrücken 26.9.2003 – 4 Qs 71/03 I, StV 2004, 362; aA *Meyer-Goßner* Rn. 24.

dd) Zustellungen an sonstige Personengruppen. Bei **Seeleuten**[123] und bei **Binnenschiffern**[124] ist gewohnheitsrechtlich eine Zustellung gegen Empfangsbescheinigung durch Vermittlung der Wasserschutzpolizei anerkannt. Als Zeuge geladene Seeleute können hierbei nach Seemannsart dazu aufgefordert werden, sich bei dem nächsten Verweilen in einem Hafen (sog. Liegezeit) auf der Geschäftsstelle des Amtsgerichts zu melden.[125] 54

Bei **Nichtsesshaften** wird vorgeschlagen, in Anlehnung an die Zustellung bei Seeleuten und Binnenschiffern gerichtliche Entscheidungen bei den üblichen Übernachtungsstellen durch die Polizei zuzustellen.[126] 55

e) Zustellungen im Ausland. Zustellungen von Schriftstücken sind hoheitliche Akte und dürfen daher auf ausländischem Staatsgebiet nicht ohne Weiteres ergehen. Gemäß § 183 Abs. 1 S. 1 ZPO sind Zustellungen im Ausland daher nach den bestehenden **völkerrechtlichen Vereinbarungen** vorzunehmen. Ist hierin vorgesehen, Schriftstücke unmittelbar durch die Post übersenden zu dürfen, soll grds. vereinfacht durch **Einschreiben mit Rückschein** zugestellt werden (§ 183 Abs. 1 S. 2 Hs. 1 ZPO). Im Strafverfahren ergibt sich diese Möglichkeit bereits aus Art. 52 Abs. 1 SDÜ.[127] Alternativ kann der Vorsitzende des Prozessgerichts die **Behörden des fremden Staates ersuchen,** unmittelbar das Schriftstück zuzustellen (§ 183 Abs. 1 S. 2 Hs. 2 ZPO; s. hierzu RiVASt Nr. 115). 56

Sofern eine Zustellung nach § 183 Abs. 1 ZPO ausscheidet, erfolgt die Zustellung durch die zuständige **diplomatische oder konsularische Vertretung** des Bundes oder die sonstige zuständige Behörde (Abs. 2 S. 1). Dies gilt vor allem dann, wenn völkerrechtliche Vereinbarungen nicht bestehen, die zuständigen Stellen des betreffenden Staates zur Rechtshilfe nicht bereit sind oder besondere Gründe eine solche Zustellung rechtfertigen (Abs. 2 S. 2). Ist Adressat der Zustellung ein Deutscher, der das Recht der Immunität genießt und zu einer Vertretung der Bundesrepublik Deutschland im Ausland gehört, wird auf Ersuchen des Vorsitzenden des Prozessgerichts durch die zuständige Auslandsvertretung zugestellt (Abs. 3; s. auch § 16 KonsG; RiVASt Nr. 129 Abs. 3). 57

Wird **vereinfacht** durch Einschreiben mit Rückschein nach § 183 Abs. 1 S. 2 Hs. 1 ZPO **zugestellt** (→ Rn. 56; zu den Kosten Nr. 9014 KVGKG), genügt zum **Nachweis** der Zustellung der Rückschein (§ 183 Abs. 4 S. 1 ZPO). Hierauf wird vermerkt, an wen die Sendung wann übergeben wurde.[128] Allerdings darf an Ersatzempfänger nicht zugestellt werden, wenn das Einschreiben mit der Zusatzleistung „Eigenhändig" versehen ist.[129] **Wirksam** ist die Zustellung, wenn der vom Empfänger unterschriebene Rückschein zu den Gerichtsakten gelangt. Dieses Erfordernis schließt es sogleich aus, ersatzweise durch Niederlegung zuzustellen.[130] 58

In den Fällen der **nicht vereinfachten Zustellung** nach § 183 Abs. 1 S. 2 Hs. 2 und Abs. 2 und 3 ZPO (→ Rn. 56 f.) wird die Zustellung durch das Zeugnis der ersuchten Behörde nachgewiesen (vgl. § 16 S. 2 KonsG für die Zustellung gemäß § 183 ZPO). Die ersuchte Behörde entscheidet selbst, auf welche Weise sie das Schriftstück zustellt. Ausreichend ist beispielsweise die Aushändigung gegen Nachweis am Amtssitz der konsularischen Vertretung.[131] In das **Zeugnis** der ersuchten Behörde ist aufzunehmen, wem auf wessen Ersuchen zu welchem Zeitpunkt welches Schriftstück in welcher Strafsache übergeben 59

---

[123] OLG Bremen 7.10.1964 – Ss 101/64, RPfl 1965, 48; AG Bremerhaven 22.3.1967 – 4 Qs 38/67, NJW 1967, 1721.

[124] Schifffahrtsobergericht Hamm 24.2.1965 – 3 Ns 1/6 BiSchi, NJW 1965, 1613; Löwe/Rosenberg/*Graalmann-Scheerer* Rn. 64; *Meyer-Goßner* Rn. 22; KMR/*Ziegler* Rn. 41; *Blankenheim* MDR 1992, 926 (926).

[125] AG Bremerhaven 22.3.1967 – 4 Qs 38/67, NJW 1967, 1721.

[126] HK-StPO/*Pollähne* Rn. 16; SK-StPO/*Weßlau* Rn. 15; *Blankenheim* MDR 1992, 926 (928).

[127] S. hierzu *Heß* NJW 2001, 15 (20); *Rose* wistra 1998, 11 (16); *Sommer* StraFo 1999, 37 (41).

[128] OLG Köln 15.10.1999 – 3 Ws 1/99, NStZ 2000, 666; Löwe/Rosenberg/*Graalmann-Scheerer* Rn. 89; *Meyer-Goßner* Rn. 25.

[129] BT-Drs. 14/4554, 23; Löwe/Rosenberg/*Graalmann-Scheerer* Rn. 89; *Meyer-Goßner* Rn. 25.

[130] OLG Oldenburg 21.2.2005 – 1 Ws 73/05, StV 2005, 432; LG Nürnberg-Fürth 10.7.2009 – 12 Qs 50/09, StraFo 2009, 381.

[131] BGH 15.5.1975 – 4 StR 51/75, BGHSt 26, 140 (142) = NJW 1975, 1612 (1613).

wurde.[132] Die Urkunde des ausländischen Zustellungsbeamten erbringt keinen Nachweis für die Zustellung.[133]

60 **2. Zustellungsmängel.** Enthält die **Ausfertigung oder beglaubigte Abschrift** wesentliche Mängel, ist die Zustellung unwirksam.[134] Dies gilt beispielsweise für Ausfertigungen, die nicht unbedeutende Teile der Urteilsformel nicht wiedergeben[135] oder nur die Unterschrift des Vorsitzenden eines Kollegialgerichts[136] oder überhaupt keine Unterschrift aufweisen.[137] Kleinere Fehler lassen hingegen die Wirksamkeit der Zustellung unberührt, sofern dem zugestellten Schriftstück nach wie vor der Inhalt der Urschrift zweifelsfrei entnommen werden kann.[138] Unschädlich ist demgemäß etwa die Angabe eines unzutreffenden Tages der Urteilsverkündung.[139]

61 Ebenso führen Fehler bei der **Zustellung** nur dann zu deren Unwirksamkeit, wenn sie offensichtlich schwerwiegend sind.[140] Solche Mängel liegen bei einer Ersatzzustellung nach den §§ 178 ff. ZPO ua vor, wenn deren Voraussetzungen nicht vorgelegen haben (zB an einem Ort ersatzweise zugestellt wird, an dem der Adressat überhaupt nicht wohnt)[141] bzw. die Behörde, welche die Zustellung angeordnet hat, eine Ersatzzustellung ausdrücklich ausgeschlossen hat.[142]

62 Da die **Beurkundung** nur den Nachweis der Zustellung ermöglichen soll (→ Rn. 7), lassen diesbezügliche Mängel die Wirksamkeit der Zustellung unberührt.[143] Dies gilt etwa bei einer fehlenden Unterschrift[144] oder sonstigen wesentlichen Lücken der Zustellungsurkunde[145] und für die falsche Bezeichnung etwa des Zustellungsempfängers oder des Zustellungsdatums[146] sowie der Zustellungsart.[147]

63 Zustellungsmängel werden nach § 37 Abs. 1 StPO iVm § 189 ZPO **geheilt,** wenn das betreffende Schriftstück derjenigen Person, an welche die Zustellung dem Gesetz gemäß gerichtet war oder gerichtet werden konnte, **tatsächlich zugegangen** ist. Das Schriftstück muss also derart in den Machtbereich des Zustellungsadressaten oder eines Empfangsberechtigten gelangen, dass er dessen Inhalt zur Kenntnis nehmen kann.[148] Der Zugang muss hierbei mit Zustellungswillen des Gerichts bewirkt werden.[149] Bei einer Ersatzzustellung gegen Empfangsbekenntnis muss darüber hinaus der Empfänger zur Entgegennahme bereit sein.[150] Die Zustellungsfiktion des § 189 ZPO gilt jedoch nicht für Sachverhalte, die bereits

---

[132] BGH 15.5.1975 – 4 StR 51/75, BGHSt 26, 140 (142 f.) = NJW 1975, 1612 (1613); *Meyer-Goßner* Rn. 25a; SK-StPO/*Weßlau* Rn. 38.

[133] BayObLG 20.2.1981 – RReg. 1 St 513/80, BayObLGSt 1981, 17 (18).

[134] BGH 20.4.1967 – VII ZR 280/64, JR 1967, 465; OLG Düsseldorf 12.3.2002 – 2a Ss OWi 50/02 – OWi 13/02 II, NStZ 2002, 448; Radtke/Hohmann/*Rappert* Rn. 4; KMR/*Ziegler* Rn. 51.

[135] BGH 27.10.1977 – 4 StR 326/77, NJW 1978, 60.

[136] KG 26.11.1981 – 5 Ws 335/81, JR 1982, 251 (251 f.); vgl. auch OLG Karlsruhe 24.2.1989 – 3 Ss 142/88, NStZ 1989, 285.

[137] LG Göttingen 12.5.2011 – 3 Ns 24/11, StraFo 2011, 273 (274).

[138] BGH 27.10.1977 – 4 StR 326/77, NJW 1978, 60; BGH 17.3.2004 – 2 StR 44/04, *Becker* NStZ-RR 2005, 257 (261 f.); OLG Düsseldorf 12.3.2002 – 2a Ss OWi 50/02 – OWi 13/02 II, NStZ 2002, 448; *Meyer-Goßner* Rn. 2; KMR/*Ziegler* Rn. 3.

[139] BayObLG 28.1.1982 – 1 Ob OWi 476/81, BayObLGSt 1982, 12 (13).

[140] *Meyer-Goßner* Rn. 26.

[141] BayObLG 28.11.1967 – RReg. 4a St 117/67, NJW 1968, 513 (514); KMR/*Ziegler* Rn. 51.

[142] *Meyer-Goßner* Rn. 26; Radtke/Hohmann/*Rappert* Rn. 37; SK-StPO/*Weßlau* Rn. 39.

[143] OLG Köln 29.4.2005 – 8 Ss OWi 90/05, NJW 2005, 2026; AG Neuruppin 14.2.2003 – 42 C 347/02, NJW 2003, 2249 (2250); Löwe/Rosenberg/*Graalmann-Scheerer* Rn. 100; KMR/*Ziegler* Rn. 51.

[144] S. hingegen noch BGH 26.11.1980 – IVb ZR 621/80, NJW 1981, 874 (875); OLG Düsseldorf 26.6.2000 – 1 Ws 336–337/00, NStZ-RR 2000, 371 (371); OLG Frankfurt a. M. 5.3.1993 – 11 W 44/92, NJW 1993, 3079.

[145] S. hierzu noch OLG Düsseldorf 19.7.2000 – 1 Ws 342–343/00, NJW 2000, 3511; KK/*Maul* Rn. 26.

[146] *Meyer-Goßner* Rn. 26.

[147] S. hierzu noch OLG Karlsruhe 8.9.1975 – Ws 2/75 RhSch, MDR 1976, 161 (162); KK/*Maul* Rn. 26.

[148] Löwe/Rosenberg/*Graalmann-Scheerer* Rn. 96; KMR/*Ziegler* Rn. 53.

[149] KG 12.10.2010 – 2 Ws 521/10, NStZ-RR 2011, 86 (87); KMR/*Ziegler* Rn. 52.

[150] BGH 23.11.2004 – 5 StR 429/04, NStZ-RR 2005, 77 (77); KK/*Maul* Rn. 27; KMR/*Ziegler* Rn. 52.

vor dem Inkrafttreten des ZustRG (→ Rn. 4) abgeschlossen waren und erst anschließend entschieden werden.[151]

Wird ein Zustellungsmangel geheilt, gilt das Schriftstück mit dem tatsächlichen Zugang als zugestellt. Zu diesem **Zeitpunkt,** den Gericht bzw. Staatsanwaltschaft in freier Beweiswürdigung ermitteln,[152] beginnen auch etwaige Fristen einschließlich Notfristen[153] zu laufen.[154] 64

Mitunter ist es möglich, eine nicht formgerechte Zustellung in eine andere wirksame Form der Zustellung **umzudeuten.** Die Rechtsprechung hat dies etwa für eine fehlerhafte Zustellung nach § 178 ZPO bejaht, bei deren zutreffender rechtlicher Bewertung eine Zustellung nach § 171 ZPO angenommen werden konnte.[155] Hingegen lässt sich eine gescheiterte Übergabe an den Zustellungsadressaten nicht in eine wirksame Ersatzzustellung umdeuten.[156] 65

Die **Zustellungsurkunde** ist eine öffentliche Urkunde, der die Beweiskraft gemäß § 418 ZPO zuteil wird. Sie begründet somit den vollen Beweis der in ihr bezeugten Tatsachen (§ 418 Abs. 1 ZPO). Der Gegenbeweis ist dadurch zwar nicht grundsätzlich ausgeschlossen (§ 418 Abs. 2 ZPO). Allerdings bedarf es eines substantiierten Beweisantritts, dh es muss ein konkreter Sachverhalt vorgetragen werden, der zur Überzeugung des Gerichts jede Möglichkeit der Richtigkeit der beurkundeten Tatsache ausschließt.[157] Denkbar ist etwa, die Beweiskraft der Zustellungsurkunde durch nachträglich bekanntgewordene Umstände zu erschüttern.[158] Hingegen reicht es nicht aus, schlicht das Gegenteil der Zustellungsurkunde zu behaupten und dabei den Postbediensteten als Zeugen zu benennen.[159] Ebenso wenig genügt die Glaubhaftmachung.[160] Erst recht stehen bloße Zweifel an der Richtigkeit des Inhalts einer Zustellungsurkunde ihrer Beweiskraft nicht entgegen.[161] 66

3. Fristberechnung bei mehreren Empfangsberechtigten (Abs. 2). Setzt die Zustellung eine Frist in Gang und erfolgt sie gegenüber mehreren Adressaten zugleich, bleibt ein uneinheitlicher Fristlauf zu vermeiden. Daher sieht Abs. 2 vor, dass die zuletzt bewirkte Zustellung für die Berechnung der Frist den Ausschlag bildet, wenn die für einen Beteiligten bestimmte Zustellung an **mehrere Empfangsberechtigte** bewirkt wird. Dies kommt vor allem in Betracht, wenn sich ein Beschuldigter von mehreren Verteidigern vertreten lässt. Allerdings gebietet hier Nr. 154 Abs. 1 S. 2 RiStBV, dass nur an einen der Verteidiger zugestellt wird (→ Rn. 13). 67

Abs. 2 setzt zudem voraus, dass eine **Zustellung** an mehrere Empfangsberechtigte (wirksam) **bewirkt** wurde, dh tatsächlich erfolgte und nicht nur vom Vorsitzenden angeordnet und von der Geschäftsstelle ausgeführt wurde.[162] Unberücksichtigt bleibt ebenso eine Zustellung an einen Verteidiger, wenn sich zu diesem Zeitpunkt weder eine Vollmachtsurkunde bei den Akten befindet noch eine solche Vollmacht in der Hauptverhandlung münd- 68

---

[151] OLG Hamburg 27.6.2003 – 2 Ws 174/03, NStZ-RR 2005, 17 (17).

[152] BT-Drs. 14/4554, 14; *Heß* NJW 2002, 2417 (2421).

[153] BGH 11.7.2005 – NotZ 12/05, NJW 2005, 3216 (3217); OLG Frankfurt a. M. 19.7.2004 – 3 Ws 734/04, NStZ-RR 2004, 336; OLG Hamburg 27.6.2003 – 2 Ws 174/03, NStZ-RR 2005, 17 (17); *Heß* NJW 2002, 2417 (2421).

[154] Löwe/Rosenberg/*Graalmann-Scheerer* Rn. 96; *Meyer-Goßner* Rn. 28; SK-StPO/*Weßlau* Rn. 43; KMR/*Ziegler* Rn. 54; LG Magdeburg 9.5.2008 – 21 Qs 30/08, StV 2008, 626 (627).

[155] OLG Köln 26.5.2008 – 2 Ws 249/08, NStZ-RR 2008, 379 (380).

[156] OLG Düsseldorf 2.5.1994 – 3 Ws 192–193/94, VRS 87, 441 (443).

[157] BVerfG 20.2.2002 – 2 BvR 2017/01, NJW-RR 2002, 1008; OLG Düsseldorf 27.4.2000 – 1 Ws 299/00, NJW 2000, 2831 (2832); OLG Frankfurt a. M. 8.12.2010 – 3 Ws 1252/10, NStZ-RR 2011, 147 (147); OLG Köln 26.10.2011 – 2 Ws 670/11, NStZ 2012, 284 (284); *Meyer-Goßner* Rn. 27; SK-StPO/*Weßlau* Rn. 41; KMR/*Ziegler* Rn. 50.

[158] S. hierzu etwa BVerfG 5.10.1996 – 2 BvR 2195/96, NStZ-RR 1997, 70 (70 f.); BGH 17.2.1992 – AnwZ (B) 53/91, NJW 1992, 1963.

[159] BVerwG 13.11.1984 – 9 C 23/84, NJW 1985, 1179 (1180); OLG Hamm 18.9.2001 – 2 Ws 233/01, VRS 101, 439 (440).

[160] OLG Schleswig 10.6.1983 – 1 Ws 357/83, SchlHA 1984, 98.

[161] OLG Düsseldorf 27.4.2000 – 1 Ws 299/00, NJW 2000, 2831 (2832).

[162] BGH 13.5.1987 – 2 StR 170/87, BGHSt 34, 371 (372) = NJW 1987, 2824 (2824).

lich erteilt und in der Sitzungsniederschrift beurkundet wurde.[163] Keine Zustellung iSd Abs. 2 stellt ebenso die Unterrichtung des Beschuldigten über die Zustellung der Entscheidung an den Verteidiger gemäß § 145a Abs. 3 S. 1 dar.[164]

69 Keine Zustellung an mehrere Empfangsberechtigte ist des Weiteren die **Doppelzustellung an ein und denselben Beteiligten.** Auch hier bleibt die erste (wirksame) Zustellung für die Fristberechnung maßgeblich.[165]

70 Liegt eine Zustellung an mehrere Empfangsberechtigte vor, **beginnt** die **Frist** auch dann mit der letzten Zustellung zu laufen, wenn die spätere Zustellung erst angeordnet wird, nachdem die erste Zustellung ausgeführt wurde.[166] Etwas anderes gilt aber, wenn die mit der ersten Zustellung in Lauf gesetzte Frist schon verstrichen ist; dem steht nicht entgegen, dass die spätere Zustellung vor Ablauf der Frist angeordnet wurde.[167] Eine spätere Zustellung vermag somit eine begonnene Frist zu verlängern, jedoch nicht eine bereits abgelaufene Frist neu zu eröffnen.[168]

71 **4. Zustellung des Urteils bei erforderlicher Übersetzung (Abs. 3).** Gemäß **S. 1** sind **Urteile,** die nach § 187 Abs. 1 und 2 GVG übersetzt werden müssen, dem betroffenen Prozessbeteiligten **zusammen mit der Übersetzung zuzustellen.** Dies soll gewährleisten, dass die Begründungsfristen (des § 317 für die Berufung bzw. des § 345 für die Revision) erst mit der Zustellung der schriftlichen Übersetzung beginnen.[169] Eine Zustellung allein des Urteils ohne dessen Übersetzung ist daher unwirksam und setzt keinen Fristlauf in Gang.[170] Auch wenn in § 37 Abs. 3 S. 1 allgemein von „einem Prozessbeteiligten" die Rede ist, ergibt sich aus dem Zusammenhang mit der verwiesenen Regelung in § 187 Abs. 1 und 2 GVG, dass es sich hierbei idR nur um den **Beschuldigten** handelt.

72 Einer Übersetzung des Urteils bedarf es nach § 187 Abs. 2 GVG dann, wenn der Beschuldigte der deutschen Sprache nicht mächtig ist und er nicht nach Abs. 3 wirksam auf eine schriftliche Übersetzung verzichtet hat. Allerdings bedeutet dies nicht stets einen Anspruch des Beschuldigten auf eine vollständige schriftliche Übersetzung des Urteils. Vielmehr genügt nach § 187 Abs. 2 S. 2 GVG eine auszugsweise schriftliche Übersetzung, wenn hierdurch die **strafprozessualen Rechte des Beschuldigten gewahrt** werden. Unter derselben Voraussetzung reicht gemäß § 187 Abs. 2 S. 4 GVG anstelle der schriftlichen Übersetzung eine mündliche Übersetzung der Unterlagen oder eine mündliche Zusammenfassung des Inhalts der Unterlagen aus. Dies ist gemäß S. 5 in der Regel bei dem verteidigten Beschuldigten anzunehmen (→ § 35 Rn. 16). Hiervon bleibt freilich nur auszugehen, wenn sich die schriftlichen Urteilsgründe nicht maßgeblich von den mündlich eröffneten unterscheiden.[171]

73 Indem § 187 Abs. 2 GVG in seiner (nicht abschließenden)[172] Aufzählung zu übersetzender Entscheidungen von **„nicht rechtskräftigen Urteilen"** spricht, wird zum Ausdruck gebracht, ein Urteil lediglich dann übersetzen zu müssen, wenn ein Rechtsmittel hiergegen

---

[163] BGH 24.10.1995 – 1 StR 474/95, BGHSt 41, 303 (304) = NJW 1996, 406; BayObLG 16.12.1992 – 1 Ob OWi 339/92, BayObLGSt 1992, 157 (158); OLG Düsseldorf 30.3.1988 – 2 Ss 105/88 – 73/88 II, NStZ 1988, 327; Löwe/Rosenberg/*Graalmann-Scheerer* Rn. 105; KK/*Maul* Rn. 10; *Meyer-Goßner* Rn. 29; SK-StPO/*Weßlau* Rn. 45; aA OLG Düsseldorf 25.7.1986 – 2 Ss OWi 3/86 – 10/86 III, VRS 73, 389 (391).

[164] Löwe/Rosenberg/*Graalmann-Scheerer* Rn. 103.

[165] OLG Hamburg 29.6.1965 – 1a Ws 21/65, NJW 1965, 1614; Löwe/Rosenberg/*Graalmann-Scheerer* Rn. 106; *Meyer-Goßner* Rn. 29; SK-StPO/*Weßlau* Rn. 6; KMR/*Ziegler* Rn. 56; *Dünnebier* JZ 1969, 94 (96).

[166] BGH 30.7.1968 – 1 StR 77/68, BGHSt 22, 221 (222 f.) = NJW 1968, 2019; BayObLG 11.7.1967 – RReg. 1a St 233/67, NJW 1967, 2124 (2125 f.); *Meyer-Goßner* Rn. 29; aA *Kohlhaas* NJW 1967, 24.

[167] BGH 30.7.1968 – 1 StR 77/68, BGHSt 22, 221 (223) = NJW 1968, 2019; OLG Hamm 7.2.2013 – III-1 Ws 49/13, NStZ-RR 2013, 215; Löwe/Rosenberg/*Graalmann-Scheerer* Rn. 104; KK/*Maul* Rn. 10; HK-StPO/*Pollähne* Rn. 20; SK-StPO/*Weßlau* Rn. 45; KMR/*Ziegler* Rn. 55.

[168] BayObLG 11.7.1967 – RReg. 1a St 233/67, NJW 1967, 2124 (2126); Radtke/Hohmann/*Rappert* Rn. 41; SK-StPO/*Weßlau* Rn. 45; aA *Dünnebier* JZ 1969, 94 (96).

[169] BT-Drs. 17/12578, 14.

[170] BT-Drs. 17/12578, 14.

[171] Vgl. *Kotz* StV 2012, 626 (629).

[172] BT-Drs. 17/12578, 11.

eingelegt wurde; s. auch Art. 1 Abs. 2 der Richtlinie 2010/64/EU (→ Rn. 5).[173] Grds. ist auch bloß in diesem Fall das Urteil zuzustellen, so dass § 37 Abs. 3 keine zusätzliche Zustellungspflicht begründet.[174]

An die übrigen Prozessbeteiligten, für die das Urteil nicht übersetzt werden muss, ist gemäß **Abs. 3 S. 2** das **Urteil zur gleichen Zeit zuzustellen.** Die Zustellung nach § 36 Abs. 1 bleibt demzufolge an alle Verfahrensbeteiligte gleichzeitig anzuordnen, sobald dem Vorsitzenden die Übersetzung des Urteils vorliegt.[175] Ohne diese Regelung seien Vorteile des nicht (hinreichend) der deutschen Sprache mächtigen Angeklagten gegenüber den anderen Verfahrensbeteiligten (zB durch Kenntnis derer Rechtsmittelbegründungen) sowie eine Schlechterstellung der übrigen Prozessbeteiligten durch eine faktisch kürzere Begründungsfrist zu befürchten.[176] 74

§ 38 [Unmittelbare Ladung]

Die bei dem Strafverfahren beteiligten Personen, denen die Befugnis beigelegt ist, Zeugen und Sachverständige unmittelbar zu laden, haben mit der Zustellung der Ladung den Gerichtsvollzieher zu beauftragen.

Schrifttum: *Beulke,* Die Neuregelung der Nebenklage, DAR 1988, 114; *Wagner,* Der Mißbrauch des Selbstladungsrechts des Angeklagten – KG, JR 1971, 338, JuS 1972, 315.

I. Überblick

§ 38 regelt die Zustellung der Ladung von Zeugen und Sachverständigen, die nicht im Auftrag von Gericht oder Staatsanwaltschaft, sondern unmittelbar durch andere Verfahrensbeteiligte (→ Rn. 2) erfolgt. 1

II. Erläuterung

1. Ladung von Beweispersonen. Außer dem Gericht und der Staatsanwaltschaft ermächtigt die StPO weitere am **Strafverfahren beteiligte Personen** zur unmittelbaren Ladung von Zeugen und Sachverständigen. Im Einzelnen gehören hierzu der Angeklagte (§ 220 Abs. 1, § 323 Abs. 1, § 386 Abs. 2) bzw. dessen gesetzlicher Vertreter (§ 298 Abs. 1 iVm § 323 Abs. 1) sowie der Beschuldigte im Sicherungsverfahren (§ 414 Abs. 1), der Privatkläger (§ 386 Abs. 2), ferner im Verfahren bei Einziehungen und Vermögensbeschlagnahmen der Verfalls- und Einziehungsbeteiligte (§ 433 Abs. 1, § 440 Abs. 3, § 442 Abs. 1) sowie im Verfahren bei Festsetzung von Geldbuße die betroffene juristische Person und Personenvereinigung (§ 444 Abs. 2 S. 2, Abs. 3 S. 1). Kein Ladungsrecht steht dem Nebenkläger zu (§ 397 Abs. 1).[1] 2

2. Verfahren. Mit der – vom Auftraggeber zu unterzeichnenden[2] – Ladung von Zeugen und Sachverständigen ist gemäß § 38 der Gerichtsvollzieher zu **beauftragen.** Der Auftrag ergeht unmittelbar durch die an dem Strafverfahren beteiligte Person; eine Vermittlung durch die Geschäftsstelle des Gerichts nach § 161 GVG ist nicht möglich. 3

Andere Personen als der **Gerichtsvollzieher** darf der Ladungsberechtigte nicht mit der Zustellung beauftragen. Vor allem ist eine selbst initiierte Zustellung durch die Post unzuläs- 4

---

[173] BT-Drs. 17/12578, 11.
[174] BT-Drs. 17/12578, 14.
[175] BT-Drs. 17/12578, 14.
[176] BT-Drs. 17/12578, 14.
[1] Löwe/Rosenberg/*Graalmann-Scheerer* Rn. 1; HK-StPO/*Pollähne* Rn. 1; SK-StPO/*Weßlau* Rn. 1; *Beulke* DAR 1988, 114 (118); aA KK/*Maul* Rn. 1; *Meyer-Goßner* § 397 Rn. 5; *Pfeiffer* Rn. 1; Radtke/Hohmann/*Rappert* Rn. 1; KMR/*Ziegler* Rn. 1.
[2] Löwe/Rosenberg/*Graalmann-Scheerer* Rn. 3; *Meyer-Goßner* Rn. 2.

sig.[3] Dies schließt allerdings nicht aus, dass der unmittelbar beauftragte Gerichtsvollzieher – auch auf Anweisung des Ladungsberechtigten – seinerseits die Post mit der Ausführung der Zustellung beauftragt (§ 194 ZPO).[4]

5 Der Ladungsberechtigte darf sich mit seinem Anliegen grundsätzlich an jeden Gerichtsvollzieher in der Bundesrepublik wenden (§ 160 GVG). Soll der Gerichtsvollzieher jedoch die Zustellung selbst (und nicht etwa durch Beauftragung der Post, → Rn. 4) vornehmen, ist lediglich der Gerichtsvollzieher am Bestimmungsort **zuständig.**[5]

6 **3. Rechtsfolgen.** Die unmittelbar geladene Person ist unter den Voraussetzungen des § 220 Abs. 2 **zum Erscheinen verpflichtet.** Dies gilt auch im Falle einer missbräuchlichen Ausübung des Selbstladungsrechts.[6] Gemäß § 220 Abs. 2 muss die gesetzliche Entschädigung für Reisekosten und Versäumnis bar dargeboten oder deren Hinterlegung bei der Geschäftsstelle nachgewiesen werden. Auf Verlangen des Auftraggebers hat daher der Gerichtsvollzieher der geladenen Person die bar ausgehändigte Entschädigung bei der Zustellung gegen Quittung zu übergeben bzw. bei Hinterlegung die diesbezügliche Bescheinigung der Kasse oder Gerichtszahlstelle mit zuzustellen. Soll der Gerichtsvollzieher dem Empfänger den Betrag in bar auszahlen und trifft er ihn nicht in Person an, so übersendet er ihm den Betrag mittels Postanweisung der Deutschen Post AG (§ 51 Abs. 2 S. 2 und 3 GVGA).

7 Zum Nachweis der unmittelbaren Ladung muss der Gerichtsvollzieher auf der **Zustellungsurkunde** das Angebot der Entschädigung an den Empfänger sowie deren Auszahlung oder Zurückweisung bzw. die Mitzustellung der Bescheinigung der Kasse oder Gerichtszahlstelle ersichtlich machen. Im Falle der Zurückweisung einer dargebotenen Entschädigung ist der Grund zu vermerken, den der Empfänger hierfür angegeben hat; zudem gibt der Gerichtsvollzieher dem Auftraggeber dann den Betrag mit der Zustellungsurkunde wieder zurück (§ 51 Abs. 2 S. 6 und 7 GVGA). Ansonsten übermittelt der Gerichtsvollzieher dem Auftraggeber mit der Zustellungsurkunde die Quittung des Empfängers oder den Einzahlungsnachweis der Deutschen Post AG (§ 51 Abs. 2 S. 5 GVGA).

8 Sollten die **Voraussetzungen des § 220 Abs. 2 nicht erfüllt** sein, steht dies der Ausführung der Zustellung zwar nicht entgegen. Die Ladung darf dann aber keine Erscheinenspflicht postulieren und nicht auf die gesetzlichen Folgen des Ausbleibens hinweisen (s. § 51 Abs. 3 GVGA).

§ 39 *(weggefallen)*

§ 40 [Öffentliche Zustellung]

(1) [1]Kann eine Zustellung an einen Beschuldigten, dem eine Ladung zur Hauptverhandlung noch nicht zugestellt war, nicht in der vorgeschriebenen Weise im Inland bewirkt werden und erscheint die Befolgung der für Zustellungen im Ausland bestehenden Vorschriften unausführbar oder voraussichtlich erfolglos, so ist die öffentliche Zustellung zulässig. [2]Die Zustellung gilt als erfolgt, wenn seit dem Aushang der Benachrichtigung zwei Wochen vergangen sind.

(2) War die Ladung zur Hauptverhandlung dem Angeklagten schon vorher zugestellt, dann ist die öffentliche Zustellung an ihn zulässig, wenn sie nicht in der vorgeschriebenen Weise im Inland bewirkt werden kann.

---

[3] BGH 15.1.1952 – 2 StR 567/51, NJW 1952, 836 (836).

[4] Löwe/Rosenberg/*Graalmann-Scheerer* Rn. 2; KK/*Maul* Rn. 2; SK-StPO/*Weßlau* Rn. 2.

[5] Löwe/Rosenberg/*Graalmann-Scheerer* Rn. 2; BeckOK-StPO/*Larcher* Rn. 4; KK/*Maul* Rn. 2; *Meyer-Goßner* Rn. 3; SK-StPO/*Weßlau* Rn. 2; KMR/*Ziegler* Rn. 2.

[6] KK/*Maul* Rn. 4; *Pfeiffer* Rn. 3; HK-StPO/*Pollähne* Rn. 5; Radtke/Hohmann/*Rappert* Rn. 4; *Wagner* JuS 1972, 315 (319); aA KG 10.5.1971 – 1 Ws 33/71, JR 1971, 338 (340 f.) mit zust. Anm. *Peters;* KMR/*Ziegler* Rn. 3.

(3) Die öffentliche Zustellung ist im Verfahren über eine vom Angeklagten eingelegte Berufung bereits zulässig, wenn eine Zustellung nicht unter einer Anschrift möglich ist, unter der letztmals zugestellt wurde oder die der Angeklagte zuletzt angegeben hat.

Schrifttum: *Krause,* Widerruf der Strafaussetzung zur Bewährung bei unbekanntem Aufenthalt des Verurteilten, NJW 1977, 2249; *Kuhn,* Zustellung im Strafprozess, JA 2011, 217; *Mosenheuer,* Über die Zulässigkeit einer öffentlichen Zustellung der Mitteilung des Inhalts der Anklageschrift nach § 201 Abs. 1 StPO, wistra 2002, 409; *Nowak,* Die Zulässigkeit der öffentlichen Zustellung im Sinne von § 40 Abs. 3 StPO im Jugendstrafverfahren, JR 2008, 234; *Rieß/Hilger,* Das neue Strafverfahrensrecht – Opferschutzgesetz und Strafverfahrensänderungsgesetz 1987, NStZ 1987, 145; *Schmid,* Die öffentliche Zustellung im Strafverfahren, MDR 1978, 96.

Übersicht

I. Überblick

1. Normzweck. Die Vorschrift bestimmt einen **Ersatzweg** in Form der **öffentlichen Zustellung,** wenn eine gerichtliche Entscheidung nicht auf anderem Wege zugestellt werden kann, zB wenn der Aufenthaltsort des Betroffenen unbekannt oder nicht erreichbar ist. Gleichwohl muss in diesen Fällen im Interesse einer wirksamen Strafrechtspflege das Verfahren ohne Verzögerung fortgeführt werden können, auch unter Berücksichtigung der Belange anderer Verfahrensbeteiligter.[1] Unproblematisch ist dies in Hinblick auf Art. 103 Abs. 1 GG zwar nicht, weil der Betroffene von einer öffentlichen Zustellung idR keine Kenntnis erlangt. Der Anspruch auf rechtliches Gehör bleibt aber durch andere strafprozessuale Vorschriften gewahrt, insbesondere durch die Nachholung des rechtlichen Gehörs nach § 33a und die Wiedereinsetzung in den vorigen Stand nach § 44.[2] Es bedarf jedoch einer restriktiven Auslegung der Norm.[3] 1

2. Anwendungsbereich. Die Vorschrift enthält eine Sonderregelung gegenüber (§ 37 Abs. 1 StPO iVm) §§ 185 ff. ZPO für die Zustellung **gerichtlicher Entscheidungen** im Strafverfahren. Hierzu zählen außer Urteile und Beschlüsse auch Anordnungen, Verfügungen und Ladungen. Wird der Angeklagte durch öffentliche Bekanntmachung geladen, darf gemäß § 232 Abs. 2 die Hauptverhandlung nicht ohne ihn stattfinden; dies gilt allerdings nur für die erstinstanzliche Hauptverhandlung, weder hingegen für die Berufungsverhandlung[4] noch für die Hauptverhandlung nach einem Einspruch gegen einen Strafbefehl.[5] Für Entscheidungen der Staatsanwaltschaft gilt § 40 nicht. Für die Ladung zur staatsanwaltschaftlichen Vernehmung ergibt sich dies schon aus § 163a Abs. 3 S. 2 iVm § 133 Abs. 1.[6] 2

[1] Löwe/Rosenberg/*Graalmann-Scheerer* Rn. 1.

[2] Löwe/Rosenberg/*Graalmann-Scheerer* Rn. 1; SK-StPO/*Weßlau* Rn. 1; KMR/*Ziegler* Rn. 2; *Schmid* MDR 1978, 96 (96).

[3] HK-StPO/*Pollähne* Rn. 1; SK-StPO/*Weßlau* Rn. 1; KMR/*Ziegler* Rn. 2.

[4] KG 27.9.1968 – 1 Ws 373/68, NJW 1969, 475 (475); OLG Hamburg 30.9.1981 – 1 Ss 133/81, JR 1982, 122 (122 f.) mAnm *Wendisch;* Löwe/Rosenberg/*Graalmann-Scheerer* Rn. 5; SK-StPO/*Weßlau* Rn. 7; KMR/*Ziegler* Rn. 3; aA noch OLG Frankfurt a. M. 16.2.1978 – 4 Ws 29/78, JR 1978, 392 (392) mit abl. Anm. *Meyer.*

[5] Löwe/Rosenberg/*Graalmann-Scheerer* Rn. 5; SK-StPO/*Weßlau* Rn. 7; KMR/*Ziegler* Rn. 3.

[6] *Meyer-Goßner* Rn. 1.

3 **Nicht zulässig** ist die öffentliche Zustellung von Strafbefehlen.[7] Eine Strafe rechtskräftig festsetzen zu können, ohne dass der Beschuldigte dies vor der Vollstreckung wegen der öffentlichen Zustellung im Regelfall erfährt, ist mit dem Anspruch auf rechtliches Gehör aus Art. 103 Abs. 1 GG nicht vereinbar (vgl. auch Nr. 175 Abs. 2 S. 1 RiStBV).[8] Ebenso wenig dürfen Aufforderungen zur Erklärung im Zwischenverfahren iSd § 201 öffentlich zugestellt werden. Dies wird zwar zT befürwortet, wenn Verjährung droht, ein Haftbefehl erlassen wurde und kein Grund für einen Ausschluss der Öffentlichkeit besteht.[9] Dem wird aber zu Recht entgegengehalten, dass bei der Mitteilung der Anklageschrift keine gerichtliche Entscheidung bekannt gegeben wird.[10]

4 § 40 gilt für **Zustellungen an den Beschuldigten.** Nach hM sind auch bereits rechtskräftig Verurteilte erfasst, so dass der Beschluss, mit dem das Gericht die Strafaussetzung zur Bewährung widerruft, öffentlich zugestellt werden kann.[11] Dem steht jedoch wiederum entgegen, dem Betroffenen durch den damit regelmäßig einhergehenden Verzicht auf vorheriges Gehör die Möglichkeit zu nehmen, rechtzeitig Rechtsmittel einzulegen. Zudem kann in diesen Fällen gemäß § 453c ein Sicherungshaftbefehl erlassen werden.[12] Ebenso ist es daher unzulässig, die Aufforderung zur Stellungnahme gemäß § 453 Abs. 1 S. 2 zum beabsichtigten Widerruf öffentlich zuzustellen.[13]

5 Für Verfalls- und Einziehungsbeteiligte gilt § 40 gemäß § 435 Abs. 1 Hs. 2 (iVm § 442 Abs. 1) entsprechend. An **andere Verfahrensbeteiligte,** namentlich an Privat- und Nebenkläger sowie Personen, die für den Beschuldigten Sicherheit geleistet haben (§ 124 Abs. 2 und 3), wird nach § 37 Abs. 1 StPO iVm §§ 185 ff. ZPO öffentlich zugestellt. Eine Sondervorschrift zur öffentlichen Zustellung an in der Bundesrepublik stationierte Streitkräfte der NATO enthält Art. 36 NTS-ZA.

6 Nicht anwendbar ist § 40 nach hM im **Jugendstrafverfahren.** Es widerspräche dem Grundsatz der Nichtöffentlichkeit gemäß § 48 JGG, durch eine öffentliche Zustellung auf die bevorstehende Hauptverhandlung hinzuweisen.[14]

II. Erläuterung

7 **1. Voraussetzungen der öffentlichen Zustellung. a) Grundlagen.** Die Vorschrift unterscheidet drei verschiedene **Verfahrensstadien:** Abs. 1 ist anwendbar, wenn der Beschuldigte noch nicht zur Hauptverhandlung geladen ist (→ Rn. 8 ff.), Abs. 2 nach Zustellung der Ladung zur Hauptverhandlung (→ Rn. 13 f.). Abs. 3 (→ Rn. 15 ff.) behan-

[7] OLG Düsseldorf 19.2.1997 – 1 Ws 127/97, NJW 1997, 2965 (2965); *Meyer-Goßner* § 409 Rn. 21; HK-StPO/*Pollähne* Rn. 2; Radtke/Hohmann/*Rappert* Rn. 3; SK-StPO/*Weßlau* Rn. 6; KMR/*Ziegler* Rn. 6; *Kuhn* JA 2011, 217 (220); aA LG München I 21.8.1980 – 14 Qs 99/80, MDR 1981, 71 (71 f.); *Schmid* MDR 1978, 96 (98).

[8] Löwe/Rosenberg/*Graalmann-Scheerer* Rn. 2; KK/*Maul* Rn. 3.

[9] Löwe/Rosenberg/*Graalmann-Scheerer* Rn. 2; *Meyer-Goßner* Rn. 1; Radtke/Hohmann/*Rappert* Rn. 3; *Mosenheuer* wistra 2002, 409 (413); weiter KMR/*Ziegler* Rn. 4.

[10] KK/*Maul* Rn. 3; SK-StPO/*Weßlau* Rn. 5; *Schmid* MDR 1978, 96 (97).

[11] OLG Celle 3.12.1984 – 3 Ws 451/84, StV 1985, 495 (495); OLG Düsseldorf 11.2.1988 – 1 Ws 120/88, JR 1989, 166 (166 f.) mit zust. Anm. *Wendisch;* OLG Frankfurt a. M. 21.7.1977 – 4 Ws 95/77, MDR 1978, 71 (71 f.); OLG Hamburg 25.9.1987 – 1 Ws 187/87, NStZ 1988, 292 (292) mit abl. Anm. *Johann/Johnigk;* OLG Stuttgart 9.5.1983 – 3 Ws 51/83, NJW 1983, 1987; OLG Zweibrücken 20.1.1988 – 1 Ws 22 – 27/88, MDR 1988, 1077; Löwe/Rosenberg/*Graalmann-Scheerer* Rn. 3 f.; BeckOK-StPO/*Larcher* Rn. 16; KK/*Maul* Rn. 2; *Meyer-Goßner* Rn. 2; Radtke/Hohmann/*Rappert* Rn. 4; KMR/*Ziegler* Rn. 5; vgl. auch BGH 6.5.1975 – 7 BJs 14/69 StB 8/75, BGHSt 26, 127 (128) = NJW 1975, 2211 (2211).

[12] OLG Frankfurt a. M. 11.11.1981 – 3 Ws 702/81, StV 1983, 113; OLG Hamburg 21.8.1975 – 2 Ws 429/715, NJW 1976, 1327; LG München II 30.7.1975 – I Qs 160/75, NJW 1975, 2307 (2308); SK-StPO/*Weßlau* Rn. 4; *Krause* NJW 1977, 2249 (2250).

[13] SK-StPO/*Weßlau* Rn. 4; s. auch HK-StPO/*Pollähne* Rn. 4; aA OLG Stuttgart 9.5.1983 – 3 Ws 51/83, NJW 1983, 1987; Löwe/Rosenberg/*Graalmann-Scheerer* Rn. 2; BeckOK-StPO/*Larcher* Rn. 16; Radtke/Hohmann/*Rappert* Rn. 3.

[14] OLG Stuttgart 29.10.1986 – 3 Ws 293/86, StV 1987, 309 (310); Löwe/Rosenberg/*Graalmann-Scheerer* Rn. 6; *Meyer-Goßner* Rn. 2; *Pfeiffer* Rn. 1; Radtke/Hohmann/*Rappert* Rn. 5; SK-StPO/*Weßlau* Rn. 2; *Kuhn* JA 2011, 217 (220); aA KG 27.9.2005 – 4 Ws 128/05, NStZ-RR 2006, 120 (121 f.) = JR 2006, 301; LG Zweibrücken 31.1.1991 – 3 Js 7477/87 – 1 Ns jug, MDR 1991, 985; BeckOK-StPO/*Larcher* Rn. 13; KK/*Maul* Rn. 8; SSW-StPO/*Mosbacher* Rn. 8; KMR/*Ziegler* Rn. 7; *Nowak* JR 2008, 234 (235 ff.) zu § 40 Abs. 3.

delt schließlich das vom Angeklagten eingeleitete Berufungsverfahren. Da die bisherige Verfahrensbeteiligung des Beschuldigten in diesen Stadien steigt, sinken umgekehrt die Anforderungen an die Zulässigkeit der öffentlichen Zustellung.[15]

b) Beschuldigter noch nicht zur Hauptverhandlung geladen (Abs. 1). Die öffentliche Zustellung an einen noch nicht zur Hauptverhandlung geladenen Beschuldigten setzt zum einen voraus, dass die Zustellung **nicht** in der vorgeschriebenen Weise **im Inland bewirkt** werden kann. In der Praxis scheitert die Zustellung in der Regel daran, dass der Aufenthaltsort des Beschuldigten dem Gericht unbekannt ist. Die Voraussetzung ist ebenso gegeben, wenn mehrere Zustellungsversuche in einem Geschäftslokal gescheitert sind; ob der Adressat sein Geschäftslokal aufgegeben hat, ist unerheblich.[16] Der Beschuldigte muss sich also nicht etwa im Ausland aufhalten, wie die zweite Voraussetzung von Abs. 1 S. 1 suggeriert; sie gilt es nur zu beachten, wenn das Gericht weiß, dass sich der Beschuldigte im Ausland befindet.[17] 8

In der vorgeschriebenen Weise ist eine Zustellung im Inland allerdings dadurch möglich, dass dem Verteidiger nach § 145a Abs. 1[18] oder dem Zustellungsbevollmächtigten[19] zugestellt wird. Eine öffentliche Zustellung scheidet in diesen Fällen aus.[20] 9

Zum anderen muss die Befolgung der für Zustellungen **im Ausland** bestehenden Vorschriften unausführbar oder voraussichtlich erfolglos erscheinen. 10

Um den Anspruch auf rechtliches Gehör aus Art. 103 Abs. 1 GG zu gewährleisten, darf nicht voreilig auf die öffentliche Zustellung zurückgegriffen werden. Vielmehr trifft das Gericht die **Nachforschungspflicht,** zuvor mit allen ihm zur Verfügung stehenden und zumutbaren Mitteln zu versuchen, den Aufenthaltsort des Beschuldigten zu ermitteln.[21] Die öffentliche Zustellung ist also ultima ratio.[22] 11

An die Nachforschungspflicht des Gerichts ist ein **strenger Maßstab** anzulegen.[23] So darf insbesondere nicht allein deshalb öffentlich zugestellt werden, weil ein zuzustellendes Schriftstück mit dem Vermerk „Empfänger unbekannt" zurückgesendet wird.[24] Auch eine Anfrage beim Einwohnermeldeamt des letzten bekannten Wohnsitzes oder Aufenthaltsortes des Beschuldigten genügt nicht.[25] Vielmehr muss das Gericht sich über Eintragungen im Bundeszentralregister (§ 41 Abs. 1 Nr. 1 BZRG) informieren und die Staatsanwaltschaft ersuchen, Auskünfte aus dem zentralen staatsanwaltschaftlichen Verfahrensregister einzuholen (§ 492).[26] Bei Ausländern ist idR zudem beim Bundesverwaltungsamt die Übermittlung von Daten aus dem Ausländerzentralregister (§ 10 AZRG) zu beantragen.[27] 12

---

[15] Vgl. auch SK-StPO/*Weßlau* Rn. 8.

[16] OLG Hamburg 25.10.1999 – 2 Ws 191/99, NStZ-RR 2000, 238 (239).

[17] *Meyer-Goßner* Rn. 3.

[18] OLG Hamburg 18.6.1971 – 1 Ss 44/71, MDR 1971, 775; OLG Köln 25.6.1996 – 2 Ws 256/96, StV 1998, 211 (211); LG Frankfurt a. M. 12.3.2004 – 5/6 Qs 14/04, StV 2004, 554 (554).

[19] RG 14.1.1932 – II 570/31, RGSt 66, 76 (79); KG 19.9.2011 – (2) 1 Ss 361/11 (53/11), NJW 2012, 245 (246).

[20] Löwe/Rosenberg/*Graalmann-Scheerer* Rn. 6; KK/*Maul* Rn. 5; SK-StPO/*Weßlau* Rn. 13; KMR/*Ziegler* Rn. 10.

[21] BayObLG 28.7.1983 – 1 Ob OWi 122/83, NStZ 1984, 29 (30); BayObLG 10.7.1991 – RReg. 2 St 98/91, NStZ 1991, 598 (598); OLG Celle 3.12.1984 – 3 Ws 451/84, StV 1985, 495 (495); OLG Düsseldorf 18.4.1995 – 1 Ws 137/95, VRS 89, 291 (292 f.); OLG Frankfurt a. M. 28.3.1983 – 5 Ws 10/83, StV 1983, 233 (233); Löwe/Rosenberg/*Graalmann-Scheerer* Rn. 8; *Meyer-Goßner* Rn. 4; HK-StPO/*Pollähne* Rn. 6; Radtke/Hohmann/*Rappert* Rn. 7; SK-StPO/*Weßlau* Rn. 12.

[22] KG 30.12.2005 – 1 AR 1496/05 – 5 Ws 612/05, NStZ-RR 2006, 208 (209); OLG Hamm 21.3.2005 – 3 Ws 136/05, StraFo 2005, 244; BeckOK-StPO/*Larcher* Rn. 1; *Meyer-Goßner* Rn. 4; KMR/*Ziegler* Rn. 11; *Kuhn* JA 2011, 217 (220).

[23] BVerfG 6.2.2003 – 2 BvR 430/03, NStZ-RR 2005, 205 (206); BayObLG 10.7.1991 – RReg. 2 St 98/91, NStZ 1991, 598 (598); KG 30.12.2005 – 1 AR 1496/05 – 5 Ws 612/05, NStZ-RR 2006, 208 (209); OLG Düsseldorf 3.6.1994 – 1 Ws 337 – 338/94, VRS 87, 349 (350).

[24] OLG Celle 3.12.1984 – 3 Ws 451/84, StV 1985, 495 (495); OLG Köln 2.2.1956 – Ws 55/56, NJW 1956, 642.

[25] OLG Düsseldorf 18.4.1995 – 1 Ws 137/95, VRS 89, 291 (292).

[26] Löwe/Rosenberg/*Graalmann-Scheerer* Rn. 8; *Meyer-Goßner* Rn. 4; KMR/*Ziegler* Rn. 11.

[27] OLG Düsseldorf 20.5.1999 – 1 Ws 455/99, NStZ 1999, 476; OLG Köln 2.3.1990 – Ss 71/90, StV 1990, 345.

13 **c) Beschuldigter bereits zur Hauptverhandlung geladen (Abs. 2).** Ist dem Beschuldigten die Ladung zur Hauptverhandlung bereits zugestellt, setzt die öffentliche Zustellung lediglich voraus, sie **nicht** in der vorgeschriebenen Weise **im Inland bewirken** zu können (→ Rn. 8 f.). Hingegen ist – anders als nach Abs. 1 – bei einem sich im Ausland aufhaltenden Beschuldigten nicht erforderlich, dass die Befolgung der für Zustellungen im Ausland bestehenden Vorschriften unausführbar oder voraussichtlich erfolglos erscheint.

14 Von dem bereits geladenen Angeklagten wird also gefordert, weitere **Zustellungen** (im Inland) an ihn zu **ermöglichen,**[28] etwa indem er seinen Verteidiger nach § 145a Abs. 2 S. 1 bevollmächtigt. Dies gilt auch dann, wenn der Angeklagte seinen Wohnsitz in das Ausland verlegt oder dorthin zurückkehrt.[29]

15 **d) Berufung durch den Angeklagten (Abs. 3).** Eine öffentliche Zustellung ist unter gegenüber Abs. 1 und 2 geringeren Anforderungen zulässig, wenn sie in dem Verfahren über eine vom Angeklagten eingelegte Berufung ausgeführt werden soll. Dadurch sollen etwaige Versuche des Angeklagten unterbunden werden, das selbst initiierte Berufungsverfahren durch Aufgabe seines Wohnsitzes bei unbekannter neuer Anschrift zu verzögern und dadurch den Eintritt der Rechtskraft des erstinstanzlichen Urteils hinauszuschieben.[30] Dem Gericht obliegt es hier daher – anders als bei Abs. 1 und 2 (→ Rn. 11 f.) – nicht, zeit- und arbeitsaufwändige Ermittlungen nach dem Aufenthaltsort des Angeklagten anzustellen. Vielmehr trifft den Angeklagten eine **Mitwirkungspflicht;** zur insoweit erforderlichen Belehrung → § 35a Rn. 24 f.

16 **Berufung** ist eng zu verstehen und umfasst nur die durch den Angeklagten selbst eingelegte Berufung, nicht hingegen die seines gesetzlichen Vertreters.[31] Ebenso wenig gilt Abs. 3 für eine vom Angeklagten betriebene Revision, die gemäß § 335 Abs. 3 als Berufung behandelt wird, da den Angeklagten hier nicht die Mitwirkungspflichten eines Berufungsführers treffen.[32]

17 Die öffentliche Zustellung setzt lediglich voraus, dass eine Zustellung nicht unter einer **Anschrift** möglich ist, unter der letztmals zugestellt wurde oder die der Angeklagte zuletzt angegeben hat. Es bedarf somit eines erfolglosen Zustellungsversuchs,[33] sofern das Gericht nicht bereits positiv weiß, dass der Angeklagte nicht mehr unter den vorstehenden Anschriften wohnt.[34] Wegen der Mitwirkungspflicht des Angeklagten ist § 40 Abs. 3 auch dann anzuwenden, wenn der Angeklagte ins Ausland abgeschoben wurde.[35] Erfährt das Gericht vor Eintritt in die Verhandlung einen inländischen Aufenthaltsort, an welchem dem Angeklagten ordnungsgemäß zugestellt werden kann, entfällt die Zugangsfiktion des § 40 Abs. 1 S. 2 und muss das Gericht nach § 37 zustellen.[36]

18 Zu den gerichtlichen Dokumenten, die unter den vorstehenden Voraussetzungen **öffentlich zugestellt** werden können, zählen vor allem die Ladung zur Berufungsverhandlung sowie zustellungsbedürftige Entscheidungen wie das Berufungsurteil, das die Berufung des Angeklagten gemäß § 329 Abs. 1 verwirft.[37] Anderes soll aber gelten, wenn das Beru-

---

[28] OLG Hamburg 30.9.1981 – 1 Ss 133/81, JR 1982, 122 (122 f.) mAnm *Wendisch.*

[29] KG 16.6.2008 – (3) 1 Ss 44/08 (41/08), NStZ 2009, 111 (112); OLG Frankfurt a. M. 21.7.2003 – 3 Ws 828/03, NStZ-RR 2004, 48; OLG Hamburg 30.9.1981 – 1 Ss 133/81, JR 1982, 122 (122 f.).

[30] BT-Drs. 10/1313, 18.

[31] *Meyer-Goßner* Rn. 5; Radtke/Hohmann/*Rappert* Rn. 12; *Rieß/Hilger* NStZ 1987, 145 (152).

[32] BayObLG 10.7.1991 – RReg. 2 St 98/91, NStZ 1991, 598 (598); OLG Bremen 19.11.1990 – Ss 59/90, StV 1991, 150; Löwe/Rosenberg/*Graalmann-Scheerer* Rn. 14; KK/*Maul* Rn. 8; *Meyer-Goßner* Rn. 5; HK-StPO/*Pollähne* Rn. 8; Radtke/Hohmann/*Rappert* Rn. 12; SK-StPO/*Weßlau* Rn. 14; KMR/*Ziegler* Rn. 17.

[33] OLG Hamm 26.1.2006 – 2 Ws 27/06, 2 Ss 31/06, NJW 2006, 3511.

[34] BayObLG 12.10.2000 – 2 St RR 185/00, NStZ-RR 2001, 139.

[35] OLG Stuttgart 28.1.2004 – 4 Ws 304/03, NStZ-RR 2004, 219 (220).

[36] OLG Düsseldorf 21.5.1992 – 3 Ws 204–205/92, MDR 1992, 985 (986); OLG Hamm 3.11.2004 – 4 Ss 359/04, NStZ-RR 2005, 114 (115); OLG Oldenburg 14.5.2004 – Ss 87/04 (I 58), StraFo 2004, 274 (274); OLG Stuttgart 1.3.2001 – 1 Ss 712/00, StV 2001, 336; Löwe/Rosenberg/*Graalmann-Scheerer* Rn. 6; *Meyer-Goßner* Rn. 5; *Pfeiffer* Rn. 4; Radtke/Hohmann/*Rappert* Rn. 11; SK-StPO/*Weßlau* Rn. 13.

[37] BayObLG 18.4.1957 – RReg. 1 St 1111/56, NJW 1957, 1119; KK/*Maul* Rn. 3; SK-StPO/*Weßlau* Rn. 6; KMR/*Ziegler* Rn. 17.

fungsurteil gemäß § 345 Abs. 1 S. 2 die Revisionsbegründungsfrist in Gang setzt, weil mit der Einlegung der Revision bereits das Revisionsverfahren beginne.[38]

2. Verfahren der öffentlichen Zustellung. Die **Anordnung** der öffentlichen Zustellung erfolgt gemäß § 37 Abs. 1 StPO iVm § 186 Abs. 1 S. 1 ZPO durch Beschluss des Prozessgerichts, nicht dessen Vorsitzenden.[39] Liegen die Voraussetzungen des § 40 vor, ist die öffentliche Zustellung zwingend anzuordnen.[40] 19

Die **Ausführung** der öffentlichen Zustellung obliegt der Geschäftsstelle. Die Zustellung erfolgt gemäß § 37 Abs. 1 StPO iVm § 186 Abs. 2 ZPO, indem eine Benachrichtigung an der Gerichtstafel ausgehängt oder in ein elektronisches Informationssystem, das im Gericht öffentlich zugänglich ist, eingestellt wird (§ 186 Abs. 2 S. 1 ZPO). Zuständig ist das Prozessgericht, dh das Gericht, das die öffentliche Zustellung anordnet,[41] zB im Berufungsverfahren das Landgericht[42] und im Vollstreckungsverfahren die Strafvollstreckungskammer.[43] Darüber hinaus kann die Benachrichtigung zusätzlich in einem von dem Gericht für Bekanntmachungen bestimmten elektronischen Informations- und Kommunikationssystem veröffentlicht werden (§ 186 Abs. 2 S. 2 ZPO). Ebenso ist gemäß § 37 Abs. 1 StPO iVm § 187 ZPO möglich, die Benachrichtigung zusätzlich einmal oder mehrfach im elektronischen Bundesanzeiger oder in anderen Blättern zu veröffentlichen. In den Akten ist gemäß § 186 Abs. 3 ZPO zu vermerken, wann die Benachrichtigung ausgehängt und abgenommen wird; zuständig ist der Urkundsbeamte der Geschäftsstelle.[44] 20

Die **Benachrichtigung** muss gemäß § 186 Abs. 2 S. 3 ZPO die Person benennen, für die zugestellt wird, ferner Name und letzte bekannte Anschrift des Zustellungsadressaten sowie Datum und Aktenzeichen des Schriftstücks[45] enthalten und den Prozessgegenstand bezeichnen. Außerdem ist anzugeben, wo das Schriftstück eingesehen werden kann, was idR in der Geschäftsstelle des Gerichts sein wird. Das Einsichtsrecht steht aber nur dem Berechtigten und seinem Bevollmächtigten zu.[46] Das zuzustellende Schriftstück selbst (zB die gerichtliche Entscheidung) wird hingegen entgegen § 40 aF nicht mehr ausgehängt, um nicht mehr über die Zustellung an Unberechtigte preiszugeben als unumgänglich ist und dadurch die Persönlichkeitssphäre des Zustellungsadressaten zu schützen.[47] Gemäß § 186 Abs. 2 S. 4 und 5 ZPO muss die Benachrichtigung schließlich darauf hinweisen, dass ein Schriftstück öffentlich zugestellt wird und Fristen in Gang gesetzt werden bzw. bei Ladungen Termine enthalten sein können, bei deren Versäumung Rechtsverluste drohen. 21

3. Rechtsfolgen der öffentlichen Zustellung. Gemäß § 40 Abs. 1 S. 2 gilt die Zustellung als erfolgt, wenn seit dem Aushang der Benachrichtigung (→ Rn. 21) **zwei Wochen** vergangen sind. Dies gilt für sämtliche Konstellationen, in denen nach § 40 Abs. 1–3 öffentlich zugestellt werden muss. Ob der Zustellungsempfänger die Benachrichtigung wahrnehmen kann, bleibt unerheblich.[48] 22

Bei der öffentlichen Zustellung nach **Abs. 3** kommt als mittelbare Rechtsfolge hinzu, dass die **Berufung** des ausbleibenden Angeklagten gemäß § 329 Abs. 1 ohne Verhandlung zur Sache **zu verwerfen** ist, wenn er nicht zulässig vertreten wird oder sein Ausbleiben 23

---

[38] BayObLG 10.7.1991 – RReg. 2 St 98/91, NStZ 1991, 598 (598); Löwe/Rosenberg/*Graalmann-Scheerer* Rn. 14; Radtke/Hohmann/*Rappert* Rn. 12.

[39] KK/*Maul* Rn. 9; SK-StPO/*Weßlau* Rn. 16.

[40] Löwe/Rosenberg/*Graalmann-Scheerer* Rn. 7; *Meyer-Goßner* Rn. 6; HK-StPO/*Pollähne* Rn. 9; Radtke/Hohmann/*Rappert* Rn. 1.

[41] KG 30.1.2009 – (2) 1 Ss 275/08 (35/08) – 2 Ws 532/08, StraFo 2009, 240 (241); OLG Hamm 19.9.2006 – 3 Ws 294/06, NJW 2007, 933 (934 f.); SSW-StPO/*Mosbacher* Rn. 19.

[42] OLG Hamm 19.9.2006 – 3 Ws 294/06, NJW 2007, 933 (935).

[43] OLG Düsseldorf 30.8.2002 – 3 Ws 300–301/02, NStZ 2003, 167 (168); OLG Hamm 16.8.2005 – 3 Qs 352–353/05, NStZ-RR 2006, 30; OLG Köln 22.1.1999 – 2 Ws 16–18/99, NStZ-RR 2000, 83 (84).

[44] Löwe/Rosenberg/*Graalmann-Scheerer* Rn. 20; *Meyer-Goßner* Rn. 7; Radtke/Hohmann/*Rappert* Rn. 16.

[45] S. hierzu OLG Dresden 24.5.2006 – 2 Ss 104/06, StraFo 2006, 375 (376).

[46] Löwe/Rosenberg/*Graalmann-Scheerer* Rn. 18; *Meyer-Goßner* Rn. 7.

[47] BT-Drs. 15/3482, 20.

[48] OLG Düsseldorf 30.8.2002 – 3 Ws 300–301/02, NStZ 2003, 167 (168).

genügend entschuldigt. Der Angeklagte ist daher in der Rechtsmittelbelehrung des erstinstanzlichen Urteils auf die Möglichkeit der öffentlichen Zustellung gemäß § 40 Abs. 3 und die Folgen der §§ 329, 330 hinzuweisen (§ 35a S. 2; → Rn. 24 f.).

24 **4. Zustellungsmängel.** Stellt das Gericht öffentlich zu, ohne seiner **Nachforschungspflicht** (→ Rn. 11 f.) Genüge zu tun und die erforderlichen Ermittlungen angestellt zu haben, ist die Zustellung unwirksam.[49] Etwas anderes gilt nur, wenn feststeht, dass die Nachforschungen erfolglos geblieben wären.[50]

25 Wird eine öffentliche Zustellung ausgeführt, obwohl eine gerichtliche **Anordnung** fehlt, wesentliche Förmlichkeiten missachtet wurden (zB die Anordnung entgegen Rn. 19 nur vom Vorsitzenden eines Kollegialgerichts erlassen wurde) oder die Voraussetzungen für eine öffentliche Zustellung erkennbar nicht vorlagen,[51] ist die Zustellung unwirksam.[52]

26 Ebenso vermögen Mängel bei der **Ausführung** der öffentlichen Zustellung zu deren Unwirksamkeit führen. Dies gilt vor allem dann, wenn der Aushang bei dem unzuständigen Gericht (→ Rn. 20) erfolgt,[53] die Benachrichtigung vor Ablauf von zwei Wochen abgehängt wird oder der Vermerk über die Abnahme fehlt.[54] Unbeachtlich ist insoweit hingegen, wenn über § 186 Abs. 2 S. 3 ZPO hinaus und entsprechend § 40 aF auch das zuzustellende Schriftstück selbst ausgehängt wird.[55]

III. Rechtsmittel

27 Gegen die **Anordnung** der öffentlichen Zustellung nach § 40 ist bis zu deren Ausführung **Beschwerde** nach § 304 Abs. 1 statthaft.[56] Ausgeschlossen ist die Beschwerde wegen § 305 S. 1 gegen den Anordnungsbeschluss des erkennenden Gerichts.[57]

28 Ist die öffentliche Zustellung bereits **ausgeführt,** ist die Beschwerde hingegen unzulässig.[58] Der Anordnungsbeschluss kann in diesem Fall nicht mehr aufgehoben werden.[59]

§ 41 [Zustellungen an die Staatsanwaltschaft]

[1]Zustellungen an die Staatsanwaltschaft erfolgen durch Vorlegung der Urschrift des zuzustellenden Schriftstücks. [2]Wenn mit der Zustellung der Lauf einer Frist beginnt, so ist der Tag der Vorlegung von der Staatsanwaltschaft auf der Urschrift zu vermerken.

---

[49] BVerfG 6.2.2003 – 2 BvR 430/03, NStZ-RR 2005, 205 (206); BayObLG 28.7.1983 – 1 Ob OWi 122/83, NStZ 1984, 29 (30); BayObLG 10.7.1991 – RReg. 2 St 98/91, NStZ 1991, 598 (598); OLG Celle 3.12.1984 – 3 Ws 451/84, StV 1985, 495 (495); OLG Frankfurt a. M. 28.3.1983 – 5 Ws 10/83, StV 1983, 233 (233 f.); Löwe/Rosenberg/*Graalmann-Scheerer* Rn. 8; HK-StPO/*Pollähne* Rn. 6; KMR/*Ziegler* Rn. 11.

[50] *Meyer-Goßner* Rn. 4; Radtke/Hohmann/*Rappert* Rn. 19.

[51] BGH 19.12.2001 – VIII ZR 282/00, BGHZ 149, 311 (323) = NJW 2002, 827 (830); BGH 6.10.2006 – V ZR 282/05, NJW 2007, 303 (303).

[52] Löwe/Rosenberg/*Graalmann-Scheerer* Rn. 22; *Meyer-Goßner* Rn. 6; SK-StPO/*Weßlau* Rn. 18.

[53] OLG Stuttgart 5.2.2007 – 4 Ws 391/06, NJW 2007, 935 (937).

[54] Löwe/Rosenberg/*Graalmann-Scheerer* Rn. 22.

[55] OLG Karlsruhe 6.2.2006 – 2 Ws 20/06, NStZ-RR 2007, 205 (205).

[56] OLG Celle 5.12.1975 – 2 Ws 264/75, MDR 1976, 335 (335); OLG Düsseldorf 19.7.1995 – 1 Ws 569/95, VRS 90, 183 (184); Löwe/Rosenberg/*Graalmann-Scheerer* Rn. 23; KK/*Maul* Rn. 12; *Meyer-Goßner* Rn. 8; Radtke/Hohmann/*Rappert* Rn. 18; SK-StPO/*Weßlau* Rn. 19.

[57] KG 14.6.1994 – 5 Ws 254/94, JR 1995, 38; KMR/*Ziegler* Rn. 24.

[58] OLG Düsseldorf 8.5.1991 – 1 Ws 404/91, 1 Ws 409 – 410/91, VRS 81, 371 (372); OLG Düsseldorf 19.7.1995 – 1 Ws 569/95, VRS 90, 183 (184).

[59] LG Aachen 10.6.1991 – 63 Qs 118/91, NStZ 1992, 143 (143) mAnm *Wendisch;* Löwe/Rosenberg/*Graalmann-Scheerer* Rn. 23; KK/*Maul* Rn. 12; *Meyer-Goßner* Rn. 8; Radtke/Hohmann/*Rappert* Rn. 18; SK-StPO/*Weßlau* Rn. 19; KMR/*Ziegler* Rn. 24.

I. Überblick

Die Vorschrift eröffnet den Gerichten die Möglichkeit einer vereinfachten Zustellung an die Staatsanwaltschaft durch Vorlage der Urschrift des zuzustellenden Schriftstücks. Die gewöhnliche Zustellung nach § 37 – ggf. gegen Empfangsbekenntnis nach § 174 ZPO, das dann der Behördenleiter oder dessen Vertreter zu unterzeichnen hat,[1] oder gemäß § 178 Abs. 1 Nr. 2 ZPO[2] – ist dadurch nicht ausgeschlossen.[3] Bei anderen Behörden als der Staatsanwaltschaft ist § 41 nicht anwendbar.[4] 1

II. Erläuterung

1. Verfahren der Zustellung. Über die **Anordnung** der Zustellung gemäß § 41 entscheidet nach allgemeinen Grundsätzen der Vorsitzende des Gerichts (§ 36 Abs. 1 S. 1). Für die **Bewirkung** der Zustellung ist die Geschäftsstelle zuständig (§ 36 Abs. 1 S. 2).[5] 2

Die Zustellung erfolgt durch **Vorlegung der** (unterzeichneten) **Urschrift** des zuzustellenden Schriftstücks (S. 1). Es reicht demnach nicht aus, der Staatsanwaltschaft lediglich eine Ausfertigung oder eine beglaubigte Abschrift vorzulegen oder zu übersenden.[6] Nicht erforderlich ist, auf § 41 ausdrücklich hinzuweisen oder einen entsprechenden Vermerk „zur Zustellung" anzubringen.[7] Vielmehr genügt es, wenn sich der Zustellungswille der zustellenden Behörde erkennen lässt.[8] Dies kann bereits bei der Vorlegung des Schriftstücks „zur gefälligen Kenntnisnahme"[9] oder „zur weiteren Veranlassung"[10] der Fall sein, nicht hingegen bei Rücksendung der Akten „nach Erledigung".[11] Ob die empfangende Staatsanwaltschaft das Schriftstück als Zustellung entgegennehmen will, bleibt jeweils unbeachtlich.[12] 3

2. Rechtsfolgen der Zustellung. Mit **Eingang** des zuzustellenden Schriftstücks bei der Staatsanwaltschaft ist die Zustellung bewirkt. Gewöhnlich geht die Urschrift auf der Verwaltungsgeschäftsstelle oder der Posteingangsstelle ein und wird durch den Eingangsstempel nachgewiesen.[13] Für die Zustellung ist also unerheblich, ob der Behördenleiter oder der zuständige Sachbearbeiter hiervon Kenntnis erlangen.[14] Eine entgegenstehende Anordnung des Behördenleiters oder des Geschäftsstellenleiters bleibt unbeachtlich.[15] Die schwere Lesbarkeit einer handschriftlichen Urschrift schließt die Zustellung nicht aus.[16] 4

---

1 OLG Frankfurt a. M. 28.2.1996 – 3 Ws 152–153/96, NStZ-RR 1996, 234 (234).

2 RG 12.9.1938 – 3 D 596/38, RGSt 72, 317 (318); OLG Braunschweig 2.3.1988 – Ws 14/88, NStZ 1988, 514 (514).

3 OLG Zweibrücken 27.7.1976 – Ws 82/76, JR 1977, 292 (293) mAnm *Schätzler;* Löwe/Rosenberg/*Graalmann-Scheerer* Rn. 1; KK/*Maul* Rn. 1; *Meyer-Goßner* Rn. 1; SK-StPO/*Weßlau* Rn. 1; KMR/*Ziegler* Rn. 3.

4 OLG Celle 8.5.1984 – 3 Ws 143/84 bei *Franke* NStZ 1985, 349 (355); BeckOK-StPO/*Larcher* Rn. 2; KK/*Maul* Rn. 1.

5 KK/*Maul* Rn. 4; *Meyer-Goßner* Rn. 1; *Pfeiffer* Rn. 1; Radtke/Hohmann/*Rappert* Rn. 2; SK-StPO/*Weßlau* Rn. 4.

6 RG 30.6.1927 – II 258/27, RGSt 61, 351 (352); OLG Düsseldorf 11.4.1983 – 1 Ws 196/83, Rpfleger 1983, 325.

7 BayObLG 7.9.1995 – 2 Ob OWi 600/95, BayObLGSt 1995, 154 (156 f.); OLG Hamm 19.1.1956 – 2 Ss 1345/55, GA 1957, 183 (184).

8 RG 21.4.1922 – V 48/22, RGSt 57, 55 (55); OLG Hamm 15.4.1977 – 1 Ws 37/77, JMBlNW 1977, 257 (257 f.).

9 OLG Zweibrücken 5.10.1977 – Ws 380/77, VRS 54, 284 (284 f.).

10 BayObLG 7.9.1995 – 2 Ob OWi 600/95, BayObLGSt 1995, 154 (157); OLG Hamm 19.1.1956 – 2 Ss 1345/55, GA 1957, 183 (184).

11 OLG Hamm 15.4.1977 – 1 Ws 37/77, JMBlNW 1977, 257 (258).

12 RG 21.4.1922 – V 48/22, RGSt 57, 55 (55 f.); OLG Hamm 19.1.1956 – 2 Ss 1345/55, GA 1957, 183 (184).

13 OLG Braunschweig 2.3.1988 – Ws 14/88, NStZ 1988, 514 (514); OLG Hamm 19.1.1956 – 2 Ss 1345/55, GA 1957, 183 (184); Löwe/Rosenberg/*Graalmann-Scheerer* Rn. 2; *Meyer-Goßner* Rn. 3.

14 RG 12.9.1938 – 3 D 596/38, RGSt 72, 317 (319); OLG Braunschweig 2.3.1988 – Ws 14/88, NStZ 1988, 514 (514); Löwe/Rosenberg/*Graalmann-Scheerer* Rn. 2; KK/*Maul* Rn. 5; *Meyer-Goßner* Rn. 3; SK-StPO/*Weßlau* Rn. 5; KMR/*Ziegler* Rn. 2.

15 RG 12.9.1938 – 3 D 596/38, RGSt 72, 317 (320); OLG Hamm 19.1.1956 – 2 Ss 1345/55, GA 1957, 183 (184).

16 OLG Saarbrücken 8.9.1993 – 1 Ws 169/93, NStE Nr. 2 zu § 41 StPO.

5 Beginnt mit der Zustellung der Lauf einer **Frist,** ist die Geschäftsstelle der Staatsanwaltschaft gemäß S. 2[17] dazu verpflichtet, den Tag der Vorlegung auf der Urschrift zu vermerken. Der **Vermerk** ist vom Staatsanwalt zu zeichnen (s. hierzu im Einzelnen Nr. 159 RiStBV). Hierbei handelt es sich allerdings nicht um eine Wirksamkeitsvoraussetzung für die Zustellung. Vielmehr stellt der Vermerk lediglich ein Beweismittel dar, das anderweitig ersetzt werden kann. Ein fehlender oder unzutreffender, dh den falschen Eingangstag wiedergebender Vermerk wirkt sich daher nicht auf den Lauf der Frist aus.[18] Es ist nicht möglich, die einmal bewirkte Zustellung durch eine Vereinbarung zwischen der Staatsanwaltschaft und dem Gericht wieder rückgängig zu machen.[19]

§ 41a [Elektronisches Dokument]

(1) [1]An das Gericht oder die Staatsanwaltschaft gerichtete Erklärungen, Anträge oder deren Begründung, die nach diesem Gesetz ausdrücklich schriftlich abzufassen oder zu unterzeichnen sind, können als elektronisches Dokument eingereicht werden, wenn dieses mit einer qualifizierten elektronischen Signatur nach dem Signaturgesetz versehen und für die Bearbeitung durch das Gericht oder die Staatsanwaltschaft geeignet ist. [2]In der Rechtsverordnung nach Absatz 2 kann neben der qualifizierten elektronischen Signatur auch ein anderes sicheres Verfahren zugelassen werden, das die Authentizität und die Integrität des übermittelten elektronischen Dokuments sicherstellt. [3]Ein elektronisches Dokument ist eingegangen, sobald die für den Empfang bestimmte Einrichtung des Gerichts oder der Staatsanwaltschaft es aufgezeichnet hat. [4]Ist ein übermitteltes elektronisches Dokument zur Bearbeitung nicht geeignet, ist dies dem Absender unter Angabe der geltenden technischen Rahmenbedingungen unverzüglich mitzuteilen. [5]Von dem elektronischen Dokument ist unverzüglich ein Aktenausdruck zu fertigen.

(2) [1]Die Bundesregierung und die Landesregierungen bestimmen für ihren Bereich durch Rechtsverordnung den Zeitpunkt, von dem an elektronische Dokumente bei den Gerichten und Staatsanwaltschaften eingereicht werden können, sowie die für die Bearbeitung der Dokumente geeignete Form. [2]Die Landesregierungen können die Ermächtigung durch Rechtsverordnung auf die Landesjustizverwaltungen übertragen. [3]Die Zulassung der elektronischen Form kann auf einzelne Gerichte oder Staatsanwaltschaften oder Verfahren beschränkt werden.

Schrifttum: *Diwell,* E-Justice – digitale Justiz auch im Strafverfahren?, FS 25 Jahre Arbeitsgemeinschaft Strafrecht des Deutschen Anwaltvereins, 2009, S. 450; *Köbler,* Vom „Mehrwert" elektronischer Fallbearbeitung, DRiZ 2013, 76; *Viefhues,* Das Gesetz über die Verwendung elektronischer Kommunikationsformen in der Justiz, NJW 2005, 1009.

Übersicht

[17] Kritisch gegenüber der Aufnahme der „Verwaltungsvorschrift" in § 41 Löwe/Rosenberg/*Graalmann-Scheerer* Rn. 3.

[18] RG 21.4.1922 – V 48/22, RGSt 57, 55 (56); OLG Braunschweig 2.3.1988 – Ws 14/88, NStZ 1988, 514 (514); OLG Hamm 19.1.1956 – 2 Ss 1345/55, GA 1957, 183 (184); Löwe/Rosenberg/*Graalmann-Scheerer* Rn. 3; KK/*Maul* Rn. 6; HK-StPO/*Pollähne* Rn. 4; SK-StPO/*Weßlau* Rn. 5.

[19] RG 21.4.1922 – V 48/22, RGSt 57, 55 (56).

I. Überblick

1. Normzweck. Das digitale Zeitalter hält allmählich Einzug auch in die Justiz. In Papierform geführte Akten sollen daher zunehmend und in sämtlichen Verfahrensarten durch **elektronische Akten** ersetzt werden. Von der Umstellung verspricht sich der Gesetzgeber ua einen örtlich unabhängigen, kontinuierlichen und zeitgleichen Zugriff auf die Akten, bessere und schnellere Such- und Verarbeitungsmöglichkeiten sowie eine beschleunigte Kommunikation zwischen den Verfahrensbeteiligten.[1] 1

Anders als etwa im Ordnungswidrigkeitenrecht, in dem die §§ 110a ff. OWiG bereits eine vollständige elektronische Aktenführung gestatten, ist im Strafprozessrecht bislang lediglich vorgesehen, einzelne **elektronische Dokumente** einzureichen. Diese Zurückhaltung beruht nicht zuletzt darauf, dass eine verbindliche Festlegung auf eine papierlose Kommunikation mit den Strafverfolgungsorganen wesentliche Zugangsschranken errichte, die sich mit dem verfassungsrechtlich gewährleisteten Anspruch auf rechtliches Gehör kaum vereinbaren ließen.[2] Auch das Gesetz zur Förderung des elektronischen Rechtsverkehrs mit den Gerichten vom 10.10.2013[3] konzentriert sich im Wesentlichen auf den Zivilprozess und sieht insoweit vor, dass nicht zuletzt Rechtsanwälte ab dem Jahr 2018 für elektronische Zustellungen erreichbar sein müssen (s. § 174 Abs. 3 S. 4 ZPO nF) und ab 2022 zwingend Schriftsätze einschließlich Anlagen, Anträge und Erklärungen als elektronisches Dokument zu übermitteln haben (s. § 130d ZPO nF). 2

Die durch Art. 6 Nr. 3 des Gesetzes über die Verwendung elektronischer Kommunikationsformen in der Justiz (**Justizkommunikationsgesetz** – JKomG) vom 22.3.2005[4] eingefügte Vorschrift des § 41a im Speziellen bezweckt, einen zusätzlichen Kommunikationsweg gegenüber den Gerichten und Staatsanwaltschaften zu eröffnen.[5] Da dadurch aber nur einzelne Möglichkeiten des elektronischen Rechtsverkehrs genutzt werden und den Verfahrensbeteiligten insbesondere eine elektronische Akteneinsicht verwehrt bleibt, dürfte die Praxis zumindest in naher Zukunft auf diese Form der Kommunikation mit den Justizbehörden kaum zurückgreifen.[6] 3

2. Anwendungsbereich. § 41a ist lediglich auf bestimmte Erklärungen anwendbar (→ Rn. 6), die **an das Gericht oder die Staatsanwaltschaft** gerichtet sind. Adressat des elektronischen Dokuments muss also eine Justizbehörde sein. Hingegen enthält die Vorschrift keine Regelung für den Versand elektronischer Dokumente in umgekehrter Richtung, dh von den Justizbehörden an andere Verfahrensbeteiligte. Insoweit kommt aber eine Zustellung gerichtlicher Entscheidungen als elektronisches Dokument gemäß § 37 Abs. 1 iVm § 174 Abs. 3 ZPO in Betracht (→ § 37 Rn. 42). 4

II. Erläuterung

1. Voraussetzungen. Abs. 1 S. 1 gestattet nur die Einreichung von elektronischen Dokumenten, die an das Gericht oder die Staatsanwaltschaft gerichtet sind. Der **Adressatenkreis** ist demnach auf die verfahrensführenden und -bearbeitenden Justizbehörden beschränkt. Demgegenüber erfasst der Kreis der möglichen **Absender** sämtliche Verfahrensbeteiligte, insbesondere Beschuldigte und Verteidiger sowie Privat- und Nebenkläger, Zeugen und Sachverständige.[7] 5

Erfasst sind nur **Erklärungen, Anträge und deren Begründung,** die nach den Vorschriften der Strafprozessordnung ausdrücklich **schriftlich abzufassen oder zu unter-** 6

[1] BT-Drs. 15/4067, 24; zu den Vorteilen der elektronischen Akte *Köbler* DRiZ 2013, 76 ff.
[2] BT-Drs. 15/4067, 26.
[3] BGBl. I 3786.
[4] BGBl. I 837.
[5] Löwe/Rosenberg/*Graalmann-Scheerer* Rn. 1.
[6] S. hierzu KK/*Graf* Rn. 4 f.; zu den Chancen und Schwierigkeiten der elektronischen Aktenführung im Strafverfahren *Diwell*, FS DAV, 2009, 450 (452 ff.).
[7] Löwe/Rosenberg/*Graalmann-Scheerer* Rn. 2; *Meyer-Goßner* Rn. 1.

zeichnen sind. Hierzu zählen die Rechtsmittel der Beschwerde (§ 306 Abs. 1), der Berufung (§ 314 Abs. 1) und der Revision (§ 341 Abs. 1) bzw. deren Begründung (§ 317, § 345 Abs. 2), ferner die Rechtsbehelfe des Antrags auf Wiederaufnahme des Verfahrens (§ 366 Abs. 2), des Einspruchs gegen einen Strafbefehl (§ 410 Abs. 1 S. 1) und des Antrags auf gerichtliche Entscheidung gemäß § 172 Abs. 2 sowie die Erhebung der Privatklage (§ 381) und die Anschlusserklärung des Nebenklägers (§ 396 Abs. 1 S. 1). Als elektronisches Dokument können aber nicht nur digitalisierte Schriftstücke, sondern sämtliche Formen gespeicherter Informationen eingereicht werden, zB auch Bild-, Video- und Audiodateien.

7 Auf Äußerungen, für die das Schriftform- bzw. Unterschriftserfordernis des S. 1 nicht gilt, ist § 41a **nicht anwendbar.** Dies betrifft ua Anträge auf gerichtliche Entscheidung nach § 23 EGGVG, deren notwendige Schriftform sich aus § 26 Abs. 1 EGGVG und somit nicht aus der StPO, also nicht „nach diesem Gesetz" ergibt.[8] Daraus folgt indessen nicht, dass ihre Einreichung in elektronischer Form ausgeschlossen wäre, sondern lediglich, hierbei die formellen Anforderungen des § 41a wie insbesondere die qualifizierte elektronische Signatur (→ Rn. 8) nicht beachten zu müssen.[9] Für Anträge der Staatsanwaltschaft können innerbehördliche Anweisungen eine qualifizierte elektronische Signatur anordnen.[10]

8 **2. Einreichung des elektronischen Dokuments.** Das elektronische Dokument muss gemäß Abs. 1 S. 1 aE mit einer qualifizierten elektronischen Signatur nach dem SigG versehen und für die Bearbeitung durch das Gericht oder die Staatsanwaltschaft geeignet sein. Eine **elektronische Signatur** besteht nach der Legaldefinition in § 2 Nr. 1 SigG aus Daten in elektronischer Form, die anderen elektronischen Daten beigefügt oder logisch mit ihnen verknüpft sind und die zur Authentifizierung dienen. **Qualifiziert** iSd § 2 Nr. 3 SigG ist eine elektronische Signatur, wenn sie zum einen die Voraussetzungen an eine fortgeschrittene elektronische Signatur iSd § 2 Nr. 2 SigG erfüllt, dh die elektronische Signatur ausschließlich dem Signaturschlüssel-Inhaber zugeordnet ist, die Identifizierung des Signaturschlüssel-Inhabers ermöglicht, mit Mitteln erzeugt wird, die der Signaturschlüssel-Inhaber unter seiner alleinigen Kontrolle halten kann, und schließlich mit den Daten, auf die sie sich bezieht, so verknüpft ist, dass eine nachträgliche Veränderung der Daten erkannt werden kann. Zum anderen muss die qualifizierte elektronische Signatur auf einem zum Zeitpunkt ihrer Erzeugung gültigen qualifizierten Zertifikat beruhen und mit einer sicheren Signaturerstellungseinheit erzeugt werden.

9 Sinn und Zweck der qualifizierten elektronischen Signatur ist es, die **Authentizität und Integrität** eines elektronischen Dokuments zu gewährleisten. Die Signatur muss daher von demjenigen stammen, der die Erklärung abgibt.[11] Nicht erforderlich ist es, das übermittelte Dokument zu verschlüsseln.[12]

10 Abs. 1 S. 2 gestattet dem Rechtsverordnungsgeber nach Abs. 2 (→ Rn. 15), neben der qualifizierten elektronischen Signatur auch ein **anderes sicheres Verfahren** zuzulassen, das die Authentizität und die Integrität des übermittelten elektronischen Dokuments sicherstellt; in diesem Fall bedarf das jeweilige Dokument keiner qualifizierten elektronischen Signatur.[13] Im Einzelnen muss gewährleistet sein, dass das elektronische Dokument dem angegebenen Absender zuzurechnen ist, in seiner Integrität geschützt übermittelt wird, dh mittels eines kryptographischen Verfahrens, das zumindest die „Standards und Architekturen für eGovernment-Anwendungen (SAGA)" in ihrer jeweils aktuellen Fassung einhält, und nach Eingang bei dem Gericht so gespeichert wird, dass die Überprüfbarkeit der Integrität des Dokuments für die Zeit seiner Speicherung sichergestellt ist.[14] Der Wortlaut des Abs. 1

---

[8] Löwe/Rosenberg/*Graalmann-Scheerer* Rn. 4 vermutet ein Redaktionsversehen des Gesetzgebers.

[9] *Meyer-Goßner* Rn. 4; KMR/*Ziegler* Rn. 3.

[10] BT-Drs. 15/4067, 43.

[11] BGH 21.12.2010 – VI ZB 28/10, BGHZ 188, 38 (41) = NJW 2011, 1294 (1295) mAnm *Hamm* zur insoweit ausdrücklichen Vorschrift des § 130a Abs. 1 S. 2 ZPO.

[12] KK/*Graf* Rn. 12; *Viefhues* NJW 2005, 1009 (1010).

[13] Vgl. FG Düsseldorf 9.7.2009 – 16 K 572/09 E, CR 2010, 399 (400).

[14] BT-Drs. 15/4067, 43 iVm 37.

S. 2 („neben") stellt klar, dass das Signaturverfahren diesen Ansprüchen jedenfalls genügt, sonstige sichere Verfahren also allenfalls als zusätzliche, nicht aber als ersetzende Alternative eingeführt werden dürfen. Dadurch wird die qualifizierte elektronische Signatur als einheitlicher, bundesweit geltender Standard im Strafverfahren etabliert.[15]

Außer der qualifizierten elektronischen Signatur oder eines anderen sicheren Verfahrens setzt die wirksame Einreichung eines elektronischen Dokuments voraus, dass es **für die Bearbeitung** durch das Gericht oder die Staatsanwaltschaft **geeignet** ist. Die Einzelheiten bestimmt gemäß Abs. 2 S. 1 der Verordnungsgeber (→ Rn. 19). Ist ein übermitteltes elektronisches Dokument zur Bearbeitung nicht geeignet, ist dies dem Absender gemäß Abs. 1 S. 4 unverzüglich mitzuteilen (→ Rn. 14). Wirksam ist ein elektronisches Dokument nur eingereicht, wenn es mit einer qualifizierten elektronischen Signatur versehen und zur Bearbeitung durch den Adressaten geeignet ist. 11

3. Eingang des elektronischen Dokuments. Der **Eingang** des elektronischen Dokuments bei der adressierten Justizbehörde erfolgt, sobald die für den Empfang bestimmte Einrichtung des Gerichts oder der Staatsanwaltschaft es auf einem maschinenlesbaren Datenträger aufgezeichnet hat (Abs. 1 S. 3). Auf den gemäß Abs. 1 S. 5 erforderlichen Ausdruck (→ Rn. 13) kommt es nicht an.[16] Dies gestattet es dem Absender, Fristen bis kurz vor ihrem Ablauf zu nutzen.[17] Verhindert ein technischer Mangel auf Seiten des Empfängers den fristgerechten Eingang eines elektronischen Dokuments, kann dies die Wiedereinsetzung in den vorigen Stand begründen.[18] 12

Abs. 1 S. 5 bestimmt, dass von dem elektronischen Dokument unverzüglich, dh ohne schuldhaftes Zögern,[19] ein **Aktenausdruck** zu fertigen ist. Die Dokumentationspflicht soll gewährleisten, dass die papierne Akte auch bei der Einreichung elektronischer Dokumente vollständig bleibt.[20] Dies verdeutlicht, dass der Strafprozess noch weit von einer reinen elektronischen Aktenführung entfernt ist und das elektronische Dokument die Papierform nicht ersetzt, sondern dessen Übermittlung nur einen zusätzlichen Kommunikationsweg darstellt (→ Rn. 2 f.). 13

Abs. 1 S. 4 konkretisiert die Fürsorgepflicht der Justizbehörden dahingehend, dass dem Absender unverzüglich, dh ohne schuldhaftes Zögern,[21] nach Eingang mitzuteilen ist, wenn sich sein übermitteltes elektronisches Dokument nicht zur Bearbeitung eignet.[22] Dies gilt nicht nur, wenn der Absender ein in der jeweiligen Rechtsverordnung nicht zugelassenes Dateiformat (→ Rn. 19) wählt, sondern auch bei einer fehlerhaften oder unvollständigen Datenübertragung.[23] Die **Mitteilung** soll den Absender ggf. in die Lage versetzen, die übermittelte Äußerung noch fristgerecht einzureichen, sei es durch den erneuten Versuch auf elektronischem Wege oder auf eine andere Weise wie zB per Telefax.[24] Es ist daher gemäß Abs. 1 S. 4 zugleich auf die geltenden technischen Rahmenbedingungen hinzuweisen, die der Absender bei der Einreichung elektronischer Dokumente zu beachten hat. Wird bei fristgebundenen Erklärungen die Frist versäumt, weil ein **Hinweis** nach Abs. 1 S. 4 unterbleibt bzw. nur mit Verzögerung ergeht, kann dies einen Anspruch auf Wiedereinsetzung in den vorigen Stand nach § 44 begründen.[25] 14

4. Rechtsverordnungen (Abs. 1 S. 2, Abs. 2). § 41a gibt lediglich den Rahmen vor, innerhalb dessen die Einreichung elektronischer Dokumente im Strafverfahren ermöglicht 15

---

15 BT-Drs. 15/4067, 43.
16 KK/*Graf* Rn. 13; KMR/*Ziegler* Rn. 5.
17 BT-Drs. 15/4067, 43.
18 Löwe/Rosenberg/*Graalmann-Scheerer* Rn. 10; KK/*Graf* Rn. 14; Radtke/Hohmann/*Rappert* Rn. 7.
19 Löwe/Rosenberg/*Graalmann-Scheerer* Rn. 19.
20 Löwe/Rosenberg/*Graalmann-Scheerer* Rn. 18; HK-StPO/*Pollähne* Rn. 5.
21 Löwe/Rosenberg/*Graalmann-Scheerer* Rn. 15; HK-StPO/*Pollähne* Rn. 4.
22 BT-Drs. 15/4067, 43.
23 Radtke/Hohmann/*Rappert* Rn. 9; weiter KK/*Graf* Rn. 15: Benachrichtigungspflicht auch bei Fehlen der qualifizierten elektronischen Signatur.
24 Löwe/Rosenberg/*Graalmann-Scheerer* Rn. 13.
25 *Meyer-Goßner* Rn. 7; vgl. BT-Drs. 15/4067, 37.

werden kann. Die Details bestimmt der **Verordnungsgeber,** namentlich die Bundesregierung und die Landesregierungen jeweils für denjenigen Bereich, für den sie zuständig sind (Abs. 2 S. 1). Dabei können die Landesregierungen ihre Ermächtigung durch Rechtsverordnung auf die Landesjustizverwaltungen übertragen (Abs. 2 S. 2).

16 Bislang haben lediglich Bremen (Verordnung über den elektronischen Rechtsverkehr im Land Bremen) und Hessen (Verordnung über den elektronischen Rechtsverkehr bei hessischen Gerichten und Staatsanwaltschaften) **Verordnungen** erlassen, welche die Einreichung elektronischer Dokumente gemäß § 41a gestatten.

17 Auf die Möglichkeit des Abs. 2 S. 2, die Landesjustizverwaltung zu **ermächtigen,** haben Brandenburg (§ 1 Nr. 41 der Verordnung zur Übertragung von Zuständigkeiten zum Erlass von Rechtsverordnungen auf das für Justiz zuständige Mitglied der Landesregierung), Bremen (§ 1 der Verordnung zur Übertragung von Ermächtigungen in Zusammenhang mit dem elektronischen Rechtsverkehr), Hamburg (§ 1 Nr. 12 der Verordnung zur Weiterübertragung von Ermächtigungen zum Erlass von Rechtsverordnungen über den elektronischen Rechtsverkehr in Verfahren der Gerichte und der Staatsanwaltschaft), Mecklenburg-Vorpommern (§ 1 Abs. 1 Nr. 35 der Landesverordnung zur Übertragung von Ermächtigungen zum Erlass von Rechtsverordnungen im Bereich der Justiz), Niedersachsen (§ 1 Nr. 46 der Verordnung zur Übertragung von Ermächtigungen auf den Gebieten der Rechtspflege und der Justizverwaltung), Rheinland-Pfalz (§ 1 Nr. 39 der Landesverordnung zur Übertragung von Ermächtigungen auf dem Gebiet der Rechtspflege), Sachsen (§ 1 Nr. 14 der Verordnung der Sächsischen Staatsregierung über die Übertragung von Zuständigkeiten zum Erlass von Rechtsverordnungen im Bereich der Rechtspflege auf das Sächsische Staatsministerium der Justiz und für Europa), Sachsen-Anhalt (§ 1 Nr. 23 der Verordnung zur Übertragung von Verordnungsermächtigungen im Bereich der Justiz), Saarland (§ 1 Abs. 1 Nr. 28a der Landesverordnung zur Übertragung von Ermächtigungen zum Erlass von Rechtsverordnungen im Bereich der Rechtspflege) und Thüringen (§ 1 Nr. 48 der Thüringer Verordnung zur Übertragung von Ermächtigungen zum Erlass von Rechtsverordnungen im Bereich der Rechtspflege) zurückgegriffen.

18 Im Einzelnen kann der Verordnungsgeber ua den **Zeitpunkt** festlegen, ab dem elektronische Dokumente bei den Gerichten und Staatsanwaltschaften eingereicht werden können (Abs. 2 S. 1). Möglich ist außerdem gemäß Abs. 2 S. 3, die elektronische Form (zunächst) auf einzelne Gerichte oder Staatsanwaltschaften oder auch auf einzelne Verfahren zu beschränken.

19 Ebenfalls durch Verordnung bestimmt werden können Vorgaben für die **Form,** die für die Bearbeitung der Dokumente geeignet ist (Abs. 2 S. 1 aE). Die bisherigen Verordnungen (s. zB § 2 Abs. 5 und 6 BremERVVO, Anlage 2 Nr. 3 zu § 2 HERVVO sowie § 2 Abs. 4 LSAERVVO) lassen im Wesentlichen – mit Unterschieden im Einzelnen – als Dateiformat vornehmlich ASCII (American Standard Code for Information Interchange) als reinen Text ohne Formatierungscodes und ohne Sonderzeichen, Unicode, Microsoft RTF (Rich Text Format), Adobe PDF (Portable Document Format), XML (Extensive Markup Language), Microsoft Word und ggf. Microsoft Excel, soweit keine aktiven Komponenten wie Makros verwendet werden, sowie TIFF (Tag Image File Format) für Graphikdateien zu.

20 Umstritten ist, ob auch schon vor Erlass der notwendigen Rechtsverordnung Dokumente auf elektronischem Wege, insbesondere durch E-Mail wirksam an die Justizbehörden übermittelt werden können. Der Gemeinsame Senat der obersten Gerichtshöfe des Bundes hat die Einreichung einer Berufungsbegründung gegen einen Vollstreckungsbescheid per Computerfax als zulässig angesehen, weil hier die Person des Erklärenden idR eindeutig bestimmt ist und dadurch Rechtssicherheit und vornehmlich die Verlässlichkeit der Eingabe gewährleistet sind.[26] Der Gesetzgeber hat es der Rechtsprechung überlassen, ob diese Grundsätze auch auf E-Mails übertragbar sind.[27] Bislang hat die Rechtsprechung eine Wah-

---

[26] GmS-OGB 5.4.2000 – GmS-OGB 1/98, BGHZ 144, 160 (165) = NJW 2000, 2340 (2341); ebenso für einen „SMS-to-Fax-Service" OLG Brandenburg 10.12.2012 – 1 Ws 218/12, StraFo 2013, 72 (72 f.).

[27] BT-Drs. 15/4067, 44.

rung der Schriftform jedenfalls durch eine einfache, nicht signierte E-Mail aber ausgeschlossen.[28]

Schließlich darf der Verordnungsgeber gemäß Abs. 1 S. 2 neben der qualifizierten elektronischen Signatur auch ein **anderes sicheres Verfahren** zulassen, das die Authentizität und die Integrität des übermittelten elektronischen Dokuments sicherstellt (→ Rn. 10). 21

[28] OLG Oldenburg 14.8.2008 – 1 Ws 465/08, NJW 2009, 536 (537) für die Berufung; OLG Oldenburg 3.4.2012 – 2 SsRs 294/11, NZV 2012, 303 für die Rechtsbeschwerde sowie den Antrag auf deren Zulassung; LG Zweibrücken 7.7.2010 – Qs 47/10, VRS 119, 223 (224) für die sofortige Beschwerde; ebenso KK/*Graf* Rn. 3; *Meyer-Goßner* Rn. 9; Radtke/Hohmann/*Rappert* Rn. 10; vgl. auch BGH 4.12.2008 – IX ZB 41/08, NJW-RR 2009, 357 (357 f.).

Fünfter Abschnitt. Fristen und Wiedereinsetzung in den vorigen Stand

§ 42 [Tagesfristen]

Bei der Berechnung einer Frist, die nach Tagen bestimmt ist, wird der Tag nicht mitgerechnet, auf den der Zeitpunkt oder das Ereignis fällt, nach dem der Anfang der Frist sich richten soll.

I. Überblick

1 **1. Normzweck.** Fristen dienen zum einen der **Rechtssicherheit,** indem sie das Verfahren beschleunigen und zu einem rechtskräftigen Abschluss bringen. Zum anderen werden die Rechte der Beteiligten gewährleistet, indem ihnen die notwendige **Vorbereitungs- und Überlegungszeit** eingeräumt wird.[1] Da Fristen nicht selten bis zum Ende genutzt werden, sind Zweifel über deren Ablauf im Hinblick auf die bei Säumnis eintretenden Rechtsnachteile zu beseitigen. Daher regeln § 42 und § 43 Beginn und Ende von Tages-, Wochen- und Monatsfristen.

2 **2. Anwendungsbereich. Fristen** sind bestimmte oder zumindest bestimmbare Zeiträume, innerhalb derer eine Prozesshandlung durch einen Prozessbeteiligten zu erfolgen (zB Einlegung eines Rechtsmittels) bzw. seitens Gericht und Staatsanwaltschaft zu unterbleiben hat (zB bei der Beachtung von Ladungsfristen).[2] Nicht anwendbar sind die §§ 42 f. auf unbestimmte Rechtsbegriffe, welche die Fristdauer bezeichnen (zB „unverzüglich" in § 25 Abs. 2 S. 1 Nr. 2).[3] **Termine,** an oder ab denen nach gesetzlicher oder richterlicher Bestimmung Verhandlungen stattfinden sollen, sind nicht erfasst (zur Wiedereinsetzung bei Versäumung → § 44 Rn. 6).[4]

3 Die §§ 42 ff. beziehen sich lediglich auf **strafprozessuale Fristen.** Auf materiellrechtliche Fristen (zB beim Strafantrag gemäß § 77b StGB oder bei der Verfolgungsverjährung gemäß § 78 StGB) sind die Regelungen des Fünften Abschnitts nicht anwendbar.[5]

4 Zudem gelten die Vorschriften nur für Fristen, die von anderen Verfahrensbeteiligten als den Rechtspflegeorganen zu beachten sind. **Keine** Fristen iSd §§ 42 ff. sind demnach die sog. **Zwischenfristen,** die Staatsanwaltschaft und Gericht betreffen und sie entweder zu bestimmten Prozesshandlungen innerhalb eines bestimmten Zeitraums anhalten (zB § 98 Abs. 3, § 100b Abs. 1 S. 3, ggf. iVm § 100i Abs. 3 S. 1, § 100d Abs. 1 S. 3, § 111e Abs. 2 S. 1, § 115 Abs. 2, § 115a Abs. 1 und Abs. 2 S. 1, § 118 Abs. 5, § 118a Abs. 4 S. 2, § 121 Abs. 1, § 122 Abs. 4 S. 2, § 128 Abs. 1 S. 1, § 129, § 135, ggf. iVm § 163a Abs. 3 S. 2, § 229 Abs. 1 und 2, § 268 Abs. 3 S. 2, § 275 Abs. 1 S. 2) oder vor dessen Ablauf deren Vornahme untersagen (s. insbesondere die Ladungsfristen nach § 138d Abs. 2 S. 2, § 217 Abs. 1, ggf. iVm § 218 S. 2, § 418 Abs. 2 S. 3).[6] Zu den in §§ 42 f. geregelten Fristen zählen somit vornehmlich sog. **Handlungs- und Erklärungsfristen;** hier ist innerhalb der Frist eine bestimmte Prozesshandlung vorzunehmen bzw. Erklärung abzugeben, damit diese nicht unzulässig wird.

---

[1] BVerfG 11.2.1976 – 2 BvR 652/75, BVerfGE 41, 323 (326) = NJW 1976, 747; HK-StPO/*Brauer* § 43 Rn. 1; KK/*Maul* § 43 Rn. 2.

[2] BeckOK-StPO/*Cirener* Rn. 1; *Meyer-Goßner* Vor § 42 Rn. 1; Radtke/Hohmann/*Rappert* Rn. 1; KMR/*Ziegler* Vor § 42 Rn. 1.

[3] Löwe/Rosenberg/*Graalmann-Scheerer* Vor § 42 Rn. 1 Fn. 2.

[4] HK-StPO/*Brauer* § 43 Rn. 9; KK/*Maul* § 43 Rn. 6; *Meyer-Goßner* Vor § 42 Rn. 3; SK-StPO/*Weßlau*/*Deiters* § 43 Rn. 7.

[5] HK-StPO/*Brauer* § 43 Rn. 1; BeckOK-StPO/*Cirener* Rn. 2; KK/*Maul* § 43 Rn. 6; *Meyer-Goßner* Vor § 42 Rn. 1.

[6] BeckOK-StPO/*Cirener* Rn. 2; KK/*Maul* § 43 Rn. 6; *Meyer-Goßner* Vor § 42 Rn. 2; Radtke/Hohmann/*Rappert* Rn. 2; SSW-StPO/*Tsambikakis* Vor §§ 42 ff. Rn. 1; KMR/*Ziegler* Vor § 42 Rn. 5; aA Löwe/Rosenberg/*Graalmann-Scheerer* Rn. 1; SK-StPO/*Weßlau*/*Deiters* § 43 Rn. 3.

Fristen iSd §§ 42 f. sind zum einen **gesetzliche Fristen.** Beispiele für solche Zeiträume, die sich dem Gesetz sofort, eindeutig und klar erkennbar entnehmen lassen müssen,[7] enthalten vor allem Vorschriften über die Einlegung von Rechtsbehelfen (§ 45 Abs. 1 S. 1, § 172 Abs. 1 S. 1 und Abs. 2 S. 1, § 235 Abs. 1 S. 1, § 319 Abs. 2 S. 1, § 346 Abs. 2 S. 1, § 410 Abs. 1 S. 1, § 439 Abs. 2 S. 1) und Rechtsmitteln (§ 311 Abs. 2, § 314 Abs. 1, § 341 Abs. 1) sowie über deren Begründung (§ 317, § 345 Abs. 1). Gesetzliche Fristen können nicht verlängert werden; gleichwohl gewährte Verlängerungen sind daher unbeachtlich, begründen aber in der Regel eine Wiedereinsetzung in den vorigen Stand.[8] Eine Wiedereinsetzung scheidet jedoch von vornherein aus bei sog. **Ausschlussfristen,** nach deren Ablauf die jeweilige Prozesshandlung schlechthin unzulässig ist.[9] Ausschlussfristen finden sich ua in § 6a S. 3, § 16 S. 3, § 25 Abs. 1 S. 1 und Abs. 2 S. 2, § 222b Abs. 1 S. 1, § 303 S. 1, § 388 Abs. 1, § 391 Abs. 1 S. 2 und § 439 Abs. 2 S. 2. 5

Außer durch das Gesetz können Fristen zum anderen durch Gericht und Staatsanwaltschaft gesetzt werden. **Richterliche Fristen** darf das Gericht mittels Verfügung aufgrund gesetzlicher Ermächtigung (zB § 123 Abs. 3, § 201 Abs. 1 S. 1, § 368 Abs. 2, § 379a Abs. 1, § 382, § 406g Abs. 4 S. 3) oder im Rahmen seiner Prozessleitungsbefugnis bestimmen.[10] Anders als bei gesetzlichen Fristen (→ Rn. 5) steht es dem Gericht – vorbehaltlich abweichender gesetzlicher Regelung (s. zB § 379a Abs. 3 S. 1) – grds. frei, auf Antrag oder von Amts wegen die von ihm gesetzte Frist zu verlängern oder nach deren Ablauf neu zu gewähren.[11] Für richterliche Fristen gelten die §§ 42 f. ebenfalls, es sei denn, dass das Gericht bei der Fristsetzung etwas anderes bestimmt, zB den Fristbeginn bzw. das Fristende ausdrücklich angibt.[12] Des Weiteren ist auch hier bei Versäumung der Frist ein Antrag auf Wiedereinsetzung in den vorigen Stand gemäß § 44 zulässig. 6

Für **staatsanwaltschaftliche Fristen,** die bei der Staatsanwaltschaft wahrzunehmen sind, gelten die §§ 42 f. entsprechend;[13] zur Zulässigkeit des Antrags auf Wiedereinsetzung in den vorigen Stand bei deren Versäumung → § 44 Rn. 4. 7

II. Erläuterung

§ 42 setzt eine – gesetzliche oder richterliche (→ Rn. 5 f.) – Frist voraus, die **nach Tagen bestimmt** ist. Keine Tagesfrist ist die 24-Stunden-Frist des § 418 Abs. 2 S. 3 zur Ladung im beschleunigten Verfahren.[14] 8

Der Beginn einer Frist richtet sich nach bestimmten **Zeitpunkten** oder Ereignissen, insbesondere nach der Verkündung oder Zustellung einer Entscheidung. 9

Gemäß § 42 wird derjenige **Tag,** auf den der fristauslösende Zeitpunkt bzw. das fristauslösende Ereignis fällt, **nicht mitgerechnet.** Die Frist läuft demnach ab Beginn, also ab 0 Uhr des darauffolgenden Tages. Wird etwa am 1. ein Schriftstück zugestellt und dadurch eine Drei-Tages-Frist ausgelöst, beginnt die Frist am 2. um 0 Uhr und endet am 4. um 24 Uhr.[15] 10

---

[7] BVerfG 11.8.1954 – 2 BvK 2/54, BVerfGE 4, 31 (37) = NJW 1954, 1601; BGH 30.8.1989 – 3 StR 195/89, BGHSt 36, 241 (242) = NJW 1990, 460; OLG Köln 9.1.1987 – Ss 745/86, NStZ 1987, 243; KK/*Maul* § 43 Rn. 3; KMR/*Ziegler* Vor § 42 Rn. 1.

[8] BeckOK-StPO/*Cirener* Rn. 3; Löwe/Rosenberg/*Graalmann-Scheerer* Vor § 42 Rn. 4; KK/*Maul* § 43 Rn. 3; *Pfeiffer* § 43 Rn. 1.

[9] Löwe/Rosenberg/*Graalmann-Scheerer* Vor § 42 Rn. 5; *Meyer-Goßner* Vor § 42 Rn. 6; Radtke/Hohmann/*Rappert* Rn. 4; KMR/*Ziegler* Vor § 42 Rn. 4.

[10] BeckOK-StPO/*Cirener* Rn. 4; *Meyer-Goßner* Vor § 42 Rn. 7.

[11] HK-StPO/*Brauer* § 43 Rn. 5; Löwe/Rosenberg/*Graalmann-Scheerer* Vor § 42 Rn. 4; KK/*Maul* § 43 Rn. 4; *Meyer-Goßner* Vor § 42 Rn. 7; Radtke/Hohmann/*Rappert* Rn. 6.

[12] Löwe/Rosenberg/*Graalmann-Scheerer* Rn. 2; *Meyer-Goßner* Vor § 42 Rn. 7; *Meyer* JR 1972, 72 (72).

[13] *Meyer-Goßner* Vor § 42 Rn. 10; *Pfeiffer* § 43 Rn. 1; Radtke/Hohmann/*Rappert* Rn. 7; SK-StPO/*Weßlau*/*Deiters* § 43 Rn. 6.

[14] BeckOK-StPO/*Cirener* Rn. 17; Löwe/Rosenberg/*Graalmann-Scheerer* Rn. 6; *Meyer-Goßner* Rn. 2; Radtke/Hohmann/*Rappert* Rn. 21; SK-StPO/*Weßlau*/*Deiters* § 43 Rn. 25; KMR/*Ziegler* Rn. 5.

[15] HK-StPO/*Brauer* § 43 Rn. 30; Löwe/Rosenberg/*Graalmann-Scheerer* Rn. 1; KK/*Maul* § 43 Rn. 22; SK-StPO/*Weßlau*/*Deiters* § 43 Rn. 23.

§ 43 [Wochen- und Monatsfristen]

(1) Eine Frist, die nach Wochen oder Monaten bestimmt ist, endet mit Ablauf des Tages der letzten Woche oder des letzten Monats, der durch seine Benennung oder Zahl dem Tag entspricht, an dem die Frist begonnen hat; fehlt dieser Tag in dem letzten Monat, so endet die Frist mit dem Ablauf des letzten Tages dieses Monats.

(2) Fällt das Ende einer Frist auf einen Sonntag, einen allgemeinen Feiertag oder einen Sonnabend, so endet die Frist mit Ablauf des nächsten Werktages.

Schrifttum: *Schulze,* Iudex non calculat?, JR 1996, 51.

Übersicht

I. Überblick

1 **Abs. 1** regelt anders als § 42 nicht den Lauf von Tages-, sondern von **Wochen- und Monatsfristen.** Im Ergebnis wird auch hier der Anfangstag der Frist nicht mitgerechnet. Dies wird allerdings nicht wie in § 42 durch eine ausdrückliche Regelung des Fristbeginns, sondern mittelbar dadurch erreicht, dass das **Fristende** entsprechend hinausgeschoben und erst mit Ablauf desjenigen Tages erreicht wird, der durch seine Benennung oder Zahl dem Tag des Fristbeginns entspricht.[1]

2 **Abs. 2** enthält eine **Sonderregel** für das Fristende, das auf das Wochenende oder einen allgemeinen Feiertag fällt. Die Bestimmung gilt sowohl für Wochen- und Monats- als auch für Tagesfristen. Auf den Fristbeginn wird die Norm nicht (entsprechend) angewendet.[2]

II. Erläuterung

3 **1. Allgemeines Fristende bei Wochen- und Monatsfristen (Abs. 1).** Abs. 1 betrifft – gesetzliche sowie richterliche (→ § 42 Rn. 5 f.) – Fristen, die **nach Wochen oder Monaten bestimmt** sind. Mangels einer Regelung wie in § 42 **beginnt** die (Wochen- oder Monats-)Frist stets an demjenigen Tag, auf den der fristauslösende Zeitpunkt bzw. das fristauslösende Ereignis fällt.

4 Die Frist **endet** gemäß Abs. 1 **Hs. 1** mit Ablauf des Tages der letzten Woche oder des letzten Monats, der durch seine Benennung oder Zahl dem Tag entspricht, an dem die Frist begonnen hat. Dies gilt ebenso dann, wenn sich eine Frist unmittelbar an eine andere anschließt (zB die Revisionsbegründungsfrist gemäß § 345 Abs. 1 S. 1 an die Revisionseinlegungsfrist gemäß § 341 Abs. 1) und somit um 0 Uhr beginnt. Auch hier wird – anders als nach § 188 Abs. 2 iVm § 187 Abs. 2 BGB – der Anfangstag der zweiten Frist nicht mitgezählt.[3] Fristen enden stets um 24 Uhr, unabhängig von den Dienstzeiten der Gerichte.[4]

5 Wird etwa eine anfechtbare Entscheidung am Dienstag zugestellt, endet die Wochenfrist mit Ablauf, also um 24 Uhr des darauffolgenden Dienstages.[5] Löst eine am 13. eines Monats

---

[1] Löwe/Rosenberg/*Graalmann-Scheerer* Rn. 2; *Meyer-Goßner* Rn. 1.

[2] Löwe/Rosenberg/*Graalmann-Scheerer* Rn. 3; KMR/*Ziegler* Rn. 6.

[3] BGH 30.8.1989 – 3 StR 195/89, BGHSt 36, 241 (241 f.) = NJW 1990, 460; OLG Köln 9.1.1987 – Ss 745/86, NStZ 1987, 243; HK-StPO/*Brauer* Rn. 33; BeckOK-StPO/*Cirener* § 42 Rn. 18; Löwe/Rosenberg/*Graalmann-Scheerer* Rn. 5; KK/*Maul* Rn. 25; *Meyer-Goßner* Rn. 1; *Pfeiffer* Rn. 3; Radtke/Hohmann/*Rappert* Rn. 2; SSW-StPO/*Tsambikakis* Rn. 3; KMR/*Ziegler* Rn. 3; aA BayObLG 27.11.1967 – BWReg. 4b St 15/67, NJW 1968, 904 (904 f.); *Schulze* JR 1996, 51 (52 f.).

[4] BVerfG 11.2.1976 – 2 BvR 652/75, BVerfGE 41, 323 (327) = NJW 1976, 747; BVerfG 7.4.1976 – 2 BvR 847/75, BVerfGE 42, 128 (131) = NJW 1976, 1255; *Meyer-Goßner* Rn. 1.

[5] Löwe/Rosenberg/*Graalmann-Scheerer* Rn. 2; *Meyer-Goßner* Rn. 1; SK-StPO/*Weßlau/Deiters* Rn. 27.

zugestellte Entscheidung eine Rechtsmittelfrist von einem Monat aus, endet diese am 13. des Folgemonats.[6]

Sofern in dem letzten Monat derjenige **Tag fehlt,** an dem die Frist begonnen hat, endet gemäß Abs. 1 **Hs. 2** die Frist mit dem Ablauf des letzten Tages dieses Monats. Eine einmonatige Rechtsmittelfrist, die am 31.8. beginnt, endet demnach am 30.9. Beginnt die Frist am 30.1., fällt das Fristende auf den 28.2. bzw. in einem Schaltjahr auf den 29.2.[7] 6

2. Verlängerung bei Fristende an Sams-, Sonn- und allgemeinen Feiertagen (Abs. 2). Eine Sonderregel enthält Abs. 2 für Fristen, die an einem **Sonnabend oder Sonntag** bzw. an einem allgemeinen Feiertag enden. Schließlich ist es dem Betroffenen an diesen Tagen kaum möglich, sich beraten zu lassen oder seine Erklärungen zu Protokoll der Behörden zu geben.[8] Auf die Rechtsfolge des Abs. 2 muss eine Rechtsmittelbelehrung nicht hinweisen (→ § 35a Rn. 17). Abs. 2 gilt entgegen seiner systematischen Stellung nicht nur für Wochen- und Monatsfristen, sondern auch für Tagesfristen.[9] 7

Allgemeiner Feiertag ist nur der staatlich anerkannte Feiertag iSv Art. 140 GG iVm Art. 139 WRV. Für lediglich staatlich geschützte (früher zB Mariä Empfängnis in Bayern)[10] oder kirchliche Feiertage[11] gilt Abs. 2 nicht. Ebenso wenig sind Tage erfasst, an denen (wie etwa an Heiligabend oder Silvester) der Dienstbetrieb in Behörden und Kanzleien nicht oder nur eingeschränkt gewährleistet ist.[12] 8

Gesetzlicher Feiertag nach **Bundesrecht** ist allein der Tag der deutschen Einheit am 3.10. (Art. 2 Abs. 2 EV). Sämtliche übrigen staatlich anerkannten Feiertage (→ Rn. 10) ergeben sich aus **landesrechtlichen** Bestimmungen. Entscheidend ist die Feiertagsregelung am Ort des Gerichts, bei dem die Frist zu wahren ist, nicht hingegen am Wohnsitz des Beschuldigten oder am Sitz der Kanzlei seines Verteidigers.[13] 9

In allen Ländern gesetzlich als Feiertag anerkannt sind Neujahr, Karfreitag, Ostermontag, Tag der Arbeit (1.5.), Christi Himmelfahrt, Pfingstmontag sowie der erste und zweite Weihnachtsfeiertag. Gesetzliche Feiertage nur in einigen Ländern bzw. Landesteilen sind Heilige Drei Könige (6.1.: Baden-Württemberg, Bayern und Sachsen-Anhalt), Fronleichnam (Baden-Württemberg, Bayern, Hessen, Nordrhein-Westfalen, Rheinland-Pfalz, Saarland sowie in einzelnen Gemeinden von Sachsen und Thüringen), das Augsburger Friedensfest (8.8.: Stadtgebiet Augsburg), Mariä Himmelfahrt (15.8.: Saarland sowie in Bayern in Gemeinden mit überwiegend katholischer Bevölkerung), der Reformationstag (31.10.: Brandenburg, Mecklenburg-Vorpommern, Sachsen, Sachsen-Anhalt und Thüringen), Allerheiligen (1.11.: Baden-Württemberg, Bayern, Nordrhein-Westfalen, Rheinland-Pfalz, Saarland) und der Buß- und Bettag (Sachsen). 10

In diesen Fällen **endet** die Frist erst mit Ablauf des nächsten Werktages. Handelt es sich bei dem nächsten Werktag um einen Sonnabend (zB weil der Freitag davor ein allgemeiner Feiertag war), wird Abs. 2 erneut angewendet.[14] 11

Abs. 2 ist auch auf **richterliche Fristen** anwendbar, selbst wenn diese ein bestimmtes Datum als Fristende bezeichnen.[15] Etwas anderes gilt nur, wenn das Gericht eindeutig zum Ausdruck bringt, dass die Frist an einem Wochenende oder Feiertag enden soll (→ § 42 Rn. 6).[16] 12

---

[6] *Meyer-Goßner* Rn. 1.

[7] Löwe/Rosenberg/*Graalmann-Scheerer* Rn. 4; *Meyer-Goßner* Rn. 1.

[8] Löwe/Rosenberg/*Graalmann-Scheerer* § 42 Rn. 3.

[9] RG 23.4.1928 – II 204/28, RGSt 62, 140 (141 f.); BeckOK-StPO/*Cirener* § 42 Rn. 19; Löwe/Rosenberg/*Graalmann-Scheerer* § 42 Rn. 3; KK/*Maul* Rn. 22; *Meyer-Goßner* Rn. 2; KMR/*Ziegler* § 42 Rn. 3.

[10] BayObLG 3.7.1957 – RevReg. 1 St 246/57, BayObLGSt 1957, 131 (132).

[11] BGH 26.7.2007 – 1 StR 368/07, NStZ 2008, 55 zum Buß- und Bettag in Baden-Württemberg.

[12] BayObLG 12.4.1999 – 2 ObOWi 145/99, NStZ-RR 1999, 363 (363); Löwe/Rosenberg/*Graalmann-Scheerer* Rn. 6; KK/*Maul* Rn. 26.

[13] OLG Celle 21.5.1996 – 1 Ss (OWi) 120/96, NdsRpfl 1996, 253 (254); *Meyer-Goßner* Rn. 3; Radtke/Hohmann/*Rappert* Rn. 5; KMR/*Ziegler* Rn. 5.

[14] Löwe/Rosenberg/*Graalmann-Scheerer* Rn. 7.

[15] BayObLG 25.3.1971 – RReg. 6 St 504/71 OWi, JR 1972, 71 (71 f.); KK/*Maul* Rn. 22; SSW-StPO/*Tsambikakis* Rn. 4; aA Löwe/Rosenberg/*Graalmann-Scheerer* § 42 Rn. 4; SK-StPO/*Weßlau/Deiters* Rn. 24.

[16] HK-StPO/*Brauer* Rn. 30; BeckOK-StPO/*Cirener* § 42 Rn. 19; *Meyer-Goßner* Rn. 2; Radtke/Hohmann/*Rappert* Rn. 4; KMR/*Ziegler* § 42 Rn. 3; *Meyer* JR 1972, 72 (72).

13 Auf **Zwischenfristen** ist Abs. 2 nicht anwendbar (→ § 42 Rn. 4). Auch der Grundgedanke der Regelung (→ Rn. 7) lässt sich hierauf nicht übertragen, sofern die Frist den äußersten zeitlichen Rahmen für die Vornahme einer Handlung absteckt.[17] Dies gilt vornehmlich für die Vernehmungsfristen in Haftsachen gemäß § 115 Abs. 2, § 115a Abs. 1 und Abs. 2 S. 1, § 128 Abs. 1 S. 1, § 129, § 135, ggf. iVm § 163a Abs. 3 S. 2, für die richterliche Bestätigung nach § 100 Abs. 2, § 100b Abs. 1 S. 3, ggf. iVm § 100i Abs. 3 S. 1, § 100d Abs. 1 S. 3, § 110b Abs. 2 S. 3, die Fristen zur Unterbrechung der Hauptverhandlung gemäß § 229 Abs. 1 und 2 sowie zur Urteilsverkündung in § 268 Abs. 3 S. 2.

§ 44 [Wiedereinsetzung in den vorigen Stand]

[1]War jemand ohne Verschulden verhindert, eine Frist einzuhalten, so ist ihm auf Antrag Wiedereinsetzung in den vorigen Stand zu gewähren. [2]Die Versäumung einer Rechtsmittelfrist ist als unverschuldet anzusehen, wenn die Belehrung nach den § 35a Satz 1 und 2, § 319 Abs. 2 Satz 3 oder nach § 346 Abs. 2 Satz 3 unterblieben ist.

Schrifttum: *Berndt,* Neue Tendenzen im Recht der Wiedereinsetzung zur Nachholung von Verfahrensrügen?, StraFo 2003, 112; *Bischoff,* Die Wiedereinsetzung bei Versäumung der Beschwerdefrist des § 172 I StPO, NJW 1986, 2097; *Dittmar,* Das Verschulden des Angeklagten und des Verteidigers bei der Wiedereinsetzung im Strafprozeß, MDR 1975, 270; *ders.,* Wiedereinsetzung in den vorigen Stand bei Terminsversäumnis des nicht wirksam geladenen Angeklagten, NJW 1982, 209; *Ebnet,* Rechtsprobleme bei der Verwendung von Telefax, NJW 1992, 2985; *Fünfsinn,* Die Auslegung des Begriffs „ohne Verschulden" bei der Wiedereinsetzung in den vorigen Stand (§ 44 StPO), NStZ 1985, 486; *Graalmann-Scheerer,* Moderne Kommunikationsformen und Wiedereinsetzung in den vorigen Stand im Strafverfahren, FS Nehm, 2006, S. 277; *Hilger,* Wiedereinsetzung in den vorigen Stand bei „mangelhafter" Verfahrensrüge durch den Verteidiger?, NStZ 1983, 152; *Kohlhaas,* Wiedereinsetzung in den vorigen Stand für Privat- und Nebenkläger bei Verschulden des Anwalts, NJW 1967, 191; *Mertens,* Wiedereinsetzung in den vorigen Stand und § 338 Nr. 7 StPO, NJW 1979, 1698; *Pahlmann,* § 338 Nr. 7 StPO – ein absoluter Revisionsgrund!, NJW 1979, 98; *Pentz,* Wiedereinsetzung im Rahmen von § 346 StPO, NJW 1962, 1236; *Roth,* Wiedereinsetzung nach Fristversäumnis wegen Belegung des Telefaxempfangsgeräts des Gerichts, NJW 2008, 785; *Saenger,* Die Wiedereinsetzung in den vorigen Stand im Strafverfahren, JuS 1991, 842; *Scheffler,* Erleichterung der Wiedereinsetzung?, NJW 1964, 993; *M. Schmid,* Wiedereinsetzung nach § 44 StPO bei Verschulden eines Dritten, der nicht Rechtsanwalt ist, NJW 1976, 941; *W. Schmid,* Über den Zugang strafprozessualer Willenserklärungen, FS Dünnebier, 1982, S. 101; *Schrader,* Wiedereinsetzung und Rechtsmittelbelehrung, NStZ 1987, 447; *Stein,* § 338 Nr. 7 StPO und Wiedereinsetzung in den vorigen Stand, NJW 1980, 1086.

Übersicht

I. Überblick

1 **1. Normzweck.** Mit dem Antrag auf Wiedereinsetzung in den vorigen Stand soll dem Betroffenen bei unverschuldeter Fristversäumung effektiver Rechtsschutz und letztlich

[17] Löwe/Rosenberg/*Graalmann-Scheerer* § 42 Rn. 5.

rechtliches Gehör gewährt werden.[1] Die Vorschrift des § 44 dient damit auch der materiellen Gerechtigkeit, die einen großzügigen Umgang mit der Wiedereinsetzung gebietet und überspannten Anforderungen entgegensteht.[2] Dies gilt nicht zuletzt beim ersten Zugang zum Gericht.[3]

Ist der Antrag (→ Rn. 75 ff. und § 45 Rn. 2 ff.) erfolgreich, wird das Verfahren in die Lage versetzt, die bei fristgemäßer Vornahme der versäumten Handlung bestanden hätte (→ Rn. 78 ff.). Schon mangels Devolutiveffekts handelt es sich bei dem Antrag auf Wiedereinsetzung in den vorigen Stand nicht um ein Rechtsmittel, sondern um einen förmlichen **außerordentlichen Rechtsbehelf,** der zudem nicht der Nachprüfung einer Entscheidung dient.[4] 2

2. Anwendungsbereich. Die Vorschrift betrifft lediglich **Fristen,** die **bei Gericht** wahrzunehmen sind (vgl. § 45 Abs. 1, § 46 Abs. 1). Erfasst werden sämtliche gesetzliche (→ § 42 Rn. 5) und richterliche (→ § 42 Rn. 6), vornehmlich Erklärungsfristen, sofern es sich nicht um Ausschlussfristen handelt (→ § 42 Rn. 5).[5] Wiedereinsetzung ist demzufolge etwa möglich bei Versäumung der Fristen aus § 45 Abs. 1 S. 1 für den Antrag auf Wiedereinsetzung[6] oder aus § 172 Abs. 2 S. 1 für den Antrag auf gerichtliche Entscheidung.[7] Werden die Fristen für die Einlegung der Berufung bzw. für die Einlegung oder Begründung der Revision versäumt, kann zudem auf die Rechtsbehelfe nach §§ 319 Abs. 2, 346 Abs. 2 zurückgegriffen werden.[8] 3

Nicht anwendbar ist § 44 auf Fristen, die nicht (nur) gegenüber dem Gericht zu wahren sind. So scheidet eine Wiedereinsetzung ua bei der Strafantragsfrist nach § 77b Abs. 1 S. 1 StGB aus, bei der es sich zudem um eine Ausschlussfrist handelt.[9] Gleiches gilt an sich für die Versäumung von Erklärungsfristen an die Staatsanwaltschaft, wie insbesondere für die Beschwerde gegen einen Einstellungsbescheid an den Generalstaatsanwalt gemäß § 172 Abs. 1. Da dies jedoch unbillig erscheint, lässt die hM einen Antrag auf Wiedereinsetzung entsprechend § 44 zu; umstritten ist hierbei, ob der Antrag an den Generalstaatsanwalt[10] oder an das Oberlandesgericht zu richten ist.[11] 4

Keine Wiedereinsetzung in den vorigen Stand ist ferner möglich bei Versäumung der vereinbarten Frist zum Widerruf eines Privatklagevergleichs[12] und mangels Bestimmtheit und Bestimmbarkeit bei Versäumung der Frist zum Anschluss als Nebenkläger.[13] Ebenso ist eine Wiedereinsetzung ausgeschlossen, wenn es der Einhaltung der Frist nicht bedarf, um prozessuale Rechte wirksam zu wahren. Dies gilt für die jederzeit nachholbare Prozesshandlung der Begründung einer eingelegten Berufung[14] sowie für die Begründung einer 5

---

[1] Löwe/Rosenberg/*Graalmann-Scheerer* Rn. 1; SK-StPO/*Weßlau/Deiters* Rn. 1; KMR/*Ziegler* Rn. 2.

[2] BVerfG 8.8.1990 – 2 BvR 267/90, NJW 1991, 351; HK-StPO/*Brauer* Rn. 16; KK/*Maul* Rn. 1.

[3] BVerfG 18.10.2012 – 2 BvR 2776/10, NJW 2013, 592 (592).

[4] HK-StPO/*Brauer* Rn. 1; BeckOK-StPO/*Cirener* Rn. 3; KK/*Maul* Rn. 1; *Pfeiffer* Rn. 1; Radtke/Hohmann/*Rappert* Rn. 1; SK-StPO/*Weßlau/Deiters* Rn. 1; *Schrader* NStZ 1987, 447 (447).

[5] *Meyer-Goßner* Rn. 3; Radtke/Hohmann/*Rappert* Rn. 3; SK-StPO/*Weßlau/Deiters* Rn. 5; KMR/*Ziegler* Rn. 5.

[6] OLG Düsseldorf 29.4.1981 – 5 Ws 30/81, NJW 1982, 60 (61); OLG Hamm 24.3.1958 – 2 Ws 308/57, NJW 1958, 1104; *Meyer-Goßner* § 45 Rn. 3; SK-StPO/*Weßlau/Deiters* § 45 Rn. 3.

[7] OLG Celle 26.10.1976 – 2 Ws 155/76, GA 1977, 150.

[8] *Meyer-Goßner* Rn. 3.

[9] BGH 25.1.1994 – 1 StR 770/93, NJW 1994, 1165 (1166); OLG Bremen 13.1.1956 – Ws 7/56, NJW 1956, 392; BeckOK-StPO/*Cirener* Rn. 4; KK/*Maul* Rn. 10; *Meyer-Goßner* Rn. 3; SK-StPO/*Weßlau/Deiters* Rn. 8; kritisch Löwe/Rosenberg/*Graalmann-Scheerer* Rn. 12.

[10] So OLG Celle 30.4.1971 – 2 Ws 94/71, NJW 1971, 1374 (1374 f.) mit zust. Anm. *Fuhrmann* JR 1972, 165; OLG Düsseldorf 27.8.1987 – 1 Ws 656–657/87, NJW 1988, 431 (432); OLG Hamm 9.2.1973 – 4 Ws 277/71, NJW 1973, 1055 (1055); OLG München 10.5.1977 – 1 Ws 438/77, NJW 1977, 2365 (2366); KK/*Maul* Rn. 11.

[11] So KG 15.2.1982 – 4 Ws 188/81, JR 1982, 209 (209 f.); OLG Koblenz 29.5.1984 – 1 Ws 373/84, MDR 1985, 75; OLG Stuttgart 18.6.1976 – 1 Ws 65/76, NJW 1977, 61 (62); Löwe/Rosenberg/*Graalmann-Scheerer* Rn. 12; differenzierend OLG Celle 9.11.1979 – 2 Ws 159/79, MDR 1980, 335; OLG Köln 21.3.1972 – Zs 516/71, MDR 1972, 623; *Bischoff* NJW 1986, 2097 (2098): Zuständigkeit des Oberlandesgerichts, wenn der Generalstaatsanwalt in der Sache schon über die Beschwerde entschieden hat.

[12] LG Würzburg 21.1.1954 – Qs 21/54, NJW 1954, 768 (769).

[13] BGH 10.7.1996 – 2 StR 295/96, NStZ-RR 1997, 136; KMR/*Ziegler* Rn. 5.

[14] OLG Dresden 20.5.1997 – 1 Ws 115/97, OLG-NL 1998, 216.

Beschwerde nach gerichtlicher Fristsetzung.[15] Auch bei Versäumung der Wahlfrist für die Bezeichnung eines unbestimmt eingelegten Rechtsmittels als Revision besteht kein Anlass für eine Wiedereinsetzung, da dem Antragsteller kein Rechtsmittel abgeschnitten wird und die Revision gegen die Entscheidung der Berufungsinstanz möglich bleibt.[16]

6 Die Vorschrift gilt nicht für die Versäumung von **Terminen** (→ § 42 Rn. 2).[17] Allerdings kann der Säumige hier gemäß den Spezialvorschriften der § 235, § 329 Abs. 3, § 391 Abs. 4, § 401 Abs. 3 S. 2, § 412 S. 1 iVm § 329 Abs. 3 unter den gleichen Voraussetzungen wie in §§ 44, 45 Wiedereinsetzung in den vorigen Stand beanspruchen.

II. Erläuterung

7 **1. Keine Einhaltung der Frist. a) Grundlagen.** Die Vorschrift setzt zunächst voraus, eine Frist nicht eingehalten zu haben. Ohne die **Versäumung einer Frist** (zB mangels Fristlaufs infolge unwirksamer Zustellung) ist der Antrag auf Wiedereinsetzung in den vorigen Stand unzulässig.[18] Ebenso wenig vermag sich auf § 44 zu berufen, wer den Beginn einer Frist zu spät bemerkt und dadurch eine Fristverkürzung erfährt.[19] Wiedereinsetzung kann nach hM aber demjenigen gewährt werden, der irrtümlich so behandelt wird, als hätte er eine Frist versäumt.[20]

8 Eine Frist wird nur gewahrt, wenn die betreffende Handlung **frist- und formgerecht** (→ Rn. 9 ff.) vorgenommen wird;[21] zu den Anforderungen an ein elektronisches Dokument → § 41a Rn. 11. Aus welchem Grund eine Frist versäumt wird (zB infolge eines Verschuldens der Empfangsbehörde; → Rn. 67 ff.), ist für deren Ablauf unbeachtlich und lediglich für die Gewährung von Wiedereinsetzung in den vorigen Stand von Bedeutung. Bestehen Zweifel über die verspätete Einlegung einer Erklärung (zB bei unleserlichem Eingangsstempel), ist zugunsten des Absenders von einem fristgerechten Eingang auszugehen.[22]

9 **b) Mündliche Erklärungen.** Mündliche Erklärungen können eine Frist lediglich wahren, wenn das Gesetz Formfreiheit vorsieht. Auch bei formgebundenen Erklärungen gestat-

[15] OLG Karlsruhe 19.10.1982 – 3 Ws 205/82, MDR 1983, 250 (250).

[16] BayObLG 28.7.1970 – RReg. 1 St 18/70, BayObLGSt 1970, 158 (159); KG 12.5.1976 – (2) Ss 69/76 (27/76), JR 1977, 81 (82); OLG Hamm 11.2.1956 – 3 Ss 105/56, NJW 1956, 1168; Löwe/Rosenberg/*Graalmann-Scheerer* Rn. 8; KK/*Maul* Rn. 7; *Meyer-Goßner* Rn. 3; KMR/*Ziegler* Rn. 5; s. auch OLG Hamm 22.11.2011 – III-3 RVs 101/11, NStZ-RR 2012, 285 für das Jugendstrafverfahren; aA OLG Düsseldorf 7.1.1983 – 2 Ss 398/82–402/82 II, NStZ 1983, 471 (472).

[17] OLG Köln 16.11.1956 – Ss 234/56, NJW 1957, 74 zur Versäumung der Hauptverhandlung vor dem Revisionsgericht; BeckOK-StPO/*Cirener* Rn. 5; KK/*Maul* Rn. 8; SK-StPO/*Weßlau/Deiters* Rn. 7; KMR/*Ziegler* Rn. 6; *Dittmar* NJW 1982, 209 (209).

[18] BGH 17.1.1962 – 4 StR 392/61, BGHSt 17, 94 (96) = NJW 1962, 818 (819); BayObLG 16.12.1971 – RReg. 1 St 612/71 OWi, NJW 1972, 1097 (1098); OLG Karlsruhe 21.5.1980 – 3 Ws 67/80, NJW 1981, 471 (471); BeckOK-StPO/*Cirener* Rn. 6; Löwe/Rosenberg/*Graalmann-Scheerer* Rn. 6; *Meyer-Goßner* Rn. 2; SK-StPO/*Weßlau/Deiters* Rn. 6; KMR/*Ziegler* Rn. 17.

[19] LG Münster 10.1.1985 – 7 Qs OWi 878/84 VII, MDR 1985, 866 (867); KMR/*Ziegler* Rn. 17; aA OLG Stuttgart 13.1.1976 – 3 Ws 352/75, NJW 1976, 1278 (1279 f.).

[20] BGH 11.11.1986 – 1 StR 207/86, NStZ 1987, 239 (240); OLG Frankfurt a. M. 18.11.1985 – 1 Ws 246/85, NStZ 1986, 279 (280); OLG Hamm 23.8.1982 – 1 Ws 102/82, NStZ 1982, 521 (522 f.) mit krit. Anm. *Meyer;* OLG Stuttgart 1.4.1970 – 2 Ws 46/70, NJW 1970, 2224 (2225); BeckOK-StPO/*Cirener* Rn. 8; KK/*Maul* Rn. 22; *Meyer-Goßner* Rn. 2; *Pfeiffer* Rn. 1; SK-StPO/*Weßlau/Deiters* Rn. 6; KMR/*Ziegler* Rn. 18; aA OLG Karlsruhe 21.5.1980 – 3 Ws 67/80, NJW 1981, 471 (471); einschränkend KG 2.7.2001 – 5 Ws 256/01, wistra 2002, 37; KG 27.9.2005 – 4 Ws 128/05, NStZ-RR 2006, 120 (120 f.).

[21] OLG Hamburg 6.11.1964 – 2 Ws 310/64, NJW 1965, 312; OLG Hamm 24.5.1956 – 3 Ws 141/56, NJW 1956, 1571 (1572); OLG Köln 12.3.1996 – Ss 114/96 (Z) – 69 Z, NStZ-RR 1996, 212 (212); HK-StPO/*Brauer* Rn. 6; BeckOK-StPO/*Cirener* Rn. 7; Löwe/Rosenberg/*Graalmann-Scheerer* Rn. 9; KK/*Maul* Rn. 9; *Meyer-Goßner* Rn. 6; SK-StPO/*Weßlau/Deiters* Rn. 11.

[22] BGH 26.6.1958 – 4 StR 145/58, BGHSt 11, 393 (395) = NJW 1958, 1307 (1307); OLG Düsseldorf 14.5.1969 – 2 Ss 171/69, MDR 1969, 1031; OLG Hamburg 27.7.1973 – 1 Ws 234/73, NJW 1974, 68; BeckOK-StPO/*Cirener* § 42 Rn. 16; Löwe/Rosenberg/*Graalmann-Scheerer* Vor § 42 Rn. 34; KK/*Maul* § 43 Rn. 20; Radtke/Hohmann/*Rappert* § 42 Rn. 17; SK-StPO/*Weßlau/Deiters* § 43 Rn. 22; aA KG 6.10.1954 – 1 Ss 318/53 (B) 400/53, JR 1954, 470 (471); OLG Düsseldorf 19.3.1964 – (1) Ss 18/64, NJW 1964, 1684; OLG Hamm 27.9.1956 – 2 Ss 1232/56, GA 1957, 222 (223).

ten einige Normen allerdings, eine Äußerung in eine Niederschrift der Geschäftsstelle aufnehmen zu lassen (zB § 306 Abs. 1, § 314 Abs. 1, § 341 Abs. 1, § 345 Abs. 2). **Erklärungen zu Protokoll der Geschäftsstelle** gehen unmittelbar bei Gericht ein, wenn sie gegenüber dem Urkundsbeamten des **zuständigen** Gerichts abgegeben und von ihm niedergeschrieben werden.[23] Geschieht dies innerhalb der Frist, ist die betreffende Erklärung somit rechtzeitig eingegangen (vgl. auch § 299 Abs. 2). Dieser Zeitpunkt wird in der Niederschrift vermerkt. Der Nachweis der Unrichtigkeit des festgehaltenen Datums ist zulässig.[24]

Eine Erklärung zu Protokoll der Geschäftsstelle des **unzuständigen** Gerichts wird wie eine schriftliche Erklärung behandelt (→ Rn. 16). Abzustellen ist daher auf den Zeitpunkt, zu dem die von dem Beteiligten unterzeichnete Niederschrift an das zuständige Gericht gelangt.[25] 10

Erklärungen, die im Laufe der Hauptverhandlung abgegeben und in die **Sitzungsniederschrift** aufgenommen werden, nehmen einschließlich des darin festgehaltenen Datums an der erhöhten Beweiskraft des Protokolls gemäß § 274 teil.[26] Dies gilt nicht für Erklärungen, die nach Abschluss der Hauptverhandlung abgegeben, aber gleichwohl noch protokolliert werden. Allerdings kann dadurch die Schriftform gewahrt werden.[27] 11

Umstritten ist, ob eine Erklärung auch **fernmündlich** zu Protokoll der Geschäftsstelle abgegeben werden darf. Dem wird entgegengehalten, weder den Inhalt einer Äußerung zuverlässig feststellen noch Identität und Berechtigung des Erklärenden überprüfen zu können, wenn dieser nicht selbst auf der Geschäftsstelle erscheint.[28] Daher ist es nach hM grds. ausgeschlossen, telefonisch zB Rechtsmittel im Strafverfahren einzulegen.[29] Für den Einspruch im Ordnungswidrigkeitenverfahren soll hingegen anderes gelten, weil zum einen erst dadurch der Bereich der Verwaltung verlassen und der Weg zu einer richterlichen Sachentscheidung eröffnet werde und zum anderen in Bußgeldverfahren insbesondere wegen Verstößen im Straßenverkehr die Verwaltungsbehörde, die den Bußgeldbescheid erlässt, und der Wohnsitz oder Aufenthaltsort des Betroffenen häufig räumlich weit auseinanderliegen.[30] 12

Die restriktive Zulassung fernmündlicher Erklärungen und die Differenzierung zwischen Straf- und Ordnungswidrigkeitenverfahren vermögen jedoch nicht zu überzeugen. Vor allem erscheint der Hinweis auf etwaige Schwierigkeiten, den Inhalt der Erklärung festzustellen, angesichts der heute herrschenden technischen Standards überholt. Technisch bedingten oder inhaltlichen Verständnisschwierigkeiten im Einzelfall kann dadurch begegnet werden, dass es dem Urkundsbeamten unter diesen Voraussetzungen zugestanden wird, die fernmündliche Äußerung nicht entgegenzunehmen. Dies gilt beispielsweise bei längeren Erklärungen wie der Begründung eines Rechtsmittels.[31] Jedenfalls unter dieser Einschrän- 13

---

[23] HK-StPO/*Brauer* § 43 Rn. 14; Löwe/Rosenberg/*Graalmann-Scheerer* Vor § 42 Rn. 6; *Meyer-Goßner* Vor § 42 Rn. 12; KK/*Maul* § 43 Rn. 8; SK-StPO/*Weßlau/Deiters* § 43 Rn. 11; KMR/*Ziegler* Vor § 42 Rn. 7.

[24] Löwe/Rosenberg/*Graalmann-Scheerer* Vor § 42 Rn. 6.

[25] *Meyer-Goßner* Vor § 42 Rn. 12; Radtke/Hohmann/*Rappert* § 42 Rn. 10.

[26] RG 18.11.1932 – I 984/32, RGSt 66, 417 (418 f.); HK-StPO/*Brauer* § 43 Rn. 15; KK/*Maul* § 43 Rn. 9; *Pfeiffer* § 43 Rn. 2; SK-StPO/*Weßlau/Deiters* § 43 Rn. 12; KMR/*Ziegler* Vor § 42 Rn. 8.

[27] RG 12.4.1907 – V 253/07, RGSt 40, 133 (134); BGH 23.6.1983 – 1 StR 351/83, NJW 1984, 1974 (1975); Löwe/Rosenberg/*Graalmann-Scheerer* Vor § 42 Rn. 7.

[28] BGH 26.3.1981 – 1 StR 206/80, BGHSt 30, 64 (67 f.) = NJW 1981, 1627 (1627 f.); *Meyer-Goßner* Einl. Rn. 140; KMR/*Ziegler* Vor § 42 Rn. 10.

[29] BGH 26.3.1981 – 1 StR 206/80, BGHSt 30, 64 (67 f.) = NJW 1981, 1627 (1628); OLG Frankfurt a. M. 31.3.1953 – 1 Ws 66/53, NJW 1953, 1118 (1119); OLG Hamm 4.12.1951 – (1) 2 Ss 538/51, NJW 1952, 276 (277); BeckOK-StPO/*Cirener* § 42 Rn. 6; KK/*Maul* § 43 Rn. 11; *Meyer-Goßner* Einl. Rn. 140; Radtke/Hohmann/*Rappert* § 42 Rn. 10; KMR/*Ziegler* Vor § 42 Rn. 10; aA OLG Düsseldorf 2.6.1969 – 1 Ws 302/69, NJW 1969, 1361 (1362); OLG Schleswig 17.7.1962 – 1 Ws 101/62, NJW 1963, 1466; LG Münster 11.10.2004 – 15 Ns 622 Js 467/04, NJW 2005, 166 (166 f.).

[30] BGH 20.12.1979 – 1 StR 164/79, BGHSt 29, 173 (175 ff.) = NJW 1980, 1290 (1290 f.); KMR/*Ziegler* Vor § 42 Rn. 11; ebenso OLG Stuttgart 5.7.1988 – 3 Ws 121/88, NStZ 1989, 42 (42) für die Beschwerde gegen eine Einstellungsverfügung.

[31] *Wolter* JR 1982, 211 (214 f.); weiter Löwe/Rosenberg/*Graalmann-Scheerer* Vor § 42 Rn. 10; SK-StPO/*Weßlau/Deiters* § 43 Rn. 13; *Dahs* NJW 1952, 277.

kung dürfen daher Erklärungen zu Protokoll der Geschäftsstelle grds. auch fernmündlich abgegeben werden. Schwierigkeiten bei der Feststellung der Identität und der Berechtigung des Erklärenden stehen dem nicht entgegen, da auch bei schriftlichen Erklärungen keine Authentizitätserfordernisse bestehen.[32] Durch den Rückgriff auf andere Kommunikationsmittel wie insbesondere Telefax ist die Bedeutung des Meinungsstreits freilich gering.

14 **c) Schriftliche Erklärungen. aa) Grundlagen.** Verfristungen können vor allem bei schriftlichen Erklärungen auftreten, die etwa per Post übermittelt werden, so dass Abgabe und Zugang zeitlich nicht zusammenfallen. Für die Fristwahrung gibt hier nicht die Absendung, sondern der Zugang den Ausschlag. Eine zugesendete schriftliche Erklärung geht demnach rechtzeitig ein, wenn sie innerhalb der Frist ordnungsgemäß in die **Verfügungsgewalt des zuständigen Gerichts** gelangt. Wann das Schriftstück der zuständigen Abteilung zugeleitet wird (zB aufgrund falschen Betreffs oder Aktenzeichens), ist unbeachtlich.[33]

15 Ein **ordnungsgemäßer Zugang** liegt vor, wenn das Schriftstück an eine empfangsbefugte Personen (→ Rn. 18) übergeben oder an eine Empfangsvorrichtung gesendet wird (→ Rn. 19 ff.), seien es Briefkästen und Postfächer (→ Rn. 20 ff.) oder elektronische Empfangsgeräte wie ein Telefax (→ Rn. 26 ff.). Es genügt hingegen nicht, die Erklärung auf eine andere Art und Weise in den Machtbereich des Gerichts gelangen zu lassen. Nicht fristwahrend ist etwa der Einwurf des Schriftstücks durch ein offenes Fenster oder dessen Durchschieben unter der Haustür sowie die Übergabe an einen nicht zur Entgegennahme berechtigten Hausmeister (→ Rn. 18).[34]

16 Die Einreichung der schriftlichen Erklärung bei einer **unzuständigen Behörde** (wie zB bei einem unzuständigen Gericht oder der Staatsanwaltschaft) wahrt nicht die Frist. In diesem Fall ist entscheidend, ob das Schreiben noch fristgerecht dem zuständigen Gericht zugeht (zur Weiterleitungspflicht der unzuständigen Behörde Rn. 69).[35] Dies kann auch dadurch geschehen, dass die unzuständige Behörde den Inhalt des bei ihr eingegangenen Schriftstücks telefonisch übermittelt und dieser von dem zuständigen Gericht in einem Protokoll aufgenommen wird.[36] Zufällig von einer Erklärung Kenntnis zu erlangen, zB im Rahmen einer Briefkontrolle bei einem in Untersuchungshaft befindlichen Absender, reicht nicht aus.[37]

17 Eine Mitwirkung des Gerichts ist – anders als bei der Erklärung zu Protokoll der Geschäftsstelle – nicht erforderlich.[38] Der Zeitpunkt des Eingangs der Erklärung wird allerdings vermerkt, wobei der **Nachweis** der Unrichtigkeit des Eingangsvermerks zulässig bleibt.[39] Beispielsweise kann der durch einen Eingangsstempel eines Nachtbriefkastens (→ Rn. 25) als öffentliche Urkunde iSd § 418 Abs. 1 ZPO erbrachte Nachweis entkräftet werden.[40]

18 **bb) Übergabe an eine empfangsberechtigte Person.** Eine Erklärung geht dem Empfänger zum einen mit der Übergabe an eine empfangsberechtigte Person (zB an den Urkundsbeamten der Geschäftsstelle) zu. Dies gilt selbst dann, wenn der Empfangsberechtigte außerhalb des Gerichtsgebäudes und/oder außerhalb der Dienstzeit angetroffen wird,

---

[32] LG Münster 11.10.2004 – 15 Ns 622 Js 467/04, NJW 2005, 166 (167).

[33] BGH 19.5.1999 – 3 StR 200/99, wistra 1999, 346 (347); OLG Köln 23.2.1979 – 1 Ss 1036 B/78, VRS 57, 299; Löwe/Rosenberg/*Graalmann-Scheerer* Vor § 42 Rn. 13; KMR/*Ziegler* Vor § 42 Rn. 12.

[34] Löwe/Rosenberg/*Graalmann-Scheerer* Vor § 42 Rn. 13; *Meyer-Goßner* Vor § 42 Rn. 13; KMR/*Ziegler* Vor § 42 Rn. 13.

[35] OLG Braunschweig 2.3.1988 – Ws 14/88, NStZ 1988, 514 (514); OLG Düsseldorf 25.3.2002 – 2 Ws 79/02, NStZ-RR 2002, 216 (217); Löwe/Rosenberg/*Graalmann-Scheerer* Vor § 42 Rn. 15.

[36] OLG Celle 19.3.1970 – 1 Ws 33/70, MDR 1970, 608; OLG Zweibrücken 11.9.1981 – 2 Ws 149/81, NStZ 1982, 395.

[37] LG Bielefeld 21.3.1983 – 3b Ls 15 Js 1339/82 (202) Hw, MDR 1983, 779.

[38] BVerfG 11.2.1976 – 2 BvR 652/75, BVerfGE 41, 323 (327) = NJW 1976, 747; BVerfG 3.10.1979 – 1 BvR 726/78, BVerfGE 52, 203 (209) = NJW 1980, 580 (580).

[39] Löwe/Rosenberg/*Graalmann-Scheerer* Vor § 42 Rn. 14.

[40] *Meyer-Goßner* Vor § 42 Rn. 15; Radtke/Hohmann/*Rappert* § 42 Rn. 15.

solange er die Erklärung in Ausübung seines Dienstes entgegennimmt.[41] Die Aushändigung an Personen, die nicht als Empfangsberechtigte anzusehen sind (zB Reinigungskräfte oder Hausmeister), genügt hingegen nicht;[42] in diesem Fall ist die Erklärung nur dann rechtzeitig abgegeben, wenn sie noch innerhalb der Frist an eine zum Empfang befugte Person weitergeleitet wird.[43]

cc) Postsendungen. Außer durch Übergabe an eine empfangsberechtigte Person kann 19 ein Schriftstück durch Verbringung in eine Empfangsvorrichtung des Empfängers eingehen. Durch Anbringen einer Empfangsvorrichtung bringt etwa das Gericht zum Ausdruck, Schriftstücke mit deren Eingang und somit mit Gelangen in seine **Verfügungsgewalt** entgegenzunehmen.[44] Ob dies während oder außerhalb der Dienstzeiten geschieht, ist wiederum unerheblich.[45] Ebenso wenig ist erforderlich, dass vor Fristablauf ein empfangsberechtigter Beamter das Schriftstück entgegen-[46] oder sogar Kenntnis hiervon nimmt.[47]

Eine Sendung geht insbesondere mit Einwurf in einen **Briefkasten** fristwahrend zu. 20 Dies gilt unabhängig davon, ob es sich hierbei um einen gewöhnlichen Hausbriefkasten oder einen Nachtbriefkasten (→ Rn. 25) handelt.[48] Da es nur auf die Verfügungsgewalt des Gerichts ankommt, bleibt unbeachtlich, ob mit der Leerung noch an demselben Tag zu rechnen ist.[49]

Die vorstehenden Grundsätze gelten auch, wenn mehrere Justizbehörden eine 21 **gemeinsame Briefannahmestelle** betreiben, welche die Post erst an die beteiligten Behörden und somit eigentlichen Empfänger verteilt.[50] Allerdings liegt kein ordnungsgemäßer Zugang vor, wenn das Schriftstück an einen unzuständigen Adressaten gerichtet ist, welcher derselben gemeinsamen Briefannahmestelle wie das zuständige Gericht angehört. In diesem Fall gelangt die Erklärung gleichsam zufällig in den Machtbereich des zuständigen Gerichts, so dass von dessen Verfügungsgewalt nicht gesprochen werden kann.[51] Das Schriftstück geht somit dem zuständigen und zutreffenden Empfänger erst

---

[41] RG 7.2.1898 – 4736/97, RGSt 31, 4 (6); RG 6.9.1926 – II 771/26, RGSt 60, 329 (330); Löwe/Rosenberg/*Graalmann-Scheerer* Vor § 42 Rn. 14; KK/*Maul* § 43 Rn. 12; *Meyer-Goßner* Vor § 42 Rn. 13.

[42] RG 7.2.1898 – 4736/97, RGSt 31, 4 (5); Löwe/Rosenberg/*Graalmann-Scheerer* Vor § 42 Rn. 13; *Meyer-Goßner* Vor § 42 Rn. 13.

[43] RG 5.2.1884 – 10/84, RGSt 10, 74 (74 f.); SK-StPO/*Weßlau/Deiters* § 43 Rn. 8.

[44] KK/*Maul* § 43 Rn. 13.

[45] BVerfG 11.2.1976 – 2 BvR 652/75, BVerfGE 41, 323 (327) = NJW 1976, 747; BVerfG 7.4.1976 – 2 BvR 847/75, BVerfGE 42, 128 (131 f.) = NJW 1976, 1255; BVerfG 14.5.1985 – 1 BvR 370/84, BVerfGE 69, 381 (386) = NJW 1986, 244 (244).

[46] BVerfG 3.10.1979 – 1 BvR 726/78, BVerfGE 52, 203 (209) = NJW 1980, 580 (580); BVerfG 29.4.1981 – 1 BvR 159/80, BVerfGE 57, 117 (120) = NJW 1981, 1951; BVerfG 14.5.1985 – 1 BvR 370/84, BVerfGE 69, 381 (386) = NJW 1986, 244 (244); BGH 12.2.1981 – VII ZB 27/80, NJW 1981, 1216 (1217); OLG Frankfurt a. M. 26.3.1974 – 4 Ws (B) 25/73 OWiG, NJW 1974, 1959.

[47] RG 10.3.1911 – IV 113/11, RGSt 44, 350 (351); Löwe/Rosenberg/*Graalmann-Scheerer* Vor § 42 Rn. 14.

[48] BGH 12.2.1981 – VII ZB 27/80, NJW 1981, 1216 (1217); OLG Hamm 12.3.1976 – 5 Ss OWi 1146/75, NJW 1976, 762; Löwe/Rosenberg/*Graalmann-Scheerer* Vor § 42 Rn. 19.

[49] BVerfG 7.4.1976 – 2 BvR 847/75, BVerfGE 42, 128 (132) = NJW 1976, 1255; BGH 25.1.1984 – IVb ZR 43/82, NJW 1984, 1237 (1237); OLG Frankfurt a. M. 26.3.1974 – 4 Ws (B) 25/73 OWiG, NJW 1974, 1959; HK-StPO/*Brauer* § 43 Rn. 21; BeckOK-StPO/*Cirener* § 42 Rn. 8; KK/*Maul* § 43 Rn. 13; *Pfeiffer* § 43 Rn. 2; Radtke/Hohmann/*Rappert* § 42 Rn. 11; SK-StPO/*Weßlau/Deiters* § 43 Rn. 16; KMR/*Ziegler* Vor § 42 Rn. 13; aA BGH 7.5.1974 – VI ZR 39/73, NJW 1974, 1326 (1327); BayObLG 18.11.1968 – RReg. 1a St 346/68, NJW 1969, 201.

[50] Löwe/Rosenberg/*Graalmann-Scheerer* Vor § 42 Rn. 22; *Meyer-Goßner* Vor § 42 Rn. 17.

[51] BGH 9.11.1950 – I ZB 1/50, NJW 1951, 71; BayObLG 27.11.1974 – RReg. 5 St 97/74, BayObLGSt 1974, 141 (142); OLG Frankfurt a. M. 2.5.1988 – 1 Ss 5/88, NJW 1988, 2812; OLG Frankfurt a. M. 3.2.2000 – 3 Ws 106/00, NStZ-RR 2000, 212; OLG Stuttgart 5.2.1986 – 1 StO 1/86, NStZ 1987, 185 mit krit. Anm. *Maul;* HK-StPO/*Brauer* § 43 Rn. 25; KMR/*Ziegler* Vor § 42 Rn. 14; *W. Schmid*, FS Dünnebier, 1982, 101 (118 f.); aA BayObLG 22.2.1982 – RReg. 1 St 8/82, BayObLGSt 1982, 26 (27 f.); KG 24.1.1955 – 1 AR 1350/54 – 2 Ws 255/54, JR 1955, 152 (153); OLG Bremen 27.10.1949 – Ss 86/49, NJW 1950, 395; OLG Düsseldorf 18.7.1990 – 2 Ws OWi 355/90, StV 1991, 248; BeckOK-StPO/*Cirener* § 42 Rn. 10; Löwe/Rosenberg/*Graalmann-Scheerer* Vor § 42 Rn. 23 f.; KK/*Maul* § 43 Rn. 16; SSW-StPO/*Tsambikakis* Rn. 13; *Küper* JR 1976, 28 (30 f.).

dann zu, wenn der Beamte in der Annahmestelle es an ihn weiterleitet.[52] Zum Teil wird darüber hinaus gefordert, dass das Schriftstück auch innerhalb der Frist bei dem zuständigen Empfänger eintreffen muss.[53]

22 **Einschreiben** gehen schon mit Übergabe des Benachrichtigungsscheins über den beim Postunternehmen aufbewahrten Brief zu. Denn zu diesem Zeitpunkt erhält der Empfänger bereits die Verfügungsgewalt über das zugesendete Schriftstück.[54]

23 Sendungen an ein **Postfach** des Gerichts gehen diesem bereits zu, wenn sie in das Postfach gelegt werden, unabhängig davon, wann sie tatsächlich abgeholt werden oder mit ihrer Abholung zu rechnen ist. Schließlich gelangt schon hierdurch die Sendung in den Herrschaftsbereich des Empfängers.[55]

24 Nicht mehr gebräuchlich ist die Übermittlung einer Erklärung per **Telegramm.** Insoweit ist anerkannt, dass der Absender der Schriftform auch dadurch genügen kann, das Postunternehmen fernmündlich zur Anfertigung eines Schriftstücks in Gestalt eines (Aufgabe-)Telegramms zu veranlassen.[56] Es reicht hierbei aus, dass das Postamt das (Ankunfts-)Telegramm fernmündlich innerhalb der Frist der Geschäftsstelle übermittelt, sofern der empfangsberechtigte Beamte der Geschäftsstelle eine Aktennotiz über den wortwörtlich wiedergegebenen Inhalt des Telegramms anfertigt.[57]

25 Der Absender trägt grds. die **Beweislast** für den rechtzeitigen Zugang. Wer einen gewöhnlichen Briefkasten benutzt, muss also insbesondere außerhalb der Dienstzeiten den rechtzeitigen Einwurf seiner schriftlichen Erklärung nachweisen.[58] Zu diesem Zweck sind an den Gerichten aber **Nachtbriefkästen** angebracht, die durch unterschiedliche Vorrichtungen wie zB Eingangsstempel oder Klappe festhalten, welche Sendungen noch vor Ablauf des Tages eingeworfen wurden. Funktionieren die beweiserbringenden Kontrollmechanismen nicht, bleibt dies dem Gericht zuzurechnen, so dass der Zugang der Sendung vor Mitternacht zu unterstellen ist.[59] Gleiches gilt, wenn solche Mechanismen von vornherein fehlen, das Gericht etwa überhaupt nicht über einen Nachtbriefkasten verfügt.[60]

26 **dd) Erklärungen per Telekommunikation.** Eine per **Telefax** zugesendete Erklärung geht dem adressierten Gericht mit deren Speicherung am Empfangsgerät zu. Auf den Aus-

---

[52] BGH 2.7.1953 – 5 StR 8/53, JR 1953, 430; BGH 21.10.1960 – V ZB 11/60, NJW 1961, 361 (361); BayObLG 22.2.1982 – RReg. 1 St 8/82, NJW 1983, 896; BayObLG 8.10.1987 – BReg. 2 Z 103/87, NJW 1988, 714 (714); OLG Hamm 20.1.2009 – 3 Ss 561/08, NStZ-RR 2010, 21; ebenso Radtke/Hohmann/*Rappert* § 42 Rn. 14; *W. Schmid*, FS Dünnebier, 1982, 101 (117 f.).

[53] BGH 24.9.1975 – IV ZB 21/75, NJW 1975, 2294 (2295); BayObLG 27.11.1974 – RReg. 5 St 97/74, BayObLGSt 1974, 141 (142).

[54] RG 10.3.1911 – IV 113/11, RGSt 44, 350 (351); KG 1.3.1995 – 4 Ws 21/95, NStZ 1995, 612 (613); Löwe/Rosenberg/*Graalmann-Scheerer* Vor § 42 Rn. 18; *Meyer-Goßner* Vor § 42 Rn. 13; KMR/*Ziegler* Vor § 42 Rn. 16.

[55] BGH 19.6.1986 – VII ZB 20/85, NJW 1986, 2646 (2647); OLG Frankfurt a. M. 2.11.2006 – 3 Ws 1055/06, NStZ-RR 2007, 206; HK-StPO/*Brauer* § 43 Rn. 24; BeckOK-StPO/*Cirener* § 42 Rn. 11; KK/*Maul* § 43 Rn. 17; *Meyer-Goßner* Vor § 42 Rn. 13; Radtke/Hohmann/*Rappert* § 42 Rn. 12; KMR/*Ziegler* Vor § 42 Rn. 15; aA BVerwG 11.5.1960 – V C 320/58, NJW 1960, 1587; LG Hamburg 27.1.1981 – (84) Qs 111/80, MDR 1981, 690; Löwe/Rosenberg/*Graalmann-Scheerer* Vor § 42 Rn. 25; vgl. auch *Pfeiffer* § 43 Rn. 2.

[56] BGH 11.10.1955 – 6 StR 289/54, BGHSt 8, 174 (176 f.) = NJW 1955, 1846; Löwe/Rosenberg/*Graalmann-Scheerer* Vor § 42 Rn. 26; KK/*Maul* § 43 Rn. 18.

[57] BGH 29.4.1960 – 1 StR 114/60, BGHSt 14, 233 (239) = NJW 1960, 1310 (1311); OLG Neustadt 6.8.1951 – 3 W 50/51, NJW 1952, 271; Löwe/Rosenberg/*Graalmann-Scheerer* Vor § 42 Rn. 27 f.; KK/*Maul* § 43 Rn. 18.

[58] HK-StPO/*Brauer* § 43 Rn. 21; *Meyer-Goßner* Vor § 42 Rn. 14; vgl. auch BGH 25.1.1984 – IVb ZR 43/82, NJW 1984, 1237 (1237).

[59] BayObLG 2.2.1972 – RReg. 5 St 627/71 OWi, BayObLGSt 1972, 25 (26); Löwe/Rosenberg/*Graalmann-Scheerer* Vor § 42 Rn. 20; KK/*Maul* § 43 Rn. 14; Radtke/Hohmann/*Rappert* § 42 Rn. 15; SK-StPO/*Weßlau/Deiters* § 43 Rn. 16.

[60] BVerfG 11.2.1976 – 2 BvR 652/75, BVerfGE 41, 323 (328) = NJW 1976, 747; OLG Frankfurt a. M. 26.3.1974 – 4 Ws (B) 25/73 OWiG, NJW 1974, 1959; OLG Hamm 12.3.1976 – 5 Ss OWi 1146/75, NJW 1976, 762.

druck kommt es nicht an.[61] Bei einem gemeinsamen Telefaxanschluss geht – wie bei einer gemeinsamen Briefannahmestelle (→ Rn. 21) – bei falscher Bezeichnung des Adressaten das Schreiben erst dann dem zuständigen Empfänger zu, wenn es an ihn weitergeleitet wird.[62]

Bei dem inzwischen kaum noch verwendeten **Fernschreiber** ist die vollständige Niederschrift des übermittelten Textes in der Fernschreibestelle des Empfängers[63] bzw. bei vorhandenem Speichermedium wiederum die Aufzeichnung im Empfangsgerät maßgeblich. Zulässig ist auch die Übermittlung eines Schriftstücks als **Telebrief.**[64] 27

Elektronische Dokumente gehen gemäß § 41a Abs. 1 S. 3 bei der adressierten Behörde ein, sobald deren für den Empfang bestimmte Einrichtung das Dokument auf einem maschinenlesbaren Datenträger aufzeichnet. Unerheblich ist, wann der nach § 41a Abs. 1 S. 5 erforderliche Ausdruck angefertigt wird (→ § 41a Rn. 12). 28

Auch bei der kommunikationstechnologischen Übertragung ist unerheblich, ob der Zugang nach Dienstschluss erfolgt und ob das Empfangsgerät besetzt ist.[65] Allerdings liegt die **Beweislast** für den (fristgerechten) Zugang wiederum beim Absender. Der Sendebericht eines Telefax vermag lediglich eine Verbindung zwischen Absender- und Empfangsgerät zu belegen, weder aber den ordnungsgemäßen Eingang des Telefax noch dessen Inhalt nachzuweisen.[66] Jedoch kann er bei fehlendem Übertragungsprotokoll beim Empfänger Zweifel an der Versäumung der Frist begründen, die sich zugunsten des Absenders auswirken (→ Rn. 70).[67] 29

d) Sonderfall: Nachholung von Verfahrensrügen. Kontrovers diskutiert wird, ob eine Wiedereinsetzung in den vorigen Stand zulässig ist, um einzelne Verfahrensrügen bei bereits formgerecht begründeter Revision nachzuholen. Nach **hM** kann hier grds. **keine Wiedereinsetzung in den vorigen Stand** gewährt werden, da das öffentliche Interesse eine alsbaldige klare Verfahrenslage verlange, um den geordneten Fortgang des Verfahrens zu sichern. Zudem spreche § 44 nicht von der Versäumung einzelner Prozesshandlungen, sondern lediglich von der Versäumung einer Frist.[68] 30

Dieser Grundsatz wird im Einzelfall jedoch durchbrochen, wenn dies zur Wahrung des Anspruchs des Betroffenen auf rechtliches Gehör unerlässlich erscheint.[69] Ist eine nachgeschobene Verfahrensrüge demnach in einer besonderen Prozesssituation ausnahmsweise zulässig, muss sie nicht nur die Form des § 344 Abs. 2 S. 2 und des § 345 beachten, sondern auch den Anforderungen des § 45 genügen.[70] Unter diesen Voraussetzungen kann vor allem dem in der Hauptverhandlung **unverteidigten Angeklagten** Wiedereinsetzung in den 31

---

[61] BVerfG 1.8.1996 – 1 BvR 121/95, NJW 1996, 2857 (2857); BGH 25.4.2006 – IV ZB 20/05, BGHZ 167, 214 (219 ff.) = NJW 2006, 2263 (2265 f.); BeckOK-StPO/*Cirener* § 42 Rn. 13; Löwe/Rosenberg/*Graalmann-Scheerer* Vor § 42 Rn. 31; SSW-StPO/*Tsambikakis* Rn. 9; KMR/*Ziegler* Vor § 42 Rn. 17; aA KK/*Maul* § 43 Rn. 19; *Meyer-Goßner* Vor § 42 Rn. 18; *Pfeiffer* § 43 Rn. 2; Radtke/Hohmann/*Rappert* § 42 Rn. 16.

[62] BGH 10.1.1990 – XII ZB 141/89, NJW 1990, 990; OLG Frankfurt a. M. 25.4.2002 – 3 Ws 369/02, NStZ-RR 2002, 215 (216); Radtke/Hohmann/*Rappert* § 42 Rn. 14.

[63] BGH 9.3.1982 – 1 StR 817/81, BGHSt 31, 7 (9) = NStZ 1983, 36 (37) mAnm *W. Schmid;* BayObLG 29.5.1981 – RReg. 2 St 39/81, NJW 1981, 2591; Löwe/Rosenberg/*Graalmann-Scheerer* Vor § 42 Rn. 29; KK/*Maul* § 43 Rn. 19; *Meyer-Goßner* Vor § 42 Rn. 19.

[64] BGH 18.7.1989 – 4 StR 348/89, wistra 1989, 313; OLG Karlsruhe 28.5.1986 – 1 Ss 53/86, NJW 1986, 2773; OLG Koblenz 2.1.1984 – 2 Ss 540/83, NStZ 1984, 236; Löwe/Rosenberg/*Graalmann-Scheerer* Vor § 42 Rn. 30; *Meyer-Goßner* Einl. Rn. 139.

[65] BGH 3.6.1987 – IV ZR 292/85, BGHZ 101, 276 (280) = NJW 1987, 2586 (2587).

[66] OLG Düsseldorf 13.3.1995 – 1 Ws 204/95, 228/95, NJW 1995, 2303; OLG Karlsruhe 21.9.1993 – 3 Ss 100/93, NStZ 1994, 200 (201); Löwe/Rosenberg/*Graalmann-Scheerer* Vor § 42 Rn. 31; KK/*Maul* § 43 Rn. 19; Radtke/Hohmann/*Rappert* § 42 Rn. 16.

[67] BGH 2.5.1995 – 1 StR 123/95, StV 1995, 454.

[68] BGH 21.2.1951 – 1 StR 5/51, BGHSt 1, 44 (46); BGH 12.5.1976 – 3 StR 100/76, BGHSt 26, 335 (338) = NJW 1976, 1414 (1415); BayObLG 6.2.1984 – RReg. 5 St 6/84, BayObLGSt 1984, 6 (6); *Meyer-Goßner* Rn. 7; *Pfeiffer* Rn. 4. Nachweise zur Gegenmeinung in § 44 Fn. 97.

[69] BGH 10.7.2012 – 1 StR 301/12, NStZ-RR 2012, 316 (316); BGH 25.9.2012 – 1 StR 361/12, wistra 2013, 34.

[70] BGH 6.5.1997 – 4 StR 152/97, NStZ-RR 1997, 302; BGH 27.5.2008 – 3 StR 173/08, NStZ-RR 2008, 282 (283); BGH 27.8.2008 – 2 StR 260/08, NStZ 2009, 173 (174).

vorigen Stand gewährt werden, zB um ihm die Erhebung von Verfahrensrügen durch einen später gewählten Verteidiger zu ermöglichen[71] oder wenn er bei der Rechtsmittelbegründung zu Protokoll der Geschäftsstelle von dem Urkundsbeamten nicht richtig und zuverlässig beraten wurde.[72]

32 Auch bei dem **verteidigten Angeklagten** kommt im Einzelfall eine Wiedereinsetzung in den vorigen Stand in Betracht, wenn er ohne eigenes Verschulden durch **äußere Umstände** oder durch **Maßnahmen des Gerichts** an der rechtzeitigen Begründung seiner Revision gehindert wurde. Dies gilt etwa bei verzögerter Postbeförderung,[73] bei einem Ausfall des Telefaxgeräts des Gerichts[74] oder wenn der Rechtspfleger das für eine zulässige Verfahrensrüge notwendige Vorbringen entgegen dem Begehren des Angeklagten nicht aufnimmt.[75] Ebenso wurde Wiedereinsetzung bewilligt bei unmöglicher, verweigerter, unvollständiger oder verspäteter Akteneinsicht während der Revisionsbegründungsfrist,[76] auf äußeren Umständen beruhender Verzögerung des Zugriffs auf die eigenen Akten,[77] oder wenn die erhobene fristgerechte Rüge ansonsten völlig ins Leere ginge.[78] Trägt der Beschwerdeführer vor, eine Rüge mangels Akteneinsicht nicht formgerecht formulieren zu können, muss er die Rüge so genau erheben, wie dies ihm ohne Akteneinsicht möglich ist, und zudem darlegen, inwieweit ihn die fehlende Akteneinsicht an einer ordnungsgemäßen Begründung hindert.[79]

33 Auch Fehler aus der Sphäre des **Verteidigers** können einen Antrag des Betroffenen auf Wiedereinsetzung in den vorigen Stand begründen. Dies gilt etwa bei fehlender bzw. unzulässiger Unterzeichnung[80] oder nicht fristgerechter Revisionsbegründung,[81] zB aufgrund von Erkrankung[82] oder der Weigerung des Pflichtverteidigers, mehr als die Sachrüge zu erheben.[83] Formale Mängel der Verfahrensrüge begründen hingegen keinen Anspruch auf Wiedereinsetzung.[84]

34 Ansonsten bleibt dem in der Hauptverhandlung anwesenden und verteidigten Angeklagten eine Wiedereinsetzung in den vorigen Stand grds. vorenthalten.[85] Beispielsweise hat die Rechtsprechung eine Wiedereinsetzung abgelehnt, wenn dem Verteidiger des Angeklagten die Akten zur Einsicht nicht übersendet wurden,[86] der Verteidiger sich nicht um

[71] BayObLG 6.2.1984 – RReg. 5 St 6/84, BayObLGSt 1984, 6 (7).

[72] BayObLG 18.9.1959 – RevReg. 1 St 503/59, BayObLGSt 1959, 275 (277).

[73] BGH 10.6.1960 – 2 StR 132/60, BGHSt 14, 330 (333) = NJW 1960, 1775 (1776); BGH 28.10.1980 – 1 StR 235/80, NStZ 1981, 110; BayObLG 19.12.1980 – RReg. 4 St 152/80, NJW 1981, 1055.

[74] BGH 18.6.2008 – 2 StR 485/07, NStZ 2008, 705 (706); KG 1.11.2005 – 3 Ws (B) 490/05, NStZ-RR 2007, 24.

[75] BGH 21.11.1991 – 1 StR 552/90, wistra 1992, 148 (148).

[76] BGH 25.4.1984 – 3 StR 121/84, NStZ 1984, 418; BGH 30.5.1985 – 4 StR 214/85, StV 1985, 353; BGH 6.5.1997 – 4 StR 152/97, NStZ-RR 1997, 302; BGH 27.5.2008 – 3 StR 173/08, NStZ-RR 2008, 282 (283); BGH 27.8.2008 – 2 StR 260/08, NStZ 2009, 173 (174); OLG Zweibrücken 28.2.2001 – 1 Ss 296/00, wistra 2001, 277 (278); aA OLG Hamm 17.9.1987 – 4 Ss 999/87, StV 1988, 55.

[77] BGH 7.5.2008 – 1 StR 203/08, NStZ 2008, 525.

[78] BayObLG 23.1.1978 – 1 Ob OWi 267/77, BayObLGSt 1978, 11 (13).

[79] BGH 9.8.1995 – 1 StR 59/95, NStZ-RR 1996, 140; BGH 12.3.1996 – 1 StR 710/95, NStZ 1997, 45 (46); BGH 6.5.1997 – 4 StR 152/97, NStZ-RR 1997, 302; OLG Zweibrücken 28.2.2001 – 1 Ss 296/00, wistra 2001, 277 (278).

[80] BGH 24.11.1982 – 3 StR 116/82, BGHSt 31, 161 (163) = NStZ 1983, 132 (133); BGH 9.7.2003 – 2 StR 146/03, NStZ 2003, 615.

[81] BGH 11.3.1987 – 2 StR 84/87, StV 1988, 45; BGH 23.9.1997 – 4 StR 454/97, NStZ-RR 1998, 109; BGH 13.9.2000 – 3 StR 342/00, *Becker* NStZ-RR 2001, 257 (259); OLG Braunschweig 1.7.1963 – Ss 103/63, NJW 1963, 2038 (2039).

[82] BGH 14.8.1984 – 1 StR 322/84, StV 1985, 3.

[83] BayObLG 19.9.1973 – RReg. 4 St 111/73, BayObLGSt 1973, 143 (145).

[84] BGH 28.8.1991 – 4 StR 384/91, wistra 1992, 28; BGH 10.7.2012 – 1 StR 301/12, NStZ-RR 2012, 316 (316).

[85] BGH 21.2.1951 – 1 StR 5/51, BGHSt 1, 44 (46); BGH 12.5.1976 – 3 StR 100/76, BGHSt 26, 335 (338) = NJW 1976, 1414 (1415); BayObLG 6.2.1984 – RReg. 5 St 6/84, BayObLGSt 1984, 6 (6); OLG Oldenburg 26.10.1967 – 1 ARs 61/67, NJW 1968, 64; OLG Stuttgart 6.10.1989 – 1 Ss 365/89, MDR 1990, 271 (271); *Meyer-Goßner* Rn. 7; KMR/*Ziegler* Rn. 9.

[86] BGH 12.1.1984 – 4 StR 762/83, *Pfeiffer/Miebach* NStZ 1985, 13 (13); BayObLG 13.8.2003 – 5 St RR 214/03, NStZ-RR 2004, 82; kritisch *Ventzke* StV 1997, 227 (229).

Akteneinsicht bemühte[87] oder die Erledigung des Akteneinsichtsgesuchs nicht anmahnte[88] oder er nicht die Namhaftmachung eines mitwirkenden Richters und Einsicht in den Geschäftsverteilungsplan verlangte.[89] Gleiches gilt, wenn erst ein nachträglich beauftragter weiterer Verteidiger nach Ablauf der Revisionsbegründungsfrist eine Verfahrensrüge für aussichtsreich erachtet[90] oder nur einer von zwei Verteidigern Verfahrensrügen verfristet erhebt, während der andere die Revision rechtzeitig begründet.[91]

Eine Wiedereinsetzung in den vorigen Stand ist ebenso wenig begründet, wenn der Angeklagte trotz entsprechender Belehrung dem **Rechtspfleger** Sätze ins Protokoll diktiert, die keine sachgerechte Begründung enthalten,[92] oder die zu Protokoll abgegebene Revisionsbegründung trotz der Mitwirkung des Rechtspflegers einige unzulässige Verfahrensrügen enthält.[93] Dabei darf der Revisionsführer nur innerhalb der üblichen Dienstzeiten die Revision zu Protokoll der Geschäftsstelle begründen. Lässt sich in dieser Zeit eine umfassende Revisionsbegründung nicht rechtzeitig überprüfen, liegt kein amtliches Verschulden vor, das einen Anspruch auf Wiedereinsetzung begründet.[94] 35

Stellungnahme: Die hM, die bei nicht fristgerecht eingelegten einzelnen Verfahrensrügen eine Wiedereinsetzung in den vorigen Stand von vornherein ausschließt, vermag nicht zu überzeugen. Denn die „Frist" im Sinne von § 44 S. 1 muss nicht auf die gesamte Revisionsbegründung bezogen werden, da auch ansonsten zwischen den einzelnen Rügen als Prozesshandlungen und dem Rechtsmittel insgesamt unterschieden wird. So steht es der Zulässigkeit einer Revision insgesamt nicht entgegen, dass einzelne Rügen (etwa wegen Verfristung) unzulässig sind. § 44 nicht anzuwenden, wenn nur irgendeine Begründung frist- und formgerecht eingegangen ist, bedeutete zudem eine Privilegierung desjenigen, der unverschuldet völlig an der rechtzeitigen Begründung der Revision gehindert war.[95] 36

Wird gleichwohl der hM gefolgt, müsste konsequenterweise stets eine Wiedereinsetzung in den vorigen Stand verneint und nicht in einer stetig wachsenden und an Unübersichtlichkeit gewinnenden Kasuistik doch gewährt werden.[96] Mit den bemühten Kriterien wie etwa der Verteidigung des Angeklagten werden dagegen materielle Gesichtspunkte herangezogen, die für die formal zu beurteilende Anwendbarkeit von § 44 grds. unerheblich sind. Es verwundert daher nicht, dass die Rechtsprechung bei der Frage, ob ausnahmsweise Wiedereinsetzung in den vorigen Stand zu gewähren ist, im Kern häufig nichts anderes als eine Verschuldensprüfung vornimmt. Demzufolge bleibt den Entscheidungen im Ergebnis auch zumeist zuzustimmen. Allerdings ist ein Antrag gemäß § 44 auf Wiedereinsetzung in den vorigen Stand entgegen der hM durchaus zulässig, um einzelne Verfahrensrügen nachzuholen.[97] Vertiefter Betrachtung bedarf aber jeweils, ob die Frist des § 345 Abs. 1 insoweit unverschuldet versäumt wurde, was sich nach den diesbezüglichen allgemeinen Grundsätzen bestimmt (→ Rn. 40 ff.). 37

2. Verhindert. Der Antrag auf Wiedereinsetzung in den vorigen Stand setzt voraus, an der Einhaltung einer Frist verhindert gewesen zu sein. **Verhindert** bedeutet, entgegen seinem Willen eine Frist nicht wahren zu können. Wer hingegen bewusst von der befristeten Prozesshandlung absieht, zB die Rechtsmittelfrist wissentlich und willentlich verstreichen 38

---

[87] BGH 6.10.2004 – 2 StR 372/04, *Becker* NStZ-RR 2006, 1 (2).

[88] BGH 1.2.2000 – 4 StR 635/99, NStZ 2000, 326.

[89] BGH 24.3.2006 – 2 StR 271/05, *Becker* NStZ-RR 2008, 33 (35).

[90] BGH 2.2.1999 – 1 StR 698/98, StV 1999, 198; BGH 23.8.2012 – 1 StR 346/12, BeckRS 2012, 19556.

[91] BGH 15.9.2004 – 2 StR 232/04, StraFo 2005, 25 (25 f.); BGH 10.7.2008 – 3 StR 239/08, StV 2008, 569 (569).

[92] BGH 3.5.2006 – 2 StR 64/06, NStZ 2006, 585.

[93] BGH 11.6.2008 – 5 StR 192/08, NStZ-RR 2008, 312.

[94] BGH 6.3.1996 – 2 StR 683/95, NStZ 1996, 353; BGH 27.11.2008 – 5 StR 496/08, NStZ-RR 2009, 347.

[95] Löwe/Rosenberg/*Graalmann-Scheerer* Rn. 14; *Berndt* StraFo 2003, 112 (113).

[96] Löwe/Rosenberg/*Graalmann-Scheerer* Rn. 14.

[97] Löwe/Rosenberg/*Graalmann-Scheerer* Rn. 15; SK-StPO/*Weßlau/Deiters* Rn. 13; *Dittmar* MDR 1975, 270 (274); *Hilger* NStZ 1983, 152 (157 f.); *Pentz* NJW 1962, 1236 (1237); *Ventzke* StV 1997, 227 (228).

lässt[98] oder ausdrücklich auf Rechtsmittel verzichtet[99] bzw. sie zurücknimmt,[100] kann sich von vornherein nicht auf § 44 berufen.[101]

39 Dass die Motivation hierfür unter Umständen auf einem Irrtum beruht, etwa auf der fehlenden Kenntnis gesetzlicher Bestimmungen oder der höchstrichterlichen Rechtsprechung[102] oder der falschen Einschätzung der Erfolgsaussichten des Rechtsmittels,[103] bleibt unbeachtlich. Für § 44 sind lediglich **Fehlvorstellungen** erheblich, die **Beginn und Lauf einer Frist** betreffen.[104] Ebenso wenig ist verhindert iSd S. 1, wessen Verteidiger von mehreren möglichen Rechtsmitteln ein unzulässiges wählt[105] oder keine Revision einlegt, weil er den absoluten Revisionsgrund des § 338 Nr. 7 erst nach Ablauf der Revisionsfrist erkennt.[106] Eine Wiedereinsetzung in den vorigen Stand ist hingegen möglich, wenn der Betroffene durch seinen Verteidiger über das Vorliegen einer Säumnis getäuscht wird und daher die Wochenfrist des § 45 verstreichen lässt[107] oder er eine Rechtsmittelfrist wegen des (unzutreffenden) Rats seines Verteidigers versäumt, die Urteilszustellung abzuwarten.[108]

40 **3. Ohne Verschulden. a) Grundlagen.** Der Antragsteller muss ohne Verschulden verhindert (→ Rn. 38 f.) gewesen sein, die Frist einzuhalten (→ Rn. 7 ff.). Unerheblich ist, das Hindernis, nach dessen Wegfall gemäß § 45 Abs. 1 S. 1 die Antragsfrist beginnt, schuldhaft herbeizuführen.[109] **Ohne Verschulden** handelt, wer die ihm nach seinen persönlichen Verhältnissen und Eigenschaften unter Berücksichtigung der Umstände des konkreten Einzelfalls mögliche und zumutbare Sorgfalt beachtet.[110] Dabei dürfen im Interesse der materiellen Gerechtigkeit keine allzu hohen Anforderungen an den Säumigen gestellt werden (→ Rn. 1).[111] Wird die Frist für den erstmaligen Zugang zum Gericht versäumt (zB bei einem Einspruch gegen einen Strafbefehl oder einen Bußgeldbescheid), streitet zudem der Anspruch auf rechtliches Gehör zu Gunsten des Antragstellers.[112]

41 Wann eine Frist schuldhaft versäumt wird, ist Gegenstand einer reichhaltigen und nahezu unüberschaubaren Kasuistik, die sich aufgrund der Konzentration auf die jeweiligen Umstände schwer kategorisieren lässt. Ein maßgebliches Kriterium für die erforderliche

[98] BGH 23.9.1997 – 4 StR 454/97, NStZ-RR 1998, 109; BGH 10.8.2000 – 4 StR 304/00, NStZ 2001, 160; BayObLG 14.7.1970 – 1 Ws (B) 5/70, BayObLGSt 1970, 148 (149); BayObLG 24.11.1977 – RReg. 1 St 395/77, BayObLGSt 1977, 189 (190).

[99] BGH 31.5.2005 – 1 StR 158/05, NStZ 2005, 582; OLG Düsseldorf 28.6.1983 – 2 Ws 349/83, MDR 1984, 71; OLG Hamm 18.7.1974 – 5 Ss 422/74, MDR 1974, 1035.

[100] BGH 16.12.1994 – 2 StR 461/94, NStZ 1995, 356 (356).

[101] SK-StPO/*Weßlau/Deiters* Rn. 10; KMR/*Ziegler* Rn. 15.

[102] BGH 27.8.2003 – 1 StR 272/03, NStZ 2004, 162; BGH 31.5.2005 – 1 StR 158/05, NStZ 2005, 582; BGH 1.4.2010 – 4 StR 637/09, NStZ-RR 2010, 244.

[103] BGH 10.8.2000 – 4 StR 304/00, NStZ 2001, 160; BGH 19.6.2012 – 3 StR 194/12, NStZ-RR 2012, 285; BGH 31.7.2012 – 4 StR 238/12, NStZ 2012, 652; BayObLG 14.7.1970 – 1 Ws (B) 5/70, BayObLGSt 1970, 148 (149); OLG Düsseldorf 6.5.1982 – 2 Ss 209/82 – 139/82 II – und 2 Ws 327/82, MDR 1982, 866; OLG Köln 12.3.1996 – Ss 114/96 (Z) – 69 Z, NStZ-RR 1996, 212 (212).

[104] BayObLG 14.7.1970 – 1 Ws (B) 5/70, BayObLGSt 1970, 148 (149); Löwe/Rosenberg/*Graalmann-Scheerer* Rn. 10, 18 und 25; KMR/*Ziegler* Rn. 15 und 28.

[105] *Meyer-Goßner* Rn. 5; aA KG 4.7.1994 – 4 Ws 49/94, NStZ 1994, 603 (604).

[106] *Meyer-Goßner* Rn. 5; *Mertens* NJW 1979, 1698 (1698 f.); *Stein* NJW 1980, 1086 (1086 f.); aA SK-StPO/*Weßlau/Deiters* Rn. 10; *Pahlmann* NJW 1979, 98 (98 f.).

[107] OLG Düsseldorf 29.4.1981 – 5 Ws 30/81, NJW 1982, 60 (61).

[108] OLG Frankfurt a. M. 24.12.1982 – 3 Ws 986/82, NJW 1983, 895.

[109] OLG Düsseldorf 13.4.2000 – 1 Ws 265/00, StraFo 2001, 269 (270); OLG Hamburg 20.10.1982 – 1 Ws 382/82, MDR 1983, 152; KMR/*Ziegler* Rn. 29.

[110] Vgl. KMR/*Ziegler* Rn. 21; *Fünfsinn* NStZ 1985, 486 (487 ff.).

[111] BVerfG 11.2.1976 – 2 BvR 849/75, BVerfGE 41, 332 (334) = NJW 1976, 1537 (1537); BeckOK-StPO/*Cirener* Rn. 11; Löwe/Rosenberg/*Graalmann-Scheerer* Rn. 21; *Meyer-Goßner* Rn. 11; SSW-StPO/*Tsambikakis* Rn. 22.

[112] BVerfG 21.1.1969 – 2 BvR 724/67, BVerfGE 25, 158 (166) = NJW 1969, 1103 (1104); BVerfG 9.7.1969 – 2 BvR 753/68, BVerfGE 26, 315 (318) = NJW 1969, 1531 (1531); BVerfG 3.6.1975 – 2 BvR 99/74, BVerfGE 40, 42 (44) = NJW 1975, 1405 (1405); BVerfG 8.8.1990 – 2 BvR 267/90, NJW 1991, 351; BbgVerfG 16.5.2002 – VfGBbg 46/02, NStZ-RR 2002, 239 (240); Löwe/Rosenberg/*Graalmann-Scheerer* Rn. 21; KMR/*Ziegler* Rn. 23.

Betrachtung des jeweiligen Einzelfalls ist allerdings, in wessen Verantwortungsbereich die Versäumung einer Frist fällt.[113]

b) Verantwortungsbereich des Antragstellers. aa) Unbekannter Fristbeginn. Ein möglicher Grund für die Nichteinhaltung einer Frist ist zunächst die fehlende Kenntnis bereits des Fristbeginns. Dem Betroffenen kann dies ua verborgen bleiben, wenn er nicht von der **Zustellung** einer gerichtlichen Entscheidung erfährt. Wer sich nur vorübergehend, dh längstens etwa sechs Wochen (zB im Urlaub auch außerhalb der allgemeinen Ferienzeit[114]), nicht in seiner Wohnung befindet, ist grds. – auch bei Kenntnis eines anhängigen Ermittlungsverfahrens oder nach Vernehmung als Beschuldigter oder Betroffener – nicht zu besonderen Vorkehrungen verpflichtet, rechtzeitig von der etwaigen Zustellung eines Bußgeldbescheids oder Strafbefehls zu erfahren.[115] Etwas anderes gilt dann, wenn ein Verfahren bereits anhängig ist und der Betroffene daher mit Zustellungen zu rechnen hat, zB der Ladung zur Berufungsverhandlung,[116] des Verwerfungsurteils nach § 329 Abs. 1[117] oder des Widerrufsbeschlusses.[118] 42

Erlangt der Betroffene von einer **Ersatzzustellung** keine Kenntnis, weil ihm Familienangehörige ohne dahingehende Anhaltspunkte das zugestellte Schriftstück vorenthalten, handelt er idR ohne Verschulden.[119] Schuldhaft handelt hingegen, wer sich in der Bewährungszeit verbirgt, vor allem wenn er trotz richterlicher Weisung nicht seinen Aufenthaltsort angibt und dadurch erst die Notwendigkeit einer öffentlichen Zustellung begründet.[120] Generell ist bei einer wirksamen öffentlichen Zustellung die Unkenntnis hiervon häufig verschuldet.[121] 43

Erfolgt die Zustellung an einen **Zustellungsbevollmächtigten,** insbesondere an den Wahlverteidiger, dessen Vollmacht sich bei den Akten befindet, oder an den Pflichtverteidiger, steht der Wirksamkeit der Zustellung auch eine Missachtung der Ordnungsvorschrift des § 145a Abs. 3 S. 1 nicht entgegen.[122] Sofern der Vertretene das Gericht nicht daran hindert (zB aufgrund unbekannten Aufenthalts), diese Benachrichtigungspflicht zu erfüllen,[123] kann er sich allerdings darauf berufen, um die Zustellung nicht zu wissen, wenn die Unterrichtung gemäß § 145a Abs. 3 S. 1 unterbleibt und hierauf die Versäumung einer Frist beruht.[124] Zudem stellt sich die Frage, ob dem Betroffenen auch eine etwaige Versäumung der Frist durch den Bevollmächtigten zuzurechnen bleibt (→ Rn. 51 ff.). 44

Möglich ist des Weiteren, dass der Betroffene nicht um den Fristbeginn weiß, weil er die **Rechtsmittelbelehrung** etwa aufgrund der Erregung über die Entscheidung nicht wahrnimmt oder aus sonstigen Gründen nicht versteht und sich anschließend nicht über den Fristbeginn informiert;[125] zur unterbliebenen oder fehlerhaften Rechtsmittelbeleh- 45

[113] HK-StPO/*Brauer* Rn. 17; SSW-StPO/*Tsambikakis* Rn. 22; SK-StPO/*Weßlau/Deiters* Rn. 16.
[114] BVerfG 11.2.1976 – 2 BvR 849/75, BVerfGE 41, 332 (336) = NJW 1976, 1537 (1537).
[115] BVerfG 9.7.1969 – 2 BvR 753/68, BVerfGE 26, 315 (319) = NJW 1969, 1531 (1531); BVerfG 6.10.1992 – 2 BvR 805/91, NJW 1993, 847; BVerfG 18.10.2012 – 2 BvR 2776/10, NJW 2013, 592 (593); OLG Naumburg 3.1.2013 – 2 Ws 233/12, BeckRS 2013, 05466; LG Zweibrücken 17.10.1997 – Qs 123/97, NStZ 1998, 267 (268); Löwe/Rosenberg/*Graalmann-Scheerer* Rn. 29.
[116] KG 28.3.1994 – 3 Ws 85/94, VRS 87, 129 (130); OLG Celle 12.10.2001 – 3 Ws 397/01, StraFo 2002, 17; OLG Dresden 24.11.2004 – 2 Ws 662/04, NStZ 2005, 398 (399).
[117] BVerfG 11.2.1976 – 2 BvR 849/75, BVerfGE 41, 332 (335 f.) = NJW 1976, 1537 (1537).
[118] OLG Hamm 22.3.1974 – 3 Ws 69/74, NJW 1974, 1477.
[119] OLG Düsseldorf 6.9.1991 – 1 Ws 789/91, NStZ 1992, 99 (99); LG Frankfurt a. M. 8.3.1979 – 5/9 Qs OWi 306/79, MDR 1979, 602 (602); Löwe/Rosenberg/*Graalmann-Scheerer* Rn. 30; *Meyer-Goßner* Rn. 14.
[120] BGH 6.5.1975 – 7 BJs 14/69, StB 8/75, BGHSt 26, 127 (128); OLG Düsseldorf 30.8.2002 – 3 Ws 300–301/02, NStZ 2003, 167 (168); OLG Hamm 3.11.2003 – 2 Ws 285/03, NStZ-RR 2004, 46 (47); OLG Köln 29.1.1963 – 2 Ws 558/62, NJW 1963, 875; OLG Köln 30.1.2012 – 2 Ws 76/12, NStZ 2012, 528.
[121] OLG Frankfurt a. M. 16.3.2004 – 3 Ws 312/04, NStZ-RR 2004, 210 (211); HK-StPO/*Brauer* Rn. 25; BeckOK-StPO/*Cirener* Rn. 20.1; *Meyer-Goßner* Rn. 14.
[122] RG 11.7.1932 – 3 TB 54/32, RGSt 66, 350 (351); BGH 13.1.1977 – 4 StR 679/76, NJW 1977, 640.
[123] Siehe hierzu KG 22.2.2013 – (4) 161 Ss 38/13 (41/13), BeckRS 2013, 07706.
[124] BGH 31.1.2006 – 4 StR 403/05, NStZ-RR 2006, 211 (212).
[125] BGH 7.6.2005 – 1 StR 198/05, *Becker* NStZ-RR 2007, 1 (3); OLG Hamm 28.6.2001 – 2 Ss OWi 550/01, NJW 2001, 3279; vgl. auch BGH 24.4.2013 – 4 StR 86/13, NStZ-RR 2013, 254 zum falsch verstandenen Adressaten eines Rechtsmittels.

rung s. § 44 S. 2 (→ Rn. 71 ff.). Wird infolgedessen die Frist versäumt, geschieht dies grds. ebenso schuldhaft, wie wenn die Frist nicht eingehalten wird, weil der Betroffene Zweifeln an der Wirksamkeit seines Rechtsmittelverzichts nicht unverzüglich nachgeht.[126]

46 Nicht oder falsch verstandene Rechtsmittelbelehrungen können also nur ausnahmsweise ein Verschulden des Betroffenen an der Versäumung der Rechtsmittelfrist ausschließen.[127] Ein solcher Fall liegt nicht zuletzt bei dem der deutschen Sprache nicht hinreichend mächtigen Betroffenen vor, dem ein Bußgeldbescheid oder Strafbefehl in deutscher Sprache ohne eine ihm verständliche Rechtsmittelbelehrung zugestellt wird.[128] Gleiches gilt für den unverteidigten Betroffenen, dem nur mündlich und ohne Aushändigung eines Merkblatts eine komplizierte Rechtsmittelbelehrung erteilt wird.[129] Allerdings stehen **unzureichende Sprachkenntnisse** dem Verschulden nicht generell entgegen. Vielmehr hat der Betroffene, dem eine gerichtliche Entscheidung mit einer ihm nicht verständlichen Rechtsmittelbelehrung zugestellt wird, sich selbst innerhalb einer angemessenen Frist Gewissheit über den genauen Inhalt des Schriftstücks zu verschaffen, wenn er es zumindest als mögliches amtliches Schriftstück mit einer belastenden Verfügung identifiziert.[130] Welche Maßnahmen dem Betroffenen innerhalb welcher Zeit zumutbar sind, bestimmt sich nach den konkreten Umständen des jeweiligen Einzelfalls.[131]

47 Die Rechtsmittelbelehrung muss grds. nicht darüber informieren, einen **Antrag auf Wiedereinsetzung in den vorigen Stand** stellen zu können (→ § 35a Rn. 9). Eine solche Belehrung gebietet aber der Grundsatz fairer Verfahrensführung dann, wenn der Grund für die Wiedereinsetzung auf einem Fehler der Justizbehörden beruht.[132] Erst mit Zugang dieser Belehrung beginnt die Wochenfrist des § 45 Abs. 1 S. 1 (→ Rn. 21).[133]

48 **bb) Fehlende Fristwahrung.** Ob dem Antragsteller ein Verschulden vorzuwerfen bleibt, wird häufig bei nicht fristgerechten Handlungen zu klären sein. Der schuldhaften Versäumung der Frist können etwa Naturereignisse,[134] **plötzlich eintretende Begebenheiten** wie eine Erkrankung[135] oder die Geburt eines Kindes durch die Ehefrau[136] entgegenstehen. Ebenso wurde Wiedereinsetzung nach einem Suizidversuch des Betroffenen gewährt.[137] Andauernde krankhafte Zustände schließen ein Verschulden hingegen nicht aus, da der Beteiligte sich hierauf einzustellen vermag.[138]

49 Schuldhaft handelt idR, wer eine Frist schlicht **vergisst.**[139] Von einem Verschulden ist ebenso auszugehen, wenn sich der Antragsteller nicht um den rechtzeitigen Zugang der selbst vorgenommenen Prozesshandlung kümmert, zB als Gefangener eine Rechtsmittel-

---

[126] OLG Jena 17.6.2003 – 1 Ws 206/03, NJW 2003, 3071 (3071); s. aber zur unverschuldet nicht erkannten Unwirksamkeit eines Rechtsmittelverzichts KG 2.5.2012 – 4 Ws 41/12, BeckRS 2012, 18318 (insoweit nicht abgedruckt in StV 2013, 11 (12)).

[127] Siehe etwa OLG Schleswig 23.9.2008 – 2 Ss 139/08 (110/08), 2 Ws 388/08 (249/08), StV 2010, 62.

[128] BVerfG 10.6.1975 – 2 BvR 1074/74, BVerfGE 40, 95 (99) = NJW 1975, 1597; BVerfG 7.4.1976 – 2 BvR 728/75, BVerfGE 42, 120 (125) = NJW 1976, 1021 (1021).

[129] KG 12.12.1991 – 2 Ss 183/91 – 3 Ws (B) 234/91, NZV 1992, 123 (124).

[130] BVerfG 7.4.1976 – 2 BvR 728/75, BVerfGE 42, 120 (127) = NJW 1976, 1021 (1022); vgl. auch OLG Köln 4.5.1979 – 1 Ws 8/79, MDR 1979, 864; OLG Köln 27.10.1981 – 1 Ss 802/81 (Z), MDR 1982, 247.

[131] BVerfG 23.4.1991 – 2 BvR 150/91, NJW 1991, 2208 (2208); BVerfG 19.4.1995 – 2 BvR 2295/94, NVwZ-RR 1996, 120 (121); *Fünfsinn* NStZ 1985, 486 (488).

[132] BVerfG 21.3.2005 – 2 BvR 975/03, NStZ-RR 2005, 238 (239); BVerfG 27.9.2005 – 2 BvR 172/04, NJW 2005, 3629 (3629); Löwe/Rosenberg/*Graalmann-Scheerer* Rn. 42.

[133] *Meyer-Goßner* Rn. 24.

[134] Löwe/Rosenberg/*Graalmann-Scheerer* Rn. 20; KK/*Maul* Rn. 19; KMR/*Ziegler* Rn. 27.

[135] BayObLG 23.8.1988 – RReg. 3 St 110/88, NStZ 1989, 131 (131); vgl. auch OLG Düsseldorf 29.12.1999 – 1 Ws 1023/99, StraFo 2000, 126 (127); OLG Düsseldorf 13.4.2000 – 1 Ws 265/00, StraFo 2001, 269 (270).

[136] OLG Celle 8.6.1966 – 1 Ws 20/66, MDR 1966, 949.

[137] OLG Hamburg 20.10.1982 – 1 Ws 382/82, MDR 1983, 152.

[138] OLG Hamm 25.10.1978 – 3 Ws 557/78, MDR 1979, 424 zu einem alkoholkranken Betroffenen.

[139] OLG Düsseldorf 5.12.1995 – 1 Ws 940/95, NStZ-RR 1996, 169.

schrift **erst am letzten Tag der Frist** abgibt.[140] Gleiches gilt, wenn jemand die Übermittlung einer Erklärung per Telefax nicht so rechtzeitig beginnt, dass unter gewöhnlichen Umständen mit deren Abschluss vor 24 Uhr am Tag des Fristablaufs gerechnet werden darf.[141] Zum Verschulden bei Verzögerungen bei der Übermittlung der Erklärung durch einen Dritten → Rn. 51 ff.

Nicht vorgehalten werden darf dem Antragsteller jedoch, die jeweilige **Frist** vollständig **ausnutzen** zu wollen und deswegen letztlich versäumt zu haben. Dies ist das Recht jedes Verfahrensbeteiligten,[142] auch wenn dies nur aus taktischen Gründen geschieht.[143] 50

cc) Einschaltung Dritter, insbesondere von Verteidigern. Wer einen **Dritten,** der nicht Verteidiger ist, mit der Einlegung eines Rechtsmittels beauftragt, muss sich von dem rechtzeitigen Eingang des Rechtsmittels (insbesondere durch Nachfrage) überzeugen. Ansonsten ist eine daraus resultierende Versäumung der Frist grds. verschuldet.[144] Allenfalls bei einem engen und dauerhaften sowie von gegenseitigem Vertrauen geprägten Verhältnis reduzieren sich mangels entgegenstehender Anhaltspunkte die Überwachungssorgfaltspflichten. Dies gilt zB bei Ehegatten,[145] nicht hingegen bei sonstigen Angehörigen wie Kindern[146] oder Elternteilen.[147] 51

Wer einen **Verteidiger** bemüht, handelt schuldhaft, wenn er ihn nicht rechtzeitig[148] oder nicht eindeutig[149] beauftragt und daher nicht mit der (fristgerechten) Einlegung des Rechtsmittels rechnen darf. Die bloße, auch ausdrückliche Bitte darum schließt ein Verschulden nicht aus; vielmehr muss der Verteidiger zusagen, ein Rechtsmittel einzulegen.[150] Außerdem muss der Beschuldigte für Rücksprachen mit dem Verteidiger erreichbar sein.[151] 52

Nicht schuldhaft handelt hingegen der Angeklagte, dessen durch den Verteidiger vorgenommene Prozesshandlung wegen Zurückweisung aufgrund unzulässiger **Mehrfachverteidigung** nach § 146a unwirksam ist.[152] Ebenso wenig geht eine Säumnis zu Lasten des Beschuldigten, wenn seinem Antrag auf **Bestellung eines neuen Pflichtverteidigers** erst nach Ablauf der Revisionsbegründungsfrist entsprochen wird.[153] 53

---

[140] BGH 15.7.1992 – 2 StR 305/92, NStZ 1992, 555; BGH 27.7.2005 – 2 StR 312/05, NStZ 2006, 54; KG 30.6.2008 – (4) 1 Ss 249/08 (126/08), NStZ-RR 2009, 19; OLG Frankfurt a. M. 26.10.2007 – 3 Ws 905/07 (StVollz), NStZ-RR 2008, 259 (259 f.).

[141] Vgl. BVerfG 1.8.1996 – 1 BvR 121/95, NJW 1996, 2857 (2858); BVerfG 19.11.1999 – 2 BvR 565/98, NJW 2000, 574; BVerfG 20.1.2006 – 1 BvR 2683/05, NJW 2006, 1505 (1506).

[142] BVerfG 3.6.1975 – 2 BvR 99/74, BVerfGE 40, 42 (44) = NJW 1975, 1405 (1405); BVerfG 3.10.1979 – 1 BvR 726/78, BVerfGE 52, 203 (207) = NJW 1980, 580 (580); BVerfG 14.5.1985 – 1 BvR 370/84, BVerfGE 69, 381 (385) = NJW 1986, 244 (244); OLG Düsseldorf 6.9.1991 – 1 Ws 789/91, NStZ 1992, 99 (99).

[143] OLG München 28.5.1973 – 2 Ws 258/73, MDR 1973, 868.

[144] BGH 11.1.1979 – 4 StR 720/78, *Pfeiffer* NStZ 1981, 93 (93): Mitgefangener; OLG Hamm 8.1.2009 – 3 Ws 512/08, NStZ-RR 2009, 242: Bewährungshelfer; KG 18.5.1955 – 1 Ord AR 41 und 42/55 – 2 Ws 65 und 76/55, JR 1955, 274: Angestellter; Löwe/Rosenberg/*Graalmann-Scheerer* Rn. 22.

[145] Löwe/Rosenberg/*Graalmann-Scheerer* Rn. 22; SK-StPO/*Weßlau/Deiters* Rn. 26; vgl. auch OLG Frankfurt a. M. 17.10.2000 – 3 Ws 1049/00, NStZ-RR 2001, 85; enger OLG Zweibrücken 16.8.1991 – 1 Ws 222/91, StV 1992, 360.

[146] BGH 13.9.1995 – 3 StR 393/95, NStZ 1996, 50.

[147] LG Mainz 23.5.1975 – 2 Qs 156/75, NJW 1975, 2113 (2114).

[148] BGH 11.10.1955 – 6 StR 107/55, *Dallinger* MDR 1956, 9 (11); BGH 25.5.1960 – 4 StR 193/60, BGHSt 14, 306 (308) = NJW 1960, 1774 (1775); BGH 10.8.1994 – 3 StR 380/94, BGHR § 44 Verschulden 2.

[149] OLG Düsseldorf 27.1.1999 – 1 Ws 61 und 66/99, VRS 96, 374 (375 f.).

[150] BGH 17.7.2003 – 3 StR 142/03, NStZ 2004, 166; BGH 6.8.2009 – 3 StR 319/08, NStZ-RR 2009, 375 (376).

[151] BGH 13.1.1977 – 4 StR 679/76, NJW 1977, 640; BGH 11.9.1996 – 2 StR 426/96, NStZ 1997, 95; BGH 16.9.1999 – 1 StR 453/99, NStZ-RR 2000, 83.

[152] BGH 12.5.1976 – 3 StR 100/76, BGHSt 26, 335 (338) = NJW 1976, 1414 (1415); BGH 15.3.1983 – 5 StR 51/83, StV 1983, 225; OLG Düsseldorf 20.12.1983 – 1 Ws 1120/83, NStZ 1984, 235 (236).

[153] BayObLG 19.9.1973 – RReg. 4 St 111/73, BayObLGSt 1973, 143 (145); BayObLG 29.12.1994 – 1 St RR 177/94, NStZ 1995, 300 (301); OLG Düsseldorf 29.3.1984 – 1 Ws 179/84, StV 1984, 327; OLG Hamm 4.6.1976 – 3 Ws 201/76, MDR 1976, 1038; OLG Koblenz 2.11.2006 – 1 Ss 225/06, NStZ-RR 2008, 80 (81); einschränkend für den gerichtserfahrenen Angeklagten OLG Frankfurt a. M. 25.2.2003 – 3 Ss 386/02, NStZ-RR 2003, 204 (204).

54 Fristversäumungen, die auf einer **unterlassenen Unterrichtung** des Verteidigers gemäß § 145a Abs. 3 S. 2 beruhen, sind dem Betroffenen jedenfalls dann nicht zuzurechnen, sofern der Verteidiger bereits ein Rechtsmittel eingelegt hat. In diesem Fall darf der Betroffene darauf vertrauen, dass der Verteidiger auch die erforderliche Begründung fristgerecht anfertigt.[154] Etwas anderes soll hingegen bei der Versäumung bereits der Einlegungsfrist gelten. Da hier der Betroffene nicht ohne Weiteres davon ausgehen könne, dass der Verteidiger von sich aus ein Rechtsmittel einlege, müsse er sich mit seinem Verteidiger in Verbindung setzen.[155] Allerdings darf nicht verkannt werden, dass ein solcher Kontakt zu dem Verteidiger auch schon vor dem Beginn der Rechtsmittelfrist durch Zustellung der Entscheidung gesucht werden kann.[156] Es bietet sich daher generell an, anhand der Umstände des Einzelfalls zu beurteilen, ob der Betroffene sich selbst um die Wahrung der Frist kümmern muss.[157]

55 Von dem eigenen Verschulden bei der Auswahl oder der Instruktion Dritter ist das **Verschulden des** eingeschalteten Dritten selbst, insbesondere des **Verteidigers** zu unterscheiden. Anders als **§ 85 Abs. 2 ZPO** enthält die StPO keine Regelung, wonach das Verschulden des Bevollmächtigten dem Verschulden des Vertretenen gleichsteht. Eine solche Verschuldenszurechnung erscheint im Strafverfahren auch unbillig, da anders als bei einer Vertretung im Zivilverfahren der rechtskräftig Verurteilte keinen Haftungsprozess gegen seinen Anwalt anstrengen kann. Weder kann er bei einer Geldstrafe wegen deren punitiver Funktion Schadensersatz verlangen noch den Anwalt an seiner statt eine Freiheitsstrafe verbüßen lassen.[158]

56 Versäumt der Verteidiger schuldhaft die Frist, ist dies dem **Beschuldigten** daher grds. **nicht zuzurechnen,**[159] sofern nicht besondere Anhaltspunkte für die Untätigkeit des Verteidigers vorliegen und somit letztlich dem Beschuldigten ein eigenes Verschulden vorzuwerfen bleibt.[160] Hiervon ist etwa dann auszugehen, wenn dem Beschuldigten die Unzuverlässigkeit des Verteidigers bei der Behandlung von Fristsachen bekannt ist,[161] der Verteidiger ihm erklärt hat, die Frist (zB wegen Urlaubs) nicht einhalten zu können,[162] oder ihm sonst bewusst ist, dass der Verteidiger etwa eine Revision mangels Erfolgsaussichten[163] oder ohne

---

[154] BayObLG 25.11.1975 – 4 Ob OWi 51/75, BayObLGSt 1975, 150 (152); BayObLG 3.11.1999 – 2 St RR 190/99, NStZ-RR 2000, 110 (111); OLG Hamm 9.9.1965 – 4 Ss 964/65, NJW 1965, 2216 (2217); OLG Köln 29.10.2001 – Ss 437/01 Z, StraFo 2002, 17 (18); OLG München 27.10.2008 – 5 St RR 200/08, NJW 2008, 3797 (3798).

[155] BayObLG 15.12.1981 – 1 Ob OWi 501/81, BayObLGSt 1981, 193 (194 f.); BayObLG 28.7.1992 – 2 Ob OWi 198/92, NStZ 1993, 242 (242); OLG Düsseldorf 27.1.1995 – 1 Ws OWi 63/95 und 5 Ss OWi 487/94 – OWi 10/95 I, VRS 89, 41 (43); OLG München 26.3.2009 – 2 Ws 229/09, StV 2011, 86 (87) mit krit. Anm. *Bockemühl;* BeckOK-StPO/*Cirener* Rn. 22.2; aA KG 20.11.2001 – 1 AR 1353/01 – 5 Ws 702/01, StV 2003, 343; OLG Celle 16.9.1992 – 2 Ss 283/92, StV 1994, 7.

[156] Siehe OLG Frankfurt a. M. 11.12.1981 – 3 Ws 820/81, NJW 1982, 1297.

[157] OLG Frankfurt a. M. 11.12.1981 – 3 Ws 820/81, NJW 1982, 1297; OLG Nürnberg 30.12.1998 – Ws 1400/98, NStZ-RR 1999, 114 (115); vgl. auch OLG Stuttgart 13.7.2009 – 4 Ws 127/09, StV 2011, 85 (86); LG Hildesheim 20.6.2012 – 26 Qs 66/12, BeckRS 2013, 03874; SK-StPO/*Weßlau/Deiters* Rn. 32.

[158] Löwe/Rosenberg/*Graalmann-Scheerer* Rn. 61; *Dittmar* MDR 1975, 270 (271); *M. Schmid* NJW 1976, 941 (941).

[159] BVerfG 20.4.1982 – 2 BvL 26/81, BVerfGE 60, 253 (299) = NJW 1982, 2425 (2429); BVerfG 8.8.1990 – 2 BvR 267/90, NJW 1991, 351; BVerfG 13.4.1994 – XI ZR 65/93, NJW 1994, 1856 (1856); BGH 25.5.1960 – 4 StR 193/60, BGHSt 14, 306 (308) = NJW 1960, 1774 (1775); OLG Hamm 20.9.2011 – III-1 RBs 152/11, NZV 2012, 254; zum Verschulden des Verteidigers beim Versand eines Telefax *Graalmann-Scheerer*, FS Nehm, 2006, 277 (285 ff.).

[160] BGH 27.2.1973 – 1 StR 14/73, NJW 1973, 1138 (1138); BGH 2.5.1985 – 4 StR 204/85, *Pfeiffer/Miebach* NStZ 1985, 492 (493); BGH 23.2.1989 – 4 StR 67/89, *Miebach* NStZ 1990, 24 (25); OLG Frankfurt a. M. 15.11.1990 – 1 Ss 501/90, NJW 1991, 1191; OLG Köln 12.1.2012 – 2 Ws 21/12, StraFo 2012, 224; Löwe/Rosenberg/*Graalmann-Scheerer* Rn. 46; *Meyer-Goßner* Rn. 18; SK-StPO/*Weßlau/Deiters* Rn. 33; KMR/*Ziegler* Rn. 57.

[161] BGH 27.2.1973 – 1 StR 14/73, NJW 1973, 1138 (1138); OLG Düsseldorf 14.11.1994 – 1 Ws OWi 887–888/94, NZV 1995, 164; OLG Frankfurt a. M. 5.3.1980 – 1 Ws (B) 44/80 OWiG, NJW 1980, 2144; OLG Köln 29.10.2001 – Ss 437/01 Z, StraFo 2002, 17 (18); Löwe/Rosenberg/*Graalmann-Scheerer* Rn. 47.

[162] BGH 25.5.1960 – 4 StR 193/60, BGHSt 14, 306 (308) = NJW 1960, 1774 (1775).

[163] BGH 2.5.1985 – 4 StR 204/85, *Pfeiffer/Miebach* NStZ 1985, 492 (493); BGH 23.2.1989 – 4 StR 67/89, BGHR § 44 Satz 1 Verhinderung 6.

Vorschusszahlung[164] bzw. ohne Begleichung noch bestehender Honorarverbindlichkeiten[165] nicht begründen will.

Ansonsten ist der Beschuldigte grds. **nicht** dazu verpflichtet, den Verteidiger zu **überwachen.** So liegt kein Verschulden vor, wenn der Verteidiger das Fristende falsch in den Fristenkalender einträgt[166] oder die Frist unzutreffend berechnet.[167] Versichert der Verteidiger mehrmals die fristgerechte Revisionsbegründung, trifft den Beschuldigten kein Verschulden, falls der Verteidiger dies gleichwohl unterlässt.[168] 57

Selbst schwerwiegende Fehler des Verteidigers sind dem Beschuldigten grds. nicht zuzurechnen. Es bleibt allerdings auch hier bei dem Grundsatz, dass lediglich Irrtümer eine Wiedereinsetzung in den vorigen Stand begründen können, die **Beginn und Lauf einer Frist** betreffen (→ Rn. 39).[169] Unbeachtlich ist daher wiederum, wenn der Verteidiger infolge einer unzutreffenden Einschätzung der Erfolgsaussichten keine Revision einlegt.[170] 58

Andere Verfahrensbeteiligte außer dem Beschuldigten sollen sich nach hM das Verschulden ihres **Bevollmächtigten** hingegen zurechnen lassen müssen.[171] Schließlich sei § 85 Abs. 2 ZPO ein allgemeiner Verfahrensgrundsatz zu entnehmen, dass dem Vertretenen die Willenserklärungen seines Vertreters zuzurechnen seien. Außerdem verfolgten Privat- und Nebenkläger sowie andere Verfahrensbeteiligte idR ideelle oder finanzielle Genugtuung und somit ähnliche Interessen wie die Parteien eines Zivilverfahrens.[172] 59

Das Postulat eines allgemeinen, auch im Strafverfahren zu bemühenden Verfahrensgrundsatzes vermag jedoch nicht zu überzeugen,[173] zumal eine Regelung in der StPO ohne Weiteres möglich gewesen wäre und deren Fehlen nicht einfach ignoriert werden kann. Von einer Ausnahme bei der Zurechnung gegenüber dem Beschuldigten kann daher mangels Regelung in der StPO nicht gesprochen werden; vielmehr handelt es sich hierbei um den Grundsatz, dessen Ausnahmen wiederum begründungsbedürftig wären. Ebenso wenig lässt sich § 44 („jemand“) eine Differenzierung zwischen dem Beschuldigten einerseits und sonstigen Verfahrensbeteiligten andererseits entnehmen.[174] Daher kann entgegen der hA in Rechtsprechung und Literatur[175] ein **Verschulden des Vertreters** auch **anderen Verfahrensbeteiligten** als dem Beschuldigten **nicht zugerechnet** werden.[176] Dies gilt insbesondere für den Verletzten einer Tat, der als Privat-[177] oder Nebenkläger[178] oder als Antragsteller im 60

---

[164] BGH 8.4.1997 – 4 StR 117/97, BGHR § 44 Satz 1 Verhinderung 15.

[165] OLG Hamm 11.9.1974 – 5 Ss 551/74, MDR 1975, 70 (71).

[166] OLG Düsseldorf 30.9.1998 – 1 Ws 354 und 513/98, StraFo 1999, 22 (23).

[167] OLG Köln 12.9.2000 – Ss 345/00 (Z) – 149 (Z), VRS 100, 186 (187).

[168] BGH 13.1.1997 – 4 StR 612/96, NJW 1997, 1516; vgl. auch BGH 21.12.1972 – 1 StR 267/72, BGHSt 25, 89 (93 f.) = NJW 1973, 521 (521 f.).

[169] Löwe/Rosenberg/*Graalmann-Scheerer* Rn. 53; SK-StPO/*Weßlau/Deiters* Rn. 35.

[170] BayObLG 14.7.1970 – 1 Ws (B) 5/70, BayObLGSt 1970, 148 (149); Löwe/Rosenberg/*Graalmann-Scheerer* Rn. 53; KK/*Maul* Rn. 30.

[171] Siehe für den Nebenkläger BGH 17.3.2010 – 2 StR 27/10, BeckRS 2010, 09275; aus dem Schrifttum HK-StPO/*Brauer* Rn. 31; BeckOK-StPO/*Cirener* Rn. 23; KK/*Maul* Rn. 34; *Meyer-Goßner* Rn. 19; *Pfeiffer* Rn. 6; Radtke/Hohmann/*Rappert* Rn. 28; KMR/*Ziegler* Rn. 60.

[172] KK/*Maul* Rn. 34.

[173] Löwe/Rosenberg/*Graalmann-Scheerer* Rn. 61; *Scheffler* NJW 1964, 993 (998).

[174] Löwe/Rosenberg/*Graalmann-Scheerer* Rn. 60.

[175] BeckOK-StPO/*Cirener* Rn. 23; KK/*Maul* Rn. 34; *Meyer-Goßner* Rn. 19; *Pfeiffer* Rn. 6.

[176] OLG Düsseldorf 8.6.1964 – 2 Ws 105/64, NJW 1964, 1533 (1534); Löwe/Rosenberg/*Graalmann-Scheerer* Rn. 62; SK-StPO/*Weßlau/Deiters* Rn. 37; *Rutkowsky* NJW 1962, 1530 (1531).

[177] OLG Düsseldorf 8.6.1964 – 2 Ws 105/64, NJW 1964, 1533 (1534); OLG Hamm 12.7.1951 – 2 Vs 13/51, NJW 1951, 854; *Kohlhaas* NJW 1967, 191; *Schönke* JZ 1952, 431; aA KG 25.1.1965 – 1 Ws 512/64, NJW 1965, 1032; OLG Düsseldorf 8.2.1993 – 1 Ws 99–100/93, NJW 1993, 1344 (1344); OLG Hamburg 21.2.1968 – VAs 60/67, NJW 1968, 854.

[178] *Kohlhaas* NJW 1967, 191; aA BGH 11.12.1981 – 2 StR 221/81, BGHSt 30, 309 (311) = NJW 1982, 1544 (1545); BGH 13.8.2002 – 4 StR 263/02, NStZ-RR 2003, 80; BayObLG 16.1.1970 – GSSt 1/70, BayObLGSt 1970, 9 (22); KG 25.1.1965 – 1 Ws 512/64, NJW 1965, 1032; OLG Hamburg 21.2.1968 – VAs 60/67, NJW 1968, 854; OLG Karlsruhe 17.12.1996 – 2 Ws 214/96, NStZ-RR 1997, 157 (157).

Klageerzwingungsverfahren nach § 172 Abs. 2 auftritt,[179] ferner für den Einziehungsbeteiligten.[180] Sie haften nur für ein eigenes Verschulden, das zur Versäumung der Frist führt (→ Rn. 56).

61 Ebenso kann dem **Angeklagten** ein Verschulden seines Verteidigers selbst dann nicht zugerechnet werden, wenn sich die Tätigkeit nicht unmittelbar auf die Schuld- und die Rechtsfolgenfrage bezieht.[181] Ein schuldhaftes Verhalten des Verteidigers steht demnach der Wiedereinsetzung in den vorigen Stand nicht entgegen bei der sofortigen Beschwerde gegen den angeordneten Verfall der zur Aussetzung des Vollzugs des Haftbefehls geleisteten Sicherheit nach § 124 Abs. 2 S. 2,[182] bei der sofortigen Beschwerde gegen die Entscheidung über die Kosten und die notwendigen Auslagen gemäß § 464 Abs. 3,[183] bei der Beschwerde gegen die Entscheidung über die Entschädigungspflicht bei Strafverfolgungsmaßnahmen gemäß §§ 8 Abs. 3, 9 Abs. 2 StrEG,[184] im Verfahren nach §§ 23 ff. EGGVG[185] sowie in Strafvollzugssachen nach §§ 109 ff. StVollzG.[186]

62 Verteidiger oder sonstige Bevollmächtigte können ihrerseits weitere Personen, namentlich Kanzleimitarbeiter einschalten, die schuldhaft die Versäumung einer Frist herbeiführen können. Ihr Verschulden ist dem Vertretenen grds. nicht zuzurechnen.[187] Beispiele hierfür sind die zu späte Übermittlung eines Schriftstücks per Telefax oder die Eingabe einer falschen Telefaxnummer.[188] Voraussetzung eines solchen **Kanzleiversehens** ist aber, dass die Mitarbeiter sorgfältig ausgewählt und überwacht werden und das Büro derart organisiert ist, um Fristüberschreitungen zu verhindern.[189] Dem Bevollmächtigten steht es dann frei, in einfach gelagerten Fällen die Feststellung des Fristbeginns und die Berechnung der Frist gut ausgebildeten und sorgfältig überwachten Büroangestellten (zB durch Führen eines Fristenkalenders) zu überlassen.[190] Besondere Vorkehrungen sind aber etwa zu treffen, wenn die Mitarbeiter erkennbar überbelastet sind.[191] Trifft den Bevollmächtigten nach diesen Grundsätzen weder ein Auswahl- noch ein Organisationsverschulden, sondern beruht die Versäumung der Frist auf einem Einzelversehen des Personals, ist Wiedereinsetzung in den vorigen Stand zu gewähren.[192]

---

[179] OLG Koblenz 11.1.1962 – 1 Ws 335/61, NJW 1962, 977; aA KG 25.1.1965 – 1 Ws 512/64, NJW 1965, 1032; OLG Braunschweig 29.6.1954 – Ws 74/54, NJW 1954, 1619; OLG Düsseldorf 26.8.1988 – 1 Ws 711–712/88, NStZ 1989, 193 (193) mit abl. Anm. *Rieß;* OLG Düsseldorf 26.10.1992 – 1 Ws 827/92, NJW 1993, 341; OLG Hamburg 21.2.1968 – VAs 60/67, NJW 1968, 854; OLG Hamm 5.4.1972 – 4 Ws 82/72, NJW 1972, 1431 (1432); OLG München 23.9.1964 – Ws 580–581/64, NJW 1965, 120; OLG Nürnberg 11.11.1997 – Ws 1078/97, NStZ-RR 1998, 143 (144).

[180] AA KG 13.9.1982 – (4) Ss 203/82 (75/82), JR 1983, 127; OLG Düsseldorf 25.5.2000 – 1 Ws 286–287/00, NStZ-RR 2001, 335.

[181] Löwe/Rosenberg/*Graalmann-Scheerer* Rn. 62; aA OLG Celle 9.6.1959 – 2 Ss 140/59, NJW 1959, 1932 (1933); BeckOK-StPO/*Cirener* Rn. 24; KK/*Maul* Rn. 34; *Meyer-Goßner* Rn. 19; Radtke/Hohmann/*Rappert* Rn. 28; KMR/*Ziegler* Rn. 59; *Saenger* JuS 1991, 842 (843).

[182] AA OLG Stuttgart 4.2.1980 – 1 Ws 444/79, Justiz 1980, 285 (285).

[183] AA BGH 6.5.1975 – 5 StR 139/75, BGHSt 26, 126 (127) = NJW 1975, 1332 (1333); BGH 11.12.1981 – 2 StR 221/81, BGHSt 30, 309 (310) = NJW 1982, 1544 (1544); OLG Celle 9.6.1959 – 2 Ss 140/59, NJW 1959, 1932 (1933); OLG Düsseldorf 9.1.1989 – 2 Ws 1–2/89, NStZ 1989, 242.

[184] AA KG 16.6.1978 – (2) 2 OJs 3/78 (42/78), JR 1979, 128; KG 23.5.2007 – 2 AR 57/07 – 1 W+SWs 55/07, NJW 2008, 94; OLG Hamburg 8.1.1990 – 1 BJs 266/83-6, NStZ 1990, 191 (192); OLG Karlsruhe 14.3.1980 – 3 Ws 56/80, MDR 1980, 693.

[185] OLG Hamm 26.7.1982 – 7 VAs 27/82, NStZ 1982, 483 (484); OLG Stuttgart 19.5.1988 – 4 VAs 8/88, NStZ 1988, 430; aA KG 5.3.2008 – 1 VAs 6/08, StraFo 2008, 221; OLG Hamburg 21.2.1968 – VAs 60/67, NJW 1968, 854; OLG Hamburg 29.7.2003 – 2 VAs 3/03, NStZ-RR 2004, 185 (186).

[186] AA OLG Frankfurt a. M. 8.5.1981 – 3 Ws 63/81, NStZ 1981, 408; OLG Frankfurt a. M. 1.4.1982 – 3 Ws 179/82, NStZ 1982, 351 (351); OLG Hamburg 10.4.1989 – 3 Vollz (Ws) 4/89, NStZ 1991, 56.

[187] BGH 10.6.1960 – 2 StR 132/60, BGHSt 14, 330 (332) = NJW 1960, 1775 (1775); Löwe/Rosenberg/*Graalmann-Scheerer* Rn. 54.

[188] Löwe/Rosenberg/*Graalmann-Scheerer* Rn. 55.

[189] OLG Düsseldorf 14.11.1986 – 1 Ws 1019–1020/86, StV 1987, 97; HK-StPO/*Brauer* Rn. 32; KK/*Maul* Rn. 35; Radtke/Hohmann/*Rappert* Rn. 28.

[190] BGH 12.2.1965 – IV ZR 231/63, BGHZ 43, 148 (153) = NJW 1965, 1021 (1022); BGH 30.5.2000 – 1 StR 103/00, NStZ 2000, 545.

[191] OLG Düsseldorf 8.2.1993 – 1 Ws 99–100/93, NJW 1993, 1344 (1345).

[192] BGH 30.5.2000 – 1 StR 103/00, NStZ 2000, 545.

dd) Verschulden der Staatsanwaltschaft als Antragsteller. Auch der Staatsanwaltschaft kann auf Antrag oder von Amts wegen[193] Wiedereinsetzung in den vorigen Stand gewährt werden, wenn sie ohne Verschulden eine Frist nicht wahrt. Da sie als Behörde allerdings nur durch ihre Amtsträger handelt, muss sie sich deren schuldhaftes Verhalten zurechnen lassen. Eine Wiedereinsetzung scheidet daher unabhängig davon aus, ob der leitende Beamte selbst oder ein untergeordneter Bediensteter schuldhaft eine Frist versäumt.[194] 63

c) Verantwortungsbereich des Übermittlers. Dem Absender einer Erklärung können nur Verzögerungen vorgeworfen werden, die aus seinem Verantwortungsbereich stammen. Unregelmäßigkeiten außerhalb seines Einflusskreises begründen hingegen kein Verschulden des Betroffenen. Schaltet er etwa einen Kommunikationsmittler wie insbesondere ein **Postunternehmen** ein, um seine Erklärung zu überbringen, muss er lediglich die hierfür herkömmlicherweise benötigte Zeit berücksichtigen. Bei Postsendungen bedeutet dies, die übliche Laufzeit zwischen Aufgabe- und Zustellungsort einzurechnen[195] einschließlich etwaiger Verlängerungen wegen verminderten oder entfallenden Leerungs- und Zustellungsdienstes an Sonn- und Feiertagen.[196] Der Tag der Aufgabe der Sendung wird gewöhnlich durch den Poststempel auf dem Briefumschlag nachgewiesen; ist dieser den Akten nicht zu entnehmen, darf dies nicht zu Lasten des Absenders gehen.[197] Überbringt der Absender seine Erklärung durch einen privaten **Kurierdienst,** sind ihm Verzögerungen außerhalb des regelmäßigen Betriebsablaufs ebenso wenig vorzuwerfen.[198] 64

Bei der Deutschen Post AG beträgt die **Postlaufzeit** auch bei größeren Entfernungen im Inland gewöhnlich nur einen Tag, so dass der Absender nach hA keine längere Zeitspanne für die Übermittlung seines Schreibens einkalkulieren muss.[199] Unerheblich ist hierbei, ob die Sendung zu einer Zeit aufgegeben wird, in der die Post besonders stark beansprucht wird (zB vor Feiertagen).[200] Nicht zu berücksichtigen sind ferner Verzögerungen, die bei Schriftstücken von Straf- und Untersuchungsgefangenen infolge interner Postkontrollen entstehen,[201] sowie Zugangsfiktionen wie in § 270 S. 2 ZPO, weil sie nichts darüber besagen, mit welcher Beförderungszeit der Absender wirklich rechnen darf.[202] Bei einem Einwurfeinschreiben kann gleichfalls mit der Zustellung am folgenden Werktag gerechnet werden,[203] während bei sonstigen Einschreiben wegen der besonderen Kontrollen der Sendung von einer längeren Beförderungszeit auszugehen bleibt.[204] 65

---

193 BGH 5.9.2007 – 2 StR 306/07, wistra 2007, 475 (476).

194 BGH 29.3.1988 – 5 StR 135/88, *Miebach* NStZ 1988, 446 (446); BayObLG 7.12.1984 – RReg. 4 St 253/84, BayObLGSt 1984, 129 (130); OLG Frankfurt a. M. 10.12.1996 – 3 Ws 1002/96, NStZ-RR 1997, 176 (176); BeckOK-StPO/*Cirener* Rn. 28; KK/*Maul* Rn. 33; *Pfeiffer* Rn. 6; Radtke/Hohmann/*Rappert* Rn. 29; KMR/*Ziegler* Rn. 63; enger Löwe/Rosenberg/*Graalmann-Scheerer* Rn. 63; SK-StPO/*Weßlau/Deiters* Rn. 38.

195 BVerfG 16.12.1975 – 2 BvR 854/75, BVerfGE 41, 23 (27) = NJW 1976, 513 (513); BGH 17.11.1983 – 4 StR 632/83, *Pfeiffer/Miebach* NStZ 1984, 209 (209).

196 BVerfG 3.6.1975 – 2 BvR 99/74, BVerfGE 40, 42 (45) = NJW 1975, 1405 (1405); KMR/*Ziegler* Rn. 54.

197 OLG Schleswig 19.5.1994 – 2 Ws 406/93, NJW 1994, 2841 (2842); LG Flensburg 18.2.1976 – II Qs OWi 28/76, MDR 1976, 599 (599); Löwe/Rosenberg/*Graalmann-Scheerer* Rn. 36.

198 BVerfG 23.8.1999 – 1 BvR 1138/97, NJW 1999, 3701 (3702); BVerfG 4.4.2000 – 1 BvR 199/00, NJW 2000, 2657 (2658); Löwe/Rosenberg/*Graalmann-Scheerer* Rn. 38.

199 BGH 14.9.1993 – 5 StR 567/93, GA 1994, 75; OLG Hamburg 27.7.1973 – 1 Ws 234/73, NJW 1974, 68; Radtke/Hohmann/*Rappert* Rn. 21; KMR/*Ziegler* Rn. 55; aA OLG Stuttgart 3.8.2009 – 1 Ss 1215/09, NStZ-RR 2010, 15 (16); LG Zweibrücken 7.5.2012 – Qs 48/12, NStZ-RR 2012, 351; *Meyer-Goßner* Rn. 16: zwei Tage; hiergegen KMR/*Ziegler* Rn. 55.

200 BVerfG 27.2.1992 – 1 BvR 1294/91, NJW 1992, 1952.

201 OLG Bremen 22.12.1955 – Ws 227/55, NJW 1956, 233; OLG Düsseldorf 6.9.1989 – 3 Ws 608/89, NStZ 1990, 149 (150); Löwe/Rosenberg/*Graalmann-Scheerer* Rn. 44.

202 AA OLG Stuttgart 3.8.2009 – 1 Ss 1215/09, NStZ-RR 2010, 15 (16).

203 OLG Hamm 17.2.2009 – 3 Ws 37–38/09, NJW 2009, 2230 (2231); aA OLG Stuttgart 3.8.2009 – 1 Ss 1215/09, NStZ-RR 2010, 15 (16); *Meyer-Goßner* Rn. 16: zwei Tage.

204 KG 10.5.2005 – 3 Ws 186/05, NStZ-RR 2006, 142; OLG Frankfurt a. M. 7.12.2010 – 3 Ws 1142/10, NStZ-RR 2011, 116; LG Berlin 14.12.2004 – 514 Qs 314/04, VRS 108, 109 (109 f.); aA KMR/*Ziegler* Rn. 56; s. auch OLG Oldenburg 13.4.2011 – 1 Ws 172/11, StraFo 2011, 219.

66 Sollte die Postbeförderung tatsächlich länger als die übliche Postlaufzeit dauern und daher eine Frist nicht gewahrt werden, geschieht dies demzufolge grds. ohne **Verschulden.** Dies gilt aber nur, soweit die Verzögerung nicht dem Absender zuzurechnen ist, etwa weil er keine oder eine unzutreffende Postleitzahl angegeben[205] oder die Rechtsmittelschrift unzureichend frankiert hat.[206]

67 **d) Verantwortungsbereich des Empfängers.** Informationen von Behörden sind grds. vertrauenswürdig. Es ist daher unzulässig, die Verantwortung für ein **amtliches Verschulden** auf den Bürger abzuwälzen.[207] Versäumt der Betroffene infolge einer unrichtigen Auskunft eine Frist, darf ihm dies daher nicht zum Nachteil gereichen.[208] Gleiches gilt, wenn ein unzuständiger Beamter eine Erklärung zu Protokoll nimmt[209] oder die Unzulässigkeit eines Rechtsmittels auf einem Fehler des die Niederschrift aufnehmenden Justizbediensteten beruht.[210]

68 Ebenso wenig bleiben dem Absender **Verzögerungen beim Empfänger** anzulasten, da sie außerhalb seines Machtbereichs liegen. Insbesondere können Unregelmäßigkeiten beim Zugang von Erklärungen bei den Justizbehörden, die zur Nichteinhaltung der Frist führen, dem Absender grds. nicht vorgeworfen werden.[211] Auch die Nichtausführung, um eine Erklärung nach § 299 zu Protokoll zu geben, begründet kein Verschulden des nicht auf freiem Fuß befindlichen Beschuldigten,[212] sofern es ihm nicht zuzumuten ist, schriftlich fristgemäß Rechtsmittel einzulegen.[213]

69 Bei falsch adressierten **Postsendungen** (zum fristwahrenden Zugang → Rn. 19 ff.) ist es dem Betroffenen nicht anzulasten, wenn die unzuständige Empfangsbehörde es versäumt, das Schreiben an die hieraus ohne weiteres erkennbare zuständige Stelle weiterzuleiten, obwohl es bei ordnungsgemäßem Geschäftsgang noch rechtzeitig hätte weitergeleitet werden können.[214] Dies gilt nicht zuletzt dann, wenn der Adressat schon zuvor mit der Sache befasst war.[215] Allerdings ist die Empfangsbehörde selbst bei Erkennen des drohenden Fristablaufs nicht zu außerordentlichen Maßnahmen verpflichtet,[216] sei es das Schriftstück unmittelbar per Telefax an das zuständige Gericht zu übermitteln[217] oder

---

[205] OLG Düsseldorf 17.3.1994 – 2 Ws 88/94, NJW 1994, 2841; OLG Frankfurt a. M. 13.11.1996 – 3 Ws 931/96, NStZ-RR 1997, 137 (138); OLG Stuttgart 26.10.2009 – 6 Ss 1248/09, NStZ-RR 2010, 148; Löwe/Rosenberg/*Graalmann-Scheerer* Rn. 36; KK/*Maul* Rn. 24; aA OLG Stuttgart 13.7.1982 – 3 Ws 180/82, NJW 1982, 2832 (2832 f.).

[206] LG Köln 16.2.1979 – 35 Qs 1391/78, DAR 1979, 339 (340); KMR/*Ziegler* Rn. 45; aA OLG Hamm 19.3.1971 – 4 Ss OWi 233/71, MDR 1971, 947; HK-StPO/*Brauer* § 43 Rn. 18; Löwe/Rosenberg/*Graalmann-Scheerer* Vor § 42 Rn. 14.

[207] BGH 12.11.1970 – 1 StR 263/70, BGHSt 24, 15 (25) = NJW 1971, 389 (392) mwN; OLG Zweibrücken 1.12.1999 – 1 Ws 643/99, NStZ-RR 2000, 111 (111); BeckOK-StPO/*Cirener* Rn. 27; KK/*Maul* Rn. 25.

[208] BVerfG 21.12.1995 – 2 BvR 2033/95, NJW 1996, 1811 (1811); Löwe/Rosenberg/*Graalmann-Scheerer* Rn. 39; KMR/*Ziegler* Rn. 46.

[209] BVerfG 21.3.2005 – 2 BvR 975/03, NStZ-RR 2005, 238 (239); BayObLG 23.1.1978 – 1 Ob OWi 267/77, BayObLGSt 1978, 11 (12); OLG Köln 29.9.2005 – 83 Ss-OWi 37/05, NZV 2006, 47 (47).

[210] BVerfG 27.9.2005 – 2 BvR 172/04, NJW 2005, 3629 (3629); BayObLG 18.9.1959 – RReg. 1 St 503/59, JR 1960, 145 (146).

[211] BVerfG 4.5.1977 – 2 BvR 616/75, BVerfGE 44, 302 (306) = NJW 1977, 1233; BVerfG 3.11.1982 – 2 BvR 1145/81, BVerfGE 62, 216 (221) = NJW 1983, 560; BVerfG 14.5.1985 – 1 BvR 370/84, BVerfGE 69, 381 (386) = NJW 1986, 244 (244); Löwe/Rosenberg/*Graalmann-Scheerer* Rn. 37.

[212] BayObLG 16.3.2000 – 3 Ob OWi 5/200, NStZ-RR 2000, 248.

[213] OLG Karlsruhe 27.3.2003 – 2 VAs 32/02, Justiz 2003, 490 (491).

[214] OLG Düsseldorf 23.11.1998 – 1 Ws 818–819/98, NStZ-RR 1999, 147; OLG Koblenz 22.3.1973 – 1 Ws 109/73, MDR 1973, 691; SK-StPO/*Weßlau/Deiters* Rn. 21; KMR/*Ziegler* Rn. 50.

[215] BVerfG 20.6.1995 – 1 BvR 166/93, BVerfGE 93, 99 (114 f.) = NJW 1995, 3173 (3175); BVerfG 17.3.2005 – 1 BvR 950/04, NJW 2005, 2137 (2138).

[216] OLG Hamm 26.11.1996 – 3 Ws 567/96, NJW 1997, 2829 (2830); OLG Hamm 24.1.2008 – 3 Ws 34/08, NStZ-RR 2008, 283; *Meyer-Goßner* Rn. 12b; *Pfeiffer* Rn. 3; KMR/*Ziegler* Rn. 50; aA OLG Hamm 6.8.2003 – 2 Ws 164/03, NStZ-RR 2004, 81 (81 f.); SSW-StPO/*Tsambikakis* Rn. 10.

[217] OLG Hamm 26.11.1996 – 3 Ws 567/96, NJW 1997, 2829 (2830); OLG Naumburg 3.8.2000 – 1 Ws 289/00, NStZ-RR 2001, 272 (273); aA Löwe/Rosenberg/*Graalmann-Scheerer* Rn. 41.

telefonisch zu Protokoll eines Geschäftsstellenbeamten des zuständigen Gerichts durchzusagen.[218]

70 Bei **Telefaxen** sind Störungen des Empfangsgeräts des Gerichts[219] sowie die fehlende Möglichkeit, den Eingang eines nachweislich gesendeten Telefax bei Gericht festzustellen,[220] dem Betroffenen nicht zuzurechnen.

71 **e) Fiktion des S. 2.** Wird eine Rechtsmittelfrist versäumt, **gilt** dies gemäß S. 2 **als unverschuldet,** wenn die Belehrung nach den § 35a S. 1 und 2, § 319 Abs. 2 S. 3 oder nach § 346 Abs. 2 S. 3 unterblieben ist.

72 Auf **sonstige** unterbliebene **Belehrungen** ist die Vorschrift **nicht anwendbar.** Dies betrifft – wie die Ergänzung des S. 2 um „Satz 1 und 2" durch Art. 1 Nr. 3 des Gesetzes zur Regelung der Verständigung im Strafverfahren vom 29.7.2009 (BGBl. I, 2353) klarstellt – ua die in § 35a S. 3 vorgesehene qualifizierte Belehrung, trotz vorheriger Verständigung ein Rechtsmittel einlegen zu können (→ § 35a Rn. 34).[221]

73 **Unterblieben** ist die Belehrung, wenn sie entweder völlig unterlassen wird oder in einem wesentlichen Punkt unvollständig[222] oder unzutreffend bzw. widersprüchlich ist (→ § 35a Rn. 30 ff.). Dies betrifft ua inhaltlich zwar zutreffende Rechtsmittelbelehrungen, die aber gegenüber einem der deutschen Sprache nicht hinreichend mächtigen Betroffenen ergehen, ohne in eine ihm verständliche Sprache übersetzt zu werden (→ § 35a Rn. 22). Bei geringeren Unrichtigkeiten greift die Fiktion des § 44 S. 2 nicht und wird Wiedereinsetzung in den vorigen Stand nur nach S. 1 gewährt.[223]

74 Gemäß § 44 S. 2 gilt lediglich die **Versäumung einer Rechtsmittelfrist** als unverschuldet. Nicht fingiert wird hingegen, dass der Betroffene aufgrund des Belehrungsmangels verhindert war, die Frist einzuhalten. Es bleibt somit eigenständig zu prüfen, ob die Fristversäumung auch auf dem Belehrungsmangel beruht.[224] Dementsprechend ist der notwendige **Kausalzusammenhang** zwischen unterbliebener Belehrung und nicht gewahrter Frist in dem Antrag auf Wiedereinsetzung darzulegen.[225]

75 **4. Verfahren. a) Antrag.** Wiedereinsetzung in den vorigen Stand wird gemäß S. 1 auf **Antrag** gewährt (→ § 45 Rn. 2 ff.). Unter den Voraussetzungen des § 45 Abs. 2 S. 3 kann Wiedereinsetzung auch **von Amts wegen** gewährt werden (→ § 45 Rn. 26 ff.). Wiedereinsetzung gegen den Willen des Antragsberechtigten ist jedoch unzulässig.[226]

76 **Antragsberechtigt** ist grds. jeder Verfahrensbeteiligte („jemand"). Außer dem Beschuldigten kommen etwa die Staatsanwaltschaft, der Privatkläger gemäß § 385 Abs. 1 und der Nebenkläger gemäß § 397 Abs. 1 in Betracht, ferner der Einziehungsbeteiligte (§ 433 Abs. 1, § 440 Abs. 3), der Bürge (§ 123 Abs. 3, § 124 Abs. 2), Zeugen und Sachverständige sowie

---

[218] OLG Braunschweig 2.3.1988 – Ws 14/88, NStZ 1988, 514 (514); OLG Düsseldorf 10.3.1983 – 4 StO 1–2/83, NStZ 1984, 184 (184); OLG Hamm 27.6.1984 – 6 Ss 1007/84, NStZ 1985, 185; aA OLG Zweibrücken 11.9.1981 – 2 Ws 149/81, NJW 1982, 1008.

[219] OLG Brandenburg 26.5.2004 – 1 Ss OWi 88 B/04, NStZ 2005, 711; *Ebnet* NJW 1992, 2985 (2988); *Graalmann-Scheerer,* FS Nehm, 2006, 277 (285); eingehend zur Belegung des Empfangsgeräts *Roth* NJW 2008, 785.

[220] KG 1.11.2005 – 3 Ws (B) 490/05, NStZ-RR 2007, 24; OLG Karlsruhe 21.9.1993 – 3 Ss 100/93, NStZ 1994, 200 (201).

[221] BT-Drs. 16/12310, 11 unter Verweis auf BGH GrS 3.3.2005 – GSSt 1/04, BGHSt 50, 40 (62 f.) = NJW 2005, 1440 (1446); BeckOK-StPO/*Cirener* Rn. 31; *Meyer-Goßner* Rn. 23a; KMR/*Ziegler* Rn. 67.

[222] OLG Hamm 5.2.2013 – III-1 RVs 85/12, BeckRS 2013, 05223.

[223] BayObLG 4.10.1994 – 3 ObOWi 79/94, BayObLGSt 1994, 197 (198).

[224] BGH 16.8.2000 – 3 StR 339/00, NStZ 2001, 45; OLG Düsseldorf 9.1.1989 – 2 Ws 1–2/89, NStZ 1989, 242; OLG Koblenz 26.7.1990 – 1 Ss 202/90, NStZ 1991, 42 (43); OLG Zweibrücken 5.9.1994 – 1 Ws 389/94, VRS 88, 356 (357); BeckOK-StPO/*Cirener* Rn. 32; Löwe/Rosenberg/*Graalmann-Scheerer* Rn. 64; KK/*Maul* Rn. 36; SK-StPO/*Weßlau/Deiters* Rn. 40; KMR/*Ziegler* Rn. 65.

[225] BayObLG 18.4.1967 – BWReg. 4a St 35/66, BayObLGSt 1967, 66 (69); OLG Düsseldorf 22.11.1985 – 1 Ws 1028/85, NStZ 1986, 233 (233); OLG Düsseldorf 8.2.1993 – 1 Ws 99–100/93, NJW 1993, 1344 (1344); OLG Frankfurt a. M. 12.2.2007 – 3 Ws 159/07, NStZ-RR 2007, 206 (207); OLG Karlsruhe 17.12.1996 – 2 Ws 214/96, NStZ-RR 1997, 157 (157 f.); Löwe/Rosenberg/*Graalmann-Scheerer* Rn. 66; *Meyer-Goßner* Rn. 22.

[226] *Meyer-Goßner* Rn. 9.

an der Verhandlung nicht beteiligte Personen, die gegen nach §§ 51, 70 bzw. § 77 oder wegen Ungebühr nach §§ 178, 180 GVG verhängte Ordnungsmittel vorgehen.[227]

77 Für den Beschuldigten kann der **Verteidiger** grds. nur mit Vollmacht Wiedereinsetzung in den vorigen Stand beantragen.[228] Etwas anderes gilt entsprechend § 297 lediglich dann, wenn er die Frist für ein Rechtsmittel versäumt, das er aus eigenem Recht eingelegt hat.[229] Ebenso ist der **gesetzliche Vertreter** antragsberechtigt, der nach § 298 Abs. 1 selbstständig tätig wird.[230] Der **Staatsanwaltschaft** ist es hingegen verwehrt, analog § 296 Abs. 2 zugunsten des Beschuldigten Wiedereinsetzung in den vorigen Stand zu beantragen. Der Antrag kann lediglich als Anregung verstanden werden, von Amts wegen Wiedereinsetzung zu gewähren.[231]

78 **b) Gewährung von Wiedereinsetzung in den vorigen Stand.** Das Gericht entscheidet über den Antrag auf Wiedereinsetzung in den vorigen Stand durch **Beschluss** (→ § 46 Rn. 5). Bei einem erfolgreichen Antrag ist gemäß S. 1 Wiedereinsetzung zu gewähren. Damit wird zugleich die Rechtzeitigkeit der versäumten und gemäß § 45 Abs. 2 S. 2 nachgeholten Handlung festgestellt. Jedenfalls im Ergebnis wird daher das Verfahren nicht in den vorigen Stand (vor Fristversäumung) versetzt, sondern in denjenigen **Zustand,** der **bei rechtzeitig vorgenommener Prozesshandlung** bestanden hätte (→ Rn. 2).[232]

79 Wird Wiedereinsetzung in den vorigen Stand gewährt, wird die infolge der Fristversäumung eingetretene **Rechtskraft** der betreffenden gerichtlichen Entscheidungen ohne weiteres beseitigt.[233] Die Entscheidung muss also nicht förmlich aufgehoben werden, wenngleich der Wegfall der Rechtskraft in den Gründen des Wiedereinsetzungsbeschlusses festgestellt werden sollte.[234] Ebenso entfällt die Rechtskraft von Entscheidungen, die ein eingelegtes Rechtsmittel aufgrund dessen verspäteter Einlegung als unzulässig verworfen haben.[235] Lediglich Sachentscheidungen des Revisionsgerichts nach § 349 Abs. 2 oder Abs. 5, nicht hingegen nach § 349 Abs. 1, schließen im Interesse der Rechtssicherheit eine Wiedereinsetzung aus; insoweit kommt nur eine Wiederaufnahme des Verfahrens nach §§ 359 ff. in Betracht.[236] Zur Wirksamkeit von Anordnungen, die mit Eintritt der (durch die gewährte Wiedereinsetzung nunmehr aufgehobenen) Rechtskraft gegenstandslos geworden sind, s. § 47 Abs. 3 (→ Rn. 7 ff.).

80 Ein erfolgreicher Antrag auf Wiedereinsetzung in den vorigen Stand vermag bloß die Folgen der Fristversäumung zu beseitigen, **nicht** jedoch **anderweitig eingetretene Hindernisse** zu **beheben.** Dem Säumigen sollen also keine Vorteile verschafft werden, die er ohne die Säumnis nicht erhalten hätte.[237] Eine nach (vorübergehend) rechtskräftiger Verurteilung verbüßte Strafhaft wird durch die Gewährung von Wiedereinsetzung nicht rückwirkend zur

---

[227] Löwe/Rosenberg/*Graalmann-Scheerer* Rn. 17; KK/*Maul* Rn. 3; *Meyer-Goßner* Rn. 9.

[228] *Meyer-Goßner* Rn. 9.

[229] Löwe/Rosenberg/*Graalmann-Scheerer* Rn. 17; KK/*Maul* Rn. 3; *Meyer-Goßner* Rn. 9; SK-StPO/*Weßlau/Deiters* Rn. 14.

[230] BayObLG 25.5.1954 – BReg. 2 St 30/54, NJW 1954, 1378 (1379); KK/*Maul* Rn. 3; *Meyer-Goßner* Rn. 9; KMR/*Ziegler* Rn. 3.

[231] RG 26.5.1891 – 417/91, RGSt 22, 31 (32 f.); OLG Bremen 12.7.1956 – Ws 143/56, GA 1957, 87 (87); LG Aachen 11.6.1960 – III Qs 626/59, NJW 1961, 86 (87 f.) mAnm *Kleinknecht;* Löwe/Rosenberg/*Graalmann-Scheerer* Rn. 17; KK/*Maul* Rn. 3; *Meyer-Goßner* Rn. 9; KMR/*Ziegler* Rn. 3.

[232] OLG Hamm 23.5.1972 – 5 Ss OWi 363/72, NJW 1972, 2097 (2098); OLG Köln 25.2.1986 – Ss 2/86 (41), NJW 1987, 80 (80); BeckOK-StPO/*Cirener* Rn. 1; KK/*Maul* Rn. 1; *Meyer-Goßner* Rn. 25; *Pfeiffer* Rn. 8; *Meyer* JR 1978, 431 (432).

[233] OLG Hamm 23.5.1972 – 5 Ss OWi 363/72, NJW 1972, 2097 (2098).

[234] Löwe/Rosenberg/*Graalmann-Scheerer* § 46 Rn. 14; *Meyer-Goßner* Rn. 25; Radtke/Hohmann/*Rappert* Rn. 37; KMR/*Ziegler* § 46 Rn. 7; *Wendisch* JR 1981, 131 (132).

[235] *Meyer-Goßner* Rn. 25.

[236] BGH 17.1.1962 – 4 StR 392/61, BGHSt 17, 94 (96) = NJW 1962, 818 (819); BGH 21.12.1972 – 1 StR 267/72, BGHSt 25, 89 (91); HK-StPO/*Brauer* Rn. 3; BeckOK-StPO/*Cirener* Rn. 2; KK/*Maul* Rn. 15; *Meyer-Goßner* Rn. 1; *Pfeiffer* Rn. 1; Radtke/Hohmann/*Rappert* Rn. 2; aA Löwe/Rosenberg/*Graalmann-Scheerer* Rn. 16; *Schaper* NJW 1962, 1357 (1358).

[237] BGH 26.6.1987 – 2 StR 255/87, BGHR § 44 Wirkung 1; OLG Hamm 23.5.1972 – 5 Ss OWi 363/72, NJW 1972, 2097 (2098); KMR/*Ziegler* § 46 Rn. 8.

Untersuchungshaft.[238] Ebenso wenig wird die nach Rechtskraft laufende Vollstreckungsverjährung nachträglich zur Verfolgungsverjährung. Sie beginnt vielmehr mit dem Erlass des Wiedereinsetzungsbeschlusses neu, sofern sie nicht zuvor schon eingetreten war.[239]

§ 45 [Antrag auf Wiedereinsetzung]

(1) [1]Der Antrag auf Wiedereinsetzung in den vorigen Stand ist binnen einer Woche nach Wegfall des Hindernisses bei dem Gericht zu stellen, bei dem die Frist wahrzunehmen gewesen wäre. [2]Zur Wahrung der Frist genügt es, wenn der Antrag rechtzeitig bei dem Gericht gestellt wird, das über den Antrag entscheidet.

(2) [1]Die Tatsachen zur Begründung des Antrags sind bei der Antragstellung oder im Verfahren über den Antrag glaubhaft zu machen. [2]Innerhalb der Antragsfrist ist die versäumte Handlung nachzuholen. [3]Ist dies geschehen, so kann Wiedereinsetzung auch ohne Antrag gewährt werden.

Schrifttum: *Graalmann-Scheerer,* Moderne Kommunikationsformen und Wiedereinsetzung in den vorigen Stand im Strafverfahren, FS Nehm, 2006, S. 277; *Heyland,* Zur Auslegung des § 45 Abs. 2 Satz 1 StPO n.F., JR 1977, 402; *Lintz,* Wiedereinsetzung in den vorigen Stand ohne Antrag (zu *Gössel,* JR 1986, 385), JR 1987, 94 mit Schlusswort *Gössel,* JR 1987, 97; *Saenger,* Die Wiedereinsetzung in den vorigen Stand im Strafverfahren, JuS 1991, 842.

Übersicht

I. Überblick

1 § 45 regelt das Verfahren der Wiedereinsetzung in den vorigen Stand und die Anforderungen an einen form- und fristgerechten **Antrag** (Abs. 1 und Abs. 2 S. 1 und 2; → Rn. 2 ff.). Aus der Vorschrift ergeben sich somit die formellen Zulässigkeitsvoraussetzungen, während § 44 die materiellen Erfordernisse an einen Antrag auf Wiedereinsetzung bestimmt. Gemäß Abs. 2 S. 3 kann Wiedereinsetzung auch **von Amts wegen** (→ Rn. 26 ff.) gewährt werden.

II. Erläuterung

2 **1. Antrag auf Wiedereinsetzung in den vorigen Stand. a) Form. aa) Antrag und Begründung.** Um den Voraussetzungen des Abs. 2 zu genügen, bedarf der Antrag trotz fehlender gesetzlicher Angaben der **Schriftform.** Außer der schriftlichen Einreichung kann der Antrag auch zu Protokoll der Geschäftsstelle gegeben werden.[1]

3 Nicht zuletzt wegen des fehlenden Devolutiveffekts (→ § 44 Rn. 2) schließen sich der Antrag auf Wiedereinsetzung in den vorigen Stand und **Rechtsmittel** mit demselben Ziel zwar aus.[2] Gleichwohl kann es sich empfehlen, neben dem Antrag auf Wiedereinsetzung auch Rechtsmittel bzw. Rechtsbehelfe einzulegen. Unentbehrlich ist dies, wenn gerade die

---

[238] BGH 7.9.1962 – 4 StR 264/62, BGHSt 18, 34 (36) = NJW 1962, 2359 (2360); OLG Düsseldorf 7.5.2009 – 3 Ws 179/09, NStZ-RR 2010, 29 (30); OLG Hamm 24.11.1955 – 1 Ws 516/55, NJW 1956, 274 (275).

[239] BayObLG 7.10.1953 – RevReg. 1 St 333/53, JR 1954, 150 (151); OLG Braunschweig 10.8.1973 – Ss OWi 87/73, NJW 1973, 2119 (2119 f.); OLG Hamm 23.5.1972 – 5 Ss OWi 363/72, NJW 1972, 2097 (2098); Löwe/Rosenberg/*Graalmann-Scheerer* § 46 Rn. 13; KK/*Maul* § 46 Rn. 5; KMR/*Ziegler* § 46 Rn. 8.

[1] BeckOK-StPO/*Cirener* Rn. 1; KK/*Maul* Rn. 2; SK-StPO/*Weßlau/Deiters* Rn. 1; KMR/*Ziegler* Rn. 2; aA SSW-StPO/*Tsambikakis* Rn. 1.

[2] KK/*Maul* § 44 Rn. 2.

Rechtsmittelfrist versäumt wurde (vgl. § 45 Abs. 2 S. 2). Häufig wird die verfristete Einlegung eines Rechtsmittels bzw. Rechtsbehelfs ein Gesuch um Wiedereinsetzung beinhalten. Wurde allerdings ein Rechtsmittel bereits wirksam zurückgenommen, ist ein danach angebrachter Antrag auf Wiedereinsetzung ebenso unzulässig wie die erneute Einlegung des Rechtsmittels.[3]

4 Über den Wiedereinsetzungsantrag ist in diesen Fällen zuerst zu entscheiden.[4] Wird Wiedereinsetzung in den vorigen Stand gegen die Versäumung der Frist zur Einlegung eines Rechtsmittels gewährt, beginnt die **Rechtsmittelbegründungsfrist** mit der Zustellung des Wiedereinsetzungsbeschlusses, sofern das Urteil zu diesem Zeitpunkt bereits zugestellt ist.[5]

5 In die **Begründung** des Antrags sind sämtliche Tatsachen aufzunehmen, aus denen sich die nicht schuldhafte Fristversäumnis des Antragstellers ergibt.[6] Vorzutragen sind im Einzelnen die nichteingehaltene Frist, der Grund für die Säumnis sowie der Zeitpunkt, an dem das Hindernis wegfällt.[7] Vor allem sind diejenigen Umstände aufzuzeigen, die das Verschulden des Betroffenen ausschließen.[8] Allgemein oder gerichts-, insbesondere aktenkundige Tatsachen (zB Ersatzzustellung oder unterbliebene Rechtsmittelbelehrung nach § 35a[9]) müssen nicht mitgeteilt werden;[10] allerdings bleibt etwa darzulegen, dass die Frist infolge der fehlenden Rechtsmittelbelehrung nach § 35a versäumt wurde.[11]

6 Beruht die Versäumnis auf Vorkommnissen bei der Zustellung (zB bei unvorhersehbarer Verzögerung des Postweges[12] oder Abhandenkommen des eingeworfenen Benachrichtigungsscheins[13]), müssen die näheren Umstände der Sendung entsprechend konkret dargelegt werden, damit das **Gericht** vor allem das Verschulden des Betroffenen **hinreichend zuverlässig beurteilen** kann.[14] Liegt ein schuldhaftes Verhalten des Verteidigers vor, das sich der Angeklagte nicht zurechnen lassen muss (→ § 44 Rn. 55 ff.), hat der Verteidiger dies selbst in dem für seinen Mandanten gestellten Antrag geltend zu machen.[15]

7 Die Begründung muss innerhalb der Wochenfrist (→ Rn. 20 ff.) erfolgen, stellt also eine **Zulässigkeitsvoraussetzung** für den Antrag dar.[16] Im ggf. anschließenden Verfahren kann gemäß Abs. 2 S. 1 nur die Glaubhaftmachung der zur Begründung angeführten Tatsachen

---

[3] BGH 22.9.1993 – 2 StR 367/93, StV 1994, 64; BGH 16.12.1994 – 2 StR 461/94, NStZ 1995, 356 (356); KK/*Maul* § 44 Rn. 2.

[4] BGH 21.1.1958 – 1 StR 236/57, BGHSt 11, 152 (154) = NJW 1958, 509 (510); Löwe/Rosenberg/*Graalmann-Scheerer* Rn. 6; KK/*Maul* § 44 Rn. 2.

[5] BGH 8.1.1982 – 2 StR 751/80, BGHSt 30, 335 (338) = NJW 1982, 1110 (1110); BayObLG 4.11.1971 – RReg. 7 St 215/71, NJW 1972, 171 (172); OLG Celle 23.1.1968 – 4 Ws (B) 42/67, NJW 1968, 809; Löwe/Rosenberg/*Graalmann-Scheerer* § 46 Rn. 12; KK/*Maul* § 46 Rn. 6; kritisch BeckOK-StPO/*Cirener* Rn. 12.2.

[6] OLG Frankfurt a. M. 10.10.2001 – 3 Ss 295/01, NStZ-RR 2002, 12 zur verzögerten Postzustellung; OLG Köln 14.3.2000 – Ss 10/00, NStZ-RR 2002, 142 (142); BeckOK-StPO/*Cirener* Rn. 6; Löwe/Rosenberg/*Graalmann-Scheerer* Rn. 13.

[7] BGH 26.2.1991 – 1 StR 737/90, NStZ 1991, 295; BGH 23.4.1996 – 1 StR 99/96, NStZ-RR 1996, 338; BGH 8.12.2011 – 4 StR 430/11, NStZ 2012, 276 (277); BGH 29.1.2013 – 4 StR 320/12, NStZ 2013, 474; OLG Düsseldorf 27.1.1984 – 2 Ws 568/83, NStZ 1984, 330; KK/*Maul* Rn. 6; SK-StPO/*Weßlau/Deiters* Rn. 7; KMR/*Ziegler* Rn. 10.

[8] BGH 15.11.1995 – 3 StR 353/95, NStZ 1996, 149; KG 3.9.2001 – 3 Ws 431/01, NZV 2002, 47 (48); OLG Düsseldorf 5.12.1995 – 1 Ws 940/95, NStZ-RR 1996, 169.

[9] OLG Hamm 19.8.1955 – 3 Ws 314/55, NJW 1955, 1850.

[10] BVerfG 30.3.1995 – 2 BvR 2119/94, NJW 1995, 2544 (2544); OLG Köln 14.3.2000 – Ss 10/00, NStZ-RR 2002, 142 (143); Löwe/Rosenberg/*Graalmann-Scheerer* Rn. 14; KK/*Maul* Rn. 7; *Meyer-Goßner* Rn. 5; SK-StPO/*Weßlau/Deiters* Rn. 7; KMR/*Ziegler* Rn. 10.

[11] BGH 1.6.2010 – 4 StR 79/10, NStZ 2010, 584 (585).

[12] S. hierzu OLG Frankfurt a. M. 10.10.2001 – 3 Ss 295/01, NStZ-RR 2002, 12; OLG Hamm 17.5.1977 – 1 Ss OWi 550/77, MDR 1977, 948; OLG Jena 10.6.1997 – 1 Ws 63/97, StraFo 1997, 331; OLG Jena 11.5.2006 – 1 Ws 126–127/06, NStZ-RR 2006, 345.

[13] S. hierzu BVerfG 14.10.1997 – 2 BvR 1007/97, NStZ-RR 1998, 73 (74).

[14] HK-StPO/*Brauer* Rn. 10; KK/*Maul* Rn. 7 mit weiteren Beispielen; Radtke/Hohmann/*Rappert* Rn. 7; KMR/*Ziegler* Rn. 12.

[15] KG 20.7.2005 – 2 Ss 135/05 – 3 Ws (B) 342/05, NZV 2005, 656; OLG Düsseldorf 23.4.1996 – 1 Ws OWi 344–345/96, StraFo 1997, 77 (77).

[16] BGH 23.4.1996 – 1 StR 99/96, NStZ-RR 1996, 338; OLG Düsseldorf 31.1.1990 – 2 Ss OWi 4/90–3/90 III, NZV 1990, 365.

(→ Rn. 9 ff.), nicht jedoch die Begründung selbst nachgeholt werden. Zulässig ist lediglich, die bereits vorgetragene Begründung zu erläutern und zu ergänzen.[17]

Der Antrag ist gemäß **Abs. 1 S. 1** bei demjenigen **Gericht** zu stellen, bei dem die versäumte Frist wahrzunehmen gewesen wäre (iudex a quo). Allerdings genügt zur Fristwahrung gemäß Abs. 1 **S. 2,** den Antrag bei demjenigen Gericht zu stellen, das über den Antrag entscheidet (iudex ad quem), dh bei demjenigen Gericht, das bei rechtzeitiger Handlung zur Entscheidung in der Sache selbst berufen gewesen wäre (§ 46 Abs. 1). Ebenso kann dort die versäumte Handlung nachgeholt (→ Rn. 18 f.), zB die Revision beim Revisionsgericht eingelegt werden.[18] Nicht auf freiem Fuß befindliche Beschuldigte können gemäß § 299 den Antrag zudem bei dem Amtsgericht einreichen, in dessen Bezirk sie verwahrt werden.[19] 8

bb) Glaubhaftmachung (Abs. 2 S. 1). Abs. 2 S. 1 verlangt die Glaubhaftmachung (im Einzelnen → § 26 Rn. 12 ff.) der zur Begründung vorgetragenen Tatsachen. Dies soll das Gericht in die Lage versetzen, ohne weitere Ermittlungen über den Antrag zu entscheiden.[20] Glaubhaft zu machen sind **sämtliche Umstände,** die für die Entscheidung des Gerichts über Zulässigkeit und Begründetheit des Antrags auf Wiedereinsetzung in den vorigen Stand bedeutsam sind.[21] Unterbleibt die Glaubhaftmachung, die jedoch auch erst im Verfahren über den Antrag erfolgen darf (→ Rn. 16 f.), oder ist sie unzureichend, ist der Antrag unzulässig.[22] Entbehrlich ist sie lediglich bei allgemein- oder gerichtskundigen, insbesondere aktenkundigen Tatsachen, die bereits nicht dargelegt werden müssen (→ Rn. 5).[23] 9

Die Glaubhaftmachung setzt voraus, die vorgetragenen Tatsachen so weit zu beweisen, dass sie das Gericht in einem nach Lage der Sache vernünftigerweise zur Entscheidung hinreichenden Maß **für wahrscheinlich hält.** Die volle Überzeugung des Gerichts ist nicht erforderlich (→ § 26 Rn. 12).[24] Für die Glaubhaftmachung genügt es aber nicht, lediglich eine nicht zu widerlegende Behauptung aufzustellen.[25] Verbleibende Zweifel an der Wahrheit der vorgetragenen Tatsachen gehen zu Lasten des Antragstellers. Insoweit kann selbst bei dem Gesuch eines Angeklagten nicht auf den Zweifelsgrundsatz verwiesen werden;[26] zu Zweifeln bzgl. der Wahrung der Wochenfrist des § 45 Abs. 1 S. 1 → Rn. 25. 10

Mittel zur Glaubhaftmachung sind vor allem schriftliche (auch fremdsprachige[27]) Beweismittel, zB Urkunden wie Fahrscheine, ärztliche Zeugnisse, amtliche Bescheinigungen und eidesstattliche Versicherungen.[28] Dem Beschuldigten ist die Abgabe einer eides- 11

---

[17] OLG Düsseldorf 14.4.1993 – 1 Ws 279/93, VRS 85, 342 (343); OLG Nürnberg 8.5.1962 – Ws 107/62, MDR 1963, 699 (699); Löwe/Rosenberg/*Graalmann-Scheerer* Rn. 13; SK-StPO/*Weßlau/Deiters* Rn. 8; KMR/*Ziegler* Rn. 14.

[18] OLG Hamburg 14.11.1977 – 2 Ss 319/76, JR 1978, 430; *Meyer-Goßner* Rn. 4; SK-StPO/*Weßlau/Deiters* Rn. 6; KMR/*Ziegler* Rn. 9.

[19] Löwe/Rosenberg/*Graalmann-Scheerer* Rn. 9; KK/*Maul* Rn. 5; SK-StPO/*Weßlau/Deiters* Rn. 6; KMR/*Ziegler* Rn. 9.

[20] BGH 10.11.1967 – 4 StR 512/66, BGHSt 21, 334 (347) = NJW 1968, 710 (712); KG 2.1.1974 – 3 Ws 207/73, NJW 1974, 657 (657); OLG Düsseldorf 6.5.1985 – 2 Ws 184/85 ua, NJW 1985, 2207 (2207).

[21] KK/*Maul* Rn. 10; *Meyer-Goßner* Rn. 6.

[22] BGH 26.2.1991 – 1 StR 737/90, NStZ 1991, 295; HK-StPO/*Brauer* Rn. 13; Löwe/Rosenberg/*Graalmann-Scheerer* Rn. 25; KK/*Maul* Rn. 10; *Pfeiffer* Rn. 2; SK-StPO/*Weßlau/Deiters* Rn. 11; KMR/*Ziegler* Rn. 15.

[23] OLG Düsseldorf 23.4.1996 – 1 Ws OWi 344–345/96, StraFo 1997, 77 (77); BeckOK-StPO/*Cirener* Rn. 8; Löwe/Rosenberg/*Graalmann-Scheerer* Rn. 17; KK/*Maul* Rn. 10.

[24] BGH 10.11.1967 – 4 StR 512/66, BGHSt 21, 334 (350); BGH 30.10.1990 – 5 StR 447/90, NStZ 1991, 144; BayObLG 28.11.1955 – BReg. 3 St 171/55, NJW 1956, 640; OLG Düsseldorf 15.8.1990 – 1 Ws 728/90, wistra 1990, 364; HK-StPO/*Brauer* Rn. 19; Löwe/Rosenberg/*Graalmann-Scheerer* Rn. 16; *Meyer-Goßner* Rn. 10; SK-StPO/*Weßlau/Deiters* Rn. 17; KMR/*Ziegler* Rn. 15.

[25] BGH 10.11.1967 – 4 StR 512/66, BGHSt 21, 334 (352).

[26] BGH 10.11.1967 – 4 StR 512/66, BGHSt 21, 334 (352); OLG Düsseldorf 25.7.1984 – 1 Ws 720/84, StV 1985, 223 (224); OLG Düsseldorf 15.8.1990 – 1 Ws 728/90, wistra 1990, 364; Löwe/Rosenberg/*Graalmann-Scheerer* Rn. 16; SK-StPO/*Weßlau/Deiters* Rn. 17; KMR/*Ziegler* Rn. 15.

[27] OLG Bamberg 15.12.1988 – Ws 653/88, NStZ 1989, 335 (335).

[28] BeckOK-StPO/*Cirener* Rn. 9; Löwe/Rosenberg/*Graalmann-Scheerer* Rn. 17; SK-StPO/*Weßlau/Deiters* Rn. 13; KMR/*Ziegler* Rn. 20.

stattlichen Versicherung jedoch verwehrt;[29] eine gleichwohl erfolgte Versicherung bleibt daher nur als schlichte Erklärung zu behandeln (→ Rn. 12 f.).[30] Die bloße **Angabe von Beweismitteln** genügt nicht. Insbesondere reicht es idR nicht aus, einen Zeugen lediglich zu benennen; etwas anderes gilt nur für Amtsträger, die ein amtliches Verschulden bezeugen sollen,[31] sowie für Zeugen, die nach dem glaubhaften Vortrag des Antragstellers eine schriftliche Erklärung verweigern oder nicht unverzüglich erreichbar sind.[32]

12 **Erklärungen des Antragstellers** eignen sich grundsätzlich nicht zur Glaubhaftmachung.[33] Dies gilt selbst dann, wenn die Wahrheit der behaupteten Tatsachen besonders nahe liegt oder der Lebenserfahrung entspricht,[34] zB wenn der Antragsteller einen Urlaub in der allgemeinen Ferienzeit behauptet[35] oder ein ausländischer Angeklagter vorträgt, die Rechtsmittelbelehrung nicht verstanden zu haben.[36] Art. 19 Abs. 4 und Art. 103 Abs. 1 GG stehen dem nicht entgegen, da der Betroffene die Glaubhaftmachung noch im Verfahren über den Antrag nachholen kann (→ Rn. 16 f.).[37]

13 **Ausnahmsweise** genügt eine eigene schlichte Erklärung für die Glaubhaftmachung, wenn der Antragsteller unverschuldet den notwendigen Beweis nicht zu führen vermag.[38] In Betracht kommt dies vor allem dann, wenn der Beweisverlust auf ein Verschulden der am Verfahren beteiligten Behörden zurückzuführen ist.[39] Wiederholt hat die Rechtsprechung dies etwa anerkannt, wenn die Empfängerbehörde den Briefumschlag mit dem Poststempel vernichtet hat, der die rechtzeitige Absendung des Schreibens hätte beweisen können.[40] In diesem Zusammenhang bleibt Nr. 155 RiStBV zu beachten, wonach bei einem vorgetragenen Verschulden anderer Personen wie zB von Urkundsbeamten, Bediensteten der Vollzugsanstalt und Verteidigern bei der Versäumung einer Rechtsmittelfrist eine (dienstliche) Äußerung dieser Personen herbeizuführen ist.

14 Die **Erklärungen eines Verteidigers** sind zur Glaubhaftmachung idR geeignet, wenn er in dem Antrag die Wiedereinsetzungsgründe als eigene Wahrnehmung bestätigt. Es bietet sich insoweit allerdings eine anwaltliche Versicherung an.[41]

---

[29] BayObLG 28.10.1953 – RevReg. 1 St 667/53, NJW 1954, 204; OLG Düsseldorf 25.7.1984 – 1 Ws 720/84, StV 1985, 223 (224); OLG Hamm 11.9.1973 – 5 Ss 901/73, NJW 1974, 327 (328); *Meyer-Goßner* Rn. 8; *Pfeiffer* Rn. 2; SK-StPO/*Weßlau/Deiters* Rn. 16.

[30] BGH 21.12.1972 – 1 StR 267/72, BGHSt 25, 89 (92); BayObLG 20.2.1990 – RReg. 4 St 6/90, NStZ 1990, 340; OLG Düsseldorf 6.9.1989 – 3 Ws 608/89, NStZ 1990, 149 (150); OLG Düsseldorf 15.8.1990 – 1 Ws 728/90, wistra 1990, 364; BeckOK-StPO/*Cirener* Rn. 10; Löwe/Rosenberg/*Graalmann-Scheerer* Rn. 23; KK/*Maul* Rn. 13; Radtke/Hohmann/*Rappert* Rn. 11; KMR/*Ziegler* Rn. 22.

[31] BGH 5.8.2010 – 3 StR 269/10, NStZ-RR 2010, 378 (379); BayObLG 28.11.1955 – BReg. 3 St 171/55, NJW 1956, 640.

[32] BGH 10.11.1967 – 4 StR 512/66, BGHSt 21, 334 (347) = NJW 1968, 710 (712); BGH 5.8.2010 – 3 StR 269/10, NStZ-RR 2010, 378 (379).

[33] BGH 13.9.2005 – 4 StR 399/05, NStZ 2006, 54 (55); BGH 5.8.2010 – 3 StR 269/10, NStZ-RR 2010, 378 (379).

[34] BVerfG 11.2.1976 – 2 BvR 849/75, BVerfGE 41, 332 (337) = NJW 1976, 1537 (1538); KG 2.1.1974 – 3 Ws 207/73, NJW 1974, 657 (658); HK-StPO/*Brauer* Rn. 16; KK/*Maul* Rn. 12; Radtke/Hohmann/*Rappert* Rn. 11; KMR/*Ziegler* Rn. 25; aA zu § 45 aF noch BVerfG 10.6.1975 – 2 BvR 1018/74, BVerfGE 40, 88 (92 f.) = NJW 1975, 1355 (1355 f.) mwN; SK-StPO/*Weßlau/Deiters* Rn. 15; *Saenger* JuS 1991, 842 (844).

[35] S. hingegen noch BVerfG 9.7.1969 – 2 BvR 753/68, BVerfGE 26, 315 (320) = NJW 1969, 1531 (1532); BVerfG 2.7.1974 – 2 BvR 32/74, BVerfGE 38, 35 (39) = NJW 1974, 1902 (1903).

[36] OLG Oldenburg 18.1.2008 – 1 Ws 41/08, NStZ-RR 2008, 150 (150).

[37] BVerfG 11.2.1976 – 2 BvR 849/75, BVerfGE 41, 332 (339) = NJW 1976, 1537 (1538).

[38] OLG Düsseldorf 25.7.1984 – 1 Ws 720/84, StV 1985, 223 (224); OLG Düsseldorf 6.9.1989 – 3 Ws 608/89, NStZ 1990, 149 (150); OLG München 21.4.1988 – 2 Ws 191/88, NStZ 1988, 377 (378); BeckOK-StPO/*Cirener* Rn. 10; KK/*Maul* Rn. 12; SK-StPO/*Weßlau/Deiters* Rn. 15; KMR/*Ziegler* Rn. 23.

[39] BVerfG 4.2.1993 – 2 BvR 389/92, NJW-RR 1994, 316 (316).

[40] BVerfG 14.2.1995 – 2 BvR 1950/94, NJW 1995, 2545 (2546); BVerfG 26.3.1997 – 2 BvR 842/96, NJW 1997, 1770 (1771); OLG Düsseldorf 6.9.1989 – 3 Ws 608/89, NStZ 1990, 149 (150); OLG Schleswig 19.5.1994 – 2 Ws 406/93, NJW 1994, 2841 (2841 f.); BeckOK-StPO/*Cirener* Rn. 10; Löwe/Rosenberg/*Graalmann-Scheerer* Rn. 21.

[41] BGH 15.11.1995 – 3 StR 353/95, NStZ 1996, 149; OLG Köln 20.12.1963 – 1 Ws 76/63, NJW 1964, 1038 (1039); Löwe/Rosenberg/*Graalmann-Scheerer* Rn. 19; KK/*Maul* Rn. 11.

Bei Erklärungen per **Telefax,** die wegen einer technischen Störung des Empfangsgeräts nicht oder nicht rechtzeitig übermittelt werden, reicht zur Glaubhaftmachung nicht bereits die Vorlage des Sendeprotokolls mit dem „OK"-Vermerk aus (→ § 44 Rn. 29). Hieraus lässt sich nämlich weder der Zugang eines Schreibens beim Empfänger entnehmen noch der Inhalt des gesendeten Dokuments. Es bedarf daher etwa einer diesbezüglichen eidesstattlichen Versicherung des Verteidigers bzw. Rechtsanwalts oder seines Personals.[42] Da der Beschuldigte eine solche eidesstattliche Versicherung nicht abgeben kann (→ Rn. 11), genügt bei von ihm selbst gesendeten Telefaxschreiben der Einzelverbindungsnachweis, um eine Verbindung zum Faxgerät des Empfängers zu belegen.[43] 15

Die Glaubhaftmachung kann gemäß Abs. 2 S. 1 bei der **Antragstellung oder** auch erst **im Verfahren über den Antrag** geschehen. Das Verfahren bleibt also selbst dann einzuleiten, wenn zunächst ausschließlich die Umstände zur Begründung des Antrags vorgetragen werden. Hingegen ist es nicht erforderlich, sogleich alle Mittel zur Glaubhaftmachung vorzulegen. Häufig wird dies dem Antragsteller ohnehin nicht möglich sein, so dass lediglich ein weiterer Antrag auf Wiedereinsetzung provoziert würde.[44] Freilich empfiehlt es sich, den dadurch hervorgerufenen „Schwebezustand" nicht zu lange andauern zu lassen. Dem Gericht obliegt es daher, kurze Nachbringungsfristen zu setzen und die Entscheidung nur dann für eine angemessene Zeit aufzuschieben, wenn die Glaubhaftmachung bereits angekündigt oder nach der Sachlage zu erwarten ist.[45] 16

Da zum „Verfahren über den Antrag" auch ein sich ggf. anschließendes **Beschwerdeverfahren** über die abgelehnte Wiedereinsetzung in den vorigen Stand zählt, kann die Glaubhaftmachung sogar noch im Beschwerderechtszug erfolgen.[46] Zulässig ist ebenso stets, eine bereits erbrachte Glaubhaftmachung nachzubessern oder zu ergänzen.[47] Geschieht die Glaubhaftmachung aber erst in der Beschwerdeinstanz, obwohl sie schon in der ersten Instanz hätte geschehen können, sind die dem Antragsteller erwachsenden notwendigen Auslegen auch bei begründetem Antrag nicht der Staatskasse aufzuerlegen.[48] 17

cc) Nachholen der versäumten Handlung (Abs. 2 S. 2). Gemäß Abs. 2 S. 2 ist außerdem die **versäumte Handlung** innerhalb der Antragsfrist des Abs. 1 S. 1 nachzuholen. Versäumt ist auch die Handlung, die zwar rechtzeitig geschieht, aber nicht die gesetzlich vorgeschriebene Form wahrt. Dementsprechend ist erforderlich, die versäumte Handlung frist- und formgerecht vorzunehmen. Ansonsten ist der Antrag auf Wiedereinsetzung in den vorigen Stand unzulässig.[49] Erfolgte die Prozesshandlung zwischenzeitlich bereits (verspätet), genügt es, sich in dem Antrag auf Wiedereinsetzung ausdrücklich oder stillschweigend auf sie zu beziehen.[50] 18

---

[42] Löwe/Rosenberg/*Graalmann-Scheerer* Rn. 22; *Meyer-Goßner* Rn. 9a; *Graalmann-Scheerer*, FS Nehm, 2006, 277 (282).

[43] Löwe/Rosenberg/*Graalmann-Scheerer* Rn. 22; *Meyer-Goßner* Rn. 9a; *Graalmann-Scheerer*, FS Nehm, 2006, 277 (283).

[44] OLG Braunschweig 6.1.1967 – Ws 152/66, NJW 1967, 1432 (1433); Löwe/Rosenberg/*Graalmann-Scheerer* Rn. 24.

[45] *Meyer-Goßner* Rn. 7; KMR/*Ziegler* Rn. 18.

[46] BVerfG 11.2.1976 – 2 BvR 849/75, BVerfGE 41, 332 (338) = NJW 1976, 1537 (1538); KG 11.5.1992 – 4 Ws 56/92, JR 1992, 347 (348); OLG München 2.10.1984 – 2 Ws 952/84, MDR 1985, 162 (162); LG Karlsruhe 8.1.1976 – III Qs 230/75, NJW 1976, 1277 (1278); Löwe/Rosenberg/*Graalmann-Scheerer* Rn. 25; KK/*Maul* Rn. 15; *Meyer-Goßner* Rn. 7; SSW-StPO/*Tsambikakis* Rn. 13; SK-StPO/*Weßlau/Deiters* Rn. 12; KMR/*Ziegler* Rn. 17; aA OLG Hamm 24.11.1975 – 4 Ws 487/75, MDR 1976, 509; OLG Stuttgart 13.1.1976 – 3 Ws 352/75, NJW 1976, 1278 (1279); *Heyland* JR 1977, 402 (403).

[47] OLG Stuttgart 1.2.1972 – 1 Ws 22/72, Justiz 1972, 121 (122); Löwe/Rosenberg/*Graalmann-Scheerer* Rn. 28; KMR/*Ziegler* Rn. 19.

[48] OLG Hamm 18.11.1980 – 1 Ws 215/80, NStZ 1981, 112.

[49] BGH 13.1.1997 – 4 StR 612/96, BGHSt 42, 365 (366) = NJW 1997, 1516; OLG Brandenburg 9.1.2009 – 1 Ss OWi 228 B/08, VRS 116, 271 (272); OLG Düsseldorf 2.4.1993 – 2 Ws 98/93, NStZ 1993, 496; OLG Düsseldorf 3.9.1997 – 1 Ws OWi 395–396/97, NJW 1998, 919; *Meyer-Goßner* Rn. 11; Radtke/Hohmann/*Rappert* Rn. 14.

[50] BayObLG 6.2.1984 – RReg. 5 St 6/84, BayObLGSt 1984, 6 (7); Löwe/Rosenberg/*Graalmann-Scheerer* Rn. 29; KK/*Maul* Rn. 9; KMR/*Ziegler* Rn. 26.

19 Bei der nachgeholten **Begründung der Revision** müssen im Antragsverfahren lediglich die Formvorschriften der § 344 Abs. 1, Abs. 2 S. 1 und § 345 Abs. 2 beachtet werden. Die Überprüfung der Anforderungen des § 344 Abs. 2 S. 2 bleibt hingegen dem Revisionsverfahren vorbehalten.[51] Die Revisionsbegründungsfrist verkürzt sich grds. gemäß § 45 Abs. 1 S. 1 auf eine Woche.[52] Ausnahmsweise bleibt es insoweit, dh nur bzgl. der Nachholung, nicht bzgl. des Antrags auf Wiedereinsetzung selbst, bei der Monatsfrist des § 345 Abs. 1.[53] Dies gilt etwa, wenn die Wiedereinsetzung darauf beruht, dass der Verteidiger gemäß § 146a zurückgewiesen wurde,[54] der Angeklagte nicht über seine Rechtsmittel belehrt wurde[55] oder er verspätet Kenntnis von dem schriftlichen Urteil erhielt.[56]

20 **b) Frist.** Die Frist für den Antrag auf Wiedereinsetzung in den vorigen Stand beträgt gemäß Abs. 1 S. 1 **eine Woche.** Dies entspricht der Frist für die Einlegung von Rechtsmitteln in Strafsachen. Bei der Frist handelt es sich um keine Ausschlussfrist. Wird sie versäumt, ist daher Wiedereinsetzung in den vorigen Stand möglich (→ § 44 Rn. 3).

21 Die Wochenfrist **beginnt** mit **Wegfall des Hindernisses,** dh desjenigen Umstands, der den Betroffenen von der Wahrung der jeweiligen Frist abhielt. Häufig handelt es sich hierbei um die fehlende Kenntnis, trotz Vornahme der erforderlichen Handlungen die Frist versäumt zu haben.[57] Dieses Hindernis fällt weg, wenn der Antragsteller Kenntnis von seiner Säumnis erlangt (s. auch → Rn. 22); bloße Zweifel, etwa an der Rechtzeitigkeit der vorgenommenen Handlung, reichen nicht aus.[58] Die Frist **endet** an demjenigen Wochentag der nächsten Woche, an dem das Hindernis weggefallen ist (§ 43 Abs. 1 Hs. 1).

22 Bei einem **rechtzeitig aufgegebenen,** aber verspätet beim Empfänger angekommenen **Schreiben** fällt das Hindernis weg, sobald der Absender von der Verzögerung erfährt.[59] Dies entspricht bei der Einreichung eines elektronischen Dokuments der Mitteilung gemäß § 41a Abs. 1 S. 4, dass es nicht zur Bearbeitung geeignet sei.[60] Bleibt eine **Zustellung** dem Empfänger unbekannt, wird das Hindernis beseitigt, wenn der Adressat Kenntnis hiervon erlangt und Gelegenheit erfährt, den Inhalt des zugestellten Schriftstücks zur Kenntnis zu nehmen.[61] Beantragt jemand innerhalb der Frist des § 172 Abs. 2 S. 1 Prozesskostenhilfe für seinen Antrag auf gerichtliche Entscheidung, fällt das Hindernis erst mit der nach Ablauf der Frist erfolgten Zustellung des ablehnenden Beschlusses weg.[62]

23 Führt ein der Justiz zuzurechnender Fehler (zB fehlerhafte Protokollierung einer Rechtsbeschwerde durch den Rechtspfleger) zu einem Wiedereinsetzungsgrund (→ § 44 Rn. 67 ff.), fordert der Grundsatz fairer Verhandlungsführung, den Betroffenen über den möglichen Antrag auf Wiedereinsetzung in den vorigen Stand zu belehren, sofern der Betroffene nicht anderweitig hierüber unterrichtet ist.[63] Erst mit dieser **Rechtsmittelbelehrung** beginnt die Wiedereinsetzungsfrist,[64] falls der Betroffene nicht auf andere Weise Kenntnis von der Frist erlangt.[65]

---

[51] BGH 13.1.1997 – 4 StR 612/96, BGHSt 42, 365 (366) = NJW 1997, 1516; KMR/*Ziegler* Rn. 27.
[52] BGH 23.1.1997 – 1 StR 543/96, NStZ-RR 1997, 267; *Pfeiffer* Rn. 1.
[53] BeckOK-StPO/*Cirener* Rn. 12.1; Löwe/Rosenberg/*Graalmann-Scheerer* Rn. 29; KMR/*Ziegler* Rn. 28.
[54] BGH 12.5.1976 – 3 StR 100/76, BGHSt 26, 335 (338 f.) = NJW 1976, 1414 (1415).
[55] OLG Koblenz 26.7.1990 – 1 Ss 202/90, NStZ 1991, 42 (43); aA KK/*Maul* Rn. 9.
[56] BGH 31.1.2006 – 4 StR 403/05, NStZ-RR 2006, 211 (212); OLG Zweibrücken 13.12.1979 – 1 Ss 300/79, MDR 1980, 869 (870).
[57] *Meyer-Goßner* Rn. 3.
[58] KMR/*Ziegler* Rn. 3.
[59] KK/*Maul* Rn. 3.
[60] Löwe/Rosenberg/*Graalmann-Scheerer* Rn. 7.
[61] OLG Celle 17.7.1973 – 2 Ws 123/73, NJW 1973, 2306 (2307); OLG Karlsruhe 20.1.1993 – 3 Ws 2/93, MDR 1993, 564; BeckOK-StPO/*Cirener* Rn. 2; Löwe/Rosenberg/*Graalmann-Scheerer* Rn. 7; KMR/*Ziegler* Rn. 4.
[62] OLG Celle 26.10.1976 – 2 Ws 155/76, GA 1977, 150; Löwe/Rosenberg/*Graalmann-Scheerer* Rn. 7.
[63] BVerfG 10.10.2012 – 2 BvR 1095/12, NJW 2013, 446 (447).
[64] BVerfG 10.10.2012 – 2 BvR 1095/12, NJW 2013, 446 (447).
[65] OLG Düsseldorf 11.4.1994 – 1 Ws 177/94, VRS 87, 351 (352); KMR/*Ziegler* Rn. 4.

Abzustellen ist auf die persönliche **Kenntnis des Betroffenen.** Wann der Verteidiger Kenntnis erlangt, sei dies früher[66] oder später[67] als der Betroffene selbst, ist grds. unerheblich,[68] sofern er sich dessen Verschulden nicht zurechnen lassen muss (→ § 44 Rn. 55 ff.).[69] 24

Umstritten ist, ob bei **Zweifeln an der Rechtzeitigkeit** des Antrags auf Wiedereinsetzung in den vorigen Stand (zB weil sich der Zeitpunkt des Wegfalls des Hindernisses nicht eindeutig bestimmen lässt) die Wochenfrist des § 45 Abs. 1 S. 1 als gewahrt anzusehen bleibt. Da im Zweifel von der Wahrung einer Erklärungsfrist auszugehen ist (→ § 44 Rn. 8), wird vielfach vertreten, in einem solchen Falle auch bei dem Antrag auf Wiedereinsetzung ein rechtzeitiges Gesuch anzunehmen.[70] Allerdings lassen sich diese Überlegungen nicht übertragen, da es beim Wiedereinsetzungsantrag dem Antragsteller obliegt, die Tatsachen zur Begründung seines Antrags glaubhaft zu machen. Demzufolge gehen nicht ausgeräumte Zweifel über die Einhaltung der Wochenfrist des Abs. 1 S. 1 grds. zu Lasten des Antragstellers.[71] Zu seinen Gunsten ist nur dann von der Wahrung der Frist auszugehen, wenn sich Zweifel auf behördliches Verschulden zurückführen lassen (zB Verlust der Akten, defekter Nachtbriefkasten; s. insoweit → § 44 Rn. 25).[72] 25

2. Gewährung von Wiedereinsetzung in den vorigen Stand von Amts wegen (Abs. 2 S. 3). Gemäß Abs. 2 S. 3 kann Wiedereinsetzung in den vorigen Stand auch ohne Antrag, dh von Amts wegen gewährt werden. Möglich ist dies wie bei der beantragten Wiedereinsetzung in den vorigen Stand allerdings nur bei der Nichteinhaltung von **Fristen,** nicht hingegen (auch nicht entsprechend) bei versäumten Terminen wie zB in den Fällen der § 235, § 329, § 412.[73] 26

Die Wiedereinsetzung in den vorigen Stand von Amts wegen setzt voraus, dass abgesehen von dem fehlenden Antrag **sämtliche Anforderungen des § 45** erfüllt sind, insbesondere – so ausdrücklich Abs. 2 S. 3 – die versäumte Handlung innerhalb der Antragsfrist und in der gesetzlich vorgeschriebenen Form nachgeholt wird.[74] Unerheblich ist, ob sich der Betroffene bei der Nachholung der Nichteinhaltung der Frist bewusst war.[75] Einer Nachholung bedarf es nicht, wenn die Prozesshandlung bereits zuvor (verspätet) vorgenommen wurde (→ Rn. 18).[76] Dass der Betroffene ohne Verschulden die Frist versäumt hat, muss offensichtlich oder aktenkundig sein.[77] Außerdem muss der ursächli- 27

[66] BayObLG 21.11.1956 – BWReg. 1 St 85/56, NJW 1957, 192 (193); OLG Hamm 9.9.1965 – 4 Ss 964/65, NJW 1965, 2216 (2217).
[67] BayObLG 24.10.1955 – RReg. 1 St 746/55, NJW 1956, 154.
[68] BGH 13.9.2005 – 4 StR 399/05, NStZ 2006, 54 (55); KG 20.7.2005 – 2 Ss 135/05 – 3 Ws (B) 342/05, NZV 2005, 656; OLG Braunschweig 6.1.1967 – Ws 152/66, NJW 1967, 1432 (1433); Löwe/Rosenberg/*Graalmann-Scheerer* Rn. 8; *Meyer-Goßner* Rn. 3; SK-StPO/*Weßlau/Deiters* Rn. 4.
[69] Vgl. OLG Frankfurt a. M. 8.10.2003 – 3 Ws 959/03, NStZ-RR 2003, 369; BeckOK-StPO/*Cirener* Rn. 3; KMR/*Ziegler* Rn. 5.
[70] OLG Hamburg 27.7.1973 – 1 Ws 234/73, NJW 1974, 68; HK-StPO/*Brauer* Rn. 6; BeckOK-StPO/*Cirener* Rn. 4; Löwe/Rosenberg/*Graalmann-Scheerer* Rn. 5; KK/*Maul* Rn. 3; SSW-StPO/*Tsambikakis* Rn. 4.
[71] OLG Celle 13.4.1982 – 1 Ss OWi 128/82, MDR 1982, 774 (775); *Meyer-Goßner* Rn. 3; SK-StPO/*Weßlau/Deiters* Rn. 5; KMR/*Ziegler* Rn. 6.
[72] OLG Celle 13.4.1982 – 1 Ss OWi 128/82, MDR 1982, 774 (775); OLG Hamm 15.9.1998 – 2 Ws 400/98, NStZ 1999, 97; *Meyer-Goßner* Rn. 3; KMR*Ziegler* Rn. 8.
[73] OLG Hamm 15.7.2009 – 3 Ws 231/09, NStZ-RR 2009, 314 (314 f.); BeckOK-StPO/*Cirener* Rn. 14; Löwe/Rosenberg/*Graalmann-Scheerer* Rn. 32; *Meyer-Goßner* Rn. 12; aA OLG Düsseldorf 28.3.1979 – 2 Ss OWi 89/79, 13/79 V, NJW 1980, 1704 (1705); OLG Hamburg 3.8.2000 – 1 Ws 168/00, NStZ-RR 2001, 302 (302); LG Siegen 22.7.1976 – Ls 25 Js 20/76 Hw, NJW 1976, 2359.
[74] OLG Düsseldorf 16.1.1984 – 5 Ss OWi 520/83 – 9/84 I, VRS 67, 53 (53 f.); einschränkend OLG Oldenburg 31.1.2011 – 1 Ss 7/11, NStZ 2012, 51.
[75] BayObLG 2.10.1987 – RReg. 1 St 94/87, BayObLGSt 1987, 102 (103).
[76] OLG Bremen 11.6.1990 – Ws 77/90, StV 1991, 505; *Lintz* JR 1987, 94 (95); aA *Gössel* JR 1986, 383 (384); *ders.* JR 1987, 97 (98).
[77] OLG Bremen 11.6.1990 – Ws 77/90, StV 1991, 505; OLG Düsseldorf 6.12.1991 – 1 Ws 939/91, 1171–1172/91, wistra 1992, 318 (319); OLG Frankfurt a. M. 5.3.1980 – 1 Ws (B) 44/80 OWiG, VRS 59, 429 (430); OLG Hamm 19.1.2012 – III-3 Ws 9/12, NStZ-RR 2012, 315 (316); OLG Köln 14.3.2000 – Ss 10/00, NStZ-RR 2002, 142 (143); Löwe/Rosenberg/*Graalmann-Scheerer* Rn. 30; *Meyer-Goßner* Rn. 12; Radtke/Hohmann/*Rappert* Rn. 16; KMR/*Ziegler* Rn. 30.

che Zusammenhang zwischen Versäumnisgrund und Säumnis ohne weiteres erkennbar sein.[78]

28 Darüber hinaus muss auch ohne förmlichen Antrag aus der nachgeholten Prozesshandlung oder deren Zusammenhang ersichtlich werden, dass der **Betroffene Wiedereinsetzung begehrt.**[79] Dies gilt ua bei einem verspäteten Antrag, der gewöhnlich als Anregung auf die Gewährung von Wiedereinsetzung von Amts wegen verstanden werden kann.[80]

29 Eine Wiedereinsetzung in den vorigen Stand von Amts wegen ist idR geboten, wenn der Grund für die Wiedereinsetzung auf einem Verfahrensfehler des Gerichts beruht,[81] offensichtlich eine nicht vom Betroffenen zu vertretende Verzögerung der Postbeförderung vorliegt[82] oder nicht auszuschließen ist, dass die Nichteinhaltung der Frist auf einer überlangen Postlaufzeit beruht, weil sich etwa der Briefumschlag mit Poststempel nicht mehr bei den Akten befindet (→ Rn. 13).[83]

§ 46 [Entscheidung und Rechtsmittel]

(1) Über den Antrag entscheidet das Gericht, das bei rechtzeitiger Handlung zur Entscheidung in der Sache selbst berufen gewesen wäre.

(2) Die dem Antrag stattgebende Entscheidung unterliegt keiner Anfechtung.

(3) Gegen die den Antrag verwerfende Entscheidung ist sofortige Beschwerde zulässig.

Übersicht

I. Überblick

1 Die Vorschrift des § 46 bestimmt das **zuständige Gericht** für die Entscheidung über den Antrag auf Wiedereinsetzung in den vorigen Stand (Abs. 1; → Rn. 2 ff.) sowie etwaige **Rechtsmittel** gegen die Entscheidung (Abs. 2 und 3; → Rn. 8 ff.).

II. Erläuterung

2 **1. Zuständiges Gericht.** Über den Antrag auf Wiedereinsetzung in den vorigen Stand gemäß §§ 44 f. entscheidet dasjenige Gericht, das **über die Sache entschieden** hätte, wenn die versäumte Handlung rechtzeitig vorgenommen worden wäre (Abs. 1). Demzufolge ist etwa das Amtsgericht für den Antrag auf Wiedereinsetzung zuständig, wenn die Einspruchsfrist gegen einen Strafbefehl nach § 410 Abs. 1 S. 1 oder gegen einen Bußgeldbescheid nicht

[78] OLG Düsseldorf 20.9.2000 – 2 Ws 220/00, StraFo 2000, 412 (413); OLG Köln 14.3.2000 – Ss 10/00, NStZ-RR 2002, 142 (143); OLG Saarbrücken 15.1.1986 – 1 Ws 384/85, NStZ 1986, 470 (472); OLG Zweibrücken 5.9.1994 – 1 Ws 389/94, VRS 88, 356 (357).

[79] BGH 22.1.1988 – 3 StR 533/87, *Miebach* NStZ 1988, 446 (446); Löwe/Rosenberg/*Graalmann-Scheerer* Rn. 30; SK-StPO/*Weßlau/Deiters* Rn. 19; KMR/*Ziegler* Rn. 30.

[80] OLG Bremen 11.6.1990 – Ws 77/90, StV 1991, 505; Löwe/Rosenberg/*Graalmann-Scheerer* Rn. 31; KMR/*Ziegler* Rn. 31.

[81] BVerfG 30.6.1976 – 2 BvR 212/76, BVerfGE 42, 252 (257) = NJW 1976, 1839 (1840); OLG Hamm 6.5.1985 – 3 Ws 266/85, NStZ 1985, 568; OLG Köln 29.9.2005 – 83 Ss OWi 37/05, NZV 2006, 47 (47); OLG Oldenburg 31.1.2011 – 1 Ss 7/11, NStZ 2012, 51; s. auch OLG Bremen 7.3.2013 – 2 Ss 81/12, BeckRS 2013, 04380.

[82] BGH 20.1.2010 – 2 StR 513/09, BeckRS 2010, 03526; OLG Hamburg 13.8.1985 – 2 Ss 47/85, NStZ 1985, 568.

[83] OLG Brandenburg 30.6.2005 – 2 Ws 94/05, NZV 2006, 316; OLG Hamm 26.6.2008 – 2 Ws 179/08, NStZ-RR 2009, 112; LG Münster 10.9.1985 – 7 Qs 627/85 VII, MDR 1986, 162 (163); einschränkend OLG Hamm 19.1.2012 – III-3 Ws 9/12, NStZ-RR 2012, 315 (316).

eingehalten wird.[1] Wird eine Rechtsmittelfrist versäumt, entscheidet das Rechtsmittelgericht. Bei fehlender Bezeichnung des Rechtsmittels liegt die Zuständigkeit beim Land- als Berufungsgericht.[2] Ist ausdrücklich Revision eingelegt und wird sodann die Begründungsfrist versäumt, entscheidet das Revisionsgericht auch dann über den Antrag auf Wiedereinsetzung, wenn der Rechtsmittelführer zugleich den Übergang zur Berufung erklärt.[3]

Problematisch ist die Zuständigkeit, wenn **in erster Instanz** ein **Antrag** auf Wiedereinsetzung in den vorigen Stand **übergangen** wurde und der Betroffene gegen die Entscheidung Rechtsmittel einlegt. Dies gilt zB, wenn das Amtsgericht einen Antrag auf Wiedereinsetzung bei versäumter Einspruchsfrist gegen einen Strafbefehl übergeht und der Betroffene gegen die Verwerfung des Einspruchs als unzulässig vorgeht. In diesem Fall ist das Rechtsmittelgericht für die Entscheidung über den Wiedereinsetzungsantrag selbst dann nicht zuständig,[4] wenn dieser erst im Rechtsmittelverfahren gestellt wird.[5] Die gleichen Grundsätze sind anzuwenden, wenn das Landgericht nicht über einen Antrag auf Wiedereinsetzung in den vorigen Stand wegen nichteingehaltener Berufungsfrist entscheidet.[6] 3

Das Rechtsmittelgericht kann in diesem Fall lediglich die erstinstanzliche Entscheidung aufheben,[7] **nicht** aber **zurückverweisen.**[8] Bei der Verwerfung eines Einspruchs gegen einen Strafbefehl als unzulässig muss das Amtsgericht daher selbst entscheiden, ob Wiedereinsetzung in den vorigen Stand zu gewähren und eine neue Hauptverhandlung anzuberaumen ist.[9] 4

2. Entscheidung. Die Entscheidung über den Antrag auf Wiedereinsetzung in den vorigen Stand ergeht durch **Beschluss.** Ist ein Formerfordernis (→ § 45 Rn. 2 ff.) nicht gewahrt, wird der Antrag als unzulässig verworfen. Sind die Voraussetzungen des § 44 nicht erfüllt, ist der Antrag unbegründet. Bei einem zulässigen und begründeten Antrag wird Wiedereinsetzung in den vorigen Stand gewährt (→ § 44 Rn. 78 ff.); zu den Kosten s. § 473 Abs. 7. 5

Das Gericht kann auch **stillschweigend** Wiedereinsetzung in den vorigen Stand gewähren,[10] indem es etwa die Hauptverhandlung anberaumt.[11] Es muss sich allerdings aus den 6

---

[1] BGH 31.1.1968 – 3 StR 19/68, BGHSt 22, 52 (57) = NJW 1968, 557 (558); OLG Frankfurt a. M. 28.3.2006 – 3 Ws 321/06, NStZ-RR 2006, 215 (215); Löwe/Rosenberg/*Graalmann-Scheerer* Rn. 3; KK/*Maul* Rn. 1.

[2] BayObLG 19.7.1962 – RReg. 4 St 103/62, NJW 1962, 1927 (1928); Löwe/Rosenberg/*Graalmann-Scheerer* Rn. 4; KMR/*Ziegler* Rn. 2.

[3] OLG Köln 12.3.1993 – Ss 42/93, NStZ 1994, 199 (200); OLG Schleswig 31.10.1980 – 1 Ws 343/80, MDR 1981, 251; Löwe/Rosenberg/*Graalmann-Scheerer* Rn. 4; KMR/*Ziegler* Rn. 3; aA OLG München 12.3.2010 – 4 St RR 10/10, NStZ-RR 2010, 245; OLG Zweibrücken 28.8.1984 – 1 Ws 201/84, MDR 1985, 517 (518); HK-StPO/*Brauer* Rn. 1; BeckOK-StPO/*Cirener* Rn. 1.

[4] BGH 31.1.1968 – 3 StR 19/68, BGHSt 22, 52 (56) = NJW 1968, 557 (558); BayObLG 30.8.1988 – RReg. 2 St 183/88, BayObLGSt 1988, 134 (135); OLG Frankfurt a. M. 28.3.2006 – 3 Ws 321/06, NStZ-RR 2006, 215 (215); OLG Stuttgart 14.1.1976 – 3 Ss 744/75, NJW 1976, 1905 (1905); BeckOK-StPO/*Cirener* Rn. 2; Löwe/Rosenberg/*Graalmann-Scheerer* Rn. 7; KK/*Maul* Rn. 2; *Meyer-Goßner* Rn. 2; *Pfeiffer* Rn. 1; KMR/*Ziegler* Rn. 4.

[5] HK-StPO/*Brauer* Rn. 2; Löwe/Rosenberg/*Graalmann-Scheerer* Rn. 8; SSW-StPO/*Tsambikakis* Rn. 2; SK-StPO/*Weßlau/Deiters* Rn. 3; aA BayObLG 27.2.1963 – RReg. 4 St 371/62, JZ 1964, 385 (385) mit abl. Anm. *Mayer.*

[6] BayObLG 2.10.1987 – RReg. 1 St 94/87, BayObLGSt 1987, 102 (104); BayObLG 25.10.1995 – 2 St RR 167/95, NStZ-RR 1996, 74 (74); OLG Hamburg 16.3.2006 – III-23/06 – 1 Ss 41/06, StraFo 2006, 294 (295); *Meyer-Goßner* Rn. 2; aA OLG Hamburg 13.8.1985 – 2 Ss 47/85, NStZ 1985, 568.

[7] BGH 31.1.1968 – 3 StR 19/68, BGHSt 22, 52 (56) = NJW 1968, 557 (558); BayObLG 30.8.1988 – RReg. 2 St 183/88, BayObLGSt 1988, 134 (135); *Meyer-Goßner* Rn. 2; Radtke/Hohmann/*Rappert* Rn. 2.

[8] HK-StPO/*Brauer* Rn. 2; *Meyer-Goßner* Rn. 2; Radtke/Hohmann/*Rappert* Rn. 2; aA BayObLG 2.10.1987 – RReg. 1 St 94/87, BayObLGSt 1987, 102 (106); OLG Stuttgart 14.1.1976 – 3 Ss 744/75, NJW 1976, 1905 (1905); SK-StPO/*Weßlau/Deiters* Rn. 3; *Wendisch* JR 1990, 37 (38 f.).

[9] *Meyer-Goßner* Rn. 2.

[10] OLG Hamm 24.3.1958 – 2 Ss 1829/57, NJW 1958, 880 (880); OLG Oldenburg 14.1.1985 – Ss 6/85, VRS 68, 282; Löwe/Rosenberg/*Graalmann-Scheerer* Rn. 10; KMR/*Ziegler* Rn. 6.

[11] BayObLG 14.12.1979 – RReg. 2 St 318/79, VRS 58, 366 (366); OLG Stuttgart 14.1.1976 – 3 Ss 744/75, NJW 1976, 1905 (1905).

Umständen ergeben, dass das Gericht sich der Nichteinhaltung einer Frist bewusst war und Wiedereinsetzung gewähren wollte.[12]

7 Vor der Entscheidung ist zum einen der Staatsanwaltschaft Gelegenheit zur Erklärung zu geben (§ 33 Abs. 2). Zum anderen sind Verfahrensbeteiligte **anzuhören,** für welche die Entscheidung von Nachteil wäre (§ 33 Abs. 3), zB der Privatkläger bei einem Wiedereinsetzungsantrag des Angeklagten.[13]

III. Rechtsmittel

8 Wird auf Antrag Wiedereinsetzung in den vorigen Stand **gewährt,** ist der Beschluss gemäß Abs. 2 unanfechtbar. Die Entscheidung kann auch nicht mehr zusammen mit dem Urteil angegriffen werden.[14]

9 Eine Anfechtung des stattgebenden Wiedereinsetzungsbeschlusses kommt selbst dann nicht in Betracht, wenn er von dem **unzuständigen Gericht** (zB bei Versäumung der Rechtsmittelfrist durch den Tatrichter anstatt durch das Rechtsmittelgericht) erlassen wurde[15] oder auf unrichtigen rechtlichen Erwägungen beruht.[16] Nur wenn eine Wiedereinsetzung mangels Einschlägigkeit der §§ 44 ff. von vornherein nicht bewilligt hätte werden dürfen, entfällt die Bindung eines gleichwohl erlassenen Beschlusses.[17]

10 Wird der Antrag auf Wiedereinsetzung in den vorigen Stand **verworfen,** ist – mit Ausnahme des § 304 Abs. 4[18] – gegen den Ablehnungsbeschluss sofortige Beschwerde zulässig (Abs. 3). Dies gilt ebenso dann, wenn die Wiedereinsetzung gemäß § 45 Abs. 2 S. 3 von Amts wegen gewährt wurde.[19] Die Staatsanwaltschaft ist beschwerdeberechtigt, auch zugunsten des Betroffenen.[20]

11 Ein Verwerfungsbeschluss durch ein **unzuständiges Gericht** kann ebenfalls durch sofortige Beschwerde gemäß Abs. 3 angefochten werden.[21] Ohne Anfechtung erwächst der Beschluss zwar in Rechtskraft. Die Rechtsmittelgerichte sind aber nach hM nicht an die ablehnende Entscheidung eines unzuständigen Gerichts gebunden.[22] Dies gilt zumindest dann, wenn zugleich ein Antrag nach § 346 Abs. 2 gestellt[23] oder über das eingelegte Rechtsmittel selbst noch nicht entschieden wurde.[24]

12 Die Entscheidung trifft in diesem Fall dasjenige Gericht, das nach Abs. 1 bei rechtzeitiger Handlung zur Entscheidung in der Sache selbst berufen gewesen wäre. Hat anstelle der kleinen Strafkammer als Berufungsgericht das Amts- als Tatgericht über die Wiedereinsetzung in den vorigen Stand beschlossen, befindet demnach die kleine Strafkammer auch

---

[12] BayObLG 2.10.1987 – RReg. 1 St 94/87, BayObLGSt 1987, 102 (103 f.); OLG Hamburg 16.3.2006 – III-23/06 – 1 Ss 41/06, StraFo 2006, 294 (294); OLG Hamm 2.2.1994 – 2 Ws 46/94, MDR 1994, 715.

[13] BVerfG 13.2.1962 – 2 BvR 173/60, BVerfGE 14, 8 (10 f.) = NJW 1962, 580.

[14] BVerfG 13.2.1962 – 2 BvR 173/60, BVerfGE 14, 8 (10) = NJW 1962, 580.

[15] OLG Düsseldorf 6.1.1988 – 2 Ws 557/87, NStZ 1988, 238 (238); OLG Hamm 25.2.1983 – 6 Ss OWi 186/83, VRS 65, 33; OLG Hamm 18.10.2011 – III-3 RVs 78/11, BeckRS 2011, 29517.

[16] BVerfG 13.2.1962 – 2 BvR 173/60, BVerfGE 14, 8 (10) = NJW 1962, 580; OLG Braunschweig 10.8.1973 – Ss OWi 87/73, NJW 1973, 2119 (2119).

[17] KK/*Maul* Rn. 8; KMR/*Ziegler* Rn. 12.

[18] BGH 9.12.1975 – 4 BJs 160/74 – StB 56/75, NJW 1976, 525.

[19] OLG Schleswig 20.10.1982 – 1 Ws 454/82, SchlHA 1983, 107 (108).

[20] BeckOK-StPO/*Cirener* Rn. 6; Löwe/Rosenberg/*Graalmann-Scheerer* Rn. 24; *Pfeiffer* Rn. 2; SK-StPO/*Weßlau/Deiters* Rn. 11.

[21] BayObLG 23.6.1961 – RReg. 1 St 322/61, NJW 1961, 1982 (1982); vgl. auch OLG Frankfurt a. M. 5.7.2004 – 3 Ws 753–754/04, NStZ-RR 2004, 300.

[22] BGH 2.12.1976 – 4 StR 587/76, *Holtz* MDR 1977, 281 (284); BayObLG 23.5.1980 – 1 Ob OWi 27/80, BayObLGSt 1980, 36 (37); OLG Hamm 6.10.1978 – 6 Ss OWi 2478/78, MDR 1979, 426 (426); KK/*Maul* Rn. 10; KMR/*Ziegler* Rn. 15; s. auch OLG Celle 12.2.2004 – 2 Ss 6/04, NStZ-RR 2004, 300 (301); aA KG 5.12.1955 – 2 Ws 257/55 (1 Ss 516/55), JR 1956, 111.

[23] RG 4.4.1941 – 4 D 115/41, RGSt 75, 171 (172); BayObLG 23.6.1961 – RReg. 1 St 322/61, NJW 1961, 1982 (1982); OLG Neustadt 27.2.1958 – Ws 25/58, GA 1960, 121 (122); KK/*Maul* Rn. 10; Radtke/Hohmann/*Rappert* Rn. 4; KMR/*Ziegler* Rn. 15; aA Löwe/Rosenberg/*Graalmann-Scheerer* Rn. 29.

[24] BayObLG 4.5.1993 – 3 Ob OWi 37/93, BayObLGSt 1993, 59 (59); KK/*Maul* Rn. 10.

über die sofortige Beschwerde, nicht die große Strafkammer.[25] Hat statt des Oberlandesgerichts als Revisionsgericht das Amtsgericht den Antrag auf Wiedereinsetzung in den vorigen Stand verworfen, muss ebenso wenig die große Strafkammer, sondern das Oberlandesgericht über die sofortige Beschwerde entscheiden.[26]

§ 47 [Keine Hemmung der Vollstreckung]

(1) Durch den Antrag auf Wiedereinsetzung in den vorigen Stand wird die Vollstreckung einer gerichtlichen Entscheidung nicht gehemmt.

(2) Das Gericht kann jedoch einen Aufschub der Vollstreckung anordnen.

(3) [1]Durchbricht die Wiedereinsetzung die Rechtskraft einer gerichtlichen Entscheidung, werden Haft- und Unterbringungsbefehle sowie sonstige Anordnungen, die zum Zeitpunkt des Eintritts der Rechtskraft bestanden haben, wieder wirksam. [2]Bei einem Haft- oder Unterbringungsbefehl ordnet das die Wiedereinsetzung gewährende Gericht dessen Aufhebung an, wenn sich ohne weiteres ergibt, dass dessen Voraussetzungen nicht mehr vorliegen. [3]Anderenfalls hat das nach § 126 Abs. 2 zuständige Gericht unverzüglich eine Haftprüfung durchzuführen.

Schrifttum: *Helgerth,* Auswirkungen der aktuellen Rechtsprechung des Bundesverfassungsgerichts auf die Strafverfolgung, FS Nehm, 2006, S. 299; *Mosbacher,* Freiheit durch Säumnis: Keine Haftfortdauer bei Wiedereinsetzung, NJW 2005, 3110; *Wollentin/Breckerfeld,* Verfahrensrechtliche Schwierigkeiten bei der Durchsetzung des Fahrverbots, NJW 1966, 632.

I. Überblick

Gemäß Abs. 1 der Vorschrift wird die Vollstreckung einer gerichtlichen Entscheidung durch einen Antrag auf Wiedereinsetzung in den vorigen Stand nicht gehemmt. Der somit **fehlende Suspensiveffekt** soll eine missbräuchliche Einlegung des Rechtsbehelfs gemäß §§ 44, 45 unterbinden.[1] Vollstreckungshemmung tritt grds. nur mit der Gewährung der Wiedereinsetzung ein. Zwar kann das Gericht gemäß Abs. 2 den Aufschub der Vollstreckung anordnen; da über den Antrag auf Wiedereinsetzung idR zügig entschieden wird, ist diese Regelung aber nur von geringer Bedeutung.[2] 1

Der durch Art. 14 Nr. 1 des Zweiten Gesetzes zur Modernisierung der Justiz (2. Justizmodernisierungsgesetz) vom 22.12.2006[3] eingefügte und zum 31.12.2006 in Kraft getretene Abs. 3 enthält eine Sonderregelung für **Anordnungen,** die durch die zwischenzeitlich eingetretene, durch einen erfolgreichen Antrag auf Wiedereinsetzung in den vorigen Stand wieder beseitigte Rechtskraft einer gerichtlichen Entscheidung **gegenstandslos** geworden sind. Die Regelung wurde notwendig, da das BVerfG mit Beschluss vom 18.8.2005 zu Haftbefehlen gegen die bis dahin hM bestimmte, dass diese Anordnungen mit Durchbrechung der Rechtskraft der jeweiligen Entscheidung nicht wieder aufleben (→ Rn. 8).[4] 2

II. Erläuterung

1. Hemmung der Vollstreckung durch den Antrag auf Wiedereinsetzung in den vorigen Stand. Gemäß **Abs. 1** hemmt der Antrag auf Wiedereinsetzung in den vorigen 3

---

[25] OLG Schleswig 8.4.1981 – 2 Ws 105/81, SchlHA 1982, 117 (118).

[26] BayObLG 23.6.1961 – RReg. 1 St 322/61, NJW 1961, 1982 (1982 f.); KG 18.11.1982 – 3 Ws (B) 299/82, JR 1983, 214 (214); Radtke/Hohmann/*Rappert* Rn. 11; SSW-StPO/*Tsambikakis* Rn. 6; vgl. auch OLG Celle 8.8.1997 – 1 Ss 231/97, NZV 1998, 258 (258 f.); aA Löwe/Rosenberg/*Graalmann-Scheerer* Rn. 28 f.

[1] OLG Köln 25.2.1986 – Ss 2/86 (41), NJW 1987, 80 (80); Löwe/Rosenberg/*Graalmann-Scheerer* Rn. 1; KK/*Maul* Rn. 1; *Meyer-Goßner* Rn. 1.

[2] Löwe/Rosenberg/*Graalmann-Scheerer* Rn. 1.

[3] BGBl. I 3416.

[4] BVerfG 18.8.2005 – 2 BvR 1357/05, NJW 2005, 3131 (3131).

Stand nicht die Vollstreckung der gerichtlichen Entscheidung, die aufgrund der nicht eingehaltenen Frist erlassen wurde. Beispielsweise steht der bloße Antrag dem Wirksamwerden eines Fahrverbots (→ Rn. 6) nicht entgegen.[5]

4 **Abs. 2** ermöglicht es jedoch dem Gericht, auf Antrag oder von Amts wegen die Vollstreckung aufzuschieben. Eine solche **Anordnung** setzt voraus, dass der Antrag auf Wiedereinsetzung in den vorigen Stand form- und fristgerecht gestellt wurde und Aussicht auf Erfolg hat.[6] Die Entscheidung steht im pflichtgemäßen Ermessen des Gerichts.[7]

5 **Zuständig** ist das Gericht, das gemäß § 46 Abs. 1 über den Antrag auf Wiedereinsetzung in den vorigen Stand zu entscheiden hat. Zwar kann auch das Gericht, bei dem der Antrag nach § 45 Abs. 1 S. 1 zu stellen ist, den Aufschub der Vollstreckung anordnen;[8] allerdings muss es die Sache dem nach § 46 Abs. 1 zuständigen Gericht vorlegen, damit es ggf. die Entscheidung abändern kann.[9] Bei einem Kollegialgericht kann die Entscheidung nicht allein durch den Vorsitzenden erfolgen.[10]

6 Angeordnet werden kann lediglich der **Aufschub der Vollstreckung,** nicht hingegen der Aufschub der Wirksamkeit. Bei einem rechtskräftig verhängten Fahrverbot gemäß § 44 StGB hat dies zur Folge, die Wirkungen des Fahrverbots nicht aussetzen zu können, die auch ohne besondere Vollstreckungshandlungen unmittelbar mit Rechtskraft des Urteils eintreten;[11] denkbar ist allenfalls in besonders gelagerten Ausnahmefällen eine Aussetzung des Fahrverbots entsprechend § 456c.[12] Ist bereits die Strafvollstreckung eingeleitet, kann deren Unterbrechung angeordnet werden.[13]

7 **2. Rechtsfolgen bei Wiedereinsetzung in den vorigen Stand.** Die Wiedereinsetzung in den vorigen Stand **durchbricht** die infolge der Fristversäumung eingetretene **Rechtskraft** der betreffenden gerichtlichen Entscheidungen (→ § 44 Rn. 79). In diesem Fall werden gemäß **Abs. 3 S. 1** Haft- und Unterbringungsbefehle sowie sonstige Anordnungen wieder wirksam, die zum Zeitpunkt des Eintritts der Rechtskraft bestanden. Für den **Haftbefehl** gilt dies auch, wenn er nach § 116 außer Vollzug gesetzt wurde; etwaige Sicherheitsleistungen sind dann ggf. erneut zu erbringen.[14] Sonstige Anordnungen sind ua Beschlagnahmen (§ 94), vorläufige Entziehung der Fahrerlaubnis (§ 111a) und vorläufige Maßnahmen der Sicherstellung (§§ 111b ff.), vorläufiges Berufsverbot (§ 132a) und die Bestellung eines Pflichtverteidigers (§ 141).[15]

8 Dass diese Anordnungen nach Gewährung von Wiedereinsetzung wieder aufleben, entsprach der früher hM. Das BVerfG schloss sich dieser Ansicht jedoch in seiner Entscheidung vom 18.8.2005 zu Haftbefehlen nicht an, weil jede Beschränkung der Freiheit wegen Art. 104 Abs. 1 GG einer materiell-gesetzlichen Grundlage bedürfe. Demnach genüge eine richterliche Rechtsfortbildung nicht, um einen durch Eintritt der Rechtskraft gegenstandslos gewordenen Haftbefehl wieder aufheben zu lassen, wenn die Rechtskraft aufgrund eines erfolgreichen Wiedereinsetzungsantrags beseitigt wurde; hierfür sei vielmehr eine gesetzliche Regelung erforderlich.[16] Die Entscheidung hatte zur Folge, mangels Rechtsgrundlage

---

[5] OLG Köln 25.2.1986 – Ss 2/86 (41), NJW 1987, 80 (81).

[6] Löwe/Rosenberg/*Graalmann-Scheerer* Rn. 1; KK/*Maul* Rn. 2; *Meyer-Goßner* Rn. 2; SK-StPO/*Weßlau/Deiters* Rn. 4; KMR/*Ziegler* Rn. 3.

[7] Löwe/Rosenberg/*Graalmann-Scheerer* Rn. 1; KMR/*Ziegler* Rn. 3.

[8] Löwe/Rosenberg/*Graalmann-Scheerer* Rn. 3; SK-StPO/*Weßlau/Deiters* Rn. 3; aA KMR/*Ziegler* Rn. 4.

[9] BeckOK-StPO/*Cirener* Rn. 2; KK/*Maul* Rn. 1; *Meyer-Goßner* Rn. 2; Radtke/Hohmann/*Rappert* Rn. 2; SSW-StPO/*Tsambikakis* Rn. 4.

[10] Löwe/Rosenberg/*Graalmann-Scheerer* Rn. 5; *Meyer-Goßner* Rn. 2; Radtke/Hohmann/*Rappert* Rn. 2; SSW-StPO/*Tsambikakis* Rn. 4.

[11] OLG Köln 25.2.1986 – Ss 2/86 (41), NJW 1987, 80 (80); *Wollentin/Breckerfeld* NJW 1966, 632 (634).

[12] OLG Köln 25.2.1986 – Ss 2/86 (41), NJW 1987, 80 (82).

[13] Löwe/Rosenberg/*Graalmann-Scheerer* Rn. 2; KK/*Maul* Rn. 2; *Meyer-Goßner* Rn. 2; SK-StPO/*Weßlau/Deiters* Rn. 2.

[14] BT-Drs. 16/3038, 46.

[15] HK-StPO/*Brauer* Rn. 5; BeckOK-StPO/*Cirener* Rn. 4; KK/*Maul* Rn. 3; *Meyer-Goßner* Rn. 3; Radtke/Hohmann/*Rappert* Rn. 4.

[16] BVerfG 18.8.2005 – 2 BvR 1357/05, NJW 2005, 3131 (3131) mit krit. Bespr. *Mosbacher* NJW 2005, 3110.

für die Freiheitsentziehung den Angeklagten unverzüglich aus der Haft entlassen zu müssen, sofern nicht sogleich ein neuer Haftbefehl erlassen wird; dies ist indessen schon wegen mitunter auseinanderfallender Zuständigkeiten für die Gewährung von Wiedereinsetzung und den Erlass des Haftbefehls in der Praxis nicht unproblematisch.[17] Der Gesetzgeber reagierte daher durch das 2. JuMoG (→ Rn. 2), um die vorherige Praxis wiederherzustellen.

Ein **Haft- oder Unterbringungsbefehl** muss daher ausdrücklich aufgehoben werden, 9
sofern dessen Voraussetzungen nicht mehr vorliegen. Ist dies offensichtlich der Fall, zB wenn ein bestehender Strafrest schon zur Bewährung ausgesetzt wurde oder die Strafe voll verbüßt ist,[18] ist hierfür gemäß **Abs. 3 S. 2** das Gericht zuständig, das die Wiedereinsetzung in den vorigen Stand gewährt hat. Ansonsten hat gemäß **Abs. 3 S. 3** das nach § 126 Abs. 2 zuständige Gericht unverzüglich eine Haftprüfung gemäß §§ 117 ff. durchzuführen. Bei **sonstigen Anordnungen** müssen die Betroffenen selbst deren Aufhebung bei dem zuständigen Gericht beantragen.[19]

III. Beschwerde

Die Entscheidung nach Abs. 2 kann mit der Beschwerde gemäß § 304 Abs. 1 angefochten 10
werden.[20] Der Antragsteller ist hierzu nur im Falle einer ablehnenden Entscheidung befugt, die Staatsanwaltschaft hingegen stets.[21]

---

17 Eingehend zu den Folgen der Entscheidung des BVerfG Löwe/Rosenberg/*Graalmann-Scheerer* § 46 Rn. 16 ff.; *Helgerth*, FS Nehm, 2006, 299 (307 f.).

18 *Meyer-Goßner* Rn. 4; Radtke/Hohmann/*Rappert* Rn. 5; KMR/*Ziegler* Rn. 10.

19 KK/*Maul* Rn. 3; *Meyer-Goßner* Rn. 4; KMR/*Ziegler* Rn. 11.

20 BeckOK-StPO/*Cirener* Rn. 2.1; *Meyer-Goßner* Rn. 2; *Pfeiffer* Rn. 2.

21 SK-StPO/*Weßlau/Deiters* Rn. 5; KMR/*Ziegler* Rn. 7.

Sechster Abschnitt. Zeugen

Vor § 48

Schrifttum: *Anders,* Straftheoretische Anmerkungen zur Verletztenorientierung im Strafverfahren, ZStW 2012, 374; *Arntzen,* Untere Altersgrenze der Zeugeneignung, DRiZ 1976, 20; *Dahs,* Ausschließung und Überwachung des Strafverteidigers – Bilanz und Vorschau, NJW 1975, 1385; *Dedes,* Grenzen der Wahrheitspflicht des Zeugen, JR 1983, 99; *Dose,* Der Sitzungsvertreter und der Wirtschaftsreferent der Staatsanwaltschaft als Zeuge in der Hauptverhandlung, NJW 1978, 349; *Geppert,* Der Zeugenbeweis, Jura 1991, 80; *Kelker,* Wohin will der BGH beim Zeugenstaatsanwalt?, StV 2008, 381; *Kramer,* Die Vernehmung von Verfahrensbeteiligten im Strafprozess als Zeugen, Jura 1983, 113; *Krehl,* Die Erkundigungspflicht des Zeugen bei fehlender oder beeinträchtigter Erinnerung und mögliche Folgen ihrer Verletzung, NStZ 1991, 416; *Malmendier,* „Konfliktverteidigung" – ein neues Prozesshindernis?, NJW 1997, 227; *Michel,* Der Richter als Zeuge im Strafprozess, MDR 1992, 1026; *Müller-Gabriel,* Neue Rechtsprechung des BGH zum Ausschluss des „Zeugen-Staatsanwalts", StV 1991, 235; *Pawlik,* Der disqualifizierte Staatsanwalt, NStZ 1995, 309; *Prittwitz,* Der Mitbeschuldigte – ein unverzichtbarer Belastungszeuge? Sachverhaltsaufklärung durch Rollenmanipulation, NStZ 1981, 463; *Schneider,* Gedanken zur Problematik eines infolge Zeugenvernehmung „befangenen" Staatsanwalts, NStZ 1994, 457; *Schünemann,* Der deutsche Strafprozess im Spannungsfeld von Zeugenschutz und materieller Wahrheit, StV 1998, 391; *Seibert,* Der arme Privatkläger, MDR 1952, 278; *Thomas,* Der Zeugenbeistand im Strafprozess – Zugleich ein Beitrag zu BVerfGE 38, 105, NStZ 1982, 489; *Volckart,* Opfer in der Strafrechtspflege, JR 2005, 181; *Woesner,* Der Privatkläger in der Hauptverhandlung, NJW 1959, 704.

Übersicht

I. Allgemeines

1. Begriff des Zeugen. Der Begriff des Zeugen ist im Gesetz nicht geregelt. Zeuge ist nach allgemeiner Auffassung, wer in einem nicht gegen ihn selbst gerichteten Strafverfahren Angaben über von ihm wahrgenommene Tatsachen machen soll.[1] Damit ist auch der sog Zeuge vom Hörensagen – also der Zeuge, dem von anderen Personen Mitteilungen gemacht worden sind – Zeuge und damit ein zulässiges Beweismittel.[2] Wer von den Verfahrensbeteiligten lediglich in Augenschein genommen werden soll, ist nicht Zeuge.[3] 1

Das Ergebnis der Wahrnehmung und ihre Wiedergabe hängen wesentlich vom Auffassungsvermögen, dem Urteil und der Gedächtnisstärke sowie den Fähigkeiten zur Darlegung ab, sind also regelmäßig persönlicher Art. Ein Zeuge kann daher in der Regel nicht durch einen anderen Zeugen und zumeist auch nicht durch ein anderes Beweismittel beliebig ersetzt werden.[4] 2

2. Gegenstand des Zeugenbeweises. a) Tatsachen. Gegenstand des Zeugenbeweises können nur Tatsachen sein, hingegen nicht Rechtsfragen, Erfahrungssätze, allgemeine Eindrücke, Schlussfolgerungen oder Mutmaßungen.[5] Der Begriff der Tatsachen umfasst zunächst alle **äußerlich wahrnehmbaren Tatsachen,** die in der Vergangenheit, namentlich dem Tatgeschehen, oder der Gegenwart liegen. Regelmäßig wird der Zeuge Angaben über in der Vergangenheit liegende Tatsachen machen; aber auch die Vernehmung über gegenwärtige Tatsachen ist möglich und mit Blick auf die Aufklärungspflicht und die Feststellung der für die Rechtsfolgenbemessung notwendigen Tatsachen geboten. Insbesondere sind die Geschädigten einer Straftat regelmäßig dazu zu befragen, ob und unter welchen (Verletzungs-) Folgen der Tat sie aktuell noch leiden.[6] 3

Zu den Tatsachen gehören auch **innere** Tatsachen, sofern es sich um Vorgänge im eigenen Bewusstsein des Zeugen handelt (sog eigenpsychische Tatsachen). So ist es etwa zulässig und ggf. auch geboten, den Zeugen darüber zu befragen, was er sich gedacht hat, worin seine Motivation für sein Handeln lag, an welche Umstände er sich zu einem bestimmten Zeitpunkt erinnerte, wie er in einem bestimmten hypothetischen Fall reagiert hätte[7] oder wie stark sein Interesse an der Sanktionierung des Angeklagten ist. 4

Hingegen scheiden Vorgänge im Inneren eines anderen Menschen (sogenannte fremdpsychische Tatsachen) als Gegenstand des Zeugenbeweises aus.[8] Insoweit kann der Zeuge aber **äußerlich wahrnehmbare Tatsachen** bekunden, die ggf. Schlussfolgerungen auf innere Tatsachen der anderen Person zulassen.[9] Dies hat Auswirkungen auf die Behandlung entsprechender Beweisanträge. 5

Soll aus den Wahrnehmungen des Zeugen auf ein bestimmtes weiteres Geschehen geschlossen werden, sind nur die Wahrnehmungen des Zeugen selbst, nicht aber das weitere Geschehen tauglicher Gegenstand des Zeugenbeweises; es ist Sache des Gerichts, im Rahmen der Beweiswürdigung Schlussfolgerungen aus den Wahrnehmungen des Zeugen zu ziehen.[10] Entsprechendes gilt, wenn es um **negative Tatsachen** geht, also um die Frage, 6

---

[1] Radtke/Hohmann/*Otte* § 48 Rn. 1; *Meyer-Goßner* Vor § 48 Rn. 1; LR-*Ignor/Bertheau* Vor § 48 Rn. 3; *Geppert* Jura 1991, 80.

[2] BGH 16.4.1985 – 5 StR 718/84, BGHSt 33, 178 = NJW 1985, 1798 mwN; KMR/*Neubeck* Vor § 48 Rn. 7; LR-*Ignor/Bertheau* Vor § 48 Rn. 3.

[3] Radtke/Hohmann/*Otte* § 48 Rn. 1; *Meyer-Goßner* Vor § 48 Rn. 1; KMR/*Neubeck* Vor § 48 Rn. 7.

[4] BGH 17.10.1983 – GSSt 1/83, NJW 1984, 247 (249) = NStZ 1984, 36.

[5] Radtke/Hohmann/Otte § 48 Rn. 2; *Meyer-Goßner* Vor § 48 Rn. 2; KMR/*Neubeck* Vor § 48 Rn. 4; LR-*Ignor/Bertheau* Vor § 48 Rn. 4 mwN.

[6] LR-*Ignor/Bertheau* Vor § 48 Rn. 5.

[7] Radtke/Hohmann/*Otte* § 48 Rn. 2; *Meyer-Goßner* Vor § 48 Rn. 2; KMR/*Neubeck* Vor § 48 Rn. 4.

[8] BGH 11.9.2003 – 4 StR 139/03, NStZ 2004, 690; Radtke/Hohmann/*Otte* § 48 Rn. 2; *Meyer-Goßner* Vor § 48 Rn. 2; KMR/*Neubeck* Vor § 48 Rn. 4.

[9] BGH 8.11.1983 – 5 StR 673/83, StV 1984, 61; OLG Zweibrücken 23.2.1990 – 1 Ss 215/89, StV 1990, 440; Radtke/Hohmann/*Otte* § 48 Rn. 2; *Meyer-Goßner* Vor § 48 Rn. 2; KMR/*Neubeck* Vor § 48 Rn. 4.

[10] BGH 6.7.1993 – 5 StR 279/93, BGHSt 39, 251 = NJW 1993, 2881 mAnm *Widmaier* NStZ 1993, 602 und *Hamm* StV 1993, 455; LR-*Ignor/Bertheau* Vor § 48 Rn. 5; KK/Senge Vor § 48 Rn. 1.

ob ein bestimmtes Ereignis nicht stattgefunden hat. Auch hier kann der Zeuge in der Regel nur angegeben, dass er etwas Bestimmtes nicht gesehen oder nicht gehört hat; die Beurteilung, ob das Ereignis tatsächlich stattgefunden hat oder nicht, unterliegt der Wertung des Gerichts.[11]

7 **b) Werturteile.** Meinungen, Schlussfolgerungen oder reine Werturteile können nicht Gegenstand des Zeugenbeweises sein.[12] Zum Gegenstand des Zeugenbeweises kann es daher nicht gemacht werden, dass jemand „unglaubwürdig", „ehrlich", „verhaltensgestört", „süchtig", „geschwätzig", „betrunken" oder „angeheitert" sei, sofern diese Wertungen nicht an konkrete Tatsachen anknüpfen können.[13]

8 **c) Rechtsbegriffe.** Die Verwendung einfacher Rechtsbegriffe durch den Zeugen, wie zB Kauf, Miete, Eigentum, Anstiftung oder Beihilfe, ist zulässig.[14] Komplexe rechtliche Bewertungen, insbesondere zur Frage der Schuldfähigkeit, können dagegen nicht Gegenstand des Zeugenbeweises sein.[15] Darauf abzielende Fragen sind nach §§ 241 Abs. 2, 244 Abs. 3 S. 2 als ungeeignet zurückzuweisen.[16]

II. Zeugnisfähigkeit

9 **1. Allgemeines.** Nachdem es eine allgemeine Zeugnisunfähigkeit nicht gibt, kommt jeder Mensch als Zeuge in Betracht.[17] Als Zeugen vernommen werden können daher auch Kinder sowie Personen mit geistigen oder körperlichen Gebrechen, solange sie zu Wahrnehmungen und deren Wiedergabe vor Gericht in der Lage sind.[18] Zwar gibt es keine festen Altersgrenzen; Kinder unter 4 ½ Jahren werden aber regelmäßig nicht aussagetüchtig sein.[19] Das Gericht hat die Zeugnisfähigkeit ggf. unter Heranziehung eines Sachverständigen zu klären, was auch im **Freibeweisverfahren** erfolgen kann.[20] Bei einer tauben oder stummen Person kann ein Gebärdendolmetscher hinzugezogen werden;[21] unter Umständen kann die Mimik des Zeugen mündliche Aussagen ersetzen.[22] Bei einem schwer behinderten Zeugen, mit dem eine unmittelbare mündliche Verständigung nicht möglich ist, kann das Gericht eine dem Zeugen vertraute Person als Hilfsperson beiziehen und nach seinem Ermessen darüber entscheiden, ob diese Person entsprechend einem Dolmetscher zu verpflichten ist.[23]

10 **2. Zeugnisfähigkeit von Verfahrensbeteiligten. a) Richter.** Nach § 22 Nr. 5 ist vom Richteramt ausgeschlossen, wer in derselben Sache bereits als Zeuge vernommen worden ist. Für den Ausschluss von der weiteren Mitwirkung ist die bloße Benennung

---

[11] BGH 6.7.1993 – 5 StR 279/93, BGHSt 39, 251 = NJW 1993, 2881 mAnm *Widmaier* NStZ 1993, 602 und *Hamm* StV 1993, 455.

[12] RG 12.11.1923 – III 844/23, RGSt 57, 412; Radtke/Hohmann/*Otte* § 48 Rn. 3; KMR/*Neubeck* Vor § 48 Rn. 5; *Geppert* Jura 1991, 80.

[13] BGH 6.7.1993 – 5 StR 279/93, BGHSt 39, 251 = NJW 1993, 2881 mAnm *Widmaier* NStZ 1993, 602 und *Hamm* StV 1993, 455; BGH 29.8.1990 – 3 StR 184/90, BGHSt 37, 162 = NJW 1991, 435 mwN; *Meyer-Goßner* Vor § 48 Rn. 3; Radtke/Hohmann/*Otte* § 48 Rn. 3; KMR/*Neubeck* Vor § 48 Rn. 5; LR-*Ignor/Bertheau* Vor § 48 Rn. 6 mwN.

[14] Radtke/Hohmann/*Otte* § 48 Rn. 4; *Meyer-Goßner* Vor § 48 Rn. 4; KMR/*Neubeck* Vor § 48 Rn. 6.

[15] Radtke/Hohmann/*Otte* § 48 Rn. 4; *Meyer-Goßner* Vor § 48 Rn. 4; KMR/*Neubeck* Vor § 48 Rn. 6; LR-*Ignor/Bertheau* Vor § 48 Rn. 6.

[16] KMR/*Neubeck* Vor § 48 Rn. 6.

[17] Radtke/Hohmann/*Otte* § 48 Rn. 16; *Meyer-Goßner* Vor § 48 Rn. 13; KMR/*Neubeck* Vor § 48 Rn. 22.

[18] BGH 1.4.1952 – 2 StR 754/51, BGHSt 2, 269 = NJW 1952, 673; Radtke/Hohmann/*Otte* § 48 Rn. 16; *Meyer-Goßner* Vor § 48 Rn. 13; KMR/*Neubeck* Vor § 48 Rn. 22; *Geppert* Jura 1991, 80; vgl. zur Zulässigkeit der Vernehmung Geisteskranker in der Hauptverhandlung auch RG 9.10.1900 – 3479/00, RGSt 33, 393; RG 27.11.1924 – II 836/24, RGSt 58, 396.

[19] Radtke/Hohmann/*Otte* § 48 Rn. 16; *Meyer-Goßner* Vor § 48 Rn. 13; KMR/*Neubeck* Vor § 48 Rn. 22; LR-*Ignor/Bertheau* Vor § 48 Rn. 25; *Arntzen* DRiZ 1976, 20.

[20] Radtke/Hohmann/*Otte* § 48 Rn. 16; KMR/*Neubeck* Vor § 48 Rn. 23.

[21] BGH 24.4.1997 – 4 StR 23/97, BGHSt 43, 62 = NJW 1997, 2335; KMR/*Neubeck* Vor § 48 Rn. 22.

[22] *Meyer-Goßner* Vor § 48 Rn. 13; LR-*Ignor/Bertheau* Vor § 48 Rn. 25.

[23] BGH 24.4.1997 – 4 StR 23/97, BGHSt 43, 62 = NJW 1997, 2335.

oder Ladung des Richters als Zeuge nicht ausreichend, weil sonst ein Angeklagter jeden ihm nicht genehmen Richter an der Ausübung seines Amtes hindern könnte.[24] Erscheint der Richter aber auf die Ladung in der Hauptverhandlung, ist er von der weiteren Mitwirkung ausgeschlossen, auch wenn er – zB aufgrund eines Verzichts der Verfahrensbeteiligten – nicht vernommen wird.[25] Die teilweise vertretene Auffassung, der Richter sei auch dann ohne weiteres ausgeschlossen, wenn er seine Vernehmung als Zeuge selbst für erforderlich hält,[26] ist abzulehnen, weil hierdurch das von § 30 vorgesehene Verfahren umgangen wird. Der Richter, der seine Vernehmung als Zeuge für erforderlich hält, hat eine Anzeige nach § 30 zu fertigen; vom Richteramt ist er erst ausgeschlossen, wenn der hierfür erforderliche Beschluss, mit dem seine Selbstanzeige für begründet erklärt worden ist, ergangen ist.[27]

Wird ein Richter außerhalb der Hauptverhandlung von einem Zeugen in seinem Dienst- 11
zimmer aufgesucht und macht der Zeuge gegenüber dem Richter Angaben über den Tathergang, wird der Richter hierdurch nicht zum Zeugen, sofern er das Gespräch unverzüglich abbricht.[28] Die vom Richter bei einem solchen Gespräch gemachten Wahrnehmungen sind dienstlicher Art und können durch eine **dienstliche Äußerung** des Richters in die Hauptverhandlung eingeführt werden; ein Antrag auf Vernehmung des Richters wäre auf eine im Sinne von § 244 Abs. 3 S. 1 unzulässige Beweiserhebung gerichtet.[29]

Erklärt ein als Zeuge benannter Richter dienstlich, er könne keine Angaben zur Sache 12
machen, und wird der auf seine Vernehmung gerichtete Beweisantrag trotzdem aufrechterhalten, kann der Beweisantrag unter Mitwirkung des als Zeugen benannten Richters abgelehnt werden.[30] Ein als Zeuge benannter Richter darf an der Entscheidung über Beweisanträge aber auch mitwirken, ohne dass er zuvor dienstlich erklärt hat, er könne zur Beweistatsache keine Angaben machen.[31] Nach Beendigung seiner richterlichen Tätigkeit kann der Richter im selben oder in einem höheren Rechtszug Zeuge sein.[32]

b) Urkundsbeamte. Die für Richter dargestellten Grundsätze gelten für Urkundsbe- 13
amte der Geschäftsstelle, die das Hauptverhandlungsprotokoll führen, entsprechend. Sie sind nach §§ 22 Nr. 5, 31 Abs. 1 erst dann von der weiteren Mitwirkung ausgeschlossen, wenn einem Antrag auf ihre Vernehmung stattgegeben wird.[33]

c) Staatsanwälte. Ein Staatsanwalt kann nach allgemeiner Ansicht wie jede andere Per- 14
son als Zeuge vernommen werden, wenn er Wahrnehmungen gemacht hat, die das Verfahren betreffen. **Während seiner Vernehmung** hat ein anderer Staatsanwalt die Sitzungsvertretung wahrzunehmen.[34] Nicht anders als beim Richter bewirkt die bloße Benennung oder Ladung des Staatsanwalts als Zeuge nicht seinen Ausschluss von der Teilnahme an der

---

[24] BGH 7.12.1954 – 2 StR 402/54, BGHSt 7, 44 = NJW 1955, 152; BGH 14.11.1959 – 2 StR 421/59, BGHSt 14, 219 = NJW 1960, 301; Radtke/Hohmann/*Otte* § 48 Rn. 17; *Meyer-Goßner* Vor § 48 Rn. 15; KMR/*Neubeck* Vor § 48 Rn. 25; *Geppert* Jura 1991, 87; *Michel* MDR 1992, 1026; LR-*Ignor/Bertheau* Vor § 48 Rn. 37; KK/*Senge* Vor § 48 Rn. 10.

[25] BGH 7.12.1954 – 2 StR 402/54, BGHSt 7, 44 = NJW 1955, 152; BGH 10.9.1976 – 5 StR 215/76, MDR 1977, 107; Radtke/Hohmann/*Otte* § 48 Rn. 17; KMR/*Neubeck* Vor § 48 Rn. 25; LR-*Ignor/Bertheau* Vor § 48 Rn. 37; KK/*Senge* Vor § 48 Rn. 10.

[26] AG Brandenburg 14.10.2007 – 24 Ds 426 Js 1848/07, StraFo 2007, 501; *Meyer-Goßner* Vor § 48 Rn. 15; Radtke/Hohmann/*Otte* § 48 Rn. 17.

[27] BGH 10.9.1976 – 5 StR 215/76, MDR 1977, 107; BGH 13.2.1973 – 1 StR 541/72, BGHSt 25, 122 = NJW 1973, 860; KK/*Fischer* § 30 Rn. 1.

[28] BGH 23.6.1993 – 3 StR 89/93, BGHSt 39, 239 = NJW 1993, 2758 = NStZ 1994, 80 mAnm *Bottke*.

[29] BGH 23.6.1993 – 3 StR 89/93, BGHSt 39, 239 = NJW 1993, 2758 = NStZ 1994, 80 mAnm *Bottke*.

[30] Vgl. BGH 24.5.1955 – 2 StR 6/55, BGHSt 7, 330 = NJW 1955, 1239, wo offen gelassen wird, ob ein solcher Antrag als zum Zwecke der Prozessverschleppung gestellt anzusehen ist, was nach *Meyer-Goßner* Vor § 48 Rn. 15 sowie KMR/*Neubeck* Vor § 48 Rn. 25 der Fall sein soll; BGH 10.9.1976 – 5 StR 215/76, MDR 1977, 107; LR-*Ignor/Bertheau* Vor § 48 Rn. 37; *Michel* MDR 1992, 1026; *Geppert* Jura 1991, 87.

[31] BGH 11.2.1958 – 1 StR 6/58, BGHSt 11, 206 = NJW 1958, 557.

[32] KMR/*Neubeck* Vor § 48 Rn. 25; LR-*Ignor/Bertheau* Vor § 48 Rn. 37.

[33] *Meyer-Goßner* Vor § 48 Rn. 16.

[34] BGH 26.1.1996 – 2 ARs 441/95, StV 1996, 469; Radtke/Hohmann/*Otte* § 48 Rn. 19; LR-*Ignor/Bertheau* Vor § 48 Rn. 39; *Schneider* NStZ 1994, 457; *Geppert* Jura 1991, 87; KK/*Senge* Vor § 48 Rn. 11.

Hauptverhandlung.[35] Zu beachten ist, dass die bloße **Beantwortung einer sachbezogenen Frage** den Staatsanwalt nicht zum Zeugen macht.[36]

15 Soll der Staatsanwalt, der die Sitzungsvertretung wahrnimmt, als Zeuge vernommen werden, ist zunächst die Vorschrift des **§ 58 Abs. 1** zu beachten, wonach Zeugen einzeln und in Abwesenheit der später zu hörenden Zeugen zu vernehmen sind.[37] Dem wird man dadurch Rechnung tragen müssen, dass der Staatsanwalt als erstes vernommen wird, damit insbesondere in umfangreichen Wirtschaftsstrafsachen der Sachbearbeiter nicht bis zu seiner Vernehmung als Zeuge an der Wahrnehmung der Sitzungsvertretung gehindert ist. Nachdem es sich bei § 58 Abs. 1 um eine reine Ordnungsvorschrift handelt, auf die die Revision nicht gestützt werden kann, setzt eine erfolgreiche Rüge voraus, dass durch die Vernehmung eines anderen Zeugen in Anwesenheit des später als Zeugen vernommenen Sitzungsvertreters der Staatsanwaltschaft gegen die **Pflicht zur Wahrheitserforschung** verstoßen worden ist; das ist nicht bereits dann der Fall, wenn beide Zeugen zum selben Beweisthema vernommen worden sind, sondern erst, wenn die naheliegende Besorgnis besteht, der später als Zeuge vernommene Staatsanwalt habe seine Aussage nach der des vorher vernommenen Zeugen gerichtet und seine Angaben daher nicht der Wahrheit entsprechen.[38]

16 Die Frage, ob ein **bereits als Zeuge vernommener Staatsanwalt** an der weiteren Wahrnehmung der Aufgaben des Sitzungsvertreters und insbesondere am Schlussvortrag gehindert ist, ist in der StPO nicht geregelt und in Rechtsprechung und Literatur umstritten.[39]

17 **aa) Bisherige Rechtsprechung des BGH.** Nach der bisherigen Rechtsprechung des BGH soll ein als Zeuge vernommener Staatsanwalt nur noch insoweit seine Aufgaben als Sitzungsvertreter wahrnehmen können, als sich seine Tätigkeit von der **Erörterung und Bewertung seiner eigenen Aussage,** insbesondere im Schlussvortrag, trennen lässt.[40] Zulässig ist es danach, dass der als Zeuge vernommene Staatsanwalt weiter die Aufgaben des Sitzungsvertreters einschließlich des Schlussvortrags wahrnimmt, solange der Teil des Schlussvortrags, der sich mit der Aussage des als Zeugen vernommenen Staatsanwalts befasst, von einem anderen Staatsanwalt gehalten wird.[41] Das soll jedenfalls gelten, wenn die Aussage des Staatsanwalts nur einen **rein technischen,** mit seiner Tätigkeit als Staatsanwalt notwendig verbundenen Vorgang betrifft.[42] Bezieht sich die Aussage des Staatsanwalts nur auf einen von mehreren Angeklagten, kann er die Aufgaben des Sitzungsvertreters einschließlich des Schlussvortrags hinsichtlich der Angeklagten, die von seiner Aussage nicht betroffen sind, ohne weiteres wahrnehmen.[43] Die

---

[35] AllgM., vgl. etwa *Schneider* NStZ 1994, 457; *Malmendier* NJW 1997, 230; SK/*Rogall* Vor § 48 Rn. 47.

[36] BGH 25.9.1985 – 3 StR 335/85, NStZ 1986, 133; *Meyer-Goßner* Vor § 48 Rn. 18; vgl. auch *Dose* NJW 1978, 350, der zu Recht darauf hinweist, dass eine solche formlose Erklärung nur in Betracht kommt, wenn es nicht um Tatsachen geht, die die Schuld- oder die Straffrage berühren, weil in diesem Fall eine Einführung in die Hauptverhandlung im Wege des Freibeweises nicht möglich ist.

[37] BGH 15.4.1987 – 2 StR 697/86, NJW 1987, 3090; LR/*Ignor-Bertheau* Rn. 39.

[38] BGH 15.4.1987 – 2 StR 697/86, NJW 1987, 3090; aA LR/*Ignor-Bertheau* Rn. 39.

[39] Eine Regelung hinsichtlich der Verhinderung des Staatsanwalts an der Ausübung seines Amtes findet sich beispielsweise in § 11 AGGVG BW, die Frage des Ausschlusses des Staatsanwalts nach seiner Vernehmung als Zeuge ist aber auch dort nicht geregelt.

[40] BGH 26.1.1996 – 2 ARs 441/95, StV 1996, 469; BGH 13.7.1966 – 2 StR 157/66, BGHSt 21, 85 = NJW 1966, 2321 = JR 1967, 227 m. abl. Anm. *Hanack;* BGH 25.4.1989 – 1 StR 97/89, NStZ 1989, 583; BGH 21.12.1988 – 2 StR 377/88, NStZ 1990, 24; BGH 19.3.1996 – 1 StR 497/95, NJW 1996, 2239; so auch die überwiegende Meinung in der Literatur, vgl. etwa Radtke/Hohmann/*Otte* § 48 Rn. 20; *Meyer-Goßner* Vor § 48 Rn. 17 mwN; *Pawlik* NStZ 1995, 312; vgl. ausführlich zu der Problematik *Schneider* NStZ 1994, 457 sowie *Dose* NJW 1978, 349.

[41] BGH 13.7.1966 – 2 StR 157/66, BGHSt 21, 85 = NJW 1966, 2321 = JR 1967, 227 mit Verweis darauf, dass es sich bei der bisherigen Rechtsprechung des BGH (vgl. die Entscheidung vom 3.5.1960 – 1 StR 155/60, BGHSt 14, 265 = NJW 1960, 1358), wonach ein Staatsanwalt nach seiner Vernehmung als Zeuge für den Rest der Sitzung an der Ausübung der Aufgabe des Sitzungsvertreters gehindert sei, nicht um eine starre Regel handele; Radtke/Hohmann/*Otte* § 48 Rn. 19; LR-*Ignor/Bertheau* Vor § 48 Rn. 40.

[42] BGH 3.5.1960 – 1 StR 155/60, BGHSt 14, 265 = NJW 1960, 1358; LR-*Ignor/Bertheau* Vor § 48 Rn. 40; KK/Senge Vor § 48 Rn. 11.

[43] BGH 13.7.1966 – 2 StR 157/66, BGHSt 21, 85 = NJW 1966, 2321 = JR 1967, 227 m. abl. Anm. *Hanack;* Radtke/Hohmann/*Otte* § 48 Rn. 19; KMR/*Neubeck* Vor § 48 Rn. 27.

Hinzuziehung eines weiteren Staatsanwalts soll auch dann entbehrlich sein, wenn es einer Würdigung der Aussage des Sitzungsvertreters im Schlussvortrag erkennbar nicht bedarf.[44] Auch die Vernehmung des Staatsanwalts in einer früheren, ausgesetzten Hauptverhandlung hindert die weitere Mitwirkung des Staatsanwalts nicht.[45]

Als **unzulässige Würdigung der eigenen Aussage** eines Staatsanwalts wurde es aber bereits angesehen, dass sich der als Zeuge vernommene Staatsanwalt in seinem Plädoyer pauschal auf einen Schlussvortrag bezog, den – vor dem Wiedereintritt in die Beweisaufnahme – zunächst einer seiner Kollegen unter Würdigung der Aussage des als Zeugen vernommenen Staatsanwalts gehalten hatte.[46] Soll mit der Revision die weitere Mitwirkung eines als Zeugen vernommen Staatsanwalts beanstandet werden, muss der **Revisionsvortrag** die Mitteilung enthalten, ob der Staatsanwalt im Schlussvortrag seine eigenen Angaben als Zeuge gewürdigt hat.[47] 18

Nachdem die weitere Mitwirkung des Staatsanwalts an der Sitzung im Gesetz nicht geregelt ist, und es dementsprechend keine konkrete Vorschrift gibt, gegen die verstoßen werden könnte, wurde der Verstoß gegen das Verfahrensrecht in der bisherigen Rechtsprechung des BGH aus der allgemeinen Erwägung hergeleitet, der als Staatsanwalt vernommene Zeuge sei nicht in der Lage, seine eigene Aussage unbefangen zu würdigen.[48] Die dargestellten Ausnahmen von dem Verbot der weiteren Mitwirkung des als Zeuge vernommenen Staatsanwalts beruhten auf der Überlegung, dass es – insbesondere in umfangreichen (Wirtschafts-) Strafverfahren – der Verfahrensbeschleunigung entgegenstünde, wenn der in die Sache eingearbeitete Staatsanwalt an der weiteren Wahrnehmung der Aufgaben des Sitzungsvertreters gehindert wäre.[49] 19

Wurde der Staatsanwalt unter Verstoß gegen die dargestellten Grundsätze in der Sitzung tätig, sollte der darin liegende Verfahrensverstoß nicht unter § 338, sondern unter § 337 fallen.[50] Ein Verstoß gegen das Verbot der weiteren Mitwirkung an der Vernehmung begründete die Revision deshalb nur, wenn die Möglichkeit nicht auszuschließen war, dass das Urteil auf ihm beruhte.[51] Das sei dann der Fall, wenn nicht auszuschließen sei, dass die Vernehmung des Staatsanwalts als Zeuge seinen Schlussvortrag in einer Weise beeinflusst habe, dass auch eine **Beeinflussung des Gerichts bei der Urteilsfindung** im Bereich des Möglichen gelegen habe.[52] An Letzterem sollte es etwa fehlen, wenn der Staatsanwalt nur darüber vernommen worden war, wie eine Aussage des Angeklagten im Ermittlungsverfahren zustande gekommen war.[53] 20

bb) Tendenzen in der jüngeren Rechtsprechung. In neueren Entscheidungen[54] hat der BGH Zweifel geäußert, ob an der bisherigen Rechtsprechung festzuhalten sei. Zur 21

---

[44] BGH 7.12.2000 – 3 StR 382/00, NStZ-RR 2001, 107; Radtke/Hohmann/*Otte* § 48 Rn. 19; KMR/*Neubeck* Vor § 48 Rn. 27; vgl. auch BGH 3.2.2005 – 5 StR 84/04, NStZ-RR 2006, 257.

[45] BGH 7.12.1993 – 5 StR 171/93, NStZ 1994, 194; *Meyer-Goßner* Vor § 48 Rn. 17; KMR/*Neubeck* Vor § 48 Rn. 27.

[46] BGH 7.6.1983 – 5 StR 854/82, StV 1983, 497 mAnm *Müllerhoff.*

[47] BGH 30.1.2007 – 5 StR 465/06, NStZ 2007, 419.

[48] BGH 3.5.1960 – 1 StR 155/60, BGHSt 14, 265 = NJW 1960, 1358; vgl. zur Zulässigkeit der teilweise geübten Praxis, dass der als Zeuge vernommene Staatsanwalt, dessen Mitwirkung an der Hauptverhandlung nach der bisherigen Rechtsprechung des BGH unzulässige wäre, ohne Robe neben dem nunmehr die Sitzungsvertretung wahrnehmenden Staatsanwalt Platz nimmt und ihn als „Gehilfe" unterstützt *Schneider* NStZ 1994, 457 mwN.

[49] BGH 13.7.1966 – 2 StR 157/66, BGHSt 21, 85 = NJW 1966, 2321; nach *Kramer* Jura 1983, 117 soll dieser Gefahr durch die restriktiver Erteilung von Aussagegenehmigungen für die als Zeugen benannten Staatsanwälte begegnet werden können.

[50] BGH 3.5.1960 – 1 StR 155/60, BGHSt 14, 265 = NJW 1960, 1358.

[51] BGH 3.5.1960 – 1 StR 155/60, BGHSt 14, 265 = NJW 1960, 1358; BGH 15.4.1987 – 2 StR 697/86, BGHSt 34, 352 = NJW 1987, 3088; BGH 19.10.1982 – 5 StR 408/82, NStZ 1983, 135; BGH 7.6.1983 – 5 StR 854/82, StV 1983, 497 mAnm *Müllerhoff;* OLG Naumburg 2.11.2006 – 2 Ss 320/06, StraFo 2007, 64.

[52] BGH 3.5.1960 – 1 StR 155/60, BGHSt 14, 265 = NJW 1960, 1358; BGH 7.6.1983 – 5 StR 854/82, StV 1983, 497 mAnm *Müllerhoff.*

[53] BGH 3.5.1960 – 1 StR 155/60, BGHSt 14, 265 = NJW 1960, 1358.

[54] BGH 25.4.1989 – 1 StR 97/89, NStZ 1989, 583 und BGH 24.10.2007 – 1 StR 480/07, NStZ 2008, 353; krit. zu diesen Entscheidungen *Kelker* StV 2008, 381 sowie *Müller-Gabriel* StV 1991, 235; vgl. auch *Malmendier* NJW 1997, 230.

Begründung wurde darauf abgestellt, dass keine konkrete Bestimmung in der StPO es verbiete, dass ein als Zeuge vernommener Staatsanwalt weiter die Aufgaben des Sitzungsvertreters wahrnimmt, obwohl es für den Gesetzgeber ein Leichtes gewesen wäre, für Staatsanwälte eine entsprechende Regelung ins Gesetz aufzunehmen.[55] Dies sowie die Erwägung, dass es der Angeklagte sonst durch die Stellung von Beweisanträgen auf Vernehmung des Staatsanwalts in der Hand habe, den von Anfang an mit der Sache befassten und eingearbeiteten Sachbearbeiter mit der Folge einer Verfahrensverzögerung aus dem Verfahren zu entfernen, könnte dafür sprechen, eine weitere Teilnahme des als Zeuge vernommenen Staatsanwalts ohne die bisher in der Rechtsprechung gemachten Einschränkungen zuzulassen. Jedenfalls sei ein Beruhen des Urteils auf einem etwaigen Verfahrensverstoß auszuschließen, wenn der Staatsanwalt nicht über eigene Wahrnehmungen, sondern nur zu seiner dienstlichen Befassung mit dem Verfahren vernommen worden sei, nachdem dies auch im Rahmen einer dienstlichen Stellungnahme des Staatsanwalts – die auf keinen Fall seinen Ausschluss bedingt hätte – in das Verfahren hätte eingeführt werden können.[56]

22 **cc) Stellungnahme.** Die Frage, ob ein als Zeuge vernommener Staatsanwalt von der weiteren Mitwirkung ausgeschlossen ist, wird nur in seltenen Ausnahmefällen von praktischer Bedeutung sein. Ausgehend von der neueren Rechtsprechung des BGH, wonach eine Ausschließung des Staatsanwalts – entsprechend der Rechtslage bei einem als Zeuge in Betracht kommenden Richter[57] – nicht in Betracht kommt, wenn er sich im Rahmen einer dienstlichen Stellungnahme zu seiner dienstlichen Befassung äußert oder er zwar als Zeuge vernommen wird, die Vernehmung aber nur dienstliche Wahrnehmungen betrifft,[58] wird sich die Frage des Ausschlusses des Staatsanwalts von der weiteren Teilnahme an der Hauptverhandlung nur stellen, wenn er Wahrnehmungen außerhalb seiner dienstlichen Befassung mit dem Verfahren gemacht hat. Abgesehen von dem eher theoretischen Fall, dass der Staatsanwalt selbst Tatzeuge oder gar Opfer der Tat geworden ist[59] oder er sonst private Beobachtungen gemacht hat, die für das Verfahren von Bedeutung sind, kommt das zB in Betracht, wenn ihm gegenüber in Bezug auf das Strafverfahren private Mitteilungen von Bekannten gemacht worden sind und er über diese in der Hauptverhandlung vernommen wird. Aber auch in diesen Fällen ist kein Grund ersichtlich, den Staatsanwalt von der weiteren Tätigkeit in der Hauptverhandlung auszuschließen. Es mag zwar sein, dass der Staatsanwalt seine eigene Aussage nicht unbefangen würdigen kann. Die Situation ist insoweit aber keine andere wie wenn eine mit dem Angeklagten befreundete oder verwandte Person oder eine Person, die aus sonstigen Gründen am Ausgang des Verfahrens interessiert ist, als Zeuge vernommen wird. In allen diesen Fällen hat das Gericht die persönlichen Beziehungen zum Angeklagten sowie ein mögliches Interesse des Zeugen am Ausgang des Verfahrens im Rahmen der Beweiswürdigung zu berücksichtigen. Warum dem Gericht in dem vergleichbaren Fall, dass ein als Staatsanwalt vernommener Zeuge sich im Plädoyer mit seiner eigenen Aussage auseinandersetzt, nicht zugetraut werden soll, dies im Rahmen der Beweiswürdigung zu berücksichtigen, erschließt sich nicht. Daran zeigt sich, dass der Gesetzgeber zu Recht davon abgesehen hat, zu bestimmen, dass ein als Zeuge vernommener Staatsanwalt von der weiteren Mitwirkung an der Hauptverhandlung ausgeschlossen sein soll. Auch ein solcher Staatsanwalt kann deshalb ohne Einschränkungen in der Hauptverhandlung tätig werden. Der Zuziehung eines weiteren Staatsanwalts für den Schlussvortrag bedarf es nicht.

23 **d) Verteidiger.** Der Verteidiger kann nach allgemeiner Auffassung wie jede andere Person auch Zeuge sein, was durch § 53 Abs. 1 Nr. 2 bestätigt wird.[60] Seine Vernehmung als

---

[55] Kritisch hierzu *Schneider* NStZ 1994, 461.

[56] BGH 24.10.2007 – 1 StR 480/07, NStZ 2008, 353.

[57] Vgl. BGH 23.6.1993 – 3 StR 89/93, BGHSt 39, 239 = NJW 1993, 2758 sowie oben a).

[58] BGH 24.10.2007 – 1 StR 480/07, NStZ 2008, 353.

[59] In einem solchen Fall erscheint es in der Praxis kaum denkbar, dass dieser Staatsanwalt die Sitzungsvertretung übernimmt.

[60] Vgl. etwa BGH 19.5.1953 – 2 StR 116/53, NJW 1953, 1600; LR-*Ignor/Bertheau* Vor § 48 Rn. 44; *Kramer* Jura 1983, 115; *Geppert* Jura 1991, 88.

Zeuge hindert ihn nicht an der weiteren Verteidigung des Angeklagten.[61] Das anwaltliche Standesrecht kann aber die Niederlegung des Mandats gebieten, wenn der Verteidiger als Belastungszeuge benannt ist und er durch seine Aussage in Konflikt mit seiner Rolle als Verteidiger kommen kann.[62] Nachdem die §§ 138a f. die Ausschließung des Verteidigers abschließend regeln, kann der als Zeuge vernommene Verteidiger aber durch das Gericht nicht ausgeschlossen werden.[63] Unzulässig ist es deshalb, den als Zeugen benannten Verteidiger nach § 58 Abs. 1 vor seiner Vernehmung die Anwesenheit in der Hauptverhandlung zu versagen oder ihn nach seiner Vernehmung nicht nach § 248 zu entlassen.[64] Um einen Verstoß gegen § 58 Abs. 1 zu vermeiden, kann es angezeigt sein, den Verteidiger bereits frühzeitig als Zeugen zu vernehmen.[65] Liegen die Voraussetzungen des § 140 vor, muss dem Angeklagten während der Vernehmung seines Verteidigers ein anderer Verteidiger beigeordnet werden.[66]

e) Beschuldigte. Wer in einem Strafverfahren Beschuldigter ist, kann nicht als Zeuge 24
vernommen werden, sondern nur gemäß § 243 Abs. 5 S. 2 Angaben zur Sache machen.[67] Auch für den **Mitbeschuldigten** gilt der **Grundsatz,** dass er weder gegen sich selbst noch gegen andere Mitbeschuldigte als Zeuge auftreten kann.[68] Dies gilt auch im Hinblick auf Taten, die nur seinen Mitbeschuldigten vorgeworfen werden und deren er selbst weder beschuldigt noch verdächtig ist.[69]

Eine Person wird erst ab dem Zeitpunkt zum Mitbeschuldigten in diesem Sinne, zu dem 25
das Verfahren gegen sie mit dem Verfahren gegen den anderen Beschuldigten aufgrund einer ausdrücklichen oder stillschweigenden Entscheidung der Staatsanwaltschaft oder des Gerichts verbunden wird; sie bleibt so lange Mitbeschuldigter wie diese Verbindung besteht.[70] Maßgeblich ist damit, ob eine **prozessuale Gemeinsamkeit** besteht.[71] Nachdem sich aus § 60 Nr. 2 ergibt, dass auch Tatbeteiligte als Zeugen vernommen werden können, kann nicht im Sinne einer „materiellen Betrachtungsweise" darauf abgestellt werden, ob mehrere Beschuldigte derselben Tat verdächtig sind.[72] Ob ein Beschuldigter in der Hauptverhandlung gegen einen anderen Beschuldigten Zeuge sein kann, bestimmt sich dabei allein danach, ob gegen ihn selbst das **Hauptverfahren eröffnet** ist.[73] Vor diesem Zeitpunkt kann er als Zeuge vernommen werden, auch wenn gegen ihn selbst bereits ein Ermittlungsverfahren geführt wird.[74]

---

[61] Radtke/Hohmann/*Otte* § 48 Rn. 20; *Meyer-Goßner* Vor § 48 Rn. 18; LR-*Ignor/Bertheau* Vor § 48 Rn. 45.

[62] BVerfG 11.6.1963 – 1 BvR 156/63, BVerfGE 16, 214 = NJW 1983, 1771; LR-*Ignor/Bertheau* Vor § 48 Rn. 45; KMR/*Neubeck* Vor § 48 Rn. 28.

[63] Radtke/Hohmann/*Otte* § 48 Rn. 20; *Meyer-Goßner* Vor § 48 Rn. 18; LR-*Ignor/Bertheau* Vor § 48 Rn. 45; *Dahs* NJW 1975, 1390; *Kramer* Jura 1983, 115; *Geppert* Jura 1991, 88.

[64] Radtke/Hohmann/*Otte* § 48 Rn. 20; *Meyer-Goßner* Vor § 48 Rn. 18; LR-*Ignor/Bertheau* Vor § 48 Rn. 45.

[65] LR-*Ignor/Bertheau* Vor § 48 Rn. 45.

[66] BGH 26.6.1985 – 3 StR 145/85, NJW 1986, 78; BGH 26.1.1996 – 2 ARs 441/95, StV 1996, 469; Radtke/Hohmann/*Otte* § 48 Rn. 20; *Meyer-Goßner* Vor § 48 Rn. 18; LR-*Ignor/Bertheau* Vor § 48 Rn. 45 mwN; KMR/*Neubeck* Vor § 48 Rn. 28; KK/*Senge* Vor § 48 Rn. 12.

[67] BGH 18.10.1956 – 4 StR 278/56, BGHSt 10, 8 = NJW 1957, 230; BGH 11.9.1981 – 2 StR 518/81, NStZ 1981, 487; Radtke/Hohmann/*Otte* § 48 Rn. 21; *Meyer-Goßner* Vor § 48 Rn. 20; LR-*Ignor/Bertheau* Vor § 48 Rn. 28; *Kramer* Jura 1983, 114.

[68] BGH 18.10.1956 – 4 StR 278/56, BGHSt 10, 8 = NJW 1957, 230; LR-*Ignor/Bertheau* Vor § 48 Rn. 33.

[69] BGH 15.8.1952 – 3 StR 267/52, BGHSt 3, 149 = NJW 1952, 1265; BGH 18.10.1956 – 4 StR 278/56, BGHSt 10, 8 = NJW 1957, 230; BGH 25.2.1964 – 1 StR 13/64, NJW 1964, 1034; LR-*Ignor/Bertheau* Vor § 48 Rn. 33; KMR/*Neubeck* Vor § 48 Rn. 30; KK/*Senge* Vor § 48 Rn. 7.

[70] BGH 18.10.1956 – 4 StR 278/56, BGHSt 10, 8 = NJW 1957, 230.

[71] BGH 23.4.1984 – 4 StR 781/83, NJW 1985, 76; LR-*Ignor/Bertheau* Vor § 48 Rn. 33 mwN.

[72] BGH 23.4.1984 – 4 StR 781/83, NJW 1985, 76 mN zur Gegenauffassung; Radtke/Hohmann/*Otte* § 48 Rn. 21; L/R/*Ignor/Bertheau* Vor § 48 Rn. 33 mN zur Gegenauffassung; *Geppert* Jura 1991, 85; *Kramer* Jura 1983, 114; KMR/*Neubeck* Vor § 48 Rn. 30.

[73] BGH 18.10.1956 – 4 StR 278/56, BGHSt 10, 8; LR-*Ignor/Bertheau* Vor § 48 Rn. 34; SK/*Rogall* Vor § 48 Rn. 39.

[74] BGH 18.10.1956 – 4 StR 278/56, BGHSt 10, 8 = NJW 1957, 230; LR-*Ignor/Bertheau* Vor § 48 Rn. 34; KMR/*Neubeck* Vor § 48 Rn. 30.

26 Bei einem **Wegfall der prozessualen Gemeinsamkeit** kann der bisherige Mitbeschuldigte als Zeuge vernommen werden.[75] Von Bedeutung ist das etwa, wenn das Verfahren gegen einen Beschuldigten abgetrennt oder eingestellt wird, einer von mehreren Mitbeschuldigten zwischenzeitlich rechtskräftig freigesprochen ist oder nur einer von mehreren Beschuldigten gegen ein Urteil des Amtsgerichts Berufung eingelegt hat und der bisherige Mitbeschuldigte in der Berufungsverhandlung als Zeuge vernommen werden soll.[76]

27 Zulässig ist es, das Verfahren gegen einen Mitangeklagten **vorübergehend zu dem Zweck abzutrennen,** ihn als Zeugen zu vernehmen **(Rollentausch).**[77] Das gilt aber nur, wenn der Mitangeklagte zu **selbständigen Anklagepunkten,** an denen er nach dem Eröffnungsbeschluss nicht beteiligt ist, vernommen werden soll.[78] Es muss zudem ausgeschlossen sein, dass der abwesende Angeklagte von der in seiner Abwesenheit durchgeführten Verhandlung sachlich mitbetroffen ist und sich das Ergebnis des betreffenden Verhandlungsteils auf ihn auswirkt.[79] Ob der Richter von der Möglichkeit, das Verfahren abzutrennen und den anderen Angeklagten während der Zeit der Trennung des Verfahrens als Zeugen zu vernehmen, Gebrauch macht, oder ob er von einer Trennung absieht und den Mitangeklagten zu den ausschließlich den anderen Angeklagten betreffenden Taten in seiner Eigenschaft als Mitangeklagter zur Sache vernimmt, steht in seinem **Ermessen.**[80] Bei seiner Entscheidung darf er vor allem die Pflicht zur Aufklärung des Sachverhalts berücksichtigen, insbesondere, ob die Vernehmung als Zeuge eine bessere Gewähr für die Richtigkeit der Angaben als die Äußerung als Mitangeklagter bietet.[81] Die Rechte des (bisherigen) Mitbeschuldigten, gegen den das Verfahren abgetrennt worden ist, werden durch sein Recht, die Auskunft nach § 55 zu verweigern und das Vereidigungsverbot nach § 60 Nr. 2 ausreichend gewahrt.[82]

28 Bei einer **vorübergehenden Abtrennung** des Verfahrens gegen Mitangeklagte ist zu beachten, dass in der abgetrennten Verhandlung gewonnene Erkenntnisse wegen § 261 nicht gegen den Angeklagten verwertet werden dürfen.[83] Werden Umstände während der vorübergehenden Trennung der Verfahrens erörtert, die auch den Mitbeschuldigten, gegen den das Verfahren abgetrennt worden ist, betreffen oder ist das nicht auszuschließen, liegt ein Verstoß gegen §§ 230 Abs. 1, 338 Nr. 5 vor.[84] Letzteres gilt aber dann nicht, wenn das Gericht zunächst davon ausgegangen war, dass das Verfahren gegen einen der Angeklagten entscheidungsreif ist, dies der Grund für die Verfahrenstrennung war und entgegen dieser Erwartung das Verfahren aufgrund nachträglich eingetretener Umstände wieder verbunden worden ist; in diesem Fall kann nur eine Verletzung des § 261 gerügt werden.[85] Wird das Verfahren gegen einen Mitbeschuldigten abgetrennt, bleibt das an das Zeugnisverweigerungsrecht nach § 53 anknüpfende Beschlagnahmeverbot des § 97 Abs. 1 bestehen.[86]

---

[75] BGH 23.4.1984 – 4 StR 781/83, NJW 1985, 76; BGH 16.3.1977 – 3 StR 327/76, BGHSt 27, 239 = NJW 1977, 1161; BGH 25.2.1964 – 1 StR 13/64, NJW 1964, 1034; LR-*Ignor/Bertheau* Vor § 48 Rn. 34; KK/*Senge* Vor § 48 Rn. 8.

[76] Vgl. BGH 25.2.1964 – 1 StR 13/64, NJW 1964, 1034; OLG Düsseldorf 4.3.1982 – 1 Ws 174/82, NStZ 1982, 257; LR/*Ignor-Bertheau* Vor § 48 Rn. 34; SK/Rogall Vor § 48 Rn. 40.

[77] BGH 25.2.1964 – 1 StR 13/64, NJW 1964, 1034; LR-*Ignor/Bertheau* Vor § 48 Rn. 34; krit. hierzu *Prittwitz* NStZ 1981, 468.

[78] BGH 25.2.1964 – 1 StR 13/64, NJW 1964, 1034; BGH 17.1.1984 – 5 StR 970/83, StV 1984, 186; KK/*Senge* Vor § 48 Rn. 9.

[79] BGH 5.10.1983 – 2 StR 298/83, BGHSt 32, 100 = NJW 1984, 501; BGH 1.4.1981 – 2 StR 791/80, BGHSt 30, 74 = NJW 1981, 1568.

[80] BGH 25.2.1964 – 1 StR 13/64, NJW 1964, 1034.

[81] BGH 25.2.1964 – 1 StR 13/64, NJW 1964, 1034.

[82] LR-*Ignor/Bertheau* Vor § 48 Rn. 34; KMR/*Neubeck* Vor § 48 Rn. 32.

[83] BGH 17.1.1984 – 5 StR 970/83, StV 1984, 186; vgl. hierzu auch BGH 25.2.1964 – 1 StR 13/64, NJW 1964, 1034.

[84] BGH 25.10.1971 – 2 StR 238/71, BGHSt 24, 257 = NJW 1972, 545; BGH 5.10.1983 – 2 StR 298/83, BGHSt 32, 100 = NJW 1984, 501; BGH 1.4.1981 – 2 StR 791/80, BGHSt 30, 74 = NJW 1981, 1568; LR-*Ignor/Bertheau* Vor § 48 Rn. 34.

[85] BGH 15.1.1985 – 1 StR 680/84, BGHSt 33, 119 = NJW 1985, 1175.

[86] BGH 13.11.1997 – 4 StR 404/97, BGHSt 43, 300 = NJW 1998, 840.

f) Andere Verfahrensbeteiligte. Nebenkläger (§ 397 Abs. 1),[87] Beistände (§ 149 Abs. 1 sowie § 69 Abs. 1 JGG), Erziehungsberechtigte und gesetzliche Vertreter (§ 67 JGG), Antragsteller im Adhäsionsverfahren (§§ 403 ff.), Beistände von Verletzten (§§ 406 ff.), Behördenvertreter[88] und Mitarbeiter der Bewährungshilfe[89] können Zeugen sein.[90] 29

Aus § 74 Abs. 1 S. 2 ergibt sich, dass der **Sachverständige** auch Zeuge sein kann.[91] Nicht selten nimmt der Sachverständige in der Hauptverhandlung eine Doppelstellung ein, der prozessual Rechnung zu tragen ist: Berichtet er neben seinem Gutachten auch über erfahrene Tatsachen, ohne dabei seine besondere Sachkunde einzusetzen oder gebraucht zu haben, so ist er als Zeuge zu behandeln; dies bedeutet, dass er ggf. – neben der Belehrung als Sachverständiger – auch als Zeuge belehrt werden muss und über die Frage seiner Vereidigung nicht nur nach § 79, sondern auch den Vorschriften über die Zeugenvereidigung (§§ 59 ff.) zu entscheiden ist. 30

Auch der **Dolmetscher** kann Zeuge sein und seine eigene Aussage selbst übersetzen.[92] **Privatkläger** können wegen ihrer Parteistellung nicht zugleich Zeuge sein;[93] ihr Anspruch auf rechtliches Gehör gebietet es aber, sie anzuhören und ihre Aussage im Rahmen der Beweiswürdigung zu berücksichtigen.[94] Gleiches gilt für **Einziehungs- und Verfallbeteiligte,** wenn sich das Verfahren gegen sie richtet; in diesem Fall werden sie nach § 433 Abs. 1 einem Angeklagten gleichgestellt.[95] 31

III. Rechte und Pflichten des Zeugen

1. Zeugenpflichten. Der Zeuge muss zur Vernehmung erscheinen, wahrheitsgemäß aussagen und seine Angaben auf Verlangen beeiden. Bei diesen Zeugenpflichten handelt es sich um von der StPO vorausgesetzte **staatsbürgerliche Pflichten.** Sie treffen alle deutschen Staatsangehörigen, auch wenn sie sich im Ausland aufhalten. Für Ausländer, die sich im Ausland aufhalten sowie für Exterritoriale gelten sie nicht.[96] Im Einzelnen gilt: 32

a) Erscheinen. Der Zeuge ist nach §§ 48 Abs. 1 S. 1, 161a Abs. 1 S. 1 verpflichtet, zu dem zu seiner Vernehmung bestimmten Termin vor dem Richter oder dem Staatsanwalt zu erscheinen. Zwar ist auch die Polizei berechtigt, Zeugen mündlich oder schriftlich zur Vernehmung vorzuladen; der Zeuge ist aber zum Erscheinen nicht verpflichtet. Die Polizei darf das Erscheinen des Zeugen auch nicht erzwingen, insbesondere keinen unmittelbaren Zwang anwenden, kann jedoch die entsprechenden Ermächtigungsgrundlagen in den Polizeigesetzen der Länder heranziehen, um die Identität von Zeugen festzustellen. Weigert sich ein Zeuge, vor der Polizei zu erscheinen oder auszusagen, teilt sie dies der StA mit, die den Zeugen dann selbst vernehmen oder die richterliche Vernehmung beantragen wird. 33

b) Aussagen. Nach § 48 Abs. 1 S. 2 hat jeder Zeuge die Pflicht, vor dem Richter auszusagen, wenn keine im Gesetz zugelassene Ausnahme vorliegt.[97] Gleiches gilt gemäß § 161a Abs. 1 S. 1 bei einer Vernehmung durch den Staatsanwalt. Der Zeuge ist auch verpflichtet, erforderlichenfalls zur Veranschaulichung eine Skizze zu fertigen, die Körper- 34

---

[87] Vgl. etwa *Kramer* Jura 1983, 121 sowie KMR/*Neubeck* Vor § 48 Rn. 33.
[88] LG Dresden 10.11.1997 – 8 Ns 101 Js 44995/95, NStZ 1999, 313 mAnm *Rüping* für den nach § 407 Abs. 1 AO teilnahmeberechtigten Vertreter des Finanzamts; LR-*Ignor/Bertheau* Vor § 48 Rn. 48.
[89] Radtke/Hohmann/*Otte* § 48 Rn. 24.
[90] Radtke/Hohmann/*Otte* § 48 Rn. 24; *Meyer-Goßner* Vor § 48 Rn. 23; LR-*Ignor/Bertheau* Vor § 48 Rn. 26 ff.
[91] *Meyer-Goßner* Vor § 48 Rn. 23.
[92] *Meyer-Goßner* Vor § 48 Rn. 23; LR-*Ignor/Bertheau* Vor § 48 Rn. 30.
[93] BayObLG 10.8.1961 – RReg. 4 St 190/61, NJW 1961, 2318; *Meyer-Goßner* Vor § 48 Rn. 23; Radtke/Hohmann/*Otte* § 48 Rn. 24; *Kramer* Jura 1983, 121; aA LR-*Ignor/Bertheau* Vor § 48 Rn. 36.
[94] *Kramer* Jura 1983, 121; *Geppert* Jura 1991, 88; *Seibert* MDR 1952, 278; *Woesner* NJW 1959, 706.
[95] Radtke/Hohmann/*Otte* § 48 Rn. 24; *Meyer-Goßner* Rn. 23; KMR/*Neubeck* Vor § 48 Rn. 37; vgl. auch BGH 26.6.1956 – 2 StR 322/55, BGHSt 9, 250 = NJW 1956, 1448.
[96] Radtke/Hohmann/*Otte* § 48 Rn. 5; *Meyer-Goßner* Vor § 48 Rn. 5; KMR/*Neubeck* Vor § 48 Rn. 8; LR-*Ignor/Bertheau* Vor § 48 Rn. 16; vgl. auch die Kommentierung zu § 51 II.2. und II.5.
[97] Vgl. im Einzelnen die Kommentierung zu § 48.

haltung eines Beteiligten zu demonstrieren sowie an einem Augenscheinstermin teilzunehmen und dem Gericht die Örtlichkeiten und Gegenstände, auf die sich seine Aussage bezieht, zu zeigen.[98] Des Weiteren besteht eine Pflicht, sich bei Abgabe des Zeugnisses äußerer Hilfsmittel, dh Vernehmungshilfen zur Auffrischung des Gedächtnisses zu bedienen.[99]

35 Die Pflicht zur **wahrheitsgemäßen Aussage** ergibt sich aus den Bestimmungen der §§ 153 ff. StGB und ist prozessual nicht erzwingbar.[100] Eine Pflicht, sich beispielweise durch die Einholung von Auskünften oder das Studium von Akten oder Unterlagen auf die Vernehmung vorzubereiten, besteht – mit Ausnahme von Zeugen, die ihre Wahrnehmung in amtlicher Eigenschaft gemacht haben – nicht.[101] Im öffentlichen Dienst beschäftigte Zeugen sind verpflichtet, sich auf Verlangen schriftlich dienstlich zu äußern.[102]

36 Der Zeuge hat im Rahmen seiner Aussage nicht nur die Fragen zu beantworten, die sich auf seine Wahrnehmungen zum Tatgeschehen beziehen, sondern auch diejenigen, mit denen Umstände abgeklärt werden sollen, die seine Glaubhaftigkeit in der vorliegenden Sache betreffen. Ferner ist der Zeuge verpflichtet, auf Fragen zu seinen Beziehungen zum Beschuldigten oder zum Verletzten zu antworten. Diese sog **Generalfragen** (vgl. § 68a Abs. 2 S. 1) dienen auch dazu, die Voraussetzungen der §§ 52 ff., 55, 61 abzuklären. Entsprechendes gilt für den Fall, dass der Zeuge zu etwaigen Vorstrafen befragt wird (§ 68a Abs. 2 S. 2).

37 **c) Schwören.** Der Zeuge muss seine Aussage auf Verlangen beeiden. Die Pflicht zur Eidesleistung entfällt nur dort, wo ein Eidesverbot iSd § 60 besteht oder sich der Zeuge auf ein Eidesverweigerungsrecht gemäß § 61 berufen kann.[103]

38 **d) Weitere Pflichten.** Der Zeuge muss nach § 58 Abs. 2 im Vorverfahren **Gegenüberstellungen** dulden; namentlich ist er verpflichtet, an einer Vernehmungsgegenüberstellung als besondere Form der Vernehmung mitzuwirken. Er ist des Weiteren, ebenfalls aufgrund der Regelung des § 58 Abs. 2, verpflichtet, an einer Identifizierungsgegenüberstellung mitzuwirken.[104] Gleiches gilt im Hauptverfahren, wo das Gericht Gegenüberstellungen nach § 244 Abs. 2 anordnen kann.[105]

39 Ferner besteht die Pflicht, sich in **Augenschein** nehmen zu lassen.[106] Außerdem ist der Zeuge gemäß § 81c unter bestimmten Voraussetzungen verpflichtet, körperliche **Untersuchungen** und Eingriffe in seine körperliche Integrität zu dulden. Die Beschränkungen des § 81c gelten nicht, falls eine wirksame Einwilligung des Zeugen vorliegt.

40 Schließlich trifft diejenigen Zeugen, die sich berufsmäßig mit Zeugenangaben befassen, vor ihrer Vernehmung eine **Vorbereitungspflicht.** Besonders Polizeibeamte und Ermittlungsrichter müssen dann, wenn ihre Vernehmung ansteht, Vernehmungsniederschriften einsehen, um sich erforderlichenfalls die Einzelheiten ins Gedächtnis zurückzurufen.[107]

41 **2. Zeugenrechte. a) Weigerungsrechte.** Der Zeuge ist nicht zur Aussage verpflichtet, wenn ihm ein Zeugnisverweigerungsrecht (§§ 52–53a) zusteht oder er sich auf das Auskunftsverweigerungsrecht nach § 55 berufen kann. Ebenso wenig braucht er auszusagen, wenn er sich auf das Beratungsgeheimnis (§ 43 DRiG), das Wahlgeheimnis (Art. 38 GG) oder in seiner Eigenschaft als Abgeordneter auf Art. 47 S. 1 GG berufen kann oder wenn

---

98 LR-*Ignor/Bertheau* Vor § 48 Rn. 17.

99 *Eisenberg* Beweisrecht Rn. 1201.

100 Radtke/Hohmann/*Otte* § 48 Rn. 6; KMR/*Neubeck* Vor § 48 Rn. 9.

101 Radtke/Hohmann/*Otte* § 48 Rn. 7; *Meyer-Goßner* Vor § 48 Rn. 7; LR-*Ignor/Bertheau* Vor § 48 Rn. 17; KMR/*Neubeck* Vor § 48 Rn. 11; ausführlich zu dieser Frage *Dedes* JR 1983, 99 sowie *Krehl* NStZ 1991, 416.

102 Radtke/Hohmann/*Otte* § 48 Rn. 7; *Meyer-Goßner* Vor § 48 Rn. 7.

103 Radtke/Hohmann/*Otte* § 48 Rn. 6.

104 Radtke/Hohmann/*Otte* § 48 Rn. 7; *Meyer-Goßner* Vor § 48 Rn. 6.

105 Vgl. *Eisenberg* Beweisrecht Rn. 1188, 1190 mwN.

106 Radtke/Hohmann/*Otte* § 48 Rn. 7; *Meyer-Goßner* Vor § 48 Rn. 6; KMR/*Neubeck* Vor § 48 Rn. 10.

107 BGH 21.3.2012 – 1 StR 43/12, NStZ 2012, 521.

die Beantwortung der an ihn gerichteten Frage nicht vom Umfang der ihm erteilten Aussagegenehmigung gedeckt wäre.

Ein über die strafprozessualen Voraussetzungen hinausgehendes Zeugnisverweigerungsrecht kann nach der Rechtsprechung des BVerfG „im Einzelfall ausnahmsweise und unter ganz besonders strengen Voraussetzungen" **unmittelbar aus der Verfassung** abgeleitet werden, wenn die Vernehmung des Zeugen in den durch Art. 2 Abs. 1 iVm Art. 1 Abs. 1 GG grundrechtlich geschützten Bereich privater Lebensgestaltung des Einzelnen, insbesondere in seine Intimsphäre eingreifen würde.[108] **42**

b) Recht auf angemessene Behandlung im Verfahren. Die Pflicht zur Erforschung der Wahrheit muss unter Berücksichtigung der Persönlichkeitsrechte des Zeugen erfolgen. Dieser Grundsatz kommt etwa in § 68a oder in den §§ 171b, 172 GVG zum Ausdruck. Aber auch dann, wenn eine einfachgesetzliche Regelung fehlt, gilt, dass das Gericht aufgrund seiner gegenüber den Zeugen bestehenden Fürsorgepflicht deren Interessen und Belange nicht außer Acht lassen darf. Auch sitzungspolizeiliche Maßnahmen können zum Schutz der Zeugen ergriffen werden. **43**

Das Gericht hat im Rahmen seiner vorrangigen Verpflichtung zur Wahrheitsermittlung (ebenso wie auch die Ermittlungsbehörden) auf die Achtung der menschlichen Würde eines Zeugen, wie sie sich letztlich aus dem Rechtsstaatsprinzip ergibt, Bedacht zu nehmen.[109] So ist das Gericht angesichts seiner Fürsorgepflicht etwa bei seiner Entscheidung über den **Umfang einer Beweisaufnahme** verpflichtet, Opferschutzinteressen in seine Erwägungen einzubeziehen. Eine ausufernde Aufklärung ist nicht geboten. Auch deshalb ist das Opfer vor einem **Verteidigungsverhalten** des Angeklagten zu schützen, das durch rechtsstaatliche Verfahrensgrundsätze nicht gedeckt ist.[110] Erörterungen und Beweiserhebungen zum Privat- und insbesondere auch Intimleben eines Zeugen, die zu dem Verfahrensgegenstand in keinem unmittelbaren Zusammenhang stehen, sind nur nach sorgfältiger Prüfung ihrer Unerlässlichkeit statthaft. Dies ist bei der Entscheidung über den Umfang der Beweisaufnahme, der Zulassung von Fragen (§§ 68a, 241 Abs. 2) und der Leitung der Tätigkeit eines Sachverständigen (vgl. § 77) zu berücksichtigen.[111] Der Vorsitzende hat im Rahmen seiner Leitungsbefugnis (§ 238 Abs. 1) die sachgerechte Vernehmung von Zeugen und Sachverständigen zu gewährleisten und insbesondere für eine sachgerechte Ausübung des Fragerechts durch die Verfahrensbeteiligten Sorge zu tragen.[112] **44**

Im Übrigen sollte sich das Recht auf angemessene Behandlung schon im **Umgang mit dem Zeugen vor seiner Vernehmung** widerspiegeln. Dies gilt etwa für die Zeugenladung, die Informationen enthalten sollte, die dem Zeugen den Weg zum und die Orientierung im Gerichtsgebäude erleichtern. Auch sollte den Zeugen ein Warteraum zur Verfügung stehen, sodass der Kontakt mit dem Angeklagten vermieden wird.[113] **45**

c) Recht auf Beistand. Mit einer grundlegenden Entscheidung hat das BVerfG[114] schon 1974 klargestellt, dass der Zeuge nicht zum bloßen Objekt des Verfahrens gemacht werden darf und dafür zu sorgen ist, dass der Zeuge seine prozessualen Rechte interessengerecht wahrnehmen kann. Mit der Einführung des § 68b hat der Gesetzgeber dem Rechnung getragen und das Recht des **Zeugen** auf anwaltlichen Beistand anerkannt. Es besteht nach **46**

---

[108] KMR/*Neubeck* Vor § 48 Rn. 14; vgl. hierzu im Einzelnen die Kommentierung zu § 53 I.3.

[109] BGH 11.1.2005 – 1 StR 498/04, NJW 2005, 1519 (1520 f.) unter Hinweis auf den Rahmenbeschluss der Europäischen Union über die Stellung des Opfers im Strafverfahren vom 15.3.2001 (ABl. L 82 22.3.2001, 1), in dem „das Recht auf eine Behandlung unter Achtung der Würde des Opfers" und dessen Recht, „in den verschiedenen Phasen des Verfahrens geschützt zu werden" (vor Art. 1, Abschn. 8), betont wird.

[110] BGH 16.6.2005 – 1 StR 152/05, NJW 2005, 2791; BGH 31.8.2006 – 3 StR 237/06, NStZ-RR 2007, 21 mwN.

[111] BGH 11.1.2005 – 1 StR 498/04, NJW 2005, 1519 (1520).

[112] BGH 5.11.2003 – 1 StR 368/03, NStZ 2004, 163 mwN.

[113] *Kühne* Rn. 837.

[114] BVerfG 8.10.1974 – 2 BvR 747/73, BVerfGE 38, 105 = NJW 1973, 105.

§ 68b Abs. 1 S. 1 schlechthin und unabhängig von einer bestimmten Verfahrenssituation. Daneben wurden Beistandsregelungen für **Nebenklageberechtigte** (§§ 395 Abs. 2, 397a, 406g) und nicht nebenklageberechtigte **Verletzte** (§ 406f) geschaffen.

47 Unabhängig von diesen Regelungen steht jedem Zeugen das Recht zu, sich – auf seine Kosten – eines selbst gewählten Beistands während des gesamten Ermittlungs- und Strafverfahrens, nicht nur bei Vernehmungen zu bedienen; dieses Recht besteht ferner ebenso im Verfahren wegen Ordnungswidrigkeiten, in Disziplinarverfahren und berufsrechtlichen Verfahren.[115]

48 Über das Recht auf Zuziehung eines Rechtsbeistands muss der Zeuge nicht belehrt werden.[116] Zu den **Befugnissen und Funktionen** des Zeugenbeistands → § 68b Rn. 14 ff., zu seinem **Ausschluss** § 68b Rn. 40 ff.

49 **aa) Beistand bei Vernehmungen des Zeugen.** Bestimmungen für die Bestellung und Einbeziehung eines Beistands bei Vernehmungen enthalten § 68b Abs. 1 S. 2 und § 68b Abs. 2. So ermöglicht § 68b Abs. 2 – unter dem Vorbehalt der Subsidiarität – die Beiordnung eines Beistands für alle Zeugenvernehmungen, sofern der Zeuge nicht in der Lage ist, seine prozessualen Befugnisse selbst wahrzunehmen. Wie § 161a Abs. 1 S. 2 und § 163 Abs. 3 S. 1 zeigen, besteht dieses Recht nicht nur bei richterlichen, sondern auch bei staatsanwaltschaftlichen und polizeilichen Vernehmungen des Zeugen.

50 Der Beistand kann und darf den Zeugen nicht in seiner Aussage vertreten. Er ist lediglich befugt, die **Rechte und Interessen des Zeugen** wahrnehmen. Hierzu gehört namentlich, bloßstellende bzw. nicht mehr von § 68a gedeckte Fragen sowie Fang- oder Suggestivfragen zu beanstanden und ggf. auf deren Nichtzulassung antragen. Bei Gefährdungen des Zeugen kann der Beistand darauf hinwirken, dass das Gericht darauf verzichtet, Angaben zum Wohnort oder zur Identität des Zeugen (vgl. § 68 Abs. 2 und 3) zu erheben. Er kann ferner anregen, dass das Gericht während der Zeugenvernehmung den Angeklagten (§ 247) und/oder die Öffentlichkeit (§§ 171b, 172, 174 GVG) ausschließt, vom Einsatz der Videotechnik nach § 247a Gebrauch macht oder dass bei der Zeugenvernehmung die Regelungen der §§ 69, 241a beachtet werden.

51 **bb) Beistand der Nebenkläger.** Als zentrale Bestimmung erweist sich hier **§ 397a.** Sie gibt denjenigen Zeugen, die als Nebenkläger auftreten, das Recht, zu beantragen, dass ihnen als Beistand ein Rechtsanwalt bestellt wird. Steht eine der in § 397a Abs. 1 aufgeführten Straftaten im Raum, muss dem Nebenkläger der Beistand auf Kosten der Staatskasse beigeordnet werden. Gemäß § 397a Abs. 2 besteht derselbe Anspruch bei anderen, in § 397a Abs. 1 nicht genannten Delikten dann, wenn der Nebenklageberechtigte zu seiner Interessenwahrnehmung unfähig und zudem wirtschaftlich nicht in der Lage ist, die Kosten eines anwaltlichen Beistands aufzubringen; er muss aber im Rahmen der Antragstellung sein wirtschaftliches Unvermögen belegen (§ 397a Abs. 2 iVm § 117 ZPO).

52 Zudem berechtigt **§ 406g** Abs. 1. S. 2 nebenklageberechtigte Zeugen, sich eines Beistands zu bedienen oder sich durch einen solchen vertreten zu lassen. Nach § 406g Abs. 4 ist den nebenklageberechtigten Verletzten unter den dort genannten Voraussetzungen einstweilen ein Rechtsanwalt als Beistand zu bestellen.

53 **cc) Nicht nebenklageberechtigte Verletzte.** Für diese Zeugengruppe sieht § 406f Abs. 1 das Recht vor, sich des Beistands eines Rechtsanwalts zu bedienen oder sich durch einen solchen vertreten zu lassen. Ferner sieht § 406f Abs. 2 bei Vernehmungen des Verletzten im Grundsatz ein Anwesenheitsrecht einer Vertrauensperson vor; als solche kommen etwa der Ehegatte, Verwandte oder Bekannte des Verletzten in Betracht.

54 **d) Beanstandungs- und Beschwerderecht, Entschädigung.** Der Zeuge kann gegen ihn betreffende sachleitende Anordnungen des Vorsitzenden nach § 238 Abs. 1 das Gericht

[115] LR-*Ignor/Bertheau* Vor § 48 Rn. 20 mwN.
[116] KMR/*Neubeck* Vor § 48 Rn. 16; aA *Thomas* NStZ 1982, 489.

anrufen und damit einen Beschluss herbeiführen. An ihn gerichtete Fragen, die er für unzulässig hält, kann er gemäß § 241 beanstanden.[117] Des Weiteren ist er befugt, gegen ihn betreffende gerichtliche Entscheidungen nach § 304 Abs. 2 Beschwerde einzulegen.[118] Der Zeuge kann nach den Bestimmungen des JVEG **Entschädigung** für Verdienstausfall, Fahrkosten und sonstige notwendige Aufwendungen geltend machen.

IV. Zeugenschutz

1. Allgemeines. Jeder Zeuge hat Anspruch auf angemessene Behandlung, Persönlichkeits- und Ehrenschutz, er darf nicht zum bloßen Verfahrensobjekt gemacht werden.[119] Der Schutz der Zeugen im Strafverfahren ist kein Selbstzweck, sondern zum einen erforderlich, um eine wirksame Strafverfolgung, besonders im Bereich der Schwerkriminalität und der organisierten Kriminalität zu gewährleisten, zum anderen notwendig, um den Rechtspositionen und berechtigten Interessen des Zeugen sowie seiner Stellung und Funktion Rechnung zu tragen. Bedeutsame **Zeugenschutzvorschriften** sind nahezu über die gesamte StPO und in anderen Gesetzen (zB GVG, ZSHG, BKAG) verstreut; sie finden sich etwa in den §§ 58a, 68, 68a, 68b, 69, 96, 110b Abs. 3, 168c, 168e, 200 Abs. 1 S. 3, 241 Abs. 2, 247, 247a, 255a, 397, 397a, 406f, 406g oder in den §§ 171b, 172 GVG. 55

Hinzu kommen **zivilrechtliche Verbesserungen** für die Opfer von Straftaten durch das Gesetz über die Entschädigung für Opfer von Gewalttaten, das Regelungen über die finanzielle Versorgung der Opfer „tätlicher Angriffe“ enthält, das Gesetz zur Sicherung der zivilrechtlichen Ansprüche der Opfer von Straftaten[120] sowie das Gesetz zum zivilrechtlichen Schutz vor Gewalttaten und Nachstellungen,[121] das den einstweiligen Rechtsschutz gegen gewalttätige Dritte regelt. 56

2. Gesetzgeberische Aktivitäten. Die Strafjustiz ist auf den Zeugen als Beweismittel angewiesen. Schon allein deshalb wird nachvollziehbar, dass seit Jahrzehnten versucht wird, dieses wichtigste und zentrale Beweismittel des Strafprozesses zu schützen und seine Position im Verfahren zu stärken. Dabei geht es entweder um die Schaffung neuer bzw. zusätzlicher Zeugenrechte oder um den Ausbau und die Erweiterung bestehender Rechtspositionen. Die – offensichtlich nicht zur Ruhe kommenden – gesetzgeberischen Aktivitäten erstrecken sich auf alle Arten von Zeugen. Teilweise rücken die Vorschriften diejenigen Zeugen, die Verletzte einer Straftat wurden, teilweise diejenigen, die Gefährdungen ausgesetzt sind oder waren, in den Vordergrund; zum Teil erfassen die Schutzvorschriften aber auch sämtliche Zeugen. Insgesamt hat sich ein deutlicher Paradigmenwechsel von der Objektstellung des Zeugen zum Verfahrenssubjekt vollzogen.[122] Wesentliche **Stationen der Gesetzgebung** waren: 57

a) Erstes Gesetz zur Verbesserung der Rechtsstellung des Verletzten im Strafverfahren.[123] Dieses Gesetz beabsichtigte die Anerkennung des Verletzten als selbständiger Verfahrensbeteiligter.[124] Es brachte dazu zunächst die Aufnahme der Bestimmungen des 4. Abschnitts des fünften Buches der StPO. Daneben führte es die Möglichkeit ein, den Angeklagten zum Schutz minderjähriger und erwachsener Zeugen während deren Vernehmung aus dem Sitzungssaal zu entfernen (§ 247 S. 2). Um den Zeugen vor der öffentlichen Erörterung privater Lebensumstände zu schützen, wurden mit § 171b GVG die Möglichkeiten, die Öffentlichkeit auszuschließen, erweitert. Ebenfalls dem Schutz der Privatsphäre des Zeugen soll die in § 68a Abs. 1 geschaffene Einschränkung des Fragerechts dienen. Außer- 58

[117] LR-*Ignor/Bertheau* Vor § 48 Rn. 18.
[118] LR-*Ignor/Bertheau* Vor § 48 Rn. 18.
[119] *Meyer-Goßner* Vor § 48 Rn. 10 mwN.
[120] Sog Opferanspruchssicherungsgesetz (OAG).
[121] Sog Gewaltschutzgesetz (GewSchG).
[122] Vgl. *Anders* ZStW 2012, 374 (375).
[123] Opferschutzgesetz v. 18.12.1986, BGBl. I 2496.
[124] BT-Drs. 10/5305, 16.

dem wurden Informations- und Akteneinsichtsrechte (§§ 406d, 406e) geschaffen und das Recht auf Beiziehung eines Rechtsanwalts oder einer Vertrauensperson im Ermittlungsverfahren (§ 406f) begründet und zudem bestimmt, dass Verletzte auf ihre Rechte hinzuweisen sind (§ 406h).

59 **b) Gesetz zum Schutz von Zeugen bei Vernehmungen im Strafverfahren und zur Verbesserung des Opferschutzes.**[125] Mit ihm sollten zum einen ein verbessertes Instrumentarium für den Schutz und die Schonung der Zeugen bei ihren Vernehmungen bereitgestellt und zum anderen den Verletzten für ihre materiellen Ersatzansprüche bessere Zugriffsmöglichkeiten verschafft werden. Im Wesentlichen wurden die Möglichkeiten der Videoaufzeichnung von Vernehmungen und ihre Verwertung (§§ 58a, 255a)[126] sowie einer zeitgleichen Video-Übertragung von Vernehmungen (§ 247a; für Vernehmungen außerhalb der Hauptverhandlung § 168e) eingeführt. Daneben wurden in § 68a Bestimmungen über den Zeugenbeistand, in § 397a und § 406g über den Beistand der nebenklageberechtigten Verletzten geschaffen. Zudem wurde in § 395 Abs. 1 Nr. 1 der Straftatenkatalog, der Zeugen zum Anschluss als Nebenkläger berechtigt, erweitert.[127]

60 **c) Gesetz zur Harmonisierung des Schutzes gefährdeter Zeugen (Zeugenschutz-Harmonisierungsgesetz).**[128] Es führte Regelungen für Zeugen und deren Angehörige ein, wenn sie – aufgrund der Aussagebereitschaft des Zeugen – einer Gefährdung von Leib, Leben, Gesundheit, Freiheit oder wesentlicher Vermögenswerte ausgesetzt sind und sich für Zeugenschutzmaßnahmen eignen (§ 1 ZSHG).

61 Gemäß § 3 ZSHG entscheiden die bei der Polizei oder den sonst zuständigen Bundes- oder Landesbehörden angesiedelten Zeugenschutzdienststellen unter Berücksichtigung der Tatschwere, des Gefährdungsgrades und der Beschuldigtenrechte über Schutzmaßnahmen; hierzu kann nicht nur der Aufbau einer vorübergehenden Tarnidentität mit entsprechenden Tarndokumenten gehören (§ 5 ZSHG), sondern auch Prozessbegleitung, Objekt- und Personenschutz oder das Verschaffen eines neuen Wohnsitzes.[129] Erforderlichenfalls wird der Zeugenschutz bei weiterbestehender Gefährdung auch über das Ende des Strafverfahrens hinaus gewährt.

62 Das ZSHG gewährt den unter Zeugenschutz stehenden Zeugen **im Strafprozess** jedoch **keine zusätzlichen Schweige- oder sonstigen Rechte;** vielmehr verbleibt es nach § 10 Abs. 3 ZSHG im Strafverfahren bei den Regelungen der §§ 68 und 110b Abs. 3. Insbesondere begründet eine Verpflichtung zur Verschwiegenheit kein Auskunftsverweigerungsrecht nach § 55, wenn Verfahrensbeteiligte Fragen zum Zeugenschutz stellen; ein Zeuge erwirbt auch nicht allein deswegen die Stellung einer anderen Person des öffentlichen Dienstes iSv § 54 Abs. 1, weil er in ein Zeugenschutzprogramm aufgenommen und hierbei förmlich zur Verschwiegenheit über ihm bekannt gewordene Erkenntnisse zu Zeugenschutzmaßnahmen verpflichtet wurde. Vielmehr muss das Gericht bei jeder einzelnen den Zeugenschutz betreffenden Frage prüfen, ob sie der Sachaufklärung dient oder als unzulässig oder nicht zur Sache gehörend zurückzuweisen ist.[130]

63 **d) 1. Opferrechtsreformgesetz.**[131] In seinen Motiven wird als Aufgabe eines sozialen Rechtsstaats nicht allein die Aufklärung der Straftat und die Feststellung von Schuld oder Unschuld in einem rechtsstaatlichen Verfahren festgehalten, sondern auch die Wahrung der Belange des Opfers.[132] In dieser Zielrichtung baute das Gesetz den Katalog der Delikte des § 395 aus, führte die Anwesenheitsberechtigung für Nebenklageberechtigte während der

---

[125] Zeugenschutzgesetz v. 30.4.1998, BGBl. I 820; in Kraft getreten am 1.12.1998.
[126] Zum Problem der optisch-akustischen Verfremdung § 68 Rn. 63 ff.
[127] Zusammenfassend zu diesen Inhalten *Rieß* NJW 1998, 3240.
[128] ZSHG v. 11.12.2001, BGBl. I 3510.
[129] *Kühne* Rn. 842.
[130] BGH 15.12.2005 – 3 StR 281/04, NJW 2006, 785 m. zust. Bespr. *Jahn* JuS 2006, 569.
[131] 1. Opferrechtsreformgesetz v. 24.6.2004, BGBl. I 1354; in Kraft getreten am 1.9.2004.
[132] BT-Drs. 15/1976, 7 Abschn. A II vor 1.

gesamten Hauptverhandlung (§ 406g Abs. 1) ein und erweiterte die Unterrichtungspflichten in § 406d Abs. 2. In § 24 Abs. 1 Nr. 3 GVG wurde in Fällen besonderer Schutzbedürftigkeit des Opfers der StA die Möglichkeit eröffnet, zur Vermeidung einer zweiten Tatsacheninstanz beim Landgericht Anklage zu erheben. Außerdem wurde der Anwendungsbereich des § 247a erweitert; die ursprünglich in dieser Bestimmung enthaltene Subsidiaritätsklausel, wonach die Entfernung des Angeklagten oder der Ausschluss der Öffentlichkeit vorrangig sind, ist weggefallen.

e) Gesetz zur Stärkung der Rechte von Verletzten und Zeugen im Strafverfahren (2. Opferrechtsreformgesetz).[133] Dieses Gesetz brachte eine nochmalige Erweiterung sowie die Neufassung der §§ 395, 397 und 397a; insbesondere wurde das Recht der Nebenklage vollständig vom Recht der Privatklage entkoppelt, um die Bedeutung der Nebenklage als eigenständiges Rechtsinstitut zu bekräftigen und in § 395 Abs. 3 eine Generalklausel für die Berechtigung zur Nebenklage – mit einer nicht abschließenden Liste von Delikten – eingeführt. 64

Gleichzeitig wurde die in verschiedenen Bestimmungen (zB §§ 58a, 247) vorgesehene Schutzaltersgrenze von 16 Jahren auf 18 Jahre angehoben. Das Recht auf einen Zeugenbeistand wurde erweitert. Der Rechtsanwalt bzw. Beistand des Opfers erhielt ein Anwesenheitsrecht auch bei polizeilichen Vernehmungen (§ 406f Abs. 1). Die Hinweise auf die Befugnisse Verletzter wurden erweitert und präzisiert (§ 406h). 65

f) Gesetz zur Stärkung der Rechte von Opfern sexuellen Missbrauchs (StORMG). Diesem Gesetz vom 26.6.2013[134] ging eine längere rechtspolitische Diskussion voraus. Die **zahlreichen Änderungen** der StPO und des GVG sind am 1.9.2013 in Kraft getreten. 66

Im **GVG** soll eine Ergänzung des § 24 Abs. 1 GVG die grundsätzliche Zuständigkeit der Amtsgerichte einschränken mit dem Ziel, Mehrfachvernehmungen der durch eine Straftat Verletzten einzudämmen. Die Neufassung des § 171b GVG ermächtigt das Gericht zu mehreren – nicht anfechtbaren – Entscheidungen, die Öffentlichkeit zum Schutz der Persönlichkeitsrechte der Zeugen und Verfahrensbeteiligter auszuschließen. 67

Die Gesetzesänderungen der **StPO** betreffen zunächst die §§ 58a, 255a; der Gesetzgeber beabsichtigte, die Möglichkeiten des Herstellens und der Verwertung einer Videovernehmung auszuweiten. Der Katalog des § 397a Abs. 1 wurde – durch das Einfügen der Nr. 4 – abermals erweitert; als Nebenkläger auftretende Verletzte einer Sexualstraftat haben nunmehr nicht nur dann einen Anspruch auf Bestellung eines Rechtsanwalts als Beistand, wenn sie zur Tatzeit minderjährig waren, sondern ggf. auch als zur Tatzeit volljährige Opfer. Wird dem Verletzten nach § 397a oder § 406g Abs. 3, 4 ein Rechtsanwalt beigeordnet, liegt nach dem neuen § 140 Abs. 1 Nr. 9 ein Fall der notwendigen Verteidigung vor. Schließlich ergänzt das StORMG – ohne den für das Gericht entscheidenden Maßstab der Aufklärungspflicht ändern zu wollen – die Bestimmung des § 69 Abs. 2. Hierzu sowie zu den weiteren Änderungen der §§ 141, 142, 153a, 246a, 268, 406d, 453, 454 wird auf die Kommentierungen der entsprechenden Vorschriften verwiesen. 68

Sehr kritisch und ablehnend hat sich die Bundesrechtsanwaltskammer geäußert, die – nicht zu Unrecht – eine akute Gefahr der Einschränkung strafprozessualer Erkenntnismöglichkeiten zugunsten von Opferschutzbelangen sieht.[135] Dass die Würdigung einer Zeugenaussage und die Sachverhaltsaufklärung schwieriger und möglicherweise beeinträchtigt werden, wenn eine mehrfache Vernehmung bzw. Befragung des Zeugen ausscheidet und in der Hauptverhandlung allein auf eine Videoaufzeichnung der Vernehmung zurückgegriffen werden kann, ist schon deshalb, weil das Kriterium der Aussagekonstanz nicht mehr oder nur schwerlich überprüfbar wird, nicht von der Hand zu weisen; dies gilt zumal dort, wo die Videovernehmung ohne Mitwirkung des Angeklagten und/oder eines Verteidigers 69

[133] 2. Opferrechtsreformgesetz v. 3.7.2009, BGBl. I 2280; in Kraft getreten am 1.10.2009.
[134] BGBl. I S. 1805.
[135] Vgl. BRAK-Stellungnahme Nr. 35/2011.

zustande kam oder ein Verteidiger an der Vernehmung zwar teilnehmen konnte, jedoch ohne vorher Akteneinsicht erhalten zu haben.

70 **g) EU-Rechtssetzung.** Nicht nur der nationale Gesetzgeber, sondern auch die **EU-Rechtssetzung** nimmt sich verstärkt dem Thema des Zeugen- bzw. Opferschutzes an. So hatten die Mitgliedsstaaten bereits nach dem **Rahmenbeschluss** des Rates über die Stellung des Opfers im Strafverfahren vom 15.3.2001[136] zu gewährleisten, dass das Opfer im Verfahren gehört werden und Beweismaterial liefern kann. Schon der Rahmenbeschluss hob auf den Umfang der Beweisaufnahme ab; nach seinen Art. 2 und 3 hatten sich die Mitgliedstaaten zu bemühen, um zu gewährleisten, dass das Opfer während des Verfahrens mit der gebührenden Achtung seiner persönlichen Würde behandelt wird und die gebotenen Maßnahmen ergriffen werden, damit Opfer nur in dem für das Strafverfahren erforderlichen Umfang befragt werden.

71 Nunmehr liegt mit der „Richtlinie 2012/29/EU des Europäischen Parlaments und des Rates vom 25.10.2012 über Mindeststandards für die Rechte, die Unterstützung und den Schutz von Opfern von Straftaten sowie zur Ersetzung des Rahmenbeschlusses 2001/220/JI“[137] eine **Opferrechts-Richtlinie** vor, die den genannten Rahmenbeschluss ersetzt und die Stellung des Opfers im Strafverfahren, etwa durch Dolmetscherleistungen, Übersetzungen und eine Schulung des Justizpersonals stärker betont; ferner soll auch dem nicht nebenklageberechtigten Verletzten ein Anspruch auf Gehör zukommen.[138] Diese Opferrechts-Richtlinie muss bis zum 16.11.2015 umgesetzt werden.

72 **3. Gefahren.** Es sollte nicht ausgeblendet werden, dass Übergewichtungen des Zeugenschutzes den Zielen des Strafverfahrens abträglich sein können. Einerseits sind Ziele und Motive – zumal vor dem Hintergrund der Bedeutung der Zeugen für den Strafprozess – der Zeugenschutzvorschriften zu begrüßen. Andererseits sind auszumachende Anzeichen für eine unangemessene Ausweitung der Zeugenschutzmaßnahmen dort kritisch zu betrachten, wo sie der **Zielsetzung des Strafprozesses** nicht mehr förderlich erscheinen oder dazu führen können, dass die Aufklärung und Wahrheitsfindung beeinträchtigt wird.

73 Der Zeugenschutz und der Ausbau der Subjektstellung des Zeugen dürfen zum einen nicht solche Ausmaße annehmen, dass die Tauglichkeit des Zeugen als Beweismittel gefährdet wird und er nur noch eine bloße **Parteirolle** bekleidet. Zum anderen darf ein wesentlicher Zweck des Strafverfahrens, dem Beschuldigten ein rechtsstaatliches Verfahren und effektive Verteidigungsmöglichkeiten zu gewährleisten, nicht aus den Augen verloren werden; dies wurde schon 1998 angemahnt.[139] Die kritischen Stimmen, die den Aspekt des Zeugenschutzes als zu Lasten des Beschuldigten bzw. Angeklagten überdehnt einstufen, haben sich seither vermehrt.[140]

74 Der Zeugenschutz darf bei aller Berechtigung nicht dazu führen, dass die **Sachverhaltsaufklärung** und die **Beschuldigtenrechte** beeinträchtigt werden. Außerdem kann es der gebotenen objektiven und neutralen Betrachtung des Verfahrensstoffes durch die StA und das Gericht abträglich sein, wenn schon im Ermittlungsstadium die Positionen von Täter und Opfer festgeschrieben erscheinen. Zu Auswirkungen auf die Beweiswürdigung Rn. 78 ff.

75 Ferner muss davor gewarnt werden, Anforderungen an das Strafverfahren zu stellen und bei Verletzten eine Erwartungshaltung aufzubauen, die im Prozess nicht erfüllt werden können. Denn auch der bestmögliche Zeugenschutz vermag dem geladenen Zeugen seine – ihn mitunter anstrengende und kräftezehrende – Befragung nicht zu ersparen und seine psychischen Belastungen, entstanden durch die Straftat und/oder die bevorstehende Ver-

---

[136] ABl. 2001 L 82 v. 22.3.2001, 1.
[137] ABl. 2012 L 315 v. 14.11.2012, 53 ff.
[138] Dazu *Anders* ZStW 2012, 374 (384); *Brodowski* ZIS 2011, 940; 2012, 558.
[139] *Rieß* NJW 1998, 3240 (3243).
[140] ZB *Roxin/Schünemann* § 26 Rn. 69 mwN.

nehmung, nicht zu beseitigen. In diesem Zusammenhang ist zu Recht konstatiert worden, dass der Strafprozess keine therapeutische Veranstaltung sein kann.[141]

Die Ausgestaltung der Mitwirkungsrechte der Verletzten und ihre Handhabung müssen sich am Ziel des Verfahrens, ein wahres und gerechtes Urteil zu finden, messen lassen. Dies schließt freilich nicht aus, die Berücksichtigung eines Genugtuungsinteresse des Verletzten, das auch ein Sanktionsinteresse enthält, sowie die Wiederherstellung des durch die Straftat zerstörten Normvertrauens als eigenständige Ziele des Strafens anzuerkennen.[142] **76**

4. Auswirkungen des Zeugenschutzes. Auch der durch eine Straftat Geschädigte sowie der als Neben- oder Adhäsionskläger auftretende Verletzte bleibt in seiner Hauptfunktion Zeuge und Beweismittel. Deshalb erscheint es zu weitgehend, anzunehmen, der Trend gehe dahin, im Wege des Zeugenschutzes die Position der Verteidigung zu schwächen, jede Aussicht auf die Widerlegung einer Belastungsaussage zu zerstören oder davon auszugehen, der Zeuge nehme die Rolle einer Eigeninteressen wahrnehmenden Partei oder eines Zusatzanklägers ein.[143] **77**

Freilich können die bestimmten Zeugen eingeräumten Möglichkeiten, besonders Einsichts- und Anwesenheitsrechte, dazu führen, dass der **Beweiswert ihrer Aussage möglicherweise geschmälert** wird; ggf. kann es notwendig werden, dass die gerichtliche Beweiswürdigung diese Umstände mit einbezieht, denn es ist nicht zu übersehen, dass die Verfahrensrechte, namentlich diejenigen der Nebenkläger, in einem gewissen Spannungsverhältnis zur Wahrheitspflicht des Zeugen stehen.[144] **78**

Auch Zeugenschutzmaßnahmen bleiben regelmäßig nicht ohne **Auswirkungen auf die Beweiswürdigung:** **79**

Ist ein Zeuge so stark gefährdet, dass das Innenministerium eine **Sperrerklärung** erlässt, sodass der Zeuge nicht vernommen werden kann, muss das Gericht einerseits beachten, dass eine erhöhte Gefahr der Entstellung oder der Unvollständigkeit besteht; je größer die Zahl der Zwischenglieder wird, desto geringer ist der Beweiswert der Aussage. Eine sorgfältigste Überprüfung ist angezeigt, wenn auch der Gewährsmann des Zeugen vom Hörensagen im Dunkeln bleibt, sodass sich Gericht und Verfahrensbeteiligte vom Beweiswert der Bekundungen kein Bild machen können.[145] Andererseits gehören § 96 sowie § 54 iVm § 39 BRRG zu den Vorschriften, die die gerichtliche Aufklärungspflicht begrenzen. Das Gericht muss aber überprüfen, ob die Behörde ihre Weigerung, den Zeugen freizugeben, ausreichend begründet hat. Der endgültig gesperrte Zeuge ist ein unerreichbares Beweismittel iSv § 244 Abs. 3.[146] **80**

Eine Feststellung kann auf **wiedergegebene Aussagen** regelmäßig nur gestützt werden, wenn sie durch andere – nach Überzeugung des Tatrichters – wichtige Beweisanzeichen bestätigt wird. So ist der Beweiswert von – etwa durch einen Vernehmungsbeamten eingeführten – Bekundungen, die auf einen in der Hauptverhandlung nicht vernommenen Gewährsmann zurückgehen, besonders kritisch zu überprüfen. Dessen Angaben genügen regelmäßig nicht, wenn sie nicht durch andere, nach der Überzeugung des Strafgerichts wichtige Gesichtspunkte bestätigt werden; das Gericht muss sich der Grenzen seiner Überzeugungsbildung stets bewusst sein, sie wahren und dies in den Urteilsgründen zum Ausdruck bringen.[147] **81**

Auch muss ggf. bedacht werden, dass dort, wo für die Beweisaufnahme nur noch Beweissurrogate zur Verfügung stehen, das **Fragerecht** der Verfahrensbeteiligten Einbußen erlei- **82**

---

[141] *Volckart* JR 2005, 181 (184); vgl. auch *Anders* ZStW 2012, 374 (407): kein „therapeutisches" Recht des Verletzten auf Gehör.

[142] *Anders* ZStW 2012, 374 (409).

[143] So *Schünemann* StV 1998, 391 (392 f.).

[144] Vgl. *Anders* ZStW 2012, 374 (379).

[145] Vgl. hierzu BGH 1.8.1962 – 3 StR 28/62, BGHSt 17, 382 = NJW 1962, 1876; BGH 5.2.1986 – 3 StR 477/85, BGHSt 34, 15 (18) = NJW 1986, 1766.

[146] BGH 17.10.1983 – GSSt 1/83, NJW 1984, 247 (248) = NStZ 1984, 36.

[147] Vgl. BVerfG 19.7.1995 – 2 BvR 1142/93, NStZ 1995, 600 = NJW 1996, 448 mwN.

det.[148] Ob sich das Gericht dieser Anforderungen und Grenzen seiner Überzeugungsbildung bewusst war, wird, ggf. auch verfassungsrechtlich[149] überprüft.[150] Geheimhaltungsinteressen der Exekutive und eine Sperrung von Beweismitteln dürfen sich für einen Angeklagten nicht nachteilig auswirken. Vernimmt das Gericht nur einen mittelbaren Zeugen, obwohl die Vernehmung des unmittelbaren sachnäheren Zeugen möglich wäre, kann dies einen Verstoß gegen die Aufklärungspflicht begründen.[151]

V. Der Zeuge in der Beweiswürdigung

83 **1. Allgemeine Anforderungen und Maßstäbe.** Der Zeuge ist das zentrale, wichtigste und am häufigsten verwendete Beweismittel im Strafprozess. Dementsprechend wird nachvollziehbar, dass in den letzten Jahrzehnten der Art und Weise der Zeugenbefragung und mehr noch der kritischen **Würdigung der Zeugenaussagen** zunehmend mehr Bedeutung eingeräumt wurde. Damit einhergehend hat die höchstrichterliche Rechtsprechung an die gerichtliche Überzeugungsbildung und deren Darlegung in den Urteilsgründen innerhalb der Beweiswürdigung verschiedene Anforderungen entwickelt, die sich an den Erkenntnissen der **Aussagepsychologie** orientieren. Dies hat dazu geführt, dass sich das Gericht bei der Würdigung von Angaben wesentlich nicht mit der Person des Zeugen, sondern mit den Inhalten der Aussage befassen muss.

84 Die **Glaubwürdigkeitsbeurteilung** einer Zeugenaussage obliegt dem Gericht, das hierzu regelmäßig selbst über die erforderliche **Sachkunde,** auch wenn es sich um noch kindliche oder jugendliche Zeugen handelt, verfügt. Die Hinzuziehung eines aussagepsychologischen Sachverständigen ist nur ausnahmsweise geboten, namentlich bei **Besonderheiten** in der Person des Zeugen oder in seinem Aussageverhalten, deren Ursachen etwa in psychopathologischen Erkrankungen oder Störungen wurzeln können. Die Einschaltung eines Gutachters kann auch bei besonderen psychischen Dispositionen oder Belastungen, die auch im verfahrensgegenständlichen Geschehen selbst ihre Ursache haben können, notwendig werden, wenn diese Umstände die Zuverlässigkeit der Aussage in Frage stellen könnten.[152] Auch bei Zeugen, die noch nicht fünf Jahre alt sind, wird die Heranziehung eines Glaubwürdigkeitsgutachters geboten sein.

85 Das Gericht hat zum einen darauf zu achten, dass der Sachverständige die wissenschaftlichen Anforderungen an ein aussagepsychologisches Glaubwürdigkeitsgutachten,[153] zum anderen, dass eine Glaubwürdigkeitsbeurteilung die richterliche Beweiswürdigung nicht zu ersetzen vermag.[154]

86 Die Überzeugungsbildung des Gerichts muss sich auf eine tragfähige, **rational nachvollziehbare Beweisgrundlage** stützen können und für das Revisionsgericht nachprüfbar sein. Die Urteilsgründe müssen erkennen lassen, dass die Entscheidung auf einer tragfähigen, verstandesmäßig einsehbaren Tatsachengrundlage beruht und sich vom Gericht gezogene Schlüsse nicht als bloße Vermutungen erweisen, die letztlich nicht mehr als einen Verdacht begründen können.[155] Denn eine Beweiswürdigung ohne rationalen Unterbau wäre willkürlich und damit fehlerhaft. Dabei geht es nicht um die allgemeine Glaubwürdigkeit eines Zeugen iS einer personalen Eigenschaft, sondern um die Überprüfung, ob die Aussage des Zeugen tatsächlich Erlebtes wiedergibt.

---

[148] BGH 25.7.2000 – 1 StR 169/00, BGHSt 46, 93 (105) = NJW 2000, 3505; BGH 10.2.1993 – 5 StR 550/92, BGHSt 39, 141 (145) = NJW 1993, 1214.

[149] BVerfG 19.7.1995 – 2 BvR 1142/93, NStZ 1995, 600 = NJW 1996, 448 zur Verletzung des Rechts aus Art. 2 Abs. 1, 20 Abs. 3 GG auf ein faires rechtsstaatliches Verfahren durch fehlerhafte Beweiswürdigung.

[150] BGH 16.4.1985 – 5 StR 718/84, BGHSt 33, 178 (181) = NJW 1985, 635; BGH 5.2.1986 – 3 StR 477/85, BGHSt 34, 15 = NJW 1986, 1766.

[151] BGH 17.10.1983 – GSSt 1/83, NJW 1984, 247 (248) = NStZ 1984, 36.

[152] BGH 8.1.2013 – 1 StR 602/12, NStZ 2013, 672.

[153] BGH 30.7.1999 – 1 Str 618/98, BGHSt 45, 164 = NStZ 2000, 100 = NJW 1999, 2746.

[154] BGH 4.9.2002 – 2 StR 367/02, NStZ 2003, 276.

[155] BGH 25.9.2012 – 5 StR 372/12, NStZ-RR 2012, 381 (382) mwN.

87 Auch **Aussagen in der Hauptverhandlung nicht vernommener Zeugen** dürfen bei der Urteilsfindung berücksichtigt werden; insoweit besteht kein Beweisverwertungsverbot. Zureichender Beweiswert kommt solchen Bekundungen aber regelmäßig nur dann zu, wenn sie durch andere, nach der Überzeugung des Strafgerichts wichtige Gesichtspunkte und Beweisanzeichen bestätigt werden.[156] Im Rahmen der Prüfung, ob der Anspruch des Beschuldigten auf materielle Beweisteilhabe und damit das Recht auf ein faires Verfahren verletzt wurde, sind auch die Belange eines effektiven Opfer- und Zeugenschutzes zu berücksichtigen.[157]

88 Welche **Anforderungen an die Überzeugungsbildung** und ihre Darlegung im Urteil bestehen, lässt sich nicht allgemeingültig oder abstrakt festlegen. Entscheidend dafür, welche Anforderungen erfüllt sein müssen, sind die Umstände des Einzelfalls, namentlich das Einlassungsverhalten des Angeklagten sowie Art und Umfang der zur Verfügung stehenden Beweismittel.

89 Auch wenn durch die stRspr betont wird, dass die Beweiswürdigung Sache des Tatgerichts sei und es ihm allein obliege, das Ergebnis der Hauptverhandlung festzustellen und zu würdigen, darf dies nicht darüber hinwegtäuschen, dass die Beweiswürdigung in der Revisionsinstanz auf Rechtsfehler hin überprüft wird.

90 Ein **sachlich-rechtlicher Fehler** liegt vor, wenn die Beweiswürdigung widersprüchlich, unklar oder lückenhaft ist oder gegen die Denkgesetze oder gesicherte Erfahrungssätze verstößt.[158] In den Aspekt der Erfahrungssätze sind namentlich auch die **Erkenntnisse aus der Psychologie der Zeugenaussage**[159] einbezogen. So besteht etwa die Erkenntnis, dass eigene Erlebnisse und Beobachtungen realer Vorgänge zuverlässiger gespeichert werden als aus dem Allgemeinwissen zusammengesetzte oder von Dritten vorgegebene Inhalte. Inkonstanz in den Bekundungen eines Zeugen kann deshalb einen Hinweis auf mangelnde Glaubhaftigkeit der Angaben insgesamt darstellen, wenn sie nicht mehr mit natürlichen Gedächtnisunsicherheiten erklärt werden kann.[160]

91 Die Tatgerichte müssen daher die Angaben der Zeugen nicht nur an den sog **Realkennzeichen** messen, sondern sich etwa auch mit anderen Elementen und **Auffälligkeiten** der Aussage auseinandersetzen. Dies gilt etwa dann, wenn ein Zeuge in Bezug auf ein wenig vergessensanfälliges Erleben eine unter normalen Bedingungen nicht erklärbare Erinnerungslücke geltend macht, teilweise falsche Anschuldigungen erhebt oder in aufeinanderfolgenden Vernehmungen unterschiedliche Angaben macht, die – wie zB bei der Schilderung von körpernahen Ereignissen – nicht mehr mit natürlichen Gedächtnisunsicherheiten erklärbar sind.[161] Weiter ist etwa zu bedenken, dass eine für die Glaubwürdigkeitsbeurteilung bedeutsame Konstanz sich nur in Bezug auf hinreichend komplexe Sachverhaltsschilderungen ergeben kann.

92 Daneben kann die Beweiswürdigung eine **Lücke iS eines Erörterungsmangels** aufweisen, wenn der Tatrichter bei seiner Würdigung einer Zeugenaussage nicht erkennbar alle Umstände in seine Überlegungen einbezogen hat, die die Entscheidung zu Gunsten oder zu Ungunsten des Angeklagten beeinflussen können. Insbesondere tauchen immer wieder Konstellationen auf, in denen denkbare oder naheliegende Motive für eine Falschaussage untersucht und ausgeschlossen werden müssen. Verfehlt wäre auch eine rein schematische Anwendung der Realkennzeichen.

93 **2. Sonderkonstellationen.** Neben diesen – freilich nicht abschließend darstellbaren – allgemeinen Anforderungen verdienen folgende Fallgruppen, die sich immer wieder als besonders fehlerträchtig erwiesen haben, Hervorhebung:

---

[156] BVerfG 8.10.2009 – 2 BvR 547/08, NJW 2010, 925.

[157] BVerfG 8.10.2009 – 2 BvR 547/08, NJW 2010, 925.

[158] St. Rspr., s. aus neuerer Zeit zB BGH 14.12.2011 – 1 StR 501/11, NStZ-RR 2012, 148 f.; BGH 23.8.2012 – 4 StR 305/12, NStZ-RR 2012, 383 mwN.

[159] Hierzu etwa BGH 12.9.2012 – 5 StR 401/12, BeckRS 2012, 20644; BGH 23.8.2012 – 4 StR 305/12, NStZ-RR 2012, 383; *Arntzen,* Psychologie der Zeugenaussage.

[160] BGH 23.8.2012 – 4 StR 305/12, NStZ-RR 2012, 383 mwN.

[161] Vgl. BGH 23.8.2012 – 4 StR 305/12, NStZ-RR 2012, 383.

94 **a) Aussage gegen Aussage.** In einem Fall, in dem Aussage gegen Aussage steht oder in dem der Angeklagte schweigt und nur ein einziger Belastungszeuge zur Verfügung steht, mithin die Entscheidung allein davon abhängt, ob diesem Zeugen zu folgen ist, müssen die Urteilsgründe erkennen lassen, dass das Tatgericht alle Umstände, die seine Entscheidung beeinflussen können, erkannt und in seine Überlegungen einbezogen hat, zumal der Angeklagte in solchen Fällen wenig Verteidigungsmöglichkeiten besitzt.[162] Dies gilt erst recht, wenn der einzige, in der Hauptverhandlung die Aussage berechtigt verweigernde Zeuge die zunächst bei der Polizei erhobenen Vorwürfe nicht mehr aufrecht erhält und als erlogen bezeichnet.[163]

95 Das Tatgericht muss in diesen Konstellationen regelmäßig außerhalb der Zeugenaussage liegende gewichtige Gründe anführen, die es ihm ermöglichen, ungeachtet einer teilweisen Lüge der Zeugenaussage im Übrigen dennoch zu glauben.[164] Dabei ist auch zu berücksichtigen, dass im Falle der Aussageverweigerung eine fundierte Glaubhaftigkeitsprüfung auf der Grundlage aussagepsychologischer Methoden nicht durchführbar ist.

96 **b) Belastungsaussagen von Aufklärungsgehilfen.** Erhöhte Anforderungen an die Beweiswürdigung und ihre Darlegung in den Urteilsgründen werden auch dort gestellt, wo die Verurteilung maßgeblich auf Aussagen eines Aufklärungsgehilfen beruht. Hat der den Angeklagten belastende Zeuge durch seine Angaben Vorteile in dem gegen ihn gerichteten Verfahren, namentlich durch die Anwendung des § 46b StGB oder des § 31 BtMG und/oder durch die Gewährung von Zeugenschutzmaßnahmen, erlangt, genügt es regelmäßig nicht, wenn das Tatgericht nur erkennen lässt, dass es sich der Motivationslage des Zeugen bewusst war. Vielmehr erfordert die in diesen Fällen gebotene besonders sorgfältige Würdigung der Aussage auch eine Überprüfung dahin, ob und inwieweit in Betracht kommt, dass die Angaben durch Vorteile im eigenen Verfahren veranlasst gewesen sein könnten. Dies setzt voraus, dass das Gericht die Entstehung und den Inhalt der den Angeklagten belastenden Angaben näher darlegt und bewertet.[165]

97 **c) Wiedererkennen.** In der Revisionsinstanz kommt es immer wieder zu Urteilsaufhebungen, weil die Tatgerichte die Anforderungen bei der Bewertung einer Wiedererkennungsleistung eines Zeugen nicht einhalten. So müssen namentlich die Tatumstände auch hinsichtlich der Gegebenheiten während der Beobachtungsmöglichkeiten des Zeugen und die ordnungsgemäße Durchführung einer Gegenüberstellung bzw. einer Lichtbildvorlage geprüft und gewürdigt werden.[166] Daneben ist zu beachten, ob der Beweiswert der Aussage des Zeugen durch etwaige suggestive Einflüsse beeinträchtigt sein kann; dies gilt besonders in Fällen der Identifizierung im Rahmen eines sog wiederholten Wiedererkennens, in denen die Verlässlichkeit der Angaben eines Zeugen durch die Situation des ersten Wiedererkennens und der dadurch bedingten Überlagerung des ursprünglichen Erinnerungsbildes deutlich vermindert sein kann. Schließlich müssen die ursprünglich durch den Zeugen abgegebene Personenbeschreibung und dabei herausgestellte besonders kennzeichnende Merkmale des Täters zur Bewertung der Zuverlässigkeit der Wiedererkennungsleistung herangezogen werden.[167]

98 **d) Mittelbare Beweisführung.** Besondere Anforderungen bestehen aufgrund erhöhter Fehlerträchtigkeit auch in den Fällen, in denen das Tatgericht auf eine mittelbare Beweisführung angewiesen ist und sich keinen persönlichen Eindruck von der Glaubwürdigkeit des

---

[162] ZB BGH 17.12.1997 – 2 StR 591/97, StV 1998, 250; BGH 29.7.1998 – 1 StR 94/98, BGHSt 44, 153 (158); BGH 19.10.2000 – 1 StR 439/00, BGHR StPO § 261 Beweiswürdigung 23; BGH 23.8.2012 – 4 StR 305/12 mwN, NStZ-RR 2012, 383.

[163] BGH 12.9.2012 – 5 StR 401/12.

[164] BGH 29.7.1998 – 1 StR 94/98, BGHSt 44, 153.

[165] BGH 26.9.2012 – 5 StR 402/12 mwN.

[166] S. zu den Anforderungen an eine ordnungsgemäße Wahllichtbildvorlage zB BGH 9.11.2011 – 1 StR 524/11, NJW 2012, 791 mwN.

[167] BGH 28.6.1961 – 2 StR 194/61, BGHSt 16, 204; BGH 25.9.2012 – 5 StR 372/12 mwN, NStZ-RR 2012, 381.

für ihn unerreichbaren Zeugen verschaffen kann. Zu solchen Konstellationen kommt es etwa, wenn polizeiliche Vernehmungsbeamte zu Angaben von **anonym bleibenden V-Personen oder verdeckten Ermittlern**[168] vernommen werden oder ein Ermittlungsrichter zu Aussagen nicht mehr vernehmbarer Zeugen, etwa weil sich diese im Hauptverfahren auf ihr Zeugnisverweigerungsrecht berufen, befragt wird. Dort, wo das Gericht nicht den eigentlichen Wissensträger als Zeugen vernehmen kann, und um so mehr, wenn dieser anonym bleibt, muss es den Beweiswert des benutzten Beweismittels besonders kritisch überprüfen, sich der Grenzen seiner Überzeugungsbildung bewusst sein, sie wahren und dies in den Urteilsgründen zum Ausdruck bringen sowie andere wichtige Anhaltspunkte mit heranziehen.[169]

Bei der Einführung und Würdigung der **Angaben von Gewährsleuten** wird differenziert: Hatten die Vernehmungsbeamten oder sonstigen Zeugen, die in der Hauptverhandlung vernommen wurden, einen persönlichen Eindruck von dem im Hintergrund bleibenden Gewährsmann, weil sie ihn entweder selbst vernommen hatten oder ihn aus dienstlicher Zusammenarbeit kannten, ist das Gericht noch eher in der Lage, zu den Grundlagen vorzustoßen, auf die der von ihm vernommene Zeuge seine Bekundungen stützt, und sie damit auf ihre Richtigkeit zu überprüfen. Ist dies nicht mehr der Fall, weil die Zahl der Zwischenglieder in der Beweisführung wächst, gilt das Gebot äußerster Vorsicht bei der Beweiswürdigung in besonderem Maße. So liegt es etwa bei Angaben eines Zeugen über Mitteilungen eines Gewährsmannes eines Nachrichtendienstes, zumal dann, wenn offen bleibt, auf welche eigenen oder fremden Erkenntnisse die Gewährsperson des Nachrichtendienstes ihre Mitteilungen stützt.[170] 99

Wird ein für die Wahrheitsfindung potentiell bedeutsamer **Zeuge der Beweisaufnahme völlig entzogen,** so dass offen bleibt, welches Beweisergebnis durch seine Vernehmung hätte erzielt werden können, muss auch der Grundsatz gelten, dass eine durch Maßnahmen der Exekutive bedingte Verkürzung der Beweisgrundlage dem Angeklagten nicht zum Nachteil gereichen darf und durch entsprechend vorsichtige Beweiswürdigung zu kompensieren ist.[171] 100

e) Zeugenschutzmaßnahmen. Zu den möglichen Auswirkungen von Maßnahmen zum Schutz der Zeugen → Rn. 78 ff. 101

§ 48 [Zeugenpflichten]

(1) [1]Zeugen sind verpflichtet, zu dem zu ihrer Vernehmung bestimmten Termin vor dem Richter zu erscheinen. [2]Sie haben die Pflicht auszusagen, wenn keine im Gesetz zugelassene Ausnahme vorliegt.

(2) Die Ladung der Zeugen geschieht unter Hinweis auf verfahrensrechtliche Bestimmungen, die dem Interesse des Zeugen dienen, auf vorhandene Möglichkeiten der Zeugenbetreuung und auf die gesetzlichen Folgen des Ausbleibens.

Schrifttum: *Beck,* Ausweitung der Befugnisse der Polizei im Ermittlungsverfahren – Effizienz vor Rechtsschutz?, ZRP 2011, 21; *Rose,* Die Ladung von Auslandszeugen im Strafprozess, wistra 1998, 11; *Schweckendieck,* Die ordnungsgemäße Ladung von jugendlichen Angeklagten und minderjährigen Zeugen zur Hauptverhandlung, NStZ 1990, 170; *Skupin,* Die Folgen beim Ausbleiben eines kindlichen oder eines jugendlichen Zeugen im Strafverfahren, MDR 1965, 865; *Wenske,* Zur Modifikation gerichtlicher Zeugenladungen unter Beachtung der Vorgaben des Opferrechtsreformgesetzes vom 24.6.2004, DRiZ 2005, 293.

[168] S. zu den Auswirkungen des Zeugenschutzes auf die Beweiswürdigung → Rn. 80 ff.
[169] BGH 5.2.1986 – 3 StR 477/85, BGHSt 34, 15 = NJW 1986, 1766 mwN.
[170] BGH 5.2.1986 – 3 StR 477/85, BGHSt 34, 15 = NJW 1986, 1766 mwN.
[171] BGH 4.3.2004 – 3 StR 218/03, BGHSt 49, 112 = NJW 2004, 1259 = NStZ 2004, 343.

I. Allgemeines

1 Die Vorschrift normiert in dem durch das 2. Opferrechtsreformgesetz zum 1.10.2009 eingeführten Abs. 1 die Pflicht des Zeugen vor Gericht zu erscheinen und auszusagen. Bereits vor Einfügung des Abs. 1 war anerkannt, dass es sich hierbei um von der StPO vorausgesetzte allgemeine Staatsbürgerpflichten handelt.[1] Dies wird durch § 48 Abs. 1 nunmehr ausdrücklich klargestellt. Der bisherige Inhalt des § 48 wird als Abs. 2 beibehalten. Nach Abs. 1 S. 2 besteht die Aussagepflicht nicht, wenn eine im Gesetz zugelassene Ausnahme vorliegt. Solche Ausnahmen ergeben sich aus den §§ 52–55.[2] Die Verpflichtung des Zeugen zur Vernehmung vor der Staatsanwaltschaft zu erscheinen folgt aus § 161a Abs. 1 S. 1 bzw. § 161a Abs. 1 S. 2 iVm § 48 Abs. 1. Eine gesetzliche Pflicht, auf Vorladung der **Polizei** zu erscheinen, gibt es nicht.[3] Die Verpflichtung des Sachverständigen vor Gericht zu erscheinen ist in § 72 iVm § 48 Abs. 1 geregelt. § 48 ist in allen Verfahrensabschnitten anwendbar.[4]

II. Ladung

2 **1. Begriff, Form, Frist.** Die **Ladung** ist die Aufforderung an den Zeugen, zu einer bestimmten Zeit an einem bestimmten Ort zur Vernehmung als Zeuge zu erscheinen.[5] Die Staatsanwaltschaft und andere beteiligte Behörden erhalten an Stelle der Ladung eine **Terminsnachricht.**[6] Mit Ausnahme der Zustellung der Ladung durch den Gerichtsvollzieher in den Fällen des § 38 ist eine bestimmte **Form** der Ladung vom Gesetz nicht vorgeschrieben; die Art und Weise der Ladung liegt im Ermessen des Gerichts.[7] Sie kann schriftlich, mündlich, telefonisch, per Fax oder E-Mail erfolgen.[8] Nach Nr. 64 Abs. 3 S. 1 RiStBV sollen Zeugen durch einfachen Brief, nicht durch Postkarte, geladen werden. Gemäß Nr. 117 Abs. 1 S. 1 RiStBV sollen Ladungen zur Hauptverhandlung zugestellt werden, damit sie nachweisbar sind. Das empfiehlt sich gerade deshalb, weil die Verhängung von Ungehorsamsfolgen den Nachweis der Zustellung voraussetzt.[9] Sowohl die mündliche[10] als auch die schriftliche[11] Ladung – etwa zu einem Fortsetzungstermin – kann der Vorsitzende selbst vornehmen oder sich hierzu der Polizei oder der Gerichtswachtmeister bedienen. Eine **Ladungsfrist** besteht nicht, weshalb ein Zeuge auch zum sofortigen Erscheinen aufgefordert werden kann.[12] In der Regel setzt eine ordnungsgemäße Ladung aber voraus, dass dem Zeugen eine angemessene Frist zur Vorbereitung auf den Termin eingeräumt wird.[13] Beauftragt das Gericht einen Beamten damit, den Zeugen aufzusuchen und zum sofortigen Erscheinen aufzufordern, darf ihm weder ein Vorführungsbefehl mitgegeben werden noch darf dem Zeugen die sofortige Vorführung angedroht werden, weil sein Ausbleiben entschuldigt sein kann und es ihm zu überlassen ist, wie er sich zum Gericht begeben will.[14]

3 **2. Inhalt. a) Allgemeines.** Der Inhalt der Ladung richtet sich zunächst nach Art. 64 Abs. 1 RiStBV. Danach muss die Ladung eines Zeugen erkennen lassen, dass er als Zeuge vernommen werden soll. Außerdem ist der Name des Beschuldigten anzugeben, wenn der

---

[1] BVerfG 30.9.2001 – 2 BvR 911/00, NJW 2002, 955.
[2] *Meyer-Goßner* Rn. 1.
[3] Radtke/Hohmann/*Otte* Rn. 26; KMR/*Neubeck* Rn. 8; krit. zur insoweit geplanten Gesetzesänderung Beck ZRP 2011, 21.
[4] SK/*Rogall* Rn. 2; LR-*Ignor/Bertheau* Rn. 1.
[5] *Meyer-Goßner* Rn. 1b; Radtke/Hohmann/*Otte* Rn. 25; SK/*Rogall* Rn. 3.
[6] Radtke/Hohmann/*Otte* Rn. 25; KMR/*Neubeck* Rn. 1; Graf/*Huber* Rn. 2.
[7] KMR/*Neubeck* Rn. 3; SK/*Rogall* Rn. 22; Radtke/Hohmann/*Otte* Rn. 28 mwN.
[8] *Meyer-Goßner* Rn. 1b; Radtke/Hohmann/*Otte* Rn. 28; KMR/*Neubeck* Rn. 3; SK/*Rogall* Rn. 23 mwN.
[9] Vgl. hierzu § 51 III.1. sowie *Meyer-Goßner* Rn. 1b mwN.
[10] *Meyer-Goßner* Rn. 1b; SK/*Rogall* Rn. 24; vgl. zum Nachweis des Zugangs bei einer mündlichen Ladung zu einem Fortsetzungstermin § 51 III.1.
[11] KMR/*Neubeck* Rn. 3.
[12] *Meyer-Goßner* Rn. 1b; Radtke/Hohmann/*Otte* Rn. 29; KK/*Senge* Rn. 5; vgl. auch § 51 III.1. mwN.
[13] KMR/*Neubeck* Rn. 5; SK/*Rogall* Rn. 24; KK/*Senge* Rn. 5; Radtke/Hohmann/*Otte* Rn. 29 mwN; vgl. auch § 51 III.1.
[14] SK/*Rogall* Rn. 24; LR-*Ignor/Bertheau* Rn. 5.

Zweck der Untersuchung das nicht verbietet. Der Gegenstand der Beschuldigung ist nur dann anzugeben, wenn dies zur Vorbereitung der Aussage durch den Zeugen erforderlich ist. Insoweit ist im Einzelfall abzuwägen, ob die Unterrichtung des Zeugen einer wahrheitsgemäßen und vollständigen Aussage dienlich ist oder nicht.[15] Ist anzunehmen, dass der Zeuge Schriftstücke oder andere Beweismittel besitzt, die für die Untersuchung von Bedeutung sein können, soll er nach Art. 64 Abs. 2 RiStBV in der Ladung aufgefordert werden, sie bei der Vernehmung vorzulegen.[16] **Belehrungen** nach §§ 52 Abs. 3, 55 Abs. 2, 57 sind nicht in die Ladung aufzunehmen.[17]

b) Hinweis auf die gesetzlichen Folgen des Ausbleibens. Der Zeuge ist gemäß § 48 Abs. 2 auf die gesetzlichen Folgen des Ausbleibens hinzuweisen. Diese in § 51 geregelten Folgen – also die Auferlegung der durch das Ausbleiben des Zeugen verursachten Kosten, die Festsetzung von Ordnungsgeld und Ordnungshaft sowie die Möglichkeit der Vorführung – sind in der Ladung vollständig und **im Einzelnen** zu bezeichnen.[18] Ein allgemein gehaltener Hinweis auf die Vorschrift des § 51 oder „die gesetzlichen Folgen des Ausbleibens" genügt nicht.[19] Nachdem gegen schuldunfähige Zeugen keine Ordnungsmittel verhängt und ihnen auch keine Kosten auferlegt werden dürfen,[20] werden solche Zeugen nur auf die Möglichkeit der Vorführung nach § 51 Abs. 1 S. 3 hingewiesen.[21] Der Hinweis ist bei **jeder Ladung** des Zeugen erforderlich, auch wenn er in einer ausgesetzten oder unterbrochenen Hauptverhandlung mündlich erneut geladen wird.[22] Befindet sich der Zeuge nicht auf freiem Fuß, tritt an Stelle des Hinweises auf die gesetzlichen Folgen des Ausbleibens die Anordnung des Vorsitzenden, dass der Zeuge vorgeführt werden soll.[23] 4

c) Hinweis auf Rechte des Zeugen und Möglichkeiten der Zeugenbetreuung. 5
Der Zeuge ist in der Ladung auch auf **verfahrensrechtliche Bestimmungen,** die seinem Interesse dienen, hinzuweisen. Hierdurch soll es dem Zeugen ermöglicht werden, seine Rolle im Strafverfahren aktiv wahrzunehmen.[24] In Betracht kommen insbesondere die in den §§ 58a, 68, 68a, 68b, 247 S. 2 StPO, 171b Abs. 1, 172 GVG[25] sowie die in §§ 168e, 241[26] genannten Möglichkeiten. Die Hinweise an den Zeugen sind nicht pauschal und formularmäßig zu erteilen, sondern im Einzelfall durch den Richter anzuordnen.[27] Der Gesetzgeber hat bewusst auf eine enumerative Aufzählung von Vorschriften, auf die in der Ladung hinzuweisen ist, verzichtet, damit nicht durch **formularmäßige Belehrungen,** die den Gegebenheiten des Einzelfalls nicht gerecht werden, grundlose Befürchtungen oder unerfüllbare Erwartungen geweckt werden.[28] Insoweit wird in der Literatur bezweifelt, ob die Erteilung einzelfallbezogener Hinweise angesichts des hiermit verbunden Aufwands vor dem Hintergrund der zunehmenden Arbeitsbelastung der Gerichte praktikabel ist.[29] Der hierdurch bedingte Mehraufwand dürfte sich allerdings in Grenzen halten, nachdem die

---

15 Radtke/Hohmann/*Otte* Rn. 31 mwN.
16 Vgl. zur Frage, inwieweit den Zeugen eine Pflicht zur Vorbereitung auf seine Aussage trifft SK/*Rogall* Vor § 48 Rn. 134 mwN sowie Vor § 48 I.3.a).
17 *Meyer-Goßner* Rn. 2; Radtke/Hohmann/*Otte* Rn. 32; *Graf/Huber* Rn. 3; SK/*Rogall* Rn. 21; aA LR-*Ignor/Bertheau* Rn. 8.
18 Radtke/Hohmann/*Otte* Rn. 32; SK/*Rogall* Rn. 18; KK/*Senge* Rn. 6.
19 *Graf/Huber* Rn. 4; SK/*Rogall* Rn. 18; KK/*Senge* Rn. 6; LR-*Ignor/Bertheau* Rn. 7.
20 Vgl. im Einzelnen § 51 III.4.
21 *Meyer-Goßner* Rn. 3; SK/*Rogall* Rn. 18.
22 *Meyer-Goßner* Rn. 3; Radtke/Hohmann/*Otte* Rn. 32; SK/*Rogall* Rn. 18; vgl. im Einzelnen § 51 III.1.
23 KK/*Senge* Rn. 6; LR-*Ignor/Bertheau* Rn. 7; vgl. im Einzelnen § 51 II.3.
24 BT-Drs. 15/1976, 9.
25 *Meyer-Goßner* Rn. 3a; Radtke/Hohmann/*Otte* Rn. 32; *Wenske* DRiZ 2005, 293; vgl. auch BT-Drs. 15/1976, 10; vgl. zu weiteren in Betracht kommenden Vorschriften SK/*Rogall* Rn. 15.
26 *Wenske* DRiZ 2005, 293.
27 *Meyer-Goßner* Rn. 3a; Radtke/Hohmann/*Otte* Rn. 32; *Graf/Huber* Rn. 6; krit. hierzu *Wenske* DRiZ 2005, 293.
28 Vgl. BT-Drs. 15/1976, 10.
29 *Meyer-Goßner* Rn. 3a; *Wenske* DRiZ 2005, 293; KK/*Senge* Rn. 7; krit. auch Radtke/Hohmann/*Otte* Rn. 32.

Erteilung solcher Hinweise nur geboten ist, wenn bereits bei der Ladung aus den Akten ersichtlich ist, dass hierfür ein Bedürfnis bestehen könnte.[30] Liegen diese Voraussetzungen vor, etwa weil ein Zeuge bereits vorab erklärt hat, er habe Angst vor dem Angeklagten oder bestimmten Fragen, ist die Erteilung der entsprechenden Hinweise ohnehin unter dem Gesichtspunkt der Fürsorgepflicht geboten.[31] Auch hier gilt, dass allgemein gehaltene Hinweise nicht ausreichend sind, sondern dem Zeugen seine Rechte in verständlicher Form aufzuzeigen sind. Sofern bei dem Gericht **Möglichkeiten der Zeugenbetreuung** wie zB ein Zeugenzimmer, eine Zeugenbetreuungsstelle oder die Möglichkeit der Betreuung mitgebrachter Kinder bestehen, ist der Zeuge in der Ladung auch darauf hinzuweisen.

6 **3. Verfahren.** Zu unterscheiden sind die Anordnung, die Ausführung und der Vollzug der Ladung.[32] Die **Anordnung** erfolgt durch den Richter (§§ 162, 169; § 223 Abs. 1; § 214 Abs. 1) oder den Staatsanwalt (§§ 161a Abs. 1 S. 2, 214 Abs. 3), der den Zeugen vernehmen will. Auch der Angeklagte (§ 220 Abs. 1) und der Privatkläger (§ 386 Abs. 2) sind zur Ladung berechtigt, wegen des eindeutigen Wortlauts des § 397 Abs. 1 aber nicht der Nebenkläger.[33] Die Ladungen der Gerichte und Staatsanwaltschaften werden nach §§ 153 Abs. 1 GVG, 36 Abs. 1 S. 2, 214 Abs. 1 S. 3 durch die Geschäftsstellen **ausgeführt;** zwingend ist das allerdings nicht.[34] Die übrigen Ladungsberechtigten laden über den Gerichtsvollzieher (§§ 38, 220 Abs. 2).[35] Ein präsentes Beweismittel im Sinne von § 245 Abs. 2 ist der Zeuge daher nur, wenn er über den Gerichtsvollzieher geladen wurde, nicht aber, wenn er lediglich mitgebracht wird.[36] Für den **Vollzug** der Ladung, also den Realakt, durch den der tatsächliche Zugang der Ladung bewirkt wird, bestehen keine besonderen Vorschriften.[37]

7 **4. Mängel der Ladung.** Die nicht durch einen Ladungsberechtigten angeordnete Ladung ist unwirksam.[38] **Inhaltliche Mängel** der Ladung, insbesondere ein fehlender Hinweis auf verfahrensrechtliche Bestimmungen, die dem Interesse des Zeugen dienen, haben keinen Einfluss auf die Wirksamkeit der Ladung und die Verpflichtung des Zeugen zu erscheinen.[39] Gleiches gilt, wenn die tatsächliche Ladungsform von der angeordneten abweicht.[40] Im Übrigen hängt die Zulässigkeit der Vernehmung nicht von der erfolgten Ladung ab.[41]

III. Sonderfälle

8 **Kinder** werden über ihre gesetzlichen Vertreter geladen.[42] **Jugendliche** ab 14 Jahren können persönlich geladen werden, weil bei ihnen davon ausgegangen werden kann, dass sie aufgrund ihres Alters selbst in der Lage sind, die Rechte und Pflichten eines Zeugen wahrzunehmen.[43] Verfügt der Zeuge nicht über die erforderliche **Verstandesreife,** ist sein gesetzlicher Vertreter zu laden mit der Aufforderung, sich mit dem Zeugen an der Gerichtsstelle einzufinden.[44] Nachdem Ungehorsamsfolgen nur gegen den Zeugen selbst,

---

[30] Aus diesem Grund krit. aber Radtke/Hohmann/*Otte* Rn. 32.
[31] In diesem Sinne auch SK/*Rogall* Rn. 12.
[32] Vgl. eingehend hierzu SK/*Rogall* Rn. 4 ff.
[33] LR/*Ignor/Bertheau* Rn. 2; aA SK/*Rogall* Rn. 6; Radtke/Hohmann/*Otte* Rn. 27.
[34] SK/*Rogall* Rn. 7.
[35] LR-*Ignor/Bertheau* Rn. 3.
[36] BGH 8.12.2011 – 4 StR 430/11, NStZ 2012, 346 mwN; LR-*Ignor/Bertheau* Rn. 3 mwN.
[37] SK/*Rogall* Rn. 8.
[38] SK/*Rogall* Rn. 9; Radtke/Hohmann/*Otte* Rn. 30; LR-*Ignor/Bertheau* Rn. 1.
[39] *Wenske* DRiZ 2005, 296; Radtke/Hohmann/*Otte* Rn. 30; vgl. auch § 51 III.1. zur Frage, ob Ungehorsamsfolgen trotz fehlenden Hinweises auf diese Bestimmungen verhängt werden dürfen.
[40] *Graf/Huber* Rn. 7; Radtke/Hohmann/*Otte* Rn. 30 mwN.
[41] Radtke/Hohmann/*Otte* Rn. 30; LR-*Ignor/Bertheau* Rn. 1; SK/*Rogall* Rn. 1 mwN.
[42] OLG Frankfurt a. M. 6.4.2005 – 3 Ws 281/05, NStZ-RR 2005, 268; OLG Hamm 7.4.1965 – 3 Ws 76/65, NJW 1965, 1613; *Meyer-Goßner* Rn. 7; Radtke/Hohmann/*Otte* Rn. 33; KMR/*Neubeck* Rn. 8.
[43] OLG Frankfurt a. M. 6.4.2005 – 3 Ws 281/05, NStZ-RR 2005, 268; Radtke/Hohmann/*Otte* Rn. 33; *Meyer-Goßner* Rn. 7; *Schweckendieck* NStZ 1990, 170.
[44] *Meyer-Goßner* Rn. 7; Radtke/Hohmann/*Otte* Rn. 37; *Skupin* MDR 1965, 866.

nicht aber gegen seinen gesetzlichen Vertreter festgesetzt werden können,[45] ist der Hinweis nach § 48 Abs. 2 auf den Zeugen zu beziehen.[46] **Seeleute** können kraft Gewohnheitsrechts nach Seemannsart geladen werden, also durch Vermittlung der Wasserschutzpolizei aufgefordert werden, sich bei der nächsten Liegezeit auf der Geschäftsstelle des zuständigen Amtsgerichts einzufinden.[47] Gleiches gilt für **Binnenschiffer.**[48] **Soldaten** werden wie Zivilpersonen geladen.[49] Die Ladung der in Deutschland stationierten Mitglieder der NATO-Truppen richtet sich nach Art. 37 NTS-ZA.[50] **Im Ausland** wohnhafte Zeugen werden über die ausländische Behörde (Nr. 115, 116 RiVASt) oder die deutsche Auslandsvertretung (Nr. 130 RiVASt) geladen.[51] Ladungen in den Mitgliedstaaten des Europarates richten sich nach Art. 7 ff. EuRHÜbk. Die Ladung von **Exterritorialen** erfolgt nach Nr. 196 f. RiStBV. Bei **inhaftierten** Zeugen ist mit der Ladung die Vorführung des Zeugen anzuordnen.[52] Liegen bei **besonders gefährdeten Zeugen** die Voraussetzungen, unter denen die Identität des Zeugen geheim gehalten werden kann (vgl. §§ 68 Abs. 2 und 3, 200 Abs. 1 S. 3 und 4), vor, ist der Zeuge über seine Dienststelle, seinen Geschäftsort oder die Zeugenschutzstelle der Kriminalpolizei zu laden.[53] **Nicht sesshafte** Personen können über eine Kontaktperson geladen werden, sofern eine solche bekannt ist.[54] Besondere Vorschriften für die Ladung finden sich außerdem in §§ 49, 50 für die dort genannten Personen.

IV. Rechtsmittel

Der **Zeuge** kann die Ladung nicht mit der Beschwerde anfechten.[55] Bei der Ablehnung 9
der Ladung eines Zeugen durch das Gericht handelt es sich um eine für den **Angeklagten** nicht mit der Beschwerde anfechtbare Zwischenentscheidung.[56] Die Ablehnung der Ladung eines Zeugen kann aber mit der Revision als Verstoß gegen die Aufklärungspflicht gerügt werden.[57] Eine hierauf gestützte Verfassungsbeschwerde ist erst nach Erschöpfung des Rechtswegs zulässig.[58] **Inhaltliche Mängel** der Ladung, insbesondere einen Verstoß gegen die Hinweispflichten nach § 48 Abs. 2, kann der Angeklagte nicht mit der Revision rügen, weil es sich hierbei um eine bloße Ordnungsvorschrift handelt und der Rechtskreis des Angeklagten durch einen Verstoß nicht berührt wird.[59]

§ 49 [Vernehmung des Bundespräsidenten]

[1]Der Bundespräsident ist in seiner Wohnung zu vernehmen. [2]Zur Hauptverhandlung wird er nicht geladen. [3]Das Protokoll über seine gerichtliche Vernehmung ist in der Hauptverhandlung zu verlesen.

---

[45] Vgl. hierzu § 51 II.1.

[46] *Meyer-Goßner* Rn. 7; SK/*Rogall* Rn. 30; LR-*Ignor/Bertheau* Rn. 13.

[47] OLG Bremen 7.10.1964 – Ss 101/64, Rpfleger 1965, 48; AG Bremerhaven 22.3.1967 – 4 Qs 38/67, NJW 1967, 1721; *Meyer-Goßner* Rn. 8; Radtke/Hohmann/*Otte* Rn. 36.

[48] Schiffahrtsobergericht Hamm 24.2.1965 – 3 Ns 1/6 BiSchi, NJW 1965, 1613; OLG Köln 29.9.1953 – 2 Ns 1/53, NJW 1953, 1932; *Meyer-Goßner* Rn. 9; Radtke/Hohmann/*Otte* Rn. 36.

[49] Vgl. Nr. 17 ff. des Erlasses des BMVg idF vom 16.3.1982 (VMBl. 130), geändert durch den Erlass vom 20.6.1983 (VMBl.182); *Meyer-Goßner* Rn. 10; Radtke/Hohmann/*Otte* Rn. 35; KMR/*Neubeck* Rn. 10.

[50] *Meyer-Goßner* Rn. 10; *Graf/Huber* Rn. 6; SK/*Rogall* Rn. 29.

[51] Vgl. hierzu *Rose* wistra 1998, 11.

[52] Radtke/Hohmann/*Otte* Rn. 37; vgl. im Einzelnen § 51 II.3.

[53] Radtke/Hohmann/*Otte* Rn. 37; LR-*Ignor/Bertheau* Rn. 17.

[54] LR-*Ignor/Bertheau* Rn. 16.

[55] OLG Köln 8.5.1981 – 2 Ws 187/81, NJW 1981, 2480; OLG Hamm 20.3.1978 – 6 Ws 177/78, MDR 1978, 690; *Wenske* DRiZ 2005, 296; Radtke/Hohmann/*Otte* Rn. 38; SK/*Rogall* Rn. 10; *Graf/Huber* Rn. 7; SK/*Rogall* Rn. 10; aA OLG Hamm 13.3.1979 – 1 Ws 70/79.

[56] Radtke/Hohmann/*Otte* Rn. 38.

[57] Radtke/Hohmann/*Otte* Rn. 38.

[58] BVerfG 29.12.1998 – 2 BvQ 37/98.

[59] *Wenske* DRiZ 2005, 297; KK/*Senge* Rn. 9; im Ergebnis auch *Graf/Huber* Rn. 7.

I. Allgemeines

1 Die Vorschrift enthält Sonderregelungen für die Vernehmung des Bundespräsidenten als Zeugen, insbesondere hinsichtlich des Vernehmungsorts. Der **Normzweck** geht dahin, das Ansehen Bundespräsidenten im Hinblick auf seine herausgehobene Stellung als Staatsoberhaupt vor Beschädigungen zu bewahren, die sich bei einer Vernehmung in öffentlicher Hauptverhandlung ergeben könnten.[1] Seiner Stellung als Staatsoberhaupt entspricht es nicht, dass er als Zeuge vor Gericht erscheinen muss und dort vernommen wird.[2] Weil das Privileg des Bundespräsidenten somit im öffentlichen und nicht im privaten Interesse des Bundespräsidenten gewährt wird, kann der Bundespräsident darauf **nicht verzichten.**[3] Unberührt bleibt die Aussage- und Eidespflicht des Bundespräsidenten.[4]

II. Anwendungsbereich

2 Das Privileg des Bundespräsidenten besteht nur **während seiner Amtszeit.**[5] Nur so lange besteht die Gefahr, dass sein Ansehen durch die Vernehmung in öffentlicher Hauptverhandlung Schaden nimmt.[6] Weil die Norm die Stellung des Bundespräsidenten im Blick hat, ist sie eng mit seiner Person verbunden und nicht mit der Innehabung der präsidialen Funktion verknüpft, weshalb § 49 nur auf den Bundespräsidenten selbst anwendbar ist, nicht aber auf den Präsidenten des Bundesrats, wenn er den Bundespräsidenten nach Art. 57 GG vertritt.[7] Unerheblich ist, in welchem Stadium sich das Verfahren befindet. § 49 gilt für **alle Vernehmungen** des Bundespräsidenten, insbesondere auch für Vernehmungen im Vor- oder im Zwischenverfahren.[8]

III. Durchführung der Vernehmung

3 **1. Vernehmungsort.** Der Bundespräsident ist in seiner Wohnung zu vernehmen. Wohnung in diesem Sinne ist der Ort, an dem sich der Bundespräsident aufhält; darunter fällt insbesondere der Wohn- oder Amtssitz,[9] aber auch ein nur vorübergehender Aufenthalt, etwa aus Anlass eines Staatsbesuchs oder Urlaubs.[10] Folgt man der hier vertretenen Ansicht, wonach das Privileg des Bundespräsidenten unverzichtbar ist,[11] ist eine Vernehmung in der Hauptverhandlung auch im Einverständnis des Bundespräsidenten unzulässig.[12] Der Bundespräsident kann sich allerdings an der Gerichtsstelle vernehmen lassen.[13] Bei einer solchen Vernehmung unter Ausschluss der Öffentlichkeit besteht nicht die Gefahr, dass sein Ansehen beschädigt wird.

4 **2. Anwesenheitsrecht der Prozessbeteiligten.** Nach überwiegend vertretener Auffassung haben die Prozessbeteiligten weder ein Recht auf Benachrichtigung vom Vernehmungstermin noch ein Recht auf Anwesenheit bei der Vernehmung.[14] Ein Benachrichtigungs- und Anwesenheitsrecht soll allenfalls dann bestehen, wenn sich der Bundespräsident

---

[1] SK/*Rogall* Rn. 3.
[2] LR-*Ignor/Bertheau* Rn. 1.
[3] SK/*Rogall* Rn. 5; LR-*Ignor/Bertheau* Rn. 2; aA Radtke/Hohmann/*Otte* Rn. 1; *Meyer-Goßner* Rn. 1; KK/*Senge* Rn. 1; *Graf/Huber* Rn. 1; AK/*von Schlieffen* Rn. 2.
[4] LR-*Ignor/Bertheau* Rn. 1; Radtke/Hohmann/*Otte* Rn. 1; AK/*von Schlieffen* Rn. 1; SK/*Rogall* Rn. 1; unter den Voraussetzungen des § 54 Abs. 3 kann der Bundespräsident aber das Zeugnis verweigern.
[5] SK/*Rogall* Rn. 3; KK/*Senge* Rn. 1; *Meyer-Goßner* Rn. 2.
[6] SK/*Rogall* Rn. 3.
[7] SK/*Rogall* Rn. 3; *Meyer-Goßner* Rn. 1; KK/*Senge* Rn. 1; LR-*Ignor/Bertheau* Rn. 1; Radtke/Hohmann/*Otte* Rn. 1.
[8] SK/*Rogall* Rn. 6.
[9] SK/*Rogall* Rn. 6; *Meyer-Goßner* Rn. 1; KK/*Senge* Rn. 2; LR-*Ignor/Bertheau* Rn. 2.
[10] LR-*Ignor/Bertheau* Rn. 2; *Meyer-Goßner* Rn. 1; KK/*Senge* Rn. 2.
[11] Vgl. oben I.
[12] AA KK/*Senge* Rn. 4.
[13] KK/*Senge* Rn. 4; *Graf/Huber* Rn. 1.
[14] SK/*Rogall* Rn. 9; *Meyer-Goßner* Rn. 1; Radtke/Hohmann/*Otte* Rn. 2; *Graf/Huber* Rn. 1; KK/*Senge* Rn. 4; aA LR-*Ignor/Bertheau* Rn. 5; AK/*von Schlieffen* Rn. 3.

an der Gerichtsstelle vernehmen lässt.[15] Nach hier vertretener Auffassung sind die Prozessbeteiligten von jeder Vernehmung des Bundespräsidenten zu benachrichtigen und haben ein Anwesenheitsrecht. Jegliche Einschränkung dieser Verfahrensrechte lässt sich mit dem Fragerecht gemäß **Art. 6 Abs. 3d EMRK** nicht vereinbaren.[16] Nach der Rechtsprechung des BGH wird der Beweiswert einer Vernehmung, die unter Verletzung des Fragerechts zustande gekommen ist, gemindert.[17] Die Angaben des Vernehmungsrichters können regelmäßig nur dann Grundlage einer tatrichterlichen Feststellung sein, wenn sie durch andere gewichtige Anhaltspunkte außerhalb der Aussage gestützt werden. Eine rechtsfehlerfreie Überzeugungsbildung des Tatrichters von der Schuld des Angeklagten wäre angesichts dessen insbesondere in Fällen, in denen der Bundespräsident der einzige Belastungszeuge ist, ausgeschlossen. Vor diesem Hintergrund verbietet sich eine dem Gesetzeswortlaut nicht zu entnehmende Einschränkung der Anwesenheits- und Benachrichtigungsrechte der Prozessbeteiligten. Eine solche ist auch nach dem Normzweck nicht geboten. Dass das Ansehen des Bundespräsidenten durch eine in Anwesenheit der Prozessbeteiligten unter Ausschluss der Öffentlichkeit durchgeführte Vernehmung beschädigt werden könnte, ist nicht ersichtlich.

3. Vernehmungspersonen. § 49 enthält hinsichtlich der Person des Vernehmenden keine von den allgemeinen Vorschriften abweichenden Regelungen. Deshalb ist auch eine Vernehmung durch die Polizei oder die Staatsanwaltschaft nicht ausgeschlossen.[18] Im Hinblick darauf, dass nach Satz 3 nur das Protokoll über seine richterliche Vernehmung verlesen werden kann, wird der Bundespräsident allerdings im Regelfall richterlich zu vernehmen sein.[19] Im Ermittlungsverfahren erfolgt die Vernehmung durch den Ermittlungsrichter, im weiteren Verfahren durch einen beauftragten oder ersuchten Richter.[20] Auch eine Vernehmung durch das gesamte Gericht ist zulässig.[21] 5

Eine Einschränkung dahin, dass nur eine Vernehmung durch den beauftragten oder ersuchten Richter zulässig ist, lässt sich weder dem Wortlaut entnehmen noch mit der herausgehobenen Stellung des Bundespräsidenten begründen. Sofern der Aussage des Bundespräsidenten zentrales Gewicht zukommt, insbesondere wenn er der einzige Belastungszeuge ist, ist eine **Vernehmung durch das gesamte Gericht** einschließlich der Schöffen sogar geboten. Im Anwendungsbereich des § 251 ist insoweit anerkannt, dass die Verlesungsmöglichkeit die Aufklärungspflicht nach § 244 Abs. 2 unberührt lässt.[22] Die Aufklärungspflicht kann das Gericht selbst dann dazu verpflichten, die Vernehmungsperson persönlich zu hören, wenn die Prozessbeteiligten darauf verzichten, insbesondere dann, wenn die Vernehmungsperson das einzige Beweismittel ist.[23] In dieser Konstellation, in der Aussage gegen Aussage steht, kann sich das Gericht nur dann eine rechtlich tragfähige Überzeugung von der Wahrheit der Angaben des Zeugen verschaffen, wenn es diesen selbst vernimmt, um einen persönlichen Eindruck von ihm zu gewinnen. Diese im Bereich des § 251 anerkannten Grundsätze gelten in gleichem Maße für die Vernehmung des Bundespräsidenten und die Möglichkeit der Verlesung des Protokolls über seine Vernehmung. Ist der Bundespräsident der einzige Belastungszeuge oder kommt seiner Aussage aus sonstigen Gründen zentrales Gewicht zu, gebietet die Aufklärungspflicht eine Vernehmung durch das gesamte Gericht. Auch in diesem Fall ist das Protokoll über seine Vernehmung nach Satz 3 in der Hauptverhandlung zu verlesen. Grundlage der Überzeugungsbildung des Gerichts ist dann nicht die 6

---

[15] KK/*Senge* Rn. 4; *Graf/Huber* Rn. 1.
[16] So bereits AK/*von Schlieffen* Rn. 3.
[17] BGH 25.7.2000 – 1 StR 169/00, BGHSt 46, 93 = NJW 2000, 3505.
[18] SK/*Rogall* Rn. 7; Radtke/Hohmann/*Otte* Rn. 2; KK/*Senge* Rn. 3; aA *Meyer-Goßner* Rn. 1.
[19] KK/*Senge* Rn. 3; Radtke/Hohmann/*Otte* Rn. 2.
[20] KK/*Senge* Rn. 3.
[21] *Meyer-Goßner* Rn. 1; KK/*Senge* Rn. 3; Radtke/Hohmann/*Otte* Rn. 2; LR-*Ignor/Bertheau* Rn. 3; aA SK/*Rogall* Rn. 8.
[22] Vgl. etwa *Meyer-Goßner* § 251 Rn. 8.
[23] *Meyer-Goßner* § 251 Rn. 8; OLG Düsseldorf 9.4.1999 – 5 Ss 385/98, StV 1991, 294.

im Wege des Urkundsbeweises erfolgte Verlesung des Protokolls, sondern die Aussage des Bundespräsidenten selbst. Die Verlesung des Protokolls in der Hauptverhandlung dient hier lediglich der Information der von der Teilnahme an der Vernehmung des Bundespräsidenten ausgeschlossenen Öffentlichkeit.

IV. Ungehorsamsfolgen

7 Nach allgemeiner Ansicht ist die Verhängung von Ordnungsmitteln nach § 51 gegen den Bundespräsidenten nicht möglich, weil § 51 eine Ladung voraussetzt, die bei der Vernehmung des Bundespräsidenten nach Satz 2 gerade nicht erfolgt.[24] Ordnungsmittel gemäß § 70 können dagegen auch gegen den Bundespräsidenten verhängt werden, wobei die Vollstreckung gemäß Art. 60 Abs. 4 GG iVm Art. 46 Abs. 3 GG der Genehmigung des Bundestags bedarf.[25]

V. Protokollverlesung

8 Das Protokoll über die Vernehmung des Bundespräsidenten ist nach Satz 3 in der Hauptverhandlung zu verlesen, solange der Bundespräsident im Amt ist.[26] Ist er aus dem Amt ausgeschieden, ist er als Zeuge in der Hauptverhandlung zu vernehmen.[27] Die Verlesung setzt nach allgemeiner Auffassung keinen Gerichtsbeschluss voraus. § 251 Abs. 4 S. 1 und 2 sind nicht anwendbar, § 251 Abs. 4 S. 3 und 4 sind entsprechend anwendbar.[28]

VI. Revision

9 Ist die Vernehmung unter Verletzung der nach hier vertretener Auffassung bestehenden Benachrichtigungs- und Anwesenheitsrechte erfolgt, kann dies entsprechend den vom BGH[29] aufgestellten Grundsätzen gerügt werden. Sofern die Verlesung des Vernehmungsprotokolls in der Hauptverhandlung erfolgt ist, obwohl der Bundespräsident nicht mehr im Amt ist, kann das als Verstoß gegen den Unmittelbarkeitsgrundsatz geltend gemacht werden. Als Verletzung der Aufklärungspflicht kann es gerügt werden, wenn die Aussage des Bundespräsidenten lediglich durch Verlesung des Protokolls über seine Vernehmung zum Gegenstand der Hauptverhandlung gemacht worden ist, obwohl seiner Aussage entscheidendes Gewicht zukommt und deshalb eine Vernehmung durch das gesamte Gericht geboten gewesen wäre.

§ 50 [Vernehmung von Abgeordneten und Ministern]

(1) Die Mitglieder des Bundestages, des Bundesrates, eines Landtages oder einer zweiten Kammer sind während ihres Aufenthaltes am Sitz der Versammlung dort zu vernehmen.

(2) Die Mitglieder der Bundesregierung oder einer Landesregierung sind an ihrem Amtssitz oder, wenn sie sich außerhalb ihres Amtssitzes aufhalten, an ihrem Aufenthaltsort zu vernehmen.

(3) Zu einer Abweichung von den vorstehenden Vorschriften bedarf es

für die Mitglieder eines in Absatz 1 genannten Organs der Genehmigung dieses Organs,

für die Mitglieder der Bundesregierung der Genehmigung der Bundesregierung,

für die Mitglieder einer Landesregierung der Genehmigung der Landesregierung.

[24] Vgl. nur KK/*Senge* Rn. 4; LR-*Ignor/Bertheau* Rn. 4.
[25] LR-*Ignor/Bertheau* Rn. 4.
[26] Radtke/Hohmann/*Otte* Rn. 3.
[27] KK/*Senge* Rn. 4, *Meyer-Goßner* Rn. 2; LR-*Ignor/Bertheau* Rn. 7; SK/*Rogall* Rn. 10.
[28] AllgM, vgl. etwa KK/*Senge* Rn. 4, *Meyer-Goßner* Rn. 2.
[29] Vgl. oben III.3.

(4) [1]Die Mitglieder der in Absatz 1 genannten Organe der Gesetzgebung und die Mitglieder der Bundesregierung oder einer Landesregierung werden, wenn sie außerhalb der Hauptverhandlung vernommen worden sind, zu dieser nicht geladen. [2]Das Protokoll über ihre richterliche Vernehmung ist in der Hauptverhandlung zu verlesen.

I. Allgemeines

Die Vorschrift enthält besondere Regelungen über den **Vernehmungsort** von Regierungs- und Parlamentsmitgliedern. Sinn der Regelung ist, Störungen der Regierungs- und Parlamentsarbeit durch Reisen von Abgeordneten und Ministern zu auswärtigen Vernehmungsterminen zu vermeiden.[1] § 50 gilt deshalb für alle Verfahrensabschnitte.[2] Nachdem, wie Abs. 3 verdeutlicht, die jeweilige Institution als solche und nicht das einzelne Parlaments- oder Regierungsmitglied geschützt werden soll, kann der Zeuge auf den hierdurch eingeräumten Schutz **nicht verzichten.**[3] 1

II. Vernehmung von Parlamentsmitgliedern (Abs. 1)

1. Personenkreis. Unter Abs. 1 fallen die Abgeordneten des Bundestags (Art. 38 GG), die Mitglieder des Bundesrats (Art. 51 GG) und die Abgeordneten der Länderparlamente einschließlich der Bürgerschaften in den Stadtstaaten und dem Abgeordnetenhaus in Berlin, nicht aber die Mitglieder der Bundesversammlung (Art. 54 Abs. 3 GG).[4] Mitglieder des Europäischen Parlaments und Mitglieder der Beratenden Versammlung des Europarats sind nicht erfasst.[5] Nachdem durch die Vernehmung außerhalb der Hauptverhandlung der Unmittelbarkeitsgrundsatz eingeschränkt wird,[6] bedarf ihre Einbeziehung einer ausdrücklichen gesetzgeberischen Entscheidung. § 50 ist deshalb auf Mitglieder des Europäischen Parlaments und der Beratenden Versammlung des Europarats auch nicht entsprechend anwendbar.[7] 2

2. Vernehmungsort. Die in Abs. 1 genannten Personen sind während ihres Aufenthalts am Sitz der Versammlung dort zu vernehmen. Die Vernehmung erfolgt nicht im Parlamentsgebäude oder in der Wohnung des Abgeordneten, sondern **im Gerichtsgebäude** des Parlamentssitzes.[8] Dorthin hat sich der Zeuge aufgrund der Ladung zu begeben.[9] Aufgrund des Normzwecks[10] gilt das **nur während der Sitzungswochen,** nicht während der Parlamentsferien.[11] Entsprechendes gilt, wenn sich der Zeuge ohnehin nicht am Parlamentsort aufhält; auch in diesem Fall ist er wie ein gewöhnlicher Zeuge zu laden und zu vernehmen.[12] Hält der Zeuge sich gelegentlich am nicht mit dem Sitz der Versammlung identischen Gerichtsort auf, soll das Gericht nach Auffassung des BGH nach pflichtgemäßem Ermessen unter Berücksichtigung der Arbeitsbelastung des Zeugen entscheiden dürfen, ob der Zeuge in der Hauptverhandlung vernommen wird.[13] Demgegenüber ist nach hier 3

[1] *Meyer-Goßner* Rn. 1; Radtke/Hohmann/*Otte* Rn. 1; KK/*Senge* Rn. 1; SK/*Rogall* Rn. 1.
[2] *Meyer-Goßner* Rn. 1; Radtke/Hohmann/*Otte* Rn. 1; KK/*Senge* Rn. 1; SK/*Rogall* Rn. 1.
[3] *Meyer-Goßner* Rn. 1; Radtke/Hohmann/*Otte* Rn. 1; KK/*Senge* Rn. 1; *Graf/Huber* Rn. 2; SK/*Rogall* Rn. 2; aA wohl LR-*Ignor/Bertheau* Rn. 10.
[4] Radtke/Hohmann/*Otte* Rn. 3; KK/*Senge* Rn. 2; *Graf/Huber* Rn. 2.
[5] KMR/*Neubeck* Rn. 2; AK/*von Schlieffen* Rn. 2.
[6] SK/*Rogall* Rn. 1.
[7] AA Radtke/Hohmann/*Otte* Rn. 3; SK/*Rogall* Rn. 4; LR-*Ignor/Bertheau* Rn. 2, wonach eine Vernehmung am inländischen Aufenthaltsort erfolgen soll.
[8] Radtke/Hohmann/*Otte* Rn. 3; KK/*Senge* Rn. 4.
[9] SK/*Rogall* Rn. 5; LR-*Ignor/Bertheau* Rn. 3.
[10] Vgl. oben I.
[11] Radtke/Hohmann/*Otte* Rn. 3; SK/*Rogall* Rn. 3; LR-*Ignor/Bertheau* Rn. 3; *Meyer-Goßner* Rn. 3.
[12] Radtke/Hohmann/*Otte* Rn. 4; LR-*Ignor/Bertheau* Rn. 3; aA BGH 8.10.1981 – 3 StR 449/80, NStZ 1982, 158; SK/*Rogall* Rn. 3, KMR/*Neubeck* Rn. 3; KK/*Senge* Rn. 3, wonach der Zeuge dann auch an seinem Aufenthaltsort vernommen werden darf.
[13] BGH 8.10.1981 – 3 StR 449/80, NStZ 1982, 158; aA LR-*Ignor/Bertheau* Rn. 3.

vertretener Auffassung der Zeuge, der sich am Verhandlungstag am Gerichtsort aufhält, grundsätzlich in der Hauptverhandlung zu vernehmen. § 50 findet auf diesen Fall nach seinem Wortlaut, der den Aufenthalt des Zeugen am Sitz der Versammlung voraussetzt, keine Anwendung.[14] Hält der Zeuge sich aber nur deshalb am Hauptverhandlungstag am Gerichtsort auf, weil er dort andere dringende berufliche Termine wahrzunehmen hat und eigens deshalb dort hingereist ist,[15] wird er in der Regel genügend entschuldigt im Sinne von § 51 sein und aus diesem Grunde in der Hauptverhandlung nicht vernommen werden können.[16]

4 **3. Durchführung der Vernehmung.** Die Vernehmung kann durch den beauftragten oder ersuchten Richter oder durch das gesamte Gericht erfolgen.[17] Abhängig von den Umständen des Einzelfalls, insbesondere wenn es auf den persönlichen Eindruck vom Zeugen ankommt, kann eine Vernehmung durch das gesamte Gericht geboten sein.[18] Wegen Abs. 4 S. 2 wird in der Regel eine richterliche Vernehmung angezeigt sein, eine Vernehmung durch den Staatsanwalt ist aber nicht ausgeschlossen.[19] Das **Anwesenheitsrecht der Prozessbeteiligten** (§§ 168c, 224) besteht uneingeschränkt, sie sind daher von dem Termin zu benachrichtigen.[20]

III. Vernehmung von Regierungsmitgliedern (Abs. 2)

5 **1. Personenkreis.** Regierungsmitglieder der Bundesregierung sind der Bundeskanzler und die Minister (Art. 62 GG), nicht aber die beamteten und parlamentarischen Staatssekretäre, auch wenn sie die Bezeichnung Staatsminister führen.[21] Weil die parlamentarischen Staatssekretäre nach § 1 ParlStG Abgeordnete sein müssen, richtet sich ihre Vernehmung nach Abs. 1.[22] Die Mitglieder der Landesregierungen ergeben sich aus den Landesverfassungen.[23] Nur in Bayern gehören die Staatssekretäre der Landesregierung an (Art. 43 Abs. 2 BayVerf.).[24] In Berlin, Hamburg und Bremen gehören zu den Regierungsmitgliedern der Bürgermeister (in Berlin der regierende Bürgermeister) und die Senatoren.[25]

6 **2. Vernehmungsort.** Die Vernehmung erfolgt am Amtssitz und, wenn sich das Regierungsmitglied nicht dort aufhält, an seinem Aufenthaltsort. Der Zeuge wird an seinem **tatsächlichen Aufenthaltsort** vernommen, auch wenn sich dort kein Gericht befindet.[26] Befindet sich an seinem Aufenthaltsort ein Gericht, ist er in den Räumen des Gerichts zu vernehmen.[27] Sind Gerichtsort und Amtssitz bzw. Aufenthaltsort des Zeugen identisch, erfolgt die Vernehmung in der Hauptverhandlung.[28] Im Übrigen gelten für die Durchführung der Vernehmung die Ausführungen zur Vernehmung der Abgeordneten entsprechend.[29]

---

[14] Radtke/Hohmann/*Otte* Rn. 4; LR-*Ignor/Bertheau* Rn. 3.

[15] In dem der Entscheidung des BGH 8.10.1981 – 3 StR 449/80, NStZ 1982, 158 zu Grunde liegenden Fall hatte der Zeuge am Gerichtsort als Hochschullehrer eine Vorlesung zu halten.

[16] Vgl. zur Frage, wann eine Zeuge wegen dringender beruflicher Gründe entschuldigt ist, § 51 Rn. 27).

[17] *Meyer-Goßner* Rn. 4; SK/*Rogall* Rn. 5.

[18] Die Ausführungen zu § 49 III.3. gelten insoweit entsprechend.

[19] SK/*Rogall* Rn. 5; KMR/*Neubeck* Rn. 4; aA *Meyer-Goßner* Rn. 4.

[20] Anders als bei der Vernehmung des Bundespräsidenten nach § 49 (vgl. dazu § 49 III.2.) ist das im Rahmen des § 50 unstreitig, vgl. Radtke/Hohmann/*Otte* Rn. 5; *Meyer-Goßner* Rn. 4; *Graf/Huber* Rn. 2; KK/*Senge* Rn. 4.

[21] Radtke/Hohmann/*Otte* Rn. 6; *Meyer-Goßner* Rn. 5; KMR/*Neubeck* Rn. 5.

[22] Radtke/Hohmann/*Otte* Rn. 6; *Meyer-Goßner* Rn. 5; KMR/*Neubeck* Rn. 5.

[23] Radtke/Hohmann/*Otte* Rn. 6; *Meyer-Goßner* Rn. 5; KMR/*Neubeck* Rn. 6.

[24] Radtke/Hohmann/*Otte* Rn. 6; *Meyer-Goßner* Rn. 5; SK/*Rogall* Rn. 7.

[25] KMR/*Neubeck* Rn. 6; *Meyer-Goßner* Rn. 5.

[26] Radtke/Hohmann/*Otte* Rn. 6; *Meyer-Goßner* Rn. 6; *Graf/Huber* Rn. 3; KMR/*Neubeck* Rn. 7.

[27] KMR/*Neubeck* Rn. 7; KK/*Senge* Rn. 6.

[28] *Meyer-Goßner* Rn. 7; AK/*von Schlieffen* Rn. 3.

[29] Vgl. oben II.3.

IV. Ausnahmegenehmigung (Abs. 3)

Von den Vorschriften nach Abs. 1 und 2 darf nur mit Zustimmung des betreffenden Organs abgewichen werden. Fehlt die erforderliche Genehmigung, darf der Zeuge nicht vernommen werden.[30] Die Genehmigung kann von Amts wegen, auf Antrag eines Prozessbeteiligten oder auf Anregung des Zeugen eingeholt werden[31] und muss bei der jeweiligen Regierung oder dem Parlamentspräsidenten beantragt werden.[32] Die Einholung und Erteilung der Genehmigung sind ebenso wie der Nachweis ihres Vorliegens an **keine Form** gebunden.[33] Die Versicherung des Zeugen, ihm sei die Genehmigung erteilt worden, ist ausreichend.[34] Nachdem § 50 Abs. 1 entsprechend seines Normzwecks außerhalb der Sitzungswochen des Parlaments nicht anwendbar ist,[35] bedarf es in dieser Zeit auch keiner Sondergenehmigung.[36] Für Abgeordnete des Bundestags ergibt sich das aus Anlage 6 Abschnitt C S. 3 der Geschäftsordnung des Bundestags. § 50 Abs. 3 darf nicht dadurch umgangen werden, dass der Zeuge sich ohne das Vorliegen einer Sondergenehmigung zum Aufenthalt am Gerichtsort an einem erst noch zu bestimmenden Terminstag bereit erklärt.[37] Hält sich der Zeuge nur deshalb am Gerichtsort auf, weil er einer nicht zulässigen Ladung gefolgt ist, darf er nicht vernommen werden.[38] Die Vernehmung des Zeugen in der Hauptverhandlung ist aber zulässig, wenn ein Vernehmungstermin entsprechend dem vorher beim Zeugen erfragten Aufenthalt bestimmt worden ist.[39] 7

V. Ladung zur Hauptverhandlung und Protokollverlesung (Abs. 4)

Zur Hauptverhandlung wird der Zeuge nur geladen, wenn sie an einem der in Abs. 1 und 2 genannten Orte stattfindet oder wenn eine Sondergenehmigung nach Abs. 3 erteilt worden ist und – wie aus Abs. 4 S. 2 folgt – der Zeuge nicht bereits außerhalb der Hauptverhandlung richterlich vernommen worden ist.[40] Darf der Zeuge danach zur Hauptverhandlung geladen werden, gilt für den Fall seines Nichterscheinens § 51, für Abgeordnete mit den sich aus Art. 46 Abs. 3 GG und den entsprechenden Vorschriften der Landesverfassungen ersichtlichen Einschränkungen.[41] Wurde der Zeuge bereits außerhalb der Hauptverhandlung vernommen, ist seine Ladung nach Abs. 4 S. 1 unzulässig, weshalb der dennoch geladene Zeuge nicht erscheinen muss und ihn im Fall seines Nichterscheinens keine Ungehorsamsfolgen nach § 51 treffen.[42] Anders ist das nur, wenn seine erneute Vernehmung in der Hauptverhandlung aus Gründen der **Aufklärungspflicht** geboten ist.[43] Ist eine Ladung nach Abs. 4 unzulässig, kann auch eine Ladung durch die Prozessbeteiligten nach §§ 214 Abs. 3 und 220 Abs. 1 nicht erfolgen.[44] In diesem Fall darf ein richterliches Protokoll nach Abs. 4 S. 2 verlesen werden. Die Verlesung setzt nicht voraus, dass vorher erfolglos versucht worden ist, eine Genehmigung nach Abs. 3 zu erlangen.[45] Im Übrigen gelten für die Verlesung des Protokolls die Ausführungen zu § 49 entsprechend. 8

---

[30] SK/*Rogall* Rn. 8.
[31] Radtke/Hohmann/*Otte* Rn. 8; *Meyer-Goßner* Rn. 8; KMR/*Neubeck* Rn. 9; KK/*Senge* Rn. 7.
[32] Radtke/Hohmann/*Otte* Rn. 8; *Meyer-Goßner* Rn. 8; SK/*Rogall* Rn. 8.
[33] Radtke/Hohmann/*Otte* Rn. 8; *Meyer-Goßner* Rn. 8; KMR/*Neubeck* Rn. 9.
[34] *Meyer-Goßner* Rn. 8; KMR/*Neubeck* Rn. 9; SK/*Rogall* Rn. 8.
[35] Vgl. oben II.2.
[36] *Graf/Huber* Rn. 4; KK/*Senge* Rn. 7; LR-*Ignor/Bertheau* Rn. 9.
[37] *Meyer-Goßner* Rn. 8; KMR/*Neubeck* Rn. 9.
[38] *Meyer-Goßner* Rn. 6; KMR/*Neubeck* Rn. 7; KK/*Senge* Rn. 7.
[39] KK/*Senge* Rn. 7; KMR/*Neubeck* Rn. 9; SK/*Rogall* Rn. 8.
[40] *Meyer-Goßner* Rn. 9; SK/*Rogall* Rn. 9.
[41] Radtke/Hohmann/*Otte* Rn. 9; KK/*Senge* Rn. 8.
[42] SK/*Rogall* Rn. 9; KK/*Senge* Rn. 8.
[43] LR-*Ignor/Bertheau* Rn. 11.
[44] Radtke/Hohmann/*Otte* Rn. 9; *Meyer-Goßner* Rn. 9; KMR/*Neubeck* Rn. 10; aA LR-*Ignor/Bertheau* Rn. 12.
[45] *Meyer-Goßner* Rn. 10; Radtke/Hohmann/*Otte* Rn. 10; SK/*Rogall* Rn. 10.

VI. Revision

9 Auf einen Verstoß gegen § 50 kann die Revision nicht gestützt werden, weil die Vorschrift lediglich den Schutz der Parlamente und Regierungen bezweckt und der Rechtskreis des Angeklagten nicht berührt wird.[46] Gerügt werden kann, dass die Voraussetzungen für die Verlesung des Vernehmungsprotokolls nicht vorgelegen haben.[47]

§ 51 [Folgen des Ausbleibens]

(1) ¹Einem ordnungsgemäß geladenen Zeugen, der nicht erscheint, werden die durch das Ausbleiben verursachten Kosten auferlegt. ²Zugleich wird gegen ihn ein Ordnungsgeld und für den Fall, dass dieses nicht beigetrieben werden kann, Ordnungshaft festgesetzt. ³Auch ist die zwangsweise Vorführung des Zeugen zulässig; § 135 gilt entsprechend. ⁴Im Falle wiederholten Ausbleibens kann das Ordnungsmittel noch einmal festgesetzt werden.

(2) ¹Die Auferlegung der Kosten und die Festsetzung eines Ordnungsmittels unterbleiben, wenn das Ausbleiben des Zeugen rechtzeitig genügend entschuldigt wird. ²Erfolgt die Entschuldigung nach Satz 1 nicht rechtzeitig, so unterbleibt die Auferlegung der Kosten und die Festsetzung eines Ordnungsmittels nur dann, wenn glaubhaft gemacht wird, dass den Zeugen an der Verspätung der Entschuldigung kein Verschulden trifft. ³Wird der Zeuge nachträglich genügend entschuldigt, so werden die getroffenen Anordnungen unter den Voraussetzungen des Satzes 2 aufgehoben.

(3) Die Befugnis zu diesen Maßregeln steht auch dem Richter im Vorverfahren sowie dem beauftragten und ersuchten Richter zu.

Schrifttum: *Beck,* Ausweitung der Befugnisse der Polizei im Ermittlungsverfahren – Effizienz vor Rechtsschutz?, ZRP 2011, 21; *Gode,* Verurteilung in die Verfahrenskosten, wenn ein Teil einem Dritten auferlegt worden ist, NStZ 1989, 255; *Grüneberg,* Ordnungsmittel gegen einen ausgebliebenen Zeugen?, MDR 1992, 326; *Kaiser,* Zur Wartepflicht des Gerichts bei Unpünktlichkeit von Beteiligten in Straf- und Bußgeldsachen, NJW 1977, 1955; *Lampe,* Grenzen des Festhalterechts gegenüber vorgeführten Beschuldigten und Zeugen im Ermittlungsverfahren, MDR 1974, 535; *Michel,* Der betrunkene Zeuge, MDR 1992, 544; *Schmid,* Zustellungsvorsorge für Zeugenladungen, NJW 1981, 858; *Skupin,* Die Folgen beim Ausbleiben eines kindlichen oder eines jugendlichen Zeugen im Strafverfahren, MDR 1965, 865; *Vierhaus,* Zulässigkeit der Ordnungs- und Zwangsmittel des § 51 StPO gegen Kinder als Zeugen, NStZ 1994, 271; *Wenske,* Zur Modifikation gerichtlicher Zeugenladungen unter Beachtung der Vorgaben des Opferrechtsreformgesetzes vom 24.6.2004, DRiZ 2005, 293; *Werny,* Der Beschluss gemäß § 51 StPO nach der Entscheidung in der Hauptsache, NJW 1982, 2170; *Wittschier,* Unentschuldigtes Ausbleiben eines Dolmetschers im Strafprozess, NJW 1985, 2873.

Übersicht

[46] Radtke/Hohmann/*Otte* Rn. 11; *Meyer-Goßner* Rn. 11; *Graf/Huber* Rn. 6; KMR/*Neubeck* Rn. 11.
[47] Radtke/Hohmann/*Otte* Rn. 11; *Meyer-Goßner* Rn. 11; *Graf/Huber* Rn. 6; KMR/*Neubeck* Rn. 11.

I. Allgemeines

Die Pflicht eines Zeugen, vor Gericht zu erscheinen, ist eine von der StPO vorausgesetzte allgemeine Staatsbürgerpflicht,[1] deren Nichterfüllung in verfassungsrechtlich unbedenklicher Weise[2] nach § 51 sanktioniert werden kann. **Zweck der Vorschrift** ist durch das Ausbleiben von Zeugen bedingte Verfahrensverzögerungen zu vermeiden.[3] Flankiert wird die Norm durch § 70, der den Fall der grundlosen Verweigerung der Aussage oder Eidesleistung des erschienenen Zeugen regelt. Während die Folgen des Ausbleibens im Fall einer gerichtlichen Ladung in § 51 geregelt sind, befasst sich § 161a StPO mit den Folgen des Ausbleibens im Fall einer Ladung durch die Staatsanwaltschaft. Eine gesetzliche Pflicht, auf Vorladung der **Polizei** zu erscheinen, gibt es de lege lata nicht.[4] Bei der Vorladung durch die Polizei handelt es sich um eine unverbindliche Aufforderung, wobei keine Pflicht besteht, auf die Freiwilligkeit des Erscheinens hinzuweisen.[5] § 51 StPO setzt eine Pflicht zum Erscheinen voraus; besteht eine solche wie zB in den Fällen der §§ 49, 50, 220 Abs. 2 nicht, kann das Nichterscheinen nicht geahndet werden.[6] Der Zeuge ist unbeschadet eines etwaigen **Zeugnisverweigerungsrechts** zum Erscheinen verpflichtet.[7] Das Gericht kann aber im Allgemeinen von der Ladung des Zeugen absehen, wenn dieser **vorab schriftlich erklärt,** er werde von seinem Zeugnisverweigerungsrecht Gebrauch machen; allerdings gebietet die Aufklärungspflicht dem Tatrichter, auf einem Erscheinen des Zeugen zu bestehen, wenn der Zeuge möglicherweise irrig davon ausgeht, kraft der Aussageverweigerung sei auch seine frühere Aussage vor einem Richter unverwertbar geworden.[8] 1

II. Anwendungsbereich

§ 51 gilt sowohl für die von Amts wegen als auch für die unmittelbar von der Staatsanwaltschaft oder dem Angeklagten nach § 220 geladenen Zeugen.[9] Im Bußgeldverfahren gilt § 51 gemäß § 46 Abs. 1 OWiG entsprechend.[10] Besonderheiten gelten in den nachfolgend aufgeführten Fällen. 2

---

[1] BVerfG 30.9.2001 – 2 BvR 911/00, NJW 2002, 955; KMR/*Neubeck* Rn. 1; durch das 2. Opferrechtsreformgesetz wurde diese Pflicht zum 1.10.2009 erstmals gesetzlich in § 48 Abs. 1 normiert.

[2] BVerfG 30.9.2001 – 2 BvR 911/00, NJW 2002, 955; BVerfG 8.1.1996 – 2 BvR 2715/95, BeckRS 1996, 12520.

[3] Radtke/Hohmann/*Otte* Rn. 1; SK/*Rogall* Rn. 1.

[4] Krit. zur insoweit geplanten Gesetzesänderung Beck ZRP 2011, 21.

[5] *Eisenberg* Rn. 1083.

[6] Radtke/Hohmann/*Otte* Rn. 2; SK/*Rogall* Rn. 1.

[7] *Graf/Huber* Rn. 1; Radtke/Hohmann/*Otte* Rn. 3; *Eisenberg* Rn. 1055.

[8] BGH 2.2.1966 – 2 StR 471/65, BGHSt 21, 12 = NJW 1966, 742; SK/*Rogall* Rn. 1.

[9] LR-*Ignor/Bertheau* Rn. 1.

[10] LR-*Ignor/Bertheau* Rn. 1; Radtke/Hohmann/*Otte* Rn. 2.

3 **1. Gesetzliche Vertreter.** Die staatsbürgerliche Pflicht vor Gericht zu erscheinen trifft nur den Zeugen selbst, nicht aber seine gesetzlichen Vertreter. Ausweislich des Wortlauts können die Ungehorsamsfolgen des § 51 nur gegen den Zeugen selbst verhängt werden. Gegen gesetzliche Vertreter, die das Nichterscheinen eines kindlichen oder jugendlichen Zeugen verschulden, insbesondere ihn bewusst vom Erscheinen abhalten, können **mangels gesetzlicher Grundlage** keine Ungehorsamsfolgen festgesetzt werden.[11] Hält der gesetzliche Vertreter das Kind oder den Jugendlichen vom Erscheinen ab, so wird das Fernbleiben des Zeugen häufig sanktionslos bleiben. Zwar können gegen Jugendliche Ungehorsamsfolgen festgesetzt werden, wenn sie über die erforderliche Verstandesreife verfügen.[12] In der Regel wird es aber am Verschulden fehlen, wenn der gesetzliche Vertreter sie vom Erscheinen abgehalten hat; in diesem Fall bleibt nur die ein Verschulden nicht voraussetzende Möglichkeit, den Zeugen vorzuführen.[13] In Betracht kommen soll, **familiengerichtliche Maßnahmen nach § 1666 BGB** anzuregen, um auf diese Weise auf eine Erfüllung der Zeugenpflichten hinzuwirken.[14] Indes erschließt sich nicht, inwiefern – wie von § 1666 BGB vorausgesetzt – das körperliche, geistige oder seelische Wohl eines kindlichen Zeugen dadurch gefährdet werden könnte, dass er nicht vor Gericht erscheint.

4 **2. Ausländer.** Ein in der Bundesrepublik Deutschland lebender Ausländer ist verpflichtet, auf ordnungsgemäße Ladung vor Gericht zu erscheinen, solange er sich tatsächlich im Bundesgebiet aufhält; befindet er sich im Ausland, können gegen ihn im Falle seines Nichterscheinens keine Maßnahmen nach § 51 verhängt werden.[15] Bei der Ladung dürfen ihm keine Zwangsmittel angedroht werden.[16] Anders soll es nach teilweise vertretener Auffassung allerdings dann sein, wenn der Zeuge die Bundesrepublik verlassen hat, um sich seinen Zeugenpflichten zu entziehen.[17] Nach hier vertretener Auffassung können auch in einem solchen Fall keine Maßnahmen nach § 51 festgesetzt werden. Dem ausländischen Zeugen steht es frei, sich ins Ausland zu begeben und dort zu bleiben; es gibt keine Möglichkeit, ihn dazu zu zwingen, sich für die Aussage im Inland verfügbar zu halten.[18]

5 **3. Inhaftierte Personen.** § 51 gilt für in **Strafhaft** befindliche Personen nicht, sofern ihnen zur Wahrnehmung des Gerichtstermins nicht Ausgang oder Urlaub gewährt worden ist.[19] Weil der Zeuge, dem weder Ausgang noch Urlaub gewährt worden ist, die Haftanstalt nicht verlassen kann, obliegt es den zuständigen Behörden, dafür zu sorgen, dass der Zeuge seiner staatsbürgerlichen Pflicht zur Vernehmung zu erscheinen nachkommen kann.[20] Dies geschieht durch das an die JVA gerichtete Ersuchen des Gerichts, den Zeugen zum Termin vorzuführen.[21] Eine Androhung der Folgen des Nichterscheinens in der Ladung hat deshalb

[11] OLG Hamm 7.4.1965 – 3 Ws 76/65, NJW 1965, 1613; KG 24.11.1997 – 3 Ws 705/97, StraFo 1998, 49; *Meyer-Goßner* Rn. 1; LR-*Ignor/Bertheau* Rn. 3; Radtke/Hohmann/*Otte* Rn. 3; KMR/*Neubeck* Rn. 5; *Graf/Huber* Rn. 1; SK/*Rogall* Rn. 4; *Skupin* MDR 1965, 865.

[12] Vgl. III.4.

[13] OLG Hamm 7.4.1965 – 3 Ws 76/65, NJW 1965, 1613; SK/*Rogall* Rn. 4; aA *Skupin* MDR 1965, 865; vgl. auch III.4.

[14] SK/*Rogall* Rn. 4; KMR/*Neubeck* Rn. 5; *Eisenberg* Rn. 1062; *Skupin* MDR 1965, 865.

[15] OLG Düsseldorf 25.1.1999 – 1 Ws 702/98, NJW 1999, 1647; OLG Düsseldorf 29.5.1991 – 2 Ws 148/91, NJW 1991, 2223; OLG Hamburg 31.5.1967 – 2 Ws 236/67, MDR 1967, 686; LR-*Ignor/Bertheau* Rn. 37; Radtke/Hohmann/*Otte* Rn. 3; KMR/*Neubeck* Rn. 2; KK/*Senge* Rn. 24.

[16] OLG Stuttgart 1.6.2011 – 5 – 3 StE 6/10, StraFO 2012, 12.

[17] LR-*Ignor/Bertheau* Rn. 37, KK/*Senge* Rn. 24; *Meyer-Goßner* Rn. 31; Radtke/Hohmann/*Otte* Rn. 3; KMR/*Neubeck* Rn. 2; AK/*von Schlieffen* Rn. 1; *Eisenberg* Rn. 1055; aA SK/*Rogall* Rn. 11; entgegen vielfach vertretener Auffassung wurde diese Frage ausdrücklich offen gelassen von OLG Düsseldorf 25.1.1999 – 1 Ws 702/98, NJW 1999, 1647 und OLG Düsseldorf 29.5.1991 – 2 Ws 148/91, NJW 1991, 2223 sowie von OLG Hamburg 31.5.1967 – 2 Ws 236/67, MDR 1967, 686.

[18] SK/*Rogall* Rn. 11; anders zu Recht für den Fall der nur vorübergehenden Abwesenheit OLG Frankfurt a.M. 30.10.13 – 2 Ws 58/13, NJW 2014, 95.

[19] OLG Koblenz 20.7.1988 – 2 Ws 380/88, NStZ 1989, 93; Radtke/Hohmann/*Otte* Rn. 3.

[20] OLG Koblenz 20.7.1988 – 2 Ws 380/88, NStZ 1989, 93.

[21] OLG Koblenz 20.7.1988 – 2 Ws 380/88, NStZ 1989, 93; SK/*Rogall* Rn. 1; *Graf/Huber* Rn. 2; Radtke/Hohmann/*Otte* Rn. 2; KMR/*Neubeck* Rn. 4; *Eisenberg* Rn. 1061.

zu unterbleiben; an ihre Stelle tritt die Anordnung des Vorsitzenden, dass der Zeuge **vorgeführt** werden soll.[22] Für den in der Vorführung liegenden Eingriff in das Freiheitsrecht des Zeugen aus Art. 104 GG stellt § 36 Abs. 2 S. 2 StVollzG eine ausreichende Rechtsgrundlage dar. Nach einer älteren Entscheidung des OLG Düsseldorf[23] sollen diese Grundsätze für **Untersuchungsgefangene** nicht gelten. Bei diesen bleibe es bei der Anwendung des § 51, weshalb für eine ordnungsmäßige Ladung gemäß § 48 nicht erforderlich sei, dass die Vorführung des Zeugen angeordnet worden sei. Begründet wurde diese Auffassung damit, dass es mangels gesetzlicher Regelung an einer ausreichenden Ermächtigungsgrundlage für die Vorführung des Zeugen fehle. Diese Auffassung ist seit Inkrafttreten des SUVollzG überholt. Nach **§ 9 Abs. 1 S. 1 SUVollzG** werden Untersuchungsgefangene auf Ersuchen eines Gerichts oder der Staatsanwaltschaft vorgeführt. Hierin liegt eine ausreichende gesetzliche Ermächtigungsgrundlage für die Vorführung des Zeugen, weshalb auch bei Untersuchungsgefangenen in der Ladung die Vorführung des Zeugen anzuordnen und § 51 ebenso wie bei Strafgefangenen nicht anwendbar ist.

4. Vertreter der Jugendgerichtshilfe. Aus den Vorschriften des JGG (vgl. insbesondere §§ 38 Abs. 3 S. 1, 50 Abs. 3 JGG) ergibt sich nur das Recht, nicht aber die Pflicht des Vertreters der Jugendgerichtshilfe, an der Verhandlung teilzunehmen; die durch sein Nichterscheinen entstandenen Kosten können ihm daher nicht analog § 51 auferlegt werden.[24] 6

5. Abgeordnete, Exterritoriale. Die Immunität der Abgeordneten des Deutschen Bundestags und der Landtage der Bundesländer gemäß Art. 46 Abs. 2–4 GG und den entsprechenden Bestimmungen der Landesverfassungen steht der Anordnung der in § 51 vorgesehenen Maßnahmen nicht entgegen; lediglich die Vollstreckung der Ordnungshaft und der Vorführung bedürfen nach Art. 46 Abs. 3 GG der Genehmigung des Parlaments.[25] Die Behandlung Deutscher und ausländischer Mitglieder des Europäischen Parlaments ist in RiStBV Nr. 192b geregelt. Zwangsmittel gegen Exterritoriale (§§ 18–20 GVG) sind unzulässig.[26] 7

6. Dolmetscher. Auf einen nicht erschienenen Dolmetscher ist § 51 nicht analog anwendbar.[27] 8

7. Verhältnis zu § 178 GVG. Ungebühr im Sinne von § 178 GVG liegt nicht vor, wenn der Zeuge gar nicht erscheint; die Rechtsfolgen ergeben sich in diesem Fall allein aus § 51.[28] Erscheint der Zeuge, ist er aber infolge von Trunkenheit nicht vernehmungsfähig, sind nur Ordnungsmittel nach § 51 zu ergreifen, die denen nach § 178 GVG vorgehen.[29] Wollte man hierin zugleich eine nach § 178 GVG zu sanktionierende Ungebühr sehen, würde das zu dem unbilligen Ergebnis führen, dass der Zeuge, der betrunken erscheint und damit seine Pflicht zumindest teilweise erfüllt, härter belangt wird, als der Zeuge, der nicht erscheint und seiner Pflicht überhaupt nicht nachkommt.[30] 9

---

[22] OLG Koblenz 20.7.1988 – 2 Ws 380/88, NStZ 1989, 93.

[23] OLG Düsseldorf 14.4.1981 – 2 Ws 111/81, NJW 1981, 2768.

[24] LG Frankfurt 15.5.1984 – 5/3 Qs 15/84, NStZ 1985, 42 m. zust. Anm. *Eisenberg;* OLG Karlsruhe 30.9.1991 – 3 Ws 56/91, NStZ 1992, 251 mAnm *Schaffstein;* SK/*Rogall* Rn. 5; aA OLG Köln 24.6.1986 – Ss 236/86, NStZ 1986, 569.

[25] *Meyer-Goßner* Rn. 31; LR-*Ignor/Bertheau* Rn. 36; SK/*Rogall* Rn. 11; Radtke/Hohmann/*Otte* Rn. 3; KMR/*Neubeck* Rn. 2.

[26] KMR/*Neubeck* Rn. 2.

[27] KG 21.7.2007 – 1 Ws 199/07, StraFo 2008, 89; OLG Karlsruhe 25.3.2002 – 1 Ws 381/02, Justiz 2003, 449; LG Cottbus 11.8.2008 – 24 jug Qs 40/08, BeckRS 2009, 10339; *Witschier* NJW 1985, 2873; KK/*Senge* Rn. 1; *Graf/Huber* Rn. 1.

[28] *Michel* MDR 1992, 544.

[29] OLG Stuttgart 22.11.1988 – 5 Ws 72/88, MDR 1989, 763; SK/*Rogall* Rn. 7; *Michel* MDR 1992, 544; LR-*Ignor/Bertheau* Rn. 1.

[30] OLG Stuttgart 22.11.1988 – 5 Ws 72/88, MDR 1989, 763; *Michel* MDR 1992, 544.

III. Voraussetzungen

10 **1. Ordnungsgemäße Ladung.** Der Zeuge muss von einer zur Ladung befugten Person schriftlich oder mündlich unter Angabe von Zeit und Ort der Vernehmung unter Hinweis auf die Folgen des Ausbleibens geladen worden sein.[31] Ein unterbliebener Hinweis auf die Folgen des Ausbleibens steht einer Festsetzung von Ungehorsamsfolgen auch dann entgegen, wenn dem Zeugen die gesetzlichen Folgen des Ausbleibens – etwa aufgrund seiner Eigenschaft als Polizeibeamter – **bekannt** sind.[32] Nicht Voraussetzung für die Verhängung der Ungehorsamsfolgen nach § 51 ist, dass der Zeuge entsprechend der Vorschrift des § 48 Abs. 2 auf **verfahrensrechtliche Bestimmungen,** die dem Interesse des Zeugen dienen, und auf vorhandene Möglichkeiten der Zeugenbetreuung hingewiesen worden ist.[33] Das Erfordernis der ordnungsgemäßen Ladung in § 51 bezweckt, dem Zeugen vor Augen zu führen, dass er erscheinen muss und sein Nichterscheinen sanktioniert werden kann. Dem wird durch den Hinweis auf die gesetzlichen Folgen des Ausbleibens in der Ladung Genüge getan.

11 Eine **förmliche Zustellung** der schriftlichen Ladung ist mit Ausnahme einer Ladung gemäß § 38 StPO zwar nicht vorgeschrieben, empfiehlt sich aber deshalb, weil Ungehorsamsfolgen gegen den Zeugen nur festgesetzt werden dürfen, wenn ihm die Ladung nachweislich zugegangen ist[34] und der Zeuge den fehlenden Zugang der Ladung nicht dartun muss, wenn dieser nicht belegt werden kann.[35] Insbesondere kann durch einen Vermerk der Geschäftsstelle des Gerichts, die Ladung sei an den Zeugen übersandt worden, der Zugang nicht nachgewiesen werden,[36] nachdem vom Gericht formlos übersandte Mitteilungen verloren gehen können und deshalb keine Vermutung für den Zugang besteht.[37] Gemäß § 37 StPO gelten für das Verfahren der Zustellung die Vorschriften der §§ 166 ff. ZPO und damit insbesondere die Vorschriften über die Ersatzzustellung nach §§ 178 ff. ZPO entsprechend. Ist die Zustellung danach fehlerhaft erfolgt, dürfen gegen den Zeugen keine Ungehorsamsfolgen verhängt werden. Eine **Ladungsfrist** besteht nicht, weshalb der Zeuge auch zum sofortigen Erscheinen aufgefordert werden kann.[38] In der Regel ist für eine ordnungsgemäße Ladung aber erforderlich, dass dem Zeugen eine angemessene Frist zur Vorbereitung auf den Termin eingeräumt wird.[39]

12 Wird die **Hauptverhandlung ausgesetzt oder unterbrochen** und der bereits erschienene Zeuge zu einem Fortsetzungstermin mündlich geladen, muss er erneut auf die Folgen des Ausbleibens hingewiesen werden.[40] Warum die mündliche Ladung einschließlich des Hinweises auf die Folgen des Ausbleibens – anders als bei schriftlichen Ladungen, bei denen ein förmlicher Nachweis des Zugangs unstreitig nicht erforderlich ist, solange die Ladung dem Zeugen nachweislich zugegangen ist – nur durch das Sitzungsprotokoll bewiesen werden können soll,[41] erschließt sich allerdings nicht. Ausreichend ist auch hier, dass der

---

[31] AllgM, vgl. nur Radtke/Hohmann/*Otte* Rn. 4; LR-*Ignor/Bertheau* Rn. 2.

[32] KG 15.2.2006 – 3 Ws 552/05, NStZ 2006, 288 = BeckRS 2006, 06194.

[33] LR-*Ignor/Bertheau* Rn. 2; *Wenske* DRiZ 2005, 296; aA SK/*Rogall* Rn. 3, wonach auch der Hinweis auf Bestimmungen, die dem Zeugenschutz dienen, erforderlich sein soll.

[34] OLG München 20.4.1991 – 2 Ws 412/91, MDR 1992, 70; KG 21.12.1998 – 1 AR 1461/98 – 3 Ws 692/98, BeckRS 1998, 15132; *Meyer-Goßner* Rn. 2; Radtke/Hohmann/*Otte* Rn. 4; AK/*von Schlieffen* Rn. 3; *Graf/Huber* Rn. 2.

[35] BVerfG 19.6.2013 – 2 BVR 1960/12, NJW 2013, 2658; OLG München 20.4.1991 – 2 Ws 412/91, MDR 1992, 70; KG 21.12.1998 – 1 AR 1461/98 – 3 Ws 692/98, BeckRS 1998, 15132; Radtke/Hohmann/*Otte* Rn. 4; SK/*Rogall* Rn. 3.

[36] KG 21.12.1998 – 1 AR 1461/98 – 3 Ws 692/98, BeckRS 1998, 15132.

[37] BVerfG 19.6.2013 – 2 BvR 1960/12, NJW 2013, 2658.

[38] *Meyer-Goßner* Rn. 2; *Graf/Huber* Rn. 2; *Eisenberg* Rn. 1057.

[39] *Eisenberg* Rn. 1058.

[40] OLG Hamm 28.5.1957 – 3 Ws 178/57, NJW 1957, 1330; Radtke/Hohmann/*Otte* Rn. 4; LR-*Ignor/Bertheau* Rn. 2; *Eisenberg* Rn. 1061.

[41] So OLG Hamm 28.5.1957 – 3 Ws 178/57, NJW 1957, 1330; Radtke/Hohmann/*Otte* Rn. 4; LR-*Ignor/Bertheau* Rn. 4; KMR/*Neubeck* Rn. 4.

Zeuge tatsächlich unter Hinweis auf die Folgen des Ausbleibens geladen worden ist, was gegebenenfalls im Freibeweisverfahren geklärt werden kann.

2. Nichterscheinen. Ein Zeuge erscheint nicht, wenn er am in der Ladung bestimmten Ort, der auch außerhalb des Gerichtsorts liegen kann, zu der in der Ladung festgesetzten Zeit ausbleibt.[42] **Geringfügige Verspätungen,** die je nach den Umständen des Falles bis zu 30 Minuten betragen können,[43] sind hinzunehmen. Auch der Zeuge, der zwar körperlich anwesend ist, aber infolge schuldhaft herbeigeführter Verhandlungsunfähigkeit **nicht vernehmungsfähig** ist, wird als nicht erschienen behandelt.[44] 13

a) Verspätetes Erscheinen. Erscheint der Zeuge mit einer mehr als geringfügigen Verspätung, aber **bevor der Beschluss nach § 51 erlassen ist,** soll nach teilweise vertretener Auffassung eine Ahndung ausnahmslos unterbleiben.[45] In der Tat wird in dem Fall, dass der Zeuge lediglich verspätet erscheint, in der Regel von der Festsetzung von Ungehorsamsfolgen abgesehen werden können. Das folgt aber nicht bereits daraus, dass die Voraussetzungen des § 51 nicht vorliegen. Denn der Zeuge wird auf einen bestimmten Zeitpunkt geladen; ergibt sich beim Aufruf, dass er zu diesem Zeitpunkt nicht erschienen ist, lässt sich deshalb nur feststellen, dass er nicht erschienen ist.[46] Damit kann es für die Verhängung der Ungehorsamsfolgen nicht darauf ankommen, ob der Beschluss nach § 51 zum Zeitpunkt des Erscheinens des Zeugen bereits erlassen ist.[47] Dem steht auch der Anspruch des Angeklagten darauf, dass dem Zeugen die durch sein Nichterscheinen bedingten Kosten auferlegt werden,[48] entgegen. Vielfach wird von der Auferlegung der Kosten aber deshalb abgesehen werden können, weil durch das verspätete Erscheinen keine Kosten entstehen; das ist insbesondere der Fall, wenn der Zeuge nach dem Verhandlungsverlauf ohnehin erst später vernommen werden hätte können oder eine zeitliche Verschiebung seiner Vernehmung problemlos möglich war.[49] Von der Festsetzung von Ordnungsgeld und Ordnungshaft wird in der Regel analog § 153 abgesehen werden können, wenn der Zeuge noch im selben Termin vernommen werden kann.[50] 14

b) Eigenmächtiger Abbruch der Vernehmung. Dem Nichterscheinen steht es nach hM gleich, wenn sich der Zeuge vor seiner endgültigen Entlassung eigenmächtig entfernt.[51] Überwiegend wird es für zulässig gehalten, dass der Vernehmende **den Zeugen festhalten lässt,** um eine Vorführung zu ersparen, da es sich hierbei um einen geringeren Eingriff als bei der Vorführung des Zeugen zum nächsten Termin handele.[52] Nach hier vertretener Auffassung kann gegen den sich vorzeitig entfernenden Zeugen nur nach § 70 vorgegangen werden.[53] Für das Festhalten des erschienenen Zeugen, der sich wieder entfernen möchte, fehlt es an einer gesetzlichen Ermächtigungsgrundlage.[54] Ein vor dem Richter stehender Zeuge ist zweifellos erschienen, sodass es an der Voraussetzung des § 51, dass der Zeuge 15

---

[42] *Meyer-Goßner* Rn. 3; SK/*Rogall* Rn. 6; *Graf/Huber* Rn. 3; KMR/*Neubeck* Rn. 6.

[43] SK/*Rogall* Rn. 6; Kaiser NJW 1977, 1955.

[44] So auch BGH 6.10.1970 – 5 StR 199/70, BGHSt 23, 331 = NJW 1970, 2253 für den Anwendungsbereich des § 329; allgM, vgl. etwa *Meyer-Goßner* Rn. 3; SK/*Rogall* Rn. 7; *Graf/Huber* Rn. 3.

[45] *Meyer-Goßner* Rn. 3; *Graf/Huber* Rn. 3; Radtke/Hohmann/*Otte* Rn. 5; KMR/*Neubeck* Rn. 6; aA KK/*Senge* Rn. 3.

[46] KK/*Senge* Rn. 3.

[47] KK/*Senge* Rn. 3; LR-*Ignor/Bertheau* Rn. 4; *Eisenberg* Rn. 1063.

[48] Vgl. hierzu IV.1.a).

[49] Siehe hierzu LR-*Ignor/Bertheau* Rn. 4 sowie näher unter IV.1.b).

[50] Vgl. im Einzelnen IV.6.

[51] OLG Koblenz 13.1.1988 – 1 Ws 709/87, NStZ 1988, 192; *Graf/Huber* Rn. 4; LR-*Ignor/Bertheau* Rn. 6; KK/*Senge* Rn. 4; Radtke/Hohmann/*Otte* Rn. 5; KMR/*Neubeck* Rn. 6; *Meyer-Goßner* Rn. 4; im Ergebnis auch SK/*Rogall* Rn. 8, der im Hinblick auf den Vorbehalt des Gesetzes eine gesetzgeberische Klarstellung empfiehlt; aA Lampe MDR 1974, 535.

[52] *Graf/Huber* Rn. 4; KK/*Senge* Rn. 4; LR-*Ignor/Bertheau* Rn. 6; Radtke/Hohmann/*Otte* Rn. 5; KMR/*Neubeck* Rn. 6; *Eisenberg* Rn. 1065; *Meyer-Goßner* Rn. 4; aA *Lampe* MDR 1974, 535.

[53] So bereits *Lampe* MDR 1974, 535.

[54] *Lampe* MDR 1974, 535.

nicht erschienen ist, fehlt; entfernt er sich vor Abschluss der Vernehmung, verweigert er die vollständige Aussage, wodurch der Anwendungsbereich des § 70 eröffnet ist.[55]

16 **c) Vorab angekündigter Ungehorsam.** Die Festsetzung von Zwangsmitteln setzt nach dem Wortlaut des § 51 einen bereits begonnenen Ungehorsam voraus, **vorbeugende Maßnahmen** sieht das Gesetz nicht vor.[56] Nicht ausreichend für die Verhängung von Ungehorsamsfolgen ist es daher, dass der Zeuge vor dem Termin erklärt, er werde nicht erscheinen.[57] Anders soll es nach teilweise vertretener Ansicht sein, wenn die angekündigte Weigerung die Terminsverlegung bereits erzwungen hat, weil andernfalls das Gericht gezwungen wäre, sämtliche Prozessbeteiligten unnütz erscheinen zu lassen, nur um eine Ordnungsstrafe gegen den Zeugen aussprechen zu können.[58] Richtigerweise können auch in einem solchen Fall **mangels gesetzlicher Grundlage** keine Ungehorsamsfolgen verhängt werden.[59] Das folgt aus dem eindeutigen Wortlaut des § 51, der die Sanktionen allein an das tatsächliche Nichterscheinen anknüpft, und der Erwägung, dass der Zeuge – insbesondere auf erneuten Hinweis auf die Folgen seines Ausbleibens – seine Meinung bis zu dem Termin wieder ändern oder bei entsprechender Dauer des Termins in vielen Fällen sofort vorgeführt werden kann.[60]

17 **3. Keine rechtzeitige genügende Entschuldigung.** Die Verhängung der Ungehorsamsfolgen hat nach § 51 Abs. 2 S. 1 zu unterbleiben, wenn der Zeuge rechtzeitig genügend entschuldigt wird.

18 **a) Mitteilung der Entschuldigung gegenüber dem Gericht.** Dass ein Entschuldigungsgrund tatsächlich vorliegt, ist für sich genommen nicht ausreichend. Erforderlich ist ausweislich des Wortlauts, wonach die Verhängung von Ungehorsamsfolgen nicht bereits dann unterbleibt, wenn der Zeuge genügen entschuldigt „ist", sondern nur dann, wenn er rechtzeitig genügend entschuldigt „wird", dass die Entschuldigung dem Gericht vom Zeugen oder einem Dritten bekannt gegeben wird.[61] Mangels rechtzeitiger Entschuldigung sind deshalb Maßnahmen nach § 51 zu ergreifen, wenn sich Hinweise auf die Verhinderung lediglich **aus den Akten** ergeben, der Zeuge die Mitteilung an das Gericht aber unterlassen hat.[62]

19 **b) Rechtzeitige Entschuldigung.** Das Erfordernis, dass sich der Zeuge rechtzeitig entschuldigt, soll dem Gericht ermöglichen, entweder den Zeugen doch noch zum Erscheinen zu veranlassen oder den Termin aufzuheben und die Beteiligten abzuladen.[63] Rechtzeitig ist eine Entschuldigung deshalb nur, wenn der Zeuge oder ein Dritter dem Gericht die Verhinderung zu einem so frühen Zeitpunkt mitteilt, dass der Termin noch aufgehoben und dies den übrigen Beteiligten **im gewöhnlichen Geschäftsgang** mitgeteilt werden kann.[64]

20 **c) Verspätete Entschuldigung.** Erfolgt die Entschuldigung nicht rechtzeitig, unterbleibt die Auferlegung der Kosten und die Festsetzung eines Ordnungsmittels gemäß § 51 Abs. 2 S. 2 nur dann, wenn glaubhaft gemacht wird, dass den Zeugen an der Verspätung der Entschuldigung kein Verschulden trifft. Insoweit ist ein Vortrag des Zeugen ausreichend,

---

55 *Lampe* MDR 1974, 535.
56 OLG Düsseldorf 14.4.1981 – 2 Ws 111/81, NJW 1981, 2768; KK/*Senge* Rn. 5; LR-*Ignor/Bertheau* Rn. 5; *Eisenberg* Rn. 1064.
57 LR-*Ignor/Bertheau* Rn. 5; SK/*Rogall* Rn. 9; Radtke/Hohmann/*Otte* Rn. 5; KMR/*Neubeck* Rn. 7; AK/*von Schlieffen* Rn. 4.
58 OLG Stuttgart 16.3.1956 – Ws 113/56, NJW 1956, 840 mAnm *Reiff* NJW 1956, 1083; *Graf/Huber* Rn. 5; KK/*Senge* Rn. 5; *Meyer-Goßner* Rn. 5; aA SK/*Rogall* Rn. 9; LR-*Ignor/Bertheau* Rn. 5.
59 SK/*Rogall* Rn. 9; Radtke/Hohmann/*Otte* Rn. 5.
60 LR-*Ignor/Bertheau* Rn. 5; Radtke/Hohmann/*Otte* Rn. 5; KMR/*Neubeck* Rn. 7; *Eisenberg* Rn. 1064.
61 Radtke/Hohmann/*Otte* Rn. 6; KK/*Senge* Rn. 15; KMR/*Neubeck* Rn. 8; SK/*Rogall* Rn. 25.
62 KK/*Senge* Rn. 15; KMR/*Neubeck* Rn. 8; aA LR-*Ignor/Bertheau* Rn. 7.
63 LR-*Ignor/Bertheau* Rn. 7; Radtke/Hohmann/*Otte* Rn. 6; KK/*Senge* Rn. 10.
64 LR-*Ignor/Bertheau* Rn. 8; Radtke/Hohmann/*Otte* Rn. 6; KMR/*Neubeck* Rn. 9; KK/*Senge* Rn. 10.

der es dem Gericht ermöglicht, die behaupteten Tatsachen ohne Beweisaufnahme als wahrscheinlich zu akzeptieren.[65]

21 **d) Genügende Entschuldigung.** Die Entschuldigung ist genügend, wenn dem Zeugen bei Würdigung und Abwägung aller Umstände das Erscheinen **nicht zugemutet** werden kann.[66] Eine genügende Entschuldigung setzt lediglich voraus, dass das Gericht keinen Anlass sieht, an der Richtigkeit der vorgebrachten Gründe zu zweifeln.[67] Nicht erforderlich ist, dass das Gericht sich darüber hinausgehend die volle Überzeugung vom Vorliegen der Entschuldigungsgründe verschafft,[68] weil der Zeuge in der Regel im persönlichen Bereich liegende Umstände nicht beweisen kann.[69] Das Gericht kann allerdings vom Zeugen **Nachweise** verlangen oder **eigene Ermittlungen** im Freibeweisverfahren anstellen.[70] Missachtet der Zeuge ein nach den Umständen des Falles gerechtfertigtes Verlangen nach Vorlage eines amtsärztlichen Attests zum Nachweis seiner Erkrankung, so ist sein Fernbleiben nicht genügend entschuldigt.[71] Gleiches gilt, wenn der Zeuge ein den Umständen nach gerechtfertigtes Verlangen, einen Beleg für eine von ihm geltend gemachte unaufschiebbare Auslandsreise vorzulegen, missachtet.[72] Legt der Zeuge zum Nachweis einer Erkrankung ein **privatärztliches Attest** vor, liegt darin regelmäßig die Entbindung des Arztes von der Schweigepflicht, sodass das Gericht bei dem Arzt weitere Erkundigungen zu den Auswirkungen der Erkrankung auf die Möglichkeit der Teilnahme des Zeugen an der Verhandlung einholen kann.[73] Gibt der Zeuge unwahre Entschuldigungsgründe an, ist das nicht strafbar.[74]

22 **aa) Keine Kenntnis von der Zeugenladung.** Hat der Zeuge keine Kenntnis von der ihm nachweislich zugegangenen Ladung, ist er entschuldigt, wenn seine Unkenntnis unverschuldet ist.[75] Der Zeuge ist nicht verpflichtet, dafür zu sorgen, dass ihn Ladungen während der Abwesenheit von seiner Wohnung erreichen, es sei denn, er hat **Anlass, mit einer Ladung zu rechnen,** etwa, weil ihm vom Gericht bekannt gegeben worden ist, dass er in Kürze vernommen werden soll.[76] Allerdings wird man von einem Zeugen erst dann besondere Vorkehrungen verlangen können, wenn er sich für einen Zeitraum von **mehr als sechs Wochen** nicht in seiner Wohnung aufhält. In der Rechtsprechung des BVerfG ist für den ähnlich gelagerten Fall, dass sich ein Bürger für einen Zeitraum von längstens etwa sechs Wochen nicht in seiner Wohnung aufhält und er deshalb zunächst keine Kenntnis von einem ihm zugestellten Strafbefehl erhält, anerkannt, dass es ihm nicht als ein die Wiedereinsetzung in die Einspruchsfrist ausschließenden Umstand angerechnet werden kann, wenn er keine besonderen Vorkehrungen wegen der möglichen Zustellung eines Strafbefehls – mit dessen Erlass er aufgrund seiner Vernehmung als Beschuldigter zu rechnen hatte – getroffen hat.[77] Nachdem nicht ersichtlich ist, warum dem Zeugen in diesem Zusammenhang weitergehende Pflichten als einem Beschuldigten aufzuerlegen sein sollten, ist auch ein Zeuge nur dann verpflichtet, besondere Vorkehrungen zu treffen, wenn er sich länger als sechs Wochen nicht in seiner Wohnung aufhält. Anders ist das bei dem

---

65 *Eisenberg* Rn. 1066.
66 KK/*Senge* Rn. 11; Radtke/Hohmann/*Otte* Rn. 8; KMR/*Neubeck* Rn. 11.
67 BGH 29.3.1995 – StB 10/95, BGHR StPO Entschuldigung 1; *Eisenberg* Rn. 1070.
68 Radtke/Hohmann/*Otte* Rn. 8, *Meyer-Goßner* Rn. 10; *Graf/Huber* Rn. 8; KMR/*Neubeck* Rn. 10; SK/*Rogall* Rn. 26; AK/*von Schlieffen* Rn. 6; aA KK/*Senge* Rn. 16.
69 LR-*Ignor/Bertheau* Rn. 7; *Eisenberg* Rn. 1070.
70 Radtke/Hohmann/*Otte* Rn. 8; LR-*Ignor/Bertheau* Rn. 7; *Graf/Huber* Rn. 8; KMR/*Neubeck* Rn. 10.
71 BGH 29.3.1995 – StB 10/95, BGHR StPO Entschuldigung 1; Radtke/Hohmann/*Otte* Rn. 9; KK/*Senge* Rn. 11.
72 OLG Jena 10.7.1997 – 1 Ws 154/97, NStZ-RR 1997, 333.
73 *Graf/Huber* Rn. 8; Radtke/Hohmann/*Beukelmann* § 329 Rn. 12 mwN für den Fall des unentschuldigt fehlenden Angeklagten; vgl zur Erkrankung des Zeugen auch unten ff).
74 KMR/*Neubeck* Rn. 10; SK/*Rogall* Rn. 26.
75 LR-*Ignor/Bertheau* Rn. 10; *Meyer-Goßner* Rn. 11; *Graf/Huber* Rn. 9; SK/*Rogall* Rn. 27.
76 LR-*Ignor/Bertheau* Rn. 10; *Graf/Huber* Rn. 9; KMR/*Neubeck* Rn. 12; *Meyer-Goßner* Rn. 11; SK/*Rogall* Rn. 27.
77 BVerfG 18.10.2012 – 2 BvR 2776/10, NJW 2013, 592.

Zeugen, der sich nur **selten an seinem Hauptwohnsitz** aufhält.[78] Bei einem solchen Zeugen kann es aber geboten sein, zu überprüfen, ob er an seinem Hauptwohnsitz noch tatsächlich eine Wohnung unterhält, was Voraussetzung für eine ordnungsgemäße Zustellung durch Niederlegung in den Briefkasten nach §§ 37 StPO, 180 ZPO ist.[79] In der Regel wird aber allein daraus, dass der Zeuge sich nur noch selten an seinem Hauptwohnsitz aufhält, nicht folgen, dass er dort keine Wohnung mehr unterhält; denn die Aufgabe des Wohnsitzes setzt einen entsprechenden Willensentschluss voraus, der nach außen erkennbaren Ausdruck gefunden haben muss.[80]

23 Hat der Zeuge infolge **Verschuldens dritter Personen,** die für ihn die Ladung in Empfang genommen, sie aber nicht an ihn weitergeleitet haben, keine Kenntnis von der Ladung erhalten, stellt dies nur dann ein Verschulden des Zeugen dar, wenn die dritte Person die Ladung mit Wissen und Wollen des Zeugen für ihn in Empfang genommen hat und der Zeuge Anlass haben musste, daran zu zweifeln, dass der Dritte die Ladung an ihn weiterleiten würde.[81] So darf sich ein **Ehegatte,** der bisher keinen Anlass hatte, an der Zuverlässigkeit des anderen Ehegatten zu zweifeln, darauf verlassen, dass dieser einen Gerichtstermin zutreffend notiert.[82] Entsprechendes gilt für den als Zeugen geladenen **Rechtsanwalt.** Er darf sich darauf verlassen, dass sein Büropersonal ihm eine an ihn gerichtete Zeugenladung vorlegt, sofern das Personal bisher zuverlässig war. Allerdings ist er verpflichtet, sein Büro so zu organisieren, dass sichergestellt ist, dass ihm dort zugestellte Ladungen tatsächlich vorgelegt werden.[83]

24 **bb) Angst des Zeugen vor Verhaftung in anderer Sache.** Ob die Angst des Zeugen, bei einem Erscheinen zur Vernehmung aufgrund eines in anderer Sache erlassenen Haftbefehls verhaftet zu werden, entschuldigt, ist streitig.[84] Für eine Entschuldigung des Zeugen wird ins Feld geführt, Teil der rechtsstaatlichen Ordnung sei der Grundsatz, dass einem Staatsbürger aus der Unterlassung positiver Mitwirkung beim Entzug seiner persönlichen Freiheit keine Rechtsnachteile erwachsen dürften.[85] Teilweise wird danach differenziert, ob es um einen Untersuchungshaftbefehl oder um einen Vollstreckungshaftbefehl geht.[86] Nach hier vertretener Auffassung hängt es von den **Umständen des Einzelfalls** ab, ob der Zeuge genügend entschuldigt ist. Zwar ist es richtig, dass daraus, dass es nicht unter Strafe steht, dass ein Zeuge sich der Vollstreckung eines Haftbefehls entzieht, kein „Recht" des Angeklagten hierauf folgt und seine staatsbürgerlichen Pflichten nicht suspendiert werden.[87] Ob die Entschuldigung des Zeugen genügend ist, beurteilt sich aber danach, ob dem Zeugen bei Würdigung und Abwägung aller Umstände das Erscheinen nicht zugemutet werden kann;[88] wie diese Abwägung ausfällt, ist von den Umständen des Einzelfalls abhängig. Maßgeblich ist insbesondere, welche Dauer der drohende Freiheitsentzug des Zeugen voraussichtlich haben wird, welche Bedeutung die Aussage des Zeugen für das Verfahren hat und welches Gewicht der dem Angeklagten

---

[78] OLG Düsseldorf 31.7.1980 – VI 1/79, NJW 1980, 2721; LR-*Ignor/Bertheau* Rn. 10; *Graf/Huber* Rn. 9; Radtke/Hohmann/*Otte* Rn. 9; KMR/*Neubeck* Rn. 12; SK/*Rogall* Rn. 27; aA *Schmid* NJW 1981, 858.

[79] BGH 16.6.2011 – III ZR 342/09, NJW 2011, 2440; OLG Koblenz 19.6.1981 – 1 Ws 330/81, MDR 1981, 1036; *Schmid* NJW 1981, 858.

[80] BGH 16.6.2011 – III ZR 342/09, NJW 2011, 2440.

[81] Ähnlich SK/*Rogall* Rn. 27.

[82] OLG Düsseldorf 28.10.1994 – 1 Ws 836/94, NJW 1995, 472; LR-*Ignor/Bertheau* Rn. 10; KK/*Senge* Rn. 11.

[83] OLG Hamm 30.5.1956 – 3 Ws 189/56, NJW 1956, 1935; KK/*Senge* Rn. 13; LR-*Ignor/Bertheau* Rn. 10; *Eisenberg* Rn. 1068.

[84] Bejahend: OLG Bremen 19.2.1963 – Ws 31/63, JR 1963, 232; KK/*Senge* Rn. 11; AK/*von Schlieffen* Rn. 6; verneinend: OLG Jena 24.9.2003 – 1 Ws 302/03, NStZ 2004, 280; Radtke/Hohmann/*Otte* Rn. 9; KMR/*Neubeck* Rn. 13; SK/*Rogall* Rn. 30; *Meyer-Goßner* Rn. 12.

[85] OLG Bremen 19.2.1963 – Ws 31/63, JR 1963, 232 für den Fall, dass vor dem Gerichtssaal Beamte warten, um einen gegen den Zeugen zwecks Ableistung der eidesstattlichen Versicherung ergangenen Haftbefehl zu vollstrecken.

[86] LR-*Ignor/Bertheau* Rn. 13.

[87] OLG Jena 24.9.2003 – 1 Ws 302/03, NStZ 2004, 280.

[88] Vgl. III.3.d).

gemachte Vorwurf hat. Wird der Zeuge zB aufgrund eines zur Erzwingung der Abgabe der eidesstattlichen Versicherung ergangenen Haftbefehls gesucht und soll er als zentraler Zeuge in einem Mordprozess aussagen, wird das Interesse des Zeugen, nicht verhaftet zu werden, in der Regel zurückzutreten haben. In einem solchen Fall wird der Zeuge einen Freiheitsentzug von längerer Dauer durch die sofortige Abgabe der eidesstattlichen Versicherung abwenden können, weshalb ihm das Erscheinen zumutbar ist. Anders ist es etwa, wenn der Zeuge in einem Fall der Kleinkriminalität oder wegen einer Verkehrsordnungswidrigkeit als Zeuge zu einem eher unbedeutenden Gesichtspunkt aussagen soll und ihm im Falle einer Verhaftung die Vollstreckung einer mehrjährigen Freiheitsstrafe droht.

cc) Angst des Zeugen vor dem Angeklagten. Bloße Angst vor dem Angeklagten reicht in der Regel nicht als Entschuldigungsgrund aus.[89] Anders ist es, wenn eine auf konkrete Tatsachen gestützte **Gefahr für Leib oder Leben** des Zeugen besteht.[90] Hier ist es Sache des Gerichts, die Gefahr durch geeignete Maßnahmen so weit zu reduzieren, dass dem Zeugen ein Erscheinen zumutbar ist.[91] Ist zu besorgen, dass der Zeuge im Falle seines Erscheinens in Lebensgefahr gerät und können ausreichende **Schutzvorkehrungen** nicht getroffen werden, dürfen Maßnahmen nach § 70 gegen den Zeugen nicht ergriffen werden.[92] In diesem Fall ist bereits die Vernehmung des Zeugen unzulässig,[93] jedenfalls ist der Zeuge genügend entschuldigt.[94] Entsprechendes gilt, wenn sich Drohungen für Leib, Leben oder Freiheit nicht gegen den Zeugen, sondern gegen Dritte, insbesondere dem Zeuge nahestehende Personen, richten.[95] 25

dd) Verhinderung des Zeugenbeistands. Nach der Rechtsprechung des BGH soll das Recht des Zeugen, einen Rechtsanwalt seines Vertrauens als Rechtsbeistand zur Vernehmung hinzuzuziehen, keine Befugnis gewähren, einem Vernehmungstermin bei Verhinderung des Rechtsanwalts überhaupt fernzubleiben.[96] Diese Auffassung ist abzulehnen, weil hierdurch das Recht des Zeugen, einen Rechtsanwalt seines Vertrauens als Beistand zur Vernehmung hinzuzuziehen, ausgehöhlt wird.[97] Die Frage, ob die Verhinderung des Zeugenbeistands das Ausbleiben des Zeugen entschuldigt, kann auch nicht von der Schwierigkeit der Rechtslage, abhängig gemacht werden.[98] Angesichts dessen, dass sich vor einer Vernehmung kaum jemals abschließend beurteilen lassen wird, ob sich schwierige rechtliche Fragen stellen werden oder dem Zeugen von seinem Aussageverhalten erhebliche Nachteile drohen, ist der Zeuge im Regelfall genügend entschuldigt, wenn der Rechtsanwalt, den er als Beistand zugezogen hat, am Vernehmungstermin verhindert ist. Anderes gilt im Hinblick auf den Beschleunigungsgrundsatz, wenn mit der Verlegung des Termins wegen der Überschreitung der Fristen nach § 229 eine Aussetzung des Verfahrens verbunden wäre. 26

ee) Kollidierende berufliche oder private Pflichten. Private und berufliche Pflichten haben gegenüber der staatsbürgerlichen Pflicht, als Zeuge vor Gericht zu erscheinen, grundsätzlich zurückzutreten.[99] Diese genügen nur in besonders gelagerten **Ausnahmefällen** als Entschuldigung, namentlich dann, wenn der Zeuge sonst unverhältnismäßig große, 27

[89] OLG Hamm 3.12.1973 – 2 Ws 232/72, MDR 1974, 330; Radtke/Hohmann/*Otte* Rn. 9; KK/*Senge* Rn. 11; *Meyer-Goßner* Rn. 12.
[90] KMR/*Neubeck* Rn. 13; LR-*Ignor/Bertheau* Rn. 13; SK/*Rogall* Rn. 31.
[91] LR-*Ignor/Bertheau* Rn. 13.
[92] BGH 16.6.1983 – 2 StR 4/83, NStZ 1984, 31; SK/*Rogall* Rn. 31.
[93] BGH 17.2.1981 – 5 StR 21/81, BGHSt 30, 34 = NJW 1981, 1052; SK/*Rogall* Rn. 31.
[94] SK/*Rogall* Rn. 31.
[95] SK/*Rogall* Rn. 31.
[96] BGH 19.5.1989 – 4 StB 19/89, NStZ 1989, 484 m. abl. Anm. *Krehl;* so auch *Meyer-Goßner* Rn. 12; KK/*Senge* Rn. 2.
[97] Im Ergebnis auch LG Hildesheim 4.1.1984 – 13 Qs 247/83, StV 1985, 229; *Krehl* NStZ 1990, 192.
[98] So aber LR-*Ignor/Bertheau* Rn. 13.
[99] OLG Jena 10.7.1997 – 1 Ws 154/97, NStZ-RR 1997, 333; OLG Hamm 3.12.1973 – 2 Ws 232/72, MDR 1974, 330; Radtke/Hohmann/*Otte* Rn. 8; KMR/*Neubeck* Rn. 11; KK/*Senge* Rn. 11; *Eisenberg* Rn. 1067; SK/*Rogall* Rn. 29.

ihm schlechterdings unzumutbare Nachteile – etwa den drohenden Verlust seines Arbeitsplatzes[100] – in Kauf nehmen müsste.[101] Der Zeuge ist daher verpflichtet, der Ladung auch dann zu folgen, wenn dies für ihn Unannehmlichkeiten mit sich bringt oder wenn er zur zeitweisen Umgestaltung seines Organisationskreises gezwungen ist; eine **Geschäfts- oder Urlaubsreise** muss er notfalls verlegen, unterbrechen oder vorzeitig abbrechen.[102] Allerdings kann dem Zeugen auch insoweit im Einzelfall das Erscheinen unzumutbar sein, etwa dann, wenn er einen Urlaub bereits gebucht hat oder er ihn nicht in zumutbarer Weise verlegen oder nachholen kann.[103] Auch eine bereits begonnene, wichtige Geschäftsreise oder eine unaufschiebbare, bedeutende Besprechung kann als Entschuldigung genügen.[104] Im Übrigen gebietet die gerichtliche Fürsorgepflicht, dass sich das Gericht um einen **Ausgleich der widerstreitenden Interessen** bemüht; wenn ein solcher ohne Beeinträchtigung der Verfahrenszwecke gefunden werden kann, ist eine Terminsverlegung ins Auge zu fassen.[105] Aus dem Anspruch des Zeugen auf eine angemessene Behandlung folgt nicht die Pflicht, Termine mit einem Zeugen abzustimmen, der auf eine berufliche Verhinderung hinweist, sich aber lediglich allgemein auf die Notwendigkeit einer terminlichen Abstimmung beruft, ohne im Übrigen dringende berufliche Hinderungsgründe für einen bestimmten Verhandlungstermin geltend zu machen.[106]

28 **ff) Unabsehbare Verhinderungen.** Schwierigkeiten bei der Anreise des Zeugen, insbesondere Stau, Schneefall, Verspätung des vom Zeugen benutzten Zuges, lange Dauer der Parkplatzsuche am Gerichtsort oder eine Autopanne entschuldigen nur, wenn sie **unvorhersehbar** waren.[107] Auf Staus und Verspätungen von gewöhnlicher Länge hat sich der Zeuge einzustellen.[108] Vergessen oder Verschlafen des Termins stellt keine unabsehbare Verhinderung dar und ist stets schuldhaft.[109] Eine unvorhersehbare Verhinderung kann auch vorliegen, wenn der Zeuge **plötzlich erkrankt.**[110] Es muss sich um eine Erkrankung handeln, aufgrund derer der Zeuge nicht in der Lage ist, zum Gericht anzureisen und im Rahmen der Gerichtsverhandlung auszusagen. Legt der Zeuge eine ärztliche Bescheinigung vor, aus der sich ergibt, der Zeuge sei „arbeitsunfähig erkrankt", ist das als Entschuldigung nicht ausreichend, weil damit noch keine Aussage über die Fähigkeit des Zeugen getroffen ist, an der Verhandlung teilzunehmen und dort auszusagen. In einem solchen Fall kann das Gericht im Wege des Freibeweisverfahrens weitere Ermittlungen zum Gesundheitszustand des Zeugen anstellen und insbesondere bei dem Arzt, der das vom Zeugen vorgelegte Attest ausgestellt hat, telefonisch Erkundigungen einholen.[111]

29 **gg) Irrtum des Zeugen über die Pflicht zu erscheinen.** Der Irrtum des Zeugen über seine Pflicht zu erscheinen, entschuldigt den Zeugen nur dann, wenn der Irrtum **unvermeidbar** war.[112] Der Zeuge ist gehalten, in Zweifelsfällen **beim Gericht nachzufragen,** ob er erscheinen muss.[113] Erhält er von dort die Auskunft, dass er erscheinen muss, so kann er sich nicht darauf berufen, er sei trotzdem der Auffassung gewesen, er müsse

---

[100] KMR/*Neubeck* Rn. 13; vgl. auch BGH 21.12.1979 – 2 StR 705/79, NJW 1980, 950 zur Frage der Eigenmächtigkeit des Ausbleibens des Angeklagten.

[101] OLG Hamm 3.12.1973 – 2 Ws 232/72, MDR 1974, 330; OLG Hamm v. 11.4.2013 – 1 RVs 18/13, BeckRS 2013, 08321; Radtke/Hohmann/*Otte* Rn. 9; KMR/*Neubeck* Rn. 12; *Eisenberg* Rn. 1067; *Meyer-Goßner* Rn. 12; KK/*Senge* Rn. 11.

[102] OLG Jena 10.7.1997 – 1 Ws 154/97, NStZ-RR 1997, 333; Radtke/Hohmann/*Otte* Rn. 9; KMR/*Neubeck* Rn. 12.

[103] SK/*Rogall* Rn. 30.

[104] SK/*Rogall* Rn. 30.

[105] SK/*Rogall* Rn. 29.

[106] BVerfG 30.9.2001 – 2 BvR 911/00, NJW 2002, 955.

[107] AllgM, vgl. nur LR-*Ignor/Bertheau* Rn. 14; Radtke/Hohmann/*Otte* Rn. 9.

[108] LR-*Ignor/Bertheau* Rn. 14.

[109] Radtke/Hohmann/*Otte* Rn. 9; KMR/*Neubeck* Rn. 13.

[110] Graf/Huber, Rn. 9.

[111] Vgl. zur Frage der Entbindung des Arztes von der Schweigepflicht die Nachweise unter III.2.d).

[112] LR-*Ignor/Bertheau* Rn. 11; *Eisenberg* Rn. 1069; SK/*Rogall* Rn. 27.

[113] OLG Frankfurt a.M. 30.10.2013 – 2 Ws 58/13, NJW 2014, 95; aA *Eisenberg* Rn. 1069.

nicht erscheinen. Ein unvermeidbarer Irrtum ist danach beispielweise gegeben, wenn dem Zeugen auf Nachfrage versehentlich von der Geschäftsstelle des Gerichts mitgeteilt wird, er müsse nicht erscheinen, obwohl der Richter eine solche Anordnung nicht getroffen hat. Einen **Vertrauenstatbestand** schafft das Gericht auch dann, wenn es bereits in der Vergangenheit ein ärztliches Attest als Entschuldigung des Zeugen genügen hat lassen; in diesem Fall darf es den zu einem weiteren Termin nicht erschienenen Zeugen im Falle der Vorlage eines neuen ärztlichen Attests nicht ohne weiteres als unentschuldigt behandeln.[114]

Der Zeuge soll nach hM auch dann entschuldigt sein, **wenn er dem Gericht rechtzeitig die Verhinderung mitgeteilt hat** und vom Gericht nicht darauf hingewiesen worden ist, er habe dennoch zu erscheinen; der Zeuge könne dann regelmäßig davon ausgehen, seine Entschuldigung sei akzeptiert worden und er müsse nicht erscheinen.[115] Diese Auffassung ist abzulehnen. Es will bereits nicht einleuchten, warum der Zeuge davon ausgehen können soll, er brauche nicht zu erscheinen, wenn er vom Gericht nichts Gegenteiliges höre. Verlegt das Gericht den Termin trotz Mitteilung des Zeugen, er könne nicht erscheinen, nicht und lädt es den Zeugen auch nicht ab, muss der Zeuge vielmehr davon ausgehen, dass es – mangels anders lautender Anordnung – dabei bleibt, dass er erscheinen muss. Jedenfalls erschließt sich nicht, warum ein Irrtum des Zeugen unvermeidbar sein soll, nachdem der Zeuge ohne weiteres die Möglichkeit hat, sich durch einen Anruf bei Gericht Klarheit darüber zu verschaffen, ob er trotz der von ihm vorgebrachten Entschuldigung zu erscheinen hat.[116] Ein solcher Rückruf stellt eine einfache und damit zumutbare Möglichkeit dar, einen bis dahin etwa bestehenden Irrtum des Zeugen auszuräumen. Macht der Zeuge hiervon keinen Gebrauch, handelt er schuldhaft. 30

Auch das Vertrauen des Zeugen auf den **Rat eines Rechtsanwalts** entschuldigt nicht.[117] Auch hier kann der Zeuge sich beim Gericht vergewissern. Wird ihm von dort mitgeteilt, dass er erscheinen muss, ist ihm bekannt, dass andere Juristen anderer Meinung als sein Rechtsanwalt sind, sodass er nicht auf die Richtigkeit der Auskunft seines Rechtsanwalts vertrauen darf.[118] Aus demselben Grund entschuldigt auch der **Glaube an das Bestehen eines Zeugnis- oder Auskunftsverweigerungsrechts** in der Regel nicht.[119] 31

Je nach Lage des Falles kommt es aber im Falle eines Irrtums des Zeugen über die Pflicht zu erscheinen in Betracht, von der Verhängung von Ordnungsmitteln analog § 153 abzusehen.[120]

hh) Wunsch des Zeugen nach Geheimhaltung seiner Entschuldigungsgründe. 32
Immer wieder kommt es vor, dass ein Zeuge zwar bereit ist, gegenüber dem Gericht mitzuteilen, aufgrund welcher Umstände er am Erscheinen gehindert ist und auch bereit ist, dies durch die Vorlage entsprechender Unterlagen, insbesondere ärztlicher Atteste, zu belegen, aber im Gegenzug darauf besteht, dass die von ihm vorgelegten Unterlagen sowie sein Entschuldigungsvorbringen den übrigen Prozessbeteiligten nicht bekannt gegeben werden.[121] Nach Ansicht des OLG München soll es einem Gericht jedenfalls dann, wenn nicht der dauerhafte Verlust des Zeugen als Beweismittel zu befürchten sei, verwehrt sein, die von einem Zeugen vorgelegten ärztlichen Atteste als nicht vorhanden zu behandeln, nur

---

[114] LG Dresden 5.4.2007 – 3 Qs 57/07, zitiert nach juris.

[115] LR-*Ignor/Bertheau* Rn. 12; KK/*Senge* Rn. 14; *Meyer-Goßner* Rn. 12; *Graf/Huber* Rn. 11; Radtke/Hohmann/*Otte* Rn. 9; KMR/*Neubeck* Rn. 12; AK/*von Schlieffen* Rn. 6; *Eisenberg* Rn. 1069; SK/*Rogall* Rn. 27.

[116] Dafür, dass der Zeuge selbst aktiv werden muss auch LG Duisburg 15.4.2013 – 32 Qs 925/245 U Js 89/11/8/13, BeckRS 2013, 12046 sowie OLG Frankfurt a.M. 30.10.2013 – 2 Ws 58/13, NJW 2014, 95.

[117] OLG Jena 24.9.2003 – 1 Ws 302/03, NStZ 2004, 280; *Graf/Huber* Rn. 10; aA Radtke/Hohmann/*Otte* Rn. 9; KK/*Senge* Rn. 14; SK/*Rogall* Rn. 27.

[118] OLG Jena 24.9.2003 – 1 Ws 302/03, NStZ 2004, 280.

[119] So im Ergebnis auch *Graf/Huber* Rn. 10, Radtke/Hohmann/*Otte* Rn. 9; AK/*von Schlieffen* Rn. 6; KK/*Senge* Rn. 11; *Eisenberg* Rn. 1069.

[120] Vgl. IV.6.

[121] Vgl. zu einem Fall aus der zivilgerichtlichen Praxis OLG München 11.1.2000 – 23 W 3208/99, BeckRS 2000, 16913.

weil der Zeuge auf der Geheimhaltung vor den übrigen Prozessbeteiligten bestehe.[122] Die gebotene Abwägung des **Rechts des Zeugen auf informationelle Selbstbestimmung** mit dem Recht der übrigen Verfahrensbeteiligten auf Gewährung rechtlichen Gehörs führe grundsätzlich dazu, dass das Verlangen des Zeugen nach Geheimhaltung personenbezogener Umstände vorrangig sei. Auch wenn den übrigen Prozessbeteiligten näherer Vortrag zur Frage der Entschuldigung und der damit einhergehenden Frage, ob der Zeuge die durch sein Ausbleiben verursachten Kosten zu tragen habe, mangels Kenntnis der vom Zeugen vorgelegten Unterlagen nicht möglich sei, würden sie hinsichtlich der Kostenentscheidung nicht völlig rechtlos gestellt, weil sie durch eine Beschwerde gegen die Entscheidung des Gerichts, dem Zeugen die Kosten des Rechtsstreits nicht aufzuerlegen, immerhin die Überprüfung durch eine höhere Instanz erreichen könnten. Der Gesundheitszustand eines Zeugen gehe die anderen Prozessbeteiligten grundsätzlich nichts an. Diese Auffassung erscheint bedenklich. Die Frage, ob dem Zeugen die durch das Ausbleiben entstandenen Kosten aufzuerlegen sind, kann für einen Angeklagten – der einen Anspruch darauf hat, dass dem Zeugen im Falle seines unentschuldigten Ausbleibens die dadurch verursachten Kosten auferlegt werden[123] – ganz erhebliche wirtschaftliche Bedeutung haben. Insbesondere in umfangreichen Verfahren mit vielen Prozessbeteiligten können erhebliche (Rechtsanwalts-) Kosten entstehen, wenn durch das Ausbleiben des Zeugen ein Termin oder – im Falle des wiederholten Ausbleibens des Zeugen – gar mehrere weitere Termine erforderlich werden, deren Kosten der Angeklagte im Fall einer Verurteilung zu tragen hat, sofern sie nicht dem Zeugen auferlegt werden.[124] Aus diesem Grund verbietet sich die Annahme, der Gesundheitszustand eines Zeugen gehe die anderen Prozessbeteiligten grundsätzlich nichts an. Die Abwägung des Anspruchs des Angeklagten auf rechtliches Gehör und des Rechts des Zeugen auf informationelle Selbstbestimmung kann daher im Einzelfall durchaus dazu führen, dass der Anspruch des Angeklagten auf rechtliches Gehör vorrangig ist. Das wird insbesondere beim wiederholten Ausbleiben eines Zeugen sowie bei weniger schwerwiegenden Erkrankungen des Zeugen in Betracht kommen. Folge davon ist aber nicht, dass das Entschuldigungsvorbringen des Zeugen bei der Entscheidung des Gerichts über die durch das Ausbleiben verursachten Kosten unberücksichtigt bleiben muss, sondern dass dieses den übrigen Prozessbeteiligten auch **gegen den Willen des Zeugen** bekannt gegeben werden darf.[125] Soweit allerdings dem Zeugen unabhängig davon, ob die von ihm vorgebrachten Entschuldigungsgründe genügend im Sinne von § 51 sind, bereits aus anderen Gründen keine Kosten aufzuerlegen sind[126] und es deshalb nur darum geht, ob gegen den Zeugen Ordnungsmittel zu verhängen sind, sind die Rechte des Angeklagten – insbesondere sein Interesse, nicht unnötig hohe Prozesskosten tragen zu müssen – nicht unmittelbar betroffen. In einem solchen Fall ist das Entschuldigungsvorbringen des Zeugen bei der gerichtlichen Entscheidung ohne weiteres zu berücksichtigen, ohne dass es dem Angeklagten vorher bekanntgegeben werden muss. Kommt das Gericht zu dem Ergebnis, dass das Entschuldigungsvorbringen des Zeugen den übrigen Verfahrensbeteiligten nicht bekannt zu geben ist, dürfen die vom Zeugen vorgelegten Unterlagen nicht in die Hauptakte einblattiert werden; es ist hierfür ein **Sonderheft** anzulegen, welches im Falle eines Akteneinsichtsgesuchs nicht herausgegeben werden darf.

33 **4. Schuldfähigkeit des Zeugen.** Die Ordnungsmaßregeln des § 51 dienen mit Ausnahme der Vorführung, die präventiv die Anwesenheit des Zeugen im Termin sicherstellen

---

[122] OLG München 11.1.2000 – 23 W 3208/99, BeckRS 2000, 16913, entgegen der vorinstanzlichen Entscheidung.

[123] Vgl. hierzu insbesondere IV.1.a).

[124] Dies veranschaulicht gerade der vom OLG München entschiedene Fall, in dem der Zeuge wiederholt nicht erschienen war und sich jeweils erst kurz vor dem Termin darauf berufen hatte, er könne krankheitsbedingt nicht erscheinen.

[125] OLG München 11.1.2000 – 23 W 3208/99, BeckRS 2000, 16913.

[126] Etwa, weil der Angeklagte seine Berufung zurückgenommen hat und deshalb kein weiterer Termin nötig ist, vgl. hierzu IV.1.b).

soll,[127] der Ahndung einer Rechtsverletzung, weshalb die Schuldfähigkeit des Zeugen Voraussetzung für ihre Verhängung ist.[128] Gegen **Kinder** (§ 19 StGB) und **andere schuldunfähige Personen** dürfen deshalb keine Ordnungsmittel verhängt werden.[129] Ihnen dürfen insbesondere die durch ihr Ausbleiben verursachten Kosten nicht auferlegt werden.[130] Die Vorführung ist aber zulässig, weil es hier nicht um die Ahndung eines Rechtsverstoßes geht, sondern darum, das Erscheinen des Zeugen vor Gericht sicherzustellen.[131] Insoweit ist aber die Verhältnismäßigkeit der Maßnahme besonders sorgfältig zu prüfen.[132] Bei einem **Jugendlichen** dürfen Ordnungsmaßnahmen festgesetzt werden, wenn die Voraussetzungen des analog anwendbaren § 3 JGG vorliegen.[133] Bei **Heranwachsenden** kommt es darauf an, ob die Voraussetzungen der – ebenfalls analog anwendbaren – §§ 3, 105 JGG vorliegen.[134] Die von der Gegenauffassung in Bezug genommene Entscheidung des BayObLG[135] verhält sich nicht zur Frage der Verantwortlichkeit Heranwachsender für ihr Ausbleiben im Fall der Ladung als Zeuge, sondern befasst sich mit der Ahndung von durch Jugendliche und Heranwachsende begangenen Ordnungswidrigkeiten.

IV. Rechtsfolgen

1. Verurteilung zur Kostentragung. a) Allgemeines. Dem nicht erschienenen Zeugen werden die durch sein Ausbleiben verursachten Kosten gemäß § 51 Abs. 1 S. 1 für jeden Fall des Ausbleibens zwingend auferlegt.[136] Hierauf hat der Angeklagte einen **Rechtsanspruch,** weil sich dadurch die von ihm im Falle einer Verurteilung zu tragenden Verfahrenskosten vermindern.[137] Die Beschränkung nach § 51 Abs. 1 S. 4, wonach im Falle des wiederholten Ausbleibens das Ordnungsmittel lediglich ein weiteres Mal festgesetzt werden kann, gilt für die Auferlegung der Kosten nicht.[138] 34

Der Kostenausspruch **beziffert die Kosten nicht,** sondern spricht ganz allgemein die Verpflichtung des Zeugen zur Tragung der Kosten aus; die Festsetzung der Kosten erfolgt nach § 464b.[139] Das Gericht hat vor Erlass des Beschlusses auch nicht zu prüfen, ob durch das Ausbleiben des Zeugen überhaupt Kosten entstanden sind. Ist aber bereits bei der Entscheidung des Gerichts ersichtlich, dass es ausgeschlossen ist, dass hierdurch Kosten verursacht worden sind, kann trotz des Wortlauts des § 51 „werden auferlegt" von der Auferlegung der Kosten abgesehen werden, weil ein solcher Beschluss in diesem Fall eine reine Förmelei darstellen würde.[140] Das ist etwa der Fall, wenn der Zeuge nicht erscheint und der Angeklagte noch in der Verhandlung seine Berufung zurücknimmt; in einem solchen Fall ist offensichtlich, dass kein weiterer Termin erforderlich sein wird und daher durch das Ausbleiben des Zeugen keine Kosten entstanden sind.[141] 35

---

[127] LR-*Ignor/Bertheau* Rn. 15.
[128] SK/*Rogall* Rn. 10; Radtke/Hohmann/*Otte* Rn. 3; KK/*Senge* Rn. 22.
[129] LG Bremen 5.3.1970 – II Qs 105/70, NJW 1970, 1429; SK/*Rogall* Rn. 10; *Meyer-Goßner* Rn. 15; *Vierhaus* NStZ 1994, 271; *Graf/Huber* Rn. 14; *Eisenberg* Rn. 1072.
[130] SK/*Rogall* Rn. 10; aA LR-*Ignor/Bertheau* Rn. 16.
[131] SK/*Rogall* Rn. 10; LR-*Ignor/Bertheau* Rn. 16; KK/*Senge* Rn. 22; *Vierhaus* NStZ 1994, 271; aA *Skupin* MDR 1965, 865.
[132] *Vierhaus* NStZ 1994, 271; ähnlich AK/*von Schlieffen* Rn. 12, *Eisenberg* Rn. 1074 und *Meyer-Goßner* Rn. 20, wonach die Vorführung von Kindern allerdings regelmäßig unverhältnismäßig sein soll.
[133] SK/*Rogall* Rn. 10; LR-*Ignor/Bertheau* Rn. 16; KK/*Senge* Rn. 22; AK/*von Schlieffen* Rn. 9.
[134] AA LR-*Ignor/Bertheau* Rn. 16; SK/*Rogall* Rn. 10, wonach Heranwachsende wie Erwachsene zu behandeln sein sollen.
[135] BayObLG 12.11.1971 – 2 St 618/71 OWi, NJW 1972, 837.
[136] Radtke/Hohmann/*Otte* Rn. 10; *Graf/Huber* Rn. 13; KMR/*Neubeck* Rn. 14; SK/*Rogall* Rn. 12; *Meyer-Goßner* Rn. 14; KK/*Senge* Rn. 6.
[137] Radtke/Hohmann/*Otte* Rn. 10; *Graf/Huber* Rn. 13; *Meyer-Goßner* Rn. 14; KK/*Senge* Rn. 6; LR-*Ignor/Bertheau* Rn. 17; KMR/*Neubeck* Rn. 14; SK/*Rogall* Rn. 12.
[138] LR-*Ignor/Bertheau* Rn. 17.
[139] Radtke/Hohmann/*Otte* Rn. 10, *Meyer-Goßner* Rn. 14; KK/*Senge* Rn. 6; *Graf/Huber* Rn. 13; KMR/*Neubeck* Rn. 14; SK/*Rogall* Rn. 13.
[140] Sander NStZ 1995, 509.
[141] Vgl. IV.1.b).

36 Von der Kostentragungspflicht sind auch die Kosten, die durch die Vollstreckung eines Beschlusses nach § 51 entstanden sind, umfasst.[142] Wird der Angeklagte freigesprochen, kann er nicht darauf verwiesen werden, die ihm durch das Ausbleiben des Zeugen entstandenen Kosten zunächst beim Zeugen geltend zu machen; vielmehr hat er einen **uneingeschränkten Kostenerstattungsanspruch** nach § 467 Abs. 1 gegen die Staatskasse.[143] Umgekehrt muss der Angeklagte nicht befürchten, von der Staatskasse in Anspruch genommen zu werden, wenn die dem Zeugen auferlegten Kosten nicht beigetrieben werden können; eine gesetzliche Vorschrift, die eine dahingehende subsidiäre Haftung des Angeklagten normiert, gibt es nicht.[144]

37 **b) Ursächlichkeit des Ausbleibens für den Anfall der Kosten.** Zwischen dem Ausbleiben des Zeugen und dem Anfall der Kosten muss ein ursächlicher Zusammenhang bestehen. Kosten, die durch das Ausbleiben eins Zeugen verursacht werden, sind damit nur solche, die **nach** und gerade **infolge** des Ausbleibens entstehen.[145] Die Kosten, die den anderen Prozessbeteiligten dadurch entstanden sind, dass sie den Termin wahrgenommen haben, in dem der Zeuge nicht erschienen ist, sind mangels Ursächlichkeit des Ausbleibens des Zeugen nicht erstattungsfähig, weil sie an diesem Termin auch im Fall des Erscheinens des Zeugen hätten teilnehmen müssen. Erstattungsfähig sind lediglich die Kosten, die aufgrund der Teilnahme an dem durch das Ausbleiben des Zeugen verursachten **Fortsetzungstermin** entstanden sind. Nimmt der Angeklagte seine Berufung vor Durchführung des infolge des Ausbleibens des Zeugen erforderlichen Fortsetzungstermins zurück und wird dieser Termin deshalb entbehrlich, sind durch das Ausbleiben des Zeugen keine Kosten entstanden.[146]

38 Der Zeuge wird nicht dadurch von der Kostentragungspflicht befreit, dass **auch ein anderer Zeuge** dem Termin unentschuldigt **fernbleibt.**[147] In einem solchen Fall sind beide Zeugen als Gesamtschuldner verpflichtet, die durch ihr Ausbleiben verursachten Kosten zu tragen.[148] Demgegenüber fehlt es an der Ursächlichkeit, wenn außer dem Zeugen auch der Angeklagte nicht erschienen ist und deshalb ohnehin ein Fortsetzungstermin bestimmt werden muss; hier muss der Angeklagte nicht vor unnötigen Kosten geschützt werden.[149]

39 **c) Umfang der Kostentragungspflicht.** Der Zeuge hat die durch sein Ausbleiben verursachten Kosten zu tragen. Unstreitig ist, dass mit dem Begriff der Kosten sowohl die **Gerichtskosten** als auch die **Auslagen** des Angeklagten gemeint sind.[150] Die Auslagen des Angeklagten sind nur erstattungsfähig, wenn sie **„notwendig“** waren;[151] das ist insbesondere dann nicht der Fall, wenn der Angeklagte mit seinem Verteidiger eine Honorarvereinbarung getroffen hat, wonach er ein über der gesetzlichen Vergütung liegendes Honorar zu zahlen hat.[152]

---

142 SK/*Rogall* Rn. 14.

143 LG Münster 29.4.1974 – 6 Qs 34/74, NJW 1974, 1342; Radtke/Hohmann/*Otte* Rn. 10; SK/*Rogall* Rn. 12; KMR/*Neubeck* Rn. 14.

144 OLG Düsseldorf 19.2.1998 – 5 Ss 26/98, NStZ-RR 1998, 253.

145 OLG Braunschweig 16.1.1967 – Ws 264/66, NJW 1967, 1381; SK/*Rogall* Rn. 14.

146 Vgl. OLG Braunschweig 16.1.1967 – Ws 264/66, NJW 1967, 1381.

147 LG Berlin 9.5.2005 – 505 Qs 49/05, NStZ-RR 2005, 288; LR-*Ignor/Bertheau* Rn. 18.

148 LG Berlin 9.5.2005 – 505 Qs 49/05, NStZ-RR 2005, 288; LR-*Ignor/Bertheau* Rn. 18; Radtke/Hohmann/*Otte* Rn. 10; *Graf/Huber* Rn. 13; *Meyer-Goßner* Rn. 14; KK/*Senge* Rn. 6.

149 LG Berlin 28.9.1994 – 552 Qs 70/94, NStZ 1995, 508 m. zust. Anm. *Sander;* LR-*Ignor/Bertheau* Rn. 18.

150 Vgl. etwa LG Hamburg 23.11.1973 – 33 Qs 884/73, NJW 1974, 509; KK/*Senge* Rn. 6.

151 LG Hamburg 23.11.1973 – 33 Qs 884/73, NJW 1974, 509; OLG Karlsruhe 18.12.1979 – 4 Ws 171/79, NJW 1980, 951; aA (alle Auslagen) OLG Hamm 14.12.1953 – 1 Ws 281/53, NJW 1954, 286; SK/*Rogall* Rn. 13; *Graf/Huber* Rn. 13; Radtke/Hohmann/*Otte* Rn. 10; LR-*Ignor/Bertheau* Rn. 18; KK/*Senge* Rn. 6; KMR/*Neubeck* Rn. 14; *Meyer-Goßner* Rn. 14.

152 LG Hamburg 23.11.1973 – 33 Qs 884/73, NJW 1974, 509; aA (alle Auslagen) OLG Hamm 14.12.1953 – 1 Ws 281/53, NJW 1954, 286.

d) Verhältnis zur Kostenentscheidung im Urteil. Es ist nicht erforderlich, den Angeklagten vom dem Teil der Kosten, die durch gesonderten Beschluss dem Zeugen bereits auferlegt worden sind, in der Kostenentscheidung des gegen ihn ergehenden Urteils ausdrücklich freizustellen.[153] Die in dem Gerichtsbeschluss geregelte Kostenfolge tritt neben die Kostenentscheidung des Urteils und ergänzt sie; der Kostenausspruch des Urteils gegen den Angeklagten enthält danach schon die Beschränkung auf die Verfahrenskosten, die nicht durch einen Gerichtsbeschluss dem Zeugen auferlegt worden sind.[154] Einer solchen Freistellung im Urteil bedarf es auch dann nicht, wenn der Beschluss gemäß § 51 bei Erlass des Urteils noch nicht ergangen ist.[155] Es ist auch nicht erforderlich, dass der Beschluss, mit dem dem Zeugen die durch sein Ausbleiben entstandenen Kosten auferlegt werden, vor oder spätestens zeitgleich mit dem Erlass des Urteils in der Hauptsache gefasst wird;[156] vielmehr können dem Zeugen die durch sein Ausbleiben verursachten Kosten auch dann noch auferlegt werden, wenn das Strafverfahren zwischenzeitlich rechtskräftig abgeschlossen worden ist.[157] 40

2. Ordnungsgeld. Das Ordnungsgeld ist gemäß Art. 6 Abs. 1 EGStGB auf 5 bis 1.000 Euro festzusetzen; Zahlungserleichterungen sind in Art. 7 EGStGB geregelt. Die Höhe des Ordnungsgeldes bestimmt das Gericht innerhalb des Rahmens des Art. 6 Abs. 1 EGStGB nach pflichtgemäßem Ermessen, wobei insbesondere die Schwere der Pflichtverletzung und die aktuellen wirtschaftlichen Verhältnisse des Zeugen von Bedeutung sind.[158] Beim ersten Ausbleiben ist die Festsetzung zwingend vorgeschrieben, im Wiederholungsfall hat das Gericht ein Ermessen, § 51 Abs. 1 S. 4. 41

3. Ordnungshaft. Ordnungshaft darf gemäß § 51 Abs. 1 S. 2 nur für den Fall angeordnet werden, dass das Ordnungsgeld nicht beigetrieben werden kann. Die Angabe eines Umrechnungsschlüssels ist nicht erforderlich, aber zulässig.[159] Der Haftrahmen beträgt gemäß Art. 6 Abs. 2 EGStGB einen Tag bis sechs Wochen und wird nach Tagen bemessen. Die Verhängung der Ordnungshaft ist dem Richter vorbehalten, § 161a Abs. 2 S. 2. Gemäß Art. 8 Abs. 1 EGStGB kann die Ordnungshaft nachträglich festgesetzt werden. Die Vollstreckung kann nach Art. 8 Abs. 2 EGStGB unterbleiben, wenn sie eine unbillige Härte darstellen würde. 42

4. Vorführung. Die Vorführung kann neben der Festsetzung von Ordnungsmitteln erfolgen und steht im Ermessen des Gerichts.[160] Voraussetzung ist, dass zu befürchten ist, dass der Zeuge beim nächsten Termin erneut nicht erscheinen wird.[161] Die Vorführung kann auch noch angeordnet werden, wenn die Festsetzung von Ordnungsgeld und Ordnungshaft nach § 51 Abs. 1 S. 4 unzulässig wäre.[162] 43

5. Wiederholtes Ausbleiben. Im Falle des wiederholten Ausbleibens kann das Ordnungsmittel gemäß § 51 Abs. 1 S. 4 noch ein weiteres Mal festgesetzt werden. Ausweislich des Wortlauts steht die Festsetzung von Ordnungsmitteln im zweiten Fall des Ausbleibens im Ermessen des Gerichts, in weiteren Fällen des Ausbleibens ist sie unzulässig.[163] Ein 44

---

[153] BGH 16.7.1997 – 2 StR 545/96, BGHSt 43, 146 = NJW 1997, 2963 unter Aufgabe von BGH 3.1.1957 – 4 StR 410/56, BGHSt 10, 126 = NJW 1957, 550; SK/*Rogall* Rn. 12; AK/*von Schlieffen* Rn. 8; aA *Gode* NStZ 1989, 255.

[154] BGH 16.7.1997 – 2 StR 545/96, BGHSt 43, 146 = NJW 1997, 2963; KG 15.2.2006 – 1 AR 1296/05 – 3 Ws 552/05, NStZ RR 2006, 288.

[155] OLG Dresden 25.8.1999 – 2 Ws 422/09, NStZ-RR 2000, 30.

[156] So aber noch BGH 3.1.1957 – 4 StR 410/56, BGHSt 10, 126 = NJW 1957, 550 und *Eisenberg* Rn. 1075.

[157] KG 15.2.2006 – 1 AR 1296/05 – 3 Ws 552/05, NStZ-RR 2006, 288; Radtke/Hohmann/*Otte* Rn. 15; KK/*Senge* Rn. 7; Werny NJW 1982, 2170.

[158] LR-*Ignor/Bertheau* Rn. 21; KMR/*Neubeck* Rn. 16; SK/Rogall Rn. 15.

[159] SK/*Rogall* Rn. 19.

[160] *Graf/Huber* Rn. 19; KK/*Senge* Rn. 9; *Meyer-Goßner* Rn. 20.

[161] *Graf/Huber* Rn. 19; LR-*Ignor/Bertheau* Rn. 24; Radtke/Hohmann/*Otte* Rn. 13; *Eisenberg* Rn. 1074; SK/*Rogall* Rn. 21.

[162] Radtke/Hohmann/*Otte* Rn. 13; KK/*Senge* Rn. 9; SK/*Rogall* Rn. 21.

[163] Meyer- Goßner Rn. 19; LR-*Ignor/Bertheau* Rn. 20; *Graf/Huber* Rn. 18.

Wiederholungsfall liegt aber nur dann vor, wenn es sich um denselben Vernehmungsfall handelt.[164] **Derselbe Vernehmungsfall** liegt nicht vor, wenn gegen den in der Hauptverhandlung ausgebliebene Zeuge bereits im Vorverfahren durch den Richter oder den Staatsanwalt oder in einer ausgesetzten Verhandlung bereits zweimal Ordnungsgeld festgesetzt worden ist.[165] Im Wiederholungsfall gelten die Höchstgrenzen des Art. 6 EGStGB ohne Anrechnung der vorangegangenen Festsetzungen erneut.[166]

45 **6. Einstellung des Verfahrens analog § 153.** Nach dem Wortlaut des § 51 ist die Verhängung der dort vorgesehenen Rechtsfolgen – von der Vernehmung vor dem beauftragten oder dem ersuchten Richter gemäß § 51 Abs. 3, dem ein Ermessen zusteht,[167] abgesehen – zwingend. Gleichwohl ist anerkannt, dass das gegen einen Zeugen eingeleitete Ordnungsgeldverfahren in entsprechender Anwendung der § 153 StPO, 47 Abs. 2 OWiG ohne Zustimmung der Staatsanwaltschaft und des Zeugen eingestellt werden kann, wenn das Verschulden des Zeugen im Hinblick auf seine Säumnis gering und eine Ahndung nicht erforderlich erscheint.[168]

46 **a) Anwendungsfälle.** Die Einstellung des Verfahrens analog §§ 153 StPO, 47 Abs. 2 OWiG kommt insbesondere in Betracht, wenn der Zeuge mit großer Verspätung erscheint, die Hauptverhandlung dadurch aber nur unwesentlich verzögert wird oder der Zeuge infolge eines zwar unentschuldbaren, aber nicht schwerwiegenden Verschuldens nicht erscheint und seine Vernehmung, zB bei Einstellung des Verfahrens, Rechtsmittelrücknahme oder allseitigem Verzicht, entbehrlich geworden ist oder der Termin aus anderen Gründen ohnehin verlegt werden musste.[169] Sofern es um die Auferlegung der durch das Nichterscheinen verursachten Kosten geht, können diese dem Zeugen in diesen Fällen bereits deshalb nicht auferlegt werden, weil seine Verspätung überhaupt keine weiteren Kosten verursacht hat.[170] Von Bedeutung ist die Einstellung nach § 153 in den genannten Fällen lediglich für die Verhängung des Ordnungsgelds. Eine Einstellung ist auch denkbar, wenn die Ladung bereits lange Zeit zurückliegt und es deshalb nachvollziehbar erscheint, dass der Zeuge sie vergessen hat.[171] Ein geringes Verschulden kann den Zeugen auch dann treffen, wenn er nicht infolge von Gleichgültigkeit, sondern deshalb nicht erscheint, weil er die Fahrzeit zum Gericht falsch eingeschätzt hat.[172]

47 **b) Umfang der Einstellung.** Streitig ist, ob die Einstellung lediglich die Verhängung des Ordnungsmittels oder auch die Entscheidung über die durch das Ausbleiben verursachten Kosten erfasst. In den meisten Fällen, in denen eine Einstellung nach § 153 in Betracht kommt, sind dem Zeugen bereits deshalb die Kosten nicht aufzuerlegen, weil keine weiteren Kosten angefallen sind.[173] Von Bedeutung werden kann dies aber etwa dann, wenn die Ladung lange Zeit zurückliegt oder wenn der Zeuge zwar tatsächlich genügend entschuldigt ist und er infolge eines unentschuldbaren, aber nicht schwerwiegenden Versehens lediglich

---

[164] *Meyer-Goßner* Rn. 19; LR-*Ignor/Bertheau* Rn. 20; Radtke/Hohmann/*Otte* Rn. 11; KMR/*Neubeck* Rn. 15; KK/*Senge* Rn. 7; SK/*Rogall* Rn. 15.

[165] LR-*Ignor/Bertheau* Rn. 20; KMR/*Neubeck* Rn. 15; KK/*Senge* Rn. 7; SK/*Rogall* Rn. 23; *Eisenberg* Rn. 1072 mit Hinweis darauf, dass es wegen des einheitlichen Zusammenhangs ggf. an der Zumutbarkeit fehlen werde.

[166] *Meyer-Goßner* Rn. 19; *Graf/Huber* Rn. 18; LR-*Ignor/Bertheau* Rn. 21.

[167] *Meyer-Goßner* Rn. 16; *Graf/Huber* Rn. 15.

[168] LG Berlin 28.9.1994 – 552 Qs 70/94, NStZ 1995, 508 m. zust. Anm. Sander; OLG Koblenz 13.1.1988 – 1 Ws 709/87, NStZ 1988, 192; OLG Düsseldorf 22.10.1992 – 1 Ws 940/92, NJW 1993, 546; OLG Köln 7.9.1990 – 2 Ws 347/90, MDR 1991, 275; OLG Düsseldorf 24.8.1995 – 1 Ws 605/96, NJW 1996, 138; *Graf/Huber* Rn. 16; *Meyer-Goßner* Rn. 17; Radtke/Hohmann/*Otte* Rn. 11; KMR/*Neubeck* Rn. 16; KK/*Senge* Rn. 21; SK/*Rogall* Rn. 17; Grüneberg MDR 1992, 326.

[169] LR-*Ignor/Bertheau* Rn. 22.

[170] Vgl. IV.1.b).

[171] OLG Düsseldorf 24.8.1995 – 1 Ws 605/96, NJW 1996, 138 für den Fall, dass der Zeuge bereits vor 9 Monaten zum Termin geladen worden war; *Meyer-Goßner* Rn. 17; *Graf/Huber* Rn. 16; KK/*Senge* Rn. 21.

[172] OLG Düsseldorf 22.10.1992 – 1 Ws 940/92, NJW 1993, 546.

[173] Vgl. oben a).

vergessen hat, dem Gericht die Verhinderung mitzuteilen und deshalb ein weiterer Termin erforderlich wird und dadurch weitere Kosten entstehen.

Nach richtiger Auffassung lässt eine Verfahrenseinstellung die Auferlegung der Kosten unberührt.[174] Zwar werden die Rechtsfolgen des § 51 Abs. 1 S. 1 und 2 in der Regel gleichzeitig ausgesprochen. Daraus folgt aber nicht, dass sie eine „untrennbare Einheit“ bilden.[175] Vielmehr würde die Einstellung auch in Bezug auf die Kostenfolge einen unzulässigen Eingriff in die Rechte des Angeklagten darstellen, der einen Anspruch darauf hat, dass die durch das Ausbleiben des Zeugen verursachten Kosten dem Zeugen auferlegt werden, wodurch sich die Pflicht des Angeklagten zur Tragung der Verfahrenskosten im Falle einer Verurteilung verringert.[176] Die §§ 153 StPO, 47 Abs. 2 OWiG ermöglichen ein Absehen von der staatlichen Ahndung eines schuldhaften Fehlverhaltens aus Gründen der Verhältnismäßigkeit, nicht aber die Verkürzung der Rechtsposition eines Verfahrensbeteiligten.[177] 48

V. Verfahren

1. Zuständigkeit. Zuständig für die Anordnung der Maßnahmen nach § 51 ist das Gericht, nicht der Vorsitzende allein.[178] Auch der Ermittlungsrichter und der beauftragte oder ersuchte Richter können Ordnungsmittel verhängen. Mit Ausnahme der Ersatzordnungshaft (vgl. § 161a Abs. 2) steht diese Befugnis auch dem Staatsanwalt zu. Der Beschluss kann auch außerhalb der Hauptverhandlung ergehen.[179] Nach hM wirken bei einem in der Hauptverhandlung erlassenen Beschluss die **Schöffen** mit.[180] Diese Auffassung ist abzulehnen. Über Haftfragen während laufender Hauptverhandlung ist stets in der Besetzung der Strafkammer außerhalb der Strafverhandlung zu entscheiden.[181] Maßgeblich hierfür ist, dass es sonst von Zufälligkeiten im Hinblick auf den Zeitpunkt der Beschlussfassung abhängen würde, in welcher Besetzung die Strafkammer entscheidet und aufgrund unterschiedlicher Besetzung der Kammer die Gefahr von unterschiedlichen Mehrheitsverhältnissen im Fall einer Beschwerde gegen die zunächst getroffene Anordnung bestünde.[182] Diese die Entscheidung über Haftfragen betreffenden Erwägungen gelten für die Entscheidung über Maßnahmen nach § 51 entsprechend. 49

2. Form, Zeitpunkt der Beschlussfassung. Das Gericht entscheidet auch ohne Antrag von Amts wegen durch einen mit Gründen (§ 34) zu versehenden Beschluss.[183] Es ist nicht erforderlich, dass der Beschluss vor Erlass des Urteils ergeht.[184] Macht der Zeuge geltend, er werde seine Entschuldigungsgründe alsbald näher darlegen, müsse aber zunächst noch Beweismittel beschaffen, ist die Entscheidung nach § 51 zunächst aufzuschieben, um dem Zeugen Gelegenheit zu weiterem Vortrag zu geben.[185] Der Beschluss ergeht gerichtsgebührenfrei.[186] 50

---

[174] LG Berlin 28.9.1994 – 552 Qs 70/94, NStZ 1995, 508 m. zust. Anm. *Sander;* OLG Köln 7.9.1990 – 2 Ws 347/90, MDR 1991, 275; Radtke/Hohmann/*Otte* Rn. 11; LR-*Ignor/Bertheau* Rn. 22; *Graf/Huber* Rn. 16; *Meyer-Goßner* Rn. 17; *Eisenberg* Rn. 1073; SK/*Rogall* Rn. 17; aA OLG Düsseldorf 22.10.1992 – 1 Ws 940/92, NJW 1993, 546; OLG Koblenz 13.1.1988 – 1 Ws 709/87, NStZ 1988, 192.

[175] LG Berlin 28.9.1994 – 552 Qs 70/94, NStZ 1995, 508 m. zust. Anm. *Sander; Eisenberg* Rn. 1073; aA OLG Düsseldorf 22.10.1992 – 1 Ws 940/92, NJW 1993, 546; OLG Koblenz 13.1.1988 – 1 Ws 709/87, NStZ 1988, 192.

[176] LG Berlin 28.9.1994 – 552 Qs 70/94, NStZ 1995, 508 m. zust. Anm. *Sander;* LR-*Ignor/Bertheau* Rn. 22.

[177] OLG Köln 7.9.1990 – 2 Ws 347/90, MDR 1991, 275.

[178] KG 16.12.1999 – 4 Ws 175/99, NStZ-RR 2000, 145; *Graf/Huber* Rn. 20; LR-*Ignor/Bertheau* Rn. 25; KK/*Senge* Rn. 19; *Meyer-Goßner* Rn. 22; Radtke/Hohmann/*Otte* Rn. 14; SK/*Rogall* Rn. 36.

[179] *Meyer-Goßner* Rn. 23; Radtke/Hohmann/*Otte* Rn. 14.

[180] KK/*Senge* Rn. 19; KMR/*Neubeck* Rn. 19; *Meyer-Goßner* Rn. 22; SK/*Rogall* Rn. 36.

[181] BGH 11.1.2011 – 1 StR 648/10, NStZ 2011, 356 mAnm *Krüger* NStZ 2012, 341.

[182] BGH 11.1.2011 – 1 StR 648/10, NStZ 2011, 356 mAnm *Krüger* NStZ 2012, 341.

[183] LR-*Ignor/Bertheau* Rn. 26; *Graf/Huber* Rn. 21; KK/*Senge* Rn. 19; *Meyer-Goßner* Rn. 23; KMR/*Neubeck* Rn. 20; SK/*Rogall* Rn. 37.

[184] Vgl. IV.1.d).

[185] Graf/Huber, Rn. 7.

[186] SK/*Rogall* Rn. 37.

51 **3. Rechtliches Gehör.** Eine vorherige Anhörung des Zeugen ist nicht erforderlich.[187] Aus § 51 Abs. 2 S. 1 und 2 ergibt sich, dass sich der Zeuge selbst Gehör verschaffen muss.[188] Ist die Staatsanwaltschaft bei der Vernehmung anwesend, ist sie zu hören, sonst kann der Beschluss ohne Anhörung der Staatsanwaltschaft ergehen.[189]

52 **4. Nachträgliche Änderung oder Aufhebung.** Nach § 51 Abs. 2 S. 3 werden die getroffenen Anordnungen aufgehoben, wenn der Zeuge nachträglich genügend entschuldigt und glaubhaft gemacht wird, dass ihn an dem verspäteten Vorbringen der Entschuldigungsgründe kein Verschulden trifft.[190] Fehlt es an der Glaubhaftmachung, wird der Aufhebungsantrag als unzulässig verworfen.[191] Der Antrag auf Aufhebung des Beschlusses kann auch noch nach Abschluss des Verfahrens[192] und nach Beitreibung des Ordnungsgeldes gestellt werden.[193] Über den Aufhebungsantrag wird nach Anhörung der Staatsanwaltschaft durch begründeten Beschluss entschieden.[194] Nach Aufhebung darf eine erneute Anordnung auch dann nicht ergehen, wenn sich der ursprüngliche Beschluss nachträglich als zutreffend erweist.[195] Statt der Aufhebung kommt auch eine Herabsetzung des Ordnungsgeldes in Betracht.[196] Die Staatsanwaltschaft hebt die von ihr angeordneten Maßnahmen selbst auf, wenn die Voraussetzungen des § 51 Abs. 2 S. 3 vorliegen.[197]

VI. Vollstreckung

53 Zuständig für die Vollstreckung des Vorführungsbefehls ist gemäß § 36 Abs. 2 die Staatsanwaltschaft.[198] Sie erfolgt gemäß § 51 Abs. 1 S. 3 Hs. 2 entsprechend § 135. Ordnungsgeld wird gemäß § 1 Abs. 1 Nr. 3 JBeitrO, §§ 1 ff. EBAO beigetrieben.[199] Zuständig ist gemäß § 31 Abs. 2 RPflG der Rechtspfleger.[200] Die Kosten der Vollstreckung hat der Zeuge zu tragen.[201] Die Vollstreckung der Ersatzordnungshaft richtet sich nach §§ 88 StrVollstrO, 171 ff. StVollzG.[202]

VII. Rechtsmittel

54 **1. Rechtsmittel des Angeklagten.** Hat das Gericht dem Angeklagten im Urteil die Verfahrenskosten insgesamt auferlegt, ohne die von einem unentschuldigt ferngebliebenen Zeugen zu tragenden Kosten hiervon auszunehmen, ist eine hierauf gestützt Revision oder sofortige Beschwerde des Angeklagten unzulässig.[203] Der Angeklagte ist durch die Kostenentscheidung im Urteil nicht beschwert, weil er die durch das Ausbleiben des Zeugen verursachten Kosten auch ohne eine ausdrückliche Einschränkung im Urteil nicht zu tragen hat, sofern diese dem Zeugen mit gesondertem Beschluss gemäß § 51 bereits

---

187 *Graf/Huber* Rn. 22; *Meyer-Goßner* Rn. 24; KK/*Senge* Rn. 19.
188 *Meyer-Goßner* Rn. 24; Radtke/Hohmann/*Otte* Rn. 15; KMR/*Neubeck* Rn. 21; SK/*Rogall* Rn. 37.
189 *Graf/Huber* Rn. 22; LR-*Ignor/Bertheau* Rn. 26; KK/*Senge* Rn. 19; *Meyer-Goßner* Rn. 24; SK/*Rogall* Rn. 37.
190 Vgl. zur Abgrenzung zwischen Aufhebungsantrag nach § 51 Abs. 2 S. 3 und Beschwerde unten VII. 2.
191 KG 23.8.2000 – 1 Ar 911/00, 3 Ws 369/00, zitiert nach juris; *Meyer-Goßner* Rn. 25; LR-*Ignor/Bertheau* Rn. 27; *Graf/Huber* Rn. 24; Radtke/Hohmann/*Otte* Rn. 16; KMR/*Neubeck* Rn. 22; SK/*Rogall* Rn. 35.
192 OLG Hamm 30.5.1956 – 3 Ws 189/56, NJW 1956, 1935.
193 *Meyer-Goßner* Rn. 25; *Graf/Huber* Rn. 25; Radtke/Hohmann/*Otte* Rn. 16; SK/*Rogall* Rn. 34.
194 *Meyer-Goßner* Rn. 25; *Graf/Huber* Rn. 26.
195 *Meyer-Goßner* Rn. 25; *Graf/Huber* Rn. 26; KMR/*Neubeck* Rn. 22.
196 *Meyer-Goßner* Rn. 25; *Graf/Huber* Rn. 26; KMR/*Neubeck* Rn. 22.
197 AK/*von Schlieffen* Rn. 14; *Meyer-Goßner* Rn. 25.
198 KMR/*Neubeck* Rn. 23; *Meyer-Goßner* Rn. 27; SK/*Rogall* Rn. 38.
199 SK/*Rogall* Rn. 38.
200 SK/*Rogall* Rn. 38.
201 KMR/*Neubeck* Rn. 23; *Meyer-Goßner* Rn. 27; SK/*Rogall* Rn. 38.
202 SK/*Rogall* Rn. 38.
203 BGH 16.7.1997 – 2 StR 545/96, BGHSt 43, 146 = NJW 1997, 2963 unter Aufgabe von BGH 3.1.1957 – 4 StR 410/56, BGHSt 10, 126 = NJW 1957, 550; OLG Dresden 11.2.1999 – 1 Ws 13/99, NStZ-RR 2000, 31; OLG Düsseldorf 19.2.1998 – 5 Ss 26/98, NStZ-RR 1998, 253; aA *Gode* NStZ 1989, 255.

auferlegt worden sind.[204] Ist eine Entscheidung gemäß § 51 noch nicht ergangen und wendet sich der Angeklagte mit einem als sofortiger Beschwerde oder Revision bezeichnetem Rechtsmittel gegen die Kostenentscheidung im Urteil, wird dies daher in der Regel als Antrag, die gebotene Entscheidung nach § 51 – die auch noch nach Erlass des Urteils möglich ist[205] – zu treffen, zu verstehen sein.[206] Lehnt das Gericht es ab, dem Zeugen die Kosten mit Beschluss gemäß § 51 aufzuerlegen, kann der Angeklagte hiergegen Beschwerde einlegen.[207]

Auch die Beschwerde des Angeklagten gegen einen Beschluss, durch den die bereits angeordnete Pflicht des Zeugen, die durch sein Ausbleiben verursachten Kosten zu tragen, wieder aufgehoben wird, ist zulässig.[208] Der Angeklagte hat die Kosten einschließlich der notwendigen Auslagen des Zeugen zu tragen, wenn er sich erfolglos gegen die Aufhebung des Ordnungsmittelbeschlusses beschwert hat.[209] 55

Hat das Gericht einen Zeugen nicht zum Erscheinen gezwungen, kann darin eine mit der Revision zu rügende **Verletzung der Aufklärungspflicht** liegen.[210] Das Gericht kann zwar im Allgemeinen von der Ladung des Zeugen absehen, wenn dieser vorab schriftlich erklärt, er werde von seinem Zeugnisverweigerungsrecht Gebrauch machen; die Aufklärungspflicht gebietet dem Tatrichter aber, auf einem Erscheinen des Zeugen zu bestehen, wenn der Zeuge möglicherweise irrig davon ausging, kraft der Aussageverweigerung sei auch seine frühere Aussage vor einem Richter unverwertbar geworden.[211] 56

2. Rechtsmittel des Zeugen. Wendet sich ein Zeuge gegen den Beschluss, mit dem gegen ihn Ordnungsmittel festgesetzt worden sind, kann das entweder als Beschwerde gemäß § 304 oder als Aufhebungsantrag gemäß § 51 Abs. 2 S. 3 zu verstehen sein. Angesichts dessen, dass § 51 Abs. 2 S. 3 ein nachträgliches Entschuldigungsvorbringen voraussetzt, ist ein Vorbringen des Zeugen nach Erlass des Beschlusses nur dann als Aufhebungsantrag gemäß § 51 Abs. 2 S. 3 zu verstehen, wenn der Zeuge die Gründe für sein Nichterscheinen **erstmals nach Erlass des Beschlusses** gemäß § 51 Abs. 1 darlegt. Hat er dieselben Gründe bereits vor dem Termin, in dem er nicht erschienen ist, dargelegt, hat das Ausgangsgericht diese als ungenügend angesehen und deshalb Ordnungsmittel gegen den Zeugen verhängt und wiederholt der Zeuge nach Erlass des Beschlusses lediglich seine bereits vorher vorgebrachten Gründe, ohne dass er **neue Gründe** für sein Fernbleiben aufzeigt, ist sein Rechtsmittel nicht als Aufhebungsantrag nach § 51 Abs. 2 S. 2, sondern als Beschwerde nach § 304 zu verstehen.[212] Bringt der Zeuge nachträglich neue Einwendungen gegen den Beschluss vor, mit dem gegen ihn Ordnungsmittel festgesetzt worden sind, so hat das Gericht, das den Beschluss erlassen hat, dies als Aufhebungsantrag nach § 51 Abs. 2 S. 3 zu behandeln und diesbezüglich einen – dann erst beschwerdefähigen – Beschluss zu erlassen.[213] Fehlerhaft ist es demgegenüber, ohne eine solche Entscheidung die Akten sofort dem Beschwerdegericht vorzulegen. Das Beschwerdegericht kann eine ihm ohne eine Entscheidung über den Aufhebungsantrag übersandte Akte deshalb an das Erstgericht zur Nachholung dieser 57

[204] BGH 16.7.1997 – 2 StR 545/96, BGHSt 43, 146 = NJW 1997, 2963 unter Aufgabe von BGH 3.1.1957 – 4 StR 410/56, BGHSt 10, 126 = NJW 1957, 550; OLG Dresden 11.2.1999 – 1 Ws 13/99, NStZ-RR 2000, 31; vgl. auch IV.1.d).

[205] Vgl. IV.1.d).

[206] OLG Dresden 11.2.1999 – 1 Ws 13/99, NStZ-RR 2000, 31.

[207] *Graf/Huber* Rn. 28.

[208] OLG Braunschweig 16.1.1967 – Ws 264/66, NJW 1967, 1381; *Graf/Huber* Rn. 31; *Eisenberg* Rn. 1076.

[209] KMR/*Neubeck* Rn. 25; *Meyer-Goßner* Rn. 28.

[210] *Graf/Huber* Rn. 33; KK/*Senge* Rn. 25; *Meyer-Goßner* Rn. 30; SK/*Rogall* Rn. 43.

[211] BGH 2.2.1966 – 2 StR 471/65, BGHSt 21, 12 = NJW 1966, 742; SK/*Rogall* Rn. 1.

[212] OLG Köln 22.12.2011 – 2 Ws 796/11, BeckRS 2012, 07652; nach OLG Jena 4.7.2005 – 1 Ws 212/05 sollen Fälle, in denen sich der Zeuge nur gegen die Art und die Höhe des Ordnungsmittels wendet, nicht in den Anwendungsbereich des § 51 Abs. 2 S. 3 fallen und deshalb von vornherein nur die Beschwerde möglich sein.

[213] LG Berlin 28.9.1994 – 552 Qs 70/94, NStZ 1995, 508 m. zust. Anm. *Sander; Graf/Huber* Rn. 29; Ratke/*Otte* Rn. 18; KMR/*Neubeck* Rn. 24; *Eisenberg* Rn. 1076; *Meyer-Goßner* Rn. 28; SK/*Rogall* Rn. 41.

Entscheidung zurücksenden.[214] Nach überwiegend vertretener Auffassung soll es auch befugt sein, selbst in der Sache zu entscheiden.[215] Von der zuletzt genannten Möglichkeit sollte aber in der Regel kein Gebrauch gemacht werden. Denn nur dann, wenn zunächst das Ausgangsgericht eine Entscheidung nach § 51 Abs. 2 S. 3 trifft, hat der Zeuge die Möglichkeit, selbst zu entscheiden, ob er trotz ablehnender Aufhebungsentscheidung des Tatrichters und der daraus ersichtlichen inhaltlichen Auseinandersetzung mit seinem Vorbringen das Kostenrisiko eines Beschwerdeverfahrens eingehen will.[216] Hat das Ausgangsgericht sich bereits in Form eines Nichtabhilfe- und Vorlagebeschlusses mit dem nachträglichen Entschuldigungsvorbringen des Zeugen auseinandergesetzt, erscheint es denkbar, dies als Entscheidung nach § 51 Abs. 2 S. 3 zu verstehen; eine Entscheidung des Beschwerdegerichts ist in einem solchen Fall aber solange nicht veranlasst, bis der Zeuge gegen diesen Beschluss Beschwerde eingelegt hat.[217]

58 Der Zeuge kann gegen die Festsetzung von Ungehorsamsfolgen nicht einwenden, die Ladung sei nicht erforderlich gewesen; zur Frage der **Zweckmäßigkeit der Vorladung** steht dem Zeugen kein eigenständiges Prüfungsrecht zu.[218] Die Beschwerde kann – ebenso wie der Aufhebungsantrag nach § 51 Abs. 2 S. 3 – auch noch nach der Vollstreckung des Ordnungsmittels[219] oder der Rechtskraft des Urteils[220] eingelegt werden.[221] Bei der Entscheidung ist das Verschlechterungsverbot (§§ 331, 358 Abs. 2 entsprechend) zu beachten.[222] Die Beschwerde kann auf die Höhe des Ordnungsgeldes oder der Ersatzordnungshaft beschränkt oder mit dem Ziel der Einstellung des Verfahrens eingelegt werden.[223] Die **weitere Beschwerde** gegen die Ersatzordnungshaft ist – anders als die weitere Beschwerde gegen die Erzwingungshaft gemäß § 70 Abs. 2[224] – unzulässig.[225] Hat die Staatsanwaltschaft das Ordnungsmittel verhängt, kann der Zeuge hiergegen nach § 161a Abs. 3 die gerichtliche Entscheidung beantragen. Ist die Beschwerde des Zeugen erfolgreich, trägt die Staatskasse die Kosten der Beschwerde einschließlich der notwendigen Auslagen des Zeugen.[226]

59 **3. Rechtsmittel der Staatsanwaltschaft.** Der Staatsanwaltschaft steht sowohl gegen den Anordnungs- als auch gegen den Ablehnungsbeschluss ohne weiteres die Beschwerde nach § 304 zu.[227]

§ 52 [Zeugnisverweigerungsrecht aus persönlichen Gründen]

(1) Zur Verweigerung des Zeugnisses sind berechtigt

1. **der Verlobte des Beschuldigten oder die Person, mit der der Beschuldigte ein Versprechen eingegangen ist, eine Lebenspartnerschaft zu begründen;**
2. **der Ehegatte des Beschuldigten, auch wenn die Ehe nicht mehr besteht;**

---

[214] *Sander* NStZ 1995, 509.
[215] LG Berlin 28.9.1994 – 552 Qs 70/94, NStZ 1995, 508 m.zust. Anm Sander; OLG Köln 26.3.2008 – 2 Ws 134/08, BeckRS 2008, 13505.
[216] OLG Hamm 28.1.2010 – 2 Ws 17/10, BeckRS 2010, 11268, wo außerdem auf den dem Zeugen ansonsten drohenden Verlust einer Instanz abgestellt wird.
[217] OLG Hamm 28.1.2010 – 2 Ws 17/10, BeckRS 2010, 11268.
[218] KK/*Senge* Rn. 20.
[219] KG 16.12.1999 – 4 Ws 175/99, NStZ-RR 2000, 145.
[220] OLG Hamm 30.5.1956 – 3 Ws 189/56, NJW 1956, 1935.
[221] *Graf/Huber* Rn. 30; KMR/*Neubeck* Rn. 24; SK/*Rogall* Rn. 40.
[222] KMR/*Neubeck* Rn. 24; *Meyer-Goßner* Rn. 28; SK/*Rogall* Rn. 40.
[223] SK/*Rogall* Rn. 40.
[224] KG 14.2.2008 – 3 Ws 31/08, StraFo 2008, 199; BGH 3.5.1989 – 4 StB 15/89, BGHSt 36, 192 = NJW 1989, 2702 = NStZ 1989, 384.
[225] OLG Frankfurt a. M. 9.8.2000 – 2 Ws 102/00, NStZ-RR 2000, 382; BGH 3.5.1989 – 4 StB 15/89, BGHSt 36, 192 = NJW 1989, 2702 = NStZ 1989, 384; *Graf/Huber* Rn. 28; Radtke/Hohmann/*Otte* Rn. 18; KMR/*Neubeck* Rn. 24; *Meyer-Goßner* Rn. 28; SK/*Rogall* Rn. 39.
[226] *Graf/Huber* Rn. 31; KMR/*Neubeck* Rn. 24.
[227] *Graf/Huber* Rn. 28; KMR/*Neubeck* Rn. 24; KK/*Senge* Rn. 20.

2a. der Lebenspartner des Beschuldigten, auch wenn die Lebenspartnerschaft nicht mehr besteht;

3. wer mit dem Beschuldigten in gerader Linie verwandt oder verschwägert, in der Seitenlinie bis zum dritten Grad verwandt oder bis zum zweiten Grad verschwägert ist oder war.

(2) [1]Haben Minderjährige wegen mangelnder Verstandesreife oder haben Minderjährige oder Betreute wegen einer psychischen Krankheit oder einer geistigen oder seelischen Behinderung von der Bedeutung des Zeugnisverweigerungsrechts keine genügende Vorstellung, so dürfen sie nur vernommen werden, wenn sie zur Aussage bereit sind und auch ihr gesetzlicher Vertreter der Vernehmung zustimmt. [2]Ist der gesetzliche Vertreter selbst Beschuldigter, so kann er über die Ausübung des Zeugnisverweigerungsrechts nicht entscheiden; das gleiche gilt für den nicht beschuldigten Elternteil, wenn die gesetzliche Vertretung beiden Eltern zusteht.

(3) [1]Die zur Verweigerung des Zeugnisses berechtigten Personen, in den Fällen des Absatzes 2 auch deren zur Entscheidung über die Ausübung des Zeugnisverweigerungsrechts befugte Vertreter, sind vor jeder Vernehmung über ihr Recht zu belehren. [2]Sie können den Verzicht auf dieses Recht auch während der Vernehmung widerrufen.

Schrifttum: *Bruns,* Das Verlöbnis des Heiratsschwindlers im Zivil-, Straf- und Prozessrecht, MDR 1953, 458; *Dahs/Langkeit,* Demontage des Zeugnisverweigerungsrechts?, StV 1992, 492; *Dahs,* Das Schweigerecht des Beschuldigten und seine Auskunftsverweigerung als „verdächtiger Zeuge", NStZ 1993, 213; *Ebner/Müller,* Zeugnisverweigerungsrecht gemäß § 52 StPO bei in der Bundesrepublik Deutschland geschlossener „Imam-Ehe", NStZ 2010, 657; *Eisenberg/Zötsch,* Der Zeugenbeweis im Strafverfahren – Tendenzen in der höchstrichterlichen Rechtsprechung, NJW 2003, 3676; *Fezer,* Grundfälle zum Verlesungs- und Verwertungsverbot im Strafprozess, JuS 1978, 325; *Fischer,* Die Fortwirkung von Zeugnisverweigerungsrechten nach Verfahrenstrennung, JZ 1992, 570; *Füllkrug,* Der Verlobte im Strafprozess, StV 1986, 37; *Fürmann,* Das Zeugnisverweigerungsrecht der StPO – eine Übersicht, JuS 2004, 303; *Geppert,* Der Zeugenbeweis, Jura 1991, 132; *Gossrau,* Unterlassen der Zeugenbelehrung als Revisionsgrund, MDR 1958, 468; *Hoffmann,* Zum Zeugnisverweigerungsrecht der Angehörigen eines Verstorbenen, MDR 1990, 111; *Kett-Straub,* Zeugnisverweigerungsrecht für Kinder auch gegenüber „Nenn-" und Pflegeeltern, ZRP 2005, 46; *Kretschmer,* Die nichteheliche Lebensgemeinschaft in ihren strafrechtlichen und strafprozessualen Problemen, JR 2008, 51; *Kühl,* Freie Beweiswürdigung des Schweigens des Angeklagten und der Untersuchungsverweigerung eines angehörigen Zeugen, JuS 1986, 115; *Ladiges,* Zeugnisverweigerungsrecht und Zwischenrechtsbehelf, JuS 2011, 226; *Otto,* Das Zeugnisverweigerungsrecht des Angehörigen im Verfahren gegen mehrere Beschuldigte, NStZ 1991, 220; *Petersohn,* Unterbliebene Belehrung im Vorverfahren und Berufung auf das Zeugnisverweigerungsrecht in der Hauptverhandlung, JuS 2004, 379; *Prittwitz,* Das Zeugnisverweigerungsrecht des Angehörigen und seine Wirkung für Mitbeschuldigte, NStZ 1986, 64; *Radtke,* Bestandskraft staatsanwaltschaftlicher Einstellungsverfügungen und die Identität des wiederaufgenommenen Verfahrens, NStZ 1999, 481; *Rieß,* Der Hauptinhalt des Ersten Gesetzes zur Reform des Strafverfahrensrechts, NJW 1975, 81; *Rogall,* Die Augenscheinseinnahme an zeugnisverweigerungsberechtigten Personen, MDR 1975, 813; *Schaub,* Zur Strafverfahrensproblematik bei minderjährigen Zeugen und Beschuldigten aus vormundschafsrichterlicher Sicht, FamRZ 1966, 134; *Schimansky,* Der Ausschluss des nicht beschuldigten Elternteils in § 52 Abs. 2 Satz 2 StPO, Festschrift für Pfeiffer 1988, S. 297; *Schneider,* Die strafprozessuale Beweiswürdigung des Schweigens von Beschuldigten und angehörigen Zeugen, Jura 1990, 572; *Schöneborn,* Die Beweisverbotsproblematik der §§ 52 Abs. 2, 55 Abs. 2 StPO im Lichte des § 68 Satz 2 StPO, MDR 1974, 457; *Schweckendieck,* Eine Gesetzeslücke in § 52 Abs. 2 Satz 2 StPO?, NStZ 2008, 537; *Sieg,* Protokollformulare und Zeugenbelehrung, StV 1985, 130.

Übersicht

I. Allgemeines

1 **1. Normzweck.** Das Zeugnisverweigerungsrecht beruht auf der Erwägung, dass die verwandtschaftlichen Beziehungen des Zeugen zum Beschuldigten für den Zeugen, wenn er wie andere Zeugen unbeschränkt aussagen müsste, zu der **Zwangslage** führen würde, entweder den mit ihm verwandten Beschuldigen wahrheitsgemäß zu belasten oder die Unwahrheit auszusagen.[1] Grund für das Zeugnisverweigerungsrecht ist auch der Familienfrieden, der nicht durch eine belastende Aussage des Zeugen gestört werden soll.[2] Dem trägt § 52 Rechnung und lässt das Interesse an ungehinderter Strafverfolgung hinter dem Interesse des Zeugen zurücktreten, nicht gegen den Angehörigen aussagen zu müssen.[3] Außerdem besteht auch ein allgemeines Interesse daran, dass der Zeuge ohne seine bewusste Zustimmung nicht zur Aussage gegen einen Angehörigen gezwungen wird.[4] Das allgemeine Persönlichkeitsrecht des Zeugen schützt nicht nur die Freiheit des Zeugen, gemäß § 52 die Aussage betreffend einen Angehörigen verweigern zu können, sondern erfasst auch die Möglichkeit, bereits getätigte Aussagen gemäß § 252 dem Strafverfahren wieder zu entziehen.[5] Das Zeugnisverweigerungsrecht besteht allgemein und ist nicht auf belastende Aussagen beschränkt.[6]

[1] BGH 5.1.1968 – 4 StR 425/67, BGHSt 22, 36 = NJW 1968, 559; BGH 28.4.1961 – 4 StR 77/61, NJW 1961, 1484; BVerfG 25.9.2003 – 2 BvR 1337/03, NStZ-RR 2004, 18; KMR/*Neubeck* Rn. 1.

[2] BGH 21.1.1958 – GSSt 4/57, BGHSt 11, 213 = NJW 1958, 557; BGH 29.10.1991 – 1 StR 334/90, BGHSt 38, 96 = NStZ 1992, 195; LR-*Ignor/Bertheau* Rn. 1.

[3] BGH 5.1.1968 – 4 StR 425/67, BGHSt 22, 36 = NJW 1968, 559; BGH 28.4.1961 – 4 StR 77/61, NJW 1961, 1484; BVerfG 25.9.2003 – 2 BvR 1337/03, NStZ-RR 2004, 18.

[4] BGH 5.1.1968 – 4 StR 425/67, BGHSt 22, 36 = NJW 1968, 559; BGH 28.4.1961 – 4 StR 77/61, NJW 1961, 1484; KK/*Senge* Rn. 1.

[5] BVerfG 25.9.2003 – 2 BvR 1337/03, NStZ-RR 2004, 18; LR-*Ignor/Bertheau* Rn. 1.

[6] BGH 29.10.1991 – 1 StR 334/90, BGHSt 38, 96 = NStZ 1992, 195; *Eisenberg* Rn. 1212; LR-*Ignor/Bertheau* Rn. 1; KMR/*Neubeck* Rn. 1.

§ 52 setzt nur die **äußere Konfliktlage** voraus, in die die familiären Beziehungen den Zeugen stellen; ob er diesen Widerstreit tatsächlich empfindet und ob er sich durch ihn zur Weigerung veranlasst sieht, ist unerheblich.[7] Der Zeuge darf daher seine Entscheidung, nicht auszusagen, auch auf Gründe stützen, die mit der genannten Zwangslage in keinem Zusammenhang stehen.[8] Zum Schutz der Wahrheitsfindung ist das Zeugnisverweigerungsrecht nicht bestimmt; es dient auch nicht dem Schutz des Beschuldigten vor konfliktbehafteten und damit möglicherweise im Beweiswert geminderten Aussagen.[9] Ob der Beschuldigte die Vernehmung des Zeugen beantragt oder auf das Zeugnisverweigerungsrecht verzichtet, ist daher unerheblich.[10] Die Vorschrift stellt keine Ausprägung des nemo-tenetur-Grundsatzes dar, weil das Verbot, jemanden zur Selbstbelastung zu zwingen, nicht ohne weiteres auf Fremdbelastungen übertragen werden kann.[11] Die Missachtung des Vertrauensverhältnisses zwischen dem Beschuldigten und seinen Angehörigen stellt einen Verstoß gegen das Recht des Beschuldigten auf ein faires Verfahren dar.[12] 2

2. Inhalt und Reichweite des Weigerungsrechts. Der Zeuge ist berechtigt, Angaben zur Sache zu verweigern, Angaben zur Person (§ 68) darf er dagegen nicht verweigern.[13] Entscheidet sich der Zeuge auszusagen, unterliegt er wie jeder andere Zeuge auch der Wahrheitspflicht.[14] Die Beeidigung kann er gemäß § 61 verweigern. Der Zeuge ist unbeschadet des Zeugnisverweigerungsrechts zum Erscheinen verpflichtet.[15] Auf Vernehmung des Zeugen gerichtete Beweisanträge dürfen nicht nach § 244 Abs. 3 S. 1 wegen des Zeugnisverweigerungsrechts abgelehnt werden; dies gilt auch dann, wenn der Zeuge bereits gegenüber Dritten[16] erklärt hat, er sei nicht zur Aussage bereit.[17] Anders ist es, wenn der Zeuge dies bereits bei einer richterlichen Vernehmung erklärt hat und keine Anhaltspunkte für einen Sinneswandel vorliegen.[18] Ein Zeuge ist aber dann ein **ungeeignetes Beweismittel** im Sinne von § 244 Abs. 3 S. 2, wenn der anwaltliche Beistand des Zeugen mitteilen lässt, der Zeuge werde im Falle seiner Vorladung von seinem Zeugnisverweigerungsrecht Gebrauch machen.[19] Das Zeugnisverweigerungsrecht besteht während des gesamten Verfahrens, insbesondere auch bei Vernehmungen durch die Staatsanwaltschaft oder die Polizei.[20] Es ist umfassend und berechtigt – anders das Auskunftsverweigerungsrecht nach § 55 – dazu, das Zeugnis insgesamt und nicht nur hinsichtlich einzelner Fragen zu verweigern.[21] § 52 wird für Untersuchungen und Beschlagnahmen durch die §§ 81c Abs. 3 und 97 Abs. 1 Nr. 1 ergänzt. Außerdem steht die Vorschrift in engem Zusammenhang mit der Vorschrift 3

---

[7] BGH 19.8.1981 – 3 StR 226/81, NJW 1981, 2825; BGH 12.3.1960 – 2 StR 44/60, BGHSt 14, 159 = NJW 1962, 1396; *Eisenberg* Rn. 1212; *Fürmann* Jus 2004, 303; HK/*Gercke* Rn. 3; LR-*Ignor/Bertheau* Rn. 1.

[8] BGH 19.8.1981 – 3 StR 226/81, NJW 1981, 2825.

[9] BGH 21.1.1958 – GSSt 4/57, BGHSt 11, 213 = NJW 1958, 557; BGH 28.4.1961 – 4 StR 77/61, NJW 1961, 1484; *Eisenberg* Rn. 1211; Schöneborn MDR 1974, 457; Radtke/Hohmann/*Otte* Rn. 1; *Eisenberg* Rn. 1211; KMR/*Neubeck* Rn. 1; KK/*Senge* Rn. 1; aA BGH 18.10.1957 – 5 StR 383/57, BGHSt 10, 393 = NJW 1957, 1808; *Kett-Straub* ZRP, 2005, 46; *Hoffmann* MDR 1990, 111; *Gossrau* MDR 1958, 468; *Kühl* JuS 1986, 116.

[10] *Meyer-Goßner* Rn. 1; *Eisenberg* Rn. 1212; HK/*Gercke* Rn. 3; LR-*Ignor/Bertheau* Rn. 1; KMR/*Neubeck* Rn. 1.

[11] HK/*Gercke* Rn. 1; *Kühl* JuS 1986, 115; aA SK/*Rogall* Rn. 8 mwN.

[12] BVerfG 1.3.2000 – 2 BvR 2017 u. 2039/94, NStZ 2000, 490 mAnm *Rogall;* HK/*Gercke* Rn. 2.

[13] KK/*Senge* Rn. 2; Radtke/Hohmann/*Otte* Rn. 2; *Fürmann* Jus 2004, 303; LR-*Ignor/Bertheau* Rn. 2; *Geppert* Jura 1991, 134.

[14] Radtke/Hohmann/*Otte* Rn. 2; KK/*Senge* Rn. 2.

[15] *Graf/Huber* § 51 Rn. 1; Radtke/Hohmann/*Otte* § 51 Rn. 3; *Eisenberg* Rn. 1055; KMR/*Neubeck* Rn. 2; *Geppert* Jura 1991, 132.

[16] BGH 24.7.1979 – 1 StR 157/79, BeckRS 1979, 00298.

[17] *Meyer-Goßner* Rn. 2; HK/*Gercke* Rn. 4.

[18] *Meyer-Goßner* Rn. 2; HK/*Gercke* Rn. 4.

[19] BGH 13.8.2003 – 1 StR 280/03, BeckRS 2003, 07578.

[20] Radtke/Hohmann/*Otte* Rn. 3; LR-*Ignor/Bertheau* Rn. 2.

[21] BGH 20.6.1979 – 2 StR 63/79, BGHSt 29, 23 = NJW 1980, 67; BGH 21.1.1958 – GSSt 4/57, BGHSt 11, 213 = NJW 1958, 557; OLG München 23.4.2009 – 4 StRR 27/09, BeckRS 2009, 11744; LR-*Ignor/Bertheau* Rn. 1.

des § 252, welche die Zulässigkeit der Verwertung früherer Vernehmungen des in der Hauptverhandlung das Zeugnis verweigernden Zeugen regelt.

II. Zeugnisverweigerungsberechtigte Personen

4 Das Zeugnisverweigerungsrecht steht den in § 52 genannten Personen nur zu, wenn sie gerade in ihrer Eigenschaft **als Zeuge** vernommen werden.[22] Werden sie als Mitbeschuldigte vernommen, steht ihnen ein Zeugnisverweigerungsrecht nicht zu, weil sie sich nicht in der vom Gesetz vorausgesetzten Zwangslage befinden, nachdem sie als Mitbeschuldigte ohnehin von ihrem Schweigerecht Gebrauch machen können und falsche Aussagen von Mitbeschuldigten nicht strafbar sind.[23]

5 **1. Verlobte und ihnen gleichgestellte Personen. a) Begriff des Verlöbnisses.** Der Begriff des Verlöbnisses wird vom Gesetz nicht näher umschrieben. Im Strafprozessrecht sind die zivilrechtlichen Wirksamkeitsvoraussetzungen des Verlöbnisses für die Anerkennung eines Zeugnisverweigerungsrechts nicht maßgeblich; es gilt ein **selbständiger strafrechtlicher Verlöbnisbegriff.**[24] Das Zeugnisverweigerungsrecht besteht deshalb auch dann, wenn das Verlöbnis zivilrechtlich unwirksam ist, etwa beim Verlöbnis eines Minderjährigen ohne Zustimmung des gesetzlichen Vertreters.[25] Das Verlöbnis ist das **gegenseitige, von beiden Seiten ernstgemeinte Eheversprechen.**[26] Fehlt es bei einem Partner, etwa einem Heiratsschwindler, an der Ernsthaftigkeit des Versprechens, liegt unabhängig davon, ob der andere hiervon Kenntnis hat, kein Verlöbnis vor.[27] Gleiches gilt, wenn ein Partner den Heiratswillen nachträglich einseitig aufgibt.[28] Ein Eheversprechen, das an eine Bedingung geknüpft ist, stellt kein Verlöbnis dar.[29] Das Verlöbnis ist an **keine Form** gebunden; auch die Bekanntgabe in der Öffentlichkeit ist nicht erforderlich.[30]

6 **Unterschiede zum Verlöbnisbegriff des BGB** ergeben sich damit vor allem im Fall des Verlöbnisses des Minderjährigen ohne Zustimmung seines gesetzlichen Vertreters sowie dann, wenn ein Verlobter seinen Heiratswillen nachträglich einseitig aufgibt. Nach dem BGB setzt der Rücktritt vom Verlöbnis nämlich eine Willenserklärung gegenüber dem anderen Teil voraus;[31] auch kann der Minderjährige sich ohne Zustimmung seines gesetzlichen Vertreters nicht wirksam verloben.[32] Auch wenn das mit Blick auf die Einheitlichkeit der Rechtsordnung zunächst befremden mag, findet der strafrechtliche Verlöbnisbegriff seine Rechtfertigung im Gesetzeszweck des § 52 Abs. 1, der unter anderem darin liegt, Angehörige des Beschuldigten nicht in kaum lösbare Konfliktlagen zu bringen;[33] solche bestehen aber unabhängig davon, ob das Verlöbnis nach dem BGB als wirksam zu behandeln

---

[22] Radtke/Hohmann/*Otte* Rn. 4.

[23] BGH 15.8.1952 – 3 StR 267/52, BGHSt 3, 149 = NJW 1952, 1265; Radtke/Hohmann/*Otte* Rn. 4; *Eisenberg* Rn. 1120.

[24] SK/*Rogall* Rn. 23; KK/*Senge* Rn. 10; Radtke/Hohmann/*Otte* Rn. 5; Bruns MDR 1953, 458; *Geppert* Jura 1991, 134.

[25] BayObLG 17.12.1983 – 1 St 272/82, NJW 1983, 831 m. krit. Anm. *Strätz* JR 1984, 127; Radtke/Hohmann/*Otte* Rn. 5; KK/*Senge* Rn. 10; *Eisenberg* Rn. 1213; LR-*Ignor/Bertheau* Rn. 4; KMR/*Neubeck* Rn. 2.

[26] BGH 30.5.1972 – 4 StR 180/72, NJW 1972, 1334; BGH 2.10.1985 – 2 StR 348/85, NStZ 1986, 84; BGH 21.10.1952 – 1 StR 388/52, BGHSt 3, 215 = NJW 1952, 1422 mAnm *Bruns* MDR 1953, 458; Radtke/Hohmann/*Otte* Rn. 5; KK/*Senge* Rn. 10; *Meyer-Goßner* Rn. 4.

[27] BGH 28.5.2003 – 2 StR 445/02, BGHSt 48, 294 = NJW 2003, 2619 m. abl. Anm. *Eisenberg/Zötsch* NJW 2003, 3676 und zust. Anm. *Petersohn* JuS 2004, 379; BGH 21.10.1952 – 1 StR 388/52, BGHSt 3, 215 = NJW 1952, 1422; *Meyer-Goßner* Rn. 4; Radtke/Hohmann/*Otte* Rn. 5; *Eisenberg* Rn. 1213; KMR/*Neubeck* Rn. 5; *Geppert* Jura 1991, 134.

[28] BGH 21.10.1952 – 1 StR 388/52, BGHSt 3, 215 = NJW 1952, 1422; KK/*Senge* Rn. 12; LR-*Ignor/Bertheau* Rn. 5.

[29] LR-*Ignor/Bertheau* Rn. 5.

[30] BGH 30.5.1972 – 4 StR 180/72, NJW 1972, 1334; KK/*Senge* Rn. 10; *Meyer-Goßner* Rn. 4; *Eisenberg* Rn. 1213; LR-*Ignor/Bertheau* Rn. 4.

[31] Palandt/*Brudermüller,* BGB, 71. Aufl., § 1297 Rn. 1; *Füllkrug* StV 1986, 37.

[32] *Füllkrug* StV 1986, 37.

[33] Vgl. zum Normzweck im Einzelnen oben I.1.

ist oder nicht.[34] **Wertungswidersprüche** zwischen der Zivilprozessordnung und der Strafprozessordnung ergeben sich nicht,[35] wenn man entsprechend der überwiegend vertretenen Auffassung im zivilprozessualen Schrifttum für das Zeugnisverweigerungsrecht des Verlobten nach § 383 Abs. 1 Nr. 1 ZPO – ebenfalls mit Blick auf den Gesetzeszweck – das Vorliegen eines nach den Vorschriften des BGB wirksamen Verlöbnisses nicht für erforderlich hält.[36]

b) Unwirksamkeitsgründe. Das Verlöbnis ist nach allgemeiner Ansicht bei einem **Verstoß gegen das Gesetz oder die guten Sitten** unwirksam. Das ist zB der Fall, wenn einer 7
der Partner noch **anderweitig verlobt** ist.[37] In der Eingehung eines neuen Verlöbnisses kann allerdings die einseitige Aufgabe des Heiratswillens hinsichtlich des bisherigen Verlöbnisses liegen, mit der Folge, dass ein Verstoß gegen die guten Sitten nicht vorliegt.[38] Ist einer der Partner noch **anderweitig verheiratet,** so verstößt das neu eingegangene Verlöbnis im Grundsatz gegen die guten Sitten.[39] Streitig und vom BGH noch nicht entschieden ist, ob das auch dann gilt, wenn der anderweitig verheiratete Partner aktiv das Scheidungsverfahren betreibt[40] oder bereits ein Scheidungsurteil erster Instanz ergangen ist.[41] Nicht ausreichend ist nach der Rechtsprechung des BGH jedenfalls, dass der Zeuge lediglich das Mandat zur Stellung eines Scheidungsantrags erteilt hat.[42] Nach teilweise vertretener Auffassung soll es genügen, dass der Ehegatte einen Grund zur Scheidung hat und diese bereits gerichtlich eingeleitet ist[43] oder eine mindestens dreijährige Trennungsfrist abgelaufen ist und der Zeuge den Scheidungsantrag gestellt hat.[44] Nach hier vertretener Auffassung ist ein Verlöbnis **bis zur rechtskräftigen Scheidung** der anderen Ehe unwirksam.[45] Der Schutz des Art. 6 GG gilt nicht nur für die intakte Ehe, sondern auch für die gescheiterte Ehe, deren Scheidung bereits betrieben wird; auch bei einer solchen Ehe würde die Zulassung eines Verlöbnisses mit einem Dritten die nicht auszuschließende Möglichkeit einer Versöhnung der Ehegatten und einer Wiederherstellung der ehelichen Lebensgemeinschaft beeinträchtigen, der Scheidung also in einer mit der Rechtsordnung nicht zu vereinbarenden Weise vorgreifen.[46] Hinzu kommt, dass auch dann, wenn bereits ein Scheidungsurteil erster Instanz vorliegt, nicht absehbar ist, ob dieses im Instanzenzug Bestand haben wird.[47] **Verfassungsrechtlich** ist die Ablehnung eines Zeugnisverweigerungsrechts nach § 52 Abs. 1 Nr. 1 mit der Begründung, wegen der noch bestehenden Ehe sei das Verlöbnis unwirksam, unbedenklich.[48]

---

[34] So auch SK/*Rogall* Rn. 23 mwN.

[35] So aber *Bruns* MDR 1953, 458, der für das Zeugnisverweigerungsrecht nach der ZPO vom Verlöbnisbegriff des BGB ausgeht.

[36] So etwa MüKo/*Damrau,* ZPO, 4. Aufl., § 383 Rn. 13; Thomas/Putzo/*Reichold,* ZPO, 34. Aufl., § 383 Rn. 3; aA Musielak/*Huber,* ZPO, 10. Aufl., § 383 Rn. 3.

[37] KK/*Senge* Rn. 10; Radtke/Hohmann/*Otte* Rn. 5; *Meyer-Goßner* Rn. 4; *Eisenberg* Rn. 1213; HK/*Gercke* Rn. 5; KMR/*Neubeck* Rn. 5.

[38] SK/*Rogall* Rn. 23.

[39] BGH 17.5.1983 – 1 StR 160/83, NStZ 1983, 564 mAnm *Pelchen.*

[40] Für diesen Fall bejahend: LG Duisburg 28.3.1950 – 4 Ls 3/49, NJW 1950, 714 sowie LR-*Ignor/Bertheau* Rn. 5.

[41] Verneinend: LG Nürnberg-Fürth 19.6.1956 – 6 SH 3/56, MDR 1956, 609; offen gelassen von BGH 17.5.1983 – 1 StR 160/83, NStZ 1983, 564, BGH 21.10.1993 – 1 StR 635/93, BGHR StPO § 52 Abs. 1 Nr. 1, BGH 27.5.1983 – 3 StR 174/83, NStZ 1984, 15, BGH 16.7.1985 – 1 StR 264/85, NStZ 1986, 206 sowie von OLG Celle 18.8.1983 – 2 Ws 164/83, MDR 1983, 1045; bejahend SK/*Rogall* Rn. 26 sowie LR-*Ignor/Bertheau* Rn. 5.

[42] BGH 21.10.1993 – 1 StR 635/93, BGHR StPO § 52 Abs. 1 Nr. 1; BGH 21.10.1993 – 1 StR 635/93, NStZ 1994, 227.

[43] LG Duisburg 28.3.1950 – 4 Ls 3/49, NJW 1950, 714; HK/*Gercke* Rn. 5.

[44] *Füllkrug* StV 1986, 37.

[45] So überzeugend BayObLG 17.12.1983 – 1 St 272/82, NJW 1983, 831 m. krit. Anm. *Strätz* JR 1984, 127; *Graf/Huber* Rn. 3; *Meyer-Goßner* Rn. 4; Radtke/Hohmann/*Otte* Rn. 5; *Eisenberg* Rn. 1213; KMR/*Neubeck* Rn. 5.

[46] BayObLG 17.12.1983 – 1 St 272/82, NJW 1983, 831 m. krit. Anm. Strätz JR 1984, 127; LG Nürnberg-Fürth 19.6.1956 – 6 SH 3/56, MDR 1956, 609.

[47] KK/*Senge* Rn. 10.

[48] BVerfG 21.7.1987 – 2 BvR 744/87, NJW 1987, 2807.

8 **c) Maßgeblicher Zeitpunkt.** Nicht erforderlich ist, dass das Verlöbnis schon zum Zeitpunkt der Tat, zu der ausgesagt werden soll, bestanden hat; es muss vielmehr zum Zeitpunkt der Aussage bestehen.[49] Anders als bei Ehegatten und Lebenspartnern ist es damit nicht ausreichend, dass früher ein Verlöbnis bestanden hat, das zwischenzeitlich aufgelöst worden ist.[50] Das gilt auch dann, wenn das Verlöbnis durch den Tod aufgelöst worden ist.[51] Ist der Zeuge bereits vernommen worden und wird er danach zeugnisverweigerungsberechtigt, richtet sich die Zulässigkeit der Verwertung der früheren Aussage nach § 252.

9 **d) Feststellung des Vorliegens des Verlöbnisses.** Weil das Verlöbnis ein allein vom Willen der Betroffenen abhängiges, an keine Form gebundenes Rechtsverhältnis ist, dessen Auflösung sogar dann in Betracht kommt, wenn einer der Beteiligten einseitig den Heiratswillen aufgibt,[52] kann die Feststellung, ob es besteht, oft nur aufgrund der Angaben der Personen, die das Verlöbnis geschlossen haben wollen, getroffen werden.[53] Diese haben oft ein erhebliches Interesse, ein tatsächlich nicht bestehendes Verlöbnis vorzuspiegeln, damit nahestehende Personen nicht als Zeugen vernommen werden können. Das Verlöbnis ist deshalb besonders missbrauchsanfällig.[54] Dennoch darf der Richter der einfachen Erklärung des Zeugen, er sei mit dem Angeklagten verlobt, ohne weiteres glauben, solange ihm keine gegenteiligen Anhaltspunkte bekannt sind.[55] In der Rechtsprechung des BGH nicht einheitlich gehandhabt wird die Frage, ob der Tatrichter bei Zweifeln am Bestehen des Verlöbnisses **eine Glaubhaftmachung nach § 56,** insbesondere die eidliche Versicherung des Zeugen, **verlangen muss** oder ob ihm ein **Ermessen** zusteht. Nach einer älteren Entscheidung[56] soll die eidliche Versicherung im Regelfall geboten sein, wenn der Richter den Angaben des Zeugen, die die Annahme eines Verlöbnisses nicht schlechthin ausschließen, nicht folgen will und die Richtigkeit der Zeugenerklärung nicht durch völlig eindeutige Tatsachen bereits widerlegt ist. Ob hieran festzuhalten sei, wurde in einer späteren Entscheidung[57] ausdrücklich offen gelassen; eine eidliche Versicherung sei jedenfalls nicht geboten, wenn sich der Zeuge zwar aus seiner Sicht als verlobt betrachte, andererseits aber feststehe, dass ein beiderseitig ernstgemeintes Eheversprechen nicht bestanden habe. In einer weiteren Entscheidung[58] wurde die eidliche Versicherung der Zeugin aufgrund der besonderen Umstände des Einzelfalls für erforderlich gehalten. Zuletzt hat der BGH ohne ausdrückliche Aufgabe der bisherigen Rechtsprechung entschieden, die Feststellung, ob eine Zeugin Verlobte des Angeklagten sei, unterliege als Maßnahme der Verhandlungsleitung gemäß § 238 nach Maßgabe der Umstände des Einzelfalls der wertenden Beurteilung des Vorsitzenden, der die relevanten Umstände festzustellen habe, und bei Zweifeln am Bestehen des Verlöbnisses nach seinem Ermessen eine Glaubhaftmachung gemäß § 56, insbesondere die eidliche Versicherung des Zeugen, verlangen könne.[59]

10 Die Feststellung des Vorsitzenden, es liege kein Verlöbnis vor, ist nach § 238 Abs. 2 angreifbar; diesen **Zwischenrechtsbehelf** muss der Angeklagte ergreifen, um Rechtsfehler in der Revision rügen zu können.[60] Nachdem es sich bei der Frage, ob ein Verlöbnis vorliegt, um eine Verfahrensfrage handelt, die nicht unmittelbar die Schuld- oder Rechtsfol-

---

[49] BGH 10.6.1969 – 1 StR 85/69, BGHSt 23, 16 = NJW 1969, 1633; *Meyer-Goßner* Rn. 4; KK/*Senge* Rn. 12; SK/*Rogall* Rn. 21; Radtke/Hohmann/*Otte* Rn. 5.

[50] BGH 10.6.1969 – 1 StR 85/69, BGHSt 23, 16 = NJW 1969, 1633; SK/*Rogall* Rn. 21; HK/*Gercke* Rn. 6; LR-*Ignor/Bertheau* Rn. 5.

[51] BGH 10.6.1969 – 1 StR 85/69, BGHSt 23, 16 = NJW 1969, 1633; KK/*Senge* Rn. 12.

[52] S. o. a) sowie BGH 9.3.2010 – 4 StR 606/09, BGHSt 55, 65 = NStZ 2010, 461.

[53] Mosbacher JuS 2010, 689.

[54] Mosbacher JuS 2010, 689.

[55] BGH 30.5.1972 – 4 StR 180/72, NJW 1972, 1334; KK/*Senge* Rn. 13; *Meyer-Goßner* Rn. 4.

[56] BGH 30.5.1972 – 4 StR 180/72, NJW 1972, 1334.

[57] BGH 2.10.1985 – 2 StR 348/85, NStZ 1986, 84.

[58] BGH 24.8.1984 – 5 StR 544/84, NStZ 1985, 205.

[59] BGH 9.3.2010 – 4 StR 606/09, BGHSt 55, 65 = NStZ 2010, 461; so auch *Mosbacher* Jus 2010, 689.

[60] BGH 9.3.2010 – 4 StR 606/09, BGHSt 55, 65 = NStZ 2010, 461; *Mosbacher* Jus 2010, 689; *Ladiges* JuS 2011, 226.

genfrage betrifft, können die Feststellungen im **Freibeweisverfahren** getroffen werden.[61] Bei der Entscheidung, ob die ein Verlöbnis begründenden Tatsachen glaubhaft gemacht sind, gilt der Grundsatz „in dubio pro reo" nicht.[62] Kann sich das Gericht nicht davon überzeugen, dass ein Verlöbnis besteht, ist der Zeuge deshalb zu vernehmen. **Mangelnde Feststellungen** zum Bestehen eines Verlöbnisses sind kein Revisionsgrund; Urteilsfeststellungen sind insoweit nicht vorgeschrieben.[63]

e) Versprechen der Lebenspartnerschaft. Das ernstgemeinte Versprechen, eine Lebenspartnerschaft einzugehen, ist dem Verlöbnis nach § 52 Abs. 1 Nr. 1 gleichgestellt, weshalb die Ausführungen zum Verlöbnis entsprechend gelten. 11

2. Ehegatten und Lebenspartner. Eine im Inland geschlossene Ehe muss **formell wirksam** sein, eine im Ausland geschlossene Ehe muss nach deutschem Recht als gültig anzuerkennen sein.[64] Unschädlich ist es, wenn Aufhebungsgründe nach § 1314 Abs. 2 BGB vorliegen[65] oder die Ehe nur zum Schein geschlossen worden ist.[66] Kein Zeugnisverweigerungsrecht besteht im Falle einer **Nichtehe,** die vorliegt, wenn sie nicht von einem Standesbeamten geschlossen wurde.[67] Ist eine von Ausländern in der Bundesrepublik geschlossene Ehe nach deutschem Recht unwirksam, nach dem Heimatrecht der Ausländer dagegen wirksam (sogenannte „hinkende" Ehe), gebietet es Art. 6 GG, dem Zeugen ein Zeugnisverweigerungsrecht zuzubilligen.[68] Liegen die formellen Voraussetzungen einer Ehe nicht vor, ist im Einzelfall zu prüfen, ob eine **Umdeutung** in ein Verlöbnis mit der Folge eines Zeugnisverweigerungsrechts nach § 52 Abs. 1 Nr. 1 in Betracht kommt.[69] Maßgeblich ist – wie beim Verlöbnis – dass das Zeugnisverweigerungsrecht zum Zeitpunkt der Vernehmung besteht; anders als dort besteht es nach der Scheidung oder Auflösung der Ehe fort.[70] **Lebenspartner** sind zwei Personen gleichen Geschlechts, die nach § 1 Abs. 1 LPartG eine Lebenspartnerschaft begründet haben. Die für die Ehe dargestellten Grundsätze gelten entsprechend. 12

3. Verwandte. Die Verwandtschaft richtet sich gemäß Art. 51 EGBGB nach § 1589 BGB. Danach sind Personen, deren eine von der anderen abstammt, in gerader Linie verwandt; Personen, die nicht in gerader Linie verwandt sind, aber von derselben dritten Person abstammen, sind in der Seitenlinie verwandt. Der Grad der Verwandtschaft bestimmt sich gemäß § 1589 S. 3 BGB nach der Zahl der sie vermittelnden Geburten. § 52 gewährt Angehörigen des Beschuldigten, die mit ihm in gerader Linie verwandt sind, ohne Rücksicht auf den Grad der Verwandtschaft ein Zeugnisverweigerungsrecht, also etwa den Eltern, Großeltern, Urgroßeltern, Kindern, Enkeln und Urenkeln des Beschuldigten. Außerdem hat ein Zeugnisverweigerungsrecht, wer mit dem Beschuldigten in der Seitenlinie bis zum dritten Grad verwandt ist. Danach steht das Zeugnisverweigerungsrecht voll- oder halbbürtigen Geschwistern sowie Geschwisterkindern gegen die Geschwister ihrer Eltern und 13

[61] *Mosbacher* Jus 2010, 689.

[62] BGH 27.7.1982 – 1 StR 263/82, NStZ 1983, 354; *Meyer-Goßner* Rn. 4; Radtke/Hohmann/*Otte* Rn. 5; KK/*Senge* Rn. 13; *Eisenberg* Rn. 1215.

[63] KK/*Senge* Rn. 13; *Graf/Huber* Rn. 4; *Meyer-Goßner* Rn. 4; SK/*Rogall* Rn. 27; *Eisenberg* Rn. 1215; LR-*Ignor/Bertheau* Rn. 7.

[64] *Meyer-Goßner* Rn. 5; *Graf/Huber* Rn. 5; Radtke/Hohmann/*Otte* Rn. 6; *Eisenberg* Rn. 1216; KMR/*Neubeck* Rn. 9; vgl. zur im Inland geschlossenen „Imam-Ehe" *Ebner/Müller* NStZ 2010, 657.

[65] BGH 27.1.1956 – 2 StR 446/55, BGHSt 9, 37 = NJW 1956, 679; *Graf/Huber* Rn. 5; *Meyer-Goßner* Rn. 5; LR-*Ignor/Bertheau* Rn. 8.

[66] BayObLG 22.9.1989 – 4 St 200/89, NStZ 1990, 188; *Graf/Huber* Rn. 5; Radtke/Hohmann/*Otte* Rn. 6; LR-*Ignor/Bertheau* Rn. 8.

[67] Vgl. auch BVerfG 2.2.1993 – 2 BvR 1491/91, NStZ 1993, 349 zur mangels wirksamer Ehe fehlenden Nebenklagebefugnis bei einer nach „Sinti-Art" geschlossenen Ehe; *Eisenberg* Rn. 1216; Radtke/Hohmann/*Otte* Rn. 6; LR-*Ignor/Bertheau* Rn. 8.

[68] *Ebner/Müller* NStZ 2010, 657; aA *Meyer-Goßner* Rn. 5.

[69] SK/*Rogall* Rn. 29; *Eisenberg* Rn. 1216; *Fürmann* JuS 2004, 303; *Ebner/Müller* NStZ 2010, 657.

[70] *Meyer-Goßner* Rn. 5; *Graf/Huber* Rn. 5; Radtke/Hohmann/*Otte* Rn. 6.

umgekehrt zu (also im Verhältnis Tante/Onkel zu Nichte/Neffe und umgekehrt),[71] nicht aber zwischen Geschwisterkindern untereinander (also im Verhältnis zwischen Basen/Vettern).[72] Für nichteheliche Kinder gelten insoweit keine Besonderheiten.[73] Ein Zeugnisverweigerungsrecht besteht aber trotz blutsmäßiger Verwandtschaft nicht, wenn die Kindsmutter noch anderweitig verheiratet ist und die tatsächliche Abstammung noch nicht in einem gerichtlichen Verfahren festgestellt worden ist.[74]

14 **4. Verschwägerte.** Die Schwägerschaft bestimmt sich gemäß Art. 51 EGBGB nach § 1590 BGB, wonach die Verwandten eines Ehegatten mit dem anderen Ehegatten verschwägert sind und sich die Linie und der Grad der Schwägerschaft nach der Linie und dem Grad der sie vermittelnden Verwandtschaft bestimmt. Auch insoweit ist erforderlich, aber auch ausreichend, dass die Ehe gültig geschlossen ist; ob Aufhebungsgründe bestehen, ist ohne Bedeutung.[75] Eine entsprechende Regelung für Lebenspartner enthält § 11 Abs. 2 LPartG. § 52 gewährt Angehörigen des Beschuldigten, die mit ihm in gerader Linie verschwägert sind, ohne Rücksicht auf den Grad der Schwägerschaft ein Zeugnisverweigerungsrecht. Ein Ehegatte ist also etwa hinsichtlich der Eltern, Großeltern, Urgroßeltern, Kinder, Enkel und Urenkel des anderen Ehegatten zur Verweigerung des Zeugnisses berechtigt. In der Seitenlinie gewährt § 52 ein Zeugnisverweigerungsrecht nur bis zum zweiten Grad, also im Verhältnis zu den Geschwistern des Ehegatten (Schwager, Schwägerin), nicht aber zu deren Kindern. Ohne Bedeutung ist es, wenn die die Schwägerschaft begründende Ehe zum Zeitpunkt der Vernehmung nicht mehr besteht,[76] was sich bereits aus dem Wortlaut des § 52 Abs. 1 Nr. 3 ergibt. Kein Zeugnisverweigerungsrecht besteht im Fall der sogenannten Schwippschwägerschaft, die zwischen Verwandten des einen Ehegatten und den Verwandten des anderen Ehegatten besteht wie zum Beispiel zwischen dem Ehemann der Schwester und der Ehefrau des Bruders.[77]

15 **5. Adoption.** Nimmt ein Ehepaar ein Kind an oder nimmt ein Ehegatte das Kind des anderen Ehegatten an, so erlangt das Kind gemäß § 1754 BGB die Stellung eines gemeinschaftlichen Kindes der Ehegatten. Das Kind ist deshalb nach allgemeiner Auffassung gegenüber dem oder den Annehmenden und deren Verwandten zeugnisverweigerungsberechtigt und umgekehrt. Ein volljähriger Adoptierter ist nur hinsichtlich des Annehmenden weigerungsberechtigt und umgekehrt; hinsichtlich der Verwandten des Annehmenden besteht mangels anderweitiger Bestimmung durch das Familiengericht gemäß § 1772 BGB kein Weigerungsrecht (vgl. §§ 1767, 1770 BGB).[78] Auch wenn die bisherigen Verwandtschaftsverhältnisse gemäß § 1755 BGB erlöschen, bleibt das Zeugnisverweigerungsrecht hinsichtlich der früheren Verwandten bestehen, weil § 52 Abs. 1 Nr. 3 auch die frühere Verwandtschaft genügen lässt.[79] Aus demselben Grund bewirkt die Aufhebung der Adoption und die damit einhergehende Beendigung des Verwandtschaftsverhältnisses des Adoptierten mit den mit ihm aufgrund der Adoption Verwandten (vgl. § 1764 Abs. 2 BGB) kein Erlöschen des Zeugnisverweigerungsrechts.[80]

16 **6. Sonstige dem Beschuldigten nahe stehende Personen.** Zur Verweigerung des Zeugnisses berechtigt sind nur die in § 52 genannten Personen. Diese gesetzliche Regelung ist im Interesse der Rechtssicherheit und Rechtsklarheit abschließend, weshalb insbesondere

[71] Vgl. BGH 27.1.2010 – VIII ZR 159/09, NJW 2010, 1290.
[72] AllgM.; vgl. BGH 27.11.2012 – 5 StR 554/12, BeckRS 2013, 00524.
[73] AllgM.
[74] BVerfG 8.2.1990 – 2 BvR 1796/89, zitiert nach juris; LR-*Ignor/Bertheau* Rn. 10.
[75] *Meyer-Goßner* Rn. 7; *Eisenberg* Rn. 1218; KMR/*Neubeck* Rn. 12; vgl. auch oben 2. zur entsprechenden Frage beim Verlöbnis.
[76] AllgM.
[77] *Fürmann* JuS 2004, 303; HK/*Gercke* Rn. 12; LR-*Ignor/Bertheau* Rn. 12.
[78] KK/*Senge* Rn. 18; HK/*Gercke* Rn. 13.
[79] KK/*Senge* Rn. 19; LR-*Ignor/Bertheau* Rn. 13.
[80] KK/*Senge* Rn. 21.

Partnern einer nichtehelichen Lebensgemeinschaft – verfassungsrechtlich unbedenklich[81] – kein Zeugnisverweigerungsrecht zusteht.[82] Auch sonstige dem Beschuldigten nahestehende Personen, wie zum Beispiel Vormünder, Mündel, Pflegeeltern und Pflegekinder[83] haben kein Zeugnisverweigerungsrecht.[84]

III. Begünstigter Personenkreis

1. Beschuldigter Angehöriger. Voraussetzung für das Weigerungsrecht ist, dass die Aussage des Zeugen in einem Verfahren erfolgen soll, in dem der Angehörige des Zeugen **Beschuldigter** ist.[85] Der Angehörige des Zeugen muss also der Tatverdächtige sein, gegen den zum Zeitpunkt der Vernehmung wenigstens ein Ermittlungsverfahren anhängig ist oder Maßnahmen eingeleitet werden, die erkennbar darauf abzielen, gegen ihnen wegen einer Straftat vorzugehen.[86] Verwandtschaftliche Beziehungen zu einem Privat- oder Nebenkläger begründen ein Zeugnisverweigerungsrecht nicht, es sei denn, der Privatkläger wird durch eine Widerklage zugleich Angeklagter.[87] Das Zeugnisverweigerungsrecht ist für Klage und Widerklage einheitlich zu behandeln.[88] 17

2. Mehrere Beschuldigte. Wird gegen mehrere Beschuldigte ermittelt, kann dem Zeugen auch gegenüber solchen Beschuldigten, zu denen er in keinem Angehörigenverhältnis steht, ein Zeugnisverweigerungsrecht zustehen. Das hängt davon ab, ob wegen einer einheitlichen oder mehrerer rechtlich selbständiger Taten ermittelt wird und zu irgendeinem Zeitpunkt eine prozessuale Gemeinsamkeit der Verfahren bestanden hat. Besonderheiten ergeben sich, wenn die prozessuale Gemeinsamkeit nachträglich beendet wird. 18

a) Prozessuale Gemeinsamkeit. Richtet sich ein einheitliches Strafverfahren gegen mehrere Beschuldigte, steht der Zeuge aber nur zu einem von ihnen in einem Angehörigkeitsverhältnis der in § 52 Abs. 1 beschriebenen Art, so ist er zur Verweigerung des Zeugnisses bezüglich aller Beschuldigten berechtigt, sofern der Sachverhalt, zu dem er aussagen soll, auch seinen Angehörigen betrifft.[89] Das Zeugnisverweigerungsrecht ist bei einheitlichem strafrechtlichem Vorwurf nicht teilbar.[90] Nicht erforderlich ist, dass gerade zum Zeitpunkt der Vernehmung ein einheitliches Verfahren geführt wird; es reicht aus, dass **zu irgendeinem Zeitpunkt** des Verfahrens, etwa auch im Ermittlungsverfahren, eine 19

---

[81] BVerfG 22.1.1999 – 2 BvR 961/94, NStZ 1999, 255 mAnm *Wollweber* NStZ 1999, 628; Radtke/Hohmann/*Otte* Rn. 7.

[82] OLG Schleswig 1.8.2000 – 1 Ws 298/00, SchlHA 2001, 126; OLG Schleswig 6.2.2006 – 2 Ss 173/05, SchlHA 2007, 282; Radtke/Hohmann/*Otte* Rn. 6; *Graf/Huber* Rn. 6; KK/*Senge* Rn. 11; *Kett-Straub* ZRP 2005, 46; *Meyer-Goßner* Rn. 5; SK/*Rogall* Rn. 20 sowie *Eisenberg* Rn. 1214 und LR-*Ignor/Bertheau* Rn. 16 jeweils mwN auch zur Gegenauffassung; aA *Kretschmer* JR 2008, 51 (55); vgl. auch OLG Braunschweig 29.12.1993 –Ss 75/93, NStZ 1994, 344 mAnm *Hauf* NStZ 1995, 35 zur ähnlich gelagerten Problematik im Rahmen des § 157 StGB.

[83] *Meyer-Goßner* Rn. 9; *Fürmann* JuS 2004, 303; HK/*Gercke* Rn. 15; LR-*Ignor/Bertheau* Rn. 15; aA *Eisenberg* Rn. 1219.

[84] SK/*Rogall* Rn. 20; *Kett-Straub* ZRP 2005, 46.

[85] AllgM., vgl. etwa Radtke/Hohmann/*Otte* Rn. 11; LR-*Ignor/Bertheau* Rn. 17.

[86] Vgl. BGH 31.5.1990 – 4 StR 112/90, NJW 1990, 2633; BGH 28.2.1997 – StB 14/96, NStZ 1997, 398; *Graf/Huber* Rn. 11; Radtke/Hohmann/*Otte* Rn. 11; KK/*Senge* Rn. 5.

[87] Radtke/Hohmann/*Otte* Rn. 11; KK/*Senge* Rn. 5; LR-*Ignor/Bertheau* Rn. 17; aA *Graf/Huber* Rn. 11.

[88] Radtke/Hohmann/*Otte* Rn. 3; KK/*Senge* Rn. 9; *Meyer-Goßner* Rn. 12; LR-*Ignor/Bertheau* Rn. 20.

[89] BGH 3.2.1955 – 4 StR 582/54, BGHSt 7, 194 = NJW 1955, 721; BGH 20.6.1979 – 2 StR 63/79, BGHSt 29, 23 = NJW 1980, 67; BGH 10.1.1984 – 5 StR 732/83, NStZ 1984, 176; BGH 8.5.1985 – 3 StR 100/85, NStZ 1985, 419; BGH 4.11.1986 – 1 StR 498/86, BGHSt 34, 215 = NStZ 1987, 286 mAnm *Pelchen;* BGH 13.5.1998 – 3 StR 566/97, NStZ 1998, 583; BGH 27.5.1998 – 3 StR 31/98, NStZ 1998, 469 = NJW 1998, 3363; BGH 8.12.2011 – 4 StR 500/11, NStZ 2012, 340; Radtke/Hohmann/*Otte* Rn. 13; aA *Otto* NStZ 1991, 220.

[90] BGH 12.2.1974 – 1 StR 535/73, NJW 1974, 758; BGH 3.7.1979 – 1 StR 137/79, MDR 1979, 952; LR-*Ignor/Bertheau* Rn. 19.

prozessuale Gemeinsamkeit bestanden hat.[91] Die **bloße Gleichzeitigkeit der Ermittlungen** begründet noch keine prozessuale Gemeinsamkeit.[92] Nicht ausreichend ist auch, dass das Verfahren bei der Polizei oder der Staatsanwaltschaft faktisch in einem Vorgang geführt wird; eine prozessuale Gemeinsamkeit mehrerer Ermittlungsverfahren kann nur durch eine **ausdrückliche oder stillschweigende Entscheidung der Staatsanwaltschaft** begründet werden.[93] Eine solche Entscheidung ist darin zu sehen, dass gegen mehrere Beschuldigte unter einem einheitlichen staatsanwaltschaftlichen Aktenzeichen Ermittlungsmaßnahmen – etwa die Erwirkung eines Durchsuchungsbeschlusses[94] oder die Erwirkung von Beschlüssen zur Überwachung des Telekommunikationsverkehrs oder zur Observation des Beschuldigten[95] – ergriffen werden.[96] Eine darüber hinausgehende Verbindungsanordnung ist nicht erforderlich.[97] Durch diese formalen Anforderungen wird die erforderliche Rechtsklarheit gewährleistet, weil der Tatrichter anhand der Akten verlässlich feststellen kann, ob ein Zeugnisverweigerungsrecht besteht.[98] Diese Grundsätze gelten auch, wenn der als Zeuge vernommene Angehörige eines früheren Mitbeschuldigten damals ebenfalls Mitbeschuldigter war.[99] Werden die Beschuldigten von Anfang an in getrennten Verfahren verfolgt, hat der Zeuge lediglich in dem gegen seinen Angehörigen, nicht aber in dem gegen den Beschuldigten, zu dem er in keinem Angehörigenverhältnis steht, geführten Verfahren ein Zeugnisverweigerungsrecht.[100] Die in dem Verfahren gegen den Nichtangehörigen gemachten Angaben des Zeugen sind in dem Verfahren gegen seinen Angehörigen aber nicht verwertbar, wenn er dort von seinem Zeugnisverweigerungsrecht Gebrauch macht.[101] In dem gegen den nichtangehörigen Angeklagten geführten Verfahren kann der Zeuge von seinem Auskunftsverweigerungsrecht nach § 55 Gebrauch machen.[102] Entsprechendes gilt, wenn gegen den Angehörigen des Zeugen überhaupt kein Ermittlungsverfahren eingeleitet wird.[103]

20 **b) Wegfall der prozessualen Gemeinsamkeit.** Das Zeugnisverweigerungsrecht besteht auch hinsichtlich des Beschuldigten, der nicht Angehöriger des Zeugen ist, fort, wenn die prozessuale Gemeinsamkeit dadurch beendet wird, dass das Verfahren gegen den Angehörigen des Zeugen nach § 170 Abs. 2 eingestellt oder auf andere Weise abgeschlossen wird.[104] Das Weigerungsrecht besteht daher auch bei einer Einstellung nach § 205[105] oder

---

[91] BGH 8.12.2011 – 4 StR 500/11, NStZ 2012, 340; BGH 4.11.1986 – 1 StR 498/86, BGHSt 34, 215 = NStZ 1987, 286 mAnm *Pelchen;* aA *Prittwitz* NStZ 1986, 64; offen gelassen von BGH 14.12.2011 – 5 StR 434/11, NStZ 2012, 221.

[92] BGH 8.12.2011 – 4 StR 500/11, NStZ 2012, 340; BGH 8.5.1985 – 3 StR 100/85, NStZ 1985, 419.

[93] BGH 4.11.1986 – 1 StR 498/86, BGHSt 34, 215 = NStZ 1987, 286 mAnm *Pelchen;* BGH 8.12.2011 – 4 StR 500/11, NStZ 2012, 340; aA *Fezer* JZ 1996, 603.

[94] BGH 14.12.2011 – 5 StR 434/11, NStZ 2012, 221.

[95] BGH 8.12.2011 – 4 StR 500/11, NStZ 2012, 340 mit Hinweis darauf, dass es unerheblich ist, wenn die Identität des Angeklagten erst im Zuge der weiteren Ermittlungen aufgedeckt worden ist.

[96] BGH 23.7.1986 – 3 StR 164/86, BGHSt 34, 138 = NStZ 1987, 83 = NJW 1987, 1955; BGH 13.5.1998 – 3 StR 566/97, NStZ 1998, 583; *Hoffmann* MDR 1990, 111.

[97] *Fischer* JZ 1992, 570.

[98] BGH 4.11.1986 – 1 StR 498/86, BGHSt 34, 215 = NStZ 1987, 286 mAnm *Pelchen;* BGH 23.7.1986 – 3 StR 164/86, BGHSt 34, 138 = NStZ 1987, 83 = NJW 1987, 1955.

[99] BGH 8.12.2011 – 4 StR 500/11, NStZ 2012, 340 mwN.

[100] BGH 12.2.1974 – 1 StR 535/73, NJW 1974, 758; KK/*Senge* Rn. 7.

[101] BGH 27.5.1998 – 3 StR 31/98, NStZ 1998, 469 = NJW 1998, 3363 m. abl. Anm. *Radtke* NStZ 1999, 481; BGH 29.10.1991 – 1 StR 334/90, BGHSt 38, 96 = NJW 1992, 1116 = NStZ 1992, 195.

[102] BGH 27.5.1998 – 3 StR 31/98, NStZ 1998, 469 = NJW 1998, 3363 m. abl. Anm. *Radtke* NStZ 1999, 481; LR-*Ignor/Bertheau* Rn. 20.

[103] LR-*Ignor/Bertheau* Rn. 20.

[104] BGH 10.1.1984 – 5 StR 732/83, NStZ 1984, 176; BGH 27.5.1998 – 3 StR 31/98, NStZ 1998, 469 = NJW 1998, 3363; offen gelassen von BGH 14.12.2011 – 5 StR 434/11, NStZ 2012, 221. Im Hinblick auf die zuletzt genannte Entscheidung gegen ein Fortbestehen des Zeugnisverweigerungsrechts nach Beendigung der prozessualen Gemeinsamkeit: *Meyer-Goßner,* Rn. 11a.

[105] BGH 16.3.1977 – 3 StR 327/76, BGHSt 27, 141 = NJW 1977, 1161; Radtke/Hohmann/*Otte* Rn. 13; *Meyer-Goßner* Rn. 11.

einer Abtrennung[106] des Verfahrens fort. Es erlischt aber, wenn das Verfahren gegen den Angehörigen des Zeugen durch Verurteilung oder Freispruch **rechtskräftig abgeschlossen** wird[107] oder der Angehörige des Zeugen **verstorben** ist.[108] Letzteres gilt auch, wenn das Verfahren gegen den Angehörigen **nach § 154 Abs. 1 oder Abs. 2 eingestellt** worden ist.[109] Vom BGH noch nicht entschieden ist die Frage, ob Entsprechendes auch dann gilt, wenn der mit dem Zeugen verwandte Beschuldigte nach vorläufiger **Einstellung gemäß § 153a** die Auflage oder Weisung erfüllt hat und keine Anhaltspunkte dafür bestehen, dass die Tat noch als Verbrechen verfolgt werden kann.[110] Nach hier vertretener Auffassung kann insoweit nichts Anderes gelten.[111] Dass das Zeugnisverweigerungsrecht nach rechtskräftigem Abschluss des Verfahrens gegen den Angehörigen entfällt, beruht auf der Erwägung, dass in einem solchen Fall das zwischen dem angehörigen Zeugen und dem jetzigen Beschuldigten geknüpfte Band derart schwach geworden ist, dass es den empfindlichen Eingriff in das noch laufende Strafverfahren nicht rechtfertigt und dass die theoretische Möglichkeit, dass es zu einem Wiederaufnahmeverfahren oder einem Gnadenverfahren kommen kann, wenig Gewicht hat und dass die Aussage des Zeugen in diesem Fall in der Regel ohnehin nicht verwertbar wäre.[112] Diese Erwägungen lassen sich auf den Fall der endgültigen Einstellung des Verfahrens gemäß § 153a nach Erfüllung der Auflage oder Weisung ohne weiteres übertragen.

Leitet die Staatsanwaltschaft aus sachlich vertretbaren Gründen gegen einen bereits früher **21** einer Straftat verdächtigen Beschuldigten, hinsichtlich dessen das frühere Ermittlungsverfahren nach § 170 Abs. 2 eingestellt worden ist, aufgrund neuerlichen Tatverdachts und anderer Beweislage ein neues, selbständiges Ermittlungsverfahren ein, liegt hinsichtlich der im früheren Verfahren wegen derselben Tat Mitbeschuldigter keine prozessuale Gemeinsamkeit vor.[113]

c) Mehrere rechtlich selbständige Taten. Betrifft das einheitlich gegen mehrere **22** Beschuldigte geführte Verfahren mehrere rechtlich selbständige Taten im Sinne von § 264, hat der Zeuge ein Zeugnisverweigerungsrecht nur hinsichtlich der Taten, an denen seinem Angehörigen eine Beteiligung vorgeworfen wird; soweit es um Taten geht, die nur mit ihm nicht im Angehörigenverhältnis stehende Beschuldigte betrifft, ist er zur Aussage verpflichtet.[114] Die Begrenzung des Zeugnisverweigerungsrechts auf eine Tat ist aber nur möglich, wenn jede Beziehung der die eine Tat betreffenden Aussage auf die andere ausgeschlossen ist und die Urteilsfindung hinsichtlich der einen Tat durch die Aussage bezüglich der anderen Tat nicht beeinflusst werden kann.[115] Das ist bei Hehlerei, Begüns-

---

[106] BGH 3.3.1987 – 5 StR 596/86, NStZ 1988, 18; LR-*Ignor/Bertheau* Rn. 19; Radtke/Hohmann/*Otte* Rn. 13; *Meyer-Goßner* Rn. 11; aA *Fischer* JZ 1992, 570.

[107] BGH 29.10.1991 – 1 StR 334/90, BGHSt 38, 96 = NJW 1992, 1116 = NStZ 1992, 195 mAnm *Hassemer* JuS 1992, 706 und mAnm *Gollwitzer* JR 1993, 213; BGH 4.5.1993 – 1 StR 921/92, NJW 1993, 2326; BGH 30.4.2009 – 1 StR 745/08, BGHSt 54, 1 = NJW 2009, 2548 m. Bespr. *Mosbacher* JuS 2010, 127; BGH 8.12.2011 – 4 StR 500/11, NStZ 2012, 340; BGH 14.12.2011 – 5 StR 434/11, NStZ 2012, 221; aA *Dahs/Langkeit* StV 1992, 492.

[108] BGH 13.2.1992 – 4 StR 638/91, NJW 1992, 1118; BGH 30.4.2009 – 1 StR 745/08, BGHSt 54, 1 = NJW 2009, 2548 m. Bespr. *Mosbacher* JuS 2010, 127; BGH 8.12.2011 – 4 StR 500/11, NStZ 2012, 340; aA *Hoffmann* MDR 1990, 111; vgl. auch BGH 14.12.2011 – 5 StR 434/11, NStZ 2012, 221.

[109] BGH 30.4.2009 – 1 StR 745/08, BGHSt 54, 1 = NJW 2009, 2548 m. Bespr. *Mosbacher* JuS 2010, 127.

[110] Offen gelassen in BGH 13.5.1998 – 3 StR 566/97, NStZ 1998, 583 und BGH 30.4.2009 – 1 StR 745/08, BGHSt 54, 1 = NJW 2009, 2548 m. Bespr. *Mosbacher* JuS 2010, 127.

[111] So auch Radtke/Hohmann/*Otte* Rn. 13, LR-*Ignor/Bertheau* Rn. 19 und *Meyer-Goßner*, Rn. 11.

[112] BGH 29.10.1991 – 1 StR 334/90, BGHSt 38, 96 = NJW 1992, 1116 = NStZ 1992, 195; kritisch hierzu LR-*Ignor/Bertheau* Rn. 19.

[113] BGH 27.5.1998 – 3 StR 31/98, NStZ 1998, 469 = NJW 1998, 3363 m. abl. Anm. *Radtke* NStZ 1999, 481.

[114] BGH 13.6.1990 – 3 StR 132/90, BGHR StPO § 52 Abs. 1 Nr. 3 Mitbeschuldigter 5; KK/*Senge* Rn. 8; *Meyer-Goßner* Rn. 12; LR-*Ignor/Bertheau* Rn. 19.

[115] BGH 30.8.1983 – 5 StR 570/83, NStZ 1983, 564; LR-*Ignor/Bertheau* Rn. 19; *Meyer-Goßner* Rn. 12; Radtke/Hohmann/*Otte* Rn. 14.

tigung und Strafvereitelung nicht der Fall, wenn zwischen beiden kein längerer Zeitabstand besteht.[116]

IV. Ausübung des Zeugnisverweigerungsrechts

23 **1. Höchstpersönliches Recht.** Das Zeugnisverweigerungsrecht ist ein höchstpersönliches Recht, auf dessen Ausübung die anderen Verfahrensbeteiligten keinen Anspruch haben[117] und das der Zeuge nur selbst ausüben kann.[118] Nicht ausreichend ist daher die **Mitteilung eines Dritten** gegenüber dem Gericht, der Zeuge sei nicht zur Aussage bereit.[119] Es genügt aber eine vom anwaltlichen Beistand des Zeugen in[120] oder außerhalb[121] der Hauptverhandlung abgegebene Erklärung. Der Zeuge kann auch ohne ausdrückliche Belehrung wirksam auf das Zeugnisverweigerungsrecht verzichten und dies dem Gericht in schriftlicher[122] oder mündlicher[123] Form mitteilen. Auch der minderjährige Zeuge übt das Recht selbst aus, sofern er nicht verstandesunreif ist.[124] Ob der Zeuge von seinem Weigerungsrecht Gebrauch macht, kann im **Freibeweisverfahren** geklärt werden.[125]

24 **2. Ausdrückliche Erklärung.** Die Weigerung des Zeugen muss ausdrücklich erklärt werden; der Zeuge darf wesentliche Tatsachen nicht einfach verschweigen, nachdem er sich zur Aussage bereit erklärt hat.[126] Dem Zeugen steht es frei, die gesamte Aussage, bestimmte Teile der Aussage oder die Antwort auf einzelne Fragen zu verweigern und auch noch während laufender Vernehmung von seinem Zeugnisverweigerungsrecht Gebrauch zu machen.[127] Setzt der Vorsitzende die Befragung des Zeugen trotz einer von den anderen Verfahrensbeteiligten als Ausübung des Zeugnisverweigerungsrechts verstandenen Erklärung des Zeugen fort, ist eine Beanstandung nach § 238 Abs. 2 erforderlich.[128]

25 **3. Begründung.** Der Zeuge ist nicht verpflichtet, die Gründe für die Zeugnisverweigerung zu offenbaren.[129] Er muss insbesondere nicht angeben, ob er die Aussage zugunsten oder zulasten des Beschuldigten verweigert.[130] Es ist dem Gericht untersagt, die Motive des Zeugen für die Verweigerung des Zeugnisses auszuforschen.[131] Es hat sich jeder **Einwirkung auf die Entschließungsfreiheit** des Zeugen zu enthalten und darf daher einem Zeugen, der seine mangelnde Aussagebereitschaft damit begründet, die Vorgänge lägen lange zurück, nicht in Aussicht stellen, seine Erinnerung durch Vorhalt seiner bei der Polizei gemachten Angaben aufzufrischen.[132] Gibt der Zeuge Gründe für die Zeugnisverweigerung an, die über den bloßen Hinweis auf ein zur Aussageverweige-

---

[116] BGH 30.8.1983 – 5 StR 570/83, NStZ 1983, 564; ähnlich LR-*Ignor/Bertheau* Rn. 19 sowie *Meyer-Goßner* Rn. 12 und Radtke/Hohmann/*Otte* Rn. 14, wo jeweils nicht zur Voraussetzung gemacht wird, dass kein längerer Zeitabstand besteht.

[117] *Eisenberg* Rn. 1223; *Fürmann* Jus 2004, 303; LR-*Ignor/Bertheau* Rn. 21.

[118] BGH 19.9.1967 – 5 StR 456/67, BGHSt 21, 303 = NJW 1967, 2273.

[119] BGH 24.7.1979 – 1 StR 157/59, MDR 1979, 989; BGH 24.7.1979 – 1 StR 157/79, NStZ 1981, 93; *Meyer-Goßner* Rn. 14; *Graf/Huber* Rn. 17; Radtke/Hohmann/*Otte* Rn. 15.

[120] BGH 13.8.2003 – 1 StR 280/03, zitiert nach juris.

[121] BGH 18.7.2007 – 1 StR 296/07, NStZ 2007, 712; KMR/*Neubeck* Rn. 15; aA LR-*Ignor/Bertheau* Rn. 39.

[122] BGH 18.7.2007 – 1 StR 296/07, NStZ 2007, 712.

[123] BGH 30.8.2000 – 5 StR 268/00, NStZ 2001, 48.

[124] *Meyer-Goßner* Rn. 14; HK/*Gercke* Rn. 21; KK/*Senge* Rn. 22.

[125] BGH 30.8.2000 – 5 StR 268/00, NStZ 2001, 48; KMR/*Neubeck* Rn. 15.

[126] BGH 21.12.1951 – 1 StR 505/51, BGHSt 2, 90 = NJW 1952, 353; BGH 11.11.1954 – 3 StR 422/54, BGHSt 7, 127 = NJW 1955, 230; LR-*Ignor/Bertheau* Rn. 22; *Meyer-Goßner* Rn. 15; KMR/*Neubeck* Rn. 15.

[127] AllgM.

[128] BGH 9.3.2010 – 4 StR 606/09, BGHSt 55, 65 = NStZ 2010, 461; BGH 26.8.1998 – 3 StR 356/97, NStZ 1999, 95; *Eisenberg* Rn. 1223.

[129] BGH 12.7.1979 – 4 StR 291/79, NJW 1980, 794; BGH 29.6.1983 – 2 StR 855/82, NJW 1984, 136.

[130] LR-*Ignor/Bertheau* Rn. 23; *Meyer-Goßner* Rn. 16; KMR/*Neubeck* Rn. 17.

[131] BGH 6.6.1989 – 5 StR 99/89, NStZ 1989, 440; KMR/*Neubeck* Rn. 17.

[132] BGH 6.6.1989 – 5 StR 99/89, NStZ 1989, 440.

rung berechtigendes Verhältnis hinausgehen, dürfen diese nicht protokolliert und bei der Entscheidung nicht berücksichtigt werden.[133] Fragen der Prozessbeteiligten nach den Gründen für die Zeugnisverweigerung sind gemäß § 241 Abs. 2 als ungeeignet zurückzuweisen.[134]

V. Zeugen ohne ausreichende Verstandesreife oder Verstandeskraft (Abs. 2)

1. Notwendige Verstandesreife. Auch wenn § 52 nicht voraussetzt, dass die Beweisperson den Widerstreit empfindet, in den sie durch die familiären Beziehungen zum Angeklagten einerseits und die Pflicht zur wahrheitsgemäßen Aussage andererseits gestellt wird, muss sie doch fähig sein, diesen Widerstreit verstandesmäßig zu erfassen.[135] Die verstandesunreife Person soll davor geschützt werden, dass sie aus Mangel an Verständnis aussagt und sich später dadurch belastet fühlt.[136] Deshalb darf ein Zeuge in den Fällen fehlender Verstandesreife nach § 52 Abs. 2 nur mit Zustimmung des gesetzlichen Vertreters vernommen werden. Ein Zeuge verfügt über die erforderliche Verstandesreife, wenn er erkennen kann, dass der Angehörige mit seinem Verhalten etwas Unrechtes getan hat und ihm dafür Strafe droht sowie dass die Aussage des Zeugen zu seiner Bestrafung beitragen kann.[137] **26**

Die Prüfung, ob diese Verstandesreife vorliegt, obliegt dem Tatrichter,[138] der sich ggf. sachverständiger Hilfe zu bedienen hat.[139] Maßgeblich ist insoweit der persönliche Eindruck in der Hauptverhandlung.[140] Zulässig sind auch Erhebungen im Freibeweisverfahren.[141] Dass die Verstandesreife vorliegt, hat der Tatrichter jedenfalls dann **besonders zu begründen,** wenn es Anhaltspunkte gibt, die ein fehlendes Verständnis des Zeugen nahelegen.[142] **Feste Altersgrenzen** gibt es insoweit nicht.[143] Bei einem sieben Jahre alten Kind wird es in der Regel an der Verstandesreife fehlen,[144] bei einem 14-jährigen Kind wird sie in der Regel vorliegen,[145] auch wenn es schwachsinnig ist.[146] Bei Jugendlichen im Alter von sechzehn Jahren und normaler Entwicklung kann im Regelfall davon ausgegangen werden, dass sie eine genügende Vorstellung von der Bedeutung des Zeugnisverweigerungsrechts haben.[147] Dabei ist die Aussagetüchtigkeit des Zeugen nicht mit der Fähigkeit zur selbstverantwortlichen Ausübung des Zeugnisverweigerungsrechts gleichzusetzen, weshalb allein die Feststellung in den Urteilsgründen, der Zeuge sei „aussagetüchtig", nicht ausreichend ist.[148] Besonderer Ausführungen im Urteil zur Frage, ob der Zeuge die Bedeutung der Belehrung erfasst hat, bedarf es aber bei einem 14-jährigen Zeugen, auch wenn dieser schwachsinnig ist, nicht; insoweit darf das Gericht in der Regel von dem Erfahrungssatz ausgehen, dass ein aussagetüchtiger Zeuge im Stande ist, ein ihm zustehendes Zeugnisverweigerungsrecht in seiner Bedeutung zu erfassen.[149] Hat das **27**

---

[133] BGH 8.4.1954 – 3 StR 725/53, BGHSt 6, 279; LR-*Ignor/Bertheau* Rn. 23.
[134] Radtke/Hohmann/*Otte* Rn. 16; KMR/*Neubeck* Rn. 17.
[135] BGH 2.3.1960 – 2 StR 44/60, BGHSt 14, 159 = BGH NJW 1960, 1396.
[136] BGH 2.3.1960 – 2 StR 44/60, BGHSt 14, 159 = NJW 1960, 1396; BGH 9.8.1963 – 4 StR 188/63, BGHSt 19, 86 = NJW 1963, 2378; KMR/*Neubeck* Rn. 18.
[137] BGH 2.3.1960 – 2 StR 44/60, BGHSt 14, 159 = BGH NJW 1960, 1396; *Eisenberg* Rn. 1223; LR-*Ignor/Bertheau* Rn. 25.
[138] BGH 2.3.1960 – 2 StR 44/60, BGHSt 14, 159 = BGH NJW 1960, 1396.
[139] *Schaub* FamRZ 1966, 134; LR-*Ignor/Bertheau* Rn. 28.
[140] BGH 20.9.1996 – 2 StR 289/96, NStZ 1997, 145.
[141] Vgl. BGH 17.4.2012 – 1 StR 146/12, NStZ 2012, 578; *Meyer-Goßner,* Rn. 18.
[142] BGH 6.12.1966 – 1 StR 561/66, NJW 1967, 360.
[143] BayObLG 7.8.1997 – 1 Z BR 146/97, NJW 1998, 614; *Meyer-Goßner* Rn. 18; *Eisenberg* Rn. 1223; LR-*Ignor/Bertheau* Rn. 26.
[144] BGH 2.3.1960 – 2 StR 44/60, BGHSt 14, 159 = BGH NJW 1960, 1396.
[145] BGH 6.7.1965 – 5 StR 229/65, BGHSt 20, 234 = NJW 1965, 1870.
[146] BGH 6.12.1966 – 1 StR 561/66, NJW 1967, 360.
[147] BGH 23.1.1985 – 3 StR 496/84, NStZ 1985, 493; BGH 11.11.1959 – 2 StR 471/59, BGHSt 14, 21 = NJW 1960, 586.
[148] BGH 2.3.1960 – 2 StR 44/60, BGHSt 14, 159 = BGH NJW 1960, 1396.
[149] BGH 6.12.1966 – 1 StR 561/66, NJW 1967, 360.

Gericht **Zweifel,** ob das zeugnisverweigerungsberechtigte Kind die Belehrung richtig verstanden hat, muss es die Entscheidung des gesetzlichen Vertreters einholen; die volle Überzeugung des Gerichts, dass das Kind die Belehrung nicht richtig verstanden hat, ist nicht erforderlich.[150] Die Belehrung allein des gesetzlichen Vertreters über das Zeugnisverweigerungsrecht und dessen Zustimmung zur Aussage genügen allerdings dann nicht, wenn das Kind doch genügend verstandesreif ist.[151]

28 **2. Entscheidung des gesetzlichen Vertreters.** Die Zustimmung des gesetzlichen Vertreters ist nach § 52 Abs. 2 S. 1 erforderlich, wenn Minderjährige wegen mangelnder Verstandesreife oder wegen einer psychischen Krankheit oder einer geistigen oder seelischen Behinderung von der Bedeutung des Zeugnisverweigerungsrechts keine genügende Vorstellung haben.[152] Bei erwachsenen Zeugen ist die Zustimmung des gesetzlichen Vertreters nur erforderlich, wenn ihnen wegen einer psychischen Krankheit oder einer geistigen oder seelischen Behinderung gemäß § 1896 BGB ein Betreuer bestellt worden ist. Hat ein Erwachsener keinen gesetzlichen Vertreter, muss ihm gemäß § 1896 BGB zunächst ein Betreuer bestellt werden.[153]

29 Wer gesetzlicher Vertreter ist, bestimmt sich nach **bürgerlichem Recht.**[154] Zur Vertretung des Kindes ist gemäß § 1629 Abs. 1 S. 1 BGB berechtigt, wer die elterliche Sorge für das Kind hat. Bei ehelichen Kindern miteinander verheirateter Eltern sind das der Vater und die Mutter des Kindes gemeinsam (§§ 1626 Abs. 1, 1629 Abs. 1 BGB), sofern nicht die elterliche Sorge nach § 1671 BGB einem Elternteil allein übertragen worden ist und die Voraussetzungen der §§ 1678 ff. BGB nicht vorliegen. Nach Scheidung der Ehe ist gesetzlicher Vertreter des Kindes der Elternteil, dem die Personensorge übertragen worden ist. Die elterliche Sorge nichtehelicher Kinder richtet sich nach § 1626a BGB. Ein Betreuter wird gemäß § 1902 BGB von seinem gerichtlich bestellten Betreuer vertreten; auch die Bestellung mehrerer Betreuer ist möglich.

30 Hat der Zeuge **mehrere gesetzliche Vertreter,** muss jeder von ihnen der Vernehmung des Zeugen zustimmen.[155] Ausreichend ist, dass der eine den anderen ermächtigt, die Erklärung für ihn mitabzugeben.[156] Versagt einer der Vertreter die Zustimmung, kann eine **Ersetzung der Zustimmung** nicht nach § 1963 BGB erfolgen, weil ein Fall der Verhinderung nicht vorliegt.[157] Sofern es sich – abhängig von den Umständen des Einzelfalls – bei der Aussage um eine Angelegenheit von erheblicher Bedeutung für das Kind handelt, kann das Familiengericht die Entscheidung gemäß § 1628 BGB auf Antrag eines Elternteils auf einen Elternteil übertragen.[158] In Betracht kommt auch der Ausschluss eines Elternteils nach §§ 1629 Abs. 2, 1796 Abs. 2 BGB.[159]

31 Durch die Verweigerung der Einwilligung kann der gesetzliche Vertreter die Aussage des Zeugen verhindern, aber nicht erzwingen, weil der Zeuge auch im Fall der Einwilligung des gesetzlichen Vertreters selbst entscheidet, ob er aussagen will.[160] Verweigert der gesetzliche Vertreter die Zustimmung, darf das Verfahren nicht in entsprechender Anwendung

---

[150] BGH 9.8.1963 – 4 StR 188/63, BGHSt 19, 85 = NJW 1963, 2378; BGH 8.3.1979 – 4 StR 634/78, NJW 1979, 1722; BGH 17.4.2012 – 1 StR 146/12, NStZ 2012, 578.

[151] BGH 9.8.1963 – 4 StR 188/63, BGHSt 19, 85 = NJW 1963, 2378.

[152] Vgl. zu den Begrifflichkeiten im Einzelnen LR-*Ignor/Bertheau* Rn. 28.

[153] *Meyer-Goßner* Rn. 19; *Graf/Huber* Rn. 21; HK/*Gercke* Rn. 27; *Rieß* NJW 1975, 83, Fn. 41.

[154] LR-*Ignor/Bertheau* Rn. 30; KMR/*Neubeck* Rn. 22.

[155] *Meyer-Goßner* Rn. 19; *Eisenberg* Rn. 1225; *Schaub* FamRZ 1966, 134.

[156] BGH 11.10.1956 – 4 StR 292/56, MDR 1957, 52 für den vergleichbaren Fall der Ermächtigung zur Stellung eines Strafantrags; KK/*Senge* Rn. 28; *Meyer-Goßner* Rn. 19; Radtke/Hohmann/*Otte* Rn. 19.

[157] Radtke/Hohmann/*Otte* Rn. 19; KMR/*Neubeck* Rn. 24.

[158] SK/*Rogall* Rn. 81; LR-*Ignor/Bertheau* Rn. 32; *Schweckendieck* NStZ 2008, 537 mwN zur Gegenauffassung.

[159] LR-*Ignor/Bertheau* Rn. 31; Palandt/*Götz,* BGB, 73. Aufl., § 1796 Rn. 4.

[160] BGH 2.3.1960 – 2 StR 44/60, BGHSt 14, 159 = BGH NJW 1960, 1396; BGH 19.9.1967 – 5 StR 456/67, BGHSt 21, 303 = NJW 1967, 2273; BGH 27.1.1970 – 1 StR 591/69, BGHSt 23, 221 = NJW 1970, 766; BGH 8.3.1979 – 4 StR 634/78, NJW 1979, 1722; BGH 12.2.2004 – 3 StR 185/03, BGHSt 49, 72 = NJW 2004, 1605; *Eisenberg* Rn. 1225; LR-*Ignor/Bertheau* Rn. 25.

von § 205 S. 1 eingestellt werden, bis der Zeuge die nötige Verstandesreife für die eigene Entscheidung über das Zeugnisverweigerungsrecht hat.[161]

Die Zustimmung des gesetzlichen Vertreters hat in der Regel vor der Vernehmung des Zeugen zu erfolgen; sie kann aber nachgeholt werden, wenn sich erst während oder nach der Beendigung der Vernehmung des Zeugen Zweifel an seiner Verstandesreife ergeben.[162] Hat ein Kind vor dem Richter ohne die Zustimmung seines gesetzlichen Vertreters ausgesagt, kann diese **Zustimmung** aber nicht mehr rechtswirksam **nachgeholt** werden, wenn das Kind nunmehr die Aussage verweigert.[163] Auch in diesem Fall kann der Zeuge trotz Verweigerung der Aussage bei Nachholung der Zustimmung des gesetzlichen Vertreters die Verwertung seiner ohne Zustimmung des gesetzlichen Vertreters gemachte Aussage genehmigen.[164] Zwar kann sich die Belehrung des Zeugen in diesem Fall naturgemäß nicht darauf erstreckt haben, dass er die Aussage verweigern kann, obwohl der gesetzliche Vertreter der Vernehmung des Zeugen vorher zugestimmt hat.[165] Nachdem die Geltendmachung des Zeugnisverweigerungsrechts den Zeugen aber nicht hindert, nach ordnungsgemäßer Belehrung die Verwertung einer bei einer nichtrichterlichen Vernehmung gemachten Aussage zu gestatten,[166] ist nicht ersichtlich, warum es ihm nicht möglich sein sollte, auch die Verwertung der zunächst ohne Zustimmung des gesetzlichen Vertreters gemachten Aussage zu genehmigen.[167] 32

3. Ausschluss des gesetzlichen Vertreters. Ist der gesetzliche Vertreter der Beschuldigte, ist er gemäß § 52 Abs. 2 S. 2 Hs. 1 von der Entscheidung über die Verweigerung des Zeugnisses ausgeschlossen. Gleiches gilt nach § 52 Abs. 2 S. 2 Hs. 2 für den nicht beschuldigten Elternteil, wenn die gesetzliche Vertretung beiden Elternteilen zusteht. Nicht maßgeblich ist dabei, ob der Zeuge selbst Opfer der Straftat geworden ist.[168] Ist der gesetzliche Vertreter nach § 52 Abs. 2 S. 2 von der Vertretung ausgeschlossen, muss nach § 1909 Abs. 1 BGB auf Antrag der Stelle, die den Zeugen vernehmen will, ein **Ergänzungspfleger** bestellt werden, wobei der Antrag im Fall einer polizeilichen Vernehmung von der Staatsanwaltschaft gestellt wird.[169] Die Anordnung einer Ergänzungspflegschaft kommt aber nur in Betracht, wenn der Zeuge aussagebereit ist; ist dies nicht der Fall, ist für die Ergänzungspflegschaft von vornherein kein Raum.[170] Vor der Anordnung einer Ergänzungspflegschaft muss daher zunächst geklärt werden, ob der Zeuge aussagebereit ist;[171] zuständig hierfür ist nicht das Familiengericht, sondern die vernehmende Stelle, also Polizei, Staatsanwaltschaft oder der Ermittlerungsrichter.[172] Das Familiengericht ist an die Auffassung der vernehmenden Stelle über die Frage der fehlenden Verstandesreife des 33

161 OLG Stuttgart 12.6.2001 – 1 Ws 101/01, Justiz 2001, 552.

162 LR-*Ignor/Bertheau* Rn. 29.

163 BGH 27.1.1970 – 1 StR 591/69, BGHSt 23, 221 = NJW 1970, 766; Radtke/Hohmann/*Otte* Rn. 19.

164 LR-*Ignor/Bertheau* Rn. 29; *Meyer-Goßner* Rn. 19, *Graf/Huber* Rn. 23, Radtke/Hohmann/*Otte* Rn. 19; offen gelassen von BGH 27.1.1970 – 1 StR 591/69, BGHSt 23, 221 = NJW 1970, 766.

165 Vgl. zu diesem Erfordernis BGH 19.9.1967 – 5 StR 456/67, BGHSt 21, 303 = NJW 1967, 2273; BGH 27.1.1970 – 1 StR 591/69, BGHSt 23, 221 = NJW 1970, 766; BGH 8.3.1979 – 4 StR 634/78, NJW 1979, 1722; BGH 21.1.1991 – 1 StR 624/90, NJW 1991, 2432.

166 Vgl. BGH 23.9.1999 – 4 StR 189/99, BGHSt 45, 203 = NJW 2000, 596; offen gelassen von BGH 24.4.2003 – 3 StR 181/02, NJW 2003, 2692 und BGH 12.12.2004 – 3 StR 185/03, BGHSt 49, 72 = NJW 2004, 1605.

167 Ähnlich *Meyer-Goßner* Rn. 19, Radtke/Hohmann/*Otte* Rn. 19.

168 *Graf/Huber* Rn. 24.

169 *Meyer-Goßner* Rn. 20; *Graf/Huber* Rn. 24; *Schweckendieck* NStZ 2008, 537; LR-*Ignor/Bertheau* Rn. 32; KMR/*Neubeck* Rn. 27.

170 OLG Brandenburg 16.9.2011 – 13 UF 166/11, FamRZ 2012, 1068; OLG Saarbrücken 22.3.2011 – 6 UF 34/11, NJW 2011, 2306; OLG Bremen 22.9.2010 – 4 UF 91/10, NJW-RR 2011, 154; OLG Hamm 8.8.2013 – 3 WF 176/12; OLG Stuttgart 26.7.1985 – 8 W 253/85, MDR 1986, 58; LG Memmingen 18.10.1981 – 4 T 1356/81, MDR 1982, 145; LR-*Ignor/Bertheau* Rn. 32.

171 OLG Saarbrücken 22.3.2011 – 6 UF 34/11, NJW 2011, 2306; OLG Bremen 22.9.2010 – 4 UF 91/10, NJW-RR 2011, 154; OLG Hamm 8.8.2013 – 3 WF 176/12; aA OLG Hamburg 26.3.2013 – 13 UF 81/12, das eine solche Vorabprüfung für entbehrlich hält.

172 OLG Hamm 8.8.2013 – 3 WF 176/12, BeckRS 2013, 07219.

Zeugen gebunden.[173] Auch ist der die Ergänzungspflegeschaft anordnende und die Vertretung des Kindes regelnde Beschluss des Familiengerichts für den Tatrichter bindend, selbst wenn es die Voraussetzungen der Pflegschaft zu Unrecht angenommen hat.[174] Der Tatrichter hat aber in eigener Verantwortung zu prüfen, ob der Zeuge zum Zeitpunkt der Hauptverhandlung über die erforderliche Verstandesreife verfügt, weshalb eine Zustimmung des bestellten Ergänzungspflegers zur Vernehmung des Zeugen entbehrlich ist, wenn der Zeuge diese zwischenzeitlich erlangt hat.[175] Hat das Familiengericht auf Anregung des Tatrichters einen Ergänzungspfleger bestellt, obwohl die Voraussetzungen des § 52 Abs. 2 S. 2 nicht vorgelegen haben, setzt die Erhebung der Aufklärungsrüge voraus, dass der Inhalt des Beschlusses des Familiengerichts mitgeteilt wird, weil der die Ergänzungspflegschaft anordnende Beschluss dann nicht fehlerhaft ist, wenn er auf der Grundlage der allgemeinen Vorschriften der §§ 1629 Abs. 2, 1796 Abs. 2, 1909 BGB wegen eines erheblichen Interessengegensatzes – und nicht infolge fehlerhafter Anwendung des § 52 Abs. 2 S. 2 – ergangen ist.[176]

34 Die Vorschrift des § 52 Abs. 2 S. 2 kann **nicht entsprechend** auf den Fall angewendet werden, dass der nicht beschuldigte Elternteil alleinsorgeberechtigt ist,[177] und zwar unabhängig davon, ob der allein sorgeberechtigte Elternteil Opfer der in Rede stehenden Straftat ist.[178] Das ist auch in dem Fall, dass der Beschuldigte ein sonstiger naher Angehöriger des vertretungsberechtigten Elternteils ist, nicht möglich.[179] Auch wenn die Konfliktlage des nicht beschuldigten Elternteils in diesen Fällen vergleichbar sein mag, sind derart weitgehende Gesetzeskorrekturen dem Gesetzgeber vorzubehalten.[180] Für eine entsprechende Anwendung besteht auch kein Bedürfnis. Die Lösung dieses in § 52 Abs. 2 S. 2 nicht geregelten Interessenkonflikts kann dadurch erfolgen, dass das Familiengericht dem vertretungsberechtigten Elternteil bei Vorliegen der gesetzlichen Voraussetzungen gemäß §§ 1629 Abs. 2, 1796 Abs. 2, 1795 BGB die elterliche Sorge entzieht und gemäß § 1909 BGB einen Ergänzungspfleger bestellt.[181] Das ist allerdings dann nicht möglich, wenn zu erwarten ist, dass die Sorgerechtsinhaber ohnehin im Interesse des Kindes handeln werden.[182]

VI. Verzicht

35 Wie sich aus § 52 Abs. 3 S. 2 ergibt, kann der Zeuge auf sein Zeugnisverweigerungsrecht verzichten.[183] Dies kann auch stillschweigend erfolgen, indem der Zeuge aus-

---

[173] OLG Nürnberg 15.4.2010 – 9 UF 353/10, NJW 2010, 3041; OLG Karlsruhe 26.3.2012 – 2 WF 42/12, MDR 2012, 653 = NJW-RR 2012, 839; OLG Schleswig 20.11.2012 – 10 WF 187/12, NJW-RR 2013, 777; OLG Stuttgart 26.7.1985 – 8 W 253/85, MDR 1986, 58; BayObLG 7.8.1997 – 1 Z BR 146/97, NJW 1998, 614; *Meyer-Goßner* Rn. 20; HK/*Gercke* Rn. 30; KMR/*Neubeck* Rn. 27; KK/*Senge* Rn. 29; aA *Schaub* FamRZ 1966, 134; nach OLG Hamburg 26.3.2013 – 13 UF 81/12 soll im Fall einer offensichtlichen Fehleinschätzung der vernehmenden Stelle keine Bindung bestehen.

[174] BGH 20.9.1996 – 2 StR 289/96, NStZ 1997, 145; BGH 8.1.1987 – 1 StR 658/86, BGHR StPO § 52 Abs. 2 S. 2 Ergänzungspfleger 1 = MDR 1987, 448.

[175] BGH 20.9.1996 – 2 StR 289/96, NStZ 1997, 145.

[176] BGH 8.1.1987 – 1 StR 658/86, BGHR StPO § 52 Abs. 2 S. 2 Ergänzungspfleger 1 = MDR 1987, 448.

[177] OLG Brandenburg 16.9.2011 – 13 UF 166/11, FamRZ 2012, 1068; OLG Nürnberg 15.4.2010 – 9 UF 353/10, NJW 2010, 3041; OLG Karlsruhe 26.3.2012 – 2 WF 42/12, MDR 2012, 653; *Meyer-Goßner* Rn. 20; *Schweckendieck* NStZ 2008, 537; LR-*Ignor/Bertheau* Rn. 32; KMR/*Neubeck* Rn. 26; aA KK/*Senge* Rn. 29; *Rieß* NJW 1975, 83, Fn. 42; *Schimansky*, FS Pfeiffer, 1988, 300; *Eisenberg* Rn. 1225; Roxin/*Schünemann*, Strafverfahrensrecht, 26. Aufl., § 26 Rn. 18; offen gelassen von BGH 8.1.1987 – 1 StR 658/86, BGHR StPO § 52 Abs. 2 S. 2 Ergänzungspfleger 1 = MDR 1987, 448, BGH 16.4.1991 – 5 StR 158/91, NStZ 1991, 398 und BGH 23.8.1995 – 3 StR 163/95, NJW 1996, 206.

[178] OLG Karlsruhe 26.3.2012 – 2 WF 42/12, NJW-RR 2012, 839 = MDR 2012, 635; *Meyer-Goßner* Rn. 20.

[179] *Schweckendieck* NStZ 2008, 537; *Schimansky*, FS Pfeiffer, 1988, 300.

[180] LR-*Ignor/Bertheau* Rn. 32.

[181] *Schweckendieck* NStZ 2008, 537; OLG Düsseldorf 30.4.2001 – 2 Ws 71/01, NStZ-RR 2001, 303; in diesem Sinne wohl auch BGH 8.1.1987 – 1 StR 658/86, BGHR StPO § 52 Abs. 2 S. 2 Ergänzungspfleger 1 = MDR 1987, 448; aA *Eisenberg* Rn. 1225, Fn. 143.

[182] OLG Karlsruhe 27.3.2003 – 16 UF 25/03, StraFo 2003, 310; OLG Karlsruhe 26.3.2012 – 2 WF 42/12, MDR 2012, 653.

[183] BGH 28.4.1961 – 4 StR 77/61, NJW 1961, 1484.

sagt.[184] Der Verzicht kann jederzeit erfolgen, unabhängig davon, in welchem Verfahrensabschnitt er erklärt wird.[185] Er kann auch darin liegen, dass der gesetzliche Vertreter, der in der Hauptverhandlung anwesend ist, die Vernehmung des Zeugen widerspruchslos geschehen lässt.[186] Der Verzicht kann nach allgemeiner Ansicht auf einzelne Tatkomplexe oder Fragen beschränkt werden. Steht dem Zeugen sowohl ein Zeugnisverweigerungsrecht nach § 52 als auch ein Auskunftsverweigerungsrecht nach § 55 zu, kann der Erklärung des Zeugen, er mache deshalb keine Angaben, weil er sich nicht selbst belasten wolle, nicht ohne weiteres entnommen werden, dass er auf sein Zeugnisverweigerungsrecht verzichtet.[187] Der Verzicht ist auch wirksam, wenn der Zeuge irrtümlich davon ausgeht, er belaste den Beschuldigten mit seiner Aussage nicht.[188] Ein Zeuge, der erklärt hat, er verweigere die Aussage gemäß § 52, ist an diese Erklärung nicht gebunden, sondern kann sich jederzeit entschließen, Angaben zu machen.[189]

VII. Widerruf des Verzichts

Der Verzicht auf das Zeugnisverweigerungsrecht kann nach § 52 Abs. 3 S. 2 auch während der Vernehmung widerrufen werden, nicht aber nach ihrer Beendigung.[190] Die Vernehmung ist mit der Entscheidung über die Vereidigung beendet; erfolgt sie im unmittelbaren Anschluss an die Vernehmung, tritt die Beendigung erst mit der Eidesleistung ein.[191] Widerruft ein Zeuge während der Vernehmung seinen Verzicht auf das Zeugnisverweigerungsrecht zu ein und demselben Tatgeschehen, kann eine Beeidigung seiner bis zum Widerruf erfolgten Teilaussage nicht erfolgen.[192] Nach dem Widerruf ist die Vernehmung abzubrechen.[193] Die bis zum Widerruf des Verzichts gemachten Angaben des Zeugen **bleiben verwertbar.**[194] Der Tatrichter hat in Zweifelsfällen darüber zu befinden, ob der Zeuge nunmehr von seinem Zeugnisverweigerungsrecht Gebrauch machen will oder ob er lediglich von dem fortbestehenden Aussagewillen unabhängige **Hemmungen** hat.[195] Im ersten Fall darf auf die Entschließungsfreiheit des Zeugen nicht eingewirkt werden, im letzteren Fall muss das Gericht versuchen, die Vernehmung im Rahmen der gesetzlichen Möglichkeiten so zu gestalten, dass Hemmungen überwunden werden können.[196] Setzt der Vorsitzende die Befragung des Zeugen trotz einer von den anderen Verfahrensbeteiligten als Ausübung des Zeugnisverweigerungsrechts verstandenen Erklärung des Zeugen fort, ist eine Beanstandung nach § 238 Abs. 2 erforderlich.[197] Diese Grundsätze gelten für die Zustimmung des gesetzlichen Vertreters entsprechend.[198] 36

---

[184] *Meyer-Goßner* Rn. 21; Radtke/Hohmann/*Otte* Rn. 21; KMR/*Neubeck* Rn. 28; aA SK/*Rogall* Rn. 60; *Eisenberg* Rn. 1226; HK/*Gercke* Rn. 31; LR-*Ignor/Bertheau* Rn. 33.

[185] BGH 21.11.1986 – 2 StR 473/86, StV 1987, 188; BGH 14.11.1991 – 1 StR 622/91, StV 1992, 97; Radtke/Hohmann/*Otte* Rn. 21.

[186] BGH 20.9.1996 – 2 StR 289/96, NStZ 1997, 145; KMR/*Neubeck* Rn. 28; Radtke/Hohmann/*Otte* Rn. 21 mwN.

[187] BGH 29.6.1983 – 2 StR 855/82, NJW 1984, 136.

[188] KG 29.3.1967 – I Ss 424/66, JR 1967, 347; Radtke/Hohmann/*Otte* Rn. 21; SK/*Rogall* Rn. 61; LR-*Ignor/Bertheau* Rn. 33.

[189] BGH 28.4.1961 – 4 StR 77/61, NJW 1961, 1484; LR-*Ignor/Bertheau* Rn. 37; *Meyer-Goßner* Rn. 22.

[190] BGH 12.4.1984 – 4 StR 229/84, NStZ 1985, 13; *Meyer-Goßner* Rn. 22; Radtke/Hohmann/*Otte* Rn. 22; LR-*Ignor/Bertheau* Rn. 34.

[191] BGH 24.10.1955 – GSSt 1/55, BGHSt 8, 301 = NJW 1956, 191; Radtke/Hohmann/*Otte* Rn. 22.

[192] BGH 9.9.1987 – 3 StR 307/87, NJW 1988, 716.

[193] Radtke/Hohmann/*Otte* Rn. 22; LR-*Ignor/Bertheau* Rn. 35.

[194] BGH 15.1.1952 – 1 StR 341/51, BGHSt 2, 99 = NJW 1952, 356; BGH 9.9.1987 – 3 StR 307/87, NJW 1988, 716; BGH 28.1.2004 – 2 StR 452/03, NJW 2004, 1466; *Graf/Huber* Rn. 27; Radtke/Hohmann/*Otte* Rn. 22; KMR/*Neubeck* Rn. 29; KK/*Senge* Rn. 42; aA *Eisenberg* Rn. 1227; Rengier NStZ 1998, 47; LR-*Ignor/Bertheau* Rn. 35; *Geppert* Jura 1991, 134.

[195] BGH 26.8.1998 – 3 StR 256/98, NStZ 1999, 94; *Eisenberg* Rn. 1227; LR-*Ignor/Bertheau* Rn. 33.

[196] BGH 26.8.1998 – 3 StR 256/98, NStZ 1999, 94; LR-*Ignor/Bertheau* Rn. 33.

[197] BGH 9.3.2010 – 4 StR 606/09, BGHSt 55, 65 = NStZ 2010, 461; BGH 26.8.1998 – 3 StR 256/98, NStZ 1999, 94.

[198] *Meyer-Goßner* Rn. 22; Radtke/Hohmann/*Otte* Rn. 22.

VIII. Belehrung

37 Nach § 52 Abs. 3 sind der zur Verweigerung des Zeugnisses berechtigte Zeuge und in den Fällen des Abs. 2 der gesetzliche Vertreter über das Zeugnisverweigerungsrecht zu belehren. Eine Belehrung ist entbehrlich, wenn der Zeuge glaubhaft erklärt, er kenne sein Zeugnisverweigerungsrecht.[199] Sie ist auch unnötig, wenn der gesetzliche Vertreter in den Fällen des § 52 Abs. 2 die Zustimmung bereits verweigert hat, weil dann eine Vernehmung des Zeugen ohnehin nicht möglich ist.[200]

38 **1. Person des Belehrenden.** Die Belehrung obliegt dem Richter, in der Verhandlung vor der Strafkammer dem Vorsitzenden (§§ 52 Abs. 2, 238).[201] Bei Vernehmungen durch die Polizei oder die Staatsanwaltschaft erfolgt die Belehrung durch den vernehmenden Beamten.[202] Die Belehrung **darf nicht einem Dritten überlassen werden;** insbesondere ist es unzulässig, dass der Richter, der den Zeugen bereits ordnungsgemäß belehrt hat, aber daran zweifelt, ob der Zeuge die Belehrung richtig verstanden hat, die Sitzung unterbricht und dem Zeugen Gelegenheit gibt, sich das Zeugnisverweigerungsrecht von einem Mitarbeiter des Jugendamts erklären zu lassen, sofern noch Unklarheiten bestehen sollten.[203] Die Belehrung kann auch nicht auf einen Sachverständigen übertragen werden.[204] Die vom Sachverständigen erteilte Belehrung kann aber dazu führen, dass dem Zeugen sein Weigerungsrecht bekannt geworden ist.[205] Stellt ein Sachverständiger fest, dass die erforderliche Belehrung unterblieben ist, muss er auf die Belehrung durch die zuständige Stelle hinwirken.[206]

39 **2. Zu belehrende Person.** Zu belehren ist gemäß § 52 Abs. 3 zunächst der Zeuge selbst. In den Fällen des § 52 Abs. 2 ist zudem der gesetzliche Vertreter über das Zeugnisverweigerungsrecht der Beweisperson zu belehren.[207] Gleiches gilt für einen bestellten Ergänzungspfleger.[208] Hat der Zeuge mehrere gesetzliche Vertreter, sind alle zu belehren.[209]

40 **3. Zeitpunkt, Wiederholung der Belehrung.** Die Belehrung kann vor oder nach der Vernehmung zur Person erfolgen; zweckmäßig wird in der Regel eine Belehrung nach der Vernehmung zur Person sein, weil sich daraus das Bestehen eines Zeugnisverweigerungsrechts ergeben kann.[210] Der Zeuge ist **vor jeder Vernehmung** zu belehren, unabhängig davon, ob er bereits vor einer früheren Vernehmung belehrt worden ist.[211] Eine erneute Vernehmung mit der Folge der erneuten Belehrungspflicht liegt nicht vor, wenn die Vernehmung – etwa wegen ihres Umfangs – in mehreren Abschnitten erfolgt, ohne dass der Zeuge entlassen wird und dies dem Zeugen vor Abschluss der Vernehmung bekannt gegeben wird; in einem solchen Fall ist die **Einheitlichkeit der Vernehmung** für den Zeugen erkennbar.[212]

---

199 Radtke/Hohmann/*Otte* Rn. 26; KK/*Senge* Rn. 33; LR-*Ignor/Bertheau* Rn. 44; KMR/*Neubeck* Rn. 33.
200 KMR/*Neubeck* Rn. 30.
201 BGH 1.6.1956 – 2 StR 27/56, BGHSt 9, 195 = NJW 1956, 1288; BGH 3.5.2006 – 4 StR 40/06, NStZ 2006, 647; KMR/*Neubeck* Rn. 31.
202 *Meyer-Goßner* Rn. 27; Radtke/Hohmann/*Otte* Rn. 24; KK/*Senge* Rn. 30.
203 BGH 1.6.1956 – 2 StR 27/56, BGHSt 9, 195 = NJW 1956, 1288.
204 BGH 22.1.1991 – 1 StR 624/90, NJW 1991, 2432 = NStZ 1991, 295; BGH 23.8.1995 – 3 StR 163/95, NJW 1996, 206; BGH 4.12.1996 – 2 StR 430/96, NStZ 1997, 349.
205 SK/*Rogall* Rn. 98; vgl. zur Kenntnis des Zeugen vom Weigerungsrecht VIII. 9. b).
206 BGH 4.12.1996 – 2 StR 430/96, NStZ 1997, 349; LR-*Ignor/Bertheau* Rn. 46.
207 BGH 2.3.1960 – 2 StR 44/60, BGHSt 14, 159 = BGH NJW 1960, 1396; BGH 19.9.1967 – 5 StR 456/67, BGHSt 21, 303 = NJW 1967, 2273; BGH 27.1.1970 – 1 StR 591/69, BGHSt 23, 221 = NJW 1970, 766; KK/*Senge* Rn. 32.
208 BGH 20.9.1996 – 2 StR 289/96, NStZ 1997, 145.
209 LR-*Ignor/Bertheau* Rn. 45.
210 BGH 28.6.1984 – 4 StR 243/84, StV 1984, 405; BGH 3.5.2006 – 4 StR 40/06, NStZ 2006, 647.
211 BGH 14.10.1959 – 2 StR 249/59, BGHSt 13, 394 = NJW 1960, 584; BGH 30.3.1984 – 2 StR 132/84, NStZ 1984, 418; BGH 21.4.1986 – 2 StR 731/85, NJW 1986, 2121; LR-*Ignor/Bertheau* Rn. 50.
212 BGH 30.3.1984 – 2 StR 132/84, NStZ 1984, 418; LR-*Ignor/Bertheau* Rn. 50.

Gleiches gilt, wenn der Zeuge nach ununterbrochener Anwesenheit in der Hauptverhandlung wieder hervorgerufen wird und erneut aussagt.[213] Betrachtet das Gericht die Vernehmung für den Zeugen **erkennbar** als beendet und entlässt es ihn, so ist dieser erneut über sein Zeugnisverweigerungsrecht zu belehren, wenn sich nachträglich die Notwendigkeit einer ergänzenden Vernehmung ergibt.[214] Entscheidend ist damit, ob die zusätzliche Befragung aus Sicht des Zeugen als bloße Fortsetzung der Vernehmung erscheint und er die Gültigkeit der Belehrung auch hierfür eindeutig erkennen kann.[215] Eine neue Vernehmung liegt danach vor, wenn der Zeuge in verschiedenen Verfahrensabschnitten vernommen wird oder eine ausgesetzte oder über die Fristen des § 229 hinaus unterbrochene Verhandlung erneuert werden muss.[216] Wurde der Zeuge bereits früher belehrt, kann allerdings der Verstoß gegen die Pflicht zur erneuten Belehrung unschädlich sein, wenn feststeht, dass der nicht belehrte Zeuge sein Zeugnisverweigerungsrecht kannte und davon auch bei ordnungsgemäßer Belehrung keinen Gebrauch gemacht hätte.[217] Die unterlassene erneute Belehrung macht die frühere Aussage nicht unverwertbar.[218] 41

4. Art und Weise der Belehrung. Die Belehrung muss mündlich erfolgen; die bloße Überlassung einer schriftlichen Belehrung ist nicht ausreichend.[219] Die Art der Belehrung steht im Ermessen des Richters und muss so klar sein, dass der Zeuge das Für und Wider seiner Entscheidung abwägen kann.[220] Nicht genügend ist es, wenn der Zeuge nach Feststellung des Angehörigenverhältnisses lediglich gefragt wird, ob er aussagen wolle.[221] Mangels Verständlichkeit nicht ausreichend ist auch die Belehrung, dem Zeugen stehe ein Weigerungsrecht zu, „wenn eine gültige Ehe vorausgesetzt würde."[222] Der Belehrungspflichtige kann sich der Hilfe einer der Mentalität oder Sprache der zu belehrenden Person mächtigen Person bedienen und gegebenenfalls mit Rücksicht auf das Alter des Zeugen eine kindgerechte Belehrung vornehmen.[223] Ein bestimmter Wortlaut der Belehrung ist auch bei der Belehrung eines verstandesunreifen Kindes, dass es trotz Zustimmung seines gesetzlichen Vertreters nicht aussagen muss, nicht erforderlich; in welcher Form ein Kind zu belehren ist, hängt von den Umständen des Einzelfalls ab.[224] Ein Zeuge darf im Regelfall auch zugleich mit der Belehrung über sein Zeugnisverweigerungsrecht über gegen ihn selbst erhobene Vorwürfe und sein daraus folgendes Aussageverweigerungsrecht nach § 55 belehrt werden, ohne dass zuvor die Entscheidung des Zeugen, ob er von seinem Zeugnisverweigerungsrecht nach § 52 Gebrauch macht, abgewartet werden müsste.[225] 42

5. Keine Einwirkung auf die Entschließungsfreiheit. Das Gericht hat sich jeder Einwirkung auf die Entschließungsfreiheit des Zeugen zu enthalten[226] und darf daher einem Zeugen, der seine mangelnde Aussagebereitschaft damit begründet, die Vorgänge lägen lange zurück, nicht in Aussicht stellen, seine Erinnerung durch Vorhalt seiner bei der Polizei 43

[213] BGH 15.4.1987 – 3 StR 138/87, NStZ 1987, 373; BGH 6.6.1989 – 1 StR 171/89, NStZ 1990, 25.
[214] BGH 30.3.1984 – 2 StR 132/84, NStZ 1984, 418; LR-*Ignor/Bertheau* Rn. 50.
[215] BGH 30.3.1984 – 2 StR 132/84, NStZ 1984, 418.
[216] KK/*Senge* Rn. 35; LR-*Ignor/Bertheau* Rn. 50.
[217] Vgl. hierzu BGH 21.4.1986 – 2 StR 731/85, NJW 1986, 2121; BGH 22.6.1989 – 1 StR 231/89, NStZ 1989, 484; BGH 15.11.1994 – 1 StR 461/94, NJW 1995, 1501.
[218] KK/*Senge* Rn. 35.
[219] KK/*Senge* Rn. 33; *Eisenberg* Rn. 1230; HK/*Gercke* Rn. 37; SK/*Rogall* Rn. 72.
[220] BGH 1.6.1956 – 2 StR 27/56, BGHSt 9, 195 = NJW 1956, 1288; BGH 28.6.1984 – 4 StR 243/84, StV 1984, 405; BGH 3.5.2006 – 4 StR 40/06, NStZ 2006, 647; KMR/*Neubeck* Rn. 33.
[221] Radtke/Hohmann/*Otte* Rn. 26; KK/*Senge* Rn. 33; *Eisenberg* Rn. 1230; LR-*Ignor/Bertheau* Rn. 48.
[222] BayObLG 22.9.1989 – RReg. 4 St 200/89, NStZ 1990, 187.
[223] BGH 22.1.1991 – 1 StR 624/90, NJW 1991, 2432 = NStZ 1991, 295.
[224] BGH 15.11.1994 – 1 StR 461/94, NJW 1995, 1501.
[225] BGH 30.6.1988 – 1 StR 150/88, NStZ 1988, 561.
[226] BGH 9.2.1951 – 3 StR 48/50, BGHSt 1, 34 = NJW 1951, 323; BGH 1.6.1956 – 2 StR 27/56, BGHSt 9, 195 = NJW 1956, 1288; BGH 2.2.1966 – 2 StR 471/65, BGHSt 21, 12 = NJW 1966, 742; BGH 30.6.1988 – 1 StR 150/88, NJW 1988, 561; Radtke/Hohmann/*Otte* Rn. 26; KK/*Senge* Rn. 34; *Eisenberg* Rn. 1230.

gemachten Angaben aufzufrischen.[227] Unzulässig kann es auch sein, den Zeugen darauf hinzuweisen, seine Aussage könne möglicherweise hilfreiche Erkenntnisse für den Beschuldigten liefern.[228] Zulässig ist aber die Belehrung über Rechtstatsachen[229] und insbesondere darüber, dass die Aussage des Zeugen vor dem Ermittlungsrichter trotz der Verweigerung des Zeugnisses verwertet werden könne, um den möglichen Irrtum des Zeugen auszuräumen, er könne allein mit der Verweigerung des Zeugnisses seinen früheren Angaben jede Bedeutung nehmen.[230]

44 **6. Inhalt der Belehrung.** Die Belehrung vor einer richterlichen Vernehmung muss nicht den Hinweis enthalten, dass die Aussage verwertbar bleibt, auch wenn der Zeuge in einer späteren Hauptverhandlung das Zeugnis verweigert.[231] Ein Hinweis auf die Möglichkeit, den Verzicht auf das Zeugnisverweigerungsrecht während der Vernehmung zu widerrufen, ist nicht erforderlich.[232] Er ist aber nicht unzulässig und kann im Einzelfall angezeigt sein, wenn erkennbar wird, dass der Zeuge seine früher getroffene Entscheidung zur Aussage revidieren will.[233] Zulässig ist auch, den Zeugen dahin zu belehren, dass er **für den Fall,** dass er mit dem Angeklagten verwandt, verschwägert oder verlobt ist, ein Zeugnisverweigerungsrecht hat;[234] erklärt der Zeuge dann bewusst wahrheitswidrig, dass das nicht der Fall sei, darf der Ermittlungsrichter in der Hauptverhandlung als Zeuge vernommen werden.[235] Eine solche abstrakte Belehrung ist aber nur zulässig, wenn der Zeuge weiß, dass er Angehöriger des Beschuldigten ist.[236] Steht dem Zeugen sowohl ein Zeugnisverweigerungsrecht nach § 52 als auch ein Aussageverweigerungsrecht nach § 55 zu, ist er über beide Rechte zu belehren.[237] Ein Zeuge, der gegenüber zwei Angeklagten je ein selbständiges Zeugnisverweigerungsrecht hat, ist über beide Rechte zu belehren.[238] Kann der Zeuge die Bedeutung seines Zeugnisverweigerungsrechts wegen fehlender Verstandesreife nicht begreifen, muss er über sein Zeugnisverweigerungsrecht sowie darüber belehrt werden, dass er trotz der Zustimmung seines gesetzlichen Vertreters nicht auszusagen braucht.[239] Soll jemand, der nach § 52 das Zeugnis verweigern darf, von einem Sachverständigen auf seine Glaubwürdigkeit untersucht werden, so muss er über sein Recht, auch diese Untersuchung zu verweigern, besonders belehrt werden;[240] der auf einem Mangel der Belehrung liegende Fehler kann, falls der Zeuge in der Hauptverhandlung die Aussage verweigert, nur beseitigt werden, wenn im Urteil ausdrücklich klargestellt wird, dass die Aussage nicht verwertet wird.[241]

45 **7. Nachholung der Belehrung.** Die Belehrung ist unverzüglich nachzuholen, wenn erst im Verlauf der Vernehmung erkennbar wird, dass dem Zeugen ein Zeugnisverweige-

[227] BGH 6.6.1989 – 5 StR 99/89, NJW 1989, 2403 = NStZ 1989, 440; LR-*Ignor/Bertheau* Rn. 33.
[228] Radtke/Hohmann/*Otte* Rn. 26.
[229] BGH 30.6.1988 – 1 StR 150/88, NJW 1988, 561; Radtke/Hohmann/*Otte* Rn. 26; *Eisenberg* Rn. 1230.
[230] BGH 2.2.1966 – 2 StR 471/65, BGHSt 21, 12 = NJW 1966, 742; LR-*Ignor/Bertheau* Rn. 23.
[231] BGH 30.8.1984 – 4 StR 475/84, NStZ 1985, 36; BGH 29.6.1983 – 2 StR 150/83, BGHSt 32, 25 = NJW 1984, 621; Radtke/Hohmann/*Otte* Rn. 26; KK/*Senge* Rn. 33.
[232] BGH 29.6.1983 – 2 StR 150/83, BGHSt 32, 25 = NJW 1984, 621; Radtke/Hohmann/*Otte* Rn. 26; KK/*Senge* Rn. 33; LR-*Ignor/Bertheau* Rn. 44.
[233] HK/*Gercke* Rn. 37; KMR/*Neubeck* Rn. 33.
[234] BGH 29.6.1983 – 2 StR 150/83, BGHSt 32, 25 = NJW 1984, 621; aA Sieg StV 1985, 130.
[235] BGH 29.6.1983 – 2 StR 150/83, BGHSt 32, 25 = NJW 1984, 621.
[236] BGH 3.5.2006 – 4 StR 40/06, NStZ 2006, 647.
[237] BGH 20.6.1979 – 2 StR 63/79, BGHSt 29, 23 = NJW 1980, 67; BGH 30.5.1984 – 2 StR 233/84, NStZ 1984, 464; BGH 10.1.1984 – 5 StR 732/83, NStZ 1984, 176; BGH 22.6.1989 – 1 StR 231/89, NStZ 1989, 484; LR-*Ignor/Bertheau* Rn. 44.
[238] KK/*Senge* Rn. 31; *Eisenberg* Rn. 1232 LR-*Ignor/Bertheau* Rn. 44; KMR/*Neubeck* Rn. 33.
[239] BGH 19.9.1967 – 5 StR 456/67, BGHSt 21, 303 = NJW 1967, 2273; BGH 8.3.1979 – 4 StR 634/78, NJW 1979, 1722; BGH 22.1.1991 – 1 StR 624/90, NJW 1991, 2432 = NStZ 1991, 295; BGH 15.11.1994 – 1 StR 461/94, NJW 1995, 1501; BGH 23.8.1995 – 3 StR 163/95, NJW 1996, 206; KK/*Senge* Rn. 32.
[240] BGH 14.10.1959 – 2 StR 249/59, BGHSt 13, 394 = NJW 1960, 584; BGH 23.8.1995 – 3 StR 163/95, NJW 1996, 206; BGH 15.11.1994 – 1 StR 461/94, NJW 1995, 1501.
[241] BGH 14.10.1959 – 2 StR 249/59, BGHSt 13, 394 = NJW 1960, 584; BGH 6.7.1965 – 5 StR 229/65, BGHSt 20, 234 = NJW 1965, 1870.

rungsrecht zusteht.[242] Bislang ist in der Rechtsprechung des BGH noch nicht abschließend geklärt, ob der Zeuge über die nachträgliche Belehrung über das Zeugnisverweigerungsrecht hinausgehend im Rahmen einer sogenannten **qualifizierten Belehrung** auch darauf hinzuweisen ist, dass seine bisherigen, ohne Belehrung gemachten Angaben unverwertbar sind. Im Anwendungsbereich des § 52 Abs. 3 – also betreffend den Fall, dass der Zeuge in der Hauptverhandlung zunächst ohne Belehrung vernommen wird und die Belehrung sodann in derselben Hauptverhandlung nachgeholt wird – hat sich der BGH zu dieser Frage noch nicht geäußert. Im Anwendungsbereich des § 252 – also betreffend den Fall, dass der Zeuge in einer **früheren** Vernehmung nicht belehrt worden ist und die Belehrung während der Hauptverhandlung nachgeholt wird – ist die Rechtsprechung des BGH uneinheitlich. In der älteren Rechtsprechung wurde eine qualifizierte Belehrung nicht für erforderlich gehalten. Danach sollte die vor dem Ermittlungsrichter ohne die erforderliche Belehrung durchgeführte Vernehmung verwertbar sein, wenn sich der Zeuge in der Hauptverhandlung nach Belehrung damit einverstanden erklärte.[243] Von einer solchen nachträglichen Zustimmung sollte regelmäßig bereits dann auszugehen sein, wenn der Zeuge in der Hauptverhandlung belehrt wurde und sodann Angaben machte.[244] Erklärte der Zeuge in der Hauptverhandlung nach Belehrung über sein Zeugnisverweigerungsrecht, er sei aussagebereit, durften ihm nach bisheriger Rechtsprechung des BGH auch Vorhalte aus einer früheren, ohne die erforderliche Belehrung durchgeführten Vernehmung gemacht werden.[245] Wurde der Zeuge, der über das Recht, die Untersuchung durch einen Sachverständigen zu verweigern, nicht belehrt worden war, in der Hauptverhandlung über sein Zeugnisverweigerungsrecht belehrt und sagte er sodann aus, konnte darin nach der bisherigen Rechtsprechung des BGH die Zustimmung zur Verwertung der beim Sachverständigen gemachten Angaben gesehen und der Sachverständige vernommen werden.[246]

In allen diesen Fällen wurde eine qualifizierte Belehrung nicht verlangt. Demgegenüber hält es der BGH in neueren, den Anwendungsbereich des § 252 betreffenden Entscheidungen ohne ausdrückliche Aufgabe und ohne nähere Auseinandersetzung mit der bisherigen anderslautenden Rechtsprechung für erforderlich, den Zeugen qualifiziert über die Folgen eines ansonsten bestehenden Verwertungsverbots zu belehren und dies zu protokollieren.[247] Die Frage, ob eine qualifizierte Belehrung erforderlich ist, kann im Anwendungsbereich des § 52 Abs. 3 nicht anders als im Anwendungsbereich des § 252 entschieden werden. Nach hier vertretener Auffassung ist entsprechend der neueren Rechtsprechung des BGH zur Wahrung der Entschließungsfreiheit des Zeugen in beiden Fällen eine qualifizierte Belehrung erforderlich.[248] Eine **Wiederholung der Vernehmung** des Zeugen nach erfolgter Nachholung der Belehrung ist aber entbehrlich.[249] Der Zeuge bestätigt durch die Erklärung über seine Aussagebereitschaft die bisherige Aussage;[250] die Wiederholung der Aussage würde eine bloße Förmelei darstellen. Verweigert der Zeuge nach erfolgter Belehrung die Aussage, kann der auf einem Mangel der Belehrung liegende Fehler nur beseitigt werden, wenn im Urteil ausdrücklich klargestellt wird, dass die Aussage nicht verwertet wird.[251] Den Verfahrensbeteiligten ist mitzuteilen, dass die bisherige Aussage nicht verwertet werden kann, um ihnen die Möglichkeit zu geben, sich darauf einzustellen.[252] 46

[242] LR-*Ignor/Bertheau* Rn. 52; KMR/*Neubeck* Rn. 35.
[243] BGH 15.7.1998 – 1 StR 234/98, NStZ 1999, 91.
[244] BGH 15.7.1998 – 1 StR 234/98, NStZ 1999, 91; KK/*Senge* Rn. 36.
[245] BGH 28.5.2003 – 2 StR 445/02, BGHSt 48, 294 = NJW 2003, 2619; Radtke/Hohmann/*Otte* Rn. 29.
[246] BGH 6.7.1965 – 5 StR 229/65, BGHSt 20, 234 = NJW 1965, 1870.
[247] BGH 26.9.2006 – 4 StR 353/06, NStZ 2007, 352; BGH 13.6.2012 – 2 StR 112/12, NJW 2012, 2192; die in diesen Entscheidungen zum Beleg angeführte Entscheidung BGH 23.9.1999 – 4 StR 189/99, BGHSt 45, 203 = NJW 2000, 596 verhält sich indes zum Erfordernis einer qualifizierten Belehrung nicht.
[248] So auch LR-*Ignor/Bertheau* Rn. 52; Radtke/Hohmann/*Otte* Rn. 27; SK/*Rogall* Rn. 71; ähnlich *Meyer-Goßner* Rn. 31, der das für empfehlenswert hält.
[249] Radtke/Hohmann/*Otte* Rn. 27; *Meyer-Goßner* Rn. 31; KMR/*Neubeck* Rn. 35; aA *Eisenberg* Rn. 1232.
[250] LR-*Ignor/Bertheau* Rn. 52.
[251] BGH 14.10.1959 – 2 StR 249/59, BGHSt 13, 394 = NJW 1960, 584; BGH 6.7.1965 – 5 StR 229/65, BGHSt 20, 234 = NJW 1965, 1870; LR-*Ignor/Bertheau* Rn. 52; KMR/*Neubeck* Rn. 35.
[252] LR-*Ignor/Bertheau* Rn. 52; KK/*Senge* Rn. 46.

47 **8. Protokollierung der Belehrung.** Die Belehrung ist als wesentliche Förmlichkeit ins Protokoll aufzunehmen; dies gilt auch bei der Vernehmung durch den Ermittlungsrichter.[253] Die Art und Weise der Belehrung muss nicht wörtlich protokolliert werden.[254] Die Erklärung des Zeugen, ob er aussagen möchte oder nicht, ist zu protokollieren.[255] Nicht ausreichend ist der Vermerk „zum Zeugnis bereit", weil das nicht erkennen lässt, ob der Zeuge ordnungsgemäß belehrt wurde.[256] Genügend ist aber der einer Auslegung zugängliche Vermerk „Bruder des Nebenklägers, Schwager des Angeklagten, belehrt, aussagebereit".[257] In den Fällen des § 52 Abs. 2 ist auch die Belehrung des gesetzlichen Vertreters sowie seine Entscheidung, ob er der Vernehmung zustimmt oder nicht, zu protokollieren.[258] Im Protokoll zu vermerken ist nach der neueren Rechtsprechung des BGH auch die Belehrung darüber, dass der Zeuge, der trotz Zeugnisverweigerung die Verwertung früherer Angaben gestattet, **qualifiziert** über die Folgen des ansonsten bestehenden Verwertungsverbots belehrt worden ist.[259] Das Protokoll einer Vernehmung durch den Ermittlungsrichter oder den Staatsanwalt hat – anders als das Hauptverhandlungsprotokoll[260] – nicht die **Beweiskraft des § 274,**[261] weshalb im Freibeweisverfahren geklärt werden kann, ob sie erfolgt ist.[262] Ist die vorschriftsmäßige Belehrung im Protokoll des Ermittlungsrichters nicht ausreichend dokumentiert, hat der Tatrichter im Wege des Freibeweisverfahrens zu klären, ob die Belehrung erfolgt ist; das muss er im Urteil darlegen.[263]

48 **9. Rechtsfolgen der unterbliebenen Belehrung.** Die unterbliebene Belehrung über das Zeugnisverweigerungsrecht kann ein Verwertungsverbot zur Folge haben. Insoweit ist zu unterscheiden, ob es um die Verwertung von Aussagen geht, die der Zeuge **in** der Hauptverhandlung gemacht hat, nachdem er dort unter Verstoß gegen § 52 Abs. 3 nicht belehrt worden ist oder ob es um die Verwertung von Aussagen geht, die der Zeuge in einer **früheren** Vernehmung gemacht hat. Im vorliegenden Zusammenhang geht es nur um das aus dem Verstoß gegen § 52 Abs. 3 in der Hauptverhandlung folgende Verwertungsverbot. Die Rechtsfolgen bei unterbliebener Belehrung über das Zeugnisverweigerungsrecht in einer früheren Vernehmung ergeben sich aus § 252. Insoweit wird auf die dortige Kommentierung verwiesen.

49 **a) Verwertungsverbot.** Nach allgemeiner Auffassung darf die Aussage des Zeugen nicht verwertet werden, wenn die Belehrung unterblieben ist.[264] Für die Wirksamkeit eines auf Verwandtschaft und Schwägerschaft beruhenden Zeugnisverweigerungsrechts und für das Verwertungsverbot bei unterbliebener Belehrung ist es ohne rechtliche Bedeutung, wenn der Zeuge sich selbst als „mit dem Angeklagten nicht verwandt und nicht verschwägert" bezeichnet, weil es auf die **Kenntnis oder schuldhafte Unkenntnis des Gerichts** von dem bestehenden Angehörigenverhältnis nicht ankommt.[265]

50 Ob dies auch im Fall des auf dem Verlöbnis beruhenden Zeugnisverweigerungsrechts gilt, insbesondere, wenn der Zeuge das Verlöbnis dem Gericht **bewusst verschweigen**

---

253 BGH 29.6.1983 – 2 StR 150/83, BGHSt 32, 25 = NJW 1984, 621.

254 BGH 28.6.1984 – 4 StR 243/84, StV 1984, 405.

255 Radtke/Hohmann/*Otte* Rn. 28; *Meyer-Goßner* Rn. 30; KMR/*Neubeck* Rn. 36.

256 KK/*Senge* Rn. 38; LR-*Ignor/Bertheau* Rn. 51.

257 KK/*Senge* Rn. 38.

258 LR-*Ignor/Bertheau* Rn. 51.

259 BGH 26.9.2006 – 4 StR 353/06, NStZ 2007, 352; vgl. zur qualifizierten Belehrung oben 7.

260 BGH 1.3.2004 – 5 StR 53/04, NStZ-RR 2004, 212; KK/*Senge* Rn. 38.

261 BGH 29.6.1983 – 2 StR 150/83, BGHSt 32, 25 = NJW 1984, 621; BGH 17.2.1976 – 1 StR 863/75, BGHSt 26, 281 = NJW 1976, 812; Radtke/Hohmann/*Otte* Rn. 28; KK/*Senge* Rn. 38.

262 BGH 8.3.1979 – 4 StR 634/78, NJW 1979, 1722.

263 BGH 8.3.1979 – 4 StR 634/78, NJW 1979, 1722.

264 BGH 12.3.1960 – 2 StR 44/60, BGHSt 14, 159 = NJW 1962, 1396; BGH 27.1.1970 – 1 StR 591/69, BGHSt 23, 221 = NJW 1970, 766; BGH 13.7.1990 – 3 StR 228/90, NStZ 1990, 549; Radtke/Hohmann/*Otte* Rn. 29; LR-*Ignor/Bertheau* Rn. 53; KMR/*Neubeck* Rn. 37.

265 BGH 19.7.2000 – 5 StR 274/00, NStZ-RR 2001, 259; BGH 28.5.2003 – 2 StR 445/02, BGHSt 48, 294 = NJW 2003, 2619; Radtke/Hohmann/*Otte* Rn. 29; LR-*Ignor/Bertheau* Rn. 53.

hat, hat der BGH offen gelassen.[266] Auf diese Frage kommt es jedenfalls dann nicht an, wenn der Vorsitzende der Strafkammer seine Bewertung, eine Zeugin sei nicht mit dem Angeklagten verlobt, ausdrücklich in die Hauptverhandlung eingeführt hat, weil in diesem Fall die Erhebung einer auf die unterbliebene Belehrung gestützten Verfahrensrüge des Angeklagten voraussetzt, dass er eine Entscheidung des Gerichts nach § 238 Abs. 2 herbeigeführt hat.[267] Die Frage wird sich auch in dem Fall, dass der Zeuge in Kenntnis des Zeugnisverweigerungsrechts die Frage des Gerichts nach einem Angehörigenverhältnis bewusst wahrheitswidrig verneint, in der Regel nicht stellen, weil das Urteil nicht auf der fehlenden Belehrung beruht, wenn der Zeuge in Kenntnis seines Verweigerungsrechts zur Sache aussagt.[268] Jedenfalls kann aus dem Verschweigen des Verlöbnisses nicht ohne weiteres geschlossen werden, dass damit die Aufgabe des Heiratswillens des Zeugen einhergeht, weil das Verschweigen seinen Grund auch darin haben kann, dass sich der Zeuge vom Angeklagten abgrenzen möchte, um seine Aussage glaubhafter erscheinen zu lassen.[269] Lediglich in dem Fall, dass ein Zeuge die Frage nach dem Angehörigenverhältnis verneint und ihm – etwa aufgrund einer fehlerhaften rechtlichen Einschätzung des Zeugen – dieses Recht nicht bekannt ist, kommt es auf die neuerdings vom BGH offen gelassene Frage an. Nachdem es nach dem Gesetz gerade nicht darauf ankommt, aus welchen Gründen die Belehrung unterblieben ist, hat es auch in diesem Fall dabei zu bleiben, dass die Aussage des nicht über sein Zeugnisverwertungsrecht belehrten Zeugen nicht verwertet werden kann. De lege lata besteht damit keine Möglichkeit, der dadurch begründeten Gefahr zu begegnen, dass Urteile allein deshalb aufgehoben werden müssen, weil das Gericht Aussagen von Zeugen verwertet hat, die es mangels Kenntnis vom Zeugnisverweigerungsrecht nicht darüber belehren konnte.

b) Ausnahmen vom Verwertungsverbot. Das Verwertungsverbot entfällt ausnahms- 51
weise, wenn feststeht, dass der nicht belehrte Zeuge sein Zeugnisverweigerungsrecht **kannte** oder davon auch bei ordnungsgemäßer Belehrung keinen Gebrauch gemacht hätte, weil hier ausgeschlossen werden kann, dass das Urteil auf der unterbliebenen Belehrung beruht.[270] Solches kann sich insbesondere aus dem **bisherigen Prozessverhalten des Zeugen** oder seinem ersichtlichen Interesse am Gang des Verfahrens ergeben.[271] Entsprechendes gilt, wenn die gemäß § 52 Abs. 2 erforderliche Zustimmung des gesetzlichen Vertreters unterblieben ist.[272] Auch wenn die Belehrung eines Zeugen nach § 55 die unterbliebene Belehrung nach § 52 Abs. 3 grundsätzlich nicht ersetzen kann,[273] kann bei einem nach § 55, nicht aber nach § 52 Abs. 3 belehrten Zeugen im Einzelfall ausgeschlossen sein, dass das Urteil auf der unterbliebenen Belehrung gemäß § 52 Abs. 3 beruht.[274] Ob das Urteil auf der rechtsfehlerhaft unterbliebenen Belehrung beruht, darf nur **anhand der Urteilsurkunde** und des **bis zur Urteilsverkündung entstandenen Akteninhalts**

---

[266] Vgl. BGH 28.5.2003 – 2 StR 445/02, BGHSt 48, 294 = NJW 2003, 2619; verneinend Radtke/Hohmann/*Otte* Rn. 29; verneinend auch OLG Oldenburg 7.3.1967 – 1 Ss 43/67, NJW 1967, 1872 für den Fall, dass der Zeuge sein Recht kannte; differenzierend SK/*Rogall* Rn. 85 und LR-*Ignor/Bertheau* Rn. 53, wonach es auf die Kenntnis des Angeklagten vom Zeugnisverweigerungsrecht ankommen soll.

[267] Vgl. hierzu BGH 9.3.2010 – 4 StR 606/09, BGHSt 55, 65 = NStZ 2010, 461.

[268] OLG Oldenburg 7.3.1967 – 1 Ss 43/67, NJW 1967, 1872; vgl. hierzu im Einzelnen unten b).

[269] LR-*Ignor/Bertheau* Rn. 7; *Eisenberg/Zötsch* NJW 2003, 3676.

[270] BGH 21.4.1986 – 2 StR 731/85, NJW 1986, 2121; BGH 22.6.1989 – 1 StR 231/89, NStZ 1989, 484; BGH 15.11.1994 – 1 StR 461/94, NJW 1995, 1501; BGH 13.5.1998 – 3 StR 566/97, NStZ 1998, 583; BGH 19.7.2000 – 5 StR 274/00, NStZ-RR 2001, 259; BGH 3.5.2006 – 4 StR 40/06, NStZ 2006, 647; BGH 1.3.2004 – 5 StR 53/04, NStZ-RR 2004, 212; BGH 13.9.2003 – 1 StR 323/03, NStZ-RR 2004, 18; Radtke/Hohmann/*Otte* Rn. 29; LR-*Ignor/Bertheau* Rn. 53.

[271] BGH 21.4.1986 – 2 StR 731/85, NJW 1986, 2121; BGH 19.7.2000 – 5 StR 274/00, NStZ-RR 2001, 259.

[272] BGH 13.7.1990 – 3 StR 228/90, NStZ 1990, 549; BGH 15.11.1994 – 1 StR 461/94, NJW 1995, 1501.

[273] BGH 21.5.1982 – 2 StR 248/82, NStZ 1982, 389.

[274] BGH 22.6.1989 – 1 StR 231/89, NStZ 1989, 484; BGH 14.12.2011 – 5 StR 434/11, NStZ 2012, 221.

beantwortet werden.[275] Die nachträgliche, insbesondere die auf die Verfahrensrüge hin abgegebene Erklärung des Zeugen, dass er auch nach Belehrung ausgesagt hätte, genügt nicht; erforderlich ist, dass sie innerhalb der Hauptverhandlung erfolgt.[276] Der Umstand, dass ein Zeuge bei der Polizei nach ordnungsgemäßer Belehrung ausgesagt hat, lässt weder den Schluss zu, dass ihm sein Recht zur Verweigerung des Zeugnisses auch in der Hauptverhandlung bekannt war, noch rechtfertigt er die Annahme, dass er nach einer Belehrung erneut zur Aussage bereit gewesen wäre.[277]

IX. Rechtsfolgen der berechtigten Zeugnisverweigerung

52 **1. Keine Vernehmung als Zeuge.** Verweigert der Zeuge berechtigt die Aussage, darf er nicht vernommen werden.[278] Gegen ihn dürfen keine Ordnungs- und Zwangsmittel zur Erzwingung der Aussage verhängt werden.[279] Er verliert aber nicht die Fähigkeit, im Verfahren bei der Beweisaufnahme **in anderer Weise mitzuwirken,** etwa durch Anwesenheit im Sitzungssaal bei der Vernehmung eines anderen Zeugen; er ist berechtigt, auch diese Mitwirkung abzulehnen, worüber er ebenfalls zu belehren ist.[280] Die Ausübung des Zeugnisverweigerungsrechts schließt es nicht aus, das **äußere Erscheinungsbild** des in der Hauptverhandlung erschienenen Zeugen – etwa durch Abgleich mit einem Observationsfoto, auf dem der Zeuge zu erkennen ist – für die Urteilsfindung zu verwenden;[281] die Aufklärungspflicht kann das sogar gebieten.[282] Das Verhalten des Zeugen bei der Zeugnisverweigerung kann dagegen nicht Grundlage der Überzeugungsbildung sein.[283]

53 **2. Aufklärungspflicht.** Der Zeuge ist unbeschadet eines etwaigen Zeugnisverweigerungsrechts zum Erscheinen verpflichtet.[284] Das Gericht kann aber im Allgemeinen von der Ladung des Zeugen absehen, wenn dieser vorab schriftlich erklärt, er werde von seinem Zeugnisverweigerungsrecht Gebrauch machen; allerdings gebietet die Aufklärungspflicht dem Tatrichter, auf einem Erscheinen des Zeugen zu bestehen, wenn der Zeuge möglicherweise irrig davon ausging, kraft der Aussageverweigerung sei auch seine frühere Aussage vor einem Richter unverwertbar geworden.[285] Letzteres kommt zB bei einer Mitteilung des Zeugen, er wolle seine den Angehörigen belastende Angaben beim Ermittlungsrichter „zurücknehmen", in Betracht.[286]

54 Das Gericht ist zur Ladung des Zeugen verpflichtet, wenn vorgetragen wird, der Zeuge habe seine Meinung geändert und sei nunmehr zur Aussage bereit.[287] Insofern ist allerdings die bloße **Behauptung eines Sinneswandels des Zeugen** nicht ausreichend; es muss vielmehr konkret dargetan werden, welche Kenntnis der Angeklagte von der nunmehr bestehenden Aussagebereitschaft des Zeugen hat.[288] Der Zeuge ist trotz Berufung auf das

---

[275] BGH 22.6.1989 – 1 StR 231/89, NStZ 1989, 484; BGH 3.5.2006 – 4 StR 40/06, NStZ 2006, 647; LR-*Ignor/Bertheau* Rn. 59.
[276] BGH 22.6.1989 – 1 StR 231/89, NStZ 1989, 484; BGH 19.7.2000 – 5 StR 274/00, NStZ-RR 2001, 259.
[277] BGH 1.4.2004 – 3 StR 87/04, StraFo 2004, 238; Radtke/Hohmann/*Otte* Rn. 29; *Meyer-Goßner* Rn. 32; LR-*Ignor/Bertheau* Rn. 53; HK/*Gercke* Rn. 40.
[278] AllgM.
[279] Radtke/Hohmann/*Otte* Rn. 30; *Meyer-Goßner* Rn. 23; LR-*Ignor/Bertheau* Rn. 38.
[280] BGH 12.8.1060 – 4 StR 48/60, NJW 1960, 2156; KMR/*Neubeck* Rn. 16.
[281] BGH 15.6.2004 – 1 StR 80/04, NStZ-RR 2005, 257; OLG Hamm 25.7.1974 – 3 Ss OWi 586/74, MDR 1974, 1036; Radtke/Hohmann/*Otte* Rn. 30; *Meyer-Goßner* Rn. 23; aA *Rogall* MDR 1975, 813; SK/*Rogall* Rn. 58; LR-*Ignor/Bertheau* Rn. 24.
[282] BGH 15.6.2004 – 1 StR 80/04, NStZ-RR 2005, 257; OLG Bamberg 4.1.2011 – 3 Ss OWi 2062/10, DAR 2012, 33.
[283] LR-*Ignor/Bertheau* Rn. 24; *Meyer-Goßner* Rn. 23; HK/*Gercke* Rn. 34.
[284] *Graf/Huber* Rn. 1; Radtke/Hohmann/*Otte* Rn. 3; *Eisenberg* Rn. 1055.
[285] BGH 2.2.1966 – 2 StR 471/65, BGHSt 21, 12 = NJW 1966, 742 mAnm *Seydel;* SK/*Rogall* Rn. 1.
[286] BGH 2.2.1966 – 2 StR 471/65, BGHSt 21, 12 = NJW 1966, 742 mAnm *Seydel.*
[287] Radtke/Hohmann/*Otte* Rn. 31; SK/*Rogall* Rn. 57; *Meyer-Goßner* Rn. 24; LR-*Ignor/Bertheau* Rn. 38.
[288] LR-*Ignor/Bertheau* Rn. 38.

Weigerungsrecht auch zu laden, wenn sonstige tatsächliche Anhaltspunkte dafür bestehen, er könnte seine Meinung zwischenzeitlich geändert haben.[289] Solche Anhaltspunkte ergeben sich aber nicht allein daraus, dass der Angeklagte in erster Instanz verurteilt worden ist und es um die Frage der Ladung des Zeugen, der in erster Instanz von seinem Weigerungsrecht Gebrauch gemacht hat, zur Berufungsverhandlung geht.[290] Soweit die Gegenauffassung darauf abstellt, der in erster Instanz das Zeugnis verweigernde Zeuge habe möglicherweise von seinem Zeugnisverweigerungsrecht in der Annahme Gebrauch gemacht, der Angeklagte werde ohnehin freigesprochen, weshalb es denkbar sei, dass er sich nunmehr zur Aussage entschließe, handelt es sich um eine bloß denktheoretische Möglichkeit, die keinen Anlass zur erneuten Ladung des Zeugen geben kann. Bestehen keine Anhaltspunkte dafür, dass der Zeuge sich bei der Ausübung seines Zeugnisverweigerungsrechts in einem Irrtum befunden oder seine Meinung geändert haben könnte, sind auf Vernehmung des Zeugen gerichtete Beweisanträge nach allgemeiner Auffassung abzulehnen; im vorliegenden Zusammenhang kann nichts anderes gelten. Dem Angeklagten ist es unbenommen, dem Gericht eine tatsächliche Meinungsänderung des Zeugen mitzuteilen.

Die nicht einheitlich beantwortete Frage, ob ein Zeuge, der von seinem Weigerungsrecht 55
Gebrauch macht, ein völlig ungeeignetes Beweismittel ist[291] oder ob die Beweiserhebung unzulässig im Sinne von § 244 Abs. 3 S. 1 ist,[292] hat keine praktische Bedeutung.[293] Die Aufklärungspflicht gebietet dem Tatrichter nicht, einen Zeugen, der von seinem Zeugnisverweigerungsrecht Gebrauch macht, zu fragen, ob er mit der Verwertung früherer Aussagen einverstanden ist, sofern es keine besonderen Hinweise auf eine solche Bereitschaft gibt.[294]

3. Beweiswürdigung. a) Verweigerung der Aussage. Die **berechtigte** Zeugnisver- 56
weigerung eines Angehörigen darf nicht gegen den Angeklagten verwertet werden, weil der Zeuge von seinem Recht sonst nicht unbefangen Gebrauch machen könnte.[295] Müsste der Zeuge mit einer solchen Beurteilung rechnen, würde das Zeugnisverweigerungsrecht entwertet.[296] Der Angehörige, der überhaupt nicht auszusagen braucht, kann auch den Zeitpunkt frei auswählen, zu dem er aussagt; dass das dem Gericht unverständlich erscheint, ist ohne Bedeutung.[297] Das Verbot, Schlüsse aus der befugten Zeugnisverweigerung zu ziehen, gilt daher auch für den Fall, dass ein Angehöriger nach **anfänglicher Zeugnisverweigerung** später doch noch aussagt.[298] Gleiches gilt, wenn der Zeuge im Ermittlungsverfahren zunächst Angaben gemacht, bei einer weiteren Vernehmung das Zeugnis verweigert und in der Hauptverhandlung erneut Angaben zur Sache gemacht hat.[299] Zum Nachteil

---

[289] BGH 22.12.1981 – 5 StR 662/81, NStZ 1982, 126; BayObLG 23.3.1967 – RReg 1a St 52/67, JR 1967, 346.

[290] AA BayObLG 23.3.1967 – RReg 1a St 52/67, JR 1967, 346; Radtke/Hohmann/*Otte* Rn. 31; *Meyer-Goßner* Rn. 23; LR-*Ignor/Bertheau* Rn. 38.

[291] BGH 2.2.1966 – 2 StR 471/65, BGHSt 21, 12 = NJW 1966, 742 mAnm *Seydel;* BGH 22.12.1981 – 5 StR 662/81, NStZ 1982, 126; LR-*Ignor/Bertheau* Rn. 38; offen gelassen von BayObLG 23.3.1967 – RReg 1a St 52/67, JR 1967, 346.

[292] So Radtke/Hohmann/*Otte* Rn. 31; SK/*Rogall* Rn. 57; KMR/*Neubeck* Rn. 40.

[293] Radtke/Hohmann/*Otte* Rn. 31.

[294] BGH 23.9.1999 – 4 StR 189/99, BGHSt 45, 203 = NJW 2000, 596; BGH 24.4.2003 – 3 StR 181/02, NJW 2003, 2692.

[295] BGH 2.4.1968 – 5 StR 153/68, BGHSt 22, 113 = NJW 1968, 1246; BGH 12.7.1979 – 4 StR 291/79, NJW 1980, 794; BGH 26.10.1983 – 3 StR 251/83, BGHSt 32, 140 = NJW 1984, 1829 mAnm *Kühl* JuS 1986, 115; BGH 18.9.1984 – 4 StR 535/84, NStZ 1985, 87; BGH 10.3.1998 – 1 StR 12/98, NStZ-RR 1998, 277; BGH 23.5.2000 – 5 StR 142/00, NStZ 2000, 546; OLG München 23.4.2009 – 4 StRR 27/09, zitiert nach juris; LR-*Ignor/Bertheau* Rn. 40; Schneider Jura 1990, 576 mit eingehender Darstellung der unterschiedlichen Konstellationen.

[296] LR-*Ignor/Bertheau* Rn. 40; *Kühl* JuS 1986, 115.

[297] BGH 22.5.2000 – 3 StR 130/01, StV 2002, 4; BGH 14.11.1991 – 1 StR 622/91, StV 1992, 97.

[298] BGH 12.7.1979 – 4 StR 291/79, NJW 1980, 794; BGH 2.3.1989 – 2 StR 590/88, NStZ 1989, 281; BGH 7.1.2003 – 4 StR 454/02, NStZ 2003, 443; BGH 13.8.2009 – 3 StR 168/09, NStZ 2010, 101; *Kühl* JuS 1986, 115.

[299] BGH 18.9.1984 – 4 StR 535/84, NStZ 1985, 87.

des Angeklagten darf es nicht gewertet werden, wenn ein Zeuge, der zunächst nicht als solcher in Anspruch genommen worden ist, es vorerst unterlässt, von sich aus Angaben zur Sache zu machen, jedoch zu einem späteren Zeitpunkt aussagt.[300] Auch daraus, dass der Zeuge vor dem Ermittlungsrichter Angaben gemacht hat und er in der Hauptverhandlung das Zeugnis verweigert, dürfen keine Schlussfolgerungen gezogen werden.[301] Gleiches gilt, wenn der Zeuge erst in der Berufungsverhandlung von seinem Zeugnisverweigerungsrecht Gebrauch macht.[302] Nicht gewürdigt werden darf auch, wenn der Angehörige nur Angaben macht, die **für die Beurteilung der Tatfrage ohne Bedeutung** sind und sich im Übrigen auf sein Zeugnisverweigerungsrecht beruft; ein Verstoß gegen dieses Verbot ist auf die Sachrüge hin zu beachten.[303]

57 Das Verbot, aus der berechtigten Zeugnisverweigerung Schlüsse zu ziehen, gilt nicht nur bei der Beweiswürdigung, sondern auch bei der **Bescheidung von Beweisanträgen;** diese dürfen nicht mit der Begründung abgelehnt werden, der Zeuge habe – wie sich aus seiner Verweigerung des Zeugnisses ergebe – keine Erinnerung mehr an in sein Wissen gestellte Vorgänge.[304] Es dürfen auch keine dem Angeklagten nachteiligen Schlüsse gezogen werden, wenn der Zeuge seine Aussage von vornherein auf bestimmte **abgrenzbare Themen** hätte beschränken können.[305] Steht dem Zeugen kein Zeugnisverweigerungsrecht zu, verweigert er aber dennoch **unberechtigt** das Zeugnis, darf dies bei der Beweiswürdigung zum Nachteil des Angeklagten verwendet werden.[306] Insoweit muss der Tatrichter nicht zunächst versuchen, den Zeugen durch Maßnahmen nach § 70 zu einer Aussage zu bringen.[307]

58 **b) Würdigung des Aussageverhaltens.** Das Aussageverhalten eines an sich zeugnisverweigerungsberechtigten Zeugen, der Angaben zur Sache macht, darf bei der Beweiswürdigung berücksichtigt werden.[308] Erklärt sich ein Zeuge gegenüber Ermittlungsbeamten bereit, an der Sachaufklärung mitzuwirken und bringt er hierbei die ihm bereits bekannten, den Angeklagten entlastenden Umstände nicht vor, darf das Gericht daraus schließen, dass diese Umstände tatsächlich nicht vorlagen, auch wenn der Zeuge in der Hauptverhandlung Gegenteiliges behauptet.[309] Dementsprechend darf es gewürdigt werden, wenn ein Zeuge zur Sache aussagt, er die Prüfung der Richtigkeit seiner Aussage aber dadurch unmöglich macht, dass er die Entnahme einer Blutprobe unter Berufung auf § 81c Abs. 3 verweigert.[310] Auch in dem Fall, dass der Zeuge zu demselben Lebensvorgang teilweise Angaben macht und **teilweise schweigt**, ist die Weigerung des Zeugen, einzelne Fragen zu beantworten bei der Beweiswürdigung nicht nur zum Vorteil, sondern auch zum Nachteil[311] des Angeklagten zu berücksichtigen, weil andernfalls die Gefahr bestünde, dass die Beweiswürdigung einseitig wäre und verfälscht würde.[312] Von Bedeutung kann insoweit sein, in welchem Zusammenhang der Zeuge seinen Verzicht auf das Zeugnisverweigerungsrecht widerruft, etwa, wenn er lediglich eine vorbereitete Erklärung zur Sache abgibt und deren Überprü-

---

[300] BGH 2.3.1989 – 2 StR 590/88, NStZ 1989, 281; BGH 21.11.1986 – 2 StR 473/86, BGHR StPO § 261 Aussageverhalten 2 = StV 1987, 188.

[301] BGH 16.7.1991 – 1 StR 377/91, StV 1991, 450; LR-*Ignor/Bertheau* Rn. 41.

[302] BayObLG 20.9.1968 – RReg 1a St 319/68, NJW 1969, 200; LR-*Ignor/Bertheau* Rn. 41.

[303] BGH 22.10.1980 – 2 StR 612/80, JR 1981, 432 mAnm *Hanack;* Radtke/Hohmann/*Otte* Rn. 37; KK/*Senge* Rn. 50; SK/*Rogall* Rn. 102; HK/*Gercke* Rn. 45; offen gelassen von BGH 23.5.2000 – 5 StR 142/00, NStZ 2000, 546.

[304] BGH 3.5.1985 – 2 StR 824/84, NStZ 1985, 466.

[305] LR-*Ignor/Bertheau* Rn. 40; KK/*Senge* Rn. 45.

[306] BGH 9.11.1965 – 1 StR 436/65, NJW 1966, 211; BGH 26.10.1983 – 3 StR 251/83, BGHSt 32, 140 = NJW 1984, 1829 mAnm *Kühl* JuS 1986, 115; KK/*Senge* Rn. 45; LR-*Ignor/Bertheau* Rn. 43.

[307] LR-*Ignor/Bertheau* Rn. 43.

[308] BGH 2.4.1987 – 4 StR 46/87, BGHSt 34, 324 = NJW 1987, 2027.

[309] BGH 2.4.1987 – 4 StR 46/87, BGHSt 34, 324 = NJW 1987, 2027.

[310] BGH 26.10.1983 – 3 StR 251/83, BGHSt 32, 140 = NJW 1984, 1829 mAnm *Kühl* JuS 1986, 115; aA *Eisenberg* Rn. 1229.

[311] Insoweit aA LR-*Ignor/Bertheau* Rn. 42.

[312] BGH 26.10.1983 – 3 StR 251/83, BGHSt 32, 140 = NJW 1984, 1829 mAnm *Kühl* JuS 1986, 115.

fung durch weitere Nachfragen verhindert oder er sich nach Vorhalten von Widersprüchen in seiner Aussage in das Zeugnisverweigerungsrecht „flüchtet."[313]

Beruft sich ein Zeuge in der Hauptverhandlung zunächst auf sein Zeugnisverweigerungsrecht als Verlobter und sagt er später gleichwohl zur Sache aus, um eine frühere richterliche Vernehmung zu entkräften, so macht er die früheren Vernehmungsinhalte zum Gegenstand seiner unter Verzicht auf sein Zeugnisverweigerungsrecht erfolgten Aussage in der Hauptverhandlung; diese sind verwertbar, auch wenn er früher nicht über sein Zeugnisverweigerungsrecht belehrt wurde und es dem Zeugen gerade darum ging, seine frühere Aussage nicht mehr gelten zu lassen, weil andernfalls seine Vernehmung unvollständig und unverständlich wäre.[314] Der Zeuge kann damit nicht über den Umfang der Verwertbarkeit seiner Aussage bestimmen; er hat nur die Möglichkeit, das Zeugnisverweigerungsrecht auszuüben oder darauf zu verzichten.[315] 59

4. Verwertungsverbot. Die Zeugnisverweigerung kann ein Verwertungsverbot im Hinblick auf Aussagen, die der Zeuge vor der Hauptverhandlung gemacht hat, zur Folge haben. Insoweit wird auf die Kommentierung zu § 252 verwiesen.[316] 60

X. Revision

1. Unterlassene Belehrung. Mit der Revision kann der Angeklagte[317] sowie ein mit dem Zeugen nicht verwandter Mitangeklagter rügen, dass eine nach § 52 Abs. 3 erforderliche Belehrung nicht erteilt worden ist.[318] Gleiches gilt, wenn der Richter irrig das Bestehen eines Zeugnisverweigerungsrechts verneint.[319] Der Revisionsführer ist aber gehalten, zu den verwandtschaftlichen Beziehungen konkret vorzutragen.[320] Der Nebenkläger ist nicht befugt, eine Verletzung der Belehrungspflicht nach § 52 Abs. 3 zu rügen.[321] Die Rüge ist begründet, wenn eine erforderliche Belehrung unterblieben ist, der Zeuge ausgesagt hat und das Urteil auf der Aussage beruht.[322] Das Urteil beruht nicht auf dem Fehler, wenn feststeht, dass der Zeuge auch ohne Belehrung ausgesagt hätte.[323] 61

2. Überflüssige Belehrung. Wird ein Zeuge, dem tatsächlich kein Zeugnisverweigerungsrecht zusteht, fehlerhaft darüber belehrt, er sei zur Zeugnisverweigerung berechtigt und verweigert der Zeuge darauf die Aussage, kann das bei präsenten Zeugen als Verletzung von § 245 Abs. 1,[324] sonst als Verletzung der Aufklärungspflicht nach § 244 Abs. 2 oder des Beweisantragsrechts gerügt werden.[325] Das Urteil beruht nicht auf dem Fehler, wenn der Zeuge dennoch aussagt.[326] Auf der unrichtigen Belehrung beruht es aber, wenn der Zeuge ein Auskunftsverweigerungsrecht hatte und daher nach § 55 hätte belehrt werden müssen.[327] 62

3. Fehlende Zustimmung des gesetzlichen Vertreters. Mit der Revision kann gerügt werden, dass der gesetzliche Vertreter der Vernehmung des Zeugen nicht zugestimmt 63

---

[313] BGH 22.1.1992 – 2 StR 520/92, NStZ 1992, 347; KK/*Senge* Rn. 45; aA *Rengier* NStZ 1998, 47.

[314] BGH 28.5.2003 – 2 StR 445/02, BGHSt 48, 294 = NJW 2003, 2619 m. abl. Anm. *Eisenberg/Zötsch* NJW 2003, 3676 und zust. Anm. *Petersohn* JuS 2004, 379.

[315] *Eisenberg* Rn. 1226.

[316] Vgl. zur Unterscheidung zwischen in und vor der Hauptverhandlung gemachten Aussagen VIII.8.

[317] BGH 3.5.2006 – 4 StR 40/06, NStZ 2006, 647.

[318] BGH 16.3.1977 – 3 StR 327/76, BGHSt 27, 139 = NJW 1977, 1161; BGH 29.6.1983 – 2 StR 855/82, NJW 1984, 136; im Hinblick auf die Entscheidung BGH 14.12.2011 – 5 StR 434/11, NStZ 2012, 221 erwägt Meyer-Goßner, Rn. 11a, dem nicht angehörigen Mitbeschuldigten ein Rügerecht in der Revision zu versagen.

[319] LR-*Ignor/Bertheau* Rn. 59; KK/*Senge* Rn. 47.

[320] BGH 6.3.2012 – 1 StR 49/12, zitiert nach juris.

[321] BGH 24.1.2006 – 1 StR 362/05, NStZ 2006, 349.

[322] AllgM., vgl. nur Radtke/Hohmann/*Otte* Rn. 34.

[323] Vgl. hierzu im Einzelnen oben VIII. 9.b).

[324] BGH 27.11.2010 – 5 StR 554/12, zitiert nach juris.

[325] BGH 21.12.1992 – 5 StR 523/92, StV 1993, 235; Radtke/Hohmann/*Otte* Rn. 35.

[326] BGH 9.5.1979 – 2 StR 86/79, MDR 1979, 806; *Meyer-Goßner* Rn. 35; Radtke/Hohmann/*Otte* Rn. 35.

[327] BGH 20.8.1982 – 2 StR 231/82, MDR 1983, 92; *Meyer-Goßner* Rn. 35.

hat oder er zwar zugestimmt hat, vorher aber nicht über das Weigerungsrecht belehrt worden ist.[328] Zur ordnungsgemäßen Ausführung der Rüge müssen Datum, Präsenz, Ablauf und Einzelumstände der Vernehmung des Zeugen mitgeteilt werden.[329] Ob der Zeuge von der Bedeutung des Zeugnisverweigerungsrechts keine genügende Vorstellung hat, hat der Tatrichter nach pflichtgemäßem Ermessen zu prüfen; diese auf rein tatsächlichem Gebiet liegende Frage kann das Revisionsgericht nur auf Rechtsfehler überprüfen.[330] Die Rüge, der Vorsitzende habe die Frage, ob der Zeuge über die erforderliche Verstandesreife verfügt, nicht geprüft oder zu Unrecht bejaht, setzt eine Beanstandung nach § 238 Abs. 2 voraus.[331]

64 **4. Besonderheiten beim Verlöbnis.** Die in die Hauptverhandlung eingeführte Bewertung des Vorsitzenden der Strafkammer, eine Zeugin sei nicht mit dem Angeklagten verlobt, kann vom Angeklagten nur dann zur Grundlage einer Verfahrensrüge gemacht werden, wenn er eine Entscheidung des Gerichts nach § 238 Abs. 2 herbeigeführt hat.[332] Das Revisionsgericht ist an die tatsächlichen Feststellungen des Tatrichters zu den Voraussetzungen eines Verlöbnisses gebunden.[333] Die Prüfung der Tatsachen, die die Verlobung begründen, kann mit der Revision nicht erreicht werden, insoweit können nur Rechtsfehler gerügt werden.[334] Mangelnde Feststellungen zum Bestehen eines Verlöbnisses sind kein Revisionsgrund; Urteilsfeststellungen sind insoweit nicht vorgeschrieben.[335] Der Angeklagte, der rügt, die Verwertung der Zeugenaussage sei unzulässig, weil die Zeugin mit ihm verlobt, aber nicht über ihr Zeugnisverweigerungsrecht belehrt worden sei, muss diejenigen Tatsachen vortragen, die den Rechtsbegriff des Verlöbnisses ausfüllen.[336]

65 **5. Sachrüge.** Fehler des Gerichts bei der Würdigung der Aussage eines mit dem Angeklagten verwandten Zeugen sind – nicht anders als bei mit dem Angeklagten nicht verwandten Zeugen auch – auf die Sachrüge zu berücksichtigen.[337] Das gilt auch, wenn die berechtigte Zeugnisverweigerung als solche zum Nachteil des Angeklagten verwertet wird.[338] Letzteres gilt jedenfalls dann, wenn sich der Fehler aus dem Urteil selbst ergibt.[339]

66 **6. Sonstiges.** Als Verletzung der Aufklärungspflicht kann gerügt werden, wenn das Gericht in den Fällen des § 52 Abs. 3 keinen Ergänzungspfleger zur Entscheidung über die Ausübung des Zeugnisverweigerungsrechts bestellt, sondern von der Vernehmung des Zeugen abgesehen hat.[340] Eine inhaltlich unzureichende Belehrung kann ebenfalls als Verstoß gegen § 52 Abs. 3 gerügt werden.[341] Eine unzulässige Einwirkung auf den Zeugen im Zusammenhang mit der Ausübung des Zeugnisverweigerungsrechts kann die Besorgnis der Befangenheit begründen[342] und stellt eine Verletzung von § 52 Abs. 3 dar.[343]

---

328 BGH 2.3.1960 – 2 StR 44/60, BGHSt 14, 159 = NJW 1960, 1396; LR-*Ignor/Bertheau* Rn. 60.

329 BGH 4.12.1996 – 20.9.1996 – 2 StR 289/96, NStZ 1997, 145.

330 BGH 17.4.2012 – 1 StR 146/12, NStZ 2012, 578; vgl. BGH 25.10.1968 – 4 StR 412/68, BGHSt 22, 266 betreffend die Vorschrift des § 61 Nr. 1; Radtke/Hohmann/*Otte* Rn. 36; LR-*Ignor/Bertheau* Rn. 60; KK/*Senge* Rn. 48; SK/*Rogall* Rn. 95.

331 BGH 12.8.1999 – 3 StR 277/99, StV 2000, 185; LR-*Ignor/Bertheau* Rn. 60; SK/*Rogall* Rn. 101; KK/*Senge* Rn. 48.

332 BGH 9.3.2010 – 4 StR 606/09, BGHSt 55, 65 = NStZ 2010, 461; *Ladiges* JuS 2011, 226.

333 BGH 9.3.2010 – 4 StR 606/09, BGHSt 55, 65 = NStZ 2010, 461; offen gelassen von BGH 28.5.2003 – 2 StR 445/02, BGHSt 48, 294 = NJW 2003, 2619 m. abl. Anm. *Eisenberg/Zötsch* NJW 2003, 3676 und zust. Anm. *Petersohn* JuS 2004, 379.

334 *Meyer-Goßner* Rn. 33.

335 KK/*Senge* Rn. 13; *Graf/Huber* Rn. 4; *Meyer-Goßner* Rn. 4; SK/*Rogall* Rn. 27; *Eisenberg* Rn. 1215.

336 OLG Frankfurt a. M. 9.5.2007 – 3 Ss 70/07, NStZ-RR 2007, 241.

337 BGH 23.5.2000 – 5 StR 142/00, NStZ 2000, 546.

338 BGH 22.10.1980 – 2 StR 612/80, MDR 1981, 157 = JR 1981, 432 mAnm *Hanack;* Radtke/Hohmann/*Otte* Rn. 37; KK/*Senge* Rn. 50; SK/*Rogall* Rn. 102; HK/*Gercke* Rn. 45; so auch Dahs NStZ 1993, 213 betreffend § 55; offen gelassen von BGH 23.5.2000 – 5 StR 142/00, NStZ 2000, 546.

339 LR-*Ignor/Bertheau* Rn. 62.

340 LR-*Ignor/Bertheau* Rn. 63.

341 LR-*Ignor/Bertheau* Rn. 63.

342 LR-*Ignor/Bertheau* Rn. 63.

343 BGH 6.6.1989 – 5 StR 99/89, NJW 1989, 2403 = NStZ 1989, 440; LR-*Ignor/Bertheau* Rn. 63.

§ 53 [Zeugnisverweigerungsrecht aus beruflichen Gründen]

(1) [1]Zur Verweigerung des Zeugnisses sind ferner berechtigt

1. Geistliche über das, was ihnen in ihrer Eigenschaft als Seelsorger anvertraut worden oder bekanntgeworden ist;

2. Verteidiger des Beschuldigten über das, was ihnen in dieser Eigenschaft anvertraut worden oder bekanntgeworden ist;

3. Rechtsanwälte, Patentanwälte, Notare, Wirtschaftsprüfer, vereidigte Buchprüfer, Steuerberater und Steuerbevollmächtigte, Ärzte, Zahnärzte, Psychologische Psychotherapeuten, Kinder- und Jugendlichenpsychotherapeuten, Apotheker und Hebammen über das, was ihnen in dieser Eigenschaft anvertraut worden oder bekanntgeworden ist, Rechtsanwälten stehen dabei sonstige Mitglieder einer Rechtsanwaltskammer gleich;

3a. Mitglieder oder Beauftragte einer anerkannten Beratungsstelle nach den §§ 3 und 8 des Schwangerschaftskonfliktgesetzes über das, was ihnen in dieser Eigenschaft anvertraut worden oder bekanntgeworden ist;

3b. Berater für Fragen der Betäubungsmittelabhängigkeit in einer Beratungsstelle, die eine Behörde oder eine Körperschaft, Anstalt oder Stiftung des öffentlichen Rechts anerkannt oder bei sich eingerichtet hat, über das, was ihnen in dieser Eigenschaft anvertraut worden oder bekanntgeworden ist;

4. Mitglieder des Deutschen Bundestages, der Bundesversammlung, des Europäischen Parlaments aus der Bundesrepublik Deutschland oder eines Landtages über Personen, die ihnen in ihrer Eigenschaft als Mitglieder dieser Organe oder denen sie in dieser Eigenschaft Tatsachen anvertraut haben, sowie über diese Tatsachen selbst;

5. Personen, die bei der Vorbereitung, Herstellung oder Verbreitung von Druckwerken, Rundfunksendungen, Filmberichten oder der Unterrichtung oder Meinungsbildung dienenden Informations- und Kommunikationsdiensten berufsmäßig mitwirken oder mitgewirkt haben.

[2]Die in Satz 1 Nr. 5 genannten Personen dürfen das Zeugnis verweigern über die Person des Verfassers oder Einsenders von Beiträgen und Unterlagen oder des sonstigen Informanten sowie über die ihnen im Hinblick auf ihre Tätigkeit gemachten Mitteilungen, über deren Inhalt sowie über den Inhalt selbst erarbeiteter Materialien und den Gegenstand berufsbezogener Wahrnehmungen. [3]Dies gilt nur, soweit es sich um Beiträge, Unterlagen, Mitteilungen und Materialien für den redaktionellen Teil oder redaktionell aufbereitete Informations- und Kommunikationsdienste handelt.

(2) [1]Die in Absatz 1 Satz 1 Nr. 2 bis 3b Genannten dürfen das Zeugnis nicht verweigern, wenn sie von der Verpflichtung zur Verschwiegenheit entbunden sind. [2]Die Berechtigung zur Zeugnisverweigerung der in Absatz 1 Satz 1 Nr. 5 Genannten über den Inhalt selbst erarbeiteter Materialien und den Gegenstand entsprechender Wahrnehmungen entfällt, wenn die Aussage zur Aufklärung eines Verbrechens beitragen soll oder wenn Gegenstand der Untersuchung

1. eine Straftat des Friedensverrats und der Gefährdung des demokratischen Rechtsstaats oder des Landesverrats und der Gefährdung der äußeren Sicherheit (§§ 80a, 85, 87, 88, 95, auch in Verbindung mit § 97b, §§ 97a, 98 bis 100a des Strafgesetzbuches),

2. eine Straftat gegen die sexuelle Selbstbestimmung nach den §§ 174 bis 176, 179 des Strafgesetzbuches oder

3. eine Geldwäsche, eine Verschleierung unrechtmäßig erlangter Vermögenswerte nach § 261 Abs. 1 bis 4 des Strafgesetzbuches

ist und die Erforschung des Sachverhalts oder die Ermittlung des Aufenthaltsortes des Beschuldigten auf andere Weise aussichtslos oder wesentlich erschwert wäre. [3]Der Zeuge kann jedoch auch in diesen Fällen die Aussage verweigern, soweit sie zur Offenbarung der Person des Verfassers oder Einsenders von Beiträgen und Unterlagen oder des sonstigen Informanten oder der ihm im Hinblick auf seine Tätigkeit nach Absatz 1 Satz 1 Nr. 5 gemachten Mitteilungen oder deren Inhalts führen würde.

Schrifttum: *Baier,* Verfassungsunmittelbare Zeugnisverweigerungsrechte bestimmter Berufsgruppen als Gebot des Persönlichkeitsschutzes?, JR 1999, 495; *Baier,* Kein strafprozessuales Zeugnisverweigerungsrecht mehr für Wirtschaftsprüfer?, wistra 2000, 165; *Baumann,* Et respica finem – Ein Beitrag zum Zeugnisverweigerungsrecht des Geistlichen nach § 53 Abs. 1 Nr. 1 StPO, JuS 1991, 466; *Bosbach,* Ungeschriebene strafprozessuale Zeugnisverweigerungsrechte im Verhältnis zwischen Strafverteidiger und Mandant nach rechtskräftigem Abschluss des Verfahrens gegen den Mandanten?, NStZ 2009, 177; *Bringewat,* Zeugnisverweigerungsrecht und Beschlagnahmeprivileg des Verteidigers, NJW 1974, 1740; *Buhrow,* Zur Tätigkeit des Rechtsbeistandes, NJW 1966, 2150; *Dallinger,* Gerichtsverfassung und Strafverfahren, JZ 1953, 432; *de Wall,* Der Schutz des Seelsorgegeheimnisses (nicht nur) im Strafverfahren, NJW 2007, 1856; *Ehlers,* Durchsuchung, Beschlagnahme, Bankgeheimnis, BB 1978, 1513; *Fezer,* Grundfälle zum Verlesungs- und Verwertungsverbot im Strafprozess, JuS 1978, 472; *Foth,* Zur Schweigepflicht der freien Sozialdienste im Strafprozess, JR 1976, 7; *Freund,* Verurteilung und Freispruch bei Verletzung der Schweigepflicht eines Zeugen, GA 1993, 49; *Geppert,* Der Zeugenbeweis, Jura 1991, 132; *Göppinger,* Die Entbindung von der Schweigepflicht und die Herausgabe oder Beschlagnahme von Krankenblättern, NJW 1958, 241; *Greitemann,* Das Forschungsgeheimnis im Strafprozess, NStZ 2002, 572; *Groß,* Die Verfassungsmäßigkeit des Zeugnisverweigerungsrechts der Presse, NJW 1968, 2368; *Groß,* Neuregelung des journalistischen Zeugnisverweigerungsrechts, NJW 1975, 1763; *Groß,* Verteidiger, Abgeordnete und Journalisten als verbotene unfreiwillige Medien zur strafprozessualen Aufklärung, StV 1996, 559; *Gülzow,* Beschlagnahme von Unterlagen der Mandanten bei deren Rechtsanwälten, Wirtschaftsprüfern und Steuerberatern, NJW 1981, 265; *Haas,* Die Schweigepflicht eines für eine in Konkurs geratene GmbH tätig gewesenen Wirtschaftsprüfers – ein Beitrag zum Beschluss des OLG Schleswig vom 27.5.1980, wistra 1983, 183; *Haas,* Zeugnisverweigerungsrecht des Geistlichen, NJW 1990, 3253; *Haffke,* Schweigepflicht, Verfahrensrevision und Beweisverbot, GA 1973, 65; *Hamm,* Vom Grundrecht der Medien auf das Fischen im Trüben, NJW 2001, 269; *Hamm,* Compliance vor Recht? Anwälte bei der Bewältigung eines „Datenskandals", NJW 2010, 1332; *Hass,* Die Grenzen des anwaltlichen Zeugnisverweigerungsrechts gemäß § 53 Abs. 1 Nr. 3 StPO, NJW 1972,1081; *Hassemer,* Das Zeugnisverweigerungsrecht des Syndikusanwalts, wistra 1986, 1; *Hiendl,* Darf bei Alkoholverkehrsdelikten der die Blutprobe entnehmende Arzt vor dem Gericht die Aussage über den klinischen Befund verweigern?, NJW 1958, 2100; *Jakobs,* Ermittlungsverfahren wegen Verstoßes gegen das Betäubungsmittelgesetz, JR 1982, 359; *Jarass,* Konflikte zwischen Polizei und Presse bei Demonstrationen, JZ 1983, 280; *Kaiser,* Die Verfassungsmäßigkeit des Zeugnisverweigerungsrechts der Presse, NJW 1968, 1260; *Keller,* Grenzbereiche zwischen Strafrecht und Standesrecht des Notars, DNotZ 1995, 99; *Kohlhaas,* Zeugnisverweigerung des Arztes nach Entnahme einer Blutprobe?, DRiZ 1959, 246; *Kramer,* Das gespaltene Zeugnisverweigerungsrecht der Medienangehörigen in der StPO, Kriminalistik 2004, 756; *Krause,* Befugnis zur Entbindung von der Schweigepflicht bei juristischen Personen nach personellen Wechseln in den Organen, NStZ 2012, 663; *Krauß,* Schweigepflicht und Schweigerecht des ärztlichen Sachverständigen im Strafprozess, ZStW 97 (1985) 81; *Kretschmer,* Das Bankgeheimnis in der deutschen Rechtsordnung – ein Überblick, wistra 2009, 181; *Kreuzer,* Zeugnisverweigerungsrecht für Drogenberater, Festschrift für Schüler-Springorum, 1993, S. 527; *Kühne,* Zeugnisverweigerungsrecht im Strafprozess – neue Wege für die Anwendung von Grundrechten?, JuS 1973, 685; *Kühne,* Die begrenzte Aussagepflicht des ärztlichen Sachverständigen vor Gericht nach §§ 53 Abs. 1 Nr. 3 StPO, 203 Abs. 1 Nr. 1 StGB, JZ 1981, 647; *Kunert,* Das Gesetz über das Zeugnisverweigerungsrecht der Mitarbeiter von Presse und Rundfunk, MDR 1975, 885; *Kunert,* Erweitertes Zeugnisverweigerungsrecht der Medienmitarbeiter, NStZ 2002, 169; *Lenckner,* Aussagepflicht, Schweigepflicht und Zeugnisverweigerungsrecht, NJW 1965, 321; *Ling,* Zum Geistlichenprivileg im Strafrecht, GA 2001, 325; *Löffler,* Lücken und Mängel im neuen Zeugnisverweigerungs- und Beschlagnahmerecht von Presse und Rundfunk, NJW 1978, 913; *Meeger,* Die Beschlagnahme von Schadensakten der Haftpflichtversicherer unter dem Blickwinkel verfassungsrechtlicher Zulässigkeit – ein Beitrag zur Neuordnung des Zeugnisverweigerungsrechts, VersR 1974, 945; *Meyer,* Zeugnisverweigerungsrecht analog §§ 53, 53a StPO auch für private Haftpflichtversicherer?, MDR 1973, 812; *Meyer,* Noch einmal: Zur Frage einer Ausdehnung der §§ 53, 53a StPO auf private Haftpflichtversicherer, MDR 1975, 896; *Meyer-Mews,* Beweisverwertungsverbote im Strafverfahren, JuS 2004, 126; *Michalowski,* Schutz der Vertraulichkeit strafrechtlich relevanter Patienteninformationen, ZStW 109 (1997) 519; *Molketin,* Belehrungspflicht des Gerichts bei einem als Zeuge vernommenen Arzt (§ 53 Abs. 1 Nr. 3 StPO)?, MDR 1982, 99; *Moosmayer,* Der EuGH und die Syndikusanwälte, NJW 2010, 3548; *Paulus,* Dogmatik der Verteidigung, NStZ 1992, 305; *Passarge,* Zur Entbindung der Berufsgeheimnisträger von Zeugnisverweigerungsrechten durch juristische Personen, BB 2010, 591; *Peemöller/Weller,* Zeugnisverweigerungsrecht gemäß § 53 StPO für freie Berufe – aber nicht für Mitarbeiter genossenschaftlicher Prüfungsverbände?, BB 2001, 2415; *Peters,* Seelsorge und Strafvollzug,

JR 1975, 402; *Redeker,* Der Syndikusanwalt als Rechtsanwalt, NJW 2004, 889; *Rengier,* Die Reichweite des § 53 Abs. 1 Nr. 5 StPO zum Schutze des namentlich preisgegebenen, aber unauffindbaren Informanten, JZ 1979, 797; *Rengier,* Zum strafprozessualen Zeugnisverweigerungsrecht des Betriebs- und Personalrats, BB 1980, 321; *Rogall,* Über die Folgen der rechtswidrigen Beschaffung des Zeugenbeweises im Strafprozess, JZ 1996, 944; *Roxin,* Das Zeugnisverweigerungsrecht eines Syndikusanwalts, NJW 1992, 1129; *Roxin,* Das Beschlagnahmeprivileg des Syndikusanwalts im Lichte der neuesten Rechtsentwicklung, NJW 1995, 17; *Schäfer,* Der Konkursverwalter im Strafverfahren, wistra 1985, 209; *Scheffler,* Strafvereitelung und die Grenzen des Zeugnisverweigerungsrechts des Verteidigers, StV 1992, 299; *Schenkel,* Keine berufsbezogene Schweigepflicht hauptamtlicher Bewährungshelfer nach § 203 Abs. 1 Nr. 5 StGB, NStZ 1995, 67; *Schmidt,* Nochmals: Die Beschlagnahme von Schadensakten der Haftpflichtversicherer, VersR 1975, 311; *Schmitt,* Probleme des Zeugnisverweigerungsrechts (§§ 53 Abs. 1 Nr. 3 StPO, 383 Abs. 1 Nr. 6 ZPO) und des Beschlagnahmeverbots bei Beratern juristischer Personen – zugleich ein Beitrag zu der Entbindungsbefugnis des Konkursverwalters, wistra 1993, 9; *Schöch,* Zeugnisverweigerungsrecht für Opferhelfer?, DRiZ 2006, 57; *Schwaben,* Die Rechtsprechung des BGH zwischen Aufklärungsrüge und Verwertungsverbot, NStZ 2002, 288; *Solbach,* Kann der Arzt von seiner Schweigepflicht entbunden werden, wenn sein Patient verstorben oder willensunfähig ist?, DRiZ 1978, 204; *Sontag,* Die prozessuale Stellung des Gerichtshelfers, NJW 1976, 1438; *Stromberg,* Über das Zeugnisverweigerungsrecht und die Genehmigungsbedürftigkeit von Zeugenaussagen kirchlicher Bediensteter – mit einem Ausblick auf die zu erwartende Erweiterung des § 53 StPO; *Stumpf,* Gibt es im materiellen Strafrecht ein Verteidigerprivileg?, NStZ 1997, 7; *Tsambikakis,* Das neue Zeugnisverweigerungsrecht für Medienmitarbeiter, StraFo 2002, 145; *Tully/Kirch-Heim,* Zur Entbindung von Rechtsbeiständen juristischer Personen von der Verschwiegenheitspflicht gemäß § 53 Abs. 2 Satz 1 StPO, NStZ 2012, 657; *Welp,* Die Geheimnissphäre des Verteidigers in ihren strafprozessualen Funktionen, Festschrift für Gallas, 1973, S. 391; *Wessing,* Zeugnisverweigerungsrechte ausländischer Strafverteidiger, wistra 2007, 171; *Widmaier,* Zum Zeugnisverweigerungsrecht der Berufsgeheimnisträger, Festschrift für Dahs, 2005, S. 543.

Übersicht

I. Allgemeines

1 **1. Normzweck.** Die Vorschrift schützt das **Vertrauensverhältnis** zwischen bestimmten Berufsgruppen und denen, die ihre Hilfe und Sachkunde in Anspruch nehmen.[1] Die sachgerechte Wahrnehmung der Interessen des Rat- oder Hilfesuchenden setzt in der Regel voraus, dass dieser sich den Angehörigen der in § 53 genannten Berufe rückhaltlos anvertraut. Dieses Vertrauensverhältnis und die Möglichkeit rückhaltloser Offenbarung soll gerade auch im öffentlichen Interesse an der **Funktionsfähigkeit dieser Berufe** nicht durch die Besorgnis behindert werden, die in § 53 genannten Personen könnten später als Zeugen über die ihnen bekannt gewordenen Tatsachen vernommen werden.[2] Zudem soll die Vertrauensperson aus der Zwangslage befreit werden, einerseits zur Wahrung des Vertrauens, andererseits zur Mitwirkung an der Aufklärung von Straftaten verpflichtet zu sein.[3] Diesem Gesetzeszweck entspricht es, dass das Zeugnisverweigerungsrecht anders als das eines Angehörigen nach § 52 nicht umfassend ist, sondern sich nur auf Tatsachen bezieht, die dem Berufsgeheimnisträger gerade in seiner beruflichen Eigenschaft bekannt geworden sind, und er nicht mehr zur Verschwiegenheit verpflichtet ist, wenn er – mit Ausnahme der in den Nummern 1, 4 und 5 Genannten – gemäß 53 Abs. 2 von der Verpflichtung zur Verschwiegenheit entbunden worden ist.[4] Ein Weigerungsrecht besteht dementsprechend nicht, wenn der Geheimnisträger mit Tätigkeiten beauftragt wird, die für seine berufliche Qualifikation und Stellung nicht kennzeichnend sind.[5] Es besteht aber selbst dann, wenn derjenige, der zur Entbindung von der Schweigepflicht berechtigt ist, seinerseits als Zeuge uneingeschränkt zur Aussage verpflichtet ist.[6] Der Zeuge ist unbeschadet seines Zeugnisverweigerungsrechts verpflichtet, vor Gericht zu erscheinen, weshalb auf Vernehmung des Zeugen gerichtete Beweisanträge nicht ohne weiteres abgelehnt werden dürfen.[7] § 53 wird durch §§ 95 Abs. 2 S. 2, 98a Abs. 5, 100c Abs. 6, 160a ergänzt.

2 **2. Ausländische Zeugnisverweigerungsberechtigte.** Das Gesetz enthält keine ausdrückliche Aussage, ob das Zeugnisverweigerungsrecht nur besteht, falls die in § 53 genannten Zeugnisverweigerungsberechtigten ihre berufliche Tätigkeit in Deutschland ausüben. Vor allem im Hinblick auf die in den Mitgliedstaaten der EU geltende Niederlassungsfreiheit wird überwiegend die Meinung vertreten, das Zeugnisverweigerungsrecht stehe den Mitgliedern der in § 53 genannten Berufsgruppen zu, wenn sie auf dem Gebiet der EU tätig sind oder bei Rechtsanwälten die Voraussetzungen der §§ 206, 207 BRAO vorliegen; anderen ausländischen Berufsgeheimnisträgern soll ein Zeugnisverweigerungsrecht dagegen nicht zustehen.[8] Nachdem es für das von § 53 geschützte **Vertrauensverhältnis** nicht darauf ankommen kann, ob die in § 53 genannten Personen ihre Tätigkeit auf dem Gebiet der Mitgliedstaaten der EU ausüben, ist auch den außerhalb dieses Gebiets tätigen, in § 53 erwähnten Personen ein Zeugnisverweigerungsrecht zuzubilligen, sofern sie dort **zugelassen** sind und eine gewisse **Vergleichbarkeit der Berufe** gegeben ist.[9] Insbesondere bei

---

[1] BGH 12.1.1956 – 3 StR 195/55, BGHSt 9, 59 = NJW 1956, 599; OLG Schleswig 27.5.1980 – 1 Ws 160/80, NJW 1981, 294; OLG Frankfurt a. M. 22.8.2001 – 2 AuslS 10/01, NJW 2002, 1135; KK/*Senge* Rn. 1; *Meyer-Goßner* Rn. 1; KMR/*Neubeck* Rn. 1.

[2] OLG Schleswig 27.5.1980 – 1 Ws 160/80, NJW 1981, 294; OLG Oldenburg 10.6.1982 – 2 Ws 204/82, NJW 1982, 2615; KK/*Senge* Rn. 1; LR-*Ignor/Bertheau* Rn. 1; KMR/*Neubeck* Rn. 1.

[3] BGH 12.1.1956 – 3 StR 195/55, BGHSt 9, 59 = NJW 1956, 599; KK/*Senge* Rn. 1; LR-*Ignor/Bertheau* Rn. 1; KMR/*Neubeck* Rn. 1.

[4] KK/*Senge* Rn. 1; Radtke/Hohmann/*Otte* Rn. 1; KMR/*Neubeck* Rn. 1.

[5] OLG Frankfurt a. M. 22.8.2001 – 2 AuslS 10/01, NJW 2002, 1135; KK/*Senge* Rn. 1.

[6] BGH 18.6.1969 – 2 StR 53/69, MDR 1969, 723; *Meyer-Goßner* Rn. 1; LR-*Ignor/Bertheau* Rn. 1.

[7] *Meyer-Goßner* Rn. 1; LR-*Ignor/Bertheau* Rn. 2; KMR/*Neubeck* Rn. 2; *Welp*, FS Gallas, 1973, 407; vgl. hierzu auch die Ausführungen zu § 52 IX. 2.

[8] Vgl. zu den Rechtsanwälten Radtke/Hohmann/*Otte* Rn. 16; *Meyer-Goßner* Rn. 15; vgl. zu den Ärzten Radtke/Hohmann/*Otte* Rn. 18; *Meyer-Goßner* Rn. 17; aA LR-*Ignor/Bertheau* Rn. 5; *Wessing* wistra 2007, 171.

[9] Vgl. hierzu ausführlich LR-*Ignor/Bertheau* Rn. 5 sowie speziell zum Strafverteidiger *Wessing* wistra 2007, 171.

grenzüberschreitenden Rechtsangelegenheiten wird oft die Zuziehung ausländischer Spezialisten zur sachgerechten Rechtswahrnehmung erforderlich sein; mit dem Recht auf effektiven Rechtsschutz wäre es nicht zu vereinbaren, ausländischen Rechtsanwälten in diesem Zusammenhang ein Zeugnisverweigerungsrecht zu versagen.[10] Die Frage nach dem Bestehen eines Zeugnisverweigerungsrechts des ausländischen Berufsgeheimnisträgers wird sich allerdings nur stellen, wenn er sich im Inland aufhält und hier vernommen werden soll. Wird er – wie im Regelfall – im Wege der Rechtshilfe im Ausland vernommen, kann er dort ohnehin von seinen berufsbedingten Rechten Gebrauch machen.[11]

3. Beschränkung auf bestimmte Berufe. In § 53 sind die zur Zeugnisverweigerung 3
berechtigten Personen **abschließend** aufgezählt.[12] Eine Ausdehnung auf andere Berufsgruppen im Wege der entsprechenden Anwendung würde der klaren Entscheidung des Gesetzgebers widersprechen und ist deshalb – auch wegen des öffentlichen Interesses an der vollständigen Wahrheitsermittlung im Strafverfahren – nicht möglich.[13] Ein Zeugnisverweigerungsrecht steht daher insbesondere nicht jedem Berater zu, der berufsmäßig oder ehrenamtlich in schwierigen Situationen Hilfe leistet.[14] Aus dem Rechtsstaatsprinzip folgt, dass es dem Gesetzgeber im Interesse einer **funktionierenden Rechtspflege** nicht freigestellt ist, den Kreis der weigerungsberechtigten Berufe beliebig zu erweitern; dieser ist vielmehr auf das unbedingt erforderliche Maß zu begrenzen.[15]

Allerdings kann nach der Rechtsprechung des BVerfG „im Einzelfall ausnahmsweise und 4
unter ganz besonders strengen Voraussetzungen" ein über die strafprozessualen Voraussetzungen hinausgehendes Zeugnisverweigerungsrecht **unmittelbar aus der Verfassung** folgen, wenn die Vernehmung des Zeugen in den durch Art. 2 Abs. 1 iVm Art. 1 Abs. 1 GG grundrechtlich geschützten Bereich privater Lebensgestaltung des Einzelnen, insbesondere in seine Intimsphäre eingreifen würde.[16] Eine daraus folgende Einschränkung des Zeugniszwangs setzt eine einzelfallbezogene Abwägung zwischen den Belangen der Strafrechtspflege und den Geheimhaltungsinteressen des Einzelnen unter Beachtung des Grundsatzes der Verhältnismäßigkeit voraus, wobei insbesondere die Art und Schwere der Straftat, die Höhe der Straferwartung, das Vorhandensein anderer Aufklärungsmöglichkeiten und die Intensität des Eingriffs in die Privatsphäre des Betroffenen von Bedeutung sind.[17] Eine verfassungsrechtliche Begrenzung des Zeugniszwangs wird danach nur sehr selten, etwa bei der Verfolgung von Bagatelldelikten oder Ordnungswidrigkeiten, in Betracht zu ziehen sein.[18] Soweit ersichtlich, ist bislang in keiner Entscheidung des BGH oder des BVerfG dem Geheimhaltungsinteresse der Vorrang vor dem Interesse an der Aufklärung von Straftaten eingeräumt worden. Auch in der Rechtsprechung der Instanzgerichte sind derartige Entscheidungen die Ausnahme geblieben.[19]

---

[10] *Wessing* wistra 2007, 171.

[11] LR-*Ignor/Bertheau* Rn. 5.

[12] BVerfG 19.1.1979 – 2 BvR 995/78, NJW 1979, 1286; BVerfG 31.5.1988 – 2 BvR 367/88, NJW 1988, 2945; Baier JR 1999, 495; *Eisenberg* Rn. 1234; SK/*Rogall* Rn. 50; KK/*Senge* Rn. 2.

[13] BVerfG 15.1.1975 – 2 BvR 65/74, BVerfGE 38, 312 = NJW 1975, 588; BGH 22.3.2012 – 1 StR 359/11, StV 2013, 34; Radtke/Hohmann/*Otte* Rn. 2; KMR/*Neubeck* Rn. 3; SK/*Rogall* Rn. 50; KK/*Senge* Rn. 2.

[14] BGH 22.3.2012 – 1 StR 359/11, StV 2013, 34.

[15] BVerfG 19.7.1972 – 2 BvL 7/71, BVerfGE 33, 367 = NJW 1972, 2214 m. krit. Anm. *Kühne* JuS 1973, 685 und mAnm *Würtenberger* JZ 1973, 784; OLG Koblenz 10.12.2007 – 2 Ws 618/07, NStZ-RR 2008, 283; *Meyer-Goßner* Rn. 2; KK/*Senge* Rn. 2.

[16] BVerfG 31.5.1988 – 2 BvR 367/88, NStZ 1988, 418; BVerfG 18.1.1996 – 2 BvR 2886/95, NJW 1996, 1587; BVerfG 19.7.1972 – 2 BvL 7/71, BVerfGE 33, 367 = NJW 1972, 2214 m. krit. Anm. *Kühne* JuS 1973, 685 und mAnm *Würtenberger* JZ 1973, 784; BVerfG 31.5.1988 – 2 BvR 367/88, NJW 1988, 2945; KMR/*Neubeck* Rn. 3; *Meyer-Goßner* Rn. 2; *Eisenberg* Rn. 1234; krit. *Baier* JR 1999, 495; ausführlich SK/*Rogall*, Vorb. § 48 Rn. 152 sowie SK/*Rogall* Rn. 57 ff. mwN zur Kritik an dieser Rspr.; vgl. auch LG Freiburg 7.11.1996 – II Qs 133/96, NJW 1997, 813.

[17] BVerfG 19.7.1972 – 2 BvL 7/71, BVerfGE 33, 367 = NJW 1972, 2214.

[18] BVerfG 19.7.1972 – 2 BvL 7/71, BVerfGE 33, 367 = NJW 1972, 2214.

[19] Die Entscheidung des LG Freiburg 7.11.1996 – II Qs 133/96, NJW 1997, 813, die einer bei einer Anlaufstelle für sexuell missbrauchte Frauen tätigen Diplompsychologin ein Zeugnisverweigerungsrecht unmittelbar aus der Verfassung zugebilligt hat, wird den in der Rechtsprechung des BVerfG aufgestellten Grundsätzen nicht gerecht, nachdem es dort um den Strafvorwurf einer, wenn auch mehrere Jahre zurückliegenden Vergewaltigung ging; vgl. die Zusammenstellung bei *Baier* JR 1999, 495 (497).

5 **Kein Zeugnisverweigerungsrecht** haben daher Tierärzte,[20] Bankangestellte,[21] Opferhelfer,[22] Eheberater,[23] Mitarbeiter psychologischer Beratungsstellen,[24] Betriebsräte,[25] Schiedsmänner,[26] Rechtsbeistände,[27] Bewährungshelfer,[28] Sozialpädagogen,[29] Diplompsychologen,[30] Sozialarbeiter,[31] Mitarbeiter der Jugendhilfe,[32] Gerichtshelfer,[33] Insolvenzverwalter,[34] Mitarbeiter eines „Kriseninterventionsteams“[35] sowie Mitarbeiter der sogenannten „Babyklappe.“[36] Auch **Mitarbeitern privater Haftpflichtversicherer** steht kein Zeugnisverweigerungsrecht zu; die Grundsätze der „Gemeinschuldnerentscheidung“[37] lassen sich hierauf nicht übertragen.[38] Das Bundesdatenschutzgesetz enthält keine Einschränkung der Zeugnispflicht; das Verbot, geschützte Daten unbefugt preiszugeben, schränkt die Verpflichtung des Zeugen, vor Gericht auszusagen, nicht ein.[39] Aus den **gesellschaftsrechtlichen Geheimhaltungsbestimmungen** der §§ 93, 404 AktG, 85 GmbH ergibt sich ebenfalls kein Zeugnisverweigerungsrecht, weil die Pflicht des Zeugen zur Aussage aufgrund des öffentlichen Interesses an der Ermittlung der Wahrheit mangels ausdrücklicher Regelung im Prozessrecht privaten Geheimhaltungsinteressen vorgeht.[40] Das gilt auch für ehrenamtliche Mitglieder von Opferschutzorganisationen wie zB des „Weißen Rings“, die zu Beginn ihrer Tätigkeit Datenschutzerklärungen unterzeichnet haben.[41]

6 **4. Verhältnis zu § 203 StGB.** Die Schweigepflicht aus § 203 StGB und das Zeugnisverweigerungsrecht nach § 53 decken sich nicht vollständig. So unterliegen Psychologen, Sozialarbeiter und Tierärzte zwar der Strafdrohung des § 203 StGB, haben aber kein Zeugnisverweigerungsrecht nach § 53; andererseits haben Geistliche, Abgeordnete, Presse- und Rundfunkmitarbeiter ein Zeugnisverweigerungsrecht nach § 53, ohne gemäß § 203 StGB zur Verschwiegenheit verpflichtet zu sein.[42] Strafbedroht ist nach § 203 StGB nur die Offenbarung von Geheimnissen, während § 53 den dort genannten Personen ein Zeugnisverweigerungsrecht unabhängig davon gewährt, ob eine Tatsache geheim ist, solange sie dem Zeugen nur bei seiner Berufsausübung anvertraut oder bekannt geworden ist.[43] Ist der Zeuge nach § 203 StGB zur Verschwiegenheit verpflichtet und hat er kein Zeugnisverweigerungsrecht nach § 53, ist er zur Aussage als Zeuge verpflichtet; die Offenbarung eines fremden Geheimnisses ist in diesem Fall nicht strafbar, weil der Zeuge **nicht unbefugt** im

[20] BVerfG 15.1.1975 – 2 BvR 65/74, BVerfGE 38, 312 = NJW 1975, 588.
[21] LG Frankfurt 25.11.1953 – 5 Qs 183/53, NJW 1954, 688 mAnm *Sichtermann;* LG Hamburg 10.1.1978 – 86a Qs 67/77, NJW 1978, 958; *Kretschmer* wistra 2009, 180; KK/*Senge* Rn. 2; *Eisenberg* Rn. 1234; vgl. zum „Bankgeheimnis“ *Ehlers* BB 1978, 1513.
[22] *Schöch* DRiZ 2006, 57; Radtke/Hohmann/*Otte* Rn. 3.
[23] BVerfG 19.7.1972 – 2 BvL 7/71, BVerfGE 33, 367 = NJW 1972, 2214.
[24] LG Freiburg 6.11.1998 – II Qs 129/98, NStZ-RR 1999, 366.
[25] BVerfG 19.1.1979 – 2 BvR 995/78, NJW 1979, 1286; *Rengier* BB 1980, 321.
[26] BVerwG 14.2.1964 – VII C 93.61, BVerwGE 18, 58 = NJW 1964, 1088.
[27] *Buhrow* NJW 1966, 2150; Radtke/Hohmann/*Otte* Rn. 3.
[28] *Schenkel* NStZ 1995, 67; Radtke/Hohmann/*Otte* Rn. 3.
[29] BVerfG 31.5.1988 – 2 BvR 367/88, NJW 1988, 2945.
[30] BGH 28.4.2006 – 2 StR 62/06, NStZ 2006, 509; vgl. auch LG Freiburg 7.11.1996 – II Qs 133/96, NJW 1997, 813; KK/*Senge* Rn. 2.
[31] BVerfG 19.7.1972 – 2 BvL 7/71, BVerfGE 33, 367 = NJW 1972, 2214.
[32] BVerfG 19.7.1972 – 2 BvL 7/71, BVerfGE 33, 367 = NJW 1972, 2214.
[33] *Meyer-Goßner* Rn. 3; *Sontag* NJW 1976, 1438.
[34] LG Ulm 15.1.2007 – 2 Qs 2002/07, NJW 2007, 2056 mAnm *Schork;* KMR/*Neubeck* Rn. 4.
[35] BGH 22.3.2012 – 1 StR 359/11, StV 2013, 34.
[36] LG Köln 9.11.2001 – 102-57/01, NJW 2002, 909.
[37] BVerfG 13.1.1981 – 1 BvR 116/77, NJW 1981, 1431.
[38] KG 7.7.1994 – 1 Ss 175/93, NStZ 1995, 146; BVerfG 7.7.1995 – 2 BvR 1778/94, NStZ 1995, 559; OLG Celle 19.9.1984 – 3 Ss 116/84, NJW 1985, 640; BVerfG 10.2.1981 – 2 BvR 46/81, ZfS 1982, 13; *Dencker* NStZ 1982, 459; *Meyer* MDR 1973, 812; *Meyer* MDR 1975, 896; aA OLG Celle 16.2.1982 – 1Ss 605/81, NStZ 1982, 393; *Meyer-Mews* JuS 2004, 126; *Meeger* VersR 1974, 945; *Schmidt* VersR 1975, 311.
[39] OLG Köln 29.9.1992 – Ss 423/92, VRS 84, 101; *Meyer-Goßner* Rn. 2.
[40] BVerfG 1.10.1987 – 2 BvR 1165/86, BVerfGE 76, 363 = NJW 1988, 897; *Meyer-Goßner* Rn. 2.
[41] *Schöch* DRiZ 2006, 57.
[42] KK/*Senge* Rn. 3; Radtke/Hohmann/*Otte* Rn. 4; LR-*Ignor*/*Bertheau* Rn. 8.
[43] KK/*Senge* Rn. 3; Radtke/Hohmann/*Otte* Rn. 4; LR-*Ignor*/*Bertheau* Rn. 8.

Sinne von § 203 StGB gehandelt hat.[44] Das gilt auch für den an sich zeugnisverweigerungsberechtigten Zeugen, der von der Verpflichtung zur Verschwiegenheit entbunden worden ist.[45] Trifft den Zeugen eine Schweigepflicht nach § 203 StGB und hat er ein Zeugnisverweigerungsrecht nach § 53, macht er sich durch seine Aussage nur dann nicht nach § 203 StGB strafbar, wenn er hierfür einen Rechtfertigungsgrund hat.[46] Ein solcher kann sich insbesondere aus den Grundsätzen über die **Abwägung widerstreitender Pflichten und Interessen** ergeben[47] und besteht etwa in dem Fall, dass ein Rechtsanwalt ohne die Offenbarung anvertrauter Tatsachen nicht in der Lage ist, im Zivilprozess seinen Honoraranspruch durchzusetzen oder er sich in einem gegen ihn selbst gerichteten Strafverfahren nicht sachgerecht verteidigen kann[48] oder wenn der Rechtsanwalt oder Notar[49] wegen Beratungspflichtverletzungen auf Schadensersatz in Anspruch genommen wird.

Ein Rechtsfertigungsgrund kann einem Rechtsanwalt, der ein ihm von seinem Mandanten anvertrautes Geheimnis preisgibt, unter dem Gesichtspunkt der Abwägung widerstreitender Pflichten und Interessen auch zustehen, wenn er nur dadurch einen Unschuldigen vor einer langjährigen Freiheitsstrafe bewahren kann.[50] Der Verstoß gegen § 203 StGB verliert seine Rechtswidrigkeit aber nicht allein dadurch, dass er durch eine Zeugenaussage vor Gericht begangen wird.[51] Die Entscheidung, sich – etwa in Folge einer Fehleinschätzung über das Bestehen eines Rechtfertigungsgrunds – der Gefahr einer Strafverfolgung nach § 203 StGB auszusetzen, indem er trotz Bestehens eines Zeugnisverweigerungsrechts nach § 53 aussagt, ist **dem Zeugen vorbehalten.**[52] Er kann sich daher auch trotz Bestehens eines Rechtfertigungsgrundes dazu entschließen, keine Angaben zu machen.[53] Das Gericht ist verpflichtet, den nicht von der Verpflichtung zur Verschwiegenheit entbundenen Zeugen vor seiner Entlassung zu befragen, ob er von der **Möglichkeit, dennoch zur Sache auszusagen,** Gebrauch machen will.[54] Diese Frage stellt eine für die Hauptverhandlung wesentliche Förmlichkeit nach § 273 dar.[55] Die Aussage des Zeugen ist **verwertbar,** auch wenn er von der Verpflichtung zur Verschwiegenheit nicht entbunden worden ist und er sich mangels Vorliegen von Rechtfertigungsgründen nach § 203 StGB strafbar gemacht hat.[56] 7

II. Umfang des Zeugnisverweigerungsrechts

1. Bei der Berufsausübung erlangtes Wissen. Der Berufsgeheimnisträger darf nur das Zeugnis über Tatsachen verweigern, die ihm gerade in dieser Eigenschaft bekannt 8

[44] LG Köln 9.11.2001 – 102-57/01, NJW 2002, 909; KK/*Senge* Rn. 4; Radtke/Hohmann/*Otte* Rn. 5; *Lenckner* NJW 1965, 321; KMR/*Neubeck* Rn. 5; *Eisenberg* Rn. 1235; LR-*Ignor/Bertheau* Rn. 10; *Geppert* Jura 1991, 136; aA *Foth* JR 1976, 7.

[45] Radtke/Hohmann/*Otte* Rn. 5; KMR/*Neubeck* Rn. 5; LR-*Ignor/Bertheau* Rn. 10; *Lenckner* NJW 1965, 321.

[46] KK/*Senge* Rn. 4; Radtke/Hohmann/*Otte* Rn. 5; *Meyer-Goßner* Rn. 5; LR-*Ignor/Bertheau* Rn. 11.

[47] BGH 9.10.1951 – 1 StR 159/51, BGHSt 1, 366 = NJW 1952, 151; BGH 12.1.1956 – 3 StR 195/55, BGHSt 9, 59 = NJW 1956, 599; BGH 20.11.1962 – 5 StR 462/62, BGHSt 18, 146 = NJW 1963, 723; KK/*Senge* Rn. 4; Radtke/Hohmann/*Otte* Rn. 5; *Meyer-Goßner* Rn. 5; *Lenckner* NJW 1965, 321.

[48] BGH 9.10.1951 – 1 StR 159/51, BGHSt 1, 366 = NJW 1952, 151.

[49] *Keller* DNotZ 1995, 101.

[50] *Welp*, FS Gallas, 1973, 400.

[51] *Freund* GA 1993, 50; *Haffke* GA 1973, 68; *Welp*, FS Gallas, 1973, 398; LR-*Ignor/Bertheau* Rn. 11 mwN zu der im älteren Schrifttum vertretenen Gegenauffassung, wonach eine Aussage vor Gericht stets befugt im Sinne von § 203 StGB sei.

[52] BGH 12.1.1956 – 3 StR 195/55, BGHSt 9, 59 = NJW 1956, 599; BGH 28.10.1960 – 4 StR 375/60, BGHSt 15, 200 = NJW 1961, 279; KMR/*Neubeck* Rn. 6; *Meyer-Goßner* Rn. 6; aA Michalowski ZStW 109 (1997), 519 (537).

[53] Radtke/Hohmann/*Otte* Rn. 5; *Meyer-Goßner* Rn. 5; *Lenckner* NJW 1965, 321; *Bringewat* NJW 1974, 1740; *Welp*, FS Gallas, 1973, 400.

[54] BGH 28.10.1960 – 4 StR 375/60, BGHSt 15, 200 = NJW 1961, 279.

[55] BGH 28.10.1960 – 4 StR 375/60, BGHSt 15, 200 = NJW 1961, 279.

[56] BGH 12.1.1956 – 3 StR 195/55, BGHSt 9, 59 = NJW 1956, 599; BGH 28.10.1960 – 4 StR 375/60, BGHSt 15, 200 = NJW 1961, 279; BGH 7.4.2005 – 1 StR 326/04, BGHSt 50, 64 = NJW 2005, 2406; *Meyer-Goßner* Rn. 6; KK/*Senge* Rn. 9; KMR/*Neubeck* Rn. 6; aA *Fezer* JuS 1978, 472; *Kühne* JZ 1981, 647; *Lenckner* NJW 1965, 321; *Haffke* GA 1973, 72; *Michalowski* ZStW 109 (1997), 519 (537); *Rogall* JZ 1996, 952; differenzierend LR-*Ignor/Bertheau* Rn. 12 f. sowie *Freund* GA 1993, 49.

geworden sind oder mit ihr in unmittelbarem Zusammenhang stehen; nicht vom Zeugnisverweigerungsrecht umfasst sind damit Tatsachen, die er nur **gelegentlich** der Berufsausübung erfahren hat.[57] Der Geheimnisträger muss mit Tätigkeiten beauftragt werden, die für seine berufliche Qualifikation und Stellung kennzeichnend sind.[58] Das Zeugnisverweigerungsrecht bezieht sich auch auf die **Anbahnung** des Beratungs- oder Behandlungsverhältnisses.[59] Ein **Praxis- oder Kanzleinachfolger** ist in gleichem Umfang zur Verweigerung des Zeugnisses wie sein Vorgänger berechtigt, weil auch er seine Kenntnisse – etwa in Form von Karteikarten und Aktenvermerken – bei der Berufsausübung erlangt hat.[60] Das Zeugnisverweigerungsrecht ist hinsichtlich ein- und desselben Vernehmungsgegenstandes **unteilbar** und besteht deshalb auch hinsichtlich eines Beschuldigten, der nicht selbst Mandant oder Patient des Berufsgeheimnisträgers ist.[61] **Eigene Äußerungen** des Zeugen sind ebenfalls vom Zeugnisverweigerungsrecht umfasst.[62] Zwar sind diese dem Zeugen nicht im Wortsinn anvertraut oder bekanntgegeben worden; der Schutz des Vertrauensverhältnisses gebietet aber deren Einbeziehung, weil er ansonsten unvollkommen wäre, nachdem aus den Äußerungen des Zeugen Rückschlüsse auf die Äußerungen des Mandanten bzw. Patienten gezogen werden könnten.[63] Über die **Rechtsfrage,** ob Tatsachen dem Zeugen bei Gelegenheit der Berufsausübung oder bei der Ausübung des Berufs zur Kenntnis gelangt sind, entscheidet das Gericht.[64] Nachdem das Strafprozessrecht nicht der Disposition von Berufsgeheimnisträger und Ratsuchendem untersteht, kann nicht vereinbart werden, dass eine an sich berufsfremde Tatsache als Berufsgeheimnis behandelt werden soll.[65]

9 **2. Anvertraute Tatsachen.** Anvertraut sind Tatsachen, die unter dem ausdrücklichen oder stillschweigenden Verlangen der Geheimhaltung schriftlich oder mündlich mitgeteilt worden sind,[66] sowie solche, die dadurch preisgegeben werden, dass dem Zeugen Gelegenheit zu Untersuchungen oder Beobachtungen gegeben wird.[67] Anvertraut sind Tatsachen deshalb nicht, wenn es dem Erklärenden gerade darum geht, dass diese an Dritte, etwa die Polizei, weitergegeben werden.[68] Unerheblich ist, ob der Beschuldigte oder ein Dritter die Tatsache anvertraut hat und ob sie der Geheimnissphäre des Beschuldigten oder eines anderen angehört.[69]

10 **3. Bekannt gewordene Tatsachen.** Tatsachen werden dem Zeugen bekannt, wenn er sie vom Beschuldigten oder einem Dritten erfährt, ohne dass sie ihm anvertraut werden.[70]

---

[57] Radtke/Hohmann/*Otte* Rn. 8; KMR/*Neubeck* Rn. 8; *Eisenberg* Rn. 1237; LR-*Ignor/Bertheau* Rn. 14.

[58] OLG Frankfurt a. M. 22.8.2001 – 2 AuslS 10/01, NJW 2002, 1135; KK/*Senge* Rn. 1.

[59] BGH 20.2.1985 – 2 StR 561/84, BGHSt 33, 148 = NStZ 1985, 372 mAnm *Rogall* = JR 1986, 33 mAnm *Hanack;* BGH 22.12.1999 – 3 StR 401/99, BGHSt 45, 363 = NJW 2000, 1426 = JZ 2000, 683 mAnm *Kühne;* Radtke/Hohmann/*Otte* Rn. 19; KMR/*Neubeck* Rn. 17; *Meyer-Goßner* Rn. 18; KK/*Senge* Rn. 18; SK/*Rogall* Rn. 60.

[60] BVerfG 8.3.1972 – 2 BvR 28/71, BVerfGE 32, 373 = NJW 1972, 1123; KMR/*Neubeck* Rn. 8; KK/*Senge* Rn. 5; Radtke/Hohmann/*Otte* Rn. 8; LR-*Ignor/Bertheau* Rn. 14.

[61] BGH 20.2.1985 – 2 StR 561/84, BGHSt 33, 148 = NStZ 1985, 372 mAnm *Rogall* = JR 1986, 33 mAnm *Hanack;* Radtke/Hohmann/*Otte* Rn. 8; *Meyer-Goßner* Rn. 7; LR-*Ignor/Bertheau* Rn. 14; SK/*Rogall* Rn. 61.

[62] BGH 20.12.1977 – 1 StR 287/77, MDR 1978, 281; KK/*Senge* Rn. 16; *Meyer-Goßner* Rn. 7; SK/*Rogall* Rn. 97 mwN.

[63] BGH 20.12.1977 – 1 StR 287/77, MDR 1978, 281.

[64] *Meyer-Goßner* Rn. 7; KMR/*Neubeck* Rn. 8; Radtke/Hohmann/*Otte* Rn. 8.

[65] BGH 23.2.1987 – AnwSt (R) 24/86, BGHSt 34, 295 = NJW 1987, 2451; BGH 7.4.2005 – 1 StR 326/04, BGHSt 50, 64 = NJW 2005, 2406; *Hass* NJW 1972, 1081; LR-*Ignor/Bertheau* Rn. 14.

[66] OLG Köln 4.7.2000 – Ss 254/00, NJW 2000, 3656; OLG Köln 30.11.1982 – 3 Ss 126/82, NStZ 1983, 412 mAnm *Rogall; Meyer-Goßner* Rn. 8; Radtke/Hohmann/*Otte* Rn. 9; LR-*Ignor/Bertheau* Rn. 16; SK/*Rogall* Rn. 62.

[67] BGH 28.10.1992 – 3 StR 367/92, BGHSt 38, 369 = NJW 1993, 803; *Meyer-Goßner* Rn. 8; Radtke/Hohmann/*Otte* Rn. 9; KMR/*Neubeck* Rn. 9; LR-*Ignor/Bertheau* Rn. 15.

[68] BGH 20.7.1990 – 2 BJs 64/90 – 4 StB 10/90, BGHSt 37, 138 = NJW 1990, 3283.

[69] *Meyer-Goßner* Rn. 8; Radtke/Hohmann/*Otte* Rn. 9; KMR/*Neubeck* Rn. 9; *Eisenberg* Rn. 1237; SK/*Rogall* Rn. 62.

[70] Radtke/Hohmann/*Otte* Rn. 10; *Meyer-Goßner* Rn. 9; KMR/*Neubeck* Rn. 10.

Es handelt sich um einen weit auszulegenden **Auffangtatbestand.**[71] Von wem, zu welchem Zweck und aus welchem Grund dem Zeugen die Tatsache bekannt geworden ist, ist gleichgültig.[72] Erfasst ist auch zufällig erlangtes Wissen, wenn es im Zusammenhang mit dem Vertrauensverhältnis erworben wurde.[73]

4. Zeitliche Dauer. Das Zeugnisverweigerungsrecht endet nicht durch die Beendigung des Auftrags.[74] Es besteht analog § 203 Abs. 4 StGB auch nach dem Tod desjenigen fort, dessen Vertrauen zu dem Zeugen geschützt wird.[75] Das Zeugnisverweigerungsrecht erlischt nicht dadurch, dass der Berufsgeheimnisträger seinen Beruf aufgibt; § 54 Abs. 4 gilt entsprechend.[76] 11

III. Zeugnisverweigerungsberechtigte Personen

1. Geistliche (Nr. 1). a) Personenkreis. Der Begriff des Geistlichen wird vom Gesetz nicht näher beschrieben. Bei der Auslegung muss im Auge behalten werden, dass eine uferlose Ausweitung des Zeugnisverweigerungsrechts, die auf Kosten der Wahrheitsermittlung gehen würde,[77] zu vermeiden ist.[78] Außerdem sind der Sinn des Zeugnisverweigerungsrechts, der vor allem im Schutz der Menschenwürde des Gesprächspartners des Geistlichen zu sehen ist,[79] und die Verpflichtung des Staates zu religiöser und weltanschaulicher Neutralität[80] zu berücksichtigen. 12

Ein Zeugnisverweigerungsrecht haben unstreitig Geistliche der **christlichen Kirchen** und der sonstigen **staatlich anerkannten öffentlich-rechtlichen Religionsgemeinschaften.** Zu den Letzteren gehören beispielweise aufgrund des Gesetzes vom 24.4.1951 Prediger der „Neuapostolischen Kirche" in Nordrhein-Westfalen.[81] Geistlicher kann nach hier vertretener Auffassung auch sein, wer einer Religionsgemeinschaft angehört, die **nicht staatlich anerkannt** ist.[82] Eine Privilegierung bestimmter Bekenntnisse kommt angesichts des Grundsatzes der religiösen und weltanschaulichen Neutralität des Staates nicht in Betracht, weshalb sich eine Beschränkung des Zeugnisverweigerungsrechts auf Geistliche der staatlich anerkannten Religionsgemeinschaften verbietet.[83] Zudem dient das Zeugnisverweigerungsrecht dem Schutz der Menschenwürde des Gesprächspartners des Seelsorgers[84] sowie der Glaubens-Religions- und Berufsfreiheit des Zeugen und ist deshalb **bekenntnisneutral.**[85] 13

Um eine Ausuferung und den Missbrauch des Zeugnisverweigerungsrechts zu vermeiden, ist Geistlicher aber nur, wer innerhalb der Religionsgemeinschaft eine mit einem bestimmten Amt verbundene **herausgehobene Stellung** innehat.[86] Geistlicher in diesem Sinne ist danach **auch ein Laie,** der zwar keine kirchliche Weihe erhalten hat, aber im Auftrag der Kirche 14

---

[71] OLG Köln 4.7.2000 – Ss 254/00, NJW 2000, 3656; *Meyer-Goßner* Rn. 9; KMR/*Neubeck* Rn. 10; LR-*Ignor/Bertheau* Rn. 17; SK/*Rogall* Rn. 63.

[72] Vgl. auch BGH 16.2.2011 – IV ZB 23/09, NJW 2011, 1077 zu § 383 ZPO; *Meyer-Goßner* Rn. 9; Radtke/Hohmann/*Otte* Rn. 8; KMR/*Neubeck* Rn. 10.

[73] LG Karlsruhe 22.10.1981 – IV Qs 170/81, StV 1983, 144 mAnm *Kreuzer; Meyer-Goßner* Rn. 9; Radtke/Hohmann/*Otte* Rn. 8.

[74] LG Düsseldorf 18.3.1958 – IIIa Qs 107/58, NJW 1958, 1152; LR-*Ignor/Bertheau* Rn. 18; *Meyer-Goßner* Rn. 10.

[75] BayLSG Bay 6.4.1962 – L 7/S 13/60, NJW 1962, 1789; *Meyer-Goßner* Rn. 10; LR-*Ignor/Bertheau* Rn. 18; KMR/*Neubeck* Rn. 11; *Eisenberg* Rn. 1238.

[76] *Meyer-Goßner* Rn. 10; LR-*Ignor/Bertheau* Rn. 18; KMR/*Neubeck* Rn. 11; *Eisenberg* Rn. 1238.

[77] Vgl. oben II.3.

[78] BGH 15.4.2010 – 4 StR 650/09, NStZ 2010, 646 m. Bespr. *Jahn* JuS 2010, 932.

[79] BVerfG 15.1.2007 – 2 BvR 26/07, NJW 2007, 1865.

[80] BGH 15.4.2010 – 4 StR 650/09, NStZ 2010, 646 m. Bespr. *Jahn* JuS 2010, 932.

[81] BGH 14.7.1961 – 4 StR 191/61, NJW 1961, 2069; KK/*Senge* Rn. 11.

[82] BGH 15.4.2010 – 4 StR 650/09, NStZ 2010, 646 m. Bespr. *Jahn* JuS 2010, 932; *Haas* NJW 1990, 3253; *Meyer-Goßner* Rn. 12; in diese Richtung wohl auch *Eisenberg* Rn. 1239; aA BGH 5.5.1953 – 1 StR 194/53 betreffend die Zeugen Jehovas; Radtke/Hohmann/*Otte* Rn. 12; KK/*Senge* Rn. 11; KMR/*Neubeck* Rn. 12; LR-*Ignor/Bertheau* Rn. 21; *Ling* GA 2001, 325; SK/*Rogall* Rn. 69.

[83] BGH 15.4.2010 – 4 StR 650/09, NStZ 2010, 646 m. Bespr. *Jahn* JuS 2010, 932.

[84] BVerfG 15.1.2007 – 2 BvR 26/07, NJW 2007, 1865.

[85] BGH 15.4.2010 – 4 StR 650/09, NStZ 2010, 646 m. Bespr. *Jahn* JuS 2010, 932.

[86] BGH 15.4.2010 – 4 StR 650/09, NStZ 2010, 646 m. Bespr. *Jahn* JuS 2010, 932.

hauptamtlich als Anstaltsseelsorger einer Justizvollzugsanstalt selbständig Aufgaben wahrnimmt, die zum unmittelbaren Bereich seelsorgerischer Tätigkeit gehören.[87] Auch bei einem solchen liegt – was wegen des Ausnahmecharakters von Zeugnisverweigerungsrechten Voraussetzung für die Zuerkennung eines Zeugnisverweigerungsrechts ist – ein **hinreichend konkretes Berufsbild** vor.[88] Unerheblich ist, ob der Geistliche in den Klerikerstand aufgenommen worden ist[89] oder ob er auch kirchenrechtlich zur Verschwiegenheit verpflichtet ist.[90]

15 **b) Umfang des Zeugnisverweigerungsrechts.** Umfasst sind neben anvertrauten Tatsachen solche, die dem Geistlichen in seiner **Eigenschaft als Seelsorger** bekannt geworden sind. Geschützt ist damit auch, was der Geistliche durch eigene Beobachtungen wahrnimmt, ohne dass der andere das weiß.[91] Erfasst ist das **Beichtgeheimnis** einschließlich der Tatsache des Beichtgangs als solcher;[92] der Schutz der Beichte und von Gesprächen mit Beichtcharakter gehören zum verfassungsrechtlichen Menschenwürdegehalt der Religionsausübung.[93] **Seelsorge** ist nur eine von religiösen Motiven und Zielsetzungen getragene Zuwendung, die der Fürsorge für das seelische Wohl des Beistandssuchenden dient.[94] Bereits aus dem Gesetzeswortlaut ergibt sich, dass sich das Zeugnisverweigerungsrecht nicht auf Tatsachen erstreckt, die der Geistliche lediglich **bei Gelegenheit** der Ausübung der Seelsorge erfahren hat, nicht aber in seiner Eigenschaft als Seelsorger.[95] Ein Zeugnisverweigerungsrecht besteht damit nicht bei lediglich **karitativen, fürsorgerischen, erzieherischen oder verwaltenden Tätigkeiten** des Geistlichen.[96] Gleiches gilt, wenn der Geistliche nur als Verbindungsmann eines Straftäters eingeschaltet wird, um einen Taterfolg zu sichern oder zu erreichen oder die Strafverfolgung zu vereiteln.[97] Denkbar soll nach der Rechtsprechung des BGH und des BVerfG auch sein, Gespräche eines Geistlichen in einen seelsorgerischen und einen nicht seelsorgerischen Teil **zu trennen.**[98] Allerdings werden in vielen Fällen, insbesondere im fürsorgerischen und erzieherischen Bereich, die Übergänge fließend und eine Trennung deshalb ausgeschlossen sein.[99] In solchen Fällen darf der Geistliche das Zeugnis insgesamt verweigern.[100] Ob es sich im Einzelfall um Seelsorge handelt, ist objektiv zu bestimmen;

---

[87] BGH 15.11.2006 – StB 15/06, BGHSt 51, 140 = NJW 2007, 307 mAnm *Bussenius/Dahs* NStZ 2007, 275 und *Schroeder* JR 2007, 171; *de Wall* NJW 2007, 1856; *Meyer-Goßner* Rn. 12; *Ling* GA 01, 325; Radtke/Hohmann/*Otte* Rn. 12; KK/*Senge* Rn. 11; aA SK/*Rogall* Rn. 68.

[88] BVerfG 15.1.2007 – 2 BvR 26/07, NJW 2007, 1865; *de Wall* NJW 2007, 1856; LR-*Ignor/Bertheau* Rn. 22.

[89] BGH 15.11.2006 – StB 15/06, BGHSt 51, 140 = NJW 2007, 307 mAnm *Bussenius/Dahs* NStZ 2007, 275; *de Wall* NJW 2007, 1856; aA SK/*Rogall* Rn. 68.

[90] Radtke/Hohmann/*Otte* Rn. 12; KMR/*Neubeck* Rn. 12; LR-*Ignor/Bertheau* Rn. 129; *Lenckner* NJW 1965, 321.

[91] BGH 20.7.1990 – 2 BJs 64/90 – 4 StB 10/90, BGHSt 37, 138 = NJW 1990, 3283; *Baumann* JuS 1991, 466.

[92] *Meyer-Goßner* Rn. 12; KMR/*Neubeck* Rn. 12; LR-*Ignor/Bertheau* Rn. 23.

[93] BVerfG 15.1.2007 – 2 BvR 26/07, NJW 2007, 1865; LR-*Ignor/Bertheau* Rn. 19.

[94] BGH 15.11.2006 – StB 15/06, BGHSt 51, 140 = NJW 2007, 307; LR-*Ignor/Bertheau* Rn. 23; SK/*Rogall* Rn. 66.

[95] BGH 14.7.1961 – 4 StR 191/61, NJW 1961, 2069; BGH 20.7.1990 – 2 BJs 64/90 – 4 StB 10/90, BGHSt 37, 138 = NJW 1990, 3283; BGH 15.11.2006 – StB 15/06, BGHSt 51, 140 = NJW 2007, 307; KMR/*Neubeck* Rn. 12; KK/*Senge* Rn. 12; SK/*Rogall* Rn. 70.

[96] BGH 15.11.2006 – StB 15/06, BGHSt 51, 140 = NJW 2007, 307; BGH 20.7.1990 – 2 BJs 64/90 – 4 StB 10/90, BGHSt 37, 138 = NJW 1990, 3283; BGH 15.4.2010 – 4 StR 650/09, NStZ 2010, 646 m. Bespr. *Jahn* JuS 2010, 932; BGH 4.2.2010 – 4 StR 394/09, NStZ-RR 2010, 178; Radtke/Hohmann/*Otte* Rn. 13; *Hiebl* StraFo 1999, 87; KMR/*Neubeck* Rn. 12; *Dallinger* JZ 1953, 432; *Peters* JR 1975, 402; KK/*Senge* Rn. 12; *Eisenberg* Rn. 1239; vgl. für den Anwendungsbereich des § 53a auch *Stromberg* MDR 1974, 892; aA *Baumann* JuS 1991, 466; *Schroeder* JZ 2007, 171.

[97] BGH 15.11.2006 – StB 15/06, BGHSt 51, 140 = NJW 2007, 307; BGH 20.7.1990 – 2 BJs 64/90 – 4 StB 10/90, BGHSt 37, 138 = NJW 1990, 3283; BGH 14.7.1961 – 4 StR 191/61, NJW 1961, 2069; *de Wall* NJW 2007, 1856; *Meyer-Goßner* Rn. 12; KMR/*Neubeck* Rn. 12; KK/*Senge* Rn. 12.

[98] BGH 15.11.2006 – StB 15/06, BGHSt 51, 140 = NJW 2007, 307; BVerfG 15.1.2007 – 2 BvR 26/07, NJW 2007, 1865 m. Bespr. *Jahn* JuS 2007, 584; krit. hierzu *de Wall* NJW 2007, 1856.

[99] *Eisenberg* Rn. 1239; SK/*Rogall* Rn. 70.

[100] LR-*Ignor/Bertheau* Rn. 24; SK/*Rogall* Rn. 70.

in Grenz- und Zweifelsfällen ist die **Gewissensentscheidung des Geistlichen** maßgebend.[101]

2. Verteidiger (Nr. 2). a) Personenkreis. Erfasst sind alle gewählten (§§ 137, 138) und bestellten (vgl. etwa §§ 141, 142, 117 Abs. 4, 118a Abs. 2) Verteidiger.[102] Bedeutung hat die Vorschrift vor allem für Verteidiger, die nicht bereits als Rechtsanwälte unter Nr. 3 fallen; gemeint sind damit insbesondere Hochschullehrer (§ 138 Abs. 1) und Referendare (§ 139).[103] Unerheblich ist, ob der Verteidiger den Angeklagten tatsächlich verteidigt hat.[104] 16

b) Umfang des Zeugnisverweigerungsrechts. Der Verteidiger hat ein Zeugnisverweigerungsrecht über das, was ihm in dieser Eigenschaft anvertraut oder bekannt gegeben worden ist. Bekannt geworden ist dem Verteidiger auch das, was er aufgrund **eigener Recherchen** im Rahmen des Mandatsverhältnisses ermittelt hat.[105] Ist er vor seiner Bestellung Zeuge einer Straftat des Beschuldigten geworden und lässt er sich zum Verteidiger bestellen, damit er nicht gegen den Beschuldigten aussagen muss, steht ihm kein Zeugnisverweigerungsrecht zu, weil er sein Wissen nicht in seiner Eigenschaft als Verteidiger, sondern vor seiner Bestellung zum Verteidiger und damit privat erlangt hat.[106] Vom Zeugnisverweigerungsrecht erfasst ist nicht nur Wissen, das der Verteidiger gerade in der Strafsache, in der er als Verteidiger die Verteidigung übernommen hat, erlangt hat, sondern auch solches, das er in einer anderen Strafsache desselben oder eines anderen Beschuldigten erlangt hat.[107] Vom Verteidiger nur gelegentlich seiner Berufsausübung oder privat erlangtes Wissen wird nicht vom Zeugnisverweigerungsrecht umfasst.[108] Das Zeugnisverweigerungsrecht erstreckt sich nicht auf das, was einem Rechtsanwalt dadurch bekannt geworden ist, dass er **selbst eine strafbare Handlung begangen** hat, die ohne jeden sachlichen Zusammenhang mit denkbaren Verteidigungszielen steht;[109] nicht ausreichend ist ein bloßer dahin gehender Verdacht, der Richter muss hiervon überzeugt sein.[110] Nachdem der im Verdacht einer Straftat stehende Verteidiger ein Auskunftsverweigerungsrecht nach § 55 hat, ist das vor allem für das Zeugnisverweigerungsrecht des gutgläubigen Berufshelfers nach § 53a von Bedeutung.[111] Das Zeugnisverweigerungsrecht des Verteidigers besteht mangels inneren Zusammenhangs mit seiner beruflichen Tätigkeit nicht für die Wiedergabe von Äußerungen eines Sachverständigen, die er im Rahmen einer Sitzungspause beim Mittagessen vernommen hat.[112] Entsprechendes gilt, wenn er als wartender Zuhörer einer Gerichtsverhandlung in einer nicht seinen Mandanten betreffenden Sache Kenntnisse erlangt hat.[113] Ein innerer Zusammenhang mit der beruflichen Tätigkeit des Rechtsanwalts besteht aber, wenn in einer Sitzungspause in einer seinen Mandanten betreffenden Strafsache Gespräche über einen möglichen Täter-Opfer-Ausgleich geführt werden.[114] Der Verteidiger wird in seiner 17

---

[101] BGH 15.11.2006 – StB 15/06, BGHSt 51, 140 = NJW 2007, 307; BVerfG 15.1.2007 – 2 BvR 26/07, NJW 2007, 1865; BGH 20.7.1990 – 2 BJs 64/90 – 4 StB 10/90, BGHSt 37, 138 = NJW 1990, 3283; BGH 15.4.2010 – 4 StR 650/09, NStZ 2010, 646 m. Bespr. *Jahn* JuS 2010, 932; *Meyer-Goßner* Rn. 12; KMR/*Neubeck* Rn. 12; KK/*Senge* Rn. 12; SK/*Rogall* Rn. 72; *Peters* JR 1975, 402.

[102] *Meyer-Goßner* Rn. 13; KK/*Senge* Rn. 13; Radtke/Hohmann/*Otte* Rn. 14; vgl. zum Zeugnisverweigerungsrecht des Verteidigers ausführlich *Welp*, FS Gallas, 1973, 391.

[103] KK/*Senge* Rn. 13; KMR/*Neubeck* Rn. 13; *Eisenberg* Rn. 1240.

[104] *Meyer-Goßner* Rn. 13; KK/*Senge* Rn. 13; Radtke/Hohmann/*Otte* Rn. 14; SK/*Rogall* Rn. 77.

[105] LR-*Ignor/Bertheau* Rn. 27; SK/*Rogall* Rn. 79.

[106] *Scheffler* StV 1992, 299 mwN auch zu anderen Lösungsansätzen; LR-*Ignor/Bertheau* Rn. 27.

[107] KK/*Senge* Rn. 14; *Meyer-Goßner* Rn. 13; Radtke/Hohmann/*Otte* Rn. 15; *Welp*, FS Gallas, 1973, 398.

[108] KK/*Senge* Rn. 14; *Meyer-Goßner* Rn. 13; KMR/*Neubeck* Rn. 14.

[109] BGH 18.6.1991 – 5 StR 584/90, BGHSt 38, 7 = NJW 1992, 123 mAnm *Scheffler* StV 1992, 299; *Paulus* NStZ 1992, 305; *Stumpf* NStZ 1997, 7; KK/*Senge* Rn. 14; *Meyer-Goßner* Rn. 13; LR-*Ignor/Bertheau* Rn. 27; SK/*Rogall* Rn. 79; *Widmaier*, FS Dahs, 2005, 545.

[110] BGH 18.6.1991 – 5 StR 584/90, BGHSt 38, 7 = NJW 1992, 123 mAnm *Scheffler* StV 1992, 299; *Widmaier*, FS Dahs, 2005, 545; krit. im Hinblick auf die Unschuldsvermutung *Eisenberg* Rn. 1242.

[111] *Widmaier*, FS Dahs, 2005, 547.

[112] OLG Bamberg 11.8.1983 – 4 Ws 401/83, StV 1984, 499; SK/*Rogall* Rn. 97.

[113] BGH 16.2.2011 – IV ZB 23/09, NJW 2011, 1077 zu § 383 ZPO.

[114] BGH 16.2.2011 – IV ZB 23/09, NJW 2011, 1077 zu § 383 ZPO.

Eigenschaft als Berufsgeheimnisträger nur geschützt, soweit es um sein Zeugnisverweigerungsrecht im Verfahren gegen den beschuldigten Mandanten geht, nicht aber soweit er **selbst Beschuldigter** ist.[115] Geht es deshalb um den Vorwurf, der Verteidiger habe sich durch Überschreitung seiner ihm als solchem zustehenden Befugnisse strafbar gemacht, steht dem Mandanten gegen seinen Verteidiger kein Zeugnisverweigerungsrecht zu; der im Schutz des Vertrauensverhältnisses zum Berufsgeheimnisträger liegende Gesetzeszweck des § 53 ist in diesem umgekehrten Fall nicht betroffen.[116] Dasselbe gilt im Anwendungsbereich des § 97 Abs. 1 für eine in einem Strafverfahren gegen den Verteidiger durchgeführte Durchsuchung bei seinem Mandanten.[117]

18 **3. Rechtsanwälte und Gleichgestellte (Nr. 3). a) Personenkreis.** Rechtsanwälte sind die nach § 12 BRAO zugelassenen Rechtsanwälte, allgemein bestellte Vertreter (§ 53 BRAO) sowie Abwickler (§ 55 BRAO).[118] **Ausländische Rechtsanwälte** haben unstreitig jedenfalls unter den Voraussetzungen der §§ 206, 207 BRAO ein Zeugnisverweigerungsrecht.[119] Nach hier vertretener Auffassung haben darüber hinaus alle im sonstigen Ausland zugelassenen Rechtsanwälte ein Zeugnisverweigerungsrecht.[120] Den Rechtsanwälten gleichgestellt sind die sonstigen Mitglieder einer Rechtsanwaltskammer,[121] Notare (3 BnotO),[122] Notarassessoren (§ 7 BnotO), Patentanwälte (§ 18 PatAO), Wirtschaftsprüfer (§§ 1 Abs. 1 S. 1, 15 WiPrO),[123] vereidigte Buchprüfer (§ 128 WiPrO), Steuerberater und Steuerbevollmächtigte (§§ 40, 42 StBerG). Kein Zeugnisverweigerungsrecht haben Rechtsbeistände, Rechtsberater und Prozessagenten.[124]

19 Streitig ist, ob und unter welchen Voraussetzungen einem **Syndikus** – also einem ständigen Rechtsbeistand eines Unternehmens[125] – ein Zeugnisverweigerungsrecht zusteht. Dass ein Syndikus zugleich Rechtsanwalt sein kann, wird von § 46 Abs. 1 BRAO vorausgesetzt. Nach dieser Vorschrift darf ein Rechtsanwalt für einen Auftraggeber, dem er aufgrund eines ständigen Dienst- oder ähnlichen Beschäftigungsverhältnisses seine Arbeitszeit und Arbeitskraft zur Verfügung stellen muss, nicht vor Gerichten als Rechtsanwalt tätig werden. Nachdem § 53 Abs. 1 Nr. 3 ein Zeugnisverweigerungsrecht nur Rechtsanwälten zubilligt, kann auch der Syndikusanwalt ein solches von vornherein nur haben, wenn er als Rechtsanwalt zugelassen ist.[126] Übt der Syndikus unabhängig von seiner Tätigkeit in dem Unternehmen, in dem er angestellt ist, eine Tätigkeit als Rechtsanwalt für von dem Unternehmen **unabhängige Dritte** aus, besteht insoweit kein Unterschied zur Tätigkeit eines freien Rechtsanwalts; dem Syndikusanwalt steht deshalb in diesem Fall ohne weiteres ein Zeugnisverweigerungsrecht zu.[127] Problematisch ist allein, unter welchen Voraussetzungen dem Syndikusanwalt ein Zeugnisverweigerungsrecht zusteht, wenn er **gerade für das Unternehmen** tätig wird, bei dem er angestellt ist. Zweifelhaft ist das deshalb, weil der Syndikusanwalt – anders als ein freier Rechtsanwalt – aufgrund seiner Anstellung bei dem Unternehmen von diesem wirtschaftlich abhängig

---

[115] BGH 27.3.2009 – 2 StR 302/08, NJW 2009, 2690; *Meyer-Goßner* Rn. 13.

[116] BVerfG 28.1.2008 – 2 BvR 112/08, zitiert nach juris; OLG Koblenz 10.12.2007 – 2 Ws 618/07, NStZ-RR 2008, 283 m. krit. Anm. *Bosbach* NStZ 2009, 177; KMR/*Neubeck* Rn. 14.

[117] BGH 27.3.2009 – 2 StR 302/08, NJW 2009, 2690.

[118] *Meyer-Goßner* Rn. 15; KK/*Senge* Rn. 15; vgl. zu den Patentanwälten SK/*Rogall* Rn. 87 f.

[119] *Meyer-Goßner* Rn. 15; Radtke/Hohmann/*Otte* Rn. 16; SK/*Rogall* Rn. 84.

[120] So bereits *Wessing* wistra 2007, 171; vgl. oben unter I.2.; ablehnend für den Patentanwalt SK/*Rogall* Rn. 89.

[121] Vgl. hierzu LR-*Ignor/Bertheau* Rn. 31.

[122] Vgl. zur Verschwiegenheitspflicht des Notars *Keller* DNotZ 1995, 99.

[123] Vgl. hierzu OLG Köln 7.5.1991 – 2 Ws 149/91, NStZ 1991, 452; LG Bonn 29.10.2001 – 37 Qs 59/01, NJW 2002, 2261; *Baier* wistra 2000, 165; vgl. zum Zeugnisverweigerungsrecht der bei Genossenschafts-, Giro-, und Sparkassenverbänden angestellten Wirtschaftsprüfer *Peemöller/Weller* BB 2001, 2415.

[124] Radtke/Hohmann/*Otte* Rn. 16; KMR/*Neubeck* Rn. 15; KK/*Senge* Rn. 15.

[125] *Roxin* NJW 1992, 1129.

[126] *Roxin* NJW 1992, 1129; *Hassemer* wistra 1986, 1.

[127] LG Bonn 29.9.2005 – 37 Qs 37/05, NStZ 2007, 605; LG Frankfurt 17.12.1992 5/26 Qs 41/92, StV 1993, 351; *Roxin* NJW 1992, 1129; SK/*Rogall* Rn. 85.

sowie weisungsgebunden ist und er in einer längerfristigen vertraglichen Beziehung zu dem Unternehmen steht und ihm erteilte Aufträge nicht ablehnen kann.[128] Teilweise wird die Auffassung vertreten, dem Syndikusanwalt stehe ein Zeugnisverweigerungsrecht zu, soweit er ihrer Natur nach anwaltliche Aufgaben erfülle und seine Stellung im Unternehmen dem Berufsbild des von der BRAO zugrunde gelegten unabhängigen Rechtsanwalts entspreche.[129] Nach überwiegend vertretener Auffassung soll einem Syndikusanwalt ein Zeugnisverweigerungsrecht zustehen, wenn er typisch anwaltliche Aufgaben wahrnimmt.[130] Dementsprechend wird ein Zeugnisverweigerungsrecht jedenfalls dem Syndikusanwalt verweigert, der innerhalb des Unternehmens wie ein bloßer **Sachbearbeiter** tätig wird.[131] Nach hier vertretener Auffassung wird ein Syndikusanwalt, der im Rahmen eines ständigen Dienstverhältnisses für seinen Auftraggeber – etwa als Leiter der Rechtsabteilung – arbeitet, insoweit **nicht als Rechtsanwalt tätig,** weshalb ihm ein Zeugnisverweigerungsrecht nicht zusteht.[132] Tatsachen, die er in diesem Rahmen erfährt, sind ihm daher nicht in seiner Eigenschaft als Rechtsanwalt bekannt geworden.[133] Das folgt daraus, dass dem Syndikusanwalt insoweit die Stellung als weisungsfreies Organ der Rechtspflege fehlt.[134] Er ist nicht in demselben Maße von seinem Arbeitgeber unabhängig wie ein selbständiger Rechtsanwalt und kann Konflikte zwischen seinen Standespflichten und den Pflichten gegenüber seinem Arbeitgeber weniger leicht austragen als ein externer Rechtsanwalt.[135] Aus ähnlichen Erwägungen ist nach der Rechtsprechung des BGH bei der Auswahl der Bewerber für das Amt des Anwaltsnotars die Zeit der Beschäftigung als Syndikusanwalt nicht zu berücksichtigen.[136] Allerdings sollen bei der Verleihung der Fachanwaltsbezeichnung für den Nachweis besonderer praktischer Erfahrungen – abhängig von den Umständen des Einzelfalls – auch solche Fälle berücksichtigungsfähig sein können, die der Syndikusanwalt für seinen Auftraggeber weisungsunabhängig durchgeführt hat.[137]

b) Umfang des Zeugnisverweigerungsrechts. Der Schutz des Mandatsverhältnisses geht sehr weit; im Zweifel ist davon auszugehen, dass der Mandant sich zur rechtlichen Beratung an den Rechtsanwalt gewendet hat.[138] Vom Zeugnisverweigerungsrecht ist auch umfasst, ob überhaupt ein Mandatsverhältnis mit dem Angeklagten begründet worden ist.[139] Ob der Steuerberater mit der Abgabe von Steuererklärungen beauftragt worden ist, fällt unter das Zeugnisverweigerungsrecht.[140] Ein Zeugnisverweigerungsrecht steht auch dem zu einer notariellen Beurkundung beratend beigezogenen Rechtsanwalt in einem gegen die eine Vertragspartei geführten Betrugsverfahren zu.[141] 20

Im Übrigen gelten hinsichtlich des Umfangs des Zeugnisverweigerungsrechts die allgemeinen Grundsätze, insbesondere darf der Zeuge die Kenntnis nicht nur **bei Gelegenheit** 21

---

[128] Vgl. zu diesen Gesichtspunkten auch BGH 17.4.2003 – NotZ 1/03, NJW 2003, 2750 sowie eingehend *Hassemer* wistra 1986, 1.

[129] *Roxin* NJW 1992, 1129; *Roxin* NJW 1995, 17.

[130] Radtke/Hohmann/*Otte* Rn. 16; *Graf/Huber* Rn. 12; *Meyer-Goßner* Rn. 15; KK/*Senge* Rn. 15; KMR/*Neubeck* Rn. 15; *Hassemer* wistra 1986, 1; ähnlich LR-*Ignor/Bertheau,* wonach zusätzlich verlangt wird, dass ein Vertrauensverhältnis zu dem Ratsuchenden entstanden ist.

[131] LG Berlin 30.11.2005 – 505 Qs 185/05, NStZ 2006, 470.

[132] So bereits LG Bonn 29.9.2005 – 37 Qs 37/05, NStZ 2007, 605; KK/*Senge* Rn. 15; SK/*Rogall* Rn. 85.

[133] SK/*Rogall* Rn. 85.

[134] LG Bonn 29.9.2005 – 37 Qs 37/05, NStZ 2007, 605.

[135] EuGH 14.9.2010 – C 550/07, NJW 2010, 3557 mAnm *Moosmayer* NJW 2010, 3548.

[136] BGH 17.4.2003 – NotZ 1/03, NJW 2003, 2750; vgl. hierzu auch *Redeker* NJW 2004, 889.

[137] BGH 13.1.2003 – AnwZ (B) 25/02, NJW 2003, 883; vgl. hierzu *Redeker* NJW 2004, 889 sowie *Moosmayer* NJW 2010, 3548.

[138] LG Dresden 14.6.2007 – 3 AR 5/07, NJW 2007, 2789.

[139] LG Dresden 14.6.2007 – 3 AR 5/07, NJW 2007, 2789; Radtke/Hohmann/*Otte* Rn. 17; KK/*Senge* Rn. 16.

[140] OLG Schleswig 7.4.1982 – 1 Ws 129/82, StB 1982, 163; Radtke/Hohmann/*Otte* Rn. 17; *Meyer-Goßner* Rn. 16; KMR/*Neubeck* Rn. 15a; KK/*Senge* Rn. 16.

[141] KK/*Senge* Rn. 16.

der Berufsausübung erlangt haben.[142] Rechtsanwälten oder Steuerberatern steht daher kein Zeugnisverweigerungsrecht hinsichtlich Tatsachen zu, die sie in ihrer Eigenschaft als **Aufsichtsratsmitglied** einer Firma erlangt haben.[143] Mangels Berufsbezogenheit steht dem Rechtsanwalt kein Zeugnisverweigerungsrecht zu, wenn er als Vertrauensperson eines Erpressers mit dem Opfer über das Lösegeld verhandelt.[144] Führt der Rechtsanwalt dagegen als Vertreter des Erpressungsopfers Verhandlungen mit dem **Erpresser,** hat er ein Zeugnisverweigerungsrecht.[145] Kein Zeugnisverweigerungsrecht besteht bei einer bloßen Tätigkeit des Rechtsanwalts als **Treuhänder.**[146]

22 Die nach objektiver Sachlage gebotene Einordnung einer Tätigkeit des Rechtsanwalts oder Notars als berufsbezogen kann nicht durch Vereinbarung abbedungen werden.[147] Der Berufsbezogenheit der Tätigkeit eines **Notars** steht nicht entgegen, dass er sich bei Durchführung eines ihm erteilten Auftrags gesetzwidrig verhält oder strafbar macht.[148] Soweit die – unter dem Gesichtspunkt des Rechts auf faires Verfahren gemäß Art. 6 EGMR unbedenkliche[149] – **Anzeigepflicht nach § 11 GwG** reicht, hat der Berufsgeheimnisträger unabhängig davon, ob er der Anzeigepflicht genügt, kein Zeugnisverweigerungsrecht.[150] Die Anzeigepflicht besteht für den Rechtsanwalt gemäß §§ 11 Abs. 3, 2 Abs. 1 Nr. 7 GwG nicht, wenn sich der meldepflichtige Sachverhalt auf Informationen bezieht, die er im Rahmen der Prozessvertretung oder Rechtsberatung des Mandanten erhalten hat, es sei denn, der Rechtsanwalt weiß, dass der Mandant die Rechtsberatung für Zwecke der Geldwäsche oder der Terrorismusfinanzierung in Anspruch nimmt oder genommen hat. Die Voraussetzungen für eine Anzeigepflicht müssen **feststehen;** der bloße Verdacht, der Mandant könnte die Rechtsberatung zu Zwecken der Geldwäsche in Anspruch genommen haben, ist nicht ausreichend.[151]

23 **4. Ärzte und Gleichgestellte (Nr. 3). a) Personenkreis.** Arzt, Zahnarzt, Apotheker, Psychologischer Psychotherapeut oder Kinder- und Jugendlichenpsychotherapeut ist, wer als solcher gemäß §§ 2, 3 BÄO, § 1 ZahnHKG, §§ 1, 2 BApothO, § 1 PsychThG im Inland approbiert oder zur vorübergehenden Berufsausübung berechtigt ist. Hebamme ist, wer als solche nach § 2 HebG anerkannt ist. Nach weit verbreiteter Auffassung sollen **ausländische Ärzte** nur dann ein Zeugnisverweigerungsrecht haben, wenn die Voraussetzungen des § 2 Abs. 3 BÄO vorliegen, wenn sie also insbesondere aus EU-Mitgliedstaaten kommen.[152] Nach hier vertretener Auffassung haben darüber hinaus alle ausländischen Ärzte ein Zeugnisverweigerungsrecht.[153] Ärzte, deren Untersuchung nicht auf der Grundlage eines Behandlungsvertrags, sondern auf Grund einer **gesetzlichen Duldungspflicht** erfolgt ist, haben ein Zeugnisverweigerungsrecht,[154] nachdem sich auch hier ein zu schützendes Vertrauensverhältnis bilden kann.[155] Ein Zeugnisverweigerungsrecht kann deshalb **Amtsärz-**

---

[142] Vgl. oben II.1.
[143] OLG Celle 13.12.1982 – 1 Ws 380/82, NdsRPfl 1983, 124; Radtke/Hohmann/*Otte* Rn. 17; *Meyer-Goßner* Rn. 16; KMR/*Neubeck* Rn. 15a; KK/*Senge* Rn. 16 SK/*Rogall* Rn. 97.
[144] *Meyer-Goßner* Rn. 16; KMR/*Neubeck* Rn. 15a; *Hass* NJW 1972, 1081; KK/*Senge* Rn. 16.
[145] BGH 5.11.1985 – 2 StR 279/85, NJW 1986, 1183; KMR/*Neubeck* Rn. 15; KK/*Senge* Rn. 16; SK/*Rogall* Rn. 97.
[146] OLG Frankfurt a. M. 22.8.2001 – 2 AuslS 10/01, NJW 2002, 1135; LR-*Ignor/Bertheau* Rn. 34.
[147] BGH 23.2.1987 – AnwSt (R) 24/86, BGHSt 34, 295 = NJW 1987, 2451; BGH 7.4.2005 – 1 StR 326/04, BGHSt 50, 64 = NJW 2005, 2406 mAnm *Barton* JZ 2005, 1178.
[148] BGH 7.4.2005 – 1 StR 326/04, BGHSt 50, 64 = NJW 2005, 2406; KK/*Senge* Rn. 16; *Eisenberg* Rn. 1242.
[149] EuGH 26.7.2007 – C – 305/05, NJW 2007, 2387; KK/*Senge* Rn. 16a.
[150] BGH 7.4.2005 – 1 StR 326/04, BGHSt 50, 64 = NJW 2005, 2406 m. insoweit abl. Anm. *Barton* JZ 2005, 1178; KK/*Senge* Rn. 16a; ausführlich *Widmaier*, FS Dahs, 2005, 548 f. sowie LR-*Ignor/Bertheau* Rn. 34.
[151] LR-*Ignor/Bertheau* Rn. 34; *Widmaier*, FS Dahs, 2005, 549.
[152] Radtke/Hohmann/*Otte* Rn. 18; *Meyer-Goßner* Rn. 17; zweifelnd *Schubarth* ZStW 105 (1993), 365 (367).
[153] Vgl. oben I.2.
[154] BGH 14.11.1963 – III ZR 19/63, BGHZ 40, 288 = NJW 1964, 449; Radtke/Hohmann/*Otte* Rn. 18; *Meyer-Goßner* Rn. 19; vgl. zu den Besonderheiten bei der Bestellung eines Arztes zum Sachverständigen in einem gerichtlichen Verfahren unten c).
[155] BDH 16.8.1962 – WB 12/60, NJW 1963, 409.

ten und Ärzten im Strafvollzug zustehen.[156] Entsprechendes gilt für Truppenärzte, sofern es nicht um die Frage der Dienstfähigkeit des Soldaten geht.[157]

b) Umfang des Zeugnisverweigerungsrechts. Das Zeugnisverweigerungsrecht erstreckt sich nicht nur darauf, was dem Zeugen bei der Untersuchung oder Heilbehandlung anvertraut oder bekannt geworden ist, sondern auch auf die **Anbahnung** des Beratungs- oder Behandlungsverhältnisses.[158] Das Zeugnisverweigerungsrecht besteht damit auch hinsichtlich der **Begleitumstände der Krankenhausaufnahme** eines Patienten, wie zB das Fahrzeug, mit dem der Patient eingetroffen ist, oder die Identität seines Begleiters.[159] Es erfasst Name und Anschrift des Patienten sowie die Tatsache seiner Behandlung, nachdem dieser ein Interesse daran haben kann, die Tatsache geheim zu halten, überhaupt einen Arzt aufgesucht zu haben.[160] Dies gilt gerade dann, wenn ärztliche Hilfe bei einer Verletzung in Anspruch genommen wird, die schon aus sich selbst auf eine vorangegangene strafbare Handlung schließen lässt.[161] Erfasst sind alle Tatsachen, die der Arzt aus Anlass der Behandlung erkannt oder ermittelt hat, unabhängig davon, ob diese Tatsachen dem Patienten selbst bekannt sind und damit auch Feststellungen, die der Arzt an einem bewusstlosen Patienten getroffen hat.[162] Unerheblich ist, ob der Arzt gerufen oder ungerufen Hilfe leistet und ob er unmittelbar oder erst durch einen anderen Arzt mit der Behandlung betraut worden ist.[163] Kein Zeugnisverweigerungsrecht besteht, wenn der ärztliche Vertrauensbereich **zu strafbaren Handlungen missbraucht** wird, etwa wenn ein Patient im Wartezimmer des Arztes einen anderen Patienten bestiehlt.[164] Erlangt der Arzt durch eine von dem Behandlungsverhältnis unabhängige Mitteilung eines Dritten Informationen über den Patienten, hat er insoweit kein Zeugnisverweigerungsrecht.[165] 24

c) Ärzte als Sachverständige. War der Untersuchte mit der Untersuchung einverstanden oder musste er die Maßnahme in einem gerichtlichen Verfahren aufgrund gesetzlicher Vorschriften – etwa §§ 81 ff. oder § 126a – dulden, hat der Arzt **in dem konkreten Verfahren,** in dem der amtliche Auftrag oder das Einverständnis des Untersuchten hiermit erklärt worden ist, kein Zeugnisverweigerungsrecht.[166] Dabei kommt es nicht darauf an, ob der Arzt privat praktiziert, auch wenn es sich um einen Landarzt handelt.[167] Unerheblich ist, ob es sich um **Befund- oder Zusatztatsachen** handelt; in beiden Fällen geht das staatliche 25

[156] Radtke/Hohmann/*Otte* Rn. 18; LR-*Ignor/Bertheau* Rn. 37; vgl. zum Zeugnisverweigerungsrechts des Amtsarztes sowie von Mitgliedern des Gesundheitsamts gegenüber den Strafverfolgungsbehörden *Jakobs* JR 1982, 359 (361).

[157] BDH 16.8.1962 – WB 12/60, NJW 1963, 409.

[158] BGH 20.2.1985 – 2 StR 561/84, BGHSt 33, 148 = NStZ 1985, 372 mAnm *Rogall* = JR 1986, 33 mAnm *Hanack;* BGH 22.12.1999 – 3 StR 401/99, BGHSt 45, 363 = NJW 2000, 1426 = JZ 2000, 683 mAnm *Kühne;* Radtke/Hohmann/*Otte* Rn. 19; KMR/*Neubeck* Rn. 17; *Meyer-Goßner* Rn. 17; KK/*Senge* Rn. 18; *Michalowski* ZStW 109 (1997) 519.

[159] BGH 20.2.1985 – 2 StR 561/84, BGHSt 33, 148 = NStZ 1985, 372 mAnm *Rogall* = JR 1986, 33 mAnm *Hanack;* KK/*Senge* Rn. 18; SK/*Rogall* Rn. 109.

[160] BGH 20.2.1985 – 2 StR 561/84, BGHSt 33, 148 = NStZ 1985, 372 mAnm *Rogall* = JR 1986, 33 mAnm *Hanack;* BGH 22.12.1999 – 3 StR 401/99, BGHSt 45, 363 = NJW 2000, 1426 = JZ 2000, 683 mAnm *Kühne;* OLG Oldenburg 10.6.1982 – 2 Ws 204/82, NJW 1982, 2615; LG Köln 2.4.1959 – 34 Qs 76/59, NJW 1959, 1598; KMR/*Neubeck* Rn. 17; *Meyer-Goßner* Rn. 18; SK/*Rogall* Rn. 109.

[161] LG Köln 2.4.1959 – 34 Qs 76/59, NJW 1959, 1598.

[162] Radtke/Hohmann/*Otte* Rn. 19; KMR/*Neubeck* Rn. 17; LR-*Ignor/Bertheau* Rn. 37; *Meyer-Goßner* Rn. 18; SK/*Rogall* Rn. 109.

[163] KK/*Senge* Rn. 18.

[164] LG Köln 2.4.1959 – 34 Qs 76/59, NJW 1959, 1598; LR-*Ignor/Bertheau* Rn. 37; aA SK/*Rogall* Rn. 109; anders ist es bei Straftaten, die ein suchtkranker Patient während der stationären Behandlung begangen hat, vgl. LG Karlsruhe 22.10.1981 – IV Qs 170/81, StV 1983, 144 m. zust. Anm. *Kreuzer.*

[165] KK/*Senge* Rn. 18.

[166] BGH 28.10.1992 – 3 StR 367/92, BGHSt 38, 369 = NJW 1993, 803; BGH 14.11.1963 – III ZR 19/63, BGHZ 40, 288 = NJW 1964, 449; BGH 21.10.2008 – 1 StR 536/08, NStZ-RR 2009, 15; BGH 16.12.2001 – 1 StR 468/01, NStZ 2002, 214 mAnm *Bosch* StV 2002, 633; KMR/*Neubeck* Rn. 18; *Meyer-Goßner* Rn. 20; KK/*Senge* Rn. 19; LR-*Ignor/Bertheau* Rn. 38; krit. *Krauß* ZStW 97 (1985) 81.

[167] *Meyer-Goßner* Rn. 20; LR-*Ignor/Bertheau* Rn. 38; *Kohlhaas* DRiZ 59, 246; aA für den Landarzt *Hiendl* NJW 1958, 2100.

Interesse an der Aufklärung des Sachverhalts vor.[168] Wird der Betroffene von einem gerichtlichen Sachverständigen untersucht, weiß er, dass die Tatsachen zur Weitergabe an das Gericht bestimmt sind, weshalb er sie dem Sachverständigen nicht im Sinne von § 53 anvertraut, also mit dem Verlangen nach Geheimhaltung mitteilt.[169] Eine Pflicht des Sachverständigen, den Untersuchten auf die beabsichtigte Weitergabe der von ihm erhobenen Tatsachen an das Gericht hinzuweisen, besteht angesichts dessen, dass dies offenkundig ist, nicht.[170] Tatsachen, die der Zeuge als Sachverständiger in einem **anderen Verfahren** erfahren hat, muss er dagegen nicht offenbaren.[171] Wenn der Arzt in dem neuerlichen Gerichtsverfahren von seinem Zeugnisverweigerungsrecht Gebrauch macht, kann sein schriftliches Gutachten im Wege des **Urkundenbeweises** verwertet werden.[172] Das Zeugnisverweigerungsrecht erfasst Tatsachen, die der Arzt ohne Zusammenhang mit dem gerichtlichen Gutachtenauftrag oder aus Anlass einer **früheren Behandlung** erfahren hat.[173] Hier wird in der Regel ein zu schützendes Vertrauensverhältnis zu dem Arzt entstehen, weil der Untersuchte davon ausgeht, dass der Arzt diese Tatsachen für sich behalten wird.[174] Dem die Leichenschau vornehmenden Arzt steht kein Zeugnisverweigerungsrecht zu.[175]

26 **5. Schwangerschaftsberater (Nr. 3a).** Ein Zeugnisverweigerungsrecht steht Mitgliedern und Beauftragten der in Nr. 3a genannten Beratungsstellen zu. Mitglieder sind der Leiter und alle sonstigen in einem Dienstverhältnis zu der Stelle stehenden Ärzte, Psychologen und Sozialarbeiter.[176] Beauftragte sind sonstige Personen, die damit betraut sind, im Auftrag einer Beratungsstelle deren Aufgaben wahrzunehmen, ohne in einem Dienstverhältnis zu stehen.[177] Hinsichtlich des Umfangs des Weigerungsrechts gelten die Ausführungen zu den in § 53 Abs. 1 S. 1 Nr. 1–3 genannten Zeugnisverweigerungsberechtigten entsprechend. Insbesondere umfasst das Zeugnisverweigerungsrecht nicht nur die Tatsache der Schwangerschaft, sondern auch alle sonstigen für die Beratung bedeutsamen Lebensumstände der Schwangeren.[178] Auf Vorgänge nach Beendigung der Schwangerschaft ist Nr. 3a nicht mehr anwendbar, weshalb Betreuer einer sogenannten **Babyklappe** nicht unter die Vorschriften der §§ 53, 53a fallen.[179]

27 **6. Drogenberater (Nr. 3b).** Zur Verweigerung des Zeugnisses berechtigt sind nur Berater einer Beratungsstelle, die von einer Behörde, einer Körperschaft, Anstalt oder Stiftung des öffentlichen Rechts eingerichtet oder anerkannt worden ist; das Zeugnisverweigerungsrecht gilt – verfassungsrechtlich unbedenklich[180] – nicht für ehrenamtlich tätige Bera-

[168] KK/*Senge* Rn. 19; Radtke/Hohmann/*Otte* Rn. 20; aA bezüglich Zusatztatsachen LR-*Ignor/Bertheau* Rn. 38; *Krauß* ZStW 97 (1985) 81, 103; *Eisenberg* Rn. 1242; vgl. zur Unterscheidung zwischen Befundtatsachen und Zusatztatsachen BGH 29.10.1962 – 4 StR 318/62, BGHSt 18, 107 = NJW 1963, 401.

[169] KK/*Senge* Rn. 19; KMR/*Neubeck* Rn. 18; so auch *Jakobs* JR 1982, 159, 161 betreffend Amtsärzte und Mitarbeiter des Gesundheitsamts; aA *Kühne* JZ 1981, 647; *Krauß* ZStW 97 (1985) 81, 84.

[170] AA LR-*Ignor/Bertheau* Rn. 39.

[171] BGH 28.10.1992 – 3 StR 367/92, BGHSt 38, 369 = NJW 1993, 803; BGH 14.11.1963 – III ZR 19/63, BGHZ 40, 288 = NJW 1964, 449; KK/*Senge* Rn. 19; Radtke/Hohmann/*Otte* Rn. 20; *Meyer-Goßner* Rn. 20.

[172] BGH 28.10.1992 – 3 StR 367/92, BGHSt 38, 369 = NJW 1993, 803; aA *Cramer* NStZ 1996, 209.

[173] Radtke/Hohmann/*Otte* Rn. 20; *Meyer-Goßner* Rn. 20; KK/*Senge* Rn. 19; LR-*Ignor/Bertheau* Rn. 38.

[174] KK/*Senge* Rn. 19.

[175] LG Berlin 28.9.1998 – 534 Qs 103/98, NStZ 1999, 86; LR-*Ignor/Bertheau* Rn. 37.

[176] *Meyer-Goßner* Rn. 21; Radtke/Hohmann/*Otte* Rn. 21; KMR/*Neubeck* Rn. 19.

[177] *Meyer-Goßner* Rn. 21; Radtke/Hohmann/*Otte* Rn. 21; KMR/*Neubeck* Rn. 19.

[178] *Meyer-Goßner* Rn. 21; Radtke/Hohmann/*Otte* Rn. 21; KMR/*Neubeck* Rn. 19; KK/*Senge* Rn. 21.

[179] LG Köln 9.11.2001 – 102 – 57/01, NJW 2002, 909 = JR 2002, 171 m. zust. Anm. *Neuheuser;* Radtke/Hohmann/*Otte* Rn. 21; KMR/*Neubeck* Rn. 19; KK/*Senge* Rn. 21; SK/*Rogall* Rn. 129 mwN auch zur Gegenauffassung; zweifelnd *Meyer-Goßner* Rn. 21 mwN.

[180] BVerfG 18.1.1996 – 2 BvR 2886/95, NJW 1996, 1587; KK/*Senge* Rn. 21b; vgl. zur Rechtslage vor Einführung des § 53a Abs. 1 Satz Nr. 3b) BVerfG 24.5.1977 – 2 BvR 988/75, BVerfGE 44, 353 = NJW 1977, 1489; BVerfG 31.5.1988 – 2 BvR 367/88, NStZ 1988, 418.

ter in Selbsthilfegruppen.[181] Das Weigerungsrecht bezieht sich nur auf die Beratung der im BtMG erfassten Suchtformen und Suchtgefahren.[182] Erfasst werden sämtliche im Zusammenhang mit der Suchtberatung stehenden Erkenntnisse einschließlich solcher, die aus Gesprächen mit Familienangehörigen oder Freunden des Ratsuchenden erlangt worden sind.[183] Auch Gespräche, die außerhalb der Räumlichkeiten der Beratungsstelle, zB einem als Anlaufstelle dienenden „Kontaktcafé" gemacht worden sind, sind geschützt.[184] Gerichts- und Bewährungshelfer, Strafvollzugsbedienstete und Sozialarbeiter haben kein Zeugnisverweigerungsrecht, auch wenn sie über Betäubungsmittelfragen beraten haben.[185]

7. Abgeordnete (Nr. 4). a) Personenkreis. Das Zeugnisverweigerungsrecht der Abgeordneten dient der Funktionsfähigkeit des Parlaments[186] und soll einen **ungehinderten Informationsaustausch** zwischen dem Abgeordneten und seinen Informanten sicherstellen.[187] Nachdem Bundestagsabgeordneten bereits aus Art. 47 S. 1 GG ein Zeugnisverweigerungsrecht zusteht, hat Nr. 4 für diese nur deklaratorische Bedeutung.[188] Für die Abgeordneten der Länderparlamente vereinheitlicht die Vorschrift die entsprechenden Bestimmungen der Länderverfassungen.[189] Das Zeugnisverweigerungsrecht der Mitglieder des Europäischen Parlaments ergibt sich aus § 6 EuAbgG. Mitglieder des Bundesrats sind keine Abgeordneten, sondern Vertreter der Landesregierungen, weshalb sie sich nicht auf Nr. 4 berufen können.[190] 28

b) Umfang des Zeugnisverweigerungsrechts. Das Zeugnisverweigerungsrecht bezieht sich auf alle Tatsachen, die einem Abgeordneten im Zusammenhang mit seiner Tätigkeit als Abgeordneter anvertraut worden sind oder die er einem anderen anvertraut hat.[191] Als anvertraut anzusehen sind mündliche oder schriftliche Mitteilungen sowie die Gewährung der Gelegenheit zu Wahrnehmungen und Beobachtungen, bei der die Geheimhaltung verlangt oder stillschweigend erwartet wird.[192] Eine Tatsache bleibt anvertraut, auch wenn sie zwischenzeitlich auf andere Weise öffentlich bekannt geworden ist.[193] Erfasst sind alle Informationen, die dem Abgeordneten von einem anderen Abgeordneten, einem Regierungsvertreter oder einem Privatmann anvertraut worden sind einschließlich der Person seines Gewährsmanns.[194] Das Zeugnisverweigerungsrecht kann sich auch auf die Umstände erstrecken, unter denen eine Mitteilung gemacht worden ist, sofern sie einen Hinweis auf den Informanten geben könnten.[195] Hat der Abgeordnete etwas als Privatmann ohne Zusammenhang mit der Tätigkeit als Abgeordneter erfahren, ist er zur Aussage verpflichtet.[196] Nach dem Wortlaut bezieht sich das Zeugnisverweigerungsrecht des Abgeordneten im Gegensatz zu dem der anderen Weigerungsberechtigten nur auf Tatsachen, die ihm anvertraut worden sind, aber **nicht auf ihm bekannt gewordene Tatsachen.** Eine entsprechende Anwendung auf alles, was dem Abgeordneten bekannt geworden ist, wäre zu weitgehend und würde zu einer uferlosen Ausdehnung des Zeugnisverweigerungsrechts 29

[181] LG Freiburg 6.11.1998 – II Qs 129/98, NStZ-RR 1999, 366; *Meyer-Goßner* Rn. 22; Radtke/Hohmann/*Otte* Rn. 22; KMR/*Neubeck* Rn. 20; *Eisenberg* Rn. 1244; SK/*Rogall* Rn. 128.

[182] *Meyer-Goßner* Rn. 22; *Graf/Huber* Rn. 20; KK/*Senge* Rn. 21a; LR-*Ignor/Bertheau* Rn. 42.

[183] *Graf/Huber* Rn. 20; Radtke/Hohmann/*Otte* Rn. 23; KK/*Senge* Rn. 21c; LR-*Ignor/Bertheau* Rn. 42; *Kreuzer*, FS Schüler-Springorum, 1993, 537.

[184] LG Kiel 16.6.2009 – 10 KLs 24/08, StV 2010, 127.

[185] *Graf/Huber* Rn. 20; *Meyer-Goßner* Rn. 22.

[186] BVerfG 3.3.2004 – 1 BvR 2378/98 und 1084/99, BVerfGE 109, 279 = NJW 2004, 999; LR-*Ignor/Bertheau* Rn. 44.

[187] LR-*Ignor/Bertheau* Rn. 44; SK/*Rogall* Rn. 133.

[188] Radtke/Hohmann/*Otte* Rn. 24; KK/*Senge* Rn. 22.

[189] LR-*Ignor/Bertheau* Rn. 44; *Dallinger* JZ 1953, 436; KMR/*Neubeck* Rn. 22.

[190] LR-*Ignor/Bertheau* Rn. 44; SK/*Rogall* Rn. 139.

[191] *Meyer-Goßner* Rn. 24; Radtke/Hohmann/*Otte* Rn. 25; KMR/*Neubeck* Rn. 22.

[192] KK/*Senge* Rn. 24.

[193] LR-*Ignor/Bertheau* Rn. 46.

[194] *Meyer-Goßner* Rn. 24; LR-*Ignor/Bertheau* Rn. 46.

[195] KK/*Senge* Rn. 23.

[196] LR-*Ignor/Bertheau* Rn. 46; KK/*Senge* Rn. 23; SK/*Rogall* Rn. 141.

führen, für die kein Bedürfnis besteht.[197] Der Gesprächspartner des Abgeordneten hat kein Zeugnisverweigerungsrecht.[198] Das Weigerungsrecht dauert nach Beendigung des Mandats fort;[199] das gilt auch, wenn die Partei vom Bundesverfassungsgericht für verfassungswidrig erklärt worden ist.[200] Es erstreckt sich aber nur auf das, was der Abgeordnete während der Zeit des Mandats erfahren hat.[201]

30 **c) Entscheidung des Abgeordneten.** Der Abgeordnete entscheidet selbst nach freiem Ermessen, ob er von seinem Zeugnisverweigerungsrecht Gebrauch macht.[202] Weisungen durch das Parlament können ihm nicht erteilt werden; § 54 findet keine Anwendung.[203] Aus dem Umkehrschluss zu § 53 Abs. 2 folgt, dass er nicht von der Schweigepflicht entbunden werden kann.[204] Abgeordnete bedürfen unter den Voraussetzungen des § 44d AbgG bzw. den entsprechenden landesrechtlichen Bestimmungen einer Aussagegenehmigung.

31 **8. Mitarbeiter von Presse und Rundfunk (Nr. 5). a) Allgemeines.** Das Zeugnisverweigerungsrecht der Mitarbeiter von Presse und Rundfunk dient dem **Schutz des Vertrauensverhältnisses** zwischen Presse und Informanten.[205] Der Schutz dieses Vertrauensverhältnisses ist Teil der verfassungsrechtlich von Art. 5 Abs. 1 S. 2 GG verbürgten **Pressefreiheit.**[206] Die Funktionsfähigkeit der Presse erfordert es, dass der Informant auf die Wahrung des Redaktionsgeheimnisses vertrauen kann; andernfalls bestünde die Gefahr, dass die Presse kaum noch Informationen erhalten würde, die sie zur Ausübung ihrer kontroll- und meinungsbildenden Funktion benötigt.[207] Maßgebliches Anliegen des Zeugnisverweigerungsrechts ist danach der **Informantenschutz.**[208] § 53 Abs. 1 Nr. 5 ist pressefreundlich auszulegen; im Zweifel ist für die Pressefreiheit und das Zeugnisverweigerungsrecht zu entscheiden.[209]

32 Die Pressefreiheit und der Schutz des Vertrauensverhältnisses zwischen der Presse und dem Mandanten stehen in einem **Spannungsverhältnis** zu den Belangen einer funktionierenden Strafrechtspflege, nachdem jede Zubilligung eines Zeugnisverweigerungsrecht zwangsläufig zu einer Einschränkung der Erkenntnismöglichkeiten führen muss und zu einer Einschränkung der Verteidigungsmöglichkeiten des Beschuldigten führen kann.[210] Dass das Zeugnisverweigerungsrecht nach Nr. 5 kein privates Vertrauensverhältnis, sondern die Presse selbst schützen will, wird daran deutlich, dass eine Befreiung von der Schweigepflicht das Zeugnisverweigerungsrecht nicht entfallen lässt (§ 53 Abs. 2) und das Zeugnisverweigerungsrecht auch besteht, wenn der Informant eine Aussage wünscht.[211] Der Informant hat keinen Anspruch darauf, dass der Zeuge von seinem Weigerungsrecht

---

[197] LR-*Ignor/Bertheau* Rn. 46; KK/*Senge* Rn. 24; SK/*Rogall* Rn. 141; aA Radtke/Hohmann/*Otte* Rn. 25; *Meyer-Goßner* Rn. 24; KMR/*Neubeck* Rn. 22.

[198] KK/*Senge* Rn. 23.

[199] *Meyer-Goßner* Rn. 24a; LR-*Ignor/Bertheau* Rn. 46; KMR/*Neubeck* Rn. 22; SK/*Rogall* Rn. 141.

[200] SK/*Rogall* Rn. 141 mwN.

[201] *Meyer-Goßner* Rn. 24a; LR-*Ignor/Bertheau* Rn. 46; KMR/*Neubeck* Rn. 22.

[202] Radtke/Hohmann/*Otte* Rn. 24; *Meyer-Goßner* Rn. 24; KMR/*Neubeck* Rn. 22.

[203] Radtke/Hohmann/*Otte* Rn. 24; *Meyer-Goßner* Rn. 24; LR-*Ignor/Bertheau* Rn. 45; KK/*Senge* Rn. 25.

[204] Radtke/Hohmann/*Otte* Rn. 24; *Meyer-Goßner* Rn. 24; LR-*Ignor/Bertheau* Rn. 45; KK/*Senge* Rn. 25.

[205] BGH 28.12.1978 – StB 235/78, BGHSt 28, 240 = NJW 1979, 1212; KG 17.3.1983 – ER 9/83, NJW 1984, 1133; KMR/*Neubeck* Rn. 26; SK/*Rogall* Rn. 148.

[206] BVerfG 28.11.1973 – 2 BvL 42/71, BVerfGE 36, 193 = NJW 1974, 356; OLG Bremen 21.12.1976 – Ss 118/76, JZ 1977, 442; *Meyer-Goßner* Rn. 26; *Eisenberg* Rn. 1246; LR-*Ignor/Bertheau* Rn. 48.

[207] BVerfG 12.3.1982 – 2 BvR 1112/81, NStZ 1982, 253; BVerfG 1.10.1987 – 2 BvR 1434/86, BVerfGE 77, 65 = NJW 1988, 329; BVerfG 28.11.1973 – 2 BvL 42/71, BVerfGE 36, 193 = NJW 1974, 356; BVerfG 5.8.1966 – 1 BvR 586/62, 610/63, 512/64, BVerfGE 20, 160 = NJW 1966, 1603; KG 17.3.1983 – ER 9/83, NJW 1984, 1133; BGH 13.1.1999 – StB 14/98, NJW 1999, 2051; LR-*Ignor/Bertheau* Rn. 48.

[208] BGH 20.11.1989 – II BGs 355/89, BGHSt 36, 298 = NJW 1990, 525.

[209] BGH 28.12.1978 – StB 235/78, BGHSt 28, 240 = NJW 1979, 1212; KG 17.3.1983 – ER 9/83, NJW 1984, 1133.

[210] Vgl. etwa BVerfG 1.10.1987 – 2 BvR 1434/86, BVerfGE 77, 65 = NJW 1988, 329; KK/*Senge* Rn. 27.

[211] BVerfG 12.3.1982 – 2 BvR 1112/81, NStZ 1982, 253; *Meyer-Goßner* Rn. 26.

Gebrauch macht.[212] Der Zeuge entscheidet hierüber nach **freiem Ermessen.**[213] Standesrechtlich ist er hierzu allerdings verpflichtet.[214] Nach Ziffer 5 der Richtlinien für die publizistische Arbeit nach den Empfehlungen des Deutschen Presserats (Pressecodex) „wahrt die Presse das Berufsgeheimnis, macht vom Zeugnisverweigerungsrecht Gebrauch und gibt Informanten ohne deren ausdrückliche Zustimmung nicht preis".

Das Vertrauensverhältnis zwischen Informant und Pressemitarbeiter wird strafrechtlich, insbesondere durch § 203 StGB, nicht geschützt. Der Bundesgesetzgeber hat von der ihm nach Art. 74 Nr. 1 GG zustehenden Gesetzgebungskompetenz für das strafprozessuale Zeugnisverweigerungsrecht von Pressemitarbeitern vollständig Gebrauch gemacht, weshalb § 53 Abs. 1 Nr. 5 gegenüber den Bundesländern Sperrwirkung hat.[215] Nach der Rechtsprechung des BVerfG zu § 53 Abs. 1 Nr. 5 aF war das Zeugnisverweigerungsrecht dort nicht erschöpfend geregelt; nach fallbezogener Abwägung der widerstreitenden Interessen sollte sich ein solches auch unmittelbar aus Art. 5 Abs. 1 S. 2 GG ergeben können.[216] Der BGH hält § 53 Abs. 1 Nr. 5 für eine **abschließende Regelung,** die es nicht zulässt, ein darüber hinausgehendes Zeugnisverweigerungsrecht unmittelbar aus der Verfassung abzuleiten;[217] offen gelassen wurde aber, ob sich im Einzelfall nicht ein anderes aufgrund einer Abwägung zwischen dem Geheimhaltungsinteresse der Presse und den Belangen der Strafrechtspflege ergeben könne.[218] Nachdem durch das Gesetz vom 15.2.2002[219] das Zeugnisverweigerungsrecht auf selbst recherchiertes Material sowie auf nicht periodisch erscheinende Druckwerke ausgeweitet worden ist und auch an der Herstellung von Filmberichten Mitwirkende und Mitarbeiter von Kommunikations- und Informationsdiensten einbezogen worden sind, erscheinen insoweit – abgesehen von dem auch von der Neufassung nicht erfassten Anzeigenteil[220] – allerdings kaum Anwendungsfälle denkbar.[221] 33

b) Anwendungsbereich. Das Zeugnisverweigerungsrecht steht Personen zu, die bei der Vorbereitung, Herstellung oder Verbreitung von Druckwerken, Rundfunksendungen, Filmberichten oder der Unterrichtung oder Meinungsbildung dienenden Informations- und Kommunikationsdiensten berufsmäßig mitwirken oder mitgewirkt haben. Auch wenn es im geltenden Strafprozessrecht ein „Forschungsgeheimnis" als solches nicht gibt, erfährt die Forschung insofern einen gewissen Schutz, als auch wissenschaftliche Publikationen geschützt sind, wenn und soweit der Forschende bei der Vorbereitung von Druckwerken mitwirkt.[222] 34

aa) Druckwerke. Erfasst sind alle Arten von Druckwerken, auch nicht periodische erscheinende.[223] Darunter fallen insbesondere Bücher, Zeitungen, Zeitschriften, Familien- und Vereinszeitungen, Kurszettel, Lotterielisten, Preisverzeichnisse, Wetterberichte und 35

---

212 BVerfG 12.3.1982 – 2 BvR 1112/81, NStZ 1982, 253; Radtke/Hohmann/*Otte* Rn. 27; KMR/*Neubeck* Rn. 26; *Meyer-Goßner* Rn. 26; LR-*Ignor/Bertheau* Rn. 48.

213 BVerfG 12.3.1982 – 2 BvR 1112/81, NStZ 1982, 253; OLG Bremen 21.12.1976 – Ss 118/76, JZ 1977, 442.

214 KMR/*Neubeck* Rn. 26; *Meyer-Goßner* Rn. 26; *Tsambikakis* StraFo 2002, 145.

215 BVerfG 28.11.1973 – 2 BvL 42/71, BVerfGE 36, 193 = NJW 1974, 356; aA *Kaiser* NJW 1968, 1260; Groß NJW 1968, 2368.

216 BVerfG 28.11.1973 – 2 BvL 42/71, BVerfGE 36, 193 = NJW 1974, 356; BVerfG 10.5.1983 – 1 BvR 385/82, BVerfGE 64, 108 = NJW 1984, 1101 mAnm *Fezer* JZ 1983, 796; BVerfG 11.3.1969 – 1 BvR 665/62, BVerfGE 25, 296 = NJW 1969, 1019; vgl. auch *Rengier* JZ 1979, 797.

217 BGH 28.12.1978 – StB 235/78, BGHSt 28, 240 = NJW 1979, 1212; so auch KMR/*Neubeck* Rn. 25.

218 BGH 28.12.1978 – StB 235/78, BGHSt 28, 240 = NJW 1979, 1212.

219 BGBl. I 682; vgl. zur geschichtlichen Entwicklung des § 53 LR-*Ignor/Bertheau* Rn. 47.

220 Vgl. hierzu BVerfG 10.5.1983 – 1 BvR 385/82, BVerfGE 64, 108 = NJW 1984, 1101 sowie unten b).

221 Für eine restriktive Handhabung LR-*Ignor/Bertheau* Rn. 48.

222 Vgl. hierzu im Einzelnen *Greitemann* NStZ 2002, 572; *Meyer-Goßner* Rn. 28.

223 KMR/*Neubeck* Rn. 27; *Eisenberg* Rn. 1248; LR-*Ignor/Bertheau* Rn. 50; SK/*Rogall* Rn. 158; *Kramer* Kriminalistik 2004, 758; *Tsambikakis* StraFo 2002, 145.

ähnliche Produkte[224] sowie Flugblätter.[225] Es kommt auch nicht darauf an, ob die Druckwerke von vornherein nur für eine begrenzte Zeit erscheinen oder ob sie wie Loseblattsammlungen nicht abgeschlossen oder nicht wie Taschenbuchreihen gleichartig sind.[226] Auch Plakate fallen unter den Begriff des Druckwerks.[227]

36 **bb) Rundfunksendungen, Filmberichte.** Rundfunksendungen sind Sendungen des Hörfunks und des Fernsehens.[228] Auch Mitarbeiter an Fernsehsendungen haben ein Zeugnisverweigerungsrecht.[229] Ein Filmbericht muss einen gewissen Informationsgehalt enthalten, reine Spielfilme sind nicht erfasst.[230]

37 **cc) Informations- und Kommunikationsdienste.** Informations- und Kommunikationsdienste (Mediendienste) sind an jedermann gerichtete Angebote in Text, Ton oder Bild, die unter Benutzung elektromagnetischer Schwingungen ohne Verbindungsleitung oder längs oder mittels einer Leitung verbreitet werden.[231] Erfasst sind Fernsehtexte, über das Internet zugängliche online-Ausgaben von Fernsehnachrichten, Tageszeitungen, Magazinen sowie juristische Datenbanken.[232] An dem Erfordernis, dass die Mediendienste **der Unterrichtung oder Meinungsbildung dienen** müssen, fehlt es etwa beim Telebanking, der Telearbeit oder dem Telelernen.[233] Mediendienste mit reinem Unterhaltungsinhalt sind nicht geschützt.[234] Dienste, bei denen nur Leistungen des Betreibers angeboten werden, sind – vergleichbar dem Anzeigenteil einer Zeitung[235] – ebenfalls nicht erfasst.[236] Abhängig von den Umständen des Einzelfalls kann auch eine private „Homepage" der Unterrichtung und Meinungsbildung dienen; hier wird es aber in der Regel an der berufsmäßigen Mitwirkung fehlen.[237]

38 **dd) Berufsmäßige Mitwirkung.** Das Zeugnisverweigerungsrecht kommt allen Personen zugute, die berufsmäßig an der Erstellung der genannten Erzeugnisse mitwirken. Darunter fallen Angehörige des redaktionellen, kaufmännischen und technischen Personals, die aufgrund ihrer beruflichen Stellung von der Person des Erfassers, Einsenders oder Gewährsmanns oder von dem Inhalt der Mitteilung Kenntnis erlangen können, insbesondere Journalisten, auch wenn sie nur als freie Mitarbeiter tätig werden,[238] Intendanten, Sendeleiter, Archivare, Justitiare[239] einschließlich der Hilfspersonen wie zB Stenotypisten, Setzergehilfen und Volontäre.[240] Bereits aus dem Gesetzeswortlaut „mitgewirkt haben" ergibt sich, dass das Zeugnisverweigerungsrecht trotz Beendigung der Tätigkeit oder Ausscheiden aus dem Beruf fortbesteht.[241] Nebenberufliche Mitwirkende handeln nur berufsmäßig, wenn sie vorhaben, dauerhaft oder zumindest wiederkehrend tätig zu werden, wobei die Absicht der Gewinnerzielung nicht erforderlich ist.[242] Dazu kann die Mitwirkung in einem Einzelfall ausreichen, sofern diese mit dem Willen erfolgt ist, in Zukunft wiederkeh-

---

[224] KK/*Senge* Rn. 28.
[225] *Löffler* NJW 1978, 913.
[226] KK/*Senge* Rn. 28.
[227] KK/*Senge* Rn. 28.
[228] Radtke/Hohmann/*Otte* Rn. 28; *Meyer-Goßner* Rn. 30; KMR/*Neubeck* Rn. 27.
[229] KK/*Senge* Rn. 29; LR-*Ignor/Bertheau* Rn. 51.
[230] Radtke/Hohmann/*Otte* Rn. 28; KK/*Senge* Rn. 29; *Kramer* Kriminalistik 2004, 758.
[231] KK/*Senge* Rn. 30; *Kramer* Kriminalistik 2004, 758.
[232] KK/*Senge* Rn. 30.
[233] KK/*Senge* Rn. 30; *Kunert* NStZ 2002, 169.
[234] LR-*Ignor/Bertheau* Rn. 52.
[235] Vgl. unten ff).
[236] LR-*Ignor/Bertheau* Rn. 52.
[237] LR-*Ignor/Bertheau* Rn. 52.
[238] Vgl. hierzu BGH 13.1.1999 – StB 14/98, NJW 1999, 2051; KMR/*Neubeck* Rn. 27; LR-*Ignor/Bertheau* Rn. 54.
[239] LG Hamburg 28.5.1984 – Qs 6/84, AfP 1984, 172.
[240] *Meyer-Goßner* Rn. 31; KMR/*Neubeck* Rn. 27.
[241] KK/*Senge* Rn. 32.
[242] *Meyer-Goßner* Rn. 31; KK/*Senge* Rn. 31; LR-*Ignor/Bertheau* Rn. 55; *Kunert* MDR 1975, 885.

rend tätig zu werden.[243] An der berufsmäßigen Mitarbeit fehlt es bei Personen, die nur gelegentlich journalistisch tätig sind,[244] was etwa bei einem sich aus besonderem Anlass in der Presse äußernden Staatsmann oder Beamten der Fall sein kann.[245] Deshalb kann sich der Informant, der nur im Einzelfall eine Nachricht weitergibt, nicht darauf berufen, er habe durch seine Information selbst an der Vorbereitung mitgewirkt.[246]

ee) Vorbereitung, Herstellung, Verbreitung. Die Mitwirkung muss bei der Vorbereitung, Herstellung oder Verbreitung erfolgen. Die Vorbereitung betrifft die Informationsbeschaffung bzw. die Recherche.[247] Herstellung sind alle Tätigkeiten, die sich auf die inhaltliche, sprachliche oder technische Gestaltung beziehen.[248] Verbreitung ist jede Handlung, durch die das Druckwerk oder die Sendung veröffentlicht wird.[249] Hierfür kann der Versand an einen bestimmten Personenkreis wie zB Vereinsmitglieder genügen, ein öffentliches Verbreiten ist nicht erforderlich.[250] Mitwirkende bei der Verbreitung sind auch der Zeitungsausträger sowie Inhaber von Lesezirkeln oder sonstigen Vertriebsstellen.[251] Das bloße wörtliche Vorlesen einer Druckschrift ist kein Verbreiten.[252] 39

ff) Bestimmung für den redaktionellen Teil. Ein Zeugnisverweigerungsrecht besteht nur, soweit die Beiträge, Unterlagen, Mitteilungen und Materialen für den redaktionellen Teil des Druckwerks, der Rundfunksendung, des Filmberichts oder für redaktionell aufbereitete Informations- und Kommunikationsdienste bestimmt sind. Beiträge gehören entweder dem redaktionellen Teil oder dem **Anzeigenteil** an; eine andere Kategorie von Beiträgen gibt es nicht.[253] Unabhängig von ihrem Inhalt gehören zum Anzeigenteil alle Beiträge, für die der Verleger oder sonst Verantwortliche ein **Entgelt** erhalten oder sich versprechen lassen hat.[254] 40

Das Zeugnisverweigerungsrecht gilt in der Regel für den Anzeigeteil nicht, weil das zur Sicherung der Pressefreiheit nicht erforderlich ist.[255] Grund für die Beschränkung auf den redaktionellen Teil ist die Annahme, dass die Aufgabe der Presse – die öffentliche Kontrolle der Staatsgewalt und der Beitrag zur politischen Meinungsbildung – im Wesentlichen durch den redaktionellen Teil wahrgenommen werden kann, während der Inseratenteil hauptsächlich wirtschaftlichen Interessen dient.[256] Aus den gleichen Gründen gilt das Zeugnisverweigerungsrecht nicht für den **Werbefunk** und das **Werbefernsehen.**[257] In Ausnahmefällen besteht ein unmittelbar aus Art. 5 Abs. 1 S. 2 GG abgeleitetes Zeugnisverweigerungsrecht für den Anzeigenteil; das ist der Fall, wenn dem Anzeigenteil eine Kontroll- und meinungsbildende Funktion zukommt.[258] Zum redaktionellen Teil gehören auch Leserbriefe, bei denen der Name des Einsenders nicht abgedruckt ist.[259] 41

---

243 BGH 16.12.1954 – 3 StR 385/54, BGHSt 7, 129 = NJW 1954, 471; *Meyer-Goßner* Rn. 31; KK/*Senge* Rn. 31; *Löffler* NJW 1978, 913.

244 *Meyer-Goßner* Rn. 31; Radtke/Hohmann/*Otte* Rn. 29; KK/*Senge* Rn. 31; *Kunert* MDR 1975, 885; SK/*Rogall* Rn. 152.

245 *Greitemann* NStZ 2002, 572; krit. *Löffler* NJW 1978, 913.

246 LR-*Ignor/Bertheau* Rn. 55.

247 OLG Bremen 21.12.1976 – Ss 118/76, JZ 1977, 442; *Meyer-Goßner* Rn. 32; Radtke/Hohmann/*Otte* Rn. 30; KMR/*Neubeck* Rn. 28.

248 *Meyer-Goßner* Rn. 32; Radtke/Hohmann/*Otte* Rn. 30; KMR/*Neubeck* Rn. 28.

249 *Meyer-Goßner* Rn. 32; Radtke/Hohmann/*Otte* Rn. 30; KMR/*Neubeck* Rn. 28; KK/*Senge* Rn. 33.

250 *Meyer-Goßner* Rn. 32; Radtke/Hohmann/*Otte* Rn. 30; KK/*Senge* Rn. 33; SK/*Rogall* Rn. 157.

251 *Eisenberg* Rn. 1250; LR-*Ignor/Bertheau* Rn. 54; LR-*Ignor/Bertheau* Rn. 58.

252 BGH 3.10.1962 – 3 StR 35/62, BGHSt 18, 63 = NJW 1963, 60.

253 KG 17.3.1983 – ER 9/83, NJW 1984, 1133.

254 KG 17.3.1983 – ER 9/83, NJW 1984, 1133.

255 KG 17.3.1983 – ER 9/83, NJW 1984, 1133; *Kunert* MDR 1975, 887; krit. hierzu *Löffler* NJW 1978, 9153.

256 *Kunert* MDR 1975, 885; so im Ergebnis auch *Jarass* JZ 1983, 280.

257 Radtke/Hohmann/*Otte* Rn. 35; KMR/*Neubeck* Rn. 32; *Meyer-Goßner* Rn. 40; *Eisenberg* Rn. 1253; krit. *Löffler* NJW 1978, 913.

258 BVerfG 10.5.1983 – 1 BvR 385/82, BVerfGE 64, 108 = NJW 1984, 1101 mAnm *Fezer* JZ 1983, 797; KMR/*Neubeck* Rn. 32; SK/*Rogall* Rn. 179 mwN; aA KK/*Senge* Rn. 34, wonach der Anzeigenteil grundsätzlich nicht geschützt wird; offen gelassen von BGH 28.12.1978 – StB 235/78, BGHSt 28, 240 = NJW 1979, 1212.

259 KG 17.3.1983 – ER 9/83, NJW 1984, 1133.

42 Stellen die Mediendienste lediglich einen fremden Text unverändert ein, fehlt es an der redaktionellen Aufbereitung,[260] zB wenn jeder Nutzer eines Diskussionsforums jederzeit einen von ihm verfassten Artikel auf einem frei zugänglichen **Internetforum** platzieren kann und er keinerlei Kontrolle durch den Betreiber unterliegt.[261] Letzteres ist insbesondere von Bedeutung, wenn ein Nutzer eines Internetforums sich von einem anderen, ihm namentlich nicht bekannten Benutzer durch dessen Beitrag beleidigt oder verleumdet fühlt und Mitarbeiter des Mediendienstes von den Strafverfolgungsbehörden zu näheren Angaben zu dem Urheber des Beitrags aufgefordert werden.[262]

43 **c) Umfang des Zeugnisverweigerungsrechts.** Das Zeugnis darf verweigert werden über die Person des Verfassers oder Einsenders von Beiträgen und Unterlagen oder des sonstigen Informanten sowie über den dem Zeugen im Hinblick auf seine Tätigkeit gemachten Mitteilungen, über deren Inhalt sowie über den Inhalt selbst erarbeiteter Materialien und den Gegenstand berufsbezogener Wahrnehmungen. Hinsichtlich des Inhalts selbst erarbeiteter Materialien und des Gegenstands berufsbezogener Wahrnehmungen enthalten § 53 Abs. 2 S. 2 und 3 Sonderregelungen.

44 **aa) Person des Verfassers oder Einsenders.** Zur Person des Verfassers oder Einsenders gehören sein Name sowie alle sonstigen Umstände, die mittelbar zu einer **Identifizierung** führen könnten.[263] Verweigert werden dürfen Angaben über seinen Aufenthalt, sein Aussehen, seine Verfassung sowie Fragen danach, in welcher Sprache ein Interview geführt worden ist.[264] Die Frage, ob und ggf. welches **Honorar** der Informant für seine Mitteilung erhalten hat, ist nicht vom Zeugnisverweigerungsrecht umfasst, sofern hieraus keine Erkenntnisse über den Aufenthalt oder für den Informanten betreffende Fahndungsmaßnahmen hergeleitet werden können.[265] Das Zeugnisverweigerungsrecht gilt auch für **anonym** gemachte Mitteilungen.[266] Es ist zulässig, Beiträge eines ungenannten Verfassers in Funk und Fernsehen zu senden, seine Person ist vom Zeugnisverweigerungsrecht erfasst.[267] Kein Zeugnisverweigerungsrecht besteht, wenn der Informant von sich aus die Informationsquelle nennt und Einblick in das gefertigte Material gibt und deshalb ein zu schützendes Vertrauensverhältnis nicht vorhanden ist, was insbesondere bei an die Presse übermittelten, zur Veröffentlichung bestimmten **Bekennerschreiben** zu schweren Straftaten der Fall ist.[268] Ein Zeugnisverweigerungsrecht über Umstände, die dem Auffinden des Informanten dienen könnten, besteht nicht, wenn die Presse selbst dessen **Anonymität preisgegeben** hat.[269] Das gilt vor allem dann, wenn die Identität des Informanten im Pressebeitrag selbst öffentlich gemacht wird und der Informationsinhalt im Übrigen bekannt ist.[270] Aus diesem Grund besteht etwa hinsichtlich des Einsenders eines Leserbriefs kein Zeugnisverweigerungsrecht, wenn dessen Name in der Zeitung abgedruckt ist.[271]

---

[260] KK/*Senge* Rn. 34.

[261] LG Oldenburg 22.9.2010 – 3 Qs 263/10, NStZ 2011, 655; LG Duisburg 6.11.2012 – 32 Qs 49/12, 32 Qs-245 UJS 89/11, NStZ-RR 2013, 215; LG Augsburg 19.3.2013 – X Qs 151/13, NStZ 2013, 480.

[262] Vgl. LG Duisburg v. 6.11.2012 – 32 Qs 49/12, 32 Qs – 245 UJs 89/11 – 49/12 sowie LG Duisburg v. 15.4.2013 – 32 Qs 925 / 245 UJs 89/11 – 8/13.

[263] BGH 20.11.1989 – II BGs 355/89, BGHSt 36, 298 = NJW 1990, 525; *Meyer-Goßner* Rn. 34; Radtke/Hohmann/*Otte* Rn. 32; Groß StV 1996, 559; KMR/*Neubeck* Rn. 29; KK/*Senge* Rn. 35.

[264] BGH 28.12.1978 – StB 235/78, BGHSt 28, 240 = NJW 1979, 1212.

[265] BGH 28.12.1978 – StB 235/78, BGHSt 28, 240 = NJW 1979, 1212; Radtke/Hohmann/*Otte* Rn. 32; KMR/*Neubeck* Rn. 29; KK/*Senge* Rn. 44.

[266] BVerfG 12.3.1982 – 2 BvR 1112/81, NStZ 1982, 253.

[267] KG 17.3.1983 – ER 9/83, NJW 1984, 1133; LR-*Ignor/Bertheau* Rn. 61.

[268] BVerfG 12.3.1982 – 2 BvR 1112/81, NStZ 1982, 253; *Eisenberg* Rn. 1251; aA SK/*Rogall* Rn. 171.

[269] BGH 28.12.1978 – StB 235/78, BGHSt 28, 240 = NJW 1979, 1212; BVerfG 11.3.1969 – 1 BvR 665/62, BVerfGE 25, 296 = NJW 1969, 1019; KG 17.3.1983 – ER 9/83, NJW 1984, 1133; *Meyer-Goßner* Rn. 34; Radtke/Hohmann/*Otte* Rn. 32; KMR/*Neubeck* Rn. 29; KK/*Senge* Rn. 35; *Kramer* Kriminalistik 2004, 759; aA *Rengier* JZ 1979, 797; *Groß* StV 1996, 559; LR-*Ignor/Bertheau* Rn. 61; SK/*Rogall* Rn. 171.

[270] BGH 13.1.1999 – StB 14/98, NJW 1999, 2051; BVerfG 12.3.1982 – 2 BvR 1112/81, NStZ 1982, 253.

[271] KG 17.3.1983 – ER 9/83, NJW 1984, 1133.

Deckt das Presseorgan die Identität des Verfassers selbst auf, dürfen nur noch Fragen nach dem Inhalt der gemachten Mitteilungen verschwiegen werden; das Auffinden eines den Strafverfolgungsbehörden bekannten Informanten kann nicht unter Berufung auf das Zeugnisverweigerungsrecht verhindert werden.[272] Eine **Ausnahme** kommt insoweit nur in Betracht, wenn das Bedürfnis nach Veröffentlichung das Bedürfnis nach Durchsetzung eines Strafanspruchs von geringem Gewicht deutlich übersteigt oder in seltenen Ausnahmefällen eines ganz besonderen, außergewöhnlichen Publizitätsinteresses.[273]

Verfasser ist der geistige Urheber des Beitrags, gleichgültig, ob er ihn selbst schriftlich niedergelegt oder diktiert hat und ob der Beitrag unverändert oder redigiert übernommen worden ist.[274] Nicht Verfasser ist, wer einen Beitrag nur nach Diktat oder auf Weisung eines anderen schriftlich niederlegt.[275] Mehrere Urheber sind Mitverfasser; Mitverfasser kann auch ein Redakteur oder anderer Mitarbeiter des Presseorgans sein.[276] Auch die Person, die den Beitrag selbst im Rundfunk oder Fernsehen spricht, darf verschwiegen werden.[277] **Einsender** ist, wer nicht von ihm selbst, sondern von Dritten verfasste Äußerungen, insbesondere Aufzeichnungen und Schriftstücke, an Mitarbeiter des Presseorgans zur alsbaldigen oder späteren Veröffentlichung oder für Archivzwecke übersendet oder übergibt.[278] **Sonstiger Informant** ist, wer, ohne Verfasser oder Einsender zu sein, Anregungen oder Material (Lichtbilder, Tonträger, Schriftstücke) für einen Beitrag liefert.[279] 45

bb) Gemachte Mitteilungen. Zu den **gemachten Mitteilungen** gehört alles, was der Presse im Zusammenhang mit einer etwaigen Veröffentlichung im redaktionellen Teil von Dritten mitgeteilt wird.[280] Unerheblich ist, ob die Mitteilung erst auf „bohrende Nachfrage" erfolgt ist.[281] Erfasst ist **Hintergrundmaterial,** dessen Veröffentlichung nicht beabsichtigt ist.[282] Das Zeugnis darf auch darüber verweigert werden, ob überhaupt eine Mitteilung gemacht worden ist.[283] Erfasst ist auch die persönliche Meinung des Informanten, ob eine Quelle zuverlässig ist.[284] Geschützt sind alle Informationen, die der Zeuge im Zusammenhang mit der Durchführung eines Interviews infolge der Bereitschaft des Informanten zur Mitwirkung erhalten hat, insbesondere die Art und Weise des Zustandekommens des Interviews.[285] Was der Zeuge **selbst recherchiert** hat, ist keine an ihn von einem Informanten gemachte Mitteilung; zur Mitteilung wird das auch nicht dadurch, dass der Außendienstmitarbeiter es an die zentrale Redaktion weiterleitet.[286] Gleiches gilt für eigene Wahrnehmungen und Handlungen des Pressemitarbeiters.[287] Ermöglicht der Informant aber gezielt bestimmte Beobachtungen in einer Art und Weise, dass sie als Inhalt von Mitteilungen 46

[272] BGH 28.12.1978 – StB 235/78, BGHSt 28, 240 = NJW 1979, 1212; aA *Rengier* JZ 1979, 797.

[273] BGH 28.12.1978 – StB 235/78, BGHSt 28, 240 = NJW 1979, 1212; KMR/*Neubeck* Rn. 29; KK/*Senge* Rn. 35; aA *Meyer-Goßner* Rn. 34; *Rengier* JZ 1979, 797.

[274] *Meyer-Goßner* Rn. 35; Radtke/Hohmann/*Otte* Rn. 33; KMR/*Neubeck* Rn. 30.

[275] KK/*Senge*. Rn. 37; *Eisenberg* Rn. 1251.

[276] LG Hamburg 28.5.1984 – Qs 6/84, AfP 1984, 172; *Meyer-Goßner* Rn. 35; Radtke/Hohmann/*Otte* Rn. 33; KK/*Senge* Rn. 37; KMR/*Neubeck* Rn. 30.

[277] *Meyer-Goßner* Rn. 35; Radtke/Hohmann/*Otte* Rn. 33; KK/*Senge* Rn. 36; *Groß* NJW 1975, 1763.

[278] *Meyer-Goßner* Rn. 36; Radtke/Hohmann/*Otte* Rn. 33; KK/*Senge* Rn. 38.

[279] *Meyer-Goßner* Rn. 36; Radtke/Hohmann/*Otte* Rn. 33; KK/*Senge* Rn. 39; KMR/*Neubeck* Rn. 30; LR-*Ignor/Bertheau* Rn. 65.

[280] BGH 28.12.1978 – StB 235/78, BGHSt 28, 240 = NJW 1979, 1212; KK/*Senge* Rn. 40.

[281] BGH 28.12.1978 – StB 235/78, BGHSt 28, 240 = NJW 1979, 1212; KK/*Senge* Rn. 41; SK/*Rogall* Rn. 173.

[282] BGH 28.12.1978 – StB 235/78, BGHSt 28, 240 = NJW 1979, 1212; OLG Bremen 21.12.1976 – Ss 118/76, JZ 1977, 442; Radtke/Hohmann/*Otte* Rn. 34; KMR/*Neubeck* Rn. 31; KK/*Senge* Rn. 43; *Eisenberg* Rn. 1252; *Gross* NJW 1975, 1763.

[283] BGH 28.12.1978 – StB 235/78, BGHSt 28, 240 = NJW 1979, 1212; *Meyer-Goßner* Rn. 38; Radtke/Hohmann/*Otte* Rn. 34; LR-*Ignor/Bertheau* Rn. 66.

[284] BGH 28.12.1978 – StB 235/78, BGHSt 28, 240 = NJW 1979, 1212; KK/*Senge* Rn. 41.

[285] BGH 20.11.1989 – II BGs 355/89, BGHSt 36, 298 = NJW 1990, 525.

[286] BGH 28.12.1978 – StB 235/78, BGHSt 28, 240 = NJW 1979, 1212; KK/*Senge* Rn. 42.

[287] BGH 28.12.1978 – StB 235/78, BGHSt 28, 240 = NJW 1979, 1212.

gelten können, etwa, indem er dem Zeugen ermöglicht, seinen Körper auf Verletzungen zu untersuchen, ist darin die Mitteilung selbst zu sehen.[288]

47 **cc) Selbst recherchierte Materialien, eigene berufsbezogene Wahrnehmungen.** Das Zeugnisverweigerungsrecht umfasst nunmehr auch den **Inhalt selbst erarbeiter Materialien** des Zeugen.[289] Diese durch das Gesetz vom 15.2.2002[290] eingeführte Erweiterung war nicht durch Art. 5 Abs. 1 S. 2 GG verfassungsrechtlich geboten.[291] Nachdem hier ein Informant nicht vorhanden ist, gibt es jedenfalls kein zu schützendes Vertrauensverhältnis zwischen dem Zeugen und dem Informanten, das den Grund für das Zeugnisverweigerungsrecht darstellen könnte.[292] Man wird den gesetzgeberischen Grund für die Neuregelung daher in der – ebenfalls unter den Schutz des Art. 5 Abs. 1 S. 2 GG fallenden[293] – **Vertraulichkeit der Redaktionsarbeit** sehen müssen.[294] Zum Inhalt selbst erarbeiteter Materialien gehören selbst gefertigte schriftliche Aufzeichnungen, Filmaufnahmen oder Fotos einschließlich der Negative, insbesondere vom Zeugen anlässlich von Großveranstaltungen wie zB Demonstrationen oder Sportveranstaltungen angefertigte Filmaufnahmen, auf denen strafbare Handlungen dokumentiert sind.[295] Das führt aber nicht dazu, dass der Pressemitarbeiter allein dadurch, dass er von ihm zufällig und ohne beruflichen Bezug gemachte Beobachtungen zu Papier bringt oder auf einen Tonträger spricht, um sie später berufsbezogen zu verarbeiten, ein Zeugnisverweigerungsrecht entstehen lassen kann.[296] Dem Zeugnisverweigerungsrecht unterliegt nur die Aussage über das angefertigte Material, nicht aber über die ursprünglich gemachte Wahrnehmung, deren privater Charakter von der schriftlichen Fixierung unberührt bleibt.[297]

48 Auch hinsichtlich des **Gegenstands eigener berufsbezogener Wahrnehmungen** besteht nach der Neufassung ein Zeugnisverweigerungsrecht.[298] Das sind alle Wahrnehmungen, die im Zusammenhang mit der Tätigkeit als Mitarbeiter der Presse oder des Rundfunks gemacht worden sind.[299] Nachdem die Behauptung des Pressemitarbeiters, er habe die Beobachtung in einem solchen Zusammenhang gemacht, in der Regel nicht zu widerlegen sein wird, hängt es letztlich von der Entscheidung des Pressemitarbeiters ab, ob er zur Aussage verpflichtet ist oder nicht.[300] Vor diesem Hintergrund erscheint die durch die Neuregelung eingeführte Erweiterung des Zeugnisverweigerungsrechts im Hinblick auf die Bedürfnisse einer wirksamen Strafverfolgung sowie auf die unter Umständen eingeschränkten Verteidigungsmöglichkeiten des Beschuldigten[301] bedenklich.

49 **dd) Subsidiaritätsklausel.** Das Zeugnisverweigerungsrecht erfährt eine **Einschränkung** dahin, dass hinsichtlich des Inhalts selbst erarbeiteter Materialien und des Gegenstands berufsbezogener Wahrnehmungen das Zeugnisverweigerungsrecht entfällt, wenn die Aus-

---

[288] BGH 28.12.1978 – StB 235/78, BGHSt 28, 240 = NJW 1979, 1212; BGH 20.11.1989 – II BGs 355/89, BGHSt 36, 298 = NJW 1990, 525; *Meyer-Goßner* Rn. 38; Radtke/Hohmann/*Otte* Rn. 34; KMR/*Neubeck* Rn. 31.

[289] Vgl. zum bisher geltenden Recht *Jarass* JZ 1981, 280.

[290] BGBl. I 682.

[291] BVerfG 4.3.1981 – 2 BvR 195/81, BVerfGE 56, 247 = NJW 1981, 97; BVerfG 1.10.1987 – 2 BvR 1434/86, BVerfGE 77, 65 = NJW 1988, 329; KK/*Senge* Rn. 27; krit. zur Neufassung *Kunert* NStZ 2002, 169 sowie *Kramer* Kriminalistik 2004, 756.

[292] *Kunert* MDR 1975, 885; *Kunert* NStZ 2002, 169; KK/*Senge* Rn. 27.

[293] BVerfG 1.10.1987 – 2 BvR 1434/86, BVerfGE 77, 65 = NJW 1988, 329; KK/*Senge* Rn. 27.

[294] Vgl. *Kunert* NStZ 2002, 169; KK/*Senge* Rn. 27; SK/*Rogall* Rn. 149.

[295] BVerfG 4.3.1981 – 2 BvR 195/81, BVerfGE 56, 247 = NJW 1981, 97; BVerfG 1.10.1987 – 2 BvR 1434/86, BVerfGE 77, 65 = NJW 1988, 329; *Hamm* NJW 2001, 269; KMR/*Neubeck* Rn. 31.

[296] *Kramer* Kriminalistik 2004, 759; aA *Kunert* NStZ 2002, 171; KK/*Senge* Rn. 44a; in diesem Sinne wohl auch *Tsambikakis* StraFo 2002, 145.

[297] *Kramer* Kriminalistik 2004, 759.

[298] Krit. hierzu *Kunert* NStZ 2002, 171.

[299] Radtke/Hohmann/*Otte* Rn. 36; KK/*Senge* Rn. 44a.

[300] *Kunert* NStZ 2002, 169; KK/*Senge* Rn. 44a; LR-*Ignor*/*Bertheau* Rn. 67; SK/*Rogall* Rn. 177.

[301] Vgl. zu diesen Gesichtspunkten bereits BVerfG 1.10.1987 – 2 BvR 1434/86, BVerfGE 77, 65 = NJW 1988, 329.

sage zur Aufklärung eines Verbrechens (§ 12 Abs. 1 StGB) beitragen soll oder wenn Gegenstand der Untersuchung eines der in **§ 53 Abs. 2 S. 2** abschließend aufgezählten Vergehen ist und die Erforschung des Sachverhalts oder die Ermittlung des Aufenthaltsorts des Beschuldigten auf andere Weise aussichtslos oder wesentlich erschwert wäre.[302] Nach weit verbreiteter Auffassung soll nach dem Wortlaut des § 53 Abs. 2 S. 2 zweifelhaft sein, ob sich die Wendung „und die Erforschung des Sachverhalts oder die Ermittlung des Aufenthaltsorts des Beschuldigten auf andere Weise aussichtslos oder wesentlich erschwert wäre" sowohl auf Verbrechen als auch auf die in § 53 Abs. 2 S. 2 aufgezählten Vergehen oder nur auf die genannten Vergehen bezieht.[303] Nachdem nachvollziehbare sachliche Gründe, warum die Subsidiaritätsklausel lediglich bei den aufgezählten Vergehen, nicht aber bei Verbrechen anwendbar sein soll, nicht erkennbar sind, wird man sie – vom Wortlaut noch gedeckt – dahin verstehen müssen, dass sie auch für Verbrechen gelten soll.[304] Ausreichend ist ein **Anfangsverdacht** zum Zeitpunkt der Vernehmung.[305] Der Zeuge, der die Akte in der Regel nicht kennt und daher kaum beurteilen kann, ob die tatsächlichen Voraussetzungen für das Eingreifen der Subsidiaritätsklausel vorliegen und sein Zeugnisverweigerungsrecht deshalb eingeschränkt ist, wird häufig Gefahr laufen, durch die Verweigerung der Aussage mit Maßnahmen nach § 70 belegt zu werden.[306]

Das Zeugnisverweigerungsrecht bleibt aber auch in den in § 53 Abs. 2 S. 2 genannten Fällen gemäß der in **§ 53 Abs. 2 S. 3** normierten **Gegenausnahme** bestehen, soweit die Aussage zur Offenbarung der Person des Verfassers oder Einsenders von Beiträgen und Unterlagen oder des sonstigen Informanten oder der dem Zeugen im Hinblick auf seine Tätigkeit gemachten Mitteilungen oder deren Inhalts führen würde. Nachdem eine dahingehende Behauptung des Zeugen in der Regel nicht überprüft werden kann, wird das in vielen Fällen dazu führen, dass der Zeuge aufgrund der Gegenausnahme doch zur Verweigerung des Zeugnisses berechtigt ist.[307] Aus der Formulierung „soweit" ergibt sich, dass der Zeuge die Aussage nicht insgesamt verweigern darf.[308] 50

ee) Abgrenzungsfragen. Im Einzelfall kann die **Abgrenzung** zwischen Mitteilungen eines Informanten und dem Inhalt selbst erarbeiteter Materialien des Zeugnisverweigerungsberechtigten problematisch sein. Nachdem gemäß § 53 Abs. 1 S. 2 auch selbst recherchiertes Material vom Zeugnisverweigerungsrecht umfasst ist, spielt die Abgrenzung für das Bestehen des Zeugnisverweigerungsrechts als solchem zunächst keine Rolle. Relevant wird das erst im Anwendungsbereich des Abs. 2 S. 2, weil das Zeugnisverweigerungsrecht bei Vorliegen der dort genannten Voraussetzungen entfällt, sofern es sich um selbst recherchiertes Material handelt, nicht aber, wenn es um an den zeugnisverweigerungsberechtigten Zeugen von einem Dritten gemachte Mitteilungen geht.[309] Leitender Gedanke muss insofern sein, dass der Informant, zu dem der Zeuge ein Vertrauensverhältnis aufgebaut hat, vor Enttarnung geschützt werden muss; es kommt deshalb nicht darauf an, ob der Informant an den Journalisten herangetreten ist oder umgekehrt.[310] Kommt es zu einer **Gemengelage** zwischen selbst erarbeitetem Material und dem Zeugen gemachten Mitteilungen, ist auch das selbst erarbeitete Material vom Zeugnisverweigerungsrecht umfasst, wenn ein **untrennbarer** 51

---

302 Krit. zur gesetzlichen Neuregelung *Kramer* Kriminalistik 2004, 756 sowie *Hamm* NJW 2001, 269.

303 Radtke/Hohmann/*Otte* Rn. 37; KK/*Senge* Rn. 44b; aA *Kunert* NStZ 2002, 169 und *Tsambikakis* StraFo 2002, 145, die ohne Weiteres davon ausgehen, dass sich die Subsidiaritätsklausel sowohl auf Verbrechen als auch auf die dort genannten Vergehen bezieht; nach KMR/*Neubeck* Rn. 33; *Meyer-Goßner* Rn. 39a; SK/*Rogall* Rn. 182 soll sich die Klausel nach dem Wortlaut nur auf die Vergehen beziehen.

304 *Kramer* Kriminalistik 2004, 760; im Ergebnis auch *Kunert* NStZ 2002, 169 sowie *Tsambikakis* StraFo 2002, 145.

305 LR-*Ignor/Bertheau* Rn. 568; SK/*Rogall* Rn. 181.

306 *Kunert* NStZ 2002, 169; KK/*Senge* Rn. 44b; *Kramer* Kriminalistik 2004, 760; *Tsambikakis* StraFo 2002, 145.

307 Radtke/Hohmann/*Otte* Rn. 37; *Meyer-Goßner* Rn. 39c; KK/*Senge* Rn. 44b; *Kunert* NStZ 2002, 169.

308 LR-*Ignor/Bertheau* Rn. 69.

309 *Kunert* NStZ 2002, 169; KK/*Senge* Rn. 40.

310 BGH 20.11.1989 – II BGs 355/89, BGHSt 36, 298 = NJW 1990, 525.

Zusammenhang besteht, was insbesondere der Fall sein kann, wenn der Journalist erst nach eigenen Recherchen einen Informanten ausfindig gemacht hat, der ihm sodann weitere Informationen verschafft.[311]

IV. Belehrung über das Zeugnisverweigerungsrecht

52 Eine Verpflichtung, den Zeugen über sein Weigerungsrecht zu belehren, sieht das Gesetz nicht vor, weil seine Kenntnis hiervon als selbstverständlich vorausgesetzt wird.[312] Das gilt auch für einen Geistlichen eines fremden Landes, jedenfalls dann, wenn er sich dauerhaft in Deutschland aufhält und hier eine Gemeinde betreut.[313] Lediglich im Fall eines offensichtlichen Irrtums des Zeugen kann es die gerichtliche Fürsorgepflicht ausnahmsweise gebieten, den Zeugen zu belehren.[314]

V. Ausübung des Zeugnisverweigerungsrechts

53 Für die Ausübung des Zeugnisverweigerungsrechts gelten die Ausführungen zu § 52 entsprechend.[315] Der Zeuge kann das Geheimnis ganz, teilweise oder gar nicht preisgeben.[316] Es obliegt allein der **Entscheidung des Zeugen,** ob er sich nach Abwägung der widerstreitenden Interessen zur Aussage entschließt und das Risiko einer Bestrafung nach § 203 StGB in Kauf nimmt.[317] Der Angeklagte hat strafprozessual keinen Rechtsanspruch darauf, dass der Zeuge von seinem Weigerungsrecht Gebrauch macht.[318] Allerdings hat der Patient aus dem mit dem Arzt geschlossenen Vertrag zivilrechtlich einen Anspruch auf Geheimhaltung, den er bei Vorliegen der Voraussetzungen der §§ 929, 935 ZPO im Wege des einstweiligen Rechtsschutzes durchsetzen kann.[319] **Gründe für seine Weigerung** muss der Zeuge nicht angeben.[320] Dem Gericht ist es untersagt, die Entscheidung des Zeugen zu beeinflussen, sofern nicht ersichtlich ist, dass sich der Zeuge in einem Irrtum befindet.[321] Eine **unzutreffende Belehrung** des Zeugen durch das Gericht, der Berechtigte habe ihn von der Verpflichtung zur Verschwiegenheit entbunden, stellt eine unzulässige Beeinträchtigung der Entschließungsfreiheit des Zeugen dar, auch wenn ihm das Weigerungsrecht durch das Gericht nicht ausdrücklich abgesprochen wird.[322] Der Angeklagte muss die Entscheidung des Zeugen, auszusagen, auch dann hinnehmen, wenn sie auf einem im Verantwortungsbereich des Zeugen liegenden Irrtum beruht, nicht aber, wenn der **Irrtum** durch das Gericht verursacht worden ist.[323] Für Erklärungen des Zeugen im Zusammenhang mit der Entbindung von der Schweigepflicht ist nicht auf den mutmaßlichen, sondern auf den

---

[311] BGH 20.11.1989 – II BGs 355/89, BGHSt 36, 298 = NJW 1990, 525.
[312] BGH 19.3.1991 – 5 StR 516/90, BGHSt 37, 340 = NJW 1991, 2844; BGH 7.3.1996 – 4 StR 737/95, BGHSt 42, 73 = NJW 1996, 2435; BGH 9.3.1993 – 5 StR 1/93, NStZ 1993, 340; OLG Dresden 16.4.1997 – 1 Ws 97/97, NStZ-RR 1997, 238; *Meyer-Goßner* Rn. 44; KMR/*Neubeck* Rn. 7; SK/*Rogall* Rn. 31; *Fezer* JuS 1978, 472; Welp JR 1997, 36; *Freund* GA 1993, 50.
[313] BGH 4.2.2010 – 4 StR 394/09, NStZ-RR 2010, 178.
[314] BGH 7.3.1996 – 4 StR 737/95, BGHSt 42, 73 = NJW 1996, 2435; BGH 20.5.1980 – 1 StR 177/80, MDR 1980, 815; OLG Dresden 16.4.1997 – 1 Ws 97/97, NStZ-RR 1997, 238; Radtke/Hohmann/*Otte* Rn. 7; *Meyer-Goßner* Rn. 44; KMR/*Neubeck* Rn. 7; SK/*Rogall* Rn. 31; *Molketin* MDR 1982, 98.
[315] Vgl. dort IV.
[316] *Eisenberg* Rn. 1253.
[317] BGH 12.1.1956 – 3 StR 195/55, BGHSt 9, 59 = NJW 1956, 599; BGH 7.3.1996 – 4 StR 737/95, BGHSt 42, 73 = NJW 1996, 2435; OLG Hamm 7.12.1967 – 2 Ss 1610/67, NJW 1968, 1202; KK/*Senge* Rn. 7.
[318] BGH 12.1.1956 – 3 StR 195/55, BGHSt 9, 59 = NJW 1956, 599; BGH 7.3.1996 – 4 StR 737/95, BGHSt 42, 73 = NJW 1996, 2435; BVerfG 12.3.1982 – 2 BvR 1112/81, NStZ 1982, 253; Radtke/Hohmann/*Otte* Rn. 38 KMR/*Neubeck* Rn. 35; LR-*Ignor/Bertheau* Rn. 7.
[319] *Welp* JR 1997, 36.
[320] Radtke/Hohmann/*Otte* Rn. 38; *Meyer-Goßner* Rn. 41; KMR/*Neubeck* Rn. 35; SK/*Rogall* Rn. 186.
[321] BGH 7.3.1996 – 4 StR 737/95, BGHSt 42, 73 = NJW 1996, 2435; KK/*Senge* Rn. 6.
[322] BGH 7.3.1996 – 4 StR 737/95, BGHSt 42, 73 = NJW 1996, 2435; *Fezer* JuS 1978, 472.
[323] BGH 7.3.1996 – 4 StR 737/95, BGHSt 42, 73 = NJW 1996, 2435.

zweifelsfrei erklärten Willen abzustellen.[324] Hat das Gericht Zweifel an der Berechtigung der Zeugnisverweigerung, kann es nach § 56 die eidesstattliche Versicherung verlangen.[325]

VI. Verzicht auf das Zeugnisverweigerungsrecht, Widerruf des Verzichts, verfahrensrechtliche Folgen der Zeugnisverweigerung

54 Für den Verzicht auf das Zeugnisverweigerungsrecht, den Widerruf des Verzichts und die verfahrensrechtlichen Folgen der berechtigten Zeugnisverweigerung gelten die Ausführungen zu § 52 entsprechend.[326] Insbesondere kann der Mandant oder Patient die Entbindung von der Schweigepflicht jederzeit widerrufen, was zur Folge hat, dass der Berufsgeheimnisträger wieder zur Verweigerung des Zeugnisses berechtigt ist.[327] Vor dem Widerruf erfolgte Angaben können anders als bei § 52 verwertet werden; **§ 252 gilt hier nicht.**[328] Vgl. zur Frage, inwiefern bei der Beweiswürdigung Schlüsse aus der Weigerung des Beschuldigten, den Zeugen von der Schweigepflicht zu entbinden, gezogen werden dürfen die Ausführungen unter VIII.

VII. Entbindung von der Schweigepflicht

55 **1. Allgemeines.** Wurde der Zeuge von der Verpflichtung zur Verschwiegenheit entbunden, ist er gemäß § 53 Abs. 2 S. 1 in den Fällen des § 53 Abs. 1 S. 1 Nr. 2 bis 3b ohne Einschränkung **zur Aussage verpflichtet.**[329] Ein Arzt muss auch Angaben über Erkrankungen des Patienten machen, die er bislang seinem Patienten noch nicht mitgeteilt hat, etwa dass dieser an einer schweren Erkrankung leidet.[330] Gleiches gilt, wenn der Angeklagte seinen Verteidiger von der Verpflichtung zur Verschwiegenheit befreit; einen „Kernbereich" der Verteidigung, der trotz Entbindung von der Verschwiegenheitspflicht nicht zum Gegenstand einer Beweisaufnahme gemacht werden kann, gibt es nicht.[331] In den Fällen der Nr. 1, 4 und 5 hat die Entbindung keine rechtliche Wirkung und kann allenfalls die Entscheidung des Zeugen beeinflussen.[332] Das Gericht ist nicht verpflichtet, den zur Entbindung des Zeugen berechtigten Angeklagten zu fragen, ob er den Zeugen entbinden möchte.[333] Allerdings darf das Gericht einen zur Hauptverhandlung erschienenen Zeugen, der nicht von der Schweigepflicht entbunden worden ist, nicht ohne weiteres entlassen; es muss den Zeugen vielmehr fragen, ob er von der Möglichkeit, dennoch zur Sache auszusagen, Gebrauch machen will.[334] Diese Frage ist als für die Hauptverhandlung wesentliche Förmlichkeit zu protokollieren.[335] Die Entbindung von der Schweige-

---

324 BGH 7.3.1996 – 4 StR 737/95, BGHSt 42, 73 = NJW 1996, 2435.

325 Radtke/Hohmann/*Otte* Rn. 18; *Meyer-Goßner* Rn. 41; KMR/*Neubeck* Rn. 35; vgl. zur Frage, inwiefern das Bestehen eines Verlöbnisses glaubhaft zu machen ist die Ausführungen § 52 II.1.d), die entsprechend gelten.

326 Vgl. dort VI. und VII. sowie IX 1. und 2.

327 BGH 7.3.1996 – 4 StR 737/95, BGHSt 42, 73 = NJW 1996, 2435; KK/*Senge* Rn. 54.

328 BGH 20.11.1962 – 5 StR 426/62, BGHSt 18, 146 = NJW 1963, 723; BGH 20.12.2011 – 1 StR 547/11, NStZ 2012, 281; *Meyer-Goßner* Rn. 49; KK/*Senge* Rn. 9, 54; KMR/*Neubeck* Rn. 41; Radtke/Hohmann/*Otte* Rn. 43; *Eisenberg* Rn. 1257; LR-*Ignor/Bertheau* Rn. 83; SK/*Rogall* Rn. 190.

329 BGH 20.11.1962 – 5 StR 426/62, BGHSt 18, 146 = NJW 1963, 723; Radtke/Hohmann/*Otte* Rn. 39; *Meyer-Goßner* Rn. 45; KK/*Senge* Rn. 45; LR-*Ignor/Bertheau* Rn. 7; *Lenckner* NJW 1965, 321; *Bringewat* NJW 1974, 1740 betreffend den Verteidiger.

330 OLG Hamburg 29.12.1961 – Ws 756/61, NJW 1962, 689; KK/*Senge* Rn. 51; vgl. eingehend LR-*Ignor/Bertheau* Rn. 82 sowie *Göppinger* NJW 1958, 241 jeweils mwN.

331 BGH 24.11.2009 – 1 StR 520/09, StraFo 2010, 69; Radtke/Hohmann/*Otte* Rn. 39; aA BGH 12.9.2007 – 5 StR 257/07, NStZ 2008, 115; vgl. zum Zeugnisverweigerungsrecht bei höchstpersönlichen Wahrnehmungen des Rechtsanwalts unmittelbar aus Art. 12 Abs. 1 GG BGH 30.11.1989 – III ZR 112/88, NJW 1990, 510 sowie KK/*Senge* Rn. 45.

332 *Meyer-Goßner* Rn. 45; Radtke/Hohmann/*Otte* Rn. 39; KK/*Senge* Rn. 45; KMR/*Neubeck* Rn. 36; LR-*Ignor/Bertheau* Rn. 77.

333 *Meyer-Goßner* Rn. 45; Radtke/Hohmann/*Otte* Rn. 39; SK/*Rogall* Rn. 31.

334 BGH 28.10.1960 – 4 StR 375/60, BGHSt 15, 200 = NJW 1961, 279; *Meyer-Goßner* Rn. 45; *Fezer* JuS 1978, 472.

335 BGH 28.10.1960 – 4 StR 375/60, BGHSt 15, 200 = NJW 1961, 279.

pflicht kann auf bestimmte Tatsachenkomplexe, nicht aber auf einzelne Tatsachen, **beschränkt** werden.[336] Eine Beschränkung ist aber nicht möglich, wenn dies dazu führen würde, dass die Aussage unvollständig und damit unwahr wäre.[337] Nachdem nicht erforderlich ist, dass der Berechtigte geschäftsfähig ist, sondern das Vorliegen der natürlichen Willensfähigkeit und eine hinreichende Vorstellung von der Bedeutung des Rechts genügen, können auch **Minderjährige und Geisteskranke** wirksam von der Schweigepflicht entbinden.[338]

56 **2. Zur Entbindung Berechtigte.** Die Befreiung von der Verschwiegenheitspflicht muss **durch alle Berechtigten** erfolgen.[339] Zur Entbindung berechtigt sind alle, zu deren Gunsten die Verschwiegenheitspflicht besteht,[340] unabhängig davon, wer den zu Grunde liegenden Auftrag erteilt hat.[341] Der das Geheimnis anvertrauende und der Geschützte brauchen daher nicht identisch zu sein.[342] Hat ein Arzt ein Geheimnis einer dritten, nicht bei ihm in Behandlung befindlichen Person erfahren, ist deren Entbindungserklärung erforderlich, aber auch ausreichend; hat ihm etwa sein Patient eine Krankheit seiner Ehefrau mitgeteilt, muss die Ehefrau des Patienten die Entbindungserklärung abgeben.[343]

57 Streitig und vom BGH noch nicht entschieden ist, wer die Befreiung von der Verpflichtung zur Verschwiegenheit erklären muss, wenn bei juristischen Personen ein Wechsel in der Person des vertretungsberechtigten Organs – insbesondere infolge der **Bestellung eines Insolvenzverwalters** – erfolgt ist, was vor allem beim Zeugnisverweigerungsrecht des Wirtschaftsprüfers und des Rechtsanwalts im Zusammenhang mit Insolvenzstraftaten relevant wird.[344] Nach hier vertretener Auffassung müssen neben dem Insolvenzverwalter bei einer insolventen AG auch die Vorstandsmitglieder zustimmen, bei einer insolventen GmbH muss auch der Geschäftsführer zustimmen.[345] Auch wenn – ausgehend von der rechtlichen Selbständigkeit der juristischen Person – Vertragspartner des zur Verschwiegenheit verpflichteten Zeugen normalerweise die Gesellschaft und nicht der Geschäftsführer oder Vorstand sein wird, bedient sie sich bei der Preisgabe von

[336] OLG Hamburg 29.12.1961 – Ws 756/61, NJW 1962, 689; KMR/*Neubeck* Rn. 40; KK/*Senge* Rn. 52; Radtke/Hohmann/*Otte* Rn. 43; *Eisenberg* Rn. 1257.

[337] KK/*Senge* Rn. 52.

[338] Radtke/Hohmann/*Otte* Rn. 41; SK/*Rogall* Rn. 195; *Welp* JR 1997, 35; KK/*Senge* Rn. 48; *Eisenberg* Rn. 1256; *Göppinger* NJW 1958, 241; SK/*Rogall* Rn. 195, der aber für Tatsachen, die vermögensrechtliche Angelegenheiten betreffen, insbesondere bei Geschäftsgeheimnissen, das Vorliegen von Geschäftsfähigkeit für erforderlich hält.

[339] OLG Koblenz 22.2.1985 – 2 VAs 21/84, NStZ 1985, 426; AG Bonn 12.3.2010 – 51 Gs 557/10, NJW 2010, 1390 mAnm *Hamm* NJW 2010, 1332; KMR/*Neubeck* Rn. 37; LR-*Ignor/Bertheau* Rn. 78.

[340] OLG Koblenz 22.2.1985 – 2 VAs 21/84, NStZ 1985, 426; OLG Schleswig 27.5.1980 – 1 Ws 160/80, NJW 1981, 294; *Meyer-Goßner* Rn. 46; Radtke/Hohmann/*Otte* Rn. 40.

[341] OLG Nürnberg 18.6.2009 – 1 Ws 289/09, NJW 2010, 690; Radtke/Hohmann/*Otte* Rn. 41; *Passarge* BB 2010, 591.

[342] OLG Hamburg 29.12.1961 – Ws 756/61, NJW 1962, 689; *Meyer-Goßner* Rn. 46; KMR/*Neubeck* Rn. 37.

[343] OLG Hamburg 29.12.1961 – Ws 756/61, NJW 1962, 689; Radtke/Hohmann/*Otte* Rn. 40; *Göppinger* NJW 1958, 241; KK/*Senge* Rn. 46; LR-*Ignor/Bertheau* Rn. 79; aA OLG Karlsruhe 23.5.1960 – 2 Ws 24/60, NJW 1960, 1392; OLG Köln 30.11.1982 – 3 Ss 126/82, NStZ 1983, 412 mAnm *Rogall; Meyer-Goßner* Rn. 46.

[344] Vgl. hierzu eingehend *Tully/Kirch-Heim,* NStZ 2012, 657.

[345] OLG Koblenz 22.2.1985 – 2 VAs 21/84, NStZ 1985, 426; AG Bonn 12.3.2010 – 51 Gs 557/10, NJW 2010, 1390 mAnm *Hamm* NJW 2010, 1332; OLG Schleswig 27.5.1980 – 1 Ws 160/80, NJW 1981, 294; LG Düsseldorf 18.3.1958 – IIIa Qs 107/58, NJW 1958, 1152; OLG Koblenz 22.2.1985 – 2 VAS 21/84, NStZ 1985, 426; OLG Düsseldorf 14.12.1992 – 1 Ws 1155/92, wistra 1993, 120; Radtke/Hohmann/*Otte* Rn. 40; KK/*Senge* Rn. 47; KMR/*Neubeck* Rn. 37; Gülzow NJW 1981, 265; *Schmitt* wistra 1993, 14; *Eisenberg* Rn. 1257; LR-*Ignor/Bertheau* Rn. 78; SK/*Rogall* Rn. 200; *Krause,* NStZ 2012, 663; aA OLG Nürnberg 18.6.2009 – 1 Ws 289/09, NJW 2010, 690; LG Bonn 13.2.2012 – 27 Qs 21/11, NStZ 2012, 712; OLG Oldenburg 28.5.2004 – 1 Ws 242/04, NJW 2004, 2176; LG Lübeck 7.6.1977 – 4 Qs 171/77, NJW 1978, 1014; LG Hamburg 6.8.2001 – 616 Qs 41/01, NStZ-RR 2002, 12; *Peemöller/Weller* BB 2001, 2415; *Schäfer* wistra 1985, 210; *Haas* wistra 1983, 183; *Passarge* BB 2010, 591; *Tully/Kirch-Heim,* NStZ 2012, 657; *Meyer-Goßner* Rn. 46a m.w.N.

Geheimnissen notwendigerweise der Mitwirkung ihrer Organe; diese Mitwirkung schließt in der Regel die Offenbarung von Umständen ein, für die die Organe persönlich strafrechtlich verantwortlich gemacht werden können, weshalb ihnen auch im Insolvenzfall die Verfügungsfreiheit über die Preisgabe der Daten nicht genommen werden darf.[346] Der für die juristische Person Handelnde wird sich dem Berater nur dann rückhaltlos offenbaren, wenn er nicht befürchten muss, dass diese Angaben in einem gegen ihn selbst geführten Strafverfahren verwertet werden; die optimale Beratung der juristischen Person, die nur auf Grundlage aller relevanten Informationen erfolgen kann, macht es erforderlich, dass die für die juristische Person Handelnden es auch im Insolvenzfall in der Hand haben, ob diese Angaben verwertet werden dürfen.[347] Aus denselben Erwägungen ist die Zustimmung des bisherigen Organs der juristischen Person auch nach seinem Ausscheiden bei der Gesellschaft erforderlich.[348]

Nach dem Tod des Berechtigten können weder seine Erben noch seine nächsten Angehörigen den Zeugen von der Schweigepflicht entbinden.[349] Das Recht, den Arzt von der Schweigepflicht zu entbinden, ist höchstpersönlich und nicht vererblich,[350] auch eine **Vertretung** zu Lebzeiten ist ausgeschlossen.[351] Der Arzt darf aussagen, wenn der Berechtigte ihn zu Lebzeiten oder durch Verfügung von Todes wegen von der Verpflichtung zur Verschwiegenheit entbunden hat oder wenn er aufgrund gesetzlicher Vorschriften – etwa solcher zum Seuchenschutz – hierzu berechtigt ist.[352] Der Wille des Verstorbenen ist auch maßgebend, wenn er ihn zu Lebzeiten gegenüber Dritten geäußert oder in einem Brief niedergelegt hat.[353] Liegen solche Umstände nicht vor, hat der Berufsgeheimnisträger nach Abwägung der widerstreitenden Interessen – und ggf. nach Einholung der Auskunft seiner Berufsvertretung – selbst zu entscheiden, ob er aussagen möchte oder nicht.[354] Dabei soll ein Arzt sich nicht „aus grundsätzlichen Erwägungen" auf die ärztliche Schweigepflicht berufen dürfen, sondern im Einzelnen darzulegen haben, auf welche Belange des Verstorbenen er seine Weigerung stützt.[355] Eine Darlegung, die zumindest mittelbar den Schluss auf geheim zu haltende Tatsachen zulässt, darf vom Arzt aber nicht verlangt werden, weil das Weigerungsrecht sonst leer liefe.[356] Die Verwertbarkeit von ärztlichen Unterlagen nach dem Tod des Patienten richtet sich nach § 160a Abs. 2.[357] 58

Für **Notare** gilt die Sonderregelung des **§ 18 Abs. 2, 3 BNotO,** wonach der Notar in Zweifelsfällen sowie dann, wenn ein Beteiligter verstorben oder eine Erklärung von ihm nur mit unverhältnismäßigen Schwierigkeiten zu erlangen ist, die Entscheidung der Aufsichtsbehörde (vgl. § 92 BNotO) einholen kann. 59

---

[346] Vgl. insbesondere OLG Schleswig 27.5.1980 – 1 Ws 160/80, NJW 1981, 294; AG Bonn 12.3.2010 – 51 Gs 557/10, NJW 2010, 1390.

[347] Vgl. insbesondere *Schmitt* wistra 1993, 14.

[348] *Schmitt* wistra 1993, 14; aA SK/*Rogall* Rn. 199 mwN.

[349] BayLSG Bay 6.4.1962 – L 7/S 13/60, NJW 1962, 1789; *Meyer-Goßner* Rn. 48; Radtke/Hohmann/*Otte* Rn. 41; KK/*Senge* Rn. 49; aA LG Hildesheim 29.10.1981 – 12 Qs 192/81, NStZ 1982, 394; *Solbach* DRiZ 1978, 204; SK/*Rogall* Rn. 201 differenziert danach, ob es sich um wirtschaftliche Geheimnisse oder Geheimnisse aus dem persönlichen Lebensbereich handelt; anders auch *Trück,* § 81c, Rn. 62.

[350] BayLSG Bay 6.4.1962 – L 7/S 13/60, NJW 1962, 1789; KK/*Senge* Rn. 48; KMR/*Neubeck* Rn. 39.

[351] Radtke/Hohmann/*Otte* Rn. 41; *Meyer-Goßner* Rn. 48; KK/*Senge* Rn. 48; aA SK/*Rogall* Rn. 195, *Solbach* DRiZ 1978, 204, wonach die Entscheidung bei fehlender Einsichts- oder Willensfähigkeit analog § 52 Abs. 2 dem gesetzlichen Vertreter zustehen soll.

[352] BayLSG Bay 6.4.1962 – L 7/S 13/60, NJW 1962, 1789; *Meyer-Goßner* Rn. 47; Radtke/Hohmann/*Otte* Rn. 42; KMR/*Neubeck* Rn. 38.

[353] BGH 4.7.1984 – IVa ZB 18/83, BGHZ 91, 391 = NJW 1984, 2893; *Solbach* DRiZ 1978, 204.

[354] BayLSG Bay 6.4.1962 – L 7/S 13/60, NJW 1962, 1789; OLG Hamburg 29.12.1961 – Ws 756/61, NJW 1962, 689; BGH 4.7.1984 – IVa ZB 18/83, BGHZ 91, 391 = NJW 1984, 2893; *Meyer-Goßner* Rn. 48; Radtke/Hohmann/*Otte* Rn. 41; KK/*Senge* Rn. 49.

[355] BGH 4.7.1984 – IVa ZB 18/83, BGHZ 91, 391 = NJW 1984, 2893.

[356] LR-*Ignor/Bertheau* Rn. 14.

[357] Vgl. BGH 22.3.2012 – 1 StR 359/11, StV 2013, 34.

60 **3. Entbindungserklärung.** Die Erklärung kann ausdrücklich oder konkludent erfolgen.[358] Letzteres ist der Fall, wenn der Angeklagte den Weigerungsberechtigten als Zeugen benennt oder ein **ärztliches Attest** des zeugnisverweigerungsberechtigten Arztes vorlegt.[359] Für Erklärungen des Zeugen im Zusammenhang mit der Entbindung von der Schweigepflicht kann nicht auf den mutmaßlichen Willen abgestellt werden.[360] Die Entbindungserklärung wirkt nur in dem Verfahren, in dem sie abgegeben wurde, dort gilt sie **für alle Verfahrensabschnitte.**[361]

VIII. Revision

61 Einen Verstoß gegen § 53 kann auch derjenige Angeklagte gelten machen, der durch das Zeugnisverweigerungsrecht nicht unmittelbar geschützt ist.[362] Mit der Revision gerügt werden kann, dass dem Zeugen das Zeugnisverweigerungsrecht **zu Unrecht abgesprochen** und er zur Aussage veranlasst worden ist.[363] Auch der **unzutreffende Hinweis** des Gerichts, der Zeuge sei von der Verpflichtung zur Verschwiegenheit entbunden, führt zu einem Verwertungsverbot, das ohne vorherige Beanstandung nach § 238 Abs. 2 geltend gemacht werden kann.[364] Verweigert der Zeuge aufgrund einer unrichtigen Belehrung die Aussage, ist bei präsenten Zeugen § 245 Abs. 1, sonst § 244 Abs. 2 verletzt.[365] Gleiches gilt, wenn das Gericht ein vom Zeugen unsubstanziiert dargelegtes Zeugnisverweigerungsrecht anerkennt.[366] Beanstandet werden kann, dass das Gericht einen zur Hauptverhandlung erschienenen Zeugen, der nicht von der Schweigepflicht entbunden worden ist, entlassen hat, **ohne ihn vorher zu fragen,** ob er von der Möglichkeit, dennoch zur Sache auszusagen, Gebrauch machen will.[367] Diese Frage stellt eine für die Hauptverhandlung wesentliche Förmlichkeit nach § 273 dar.[368] Im Übrigen muss der Nachweis einer falschen Belehrung im Wege des Freibeweisverfahrens geführt werden.[369] Nicht gerügt werden kann, der Zeuge habe **sachwidrig** vom Zeugnisverweigerungsrecht Gebrauch gemacht oder darauf verzichtet, nachdem der Angeklagte keinen Anspruch darauf hat, dass der Zeuge von seinem Weigerungsrecht Gebrauch macht; die Aussage darf **verwertet** werden, auch wenn sich der Zeuge nach § 203 StGB strafbar gemacht hat.[370]

---

[358] Radtke/Hohmann/*Otte* Rn. 42; Welp JR 1997, 35; KK/*Senge* Rn. 50; KMR/*Neubeck* Rn. 38; SK/*Rogall* Rn. 202.

[359] OLG Karlsruhe 28.10.1993 – 3 Ws 154/93, NStZ 1994, 141; Radtke/Hohmann/*Otte* Rn. 42; KK/*Senge* Rn. 50; KMR/*Neubeck* Rn. 38; LR-*Ignor/Bertheau* Rn. 80; SK/*Rogall* Rn. 202.

[360] BGH 7.3.1996 – 4 StR 737/95, BGHSt 42, 73 = NJW 1996, 2435; Radtke/Hohmann/*Otte* Rn. 42; KMR/*Neubeck* Rn. 38; KK/*Senge* Rn. 50; *Eisenberg* Rn. 1256.

[361] *Meyer-Goßner* Rn. 47; KMR/*Neubeck* Rn. 38; KK/*Senge* Rn. 53; LR-*Ignor/Bertheau* Rn. 80; SK/*Rogall* Rn. 203.

[362] BGH 7.4.2005 – 1 StR 326/04, BGHSt 50, 64 = NJW 2005, 2406 mAnm *Barton* JZ 2005, 1178; BGH 20.2.1985 – 2 StR 561/84, BGHSt 33, 148 = NStZ 1985, 372 mAnm *Rogall* = JR 1986, 33 mAnm *Hanack;* KMR/*Neubeck* Rn. 42; KK/*Senge* Rn. 59; *Meyer-Goßner* Rn. 50; *Haffke* GA 1973, 75.

[363] BGH 7.4.2005 – 1 StR 326/04, BGHSt 50, 64 = NJW 2005, 2406 mAnm *Barton* JZ 2005, 1178; KMR/*Neubeck* Rn. 42; KK/*Senge* Rn. 56; SK/*Rogall* Rn. 220.

[364] BGH 7.3.1996 – 4 StR 737/95, BGHSt 42, 73 = NJW 1996, 2435 mAnm *Schwaben* NStZ 2002, 295; *Fezer* JuS 1978, 472; *Meyer-Goßner* Rn. 50; KK/*Senge* Rn. 9 und 56; *Eisenberg* Rn. 1238; LR-*Ignor/Bertheau* Rn. 84; SK/*Rogall* Rn. 220; offen gelassen von BGH 12.1.1956 – 3 StR 195/55, BGHSt 9, 59 = NJW 1956, 599.

[365] BGH 20.10.1993 – 5 StR 635/92, NStZ 1994, 94; KMR/*Neubeck* Rn. 42; Radtke/Hohmann/*Otte* Rn. 44; KK/*Senge* Rn. 57; LR-*Ignor/Bertheau* Rn. 84; SK/*Rogall* Rn. 220.

[366] LR-*Ignor/Bertheau* Rn. 84.

[367] BGH 28.10.1960 – 4 StR 375/60, BGHSt 15, 200 = NJW 1961, 279; *Meyer-Goßner* Rn. 45; KMR/*Neubeck* Rn. 42; KK/*Senge* Rn. 57; Radtke/Hohmann/*Otte* Rn. 44; LR-*Ignor/Bertheau* Rn. 74.

[368] BGH 28.10.1960 – 4 StR 375/60, BGHSt 15, 200 = NJW 1961, 279; KK/*Senge* Rn. 58; LR-*Ignor/Bertheau* Rn. 74.

[369] KK/*Senge* Rn. 58.

[370] BGH 12.1.1956 – 3 StR 195/55, BGHSt 9, 59 = NJW 1956, 599; BGH 28.10.1960 – 4 StR 375/60, BGHSt 15, 200 = NJW 1961, 279; BGH 7.4.2005 – 1 StR 326/04, BGHSt 50, 64 = NJW 2005, 2406; KK/*Senge* Rn. 9; KMR/*Neubeck* Rn. 6; Radtke/Hohmann/*Otte* Rn. 44; LR-*Ignor/Bertheau* Rn. 84; aA *Fezer* JuS 1978, 472; *Kühne* JZ 1981, 647; *Lenckner* NJW 1965, 321; *Michalowski* ZStW 109 (1997) 519 (537); *Rogall* JZ 1996, 952; differenzierend LR-*Ignor/Bertheau* Rn. 12 f. sowie *Freund* GA 1993, 49.

Verweigert ein **umfassend schweigender** Angeklagter die Entbindung des zeugnisverweigerungsberechtigten Zeugen, darf dies nicht zu seinem Nachteil verwertet werden; Verstöße hiergegen können mit der Revision geltend gemacht werden.[371] Anders ist es, wenn sich der Angeklagte zur Sache einlässt und er die Beantwortung einer von ihm aufgeworfenen Beweisfrage dadurch vereitelt, dass er den Zeugnisverweigerungsberechtigten nicht von der Verpflichtung zur Verschwiegenheit entbindet.[372] Verweigert der Zeuge in der Hauptverhandlung das Zeugnis, darf der Ermittlungsrichter, vor dem der Zeuge Angaben gemacht hat, jedenfalls dann vernommen werden, wenn der Zeuge bei seiner früheren Aussage von der Verpflichtung zur Verschwiegenheit **entbunden** war; **§ 252 gilt hier nicht.**[373] Auch die Aussage eines Polizeibeamten, der den Zeugen bei einer früheren Aussage vernommen hat, darf verwertet werden.[374] Nichts anderes kann gelten, wenn der Zeuge bei seiner Aussage vor dem Ermittlungsrichter oder bei der Polizei **nicht** von der Schweigepflicht **entbunden** war, nachdem die fehlende Entbindung keinen Einfluss auf die Entscheidungsfreiheit des Zeugen hat und die Aussage des Zeugen auch sonst verwertbar ist, wenn er sich dadurch nach § 203 StGB strafbar gemacht hat.[375] Hat der Zeugnisverweigerungsberechtigte in einem gegen ihn selbst gerichteten Strafverfahren als Beschuldigter Angaben gemacht und verweigert er in dem Verfahren gegen den Patienten oder Mandanten das Zeugnis, unterliegen seine früheren Angaben dem Beweisverbot des § 252.[376] 62

§ 53a [Zeugnisverweigerungsrecht der Berufshelfer]

(1) [1]Den in § 53 Abs. 1 Satz 1 Nr. 1 bis 4 Genannten stehen ihre Gehilfen und die Personen gleich, die zur Vorbereitung auf den Beruf an der berufsmäßigen Tätigkeit teilnehmen.[2] Über die Ausübung des Rechtes dieser Hilfspersonen, das Zeugnis zu verweigern, entscheiden die in § 53 Abs. 1 Nr. 1 bis 4 Genannten, es sei denn, daß diese Entscheidung in absehbarer Zeit nicht herbeigeführt werden kann.

(2) Die Entbindung von der Verpflichtung zur Verschwiegenheit (§ 53 Abs. 2 Satz 1) gilt auch für die Hilfspersonen.

Schrifttum: *Dallinger,* Gerichtsverfassung und Strafverfahren, JZ 1953, 432; *Jungfer,* Strafverteidiger und Detektiv, StV 1989, 495; *Kleinwefers/Wilts,* Die Schweigepflicht der Krankenhausleitung, NJW 1964, 428; *Kohlhaas,* Rotes Kreuz und Schweigepflicht?, NJW 1967, 666; *Kohlhaas,* Die Schweigepflicht der in der Medizin technisch tätigen Personen, NJW 1972, 1502; *Krause,* Der „Gehilfe" der Verteidigung und sein Schweigerecht, StraFo 1998, 1; *Krekeler/Schonrad,* Der Berufshelfer im Sinne des § 53a StPO, wistra 1998, 137; *Kreuzer,* Die Schweigepflicht von Krankenhausärzten gegenüber Aufsichtsbehörden, NJW 1975, 2232; *Peters,* Seelsorge und Strafvollzug, JR 1975, 402; *Schliwienski,* Das Zeugnisverweigerungsrecht des Berufshelfers und seine Bedeutung im Rahmen des § 203 StGB, NJW 1988, 1507; *Stromberg,* Über das Zeugnisverweigerungsrecht und die Genehmigungsbedürftigkeit von Zeugen Aussagen kirchlicher Bediensteter – mit einem Ausblick auf die zu erwartende Erweiterung des § 53 StPO, MDR 1974, 892; *Thielen,* Die Entscheidung der Berufsgeheimnisträger nach § 53a Abs. 1 S. 2 StPO.

---

[371] BGH 22.12.1999 – 3 StR 401/99, BGHSt 45, 363 = NJW 2000, 1426 = JZ 2000, 683 mAnm *Kühne;* BGH 5.10.2010 – 3 StR 370/10, NStZ 2011, 357 m. Bespr. *Jahn* JuS 2011, 276; Radtke/Hohmann/*Otte* Rn. 39; KK/*Senge* Rn. 45; LR-*Ignor/Bertheau* Rn. 77; SK/*Rogall* Rn. 216.

[372] BGH 3.12.1965 – 4 StR 573/65, BGHSt 20, 298 = NJW 1966, 209; LR-*Ignor/Bertheau* Rn. 77; aA SK/*Rogall* Rn. 217.

[373] BGH 20.11.1962 – 5 StR 426/62, BGHSt 18, 146 = NJW 1963, 723; BGH 20.12.2011 – 1 StR 547/11, NStZ 2012, 281; KK/*Senge* Rn. 9; SK/*Rogall* Rn. 209 mwN auch zur Gegenauffassung; aA OLG Hamburg 29.12.1961 – Ws 756/61, NJW 1962, 691.

[374] BGH 20.12.2011 – 1 StR 547/11, NStZ 2012, 281.

[375] KK/*Senge* Rn. 10.

[376] BGH 18.6.1991 – 5 StR 584/90, BGHSt 38, 7 = NJW 1992, 123; KK/*Senge* Rn. 10.

Übersicht

I. Normzweck

1 Durch § 53a soll die **Umgehung des Zeugnisverweigerungsrechts** aus § 53 Abs. 1 Nr. 1 bis 4 durch Vernehmung des Hilfspersonals, das typischerweise in gleicher Weise wie der Hauptberufsträger Geheimnisse erfährt, verhindert werden.[1] Die Schwierigkeit bei der Bestimmung des Anwendungsbereichs besteht vor allem darin, einerseits die Aushöhlung des Zeugnisverweigerungsrechts des Berufsherrn, andererseits – im Interesse der Wahrheitsfindung – eine uferlose Ausdehnung der Vorschrift zu vermeiden.[2] Nicht unter § 53a fallen Personen, denen ohnehin ein eigenes Zeugnisverweigerungsrecht nach § 53 zusteht wie etwa der Sozius eines Rechtsanwalts oder der hinzugezogene Arzt.[3] Für die Erstreckung des § 53a auf Hilfspersonen der in § 53 Abs. 1 S. 1 Nr. 5 genannten, in Presse und Rundfunk tätigen Berufsgeheimnisträger bestand kein Anlass, nachdem diesen bereits von § 53 Abs. 1 S. 1 Nr. 5 ein eigenständiges Zeugnisverweigerungsrecht eingeräumt wird.[4] § 53a wird im Hinblick auf Beschlagnahmen durch § 97 Abs. 4 ergänzt. Die Strafbarkeit der unbefugten Preisgabe von Geheimnissen durch das Hilfspersonal richtet sich nach § 203 Abs. 3 S. 2 StGB.

II. Gehilfen

2 **1. Allgemeines.** Gehilfen sind Personen, die tätig werden, um den Berufsherrn zu unterstützen und in das mit dem Auftraggeber bestehende **Vertrauensverhältnis** einbezogen sind.[5] Voraussetzung ist weder ein soziales Abhängigkeitsverhältnis noch eine berufsmäßige Tätigkeit; von § 53a sind auch nur gelegentlich oder einmalig, gefälligkeitshalber und ohne Dienstverpflichtung mithelfende Familienmitglieder erfasst, solange ein **unmittelbarer Bezug zur Tätigkeit des Berufsherrn** besteht.[6] Daran fehlt es in der Regel bei einfachem Hauspersonal (Hausangestellte, Chauffeure, Reinigungspersonal), sofern dieses nicht mit sensiblen Informationen befasst wird, indem es zB Telefonanrufe entgegennimmt oder Mandanten in Empfang nimmt.[7] Stellt man mit der hier vertretenen Auffassung auf den Bezug der Tätigkeit des Gehilfen zu derjenigen des Berufsherrn und auf die Einbeziehung des Gehilfen in das Vertrauensverhältnis zum Berufsgeheimnisträger ab, kann es der Eigenschaft einer Person als Gehilfe nicht entgegenstehen, dass diese – wie insbesondere Sachverständige, Detektive, Zahntechniker oder Krankenwagenfahrer – zugleich **selbstän-**

[1] OLG Oldenburg 10.6.1982 – 2 Ws 204/82, NJW 1982, 2615 = NStZ 1983, 39 m. abl. Anm. *Pelchen; Krekeler/Schonrad* wistra 1998, 137; Radtke/Hohmann/*Otte* Rn. 1.

[2] Vgl. hierzu *Krekeler/Schonrad* wistra 1998, 137.

[3] *Meyer-Goßner* Rn. 1; KK/*Senge* Rn. 3; KMR/*Neubeck* Rn. 1; SK/*Rogall* Rn. 13 mwN.

[4] KK/*Senge* Rn. 1.

[5] BGH 7.4.2005 – 1 StR 326/04, BGHSt 50, 64 = NJW 2005, 2406; *Krekeler/Schonrad* wistra 1998, 137; KK/*Senge* Rn. 2.

[6] BGH 7.4.2005 – 1 StR 326/04, BGHSt 50, 64 = NJW 2005, 2406; *Dallinger* JZ 1953, 432; *Krekeler/Schonrad* wistra 1998, 137; KK/*Senge* Rn. 2; *Graf/Huber* Rn. 2; Radtke/Hohmann/*Otte* Rn. 2; LR-*Ignor/Bertheau* Rn. 1; SK/*Rogall* Rn. 10.

[7] *Krekeler/Schonrad* wistra 1998, 137; KK/*Senge* Rn. 2; KMR/*Neubeck* Rn. 2.

dige Gewerbetreibende sind.[8] Der Schutz des Vertrauensverhältnisses kann nicht von der oftmals durch Zufälligkeiten bedingten formalen Stellung eines für den Hauptberufsträgers Tätigen abhängig gemacht werden.[9]

2. Gehilfen von Geistlichen. Hilfspersonen von Geistlichen sind nur selbst in der Seelsorge tätige Personen, nicht aber solche, die nur mit nicht unmittelbar die Seelsorge betreffenden Tätigkeiten betraut sind.[10] Kein Zeugnisverweigerungsrecht haben deshalb etwa Messdiener, Kirchenälteste oder Pfarrgemeinderäte.[11] 3

3. Gehilfen von Rechtsanwälten. Hilfspersonen von Rechtsanwälten sind alle nicht selbst als Rechtsanwalt zugelassenen juristischen Mitarbeiter wie zB nicht zugelassene Volljuristen, Referendare und Studenten, das Büropersonal[12] sowie der zu einem Beratungsgespräch zugezogene **Dolmetscher.**[13] Auch vom Rechtsanwalt des Beschuldigten beauftragte **Detektive** sind Gehilfen im Sinne von § 53a.[14] Die Gegenauffassung, die dem Detektiv ein Zeugnisverweigerungsrecht mit der Begründung abspricht, er sei selbständiger Gewerbetreibender und könne daher nicht Gehilfe des Rechtsanwalts sein,[15] führt zu einer untragbaren Einschränkung des Rechts des Beschuldigten auf effektive Verteidigung und Durchführung eigener Ermittlungen.[16] Aus demselben Grund ist auch der vom Rechtsanwalt eingeschaltete **Sachverständige**[17] sein Gehilfe. Ohne die Zuziehung eines Sachverständigen könnte der Rechtsanwalt seine Aufgabe nicht sachgerecht wahrnehmen, wenn es um technische Sachverhalte geht.[18] Detektiven und Sachverständigen ein Zeugnisverweigerungsrecht abzusprechen, hätte zur Folge, dass das Zeugnisverweigerungsrecht des Rechtsanwalts entgegen dem Sinn und Zweck von § 53a ausgehölt wird.[19] Soweit ersichtlich, wird bisher die Auffassung, ein zum Beratungsgespräch hinzugezogener Dolmetscher sei nicht Gehilfe des Rechtsanwalts, weil er selbständiger Gewerbetreibender sei, auch von den Autoren, die unter Berufung hierauf Sachverständigen und Detektiven die Gehilfeneigenschaft absprechen, nicht vertreten; den selbständigen Dolmetscher als Gehilfen des Rechtsanwalts anzusehen, den Sachverständigen und Detektiv dagegen nicht, erscheint inkonsequent. 4

4. Gehilfen von Ärzten. a) Privatärzte. Zu den ärztlichen Gehilfen gehören Krankenpfleger, Krankenschwestern, Masseure, medizinische Bademeister, Krankengymnasten, 5

---

[8] Die Einzelheiten hierzu sind streitig, vgl. die Kommentierung zum jeweiligen Berufsgeheimnisträger und den insoweit als Gehilfen in Betracht kommenden Personen; zum selbständigen Unternehmensberater siehe OLG Köln 1.3.1991 – 2 Ws 100/91, StV 1991, 506 mAnm *Münchhalffen;* gegen die Einbeziehung selbständiger Gewerbetreibender: *Meyer-Goßner* Rn. 2; KK/*Senge* Rn. 3; *Graf/Huber* Rn. 3; Radtke/Hohmann/*Otte* Rn. 3; KMR/*Neubeck* Rn. 3; für die Einbeziehung selbständiger Gewerbetreibender: *Oster* StraFo 1996, 92; *Jungfer* StV 1989, 495 (504); LG Frankfurt 7.11.1958 – 5/9 Qs 202/58, NJW 1959, 589; SK/*Rogall* Rn. 15 mwN; wohl auch LR-*Ignor/Bertheau* Rn. 3 mwN.

[9] In diesem Sinne auch *Oster* StraFo 1996, 92.

[10] Radtke/Hohmann/*Otte* Rn. 4; *Stromberg* MDR 1974, 892; *Peters* JR 1975, 402.

[11] *Graf/Huber* Rn. 4; KK/*Senge* Rn. 4.

[12] Vgl. hierzu LG Dresden 14.6.2007 – 3 AR 5/07, NJW 2007, 2789.

[13] *Meyer-Goßner* Rn. 4; *Graf/Huber* Rn. 6; Radtke/Hohmann/*Otte* Rn. 4; KK/*Senge* Rn. 4; vgl. zum Dolmetscher auch LG Verden 6.3.1996 – 1 Qs 57/96, StV 1996, 371.

[14] LR-*Ignor/Bertheau* Rn. 5; *Oster* StraFo 1996, 92; SK/*Rogall* Rn. 15; *Jungfer* StV 1989, 495 (504) mwN auch zur Gegenauffassung; nach LG Frankfurt 7.11.1958 – 5/9 Qs 202/58, NJW 1959, 589 soll der Detektiv Gehilfe sein, wenn „die besonderen Umstände des Einzelfalls eine besonders enge Beziehung des Detektivs zur berufsmäßigen Tätigkeit des Verteidigers erkennen lassen"; aA Radtke/Hohmann/*Otte* Rn. 3; KMR/*Neubeck* Rn. 3; *Meyer-Goßner* Rn. 2.

[15] Vgl. etwa KK/*Senge* Rn. 3.

[16] In diesem Sinne auch *Münchhalffen* StraFo 2001, 168.

[17] LG Hannover 14.2.2001 – 33a 10/00, StraFo 2001, 167 m. zust. Anm. *Münchhalffen* für den vom Angeklagten eingeschalteten Umweltberater; KK/*Senge* Rn. 3; LR-*Ignor/Bertheau* Rn. 1; SK/*Rogall* Rn. 15; *Krause* StraFo 1998, 1; aA LG Essen 8.12.1995 – 22a 11/95, StraFo 1996, 92 m. krit. Anm. *Oster;* Radtke/Hohmann/*Otte* Rn. 3; KMR/*Neubeck* Rn. 3; *Meyer-Goßner* Rn. 2.

[18] *Krekeler/Schonrad* wistra 1998, 137.

[19] *Münchhalffen* StraFo 2001, 168; so auch *Oster* StraFo 1996, 92, *Krekeler/Schonrad* wistra 1998, 137 hinsichtlich des Sachverständigen.

medizinisch-technische Assistenten, Sprechstundenhilfen, Sekretäre und Buchhalter.[20] Dazu zählen weiter vom Arzt zugezogene Psychologen, die nicht ohnehin als psychologische Psychotherapeuten unter § 53 Abs. 1 S. 1 Nr. 3 fallen,[21] und sonstige Spezialisten.[22] Auch der selbständige **Krankenwagenfahrer**[23] sowie der vom Zahnarzt eingeschaltete **Zahntechniker**[24] können Gehilfe des Arztes sein.[25] An dem erforderlichen engen Bezug zur Tätigkeit des Berufsherrn[26] fehlt es dagegen bei Krankenkassen, kassenärztlichen Vereinigungen, privatärztlichen Verrechnungsstellen und Datenbanken, weshalb diese nicht Gehilfen im Sinne von § 53a sind.[27]

6 **b) Krankenhäuser.** Angesichts der Vielzahl unterschiedlicher Tätigkeitsfelder in einem Krankenhaus kann im Einzelfall zweifelhaft sein, wer noch zum Hilfspersonal des Arztes gehört. Ausgangspunkt ist auch hier, dass das Zeugnisverweigerungsrecht des Arztes nicht durch die Vernehmung von Hilfspersonen umgangen werden soll und die Tätigkeit des Gehilfen in unmittelbarem Zusammenhang mit der Tätigkeit des Arztes stehen muss.[28] Putzfrauen oder Pförtner sind mangels unmittelbaren Zusammenhangs mit der Tätigkeit des Arztes keine Hilfspersonen, obwohl auch sie viel über die Patienten erfahren können.[29] Der erforderliche unmittelbare Zusammenhang liegt aber bei dem **Verwaltungsdirektor** vor, der die – vor allem zu Abrechnungszwecken – erforderlichen Daten der Patienten erfasst, weil ohne diese Arbeitsteilung der Arzt selbst diese Tätigkeit miterledigen müsste.[30] Als ärztliche Gehilfen sind auch die sonstigen Mitglieder der Krankenhausleitung anzusehen, die eine im unmittelbaren Zusammenhang mit der ärztlichen Behandlung stehende Tätigkeit entfalten;[31] insoweit kommen Mitarbeiter der Abrechnungsstellen in Betracht, weil sie die Krankenunterlagen auswerten.[32] **Krankenschwestern** steht ein Zeugnisverweigerungsrecht zu, soweit die von ihnen erlangten Informationen in innerem Zusammenhang mit der Tätigkeit des Arztes stehen.[33]

7 **5. Gehilfen von Abgeordneten.** Hilfspersonen von Abgeordneten sind Assistenten, Sekretärinnen, nicht aber Wahlhelfer oder Fahrer.[34]

III. Abgeleitetes Zeugnisverweigerungsrecht

8 **1. Allgemeines.** Das Zeugnisverweigerungsrecht der Gehilfen ist von dem des Hauptberufsträgers abgeleitet.[35] Über die Ausübung des Weigerungsrechts entscheidet gemäß

---

[20] Radtke/Hohmann/*Otte* Rn. 4; KMR/*Neubeck* Rn. 4.

[21] *Graf/Huber* Rn. 7; SK/*Rogall* Rn. 20.

[22] *Graf/Huber* Rn. 7; Radtke/Hohmann/*Otte* Rn. 4; SK/*Rogall* Rn. 20; *Kohlhaas* NJW 1972, 1502.

[23] LR-*Ignor/Bertheau* Rn. 3; *Kohlhaas* NJW 1967, 666; aA *Meyer-Goßner* Rn. 2; KK/*Senge* Rn. 3; Radtke/Hohmann/*Otte* Rn. 2; KMR/*Neubeck* Rn. 3; differenzierend SK/*Rogall* Rn. 20.

[24] Landesberufsgericht für Zahnärzte 14.6.1975 – LQs 1/75, NJW 1975, 2255; LR-*Ignor/Bertheau* Rn. 3; SK/*Rogall* Rn. 22; aA *Meyer-Goßner* Rn. 2; KK/*Senge* Rn. 3; KMR/*Neubeck* Rn. 3.

[25] Das folgt aus den oben II.1. betreffend selbständiger Gewerbetreibender dargestellten Erwägungen.

[26] Vgl. hierzu bereits oben II.1.

[27] KK/*Senge* Rn. 3; *Graf/Huber* Rn. 2; Radtke/Hohmann/*Otte* Rn. 3; KMR/*Neubeck* Rn. 3; aA SK/*Rogall* Rn. 19.

[28] OLG Oldenburg 10.6.1982 – 2 Ws 204/82, NJW 1982, 2615 = NStZ 1983, 39 mAnm *Pelchen*.

[29] *Pelchen* NStZ 1983, 39; aA wohl *Kohlhaas* NJW 1972, 1502, wonach Hilfskräfte alle Personen sein sollen, die „viel sehen und hören können".

[30] OLG Oldenburg 10.6.1982 – 2 Ws 204/82, NJW 1982, 2615 = NStZ 1983, 39; *Meyer-Goßner* Rn. 5; LR-*Ignor/Bertheau* Rn. 6; *Graf/Huber* Rn. 7; Radtke/Hohmann/*Otte* Rn. 4; KMR/*Neubeck* Rn. 3; aA *Pelchen* NStZ 1983, 39; *Kreuzer* NJW 1975, 2232; KK/*Senge* Rn. 2.

[31] OLG Oldenburg 10.6.1982 – 2 Ws 204/82, NJW 1982, 2615 = NStZ 1983, 39 m. abl. Anm. *Pelchen;* aA *Kreuzer* NJW 1975, 2235; vgl. zur Schweigepflicht der Krankenhausleitung ausführlich *Kleinewefers/Wilts* NJW 1964, 430.

[32] LR-*Ignor/Bertheau* Rn. 6.

[33] Vgl. OLG Hamm 20.1.2009 – 5 Ws 24/09, NStZ 2010, 164.

[34] *Graf/Huber* Rn. 5; Radtke/Hohmann/*Otte* Rn. 4; KK/*Senge* Rn. 4; hinsichtlich der Wahlhelfer nach der konkreten Art der Tätigkeit differenzierend SK/*Rogall* Rn. 25.

[35] *Meyer-Goßner* Rn. 7; Radtke/Hohmann/*Otte* Rn. 5; *Krekeler/Schonrad* wistra 1998, 137.

§ 53a Abs. 1 S. 2 der Hauptberufsträger mit bindender Wirkung.[36] Der Gesetzgeber ging davon aus, dass allein dieser die Tragweite einer Aussage aufgrund seiner Vorbildung, seiner Berufserfahrung und seiner Standesauffassung beurteilen könne.[37] Hat er den Gehilfen entbunden, ist dieser zur Aussage verpflichtet und kann hierzu mit Maßnahmen nach § 70 angehalten werden.[38] Die Entscheidung des Hauptberufsträgers muss **nicht einheitlich** sein; er kann selbst das Zeugnis verweigern und den Berufshelfer von der Verschwiegenheitspflicht befreien oder umgekehrt selbst aussagen und den Berufshelfer nicht von der Verschwiegenheitspflicht entbinden.[39] Er kann auch mehreren Hilfspersonen unterschiedliche Weisungen erteilen.[40] Eine **eigene Entscheidung** des Gehilfen ist nach § 53a Abs. 1 S. 2 nur möglich, wenn die Entscheidung des Hauptberufsträgers in absehbarer Zeit, etwa wegen Tod, Krankheit, längerer Abwesenheit, nicht herbeigeführt werden kann.[41] Die ohne oder gegen die ausdrücklich erteilte Weisung des Berufsherrn gemachte Aussage des Gehilfen ist **verwertbar.**[42]

2. Gemeinschaftliche Berufsausübung mehrerer Geheimnisträger. Vom Gesetz nicht geregelt ist die Frage, wer über die Ausübung des Zeugnisverweigerungsrechts entscheidet, wenn sich **mehrere** Berufsgeheimnisträger **zu gemeinsamer Berufsausübung verbunden** haben. Haben sich mehrere Ärzte zu einer Praxisgemeinschaft oder mehrere Rechtsanwälte zu einer in der Rechtsform der GbR betriebenen Sozietät oder Partnerschaftsgesellschaft verbunden oder hat der Mandant eine Rechtsanwalts GmbH beauftragt, erscheint zweifelhaft, ob nur der Arzt oder Rechtsanwalt, der intern für den Patienten oder Mandanten als Sachbearbeiter zuständig ist, über die Ausübung des Weigerungsrechts entscheidet oder ob jeder Berufsgeheimnisträger einzeln, alle gemeinsam oder nur der nach dem Gesellschaftsvertrag vertretungsberechtigte Partner über die Ausübung des Zeugnisverweigerungsrechts des Gehilfen entscheiden kann.[43] 9

Von der zivilrechtlichen Rechtslage ausgehend, wonach sowohl bei der GbR als auch bei der GmbH Vertragspartner des Mandanten oder Patienten die GbR bzw. die GmbH selbst ist, wäre es zwar an sich konsequent, für die Entscheidung über die Ausübung des Zeugnisverweigerungsrechts des Berufshelfers die GbR bzw. GmbH selbst – vertreten durch den oder die nach dem Gesellschaftsvertrag zur Vertretung Berechtigten – für zuständig zu halten. Dies hätte die missliche Folge, dass das Gericht sich nicht auf die Mitteilung über die Ausübung des Zeugnisverweigerungsrechts eines Gehilfen durch irgendeinen Rechtsanwalt oder Arzt der beauftragten Sozietät oder Praxisgemeinschaft verlassen könnte, sondern in jedem Einzelfall die interne Vertretungsregelung aufklären müsste. Wollte man alle Gesellschafter nur gemeinschaftlich zur Entscheidung für zuständig halten, müsste der sachbearbeitende Rechtsanwalt stets die Zustimmung aller anderen Gesellschafter einholen, was ebenfalls zu einem unverhältnismäßigen Aufwand führen würde. Praktikabel erscheint daher nur, jeden Rechtsanwalt oder Arzt für sich alleine für zuständig zu halten. Nach hier vertretener Auffassung ist deshalb sowohl bei einer in der Rechtsform der GbR betriebenen Rechtsanwaltssozietät oder Arztpraxis als auch bei einer Rechtsanwalts GmbH jeder Rechtsanwalt oder Arzt auch ohne Zustimmung der anderen Gesellschafter oder des vertretungsberechtigten Gesellschafters zur Entscheidung über die Ausübung des Zeugnisverweigerungsrechts des Gehilfen befugt.[44] 10

---

[36] BGH 7.4.2005 – 1 StR 326/04, BGHSt 50, 64 = NJW 2005, 2406; *Meyer-Goßner* Rn. 7.
[37] Vgl. hierzu SK/*Rogall* Rn. 31 mwN.
[38] KK/*Senge* Rn. 6; KMR/*Neubeck* Rn. 5; LR-*Ignor*/*Bertheau* Rn. 8; SK/*Rogall* Rn. 32.
[39] Radtke/Hohmann/*Otte* Rn. 6; *Meyer-Goßner* Rn. 8; KMR/*Neubeck* Rn. 6; aA LG Köln 2.4.1959 – 34 Qs 76/59, NJW 1959, 1598.
[40] *Meyer-Goßner* Rn. 8; Radtke/Hohmann/*Otte* Rn. 6.
[41] AllgM.
[42] *Meyer-Goßner* Rn. 7; Radtke/Hohmann/*Otte* Rn. 5; *Graf*/*Huber* Rn. 10; KMR/*Neubeck* Rn. 5 mN zur Gegenauffassung; aA SK-*Rogall* Rn. 43.
[43] Vgl. für Rechtsanwälte ausführlich *Thielen* StraFo 2000, 121.
[44] So im Ergebnis auch *Thielen* StraFo 2000, 121, der es für ratsam hält, im Innenverhältnis zwischen den Partnern im Sozietätsvertrag zu regeln, dass nur der Sachbearbeiter die Entscheidung treffen darf, um zu

11 **3. Zeugnisverweigerungsrecht des Gehilfen im Verfahren gegen den Berufsherrn.** Streitig ist, ob und in welchem Umfang dem Gehilfen im **Verfahren gegen den Berufsherrn** ein Zeugnisverweigerungsrecht nach § 53a zusteht. Die Auffassung, wonach der Hilfsperson kein Zeugnisverweigerungsrecht zustehen soll, sofern nicht ein Dritter, dem der Hauptberufsträger zum Schweigen verpflichtet ist, Mitbeschuldigter ist und sich die Aussage zumindest auch auf ihn beziehen soll,[45] ist abzulehnen. Dem Gehilfen steht ein Zeugnisverweigerungsrecht vielmehr bereits dann zu, wenn die Aussage Geheimnisse der durch §§ 203 StGB 53, 53a StPO geschützten Personen offenbaren würde.[46] Das ergibt sich daraus, dass der Sinn der §§ 53, 53a nicht nur darin liegt, den Patienten in einem auch gegen ihn geführten Strafverfahren zu schützen, sondern darüber hinaus gewährleistet werden soll, dass Geheimnisse des Patienten ohne seine Zustimmung nicht öffentlich erörtert werden.[47] Die Gegenauffassung[48] beruft sich zu Unrecht auf die Entscheidung des Landesberufsgerichts für Zahnärzte;[49] in dieser Entscheidung wird entsprechend der hier vertretenen Auffassung darauf hingewiesen, dass das Zeugnisverweigerungsrecht der Gehilfen besteht, wenn Geheimnisse des Patienten berührt werden, ohne dass es zur weiteren Voraussetzung gemacht wird, dass der Patient Mitbeschuldigter ist.[50]

IV. Entbindung von der Schweigepflicht

12 Die Entbindung des Hauptberufsträgers von der Verpflichtung zur Verschwiegenheit gilt nach § 53a Abs. 2 auch für die Hilfspersonen und ist unteilbar.[51] Beide können nur gemeinsam entbunden oder nicht entbunden werden.[52]

V. Rechtsmittel

13 Werden Maßnahmen nach § 70 gegen Hilfspersonen ergriffen, steht auch dem Berufsherrn das Recht zur Beschwerde zu.[53] Für die Revision gelten die Ausführungen zu § 53 entsprechend.[54]

§ 54 [Aussagegenehmigung für Richter und Beamte]

(1) Für die Vernehmung von Richtern, Beamten und anderen Personen des öffentlichen Dienstes als Zeugen über Umstände, auf die sich ihre Pflicht zur Amtsverschwiegenheit bezieht, und für die Genehmigung zur Aussage gelten die besonderen beamtenrechtlichen Vorschriften.

(2) Für die Mitglieder des Bundestages, eines Landtages, der Bundes- oder einer Landesregierung sowie für die Angestellten einer Fraktion des Bundestages und eines Landtages gelten die für sie maßgebenden besonderen Vorschriften.

---

vermeiden, dass ein nicht mit dem Sachverhalt betrauter Kollege prozessual bedeutsame (Fehl-) Entscheidungen trifft; die dortigen Ausführungen betreffend der in der Rechtsform einer GbR betriebenen Rechtsanwaltsgesellschaft sind allerdings insoweit überholt, als dort unter Zugrundelegung der Rechtslage vor Anerkennung der Rechtsfähigkeit der Außen- GbR durch die Entscheidung BGH 29.1.2001 – II ZR 331/00, BGHZ 146, 341 = NJW 2001, 1056 davon ausgegangen wird, dass der Sozietätsvertrag mit jedem der Gesellschafter und nicht mit der GbR selbst zustande kommt.

[45] *Meyer-Goßner* Rn. 9; Radtke/Hohmann/*Otte* Rn. 6; *Graf/Huber* Rn. 11; KMR/*Neubeck* Rn. 6; aA Landesberufsgericht für Zahnärzte Stuttgart 14.6.1975 – LQs 1/75, NJW 1975, 2255; SK/*Rogall* Rn. 36.

[46] Landesberufsgericht für Zahnärzte Stuttgart 14.6.1975 – LQs 1/75, NJW 1975, 2255; *Schliwienski* NJW 1988, 1507; LR-*Ignor/Bertheau* Rn. 11; SK/*Rogall* Rn. 36.

[47] *Schliwienski* NJW 1988, 1507; LR-*Ignor/Bertheau* Rn. 11.

[48] Radtke/Hohmann/*Otte* Rn. 7; *Meyer-Goßner* Rn. 9.

[49] Landesberufsgericht für Zahnärzte Stuttgart 14.6.1975 – LQs 1/75, NJW 1975, 2255.

[50] Ähnlich *Schliwienski* NJW 1988, 1507.

[51] Radtke/Hohmann/*Otte* Rn. 7; *Meyer-Goßner* Rn. 10; *Graf/Huber* Rn. 12; *Dallinger* JZ 1953, 432.

[52] Radtke/Hohmann/*Otte* Rn. 7; *Meyer-Goßner* Rn. 10.

[53] OLG Köln 1.3.1991 – 2 Ws 100/91, StV 1991, 506 mAnm *Münchhalffen;* Radtke/Hohmann/*Otte* Rn. 8; LR-*Ignor/Bertheau* Rn. 12.

[54] Vgl. dort unter VIII.

(3) Der Bundespräsident kann das Zeugnis verweigern, wenn die Ablegung des Zeugnisses dem Wohl des Bundes oder eines deutschen Landes Nachteile bereiten würde.

(4) Diese Vorschriften gelten auch, wenn die vorgenannten Personen nicht mehr im öffentlichen Dienst oder Angestellte einer Fraktion sind oder ihre Mandate beendet sind, soweit es sich um Tatsachen handelt, die sich während ihrer Dienst-, Beschäftigungs- oder Mandatszeit ereignet haben oder ihnen während ihrer Dienst-, Beschäftigungs- oder Mandatszeit zur Kenntnis gelangt sind.

Schrifttum: *Bohnert,* Der beschuldigte Amtsträger zwischen Aussagefreiheit und Verschwiegenheitspflicht, NStZ 2004, 301; *Böhm,* Zum Erfordernis einer Genehmigung des Dienstherrn für Zeugenaussagen eines Polizeibeamten, NStZ 1983, 158; *Eisenberg,* Beschlagnahme von Akten der Jugendgerichtshilfe durch das Jugendgericht, NStZ 1986, 308; *Ellbogen,* Anfechtung der behördlichen Verweigerung einer Aussagegenehmigung durch die Staatsanwaltschaft?, NStZ 2007, 310; *Feller,* Persönliche und gegenständliche Reichweite der Vorschriften über die Verpflichtung zur Aussagegenehmigung, JZ 1961, 628; *Fezer,* Grundfälle zum Verlesungs- und Verwertungsverbot im Strafprozess, JuS 1978, 472; *Fezer,* Anfechtung einer Sperrerklärung des Innenministers und Aussetzung der Hauptverhandlung, JuS 1987, 358; *Geppert,* Die höchstrichterliche Rechtsprechung zu beweisrechtlichen Fragen bei behördlich geheimgehaltenem V-Mann, Jura 1992, 244; *Gribbohm,* Der Gewährsmann als Zeuge im Strafprozess – Wege der neueren Rechtsprechung zur V-Mann-Problematik, NJW 1981, 305; *Herdegen,* Bemerkungen zum Beweisantragsrecht, NStZ 1984, 97; *Hilger,* Zum Rechtsweg gegen Sperrerklärung und Verweigern der Aussagegenehmigung in V-Mann-Prozessen, NStZ 1984, 145; *Kleinknecht,* Die Beweisverbote im Strafprozess, NJW 1966, 1537; *Kraushaar,* Behördenangehörige als V-Personen, Kriminalistik 1995, 186; *Kube/Leineweber,* Polizeibeamte als Zeugen und Sachverständige, 1980; *Laue,* Der staatliche Strafanspruch in Abhängigkeit von verwaltungsrechtlicher Aufgabenerfüllung?, ZStW 120 (2008), 260; *Meyer,* Zur prozessrechtlichen Problematik des V-Mannes, ZStW 95 (1983), 835; *Ostendorf,* Die Informationsrechte der Strafverfolgungsbehörden gegenüber anderen staatlichen Behörden im Widerstreit mit deren strafrechtlichen Geheimhaltungspflichten, DRiZ 1981, 4; *Reinecke/Hilger,* Rechtliche Bedeutung von Schweigepflichten ehemaliger Bediensteter der ehemaligen Staatsverwaltung in der DDR, DtZ 1993, 261; *Rudolphi,* Die Revisibilität von Verfahrensmängeln im Strafprozess, MDR 1970, 93; *Schmid,* Die Aussagegenehmigung für Beamte im Strafprozess, JR 1978, 8; *Stromberg,* Über das Zeugnisverweigerungsrecht und die Genehmigungsbedürftigkeit von Zeugenaussagen kirchlicher Bediensteter – mit einem Ausblick auf die zu erwartende Erweiterung des § 53 StPO, MDR 1974, 892; *Zezschwitz,* Verfassungsrechtliche Problematik administrativer Aussagebeschränkungen im Strafprozess, NJW 1972, 796.

Übersicht

I. Allgemeines

1 Die Verschwiegenheitspflicht von Angehörigen des öffentlichen Dienstes kann sich aus gesetzlichen Bestimmungen oder Regelungen in einem Tarifvertrag ergeben. Eine danach bestehende Pflicht zur Verschwiegenheit überträgt § 54 unverändert in das Strafverfahrens-

recht.[1] Die Vorschrift dient dem **Schutz öffentlicher Geheimhaltungsinteressen**[2] und gilt weder für amtlich bekannt gewordene Privatgeheimnisse noch für das Steuer-, Sozial-, Post- und Fernmeldegeheimnis; die Pflicht zur Wahrung dieser Geheimnisse folgt unmittelbar aus den entsprechenden Vorschriften.[3] Auch auf die Pflicht zur Wahrung des Beratungsgeheimnisses (§ 43 DRiG) ist § 54 nicht anwendbar.[4] Soweit die Verschwiegenheitspflicht reicht, besteht ein **Vernehmungsverbot,** das erst mit der Erteilung der Aussagegenehmigung entfällt.[5] Bis zur Erteilung der Genehmigung ist der Zeuge weder befugt noch verpflichtet auszusagen,[6] weshalb Maßnahmen nach § 70 nicht gegen ihr ergriffen werden dürfen.[7] Die ohne Genehmigung gemachte Aussage kann aber verwertet werden.[8] Eine **Belehrung** des Zeugen über das Erfordernis einer Aussagegenehmigung ist nicht erforderlich[9] und kommt allenfalls in Ausnahmefällen unter dem Gesichtspunkt der Fürsorgepflicht in Betracht.[10]

II. Anwendungsbereich

2 Die Vorschrift regelt nur die **Vernehmung** des Zeugen. Der Zeuge ist unabhängig von der Erteilung der Aussagegenehmigung verpflichtet, auf die Ladung vor Gericht als Zeuge zu erscheinen.[11] Er kann sich nicht darauf berufen, dass nicht er, sondern die Behörde, der er angehört, zur Erteilung der Auskunft verpflichtet ist.[12] § 54 gilt für **alle Zeugenvernehmungen,** also neben richterlichen Vernehmungen insbesondere für solche durch die Staatsanwaltschaft (§ 161 Abs. 1 S. 2) und die Polizei.[13] Der zeitliche Anwendungsbereich ergibt sich aus § 54 Abs. 4. Die Vorschrift betrifft nur die Verschwiegenheitspflicht von Zeugen, nicht die Pflicht zur Amtsverschwiegenheit von **Beschuldigten,** die dem öffentlichen Dienst angehören.[14] Dass der Beschuldigte Angehöriger des öffentlichen Dienstes ist, enthebt nicht von der Verpflichtung, eine Aussagegenehmigung einzuholen, wenn die Einlassung andernfalls gegen die Verschwiegenheitspflicht verstoßen würde.[15] Einem Beschuldigten darf die Aussagegenehmigung nur unter den Voraussetzungen der §§ 68 Abs. 2 BBG, 37 Abs. 5 BeamtStG versagt werden.[16] Durch die Versagung oder Einschränkung einer Aussagegenehmigung für einen Beschuldigten kann dessen **Recht auf umfassende Verteidigung** beeinträchtigt werden; ein Strafverfahren darf deshalb nicht durchgeführt werden, wenn gewichtige Geheimhaltungsinteressen nur dadurch gewahrt werden können, dass Verteidigungsrechte des Beschuldigten beschnitten werden.[17] Das Verteidigungsrecht des Beschuldigten darf aber eingeschränkt werden, wenn es nur in Randbereichen betroffen

---

[1] *Meyer-Goßner* Rn. 1; Radtke/Hohmann/*Otte* Rn. 1; LR-*Ignor/Bertheau* Rn. 1.

[2] *Meyer-Goßner* Rn. 1; Radtke/Hohmann/*Otte* Rn. 1; HK/*Gercke* Rn. 1.

[3] *Meyer-Goßner* Rn. 1; Radtke/Hohmann/*Otte* Rn. 2; *Eisenberg* Rn. 1259; KMR/*Neubeck* Rn. 1; aA bezüglich amtlich bekannt gewordener Privatgeheimnisse LR-*Ignor/Bertheau* Rn. 1.

[4] Radtke/Hohmann/*Otte* Rn. 2; KMR/*Neubeck* Rn. 1; SK/*Rogall* Rn. 17.

[5] *Meyer-Goßner* Rn. 2; KK/*Senge* Rn. 1; Radtke/Hohmann/*Otte* Rn. 3; LR-*Ignor/Bertheau* Rn. 1.

[6] BVerfG 26.5.1981 – 2 BvR 215/81, BVerfGE 57, 250 = NJW 1981, 1719; BGH 10.7.1952 – 3 StR 796/51, MDR 1952, 659; OLG Hamburg 22.10.1993 – 1b Ws 271/93, NStZ 1994, 98; *Meyer-Goßner* Rn. 2; Radtke/Hohmann/*Otte* Rn. 3; LR-*Ignor/Bertheau* Rn. 1; HK/*Gercke* Rn. 1.

[7] OLG Hamburg 22.10.1993 – 1b Ws 271/93, NStZ 1994, 98.

[8] *Meyer-Goßner* Rn. 2; *Eisenberg* Rn. 1266.

[9] *Meyer-Goßner* Rn. 2; Radtke/Hohmann/*Otte* Rn. 3 mwN; *Eisenberg* Rn. 1259; KMR/*Neubeck* Rn. 2.

[10] LR-*Ignor/Bertheau* Rn. 1.

[11] LR-*Ignor/Bertheau* Rn. 2.

[12] LR-*Ignor/Bertheau* Rn. 2; KK/*Senge* Rn. 1.

[13] AllgM, vgl. etwa LR-*Ignor/Bertheau* Rn. 2, *Eisenberg* Rn. 1259.

[14] *Meyer-Goßner* Rn. 2; LR-*Ignor/Bertheau* Rn. 3; Radtke/Hohmann/*Otte* Rn. 2; vgl. eingehend zu der Problematik der fehlenden Aussagegenehmigung für einen beschuldigten Amtsträger *Bohnert* NStZ 2004, 301 sowie Laue ZStW 120, 246.

[15] LR-*Ignor/Bertheau* Rn. 3; Radtke/Hohmann/*Otte* Rn. 2; KK/*Senge* Rn. 2; vgl. SK/*Rogall* Rn. 6 mwN zur Frage, ob der Beschuldigte oder die vernehmende Stelle sich um die Erteilung der Aussagegenehmigung bemühen muss.

[16] Nach *Feller* JR 1978, 8 soll das auch für den Privatkläger und den Nebenkläger gelten.

[17] BGH 9.12.1988 – 2 StR 279/88, BGHSt 36, 44 = NJW 1989, 1228; BGH 5.6.2007 – 5 StR 383/06, NStZ 2007, 649 mAnm *Niehaus* NStZ 2008, 354 = JR 2008, 124 mAnm *Wohlers*.

ist und durch seine uneingeschränkte Ausübung gewichtige verfassungsrechtlich legitimierte Aufgaben beeinträchtigt würden.[18] Zu beachten ist, dass von § 54 nur die Konstellation erfasst wird, dass eine konkrete Person als Zeuge vernommen werden soll, nicht aber, wenn von einer Behörde amtliche Auskünfte, etwa über die Identität eines Gewährsmanns verlangt werden; insoweit ist **§ 96 analog** anwendbar.[19]

III. Personenkreis

1. Richter. Nach § 46 DRiG iVm § 67 BBG sowie den entsprechenden Vorschriften 3
in der Richtergesetzen der Länder (jeweils iVm § 37 BeamtStG) sind die **Berufsrichter** aller Gerichtszweige zur Amtsverschwiegenheit verpflichtet. Der **Ermittlungsrichter** benötigt auch dann eine Aussagegenehmigung, wenn er in dem Verfahren, in dem er selbst tätig war, aussagen soll.[20] **Schöffen** und sonstige ehrenamtliche Richter sind zur Wahrung des Beratungsgeheimnisses (§§ 43, 45 Abs. 1 S. 2 DRiG) verpflichtet, unterliegen aber mit Ausnahme der Beisitzer in Landwirtschaftssachen[21] nicht der Pflicht zur Amtsverschwiegenheit.[22] Streitig ist, ob **Richter des Bundesverfassungsgerichts** einer Aussagegenehmigung bedürfen und wer diese zu erteilen hat. Teilweise wird darauf abgestellt, mangels gesetzlicher Regelung müsse der jeweilige Bundesverfassungsrichter selbst entscheiden, ob er aussagen wolle.[23] Gegen diese Auffassung spricht, dass das Gesetz bei Entscheidungen über die Erteilung einer Aussagegenehmigung von einer hierarchischen Ordnung ausgeht, die den einzelnen Funktionsträger von einer Selbsteinschätzung ausschließt.[24] Nach anderer Auffassung soll das Plenum[25] oder der Senat zuständig sein.[26] Nach hier vertretener Auffassung ergibt sich die Zuständigkeit des Präsidenten des Bundesverfassungsgerichts für die Erteilung der Aussagegenehmigung aus § 9 GO BVerfG.[27]

2. Beamte. Beamter ist nach der auch im Rahmen des § 54 maßgeblichen staatsrechtlichen 4
Begriffsbestimmung, wer unter Berufung in das Beamtenverhältnis in einem öffentlichen Dienst- oder Treueverhältnis zur Bundesrepublik, einem ihrer Länder, einer Gemeinde oder einem Gemeindeverband oder einer Körperschaft, Anstalt oder Stiftung des öffentlichen Rechts steht (§§ 4 BBG, 3 Abs. 1 BeamtStG).[28] Die Begründung und Beendigung des Beamtenverhältnisses richtet sich nach den beamtenrechtlichen Vorschriften der §§ 12 Abs. 2 BBG, 8 Abs. 2 BeamtStG bzw. §§ 30 ff. BBG, 21 ff. BeamtStG. Auch Ehrenbeamte (§§ 6 Abs. 5, 133 BBG, § 5 BeamtStG) sind Beamte im Sinne von § 54.[29] Beamter kann auch sein, wer keine hoheitlichen Tätigkeiten ausübt.[30] Die Verschwiegenheitspflicht gehört zu den hergebrachten Grundsätzen des Berufsbeamtentums[31] und ergibt sich für Bundesbeamte aus §§ 67, 68 BBG und für Landesbeamte aus § 37 BeamtStG.

3. Andere Personen des öffentlichen Dienstes. a) Angestellte des öffentlichen 5
Dienstes. Andere Personen des öffentlichen Dienstes sind zunächst die nicht verbeamteten

---

[18] Vgl. im Einzelnen zu der insoweit erforderlichen Abwägung BGH 9.12.1988 – 2 StR 279/88, BGHSt 36, 44 = NJW 1989, 1228 sowie BGH 5.6.2007 – 5 StR 383/06, NStZ 2007, 649.

[19] BGH 17.10.1983 – GSSt 1/83, BGHSt 32, 115 = NStZ 1984, 36 mAnm *Frenzel;* BGH 16.4.1985 – 5 StR 718/94, BGHSt 33, 178 = NJW 1985, 1789; *Eisenberg* Rn. 1267 mwN; vgl. eingehend *Hilger* NStZ 1984, 145.

[20] Radtke/Hohmann/*Otte* Rn. 4; *Meyer-Goßner* Rn. 8; KK/*Senge* Rn. 4; *Eisenberg* Rn. 1261; LR-*Ignor/Bertheau* Rn. 5 mN zu der vor allem in der älteren Literatur vertretenen Gegenauffassung.

[21] Vgl. § 5 Abs. 3 S. 2 des Gesetzes über das gerichtliche Verfahren in Landwirtschaftssachen 21.7.1953 (BGBl. S. 667) idF des Gesetzes vom 22.7.2001 (BGBl. S. 1887).

[22] Radtke/Hohmann/*Otte* Rn. 4; *Meyer-Goßner* Rn. 8; LR-*Ignor/Bertheau* Rn. 5; KMR/*Neubeck* Rn. 4.

[23] Radtke/Hohmann/*Otte* Rn. 4; LR-*Ignor/Bertheau* Rn. 5; *Eisenberg* Rn. 1261.

[24] SK/*Rogall* Rn. 15.

[25] HK/*Gercke* Rn. 13.

[26] Vgl. die Nachweise bei KK/*Senge* Rn. 5.

[27] Vgl. im Einzelnen SK/*Rogall* Rn. 15.

[28] Radtke/Hohmann/*Otte* Rn. 5; KK/*Senge* Rn. 6; LR-*Ignor/Bertheau* Rn. 5.

[29] Radtke/Hohmann/*Otte* Rn. 5; KK/*Senge* Rn. 6; *Meyer-Goßner* Rn. 4; *Feller* JZ 1961, 628.

[30] Radtke/Hohmann/*Otte* Rn. 5; KK/*Senge* Rn. 6.

[31] BVerwG 24.6.1982 – 2 C 91/81, BVerwGE 66, 39 = NJW 1983, 638.

Angestellten im öffentlichen Dienst.[32] Ihre Pflicht zur Verschwiegenheit ergibt sich entgegen dem Wortlaut des § 54 Abs. 1 nicht aus beamtenrechtlichen Vorschriften, sondern aus tarifvertraglichen Regelungen, insbesondere aus § 3 Abs. 1 des Tarifvertrags für den öffentlichen Dienst und aus § 3 Abs. 2 TV-L (früher § 9 BAT); die beamtenrechtlichen Vorschriften der §§ 68 BBG, 37 Abs. 4 BeamtStG sind dagegen für die Erteilung und die Versagung der Aussagegenehmigung maßgeblich.[33]

6 **b) Sonstige Personen des öffentlichen Dienstes.** Auch Personen, die weder Beamte noch Angestellte im öffentlichen Dienst sind, können andere Personen des öffentlichen Dienstes im Sinne von § 54 sein. Der Begriff des öffentlichen Dienstes ist weit auszulegen und beschränkt sich nicht auf den Bereich staatlicher und kommunaler Verwaltung.[34] Die Auslegung, ob ein Zeuge eine andere Person des öffentlichen Dienstes ist, hat sich an dem **Zweck, öffentliche Geheimhaltungsinteressen zu wahren,** zu orientieren; bei der danach gebotenen **funktionalen Betrachtungsweise**[35] kommt es maßgeblich darauf an, ob eine Person Aufgaben des öffentlichen Dienstes – also solche, die unmittelbar dem Gemeinwohl dienen und die an sich Sache des Staates oder der politischen Gemeinde wären[36] – wahrnimmt, hierbei mit geheimhaltungsbedürftigen Tatsachen in Kontakt kommt und sie aufgrund eingegangener Verpflichtung insoweit zur Verschwiegenheit verpflichtet ist.[37] Keine Personen des öffentlichen Dienstes sind deshalb solche, die lediglich mechanische oder untergeordnete Tätigkeiten wie zB die Gebäudereinigung ausüben.[38] Ein Zeuge wird nicht allein deshalb zu einer anderen Person des öffentlichen Dienstes, weil er in ein **Zeugenschutzprogramm** aufgenommen und hierbei förmlich zur Verschwiegenheit über ihm bekannt gewordene Erkenntnisse zu Zeugenschutzmaßnahmen verpflichtet worden ist.[39]

7 **Vertrauensmänner,** die weder Beamte noch hauptamtlich mit festen Bezügen Angestellte sind,[40] sind nur zur Amtsverschwiegenheit verpflichtet, wenn eine wirksame förmliche Verpflichtung nach dem Verpflichtungsgesetz vorliegt.[41]

8 Ob und unter welchen Voraussetzungen **kirchliche Bedienstete** andere Personen des öffentlichen Dienstes im Sinne von § 54 sein können, ist in Rechtsprechung und Literatur noch nicht abschließend geklärt.[42] Nach weit verbreiteter Auffassung soll das bei kirchlichen Bediensteten in Betracht kommen, die mit Fürsorge- und Verwaltungstätigkeiten betraut sind.[43] Ausgehend von der funktionalen Betrachtungsweise[44] kann es jedenfalls nicht darauf ankommen, dass es sich bei Kirchen um Körperschaften des öffentlichen Rechts handelt;[45] vielmehr ist auch hier maßgeblich, ob öffentliche Geheimhaltungsinteressen in Rede ste-

---

[32] KK/*Senge* Rn. 7; LR-*Ignor/Bertheau* Rn. 5; SK/*Rogall* Rn. 23.

[33] *Meyer-Goßner* Rn. 9; KK/*Senge* Rn. 7; LR-*Ignor/Bertheau* Rn. 8.

[34] OLG Köln 14.4.1998 – 2 Ws 62/98, StraFo 1999, 90; KMR/*Neubeck* Rn. 6; *Stromberg* MDR 1974, 892; *Hiebl* StraFo 1999, 86.

[35] In diesem Sinne auch SK/*Rogall*/Rn. 22 mwN.

[36] OLG Köln 14.4.1998 – 2 Ws 62/98, StraFo 1999, 90.

[37] BGH 15.12.2005 – 3 StR 281/04, BGHSt 50, 318 = NJW 2006, 785; HK/*Gercke* Rn. 6.

[38] KK/*Senge* Rn. 8; Radtke/Hohmann/*Otte* Rn. 10; *Eisenberg* Rn. 1262; *Stromberg* MDR 1974, 892; *Hiebl* StraFo 1999, 86.

[39] BGH 15.12.2005 – 3 StR 281/04, BGHSt 50, 318 = NJW 2006, 785 mAnm *Eisenberg/Reuter* JR 2006, 346; HK/*Gercke* Rn. 8; KK/*Senge* Rn. 9.

[40] In diesem Fall ist § 54 nach allgemeiner Auffassung anwendbar.

[41] BGH 11.9.1980 – 4 StR 16/80, NStZ 1981, 70; OLG Hamburg 22.10.1993 – 1b Ws 271/93, NStZ 1994, 98; OLG Celle 9.9.1983 – 3 VAs 9/83, NStZ 1983, 570; LR-*Ignor/Bertheau* Rn. 9 mwN; *Meyer-Goßner* Rn. 11; KMR/*Neubeck* Rn. 7 mwN; KK/*Senge* Rn. 9 mwN; *Kraushaar* Kriminalistik 1995, 186; aA *Hilger* NStZ 1984, 145; *Meyer* ZStW 95 (1983), 846; offen gelassen von BGH 15.12.2005 – 3 StR 281/04, BGHSt 50, 318 = NJW 2006, 785.

[42] Offen gelassen von BGH 15.7.1998 – 2 StR 173/98, StraFo 1999, 95 mAnm *Hiebl;* vgl. ausführlich hierzu *Stromberg* MDR 1974, 892; ohne Weiteres wird diese Frage bejaht von *Feller* JZ 1961, 629.

[43] OLG Köln 14.4.1998 – 2 Ws 62/98, StraFo 1999, 90; Radtke/Hohmann/*Otte* Rn. 13; KMR/*Neubeck* Rn. 6; KK/*Senge* Rn. 8; SK/*Rogall* Rn. 26; *Stromberg* MDR 1974, 892; *Hiebl* StraFo 1999, 86.

[44] Vgl. BGH 15.12.2005 – 3 StR 281/04, BGHSt 50, 318 = NJW 2006, 785.

[45] So bereits LR-*Ignor/Bertheau* Rn. 9; in diesem Sinne auch *Hiebl* StraFo 1999, 86.

hen,[46] insbesondere ob der Zeuge Aufgaben des öffentlichen Dienstes wahrnimmt, hierbei mit geheimhaltungsbedürftigen Tatsachen in Kontakt kommt und er aufgrund eingegangener Verpflichtung insoweit zur Verschwiegenheit verpflichtet ist. Dies zu Grunde gelegt, wird es von den Umständen des Einzelfalls abhängen, ob der kirchliche Bedienstete eine andere Person des öffentlichen Dienstes ist. Allein dass er **Fürsorge- und Verwaltungstätigkeiten** wahrnimmt, reicht danach für sich genommen nicht aus, um ihn als Person des öffentlichen Dienstes anzusehen. Zwar wird es sich hierbei in vielen Fällen um öffentliche Aufgaben in dem Sinne, dass sie unmittelbar dem Gemeinwohl dienen und die an sich Sache des Staates oder der politischen Gemeinde wären,[47] handeln; die Verpflichtung zur Verschwiegenheit wird sich in der Regel aus dem Anstellungsvertrag ergeben.[48] Zudem ist aber erforderlich, dass öffentliche Geheimhaltungsinteressen in Rede stehen. Das ist ohne weiteres zu bejahen, sofern der Zeuge im Bereich der **Ehe-, Familien-, Jugend-, oder Suchtberatung** tätig ist.[49] Wie Geheimhaltungsinteressen aber etwa durch die Aussage eines Mitarbeiters eines als Treff für Jugendliche dienenden Cafés, der Angaben zu einer dort von ihm beobachteten Schlägerei machen soll, verletzt werden könnten, ist nicht ersichtlich, nachdem es sich bei aus Anlass eines Besuchs in einem solchen Café begangenen Straftaten ohne Zweifel nicht um geheimhaltungsbedürftige Tatsachen handelt.[50]

Angehörige öffentlicher Kreditinstitute fallen nicht unter § 54, weil hier keine öffentlichen, sondern private Geheimhaltungsinteressen betroffen sind.[51] Zu den Personen des öffentlichen Dienstes können aber Gemeinderäte,[52] Schiedsmänner,[53] Personalratsmitglieder einer Behörde,[54] der Geschäftsführer einer Kreishandwerkerschaft[55] oder die Datenschutzbeauftragten des Bundes und der Länder[56] gehören. 9

c) Soldaten. Soldaten sind keine Personen des öffentlichen Dienstes.[57] Ihre Verschwiegenheitspflicht ergibt sich aus § 14 Soldatengesetz; § 54 ist entsprechend anwendbar.[58] 10

d) Ehemalige Staatsbedienstete der DDR. § 54 ist auf ehemalige **Staatsbedienstete der DDR** nicht anwendbar, weil deren Verschwiegenheitspflicht mit der Wiedervereinigung entfallen ist.[59] 11

e) Bedienstete der EU. Die Verschwiegenheitspflicht von Bediensteten der EU richtet sich nach Art. 19 des Statuts der Beamten (EWG-VO Nr. 31) und Art. 11 der Beschäftigungsbedingungen für sonstige Bedienstete (EAG-VO Nr. 11) vom 18.12.1961.[60] Danach 12

---

[46] *Hiebl* StraFo 1999, 86.

[47] Wie beispielsweise bei einer Beratungsstelle, die sich mit sexuellem Missbrauch befasst, vgl. hierzu OLG Köln 14.4.1998 – 2 Ws 62/98, StraFo 1999, 90.

[48] Vgl. hierzu *Stromberg* MDR 1974, 892.

[49] So auch *Hiebl* StraFo 1999, 86.

[50] AA *Stromberg* MDR 1974, 892; anders wohl auch OLG Köln 14.4.1998 – 2 Ws 62/98, StraFo 1999, 90.

[51] Radtke/Hohmann/*Otte* Rn. 13; KMR/*Neubeck* Rn. 6; *Meyer-Goßner* Rn. 10; SK/*Rogall* Rn. 25; aA KK/*Senge* Rn. 8; *Eisenberg* Rn. 1262; HK/*Gercke* Rn. 7; nach den im Einzelfall wahrgenommenen Aufgaben differenzierend: LR-*Ignor/Bertheau* Rn. 9.

[52] OVG Münster 8.9.1954 – III A 1207/53, MDR 1955, 61; *Eisenberg* Rn. 1262; KMR/*Neubeck* Rn. 6; KK/*Senge* Rn. 8; SK/*Rogall* Rn. 25.

[53] BVerwG 14.2.1964 – VII C 93.61, BVerwGE 18, 58 = NJW 1964, 1088; OLG Hamm 18.3.1968 – 1 VAs 21/68, NJW 1968, 1440; AG Werne 18.9.1964 – 5 Bs 11/64, MDR 1965, 599; LR-*Ignor/Bertheau* Rn. 9; *Eisenberg* Rn. 1262; KMR/*Neubeck* Rn. 6; KK/*Senge* Rn. 8.

[54] Radtke/Hohmann/*Otte* Rn. 13; KK/*Senge* Rn. 8; HK/*Gercke* Rn. 7; SK/*Rogall* Rn. 25.

[55] LG Aachen 18.5.1954 – I Qs 124/53, NJW 1954, 1213; LR-*Ignor/Bertheau* Rn. 9; KMR/*Neubeck* Rn. 6; HK/*Gercke* Rn. 7; KK/*Senge* Rn. 8.

[56] Radtke/Hohmann/*Otte* Rn. 13; vgl. hierzu im Einzelnen LR-*Ignor/Bertheau* Rn. 10.

[57] *Meyer-Goßner* Rn. 12; KK/*Senge* Rn. 10; Radtke/Hohmann/*Otte* Rn. 12.

[58] *Meyer-Goßner* Rn. 12; KK/*Senge* Rn. 10; Radtke/Hohmann/*Otte* Rn. 12.

[59] *Reinecke/Hilger* DtZ 1993, 261; KK/*Senge* Rn. 8; *Meyer-Goßner* Rn. 14a; Radtke/Hohmann/*Otte* Rn. 13; LR-*Ignor/Bertheau* Rn. 13; KMR/*Neubeck* Rn. 10; KG 26.4.1993 – 4 Ws 3/93, NStZ 1993, 450; vgl. auch BGH 16.6.1992 – 2 BGs 232/92, NStZ 1993, 91 mAnm *Reiter* sowie BGH 6.3.1992 – StB 3/92, BGHR StPO § 70 Weigerungsgrund 6.

[60] BGBl. 1926 II 953, 959, 997.

dürfen Bedienstete der EU über Tatsachen, die ihnen bei ihrer amtlichen Tätigkeit bekannt geworden sind, nur mit Zustimmung ihrer Anstellungsbehörde aussagen; die Zustimmung darf nur versagt werden, wenn die Interessen der Gemeinschaft es erfordern und die Versagung für den Beamten keine strafrechtlichen Folgen haben kann.[61]

13 **4. Abgeordnete, Regierungsmitglieder und Fraktionsangestellte (Abs. 2).** Die Pflicht zur Amtsverschwiegenheit und die Erteilung der Aussagegenehmigung von Abgeordneten des Bundestags sind in § 44d AbgG geregelt. Für die Mitglieder der Bundesregierung sind die §§ 6, 7 BMinG maßgeblich. Die Verschwiegenheitspflicht der Mitglieder der Landtage und der Landesregierungen richtet sich nach den entsprechenden landesrechtlichen Vorschriften. Besondere Regelungen betreffend Fraktionsangestellte finden sich in § 49 AbgG und den entsprechenden landesrechtlichen Bestimmungen.

14 **5. Bundespräsident (Abs. 3).** Nach Abs. 3 kann der Bundespräsident das Zeugnis verweigern, wenn die Ablegung des Zeugnisses dem Wohl des Bundes oder eines deutschen Landes Nachteile bereiten würde. Die nach freiem Ermessen durch den Bundespräsidenten zu treffende Entscheidung ist gerichtlich nicht nachprüfbar.[62] Eine Begründung oder eine Glaubhaftmachung nach § 56 darf nicht von ihm verlangt werden.[63] Entsprechendes gilt für den Präsidenten des Bundesrats, wenn er nach Art. 57 GG Aufgaben des Bundespräsidenten wahrgenommen hat.[64]

IV. Aussagegenehmigung

15 **1. Erforderlichkeit.** Eine Aussagegenehmigung ist bei der Vernehmung der in § 54 genannten Personen nicht schlechthin, sondern nur dann erforderlich, wenn sie Umstände betrifft, auf die sich die Pflicht des Zeugen zur Amtsverschwiegenheit bezieht. Diese bezieht sich nach §§ 67 Abs. 2 BBG, 37 Abs. 2 BeamtStG nicht auf Mitteilungen im dienstlichen Verkehr[65] sowie auf Tatsachen, die offenkundig – also allgemein bekannt oder allgemein zugänglich[66] – oder ihrer Bedeutung nach nicht geheimhaltungsbedürftig sind. Die Pflicht zur Amtsverschwiegenheit bezieht sich nicht auf Umstände, die zur Amtstätigkeit des Beamten in keinem inneren Zusammenhang stehen und die der Beamte nur **bei Gelegenheit** der Amtsausübung erfahren hat.[67] Ob das Beweisthema Umstände betrifft, auf die sich die Pflicht zur Amtsverschwiegenheit bezieht, hat zunächst der Zeuge selbst zu beurteilen.[68] Kommt er zu dem Ergebnis, er sei zur Verschwiegenheit verpflichtet oder hält er das zumindest für möglich, ist er zur Verweigerung der Aussage berechtigt und verpflichtet.[69] Hat die vernehmende Stelle Zweifel, ob sich die Vernehmung auf geheim zu haltende Umstände erstrecken kann, ist dies nach Nr. 66 Abs. 1 S. 2 RiStBV durch Anfrage bei dem Dienstvorgesetzten des Zeugen zu klären. Solange dem Zeugen keine Aussagegenehmigung erteilt worden ist, darf das Gericht den aussagebereiten Zeugen nicht vernehmen, wenn ersichtlich ist, dass die Vernehmung Umstände betrifft, auf die sich die Pflicht zur Verschwiegenheit bezieht.[70] Insoweit besteht ein Beweiserhebungsverbot, das aber im Falle eines Verstoßes kein Beweisverwertungsverbot zur Folge hat.[71]

16 Sollen **Ermittlungspersonen der Staatsanwaltschaft** (§ 152 GVG) oder **Mitarbeiter der Gerichts- oder Jugendgerichtshilfe** als Zeugen vernommen werden, ist die verneh-

[61] *Meyer-Goßner* Rn. 14.
[62] *Meyer-Goßner* Rn. 31; Radtke/Hohmann/*Otte* Rn. 25; KK/*Senge* Rn. 23; LR-*Ignor/Bertheau* Rn. 33.
[63] *Meyer-Goßner* Rn. 31; Radtke/Hohmann/*Otte* Rn. 25; KK/*Senge* Rn. 23; LR-*Ignor/Bertheau* Rn. 33.
[64] *Meyer-Goßner* Rn. 31; Radtke/Hohmann/*Otte* Rn. 25; KK/*Senge* Rn. 23; LR-*Ignor/Bertheau* Rn. 33.
[65] Vgl. hierzu ausführlich SK/*Rogall* Rn. 42.
[66] *Meyer-Goßner* Rn. 15.
[67] *Feller* JZ 1961, 630; SK/*Rogall* Rn. 37.
[68] *Meyer-Goßner* Rn. 15; KK/*Senge* Rn. 12; Radtke/Hohmann/*Otte* Rn. 15; KMR/*Neubeck* Rn. 11; LR-*Ignor/Bertheau* Rn. 14 mwN.
[69] *Meyer-Goßner* Rn. 15 mwN; KK/*Senge* Rn. 12; Radtke/Hohmann/*Otte* Rn. 15; LR-*Ignor/Bertheau* Rn. 14.
[70] *Meyer-Goßner* Rn. 15; KK/*Senge* Rn. 12; Radtke/Hohmann/*Otte* Rn. 15; LR-*Ignor/Bertheau* Rn. 14.
[71] *Meyer-Goßner* Rn. 15; KK/*Senge* Rn. 12; vgl. auch unten V.

mende Stelle nicht gehalten, vor jeder Vernehmung eine gesonderte Aussagegenehmigung einzuholen. Nachdem die Vernehmung dieser Personen in der überwiegenden Anzahl der von ihnen bearbeiteten Fälle erforderlich ist, verfügen diese im Sinne einer Verfahrensvereinfachung in der Regel über eine **allgemeine Genehmigung** zur Aussage vor Gericht oder der Staatsanwaltschaft; vom Vorliegen einer solchen kann mangels gegenteiliger Anhaltspunkte im Regelfall ausgegangen werden.[72]

2. Einholung, Antragsrecht. Nach Nr. 66 Abs. 1 S. 1 RiStBV holt die Stelle, die den Zeugen über Umstände vernehmen will, die der Pflicht zur Amtsverschwiegenheit unterliegen, die Aussagegenehmigung von Amts wegen ein. Dem Zeugen darf nicht auferlegt werden, sich selbst um die Erteilung der Aussagegenehmigung zu kümmern.[73] Nach Nr. 66 Abs. 3 RiStBV muss der Antrag auf Erteilung der Aussagegenehmigung die Vorgänge, über die der Zeuge vernommen werden soll, kurz aber erschöpfend angeben, damit der Dienstvorgesetzte beurteilen kann, ob Versagungsgründe vorliegen. In der Regel wird das Gericht, die Staatsanwaltschaft[74] oder die Polizei als vernehmende Stelle die Aussagegenehmigung einholen. 17

Aber auch derjenige, der sich auf das Zeugnis des Beamten berufen hat, hat ein eigenes **Antragsrecht** auf Erteilung der Aussagegenehmigung.[75] Ein Antragsrecht kann damit insbesondere dem **Angeklagten**[76] und dem **Nebenkläger**[77] zustehen. Das erforderliche Rechtsschutzinteresse für einen solchen Antrag besteht, wenn die Vernehmung des Zeugen mit hinreichender Wahrscheinlichkeit zu erwarten ist, fehlt aber, wenn absehbar ist, dass das Gericht den Zeugen – sei es auch aus unzutreffenden Erwägungen – nicht vernehmen wird.[78] Will der Angeklagte den Zeugen nach § 220 Abs. 1 unmittelbar laden und liegen die Voraussetzungen des § 245 Abs. 2 S. 2 und 3, unter denen ein Antrag auf Vernehmung eines vom Angeklagten geladenen und erschienenen Zeugen abgelehnt werden kann, nicht vor, kann der Angeklagte die Vernehmung des Zeugen erzwingen; in diesem Fall darf ein vom Angeklagten gestellter Antrag auf Erteilung der Aussagegenehmigung nicht wegen fehlenden Rechtsschutzinteresses abgelehnt werden.[79] 18

Dagegen fehlt im Privatklageverfahren einem Antrag auf Erteilung der Aussagegenehmigung das Rechtsschutzinteresse, wenn das Gericht die Ladung des Zeugen bereits abgelehnt hat; nachdem das Gericht hier den Umfang der Beweisaufnahme bestimmt und nur durch die Aufklärungspflicht nach § 244 Abs. 2 gebunden ist, kann der **Privatkläger** – anders als der Angeklagte – die Vernehmung eines Zeugen gegen den Willen des Gerichts nämlich nicht durchsetzen.[80] Soweit demgegenüber ein Antragsrecht des Privatklägers insgesamt und ohne Einschränkungen abgelehnt wird,[81] lässt sich das der in Bezug genommenen Entscheidung des BVerwG[82] nicht entnehmen. 19

3. Zuständigkeit für die Erteilung. Nach §§ 67 Abs. 3 S. 2 BBG, 37 Abs. 3 S. 2 BeamtStG ist für die Erteilung der Aussagegenehmigung der Dienstvorgesetzte und nach Been- 20

---

[72] Radtke/Hohmann/*Otte* Rn. 15; KMR/*Neubeck* Rn. 11; *Meyer-Goßner* Rn. 15; betreffend Polizeibeamte *Böhm* NStZ 1983, 158; betreffend Mitarbeiter der Jugendgerichtshilfe *Eisenberg* NStZ 1986, 308; LR-*Ignor/Bertheau* Rn. 14 mwN zur Gegenauffassung; SK/*Rogall* Rn. 42; aA für Polizeibeamte *Kube/Leineweber* S. 116.

[73] *Meyer-Goßner* Rn. 17; Radtke/Hohmann/*Otte* Rn. 16; KK/*Senge* Rn. 13; LR-*Ignor/Bertheau* Rn. 15.

[74] Vgl. zur Berechtigung der Staatsanwaltschaft, einen solchen Antrag zu stellen BGH 7.3.1995 – 1 StR 803/94, BGHR StPO § 244 Abs. 2 Aussagegenehmigung 1.

[75] BVerwG 2.12.1969 – VI C 138/67, BVerwGE 34, 252 = NJW 1971, 160; VGH München 30.7.1979 – Nr. 3712/78, NJW 1980, 198; HK/*Gercke* Rn. 11.

[76] BVerwG 2.12.1969 – VI C 138/67, BVerwGE 34, 252 = NJW 1971, 160; Radtke/Hohmann/*Otte* Rn. 16.

[77] *Meyer-Goßner* Rn. 17; Radtke/Hohmann/*Otte* Rn. 16; KK/*Senge* Rn. 13.

[78] BVerwG 2.12.1969 – VI C 138/67, BVerwGE 34, 252 = NJW 1971, 160.

[79] BVerwG 2.12.1969 – VI C 138/67, BVerwGE 34, 252 = NJW 1971, 160.

[80] BVerwG 2.12.1969 – VI C 138/67, BVerwGE 34, 252 = NJW 1971, 160; KK/*Senge* Rn. 13.

[81] *Meyer-Goßner* Rn. 17; Radtke/Hohmann/*Otte* Rn. 16; LR-*Ignor/Bertheau* Rn. 15; KMR/*Neubeck* Rn. 13; ein Antragsrecht ohne Weiteres bejahend: *Eisenberg* Rn. 1267 sowie KMR/*Neubeck* Rn. 19.

[82] BVerwG 2.12.1969 – VI C 138/67, BVerwGE 34, 252 = NJW 1971, 160.

digung des Dienstverhältnisses der letzte Dienstvorgesetzte zuständig. Hat sich der Vorgang, über den der Zeuge Angaben machen soll, bei einem früheren Dienstherrn ereignet, darf der gegenwärtige Dienstherr die Genehmigung gemäß §§ 67 Abs. 3 S. 3 BBG, 37 Abs. 3 S. 3 BeamtStG nur mit dessen Zustimmung erteilen. Gibt es den früheren Dienstherrn nicht mehr, weil diese Behörde aufgelöst worden ist, entscheidet der gegenwärtige Dienstherr nach pflichtgemäßem Ermessen.[83] Bei Ermittlungspersonen der Staatsanwaltschaft (§ 152 GVG) ist der polizeiliche Dienstvorgesetzte und nicht der Leiter der Staatsanwaltschaft zuständig.[84] Untersteht der Zeuge mehreren Behörden, ist der Disziplinarvorgesetzte zuständig.[85] Für Soldaten ist § 14 Abs. 2 S. 2 Soldatengesetz maßgeblich. Die Aussagegenehmigung für Angestellte und sonstige Personen des öffentlichen Dienstes erteilt der Arbeitgeber.[86]

21 **4. Form der Erteilung.** In der Regel wird die Aussagegenehmigung schriftlich erteilt; nachdem eine besondere Form nicht vorgeschrieben ist, kann sie – insbesondere in Eilfällen – auch mündlich oder telefonisch erteilt werden.[87]

22 **5. Versagung. a) Allgemeines.** Nach §§ 68 Abs. 1 BBG, 37 Abs. 4 BeamtStG, 14 Abs. 2 S. 3 Soldatengesetz darf eine Aussagegenehmigung nur versagt werden, wenn die Aussage dem Wohle des Bundes oder eines deutschen Landes Nachteile bereiten oder die Erfüllung öffentlicher Aufgaben ernstlich gefährden oder erheblich erschweren würde. Bei der Prüfung dieser tatbestandlichen Voraussetzungen hat die zuständige Behörde **keinen Beurteilungsspielraum.**[88] Kommt sie zu dem Ergebnis, dass sie nicht vorliegen, ist sie zur Erteilung der Genehmigung verpflichtet.[89] Lediglich im umgekehrten Fall, dass diese Voraussetzungen vorliegen, hat die Behörde ein Ermessen, ob sie die Genehmigung dennoch erteilt.[90] Dieses Ermessen ist der Nachprüfung durch den Strafrichter entzogen.[91]

23 **b) Zuständigkeit für die Versagung.** Nach § 68 Abs. 3 BBG und den entsprechenden Regelungen in den Landesbeamtengesetzen entscheidet über die Versagung der Genehmigung die **oberste Dienstbehörde,**[92] die diese Befugnis auf andere Behörden übertragen kann. Mit diesen Regelungen wird dem rechtsstaatlichen Gebot Rechnung getragen, dass nicht untergeordnete Behörden, die aufgrund ihres engeren Aufgabenbereiches nicht sicher beurteilen können, in welches Verhältnis die widerstreitenden Interessen zu setzen sind, eine nicht sachgerechte Entscheidung treffen; rechtsstaatlich unbedenklich ist es aber, dass die oberste Aufsichts- oder Dienstbehörde für häufig vorkommende und im Wesentlichen gleich gelagerte Fälle im Voraus eine Entscheidung trifft und **die nachgeordnete Behörde ermächtigt,** in deren Rahmen von ihr eigenständig Gebrauch zu machen.[93] Hält das Gericht die Entscheidung der nachgeordneten Behörde für nicht ausreichend begründet, hat es aber auch in diesem Fall die Entscheidung der obersten Dienstbehörde einzuholen.[94] Notfalls hat es nach Ausschöpfung aller anderen Möglichkeiten die oberste Justizbehörde

---

[83] KK/*Senge* Rn. 14; LR-*Ignor/Bertheau* Rn. 17.

[84] Radtke/Hohmann/*Otte* Rn. 17; KK/*Senge* Rn. 14; *Meyer-Goßner* Rn. 19 mwN; LR-*Ignor/Bertheau* Rn. 17.

[85] Radtke/Hohmann/*Otte* Rn. 17; LR-*Ignor/Bertheau* Rn. 17.

[86] Radtke/Hohmann/*Otte* Rn. 17; KMR/*Neubeck* Rn. 14; HK/*Gercke* Rn. 13.

[87] *Meyer-Goßner* Rn. 19; Radtke/Hohmann/*Otte* Rn. 17; LR-*Ignor/Bertheau* Rn. 18.

[88] BVerwG 24.6.1982 – 2 C 91/81, BVerwGE 66, 39 = NJW 1983, 638; Radtke/Hohmann/*Otte* Rn. 18; SK/*Rogall* Rn. 43 mwN.

[89] VGH München 30.7.1979 – Nr. 3712 VII/78, NJW 1980, 198; Radtke/Hohmann/*Otte* Rn. 18; *Eisenberg* Rn. 1269; SK/*Rogall* Rn. 43; aA LR-*Ignor/Bertheau* Rn. 21.

[90] VGH München 30.7.1979 – Nr. 3712 VII/78, NJW 1980, 198; *Meyer-Goßner* Rn. 20; KK/*Senge* Rn. 16; Radtke/Hohmann/*Otte* Rn. 18; *Eisenberg* Rn. 1269; *Fezer* JuS 1978, 474, Fn. 35.

[91] Radtke/Hohmann/*Otte* Rn. 18.

[92] Dies ist beim Einsatz eines V-Manns oder eines Verdeckten Ermittlers der Innenminister, vgl. BGH 16.2.1995 – 4 StR 733/94, BGHSt 41, 36 = NJW 1995, 2569; bei Angehörigen der Justiz, insbesondere bei Richtern und Staatsanwälten, ist das Justizministerium zuständig, vgl. SK/*Rogall* Rn. 50.

[93] BVerfG 26.5.1981 – 2 BvR 215/81, BVerfGE 57, 250 = NJW 1981, 1719; BGH 2.7.1996 – 1 StR 314/96, BGHSt 42, 175 = NJW 1996, 2738.

[94] BGH 31.3.1989 – 2 StR 706/88, BGHSt 36, 161 = NJW 1989, 3291; BGH 2.7.1996 – 1 StR 314/96, BGHSt 42, 175 = NJW 1996, 2738.

einzuschalten mit dem Ziel, an die oberste Innenbehörde eine Gegenvorstellung zu richten und **ggf. einen Kabinettsbeschluss herbeizuführen.**[95] Wird die Aussagegenehmigung von einer unzuständigen, insbesondere nicht der obersten Dienstbehörde versagt und nimmt das Gericht das hin, obwohl die Aussage für das Verfahren von Bedeutung ist, ist die Aufklärungspflicht nach § 244 Abs. 2 verletzt.[96]

c) Entscheidungskriterien. Bei ihrer Entscheidung muss sich die Verwaltungsbehörde am Gebot einer rechtsstaatlichen Verfahrensgestaltung orientieren und darf deshalb nicht lediglich die von ihr wahrzunehmenden Aufgaben im Blick haben, sondern hat auch die Bedeutung der gerichtlichen Wahrheitsfindung für die Sicherung der Gerechtigkeit und das Gewicht des Freiheitsanspruchs des Beschuldigten zu berücksichtigen.[97] Wann die Versagung der Aussagegenehmigung rechtsstaatlich unbedenklich ist, hängt von den Umständen des Einzelfalls, insbesondere von der Schwere der Straftat, dem Ausmaß der dem Angeklagten drohenden Nachteile, dem Gewicht der einer bestmöglichen Aufklärung entgegenstehenden Umstände sowie dem Stellenwert des Beweismittels ab.[98] Zu berücksichtigen ist dabei, ob nicht bereits bestimmte **verfahrensrechtliche Vorkehrungen** – etwa die Vernehmung des Zeugen unter Ausschluss der Öffentlichkeit, die Gestattung an den Zeugen, seinen Wohnort nicht zu nennen oder die Vernehmung des Zeugen unter akustischer und optischer Abschirmung[99] – zur Wahrung der Belange der Behörde ausreichen.[100] Zulässig ist es, dem Interesse, eine drohende **Gefahr für das Leben oder die Freiheit** des Zeugen abzuwenden, indem dessen Identität geheim gehalten wird, Vorrang vor dem Interesse an einer umfassenden Aufklärung des Sachverhalts einzuräumen.[101] Gleiches gilt für das Interesse der Behörde an der **Möglichkeit der weiteren Verwendung der Vertrauensperson.**[102] Auch das Interesse der Polizei, sich an die einem Gewährsmann gemachte **Vertraulichkeitszusage** zu halten, kann im Einzelfall vorrangig sein. Das gilt allerdings nur, soweit die Geheimhaltung der Identität zum Schutz von Lebens- oder Leibesgefahren zugesichert wurde; eine uneingeschränkte Vertraulichkeitszusage ist nicht zulässig.[103] Eine Vertraulichkeitszusage bindet – mit gewissen Einschränkungen – nur die Polizei und die Staatsanwaltschaft.[104] Im gerichtlichen Verfahren hat sie keine Bedeutung.[105] 24

[95] BGH 5.6.2007 – 5 StR 383/06, NStZ 2007, 649 betreffend die Verweigerung der Aussagegenehmigung für einen beschuldigten Amtsträger; ähnlich *Eisenberg* Rn. 1035a, wonach eine wirksame Sperrerklärung die übereinstimmende Entscheidung des Justiz- und des Innenressorts voraussetze.

[96] BGH 26.6.2001 – 1 StR 197/01, BGHR StPO § 244 Abs. 2 Aussagegenehmigung 2 = NStZ 2001, 656.

[97] BGH 17.10.1983 – GSSt 1/83, BGHSt 32, 115 = NStZ 1984, 36 mAnm *Frenzel;* BVerfG 26.5.1981 – 2 BvR 215/81, BVerfGE 57, 250 = NJW 1981, 1719; BVerwG 24.6.1982 – 2 C 91/81, BVerwGE 66, 39 = NJW 1983, 638; Radtke/Hohmann/*Otte* Rn. 18; LR-*Ignor/Bertheau* Rn. 21; KMR/*Neubeck* Rn. 15; HK/*Gercke* Rn. 17.

[98] BVerfG 26.5.1981 – 2 BvR 215/81, BVerfGE 57, 250 = NJW 1981, 1719; BVerwG 24.6.1982 – 2 C 91/81, BVerwGE 66, 39 = NJW 1983, 638; OLG Stuttgart 23.7.1990 – 4 VAs 21/90, NJW 1991, 1071 mAnm *Arloth* NStZ 1992, 96.

[99] Vgl. etwa BGH 17.8.2004 – 1 StR 315/04, NStZ 2005, 43.

[100] Vgl. im Einzelnen zu den in Betracht kommenden Maßnahmen BVerfG 26.5.1981 – 2 BvR 215/81, BVerfGE 57, 250 = NJW 1981, 1719, BGH 11.12.1980 – 4 StR 588/80, NJW 1981, 770, BGH 10.10.1979 – 3 StR 281/79, NJW 1980, 464 sowie *Gribbohm* NJW 1981, 305 mwN; HK/*Gercke* Rn. 17.

[101] BVerfG 26.5.1981 – 2 BvR 215/81, BVerfGE 57, 250 = NJW 1981, 1719; BGH 10.10.1979 – 3 StR 281/79, BGHSt 29, 109 = NJW 1980, 464; BGH 16.4.1985 – 5 StR 718/94, BGHSt 33, 178 = NJW 1985, 1789; BGH 3.5.1985 – 2 StR 824/84, NStZ 1985, 466; *Geppert* Jura 1992, 250; *Meyer-Goßner* Rn. 20.

[102] BGH 24.10.2006 – 1 StR 442/06, StraFo 2007, 25; OLG Stuttgart 23.7.1990 – 4 VAs 21/90, NJW 1991, 1071 mAnm *Arloth* NStZ 1992, 96.

[103] BGH 5.12.1984 – 2 StR 526/84, BGHSt 33, 83 = NJW 1985, 984 m. Anm. Arloth NStZ 1985, 280; BGH 31.3.1989 – 2 StR 706/88, BGHSt 36, 161 = NJW 1989, 3291 mwN; Geppert Jura 1992, 250 mwN; aA wohl VGH München 30.7.1979 – Nr.3712 VII/78, NJW 1980, 198, wonach die Behörde das durch die Vertraulichkeitszusage beründete Vertrauen nicht enttäuschen dürfe; vgl. zur Vertraulichkeitszusage ausführlich Meyer ZStW 95 (1983), 839 ff.

[104] BGH 16.1.2001 – 1 StR 523/00, NStZ 2001, 333; BGH 26.7.2011 – 1 StR 297/11, StV 2012, 5 mit Verweis auf die Nummer 4 der Gemeinsamen Richtlinien der Justizminister/-senatoren und der Innenminister/-senatoren der Länder über die Inanspruchnahme von Informanten sowie über den Einsatz von Vertrauenspersonen und Verdeckten Ermittlern im Rahmen der Strafverfolgung/Anlage D zur RiStBV, aus der sich die Einschränkungen der Bindung der Polizei und der Staatsanwaltschaft ergeben, abgedruckt in Die Justiz 1986, 81.

[105] BGH 26.7.2011 – 1 StR 297/11, StV 2012, 5.

25 **d) Begründungsanforderungen.** Die Behörde hat ihre die Aussagegenehmigung versagende Entscheidung in der Form zu begründen, dass dem Gericht die Überprüfung zumindest auf offensichtliche Fehler ermöglicht wird, soweit nicht durch die Begründung ihrerseits geheimhaltungsbedürftige Umstände offenbart werden.[106] Lässt das Geheimhaltungsinteresse nur eine unvollständige Begründung zu, ist die Behörde dennoch gehalten, ihre Weigerung verständlich zu machen, um dem Gericht zu ermöglichen, auf die Beseitigung etwaiger Hindernisse hinzuwirken und auf die Bereitstellung des bestmöglichen Beweises zu dringen.[107] Die Behörde darf sich nicht auf allgemein gehaltene Begründungen zurückziehen, sondern hat – soweit die Geheimhaltungsinteressen das zulassen – **einzelfallbezogene Erwägungen** mitzuteilen.[108]

26 **e) Bindungswirkung.** Hat die zuständige Behörde die Aussagegenehmigung erteilt oder versagt, ist das Gericht grundsätzlich daran gebunden.[109] Es muss einen Zeugen, dem die Aussagegenehmigung erteilt worden ist, daher auch dann vernehmen, wenn nach seiner Auffassung die Genehmigung zu Unrecht erteilt worden ist, weil einer Aussage des Zeugen Geheimhaltungsinteressen entgegenstehen.[110] Auch an die (endgültige) Versagung der Aussagegenehmigung ist das Gericht gebunden, selbst wenn es diese für rechtswidrig hält.[111] Allerdings kann für das Gericht nach den nachfolgend dargestellten Grundsätzen eine Pflicht zur Erhebung von Gegenvorstellungen oder Dienstaufsichtsbeschwerden bestehen.[112]

27 **f) Anfechtung der Versagung.** Versagt die Behörde die Aussagegenehmigung ganz oder teilweise, kommt die Erhebung von Dienstaufsichtsbeschwerden oder Gegenvorstellungen sowie die gerichtliche Anfechtung der Versagung in Betracht.

28 **aa) Gegenvorstellung, Dienstaufsichtsbeschwerde.** Das Gericht ist grundsätzlich an die Entscheidung der Verwaltungsbehörde gebunden.[113] Es darf sich mit der Weigerung der Behörde aber nicht ohne weiteres abfinden, sondern muss ggf. durch die Erhebung von Gegenvorstellungen oder Dienstaufsichtsbeschwerden versuchen, die Behörde zu einer detaillierten Stellungnahme hinsichtlich ihrer Sicherheitsbedenken zu bewegen und diese nach Möglichkeit auszuräumen.[114] Dabei darf sie sich nicht darauf zurückziehen, die Polizei erteile erfahrungsgemäß keine Auskunft über ihre Gewährsleute, weshalb etwaige Bemühungen von vornherein aussichtslos seien.[115] Insbesondere dann, wenn der Zeuge, dessen Identität die Behörde nicht preisgeben will, bereits über einen längeren Zeitraum mit dem Angeklagten in Kontakt stand und diesem daher zumindest sein Aussehen ohnehin bekannt ist, kann im Einzelfall Anlass bestehen, die Behörde zum Überdenken ihrer Entscheidung

---

106 BVerfG 26.5.1981 – 2 BvR 215/81, BVerfGE 57, 250 = NJW 1981, 1719; BGH 17.10.1983 – GSSt 1/83, BGHSt 32, 115 = NStZ 1984, 36 mAnm *Frenzel;* Radtke/Hohmann/*Otte* Rn. 18; SK/*Rogall* Rn. 64; *Laue* ZStW 120, 261; KMR/*Neubeck* Rn. 16.

107 BVerfG 26.5.1981 – 2 BvR 215/81, BVerfGE 57, 250 = NJW 1981, 1719; BGH 17.10.1983 – GSSt 1/83, BGHSt 32, 115 = NStZ 1984, 36 mAnm *Frenzel; Meyer-Goßner* Rn. 21; Radtke/Hohmann/*Otte* Rn. 18; SK/*Rogall* Rn. 64; in diesem Sinne auch BGH 10.10.1979 – 3 StR 281/79, BGHSt 29, 109 = NJW 1980, 464 sowie BGH 31.3.1989 – 2 StR 706/88, BGHSt 36, 161 = NJW 1989, 3291; KMR/*Neubeck* Rn. 16; HK/*Gercke* Rn. 19.

108 BGH 16.4.1985 – 5 StR 718/84, BGHSt 33, 178 = NJW 1985, 1789; BGH 21.3.1989 – 5 StR 57/89, StV 1989, 284; *Geppert* Jura 1992, 250.

109 BVerfG 26.5.1981 – 2 BvR 215/81, BVerfGE 57, 250 = NJW 1981, 1719; BGH 16.4.1985 – 5 StR 718/94, BGHSt 33, 178 = NJW 1985, 1789; OLG Hamburg 22.10.1993 – 1b Ws 271/93, NStZ 1994, 98; *Meyer-Goßner* Rn. 24; Radtke/Hohmann/*Otte* Rn. 21; KMR/*Neubeck* Rn. 20; LR-*Ignor/Bertheau* Rn. 19 mwN; SK/*Rogall* Rn. 65 mwN; *Fezer* JuS 1978, 474; anders ist es lediglich bei der Vernehmung von Zeugen im Verfahren vor dem Bundesverfassungsgericht, vgl. § 28 Abs. 2 S. 2 BVerfGG.

110 *Meyer-Goßner* Rn. 24; KK/*Senge* Rn. 18; Radtke/Hohmann/*Otte* Rn. 21; LR-*Ignor/Bertheau* Rn. 19.

111 *Meyer-Goßner* Rn. 24 mwN; Radtke/Hohmann/*Otte* Rn. 20; KMR/*Neubeck* Rn. 16 LR-*Ignor/Bertheau* Rn. 19 mwN.

112 Vgl. nachfolgend IV. 5. f) aa).

113 Vgl. oben e).

114 BGH 29.10.1980 – 3 StR 335/80, BGHSt 29, 390 = NJW 1981, 355; vgl. ausführlich zu dieser Problematik *Gribbohm* NJW 1981, 305 mwN.

115 BGH 29.10.1980 – 3 StR 335/80, BGHSt 29, 390 = NJW 1981, 355; *Eisenberg* Rn. 1267.

zu bewegen.[116] Das Gericht ist verpflichtet, bei der Behörde, die die Aussagegenehmigung verweigert hat, Gegenvorstellung zu erheben, wenn die Entscheidung der Behörde nicht oder nicht zutreffend begründet ist oder sonst eine fehlerhafte Ermessenausübung erkennen lässt und das Gericht zudem **konkrete Anhaltspunkte** dafür hat, dass die Behörde ihre Entscheidung ändern und die zunächst versagte Aussagegenehmigung doch noch erteilen wird.[117] Hierzu besteht vor allem dann Anlass, wenn die Begründung der Behörde sich lediglich auf allgemeine und nicht auf einzelfallbezogene Erwägungen stützt.[118] Eine Pflicht zur Erhebung der Gegenvorstellung kann auch bestehen, wenn die Versagung zum Zeitpunkt der behördlichen Entscheidung rechtmäßig war, sich aber zwischenzeitlich die **Sachlage erheblich geändert** hat und deshalb konkrete Anhaltspunkte dafür bestehen, dass die zuständige Behörde im Fall einer erneuten Befassung zu einer anderen Entscheidung kommen wird.[119] Das kommt in Betracht, wenn ein zunächst verdeckt ermittelnder Beamter zwischenzeitlich den Aufgabenbereich gewechselt hat und deshalb ein Bedürfnis, seine Identität geheim zu halten, nicht mehr besteht.[120] Eine Pflicht zur Erhebung einer Gegenvorstellung besteht nicht, wenn keine Anhaltspunkte dafür bestehen, dass die Beschränkung oder die Versagung der Aussagegenehmigung rechtsfehlerhaft ist.[121] Bleibt die Behörde nach Ausschöpfung der dargestellten, vom Gericht nach Maßgabe der Aufklärungspflicht zu ergreifenden Maßnahmen bei ihrer Weigerung, dem Zeugen eine Aussagegenehmigung zu erteilen, ist er „unerreichbar" im Sinne von § 251 Abs. 2.[122] Hält das Gericht die Versagung der Aussagegenehmigung für rechtswidrig, hat es nach Ausschöpfung aller anderen Möglichkeiten die oberste Justizbehörde einzuschalten mit dem Ziel, an die oberste Innenbehörde eine Gegenvorstellung zu richten und **ggf. einen Kabinettsbeschluss herbeizuführen.**[123]

bb) Gerichtliche Anfechtung. (1) Anfechtungsberechtigte. Der **Angeklagte** und der **Nebenkläger** können die Versagung oder die nur eingeschränkte Erteilung der Aussagegenehmigung gerichtlich anfechten, sofern sie ein rechtliches Interesse an der Aussage des gesperrten Zeugen haben.[124] **Privatkläger** können nur unter eingeschränkten Voraussetzungen hiergegen vorgehen.[125] Das **Gericht** ist für eine Klage vor den Verwaltungsgerichten nicht klagebefugt, weil es nicht in seinen Rechten verletzt ist (§ 42 Abs. 2 VwGO).[126] Gleiches gilt für die **Staatsanwaltschaft.**[127] Der betroffene **Zeuge** kann gegen 29

---

[116] Vgl. zu diesem Gesichtspunkt BGH 2.7.1996 – 1 StR 314/96, BGHSt 42, 175 = NJW 1996, 2738.

[117] BGH 7.3.1995 – 1 StR 803/94, BGHR StPO § 244 Abs. 2 Aussagegenehmigung 1; BGH 31.3.1989 – 2 StR 706/88, BGHSt 36, 161 = NJW 1989, 3291; KK/*Senge* Rn. 19; so – allerdings ohne die zuletzt genannte Einschränkung – auch BGH 2.7.1996 – 1 StR 314/96, BGHSt 42, 175 = NJW 1996, 2738 mAnm *Geerds* NStZ 1996, 609 sowie BGH 16.4.1985 – 5 StR 718/84, BGHSt 33, 178 = NJW 1985, 1789; vgl. auch BGH 9.11.1980 – 4 StR 16/80, NStZ 1981, 70 sowie BGH 3.5.1985 – 2 StR 824/84, NStZ 1985, 466.

[118] BGH 16.4.1985 – 5 StR 718/84, BGHSt 33, 178 = NJW 1985, 1789.

[119] Offen gelassen von BGH 7.3.1995 – 1 StR 803/94, BGHR StPO § 244 Abs. 2 Aussagegenehmigung 1.

[120] Vgl. hierzu BGH 29.10.1980 – 3 StR 335/80, BGHSt 29, 390 = NJW 1981, 355.

[121] BGH 11.12.1980 – 4 StR 588/80, NJW 1981, 770; BGH 3.5.1985 – 2 StR 824/84, NStZ 1985, 466; Radtke/Hohmann/*Otte* Rn. 20.

[122] BVerfG 26.5.1981 – 2 BvR 215/81, BVerfGE 57, 250 = NJW 1981, 1719.

[123] BGH 5.6.2007 – 5 StR 383/06, NStZ 2007, 649 betreffend die Verweigerung der Aussagegenehmigung für einen beschuldigten Amtsträger; vgl. hierzu auch IV.5.b).

[124] BVerwG 14.2.1964 – VII C 93.61, BVerwGE 18, 58 = NJW 1964, 1088; BVerwG 2.12.1969 – VI C 138, 67, BVerwGE 34, 254 = NJW 1971, 160; Radtke/Hohmann/*Otte* Rn. 20; *Meyer-Goßner* Rn. 28; *Schmid* JR 1978, 8.

[125] Insoweit gelten die Ausführungen oben IV.2. entsprechend.

[126] *Graf/Huber* Rn. 26; Radtke/Hohmann/*Otte* Rn. 20; *Meyer-Goßner* Rn. 28; LR-*Ignor/Bertheau* Rn. 19; *Schmid* JR 1978, 8; *Meyer* ZStW 95 (1983), 842; *Geppert* Jura 1992, 251; offen gelassen von BGH 5.6.2007 – 5 StR 383/06, NStZ 2007, 649.

[127] Radtke/Hohmann/*Otte* Rn. 20; *Meyer-Goßner* Rn. 28; *Graf/Huber* Rn. 26; *Schmid* JR 1978, 8; *Fezer* JuS 1978, 474; Laue ZStW 120 (2008), 260; *Meyer* ZStW 95 (1983), 842; KMR/*Neubeck* Rn. 19; HK/*Gercke* Rn. 23; *Geppert* Jura 1992, 251; aA *Ostendorf* DRiZ 1981, 4, 10; *Ellbogen* NStZ 2007, 310 unter Verweis auf die eigenständige Stellung der Staatsanwaltschaft und auf ihre Verpflichtung, für ein insgesamt rechtsstaatliches Verfahren zu sorgen; offen gelassen von BGH 5.6.2007 – 5 StR 383/06, NStZ 2007, 649.

die Erteilung der Aussagegenehmigung nicht vorgehen, auch wenn er der Auffassung ist, sich durch die Aussage einer Gefährdung auszusetzen;[128] das folgt daraus, dass die Verschwiegenheitspflicht nicht den Zeugen, sondern öffentliche Geheimhaltungsinteressen schützen soll.[129]

30 **(2) Verwaltungsrechtsweg.** Für eine Klage gegen die Versagung der Aussagegenehmigung ist der **Verwaltungsrechtsweg** eröffnet, nachdem die begehrte Aussagegenehmigung ein Verwaltungsakt ist und es daher um eine öffentlich-rechtliche Streitigkeit nach § 40 Abs. 1 VwGO geht; es handelt sich um eine Klage aus dem Beamtenverhältnis nach §§ 126, 127 BRRG.[130] Auch für die Anfechtung der Versagung der Aussagegenehmigung für einen Richter oder einen Justizangestellten ist der Verwaltungsrechtsweg eröffnet, weil die Versagung kein Justizverwaltungsakt nach § 23 EGGVG ist.[131] Die Versagung der Aussagegenehmigung ist **verwaltungsgerichtlich voll nachprüfbar;** wenn die tatbestandlichen Voraussetzungen für die Erteilung gegeben sind, steht der Verwaltungsbehörde kein Ermessen zu.[132] Die Behörde ist im Verwaltungsrechtsstreit nicht verpflichtet, die Gründe für die Versagung in vollem Umfang zu offenbaren, weil dies dem Zweck der Geheimhaltung entgegen laufen würde; sie muss aber das Gericht durch ihre Darlegung in die Lage versetzen, zu prüfen, ob die Voraussetzungen für die Versagung vorliegen.[133]

31 **g) Rechtsfolgen der Versagung. aa) Keine Vernehmung des Zeugen.** Hat die Verwaltungsbehörde einen Zeugen endgültig gesperrt, ist er ein unerreichbares Beweismittel im Sinne von § 244 Abs. 3.[134] Das Gericht darf den Zeugen aber nur dann als unerreichbares Beweismittel ansehen, wenn es erfolglos versucht hat, bei der zuständigen Behörde den Namen des Gewährsmanns in Erfahrung zu bringen und diese die Auskunft in entsprechender Anwendung des § 96 verweigert hat.[135] Seinem Erscheinen in der Hauptverhandlung stehen „andere nicht zu beseitigende Hindernisse" entgegen, die es zulässig machen, den Zeugen vor einem beauftragten oder ersuchten Richter zu vernehmen und das Vernehmungsprotokoll in der Hauptverhandlung zu verlesen.[136] Fragen, für die der Zeuge keine Aussagegenehmigung besitzt, sind nach § 241 Abs. 2 als ungeeignet zurückzuweisen.[137] Hat sich die Behörde geweigert, die Identität eines Gewährsmanns, der nicht zu dem in § 54 genannten Personenkreis zählt, preiszugeben, führt das nicht zu einem Beweisverbot; kennt das Gericht aus anderen Quellen den Namen des Zeugen, ist es unbeschadet der Sperrerklärung der Behörde verpflichtet, den Zeugen zu laden.[138]

32 **bb) Folgen für die Beweiswürdigung.** Kann ein zentrales Beweismittel wegen einer Sperrerklärung oder Verweigerung der Aussagegenehmigung nicht in die Hauptverhandlung eingeführt werden, obwohl das ein Gebot der Aufklärungspflicht wäre, ist den hierdurch einge-

---

[128] Radtke/Hohmann/*Otte* Rn. 20; *Meyer-Goßner* Rn. 28; Ostendorf DRiZ 1981, 9; aA *Schmid* JR 1978, 8; *Laue* ZStW 120, 259; SK/*Rogall* Rn. 72.

[129] *Eisenberg* Rn. 1272.

[130] BVerwG 2.12.1969 – VI C 138, 67, BVerwGE 34, 254 = NJW 1971, 160; BVerwG 24.6.1982 – 2 C 91/81, BVerwGE 66, 39 = NJW 1983, 638; *Meyer-Goßner* Rn. 28; LR-*Ignor/Bertheau* Rn. 24 mwN; krit. *Hilger* NStZ 1984, 145.

[131] OLG Hamm 18.3.1968 – 1 VAs 21/68, NJW 1968, 1440; *Graf/Huber* Rn. 26; Radtke/Hohmann/*Otte* Rn. 20; *Meyer-Goßner* Rn. 28; KMR/*Neubeck* Rn. 19; HK/*Gercke* Rn. 23.

[132] BVerwG 24.6.1982 – 2 C 91/81, BVerwGE 66, 39 = NJW 1983, 638; VGH München 30.7.1979 – Nr. 3712 VII/78, NJW 1980, 198; *Eisenberg* Rn. 1269; vgl. hierzu auch oben IV.5.a).

[133] BVerwG 24.6.1982 – 2 C 91/81, BVerwGE 66, 39 = NJW 1983, 638; vgl. hierzu bereits oben IV.5.d).

[134] BGH 17.10.1983 – GSSt 1/83, BGHSt 32, 115 = NStZ 1984, 36 mAnm *Frenzel; Geppert* Jura 1992, 246; KK/*Senge* Rn. 20; nach aA ist die Beweiserhebung unzulässig im Sinne von § 244 Abs. 3 S. 1, vgl. KMR/*Neubeck* Rn. 20, *Meyer-Goßner* Rn. 25, SK/*Rogall* Rn. 68 sowie Radtke/Hohmann/*Otte* Rn. 22 jeweils mwN.

[135] BGH 26.7.2011 – 1 StR 297/11, StV 2012, 5.

[136] BGH 17.10.1983 – GSSt 1/83, BGHSt 32, 115 = NStZ 1984, 36 mAnm *Frenzel;* hierzu eingehend *Geppert* Jura 1992, 246; vgl. auch *Herdegen* NStZ 1984, 100.

[137] BGH 15.12.2005 – 3 StR 281/04, BGHSt 50, 318 = NJW 2006, 785; *Meyer-Goßner* Rn. 25; *Eisenberg* Rn. 1271; KMR/*Neubeck* Rn. 20; *Fezer* JuS 1978, 474.

[138] BGH 6.2.2003 – 4 StR 423/02, NStZ 2003, 610; KK/*Senge* Rn. 19.

schränkten Verteidigungsmöglichkeiten des Angeklagten durch eine **besonders vorsichtige Beweiswürdigung** und gegebenenfalls der Anwendung des **Zweifelssatzes** Rechnung zu tragen.[139] Auf Angaben von Gewährsleuten, die mittelbar über Vernehmungsbeamte in das Verfahren eingeführt werden, darf eine Verurteilung in der Regel nur gestützt werden, wenn sie durch **andere wichtige Beweisanzeichen** gestützt werden.[140] Das Gericht darf nicht ohne weiteres der bloßen Meinung eines in der Hauptverhandlung vernommenen Zeugen folgen, der Gewährsmann sei zuverlässig.[141] Unzulässig ist es andererseits, ein Entlastungsvorbringen des Angeklagten **als wahr zu unterstellen,** nur weil die zuständige Behörde einem Zeugen, der dies bestätigen soll, die Aussagegenehmigung verweigert.[142] Im Rahmen der Beweiswürdigung darf berücksichtigt werden, dass die zuständige Behörde die Aussagegenehmigung zu Unrecht verweigert hat.[143] Die Verwertung eines sachferneren anstelle des sachnäheren Beweismittels zuungunsten des Angeklagten kann gegen den **Grundsatz des fairen Verfahrens** verstoßen, wenn die Behörde dem Gericht das sachnähere Beweismittel willkürlich, offensichtlich rechtsfehlerhaft oder ohne Angabe von Gründen vorenthält.[144]

cc) Aussetzung des Strafverfahrens. Nach Maßgabe der **Aufklärungspflicht (§ 244 Abs. 2)** kann es im Einzelfall geboten sein, das Strafverfahren auszusetzen, um die Entschei- 33
dung der Verwaltungsbehörde über eine erhobene Gegenvorstellung abzuwarten oder dem Angeklagten zu ermöglichen, im Verwaltungsrechtsweg gegen die Versagung der Aussagegenehmigung vorzugehen.[145] Insoweit hat das Gericht die Belange der Wahrheitsfindung, der Verfahrensbeschleunigung, die Beweisbedeutung des Informanten sowie die voraussichtliche Dauer des verwaltungsgerichtlichen Verfahrens gegeneinander **abzuwägen.**[146] Bei der danach zu treffenden Abwägung wird vor allem in Haftsachen dem Beschleunigungsgebot aus Art. 6 Abs. 1 S. 1 EMRK besondere Bedeutung zukommen.[147] Eine Aussetzung ist nicht geboten, wenn das Gericht die Sperrerklärung der Behörde zutreffend für ermessensfehlerfrei hält und einem beabsichtigten verwaltungsgerichtliche Verfahren daher **keine ernsthaften Erfolgsaussichten** beimessen muss.[148] Obsiegt der Angeklagte in dem von ihm angestrengten Verwaltungsverfahren, bleibt ihm die Möglichkeit, im Wege des Wiederaufnahmeverfahrens den nunmehr nicht mehr gesperrten Zeugen als neues Beweismittel im Sinne von § 359 Nr. 5 zu benennen.[149]

---

[139] BGH 4.3.2004 – 3 StR 218/03, BGHSt 49, 112 = NJW 2004, 1259; Radtke/Hohmann/*Otte* Rn. 23; LR-*Ignor/Bertheau* Rn. 28; zur Anwendung des Zweifelssatzes in solchen Fällen bereits BGH 11.9.1980 – 4 StR 16/80, NJW 1981, 70; vgl. zum Erfordernis einer besonders vorsichtigen Beweiswürdigung auch BGH 10.10.1979 – 3 StR 281/79, NJW 1980, 464 und BVerfG 26.5.1981 – 2 BvR 215/81, BVerfGE 57, 250 = NJW 1981, 1719.

[140] BGH 4.3.2004 – 3 StR 218/03, BGHSt 49, 112 = NJW 2004, 1259 mwN; LR-*Ignor/Bertheau* Rn. 27.

[141] *Gribbohm* NJW 1981, 305 mwN.

[142] BGH 4.3.2004 – 3 StR 218/03, BGHSt 49, 112 = NJW 2004, 1259; *Meyer-Goßner* Rn. 26; Radtke/Hohmann/*Otte* Rn. 23; LR-*Ignor/Bertheau* Rn. 28; SK/*Rogall* Rn. 69.

[143] BGH 21.3.1989 – 5 StR 57/89, StV 1989, 284 mwN; *Meyer-Goßner* Rn. 26; KK/*Senge* Rn. 22; Radtke/Hohmann/*Otte* Rn. 23; LR-*Ignor/Bertheau* Rn. 28; aA SK/*Rogall* Rn. 69.

[144] BVerfG 26.5.1981 – 2 BvR 215/81, BVerfGE 57, 250 = NJW 1981, 1719; BGH 10.10.1979 – 3 StR 281/79, BGHSt 29, 109 = NJW 1980, 464; *Geppert* Jura 1992, 251; *Gribbohm* NJW 1981, 305 mwN; in diese Richtung auch BGH 31.3.1989 – 2 StR 706/88, BGHSt 36, 159 = NJW 1989, 3291 mwN; vgl. auch EGMR 22.7.2003 – 39647, 40461/98, StraFo 2003, 360, wonach ein Verstoß gegen Art. 6 Abs. 1 EMRK vorliegt, wenn die Anforderungen an ein kontradiktorisches Verfahren, die Waffengleichheit und angemessene Sicherheiten zum Schutz der Rechte des Angeklagten nicht erfüllt sind.

[145] BGH 3.5.1985 – 2 StR 824/84, NStZ 1985, 466; BGH 5.6.2007 – 5 StR 383/06, NStZ 2007, 649; Radtke/Hohmann/*Otte* Rn. 20; KK/*Senge* Rn. 21; *Meyer-Goßner* Rn. 29; LR-*Ignor/Bertheau* Rn. 15, 25; *Fezer* JuS 1978, 474, der aber in JuS 1987, 362 eine Aussetzungsverpflichtung aus Art. 19 Abs. 4 GG herleitet; ähnlich *Schmid* JR 1978, 8.

[146] BGH 3.5.1985 – 2 StR 824/84, NStZ 1985, 466; BGH 24.10.2006 – 1 StR 442/06, StraFo 2007, 25; BGH 20.4.2006 – 3 StR 284/05, NStZ-RR 2008, 65.

[147] KK/*Senge* Rn. 23.

[148] BGH 3.5.1985 – 2 StR 824/84, NStZ 1985, 466 mAnm *Fezer* JuS 1987, 358; BGH 24.10.2006 – 1 StR 442/06, StraFo 2007, 25; BGH 11.12.1980 – 4 StR 588/80, NJW 1981, 770; *Meyer-Goßner* Rn. 29; Radtke/Hohmann/*Otte* Rn. 20; SK/*Rogall* Rn. 73.

[149] *Ellbogen* NStZ 2007, 311; nach *Schmid* JR 1978, 9 soll dies zur Wahrung der Rechte des Angeklagten nicht ausreichend sein.

34 **6. Beschränkung der Genehmigung.** Die Aussagegenehmigung kann gegenständlich beschränkt werden,[150] insbesondere kann dem Zeugen versagt werden, Angaben über die Person eines Anzeigeerstatters oder einer Vertrauensperson der Polizei zu machen.[151] Auch die Beschränkung auf einzelne Tatkomplexe oder Fragen ist zulässig.[152] Zwar hat es die Verwaltungsbehörde damit in der Hand, durch beschränkte Aussagegenehmigungen dem Gericht entlastende Umstände vorzuenthalten, belastende dagegen darzubieten.[153] Nachdem auch die Verwaltung an Recht und Gesetz gebunden ist, wird sich eine derartige Unterstellung aber im Regelfall verbieten.[154] Im Übrigen kann dem ebenso wie bei einer vollständigen Versagung der Aussagegenehmigung durch eine besonders vorsichtige Beweiswürdigung oder der Anwendung des Grundsatzes in dubio pro reo[155] begegnet werden.[156]

35 **7. Widerruf.** Die Aussagegenehmigung kann jederzeit widerrufen werden.[157] Aussagen, die der Zeugen vor dem Widerruf in der Hauptverhandlung gemacht hat, bleiben verwertbar.[158] Angaben des Zeugen im Vorverfahren dürfen dagegen nach einem Widerruf nicht durch Vernehmung der Verhörsperson eingeführt werden.[159]

V. Revision

36 Weil die Vorschrift nur öffentliche Geheimhaltungsinteressen und nicht den Angeklagten schützt, kann die Verletzung von § 54 – also die Vernehmung des Zeugen ohne Vorliegen der erforderlichen Aussagegenehmigung – die Revision des Angeklagten nicht begründen.[160] Entsprechendes gilt für die Revision der Staatsanwaltschaft, weil die Vernehmung ohne Aussagegenehmigung der Aufklärung nicht schadet.[161] Auch der Privat- und der Nebenkläger können Verstöße gegen § 54 nicht mit Erfolg rügen.[162] Der Angeklagte kann aber mit der **Aufklärungsrüge** geltend machen, das Gericht habe die Voraussetzungen für eine rechtmäßige Versagung der Aussagegenehmigung nicht hinreichend aufgeklärt.[163] Mit der Aufklärungsrüge kann auch gerügt werden, das Gericht habe sich nicht ausreichend um die Erteilung einer Aussagegenehmigung bemüht,[164] sofern die Gründe für die Versagung der Aussagegenehmigung nicht offensichtlich waren.[165] Kann ein zentrales Beweismittel wegen einer Sperrerklärung oder Verweigerung der Aussagegenehmigung nicht in die Hauptverhandlung eingeführt werden, obwohl das ein Gebot der Aufklärungspflicht wäre, ist den hierdurch eingeschränkten Verteidigungsmöglichkeiten des Angeklagten durch eine **besonders vorsichtige Beweis-**

---

150 BGH 10.7.1952 – 3 StR 796, 51, MDR 1952, 659; OLG Hamburg 22.10.1993 – 1b Ws 271/93, NStZ 1994, 98; *Meyer-Goßner* Rn. 22; KK/*Senge* Rn. 17; *Eisenberg* Rn. 1270; aA *Zezschwitz* NJW 1972, 796.

151 Vgl. BGH 1.8.1962 – 3 StR 28/62, BGHSt 17, 382 = NJW 1962, 1876; *Meyer-Goßner* Rn. 22; Radtke/Hohmann/*Otte* Rn. 19; HK/*Gercke* Rn. 18; LR-*Ignor/Bertheau* Rn. 29 mit zahlreichen Nachweisen; aA BGH 9.7.1968 – 5 StR 317/68, JR 1969, 305 mAnm *Koffka*.

152 *Eisenberg* Rn. 1270; *Fezer* JuS 1978, 474; KMR/*Neubeck* Rn. 17 mwN; HK/*Gercke* Rn. 18; aA *Zezschwitz* NJW 1972, 796.

153 Vgl. hierzu *Zezschwitz* NJW 1972, 796.

154 So bereits SK/*Rogall* Rn. 5.

155 Vgl. hierzu IV.5.g) bb).

156 So auch SK/*Rogall* Rn. 54; aA *Zezschwitz* NJW 1972, 796 (798).

157 KK/*Senge* Rn. 18; Radtke/Hohmann/*Otte* Rn. 19; LR-*Ignor/Bertheau* Rn. 20.

158 KK/*Senge* Rn. 18; Radtke/Hohmann/*Otte* Rn. 19; LR-*Ignor/Bertheau* Rn. 20.

159 OLG Celle 19.12.1958 – 2 Ws 63/58, MDR 1959, 414; *Meyer-Goßner* Rn. 25; KK/*Senge* Rn. 18; Radtke/Hohmann/*Otte* Rn. 19; LR-*Ignor/Bertheau* Rn. 20.

160 BGH 12.10.1951 – 2 StR 393/51, NJW 1952, 151; *Meyer-Goßner* Rn. 32; Radtke/Hohmann/*Otte* Rn. 26; HK/*Gercke* Rn. 27; *Kleinknecht* NJW 1966, 1539; *Eisenberg* Rn. 1266; KMR/*Neubeck* Rn. 22 mwN zur Gegenauffassung; aA *Rudolphi* MDR 1970, 98; LR/*Ignor/Bertheau* Rn. 34; vgl. auch *Fezer* JuS 1978, 474 mwN.

161 *Meyer-Goßner* Rn. 32; LR-*Ignor/Bertheau* Rn. 34; KMR/*Neubeck* Rn. 24; SK/*Rogall* Rn. 80.

162 Radtke/Hohmann/*Otte* Rn. 26; KMR/*Neubeck* Rn. 24.

163 BGH 11.9.1980 – 4 StR 16/80, NStZ 1981, 70; HK/*Gercke* Rn. 27; Radtke/Hohmann/*Otte* Rn. 26.

164 BGH 1.8.1962 – 3 StR 28/62, BGHSt 17, 382 = NJW 1962, 1876; HK/*Gercke* Rn. 27; *Meyer-Goßner* Rn. 32.

165 Radtke/Hohmann/*Otte* Rn. 26; vgl. hierzu auch oben IV.5. f) aa).

würdigung und gegebenenfalls der Anwendung des Zweifelssatzes Rechnung zu tragen.[166] Mit der **Sachrüge** kann geltend gemacht werden, dass die Beweiswürdigung diesen Anforderungen nicht genügt und daher lückenhaft ist.[167] Die Anwendung des Grundsatzes „in dubio pro reo" kommt auch in Betracht, wenn sich nicht klären lässt, ob der Zeuge überhaupt einer Aussaggenehmigung bedarf oder die zuständige Behörde den Zeugen nicht als Beweismittel zur Verfügung stellt, obwohl eine Aussagegenehmigung nicht erforderlich ist.[168] Wird die Aussagegenehmigung von einer unzuständigen Behörde versagt und nimmt das Gericht das hin, obwohl die Aussage für das Verfahren von Bedeutung ist, ist die Aufklärungspflicht nach § 244 Abs. 2 verletzt.[169] Gleiches gilt, wenn die Aussagegenehmigung ganz oder teilweise versagt worden ist und die Entscheidung der Behörde nicht oder nicht zutreffend begründet ist oder sonst eine fehlerhafte Ermessenausübung erkennen lässt; in diesem Fall ist das Gericht gehalten, bei der Behörde, die die Aussagegenehmigung verweigert hat, **Gegenvorstellung** zu erheben.[170] Hierzu ist es aber nur verpflichtet, wenn sie konkrete Anhaltspunkte dafür hatte, dass die Behörde ihre Entscheidung ändern und die zunächst versagte Aussagegenehmigung doch noch erteilen würde, was der Revisionsführer im Einzelnen darzulegen hat.[171] Nachdem der Zeuge nicht über das Erfordernis der Aussagegenehmigung zu belehren ist,[172] stellt eine unterbliebene Belehrung bereits keinen Verfahrensfehler dar, so dass die Revision hierauf nicht gestützt werden kann.[173]

§ 55 [Auskunftsverweigerungsrecht]

(1) Jeder Zeuge kann die Auskunft auf solche Fragen verweigern, deren Beantwortung ihm selbst oder einem der in § 52 Abs. 1 bezeichneten Angehörigen die Gefahr zuziehen würde, wegen einer Straftat oder einer Ordnungswidrigkeit verfolgt zu werden.

(2) Der Zeuge ist über sein Recht zur Verweigerung der Auskunft zu belehren.

Schrifttum: *Dahs,* Das Auskunftsverweigerungsrecht des § 55 StPO – immer wieder ein Problem, NStZ 1999, 386; *Dahs/Langkeit,* Das Schweigerecht des Beschuldigten und seine Auskunftsverweigerung als „verdächtiger" Zeuge, NStZ 1993, 213; *Dölling,* Verlesbarkeit schriftlicher Erklärungen und Auskunftsverweigerung nach § 55 StPO, NStZ 1988, 6; *Hammerstein,* Der Anwalt als Beistand „gefährdeter" Zeugen, NStZ 1981, 125; *Kehr,* Dilemma des Zeugen bei wahrer, aber unglaubhafter Aussage, NStZ 1997, 160; *Langkeit/Cramer,* Vorrang des Personalbeweises bei gemäß § 55 StPO schweigenden Zeugen, StV 1996, 230; *Meyer,* Die Zulässigkeit der Ersetzung einer Aussage des nach § 55 StPO die Aussage verweigernden Zeugen durch Verlesung eines nichtrichterlichen Protokolls gemäß § 251 Abs. 2 StPO, MDR 1977, 543; *Mitsch,* Protokollverlesung nach berechtigter Auskunftsverweigerung (§ 55 StPO) in der Hauptverhandlung, JZ 1992, 174; *Odenthal,* Auskunftsverweigerungsrecht nach § 55 StPO bei Gefahr ausländischer Strafverfolgung, NStZ 1985, 117; *Rengier,* Das Zeugnisverweigerungsrecht im geltenden und künftigen Strafverfahren, 1979; *Richter,* Auskunft über die Verweigerung, StV 1996, 457; *Rinio,* Das Auskunftsverweigerungsrecht des § 55 StPO, JuS 2008, 600; *Schmidt,* Die Verletzung der Belehrungspflicht gemäß § 55 II StPO als Revisionsgrund, JZ 1958, 596; *Schöneborn,* Die Beweisverbotsproblematik der §§ 52 Abs. 2, 55 Abs. 2 StPO im Lichte des § 68 Satz 2 StPO, MDR 1974, 457; *Thomas,* Der Zeugenbeistand im Strafprozess, NStZ 1982, 489.

---

[166] BGH 4.3.2004 – 3 StR 218/03, BGHSt 49, 112 = NJW 2004, 1259; Radtke/Hohmann/*Otte* Rn. 23; vgl. zur Anwendung des Zweifelssatzes in solchen Fällen auch BGH 11.9.1980 – 4 StR 16/80, NJW 1981, 70; vgl. zum Erfordernis einer besonders vorsichtigen Beweiswürdigung bereits BGH 10.10.1979 – 3 StR 281/79, NJW 1980, 464 sowie BVerfG 26.5.1981 – 2 BvR 215/81, BVerfGE 57, 250 = NJW 1981, 1719.

[167] BGH 4.3.2004 – 3 StR 218/03, BGHSt 49, 112 = NJW 2004, 1259.

[168] BGH 11.9.1980 – 4 StR 16/80, NJW 1981, 70 für den Fall, dass sich nicht aufklären lässt, ob ein V-Mann förmlich nach dem Verpflichtungsgesetz verpflichtet worden ist.

[169] BGH 26.6.2001 – 1 StR 197/01, BGHR StPO § 244 Abs. 2 Aussagegenehmigung 2 = NStZ 2001, 656.

[170] BGH 7.3.1995 – 1 StR 803/94, BGHR StPO § 244 Abs. 2 Aussagegenehmigung 1; vgl. hierzu auch oben IV.5.f) aa).

[171] BGH 7.3.1995 – 1 StR 803/94, BGHR StPO § 244 Abs. 2 Aussagegenehmigung 1; HK/*Gercke* Rn. 27 mwN; KK/*Senge* Rn. 26; SK/*Rogall* Rn. 80.

[172] Vgl. oben I.

[173] SK/*Rogall* Rn. 79.

Übersicht

A. Überblick

I. Normzweck

1 Die Vorschrift will die verfassungsrechtlich verankerte **Selbstbelastungsfreiheit** umsetzen. Nach diesem durch Art. 2 Abs. 1 GG iVm Art. 1 Abs. 1 GG gewährleisteten und zu den anerkannten Prinzipien des deutschen Strafverfahrens gehörenden Grundsatz darf niemand gezwungen werden, sich selbst zu belasten (nemo tenetur se ipsum accusare).[1] Das Recht aus § 55 ist ein Persönlichkeitsrecht, durch das der Staat die Achtung der menschlichen

[1] BVerfG 21.4.2010 – 2 BvR 1193/08, wistra 2010, 299 mwN; BVerfG 6.2.2002 – 2 BvR 1249/01, NJW 2002, 1411.

Würde zum Ausdruck bringt. Denn ein Zwang zur Selbstbezichtigung ist unzumutbar und mit der Menschenwürde unvereinbar.[2]

Ohne § 55 befände sich der Zeuge in einem unlösbaren **Konflikt zwischen Aussage- und Wahrheitspflicht.** Die Vorschrift soll dem Zeugen die seelische Zwangslage ersparen, die dadurch entstünde, dass er vollständig und wahrheitsgemäß aussagen und dadurch gleichzeitig sich selbst oder einen seiner Angehörigen, der nicht Beschuldigter ist, belasten müsste.[3] Daneben löst die Vorschrift den Konflikt zwischen dem formellen Beschuldigtenbegriff der StPO und dem Schutz des Verdächtigen in der Zeugenrolle.[4] 2

Mit dem Auskunftsverweigerungsrecht will der Gesetzgeber den **Zeugen und seine Angehörigen schützen.** Aus diesem Normzweck ergibt sich eine völlig andere Schutzrichtung, als sie bei den §§ 52–53a gegeben ist. §§ 52–53a stehen selbständig und unabhängig neben § 55, ohne dass sich die Schutzbereiche dieser Normen überschneiden. 3

Anders als § 52 dient § 55 dient nicht dem Schutz des Beschuldigten bzw. Angeklagten.[5] Es geht bei § 55 nicht um den Rechtskreis des Angeklagten oder um Beziehungen des Zeugen zu diesem. Das Auskunftsverweigerungsrecht bezweckt auch weder den Schutz der Wahrheitsfindung[6] noch die Vermeidung falscher Zeugenaussagen.[7] Der Angeklagte kann jedoch im Wege der Aufklärungsrüge geltend machen, das Gericht habe ein Auskunftsverweigerungsrecht zu Unrecht bejaht.[8] 4

II. Anwendungsbereiche

1. Sämtliche Vernehmungen. § 55 gilt in allen Abschnitten des Ermittlungs- und Strafverfahrens sowie gemäß § 46 Abs. 1 OWiG in Verfahren wegen Ordnungswidrigkeiten. Die Vorschrift erfasst alle Vernehmungen eines Zeugen. Auf die Verhörsperson kommt es nicht an; das Auskunftsverweigerungsrecht besteht nicht nur bei richterlichen, sondern gemäß § 163 Abs. 3 S. 1 StPO auch bei polizeilichen und gemäß § 161a Abs. 1 S. 2 StPO bei staatsanwaltschaftlichen Vernehmungen. Dabei ist unerheblich, ob und welche Angaben der Zeuge bereits gemacht hat, ob er zum wiederholten Male vernommen wird oder ob er bereits im Rahmen einer früheren Vernehmung über sein Recht aus § 55 belehrt wurde. 5

2. Entsprechende Anwendung des § 55. a) Strafverfahren. Nach zutreffender Auffassung ist § 55 im Strafverfahren entsprechend anzuwenden, wenn dem Zeugen bei wahrheitsgemäßer Beantwortung der an ihn gerichteten Frage die **Gefahr einer disziplinarrechtlichen oder berufsgerichtlichen Verfolgung** droht.[9] Die Gegenauffassung[10] höhlt das Prinzip der Selbstbelastungsfreiheit zu stark aus. Sie berücksichtigt ferner nicht, dass disziplinar- oder berufsrechtliche Konsequenzen weitaus einschneidendere Folgen haben können als die Gefahr, wegen einer Straftat oder Ordnungswidrigkeit verfolgt zu werden. Es überzeugt auch nicht, allein danach zu differenzieren, ob eine einfachgesetzliche Regelung, die eine entsprechende Anwendung des § 55 anordnet, vorhanden ist oder nicht,[11] weil dies die verfassungsrechtliche Verankerung der Selbstbelastungsfreiheit außer Acht lässt. 6

b) Andere Verfahrensordnungen. Das Prinzip der Selbstbelastungsfreiheit gilt umfassend. Das Auskunftsverweigerungsrecht gilt deshalb nicht nur im Strafprozess, sondern auch in **Disziplinar- und Aufsichtsverfahren** (§§ 25 Abs. 1 S. 2, Abs. 2 S. 1 BDG). Auch die **berufsgerichtlichen Verfahrensordnungen** (s. etwa § 116 Satz 2 BRAO) bestimmen die 7

---

[2] BVerfG 8.10.1974 – 2 BvR 747/73, NJW 1975, 103 (104) mwN aus der Rspr.; BVerfG 16.11.1998 – 2 BvR 510/96, NJW 1999, 779; *Dahs/Langkeit* NStZ 1993, 213 (214).
[3] BGH 21.1.1958 – GSSt 4/57, BGHSt 11, 213 = NJW 1958, 537 unter Hinweis auf die Motive.
[4] Näher hierzu BGH 26.5.1992 – 5 StR 122/92, NStZ 1992, 448 (449).
[5] BGH 27.2.1992 – 5 StR 190/91, BGHSt 38, 214 (220) = NStZ 1992, 294.
[6] BGH 21.1.1958 – GSSt 4/57, BGHSt 11, 213 (215) = NJW 1958, 537.
[7] OLG Zweibrücken 16.8.1994 – 1 Ss 84/94, NJW 1995, 1301 (1302) mwN.
[8] → Rn. 114 ff.
[9] OLG Köln 9.10.1987 – Ss 236/87, NJW 1988, 2485 (2487); L/R/*Ignor/Bertheau* Rn. 2.
[10] OLG Hamburg 21.11.1983 – 2 Ws 532/83, MDR 1984, 335; *Meyer-Goßner* Rn. 5; KK/*Senge* Rn. 7.
[11] So wohl KK/*Senge* Rn. 7.

entsprechende Anwendung des § 55. Die Vorschrift ist auch bei einer Präsidentenanklage, einer Richteranklage sowie bei einer Abgeordneten- oder Ministeranklage anwendbar, ferner bei der Gefahr der Verwirkung von Grundrechten im Verfahren nach Art. 18 Satz 2 GG iVm §§ 36 ff. BVerfGG.[12]

8 Auch vor **parlamentarischen Untersuchungsausschüssen** des Bundestags und der Länderparlamente kann niemand gezwungen werden, gegen sich selbst auszusagen. Für Zeugen, die von einem Untersuchungsausschuss des Bundestages vernommen werden, gilt Art. 44 Abs. 2 S. 1 GG iVm § 22 Abs. 2 PUAG. Für die Untersuchungsausschüsse der Länderparlamente gelten die Regelungen des jeweiligen Bundeslandes.[13]

III. Verhältnis des § 55 zu §§ 52 ff.

9 Die Vorschriften des § 55 und der §§ 52 ff. regeln unterschiedliche Sachverhalte. Es handelt sich bei § 55 nicht um ein Zeugnisverweigerungsrecht iSd §§ 52–53a.[14] Bereits die amtlichen Überschriften der Normen unterscheiden zwischen Zeugnis- und Auskunftsverweigerungsrecht; §§ 52 ff. gehen schon nach ihrem Wortlaut vom „Zeugnis" und damit der gesamten Vernehmung, § 55 hingegen von Einzelfragen aus.[15] Auch dann, wenn der Zeuge unter Berufung auf § 55 die Aussage auf sämtliche Fragen verweigern darf, rechtfertigt dies die Gleichstellung des § 55 mit §§ 52 ff. nicht.[16]

10 Ist ein **Zeuge Angehöriger des Beschuldigten,** bestehen die Zeugnisverweigerungsrechte und das Auskunftsverweigerungsrecht nach § 55 nebeneinander und unabhängig voneinander.[17] Einleuchtende Gründe, nur § 52 für anwendbar zu halten,[18] bestehen nicht. Vielmehr überzeugt es mit Blick auf die sich wesentlich voneinander unterscheidenden Zwecke, die der Gesetzgeber mit den §§ 52 ff. einerseits und § 55 andererseits verfolgte, anzunehmen, dass der Zeuge, dessen Angehöriger Beschuldigter ist, selbst entscheiden und wählen kann, in welchem Verfahrensabschnitt und zu welchem Zeitpunkt er sich auf welche der Vorschriften berufen will. So kann etwa der – nach § 52 und § 55 belehrte – Zeuge, der nach beiden Vorschriften berechtigt ist, zu schweigen, sich in einer Vernehmung selbst belasten, aber die Antwort auf Fragen, die die Tatbeteiligung seiner Ehefrau betreffen, verweigern.[19]

11 Von der Selbständigkeit der §§ 52 ff. und des § 55 zu unterscheiden ist die Frage, ob das Urteil auf einem Verstoß gegen die Belehrungspflicht nach § 52 Abs. 3 beruhen kann, wenn der Zeuge nach § 55 belehrt wurde und dennoch ausgesagt hat. Ist nicht ersichtlich, inwiefern eine weitere Belehrung zu einem anderen Aussageverhalten oder einem anderen Beweisergebnis hätte führen können, scheidet ein Beruhen aus.[20]

B. Erläuterung

I. Voraussetzungen der Auskunftsverweigerung

12 **1. Fragen. a) Weite Auslegung.** Der Begriff der Frage ist sehr weit auszulegen und allgemein iS einer Befragung zu verstehen, wobei auch Vorhalte und andere Vernehmungsbehelfe erfasst werden. Denn auch ohne ausdrücklich gestellte Einzelfrage muss der Zeuge alle Umstände offenbaren, die ihm im Zusammenhang mit der Straftat bekannt sind. Es

[12] L/R/*Ignor/Bertheau* Rn. 9; KK/*Senge* Rn. 6 mwN.
[13] S. zB OLG Düsseldorf 14.1.2010 – III – 4 OGs 1/09.
[14] AA *Rengier* S. 53.
[15] → Rn. 51 ff.
[16] BGH 13.4.1962 – 3 StR 6/62, BGHSt 17, 245.
[17] Im Grundsatz offen gelassen, jedoch zum gleichen Ergebnis kommend BayObLG 10.1.1984 – RReg. 5 St 126/83, NJW 1984, 1246 (1247).
[18] So *Joecks* Rn. 1 mwN.
[19] BGH 29.6.1983 – 2 StR 855/82, NJW 1984, 136; KK/*Senge* Rn. 11; aA ohne Angabe von Gründen Graf/*Huber* Rn. 1.
[20] Hierzu BGH 14.12.2011 – 5 StR 434/11, NStZ 2012, 221 m. Bespr. Kudlich JA 2012, 233.

kommt daher nicht darauf an, ob sich der Zeuge bereits in seinem zusammenhängenden Bericht iSd § 69 Abs. 1, durch die Antwort auf eine bestimmte Frage oder durch die Reaktion auf einen Vorhalt der Gefahr einer Verfolgung aussetzt.

b) Zweck der Frage. Ebenso wenig kommt es auf den Zweck der Frage an. Denn bei der Prüfung, ob das Auskunftsverweigerungsrecht besteht, müssen sowohl die Verneinung als auch die Bejahung der Frage einkalkuliert werden, wobei es genügt, wenn nur eine der beiden Möglichkeiten zur Verfolgungsgefahr führt.[21] Die Gegenauffassung,[22] die lediglich auf die Folgen einer wahrheitsgemäßen Auskunft auf die Frage abstellt, überzeugt nicht. Mit Recht wurde darauf hingewiesen, dass der Zeuge mit jeder Auskunftsverweigerung automatisch einen Verdachtsgrund gegen sich oder den Angehörigen erzeugte, ließe man das Weigerungsrecht nur bei Fragen zu, deren wahrheitsgemäße Beantwortung eine Verfolgungsgefahr mit sich brächte.[23] 13

2. Verfolgungsgefahr. a) Begriff. Die Gefahr einer Strafverfolgung iSd § 55 setzt voraus, dass der Zeuge Tatsachen bekunden müsste, die – nach der Beurteilung durch das Gericht – geeignet sind, unmittelbar oder mittelbar den **Anfangsverdacht** einer von ihm selbst oder von einem Angehörigen (§ 52 Abs. 1) begangenen Straftat oder Ordnungswidrigkeit zu begründen oder einen bereits bestehenden Verdacht zu bestärken.[24] Deshalb reichen zureichende tatsächliche Anhaltspunkte iSd § 152 Abs. 2 für eine Verfolgungsgefahr aus. 14

Dem Zeugen muss die Verfolgung **konkret** drohen. Dabei kommt es nicht darauf an, ob ein Strafverfahren gegen den Zeugen voraussichtlich abgeschlossen werden kann; es genügt bereits die **Möglichkeit der Einleitung** eines Verfahrens.[25] Schon etwaige Kenntnisse des Zeugen über ein geplantes Delikt können mit Blick auf § 138 StGB eine Verfolgungsgefahr begründen.[26] Nicht ausreichend für die Annahme einer konkreten Verfolgungsgefahr ist etwa die Bekundung anderer, der Zeuge sei „groß im Rauschgiftgeschäft" tätig gewesen.[27] 15

Zwar reichen einerseits bloße **Vermutungen ohne Tatsachengrundlage** oder rein **denktheoretische Möglichkeiten** nicht aus, eine Verfolgungsgefahr zu bejahen.[28] Andererseits ist es nicht erforderlich, dass sich der Zeuge direkt belasten müsste. Eine Verfolgungsgefahr iSd § 55 liegt schon weit im Vorfeld einer solchen Belastung, wenn es sich um Fälle handelt, in denen nicht auszuschließen ist, dass die Angaben des Zeugen Rückschlüsse auf eine Tat zulassen und im Rahmen einer **mosaikartigen Beweisführung** für die Begründung oder Erhärtung eines Tatverdachts bedeutsam werden können.[29] So kann etwa – bei entsprechendem Ermittlungsgegenstand – die Frage nach den finanziellen Verhältnissen des Zeugen bereits die Gefahr einer Selbstbelastung enthalten, weil hohe Vermögenswerte auf illegale Einkünfte und finanzielle Engpässe auf einen Anreiz zur Erschließung strafrechtlich relevanter Einnahmequellen hindeuten können.[30] 16

---

[21] *Meyer-Goßner* Rn. 2; KK/*Senge* Rn. 8.

[22] RG 5.3.1907 – II 134/07, RGSt 40, 46 (48); OLG Celle 7.11.1957 – 2 Ws 366/57, NJW 1958, 72 (74).

[23] L/R/*Ignor*/*Bertheau* Rn. 7.

[24] St. Rspr., zB BGH 4.9.2009 – StB 44/09, NStZ 2010, 287 (288) mwN; BGH 4.3.2010 – StB 46/09 Rn. 10, NStZ-RR 2010, 246 (247) mwN.

[25] BGH 16.10.1985 – 2 StR 563/84, NStZ 1986, 181 zu einem drohenden Verfahren, dass wegen bevorstehender Verjährung möglicherweise nicht zu Ende geführt werden kann; BGH 13.11.1998 – StB 12/98, NJW 1999, 1413; BGH 4.3.2010 – StB 46/09 Rn. 10, NStZ-RR 2010, 246 (247) mwN.

[26] Vgl. BGH 7.5.1987 – 1 BJs 46/86, StV 1987, 328.

[27] BGH 19.12.2006 – 1 StR 326/06, NStZ 2007, 278.

[28] BGH 30.6.2011 – StB 8/11 und 9/11, NStZ-RR 2011, 316 mwN; BGH 4.9.2009 – StB 44/09, NStZ 2010, 287 (288); BGH 18.12.2012 – StB 16/12, NStZ 2013, 241 mwN.

[29] BVerfG 6.2.2002 – 2 BvR 1249/01, NJW 2002, 1411 (1412); BVerfG 21.4.2010 – 2 BvR 504/08, wistra 2010, 299; BGH 28.4.2006 – StB 1/06, NStZ-RR 2006, 239; BGH 4.8.2009 – StB 37/09, NStZ 2010, 463 (464); BGH 30.6.2011 – StB 8/11 und 9/11, NStZ-RR 2011, 316 Rn. 24.

[30] Vgl. OLG Düsseldorf 14.1.2010 – III-4 Ogs 1/09.

17 **b) Nicht ausreichende Umstände. aa) Rückbelastungsgefahr.** Die Gefahr einer „Rückbelastung" des Zeugen durch einen Angeklagten, in dessen Verfahren der Zeuge gehört werden soll, begründet kein Auskunftsverweigerungsrecht, weil sich die Gefahr einer möglichen Strafverfolgung nicht aus der Aussage des Zeugen selbst ergeben würde.[31]

18 **bb) Verfolgungsgefahr bei unglaubhaften Angaben.** Die Gefahr, im Falle der Bekundung wahrer, aber unglaubhaften Angaben wegen Falschaussage verfolgt zu werden, begründet kein Auskunftsverweigerungsrecht; sie stellt ein jeden Zeugen treffendes Risiko dar. Es fehlt bereits die für § 55 erforderliche Vortat. Zudem wäre, ließe man eine solche Gefahr genügen, ein unkontrollierbarer Missbrauch des § 55 zu befürchten.[32]

19 **cc) Nachteile.** Ebenfalls nicht ausreichend ist es, wenn die Gefahr besteht, dass dem Zeugen oder einem Angehörigen durch die Aussage **wirtschaftliche Nachteile** drohen oder entstehen oder die Aussage ihnen zur **Unehre**[33] gereicht. Ebenso wenig genügt die Möglichkeit, dass der Verlust von Kunst-, Geschäfts- oder Betriebsgeheimnissen eintreten könnte.[34] Ggf. kann in einem solchen Fall den Interessen des Zeugen durch einen Ausschluss der Öffentlichkeit nach § 172 Nr. 2 GVG Rechnung getragen werden.

20 **c) Verdachtsgrad.** Dass sich der Zeuge oder sein Angehöriger einer Straftat oder Ordnungswidrigkeit schuldig gemacht hat, muss – selbst bei einer wahrheitsgemäßen Aussage des Zeugen – nicht auf der Hand liegen. Weil bereits ein **Anfangsverdacht** genügt, darf der Zeuge die Antwort auf eine Frage unter Berufung auf § 55 schon dann verweigern, wenn er **Ermittlungsansätze** gegen sich selbst liefern müsste.[35] Das kann in Fällen, in denen die Beantwortung von Fragen zu Teilstücken in einem mosaikartigen Beweisgebäude gegen ihn werden können, schon weit im Vorfeld einer direkten Belastung der Fall sein (→ Rn. 16).

21 **d) Angehöriger.** Wer Angehöriger ist, richtet sich nach § 52 Abs. 1 (→ § 52 Rn. 5 ff.). Das Recht aus § 55 besteht auch, wenn der Angehörige, zu dessen Vorteil die Auskunft verweigert wird, in dem Verfahren, in dem der Zeuge vernommen wird, nicht Beschuldigter ist.[36]

22 **e) Tat vor der Aussage.** § 55 Abs. 1 betrifft nach stRspr nur den Fall, dass sich der Zeuge durch eine wahrheitsgemäße Aussage der Gefahr aussetzen würde, wegen einer Straftat oder Ordnungswidrigkeit, die er bereits **vor** seiner **Zeugenaussage begangen** hat, verfolgt zu werden.[37] Die Vorschrift ist deshalb grundsätzlich nicht anwendbar, wenn sich der Zeuge erst durch die Beantwortung der an ihn gerichteten Frage strafbar machen kann. Dieser Grundsatz erweist sich regelmäßig als unproblematisch. Es leuchtet ein, dass ein Zeuge nicht allein deshalb die Beantwortung einer Frage verweigern kann, weil er unwahre Angaben machen möchte.

23 **aa) Aussagedelikte.** Vor diesem Hintergrund reicht die bloße Gefahr, bei einer unwahren Antwort wegen des Verdachts einer **Falschaussage** verfolgt zu werden, nicht aus, um ein Auskunftsverweigerungsrecht anzunehmen. Anders liegt es dann, wenn sich der Zeuge mit seiner Antwort der Verfolgungsgefahr wegen einer früheren Falschaussage oder wegen einer vor der Aussage begangenen, auf seinen falschen Angaben beruhenden Straftat, etwa

---

[31] BVerfG 30.4.2003 – 2 BvR 289/03, NStZ 2003, 666 mwN zu einem den Ermittlungsbehörden bereits bekannten Rauschgiftlieferanten; KG 9.2.2011 – 3 Ws 31/11, NStZ 2011, 652 mwN; *Rinio* JuS 2008, 600 (601).

[32] *Kehr* NStZ 1997, 160 (163).

[33] Ggf. kommt eine Zurückweisung der entsprechenden Frage in Betracht, weil sie gemäß § 68a Abs. 1 nicht gestellt werden soll; s. dazu die Erläuterungen zu § 68a.

[34] *Meyer/Goßner* Rn. 5.

[35] BGH 2.6.2005 – StB 8/05, NJW 2005, 2166.

[36] So schon RG 5.3.1907 – II 134/07, RGSt 40, 46 (47); L/R/*Ignor/Bertheau* Rn. 3.

[37] BGH 29.10.1957 – 5 StR 388/57, MDR 1958, 14; BGH 15.6.2005 – 3 StR 281/04, NJW 2006, 785 (786) mwN; BGH 22.3.2012 – 1 StR 359/11, NStZ 2013, 238 (239) Rn. 17 mwN.

wegen falscher Verdächtigung nach § 164 StGB oder Vortäuschens einer Straftat nach § 145d StGB, aussetzen würde.[38] Auch hier reichen bloße Vermutungen aus dem Bereich rein theoretischer Möglichkeiten nicht aus, ein Auskunftsverweigerungsrecht zu begründen.[39]

bb) Strafvereitelung. Ebenso wenig genügt für die Annahme eines Auskunftsverweigerungsrechts der Umstand, dass sich der Zeuge mit der Falschaussage **tateinheitlich** einer **versuchten oder vollendeten Strafvereitelung** strafbar macht. Die Herstellung eines schriftlichen Textes, den der Zeuge anlässlich seiner Aussage im Rahmen seiner ohnehin vorgesehenen Vernehmung verlesen will, stellt überdies noch keine versuchte Strafvereitelung, sondern eine straflose Vorbereitungshandlung hierzu dar.[40] Anders liegt es, wenn der Zeuge schriftliche Falscherklärungen anfertigt und diese zu den Akten gibt, um seine Benennung als (Entlastungs-)zeuge erst noch zu erreichen.[41] 24

f) In- und ausländische Tat. Umstritten ist die Beantwortung der Frage, ob § 55 anwendbar ist, wenn dem Zeugen die Verfolgung wegen Verstoßes gegen ausländische Strafvorschriften droht. Ein Teil der Rspr. und der Lit. bejahen sie mit Recht.[42] Denn Wortlaut, Motive und Schutzrichtung des § 55 bieten **keine Hinweise für eine Beschränkung der Vorschrift auf die Gefahr inländischer Strafverfolgung.** Es macht für den Zeugen keinen Unterschied, ob seine Aussage dazu führen kann, im In- oder Ausland strafrechtlich verfolgt zu werden, sofern er nur tatsächlich seine Verfolgung befürchten muss. 25

Dennoch darf das Recht aus § 55 nicht vorschnell pauschal angenommen werden. Das Gericht muss in jedem Einzelfall zum einen prüfen, ob durch **Maßnahmen,** etwa nach § 247 oder § 172 GVG die **Verfolgungsgefahr ausgeschlossen** werden kann, zum anderen, ob überhaupt eine konkrete Verfolgungsgefahr besteht; diese kann etwa zu verneinen sein, wenn der Zeuge nicht ins Ausland zurückzukehren beabsichtigt.[43] Die Gegenauffassung[44] überzeugt schon vor dem Hintergrund des Schutzzwecks des § 55 nicht. Sie schwächt zudem die ohnehin kaum vorhandene Aussagebereitschaft im Ausland wohnender Zeugen weiter. 26

g) Unerheblichkeit der drohenden Sanktion. Darauf, ob und zu welcher Sanktion oder Rechtsfolge die Verfolgung bei dem Zeugen führen kann, kommt es nicht an. In Frage kommen nicht nur Geld- und Freiheitsstrafen oder Bußgelder; es genügt für die Anwendbarkeit des § 55 auch, wenn dem Zeugen die Festsetzung von Erziehungsmaßregeln nach § 9 JGG oder die Verhängung von Zuchtmitteln oder Jugendarrest drohen.[45] 27

3. Feststellung der Verfolgungsgefahr. a) Ermessensentscheidung. Die Verhörsperson muss zunächst prüfen, ob eine Verfolgung rechtlich noch möglich ist, sodann, ob die Gefahr einer Verfolgung tatsächlich noch besteht. Im laufenden Strafverfahren ist die Beurteilung der Verfolgungsgefahr eine **Ermessensentscheidung des Tatgerichts.** Sie wird vom Revisionsgericht nur darauf überprüft, ob dem Tatrichter Rechtsfehler unterlaufen sind.[46] 28

Erforderlich ist eine **Tatsachengrundlage,** die die Annahme rechtfertigt, die Beantwortung einer Frage könnte Rückschlüsse auf strafbares Verhalten des Zeugen zulassen.[47] Bloße 29

---

[38] Vgl. BGH 23.4.1953 – 5 StR 69/53, MDR 1953, 402.
[39] OLG Köln 4.3.2013 – 2 Ws 120/13.
[40] BGH 22.3.2012 – 1 StR 359/11, NStZ 2013, 238 (239) Rn. 17, 19.
[41] OLG Karlsruhe 25.11.1992 – 2 Ss 195/92, MDR 1993, 368.
[42] LG Freiburg 16.12.1985 – IV Qs 101/85, NJW 1986, 3036; L/R/*Ignor/Bertheau* Rn. 13; *Odenthal* NStZ 1985, 117; *ders.*, NStZ 1993, 52.
[43] Überzeugend *Odenthal* NStZ 1985, 117 f.
[44] LG Stuttgart 24.4.1992 – 11 ARs 1/92, NStZ 1992, 454 m. abl. Anm. Odenthal NStZ 1993, 52; KK/Senge Rn. 9.
[45] KK/*Senge* Rn. 5; zu drohendem Jugendarrest BGH 24.1.1956 – 1 StR 568/55, NJW 1956, 680.
[46] BGH 27.6.2002 – 4 StR 28/02, NStZ-RR 2002, 272 Rn. 8 mwN.
[47] Vgl. BGH 27.6.2002 – 4 StR 28/02, NStZ-RR 2002, 272 zu einem in korruptive Verflechtungen eingebundenen Zeugen und sichergestellten Belegen über Bewirtungen von Amtsträgern; KK/*Senge* Rn. 4.

Vermutungen genügen nicht. Als **Erkenntnisquellen** hat der Vernehmende Ermittlungsergebnisse, rechtskräftige Urteilsfeststellungen und die Bekundungen des Zeugen heranzuziehen.[48] Auch Angaben des Zeugen in früheren Vernehmungen als Zeuge oder Beschuldigter können relevante Aufschlüsse liefern; diese dürfen nicht, besonders im Fall einer früheren Beschuldigtenvernehmung, ohne nähere Prüfung von vornherein als zutreffend zugrunde gelegt werden.[49] Vom Zeugen darf zwar nicht verlangt werden, die Gefahr seiner Selbstbelastung so darzulegen, dass die Funktion des § 55 – Schutz vor dem Zwang zur Selbstbelastung – leer liefe. Um jedoch eine uferlose Anwendung des § 55 zu verhindern, ist am Erfordernis **tatsächlicher Anhaltspunkte** für ein etwaiges strafbares Verhalten des Zeugen festzuhalten. Deshalb setzt die Berufung auf das Auskunftsverweigerungsrecht in den Fällen, in denen sich ein Zeuge nicht in der Lage sieht, die Umstände zu benennen, die die Gefahr seiner Selbstbelastung begründen (sollen), voraus, dass in den **Akten oder im laufenden Verfahren** Anhaltspunkte für eine solche Gefahr zu Tage getreten sind.[50]

30 Bei seiner Beurteilung muss der Vernehmende die Möglichkeit einer **Bejahung** und einer **Verneinung** der an den Zeugen gerichteten Frage in gleicher Weise in Betracht ziehen.[51] Falls nur eine dieser Möglichkeiten zu einer Verfolgungsgefahr führt, ist dem Zeugen das Weigerungsrecht zuzubilligen.[52] Gleiches gilt, wenn nach Ausschöpfung der vorhandenen Erkenntnisse zweifelhaft bleibt, ob ein Auskunftsverweigerungsrecht besteht.[53] Nicht entscheidend kann ins Gewicht fallen, ob die Bejahung oder Verneinung der Frage der Wahrheit entspricht. Dies gilt besonders dort, wo der Zeuge gefragt wird, ob er eine strafbare Handlung begangen habe, weil er kein Belastungsmaterial gegen sich selbst schaffen muss.[54] Bei alleinigem Abstellen auf eine wahrheitsgemäße Antwort[55] wird das Schweigerecht des Zeugen entgegen dem Normzweck zu stark ausgehöhlt.

31 **b) Entscheidungen nach § 238.** In der **Hauptverhandlung** entscheidet zunächst der Vorsitzende. Seine Entscheidung, dass der Zeuge die Antwort verweigern darf, stellt eine **verhandlungsleitende Maßnahme** nach § 238 Abs. 1 dar, ebenso die Entlassung des Zeugen nach der Auskunftsverweigerung.

32 Hält ein Verfahrensbeteiligter die Entscheidung des Vorsitzenden für fehlerhaft, kann er hiergegen den gesamten **Spruchkörper gemäß § 238 Abs. 2** anrufen, der im Beschlusswege über die Beanstandung zu entscheiden hat. Ihm steht dabei ein weiter **Beurteilungsspielraum** zu.[56] Beachtet werden muss jedoch, dass eine Verfolgungsgefahr nicht erst vorliegt, wenn sich der Zeuge direkt belasten würde, sondern schon weit im Vorfeld einer solchen Belastung, besonders in Fällen mosaikartiger Beweisführung, gegeben sein kann.[57] Ferner liegt es im Ermessen des Gerichts, ob es eine Glaubhaftmachung der Tatsachen, auf die der Zeuge seine Auskunftsverweigerung stützt, verlangt (§ 56).

33 Die Zulässigkeit einer Rüge, mit der die fehlerhafte Zubilligung des Rechts aus § 55 beanstandet werden soll, setzt nach der Rspr. voraus, dass der Angeklagte eine Entscheidung des Gerichts nach § 238 Abs. 2 beantragt hat.[58]

---

[48] *Dahs* NStZ 1999, 386.

[49] Hierzu BVerfG 16.11.1998 – 2 BvR 510/96, NJW 1999, 779.

[50] Vgl. OLG Köln 4.3.2013 – 2 Ws 120/13 juris.

[51] BGH 13.11.1998 – StB 12/98, NJW 1999, 1413; BGH 4.2.1993 – 1 StR 917/92, BeckRS 1993, 08269 mwN; hierzu näher mit Fallbeispielen *Richter* StV 1996, 457 (458 f.).

[52] L/R/Ignor/Bertheau Rn. 20 mwN; KK/*Senge* Rn. 8.

[53] *Dahs* NStZ 1999, 386.

[54] RG 24.2.1903 – IV, RGSt 36, 114 (116 f.); zustimmend *Richter* StV 1996, 457 (459), auch unter Hinweis auf die zur Parallelvorschrift des § 384 Nr. 2 ZPO ergangenen Entscheidungen.

[55] So BGH 24.1.1956 – 1 StR 568/55, NJW 1956, 680; OLG Celle 7.11.1957 – 2 Ws 366/57, NJW 1958, 72 (74).

[56] BGH 6.8.2002 – 5 StR mwN.

[57] *Rinio* JuS 2008, 600 (601); bereits → Rn. 16.

[58] BGH 4.3.1998 – 1 StR 18/98, BGHR StPO § 55 Abs. 2 Belehrung 1; BGH 16.11.2006 – 3 StR 139/06, NStZ 2007, 230 mAnm *Widmaier,* der mit gewichtigen Argumenten die Zulässigkeit der Aufklärungsrüge nicht von einer Beanstandung abhängig machen will.

4. Ausschluss der Verfolgungsgefahr. Eine Verfolgungsgefahr entfällt nur dann, wenn eine Strafverfolgung des Zeugen wegen des Lebenssachverhalts, zu dem er befragt werden soll, **zweifelsfrei ausgeschlossen** ist.[59] Schon die Möglichkeit der Einleitung eines (neuen) Verfahrens gegen den Zeugen lässt das Auskunftsverweigerungsrecht bestehen.[60] Keine Verfolgungsgefahr besteht dort, wo die Antwort auf eine gestellte Frage auch ohne die Aussage des Zeugen klar auf der Hand liegt. So kann etwa der Zeuge auf die Frage, ob er ein bestimmtes Gutachten erstellt habe, nicht unter Berufung auf § 55 die Auskunft verweigern, wenn dieses Gutachten dem Gericht bereits vorliegt.[61] 34

Der sichere Ausschluss der Verfolgungsgefahr kann aus rechtlichen Gründen oder wegen tatsächlicher Gegebenheiten anzunehmen sein. Schon aus Rechtsgründen ist die Verfolgungsgefahr ausgeschlossen, wenn der Täter **strafunmündig** ist, wenn **Rechtfertigungs- oder Entschuldigungsgründe** vorliegen oder wenn nicht behebbare **Verfahrenshindernisse** wie Verjährung,[62] Amnestie[63] oder Fristablauf bei Antragsdelikten gegeben sind. 35

Der Umstand, dass das **Strafverfahren abgeschlossen** ist, besagt allein noch nichts darüber, ob die Möglichkeit einer (weiteren) Strafverfolgung besteht, wie folgende Fallgruppen zeigen: 36

a) Rechtskräftige Verurteilung. aa) Allgemeines. Wurde der Zeuge wegen seiner Beteiligung an der angeklagten Tat bereits rechtskräftig und in zum Strafklageverbrauch führenden Umfang verurteilt, kann im **Grundsatz** davon ausgegangen werden, dass ihm **kein Auskunftsverweigerungsrecht** mehr zusteht. Der Zeuge kann regelmäßig auch nicht geltend machen, dass er sich aufgrund seiner Aussage der Gefahr aussetze, verdächtigt zu werden, früher unzutreffend ausgesagt zu haben, wenn er diese früheren Angaben als Angeklagter in dem gegen ihn gerichteten Verfahren gemacht hat.[64] 37

Anderes kann jedoch gelten, wenn der Zeuge als damaliger Angeklagter **andere belastet** hat (→ Rn. 41). Trotz rechtskräftiger Verurteilung kann sich der Zeuge auf § 55 berufen, wenn seine Befragung zur Gewinnung neuer Beweismittel führen könnte, aus denen sich direkt oder in Verbindung mit weiteren Beweismitteln oder Indizien ein Anfangsverdacht einer noch verfolgbaren Tat ergeben könnte. 38

bb) Strafklageverbrauch. Das Recht aus § 55 kann nur in dem Umfang greifen, in dem die Befragung sich auf Vorgänge richtet, die im Verhältnis zum abgeurteilten Geschehen andere Taten im verfahrensrechtlichen Sinn des § 264 Abs. 1 darstellen würden.[65] Damit schließt das rechtskräftig gewordene Urteil die Verfolgungsgefahr nur dann aus, wenn es einen **Verbrauch der Strafklage** zur Folge hat; dabei kommt es auf den prozessualen Tatbegriff iSd § 264 an.[66] Wenn und solange die Frage des Strafklageverbrauchs mit vertretbaren Argumenten verneint werden kann, steht dem Zeugen das Recht aus § 55 zu.[67] Beschränkte Rechtskraftwirkung entfalten auch die Gerichtsbeschlüsse, mit denen – etwa im Zusammenhang mit einer verfahrensbeendenden Absprache – Anklagevorwürfe nach §§ 153 Abs. 2, 154 Abs. 2, 154a Abs. 2 ausgeschieden werden.[68] 39

cc) Verurteilungen wegen Organisationsdelikten. Bei diesen Verurteilungen ist zu beachten, dass die Rechtskraft eines allein wegen Beteiligung an der Vereinigung ergange- 40

---

59 S. zB BGH 25.2.1998 – 3 StE 7/94 – 1(2) StB 2/98, NStZ 1998, 365; BGH 2.6.2005 – StB 8/05, NJW 2005, 2166; BGH 4.8.2009 – StB 37/09, NStZ 2010, 463; BGH 30.6.2011 – StB 8/11 und 9/11, NStZ-RR 2011, 316.

60 BGH 16.10.1985 – 2 StR 563/84, NStZ 1986, 181.

61 BVerfG 21.4.2010 – 2 BvR 504/08, wistra 2010, 299.

62 BGH 14.1.1958 – 5 StR 503/57, MDR 1958, 141; BGH 9.8.1988 – 4 StR 326/88, StV 1989, 140.

63 BGH 24.1.1956 – 1 StR 568/55, BGHSt 9, 34 (35) = NJW 1956, 680.

64 KG 9.2.2011 – 3 Ws 31/11, NStZ 2011, 652.

65 BGH 19.12.2006 – 1 StR 326/06, NStZ 2007, 278; *Rinio* JuS 2008, 600 (601).

66 BGH 13.11.1998 – StB 12/98, NJW 1999, 1413 (1414); BGH 4.9.2009 – StB 44/09, NStZ 2010, 287 (288).

67 BGH 30.6.2011 – StB 8/11 und 9/11, NStZ-RR 2011, 316 Rn. 11.

68 BGH 4.3.2010 – StB 46/09, NStZ-RR 2010, 246 (247); s. zum Rechtskraftumfang → Rn. 48, 49 und KK/*Schoreit* § 153 Rn. 62 ff. und § 154 Rn. 47.

nen Urteils nicht die im Vergleich zu §§ 129–129b StGB schwereren Straftaten erfasst, die mit der mitgliedschaftlichen Beteiligung in Tateinheit stehen, wenn sie in dem früheren Verfahren tatsächlich nicht – auch nicht als mitgliedschaftlicher Beteiligungsakt – Gegenstand der Anklage und der Urteilsfindung waren.[69] Strafklageverbrauch tritt nur wegen des Organisationsdelikts und tateinheitlich mit diesem zusammentreffender nicht schwerer wiegender Taten ein.[70]

41 **dd) Verfolgungsgefahr wegen § 164 StGB.** Trotz rechtskräftiger Verurteilung kann der Fall eintreten, dass sich der Zeuge bei wahrheitsgemäßer Antwort auf eine Frage der Gefahr aussetzt, wegen falscher Verdächtigung nach § 164 StGB oder Vortäuschens einer Straftat nach § 145d StGB verfolgt zu werden.[71] Das kann etwa der Fall sein, wenn der Zeuge in dem gegen ihn gerichteten Verfahren Mitangeklagte oder Dritte der Beteiligung an der angeklagten Tat oder sonstiger Delikte bezichtigt hat und aufgrund dieser früheren Angaben nun Anhaltspunkte für einen Verdacht nach § 164 StGB oder § 145d StGB bestehen; darauf, ob dem Zeugen in dem gegen ihn gerichteten Verfahren § 46b StGB oder § 31 BtMG zugutekam, kommt es nicht an.

42 **ee) Hinweise auf weitere nicht abgeurteilte Delikte.** Eine rechtskräftige Verurteilung des Zeugen schließt ferner nicht aus, dass sich seiner Aussage Hinweise oder zu Ermittlungen Anlass gebende Anhaltspunkte auf weitere noch nicht abgeurteilte Delikte entnehmen lassen. So kann etwa – trotz rechtskräftiger Verurteilung wegen Handeltreibens mir Betäubungsmitteln – die Frage nach dem Lieferanten des Rauschgifts bei zutreffender Antwort die Gefahr in sich bergen, dass weitere Drogengeschäfte des Zeugen offenbar werden[72] oder der Zeuge, etwa mit der Preisgabe seines Lieferanten, Ermittlungsansätze gegen sich selbst liefern müsste. Dies gilt aber nicht in jedem Fall einer Verurteilung des Zeugen wegen Betäubungsmitteldelikten.

43 Das Gericht muss bei seiner Prüfung, ob eine solche Konstellation vorliegen kann, die **Einzelfallumstände** in den Blick nehmen. Verfehlt wäre es, die Annahme eines Auskunftsverweigerungsrechts allein auf abstrakt-theoretische Möglichkeiten zu stützen. Entscheidend sind vielmehr die Gegebenheiten des abgeurteilten Sachverhalts, wie sie sich aus den Urteilsgründen oder aus der zugehörigen Verfahrensakte ergeben. So kann etwa der Umstand, dass sich der Zeuge nach seiner Verurteilung aus dem Drogenmilieu gelöst hat und die abgeurteilten Fälle ersichtlich eine umgrenzte Serie komplett erfassen, dazu führen, dem Zeugen ein Auskunftsverweigerungsrecht zu versagen.[73]

44 **b) Rechtskräftiger Freispruch.** Auch hier ist maßgeblich, welche prozessuale Tat das rechtskräftige Urteil erfasst. Betrifft die Befragung andere Taten iSv § 264 StPO als die im Urteil behandelten, besteht das Recht aus § 55 trotz des Freispruchs. Ein rechtskräftiger Freispruch beseitigt die Gefahr erneuter Verfolgung auch dann nicht – wie dies erforderlich ist – zweifelsfrei, wenn die Möglichkeit einer Wiederaufnahme des Verfahrens zuungunsten des Angeklagten besteht.[74] Dies gilt besonders dort, wo die Antwort des Zeugen ein glaubhaftes Geständnis iSd § 362 Nr. 4 darstellen könnte.

45 **c) Rechtskräftiger Schuldspruch.** Hat das Revisionsgericht den Schuldspruch bestätigt und nur den Strafausspruch aufgehoben, besteht das Auskunftsverweigerungsrecht lediglich noch, soweit der Zeuge durch Beantwortung der an ihn gerichteten Fragen strafzumessungsrelevante oder für den sonstigen Rechtsfolgenausspruch bedeutsame Umstände offenbaren

[69] St. Rspr.; BGH 11.6.1980 – 3 StR 9/80, BGHSt 29, 288 (292 ff.); BGH 4.9.2009 – StB 44/09, NStZ 2010, 287 (288) zu Fragen an einen verurteilten PKK-Leiter; BGH 30.6.2011 – StB 8/11 und 9/11, NStZ-RR 2011, 316 Rn. 12, 19 ff. zu Beschaffungstaten einer kriminellen Vereinigung.

[70] BGH 4.8.2009 – StB 37/09, NStZ 2010, 463 mwN; BGH 18.12.2012 – StB 16/12, NStZ 2013, 241.

[71] OLG Koblenz 6.7.1995 – 2 Ws 390/95, StV 1996, 474.

[72] BVerfG 6.2.2002 – 2 BvR 1249/01, NJW 2002, 1411 (1412); BGH 19.12.2006 – 1 StR 326/06, NStZ 2007, 278.

[73] LG Ravensburg 19.11.2007 – 2 Qs 194/07, NStZ-RR 2008, 177.

[74] BGH 7.7.2005 – StB 12/05, NStZ-RR 2005, 316.

müsste, die zu seinem Nachteil berücksichtigt werden könnten. Dabei ist zu beachten, dass die doppelrelevanten Tatsachen durch die Rechtskraft des Schuldspruchs sowie die nicht aufgehobenen Urteilsfeststellungen bindend geworden sind.[75]

d) Rechtskräftige Ablehnung der Eröffnung des Hauptverfahrens. Auch sie genügt nicht, eine Verfolgungsgefahr auszuschließen, weil die Sperrwirkung für eine neue Strafverfolgung nicht absolut, sondern gemäß § 211 nur beschränkt ist, sodass neue Tatsachen oder Beweismittel die Erhebung einer neuen Anklage ermöglichen. 46

e) Entscheidungen nach JGG. Einstellungsentscheidungen der StA nach § 45 Abs. 1 und Abs. 2 JGG kommt keine beschränkte Rechtskraftwirkung zu, beseitigen die Verfolgungsgefahr also nicht. Hingegen begründen Entscheidungen gemäß § 45 Abs. 3 JGG ein Verfahrenshindernis in dem in § 47 Abs. 3 JGG vorgesehenen Umfang (vgl. § 45 Abs. 3 S. 4 JGG). Einsstellungsentscheidungen des Jugendrichters nach § 47 JGG lösen eine beschränkte Rechtskraftwirkung gemäß § 47 Abs. 3 JGG aus. 47

f) Verfahrenseinstellungen. aa) Einstellungen durch die StA. Auf die §§ 153 ff. oder auf § 170 Abs. 2 gestützte Einstellungen beseitigen die Verfolgungsgefahr nicht, wenn und solange die Möglichkeit besteht, dass das Verfahren wieder aufgenommen wird. Gleiches gilt für das Absehen der Verfolgung nach § 45 Abs. 1 und 2 JGG. Auch in den Fällen des § 45 Abs. 3 JGG ist die Wiederaufnahme der Strafverfolgung möglich, wenn der Jugendliche erteilten Auflagen oder Weisungen nicht nachkommt, im Fall des § 45 Abs. 3 S. 4 JGG bei neuen Tatsachen oder Beweismitteln.[76] Die Möglichkeit einer Wiederaufnahme ist anhand der Umstände des Einzelfalls zu beurteilen; dabei wird zu bedenken sein, dass den Einstellungen der StA entweder keine oder nur eine beschränkte Rechtskraftwirkung zukommt. 48

bb) Einstellungen durch das Gericht. In den Fällen einer Einstellung gemäß § 153a Abs. 2 tritt ein beschränkter Strafklageverbrauch nach Maßgabe der §§ 153a Abs. 1 S. 5, Abs. 2 S. 2 ein. Dies gilt aus Gründen des Vertrauensschutzes auch im Falle der Einstellung gemäß § 153 Abs. 2.[77] Bei einer Einstellung nach § 154 Abs. 2 regeln den beschränkten Strafklageverbrauch § 154 Abs. 3 und 4. Zu Einstellungen nach § 47 JGG s. → Rn. 47. 49

g) Tod des Angehörigen. Schließlich scheidet eine Verfolgungsgefahr aus, wenn der tatverdächtige Angehörige des Zeugen verstorben ist. 50

II. Umfang des Auskunftsverweigerungsrechts

1. Allgemeines, Normalfall. Das Auskunftsverweigerungsrecht kann grundsätzlich nur punktuell im Rahmen einer Vernehmung ausgeübt werden. Es berechtigt, wie bereits der Wortlaut des Abs. 1 zeigt, den Zeugen regelmäßig nur, die Auskunft auf **einzelne Fragen** zu verweigern, deren Beantwortung ihn oder einen der in § 52 Abs. 1 genannten Angehörigen der Gefahr aussetzen würde, wegen einer Straftat oder Ordnungswidrigkeit verfolgt zu werden.[78] 51

Ob der Zeuge den Beschuldigten bzw. Angeklagten, sich selbst oder einen Angehörigen bei wahrheitsgemäßer Antwort **be- oder entlasten** würde oder ob die Verhörsperson die Frage stellt, weil sie mit einer Be- oder Entlastung des Beschuldigten rechnet, ist unerheblich.[79] 52

In welchem Umfang § 55 einen Zeugen zur Auskunftsverweigerung berechtigt, lässt sich nicht abstrakt erfassen, sondern muss in jedem **Einzelfall** neu geklärt werden. Allgemein lässt sich sagen: Je mehr Zusammenhänge – diese können sachlicher, persönlicher oder zeitlicher Art sein – die dem Angeklagten vorgeworfene Straftat mit dem Zeugen aufweist, 53

---

[75] Näher BGH 2.6.2005 – StB 8/05, NJW 2005, 2166.
[76] Näher *Eisenberg* JGG § 45 Rn. 31 ff.
[77] *Rinio* JuS 2008, 600 (602) mwN.
[78] BGH 2.6.2005 – StB 8/05, NJW 2005, 2166.
[79] L/R/*Ignor/Bertheau* Rn. 7.

desto größer wird die Gefahr, dass sich der Zeuge mit seinen Antworten der Gefahr der Strafverfolgung aussetzen muss.

54 Damit wird deutlich, dass es zum einen auf den Vorwurf der Anklage, zum anderen darauf ankommt, in welcher Beziehung der Zeuge zum Angeklagten und der Tat steht. In einem Fall, in dem der Tatsachverhalt aus einem gut überschaubaren und klar umgrenzten Einzelvorgang besteht, der keinerlei Verbindung zum Zeugen aufweist sowie dort, wo der Zeuge zum Opfer der dem Angeklagten vorgeworfenen Tat wurde, wird die Frage, ob ein Auskunftsverweigerungsrecht besteht, leicht zu beantworten und regelmäßig zu verneinen sein. Anders liegt es in den nachstehend erörterten Fallgruppen (→ Rn. 56 ff.).

55 **2. Ausnahmefälle.** In Ausnahmefällen, in denen jede Beantwortung der an den Zeugen gerichteten Fragen die Gefahr einer Strafverfolgung für ihn in sich birgt, gilt das Auskunftsverweigerungsrecht umfassend. Der Zeuge braucht dann überhaupt **keine Frage zu beantworten,** wenn die gesamte in Betracht kommende Aussage des Zeugen mit einem möglicherweise strafbaren oder ordnungswidrigen Verhalten in einem so engen Zusammenhang steht, dass im Umfang der vorgesehenen Vernehmungsgegenstände nichts übrig bleibt, wozu der Zeuge ohne die Gefahr der Verfolgung einer Ordnungswidrigkeit wahrheitsgemäß aussagen könnte.[80]

Zwar führen solche Konstellationen dazu, dass das Auskunftsverweigerungsrecht in seiner äußeren und praktischen Wirkung nicht mehr von den umfassenden Aussageverweigerungsrechten zu unterscheiden ist. Dennoch bleiben sie ein Fall des § 55 und führen nicht zu einer Gleichstellung mit Fällen der §§ 52, 53, 53a.[81] Folgende **Fallgruppen** sind zu nennen:

56 **a) Beteiligung.** Die Annahme eines umfassenden Auskunftsverweigerungsrechts liegt zunächst nahe, wenn der Zeuge als **Mittäter oder Teilnehmer** an der angeklagten Straftat beteiligt war und noch nicht rechtskräftig verurteilt wurde.

57 **b) Serientaten.** Ein umfassendes Auskunftsverweigerungsrecht kann auch dort bestehen, wo dem Angeklagten eine **Tatserie** vorgeworfen wird und der Zeuge an einer Einzeltat oder einem Abschnitt von Taten beteiligt war. Dies gilt besonders, wenn der exakte Umfang, der Anfang oder das Ende der Tatserie noch nicht sicher feststeht, weil dann nahezu jede weitere Antwort auf Fragen hierzu neue Ermittlungsansätze liefern könnte.

58 **c) Organisationsdelikte.** Auch bei Organisationsdelikten, bei denen Art, Inhalt oder Intensität der Beziehung von Personen zueinander tatbestandserhebliche Bedeutung zukommt, kann die Beantwortung von Fragen über Kenntnisse solcher Umstände oder zum Aufenthaltsort von Personen dazu führen, dass jeder Antwort Indizwirkung für etwaige eigene Beziehungen des Zeugen zu der in Rede stehenden Vereinigung zukommt und sich damit für den Zeugen selbstbelastend auswirkt.[82] Schon die Aufdeckung der Zusammenhänge des Sichkennens einzelner Vereinigungsmitglieder kann Rückschlüsse über deren Beteiligung zulassen.[83] Zum **Verbrauch der Strafklage** bei Verurteilungen wegen Organisationsdeliken → Rn. 40, 62.

59 Verfehlt wäre es jedoch, schon aus dem Umstand, dass Ermittlungen wegen eines Organisationsdeliktes geführt werden, ein Recht zur Verweigerung jeglicher Auskünfte anzunehmen. Ein Zeuge hat in diesen Fällen auch keinen Anspruch auf Aushändigung eines Fragenkatalogs. Vielmehr muss er jede einzelne der an ihn gestellten Fragen darauf prüfen, ob die Antwort eine Verfolgungsgefahr für ihn birgt.[84]

---

[80] BGH 11.6.2002 – 6 StB 12/02, NStZ 2002, 607; BGH 2.6.2005 – StB 8/05, NJW 2005, 2166; BGH 4.3.2010 – StB 46/09, NStZ-RR 2011, 316 mwN; BGH 15.1.1957 – 5 StR 390/56, BGHSt 10, 104 (105).

[81] BGH 13.4.1962 – 3 StR 6/62, BGHSt 17, 245 (247); KK/*Senge* Rn. 2.

[82] Vgl. BGH 3.5.1989 – 1 BJs 72/87 – StB 15/89, BGHSt 36, 192 (insoweit in NStZ 1989, 384 nicht abgedruckt) zu Fragen an den Zeugen über sein Wissen über Beziehungen oder den Aufenthaltsort von Vereinigungsmitgliedern.

[83] BGH 4.8.2009 – StB 37/09, NStZ 2010, 463 (464).

[84] BGH 28.2.1997 – StB 15/96, BGHR StPO § 70 Ordnungsgeld 2; BGH 16.12.1988 – StB 43/88, BGHR StPO § 70 Weigerungsgrund 4.

60 **d) Betäubungsmittelstraftaten.** Im Bereich der Betäubungsmittelkriminalität erfassen die abgeurteilten Sachverhalte sehr häufig nur einen Ausschnitt der tatsächlich begangenen Taten. Deshalb darf aus dem Umstand, dass der Zeuge rechtskräftig wegen bestimmter Rauschgiftdelikte verurteilt wurde, nicht automatisch abgeleitet werden, dass ihm dann, wenn er zu den abgeurteilten Taten befragt werden soll, kein Auskunftsverweigerungsrecht mehr zusteht. Vielmehr wird die Annahme einer Verfolgungsgefahr besonders bei Rauschgifthändlern, die über einen beträchtlichen Zeitraum hinweg, an verschiedenen Orten, mit unterschiedlichen Drogen, bandenmäßig tätig wurden oder die ihre Geschäfte unter Ausnutzung umfangreicher Verbindungen abwickelten, nahe liegen. Ebenso liegt es bei langjährigen in die Rauschgiftszene involvierten Konsumenten. Wird der Verurteilte nunmehr als Zeuge befragt, so kann die Preisgabe des Lieferanten oder eines Abnehmers dazu führen, dass weitere Lieferungen an den Zeugen oder weitere Verkäufe offenbar werden, die von seiner Aburteilung nicht erfasst sind. Denn die Benannten können ihrerseits solche Taten des Zeugen aufdecken. Eine solche Gefahr wird sich vielfach auch aus dem bereits vorhandenen Ermittlungsstand ergeben.

61 Im Einzelfall kann es aber darauf ankommen, ob dem Zeugen die erstmalige Preisgabe eines noch unbekannten Rauschgiftlieferanten abverlangt wird oder ob er – was gegen eine Verfolgungsgefahr spricht – diesen seit Jahren bekannten Lieferanten früher bereits selbst benannt hat.[85] Ferner können die Umstände so liegen, dass sich das Beweisthema der beabsichtigten Befragung vollständig mit dem von der Verurteilung erfassten Sachverhalt deckt und nichts darauf hindeutet, dass der Zeuge außer den abgeurteilten noch weitere Taten begangen haben könnte.[86]

62 **e) Untrennbarkeit von Strafbarkeit und Aussage.** Steht die Aussage des Zeugen mit seinem etwaigen strafbaren eigenen Verhalten in so engem Zusammenhang, dass eine Trennung nicht möglich ist, kann er die Auskunft insgesamt verweigern.[87] So kann es etwa bei einem bereits rechtskräftig verurteilten Mitglied einer terroristischen Vereinigung liegen, wenn es, etwa aufgrund herausgehobener Stellung, so in die Strukturen der Vereinigung eingebunden war, dass es schon deswegen weiterer, aus der Vereinigung heraus begangener Taten verdächtig ist, für die kein Strafklageverbrauch eingetreten ist.

63 **f) Im Ausland ansässiger Zeuge.** Droht einem im Ausland ansässigen Zeugen die Strafverfolgung, weil er bei wahrheitsgemäßer Beantwortung der Frage seine **Geheimhaltungspflicht,** etwa das Bankgeheimnis, verletzen müsste, befindet sich der Zeuge in derjenigen Konfliktlage, vor der ihn § 55 gerade schützen will. Ihm ist deshalb das Auskunftsverweigerungsrecht zuzubilligen.[88] Darauf, dass ihm die Verfolgung nur im Ausland droht, kommt es nicht an (→ Rn. 25).

64 **3. Unanwendbarkeit des § 55 zu Zeugenschutzzwecken.** In Ausnahmefällen kann ein Konflikt zwischen dem nemo-tenetur-Grundsatz und den Anliegen des Zeugenschutzes einerseits sowie der Aufklärungspflicht und dem Fragerecht der Verfahrensbeteiligten andererseits entstehen. Dies ist namentlich dann der Fall, wenn es sich um einen Zeugen handelt, der „im Lager" der Ermittlungsbehörden steht. Eine Lösung der genannten Konfliktlage ist nicht über § 55 möglich. Hervorzuheben sind folgende Fallgruppen:

65 **a) Vertrauenspersonen.** Für die **V-Leute der Polizei** gilt § 54, wenn sie hauptberuflich mit festen Bezügen angestellt sind und/oder nach dem Verpflichtungsgesetz v. 2.3.1974 (BGBl. I 469, 547) besonders zur Verschwiegenheit wurden.[89] Entscheidend sind danach die Grenzen der

---

[85] BGH 19.12.2006 – 1 StR 326/06, NStZ 2007, 278.

[86] S. hierzu LG Ravensburg 19.11.2007 – 2 Qs 194/07, NStZ-RR 2008, 177 (178).

[87] BGH 27.6.2002 – 4 StR 28/02, NStZ-RR 2002, 272 (273); BGH 4.8.2009 – StB 37/09, NStZ 2010, 463 mwN; BGH 18.12.2012 – StB 16/12, NStZ 2013, 241 mwN.

[88] *Odenthal* NStZ 1985, 117; ders., NStZ 1993, 52; L/R/*Ignor/Bertheau* Rn. 13; aA LG Stuttgart 24.4.1992 – 11 ARs 1/92, NStZ 1992, 454.

[89] BGH 11.9.1980 – 4 StR 16/80, NStZ 1981, 70; OLG Hamburg 22.10.1993 – 1 b Ws 271/93, NStZ 1994, 98; *Meyer-Goßner* § 54 Rn. 11.

Aussagegenehmigung. Dass einer Person durch die StA Geheimhaltung bzw. **Vertraulichkeit zugesichert** wurde, bindet zwar – mit Einschränkungen – die StA und die Polizei, hat aber für das gerichtliche Verfahren keine Bedeutung.[90] Der Umstand, dass die Ermittlungsbehörden die Identität eines Informanten geheim halten wollen, berechtigt daher diesen weder zur Berufung auf § 55 noch das Gericht, eine gebotene Beweiserhebung abzulehnen.

66 Werden **andere V-Leute oder Hinweisgeber** vernommen, können sie sich zwar auf § 55 berufen; darüber hinaus gehende Weigerungsrechte bestehen jedoch nicht, sodass Fragen zu Anweisungen oder Vergütungen durch die Ermittlungsbehörde beantwortet werden müssen, soweit sie zur Sache gehören und nicht vom Vorsitzenden als unzulässig iSd § 241 Abs. 2 zurückgewiesen werden.[91] Meist wird wegen einer Gefährdungslage eine auf § 96 gestützte Sperrerklärung des Innenministeriums vorliegen.

67 **b) Zeugen im Zeugenschutzprogramm.** Zeugen, die in ein Zeugenschutzprogramm aufgenommen und zusätzlich gemäß § 3 ZSHG zur Verschwiegenheit verpflichtet wurden, fallen nach Auffassung des BGH nicht unter die anderen Personen des öffentlichen Dienstes iSd § 54 Abs. 1.[92] Weil sich die Verfolgungsgefahr iSd § 55 auf eine Tat vor der Aussage beziehen muss, besteht damit für den Zeugen dann, wenn die Beantwortung der Frage eine Straftat gemäß § 353b StGB (Verletzung des Dienstgeheimnisses oder einer besonderen Geheimhaltungspflicht) darstellen würde, keine Möglichkeit, sich insoweit auf § 55 zu berufen. Auch für – zulässige, dh nicht gemäß § 241 Abs. 2 zurückzuweisende – Fragen, die auf die Klärung der Umstände des Zeugenschutzes abzielen, besteht **kein Auskunftsverweigerungsrecht.**

68 Diese unbefriedigende Situation ist der klaren gesetzlichen Regelung des **§ 10 Abs. 3 ZSHG** geschuldet, der bestimmt, dass es für diese Zeugen im Strafverfahren bei den Vorschriften der §§ 68, 110b Abs. 3 verbleibt. Dies bedeutet, dass der Aufklärungspflicht und dem – auch konventionsrechtlich gemäß Art. 6 Abs. 3d EMRK gewährten – Fragerecht der Verfahrensbeteiligten Vorrang eingeräumt wird und die Tatgerichte im Einzelfall entscheiden müssen, ob die Beantwortung gestellter Fragen zu einer Gefahr iSv § 68 Abs. 2, 3 führt. Fragen zu Umständen des Zeugenschutzes sind damit nicht von vornherein unzulässig.[93] Vielmehr hat der Tatrichter am Maßstab der Aufklärungspflicht **bei jeder Frage** zu befinden, ob die Beantwortung zur **Erforschung der Wahrheit** erforderlich ist bzw. ob die Frage einen Bezug zum Schuld- oder Rechtsfolgenausspruch aufweist; dabei sind Bedeutung und **Beweiswert** der Frage vor dem Hintergrund des Beweisaufnahmeergebnisses einerseits und die Geheimhaltungsbedürftigkeit der erfragten Umstände im Hinblick auf die **Effektivität des Zeugenschutzes** andererseits miteinander abzuwägen.[94]

69 Eine Lösung zur Stärkung des Zeugenschutzes dahin, auch die sich in einem Zeugenschutzprogramm befindenden Zeugen als andere Personen des öffentlichen Dienstes iSd § 54 Abs. 1 anzusehen, führte zu einer zu starken Einschränkung der Aufklärungsmöglichkeiten und der Möglichkeiten, die Aussage einer umfassenden Glaubhaftigkeitsprüfung zu unterziehen, da die zuständigen Behörden aus Sicherheitsgründen regelmäßig keine Aussagegenehmigung erteilen werden. Der Aspekt des Zeugenschutzes kann deshalb nur dadurch zum Tragen kommen, dass eine Strafbarkeit des Zeugen nach § 353b StGB schon auf Tatbestandsebene – mangels unbefugter Offenbarung –abzulehnen ist; zumindest ist mit Blick auf die Aussagepflicht eine Rechtfertigung des Zeugen anzunehmen.

III. Die Erklärung der Verweigerung

70 **1. Ausdrückliche Erklärung.** Der Zeuge muss seine Weigerung ausdrücklich **erklären** bzw. es **ablehnen,** die ihm gefährlich erscheinenden Fragen zu beantworten. Er darf die

[90] BGH 26.7.2011 – 1 StR 297/11, BeckRS 2011, 21644.
[91] BGH 5.11.1982 – 2 StR 250/82, NStZ 1983, 228 (230).
[92] BGH 15.12.2005 – 3 StR 281/04, BGHSt 50, 318 = NJW 2006, 785.
[93] BGH 15.12.2005 – 3 StR 281/04, BGHSt 50, 318 = NJW 2006, 785 (787).
[94] BGH 15.12.2005 – 3 StR 281/04, BGHSt 50, 318 = NJW 2006, 785 (789).

ihn oder einen Angehörigen belastende Umstände nicht einfach verschweigen.[95] Das gilt auch dann, wenn sich eine Verfolgungsgefahr schon im Rahmen des zusammenhängenden Berichts des Zeugen nach § 69 Abs. 1 ergibt.[96]

Weil die Ausübung des Auskunftsverweigerungsrechts ausdrücklich erklärt werden muss, kann das Gericht das **bloße Nichterscheinen** eines geladenen Zeugen regelmäßig nicht als Ausübung dieses Rechts werten.[97] Deshalb ist es auch fehlerhaft, von der Vorführung eines nicht erschienenen Zeugen mit der Begründung, dieser werde aller Voraussicht nach von seinem Recht aus § 55 Gebrauch machen, abzusehen.[98] 71

2. Erläuterung der Weigerung. Der Zeuge braucht, solange er nicht zur Glaubhaftmachung nach § 56 aufgefordert wird, seine Entscheidung, von seinem Recht aus § 55 Gebrauch zu machen, nicht zu begründen.[99] Dem Zeugen ist zunächst Gelegenheit zu geben, ohne Angabe von Gründen zu entscheiden, ob er von seinem Recht aus § 55 Gebrauch machen will. **Fragen nach den Motiven für eine Auskunftsverweigerung** können bedenklich sein, weil entsprechende Antworten zu einer Selbstbelastung und damit dazu führen können, dass der Schutz des § 55 ausgehöhlt wird.[100] 72

Es genügt etwa seine allgemeine Erklärung, nicht aussagen oder im Übrigen nicht aussagen zu wollen; er braucht nicht von sich aus auf Belastendes hinweisen.[101] Nicht ausreichend ist es hingegen, wenn der Zeuge die Beantwortung von Fragen ablehnt und auf Nachfrage, ob er sich auf § 55 berufen wolle, erklärt, er wolle hierzu nichts sagen oder den Grund für seine Verweigerung nicht nennt.[102] 73

3. Entscheidungsbefugnis, Recht auf Beistand. Die Entscheidung, ob sich ein Zeuge auf § 55 beruft, steht allein ihm zu. Das Gericht darf jedoch eine Glaubhaftmachung verlangen, § 56. Fehlt dem Zeugen die erforderliche Verstandesreife für eine Berufung auf § 55, gilt § 52 Abs. 2 entsprechend.[103] 74

Die **Fürsorgepflicht** des Gerichts kann gebieten, dem Zeugen einen Rechtsanwalt als **Beistand** zu bestellen.[104] Das kommt etwa in Betracht, wenn ein im Grundsatz aussagebereiter Zeuge in größerem Umfang Aufklärungshilfe iSd § 31 BtMG oder des § 46b StGB geleistet hat, selbst aber noch nicht rechtskräftig verurteilt ist oder sich aufgrund seiner Angaben in der JVA Repressalien ausgesetzt sieht. Gibt der Zeuge hingegen an, nicht aussagebereit zu sein bzw. von dem ihm zustehenden umfassenden Auskunftsverweigerungsrecht Gebrauch machen zu wollen, erscheint die Bestellung eines Beistands nicht erforderlich. 75

Der Zeuge ist grundsätzlich berechtigt, einen **Rechtsbeistand zur Vernehmung** hinzuzuziehen, wenn er dies für notwendig hält, um von seinem Auskunftsverweigerungsrecht oder anderen prozessualen Befugnissen selbständig und seinen Interessen entsprechend sachgerecht Gebrauch zu machen.[105] Zu den Gründen für das Hinzuziehen des Beistands braucht er keine Angaben zu machen, wenn ihn dies der Gefahr aussetzt, solche Angaben zu machen, vor deren Offenbarung im Rahmen der Vernehmung ihn § 55 gerade schützen will. 76

Erscheint der Zeuge zu seiner Vernehmung in Begleitung seines anwaltlichen Beistands, weil er im Hinblick auf § 55 Unterstützung benötigt oder wünscht, kommt ein **Ausschluss** 77

[95] BGH 11.11.1954 – 3 StR 422/54, BGHSt 7, 127; BVerfG 10.3.2010 – 2 BvR 941/10.
[96] KK/*Senge* Rn. 3, 12.
[97] BGH 10.1.2012 – 3 StR 400/11, Rn. 28 mwN; BGH 9.8.1988 – 4 StR 326/88, StV 1989, 140.
[98] BGH 9.8.1988 – 4 StR 326/88, StV 1989, 140.
[99] Vgl. BGH 23.1.2002 – 5 StR 130/01, BGHSt 47, 220, insoweit in NStZ 2002, 608 nicht abgedruckt; s. auch BGH 11.11.1954 – 3 StR 422/54, BGHSt 7, 127 (128), NJW 1955, 230 (231).
[100] Vgl. BGH 29.6.1983 – 2 StR 855/82, NJW 1984, 136.
[101] Vgl. BGH 11.11.1954 – 3 StR 422/54, NJW 1955, 230 (231).
[102] BGH 4.3.1988 – 1 BJs 280/87 – StB 8/88, BGHR StPO § 70 Weigerungsgrund 1.
[103] L/R/*Ignor/Bertheau* Rn. 18 mwN.
[104] LG Zweibrücken v. 23.9.1999 – 1 Qs 123/99, NJW 1999, 3792.
[105] BVerfG 10.3.2010 – 2 BvR 941/09, StraFo 2010, 243 ff.; zu Konfliktlagen und beistandsrelevanten Konstellationen *Thomas* NStZ 1982, 489 (491 f.); zur anwaltlichen Beratung gefährdeter Zeugen *Hammerstein* NStZ 1981, 125.

des Beistands von der Vernehmung – auch angesichts des Umstands, dass eine Rechtsgrundlage für den Ausschluss fehlt – nur ausnahmsweise unter engen Voraussetzungen in Betracht. Das BVerfG verlangt eine Abwägung zwischen dem Anspruch des Zeugen auf ein faires Verfahren und dem öffentlichen Interesse an der Effizienz des Strafprozesses, die die Gerichte unter Beachtung aller persönlichen und tatsächlichen Umstände des Einzelfalles vorzunehmen haben.[106] Danach kann eine Zurückweisung des Beistands zur Aufrechterhaltung einer funktionsfähigen, wirksamen Rechtspflege erforderlich sein, etwa wenn Anhaltspunkte dafür bestehen, dass der Anwalt seine Teilnahme dazu missbraucht, eine geordnete und effektive Beweiserhebung zu erschweren oder zu verhindern und damit die Entscheidungsfindung beeinträchtigt.

78 Der anwaltliche Zeugenbeistand hat kein eigenes Recht auf Akteneinsicht. Da er keine weitergehenden Befugnisse als der Zeuge selbst hat, besteht ein Akteneinsichtsrecht nur gemäß § 475.[107]

79 **4. Zeitpunkt der Weigerung.** Der Umstand, dass dem Zeugen ein Auskunftsverweigerungsrecht, sei es auch umfassend, zusteht, berechtigt ihn nicht, seine Zeugenladung zu ignorieren. Er muss vielmehr zu seiner Vernehmung (vor Gericht oder StA) erscheinen und abwarten, welche Fragen an ihn gestellt werden, um feststellen zu können, ob die Beantwortung eine Strafverfolgungsgefahr begründet. Dies schließt es nicht aus, dass der Zeuge auf seine – nachvollziehbare – Mitteilung hin, sich umfassend auf § 55 zu berufen, wieder abgeladen wird.[108]

80 Die Auskunftsverweigerung kann **bis zum Schluss der Vernehmung** erklärt werden.[109] In einem solchen Fall ist zu prüfen, ob in der Berufung auf § 55 nicht gleichzeitig ein Widerruf bisheriger (falscher) Aussagen liegt; dies wird immer dort anzunehmen sein, wo der Zeuge klar macht, dass er seine der Auskunftsverweigerung vorangegangenen Aussagen nicht aufrechterhalten, sondern sich stattdessen auf § 55 berufen will.[110]

81 **5. Widerruf und Verzicht auf das Weigerungsrecht.** Der Zeuge, der sich zunächst auf sein Recht aus § 55 berufen hat, kann diese Entscheidung jederzeit widerrufen mit der Folge, dass Beweiserhebungen über frühere Aussagen zulässig sind.[111] Ebenso kann der Entschluss, auf das Auskunftsverweigerungsrecht zu verzichten, widerrufen werden.[112] Die Ausführungen zu § 52 Rn. gelten hier ebenso.

IV. Folgen der Auskunftsverweigerung

82 **1. Berechtigte Auskunftsverweigerung. a) Allgemeines.** Beruft sich der Zeuge zu Recht in einem Punkt seiner Vernehmung auf § 55, darf er hierzu nicht befragt werden. Deshalb sind dennoch gestellte Fragen unzulässig iSv § 241 Abs. 2; entsprechende Beweisanträge sind wegen Ungeeignetheit des Beweismittels abzulehnen (→ Rn. 102). Die Angaben des Zeugen, die er bis zur Berufung auf § 55 gemacht hat, bleiben ohne weiteres verwertbar.

83 Hat der Zeuge trotz seines Rechts, sich auf § 55 zu berufen, dennoch ausgesagt, ist er verpflichtet, seine Angaben zu beeiden.[113] Hat sich der Zeuge auf § 55 berufen, wird dies aber regelmäßig Anlass sein, zu prüfen, ob ein Verdacht der Beteiligung bzw. ein Fall des § 60 Nr. 2 vorliegt.

84 **b) Beweiswürdigung.** Das Gericht kann – anders als bei § 52 – den Umstand, dass sich ein Zeuge auf § 55 berufen hat, für seine Überzeugungsbildung verwerten. Möglich ist eine

---

[106] BVerfG 10.3.2010 – 2 BvR 941/09, StraFo 2010, 243 ff.
[107] BGH 4.3.2010 – StB 46/09, NStZ-RR 2010, 253.
[108] → S. aber auch Rn. 71.
[109] Vgl. den Sachverhalt in BGH 28.6.1982 – 2 StR 234/82, NStZ 1982, 431.
[110] BGH 28.6.1982 – 2 StR 234/82, NStZ 1982, 431; RG v. 5.7.1910 – II 420/10, RGSt 44, 44.
[111] BGH 23.9.1999 – 4 StR 189/99, NJW 2000, 596 mwN.
[112] L/R/*Ignor/Bertheau* Rn. 19; Graf/*Huber* Rn. 9.
[113] BGH 19.10.1954 – 2 StR 651/53, BGHSt 6, 382 (383); RG 10.11.1916 – IV 579/16, RGSt 50, 163 (166).

Berücksichtigung zu Gunsten oder zu Lasten des Angeklagten.[114] Die Angaben eines Zeugen, der die Beantwortung einzelner Fragen nach § 55 berechtigterweise verweigert, bleiben verwertbar. Geboten ist allerdings eine **kritische Würdigung** des Aussageverhaltens, besonders, wenn der Zeuge die Auskunft nur auf Fragen eines bestimmten Verfahrensbeteiligten verweigert.[115]

Hingegen ist es **unzulässig,** dem Angeklagten in dem gegen ihn geführten Verfahren nachteilige Schlüsse daraus zu ziehen, dass sich dieser, als er zuvor als Zeuge in dem den gleichen Tatkomplex betreffenden Verfahren vernommen wurde, umfassend auf § 55 berufen und deshalb keine Aussage gemacht hat. Dies gilt jedenfalls dann, wenn der Angeklagte sich bis dahin nicht – über ein generelles Bestreiten des Tatvorwurfs hinaus – zur Sache geäußert hatte.[116] Diese Rechtsprechung erscheint vor dem Hintergrund des dem Beschuldigten bzw. Angeklagten zustehenden Schweigerechts dann einleuchtend, wenn sich der früher als Zeuge vernommene Angeklagte damals umfassend auf § 55 berufen und deshalb keine Aussage gemacht hat und auch in seinem eigenen Verfahren schweigt. Denn in dieser Konstellation liegen weder Angaben im damaligen noch im aktuellen Verfahren vor. Anders liegt es jedoch dann, wenn der jetzige Angeklagte zum Sachverhalt Angaben als Zeuge gemacht und sich nur punktuell auf § 55 berufen oder/und in seinem eigenen Verfahren sich zur Sache teilweise eingelassen hat, da seine Angaben in der früheren Vernehmung auf der Zeugenpflicht zur Aussage beruhen.[117] 85

Die Weigerung kann aber dazu führen, dass gegen ihn ein Ermittlungsverfahren eingeleitet wird.[118] Auch wenn sich ein Zeuge auf § 55 beruft, schließt dies nicht aus, dass er auf andere Weise zur Aufklärung beitragen kann oder will.[119] 86

c) Verwertbarkeit früherer Angaben. Hat der Zeuge, bevor er sich auf sein Recht aus § 55 beruft, bereits in einer früheren Vernehmung umfassend ausgesagt, sind diese Angaben uneingeschränkt verwertbar.[120] Bei der Frage, wie diese Angaben in das Hauptverfahren eingeführt werden können, ist zwischen der Vernehmung der Verhörsperson als Zeuge und der Verwertbarkeit des Vernehmungsprotokolls als Urkunde zu unterscheiden. Zur Verwertbarkeit in einem späteren Verfahren gegen den Zeugen Rn. 112, 113. 87

aa) Vernehmung der Verhörsperson. Das Gericht darf die Verhörsperson als Zeugen, der die Vernehmungsinhalte bekundet, hören; vielfach wird diese Vernehmung sogar ein Gebot der Aufklärungspflicht sein. Ein Verwertungsverbot gemäß § 252 besteht nicht, weil diese Vorschrift an die den Rechtskreis des Angeklagten betreffenden, anders strukturierten Schweigerechte des Beschuldigten und die umfassenden Zeugnisverweigerungsrechte der §§ 52–53a anknüpft.[121] An der uneingeschränkten Verwertbarkeit früherer Angaben im Verfahren gegen den Angeklagten ändert sich auch dann nichts, wenn der Zeuge nicht über sein Recht nach § 55 belehrt wurde.[122] 88

bb) Verwertbarkeit früherer Vernehmungsprotokolle und schriftlicher Erklärungen. Für einen **Urkundenbeweis über frühere Angaben des Zeugen** kommen seine Aussage in einem Vernehmungsprotokoll sowie von ihm stammende schriftliche Erklärungen in Betracht. Die Verlesung eines **polizeilichen Vernehmungsprotokolls** 89

---

[114] BGH 23.1.2002 – 5 StR 130/01, BGHSt 47, 220 (223 ff.) = NStZ 2002, 608; KK/*Senge* Rn. 16; L/R/*Ignor/Bertheau* Rn. 27.
[115] BGH 23.1.2002 – 5 StR 130/01, BGHSt 47, 220 (223 f.) = NStZ 2002, 608.
[116] BGH 26.5.1992 – 5 StR 122/92, BGHSt 38, 302 = NStZ 1992, 448; zustimmend *Dahs/Langkeit* NStZ 1993, 213.
[117] AA *Dahs/Langkeit* NStZ 1993, 213 (215).
[118] OLG Stuttgart, Die Justiz 1972, 122; L/R/*Ignor/Bertheau* Rn. 28 halten dies für unzulässig.
[119] Vgl. BGH 12.8.1960 – 4 StR 48/60, NJW 1960, 2156.
[120] BGH 13.4.1962 – 3 StR 6/62, BGHSt 17, 245 (247); BGH 20.9.1972 – 3 StR 175/72, MDR 1973, 19.
[121] BGH 26.5.1992 – 5 StR 122/92, NStZ 1992, 448; BGH 13.4.1962 – 3 StR 6/62, BGHSt 17, 245 (246); s. auch BayObLG 10.1.1984 – RReg. 5 St 126/83, NJW 1984, 1246 (1247).
[122] BGH 13.4.1962 – 3 StR 6/62, BGHSt 17, 245.

ist, wenn sich der Zeuge in der Hauptverhandlung auf sein Auskunftsverweigerungsrecht beruft, nur möglich, wenn die Voraussetzungen des **§ 251 Abs. 1 Nr. 1** (Einverständnis der Verfahrensbeteiligten) vorliegen. Gleiches gilt für eine vom Zeugen stammende schriftliche Erklärung, die durch § 251 Abs. 1 den Vernehmungsniederschriften gleichgestellt wird.

90 Beruft sich der Zeuge auf ein umfassendes Auskunftsverweigerungsrecht, scheidet eine **Verlesung der Niederschrift** über seine frühere Vernehmung nach **§ 251 Abs. 1 Nr. 2** aus; ebenso liegt es, wenn der Zeuge nicht erscheint und seine umfassende Berufung auf § 55 schon vor der Hauptverhandlung angekündigt hat. Denn zum einen erfasst § 251 Abs. 1 Nr. 2 neben Tod oder Krankheit des Zeugen nur die Fälle seiner Unerreichbarkeit, nicht aber rechtliche Hindernisse, zum anderen ist eine Vernehmung auch dann möglich, wenn der Zeuge von seinem Recht aus § 55 Gebrauch macht.[123] Vereinzelte, die Verlesbarkeit bejahende, nicht überzeugende Gegenstimmen konnten sich nicht durchsetzen.[124] Im Übrigen zeigen, was die Auslegung des **§ 251 Abs. 1 Nr. 2** anbelangt, die Strafsenate des BGH keine einheitliche Linie. Dies gilt etwa für den Begriff der schriftlichen Erklärung. Unklar bleibt, weshalb der 5. Strafsenat verlangt, sie müsse in demselben Verfahren abgegeben worden sein.[125] Diese Einschränkung überzeugt, auch vor dem Hintergrund der Aufklärungspflicht, nicht.

91 **Stets zulässig** bleibt aber die **Vernehmung der Verhörsperson** bzw. im Falle der Nichtverlesbarkeit einer vom Zeugen stammenden schriftlichen Erklärung die Vernehmung ihres Empfängers als Zeuge;[126] dies verletzt den Grundsatz der Unmittelbarkeit nicht. Der Verhörsperson können die Protokolle auch vorgehalten werden. § 252 gilt nicht. Ferner ist es zulässig, ein Vernehmungsprotokoll – ergänzend neben der Vernehmung des Vernehmungsbeamten – zu verlesen, wenn die Verlesung lediglich dazu dient, die Glaubhaftigkeit des gehörten Zeugen bzw. zu überprüfen, inwieweit die Angaben des Zeugen inhaltlich mit dem von ihm erstellten Protokoll übereinstimmen.[127]

92 Anders – **Zulässigkeit der Verlesung** – liegt es dann, wenn der Zeuge teilweise Angaben macht und sich nur partiell auf sein Recht aus § 55 beruft, weil es sich dann nicht um eine nach § 250 Satz 2 unzulässige ersetzende, sondern nur um eine **ergänzende Verlesung** handelt.[128] Auf diese Weise ergänzend verlesen werden kann nicht nur ein Vernehmungsprotokoll, sondern auch eine schriftliche Erklärung des Zeugen.[129] Ferner ist die Verlesung des Vernehmungsprotokolls möglich, wenn sich ein im Ausland ansässiger Zeuge auf § 55 beruft und sich gleichzeitig weigert, nach Deutschland zu kommen.[130]

93 **2. Unberechtigte Auskunftsverweigerung.** § 70 ermöglicht es dem Gericht, dem Zeugen die durch seine Weigerung verursachten Kosten aufzuerlegen sowie gegen ihn Maßnahmen – Ordnungsgeld, Ordnungshaft und Erzwingungshaft – anzuordnen. Der Zeuge verweigert seine Zeugnispflicht bereits dann, wenn er nur einzelne Fragen nicht beantwortet.

94 Darüber hinaus kann sich der Zeuge bei unberechtigter Verweigerung der Aussage wegen **Strafvereitelung** (§ 258 StGB) strafbar machen. Ob ein solches Verhalten als aktives Tun oder als Unterlassen einzustufen ist, ist Tatfrage und davon abhängig, wie der Zeuge in

---

123 BGH 29.6.1983 – 2 StR 855/82, NJW 1984, 136 mwN; BGH 27.4.2007 – 2 StR 490/06, BGHSt 51, 325 (330) = NJW 2007, 2195 (2196); s. auch BGH 27.9.1995 – 4 StR 488/95, NStZ 196, 96; *Dölling* NStZ 1988, 6 (9); zusammenfassend *Mitsch* JZ 1992, 174 (177).

124 *Meyer* MDR 1977, 543 (544), der aber nicht zwischen tatsächlichen und rechtlichen Vernehmungshindernissen unterscheidet; *Mitsch* JZ 1992, 174 (177).

125 Näher zu den Unterschieden *Dölling* NStZ 1988, 6 f. mwN.

126 BGH 27.9.1995 – 4 StR 488/95, NStZ 196, 96 mwN; KK/*Senge* Rn. 15 mwN; *Dölling* NStZ 1988, 6 (9 f.); *Langkeit/Cramer* StV 1996, 230 (231).

127 BGH 24.1.2012 – 4 StR 493/11.

128 BGH 27.4.2007 – 2 StR 490/06, BGHSt 51, 325 (330) = NJW 2007, 2195 (2196).

129 BGH 23.12.1986 – 1 StR 514/86, NStZ 1988, 36 erachtet die Verlesung eines von dem Zeugen verfassten Geständnisses, das er in dem gegen ihn – getrennt – geführten Verfahren vorlegen ließ, nach § 249 – im Zusammenhang mit der Vernehmung des Zeugen – als zulässig; zustimmend *Dölling* NStZ 1988, 6.

130 BGH 2.3.2010 – 4 StR 619/09, NStZ 2010, 446.

seiner Vernehmung agiert. Auch das Unterlassen ist strafbar, weil die strafprozessuale Zeugnispflicht eine Garantenstellung iSd § 13 StGB begründet.[131] Die Gegenauffassung[132] sieht die Gefahr einer unzulässigen Doppelverfolgung, berücksichtigt aber nicht, dass das Verbot der zweifachen Bestrafung (Art. 103 Abs. 3 GG) nur für echte Kriminalstrafen, nicht jedoch bei Ordnungsstrafen, gilt. Ferner fehlen Anhaltspunkte dafür, dass § 70 eine Strafbarkeit des Zeugen nach materiellem Recht ausschließen will.

V. Die Belehrung nach § 55 Abs. 2

Abs. 2 schreibt die Belehrung des Zeugen **zwingend** vor.[133] Dies gilt auch für polizeiliche (§ 163a Abs. 5) und staatsanwaltschaftliche (§ 161a Abs. 1 S. 2) Vernehmungen. Die Wahl des Zeitpunkts bleibt der Verhörsperson bzw. dem Gericht überlassen. Es kann den Zeugen zu Beginn der Vernehmung über sein Auskunftsverweigerungsrecht oder erst im Verlauf der Vernehmung dann aufklären, wenn Anhaltspunkte für das Vorliegen der Voraussetzungen des § 55 zu Tage getreten sind. 95

Nur **ausnahmsweise** kann die Aufklärungspflicht gebieten, bei gleichzeitigem Bestehen der Rechte aus § 52 und § 55 die Belehrung zunächst auf § 52 zu beschränken und die **Belehrung nach § 55 zurückzustellen,** bis sich der Zeuge über die Ausübung seines Zeugnisverweigerungsrechts entschieden hat.[134] 96

Die **Art und Weise der Belehrung** liegt im Ermessen des Vernehmenden. Er kann die Belehrung abstrakt halten oder dem Zeugen konkret erläutern, in welchem Bereich er nicht auskunftspflichtig ist. Dabei ist es nicht zu beanstanden, wenn ein Richter den Zeugen über Umstände, zB einen gegen den Zeugen geäußerte Verdächtigung eines Verfahrensbeteiligten, unterrichtet, die für die vom Zeugen zu treffende Entscheidung von Bedeutung sein können, solange nicht in unzulässiger Weise auf die Entschließung über die Ausübung des Weigerungsrechts eingewirkt wird.[135] 97

Der Vorsitzende muss für seine Belehrung des Zeugen gemäß § 55 Abs. 2 **keine Begründung** geben, ebenso wenig für die Zubilligung der Auskunftsverweigerung. 98

Zu den **revisionsrechtlichen Folgen** von Verstößen gegen § 55 Abs. 2 → Rn. 105 ff. 99

VI. Verfahrensrechtliches

1. Zurückweisung von Fragen. Erklärt der Zeuge auf eine Frage mit Recht, er werde die Beantwortung gemäß § 55 Abs. 1 verweigern, ist diese Frage ungeeignet iSv § 241 Abs. 2. Sie kann daher zurückgewiesen werden. Eine Zurückweisung scheidet indes aus, solange der Zeuge sich nicht auf sein Recht aus § 55 berufen hat.[136] 100

2. Ablehnung von Beweisanträgen. Es ist regelmäßig erforderlich, einen Zeugen, auch wenn ihm ein Auskunftsverweigerungsrecht zusteht, zur Hauptverhandlung zu laden und ihn dort zu befragen, um klären zu können, ob er nur zu einzelnen oder zu allen Fragen die Auskunft verweigern will.[137] 101

Der Zeuge, der sich zu Recht auf ein umfassendes Auskunftsverweigerungsrecht beruft und dies dem Gericht gegenüber mitgeteilt hat, ist ein iSv § 244 Abs. 3 S. 2 **ungeeignetes Beweismittel.** Mit dieser Begründung darf ein auf die Vernehmung des Zeugen abzielender Beweisantrag abgelehnt werden.[138] Dies setzt aber zweierlei voraus: zum einen darf die 102

---

[131] OLG Köln 11.12.2009 – 2 Ws 588/09, NStZ-RR 2010, 146; LG Ravensburg 19.11.2007 – 2 Qs 194/07, NStZ-RR 2008, 177.

[132] L/R/*Ignor/Bertheau* Rn. 30.

[133] KK/*Senge* Rn. 17 mwN.

[134] BGH 30.6.1988 – 1 StR 150/88, BGHR StPO § 52 Abs. 3 S. 1 Belehrung 2.

[135] BGH 12.11.2009 – 4 StR 275/09, NStZ 2010, 342; BGH 30.6.1988 – 1 StR 150/88, BGHR StPO § 52 Abs. 3 S. 1 Belehrung 2.

[136] RG v. 17.1.1884 – 3066/83, RGSt 9, 426 (429).

[137] BGH 16.10.1985 – 2 StR 563/84, NStZ 1986, 181.

[138] BGH 2.2.1966 – 2 StR 471/65, BGHSt 21, 12 (13) = NJW 1966, 742; BGH 29.6.1983 – 2 StR 855/82, NJW 1984, 136.

entsprechende Mitteilung des Zeugen nicht durch einen Irrtum über die rechtliche Tragweite seiner Weigerung beeinflusst sein und nicht die Möglichkeit bestehen, dass der Zeuge bei Aufklärung seines Irrtums doch noch aussagebereit ist, zum anderen muss die mit der Beweisbehauptung vorgetragene Verstrickung des Zeugen in Straftaten so deutlich sein, dass ein umfassendes Auskunftsverweigerungsrecht klar zu Tage liegt.[139]

103 Danach scheidet umgekehrt eine Ablehnung des Beweisantrags aus, solange der Zeuge noch nie vernommen wurde oder wenn bereits eine Vernehmung vorliegt, der Zeuge dabei aber nicht erklärte, von seinem Recht zur Auskunftsverweigerung Gebrauch zu machen.[140]

104 Hat das Gericht einen Zeugen in der Hauptverhandlung vernommen, der zur Sache ausgesagt und teilweise von seinem Auskunftsverweigerungsrecht aus § 55 Gebrauch gemacht hat, kann es einen Beweisantrag auf seine **erneute Vernehmung** wegen völliger Ungeeignetheit des Beweismittels ablehnen, wenn das benannte Beweisthema vom Auskunftsverweigerungsrecht des Zeugen gedeckt war und dieser sich mehrfach hierauf berufen hatte.

105 **3. Revision. a) Unzutreffende Beurteilung der Verfolgungsgefahr.** Die Beurteilung der Verfolgungsgefahr in tatsächlicher Hinsicht ist – als vom Beurteilungsspielraum des Tatgerichts getragene Entscheidung – grundsätzlich nicht revisibel.[141] Das Revisionsgericht ist an die Einschätzung, dass eine Verfolgungsgefahr vorhanden war, gebunden und kann die Entscheidung des Tatgerichts nur rechtlich, etwa auf die Frage eines Strafklageverbrauchs oder der Verjährung, prüfen.[142] Die Rüge, die Verfolgungsgefahr sei falsch beurteilt werden, kann danach nur Erfolg haben, wenn die Verfolgungsgefahr zweifellos ausgeschlossen war[143] oder das Tatgericht dem Zeugen ein Auskunftsverweigerungsrecht ohne jede Tatsachengrundlage zugebilligt hat;[144] maßgeblich ist der Kenntnisstand des Vernehmenden zum Zeitpunkt der Befragung des Zeugen.[145] Die Zulässigkeit einer Rüge setzt die Beanstandung der Entscheidung des Vorsitzenden und die Herbeiführung eines Gerichtsbeschlusses voraus.[146]

106 **b) Belehrungsfehler. aa) Allgemeines.** Die allgemeine **Belehrung** eines Zeugen, er dürfe die Antwort auf solche Fragen verweigern, mit deren Beantwortung er sich die Gefahr strafrechtlicher Verfolgung zuziehen würde, kann niemals einen Verfahrensverstoß begründen. Ebenso wenig kann erfolgreich gerügt werden, dass der Vorsitzende seine Belehrung erläutert hat.[147]

107 Anders liegt es nur in dem seltenen Ausnahmefall, in dem die Belehrung von abwegigen oder willkürlich erscheinenden Ausführungen des Vorsitzenden begleitet wird, die die **Besorgnis der Befangenheit** begründen, das Tatgericht aber einen entsprechenden Ablehnungsantrag zurückgewiesen hat.[148]

108 **bb) Unrichtige Belehrung.** Auf einer unrichtigen Belehrung als solcher kann das Urteil niemals beruhen, sondern nur auf dem sich daraus im weiteren Verfahrensverlauf ergebenden Verstoß gegen die gerichtliche Aufklärungspflicht.[149] Eine unrichtige Belehrung vermag dort die Besorgnis der Befangenheit zu begründen, wo geäußerte Rechtsauffassungen abwegig sind oder sogar den Anschein von Willkür erwecken.[150]

---

[139] BGH 16.10.1985 – 2 StR 563/84, NStZ 1986, 181.
[140] Vgl. BGH 15.11.1977 – 5 StR 519/77, MDR 1978, 281.
[141] KK/*Senge* Rn. 21 mwN.
[142] BGH 15.1.1957 – 5 StR 390/56, BGHSt 10, 104 (105); BGH 28.11.1997 – 3 StR 114/97, BGHSt 43, 321 (325) = NJW 1998, 1723; BGH 27.6.2002 – 4 StR 28/02, NStZ-RR 2002, 272, Rn. 8, 9.
[143] BGH 24.1.1956 – 1 StR 568/55, BGHSt 9, 34 (35).
[144] BGH 27.6.2002 – 4 StR 28/02, NStZ-RR 2002, 272.
[145] *Dahs* NStZ 1999, 386 (387).
[146] BGH 16.11.2006 – 3 StR 139/06, NStZ 2007, 230 m. krit. Anm. *Widmaier;* s. auch BGH 6.8.2002 – 5 StR.
[147] BGH 23.4.1953 – 5 StR 69/53, MDR 1953, 402.
[148] Vgl. BGH 12.11.2009 – 4 StR 275/09, NStZ 2010, 342 m. Bespr. *Hahn* JuS 2010, 270.
[149] BGH 23.4.1953 – 5 StR 69/53, MDR 1953, 402.
[150] Vgl. BGH 12.11.2009 – 4 StR 275/09, NStZ 2010, 342 m. Bespr. *Hahn* JuS 2010, 270.

Wird der **Zeuge grundlos gemäß § 55 belehrt** und verweigert deshalb Angaben, kann dies zur Verletzung der §§ 244 Abs. 2, 245 führen (→ Rn. 114). Der BGH verlangt für die Zulässigkeit einer entsprechenden Rüge, dass die falsche Belehrung beanstandet und ein Gerichtsbeschluss nach § 238 Abs. 2 herbeigeführt wurde.[151] Die Beanstandung kann auch dadurch erfolgen, dass ein Antrag auf Anordnung von Maßregeln nach § 70 gestellt wird. Die Vortragspflicht (§ 344 Abs. 2 S. 2) umfasst auch Darlegungen zum bisherigen und erwartbaren Aussageverhalten des Zeugen.[152] Zur **unzulässigen Beschränkung des Fragerechts** durch grundlose Zubilligung des Auskunftsverweigerungsrechts Rn. 119. 109

cc) Unterlassene Belehrung. Hat das Gericht oder eine Verhörsperson, die den Zeugen vor der Hauptverhandlung vernommen hat, entgegen § 55 Abs. 2 nicht belehrt, kann der Angeklagte seine Revision nicht auf die unterlassene Belehrung stützen. Dies folgt im Wesentlichen daraus, dass § 55 Abs. 2 weder den Rechtskreis des Angeklagten berührt noch mit der Einführung der Belehrungspflicht die Rechte des Angeklagten im Revisionsrechtszug erweitert werden sollten.[153] 110

c) Verwertbarkeit trotz unterlassener Belehrung. Die Verwertung einer ohne die nach § 55 Abs. 2 vorgeschriebene Belehrung zustande gekommenen Aussage ist **im Verfahren gegen den Angeklagten** uneingeschränkt möglich. Dies gilt sowohl dann, wenn der Zeuge im Hauptverfahren vernommen als auch wenn das Protokoll über seine Vernehmung verlesen wurde.[154] 111

Bei der Frage nach der Verwertbarkeit von Angaben des nicht nach § 55 Abs. 2 belehrten Zeugen in einem **späteren Verfahren gegen den Zeugen** ist zu unterscheiden: Ein **Verwertungsverbot** ist grundsätzlich insoweit zu bejahen, als der unzutreffend nicht nach § 55 Abs. 2 belehrte Zeuge sich selbst belastet hat und diese Aussage nun in einem gegen ihn geführten Verfahren zur Beweisführung wegen **Straftaten außerhalb der Aussage** herangezogen werden soll. Denn eine Verwertung bedeutete, dass der Beschuldigte zum Beweismittel gegen sich selbst würde und verstieße gegen den Grundsatz, dass sich kein Verfahrensbeteiligter selbst belasten muss.[155] Der Verwertung der Aussage muss in der Hauptverhandlung bis zu dem in § 257 genannten Zeitpunkt widersprochen werden; die Revision muss den rechtzeitigen Widerspruch vortragen.[156] 112

Die **Verwertbarkeit** ist jedoch ausnahmsweise dort zu bejahen, wo gegen den Zeugen ein **Verfahren wegen eines Aussagedelikts** geführt wird. Denn die Missachtung der Belehrungspflicht ändert nichts an der Wahrheitspflicht des Zeugen. Die Konstellation des nicht gemäß § 55 Abs. 2 belehrten Zeugen ist – im Fall der späteren Verfolgung eines Aussagedelikts – nicht mit der eines nicht belehrten Beschuldigten vergleichbar; der Beschuldigte wird, ohne der Wahrheitspflicht zu unterliegen, zu einer in der Vergangenheit liegenden Tat befragt, beim Zeugen liegt die Tat hingegen in der Aussage selbst. Der unterbliebenen Belehrung kommt damit lediglich die Bedeutung eines **Strafmilderungsgrundes** zu, der bei der Ahndung des Aussagedelikts zu berücksichtigen ist. Dabei genügt es, wenn das Auskunftsverweigerungsrecht objektiv gegeben war; auf die Kenntnis des vernehmenden Richters kommt es nicht an.[157] Dieser Strafmilderungsgrund besteht unabhängig von und neben § 157 StGB, sodass die Annahme eines Aussagenotstands die strafmildernde Bedeutung des Belehrungsverstoßes nicht mit abdeckt.[158] 113

---

[151] BGH 16.11.2006 – 3 StR 139/06, NStZ 2007, 230 m. krit. Anm. *Widmaier.*

[152] Offengelassen von BGH 6.8.2002 – 5 StR 314/02.

[153] BGH 21.1.1958 – GSSt 4/57, BGHSt 11, 213 = NJW 1958, 557; aA *Schmidt* JZ 1958, 596 (599, 601).

[154] BGH 21.1.1958 – GSSt 4/57, BGHSt 11, 213 = NJW 1958, 557.

[155] OLG Celle 7.2.2001 – 32 Ss 101/00, NStZ 2002, 386; BayObLG 10.1.1984 – RReg. 5 St 126/83, NJW 1984, 1246 (1247) hebt zusätzlich auf den auch in Art. 6 EMRK normierten Grundsatz des fairen Verfahrens ab; *Meyer-Goßner* Rn. 17.

[156] BayObLG 16.5.2001 – 2 StRR 48/01, BeckRS 2001, 30180762.

[157] BGH 13.2.2004 – 2 StR 408/03, NStZ 2005, 33 (34) mwN; OLG Jena 9.2.2011 – 1 Ss 113/10, NStZ-RR 2011, 279.

[158] BGH 18.10.1983 – 1 StR 449/83, NStZ 1984, 134.

114 **d) Aufklärungspflichtverletzungen. aa) Unrichtige Belehrung.** Mit der **Aufklärungsrüge** kann geltend gemacht werden, dass eine **unrichtige grundlose Belehrung** zu einer unbegründeten Aussageverweigerung geführt hat.[159] In solchen Fällen wird das Beruhen kaum auszuschließen sein. Ebenso fehlerhaft und ein Verstoß gegen die Aufklärungspflicht ist es, wenn das Gericht allein aus dem Umstand, dass der geladene Zeuge nicht erscheint, schließt, er werde umfassend vom Auskunftsverweigerungsrecht Gebrauch machen.[160]

115 **bb) Verzicht auf weitere Beweismittel.** Beruft sich ein Zeuge, der früher wichtige oder gar für die Anklageerhebung ausschlaggebende Angaben zum Tatgeschehen gemacht hatte, in der Hauptverhandlung auf § 55, wird es regelmäßig einen Verstoß gegen die Aufklärungspflicht darstellen, wenn das Gericht davon absieht, diejenigen Personen zu hören, die den Zeugen im Ermittlungsverfahren vernommen hatten. Mit dem **Verzicht auf die Vernehmung dieser Verhörspersonen** wird eine Möglichkeit zur Sachverhaltsaufklärung nicht genutzt.[161]

116 Die Aufklärungspflicht gebietet außerdem, Zeugenaussagen, die aufgrund der Berufung des Zeugen auf § 55 bei bestimmten Fragen lückenhaft geblieben sind, in der Hauptverhandlung zu ergänzen. Hierzu kann das Gericht nicht nur auf die **Verlesung schriftlicher Erklärungen** des Zeugen, sondern auch auf die Vernehmung der Verhörsperson des Zeugen oder auf die **Verlesung von Niederschriften** über frühere Vernehmungen des Zeugen zurückgreifen.[162] Eine Verlesung verletzt weder den Unmittelbarkeitsgrundsatz noch den – im Fall des § 55 unanwendbaren – § 252.

117 Das Gericht verletzt seine Aufklärungspflicht nicht, wenn es auf die Ladung eines Zeugen verzichtet, weil dieser vorab nachvollziehbar darlegen konnte, sich berechtigterweise auf ein umfassendes Auskunftsverweigerungsrecht berufen zu können.[163] So wird es etwa meist bei gesondert verfolgten Tatbeteiligten liegen. S. zur **Ablehnung von Beweisanträgen** → Rn. 101 ff.

118 **cc) Abtrennung einzelner Fälle; Aussetzung.** Ob das Gericht ein Verfahren hinsichtlich eines oder bestimmter Einzelfälle abzutrennen hat, bis weitere Beweismittel vorhanden sind, entscheidet sich nach den Grundsätzen des § 244 Abs. 2 StPO. Auch wenn zu erwarten ist, dass das Auskunftsverweigerungsrecht eines Zeugen in der Zukunft erlischt, zB wenn das gegen ihn betriebene Strafverfahren nach Erfüllung der ihm nach § 153a erteilten Auflagen endgültig eingestellt werden wird, drängt sich eine Abtrennung von Verfahrensteilen bzw. eine Aussetzung des Verfahrens dort nicht auf, wo von einer erneuten Vernehmung dieses Zeugen keine entscheidungserheblichen Aussagen zu erwarten sind.[164]

119 **e) Unzulässige Beschränkung des Fragerechts.** Billigt das Gericht einem Zeugen grundlos das Auskunftsverweigerungsrecht zu, stellt dies eine unzulässige Beschränkung des Fragerechts dar. Hierin kann der absolute Revisionsgrund des **§ 338 Nr. 8** liegen, wenn sich ein konkret-kausaler Zusammenhang zwischen der unzulässigen Beschränkung der Verteidigung oder der StA und dem Urteil feststellen lässt.[165] Ebenso denkbar ist eine Verletzung des in Art. 6 Abs. 3d EMRK normierten Rechts, weil der Beschwerdeführer sein Fragerecht grundlos nicht ausüben konnte.[166]

---

[159] BGH 14.9.1973 – 5 StR 318/73, MDR 1974, 16; OLG Zweibrücken 16.8.1994 – 1 Ss 84/94, NJW 1995, 1301 (1302) mwN.

[160] BGH 9.8.1988 – 4 StR 326/88, StV 1989, 140.

[161] BGH 20.9.1972 – 3 StR 175/72, MDR 1973, 19.

[162] BGH 29.8.2001 – 2 StR 266/01, NStZ 2002, 217; BGH 4.4.2007 – 4 StR 345/06, NStZ 2008, 50 (51 f.) auch mit Nachweisen zu nicht überzeugenden Entscheidungen des 5. Strafsenats des BGH, die die Möglichkeit einer Verlesung verneinen.

[163] BGH 16.10.1985 – 2 StR 563/84, NStZ 1986, 181.

[164] BGH 24.7.1990 – 5 StR 221/89, NJW 1990, 50 (52).

[165] BGH 15.12.2005 – 3 StR 281/04, NJW 2006, 785 (786) mwN.

[166] Offengelassen von BGH 22.3.2012 – 1 StR 359/11, NStZ 2013, 238 (239) Rn. 20 m. Anm. *Widmaier.*

f) Fehlen konfrontativer Befragung. Macht ein Zeuge umfassend von § 55 Gebrauch, können seine früheren Angaben zwar durch Vernehmung der Verhörspersonen eingeführt werden, jedoch können Gericht und Verfahrensbeteiligte ihr Fragerecht nicht mehr ausüben. Dies schließt eine Verwertung der Angaben jedoch nicht aus; das Gericht hat aber die Einschränkung des Fragerechts im Rahmen der Beweiswürdigung ausreichend, besonders durch eine vorsichtige kritische Würdigung und die Heranziehung weiterer, die Angaben des Zeugen vom Hörensagen stützender Beweismittel zu berücksichtigen, sodass das Verfahren insgesamt als fair eingestuft werden kann.[167] 120

§ 56 [Glaubhaftmachung des Verweigerungsgrundes]

[1]Die Tatsache, auf die der Zeuge die Verweigerung des Zeugnisses in den Fällen der §§ 52, 53 und 55 stützt, ist auf Verlangen glaubhaft zu machen. [2]Es genügt die eidliche Versicherung des Zeugen.

Übersicht

I. Allgemeines

1 **1. Normzweck.** § 56 will der Gefahr einer grundlosen bzw. unberechtigten Zeugnis- oder Auskunftsverweigerung entgegenwirken. Außerdem soll die Vorschrift die Gefahr eines Missbrauchs der Rechte aus §§ 52, 53, 53a und 55 verhindern, die dadurch droht, dass allein der Zeuge die Voraussetzungen seines Weigerungsrechts beurteilt.[1] Ferner will § 56 durch den Verzicht auf das Erfordernis einer förmlichen Beweisaufnahme Verfahrensverzögerungen vermeiden.[2]

2 **2. Anwendungsbereich.** Die Vorschrift gilt uneingeschränkt bei allen richterlichen Vernehmungen. Gemäß § 161a Abs. 1 S. 2 gilt § 56 Satz 1 auch bei Vernehmungen durch die StA, die vom Zeugen eine Glaubhaftmachung, aber keine eidesstattliche Versicherung verlangen kann. § 56 gilt nicht nur in den Fällen der §§ 52, 53 und 55, sondern auch für den nicht genannten § 53a.[3]

3 § 56 hat für polizeiliche Vernehmungen keine Bedeutung, weil Zeugen dort ohnehin nicht zur Aussage verpflichtet sind, ebenso wenig für § 54, weil der Umfang der Verschwiegenheitspflicht dort anhand der beamtenrechtlichen Vorschriften und der Aussagegenehmigung zu beurteilen ist.

II. Erläuterung

4 **1. Tatsachen.** Diese sind der Gegenstand der Glaubhaftmachung. Gemeint sind diejenigen Umstände, auf die der Zeuge sein Zeugnis- bzw. Auskunftsverweigerungsrecht stützt

[167] BVerfG 5.7.2006 – 2 BvR 1317/05, NJW 2007, 204.
[1] Radtke/Hohmann/*Otte* Rn. 1 mwN.
[2] BGH 10.11.1967 – 4 StR 512/66, NJW 1968, 710 (712).
[3] KK/*Senge* Rn. 1; Radtke/Hohmann/*Otte* Rn. 1.

und die dem Gericht nicht ohnehin bereits – etwa aus dem Akteninhalt oder aufgrund von Beweisaufnahmeergebnissen – bekannt sind.[4] Je nachdem, welches Weigerungsrecht in Rede steht, ist zu unterscheiden:

5 **a) Fälle des § 52.** Bei einem auf § 52 gestützten Zeugnisverweigerungsrecht geht es um die Tatsachen, die das Angehörigen- bzw. Verwandtschaftsverhältnis begründen. Schwierigkeiten in der Praxis bereitet vor allem die Behauptungen des Zeugen, er sei mit dem Beschuldigten verlobt oder habe ein Versprechen eingegangen, mit dem Beschuldigten eine Lebenspartnerschaft zu begründen (vgl. die beiden Alternativen des § 52 Abs. 1 Nr. 1), weil regelmäßig keine objektiven Anhaltspunkte vorhanden sind, die ein beiderseitig **ernstgemeintes Ehe- bzw. Lebenspartnerschaftsversprechen** nahe legen oder gar belegen. Ist die Richtigkeit der Zeugenerklärung nicht bereits durch eindeutige Tatsachen widerlegt, bedarf es einer **Gesamtbeweiswürdigung,** in die der vom Gesetz (§ 56 Satz 2) grundsätzlich als genügend angesehene Beweiswert der eidlichen Versicherung des Zeugen sowie weitere Umstände, etwa ein eheähnliches Zusammenleben oder Misshandlungen des Zeugen durch den Beschuldigten, einzubeziehen sind.[5]

6 Die Frage, ob **Eheschließung, Verwandtschaft, Schwägerschaft und Adoption** vorliegen, lässt sich unproblematisch mittels Urkunden klären. Gehört die Frage nach einem solchen Verhältnis zur Vernehmung zur Sache, darf vom Zeugen nicht verlangt werden, es näher glaubhaft zu machen.[6]

7 **b) Fälle der §§ 53, 53a.** Tatsachen iSd § 56 sind hier diejenigen Erkenntnisse, die dem Zeugen im Rahmen seiner Berufsausübung anvertraut oder bekannt wurden. Kann das Gericht auf die Zuverlässigkeit und Gewissenhaftigkeit des Berufsträgers vertrauen, wird das Verlangen nach Glaubhaftmachung regelmäßig überflüssig sein.[7]

8 **c) Fälle des § 55.** Der Zeuge muss die Gründe angeben, die seiner Auffassung nach dafür sprechen, dass die Voraussetzungen dieses Schutzrechts und damit eine Ausnahme von der allgemeinen Zeugnispflicht vorliegen.[8] Angaben über den Sachverhalt, der die vermeintliche Verfolgungsgefahr begründen soll, dürfen aber nicht verlangt werden. Denn dies ist nahezu unmöglich, ohne dass sich der Zeuge selbst belastet; in solchen Fällen erstreckt sich die Glaubhaftmachung nur auf die Annahme des Zeugen, dass die Verfolgungsgefahr vorliegt.[9] Inhaltlich reicht dann eine Erklärung des Zeugen dahin aus, dass er nach bestem Wissen und Gewissen annehme, dass die Beantwortung der Frage ihn oder einen Angehörigen in Gefahr straf- oder bußgeldrechtlicher Verfolgung bringe.[10]

9 **2. Glaubhaftmachung. a) Begriff.** Der Begriff der Glaubhaftmachung ist hier ebenso wie in §§ 26 Abs. 2, 26a Abs. 1 Nr. 2 oder § 45 Abs. 2 zu verstehen. Es genügt, dass dem Gericht die Wahrscheinlichkeit der Richtigkeit der behaupteten Tatsache dargetan wird. Das setzt ein nach den Umständen hinreichendes Maß an **Wahrscheinlichkeit** voraus. Eine Tatsache ist dann glaubhaft gemacht, wenn das Gericht diese Wahrscheinlichkeit als gegeben erachtet. Für die Glaubhaftmachung bedarf es nicht der vollen Überzeugung des Gerichts von der Richtigkeit der behaupteten Tatsachen.[11] Im Falle einer Urteilsaufhebung ist der Zeitpunkt der neuen Hauptverhandlung maßgeblich.[12]

10 Die Glaubhaftmachung erfordert **keine förmliche Beweiserhebung;** sie soll vielmehr vermieden werden. Die Überprüfung des Gerichts, ob eine ausreichende Wahrscheinlich-

---

[4] L/R/*Ignor/Bertheau* Rn. 1.
[5] BGH 30.5.1972 – 4 StR 180/72, NJW 1972, 1334.
[6] KK/*Senge* Rn. 4; L/R/*Ignor/Bertheau* Rn. 4.
[7] Vgl. RG 3.11.1919 – I 418/19, RGSt 54, 39 (40) für das Zeugnisverweigerungsrecht eines Geistlichen.
[8] BGH 4.3.1988 – StB 8/88; BGHR StPO § 70 Weigerungsgrund 1.
[9] BGH 7.5.1987 – 1 BJs 46/86, StV 1987, 328; LG Hamburg 28.12.1987 – 33 Qs 1088/87, VRS 74 (1988), 442.
[10] LG Hamburg 28.12.1987 – 33 Qs 1088/87, VRS 74 (1988), 442.
[11] BGH 30.10.1990 – 5 StR 447/90, NStZ 1991, 144.
[12] BGH 30.5.1972 – 4 StR 180/72, NJW 1972, 1334 (1335).

keit bejaht werden kann, erfolgt im Freibeweisverfahren; dabei gilt der Zweifelssatz nicht.[13]

b) Mittel der Glaubhaftmachung. Welche Mittel in Betracht kommen und was erforderlich ist, um von einer Glaubhaftmachung ausgehen zu können, bestimmt das Gesetz nicht. Nach dem Normzweck ist davon auszugehen, dass eine (förmliche) Beweisaufnahme über diesen Zwischenpunkt, der die Hauptsache verzögern kann, nach Möglichkeit vermieden werden und es letztlich dem verständigen **Ermessen des Gerichts** überlassen bleiben soll, ob und wann es im Einzelfall die der Berufung auf das Weigerungsrecht zugrunde gelegten Tatsachen für wahrscheinlich halten will. Ihm muss deshalb auch die Wahl der Mittel überlassen bleiben, durch die es sich die Kenntnis von dem Bestehen oder Nichtbestehen der behaupteten Tatsachen verschaffen will. 11

Daraus folgt, dass grundsätzlich **alle Beweismittel** verwendet werden dürfen.[14] Geht es um ein Zeugnisverweigerungsrecht, können etwa Geburts-, Heirats- oder Abstammungsurkunden verwendet werden. Zur Glaubhaftmachung eines Auskunftsverweigerungsrechts lassen sich neben der eidlichen Versicherung auch Protokolle über Beschuldigtenvernehmungen oder andere Auszüge aus Gerichts- oder Ermittlungsakten heranziehen. 12

§ 56 S. 2 nennt als ein mögliches Mittel der Glaubhaftmachung die **eidliche Versicherung.** Hierunter ist die Ablegung des Eides nach §§ 64–66, nicht die eidesstattliche Versicherung iSv § 156 StGB zu verstehen.[15] Das Verlangen der eidlichen Versicherung ist im Fall des § 60 Nr. 1 ausgeschlossen; das Eidesverbot gemäß § 60 Nr. 2 gilt nicht, weil die Glaubhaftmachung im Fall des § 55 sonst praktisch unmöglich wäre.[16] So kann im Fall des § 55 von dem Zeugen etwa die eidliche Versicherung verlangt werden, er nehme nach bestem Wissen und Gewissen an, dass die Beantwortung dieser Frage ihn oder einen Angehörigen in die Gefahr straf- oder bußgeldrechtlicher Verfolgung bringe.[17] Die bloße eigene Erklärung des Zeugen genügt nicht. 13

c) Glaubhaftmachung durch den Zeugen. Hat das Gericht dem Zeugen die Mittel der Glaubhaftmachung überlassen, muss der Zeuge das Gericht in die Lage versetzen, ohne den Fortgang des Verfahrens verzögernde weitere Ermittlungen zu entscheiden. Danach kann die bloße Bezeichnung eines Beweismittels, wie etwa die Benennung eines Zeugen, zur Glaubhaftmachung nicht ausreichen und es notwendig sein, dass der Zeuge mindestens eine schriftliche Erklärung des Benannten beibringt. Erweisen sich die benannten Mittel als zu dürftig, besteht für das Gericht keine Verpflichtung, von Amts wegen auf weitere Glaubhaftmachung hinzuwirken.[18] 14

3. Verlangen der Glaubhaftmachung. a) Ermessensentscheidung. Vom Zeugen zu verlangen, die Tatsachen, auf die er sein Weigerungsrecht stützt, glaubhaft zu machen, steht **grundsätzlich im Ermessen** des Gerichts.[19] Es kann die Darlegungen eines Zeugen über die Tatsachen, auf die er sein Zeugnis- oder Auskunftsverweigerungsrecht stützt, ohne weiteres glauben und demgemäß auf eine besondere Glaubhaftmachung verzichten oder – nach seinem Ermessen – vom Zeugen verlangen, die entsprechenden Tatsachen glaubhaft zu machen. Die Ermessensausübung hat sich auch daran auszurichten, dass § 56 nicht dazu dient, in den Zeugen einzudringen und dadurch seine Berechtigung, sich auf ein Weigerungsrecht zu berufen, zu beeinträchtigen.[20] 15

Nur **ausnahmsweise** ist das Gericht **verpflichtet,** vom Zeugen eine **Glaubhaftmachung zu verlangen.** Ob das Ermessen des Gerichts schon dann reduziert ist und eine 16

---

[13] BGH v. NStZ 1983, 354; L/R/*Ignor/Bertheau* Rn. 6.
[14] Vgl. BGH 10.11.1967 – 4 StR 512/66, NJW 1968, 710 (712).
[15] L/R/*Ignor/Bertheau* Rn. 7; KK/*Senge* Rn. 6.
[16] L/R/*Ignor/Bertheau* Rn. 9; KK/Senge Rn. 6.
[17] LG Hamburg 28.12.1987 – 33 Qs 1088/87, VRS 74 (1988), 442.
[18] Vgl. BGH 10.11.1967 – 4 StR 512/66, NJW 1968, 710 (712).
[19] BGH 4.12.1970 – 1 StR 34/70, MDR 1971, 188; RG 3.11.1919 – I 418/19, RGSt 54, 39 (40).
[20] RG 3.11.1919 – I 418/19, RGSt 54, 39 (40).

Glaubhaftmachung in der Regel geboten ist, wenn es den Angaben des Zeugen über die Gründe der Weigerung nicht folgen will,[21] ist in der Rspr. noch nicht abschließend geklärt.[22] Die Glaubhaftmachung erscheint jedenfalls nicht nur dort entbehrlich, wo die Voraussetzungen des Weigerungsrechts klar zu Tage liegen. Sie kann auch dann überflüssig sein, wenn sich aus den Erkenntnissen der Beweisaufnahme zweifelsfrei ergibt, dass das Weigerungsrecht nicht besteht und diese Überzeugungsbildung mit Mitteln der Glaubhaftmachung nicht mehr erschüttert werden könnte.[23]

17 Damit verbleiben als Anwendungsbereich einer **Ermessensreduzierung auf Null** bzw. der Pflicht, eine Glaubhaftmachung zu verlangen, nur solche Konstellationen, in denen das Gericht das Vorliegen der Voraussetzungen eines Weigerungsgrundes bezweifelt, sodass die Glaubhaftmachung dazu dienen kann, diese **offene Frage zu klären** oder zumindest ermöglicht, eine Antwort in der einen oder anderen Richtung als wahrscheinlich annehmen zu können. Das gilt besonders dann, wenn das Recht zur Zeugnisverweigerung mit dem **Bestehen eines Verlöbnisses** oder dem Versprechen des Eingehens einer Lebenspartnerschaft begründet wird, weil es dabei entscheidend auf die innere Willensrichtung und die Ernsthaftigkeit des Versprechens ankommt. Diese Vorbringen lassen sich sicherer beurteilen, wenn der Zeuge bereit ist, die Richtigkeit seiner Darlegungen durch eine eidliche Versicherung zu bestätigen.[24] Zur dabei erforderlichen Gesamtbeweiswürdigung → Rn. 5; zum fehlerhaft unterlassenen Verlangen einer Glaubhaftmachung Rn. 22.

18 **b) Verbot des Verlangens nach Glaubhaftmachung.** Ein solches Verbot ist in den Fällen des § 52 dort anzunehmen, wo das Angehörigenverhältnis zur Vernehmung zur Sache gehört, im übrigen stets dort, wo sich der Zeuge schon allein durch die Angabe entsprechender Tatsachen einer Verfolgungsgefahr aussetzen kann.[25]

19 **c) Zuständigkeit.** Nur das Gericht kann vom Zeugen eine eidliche Versicherung fordern; die Glaubhaftmachung können Richter und Staatsanwalt verlangen. Zunächst entscheidet der Vorsitzende als Maßnahme der Sachleitung nach § 238 Abs. 1; bei Beanstandungen ist der Erlass eines Gerichtsbeschlusses gemäß § 238 Abs. 2 notwendig.[26]

20 **4. Anträge auf Glaubhaftmachung.** StA, Verteidigung und andere Verfahrensbeteiligte können zwar jederzeit anregen oder beantragen, vom Zeugen eine Glaubhaftmachung zu verlangen, haben aber selbst hierauf keinen Anspruch.[27]

21 Liegt kein Fall der Ermessensreduzierung auf Null vor,[28] kann das Gericht Anträge, mit denen Verfahrensbeteiligte verlangen, vom Zeugen eine Glaubhaftmachung zu verlangen, allein mit dem Hinweis auf das ihm eingeräumte Ermessen ablehnen; da in einem solchen Begehren kein Beweisantrag liegt, bedarf eine Ablehnung keiner weiteren Begründung.[29]

22 **5. Revision.** Mangels Beschwer ist das Verlangen des Gerichts nach Glaubhaftmachung nicht angreifbar.[30] Die Zulässigkeit einer Rüge, mit der der Revisionsführer das Absehen von der Glaubhaftmachung beanstandet, setzt voraus, dass ein Gerichtsbeschluss nach § 238

---

[21] So BGH 30.5.1972 – 4 StR 180/72, NJW 1972, 1334.

[22] BGH 2.10.1985 – 2 StR 348/85, NStZ 1986, 84 lässt offen, ob er sich der Entscheidung des 4. Strafsenats v. 30.5.1972 – 4 StR 180/72, NJW 1972, 1334 anschließt.

[23] Vgl. den Sachverhalt der Entscheidung BGH 2.10.1985 – 2 StR 348/85, NStZ 1986, 84, indem das LG aufgrund verschiedener Beweismittel und Indizien zutreffend feststellte, dass der Angeklagte zu keiner Zeit gewillt war, die Zeugin zu heiraten.

[24] BGH 30.5.1972 – 4 StR 180/72, NJW 1972, 1334.

[25] BGH 21.8.1985 – 1 BJs 280/81-4-3 – StB 15/85, StV 1986, 282; BGH 7.5.1987 – 1 BJs 46/86, StV 1987, 328.

[26] BGH 4.12.1970 – 1 StR 34/70, MDR 1971, 188; L/R/*Ignor/Bertheau* Rn. 3; Radtke/Hohmann/*Otte* Rn. 4.

[27] L/R/*Ignor/Bertheau* Rn. 3; KK/*Senge* Rn. 4.

[28] → Rn. 16, 17.

[29] AA L/R/*Ignor/Bertheau* Rn. 3.

[30] KK/*Senge* Rn. 7; Radtke/Hohmann/*Otte* Rn. 5.

Abs. 2 herbeigeführt wurde.[31] Mit Erfolg gerügt werden kann nur ein Rechtsirrtum des Gerichts, nicht die Ermessensausübung als solche.[32]

Lagen hingegen Umstände vor, die die Annahme des Tatrichters, es bestehe kein Zeug- 23
nisverweigerungsrecht, zweifelhaft erscheinen lassen, darf das Gericht nicht davon absehen, den Zeugen die Richtigkeit seiner Erklärung über die ein Zeugnisverweigerungsrecht begründenden Umstände eidlich versichern zu lassen. Denn dies kann dazu führen, dass das Tatgericht ein Zeugnisverweigerungsrecht zu Unrecht verneint und deshalb entgegen § 252 eine unverwertbare Aussage zur Urteilsfindung heranzieht.[33] Zur Ablehnung von Anträgen auf Glaubhaftmachung → Rn. 21.

§ 57 [Zeugenbelehrung]

[1]Vor der Vernehmung werden die Zeugen zur Wahrheit ermahnt und über die strafrechtlichen Folgen einer unrichtigen oder unvollständigen Aussage belehrt. [2]Auf die Möglichkeit der Vereidigung werden sie hingewiesen. [1]Im Fall der Vereidigung sind sie über die Bedeutung des Eides und darüber zu belehren, dass der Eid mit oder ohne religiöse Beteuerung geleistet werden kann.

Übersicht

I. Überblick

1. Normzweck. Der Zweck der Bestimmung ist umstritten. Die Vorschrift dient nicht 1
nur dem **Schutz des Zeugen,** sondern auch der **Wahrheitsfindung** und damit dem Interesse des Angeklagten.[1] Die Gegenauffassung[2] und die Rechtsprechung[3] sehen hingegen in § 57 eine nur den Zeugeninteressen dienende, bloße Ordnungsvorschrift, die den Rechtskreis des Angeklagten nicht berührt. Damit wird die Bedeutung der Vorschrift, auch für das Revisionsverfahren, massiv herabgestuft. Dies vermag vor dem Hintergrund der bedeutenden Stellung der Zeugen im Strafverfahren nicht zu überzeugen.

Den Regelungen des § 57 kann eine **wahrheitsschützende Funktion** schwerlich abge- 2
sprochen werden. Denn bei der Bestimmung des Normzwecks ist nicht nur zu berücksichtigen, dass die Zeugen regelmäßig das zentrale Beweismittel im Strafverfahren darstellen,

[31] RG 3.11.1919 – I 418/19, RGSt 54, 39 (40 f.). KK/*Senge* Rn. 7 mwN.
[32] BGH 4.12.1970 – 1 StR 34/70, MDR 1971, 188; BGH 2.10.1985 – 2 StR 348/85, NStZ 1986, 84.
[33] BGH 24.8.1984 – 5 StR 544/84, StV 1984, 450.
[1] L/R/*Ignor/Bertheau* Rn. 9; *Eisenberg* BeweisR Rn. 1355.
[2] KK/*Senge* Rn. 7; Radtke/Homann/*Otte* Rn. 6.
[3] Jeweils ohne Begründung BGH 27.11.1961 – 4 StR 408/61, VRS 24, 144 (147); BGH 11.10.1968 – 4 StR 244/68, VRS 36, 23 f.; BGH 18.12.1975 – 4 StR 472/75, insoweit in NJW 1976, 525 nicht abgedruckt; BGH 7.7.1997 – 5 StR 17/97, NStZ 1998, 158 (159); BGH 19.12.2002 – 3 StR 427/01.

sondern auch, dass das Gericht für die Urteilsfindung und die eine Verurteilung oder einen Freispruch tragenden Feststellungen fast ausnahmslos auf wahrheitsgemäße Zeugenaussagen angewiesen ist. In aller Regel bilden die Zeugenaussagen die entscheidende Grundlage der richterlichen Überzeugungsbildung und damit des Urteils und wirken sich unmittelbar auf den Angeklagten aus.

3 **2. Anwendungsbereiche. a) Richterliche Zeugenvernehmungen.** Die Vorschrift gilt zunächst für alle richterlichen Vernehmungen von Zeugen im Ermittlungs-, Zwischen- und Hauptverfahren. **Satz 1 und 2** der Vorschrift weisen dem Vorsitzenden **drei Elemente der Zeugenbelehrung** zu: die **Ermahnung** des Zeugen zur Wahrheit, den **Hinweis** auf die Möglichkeit seiner Vereidigung und die **Belehrung** über die Strafbarkeit falscher bzw. unvollständiger Angaben. Satz 2 gilt nur für den Fall der Vereidigung des Zeugen.

4 Ggf. kommen zu der Belehrung nach § 57 **weitere Belehrungspflichten** (§§ 52 Abs. 3, 55 Abs. 2, 61) hinzu; soweit in diesem Zusammenhang auch § 53 angeführt wird,[4] ist dies missverständlich, da § 53 keine Belehrungspflicht des Zeugen vorsieht; es soll allein Sache des Berufsträgers sein, ob er sich zur Aussage entschließt.[5] Ob der Richter den Zeugen dann, wenn der Verdacht einer Falschaussage aufkommt, in seine Belehrung über die Strafdrohungen der §§ 153, 154, 163 StGB weitere Delikte wie §§ 145d, 164, 257, 258 StGB einbezieht, ist vom Einzelfall abhängig.

5 **b) Staatsanwaltschaftliche Zeugenvernehmungen.** § 161a Abs. 1 S. 2 ordnet die entsprechende Geltung des § 57 Satz 1 für **Zeugenvernehmungen durch die StA** an; § 57 Satz 2 hat, da die eidliche Vernehmung nach § 161a Abs. 1 S. 3 dem Richter vorbehalten ist und Falschaussagen vor der StA nicht gemäß § 153 StGB strafbar sind, für staatsanwaltschaftliche Vernehmungen keine Bedeutung. Dies bedeutet jedoch nicht, dass es der Staatsanwalt bei der Ermahnung zur Wahrheit nach Satz 1 belassen muss. Vielmehr darf er den Zeugen darauf hinweisen, dass ihm bei unzutreffenden oder unvollständigen Angaben eine Strafbarkeit nach §§ 145d, 164, 257, 258 StGB droht. Um eine Verunsicherung des Zeugen zu vermeiden, sollte der Staatsanwalt solche Hinweise auf den Zeugen treffende Strafdrohungen jedoch nicht stets bzw. zu Beginn der Vernehmung, sondern nur bei konkreten Anhaltspunkten erteilen.

6 **c) Polizeiliche Zeugenvernehmungen.** Für die polizeiliche Vernehmung des Zeugen bestimmt nunmehr der durch das 2. OpferrechtsreformG mit Wirkung vom 1.10.2009 eingefügte § 163 Abs. 3 S. 1 die entsprechende Anwendung des § 57 Satz 1; § 163a Abs. 5 aF, der dies noch nicht vorsah, ist weggefallen. Daneben gelten auch für die polizeiliche Vernehmung die Belehrungspflichten nach §§ 52 Abs. 3, 55 Abs. 2. Ferner darf der vernehmende Polizeibeamte – ebenso wie Richter und Staatsanwalt – dort, wo es sachdienlich ist, den Zeugen auf eine mögliche Strafbarkeit nach §§ 145d, 164, 257, 258 StGB hinweisen.[6] Eine Pflicht der Zeugen, zur polizeilichen Vernehmung zu erscheinen, besteht nach wie vor nicht.

7 **d) Sachverständige.** Gemäß § 72 ist § 57 bei der Vernehmung von Sachverständigen entsprechend anzuwenden.[7]

II. Erläuterung

8 **1. Zeitpunkt der Ermahnung und Belehrung. a) Vor der Vernehmung.** Ermahnung, Hinweis und Belehrung nach § 57 Satz 1 müssen **vor der Vernehmung** erfolgen. Die Vernehmung muss sich nicht unmittelbar an Ermahnung und Belehrung anschließen. Eine **gemeinsame Belehrung** der erschienenen Zeugen ist zulässig.

---

[4] L/R/*Ignor/Bertheau* Rn. 1.
[5] *Joecks* Rn. 4 mwN.
[6] KK/*Senge* Rn. 1 mwN.
[7] BGH 7.7.1997 – 5 StR 17/97, NStZ 1998, 158 (159).

Soweit eine gemeinsame Zeugenbelehrung als zweckmäßig erachtet wird,[8] kann dem nur für diejenigen Beweisaufnahmen beigepflichtet werden, in denen die jeweilige Zeugenbefragung nur wenige Minuten dauert, sodass die Zeugen in rascher Aufeinanderfolge vernommen werden können und ihnen im Zeitpunkt ihrer Vernehmung die Belehrung noch eindrücklich vor Augen steht. Vergeht hingegen bis zum Aufruf der Zeugen geraume Zeit, wird bei manchen Zeugen kann kaum noch von einer „wirkungsvollen" Belehrung, wie sie Nr. 130 RiStBV im Idealfall vorsieht, gesprochen werden können. In diesen Fällen ist es vorzugswürdig, die **Zeugen gestaffelt zu laden und separat zu belehren.** Denn so lassen sich unzumutbare Wartezeiten und ein längeres, mit der Gefahr von Absprachen verbundenes Zusammentreffen mehrerer Zeugen vor dem Sitzungssaal vermeiden. Diese Vorgehensweise bietet zudem den Vorteil, dass der Zeuge bei seiner Befragung die Belehrung frisch im Gedächtnis hat. Sie hat sich in der Praxis mittlerweile durchgesetzt.[9] 9

b) Wiederholung der Ermahnung und Belehrung. Eine Wiederholung im Lauf der Vernehmung ist zulässig und ggf. geboten. Das Recht und die Pflicht des Vorsitzenden hierzu ergeben sich aus seiner Stellung als Leiter der Verhandlung und aus der Aufklärungspflicht. Die Wiederholung der Ermahnung und Belehrung darf, um einer Falschaussage des Zeugen entgegenzuwirken, auch mit **eindringlichen Vorhaltungen** und einer **Unterbrechung** der Hauptverhandlung verbunden werden, um dem Zeugen Gelegenheit zum Überdenken seiner Aussage zu geben.[10] 10

Mehrfache Ermahnungen und Belehrungen kommen namentlich in Betracht, wenn Verdachtsmomente für eine unzutreffende oder unvollständige Aussage auftauchen, wenn die Aussage des Zeugen deutlich von seinen früheren Angaben oder von Aussagen anderer Zeugen abweicht oder im Widerspruch zu den bisherigen Beweisaufnahmeergebnissen steht oder wenn Anhaltspunkte für eine Beeinflussung des Zeugen durch Dritte bestehen. 11

Darüber hinaus darf der Vorsitzende – bei Anhaltspunkten für eine Falschaussage des Zeugen – gemäß § 273 Abs. 3 die **Protokollierung** der Aussage oder von Aussageteilen in das Hauptverhandlungsprotokoll anordnen und dies mit dem Hinweis verbinden, dass die Protokollierung zur Grundlage eines Ermittlungsverfahrens gegen den Zeugen wegen Falschaussage gemacht werden kann.[11] Schließlich kann der Vorsitzende demjenigen Zeugen, der die Antwort auf Fragen grundlos verweigert, mit den in **§ 70** vorgesehenen Maßnahmen drohen. 12

c) Vernehmung ohne Belehrung. Die Vernehmung eines Zeugen ohne die nach § 57 vorgeschriebene Ermahnung und Belehrung oder seine informatorische Befragung ist unzulässig, wenn es um die Feststellung der für den Schuld- und Rechtsfolgenausspruch relevanten Tatsachen geht.[12] 13

Freibeweisliche Erhebungen, zu denen auch eine formlose Befragung eines Zeugen ohne Belehrung zählt, sind hingegen dann möglich, wenn die Verfahrensvoraussetzungen oder sonstige Verfahrensfragen geklärt werden müssen. Im Übrigen kommt eine kurze Befragung des Zeugen – vorab ohne seine Belehrung – nur ausnahmsweise in Frage. Sie kann zur **Vorbereitung der Entscheidung über einen Beweisantrag** oder eine Beweisanregung dann zweckdienlich sein, wenn es darum geht, allgemein abzuklären, ob der Zeuge überhaupt etwas zu dem in Rede stehenden Sachverhalt weiß.[13] Bei einem derartigen formlosen Einholen einer kurzen Information muss aber jede Befragung des Zeugen zum Verfahrensgegenstand ausscheiden. Eine solche knappe Nachfrage kann etwa erfolgen, wenn bislang im Verfahrensstoff bzw. der ersten Instanz nicht auftauchende Zeugen benannt oder präsentiert werden oder wenn es darum geht, festzustellen, ob der Antrag auf Vernehmung 14

[8] Radtke/Homann/*Otte* Rn. 3 mwN.
[9] AA L/R/*Ignor/Bertheau* Rn. 3.
[10] BGH 23.9.1952 – 1 StR 750/51, BGHSt 3, 199 = NJW 1953, 192.
[11] L/R/*Ignor/Bertheau* Rn. 7 mwN; Radtke/Homann/*Otte* Rn. 4 mwN.
[12] RG 13.7.1933 – III 679/33, RGSt 67, 267 (268); KK/*Senge* Rn. 2 mwN; KG 8.5.2000 – (4) 1 Ss 24/01, BeckRS 2000, 15982 mwN.
[13] Vgl. BayObLG 8.7.1953 – RevReg 1 St 199/52, NJW 1953, 1524.

des Zeugen bloß aufs Geratewohl gestellt wurde oder ob die Voraussetzung der Konnexität und damit ein echter Beweisantrag vorliegt. Werden Auslandszeugen benannt, darf das Gericht durch formlose Befragung die Aussagebereitschaft feststellen.[14]

15 **2. Inhalt der Ermahnung und Belehrung. a) Ermahnung zur Wahrheit.** Die Ermahnung soll – ebenso wie die Belehrung über die Folgen einer falschen Aussage – nach Nr. 130 RiStBV in angemessener und wirkungsvoller Form geschehen. Zu vermeiden ist ein monotones, unbeteiligt wirkendes Herunterhaspeln der Ermahnung. Dem Vorsitzenden kommt bei der Ausgestaltung der Ermahnung ein **weites Ermessen** zu. Klarzustellen ist, dass sich die Wahrheitspflicht nicht nur auf die Aussage zur Sache, sondern auch auf die Angaben zur Person nach § 68 Abs. 1 bezieht.[15]

16 Der erforderliche Umfang und die Ausgestaltung der Ermahnung hängen vom **Einzelfall** ab. So können der Verfahrensgegenstand, Zahl und Inhalte bereits vorhandener Aussagen oder Rechtskenntnisse des Zeugen die Ausgestaltung und Ausführlichkeit der Ermahnung zur Wahrheit beeinflussen. Um den Zeugen nicht einzuschüchtern oder zu verunsichern, kann zum einen ein Hinweis dahin empfehlenswert sein, die Ermahnung und Belehrung erfolge nicht aus Misstrauen ihm gegenüber, sondern weil das Gesetz sie vorschreibe,[16] zum anderen sollte der Vernehmende im Normalfall den Schwerpunkt nicht auf die Strafandrohungen legen.[17]

17 Bei der **Vernehmung rechtskundiger Zeugen** wie Juristen und Polizeibeamten können Ermahnung und Belehrung knapp gehalten werden; idR wird ein kurzer Hinweis auf die Wahrheitspflicht und die Strafbewehrung von Falschaussagen ausreichen. Ausreichend kann auch sein, wenn sich das Gericht auf die Feststellung beschränkt, dass dem Zeugen die Wahrheitspflicht und die Folgen einer Falschaussage von Berufs wegen bestens bekannt sind. Mit Blick auf den Wortlaut des § 57 und die Bedeutung von Zeugenaussagen im Strafverfahren ist die Auffassung, die bei bestimmten Zeugen jede Ermahnung und Belehrung nach § 57 Satz 1 für vollständig entbehrlich hält, abzulehnen.[18]

18 **b) Belehrung über die strafrechtlichen Folgen einer falschen Aussage.** Die Belehrung soll nach Nr. 130 RiStBV in angemessener und wirkungsvoller Form erfolgen. Sie hat sich grundsätzlich auf die mögliche Strafbarkeit des Zeugen nach den §§ 153, 154 StGB sowie § 161 StGB zu erstrecken. So kann eine kurze Belehrung etwa zunächst dahin lauten, dass derjenige, der falsch aussagt, mit Freiheitsstrafe bestraft werden kann, unabhängig davon, ob er vereidigt wird oder nicht; sie kann im weiteren Verlauf der Vernehmung wiederholt und präzisiert werden. Eine detaillierte Belehrung über die §§ 154, 161 StGB wird regelmäßig nicht zweckmäßig sein; im Vordergrund sollte die Strafnorm des § 153 StGB stehen, da die Nichtvereidigung des Zeugen nach der Neuregelung des § 59 den gesetzlichen Regelfall darstellt. In Ausnahmefällen, in denen entsprechende Anhaltspunkte auftauchen, kann zusätzlich ein Hinweis auf die mögliche Strafbarkeit nach den §§ 145d, 164, 257, 258 StGB angezeigt sein. Zur Belehrung Rechtskundiger → Rn. 17.

19 **c) Hinweis auf die Möglichkeit der Vereidigung.** Nach Satz 1 werden die Zeugen auf die Möglichkeit einer Vereidigung hingewiesen. Steht hingegen von vornherein fest, dass § 60 einer Vereidigung des Zeugen entgegensteht, ist der in § 57 Satz 2 vorgesehene Hinweis auf die Möglichkeit, vereidigt zu werden, entbehrlich; gleiches gilt im Vorverfahren, wenn nach § 62 eine Vereidigung ausgeschlossen ist.[19] In diesen Fällen bleibt es bei der Ermahnung zur Wahrheit und den Hinweis auf die Strafbarkeit nach § 153 StGB.

---

[14] *Meyer-Goßner* § 244 Rn. 63.
[15] Vgl. RG 28.10.1926 – II 884/26, zur Erstreckung des Eides auf die Angaben des Zeugen zu seinen persönlichen Verhältnissen.
[16] L/R/*Ignor*/*Bertheau* Rn. 6.
[17] *Eisenberg* BeweisR Rn. 1297.
[18] AA jeweils ohne Begründung KK/*Senge* Rn. 4 Radtke/Homann/*Otte* Rn. 2.
[19] KK/*Senge* Rn. 3.

3. Form der Ermahnung und Belehrung. a) Mündlichkeit. Die Ermahnung und Belehrung des Zeugen haben mündlich zu erfolgen. Schriftliche Hinweise in der Ladung des Zeugen können unter Umständen zweckmäßig sein, machen seine mündliche Belehrung unmittelbar vor der Vernehmung aber nicht entbehrlich.[20] 20

b) Protokollierung. Die Einhaltung des § 57 wird in das **Hauptverhandlungsprotokoll** aufgenommen (Nr. 130 RiStBV). Nach wohl hM handelt es sich trotz der Bedeutung der Vorschrift für die Wahrheitsfindung nicht um eine wesentliche Förmlichkeit iSd § 273 Abs. 1.[21] Dies überzeugt nicht. Ermahnung und Belehrung der Zeugen sind gesetzlich zwingend vorgeschrieben. Beide stellen – für die Wahrheitsfindung wichtige – Vorgänge dar, die für die Gesetzmäßigkeit des Verfahrens von Bedeutung sein können und erfüllen damit die Anforderungen, die an die wesentlichen Förmlichkeiten iSv § 273 Abs. 1 S. 1 gestellt werden.[22] Die Rspr. hat sich mit dieser Frage in den letzten Jahrzehnten nicht mehr näher befasst. Soweit eine wesentliche Förmlichkeit und die Beweiskraft des Protokolls verneint wurden, bezog sich dies auf den Hinweis über die Bedeutung des Eides.[23] Vor dem Hintergrund des Wortlauts und des Zwecks des § 273 Abs. 1 sowie der Bedeutung des § 57 für die Wahrheitsfindung im Strafverfahren erscheint es überzeugender, von einer wesentlichen Förmlichkeit auszugehen.[24] 21

Die Streitfrage hat kaum noch Bedeutung. In der Praxis sind Ermahnung und Belehrung nach § 57 regelmäßig in den Protokollen der Hauptverhandlung zu finden, zumal die heute gängigen für die Erstellung der Niederschrift verwendeten Vordrucke bzw. Computerprogramme entsprechende Passagen enthalten, die vom Urkundsbeamten nur noch angekreuzt werden müssen. 22

4. Revision. a) Verstöße gegen § 57. Legt man den Standpunkt der **Rspr.** zugrunde, wonach es sich bei § 57 um eine nur dem Zeugeninteresse dienende bloße **Ordnungsvorschrift** handelt, hat die Bestimmung in der Revisionsinstanz keine Bedeutung; eine Verletzung des § 57 kann aus dieser Sichtweise heraus die Revision nicht begründen.[25] Da die nach § 57 vorgeschriebene Ermahnung bzw. Belehrung nach dieser Auffassung auch keine wesentlichen Förmlichkeiten darstellen, gilt die Beweiskraft des Hauptverhandlungsprotokolls (§ 274 StPO) nicht.[26] Obgleich das RG in einigen Entscheidungen[27] nicht über die Ermahnung zur Wahrheit, sondern nur über die Belehrung über die Bedeutung des Eides als Ordnungsvorschrift entschieden hat, werden diese Entscheidungen als Beleg zur Einstufung des gesamten § 57 als Ordnungsvorschrift herangezogen.[28] Wurde der Zeuge unbelehrt gehört, scheidet das Beruhen des Urteils auf dem Verstoß gegen § 57 aus, wenn sich das Gericht auf ein Geständnis oder andere Beweismittel stützen konnte.[29] 23

b) Aufklärungsrüge. Ein Teil der Lit. geht – unter Berufung auf Entscheidungen des BGH – zudem davon aus, dass § 57 auch nicht der Wahrheitsfindung dient und schließt auch eine Aufklärungsrüge aus.[30] Dies erscheint zu weitgehend. Dass ein Angeklagter trotz der gewichtigen Stellung und der oben (→ Rn. 2) kurz umrissenen Bedeutung der Zeugen 24

[20] KK/*Senge* Rn. 1 mwN; Radtke/Homann/*Otte* Rn. 3 mwN.

[21] *Meyer-Goßner* Rn. 5; Graf/*Huber* Rn. 3; Radtke/Homann/*Otte* Rn. 5 mwN; KK/*Senge* Rn. 6 mwN.

[22] Vgl. *Meyer-Goßner* § 273 Rn. 5 und Rn. 7, der als Beispiel für wesentliche Förmlichkeiten gesetzlich vorgeschriebene Hinweise und Belehrungen anführt.

[23] RG 6.5.1921 – II 241/21, RGSt 56, 66 (67); BGH 9.5.1957 – 4 StR 136/57, DAR 1958, 99.

[24] So auch *Ignor/Bertheau* Rn. 8.

[25] BGH 27.11.1961 – 4 StR 408/61, VRS 24, 144 (147); BGH 11.10.1968 – 4 StR 244/68, VRS 36, 23 f.; BGH 18.12.1975 – 4 StR 472/75; BGH 19.12.2002 – 3 StR 427/01; BGH 7.7.1997 – 5 StR 17/97, NStZ 1998, 158 (159); BGH 15.9.1982 – 2 StR 233/82, NStZ 1983, 354 mwN.

[26] BGH 9.5.1957 – 4 StR 136/57, DAR 1958, 99.

[27] RG 8.5.1882 – Rep. 976/82, RGSt 6, 267 und 7.5.1907 – II 104/07, RGSt 40, 157 (158); RG 6.5.1921 – II 241/21, RGSt 56, 66 (67).

[28] S. etwa die Berufung auf RGSt 56, 66 in BGH 27.11.1961 – 4 StR 408/61, VRS 24, 144 (147) und BGH 11.10.1968 – 4 StR 244/68, VRS 36, 23 f.

[29] RG 13.7.1933 – III 679/33, RGSt 67, 267 (268).

[30] *Meyer-Goßner* Rn. 7; KK/*Senge* Rn. 7.

und ihrer Aussagen im Strafprozess weder einen Verstoß gegen die Vorschrift als solche noch bei Verletzung des § 57 einen Verstoß gegen die Aufklärungspflicht erfolgreich beanstanden können soll,[31] vermag nicht zu überzeugen. Denn selbst wenn man davon ausgeht, dass Verstöße gegen die Pflicht zur Ermahnung und Belehrung als solche die Revision nicht begründen können, bedeutet dies nicht zwingend, dass eine Aufklärungsrüge von vornherein unbegründet sein muss.[32] Die Möglichkeit, eine Verletzung des § 244 Abs. 2 durch den Verstoß gegen eine Ordnungsvorschrift geltend zu machen, wird etwa im Falle des § 58 Abs. 1 zu Recht anerkannt.[33]

25 Daher sollte eine Aufklärungsrüge dann Erfolg haben, wenn der Angeklagte darlegen kann, dass ein Zeuge **entgegen § 57** nicht ermahnt bzw. belehrt wurde, dieses Unterlassen eine **Aufklärungspflichtverletzung** beinhaltet und deshalb eine **Beeinträchtigung der Wahrheitsfindung** nicht ausgeschlossen werden kann.[34] Einzuräumen ist, dass sich die Zulassung einer entsprechenden Rüge in der Praxis nicht nennenswert auswirken wird, weil der Vorsitzende, sollte er die Ermahnung bzw. Belehrung nach § 57 vergessen, hierauf vom Urkundsbeamten oder von Verfahrensbeteiligten aufmerksam gemacht werden und sein Versäumnis korrigieren wird.

26 **c) Nicht als Zeuge belehrter Sachverständiger.** Hat ein nicht nach § 57 belehrter Sachverständiger Tatsachen als Zeuge bekundet, kann ein Beruhen des Urteils auf der unterlassenen Zeugenbelehrung verneint werden, wenn ausgeschlossen werden kann, dass der Sachverständige, wäre er zugleich als Zeuge behandelt worden, andere Angaben gemacht hätte und dass dann die Beweiswürdigung für den Angeklagten günstiger ausgefallen wäre.[35]

§ 58 [Vernehmung; Gegenüberstellung]

(1) Die Zeugen sind einzeln und in Abwesenheit der später zu hörenden Zeugen zu vernehmen.

(2) Eine Gegenüberstellung mit anderen Zeugen oder mit dem Beschuldigten im Vorverfahren ist zulässig, wenn es für das weitere Verfahren geboten erscheint.

Schrifttum: *Bohlander,* Die Gegenüberstellung im Ermittlungsverfahren, StV 1992, 441; *Grünwald,* Probleme der Gegenüberstellung zum Zwecke der Wiedererkennung, JZ 1981, 423; *Nöldeke,* Zur Wiedererkennung des Tatverdächtigen bei Gegenüberstellung und Bildvorlagen, NStZ 1982, 193; *Odenthal,* Die Gegenüberstellung zum Zweck des Wiedererkennens, NStZ 1985, 433; *Schweling,* Das Wiedererkennen des Täters, Beweiswert und Revisibilität, MDR 1969, 177; *Wiegmann,* Identifizierung aufgrund von Lichtbildvorlagen, StV 1996, 179.

Übersicht

[31] Radtke/Homann/*Otte* Rn. 6.
[32] AA KK/*Senge* Rn. 7.
[33] BGH 15.4.1987 – 2 StR 697/86, NJW 1987, 3088 (3090).
[34] L/R/*Ignor*/*Bertheau* Rn. 9; vgl. auch *Eisenberg* BeweisR Rn. 1355.
[35] BGH 26.1.2010 – 5 StR 528/09, BeckRS 2010, 03533; BGH 8.11.1984 – 1 StR 608/84, NStZ 1985, 135.

A. Überblick

I. Normzweck

Beide Absätze der Vorschrift wollen die Sachverhaltsaufklärung und die Wahrheitsfindung erleichtern. **§ 58 Abs. 1** will den Grundsatz der **Einzelvernehmung** absichern, damit der Zeuge, ohne zu wissen, was andere Zeugen bekundet haben, unbefangen aussagt.[1] Denn die von anderen Zeugenaussagen unbeeinflussten Angaben eines Zeugen bieten eine höhere Gewähr für die Wahrheitsfindung.[2] Dieser Zweck rechtfertigt eine gewisse Einschränkung des Öffentlichkeitsgrundsatzes; § 58 Abs. 1 erweitert damit die in §§ 170 ff. GVG vorgesehenen Möglichkeiten für einen Ausschluss der Öffentlichkeit.[3] 1

§ 58 Abs. 2 bildet eine Ermächtigungsgrundlage zur besonderen Vernehmungsart der **Gegenüberstellung** und dient damit wie Abs. 1 der Wahrheitsfindung und Aufklärung. Die Vorschrift lässt die Gegenüberstellung von Zeugen oder eines Zeugen mit dem Beschuldigten bzw. Angeklagten zu. Ihre Reichweite als Ermächtigungsgrundlage ist umstritten.[4] 2

II. Anwendungsbereich

§ 58 gilt für Vernehmungen im Ermittlungs- und Zwischenverfahren, gleichviel, ob es sich um richterliche, staatsanwaltschaftliche (§ 161a Abs. 1 S. 2) und polizeiliche (§ 163 Abs. 3 S. 1) Zeugenvernehmungen handelt. § 58 gilt auch in der Hauptverhandlung, in der die Vorschrift durch § 243 Abs. 2 ergänzt wird. 3

B. Erläuterung

I. § 58 Abs. 1

1. Zeugen iSd § 58 Abs. 1 S. 1. Die Bestimmung erfasst grundsätzlich alle als Zeugen geladene Personen, gilt darüber hinaus auch für einige Verfahrensbeteiligte sowie diejenigen 4

[1] BGH 7.11.2000 – 5 StR 150/00, NStZ 2001, 163; BGH 21.2.2001 – 3 StR 244/00, NJW 2001, 2732; Radtke/Homann/*Otte* Rn. 1.

[2] BGH 20.1.1953 – 1 StR 626/52, BGHSt 3, 386 (388) = NJW 1953, 712; BGH 7.11.2000 – 5 StR 150/00, NStZ 2001, 163; BGH 21.2.2001 – 3 StR 244/00, NJW 2001, 2732.

[3] Vgl. BGH 21.2.2001 – 3 StR 244/00, NJW 2001, 2732; BGH 9.9.2003 – 4 StR 173/03, NStZ 2004, 453.

[4] Im Einzelnen → Rn. 40 ff.

Zuhörer, die noch als Zeuge aussagen sollen. Zu den Ausnahmefällen, in denen Zeugen und Verfahrensbeteiligte nicht unter Abs. 1 S. 1 fallen, → Rn. 16.

5 **a) Sachverständiger Zeuge.** Er steht gemäß § 85 dem Zeugen gleich; der Grundsatz der Einzelvernehmung gilt deshalb auch für ihn.[5] Zum Sachverständigen → Rn. 17.

6 **b) Beistand.** § 58 Abs. 1 gilt auch für den Ehegatten, Lebenspartner und gesetzlichen Vertreter eines Angeklagten, der nach § 149 als Beistand zugelassen wurde und als Zeuge vernommen werden soll.[6]

7 **c) Staatsanwalt.** Auch der Staatsanwalt ist von der Anordnung des § 58 Abs. 1 nicht ausgenommen; die gerichtliche Zulassung seiner Anwesenheit während der Vernehmung des Angeklagten und anderer Zeugen stellt einen Verstoß gegen § 58 Abs. 1 dar, der eine Verletzung der Aufklärungspflicht zur Folge haben kann.[7]

8 **d) Verteidiger.** Kommt eine Vernehmung des Verteidigers in Frage, gilt § 58 Abs. 1 auch für ihn. In Fällen notwendiger Verteidigung ist dem Angeklagten für die Dauer der Abwesenheit des Verteidigers ein Pflichtverteidiger beizuordnen; anderenfalls liegt der Revisionsgrund des § 338 Nr. 5 vor.

9 **e) Zuhörer.** Zuhörer, die möglicherweise als Zeugen in Betracht kommen, kann der Vorsitzende zum Verlassen des Sitzungssaals auffordern. Die Befugnis hierzu folgt aus § 238 Abs. 1 iVm § 58 Abs. 1.[8] Dabei kommt es nicht darauf an, ob der Betreffende bereits als Zeuge geladen wurde. Um dem Sinn und Zweck des § 58 Abs. 1 Rechnung zu tragen, ist eine solche Aufforderung erforderlich, sobald einer der Verfahrensbeteiligten ankündigt, er beabsichtige, sich auf einen bestimmten Zuhörer als Zeugen zu berufen. Gleiches gilt, wenn der Zuhörer selbst Beschuldigter in demselben Verfahren ist.[9]

10 Bei der Beantwortung der Frage, ob ein Zuhörer als Zeuge in Betracht kommt, steht dem Vorsitzenden ein **Beurteilungsspielraum** zu. Daher ist es grundsätzlich unerheblich, ob die des Sitzungssaals verwiesene Person später als Zeuge gehört wird oder ein entsprechender Antrag vorliegt. Erforderlich sind jedoch – schon deshalb, weil der Ausschluss eines Zuhörers die Öffentlichkeit tangiert – **tatsächliche Anhaltspunkte** dafür, dass der des Saales Verwiesene Sachdienliches zur Aufklärung beitragen kann und deshalb als **potentieller Zeuge** in Betracht kommt; um dies abzuklären, kommt eine informelle Befragung der Verfahrensbeteiligten und des bzw. der betroffenen Zuhörer in Frage.[10]

11 Die **Öffentlichkeit** wird durch den Ausschluss dieses Zuhörers nicht verletzt.[11] Ein Verstoß gegen § 169 Satz 1 GVG liegt jedoch dann vor, wenn der Zuhörer aufgrund sachwidriger Erwägungen ausgeschlossen wurde.[12] Gleiches gilt, wenn das Gericht eine Gruppe von Zuhörern aufgrund eines lediglich pauschalen Merkmals wie etwa Geschlecht, Volkszugehörigkeit, Wohnsitz, Größe, Haarfarbe oder Beruf ausschließt, ohne sich zuvor zu vergewissern, wer ernsthaft als Zuhörer in Betracht kommt.[13]

12 Wurde übersehen, einen Zuhörer vor seiner Vernehmung in Abstand zu verweisen, schließt dies seine Vernehmung als Zeuge nicht aus. Der Zeuge wird durch seine Anwesenheit während eines Teils der Beweisaufnahme nicht zum unzulässigen oder ungeeigneten Beweismittel. Das Gericht wird sich aber im Rahmen seiner **Beweiswürdigung** regelmäßig mit der Frage befassen müssen, ob die der Vernehmung des Zeugen vorausgegangene Anwesenheit den Beweiswert seiner Angaben mindert.

---

[5] KK/*Senge* Rn. 2; Radtke/Homann/*Otte* Rn. 2.
[6] BGH 8.5.1953 – 2 StR 690/52, BGHSt 4, 205 (206); KK/*Laufhütte* § 149 Rn. 3.
[7] BGH 15.4.1987 – 2 StR 697/88, NJW 1987, 3088 (3090).
[8] BGH 21.2.2001 – 3 StR 244/00, NJW 2001, 2732.
[9] BGH 20.1.1953 – 1 StR 62652, BGHSt 3, 386 (389 ff.).
[10] BGH 9.9.2003 – 4 StR 173/03, NStZ 2004, 453 (454).
[11] BGH 20.1.1953 – 1 StR 62652, BGHSt 3, 386 (388).
[12] BGH 7.11.2000 – 5 StR 150/00, NStZ 2001, 163; BGH 21.2.2001 – 3 StR 244/00, NJW 2001, 2732.
[13] BGH 9.9.2003 – 4 StR 173/03, NStZ 2004, 453 (454).

f) Anwaltlicher Zeugenbeistand. Der Rechtsanwalt, der einem Zeugen als **Beistand nach § 68b** beigeordnet wurde, hat unstreitig für die Dauer der Zeugenvernehmung ein Anwesenheitsrecht; dies gilt ebenso gemäß § 406f für einen Verletztenbeistand. 13

Umstritten ist, ob ihm auch darüber hinaus ein **Anwesenheitsrecht** im gesamten Verfahren zusteht. Die Streitfrage wirkt sich im Ergebnis nur bei nichtöffentlichen Hauptverhandlungen aus; sie ist zumindest dann uneingeschränkt zu bejahen, wenn dem Beistand die Akteneinsicht versagt wird. Denn der Beistand muss seinen Mandanten bei der Ausübung prozessualer Befugnisse sachkundig beraten können.[14] Dies ist ohne Akteneinsicht[15] nur möglich, wenn er sich persönlich über den Verfahrensablauf und die Beweisaufnahmeergebnisse durch Anwesenheit in der Verhandlung informieren kann. Bei öffentlichen Hauptverfahren kann dem Beistand der Zutritt als Zuhörer der Verhandlung ohnehin nicht verwehrt werden. Nicht übersehen werden darf jedoch, dass der Beweiswert der Angaben des Zeugen geschmälert sein kann, wenn er über seinen Beistand Kenntnisse über das Verfahren oder andere Zeugenaussagen erlangt hat und er deshalb nicht mehr unbefangen aussagen kann. 14

2. Abwesenheit vor und Anwesenheit nach der Vernehmung. Der Zeuge muss vor seiner Vernehmung den Sitzungssaal verlassen (vgl. auch § 243 Abs. 2 S. 1). Nach seiner Vernehmung ist ihm die Anwesenheit regelmäßig zu gestatten. Anders kann es liegen, wenn der Zeuge noch nicht entlassen und/oder noch einmal vernommen werden soll oder wenn zu besorgen ist, ein anderer Zeuge werde in seiner Gegenwart nicht wahrheitsgemäß aussagen.[16] 15

3. Keine Zeugen iSd § 58 Abs. 1. Folgende Verfahrensbeteiligte haben – abweichend von § 58 Abs. 1 S. 1 und auch, wenn sie als Zeugen gehört werden sollen – ein **Anwesenheitsrecht** während der gesamten Hauptverhandlung: gemäß § 404 Abs. 3 S. 2 der **Antragsteller im Adhäsionsverfahren,** gemäß § 397 Abs. 1 S. 1 der zugelassene **Nebenkläger,** gemäß § 58 Abs. 1 S. 2 iVm § 406g Abs. 1 der **Nebenklageberechtigte,** der noch nicht als Nebenkläger zugelassen ist sowie gemäß § 433 Abs. 1 der **Einziehungsbeteiligte.** 16

Für den **Sachverständigen** gilt § 80 Abs. 2. Der Umfang seiner Anwesenheit in der Hauptverhandlung richtet sich nach dem Einzelfall. Fehlt eine gerichtliche Gestattung oder Weisung, entscheidet der Sachverständige selbst, welche Hauptverhandlungsteile er verfolgt. 17

Im Jugendstrafverfahren sind nach § 67 Abs. 1 JGG die **gesetzlichen Vertreter und Erziehungsberechtigten** eines jugendlichen Angeklagten anwesenheitsberechtigt; ihr Ausschluss richtet sich nach §§ 67 Abs. 4, 51 Abs. 2 JGG. 18

4. Vernehmungsreihenfolge. Die Reihenfolge, in der die Zeugen vernommen werden, steht im pflichtgemäßen **Ermessen** des Vorsitzenden. Er hat dabei die Interessen der Zeugen und der Verfahrensbeteiligten zu berücksichtigen.[17] Die **Fürsorge- und Aufklärungspflicht** des Gerichts kann eine bestimmte Reihenfolge erforderlich machen.[18] 19

Stehen Zeugen die **Weigerungsrechte** aus §§ 52–53a zu, dürfen ihre Verhörspersonen erst vernommen werden, nachdem feststeht, ob und in welchem Umfang sich die Zeugen auf ihre Weigerungsrechte berufen haben.[19] Eine Ausnahme gilt, wenn der Zeuge unerreichbar ist.[20] Beim Bestehen eines Auskunftsverweigerungsrechts nach § 55 sollte ebenso verfahren werden. Ebenfalls vorzuziehen ist die Vernehmung von **Kindern.**[21] Schließlich sollten diejenigen Zeugen, denen aufgrund ihrer Stellung ein dauerhaftes **Anwesenheits-** 20

[14] So L/R/*Ignor/Bertheau* Rn. 3; aA KK/*Senge* Rn. 2.

[15] Ein über § 475 hinausgehendes Recht des Beistands auf Akteneinsicht lehnen etwa OLG Hamburg 3.1.2002 – 2 Ws 258/01, NJW 2002, 1590 und OLG Düsseldorf 21.5.2002 – VI 9/01, NJW 2002, 2806 ab. S. zum Akteneinsichtsrecht des Beistands → § 68b Rn. 30 ff.

[16] KK/*Senge* Rn. 4 mwN.

[17] BGH 8.5.1953 – 2 StR 690/52, BGHSt 4, 205 (206 f.).

[18] L/R/*Ignor/Bertheau* Rn. 8; KK/*Senge* Rn. 3.

[19] BGH 22.1.1952 – 1 StR 800/51, BGHSt 2, 110; BGH 11.4.1973 – 2 StR 42/73, BGHSt 25, 176 (177) = NJW 1973, 1139.

[20] BGH 11.4.1973 – 2 StR 42/73, BGHSt 25, 176 (177) = NJW 1973, 1139.

[21] KK/*Senge* Rn. 3 mwN; RiStBV Nr. 135.

recht in der Hauptverhandlung zusteht, möglichst frühzeitig vernommen werden; hierauf besteht aber kein Anspruch.[22]

21 **5. Pflicht zur Vorbereitung.** Dass der Zeuge unbefangen aussagen soll, schließt nicht aus, dass er sich auf seine Aussage vorbereitet. Zeugen, die Wahrnehmungen in amtlicher Eigenschaft gemacht haben, sind zur Vorbereitung verpflichtet. So trifft etwa einen Ermittlungsrichter die Pflicht, sich intensiv zu bemühen, den Aussageinhalt einer von ihm durchgeführten Vernehmung einzuprägen und dann, wenn seine Vernehmung ansteht, die Vernehmungsniederschrift einzusehen, um sich erforderlichenfalls die Einzelheiten ins Gedächtnis zurückzurufen.[23]

22 **6. Revision. a) Verfahrensrüge.** § 58 Abs. 1 stellt eine **Ordnungsvorschrift** dar, auf deren Verletzung allein die Revision nicht gestützt werden kann. Die Revision kann jedoch dadurch begründet sein, dass mit einer ermessensfehlerhaften Anwendung der Bestimmung zugleich andere Verfahrensvorschriften, besonders die Pflicht zur **Wahrheitserforschung** (§ 244 Abs. 2), verletzt werden. Dazu genügt nicht allein, dass mehrere Zeugen nicht einzeln zum selben Beweisthema vernommen werden; hinzukommen muss die Besorgnis, dass sich ein Zeuge an den von ihm mitverfolgten Aussagen anderer ausrichtet und seine Angaben deshalb nicht mehr der Wahrheit entsprechen.[24]

23 Die **Zulässigkeit** einer Rüge setzt voraus, dass die Maßnahme des Vorsitzenden, etwa dem später als Zuhörer vernommenen Zeugen weiterhin die Anwesenheit im Sitzungssaal gestattet zu haben, beanstandet und ein Gerichtsbeschluss nach § 238 Abs. 2 herbeigeführt wurde.[25]

24 Ein **Beweisantrag** auf Vernehmung eines Zeugen, der entgegen § 58 Abs. 1 bei der Vernehmung anderer Zeugen oder des Angeklagten anwesend war, kann nicht unter Hinweis auf seine vorangegangene Anwesenheit abgelehnt werden. Diese schließt seine Vernehmung weder als unzulässig aus noch wird er durch sie zum ungeeigneten Beweismittel.[26]

25 Der Revisionsgrund des **§ 338 Nr. 6** liegt vor, wenn das Gericht die Öffentlichkeit dadurch verletzt hat, dass es Zuhörer von der Verhandlung ausgeschlossen und des Saals verwiesen hat, ohne tatsächliche Anhaltspunkte gehabt zu haben, dass diese Personen ernsthaft als Zeugen in Betracht kommen.[27]

26 **b) Sachrüge.** Die auf die Sachrüge hin auf Rechtsfehler zu prüfende **Beweiswürdigung** kann fehlerhaft bzw. lückenhaft sein, wenn das Gericht unbeachtet lässt, dass eine Verletzung des § 58 Abs. 1 eine Erörterungspflicht auslösen kann. Verstöße gegen den Grundsatz der Einzelvernehmung wirken sich möglicherweise im Rahmen der Überzeugungsbildung aus; in den Urteilsgründen ist darzulegen, ob der Beweiswert und die Glaubhaftigkeit einer Zeugenaussage durch das Mithören der Angaben anderer Zeugen beeinträchtigt worden sein können.

II. § 58 Abs. 2

27 **1. Geltungsbereiche, Arten der Gegenüberstellung. a) Vorverfahren.** § 58 Abs. 2 gilt nach seinem Wortlaut nur für das Vorverfahren; Gegenüberstellungen können dort der Richter, die StA (§ 161a Abs. 1 S. 2) und die Polizei immer dann vornehmen, wenn dies zur Aufklärung des Sachverhalts geboten erscheint.

28 **b) Hauptverfahren.** In der Hauptverhandlung können solche Gegenüberstellungen mit anderen Zeugen bzw. dem Angeklagten aufgrund der Aufklärungsplicht geboten sein; einer

[22] BGH 8.5.1953 – 2 StR 690/52, BGHSt 4, 205 (206 f.).
[23] BGH 21.3.2012 – 1 StR 43/12, NStZ 2012, 521 (523).
[24] BGH 15.4.1987 – 2 StR 697/88, NJW 1987, 3088 (3090); vgl. auch BGH 7.11.2000 – 5 StR 150/00, NStZ 2001, 163.
[25] BGH 21.2.2001 – 3 StR 244/00, NJW 2001, 2732; offengelassen von BGH 7.11.2000 – 5 StR 150/00, NStZ 2001, 163.
[26] L/R/*Ignor/Bertheau* Rn. 6 mwN.
[27] BGH 9.9.2003 – 4 StR 173/03, NStZ 2004, 453 (454).

besonderen Ermächtigungsgrundlage bedarf es hierzu nicht.[28] Der Angeklagte muss in der Hauptverhandlung angeordnete Gegenüberstellungen dulden.

c) Arten. Die Vorschrift lässt die Gegenüberstellung eines Zeugen mit anderen Zeugen oder eines Zeugen mit dem Beschuldigten zu. Diese Gegenüberstellungen können als Vernehmungs- und Identifizierungsgegenüberstellung[29] durchgeführt werden. **29**

2. Vernehmungsgegenüberstellung. a) Zweck. Sie dient dazu, die Gründe, weshalb sich verschiedene Zeugenaussagen oder die Angaben des Angeklagten und eines Zeugen widersprechen, aufzuklären. Durch Fragen und Vorhalte bei direkter Konfrontation der Zeugen miteinander können lückenhafte, beschönigende oder sonst falsche Aussagen leichter entlarvt und damit der zutreffende Sachverhalt besser ermittelt werden. **30**

b) Ermessen. Der Tatrichter hat nach pflichtgemäßem **Ermessen** zu prüfen, ob das Beweismittel Zeuge im Einzelfall durch seine Vernehmung in einer für die Sachaufklärung hinreichenden Weise schon ausgeschöpft worden ist oder nicht und danach zu entscheiden, ob eine Gegenüberstellung noch notwendig ist oder einen Aufklärungsgewinn verspricht. **31**

Die in der Literatur[30] und der Rechtsprechung[31] mehrfach anzutreffende Aussage, ein Angeklagter habe **keinen Anspruch** darauf, dass das Gericht eine Gegenüberstellung anordnet oder in einer bestimmten Weise durchführt, erscheint irritierend. Sie muss vor dem Hintergrund gesehen werden, dass das Ergebnis einer Gegenüberstellung im Einzelfall einerseits erhebliche Auswirkungen auf die gerichtliche Überzeugungsbildung und damit den Ausgang des Verfahrens haben, andererseits nach den bereits erzielten Beweisaufnahmeergebnissen überflüssig sein kann. Dies bedeutet, dass sich das **Ermessen des Gerichts in bestimmten Beweislagen auf Null** in dem Sinne reduzieren kann, dass die Gegenüberstellung zu Aufklärungszwecken vorgenommen werden muss und ein Unterlassen des Gerichts die Aufklärungsrüge begründen kann.[32] **32**

Zwar ist die Anregung bzw. der Antrag eines Verfahrensbeteiligten, eine Gegenüberstellung durchzuführen, **nicht als Beweisantrag einzuordnen.**[33] Auch dies darf jedoch nicht darüber hinwegtäuschen, dass die Ablehnung einer angeregten Gegenüberstellung die Aufklärungspflicht verletzen und damit die Revision begründen kann. Ferner kann in der Ablehnung einer angeregten Gegenüberstellung eine **unzulässige Beschränkung der Verteidigung** iSv § 338 Nr. 8 liegen.[34] **33**

c) Vernehmung. aa) Belehrung des Zeugen, Zeugenrechte. Für den Zeugen stellt die sog Vernehmungsgegenüberstellung regelmäßig eine besondere Art der **Vernehmung** dar, auch wenn er bei ihr nicht befragt wird.[35] Der nach §§ 52, 53 weigerungsberechtigte Zeuge kann seine Mitwirkung an einer solchen Gegenüberstellung deshalb verweigern. Ein Zeugenbeistand hat Anwesenheitsrecht. **34**

Zu beachten ist: Da der Zeuge mit seiner Verweigerung der Aussage nur die Fähigkeit verliert, im Verfahren als Zeuge vernommen, nicht dagegen die, **in anderer Weise bei der Beweisaufnahme verwendet** zu werden, ist er zum einen über seine Befugnis zur Verweigerung der Mitwirkung **gesondert zu belehren.** Zum anderen darf aus der Berufung des Zeugen auf sein Aussageverweigerungsrecht nicht automatisch geschlossen werden, er lehne damit *jede* Mitwirkung bei der Beweisaufnahme, namentlich auch eine Gegenüberstellung ab. Denn ein Zeuge, der zwar im Verfahren nichts bekunden möchte, kann den- **35**

---

[28] *Meyer-Goßner* Rn. 8.
[29] Zur Vernehmungsgegenüberstellung Rn. 30 ff.; zur Identifizierungsgegenüberstellung Rn. 38 ff.
[30] ZB Radtke/Homann/*Otte* Rn. 6; *Meyer-Goßner* Rn. 8; KK/*Senge* Rn. 6.
[31] BGH 23.4.1974 – 5 StR 41/74, MDR 1974, 724; BGH 2.9.1975 – 1 StR 380/75, MDR 1976, 17.
[32] → Rn. 74 ff.
[33] BGH 12.8.1960 – 4 StR 48/60, NJW 1960, 2156.
[34] Zur Revision → Rn. 75.
[35] KK/*Senge* Rn. 7 mwN.

noch bereit sein, sich für die Ermittlung der Wahrheit in anderer Weise zur Verfügung zu stellen.[36]

36 Hingegen stellt eine Gegenüberstellung dann **keine Vernehmung** dar, wenn der Zeuge nur stumm bei dem – zulässigen – Versuch mitwirken soll, ob ein anderer Zeuge in seiner Gegenwart seine früheren Angaben aufrechterhält. Dennoch ist derjenige Zeuge, der seine Aussage nach § 52 StPO verweigern darf, berechtigt, auch diese Mitwirkung bei der Beweisaufnahme abzulehnen.[37] Für die in diesem Fall notwendige separate Belehrung des Zeugen gelten die vorherigen Ausführungen ebenso.

37 **bb) Pflicht zum Erscheinen.** Der Zeuge ist verpflichtet, auch bei der Polizei zu einer Gegenüberstellung zu erscheinen, wenn sie der Richter angeordnet hat.[38]

38 **3. Identifizierungsgegenüberstellung.** Bei dieser Form der Gegenüberstellung wird im Regelfall die zu identifizierende Person in Augenschein genommen und nur der andere Teil hierzu als Zeuge vernommen.[39] Dabei kann die Einnahme des Augenscheins **visuell oder** – bei der Identifizierung einer Stimme – **akustisch** erfolgen. Die Identifizierungsgegenüberstellung kann auch mit einer Vernehmungsgegenüberstellung[40] verbunden sein.

39 Da die Identifizierungsgegenüberstellung ausschließlich dazu dient, einem Zeugen die **Betrachtung und Identifizierung** des Beschuldigten zu ermöglichen, liegt nur eine Vernehmung des Zeugen, jedoch **keine Vernehmung des Beschuldigten** bzw. Angeklagten vor. Dies hat mehrere Konsequenzen:

40 **a) Duldungs- und Mitwirkungspflicht des Beschuldigten. aa) Visuelle Gegenüberstellung.** Zwar fehlt eine ausdrückliche Rechtsgrundlage. Jedoch trifft den Beschuldigten, soweit ersichtlich, nach allen Auffassungen zu Recht eine Duldungs- und Mitwirkungspflicht bei der visuellen Gegenüberstellung; er ist **passiv feststellungspflichtig.** Teils wird diese Pflicht – was die bloße Duldung anbelangt überzeugend – aus Sinn und Zweck des § 58 Abs. 2 selbst,[41] teils – soweit es um Eingriffe geht – aus § 81a[42] oder einer Analogie zu §§ 81a, b[43] abgeleitet.

41 Die Pflicht des Beschuldigten, zu einer Gegenüberstellung bei der StA zu erscheinen, folgt aus § 163a Abs. 3 S. 1. Unter Hinweis auf die Gesetzesbegründung zu dieser Vorschrift sieht der BGH in ihr auch die gesetzliche Grundlage der Duldungs- und Mitwirkungspflicht des Beschuldigten.[44]

42 Die Mitwirkungspflicht gilt nur bei einer **visuellen Gegenüberstellung.**[45] Sie beinhaltet zunächst die Pflicht des Beschuldigten, zu einer Identifizierungsgegenüberstellung auch vor der Polizei zu **erscheinen.** Sein Schweigerecht berechtigt ihn nur dazu, entscheiden zu können, ob er aussagen will oder nicht. Hingegen hat er kein Recht, sich dem Augenscheinsbeweis zu entziehen. Er kann also zur Mitwirkung an der Gegenüberstellung mit einem Zeugen gezwungen werden, auch wenn er keine Angaben macht.[46] Dieses Ergebnis – Zulässigkeit einer **passiven Mitwirkung** – leuchtet schon deshalb ein, weil das Strafverfahrensrecht dem Beschuldigten kein auf die Gegenüberstellung bezogenes Verweigerungsrecht einräumt. Der Grundsatz der Selbstbelastungsfreiheit wird nicht tangiert. Der Beschuldigte wird im Rahmen einer Identifizierungsgegenüberstellung auch nicht dazu

---

[36] BGH 12.8.1960 – 4 StR 48/60, NJW 1960, 2156.
[37] KK/*Senge* Rn. 7 mwN.
[38] LG Hamburg 27.9.1984 – 33 Qs 1106/84, MDR 1985, 72.
[39] *Joecks* Rn. 6; *Meyer-Goßner* Rn. 9.
[40] → Rn. 30 ff.
[41] KG 2.4.1979 – 4 Ws 52/79; aA *Bohlander* StV 1992, 441 (444).
[42] BVerfG 14.2.1978 – 2 BvR 406/77, BVerfGE 47, 239 = NJW 1978, 1149; L/R/*Ignor/Bertheau* Rn. 12; KK/*Senge* Rn. 8.
[43] LG Hamburg 27.9.1984 – 33 Qs 1106/84, MDR 1985, 72.
[44] BGH 4.1.1993 – StB 27/92, BGHSt 39, 96 = NStZ 1993, 246.
[45] Zum Stimmvergleich Rn. 44, 60.
[46] KG 4.5.1979 – 1 StE 2/77, NJW 1979, 1668 (1669).

gezwungen, aktiv an der Aufklärung mitzuwirken. Schließlich berührt eine bloß passive Mitwirkung an einer Gegenüberstellung keine Grundrechte des Beschuldigten.[47]

Die Gegenüberstellung des Beschuldigten mit Zeugen darf auch gefilmt und der Film zum Zwecke der Täteridentifizierung weiteren Zeugen vorgespielt werden; auch insoweit wird der Beschuldigte nicht zu aktiver Mitwirkung gezwungen, sondern liegt nur eine passive Feststellungspflicht vor.[48] 43

bb) Auditive Gegenüberstellung. Bei einem **Stimmenvergleich** besteht wegen des Verbots des Selbstbelastungszwangs – anders als bei der visuellen Gegenüberstellung – **keine Mitwirkungspflicht** des Beschuldigten; von ihm kann nicht verlangt werden, sich aktiv durch Sprechen am Vergleich von Stimmen zu beteiligen.[49] Ebenso wenig dürfen heimlich und ohne Deckung durch § 100a Tonbandaufnahmen gefertigt und für eine späteren Stimmenvergleich verwertet werden.[50] Ferner ist das Verwertungsverbot nach § 100a Abs. 4 S. 2 zu beachten. 44

b) Veränderungen und Eingriffe beim Beschuldigten. Sie können – aufgrund einer richterlichen Anordnung – auch zwangsweise vorgenommen werden und sind – bis hin zu Eingriffen in die Substanz der Haar- und Barttracht – zulässig, wenn sie dazu dienen sollen, eine ordnungsgemäße Identifizierung des Beschuldigten als Täter oder als Person zu ermöglichen und dem Beschuldigten ein Aussehen gegeben werden soll, das nach dem Ermittlungsstand demjenigen entspricht, das er zu einem früheren Zeitpunkt frei gewählt hatte. 45

§ 81a ermächtigt den Ermittlungsrichter – oder im Zwischen- und Hauptverfahren das Gericht – notwendige Veränderungen im Beschlusswege anzuordnen; in Frage kommen etwa das Auf- und Absetzen einer Brille oder Perücke, das Frisieren oder das Entfernen entstellender Schminke. Auch Veränderungen an der **Kleidung** sowie an der **Haar- oder Barttracht** sind nach überwiegender und überzeugender Auffassung zulässig. Da die Vorschrift des § 81a auch erheblich einschneidendere Maßnahmen als die hier in Rede stehenden Veränderungen bzw. sogar körperliche Eingriffe gestattet, bildet sie eine ausreichende Rechtsgrundlage für den mit den Veränderungen verbundenen – nur vorübergehenden, vergleichsweise geringfügigen und gesundheitlich unbeachtlichen – Eingriff in die Grundrechte der persönlichen Freiheit und der körperlichen Unversehrtheit aus Art. 2 Abs. 1 und 2 GG, die der Beschuldigte im Interesse der überwiegenden Belange des Gemeinwohls hinnehmen muss.[51] 46

Will der Beschuldigte den Sinn der Gegenüberstellung durch das Schließen der Augen, Absenken des Kopfes oder das Schneiden entstellender Grimassen vereiteln, kann gegen ihn – nach vereinzelt gebliebenen Entscheidungen des KG – gegen ihn **Zwang zur Unterbindung** solchen Verhaltens, bis hin zum Einsatz von Knebelketten, eingesetzt werden.[52] Hiergegen ist zu Recht eingewandt worden, dass eine Rechtsgrundlage zur Brechung des Willens mittels der Zufügung von Schmerzen fehlt.[53] Selbst wenn man davon ausgehen sollte, dass es sich nicht um Zwang zur Annahme eines bestimmten, sondern nur des normalen Gesichtsausdrucks handeln sollte, erweist sich ein solches Vorgehen regelmäßig als unverhältnismäßig, denn ein Wiedererkennen unter erzwungenem Verhalten ist beweismäßig selbst dann wertlos, wenn andere Vergleichspersonen den Widerstand nachspielen, weil der Unterschied zwischen echtem und gespieltem Widerstand erkennbar bleibt.[54] 47

---

[47] AA L/R/*Ignor/Bertheau* Rn. 9.
[48] BGH 9.4.1986 – 3 StR 551/85, BGHSt 34, 39 (49) mwN.
[49] Eisenberg BeweisR Rn. 1193.
[50] BGH 9.4.1986 – 3 StR 551/85, BGHSt 34, 39.
[51] BVerfG 14.2.1978 – 2 BvR 406/77, BVerfGE 47, 239 = NJW 1978, 1149; aA *Grünwald* JZ 1981, 423.
[52] KG 4.5.1979 – 1 StE 2/77, NJW 1979, 1669; KG 2.4.1979 – 4 Ws 42/79, JR 1979, 347; aA *Odenthal* NStZ 1985, 433 (435); *Grünwald* JZ 1981, 423 (428).
[53] *Grünwald* JZ 1981, 423 (428).
[54] *Odenthal* NStZ 1985, 433 (435).

48 **c) Fertigung von Vergleichsaufnahmen.** Nach § 81b können Vergleichsaufnahmen des Beschuldigten mit der Raumüberwachungskamera am Tatort, notfalls auch gegen seinen Willen, gefertigt werden; die Vorschrift ermächtigt auch zu vorbereitenden Maßnahmen wie dem Überziehen einer Maskierung oder die Aufstellung des Beschuldigten in bestimmten Positionen.[55]

49 **d) Anwesenheitsrecht der Verteidigung und des Zeugenbeistands.** Führt der Richter die Gegenüberstellung durch, ist die Verteidigung nach § 168c Abs. 2 zur Anwesenheit berechtigt. Bei einer Gegenüberstellung vor der StA hat die Verteidigung ebenfalls ein Anwesenheitsrecht, wenn die Gegenüberstellung in einem Zusammenhang mit der Beschuldigtenvernehmung steht (§ 163a Abs. 3 S. 2 iVm § 168c Abs. 2). Auch der Zeugenbeistand hat ein Anwesenheitsrecht.[56]

50 In anderen Fällen, besonders für die häufigen **Gegenüberstellungen bei der Polizei** ist trotz Fehlens einer ausdrücklichen Regelung ein Anwesenheitsrecht der Verteidigung anzunehmen. Dieses ist aus dem allgemeinen Prozessgrundsatz, wonach der Verteidiger einen Anspruch auf Teilnahme an solchen Untersuchungshandlungen hat, die außerhalb der Hauptverhandlung einen Teil der Beweisaufnahme vorwegnehmen, abzuleiten.[57] Die Auffassung, die das Anwesenheitsrecht auf den Grundsatz des fairen Verfahrens stützt,[58] kommt zum gleichen Ergebnis.

51 Der Vorsitzende kann die Polizei **während einer laufenden Hauptverhandlung** bitten oder beauftragen, eine Gegenüberstellung durchzuführen. Hierüber müssen die Verfahrensbeteiligten informiert und ihnen auch die insoweit angefallenen Aktenteile zur Einsicht zur Verfügung gestellt werden. Ob darüber hinaus an einer solchen **polizeilichen, aus der Hauptverhandlung „ausgelagerten" Gegenüberstellung** ein Anwesenheitsrecht der Verteidigung (oder der StA) besteht, ist gesetzlich nicht geregelt. Der BGH[59] hat hierbei zwar kein Anwesenheitsrecht der Verteidigung, jedoch eine Rechtspflicht des Gerichts dahin angenommen, darauf hinzuwirken, dass der Verteidigung die Teilnahme an einer solchen polizeilichen Gegenüberstellung ermöglicht wird.

52 Die in → Rn. dargelegten Gründe sprechen dafür, ein Anwesenheitsrecht zu bejahen. Zudem hat der 5. Strafsenat zu Recht darauf hingewiesen, dass es der Struktur des Strafverfahrens grundlegend widerstreitet, wenn das Gericht während laufender Hauptverhandlung wesentliche, ihrer Natur nach nicht geheimhaltungsbedürftige, ergänzende polizeiliche Ermittlungen – wie etwa die Durchführung einer Wahlgegenüberstellung –, deren Ergebnis dann in der Hauptverhandlung möglicherweise maßgeblich verwertet werden soll, in Auftrag gibt, ohne die Verteidigung hierüber zuvor ausreichend zu informieren und ohne den Versuch zu unternehmen, eine **effektive Teilhabe der Verteidigung** an den vorgesehenen Ermittlungen zu gewährleisten.[60]

53 **4. Durchführung einer Identifizierungsgegenüberstellung bzw. Wahllichtbildvorlage. a) Mehrere Vergleichspersonen.** Die nachstehend aufgeführten Anforderungen (→ Rn. 54 ff.) gelten nicht nur dann, wenn einem Zeugen Personen gegenübergestellt, sondern ebenso, wenn ihm zu Identifizierungszwecken Lichtbilder vorgelegt werden.

54 Für die Gegenüberstellung zum Zwecke der Identifizierung eines Tatverdächtigen durch einen **Augenzeugen** ist allgemein anerkannt, dass dem Zeugen nicht nur der Beschuldigte, sondern eine Reihe **weiterer, dem Beschuldigten ähnelnde Personen** gegenüberzustellen sind.[61] Dies sieht auch die Regelung in RiStBV Nr. 18 S. 1 vor. Dass der Zeuge

---

[55] BGH 16.9.1992 – 3 StR 413/92, NStZ 1993, 47; aA *Odenthal* NStZ 1985, 433 (434).

[56] *Wessing/Ahlbrecht* Rn. 36.

[57] *Odenthal* NStZ 1985, 433 (435).

[58] L/R/*Ignor/Bertheau* Rn. 14.

[59] BGH 21.7.2009 – 5 StR 235/09, NStZ 2010, 53 mit insoweit ablehnender Anm. *Schneider* NStZ 2010, 54.

[60] BGH 21.7.2009 – 5 StR 235/09, NStZ 2010, 53 (54).

[61] BGH 24.2.1994 – 4 StR 317/93, NJW 1994, 1807; OLG Köln 3.10.1985 – Ss 220/85, StV 1986, 12; *Schweling* MDR 1969, 177.

den Verdächtigen schon vor der Gegenüberstellung in einer auffallenden Weise, etwa in Begleitung eines Polizeibeamten oder in Handschellen, sehen kann, ist zu verhindern.[62] Eine Einzelgegenüberstellung hat regelmäßig nur geringen Beweiswert.[63]

Die **Vergleichspersonen** sollten nicht nur gleichen Geschlechts, ähnlichen Alters und ähnlichen Erscheinungsbildes sein,[64] sondern dem Beschuldigten auch hinsichtlich der vom Zeugen beschriebenen besonderen Merkmale ähneln.[65] Dies gilt etwa für die Kleidung; eine Gegenüberstellung ist ungeeignet, wenn der Beschuldigte als einziger solche Kleidungsstücke trägt, wie sie von dem Zeugen, dem mehrere Personen gegenübergestellt werden, beschrieben wurden.[66] Empfehlenswert sind mindestens acht Vergleichspersonen; diese Zahl ist auch bei Wahllichtbildvorlagen sachgerecht. Auch wenn der Zeuge angibt, eine Person als den Täter erkannt zu haben, sollten ihm weitere Vergleichspersonen gezeigt werden, denn zum einen kann der Zeuge dadurch etwaige Unsicherheiten in seiner Beurteilung erkennen, zum anderen wird der Beweiswert einer Wiedererkennung gesteigert.[67] 55

b) Sequentielle Vorlage; Vermeidung von Erkennungssignalen. Vorzugswürdig ist es, wenn dem Zeugen die Lichtbilder nicht gleichzeitig, sondern nacheinander (sequentiell) vorgelegt werden.[68] Das gilt auch bei der Gegenüberstellung von Vergleichspersonen. Üblich sind zwei Durchgänge mit geänderter Aufstellung; ebenso möglich ist es, zwei Personengruppen zusammenzustellen, wobei sich der Beschuldigte nur in einer der Gruppen befinden darf.[69] Es ist zulässig, dass der Zeuge diese durch einen venezianischen Spiegel betrachtet.[70] Bei einer Gegenüberstellung in der Hauptverhandlung sollte der Angeklagte zur Vermeidung von Erkennungssignalen nicht neben dem Verteidiger sitzen.[71] Lichtbilder können dem Zeugen entweder vorgelegt oder mittels Videotechnik vorgespielt werden. 56

c) Einzelgegenüberstellung. Wegen der suggestiven Wirkung, die von dem Wissen ausgeht, dass der zu Identifizierende als Täter verdächtigt wird, ist eine Einzelgegenüberstellung zur Wiedererkennung regelmäßig ungeeignet.[72] 57

Der BGH hat schon früh die **Einzelgegenüberstellung** als fehlerhaft bezeichnet.[73] Weil nur dem ersten Wiedererkennen ein Beweiswert zuerkannt werden kann, lassen sich kriminalistische Fehler bei der ersten Gegenüberstellung nicht mehr durch spätere einwandfreie Gegenüberstellungen ausbessern.[74] Wohl aber kann durch eine wiederholte Gegenüberstellung der Beweiswert der ersten erschüttert werden, so etwa, wenn weitere Verdächtige hinzugekommen sind und sich der Zeuge bei einer erneuten Gegenüberstellung unsicher wird.[75] 58

Das Ergebnis einer Einzelgegenüberstellung ist zwar nicht unverwertbar. Ihm kommt aber **regelmäßig ein wesentlich geringerer Beweiswert** zu als dem einer die oben genannten Anforderungen erfüllenden Wahlgegenüberstellung. Ebenso liegt es bei einer Einzellichtbildvorlage.[76] Das Gericht muss deshalb im Falle einer Verurteilung in den Urteilsgründen erkennen lassen, dass es sich etwaiger Mängel der Gegenüberstellung und der durch sie bedingten Beeinträchtigung des Beweiswertes bewusst ist.[77] Ausnahmsweise kann auch der Einzelgegen- 59

[62] *Schweling* MDR 1969, 177.
[63] → Rn. 57 ff.
[64] BGH 24.2.1994 – 4 StR 317/93, NJW 1994, 1807 mwN.
[65] L/R/*Ignor/Bertheau* Rn. 13 mwN; *Odenthal* NStZ 1985, 433.
[66] BGH 18.8.1993 – 5 StR 477/93, StV 1993, 627.
[67] BGH 9.11.2011 – 1 StR 524/11, NStZ 2012, 283 mwN.
[68] BGH 9.11.2011 – 1 StR 524/11, NStZ 2012, 283 mwN.
[69] *Odenthal* NStZ 1985, 433 (434).
[70] AA *Grünwald* JZ 1981, 423 (426).
[71] *Eisenberg* Beweisrecht Rn. 1189.
[72] *Odenthal* NStZ 1985, 433 mwN.
[73] BGH 17.3.1982 – 2 StR 793/81, NStZ 1982, 342.
[74] OLG Karlsruhe 17.3.1983 – 3 HEs 77/83, NStZ 1983, 377; *Odenthal* NStZ 1985, 433.
[75] *Nöldeke* NStZ 1982, 193 (194).
[76] OLG Koblenz 28.9.2000 – 2 Ss 216/00, NStZ-RR 2001, 110.
[77] BGH 17.3.1982 – 2 StR 793/81, NStZ 1982, 342; BGH 24.2.1994 – 4 StR 317/93, NJW 1994, 1807 (1808) mwN; BGH 18.8.1993 – 5 StR 477/93, insoweit in StV 1993, 627 nicht abgedruckt.

überstellung ein höherer Beweiswert beigemessen werden, so etwa, wenn der Zeuge den Beschuldigten schon lange kannte oder mit ihm wiederholt zusammentraf.[78]

60 **d) Stimmenvergleich.** Für die Identifizierung eines Tatverdächtigen aufgrund eines Stimmenvergleichs gelten diese Grundsätze entsprechend. Danach muss der Zeuge die Stimme des Verdächtigen nicht isoliert, sondern neben anderen Stimmen hören, wobei die Vergleichsstimmen eine gewisse Klangähnlichkeit aufweisen und sich ggf. innerhalb des gleichen Dialekts oder fremdländischen Akzents bewegen müssen. Wird diesem Maßstab nicht genügt, verliert die Identifizierung einer Stimme durch den Zeugen zwar nicht jeden Beweiswert; wie bei der fehlerhaften visuellen Gegenüberstellung muss sich der Tatrichter aber des besonderen Risikos einer Falschidentifizierung – erkennbar – bewusst sein.[79]

61 **e) Dokumentation.** Angesichts der hohen Beweisbedeutung einer Gegenüberstellung sind die für die Beurteilung des Wiedererkennungsaktes maßgeblichen Umstände möglichst umfassend festzuhalten. Dies gilt namentlich für den **Hergang** der Gegenüberstellung, die **Reaktionen** und **Bekundungen** des Augenzeugen; vorgelegte Lichtbilder sind den Akten beizufügen.[80] Auch Nr. 18 S. 2 RiStBV verlangt, die Einzelheiten der Gegenüberstellung aktenkundig zu machen.

62 Die Bekundungen des Zeugen, anhand welcher Merkmale er die Person(en) erkannt hat, sind in einem **Vernehmungsprotokoll** festzuhalten. Dabei empfiehlt es sich, die Angaben zu folgenden Merkmalen zu dokumentieren: Geschlecht, Alter, Gestalt, Größe, Haarfarbe, Augenfarbe, Stimme, Erscheinung, Mundart, Sprachkenntnisse, körperliche Merkmale, Tätowierungen, Besonderheiten.

63 **5. Überzeugungsbildung des Gerichts.** Das Gericht muss die im Ermittlungsverfahren durchgeführte Identifizierungsgegenüberstellung in der Hauptverhandlung in ihren wesentlichen Punkten nachvollziehen, um den Beweiswert der Aussage bemessen und sich eine Überzeugung von der Glaubhaftigkeit der Zeugenangaben bilden zu können. Es muss nachvollziehbar werden, ob und ggf. mit welcher Begründung der Zeuge den Angeklagten bei der ersten Gegenüberstellung wiedererkannt hat.[81]

64 **a) Aufklärung/Rekonstruktion des Wiedererkennens.** Hierzu müssen zunächst die Verhältnisse bzw. die **Wahrnehmungssituation** überprüft werden, unter denen der Zeuge seine Personenbeobachtung gemacht hat sowie die **Wahrnehmungsmöglichkeiten und -fähigkeiten** des Zeugen untersucht werden. Waren die Beobachtungsbedingungen, etwa wegen der Lichtverhältnisse oder der Entfernung des Zeugen, sehr ungünstig, gebietet die Aufklärungspflicht regelmäßig die Einnahme eines Augenscheins.[82] Auch die psychische Verfassung des Zeugen zur Zeit der Tat ist zu berücksichtigen,[83] ebenso die Dauer der dem Zeugen zur Verfügung stehenden Beobachtungszeit.[84]

65 Des Weiteren sind **Beeinflussungen oder Verfälschungen der Erinnerung** bzw. eine mögliche Überlagerung der ursprünglichen Wahrnehmung des Zeugen, etwa durch die Verarbeitung nachträglich aufgenommener Informationen oder durch Veröffentlichungen in der Presse, zu berücksichtigen.

66 Schließlich ist der **Ablauf** der ersten **Gegenüberstellung zu rekonstruieren.**[85] Hierzu können etwa die an der Gegenüberstellung beteiligten Polizeibeamten befragt, gefertigte

---

[78] Näher *Nöldeke* NStZ 1982, 193.

[79] BGH 24.2.1994 – 4 StR 317/93, NJW 1994, 1807 (1808) mwN mit zur Verwertbarkeit abl. Anm. *Achenbach/Perschke* StV 1994, 577.

[80] OLG Karlsruhe 17.3.1983 – 3 HEs 77/83, NStZ 1983, 377 (378); OLG Köln 3.10.1985 – Ss 220/85, StV 1986, 12.

[81] *Eisenberg* Beweisrecht Rn. 1190; *Schweling* MDR 1969, 177.

[82] *Odenthal* NStZ 1985, 433 (436) mwN.

[83] *Schweling* MDR 1969, 177.

[84] OLG Düsseldorf 20.11.2000 – 2a Ss 328/00 – 82/00 II, NStZ-RR 2001, 109; OLG Koblenz 28.9.2000 – 2 Ss 216/00, NStZ-RR 2001, 110.

[85] *Odenthal* NStZ 1985, 433 (436) mwN.

Lichtbilder in Augenschein genommen und Vernehmungsprotokolle in die Verhandlung eingeführt werden.

b) Wiedererkennen in der Hauptverhandlung, wiederholtes Wiedererkennen. Das erneute Wiedererkennen in der Hauptverhandlung hat nach einer Gegenüberstellung im Vorverfahren regelmäßig keinen Beweiswert.[86] Nur das erste Wiedererkennen erbringt unverfälscht das Ergebnis des vom Zeugen angestellten Vergleichs zwischen seiner Erinnerung über die Wahrnehmung bei der Tat und seiner Wahrnehmung bei der Gegenüberstellung. 67

Jedes folgende Wiedererkennen wird durch die erste Gegenüberstellung beeinflusst. Der Einfluss kann so stark sein, dass das **ursprüngliche Erinnerungsbild überlagert** wird und das zweite Wiedererkennen nur die Erinnerung an das erste widerspiegelt; dies gilt erst recht bei einem dritten Wiedererkennen.[87] Die **Gefahr einer Fehlbeurteilung** ist ebenso groß, wenn das erste Wiedererkennen im Rahmen einer Lichtbildvorlage und die zweite Identifizierung bei einer Gegenüberstellung erfolgt; auch hier wird der Zeuge zumindest unbewusst den Gegenübergestellten mit dem aus der Fotografie gewonnenen Eindruck vergleichen.[88] Der Tatrichter muss diese Erfahrungssätze bei seiner Beweiswürdigung beachten sowie im schriftlichen Urteil erkennbar berücksichtigen. 68

Zu weitgehend erscheint es, wenn dem wiederholten Wiedererkennen an sich und stets jeder Beweiswert abgesprochen wird.[89] Es kommt auf die **Beweislage im Einzelfall** an; an Beweisregeln ist der Tatrichter nicht gebunden. Entscheidender Beweiswert kann einem wiederholten Wiedererkennen jedoch dort nicht beigemessen werden, wo weitere wesentliche Beweismittel nicht zur Verfügung stehen oder wo das wiederholte Wiedererkennen dazu herangezogen wird, Zweifel aufgrund der ersten Identifizierung auszuräumen oder zu überwinden. 69

c) Sonstige Beweiswürdigung. Zu beachten ist, dass ein **Wiedererkennen trotz unzutreffender Täterbeschreibung** richtig sein kann. Während die Übereinstimmung in einigen auffallenden Merkmalen ein Wiedererkennen überzeugend absichern kann, sprechen unüberbrückbare Widersprüche zwischen Personenbeschreibung und den Merkmalen der als wiedererkannt geglaubten Person gegen die Richtigkeit des Wiedererkennens. 70

Das Gericht darf nicht auf das **Aussehen des Angeklagten** zum Zeitpunkt der Hauptverhandlung abstellen, wenn Anhaltspunkte für ein anderes Aussehen zum Tatzeitpunkt vorliegen. Eine auf den Angeklagten zutreffende Beschreibung darf nicht berücksichtigt werden, wenn das Nichterkennen des Angeklagten durch den Zeugen mit der Dunkelheit, die ein genaues Beobachten des Täters verhinderte, erklärt wird.[90] Ist es nach den Gegebenheiten des Einzelfalls erforderlich, muss sich das Gericht bei seiner Beweiswürdigung auch mit widersprüchlichen Zeugenaussagen über das Aussehen des Täters, mit einer ungewöhnlich langen Zeitspanne zwischen Tat und der ersten Gegenüberstellung, mit einer möglichen Beeinflussung des Zeugen durch veröffentliche Fahndungsbilder, mit der mangelhaften Qualität der für eine Lichtbildvorlage verwendeten Fotos sowie anderen **möglichen Fehlerquellen** befassen und auseinandersetzen.[91] 71

Die **subjektive Gewissheit des Zeugen,** mit der er seine Aussage, die Person wiederzuerkennen, unterstreicht, ist kein Indiz für die Richtigkeit des Erkennens. Auch Bekräftigungen des Zeugen, er habe den Angeklagten mit Sicherheit wiedererkannt, sind nahezu wertlos, weil diese subjektive Einschätzung des Zeugen kein Indiz für die Richtigkeit einer 72

[86] *Wiegmann* StV 1996, 179 mwN; OLG Köln 3.10.1985 – Ss 220/85, StV 1986, 12 geht von einem nur eingeschränkten Beweiswert aus.

[87] BGH 28.6.1961 – 2 StR 194/61, BGHSt 16, 204 (205 f.) = NJW 1961, 2070; *Schweling* MDR 1969, 177 (179).

[88] BGH 28.6.1961 – 2 StR 194/61, BGHSt 16, 204 (206) = NJW 1961, 2070; *Odenthal* NStZ 1985, 433 (437) mwN; *Wiegmann* StV 1996, 179 (180) mwN.

[89] *Schweling* MDR 1969, 177.

[90] *Odenthal* NStZ 1985, 433 (437).

[91] Vgl. hierzu KG 13.10.1980 – 1 StE 2/77, NStZ 1982, 215 (216).

Personenerkennung darstellt.[92] Zum geminderten Beweiswert einer Einzelgegenüberstellung Rn. 59. Hat der **Zeuge selbst Zweifel** hinsichtlich seines Erkennens oder Wiedererkennens benannt, darf sich das Tatgericht darüber nicht ohne weiteres hinwegsetzen. Liegen nicht objektivierbare **Unsicherheiten** vor, so etwa bei einer Einschätzung des Zeugen, er sei sich hinsichtlich seiner Identifizierung zu 80% sicher, kann das Gericht die Wiedererkennungsleistung nicht als zuverlässig einstufen. Solche Unsicherheiten lassen sich auch nicht mit einer Personenbeschreibung des Zeugen ausgleichen, wenn diese gerade keine besonders kennzeichnenden Merkmale enthält und auf eine große Anzahl von Personen, insbesondere aus dem Umfeld des Angeklagten, zutreffen kann.[93]

73 **6. Revision. a) Grundsätzliche Zulässigkeit einer Gegenüberstellung.** Sie folgt für die Hauptverhandlung bereits aus § 244 Abs. 2. Danach kann allein der Umstand, dass das Gericht eine Gegenüberstellung durchgeführt, nicht beanstandet werden, wenn es hierbei Weigerungsrechte beachtet und hierüber belehrt hat.

74 **b) Unterlassene Gegenüberstellung.** Anders liegt es, wenn das Gericht von einer **Gegenüberstellung absieht** bzw. den **Antrag eines Verfahrensbeteiligten** ablehnt, eine Gegenüberstellung durchzuführen. Zwar stellt der Antrag auf Durchführung einer Gegenüberstellung **keinen Beweisantrag** dar, weil nicht verlangt wird, über bestimmte Tatsachen mittels bestimmter Beweismittel Beweis zu erheben; er braucht deshalb nicht gemäß § 244 Abs. 3–6 beschieden zu werden. Vielmehr handelt es sich um die Anregung, zur Sachaufklärung ein Beweismittel in bestimmter Weise auszuschöpfen.[94]

75 Davon ausgehend kann die Ablehnung einer beantragten Gegenüberstellung sowohl einen **Verstoß gegen die Aufklärungspflicht** begründen als auch eine **unzulässige Beschränkung der Verteidigung** darstellen.[95] Wird etwa beantragt, einen Zeugen so lange im Saal zu belassen, bis der Angekl. einem anderen Zeugen noch einige Vorhalte gemacht habe, mit dem Zweck, hierdurch festzustellen, ob der eine Zeuge auch in Gegenwart des anderen bei seinen früheren Aussagen verbleibt, kann eine Ablehnung des Antrags die Aufklärungspflicht verletzen, weil der Tatrichter grundsätzlich alle – zumutbaren – Mittel, die nach der jeweiligen Verfahrenslage zur Erforschung der Wahrheit erforderlich sind, heranziehen muss. Dem Grundsatz der freien Beweiswürdigung (§ 261 StPO) entspricht die grundsätzliche Freiheit des Tatrichters in der Wahl der Mittel, deren Gebrauch die Wahrheit fördern kann. In diesem Sinne kann auch die Anhörung eines Zeugen in Gegenwart eines Dritten, zB einer ihm nahestehenden Autoritätsperson eine der Wahrheitserforschung dienliche Verfahrensmaßnahme sein. daneben kann eine fehlerhafte Ablehnung eine unzulässige Beschränkung der Verteidigung iSd § 338 Nr. 8 bedeuten. Insbesondere darf die Gegenüberstellung nicht mit dem Hinweis auf die Berufung des Zeugen auf sein Aussageverweigerungsrecht abgelehnt werden.

76 Wie bei der Beanstandung der Verletzung des Abs. 1 setzt auch die **Zulässigkeit** einer entsprechenden **Aufklärungsrüge** voraus, dass die Anordnung des Vorsitzenden beanstandet und ein Gerichtsbeschluss gemäß § 238 Abs. 2 herbeigeführt wurde.[96]

77 **c) Fehlerhafte Beweiswürdigung.** Das Gericht muss die **Beweisqualität der Wiedererkennung** nachprüfen. Auch angesichts der Fehleranfälligkeit von Wahlgegenüberstellungen werden an die Überzeugungsbildung und die Darlegung der Beweiswürdigung in den Urteilsgründen hohe Anforderungen gestellt; dies gilt besonders, wenn die Überzeugungsbildung des Gerichts allein oder im wesentlichen auf der Aussage und dem Wiedererkennen einer einzelnen Beweisperson beruht.

---

[92] *Odenthal* NStZ 1985, 433 (435 f.) mwN; s. auch OLG Koblenz 28.9.2000 – 2 Ss 216/00, NStZ-RR 2001, 110.
[93] BGH 25.9.2012 – 5 StR 372/12, NStZ-RR 2012, 381 (382).
[94] BGH 19.5.1988 – 2 StR 22/88, NStZ 1988, 420 (421).
[95] BGH 12.8.1960 – 4 StR 48/60, NJW 1960, 2156 (2157).
[96] BGH 21.2.2001 – 3 StR 244/00, NJW 2001, 2732.

Den Urteilsgründen muss eine **sichere Tatsachengrundlage** für die Überzeugung zu entnehmen sein.[97] Die Zuverlässigkeit der Wiedererkennungsleistung muss in den Urteilsgründen **nachvollziehbar** dargestellt werden. So muss das Gericht, stellt es auf die Wiedererkennungsleistung eines Zeugen ab, darlegen, anhand welcher **Merkmale** er den Angeklagten wiedererkannt hat und die **Täterbeschreibung** durch den Zeugen vor der Gegenüberstellung mitteilen; dies gilt erst recht, wenn der Zeuge den Angeklagten bei einer früheren Lichtbildvorlage oder Gegenüberstellung nicht als Täter erkannt hatte.[98] Ferner kann ein Darlegungsmangel anzunehmen sein, wenn das Gericht die Wiedererkennungsleistung über Polizeibeamte eingeführt hat und sich nicht dazu verhält, ob der Zeuge den Angeklagten **in der Hauptverhandlung wiedererkannt** hat.[99] Schließlich können Mängel im **Aussageverhalten** erörterungspflichtig sein, wenn diese Auswirkungen auf die Zuverlässigkeit der Wiedererkennungsleistung gehabt haben könnten.[100] 78

aa) Fehlerhafte Gegenüberstellung. Genügt die Gegenüberstellung nicht den allgemein anerkannten Anforderungen, führt dies zu einem erheblich geminderten **Beweiswert.** Diese Konsequenz muss das Gericht innerhalb seiner Beweiswürdigung in den Urteilsgründen erkennbar erörtern.[101] Das bloße Erkennen der Fehlerhaftigkeit der Gegenüberstellung bzw. der Fehlerquelle für die Aussage des Zeugen genügt nicht, wenn – entgegen kriminalistischer Erfahrung – Auswirkungen auf das Aussageverhalten ohne nähere Begründung verneint werden. 79

Ferner darf das Gericht nicht übersehen, dass eine in einer ersten polizeilichen Vernehmung abgegebene „detaillierte Täterbeschreibung" den Beweiswert der fehlerhaften Gegenüberstellung nicht verstärken kann, wenn der Zeuge dem Täter, den er später wiedererkannt haben will, wesentliche Merkmale wie etwa eine bestimmte Größe oder Sprache zugeordnet hat, die der Angeklagte gerade nicht aufweist.[102] 80

bb) Erörterungspflichten beim wiederholten Wiedererkennen. Der Tatrichter muss sich der Fragwürdigkeit und hohen **Fehleranfälligkeit** des wiederholten Wiedererkennens bewusst sein und dies im Urteil erkennbar berücksichtigen.[103] Werden die hierzu bekannten Erfahrungssätze, namentlich die suggestive Wirkung früherer Wahrnehmungen auf das jeweils spätere Wiedererkennen, nicht oder nicht ausreichend beachtet, liegt regelmäßig ein Darlegungsmangel vor. 81

Die vorstehend dargelegten Anforderungen gelten besonders dann, wenn dem wiederholten Wiedererkennen auf in der Hauptverhandlung vorgelegten Lichtbildern wesentliche Bedeutung für die Überführung beigemessen wurde, wenn das Gericht Zweifel an der Verlässlichkeit der Identifizierung hatte, die erst ausgeräumt waren, als die Zeugen, denen zuvor Lichtbilder gezeigt wurden, den Angeklagten in der Hauptverhandlung wiedererkennen, wenn der Zeuge, der den Angeklagten auf dem vorgelegten Lichtbild nicht erkannt hatte, ihn in der Hauptverhandlung wiedererkennt, das Erkennen als Täter also möglicherweise auf dem Betrachten des Bildes im Ermittlungsverfahren beruht, wenn die Diskrepanz zwischen der Beschreibung des Täters und dem Aussehen des Angeklagten vorliegt oder wenn der Zeuge zuvor eine andere Täterbeschreibung abgab.[104] 82

cc) Weitere Erörterungspflichten. Wird im Urteil nichts zur **Rekonstruktion des Wiedererkennens** ausgeführt, liegt regelmäßig ein Darlegungsmangel vor.[105] Regelmäßig 83

---

[97] BGH 21.7.2009 – 5 StR 235/09, NStZ 2010, 53 (54) mit insoweit zust. Anm. *Schneider* NStZ 2010, 54.

[98] BGH 1.10.2008 – 5 StR 439/08, NStZ 2009, 283.

[99] BGH 1.10.2008 – 5 StR 439/08, NStZ 2009, 283 (284).

[100] BGH 1.10.2008 – 5 StR 439/08, NStZ 2009, 283 (284).

[101] AA *Bohlander* StV 1992, 441 (444), der bei Verstößen gegen die bei der Gegenüberstellung zu beachtenden Regeln für ein Verwertungsverbot plädiert; näher zu den einzuhaltenden Anforderungen → Rn. 54 ff.

[102] BGH 17.3.1982 – 2 StR 793/81, NStZ 1982, 342.

[103] BGH 28.6.1961 – 2 StR 194/61, BGHSt 16, 204 (206) = NJW 1961, 2070; BGH 19.3.2013 – 5 StR 79/13, BeckRS 2013, 05860.

[104] BGH 4.3.1997 – 1 StR 778/96, NStZ 1997, 355 mwN.

[105] *Schweling* MDR 1969, 177 (179).

erörterungsbedürftig ist auch der Umstand, dass die **Zeugengegenüberstellung oder Wahllichtbildvorlage abgebrochen** wurde, weil der Zeuge erklärt, eine Person wiedererkannt zu haben. Denn ein vorzeitiger Abbruch kann zu einer Minderung des Beweiswerts führen.[106]

84 Darlegungspflichtig sind auch die **Wahrnehmungssituation,** deren Umstände und Dauer sowie Hinweise darauf, dass sich der Zeuge bei seiner Einschätzung unsicher sein könnte.[107] Das Urteil ist ferner lückenhaft, wenn es nicht mitteilt, ob zwischen einer zeitnah nach der Tat abgegebene Täterbeschreibung durch einen Zeugen und dem damaligen äußeren **Erscheinungsbild** des Angeklagten überhaupt eine **Ähnlichkeit** bestanden hat.[108] Besonders dann, wenn gewichtige weitere Beweismittel fehlen, muss das Tatgericht darlegen, welche Einzelheiten der Täterphysiognomie sich der Zeuge anlässlich des Tatgeschehens einprägen konnte und aufgrund welcher konkreten Übereinstimmungen er in der Lage war, den Angeklagten im Rahmen einer Lichtbildvorlage zu identifizieren.[109]

85 Das Urteil sollte sich auch dazu verhalten, ob der Zeuge den Angeklagten in der Hauptverhandlung wiedererkannt hat, da ein **eventuelles Nichtwiedererkennen** des Angeklagten, sofern er sein Erscheinungsbild inzwischen nicht erheblich verändert haben sollte, gegen die Zuverlässigkeit der früheren Identifizierung sprechen könnte.[110]

86 Schließlich muss sich das Tatgericht in den Urteilsgründen mit Zweifeln des Zeugen und **Unsicherheiten** bei der Wiedererkennungsleistung[111] sowie mit den in → Rn. 64 ff. dargelegten Konstellationen befassen.

§ 58a [Aufzeichnung der Vernehmung]

(1) [1]Die Vernehmung eines Zeugen kann auf Bild-Ton-Träger aufgezeichnet werden. [2]Sie soll nach Würdigung der dafür jeweils maßgeblichen Umstände aufgezeichnet werden und als richterliche Vernehmung erfolgen, wenn

1. damit die schutzwürdigen Interessen von Personen unter 18 Jahren sowie von Personen, die als Kinder oder Jugendliche durch eine der in § 255a Absatz 2 genannten Straftaten verletzt worden sind, besser gewahrt werden können oder

2. zu besorgen ist, dass der Zeuge in der Hauptverhandlung nicht vernommen werden kann und die Aufzeichnung zur Erforschung der Wahrheit erforderlich ist.

(2) [1]Die Verwendung der Bild-Ton-Aufzeichnung ist nur für Zwecke der Strafverfolgung und nur insoweit zulässig, als dies zur Erforschung der Wahrheit erforderlich ist. [2]§ 101 Abs. 8 gilt entsprechend. [3]Die §§ 147, 406e sind entsprechend anzuwenden, mit der Maßgabe, dass den zur Akteneinsicht Berechtigten Kopien der Aufzeichnung überlassen werden können. [4]Die Kopien dürfen weder vervielfältigt noch weitergegeben werden. [5]Sie sind an die Staatsanwaltschaft herauszugeben, sobald kein berechtigtes Interesse an der weiteren Verwendung besteht. [6]Die Überlassung der Aufzeichnung oder die Herausgabe von Kopien an andere als die vorbezeichneten Stellen bedarf der Einwilligung des Zeugen.

(3) [1]Widerspricht der Zeuge der Überlassung einer Kopie der Aufzeichnung seiner Vernehmung nach Absatz 2 Satz 3, so tritt an deren Stelle die Überlassung

---

[106] BGH 9.11.2011 – 1 StR 524/11, NStZ 2012, 172.

[107] Vgl. BGH 9.4.2013 – 5 StR 58/13, StraFo 2013, 250; KG 13.10.1980 – 1 StE 2/77, NStZ 1982, 215 (216) zur kurzen Wahrnehmung des Täters durch einen Türspalt; OLG Düsseldorf 20.11.2000 – 2a Ss 328/00 – 82/00 II, NStZ-RR 2001, 109 zu einem Zeugen, der dem Täter aus einer Entfernung von ca. 8 Metern für ein bis zwei Sekunden in die Augen gesehen hatte.

[108] BGH 27.11.1996 – 3 StR 423/96, StV 1997, 454.

[109] OLG Düsseldorf 20.11.2000 – 2a Ss 328/00 – 82/00 II, NStZ-RR 2001, 109.

[110] BGH 27.11.1996 – 3 StR 423/96, StV 1997, 454; OLG Koblenz 28.9.2000 – 2 Ss 216/00, NStZ-RR 2001, 110 (111) mwN.

[111] BGH 25.9.2012 – 5 StR 372/12, NStZ-RR 2012, 381.

einer Übertragung der Aufzeichnung in ein schriftliches Protokoll an die zur Akteneinsicht Berechtigten nach Maßgabe der §§ 147, 406e. [2]Wer die Übertragung hergestellt hat, versieht die eigene Unterschrift mit dem Zusatz, dass die Richtigkeit der Übertragung bestätigt wird. [3]Das Recht zur Besichtigung der Aufzeichnung nach Maßgabe der §§ 147, 406e bleibt unberührt. [4]Der Zeuge ist auf sein Widerspruchsrecht nach Satz 1 hinzuweisen.

Schrifttum: *Caesar,* Noch stärkerer Schutz für Zeugen und andere nicht beschuldigte Personen im Strafprozess?, NJW 1998, 2313; *Diemer,* Der Einsatz der Videotechnologie in der Hauptverhandlung, NJW 1999, 1667; *ders.,* Zur Bedeutung der Videoaufzeichnung im Revisionsverfahren, NStZ 2002, 16; *Eisenberg/Zötsch,* Der Zeugenbeweis im Strafverfahren, NJW 2003, 3676; *Griesbaum,* Der gefährdete Zeuge. Überlegungen zur aktuellen Lage des Zeugenschutzes im Strafverfahren, NStZ 1998, 433; *Laubenthal,* Schutz sexuell missbrauchter Kinder durch Einsatz der Videotechnologie im Strafverfahren, JZ 1996, 335; *Leipold,* Die Videovernehmung, NJW-Spezial 2005, 471; *Mitsch,* Videoaufzeichnung als Vernehmungssurrogat in der Hauptverhandlung, JuS 2005, 102; *Nack/Park/Brauneisen,* Gesetzesvorschlag der Bundesrechtsanwaltskammer zur Verbesserung der Wahrheitsfindung im Strafverfahren durch den verstärkten Einsatz von Bild- und Tontechnik, NStZ 2011, 310; *Rieß,* Zeugenschutz bei Vernehmungen im Strafverfahren, NJW 1998, 3240; *ders.,* Das neue Zeugenschutzgesetz, insbesondere Videoaufzeichnungen von Aussagen im Ermittlungsverfahren und in der Hauptverhandlung, StraFo 1999, 1; *Schlothauer,* Video-Vernehmung und Zeugenschutz, StV 1999, 47; *Trück,* Herausgabe von Bändern einer Videovernehmung an den Verteidiger im Wege der Akteneinsicht?, NStZ 2004, 129; *Walter,* Vermummte Gesichter, verzerrte Stimmen – audiovisuell verfremdete Aussagen von V-Leuten?, StraFo 2004, 224; *Weider/Staechelin,* Das Zeugenschutzgesetz und der gesperrte V-Mann, StV 1999, 51; *Zschockelt/Wegner,* Opferschutz und Wahrheitsfindung bei Vernehmung von Kindern in Verfahren wegen sexuellen Missbrauchs, NStZ 1996, 305.

Übersicht

A. Überblick

I. Normzweck

1 Die Vorschrift wurde durch das Gesetz zum Schutz von Zeugen bei Vernehmungen im Strafverfahren und zur Verbesserung des Zeugenschutzes v. 30.4.1998[1] **(ZeugenschutzG),** gemeinsam mit den §§ 168e, 247a, 255a, 397a Abs. 1, neu eingeführt. Dieses am 1.12.1998 in Kraft getretene Gesetz bildet den Ausgangspunkt einer ganzen Reihe von Gesetzesänderungen, die vorrangig das Ziel verfolgen, die Belange und Interessen der (Opfer-)zeugen besser zu vertreten und zu schützen und ihre Stellung im Strafprozess zu stärken.[2] Gleichzeitig sollte die gesetzliche Grundlage für den Einsatz der Videotechnik bei Vernehmungen von Zeugen im Strafverfahren geschaffen werden.

2 § 58a dient – gemeinsam mit den oben genannten Vorschriften – aber nicht nur dem **Zeugenschutz,** sondern auch der **Beweissicherung** und der **Wahrheitsfindung.** Die Bestimmung gilt nur für Zeugen; auf Beschuldigte ist sie nicht anwendbar.[3]

3 Der Gesetzgeber hat den **Anwendungsbereich** des § 58a **wiederholt erweitert.** Zunächst beseitigte das **OpferRRG** vom 24.6.2004[4] die Subsidiarität der Videovernehmung und stärkte Anwesenheitsrechte der Verfahrensbeteiligten. Aufgrund des **2. OpferRRG** v. 29.7.2009[5] wurden mit Wirkung vom 1.10.2009 in Abs. 1 Nr. 1 Opferzeugen unter 18 Jahren einbezogen; die Altersgrenze lag zuvor bei 16 Jahren. Dennoch tauchten kaum Entscheidungen auf, in denen die Bestimmung thematisiert wird. Das Gesetz zur Stärkung der Rechte von Opfern sexuellen Missbrauchs v. 26.6.2013 **(StORMG),** in Kraft getreten am 1.9.2009, hat den Anwendungsbereich des § 58a Abs. 1 S. 2 Nr. 1 abermals ausgedehnt. Gleichzeitig wurden die Möglichkeiten, in der Hauptverhandlung die **Vernehmung** des Zeugen **durch die Vorführung** der Bild-Ton-Aufzeichnung seiner früheren – richterlichen – Vernehmung **zu ersetzen,** durch die in § 255a Abs. 2 neu eingefügten Sätze 2 und 3 erweitert.

4 **1. Zeugenschutz.** § 58a Abs. 1 will dem Zeugenschutz bereits im Ermittlungsverfahren Rechnung tragen. Durch das Festhalten der Aussagen in Bild und Ton sollen – die die Opfer häufig belastenden – Mehrfachvernehmungen vermieden oder zumindest die **Anzahl der Vernehmungen verringert** werden.[6] Ferner wird der Zeuge vor Bedrohungen, Repressalien oder anderen Beeinflussungen besser geschützt, wenn seine persönliche Ver-

[1] BGBl. I 820.

[2] Zur kontroversen Entstehungsgeschichte des § 58a *Rieß* StraFo 1999, 1 f. Zu wesentlichen Stationen der Opferschutzgesetzgebung s. vor § 48 Rn. 57 ff.

[3] Radtke/Homann/*Otte* Rn. 2 mwN.

[4] BGBl. I 1354.

[5] BGBl. I 2280.

[6] BGH 3.8.2004 – 1 StR 288/04, NStZ-RR 2004, 336 (dort nur red. Ls.).

nehmung in der Hauptverhandlung entbehrlich ist, weil eine verwertbare Bild-Ton-Aufzeichnung vorliegt.[7]

Besonders bei **kindlichen oder noch jungen Opferzeugen** besteht die Gefahr zusätzlicher Schädigung durch eine sekundäre Traumatisierung; je nach individueller Disposition können die mit Mehrfachvernehmungen verbundenen Belastungen Angst-, Schlaf-, Konzentrationsstörungen oder Stimmungsveränderungen hervorrufen.[8] Insoweit kann die Videovernehmung entlastend wirken, weil sich dadurch wiederholte Befragungen des Zeugen im Ermittlungsverfahren und/oder eine erneute Vernehmung in der Hauptverhandlung unter Umständen vermeiden lassen.[9] Dementsprechend sieht Nr. 19 Abs. 1 RiStBV vor, dass die mehrfache Vernehmung von Kindern und Jugendlichen vor der Hauptverhandlung nach Möglichkeit zu vermeiden ist. Mit der Neufassung und Erweiterung des § 58a Abs. 1 S. 2 Nr. 1 verfolgt der Gesetzgeber das Ziel, in mehr Fällen als bisher die Möglichkeit zu eröffnen, die Vernehmung des Zeugen in der Hauptverhandlung durch die Vorführung der Aufzeichnung seiner früheren richterlichen Vernehmung zu ersetzen. 5

2. Beweissicherung. § 58a ermöglicht – unabhängig von der Schutzbedürftigkeit des Zeugen – die Aufzeichnung der Vernehmung zu Zwecken der Beweissicherung. Dieser Aspekt gewinnt besonders bei Sexualstraftaten Bedeutung. Hier kommt der Erstaussage des Opfers regelmäßig besondere Bedeutung zu; dies gilt namentlich dort, wo – wie nicht selten – lange Zeiträume zwischen den Vorwürfen und der Anzeigeerstattung liegen.[10] In solchen Fällen ist es grundsätzlich empfehlenswert, die Angaben im Rahmen der Erstvernehmung nicht nur schriftlich, sondern auch auf Videoband zu sichern. Diese Form der Beweissicherung führt zudem gleichzeitig zum Schutz des Zeugen, dessen Aussage für weitere Ermittlungen und besonders für eine Begutachtung durch Sachverständige zur Verfügung steht, ohne dass es erneuter Vernehmungen bedürfte. Insofern können sich die Anwendungsbereiche der beiden Nummern des Abs. 1 überschneiden. 6

3. Wahrheitsfindung. Die Möglichkeit, aufgezeichnete Vernehmungen im Ermittlungsverfahren auszuwerten und in die spätere Hauptverhandlung einzuführen, eröffnet den Ermittlungsbehörden neue und ggf. überlegenere Nachweismöglichkeiten und dem Gericht eine bessere Erkenntnisgrundlage sowie zusätzliche Bausteine für seine Überzeugungsbildung. Durch die Videoaufzeichnungen wird eine fundierte Aussageanalyse unterstützt und erleichtert, besonders was die Merkmale der Aussagekonstanz und der emotionalen Angemessenheit des Zeugenverhaltens anbelangt, denn die Aufzeichnung gibt neben den Gedankeninhalten auch die Gebärden und andere körperliche Reaktionen des Zeugen wieder. Insoweit dient der Opferschutz auch der Wahrheitsfindung und steht ihr nicht entgegen.[11] 7

Zudem lassen sich durch die Videovernehmung Übertragungsfehler, wie sie beim schriftlichen Protokoll entstehen können, ausschließen. Schließlich werden Auseinandersetzungen über den Inhalt und die Authentizität von Protokollinhalten sowie aufkommende Fragen nach der Art und Weise der Vernehmung oder der Einhaltung von Belehrungsvorschriften leichter aufklärbar.[12] Die Aufzeichnung erscheint dadurch einerseits dem schriftlichen Vernehmungsprotokoll überlegen.[13] Andererseits können beim Zeugen durch die ungewohnte Situation, sich vor der Kamera äußern zu müssen, Hemmungen entstehen.[14] 8

---

[7] *Meyer-Goßner* Rn. 1.
[8] *Laubenthal* JZ 1996, 335 (338).
[9] Zu dieser Zielsetzung durch Erweiterung des § 58a Abs. 1 Satz 2 BT-Drs. 17/6261 S. 10.
[10] BGH 17.2.1994 – 1 StR 723/93, NStZ 1994, 297.
[11] *Zschockelt/Wegner* NStZ 1996, 305.
[12] *Nack/Park/Brauneisen* NStZ 2011, 310.
[13] *Griesbaum* NStZ 1998, 433 (438).
[14] *Diemer* NJW 1999, 1667 (1671).

II. Allgemeines

9 **1. Zusammenhänge mit anderen Vorschriften.** Funktion, Bedeutung und Auswirkungen des § 58a erschließen sich erst in einer Gesamtbetrachtung mit weiteren, zeitgleich eingeführten Vorschriften: § 168e regelt die von den Anwesenheitsberechtigten getrennte Vernehmung des Zeugen und deren zeitgleiche Übertragung, wobei § 58a nach § 168e S. 4 anzuwenden ist. § 247a enthält § 58a Abs. 1 verdrängende Spezialregelungen für die Hauptverhandlung; § 58a Abs. 2 gilt auch in den Fällen des § 247a. § 255a normiert die Verwertung der nach § 58a oder § 247a entstandenen Videoaufzeichnungen in der Hauptverhandlung.[15]

10 Trotz der gemäß § 255a Abs. 2 vorgesehenen Möglichkeit, die Zeugenvernehmung in der Hauptverhandlung durch die Vorführung der Bild-Ton-Aufzeichnung zu ersetzen, wenn Angeklagter und Verteidigung Gelegenheit hatten, an ihr mitzuwirken, führt die nach § 58a erstellte Aufzeichnung der richterlichen Vernehmung des Zeugen nicht automatisch dazu, dass dem Zeugen ein Auftreten und eine **Vernehmung in der Hauptverhandlung** erspart bleibt. Seine ergänzende Vernehmung kann unter Aufklärungsgesichtspunkten geboten sein, besonders, wenn weitere, mit den Zeugenangaben nicht in Einklang stehende Beweisaufnahmeergebnisse angefallen sind.[16]

11 **2. Regelungsinhalte. § 58a Abs. 1** regelt die Möglichkeit der Video-Dokumentation von Vernehmungsinhalten neben den herkömmlichen Protokollierungs- und Verwertungsmöglichkeiten. Abs. 1 S. 1 und Abs. 1 S. 2 Nr. 2 gelten für alle Zeugen, Abs. 1 S. 2 Nr. 1 für im Vernehmungszeitpunkt minderjährige Zeugen sowie für diejenigen Zeugen, die als Minderjährige durch eine der in § 255a Abs. 2 genannten Straftaten verletzt wurden. Die Vorschriften der §§ 168 ff. bleiben durch § 58a unberührt. Deshalb ist auch im Falle der Videoaufzeichnung einer Vernehmung ein schriftliches Vernehmungsprotokoll anzufertigen; die Videoaufzeichnung ersetzt das Protokoll nicht.[17] § 255a regelt die Verwertung der Videoaufzeichnung in der Hauptverhandlung.

12 **§ 58a Abs. 2 und 3,** durch das OpferRRG v. 24.6.2004 wesentlich erweitert, wollen die Persönlichkeitsrechte der Zeugen stärken und missbräuchliche Verwendungen der Videoaufzeichnung oder von Kopien der Aufzeichnung verhindern. Abs. 2 regelt die Verwendung der Aufzeichnung, die Einsichtsrechte sowie die Herstellung von und den Umgang mit Kopien der Vernehmungsaufzeichnung und die Vernichtung der Aufzeichnung, Abs. 3 den Widerspruch des Zeugen gegen die Überlassung von Kopien.

13 **3. Gefahren, Erfordernis des Ausgleichs, Aufklärungspflicht.** Der **Zeugenschutz** sollte nicht nur nach der Intention des Gesetzgebers, sondern auch im Alltag der Gerichtspraxis stets als wichtiges und berechtigtes Anliegen präsent sein. Dennoch darf der Aspekt des Zeugenschutzes von den Ermittlungsbehörden und den Tatgerichten **nicht einseitig überbetont** werden. Vielmehr gilt es, bei der Anwendung der Vorschriften über die Videovernehmung ebenso wie bei der Zulassung anderer Schutzmaßnahmen zugunsten gefährdeter oder minderjähriger Zeugen (vgl. etwa §§ 68, 68a, 68b, 168c, 241a, 406f, 406g) die Belange des Zeugenschutzes, die gerichtliche Aufklärungspflicht und die Rechte der Verfahrensbeteiligten in einen **angemessenen Ausgleich** zu bringen. Dabei muss auch dem Frage- und Konfrontationsrecht des Beschuldigten bzw. Angeklagten (vgl. Art. 6 Abs. 3d EMRK) Rechnung getragen werden; dies gilt besonders, wenn durch Maßnahmen im Ermittlungsverfahren wie die richterliche Vernehmung eines wichtigen Zeugen und deren Aufzeichnung ein Teil der Beweisaufnahme der Hauptverhandlung gleichsam als vorweggenommen erscheint.

14 Ferner wird es dadurch, dass die unmittelbare Aussage des Zeugen durch das Verwenden einer Vernehmungsaufzeichnung ersetzt wird, regelmäßig unmöglich oder zumindest

---

[15] Näher *Mitsch* JuS 2005, 102.
[16] BGH 15.4.2003 – 1 StR 64/03, NStZ 2003, 613.
[17] Radtke/Homann/*Otte* Rn. 8.

erheblich schwieriger, das Glaubhaftigkeitskriterium der Aussagekonstanz anzulegen. Dies kann im Einzelfall die Beweiswürdigung erschweren oder den Beweiswert der Aussage schmälern. Auch wenn einzuräumen ist, dass jede Aussage eines Zeugen mit einer gewissen, individuell unterschiedlich empfundenen Belastung verbunden ist und der Opferzeuge sich durch Informations- und Teilhaberechte einen Wissensvorsprung verschaffen kann, erscheint es zu weitgehend, von einem grundsätzlichen **Konflikt zwischen Opferschutz und Wahrheitsfindung** auszugehen.[18] Die verschiedenen Varianten des § 58a berühren die **Aufklärungspflicht** nicht. Das Tatgericht muss auch in den Fällen, in denen das Vorhaben, die Vernehmung eines Zeugen in der Hauptverhandlung durch die Vorführung der Bild-Ton-Aufzeichnung seiner früheren richterlichen Vernehmung zu ersetzen, realisiert wird, den Anforderungen der Aufklärungspflicht uneingeschränkt genügen. So kann sich, besonders bei Einführung länger zurückliegender Vernehmungsaufzeichnungen, eine – in § 255a Abs. 2 S. 4 ausdrücklich vorgesehene – **ergänzende Befragung** des Geschädigten als notwendig erweisen. Dies wird etwa der Fall sein, wenn nach der Videovernehmung neue Umstände aufgetreten sind, zu denen der Zeuge befragt werden muss[19] oder wenn trotz der eingeführten Vernehmungsaufzeichnung das aktuelle Ausmaß der Tatfolgen, die den Verletzten getroffen haben, offen geblieben ist. Denn hierbei kann es sich um für die Schuld- und besonders für die Straffrage entscheidungserhebliche oder zumindest bedeutsame Aspekte handeln, zu denen im Wege des Strengbeweises Feststellungen in der Hauptverhandlung getroffen werden müssen.

B. Erläuterung

I. Anwendungsbereiche

1. Ermittlungsverfahren. a) Polizeiliche Zeugenvernehmungen. Der durch das 2. OpferRRG mit Wirkung vom 1.10.2009 eingeführte § 163 Abs. 3 ordnet nunmehr ausdrücklich die entsprechende Anwendung des § 58a bei polizeilichen Zeugenvernehmungen an. Durch diese Vorschrift ist die früher angesichts der in § 163a Abs. 5 aF fehlenden Verweisung strittig diskutierte Frage, ob § 58a Abs. 1 die Polizei zu Videovernehmungen befugt, gegenstandslos geworden.[20] 15

b) Staatsanwaltschaftliche Zeugenvernehmungen. Für diese Zeugenvernehmungen bestimmt § 161a Abs. 1 S. 2 die Anwendbarkeit des § 58a. Im Allgemeinen, insbesondere aber, wenn wegen Straftaten gegen die sexuelle Selbstbestimmung (§§ 174 ff. StGB), gegen das Leben (§§ 212 ff. StGB) oder wegen Delikten nach §§ 225, 232–232a StGB ermittelt wird, empfiehlt sich, namentlich bei Zeugen unter 18 Jahren, wegen der erleichterten Verwertbarkeit in einer späteren Hauptverhandlung die richterliche Videovernehmung. Denn nach § 255a Abs. 2 kann die Vernehmung minderjähriger Zeugen durch die Vorführung der richterlichen Videovernehmung ersetzt werden, wenn für den Angeklagten und seinen Verteidiger eine Mitwirkungsmöglichkeit bestand. 16

c) Richterliche Zeugenvernehmungen. § 58a ist bei allen richterlichen Vernehmungen von Zeugen anwendbar, gleichviel, ob der Richter als Ermittlungsrichter, beauftragter Richter oder im Rahmen einer kommissarischen Vernehmung[21] tätig wird. Die richterliche Videovernehmung des Zeugen erscheint **in der Praxis vorzugswürdig,** weil § 255a Abs. 1 durch seine Verweisung auf §§ 251 ff. die Vorführung und Verwertung der Aufzeichnung in einer späteren Hauptverhandlung erleichtert und § 255a Abs. 2 in bestimmten Fällen die 17

---

[18] So aber die Strafverteidigervereinigungen in ihrer Stellungnahme vom 1.3.2011 zum Referentenentwurf des Bundesministeriums der Justiz für ein Gesetz zur Stärkung der Rechte von Opfern sexuellen Missbrauchs.
[19] Vgl. *Schlothauer* StV 1999, 47 (49).
[20] Zum damaligen Streitstand Radtke/Homann/*Otte* Rn. 2 mwN.
[21] Vgl. *Diemer* NJW 1999, 1667 (1668).

Ersetzung der Vernehmung durch die richterliche Videovernehmung gestattet. Dementsprechend regelt § 58a Abs. 1 S. 2, dass in den dort bestimmten Fällen eine richterliche Videovernehmung erfolgen soll.

18 Führt der Ermittlungsrichter die Videovernehmung durch, bietet ihm **§ 168e** die Möglichkeit einer **von den Anwesenheitsberechtigten getrennte Vernehmung** des Zeugen. Hierdurch kann der Schutz gefährdeter Zeugen wesentlich verbessert werden. Die getrennte Vernehmung setzt nicht nur die dringende Gefahr eines schwerwiegenden Nachteils für den Zeugen voraus. Sie ist zudem gegenüber anderen Schutzmaßnahmen (§§ 168c Abs. 3 und Abs. 5, 68, 68a, 68b, 241a, 406f, 406g) subsidiär und kommt danach nur ausnahmsweise in Betracht.

19 **2. Hauptverfahren.** In der Hauptverhandlung ist **§ 58a Abs. 1 nicht anwendbar.** § 247a trifft, wie schon die Stellung dieser Norm in der StPO zeigt, in seinen Sätzen 1–4 die für die Hauptverhandlung gegenüber § 58a Abs. 1 spezielleren Regelungen,[22] obwohl § 247a nach seinem Wortlaut nur den Fall einer zeitgleichen Video-Übertragung betrifft.[23] Jedoch gelten nach § 247a S. 5 für die Hauptverhandlung die Vorschriften des § 58a Abs. 2. § 58a ist auch im **Wiederaufnahmeverfahren** anwendbar.[24]

20 Die Videoaufzeichnungen sind den Vernehmungsniederschriften gleichgestellt. In den Fällen des § 255a Abs. 2 kann die Vorführung der Aufzeichnung die Vernehmung des Zeugen ersetzen. Die Anordnung, die Videoaufzeichnung vorzuführen, erfolgt durch Anordnung des Vorsitzenden im Rahmen seiner Verhandlungsleitung nach § 238 Abs. 1.[25]

II. § 58a Abs. 1 S. 1

21 **1. Geltungsbereich.** Nach dieser Vorschrift dürfen Zeugenvernehmungen generell auf Bild-Tonträger aufgezeichnet werden. Sie gilt – im Gegensatz zu Satz 2 – für **alle Zeugen.** Auf das Alter, eine besondere Schutzbedürftigkeit des Zeugen oder den in Rede stehenden Vorwurf kommt es nicht an. Dieser vom Wortlaut des Abs. 1 S. 1 her sehr weite Geltungsbereich ist jedoch unter dem Blickwinkel der Normzwecke bzw. im Rahmen der Ermessensausübung des Vernehmenden einzuschränken (→ Rn. 22 ff.).

22 **2. Ermessen. a) Kriterien zur Ermessensausübung.** Abs. 1 S. 1 ermächtigt den Vernehmenden, nach seinem **Ermessen** die Video-Aufzeichnung der Vernehmung anzuordnen. Kriterien für die Ermessensausübung nennt das Gesetz nicht. Das Ermessen kann – anders als in den Fällen des Abs. 1 S. 2 – uneingeschränkt ausgeübt werden. Dennoch sollte aus mehreren Gründen von der Ermächtigung des Abs. 1 S. 1 nur sehr **zurückhaltend Gebrauch** gemacht werden.[26] Es geht dabei nicht nur um den technischen Aufwand, der mit der Durchführung einer Videovernehmung, besonders dort, wo eine fest installierte Aufzeichnungseinrichtung fehlt, verbunden ist.[27] Gesehen werden muss zunächst, dass das Betrachten auch einer qualitativ hochwertigen Aufzeichnung einer Vernehmung die persönliche Begegnung mit dem Zeugen und seine Befragung in der Verhandlung nicht uneingeschränkt zu ersetzen vermag. Hinzu kommt, dass die Anordnung, eine Videovernehmung durchzuführen, regelmäßig dazu führen wird, dass der Zeuge in der Hauptverhandlung nicht mehr persönlich gehört wird und damit eine Durchbrechung des Unmittelbarkeitsgrundsatzes nach sich zieht.[28] Schließlich ist mit der Aufzeichnung ein Eingriff in die Persönlichkeitsrechte des Vernommenen verbunden.[29]

---

22 KK/*Senge* Rn. 3; L/R/*Ignor/Bertheau* Rn. 6; *Meyer-Goßner* Rn. 2.

23 *Rieß* StraFo 1999, 1 (3).

24 L/R/*Ignor/Bertheau* Rn. 27.

25 BGH 26.8.2011 – 1 StR 327/11, NJW 2011, 3382 m. abl. Anm. *Eisenberg* StraFo 2011, 397.

26 Ebenfalls für eine einschränkende Handhabung L/R/*Ignor/Bertheau* Rn. 11.

27 Hierin sehen KK/*Senge* Rn. 3 und *Joecks* Rn. 2 einen Hinderungsgrund.

28 Graf/*Huber* Rn. 6; dazu *Laubenthal* JZ 1996, 335 (342).

29 L/R/*Ignor/Bertheau* Rn. 12.

Die Anordnung einer Videovernehmung sollte sich deshalb – ausgehend von den gesetzgeberischen Intentionen – streng an den **Erfordernissen des Zeugenschutzes (dazu Rn. 4, 5) und der Beweissicherung (dazu Rn. 6)** orientieren. Demgegenüber erscheinen der Umfang, die Bedeutung oder der Wahrheitsgehalt der erwarteten Aussage keine geeigneten Kriterien,[30] ebenso wenig die Entscheidungserheblichkeit der Bekundungen des Zeugen.[31] Denn anderenfalls unterfiele nahezu jeder Hauptbelastungszeuge eines Strafverfahrens der Regelung des Abs. 1 S. 1. 23

b) Beispiele. Ausgehend von den vorstehenden Erwägungen kommt die Aufzeichnung der Vernehmung etwa bei Zeugen in Betracht, die besonders schutzbedürftig sind, weil sie sich in einer **Gefährdungslage** befinden.[32] Diese kann namentlich im Zusammenhang mit der **Bekämpfung organisierter Kriminalität** oder deshalb entstehen, weil sich der Zeuge aus der kriminellen Szene gelöst hat; hingegen reichen Unannehmlichkeiten oder Nachteile im zwischenmenschlichen Bereich nicht aus, eine Gefährdungslage zu bejahen.[33] 24

Die Videovernehmung kommt auch dann in Frage, wenn der Zeuge bzw. Opferzeuge die Altersgrenze der beiden Alternativen des Satzes 2 Nr. 1 nur geringfügig überschritten hat oder von seinem **Entwicklungsstand** noch einem Minderjährigen gleichzustellen ist oder wenn zu befürchten ist, dass der Zeuge für eine **Hauptverhandlung nicht zur Verfügung** stehen wird, zB wegen einer schweren oder lebensbedrohlichen Erkrankung, bei absehbaren längeren Auslandsaufenthalten, eines Zeugen oder wenn die gesetzlichen Vertreter eines Kindes dessen Vernehmung in einer Hauptverhandlung nicht gestatten wollen.[34] 25

Für eine Videovernehmung auf der Grundlage des Abs. 1 S. 1 kommen nicht nur die häufig angeführten **Opfer** gravierender Sexualstraftaten, sondern auch diejenigen Zeugen in Frage, die durch schwere Raub- oder Erpressungstaten, aufgrund einer Entführung oder Geiselnahme, durch versuchte Tötungsdelikte oder durch eine schwerwiegende Tat nach §§ 224 ff. StGB verletzt wurden. 26

Auch bei **alten, kranken oder gebrechlichen Zeugen** können die mit wiederholten Befragungen verbundenen Belastungen gesundheitliche Störungen unterschiedlicher Art verursachen. Die Mehrfachvernehmung dieser Zeugen- durch Polizei, Ermittlungsrichter, Sachverständige und das erkennende Gericht – ist deshalb nach Möglichkeit zu vermeiden. Dies gilt in besonderem Maße, wenn sie Opfer einer **gravierenden Straftat** geworden sind und/oder der Verdacht schwerwiegender Gewalt- oder Sexualstraftaten im Raume steht.[35] In diesen Fällen sollen bei dem genannten Personenkreisen durch die Anordnung der Aufzeichnung Mehrfachvernehmungen zu immer demselben psychisch belastenden Thema sowie die Gefahr von Folgeschäden durch die Strafverfolgung[36] vermieden werden.[37] 27

c) Entbehrlichkeit einer Videovernehmung. Der weite Wortlaut des Abs. 1 S. 1 verlangt, namentlich unter dem Gesichtspunkt der **Verhältnismäßigkeit,** eine **einschränkende Handhabung** der Vorschrift. Dabei sind in die Prüfung, ob von der Ermächtigung Gebrauch gemacht wird, zunächst die in Rn. 22 genannten Aspekte einzustellen. Um eine uferlose Ausdehnung nicht erforderlicher Videovernehmungen zu vermeiden, wird man Taten der Kleinkriminalität, Alltagsfälle[38], aber auch mittelschwere Delikte regelmäßig ausscheiden müssen. Selbst wenn gravierende Straftaten im Raum stehen, kann sich eine Videovernehmung des Zeugen als entbehrlich erweisen. Dies wird regelmäßig dort der Fall sein, wo ein umfassendes Geständnis oder sonst eine stabile und gesicherte Beweissituation vorliegen. 28

---

[30] AA L/R/*Ignor/Bertheau* Rn. 12.
[31] AA Graf/*Huber* Rn. 6.
[32] Ausführlich → Rn. 43 ff.
[33] *Griesbaum* NStZ 1998, 433 f.
[34] KK/*Senge* Rn. 3.
[35] *Leipold* NJW-Spezial 2005, 471.
[36] hierzu KK/*Senge* Rn. 6.
[37] BGH v. 8.7.2004 – 1 StR 273/04; BGH v. 3.8.2004 – 1 StR 288/04.
[38] Joecks Rn. 3 nennt als Beispiel das Opfer eines Verkehrsunfalls.

29 Das Kriterium einer **untergeordneten Bedeutung der Aussage** des Verletzten scheint für eine Einschränkung des Anwendungsbereichs wenig geeignet[39], da im Strafprozess regelmäßig auf die Angaben des Geschädigten nicht verzichtet werden kann. Dies gilt selbst im Falle eines Geständnisses des Täters, weil die verschuldeten Folgen der Tat und die **aktuelle physische und psychische Verfassung des Opfers** zum Zeitpunkt der Urteilsfällung einschließlich evtl. erstmals im Rahmen der Vernehmung bekannt werdender Spätschäden bedeutsame Strafzumessungsfaktoren darstellen. Die Aufzeichnung wird sich freilich dort regelmäßig als nicht erforderlich erweisen, wo ein Zeuge oder ein Geschädigter ausschließlich zu den Tatfolgen vernommen werden muss.

30 **3. Duldungspflicht des Zeugen.** Die Anordnung des Vernehmenden, eine Video-Vernehmung durchzuführen, ersetzt das Einverständnis des Zeugen hierzu. Der Zeuge ist, soweit er sich nicht auf ein Zeugnisverweigerungsrecht berufen kann, verpflichtet, diese Art der Vernehmung zu dulden; sie ist Bestandteil seiner Zeugenpflicht, sodass es keiner Einwilligung des Zeugen hierzu bedarf.[40]

31 Deshalb und weil es sich bei einer Videovernehmung nur um eine besondere Vernehmungsform handelt, sind die **Zwangsmittel des § 70** gegen den Zeugen anwendbar.[41] Hinweise dafür, dass der Gesetzgeber § 70 auf die Fälle des § 58a nicht angewendet wissen wollte, fehlen, sodass die Zeugenpflicht, sich im Rahmen der Videovernehmung zu äußern, mit den Zwangsmitteln des § 70 durchgesetzt werden kann. Freilich wird eine uneingeschränkt brauchbare Aussage nur im Falle eines kooperationsbereiten Zeugen zustande kommen.[42] Fehlt das Einverständnis des Zeugen, wird der Vernehmende zu bedenken haben, dass eine herkömmliche Vernehmung regelmäßig den besseren Beweiswert erbringen wird als eine Videovernehmung, zu der der Zeuge gezwungen werden muss. Vor diesem Hintergrund muten die Vorschläge, von § 70 nur zurückhaltend Gebrauch zu machen[43] oder aus Gründen der Verhältnismäßigkeit von der Anordnung und Vollstreckung von Zwangsmitteln abzusehen,[44] rein theoretisch an.

32 **4. Zeugnisverweigerungsberechtigte Zeugen.** Die Anordnung einer Videovernehmung ist auch bei Zeugen, denen ein Zeugnisverweigerungsrecht zusteht, möglich. Der Beginn der Aufzeichnung ist jedoch erst zulässig, nachdem der Zeuge über sein Weigerungsrecht **belehrt** wurde und er erklärt hat, dennoch **aussagebereit** zu sein. Denn anderenfalls bestünde die Möglichkeit, dass ein Augenscheinsobjekt entsteht, das als Beweismittel zum Nachteil des Beschuldigten verwertbar bleibt, auch wenn sich der Zeuge auf sein Zeugnisverweigerungsrecht berufen sollte.[45] Hat sich der Zeuge vor der Videovernehmung aussagebereit erklärt, verweigert er aber in der Hauptverhandlung das Zeugnis, darf die Aufzeichnung in der Verhandlung nicht abgespielt werden (§ 255a Abs. 1 iVm § 252); möglich bleibt allein die Vernehmung des vernehmenden Richters.[46]

III. § 58a Abs. 1 S. 2 Nr. 1

33 **1. Allgemeines.** Satz 2 enthält nach der Neufassung durch das StORMG drei voneinander unabhängige Alternativen. Die Regelungen erfassen schutzbedürftige minderjährige Zeugen (Nr. 1, 1. Alt.). Unter die Nr. 1, 2. Alt fallen diejenigen Zeugen, die als Kinder oder Jugendliche durch eine der in § 255a Abs. 2 S. 1 aufgeführten Straftaten verletzt wurden. Abs. 1 S. 2 Nr. 2 erfasst – besonders unter dem Aspekt der Beweissicherung und Sachverhaltsaufklärung – alle

---

[39] AA L/R/*Ignor/Bertheau* Rn. 17.

[40] Graf/*Huber* Rn. 11; L/R/*Ignor/Bertheau* Rn. 13; Radtke/Homann/*Otte* Rn. 7; KK/*Senge* Rn. 8.

[41] L/R/*Ignor/Bertheau* Rn. 14 mwN.

[42] BT-Drs. 13/7165, 6; Graf/*Huber* Rn. 11.

[43] *Meyer-Goßner* Rn. 8.

[44] L/R/*Ignor/Bertheau* Rn. 14.

[45] KK/*Senge* Rn. 8 mit dem zutreffenden Beispiel eines Zeugen mit sichtbaren Verletzungsfolgen der in Rede stehenden Tat.

[46] KK/*Senge* Rn. 8.

Zeugen unabhängig von ihrem Alter. Da die Regelung der Nr. 2 auch dem Zeugenschutz dient, können sich die Anwendungsbereiche der Alternativen überschneiden.

Anders als bei Satz 1 besteht in den Konstellationen des Satzes 2 kein uneingeschränktes Ermessen des Vernehmenden. Die **Sollvorschrift** des Abs. 1 S. 2 geht vielmehr davon aus, dass dann, wenn die Voraussetzungen der Nr. 1 oder der Nr. 2 vorliegen, regelmäßig die Video-Aufzeichnung der – richterlichen – Zeugenvernehmung anzuordnen ist und hiervon nur ausnahmsweise abgesehen werden darf. Auch wenn Satz 2 lediglich in der 2. Alt. der Nr. 1 eine Beschränkung auf bestimmte Straftaten enthält, liegt nach dem Wortlaut des Gesetzes eine grundsätzliche Verpflichtung des Vernehmenden vor.[47] 34

Für die **Duldungspflicht** des Zeugen und zum Vorgehen bei Zeugen, denen ein Zeugnisverweigerungsrecht zusteht, gilt das oben Gesagte (→ Rn. 30, 31) ebenso. 35

2. § 58a Abs. 1 S. 2 Nr. 1, 1. Alt. a) Altersgrenze. Die 1. Alt. des Abs. 1 S. 2 Nr. 1 regelt die Voraussetzungen der Anordnung einer Video-Vernehmung bei minderjährigen Zeugen. Ob die mit Wirkung vom 1.10.2009 von 16 auf 18 Jahre erhöhte Altersgrenze erreicht ist, bestimmt sich nicht nach dem Zeitpunkt der Straftat, sondern demjenigen, in dem die Vernehmung stattfinden soll. 36

b) Minderjährige Zeugen. Die 1. Alt. des Abs. 1 S. 2 Nr. 1 ist bei allen Zeugen unter 18 Jahren anwendbar. Darauf, ob der Zeuge Verletzter, dh Opfer einer Straftat geworden ist, kommt es hier nicht an; das Gesetz führt in der 1. Alt. allgemein „Personen unter 18 Jahren" an.[48] 37

c) Schutzwürdige Interessen. Die Videovernehmung muss erforderlich sein, um die schutzwürdigen Interessen des minderjährigen Zeugen besser wahren zu können. Ob dies zutrifft, lässt sich nicht abstrakt bestimmen, sondern ist von den Umständen und der Beweislage im **Einzelfall** abhängig. Der Vernehmende muss davon ausgehen, dass – besonders bei Kindern und jungen Jugendlichen – die mit wiederholten Befragungen verbundenen Belastungen grundsätzlich zu gesundheitlichen Störungen unterschiedlicher Art führen können. Ihre **Mehrfachvernehmung** – durch Polizei, Ermittlungsrichter, Sachverständige und das erkennende Gericht – soll deshalb nach Möglichkeit vermieden werden.[49] Nicht übersehen werden darf aber, dass Mehrfachvernehmungen nicht generell entbehrlich sind; so wird häufig eine polizeiliche Befragung des Zeugen schon deshalb notwendig sein, um beurteilen zu können, ob die Voraussetzungen für eine richterliche Vernehmung und deren Aufzeichnung vorliegen. 38

Gesehen werden muss auch, dass das in der früheren Fassung des § 58a enthaltene Erfordernis, dass die Videovernehmung zur Wahrung der Interessen geboten sein muss, entfallen ist; es genügt nunmehr, dass die Interessen „besser gewahrt" werden können. Des weiteren gelten die in Rn. 42 dargelegten Erwägungen hier entsprechend. 39

d) Eingeschränktes Ermessen. Die Sollvorschrift des Abs. 1 S. 2 schränkt das Ermessen ein. Eine Bild-Ton-Aufzeichnung soll bei der Vernehmung von Zeugen unter 18 Jahren – ebenso wie bei den in der Vorschrift aufgeführten Verletzten – im Grundsatz bereits dann erfolgen, wenn damit deren schutzbedürftige Interessen besser gewahrt werden können. Der Gesetzgeber ging bei der Ausweitung der Nr. 1 des Abs. 1 zwar einerseits davon aus, dass angesichts des mit der Aufzeichnung verbundenen erheblichen Eingriffs in das Persönlichkeitsrecht des Zeugen sowie der angestrebten Durchbrechung des Unmittelbarkeitsgrundsatzes der Anordnung einer Videovernehmung eine **sorgfältige Verhältnismäßigkeitsprüfung vorauszugehen** hat. Er wollte andererseits keine zu strengen Anforderungen an den opferschonenden Mehrwert einer Bild-Ton-Aufzeichnung gestellt wissen.[50] Schon 40

[47] Vgl. bereits BGH NStZ-RR 2004, 336.

[48] AA wohl *Meyer-Goßner* Rn. 6.

[49] Vgl. BGH 3.8.2004 – 1 StR 288/04, NStZ-RR 2004, 336 (dort nur Ls.) zu einem Fall, in dem das 15jährige Opfer im Ermittlungsverfahren von der Polizei, dem Ermittlungsrichter und einem Sachverständigen insgesamt achtmal vernommen wurde.

[50] BT-Drs. 17/6261 S. 10.

zur früheren Fassung des § 58b nahm die Rechtsprechung bei **schwerwiegenden Sexualstraftaten zum Nachteil Minderjähriger** eine grundsätzliche Verpflichtung an, die Aussage in Bild und Ton festzuhalten, um dadurch die Anzahl der Vernehmungen zu verringern.[51]

41 **3. § 58a Abs. 1 S. 2 Nr. 1, 2. Alt. a) Altersgrenze.** Diese am 1.9.2013 in Kraft getretene Variante erfasst **minderjährige Opfer** im Wege der Verweisung auf § 255a Abs. 2 dann, wenn sie Verletzte eines Sexualdelikts (§§ 174 bis 184g StGB), einer Straftat gegen das Leben (§§ 211 bis 222 StGB), einer Misshandlung von Schutzbefohlenen (§ 225 StGB) oder einer Straftat gegen die persönliche Freiheit (§§ 232 bis 233a StGB) geworden sind. Entscheidend ist, dass der Zeuge zum Zeitpunkt der Tat noch nicht 18 Jahre alt war; sein Alter im Vernehmungszeitpunkt ist unerheblich.

42 **b) Verletzte.** Die Verletzteneigenschaft setzt voraus, dass der Zeuge durch die Tat **unmittelbar und direkt betroffen** ist.[52] Mittelbare Auswirkungen, etwa Vermögensnachteile aufgrund der Tötung eines Unterhaltspflichtigen, reichen nicht aus. Auch bei der Zeugengruppe der Verletzten geht es unter dem Aspekt des Zeugenschutzes wesentlich darum, durch die Anordnung der Aufzeichnung Mehrfachvernehmungen zu psychisch belastenden Themen sowie die Gefahr von Folgeschäden durch die Strafverfolgung zu vermeiden.[53]

43 **c) Schutzwürdige Interessen des Verletzten.** Die Vorschrift will die Belastungen des Verletzten, namentlich die Anzahl seiner Vernehmungen reduzieren. Deshalb können schutzwürdige Interessen des Verletzten nicht nur dann bejaht werden, wenn die Durchführung einer richterlichen Videovernehmung eine erneute **Vernehmung in der Hauptverhandlung vermeidet.** Sie können schon dann vorliegen, wenn die Bild-Ton-Aufzeichnung dazu beiträgt, dass sich die **Anzahl der Vernehmungen im Ermittlungsverfahren reduziert.** Im Rahmen der gebotenen Prüfung dürfen auch die Aspekte einer **möglicherweise erhöhten Geständnisbereitschaft** und der **Beweissicherung** berücksichtigt werden. Schließlich darf nicht ausgeblendet werden, dass die Aufzeichnung selbst eine besondere Belastung für den Zeugen mit sich bringen kann.[54] Im Übrigen gelten die Ausführungen Rn. 39 hier ebenso.

44 **d) Eingeschränktes Ermessen.** Für die Auslegung der Sollvorschrift in der 2. Alternative des Abs. 1 S. 2 Nr. 1 gelten die Ausführungen Rn. 40. Auch dann, wenn eines der in § 255a Abs. 2 aufgeführten Delikte in Rede steht, kann sich eine Videovernehmung des Opfers dort, wo ein umfassendes Geständnis oder sonst eine stabile Beweissituation vorliegt, als entbehrlich erweisen. Zu Zeugenaussagen von untergeordneter Bedeutung Rn. 29.

IV. § 58a Abs. 1 S. 2 Nr. 2

45 Diese Bestimmung bezweckt vor allem die Beweissicherung, hat aber auch Zeugenschutzfunktion. Sie verlangt kumulativ die Besorgnis, dass der Zeuge in der Hauptverhandlung nicht vernommen werden kann sowie, dass die Aufzeichnung zur Erforschung der Wahrheit erforderlich ist. Beide Voraussetzungen verlangen eine Prognose des Vernehmenden.

46 **1. Besorgnis.** Der Begriff der Besorgnis zeigt, dass die bloß abstrakte Gefahr, der Zeuge könnte für eine Hauptverhandlung nicht zur Verfügung stehen, nicht genügt. Vielmehr sind für eine solche Einschätzung **konkrete Anhaltspunkte** erforderlich.[55] Die entsprechende Befürchtung eines drohenden Beweisverlusts muss auf **tatsächlichen Umständen** beruhen.

---

51 BGH 3.8.2004 – 1 StR 288/04, NStZ-RR 2004, 336 (nur Ls.) mwN.
52 Graf/*Huber* Rn. 8; *Meyer-Goßner* Rn. 6.
53 Vgl. BGH 3.8.2004 – 1 StR 288/04, NStZ-RR 2004, 336 (dort nur red. Ls.).
54 BT-Drs. 17/6261 S. 10.
55 L/R/*Ignor/Bertheau* Rn. 19; KK/*Senge* Rn. 7.

a) Ladungsprobleme. Ein drohender Beweisverlust kann sich zunächst daraus ergeben, dass der Zeuge voraussichtlich schwer zu laden sein bzw. einer erhaltenen Ladung keine Folge leisten wird. Diese Besorgnis lässt sich etwa aus dem **Milieu, aus dem der Zeuge stammt,** ableiten; die kriminalistische Erfahrung zeigt, dass sich beispielsweise Zeugen, die im Rotlichtmilieu verwurzelt oder in den Rauschgift- oder Menschenhandel verstrickt sind, kaum unter ihrer Meldeanschrift aufhalten, sodass Zeugenladungen regelmäßig ins Leere gehen. Ebenso liegt es bei abgelehnten bzw. nur geduldeten Asylbewerbern, denen Plätze in Sammelunterkünften zugewiesen sind, wobei hinzukommt, dass diese Personen die Residenzpflicht oft unbeachtet lassen. 47

b) Gesundheitsprobleme. Anlass für die Befürchtung, der Zeuge könne im Hauptverfahren nicht vernommen werden, kann auch sein **Gesundheitszustand** geben; danach wird die Anordnung der Aufzeichnung bei schwer oder lebensbedrohlich erkrankten Zeugen oder geistig gebrechlichen Zeugen, namentlich dann, wenn bei ihnen massive Gedächtniseinbußen zu befürchten sind, geboten sein. 48

c) Auslandsbezüge. Die Anordnung der Aufzeichnung kommt auch bei absehbaren längeren **Auslandsaufenthalten** eines Zeugen in Frage oder dann, wenn seine Ausweisung bzw. Abschiebung bevorsteht. 49

d) Vernehmungshindernisse. Gleiches gilt, wenn zu befürchten ist, dass die **gesetzlichen Vertreter eines Kindes** oder ein zu bestellender Ergänzungspfleger dessen Vernehmung zwar grundsätzlich gestatten wollen, ihre Zustimmung zu einer Zeugenvernehmung in einer öffentlichen Hauptverhandlung aber verweigern werden.[56] Das – berechtigte – Fernhalten des Kindes von der Hauptverhandlung begründet ein tatsächliches, die Vernehmung ausschließendes Hindernis iSv § 251 Abs. 1 Nr. 2, Abs. 2 Nr. 1.[57] 50

e) Gefährdete Zeugen. Die Kombination der Gesetzeszwecke Beweissicherung und Zeugenschutz wird besonders im Bereich der **gefährdeten Zeugen** deutlich. 51

aa) Gesperrte Zeugen. Bei **nach § 96 gesperrten Zeugen** muss die Herstellung einer „normalen" Videoaufzeichnung der Vernehmung regelmäßig ausscheiden.[58] Denn die Gefahr der Identifizierung und der damit verbundenen Gefährdung des Zeugen wird durch eine Videovernehmung weder beseitigt noch nennenswert gemindert.[59] Unter dem Gesichtspunkt des bestmöglichen Beweismittels kommt jedoch die Aufzeichnung der Vernehmung mit **akustischer und optischer Verzerrung** in Frage, sofern eine solche Vorgehensweise die sichere Gewähr dafür bietet, dass Rückschlüsse auf die Person des Zeugen ausgeschlossen sind.[60] Der BGH hat bereits wiederholt daran erinnert, dass die audiovisuelle Vernehmung einer Gewährsperson in Verbindung mit deren optischer und akustischer Verfremdung sowohl unter dem Gesichtspunkt der Wahrheitsfindung als auch unter dem der Verteidigungsmöglichkeiten das bessere Beweismittel darstellen kann, weil eine solche audiovisuelle Vernehmung als gangbare Alternative zur völligen Sperrung des Zeugen zu einer sinnvollen Konkordanz zwischen Wahrheitsermittlung, Verteidigungsinteressen und Zeugenschutz führt.[61] Die Gewährleistungen der EMRK stehen einer optisch und akustisch verfremdeten Vernehmung nicht entgegen.[62] 52

Der Vernehmende hat bei seiner Prüfung, ob eine Videovernehmung des gefährdeten Zeugen in Betracht kommt, zu beachten, dass sich die **Gefährdungslage** und die **Gefahr** 53

---

[56] L/R/*Ignor/Bertheau* Rn. 19; *Meyer-Goßner* Rn. 7.

[57] OLG Saarbrücken 28.2.1974 – Ss 78/73, NJW 1974, 1959 (1960); *Laubenthal* JZ 1996, 335 (342).

[58] AA Graf/*Huber* Rn. 9; *Meyer-Goßner* Rn. 1a; *Griesbaum* NStZ 1998, 433 (439) sieht in den für die Hauptverhandlung gesperrten Zeugen einen bedeutsamen Anwendungsbereich des § 58a.

[59] Zutreffend L/R/*Ignor/Bertheau* Rn. 19.

[60] Zusammenfassend *Diemer* NJW 1999, 1667 (1670); *Walter* StraFo 2004, 224.

[61] BGH 7.3.2007 – 1 StR 646/06, BGHSt 51, 232 = NStZ 2007, 477; vgl. auch Weider/Staechelin StV 1999, 51 (53).

[62] Im Einzelnen hierzu *Walter* StraFo 2004, 224 (226 ff.).

der Aufdeckung der Identität bei Vertrauenspersonen und verdeckten Ermittlern unterscheiden können: Bei einer **privaten Vertrauensperson** oder einem **privaten Hinweisgeber** werden Identität und Funktion als Informant der Ermittlungsbehörden den Beteiligten zumeist nicht bekannt sein. Deshalb können die Befragung, aber auch Sprachduktus, Mimik und Gestik – selbst bei einer optisch-akustischen Verfremdung oder einer vollen Abschirmung – zur Aufdeckung seiner Identität führen; dies gilt besonders, wenn es sich um eine Person aus dem Nahbereich der Angeklagten handelt.[63]

54 Hingegen wird einem Angeklagten zumeist bekannt geworden sein, dass die Erkenntnisse auf Grund des Einsatzes eines **Verdeckten Ermittlers** gewonnen wurden, ebenso, welche der beteiligten Personen der Verdeckte Ermittler war und welche Aktivitäten dieser im Zusammenhang mit den Ermittlungen entfaltet hat. Geheimhaltungsbedürftig ist in einem solchen Fall primär die wahre Identität des Verdeckten Ermittlers, die kriminaltaktische Vorgehensweise bei der Legendierung und der Bereich seines weiteren Einsatzes. Konkrete Umstände der Tat – insbesondere Fragen der Tatprovokation – kann der Verdeckte Ermittler somit möglicherweise auch bei einer abgeschirmten oder verfremdeten Videovernehmung bekunden, ohne dass – anders als bei einer Vertrauensperson – schon dadurch eine mit der Identitätsaufdeckung verbundene Gefährdung (seiner Person und seines weiteren Einsatzes) verbunden sein muss. Zudem können die oberste Dienstbehörde Fragen, die zur Gefährdung der Person des Verdeckten Ermittlers und seines weiteren Einsatzes führen können, generell sperren und der Führungsbeamte des Verdeckten Ermittlers darauf achten, dass solche Fragen nicht beantwortet werden. Ferner darf das Gericht einzelne Fragen auf entsprechenden Hinweis des Führungsbeamten oder des Verdeckten Ermittlers nicht zulassen. Auch wird der Verdeckte Ermittler so ausgebildet sein, dass er sich durch entsprechende Fragen nicht gefährdet.[64] Zusätzlicher Schutz kann dem Zeugen durch die Anwendung der §§ 68, 247a geboten werden.[65]

55 Von einer Videovernehmung wird daher etwa dort nicht mehr abgesehen werden können, wo das zuständige Ministerium eine Vernehmung des Verdeckten Ermittlers anbietet, bei der Bild und Ton so verfremdet werden, dass eine **Identifikation** über die Gesichtszüge, über sonstige Elemente des Aussehens oder über die Stimme und Sprechweise **sicher ausgeschlossen** werden kann.[66]

56 **bb) Zeugen im Zeugenschutzprogram.** Entsprechendes gilt für Zeugen, die in ein **Zeugenschutzprogramm** aufgenommen werden sollen oder wurden, zumal es nach § 10 Abs. 3 ZSHG für diese im Strafverfahren bei den §§ 68, 110b verbleibt.

57 **f) Beweisverlust aus rechtlichen Gründen.** Regelmäßig **nicht ausreichend** ist es, dass sich die Besorgnis eines Beweisverlusts auf **rechtliche Gründe** stützt. Bestehen Hinweise dafür, dass der Zeuge in der Hauptverhandlung von dem ihm zustehenden **Zeugnisverweigerungsrecht** Gebrauch machen wird, rechtfertigt dies keine Anordnung einer Videovernehmung. Denn diese unterfällt bei Ausübung des Zeugnisverweigerungsrechts dem Verwertungsverbot gemäß § 252 iVm § 255a Abs. 1. Zwar bleibt die Vernehmung des Vernehmungsrichters möglich; in diesem Fall reicht jedoch das schriftliche Protokoll aus, um Vorhalte machen zu können.[67]

58 Ebenfalls meist nicht ausreichend ist die Befürchtung, es werde bei der Vernehmung des Zeugen im Hauptverfahren die Protokollverlesung zur Gedächtnisunterstützung gemäß § 253 notwendig. Zum einen handelt es sich bei der Verlesung nach § 253 um einen echten Urkundenbeweis, sodass es am Merkmal des Beweisverlusts fehlt, zum anderen ist Abs. 1 Nr. 2 nicht erfüllt, weil der Zeuge in der Hauptverhandlung vernommen werden kann.[68]

---

[63] BGH 17.8.2004 – 1 StR 315/04, NStZ 2005, 43.
[64] BGH 17.8.2004 – 1 StR 315/04, NStZ 2005, 43.
[65] *Diemer* NJW 1999, 1667 (1670).
[66] BGH 7.3.2007 – 1 StR 646/06, BGHSt 51, 232 = NStZ 2007, 477 mwN; BGH 19.7.2006 – 1 StR 87/06, NStZ 2006, 648.
[67] L/R/*Ignor/Bertheau* Rn. 20.
[68] L/R/*Ignor/Bertheau* Rn. 20.

Anders liegt es aber dann, wenn bei dem Zeugen mit einem massiven oder gar totalen Gedächtnisverlust gerechnet werden muss.

Bei der Annahme, der Zeuge könnte sich im Hauptverfahren auf ein **Auskunftsverweigerungsrecht** berufen, ist zu unterscheiden: Kommt nur eine punktuelle Berufung des Zeugen auf § 55 in Frage, ermächtigt dies nicht zur Anordnung einer Videovernehmung; denn der Zeuge kann vernommen werden. Anders liegt es vor dem Hintergrund des Normzwecks, wenn von einem so umfassenden Recht aus § 55 auszugehen ist, dass der Zeuge zu keinerlei Angaben verpflichtet ist.[69] 59

2. Erforderlichkeit zur Wahrheitserforschung. Mit dieser Umschreibung will das Gesetz – ebenso wie mit der wortgleichen Einschränkung in § 247a S. 1 – verdeutlichen, dass die Anordnung einer audiovisuellen Vernehmung unter Aufklärungsgesichtspunkten entbehrlich sein kann. Dies ist dann zu bejahen, wenn von einer Videovernehmung keine **weitergehende oder bessere Aufklärung** zu erwarten ist als bei einer herkömmlichen Vernehmung des Zeugen. Bei der Beurteilung, ob dies der Fall ist, steht den Ermittlungsbehörden ebenso wie dem Ermittlungsrichter, der gemäß § 168e S. 4 verfährt, ein weiter **Ermessensspielraum** zu.[70] 60

Entscheidend ist danach die **Beweislage** im Einzelfall,[71] nach der die Fertigung eines verles- und verwertbaren Vernehmungsprotokolls iVm anderen Beweismitteln ausreichen kann.[72] Als nicht erforderlich wird sich eine Videovernehmung auch dort erweisen, wo bereits ein umfassendes Geständnis des Beschuldigten vorliegt, sodass sich in der Hauptverhandlung eine Befragung des Opfers zum Tathergang erübrigt und sich die Vernehmung lediglich auf Fragen zur Feststellung der Tatfolgen beschränken kann. Vor diesem Hintergrund kann die gesetzliche Einschränkung schwerlich als überflüssig bezeichnet werden.[73] 61

V. Anordnung und Durchführung der Videoaufzeichnung, Zuständigkeiten

1. Funktionelle Zuständigkeit. Zuständig für die Anordnung der Videoaufzeichnung ist stets der Vernehmende.[74] Die Polizei kann die Zeugenvernehmung aufgrund eigener Initiative oder auf Weisung der StA aufzeichnen. Soll eine richterliche Vernehmung durchgeführt werden, hat die StA einen entsprechenden Antrag zu stellen; in Eilfällen reicht ein mündlicher Antrag aus. Der Richter ist an den Antrag nicht gebunden. 62

2. Örtliche Zuständigkeit. Die örtliche Zuständigkeit des Ermittlungsrichters richtet sich nach den allgemeinen Vorschriften. Danach besteht durch die am 1.1.2008 in Kraft getretene Gesetzesänderung[75] eine **zweifache Zuständigkeit:** Zunächst ist im Sinne der Zuständigkeitskonzentration nach § 162 Abs. 1 S. 1 das Amtsgericht zuständig, in dessen Bezirk die StA ihren Sitz hat. Daneben besteht nach § 162 Abs. 1 S. 3 – sofern dies zur Verfahrensbeschleunigung oder angezeigt ist, Belastungen des Zeugen, etwa durch lange Anfahrtswege, zu vermeiden – die Zuständigkeit desjenigen Amtsgerichts, in dessen Bezirk die Vernehmung vorzunehmen ist; dies richtet sich nach dem Wohn- oder Aufenthaltsort der zu vernehmenden Person. 63

Bei welchem Gericht die Vernehmung beantragt wird, liegt im **Ermessen der StA.** Das von ihr angerufene Gericht kann die Vernehmung des Zeugen nicht ablehnen, wenn die Auswahl nicht ausnahmsweise auf sachfremden oder willkürlichen Erwägungen beruht.[76] 64

---

69 *Meyer/Goßner* Rn. 7; L/R (25. Aufl.)/*Rieß* § 58a Nachtrag 20; aA L/R/*Ignor/Bertheau* Rn. 20.
70 KK/*Senge* Rn. 7 mwN; Radtke/Homann/*Otte* Rn. 6.
71 *Meyer-Goßner* § 247a Rn. 6.
72 Vgl. hierzu auch *Diemer* NJW 1999, 1667 (1670), der das identische Merkmal in § 247a unter dem Aspekt weiterer Aufklärungsmöglichkeiten in der Hauptverhandlung beleuchtet.
73 AA *Seitz* JR 1998, 309 (312).
74 *Meyer-Goßner* Rn. 9; Radtke/Homann/*Otte* Rn. 8.
75 Gesetz zur Neuregelung der Telekommunikationsüberwachung und anderer verdeckter Ermittlungsmaßnahmen sowie zur Umsetzung der Richtlinie 2006/24/EG v. 21.12.2007, BGBl. I 3198.
76 Graf/*Patzak* § 162 Rn. 10; *Meyer-Goßner* § 162 Rn. 11.

Nicht maßgeblich sind von der StA vorgeschlagene Vernehmungsorte, die durch § 162 Abs. 1 nicht abgedeckt sind oder der Ort, an dem sich das Video-Vernehmungszimmer befindet.[77]

65 **3. Durchführung.** Der Ablauf der Videovernehmung entspricht der einer herkömmlichen Vernehmung, sodass der Zeuge zunächst seine Personalien anzugeben hat (§ 68 Abs. 1) und sodann Gelegenheit haben muss, zum Vernehmungsgegenstand zusammenhängend in eigenen Worten zu berichten, bevor Einzelfragen an ihn gerichtet werden (§ 69).

66 Anhaltspunkte zur technischen Umsetzung und Hinweise zum adäquaten Auftreten des Vernehmenden liefern Nr. 19 Abs. 2, 19a RiStBV. Bei der Aufzeichnung sollte die Kameraeinstellung stets den Vernehmenden, den Zeugen und den ggf. anwesenden Sachverständigen zeitgleich erfassen. Mit aufzunehmen sind die Belehrung des Zeugen, ggf. seine Vereidigung und die Verhandlung hierüber.[78] Daneben sollten auch Vorgespräche mit dem Zeugen aufgezeichnet werden.[79]

67 **4. Teilaufzeichnung.** Eine nur **teilweise Aufzeichnung** der Vernehmung sieht das Gesetz nicht vor. Sie muss vor dem Hintergrund des Gesetzeszwecks, den Aussageinhalt verlässlich und verwertbar festzuhalten, grundsätzlich ausscheiden.[80] Eine Teilaufzeichnung ist aber ausnahmsweise dort zulässig, wo der Zeuge zu unterschiedlichen Tatsachverhalten vernommen werden soll, die Voraussetzungen des § 58a indes nur hinsichtlich eines dieser Komplexe vorliegen. Denn in einem solchen Fall könnten auch zwei separate Vernehmungen des Zeugen durchgeführt werden.

68 **5. Protokollierung.** §§ 168–168b gelten ebenso wie bei einer herkömmlichen Zeugenvernehmung. Das bedeutet, dass die komplette Videovernehmung zu protokollieren ist.[81] Dies folgt auch aus § 58a Abs. 3 S. 1.

VI. Die Verwendung der Aufzeichnung (§ 58a Abs. 2 S. 1)

69 **1. Zwecke der Strafverfolgung.** Nach Abs. 2 S. 1 darf die Aufzeichnung nur für Zwecke der Strafverfolgung verwendet werden. Hierin liegt keine Beschränkung auf ein bestimmtes Verfahren, sodass die Aufzeichnung **auch in anderen Strafverfahren** oder in einem Verfahren gegen den Zeugen, etwa zum Nachweis einer Falschaussage, verwertet werden kann. Diese anderen Verfahren müssen zum Zeitpunkt der Aufzeichnung noch gar nicht anhängig gewesen sein.[82] Nach der Verweisungsnorm des § 46 OWiG kommt auch ein Einsatz der Aufzeichnung im Verfahren wegen **Ordnungswidrigkeiten** in Frage.[83]

70 Mit der **Zustimmung des Zeugen** darf die Aufzeichnung auch **außerhalb des Strafverfahrens,** etwa in einem gegen den Angeklagten oder Verurteilten geführten Schadensersatzprozess oder in einem familiengerichtlichen Verfahren verwendet werden.[84]

71 **2. Verwendung zur Erforschung der Wahrheit.** Die Notwendigkeit der Verwendung zur Wahrheitserforschung beurteilt sich hier ab dem Zeitpunkt, ab dem die Aufzeichnung vorhanden ist. Diese Einschränkung setzt lediglich voraus, dass die Aufzeichnung den Stellenwert eines im weiteren Verfahren verwertbaren und zum Tatnachweis notwendigen Beweismittels besitzt. Den Maßstab für die nach Ermessen zu treffende Prognose[85] bildet die Aufklärungspflicht.

---

[77] Insoweit ist die Entscheidung des OLG München 17.12.2003 – 2 Ws 1217/03, NStZ 2004, 642 nach wie vor aktuell.
[78] L/R/*Ignor/Bertheau* Rn. 24.
[79] *Leipold* NJW-Spezial 2005, 471.
[80] *Rieß* StraFo 1999, 1 (3); ders. NJW 1998, 3240 (3241).
[81] L/R/*Ignor/Bertheau* Rn. 29; KK/*Senge* Rn. 9.
[82] L/R/*Ignor/Bertheau* Rn. 31; KK/*Senge* Rn. 10.
[83] Offengelassen von L/R/*Ignor/Bertheau* Rn. 31; aA KK/*Senge* Rn. 10.
[84] L/R/*Ignor/Bertheau* Rn. 30; KK/*Senge* Rn. 11.
[85] KK/*Senge* Rn. 7.

VII. Akteneinsicht

1. Einsicht bei Teilnahme an der Videovernehmung. Nimmt die Verteidigung an einer ermittlungsrichterlichen Videovernehmung teil, kann das – auch gemäß Art. 6 Abs. 3d MRK gewährleistete – Fragerecht nur sinnvoll ausgeübt werden, wenn zuvor Einsicht in die bis zum Vernehmungszeitpunkt angefallenen Aktenteile gewährt wird. Anderenfalls besteht die Gefahr, dass die erneute bzw. ergänzende Vernehmung des Zeugen beantragt wird und es dadurch zu Mehrfachvernehmungen kommt, die mittels der Videovernehmung gerade vermieden werden sollen.[86] Dies erscheint erst recht überzeugend, wenn bedacht wird, dass durch die Neufassungen der §§ 58a, 255a ein zentraler Teil der Beweisaufnahme aus der Hauptverhandlung in die richterliche Zeugenvernehmung außerhalb des Hauptverfahrens verlagert werden kann. 72

Auch der BGH hat darauf hingewiesen, dass es sich aus verfahrenspraktischen Erwägungen und zur Vermeidung einer sog sekundären Viktimisierung zumeist als sinnvoll erweisen wird, dem Verteidiger vor seiner Mitwirkung an der aufzuzeichnenden Vernehmung möglichst weitgehend Akteneinsicht zu gewähren. Er sieht aber bislang die Gelegenheit zur Mitwirkung iSv § 255a Abs. 2. S. auch ohne vorherige Akteneinsicht gewahrt; das Fragerecht sei auch gewährleistet, wenn es nicht auf der Grundlage der Kenntnis des aktuellen Stands der Ermittlungen ausgeübt werde. Danach erfordere die vernehmungsersetzende Vorführung der Bild-Ton-Aufzeichnung einer früheren richterlichen Vernehmung in der Hauptverhandlung nach § 255a Abs. 2 nicht, dass der Verteidiger vor seiner Mitwirkung an jener früheren Vernehmung teilweise oder vollständige Akteneinsicht nehmen konnte.[87] 73

2. Aufzeichnung als Aktenbestandteil. Nach überwiegender Auffassung ist die Videoaufzeichnung ein Bestandteil der Sachakten.[88] Die Gegenansicht,[89] die die Aufzeichnung als Beweismittel behandelt, konnte sich nicht durchsetzen. Sie stützt sich wesentlich auf eine Missbrauchsgefahr, die auf einer möglichen Weitergabe des Bandes bzw. einer Kopie der Aufzeichnung vom Verteidiger an seinen Mandanten beruhe sowie auf die Unterschiede zwischen Videoaufzeichnung und Vernehmungsprotokoll und nimmt deshalb an, dass die Aufzeichnung nicht mit den Akten an den Verteidiger herausgegeben werden darf, sondern sie sich dieser am Verwahrort – beim Gericht oder bei der StA – vorspielen lassen kann.[90] 74

Die **Gefahr eines Missbrauchs** ist indes nie auszuschließen. Vor allem aber wurde mit dem OpferRRG vom 24.6.2004 zum einen in § 58a Abs. 2 S. 3 klargestellt, dass den Akteneinsichtsberechtigten auf Wunsch eine Kopie des Videobandes zu überlassen ist, sofern der Zeuge einer solchen Überlassung nicht widerspricht; zum anderen wurde in Abs. 2 S. 4 ein **Vervielfältigungsverbot** sowie ein **Verbot der Weitergabe** von Kopien festgelegt. Zwar handelt es sich dabei nicht um ein strafbewehrtes, sondern nur um ein deklaratorisches Verbot; § 201 Abs. 1 StGB greift nicht ein. Dennoch liegt – geht man wie hier davon aus, dass das Original der Aufzeichnung nicht und eine Kopie nicht im Fall des Widerspruchs des Zeugen herausgegeben werden darf – insgesamt eine Regelung, die zwischen dem Informationsbedürfnis und den Interessen einer sachgerechten Verteidigung sowie den Belangen des Zeugen einen angemessenen Ausgleich herstellt. 75

Die Möglichkeiten, Einsicht zu nehmen oder eine **Kopie** der Videoaufzeichnung zu erhalten, richten sich danach, ob der vernommene Zeuge von seinem **Widerspruchsrecht,** über das er zu belehren ist (Abs. 3 S. 4), Gebrauch macht. Widerspricht er der Überlassung, sind die Einsichtsberechtigten nur berechtigt, die Aufzeichnung an deren Verwahrort anzusehen (Abs. 3 S. 3); daneben haben sie Anspruch auf Überlassung eines gemäß Abs. 3 S. 2 76

---

[86] *Eisenberg/Zötsch* NJW 2003, 3676 (3677 f.); *Schlothauer* StV 1999, 47 (49).
[87] BGH 15.4.2003 – 1 StR 64/03, NJW 2003, 2761.
[88] KK/*Senge* Rn. 9; Graf/*Huber* Rn. 18; *Joecks* Rn. 7; *Diemer* NStZ 2002, 16 (17); *Leipold* NJW-Spezial 2005, 472; *Rieß* NJW 1998, 3240 (3241); für die Kopie der Aufzeichnung OLG Stuttgart 12.11.2002 – 4 Ws 267/02, NJW 2003, 767.
[89] *Trück* NStZ 2004, 129; L/R/*Ignor/Bertheau* Rn. 35.
[90] *Trück* NStZ 2004, 129 (130 ff.).

zu erstellenden Aufzeichnungsprotokolls. Weil der den Widerspruch des Zeugen regelnde Abs. 3 S. 1 ausdrücklich auf Abs. 2 S. 3 Bezug nimmt, überzeugt es nicht, anzunehmen, die Überlassung einer Aufzeichnungskopie bedürfe nur im Fall des Abs. 2 S. 6 der Zustimmung des Zeugen. Überlassene Kopien sind nach Abs. 2 S. 5 **an die StA herauszugeben,** sobald kein Interesse an ihrer Verwendung mehr besteht. Liegt kein Widerspruch des Zeugen vor, hat der Verteidiger aufgrund der Verweisung des Abs. 2 S. 3 auf § 147 ein Recht auf Übersendung der Kopie in seine Kanzlei.[91]

77 Stets **unzulässig** ist es, den Einsichtsberechtigten das **Aufzeichnungsoriginal** mitzugeben; dies folgt aus Abs. 2 S. 3.[92]

78 **3. Akteneinsichtsberechtigte.** Zur Akteneinsicht unter den oben dargelegten Voraussetzungen und Einschränkungen sind neben dem Verteidiger (§ 147 Abs. 1) auch der anwaltliche Vertreter des Nebenklägers (§ 397) sowie der Verletztenanwalt nach den Maßgaben des § 406e berechtigt.

79 **4. Überlassung und Herausgabe an andere Stellen.** Abs. 2 S. 6 macht die Überlassung und die Herausgabe von Aufzeichnungskopien an nicht zur Akteneinsicht Berechtigte von der Einwilligung des Zeugen abhängig. Da die Regelungen der Absätze 2 und 3 einen möglichst umfassenden Persönlichkeitsschutz für den Zeugen beabsichtigen, ist eine einschränkende Auslegung geboten. Auch angesichts der notwendigen Sicherstellung der Löschungsverpflichtung kommt außerhalb des Strafverfahrens nur eine zeitweise Herausgabe einer Kopie oder die Besichtigung der Aufzeichnung an ihrem Verwahrort in Frage.[93]

VIII. Rückgabe und Löschung der Aufzeichnung

80 Überlassene Aufzeichnungskopien sind nach Abs. 2 S. 5 **an die StA herauszugeben,** sobald kein berechtigtes Interesse an ihrer weiteren Verwendung mehr besteht.

81 Für die **Löschung** bzw. Vernichtung gilt nach Abs. 2 S. 2 nicht mehr § 100b Abs. 6 aF, sondern die Regelung des § 101 Abs. 8 entsprechend. Danach sind die Aufzeichnung und gefertigte Kopien unverzüglich zu löschen, wenn sie zur Strafverfolgung und zur gerichtlichen Überprüfung der Aufzeichnungsanordnung nicht mehr benötigt wird (§ 108 Abs. 8 S. 1). Das ist nicht ohne weiteres bei Eintritt der Rechtskraft des Urteils der Fall. Die Aufzeichnung muss etwa weiterhin aufbewahrt werden, wenn mit der Erhebung einer weiteren Anklage zu rechnen ist, weil das erste Verfahren nicht alle sich aus der Vernehmung ergebenden Taten erfasst hat, wenn eine Wiederaufnahme des Verfahrens im Raum steht oder Mittäter noch flüchtig sind.[94]

82 Die bloß theoretische Möglichkeit, dass die Aufzeichnung noch gebraucht werden könnte, rechtfertigt ihre weitere Aufbewahrung nicht. Das Löschungsgebot gilt nicht für das erstellte schriftliche Vernehmungsprotokoll.[95] Nach Abs. 2 S. 2 iVm § 101 Abs. 8 S. 2 ist die Löschung **aktenkundig** zu machen.

IX. Rechtsmittel

83 **1. Beschwerde des Zeugen.** Die Anordnung des Vernehmenden, die Aussage des Zeugen in Bild und Ton aufzuzeichnen, ist beschwerdefähig. Da der Zeuge betroffen ist, kann er die richterliche Anordnung nach § 304 Abs. 2 anfechten, gegen diejenige des Staatsanwalts entsprechend § 98 Abs. 2 S. 2 die gerichtliche Entscheidung beantragen. Die Auffassung, die § 161a Abs. 3 für anwendbar hält,[96] obwohl diese Vorschrift nur auf §§ 51, 70 verweist, kommt zum selben Ergebnis.

---

[91] OLG Stuttgart 12.11.2002 – 4 Ws 267/02, NJW 2003, 767.
[92] L/R/*Ignor/Bertheau* Rn. 36; aA KK/*Senge* Rn. 9.
[93] L/R/*Ignor/Bertheau* Rn. 40 mwN.
[94] KK/*Senge* Rn. 13.
[95] L/R/*Ignor/Bertheau* Rn. 41.
[96] L/R/*Ignor/Bertheau* Rn. 43.

2. Beschwerde der StA. Die Ablehnung des Antrags, die Vernehmung aufzuzeichnen, stellt eine richterliche Verfügung des Richters im Vorverfahren iSv § 304 Abs. 1 dar; die StA kann diese mit der Beschwerde anfechten. 84

3. Beschwerde des Angeklagten. Die Verweigerung der Einsicht in die Videovernehmung kann den Verfahrensausgang beeinflussen. Wegen dieses inneren Zusammenhangs mit der Urteilsfällung scheidet eine Beschwerde nach § 305 S. 1 aus. In Frage kommt eine Rüge nach § 338 Nr. 8.[97] 85

4. Revision. a) Verletzungen des § 58a. Verstöße, die allein § 58a betreffen, berühren den Rechtskreis des Angeklagten nicht. Für die Hauptverhandlung gelten §§ 247a, 255a; zu revisiblen Verletzungen dieser Normen s. dortige Erläuterungen. 86

b) Sachrüge. Eine **Verweisung** der Urteilsgründe auf ein Videoband oder eine CD, auf der die Vernehmung aufgezeichnet wurde, stellt keine wirksame Bezugnahme iSd § 267 Abs. 1 S. 3 dar; die Aufzeichnung wird durch die Verweisung nicht Bestandteil der Urteilsgründe.[98] Legt das Gericht den Aussageinhalt nicht dar oder setzt sich mit diesem nicht auseinander, kann dies zu einer auf die Sachrüge zu berücksichtigenden **Beweiswürdigungslücke** führen. 87

Ein mit der Sachrüge angreifbarer **Erörterungsmangel** kann vorliegen, wenn das Gericht die Videovernehmung zwar zum Gegenstand der Beweisaufnahme gemacht hat, die Erkenntnisse im Rahmen der Beweiswürdigung aber nicht verwertet. Das Tatgericht muss sich auch mit einem wegen der Nichtgewährleistung des Fragerechts möglicherweise geminderten Beweiswert der Zeugenaussage befassen.[99] 88

c) Verfahrensrügen. aa) § 255a. Die **Verwertbarkeit** einer in die Hauptverhandlung eingeführten Vernehmungsaufzeichnung richtet sich nach § 255a. 89

bb) Aufklärungsrüge. Sie kann erfolgreich sein, wenn es das Gericht unterlassen hat, eine vorhandene Videovernehmung in die Hauptverhandlung einzuführen und sich mit der Verlesung des Vernehmungsprotokolls begnügt hat. Denkbar ist auch eine Aufklärungsrüge, die beanstandet, dass die abgespielte Aufzeichnung technisch so mangelhaft war, dass – was sich im Wege des Freibeweises feststellen lässt – die Bekundungen des Zeugen nur teilweise oder nur unzulänglich wahrnehmbar waren.[100] 90

cc) § 261. Eine **Verfahrensrüge** nach § 261, die die **Unvereinbarkeit der Urteilsgründe mit dem Aufzeichnungsinhalt der audiovisuellen Vernehmung** beanstandet, wird wegen des Verbotes der Rekonstruktion der Beweisaufnahme in der Revisionsinstanz dann erfolglos bleiben, wenn das Gericht von der Möglichkeit Gebrauch gemacht hat, den Zeugen ergänzend zu vernehmen (§ 255a Abs. 2 S. 4). Denn im Rahmen einer solchen Befragung kann es durch den Zeugen zu Berichtigungen, Klarstellungen oder sonstigen Ergänzungen seiner aufgezeichneten Aussage gekommen sein. 91

Wurde hingegen **nur die Aufzeichnung vorgeführt,** steht einer entsprechenden Rüge das Rekonstruktionsverbot nicht entgegen; es gilt nur, soweit das im Urteil festzustellende Ergebnis der Beweisaufnahme nicht – wie etwa der Wortlaut von Urkunden – der unmittelbaren Kenntnisnahme durch das Revisionsgericht offensteht.[101] Daher hat die Rspr. etwa in Fällen verlesener Vernehmungsprotokolle, sonstiger Urkunden oder bei gemäß § 273 Abs. 3 protokollierten Aussagen auf entsprechende Rüge der Verletzung des § 261 überprüft, ob sich das Tatgericht mit diesen Beweiserhebungen befasst hat. Bei nach § 267 Abs. 1 92

---

[97] OLG Koblenz 10.7.2003 – 1 Ws 425/03, StV 2003, 608 zur verweigerten Überlassung einer Videoaufnahme; zur versagten Akteneinsicht allgemein BGH 16.10.1984 – 5 StR 643/84, NStZ 1985, 87; OLG Frankfurt a. M. 27.2.2003 – 3 Ws 234/03, NStZ-RR 2003, 177.

[98] BGH 2.11.2011 – 2 StR 332/11, NJW 2012, 244; s. auch *Meyer-Goßner* § 267 Rn. 10.

[99] BGH 12.12.2012 – 5 StR 578/12.

[100] Vgl. *Diemer* NJW 1999, 1667 (1672).

[101] BGH 29.11.2011 – 3 StR 281/11, NStZ 2012, 344.

S. 3 in Bezug genommenen Lichtbildern kann das Revisionsgericht die bei den Akten befindliche Abbildung aus eigener Anschauung würdigen.[102]

93 Für die Videoaufzeichnung gelten im Ergebnis dieselben Grundsätze wie für den Rückgriff auf bei den Akten befindlichen Urkunden oder Lichtbildern. Auch die Videoaufzeichnung stellt – ebenso wie Urkunden und Abbildungen – eine **bei den Akten befindliche objektive Grundlage** dar, mit der sich der geltend gemachte Rechtsfehler ohne weiteres mit den Mitteln des Revisionsrechts feststellen lässt.[103] Der Inhalt der Aussage, der Fragen und Vorhalte steht dem Revisionsgericht danach zur Verfügung, ebenso das auf der Aufzeichnung festgehaltene körperliche Aussageverhalten. Diese **Inhalte** kann das Revisionsgericht auf eine entsprechende Rüge hin **prüfen,** um etwa Lücken oder Widersprüche festzustellen. Bewertungen des Tatgerichts, die auf subjektiven Eindrücken und den Umständen der Hauptverhandlung beruhen, darf es jedoch nicht durch eigene ersetzen.[104]

94 Der Revisionsführer genügt den **Anforderungen des § 344 Abs. 2 S. 2** nicht mit einem Verweis auf die Videoaufzeichnung; er muss die maßgebliche Stelle der Vernehmung im Wortlaut oder ihrem wesentlichen Inhalt nach wiedergeben.[105]

95 **dd) § 338 Nr. 8.** Hat das Gericht das Recht des Angeklagten auf Akteneinsicht bzw. auf Besichtigung der Aufzeichnung in laufender Hauptverhandlung abgelehnt, kann dies eine Beschränkung der Verteidigung iSd **§ 338 Nr. 8** bedeuten.[106]

96 **ee) Beweisanträge.** Die Vorführung der Bild-Ton-Aufzeichnung der Vernehmung des Zeugen nach § 255a Abs. 2 ersetzt seine Vernehmung in der Hauptverhandlung. Dennoch können Beweisanträge auf Vernehmung oder ergänzende Vernehmung des Zeugen nicht pauschal mit dem Hinweis auf die bereits erfolgte Einführung des Videoaufzeichnung abgelehnt werden. Ein Antrag auf ergänzende Vernehmung in der Hauptverhandlung ist vielmehr nach den Grundsätzen des **Beweisantragsrechts** zu behandeln, die für einen in der Hauptverhandlung bereits vernommenen Zeugen gelten. Wird der Zeuge zum Beweis einer **neuen Beweistatsache** benannt, zu der er bei der aufgezeichneten und vorgeführten Vernehmung noch nicht gehört werden konnte, gelten § 244 Abs. 3 und 6, denn die Beweisbehauptung zielt dann nicht lediglich auf eine Wiederholung der Beweisaufnahme ab.[107]

X. Reformvorhaben

97 Ein Gesetzesvorschlag der Bundesrechtsanwaltskammer zur Verbesserung der Wahrheitsfindung im Strafverfahren durch den verstärkten Einsatz von Bild- und Tontechnik sieht wesentliche Erweiterungen des Anwendungsbereichs des § 58a vor. So soll eine grundsätzliche Aufzeichnungspflicht in Fällen notwendiger Verteidigung, einer ausschlaggebenden Bedeutung der Aussage sowie die Möglichkeit der Aufzeichnung von Beschuldigtenvernehmungen eingeführt werden.[108]

98 Der Vorschlag für eine „Richtlinie des Europäischen Parlamentes und des Rates über Mindeststandards für die Rechte und den Schutz von Opfern sowie für die Opferhilfe" (2011/0129) enthält zahlreiche Maßnahmen, die in Deutschland längst gesetzlich geregelt sind. Einige Punkte sehen jedoch den weiteren Ausbau der Videotechnologie im Strafverfahren vor. So sollen die Mitgliedsstaaten zB während der Gerichtsverhandlung „unter anderem durch die Verwendung von Kommunikationstechnologien" Maßnahmen zur Verhinderung des Blickkontakts zwischen Opfer und Angeklagtem zur Verfügung stellen.

---

[102] BGH 15.12.1999 – 2 StR 365/99, NStZ 2000, 307 (309 f.).

[103] Vgl. KK/*Kuckein* § 337 Rn. 26a mwN; befürwortend auch *Diemer* NStZ 2002, 16 (19 f.); *Leipold* NJW-Spezial 2005, 472 f.

[104] Überzeugend *Diemer* NStZ 2002, 16 (19 f.).

[105] *Meyer-Goßner* § 344 Rn. 21.

[106] L/R/*Ignor/Bertheau* Rn. 42, 45.

[107] BGH 15.4.2003 – 1 StR 64/03, BGHSt 48, 268 = NStZ 2003, 613; OLG Karlsruhe 22.12.2009 – 3 Ss 182/09, StraFo 2010, 71.

[108] Näher hierzu *Nack/Park/Brauneisen* NStZ 2011, 310 ff.

§ 58b [Übertragung der Vernehmung]

Die Vernehmung eines Zeugen außerhalb der Hauptverhandlung kann in der Weise erfolgen, dass dieser sich an einem anderen Ort als die vernehmende Person aufhält und die Vernehmung zeitgleich in Bild und Ton an den Ort, an dem sich der Zeuge aufhält, und in das Vernehmungszimmer übertragen wird.

Übersicht

I. Allgemeines

1. Neues Gesetz zur Videokonferenztechnik. Die Vorschrift wurde durch das Gesetz zur Intensivierung des Einsatzes von Videokonferenztechnik in gerichtlichen und staatsanwaltschaftlichen Verfahren (VidVerfG) vom 25.4.2013[1] in die Strafprozessordnung eingefügt. Dieses Gesetz hat weitere Vorschriften geändert, erweitert und neu eingefügt (§§ 118a Abs. 2, 138d Abs. 4, 163 Abs. 3 S. 1, 163a Abs. 1, 233 Abs. 2, 247a, 462 Abs. 2 sowie § 185 Abs. 1a GVG). 1

Nach den Neuregelungen besteht nunmehr nicht nur im Ermittlungsverfahren, sondern auch im Hauptverfahren – außerhalb der Hauptverhandlung – sowie im Vollstreckungsverfahren die **Möglichkeit,** einen Zeugen im Wege der zeitgleichen Bild-Ton-Übertragung **(Videokonferenz)** zu vernehmen. 2

Das bis zum 31. 10. 2013 geltende Recht sieht den Einsatz der Videokonferenztechnik nur bei richterlichen Vernehmungen in den Fällen der §§ 168e, 247a vor. Wegen des **Grundsatzes der Unmittelbarkeit der Beweisaufnahme** kann die Videokonferenztechnik auch nach der Ausgestaltung der Neuregelungen **in der Hauptverhandlung** selbst **nur im bisherigen Umfang** verwendet werden. Die Neuregelung führt aber insoweit zu einer möglichen weiteren Durchbrechung des Unmittelbarkeitsgrundsatzes, als richterliche Vernehmungen auf der Grundlage des § 58b über das erstellte Protokoll nach § 251 Abs. 2 in die Hauptverhandlung eingeführt werden können. 3

2. Inkrafttreten. § 58b ist am 1.11.2013 in Kraft getreten.[2] Art. 9 VidVerfG ermächtigt die **Landesregierungen** jedoch, durch Rechtsverordnungen zu bestimmen, dass die mit diesem Gesetz verbundenen Änderungen der StPO und des GVG – ganz oder teilweise – bis längstens 31.12.2017 keine Anwendung finden.[3] 4

II. Normzweck

1. Ausweitung der Videokonferenztechnik. Der Gesetzgeber wollte die Möglichkeiten, von der Videokonferenztechnik Gebrauch zu machen, in allen Verfahrensord- 5

[1] BGBl. I S. 935 ff.
[2] Art. 10 Abs. 1 VidVerfG.
[3] Das Land Baden-Württemberg macht von der Ermächtigung keinen Gebrauch.

nungen erheblich ausweiten. Die Technik der zeitgleichen Bild-Ton-Übertragung soll außer dem Richter auch der StA und der Polizei zur Verfügung stehen und nunmehr nicht nur bei Vernehmungen, sondern auch bei Anhörungen – stets unabhängig vom Einverständnis der Beteiligten – zum Einsatz gelangen. Nach der Einschätzung des Gesetzgebers hat sich diese Technik bislang u. a. wegen der fehlenden Ausstattung der Gerichte, Justizbehörden und Anwaltskanzleien nicht durchgesetzt; dies werde ihrer fortschreitenden Entwicklung und den Möglichkeiten webbasierender Bild- und Tonübertragung mit kostengünstigen Kameras und der IT-technischen Bürostandardausstattung nicht mehr gerecht.[4]

6 **2. Befugnisnorm.** § 58b ist – ebenso wie bereits im bisherigen Recht und wie die weiteren neuen Vorschriften über den Einsatz der Videokonferenztechnik – als Befugnisnorm zu verstehen. Aus der Bestimmung lässt sich über den von der Rspr. entwickelten eng umgrenzten Ausstattungsanspruch[5] kein allgemeiner Anspruch des Gerichts oder eines Verfahrensbeteiligten auf eine bestimmte technische Ausstattung der Gerichte und Justizbehörden ableiten.[6]

7 **3. Effizienzeffekt.** Der Gesetzgeber verspricht sich durch die neuen Vorschriften einen effizienteren Verfahrensablauf sowie eine Kostenersparnis. Er führt an, dass sich der zeitliche Aufwand für alle Beteiligten und die Reisekosten, vor allem diejenigen der Anwaltschaft, reduzierten.[7] Auch ließen sich durch den Einsatz der Videokonferenztechnik zeitraubende Vernehmungsersuchen vermeiden.[8] Zudem werde die Terminierung erleichtert und dadurch das Verfahren beschleunigt.

III. Überblick

8 § 58b selbst gilt zwar nur für die Vernehmung von **Zeugen.** Die weiteren neuen Bestimmungen ermächtigen das Gericht aber auch bei weiteren Verfahrensbeteiligten – jeweils nach seinem **Ermessen** – verschiedene **Vernehmungen und Anhörungen** im Wege einer Videokonferenz durchzuführen.

9 Die Möglichkeit einer Videokonferenz besteht nach den Neuregelungen nunmehr:
- bei der richterlichen Vernehmung eines **Zeugen** außerhalb der Hauptverhandlung (§ 58b)
- bei der Vernehmung von Zeugen durch die Staatsanwaltschaft (§ 163a Abs. 3 S. 1 iVm § 58b)
- bei der Vernehmung von Zeugen durch die Polizei (§ 163 Abs. 3 S. 1 iVm § 58b)
- bei der Vernehmung des **Beschuldigten** (§ 163a Abs. 1 iVm § 58b) sowie in der Verhandlung über die Haftprüfung (§ 118a Abs. 2),
- bei der Vernehmung eines vom Erscheinen entbundenen **Angeklagten** durch den beauftragten oder ersuchten Richter (§ 233 Abs. 2),
- bei der mündlichen Anhörung des **Verurteilten** vor einer nachträglichen Gesamtstrafenbildung (§ 462 Abs. 2 S. 2),
- bei der Vernehmung eines **Sachverständigen,** wenn kein Fall des § 246a vorliegt (§ 247a Abs. 2)
- bei der Anhörung bzw. Vernehmung des Vorstands der Rechtsanwaltskammer (§ 138d Abs. 4 S. 2) und
- bei der Anhörung eines Gefangenen (§ 115 Abs. 1a StVollzG).

---

[4] BT-Drs. 17/17/1224 S. 10.

[5] BGH 7.3.2007 – 1 StR 646/06, NJW 2007, 1475 (1476) = NStZ 2007, 1475 zur Verpflichtung des Justizministeriums, das Gericht so auszustatten, dass eine mögliche audiovisuelle Vernehmung eines gesperrten Zeugen durchgeführt werden kann.

[6] BT-Drs. 17/12418 S. 21.

[7] BT-Drs. 17/17/1224 S. 10 und 17/12418 S. 21.

[8] BT-Drs. 17/1224 S. 13.

– Zudem können **Dolmetscher** bei Verhandlungen, Anhörungen und Vernehmungen – auch im staatsanwaltschaftlichen Ermittlungsverfahren – mittels Videokonferenztechnik zugeschaltet werden (§ 185 Abs. 1a GVG).

IV. Voraussetzungen, Anwendungsbereiche

1. Zeugenvernehmung. § 58b selbst erfasst nur **Zeugen,** deren Vernehmung unter **Verzicht auf ihre persönliche Anwesenheit** erfolgen kann. Vernehmungsperson kann nicht nur der Richter sein. Nach § 163a Abs. 1 S. 2 hat auch der Staatsanwalt die Möglichkeit, eine Zeugenvernehmung per Videokonferenz durchzuführen. Gleiches gilt, wie die Aufnahme des § 58b in die Verweisung des § 163 Abs. 3 S. 1 zeigt, auch bei Zeugenvernehmungen durch die Polizei. 10

2. Vernehmung außerhalb der Hauptverhandlung. § 58b ist nur bei Vernehmungen außerhalb der Hauptverhandlung anwendbar. Nach dem Willen des Gesetzgebers sollte der Grundsatz der Unmittelbarkeit der Beweisaufnahme in der Hauptverhandlung gewahrt bleiben.[9] In Frage kommt der Einsatz der Videokonferenztechnik danach bei Zeugenvernehmungen im Ermittlungs- und im Zwischenverfahren sowie bei Vernehmungen, die zwischen den Terminen einer laufenden Hauptverhandlung stattfinden. 11

Die **Aufenthaltsorte** des Vernehmenden und des Zeugen müssen auseinander fallen. Dabei kommt es jedoch nicht auf Entfernungen an. Entscheidend ist vielmehr, ob die Vernehmung unter Einsatz der Videokonferenztechnik der Wahrheitsfindung, dem Zeugenschutz oder der Verfahrensbeschleunigung dienen kann.[10] Unerheblich ist, ob der Zeuge und die Verfahrensbeteiligten mit der Anordnung, die Vernehmung mittels der Videokonferenztechnik durchzuführen, **einverstanden** sind oder nicht. 12

3. Prüfung von Amts wegen, Anwendungsbereiche. Ob bei einer Zeugenvernehmung die Videokonferenztechnik gemäß § 58b zum Einsatz kommt, hat die Vernehmungsperson von Amts wegen zu prüfen. Anlass hierzu können vor allem bestimmte Verfahrens- oder Beweiskonstellationen sein; denkbar ist auch ein entsprechender Antrag eines Zeugen oder die Anregung eines Verfahrensbeteiligten. 13

Der Gesetzgeber hatte im Wesentlichen drei Aspekte vor Augen, unter denen von § 58b Gebrauch gemacht werden kann; die Anwendungsfelder können sich untereinander sowie mit den Regelungen des § 58a überschneiden. 14

a) Zeugenschutz. Eine Vernehmung im Wege einer Videokonferenz kann im Interesse des Zeugen liegen oder zum Schutz seiner berechtigten Interessen gerechtfertigt sein. Der Gesichtspunkt des Zeugenschutzes kann etwa ausschlaggebend sein, wenn der Zeuge zugleich Verletzter der in Rede stehenden Straftat ist. Eine Vernehmung nach § 58b kann auch in den Fällen angezeigt sein, in denen der Einsatz der Videokonferenztechnik zum Schutz gefährdeter Zeugen beitragen kann. Nach § 168e ist dies nur unter sehr engen Voraussetzungen und nur bei einer Vernehmung durch den Ermittlungsrichter möglich. 15

b) Drohender Beweismittelverlust. Die Zeugenvernehmung im Wege der Videokonferenz kann angezeigt sein, um die Gefahr eines Beweismittelverlusts – durch frühzeitige Sicherung der Zeugenaussage – abzuwenden. So kann es etwa bei kranken oder gebrechlichen Zeugen liegen, denen die Anreise zum Vernehmungsort nicht möglich ist oder wenn damit zu rechnen ist, dass ihre spätere erneute Aussage voraussichtlich nicht mehr zu erlangen ist. 16

c) Verfahrensbeschleunigung. Ferner kann durch die Vernehmung eines Zeugen mittels Videokonferenztechnik Zeit eingespart und dadurch eine Verfahrensbeschleunigung erreicht werden. Besonders bei der Gewichtung dieses allgemeinen Aspekts dürfen die 17

---

[9] BT-Drs. 17/12418 S. 1.
[10] Näher Rn. 15 ff.

Anforderungen der Aufklärungspflicht und des Unmittelbarkeitsgrundsatzes sowie die Interessen der Verfahrensbeteiligten nicht aus dem Blick verloren werden. Der Aspekt der Verfahrensbeschleunigung kommt etwa zum Tragen, wenn die mit einem zeitraubenden Versand von Verfahrensakten an weit entfernte Gerichte oder Polizeidienststellen verbundenen **Vernehmungsersuchen vermieden werden können.** Dies kann nicht nur zu einer Verfahrensverkürzung, sondern auch zu einer gegenüber einem Ersuchen erhöhten Vernehmungsqualität führen, weil die Befragung des Zeugen eine in den Fall eingearbeitete Vernehmungsperson durchführen kann.[11]

18 **4. Ermessen.** Bei der Ausübung des in § 58b eingeräumten Ermessens ist zunächst zu berücksichtigen, dass die Vorschrift die **Aufklärungspflicht** unberührt lässt. Für die Wahrheitsfindung wird es häufig auf den **unmittelbaren persönlichen Eindruck** des Vernehmenden oder Anhörenden bzw. der weiteren Verfahrensbeteiligten von der Person des Vernommenen bzw. Angehörten ankommen. Denn auch wenn die Bild-Ton-Übertragung so gestaltet wird, dass sämtliche Umstände der Vernehmung und ihres Ablaufs einschließlich der Reaktionen des Zeugen erfasst werden, wird der Erkenntniswert häufig hinter dem einer persönlichen Zeugenvernehmung zurückbleiben.[12] Auch unter diesem Gesichtspunkt bedarf die Entscheidung, die Videokonferenztechnik einzusetzen, stets einer – am Einzelfall ausgerichteten – Berücksichtigung des Unmittelbarkeitsgrundsatzes.[13]

19 Danach wird eine persönliche Befragung der Auskunftsperson dem Einsatz der Videotechnik nicht selten vorzuziehen sein. Dies gilt besonders dann, wenn die Befragung der Aufklärung gravierender schwerwiegender Straftaten dienen soll. Auch in den Fällen, in denen dem Zeugen eine Anreise zum Vernehmungsort ohne weiteres zumutbar erscheint, drängt sich der Einsatz der Videokonferenztechnik nicht auf. Anders kann es dort liegen, wo es weniger oder nicht auf den unmittelbaren persönlichen Eindruck eines Zeugen ankommt, etwa weil sich seine Angaben nur auf bereits schriftlich festgehaltene bzw. objektiv nachvollziehbare Vorgänge, wie etwa auf Zahlungen, Rechnungsstellungen oder Vertragsunterlagen beziehen oder in der Vernehmung nur Randaspekte des Verfahrens behandelt werden sollen.

V. Verhältnis des § 58b zu anderen Vorschriften

20 Die in der StPO enthaltenen weiteren Vorschriften, die bei jeder Vernehmung zu beachten sind, gelten auch im Falle der Anwendung des § 58b. Insbesondere verbleibt es im Falle des Einsatzes der Videokonferenztechnik bei den Bestimmungen über die **Benachrichtigungspflichten,** den **Anwesenheitsrechten** (§§ 168c, 224) sowie den Belehrungs- und Protokollierungsvorschriften.

21 Da der Einsatz der Videokonferenztechnik zum Schutz gefährdeter Zeugen beitragen kann, stellt § 58b eine **Erweiterung des § 168e** dar. Die dort aufgestellten hohen Anforderungen sowie die Notwendigkeit einer ermittlungsrichterlichen Vernehmung gelten für § 58b nicht. Ein gewisser Wertungswiderspruch besteht im Verhältnis des § 58b zu **§ 247a.** Denn die Niederschrift der nach § 58b durchgeführten Vernehmung kann als richterliches Protokoll, dem erhöhter Beweiswert zugemessen wird, gemäß § 251 Abs. 2 verlesen werden, obgleich der Richter dem Zeugen physisch nie begegnet ist, während der Zeuge in der Hauptverhandlung unter Zuhilfenahme der Bild-Ton-Übertragung nur unter den Voraussetzungen des § 247a hätte vernommen werden können.[14]

---

[11] BT-Drs. 17/1224 S. 13.

[12] So zutreffend die Bundesrechtsanwaltskammer in ihrer Stellungnahme Nr. 30/2010 zum Entwurf eines Gesetzes zur Intensivierung des Einsatzes von Videokonferenztechnik in gerichtlichen und staatsanwaltschaftlichen Verfahren.

[13] BT-Drs. 17/1224 S. 17.

[14] Bundesrechtsanwaltskammer in ihrer Stellungnahme Nr. 30/2010.

§ 59 [Vereidigung]

(1) [1]Zeugen werden nur vereidigt, wenn es das Gericht wegen der ausschlaggebenden Bedeutung der Aussage oder zur Herbeiführung einer wahren Aussage nach seinem Ermessen für notwendig hält. [2]Der Grund dafür, dass der Zeuge vereidigt wird, braucht im Protokoll nicht angegeben zu werden, es sei denn, der Zeuge wird außerhalb der Hauptverhandlung vernommen.

(2) [1]Die Vereidigung der Zeugen erfolgt einzeln und nach ihrer Vernehmung. [2]Soweit nichts anderes bestimmt ist, findet sie in der Hauptverhandlung statt.

Schrifttum: *Diehm,* Die Entscheidung über die (Nicht-)Vereidigung im Strafprozess, StV 2007, 444; *Feser,* Die Zeugenvereidigung im Strafprozess, § 59 I StPO, JuS 2008, 229; *Huber,* Erstes Gesetz zur Modernisierung der Justiz-Änderungen der Strafprozessordnung, JuS 2004, 970; *Klemke,* Das Vereidigungsrecht nach dem sog. „Justizmodernisierungsgesetz"- eine Herausforderung für die Verteidigung, StV 2006, 158; *Knauer/Wolf,* Zivilprozessuale und strafprozessuale Änderungen durch das Erste Justizmodernisierungsgesetz –Teil 2: Änderungen der StPO, NJW 2004, 2932; *Peglau/Wilke,* Änderungen im strafprozessualen Vereidigungsrecht durch das Justizmodernisierungsgesetz, NStZ 2005, 186.

Übersicht

A. Allgemeines

I. Normzweck und Entstehungsgeschichte

1 Die derzeitige Fassung der Vorschrift geht auf das 1. Justizmodernisierungsgesetz (JuMoG) vom 24.8.2004, in Kraft getreten am 1.9.2004,[1] zurück. Der Gesetzgeber wollte mit der Neuregelung des § 59 nicht nur die Gesetzeslage der Rechtswirklichkeit anpassen, sondern auch mittels einer Ermessensregelung den Gerichten die fehlerfreie Anwendung der Vereidigungsregelungen erleichtern[2] sowie das Verfahren vereinfachen, effektiver und flexibler gestalten, ohne rechtsstaatliche Standards zu beeinträchtigen.[3]

2 Für das Verständnis und die Auslegung der Neufassung des § 59 ist der Vergleich mit der früheren Rechtslage bedeutsam. Die vor dem Inkrafttreten des JuMoG geltenden Vorschriften gingen nach ihrer Konstruktion davon aus, dass die Zeugen regelmäßig vereidigt werden. Dennoch hat die gerichtliche Praxis in den letzten Jahrzehnten nur äußerst selten von dieser Möglichkeit Gebrauch gemacht; regelmäßig wurde von der Zeugenvereidigung – meist nach den Ausnahmevorschriften des § 61 Nr. 5 aF (allseitiger Verzicht auf Vereidigung) und des § 61 Nr. 2 aF (Zeuge als durch die Tat Verletzter) – abgesehen. Seit den einschneidenden Änderungen des JuMoG stellt nunmehr auch nach der Gesetzeslage die **Nichtvereidigung** des Zeugen den **Regelfall** dar. Der Grundsatz der Vereidigung in § 59 aF und § 61 aF, der Ausnahmen von der Regelvereidigung vorsah, wurde abgeschafft. Ebenfalls aufgehoben wurde § 48 aF OWiG, der dem heutigen § 59 weitgehend entsprach.

3 Der Gesetzgeber ging davon aus, dass die **Rechtsprechung zu § 48 aF OWiG** bei der Auslegung des neuen § 59 herangezogen werden kann.[4] Ebenso bleiben die **Entscheidungen zu § 62 aF,** der dieselben beiden Ausnahmetatbestände wie der derzeitige § 59 enthielt, verwertbar.[5]

4 Zu Recht hat der Gesetzgeber Vorschläge, den Eid abzuschaffen, nicht aufgegriffen. Die Neuregelung hat aber – ebenso wie die zu § 59 nF ergangene Rechtsprechung – die **Bedeutung der Vereidigung weiter geschmälert.**[6] Dies folgt zum einen schon aus dem Umstand, dass die nach altem Recht bestehenden Möglichkeiten, den Verzicht auf die Vereidigung zu versagen und dadurch den gesetzlichen Regelfall auszulösen oder zu erreichen, dass das Gericht eine andere Ausnahme begründen musste, weggefallen sind, zum anderen führt die Neuregelung dazu, dass Verfahrensfehler nicht mehr im früheren Umfang der Revision zugänglich sind.[7]

II. Bedeutung des Eides für die Wahrheitsfindung und die Beweiswürdigung

5 Der Gesetzgeber betrachtet den Eid als Mittel der Wahrheitsfindung.[8] Dadurch wird ihm eine zu große Bedeutung beigemessen. Zwar kann die **Überzeugungsbildung** des Gerichts durch den Umstand, dass ein Zeuge seine Aussage beeidigt hat, beeinflusst werden. Dies ist jedoch keineswegs zwingend. Es darf auch nicht angenommen werden, einer vereidigten Aussage komme grundsätzlich ein höherer Beweiswert zu als einer unvereidigten.

6 Das Gericht ist im Rahmen seiner Würdigung der Beweisaufnahmeergebnisse frei und nicht gehindert, dem unvereidigt gebliebenen Zeugen Glauben zu schenken, dem vereidigten hingegen nicht. Ausschlaggebend bei der Würdigung der Zeugenaussagen ist nicht der Umstand der Vereidigung oder Nichtvereidigung, sondern eine **Analyse der Zeugenan-**

---

[1] BGBl. I 2198 ff.
[2] BT-Drs. 15/3482, 21; vgl. auch *Diehm* StV 2007, 444; *Huber* Jus 2004, 970.
[3] BT-Drs. 15/1508, 1.
[4] BT-Drs. 1508, 23; L/R/*Ignor/Bertheau* Rn. 1 mwN.
[5] Grundlegend BGH 3.6.1961 – 1 StR 155/61, BGHSt 16, 99 = NJW 1961, 1485; damit ist OLG Neustadt 12.11.1958, NJW 1959, 783 überholt.
[6] Hierzu L/R/*Ignor/Bertheau* Rn. 4 mwN.
[7] Verschiedene Konstellationen bei *Müller* JR 2005, 79; → Rn. 64 ff.
[8] BT-Drs. 15/1508, 23.

gaben unter Verwendung der von der Aussagepsychologie entwickelten Realitätskriterien.[9] Schließlich löst eine Vereidigung keinen Rechtsschein dahin aus, dass das Gericht die Angaben des vereidigten Zeugen als glaubhaft bewertet.[10]

Die Bedeutung des Eides liegt heute zunächst in einer **Warnfunktion** gegenüber dem Zeugen; diese darf aber unter mehreren Gesichtspunkten nicht überschätzt werden. Zwar kommt die Bedeutung der Vereidigung in der gegenüber § 153 StGB wesentlich erhöhten **Strafdrohung** des § 154 StGB zum Ausdruck. Hinzu kommt, dass § 359 Nr. 2 nur den fahrlässigen Falscheid, nicht hingegen eine uneidliche Falschaussage als **Wiederaufnahmegrund** zulässt.[11] Jedoch zeigt sich in der Praxis immer wieder, dass ein zur Falschaussage fest entschlossener Zeuge sich trotz der erhöhten Strafdrohung des § 154 StGB und eindringlichen Belehrungen hierüber häufig nicht von seinem Vorhaben abbringen lässt.[12] 7

B. Erläuterung

I. Anwendungsbereiche

§ 59 Abs. 1 S. 1 regelt die Vereidigungsvoraussetzungen bei allen richterlichen **Zeugenvernehmungen** im Strafverfahren gegen Erwachsene. Ergänzt wird die Vorschrift durch § 62 für das Ermittlungsverfahren. § 59 Abs. 1 S. 2 regelt die Begründungspflichten im Fall einer angeordneten Vereidigung, Abs. 2 den Nacheid. Im Jugendstrafverfahren gilt § 59 nach § 2 JGG ebenso. In Verfahren wegen Ordnungswidrigkeiten ist § 59 gemäß § 46 Abs. 1 OWiG anwendbar. 8

Berichtet ein **Sachverständiger** im Rahmen seiner gutachterlichen Ausführungen über **Zusatztatsachen,** gelten für ihn die Zeugenvorschriften und damit auch § 59 zusätzlich neben § 79. Dies kann etwa bei Bekundungen des Sachverständigen über ein vom Angeklagten im Rahmen der Exploration abgegebenes Geständnis oder über dessen Einlassungen zur Sache der Fall sein. Hingegen handelt es sich bei Bekundungen über Kenntnisse aus früherer Sachverständigentätigkeit oder aus einer zwischenzeitlich privaten Behandlung des Angeklagten sowie beim Rückgriff des Sachverständigen auf fremde Gutachten oder Krankenunterlagen um Befundtatsachen.[13] 9

II. Voraussetzungen einer Vereidigung

1. Allgemeines. Nach der Neufassung des § 59 stellt die Nichtvereidigung des Zeugen den Regelfall dar. Eine Vereidigung kommt nur noch in den beiden **Ausnahmefällen** in Betracht, in denen das Gericht der Aussage ausschlaggebende Bedeutung beimisst oder in denen es die Vereidigung zur Herbeiführung einer wahren Aussage für notwendig erachtet. § 59 eröffnet dem Tatrichter für die Entscheidung über die Vereidigung also einen **Beurteilungsspielraum** und kombiniert diesen mit einer **Ermessensbefugnis.**[14] Dies bedeutet, dass die Vereidigung auch beim Vorliegen einer Aussage von ausschlaggebender Bedeutung oder dann, wenn sich die Vereidigung als notwendiges Mittel zur Herbeiführung einer wahren Aussage als notwendig erweisen sollte, keineswegs zwingend vorzunehmen ist. Die beiden Ausnahmetatbestände bilden keine Gegensätze. 10

2. Ausschlaggebende Bedeutung der Aussage (Abs. 1 S. 1 Alt. 1). Ob der Aussage eines Zeugen ausschlaggebende Bedeutung zukommt, lässt sich nicht allgemein begrifflich, 11

[9] Vgl. hierzu etwa BGH 14.12.2011 – 1 StR 501/11, NStZ-RR 2012, 148; BGH 10.1.2012 – 5 StR 508/11, NStZ 2012, 344.

[10] BGH 15.10.1985 – 1 StR 338/85, NStZ 1986, 130; BGH 1.12.1993 – 2 StR 443/93, NStZ 1994, 227.

[11] *Huber* JR 2005, 79 mwN; *Knauer/Wolf* NJW 2004, 2932 f.

[12] AA L/R/*Ignor/Bertheau* Rn. 4 mwN.

[13] BGH 17.11.1987 – 5 StR 547/87; BGH 28.9.1994 – 3 StR 332/94.

[14] BGH 11.12.2008 – 3 StR 429/08, NStZ 2009, 343; aA *Klemke* StV 2006, 158.

sondern nur im Einzelfall vor dem Hintergrund der jeweiligen Sach- und Beweislage entscheiden. Ausschlaggebend sind der **Inhalt** der Aussage und eine **vorläufige Würdigung,** in die das Gericht die bereits erhobenen Beweise und die – abgeschlossene – Aussage des Zeugen einbeziehen muss.[15]

12 Wird der **Zeuge mehrfach vernommen,** kann regelmäßig erst nach Abschluss der gesamten Aussage beurteilt werden, ob den Angaben des Zeugen ausschlaggebende Bedeutung zukommt. Einer kompletten antizipierten Beweiswürdigung bedarf es aber nicht. Zur mehrfachen Vernehmung Rn. 50 ff.

13 Darauf, ob es sich um be- oder entlastende Angaben handelt, kommt es nicht an. Stützt der Aussageinhalt die Würdigung der Beweisergebnisse gleichsam als Zünglein an der Waage und damit das Urteil im Ergebnis in einer Weise, dass die **Entscheidung ohne die Aussage anders ausfiele,** liegt eine ausschlaggebende Bedeutung vor. Ob dies auch stets der Fall ist, wenn für eine entscheidungserhebliche Tatsache die Angaben des Zeugen das **alleinige Beweismittel** sind,[16] erscheint zweifelhaft, da im Falle eines Geständnisses des Angeklagten der einzige Belastungszeuge zwar alleiniges Beweismittel ist, aber dennoch nur zur Abrundung der Überzeugungsbildung oder zur Aufklärung einiger Sachverhaltsdetails befragt werden kann. Eine Vereidigung kommt auch in Frage, wenn die Aussage des Zeugen die Angaben eines zuvor vernommenen Zeugen **erschüttern** kann oder wenn das Gericht nunmehr diese Aussage für ausschlaggebend hält.[17]

14 Hingegen scheidet eine Vereidigung bei inhaltlich **unbedeutenden Aussagen** eines Zeugen aus. Zeugenaussagen, die das Gericht als **unwahr** einstuft, können ebenfalls nicht ausschlaggebend sein.[18] Auch allein die bloße **Widersprüchlichkeit** zu einer bislang als ausschlaggebend angesehenen Aussage genügt regelmäßig nicht, weil nur eine der Aussagen wahr und damit ausschlaggebend sein kann;[19] anders liegt es, wenn die Entscheidung des Gerichts, welcher der widersprüchlichen Aussagen es folgt, gleichzeitig eine Weichenstellung zwischen Freispruch und Verurteilung beinhaltet. Im Übrigen kann die Konstellation der Widersprüchlichkeit dem Gericht Anlass zur Prüfung des Abs. 1 S. 2 Alt. 2 geben

15 **3. Herbeiführung einer wahren Aussage (Abs. 1 S. 1 Alt. 2).** Für diesen Ausnahmefall genügt es nicht, dass das Gericht nach seiner vorläufigen Würdigung von der Unwahrheit bzw. Unvollständigkeit der Aussage ausgeht. Zusätzlich ist erforderlich, dass der Tatrichter zur Überzeugung gelangt, dass der Zeuge unter dem Eideszwang erhebliche Tatsachen wahrheitsgemäß bekundet, die er bisher verschwiegen oder unzutreffend dargestellt hat.[20] Denn die Vorschriften über die Vereidigung haben nicht den Sinn, dass das Gericht ohne erwartbaren Aufklärungsgewinn sehenden Auges Meineide produziert.

16 **4. Richterliches Ermessen.** Die Gesetzesformulierung „nach seinem Ermessen für notwendig hält" weist auf ein sehr **weitgehendes richterliches Ermessen** und einen **subjektiven Bewertungsmaßstab** hin. Der weite Ermessensspielraum ist auch deshalb notwendig, weil dem Tatrichter in beiden Ausnahmefällen eine **Prognose,** ausgehend vom jeweiligen Verfahrensstand und der Beweislage im Zeitpunkt des Abschlusses der Aussage abverlangt wird. So kann eine zunächst als weniger bedeutend angesehene Aussage später entscheidendes Gewicht zukommen; auch der umgekehrte Fall ist denkbar.

17 Der Tatrichter kann trotz der entscheidenden Bedeutung der Aussage von einer Vereidigung absehen,[21] etwa wenn gegen deren Wahrheitsgehalt keine Bedenken bestehen und er dem Zeugen auch ohne Eid glauben will.[22] Liegt der zweite Beeidigungsgrund vor, wird eine Vereidigung noch seltener angeordnet werden, weil bereits die uneidliche Falschaus-

---

[15] Vgl. BGH 3.6.1961 – 1 StR 155/61, BGHSt 16, 99 (103) = NJW 1961, 1485 (1486).
[16] So *Meyer-Goßner* Rn. 3.
[17] *Eisenberg* BeweisR Rn. 1134 mwN.
[18] OLG Hamm 22.3.1973 – 2 Vs 4/72, NJW 1973, 1939 (1940) mwN.
[19] *Eisenberg* BeweisR Rn. 1134; aA KK/*Senge* Rn. 1b.
[20] *Meyer-Goßner* Rn. 4 mwN; L/R/*Ignor/Bertheau* Rn. 8 mwN.
[21] *Meyer-Goßner* Rn. 8.
[22] BGH 3.6.1961 – 1 StR 155/61, BGHSt 16, 99 (104) = NJW 1961, 1485 (1486).

sage gemäß § 153 StGB strafbewehrt und der Zeuge hierüber belehrt worden ist.[23] Der Angeklagte hat keinen Anspruch darauf, dass das Gericht einem Entlastungszeugen entweder glaubt oder ihn vereidigt. Deshalb muss die Rüge, das Tatgericht habe nur Belastungszeugen vereidigt, hingegen Entlastungszeugen zu Unrecht unvereidigt gelassen, regelmäßig erfolglos bleiben.[24]

Bei altersbedingten oder aus anderen Gründen unreifen Zeugen, bei Verletzten, bei Angehörigen des Beschuldigten sowie bei Zeugen, die bereits wegen eines Aussagedelikts verurteilt wurden, obliegt dem Gericht bei der Ausübung seines Ermessens eine besondere Prüfungspflicht.[25] 18

III. Entscheidung des Vorsitzenden und des Gerichts

1. Entscheidungspflicht. Der Vorsitzende oder das Gericht müssen – ohne vorherige Anhörung der Beteiligten – eine Entscheidung darüber treffen, ob der Zeuge zu vereidigen ist oder nicht. Auch nach der Neuregelung ist diese Entscheidung nicht entbehrlich. Das Unterbleiben der Entscheidung – belegt durch die negative Beweiskraft des Protokolls – begründet, wie die Rechtsprechung zu § 48 OWiG aF zeigt, zwar einen **revisiblen Verfahrensfehler,**[26] jedoch wird das Urteil hierauf nur selten beruhen; dazu näher Rn. 64 ff. 19

2. Zuständigkeiten. Die Entscheidung, ob der Zeuge vereidigt wird oder unvereidigt bleibt, ergeht von Amts wegen und – sofern kein Fall der §§ 62, 63 vorliegt – **in der Hauptverhandlung.** Über die Frage der Vereidigung kann zunächst der **Vorsitzende** im Rahmen seiner Sachleitungsbefugnis nach § 238 Abs. 1 allein entscheiden; hieran hat die Neufassung des § 59 nichts geändert.[27] Auch wenn der Vorsitzende die Entscheidung – zulässigerweise – im Einvernehmen mit den Mitgliedern des Spruchkörpers trifft, liegt zunächst nur eine Verfügung nach § 238 Abs. 1 vor. Wird seine Entscheidung beanstandet, muss das Gericht im Wege eines Beschlusses gemäß § 238 Abs. 2 über die Vereidigungsfrage entscheiden. Zulässig ist es auch, dass sogleich eine Entscheidung des **Kollegialgerichts** ergeht.[28] 20

3. Entscheidungszeitpunkt. Die Entscheidung über die Vereidigung ist nach dem Abschluss der Zeugenvernehmung, spätestens bis zum Schluss der Beweisaufnahme zu treffen.[29] Wird die fehlende Entscheidung vor Urteilserlass bemerkt, muss die Beweisaufnahme wiedereröffnet und die Entscheidung nachgeholt werden. 21

4. Ausdrückliche oder konkludente Entscheidung. Bei der Frage, wann ausdrücklich über die Vereidigung zu entscheiden ist und in welchen Fällen eine konkludente Entscheidung genügt, sind **drei Fallgruppen** zu unterscheiden: Vorliegen eines Antrags eines Verfahrensbeteiligten, Vereidigung des Zeugen und Nichtvereidigung des Zeugen. 22

a) Antrag eines Verfahrensbeteiligten. Wird die Vereidigung eines Zeugen beantragt, hat das Gericht den Antrag im Wege einer **ausdrücklichen Entscheidung** zu bescheiden und diese Entscheidung zu protokollieren.[30] 23

---

[23] BGH 3.6.1961 – 1 StR 155/61, BGHSt 16, 99 (103) = NJW 1961, 1485 (1486).

[24] BGH 3.6.1961 – 1 StR 155/61, BGHSt 16, 99 (105) = NJW 1961, 1485 (1486); BayObLG 4.9.1957 – RReg. 1 St 591/57.

[25] BeckOK/*Huber* Rn. 2.

[26] OLG Düsseldorf 29.5.1989 – 2 Ss 145/89, NStE Nr. 1 zu § 48 OWiG mwN; OLG Oldenburg 18.4.1989 – Ss 154/89, DAR 1989, 313.

[27] BGH 30.3.2005 – 1 StR 67/05, NStZ-RR 2005, 208 mwN; BGH 11.12.2008 – 3 StR 429/08, NStZ 2009, 343; BGH 20.1.2005 – 3 StR 455/04, NStZ 2005, 340; *Meyer-Goßner* Rn. 10; L/R/*Ignor/Bertheau* Rn. 21.

[28] BGH 8.4.1987 – 3 StR 7/87, NStZ 1987, 374; BGH 30.3.2005 – 1 StR 67/05, NStZ-RR 2005, 208; *Joecks* Rn. 4.

[29] BGH 2.10.1951 – 1 StR 434/51, BGHSt 1, 346 (348) = NJW 1952, 192.

[30] BGH 16.11.2005 – 2 StR 457/05, BGHSt 50, 282 = NJW 2006, 388 = NStZ 2006, 234.

24 **b) Vereidigung des Zeugen.** Will der Vorsitzende den Zeugen vereidigen, wird er dies regelmäßig ausdrücklich anordnen. Möglich ist aber auch eine konkludente Entscheidung durch entsprechende Belehrungen des Zeugen und die Abnahme des Eides. In beiden Fällen liegt eine ins Hauptverhandlungsprotokoll aufzunehmende wesentliche Förmlichkeit vor.

25 **c) Nichtvereidigung des Zeugen. aa) Ausreichen einer konkludenten Entscheidung.** Der Klarheit halber empfiehlt sich im Falle der Nichtvereidigung eine ausdrückliche Entscheidung des Vorsitzenden; als Verfügung bietet sich etwa an: „der Zeuge wird unvereidigt entlassen." Dennoch ist eine solche ausdrückliche Entscheidung nicht zwingend erforderlich; es genügt eine **konkludente Entscheidung.**

26 Die Rechtsprechung des BGH ging zunächst davon aus, der Vorsitzende habe – eine als wesentliche Förmlichkeit zu protokollierende – Entscheidung über die Vereidigung eines Zeugen zu treffen.[31] Der 1. und 2. Strafsenat nehmen nunmehr vor dem Hintergrund, dass nach § 59 Abs. 1 die Nichtvereidigung die Regel darstellt, an, dass einer **Entlassungsverfügung des Vorsitzenden** konkludent zu entnehmen ist, er habe die Voraussetzungen, vom regelmäßigen Verfahrensgang abzuweichen, nicht als gegeben angesehen.[32] Der 4. Strafsenat hat offen gelassen, ob darin, dass eine ausdrückliche Entscheidung über die Vereidigung (und Entlassung) des Zeugen nicht ergeht, ein Verfahrensfehler liegt.[33]

27 Als **Mindestvoraussetzung** für die Annahme einer konkludenten Entscheidung muss das Protokoll eine ausdrückliche **Verfügung des Vorsitzenden** zur Frage der Entlassung ausweisen; wenigstens auf diese Weise muss durch das Protokoll erkennbar werden, dass das Tatgericht das ihm zustehende **Ermessen überhaupt ausgeübt** hat.[34]

28 Die Mitteilung, der Zeuge habe den Saal zu einer bestimmten Uhrzeit verlassen, genügt dafür nicht; auch die Formulierung, der Zeuge sei im allseitigen Einverständnis entlassen worden, dürfte ohne den Zusatz, dass eine entsprechende Verfügung des Vorsitzenden vorlag, nicht ausreichen.[35] Auch kann einer **Entlassungsanordnung** dann keine konkludente Entscheidung der Nichtvereidigung entnommen werden, wenn sie bei einem Zeugen fehlt, bei anderen Zeugen hingegen im Wege einer ausdrücklichen Anordnung über die Frage der Vereidigung befunden wurde[36] oder wenn nach dem Verfahrensgang nicht auszuschließen ist, dass sich der Vorsitzende der Notwendigkeit einer Entscheidung über die Vereidigung nicht bewusst war.[37] Schließlich muss von einer unterlassenen Entscheidung über die Vereidigung ausgegangen werden, wenn ein Zeuge mehrfach vernommen wurde, das Hauptverhandlungsprotokoll aber nur bei seiner ersten Entlassung eine Vereidigungsentscheidung enthält.[38]

29 Die Kritik an dieser Rechtsprechung[39] übersieht, dass die Verfahrensbeteiligten stets die Möglichkeit haben, die Vereidigung des Zeugen zu beantragen und damit eine ausdrückliche Entscheidung herbeizuführen; zudem können sie gleichzeitig die Entlassungsanordnung des Vorsitzenden beanstanden und die Entscheidung des Gerichts verlangen. Sie berücksichtigt ferner nicht, dass die Neuregelung das frühere Regel-Ausnahme-Verhältnis umgekehrt hat und eine ausdrückliche Entscheidung nur dort erforderlich wird, wo von einer gesetzli-

[31] BGH 15.2.2005 – 1 StR 584/04, BeckRS 2005, 03108; BGH 20.1.2005 – 3 StR 455/04, NStZ 2005, 340.

[32] BGH 16.11.2005 – 2 StR 457/05, BGHSt 50, 282 = NJW 2006, 388 = NStZ 2006, 234; BGH 7.7.2009 – 1 StR 268/09, NStZ 2009, 647 in einem Hinweis.

[33] BGH 31.7.2013 – 4 StR 276/13, BeckRS 2013, 14343.

[34] Vgl. hierzu BGH 3.2.1987 – 1 StR 730/86, BeckRS 1987, 31087925; OLG Celle 29.9.2005 – 22 Ss 65/05, StraFo 2005, 506.

[35] Vgl. hierzu den der Entscheidung BGH 17.7.2003 – 4 StR 194/03, NStZ 2004, 97 zugrundeliegenden Verfahrensgang.

[36] BGH 4.11.1980 – 5 StR 508/80, NStZ 1981, 71 mwN; BGH 29.3.1984 – 4 StR 154/84, NStZ 1984, 371 (372); OLG Frankfurt a. M. 29.7.1999 – 3 Ss 192/99, NStZ-RR 1999, 336 mwN.

[37] OLG Hamm 29.2.1972 – 5 Ss 1271/71, NJW 1972, 1531 (1532).

[38] BGH 13.12.1988 – 5 StR 550/88, NStZ 1989, 128.

[39] L/R/*Ignor/Bertheau* Rn. 18, 24.

chen Regel abgewichen wird. Es trifft auch nicht zu, dass die Verfahrensbeteiligten nur bei einer ausdrücklichen Entscheidung des Vorsitzenden dessen Absicht klar erkennen können, denn mit der Entlassungsanordnung ohne vorausgehende Anordnung einer Vereidigung wird für alle offensichtlich, dass der Zeuge unvereidigt bleiben soll. Schließlich folgt aus den Motiven nicht zwingend anderes, weil der Fall der Nichtvereidigung dort nicht ausdrücklich erwähnt wird.[40]

bb) Unterlassene Entscheidung. Von der konkludenten Entscheidung über die Nichtvereidigung ist der Fall zu unterscheiden, in dem der Vorsitzende bzw. das Gericht überhaupt keine Entscheidung über die Vereidigung oder Nichtvereidigung eines Zeugen getroffen hat. Die unterbliebene Entscheidung ergibt sich dann eindeutig aus dem Schweigen der Sitzungsniederschrift, wenn das Hauptverhandlungsprotokoll bei anderen Zeugen eine Entscheidung zur Frage der Vereidigung ausweist.[41] Wurde nur ein Zeuge vernommen und fehlt im Protokoll sowohl eine ausdrückliche als auch eine Entscheidung über die Frage der Entlassung des Zeugen, ist ebenfalls aufgrund der negativen Beweiskraft der Niederschrift davon auszugehen, dass die Entscheidung fehlerhaft unterblieb. 30

5. Begründung. a) Nichtvereidigung in der Hauptverhandlung. Es handelt sich bei der Nichtvereidigung um den gesetzlichen Regelfall, sodass ein Vorgehen des Gerichts nach dieser Regel keiner Begründung bedarf. Der **BGH** hält schon nach der Regelung in § 59 Abs. 1 eine Begründung für **entbehrlich.**[42] Auch mehrere Stimmen in der **Literatur** verneinen eine Begründungsplicht.[43] 31

Die Auffassung, die eine Begründungspflicht annimmt,[44] überzeugt nicht. Gegen das Erfordernis einer Begründung spricht zunächst der Wortlaut des § 59 Abs. 1 S. 2, der eine Begründung nur für eine Vereidigung außerhalb der Hauptverhandlung fordert. Auch die Motive der Neuregelung gehen nicht davon aus, dass die Entscheidung einer Begründung bedarf.[45] Es ergibt keinen Sinn, den Wortlaut des Abs. 1 S. 2 dahin auszulegen, dass nur die Protokollierung der Begründung, nicht aber die Begründung selbst entbehrlich ist.[46] Es bringt für die Verfahrensbeteiligten auch keinen Erkenntnisgewinn, wenn das Gericht ihnen – bei Nichtvereidigung – mitteilt, es bestehe kein Anlass für eine Vereidigung des Zeugen oder – im Falle der Vereidigung des Zeugen – den Wortlaut eine der Alternativen des Abs. 1 S. 1 zitiert; solche vorgeschlagenen als ausreichend erachteten „Begründungen"[47] werden bereits aus der bloßen Entscheidung deutlich. Zudem lässt die Annahme einer Begründungspflicht den Gesetzeszweck, das Verfahren zu vereinfachen, außer acht.[48] Schließlich bestünde bei näheren Ausführungen zur Begründung der Entscheidung die Gefahr, dass sich das Gericht Befangenheitsanträgen aussetzt; diese wären zwar, da es sich nur um eine rein vorläufige Würdigung handeln kann, unbegründet, belasteten aber den Verfahrensfortgang. 32

b) Vereidigung in der Hauptverhandlung. Auch die Anordnung der Vereidigung des Zeugen muss das Gericht nicht begründen. Dies folgt bereits aus Abs. 1 S. 2.[49] Im Übrigen gelten die Ausführungen Rn. entsprechend. Eine Begründung der Vereidigung brächte für die Verfahrensbeteiligten auch keinen Erkenntnisgewinn. Schon die Tatsache, 33

---

[40] S. BT-Drs. 15/1508, 23.

[41] BGH 24.4.1997 – 1 StR 152/97, NStZ-RR 1997, 302; BGH 6.7.2004 – 4 StR 193/04, BeckRS 2004, 08131.

[42] BGH 15.2.2005 – 1 StR 584/04, StraFo 2005, 244; BGH 11.7.2006 – 3 StR 216/06, NJW 2006, 2934 = NStZ 2006, 715; BGH 20.1.2005 – 3 StR 455/04, NStZ 2005, 340 unter Hinweis auf die Motive.

[43] *Joecks* Rn. 4; Graf/*Huber* Rn. 8; *Meyer-Goßner* Rn. 11; *Feser* JuS 2008, 229 (230); *Huber* JuS 2004, 970; *Knauer/Wolf* NJW 2004, 2932 (2933); *Müller* JR 2005, 80; *Eisenberg* BeweisR Rn. 1139.

[44] L/R/*Ignor/Bertheau* Rn. 26; *Neuhaus* StV 2005, 47 (49); *Schlothauer* StV 2005, 200.

[45] BT-Drs. 15/1508, 23.

[46] So aber L/R/*Ignor/Bertheau* Rn. 26.

[47] L/R/*Ignor/Bertheau* Rn. 27.

[48] So auch *Feser* JuS 2008, 229 (230).

[49] BGH 20.1.2005 – 3 StR 455/04, NStZ 2005, 340; BGH 15.2.2005 – 1 StR 584/04, StraFo 2005, 244; die Frage der Begründungspflicht offenlassend BGH 24.1.2006 – 3 StR 460/05, NStZ 2006, 463.

dass das Gericht einen Zeugen vereidigt, zeigt, dass es die Voraussetzungen eines der beiden eng umgrenzten Ausnahmefälle des Abs. 1 S. 1 annimmt; der Verlauf der Vernehmung wird zudem erkennen lassen, ob das Gericht von der 2. Alternative des Abs. 1 S. 1 ausgeht.

34 **c) Vereidigung außerhalb der Hauptverhandlung.** Bei richterlichen Zeugenvernehmungen außerhalb der Hauptverhandlung ist eine Begründung für den Fall, dass der Zeuge vereidigt wird, gemäß **Abs. 1 S. 2** gesetzlich vorgeschrieben. In Frage kommen ermittlungsrichterliche und kommissarische Vernehmungen sowie Vernehmungen durch den beauftragten oder im Rechtshilfeweg ersuchten Richter.

35 Die Zulässigkeit einer Vereidigung im **vorbereitenden Verfahren** richtet sich nach § 62. Der Ermittlungsrichter entscheidet nach eigenem Ermessen und muss einem Antrag der StA nicht entsprechen.[50] Bei der **kommissarischen Vernehmung** entscheidet der Richter nach seinem Ermessen über die Vereidigung, sofern kein Vereidigungsauftrag vorliegt (§ 63).[51] Bei Verlesung des richterlichen Protokolls ist festzustellen, ob der Vernommene vereidigt wurde (§ 251 Abs. 4 S. 3). Nach Maßgabe des § 251 Abs. 4 S. 4 kann die Vereidigung nachgeholt werden.

36 **d) Behandlung gestellter Anträge. aa) Ablehnung eines Vereidigungsantrags.** Die Übertragung der in → Rn. genannten Gesichtspunkte ergibt, dass Vereidigungsanträge ohne Begründung zurückgewiesen werden können.[52] Angesichts des dem Gericht eingeräumten Ermessens fiele eine Begründung für den Antragsteller auch wenig ergiebig aus.

37 **bb) Gerichtsbeschluss nach § 238 Abs. 2.** Beanstandet ein Verfahrensbeteiligter die Anordnung des Vorsitzenden, den Zeugen zu vereidigen oder unvereidigt zu entlassen, muss das Gericht nach § 238 Abs. 2 hierüber einen Beschluss erlassen. Wird die Entscheidung des Vorsitzenden bestätigt, kommt dies einer Zurückweisung eines Antrags gleich, sodass der Beschluss mit Blick auf § 34 zu begründen ist.[53] Es gibt keinen Hinweis dafür, dass der Gesetzgeber mit der Neuregelung auch die Handhabung der §§ 34, 238 verändern wollte oder dass § 59 dem § 34 vorgeht.[54] Wird der Zeuge auf die Beanstandung hin doch vereidigt, ist eine Begründung entbehrlich.

38 **6. Wiederholung der Entscheidung.** Da sich eine Vereidigung bzw. die Entscheidung über die Vereidigungsfrage nur auf die davor liegende Zeugenaussage beziehen kann, müssen der Vorsitzende oder das Gericht, wenn ein Zeuge erneut vernommen wird, wiederum über die Vereidigung befinden.[55]

39 **7. Protokollierung. a) Allgemeines.** Bei der Anordnung einer Vereidigung oder Nichtvereidigung des Zeugen handelt es sich um eine **wesentliche Förmlichkeit;** diese ist im Sitzungsprotokoll festzuhalten.[56] Gleiches gilt für die Entlassungsverfügung, weil sie – wie oben dargelegt – die Anordnung der Nichtvereidigung des Zeugen beinhalten kann. Bei Vereidigung mehrerer Zeugen ist jede Vereidigung einzeln zu beurkunden.[57]

40 Soweit für den Fall der **Nichtvereidigung** an der Protokollierungspflicht Zweifel angemeldet werden[58] oder diese auf den Fall eines gestellten Antrags auf Vereidigung beschränkt werden soll,[59] vermag dies nicht zu überzeugen. Zum einen nimmt Abs. 1 S. 2 nur den Grund für eine Vereidigung von der Protokollierungspflicht aus, zum anderen ging auch

---

[50] *Eisenberg* BeweisR Rn. 1167.
[51] *Eisenberg* BeweisR Rn. 1169.
[52] So im Ergebnis auch Graf/*Huber* Rn. 8; *Meyer/Goßner* Rn. 11; *Joecks* Rn. 4.
[53] L/R/*Ignor/Bertheau* Rn. 28; *Peglau/Wilke* NStZ 2005, 189; aA *Müller* JR 2005, 80.
[54] AA *Meyer/Goßner* Rn. 11.
[55] BGH 2.10.1951 – 1 StR 434/51, BGHSt 1, 346 = NJW 1952, 192; BGH 8.4.1987 – 3 StR 7/87, NStZ 1987, 374; OLG Frankfurt a. M. 10.7.1996 – 3 Ss 86/96, NStZ-RR 1996, 363; *Huber* JuS 2004, 970.
[56] BGH 20.1.2005 – 3 StR 455/04, NStZ 2005, 340; BGH 15.2.2005 – 1 StR 584/04, StraFo 2005, 244; s. auch BGH 11.7.2006 – 3 StR 216/06, NStZ 2006, 715.
[57] *Eisenberg* BeweisR Rn. 1140 mwN.
[58] BGH 17.8.2005 – 2 StR 284/05, NStZ 2006, 114 in nicht entscheidungstragenden Ausführungen.
[59] BGH 16.11.2005 – 2 StR 457/05, NStZ 2006, 234.

der Gesetzgeber davon aus, dass die Vereidigung oder Nichtvereidigung eines Zeugen in das Protokoll aufzunehmen ist.[60] Im Fall einer **Teilvereidigung** muss das Protokoll erkennen lassen, auf welchen Teil der Aussage sich der Eid bezieht.

b) Schweigen des Protokolls. Enthält die Sitzungsniederschrift weder eine Entschei- 41
dung über die Vereidigung noch eine Entlassungsverfügung, ist davon auszugehen, dass nicht einmal eine konkludente, sondern – fehlerhaft – gar keine Entscheidung zur Frage der Vereidigung getroffen wurde.

c) Beanstandung, Beschluss. Will ein Verfahrensbeteiligter eine sich gegen die Nicht- 42
vereidigung richtende Verfahrensrüge erheben, muss er die entsprechende Verfügung des Vorsitzenden in der Hauptverhandlung beanstanden und gemäß § 238 Abs. 2 einen Beschluss des Gerichts herbeiführen. Insoweit hat sich durch die Neufassung des § 59 nichts geändert.[61] Anderes gilt für die Beruhensfrage.[62] Beanstandung und Beschluss sind ebenfalls als wesentliche Förmlichkeit ins Protokoll aufzunehmen. Zur nicht erforderlichen Beanstandung bei unterlassener Entscheidung Rn. 59.

8. Verhandlung über die Vereidigung. a) Absehen von der Vereidigung nach 43
§ 59. Die Umkehrung des Regel-Ausnahme-Verhältnisses durch das neue Vereidigungsrecht führt zu einer Neubewertung bei der Bestimmung, welche Hauptverhandlungsteile als wesentlicher Verfahrensabschnitt anzusehen sind. Ordnet der Vorsitzende die Nichtvereidigung des Zeugen an, bleibt es also beim gesetzlichen Regelfall, stellt dieser Teil der Hauptverhandlung dann, wenn die Vereidigungsfrage weder kontrovers erörtert noch zum Gegenstand einer Entscheidung gemäß § 238 Abs. 2 gemacht wird, **keinen wesentlichen Verfahrensteil** dar. In einem solchen Fall begründet die Abwesenheit des Angeklagten in diesem Verhandlungsabschnitt nach Auffassung des 3. Strafsenats deshalb nicht den Revisionsgrund des § 338 Nr. 5.[63] Dies überzeugt; dem Angeklagten entstehen keine Nachteile, weil er über die Nichtvereidigung bei der Unterrichtung nach § 247 S. 4 informiert wird und danach die Möglichkeit hat, entweder durch Gegenvorstellung eine neue Entscheidung des Vorsitzenden oder durch eine Beanstandung einen Gerichtsbeschluss nach § 238 Abs. 2 herbeizuführen und so auf die Vereidigung hinzuwirken.[64]

Zum gleichen Ergebnis – **Verneinung des § 338 Nr. 5** – kommt der 4. Strafsenat[65] – 44
obgleich er im Grundsatz an der früheren Auffassung festhält, die in der Abwesenheit des Angeklagten regelmäßig einen absoluten Revisionsgrund nach § 338 Nr. 5 sah – für die Verhandlung und Entscheidung über die Zeugenvereidigung in einem Fall, in dem der Angeklagte die Videoübertragung der Vernehmung des Zeugen und die Anordnung des Vorsitzenden, den Zeugen unvereidigt zu entlassen, mitverfolgt und auf eine weitere Befragung des Zeugen verzichtet hat. Spricht nichts dafür, dass das Gericht bei Abwesenheit des Angeklagten den Zeugen ausnahmsweise vereidigt hätte – dies wird wegen des gesetzlichen Regelfalls der Nichtvereidigung nahezu stets der Fall sein –, kann ein Beruhen des Urteils auf der Abwesenheit des Angeklagten und während der Entscheidung über die Vereidigung und Entlassung des Zeugen denkgesetzlich ausgeschlossen werden.

War der Angeklagte verfahrensfehlerhaft bei der Verhandlung und Entscheidung über 45
die Vereidigung des Zeugen nicht anwesend, wird dieser **Fehler geheilt,** wenn die Verhandlung und Entscheidung über die Vereidigung desselben Zeugen nach einer erneuten Vernehmung in Anwesenheit des Angeklagten stattfindet.[66] Vor der Verhandlung über die Vereidigung ist die Verhandlung über die Entlassung eines in Abwesenheit des Angeklagten

---

[60] Referentenentwurf für das JuMoG S.; BT-Drs. 15/1508, 23.
[61] BGH 20.1.2005 – 3 StR 455/04, NStZ 2005, 340; BGH 30.3.2005 – 1 StR 67/05.
[62] → Rn. 65 ff.
[63] BGH 11.7.2006 – 3 StR 216/06, NJW 2006, 2934 = NStZ 2006, 715 (716); in einem obiter dictum BGH 23.9.2004 – 3 StR 255/04, JR 2005, 78 mAnm *Müller.*
[64] Vgl. *Feser* JuS 2008, 229 (231) mwN; aA L/R/*Ignor/Bertheau* Rn. 20.
[65] BGH 11.5.2006 – 4 StR 131/06, NStZ 2006, 713 (714).
[66] BGH 20.2.2003 – 3 StR 222/02, NStZ 2003, 559.

vernommenen Zeugen – die nicht mehr zu seiner Vernehmung iSv § 247 gehört – zu unterscheiden; der ausgeschlossene Angeklagte ist zur Verhandlung über die Entlassung wieder zuzulassen.[67]

46 **b) Absehen von der Vereidigung nach § 60.** Ob gleiches gilt, wenn der Vorsitzende an sich die Vereidigung für geboten erachtet, aber hiervon absieht, weil er ein Vereidigungsverbot nach § 60 annimmt, hat die Rechtsprechung bisher nicht geklärt.

IV. Zeitpunkt und Umfang der Vereidigung

47 **1. Nacheid, Entscheidungszeitpunkt.** Die Zeugen sind einzeln und nach ihrer Vernehmung zu vereidigen (Abs. 2 S. 1). Beschwören kann der Zeuge nur das, was er bereits ausgesagt hat, dh, dass Aussage und Vernehmung vor der Beeidigung stets abgeschlossen sein müssen.[68] Über die Vereidigung hat das Gericht in der Hauptverhandlung von Amts wegen zu entscheiden. Es kann die Entscheidung sogleich im Anschluss an die Vernehmung des Zeugen oder zu einem späteren Zeitpunkt, spätestens bis zum Schluss der Beweisaufnahme, treffen.[69] Stellt das Gericht nach Abschluss der Beweisaufnahme fest, dass es vergessen hat, über die Vereidigung zu befinden, kann es das Versäumnis bis zum Erlass des Urteils heilen, indem es die Beweisaufnahme wiedereröffnet und die Entscheidung nachholt.

48 **2. Reichweite einer Vereidigung. a) Angaben.** Sie umfasst alle Angaben des Zeugen zur Person und zur Sache, unabhängig davon, ob sie für die Entscheidung bedeutsam waren oder ob es sich um Antworten auf Generalfragen nach § 68 handelte. Erforderlich ist aber, dass der Zeuge die Angaben im Rahmen einer **Vernehmung** macht. Daran fehlt es, wenn der Zeuge im Wege einer informatorischen Anhörung befragt wird. Bei Angaben, die dem Bereich des Freibeweises angehören, ist zu unterscheiden: Liegt eine Vernehmung vor und macht der Zeuge Angaben, werden diese vom Eid auch dann umfasst, wenn sie das Gericht auch freibeweislich hätte erheben können. Anders liegt es, wenn der Zeuge nur informatorisch Auskunft erteilt.[70]

49 Hat der Zeuge die **Aussage teilweise verweigert,** erstreckt sich der Eid nicht automatisch auf seine Erläuterungen zur Begründung und zum Umfang seines Auskunfts- bzw. Zeugnisverweigerungsrechts.

50 **b) Mehrfache Vernehmung.** Wird der Zeuge vereidigt und danach innerhalb der Beweisaufnahme nochmals vernommen, bedarf es einer neuen Entscheidung über die Vereidigung.[71] Daran hat die Neufassung der Vereidigungsregeln nichts geändert. Denn das Gericht verfügt erst dann, wenn die gesamte Aussage vorliegt, über die erforderliche umfassende Grundlage für seine Ermessensausübung.

51 Das Gericht ist bei der **neuen Entscheidung** an eine frühere Entscheidung über die Vereidigung nicht gebunden.[72] Der zunächst unvereidigt gebliebene Zeuge kann nach erneuter Vernehmung wiederum unvereidigt bleiben oder vereidigt werden.[73]

52 Maßgeblich ist die zuletzt getroffene Entscheidung des Tatrichters. Führt diese zur Vereidigung des Zeugen, umfasst der Eid die gesamten Angaben. Wurde der Zeuge nur nach seiner ersten Vernehmung vereidigt, nach seiner zweiten hingegen nicht, sind seine Aussagen insgesamt als uneidlich zu werten.[74]

---

67 BGH 18.1.2011 – 3 StR 504/10, NStZ-RR 2011, 151.

68 BGH 24.10.1955 – GSSt 1/55, BGHSt 8, 301 (310) = NJW 1956, 191.

69 L/R/*Ignor/Bertheau* Rn. 19.

70 L/R/*Ignor/Bertheau* Rn. 12.

71 BGH v. 2.10.1951 – 1 StR 434/51, BGHSt 1, 346 (348 f.) = NJW 1952, 192; BGH 20.2.2003 – 3 StR 222/02, NStZ 2003, 559 (560).

72 BGH 20.7.2010 – 3 StR 193/10, StV 2011, 454 mwN; OLG Frankfurt a. M. 10.7.1996 – 3 Ss 86/96, NStZ-RR 1996, 363.

73 BGH 20.2.2003 – 3 StR 222/02, NStZ 2003, 559 (560, 561).

74 BGH 20.7.2010 – 3 StR 193/10, StV 2011, 454; BGH 20.2.2003 – 3 StR 222/02, NStZ 2003, 559.

3. Teilvereidigung. Sie ist möglich und kommt in Frage, wenn der Zeuge zu verschiedenen Verfahrensgegenständen ausgesagt hat, die Vereidigungsvoraussetzungen aber nur hinsichtlich seiner Angaben zu bestimmten prozessualen Taten vorliegen. Eine Teilvereidigung muss hingegen ausscheiden, wenn die Aussage Taten betrifft, die in einem inneren Zusammenhang miteinander stehen, insbesondere ein nicht oder nur schwer trennbares Gesamtgeschehen bilden. Der Eid kann auch nicht auf einzelne Bekundungen oder auf zeitlich getrennte Abschnitte eines Tatsachenkomplexes beschränkt werden.[75] 53

V. Revision

1. Rügemöglichkeiten. Die vom Gericht getroffene Entscheidung über die Vereidigung oder Nichtvereidigung eines Zeugen ist **revisibel.**[76] Mit der Revision kann eine Verletzung des Abs. 1 S. 1 dahin geltend gemacht werden, der Tatrichter habe den ihm zustehenden Beurteilungsspielraum überschritten oder sein Ermessen rechtsfehlerhaft ausgeübt.[77] 54

Die Gegenauffassung,[78] die nur den Fall der unterbliebenen Entscheidung für revisibel hält, vermag nicht zu überzeugen. Sie führt zu dem nicht einleuchtenden Ergebnis, dass nur eine unterlassene, nicht aber eine fehlerhafte Entscheidung über die Vereidigungsfrage beanstandet werden kann. Zuzugeben ist ihr allerdings, dass das Beruhen bei Fehlern im Rahmen der Handhabung des Beurteilungsspielraums und des Ermessens schwer belegbar sein dürfte und es auch dann, wenn ein solcher Fehler feststeht, dennoch an einem Beruhen des Urteils hierauf fehlen kann. 55

Außerdem kann gerügt werden, dass eine Entscheidung über die Vereidigung unterblieb,[79] dass eine Vereidigung unter Verstoß gegen § 60 angeordnet wurde, ebenso, dass das Gericht im Urteil eine uneidliche Aussage als eidliche oder umgekehrt bewertet hat. 56

2. Abwesenheit des Angeklagten. Die Rechtsprechung, die den absoluten Revisionsgrund des § 338 Nr. 5 bejahte, wenn der nach § 247 ausgeschlossene Angeklagte nicht nur bei der Vernehmung eines Zeugen, sondern auch während der **Verhandlung und Entscheidung über die Vereidigung des Zeugen** abwesend war, ist seit der Änderung des § 59 durch das 1. JuMoG überholt. Denn die Nichtvereidigung stellt den gesetzlichen Regelfall dar und bedarf keiner Begründung. Vor diesem Hintergrund kann dieser Verfahrensvorgang zumindest dann nicht mehr als wesentlicher Teil der Hauptverhandlung angesehen werden, wenn die Frage der Vereidigung weder kontrovers erörtert noch zum Gegenstand einer gerichtlichen Entscheidung nach § 238 Abs. 2 gemacht wird. Denn nach den gesetzlichen Vereidigungsvoraussetzungen kann die Entscheidung des Vorsitzenden, den Zeugen nicht zu vereidigen, keine Auswirkung auf den Urteilsspruch erlangen und mangels Begründung gibt sie dem Angekl. auch keinen Aufschluss über die Erwägungen, die den Vorsitzenden zu seiner Entscheidung veranlasst haben, so dass der Angekl. hieraus keine Folgerungen für sein weiteres Prozessverhalten ziehen kann. Er erleidet daher durch seine Abwesenheit keinen Nachteil in seiner Verfahrensstellung.[80] Die Gegenauffassung[81] überzeugt auch deshalb nicht, weil der Angeklagte im Rahmen der Unterrichtung nach § 247 Satz 4 über die Nichtvereidigung informiert wird und dadurch die Möglichkeit erhält, entweder durch Gegenvorstellung eine neue Entscheidung des Vorsitzenden oder durch 57

[75] BGH 20.2.2003 – 3 StR 222/02, BGHSt 48, 221 (232) = NStZ 2003, 559 mAnm *Maier* NStZ 2003, 674.

[76] BGH 12.3.2009 – 3 StR 568/08, NStZ 2009, 397; BGH 11.12.2008 – 3 StR 429/08, NStZ 2009, 343; aA unter Hinweis auf das Ermessen des Gerichts *Meyer-Goßner* Rn. 13.

[77] BGH 11.12.2008 – 3 StR 429/08, NStZ 2009, 343.

[78] OLG Dresden 19.1.2007 – 2 Ss 596/06; *Meyer/Goßner* Rn. 13; Graf/*Huber* Rn. 10; unklar *Knauer/Wolf* NJW 2004, 2932 (2933), die von einer „faktischen Unanfechtbarkeit" ausgehen.

[79] ZB BGH 8.4.1987 – 3 StR 7/87, NStZ 1987, 374.

[80] BGH 11.7.2006 – 3 StR 216/06, NJW 2006, 2934 = NStZ 2006, 715.

[81] *Peglau/Wilke* NStZ 2005, 188; *Schuster* StV 2005, 628 (631).

einen Antrag nach § 238 Abs. 2 einen Gerichtsbeschluss herbeizuführen und so auf die Vereidigung des Zeugen hinzuwirken.

58 **3. Zulässigkeit einer Verfahrensrüge. a) Grundsatz.** Die Zulässigkeit setzt **grundsätzlich** voraus, dass der Angeklagte oder sein Verteidiger die Entscheidung über die Vereidigung oder Nichtvereidigung des Zeugen beanstanden und ein ausdrücklicher **Gerichtsbeschluss nach § 238 Abs. 2** herbeigeführt wurde;[82] hieran hat das JuMoG nichts geändert. Dies gilt nicht nur in Fällen, in denen der Vorsitzende die entsprechende Entscheidung ausdrücklich getroffen hat, sondern auch dann, wenn eine konkludente Entscheidung über die Nichtvereidigung oder Vereidigung des Zeugen vorliegt. Geht man davon aus, dass in der Entlassungsverfügung die konkludente Entscheidung der Nichtvereidigung liegt, muss es konsequenterweise für die Zulässigkeit einer Verfahrensrüge ausreichen, wenn diese Entscheidung beanstandet und ein Gerichtsbeschluss herbeigeführt wurde.[83] Dass sie eine Entscheidung des Gerichts nach § 238 Abs. 2 beantragt hat, muss die Revision vortragen.[84] Die in der Lit. teilweise gegen die Beanstandungspflicht vorgetragenen Bedenken überzeugen im Ergebnis nicht.[85]

59 **b) Ausnahmen. aa) Unterlassene Entscheidung.** Ausnahmsweise bedarf es keiner Herbeiführung eines Beschlusses nach § 238 Abs. 2. Dies ist zunächst dann der Fall, wenn in der Hauptverhandlung **keine Entscheidung** des Vorsitzenden zur Vereidigung oder Nichtvereidigung erging.[86] Es besteht kein Grund, diese ständige Rechtsprechung in Frage zu stellen und für die Zulässigkeit der Rüge zu verlangen, dass der Revident in der Hauptverhandlung einen entsprechenden Antrag gestellt hat.[87] Denn die Umkehrung des Regel-Ausnahme-Verhältnisses durch den neuen § 59 ändert nichts am System des Zwischenrechtsbehelfs gemäß § 238 oder daran, dass eine gebotene Entscheidung unterlassen wurde und damit eine beanstandungsfähige Anordnung nicht existiert. Vielmehr ist allgemein anerkannt, dass der Revisionsführer das Unterlassen unverzichtbarer Maßnahmen auch dann rügen kann, wenn er in der Hauptverhandlung nicht nach § 238 Abs. 2 vorgegangen ist;[88] schließlich ist keine Konstellation denkbar, in der die Verfahrensbeteiligten auf eine gerichtliche Anordnung zur Vereidigungsfrage verzichten könnten.[89]

60 **bb) Urteilsinhalt.** Die Herbeiführung eines Gerichtsbeschlusses gemäß § 238 Abs. 2 ist auch dann entbehrlich, wenn das Gericht von der Vereidigung abgesehen hat, sich die tatbestandlichen Voraussetzungen des § 59 Abs. 1 S. 1 aus den **Urteilsgründen** ergeben.[90]

61 **c) Unzulässige Protokollrüge.** Die Beanstandung, das Protokoll enthalte nichts über die Vereidigung oder Nichtvereidigung des vernommenen Zeugen, stellt nur eine unzulässige Protokollrüge dar, da lediglich behauptet wird, die Niederschrift sei mangelhaft. Der Beschwerdeführer muss vielmehr behaupten, das Gericht habe keine Entscheidung über die Vereidigung oder Nichtvereidigung eines bestimmten Zeugen getroffen.[91]

---

[82] BGH 6.7.2004 – 4 StR 193/04, BeckRS 2004, 08131; BGH 30.3.2005 – 1 StR 67/05, NStZ-RR 2005, 208 mwN; BGH 15.5.2008 – 3 StR 98/08, BeckRS 2008, 10168; BGH 7.7.2009 – 1 StR 268/09, NStZ 2009, 647.

[83] AA in nicht entscheidungstragenden Ausführungen BGH 16.11.2005 – 2 StR 457/05, BGHSt 50, 282 = NStZ 2006, 234 (235).

[84] BGH 11.12.2008 – 3 StR 429/08, NStZ 2008, 343.

[85] Hierzu umfassend und überzeugend L/R/*Becker* § 238 Rn. 43 ff.

[86] BGH 4.11.1980 – 5 StR 508/80, NStZ 1981, 71; BGH 8.4.1987 – 3 StR 7/87, NStZ 1987, 374 mwN; BGH 24.4.1997 – 1 StR 152/97, NStZ-RR 1997, 302; BGH 17.7.2003 – 4 StR 194/03 mwN; BGH 6.7.2004 – 4 StR 193/04, BeckRS 2004, 08131; OLG Frankfurt a. M. 29.7.1999 – 3 Ss 192/99, NStZ-RR 1999, 336 mwN; OLG Celle 29.9.2005 – 22 Ss 65/05, StraFo 2005, 506.

[87] Zu dieser Ansicht neigt aber BGH 16.11.2005 – 2 StR 457/05, NStZ 2006, 234 (235). Hingegen hält BGH 12.3.2009 – 3 StR 568/08, NStZ 2009, 317 eine Pflicht zur Antragstellung bei fehlender Entscheidung über die Entlassung des Zeugen für fernliegend.

[88] BGH 25.10.2011 – 3 StR 315/11, NStZ 2012, 585 (586) Rn. 12 mwN.

[89] Zur Entbehrlichkeit des Zwischenrechtsbehelfs in einem solchen Fall BGH 14.12.2010 – 1 StR 422/10, NStZ 2011, 300.

[90] *Eisenberg* BeweisR Rn. 1141; offengelassen in BGH 11.12.2008 – 3 StR 429/08, NStZ 2009, 343.

[91] OLG Koblenz 14.11.1984 – 1 Ss 431/84, VRS 68, 223 (224).

4. Beruhen. a) Fehlerhafte Anordnung der Nichtvereidigung. Wurde die Rüge, 62
ein Zeuge sei fehlerhaft nicht vereidigt worden, zu Recht erhoben, wird das Beruhen des Urteils auf diesem Verfahrensverstoß **regelmäßig nicht auszuschließen** sein. Dies gilt zunächst in den Fällen, in denen das Gericht den Bekundungen des Zeugen für die Überführung des Angeklagten wesentliche Bedeutung beigemessen hat.[92]

Im Übrigen muss sehr häufig offen bleiben, ob sich das Gericht für die Vereidigung des 63
Zeugen entschieden hätte und dieser im Falle seiner Vereidigung andere oder zusätzliche Angaben gemacht hätte;[93] dies gilt besonders dann, wenn der Zeuge unmittelbar in das Tatgeschehen involviert war.[94] Meist wird das Revisionsgericht auch nicht ausschließen können, dass sich eine möglicherweise andere Aussage des Zeugen auf die Beweiswürdigung, etwa auf die Beurteilung der Glaubwürdigkeit der Aussage oder die anderer Zeugenangaben, ausgewirkt hätte.

Nur in **Ausnahmefällen** lässt sich das Beruhen ausschließen, so etwa, wenn der Ange- 64
klagte geständig oder weitgehend geständig war oder wenn weitere Zeugen die Angaben des Zeugen bestätigten,[95] wenn das übrige Beweisergebnis bereits eindeutig ist, wenn sich der Zeuge nur zu einer wenig bedeutsamen Beweisfrage oder zu einem Nebenpunkt geäußert hat[96] oder wenn das Tatgericht der Aussage erkennbar keinerlei Bedeutung zugemessen hat.[97] Auch mit Blick auf die Persönlichkeit des Zeugen im Zusammenhang mit seinem Bezug zu der von ihm bekundeten Tatsache kann das Beruhen auszuschließen sein; so liegt es, wenn das Tatgericht bereits der unbeeidigten Aussage geglaubt hat oder wenn auszuschließen ist, dass eine Vereidigung zu einer anderen Aussage geführt hätte.[98] Berichtet ein Sachverständiger als Zeuge über ein bei ihm vom Angeklagten abgelegtes Geständnis, wird aber fehlerhaft nicht als Zeuge behandelt, ist eine unterbliebene Entscheidung in jedem Fall unschädlich, wenn der Angeklagte die Abgabe des Geständnisses eingeräumt hat.[99]

Eine **fehlerhafte Begründung** für die Nichtvereidigung gefährdet den Bestand des 65
Urteils nicht, wenn der Zeuge aus anderen Gründen nicht hätte vereidigt werden dürfen und auszuschließen ist, dass das Urteil auf der fehlerhaften Begründung beruht.[100]

b) Unterbliebene Entscheidung über eine Vereidigung. In dieser Fallgruppe führt 66
die Änderung der Vereidigungsvorschriften durch das 1. JuMoG zu einer veränderten Sichtweise. Denn da nach früherer Rechtslage die Vereidigung der gesetzliche Regelfall war, beruhte das Urteil bei unterbliebener Entscheidung über die Vereidigung nur dann nicht auf diesem Verfahrensfehler, wenn ein Vereidigungsverbot bestand oder sich ausschließen ließ, dass der Zeuge im Falle seiner Vereidigung andere Angaben gemacht hätte und dass ggf. eine andere Zeugenaussage zu einer für den Angeklagten günstigeren Entscheidung geführt hätte.[101]

Da die Vereidigung nach der Neuregelung nunmehr nicht mehr den Regelfall, sondern 67
die Ausnahme darstellt, führt der Verfahrensfehler der unterlassenen Entscheidung über die Frage der Vereidigung zu einer deutlichen **Einschränkung der Erfolgsaussichten** einer entsprechenden Rüge. Das Urteil kann auf diesem Fehler nur beruhen, wenn es bei einer ordnungsgemäßen Entscheidung zu einer Vereidigung des Zeugen gekommen wäre und wenn dann nicht auszuschließen wäre, dass der Zeuge in diesem Falle andere, wesentliche Angaben gemacht hätte.[102] Ergeben sich weder aus dem Protokoll noch aus dem Urteil

---

[92] BGH 8.4.1987 – 3 StR 7/87, NStZ 1987, 374.
[93] OLG Celle 29.9.2005 – 22 Ss 65/05, StraFo 2005, 506.
[94] Vgl. OLG Frankfurt a. M. 29.7.1999 – 3 Ss 192/99, NStZ-RR 1999, 336 mwN.
[95] BGH 24.1.2006 – 3 StR 460/05, NStZ 2006, 463.
[96] BGH 24.4.1997 – 1 StR 152/97, NStZ-RR 1997, 302 mwN; BGH 6.7.2004 – 4 StR 193/04, BeckRS 2004, 08131; s. auch BGH 12.3.2009 – 3 StR 568/08, NStZ 2009, 397.
[97] BGH 3.7.1986 – 4 StR 182/86, BeckRS 1986, 31108412.
[98] Vgl. BGH 4.12.1985 – 2 StR 848/94, zu einem Polizeibeamten; BGH 20.2.1986 – 4 StR 709/85, NStZ 1986, 323 zu einem als sachverständigen Zeugen gehörten Sachverständigen.
[99] BGH 6.8.1987 – 4 StR 333/87, NJW 1988, 1223 (1224).
[100] OLG Hamm 22.3.1973 – 2 Vs 4/72, NJW 1973, 1939.
[101] Vgl. BGH 17.8.2005 – 2 StR 284/05, NStZ 2006, 114.
[102] BGH 31.7.2013 – 4 StR 276/13 mwN.

Anhaltspunkte dafür, dass das Gericht die Vereidigung wegen der ausschlaggebenden Bedeutung der Aussage oder zur Herbeiführung einer wahrheitsgemäßen Aussage für notwendig gehalten haben könnte, bleibt die Rüge erfolglos.[103] Gleiches gilt, wenn zwar keine Vereidigungsentscheidung getroffen wurde, eine Vereidigung des Zeugen im Ergebnis aber zu Recht unterblieb, weil ihr ein vom Tatgericht nicht erkanntes Vereidigungsverbot nach § 60 entgegenstand.[104]

68 Regelmäßig wird das Beruhen auch zu verneinen sein, wenn Fälle vorliegen, wie sie in → Rn. 14 angeführt worden sind.[105]

69 **c) Fehlerhafte Anordnung der Vereidigung.** Auf der Vereidigung des Zeugen kann das Urteil regelmäßig nicht beruhen. Anders kann es liegen, wenn ein Vereidigungsverbot vorlag oder die Belehrung über das Eidesverweigerungsrecht unterlassen wurde oder das Gericht in seiner Beweiswürdigung von einer unvereidigten Aussage ausgeht.

70 Die Vereidigung eines Zeugen löst **keinen Vertrauenstatbestand** dahin aus, das Gericht werde seiner Aussage glauben. Das Gericht muss die Verfahrensbeteiligten auch nicht darauf hinweisen, dass es die unter Eid gemachten Angaben eines Zeugen seinem Urteil nicht als glaubhaft zugrunde legen will.[106]

71 **d) Wertung unvereidigter Aussage als eidliche.** Bei einem solchen Fehler ist das Beruhen auszuschließen, wenn die Aussage nur zugunsten des Angeklagten verwertet wurde.[107]

72 **5. Sachrüge.** Wird ein Zeuge wegen eines Falschaussagedelikts verurteilt, kommen **Verfahrensfehler,** die dem Gericht bei der Vereidigung unterlaufen sind, als **Strafmilderungsgründe** in Betracht.[108] Vorrangig ist zu prüfen, ob diese die Annahme eines minder schweren Falles iSv § 154 Abs. 2 StGB rechtfertigen; lagen schon die Voraussetzungen für eine Vereidigung nicht vor, weil nach den Urteilsfeststellungen absehbar war, dass der Aussage keine ausschlaggebende Bedeutung zukommt und wird nicht erkennbar, dass eine Vereidigung zur Herbeiführung einer wahren Aussage notwendig gewesen wäre, begründet die objektiv verfahrensfehlerhafte Vereidigung einen gewichtigen Strafmilderungsgrund, der bei der Prüfung des Strafrahmens zu berücksichtigen ist.[109]

§ 60 [Verbot der Vereidigung]

Von der Vereidigung ist abzusehen

1. **bei Personen, die zur Zeit der Vernehmung das 18. Lebensjahr noch nicht vollendet haben oder die wegen mangelnder Verstandesreife oder wegen einer psychischen Krankheit oder einer geistigen oder seelischen Behinderung vom Wesen und der Bedeutung des Eides keine genügende Vorstellung haben;**
2. **bei Personen, die der Tat, welche den Gegenstand der Untersuchung bildet, oder der Beteiligung an ihr oder der Begünstigung, Strafvereitelung oder Hehlerei verdächtig oder deswegen bereits verurteilt sind.**

Schrifttum: *Eckert,* Vereidigung eines in der Hauptverhandlung offensichtlich falsch aussagenden Zeugen?, NJW 1963, 846; *Lenckner,* Begünstigung, Strafvereitelung und Vereidigungsverbot nach § 60 Nr. 2 StPO, NStZ 1982, 401; *Park,* Die Vereidigung von Zeugen im Strafprozess, JuS 1998, 1039; *Seibert,* Verdächtige Zeugen (§ 60 Nr. 3 StPO), NJW 1963, 142; *Theuerkauf,* Darf der in der Hauptverhandlung offensichtlich falsch aussagende Zeuge unvereidigt bleiben?, MDR 1964, 204.

---

[103] BGH 17.8.2005 – 2 StR 284/05, NStZ 2006, 114 mwN.
[104] BGH 17.7.2003 – 4 StR 194/03; BGH 17.8.2005 – 2 StR 284/05, NStZ 2006, 114.
[105] Vgl. für eine Zeugenaussage zu einem Nebenpunkt BGH 12.3.2009 – 3 StR 568/08, NStZ 2009, 397.
[106] BGH 15.10.1985 – 1 StR 338/85, NStZ 1986, 130.
[107] OLG Hamm 29.2.1972 – 5 Ss 1271/71, NJW 1972, 1531 (1532).
[108] BGH 2.7.1969 – 2 StR 198/69, NJW 1969, 2154 mwN.
[109] BGH 4.7.2012 – 5 StR 219/12, NStZ 2012, 567 mwN.

Übersicht

A. Allgemeines

I. Normzweck

Die Vorschrift blieb im Zuge der Änderungen des Vereidigungsrechts durch das 1. JuMoG[1] unverändert. Sie enthält **zwingende Vereidigungsverbote** für Zeugen, die eidesunmündig, eidesunfähig oder tat- oder teilnahmeverdächtig sind. Dabei unterscheidet Nr. 1 drei Konstellationen, die in der Person des Zeugen begründet sind (nicht erreichte Altersgrenze, mangelnde Verstandesreife, krankheitsbedingt ungenügende Vorstellung über den Eid), während Nr. 2 Fallgruppen enthält, die das Verhältnis des Zeugen zur Tat wegen 1

[1] 1. Justizmodernisierungsgesetz v. 24.8.2004, BGBl. I 2198, in Kraft getreten am 1.9.2004.

seines möglichen eigenen strafbaren Verhaltens betreffen, namentlich den Verdacht der Tatbegehung oder -beteiligung. In allen Varianten der Nummern 1 und 2 muss das Gericht von der Vereidigung des vernommenen Zeugen absehen.

2 Die Verbote sollen zum einen den Zeugen vor der Gefahr bewahren, sich wegen Meineids strafbar zu machen.[2] Zum anderen und vor allem stellen sie eine **Mahnung an das Gericht** dar, den Beweiswert der Aussage besonders sorgfältig zu prüfen. Dies gilt in besonderem Maße für die Fallgruppen der Nr. 2. Denn ein unter dem Verdacht der Tatbeteiligung stehender Zeuge wird nicht so unbefangen aussagen können, wie es eine einwandfreie Aussage voraussetzt.[3]

3 Die Überprüfung und Beachtung der Beeidigungsverbote durch den Vernehmenden liefert wichtige **Bewertungsgrundlagen für die Beweiswürdigung** der Aussage des betreffenden Zeugen.[4] Da jede Verstrickung eines Zeugen in den verfahrensgegenständlichen Vorwurf eine Gefahr für die Wahrheitsfindung birgt, hielt es der Gesetzgeber für geboten, die Vereidigung zu untersagen, weil sie die Glaubwürdigkeit der Aussage eines verdächtigen Zeugen in der Regel nicht erhöhen kann. Der Eideszwang würde die Zwangslage, in der sich der Zeuge wegen seiner Beteiligung befindet, nicht beseitigen, sondern nur verschärfen, den Zeugen aber nicht von seiner Befangenheit befreien.[5]

II. Anwendungsbereich

4 § 60 gilt bei **richterlichen Vernehmungen,** gleichviel, ob sie in oder außerhalb der Hauptverhandlung stattfinden. Die Vorschrift ist also auch bei allen ermittlungsrichterlichen und kommissarischen Vernehmungen[6] anzuwenden. Sie gilt ebenso bei Rechtshilfevernehmungen im Ausland, wenn dort der Zeuge von einem deutschen Richter nach deutschem Recht vernommen wird; anders liegt es, wenn die Zeugenvernehmung nach ausländischem Recht durchgeführt wird.[7] Nach § 46 Abs. 1 OWiG gelten die Vereidigungsverbote auch im **Bußgeldverfahren.**[8]

5 Zwar hat die Bestimmung dadurch, dass seit dem 1.9.2004 die Nichtvereidigung der Zeugen den gesetzlichen Regelfall darstellt, an Bedeutung verloren; an der Funktion der Nr. 2, das Gericht an den Einfluss einer etwaigen Beteiligung des Zeugen auf seine Aussage zu erinnern und es in diesen Fällen zu einer vorsichtigen sorgfältigen Beweiswürdigung anzuhalten, hat jedoch die Abschaffung der Regelvereidigung nichts geändert.

III. Freie tatrichterliche Beweiswürdigung

6 Die Vereidigungsverbote berühren die freie Beweiswürdigung des Gerichts nicht. Der Umstand der Vereidigung oder Nichtvereidigung eines Zeugen ist regelmäßig für die Aussageanalyse und die Überzeugungsbildung des Gerichts nicht mehr ausschlaggebend. Das Gericht kann dem nicht vereidigten Zeugen Glauben schenken, dem vereidigten hingegen nicht. Da es keine Beweisregeln gibt, kann auch die Aussage eines teilnahmeverdächtigen Zeugen als glaubhaft erachtet werden;[9] im Rahmen der Beweiswürdigung ist aber zu prüfen, ob der Aussage solcher Zeugen ein geringerer Beweiswert zukommt, was häufig der Fall sein wird.[10]

---

[2] BGH 2.7.1969 – 2 StR 198/69, BGHSt 23, 30 (32); OLG Stuttgart 19.12.1977 – 3 Ss 606/77, NJW 1978, 711 (713).

[3] Vgl. bereits RG 3.12.1918 – II 500/18, RGSt 53, 169.

[4] BGH 19.2.1960 – 1 StR 609/59, BGHSt 17, 128 (134 f.) = NJW 1960, 1960 (1961).

[5] BGH 24.9.1953 – 3 StR 228/53, BGHSt 4, 368 (371) = NJW 1953, 1925; BGH 9.1.1957 – 4 StR 523/56, BGHSt 10, 65 (67) unter Hinweis auf die Motive; BGH 20.8.1999 – 1 StR 317/99, NStZ 2000, 45 (46); vgl. auch *Seibert* NJW 1963, 142 (143).

[6] BGH 24.7.1995 – 3 StR 609/95, NStZ 1996, 609 (610) mwN.

[7] BGH 24.7.1995 – 3 StR 609/95, NStZ 1996, 609.

[8] BayObLG 30.7.1996 – 3 StRR 90/96.

[9] BGH 9.1.1957 – 4 StR 523/56, BGHSt 10, 65 (70); BGH 2.11.1982 – 5 StR 308/82, NStZ 1983, 354 mwN.

[10] BGH 19.2.1960 – 1 StR 609/59, BGHSt 17, 128 (134) = NJW 1960, 1960 (1961).

B. Erläuterungen

I. Eidesunmündige Zeugen (Nr. 1 erste Alternative)

1. Alter. Nach § 60 Nr. 1 besteht zunächst ein Vereidigungsverbot bei allen Personen 7
unter 18 Jahren; diese sind nicht eidesmündig. Für die Berechnung des Lebensalters gilt § 187 Abs. 2 BGB: Danach entfällt die Eidesunmündigkeit mit dem Beginn des Tages, an dem der Zeuge 18 Jahre alt wird; der Abgleich der Tatzeit mit der genauen Geburtszeit ist nicht erforderlich.[11]

2. Maßgeblicher Zeitpunkt. Maßgeblich für die Feststellung der Altersgrenze ist der 8
Tag, an dem der Zeuge vernommen und vereidigt wird. Wird über die Vereidigung nicht am Vernehmungstag, sondern erst später entschieden, ist nach allgM dieser spätere Zeitpunkt maßgeblich.

3. Nachholung der Vereidigung. Erreicht der Zeuge das Alter der Eidesmündigkeit 9
zwischen dem Schluss der Beweisaufnahme und der Urteilsverkündung, bleibt dies unberücksichtigt.[12] Wird der Zeuge jedoch noch vor dem Abschluss der Beweisaufnahme eidesmündig, muss das Gericht über die Vereidigungsfrage nochmals befinden und ggf. die Vereidigung nachholen.[13]

Gleiches – ggf. Nachholung der Vereidigung – gilt dann, wenn ein **Vernehmungspro-** 10
tokoll über die Zeugenaussage eines Eidesunmündigen verlesen wird zu einem Zeitpunkt, in dem die Eidesmündigkeit des Zeugen gegeben und seine Vereidigung noch möglich ist.[14]

II. Mangelnde Verstandesreife, krankheitsbedingt ungenügende Vorstellung über den Eid (Nr. 1 zweite und dritte Alternative)

1. Allgemeines. Das Betreuungsgesetz v. 12.9.1990 hat den früheren Begriff der „Ver- 11
standesschwäche" durch die Alternativen „psychische Krankheit" oder „geistige oder seelische Behinderung" ersetzt. In der Sache haben die neuen Begriffe, die **dauerhafte Zustände** erfassen wollen, keine Veränderung gebracht. Die Übergänge sind fließend. Eine entsprechende Anwendung der Vorschrift auf andere Beeinträchtigungen scheidet aus.[15]

2. Voraussetzungen. Die zweite und dritte Alternative der Nr. 1 erfordern, dass jeweils 12
zwei – separat zu prüfende – Voraussetzungen erfüllt sind: Zur mangelnden Verstandesreife bzw. der psychischen Krankheit oder geistigen bzw. seelischen Behinderung muss die ungenügende Vorstellung über die Bedeutung des Eides hinzukommen. Dies hat das Gericht nach pflichtgemäßem Ermessen zu entscheiden und kann auch im Wege des Freibeweises festgestellt werden.[16]

Zunächst muss das Tatgericht in jedem Einzelfall mit entsprechenden Anhaltspunkten 13
prüfen, ob mangelnde Verstandesreife bzw. eine in Nr. 1 genannte Krankheit oder Behinderung bei dem Zeugen vorliegt. Ist dies der Fall, ist zu entscheiden, ob deshalb die Vereidigung zu unterbleiben hat. Dies kann nur angenommen werden, wenn der Zeuge verstandes- oder krankheitsbedingt keine genügende Vorstellung über die Bedeutung des Eides hat. Ein automatischer Rückschluss aus bestimmten Umständen, etwa, dass der Zeuge an einer Krankheit, an geistigen Mängeln oder Gebrechen leide oder dass ihm wegen solcher Umstände ein Betreuer bestellt wurde, darauf, dass dem Zeugen die genügende Vorstellung von der Bedeutung des Eides fehlt, ist unzulässig.[17]

---

11 RG 16.12.1901 – 4045/01, RGSt 35, 37 (41); L/R/*Ignor/Bertheau* Rn. 2.
12 Radtke/Hohmann/*Otte* Rn. 2 mwN.
13 KK/*Senge* Rn. 4.
14 L/R/*Ignor/Bertheau* Rn. 3 mwN; KK/*Senge* Rn. 4 mwN.
15 RG 10.6.1901 – 1925/01, RGSt 34, 283 (284).
16 RG v. RGSt 56, 102 (103).
17 BGH 25.10.1968 – 4 StR 412/68, BGHSt 22, 266 mwN; RG 9.10.1900 – II 3479/00, RGSt 33, 393 (394).

14 Ob bei der Feststellung einer Alternative der Nr. 1 der **Zweifelssatz anzuwenden** ist, ist umstritten. Ein Teil der Lit. verneint dies.[18] Für die Gegenauffassung[19] spricht der Normzweck. Zudem kann mit einer Vereidigung des Zeugen keine Erhöhung des Beweiswerts seiner Aussage erreicht werden, wenn zweifelhaft erscheint und damit offen bleiben muss, ob er die Bedeutung des Eides überhaupt zu erfassen in der Lage ist.

15 **3. Andere Beeinträchtigungen. a) Allgemeines.** Beeinträchtigungen, die ihrem Gewicht nach unterhalb der Schwelle der Nr. 1 anzusiedeln sind, rechtfertigen das Absehen von der Vereidigung nicht. Dies gilt etwa für Unwissenheit, intellektuelle Mängel, Unglauben oder Gedächtnisschwäche eines Zeugen.[20]

16 **b) Vorübergehende Beeinträchtigungen.** Auch sie rechtfertigen eine Nichtvereidigung nicht. Ist die Geistestätigkeit des Zeugen nur vorübergehend, etwa aufgrund eines Alkohol- oder Drogenrausches gestört, ist seine Vereidigung bis zum Abklingen der Beeinträchtigung zu verschieben;[21] meist wird in einem solchen Fall schon die Vernehmungsfähigkeit nicht gegeben sein.[22]

III. Verdacht der Begehung der Tat (Nr. 2 erste Alt.)

17 **1. Allgemeines.** Der Gewissenszwiespalt, in dem sich der einem Beteiligungsverdacht ausgesetzte Zeuge befindet, ändert zwar nichts an seiner Zeugenstellung als solcher; der Zeuge soll aber wenigstens nicht dem Eideszwang ausgesetzt sein. Der Verdacht, der Zeuge könnte die Tat begangen haben oder an ihr beteiligt gewesen sein, hindert den Zeugen an unvoreingenommenen neutralen Angaben und birgt damit die **Gefahr einer Falschaussage.**[23] In diesen Fällen vermag die Beeidigung der Angaben die Glaubwürdigkeit des verdächtigten Zeugen nicht zu steigern. So zeigt auch die Regelung des § 157 StGB, dass die – förmliche – Zeugenaussage in der sachlichen Bewertung derjenigen eines Beschuldigten weitgehend angenähert ist.[24]

18 Das Gericht darf bei der **Würdigung** der Aussage des unter Tat- oder Teilnahmeverdacht stehenden Zeugen nicht übersehen, dass er häufig die nötige Unbefangenheit für seine Aussage nicht aufzubringen in der Lage und deshalb ein für die Wahrheitserforschung weniger geeignetes Mittel als ein unbeteiligter Zeuge ist.[25]

19 **2. Tatbegriff. a) Allgemeines.** Entscheidend ist der prozessuale Tatbegriff iSv § 264, der hier mit Blick auf den Normzweck nach stRspr[26] und allgM in der Lit.[27] im weitesten Sinne zu verstehen ist. Dabei wird der Verfahrensgegenstand nicht durch die Anklage oder den Eröffnungsbeschluss, sondern durch das **Ergebnis der Hauptverhandlung** bestimmt.[28] Umfasst wird der gesamte geschichtliche Vorgang einschließlich aller damit zusammenhängenden Vorkommnisse und Umstände, innerhalb dessen der Straftatbestand verwirklicht wurde und der nach der Lebensauffassung eine natürliche Einheit bildet.[29] Auf die materiellrechtlichen Konkurrenzverhältnisse kommt es nicht an. Der weite Tatbegriff

---

[18] Meyer-Goßner Rn. 1; Radtke/Hohmann/*Otte* Rn. 1 mwN; KK/*Senge* Rn. 3.
[19] L/R (25. Aufl.)/*Dahs* Rn. 5; HK/*Lemke* Rn. 7.
[20] RG 29.10.1918 – IV 654/18, RGSt 53, 136 f.; L/R/*Ignor/Bertheau* Rn. 4.
[21] RG 10.6.1901 – 1925/01, RGSt 34, 283 (285); Radtke/Hohmann/*Otte* Rn. 3 mwN; KK/*Senge* Rn. 5.
[22] L/R/*Ignor/Bertheau* Rn. 5 mwN.
[23] BGH 2.7.1969 – 2 StR 198/69, BGHSt 23, 30 (32).
[24] BGH 19.2.1960 – 1 StR 609/59, BGHSt 17, 128 (133 f.).
[25] Vgl. BGH 9.1.1957 – 4 StR 523/56, BGHSt 10, 65 (69) für einen an einem Verkehrsunfall beteiligten Zeugen; BGH 24.9.1953 – 3 StR 228/53, BGHSt 4, 368 (371).
[26] BGH 15.5.1953 – 5 StR 17/53, BGHSt 4, 255 (256); BGH 19.10.1954 – 2 StR 651/53, BGHSt 6, 382 (383); BGH 23.9.1966 – 5 StR 360/66, BGHSt 21, 147 (148).
[27] S. zB *Joecks* Rn. 4; Radtke/Hohmann/*Otte* Rn. 6; KK/*Senge* Rn. 9 ff.
[28] BGH 3.11.1959 – 1 StR 425/99, BGHSt 13, 320 (321) = NJW 1960, 110.
[29] St. Rspr.; BGH 7.6.1951 – 3 StR 299/51, BGHSt 1, 360 (364); BGH 15.5.1953 – 5 StR 17/53, BGHSt 4, 255 (256); BGH 19.10.1954 – 2 StR 651/53, BGHSt 6, 382 (383); BGH 3.11.1959 – 1 StR 425/99, BGHSt 13, 320 (321) mwN = NJW 1960, 110.

erfasst auch Vortaten (→ Rn. 21) und zieht einen entsprechend weiten Kreis von Beteiligten nach sich.

b) Beispiele. Wird einem Beschuldigten Anstiftung oder Beihilfe zur Last gelegt, ist auch die **Haupttat,** auf die sich die Teilnahmehandlung bezieht, Gegenstand des Verfahrens.[30] Denn eine Teilnahme setzt zwingend eine Haupttat voraus. Die Beteiligung muss nicht den Zeitraum der gesamten Tat erfassen. Entschließt sich der Zeuge nach anfänglicher Tatbeteiligung die Polizei über die noch nicht beendete Straftat zu informieren, ändert dieses Umdenken am Vereidigungsverbot nichts.[31] 20

Auch **Vortaten** zählen zum Verfahrensgegenstand. Die „Vortat" muss kein gesetzliches Tatbestandsmerkmal darstellen. Schon ein Zusammenhang zwischen zwei Straftaten kann das Vereidigungsverbot auslösen. Im Verfahren gegen den Dieb ist die Vereidigung des Hehlers nach Nr. 2 ausdrücklich untersagt. Folgerichtig ist anerkannt, dass im Verfahren gegen den **Hehler** der Tatbegriff auch die Diebstahlsvortat umfasst.[32] Die Vortat muss nicht erwiesen sein; auch insoweit reicht angesichts des Sinns und Zwecks der Nr. 2 ein nur entfernter Verdacht aus.[33] 21

Im Verfahren wegen **Begünstigung oder Strafvereitelung** (§§ 257, 258 StGB) gilt die zugrundeliegende Straftat als Vortat und ist damit Verfahrensgegenstand.[34] Ebenso liegt es beim Vorwurf einer eidlichen oder uneidlichen **Falschaussage** (§§ 153, 154 StGB); die Straftat, auf die sich die Aussage bezog, gehört zum Verfahrensgegenstand, weil diese frühere Tat aufgeklärt werden muss, um im Verfahren wegen Falschaussage über die Schuldfrage entscheiden zu können.[35] Auch eine Straftat und deren **unterlassene Anzeige** gemäß § 138 StGB bilden regelmäßig denselben Verfahrensgegenstand.[36] 22

Bei **Betäubungsmittelgeschäften** bilden alle Durchführungsstadien der Tat den Verfahrensgegenstand. Dementsprechend weit wird der Kreis der Beteiligten gefasst. So ist der „Geschäftspartner" Tatbeteiligter, denn das strafbare Verhalten der Beteiligten geht in die gleiche Richtung. Davon ausgehend besteht etwa im Verfahren gegen den Veräußerer oder den Abgebenden für den Erwerber bzw. Abnehmer des Rauschgifts ein Vereidigungsverbot.[37] Auch der Kurier, der das Rauschgift für den Handeltreibenden transportiert oder einführt, ist Tatbeteiligter.[38] 23

Eine nur **zeitweise Beteiligung** des Zeugen an der Tat reicht aus, so etwa, wenn der Zeuge zusagt, sich nach Abnehmern umsehen zu wollen. Nur wenn der Zeuge von vornherein die Absicht gehabt hatte, die Polizei über das geplante Rauschgiftgeschäft des Angeklagten zu informieren, entfällt eine Beteiligung. Dies kann etwa bei einem **V-Mann** der Fall sein.[39] 24

3. Tatverdacht. Der untersuchten Tat verdächtig ist ein Zeuge dann, wenn Anhaltspunkte dafür vorliegen, dass er die Tat, die dem Beschuldigten bzw. Angeklagten vorgeworfen wird, selbst begangen hat, wenn also eine **Täterschaft des Zeugen die des Angeklagten ausschließt.**[40] Es kommt darauf an, ob sich der in Rede stehende Tatvorgang einmal ereignet hat. Dass die Tat rechtlich, hätte sie der Zeuge begangen, anders als im Falle der Täterschaft des Angeklagten einzuordnen ist, ist unerheblich. 25

---

30 BGH 23.9.1966 – 5 StR 360/66, BGHSt 21, 147 (148).
31 BGH 12.6.1992 – 1 StR 275/92, StV 1993, 57.
32 BGH 7.6.1951 – 3 StR 299/51, BGHSt 1, 360 (363 f.).
33 OLG Celle 27.1.1966 – 1 Ss 376/65, MDR 1966, 605.
34 BGH 24.9.1953 – 3 StR 228/53, BGHSt 4, 368 (371).
35 BGH 19.10.1954 – 2 StR 651/53, BGHSt 6, 382 (383 f.).
36 RG 3.12.1918 – II 500/18, RGSt 53, 169; BGH 19.10.1954 – 2 StR 651/53, BGHSt 6, 382 (384).
37 BayObLG 7.12.1982 – RReg 4 St 250/82, MDR 1983, 778; OLG Düsseldorf 17.8.2000 – 2b Ss 161/00, StraFo 2001, 413.
38 BGH 27.7.2011 – 4 StR 316/11, BeckRS 2011, 21280 mwN; BGH 24.7.1995 – 3 StR 609/95, NStZ 1996, 609.
39 BGH 12.6.1992 – 1 StR 275/92, StV 1993, 57 (58).
40 BGH MDR 1961, 1031; L/R/*Ignor/Bertheau* Rn. 9 mwN.

26 Ein Tatverdacht iSd Nr. 2 darf jedoch nicht bejaht werden, wenn es sich um **rechtlich und tatsächlich selbständige Taten,** zB zwei Abtreibungshandlungen gegen dieselbe Leibesfrucht[41] oder zwei verschiedene, nicht wechselseitige Beleidigungen innerhalb eines Gesprächs[42] handelt, von denen eine der Zeuge und die andere der Beschuldigte begangen haben soll; gleiches gilt für Taten, die rechtlich und tatsächlich einen völlig verschiedenen Inhalt hatten und sich deshalb gegenseitig ausschließen. Zum Beteiligungsverdacht Rn. 28 ff.

IV. Verdacht der Tatbeteiligung (Nr. 2 zweite Alt.)

27 **1. Begriff der Tat.** Auch hier bestimmt sich der Tatbegriff nach den Grundsätzen der – weit auszulegenden – prozessualen Tat. Die Erläuterungen Rn. 19 ff. gelten hier ebenso.

28 **2. Begriff der Beteiligung. a) Weite Auslegung.** Der Begriff der Beteiligung iSd Nr. 2 ist angesichts des Sinn und Zwecks der Norm – ebenso wie der Tatbegriff – sehr weit auszulegen. Er erfasst zunächst alle Teilnahmeformen der §§ 25 ff. StGB,[43] geht aber noch darüber hinaus und erstreckt sich auf jeden, der bei dem abzuurteilenden Vorgang **in strafbarer Weise und in derselben Richtung wie der Angeklagte mitwirkt;** unerheblich ist, ob der Zeuge dabei bewusst und gewollt mit dem Angeklagten zusammengewirkt hat.[44]

29 Der **verfahrensrechtliche Zweck** des § 60 Nr. 2 gebietet eine von sachlich-rechtlichen Erwägungen unabhängige Auslegung des Begriffs der Beteiligung. Mit einer Beschränkung auf die Teilnahme iSd §§ 25 ff. StGB könnten einerseits die Fälle, in denen der Zeuge nicht unbefangen aussagt, nicht vollständig erfasst werden, denn auch der im weiteren Sinne an der Straftat beteiligte Zeuge ist noch befangen, sodass der Beweiswert seiner Aussage gemindert sein kann.[45] Andererseits führt eine Auslegung nach dem verfahrensrechtlichen Zweck der Vorschrift zu einer Einschränkung gegenüber sachlich-rechtlichen Gesichtspunkten. Das Erfordernis, dass der Zeuge an der den Gegenstand der Untersuchung bildenden Tat in derselben Richtung wie der Beschuldigte mitgewirkt haben muss, bedeutet, dass es entscheidend nicht auf den äußeren Vorgang, sondern auf die **Vorstellungen des Zeugen** über die Tat des Beschuldigten ankommt. Nach diesen Vorstellungen bestimmt sich, ob der Zeuge in derselben Richtung mitgewirkt hat. Es genügt deshalb nicht, dass sich die Tat des Zeugen in dem allgemeinen Rahmen desselben geschichtlichen Vorkommnisses abgespielt hat.[46] Auch der Umstand allein, dass das Verhalten des Zeugen in einem äußeren oder inneren, sogar engen Zusammenhang mit der Tat des Angeklagten steht, reicht für die Anwendung der Nr. 2 nicht aus.[47] Ein bewusstes und gewolltes Zusammenwirken ist jedoch nicht erforderlich. Besondere Bedeutung gewinnen diese Gesichtspunkte bei der Begünstigung.[48]

30 So kann etwa schon der Verdacht, der Zeuge könnte dem Angeklagten bei der Vorbereitung der Tat behilflich gewesen sein, das Vereidigungsverbot begründen, wenn diese Tätigkeit eine Beihilfe zur späteren Tat darstellen kann.[49] Ob die Handlungen des Angeklagten und des Zeugen die gleichen Tatbestandsmerkmale erfüllen, ist unerheblich; die jeweils einschlägigen Strafgesetze können verschieden sein. Stets muss sich es sich um ein strafbares Verhalten des Zeugen handeln; auf die Einstellung des gegen den Zeugen gerichteten Verfahrens kommt es nicht an (→ Rn. 36 ff.).

---

41 RG v. 2.4.1925 – II 150/25, RGSt 59, 166.
42 RG v. 5.1.1923 – IV 559/22, RGSt 57, 186.
43 BGH 26.7.1990 – 5 StR 269/90, NStZ 1991, 27.
44 BGH 15.5.1953 – 5 StR 17/53, BGHSt 4, 255 (256); BGH 9.1.1957 – 4 StR 523/56, BGHSt 10, 65 (67); BGH 2.8.1983 – 5 StR 484/83, NStZ 1983, 516 mwN; OLG Düsseldorf 17.8.2000 – 2b Ss 161/00, StraFo 2001, 413.
45 BGH 24.9.1953 – 3 StR 228/53, BGHSt 4, 368 (371) = NJW 1953, 1925.
46 BGH 24.9.1953 – 3 StR 228/53, BGHSt 4, 368 (371) = NJW 1953, 1925 mwN.
47 BGH 19.10.1954 – 2 StR 651/53, NJW 1955, 31 (32).
48 → Rn. 49 ff.
49 BGH 17.12.1982 – 2 StR 459/82, NStZ 1983, 354.

Nicht ausreichend für eine gleichgerichtete Beteiligung ist es hingegen, wenn der Zeuge unabhängig vom Beschuldigten eine gleichartige Tat gegen denselben Verletzten oder wenn er nur gelegentlich der Tat des Beschuldigten eine andere Tat begeht.[50] Wechselseitige Beleidigungen oder Körperverletzungen sowie die Aussage des Zeugen über eine Erpressung des Beschuldigten wegen eines durch den Zeugen begangenen Diebstahls begründen demnach kein Vereidigungsverbot.[51] 31

b) Beispiele. Der weite Beteiligungsbegriff wird an nachfolgenden Beispielen deutlich: An der Tat beteiligt sind nicht nur Mittäter, Anstifter und Gehilfen. Im Verfahren gegen einen Begünstiger sind der **Begünstigte** und dessen Mittäter und Gehilfen beteiligt,[52] im Verfahren gegen den Bestechenden der **Bestochene** und umgekehrt. Eine Beteiligung iSv Nr. 2 liegt auch im Verhältnis zwischen **Brandstifter** und Versicherungsbetrüger, der die Brandstiftung veranlasst hat, vor;[53] ebenso zwischen Fahrer und Halter in einem Verfahren wegen Zulassen des Fahrens ohne Fahrerlaubnis. Ein Beamter, der sich durch Vernachlässigung seiner Dienstaufsicht der **Untreue** strafbar macht, ist an der Untreue eines Untergebenen beteiligt. 32

Eine Beteiligung in derselben Richtung liegt weiter vor, wem Beschuldigter und Zeuge in einem sich überlappenden Zeitraum beide Mitglied einer **kriminellen oder terroristischen Vereinigung** waren; anders liegt es, wenn der Zeuge vor der Beteiligung des Beschuldigten bereits ausgeschieden war. Nr. 2 ist auch anzuwenden, wenn sich Beschuldigter und Zeuge an derselben **Schlägerei,** selbst auf verschiedenen Seiten, beteiligt hatten.[54] 33

Eine **unterlassene Hilfeleistung** kann in Bezug auf eine durch sie nicht verhinderte Straftat eine Beteiligung darstellen; dass der Angeklagte aus Gründen der Gesetzeskonkurrenz nicht auch nach § 323c StGB verurteilt werden kann, ist unerheblich.[55] 34

Richtet sich gegen den Zeugen der Verdacht der Nichtanzeige geplanter Straftaten nach **§ 138 StGB,** stellt auch dies einen Verdacht der Beteiligung an der Tat des Angeklagten dar.[56] Im Falle des Verwandtenbeischlafs nach **§ 173 StGB** kann das Tatopfer Beteiligter sein.[57] Im Strafverfahren wegen **§ 348 StGB** kommt eine Beteiligung nach Teilnahmegrundsätzen oder § 271 StGB in Frage.[58] Zur Beteiligung des Zeugen an **Vortaten** und **Betäubungsmitteldelikten** → Rn. ff. 35

c) Strafbares Verhalten. Erforderlich ist ein tatbestandsmäßiges, rechtswidriges, schuldhaftes und deswegen an sich strafbares Verhalten des Beteiligten.[59] Auf die Verfolgbarkeit kommt es hingegen nicht an. Hieraus folgt: 36

aa) Verfahrenshindernisse. Verfahrenshindernisse wie etwa die Verjährung der Strafverfolgung,[60] ein fehlender Strafantrag,[61] das Eingreifen eines Straffreiheitsgesetzes oder das Fehlen der deutschen Gerichtsbarkeit, etwa weil die im Ausland ansässigen Zeugen keine Strafverfolgung zu besorgen haben[62] sind für die Anwendung des § 60 **unbeachtlich.**[63] 37

---

[50] Radtke/Hohmann/*Otte* Rn. 13 mwN.
[51] KK/*Senge* Rn. 22 mwN; Radtke/Hohmann/*Otte* Rn. 15 mwN.
[52] RG 12.9.1930 – I 950/30, RGSt 64, 296 (298).
[53] RG 7.1.1911 – II 950/10, RGSt 44, 254.
[54] KK/*Senge* Rn. 21 mwN; Radtke/Hohmann/*Otte* Rn. 15 mwN.
[55] BGH 22.2.1992 – 2 StR 207/92, StV 1992, 547: Sowohl der Angeklagte als auch der Zeuge hatten durch das gemeinsame Unterlassen von Hilfeleistung den späteren Tod des Opfers verursacht.
[56] BGH 19.3.1996 – 1 StR 497/95, NStZ 1996, 595 (596) mwN; BGH 17.5.2000 – 2 StR 460/99, NStZ 2000, 494 mwN; BGH 19.7.2000 – 5 StR 258/00, NStZ-RR 2001, 18 mwN.
[57] BGH 13.4.1999 – 1 StR 111/99, NStZ 1999, 470.
[58] Vgl. BGH 13.2.2004 – 2 StR 408/03, NStZ 2005, 33.
[59] BGH 13.4.1999 – 1 StR 111/99, NStZ 1999, 470.
[60] BGH 12.8.1952 – 4 StR 219/52, NJW 1952, 1146.
[61] BGH 5.7.1968 – 5 StR 327/68, MDR 1968, 895 (896).
[62] RG 18.11.1913 – II 651/13, RGSt 48, 84 (86).
[63] L/R/*Ignor/Bertheau* Rn. 11 mwN.

38 **bb) Einstellungen.** Auch Einstellungen des gegen den Zeugen wegen seiner Beteiligung geführten Strafverfahrens nach §§ 153 ff.[64] oder § 170 oder § 37 BtMG[65] ändern am Vereidigungsverbot nichts.

39 **cc) Fehlen von Vorsatz, Rechtswidrigkeit, Schuld.** Hingegen fehlt es in Fällen **vorsatzlosen Verhaltens** des Zeugen an der Strafbarkeit selbst dann, wenn sein Verhalten objektiv zur Tat beigetragen hat. So liegt etwa keine strafbare Beteiligung vor, wenn der Zeuge ohne Gehilfenvorsatz gefördert hat[66] oder wenn er an der Tat als sog Lockspitzel mitgewirkt hat.[67] Auch wenn sich der Zeuge auf **Rechtfertigungsgründe** wie Notwehr gemäß § 32 StGB,[68] eine wirksame Einwilligung oder auf die Erfüllung öffentlich-rechtlicher Dienstpflichten[69] berufen oder **Schuldausschließungsgründe** (§§ 20, 33 StGB) in Anspruch nehmen kann, entfällt eine Strafbarkeit und scheidet die Anwendung des § 60 aus.[70]

40 **dd) Strafaufhebungs- oder Strafausschließungsgründe.** Ein persönlicher Strafaufhebungs- oder Strafausschließungsgrund lässt dagegen Rechtswidrigkeit und Schuld unberührt und ändert deshalb am Vereidigungsverbot, da die grundsätzliche Strafbarkeit nur im Einzelfall entfällt, nichts.[71] So ist etwa bei einem strafbefreienden Rücktritt vom Versuch des Zeugen,[72] beim Absehen von seiner Bestrafung nach § 46b StGB oder § 31 BtMG[73] oder beim Eingreifen des § 258 Abs. 6 StGB[74] von der Vereidigung abzusehen.

41 **ee) Fahrlässiges Verhalten.** Eine Beteiligung iSd Nr. 2 kann auch bei fahrlässig begangenen Straftaten gegeben sein. Angesichts des weiten Beteiligungsbegriffs genügt jedes vorwerfbare Verhalten, das zur Herbeiführung des rechtsverletzenden Erfolgs beigetragen hat; auf die Art des Verursachungsbeitrags und die Beteiligung des einzelnen Mitwirkenden kommt es nicht an.[75]

42 **ff) Unterlassen.** Bei einer Handlung durch Unterlassen greift Nr. 2 nur, wenn der Zeuge rechtlich zum Handeln bzw. zur Verhinderung der Tat verpflichtet war. Das bloße Geschehenlassen eines Sachverhalts genügt nicht.[76]

43 **3. Verdacht. a) Verdachtsgrad.** Ein Verdacht besteht bereits dann, wenn die Möglichkeit einer strafbaren Beteiligung des Zeugen nicht auszuschließen ist. Es ist weder ein dringender noch ein hinreichender Verdacht notwendig. Schon ein nur entfernter Verdacht genügt, um das Vereidigungsverbot auszulösen.[77]

---

[64] Hierzu BGH 22.6.1994 – 2 StR 216/94, MDR 1994, 1072; OLG Köln 8.9.2000 – Ss 350/00, StV 2001, 224.

[65] Hierzu Schleswig-Holsteinisches OLG 22.1.1999 – 1 Ss 285/98.

[66] BGH 5.3.1980 – 2 StR 657/79, MDR 1980, 630 (631).

[67] BGH 6.2.1981 – 2 StR 370/80, NJW 1981, 1626 (1627).

[68] RG 24.6.1898 – 2149/98, RGSt 31, 219.

[69] RG 28.6.1904 – 742/04, RGSt 37, 218 (219).

[70] KK/*Senge* Rn. 18 mwN; Radtke/Hohmann/*Otte* Rn. 10 mwN.

[71] BGH 22.12.1955 – 1 StR 381/55, BGHSt 9, 71 (73 f.); zum Rücktritt BGH 18.9.1990 – 5 StR 396/90, StV 1991, 197; zum Rücktritt vom Versuch der Strafvereitelung BGH 13.10.1981 – 5 StR 433/81, NStZ 1982, 78; Radtke/Hohmann/*Otte* Rn. 11.

[72] BGH 13.10.1981 – 5 StR 433/81, NStZ 1982, 78; BGH 18.9.1990 – 5 StR 396/90, NStZ 1991, 227 mwN; zu einem strafbefreienden Rücktritt von einer versuchten Strafvereitelung BGH 18.3.1998 – 5 StR 710/97, NStZ-RR 1998, 335.

[73] BGH 2.8.1983 – 5 StR 484/83, NStZ 1983, 516.

[74] BGH 22.12.1955 – 1 StR 381/55, NJW 1956, 879 (880); OLG Stuttgart 19.12.1977 – 3 Ss 606/77, NJW 1978, 711 (713).

[75] BGH 9.1.1957 – 4 StR 523/56, BGHSt 10, 65 (68 f.).

[76] Vgl. BGH 30.1.1951 – 3 StR 29/50, NJW 1951, 324 zu einem unerwarteten nicht verhinderbaren Geschehen; BGH 17.5.2000 – 2 StR 460/99, NStZ 2000, 494 mwN zu dem Fall des Verdachts einer vom Zeugen unterlassenen Strafanzeige nach § 138 StGB; Graf/*Huber* Rn. 8.

[77] BGH 6.10.1982 – 2 StR 205/82, NStZ 1983, 516 mwN; BGH 18.9.1990 – 5 StR 396/90, StV 1991, 197; BGH 19.4.1993 – 5 StR 602/92, BGHSt 39, 199 = NStZ 1993, 445; OLG Frankfurt a. M. 22.11.2002 – 3 Ss 356/02, NStZ-RR 2003, 141 mwN.

b) Verdachtsfeststellung. Ob aus tatsächlichen Gründen ein sich gegen den Zeugen richtender Verdacht vorhanden ist, hat allein der Tatrichter im Wege der Beweiswürdigung nach seinem **pflichtgemäßen Ermessen** zu entscheiden. Diese Beweiswürdigung ist als solche mit der Revision nicht angreifbar.[78] 44

Das Tatgericht kann sich an den Ermittlungs- und Beweisaufnahmeergebnissen sowie der Aktenlage orientieren, Vernehmungen durchführen und Auskünfte einholen. Es ist dabei – ebenso wie bei der Feststellung der Voraussetzungen der Nr. 1 – weder an den Strengbeweis noch an Verfahrensvorschriften für förmliche Beweiserhebungen gebunden.[79] Auch die notwendig werdende Belehrung eines Zeugen nach § 55 kann für das Gericht ein Anlass sein, die Frage eines Vereidigungsverbots zu prüfen. 45

Liegt bereits ein Urteil oder ein erlassener Strafbefehl gegen den Zeugen vor, kann ein entsprechender Verdacht hierauf gestützt werden; auf die Rechtskraft der Entscheidung kommt es nicht an. Ebenso ist unerheblich, ob dem Zeugen die Strafe bereits erlassen wurde oder Strafvollstreckungsverjährung eingetreten ist.[80] Dem Zeugen ist keine Möglichkeit einzuräumen, den Verdacht dadurch auszuräumen, dass er unter Eid seine Unschuld versichert.[81] Das Gericht kann den Verdacht verneinen, obwohl gegen den Zeugen ein Ermittlungsverfahren anhängig ist. Auch wenn der Zeuge sich selbst einer Beteiligung bezichtigt, braucht es keinen Verdacht zu bejahen.[82] 46

Ob der **Zweifelssatz** gilt, ist umstritten. Dies wird zum Teil verneint. Nach dieser Auffassung ist dann, wenn die Voraussetzungen eines Vereidigungsverbots nicht aufgeklärt werden können, nach § 59 zu verfahren.[83] Dies erscheint in den Fällen der Nr. 2 nicht einleuchtend. Denn immer dann, wenn beim Gericht Zweifel aufkommen, ob möglicherweise eine Tatbeteiligung des Zeugen vorliegen könnte, wird gleichzeitig ein entsprechender ausreichender entfernter Verdacht bestehen. Hinzu kommt, dass die Argumentation des Reichsgerichts[84] – Zweifel reichen nicht aus, weil Ausnahmen von einem gesetzlichen Regelfall positiv festzustellen sind – infolge der Änderung des § 59 bzw. den Wegfall der Regelvereidigung keine Gültigkeit mehr beanspruchen kann. Ferner erscheint eine Differenzierung danach, ob das Gericht einen – entfernten – Verdacht tatsächlich hat oder einen solchen nur für möglich hält, praktisch nahezu unmöglich. 47

c) Entfallen des Verdachts. Da es entscheidend auf den Zeitpunkt der Urteilsfindung ankommt, ist dann, wenn der Verdacht einer Tatbeteiligung im späteren Verlauf des Verfahrens entfällt, nach § 59 zu verfahren.[85] Eine nachträgliche Einstellung der dem Angeklagten vorgeworfenen Tat, an der der Zeuge beteiligt gewesen sein kann, ändert nichts daran, dass § 60 Nr. 2 weiterhin gilt; es besteht kein Anlass, die Nichtvereidigungsentscheidung zu korrigieren.[86] Auch dann, wenn der **Angeklagte freigesprochen** wurde oder das Verfahren gegen ihn **eingestellt** wurde, kann der Verdacht gegen den Zeugen weiterhin bestehen.[87] Entsprechendes gilt umgekehrt für einen **Freispruch des Zeugen** oder eine Einstellung des gegen ihn gerichteten Verfahrens. 48

V. Verdacht der Begünstigung, Strafvereitelung oder Hehlerei (Nr. 2 dritte – fünfte Alt.)

Das Gesetz stellt einen sich gegen den Zeugen richtenden Verdacht einer Begünstigung, Strafvereitelung oder Hehlerei dem Beteiligungsverdacht gleich. Dabei ist es in allen Varian- 49

[78] BGH 24.9.1953 – 3 StR 228/53, BGHSt 4, 368 (369); BGH 22.12.1955 – 1 StR 381/55, BGHSt 9, 71 (72); zur Revision → Rn. 82 ff.
[79] RG 30.5.1921 – I 697/21, RGSt 56, 102 (103); KK/*Senge* Rn. 3.
[80] Graf/*Huber* Rn. 18.
[81] Graf/*Huber* Rn. 17 mwN.
[82] Radtke/Hohmann/*Otte* Rn. 21 mwN.
[83] So ohne Begründung *Meyer-Goßner* Rn. 1; Radtke/Hohmann/*Otte* Rn. 1; KK/*Senge* Rn. 3; BayObLG 25.6.1985 – RReg. 4 St 60/85, NJW 1986, 202.
[84] RG 21.8.1913 – III 836/13, RGSt 47, 297.
[85] → Rn. 73 ff.
[86] BGH 20.8.1999 – 1 StR 317/99, NStZ 2000, 45.
[87] Graf/*Huber* Rn. 17.

ten erforderlich, dass sich der Verdacht auf eine Strafbarkeit des Zeugen außerhalb der Hauptverhandlung bezieht.

50 **1. Begünstigung. a) Begriff.** Der Begriff der Begünstigung deckt sich nicht mit demjenigen des § 257 StGB. Der Zweck des § 60 Nr. 2 verlangt eine verfahrensrechtlich orientierte Bestimmung. Erforderlich ist ein Verdacht dahin, dass der Zeuge an der den Verfahrensgegenstand bildenden Tat **in derselben Richtung mitgewirkt** habe wie der Beschuldigte. In einem Verfahren wegen Begünstigung oder Strafvereitelung (§§ 257, 258 StGB) gilt die zugrundeliegende Straftat als Vortat und ist damit Verfahrensgegenstand

51 **b) Voraussetzungen.** Liegen alle Merkmale des § 257 StGB vor, kann hieraus nicht auf das Vorliegen eines Vereidigungsverbots geschlossen werden. Denn während es für die materiellrechtliche Tat der Begünstigung unerheblich ist, ob der Begünstiger die Art der Vortat kennt oder sich über die Art der Vortat im Irrtum befindet, kommt es bei der Begünstigung iSd § 60 Nr. 2 ausschlaggebend auf die **Vorstellungen des Zeugen** über die Tat des Beschuldigten bzw. Angeklagten an.

52 Der Zeuge muss die Tat wenigstens in ihrem **wesentlichen Unrechtsgehalt** gekannt haben, denn nur eine in dieser Kenntnis gewährte Begünstigung führt zu der Befangenheit des Zeugen, die das Vereidigungsverbot rechtfertigt. Hat sich hingegen der Zeuge eine Vortat vorgestellt, die einen völlig anderen Wesensgehalt als die wirkliche Tat aufweist, fehlt eine Mitwirkung in derselben Richtung und damit eine Begünstigung iSd § 60 Nr. 2.[88] Zur Falschaussage und deren Verabredung bzw. Zusage Rn. 57.

53 **c) Falschaussagen. aa) Aussagen in der Hauptverhandlung.** Begünstigung und Strafvereitelung iSv § 60 Nr. 2 können grundsätzlich nicht durch Falschaussagen in der Hauptverhandlung begangen werden. Das heißt, dass kein Vereidigungsverbot besteht, wenn die zu vereidigende Aussage selbst die Begünstigungs- oder Strafvereitelungshandlung darstellt.[89]

54 **bb) Mehrere Aussagen.** Anders liegt es jedoch, wenn eine versuchte oder vollendete Strafvereitelung oder Begünstigung in einem **früheren Termin derselben Hauptverhandlung** begangen wurde, sofern der Zeuge nach seiner ersten Aussage abschließend vernommen und nach Entscheidung über seine Vereidigung entlassen wurde. Wird der Zeuge nach seiner abgeschlossenen Aussage erneut vernommen und besteht der Verdacht, dass in der ersten Aussage eine versuchte oder vollendete Strafvereitelung oder Begünstigung liegt, löst die **zweite Aussage** das Vereidigungsverbot nach Nr. 2 aus.[90]

55 Auf den **Inhalt der zweiten Aussage** kommt es nicht an. § 60 Nr. 2 gilt nicht nur dann, wenn der Zeuge wiederum falsch zur Entlastung des Angeklagten aussagt, um dessen Bestrafung zu vereiteln, sondern auch, wenn die zweite Aussage dem Gericht glaubhaft erscheint, der Zeuge seine erste Aussage berichtigt[91] oder den Angeklagten nunmehr belastet.[92] Denn auch ein freiwilliger Rücktritt von der versuchten Strafvereitelung lässt das Vereidigungsverbot nach Nr. 2 nicht entfallen; dies gilt auch dann, wenn der Zeuge seine falschen Angaben noch vor der Hauptverhandlung, in der er vereidigt wird, richtigstellt.[93] Denn nach dem Sinn des Gesetzes hat ein der Falschaussage verdächtiger Zeuge als unzuver-

---

[88] BGH 24.9.1953 – 3 StR 228/53, BGHSt 4, 368 (371 f.) = NJW 1953, 1925: Zutreffende Verneinung des § 60 Nr. 2 mangels Begünstigung bei tatsächlicher Raubtat, während sich der Zeuge einen Erwerb aus dem Schwarzhandel vorgestellt hatte.

[89] AllgM, vgl. nur BGH 25.4.1989 – 1 StR 97/89, NStZ 1989, 583 (584) mwN; BGH 18.3.1982 – 4 StR 565/81, NStZ 1982, 430; BayObLG 25.6.1985 – RReg. 4 St 60/85, NJW 1986, 202; KK/*Senge* Rn. 24 mwN; L/R/*Ignor/Bertheau* Rn. 23 mwN; *Meyer-Goßner* Rn. 20 mwN; zusammenfassend *Eckert* NJW 1963, 846 (847).

[90] BGH 17.7.2003 – 4 StR 194/03, NStZ 2004, 97 (98) mwN; s. auch BGH 25.4.1989 – 1 StR 97/89, NStZ 1989, 583.

[91] BGH 13.10.1981 – 5 StR 433/81, NStZ 1982, 78 mwN.

[92] L/R/*Ignor/Bertheau* Rn. 23 mwN.

[93] BGH 18.3.1998 – 5 StR 710/97, NStZ-RR 1998, 335 mwN.

lässig zu gelten, auch wenn er seine Aussage in einer späteren Vernehmung zum Nachteil des Angeklagten ändert.[94]

Auch dann, wenn der Zeuge – vor Abschluss seiner Vernehmung in der Hauptverhandlung – außerhalb dieser als Beschuldigter vernommen wird, begründet eine in der Beschuldigtenvernehmung begangene versuchte Strafvereitelung die Anwendung der Nr. 2.[95] 56

cc) Abreden und Zusagen vor der Hauptverhandlung. Die Möglichkeit, dass § 60 Nr. 2 dann eingreift, wenn dem Angeklagten eine ihn begünstigende Falschaussage im Rahmen einer Abrede versprochen wurde oder der Zeuge dem Angeklagten eine Zusage gegeben hat, zu seinen Gunsten falsch auszusagen,[96] besteht nur noch stark eingeschränkt. Denn bei einer solchen Konstellation müssen die Änderungen, die die Neufassung der §§ 257, 258 StGB mit sich brachte, beachtet werden. Für einen Verdacht der Begünstigung nach § 257 aF StGB reichte es aus, wenn der Zeuge im Verdacht steht, dem Angeklagten die falsche Aussage schon vor der Hauptverhandlung zugesagt zu haben. Diese Rechtsprechung[97] ist überholt.[98] Zusage und Verabredung einer Falschaussage liegen grundsätzlich noch im straflosen Vorfeld eines unmittelbaren Hilfeleistens iSd § 257 StGB.[99] Anders liegt es nur dann, wenn mit der Zusage der Falschaussage durch den Zeugen eine sachliche Begünstigung des Beschuldigten bzw. Angeklagten verbunden ist.[100] Zur Rechtslage bei der Strafvereitelung Rn. 58 ff. 57

2. Strafvereitelung. a) Allgemeines. Die Erläuterungen zur Begünstigung gelten hier entsprechend. Dass ein Zeuge nach § 258 Abs. 6 StGB straffrei bleibt, ist unbeachtlich, da persönliche Strafausschließungsgründe das Vereidigungsverbot nach § 60 Nr. 2 grundsätzlich unberührt lassen.[101] 58

b) Abrede vor der Hauptverhandlung. Soll das Vereidigungsverbot auf den Verdacht der Strafvereitelung in Form der Abrede einer Falschaussage mit dem Angeklagten gestützt werden, muss ein Verdacht dahin bestehen, dass der Zeuge sich durch seine Zusage nicht lediglich nach §§ 30 Abs. 2, 154 StGB, sondern zugleich **nach §§ 258, 22 StGB strafbar** gemacht hat, denn die Zusicherung einer eidlichen Falschaussage bzw. die Strafbarkeit nach §§ 30 Abs. 2, 154 StGB bringt den Zeugen bei seiner Vernehmung nicht in eine Zwangslage, die der eines Beschuldigten nahe kommt und vor der er durch das Vereidigungsverbot bewahrt werden soll; vielmehr wird der Zeuge durch Bekundung der Wahrheit nach § 31 Abs. 1 Nr. 2 StGB straffrei:[102] Denn er kann sämtliche Fragen an ihn zur Straftat des Vortäters wahrheitsgemäß beantworten, ohne befürchten zu müssen, dass dabei eigenes strafbares Verhalten zur Sprache kommt. Sogar die Frage, ob er eine wahrheitswidrige Aussage zu Gunsten des Täters versprochen habe, kann er wahrheitsgemäß beantworten. ohne sich einer Verfolgungsgefahr auszusetzen. Denn er wird nicht bestraft, wenn er durch eine wahrheitsgemäße Aussage als Zeuge sein Vorhaben, einen Meineid zu begehen, freiwillig aufgibt. Im Gegensatz zu einem Beschuldigten verschafft dem Zeugen daher die Bekundung der Wahrheit Straffreiheit, nicht die falsche Aussage.[103] Eine analoge Anwendung des 59

---

[94] BGH 4.2.1970 – 2 StR 535/69, MDR 1970, 383.
[95] BGH 25.4.1989 – 1 StR 97/89, NStZ 1989, 583 (584).
[96] BGH 11.10.1978 – 3 StR 296/78, MDR 1979, 108 mwN; BGH 6.10.1982 – 2 StR 205/82, NStZ 1983, 354.
[97] BGH 11.10.1978 – 3 StR 296/78, MDR 1979, 108, BGH 26.3.1981 – 4 StR 76/81, NStZ 1981, 268.
[98] S. dazu BayObLG 25.6.1985 – RReg. 4 St 60/85, NJW 1986, 202; KG 19.2.1981 – 4 Ss 220/80, NStZ 1981, 449; *Lenckner* NStZ 1982, 401 (402 f.); wohl aA Graf/*Huber* Rn. 14; Radtke/Hohmann/*Otte* Rn. 18.
[99] Sch/Sch/*Stree/Hecker* § 257 Rn. 14 mwN.
[100] KK/*Senge* Rn. 25.
[101] BGH 17.7.2003 – 4 StR 194/03, NStZ 2004, 97 (98).
[102] BGH 5.1.1982 – 5 StR 267/81, NStZ 1983, 85; *Lenckner* NStZ 1982, 401 (403).
[103] BGH 5.1.1982 – 5 StR 267/81, BGHSt 30, 332 = NJW 1982, 947 (948); KG 19.2.1981 – 4 Ss 220/80, NStZ 1981, 449.

§ 60 Nr. 2 aufgrund der Strafbarkeit des Zeugen wegen Zusicherung eines Meineides nach §§ 30 Abs. 2, 154 StGB scheidet aus.[104]

60 Die Bejahung einer Strafbarkeit nach §§ 258, 22 StGB erfordert indes eine sorgfältige Prüfung der Frage des Versuchsbeginns. Namentlich bei einer **Verabredung** der falschen Zeugenaussage längere Zeit vor der Hauptverhandlung wird grundsätzlich eine **straflose Vorbereitungshandlung** anzunehmen und das unmittelbare Ansetzen zur Strafvereitelung erst in dem Beginn der Falschaussage in der Hauptverhandlung zu sehen sein.[105] Gleiches gilt dann, wenn der Zeuge dem Angeklagten vor der Hauptverhandlung eine inhaltlich falsche schriftliche Erklärung aushändigt, von der der Angeklagte keinen Gebrauch macht; in der bloßen Aushändigung liegt noch keine versuchte Strafvereitelung. Denn die Möglichkeit der Vereitelung des staatlichen Strafanspruchs ist erst mit der Kenntnisnahme der Ermittlungsbehörden oder des Gerichts vom Inhalt der Erklärung eröffnet.[106] Anders liegt es, wenn der Zeuge zur Entlastung des Angeklagten vor der Hauptverhandlung schon bei der Polizei falsch ausgesagt hat und die Angaben vor Gericht wiederholt; hier kann in der polizeilichen Falschaussage schon ein Versuch der Strafvereitelung liegen.[107] Auch dort, wo zur Abrede der Falschaussage weitere Handlungen hinzutreten, etwa die Benennung eines angeblichen Entlastungszeugen, kann Versuchsbeginn schon vor dem Beginn der Falschaussage in der Hauptverhandlung liegen.[108]

61 **3. Hehlerei.** Ausreichend für das Vereidigungsverbot ist – neben dem Verdacht einer vollendeten Hehlerei – auch der Verdacht des Versuchs, der Beihilfe oder Anstiftung zur Hehlerei, sofern ein Zusammenhang zur verfahrensrelevanten Tat besteht.[109] Auf die Begehungsvariante kommt es nicht an.

62 Es genügt etwa, dass der Zeuge verdächtig ist, die Sache vom Angeklagten oder einem Zwischenhehler erworben zu haben oder – im Verfahren gegen einen weiteren Hehler – die gehehlte Sache an diesen abgesetzt zu haben.[110] Der Dieb darf im Verfahren gegen den Hehler ebenso wenig vereidigt werden wie der Hehler im Verfahren gegen den Dieb. Da eine gemeinsame Vortat ausreicht, scheidet auch die Vereidigung des Hehlers in dem Verfahren gegen denjenigen aus, der angeklagt ist, den Vortäter begünstigt zu haben.[111] Beteiligt iSd Nr. 2 an der Tat des Zweithehlers sind sowohl der Dieb als auch der Zwischen- bzw. Ersthehler.[112]

VI. Die Entscheidung des Gerichts

63 **1. Zuständigkeit.** Die Entscheidung, den Zeugen nicht zu vereidigen, trifft zunächst der Vorsitzende. Eine Entscheidung des Spruchkörpers muss ergehen, wenn sie von einem Gerichtsmitglied oder einem Verfahrensbeteiligten verlangt wird[113] bzw. die Entscheidung des Vorsitzenden beanstandet wird (§ 238 Abs. 2).

64 **2. Begründung. a) Allgemeines.** Regelmäßig ist in allen Fällen eines Vereidigungsverbots nach Nr. 1 und Nr. 2 eine **Begründung erforderlich.** Steht ein Vereidigungsverbot im Raum, bejaht das Revisionsgericht ohne Begründung für die Nichtanwendung des § 60 einen Verstoß gegen diese Vorschrift.[114] Nur ausnahmsweise – dann, wenn der Grund

[104] BGH 5.1.1982 – 5 StR 267/81, BGHSt 30, 332 = NJW 1982, 947. Diese Entscheidung erging auf Vorlagebeschluss des KG 19.2.1981 – 4 Ss 220/80, NStZ 1981, 449; der Auffassung des OLG Hamburg (NJW 1981, 771), § 60 Nr. 2 müsse über den Wortlaut hinaus Anwendung finden, ist der BGH nicht gefolgt.

[105] BGH 18.3.1982 – 4 StR 565/81, NStZ 1982, 430; BGH 17.3.1982 – 2 StR 314/81, NStZ 1982, 329 mAnm *Beulke* NStZ 1982, 330; BGH 13.11.1991 – 3 StR 117/91, NJW 1992, 1635 (1636) mwN; *Lenckner* NStZ 1982, 401 (403).

[106] BGH 13.11.1991 – 3 StR 117/91, NJW 1992, 1635 (1636).

[107] BGH 15.10.1985 – 1 StR 338/85, NStZ 1986, 130.

[108] Vgl. BGH 8.5.1981 – 3 StR 163/81, NStZ 1981, 309.

[109] BGH 26.7.1990 – 5 StR 264/90, NStZ 1991, 27; L/R/*Ignor/Bertheau* Rn. 26.

[110] KK/*Senge* Rn. 29.

[111] RG 14.11.1924 – I 629/24, RGSt 58, 373; L/R/*Ignor/Bertheau* Rn. 26; *Meyer-Goßner* Rn. 26.

[112] BGH 26.7.1990 – 5 StR 264/90, NStZ 1991, 27.

[113] L/R/*Ignor/Bertheau* Rn. 31; *Meyer-Goßner* Rn. 5.

[114] BGH 17.5.2000 – 2 StR 460/99, NStZ 2000, 494.

der Nichtvereidigung für alle Verfahrensbeteiligten offensichtlich ist – wird eine Begründung entbehrlich; so kann es etwa liegen, wenn der Zeuge bereits als Tatbeteiligter verurteilt wurde oder wenn eine Teilnahme des Zeugen an der angeklagten Tat aufgrund seiner eigenen Angaben und der Einlassung des Angeklagten klar zu Tage liegt.[115]

Die **Neufassung** der Vereidigungsvorschriften hat am im Regelfall bestehenden Erfordernis einer Begründung nichts geändert. Zwar hat der Gesetzgeber die Nichtvereidigung der Zeugen zum Regelfall erhoben und verlangt nach § 59 Abs. 1. S. 2 dafür keine Begründung; § 64 aF, der eine Begründung für die Nichtvereidigung vorschrieb, ist ersatzlos weggefallen. Diese Änderungen sind jedoch vor dem Hintergrund zu sehen, dass das Gericht in den Fällen des § 59 nach seinem freien Ermessen von der Vereidigung absehen kann. § 60 enthält indes durchweg zwingende Regelungen und blieb im Zuge der Änderung des Vereidigungsrechts unverändert. Zudem lässt sich keine der Konstellationen des § 60 als gesetzlich vorgesehener Regelfall einordnen. Vielmehr hält der Vernehmende die Vereidigung des Zeugen im Grundsatz für geboten, sieht aber die Voraussetzungen eines Vereidigungsverbots für gegeben an. Davon abgesehen kann es für die Verfahrensbeteiligten und ihre Überlegungen zum weiteren Vorgehen relevant werden, ob und warum das Gericht von einem bestimmten Vereidigungsverbot ausgeht. Ferner ließe sich mit einem bloßen Hinweis auf die Vorschrift des § 60 Nr. 1 oder Nr. 2 im Revisionsverfahren nicht überprüfen, ob das Tatgericht die in § 60 verwendeten Rechtsbegriffe verkannt hat.[116] Der völlige Verzicht auf eine Begründung wäre schließlich mit der Warnfunktion der Vorschrift kaum vereinbar. 65

Danach ist eine Begründung notwendig, wenn der Zeuge vereidigt wird, aber ein Vereidigungsverbot im Raum steht sowie dann, wenn das Gericht nicht nach § 59, sondern nach § 60 von der Vereidigung absieht, da es sich nicht um den gesetzlichen Regelfall handelt.[117] Vor diesem Hintergrund erscheint es überzeugend, dass der BGH eine Begründung der gerichtlichen Entscheidung zur Frage der Vereidigung dann für entbehrlich erachtet, wenn es *in Anwendung des § 59* bei der Nichtvereidigung des Zeugen bleibt.[118] 66

b) Begründungsanforderungen. Davon ausgehend ergeben sich für das Gericht folgende Mindestanforderungen an die Begründung: Entscheidet vorab der Vorsitzende im Rahmen seiner Sachleitung durch **Verfügung,** reicht ein Hinweis auf die der Entscheidung zugrundeliegende Alternative der Nr. 1 oder 2 aus. Wird die Verfügung des Vorsitzenden beanstandet, gilt für den darauf nach § 238 Abs. 2 zu fassenden **Beschluss:** 67

Im Falle angenommener **Eidesunmündigkeit** (Nr. 1. erste Alt.) genügt zur Begründung der Nichtvereidigung das Zitat der Gesetzesstelle, denn der Zeuge gibt sein Alter im Rahmen der Befragung zu den Personalien an.[119] 68

Bei Anhaltspunkten für einen Fall der **Eidesunfähigkeit** (Nr. 1 zweite und dritte Alt.) des Zeugen, namentlich bei unter Betreuung stehenden oder unter Anwendung des § 20 StGB freigesprochenen Zeugen, muss das Gericht angeben, ob es von mangelnder Verstandesreife, einer psychischen Krankheit oder einer geistigen bzw. seelischen Behinderung ausgeht. Es genügt nicht, allgemein auf den Gesundheitszustand oder darauf zu verweisen, der Zeuge habe keine genügende Vorstellung von der Bedeutung des Eides.[120] Die Begründung muss im Revisionsverfahren die Prüfung ermöglichen, ob das Gericht die angewandte Alternative ohne Rechtsirrtum bzw. ohne Verkennung des das Vereidigungsverbot festlegenden Rechtsbegriffs angenommen hat. 69

In Fällen der **Nr. 2** muss die Begründung erkennen lassen, welcher Art das Verhältnis des Zeugen zu der verfahrensgegenständlichen Tat ist. Hierfür kann zwar die Angabe genü- 70

---

115 BGH 16.12.1952 – 1 StR 575/52, NJW 1953, 231 (232); *Seibert* NJW 1963, 142 (143).

116 Vgl. BGH 11.12.1951 – 1 StR 493/51, NJW 1952, 273 mwN.

117 Im Ergebnis ebenso L/R/*Ignor/Bertheau* Rn. 32; *Meyer-Goßner* Rn. 28; Graf/*Huber* Rn. 20; Radtke/Hohmann/*Otte* Rn. 25.

118 BGH 11.7.2006 – 3 StR 216/06, NStZ 2006, 715.

119 L/R/*Ignor/Bertheau* Rn. 34; *Meyer-Goßner* Rn. 3 mwN.

120 L/R/*Ignor/Bertheau* Rn. 34; KK/*Senge* Rn. 7.

gen, es sei der Verdacht der Teilnahme gegeben.[121] Eine solche Begründung wird jedoch die Verfahrensbeteiligten meist im Unklaren lassen, sodass das Gericht angeben muss, ob es den Verdacht der Täterschaft, der Teilnahme, der Begünstigung, der Strafvereitelung oder der Hehlerei annimmt. Hingegen braucht es die tatsächlichen Grundlagen, auf denen sein Verdacht beruht, nicht anzugeben,[122] auch nicht in den Urteilsgründen.

71 Auch in den Fällen der Nr. 2 reicht die Begründung bereits dann aus, wenn das Revisionsgericht überprüfen kann, ob das Tatgericht die im Gesetz verwendeten Rechtsbegriffe verkannt hat. Die Begründung darf sich nicht mit den Urteilsgründen in Widerspruch setzen.[123] Sie muss sich am Zeitpunkt der Urteilsfindung orientieren (→ Rn. 73 ff.).

72 **c) Protokollierung.** Die Tatsache der Vereidigung oder Nichtvereidigung eines Zeugen ist eine wesentliche Förmlichkeit und damit im Hauptverhandlungsprotokoll festzuhalten. Für die Begründung gilt dies nur im Fall der Vereidigung des Zeugen (§ 59 Abs. 1 S. 2).

73 **3. Entscheidungszeitpunkt, Nachholung der Vereidigung.** Für die Frage, ob der Zeuge endgültig unvereidigt zu bleiben hat, ist nicht der Zeitpunkt der Beschlussfassung über die Vereidigung maßgeblich, sondern derjenige der **Urteilsfindung.**

74 Blieb der Zeuge nach Nr. 2 unvereidigt, gibt aber der Tatrichter im weiteren Verlauf des Verfahrens seine frühere Einschätzung zur Frage eines Beteiligungsverdachts auf, muss nach § 59 über die Vereidigung des Zeugen neu entschieden und die **Vereidigung ggf. nachgeholt** werden. Ist der Zeuge verstorben oder nicht mehr auffindbar, ist die nicht mehr mögliche Nachholung bei der Beweiswürdigung zu berücksichtigen.[124] Der Hinweis, nach dem gegenwärtigen Stand der Beweisaufnahme sei ein Beteiligungsverdacht nicht ausgeschlossen, stellt für die Anwendung der Nr. 2 keine ausreichende Begründung dar, wenn dieser Verdacht später – was sich etwa aus den Urteilsgründen ergeben kann – weggefallen ist.[125]

75 Die Frage, ob die **Verfahrensbeteiligten** darüber **informiert** werden müssen, dass das Gericht nicht mehr von Nr. 2 ausgeht, sondern es bei der Nichtvereidigung des Zeugen nach seinem durch § 59 eingeräumten Ermessen belässt, ist im Vereidigungsrecht nicht geregelt und soweit ersichtlich, auch in der Rspr. bisher nicht behandelt worden. Zwar bleibt es in beiden Konstellationen – Annahme eines Vereidigungsverbots und Absehen von der Vereidigung nach § 59 – für die Verfahrensbeteiligten erkennbar bei der Nichtvereidigung des Zeugen. Nicht ersichtlich wird aber, dass der Aussage des Zeugen durch einen Austausch der Rechtsgrundlage der Entscheidung bzw. den Wegfall des Beteiligungsverdachts möglicherweise ein erheblich höherer Beweiswert beigemessen wird. Dies und die Sichtweise, die der Hinweispflicht bei einer Verwertung einer vereidigten Aussage als uneidlich zugrunde liegt, sprechen dafür, eine Verpflichtung zu einem entsprechenden Hinweis anzunehmen.

VII. Vereidigungsverbot, Teilvereidigung

76 **1. Nr. 1.** Liegt eine der Alternativen der Nr. 1 vor, muss zwingend von der Vereidigung des Zeugen abgesehen werden.

77 **2. Nr. 2. a) Aussage zu einer Tat.** Im Fall der Nr. 2 muss unterschieden werden. Das Vereidigungsverbot besteht automatisch und umfassend, wenn dem Angeklagten eine einzige Tat zur Last gelegt wird und der Zeuge, der hierzu ausgesagt hat, an der Tat in strafbarer Weise beteiligt war bzw. ein entsprechender Verdacht besteht. In dieser Konstellation ist jede Vereidigung des Zeugen ausgeschlossen; das gilt auch dann, wenn sich seine Aussage auf einen Teil seiner Beteiligung bezieht, der für sich gesehen straflos ist.[126]

[121] BGH 11.12.1951 – 1 StR 493/51, NJW 1952, 273.
[122] *Meyer-Goßner* Rn. 28; BGH 11.12.1951 – 1 StR 493/51, NJW 1952, 273.
[123] *Mittelbach* MDR 1954, 122; *Dahs* NStZ 1987, 517.
[124] Graf/*Huber* Rn. 21.
[125] BGH 12.12.1980 – 2 StR 714/80, MDR 1981, 268.
[126] BGH 2.8.1988 – 1 StR 246/88, BGHR StPO § 60 Nr. 2 Teilvereidigung 2 = StV 1988, 419.

b) Aussage zu mehreren Taten. Werden dem Angeklagten hingegen **mehrere rechtlich selbständige Taten** vorgeworfen, und hat der Zeuge zu mehreren Taten ausgesagt, kommt eine **Teilvereidigung** in Betracht. Das Gericht muss in diesen Fällen prüfen, ob sich gegen den Zeugen in allen Fällen der Anklage ein Beteiligungsverdacht richtet. Ist dies nicht der Fall, besteht für seine Aussage zu denjenigen Taten, hinsichtlich derer er nicht beteiligungsverdächtig ist, grundsätzlich kein Vereidigungsverbot. Dies hat zur Folge, dass insoweit § 59 gilt und das Gericht nach dieser Vorschrift entscheiden muss, ob der Zeuge insgesamt unvereidigt bleibt oder den nicht von § 60 betroffenen Teil seiner Aussage zu beeiden hat.[127] 78

Eine **Teilvereidigung scheidet auch bei einer Aussage zu mehreren Taten aus,** wenn die Taten, hinsichtlich derer die Frage des Beteiligungsverdachts unterschiedlich zu beantworten ist, eine einheitliche prozessuale **Tat iSv § 264** bilden; auf das materiellrechtliche Konkurrenzverhältnis kommt es dabei nicht an. Ebenso hat eine Teilvereidigung zu unterbleiben, wenn die Taten sonst in einem inneren **Zusammenhang** miteinander stehen, insbesondere ein nicht oder nur schwer trennbares Gesamtgeschehen bilden.[128] Zudem ist zu beachten, dass sich ein Eid nicht auf einzelne Bekundungen oder auf zeitlich getrennte Abschnitte eines Tatsachenkomplexes beschränken lässt.[129] 79

Als Prüfkriterium lässt sich – ausgehend vom Normzweck – fragen, ob die Aussage des Zeugen aufspaltbar ist bzw. ob Teile der Aussage separat gewürdigt werden können oder ob die gesamten Angaben des Zeugen vor dem Hintergrund des Verfahrensgegenstands nicht mehr als unbefangen angesehen werden können. So ist ein umfassendes Vereidigungsverbot anzunehmen, wenn sich der Aussageteil zu einer Tat ohne Beteiligungsverdacht auf die auf eine andere Tat mit Beteiligungsverdacht auswirken würde.[130] Gleiches gilt, wenn das Verfahren wegen der Fälle, in denen Teilnahmeverdacht besteht, gegen den Zeugen nach §§ 153 ff. oder § 170 eingestellt wurde oder wenn insoweit ein Verfahrenshindernis besteht.[131] 80

c) Maßgebliche Entscheidung. Wird ein Zeuge in der Hauptverhandlung mehrmals vernommen und zunächst vereidigt, nach seiner **letzten Vernehmung** jedoch unvereidigt entlassen, bezieht sich die Nichtvereidigung auf die gesamte Aussage. Denn der Tatrichter kann frühestens nach Abschluss der gesamten Aussage sämtliche Umstände überblicken, die für die Ausübung seines Ermessens bedeutsam sein können; dabei bindet ihn seine frühere Entscheidung über die Vereidigung nicht.[132] S. zur ggf. erforderlichen Nachholung der Vereidigung Rn. 73 ff. 81

VIII. Revision

1. Verfahrensrügen. a) Zulässigkeit der Rüge. Die fehlerhafte Anwendung des § 60, dh die **Nichtvereidigung** aufgrund dieser Vorschrift, kann regelmäßig nur gerügt werden, wenn der Beschwerdeführer die entsprechende Verfügung des Vorsitzenden beanstandet und einen **Gerichtsbeschluss gemäß § 238 Abs. 2** herbeigeführt hat.[133] Die Gegenauffassung[134] hat sich nicht durchgesetzt. 82

Nur ausnahmsweise bedarf es keines gerichtlichen Beschlusses. So setzt die Rüge, der Zeuge sei vereidigt und damit § 60 wegen unzutreffender Ablehnung der Vorschrift verletzt 83

[127] BGH 14.11.1986 – 2 StR 577/86, NStZ 1987, 516; BGH 17.9.1963 – 1 StR 300/63, BGHSt 19, 107 (108 f.) mwN.

[128] BGH v. 28.6.1983 – 1 StR 44/83, StV 1983, 401; BGH 14.11.1986 – 2 StR 577/86, NStZ 1987, 516; mwN BGH 20.7.2010 – 3 StR 193/10, BGHR StPO § 60 Nr. 2 Teilvereidigung 6 mwN.

[129] BGH 20.2.2003 – 3 StR 222/02, BGHSt 48, 221 (232) = NStZ 2003, 559; BGH 20.7.2010 – 3 StR 193/10, BGHR StPO § 60 Nr. 2 Teilvereidigung 6 mwN.

[130] *Dahs* NStZ 1987, 517.

[131] *Dahs* NStZ 1987, 517.

[132] BGH 20.2.2003 – 3 StR 222/02, BGHSt 48, 221 (232) mwN = NStZ 2003, 559; BGH 20.7.2010 – 3 StR 193/10, StV 2011, 454.

[133] BGH 21.5.1996 – 1 StR 154/96, NJW 1996, 2242 (2243) mwN; *Meyer-Goßner* Rn. 31 mwN; *Graf/Huber* Rn. 23.

[134] *Widmaier* NStZ 1992, 522.

worden, keinen Gerichtsbeschluss voraus.[135] Bei einer **Vereidigung** des Zeugen nach einem sicher feststehenden Verstoß gegen § 60 folgt die Gesetzesverletzung schon daraus, dass die Aussage als eidliche im Urteil verwertet wird. Die Herbeiführung eines gerichtlichen Beschlusses ist auch dort entbehrlich, wo ein Vorsitzender überhaupt keine Entscheidung zur Frage der Vereidigung des Zeugen getroffen hat.[136]

84 Eine **zulässige Rüge** muss die Aussage bzw. das Aussageverhalten des Zeugen so vollständig und genau wiedergeben, dass das Revisionsgericht allein aufgrund der **Begründungsschrift** prüfen kann, ob ein Verstoß gegen § 60 vorliegt, wenn die behaupteten Tatsachen bewiesen werden.[137] Es kann deshalb erforderlich werden, nicht nur die gerichtliche Aussage eines Zeugen, sondern auch seine Angaben vor der Polizei darzulegen. Begründender Vortrag ist dort entbehrlich, wo sich der Verstoß gegen § 60 bereits aus den Urteilsgründen ergibt. Liegt etwa nach den Gesamtumständen ein Beteiligungsverdacht nahe, kann aus dem Fehlen jeglicher Begründung geschlossen werden, dass der Tatrichter die Frage eines Vereidigungsverbots übersehen bzw. die Voraussetzungen des § 60 verkannt hat.[138]

85 **b) Verletzungen des § 60 Nr. 1. aa) 1. Alternative.** Mit der Revision können nur rechtlich unzutreffende Erwägungen, insbesondere die Verkennung von Rechtsbegriffen geltend gemacht werden. So kann etwa bei angenommener Eidesunmündigkeit ein Berechnungsfehler bei Bestimmung der Altersgrenze gerügt werden. Die Revision kann auch begründet sein, wenn das Gericht den Zeugen in Unkenntnis seines wahren Alters vereidigt hat.[139]

86 **bb) 2. Alternative.** Auch hier können nur rechtlich unzutreffende Erwägungen, insbesondere die Verkennung von Rechtsbegriffen geltend gemacht werden. Hat das Gericht die Eidesfähigkeit geprüft und den Zeugen für eidestauglich befunden, ist das Revisionsgericht an diese auf rein tatsächlichem Gebiet liegende Feststellung gebunden.

87 Hingegen ist es rechtsfehlerhaft, eine entsprechende Prüfung der Eidestauglichkeit trotz vorhandener Anhaltspunkte zu unterlassen und dadurch gar keine Entscheidung zur Frage des Vereidigungsverbots zu treffen. Darauf, ob dem Tatgericht die Umstände, die es zu einer Prüfung der Eidestauglichkeit des Zeugen hätten drängen müssen, bekannt waren oder hätten sein können, kommt es nicht an.[140] Eine unzureichende Begründung führt nur zum Beruhen, wenn nicht ausgeschlossen werden kann, dass das Gericht andere als die in Nr. 1 genannten Umstände für ausreichend gehalten hat, die ungenügende Vorstellung vom Wesen des Eides zu begründen.

88 **c) Verletzungen des § 60 Nr. 2. aa) Annahme eines Verdachts.** Das Revisionsgericht kann die Beweiswürdigung des Tatrichters nicht durch seine eigene ersetzen. Die allein dem Tatgericht obliegende Entscheidung, nach seinem pflichtgemäßen Ermessen einen Verdacht iSd § 60 Nr. 2 zu bejahen, ist nur auf **Rechtsverstöße** überprüfbar.[141]

89 Ein Verfahrensfehler liegt vor, wenn die Entscheidung auf rechtsirrigen Erwägungen, besonders auf eine Verkennung der Begriffe der Teilnahme, Hehlerei oder Begünstigung beruht.[142] Auch beim Begriff des Verdachts handelt es sich um einen in der Revision überprüfbaren Rechtsbegriff. Mit der Revision kann ebenso geltend gemacht werden, dass

---

[135] BGH 24.11.1964 – 1 StR 439/64, BGHSt 20, 98 für den Fall der Eidesunfähigkeit des Zeugen.
[136] BGH 21.5.1996 – 1 StR 154/96, NJW 1996, 2242 (2243); → § 59 Rn. 59.
[137] OLG Hamm 6.10.2003 – 2 Ss 481/03, StV 2004, 309.
[138] Vgl. BGH 12.6.1992 – 1 StR 275/92, StV 1993, 57 (58); OLG Köln 23.12.2003 – Ss 546/03, StV 2004, 308.
[139] *Meyer-Goßner* Rn. 32 mwN.
[140] BGH 25.10.1968 – 4 StR 412/68, BGHSt 22, 266 (267); BGH 24.11.1964 – 1 StR 439/64, BGHSt 20, 98 (99).
[141] ZB BGH 5.3.1980 – 2 StR 657/79, MDR 1980, 630.
[142] BGH 24.9.1953 – 3 StR 228/53, BGHSt 4, 368 (369); BGH 22.12.1955 – 1 StR 381/55, BGHSt 9, 71 (72); BayObLG 5.8.1953 – RReg. 1 St 65/53, MDR 1954, 121.

das Gericht die Nichtvereidigung nicht geprüft hat, obgleich sich aus dem Urteil Anhaltspunkte für einen Tat- oder Teilnahmeverdacht des Zeugen ergeben oder aufdrängen.[143]

bb) Begründung, fehlende Begründung. Der Rechtsirrtum kann sich aus der Begründung des Beschlusses zur Anwendung bzw. Nichtanwendung des § 60, aber auch aus den Urteilsgründen ergeben.[144] Allein der Umstand, dass weder das Hauptverhandlungsprotokoll noch die Urteilsgründe erkennen lassen, weshalb das Gericht § 60 Nr. 2 verneint hat, begründet noch keinen Rechtsfehler. Steht aber den Gesamtumständen nach gegen einen vereidigten Zeugen ein Beteiligungsverdacht im Raum, ergibt sich aus dem **Fehlen jeglicher Begründung** regelmäßig, dass das Gericht den Begriff des Verdachts und/oder der Tatbeteiligung verkannt bzw. zu eng ausgelegt hat.[145] 90

d) Abwesenheit des Angeklagten. Der BGH sieht seit der Neuregelung des Vereidigungsrechts den absoluten Revisionsgrund des § 338 Nr. 5 dann nicht mehr als gegeben an, wenn der nach § 247 ausgeschlossene Angeklagte bei der Verhandlung und Entscheidung über die Vereidigung des Zeugen nicht anwesend war und es beim gesetzlichen Regelfall, der Nichtvereidigung des Zeugen nach § 59 blieb.[146] Ausdrücklich offengelassen hat er, ob dies auch für den Fall gilt, dass der Vorsitzende die Vereidigung des Zeugen an sich für geboten erachtet, hiervon jedoch absieht, weil er eines der Vereidigungsverbote für gegeben hält. Kein wesentlicher Teil der Hauptverhandlung wird in den Fällen vorliegen, in denen der Zeuge die Altersgrenze der Nr. 1 Alt. 1 nicht erreicht; der Grund der Nichtvereidigung ist offensichtlich und einer näheren Erörterung regelmäßig nicht zugänglich. Im Übrigen erscheinen die Erwägungen, die eine Abwesenheit des Angeklagten während eines nicht wesentlichen Hauptverhandlungsteils im Fall der Nichtvereidigung nach § 59 begründen, auf die anderen Alternativen des § 60 nicht übertragbar. Insbesondere kann die Annahme eines Vereidigungsverbots Auswirkungen auf die Beweiswürdigung und damit den Urteilsspruch erlangen; ferner bedarf die Nichtvereidigung nach § 60 regelmäßig einer Begründung, aus der der Angeklagte Konsequenzen für sein weiteres Prozessverhalten ableiten kann. Die fehlerhafte Abwesenheit kann aber durch Wiederholung der Verhandlung und Entscheidung über die Vereidigung in Anwesenheit des Angeklagten geheilt werden. 91

2. Heilung. Ein Verstoß gegen § 60 kann geheilt werden. Dies setzt nicht nur voraus, dass das Gericht die **Zeugenaussage im Urteil als unvereidigt** behandelt, sondern auch, dass es diese Absicht noch in der Hauptverhandlung bekanntgibt, damit die Verfahrensbeteiligten Gelegenheit haben, sich auf die so entstandene neue Beweislage einzustellen und ggf. weitere Anträge stellen können.[147] Der entsprechende **Hinweis** ist protokollierungspflichtig.[148] 92

Ein solcher ausdrücklicher **Hinweis** des Gerichts ist nur dann ausnahmsweise **entbehrlich,** wenn es zum einen bei einer weiteren Vernehmung des Zeugen unter Hinweis auf Nr. 2 von dessen Vereidigung absieht und für alle Verfahrensbeteiligten klar wird, dass sich die Nichtvereidigung – angesichts der Angaben des Zeugen zu einem zusammenhängenden Komplex – auf die gesamte Aussage beziehen soll sowie zum anderen im Urteil bei der Würdigung der Aussage nicht auf die Vereidigung der ersten Aussage abstellt.[149] 93

---

[143] BGH v., BGHSt 39, 199 (200); BGH 19.3.1991 – 5 StR 516/90, NJW 1991, 2844; BGH 5.3.1980 – 2 StR 657/79, MDR 1980, 630.

[144] BayObLG 5.8.1953 – RReg. 1 St 65/53, MDR 1954, 121 mwN.

[145] BGH 17.12.1982 – 2 StR 459/82; BGH 9.3.1982 – 5 StR 81/82, NStZ 1983, 354 mwN; BGH 19.3.1991 – 5 StR 516/90, NJW 1991, 2844; BGH 17.5.2000 – 2 StR 460/99, NStZ 2000, 494; BayObLG 25.6.1985 – RReg. 4 St 60/85, NJW 1986, 202.

[146] BGH 11.7.2006 – 3 StR 216/06, NJW 2006, 2934; → § 59 Rn. 56.

[147] BGH 11.10.1978 – 3 StR 296/78, MDR 1979, 108 mwN; BGH 29.8.1995 – 1 StR 404/95; BGHR StPO § 60 Nr. 2 Vereidigung 4 OLG Frankfurt a. M. 22.11.2002 – 3 Ss 356/02, NStZ-RR 2003, 141 mwN.

[148] OLG Frankfurt a. M. 22.11.2002 – 3 Ss 356/02, NStZ-RR 2003, 141 mwN.

[149] BGH 29.8.1995 – 1 StR 404/95; BGHR StPO § 60 Nr. 2 Vereidigung 4.

94 Allein der Umstand, dass das Gericht die fehlerhafte Zeugenvereidigung in den Urteilsgründen nicht erwähnt, reicht für eine Heilung nicht aus.[150]

95 **3. Beruhen. a) Allgemeines.** Allgemein gilt für die Frage, ob das Urteil auf einer fehlerhaften Vereidigungsentscheidung beruhen kann, dass entscheidend ist, ob ein unter Einhaltung der Verfahrensvorschriften durchgeführtes Verfahren zu demselben Ergebnis geführt hätte. So liegt es auch bei Verstößen gegen § 60.[151]

96 Zunächst muss das Beruhen dann bejaht werden, wenn das Tatgericht sich maßgeblich auf die Bekundungen des Zeugen gestützt und/oder im Rahmen der Auseinandersetzung mit der Glaubhaftigkeit der Bekundungen des Zeugen unter anderem auch auf den Umstand der Vereidigung abgestellt hat.[152] Ein Beruhen ist auch dann anzunehmen, wenn das Revisionsgericht – was häufig der Fall sein wird – **nicht ausschließen** kann, dass der der Tatrichter einem vereidigten Zeugen eine **größere Glaubwürdigkeit** beigemessen hat.[153] Jedoch können die Einzelfallumstände eine andere Beurteilung rechtfertigen.[154]

97 **b) Einrichten auf die Beweislage.** Auch wenn das Gericht **dem fehlerhaft vereidigten Zeugen nicht geglaubt** hat, wird das Beruhen regelmäßig zu bejahen sein. Denn die Ablehnung der Vereidigung nach Nr. 2 soll es dem Angeklagten ermöglichen, sich auf die Beweislage einzurichten und ggf. weitere Anträge zu stellen. Daher muss das Revisionsgericht, auch mit Blick auf das Verbot, die Beweisaufnahme zu rekonstruieren, regelmäßig davon ausgehen, dass der Verstoß gegen Nr. 2 den Angeklagten davon abgehalten hat, weitere Anträge zu stellen, die das Urteil noch zu seinen Gunsten hätten beeinflussen können.[155]

98 Eine Ausnahme hiervon gilt nur dann, wenn es nach dem Verlauf der Hauptverhandlung **ausgeschlossen** werden kann, dass die Verfahrensbeteiligten **über die Beweissituation falsche Vorstellungen** hatten und ein Beschluss nach Nr. 2 noch mehr Klarheit hätte bewirken und zu weiteren Anträgen hätte führen können, so etwa, wenn offensichtlich war, dass das Gericht die Aussage des Zeugen für falsch hielt.[156]

99 **c) Unterlassener Hinweis, fehlende Heilung.** Gleiches wie unter b) dargelegt gilt nach der in der Rechtsprechung herrschenden Tendenz bei einem unterlassenen Hinweis des Gerichts, die vereidigte Aussage als uneidlich zu werten; auch hier ist im Regelfall davon auszugehen bzw. nicht auszuschließen, dass der Angeklagte aufgrund des unterbliebenen Hinweises von Anträgen, die das Urteil noch zu seinen Gunsten hätten beeinflussen können, abgehalten wurde.[157] Demgegenüber ist zu Recht darauf hingewiesen worden, dass der unterlassene Hinweis lediglich das Fortbestehen des Verstoßes zur Folge hat und die Frage des Beruhens von der Möglichkeit der Heilung des Verstoßes zu trennen ist.[158]

100 So kann in Ausnahmefällen trotz unterlassenen Hinweises ein **Beruhen verneint** werden. So kann das Beruhen auszuschließen sein, wenn das Gericht zum einen an keiner Stelle in den Urteilsgründen auf den Umstand der Vereidigung des Zeugen abstellt und wenn sich zum anderen ergibt, dass weder das Aussageverhalten des Zeugen noch die – in allen Einzelheiten umfassend dargelegte – Überzeugungsbildung des Tatgerichts durch die

150 OLG Köln 8.9.2000 – Ss 350/00, StV 2001, 224.
151 BGH 11.2.2000 – 3 StR 377/99, NStZ 2000, 265 (267) mwN; BGH 19.12.2001 – 3 StR 427/01, BeckRS 2001, 30228316 mwN.
152 Vgl. BGH 27.7.2011 – 4 StR 316/11, BeckRS 2011, 21280; BGH 18.9.1990 – 5 StR 396/90, StV 1991, 197; BGH 18.3.1998 – 5 StR 710/97, NStZ-RR 1998, 335.
153 BGH 11.2.2000 – 3 StR 377/99, NStZ 2000, 265 (267); BGH 17.5.2000 – 2 StR 460/99, NStZ 2000, 494; vgl. auch OLG Köln 23.12.2003 – Ss 546/03, StV 2004, 308 mwN.
154 → Rn. 101 ff.
155 BGH 18.3.1982 – 4 StR 565/81, NStZ 1982, 430 (431) mwN.
156 BGH 18.3.1982 – 4 StR 565/81, NStZ 1982, 430 (431) mwN.
157 OLG Frankfurt a. M. 22.11.2002 – 3 Ss 356/02, NStZ-RR 2003, 141 mwN.
158 BGH 15.10.1985 – 1 StR 338/85, NStZ 1986, 130; OLG Schleswig-Holstein 2.11.2001 – 2 Ss 195/01, BeckRS 2001, 17751.

Vereidigung beeinflusst war.[159] Ebenso liegt es, wenn für die Verfahrensbeteiligten offensichtlich war, dass das Gericht den Angaben des Zeugen nicht folgen wird.[160]

d) Ausschluss des Beruhens. Hat das Gericht seine Überzeugungsbildung nicht (auch) auf den Umstand der Vereidigung des Zeugen, sondern nach einer Aussageanalyse auf die Aussageinhalte, das Aussageverhalten und andere die Angaben des Zeugen bestätigende Beweismittel gestützt, kann das Beruhen ausgeschlossen werden.[161] Das setzt aber voraus, dass der Überzeugungsbildung des Gerichts über die Zuverlässigkeit der Bekundungen nur eine Aussageanalyse zugrunde liegt und es nicht zusätzlich der Tatsache der Vereidigung Gewicht beigemessen hat.[162] **101**

In jedem Fall ist das Beruhen zu verneinen, wenn offensichtlich war, dass das Gericht die Aussage des zu Unrecht vereidigten Zeugen für falsch hielt bzw. die Verfahrensbeteiligten nicht darauf vertrauen konnten, das Gericht werde der Aussage des vereidigten Zeugen folgen oder die Glaubwürdigkeit des Belastungszeugen sei durch die Angaben des vereidigten Zeugen erschüttert worden[163] und deshalb ihr Prozessverhalten entsprechend einrichten konnten. So können die Verfahrensbeteiligten etwa dem Umstand, dass die wörtliche Protokollierung einer Zeugenaussage nach § 273 Abs. 3 angeordnet wird, entnehmen, dass das Gericht den Bekundungen dieses Zeugen keinen Glauben schenkt.[164] Ebenso kann es liegen, wenn das Gericht dem Zeugen eindringliche Vorhalte macht und/oder ihn wiederholt und mit Nachdruck an seine Wahrheitspflicht erinnert. In diesen Fällen bedarf es keines Hinweises des Gerichts darauf, dass es die geschehene Vereidigung für unzulässig hält.[165] **102**

Auch dann, wenn das Gericht § 60 fehlerhaft bejaht hat, sich aber aus dem Urteil ergibt, dass die Aussage des Zeugen auch im Falle seiner Beeidigung nicht anders gewürdigt worden wäre, kann das Beruhen ausgeschlossen werden.[166] **103**

4. Strafzumessungsfehler. Nach stRspr kommen Fehler, die dem Gericht bei der Vereidigung von Zeugen unterlaufen sind, als Strafmilderungsgründe in Betracht. Schon der objektiv gegebene **Verstoß gegen § 60,** die Vereidigung eines Zeugen trotz Vereidigungsverbots, stellt **regelmäßig einen Strafmilderungsgrund** dar, der grundsätzlich unabhängig von der subjektiven Einstellung des Täters zu gewähren ist[167] und die Annahme eines minder schweren Falles iSd § 154 Abs. 2 StGB nahe legt oder begründen kann.[168] **104**

Der Milderungsgrund des Verstoßes gegen § 60 und des sog Aussagenotstandes nach § 157 Abs. 1 StGB sind nicht gleichzusetzen und daher nebeneinander zu berücksichtigen.[169] Ebenso sind die Verletzung des § 60 und der Verstoß gegen eine der in §§ 52–55 vorgesehenen Belehrungspflichten als **kumulative Strafmilderungsgründe** zu berücksichtigen; dem steht auch eine Milderung des Strafrahmens gemäß §§ 157, 49 StGB nicht entgegen.[170] **105**

---

[159] BGH 11.2.2000 – 3 StR 377/99, NStZ 2000, 265 (267); s. auch BGH 19.7.2000 – 5 StR 258/00, NStZ-RR 2001, 18.

[160] OLG Schleswig-Holstein 2.11.2001 – 2 Ss 195/01, BeckRS 2001, 17751.

[161] BGH 19.7.2000 – 5 StR 258/00, NStZ-RR 2001, 18; BGH 11.2.2000 – 3 StR 377/99, NStZ 2000, 265 (267); BGH 16.5.2002 – 1 StR 553/01, NStZ-RR 2003, 97 (98).

[162] BGH 16.5.2002 – 1 StR 553/01, NStZ-RR 2003, 97 (98); vgl. zum ausschlaggebenden Beweiswert einer Zeugenaussage aufgrund der tatrichterlichen Würdigung und nicht des Umstands der Vereidigung auch *Theuerkauf* MDR 1964, 204 (205).

[163] BGH 15.10.1985 – 1 StR 338/85, NStZ 1986, 130; s. auch BGH 17.7.2003 – 4 StR 194/03, NStZ 2004, 97.

[164] BGH 17.7.2003 – 4 StR 194/03, NStZ 2004, 97.

[165] AA Schlothauer StV 1986, 90 in seiner Anm. zu BGH 15.10.1985 – 1 StR 338/85, NStZ 1986, 130.

[166] BGH 11.2.2000 – 3 StR 377/99, NStZ 2000, 265 (267); BGH 16.5.2002 – 1 StR 553/01, NStZ-RR 2003, 97.

[167] BGH 13.2.1991 – 3 StR 342/90, NStZ 1991, 280.

[168] BGH 8.5.1981 – 3 StR 163/81, NStZ 1981, 309; KG 19.2.1981 – 4 Ss 220/80, NStZ 1981, 449; OLG Frankfurt a. M. 6.6.2001 – 2 Ss 123/01, NStZ-RR 2001, 299.

[169] BGH 13.2.1991 – 3 StR 342/90, NStZ 1991, 280.

[170] Vgl. BGH 13.2.2004 – 2 StR 408/03, NStZ 2005, 33 (34).

106 Eine Strafmilderung bei Vereidigung des Zeugen trotz Beteiligungsverdachts setzt nicht voraus, dass sich das Tatgericht eine sichere Überzeugung von einer Beteiligung des Angeklagten bilden konnte; entscheidend ist allein der Verdacht der Beteiligung.[171] Auch darauf, ob das Gericht, das den Eid unter Verstoß gegen Nr. 2 abgenommen hat, die tatsächlichen Umstände, die das Vereidigungshindernis begründeten, kannte oder überhaupt kennen konnte, kommt es nicht an.[172]

107 Die Strafmilderung ist auch zu gewähren, wenn der Verdacht, der Zeuge könnte an der Tat beteiligt gewesen sein, erst im gegen ihn gerichteten Verfahren wegen Meineids aufgetaucht ist. Das Motiv des Zeugen für das Beschwören der Unwahrheit ist unerheblich, weil der Meineid unabhängig von Überlegungen des Schwörenden durch den Verstoß gegen da Vereidigungsverbot mindestens mitverursacht wurde.[173] Beschwört der Zeuge die Unwahrheit, um sich der gerichtlichen Bestrafung zu entziehen, greift § 157 StGB ein.

§ 61 [Eidesverweigerungsrecht]

Die in § 52 Abs. 1 bezeichneten Angehörigen des Beschuldigten haben das Recht, die Beeidigung des Zeugnisses zu verweigern; darüber sind sie zu belehren.

Übersicht

I. Allgemeines

1 **1. Normzweck.** Die mit § 63 aF deckungsgleiche Vorschrift **ergänzt § 52.** Sie will diejenigen Zeugen, die sich entschließen, trotz des ihnen gemäß § 52 Abs. 1 zustehenden Zeugnisverweigerungsrechts Angaben zu machen, von dem Zwang befreien, ihre Aussage beeiden zu müssen. Die Bestimmung betrifft den Rechtskreis des Zeugen und des Angeklagten. Die Belehrungspflicht besteht nicht nur zugunsten des Angeklagten, sondern bezweckt auch allgemein eine ordnungsmäßige Verhandlungsführung.[1]

2 **2. Anwendungsbereich.** Die Vorschrift gilt nur für die in § 52 Abs. 1 genannten Angehörigen des Beschuldigten bzw. Angeklagten, hingegen nicht für die durch die Straftat Verletzten.[2] Zum Begriff des Angehörigen → § 52 Rn. 4 ff.

3 Die Bestimmung ist bei **jeder richterlichen Zeugenvernehmung** im Ermittlungs- und Hauptverfahren zu beachten und gilt selbst bei der **wiederholten Vernehmung** des Zeugen innerhalb derselben Hauptverhandlung sowie auch dann, wenn der Zeuge schon im Anschluss an eine frühere Vernehmung nach entsprechender Belehrung den Eid geleistet hat. Dennoch

---

[171] BGH 2.7.1969 – 2 StR 198/69, BGHSt 23, 30 (33) = NJW 1969, 2154.
[172] BGH 26.3.1981 – 4 StR 76/81, NStZ 1981, 268.
[173] BGH 2.7.1969 – 2 StR 198/69, BGHSt 23, 30 (32 f.) = NJW 1969, 2154.
[1] BGH 12.7.2001 – 4 StR 173/01, NStZ 2001, 604; OLG Düsseldorf 25.8.1983 – 5 Ss 358/82, NStZ 1984, 182 mwN.
[2] KK/*Senge* Rn. 1.

ist der Anwendungsbereich der Vorschrift äußerst schmal, da – wie schon im Jahr 1912 trotz der damals geltenden Regelvereidigung – festgestellt wurde – eine Beeidigung der unter § 52 Abs. 1 fallenden Zeugen in der Regel nicht für angemessen erachtet wird.[3]

II. Erläuterung

1. Recht zur Eidesverweigerung. a) Allgemeines. Das Recht des Zeugen, den Eid zu verweigern, korrespondiert persönlich wie sachlich mit dem Umfang seines Zeugnisverweigerungsrechts.[4] Besteht ein Recht zur umfassenden Zeugnisverweigerung, gilt dies auch für das Eidesverweigerungsrecht. 4

Muss der Zeuge hingegen zu einer bestimmten Tat Angaben machen, besteht insoweit kein Recht zur Eidesverweigerung. In diesen Fällen kommt eine **Teilvereidigung** in Betracht. Dies gilt jedoch nur, soweit die Voraussetzungen einer Teilvereidigung erfüllt sind.[5] Der Umfang des geleisteten Eides ist im Hauptverhandlungsprotokoll festzuhalten.[6] In den Urteilsgründen muss das Tatgericht danach unterscheiden, welche Angaben der Zeuge unter Eid oder unbeeidigt gemacht hat sowie darlegen, welche Bedeutung es den unter Eid abgegebenen Erklärungen beigemessen hat.[7] 5

Richtet sich das Verfahren gegen mehrere Beschuldigte bzw. Angeklagte, von denen nicht alle Angehörige des Zeugen sind, richtet sich die Berechtigung zur Verweigerung des Eides nach den für das Zeugnisverweigerungsrecht geltenden Regeln.[8] 6

b) Voraussetzungen. Ob einem Zeugen ein Eidesverweigerungsrecht zusteht, wird nur dann relevant, wenn kein Vereidigungsverbot nach § 60 besteht und das Gericht die Vereidigung des Zeugen, nachdem es die Voraussetzungen des § 59 bejaht hat, für erforderlich hält. 7

c) Erklärung des Zeugen, Widerruf. Eine einfache Erklärung des Zeugen, er wolle von seinem Eidesverweigerungsrecht Gebrauch machen, genügt. Die Erklärung braucht nicht begründet zu werden. Sie kann zurückgenommen werden. Möglich ist auch, den Verzicht auf das Weigerungsrecht zu widerrufen.[9] 8

d) Folgen. Erklärt der Zeuge die Eidesverweigerung, schließt dies seine Vereidigung aus. Eine Beschlussfassung ist dann regelmäßig überflüssig[10] und nur dort erforderlich, wo ein Verfahrensbeteiligter die Vereidigung des Zeugen beantragt hatte.[11] 9

2. Protokollierung. Die Eidesverweigerung und der Verzicht des Zeugen auf das Recht, den Eid zu verweigern, sind im Hauptverhandlungsprotokoll zu beurkunden.[12] Gleiches gilt für einen Belehrungsverzicht, die Begründung der Nichtvereidigung sowie die Tatsache der Vereidigung; im Falle einer Teilvereidigung muss deren Umfang protokolliert werden.[13] 10

3. Verwertbarkeit in der Beweiswürdigung. Ob das Gericht im Rahmen seiner Beweiswürdigung dem Angeklagten nachteilige Schlüsse ziehen darf, ist umstritten. Zum Teil wird dies verneint.[14] Die Rechtsprechung[15] und ein Teil der Literatur[16] halten es hingegen – anders als bei der Zeugnisverweigerung – für zulässig, aus der Eidesverweigerung dem Angeklagten nachteilige Schlüsse zu ziehen. Dies erscheint gerechtfertigt, denn zum einen ist die 11

---

[3] RG 7.6.1912 – II 399/12, RGSt 46, 114 (117).
[4] RG 24.6.1887 – 817/87, RGSt 16, 154 (156); Radtke/Hohmann/*Otte* Rn. 1 mwN.
[5] → § 59 Rn. 53.
[6] L/R/*Ignor/Bertheau* Rn. 1.
[7] BGH 7.5.1991 – 5 StR 172/91, StV 1991, 498.
[8] → § 52 Rn. 18 ff.
[9] *Meyer-Goßner* Rn. 1 mwN.
[10] *Meyer-Goßner* Rn. 1; L/R/*Ignor/Bertheau* Rn. 3 mwN.
[11] KMR/*Neubeck* Rn. 3.
[12] *Meyer-Goßner* Rn. 1; KK/*Senge* Rn. 2 mwN.
[13] Radtke/Hohmann/*Otte* Rn. 5.
[14] So (ohne Begründung) Meyer-Goßner Rn. 1; L/R/*Ignor/Bertheau* Rn. 3.
[15] BGH 7.8.1991 – 2 StR 193/91 BGHR StPO § 63 Verletzung 2.
[16] KK/*Senge* Rn. 4; KMR/*Neubeck* Rn. 1.

prozessuale Situation, dass der Zeuge sich auf sein Zeugnisverweigerungsrecht beruft und damit schweigt, nicht damit vergleichbar, dass Angaben gemacht werden. Zum anderen liegt dann, wenn der Zeuge Angaben gemacht hat, ein Beweisaufnahmeergebnis vor, das einer Würdigung unterzogen werden muss; dabei kann der Umstand, dass der Zeuge es und ggf. mit welcher Begründung ablehnt, seine Aussage zu beschwören, durchaus von Bedeutung sein.

12 **4. Belehrung. a) Allgemeines, Zeitpunkt.** Die dem Zeugen zu erteilende Belehrung ist zwingend. Der Zeuge ist **anlässlich jeder Vernehmung** zu belehren. Dies gilt auch, wenn der Zeuge innerhalb derselben Hauptverhandlung nach abgeschlossener Vernehmung erneut gehört werden soll, wenn er in einer früheren Vernehmung nach Belehrung den Eid geleistet hat[17] oder wenn nach bereits abgeschlossener Vernehmung der Eid durch die Versicherung nach § 67 ersetzt werden soll.[18]

13 Die Belehrung braucht nicht im Zusammenhang mit derjenigen über das Zeugnisverweigerungsrecht zu erfolgen; sie ist – spätestens – zu erteilen, wenn das Gericht anordnet, den Zeugen zu vereidigen.[19] Denn erst dann, wenn das Gericht den Eid verlangt, entsteht das Recht des Zeugen, ihn zu verweigern; eine zeitlich frühere Belehrung und damit die Aufklärung über ein nicht bestehendes Recht ist nicht notwendig.[20] Zweckmäßig erscheint es, den Zeugen schon dann zu belehren, wenn das Gericht seine Vereidigung erwägt. Erklärt der Zeuge hierauf, eidesbereit zu sein, steht seine Vereidigung nach § 59 Abs. 1 im Ermessen des Gerichts.

14 **b) Umfang.** Allein die Belehrung gemäß § 52 Abs. 3 darüber, dass dem Zeugen ein Zeugnisverweigerungsrecht zusteht, genügt nicht. Darüber hinaus ist auch über die Befugnis zur Eidesverweigerung zu belehren.[21] Die Belehrung ist auch nicht entbehrlich, weil sich der Zeuge zur Eidesleistung bereit erklärt hat. Sie darf nur dann unterbleiben, wenn der Zeuge erklärt, das Eidesverweigerungsrecht sei ihm bekannt und dass er dennoch den Eid leisten wolle.[22]

15 **c) Heilung.** Der Umstand, dass eine Belehrung fehlerhaft unterblieb, kann dadurch geheilt werden, dass das Gericht die Belehrung nachholt und der Zeuge erklärt, er hätte den Eid auch nach seiner Belehrung geleistet.[23] Die Heilung kann auch in der Weise erfolgen, dass das Gericht die Aussage des vereidigten Zeugen als uneidliche wertet und die Verfahrensbeteiligten hierüber zuvor informiert.[24]

16 **d) Protokollierung.** Die Belehrung muss in das Vernehmungsprotokoll (§ 168a Abs. 1) sowie in das Hauptverhandlungsprotokoll (§ 273 Abs. 1) aufgenommen werden; dort gilt für eine Beurkundung die formelle Beweiskraft des § 274.[25]

17 **5. Revision. a) Rügeberechtigte.** Die Verletzung des § 61 betrifft auch den **Rechtskreis des Angeklagten,** nicht nur den des Zeugen.[26] Deshalb kann der Angeklagte einen Verstoß geltend machen, bei Tatgleichheit in demselben Verfahren auch jeder Mitangeklagte.[27] Vor diesem Hintergrund wird gegenüber der Verteidigung die Empfehlung ausge-

---

[17] KK/*Senge* Rn. 6 mwN.

[18] L/R/*Ignor/Bertheau* Rn. 7 mwN.

[19] BGH 11.10.1968 – 1 StR 367/68, MDR 1969, 194 mwN.

[20] RG 7.6.1912 – II 399/12, RGSt 46, 114 (116).

[21] BGH 28.5.1953 – 4 StR 148/53, BGHSt, 4, 217 = NJW 1953, 1193; BGH 11.10.1968 – 1 StR 367/68, MDR 1969, 194; OLG Düsseldorf 25.8.1983 – 5 Ss 358/82, NStZ 1984, 182 mwN m. zustimmender Anm. *Krekeler.*

[22] L/R/*Ignor/Bertheau* Rn. 5.

[23] Graf/*Huber* Rn. 2.

[24] *Meyer-Goßner* Rn. 2.

[25] KK/*Senge* Rn. 8.

[26] BGH 28.5.1953 – 4 StR 148/53, BGHSt, 4, 217 (218) = NJW 1953, 1193 OLG Düsseldorf 25.8.1983 – 5 Ss 358/82, NStZ 1984, 182 m. zustimmender Anm. *Krekeler.*

[27] BGH 28.5.1953 – 4 StR 148/53, BGHSt, 4, 217 (218) = NJW 1953, 1193.

sprochen, auf einer Vereidigung der als Zeugen auftretenden Angehörigen zu bestehen.[28] Auch die Staatsanwaltschaft und der Nebenkläger sind rügeberechtigt.[29]

b) Unterlassene Belehrung. Wurde der Zeuge entgegen § 61 nicht belehrt, begründet dies die Revision, wenn das Urteil auf der Aussage des vereidigten Zeugen beruht. Das ist zunächst dann der Fall, wenn das Tatgericht die Aussage als eidliche Angaben verwertet und gewürdigt sowie zur Feststellung der Schuld des Angeklagten herangezogen hat.[30] Im Übrigen sind **mögliche Einflüsse auf die Beweiswürdigung** des Tatgerichts entscheidend. Deshalb genügt es bereits, wenn sich aus der Sicht des Revisionsgerichts nicht ausschließen lässt, dass das Gericht die Glaubwürdigkeit des Zeugen anders beurteilt hätte, wenn dieser – unterstellt, die vorgeschriebene Belehrung wäre ihm erteilt worden – erklärt hätte, seine Aussage nicht beschwören zu wollen.[31] Denn die Erklärung eines Zeugen, seine Angaben nicht zu beeiden, kann einen überraschenden Unsicherheitsfaktor für die Beurteilung des Aussageverhaltens und die Würdigung der Angaben schaffen. Dies gilt in besonderem Maße, wenn das Gericht die Vereidigung eines Belastungszeugen angeordnet hat.[32] 18

Das Beruhen wird sich im **Fall der Teilvereidigung** des Zeugen regelmäßig nicht ausschleißen lassen, wenn das Urteil nicht danach differenziert, welche der herangezogenen Aussagen des Zeugen von ihm beeidigt wurden und welche unbeeidigt geblieben sind.[33] 19

c) Ausschluss des Beruhens. Blieb der Zeuge hingegen unvereidigt, so ist das Unterbleiben der Belehrung unschädlich.[34] Wurde der Zeuge vereidigt, kann das Beruhen dann verneint werden, wenn mit Sicherheit davon auszugehen ist, dass der Zeuge auch nach Belehrung über sein Eidesverweigerungsrecht den Eid geleistet hätte; dies kann sich aus der Kenntnis des Zeugen über sein Weigerungsrecht, einer früheren Belehrung, seinem vorausgegangenen Prozessverhalten oder seinem ersichtlichen Interesses am ergeben; dabei kann das Revisionsgericht auf den Urteils- und den Akteninhalt zurückgreifen.[35] Am Beruhen fehlt es ebenso, wenn ausgeschlossen werden kann, dass die Beweiswürdigung anders ausgefallen wäre, wenn der Zeuge nach Belehrung erklärt hätte, er wolle seine Aussage nicht beschwören.[36] Schließlich fehlt es bei einer Revision der Nebenklage am Beruhen, wenn ausgeschlossen werden kann, dass der Tatrichter aus einer Eidesverweigerung Schlüsse zu Lasten des Angeklagten gezogen hätte.[37] 20

d) Fehlerhafte Belehrung. Hält das Gericht nach § 59 die Vereidigung des Zeugen an sich für notwendig, belehrt ihn aber grundlos über ein ihm angeblich zustehendes Eidesverweigerungsrecht, kann dies im Fall der Eidesverweigerung des Zeugen einen Verstoß gegen § 244 Abs. 2 begründen, weil das Gericht die in der Vereidigung liegende Möglichkeit der Wahrheitserforschung nicht ausgeschöpft hat.[38] 21

e) Strafzumessungsfehler. Ist die nach § 61 vorgeschriebene Belehrung unterblieben, stellt dies in dem gegen den Zeugen gerichteten Verfahren wegen Meineids einen Strafmilderungsgrund dar. 22

---

[28] *Ahlbrecht* StV 2002, 465.
[29] BGH 12.7.2001 – 4 StR 173/01, NStZ 2001, 604; OLG Düsseldorf 25.8.1983 – 5 Ss 358/82, NStZ 1984, 182 mwN.
[30] BGH 28.5.1953 – 4 StR 148/53, BGHSt, 4, 217 (218) = NJW 1953, 1193.
[31] St. Rspr., BGH 5.12.2007 – 5 StR 331/07, NStZ 2008, 171; BGH 7.11.2000 – 4 StR 398/00, NStZ-RR 2001, 259 m. zustimmender Anm. *Ahlbrecht* StV 2002, 465; BGH 12.7.2001 – 4 StR 173/01, NStZ 2001, 604; BGH 20.10.1987 – 5 StR 550/87, StV 1987, 513.
[32] BGH 5.12.2007 – 5 StR 331/07, NStZ 2008, 171.
[33] BGH 7.5.1991 – 5 StR 172/91, StV 1991, 498.
[34] BGH 11.10.1968 – 1 StR 367/68, MDR 1969, 194.
[35] BGH 5.12.2007 – 5 StR 331/07, NStZ 2008, 171 (172); ablehnend L/R/*Ignor/Bertheau* Rn. 10.
[36] BGH 7.8.1991 – 2 StR 193/91, NStZ 1992, 224.
[37] KK/*Senge* Rn. 9 mwN.
[38] L/R/*Ignor/Bertheau* Rn. 11.

§ 62 [Vereidigung im vorbereitenden Verfahren]

Im vorbereitenden Verfahren ist die Vereidigung zulässig, wenn
1. Gefahr im Verzug ist oder
2. der Zeuge voraussichtlich am Erscheinen in der Hauptverhandlung verhindert sein wird
und die Voraussetzungen des § 59 Abs. 1 vorliegen.

Schrifttum: *Busch,* Die unzulässige Vereidigung außerhalb der Hauptverhandlung, MDR 1963, 894; *Bayreuther,* Das Vereidigungsverbot im strafprozessualen Vorverfahren, NJW 1996, 1455.

Übersicht

I. Normzweck

1 Die Vorschrift will die Vereidigung von Zeugen im Ermittlungsverfahren zurückdrängen und auf wenige **Ausnahmefälle** beschränken. Da im Vorverfahren nur eine vorläufige Aufklärung, aber noch keine eigentliche Beweiserhebung erfolgen soll, will § 62 die mit einer Vereidigung verbundene frühzeitige Festlegung des Zeugen vermeiden.[1] Diese Zielrichtung erfährt durch die Neuregelung des Vereidigungsrechts noch eine deutliche Verstärkung, weil die Vereidigung nach § 59 Abs. 1 nur unter engen Voraussetzungen in Betracht kommt, die im Ermittlungsverfahren zu denen des § 62 hinzutreten müssen. Daneben dient Nr. 2 der Beschleunigung der Verfahren.[2]

II. Anwendungsbereich vorbereitendes Verfahren

2 Zum vorbereitenden Verfahren zählen das Ermittlungs- und das Zwischenverfahren; § 62 gilt dort für alle ermittlungsrichterlichen Vernehmungen. Weiter werden von § 62 das Klageerzwingungsverfahren und damit die richterlichen Handlungen nach § 173 Abs. 3 erfasst. Ferner ist die Bestimmung bei denjenigen Vernehmungen zu beachten, bei denen es sich um weitere Aufklärungsmaßnahmen iSv § 202 und um Beweissicherungsmaßnahmen iSv § 205 S. 2 handelt.[3]

III. Voraussetzungen der Vereidigung im Ermittlungsverfahren

3 **1. Allgemeines.** § 62 führt zur Zulässigkeit der Vereidigung im vorbereitenden Verfahren zwei Alternativen auf: Gefahr im Verzug und die voraussichtliche Verhinderung des Zeugen. Zusätzlich müssen die Voraussetzungen des § 59 vorliegen. Auch darf kein Eidesverbot iSv § 60 bestehen. Schließlich ist erforderlich, dass sich der Zeuge nicht auf das ihm ggf. gemäß § 61 zustehende Eidesverweigerungsrecht beruft. Der Vorschlag, einen Ausschluss der Vereidigung nach § 60 Nr. 2 wegen einer möglicher Strafbarkeit nach §§ 258,

[1] Radtke/Hohmann/*Otte* Rn. 1 unter Hinweis auf BT-Drs. 7/551, 62.
[2] L/R/*Ignor/Bertheau* Rn. 4.
[3] KK/*Senge* Rn. 1 mwN.

22 StGB des Zeugen aufgrund falscher Angaben in einer vorangegangenen Vernehmung nicht zuzulassen,[4] hat sich nicht durchgesetzt. Er steht im Widerspruch zu Zweck und System der Vereidigungsvorschriften; es überzeugt ferner nicht, die Voraussetzungen eines Eidesverbots in Abhängigkeit vom jeweiligen Verfahrensabschnitt oder der Art der Strafsache[5] zu bestimmen. Zudem bieten die eröffneten Strafrahmen der §§ 258, 153 StGB genügend Spielraum, um auch auf schwerwiegende Fälle angemessen reagieren zu können.

2. Gefahr im Verzug (Nr. 1). Sie ist zu bejahen, wenn die Gefahr besteht, dass eine unter Eid geleistete und so zu verwertende Aussage nicht mehr zu erlangen sein wird und ohne die Vereidigung der Verlust des Beweismittels oder das Scheitern der weiteren Fallaufklärung zu befürchten ist.[6] So kann es liegen, wenn mit dem baldigen Tod des Zeugen oder damit zu rechnen ist, dass er später nicht mehr auffindbar sein könnte. 4

3. Voraussichtliche Verhinderung des Zeugen (Nr. 2). Auch hier wird eine Prognose des Vernehmenden verlangt. Eine voraussichtliche Verhinderung am Erscheinen in der Hauptverhandlung kann zB wegen Krankheit, Gebrechlichkeit oder hohen Alters anzunehmen sein, ebenso, wenn der Zeuge nach seiner Vernehmung eine längere Auslandsreise antreten will, mit seiner Ausweisung zu rechnen ist oder bereits eine Ausweisungsverfügung gegen ihn vorliegt, erst recht, wenn er, etwa wegen illegalen Aufenthalts in Deutschland, untergetaucht ist bzw. kurz vor seiner Abschiebung steht.[7] **Nicht ausreichend** für Nr. 2 ist es hingegen, dass dem Zeugen sein Erscheinen in der Hauptverhandlung wegen großer Entfernung voraussichtlich nicht zugemutet werden kann.[8] 5

Die Vereidigung des Zeugen im Vorverfahren nach Nr. 2 macht die eidliche kommissarische Vernehmung während der Hauptverhandlung überflüssig und vermeidet die damit verbundenen Verzögerungen. 6

IV. Gerichtliche Entscheidung, Protokollierung

1. Entscheidung über das Vorliegen eines Vereidigungsgrundes. Diese Entscheidung trifft das den Zeugen vernehmende Gericht von Amts wegen nach pflichtgemäßem Ermessen. Hat die StA die eidliche Vernehmung des Zeugen beantragt, muss der Richter dem entsprechen, falls kein Vereidigungsverbot besteht. Die Vereidigung ist auch ohne einen entsprechenden Antrag zulässig, wenn der Richter eine der Alternativen des § 62 für gegeben erachtet.[9] 7

2. Protokollierung. In dem Vernehmungsprotokoll ist – da die **Vereidigung** eine wesentliche Förmlichkeit darstellt – festzuhalten, ob der Zeuge vereidigt worden ist (§ 168a Abs. 1). Da der Zeuge im vorbereitenden Verfahren und damit außerhalb der Hauptverhandlung vereidigt wird, ist nach § 59 Abs. 1 S. 2 der Grund der Vereidigung anzugeben. Dabei genügt der Hinweis, auf welcher Alternative des § 62 die Vereidigung beruht.[10] 8

Bleibt der **Zeuge unvereidigt,** ist dies als Regelfall wie die Nichtvereidigung in der Hauptverhandlung nicht begründungspflichtig; der Grund der Nichtvereidigung braucht auch im Protokoll nicht zu erscheinen.[11] 9

---

[4] *Bayreuther* NJW 1996, 1455 (1456).

[5] *Bayreuther* NJW 1996, 1455 stellt auf Fälle der Wirtschaftskriminalität ab, in denen firmenangehörige Zeugen unter dem Druck des Arbeitsverhältnisses bzw. der Furcht vor beruflichen Nachteilen stünden, wenn Ermittlungserfolge den Fortbestand des Betriebs gefährden könnten.

[6] *Meyer-Goßner* Rn. 4 mwN; Radtke/Hohmann/*Otte* Rn. 2.

[7] Vgl. Radtke/Hohmann/*Otte* Rn. 2 und den Sachverhalt der Entscheidung BGH 4.7.2012 – 5 StR 219/12.

[8] L/R/*Ignor*/*Bertheau* Rn. 4; Radtke/Hohmann/*Otte* Rn. 2.

[9] KK/*Senge* Rn. 4 mwN.

[10] *Meyer-Goßner* Rn. 6.

[11] AA L/R/*Ignor*/*Bertheau* Rn. 6; s. dazu § 59 Rn. 39 ff.

V. Verwertbarkeit des Vernehmungsprotokolls, Verfahrensfortgang

10 **1. Verlesung.** Für die Einführung eines Vernehmungsprotokolls über die eidliche Vernehmung nach Nr. 1 gelten die Alternativen des § 251 Abs. 2. Das Protokoll, das auf der Grundlage der Nr. 2 erstellt wurde, kann in der Hauptverhandlung nach § 251 Abs. 2 Nr. 1 oder Nr. 3 verlesen werden. In allen Fällen der Verlesung ist nach § 251 Abs. 4 S. 3 festzustellen, dass der Zeuge vereidigt wurde.

11 **2. Aufklärungspflicht.** Dass eine nach § 62 vereidigte Vernehmung vorliegt besagt allein noch nichts darüber, ob im weiteren Verfahren die erneute Vernehmung des Zeugen in oder während der Hauptverhandlung erforderlich ist. Hierfür entscheidend ist die Aufklärungspflicht. Kommt es zu einer nochmaligen Vernehmung, ist auch eine erneute Entscheidung über die Vereidigung des Zeugen zu treffen.[12]

VI. Revision

12 Die Revision kann nicht darauf gestützt werden, dass der Zeuge unter Verstoß gegen § 62 vereidigt worden sei.[13] Anders als bei einem Verstoß gegen §§ 59, 60, 61, kann die Revision nicht geltend machen, § 62 sei verletzt worden; denn ein Verstoß gegen die Zulässigkeitsvoraussetzungen der Nr. 1 oder der Nr. 2 ist für das weitere Verfahren und das Urteil unschädlich,[14] zumal es in einem späteren Verfahrensabschnitt nicht möglich ist, die von der jeweiligen Verfahrenssituation abhängige Prognoseentscheidung des vereidigenden Richters noch zu überprüfen.[15] Ebenso wenig kann ein Verstoß gegen die Protokollierungspflicht gerügt werden.[16]

§ 63 [Vereidigung bei kommissarischer Vernehmung]

Wird ein Zeuge durch einen beauftragten oder ersuchten Richter vernommen, muss die Vereidigung, soweit sie zulässig ist, erfolgen, wenn es in dem Auftrag oder in dem Ersuchen des Gerichts verlangt wird.

I. Allgemeines

1 **1. Normzweck.** Die Vorschrift regelt die Zuständigkeiten für die Entscheidung über eine Vereidigung des Zeugen bei kommissarischen Vernehmungen. Sie bestimmt nicht, wann eine Vereidigung zulässig ist – bei Vernehmungen außerhalb der Hauptverhandlung richtet sich dies nach den § 59 Abs. 2. S. 2 und § 62 – sondern nur, wer entscheidet, ob der Zeuge vereidigt werden soll.[1]

2 **2. Anwendungsbereiche.** Die Vorschrift gilt zunächst für alle **kommissarischen Zeugenvernehmungen** nach § 223. Dabei handelt es sich um Vernehmungen, die – außerhalb der Hauptverhandlung – entweder von einem beauftragten Richter, dh von einem mit der Vernehmung beauftragten Mitglied des erkennenden Gerichts, oder von einem ersuchten Richter, dh einem Richter, an den sich das Gericht im Wege der Rechtshilfe nach § 157 GVG wendet, durchgeführt werden. Gleichgültig ist, in welchem Verfahrensabschnitt der beauftragte oder ersuchte Richter tätig wird.

3 Ferner ist § 63 bei den Vernehmungen anzuwenden, die nach §§ 173 Abs. 3, 202 S. 1 oder § 205 S. 2 iVm § 223 stattfinden.[2]

---

[12] L/R/*Ignor/Bertheau* Rn. 7; *Busch* MDR 1963, 894 (895).
[13] Radtke/Hohmann/Otte Rn. 4 mwN; KK/*Senge* Rn. 5 mwN.
[14] L/R/*Ignor/Bertheau* Rn. 8 mwN.
[15] Vgl. *Busch* MDR 1963, 894 (896), der sich gleichwohl für eine rechtliche Überprüfung ausspricht.
[16] *Meyer-Goßner* Rn. 8.
[1] L/R/*Ignor/Bertheau* Rn. 3.
[2] L/R/*Ignor/Bertheau* Rn. 1.

II. Vernehmungsersuchen

1. Ersuchen um eidliche Vernehmung. Zwar steht grundsätzlich sowohl dem beauftragenden bzw. ersuchenden Gericht als auch dem vernehmenden Richter, der die kommissarische Vernehmung durchführt, das Ermessen zu, über eine Vereidigung des Zeugen zu entscheiden. § 63 schließt das Ermessen des beauftragten und ersuchten Richters jedoch dort aus, wo das beauftragende bzw. das ersuchende Gericht die Vereidigung des Zeugen verlangt, weil es die Voraussetzungen der §§ 59, 62 für gegeben erachtet. 4

Dennoch hat der die Vernehmung durchführende Richter unabhängig von dem Inhalt des Auftrags bzw. Ersuchens stets von Amts wegen das Eidesverbot nach § 60 und das Eidesverweigerungsrecht nach § 61 zu beachten. Danach muss der ersuchte oder beauftragte Richter den Zeugen dann vereidigen, wenn dies zulässig ist und das ersuchende oder beauftragende Gericht es verlangt.[3] 5

2. Ersuchen um uneidliche Vernehmung. In diesen Fällen ist der die Vernehmung durchführende Richter an das Ersuchen nicht gebunden, da sich das Bedürfnis, den Zeugen zu vereidigen, erst im Verlauf der Vernehmung ergeben kann.[4] 6

3. Ersuchen ohne Anordnung über die Vereidigung. Enthält das Vernehmungsersuchen nichts darüber, ob der Zeuge vereidigt werden soll, entscheidet der vernehmende Richter über die Vereidigung nach § 59 Abs. 1. S. 1.[5] 7

4. Verwertung. Für die Verlesung des Protokolls über die kommissarische Vernehmung eines Zeugen gilt § 251 Abs. 2. Nach § 251 Abs. 4 S. 3 ist im Falle der Verlesung auch festzustellen, ob der Vernommene vereidigt worden ist. 8

Wurde der Zeuge nicht vereidigt, muss das Gericht eine notwendige und noch durchführbare Vereidigung nach § 251 Abs. 4 S. 4 nachholen. Ob es der Vereidigung bedarf, richtet sich nach §§ 59–61. Über die Nachholung ist von Amts wegen durch Beschluss zu entscheiden. Hat der ersuchte Richter vor der Vereidigung abgesehen, bedarf es eines Gerichtsbeschlusses in der Hauptverhandlung nur, wenn ein Verfahrensbeteiligter die Nichtvereidigung beanstandet.[6] 9

III. Revision

Ein Verstoß gegen § 63 kann für sich allein die Revision nicht begründen. Soll gerügt werden, dass in der Hauptverhandlung kein Gerichtsbeschluss über die Vereidigung eines durch den beauftragten oder ersuchten Richter unvereidigt vernommenen Zeugen gefasst worden, muss die Nichtvereidigung beanstandet und ein Beschluss nach § 238 Abs. 2 herbeigeführt werden.[7] 10

§ 64 [Eidesformel]

(1) Der Eid mit religiöser Beteuerung wird in der Weise geleistet, dass der Richter an den Zeugen der Worte richtet:

„Sie schwören bei Gott dem Allmächtigen und Allwissenden, dass Sie nach bestem Wissen die reine Wahrheit gesagt und nichts verschwiegen haben“

und der Zeuge hierauf die Worte spricht:

„Ich schwöre es, so wahr mir Gott helfe“.

(2) Der Eid ohne religiöse Beteuerung wird in der Weise geleistet, dass der Richter an den Zeugen die Worte richtet:

---

[3] *Knauer/Wolf* NJW 2004, 2933.

[4] *Meyer/Goßner* Rn. 4.

[5] *Meyer/Goßner* Rn. 2.

[6] BGH 7.2.1989 – 5 StR 26/89, NStZ 1990, 230 Nr. 23.

[7] BGH 7.2.1989 – 5 StR 26/89, BeckRS 1989, 31106787; *Meyer/Goßner* § 251 Rn. 44; Radtke/Hohmann/*Otte* Rn. 3 mwN.

„Sie schwören, dass Sie nach bestem Wissen die reine Wahrheit gesagt und nichts verschwiegen haben"
und der Zeuge hierauf die Worte spricht:
„Ich schwöre es".

(3) Gibt ein Zeuge an, dass er als Mitglied einer Religions- oder Bekenntnisgemeinschaft eine Beteuerungsformel dieser Gemeinschaft verwenden wolle, so kann er diese dem Eid anfügen.

(4) Der Schwörende soll bei der Eidesleistung die rechte Hand erheben.

Schrifttum: *Jünemann,* Probleme bei der Leistung des Eides, MDR 1970, 725; *Knoche,* Religiöse Beteuerungsformeln und Wahrheitsfindung, ZRP 1970, 119; *Leisten,* Probleme bei der Beeidigung von Mohammedanern, MDR 1980, 636.

Übersicht

I. Normzweck

1 Die an die Stelle des § 66c aF getretene Vorschrift regelt die Form und den Inhalt der Eidesleistung und gewährleistet die Glaubensfreiheit der Zeugen. Sie stellt klar, dass der Zeuge nicht zu einer Eidesleistung mit religiöser Beteuerung[1] gezwungen werden darf und dass Eidesleistungen mit und ohne religiöse Beteuerung gleichwertig sind.

II. Belehrung des Zeugen

2 § 57 S. 2 bestimmt, dass das Gericht den Zeugen vor der Vereidigung darüber zu belehren hat, dass er den Eid mit oder ohne religiöse Beteuerung leisten kann. Die Möglichkeiten, nach § 65 zu verfahren oder eine Beteuerungsformel iSv Abs. 3 zu verwenden, werden von der Belehrungspflicht hingegen nicht umfasst. Eine entsprechende Belehrung kann aber unter dem Gesichtspunkt der gerichtlichen Fürsorgepflicht geboten sein.[2]

III. Eidesleistung

3 **1. Eidesleistung mit religiöser Beteuerung.** Abs. 1 regelt die Eidesleistung mit religiöser Beteuerung des Zeugen in der Weise, dass der Zeuge seine Aussage „bei Gott dem Allmächtigen und Allwissenden" beschwört. Mohammedaner können den Eid „bei Allah" leisten. Da jede Eidesleistung mit religiöser Beteuerung auf Gott Bezug nimmt, kann ein Schwur „beim Propheten" nicht zugelassen werden.[3]

4 Kommt es bei der Verwendung der religiösen Beteuerung zu einem **Fehler,** ist dies schon deshalb regelmäßig unschädlich, weil dann immer noch eine Eidesleistung ohne religiöse Beteuerung iSv Abs. 2 vorliegen wird.[4] So ist bei einer Vereidigung moslemischer

[1] Zu Besonderheiten verschiedener Kulturkreise und Glaubensgemeinschaften *Jünemann* MDR 1970, 725.
[2] L/R/*Ignor/Bertheau* Rn. 2; Radtke/Hohmann/*Otte* Rn. 1 mwN; *Leisten* MDR 1980, 636 (637).
[3] Vgl. *Leisten* MDR 1980, 636 (637); *Jünemann* MDR 1970, 725 (727).
[4] BGH 30.4.1999 – 3 StR 215/98, NStZ 1999, 396 (399).

Zeugen gemäß Abs. 1 – selbst wenn man davon ausgeht, dass der Schwur auf den christlichen Gott einen Mohammedaner, der „bei Allah, dem Allmächtigen schwört", nicht bindet, der Schwur auf den für den Zeugen „falschen" Gott in seiner Wirkung einem Eid gem. Abs. 2 gleichzusetzen. Auch wegen der **Gleichwertigkeit** zwischen dem Eid mit oder ohne religiöse Beteuerung ist dem Gesetz Rechnung getragen, wenn der über die Folgen eines Meineids belehrte Zeuge seine Aussage mit den Worten „ich schwöre es" beschwört.[5]

2. Eidesleistung ohne religiöse Beteuerung. Abs. 2 regelt die Eidesleistung ohne religiöse Beteuerung des Zeugen. 5

3. Ausführung der Eidesleistung. a) Vor- und Nachsprechen. Sowohl bei der Eidesleistung nach Abs. 1 als auch bei einer Vereidigung nach Abs. 2 spricht der Richter dem Zeugen die Eidesnorm („Sie schwören …") vor. Hierauf spricht der Zeuge die Eidesformel („Ich schwöre es"), ggf. mit der religiösen Beteuerungsformel nach Abs. 1 („Ich schwöre es, so wahr mir Gott helfe). 6

Ist der Zeuge der deutschen Sprache nicht mächtig, übersetzt der **Dolmetscher** die vom Richter gesprochene Eidesnorm; der Zeuge spricht die Eidesformel in der ihm geläufigen Sprache, die ebenfalls vom Dolmetscher übersetzt wird.[6] 7

b) Erheben der rechten Hand. Abs. 4 sieht vor, dass der Zeuge beim Schwur die rechte Hand erheben soll. Es handelt sich dabei nicht um einen essentiellen oder wesentlichen Bestandteil der Eidesleistung, der nicht erzwungen werden kann.[7] 8

c) Verwendung von Beteuerungsformeln. Abs. 3 gestattet dem Zeugen, die Beteuerungsformel derjenigen Religions- oder Bekenntnisgemeinschaft der Eidesleistung anzufügen, deren Mitglied er ist. Diese Beteuerungsformeln können jedoch, da es sich nur um Zusätze handelt, die eigentliche Eidesleistung nicht ersetzen.[8] 9

Unzulässig sind solche Beteuerungsformeln, die dem Sinn des Eides widersprechen oder ihn aufheben.[9] Die Angaben des Zeugen über die Zugehörigkeit zu einer solchen Gemeinschaft und die Üblichkeit der Formel sind aber vom Gericht nicht zu überprüfen.[10] 10

d) Andere symbolische Handlungen. Abs. 4 schließt andere symbolische Handlungen des Zeugen beim Schwur nicht aus. Das Gericht kann dem Zeugen etwa gestatteten, niederzuknien oder die Hand auf die Bibel oder den Koran aufzulegen. Vor dem Hintergrund, dass es sich bei diesen Handlungen nur um Begleitelemente der Vereidigung handeln kann und die Zeugenaussage sowie die eigentliche Eidesleistung im Vordergrund stehen sollten, erscheint es nicht mehr angemessen, den Gerichtssaal als Bühne für religiöse Praktiken zur Verfügung zu stellen. Danach überzeugt der Vorschlag, rituelle, ca. 10 Minuten andauernde Waschungen zuzulassen, nicht. Das Zulassen derartiger Handlungen mutet auch nicht erforderlich an, um einem Zeugen die Bedeutung und Tragweite der Eidesleistung vor Augen zu halten.[11] Denn diese ergeben sich bereits aus der Tatsache der Vereidigung selbst sowie aus der im Gesetz vorgesehenen erhöhten Strafdrohung des § 154 StGB, über die der Zeuge vor seiner Vereidigung durch das Gericht gemäß § 57 belehrt wird. 11

e) Eidesgleiche Bekräftigung. Dem Eid gleichgestellt ist die eidesgleiche Bekräftigung gemäß § 65. 12

4. Protokollierung. Als wesentliche Förmlichkeit ist lediglich die Tatsache der Vereidigung zu protokollieren, nicht aber, welche religiöse Beteuerungsformelverwendet worden ist.[12] 13

---

[5] AA L/R/*Ignor/Bertheau* Rn. 9, die jedoch nicht berücksichtigen, dass der Zeuge den Eid abgelegt hat.
[6] Radtke/Hohmann/*Otte* Rn. 2 mwN.
[7] *Meyer-Goßner* Rn. 4; *Joecks* Rn. 2.
[8] OLG Köln 14.1.1969 – Ss 563/68, MDR 1969, 501.
[9] L/R/*Ignor/Bertheau* Rn. 5; *Meyer-Goßner* Rn. 3.
[10] BGH 30.4.1999 – 3 StR 215/98, NStZ 1999, 396 (399).
[11] So aber *Leisten* MDR 1980, 636 (637).
[12] BGH 30.4.1999 – 3 StR 215/98, NStZ 1999, 396 (399).

IV. Auswirkungen der Vereidigung

14 **1. Umfang der vom Eid erfassten Aussage.** Liegt kein Fall einer Teilvereidigung vor, umfasst der Eid die gesamten Angaben des Zeugen, auch die zur Person und zu den Generalfragen nach § 68a. Wird der Zeuge während einer Hauptverhandlung wiederholt vernommen, erfasst der Eid alle Aussagen, auch wenn das Gericht den Zeugen nur nach seiner letzten Aussage vereidigt hat.

15 **2. Auswirkungen der Vereidigung auf die Beweiswürdigung.** Die richterliche Überzeugungsbildung ist frei und folgt keinen Beweisregeln. Entscheidend ist der Aussageinhalt, nicht die Tatsache der Vereidigung. Zwar kann der Beweiswert einer Aussage durch die Vereidigung erhöht werden, das Gericht ist jedoch nicht gehindert, einem Zeugen, der seine Aussage beschworen hat, nicht zu glauben. Zudem gebietet die Aufklärungspflicht, die Beweisaufnahme – soweit möglich – weiter zu führen, auch wenn bereits eine beeidete Zeugenaussage vorliegt, an deren Richtigkeit aber Zweifel bestehen. Vor diesem Hintergrund erscheint die Kritik, die Vereidigung eines Zeugen behindere oder beende die Wahrheitssuche bzw. verhindere eine weitere Prüfung der Aussage,[13] nicht nachvollziehbar.

V. Revision

16 **1. Formelle Fehler.** Sie machen den Eid nicht unwirksam.[14] Gleiches gilt bei Fehlern oder Versehen bei der **Formulierung der Eidesnorm oder -formel.** Das Urteil kann auf dem Mangel nicht beruhen, wenn das Gericht von einer wirksamen Vereidigung ausging und die Aussage als eidliche gewürdigt hat. Ferner wird regelmäßig auszuschließen sein, dass der Zeuge bei korrekter Einhaltung der Eidesnorm oder -formel anders ausgesagt oder die Eidesleistung verweigert hätte.

17 **2. Mängel der religiösen Beteuerung.** Solche Mängel tangieren die Prozessordnungsmäßigkeit einer Vereidigung nicht. Zwar mag bei einem gläubigen Zeugen der Wert der Aussage durch einen ihn bindende religiöse Beteuerung erhöht werden. Das Gesetz verlangt aber weder eine Belehrung über die Möglichkeiten einer abweichenden religiösen Beteuerung noch gar ein Hinwirken auf eine solche.[15] Auch die Rüge, der vereidigte Zeuge hätte eine bestimmte Beteuerungsformel verwenden müssen, bleibt erfolglos.[16] Zu Fehlern bei der Verwendung der religiösen Beteuerung → Rn. 4.

§ 65 [Eidesgleiche Bekräftigung]

(1) [1]Gibt ein Zeuge an, dass er aus Glaubens- oder Gewissensgründen keinen Eid leisten wolle, so hat er die Wahrheit der Aussage zu bekräftigen. [2]Die Bekräftigung steht dem Eid gleich; hierauf ist der Zeuge hinzuweisen.

(2) Die Wahrheit der Aussage wird in der Weise bekräftigt, dass der Richter an den Zeugen die Worte richtet:

„Sie bekräftigen im Bewusstsein Ihrer Verantwortung vor Gericht, dass Sie nach bestem Wissen die reine Wahrheit gesagt und nichts verschwiegen haben" und der Zeuge hierauf spricht:

„Ja".

(3) § 64 Abs. 3 gilt entsprechend.

---

13 So *Knoche* ZRP 1970, 119.

14 Vgl. BGH 2.12.1952 – 1 StR 437/52, BGHSt 3, 309 (312) = NJW 1953, 151.

15 BGH 30.4.1999 – 3 StR 215/98, NStZ 1999, 396 (399).

16 BGH 9.9.1971 – 1 StR 317/71, MDR 1972, 18.

I. Normzweck, Anwendungsbereich

Die Vorschrift gewährleistet die Glaubensfreiheit aus Art. 4 Abs. 1 GG.[1] Denn dieses Grundrecht schützt auch solche Glaubensüberzeugungen, die auch den ohne Anrufung Gottes geleisteten Zeugeneid aus religiösen Gründen ablehnen. Die Bekräftigung der Wahrheit einer Zeugenaussage muss nicht notwendig in der Form des Eides und unter Verwendung des Wortes „schwören" erfolgen. Daher gestattet § 65 dem Zeugen, den Eid durch die Bekräftigung der Wahrheit der Aussage zu ersetzen. Dabei hält Abs. 1 S. 2 ausdrücklich fest, dass die Bekräftigung nach § 65 dem Eid gleichgestellt ist; dies gilt auch für die strafrechtlichen Folgen; der Strafrahmen für eine falsche eidesgleiche Bekräftigung entspricht dem eines Meineides (§ 155 Nr. 1 StGB). § 65 schließt das sog Sektenprivileg des § 66e aF mit ein.[2] 1

Der Anwendungsbereich des § 65 ist bereits mit der Erklärung des Zeugen, aus Glaubens- oder Gewissensgründen keinen Eid leisten zu wollen, eröffnet. Ist dies der Fall, scheidet die Anwendung des § 70 Abs. 1 wegen Verweigerung der Eidesleistung aus. Da die Tragweite des Grundrechts des Zeugen aus Art. 4 Abs. 1 GG stets zu berücksichtigen ist, kommen Sanktionen nach § 70 nur dort in Betracht, wo die Eidesleistung ohne glaubensmäßige Motivierung verweigert wird.[3] 2

II. Belehrung des Zeugen

Über die Möglichkeit, den Eid durch die Bekräftigung zu ersetzen, ist der Zeuge nicht von vornherein, sondern erst dann zu belehren, wenn er die Eidesleistung in den nach § 64 vorgesehenen Formen abgelehnt hat.[4] 3

Hat sich der Zeuge für die Bekräftigung nach § 65 entschieden, ist er über die Gleichstellung von Eid und Bekräftigung zu belehren (Abs. 1 S. 2); ggf. auch über die Anwendungsmöglichkeit der §§ 67, 70. 4

III. Erklärungen des Zeugen

1. Keine Nachprüfung der Erklärung nach Abs. 1 S. 1. Hat der Zeuge erklärt, dass er aus Glaubens- oder Gewissensgründen keinen Eid leisten will, so nimmt das Gericht dies hin; die Erklärung des Zeugen wird nicht überprüft.[5] Eine Glaubhaftmachung durch den Zeugen ist nicht erforderlich.[6] Andere Gründe als Glaubens- oder Gewissensgründe berechtigen den Zeugen nicht, den Eid zu verweigern und die Bekräftigung nach § 65 zu wählen.[7] 5

2. Ausführung der eidesgleichen Bekräftigung. Wie der Zeuge die eidesgleiche Bekräftigung abzulegen hat, regelt Abs. 2 in Anlehnung an § 64. Der Richter spricht die Bekräftigungsformel vor, der Zeuge antwortet mit „Ja". 6

Durch den Verweis des Abs. 3 auf § 64 Abs. 3 wird klargestellt, dass der Zeuge **Beteuerungsformeln** einer Religions- oder Bekenntnisgemeinschaft der Bekräftigung anfügen kann.[8] Zulässig sind auch **symbolische Handlungen,** etwa die Bekräftigung durch Handschlag. Die Erläuterung zu § 64 Rn. gilt entsprechend. Die Wirksamkeit der eidesgleichen Bekräftigung wird von Beteuerungsformeln nicht berührt.[9] 7

IV. Revision

Verletzungen des § 65 können die Revision regelmäßig nicht begründen. Zwar kann beanstandet werden, dass das Gericht nach § 65 vorgegangen ist, obwohl der Zeuge selbst 8

---

1 BVerfG 11.4.1972 – 2 BvR 75/71, NJW 1972, 1183.
2 Hierzu BVerfG 11.4.1972 – 2 BvR 75/71, NJW 1972, 1183 (1185).
3 BVerfG 11.4.1972 – 2 BvR 75/71, NJW 1972, 1183 (1185).
4 *Meyer-Goßner* Rn. 1.
5 L/R/*Ignor*/*Bertheau* Rn. 2.
6 Graf/*Huber* Rn. 1.
7 KK/*Senge* Rn. 2 mwN.
8 Die Erläuterungen Rn. 9, 10 zu § 64 gelten entsprechend.
9 Graf/*Huber* Rn. 3.

keine Erklärung iSv Abs. 1 S. 1 abgegeben hat. Ein Beruhen des Urteils auf diesem Fehler muss jedoch ausscheiden, wenn sowohl der Zeuge als auch das Gericht von einer wirksamen Vereidigung bzw. eidesgleichen Bekräftigung ausgegangen sind und die Aussage im Urteil als eidlich gewürdigt wird;[10] ebenso fehlt es am Beruhen, wenn das Gericht ohne entsprechende Zeugenerklärung § 65 angewandt hat, der Zeuge aber tatsächlich Glaubens- oder Gewissensgründe iSv Abs. 1 S. 1 hatte und das Gericht davon ausgegangen ist.[11] Schließlich besteht für Mitglieder einer religiösen Gruppe keine Verpflichtung, nach deren Regeln vorzugehen, sodass nicht erfolgreich beanstandet werden kann, der Zeuge sei vereidigt worden, obgleich der Anwendungsbereich des § 65 eröffnet gewesen wäre, weil der Zeuge aus Glaubens- oder Gewissensgründen hätte angeben müssen, keinen Eid leisten zu wollen.[12] Zu Formmängeln → § 64 Rn. 16.

§ 66 [Eidesleistung hör- oder sprachbehinderter Personen]

(1) [1]Eine hör- oder sprachbehinderte Person leistet den Eid nach ihrer Wahl mittels Nachsprechen der Eidesformel, mittels Abschreibens und Unterschreibens der Eidesformel oder mit Hilfe einer die Verständigung ermöglichenden Person, die vom Gericht hinzuzuziehen ist. [2]Das Gericht hat die geeigneten technischen Hilfsmittel bereitzustellen. [3]Die hör- oder sprachbehinderte Person ist auf ihr Wahlrecht hinzuweisen.

(2) Das Gericht kann eine schriftliche Eidesleistung verlangen oder die Hinzuziehung einer die Verständigung ermöglichenden Person anordnen, wenn die hör- oder sprachbehinderte Person von ihrem Wahlrecht nach Absatz 1 keinen Gebrauch gemacht hat oder eine Eidesleistung in der nach Absatz 1 gewählten Form nicht oder nur mit unverhältnismäßigem Aufwand möglich ist.

(3) Die §§ 64 und 65 gelten entsprechend.

Übersicht

I. Allgemeines

1 **1. Normzweck.** Die Vorschrift dient der **Rechtspflege und Wahrheitsfindung** sowie der Integration körperlich behinderter Menschen,[1] denen vor Gericht die gleichberechtigte Teilhabe ermöglicht werden soll. Dazu stellt § 66 verschiedene Arten von Eidesmöglichkeiten zur Verfügung; nach Abs. 3 gelten zudem §§ 64, 65 entsprechend. Damit werden durch § 66 Vorschriften des **GVG ergänzt,** namentlich § 186 GVG, der die Verständigung mit hör- und sprachbehinderten Menschen in der Verhandlung generell regelt, sowie § 191a GVG, der den Zugang von Blinden und Sehbehinderten zu Schriftstücken behandelt; ferner ist für hör- oder sprachbehinderte Nebenklageberechtigte ein Dolmetscher oder Übersetzer hinzuzuziehen (§ 187 Abs. 2 GVG).

2 **2. Anwendungsbereich.** Die Vorschrift gilt für diejenigen Zeugen, die aufgrund einer körperlichen Behinderung nicht in der Lage sind, die Eidesformel nachzusprechen. Hierun-

[10] *Meyer-Goßner* Rn. 4; Graf/*Huber* Rn. 4.
[11] KK/*Senge* Rn. 5.
[12] Vgl. BGH 9.9.1971 – 1 StR 317/71, MDR 1972, 18.
[1] Graf/*Huber* Rn. 1.

ter fallen hörbehinderte, sprachbehinderte sowie hör- und sprachbehinderte Zeugen. Der Anwendungsbereich umfasst auch gänzlich sprachlose, taubstumme und gehörlose Personen. Unerheblich ist, ob die Behinderung für immer oder nur zeitweilig besteht.[2]

Nicht anwendbar ist § 67 auf Personen, die sprachfähig sind und deshalb die Eidesformel nachsprechen können. Ebenso wenig fallen geistig behinderte Personen oder Zeugen mit psychiatrischen oder psychischen Krankheiten in den Anwendungsbereich des § 67;[3] für diese gelten die allgemeinen Vereidigungsvorschriften, wobei zu prüfen ist, ob § 60 Nr. 1 einer Vereidigung entgegensteht. Ferner erscheint es zu weitgehend, § 66 bereits dann für anwendbar zu halten, wenn ein Vorgehen nach dieser Vorschrift eine Erleichterung für den behinderten Zeugen mit sich bringt.[4] 3

3. Feststellung der Behinderung. Das Gericht kann bei auftretenden Zweifeln auch im Wege des Freibeweises feststellen, ob bei dem Zeugen eine Behinderung iSv § 66 vorliegt.[5] 4

II. Wahlmöglichkeiten des Zeugen, Pflichten des Gerichts

1. Wahlrecht, Belehrung. Der Zeuge hat nach Abs. 1. S. 1 das Recht, aus den für die Art und Weise der Eidesleistung zur Verfügung gestellten Möglichkeiten auszuwählen. Er ist über sein Wahlrecht gemäß Abs. 1 S. 3 zu belehren. Zudem hat das Gericht nach Abs. 1 S. 2 die erforderlichen technischen Hilfsmittel bereitzustellen. 5

Das Wahlrecht des Zeugen ist nach Abs. 2 dahin eingeschränkt, dass der Zeuge keine Eidesleistung verlangen darf, die in der gewählten Form nicht oder nur mit unverhältnismäßigem Aufwand möglich ist. Das Gericht darf diese Ausnahmen nicht allein deshalb annehmen, weil es notwendig wird, Dritte hinzuzuziehen oder technische Mittel einzusetzen.[6] 6

Der hör- und/oder sprachbehinderte Zeuge hat folgende **Möglichkeiten:** Er kann die Eidesformel nachsprechen (Abs. 1 iVm § 64), eine eidesgleiche Bekräftigung abgeben (Abs. 3 iVm § 65), die Eidesformel abschreiben und unterschreiben oder den Eid mit Hilfe einer vom Gericht zugezogenen Person leisten. 7

2. Sprachmittler. Bei der **hinzuzuziehenden Person** iSv Abs. 1 S. 1, Abs. 2 handelt es sich um einen Sprachmittler, der die Verständigung zwischen Zeugen und Gericht herstellt; in Betracht kommen Gebärden-, Schrift- oder Sprachdolmetscher sowie Personen, die dem behinderten Zeugen vertraut sind.[7] Die Heranziehung eines solchen Sprachmittlers als Maßnahme zur sachgemäßen Verständigung zwischen dem Gericht und dem Zeugen ist ein Gebot der Aufklärungspflicht.[8] 8

Der Sprachmittler darf nur solche Behinderungen des Zeugen ausgleichen, die auf rein organischen Beeinträchtigungen beruhen; anderenfalls entstünden nicht zu überwindende Abgrenzungsschwierigkeiten zwischen der Leistung des Zeugen und derjenigen des Sprachmittlers.[9] Überschreitet der Sprachmittler den Bereich der bloßen Hilfestellung bei der Verständigung, liegt eine unzulässige „Gemeinschaftsaussage" des Zeugen und des Sprachmittlers vor. Der Sprachmittler selbst ist auch nicht Zeuge; er hat vielmehr eine dolmetscherähnliche Stellung inne.[10] 9

Die **Vereidigung des Sprachmittlers** ist nicht zwingend, da § 189 GVG nur auf Dolmetscher iSd §§ 185, 186 GVG anwendbar ist; seine Vereidigung steht danach im – vom Revisionsgericht nur beschränkt überprüfbaren – Ermessen des Gerichts.[11] 10

---

[2] Vgl. BGH 21.12.1959 – 2 StR 519/59, NJW 1960, 584.
[3] L/R/*Ignor/Bertheau* Rn. 4; Radtke/Hohmann/*Otte* Rn. 1 mwN.
[4] AA L/R/*Ignor/Bertheau* Rn. 1.
[5] AllgM, s. zB *Meyer/Goßner* Rn. 1; L/R/*Ignor/Bertheau* Rn. 1.
[6] Graf/*Huber* Rn. 3.
[7] BGH 24.4.1997 – 4 StR 23/97, NJW 1997, 2335; Radtke/Hohmann/*Otte* Rn. 2.
[8] BGH 24.4.1997 – 4 StR 23/97, NJW 1997, 2335 (2336).
[9] Überzeugend L/R/*Ignor/Bertheau* Rn. 4.
[10] BGH 24.4.1997 – 4 StR 23/97, NJW 1997, 2335 (2336).
[11] BGH 24.4.1997 – 4 StR 23/97, NJW 1997, 2335.

III. Entscheidung des Gerichts

11 Macht der Zeuge von seinem Wahlrecht keinen Gebrauch, muss das Gericht entscheiden, in welcher Form der Zeuge den Eid zu leisten hat; gleiches gilt, wenn der Eid in der gewählten Form nicht oder nur mit unverhältnismäßigem Aufwand geleistet werden könnte. In diesen Ausnahmefällen muss das Gericht die schriftliche Eidesleistung oder die Hinzuziehung eines Sprachmittlers anordnen.[12]

IV. Revision

12 Eine Verletzung des Abs. 1 S. 3 wegen einer unterbliebenen oder unzureichenden Belehrung des Zeugen kann mit der Revision nicht gerügt werden. Für den Angeklagten gilt dies schon deshalb, weil die Hinweispflicht nicht seinem Schutz dient.[13] Denkbar ist eine Verletzung der Aufklärungspflicht, wenn das Gericht allein wegen der mit der Behinderung des Zeugen verbundenen Schwierigkeiten von dessen Vereidigung oder gar der Vernehmung insgesamt absieht.[14]

§ 67 [Berufung auf den früheren Eid]

Wird der Zeuge, nachdem er eidlich vernommen worden ist, in demselben Vorverfahren oder in demselben Hauptverfahren nochmals vernommen, so kann der Richter statt der nochmaligen Vereidigung den Zeugen die Richtigkeit seiner Aussage unter Berufung auf den früher geleisteten Eid versichern lassen.

Schrifttum: *von Schowingen,* Zur Berufung auf den früher geleisteten Eid, JZ 1955, 267.

Übersicht

I. Anwendungsbereich

1 Die Vorschrift gilt zunächst für **Zeugen.** Sie ist anwendbar, wenn es zu einer nochmaligen Vernehmung eines bereits befragten und vereidigten Zeugen innerhalb desselben Ermittlungs- oder Hauptverfahrens kommt. Bei der Anwendung des § 67 auf **Sachverständige** ist zu beachten, dass der Umfang des Sachverständigeneides sich nicht mit demjenigen des Zeugeneides deckt; ein Sachverständiger kann sich deshalb nicht auf einen früher geleisteten Zeugeneid berufen; ebenso liegt es umgekehrt.[1]

2 Eine Berufung auf den früheren Eid ist **nur in demselben Vor- oder Hauptverfahren** möglich. Unzulässig ist es, die Vereidigung in der Hauptverhandlung durch die Bezugnahme auf einen im Ermittlungsverfahren geleisteten Eid zu ersetzen.[2] Auch wenn die Vernehmung

[12] L/R/*Ignor/Bertheau* Rn. 3; Radtke/Hohmann/*Otte* Rn. 3.
[13] Radtke/Hohmann/*Otte* Rn. 4 mwN.
[14] L/R/*Ignor/Bertheau* Rn. 7.
[1] OLG Köln 2.11.1954 – Ss 442/54, MDR 1955, 183.
[2] BGH 27.8.1953 – 3 StR 147/53, MDR 1953, 722; krit. zum Ausschluss des Beruhens *Dallinger* MDR 1953, 723.

des Zeugen im Zwischenverfahren erfolgt, ist im Hauptverfahren eine Berufung auf einen zuvor geleisteten Eid nicht möglich.[3]

II. Voraussetzungen der Berufung auf den früheren Eid

1. Nochmalige Vernehmung. Eine nochmalige Vernehmung liegt nur dann vor, wenn die vorangegangene eidliche Vernehmung des Zeugen **abgeschlossen** ist und er **erneut zur Sache** befragt wird. Dabei sind nicht die Zeitabstände entscheidend, die zwischen den Befragungen des Zeugen liegen; auch darauf, ob er bereits vorläufig entlassen war, kommt es nicht an. Ein Zeuge kann auch am selben Tag und vor seiner Entlassung erneut vernommen werden.[4] § 67 setzt nur voraus, dass die erste Vernehmung abgeschlossen ist und der Zeuge seine Aussage beeidet hat. 3

Eine Berufung auf den früheren Eid ist unabhängig von den **Inhalten der ersten und zweiten Aussage.** Es kommt damit nicht darauf an, ob der Zeuge seine früheren Angaben bestätigt, wiederholt, erläutert, erweitert, von ihnen abweicht oder zu einem weiteren, bisher nicht behandelten Beweisthema Aussagen macht.[5] 4

2. Im selben Verfahren. a) Derselbe Beschuldigte. Das Verfahren muss sich zunächst gegen denselben Beschuldigten richten. Wird das Verfahren nach der Eidesleistung des Zeugen mit einem Verfahren gegen einen weiteren Beschuldigten verbunden, ist § 67 nicht mehr anwendbar, wenn die zweite Vernehmung des Zeugen auch den nunmehr Mitbeschuldigten bzw. Mitangeklagten betrifft, denn in einem solchen Fall gibt es im Verfahren gegen den neuen Beschuldigten noch keine Eidesleistung, auf die sich der Zeuge berufen könnte.[6] Wird das Verfahren gegen einen Mitbeschuldigten bzw. Mitangeklagten abgetrennt, gilt § 67 für jedes der getrennten Verfahren. 5

b) Dasselbe Vorverfahren. Zum Vorverfahren gehört das gesamte Ermittlungsverfahren bis zur Erhebung der öffentlichen Klage durch Erhebung einer Anklage oder Beantragung eines Strafbefehls. Das Zwischenverfahren zählt nach allgM nicht zum Vorverfahren iSv § 67.[7] 6

c) Dasselbe Hauptverfahren. Der Begriff Hauptverfahren darf nicht mit der Hauptverhandlung gleichgesetzt werden. Das Hauptverfahren iSd § 67 beginnt mit dem Erlass des Eröffnungsbeschlusses[8] und endet mit der Rechtskraft des Urteils. Da damit der Instanzenzug eingeschlossen ist, kann dasselbe Hauptverfahren **mehrere Hauptverhandlungen** umfassen. Die Berufungshauptverhandlung[9] oder die neue Hauptverhandlung nach der Aufhebung und Zurückverweisung der Sache durch das Revisionsgericht an einen neuen Tatrichter[10] gehören zu demselben Hauptverfahren iSv § 67, denn in diesen Konstellationen ist nur die Hauptverhandlung eine neue, das Verfahren aber dasselbe. 7

Dasselbe Hauptverfahren liegt auch vor, wenn eine neue Hauptverhandlung nach Aussetzung des Verfahrens oder nach Unterbrechung über die Frist des § 229 hinaus oder nach Verweisung an ein Gericht höherer Ordnung nach § 270 Abs. 1 stattfindet.[11] Zum Hauptverfahren gehört auch eine kommissarische Vernehmung nach § 223.[12] 8

Das **Wiederaufnahmeverfahren** stellt ein neues Hauptverfahren dar; eine Berufung des Zeugen nach § 67 auf einen im früheren Verfahren oder bei der Vernehmung 9

---

[3] *Meyer-Goßner* Rn. 4; *Joecks* Rn. 2.
[4] Graf/*Huber* Rn. 1; BGH 30.4.1953 – 3 StR 15/53, BGHSt 4, 140 (142) = NJW 1953, 996.
[5] Radtke/Hohmann/*Otte* Rn. 1 mwN; L/R/*Ignor/Bertheau* Rn. 2 mwN.
[6] RG 12.5.1915 – I 205/15, RGSt, 49, 251.
[7] S. zB *Joecks* Rn. 2; Graf/*Huber* Rn. 4.
[8] Vgl. RG 27.7.1881 – 1933/81, RGSt 4, 437 (438).
[9] BGH 18.6.1970 – 4 StR 141/70, BGHSt 23, 283 (285) = NJW 1970, 1614 mwN.
[10] RG 17.9.1880 – 1766/80, RGSt 2, 234 (235).
[11] Radtke/Hohmann/*Otte* Rn. 4 mwN.
[12] RG 27.7.1881 – 1933/81, RGSt 4, 437 (439).

nach § 369 geleisteten Eid ist nicht möglich, weil das frühere Verfahren rechtskräftig abgeschlossen ist.[13]

10 **3. Frühere Vereidigung des Zeugen.** Der Zeuge muss früher eidlich vernommen worden sein. Dabei kann es sich um eine Vereidigung nach einer der Varianten des § 64 handeln oder um eine dem Eid gleichstehende Bekräftigung nach § 65.[14]

III. Entscheidung des Gerichts, Versicherung des Zeugen

11 **1. Ermessen.** Das Gericht kann nach seinem **Ermessen** wählen, ob es den Zeugen nach seiner zweiten Vernehmung erneut vereidigt oder ihn die Richtigkeit seiner Aussage unter Berufung auf den früher geleisteten Eid versichern lässt. Die Berufung auf den früheren Eid darf das Gericht wie den Eid selbst erst **nach der Vernehmung** des Zeugen entgegennehmen.[15]

12 Dem Zeugen selbst steht kein Wahlrecht zu. Das Gericht darf auch dann nach § 67 vorgehen, wenn sich der Zeuge nicht mehr an seine frühere Vereidigung erinnert.[16] Diese Möglichkeit erscheint jedoch schon mit Blick auf die später vorzunehmende Würdigung der Aussage nicht sinnvoll. Vielmehr erscheint es zweckmäßig und angemessen, bei langen Zeitabständen zwischen erster und zweiter Vernehmung, erheblichem Erinnerungsschwund des Zeugen oder inhaltlich neuen Angaben nicht nach § 67 zu verfahren.[17]

13 **2. Belehrungen.** Der Zeuge ist gemäß § 57 S. 2 über die Bedeutung der Versicherung nach § 67 sowie gemäß § 61 über ein ggf. vorhandenes Eidesverweigerungsrecht zu belehren. Der bloße Hinweis des Richters an den Zeugen, er stehe noch unter dem früher geleisteten Eid, genügt nicht.[18]

14 **3. Versicherung.** Die Versicherung des Zeugen erfolgt **nach** der Vernehmung durch seine Erklärung dahin, er versichere die Richtigkeit seiner Aussage und berufe sich dabei auf den früher geleisteten Eid. Allein darin, dass der Richter den Zeugen lediglich auf den früher geleisteten Eid hinweist, liegt keine vorschriftsmäßige Vereidigung.[19] Ebenso wenig genügt eine bloße Bezugnahme des Zeugen auf den geleisteten Eid.[20] Der Wortlaut des § 67 muss bei der Erklärung aber nicht eingehalten werden.[21] Eine Berufung auf einen tatsächlich nicht geleisteten Eid hat keine rechtliche Wirkung.[22] Die Aussage ist dann als unvereidigt zu behandeln.

IV. Protokollierung

15 Die Abgabe der Versicherung der Richtigkeit der Aussage unter Berufung auf den früheren Eid stellt eine **wesentliche Förmlichkeit** des Verfahrens iSv § 273 Abs. 1 dar und ist im Hauptverhandlungsprotokoll zu beurkunden.[23] Gleiches gilt für ermittlungsrichterliche Protokolle (§ 168a Abs. 1). Nicht festgehalten zu werden braucht, wann und wo der Zeuge den früheren Eid geleistet hat.[24] Ausreichend sind etwa Formulierungen dahin, dass der Zeuge unter Bezugnahme auf den bereits geleisteten Eid ausgesagt[25] oder die Richtigkeit seiner Aussage versichert hat.[26]

---

[13] RG 3.1.1889 – 2960/88, RGSt 18, 417 (418).
[14] L/R/*Ignor/Bertheau* Rn. 8.
[15] BGH 2.11.1971 – 1 StR 377/71, MDR 1972, 198.
[16] BGH 29.8.1961 – 5 StR 282/61.
[17] Vgl. *von Schowingen* JZ 1955, 267.
[18] BGH 30.4.1953 – 3 StR 15/53, BGHSt 4, 140 (141) = NJW 1953, 996.
[19] BGH 30.4.1953 – 3 StR 15/53, BGHSt 4, 140 = NJW 1953, 996; *von Schowingen* JZ 1955, 267.
[20] BGH 2.11.1971 – 1 StR 377/71, MDR 1972, 198.
[21] BGH 30.4.1953 – 3 StR 15/53, BGHSt 4, 140 (142) = NJW 1953, 996.
[22] RG 20.10.1930 – III 263/30, RGSt 64, 379 (380); OLG Köln 2.7.1963 – Ss 118/63, NJW 1963, 2333.
[23] Vgl. BGH 1.4.1952 – 1 StR 867/51, BGHSt 2, 223.
[24] Graf/*Huber* Rn. 9.
[25] BGH 2.11.1971 – 1 StR 377/71, MDR 1972, 198.
[26] BGH 30.4.1953 – 3 StR 15/53, BGHSt 4, 140 (142) = NJW 1953, 996.

V. Revision

1. Ermessensausübung. Die gerichtliche Ausübung des Ermessens, nach § 67 vorzugehen oder nicht, ist mit der Revision nicht angreifbar.[27] Insbesondere kann nicht gerügt werden, dass die erneute Vereidigung der Anwendung des § 67 vorzuziehen gewesen wäre.[28] 16

2. Verletzungen des § 67. Beanstandet werden können aber Verletzungen des § 67. Dabei setzt die **Zulässigkeit** einer entsprechenden Rüge nicht voraus, dass die Entscheidung des Vorsitzenden beanstandet und ein Gerichtsbeschluss herbeigeführt wurde, wenn sich der Fehler des Gerichts bei der Urteilsfindung dadurch fortgesetzt hat, dass die Gesamtaussage des Zeugen als eidlich verwertet wird.[29] 17

Eine unzulässige bzw. gegen § 67 verstoßende Versicherung des Zeugen liegt etwa vor, wenn sie vor der Vernehmung abgegeben wurde oder wenn der Zeugen den früheren Eid, auf den er sich beruft, nicht in demselben Verfahren geleistet hat.[30] Es fehlt jedoch am **Beruhen** des Urteils auf einem solchen Verstoß, wenn sowohl der Zeuge als auch das Gericht von einer wirksamen Versicherung ausgegangen sind.[31] Denn dann kann davon ausgegangen werden, dass der Zeuge sein Gewissen und sein Erinnerungsvermögen angespannt und das Gericht die Aussage als eidliche gewürdigt hat. 18

Auch wenn das Gericht den Zeugen für unglaubwürdig befunden und seine Aussage deshalb nicht verwertet hat, kann sich ein Fehler bei Abnahme der Versicherung nach § 67 nicht auf das Urteil ausgewirkt haben. Erfolgt die Versicherung nicht in der gesetzlich vorgesehenen Form, ist ein Beruhen des Urteils auf dem Fehler dann auszuschließen, wenn die zweite Aussage der ersten beeideten im wesentlichen entspricht, das Gericht die Aussage in ihrer Gesamtheit als eidlich und glaubwürdig gewürdigt hat und anzunehmen ist, dass der Zeuge bei Abnahme einer gesetzesgemäßen Versicherung gleichlautend ausgesagt hätte.[32] Bei einer Bezugnahme auf einen tatsächlich nicht geleisteten Eid ist ein Beruhen hingegen zu bejahen, wenn sich nicht ausschließen lässt, dass der Zeuge unter Eid anders ausgesagt hätte. Das Beruhen kann auch dann vorliegen, wenn die Urteilsgründe sich nicht dazu verhalten, ob das Gericht die Angaben des Zeugen verwertet hat.[33] 19

§ 68 [Vernehmung zur Person; Beschränkung der Angaben]

(1) [1]Die Vernehmung beginnt damit, dass der Zeuge über Vornamen, Nachnamen, Geburtsnamen, Alter, Beruf und Wohnort befragt wird. [2]Ein Zeuge, der Wahrnehmungen in amtlicher Eigenschaft gemacht hat, kann statt des Wohnortes den Dienstort angeben.

(2) [1]Einem Zeugen soll zudem gestattet werden, statt des Wohnortes seinen Geschäfts- oder Dienstort oder eine andere ladungsfähige Anschrift anzugeben, wenn ein begründeter Anlass zu der Besorgnis besteht, dass durch die Angabe des Wohnortes Rechtsgüter des Zeugen oder einer anderen Person gefährdet werden oder dass auf Zeugen oder eine andere Person in unlauterer Weise eingewirkt werden wird. [2]In der Hauptverhandlung soll der Vorsitzende dem Zeugen bei Vorliegen der Voraussetzungen des Satzes 1 gestatten, seinen Wohnort nicht anzugeben.

(3) [1]Besteht ein begründeter Anlass zu der Besorgnis, dass durch die Offenbarung der Identität oder des Wohn- oder Aufenthaltsortes des Zeugen Leben, Leib

---

[27] Radtke/Hohmann/*Otte* Rn. 9 mwN.
[28] *Meyer-Goßner* Rn. 9.
[29] Vgl. BGH 2.11.1971 – 1 StR 377/71, MDR 1972, 198 (199).
[30] Radtke/Hohmann/*Otte* Rn. 9.
[31] BGH 27.8.1953 – 3 StR 147/53, MDR 1953, 722; BGH 17.1.1984 – 5 StR 755/83, NStZ 1984, 328.
[32] BGH 1.4.1952 – 1 StR 867/51, BGHSt 2, 223; Graf/*Huber* Rn. 10.
[33] OLG Köln 2.7.1963 – Ss 118/63, NJW 1963, 2333.

oder Freiheit des Zeugen oder einer anderen Person gefährdet wird, so kann ihm gestattet werden, Angaben zur Person nicht oder nur über eine frühere Identität zu machen. [2]Er hat jedoch in der Hauptverhandlung auf Befragen anzugeben, in welcher Eigenschaft ihm die Tatsachen, die er bekundet, bekannt geworden sind.

(4) [1]Liegen Anhaltspunkte dafür vor, dass die Voraussetzungen der Absätze 2 oder 3 vorliegen, ist der Zeuge auf die dort vorgesehenen Befugnisse hinzuweisen. [2]Im Fall des Absatzes 2 soll der Zeuge bei der Benennung einer ladungsfähigen Anschrift unterstützt werden. [3]Die Unterlagen, die die Feststellung des Wohnortes oder der Identität des Zeugen gewährleisten, werden bei der Staatsanwaltschaft verwahrt. [4]Zu den Akten sind sie erst zu nehmen, wenn die Besorgnis der Gefährdung entfällt.

(5) [1]Die Absätze 2 bis 4 gelten auch nach Abschluss der Zeugenvernehmung. [2]Soweit dem Zeugen gestattet wurde, Daten nicht anzugeben, ist bei Auskünften aus und Einsichtnahmen in Akten sicherzustellen, dass diese Daten anderen Personen nicht bekannt werden, es sei denn, dass eine Gefährdung im Sinne der Absätze 2 und 3 ausgeschlossen erscheint.

Schrifttum: *Diemer,* Der Einsatz der Videotechnik in der Hauptverhandlung, NJW 1999, 1667; *Eisenberg,* Straf(verfahrens-)rechtliche Maßnahmen gegenüber „Organisiertem Verbrechen", NJW 1993, 1033; *Griesbaum,* Der gefährdete Zeuge, NStZ 1998, 433; *Herdegen,* Bemerkungen zum Beweisantragsrecht, NStZ 1984, 200; *Hilger,* Neues Strafverfahrensrecht durch das OrgKG, NStZ 1992, 457; *Leineweber,* Die Entbindung von der Wohnortangabe bei der Vernehmung eines Zeugen gemäß § 68 Satz 2 StPO, MDR 1985, 635; *ders.,* Verweigerung der Wohnortangabe durch Kriminalbeamte, MDR 1990, 109; *Rebmann/Schnarr,* Der Schutz des gefährdeten Zeugen im Strafverfahren, NJW 1989, 1185; *Schlund,* Was bedeutet Wohnortangabe im Sinne von § 68 StPO, NJW 1972, 1035; *Schweckendieck,* Zeugenadresse in der Anklageschrift – muss das sein?, NStZ 2002, 408; *Soine/Engelke,* Das Gesetz zur Harmonisierung des Schutzes gefährdeter Zeugen (Zeugenschutz-Harmonisierungsgesetz – ZSHG, NJW 2002, 470; *Walter,* Vermummte Gesichter, verzerrte Stimmen – audiovisuell verfremdete Aussagen von V-Leuten?, StraFo 2004, 224.

Übersicht

A. Allgemeines

I. Normzweck

1. Zeugenschutz. Die in § 68 enthaltenen Ordnungsvorschriften behandeln in den Abs. 1–3 die **Vernehmung des Zeugen zur Person.** Abs. 4 regelt Hinweispflichten und Aktenführung, Abs. 5 die Fortdauer des Zeugenschutzes. §§ 68a, 69 bestimmen die Inhalte der Zeugenvernehmung. 1

Mit der **Neufassung** des § 68[1] durch das OrgKG vom 15.7.1992 (BGBl. I 1302) sowie der Änderung der Vorschrift durch das 2. ORRG vom 29.7.2009 (BGBl. I 2280) bezweckte der Gesetzgeber eine **Verbesserung des Schutzes gefährdeter Zeugen;** gleichzeitig wurde der Kreis der zu schützenden Personen erweitert. Deshalb lassen § 68 Abs. 1 S. 2, Abs. 2 und Abs. 3 aus Gründen des Zeugenschutzes – je nach Gefährdungslage abgestufte – Einschränkungen bei der Erhebung der Personalien zu. 2

Mittels dieses **Identitätsschutzes** sollen die Einschüchterung der Auskunftspersonen und die damit einhergehenden Auswirkungen auf ihr Anzeige- und Aussageverhalten (Unterlassen von Strafanzeigen, Abschwächung oder Widerruf von Angaben, Falschaussagen, Vortäuschen von Nichtwissen oder Erinnerungsverlust, Verweigerung der Aussage unter Verweisung auf die Gefährdung) unterbunden werden.[2] 3

Abs. 4 will dem vorgesehenen Zeugenschutz in der Praxis zur Durchsetzung verhelfen. Gefährdete Zeugen sind über ihre Befugnisse erforderlichenfalls aufzuklären und bei der Wahrnehmung ihrer Rechte zu unterstützen.[3] Da der Regelungsgehalt des heutigen Abs. 2 S. 2 demjenigen des § 68 S. 2 aF entspricht, kann die zu § 68 aF ergangene Rechtsprechung nach wie vor herangezogen werden. 4

Die Neuregelungen des § 68 zeigen, dass der Zeugenschutz gegenüber der vollen Individualisierbarkeit des zu vernehmenden Zeugen, auch im Interesse wirksamer Kriminalitätsbekämpfung, Vorrang erhalten hat.[4] Die an anderer Stelle[5] geäußerten Bedenken gegenüber einer einseitigen Überbetonung des Zeugenschutzes zu Lasten der Aufklärung und den Interessen der Verfahrensbeteiligten gewinnen hier regelmäßig keine Bedeutung, da die Anwendung der in § 68 vorgesehenen Instrumente des Zeugenschutzes keine Beeinträchtigungen der Wahrheitsfindung, der Verteidigungsmöglichkeiten oder Einschränkungen des Unmittelbarkeitsgrundsatzes mit sich bringen. 5

2. Keine abschließende Regelung; weitergehende Maßnahmen. Im Einzelfall können Anordnungen nach § 68 keinen wirksamen oder nicht ausreichenden Schutz für den gefährdeten Zeugen bieten. Der Vernehmende bzw. das Gericht müssen dann **andere** 6

---

[1] Zur Entstehungsgeschichte *Schweckendieck* NStZ 2002, 408 (409 f.).
[2] BT-Drs. 12/989, 34.
[3] BT-Drs. 16/12098, 13; Graf/*Monka* vor Rn. 1; → Rn. 69 ff.
[4] BGH 26.9.2002 – 1 StR 111/02, NStZ 2003, 274 (275).
[5] → § 58a Rn. 13, 14 und Vor § 48 Rn. 72 ff.

bzw. weitergehende Maßnahmen prüfen, denn die Zeugenschutzbestimmungen des § 68 stellen keine abschließende Regelung dar.

7 Neben den durch §§ 58a, 247, 255a und §§ 171b, 172 GVG eröffneten Möglichkeiten des Zeugenschutzes, zu denen auf die jeweiligen Kommentierungen verwiesen wird, sowie Beschränkungen der Akteneinsicht oder Präventivmaßnahmen kommen zum Zweck der Geheimhaltung der Identität gefährdeter Zeugen auch eine Kombination des § 68 mit einer ggf. verfremdeten und/oder abgeschirmten (Video-)Vernehmung,[6] Vertraulichkeitszusagen oder – auf der Grundlage einer rechtmäßigen Sperrerklärung – die vollständige Sperrung des Zeugen in Betracht.

8 Droht etwa einem Zeugen, dem von den Strafverfolgungsbehörden Vertraulichkeit zugesichert wurde, bei Offenbarung seiner Identität, die bereits allein durch die Präsenz des Zeugen im Sitzungssaal befürchtet werden müsste, **Gefahr für Leib oder Leben,** die sich weder durch Maßnahmen nach § 68 noch durch eine abgeschirmte und/oder verfremdete audiovisuelle Vernehmung[7] beseitigen lässt, kann auch eine **vollständige Sperrung** des Zeugen in entsprechender Anwendung des § 96 gerechtfertigt sein.[8] Dies gilt namentlich, wenn die Möglichkeit besteht, dass der Angeklagte oder sein Umfeld an dem Zeugen Rache nehmen wird oder wenn die Nichteinhaltung der Vertraulichkeitszusage das Vertrauen in Zusagen der Strafverfolgungsbehörden insgesamt erschüttern würde.

9 Dabei darf aber nicht übersehen werden, dass eine **Vertraulichkeitszusage** allein zwar – mit Einschränkungen – die StA und die Polizei bindet, jedoch für das gerichtliche Verfahren keine Bedeutung hat. Eine gebotene Beweiserhebung kann deshalb nicht mit der Begründung, dass Polizei oder StA die Identität des Zeugen geheim halten wollen bzw. die Geheimhaltung zugesichert wurde, abgelehnt werden. So dürfen etwa ein Informant oder ein Gewährsmann der Polizei nicht als unerreichbares Beweismittel behandelt werden, solange keine Sperrerklärung der obersten Dienstbehörde vorliegt.[9]

II. Anwendungsbereiche

10 **1. Zeugen- und Sachverständigenvernehmung.** § 68 gilt – unabhängig von der Verhörsperson – im Ermittlungs- und im Hauptverfahren bei allen richterlichen, staatsanwaltschaftlichen (§ 161a Abs. 1 S. 2) und polizeilichen (§ 163 Abs. 3 S. 1 und 2) Zeugenvernehmungen, ebenso bei der kommissarischen Vernehmung eines Zeugen.[10] Gemäß § 72 gilt § 68 auch bei der Vernehmung von Sachverständigen.

11 Eine **Vernehmung** liegt dann vor, wenn der der Vernehmende dem Zeugen in amtlicher Funktion gegenübertritt und in dieser Eigenschaft von ihm Auskunft verlangt.[11] Die Abgrenzung der Vernehmung von informatorischen Befragungen oder Informationsbeschaffungen ist nicht nur für die Frage, ob eine Belehrungspflicht bestand, relevant, sondern auch für die Anwendbarkeit des § 68. Dabei kommt es auf die inhaltliche Ausgestaltung der Befragung an; nicht entscheidend ist, ob der Vernehmende die Befragung protokolliert oder nur formlos, etwa per Telefon, durchführt.

12 An einer **Vernehmung fehlt** es etwa, wenn ein Zeuge eine Strafanzeige erstattet und in diesem Zusammenhang Angaben macht, bei Äußerungen im Rahmen der Bitte eines Zeugen um polizeiliche Hilfe oder bei der Mitteilung von Informationen, die ein V-Mann dem von ihm herbeigerufenen Polizeibeamten gibt.[12]

13 **2. Verdeckte Ermittler.** Die Regelung des § 110b Abs. 3 S. 3, nach der die Identität eines als verdeckten Ermittlers eingesetzten Beamten im Strafverfahren weiterhin nach Maß-

---

[6] → Rn. 64 ff.
[7] Vgl. hierzu *Walter* StraFo 2004, 224 ff.
[8] Vgl. BVerfG 8.10.2009 – 2 BvR 547/08, NJW 2010, 925 (927).
[9] BGH 26.7.2011 – 1 StR 297/11.
[10] BGH 17.10.1983 – GSSt 1/83, BGHSt 32, 115 = NJW 1984, 247 = NStZ 1984, 36; KK/*Senge* Rn. 1.
[11] L/R/*Ignor/Bertheau* Rn. 1 mwN.
[12] Vgl. *Meyer-Goßner* § 252 Rn. 8 mwN.

gabe des § 96 geheim gehalten werden kann, ist nicht abschließend zu verstehen. Neben der Sperrerklärung sind auch bei Vernehmung eines verdeckten Ermittlers Zeugenschutzmaßnahmen nach § 68 möglich.[13]

3. Zeugen im Zeugenschutzprogramm. § 68 gilt auch für Zeugen, die sich in einem Zeugenschutzprogramm befinden.[14] Ein Zeuge erwirbt nicht allein deswegen die Stellung einer anderen Person des öffentlichen Dienstes iSv § 54 Abs. 1, weil er in ein Zeugenschutzprogramm aufgenommen und hierbei förmlich zur Verschwiegenheit über die ihm bekannt werdenden Erkenntnisse zu Zeugenschutzmaßnahmen verpflichtet wurde. Vielmehr verbleibt es bei den für den Zeugen geltenden Regelungen der StPO. 14

Der Gesetzgeber hat im Interesse der Wahrheitsfindung und einer fairen Verfahrensgestaltung für den Strafprozess den **Vorrang der Sachaufklärung** vor dem Interesse an der Geheimhaltung staatlicher Zeugenschutzmaßnahmen normiert. Denn die in § 3 ZSHG[15] bestimmte Verschwiegenheitspflicht und das Recht des Zeugen, nur Angaben über seine frühere Identität zu machen, werden für das Strafverfahren – anders als in anderen Gerichtsverfahren und den Verfahren vor parlamentarischen Untersuchungsausschüssen – durch **§ 10 Abs. 3 ZSHG** durchbrochen. Nach dieser Vorschrift verbleibt es bei Zeugenvernehmungen im Strafverfahren bei den Bestimmungen der §§ 68, 110b Abs. 3; weitere Einschränkungen müssen die Verfahrensbeteiligten nicht hinnehmen.[16] Fragen, durch deren Beantwortung der Zeuge Erkenntnisse über Zeugenschutzmaßnahmen offenbaren müsste, begründen für den zur Verschwiegenheit verpflichteten Zeugen weder ein Auskunftsverweigerungsrecht nach § 55 noch sind sie von vornherein ungeeignet oder nicht zur Sache gehörend iSv § 241 Abs. 2. Das Gericht kann solche Fragen jedoch dann zurückweisen, wenn von ihrer Beantwortung kein Aufklärungsgewinn zu erwarten ist.[17] 15

B. Erläuterung

I. Personalienfeststellung (Abs. 1)

1. Allgemeines. a) Zweck. Die Feststellung der Personalien steht am Anfang jeder Vernehmung eines Zeugen. Sie stellt einen wesentlichen Bestandteil jeder Vernehmung dar. Die Erhebung der Personalien dient nicht nur dazu, Personenverwechslungen zu vermeiden, sondern soll auch eine Grundlage für die Beurteilung der Glaubwürdigkeit des Zeugen schaffen und es den Verfahrensbeteiligten ermöglichen, Erkundigungen einzuholen.[18] Dies zeigt auch die Vorschrift des § 222 Abs. 1 S. 1, die verlangt, dass das Gericht der StA und dem Angeklagten geladene Zeugen und Sachverständige unter Angabe des Wohn- oder Aufenthaltsortes so rechtzeitig namhaft macht, dass die Beteiligten noch die Möglichkeit haben, Erkundigungen einzuziehen.[19] 16

b) Grundsätzliche Aussagepflicht. Der Zeuge muss im Rahmen seiner Vernehmung zur Person **grundsätzlich Angaben machen.** Es genügt nicht, wenn er seine Papiere dem Gericht vorzeigt und die anderen Verfahrensbeteiligten hiervon ausgeschlossen sind.[20] Mit Blick auf die Zwecke, die mit der Feststellung der Personalien verfolgt werden (→ Rn. 16), dürfen diese grundsätzlich vor dem Angeklagten und dem Verteidiger nicht geheim gehalten werden.[21] Zu möglichen Ausnahmen Rn. 19 ff. 17

---

[13] KK/*Nack* § 110b Rn. 18.
[14] BGH 15.12.2005 – 3 StR 281/04, NJW 2006, 785 (787).
[15] Gesetz zur Harmonisierung des Schutzes gefährdeter Zeugen v. 11.12.2001, BGBl. I 3510.
[16] *Soine/Engelke* NJW 2002, 470 (473).
[17] BGH 15.12.2005 – 3 StR 281/04, NJW 2006, 785.
[18] BGH 4.12.1985 – 2 StR 848/84, NJW 1986, 1999 (2000) mwN; BGH 17.10.1983 – GSSt 1/83, BGHSt 32, 115 (128) = NJW 1984, 247 = NStZ 1984, 36.
[19] Vgl. *Meyer-Goßner* § 222 Rn. 7.
[20] BGH 14.4.1970 – 5 StR 627/69, BGHSt 23, 244 = NJW 1970, 1197.
[21] BGH 14.4.1970 – 5 StR 627/69, BGHSt 23, 244 = NJW 1970, 1197.

18 **Zeugnis- und Auskunftsverweigerungsrechte** berechtigen einen Zeugen nicht dazu, die Angaben zu den Personalien zu verweigern.[22] Zur Streitfrage, ob bei nicht berechtigtem Verschweigen der Personalien allein § 111 OWiG anwendbar ist oder ob § 70 gilt und damit die Möglichkeit besteht, Zwangsmittel anzuwenden, → § 70.

19 **c) Ausnahmen von der Aussagepflicht.** In Ausnahmefällen kann auf die Feststellung der Personalien verzichtet werden. So kann die Festhaltung des Namens entbehrlich sein, wenn der Zeuge allen Verfahrensbeteiligten bekannt und eine Personenverwechslung nach Lage des Falles ausgeschlossen ist oder auf die genaue Altersfeststellung verzichtet werden, wenn die Eidesmündigkeit des Zeugen außer Frage steht.[23]

20 Einschränkungen bei der Feststellung der Personalien sind auch dann zugelassen, wenn eine **Gefährdungslage** iSv Abs. 2 oder Abs. 3 vorliegt. Dies zeigt, dass die Kenntnis der bzw. aller Personalien eines Zeugen für die Prüfung seiner Glaubwürdigkeit von Rechts wegen nicht unverzichtbar ist und damit auch eine Zeugenvernehmung unter optisch-akustischer Abschirmung nicht mehr schlechthin als unzulässig eingestuft werden kann.[24]

21 Die nach Abs. 1 S. 2, Abs. 2 und Abs. 3 möglichen **Einschränkungen** bei der Identitätsfeststellung bzw. Schutzmaßnahmen beeinträchtigen die Wahrheitsfindung und die Interessen der Verfahrensbeteiligten nicht; denn die Einziehung von Erkundigungen über die Glaubwürdigkeit eines Zeugen mittels des Wohnortes ist heute in der Praxis ohne Bedeutung.[25] Es kommt nicht auf den Wohnort, sondern auf den Inhalt der Aussage selbst sowie auf das Aussageverhalten des Zeugen an. Der Wahrheitsermittlung dient es am besten, wenn der Zeuge seine Aussage ohne Angst vor Gefährdungen oder Einwirkungen machen kann.[26]

22 **d) Aussagegenehmigung.** Im Zusammenhang mit der Feststellung der Personalien ist auch zu klären, ob eine ggf. erforderliche Aussagegenehmigung vorliegt. Sie ist zweckmäßigerweise schon vor der Zeugenvernehmung einzuholen. Die Aussagegenehmigung berührt den Rechtskreis des Angeklagten nicht, braucht nicht verlesen zu werden und kann auch mündlich eingeholt werden; der Zeuge kann zu ihrem Vorliegen befragt werden. Für die Urteilsfindung wird nur die Aussage selbst, nicht die Aussagegenehmigung, verwertet.[27]

23 **e) Protokollierung.** Im Hauptverhandlungsprotokoll ist die Vernehmung zur Person als wesentliche Förmlichkeit mit der Beweiskraft des § 274 zu beurkunden.[28] Für Vernehmungen im Ermittlungsverfahren gelten § 168a Abs. 1 und § 168b Abs. 2.

24 **2. Vor- und Nachname.** Der Zeuge hat grundsätzlich seinen Ruf- und Familiennamen anzugeben. Auf Nachfrage sind auch weitere Vornamen und der Familienname anzugeben. Soweit zur Identifizierung erforderlich, gilt dies auch für einen Künstlernamen; allein den Künstlernamen anzugeben, genügt nicht.[29] Ebenso wenig reicht es aus, nur einen Decknamen anzugeben.[30] Entbehrlich ist die Frage nach dem Namen des Zeugen dann, wenn der Name dem Gericht und allen Prozessbeteiligten bekannt ist.[31] Bei Polizeibeamten genügt es regelmäßig, den Dienstgrad und den Nachnamen zu erheben.

25 **3. Alter.** Der Zeuge kann sein Alter in Jahren angeben oder sein Geburtsdatum nennen. Darauf, ob die Altersangabe für das Verfahren erheblich ist, kommt es nicht an.[32] Bei jüngeren Zeugen ist die Angabe des genauen Alters bedeutsam, weil dieses darüber entschei-

---

22 Radtke/Hohmann/*Otte* Rn. 1; vgl. dazu BGH 1.2.1966 – 5 StR 374/65, MDR 1966, 383.
23 Vgl. RG 7.5.1907 – II 104/07, RGSt 40, 157 (158).
24 *Diemer* NJW 1999, 1667 (1670); → Rn. 64 ff.
25 BT-Drs. 12/989, 35.
26 BT-Drs. 16/12098, 13.
27 BGH 21.3.2012 – 1 StR 34/12.
28 KK/*Senge* Rn. 11; *Meyer-Goßner* Rn. 22.
29 KK/*Senge* Rn. 2 mwN.
30 BGH 14.4.1970 – 5 StR 627/69, BGHSt 23, 244 = NJW 1970, 1197.
31 L/R/*Ignor/Bertheau* Rn. 3.
32 *Meyer-Goßner* Rn. 6.

det, ob eine Strafbarkeit wegen Falschaussagedelikten in Betracht kommt, Eidesfähigkeit vorliegt und Zwangsmittel angewendet werden können. Entsprechend wird der Vorsitzende die Belehrung des Zeugen inhaltlich ausrichten. Das genaue Alter eines Zeugen kann zudem bei der Aufklärung von Sexualstraftaten oder der Klärung von Verjährungsfragen bedeutsam werden.

4. Beruf. Der Begriff des Berufs ist an die Stelle der früheren Bezeichnung „Stand oder Gewerbe" getreten. Die berufliche Position ist möglichst **konkret** und nicht nur mit einem Oberbegriff oder einer Berufsgruppe anzugeben.[33] Da die Angabe einer Berufsbezeichnung oder die Zugehörigkeit zu einer Berufsgruppe (zB Beamter, Handwerker) nicht immer aussagekräftig ist und es offen lassen kann, ob und welche Tätigkeit der Zeuge aktuell ausübt, darf das Gericht Angaben zur derzeitigen beruflichen Stellung und zur Art der Beschäftigung bzw. des Erwerbs verlangen.[34] 26

Nicht mehr zur Feststellung der Personalien gehört die Nachfrage nach **früheren Berufstätigkeiten.**[35] Diese Frage kann aber im Rahmen der Vernehmung zur Sache relevant werden. 27

5. Wohnort. a) Begriff. Das Gesetz versteht unter dem Begriff des Wohnortes, wie Abs. 2 S. 1 mit der Wendung „oder eine andere ladungsfähige Anschrift" zeigt, einen Unterfall der ladungsfähigen Anschrift eines Zeugen, dh nicht nur eine bloße Ortsangabe, sondern die **volle postalische Adresse.**[36] Die Gegenauffassung[37] berücksichtigt den Wortlaut des Abs. 2 S. 1 nicht und ist zudem mit der sich aus den Materialien[38] ergebenden Intention des Gesetzgebers, der von der vollständigen Anschrift ausging, nicht vereinbar. Ohne Angabe der genauen Adresse ist es ferner regelmäßig unmöglich, Personenverwechslungen auszuschließen.[39] 28

Fehlt es an einem festen Wohnsitz, muss der Zeuge nach allgM seinen **Aufenthaltsort** angeben.[40] Heimbewohner und Untergebrachte müssen die Anschrift der **Einrichtung,** etwa des Asyl- oder Übergangswohnheims, der Wohngemeinschaft oder der Klinik angeben, in der sie sich aufhalten. 29

b) Alternative zur Angabe des Wohnorts (Abs. 1 S. 2). Zeugen, die Wahrnehmungen in amtlicher Eigenschaft – etwa als Richter, Staatsanwälte, Polizei- und Zollbeamte, Steuerfahnder oder Beamte im Strafvollzug – gemacht haben, sind berechtigt, statt des Wohnorts ihren **Dienstort,** dh die genaue Adresse der Dienstbehörde, anzugeben. Der Dienstort ist der Ort, an der die Behörde, der der Zeuge angehört, ihren Sitz hat.[41] Eine Außenstelle wie etwa der Grenzposten eines Zollbeamten, an der sich der Zeuge nur zeitweise aufhält, fällt nicht hierunter.[42] 30

Wahrnehmungen in amtlicher Eigenschaft liegen vor, wenn der Zeuge sein Wissen im Zusammenhang mit einer Diensthandlung oder in sonstiger Weise dienstlich erlangt hat. Insoweit ist eine Aussagegenehmigung erforderlich. Wahrnehmungen geschäftlicher Art oder nur gelegentlich des Dienstes reichen für die Anwendung des Abs. 1 S. 2 nicht aus.[43] 31

---

[33] Radtke/Hohmann/*Otte* Rn. 4 mwN.
[34] BT-Drs. 16/12098, 13.
[35] BGH 1.2.1966 – 5 StR 374/65, MDR 1966, 383.
[36] OLG Stuttgart 3.12.1990 – 1 Ws 252/90, NStZ 1991, 297 (298); L/R/*Ignor/Bertheau* Rn. 6; *Meyer-Goßner* Rn. 8 mwN; Radtke/Hohmann/*Otte* Rn. 5 mwN; *Eisenberg* Beweisrecht Rn. 1090.
[37] KK/*Senge* Rn. 5, der die Angabe des Wohnorts „regelmäßig" als ausreichend ansieht; *Rebmann/Schnarr* NJW 1989, 1185 (1188).
[38] BR-Drs. 178/09, 19.
[39] *Leineweber* MDR 1985, 635 (636) und MDR 1990, 109.
[40] *Eisenberg* Beweisrecht Rn. 1090.
[41] L/R/*Ignor/Bertheau* Rn. 7; KK/*Senge* Rn. 6.
[42] KK/*Senge* Rn. 6.
[43] L/R/*Ignor/Bertheau* Rn. 7 mwN.

32 Zwar wird mit der Regelung des Abs. 1 S. 2 der **Schutz der Zeugen** vor möglichen gefährdenden oder belästigenden Angriffen bezweckt.[44] Das Recht der Zeugen, den Dienstort anzugeben, besteht jedoch, wie der Wortlaut des Abs. 1 S. 2 und ein Vergleich dieser Bestimmung mit den Regelungen in Abs. 2 und 3 zeigen, als gleichrangige Alternative und **unabhängig von einer zu besorgenden Gefährdung;** es bedarf nicht einmal der Gefahr einer Belästigung.[45] Denn die Identität der Zeugen lässt sich über den Dienstort ebenso sicher und schnell wie im Falle der Angabe des Wohnortes feststellen. Zudem ist der Wohnort eines Polizeibeamten für die Fallbearbeitung belanglos.[46]

33 **6. Religion, Herkunft.** Nach seiner Religionszugehörigkeit darf der Zeuge im Rahmen der Feststellung seiner Personalien nicht gefragt werden (Art. 140 GG iVm Art. 136 Abs. 3 WRV). Die Religion kann aber bei der Sachbefragung erhoben werden, etwa wenn dies für den Tatvorwurf und/oder die Würdigung der Aussage bedeutsam sein kann.[47] Entsprechendes gilt für Fragen nach der Herkunft oder der Abstammung des Zeugen.[48]

II. Geheimhaltung des Wohnorts (Abs. 2)

34 **1. Anwendungsbereich.** Abs. 2 sieht die Möglichkeit vor, dass der Zeuge – bei einer für ihn oder einen Dritten zu besorgenden **Gefährdungslage** oder bei Besorgnis einer unlauteren Einwirkung auf den Zeugen oder einen andere Person – anstelle seines Wohnortes den Dienst- oder Geschäftsort oder eine andere ladungsfähige Anschrift angibt. Zugelassen ist nur der Ersatz für die Angabe des Wohnortes; die Regelung des Abs. 2 kann **nicht entsprechend** auf andere Angaben zu den Personalien angewendet werden; dh, dass der Zeuge von der Verpflichtung zur Angabe des Namens in den unter Abs. 2 fallenden Konstellationen nicht freigestellt werden kann.[49]

35 Abs. 2 S. 1 gilt bei jeder Vernehmung. Abs. 2 S. 2 erstreckt den entsprechenden Zeugenschutz auch auf die Hauptverhandlung; darauf, ob die **Verhandlung öffentlich oder nichtöffentlich** ist, kommt es nicht an. Das Recht des Zeugen, keine Angaben zum Wohnort zu machen, gilt für die gesamte Hauptverhandlung und beschränkt insoweit das Fragerecht der Verfahrensbeteiligten.[50]

36 Liegen die Voraussetzungen des Abs. 2 vor, so ist bei einer **Verlesung** der Zeugenaussage in der Hauptverhandlung der Wohnort auszusparen.[51] Der Schutz des Zeugen durch die Möglichkeit, die Öffentlichkeit nach **§ 172 GVG** auszuschließen, besteht unabhängig von und neben § 68. Zur **Fortdauer des Schutzes** der Zeugen → Rn. 67.

37 **2. Gefährdungslage. a) Geschützter Personenkreis.** In den Schutz des Abs. 2 einbezogen sind neben dem Zeugen auch andere Personen. In Frage kommen etwa Angehörige, Freunde, Bekannte oder Berufskollegen des Zeugen oder Personen, über die der Wohnort des Zeugen in Erfahrung gebracht werden kann.[52]

38 **b) Rechtsgüter.** Abs. 2 setzt lediglich die Besorgnis voraus, dass Rechtsgüter des Zeugen oder eines Dritten im Falle der Angabe des Wohnortes gefährdet sein könnten. Als solche kommen Leib, Leben, Freiheit, Eigentum, Vermögen, Besitz und der Hausfrieden in Betracht.[53] Anders als Abs. 3 enthält Abs. 2 keine Beschränkung auf bestimmte Rechtsgüter.

---

[44] *Hilger* NStZ 1992, 457 (458); L/R/*Ignor/Bertheau* Rn. 7.

[45] *Eisenberg* Beweisrecht Rn. 1090; aA (zu § 68 aF) OLG Celle 13.10.1987 – 3 Ws 399/87, NJW 1988, 2751.

[46] *Leineweber* MDR 1985, 635 (638).

[47] *Meyer-Goßner* Rn. 9; Radtke/Hohmann/*Otte* Rn. 7 mwN.

[48] *Eisenberg* Beweisrecht Rn. 1093a.

[49] BGH 17.10.1983 – GSSt 1/83, BGHSt 32, 115 (128) = NJW 1984, 247 (249), wo jedoch bereits eine Ausnahme für den Fall der Identitätsänderung anerkannt wird und dem Zeugen in einem solchen Fall gestattet werden darf, nur seinen früheren Namen anzugeben; hierzu *Herdegen* NStZ 1984, 200 (201).

[50] Radtke/Hohmann/*Otte* Rn. 11; L/R/*Ignor/Bertheau* Rn. 12; *Leineweber* MDR 1985, 635 (637).

[51] *Meyer-Goßner* Rn. 10; Radtke/Hohmann/*Otte* Rn. 11.

[52] *Meyer-Goßner* Rn. 12.

[53] *Meyer-Goßner* Rn. 12; Graf/*Monka* Rn. 4.

Unklar bleibt, weshalb teilweise[54] gefordert wird, dass es sich um verfassungsrechtlich geschützte Rechtsgüter handeln müsse; Wortlaut und Schutzzeck der Norm bieten keinen Anhalt dafür, einfachgesetzlich geschützte Rechtsgüter nicht genügen zu lassen.

c) Besorgnis einer Gefährdung. aa) Gefahrprognose. Erforderlich ist eine Gefahrprognose. Da der Zeuge nicht zum bloßen Objekt des Verfahrens gemacht werden darf und auch er Anspruch auf ein faires Verfahren hat, kann er Schutz und jede Schonung verlangen, die mit dem Zweck des Strafverfahrens zu vereinbaren ist.[55] Davon ausgehend ist bei der Beurteilung der Frage, ob eine Gefährdung zu bejahen ist, ein **großzügiger Maßstab** anzulegen. 39

Dies gilt allgemein dort, wo weder die Aufklärungspflicht noch Interessen der Verfahrensbeteiligten darauf hindeuten könnten, dass eine Notwendigkeit für die Offenbarung des Wohnortes besteht und besonders bei der Vernehmung Angehöriger der Ermittlungs- und Sicherheitsbehörden, die aufgrund ihrer Tätigkeit potentiell häufigeren und intensiveren Gefährdungen ausgesetzt sind als andere Zeugen.[56] 40

Es genügt, wenn sich der begründete Anlass zur Besorgnis einer Rechtsgutgefährdung aus einem Zusammenhang mit der Tätigkeit oder den Bekundungen des Zeugen in dem Strafverfahren ergibt, in dem er nunmehr aussagen soll. Eine erhebliche Gefährdung kann nicht verlangt werden. Abs. 2 erfordert auch weder eine konkrete oder akute Gefährdungslage noch eine unmittelbar bevorstehende Rechtsgutverletzung.[57] Derartige Einschränkungen fordern weder Wortlaut noch Sinn und Zweck der Norm.[58] Ausreichend ist eine **Gefährdungswahrscheinlichkeit.**[59] 41

Eine zu enge Auslegung liefe schließlich dem vom Gesetzgeber beabsichtigten Zeugenschutz zuwider. Die Bandbreite denkbarer Pressionen ist groß; die Mittel der Druckausübung reichen von symbolischen Gesten (zB der Zusendung von Tierkadavern oder Warnschüssen) über Drohungen und Sachbeschädigungen, etwa dem Zerstechen der Reifen oder der Demolierung der Wohnung bis hin zu Tätlichkeiten, Entführungen und versuchten oder vollendeten Tötungen.[60] 42

bb) Begründung der Besorgnis. Ebenso ist die Anwendung eines großzügigen Maßstabs angezeigt, wenn es um die Klärung der Frage geht, wann bzw. unter welchen Umständen begründeter Anlass für die Annahme der Besorgnis einer Gefährdung besteht. Die entsprechende Besorgnis lässt sich nicht nur aus früher **erfolgten oder angedrohten Anschlägen** auf die Person oder ein Rechtsgut des Zeugen oder eines Dritten ableiten, sondern auch aus schon erfolgten **Bedrohungen** des Zeugen oder aus Versuchen, auf Angehörige dahin einzuwirken, dass der Zeuge seine belastende Aussage zurücknehmen solle.[61] Ferner ist es ausreichend, die Gefährdung aus kriminalistischen Anhaltspunkten, kriminologischen Erfahrungen oder der **Lebenserfahrung** herzuleiten.[62] 43

Ebenso ist es zulässig, namentlich in bestimmten **Kriminalitätsfeldern,** Erfahrungstatsachen zu berücksichtigen. In Strafverfahren, die die Bereiche der organisierten Kriminalität, der kriminellen oder terroristischen Vereinigungen oder der Rauschgiftkriminalität[63] betreffen, darf als **Erfahrungstatsache** berücksichtigt werden, dass als Zeugen auftretende Rich- 44

---

54 Leineweber MDR 1985, 635 (637).

55 OLG Celle 13.10.1987 – 3 Ws 399/87, NJW 1988, 2751 (2752).

56 *Leineweber* MDR 1985, 635 (637).

57 OLG Koblenz 18.6.1991 – Ws 279/91, NStZ 1992, 95 mwN; LG Stuttgart 12.12.1988 – 7 Qs 78/88, Justiz 1989, 203; L/R/*Ignor/Bertheau* Rn. 10; *Hilger* NStZ 1992, 457 (459).

58 AA *Griesbaum* NStZ 1998, 433 (436), der allerdings die Erheblichkeit der Gefährdung in Abgrenzung zur bloßen Belästigung verlangt. Radtke/Hohmann/*Otte* Rn. 8 verlangt eine „nicht unerhebliche" Gefährdung.

59 *Griesbaum* NStZ 1998, 433 (436) mwN.

60 BT-Drs. 12/989, 33.

61 Vgl. BGH 10.1.1989 – 1 StR 669/88, NJW 1989, 1230 = NStZ 1989, 237.

62 OLG Koblenz 18.6.1991 – Ws 279/91, NStZ 1992, 95; *Leineweber* MDR 1985, 635 (637).

63 OLG Stuttgart 3.12.1990 – 1 Ws 252/90, NStZ 1991, 297 (298) zu ständig mit in der städtischen Rauschgiftszene ansässigen BtM-Verdächtigen befassten Polizeibeamten; s. auch LG Stuttgart 12.12.1988 – 7 Qs 78/88, Justiz 1989, 203.

ter, Staatsanwälte, Polizeibeamte sowie Belastungszeugen regelmäßig einer Gefährdung durch andere Gruppenmitglieder oder Sympathisanten, namentlich wegen drohender Vergeltungsaktionen, ausgesetzt sind.[64] Der Gesetzgeber ging davon aus, dass im Bereich organisierter Kriminalität gerade die – angesichts häufig unzureichender Sachbeweise besonders wichtigen – Zeugen, die wegen ihrer persönlichen Nähe zur Tatplanung und Tatausführung Aussagen machen können, die zur Überführung von Hintermännern und Nutznießern der Tat beitragen können, besonders gefährdet sind.[65]

45 Gleiches gilt, wenn die Umstände den Schluss nahelegen, dass der Angeklagte Kontakte zu Personen aus dem Milieu der (organisierten) Gewalt- und Rauschgiftkriminalität unterhält oder Bemühungen krimineller Kreise bekannt werden, die Adresse eines Belastungszeugen in Erfahrung zu bringen.[66]

46 Die Annahme einer für § 68 ausreichenden Gefährdungslage kann ebenso bei offen im Rockermilieu ermittelnden Polizeibeamten naheliegen.[67] Entsprechendes wird bei **Belastungszeugen** gelten, die in erheblichem Umfang Aufklärungs- oder Präventionshilfe geleistet haben, besonders wenn ihnen § 46b StGB oder § 31 BtMG zugutekam, sowie bei allen Zeugen, die mit den Ermittlungsbehörden intensiv zusammengearbeitet haben. Für eine Gefährdungssituation spricht es ferner, wenn der Dienstherr bereits von Amts wegen Sicherungsmaßnahmen zum Schutz bestimmter Polizeibeamter veranlasst hat.[68]

47 Des weiteren kann eine Rolle spielen, ob in der Hauptverhandlung **Zuhörer** anwesend sind, bei denen davon ausgegangen werden kann, dass sie Dritte unterrichten bzw. zum Vorgehen gegen den Zeugen mobilisieren oder selbst zu bedrohenden Handlungen gegenüber dem Zeugen bereit sein könnten.[69] Auch insoweit ist die Anwendung eines großzügigen Maßstabs angezeigt, da eine generelle Überprüfung der Zuhörer auf ihre Zuverlässigkeit weder für das Gericht noch den Zeugen durchführbar ist.[70] Ferner wird zu Recht darauf hingewiesen, dass dem Zeugen feindlich gesonnene Zuhörer noch während der Feststellungen der Personalien den Sitzungssaal betreten oder die Zeugenanschrift bei anderen Zuhörern erfragen können.[71] Schließlich kann bei der Bejahung einer Gefährdung auf den Umstand abgestellt werden, dass der Angeklagte bei einem Teil der **Öffentlichkeit,** der gegenüber den Strafverfolgungsbehörden feindlich eingestellt ist, Sympathie findet.[72]

48 **cc) Abgrenzung zur Belästigung.** Mit Blick auf Sinn und Zweck der Regelung darf das Feld der nicht ausreichenden bloßen **Belästigungen** nicht zu weit abgesteckt werden. Unannehmlichkeiten genügen nicht. Ob drohende oder bereits eingetretene „Belästigungen" schon die Schwelle zu einer Rechtsgutgefährdung bzw. -verletzung erreichen oder überschritten haben, ist **Tatfrage.** So beinhaltet etwa die Gefahr, dass es zu Schmierereien am Haus, Gartenzaun oder Garagentor des Zeugen oder zu wiederholten Behelligungen durch Telefonanrufe kommt, bereits eine Gefährdung.[73] Dass Massensendungen oder fingierte Warenbestellungen stets als nicht ausreichende Belästigungen eingeordnet werden,[74] vermag angesichts der damit möglicherweise verbundenen Vermögensgefährdung des Betroffenen nicht zu überzeugen.

---

[64] L/R/*Ignor/Bertheau* Rn. 10 mwN; vgl. auch *Leineweber* MDR 1990, 111, der überzeugend bei in hochsensiblen Deliktsbereichen tätigen Kriminalbeamten regelmäßig eine potentielle Gefährdungssituation bejaht.

[65] BT-Drs. 12/989, 33.

[66] OLG Koblenz 18.6.1991 – Ws 279/91, NStZ 1992, 95.

[67] Vgl. BGH 26.10.2011 – 5 StR 292/11, NStZ 2012, 168.

[68] *Leineweber* MDR 1990, 109 (111).

[69] Vgl. BGH 10.1.1989 – 1 StR 669/88, NStZ 1989, 237 (238); OLG Celle 13.10.1987 – 3 Ws 399/87, NJW 1988, 2751 zum Verfahrensgegenstand politisch motivierter Sprengstoffanschläge und zu sympathisierenden Zuhörern.

[70] Vgl. *Hund* NStZ 1992, 96; *Leineweber* MDR 1990, 109 (111).

[71] *Leineweber* MDR 1990, 109 (111).

[72] OLG Celle 13.10.1987 – 3 Ws 399/87, NJW 1988, 2751 (2752).

[73] OLG Celle 13.10.1987 – 3 Ws 399/87, NJW 1988, 2751 (2752).

[74] L/R/*Ignor/Bertheau* Rn. 10; *Meyer-Goßner* Rn. 12; Radtke/Hohmann/*Otte* Rn. 8.

Auch **Telefonanrufe**[75] können im Einzelfall psychische Beeinträchtigungen hervorrufen und dadurch zu einer Willensbeeinflussung führen, die die Unbefangenheit der Aussage beeinträchtigt und damit vom Schutzzweck der Norm erfasst werden. Noch als bloße Belästigung können sie eingeordnet werden, wenn sie nur vereinzelt und ohne jede Drohung erfolgen.[76] 49

3. Einwirkungen in unlauterer Weise. Das Gesetz stellt in Abs. 2 S. 1 die Besorgnis, dass auf den Zeugen oder eine andere Person in unlauterer Weise eingewirkt wird, der Besorgnis einer Gefährdung gleich. Bei der Auslegung des Begriffs der unlauteren Einwirkung kann auf diejenige der gleichlautenden Begriffe in § 112 Abs. 2 Nr. 3b zurückgegriffen werden; es darf aber nicht übersehen werden, dass es keiner bestimmten Tatsachen bedarf, die einen dringenden Verdacht begründen. 50

Darauf, wer und mit welchen Mitteln den Zeugen unzulässig beeinflussen könnte, kommt es nicht an. Erfasst werden unmittelbare und mittelbare Beeinflussungen, wobei sich die **Unlauterkeit** aus dem Ziel der Einwirkung – dem Herbeiführen einer Falschaussage – oder dem Mittel der Einwirkung – Drohungen, Täuschungen, Stalking oder andere vom Gesetz nicht gebilligte Störungen – ergeben kann.[77] 51

4. Angabe von Wohnortalternativen. a) Geschäftsort, Dienstort. Geschäftsort ist der Ort, an dem eine wirtschaftliche Tätigkeit ausgeübt wird. Der Zeuge kann etwa die Anschrift einer Firma oder Niederlassung, von Verkaufsräumen oder eines Ateliers angeben. Dass die wirtschaftliche Tätigkeit auch nach außen erkennbar sein muss,[78] erscheint nicht erforderlich, da es entscheidend auf die Erreichbarkeit bzw. den Aufenthaltsort des Zeugen ankommt. Der Begriff **Dienstort** ist ebenso wie in Abs. 1 S. 2 zu verstehen; → Rn. 30. 52

b) Ladungsfähige Anschrift. Hierunter fällt jede Adresse, an der sich der Zeuge nicht oder nicht dauernd aufhält, die Ladung ihn aber erreicht. Dies kann etwa die Anschrift des Zeugenbeistands, des Neben- oder Adhäsionsklagevertreters, einer Zeugenschutzstelle der Polizei oder des LKA, einer amtlichen Vertrauensperson oder eines Zustellungsbevollmächtigten sein. 53

III. Geheimhaltung der Personalien (Abs. 3)

1. Allgemeines. Abs. 3 bietet einen – gegenüber Abs. 2 erweiterten – Schutz für besonders gefährdete Zeugen; er ermächtigt – wie Wortlaut und Materialien[79] zeigen – dazu, dem Zeugen zu gestatten, **keinerlei Angaben zu seiner Identität** zu machen **oder,** sofern ihm eine neue Identität verliehen wurde, lediglich Angaben über seine **frühere Identität** zu machen. Denn besonders in Verfahren der Betäubungsmittel- oder sonstigen Organisierten Kriminalität reicht die Geheimhaltung des Wohnortes von an Leib, Leben oder Freiheit gefährdeten Zeugen zu deren Schutz meist nicht aus.[80] 54

Abs. 3 ist nach hM erst **anwendbar,** wenn Maßnahmen nach Abs. 1 oder 2 nicht ausreichen, den Zeugen oder die betroffene andere Person und die jeweils genannten Rechtsgüter zu schützen.[81] Die Anwendbarkeit des Abs. 3 S. 1 ist – anders als diejenige des Abs. 3 S. 2 – nicht auf die Hauptverhandlung beschränkt. Schon vor dem Inkrafttreten des Abs. 3 hat es der BGH[82] unter dem Gesichtspunkt des bestmöglichen Beweismittels für zulässig erachtet, dass das Gericht davon absieht, die aktuelle Identität eines Zeugen zu erheben. Diese Entscheidung hat in die Neufassung des § 68 Eingang gefunden. 55

---

[75] Nach Radtke/Hohmann/*Otte* Rn. 8 eine bloße Belästigung.
[76] Vgl. *Leineweber* MDR 1985, 635 (637).
[77] Vgl. Graf/*Krauß* § 112 Rn. 24 mwN.
[78] So L/R/*Ignor/Bertheau* Rn. 11; KK/*Senge* Rn. 7.
[79] BT-Drs. 12/989, 35.
[80] BT-Drs. 12/989, 35.
[81] *Griesbaum* NStZ 1998, 433 (436); L/R/*Ignor/Bertheau* Rn. 14; Radtke/Hohmann/*Otte* Rn. 13.
[82] BGH 10.10.1979 – 3 StR 281/79, BGHSt 29, 109 = NJW 1980, 464.

56 **2. Gefährdungslage. a) Geschützter Personenkreis; Rechtsgüter.** Wie Abs. 2 schützt Abs. 3 Zeugen und Dritte (→ Rn. 37). Abs. 3 beschränkt den Schutz jedoch – anders als Abs. 2 – auf die Rechtsgüter Leib, Leben oder Freiheit der betroffenen Personen. Ebenfalls anders als Abs. 2 ist es nach Abs. 3 dem Zeugen nicht nur möglich, den Wohnort, sondern auch seinen Aufenthaltsort und – sollte dies zur Beseitigung der Gefährdung erforderlich sein – seine gesamte Identität nicht zu offenbaren.

57 **b) Besorgnis.** Erforderlich ist auch hier eine Gefahrprognose; dabei ist wie im Falle des Abs. 2 ein großzügiger Maßstab anzulegen, da es ebenfalls keiner konkreten oder unmittelbar bevorstehenden Gefährdungslage bedarf. Die Ausführungen Rn. 39 ff. gelten hier ebenso.

58 **3. Geheimhaltung der Identität.** Der Begriff der Identität umfasst die gegenwärtige und die frühere Identität eines Zeugen.[83] Ob eine Gefährdungslage nur beseitigt werden kann, wenn der Zeuge beide Identitäten verschweigen darf, ist vom Einzelfall abhängig. Hat er eine neue Identität erhalten, kann es ausreichen, nur diese geheim zu halten.[84]

59 Obgleich es sich bei der Geheimhaltung der Identität um eine gesetzlich ausdrücklich vorgesehene Möglichkeit handelt, werden hiergegen Bedenken erhoben, weil es dem Angeklagten durch das Verschweigen der Identität nicht mehr möglich sei, zur Überprüfung der Glaubwürdigkeit Erkundigungen einzuholen.[85] Diese **Bedenken** erscheinen im Ergebnis **nicht gerechtfertigt.**

60 Dem ersichtlich auf sog Vertrauenspersonen abzielenden Einwand ist entgegenzuhalten, dass eine Gefährdung der Wahrheitsfindung oder Beeinträchtigung der Verteidigungsinteressen schon mit Blick auf die hohen Anforderungen, die die Revisionsrechtsprechung an die **Beweiswürdigung** der Tatgerichte und die Darlegung der Überzeugungsbildung in den Urteilsgründen stellt,[86] nicht zu besorgen ist. So bedarf es, wenn Feststellungen (auch) auf die Aussage eines Zeugen vom Hörensagen gestützt werden, der seinerseits Angaben einer gesperrten Vertrauensperson der Polizei in die Beweisaufnahme einführt, regelmäßig der Bestätigung dieser Angaben durch andere wichtige Beweisanzeichen.[87] Ferner handelt es sich, wie die zu § 68 ergangenen Entscheidungen zeigen, bei den geschützten Zeugen meist nicht um strafrechtlich vorbelastete Personen, die mittels einer Aussage die Gelegenheit nutzen wollen, sich Vorteile verschiedener Art zu verschaffen oder nach der Erwartungshaltung ihrer Auftraggeber unzutreffendes Belastungsmaterial liefern wollen, sondern um gefährdete Polizeibeamte oder Privatpersonen. Auch der Gesetzgeber ging davon aus, der Umstand, dass die Grundlage für die Beurteilung der Glaubwürdigkeit durch die Anwendung des § 68 weniger verlässlich werden sollte, lasse sich im Rahmen der Beweiswürdigung ausgleichen.[88] S. zu **anderen Maßnahmen** zur Geheimhaltung der Identität Rn. 63 ff.

61 **4. Befragung nach Abs. 3 S. 2.** Auch wenn der Zeuge seine Identität nach Abs. 3 S. 1 verschweigen darf, sind die Verfahrensbeteiligten zu einer zusätzlichen Befragung nach Abs. 3 S. 2 berechtigt. Diese Befragung kommt im Wesentlichen **bei Verdeckten Ermittlern und V-Leuten** in Betracht.[89] Werden sie als Zeugen vernommen, müssen sie – sofern eine entsprechende Aussagegenehmigung nach § 54 vorliegt[90] – auf Nachfrage angeben, in welcher Eigenschaft ihnen die von ihnen bekundeten Tatsachen bekannt wurden; danach müssen diese Zeugen in der Hauptverhandlung offenbaren, dass sie ihre Beobachtungen als Verdeckter Ermittler bzw. als eingesetzte Vertrauensperson gemacht haben.[91]

---

[83] *Griesbaum* NStZ 1998, 433 (436); *Hilger* NStZ 1992, 457 (459); *Meyer-Goßner* Rn. 15.
[84] L/R/*Ignor/Bertheau* Rn. 15; Radtke/Hohmann/*Otte* Rn. 13.
[85] *Eisenberg* NJW 1993, 1033 (1036).
[86] S. etwa BGH 20.2.2002 – 1 StR 545/01, NStZ 2002, 368; BGH 21.3.2001 – 3 StR 81/01.
[87] BGH 20.2.2002 – 1 StR 545/01, NStZ 2002, 368 mwN.
[88] BT-Drs. 12/989, 36.
[89] *Hilger* NStZ 1992, 457 (459).
[90] L/R/*Ignor/Bertheau* Rn. 16.
[91] *Hilger* NStZ 1992, 457 (459).

Diese Offenbarungspflicht gilt aber nur für Tatsachen, die ein Zeuge im Zusammenhang mit seinem **Einsatz** erfahren hat, nicht für Zufallsbeobachtungen oder andere Erkenntnisse ohne Bezug zu seiner Einsatzaufgabe.[92] Um eine Enttarnung des Verdeckten Ermittlers zu vermeiden,[93] gilt Abs. 3 S. 2 nur in der Hauptverhandlung. 62

5. Geheimhaltung der Identität durch andere Maßnahmen. Die jetzige gesetzliche Regelung spricht deutlich dafür, die abgeschirmte **Vernehmung eines Zeugen unter optischer und akustischer Abschirmung,** auch unter den Aspekten der Aufklärungspflicht, der Berücksichtigung der Verteidigungsinteressen und der Einführung des bestmöglichen und sachnäheren Beweismittels in das Verfahren, für zulässig zu erachten.[94] 63

Im Jahr 1983 sah sich der BGH[95] noch veranlasst, klarzustellen, dass eine Zeugenvernehmung unter optischer und akustischer Abschirmung rechtlich nicht vorgesehen sei und die Beurteilung der Glaubwürdigkeit die volle Individualisierung des Zeugen erfordere. Wie der 1. Strafsenat des BGH[96] in einem Anfragebeschluss[97] – anhand eines Falles, in dem das Innenministerium ohne optisch-akustische Abschirmung der Zeugen an seiner Sperrerklärung für eine Vertrauensperson und Verdeckte Ermittler festgehalten hätte – dargelegt hat, wird dem noch unter der Geltung des § 68 aF vorgebrachten Argument, die uneingeschränkte Feststellung der Personalien bzw. der Identität eines Zeugen sei für die Glaubwürdigkeitsprüfung der Aussage unverzichtbar, ist durch § 68 Abs. 3 nF der Boden entzogen. Die **Vorteile einer Vernehmung unter Abschirmung** bzw. verfremdenden Maßnahmen bestehen hauptsächlich darin, dass auf Beweissurrogate verzichtet werden kann, weil das sachnähere Beweismittel zur Verfügung steht, was gleichzeitig die uneingeschränkte Ausübung des – auch in Art. 6 Abs. 3d EMRK festgehaltenen – Fragerechts gegenüber Belastungszeugen gewährleistet. Dies führt dazu, dass eine Zeugenvernehmung mit optisch-akustischen Verfremdungsmaßnahmen sich im Einzelfall nicht nur als rechtlich zulässig, sondern – besonders unter Berücksichtigung der Aufklärungspflicht und des Fragerechts der Beteiligten – als rechtlich geboten erweisen kann.[98] 64

Bei alldem darf aber nicht übersehen, dass sich in der Praxis nur ein **beschränkter Anwendungsbereich** für eine Zeugenvernehmung mit optischer und akustischer Verzerrung ergeben wird. Zwar lässt sich dadurch Aussehen und Stimme des Zeugen unkenntlich machen. Dem Zeugen kann jedoch kein Schutz dagegen geboten werden, dass durch **Fragen zur Sache,** insbesondere zur Herkunft der Kenntnisse, die **Geheimhaltung seiner Identität gefährdet** wird, zumal sich der Zeuge insoweit nicht auf ein Auskunftsverweigerungsrecht berufen und das Fragerecht der Verfahrensbeteiligten nicht eingeschränkt werden kann.[99] Ebenso wird durch die den Verfahrensbeteiligten nicht zu verwehrenden Generalfragen iSd § 68a Abs. 2, nicht selten die **Aufdeckung der Identität der zu schützenden Zeugen drohen,** sodass etwa die Behörde eine Vertrauensperson trotz des „Angebots" des Gerichts, eine verfremdete Vernehmung durchzuführen, vollständig sperren wird. Dies gilt besonders in den nicht seltenen Fällen, in denen die Vertrauensperson dem Täterumfeld entstammt, sodass Befragungen zur Herkunft ihres Wissens indirekt zur Offenlegung ihrer Identität führen können. Der Vorschlag, Generalfragen von der Aussagegenehmigung auszunehmen,[100] kann hieran nur etwas in den Fällen ändern, in denen die Anwendbarkeit des § 54 eröffnet ist. Vor diesem Hintergrund wird es, auch wenn das Anliegen des 1. Strafsenats zu begrüßen ist, häufig bei der vollständigen Sperrung des Zeugen verbleiben müssen. 65

[92] Radtke/Hohmann/*Otte* Rn. 14; *Hilger* NStZ 1992, 457 (459).
[93] *Meyer-Goßner* Rn. 16.
[94] BGH 26.9.2002 – 1 StR, NJW 2003, 74; *Diemer* NJW 1999, 1667 (1670); *Walter* StraFo 2004, 224 (226).
[95] BGH 27.10.1983 – GSSt/, BGHSt 32, 115, 124 f. = NStZ 1984, 36.
[96] BGH v. NStZ 2003, 274; ebenso BGH v. NStZ 2005, 43.
[97] Das Anfrageverfahren hat sich durch Revisionsrücknahme erledigt.
[98] BGH 17.8.2004 – 1 StR 315/04, NStZ 2005, 43.
[99] BGH 11.9.2003 – 3 StR 316/02, NStZ 2004, 345 (346 f.).
[100] *Walter* StraFo 2004, 224 (226).

66 Die Möglichkeit einer audiovisuellen Vernehmung unter optischer und akustischer Abschirmung des Zeugen hat auch dort, wo sie letztlich ausscheiden muss, **Auswirkungen** dahin, dass in den Fällen, in denen selbst diese Art und Weise der Vernehmung die Gefährdung eines Zeugen an Leib oder Leben oder die Gefährdung seiner weiteren Verwendung nicht verhindern könnte, an die Sperrerklärung besonders strenge Anforderungen zu stellen sind.[101]

IV. Fortdauer des Schutzes

67 Bei weiter andauernder Gefährdung des Zeugen gilt der **Schutz** der Absätze 2 und 3 gemäß Abs. 5 S. 1 **über den Abschluss der Zeugenvernehmung hinaus.** Dies bedeutet zum einen, dass der Zeuge eine ihm erst nach seiner Vernehmung bekannt gewordene Gefährdung noch geltend machen kann und ihm nachträglich zu gestatten ist, eine andere Anschrift anzugeben. Zum anderen sind – wie auch aus den gemäß Abs. 5 S. 1 weiterhin geltenden Hinweis- und Unterstützungspflichten folgt – die Strafverfolgungsbehörden ab dem Zeitpunkt, in dem ihnen Anhaltspunkte bekannt werden, die eine Gefährdung des Zeugen besorgen lassen, verpflichtet, mit dem Zeugen Kontakt aufzunehmen.[102]

68 Da nach Abs. 5 S. 2 bei Auskünften aus und Einsichtnahme in die Akten sicherzustellen ist, dass die Daten, dh je nach Fall der Wohnort oder die gesamten Personalien des Zeugen, nicht bekannt werden, solange dessen Gefährdung fortbesteht, empfiehlt sich ein entsprechender gut sichtbarer Hinweis auf dem Aktendeckel oder einem Vorblatt oder – nach rechtskräftigem Verfahrensabschluss – die Schwärzung der relevanten Daten.

V. Verfahrensrechtliches

69 **1. Hinweispflicht (Abs. 4 S. 1).** Die in Abs. 4 S. 1 normierte Hinweispflicht soll die Position des Zeugen stärken. **Zuständig** für die Erfüllung der Hinweispflicht ist nicht nur das Gericht, sondern bereits die Polizei.

70 Nach der Regelung des Abs. 4 ist der Zeuge auf seine **Befugnisse aus Abs. 2 oder Abs. 3** schon dann hinzuweisen, wenn Anhaltspunkte dafür vorliegen, dass die Voraussetzungen dieser Vorschriften gegeben sein könnten. Die zwingende Pflicht zu einem entsprechenden Hinweis besteht also bereits auch dann, wenn noch nicht sicher feststeht, ob eine Gefährdungslage anzunehmen ist. Auf diese Weise erhält der Zeuge Gelegenheit, noch nicht bekannte Umstände vorzubringen oder bekannte Sachverhalte zu ergänzen, sodass der Verhörsperson bzw. dem Gericht die Abklärung, ob eine Gefährdung vorliegt oder nicht, erleichtert wird.

71 **2. Unterstützungspflicht (Abs. 4 S. 2).** In Fällen des **Abs. 2** ist der Zeuge bei der Benennung einer ladungsfähigen Anschrift zu unterstützen. Die Gesetzesbegründung nennt als Beispiele eine polizeiliche Zeugenschutzstelle und eine zustellungsbevollmächtigte Opferhilfeeinrichtung.[103] In Betracht kommen ferner auch nach § 68b bestellte zustellungsbevollmächtigte Zeugenbeistände oder Beistände und Vertreter gemäß §§ 406f, 406g.

72 **3. Entscheidung des Gerichts. a) Anlass, Zuständigkeit.** Die Entscheidung über die Anwendung des Abs. 2 und des Abs. 3 in der Hauptverhandlung und bei richterlichen Vernehmungen ergeht von Amts wegen oder auf Antrag eines Verfahrensbeteiligten. Auch der Zeuge kann den Antrag stellen, nach Abs. 2 oder Abs. 3 zu verfahren.[104]

73 Zuständig ist der Vorsitzende im Rahmen seiner Sachleitungsbefugnis (§ 238 Abs. 1). Seine Anordnung kann beanstandet und ein Gerichtsbeschluss nach § 238 Abs. 2 herbeigeführt werden. Bei ihrer Entscheidung müssen der Vorsitzende bzw. das Gericht ggf. auch prüfen, ob sich die Gefährdungslage seit einer früheren Vernehmung des Zeugen geändert

[101] BGH 17.8.2004 – 1 StR 315/04, NStZ 2005, 43.
[102] BT-Drs. 16/12098, 14; Radtke/Hohmann/*Otte* Rn. 17.
[103] BT-Drs. 16/12098, 21.
[104] *Leineweber* MDR 1985, 635 (638).

hat.[105] Auch der **Zeuge** ist berechtigt, einen gerichtlichen Beschluss zu beantragen.[106] Überdies steht ihm das Recht zu, gegen den ergangenen Beschluss **Beschwerde** einzulegen (§ 304 Abs. 2).

b) Ermessen. Sowohl Abs. 2 als auch Abs. 3 räumen dem Gericht bei seiner Entscheidung Ermessen ein. Nach **Abs. 2** ist das Ermessen des Vernehmenden außerhalb der Hauptverhandlung als auch des Vorsitzenden in der Hauptverhandlung (Abs. 2 S. 2) dahin reduziert, dass dem Zeugen grundsätzlich zu gestatten ist, seinen Wohnort nicht anzugeben, wenn nicht besondere Gründe dessen Angabe erfordern.[107] 74

Im Übrigen gilt, dass der Vorsitzende bzw. das Gericht bei ihrer Ermessenshaben im Rahmen ihrer prozessualen Fürsorgepflicht in jedem Einzelfall die Aufklärungspflicht, die ggf. berechtigten Interessen der Verfahrensbeteiligten und der Schutz des Persönlichkeitsbereichs des Zeugen in einen gerechten Ausgleich zu bringen haben. Auch der Umfang der möglichen Gefahren ist zu berücksichtigen.[108] Das Ermessen wird durch das stets einzuhaltende **Übermaßverbot** begrenzt. 75

c) Kriterien für die Ermessensausübung. Zu berücksichtigen ist zunächst, dass sich die **Kenntnis des Wohnortes** bzw. der **Adresse** eines Zeugen regelmäßig als **unerheblich** erweist. Die Annahme, diese Kenntnis sei für die Verteidigung von wesentlicher Bedeutung, darf nicht automatisch unterstellt werden; vielmehr bedarf es dafür **besonderer Gründe,** etwa weil Zweifel an der Zuverlässigkeit des Zeugen aufgetreten sind, die Nachforschungen nach beweiserheblichen, namentlich für die Glaubwürdigkeit eines Zeugen beachtlichen Umständen an dessen Wohnort bzw. Adresse nahelegen.[109] Das wird nur selten der Fall sein, weil es bei der Prüfung einer Zeugenaussage auf ihren Wahrheitsgehalt auf die Kenntnis des Wohnortes als Grundlage weiterer Ermittlungen im Allgemeinen nicht ankommen wird.[110] 76

Ferner ist zu bedenken, dass die Bekanntgabe des Wohnortes bzw. der Adresse einen **Eingriff** in den durch Art. 2 Abs. 1 GG iVm Art. 1 Abs. 1 GG geschützten **Persönlichkeitsbereich des Zeugen** oder Sachverständigen darstellt, der nur im überwiegenden Allgemeininteresse, etwa zur Wahrheitsfindung im Strafprozess, im Rahmen der Verhältnismäßigkeit hinzunehmen ist. Eingriffe ohne wichtigen Grund müssen ausscheiden.[111] 77

Schließlich ist auch der **Verfahrensgegenstand** mit zu berücksichtigen. So ist dem Schutzbedürfnis des Zeugen bei Verfahren wegen bestimmter Arten von Strafverfahren[112] besondere Aufmerksamkeit zu schenken.[113] 78

4. Aktenführung, Beschränkung des Akteneinsichtsrechts. Abs. 4 S. 3 und 4 wollen den Zeugenschutz durch eine bestimmte Aktenführung absichern. Nach Abs. 4 S. 3 sind Aktenteile, die – im Falle des Abs. 2 – die Feststellung des Wohnortes oder – im Falle des Abs. 3 – die Identität des Zeugen ermöglichen, bei der StA zu verwahren, also nicht zum Bestandteil der Verfahrensakten zu machen. Diese Aktenteile sind erst zu den Akten zu nehmen, wenn die Besorgnis einer Gefährdung weggefallen ist (Abs. 4 S. 4). 79

5. Weitere Auswirkungen des § 68. a) Vernehmungen. Durch die Verweisungen in § 161a Abs. 1 S. 2 und § 163 Abs. 3 gilt § 68 auch bei Zeugenvernehmungen durch die Staatsanwaltschaft und die Polizei. Bei staatsanwaltschaftlichen Vernehmungen entscheidet 80

---

[105] L/R/*Ignor/Bertheau* Rn. 13.

[106] KK/*Senge* Rn. 9; Radtke/Hohmann/*Otte* Rn. 12 mwN; *Leineweber* MDR 1985, 636 (638).

[107] BT-Drs. 16/12098, 14.

[108] BGH 15.12.2005 – 3 StR 281/04, NJW 2006, 785 (787); OLG Koblenz 18.6.1991 – Ws 279/91, NStZ 1992, 95.

[109] BGH 5.4.1990 – 1 StR 68/90, NStZ 1990, 352.

[110] BGH 5.4.1990 – 1 StR 68/90, NStZ 1990, 352; s. auch BGH 26.1.1990 – 3 StR 428/89, NJW 1990, 1125.

[111] BGH 5.4.1990 – 1 StR 68/90, NStZ 1990, 352; OLG Stuttgart 3.12.1990 – 1 Ws 252/90, NStZ 1991, 297 (298).

[112] Vgl. hierzu die in → Rn. 44 aufgeführten Kriminalitätsbereiche.

[113] BGH 5.4.1990 – 1 StR 68/90, NStZ 1990, 352 (353).

allein der Staatsanwalt über die Anwendung des § 68; ein Antrag auf gerichtliche Entscheidung ist, wie sich aus § 161a Abs. 3 S. 2 ergibt, nicht möglich. Für polizeiliche Vernehmungen gilt § 163 Abs. 3 S. 2; danach entscheidet der Staatsanwalt nur über die Gestattung gemäß Abs. 3 S. 1, der polizeiliche Vernehmungsbeamte über die übrigen Möglichkeiten des Abs. 1 S. 2 und des Abs. 2 S. 1.[114] Die Angaben eines Zeugen zur Person sind, soweit er sie machen muss, protokollierungspflichtig (§ 168a Abs. 1).

81 **b) Anklageschrift.** Die StA muss schon bei der Anklageerhebung prüfen, ob und wie gefährdete Zeugen als Beweismittel zur Verfügung stehen. Zunächst hält § 200 Abs. 1 S. 3 ausdrücklich fest, dass es bei der Benennung von Zeugen in der Anklageschrift ausreicht, den Wohn- oder Aufenthaltsort anzugeben, es also der vollständigen Anschrift nicht bedarf.

82 Ist ein Zeuge berechtigt, nach § 68 Abs. 1 S. 2 den Dienstort anzugeben oder nach § 68 Abs. 2 den Wohnort zu verschweigen, genügt es seit der ab 1.10.2009 geltenden Gesetzeslage gemäß § 200 Abs. 1 S. 4, wenn die StA in ihrer Anklageschrift nur den Namen des Zeugen aufführt. § 200 Abs. 1 S. 5 schreibt vor, dass die StA anzugeben hat, wenn die Identität eines Zeugen ganz oder teilweise nicht offenbart werden soll oder wenn sein Wohn- oder Aufenthaltsort geheim gehalten werden soll.

83 **c) Gerichtliche Namhaftmachung.** Durch die Verweisung des **§ 222 Abs. 1 S. 3** auf § 200 Abs. 1 S. 3 bis 5 wird sichergestellt, dass der den Zeugen schon im Ermittlungsverfahren gewährte Identitätsschutz nicht im Rahmen ihrer gerichtlichen Namhaftmachung gegenüber dem Angeklagten und der StA ausgehöhlt wird. Danach gelten die Ausführungen Rn. entsprechend.

VI. Revision

84 **1. Ordnungsvorschrift.** Da die Rechtsprechung § 68 Abs. 1 nur als sog **Ordnungsvorschrift**[115] einstuft, deren Befolgung nach Lage des Falles unterlassen werden kann, kann allein ein Verstoß gegen diese Bestimmung die Revision nicht begründen.[116] Hinzu kommt, dass es sich bei Abs. 2 und 3 um Zeugenschutzvorschriften handelt, die den Rechtskreis des Angeklagten nicht berühren.[117]

85 **2. Weitergehende Rechtsverletzungen.** Ein Verstoß oder die Nichtbeachtung der Vorschriften des § 68 kann jedoch in den Fällen die Revision begründen, in denen ein solcher Rechtsfehler weitere Rechtsverletzungen nach sich zieht. Die **Zulässigkeit einer Rüge** setzt voraus, dass auf § 68 gestützte Anordnungen des Vorsitzenden beanstandet und ein Gerichtsbeschluss nach § 238 Abs. 2 herbeigeführt wurde.

86 **a) Beschränkung der Verteidigung.** Die Revision kann etwa dann begründet sein, wenn das Gericht beschließt, die Personalien eines Zeugen vor dem Angeklagten bzw. der Verteidigung geheim zu halten. Denn ein solcher Beschluss kann eine **unzulässige Beschränkung** der Verteidigung in einem wesentlichen Punkt iSv **§ 338 Nr. 8** beinhalten.[118]

87 Gleiches gilt, wenn die Umstände des Einzelfalls eine Unterrichtungspflicht aus § 246 Abs. 2 ergeben, die das Gericht verletzt und einen Aussetzungsantrag fehlerhaft abgelehnt hat, weil verkannt wurde, dass sich aus dieser Vorschrift iVm der gerichtlichen Fürsorgepflicht und dem Beschleunigungsgrundsatz eine Pflicht zur Mitteilung der Wohnanschrift des Zeugen ergeben kann.[119]

---

114 Graf/*Monka* Rn. 6a.

115 So RG 7.5.1907 – II 104/07, RGSt 40, 157 (158); ebenso *Griesbaum* NStZ 1998, 433 (436).

116 BGH 26.10.2011 – 5 StR 292/11, NStZ 2012, 168; RG 4.6.1920 – V 22/20, RGSt 55, 22 (23).

117 *Griesbaum* NStZ 1998, 433 (436) Radtke/Hohmann/*Otte* Rn. 20 mwN.

118 BGH 14.4.1970 – 5 StR 627/69, BGHSt 23, 244 = NJW 1970, 1197; s. auch BGH 10.1.1989 – 1 StR 669/88, NJW 1989, 1230.

119 BGH 26.1.1990 – 3 StR 428/89, NJW 1990, 1125 (1126).

Zu beachten ist ferner: Schon die Bezugnahme auf eine Erklärung der StA zur Gefährdungslage, in der sich ein Zeuge befindet, kann eine ausreichende Begründung eines entsprechenden Beschlusses darstellen.[120] Verweigert das Gericht der Verteidigung das **Fragerecht** insoweit im Voraus, geht das Rügerecht nicht dadurch verloren, dass die Verteidigung den Zeugen nicht selbst nach den Personalien befragt. 88

b) Aufklärungsrüge. Rechtsverletzungen im Zusammenhang des § 68 können auch zu einer **Verletzung der Aufklärungspflicht** führen. Das kann etwa der Fall sein, wenn nicht der Zeuge, dessen Vernehmung beabsichtigt war, unvernommen bleibt, weil das Gericht aufgrund der versäumten Feststellung der Personalien bzw. einer Personenverwechslung einen anderen Zeugen vernommen hat.[121] Wird die Verletzung des § 68 Abs. 3 im Wege einer Aufklärungsrüge geltend gemacht, muss die Revision mitteilen, welche Beweisergebnisse die Kenntnis der Identität erbracht und welche Ermittlungsschritte betreffend die Glaubwürdigkeit des Zeugen sie ermöglicht hätte.[122] 89

c) Ermessensfehler. Die nach § 238 Abs. 2 ergangene gerichtliche Entscheidung wird auch auf Ermessensfehler überprüft, besonders darauf, ob die Gestattung, den Wohnort bzw. die Personalien zu verschweigen, zur Abwehr einer Gefährdung des Zeugen erforderlich und geeignet war.[123] 90

d) Vereidigung. Denkbar ist auch, dass Verletzungen des § 68 **Folgewirkungen für die Vereidigung** haben. Die fehlende oder unzutreffende Feststellung des Alters eines Zeugen hat aber keine zwingenden Auswirkungen, da die Eidesmündigkeit allein vom tatsächlichen, nicht vom angegebenen Alter eines Zeugen abhängt. 91

e) Verstoß bei kommissarischer Vernehmung. Ein Verstoß gegen § 68 bei einer kommissarischen Vernehmung führt nicht zur Unverwertbarkeit der dort gemachten Angaben. Der beauftragte Richter kann als Zeuge darüber vernommen werden, was der Zeuge unter Verschweigung seiner wahren Personalien bekundet hatte. Dies gilt jedenfalls dann, wenn zu dem Zeitpunkt, in dem der beauftragte Richter vernommen wurde, die Personalien des Zeugen bekannt waren und dessen Identität damit feststand.[124] Ist dies nicht der Fall, ist eine Verwertung ebenfalls möglich, der Fehler – Verstoß gegen § 68 – jedoch bei der Bestimmung des Beweiswerts der Zeugenangaben und im Rahmen der Beweiswürdigung zu berücksichtigen.[125] 92

3. Verwertbarkeit, Beweiswürdigung. Da § 68 die Möglichkeit eröffnet, die Identität eines Zeugen ganz oder teilweise anonym zu halten, sind die unter Anwendung der Vorschrift gewonnenen Erkenntnisse aus Vernehmungen der Zeugen ohne weiteres **verwertbar;** denn auch ein Zeuge, dessen Identität ganz oder teilweise geheim bleibt, ist ein taugliches Beweismittel. Auch Niederschriften über Vernehmungen, bei denen § 68 angewandt wurde und die deshalb keine oder nur fragmentarische Angaben zur Person des Zeugen enthalten, sind **verlesbar.** Dies gilt selbst dann, wenn die Voraussetzungen des § 68 nicht vorlagen.[126] 93

In solchen Fällen sowie allgemein bei der Bewertung des Beweiswerts anonymer Bekundungen kommt der freien Beweiswürdigung eine Ausgleichsfunktion zu. An die Beweiswürdigung sind **strenge Maßstäbe** anzulegen und es bedarf regelmäßig anderer wichtiger, die Bekundungen des anonym gebliebenen Zeugen bestätigender Anhaltspunkte.[127] Die 94

---

[120] BGH 10.1.1989 – 1 StR 669/88, NJW 1989, 1230.
[121] Hierzu RG 4.6.1920 – V 22/20, RGSt 55, 22 (23).
[122] BGH 26.10.2011 – 5 StR 292/11, NStZ 2012, 168.
[123] BGH 10.1.1989 – 1 StR 669/88, NStZ 1989, 237 (238).
[124] BGH 4.12.1985 – 2 StR 848/84, NJW 1986, 1999 (2000).
[125] Offen gelassen von BGH 4.12.1985 – 2 StR 848/84, NJW 1986, 1999 (2000).
[126] Vgl. BGH 5.12.1984 – 2 StR 526/84, NStZ 1985, 278 zur Verlesung der Niederschrift über die polizeiliche Vernehmung eines V-Mannes m. zustimmender Anm. *Arloth* NStZ 1985, 280.
[127] BGH 5.12.1984 – 2 StR 526/84, NStZ 1985, 278 m. zustimmender Anm. *Arloth* NStZ 1985, 280; BGH 20.6.1994 – 5 StR 283/94, NStZ 1994, 502 mwN.

Gegenmeinung,[128] die praktisch zur Unverwertbarkeit anonym gebliebener Beweismittel gelangt, konnte sich zu Recht nicht durchsetzen. Sie lässt nicht nur das Aufklärungsgebot, sondern ebenso den anerkannten Beweiswürdigungsgrundsatz unberücksichtigt, dass zwar ein einzelnes Beweisanzeichen nicht für sich allein, wohl aber im Zusammenhang mit anderen Beweisergebnissen ausreichend aussagekräftig sein und zu einer Überzeugungsbildung des Gerichts beitragen kann.

§ 68a [Fragen nach entehrenden Tatsachen und Vorstrafen]

(1) Fragen nach Tatsachen, die dem Zeugen oder einer Person, die im Sinne des § 52 Abs. 1 sein Angehöriger ist, zur Unehre gereichen können oder deren persönlichen Lebensbereich betreffen, sollen nur gestellt werden, wenn es unerläßlich ist.

(2) [1]Fragen nach Umständen, die die Glaubwürdigkeit des Zeugen in der vorliegenden Sache betreffen, insbesondere nach seinen Beziehungen zu dem Beschuldigten oder der verletzten Person, sind zu stellen, soweit dies erforderlich ist. [2]Der Zeuge soll nach Vorstrafen nur gefragt werden, wenn ihre Feststellung notwendig ist, um über das Vorliegen der Voraussetzungen des § 60 Nr. 2 zu entscheiden oder um seine Glaubwürdigkeit zu beurteilen.

Schrifttum: *Dähn,* Der Schutz des Zeugen im Strafprozeß vor bloßstellenden Fragen, JR 1979, 138; *Helmken,* Zur Zulässigkeit von Fragen zur sexuellen Vergangenheit von Vergewaltigungsopfern, StV 1983, 81; *Rieß/Hilger,* Das neue Strafverfahrensrecht, NStZ 1987, 145; *Wulf,* Opferschutz im Strafprozess, DRiZ 1981, 374.

Übersicht

I. Allgemeines

1 **1. Normzweck.** Der als Ordnungsvorschrift einzustufende § 68a bezweckt den Schutz des verfassungsrechtlich (Art. 1 Abs. 1, 2 Abs. 1 GG) gewährleisteten allgemeinen Persönlichkeitsrechts der Zeugen; hierzu zählen der Anspruch auf **angemessene Behandlung** und **Ehrenschutz.**[1] In diesen Schutz sind diejenigen Angehörigen des Zeugen, die unter § 52 Abs. 1 fallen, einbezogen.

2 **2. Vorrang der Sachaufklärung.** § 68a erscheint nicht als reine Zeugenschutzbestimmung; er will einen **Ausgleich** zwischen dem Anspruch des Zeugen auf eine – bereits aufgrund der gerichtlichen Fürsorgepflicht gebotene – **faire Behandlung** und einen möglichst schonenden Umgang im Ermittlungs- und Strafverfahren einerseits und den Erfordernissen der **Aufklärungspflicht** andererseits, die mitunter die Privat- oder Intimsphäre des Zeugen betreffende Fragen verlangen, schaffen. Dabei ist einerseits zu beachten, dass die Pflicht zur

[128] *Frenzel* NStZ 1984, 39 (41); gegen ihn überzeugend *Herdegen* NStZ 1984, 200 (202).
[1] *Meyer-Goßner* Rn. 1; Radtke/Hohmann/*Otte* Rn. 1.

Erforschung der Wahrheit den Interessen des Zeugen vorgeht.[2] Andererseits hat das Gericht auch im Rahmen seiner vorrangigen Verpflichtung zur Wahrheitsermittlung auf die Achtung der menschlichen Würde eines Zeugen Bedacht zu nehmen.[3] Verhindert werden soll der Missbrauch des Fragerechts im Sinne eines grundlosen Eindringens in die Intimsphäre des Zeugen;[4] der Zeuge soll nicht ohne zwingenden Grund bloßgestellt werden.[5]

Die Sollvorschrift **begrenzt** nicht nur das **Fragerecht** des Vorsitzenden, sondern auch das der übrigen Prozessbeteiligten; Fragen, die zur Aufklärung nicht notwendig sind und nach § 68a nicht gestellt werden sollen, können nach § 241 Abs. 2 zurückgewiesen werden.[6] 3

Das 2. ORRG v. 29.7.2009[7] hat den Regelungsgehalt des § 68 Abs. 4 aF in § 68a Abs. 2 überführt. Der Gesetzgeber wollte damit verdeutlichen, dass die Pflicht zur Erforschung der Wahrheit unter Berücksichtigung der Persönlichkeitsrechte der Zeugen zu erfolgen hat;[8] insofern hat § 68a appellativen Charakter.[9] Einschränkungen der Aufklärungspflicht waren mit der Neuregelung ebenso wenig beabsichtigt wie eine Beschneidung des Rechts der Beteiligten, Zeugen in dem Umfang zu befragen, wie dies zur Aufklärung der Sache und Bewertung und Würdigung der Zeugenangaben notwendig ist; auch die Rechte des Beschuldigten sollten nicht tangiert werden.[10] 4

Als **Ergänzung** zu § 68a sieht **§ 171b GVG** die Möglichkeit vor, auf Antrag oder von Amts wegen die Öffentlichkeit zum Schutz der Privatsphäre des Zeugen auszuschließen, wenn die öffentliche Vernehmung dessen schutzwürdige Interessen verletzen würde. Der Ausschluss der Öffentlichkeit gewinnt dort besondere Bedeutung, wo Fragen zur Privatsphäre des Zeugen unvermeidbar sind, weil sie sich aus dem Aufklärungsgebot ergeben. Denn die **Sachaufklärung hat Vorrang**[11] vor den Interessen des Zeugen; ihm kann in diesen Fällen nur durch den Ausschluss der Öffentlichkeit ein gewisser Schutz geboten werden. 5

3. Anwendungsbereich. § 68a gilt nicht nur bei richterlichen **Zeugenvernehmungen,** sondern gemäß § 161a Abs. 1 S. 2 auch für Vernehmungen des Staatsanwalts sowie gemäß § 163 Abs. 3 für Vernehmungen durch Polizeibeamte. Auf **Sachverständige** ist die Vorschrift ebenfalls anwendbar (§ 72). 6

II. Erläuterung

1. Fragen iSv § 68a Abs. 1. a) Fragen nach zur Unehre gereichenden Tatsachen. Entehrend ist eine Tatsache, wenn sie die sittlich-moralische Bewertung des Zeugen oder seiner Angehörigen in der Umwelt nachteilig beeinflussen kann, also den guten Ruf gefährdet.[12] Dabei kommt es nicht auf die Einschätzung des betroffenen Zeugen, sondern auf eine Beurteilung nach objektiven Maßstäben an.[13] 7

b) Fragen nach den persönlichen Lebensbereich betreffenden Tatsachen. Diese Alternative des Abs. 1 will solche Fragen einschränken, mit denen der Fragesteller in den rein privaten Bereich des Zeugen vordringen will. Geschützt werden die Intimsphäre sowie 8

[2] BGH 17.4.1990 – 2 StR 149/90, NStZ 1990, 400; BGH 10.11.1967 – 4 StR 512/66, BGHSt 21, 334 (360).
[3] BGH 11.1.2005 – 1 StR 498/04, NJW 2005, 1519 (1520).
[4] *Rieß/Hilger* NStZ 1987, 145 (150); *Wulf* DRiZ 1981, 374 (379).
[5] BGH 29.9.1959 – 1 StR 375/59, BGHSt 13, 252 (254) = NJW 1959, 2075.
[6] BGH 29.9.1959 – 1 StR 375/59, BGHSt 13, 252 (254) = NJW 1959, 2075; BGH 14.1.1982 – 1 StR 809/81, NStZ 1982, 170.
[7] BGBl. 2009 I, 2280.
[8] Graf/*Monka* Rn. 4a.1.
[9] L/R/*Ignor/Bertheau* Rn. 3.
[10] BT-Drs. 16/12098, 15.
[11] BGH 17.4.1990 – 2 StR 149/90, NStZ 1990, 400; OLG Hamm 24.6.1965 – 2 Ws 243/65, NJW 1965, 1495; *Meyer-Goßner* Rn. 5.
[12] BGH 29.9.1959 – 1 StR 375/59, BGHSt 13, 252 (254) = NJW 1959, 2075; L/R/*Ignor/Bertheau* Rn. 4.
[13] Radtke/Hohmann/*Otte* Rn. 2 mwN.

derjenige Privatbereich, der jedermann zur Entfaltung seiner Persönlichkeit gewährleistet werden muss. Dazu gehören insbesondere private Eigenschaften und Neigungen des Zeugen, sein Gesundheitszustand, politische und religiöse Überzeugungen sowie Tatsachen aus dem Familien- oder Sexualleben.[14] Fragen zu diesen Bereichen fallen aber nur dann unter Abs. 1, wenn die erfragten Umstände keinerlei Zusammenhang mit dem Strafverfahren, in dem der Zeuge gehört wird, aufweisen. Es ist deshalb fehlerhaft, allein aus dem Umstand, dass die an den Zeugen gestellte Frage seinen Intimbereich berührt, auf die Unzulässigkeit der Frage zu schließen.

9 Besondere Bedeutung gewinnt die Vorschrift in **Verfahren wegen Sexualstraftaten.** Der Gesetzgeber wollte verhindern, dass sich die Opfer von Sexualdelikten Befragungen über ihr Sexualleben aussetzen müssen, die keinen Zusammenhang mit dem Anklagevorwurf erkennen lassen.[15] Dieses Ziel muss allerdings vor dem Hintergrund und den Erfordernissen der Aufklärungspflicht gesehen werden; es kann deshalb erhebliche **Einschränkungen** erfahren. So kann es im Rahmen der Beweiswürdigung, aber auch für die Rechtsfolgenbestimmung, etwa bei der Klärung der Voraussetzungen eines minder schweren Falles iSv § 177 Abs. 5 StGB oder der Frage, ob an Stelle des Strafrahmens des besonders schweren Falls nach § 177 Abs. 2 StGB derjenige des § 177 Abs. 1 StGB heranzuziehen ist, durchaus entscheidungserheblich und damit unvermeidlich sein, festzustellen, wie sich das Opfer gegenüber dem Angeklagten oder Dritten in sexueller Hinsicht vor und nach der Tat verhalten hat. Dem Verhalten des Opfers vor und nach der Tat sowie allgemein in früheren Partnerschaften kann Indizwert zukommen und dann der Aufklärung bedürfen; entsprechend liegt es nicht selten dann, wenn der Angeklagte geltend macht, es habe sich um einen einvernehmlichen Sexualkontakt gehandelt und/oder die Belastungszeugin habe ihn „verführt“.[16] Gleiches gilt schließlich, wenn aufzuklären ist, welche Tatfolgen beim Opfer zu verzeichnen sind und wie ihr Schweregrad zu beurteilen ist.

10 **c) Unerlässlichkeit.** Abs. 1 schließt die dort genannten Fragen nicht schlechthin aus, sondern stellt sie unter den Vorbehalt der Unerlässlichkeit. Diese bemisst sich nach der Zielsetzung des Strafprozesses. Die Befragung ist unerlässlich, wenn sonst die Wahrheit nicht aufgeklärt werden kann.[17] Dies bedeutet auch, dass diejenigen Fragen, die eine sachgerechte Verteidigung erfordert, zulässig sind; Abs. 1 will nur den Missbrauch des Fragerechts unterbinden.[18]

11 Auf die Bedeutung der Strafsache kommt es dabei nicht an, weil die **Sachaufklärung** im Strafprozess stets **Vorrang** hat.[19] Ebenso ist unerheblich, ob die Fragen unmittelbar erhebliche Tatsachen berühren oder nur Hilfstatsachen, die etwa die **Glaubwürdigkeit des Zeugen** betreffen.[20] So ist es etwa zur Wahrheitsfindung notwendig, einen Zeugen, der als Informant für die Polizei tätig ist, danach zu befragen, ob er für seine Bekundungen Geldzuwendungen erhalten hat, weil es auf der Hand liegt, dass Geldzuwendungen das Aussageverhalten eines Zeugen beeinflussen können; dies gilt umso mehr, wenn es sich bei einem solchen Zeugen um das zentrale Beweismittel handelt und der Frage seiner Glaubwürdigkeit deshalb besondere Bedeutung zukommt.

12 Auch Fragen, die der **Überprüfung einer früheren Aussage** dienen und/oder die durch eine allgemeine Aussage noch nicht beantwortete Einzelheiten betreffen, sind zulässig und dürfen nicht als ungeeignet iSv § 241 Abs. 2 zurückgewiesen werden.[21] Zur Beurteilung der Unerlässlichkeit einer Frage im Verfahren wegen einer **Sexualstraftat** → Rn. 9. Bei

---

[14] *Meyer-Goßner* Rn. 4.

[15] BGH 1.11.2005 – 1 StR 498/04, NJW 2005, 1519; BGH 5.11.2003 – 1 StR 368/03, NJW 2004, 239; BT-Drs. 10/5305, 10.

[16] Hierzu BGH 17.4.1990 – 2 StR 149/90, NStZ 1990, 400.

[17] BGH 29.9.1959 – 1 StR 375/59, BGHSt 13, 252 (254) = NJW 1959, 2075; BGH 10.11.1967 – 4 StR 512/66, BGHSt 21, 334 (360).

[18] Vgl. *Wulf* DRiZ 1981, 374 (379).

[19] *Meyer-Goßner* Rn. 5 mwN; Radtke/Hohmann/*Otte* Rn. 4 mwN.

[20] BGH 14.1.1982 – 1 StR 809/81, NStZ 1982, 170; Radtke/Hohmann/*Otte* Rn. 4 mwN.

[21] BGH 14.11.1980 – 5 StR 206/80, NStZ 1981, 71.

alldem darf nicht übersehen werden, dass eine intensive Beweiserhebung über das Privat- und Intimleben des Zeugen, die mit dem Verfahrensgegenstand in keinem unmittelbaren Zusammenhang steht, nur nach sorgfältiger Prüfung der Unerlässlichkeit statthaft ist; dies gilt erst recht, wenn ein Zusammenhang zwischen früherem Verhalten und den Angaben, die der Zeuge im in Rede stehenden Verfahren macht, ausgeschlossen erscheint.[22]

Fragen, die für die **Strafzumessung** bedeutsam sind, können nicht als ungeeignet abgelehnt werden. Die Auffassung, dies sei bei Fragen, die nur von „untergeordneter Bedeutung" sein können, möglich,[23] vermag nicht zu überzeugen. Zum einen sind die für den Rechtsfolgenausspruch maßgeblichen Faktoren von Amts wegen zu ermitteln und festzustellen, zum anderen ergäben sich kaum zu überwindende Abgrenzungsschwierigkeiten. Zuzugeben ist aber, dass der Strafauspruch auf einer rechtsfehlerhaft abgelehnten Frage, die lediglich einen unmaßgeblichen Strafzumessungsumstand betrifft, kaum beruhen wird. 13

Eine **Zurückweisung von Fragen** als ungeeignet iSv § 241 Abs. 2 ist nur möglich, wenn sie für die Entscheidung über den Anklagevorwurf bedeutungslos sind. Das ist nicht der Fall bei Fragen, deren Beantwortung Aufschluss über die Glaubwürdigkeit eines Zeugen geben kann.[24] Vor diesem Hintergrund und unter Berücksichtigung des Umstands, dass die unzulässige Beschränkung des Fragerechts einen zur Urteilsaufhebung führenden Fehler begründen kann, empfiehlt es sich, von der Möglichkeit der Zurückweisung von Fragen nur behutsam Gebrauch zu machen. Die Anforderungen an die **Begründung** eines die Frage zurückweisenden Gerichtsbeschlusses entsprechen denen, die für die Ablehnung von Beweisanträgen gelten.[25] 14

2. Fragen iSv § 68a Abs. 2. Die Vorschriften des Abs. 2 wollen zwar verdeutlichen, dass der Zeuge im Strafverfahren als Subjekt anerkannt ist und die Pflicht zur Wahrheitserforschung unter Berücksichtigung der Persönlichkeitsrechte des Zeugen erfolgen muss. Dennoch hat der Gesetzgeber mit der Bestimmung eine Einschränkung des Fragerechts und der Fragepflicht sowie eine Beschränkung der Rechte des Beschuldigten nicht beabsichtigt.[26] Fragen iSv Abs. 2 gehören zur Vernehmung des Zeugen zur Sache und sind damit nicht protokollierungspflichtig.[27] Der Zeuge ist verpflichtet, die Fragen zu beantworten, soweit er sich nicht auf ein Weigerungsrecht nach §§ 52 ff., 55 berufen kann.[28] 15

a) Generalfragen (Abs. 2 S. 1). Aus Abs. 2 S. 1 folgt zunächst, dass der Zeuge verpflichtet ist, Fragen zu beantworten, die die **Prüfung seiner Glaubwürdigkeit** in dieser Sache oder allgemein betreffen. Denn die Zeugnispflicht schließt ein, dass der Zeuge die Prüfung seiner Glaubwürdigkeit dulden muss.[29] Da der Zeugenbeweis im Strafprozess häufig das zentrale Beweismittel darstellt, kommen der Aussageanalyse und einer fundierten Beurteilung der Glaubwürdigkeit des Zeugen entscheidende Bedeutung zu. Diese Beurteilung und die notwendige Überzeugungsbildung können erfordern, dass sich das Gericht zB über das Vorleben des Zeugen, seine körperlichen und geistigen Fähigkeiten und Eigenschaften, etwa seine Gedächtnisstärke, seine Wahrnehmungsfähigkeit oder sein Auffassungsvermögen, ein Bild verschafft und die hierzu notwendigen Fragen an den Zeugen richtet. 16

Abs. 2 S. 1 hebt die Fragen nach den **Beziehungen des Zeugen** zum Beschuldigten oder zum Verletzten als Beispiel besonders heraus. Bei entsprechenden Anhaltspunkten sind diese Fragen üblich und regelmäßig erforderlich, um weiteres Material für die **Beurteilung der Glaubhaftigkeit** der Angaben des Zeugen zu gewinnen. Sie erweisen sich ferner als 17

---

[22] Vgl. hierzu BGH 11.1.2005 – 1 StR 498/04, NJW 2005, 1519 (1520).
[23] OLG Hamm 24.6.1965 – 2 Ws 243/65, NJW 1965, 1495.
[24] Vgl. BGH 14.1.1982 – 1 StR 809/81, NStZ 1982, 170; BGH 14.10.1980 – 5 StR 206/80, NStZ 1981, 71.
[25] BGH 29.9.1959 – 1 StR 375/59, BGHSt 13, 252 (255) = NJW 1959, 2075.
[26] BT-Drs. 16/12098, 15; Graf/*Monka* Rn. 4a.1.
[27] Radtke/Hohmann/*Otte* Rn. 9 mwN.
[28] *Dähn* JR 1979, 138 (141).
[29] BGH 13.5.1969 – 2 StR 618/68, BGHSt 23, 1 (2).

notwendig, um die **Voraussetzungen der Weigerungsrechte** nach §§ 52 ff., 55 und des Vereidigungsverbots nach § 61 aufklären zu können.

18 Hört das Gericht einen **Sachverständigen,** kann die Aufklärungspflicht Fragen nach dessen Ausbildung, Werdegang oder bisheriger forensischer Erfahrung erfordern, wenn dies zur Begutachtung der Sachkunde des Sachverständigen und der Würdigung seiner gutachterlichen Ausführungen notwendig erscheint oder eine Überzeugungsbildung des Gerichts stützen kann.

19 Fragen iSv Abs. 2 S. 1 sind nur dann **unzulässig,** wenn ihre Beantwortung darauf hinausliefe, dass der dem Zeugen nach § 68 gewährte Identitätsschutz unterlaufen wird.[30]

20 **b) Fragen nach Vorstrafen (Abs. 2 S. 2).** Nach seinen Vorstrafen soll der Zeuge nur gefragt werden, wenn es darum geht, die Voraussetzungen eines **Vereidigungsverbotes nach § 60 Nr. 2** zu klären oder wenn die Kenntnis über etwaige Vorstrafen notwendig ist, um die **Glaubwürdigkeit** zu beurteilen. Letzteres wird selten erforderlich sein, da sich die Überzeugungsbildung des Gerichts vom Wahrheitsgehalt der Bekundungen des Zeugen regelmäßig und zuvörderst am Aussageinhalt, der Aussageentstehung, dem Aussageverhalten und anderen Realkriterien sowie daran zu orientieren hat, ob und wie sich die Aussage in das durch die weiteren Beweisaufnahmeergebnisse gezeichnete Bild einpasst. All dies gilt auch für diejenigen Zeugen, die als früherer Tatbeteiligter oder als Angeklagter in dem gegen sie gerichteten Verfahren Aufklärungshilfe iSd §§ 46b StGB, 31 BtMG geleistet haben oder die als V-Mann oder Hinweisgeber der Ermittlungsbehörden im kriminellen Milieu verstrickt sind oder waren.

21 Vor dem Hintergrund der Anforderungen an die **Beweiswürdigung** und der Notwendigkeit, den Wahrheitsgehalt von Zeugenangaben im Wege einer Aussageanalyse zu beurteilen, wäre ein automatischer Rückschluss von Vorstrafen des Zeugen auf die Unglaubhaftigkeit seiner Aussage fehlerhaft. Dennoch kann die Beweiswürdigung, namentlich dort, wo belastende Angaben eines Zeugen Zweifel wecken, durch Erkenntnisse über Vorstrafen des Zeugen beeinflusst werden. Dies gilt besonders dann, wenn der Zeuge bereits wegen Aussagedelikten (§§ 153 ff. StGB) oder einer der Straftaten nach §§ 145d, 164, 257, 258, 263 StGB verurteilt werden musste.

22 Darüber hinaus sind Fragen nach Vorstrafen zulässig, wenn sie zur **Aufklärung** des Sachverhalts erforderlich sind oder im Interesse des Zeugen liegen, etwa weil es zu klären gilt, ob der Angeklagte den Zeugen wegen seiner Vorstrafe erpresst hat.[31]

23 Fragen nach **getilgten oder tilgungsreifen Vorstrafen** sind unzulässig. Solche Vorstrafen dürfen auch bei der Beweiswürdigung nicht verwertet werden (§ 51 Abs. 1 BZRG). Der Zeuge darf sich, auch wenn solche Vorstrafen bekannt werden, als nicht vorbestraft bezeichnen. Hingegen ist es zulässig, den Zeugen nach noch **nicht rechtskräftigen Verurteilungen** zu fragen.[32] Die Offenbarungspflicht hinsichtlich der Eintragungen im Erziehungsregister bestimmt sich nach § 64 BZRG.

24 **c) Erforderlichkeit, Notwendigkeit, Ermessen.** Sowohl die Stellung der Generalfragen nach Abs. 2 S. 1 als auch die Frage nach Vorstrafen des Zeugen nach Abs. 2 S. 2 steht im – eingeschränkten – Ermessen des Gerichts bzw. des Vernehmenden. Die Kriterien für die Ausübung des Ermessens unterscheiden sich trotz der unterschiedlichen Formulierungen in Abs. 2 – „sind zu stellen soweit erforderlich" (S. 1) und „soll gefragt werden, wenn notwendig" (S. 2) – nicht. Maßgeblich ist die **Aufklärungspflicht** im Einzelfall. Die Erläuterungen zur Unerlässlichkeit iSv Abs. 1 (→ Rn. 10 ff.) gelten deshalb sinngemäß auch für Abs. 2.

25 **3. Entscheidung des Gerichts.** Zunächst entscheidet der Vorsitzende im Rahmen der Sachleitung (§ 238 Abs. 1), ob eine Frage unerlässlich iSv Abs. 1 bzw. notwendig iSv Abs. 2

---

[30] *Hilger* NStZ 1992, 457 (459); *Meyer-Goßner* Rn. 6a; Radtke/Hohmann/*Otte* Rn. 5 mwN.
[31] *Meyer-Goßner* Rn. 7.
[32] *Dähn* JR 1979, 138 (141); L/R/*Ignor*/*Bertheau* Rn. 7 mwN.

ist. Wird seine Entscheidung beanstandet, ergeht ein Gerichtsbeschluss (§ 238 Abs. 2). Beanstandungs- und antragsberechtigt sind alle Verfahrensbeteiligten und der Zeuge, dessen Recht auch sein Beistand ausüben kann.[33] Der Zeuge hat gegen die ergangene gerichtliche Entscheidung ein **Beschwerderecht** (§ 305 S. 2); die Beschwerdeentscheidung ist für das erkennende Gericht und den Zeugen verbindlich.[34]

4. Revision. Zwar wird § 68a als Ordnungsvorschrift eingestuft, sodass ein bloßer Verstoß allein gegen eine Vorschrift des § 68a nicht revisibel ist.[35] Anders liegt es aber, wenn die Verletzung des § 68a zu weitergehenden Rechtsverletzungen geführt hat. 26

a) § 68a Abs. 1. Unter Hinweis auf § 68a zu Unrecht zurückgewiesene bzw. nicht gestellte Fragen an einen Zeugen können einen Verstoß gegen die **Aufklärungspflicht** oder den Revisionsgrund des **§ 338 Nr. 8** begründen. Denn wird – auch nach entsprechender Beanstandung – eine Frage durch Gerichtsbeschluss nach § 238 Abs. 2 nicht zugelassen, kann dies, namentlich wenn die tatrichterliche Würdigung der Zeugenaussage von der fehlerhaften Zurückweisung der Frage beeinflusst sein kann, eine **unzulässige Beschränkung der Verteidigung** iSv § 338 Nr. 8 darstellen.[36] Das Zulassen einer unzulässigen Frage kann die Revision nicht begründen, da dadurch die Wahrheitsermittlung nicht berührt wird.[37] 27

b) § 68a Abs. 2. Die vorstehenden Ausführungen zu Abs. 1 gelten hier ebenso. Denkbar ist etwa ein Verstoß gegen die Aufklärungspflicht durch ein Absehen von der Frage nach Vorstrafen des Zeugen.[38] Das **Unterlassen der Generalfragen** kann die Aufklärungsrüge nicht begründen, da die Rüge regelmäßig nicht darauf gestützt werden kann, dass das Gericht ein genutztes Beweismittel nicht voll ausgeschöpft hat, zumal dann nicht, wenn der Revident die Frage nicht selbst gestellt hat.[39] 28

§ 68b [Zeugenbeistand]

(1) [1]Zeugen können sich eines anwaltlichen Beistands bedienen. [2]Einem zur Vernehmung des Zeugen erschienenen anwaltlichen Beistand ist die Anwesenheit gestattet. [3]Er kann von der Vernehmung ausgeschlossen werden, wenn bestimmte Tatsachen die Annahme rechtfertigen, dass seine Anwesenheit die geordnete Beweiserhebung nicht nur unwesentlich beeinträchtigen würde. [4]Dies wird in der Regel der Fall sein, wenn aufgrund bestimmter Tatsachen anzunehmen ist, dass

1. **der Beistand an der zu untersuchenden Tat oder an einer mit ihr im Zusammenhang stehenden Begünstigung, Strafvereitelung oder Hehlerei beteiligt ist,**
2. **das Aussageverhalten des Zeugen dadurch beeinflusst wird, dass der Beistand nicht nur den Interessen des Zeugen verpflichtet erscheint, oder**
3. **der Beistand die bei der Vernehmung erlangten Erkenntnisse für Verdunkelungshandlungen im Sinne des § 112 Absatz 2 Nummer 3 nutzt oder in einer den Untersuchungszweck gefährdenden Weise weitergibt.**

(2) [1]Einem Zeugen, der bei seiner Vernehmung keinen anwaltlichen Beistand hat und dessen schutzwürdigen Interessen nicht auf andere Weise Rechnung getragen werden kann, ist für deren Dauer ein solcher beizuordnen, wenn besondere Umstände vorliegen, aus denen sich ergibt, dass der Zeuge seine Befugnisse bei seiner Vernehmung nicht selbst wahrnehmen kann. [2]§ 142 Absatz 1 gilt entsprechend.

---

33 KK/*Senge* Rn. 4 mwN.
34 L/R/*Ignor/Bertheau* Rn. 11.
35 Graf/*Monka* Rn. 6; *Meyer-Goßner* Rn. 9.
36 BGH 14.1.1982 – 1 StR 809/81, NStZ 1982, 170; BGH 17.4.1990 – 2 StR 149/90, NStZ 1990, 400.
37 Radtke/Hohmann/*Otte* Rn. 10 mwN.
38 Radtke/Hohmann/*Otte* Rn. 10 mwN.
39 L/R/*Ignor/Bertheau* § 68 Rn. 23.

(3) [1]Entscheidungen nach Absatz 1 Satz 3 und Absatz 2 Satz 1 sind unanfechtbar. [2]Ihre Gründe sind aktenkundig zu machen, soweit dies den Untersuchungszweck nicht gefährdet.

Schrifttum: *Bittmann,* Perspektiven zum Opferschutz-Reform der Reform, ZRP 2009, 212; *ders.,* Das 2. Opferrechtsreformgesetz, Jus 2010, 219; *Dahs,* „Informationelle Vorbereitung" von Zeugenaussagen durch den anwaltlichen Rechtsbeistand, NStZ 2011, 200; *Hammerstein,* Der Anwalt als Beistand gefährdeter Zeugen, NStZ 1981, 125; *Klengel/Müller,* Der anwaltliche Zeugenbeistand im Strafverfahren, NJW 2011, 23; *Rieß,* Zeugenschutz bei Vernehmungen im Strafverfahren, NJW 1998, 3240; *ders.,* Das neue Zeugenschutzgesetz, insbesondere Video-Aufzeichnungen von Aussagen im Ermittlungsverfahren und in der Hauptverhandlung, StraFo 1999, 1; *Thomas,* Der Zeugenbeistand im Strafprozess, NStZ 1982, 489; *Wessing/Ahlbrecht,* Der Zeugenbeistand.

Übersicht

A. Allgemeines

I. Normzweck

1 Der 1998 eingefügte § 68b stärkt die Position des Zeugen; darauf, ob er sich in der Rolle des Verletzten befindet, kommt es nicht an. § 68b zielt, gemeinsam mit anderen Vorschriften, auf eine **Verbesserung des Zeugen- und Opferschutzes** im Ermittlungs- und Strafverfahren. Durch die Mitwirkung eines anwaltlichen Beistands soll der Zeuge zum

einen in die Lage versetzt werden, Rechte und Möglichkeiten mit der erforderlichen Sachkunde selbständig wahrzunehmen und zum anderen auf seine Vernehmung Einfluss zu nehmen.[1] Den Zeugen soll besonders die Geltendmachung ihrer Schutz- und Abwehrrechte ermöglicht bzw. erleichtert werden.[2]

2 Das 2. ORRG v. 29.7.2009,[3] in Kraft getreten am 1.10.2009 hat die Bestimmung wesentlich umgestaltet und erweitert. Die heutige Fassung schafft den vom Gesetzgeber beabsichtigten Gleichklang mit den Regelungen für den Beistand des Verletzten (§ 406f) und den Beistand des Nebenklagebefugten (§ 406g).[4] Schon lange vor Inkrafttreten des § 68b hat das BVerfG[5] – unter Heranziehung der Gesichtspunkte des Rechts auf ein faires Verfahren und der Subjektstellung des Zeugen im Verfahren – klargestellt, dass der Zeuge sich von einem Rechtsanwalt unterstützen lassen darf; dieses Recht erkennt Abs. 1 S. 1 nunmehr ausdrücklich an.[6] Die Verbesserung der Position der Zeugen bringt aber auch einen erweiterten Aufwand und Verkomplizierungen mit sich.[7]

3 Die Stärkung der (Opfer-)Zeugen im Strafprozess und ihre Ausstattung mit Informations- und Teilhaberechten bringt **nicht nur Vorteile** mit sich. So droht zum einen – jedenfalls aus Sicht der Verteidigung – eine zu frühzeitige Festschreibung der Rollen von Täter und Opfer, die dem Abschluss des gerichtlichen Erkenntnisverfahrens vorbehalten bleiben sollte, zum anderen kann eine umfangreiche Wahrnehmung der Informations- und Teilhaberechts unter Umständen zu einer Abschwächung der Beweisqualität der Zeugenaussage führen. Solche Gefahren sind ggf. im Rahmen der Beweiswürdigung und gerichtlichen Überzeugungsbildung zu berücksichtigen.[8]

II. Anwendungsbereiche

4 § 68b gilt nicht nur bei richterlichen, sondern für **sämtliche Vernehmungen** eines Zeugen. Für staatsanwaltschaftliche Vernehmungen folgt dies aus § 161a Abs. 1 S. 2. Für polizeiliche Vernehmungen bestimmt § 163 Abs. 3 S. 1 nunmehr die Anwendbarkeit des § 68b; in § 163a Abs. 5 aF fehlte eine entsprechende Verweisung noch. Da die polizeiliche Zeugenvernehmung den Regelfall darstellt, schien dem Gesetzgeber die Anwendbarkeit des § 68b auch hier erforderlich.[9] Gleiches gilt für den Verletztenbeistand nach § 406 f.

III. Überblick

5 **Abs. 1** regelt das **Recht** des Zeugen auf Hinzuziehung eines anwaltlichen Beistands (Abs. 1 S. 1), dessen grundsätzliches Anwesenheitsrecht bei Vernehmungen (Abs. 1 S. 2) sowie die Voraussetzungen für einen **Ausschluss** des Beistands von der Vernehmung (Abs. 1 S. 3 und 4).

6 **Abs. 2** regelt für Vernehmungen die **Beiordnung** eines Zeugenanwalts für Zeugen, die keinen Beistand haben. Dabei sind jedoch gewichtige Einschränkungen zu beachten: zum einen steht die Beiordnung unter dem Vorbehalt, dass den schutzwürdigen Interessen des Zeugen nicht anders Rechnung getragen werden kann, zum anderen muss der Zeuge aufgrund besonderer Umstände nicht fähig sein, seine Befugnisse bei seiner Vernehmung selbst wahrzunehmen.

---

[1] BVerfG 8.10.1974 – BvR/BVerfGE 38, 105 (112, 115) = NJW 1975, 103 (103, 104); *Thomas* NStZ 1982, 489 f.

[2] Radtke/Hohmann/*Otte* Rn. 1.

[3] BGBl. 2009 I, 2280; hierzu *Bittmann* Jus 2010, 219.

[4] BT-Drs. 16/12098, 15.

[5] BVerfG 8.10.1974 – BvR/BVerfGE 38, 105 = NJW 1975, 103; hierzu ausführlich *Thomas* NStZ 1982, 489 f.; *Wessing/Ahlbrecht* Rn. 7 ff.

[6] Zur kontroversen Entstehungsgeschichte L/R/*Ignor/Bertheau* Rn. 2.

[7] *Bittmann* ZRP 2009, 212.

[8] Wegen der angeblichen Gefahr von Fehlurteilen noch deutlich kritischer die Stellungnahme der Strafverteidigervereinigungen vom 11.5.2009 zum Entwurf eines Gesetzes zur Stärkung der Rechte von Verletzten und Zeugen im Strafverfahren (2. Opferrechtsreformgesetz).

[9] BT-Drs. 16/12098, 15.

B. Erläuterung

I. Zuziehung eines Beistands (Abs. 1 S. 1 und 2)

7 **1. Recht auf Zuziehung eines Beistands. a) Zweck.** Das in Abs. 1 S. 1 festgehaltene Recht folgt als sog Zeugengrundrecht aus dem Gebot einer fairen Verfahrensgestaltung und dem durch Art. 2 Abs. 1 iVm Art. 1 Abs. 1 GG geschützten Persönlichkeitsrecht des Zeugen.[10] Das Recht, sich eines selbst gewählten anwaltlichen Beistands zu bedienen, steht dem Zeugen während des gesamten Ermittlungs- und Strafverfahrens, nicht nur bei Vernehmungen, zu.

8 Das Recht aus Abs. 1 S. 1 will sicherstellen, dass der Zeuge von seinen prozessualen Befugnissen selbständig und seinen Interessen entsprechend sachgerecht Gebrauch machen kann. Dieser Aspekt gewinnt besondere Bedeutung, wenn sich der Zeuge in einem Konflikt zwischen der Aussage- und Wahrheitspflicht mit den sie sichernden Zwangsmitteln und Strafandrohungen und der Gefahr eigener Verfolgung befindet.

9 **b) Prozessuale Rechte des Zeugen.** Als Rechte, bei deren Wahrnehmung der Zeuge die Beratung, Unterstützung oder Mitwirkung durch einen Beistand für erforderlich halten kann, kommen vor allem in Betracht: die **Zeugnisverweigerungsrechte** nach §§ 52 ff., das **Auskunftsverweigerungsrecht** nach § 55 und das **Beanstandungsrecht** bei Fragen, die unter § 68a fallen oder nach § 241 Abs. 2 zurückgewiesen werden können. Ein Beistand kann den Zeugen auch unterstützen, wenn es zu beanstanden gilt, dass der Zeuge in seinem Recht auf Abgabe eines zusammenhängenden Berichts iSv § 69 Abs. 1 S. 1 gestört wird oder **Anträge,** etwa auf Ausschließung des Angeklagten nach § 247 oder auf Ausschluss der Öffentlichkeit zum Schutz der Privatsphäre des Zeugen, von Geheimnissen oder bei Gefährdungen (§§ 171b, 172 GVG) gestellt werden sollen. Ferner kann der Beistand den Zeugen beraten, bevor dieser eine wörtliche Protokollierung genehmigt.

10 Vom Zeugen kann nicht verlangt werden, zu begründen, warum er in Begleitung eines Rechtsbeistands zur Vernehmung erscheint. Denn dies würde ihn der Gefahr aussetzen, solche Angaben zu machen, vor deren Offenbarung ihn § 55 gerade schützen will.[11]

11 **c) Keine Zulassung, kein obligatorischer Hinweis, Kosten.** Der Zeuge kann selbst entscheiden, ob und wann er es für geboten hält, einen Rechtsbeistand hinzuzuziehen. Der vom Zeugen hinzugezogene Beistand bedarf keiner Zulassung. Strafverfolgungsbehörden und Gerichte sind nicht verpflichtet, den Zeugen auf die Möglichkeit der Zuziehung eines Beistands hinzuweisen. Werden Verletzte als Zeugen geladen, ist es – obgleich der Gesetzgeber formularmäßige Belehrungen vermeiden wollte – vielfach üblich geworden, im Ladungsformular auf diese Option und/oder Opferschutzorganisationen hinzuweisen. Zieht der Zeuge selbst einen Beistand hinzu, trägt er für diesen die Kosten.

12 **2. Rechtsstellung des Beistands.** Der Beistand ist **kein Verfahrensbeteiligter.** Seine Rechtsstellung leitet sich aus der des Zeugen ab. Da der Beistand ausschließlich im Interesse des Zeugen und zur Wahrung von dessen Rechten tätig wird, hat er keine weitergehenden Befugnisse als der Zeuge selbst.[12]

13 Die Funktion des Beistands nach Abs. 1 und 2 kann ein **Rechtsanwalt** oder eine diesem nach **§ 138 Abs. 1 und 2** gleichgestellte Person übernehmen. § 138 Abs. 3 hält die Befugnis des Zeugen, als Beistand einen Rechtsanwalt, einen Rechtslehrer an einer deutschen Hochschule oder – mit Genehmigung des Gerichts – eine andere natürliche Person auszuwählen, ausdrücklich fest; mit dem durch das 2. ORRG eingefügten § 138 Abs. 3 sollten die Befugnisse der Opfer von Straftaten bei der Wahl eines Beistands an die der Beschuldigten bei

---

[10] BVerfG 8.10.1974 – BvR/BVerfGE 38, 105 = NJW 1975, 103 (104); BVerfG 10.3.2010 – 2 BvR 941/09, StraFo 2010, 243; Kurzwiedergabe in NJW-Spezial 2010, 280.

[11] BVerfG 10.3.2010 – 2 BvR 941/09, StraFo 2010, 243.

[12] BGH 4.3.2010 – StB 46/09; s. auch BT-Drs. 13/7165, 9.

der Wahl des Verteidigers angeglichen werden.[13] Vor diesem Hintergrund überzeugt die Auffassung, die ausschließlich Rechtsanwälte als Beistand zulassen will,[14] nicht.

3. Befugnisse und Funktionen des Beistands. Zwar gewährt Abs. 1 S. 2 nach seinem Wortlaut dem Beistand nur ein **Anwesenheitsrecht.** Sinn und Zweck des Rechts auf einen Beistand erfordern es jedoch, dem anwesenden Beistand **Mitwirkungsbefugnisse** und **Antrags- und weitere Rechte** zuzugestehen, denn die bloße Anwesenheit bietet dem Zeugen noch keine Unterstützung bei der Handhabung seiner Rechte. 14

a) Anwesenheitsrecht (Abs. 1 S. 2). Wie der Wortlaut des Abs. 1 S. 2 zeigt, besteht das Recht zur Anwesenheit bei der Vernehmung unabhängig davon, ob der Zeuge in öffentlicher oder nichtöffentlicher Hauptverhandlung vernommen wird. 15

Im Übrigen ist der **Umfang des Anwesenheitsrechts** umstritten. Zum Teil wird angenommen, das Anwesenheitsrecht beschränke sich ausschließlich auf die Zeit während der Vernehmung; davor und danach sei der Beistand nicht zur Anwesenheit berechtigt.[15] Dies vermag nicht zu überzeugen; den Vorzug verdient die Gegenansicht.[16] Zunächst berücksichtigt die erstgenannte Auffassung nicht, dass der Ausschluss eines Zuhörers bereits einem Verstoß gegen den Öffentlichkeitsgrundsatz gleichkäme. Hinzu kommt für den Zeitraum nach der Vernehmung der Aspekt der Gleichsetzung der Rechte des Beistands mit denjenigen des Zeugen; einem Zeugen ist aber regelmäßig die Anwesenheit im Sitzungssaal zu gestatten, sobald seine Vernehmung beendet ist.[17] Schließlich erscheint ohne Anwesenheitsrecht und ohne Akteneinsichtsrecht[18] eine Vorbereitung und Beratung des Zeugen für den Beistand regelmäßig nahezu unmöglich. 16

Zwar kann der Beweiswert einer Zeugenaussage gemindert sein, wenn er vor seiner Vernehmung bereits Informationen über den Verfahrensstand oder über die Inhalte anderer Zeugenaussagen erhalten hat. Dies rechtfertigt es jedoch nicht, den Beistand anders als jeden am Verfahren interessierten Zuhörer zu behandeln. Ferner fehlt jeder Hinweis dafür, dass mit § 68b eine Möglichkeit zur Einschränkung der Öffentlichkeit geschaffen werden sollte.[19] Zudem widersprechen Sinn und Zweck der Norm einer Beschränkung des Anwesenheitsrechts. Denn käme zu dem dem Beistand nur in geringem Umfang zugestandenen Akteneinsichtsrecht noch der Ausschluss von der Verhandlung hinzu, wäre häufig eine fundierte und sachgerechte Beratung und Unterstützung des Zeugen nicht mehr möglich. 17

Abgesehen von der Möglichkeit der Anwesenheit in der Verhandlung kann sich der Beistand auch auf andere Art und Weise **Informationen verschaffen.** Denkbar ist etwa die Kontaktaufnahme zu anderen Verfahrensbeteiligten. Auch der Zeuge kann sich bei Zuhörern der bereits abgelaufenen Hauptverhandlung oder Verfahrensbeteiligten informieren. Beide Varianten sind zwar rechtlich nicht sanktioniert, sollten aber **nur mit äußerster Vorsicht und Zurückhaltung** praktiziert werden. 18

Denn eine informationelle Vorbereitung der Aussage hat nicht nur regelmäßig – ebenso wie die dem Zeugen durch seinen Beistand vorab bekannt gegebenen Erkenntnisse – negative Einflüsse auf die Überzeugungskraft der Aussage.[20] Sie birgt für den Zeugen, für den Beistand sowie für den Informanten zudem die Gefahr, die Grenze zur Begehung von Straftaten zu überschreiten. So steht beim Zeugen die Strafbarkeit wegen Aussagedelikten (§§ 153 ff. StGB) und Strafvereitelung (§ 258 StGB) im Raum, beim Beistand wegen möglicher Anstiftung oder Beihilfe hierzu. Dem Verteidiger droht bei Weitergabe von Aktentei- 19

---

[13] BT-Drs. 16/2098; Graf/*Wessing* § 138 Rn. 18a.

[14] Radtke/Hohmann/*Otte* Rn. 3 mwN.

[15] *Meyer-Goßner* Rn. 5.

[16] Vgl. LG Heilbronn 3.2.2003 – 3 Ks 17 Js 23416/01, NStZ 2004, 100; *Klengel/Müller* NJW 2011, 2; s. auch L/R/*Ignor/Bertheau* Rn. 19, 20.

[17] Zu Ausnahmen s. § 58 Rn. 15.

[18] → Rn. 30 ff.

[19] Überzeugend LG Heilbronn 3.2.2003 – 3 Ks 17 Js 23416/01, NStZ 2004, 100 (101) m. abl. Anm. *Wagner*.

[20] Vgl. *Dahs* NStZ 2011, 200 (201).

len oder Informationen die Strafbarkeit wegen Verletzung der Schweigepflicht (§ 203 Abs. 1 Nr. 3 StGB).[21]

20 **b) Beratung. aa) Während der Vernehmung.** Der Beistand darf den Zeugen zunächst während der Vernehmung beraten. Die hierfür erforderliche **Zeit** muss das Gericht dem Beistand einräumen und, falls der Beistand anders nicht sinnvoll tätig werden kann, notfalls die Hauptverhandlung unterbrechen.[22]

21 Die Beratungsfunktion des Beistands betrifft besonders die sachgerechte Wahrnehmung der dem Zeugen aus **§§ 52 ff., 55** zustehenden Weigerungsrechte. Hier kann der Beistand dem Zeugen die Konsequenzen darlegen, die sich für ihn selbst bzw. einen Angehörigen ergeben können, je nachdem, ob, wann und in welchem Umfang der Zeuge sich auf ein ihm zustehendes Zeugnis- oder Auskunftsverweigerungsrecht beruft. Auch der Umstand, dass die Gefahr strafgerichtlicher Verfolgung durch eine Berufung des Zeugen auf § 55 erst begründet oder noch gesteigert wird, wird häufig Beratungsgegenstand sein, ebenso, welche Umstände im Rahmen einer verlangten Glaubhaftmachung gemäß § 56 offenbart werden können, ohne dadurch in den Bereich der Verfolgungsgefahr zu gelangen.[23] Schließlich kann der Beistand den Zeugen bei der Verteidigung gegen drohende oder verhängte Ordnungsmittel unterstützen.[24]

22 **bb) Vor der Vernehmung.** Der Zeuge kann sich schon vor der Vernehmung mit seinem Beistand beraten. Seitens des Beistands ist dieses Gespräch **vertraulich.** Der Zeuge hingegen muss die zur Sache gehörenden Fragen beantworten; hierzu kann auch der Inhalt der Vorberatung mit dem Beistand gehören, sofern keine Weigerungsrechte nach §§ 52 ff., 55 eingreifen. Dem Zeugen kann, was die Mandatsbeziehung zu seinem Beistand anbelangt, **kein generelles Zeugnisverweigerungsrecht** zuerkannt werden;[25] der Gesetzgeber hat ein solches – trotz wiederholter Befassung mit § 68b – nicht eingeführt. Es könnte die Sachaufklärung beeinträchtigen und die Bemessung des Beweiswerts der Aussage erschweren. Anzuerkennen ist ausnahmsweise ein punktuelles Zeugnisverweigerungsrecht, soweit die an den Zeugen gerichtete Frage – was sehr selten der Fall sein wird – in den unantastbaren Bereich privater Lebensgestaltung vordringt; regelmäßig müssen die Persönlichkeitsrechte des Zeugen hingegen hinter dem staatlichen Aufklärungsinteresse zurücktreten.[26]

23 **c) Unterstützung beeinträchtigter Zeugen.** Außerdem können Zeugen durch den Beistand stabilisiert und menschlich-psychisch unterstützt werden. Dies gilt besonders bei Zeugen, die in ihrer Aussagefähigkeit beeinträchtigt oder in ihrer **Aussagebereitschaft gehemmt** sind; Umstände, die etwa häufig bei schwer geschädigten Opfern, besonders, wenn sie noch jung sind oder sich in hohem Lebensalter befinden, vorliegen werden.

24 Der Beistand kann auch dazu beitragen, durch die Aussage hervorgerufene Mehrdeutigkeiten oder Missverständnisse zwischen dem Zeugen und Verfahrensbeteiligten zu vermeiden und **Aussagefehler** zu verhindern. Dies gilt besonders bei ängstlichen oder ungeschickten Zeugen oder solchen, die aus anderen Gründen in ihrer Aussagefähigkeit oder -bereitschaft beeinträchtigt sind.[27]

25 **d) Beratung bei Protokollierung.** Zu Unterstützungszwecken kann ein Zeugenbeistand auch Hilfestellung und Unterstützung bei der **wörtlichen Protokollierung von Aussagen** geben. Er darf den Zeugen auf möglicherweise notwendige Korrekturen hinweisen und vor der Genehmigung des Wortprotokolls (§ 273 Abs. 3 S. 3) beraten. Letztlich muss der Zeuge selbst entscheiden, welchen Inhalt seine Aussage haben soll. Vor diesem

---

[21] *Dahs* NStZ 2011, 200 (202).
[22] *Rieß* StraFo 1999, 1 (7).
[23] Hierzu *Hammerstein* NStZ 1981, 125.
[24] KG 20.12.2007 – 2 BJs 58/06, StV 2010, 298.
[25] AA *Thomas* NStZ 1982, 489 (493).
[26] BVerfG 19.7.1972 – 2 BvL 7/71, NJW 1972, 2214; BayObLG 8.11.1978 – RReg 3 St 267/78, NJW 1979, 2624 (2625).
[27] *Thomas* NStZ 1982, 489 (491).

Hintergrund erscheint es zu weitgehend, von einer Einflussnahme bei der Protokollierung zu sprechen.[28]

e) Beanstandungsrecht, Rederecht, Beschwerderecht, Hinweis auf Fürsorgepflicht. Der Beistand kann für den Zeugen unzulässige, dh ungeeignete oder nicht zur Sache gehörende **Fragen** (vgl. § 241 Abs. 2) beanstanden. Um eine effektive und überzeugende Beanstandung zu ermöglichen und die Argumente bzw. Sichtweise des Zeugen vorbringen zu können, ist dem Beistand auch ein **Rederecht**[29] einzuräumen. Weist der Vorsitzende die Frage auf die Beanstandung hin zurück, braucht sie der Zeuge nicht zu beantworten. 26

Kommt der Vorsitzende dem Ansinnen bzw. einer Beanstandung des Beistands nicht nach, kann dieser auch den Erlass eines Gerichtsbeschlusses nach **§ 238 Abs. 2** beantragen. Anders als der Angeklagte kann der Zeuge diesen Beschluss mit der **Beschwerde** anfechten; denn er ist eine „dritte Person" iSv § 305 S. 2. Auch hierbei kann der Beistand beratend und unterstützend tätig werden.[30] Entsprechendes gilt, wenn das Gericht gegen den Zeugen Ordnungsmittel verhängt. 27

Ferner sollte der Beistand versuchen, das Gericht dort zum Einschreiten zu bewegen, wo die Befragung des Zeugen Dimensionen annimmt, die in keinem Verhältnis zum Beweisthema mehr stehen und die Art und Weise oder der Umfang der Vernehmung mit der gerichtlichen **Fürsorgepflicht** gegenüber einem Zeugen nicht mehr vereinbar erscheint. Denn das Gericht ist verpflichtet, bei seiner Entscheidung über den Umfang der Beweisaufnahme **Opferschutzinteressen** in seine Erwägungen einzubeziehen. Das bedeutet auch, das Opfer vor einer rechtsstaatswidrigen Verteidigung des Angeklagten zu schützen und Befragungen zu seinem Privat- oder Intimleben, wenn dieses keinen unmittelbaren Zusammenhang zum Verfahrensgegenstand aufweist, nur nach sorgfältiger Prüfung ihrer Unerlässlichkeit zuzulassen, zumal unnötige exzessive Beweiserhebungen auch die Wahrheitsermittlung gefährden können.[31] 28

f) Antrags- und Erklärungsrecht. Der Beistand kann für den Zeugen Anträge stellen und Erklärungen anbringen.[32] Die Beantwortung der Frage bleibt aber stets Aufgabe des Zeugen. Der Beistand kann den Zeugen nicht bei der Beantwortung vertreten. 29

g) Akteneinsichtsrecht. aa) Umfang der Akteneinsicht. Die Frage, in welchem Umfang der Beistand zur Akteneinsicht berechtigt ist, ist umstritten. Die Auffassung, die ihm unabhängig davon, ob der Zeuge Verletzter ist, ein uneingeschränktes Akteneinsichtsrecht zusteht,[33] überzeugt schon deshalb nicht, weil sie die Regelungen der §§ 147, 406e, 474 ff. außer Acht lässt. Anders als für den Verteidiger ist § 147 auf den Zeugenbeistand nicht anwendbar. Auch darf der Beistand den Zeugen nicht in der Aussage vertreten oder auf den Aussageinhalt Einfluss nehmen; dies ließe sich indes schwer ausschließen, wenn der Beistand mit dem Zeugen anhand der durch die Akteneinsicht gewonnen Kenntnisse inhaltliche Fragen erörterte. Schließlich lässt sich mit dem Hinweis auf Polizeibeamte, die im Rahmen ihrer Aussagevorbereitung Akten(-teile) einsehen können, ein allgemeines Akteneinsichtsrecht für den Zeugenbeistand nicht überzeugend begründen.[34] Denn bei diesen Akten handelt es sich nicht um die vollständigen Gerichtsakten, sondern um bei der Dienststelle des Polizeibeamten anläßlich seiner Berufsausübung angefallene Aktenteile. 30

---

[28] *Meyer-Goßner* Rn. 4; BVerfG 10.3.2010 – 2 BvR 941/09, StraFo 2010, 243.

[29] *Thomas* NStZ 1982, 489 (494).

[30] *Thomas* NStZ 1982, 489 (494).

[31] Vgl. zu einer mehrtägigen Befragung des Geschädigten durch die Verteidigung trotz eines gut überschaubaren Tatsachverhalts BGH v. 31.8.2006 – 3 StR 237/06, NStZ-RR 2007, 21; s. auch BGH 11.1.2005 – 1 StR 498/04, NJW 2005, 1519 (1520 f.).

[32] *Meyer-Goßner* Rn. 4.

[33] KK/*Senge* Rn. 9.

[34] AA *Wessing/Ahlbrecht* Rn. 51.

31 Da sich die Rechtsstellung des Beistands aus der des Zeugen ableitet, gilt: Der Zeuge hat, sofern er **nicht Verletzter**[35] ist, ein Akteneinsichtsrecht nur als „Privatperson" iSv **§ 475;** darüber hinaus ist auch sein Beistand nicht zur Akteneinsicht berechtigt.[36] Allein der Umstand, dass das Gericht einen anwaltlichen Beistand bestellt hat, genügt nicht, um ein berechtigtes Interesse iSv § 475 Abs. 1 anzunehmen. Anderenfalls wäre der Grundsatz, dass Zeugen unbefangen und ohne Kenntnis anderer Zeugenangaben und der Einlassung des Angeklagten aussagen sollen (vgl. §§ 58 Abs. 1, 243 Abs. 2), ausgehebelt sowie Qualität und Beweiswert der Zeugenaussage deutlich gemindert, was wiederum die Wahrheitsfindung beeinträchtigte. All dies führt dazu, dass in diesen Fällen regelmäßig die in § 477 Abs. 2 S. 1 angeführten **Zwecke des Strafverfahrens der Akteneinsicht entgegenstehen,** denen der Gesetzgeber gegenüber dem Einsichtsbegehren eines Zeugen, der nicht Verletzter ist, den Vorrang eingeräumt hat.[37]

32 Mit Blick auf diese Regelungen muss grundsätzlich eine großzügigere Handhabung des Akteneinsichtsrechts ausscheiden. Es kann besonders nicht schon dann pauschal bejaht werden, wenn der Zeuge aus Gründen der Gefahr einer Selbstbelastung bzw. beim Vorliegen der Voraussetzungen des § 55 eines Beistands bedarf.[38] Diese Ansicht berücksichtigt nicht, dass das Gericht den Zeugen über sein Auskunftsverweigerungsrecht belehren muss und dem Zeugen, jedenfalls auf dessen Nachfrage hin, sein Weigerungsrecht noch zusätzlich erläutern wird.

33 Um die Schutz- und Beratungsfunktion des Beistands zu gewährleisten, erscheint es **ausnahmsweise** dann, wenn es sich um komplizierte, schwer erfassbare und verästelte Sachverhalte handelt, jedoch vertretbar und angemessen, dem Beistand das **Beweisthema** vorab mitzuteilen. Daneben kann **auszugsweise Akteneinsicht** – soweit die Aktenteile nicht die Aussagen anderer Zeugen und die Angaben des Angeklagten enthalten – gewährt oder dem Beistand eine Anklageschrift übermittelt werden, anhand derer er mit dem Zeugen Risiken und Gefahren einer möglichen Selbstbelastung besprechen kann.[39] Dies gilt besonders in Fällen, in denen der Beistand beigeordnet wurde, weil der Zeuge zur zutreffenden Beurteilung der Sach- und Rechtslage gerade nicht in der Lage und deshalb schutzbedürftig ist, denn in diesen Konstellationen wird der Beistand die für eine wirksame Ausübung seiner Funktion erforderlichen Informationen kaum allein vom Zeugen erlangen können[40] sowie in den Fällen, in denen eine Gefährdung des Zeugen zu besorgen ist.[41] In den genannten Konstellationen ist der Beistand gefordert, gegenüber dem Gericht die für eine partielle Akteneinsicht sprechenden Umstände konkret vorzutragen.[42]

34 Wurde der Beistand hingegen einem Zeugen beigeordnet, der **Verletzter** ist, gilt **§ 406e.** Damit wird das Akteneinsichtsrecht gegenüber einem „normalen" Zeugen wesentlich erweitert, denn in allen in § 395 aufgelisteten Fällen braucht kein berechtigtes Interesse an der Einsicht dargelegt werden.

35 **bb) Zuständigkeit.** Während der gerichtlichen Anhängigkeit des Verfahrens entscheidet der Vorsitzende über die begehrte Akteneinsicht, während des Ermittlungsverfahrens die StA (§ 478 Abs. 1, § 406e Abs. 4).

36 **cc) Antrag auf gerichtliche Entscheidung.** Hat die StA das Akteneinsichtsgesuch abschlägig beschieden, kann hiergegen die gerichtliche Entscheidung beantragt werden. Über einen Antrag gegen die Versagung der Akteneinsicht für den Zeugenbeistand durch die Bundesanwaltschaft im Ermittlungsverfahren hat gemäß § 478 Abs. 3 iVm § 161a Abs. 3

---

[35] S. zum Akteneinsichtsrecht des Zeugen, der gleichzeitig Verletzter ist § 406e.

[36] BGH 4.3.2010 – StB 46/09, NStZ-RR 2010, 246 (247) mwN; KG 20.12.2007 – 2 BJs 58/06, StV 2010, 298 mwN; OLG Hamburg 3.1.2002 – 2 Ws 258/01, NJW 2002, 1590; *Dahs* NStZ 2011, 200.

[37] KG 7.2.2008 – (1) 2 BJs 58/06, NStZ 2008, 587; KG 20.12.2007 – 2 BJs 58/06, StV 2010, 298 mwN.

[38] So aber *Klengel/Müller* NJW 2011, 23 (25); ähnlich *Koch* StV 2010, 299.

[39] Vgl. KG 20.12.2007 – 2 BJs 58/06, StV 2010, 298.

[40] *Senge* jurisPR-Strafrecht 13/2008 Anm. 4.

[41] Vgl. *Bittmann* JuS 2010, 219 (220).

[42] Vgl. *Wessing/Ahlbrecht* Rn. 49.

S. 2 bis 4, §§ 73 Abs. 1, 120 Abs. 3 GVG nicht der Vorsitzende, sondern der Senat zu entscheiden.[43] Dementsprechend ist bei einem Antrag des Zeugenbeistands auf gerichtliche Entscheidung gegen die Versagung der Akteneinsicht durch die StA der gesamte Spruchkörper zuständig.[44]

h) Terminsnachricht. Der Beistand ist von allen Vernehmungsterminen formlos zu **benachrichtigen.** Für die Hauptverhandlung folgt dies bereits aus § 397 Abs. 2 S. 3, für andere Vernehmungstermine, zumindest dann, wenn der Beistand durch das Gericht bestellt wurde, aus dem Grundsatz des fairen Verfahrens.[45] 37

i) Terminierung. Nach dem Willen des Gesetzgebers sind die Strafverfolgungsbehörden gehalten, die Vernehmungen nach Möglichkeit so zu terminieren, dass der Zeuge von der von ihm gewünschten Begleitung durch einen Beistand Gebrauch machen kann.[46] Ein Anspruch auf einen bestimmten Vernehmungstermin lässt sich hieraus nicht ableiten. Die **Verhinderung des hinzugezogenen Beistands** gibt dem Zeugen nicht das Recht, der Vernehmung fernzubleiben.[47] Denn die Vernehmung kann mit einem anderen Beistand stattfinden; die Lage ist nicht mit der Verhinderung eines notwendigen Verteidigers vergleichbar. 38

Macht der Zeugenbeistand seine Verhinderung geltend, kann zwar, besonders im Ermittlungsverfahren oder bei kommissarischen Vernehmungen eine Verlegung des Vernehmungstermins erwogen werden. Der Beistand hat aber **keinen Anspruch auf Terminsverlegung.** Die Gerichte sind nicht verpflichtet, einen Vernehmungstermin wegen der Verhinderung des Beistands zu verlegen.[48] Hiergegen spricht bereits der verfassungsrechtlich verankerte Beschleunigungsgrundsatz, aber auch der Umstand, dass sich die Tatgerichte regelmäßig in einem engen Terminkorsett befinden und eine Verlegung Auswirkungen auf den gesamten Verfahrensfortgang nach sich ziehen kann. Im Verhinderungsfall muss sich der Zeuge ggf. einen anderen Beistand suchen. In jedem Fall ist eine sofortige Mandatsanzeige durch den Beistand sinnvoll, um das Gericht frühzeitig zu informieren. Im Übrigen kann das Gericht den Interessen des Zeugen dadurch Rechnung tragen, dass es ihm einen Beistand bestellt, der zur Wahrnehmung des vorgesehenen Termins in der Lage ist.[49] 39

II. Ausschluss des Beistands (Abs. 1 S. 3 und 4)

1. Voraussetzungen einer Verweigerung der Zuziehung eines Beistands. a) Beeinträchtigung der Beweiserhebung. Der Beistand des Zeugen kann nach Abs. 1 S. 3 dort ausgeschlossen werden, wo seine Anwesenheit die **Beweiserhebung nicht nur unwesentlich beeinträchtigen** würde. Dies ist dann der Fall, wenn die Teilnahme eines Beistands dazu missbraucht wird, eine geordnete und effektive Beweiserhebung zu erschweren oder zu verhindern und damit das Auffinden einer materiell richtigen und gerechten Entscheidung zu beeinträchtigen.[50] 40

Das Recht auf Zuziehung eines Beistands besteht nicht schrankenlos; die Verhörsperson braucht die Mitwirkung des Beistands nicht ausnahmslos zu dulden. **Vorrang** hat die Aufrechterhaltung einer **funktionsfähigen Rechtspflege.**[51] Denn das Gesetz lässt den Ausschluss auch noch unterhalb der Schwelle einer Verhinderung oder Erschwerung der Beweiserhebung zu, wie die Wendung „nicht nur unwesentlich" belegt. 41

---

[43] KG 7.2.2008 – (1) 2 BJs 58/06, NStZ 2008, 587.
[44] KG 20.12.2007 – 2 BJs 58/06, StV 2010, 298.
[45] AA *Meyer/Goßner* Rn. 5.
[46] Radtke/Hohmann/*Otte* Rn. 4.
[47] BGH 19.5.1989 – StB 19/89, NStZ 1989, 484 m. abl. Anm. *Krehl* NStZ 1990, 192, der einen Verstoß gegen das recht des Zeugen auf ein faires Verfahren sieht; *Meyer/Goßner* Rn. 4.
[48] AA *Wessing/Ahlbrecht* Rn. 28 ff.
[49] L/R/*Ignor/Bertheau* Rn. 23.
[50] BVerfG 10.3.2010 – 2 BvR 941/09, StraFo 2010, 243.
[51] Graf/*Monka* Rn. 1.

42 **b) Nicht ausreichende Umstände.** Tätigkeiten zur Wahrnehmung der Zeugenrechte, etwa der Rat, vom Zeugnis- oder Auskunftsverweigerungsrecht Gebrauch zu machen oder eine Frage zu beanstanden, genügen für einen Ausschluss des Beistands freilich nicht, auch dann nicht, wenn dadurch die Sachverhaltsaufklärung erschwert wird.[52] Ebenso wenig rechtfertigt sich ein Ausschluss, wenn der Verhörsperson unter Berufung auf § 55 keine Auskunft über die Gründe der Hinzuziehung eines Beistands erteilt wird, weil anderenfalls der Schutz des § 55 ins Leere liefe. Auch die bloße Überschreitung der Rechte des Zeugenbeistands im Einzelfall reicht nicht aus.[53]

43 **c) Verdachtsgrad.** Dass Abs. 1 S. 3 **bestimmte Tatsachen** für die Annahme der Beeinträchtigung der Beweiserhebung verlangt, kann nicht mit dem Erfordernis eines dringenden Verdachts gleichgesetzt werden.[54] Ausreichend ist ein hinreichender Verdacht. Der Gesetzgeber wollte nur Spekulationen und vage Verdachtsmomente ausschließen.[55]

44 Eine zu enge Handhabung der Ausschlussgründe berücksichtigt nicht, dass § 68b nicht die Interessen des anwaltlichen Beistands, sondern den Schutz und die Unterstützung des Zeugen im Auge hat. Dass ein Ausschluss bei einem dringenden Verdacht möglich ist, bedeutet nicht, dass er bei einem unterhalb dieser Schwelle liegenden Verdacht ausscheiden muss. Im Fall des Ausschlusses kann der Zeuge ohne besondere Mühe auf einen anderen Beistand zurückgreifen.

45 **2. Regelbeispiele.** Abs. 1 S. 4 enthält drei Regelbeispiele, in denen die Gefährdung einer geordneten Beweiserhebung in der Regel anzunehmen sein soll; in diesen Konstellationen ist – wie vom BVerfG gefordert – der **Ausschluss des Beistands** typischerweise gerechtfertigt.[56] Zu verkürzt erscheint es, anzunehmen, die Regelung ziele auf „Szeneanwälte" in Verfahren gruppenbezogener Straftaten.[57]

46 **a) Abs. 1 S. 4 Nr. 1.** Diese Regelung betrifft Fälle, in denen auf den Beistand ein **Teilnahmeverdacht** fällt oder sich gegen den Beistand der Verdacht einer Begünstigung, Strafvereitelung oder Hehlerei richtet. Die Regelung orientiert sich an § 138a Abs. 1 Nr. 1 und Nr. 3.

47 Ausreichend sind alle Formen der Täterschaft und Teilnahme; auch der Versuch der Tatbeteiligung bzw. der Versuch einer Tat nach den §§ 257–259 StGB genügt. Die Gesetzesformulierung „im Zusammenhang" weist auf einen weiten Anwendungsbereich; die **weite Auslegung** ist notwendig, um die Neutralität des Beistands zu wahren und damit auch Interessenkollisionen zu verhindern. Danach ist nicht nur bei direkten, sondern auch entfernteren Zusammenhängen zwischen der im Verfahren anhängigen Straftat und der Person des Beistands der Ausschluss angezeigt. In all diesen Fällen erscheint der Beistand ungeeignet, den Zeugen objektiv zu beraten.[58]

48 **b) Abs. 1 S. 4 Nr. 2.** Die Bestimmung betrifft eine mögliche **Kollision der Interessen** des Beistands mit denjenigen des Zeugen. Bei einer solchen Kollision ist die Beeinflussung des Aussageverhaltens des Zeugen durch den Beistand niemals auszuschließen. Die Interessen des Zeugen haben Vorrang.

49 Die Regelung will die freie Willensentscheidung des Zeugen, etwa bei der Ausübung seiner Weigerungsrechte, sicherstellen; deshalb genügt bereits die **Gefahr einer indirekten Einflussnahme auf das Aussageverhalten.**[59] Sie ist immer dann zu bejahen, wenn

---

52 Radtke/Hohmann/*Otte* Rn. 14.

53 *Klengel/Müller* NJW 2011, 23 (26).

54 AA *Klengel/Müller* NJW 2011, 23 (26), die einen dringenden Tatverdacht in verfassungskonformer Auslegung verlangen, weil der Gesetzgeber die verfassungsrechtlichen Vorgaben verkannt habe.

55 BT-Drs. 16/12098, 16.

56 Graf/*Monka* Rn. 4; auch insoweit nehmen *Klengel/Müller* NJW 2011, 23 (26) an, die gesetzliche Regelung genüge den Anforderungen des BVerfG nicht.

57 *Bittmann* ZRP 2009, 212 (213).

58 Radtke/Hohmann/*Otte* Rn. 6 unter Hinweis auf BT-Drs. 16/12098, 16.

59 *Klengel/Müller* NJW 2011, 23 (26).

der Beistand auch für andere Personen tätig ist, die ein Interesse an einer bestimmten Aussage des Zeugen haben, etwa wenn der Beistand den im Verfahren Beschuldigten oder einen gesondert verfolgten Beteiligten vertritt oder wenn der Zeuge derjenigen Gruppierung angehört, gegen die ermittelt wird und die Anführer der Gruppe den Beistand ebenfalls beauftragt haben.[60] Der Anwendungsbereich dieses Regelbeispiels kann sich ferner mit Abs. 1 S. 4 Nr. 1 überschneiden, denn auch bei einem sich gegen den Beistand richtenden Teilnahmeverdacht wird dieser eher seine Interessen, nicht die des Zeugen im Blick haben.

Der Gesetzeszweck verbietet es, dass sich die Tätigkeitsbereiche des Zeugenbeistands und des Beschuldigtenvertreters, und sei es auch nur marginal oder in Randbereichen des Verfahrens, überlappen. Das Regelbeispiel dahin auszulegen, dass es nur die Konstellation erfasse, in der ein Beistand die Zeugeninteressen nicht überwiegend vertritt oder zur Begehung von Straftaten missbraucht,[61] geht am Wortlaut des Gesetzes vorbei, führt zu Unsicherheiten und wird weder der Interessenlage des Zeugen noch dem Grundsatz der Verfahrenseffektivität gerecht. 50

c) Abs. 1 S. 4 Nr. 3. Dieses Regelbeispiel betrifft die Gefahr, dass der Beistand bei der Vernehmung erlangte Erkenntnisse zu **Verdunkelungshandlungen** nutzen oder in einer den Untersuchungszweck gefährdenden Weise weitergeben könnte. Unerheblich ist, ob dies im eigenen Interesse des Beistands oder im Fremdinteresse geschehen könnte. In Frage kommt etwa die Gefahr, dass der Beistand gesuchte Personen warnen oder Beweismittel vernichten könnte.[62] Eine dringende Gefahr ist nicht erforderlich; die Ausführungen Rn. 43, 44 gelten entsprechend. 51

3. Feststellung der Ausschlussgründe. Im Rahmen der Prüfung der Ausschlussgründe des Abs. 1 S. 3, 4 ist die Verhörsperson befugt, die Umstände der Hinzuziehung eines Zeugenbeistands aufzuklären und hierzu den Zeugen und dessen Beistand zu befragen. Vom Zeugen kann aber dann nicht verlangt werden, hierzu Angaben zu machen, wenn er sich dadurch selbst oder einen Angehörigen einer Verfolgungsgefahr aussetzen würde.[63] 52

4. Entscheidung über den Ausschluss. a) Ermessen. Das Gesetz räumt der Verhörsperson bei ihrer Entscheidung über den Ausschluss des Beistands Ermessen ein. Bei der Ermessensausübung sind die Belange des Zeugen einerseits und diejenigen des Strafverfahrens andererseits zu berücksichtigen. Der Grundsatz der Verhältnismäßigkeit erfordert eine **Abwägung** zwischen dem Recht des Zeugen auf Hinzuziehung eines Beistands und dem öffentlichen Interesse an der Effizienz des Strafprozesses, bzw. dem Grad der Gefährdung einer geordneten Beweiserhebung[64] die die Ermittlungsbehörden bzw. die Gerichte unter Beachtung der persönlichen und tatsächlichen Einzelfallumstände vorzunehmen haben. Diese Abwägung ist nicht entbehrlich, weil der Zeuge keine Begründung für die Hinzuziehung des Beistands liefert und/oder sich pauschal auf § 55 beruft.[65] 53

b) Begründung (Abs. 3 S. 2). Der Ausschluss des Beistands erfordert nach Abs. 3 S. 2 **grundsätzlich** eine **Begründung.** Denn nicht die Hinzuziehung, sondern der Ausschluss des Zeugenbeistands bedarf der Rechtfertigung.[66] Wird der Ausschluss begründet, so sind die Gründe **aktenkundig** zu machen. Dies ist bei Entscheidungen der Polizei und der StA schon regelmäßig deshalb notwendig, um im Falle eines Antrags auf gerichtliche Entscheidung die Überprüfung des Ausschlusses zu ermöglichen. 54

---

60 Radtke/Hohmann/*Otte* Rn. 7.
61 So *Klengel/Müller* NJW 2011, 23 (27).
62 BT-Drs. 16/12098, 17; Graf/*Monka* Rn. 4.
63 Vgl. BVerfG 10.3.2010 – 2 BvR 941/09, StraFo 2010, 243.
64 *Wessing/Ahlbrecht* Rn. 87 mwN.
65 BVerfG 10.3.2010 – 2 BvR 941/09, StraFo 2010, 243; Kurzwiedergabe in NJW-Spezial 2010, 280.
66 BVerfG 10.3.2010 – 2 BvR 941/09, StraFo 2010, 243; *Klengel/Müller* NJW 2011, 23 (26).

55 Von der Begründung der Entscheidung ist abzusehen, wenn dies den Untersuchungszweck gefährden würde. Hier gelten die zu § 147 Abs. 5 S. 3 entwickelten Maßstäbe ebenso.[67]

56 **c) Zuständigkeiten.** Für den Ausschluss des Zeugenbeistands ist nicht nur der Richter zuständig. Nach § 163 Abs. 3 S. 2 können diese Entscheidung auch StA und Polizei treffen, wenn sie die Vernehmung des Zeugen durchführen. Dies stellt eine ausreichende gesetzliche Grundlage dar.[68]

57 **d) Unanfechtbarkeit (Abs. 3 S. 1), Rechtsmittel.** Die richterliche Entscheidung, den Beistand auszuschließen, ist nach Abs. 3 S. 1 unanfechtbar. Haben den Ausschluss des Beistands hingegen der vernehmende Staatsanwalt oder der die Vernehmung führende Polizeibeamter angeordnet, sehen §§ 163 Abs. 3 S. 3, 161a Abs. 3 S. 2 die Möglichkeit vor, hiergegen Antrag auf gerichtliche Entscheidung zu stellen. Dieser Antrag hemmt den Vollzug der Ausschlussentscheidung jedoch nicht (§ 161a Abs. 3 S. 3 iVm § 307 Abs. 1). Die auf den Antrag hin ergehende gerichtliche Entscheidung ist unanfechtbar.

58 **5. Folgen des Ausschlusses.** Der Grundsatz des fairen Verfahrens gebietet es regelmäßig, dem Zeugen nach dem angeordneten Ausschluss des Beistands die Möglichkeit zu geben, einen **neuen Beistand** zu wählen. Sind im Einzelfall ausnahmsweise andere Verfahrensgrundsätze, namentlich die Aufklärungspflicht und der Beschleunigungsgrundsatz, höher als das Interesse des Zeugen, einen Beistand beizuziehen, zu bewerten, kann die Vernehmung auch ohne Beistand fortgeführt werden. Dies kann etwa der Fall sein, wenn bei laufender Untersuchungshaft ein für die Sachverhaltsaufklärung entscheidender oder wichtiger Zeuge, zB wegen eines unmittelbar bevorstehenden langen Auslandsaufenthalts, nur noch kurzfristig für eine Vernehmung greifbar ist.

59 Zu weitgehend erscheint es, für die Angaben des Zeugen, die dieser ohne Beistand gemacht hat, ein umfassendes **Verwertungsverbot** anzunehmen.[69] Eine entsprechende gesetzliche Regelung fehlt; es ist auch nicht ersichtlich, weshalb hier – sofern überhaupt ein Verstoß gegen § 68b bejaht werden kann – die von der Rspr. entwickelte Abwägungslösung nicht ausreichen sollte. Ferner hat das Gericht im Rahmen seiner Beweiswürdigung die Möglichkeit, den Umstand mit zu würdigen, dass der Zeuge die Angaben in Abwesenheit eines Beistands gemacht hat.

III. Beiordnung eines Beistands (Abs. 2)

60 **1. Anwendbarkeit bei allen Zeugen.** Abs. 2 ermöglicht die Beiordnung eines Beistands für alle Zeugenvernehmungen. Die Beiordnung ist nicht auf bestimmte Zeugen beschränkt. Sie kommt allgemein dann in Betracht, wenn sich ein Zeuge in einer rechtlich und/oder tatsächlich schwierigen Situation befindet und dadurch die Gefahr besteht, dass er seine prozessualen Rechte nicht oder nicht sachgerecht wahrnehmen kann.[70]

61 Davon ausgehend werden das Gericht bzw. die StA die Beiordnung eines Beistands zunächst bei kindlichen, minderjährigen oder gebrechlichen Zeugen, die Opfer einer gewichtigen Tat geworden sind, in Erwägung zu ziehen haben. Eine Beiordnung kann auch bei schwer geschädigten oder – etwa aufgrund geleisteter Aufklärungshilfe – erheblich gefährdeten Zeugen in Betracht kommen. Die Beiordnung kann auch bei Zeugen, die sich in einem Zeugenschutzprogramm befinden oder als Hinweisgeber für die Strafverfolgungsbehörden tätig sind oder waren, geboten sein. Ob der Zeuge finanziell selbst in der Lage ist, einen Beistand hinzuzuziehen, spielt keine Rolle.[71]

---

[67] Radtke/Hohmann/*Otte* Rn. 17.
[68] AA *Klengel/Müller* NJW 2011, 23 (27).
[69] So aber *Klengel/Müller* NJW 2011, 23 (27).
[70] *Klengel/Müller* NJW 2011, 23 (27).
[71] *Meyer/Goßner* Rn. 11.

2. Beiordnung für Vernehmungsdauer. Die Beiordnung beschränkt sich nach Abs. 2 S. 1 auf die Dauer der Vernehmung des Zeugen. Eine Handhabung unter Berücksichtigung von Sinn und Zweck des Opferschutzes verlangt, von der Beiordnung aber auch alle Vorgänge als mit umfasst anzusehen, die **mit der Vernehmung in enger Verbindung** stehen oder sich aus ihr ergeben, ebenso ein Beratungsgespräch vor der Vernehmung.[72] 62

Eine Beiordnung für die Dauer der Vernehmung erstreckt sich nicht auf die Einlegung eines Rechtsmittels für den Zeugen, etwa einer Beschwerde gegen die Anordnung der Beugehaft. Anders kann es liegen, wenn die Beiordnung auch über den Beistand während der Vernehmung hinausgehende Unterstützungshandlungen umfasst.[73] Soll ein **entlassener Zeuge** nochmals vernommen werden, lebt die Beiordnung nicht wieder auf. Vielmehr bedarf es einer erneuten Entscheidung nach § 68b.[74] 63

3. Voraussetzungen der Beiordnung. a) Unfähigkeit zur Wahrnehmung prozessualer Befugnisse wegen besonderer Umstände. Einem Zeugen ist nur dann ein Beistand beizuordnen, wenn sich aufgrund besonderer Umstände ergibt, dass er seine Befugnisse bei seiner Vernehmung nicht selbst wahrnehmen kann. Zu den Befugnissen gehören die Weigerungsrechte nach §§ 52–53a und § 55, das Recht, Fragen zu beanstanden und zu beantragen, die Öffentlichkeit für die Dauer der Vernehmung auszuschließen.[75] 64

Der Gesetzeswortlaut weist, auch durch die zusätzliche Notwendigkeit „besonderer Umstände", auf das Erfordernis einer **restriktiven Auslegung** des Abs. 2 S. 1 hin. Die Beiordnung eines Zeugenbeistands soll die **Ausnahme bleiben.**[76] Die Schutzbedürftigkeit des Zeugen muss deshalb auf konkreten Gesichtspunkten beruhen; diese müssen ohne weitere Beweiserhebung objektiv erkennbar sein.[77] Die allgemeine abstrakte Gefahr, der Zeuge könnte mit seiner Verfahrensrolle überfordert sein, reicht nicht aus. 65

b) Subsidiarität. Die Beiordnung eines Zeugenbeistands ist nur zulässig, wenn er noch keinen Beistand hat und den Interessen des Zeugen nicht auf andere Weise Rechnung getragen werden kann. Mit diesen Einschränkungen demonstriert die Regelung des Abs. 2 S. 1 erneut, dass eine Beiordnung nach der Konzeption des Gesetzgebers nur im Ausnahmefall und dort zudem **nur in außergewöhnlichen Situationen** vorgesehen ist. 66

So darf vor einer Beiordnung nicht ausgeblendet werden, dass die **Gerichte** durchaus in der Lage sind, Zeugen ordnungsgemäß zu **belehren,** ihnen Erläuterungen und Hinweise zu geben und über ihre Rechte **aufzuklären.** Allein der Umstand, dass einem Zeugen ein Auskunfts- oder Zeugnisverweigerungsrecht zusteht, genügt regelmäßig noch nicht, ihm auf Kosten des Staates einen Beistand zu bestellen. Auch die Tatsache, dass die Vernehmungssituation für nahezu jeden Zeugen eine gewisse emotionale Belastung mit sich bringt, rechtfertigt keine Beiordnung. Auch der Umstand, dass das Gericht zum Ergebnis kommt, einem Zeugen stünden keine Weigerungsrechte zu, kann gegen das Erfordernis einer Beiordnung sprechen, weil das Gericht die Rechtslage dem Zeugen regelmäßig verständlich erläutern kann.[78] 67

Vor der Bestellung eines Beistands ist auch zu prüfen, ob den Belangen des Zeugen nicht durch **andere Maßnahmen** in ausreichender Weise Rechnung getragen werden kann. Neben Belehrungen und Hinweisen sind Ausschließungen (§§ 168c Abs. 3, 247), das Unterlassen von Benachrichtigungen (§§ 168c Abs. 5, 224 Abs. 1 S. 2) oder der Einsatz der Videotechnologie (§ 247a) in Erwägung zu ziehen.[79] 68

---

[72] Radtke/Hohmann/*Otte* Rn. 10 mwN; LG Dortmund 31.1.2006 – 14 Qs 80/05, NStZ 2007, 240.
[73] KG 7.5.2009 – 1 Ws 47/09, NStZ-RR 2009, 327.
[74] KK/*Senge* Rn. 5 mwN.
[75] Radtke/Hohmann/*Otte* Rn. 11 mwN.
[76] BT-Drs. 16/12098, 17.
[77] *Meyer/Goßner* Rn. 10.
[78] Vgl. AG Saarbrücken 27.5.2009 – 118 Ls 130/09, aufrufbar in juris.
[79] *Meyer/Goßner* Rn. 11.

69 **4. Beiordnung von Amts wegen. a) Kein Antrag.** Die Beiordnung des Beistands setzt keinen entsprechenden Antrag des Zeugen voraus.[80] Sie hat, sobald das Gericht oder die StA die Voraussetzungen dafür erkennen, von Amts wegen zu erfolgen. Anlass zur Prüfung besteht dann, wenn sich der Zeuge erkennbar in einer tatsächlichen und/oder rechtlich schwierigen Situation befindet, bei der die Gefahr besteht, dass er seine prozessualen Rechte bei der Vernehmung nicht sachgerecht ausüben kann.[81] Die Zustimmung der StA ist für eine gerichtliche Beiordnung nicht erforderlich.[82] Neben dem Zeugen kann auch die StA den Antrag auf Beiordnung eines Beistands stellen.

70 **b) Zuständigkeiten.** Für die Beiordnung ist bei richterlichen Vernehmungen das mit der Vernehmung befasste Gericht zuständig. Nach der ausdrücklichen Regelung des § 163 Abs. 3 S. 2 kann bei einer staatsanwaltschaftlichen Vernehmung auch der Staatsanwalt dem Zeugen einen Beistand bestellen; damit ist die frühere Unklarheit über die Anordnungskompetenz[83] beseitigt. Die Polizei kann keinen Beistand bestellen, ihn aber von der Vernehmung ausschließen (§ 163 Abs. 3 S. 3).

71 **c) Auswahl des Beistands.** Für die Auswahl des Beistands gilt nach Abs. 2 S. 2 die Regelung des § 142 Abs. 1 entsprechend. Danach ist dem Zeugen Bedenkzeit zur Auswahl eines Rechtsanwalts zu geben; der gewählte Anwalt ist als Beistand zu bestellen, sofern kein wichtiger Grund entgegensteht.

72 **d) Zeitpunkt der Beiordnung.** Über die Beiordnung des Zeugenbeistands ist, besonders wenn ein Opferzeuge hierauf einen Antrag gestellt hat, so **rechtzeitig** zu entscheiden, dass ein vorbereitendes Gespräch des Beistands mit dem Zeugen noch möglich ist.[84] Eine **rückwirkende Bestellung** ist grundsätzlich unzulässig und wäre unwirksam. Sie könnte den Zweck der Beiordnung – Beistand in einem bestimmten Verfahrensabschnitt – nicht mehr erfüllen und würde allein dazu dienen, dem Beistand einen Vergütungsanspruch gegen die Staatskasse zu verschaffen.[85] Entsprechend den Regelungen für die Verteidigung wird eine Ausnahme dann zuzulassen sein, wenn der Beistand bei der Vernehmung anwesend war und ein rechtzeitiger begründeter Antrag auf Bestellung vorlag, der allein aus dem Gericht zuzurechnenden Gründen nicht beschieden wurde.

73 **e) Begründung.** Für die nach Abs. 3 S. 2 im Normalfall vorgeschriebene **Begründung** und das Absehen von einer Begründung im Falle der Gefährdung des Untersuchungszwecks gelten die Ausführungen Rn. 54, 55 entsprechend.

74 **5. Unanfechtbarkeit der Entscheidung.** Die Entscheidung, dem Zeugen einen Beistand beizuordnen, ist nach Abs. 3 S. 1 unanfechtbar. Ob dies **auch im Falle einer Ablehnung** der Beiordnung gilt, ist umstritten. Bereits der Wortlaut spricht dafür, eine Unanfechtbarkeit auch dann anzunehmen, wenn die Beiordnung eines Beistands abgelehnt wird.[86] Die Regelung des Abs. 3 enthält zudem keine differenzierte Anfechtbarkeit, wie sie der Gesetzgeber in anderen Vorschriften, etwa in den §§ 28, 46, 138d Abs. 6 vorgesehen hat, wenn er zum Ausdruck bringen will, dass nur eine Entscheidung bestimmten Inhalts anfechtbar sein soll. Hinzu kommt der Gesetzeszweck; aus Gründen der Verfahrensbeschleunigung und im Interesse einer raschen Klärung der Rechtslage erschien es dem Gesetzgeber zweckmäßig, die Unanfechtbarkeit der Entscheidung zu bestimmen.[87]

---

[80] *Rieß* StraFo 1999, 1 (8).
[81] *Wessing/Ahlbrecht* Rn. 20.
[82] Anders noch § 68b aF.
[83] Hierzu *Rieß* StraFo 1999, 1 (8).
[84] Vgl. LG Dortmund 31.1.2006 – 14 Qs 66/05, NStZ-RR 2006, 142.
[85] KG 25.2.2008 – (1) BJs 58/06-2, NStZ-RR 2008, 248.
[86] So überzeugend OLG Hamm 7.12.1999 – 3 Ws 727/88, NStZ 2000, 220 zu § 68b aF; ebenso OLG Hamburg 9.3.2000 – 1 Ws 57/00, NStZ-RR 2000, 335 mwN; OLG Bremen 20.6.2008 – Ws 69/08, NStZ 2008, 648 mwN; ebenso *Wessing/Ahlbrecht* Rn. 146.
[87] Vgl. bereits BT-Drs. 13/7165, 9 zu § 68b aF.

Da die Beiordnung bzw. die Ablehnung der Beistandsbestellung unanfechtbar sind und der Ausschluss eines Beistands nur in bestimmten Fällen mittels eines Antrags auf gerichtliche Entscheidung überprüfbar ist, sind diese Entscheidungen der **Revision nach § 336 S. 2 entzogen.** 75

6. Rechte des Beistands. Die Rechte eines vom Gericht bestellten Beistands unterscheiden sich nicht von denen, die einem vom Zeugen hinzugezogenen Beistand zukommen. Deshalb kann auf die Erläuterungen in → Rn. 14–39 verwiesen werden. 76

IV. Die Vergütung des Zeugenbeistands

Dem einem Zeugen für die Dauer seiner Vernehmung beigeordneten Rechtsanwalt steht als gesetzliche Gebühr eine **Verfahrensgebühr für eine Einzeltätigkeit** nach Nr. 4301 Ziffer 4 RVG-VV zu.[88] Die Auffassung, die Tätigkeit sei wie diejenige eines Verteidigers zu vergüten, ist überholt.[89] 77

Nach der engen gesetzlichen Fassung des Abs. 2 („für die Dauer der Vernehmung") stellt sich die zu erbringende Beistandsleistung als Einzeltätigkeit dar. Hiervon ging auch der Gesetzgeber aus, der für die Gebühren des anwaltlichen Zeugenbeistands § 91 BRAGO – die in Nr. 4301 Ziffer 4 VV RVG übernommene Vergütungsregelung für den Vernehmungsbeistand des Beschuldigten – angewendet wissen wollte.[90] Unter den Voraussetzungen des § 51 RVG steht dem beigeordneten Beistand eine Pauschgebühr zu. Bei Beistandsleistungen in mehreren Terminen kann die Verfahrensgebühr auch mehrfach entstehen.[91] 78

§ 69 [Vernehmung zur Sache]

(1) [1]Der Zeuge ist zu veranlassen, das, was ihm von dem Gegenstand seiner Vernehmung bekannt ist, im Zusammenhang anzugeben. [2]Vor seiner Vernehmung ist dem Zeugen der Gegenstand der Untersuchung und die Person des Beschuldigten, sofern ein solcher vorhanden ist, zu bezeichnen.

(2) [1]Zur Aufklärung und zur Vervollständigung der Aussage sowie zur Erforschung des Grundes, auf dem das Wissen des Zeugen beruht, sind nötigenfalls weitere Fragen zu stellen. [2]Zeugen, die durch die Straftat verletzt sind, ist insbesondere Gelegenheit zu geben, sich zu den Auswirkungen, die die Tat auf sie hatte, zu äußern.

(3) Die Vorschrift des § 136a gilt für die Vernehmung des Zeugen entsprechend.

Schrifttum: *Kassebohm,* Zeugen richtig befragen, NJW 2009, 200; *Krehl,* Die Erkundigungspflicht des Zeugen bei fehlender oder beeinträchtigter Erinnerung und mögliche Folgen ihrer Verletzung, NStZ 1991, 416; *Prüfer,* Der Zeugenbericht (§ 69 Abs. 1 Satz 1 StPO), DRiZ 1975, 334; *Schünemann,* „Dienstliche Äußerungen" von Polizeibeamten im Strafverfahren, DRiZ 1979, 101.

Übersicht

[88] OLG Stuttgart 15.8.2011 – 6-2 StE 2/10, Justiz 2011, 367 mwN; OLG Brandenburg 21.2.2011 – 1 Ws 123/10, BeckRS 2011, 07494; OLG Hamburg v. 5.5.2010 – 2 Ws 34/10, NStZ-RR 2010, 327.

[89] OLG Braunschweig 6.7.2010 – Ws 163/10, mwN; s. auch die Nachweise bei *Klengel/Müller* NJW 2011, 23 (28).

[90] BT-Drs. 13/7165, 5, 9.

[91] OLG Stuttgart 15.8.2011 – 6-2 StE 2/10, Justiz 2011, 367 mwN.

A. Überblick

I. Normzweck

1 Die Vorschrift regelt den **Ablauf der Zeugenvernehmung zur Sache.** Sie dient der Wahrheitsfindung. Im Sinne bestmöglicher Wahrheitsermittlung ist der Zeuge zu veranlassen, zunächst selbst im Zusammenhang anzugeben, was ihm über den Gegenstand seiner Vernehmung bekannt ist. Diese Regelung des **Abs. 1 S. 1,** die eine zunächst von Fragen und Vorhalten unbeeinflusste Aussage des Zeugen sichern will, stellt eine **wesentliche Verfahrensvorschrift,** keine bloße Ordnungsregel, dar.[1] An den Bericht des Zeugen anschließend ist er unter Aufklärungsgesichtspunkten zu vernehmen (Abs. 2). Die nach § 136a verbotenen Vernehmungsmethoden sind auch bei der Zeugenvernehmung untersagt (Abs. 3).

2 Das Gesetz zur Stärkung der Rechte von Opfern sexuellen Missbrauchs[2] hat die Bestimmung des **Abs. 2 ergänzt,** indem der jetzige Satz 2 angefügt wurde. Diese Änderung des § 69 ist am 1.9.2013 in Kraft getreten.[3] Sie verpflichtet das Gericht, denjenigen Personen, die durch die verfahrensgegenständliche Tat geschädigt wurden, Gelegenheit zu geben, sich zu äußern. Damit bezweckt die neue Vorschrift eine Verbesserung der Position aller, die Opfer einer Straftat wurden. Zum Anwendungsbereich des Abs. 2. S. 2 Rn. 25.

II. Anwendungsbereiche

3 § 69 gilt für alle **richterlichen Zeugenvernehmungen** in und außerhalb der Hauptverhandlung, ebenso für Vernehmungen durch den beauftragten oder ersuchten Richter.[4] Für die Zeugenvernehmungen durch den **Staatsanwalt** bestimmt § 161a Abs. 1 S. 2, für diejenigen der **Polizei** § 163 Abs. 5 die entsprechende Anwendung des § 69. Die Vorschrift gilt ferner dann, wenn der Vorsitzende die Befragung den Verfahrensbeteiligten überlässt sowie für das Kreuzverhör.[5] Bei auf Fragenkatalogen basierenden Vernehmungen eines Zeugen durch ausländische Gerichte und Konsulate ist § 69 unanwendbar.[6]

B. Erläuterung

I. Vernehmung zur Sache

4 **1. Mündlichkeit.** Der Zeuge ist mündlich zu vernehmen. Eine Ausnahme gilt im Fall des § 186 GVG. Für eine mündliche Vernehmung zur Sache genügt es nicht, wenn der Zeuge nur eine Erklärung verliest oder auf ein von ihm oder seinem Beistand verfasstes Schriftstück verweist. Er darf sich aber bei seiner Vernehmung auf schriftliche Unterlagen stützen. Zulässig ist es auch, den Zeugen aufzufordern, zur Vernehmung bestimmte Urkunden mitzubringen.[7]

---

[1] BGH 21.10.1952 – 1 StR 287/52, NJW 1953, 35; ebenso bereits RG 30.4.1928 – II 1144/27, RGSt 62, 147 (148).
[2] StORMG v. 26.6.2013, BGBl. 2013 I S. 1805; vgl zum Gesetzentwurf BR-Drs. 213/11.
[3] Art. 6 Abs. 1 des StORMG.
[4] BGH 16.12.1952 – 1 StR 575/52, NJW 1953, 231.
[5] L/R/*Ignor/Bertheau* Rn. 2.
[6] BGH 1.7.1970 – 1 StR 362/70, MDR 1971, 897.
[7] Vgl. L/R/*Ignor/Bertheau* Rn. 4, 5 mwN.

Im Fall einer wiederholten Vernehmung reicht es nicht aus, wenn dem Zeugen das Protokoll über seine frühere Vernehmung vorgelesen wird, er hierauf Bezug nimmt und von jeder Befragung abgesehen wird.[8] Mit dieser Vorgehensweise können aber die Angaben des Zeugen im Rahmen der neuen Vernehmung ergänzt werden; zur Protokollierung Rn. 24. § 69 gilt mangels Vernehmung nicht, wenn der Zeuge in einem Termin nicht befragt, sondern nur seine Vereidigung nachgeholt wird.[9] 5

2. Unterrichtung des Zeugen (Abs. 1 S. 2). Die Vernehmung zur Sache beginnt nach Abs. 1 S. 2 mit der Unterrichtung des Zeugen über den **Untersuchungsgegenstand** und die Person des Beschuldigten. Mit der Unterrichtung soll der Zeuge erfahren, worüber er vernommen werden soll. Die Unterrichtung kann in der Hauptverhandlung knapp gehalten werden oder entfallen, wenn der Zeuge bereits vorher zu der angeklagten Tat vernommen wurde oder/und, namentlich als Geschädigter, über den Verfahrensgegenstand informiert ist. 6

Dem Zeugen ist des Weiteren vor der Befragung die **Person des Beschuldigten** bekannt zu geben. Auch hiervon kann abgesehen werden, wenn sie ihm bereits bekannt ist. Die namentliche Unterrichtung kann ferner unterbleiben, wenn nur ein Anfangsverdacht gegen eine Person besteht oder gegen eine Personengruppe ermittelt wird.[10] 7

3. Bericht des Zeugen (Abs. 1 S. 1). a) Grundsatz: Trennung von Bericht und Verhör. Im Normalfall ist dem Zeugen, bevor Fragen an ihn gerichtet werden, Gelegenheit zu geben, sein Wissen selbst im Zusammenhang zu berichten (Abs. 1 S. 1). Die Gelegenheit zur eigenen Sachdarstellung ist dem Zeugen auch dann einzuräumen, wenn er bereits vernommen wurde.[11] Der Zeuge soll seine Aussage zunächst unbeeinflusst von Fragen und Vorhalten machen. Auch deshalb (→ Rn. 11) ist es unzulässig, die Vernehmung nur in Frage-Antwort-Form durchzuführen.[12] 8

b) Einschränkungen/Ausnahmen. Der Grundsatz der Trennung von Bericht und Verhör bezieht sich nur auf das einzelne Beweisthema. Wird der Zeuge zu mehreren Taten im prozessualen oder materiellrechtlichen Sinne vernommen, liegen **verschiedene Beweisthemen** vor. In einem solchen Fall ist es regelmäßig geboten, die Vernehmung in – sich an den jeweiligen Beweisthemen orientierenden – Abschnitte zu gliedern, damit der Zeuge sein Wissen zu jedem einzelnen Beweisthema vortragen kann.[13] Im Anschluss daran können Verhör und die Befragung durch die Verfahrensbeteiligten folgen, sodass sukzessive Beweisthema um Beweisthema abgearbeitet wird.[14] 9

Auch über diese „Punktesachen" hinaus ist ein zusammenhängender Bericht des Zeugen nicht zwingend. Ist dem Zeugen wegen Altersschwäche, mangelnder Intelligenz oder Befangenheit eine **zusammenhängende Aussage unmöglich,** genügt der Versuch, ihn zu einem Bericht zu veranlassen.[15] 10

c) Zweck des Berichts. Der Zeuge ist zu einem zusammenhängenden Bericht nicht nur verpflichtet; er hat auch einen Anspruch darauf, sein Wissen im Zusammenhang darzulegen.[16] Ggf. muss der Vorsitzende Unterbrechungen durch Zwischenfragen unterbinden bzw. zurückweisen, besonders dann, wenn der Zeuge damit verunsichert oder aus dem Konzept gebracht werden soll. Hingegen darf er lenkend einzugreifen, wenn der Zeuge nichts zur Sache berichtet, zu weit abschweift oder offensichtlich unwahre Angaben 11

---

[8] BGH 21.10.1952 – 1 StR 287/52, NJW 1953, 35; BGH 17.3.1981 – 1 StR 113/81, MDR 1981, 632.
[9] BGH 16.12.1952 – 1 StR 575/52, NJW 1953, 231.
[10] L/R/*Ignor/Bertheau* Rn. 3.
[11] RG 30.4.1928 – II 1144/27, RGSt 62, 147 (149).
[12] L/R/*Ignor/Bertheau* Rn. 7.
[13] BGH 8.2.2011 – 5 StR 501/10, NStZ 2011, 422 mwN.
[14] Vgl. BGH 30.7.1965 – 4 StR 343/65, MDR 1966, 25.
[15] BGH 30.7.1965 – 4 StR 343/65, MDR 1966, 25; *Meyer-Goßner* Rn. 5.
[16] BVerfG 8.10.1974 – 2 BvR 747/73, NJW 1975, 103 (104); Radtke/Homann/*Otte* Rn. 4.

macht.[17] Dabei sollte er aber nicht sofort reagieren, weil auch Berichte über Nebensächlichkeiten oder die Art und Weise der Bekundungen Aufschlüsse über die Glaubhaftigkeit der Aussage liefern können; dies gilt besonders dann, wenn der Aussage des Zeugen im Beweisgefüge erhebliche Bedeutung zukommt oder wenn die Angaben des Zeugen in zweifelhaftem Licht erscheinen.[18]

12 Der zusammenhängende Bericht dient nicht nur zur Feststellung, was der Zeuge aus dem Gedächtnis zu reproduzieren in der Lage ist und was er erst nach Hilfe durch das Gericht bekunden kann. Er erst ermöglicht es dem Gericht, bei der Würdigung der Aussage, die im Rahmen der Aussagepsychologie entwickelten Realitätskriterien sinnvoll anzulegen bzw. Lügensignale wahrzunehmen. Dem Bericht kommt mithin für eine gründliche und zutreffende **Bemessung des Beweiswerts** der Aussage maßgebliche Bedeutung zu.[19]

13 Denn ob der Zeuge aus eigener bildhafter Erinnerung heraus aussagt, lässt sich regelmäßig nur bei einer längeren zusammenhängenden Bekundung, hingegen nur schwer bei knappen Antworten auf einzelne Fragen feststellen. Überdies besteht bei sofortigem Vorhalten früherer Aussagen die Gefahr, dass sich der Zeuge an seine frühere Darstellung gebunden fühlt und seine Unbefangenheit verliert; auch dadurch können Beweiswürdigung und Wahrheitsfindung merklich beeinträchtigt werden. Der Vorsitzende sollte den Zeugen daher dann, wenn sein Bericht ins Stocken gerät, nicht sogleich mit dem Verhör nach Abs. 2 beginnen, sondern ihn mit allgemeinen, offen gehaltenen und den Redefluss anregenden Fragen zur Fortsetzung seiner Darlegung anhalten.[20]

14 Die **Verteidigung** kann im Rahmen ihrer Befragung des Zeugen den zusammenhängenden Bericht nicht mehr sinnvoll nachholen, wenn der Zeuge sich bereits auf Einzelfragen des Gerichts festgelegt hat. Sie sollte daher auf die Einhaltung des Abs. 1 drängen und notfalls die Vernehmungsweise des Vorsitzenden beanstanden und einen Beschluss nach § 238 Abs. 2 herbeiführen.[21]

15 **d) Vorbereitungspflicht des Zeugen.** Dass der Zeuge seine Erinnerungen unbeeinflusst schildern soll, schließt nicht aus, dass er sich durch vorheriges Aktenstudium oder durch Einsichtnahme schriftlicher Unterlagen auf die **Vernehmung vorbereitet.** Zur Vorbereitung verpflichtet sind nur berufsmäßige bzw. solche Zeugen, die über in amtlicher Eigenschaft gemachte Wahrnehmungen aussagen sollen. Die Vorbereitung geschieht meist durch Einsicht in die Akten; der Zeuge kann sich dadurch Einzelheiten ins Gedächtnis zurückrufen, aber auch die Gefahr einer Strafbarkeit nach § 163 StGB ausschließen.[22] Eine Vorbereitungspflicht muss zumindest dort gelten, wo der Zeuge mit einer Vielzahl gleichartiger Vorgänge befasst ist; anderenfalls ist eine sinnvolle Aussage nicht möglich. Die Ablehnung einer Vorbereitungspflicht[23] zöge also die Beeinträchtigung der strafprozessualen Wahrheitsfindung nach sich.[24] Für andere Zeugen besteht vor der Vernehmung keine Nachforschungs- oder Vergewisserungspflicht.[25]

16 **4. Verhör des Zeugen (Abs. 2). a) Allgemeines, Aufklärungspflicht.** Das an den Bericht des Zeugen anschließende Verhör dient der Vertiefung und Ergänzung der Aussage, der Beseitigung von Unklarheiten oder Widersprüchen, aber auch ihrer Überprüfung. Zudem ist aufzuklären, auf welche Weise der Zeuge sein Wissen erlangt hat. Denn zum einen ist es für die Glaubhaftigkeitsprüfung und die Beweiswürdigung wesentlich, zu wissen,

---

[17] Vgl. BGH 30.7.1965 – 4 StR 343/65, MDR 1966, 25; *Meyer-Goßner* Rn. 5; aA L/R/*Ignor/Bertheau* Rn. 7.
[18] Vgl. *Prüfer* DRiZ 1975, 334.
[19] Zutreffend *Kassebohm* NJW 2009, 200; zu den Einzelheiten der Glaubhaftigkeitsbeurteilung *Bender/Nack/Treuer* Rn. 294 ff.; *Eisenberg* BeweisR Rn. 1426 ff., 1470 ff.
[20] Vgl. *Prüfer* DRiZ 1975, 334 (335).
[21] *Kassebohm* NJW 2009, 200.
[22] BGH 28.11.1950 – 2 Str 50/50, BGHSt 1, 4 (5, 8); *Meyer-Goßner* Rn. 8.
[23] So *Krehl* NStZ 1991, 416, der eine mit den Mitteln des § 70 durchsetzbare Nachforschungspflicht erst nach Beginn der Aussage anerkennt.
[24] Graf/*Monka* Rn. 1.
[25] L/R/*Ignor/Bertheau* Rn. 8.

ob es sich um eigene Kenntnisse des Zeugen handelt oder ob er diese von Dritten erfahren hat, zum anderen gilt es, festzustellen, was der Zeuge selbst wahrgenommen hat und welche seiner Bekundungen nur auf von ihm gezogenen Schlüssen beruht.[26]

Neben diesen Gesichtspunkten verlangt die **Aufklärungspflicht** in den Fällen, in denen die verfahrensgegenständlichen Straftaten zu Verletzten geführt haben, dass das Gericht – regelmäßig durch Vernehmung der Geschädigten als Zeuge – Art und Ausmaß der **bei den Opfern eingetretenen Folgen** feststellt und überprüft, ob es sich bei diesen um verschuldete bzw. dem Angeklagten vorwerfbare Auswirkungen handelt. Hierzu gehört auch, abzuklären, ob und ggf. in welchem Umfang der Angeklagte Zahlungen zur Schadenswiedergutmachung oder als Schmerzensgeld geleistet hat; bei entsprechenden Anhaltspunkten muss das Gericht feststellen, ob die Voraussetzungen eines Täter-Opfer-Ausgleichs iSv § 46a StGB vorliegen. All diesen Umständen kommt im Falle einer Verurteilung für die Urteilsfeststellungen zum Gesamttatbild und zur Persönlichkeit des Angeklagten sowie namentlich für den Strafausspruch erhebliche Bedeutung zu, weil sie die Strafrahmenwahl sowie die Strafzumessung im engeren Sinne maßgeblich beeinflussen können. 17

Angesichts dessen hat das Tatgericht zunächst die **unmittelbaren Tatfolgen** aufzuklären. Bei Gewaltdelikten sind etwa Art und Schwere der durch die Tat entstandenen körperlichen Verletzungen und/oder psychischen Beeinträchtigungen, deren Folgen und die Behandlungs- und Heilungsdauer festzustellen, bei Eigentums- und Vermögensdelikten kommt es u. a. auf den Beutewert und die Höhe der eingetretenen Vermögensschäden an. Entsprechendes gilt für diejenigen für den Täter vorhersehbaren **außertatbestandlichen Folgen,** die vom Schutzbereich der Norm erfasst sind. Schließlich wird es für die Rechtsfolgenbestimmung relevant sein, ob die Tatauswirkungen vom Verletzten mitverursacht oder Tat bzw. Tatfolgen durch ein Mitverschulden des Opfers beeinflusst wurden.[27] 18

Vor diesem Gesamthintergrund wird deutlich, dass die **Befragung des Opfers als Zeuge** regelmäßig unabdingbar ist. Daran ändert selbst ein Geständnis des Täters grundsätzlich nichts, da sich dieses sich im Normalfall nicht zu den Tatfolgen und deren Einzelheiten verhalten wird bzw. kann. 19

b) Fragen, Vorhalte, Vernehmungsbehelfe. Um all diese Zwecke erfüllen zu können, sind dem Zeugen entsprechende **Fragen** zu stellen; es gelten §§ 239–242. In der Praxis wird findet die Befragung üblicherweise in der Reihenfolge statt: Vorsitzender, Berichterstatter, weitere Mitglieder des Spruchkörpers, Staatsanwalt, Nebenkläger, Sachverständiger, Verteidiger, Angeklagter. 20

Auch **Vorhalte** und andere **Vernehmungsbehelfe** sind zugelassen. Der Zeuge kann eigenes schriftliches Material, etwa selbst erstellte Ermittlungsberichte oder Vermerke über Ermittlungshandlungen als Erinnerungsstütze benützen, ebenso dienstliche Äußerungen. Die insoweit geforderten Beschränkungen[28] sind mit der Aufklärungspflicht nicht vereinbar und demonstrieren den als Zeugen gehörten Polizeibeamten gegenüber ein nicht gerechtfertigtes Misstrauen. 21

Die **Zulässigkeit des Vorhalts** ändert nichts daran, dass das Gericht erst feststellen muss, was der Zeuge ohne diese Erinnerungshilfe bekunden kann.[29] Der Vorhalt darf auch nicht dazu dienen, einen unzulässigen Urkundenbeweis zu ersetzen oder zu umgehen, sondern hat nur den Zweck einer Gedächtnisstütze. 22

Das Gericht und die Verfahrensbeteiligten dürfen dem Zeugen als Vernehmungsbehelf eigenes Wissen, frühere Aussagen des Zeugen, dienstliche Äußerungen, die Bekundungen anderer Zeugen bzw. Sachverständigen, Urkunden oder Beweisaufnahmeergebnisse vorhalten. Einer Vernehmungsperson kann auch das von ihr aufgenommene Protokoll vorgehalten werden; dies kann durch Vorhalt des Inhalts, Vorlegung zum Durchlesen oder wörtliche 23

[26] L/R/*Ignor/Bertheau* Rn. 8; KK/*Senge* Rn. 5.
[27] Näher hierzu MünchKomm/*Miebach* § 46 Rn. 93 ff.
[28] *Schünemann* DRiZ 1979, 101 (106) hält auch den Vorhalt dienstlicher Äußerungen für unzulässig.
[29] BGH v. 11.1952 – 1 StR 465/52, BGHSt 3, 281 (284).

Verlesung geschehen.[30] Zum Zwecke des Vorhalts können schließlich im Rahmen der Befragung auch Lichtbilder, Skizzen und Zeichnungen verwendet[31] sowie Tonbänder[32] oder Filme, etwa die Aufzeichnung einer Überwachungskamera, abgespielt werden.

24 **Verwertbar** ist in diesen Fällen jeweils nur die Antwort auf den Vorhalt.[33] Soweit es sich, etwa bei der Verwendung von Lichtbildern oder Skizzen, nicht gleichzeitig um die förmliche Einnahme eines Augenscheins handelt, darf der Vernehmungsbehelf selbst nicht für die Urteilsfindung verwertet werden.[34] Bekundet die Vernehmungsperson lediglich, sie habe getreulich protokolliert, erinnere sich aber trotz Vorhalts nicht mehr an die Darstellung des Vernommenen, darf der Protokollinhalt nicht verwertet werden.[35] Ferner gilt: Erst dann, wenn die Vorhalte beim Zeugen nicht zu einer Rückkehr der Erinnerung führen, kann das Gericht auf den Urkundenbeweis nach § 253 zurückgreifen.[36] Unzulässige Vernehmungsmethoden sind nach Abs. 3 ausdrücklich verboten; durch diese Methoden erlangte Aussagen unterliegen nach § 136a Abs. 3 S. 2 einem Verwertungsverbot.

25 **c) Äußerungsgelegenheit für Verletzte. aa) Vernehmung des Verletzten.** Abs. 2 S. 2, eingefügt durch das Gesetz zur Stärkung der Rechte von Opfern sexuellen Missbrauchs (StORMG)[37], sieht eine Ergänzung dahin vor, dass den Zeugen, die durch die Straftat verletzt sind, Gelegenheit zu geben ist, sich zu den **Auswirkungen der Tat** zu äußern. Der Anwendungsbereich des Abs. 2 S. 2 ist nicht auf die Opfer einer Sexualstraftat beschränkt. Hiervon ging auch der Gesetzgeber aus, der annahm, es sei insbesondere für Opfer sexuellen Missbrauchs von besonderer Bedeutung, im Strafverfahren gehört zu werden.[38]

26 Nach dem Wortlaut des Abs. 2 S. 2 liegt eine zwingende Regelung vor. Die Vorschrift gilt danach zwar für **alle Verletzten,** jedoch nur dann, wenn sie **als Zeuge** – sei es bei der Polizei, der StA oder vor Gericht – **vernommen** werden. Ohnehin ist eine Vernehmung der Geschädigten regelmäßig unentbehrlich; im Ermittlungsverfahren zur Erforschung des Sachverhalts, im Hauptverfahren, um den Anforderungen der Aufklärungspflicht zu entsprechen (vgl. Rn. 17 ff).

27 **bb) Klarstellungsfunktion des Abs. 2 S. 2.** Aus der Tatsache, dass der Gesetzgeber § 244 Abs. 1 und Abs. 2 nicht geändert hat, lässt sich entnehmen, dass er nicht beabsichtigte, eine Pflicht des Gerichts, Verletzte in jedem Fall und unabhängig von der Aufklärungspflicht und den Bedürfnissen der Sachaufklärung zu vernehmen, einzuführen. Die Gesetzesänderung erscheint damit nahezu überflüssig[39], weil dieses Äußerungsrecht für alle geladenen Zeugen, die bei Gericht, der Staatsanwaltschaft oder der Polizei vernommen werden, bereits nach § 69 Abs. 1 besteht. Überdies ist das Gericht ohnehin – wie oben in Rn. 17 ff dargelegt – im Rahmen der **Aufklärungspflicht** von Amts wegen gehalten, die – für den Strafausspruch stets relevanten – Auswirkungen der Tat aufzuklären. Zudem erweitert die Neuregelung – auch nach Auffassung des Gesetzgebers[40] – weder den Untersuchungszweck noch den Umfang der Sachaufklärung; sie kann daher nur als ergänzende **Klarstellung** aufgefasst werden.

28 Die Regelung des Abs. 2 S. 2 kann aber dazu beitragen, die in der gerichtlichen Praxis teilweise schon bisher vorgenommene **Zweiteilung der Vernehmung des Verletzten**

---

[30] BGH 11.11.1952 – 1 StR 465/52, BGHSt 3, 281 (283).
[31] BGH 28.9.1962 – 4 StR 301/62, BGHSt 18, 51 (53 f.).
[32] BGH 14.6.1960 – 1 StR 73/60, BGHSt 14, 339 (340).
[33] BGH 31.5.1960 – 5 StR 168/60, BGHSt 14, 310 (312).
[34] Vgl. BGH 28.9.1962 – 4 StR 301/62, BGHSt 18, 51 (54).
[35] BGH 31.5.1960 – 5 StR 168/60, BGHSt 14, 310.
[36] BGH 8.2.2011 – 5 StR 501/10, mwN.
[37] S. Rn. 2.
[38] BT-Drs. 17/6261 S. 11.
[39] Ablehnend auch die Stellungnahme der Bundesrechtsanwaltskammer (BRAK-Stellungnahme-Nr. 35/2011) und die – ebenfalls im Internet aufrufbare – Stellungnahme der Strafverteidigervereinigungen v. 1.3.2011.
[40] BT-Drs. 17/6261 S. 11

als Zeuge weiter zu verbreiten. Denn es erweist sich durchweg als zweckmäßig, den Zeugen nach seinem Bericht zunächst über seine Wahrnehmungen bzw. zum **Tatablauf** zu befragen sowie das Fragerecht hierzu bei den Verfahrensbeteiligten umlaufen zu lassen und den Verletzten erst danach aufzufordern, über die durch die Tat eingetretenen **materiellen und immateriellen Schäden** zu berichten; abschließend sind erforderlichenfalls zu diesem Komplex Ergänzungsfragen zu stellen.

cc) Verzicht. Den entscheidenden Maßstab dafür, welche Zeugen vor Gericht vernommen werden, bildet die Aufklärungspflicht. Gegen eine Auslegung des Abs. 2 S. 2 dahin, dass das Gericht selbst in den Fällen, in denen ein überzeugendes detailliertes Geständnis vorliegt und sich die Tatauswirkungen ausnahmsweise auch ohne Vernehmung des Opferzeugen, etwa durch andere Beweismittel wie die Vernehmung Angehöriger des Verletzten oder ihm Nahestehender, feststellen lassen, den Geschädigten dennoch laden muss, sprechen nicht nur die bereits dargelegten Gesichtspunkte. Die Annahme einer Vernehmungspflicht liefe in diesen Fällen der Interessenlage eines Verletzten sogar manchmal zuwider. Denn aus der Aktenlage kann sich etwa ergeben, dass der Verletzte an einer Strafverfolgung keinerlei Interesse (mehr) hat, oder – was bei minderjährigen oder kindlichen Zeugen nicht selten vorkommt – ausdrücklich darum bittet, nicht als Zeuge erscheinen zu müssen. In solchen Konstellationen kann das Gericht – sofern die Aufklärungspflicht nicht entgegensteht – auf die Vernehmung des Zeugen verzichten. 29

Auch in solchen Fällen, in denen das Gericht die Vernehmung des Verletzten auch vor dem Hintergrund der Pflicht zur Sachaufklärung als nicht geboten ansieht, kann es den **Verletzten auf sein Äußerungsrecht hinweisen.** Diesen Hinweis kann es mit der Mitteilung verbinden, dass seine Vernehmung nach vorläufiger Bewertung nicht notwendig erscheint und er die Möglichkeit hat, dem Gericht einen Verzicht auf sein Recht zur Äußerung schriftlich mitzuteilen. Den Verzicht kann das Gericht in der Hauptverhandlung bekanntgeben. Auf diesem Wege kann eine vom Verletzten nicht gewünschte Konfrontation mit dem Angeklagten oder dem Gericht vermieden und der Zeuge von dem Druck, im Hauptverfahren aussagen zu müssen, befreit werden. 30

d) Zeugenschutz. Zunächst bieten die Regelungen des **§ 68a** dem Zeugen durch Beschränkungen des Fragerechts bei seiner Vernehmung Schutz vor Bloßstellung und wollen dem Anspruch jedes Zeugen auf angemessene Behandlung und Ehrenschutz sicherstellen. 31

Aufgrund der **Fürsorgepflicht** des Gerichts gegenüber dem Zeugen müssen in die Entscheidung über den Umfang und die Gestaltung der Beweisaufnahme auch Opferschutzinteressen einbezogen werden. Der Opferzeuge ist vor einem rechtsstaatswidrigen **Verteidigungsverhalten** des Angeklagten zu schützen.[41] So braucht bei einem einfach gelagerten Tatgeschehen bzw. dann, wenn das Gericht die Befragung in wenigen Stunden abzuschließen in der Lage ist, eine daran sich anschließende mehrtägige Vernehmung mit einer weit abschweifenden bzw. keinen Sachbezug zu den Beweisfragen aufweisenden Befragung des Zeugen nicht hingenommen werden; notfalls sind Fragen zurückzuweisen.[42] 32

Der Zeugenschutz gebietet es ferner dann, wenn sich der Zeuge auf das Verpflichtungsgesetz oder im Falle einer Aussage auf eine massive Gefährdung beruft, vor einer weiteren Befragung die geltend gemachten Umstände aufzuklären.[43] 33

II. Protokoll

Die Aussage des Zeugen ist im **Ermittlungsverfahren** im Fall einer richterlichen Vernehmung nach § 168a, im Fall der staatsanwaltschaftlichen Vernehmung nach § 168b Abs. 2 ebenso zu protokollieren. Die Niederschrift muss Bericht und Verhör enthalten. In der 34

[41] BGH 16.6.2005 – 1 StR 152/05, NStZ 2005, 579; BGH 31.8.2006 – 3 StR 237/06, NStZ-RR 2007, 21.
[42] Vgl. BGH 31.8.2006 – 3 StR 237/06, NStZ-RR 2007, 21.
[43] Vgl. BGH 16.6.1983 – 2 StR 4/83, NStZ 1984, 31.

Hauptverhandlung vor dem Strafrichter und dem Schöffengericht sind nach § 273 Abs. 2 die wesentlichen Vernehmungsergebnisse in die Sitzungsniederschrift aufzunehmen; im Ausnahmefall des § 273 Abs. 3 wird der genaue Wortlaut der Aussage protokolliert.

35 **Bezugnahmen** auf frühere Aussagen sind möglich. Im Fall einer wiederholten Vernehmung genügt es aber nicht, wenn dem Zeugen das Protokoll über seine frühere Vernehmung vorgelesen wird, er hierauf Bezug nimmt und von jeder Befragung abgesehen wird.[44] Diese Vorgehensweise ist nur möglich, um die Angaben des Zeugen im Rahmen der neuen Vernehmung zu ergänzen; um den Aussageinhalt feststellen zu können, sind die verlesenen Protokollteile exakt festzuhalten, ebenso die eindeutige Erklärung des Zeugen, dass er diese Angaben auch zum Gegenstand seiner neuen Vernehmung machen will.

III. Revision

36 Ein **Verstoß gegen Abs. 1. S. 1** kann gerügt werden. Gleichzeitig muss bei Verletzung dieser zwingenden Vorschrift die Aufklärungsrüge erhoben werden.[45] Ein Revisionsgrund liegt vor, wenn nicht ausgeschlossen werden kann, dass durch die unzulässige Art der Zeugenvernehmung die Wahrheitsermittlung zuungunsten des Revisionsführers beeinträchtigt worden ist.

37 Wurde bei der Vernehmung eines Zeugen gegen Abs. 1 S. 1 verstoßen, steht dies der **Verlesbarkeit** des Vernehmungsprotokolls entgegen.[46]

38 Umstritten ist, ob eine **Verletzung des Abs. 1 S. 2** erfolgreich gerügt werden kann. Das ist zu verneinen, da es sich um eine bloße **Ordnungsvorschrift** handelt.[47] Anders liegt es nur, wenn gleichzeitig ein Verstoß gegen die Aufklärungspflicht geltend gemacht werden kann. Die Streitfrage hat keine praktische Bedeutung, da ein Fall, in dem das Urteil auf einem Verstoß gegen Abs. 1 S. 2 beruhen könnte, kaum denkbar ist.

39 **Verstöße gegen Abs. 2** können als solche wegen des Verbots der Rekonstruktion der Beweisaufnahme nicht geltend gemacht werden. Es kommt darauf an, ob eine Verletzung der Aufklärungspflicht vorliegt. Der Revisionsführer muss vortragen, dass er die notwendigen Fragen nicht stellen konnte.[48]

40 Will die Revision bei umfangreichen Anklagevorwürfen oder sog Punktesachen geltend machen, dass das Gericht vor Ausschöpfung der Vernehmungsmöglichkeiten verfrüht auf den Urkundenbeweis nach **§ 253** zurückgegriffen hat, muss sie mitteilen, ob und in welcher Weise die Vernehmung durch den Tatrichter gegliedert wurde.[49]

§ 70 [Grundlose Zeugnis- oder Eidesverweigerung]

(1) [1]Wird das Zeugnis oder die Eidesleistung ohne gesetzlichen Grund verweigert, so werden dem Zeugen die durch die Weigerung verursachten Kosten auferlegt. [2]Zugleich wird gegen ihn ein Ordnungsgeld und für den Fall, daß dieses nicht beigetrieben werden kann, Ordnungshaft festgesetzt.

(2) Auch kann zur Erzwingung des Zeugnisses die Haft angeordnet werden, jedoch nicht über die Zeit der Beendigung des Verfahrens in dem Rechtszug, auch nicht über die Zeit von sechs Monaten hinaus.

(3) Die Befugnis zu diesen Maßregeln steht auch dem Richter im Vorverfahren sowie dem beauftragten und ersuchten Richter zu.

---

[44] BGH 21.10.1952 – 1 StR 287/52, NJW 1953, 35; BGH v. 17.3.1981 – 1 StR 113/81, MDR 1981, 632 mwN.

[45] BGH 21.6.1951 – 3 StR 88/51, MDR 1951, 658; *Meyer-Goßner* Rn. 13.

[46] BGH 17.3.1981 – 1 StR 113/81, NStZ 1983, 212; BGH 21.10.1952 – 1 StR 287/52, NJW 1953, 35; RG 8.1.1940 – 2 D 844/39, RGSt 74, 35.

[47] *Meyer-Goßner* Rn. 14; aA L/R/*Ignor/Bertheau* Rn. 17.

[48] KK/*Senge* Rn. 10.

[49] BGH 8.2.2011 – 5 StR 501/10, NStZ 2011, 422.

(4) Sind die Maßregeln erschöpft, so können sie in demselben oder in einem anderen Verfahren, das dieselbe Tat zum Gegenstand hat, nicht wiederholt werden.

Schrifttum: *Klein,* Die Aussageerzwingung bei rechtskräftig verurteilten Straftätern – Strafrechtspflege im Spannungsfeld von Verfolgungsgebot und Rechtsstaatlichkeit, StV 2006, 338; *Krehl,* Die Erkundigungspflicht des Zeugen bei fehlender oder beeinträchtigter Erinnerung und mögliche Folgen ihrer Verletzung, NStZ 1991, 416; *Michel,* Zweifelsfragen bei Beendigung der Beugehaft, MDR 1995, 784; *Rinio,* Das Auskunftsverweigerungsrecht des tatbeteiligten Zeugen, JuS 2008, 600; *Sommermeyer,* Bereitschaftserklärung als Beendigungsgrund für die Beugehaft, NStZ 1992, 222; *Winter,* Zum Zweck der Ordnungsmittel, NStZ 1990, 373.

Übersicht

A. Überblick

I. Normzweck

Die Vorschrift ermächtigt dazu, als Ordnungsmittel bezeichnete Maßnahmen gegen diejenigen Zeugen zu ergreifen, die ihren Zeugenpflichten nicht nachkommen. Abs. 1 sieht Ordnungsgeld und Ordnungshaft, Abs. 2 Beugehaft vor. § 70 dient nur dazu, die **Erfüllung der Zeugnis- und Eidespflicht** als solche zu erzwingen, hingegen nicht wahrheitsgemäße Aussagen.[1] Auch dort, wo es allein um die Korrektur einer bereits gemachten Aussage geht, die das Gericht für unzutreffend hält, ist § 70 unanwendbar.[2] 1

[1] BGH 27.9.1956 – 3 StR 217/56, BGHSt 9, 362 (363); BGH 28.12.2011 – 2 StR 195/11.
[2] BGH 28.12.2011 – 2 StR 195/11.

2 Die Bestimmung soll ferner die Umsetzung des Beschleunigungsgebots und des Konzentrationsgrundsatzes der Hauptverhandlung unterstützen.[3] Ordnungsgeld und Ordnungshaft sind als repressive, spezial- und generalpräventive Zwecke verfolgende Rechtsfolgen für einen vorangegangenen Verstoß,[4] die Beugehaft als Zwangsmittel zur Erzwingung der Aussage bzw. zur Brechung des Ungehorsams des Zeugen einzuordnen.

3 § 70 **ergänzt § 51.** Während § 51 die Folgen des unentschuldigten Ausbleibens eines Zeugen regelt, erfasst § 70 die Ahndung von Verletzungen der Zeugnis- und Eidespflicht der vor Gericht erschienenen Zeugen. Beide Vorschriften stehen selbständig nebeneinander. Eine Anrechnung nach § 51 verhängter Ordnungsmittel findet nicht statt, auch dann nicht, wenn der Zeuge wegen seiner vermeintlichen Berechtigung zum Schweigen nicht erschienen war.[5]

II. Anwendungsbereiche

4 **1. Zeugenvernehmungen.** § 70 gilt für alle **richterlichen Zeugenvernehmungen** im Haupt- und im Vorverfahren (Abs. 3). Nach § 161a Abs. 2 gilt § 70 teilweise auch bei **staatsanwaltschaftlichen Zeugenvernehmungen;** die Festsetzung der Ordnungshaft bleibt dem Richter vorbehalten. Für **Sachverständige** gilt § 70 nicht, sondern die Sonderregelung des § 77.

5 **2. Anordnung im Vorverfahren und bei kommissarischer Vernehmung.** Nach Abs. 3 können die Ordnungsmittel des Abs. 1 und 2 auch durch den **Ermittlungsrichter,** den beauftragten und den ersuchten Richter festgesetzt werden. Da die StA Herrin des Ermittlungsverfahrens ist, muss sie der Ermittlungsrichter im Falle der Zeugnisverweigerung vor einer Anordnung nach § 70 hören, zumal sie den Antrag auf Vernehmung jederzeit zurücknehmen kann.[6] Anders liegt es jedoch im Fall der Eidesverweigerung, da der Ermittlungsrichter selbst über die Vereidigung zu entscheiden hat.[7]

6 Der **ersuchte und beauftragte Richter** kann selbst über Maßnahmen nach § 70 entscheiden; seine Anordnung bleibt aber vorläufig und steht unter dem Vorbehalt der endgültigen Entscheidung des ersuchenden Gerichts.[8] Er darf die Entscheidung ebenso dem ersuchenden bzw. beauftragenden Gericht überlassen.

7 **3. Untersuchungsausschüsse.** Gegen einen Zeugen, der die Aussage vor einem Untersuchungsausschuss des Bundestages ohne Grund verweigert, kann ebenfalls Ordnungsgeld oder Erzwingungshaft verhängt werden; insoweit gilt die Spezialregelung des § 27 UAG.[9] Gegen Abgeordnete dürfen Ordnungs- und Beugehaft zwar angeordnet, aber nur mit Genehmigung des betreffenden Parlaments vollzogen werden.[10]

B. Erläuterung

I. Voraussetzungen der Ordnungsmittel

8 **1. Zeugenstellung.** Gegen den Vernommenen darf nur gemäß § 70 reagiert werden, wenn er die Stellung eines Zeugen hat. Die Zeugenstellung fehlt nicht nur, wenn der Vernehmende die Auskunftsperson ausdrücklich einer Tat bezichtigt hat, ein förmliches

---

3 *Sommermeyer* NStZ 1992, 222 (223).

4 *Winter* NStZ 1990, 373.

5 L/R/*Ignor/Bertheau* Rn. 1; KK/*Senge* Rn. 1.

6 KK/*Senge* Rn. 10.

7 L/R/*Ignor/Bertheau* Rn. 25.

8 OLG Karlsruhe 5.9.1978 – 3 Ws 187/78, Justiz 1979, 68; KK/*Senge* Rn. 11.

9 Nach § 27 Untersuchungsausschussgesetz (UAG) kann das Ordnungsgeld bis 10.000 Euro betragen; Erzwingungshaft kann der Ermittlungsrichter des BGH auf Antrag des Ausschusses oder von einem Viertel seiner Mitglieder anordnen. Eine Zeugenvereidigung sieht das UAG nicht vor.

10 Radtke/Homann/*Otte* Rn. 2.

Ermittlungsverfahren eingeleitet oder der Verfolgungswillen mit einer Eingriffsmaßnahme demonstriert wurde, die erkennbar darauf abzielt, gegen diese Person wegen einer möglichen Straftat vorzugehen.[11] Der Beschuldigtenstatus entsteht auch, sobald ein Strafverfolgungsorgan die Vernehmung so gestaltet, dass sie – aus der Sicht des Vernommenen – auf seine Überführung wegen einer Straftat abzielt; dies kann sich aus der Gestaltung oder den Begleitumständen der Vernehmung ergeben. Vernimmt die Polizei oder die StA einen solchen **Beschuldigten als Zeugen,** steht diesem nach §§ 136, 163a das Schweigerecht zu, sodass die StA keine Maßnahme nach § 70 anordnen darf.[12]

Gegen bestimmte Personengruppen dürfen Ordnungsmittel wegen Nichterscheinens nicht oder nur eingeschränkt verhängt werden;[13] diese Einschränkungen gelten für § 70 entsprechend.[14] 9

2. Erscheinen, Schuldfähigkeit. Der Zeuge muss erschienen sein und schuldhaft gegen die Zeugenpflichten verstoßen haben.[15] Gegen Kinder und Schuldunfähige iSv § 20 StGB dürfen weder Ordnungsmittel noch Beugehaft angeordnet werden. Die Aussageverweigerung von Kindern berechtigt auch nicht zum Ergreifen von Ordnungsmitteln gegen die Eltern bzw. einen gesetzlichen Vertreter.[16] 10

Die Schuldfähigkeit wird durch einen **Rechtsirrtum des Zeugen,** der sich irrig für berechtigt hält, die Aussage zu verweigern, nicht berührt. Es gelten vielmehr die Grundsätze des Verbotsirrtums gemäß § 17 StGB. Ergeht an den Zeugen ein gerichtlicher Hinweis dahin, dass für ihn kein Weigerungsrecht besteht, ist von einer Vermeidbarkeit des Irrtums auszugehen.[17] 11

3. Verweigerung des Zeugnisses ohne gesetzlichen Grund. a) Verweigerung von Sachangaben. Zeugen sind grundsätzlich verpflichtet, wahrheitsgemäß auszusagen (§ 48 Abs. 1 iVm §§ 153 ff. StGB). Eine Verweigerung der Aussage liegt nicht nur vor, wenn der Zeuge insgesamt keine Angaben macht, sondern auch im Falle einer **Teilverweigerung,** dh wenn der Zeuge die Antwort auf einzelne Fragen verweigert. Dies kann ausdrücklich oder konkludent geschehen.[18] Unerheblich ist, ob der Vorsitzende oder ein Verfahrensbeteiligter die Frage gestellt hat. Auch die Weigerung, sich dargebotener Hilfsmittel wie Lichtbilder, Protokolle, Skizzen oder Unterlagen zu bedienen oder als Gedächtnisstütze heranzuziehen, kann Maßnahmen nach § 70 auslösen.[19] 12

Die Verweigerung der Beantwortung einer oder einzelner Fragen ist von lückenhaften Antworten abzugrenzen. Eine Frage ist nicht nur bei bloßem Schweigen, sondern auch dann **nicht beantwortet,** wenn aus der Bekundung des Zeugen oder seinem Verhalten sein Wille deutlich wird, überhaupt nicht auszusagen;[20] so liegt es, wenn er offensichtlich wahrheitswidrig erklärt, von dem in Rede stehenden Sachverhalt nichts zu wissen, wenn er eine fehlende Erinnerung nur vortäuscht oder auf die Frage nur nonverbal, etwa mit Achselzucken oder Abwinken, reagiert. Bei einer **bewusst lückenhaften Beantwortung** einer Frage liegt hingegen keine Verweigerung, sondern eine Falschaussage vor. 13

b) Verweigerung von Angaben zur Person. Umstritten ist, ob bei Verweigerung der Angaben zur Person allein § 111 OWiG gilt[21] oder ob diese mit den Mitteln des § 70 14

[11] BGH 3.7.2007 – 1 StR 3/07, BGHSt 51, 367 = NStZ 2007, 653 (654).

[12] BVerfG 21.8.2000 – 2 BvR 1372/00, NJW 2000, 3775 (3776) = NStZ 2001, 103 (104); BGH 28.2.1997 – StB 94/96, NStZ 1997, 398 m. großteils zust. Anm. *Rogall;* s. zu dem den Strafverfolgungsbehörden zustehenden Beurteilungsspielraum BGH 19.10.2011 – 1 StR 476/11, NStZ-RR 2012, 49.

[13] S. dazu § 51 Rn. 3, 4, 7.

[14] KK/*Senge* Rn. 1.

[15] BGH 28.12.1978 – StB 235/78, BGHSt 28, 240 (259).

[16] *Meyer-Goßner* Rn. 3.

[17] *Meyer-Goßner* Rn. 4.

[18] BGH 27.9.1956 – 3 StR 217/56, BGHSt 9, 362 (363); zusammenfassend *Krehl* NStZ 1991, 416 (417).

[19] Radtke/Homann/*Otte* Rn. 4 mwN.

[20] BGH 27.9.1956 – 3 StR 217/56, BGHSt 9, 362 (364).

[21] So *Meyer-Goßner* Rn. 1; Radtke/Homann/*Otte* Rn. 2; KK/*Senge* Rn. 3.

erzwingbar sind.[22] Die pauschale Ablehnung der Anwendbarkeit des § 70 überzeugt nicht. Der Zeuge ist verpflichtet, zur Person und zur Sache auszusagen. Selbst die Weigerungsrechte der §§ 52 ff. berechtigten ihn nicht dazu, die Angaben zur Person zu verschweigen. Gegen eine Beschränkung auf § 111 OWiG spricht zudem, dass Angaben zur Person zugleich für die Sache von Bedeutung sein können, so etwa das Alter des Zeugen bei bestimmten Sexualstraftaten, sodass durch die Aussageverweigerung gerade die Situation entsteht, die der Normzweck des § 70 verhindern will. Die Anwendung des § 70 ist danach nur dort auszuschließen, wo die Identität des Zeugen zweifelsfrei feststeht und keine Besonderheiten vorliegen, die eine Aufklärung der Angaben zur Person erfordern.[23]

15 **c) Ohne gesetzlichen Grund. aa) Weigerungsrechte.** Der Zeuge verweigert die Aussage ohne gesetzlichen Grund, wenn er von Gesetzes wegen zur Aussage verpflichtet ist, dieser Pflicht aber nicht nachkommt. Die Aussagepflicht besteht, falls dem Zeugen nicht ausnahmsweise ein Weigerungsrecht zusteht. Weigerungsrechte können sich zunächst aus den **§§ 52 ff.** ergeben. So kann der Zeuge wegen eines Zeugnisverweigerungsrechts nach den §§ 52–53a, einer nur mit Einschränkungen erteilten Aussagegenehmigung oder aufgrund eines Auskunftsverweigerungsrechts nach § 55 berechtigt sein, keine Angaben zu machen.

16 Bei ernst zu nehmenden akuten Gefahren für Leib oder Leben des Zeugen oder anderer Personen wie zB Geiseln kann bei fehlenden Schutzmöglichkeiten ein **Notstand iSv § 34 StGB** vorliegen, der ein Aussageverweigerungsrecht begründet.[24] Gleiches kann gelten, wenn der Zeuge zwar rechtskräftig verurteilt ist, aber durch zu befürchtende Racheakte verratener Komplizen konkret und massiv gefährdet ist.[25] Für den Zeugen unzumutbar ist die Aussage auch dann, wenn er mit einer Antwort gegen eine ausdrückliche Weisung seines obersten Dienstherrn bzw. eine Sperrerklärung verstoßen müsste.[26] Der Zeuge kann auch wegen eines Verstoßes gegen § 169 S. 2 GVG oder aufgrund nicht durch § 168a Abs. 2 gedeckter Tonbandaufnahmen berechtigt sein, zu schweigen.[27] Schließlich kann sich nach Auffassung des BVerfG[28] nach fallbezogener Abwägung ausnahmsweise aus Art. 5 Abs. 1 S. 2 GG ein Zeugnisverweigerungsrecht – über § 53 Abs. 1 Nr. 5 hinaus – ergeben, wenn der Anzeige eine Kontroll- und meinungsbildende Funktion zukommt.

17 **bb) Fehlende Berufung auf das Weigerungsrecht.** Der Zeuge muss sich auf sein Weigerungsrecht **berufen.** Es genügt nicht, wenn er die Aussage verweigert und sich auch nach einer Belehrung (§§ 52 Abs. 3, 55 Abs. 2) nicht auf ein bestimmtes Weigerungsrecht stützt, sondern eine Aussage generell ablehnt.[29]

18 **4. Verweigerung der Eidesleistung ohne gesetzlichen Grund.** Unter den Begriff der Eidesleistung fällt sowohl die Vereidigung nach § 64 als auch die Bekräftigung nach § 65. Gesetzliche Gründe, die zur Eidesverweigerung berechtigen, sind die in § 60 geregelten Vereidigungsverbote und das Weigerungsrecht gemäß § 61.

19 Hat der Zeuge ausgesagt, verweigert aber die Eidesleistung, ist § 70 Abs. 1 nach dessen Wortlaut ohne weiteres anwendbar, nach allgM auch Abs. 2.[30] Zwar erfasst der Wortlaut des Abs. 2 nicht die Eidesleistung, jedoch handelt es sich nach allgM um ein Fassungsversehen des Gesetzgebers.[31] Das überzeugt angesichts der mit der Beugehaft verbundenen

---

[22] So OLG Düsseldorf 13.4.1992 – V 21/88, NStE Nr. 7 zu § 70 StPO; LG Stuttgart 12.12.1988 – 7 Qs 78/80, Justiz 1989, 203; vgl. auch OLG Celle 13.10.1987 – 3 Ws 399/87, StV 1988, 373.

[23] OLG Hamburg 8.2.2002 – 2 Ws 32/02, NStZ 2002, 386; L/R/*Ignor/Bertheau* Rn. 3.

[24] BGH 16.6.1983 – 2 StR 4/83, NStZ 1984, 31; vgl. auch BGH 5.12.1984 – 2 StR 526/84, BGHSt 33, 83 (91).

[25] Vgl. *Klein* StV 2006, 338.

[26] OLG Düsseldorf 13.4.1992 – V 21/88, NStE Nr. 7 zu § 70 StPO.

[27] *Meyer-Goßner* Rn. 6; Radtke/Homann/*Otte* Rn. 5.

[28] BVerfG 10.5.1983 – 1 BvR 385/82, BVerfGE 64, 108 = NStZ 1983, 515; aA KK/*Senge* Rn. 2.

[29] BGH 3.5.1989 – 1 BJs 72/87 – 4 StB 15/89, NStZ 1989, 384.

[30] *Meyer-Goßner* Rn. 12; KK/*Senge* Rn. 5.

[31] L/R/*Ignor/Bertheau* Rn. 6 mwN.

Schwere des untersuchungshaftähnlichen Eingriffs in Grundrechtspositionen des Zeugen kaum; der Gesetzgeber hätte die Frage längst klarstellen können.

II. Ordnungsgeld mit Ordnungshaft

1. Allgemeines. Das Gesetz räumt dem Gericht bei den Entscheidungen nach **Abs. 1** S. 1 und S. 2 **kein Ermessen** zu. Die durch die Verweigerung des Zeugen verursachten Kosten müssen ihm auferlegt werden. Ebenfalls zwingend vorgeschrieben ist die Festsetzung eines Ordnungsgelds. Hingegen liegt nach **Abs. 2** die Verhängung von Beugehaft im Ermessen des Gerichts. Ordnungsgeld darf nur einmal verhängt werden. Hingegen darf das Gericht Beugehaft mehrfach gegen den Zeugen anordnen, solange nicht die Höchstgrenze von sechs Monaten erreicht ist.[32] 20

Die Anwendung des § 70 hat keinen Einfluss auf die Kostenentscheidung in der Hauptsache nach § 467 Abs. 1. Sind die Kosten dem Zeugen nicht auferlegt, werden sie nach § 21 GKG auch vom Angeklagten nicht erhoben.[33] 21

2. Höhe des Ordnungsgelds. Festgesetzt werden darf nach Art. 6 Abs. 1 EGStGB ein Ordnungsgeld zwischen fünf und 1.000 Euro. Die **Höhe** des Ordnungsgeldes orientiert sich zum einen am Einkommen und den finanziellen Verhältnissen des Zeugen, zum anderen an der Schwere des Tatvorwurfs, der Bedeutung der Aussage für die Beweisführung, den Folgen der Verweigerung für den Verfahrensfortgang und das Ausmaß des den Zeugen treffenden Verschuldens.[34] 22

3. Gleichzeitige Ordnungshaftanordnung. Gleichzeitig mit der Festsetzung des Ordnungsgeldes muss das Gericht für den Fall, dass dieses nicht beigetrieben werden kann, Ordnungshaft anordnen. Die Ordnungshaft ist also **kein selbständiges Zwangsmittel,** sondern **Annex des Ordnungsgeldes.** Die festzusetzende Haftdauer richtet sich an der Höhe des Ordnungsgelds aus. Art. 6 Abs. 2 S. 1 EGStGB sieht eine Ordnungshaftdauer von 1–42 Tagen vor. 23

4. Verbot wiederholter Ordnungsgeldanordnung. Das **Wiederholungsverbot des Abs. 4** bezieht sich nicht auf die dem Zeugen nach Abs. 1 S. 1 aufzuerlegenden Kosten, sondern auf die Festsetzung eines Ordnungsgelds. Unerheblich ist, ob das Gericht oder die StA das Ordnungsgeld verhängt haben, ebenso, ob diese Anordnung den zulässigen Höchstbetrag ausgeschöpft hat.[35] 24

Ordnungsgeld darf – wie sich aus dem Vergleich mit § 51 Abs. 1 ergibt, der die Möglichkeit mehrfacher Ordnungsgeldfestsetzung vorsieht – trotz wiederholter Aussageverweigerung nur einmal festgesetzt werden, wenn sich die Weigerung auf dieselbe prozessuale **Tat iSv § 264** bezieht.[36] Handelt es sich um eine solche Tat, kommt es nicht darauf an, ob getrennte Verfahren gegen mehrere Angeklagte vorliegen, weil die Zulässigkeit von Maßnahmen nach § 70 nicht davon abhängt, ob Tatbeteiligte in einem oder in verschiedenen Verfahren verfolgt werden. Daher vermag die Trennung oder Verbindung von Verfahren das Wiederholungsverbot nicht zu beeinflussen.[37] 25

III. Beugehaft

1. Allgemeines. Die Beugehaft stellt zwar keine Strafe für die Verletzung der Zeugenpflicht, aber vor dem Hintergrund ihres auf die Erzwingung normgemäßen Verhaltens gerichteten Zwecks eine rechtliche und soziale Missbilligung dar.[38] Da die Intensität des 26

---

[32] OLG Köln v. 30.3.2007 – 2 Ws 169/07, NStZ-RR 2007, 242; → Rn. 50.

[33] *Meyer-Goßner* Rn. 7.

[34] *Rinio* JuS 2008, 600 (603).

[35] OLG Köln 30.3.2007 – 2 Ws 169 und 179/07, NStZ-RR 2007, 242.

[36] OLG Köln 30.3.2007 – 2 Ws 169 und 179/07, NStZ-RR 2007, 242.

[37] KK/*Senge* Rn. 14.

[38] BVerfG 9.9.2005 – 2 BvR 431/02, NJW 2006, 40 (41); BGH 10.1.2012 – StB 20/11, NStZ-RR 2012, 114 (115).

Eingriffs in das Freiheitsrecht des Zeugen durch vollstreckte Beugehaft derjenigen bei **vollzogener Untersuchungshaft vergleichbar** ist, können bei der Beurteilung der Rechtmäßigkeit einer Beugehaftanordnung, besonders bei der Verhältnismäßigkeitsprüfung, auch diejenigen Kriterien, anhand derer die Verhältnismäßigkeit iSd § 120 beurteilt wird, herangezogen werden. Dies gilt aber nicht für vollstreckte Ordnungshaft, da diese einen bloßen Annex der das Ordnungsgeld betreffenden Entscheidung darstellt.[39]

27 **2. Separate Prüfung von Anordnung und Vollziehung.** Will das Gericht gegen einen Zeugen Beugehaft verhängen, so muss es die Rechtmäßigkeit der **Anordnung** der Beugehaft und diejenige ihrer **Vollziehung** separat prüfen; die Rechtmäßigkeit der Verhängung von Ordnungsgeld braucht kein Präjudiz für die Rechtmäßigkeit der Beugehaftanordnung zu sein. Das Gericht muss die Voraussetzungen der Anordnung und der Vollziehung der Beugehaft **von Amts wegen** überprüfen und seine Entscheidung **begründen.**[40]

28 **3. Verhältnis zum Ordnungsgeld. Vor oder gleichzeitig** mit der Anordnung der Beugehaft ist grundsätzlich ein **Ordnungsgeld** nach Abs. 1 S. 2 zu verhängen, weil dem sich zu Unrecht weigernden Zeugen durch das weniger belastende Mittel des Ordnungsgelds nochmals Gelegenheit gegeben werden soll, seine Haltung zu überdenken.

29 Die Anordnung von Beugehaft erfordert nicht, die Beitreibung des Ordnungsgelds oder den Vollzug der Ordnungshaft abzuwarten. Da schon allein die Verhängung des Ordnungsgelds eine **Mahn- und Warnfunktion** entfaltet, braucht mit der Beugehaftanordnung nicht zugewartet werden, bis über die Anfechtung des Ordnungsgelds entschieden ist.[41] Auch ist der Umstand, dass Ordnungshaft angeordnet und bereits vollstreckt wurde, für die Beurteilung der Frage, ob Beugehaft zu verhängen ist, bedeutungslos.[42]

30 Die Festsetzung des Ordnungsgeldes ist allerdings dann **ausnahmsweise entbehrlich,** wenn damit bei einem sich beharrlich weigernden Zeugen offensichtlich keine Warn- oder Mahnfunktion erzielt werden kann.[43]

31 **4. Ermessen.** Zwar räumt Abs. 2 – anders als Abs. 1 – dem Gericht Ermessen ein, das sowohl für die **Anordnung** der Beugehaft als auch für die Bestimmung ihrer **Dauer** gilt. Dieses wird aber durch mehrere Faktoren, besonders durch den Verhältnismäßigkeitsgrundsatz, stark eingeschränkt. Daher berechtigt allein der Umstand, dass der Zeuge ohne gesetzlichen Grund das Zeugnis verweigert, regelmäßig noch nicht zur Anordnung der Beugehaft. Vielmehr sind vor einer Anordnung folgende – sich teilweise überschneidende – **Gesichtspunkte** von Amts wegen zu beachten:

32 **a) Verhältnismäßigkeit.** Dem Verhältnismäßigkeitsgrundsatz kommt bei der Anwendung des § 70 Abs. 2 besondere Bedeutung zu, weil die Bestimmung keine speziellen materiellen Voraussetzungen zum Schutz des Freiheitsgrundrechts des Zeugen vorsieht.

33 Die Beugehaft muss nach den Umständen des Falles **unerlässlich** sein und darf zur Bedeutung der Strafsache und der Aussage für den Ausgang des Verfahrens nicht außer Verhältnis stehen.[44] Entscheidend sind das Gewicht der jeweiligen Straftat und die **Beweislage** im Einzelfall. Beugehaft kommt danach etwa in Betracht, wenn eine oder mehrere erhebliche Straftaten aufzuklären sind und der Aussage des Zeugen für die Beweisführung hohe Bedeutung zukommt und/oder ein bereits verhängtes Ordnungsgeld wirkungslos blieb.

[39] BGH 3.5.1989 – 1 BJs 72/87 – 4 StB 15/89, NStZ 1989, 384.
[40] BVerfG 21.8.2000 – 2 BvR 1372/00, NStZ 2001, 103 = NJW 2000, 3775; zur Begründungspflicht → Rn. 52.
[41] BVerfG 1.10.1987 – 2 BvR 1165/86, NJW 1988, 897 (900); *Sommermeyer* NStZ 1992, 222 (223).
[42] KK/*Senge* Rn. 6 mwN.
[43] OLG Koblenz 6.7.1995 – 2 Ws 390/95, StV 1996, 474 (475) mwN m. abl., aber nicht überzeugender Anm. *Gatzweiler.*
[44] BVerfG 25.1.2007 – 2 BvR 26/07, NJW 2007, 1865 (1868); BVerfG 9.9.2005 – 2 BvR 431/02, NJW 2006, 40 (41); BGH 4.8.2009 – StB 32/09, NStZ 2010, 44; KG 9.2.2011 – 3 Ws 31/11, NStZ 2011, 652.

Eine **Ermessensreduzierung** auf Null in dem Sinne, dass Beugehaft angeordnet werden muss, wird dort anzunehmen sein, wo der Zeuge zentrales Beweismittel ist und seine Angaben, gleichviel, ob sie be- oder entlastend wirken, entscheidende Bedeutung für den Ausgang des Verfahrens gewinnen können.[45] Denn die Aufklärungspflicht gebietet es, Anstrengungen zu unternehmen, den Zeugen zu einer Auskunft zu bewegen, wenn seiner Aussage für die Überzeugungsbildung des Gerichts erhebliche Bedeutung zukommt.[46] 34

Die im Falle einer Verurteilung zu erwartende **Sanktionshöhe** muss nicht ausschlaggebend sein; so kann sich die Beugehaftanordnung bei mehreren Verbrechensvorwürfen auch dann als verhältnismäßig erweisen, wenn maximal zwei Jahre Jugendstrafe im Raum stehen. 35

Hingegen wird die Anordnung der Beugehaft bei den Zeugen **ausscheiden** müssen, die lediglich zu **Randdetails** vernommen werden sollen. Gleiches gilt, wenn der Angeklagte geständig war oder andere Beweisaufnahmeergebnisse den **Anklagevorwurf bereits bestätigt** haben. Auch in Fällen, in denen der Zeuge sich zwar zunächst auf § 55 beruft, aber gleichzeitig erklärt, aussagen zu wollen, falls das Beschwerdegericht zum Ergebnis komme, ihm stehe kein Aussageverweigerungsrecht zu, wird die Beugehaftanordnung regelmäßig unverhältnismäßig sein.[47] Schließlich darf durch Beugehaft nicht die Beantwortung einer Frage erzwungen werden, die nach der Beurteilung des Gerichts den Ausgang des Strafverfahrens nicht mehr beeinflussen kann.[48] 36

b) Grundrechte des Zeugen. Die Anordnung der Beugehaft tangiert zunächst das – besonders hochrangige – **Freiheitsgrundrecht** des Zeugen aus Art. 2 Abs. 2 S. 2, 104 Abs. 2 S. 1 GG. Der verfassungsrechtliche Maßstab, nach dem die Gerichte dem Freiheitsgrundrecht auf allen Verfahrensstufen angemessen Rechnung tragen müssen, ist auch im Verfahren gemäß § 70 Abs. 2 zu beachten.[49] 37

Im Einzelfall können **weitere Grundrechte** des Zeugen betroffen sein. Das Recht auf Leben und körperliche Unversehrtheit aus Art. 2 Abs. 2 S. 1 GG kann bei schwer oder lebensbedrohlich erkrankten Zeugen zur Unverhältnismäßigkeit der Anordnung und/oder der Vollziehung von Beugehaft führen, wenn eine Abwägung ergibt, dass die dem Eingriff entgegenstehenden Interessen des Zeugen deutlich schwerer wiegen als diejenigen Belange, deren Wahrung die Anordnung der Beugehaft dienen soll.[50] 38

Ob betroffene Grundrechte des Zeugen schon der Anordnung der Beugehaft oder ihrer Vollziehung entgegen stehen, lässt sich nicht allgemeingültig bestimmen; dies ist von den Einzelfallumständen abhängig. Die **Haftfähigkeit** als solche ist – entsprechend den bei anderen Haftarten anerkannten Grundsätzen – regelmäßig erst bei der Vollziehung der Beugehaft von Belang. Jedoch kann in Ausnahmefällen schon die Anordnung der Beugehaft gegenüber einem lebensgefährlich oder sehr schwer erkrankten Zeugen so erheblich negative Einflüsse auf das Befinden haben, dass nicht nur der Vollzug mangels Haftfähigkeit des Zeugen ausscheiden muss, sondern der Gesundheitszustand bereits der Anordnung der Beugehaft entgegensteht.[51] 39

In jedem Fall sollte das Gericht mit Blick auf die Aufklärungspflicht vom Zeugen vorgelegte Unterlagen bzw. Atteste von Amts wegen kritisch prüfen und ggf. zur Abklärung einen Sachverständigen einschalten; dies gilt besonders dann, wenn ein Zeuge gesundheitliche Einschränkungen bzw. seine Haftunfähigkeit geltend macht, obgleich im Verfahren nach Aktenlage oder nach den Beweisaufnahmeergebnissen keine greifbaren Anhaltspunkte für solche Beeinträchtigungen bestehen. Vor diesem Hintergrund überrascht es, dass eine neue 40

---

[45] BGH 7.7.2005 – StB 12/05, NStZ-RR 2005, 316 (317); BGH 28.12.2011 – 2 StR 195/11, NStZ 2012, 523.
[46] BGH 28.12.2011 – 2 StR 195/11, NStZ 2012, 523.
[47] KG 9.2.2011 – 3 Ws 31/11, NStZ 2011, 652.
[48] BGH 4.8.2009 – StB 32/09, BGHR StPO § 70 Erzwingungshaft 7.
[49] BVerfG 21.8.2000 – 2 BvR 1372/00, NJW 2000, 3775 (3776) mwN; BGH 10.1.2012 – StB 20/11.
[50] BGH 10.1.2012 – StB 20/11, NStZ-RR 2012, 114 (115).
[51] BGH 10.1.2012 – StB 20/11, NStZ-RR 2012, 114.

Entscheidung[52] die Aufhebung einer Beugehaftanordnung maßgeblich auf eine durch den Zeugen vorgelegte fachärztliche Stellungnahme stützt.

41 **c) Aufklärungspflicht.** Ob die Verhängung der Beugehaft unter Aufklärungsgesichtspunkten notwendig ist, bestimmt sich nach der Beweislage im Einzelfall. Da die Beweisaufnahme auf alle Tatsachen und tauglichen Beweismittel, die für die Entscheidung von Bedeutung sind, zu erstrecken ist, kann einerseits auch gegen Zeugen, die den Tathergang nicht wahrgenommen und nur als Zeugen vom Hörensagen einzuordnen sind, Beugehaft verhängt und vollstreckt werden.[53] Andererseits wird bei gesicherter Beweislage oder einem umfassenden Geständnis des Angeklagten, auch aus Verhältnismäßigkeitsgründen, von einer Beugehaftanordnung abzusehen sein; ebenso kann es liegen, wenn nicht mehr zu erwarten ist, dass es zu einer Aussage kommt, weil eine eindeutige und endgültige Weigerung, die selbst durch Beugehaft nicht zu beeinflussen ist, vorliegt.[54] Zur Ermessensreduzierung auf Null → Rn. 34.

42 **d) Fürsorgepflicht.** Die gerichtliche Fürsorgepflicht gegenüber dem Zeugen gebietet nicht nur, ihm rechtliches Gehör zu gewähren und ihn auf die Grundlosigkeit seiner Weigerung und deren Folgen **aufzuklären.**[55] Sie kann es auch notwendig machen, auf die Aussage oder die Fortführung der Vernehmung zu verzichten.[56] Denn auch in Fällen schwerer und schwerster Kriminalität darf die Wahrheit nicht um jeden Preis erforscht werden.[57] Die Anordnung von Beugehaft erweist sich etwa als unangemessen, wenn dem Zeugen oder ihm nahestehenden Personen im Fall der Beantwortung der Beweisfrage konkrete Gefahren für Leib oder Leben drohen.[58]

43 Die Fürsorgepflicht kann es ferner erfordern, dass das Gericht vor seiner Entscheidung dem Zeugen gestattet, einen **Rechtsanwalt** zu kontaktieren, wenn gegen den Zeugen ein Strafverfahren läuft, deshalb das Recht, sich auf § 55 zu berufen im Raum steht sowie der Zeuge erklärt, sich ohne seinen Anwalt nicht äußern zu wollen.[59] Zum Vorgehen gegen **schwer erkrankte Zeugen** und zur Berücksichtigung der Haftfähigkeit Rn. 39.

44 **5. Dauer der Beugehaft.** Die Beugehaft darf maximal sechs Monate dauern (Abs. 2); dass das Verfahren in dem Rechtszug, in dem die Beugehaft verhängt wurde, länger anhängig ist, ändert daran nichts. Ist umgekehrt der Rechtszug, in dem die Beugehaftanordnung erging, beendet, darf sie nicht länger vollstreckt werden.

45 Wegen dieser gesetzlichen Zeitgrenzen kann das Gericht in seiner Anordnung die **Dauer offen lassen;** um die Druckwirkung auf den Zeugen zu erhöhen, wird es oft zweckmäßig sein, nur die Höchstgrenzen anzugeben.[60] Besonders in Fällen, in denen der Aussage des Zeugen für den Ausgang des Strafverfahrens entscheidende Bedeutung zukommt, sollte das Gericht dieses Höchstmaß ausschöpfen, um den Zeugen dazu zu bewegen, seine Zeugenpflichten zu erfüllen.

46 Ordnet das Gericht eine bestimmte Dauer an, steht ihm auch insoweit **Ermessen** zu. Kriterien für dessen Ausübung bilden die Schwere des Tatvorwurfs, die Bedeutung der Aussage für die Beweisführung, die Folgen der Verweigerung für den Verfahrensfortgang und das Ausmaß des den Zeugen treffenden Verschuldens. Vollstreckte Ordnungshaft nach Abs. 1 wird auf das Höchstmaß der Beugehaft nicht angerechnet.[61]

---

[52] BGH 10.1.2012 – StB 20/11, NStZ-RR 2012, 114 (115).
[53] BGH 15.7.1998 – 2 StR 173/98, NStZ 1999, 46.
[54] BGH 15.7.1998 – 2 StR 173/98, NStZ 1999, 46 (47).
[55] BGH 10.1.2012 – StB 20/11, NStZ-RR 2012, 114.
[56] BGH 16.6.1983 – 2 StR 4/83, NStZ 1984, 31 (32) zu einem V-Mann, auf den bereits ein Bombenanschlag verübt wurde.
[57] Vgl. BGH 10.1.2012 – StB 20/11, NStZ-RR 2012, 114 (116) zu terroristisch motivierten Tötungsdelikten.
[58] BGH 28.12.2011 – 2 StR 195/11, NStZ 2012, 523.
[59] LG Zweibrücken 23.9.1999 – 1 Qs 123/99, NJW 1999, 3792.
[60] KK/*Senge* Rn. 7.
[61] KK/*Senge* Rn. 7 mwN.

6. Aufhebung der Beugehaft. Hat der Zeuge seine **Aussagepflicht erfüllt,** erweist sich die Weigerung nachträglich als berechtigt oder entsteht während des Vollzugs der Beugehaft ein **Weigerungsrecht,** kommt es auf die Aussage nicht mehr an oder wird der Zeuge in der Sache zum Beschuldigten oder steht die Vollzugsdauer nicht mehr im angemessenen Verhältnis zur Bedeutung der Sache, ist die Beugehaft von Amts wegen aufzuheben. 47

Die Aufhebung der Beugehaft ist weiter geboten, wenn das **Verfahren beendet** wird, sei es durch Urteil, Einstellung des Verfahrens, Ablehnung der Eröffnung des Hauptverfahrens oder im Wiederaufnahmeverfahren durch Verwerfungsbeschlüsse nach §§ 368 Abs. 1, 370 Abs. 1.[62] Die Beugehaft ist auch dann aufzuheben, wenn der Zeuge in der Haft zeugnisunfähig wird oder die Aussage aus anderen Gründen unmöglich wird.[63] 48

Ob schon die **bloße Bereitschaftserklärung** des Zeugen oder erst seine Aussage selbst zur Aufhebung der Beugehaft führen muss, hängt davon ab, ob ein bloßes Lippenbekenntnis vorliegt oder der Zeuge ernsthaft seine Aussagebereitschaft bekundet. Im letzten Fall hat die Haftanordnung ihren Zweck erfüllt, weil der ursprüngliche Wille des Zeugen überwunden wurde; sie ist deshalb aufzuheben. Anderenfalls wäre die Haftdauer von nicht kalkulierbaren Zufällen, etwa dem nächsten zur Vernehmung des Zeugen anstehenden Termin, abhängig.[64] Bestehen hingegen begründete **Zweifel an der bekundeten Aussagebereitschaft,** hat die Haft bis zur Vernehmung fortzudauern; so kann es bei einem Zeugen liegen, der bereits wiederholt unberechtigt die Aussage verweigert hat.[65] 49

7. Wiederholte Beugehaftanordnung. Beugehaft kann nach allgM mehrmals verhängt werden, etwa, wenn der Zeuge in mehreren Terminen die Aussage zu Unrecht verweigert. Eine Anordnung scheidet erst aus, wenn die bereits verhängte Beugehaft insgesamt die Dauer von sechs Monaten erreicht hat. 50

IV. Verfahren

1. Vorherige Belehrung des Zeugen. Vor der Anordnung der Maßnahmen muss das Gericht den Zeugen über die Folgen seiner Aussageverweigerung aufklären.[66] Ordnungsmittel nach § 70 Abs. 1 und 2 dürfen nur verhängt werden, wenn der Vorsitzende den Zeugen zuvor umfassend und verständlich über seine Zeugnis-, Auskunfts- und Eidesverweigerungsrechte belehrt hat.[67] 51

2. Begründung. Schon wegen der verfassungsrechtlichen besonderen Absicherung der persönlichen Bewegungsfreiheit in Art. 2 Abs. 2, 104 Abs. 1 GG muss das Gericht die Beugehaftanordnung begründen. Erhöhte Begründungsanforderungen bestehen dann, wenn das über die Haftfrage entscheidende Gericht die einzige fachgerichtliche Instanz ist oder wenn im Rahmen eines zweigliedrigen Instanzenzugs die vorangegangene Entscheidung die Voraussetzungen des § 70 Abs. 2 verneint hatte.[68] Danach ist es regelmäßig erforderlich, dass das Beugehaft anordnende Gericht darlegt, weshalb dem Zeugen kein Weigerungsrecht zusteht. 52

3. Vollstreckung der Ordnungsmittel. a) Ordnungsgeld. Das Ordnungsgeld vollstreckt nach § 36 Abs. 2 S. 1 der StA, ebenso die Ersatzhaft; zuständig ist der Rechtspfleger (§ 31 Abs. 3 RPflG). 53

b) Beugehaft. Die Beugehaftvollstreckung obliegt nach § 36 Abs. 2 S. 2 dem Gericht.[69] Wie die Straf- und Untersuchungshaft setzt die Vollstreckung der Beugehaft die **Haftfähig-** 54

---

[62] KK/*Senge* Rn. 8, 9.
[63] *Sommermeyer* NStZ 1992, 222 (223).
[64] *Sommermeyer* NStZ 1992, 222 (224).
[65] *Michel* MDR 1995, 784.
[66] BGH v. StR, BGHSt 28, 240 (259); LG Zweibrücken 23.9.1999 – 1 Qs 123/99, NJW 1999, 3792.
[67] OLG Düsseldorf v. 28.8.1995 – 3 Ws 486/95, NStZ-RR 1996, 169.
[68] BVerfG 21.8.2000 – 2 BvR 1372/00, NJW 2000, 3775 = NStZ 2001, 103.
[69] *Joecks* Rn. 9; *Meyer-Goßner* Rn. 19.

keit des Zeugen voraus. Ersatzhaft ist vor der Beugehaft zu vollstrecken. Die **Überwachung** des Besuchs und des Schriftverkehrs obliegt nicht dem Richter, sondern dem Leiter der Justizvollzugsanstalt.[70]

55 **4. Rechtsmittel. a) Beschwerde.** Der betroffene Zeuge und die StA können die gerichtliche Beugehaftanordnung mit der Beschwerde anfechten; die StA ferner, wenn das Gericht entgegen ihrem Antrag von Beugehaft absieht. Der Angeklagte ist nur beschwert und beschwerdeberechtigt, wenn das Gericht dem Zeugen entgegen Abs. 1 S. 1 die Kosten nicht auferlegt.

56 Gegen einen Beugehaft anordnenden **Beschluss des Ermittlungsrichters** des Bundesgerichtshofs oder eines Oberlandesgerichts ist Beschwerde zulässig; nur die Anordnung nach § 70 Abs. 2 betrifft eine Verhaftung iSd § 304 Abs. 5,[71] hingegen weder die Ersatzordnungshaft noch die Ablehnung der Beugehaft.[72] Trotz der Unzulässigkeit einer Beschwerde, die sich allein gegen ein vom OLG angeordnetes Ordnungsgeld mit Ersatzordnungshaft richtet, kann eine solche Anordnung der Aufhebung unterliegen. Dies ist dann der Fall, wenn das OLG im angefochtenen Beschluss neben Beugehaft auch Ordnungsgeld mit Ersatzordnungshaft angeordnet hat, die gegen die Beugehaft gerichtete Beschwerde begründet ist, Ordnungsgeld sowie Ersatzordnungshaft auf der Aussageverweigerung des Zeugen beruhen und in untrennbarem Zusammenhang mit der Beugehaft stehen.[73]

57 **b) Weitere Beschwerde.** Beugehaftanordnungen sind mit der weiteren Beschwerde nach § 310 anfechtbar, hingegen nicht die Festsetzung von Ordnungshaft, da sie bloße Folge der Nichtbeitreibbarkeit des Ordnungsgeldes ist.[74]

58 **c) Antrag auf gerichtliche Entscheidung.** Verhängt die StA Ordnungsmittel gegen den Zeugen, kann dieser die gerichtliche Entscheidung beantragen (§ 161a Abs. 3).

59 **5. Strafbarkeit wegen unberechtigter Aussageverweigerung.** Der Zeuge, in dieser Eigenschaft Garant für die staatliche Strafrechtspflege, kann sich durch seine grundlose Weigerung, Fragen zu beantworten, wegen Strafvereitelung nach § 258 StGB, ggf. durch Unterlassen strafbar machen. Die Ordnungsmittel des § 70 stellen, auch weil sie auf die Herbeiführung der ohne Grund verweigerten Aussage zielen, keine als abschließend zu verstehende Rechtsfolge für das Verhalten des Zeugen dar.[75]

V. Revision

60 **1. Sachrüge.** Die Beweiswürdigung ist nicht angreifbar, wenn sich das Gericht auf eine unberechtigte Aussageverweigerung stützt. Der Tatrichter muss nicht versuchen, den Zeugen unter Anwendung des § 70 doch noch zu einer Aussage zu bewegen. Er darf die unberechtigte Weigerung für seine Überzeugungsbildung verwerten.[76]

61 **2. Verfahrensrügen.** Es greift zu kurz, darauf abzuheben, dass Verstöße gegen § 70 den Rechtskreis des Angeklagten nicht berühren und damit die Revision nicht begründen können.[77] Obwohl der Angeklagte von gegen den Zeugen festgesetzten Ordnungsmitteln nicht betroffen wird, können die pflichtwidrig unterlassene Anwendung sowie die unzutreffende Annahme der Voraussetzungen des § 70 dennoch revisible Rechtsfehler darstellen.

---

[70] BVerfG 28.9.1998 – 2 BvR 1897/95, NJW 2000, 273.

[71] BGH 3.5.1989 – 1 BJs 72/87 – 4 StB 15/89, NStZ 1989, 384 unter Aufgabe der früheren entgegen stehenden Rechtsprechung in BGHSt 30, 52.

[72] BGH 9.10.1997 – StB 9/97, NJW 1998, 467 mwN.

[73] Vgl. zu dieser Konstellation BGH 18.12.2012 – StB 16/12, NStZ 2013, 241; BGH 30.6.2011 – StB 8/11, NStZ-RR 2011, 316.

[74] Vgl. BGH 22.12.1993 – StB 21/93, NStZ 1994, 198.

[75] LG Ravensburg 19.11.2007 – 2 Qs 194/07, NStZ-RR 2008, 177 mwN; OLG Köln 11.12.2009 – 2 Ws 588/09, NStZ-RR 2010, 146.

[76] BGH 9.11.1965 – 1 StR 436/65, NJW 1966, 211.

[77] Radtke/Hohmann/*Otte* Rn. 18.

Zu Unrecht angeordnete Beugehaft kann zu den Angeklagten belastenden Aussagen führen, auf die das Gericht Tatsachenfeststellungen stützt. Darauf beruht das Urteil, wenn nicht sicher feststellbar ist, wie die Aussage ausgefallen und vom Tatrichter gewürdigt worden wäre, wenn Maßnahmen nach § 70 unterblieben wären.[78] 62

Der Angeklagte kann mit der **Aufklärungsrüge** geltend machen, dass das Gericht nicht von den Möglichkeiten des § 70 Gebrauch gemacht hat.[79] Ein Beruhen des Urteils hierauf scheidet jedoch aus, wenn der Zeuge unter keinen Umständen bereit war, auszusagen, sodass sich der Tatrichter von Zwangsmaßnahmen keinen Erfolg zu versprechen brauchte. 63

Sind gegen einen Zeugen trotz dessen berechtigter Weigerung Maßnahmen nach § 70 verhängt worden, liegt eine **verbotene Vernehmungsmethode** vor; hat der Zeuge hierauf ausgesagt, unterliegen seine Angaben dem Verwertungsverbot des § 136a Abs. 3. War die Aussage belastend, wird eine entsprechende Rüge des Angeklagten Erfolg haben, war sie entlastend, diejenige der StA.[80] 64

§ 71 [Zeugenentschädigung]

Der Zeuge wird nach dem Justizvergütungs- und -entschädigungsgesetz entschädigt.

Übersicht

I. Verweisung auf das JVEG

Die Vorschrift verweist für die **Entschädigung von Zeugen** auf das Justizvergütungs- und Entschädigungsgesetz (JVEG). Das JVEG ist zum 1.7.2004 in Kraft getreten und hat das bis dahin geltende Gesetz über die Entschädigung von Zeugen und Sachverständigen (ZSEG) abgelöst. 1

II. Anwendungsbereich des JVEG

1. Zeugen. Das JVEG regelt **Art und Umfang der Entschädigung** von Zeugen, die vom Gericht, der StA oder der Finanzbehörde in den Fällen, in denen diese das Ermittlungsverfahren selbständig führt, herangezogen bzw. geladen wurden, des weiteren für Zeugen, die die Polizei oder eine andere Strafverfolgungsbehörde – im Auftrag oder mit vorheriger Billigung der StA bzw. der Finanzbehörde – herangezogen hat. Ob die Beweisperson in der Ladung als Zeuge oder Sachverständiger bezeichnet wird, ist unerheblich; entscheidend ist die **rechtliche Einordnung** als Zeuge bzw. als Sachverständiger.[1] 2

Auch außerhalb des Anwendungsbereiches des JVEG richtet sich die Zeugenentschädigung nach diesem Gesetz. Denn die **Polizeigesetze** der Länder bzw. **§ 405 AO** verweisen jeweils auf das JVEG.[2] 3

2. Vom Angeklagten geladene Zeugen. Die Entschädigung derjenigen Zeugen, die vom Angeklagten unmittelbar geladen wurden, richtet sich nach den Bestimmungen des 4

---

[78] BGH 27.9.1956 – 3 StR 217/56, BGHSt 9, 362 (364) = NJW 1956, 1807.
[79] BGH 15.7.1998 – 2 StR 173/98, NStZ 1999, 46 (47).
[80] *Meyer-Goßner* Rn. 21 mwN.
[1] *Eisenberg* Beweisrecht Rn. 1204.
[2] L/R/*Ignor/Bertheau* Rn. 1.

§ 220 Abs. 2 und 3. Mit der Verweisung auf die „gesetzliche Entschädigung“ in § 220 Abs. 2 wird auch für diese Fälle die Anwendbarkeit des JVEG klargestellt.

5 Einen **Antrag** auf Entschädigung nach § 220 Abs. 3 können nicht nur der Angeklagte und die StA, sondern auch der Zeuge selbst stellen;[3] dieser muss die Dreimonatsfrist des § 2 Abs. 1 S. 1 JVEG einhalten. § 220 Abs. 3 gilt ebenso für diejenigen Beweispersonen, die in die Hauptverhandlung gestellt wurden. Die Entschädigung aus der Staatskasse wird gewährt, wenn die Vernehmung des Zeugen nach objektiven Maßstäben das Verfahren gefördert hat. Der Antragsteller hat im Falle der Ablehnung seines Antrags ein Beschwerderecht.

6 **3. Mittellose Zeugen.** Sie haben gemäß § 3 JVEG die Möglichkeit, einen Antrag auf **Gewährung eines Vorschusses** zu stellen. Ergeben sich anhand der Aktenlage Anhaltspunkte dafür, dass die Voraussetzungen hierfür vorliegen, empfiehlt sich in der Ladung ein deutlicher **Hinweis** auf diese Möglichkeit. Dies kann dazu beitragen, ein Nichterscheinen mit der vorgebrachten Entschuldigung der Mittellosigkeit und damit einhergehende Verfahrensverzögerungen zu vermeiden. Ferner erscheint es angesichts des Umstands, dass die Zeugenentschädigungsstellen der Gerichte regelmäßig nicht mehr über Bargeldbestände verfügen, angemessen, den Zeugen in der Ladung darauf hinzuweisen, dass die Auszahlung seiner Entschädigung nicht in bar erfolgen kann. Die Festsetzung des Vorschusses geschieht durch richterlichen **Beschluss** (§ 4 JVEG).

7 **4. Weigerungsberechtigte Zeugen.** Wer sich als Zeuge berechtigt auf ein Zeugnis- oder Auskunftsverweigerungsrecht berufen kann, verliert den Anspruch auf Entschädigung nicht. Anderes gilt bei einer unberechtigten Verweigerung der Aussage.[4]

III. Regelungsbereiche des JVEG

8 Innerhalb der Entschädigung der Zeugen ist zwischen dem Fahrtkostenersatz (§ 5 JVEG), der Aufwandsentschädigung (§ 6 JVEG), dem Ersatz für sonstige Aufwendungen (§ 7 JVEG), der Entschädigung für Zeitversäumnis (§ 20 JVEG), dem Ersatz für Nachteile bei der Haushaltsführung (§ 21 JVEG) und der Verdienstausfallentschädigung (§ 22 JVEG) zu unterscheiden.

9 Die Entschädigung für **zu Unrecht erlittene Erzwingungshaft** regelt das JVEG nicht. Auch eine entsprechende Anwendung scheidet aus, weil die Vorschriften des JVEG nur die Entschädigung für rechtmäßig entstandenen Aufwand und Ausfall regeln.[5]

IV. Verlangen des Zeugen, Festsetzung

10 Entschädigungen nach dem JVEG werden nur bezahlt, wenn der Zeuge sie verlangt (§ 2 JVEG). Der Zeuge kann die Entschädigung formlos mündlich oder schriftlich beim Gericht, der StA oder der Anweisungsstelle – binnen drei Monaten – geltend machen. Erklärt der Zeuge, auf seine Entschädigung zu verzichten, wird dies in der Sitzungsniederschrift vermerkt.

11 Die Entschädigung wird durch richterlichen **Beschluss** festgesetzt (§ 4 JVEG). Meist hält das Gericht den Zeitpunkt der Entlassung des Zeugen im direkten Anschluss an seine Vernehmung auf der Zeugenladung fest; dieser Vermerk dient zur Berechnung der Entschädigung.

---

[3] Graf/*Ritscher* § 220 Rn. 11.
[4] *Eisenberg* Beweisrecht Rn. 1204.
[5] Vgl. BGH 23.8.1989 – 1 BJs – 4 StB 29/89, NStZ 1989, 535 zum StrEG.

Siebenter Abschnitt. Sachverständige und Augenschein

§ 72 [Anwendung der Vorschriften für Zeugen]

Auf Sachverständige ist der sechste Abschnitt über Zeugen entsprechend anzuwenden, soweit nicht in den nachfolgenden Paragraphen abweichende Vorschriften getroffen sind.

Schrifttum: *Artkämper,* Der Sachverständige im Strafverfahren, BA 2001, 7; *Cabanis,* Glaubwürdigkeitsuntersuchungen, NJW 1978, 2329; *Detter,* Der Sachverständige im Strafverfahren – eine Bestandsaufnahme –, NStZ 1998, 57; *Dölp,* Der Sachverständige im Strafprozess – Gedanken über eine nachhaltige strukturelle Veränderung im Verfahrensrecht, ZRP 2004, 235; *Erb,* Die Abhängigkeit des Richters vom Sachverständigen, ZStW 121 (2009), 882; *Fischer,* Glaubwürdigkeitsbeurteilung und Beweiswürdigung, NStZ 1994, 1; *Focken/Pfeiffer,* Thesen zur Zusammenarbeit des Jugendrichters mit dem jugendpsychiatrisch-psychologischen Sachverständigen, DRiZ 1980, 20; *Foth/Karcher,* Überlegungen zur Behandlung des Sachbeweises im Strafverfahren, NStZ 1989, 166; *Geppert,* Das Beweisverbot des § 252 StPO, Jura 1988, 305 und 363; *Geppert,* Der Zeugenbeweis (I), Jura 1991, 80; *Geppert,* Der Sachverständigenbeweis, Jura 1993, 249; *Gössel,* Behörden und Behördenangehörige als Sachverständige vor Gericht, DRiZ 1980, 363; *Hamm/Hassemer/Pauly,* Beweisantragsrecht; *Hanack,* Die Rechtsprechung des Bundesgerichtshofs zum Strafverfahrensrecht, JZ 1971, 126; *Huber,* Grundwissen – Strafprozessrecht: Beweismittel in der Hauptverhandlung, JuS 2010, 1056; *Kaufmann,* Das Problem der Abhängigkeit des Strafrichters vom medizinischen Sachverständigen, JZ 1985, 1065; *Kohlhaas,* Änderungen des Sachverständigenbeweises im Strafprozess?, NJW 1962, 1329; *Lehmann,* Der Anspruch auf Einsicht in die Unterlagen des Sachverständigen, GA 2005, 639; *Müller-Gugenberger/Bieneck,* Wirtschaftsstrafrecht; *Nedopil,* Verständnisschwierigkeiten zwischen dem Juristen und dem psychiatrischen Sachverständigen, NStZ 1999, 433; *Russ,* Tatsachenbekundungen des Sachverständigen im Strafprozess, NJW 1963, 385; *Senge,* Auswertung von Abrechnungsunterlagen im staatsanwaltschaftlichen Ermittlungsverfahren, jurisPR-StrafR 6/2008 Anm. 2; *Tondorf/Waider,* Der Sachverständige, ein „Gehilfe" auch des Strafverteidigers, StV 1997, 493; *Venzlaff/Foerster,* Psychiatrische Begutachtung.

Übersicht

A. Normzweck

Die Verweisung gerade auf den sechsten Abschnitt, der den Zeugen betrifft, kennzeichnet den Sachverständigen als das zweite **persönliche Beweismittel**[1] der StPO. Die dortigen Vorschriften werden allerdings nur für entsprechend anwendbar erklärt. Damit kommt im Wortlaut und der Gesetzessystematik klar zum Ausdruck, dass der Sachverständige als eigenständige Beweisperson angesehen wird, die einer Abgrenzung vom Zeugen bedarf. Zugleich wird die Notwendigkeit einer Unterscheidung von den sachlichen Beweismitteln vorgegeben. Die Zusammenfassung mit dem Augenscheinsbeweis im siebten Abschnitt rechtfertigt keine andere Wertung. Sie ist in erster Linie rechtshistorisch begründet.[2] 1

[1] Graf/*Ritzert* Rn. 1; KMR/*Neubeck* Vor § 72 Rn. 2; *Meyer-Goßner* Vor § 72 Rn. 1; *Huber* JuS 2010, 1056.
[2] *Eb. Schmidt* Lehrkommentar zur StPO Teil II Vor § 72 Rn. 1; LR/*Krause* Vor § 72 Rn. 1.

B. Erläuterung

I. Der Sachverständige

2 **1. Begriff und Aufgabe des Sachverständigen.** Obwohl für die nach § 72 zu treffende Abgrenzung von anderen Beweismitteln von grundlegender Bedeutung, definiert das Gesetz weder dort, noch sonst in der StPO den **Begriff des Sachverständigen,** setzt ihn vielmehr voraus. Die Rspr. nimmt die Bestimmung nach dem Wesen des Sachverständigenbeweises vor.[3] Hierbei werden seine spezifische Funktion und die Erforderlichkeit spezieller Kenntnisse herangezogen. Sachverständiger ist demnach, wer über Sachkunde auf besonderen Gebieten des Wissens und der menschlichen Tätigkeit verfügt.[4] Er vermittelt auf Grundlage seiner fachlichen Qualifikation dem Gericht das „wissenschaftliche Rüstzeug“[5] für die und unterstützt es bei der Feststellung von Tatsachen, die nur vermöge des Sonderwissens erschöpfend wahrgenommen, verstanden und beurteilt werden können.[6] Ob hierbei die in der älteren Rspr. gebräuchliche Bezeichnung als Gehilfe des Richters[7] überflüssig oder irreführend ist,[8] mag dahinstehen. Sie darf auf jeden Fall nicht zu einer Überbewertung seiner Stellung führen. Dem Sachverständigen kommt kein Vorrang vor anderen Beweismitteln zu.[9] Das Gericht muss anhand des Gutachtens im Wege freier Beweiswürdigung zu einer eigenständigen Überzeugungsbildung gelangen.[10] In diesem Sinne ist es auch zu verstehen, wenn der Sachverständige als „Wahrnehmungsorgan des Gerichts“[11] bezeichnet wird. Damit die Strafverfolgungsbehörden ihrer ureigensten Aufgabe der Sachverhaltsfeststellung und Rechtsfindung gerecht werden, dürfen sie nicht aus dem Auge verlieren, dass dem Sachverständigen, vor allem dem psychiatrischen und psychologischen, eine zunehmende Bedeutung für Verlauf und Ausgang des Strafverfahrens zukommt.[12] Vor übertriebenen, leider oft von Schlagworten geprägten Darstellungen, bis hin zu einer „Entmachtung des Richters“ durch den Sachverständigen,[13] ist allerdings zu warnen. Sowohl Sachverständige als auch Gerichte und Staatsanwaltschaften zeigen sich in der Praxis durchaus in der Lage ihre jeweiligen Aufgaben eigenverantwort-

---

[3] BGH 24.6.1952 – 1 StR 130/52, BGHSt 3, 27 (28).

[4] BGH 24.6.1952 – 1 StR 130/52, BGHSt 3, 27 (28); RG 19.12.1922 – IV 457/22, RGSt 57, 158.

[5] BGH 8.3.1995 – 5 StR 49/55, BGHSt 7, 238 (239).

[6] BGH 7.6.1956 – 3 StR 136/56, BGHSt 9, 292 (293).

[7] So auch BGH 2.10.1952 – 3 StR 83/52, BGHSt 3, 187 (188); BGH 26.4.1955 – 5 StR 86/55, BGHSt 8, 113 (118); BGH 7.6.1956 – 3 StR 136/56, BGHSt 9, 292 (293); BGH 4.3.1958 – 5 StR 7/58, BGHSt 11, 211 (212); BGH 13.2.1959 – 4 StR 470/58, BGHSt 13, 1 (4); BGH 14.5.1975 – 3 StR 113/75, juris (→ Rn. 8), auch bei *Dallinger* MDR 1976, 13 (17); RG 2.3.1918 – V 948/17, RGSt 52, 161; RG 1.12.1922 – IV 457/22, RGSt 57, 158; RG 4.2.1930 – 1 D 1323/29, JW 1930, 1006; RG 29.1.1935 – 4 D 22/35, RGSt 69, 97 (98); OLG Koblenz 13.1.1977 – 1 Ws 9/77, juris (→ Rn. 8), insoweit nicht abgedruckt in NJW 1977, 1071 und MDR 1977, 514; in jüngeren Entscheidungen wird etwas vorsichtiger formuliert, das Gericht treffe seine Feststellungen „mit sachverständiger Hilfe“ wie bspw. in BGH 7.7.1999 – 1 StR 207/99, NStZ 1999, 630 (631); BGH 28.1.2003 – 5 StR 310/02, NStZ-RR 2003, 147 (148); HK/*Lemke* Rn. 7; *Senge* jurisPR-StrafR 6/2008 Anm. 2. Zum rechtshistorischen Bedeutungswandel des Begriffs *Erb* ZStW 121 (2009), 882 (885).

[8] *Geppert* Jura 1993, 249; *Peters* JR 1969, 232; *Tondorf/Waider* StV 1997, 493 (495).

[9] KMR/*Neubeck* Rn. 3; LR/*Krause* Vor § 72 Rn. 3; *Meyer-Goßner* Vor § 72 Rn. 8; Alsberg/*Dallmeyer* Beweisantrag Rn. 367.

[10] BGH 26.4.1955 – 5 StR 86/55, BGHSt 8, 113 (117 ff.); BGH 14.5.1975 – 3 StR 113/75, juris (→ Rn. 8), auch bei Dallinger MDR 1976, 13 (17); BGH 7.7.1999 – 1 StR 207/99, NStZ 1999, 630 (631); BGH 25.5.2011 – 2 StR 585/10, StV 2011, 709; KG 8.6.2009 – (3) 1 Ss 74/09 (51/09), VRS 120 (2011), 89 (92). Wobei sich diese nach BGH 8.3.1955 – 5 StR 49/55, BGHSt 7, 238 (239); BGH 3.5.2012 – 3 StR 46/12, NStZ 2013, 177 (178) in Ausnahmefällen auf die Prüfung reduzieren kann, ob der Sachverständige ein erprobter und zuverlässiger Vertreter seines Fachs ist. Für Prognosegutachten im Vollstreckungsverfahren OLG Koblenz 13.1.1977 – 1 Ws 9/77, juris (→ Rn. 8), insoweit nicht abgedruckt in NJW 1977, 1071 und MDR 1977, 514; LR/*Krause* Vor § 72 Rn. 5; *Geppert* Jura 1993, 249 (254).

[11] BGH 7.6.1956 – 3 StR 136/56, BGHSt 9, 292 (296).

[12] So die Bestandaufnahmen von AK/*Schreiber* Vor § 72 Rn. 8 ff.; LR/*Krause* Vor § 72 Rn. 4; *Artkämper* BA 2001, 7; *Detter* NStZ 1998, 57; *Dölp* ZRP 2004, 235 mit Reformvorschlägen; *Erb* ZStW 121 (2009), 882 (882 f.); *Fischer* NStZ 1994, 1 (1 f.); *Kaufmann* JZ 1985, 1065 (1065 f.).

[13] *Krauß* ZStW 85 (1973), 320 (334); ähnlich *Tondorf/Waider* StV 1997, 493 „Hilfssheriffs“.

lich wahrzunehmen.[14] Einen „Schulterschluss" zwischen den Strafverfolgungsbehörden und deren „Haussachverständigen" als flächendeckendes Problem zu postulieren,[15] wäre vorschnell und ohne empirisch belastbare Grundlage.

Die Tätigkeit des Sachverständigen lässt sich vor diesem Hintergrund in **drei Aufgabenbereiche** einteilen.[16] Er kann einerseits dazu beauftragt werden, dem Gericht die Kenntnis von Erfahrungssätzen zu vermitteln. Ferner kann es seine Aufgabe sein, Tatsachen selbst festzustellen. Schließlich wird er heranzuziehen sein, um Bewertungen vorzunehmen und Schlussfolgerungen zu ziehen. Diese Unterscheidung ist indes rechtssystematischer Natur. Bei der praktischen Umsetzung kann es naturgemäß zu Überschneidungen kommen. Nicht selten wird die Bestellung eine kombinierte Vorgehensweise notwendig machen. Immer aber ist Voraussetzung, um die Tätigkeit als die eines Sachverständigen auszuweisen, die Anwendung gerade einer besonderen Sachkunde.[17] 3

Nicht in jedem Fall muss der Sachverständige sein Sonderwissen praktisch anwenden, indem er auf dessen Grundlage Feststellungen trifft oder Schlussfolgerungen zieht. Mitunter, vor allem im Revisionsverfahren,[18] wird sich seine Aufgabe darauf beschränken, dem Gericht das **Grundlagenwissen** für die Beweiswürdigung zu **vermitteln,** indem er über Forschungsergebnisse, Erfahrungssätze und praktische Regeln seines Wissensgebietes berichtet sowie Fachausdrücke erläutert.[19] So liegt es, wenn er über Handelsbräuche und Buchführungsgrundsätze,[20] die Funktionsweise einer technischen Anlage,[21] die Wirkungsweise bestimmter Medikamente,[22] ausländisches Recht oder inländisches Gewohnheitsrecht, natürlich nicht inländisches gesetzliches Recht,[23] Auskunft gibt oder ausländische Urkunden übersetzt.[24] 4

Dem Sachverständigen kann die **Feststellung von Tatsachen** obliegen, das heißt bloße Wahrnehmungen bestimmter Art zu machen, sofern es hierfür spezifischer Fachkenntnisse bedarf.[25] Hierunter fällt die Leichenschau,[26] die toxikologische Untersuchung einer Leiche oder von Leichenteilen,[27] die Auswertung von Röntgenbildern, die Bestimmung der Blutalkoholkonzentration.[28] In diesem Zusammenhang sind **Verrichtungen** zu sehen,[29] die der Sachverständige für die eigenen (weitergehenden) Feststellungen oder diejenigen anderer Personen ausführt. Hierzu sind bspw. die Vornahme ärztlicher Untersuchungen,[30] körperlicher Eingriffe, vor allem Blutprobenentnahmen (§§ 81a Abs. 1 S. 2, 81c Abs. 2 S. 1), und die Fertigung von Röntgenaufnahmen zu rechnen.[31] 5

---

[14] Vgl. *Cabanis* NJW 1978, 2329 (2331); *Kohlhaas* NJW 1962, 1329 (1330); *Nedopil* NStZ 1999, 433 (439).

[15] So aber wohl *Lehmann* GA 2005, 639 (639–641); s. auch § 73 Rn. 7.

[16] Zusammenfassend hierzu BGH 18.5.1951 – 1 StR 149/51, NJW 1951, 771; *Roxin/Schünemann* § 27 Rn. 1; *Senge* jurisPR-StrafR 6/2008 Anm. 2.

[17] OLG Hamm 3.5.1954 – (3) 2 a Ss 55/54, NJW 1954, 1820; OLG Zweibrücken 8.10.2003 – 1 Ws 353/03, NStZ-RR 2004, 298.

[18] LR/*Krause* Vor § 72 Rn. 6 (mwN); s. aber auch BGH 25.4.2012 – 5 StR 444/11, NStZ 2012, 2212 (2213) zur Einholung eines DNA-Gutachtens.

[19] *Meyer-Goßner* Vor § 72 Rn. 6; Alsberg/*Dallmeyer* Beweisantrag Rn. 371; *Foth/Karcher* NStZ 1989, 166 (170); *Geppert* Jura 1993, 249 (250).

[20] *Meyer-Goßner* Vor § 72 Rn. 6.

[21] *Hamm/Hassemer/Pauly* Beweisantragsrecht Rn. 86.

[22] Alsberg/*Dallmeyer* Beweisantrag Rn. 371.

[23] KK/*Senge* Vor § 72 Rn. 1; KMR/*Neubeck* Rn. 7; LR/*Krause* Rn. 2; *Meyer-Goßner* Rn. 6; *Eisenberg* Beweisrecht Rn. 1501.

[24] BGH 9.11.2011 – 1 StR 302/11, NStZ 2012, 523 (525); KK/*Diemer* § 249 Rn. 16; *Hamm/Hassemer/Pauly* Beweisantragsrecht Rn. 86.

[25] KMR/*Neubeck* Vor § 72 Rn. 6; *Meyer-Goßner* Vor § 72 Rn. 5.

[26] OLG Hamm 3.5.1954 – (3) 2 a Ss 55/54, NJW 1954, 1820.

[27] KMR/*Neubeck* Vor § 72 Rn. 6; Alsberg/*Dallmeyer* Beweisantrag Rn. 370.

[28] *Meyer-Goßner* Vor § 72 Rn. 5; *Gössel* DRiZ 1980, 363 (364).

[29] KMR/*Neubeck* Vor § 72 Rn. 5; LR/*Krause* Vor § 72 Rn. 7; Alsberg/*Dallmeyer* Beweisantrag Rn. 369 sehen dies als eigenständige Tätigkeit.

[30] RG 11.6.1886 – Rep. 1492/86, RGSt 14, 189 (191).

[31] *Meyer-Goßner* Vor § 72 Rn. 4; *Geppert* Jura 1993, 249 (250).

6 Die praktisch häufigste und wichtigste Aufgabe eines Sachverständigen besteht in der Vornahme von Wertungen bei der **Erstattung von Gutachten.** Er wendet dann sein Fachwissen auf Tatsachen an, die ihm im Rahmen der Leitungsbefugnis des Gerichts nach § 78 mitgeteilt oder die nach § 80 ermittelt werden oder die er selbst feststellt, bewertet diese und zieht Schlussfolgerungen.[32] In dieser Form werden tätig der medizinische oder psychiatrische Sachverständige bei der Begutachtung des Geisteszustandes des Beschuldigten,[33] der Kinder- und Jugendpsychiater bei der psychologisch-psychiatrischen Persönlichkeitsbeurteilung des jugendlichen oder heranwachsenden Beschuldigten,[34] der Rechtsmediziner, der sich nach seiner Untersuchung zur Todesursache oder der Art der Entstehung von Verletzungen äußert,[35] der Psychiater oder Psychologe bei der aussagepsychologischen Bewertung des Vernehmungsmaterials,[36] der Wirtschaftsprüfer, der sich anhand beschlagnahmter Unterlagen zu Zeitpunkt des Eintritts von Zahlungsunfähigkeit oder Überschuldung äußert,[37] der technische Sachverständige, der den Unfallhergang rekonstruiert.[38]

7 **2. Abgrenzung der Tätigkeit des Sachverständigen vom Zeugenbeweis.** Da der Sachverständige dem Gericht nicht nur Erfahrungssätze und Wertungen erläutert, sondern daneben Wahrnehmungen über Tatsachen vermittelt, ergeben sich **Überschneidungen zum Zeugenbeweis.** In § 74 Abs. 1 S. 2 wird zudem vorausgesetzt, dass die Funktion als Sachverständiger und als Zeuge in ein und demselben Verfahren personell vereinbar sind.[39] Andererseits ist die Abgrenzung vor allem deswegen notwendig, da nur der Sachverständige nach § 74 abgelehnt werden kann,[40] nur für ihn die Vorschrift über das Gutachtenverweigerungsrecht nach § 76 greift[41] und sich die Vorschriften über den Ungehorsam in § 77, die Vereidigung in § 79 und die Entschädigung nach § 84 von denjenigen für den Zeugen unterscheiden. Ferner sind die Ausführungen des Sachverständigen nicht als in sich geschlossene Einheit anzusehen.[42] Innerhalb des Gutachtens ist zu differenzieren, ob wissenschaftliche Grundlagen vermittelt, Wertungen vorgenommen und Schlussfolgerungen gezogen werden, der Tatsachen betreffende Teil seine Grundlage in der Anwendung besonderer Sachkunde findet, oder ob die Ausführungen des Sachverständigen die bloße Wiedergabe von Tatsachenwissen enthalten, zu dessen Erlangung prinzipiell jede nicht sachkundige Person gleichfalls in der Lage gewesen wäre. Hiernach richtet sich vor allem, inwieweit der Sachverständige (zusätzlich) als Zeuge zu vereidigen ist,[43] das Fragerecht der Verfahrensbeteiligten, ob die Einführung von Verfahrensstoff alleine über das Gutachten einen Verstoß gegen § 261 darstellt,[44] die Anwendung des § 136a,[45] die Ablehnung von Beweisanträgen (→ Rn. 9, 12 und 14), die Unmittelbarkeit der Beweisaufnahme und die Auswirkung von Zeugnisverweigerungsrechten nach § 252,[46] die Unterbrechung der Verjährung.[47] Inhaltlich hat die Unterscheidung anhand der oben aufgeführten Kriterien zur Bestimmung des Begriffs und der Aufgabe des Sachverständigen zu erfolgen. Zur Systematisierung wird dazu im Folgenden zunächst der im Gutachten verwendete Tatsachenstoff strukturiert, um darauf aufbauend die von Rechtsprechung und Literatur angewandten Abgrenzungskriterien darzustellen.

---

[32] Alsberg/*Dallmeyer* Beweisantrag Rn. 372; LR/*Krause* Vor § 72 Rn. 10; *Meyer-Goßner* Vor § 72 Rn. 7; vgl. auch BGH 9.10.2002 – 5 StR 42/02, NJW 2003, 150 (151), insoweit nicht abgedruckt in BGHSt 48, 34.
[33] *Kaufmann* JZ 1985, 1065 (1066 f.).
[34] *Focken/Pfeiffer* DRiZ 1980, 20 (22 f.).
[35] Vgl. *Gössel* DRiZ 1980, 363 (364).
[36] LR/*Krause* Vor § 72 Rn. 10.
[37] Siehe das Beispiel bei Müller-Gugenberger/Bieneck/*Niemeyer* Wirtschaftsstrafrecht § 12 Rn. 28.
[38] Alsberg/*Dallmeyer* Beweisantrag Rn. 372.
[39] *Hamm/Hassemer/Pauly* Beweisantragsrecht Rn. 87.
[40] *Geppert* Jura 1993, 249 (255).
[41] BGH 23.7.1996 – 4 StR 292/96, Tolksdorf DAR 1997, 169 (181).
[42] *Geppert* Jura 1991, 80 (82).
[43] → § 79 Rn. 21–24.
[44] *Geppert* Jura 1991, 80 (82).
[45] → § 85 Rn. 13.
[46] → § 81c Rn. 57.
[47] → § 85 Rn. 14.

a) Unterteilung des Tatsachenstoffs. aa) Anknüpfungstatsachen. Der Sachverständige benötigt, um sein Fachwissen anzuwenden, eine **Tatsachenbasis,** auf deren Grundlage er die Schlussfolgerungen ziehen kann, die gegebenenfalls Zweck seines Auftrages sind. Es handelt sich hierbei um die Anknüpfungstatsachen.[48] Einerseits werden sie im Rahmen der Leitungsfunktion nach § 78 vom Gericht mitgeteilt.[49] Für diesen Fall gehören sie selbstredend nicht zur spezifischen Tätigkeit des Sachverständigen.[50] Dies entbindet ihn indes nicht von der Aufgabe, die vom Auftraggeber vermittelten Anknüpfungstatsachen einer eigenständigen Würdigung zu unterziehen und erforderlichenfalls um Ergänzung oder Klarstellung nachzusuchen.[51] Andererseits kann der Sachverständige eigenständige Feststellungen treffen, die er zur Tatsachengrundlage seines Gutachtens macht.[52] Alleine hierdurch wird ihre Qualifikation jedoch nicht festgelegt. Es kann sich diesbezüglich, je nach Art und Weise der Feststellung um Befund- oder Zusatztatsachen handeln.[53] 8

bb) Befundtatsachen. Sofern die Feststellungen nur aufgrund der **besonderen Sachkunde** getroffen werden können, handelt es sich um Befundtatsachen. Zu deren Feststellung ist das Gericht mit den ihm zur Verfügung stehenden Erkenntnismöglichkeiten nicht in der Lage.[54] Hierzu gehören bspw. naturwissenschaftliche Wahrnehmungen an Körper und Verhalten einer Person, am Tatort, in Bezug auf andere äußere Umstände, der fachliche Inhalt von Krankengeschichten und ärztlichen Gutachten sowie Schlüsse auf das Verhalten einer Person aus ihrer körperlich-seelischen Beschaffenheit, insbesondere der Alkoholisierung,[55] aber auch Erfahrungswissen eines Mitarbeiters des Amtes für Verfassungsschutz.[56] Als Teil des Sachverständigengutachtens unterliegen Befundtatsachen den diesbezüglichen Regelungen und werden mit diesem in das Verfahren eingeführt.[57] Ein dahingehender Beweisantrag kann unabhängig von der Bezeichnung der Beweisperson als (sachverständiger) Zeuge auf die Ablehnungsgründe des § 244 Abs. 4 gestützt werden.[58] Unzulässig ist aber eine Vernehmung (auch) als sachverständiger Zeuge zu den Befundtatsachen nicht.[59] 9

cc) Zusatztatsachen. Diejenigen Tatsachen, die das **Gericht** mit den ihm zur Verfügung stehenden Erkenntnis- und Beweismitteln **selbst festzustellen in der Lage** wäre, werden Zusatztatsachen genannt.[60] Sie werden regelmäßig anlässlich der Begutachtung festgestellt, sind aber, da es hierfür nicht auf die besondere Sachkunde ankommt, nicht 10

---

[48] OLG Hamm 5.3.1965 – 3 Ss 1585/64, VRS 29 (1965), 202; LK/Krause Vor § 72 Rn. 11.

[49] BGH 26.10.1962 – 4 StR 318/62, BGHSt 18, 107 (108); KK/*Senge* Vor § 72 Rn. 3.

[50] BGH 26.10.1962 – 4 StR 318/62, BGHSt 18, 107 (108).

[51] § 78 Rn. 8.

[52] HK/*Lemke* Vor § 72 Rn. 4; KMR/*Neubeck* Rn. 8; KK/*Senge* vor 72 Rn. 3; LR/*Krause* Vor § 72 Rn. 11.

[53] *Huber* JuS 2010, 1056 (1057); *Russ* NJW 1963, 385.

[54] BGH 13.2.1959 – 4 StR 470/58, BGHSt 13, 1 (2); BGH 26.10.1962 – 4 StR 318/62, BGHSt 18, 107 (108); BGH 30.10.1968 – 4 StR 281/68, BGHSt 22, 268 (271); BGH 28.9.1994 – 3 StR 332/94, NStZ 1995, 44 (45); BGH 15.8.2001 – 3 StR 225/01, NStZ 2002, 44 (45); *Geppert* Jura 1988, 363 (364); *Jahn* JuS 2007, 485 (486).

[55] BGH 7.6.1956 – 2 StR 136/56, BGHSt 9, 292 (293 f.); OLG Bremen 3.5.1977 – Ss (B) 5/77, VRS 54 (1978), 65 (67); OLG Köln 9.1.2001 – Ss 477/00, VRS 100 (2001), 123 (128).

[56] BGH 16.2.1965 – 3 StR 50/64, BGHSt 20, 164 (165).

[57] BGH 7.6.1956 – 3 StR 136/56, BGHSt 9, 292 (293 f.); BGH 18.9.1959 – 4 StR 208/59, BGHSt 13, 250 (252); BGH 18.5.1951 – 1 StR 149/51, NJW 1951, 771; BGH 16.2.1965 – 3 StR 50/64, BGHSt 20, 164 (166); BGH 24.2.1967 – 4 StR 23/67, VRS 32 (1967) 433 (434 f.); BGH 29.6.1976 – 1 StR 263/76, *Spiegel* DAR 1977, 169 (175); BGH 19.10.1976 – 5 StR 494/76, *Holtz* MDR 1977, 105 (108); BGH 28.9.1994 – 3 StR 332/94, NStZ 1995, 44 (45); OLG Hamm 5.3.1965 – 3 Ss 1585/64, VRS 29 (1965), 202; OLG Hamm 12.4.1973 – 2 Ss 100/73, NJW 1973, 1427; OLG Köln 9.1.2001 – Ss 477/00, VRS 100 (2001), 123 (128); *Geppert* Jura 1991, 80 (82).

[58] BGH 2.4.2008 – 2 StR 621/07, BeckRS 2008, 07343 (→ Rn. 8).

[59] OLG Hamm 25.10.1968 – 3 Ss 1054/68, NJW 1969, 567.

[60] BGH 26.10.1962 – 4 StR 318/62, BGHSt 18, 107 (108); BGH 20.3.1990 – 1 StR 693/89, BGHSt 36, 384 (386); BGH 23.9.1999 – 4 StR 189/99, BGHSt 45, 203 (205); BGH 8.11.1984 – 1 StR 608/84, NStZ 1985, 135; OLG Düsseldorf 18.2.1970 – 2 Ss 654/69, VRS 39 (1970), 277 f.; OLG Köln 9.1.2001 – Ss 477/00, VRS 100 (2001), 123 (128).

Gegenstand des Sachverständigenbeweises.[61] Einen Bestandteil des Gutachtens stellen sie deswegen nicht dar.

11 Systematisch als Unterfall sind hier **Zufallsbeobachtungen**[62] einzuordnen. Auch deren Wahrnehmung und Wiedergabe wäre prinzipiell durch jede nichtsachkundige Person möglich. Inhaltlich weisen sie das Merkmal auf, dass sie in keiner unmittelbaren Beziehung zu dem Gegenstand des Gutachtens stehen. Als Beispiele sind das, was der Sachverständige zufällig erfährt,[63] zufällige Beobachtungen der Tat oder sein eigenes Verhalten vor der Bestellung zu nennen.[64]

12 Für Zusatztatsachen gelten **Besonderheiten.** Sie können nicht ohne weiteres über die Vernehmung des Sachverständigen im Rahmen der Gutachtenerstattung in das Verfahren eingeführt werden. Deren Erhebung durch den Gutachter entbindet das Gericht grundsätzlich nicht, sie auf dem originären Weg über Zeugen-, Augenscheins- oder Urkundenbeweis in das Verfahren einzuführen.[65] In der Hauptverhandlung sind dabei die Grundsätze der Unmittelbarkeit und der Parteiöffentlichkeit des Beweisverfahrens gemäß §§ 250, 257, 261 zu beachten. Das Gericht ist entsprechend gehalten, Erkenntnisse, die der Sachverständige durch Befragung Dritter erlangt hat, durch deren Vernehmung als Beweis zu erheben. Gegebenenfalls kann auch der Sachverständige hierzu als Zeuge vom Hörensagen vernommen werden.[66] Macht ein Zeuge von seinem Zeugnisverweigerungsrecht Gebrauch, so sperrt das Verwertungsverbot des § 252 auch die Verwertung der früheren Angaben gegenüber dem Sachverständigen, wenn sie als Zusatztatsachen einzustufen sind.[67] Genauso muss das Gericht Augenscheinsobjekte, deren Besichtigung nicht schon die besondere Sachkunde erfordern, selbst förmlich in Augenschein nehmen.[68] Ein Beweisantrag kann nicht auf die Ablehnungsgründe des § 244 Abs. 4 gestützt werden, sondern lediglich auf § 244 Abs. 3, sofern er sich nicht ausschließlich auf Befundtatsachen bezieht.[69] Zu beachten sind zudem Unterschiede bei Vereidigung und Fragerecht (→ Rn. 7).

13 **b) Abgrenzungskriterien. aa) Systematik.** Bei der Frage, ob die Ausführungen oder Teile der Ausführungen des Sachverständigen zur Erstattung des Gutachtens gehören oder ob sie dem Zeugenbeweis unterfallen, ist es sinnvoll eine **Prüfungsreihenfolge** einzuhalten. (1.) Zunächst ist festzustellen, ob es sich bei den Äußerungen um die Vermittlung von Erfahrungssätzen oder die Vornahme von Wertungen handelt, denn diese unterfallen unzweifelhaft dem Sachverständigenbeweis. Eine Überschneidung mit der Zeugenrolle kann nur dort gegeben sein, wo es um die Bekundung vom Sachverständigen wahrgenommener Tatsachen geht.[70] (2.) Sodann ist zu erwägen, inwieweit Zusatztatsachen gegeben sind. Auf solche sind die Regelungen des Sachverständigenbeweises nicht anwendbar.

[61] *Eb. Schmidt* Lehrkommentar zur StPO Nachträge und Ergänzungen zu Teil II Nachtragsband I Vor § 72 Rn. 15; HK/*Lemke* Vor § 72 Rn. 5; KMR/*Neubeck* Vor § 72 Rn. 10; SK/*Rogall* § 85 Rn. 30 f.; *Geppert* Jura 1988, 363 (364); *Huber* JuS 2010, 1056 (1057); *Russ* NJW 1963, 385.

[62] → § 79 Rn. 24.

[63] Vgl. BGH 1.12.1992 – 1 StR 633/92, NStZ 1993, 245 (246).

[64] LR/*Krause* § 79 Rn. 17; *Meyer-Goßner* § 79 Rn. 12; Alsberg/*Dallmeyer* Beweisantrag Rn. 331.

[65] *Geppert* Jura 1988, 363 (364); *Geppert* Jura 1991, 80 (82).

[66] BGH 7.6.1956 – 3 StR 136/56, BGHSt 9, 292 (294–296); BGH 13.2.1959 – 4 StR 470/58, BGHSt 13 1 (2 – 5); BGH 18.9.1959 – 4 StR 208/59, BGHSt 13, 250 (251); BGH 26.10.1962 – 4 StR 318/62, BGHSt 18, 107 (108 f.); BGH 16.2.1965 – 3 StR 50/64, BGHSt 20, 164 (166); BGH 30.10.1968 – 4 StR 281/68, BGHSt 22, 268 (271).

[67] BGH 10.10.1957 – 4 StR 393/57, BGHSt 11, 97 (99 f.); BGH 13.2.1959 – 4 StR 470/58, BGHSt 13, 1 (4 f.); BGH 26.10.1962 – 4 StR 318/62, BGHSt 18, 107 (109); BGH 20.3.1990 – 1 StR 693/89, BGHSt 36, 384 (386); BGH 23.9.1999 – 4 StR 189/99, BGHSt 45, 203 (205 f.); BGH 3.11.2000 – 2 StR 354/00, BGHSt 46 189 (193); BGH 27.10.2006 – 2 StR 234/06, NStZ 2007, 353 (354); → § 81c Rn. 57.

[68] OLG Hamm 3.9.1984 – 3 Ss 248/84, StV 1984, 457; KG 16.9.1993 – (4) 1 Ss 86/93, StV 1993, 628 (629) jeweils für Schriftproben als Grundlage für sachverständige Schriftvergleichung; aA Alsberg/*Dallmeyer* Beweisantrag Rn. 415; OLG Düsseldorf 18.2.1970 – 2 Ss 654/69, VRS 39, 277 (277 f.) für Fahrtenschreiberdiagramm, s. hierzu aber → § 86 Rn. 19.

[69] BGH 29.5.1990 – 5 StR 186/90, StV 1990, 438; der Sache nach auch schon RG 5.7.1928 – 2 D 656/28, JW 1928, 2721 (2722).

[70] BGH 9.10.2002 – 5 StR 42/02, NJW 2003, 150 (151).

(3.) Innerhalb der Befundtatsachen ist zu unterscheiden, ob deren Kundgabe (noch) von der Gutachtenerstattung erfasst wird oder ob diesbezüglich eine Aussage als sachverständiger Zeuge erfolgt. Letzteren Falls finden dann wiederum, wie sich aus § 85 ergibt, die den Zeugenbeweis betreffenden strafprozessualen Vorschriften Anwendung.

bb) Abgrenzung zwischen der Vermittlung von Wertungen und Tatsachen. 14 Schon die Differenzierung zwischen **Wertungen und Schlussfolgerungen** einerseits und Befundtatsachen andererseits, mit der sich die Rspr. Insbesondere in Zusammenhang mit der Ablehnung von Beweisanträgen auseinandersetzte, kann im Einzelfall schwierig zu treffen sein. In einem Fall beanstandete der BGH einen Ablehnungsbeschluss mit der Begründung einer fehlenden Notwendigkeit weiterer Begutachtung. Die benannten Beweispersonen hätten als behandelnde Ärzte dazu aussagen sollen, ob der Angeklagte während des Aufenthalts in den von ihnen geleiteten Einrichtungen „therapeutische Fortschritte gemacht und sich in seiner Persönlichkeit positiv verändert habe". Dies wurde offensichtlich als Befundtatsache gewertet, weswegen die Vernehmung der betreffenden Ärzte als sachverständige Zeugen nur aus den Gründen des § 244 Abs. 3 hätte abgelehnt werden dürfen.[71] Es erscheint aber durchaus fraglich, ob der (Teil-)Erfolg einer Behandlung und die damit gegebenenfalls einhergehende günstige Persönlichkeitsentwicklung des Angeklagten noch als Tatsache eingeordnet werden kann, die, wenn auch mit der erforderlichen Sachkunde, der bloßen Wahrnehmung zugänglich ist. Es hätte durchaus nahegelegen dies als eine diagnostische Beurteilung anzusehen. In gleicher Weise problematisch ist die Einordnung eines Anstaltsarztes als sachverständiger Zeuge, der zur Heroinabhängigkeit des Angeklagten gehört werden soll, die er bereits in einem Attest bestätigt hatte.[72] Sogar innerhalb eines Beweisantrages auf Beiziehung einer einzigen Person kann eine Differenzierung des Beweisthemas – und damit einhergehend der Ablehnungsgründe des § 244 – durchzuführen sein. Sofern eine behandelnde Ärztin dafür benannt wurde, der Angeklagte sei zur Tatzeit hochgradig zuckerkrank gewesen, sah der BGH darin eine Befundtatsache. Die weitergehende Behauptung, er sei hierdurch in seiner strafrechtlichen Verantwortlichkeit erheblich vermindert gewesen, ist dagegen ein sachverständiges Urteil.[73] Vorsicht ist jedoch selbst dann geboten, wenn die Beweisperson eindeutig wertende Angaben macht. Wurde sie seitens des Gerichts ausdrücklich als sachverständiger Zeuge in das Verfahren eingeführt, so wird sie alleine durch gutachtliche Äußerungen, die bei Gelegenheit der Zeugenaussage erfolgen, nicht zum Sachverständigen. Die Ablehnungsgründe des § 244 Abs. 4 stehen dann für einen Beweisantrag nicht zur Verfügung. Diese wären nur zulässig, wenn das Gericht die Bekundungen für alle Verfahrensbeteiligten eindeutig erkennbar (auch) als solche eines Sachverständigen behandelt.[74] Bezieht sich ein Beweisantrag dagegen auf ein Thema, das „auf Grund meteorologischer Fachkenntnisse" zu behandeln ist, ist er nach den Grundsätzen des Sachverständigenbeweises zu bescheiden.[75]

Bei diesen Entscheidungen mag die von der Literatur teilweise für maßgeblich gehaltene 15 Unterscheidung eine Rolle gespielt haben, ob die Wahrnehmungen der Beweisperson (noch) **auftragslos** erfolgten.[76] Dieser Gesichtspunkt wurde aber einerseits nicht stringent durchgehalten, andererseits zeigt sich gerade an vorliegenden Beispielsfällen, dass eine klare Abgrenzung nicht mehr möglich ist, wenn Schlussfolgerungen gezogen werden, in die Tätigkeiten vor Beauftragung durch das Gericht mit einfließen. Im Hinblick auf die Vereidigungsentscheidung kann daher nur empfohlen werden, diese beim Sachverständigen in zweifelhaften Fällen vorsorglich auch unter dem Gesichtspunkt des Zeugen zu treffen. Bei der Ablehnung von Beweisanträgen sieht sich die Praxis indes vor der nur schwer

---

[71] BGH 29.5.1990 – 5 StR 186/90, StV 1990, 438.
[72] BGH 21.2.1985 – 1 StR 812/84, NStZ 1985, 376, ebenfalls zu § 244 Abs. 3 und 4 StPO.
[73] BGH 28.4.1970 – 4 StR 71/70, VRS 39 (1970) 95 f.
[74] BGH 11.2.1954 – 4 StR 677/53, JR 1954, 271 (272).
[75] BGH 30.11.1993 – 1 StR 637/93, JurionRS 1993, 18350.
[76] SK/*Rogall* § 85 Rn. 29; vgl. auch BGH 8.2.2011 – 4 StR 583/10, NStZ 2011, 356 (357) zum Verfasser eines Arztbriefs.

einzuschätzenden Gefahr, sich auf einen nachträglich für unzutreffend erachteten Ablehnungsgrund zu stützen.

16 **cc) Abgrenzung zwischen Zusatz- und Befundtatsachen.** Die Abgrenzung zwischen Zusatz- und Befundtatsachen kann im Einzelfall mit erheblichen Schwierigkeiten verbunden sein.[77] Als **Grundsatz** ist festzuhalten, dass das maßgebliche Kriterium allgemein von der oben angeführten jeweiligen Definition hergeleitet wird. Danach ist der Inhalt der Aussage selbst entscheidend.[78] Zusatztatsachen sind solche, die ihrem Gehalt nach jeder beliebige Zeuge,[79] mithin „jeder Laie",[80] hätte feststellen können. Letztlich soll mit der Unterscheidung die Grenze der richterlichen Aufklärungsmöglichkeiten gegenüber den speziellen Fähigkeiten des Sachverständigen gezogen werden.[81] Nur wenn alleine schon zur sachgerechten Wahrnehmung eines Umstandes Sachkunde erforderlich ist, wird dieser als Befundtatsache eingeordnet. Nach einem Teil der Rechtsprechung sind dann aber zu Recht alle Wahrnehmungen erfasst, die in einem unmittelbaren, unauflöslichen Zusammenhang mit den vom Sachverständigen auftragsgemäß zu erhebenden Befundtatsachen stehen.[82] Der hiergegen gerichteten Ansicht, die ausschließlich auf die Art der Feststellung abhebt,[83] ist nicht zu folgen. Sie führt vor allem im Bereich der aussagepsychologischen Begutachtung von Zeugen und der psychiatrischen des Beschuldigten zu unsachgemäßen Ergebnissen. Die dazu erforderliche Exploration stellt die zentrale Untersuchungsmethode dar, bei der zu einer tragfähigen Beurteilungsgrundlage die Einbeziehung des Tatgeschehens selbst gehört.[84] Selbst wenn diese durch das Gericht mit den ihm zur Verfügung stehenden Mitteln ebenfalls festgestellt werden könnte – was ohnehin oftmals fraglich ist –, ändert das nichts daran, dass es sich hierbei um den wesentlichen Befund des Gutachtens handelt. Die Frage der Abgrenzung ist daher nicht von den prozessualen Möglichkeiten und tatsächlichen Fähigkeiten her zu stellen, die das Gericht zur Beweiserhebung hat, sondern vom Gegenstand des Gutachtens aus. Es würde auf einen systematischen Bruch hinauslaufen, einen inhaltlich geschlossenen Bewertungs- und Beweiskomplex auseinanderzureißen und ihn dadurch, insbesondere durch jeweilige Vereidigungsentscheidungen, verfahrensrechtlich doppelt zu erfassen.[85] Die weitere Frage, ob sich das Gericht mit der Vernehmung des Sachverständigen begnügen kann, darf hiermit nicht vermengt werden. Hier gelten wie beim Zeugen vom Hörensagen die Maßstäbe der §§ 244 Abs. 2, 261.[86] Allerdings verlief die Rspr. nicht immer einheitlich und schwankte vor allem in diesem Bereich bei der Einordnung.

17 Im Verlaufe der Entwicklung der Rechtsprechung nahm zunächst das RG im vorgenannten Sinn einen betont **funktionalen Standpunkt** ein. Als Teil des Gutachtens wurden alle Feststellungen angenommen, die dessen „untrennbaren (organischen) Bestandteil" bilden.[87]

[77] Dies wird auch eingeräumt in BGH 1.12.1992 – 1 StR 633/92, NStZ 1993, 245 (246); *Eisenberg* Beweisrecht Rn. 1612; *Hanack* JZ 1971, 126 (127).

[78] BGH 20.11.1984 – 1 StR 639/84, NStZ 1985, 182; BGH 30.11.1993 – 1 StR 637/93, JurionRS 1993, 18350; BGH 2.4.2008 – 2 StR 621/07, BeckRS 2008, 07343 (→ Rn. 8).

[79] BGH 15.8.2001 – 3 StR 225/01, NStZ 2002, 44 (45).

[80] So die prägnante Formulierung in BGH 1.12.1992 – 1 StR 633/92, NStZ 1993, 245 (246).

[81] *Hanack* JZ 1971, 126 (127 f.).

[82] BGH 17.11.1987 – 5 StR 547/87, BGHR StPO § 59 S. 1 Sachverständigenfrage 1; BGH 1.12.1992 – 1 StR 633/92, NStZ 1993, 245 (246); BGH 28.9.1994 – 3 StR 332/94, NStZ 1995, 44 (45); BGH 10.11.1998 – 5 StR 505/98, BGHR StPO § 59 S. 1 Sachverständigenfrage 3; so der Sache nach auch BGH 19.10.1976 – 5 StR 494/76, *Holtz* MDR 1977 105 (108); BayObLG 14.2.1951 – II 114/50, BayObLGSt 1951, 304 (305) „inniger Zusammenhang".

[83] LR/*Krause* § 79 Rn. 21; SK/*Rogall* § 85 Rn. 30 f.

[84] Für Begutachtung des Beschuldigten ausdrücklich Venzlaff/Foerster/*Schreiber*/*Rosenau* Psychiatrische Begutachtung, S. 126 (133); vgl. auch Nedopil NStZ 1999, 433 (435); für Aussagepsychologie *Cabanis* NJW 1978, 2329 (2331); Venzlaff/Foerster/*Volbert*/*Steller* Psychiatrische Begutachtung, S. 718 (722); → § 80 Rn. 9 f.

[85] In diesem Sinne ausführlich RG 24.6.1910 – V 437/10, St 44, 11 (12–15) zur Abgrenzung des Sachverständigen zum sachverständigen Zeugen; → § 79 Rn. 27.

[86] → § 79 Rn. 27.

[87] RG 24.6.1910 – V 437/10, RGSt 44, 11 (13).

Als solche wurden Äußerungen des Geschädigten zum Tathergang bei einer ärztlichen Behandlung[88] und des Angeklagten über sein geschlechtliches Verhalten[89] angesehen, wenn sie mit diesem dergestalt in einem inneren Verhältnis stehen, dass sie die wesentliche Grundlage der Begründung darstellen. Genauso wurden Feststellungen zu Diagnose und Therapie bei der ärztlichen Behandlung des Verletzten gewürdigt.[90] Für unerheblich wurde dabei gehalten, ob der Sachverständige zum Zeitpunkt der Feststellung bereits beauftragt war oder – jedenfalls, was die ihm gegenüber erfolgten Äußerungen anbelangt – seine besondere Sachkunde in Anspruch nahm. Dem steht die vom RG ebenfalls getroffene Annahme nicht entgegen, unter Umständen könne eine Beweisperson als sachverständiger Zeuge zu behandeln sein, die ohne gerichtliche Bestellung auf Grundlage ihrer Sachkunde Tatsachenfeststellungen traf. Insoweit lag der Sonderfall der Ablehnung eines Beweisantrags vor, der sich ausdrücklich nur auf die Vernehmung als sachverständiger Zeuge zu den entsprechenden Wahrnehmungen bezog.[91]

Der BGH nahm sich der Thematik ebenfalls ein erster Linie im Zusammenhang mit **Äußerungen von Auskunftspersonen** unterschiedlicher Art an. Dabei weichte er durch systematisch nicht immer konsequente Entscheidungen zur Vereidigung des Sachverständigen[92] und zur Verwertbarkeit bei diesem gemachter Angaben[93] im Rahmen psychiatrischer Begutachtung des Beschuldigten und ausgabepsychologischer Begutachtung von Zeugen die vorstehend ausgeführten Grundsätze weitgehend auf. Hierdurch schränkte er den Begriff der Befundtatsachen teilweise unangemessen ein und verlagerte die Prüfung der Unterscheidung in Verfahrensvorschriften, bei denen sie nicht selten gekünstelt erscheint. Als Zusatztatsachen wurden außerdem gewertet die Angaben, die die Mutter der aussagepsychologisch zu begutachtenden Geschädigten gegenüber dem Sachverständigen machte. Der BGH rügte deren Einführung über das Gutachten als fehlerhaft, da der Sachverständige in diesem Fall das ohne besondere Sachkunde erhobene „ungeprüfte Wissen oder vermeintliche Wissen beliebiger Auskunftspersonen" nutze.[94] In gleicher Weise wurden die Anhörung sonstiger zeugnisverweigerungsberechtigter Dritter[95] oder eines Lehrers der zu Begutachtenden durch den Sachverständigen[96] gewürdigt. In entsprechendem Zusammenhang wurde die „Besonderheit" des Sachverständigenbeweises wegen dessen „Wesensverschiedenheit" gegenüber dem Zeugenbeweis hervorgehoben. Demnach kann der Gutachter über Zusatztatsachen, die gerade dann anzunehmen sind, wenn er auf seine bloße Befragung Dritter zurückgreift, nur als Zeuge (vom Hörensagen) vernommen werden.[97] Bezieht er dagegen sachkundige Äußerungen anderer Personen in sein eigenes Gutachten ein und würdigt sie kritisch, nehmen diese die Funktion von Befundtatsachen an.[98] In diesem Sinne wurden auch Ergebnisse einer Blutalkoholbestimmung, die nicht vom psychiatrischen Sachverständigen selbst oder unter seiner Verantwortung vorgenommen wurde, lediglich als Zusatztatsachen eingestuft, wenn er sie, ohne sie selbst nachzuprüfen, seinem Gutachten zu Grunde 18

---

[88] RG 10.6.1910 – II 377/10, RGSt 43, 437 (438 f.).

[89] RG 29.1.1935 – 4 D 22/35, RGSt 69, 97 (98); so auch BayObLG 14.2.1951 – II 114/50, BayObLGSt 1951, 304 (305) zu Äußerungen der Angeklagten zur Tat anlässlich psychiatrischer Begutachtung; anders aber BGH 12.9.2007 – 1 StR 407/07 juris (Rn. 12) insoweit nicht abgedruckt in NStZ 2008, 229.

[90] RG 24.6.1910 – V 437/10, RGSt 44, 11 (12 f.).

[91] RG 23.12.1926 – II 1040/26, RGSt 61, 114 f.; aA LR/*Krause* § 79 Rn. 20.

[92] S. hierzu § 79 Rn. 21–24.

[93] S. hierzu § 81c Rn. 57.

[94] BGH 7.6.1956 – 2 StR 136/56, BGHSt 9, 292 (294–296) noch als Verstoß gegen § 250; so auch noch OLG Celle 2.12.1963 – 2 Ss 421/63, NJW 1964, 463 für die Übernahme der Befunde eines anderen Sachverständigen als „Sachverständiger vom Hörensagen".

[95] BGH 13.2.1959 – 4 StR 470/58, BGHSt 13, 1 (3–5); BGHSt 26.10.1962, BGHSt 18, 107 (108 f.), wo erstmals explizit der Begriff „Zusatztatsachen" verwendet wird; BGH 23.9.1999 – 4 StR 189/99, BGHSt 45, 203 (205 f.); BGH 3.11.2000 – 2 StR 354/00, BGHSt 46, 189 (192 f.).

[96] BGH 18.5.1951 – 1 StR 149/51, NJW 1951, 771.

[97] BGH 30.10.1968 – 4 StR 281/68, BGHSt 22, 269 (270 f.); dem folgend BGH 1.12.1992 – 1 StR 633/92, NStZ 1993, 245 (246); BGH 28.9.1994 – 3 StR 1994, NStZ 1995, 44 (45).

[98] BGH 30.10.1968 – 4 StR 281/68, BGHSt 22, 269 (272–274); BGH 19.10.1976 – 5 StR 494/76, *Holtz* MDR 1977, 105 (108).

legt.[99] Genauso darf ein Rechtsmediziner nicht ohne Verstoß gegen § 261 das Ergebnis einer Blutalkoholbestimmung vortragen, die ein anderer desselben Instituts vorgenommen hatte.[100]

19 **dd) Abgrenzung des Sachverständigen vom sachverständigen Zeugen.** Innerhalb der **Befundtatsachen** ist eine weitere Abschichtung notwendig. Die besondere Sachkunde, die zu deren Wahrnehmung erforderlich ist, genügt für sich gesehen, wie sich aus § 85 ergibt, gerade nicht um die Anwendung der Sondervorschriften für den Sachverständigen zur Anwendung zu bringen.[101] Auch gibt es keinen generellen Primat des Sachverständigengutachtens gegenüber der Zeugenaussage.[102] Demgemäß ist die Abgrenzung des Sachverständigen vom sachverständigen Zeugen selbst hinsichtlich solcher Umstände erforderlich zu deren Wahrnehmung erst das spezifische Fachwissen befähigt. Wegen dieser Übereinstimmung beim Gegenstand des zu vermittelnden Tatsachenstoffes kann hierzu ein inhaltliches Kriterium nicht vorherrschend sein.[103] Es bleibt in erster Linie nur der Weg über **formale Gesichtspunkte.** Solche werden vielfältig diskutiert, ohne dass bislang ein vollständiger Konsens erreicht werden konnte.

20 Rechtsprechung und Literatur setzten sich vielfach mit dem Problem auseinander und führten dabei auch **schwache Kriterien** an. Dies gilt auch für die zu Recht beanstandeten[104] Unterscheidungen nach der Schwierigkeit der Denkoperation oder nach Urteilen, die nur der Sachverständige vornehmen soll, wogegen der Zeuge bloßes Tatsachenwissen mitteile, ohne Schlüsse zu ziehen und Prognosen abzugeben.[105] Ältere Entscheidungen führen dies zwar an, ohne darin aber ein für sich gesehen zuverlässiges Unterscheidungsmerkmal zu sehen. Vielmehr gehen diese davon aus, dass das Zeugnis eben nicht auf die einfache Wiedergabe von Tatsachenwissen ohne jegliche urteilende Tätigkeit beschränkt ist. Der Zeugenbeweis wird erst dann verlassen, wenn der bewertende Teil und die Vornahme geistiger Denkoperationen in den Vordergrund tritt.[106] Teilweise liegt darin sogar die Meinung, ein allzu enges Verständnis der Aufgabe des Zeugen könne den Blick verstellen.[107] Auch der Gesichtspunkt, ein Zeuge berichte über Ereignisse in der Vergangenheit und sei nicht austauschbar,[108] der Sachverständige sei indes austauschbar[109] wurde nicht uneingeschränkt aufrechterhalten. Recht früh wurde bereits davon ausgegangen, diese Unterschiede würden nur „in der Regel" zutreffen.[110] Später wurde dann ausdrücklich klargestellt, dass Zeitpunkt und Anlass einer Wahrnehmung gerade nicht ausschlaggebend dafür sind, ob die Wiedergabe als Teil des Gutachtens oder als Zeugenaussage anzusehen ist.[111] Dies ist auch zutreffend. Gegenstand des sachverständigen Beweises können durchaus in der Vergangenheit abgeschlossene Sachverhalte sein, wie zum Beispiel die bei einer Leichenöffnung festgestellten Befundtatsachen. Diese werden auch

[99] OLG Köln 9.1.2001 – Ss 477/00, VRS 100 (2001), 123 (128).

[100] OLG Köln 7.7.1964 – Ss 181/64, NJW 1964, 2218.

[101] SK/*Rogall* § 85 Rn. 30.

[102] BGH 21.2.1985 – 1 StR 812/84, NStZ 1985, 376.

[103] LR/*Krause* § 85 Rn. 7.

[104] OLG Frankfurt a. M. 12.3.1952 – 1 Ws 13/52, NJW 1952, 717; Alsberg/*Dallmeyer* Beweisantrag Rn. 383; LR/*Krause* § 85 Rn. 7 f.

[105] *Huber* JuS 2010, 1056 (1057).

[106] RG 31.1.1895 – Rep 4689/94, RGSt 27, 95 (96 f.).

[107] RG 28.1.1905 – Rep 3446/04, RGSt 37, 371 (372).

[108] RG 23.12.1926 – II 1040/26, RGSt 61, 114 f.; OLG Hamm 25.10.1968 – 3 Ss 1054/68, NJW 1969, 567; *Geppert* Jura 1993, 249 (250); *Eb. Schmidt* JZ 1957, 229.

[109] KK/*Senge* Vor § 72 Rn. 7 „grundsätzlich"; *Geppert* Jura 1991, 80 (81 f.) „jedenfalls prinzipiell"; so auch *Huber* JuS 2010, 1056 (1057), zumindest für den Fall, dass ein anderer eine vergleichbare Sachkunde besitze.

[110] RG 18.3.1913 – V 738/12, RGSt 47, 100 (104 f. und 107 f.); RG 1.12.1922 – IV 457/22, RGSt 57, 158; OLG Hamm 3.5.1954 – (3) 2 a Ss 55/54, NJW 1954, 1820; vgl. auch BayObLG 14.2.1951 – II 114/50, BayObLGSt 1951, 304 (305) „Wahrnehmungen bei der Untersuchung, die übrigens in der Regel wiederholbar sind".

[111] RG 24.6.1910 – V 437/10, RGSt 44, 11 (12); RG 29.1.1935 – 4 D 22/35, RGSt 69, 97 (98); BGH 17.11.1987 – 5 StR 547/87, BGHR StPO § 59 S. 1 Sachverständigenfrage 1; wenngleich in BGH 28.4.1970 – 4 StR 71/970, VRS 39 (1970), 95 (96); OLG Hamm 3.5.1954 – (3) 2a Ss 55/54, NJW 1954, 1820 dieses

von der Rechtsprechung als Teil des Gutachtens angesehen.[112] Zudem sind auch Zeugen austauschbar, wenn beispielsweise mehrere dasselbe Ereignis beobachteten.[113] Schließlich sind auch die Art der Entschädigung, die Bezeichnung in der Ladung[114] und in den Urteilsgründen nicht maßgeblich.[115] Eine ursprünglich als Sachverständiger beauftragte Beweisperson kann in den Grenzen der Aufklärungspflicht durchaus im Rahmen der Hauptverhandlung lediglich als (sachverständiger) Zeuge vernommen werden.[116]

Angesichts dieser Unsicherheiten bietet sich als entscheidendes Merkmal an, wenn die Beweisperson über Wahrnehmungen berichtet, die sie **mit besonderer Sachkunde aufgrund behördlichen Auftrags** gemacht hat.[117] Das Erfordernis der Nutzung fachlicher Spezialkenntnisse ermöglicht die Unterscheidung zum Zeugen, der nicht sachverständiger Zeuge ist. Der gerichtliche Auftrag schafft im Vergleich zu Letzterem die notwendige Transparenz für die Verfahrensbeteiligten, dass eine Tätigkeit als Sachverständiger entfaltet wird.[118] Erfasst werden dann auch solche Umstände, die die wesentliche Grundlage des Gutachtens darstellen und dessen grundlegender Bestandteil sind, unabhängig davon, ob die Beweisperson zum Zeitpunkt von deren Wahrnehmung schon den Auftrag als Sachverständiger erhalten hatte oder nicht.[119] Die hiergegen gerichtete Kritik, Wahrnehmungen des Sachverständigen vor seiner Bestellung seien immer als Zeugenaussage zu behandeln,[120] überzeugt nicht. Es ist Ausfluss der Auswahl- und Leitungsbefugnis des Gerichts nach §§ 73, 78 und über § 161a Abs. 1 S. 2 der Staatsanwaltschaft, den Sachverständigen zu bestimmen. Insofern ist es auch durchaus naheliegend, sachkundige Personen mit der Begutachtung zu beauftragen, die bereits in anderem Zusammenhang sachdienliche Feststellungen getroffen haben.[121] Würde dies aber dazu führen, dass schon früher erhobene Befundtatsachen nicht Bestandteil des Gutachtens werden, so wäre eine unnatürliche Aufspaltung der Tätigkeit des Sachverständigen die Folge.[122] Es ist auch durchaus inkonsequent, in diesem Zusammenhang davon auszugehen, vom Angeklagten, der Verteidigung oder der Nebenklage beauftragte sachkundige Auskunftspersonen seien Sachverständige.[123] Diesen steht, da sie nicht zur Neutralität verpflichtet sind und ihre Aufgabe vorrangig Interessenvertretung ist, kein originäres Recht zur Auswahl und Zuziehung des Sachverständigen zu.[124] Der nach der StPO maßgebliche Auftrag kann dann erst darin gesehen werden, wenn die Beweisperson nach § 73 von Gericht oder Staatsanwaltschaft hinzugezogen wird.[125] Feststellungen die davor getroffen wurden, könnten dann im Sinne der Straf- 21

Kriterium wieder herangezogen wird; vgl. auch OLG Hamm 12.9.1967 – 3 Ss 890/67, VRS 34 (1968) 61 zum Augenscheinsgehilfen.

112 BGH 12.1.1956 – 3 StR 420/55, JurionRS 1956, 12263; BGH 24.2.1967 – 4 StR 23/67, VRS 32 (1967), 433 (434 f.); BGH 2.4.2008 – 2 StR 621/07, BeckRS 2008, 07343; aA SK/*Rogall* § 85 Rn. 30.

113 Alsberg/*Dallmeyer* Beweisantrag Rn. 382.

114 BGH 24.9.1975 – 3 StR 267/75, GA 1976, 78 (79).

115 BGH 26.6.1984 – 5 StR 93/84, NStZ 1984, 465.

116 BGH 9.10.2002 – 5 StR 42/02, NJW 2003, 150 (151).

117 BGH 19.1.1956 – 4 StR 484/55, VRS 10 (1956), 287 (288); BGH 24.9.1975 – 3 StR 267/75, GA 1976, 78 (79); in diesem Sinne auch Graf/*Ritzert* § 85 Rn. 2; HK/*Lemke* § 85 Rn. 4; KMR/*Neubeck* § 85 Rn. 2 *Meyer-Goßner* § 85 Rn. 3; Radtke/Hohmann/*Beukelmann* § 85 Rn. 2; SK/*Rogall* § 85 Rn. 11–13; *Eisenberg* Beweisrecht Rn. 1510; *Gössel* DRiZ 1980, 363 (365); *Fezer* JuS 1978, 765 (766).

118 BGH 11.2.1954 – 4 StR 677/53, JR 1954, 271 (272); *Geppert* Jura 1991, 80 (82); 1993, 249 (250); aA *Foth/Karcher* NStZ 1989, 166 (169), die den Auftrag für unmaßgeblich halten.

119 RG 24.6.1910 – V 437/10, RGSt 44, 11 (12 f.); RG 29.1.1935 – 4 D 22/35, RGSt 69, 97 (98); BGH 17.11.1987 – 5 StR 547/87, BGHR StPO § 59 S. 1 Sachverständigenfrage 1; vgl. auch BGH 28.9.1994 – 3 StR 332/92, NStZ 1995, 44 (45); aA RG 5.7.1928 – 2 D 656/28, JW 1928, 2721 (2722); OLG Hamm 3.5.1954 – (3) 2 a Ss 55/54, NJW 1954, 1820.

120 OLG Hamm 3.5.1954 – (3) 2 a Ss 55/54, NJW 1954, 1820; LR/*Krause* § 79 Rn. 20; SK/Rogall § 85 Rn. 29; so wohl auch *Roxin/Schünemann* § 27 Rn. 5.

121 Wie beispielsweise die behandelnden Ärzte in dem Fall RG 24.6.1910 – V 437/10, RGSt 44, 11.

122 AA nunmehr Alsberg/*Dallmeyer* Beweisantrag Rn. 333 und 389 im Gegensatz zu der zutreffenden Ansicht 5. Aufl., S. 188.

123 LR/*Krause* § 85 Rn. 11.

124 Vgl. LG Zweibrücken 26.10.2010 – Qs 66/10, VRS 120 (2011), 29 (30) im Zusammenhang mit § 464a; § 73 Rn. 9.

125 SK/*Rogall* § 85 Rn. 13.

prozessordnung konsequenter Weise auch nur über den Zeugenbeweis Eingang in das Verfahren gewinnen.

22 Das so gewählte kombinierte Abgrenzungskriterium wird in der überwiegenden Zahl der Fälle zu sachgerechten Ergebnissen führen. Dies gilt auch für die Differenzierung gegenüber dem Augenscheinsgehilfen (→ Rn. 23),[126] sofern es dieser Rechtsfigur überhaupt bedarf. Sollte sich im Einzelfall gleichwohl anhand dieses Kriteriums keine klare Grenzziehung durchführen lassen, so ist es angezeigt, die Bestimmung anhand einer **Gesamtwürdigung** unter Einbeziehung sämtlicher oben erwähnter Gesichtspunkte (→ Rn. 20) vorzunehmen.[127]

23 **3. Abgrenzung des Sachverständigen gegenüber dem Augenscheinsbeweis.** Überscheidungen kann es zwischen dem Sachverständigenbeweis und dem Augenschein geben. So ist es dem Gericht häufig auch unter Berücksichtigung der Aufklärungspflicht nicht verwehrt, die Einnahme eines Augenscheins durch andere Beweismittel zu ersetzen. Mitunter wird es sich wegen der Besonderheit der in Betracht kommenden Beobachtungen sogar aufdrängen, so zu verfahren.[128] Hier kommt der Einsatz eines **Beweismittlers**[129] in Frage, bei dem es sich um einen Sachverständigen oder Zeugen handeln kann, der dann als **Augenscheinsgehilfe**[130] bezeichnet wird. Da der Tätigkeit in beiden Fällen ein Auftrag des Gerichts zu Grunde liegt, ist dieser als (alleiniges) Abgrenzungskriterium ungeeignet.[131] Wegen der Einzelheiten wird auf die Kommentierung bei § 86 verwiesen.[132]

24 **4. Abgrenzung des Sachverständigen gegenüber dem Dolmetscher.** In der Regel ist die Abgrenzung klar zu treffen. Der Dolmetscher ist als Verhandlungsdolmetscher üblicherweise damit betraut, die Verständigung zwischen den Verfahrensbeteiligten zu ermöglichen. Mitunter wird er indes auch in der Hauptverhandlung zugleich als **Sprachsachverständiger** herangezogen, um den Inhalt außerhalb der Hauptverhandlung verfasster Schriftstücke oder abgegebener Äußerungen zu übertragen. In diesem Fall entfaltet er eine Tätigkeit als Sachverständiger nach den diesbezüglichen Regelungen, was insbesondere neben der Notwendigkeit entsprechender Belehrung und Vereidigungsentscheidung[133] auf die Ungehorsamsfolgen Einfluss hat.[134] Über das in der Hauptverhandlung mündlich erstattete Gutachten wird zugleich eine fremdsprachige Urkunde iSd § 249 verlesen.[135]

II. Anwendung der Vorschriften über Zeugen

25 Ist die Beweisperson als Sachverständiger anzusehen, so beschränkt § 72 den **Umfang der Verweisung** zunächst auf den sechsten Abschnitt des ersten Buches der StPO. Zeugenvorschriften außerhalb dieses Bereichs, wie bspw. §§ 243 Abs. 2 S. 1, 247 S. 1 und 2, 247a, 252,[136]

---

[126] AA LR/*Krause* § 85 Rn. 10.

[127] Vgl. Alsberg/*Dallmeyer* Beweisantrag Rn. 388; *Hamm/Hassemer/Pauly* Beweisantragsrecht Rn. 88; *Roxin/Schünemann* § 28 Rn. 4 f.

[128] RG 18.3.1913 – V 738/12, RGSt 47, 100 (106).

[129] BGH 3.3.1977 – 2 StR 390/76, BGHSt 27, 135 (136) dürfte dahingehend zu verstehen sein, dass dieser Begriff für jede Form der Ersetzung des Augenscheins durch den Personalbeweis Verwendung findet.

[130] So die gebräuchliche Benennung in der Literatur Alsberg/*Dallmeyer* Beweisantrag Rn. 402; LR/*Krause* § 86 Rn. 4; *Meyer-Goßner* § 86 Rn. 5; *Dähn* JZ 1978, 640 (641). Nach *Alsberg* JW 1930, 714; JW 1931, 1608 (1609) „gerufener oder gezogener Zeuge".

[131] Alsberg/*Dallmeyer* Beweisantrag Rn. 387; *Kern* JW 1931, 2815 f.; vgl. auch OLG Hamm 12.9.1967 – 3 Ss 890/67, VRS 34 (1968), 61; aA *Eb. Schmidt* Lehrkommentar zur StPO Teil II Vor § 72 Rn. 21, der wegen der gerichtlichen Auftragserteilung immer von Sachverständigentätigkeit ausgeht.

[132] → § 86 Rn. 12–15.

[133] BGH 28.11.1950 – 2 StR 50/50, BGHSt 1, 4 (7); BGH 22.12.1964 – 1 StR 509/64, NJW 1965, 643; BGH 29.5.1985 – 2 StR 804/84, NStZ 1985, 466; BGH 7.7.1997 – 5 StR 17/97, NStZ 1998, 158 (159); *Meyer-Goßner* GVG § 185 Rn. 2; *Jessnitzer* Rpfleger 1982, 365 (366 und 367); → § 79 Rn. 26.

[134] KG 21.11.2007 – 1 AR 1087/07 – 1 Ws 199/07, StraFo 2008, 89; OLG Karlsruhe 25.3.2003 – 1 Ws 381/02, Justiz 2003, 449 (450) = BeckRS 2004, 093838; → § 77 Rn. 4.

[135] BGH 28.11.1950 – 2 StR 50/50, BGHSt 1, 4 (7).

[136] S. hierzu → § 76 Rn. 10.

gelten für den Sachverständigenbeweis nicht.[137] § 247 S. 3 ist dagegen einer direkten Anwendung zugänglich.[138] Wegen der Wesensverschiedenheit von Sachverständigen und Zeugen kommen die §§ 48–71 auch nur ergänzend und sinngemäß zur Anwendung,[139] wobei für die Auslegung zu beachten ist, dass sich die wesentlichen Regelungsgehalte aus den §§ 73 ff. ergeben.[140]

Uneingeschränkt anwendbar sind:
- §§ 49, 50, wenngleich ohne praktische Relevanz.[141]
- §§ 52–53a, 55 und 56.[142] Zur Verpflichtung, die Belehrung aktenkundig zu machen siehe Nr. 70 Abs. 5 iVm 65 RiStBV.
- § 57,[143] wobei die entsprechende Belehrung bei häufig vor Gericht stehenden Sachverständigen als zwecklose Förmlichkeit überflüssig erscheint.[144] Wegen des Charakters als einer reinen Ordnungsvorschrift, die alleine dem Schutz der Beweisperson dient, kann die Revision auf einen Verstoß nicht gestützt werden.[145] Da die Zeugenvereidigung nach § 59 Abs. 1 S. 1 nunmehr genauso wie diejenige des Sachverständigen die Ausnahme darstellt, gelten auch hinsichtlich § 57 S. 2 keine Besonderheiten.[146]
- §§ 60–63, 66–68a.[147]
- § 69, bei dem für Vorhalte und Bezugnahmen an die Stelle früherer Vernehmungsprotokolle das zu den Akten gereichte vorbereitende schriftliche Gutachten tritt.[148]

Mit **Modifikationen** kommen über § 72 zur Anwendung: 26
- § 48 mit der Maßgabe, dass der Hinweis auf Zeugenrechte und Zeugenschutzvorschriften unterbleibt.
- §§ 51, 70, soweit nicht durch § 77 die Ungehorsamsfolgen der §§ 51 Abs. 1, 70 Abs. 1 ersetzt und die Anordnung der Beugehaft nach § 70 Abs. 2 ausgeschlossen werden.[149]
- § 58. Da § 80 vorrangig ist, kommt Abs. 1 nicht zur Anwendung. Es ist daher zulässig in Gegenwart des Sachverständigen Zeugen[150] oder andere Sachverständige[151] zu vernehmen. Kommt der Sachverständige zugleich als Zeuge in Betracht, entscheidet der Vorsitzende nach pflichtgemäßem Ermessen über den Umfang der Anwesenheit.[152] Die Durchführung einer Gegenüberstellung richtet sich dagegen uneingeschränkt nach § 58 Abs. 2.[153]
- § 59, wobei an die Stelle von Abs. 1 S. 1 § 79 Abs. 1 tritt.[154] § 59 Abs. 1 S. 2 ist hingegen über § 72 auch auf die Entscheidung über die Vereidigung des Sachverständigen zur

---

[137] Graf/*Ritzert* Rn. 2; HK/*Lemke* Rn. 1; KMR/*Bosch* Rn. 1; LR/*Krause* Rn. 2; *Meyer-Goßner* Rn. 1; aA KK/*Senge* Rn. 1 für § 247.
[138] SK/*Rogall* Rn. 5.
[139] KMR/*Bosch* Rn. 1.
[140] LR/*Krause* Rn. 1.
[141] LR/*Krause* Rn. 4 f.; SK/*Rogall* Rn. 8.
[142] § 76 Rn. 6.
[143] BGH 27.11.1961 – 4 StR 408/61, VRS 22 (1962), 144 (147); BGH 7.7.1997 – 5 StR 17/97, NStZ 1998, 158 (159).
[144] RG 6.5.1921 – II 241/21, RGSt 56, 66 (67); KMR/*Bosch* Rn. 2; LR/*Krause* Rn. 11; *Meyer-Goßner* Rn. 1; aA SK/*Rogall* Rn. 10.
[145] BGH 27.11.1961 – 4 StR 408/61, VRS 22 (1962), 144 (147); BGH 11.10.1968 – 4 StR 244/68, VRS 36 (1969), 23; BGH 7.7.1997 – 5 StR 17/97, NStZ 1998, 158 (159); RG 6.5.1921 – II 241/21, RGSt 56, 66 (67); KK/*Senge* Rn. 3.
[146] AA wohl noch im Hinblick auf § 59 aF KK/*Senge* Rn. 3; LR/*Krause* Rn. 11; SK/*Rogall* Rn. 15: Erst vor Vereidigung.
[147] Graf/*Monka* Rn. 2; HK/*Lemke* Rn. 2; LR/*Krause* Rn. 15 f. und Rn. 19–21; nach KK/*Senge* Rn. 3 soll § 67 nur für nicht allgemein vereidigten Sachverständigen gelten; nach SK/*Rogall* Rn. 25 soll § 68 Abs. 3 nicht anwendbar sein.
[148] KK/*Senge* Rn. 3; KMR/*Bosch* Rn. 2; LR/*Krause* Rn. 23.
[149] KK/*Senge* Rn. 2; LR/*Krause* Rn. 6 und 24; *Meyer-Goßner* Rn. 1; SK/*Rogall* Rn. 7 und 27; § 77 Rn. 5.
[150] RG 25.3.1891 – Rep 656/92, RGSt 22, 434 f.; RG 2.3.1918 – V 948/17, RGSt 52, 161 f.
[151] RG 8.5.1880 – Rep 1099/80, RGSt 2, 153 (158).
[152] RG 25.3.1891 – Rep 656/92, RGSt 22, 434 f.; KK/*Senge* Rn. 2; KMR/*Bosch* Rn. 3; LR/*Krause* Rn. 12.
[153] Graf/*Monka* Rn. 2; HK/*Lemke* Rn. 2; KMR/*Bosch* Rn. 2; LR/*Krause* Rn. 12; *Meyer-Goßner* Rn. 1; SK/*Rogall* Rn. 11.
[154] KK/*Senge* Rn. 2; LR/*Krause* Rn. 14.

Anwendung zu bringen. § 79 Abs. 1 ist lediglich als Sonderregelung dahingehend zu verstehen, dass die einschränkenden Voraussetzungen des § 59 Abs. 1 S. 1 für eine Vereidigung des Sachverständigen keine Anwendung finden. Über den Ausschluss einer entsprechenden Anwendung des § 59 Abs. 1 S. 2 wird hierbei nichts ausgesagt.[155] Für den im Übrigen gültigen § 59 Abs. 2 stellt § 79 Abs. 2 Hs. 1 klar, dass es hinsichtlich des Zeitpunkts der Vereidigung auf die Erstattung des Gutachtens ankommt.[156]
– §§ 64, 65, indem § 79 Abs. 2 und 3 an die Stelle der Eidesformel treten.[157]

27 **Nicht anwendbar** sind:
– § 54 wegen § 76 Abs. 2.[158]
– § 58a, weil es beim Sachverständigen an vergleichbaren Interessenlagen für die Fixierung der Aussage regelmäßig fehlt. Eine Schutzbedürftigkeit iSd Abs. 1 S. 2 Nr. 1 ist nicht gegeben.[159] Der Beweissicherungsfunktion des Abs. 1 S. 2 Nr. 2[160] bedarf es wegen der grundsätzlichen Ersetzbarkeit des Sachverständigen nicht.
– § 68b,[161] bei dem es sich um eine Vorschrift handelt, mit deren Einfügung der Gesetzgeber das Ziel verfolgte, Zeugen, insbesondere Geschädigte, zu schützen.[162] Mangels vergleichbarer Interessenlage ist eine entsprechende Anwendung nach § 72 nicht geboten.
– § 71 wegen § 84.[163]

C. Revision

28 Die Revision kann **nicht alleine** auf eine **Verletzung des § 72** gestützt werden. Erfolgen keine Ausführungen zu der Vorschrift, die von der Verweisungsnorm im konkreten Fall in Bezug genommen wird, und zu den diesbezüglichen Verfahrenstatsachen, so genügt der Revisionsvortrag schon nicht den Anforderungen des § 344 Abs. 2 S. 2. Das ist bspw. der Fall, wenn sich der Revisionsführer auf die Mitteilung beschränkt, der Sachverständige sei „gemäß § 72" unrichtig belehrt worden.[164]

§ 73 [Auswahl]

(1) ¹Die Auswahl der zuzuziehenden Sachverständigen und die Bestimmung ihrer Anzahl erfolgt durch den Richter. ²Er soll mit diesen eine Absprache treffen, innerhalb welcher Frist die Gutachten erstattet werden können.

(2) Sind für gewisse Arten von Gutachten Sachverständige öffentlich bestellt, so sollen andere Personen nur dann gewählt werden, wenn besondere Umstände es erfordern.

Schrifttum: *Achenbach,* Aus der 2011/2012 veröffentlichten Rechtsprechung zum Wirtschaftsrecht, NStZ 2012, 682; *Alex/Felter/Kundlack,* Qualitätssicherung von Prognosegutachten, StV 2013, 259; *Arndt,* 1. Der Fall Rohrbach als Mahnung. – 2. Fragen des rechtlichen Gehörs, NJW 1962, 25; *Artkämper,* Der Sachverständige im Strafverfahren, BA 2001, 7; *Basdorf,* Gebotene psychiatrische Begutachtung in Fällen auffälliger Besonderheiten in der Tat und/oder bei dem Täter, HRRS 2008, 275; *Bellmann,* Täteridentifikation anhand eines Lichtbildes, HRRS 2011, 419; HRRS 2011, 463; HRRS 2012, 18; *Bleutge,* Der öffentlich bestellte und vereidigte Sachverständige, BB 1973, 1416; *Bleutge,* Der öffentlich bestellte Sachverständige,

155 AA wohl *Diehm* StV 2007, 444 (446).
156 → § 79 Rn. 9.
157 → § 79 Rn. 10.
158 → § 76 Rn. 6.
159 LR/*Krause* Rn. 13; SK/*Rogall* Rn. 22.
160 *Meyer-Goßner* § 58a Rn. 1b und 7.
161 LR/*Krause* Rn. 22; SK/*Rogall* Rn. 26.
162 Zu diesem Normzweck Graf/*Monka* § 68b Rn. 1.1.
163 Graf/*Monka* Rn. 3; HK/*Lemke* Rn. 3; KK/*Senge* Rn. 2; KMR/*Bosch* Rn. 3; LR/*Krause* Rn. 25; *Meyer-Goßner* Rn. 1.
164 BGH 10.7.1996 – 3 StR 50/96, NJW 1997, 66 (67).

DRiZ 1977, 170; *Brammsen,* der abgelehnte vorbefasste Privatgutachter – zweierlei Maß im Strafprozess?, ZStW 119 (2007), 93; *Brause,* Glaubhaftigkeitsprüfung und -bewertung einer Aussage im Spiegel der höchstrichterlichen Rechtsprechung, NStZ 2013, 129; *Brüning,* Privatisierungstendenzen im Strafprozess – Chancen und Risiken der Mitwirkung sachverständiger Privatpersonen im strafrechtlichen Ermittlungsverfahren, StV 2008, 100; *Buhmann u. a. – „Arbeitsgruppe für die anthropologische Identifikation lebender Personen auf Grund von Bilddokumenten",* Standards für die anthropologische Identifikation lebender Personen auf Grund von Bilddokumenten, NStZ 1999, 230; *Cabanis,* Glaubwürdigkeitsuntersuchungen, NJW 1978, 2329; *Detter,* Der Sachverständige im Strafverfahren – eine Bestandsaufnahme –, NStZ 1998, 57; *Detter,* Der von der Verteidigung geladene psychiatrische Sachverständige, FS Meyer-Goßner 2001, 431; *Eisenberg,* Dysfunktionales Verhältnis zwischen Sachverständigem und (Jugend-)Strafjustiz, HRRS 2012, 466; *Erb,* Die Abhängigkeit des Richter vom Sachverständigen, ZStW 121 (2009), 882; *Fischer,* Glaubwürdigkeitsbeurteilung und Beweiswürdigung, NStZ 1994, 1; *Fischer,* Aussagewahrheit und Glaubhaftigkeitsbegutachtung, FS Widmaier 2008, 191; *Friedrichs,* Sachverständigengruppe und ihr Leiter – Fortentwicklung des Sachverständigenrechts, JZ 1974, 257; *Gössel,* Behörden und Behördenangehörige als Sachverständige vor Gericht, DRiZ 1980, 363; *Hagedorn,* Die Bestellung des Sachverständigen im Strafverfahren wegen Wirtschaftskriminalität, StV 2004, 217; *Hamm,* Monokeltests und Menschenwürde, NJW 1999, 922; *Hanack,* Zum Problem der persönlichen Gutachterpflicht, insbesondere in Kliniken, NJW 1962, 2041; *Hefendehl,* Die Feststellung des Vermögensschadens – auf dem Weg zum Sachverständigenstrafrecht?, wistra 2012, 325; *Heghmanns/Scheffler,* Handbuch zum Strafverfahren, 1. Aufl. 2008; *Hülle,* Zu den Strafverfahren wegen Sittlichkeitsverbrechen an Kindern, JZ 1955, 8; *Jansen,* Überprüfung aussagepsychologischer Gutachten, StV 2000, 224; *Kargl/Kirsch,* Zur Zulässigkeit eines untauglichen Beweismittels im Strafverfahren, JuS 2000, 537; *Karpinski,* Der Sachverständige im Strafprozeß, NJW 1968, 1173; *Kett-Straub,* Die Glaubwürdigkeitsbegutachtung minderjähriger Zeugen, ZStW 117 (2006), 354; *Kohlhaas,* Die Glaubwürdigkeit der Kinderaussage und ihre Überprüfung durch Sachverständige, NJW 1951, 903; *Kohlhaas,* Änderungen des Sachverständigenbeweises im Strafprozess?, NJW 1962, 1329; *Krauß,* Richter und Sachverständiger im Strafverfahren, ZStW 85 (1973), 320; *Krekeler,* Der Sachverständige im Strafverfahren, insbesondere im Wirtschaftsstrafverfahren, wistra 1989, 52; *Kulkanek,* Bilanzrechtsorientierung und Quotenschaden als Beispiele einer modernen Schadensdogmatik, NZWiSt 2013, 246; *Lemme,* Zur Ablehnung des Wirtschaftsreferenten der Staatsanwaltschaft gem. § 74 StPO, wistra 2002, 281; *Müller-Gugenberger/Bieneck,* Wirtschaftsstrafrecht 5. Aufl.; *Nack,* Die Abhängigkeit des Richters vom Sachverständigen, GA 2009, 201; *Parzeller/Bratzke,* Gutachterauswahl und Gutachterkompetenz, Rechtsmedizin 13 (2003), 301; *Putzke/Scheinfeld/Klein/Undeutsch,* Polygraphische Untersuchungen im Strafprozess, ZStW 121 (2009), 607; *Rauch,* Auswahl und Leitung des Sachverständigen im Strafprozess, NJW 1968, 1173; *Rieß,* Der Hauptinhalt des Ersten Gesetzes zur Reform des Strafverfahrens (1. StrVRG), NJW 1975, 81; *Rösing/Quarch/Danner,* Zur Wahrscheinlichkeitsaussage im morphologischen Identitätsgutachten, NStZ 2012, 548; *Rudolph,* Das Zusammenwirken des Richters und des Sachverständigen, Justiz 1969, 24 und 49; *Sarstedt,* Auswahl und Leitung des Sachverständigen im Strafprozeß (§§ 73, 78 StPO), NJW 1968, 177; *Schilling,* Begutachtung von strafrechtlicher Verantwortlichkeit und Schuldfähigkeit aus der Sicht eines Jugendpsychologen, NStZ 1997, 261; *Eb. Schmidt,* § 261 StPO in der neueren höchstrichterlichen Rechtsprechung, JZ 1970, 337; *Scholz,* Schuldfähigkeitsbegutachtung durch Diplom-Psychologen, ZStW 116 (2004); *Schoreit,* Einsatz von Psychologen und Glaubhaftigkeits-Gutachten psychologischer Sachverständiger im Strafprozess, StV 2004, 284; *Schott,* Identitätsgutachten im Rahmen vor Verkehrsdelikten, NZV 2011, 169; *Schumacher,* Die psychiatrische Bewertung der Aussagetüchtigkeit bei aussagepsychologischen Glaubhaftigkeitsgutachten, StV 2003, 641; *Schüssler,* Das endgültige Aus oder neue Hoffnung für den „Lügendetektor"?, JR 2003, 188; *Senge,* Auswertung von Abrechnungsunterlagen im staatsanwaltschaftlichen Ermittlungsverfahren, jurisPR-StrafR 6/2008 Anm. 2; *Seyler,* Das Behördengutachten im Strafprozess, GA 1989; *Steinke,* Der Beweiswert forensischer Gutachten, NStZ 1994, 16; *Stern,* Persönliche Gutachterpflicht eines Klinikleiters, NJW 1969, 2259; *Stübinger,* Lügendetektor ante portas, ZIS 2008, 538; *Theune,* Auswirkungen der Drogenabhängigkeit auf die Schuldfähigkeit und die Zumessung von Strafe und Maßregeln, NStZ 1997, 57; *Tondorf/Waider,* Der Sachverständige, ein „Gehilfe" auch des Strafverteidigers, StV 1997, 493; *Tröndle,* Der Sachverständigenbeweis, JZ 1969, 374; *Trück,* Die Rechtsprechung des BGH zur Ablehnung von Beweisanträgen auf Vernehmung von Sachverständigen, NStZ 2007, 377; *Venzlaff/Foerster,* Psychiatrische Begutachtung; *Winkler,* Heranziehung von Sachverständigen zur Schuldfähigkeit in Kapitalstrafsachen, jurisPR-StrafR 14/2008 Anm. 4.

Übersicht

A. Überblick

I. Normzweck

1 Durch § 73 wird eine **neutrale Sachaufklärung** gesichert, die sich alleine an der Wahrheitsermittlung orientiert.[1] Daher überträgt die Vorschrift die Auswahl des Sachverständigen ausschließlich dem zur Unparteilichkeit verpflichteten Gericht und über § 161a Abs. 1 S. 2 der Staatsanwaltschaft. Auf diese Weise wird die Verlagerung der von Amts wegen durchzuführenden Aufklärung des Sachverhalts auf interessenorientierte Verfahrensbeteiligte, wie Angeklagten, Verteidiger,[2] Nebenkläger oder Nebenklägervertreter vermieden, deren Beweisanträge die Auswahlbefugnis entsprechend nicht einschränken.[3]

2 Die Rechtsprechung hebt ferner die Bedeutung von Abs. 1 S. 1 und 2 der Vorschrift für die Einhaltung des **Beschleunigungsgebotes** zunehmend hervor, was der gesetzgeberischen Intention entspricht.[4] Gericht und Staatsanwaltschaft haben durch die Auswahl eines Sachverständigen, der aufgrund seiner fachlichen Qualifikation und Arbeitsauslastung in der Lage ist, das Gutachten zeitnah zu erstellen, und durch Fristabsprachen einen zügigen Abschluss des Verfahrens zu gewährleisten. Dies gilt in besonderer Weise für Verfahren, in denen sich der Beschuldigte in Untersuchungshaft[5] und einstweiliger Unterbringung[6] befindet, und bei solchen, die ein Prognosegutachten bei der strafvollstreckungsrechtlichen Prüfung erfordern, ob die Reststrafe zur Bewährung ausgesetzt werden kann.[7]

3 Abs. 2 dient schließlich der **Qualitätssicherung** des Sachverständigenbeweises.[8] Die öffentliche Bestellung gilt als Anzeichen für die persönliche und fachliche Eignung der in Frage kommenden Beweispersonen.[9] Deswegen wird deren Beauftragung als gesetzlich vorrangig bestimmt.

II. Anwendungsbereich

4 § 73 gilt nur für den **kraft behördlichen Auftrags** durch das Gericht – auch für das Vollstreckungsverfahren[10] – oder über §§ 161a, 163 durch die Ermittlungsbehörden während des Ermittlungsverfahrens zu bestellenden Sachverständigen. Nicht erfasst wird dagegen der vom Beschuldigten oder Verteidiger beauftrage Privatgutachter, auch wenn dieser unmittelbar zur Hauptverhandlung geladen wird und dort erscheint.[11] Zum Sachverständigen mit den aus § 72 ff. sich ergebenden Rechten und Pflichten wird er erst durch den Beschluss nach § 245 Abs. 2. Dies gilt genauso für einen Sachverständigen, den die Staatsanwaltschaft in die Sitzung stellt, was insbesondere dann in Betracht kommt, wenn das Gericht

[1] *Brammsen* ZStW 119 (2007), 93 (105).
[2] BGH 12.2.1998 – 1 StR 588/97, BGHSt 44, 26 (31).
[3] BGH 21.4.1987 – 1 StR 77/87, BGHSt 34, 355 (357).
[4] *Rieß* NJW 1975, 81 (84) zur Einfügung von S. 2.
[5] OLG Bremen 25.10.1996 – BL 200/96, StV 1997, 143 (143 f.); OLG Jena 20.7.2010 – 1 Ws 279/10, juris (→ Rn. 23).
[6] KG 15.9.2009 – (4) 1 HEs 34/09 (25/09), StV 2010, 372 (373). Vgl. auch OLG Karlsruhe 18.1.2010 – 2 Ws 451/09, Justiz 2011, 71 (73) für verspätete Beauftragung.
[7] BVerfG 13.9.2010 – 2 BvR 449/10, Juris (→ Rn. 38) insoweit nicht abgedruckt in StV 2011, 40.
[8] *Hagedorn* StV 2004, 217 (218).
[9] LR/*Krause* Rn. 35; SK/*Rogall* Rn. 53; *Eisenberg* Beweisrecht Rn. 1530; *Bleutge* BB 1973, 1416 (1417); *Bleutge* DRiZ 1977, 170 (171); *Brüning* StV 2008, 100 (101 Fn. 11); *Hagedorn* StV 2004, 217 (218); zweifelnd *Steinke* NStZ 1994, 16 (20 f.).
[10] BGH 7.4.1993 – 1 StE 1/75 – StB 7/93, NJW 1993, 2449 mAnm *Rasch* NStZ 1993, 509.
[11] *Eb. Schmidt* Lehrkommentar zur StPO Teil II Rn. 4; *Gössel* DRiZ 1980, 363, (365).

den von ihr im Ermittlungsverfahren beauftragten nicht für das Hauptverfahren heranzieht.[12] Lädt das Gericht allerdings die von der Staatsanwaltschaft oder einem anderen Verfahrensbeteiligten ausgewählte Beweisperson schon auf deren Ankündigung hin selbst, liegt bereits darin eine konkludente Bestellung gem. § 73 Abs. 1 S. 1.[13]

B. Erläuterung

I. Auswahl des Sachverständigen nach Abs. 1 S. 1

1. Zuständigkeit. a) Gericht. § 73 Abs. 1 S. 1 stellt klar, dass im gerichtlichen Verfah- 5
ren die Auswahl des Sachverständigen ausschließlich durch den Richter erfolgt. Welcher **Spruchkörper** zuständig ist, hängt dabei vom jeweiligen Verfahrensstadium ab. Im Ermittlungsverfahren ist das der Ermittlungsrichter nach § 162 Abs. 1. Wegen §§ 161a Abs. 1 S. 2, 165 darf er aber, von praktisch bedeutungslosen Eilfällen abgesehen, nur auf Antrag der Staatsanwaltschaft tätig werden.[14] Ein solcher kann trotz deren eigener Entscheidungsbefugnis (→ Rn. 6) ausnahmsweise wegen besonderer Bedeutung der Sache in Betracht kommen.[15] Eine eigenständige Auswahlbefugnis steht dem Ermittlungsrichter nach § 162 Abs. 2 aber nur dann zu, wenn sie ihm ausdrücklich überlassen wurde.[16] Im Zwischenverfahren entscheidet gem. § 202 das Gericht, bei dem die Anklage erhoben wurde, und nach Eröffnung des Hauptverfahrens das erkennende Gericht.[17] An die im Ermittlungsverfahren durch die Staatsanwaltschaft getroffene Auswahl ist es nicht gebunden, wenngleich die Übernahme des bereits mit dem Verfahren vertrauten Sachverständigen unbedenklich und sinnvoll ist, sofern seine Tätigkeit nicht unter inhaltlichen Mängeln leidet[18] (→ Rn. 10). In der Praxis erfolgt dessen Bestellung zum gerichtlichen Sachverständigen, da sie formlos (→ Rn. 11), mithin durch schlüssige Handlung möglich ist,[19] überwiegend mit der Ladung zum Hauptverhandlungstermin.[20] Eine weitergehende Bezeichnung des Auftrags iSd § 78 empfiehlt sich, wenn diejenige durch die Ermittlungsbehörde nicht ausreichend erscheint. Die ganz hM geht davon aus, der Richter der nach § 223 mit der Vernehmung beauftragt oder um diese ersucht wird, dürfe den Sachverständigen auch selbst auswählen.[21] Insbesondere die größere Orts- und Sachnähe können dafür sprechen, die Auswahl dem Richter der kommissarischen Vernehmung zu übertragen.[22] Wurde sie allerdings vorab getroffen, bindet sie ihn.[23]

b) Staatsanwaltschaft. Im **Ermittlungsverfahren** ist über § 161a Abs. 1 S. 2 – als 6
verfassungsrechtlich ausreichende Ermächtigungsgrundlage[24] – die Staatsanwaltschaft für die Auswahl des Sachverständigen zuständig.[25] Folgt das Gericht nach Anklageerhebung einem Vorschlag nicht oder lädt es einen anderen als den bereits im Ermittlungsverfahren herange-

---

[12] BGH 12.2.1998 – 1 StR 588/97, BGHSt 44, 26 (32); vgl. auch BGH 6.7.2011 – 2 StR 124/11, StV 2011, 711 (712).
[13] KMR/*Neubeck* Rn. 5a; SK/*Rogall* Rn. 14.
[14] KMR/*Neubeck* Rn. 2a; SK/*Rogall* Rn. 10.
[15] Vgl. OLG Schleswig 16.4.1999 – 2 Ws 117/99, StV 2000, 543.
[16] LR/*Krause* Rn. 3; *Meyer-Goßner* Rn. 1a; *Eisenberg* Beweisrecht Rn. 1526; *Tröndle* JZ 1969, 374 (375); *Wagner* StV 2000, 544 (545).
[17] HK/*Lemke* Rn. 1; KK/*Senge* Rn. 1; KMR/*Neubeck* Rn. 3 f.
[18] *Tröndle* JZ 1969, 374 (375).
[19] SK/*Rogall* Rn. 42.
[20] KMR/*Neubeck* Rn. 5a.
[21] Graf/*Monka* Rn. 1; HK/*Lemke* Rn. 1; KMR/*Neubeck* Rn. 3a; *Meyer-Goßner* Rn. 1a; LR/*Krause* Rn. 5; aA *Eb. Schmidt* Lehrkommentar zur StPO Nachtrag zu Teil II Rn. 1; SK/*Rogall* Rn. 10.
[22] LR/*Krause* Rn. 5.
[23] KK/*Senge* Rn. 1.
[24] BVerfG 31.8.2007 – 2 BvR 1681/07, BeckRS 2007, 26565.
[25] OLG Schleswig 16.4.1999 – 2 Ws 117/99, StV 2000, 543; LG Trier 3.11.1986 – 1 Qs 265/89, NJW 1987, 722 (723); HK/*Lemke* Rn. 1; KMR/*Neubeck* Rn. 2a; *Meyer-Goßner* Rn. 1; *Gössel* DRiZ 1980, 363, (366); *Senge* jurisPR-StrafR 6/2008 Anm. 2; *Tröndle* JZ 1969, 374 (375); *Wagner* StV 2000, 544 (545).

zogenen, so hat die Staatsanwaltschaft die Möglichkeit der Selbstladung nach §§ 214 Abs. 3 mit der Folge des § 245 Abs. 2 (→ Rn. 4).[26]

7 In kaum einem anderen Punkt pflegt die rechtswissenschaftliche Literatur allerdings eine Diskussion, die derart von **plakativen Vorurteilen** geprägt ist (→ Rn. 23).[27] Sie findet ihren Ausgang in der schon formelhaften und pauschalen Behauptung, die Staatsanwaltschaft verbinde mit der Gestaltung des Ermittlungsverfahrens bestimmte – vor allem dem Beschuldigten nachteilige – Ergebniserwartungen oder Interessen.[28] Folglich wird schon alleine aus dem Umstand der Auftragserteilung die Besorgnis hergeleitet, die Anklagebehörde determiniere den Verfahrensausgang, da sich der von ihr bestellte Sachverständige einseitig mit dem Strafverfolgungsinteresse identifiziere.[29] Unbeschadet des Fehlens empirischer Belege,[30] verfängt dies einerseits deswegen nicht, weil eine nicht nur einseitig auf die Sicht des Angeklagten abstellende Perspektive erkennen lässt, dass gerade im Bereich der §§ 20, 21 StGB deutlich eher die Tendenz besteht, eine nicht gerechtfertigte Milderung anzunehmen, und die Staatsanwaltschaft dies häufig auf sich beruhen lässt.[31] Andererseits wird durchaus nicht unzutreffend immer wieder die Neutralität auch eines von der Verteidigung beauftragten Sachkundigen ausdrücklich betont,[32] obwohl hier der Auftraggeber zwar Organ der Rechtspflege ist, aber eben Interessenvertreter. Auch der Behauptung eines Verstoßes gegen die „Waffengleichheit"[33] liegt ein Verständnis der systematischen Stellung der Staatsanwaltschaft zugrunde, das strafprozessual verfehlt ist. Im Gegensatz zum Verteidiger, dessen Aufgabe naturgemäß in der Wahrung der Rechts- und Interessensphäre des Beschuldigten besteht, ist die Staatsanwaltschaft ein dem Gericht gleichgeordnetes Organ der Strafrechtspflege,[34] das gerade nicht Partei ist, sondern der Objektivität und Unparteilichkeit verpflichtet (§ 160 Abs. 2).[35] Ihr obliegt neben dem Gericht die Wahrung eines rechtsstaatlichen Verfahrens.[36] Dies außer Acht lassende Verkürzungen der staatsanwaltschaftlichen Verfahrensrolle oder pauschale Behauptungen, sie werde nicht wahrgenommen,[37] liegen auch den Forderungen zugrunde, diese solle vor der Auswahl des Sachverständigen mit dem künftig zuständigen Gericht der Hauptsache, sofern dies überhaupt schon beurteilt werden kann, Kontakt aufnehmen oder beim Ermittlungsrichter die Bestellung des Sachverständigen beantragen.[38] Mit dem Grundsatz der freien Gestaltung des Ermittlungsverfahrens durch die Staatsanwaltschaft[39] lässt sich

---

[26] SK/*Rogall* Rn. 14.

[27] *Erb* ZStW 121 (2009), 882 (896) empfindet die Bestellung des Sachverständigen „ausgerechnet von der Staatsanwaltschaft" als „besonders anstößig".

[28] Heghmanns/Scheffler/*Scheffler* Handbuch zum Strafverfahren VII Rn. 656; *Schwenn* StV 2010, 705 (707); vgl. auch *Eisenberg* Beweisrecht Rn. 1602; *Brüning* StV 2008, 100 (104); *Detter* NStZ 1998, 57 (59).

[29] *Erb* ZStW 121 (2009), 882 (894); *Krauß* ZStW 85 (1973), 320 (325); *Tondorf/Waider* StV 1997, 493 f.; vorsichtiger *Brüning* StV 2008, 100 (104); *Lürken* NJW 1968, 1161 (1162).

[30] *Cabanis* NJW 1978, 2329 (2330).

[31] *Nack* GA 2009, 201 (207) unter Hinweis auf Nr. 147 RiStBV. Das bleibt auch bei der ansonsten eher neutralen Stellungnahme von *Detter* NStZ 1998, 57 (59) unberücksichtigt.

[32] *Hamm/Hassemer/Pauly* Beweisantragsrecht Rn. 441; *Detter*, FS Meyer-Goßner, 2001, 431 (440); vgl. auch *Eisenberg* Beweisrecht Rn. 1527a.

[33] Heghmanns/Scheffler/*Scheffler* Handbuch zum Strafverfahren VII Rn. 657; *Erb* ZStW 121 (2009), 882 (894 f.); *Duttge* NStZ 2003, 375 (376); *Krauß* ZStW 85 (1973), 320 (331 Fn. 25); *Lürken* NJW 1968, 1161 (1162 f.); *Sarstedt* NJW 1968, 177.

[34] BGH 14.7.1971 – 3 StR 73/71, BGHSt 24, 170 (171).

[35] BVerfG 31.8.2007 – 2 BvR 1681/07, BeckRS 2007, 26565; BVerfG 19.3.2013 – 2 BvR 2628/10, 2883/10, 2155/11, NJW 2013, 1058 (1060); BGH 15.8.2007 – 1 StR 341/07, NStZ 2008, 231; verfehlt daher Heghmanns/Scheffler/*Scheffler* Handbuch zum Strafverfahren VII Rn. 657.

[36] BGH 12.7.2011 – 1 StR 274/11, StV 2011, 645 (646); *Kohlhaas* NJW 1962, 1329 (1331).

[37] Bspw. *Gaede* StV 2012, 51 (51 und 53) auch für „notorische Überschätzung der objektiven richterlichen Aufklärungsleistung" in einem vor Strafverteidigern gehaltenen Vortrag; aA *Detter* NStZ 1998, 57 (58) „sachgerechte Beurteilung" für Auswahl maßgeblich.

[38] *Eisenberg* Beweisrecht Rn. 1526; Heghmanns/Scheffler/*Scheffler* Handbuch zum Strafverfahren VII Rn. 665; *Duttge* NStZ 2003, 375 (376); *Lürken* NJW 1968, 1161 (1163); *Sarstedt* NJW 1968, 177 (178 f.); vorschlagsweise auch in diesem Sinne BGH 12.2.1998 – 1 StR 588/97, BGHSt 44, 26 (31 f.); *Detter* NStZ 1998, 57 (59); dagegen – wie hier – zu Recht SK/Rogall Rn. 11 f.

[39] OLG Schleswig 16.4.1999 – 2 Ws 117/99, StV 2000, 543.

diese Ansicht nicht vereinbaren.[40] Sie ist vor allem gegenüber dem Ermittlungsrichter autonom, der insoweit keine inhaltliche Gestaltungsbefugnis hat.[41] Zudem ist die Staatsanwaltschaft ihrer Funktion nach zwar auch Anklagebehörde, ein Großteil der Verfahren findet jedoch bereits durch Einstellung im Stand des Ermittlungsverfahrens ein Ende,[42] was bei der Diskussion regelmäßig völlig außer Betracht bleibt. Es kann nicht Aufgabe der Gerichte sein, der Staatsanwaltschaft vorzuschreiben, mit welchem Sachverständigen sie entsprechende – für den Beschuldigten denkbar vorteilhafte – Abschlussverfügungen zu treffen hat. Schließlich ist nicht selten in einem sehr frühen Stadium der Ermittlungen ein Sachverständiger hinzuzuziehen, beispielsweise um Feststellungen vor Ort an einer Unfallstelle oder in Brandsachen zu treffen. Die sachlich fundierte und zeitnahe Auswahl wird in diesen Fällen in erster Linie die sachnähere Ermittlungsbehörde treffen können.[43]

c) Ermittlungspersonen. Die **Polizei** kann während des Ermittlungsverfahrens ebenfalls einen Sachverständigen beauftragen.[44] Dies folgt aus § 163 Abs. 1 S. 2, Abs. 4 S. 4. Wegen deren Leitungskompetenz sollte eine so weitreichende Entscheidung jedoch nur in eindeutigen Fällen oder Routineangelegenheiten ohne Rücksprache mit der Staatsanwaltschaft getroffen werden.[45] 8

d) Sonstige Verfahrensbeteiligte. Der **Beschuldigte, Verteidiger, Nebenkläger** und **Nebenklägervertreter** haben kein eigenes Auswahlrecht, da § 73 auf einen von ihnen herangezogenen Privatgutachter keine Anwendung findet (→ Rn. 3). Diese Einschränkung ist für die Wahrheitsermittlung als Ziel des Strafprozesses unverzichtbar. Eine eigene Befugnis zur Bestimmung des Sachverständigen würde die der Staatsanwaltschaft und dem Gericht als ureigenste Aufgabe obliegende Pflicht zur neutralen Aufklärung des Sachverhalts unterlaufen.[46] § 73 kommt damit insoweit gerade auch eine gesetzliche Klarstellungsfunktion zu, vor allem gegenüber der Verteidigung, die einer Neutralitätspflicht schon von Rechts wegen nicht unterliegt. Auf diese Weise wird gewährleistet, dass sich die Justizbehörden auf denjenigen Sachverständigen stützen können, dem sie die beste Sachkunde zutrauen[47] und nicht auf denjenigen, der ihnen möglicherweise aus Gründen der Interessenvertretung aufgedrängt wird. 9

Einen Einfluss auf die Person des zu hörenden Sachverständigen können der Angeklagte und Verteidiger aber über das Recht zur **Selbstladung** und Stellung eines Beweisantrags nach §§ 220, 245 erreichen.[48] Bemerkenswerter Weise wird dieses dem Nebenkläger allerdings in § 397 Abs. 1 noch nicht einmal ausdrücklich zuerkannt,[49] was schon für sich gesehen eine bedenkliche Ungleichbehandlung gleichermaßen berechtigter Interessen besorgen lässt. In jedem Fall gilt es in diesem Zusammenhang eine mögliche Verschiebung des Aufklärungsgleichgewichts im Auge zu behalten. Sieht man die Gefahr, dass von der Person des Sachverständigen das Ergebnis eines Verfahrens abhängen kann,[50] so bestehen Bedenken hinsichtlich der Wahrheitsfindung nicht bei der Auswahlentscheidung durch zur 10

---

[40] *Gössel* DRiZ 1980, 363, (366); *Wagner* StV 2000, 544 (545).

[41] Heghmanns/Scheffler/*Jahn* Handbuch zum Strafverfahren I Rn. 41; Karpinski NJW 1968, 1173; *Tröndle* JZ 1969, 374 (375); befremdlich *Sarstedt* NJW 1968, 177 (179): „Es müsste dem Staatsanwalt angenehm sein, sich insoweit die Verantwortung … vom Richter abnehmen zu lassen".

[42] Heghmanns/Scheffler/*Jahn* Handbuch zum Strafverfahren I Rn. 38.

[43] *Gössel* DRiZ 1980, 363, (366); *Tröndle* NJW 1968, 1161 (1163).

[44] HK/*Lemke* Rn. 1; KMR/*Neubeck* Rn. 2a; *Meyer-Goßner* Rn. 1; *Gössel* DRiZ 1980, 363, (366); *Senge* jurisPR-StrafR 6/2008 Anm. 2.

[45] Vgl. LR/*Krause* Rn. 2; SK/*Rogall* Rn. 15; *Eisenberg* Beweisrecht Rn. 1526; *Karpinski* NJW 1968, 1173.

[46] BGH 12.2.1998 – 1 StR 588/97, BGHSt 44, 26 (31).

[47] *Eb. Schmidt* Lehrkommentar zur StPO Teil II Rn. 2.

[48] *Detter* NStZ 1998, 57 (58 und 61); *Detter*, FS Meyer-Goßner, 2001, 431 (442); *Kertai* MMR 2011, 716 (718); *Kohlhaas* NJW 1962, 1329 (1333), was den solventen Angeklagten jedoch bevorteilt.

[49] *Brammsen* ZStW 119 (2007), 93 (109) „merkwürdig"; deshalb auch str., vgl. einerseits bejahend *Meyer-Goßner* § 397 Rn. 5; *Radtke/Hohmann*/Beukelmann Rn. 2; andererseits verneinend SK/*Rogall* Rn. 16; *Eisenberg* Beweisrecht Rn. 1527a.

[50] KMR/*Neubeck* Rn. 6; LR/*Krause* Rn. 26; *Artkämper* BA 2001, 7; *Detter* NStZ 1998, 57; *Rauch* NJW 1968, 1173 (1174); *Wagner* StV 2000, 544.

Neutralität verpflichtete Justiz- und Ermittlungsbehörden,[51] sondern hinsichtlich der in keiner Weise transparenten Möglichkeit zur Selbstladung. Ersterenfalls sind die Auswahlentscheidungen anhand der Ermittlungs- und Sachakten nachvollziehbar. Erscheinen sie nicht nur von dem Gebot des Sachaufklärung geleitet, können sie überprüft und beanstandet werden. Vor der Selbstladung und Stellung eines entsprechenden Beweisantrags haben der Angeklagte und der Verteidiger indessen die faktische Möglichkeit einen Sachverständigen sozusagen auszuprobieren, um ihn nur dann zu benennen, wenn er das am ehesten genehme Ergebnis liefert.[52] Entsprechende Verfahrensweisen sind auch hinsichtlich Zeugen in der Praxis immer wieder zu beobachten, die zuerst in den Kanzleiräumen befragt und dann in die Sitzung gestellt werden – oder eben nicht –, ohne die Vorbefragung und deren Inhalt kenntlich machen zu müssen. Was in diesem Zusammenhang von der Ansicht, die sich auf den Beschuldigtenschutz beruft,[53] immer wieder unerwähnt bleibt ist, dass eine Entscheidung, die den Angeklagten begünstigt ebenso der neutralen Wahrheitsfindung zuwider läuft und – was bedauerlicher Weise gar keine Rolle in der Diskussion spielt – den Interessen des Geschädigten, der ein Recht darauf hat, die Verletzung seiner Rechtsgüter angemessen gewürdigt und bewertet zu wissen.

11 **2. Unvertretbarkeit der formlosen Entscheidung.** Bei der Auswahl des Sachverständigen muss das dafür zuständige Justizorgan eine **persönliche Entscheidung** treffen,[54] die indes an **keine bestimmte Form** gebunden ist[55] und mithin auch konkludent durch Ladung zum oder Vernehmung im Termin erfolgen kann[56] (→ Rn. 4). Es genügt nicht, lediglich eine Institution zu bezeichnen, aus deren Reihen der Sachverständige stammen soll.[57] Eine Übertragung auf andere Personen ist auch nicht in der Form zulässig, dass bei Zweifeln über das in Frage kommende Fachgebiet ein „Auswahlgutachter" bestellt wird, der dann seinerseits den in Frage kommenden Kundigen benennt.[58] Eine Ausnahme vom Delegationsverbot[59] kann entweder dadurch zugelassen werden, dass der Auftraggeber die Fachrichtung festlegt und sodann einem namentlich bezeichneten Klinik- oder Institutsleiter ausdrücklich die Erstellung des Gutachtens durch einen von diesem ausgewählten Mitarbeiter gestattet,[60] oder durch Sonderregelungen wie zB §§ 83 Abs. 3, 87 Abs. 2 S. 2. Unschädlich ist es auch, vor der eigentlichen Auswahlentscheidung durch Kontaktaufnahme mit verschiedenen Sachverständigen zu klären, welcher zur sachgerechten Aufklärung der Beweisfrage in Betracht kommen kann.[61] Genauso bietet es sich an, Berufsorganisationen oder Behörden in deren Geschäftsbereich um Vorschläge zu ersuchen (Nr. 70 Abs. 2 RiStBV) oder sich anhand von Verzeichnissen bewährter Sachverständiger zu informieren (Nr. 70 Abs. 3 RiStBV), wie sie von der Justizverwaltung regelmäßig geführt werden.

12 Unbedenklich ist es, wenn das **Gericht des Hauptverfahrens** den bereits im Ermittlungsverfahren von der Polizei oder insbesondere der Staatsanwaltschaft beauftragten Sachverständigen für die (weitere) Begutachtung heranzieht. Die Wahrung der Neutralität, wie sie vor allem in § 160 Abs. 2 zum Ausdruck kommt, führt schon für sich gesehen zum

---

[51] So aber einseitig *Duttge* NStZ 2003, 375 (376).

[52] Vgl. *Tondorf/Waider* StV 1997, 493 (494) mit der Empfehlung auch mit Auskünften „vorsichtig und zurückhaltend" zu sein; zu entsprechenden Bedenken s. auch Venzlaff/Foerster/*Foerster/Venzlaff* Psychiatrische Begutachtung, S. 9 (12).

[53] Dezidiert *Duttge* NStZ 2003, 375 (376).

[54] SK/*Rogall* Rn. 17.

[55] KMR/*Neubeck* Rn. 5a; SK/*Rogall* Rn. 42.

[56] OLG Köln 21.8.1979 – 1 Ws 18/79, VRS 58 (1980), 72 (73).

[57] Vgl. OLG München 22.9.1967 – 8 U 707/67, NJW 1968, 202 (203) zu § 404 ZPO „schriftliches Gutachten der Universitätsklinik M".

[58] OLG Koblenz 23.4.1968 – 2 Ss 41/68, VRS 36 (1969), 17 (18); *Friedrichs* NJW 1973, 2259 (2260).

[59] BGH 25.5.2011 – 2 StR 585/10, StV 2011, 709.

[60] BGH 6.5.1992 – 2 StR 21/92, *Kusch* NStZ 1993, 27 (31); *Eb. Schmidt* Lehrkommentar zur StPO Nachtrag zu Teil II Rn. 3a; *Hanack* NJW 1961, 2041 (2042 f.); aA HK/*Lemke* Rn. 12; KMR/*Neubeck* Rn. 14; KK/*Senge* Rn. 6; *Meyer-Goßner* Rn. 10; kritisch zur praktischen Umsetzung im Klinikalltag *Stern* NJW 1969, 2259 (2260 f.).

[61] *Rudolph* Justiz 1969, 24 (27).

Anschein sorgfältiger Auswahl,[62] was die dagegen üblicherweise ohne valide empirische Grundlage[63] erhobenen Einwände (→ Rn. 7) ignorieren. Eine Bindung besteht indes nicht.[64] Unsinnig und der Sachaufklärung abträglich – da sich die Staatsanwaltschaft den qualifizierten Sachverständigen für das Hauptsacheverfahren aufsparen müsste[65] – wäre es allerdings, alleine deswegen zu fordern,[66] das Tatgericht müsse generell einen neuen Sachverständigen benennen.[67] Dies wird nur ausnahmeweise dann angebracht sein, wenn die Tätigkeit des bisherigen erkennbar unzureichend ist. Eine entsprechende Prüfung durch den Tatrichter ist durch die StPO zudem vorgegeben. Bevor das Gericht nach §§ 203, 204 über die Eröffnung des Hauptverfahrens beschließt, hat es die Wertigkeit der Beweise zu prüfen,[68] mithin auch die Qualität und Überzeugungskraft der (bisherigen) Tätigkeit des Sachverständigen. Eine Zulassung der Anklage kommt danach nur in Betracht, wenn es diesen als Beweismittel für (vorläufig) überzeugend hält.[69] Von der mitunter behaupteten selbstverständlichen und kritiklosen Übernahme des von der Staatsanwaltschaft schon im Ermittlungsverfahren beauftragten Sachverständigen[70] kann keine Rede sein.

Unberührt bleibt die Auswahlentscheidung nach § 73 Abs. 1 S. 1 durch die Einschaltung **13**
von **Hilfskräften** (Laboranten, Techniker, wissenschaftliche Mitarbeiter, Assistenzärzte)[71] oder von **Hilfssachverständigen.**[72] Vor allem Letzteres ist jedoch nur in engen Grenzen möglich, sofern der vom Gericht ernannte Hauptsachverständige den anderweitig gewonnenen Befund in sein Gutachten sachkundig einbezieht, kritisch auswertet, für das Gesamtergebnis die alleinige Verantwortung übernimmt und keine Meinungsverschiedenheiten eine weitere Aufklärung erfordern.[73] Deshalb kann die zentrale Untersuchungsmethode in Form der Exploration der zu begutachtenden Person nicht auf einen anderen übertragen werden.[74] Ungenügend ist ebenfalls die bloße Unterschrift mit dem Hinweis „inhaltlich einverstanden".[75] Andererseits darf der bestellte Sachverständige Hilfsgutachten selbst verwerten, die Vorfragen und Teilaspekte betreffen, die er überblicken kann.[76] Das ist der Fall bei verwandten Wissenszweigen,[77] wie zB bei (test-)psychologischen Vorfragen für die Psychiatrie.[78] Nur unter Beachtung dieser Einschränkungen ist zudem die Bildung einer **Sachverständigengruppe** unter Leitung des ernannten Sachverständigen möglich,[79] so etwa für die Erstellung eines erbbiologischen Gutachtens.[80]

---

[62] Vgl. BGH 20.11.1996 – 2 StR 323/96, juris (→ Rn. 12) insoweit nicht abgedruckt in NStZ 1997, 189.

[63] *Kohlhaas* NJW 1962, 1329 (1331) dagegen zum ureigensten Interesse der Staatsanwaltschaft von Anfang an einen neutralen und qualifizierten Sachverständigen hinzuzuziehen.

[64] BGH 12.2.1998 – 1 StR 588/97, BGHSt 44, 26 (31).

[65] LR/*Krause* Rn. 2; *Rudolph* Justiz 1969, 24 (26).

[66] So wohl *Arndt* NJW 1962, 25 (26).

[67] SK/*Rogall* Rn. 10 f.; *Tröndle* JZ 1969, 374 (375).

[68] Graf/*Ritscher* § 203 Rn. 4.

[69] *Karpinski* NJW 1968, 1173.

[70] So aber *Arndt* NJW 1962, 25 (26); *Erb* ZStW 121 (2009), 882 (894).

[71] OLG Nürnberg 18.6.2007 – 2 Ws 301/07, StV 2007, 596; Graf/*Monka* Rn. 2; HK/*Lemke* Rn. 3; KMR/*Neubeck* Rn. 5; *Meyer-Goßner* Rn. 2; SK/*Rogall* Rn. 39; LR/*Krause* Rn. 6; vgl. auch OLG Frankfurt a. M. 18.5.1983 – 17 U 29/82, MDR 1983, 849 zu §§ 404, 407 ZPO.

[72] LG Duisburg 13.3.2009 – 36 Ns 198/06, juris (→ Rn. 11) = JR 2009, 343; aA *Meyer-Goßner* Rn. 3; SK/*Rogall* Rn. 40; LR/*Krause* Rn. 7; *Friedrichs* NJW 1973, 2259 (2260).

[73] BGH 30.10.1968 – 4 StR 281/68, BGHSt 22, 268 (272 f.); OLG Hamm 12.4.1973 – 2 Ss 100/73, NJW 1973, 1427 f.; Graf/*Monka* Rn. 2; HK/*Lemke* Rn. 3; KK/*Senge* Rn. 4; Radtke/Hohmann/*Beukelmann* Rn. 5; *Eb. Schmidt* JZ 1970, 337 (343); sehr weitgehend aber *Hanack* NJW 1961, 2041 (2045).

[74] BGH 25.5.2011 – 2 StR 585/10, NStZ 2012, 103.

[75] OLG Nürnberg 18.6.2007 – 2 Ws 301/07, StV 2007, 596.

[76] OLG Frankfurt a. M. 18.5.1983 – 17 U 29/82, MDR 1983, 849 zu §§ 404, 407 ZPO.

[77] Kritisch hierzu *Friedrichs* JZ 1974, 257 (258).

[78] BGH 30.10.1968 – 4 StR 281/68, BGHSt 22, 268 (274); BGH 22.7.1997 – 1 StR 334/97, NStZ 1997, 610.

[79] BGH 30.10.1968 – 4 StR 281/68, BGHSt 22, 268 (273); Graf/*Monka* Rn. 2; aA SK/*Rogall* Rn. 41.

[80] OLG Hamm 12.4.1973 – 2 Ss 100/73, NJW 1973, 1427 f.; HK/*Lemke* Rn. 4; KK/*Senge* Rn. 4; aA LR/*Krause* Rn. 8.

14 **3. Inhaltliche Vorgaben. a) Grundsätze.** Die Notwendigkeit der Auftragserteilung an den Sachverständigen wird in § 73 nicht ausdrücklich angesprochen, sondern bereits vorausgesetzt. Das Gericht oder die den Auftrag erteilende Ermittlungsbehörde haben zur Beantwortung dieser Vorfrage im Einzelfall nach Maßgabe der ihnen obliegenden **Aufklärungspflicht** zu entscheiden, ob es der Inanspruchnahme speziellen Fachwissens bedarf.[81] Die StPO geht dabei prinzipiell davon aus, dass sie selbst über die erforderliche Sachkunde verfügen.[82] Die Rechtsprechung der Revisionsgerichte hat diesen Grundsatz jedoch zunehmend eingeschränkt. So wird unter Berufung auf das „verfassungsrechtlich verankerte Gebot rational begründeter und tatsachengestützter Beweisrührung" die Einführung wissenschaftlicher Erkenntnisse gefordert, wie sie sich aus Erfahrungsregeln kriminalistischer, forensischer und aussagepsychologischer Untersuchungen ergeben,[83] was ohne die Inanspruchnahme entsprechenden speziellen Fachwissens kaum noch zu leisten sein dürfte.[84] In jüngster Zeit tritt zudem im Gefolge der Rspr. des BVerfG[85] zur konkreten Bezifferung der schadensgleichen Vermögensgefährdung bei Betrug und Untreue die Notwendigkeit hervor, Sachverständige zur Schadensbewertung nach kaufmännischen oder bilanziellen Bewertungsregeln heranzuziehen.[86] Zudem wird die Heranziehung eines Sachverständigen durch bestimmte Vorschriften zwingend vorgeschrieben, wie bspw. in §§ 80a,[87] 81 Abs. 1 S. 1, 81f Abs. 1 S. 1, 87 Abs. 2 S. 1, 91, 92, 231a Abs. 3 S. 1, 246a S. 1 und 2, 275a Abs. 4, 415 Abs. 2 S. 1 und Abs. 5 S. 1, 454 Abs. 2 S. 1,[88] 463 Abs. 3 S. 3 und 4,[89] oder die Möglichkeit hiervon abzusehen wie in §§ 87 Abs. 1 S. 2, 414 Abs. 3, 463 Abs. 4 S. 1, zumindest stark eingeschränkt.[90] Die Beauftragung ist allerdings nur bei Vorliegen ausreichender – wenn auch nur weniger[91] – Anknüpfungstatsachen geboten.[92] In zweifelhaften Fällen kann das im Wege des Freibeweises, bspw. durch (telefonische) Befragung des in Betracht kommenden Sachverständigen, vorab geklärt werden.[93] Untersuchungen mittels eines Polygraphen bzw. Lügendetektors[94] bieten keine entsprechend genügende Grundlage für die Gutachtenerstattung wegen der weiterhin bestehenden Einwände gegen die wissenschaftliche Zuverlässigkeit[95] sowohl des Kontrollfragen-[96] als auch des Tatwissenstests,[97] nicht zuletzt wegen Möglichkeiten der Manipulation durch den Probanden sowie Fehlleitung und -interpreta-

[81] BGH 21.4.1987 – 1 StR 77/87, BGHSt 34, 355 (358); *Eb. Schmidt* Lehrkommentar zur StPO Teil II Rn. 1; SK/*Rogall* Rn. 2, 19 und 21.

[82] *Eisenberg* Beweisrecht Rn. 1518.

[83] BGH 18.9.2008 – 5 StR 224/08, NStZ 2009, 401 (402 f.); *Brause* NStZ 2013, 129 (131).

[84] Siehe die Aufzählung möglicher kriminaltechnischer Untersuchungsmöglichkeiten bei *Artkämper* BA 2001, 7 (8–10).

[85] BVerfG 23.6.2010 – 2 BvR 2559/08 ua, NJW 2010, 3209 (3220), BVferG 7.12.2011 –2 BvR 2500/09 ua, NJW 2012, 907 (916).

[86] BGH 14.4.2011 – 2 StR 616/10, NJW 2011, 2675 (2676) mAnm Leppert ZWH 2011, 70 zu betrügerischer Kapitalerhöhung; BGH 20.12.2012 – 4 StR 55/12, ZWH 2013, 141 (144) zum Sportwettenbetrug; *Achenbach* NStZ 2012, 682 (684) mwN; *Hefendehl* wistra 2012, 325 (330); *Kulhanek* NZWiST 2013, 246 (248).

[87] → § 80a Rn. 4.

[88] Für die „Erwägung" verbleibt nur geringer Spielraum, vgl. nur OLG Celle 20.9.2011 – 2 Ws 242/11, NStZ-RR 2012, 29.

[89] OLG Karlsruhe 30.11.2005 – 2 Ws 125/05, NStZ-RR 2006, 90 (91).

[90] SK/*Rogall* Rn. 20; *Detter* NStZ 1998, 57 (58).

[91] BGH 14.6.2006 – 2 StR 65/06, NStZ 2006, 686 (687) zu § 244 Abs. 3 S. 2.

[92] BGH 23.3.1976 – 1 StR 580/75, juris (→ Rn. 16); BGH 4.12.1979 – 1 StR 581/79, juris (→ Rn. 10); BGH 14.6.2006 – 2 StR 65/06, NStZ 2006, 686 (687); jeweils zu § 244 Abs. 3 S. 2; BGH 6.7.2011 – 2 StR 124/11, StV 2011, 711 zu § 245 Abs. 2.

[93] BGH 1.12.2011 – 3 StR 284/11, NStZ 2012, 345; BGH 30.1.2013, NStZ-RR 2013, 186 jeweils zu § 244 Abs. 3.

[94] Zusammenfassend zur Funktionsweise und zur Akzeptanz in anderen Staaten *Putzke ua* ZStW 121 (2009), 607 (612–616); *Stübinger* ZIS 2008, 538 (541–544).

[95] BVerfG 18.8.1981 – 2 BvR 166/81, NJW 1982, 375; *Eisenberg* Beweisrecht Rn. 694; *Schoreit* StV 2004, 284 (284 f.); kritisch hierzu *Schüssler* JR 2003, 188 (190 f.).

[96] BGH 14.10.1998 – 3 StR 236/98, NJW 1999, 662 (663); BGH 30.11.2010 – 1 StR 509/10, NStZ 2011, 474 (475) jeweils mwN; *Kargl/Kirsch* JuS 2000, 537 (539).

[97] BGH 17.12.1998 – 1 StR 156/98, BGHSt 44, 308 (319–328); BGH 10.2.1999 – 3 StR 460/98, *Kusch* NStZ-RR 2000, 33 (35).

tion durch den Gutachter.[98] Das wird (zumindest derzeit) auch für computergesteuerte bildgebende Verfahren gelten, wobei insbesondere zu beachten ist, dass deren Suggestivkraft zu einer Verfälschung des Entscheidungsprozesses führen kann.[99] Die gleichen Grundsätze gelten für Bilder von mangelhafter Qualität, die keine Grundlage für ein anthropologisches Identitätsgutachten bilden.[100]

Die Auswahlentscheidung trifft das Gericht oder die Strafverfolgungsbehörde unter Beachtung von Abs. 2[101] nach **pflichtgemäßem Ermessen,**[102] grundsätzlich auch wenn es um die Frage geht, ob ein weiteres Sachverständigengutachten einzuholen ist.[103] Maßgebliche Kriterien hierfür sind die Sachkunde auf dem für die Entscheidung relevanten Fachgebiet[104] und die persönliche Eignung.[105] Gesetzliche Vorgaben hinsichtlich der Person, wie in §§ 81f Abs. 1 S. 1, 87 Abs. 2 S. 2 und 3, 91 Abs. 1, 92 Abs. 1 S. 1, 275a Abs. 4 S. 3, 463 Abs. 4 S. 2, oder der Zahl, wie in §§ 87 Abs. 2 S. 1, 275a Abs. 4 S. 2, sind zu berücksichtigen.[106] Die Benennung eines bestimmten Sachverständigen in einem Beweisantrag stellt lediglich einen für dessen Wirksamkeit entbehrlichen[107] Vorschlag dar, der das Auswahlermessen auch hinsichtlich der Person des Sachverständigen nicht einschränkt.[108] Durch Verweigerung der Untersuchung kann der Angeklagte wegen der deswegen zu besorgenden Verlagerung der Aufklärung des Sachverhalts[109] regelmäßig nicht die Bestellung eines ihm genehmen (weiteren) Sachverständigen erzwingen,[110] was damit aber durchaus nicht selten bezweckt wird.[111] Das gilt grundsätzlich auch für die aussagepsychologische Begutachtung des Geschädigten.[112] Hier kann die Aufklärungspflicht allerdings ausnahmsweise wegen einer besonderen Schutzbedürftigkeit der zu untersuchenden Person im Hinblick auf den im Raum stehenden Tatvorwurf die Bestellung eines anderen Sachverständigen gebieten, wenn begründete Einwände gegen den bisherigen geltend gemacht werden.[113] 15

b) Fachgebiet. § 73 Abs. 1 S. 1 eröffnet dem Gericht oder der Ermittlungsbehörde unter Berücksichtigung der Aufklärungspflicht, gerade auch bei Überschneidungen verschiedener 16

[98] *Eisenberg* Beweisrecht Rn. 694; *Hamm* NJW 1999, 922 (923); einschränkend *Putzke ua* ZStW 121 (2009), 607 (619–621).

[99] Hierzu und zu verschiedenen Techniken *Stübinger* ZIS 2008, 538 (548–550).

[100] BGH 15.2.2005 – 1 StR 91/04, NStZ 2005, 458 (459); s. *Bellmann* StRR 2011, 463 ff. zu Qualitätsanforderungen an das Bildmaterial.

[101] KK/*Senge* Rn. 6.

[102] BGH 25.3.1960 – 4 StR 72/60, LNR 1960, 11423; BGH 27.11.1991 – 3 StR 451/91, BGHR StPO § 244 Abs. 6 Entscheidung 1; BGH 8.2.2006 – 1 StR 523/05, BeckRS 2006, 02824 (→ Rn. 9), insoweit nicht abgedruckt in NStZ 2006, 501; RG 18.3.1913 – V 738/12, RGSt 47, 100 (108); RG 10.3.1916 – IV 102/16, RGSt 49, 435 (437); RG 7.1.1920 – IV 944/19, RGSt 54, 209.

[103] BGH 10.9.2002 – 1 StR 169/02, BGHSt 48, 4 (8); RG 4.2.1930 – 1 D 1323/29, JW 1930 1006 (1007) mit Hinweis auf mögliche Einschränkung bei besonders schwieriger Beweisfrage; OLG Düsseldorf 8.9.1993 – 3 Ws 493–494/93, wistra 1994, 78; OLG Schleswig 16.4.1999 – 2 Ws 117/99, StV 2000, 543 für Staatsanwaltschaft.

[104] BGH 30.11.1993 – 1 StR 637/93, JurionRS 1993, 18350; BGH 8.2.2006 – 1 StR 523/05, BeckRS 2006, 02824 (→ Rn. 9), insoweit nicht abgedruckt in NStZ 2006, 501.

[105] Graf/*Monka* Rn. 3; KMR/*Neubeck* Rn. 6; *Meyer-Goßner* Rn. 3; SK/*Rogall* Rn. 23.

[106] SK/*Rogall* Rn. 20 und 45; *Roxin/Schünemann* § 27 Rn. 11.

[107] *Trück* NStZ 2007, 377 (378).

[108] BGH 25.3.1960 – 4 StR 72/60, LNR 1960, 11423; BGH 13.7.1984 – 1 StR 351/84, StV 1984, 495; BGH 21.4.1987 – 1 StR 77/87, BGHSt 34, 355 (357); BGH 27.11.1991 – 3 StR 451/91, BGHR StPO § 244 Abs. 6 Entscheidung 1; BGH 12.3.2002 – 1 StR 557/01, JurionRS 2002, 15823 insoweit nicht abgedruckt in NStZ 2002, 495; BGH 14.1.2003 – 1 StR 357/02, BeckRS 2003, 01568; BGH 14.8.2009 – 3 StR 522/08, wistra 2011, 335 (339).

[109] BGH 12.2.1998 – 1 StR 588/97, BGHSt 44, 26 (31).

[110] BGH 17.7.2008 – 3 StR 250/08, *Cierniak/Zimmermann* NStZ-RR 2011, 97 (100); OLG Karlsruhe 30.11.2005 – 2 Ws 125/05, NStZ-RR 2006, 90 (91) zu §§ 67d Abs. 3 StGB, 463 Abs. 3 S. 4; s. hierzu aber auch den Ausnahmefall OLG Rostock 2.12.2011 – I Ws 372/11, juris (Rn. 17–19).

[111] *Artkämper* BA 2001, 7 (12). Siehe nur die Ausführungen von Heghmanns/Scheffler/*Scheffler* Handbuch zum Strafverfahren VII Rn. 661–664.

[112] *Düring/Eisenberg* StV 1997, 456 (458).

[113] Vgl. BGH 16.9.2008 – 3 StR 302/08, BeckRS 2008, 21822 (→ Rn. 6) = *Cierniak/Zimmermann* NStZ-RR 2011, 97 (100); KG 20.5.1996 – 1 AR 217/96, NJW 1997, 69 (69 f.) für Tatvorwurf des Sexualdelikts gegenüber Minderjährigen.

wissenschaftlicher Disziplinen, die freie Auswahl auf die **gleichermaßen** oder **am ehesten geeignete Fachrichtung.**[114] Notfalls müssen weitere Gutachter anderer Fachrichtungen herangezogen werden, wenn sich die ursprüngliche Wahl als unzureichend erweist und diese zusätzliche Erkenntnisse vermitteln können.[115] Im Einzelfall kann es sich anbieten, vor der endgültigen Auswahlentscheidung mit verschiedenen Sachverständigen (telefonisch) Kontakt aufzunehmen, um zu klären, welcher die erforderliche Sachkenntnis besitzt.[116]

17 Die **aussagepsychologische Begutachtung** kommt in Betracht, wenn die aussagende Person oder der zur Aburteilung stehende Sachverhalt Besonderheiten aufweist.[117] Grundsätzlich verfügt aber der Tatrichter[118] über ausreichende eigene Sachkunde bei der Würdigung von Zeugenaussagen, und zwar auch dann, wenn es um die Aussagen von Kindern geht.[119] Dies gilt gleichfalls uneingeschränkt für Sexualdelikte, weswegen die gängige Praxis in diesem Bereich fast schon regelhaft einen Sachverständigen einzuschalten oder dessen Beiziehung zu beantragen von der Aufklärungspflicht nicht geboten ist[120] und Zeugen zudem unnötigen (weiteren) Belastungen aussetzt.[121] Bemerkenswert ist aber, dass bei den erstinstanzlichen landgerichtlichen Urteilen in Sexualstrafsachen, gegen die Revision eingelegt wird, die Zahl derjenigen ganz deutlich überwiegt, bei denen keine aussagepsychologische Begutachtung durchgeführt wurde.[122] Ob sich dies mit der Rate von erteilten Aufträgen aller Verfahren deckt oder hieraus eine größere Akzeptanz nach einer solchen Untersuchung zu ersehen ist, bleibt offen. Zu weitgehend sind aber die vor allem diesen Deliktsbereich betreffenden, aber vereinzelt gebliebenen Entscheidungen, eine besonders schwierige Beweislage rechtfertige die Beauftragung eines Sachverständigen.[123] Andererseits kann dies im Hinblick auf die überlegenen Erkenntnismittel des psychologisch Geschulten bei Kindern von der Aufklärungspflicht gefordert sein, da sie unter dem Druck der Hauptverhandlung zu einer Aussage nicht oder nur sehr eingeschränkt in der Lage sein können.[124] Ansonsten besteht Anlass für eine sachverständige Untersuchung der Beweisperson in der Praxis am häufigsten,[125] wenn die Erinnerungsfähigkeit aus psychodiagnostisch erfassbaren Gründen eingeschränkt ist,[126] wenn tatzeitnahe Selbstverletzungen und Suizidalität oder sonstige Umstände auf eine Persönlichkeitsstörung hindeuten,[127] bei Anzeichen für Alkohol- und Drogenmissbrauch[128] und bei Anzeichen für

---

[114] BGH 22.7.1959 – 4 StR 250/59, NJW 1959, 2315 (2316); BGH 13.7.1984 – 1 StR 351/84, StV 1984, 495; BGH 21.4.1987 – 1 StR 77/87, BGHSt 34, 355 (356 f.); BGH 27.11.1991 – 3 StR 451/91, BGHR StPO § 244 Abs. 6 Entscheidung 1; BGH 24.11.1992 – 5 StR 500/92, BGHSt 39, 49 (52); BGH 5.7.2007 – 5 StR 170/07, HRRS 2007 Nr. 737; *Trück* NStZ 2007, 377 (382 f.).

[115] BGH 21.4.1987 – 1 StR 77/87, BGHSt 34, 355 (357); OLG Koblenz 23.4.1968 – 2 Ss 41/68, VRS 36 (1969), 17 (18).

[116] *Rudolph* Justiz 1969, 24 (27).

[117] BGH 24.6.1952 – 1 StR 130/52, BGHSt 3, 27 (28–30); kritisch hierzu *Fischer* NStZ 1994, 1 (3).

[118] Zur Vermittlung von Fachwissen innerhalb eines Spruchköpers bei Kollegialgerichten *Trück* NStZ 2007, 377 (380 f.).

[119] BGH 13.6.1952 – 2 StR 259/52, BGHSt 3, 52 (53 f.); BGH 8.1.2013 – 1 StR 602/12, NStZ 2013, 672; OLG Zweibrücken 17.9.1999 – 1 Ss 201/99, NStZ-RR 2000, 47; *Hülle* JZ 1955, 8 (9); einschränkend für länger zurückliegende Taten BGH 12.12.2012 – 5 StR 544/12, NStZ-RR 2013, 119 (120).

[120] *Fischer* NStZ 1994, 1 (4 f.); *Fischer*, FS Widmaier, 2008, 191 (217 f.); *Kett-Straub* ZStW 117 (2006), 354 (356); *Trück* NStZ 2010, 586 (588 f.).

[121] Siehe hierzu BGH 11.1.2005 – 1 StR 498/04, NJW 2005, 1519 (1521); *Hülle* JZ 1955, 8 (9).

[122] *Nack* GA 2009, 201 (203).

[123] BGH 5.7.1955 – 1 StR 195/55, BGHSt 8, 130 (131); BGH 18.8.1977 – 4 StR 176/77, *Spiegel* DAR 1978, 146 (155); BGH 14.1.1982 – 1 StR 640/81, NStZ 1982, 170.

[124] BGH 14.12.1954 – 5 StR 416/54, BGHSt 7, 82 (83–85); BGH 1.11.1955 – 5 StR 329/55, BGHSt 8, 226 (236 f.); *Brause* NStZ 2013, 129 (131 und 133); *Hülle* JZ 1955, 8 (10); *Nack* GA 2009, 201 (208); *Tröndle* JZ 1969, 374 (375 f.); s. auch die sehr anschauliche Fallschilderung bei BGH 8.11.1995 – 2 StR 531/95, NStZ-RR 1996, 106.

[125] Siehe auch Alex ua StV 2013, 259 (262); *Kett-Straub* ZStW 117 (2006), 354 (361–363); *Trück* NStZ 2007, 377 (380 ff.) jeweils mwN.

[126] BGH 26.4.2006 – 2 StR 445/05, NStZ-RR 2006, 241; BGH 8.1.2013 – 1 StR 602/12, NStZ 2013, 672.

[127] BGH 28.10.2009 – 5 StR 419/09, NStZ 2010, 290 (291); BGH 23.5.2012 – 5 StR 174/12, NStZ-RR 2012, 353 (354); s. hierzu auch Brause NStZ 2013, 129 (135 f.).

[128] BGH 28.10.2008 – 3 StR 364/08, NStZ 2009, 346 (347); aber dagegen BGH 18.8.2009 – 1 StR 155/09, NStZ 2010, 51 (52).

suggestive Vorbefragungen und innerfamiliären Beeinflussungen, insbesondere im Zusammenhang mit familienrechtlichen Streitigkeiten.[129] Geht es um die Bewertung normalpsychologischer Vorgänge, bleibt es dem Ermessen des Auftraggebers überlassen, ob er einen Psychologen oder Psychiater heranzieht.[130] Bestehen indes Anzeichen für psychopathologische Ursachen, die die Aussagetüchtigkeit einschränken können, so kommt nur der Psychiater[131] in Betracht.[132] Der Gutachter hat sich an die wissenschaftlichen Anforderungen für die aussagepsychologische Begutachtung zu halten,[133] wenngleich er hierdurch nicht auf eine bestimmte Prüfstrategie oder einen einheitlichen Gutachtenaufbau festgelegt ist.[134] Ein bloßer Pädagoge ist dagegen generell nicht geeignet.[135]

Für die Begutachtung der **Schuldfähigkeit,** die in Betracht zu ziehen ist, wenn Anhalts- 18
punkte für eine psychische Störung gegeben sind, die die sachverständige Vermittlung der medizinisch-psychiatrischen Anknüpfungstatsachen nahe legt,[136] kommt, sofern keine besonderen Umstände vorliegen, ein Landgerichts-[137] oder Gefängnisarzt[138] in Betracht, ein rechtsmedizinischer Sachverständiger, wenn vorwiegend Fragen der Alkohol- und Drogenintoxikation[139] sowie körperlich bedingte Einschränkungen im Raum stehen.[140] Bei Anhaltspunkten für eine Hirnschädigung muss der Sachverständige über besondere Erfahrung auf diesem Gebiet verfügen.[141] Brandstiftungsdelikte, sofern die Tat keinen planvollen Charakter trägt, wie bspw. bei Racheakten oder Vorbereitungen für einen Versicherungsbetrug, werden häufig Anlass für die Beauftragung eines psychiatrischen Sachverständigen geben.[142] Gleiches gilt für Kapitalstrafsachen, insbesondere bei spontanen und in affektiver Erregung begangenen Taten oder im Bereich des Jugendstrafrechts.[143] Es besteht aber kein Grundsatz, dass bei Tötungsdelikten obligatorisch die Einholung forensisch-psychiatrischer Gutachten erforderlich wäre.[144] Geht es um die Beurteilung nicht krankhafter Zustände, so entscheidet das Gericht nach seinem Ermessen, ob es einen Psychiater oder Psychologen[145] heranzieht.[146] Die gleiche Auswahlmöglichkeit besteht, um die Auswirkungen einer Drogenabhängigkeit auf die Verantwortlichkeit zu beurteilen.[147] Ein „Psychoanalytiker" stellt

---

[129] BGH 22.6.2000 – 5 StR 209/00, NStZ 2001, 105; BGH 25.4.2006 – 1 StR 579/05, NStZ-RR 2006, 242 (243).

[130] *Trück* NStZ 2007, 377 (383); s. hierzu auch *Kohlhaas* NJW 1951, 903 (904 f.).

[131] Hierzu *Schumacher* StV 2003, 641.

[132] BGH 19.2.2002 – 1 StR 5/02, NStZ 2002, 490; BGH 5.10.2004 – 1 StR 284/04, BeckRS 2004, 09886; BGH 11.1.2005 – 1 StR 498/04, NJW 2005, 1519 (1521).

[133] Hierzu BGH 30.7.1999 – 1 StR 618/98, BGHSt 45, 164 ff.; *Jansen* StV 2000, 224 ff.; *Schoreit* StV 2004, 284 (285–286).

[134] BGH 30.5.2000 – 1 StR 582/99, NStZ 2001, 45 (45 f.).

[135] BGH 29.2.1952 – 1 StR 631/51, BGHSt 2, 163 (166); BGH 14.12.1954 – 5 StR 416/54, BGHSt 7, 82 (85).

[136] BGH 17.4.2012 – 1 StR 15/12, NStZ 2013, 53 (54); BGH 22.8.2012 – 4 StR 308/12, Pfister NStZ-RR 2013, 161 (165); KG 12.3.2012 – (4) 121 Ss 27/12, StV 2013, 10 (11).

[137] BGH 16.6.1970 – 1 StR 27/70, BGHSt 23, 311 (312 f.).

[138] BGH 12.1.1968 – 4 StR 549/67, VRS 34 (1968), 344 (345).

[139] OLG Koblenz 22.4.1975 – 1 Ss 48/75, VRS 49 (1975), 433 (434).

[140] *Parzeller/Bratzke* Rechtsmedizin 13 (2003), 301 (303 f.).

[141] BGH 28.2.1952 – 5 StR 46/52, NJW 1952, 633 „Hirnfacharzt"; BGH 13.8.1969 – 4 StR 170/69, VRS 37 (1969), 430 „für die Beurteilung von Hirnschädigungen besonders vorgebildeten Facharzt"; BGH 30.11.1976 – 1 StR 692/76, *Holtz* MDR 1977, 281.

[142] *Basdorf* HRRS 2008, 275 (277).

[143] BGH 30.8.2007 – 5 StR 193/07, NStZ 2008, 644 (645); BGH 30.8.2007 – 5 StR 197/07, BeckRS 2007, 15279 (→ Rn. 9); BGH 6.7.2011 – 5 StR 230/11, (→ Rn. 10); *Basdorf* HRRS 2008, 275 (278 f.); *Winkler* jurisPR-StrafR 14/2008 Anm. 4.

[144] BGH 9.5.2007 – 1 StR 32/07, BGHSt 51, 333 (342 Rn. 30); BGH 5.3.2008 – 1 StR 648/07, NJW 2008, 1329.

[145] Ausführlich hierzu *Scholz* ZStW 116 (2004), 618 ff.; s. auch Alex ua StV 2013, 259 (261) zum Fachpsychologen für Rechtspsychologie und zum Facharzt für Forensische Psychiatrie.

[146] BGH 22.7.1959 – 4 StR 250/59, NJW 1959, 2315 (2316); BGH 25.3.1960 – 4 StR 72/60, LNR 1960, 11423; BGH 13.7.1984 – 1 StR 351/84, StV 1984, 495; BGH 21.4.1987 – 1 StR 77/87, BGHSt 34, 355 (357 f.); BGH 13.11.1979 – 1 StR 526/79, juris (→ Rn. 6 f.) zu § 244 Abs. 4.

[147] *Eisenberg* Beweisrecht Rn. 1535; *Theune* NStZ 1997, 57 (61).

sich gegenüber dem Psychiater nicht als Vertreter einer anderen Fachrichtung dar.[148] Bei Ersttätern im vorgerückten Alter[149] im Bereich der Sexualdelikte kommt ebenfalls ein psychiatrischer Sachverständiger,[150] vorzugsweise mit besonderer Erfahrung auf dem Gebiet des Altersabbaus[151] oder der Alterskriminalität[152] Betracht. In außergewöhnlichen Einzelfällen kann die Beurteilung durch einen Sexualpathologen geboten sein.[153]

19 Die Fachrichtung des Sachverständigen ist in weiteren **Einzelfällen** durch Art und Gegenstand der Untersuchung, teilweise weitgehend, vorgegeben. Es kommen in Betracht für: Prognosegutachten zur Gefährlichkeit im Rahmen der Prüfung, ob eine Maßregel der Besserung und Sicherung nach §§ 63 ff. StGB anzuordnen ist oder fortzudauern hat[154] oder eine Reststrafe zur Bewährung ausgesetzt werden kann,[155] auch bei nicht krankhaften Zuständen ein Psychiater; die Beurteilung der tatsächlichen Voraussetzungen der Widerstandsunfähigkeit iSd § 179 Abs. 1 Nr. 1 StGB[156] und der, insbesondere bei alkohol- oder rauschmittelbedingter Intoxikation, damit regelmäßig einhergehenden Notwendigkeit die Aussagetüchtigkeit zu überprüfen,[157] ein Psychiater; die Verantwortlichkeit und den Entwicklungsstand von Jugendlichen und Heranwachsenden ein Jugendpsychologe oder -psychiater,[158] wobei sich das Gericht idR eigene Sachkunde zutrauen darf;[159] die Blutalkoholbestimmung Gesundheitsämter,[160] ein Chemiker[161] oder anderer mit den einschlägigen Untersuchungsmethoden vertrauter Sachverständiger,[162] wobei sich der Richter die Rückrechnung beim Normalfall selbst zutrauen kann, jedoch nur ein (rechts-)medizinischer Sachverständiger, wenn besondere Umstände wie bspw. Nachtrunk, nicht abgeschlossene Resorption,[163] Übermüdung,[164] zusätzliche Medikamenteneinnahme[165] hinzutreten oder zur Rückrechnung lediglich Trinkmengenangaben zur Verfügung stehen[166] und ein Neurologe, wenn Kopfverletzungen mit zu berücksichtigen sind;[167] die Ermittlung der Todesursache und die Rekonstruktion der Entstehung von Verletzungen ein Rechtsmediziner;[168] den Ausschluss einer Person als Verursacher einer Blutspur ein Blutgruppen-, DNA- oder biostatistischer Sachverständiger;[169] daktyloskopische und kriminaltechnische Gutachten das Bundeskriminalamt oder die Landeskriminalämter (§ 83 Abs. 3) oder ein dortiger Kriminal-

---

148 BGH 7.7.1999 – 1 StR 207/99, NStZ 1999, 630 (631).

149 Nach BGH 11.8.1998 – 1 StR 338/98, NStZ 1999, 297 (298) mAnm *Kröber* regelmäßig nicht „wesentlich vor dem 60. Lebensjahr"; hierzu *Trück* NStZ 2007, 377 (379).

150 BGH 15.1.2008 – 4 StR 500/07, StV 2008, 245.

151 BGH 13.10.2005 – 5 StR 347/05, NStZ-RR 2006, 38.

152 BGH 24.8.1993 – 4 StR 452/93, *Kusch* NStZ-RR 1994, 227.

153 BGH 21.11.1969 – 3 StR 249/68, BGHSt 23, 176 (193) „Fall Bartsch".

154 → § 80a Rn. 5; zur Fortdauer der Unterbringung nach § 63 StGB s. BVerfG 26.8.2013 – 2 BvR 371/12; NJW 2013, 3228 (3229) „erfahrener Sachverständiger"; Alex ua StV 2013, 259 (263) „nicht zwangsläufig Facharzt mit psychiatrischer Ausbildung".

155 BGH 7.4.1993 – 1 StE 1/75 – StB 7/93, NJW 1993, 2449 (2450); *Schüler-Springorum* StV 1994, 255; zu diesbezüglichen „Minimalbedingungen prognostischer Erwägungen" und für „interdisziplinär zusammengesetztes Gremium" *Rasch* NStZ 1993, 509 (510).

156 BGH 23.11.2010 – 3 StR 410/10, NStZ 2011, 210.

157 BGH 23.11.2010 – 3 StR 386/10, NStZ 2011, 473 (474).

158 KMR/*Neubeck* Rn. 7a; LR/*Krause* Rn. 15; SK/*Rogall* Rn. 28; *Eisenberg* HRRS 2012, 466 (467); *Schilling* NStZ 1997, 261.

159 BGH 29.5.2002 – 2 StR 2/02, juris (→ Rn. 8) = BGHR JGG § 105 Abs. 1 Nr. 1 Entwicklungsstand 8.

160 *Artkämper* BA 2001, 7 (10).

161 OLG Hamm 10.9.1968 – 3 Ss 714/69, VRS 36 (1969), 434 (435); OLG Hamm 21.10.1968 – 4 Ss 661/68, VRS 36 (1969), 290 (291).

162 HK/*Lemke* Rn. 6; LR/*Krause* Rn. 20; *Meyer-Goßner* Rn. 6.

163 BGH 28.5.1965 – 4 StR 257/65, VRS 29 (1965), 185 (186).

164 BGH 27.10.1967 – 4 StR 427/67, VRS 34 (1968), 211 (211 f.); OLG Frankfurt a. M. 21.12.1960 – 1 Ss 987/60, NJW 1961, 283.

165 HK/*Lemke* Rn. 6; LR/*Krause* Rn. 20; *Meyer-Goßner* Rn. 6.

166 BGH 11.6.1970 – 4 StR 151/70, *Martin* DAR 1971, 113 (116); BGH 28.3.2012 – 5 StR 49/12, BeckRS 2012, 08870 (Rn. 5 f.).

167 BayObLG 23.7.1968 – 2 a St 113/68, VRS 36 (1969), 170 (171 f.).

168 *Artkämper* BA 2001, 7 (10).

169 § 81f Rn. 15.

techniker;[170] anthropologische Identitätsgutachten, bspw. zum Vergleich des Beschuldigten mit einem Messfoto oder Aufnahmen einer Überwachungskamera, ein amtlicher Kriminalist[171] oder ein Anthropologe, vornehmlich aus dem Fachgebiet der Biologie[172] oder Medizin;[173] Abstammungsgutachten ein Arzt[174] oder Biologe[175] mit fundierten humangenetischen Kenntnissen; die Bereiche des Wirtschaftsstrafrechts und der Vermögensdelikte, insbesondere Erstellung eines Überschuldungsstatus, eines Liquiditätsstatus zur Feststellung der tatsächlichen oder drohenden Zahlungsunfähigkeit,[176] Bewertung von Forderungen, Vermittlung oder Überprüfung der Grundsätze geordneter Buchführung und von Handelsbräuchen, Wirtschaftsreferenten[177] oder, falls solche bei der Ermittlungsbehörde nicht angesiedelt sind, Vertreter der wirtschaftsprüfenden und steuerberatenden Berufe.[178]

c) Persönliche Eignung. Die Auswahl der Person des Sachverständigen hat nach pflichtgemäßem Ermessen (→ Rn. 14) im Hinblick auf eine **ordnungsgemäße Gutachtenerstattung** zu erfolgen. Demnach scheidet eine Beweisperson aus, deren persönliche Unzuverlässigkeit bekannt oder zumindest abzusehen ist.[179] Ungeeignet ist entsprechend ein Sachverständiger, der wegen Überlastung oder aus sonstigen Gründen nicht in der Lage ist, sein Untersuchungsergebnis in angemessener Zeit vorzulegen.[180] Auch ist darauf zu achten, dass seine Person Gewähr für ein unparteiliches Herangehen bietet, was beispielsweise bei erkennbarem emotionalem Engagement[181] fraglich sein kann sowie bei Mitarbeitern eines Verbandes oder Privatunternehmens, das wirtschaftliche Interessen mit dem Gegenstand des Ermittlungsverfahrens verbindet.[182] Die Bestellung des Nebenklägers ist zwar zulässig, wegen des naheliegenden Interessenkonfliktes jedoch nicht empfehlenswert.[183] In ähnlicher Weise wird beim behandelnden Arzt oder Therapeut nicht immer die notwendige Distanz gegeben sein.[184] Alleine die Zugehörigkeit zu einer Dienststelle schließt die Sachverständigentätigkeit nicht aus, was jedenfalls dann gilt, wenn organisatorisch gewährleistet ist, dass die Beweisperson ihr Gutachten eigenverantwortlich und frei von jeder Beeinflussung erstatten kann. Dies wird angenommen für Wirtschaftsreferenten der Staatsanwaltschaft,[185] polizeiliche Sachbearbeiter für Buchprüfung,[186] Angehörige der kriminalwissenschaftlichen Abteilung des Bundeskriminalamts[187] und Angehörige von Verfassungsschutzämtern,[188] sofern sie ihre sachverständige Bewertung hinreichend losgelöst von der eigentlichen Ermittlungstätigkeit erbringen.[189] 20

[170] *Gössel* DRiZ 1980, 363, (366); *Seyler* GA 1989, 546 (552–555).
[171] Vgl. BGH 15.2.2005 – 1 StR 91/04, NStZ 2005, 458 (459), dort auch grundlegend zum (begrenzten) Beweiswert.
[172] *Schott* NZV 2011, 169 (171).
[173] *Buhmann ua* NStZ 1999, 230 (232); *Bellmann* StRR 2011, 419 (420); *Rösing* ua NStZ 2012, 548 (553); hierzu auch OLG Braunschweig 5.7.2006 – Ss 81/05, NStZ-RR 2007, 180 (182); aA *Schott* NZV 2011, 169 (171).
[174] *Bundesärztekammer* DÄBl. 2002, 665 (667), *Ritter* DAVorm 1999, 663 (667).
[175] *Ritter* DAVorm 1999, 663 (667).
[176] Vgl. BGH 29.4.2010 – 3 StR 314/09, NJW 2010, 2894 (2898 Rn. 49).
[177] Zum Begriff Müller-Gugenberger/Bieneck/*Richter* § 7 Rn. 18; → § 74 Rn. 6.
[178] *Krekeler* wistra 1989, 52 (52 f.).
[179] Vgl. BGH 14.6.1960 – 1 StR 73/60, BGHSt 14, 339 (342) zu § 243 Abs. 3 S. 2.
[180] SK/*Rogall* Rn. 35; *Rudolph* Justiz 1969, 24 (28).
[181] BGH 15.9.1994 – 1 StR 424/94, JurionRS 1994, 17820, insoweit nicht abgedruckt in NStZ 1995, 45.
[182] LG Kiel 14.8.2006 – 37 Qs 54/06, NJW 2006, 3224 (3224 f.) mAnm. Wehnert JR 2007, 82 für Organisation von Unternehmen der Film- und Software-Entertainmentbranche mit Ziel, Produktpiraterie zu verfolgen; *Brüning* StV 2008, 100 (101 f.); *Rudolph* Justiz 1969, 24 (28).
[183] SK/*Rogall* Rn. 33; *Eisenberg* Beweisrecht Rn. 1537.
[184] BGH 27.11.1995 – 1 StR 614/95, juris (Rn. 4) = StV 1996, 130; *Artkämper* BA 2001, 7 (12 und 17); so auch der in §§ 87 Abs. 2 S. 3, 275a Abs. 4 S. 3, 463 Abs. 4 S. 2 zum Ausdruck kommende Rechtsgedanke.
[185] BGH 10.4.1979 – 4 StR 127/79, BGHSt 28, 381 (384); BGH 2.7.1986 – 3 StR 87/86, wistra 1986, 257 (258); Müller-Gugenberger/Bieneck/*Niemeyer* Wirtschaftsstrafrecht § 12 Rn. 29; *Lemme* wistra 2002, 281 (285 f.); offengelassen in BGH 8.9.1981 – 1 StR 200/81, *Pfeiffer/Miebach* NStZ 1983, 208.
[186] BGH 12.7.1955 – 5 StR 109/55, LNR 1955, 11761; Müller-Gugenberger/Bieneck/*Niemeyer* § 12 Rn. 29.
[187] BGH 11.1.1963 – 3 StR 52/62, BGHSt 18, 214 (216).
[188] BGH 4.6.1964 – 3 StR 13/64, NJW 1964, 1681 (1682).
[189] 20.12.1983 – 5 StR 763/82, NStZ 1984, 215; BGH 2.7.1986 – 3 StR 87/86, wistra 1986, 257 (258); vgl. auch BGH 4.6.1964 – 3 StR 13/64, NJW 1964, 1681 (1682) zu § 74; → § 74 Rn. 6.

Im Einzelfall kann ihnen wegen der besonderen Sachkunde sogar Vorzug vor einem „privaten Sachverständigen" zu geben sein.[190] Ein Ablehnungsgrund nach § 74 darf nicht vorliegen.[191] Sind ausländische Personen zu begutachten, ist es nicht notwendig, einen Sachverständigen zu beauftragen, der deren Sprache spricht und ihrem Kulturkreis entstammt.[192] Indes kann dies bei gleicher fachlicher Qualifikation durchaus von Vorteil sein, wobei andererseits die sorgfältige Auswahl des Dolmetschers sprachliche Defizite ausgleichen kann. Bei der Untersuchung besonders schutzbedürftiger Personen kann das Geschlecht des Gutachters eine Rolle bei der Bestimmung spielen.[193] Schließlich muss die Beweisperson über ausreichende fachliche Qualifikation verfügen und Methoden anwenden, die in den entsprechenden Fachkreisen allgemein anerkannt sind.[194]

21 **d) Anzahl.** Nach § 73 Abs. 1 S. 1 bestimmt das Gericht auch die Anzahl der hinzuzuziehenden Sachverständigen nach seinem **freien Ermessen,** sofern durch abweichende Bestimmungen nichts anderweitiges vorgeschrieben ist (→ Rn. 15).[195] Dabei hat es die Entscheidung am Maßstab der Aufklärungspflicht zu orientieren.[196] Das Gericht ist deshalb bei einer besonders schwierig zu klärenden Frage trotz eines bereits vorliegenden Gutachtens nicht gehindert, eine weitere gutachterliche Stellungnahme einzuholen, um eine zuverlässigere Entscheidungsgrundlage zu gewinnen.[197] Unter Umständen kann dies bei entsprechender Beweislage nach § 244 Abs. 2 sogar geboten sein, besonders wenn dem Gutachten zusätzlich die allein entscheidende Bedeutung für die Beweisfrage zukommt.[198] Die Auswahlbefugnis wird insoweit durch § 83 Abs. 1 nicht auf die dort genannten Fälle beschränkt.[199] Regelmäßig wird allerdings die Anhörung eines Sachverständigen genügen, wenngleich nach §§ 214 Abs. 3, 220 durch Verfahrensbeteiligte geladene Gutachter unter den Voraussetzungen des § 245 Abs. 2 zusätzlich zu hören sind.[200]

22 **4. Anhörung der Verfahrensbeteiligten.** Vor der Bestellung des Sachverständigen empfiehlt sich die gesetzlich nicht vorgeschriebene **Anhörung der Verfahrensbeteiligten.**[201] Ausdrücklich sieht dies indes nur Nr. 70 Abs. 1 RiStBV[202] zugunsten des Verteidigers vor.[203] Andererseits können aber auch Nebenkläger und Nebenklägervertreter ein berechtigtes Interesse an einer entsprechenden Stellungnahme haben, zumal wenn sie ganz persönlich betroffen sind, wie beispielsweise im Fall aussagepsychologischer Begutachtung. Zu einem Verwertungsverbot führt ein entsprechendes Unterlassen nicht.[204]

---

[190] BGH 19.11.1956 – 2 StR 493/56, BGHSt 10, 116 (118 f.); BGH 7.2.2008 – 4 StR 502/07, *Cierniak/Zimmermann* NStZ-RR 2011, 161 (163).

[191] LG Kiel 14.8.2006 – 37 Qs 54/06, NJW 2006, 3224 mAnm. Wehnert JR 2007, 82; KMR/*Neubeck* Rn. 14; *Meyer-Goßner* Rn. 9; *Eisenberg* Beweisrecht Rn. 1537; *Brüning* StV 2008, 100 (103) für "privates sachverständiges Unternehmen, das im Auftrag der Geschädigten tätig ist".

[192] BGH 12.9.1972 – 5 StR 350/72, *Dallinger* MDR 1973, 16 (19).

[193] BGH 2.10.1952 – 5 StR 617/52, JurionRS 1952/11326 für aussagepsychologische Begutachtung eines elfjährigen Mädchens wegen Sexualdelikt; BGH 16.9.2008 – 3 StR 302/08, *Cierniak/Zimmermann* NStZ-RR 2011, 97 (100). Vgl. auch Venzlaff/Foerster/*Foerster/Winckler* Psychiatrische Begutachtung, S. 17 (22) zum Dolmetscher bei Exploration.

[194] LR/*Krause* Rn. 23 f.

[195] OLG Düsseldorf 8.9.1993 – 3 Ws 493–494/93, wistra 1994, 78; LR/*Krause* Rn. 28; *Meyer-Goßner* Rn. 11.

[196] SK/*Rogall* Rn. 44.

[197] RG 4.2.1930 – 1 D 1323/29, JW 1930, 1006; OLG Düsseldorf 8.9.1993 – 3 Ws 493–494/93, wistra 1994, 78; *Rudolph* Justiz 1969, 49 (52).

[198] BGH 19.11.1956 – 2 StR 493/56, BGHSt 10, 116 (118 f.); BGH 7.2.2008 – 4 StR 502/07, *Cierniak/Zimmermann* NStZ-RR 2011, 161 (163) jeweils auch zur Frage des Vorrangs eines Behördengutachters vor einem „privaten Sachverständigen"; zu Schriftgutachten § 93 Rn. 3.

[199] BayObLG 23.12.1995 – 3 St 187/55, NJW 1956, 1001; LR/*Krause* Rn. 28; *Eisenberg* Beweisrecht Rn. 1541; aA *Duttge* NStZ 2003, 375 (376).

[200] LR/*Krause* Rn. 28; *Meyer-Goßner* Rn. 11; SK/*Rogall* Rn. 45; *Eisenberg* Beweisrecht Rn. 1541.

[201] OLG Jena 7.11.2003 – 1 Ws 344/03, Jurion RS 2003, 25317; LG Duisburg 13.3.2009 – 36 Ns 198/06, juris (→ Rn. 6) = JR 2009, 343; KK/Senge Rn. 2; *Düring/Eisenberg* StV 1997, 456 (458).

[202] Dort auch zu Ausnahmen.

[203] BGH 12.2.1998 – 1 StR 588/97, BGHSt 44, 26 (31); BGH 10.9.2002 – 1 StR 169/02, BGHSt 48, 4 (11).

[204] *Meyer-Goßner* Rn. 1.

Beschuldigter und Verteidiger haben über die Anhörung hinaus **keinen Einfluss** auf die Auswahl des Gutachters.[205] Vor allem von Seiten der verteidigungsorientierten Literatur wird indes das Anhörungsrecht stark betont und auch eine Ausweitung gefordert. Zur Begründung wird darauf abgestellt, auf diese Weise solle die Bestellung willfähriger „Haussachverständiger" auf Seiten von Gericht und Staatsanwaltschaft verhindert werden. Zur Untermauerung werden von subjektiver Einfärbung nicht gänzlich freie Beispiele[206] aus der eigenen Praxis angeführt.[207] Diese Darstellungen werden von der Wissenschaft, die sich traditionell vorwiegend beschuldigtenfreundlich und justizkritisch sieht, unbesehen übernommen und zu allgemeinen Missständen umgedeutet,[208] denen durch weitergehende Beteiligungsrechte des Angeklagten und des Verteidigers zu begegnen sei.[209] Dem ist zu entgegnen, dass bei Bestellung eines Sachverständigen sicherlich das Augenmerk darauf zu richten ist, den Sachverständigen nach seiner erwiesenen Qualifikation auszuwählen sowie dessen Objektivität zu wahren und zu betonen. Die Reichweite seiner Sachkunde, seine Vorgehensweisen und Ergebnisse sind stets kritisch zu hinterfragen, selbst wenn er sich bei der Erfüllung anderer Aufträge als zuverlässig und gewissenhaft erwiesen hat.[210] Andererseits bleibt aber anzumerken, dass es den kritischen Stimmen, die nicht zuletzt ihre Grundlage in der Interessenvertretung finden, in der Praxis nicht immer und ausschließlich darum geht, einen besonders qualifizierten Sachverständigen zu erlangen.[211] Vielmehr ist nicht selten das Gegenteil der Fall, da gerade die Bestellung eines unsicheren und schwachen Sachverständigen wesentlich günstigere Angriffsmöglichkeiten für die Verteidigung bietet, um ein günstiges Ergebnis zu erlangen.[212] Eine der materiellen Gerechtigkeit widersprechende Entscheidung ist aber nicht nur dann gegeben, wenn der Angeklagte benachteiligt wird, sondern auch dann, wenn ihm ungerechtfertigte Milderungen und Vergünstigungen zukommen. Dies beschneidet nicht zuletzt den Geschädigten in seinem Anspruch auf angemessenen Ausdruck der erlittenen Rechtsgutsverletzung. Im Vordergrund darf deswegen nicht der Wunsch des Angeklagten stehen, sondern ausschließlich das objektive Aufklärungsinteresse,[213] das von einseitiger Einflussnahme freizuhalten ist.[214] Naturgemäß gilt Letzteres genauso für den Nebenkläger.[215] 23

II. Fristabsprache nach Abs. 1 S. 2

Das Gericht, die Staatsanwaltschaft (§ 161a Abs. 1 S. 2)[216] und die Polizei[217] haben mit dem Sachverständigen eine **angemessene Frist** abzusprechen, innerhalb derer er das Gutachten zu erstellen hat. Für die Bestimmung der Angemessenheit kommt es insbesondere auf die Eilbedürftigkeit der Sache, was gerade bei Haft- und Unterbringungssachen von entscheidendem Gewicht ist (→ Rn. 2), sowie die Schwierigkeit und den Umfang des Beweisthemas an.[218] Um dies zu klären, ist regelmäßig eine (telefonische) Kontaktaufnahme mit dem Sachverständigen notwendig.[219] Eine bestimmte Form ist nicht erforderlich. Gleichwohl sollte die Fristabsprache zumindest in Form eines Vermerkes[220] aktenkundig 24

---

205 *Eisenberg* Beweisrecht Rn. 1527; *Detter* NStZ 1998, 57 (58); *Wagner* StV 2000, 544 (545).

206 Über entsprechend unsachliche Anfeindungen aus Sicht eines Sachverständigen *Parzeller/Bratzke* Rechtsmedizin 13 (2003), 301.

207 Siehe hierzu *Tondorf/Waider* StV 1997, 493 (493 f.); kritisch zur Hypothese der Voreingenommenheit *Cabanis* NJW 1978, 2329 (2330).

208 *Krauß* ZStW 85 (1973), 320 (325 und 331).

209 Besonders deutlich bei *Erb* ZStW 121 (2009), 882 (883).

210 *Artkämper* BA 2001, 7 (10 f.); *Detter* NStZ 1998, 57 (61).

211 So aber *Tondorf/Waider* StV 1997, 493 (493 f.).

212 Das berücksichtigt *Detter*, FS Meyer-Goßner, 2001, 431 (443 f.) nicht ausreichend.

213 SK/*Rogall* Rn. 38. Zu weitgehend daher LR/*Krause* Rn. 1.

214 *Detter* NStZ 1998, 57 (61).

215 *Düring/Eisenberg* StV 1997, 456 (458) zur diesbezüglich identischen Problematik.

216 *Rieß* NJW 1975, 81 (84 Fn. 53).

217 *Meyer-Goßner* Rn. 15; SK/*Rogall* Rn. 48.

218 SK/*Rogall* Rn. 50.

219 LR/*Krause* Rn. 30.

220 LR/*Krause* Rn. 32; *Eisenberg* Beweisrecht Rn. 1545 (Fn. 64) empfehlen weitergehend schriftliche Bestätigung gegenüber dem Sachverständigen.

gemacht werden,[221] gerade um in Haftsachen die Einhaltung des Beschleunigungsgebotes zu dokumentieren.[222] Eine Fristverlängerung kommt nur bei Glaubhaftmachung erheblicher Gründe in Betracht.[223] Vor allem für die Staatsanwaltschaft empfiehlt es sich in Haft- und Unterbringungssachen, in denen umfangreiche und zeitaufwändige Gutachten einzuholen sind, mit dem Sachverständigen zu vereinbaren, dass er, sobald das Ergebnis absehbar ist, innerhalb kürzerer Frist mündlich oder schriftlich vorab eine Stellungnahme abgibt, auf deren Grundlage die Abschlussverfügung getroffen werden kann.[224]

25 Auch wenn es sich um eine **Sollvorschrift** handelt, kann auf die Fristvorgabe nur ganz ausnahmsweise verzichtet werden, wenn dem Auftraggeber die zügige Arbeitsweise des Sachverständigen bekannt ist[225] und auch im konkreten Fall hiervon auszugehen ist. Hier ist allerdings Zurückhaltung geboten, denn die allgemein angenommene verfahrensrechtliche Folgenlosigkeit der Vorschrift[226] gilt nur für die revisionsrechtliche Überprüfung (→ Rn. 29). Im Rahmen der Haftprüfung nach §§ 121, 122, 126a Abs. 2 S. 2 kann es wegen eines damit verbundenen Verstoßes gegen das Beschleunigungsgebot zu einer Aufhebung des Haft-[227] oder Unterbringungsbefehls[228] führen, wenn der Auftraggeber die zeitliche Begrenzung und Kontrolle sachverständiger Tätigkeit nicht in ausreichender Weise umsetzt.

III. Öffentlich bestellte Sachverständige nach Abs. 2

26 Die öffentliche Bestellung als Sachverständiger erfolgt durch **Verwaltungsakt** für ein bestimmtes Sachgebiet[229] auf Grundlage **öffentlich-rechtlicher Vorschriften.**[230] Einschlägig sind teils bundesrechtliche Regelungen, wie beispielsweise §§ 36 Abs. 1 S. 1 GewO,[231] 91 Abs. 1 Nr. 8 HandwO,[232] teils landesrechtliche,[233] wobei sich die Bestellung sowohl auf Einzelpersonen als auch auf Behörden beziehen kann.[234] Sie ist nicht gleichbedeutend mit der allgemeinen Vereidigung iSd § 79 Abs. 3,[235] beides fällt allerdings häufig zusammen.[236] Zu den öffentlich bestellten Sachverständigen gehören vor allem Gerichtsärzte, einschließlich der bayrischen Landgerichtsärzte, die Ärzte staatlicher Untersuchungsämter und die Leiter rechtsmedizinischer Universitätsinstitute.[237]

27 Vor dem Hintergrund des Normzwecks des § 73 Abs. 2 (→ Rn. 3) erfordert die Beauftragung eines Sachverständigen, der nicht öffentlich bestellt ist, das Vorliegen **besonderer Umstände,** die ein abweichen von der gesetzlichen Regel rechtfertigen.[238] Entsprechende Umstände können unter dem Gesichtspunkt der Aufklärungspflicht[239] gegeben sein, wenn es auf noch größere oder speziellere Sachkunde ankommt.[240] Auch der Beschleunigungsgrundsatz[241] kann eine anderweitige Beauftragung rechtfertigen, wenn der öffentlich bestellte Sachverständige verhindert oder überlastet ist.[242]

---

[221] HK/*Lemke* Rn. 15; KMR/*Neubeck* Rn. 16; KK/*Senge* Rn. 7.
[222] Vgl. OLG Bremen 25.10.1996 – BL 200/96, StV 1997, 143 (143 f.).
[223] HK/*Lemke* Rn. 15; KMR/*Neubeck* Rn. 17 „analog § 224 Abs. 2 ZPO".
[224] LR/*Krause* Rn. 33; *Meyer-Goßner* Rn. 15; SK/*Rogall* Rn. 48.
[225] KMR/*Neubeck* Rn. 16; *Meyer-Goßner* Rn. 12; SK/*Rogall* Rn. 47.
[226] KK/*Senge* Rn. 7; LR/*Krause* Rn. 31; *Meyer-Goßner* Rn. 12.
[227] OLG Bremen 25.10.1996 – BL 200/96, StV 1997, 143 (144).
[228] KG 15.9.2009 – (4) 1 HEs 34/09 (25/09), StV 2010, 372 (373).
[229] *Eb. Schmidt* Lehrkommentar zur StPO Teil II Rn. 6; KMR/*Neubeck* Rn. 15; KK/*Senge* Rn. 8.
[230] *Meyer-Goßner* Rn. 16.
[231] *Bleutge* BB 1973, 1416 (1417).
[232] *Bleutge* DRiZ 1977, 170.
[233] SK/*Rogall* Rn. 55.
[234] LR/*Krause* Rn. 34.
[235] *Eb. Schmidt* Lehrkommentar zur StPO Teil II Rn. 6; LR/*Krause* Rn. 34.
[236] SK/*Rogall* Rn. 54.
[237] *Meyer-Goßner* Rn. 16; LR/*Krause* Rn. 34; SK/*Rogall* Rn. 56; Eisenberg Beweisrecht Rn. 1530.
[238] RG 28.10.1881 – Rep. 2119/81, RGSt 5, 78 (85).
[239] SK/*Rogall* Rn. 59.
[240] HK/*Lemke* Rn. 16; KMR/*Neubeck* Rn. 15; LR/*Krause* Rn. 35; *Meyer-Goßner* Rn. 17.
[241] SK/*Rogall* Rn. 59.
[242] HK/*Lemke* Rn. 16; LR/*Krause* Rn. 35; *Meyer-Goßner* Rn. 17.

C. Rechtsmittel

Die nach §§ 73, 161a Abs. 1 S. 2 getroffene **Auswahlentscheidung** der Staatsanwaltschaft im Ermittlungsverfahren ist als solche **unanfechtbar,**[243] genauso wie diejenige der Polizei.[244] Diesbezügliche Bedenken können allerdings wegen deren Leitungsfunktion gegenüber der Staatsanwaltschaft geltend gemacht werden.[245] Bestellt das Gericht den Sachverständigen, kommt eine Beschwerde gegen die Auswahl als solche ebenfalls nicht in Betracht.[246] Aufgrund ausdrücklicher gesetzlicher Regelungen ergibt sich die Unstatthaftigkeit der Beschwerde im Zwischenverfahren aus § 202 S. 2,[247] im Hauptverfahren aus § 305 S. 1[248] und im Verfahren vor der Strafvollstreckungskammer aus einer entsprechenden Anwendung des § 305.[249] Die Belange der Verfahrensbeteiligten sind durch § 74 und die Möglichkeit, eine Gegenvorstellung zu erheben, ausreichend gewahrt.[250] 28

Auf eine Verfahrensrüge der Verletzung des § 73 alleine kann die **Revision** nicht gestützt werden. Die Fristabsprache des Abs. 1 S. 2 dient der Verfahrensbeschleunigung, so dass das Urteil auf einem entsprechenden Rechtsfehler nicht beruhen kann.[251] Bei Abs. 2 handelt es sich um eine Sollvorschrift, die kein Verwertungsverbot zur Folge hat.[252] Eine fehlerhafte Auswahl iSd Abs. 1 S. 1 wirkt sich schließlich nur über eine Verletzung der Aufklärungspflicht aus, weswegen die Aufklärungsrüge zu erheben ist.[253] Wird ein entsprechender Beweisantrag gestellt, kann eine Verletzung des § 244 Abs. 4 in Betracht kommen.[254] Ergeben sich Zweifel an der Sachkunde des Gutachters aus dem Urteil selbst, kann die **Sachrüge** erhoben werden, weil die Darlegungen oder die Beweiswürdigung Lücken, Widersprüche oder Verstöße gegen Denkgesetze oder Erfahrungssätze aufweisen.[255] 29

§ 74 [Ablehnung]

(1) [1]Ein Sachverständiger kann aus denselben Gründen, die zur Ablehnung eines Richters berechtigen, abgelehnt werden. [2]Ein Ablehnungsgrund kann jedoch nicht daraus entnommen werden, daß der Sachverständige als Zeuge vernommen worden ist.

(2) [1]Das Ablehnungsrecht steht der Staatsanwaltschaft, dem Privatkläger und dem Beschuldigten zu. [2]Die ernannten Sachverständigen sind den zur Ablehnung Berechtigten namhaft zu machen, wenn nicht besondere Umstände entgegenstehen.

(3) Der Ablehnungsgrund ist glaubhaft zu machen; der Eid ist als Mittel der Glaubhaftmachung ausgeschlossen.

---

[243] OLG Schleswig 1.9.1981 – 1 Ws 302/81, juris (Leitsatz); OLG Schleswig 16.4.1999 – 2 Ws 117/99, StV 2000, 543; aA *Eisenberg* Beweisrecht Rn. 1548; *Eisenberg* HRRS 2012, 466 (474); *Wagner* StV 2000, 544 (546).

[244] SK/*Rogall* Rn. 62.

[245] *Meyer-Goßner* Rn. 18.

[246] OLG Hamburg 9.10.1972 – 2 Ws 411/72, MDR 1972, 1048.

[247] OLG Düsseldorf 19.11.1990 – 1 Ws 1032/90, VRS 80 (1991), 353 (354); OLG Hamm 5.10.1993 – 1 Ws 435/93, MDR 1994, 83; OLG Jena 7.11.2003 – 1 Ws 344/03, JurionRS 2003, 25317; vgl. auch OLG Hamburg 9.10.1972 – 2 Ws 411/72, MDR 1972, 1048.

[248] OLG Celle 27.7.1966 – 4 Ws 252/66, NJW 1966, 1881; OLG Hamm 8.6.1970 – 1 Ws 191/70, NJW 1970, 1985.

[249] OLG Düsseldorf 15.8.1985 – 1 Ws 647–648/85, MDR 1986, 256 (257).

[250] OLG Jena 7.11.2003 – 1 Ws 344/03, JurionRS 2003, 25317; OLG Karlsruhe 2.1.2013 – 2 Ws 1/13, juris (Rn. 2); vgl. auch BVerfG 12.11.2002 – 2 BvR 1696/02 BeckRS 2002, 30293010.

[251] SK/*Rogall* Rn. 69.

[252] BGH 9.5.2007 – 1 StR 32/07, BeckRS 2007, 10121 (→ Rn. 50) = *Cierniak/Zimmermann* NStZ-RR 2010, 65 (67); RG 28.10.1881 – Rep. 2119/81, RGSt 5, 78 (85).

[253] *Meyer-Goßner* Rn. 19; vgl. BGH 8.2.2006 – 1 StR 523/05, BeckRS 2006, 02824 (→ Rn. 9), insoweit nicht abgedruckt in NStZ 2006, 501.

[254] KMR/*Neubeck* Rn. 19; SK/*Rogall* Rn. 63; ausführlich *Trück* NStZ 2007, 377 (379–385).

[255] KMR/*Neubeck* Rn. 19; KK/*Senge* Rn. 9; LR/*Krause* Rn. 37; SK/*Rogall* Rn. 65.

Schrifttum: *Bittmann,* Rechtsfragen um den Einsatz des Wirtschaftsreferenten, wistra 2011, 47; *Brammsen,* Der abgelehnte vorbefasste Privatgutachter – zweierlei Maß im Strafprozess?, ZStW 119 (2007), 93; *Cabanis,* Glaubwürdigkeitsuntersuchungen, NJW 1978, 2329; *Detter,* Der von der Verteidigung geladene psychiatrische Sachverständige, FS Meyer-Goßner 2001, 431; *Dose,* Der Sitzungsvertreter und der Wirtschaftsreferent der Staatsanwaltschaft als Zeuge in der Hauptverhandlung, NJW 1978, 349; *Eisenberg,* Zur Ablehnung des Sachverständigen im Strafverfahren wegen Besorgnis der Befangenheit, NStZ 2006, 368; *Fezer,* Die Folgen der Sachverständigenablehnung für die Verwertung seiner Wahrnehmungen, JR 1990, 397; *Foth/Karcher,* Überlegungen zur Behandlung des Sachbeweises im Strafverfahren, NStZ 1989, 166; *Geppert,* Die Stellung des Sachverständigen im Verkehrsstrafprozess, DAR 1980, 315; *Gössel,* Behörden und Behördenangehörige als Sachverständige vor Gericht, DRiZ 1980, 363; *Kohlhaas,* Änderung des Sachverständigenbeweises im Strafprozess ?, NJW 1962, 1329; *Lemme,* Zur Ablehnung des Wirtschaftsreferenten der Staatsanwaltschaft gemäß § 74 StPO, wistra 2002, 281; *Müller-Gugenberger/Bieneck,* Wirtschaftsstrafrecht; *Neuhaus,* Kriminaltechnik für den Strafverteidiger – Eine Einführung in die Grundlagen, StraFo 2001, 8; *Senge,* Auswertung von Abrechungsunterlagen im staatsanwaltschaftlichen Ermittlungsverfahren, jurisPR-StrafR 6/2008 Anm. 2; *Wiegmann,* Ablehnung von Mitarbeitern der Strafverfolgungsbehörden als Sachverständige (§ 74 StPO), StV 1996, 570; *Wolf,* Der Sachverständige im Wirtschaftsstrafverfahren, ZWH 2012, 125.

Übersicht

I. Überblick

1 **1. Normzweck.** Das **Legalitätsprinzip** stellt nicht nur an die Anklagebehörde, sondern auch an die Personen, die sie zur Hilfe heran zieht, hohe Anforderungen an deren Unparteilichkeit. Für die Tätigkeit des Sachverständigen ist daher unerlässlich, dass er sein Gutachten unparteiisch erstattet und keine Zweifel an seiner Objektivität entstehen können.[1] Gleiches gilt naturgemäß auf Grund der **Aufklärungspflicht** des § 244 Abs. 2 für den vom Gericht beauftragten Sachverständigen. Um die vorurteilsfreie Wissensvermittlung in diesem Sinne als Grundlage für die zu treffende Entscheidung zu gewährleisten, räumt § 74 den Verfahrensbeteiligten das Recht ein, Gründe namhaft zu machen, die gegen die Neutralität des Sachverständigen sprechen, und deswegen dessen Auswechslung zu beantragen.[2] Der Gesetzgeber hat diese Möglichkeit geschaffen, da der Sachverständige im Gegensatz zum Zeugen regelmäßig austauschbar ist.[3] Die Vorschrift gilt allerdings auch dann, wenn der Sachverständige aus tatsächlichen Gründen nicht ersetzbar ist oder wenn er als einziger die erforderliche Sachkunde besitzt.[4]

2 **2. Anwendungsbereich.** Für den vom **Gericht** beauftragten Sachverständigen gilt § 74 in jedem Verfahrensstadium, also auch im Ermittlungsverfahren, wenn die Bestellung auf Antrag der Staatsanwaltschaft hin durch den Ermittlungsrichter erfolgte (§ 162 Abs. 1).[5] Dabei erstreckt sich die Ablehnungsmöglichkeit nicht nur auf die Tätigkeit im Strengbeweisverfahren zur Schuld- und Rechtsfolgenfrage, sondern auch auf den Sachverständigen, der im Wege des Freibeweises zu Verfahrensfragen, beispielsweise der Verhandlungsfähigkeit des Beschuldigten, gehört wird.[6] Inwieweit § 74 auf diejenige Person Anwendung

---

[1] BVerfG 31.8.2007 – 2 BvR 1681/07, BeckRS 2007, 26565.

[2] BGH 2.8.1995 – 2 StR 221/94, BGHSt 41, 206 (211); *Eb. Schmidt* Lehrkommentar zur StPO Teil II Rn. 3; SK/*Rogall* Rn. 4; *Gössel* DRiZ 1980, 363 (370).

[3] OLG Koblenz 4.6.2008 – 1 Ws 276/08, RuP 2009, 57; HK/*Lemke* Rn. 1; LR/*Krause* Rn. 1; *Meyer-Goßner* Rn. 1.

[4] HK/*Lemke* Rn. 1; KK/*Senge* Rn. 1; *Meyer-Goßner* Rn. 1; LR/*Krause* Rn. 1; *Eisenberg* Beweisrecht Rn. 1549.

[5] SK/*Rogall* Rn. 6; *Gössel* DRiZ 1980, 363 (376 Fn. 120).

[6] LR/*Krause* Rn. 3; SK/*Rogall* Rn. 7.

findet, die das Gutachten einer Fachbehörde in der Hauptverhandlung vertritt, ist streitig.[7] Nicht erfasst sind in jedem Fall die im Maßregelvollzug tätigen Ärzte und Psychologen, die im Überprüfungsverfahren nach § 67e StGB eine Stellungnahme abgeben. Sie sind – im Gegensatz zu den in §§ 463 Abs. 3 S. 3, Abs. 4, 454 Abs. 2 Genannten – keine Sachverständigen.[8]

Auf den von der **Staatsanwaltschaft**[9] oder **Polizei** im Ermittlungsverfahren herangezogenen Sachverständigen ist die Vorschrift nicht anwendbar. Er kann erst abgelehnt werden, wenn er vom Gericht ernannt wurde.[10] Die Zulässigkeit, den von der Staatsanwaltschaft beauftragten Gutachter bereits im Ermittlungsverfahren abzulehnen, kann auch nicht aus § 161a Abs. 1 S. 2 hergeleitet werden.[11] Hierdurch wird nur die „entsprechende" Geltung der Vorschriften des 7. Abschnittes unter dem Vorbehalt angeordnet, dass „nichts anderes bestimmt ist". § 74 Abs. 2 S. 1 lässt aber eine sinngemäße Anwendung nicht zu. Wie diese Norm belegt, gehört die Staatsanwaltschaft zu denjenigen Verfahrensbeteiligten, die Ablehnungsgründe zur Überprüfung des Auftraggebers stellen können. Es würde diesem Gesetzeszweck widersprechen, sie selbst abschließend darüber entscheiden zu lassen.[12] Allerdings enthebt dies die Ermittlungsbehörde nicht, bereits bei der Auswahl des Sachverständigen (§§ 161a Abs. 1 S. 2, 73 Abs. 1 S. 1) Gründe zu berücksichtigen, die einem späteren Ablehnungsgesuch Erfolg versprechen würden, oder unter diesen Voraussetzungen den Sachverständigen nach §§ 161a Abs. 1 S. 2, 76 Abs. 1 S. 2 auszuwechseln. Vor dem Hintergrund der Gebote neutraler Sachaufklärung und größtmöglicher Beschleunigung des Verfahrens kann sie sich nicht sehenden Auges auf einen Sachverständigen stützen, der aller Voraussicht nach vom Gericht von seiner Tätigkeit zu entbinden ist.[13] Die Verfahrensbeteiligten haben durch die Erhebung von Gegenvorstellungen die Möglichkeit, hierauf hinzuwirken.[14] Allerdings darf derartigen Begehren auch nicht vorschnell nachgegeben werden. Mit entsprechenden Anträgen oder der Weigerung zur Mitwirkung darf nicht die Verlagerung der Aufklärungspflicht auf die anderen Verfahrensbeteiligten erzwungen werden. Die Entscheidung hinsichtlich der Person des Sachverständigen ist vielmehr stets am objektiven Aufklärungsinteresse auszurichten. 3

Die allgemein vertretene Ansicht, § 74 erfasse auch die nach **§§ 214 Abs. 2, 220 Abs. 1** unmittelbar geladenen Sachverständigen[15] kann nicht uneingeschränkt überzeugen. Zum Sachverständigen im Sinne der §§ 73 ff. wird diese Beweisperson erst dadurch, dass sie auch vom Gericht als Sachverständiger ernannt oder als solcher vernommen wird.[16] Entsprechend besteht auch erst ab diesem Zeitpunkt Veranlassung, über ein bereits zuvor gestelltes Ablehnungsgesuch zu entscheiden.[17] 4

II. Erläuterung

1. Ablehnungsgründe nach Abs. 1. a) Zwingende Ablehnungsgründe. Als **Grundsatz** stellt Abs. 1 S. 1 klar, dass über den Verweis auf § 24 Abs. 1 prinzipiell auch die gesetzlichen Ausschließungsgründe für eine Tätigkeit als Richter auf den Sachverständigen 5

[7] S. hierzu die Nachweise bei § 83 Rn. 7.

[8] OLG Koblenz 4.6.2008 – 1 Ws 276/08, RuP 2009, 57.

[9] OLG Düsseldorf 15.6.1983 – 1 Ws 506/83, MDR 1984, 71 (72).

[10] OLG Düsseldorf 15.6.1983 – 1 Ws 506/83, MDR 1984, 71 (72); KK/*Senge* Rn. 7; im Gegensatz zu Senge jurisPR-StrafR 6/2008 Anm. 2; *Meyer-Goßner* Rn. 12; SK/*Rogall* Rn. 6; aA LR/*Krause* Rn. 21; *Eisenberg* NStZ 2006, 368 (373 f.); *Gössel* DRiZ 1980, 363 (376 Fn. 120).

[11] So aber *Eisenberg* NStZ 2006, 368 (373).

[12] SK/*Rogall* Rn. 6.

[13] LG Kiel 14.8.2006 – 37 Qs 54/06, NJW 2006, 3224; m Anm. Wehnert JR 2007, 82 (83).

[14] SK/*Rogall* Rn. 6.

[15] HK/*Lemke* Rn. 2; KK/*Senge* Rn. 1; KMR/*Neubeck* Rn. 1; LR/*Krause* Rn. 3; *Meyer-Goßner* Rn. 1; SK/*Rogall* Rn. 4.

[16] BGH 24.7.1997 – 1 StR 214/97, BGHSt 43, 171 (175).

[17] BGH 9.4.1965 – 4 StR 143/65, VRS 29 (1965), 26; ungenau insoweit OLG Hamm 3.9.1963 – 4 Ss 686/63, VRS 26 (1964), 365.

anzuwenden sind. Abgesehen von der zwingenden Sonderregelung des § 87 Abs. 2 S. 3[18] ist er bei deren Vorliegen allerdings für die Sache nur relativ unfähig,[19] da im Gegensatz zur dortigen Regelung der Ausschluss nicht von Amts wegen zu beachten ist, sondern den Antrag eines Verfahrensbeteiligten voraussetzt.[20] Liegt ein solcher Ablehnungsgrund vor, ist dem Gesuch indes zwingend stattzugeben und der Sachverständige ohne weiteres als befangen anzusehen.[21]

6 Uneingeschränkt gilt dies bei den Ablehnungsgründen des **§ 22 Nr. 1 bis 4.** Hierunter fällt es, wenn der Sachverständige durch die Straftat selbst verletzt ist (§ 22 Nr. 1) oder in einem der in § 22 Nr. 2 und 3 bezeichneten Näheverhältnisse zum Beschuldigten oder Verletzten steht.[22] Von besonderer praktischer Bedeutung bei der Anwendung des § 22 Nr. 4 ist die Frage, ob der Sachverständige in derselben Sache zuvor als **Polizeibeamter** tätig war. Inwieweit eine Tätigkeit iSd § 22 Nr. 4 gegeben ist, richtet sich nach der Funktion, in der die Beweisperson im Ermittlungsverfahren herangezogen wurde.[23] Erfasst ist nicht schon die allgemeine Zugehörigkeit zu einer Polizeibehörde, sondern die Entfaltung einer konkreten Ermittlungstätigkeit zur Aufklärung der Straftat.[24] Das kann sich daraus ergeben, dass sie unmittelbar kraft Gesetzes nach § 163 dazu berufen oder von der Staatsanwaltschaft nach §§ 152 Abs. 1 GVG, 161 Abs. 1 S. 2 hiermit beauftragt wurde.[25] Demgemäß besteht nicht per se ein zwingender Ablehnungsgrund gegen einen Beamten, der einer Polizeibehörde angehört, wenn es sich um eine organisatorisch selbständige Einheit handelt, wie beispielsweise kriminaltechnische und Schriftsachverständige des Bundeskriminalamtes,[26] eines Landeskriminalamtes,[27] Sachverständige eines technischen[28] oder chemischen[29] Untersuchungsamtes, der Sicherungsgruppe des Bundeskriminalamtes,[30] sowie des Bundesamtes und der Landesämter für Verfassungsschutz.[31] Dieselben Grundsätze gelten für **Wirtschaftsreferenten** bzw. Sachverständige für Buchprüfung, bei denen es sich in der Regel um Bilanzbuchhalter, Betriebs- oder Volkswirte handelt, die einer Staatsanwaltschaft zugeordnet sind.[32] Diese scheiden entgegen teilweise vertretener Ansicht[33] nicht von vornherein aus dem Anwendungsbereich des § 22 Nr. 4 aus, da sie ab einer bestimmten Besoldungsgruppe Hilfsbeamte der Staatsanwaltschaft sein und als solche in Anspruch genommen werden können.[34] Auch bei ihnen ist die bloße Zugehörigkeit zu einer Strafverfolgungsbehörde kein zwingender Ausschließungs-

---

[18] BGH 27.11.1995 – 1 StR 614/95, juris (→ Rn. 4) = StV 1996, 130.

[19] RG 30.4.1888 – Rep. 777/88, RGSt 17, 415 (425).

[20] BGH 12.7.1955 – 5 StR 109/55, JurionRS 1955, 11761; BGH 27.11.1995 – 1 StR 614/95, juris (→ Rn. 4) = StV 1996, 130; *Eb. Schmidt* Lehrkommentar zur StPO Teil II Rn. 4; HK/*Lemke* Rn. 3; KK/*Senge* Rn. 2; LR/*Krause* Rn. 4; *Meyer-Goßner* Rn. 3; SK/*Rogall* Rn. 11.

[21] BGH 11.1.1963 – 3 StR 52/62, BGHSt 18, 214.

[22] Graf/*Ritzert* Rn. 1; HK/*Lemke* Rn. 3; LR/*Krause* Rn. 5; *Meyer-Goßner* Rn. 3, SK/*Rogall* Rn. 13 f.; *Wiegmann* StV 1996, 570 (571).

[23] SK/*Rogall* Rn. 19.

[24] BGH 11.1.1963 – 3 StR 52/62, BGHSt 18, 214; RG 30.4.1888 – Rep. 777/88, RGSt 17, 415 (424); RG 8.7.1902 – Rep. 811/02, 319 (320); *Foth/Karcher* NStZ 1989, 166 (168); *Wiegmann* StV 1996, 570 (572) mit Aufzählung von Beispielen.

[25] BGH 24.6.1958 – 1 StR 267/58, BeckRS 1958, 31194984 = MDR 1958, 785 = NJW 1958, 1308 (Leitsatz); LR/*Krause* Rn. 7; SK/*Rogall* Rn. 20; *Gössel* DRiZ 1980, 363 (371).

[26] *Wiegmann* StV 1996, 570 (573); BGH 11.1.1963 – 3 StR 52/62, BGHSt 18, 214 (216) zur Befangenheit.

[27] BGH 24.6.1958 – 1 StR 267/58, BeckRS 1958, 31194984 = MDR 1958, 785 = NJW 1958, 1308 (nur Leitsatz).

[28] KG 11.7.1963 (2) 1 Ss 106/63, VRS 25 (1963), 272 (273 f.) zur Befangenheit.

[29] RG 8.7.1902 – Rep. 811/02, RGSt 35, 319 (320); BayObLG 25.4.1951 – RevReg. Nr. II 81/51, BayObLGSt 1949–51, 390 (391); vgl. auch BGH 11.1.1963 – 3 StR 52/62, BGHSt 18, 214 (215) für Chemiker, Weinprüfer und Schriftsachverständige.

[30] BGH 11.1.1963 – 3 StR 52/62, BGHSt 18, 214 (216 f.) mit Abgrenzung zur Frage der Befangenheit.

[31] BGH 11.1.1963 – 3 StR 52/62, BGHSt 18, 214 (218); BGH 4.6.1964 – 3 StR 13/64, NJW 1964, 1681.

[32] OLG Koblenz 4.12.1997 – 1 Ws 719/97, NStZ-RR 1998, 127 (127 f.); Müller-Gugenberger/Bieneck/*Richter* Wirtschaftsstrafrecht § 7 Rn. 18; *Bittmann* wistra 2011, 47 (48); s. auch RG 28.11.1930 – 1 D 423/30, JW 1931, 2026 (2027) für Buch- und Betriebsprüfer des Finanzamts.

[33] *Gössel* DRiZ 1980, 363 (371).

[34] Müller-Gugenberger/Bieneck/*Niemeyer* Wirtschaftsstrafrecht § 11 Rn. 8; *Lemme* wistra 2002, 281 (282).

grund.[35] Gleichfalls ist im Einzelfall zu entscheiden, ob sie selbst an Ermittlungshandlungen mitwirken[36] oder aufgrund der organisatorischen Gegebenheiten und der Art ihrer Heranziehung in der Lage sind, ihr Gutachten eigenverantwortlich, frei von Beeinflussung und losgelöst von der eigentlichen Ermittlungstätigkeit zu erstatten.[37]

Der Ablehnungsgrund des **§ 22 Nr. 5** wird durch § 74 Abs. 1 S. 2 sowohl hinsichtlich einer früheren Vernehmung als Zeuge, als auch als Sachverständiger ausgeschlossen.[38] Für letzteres folgt dies zwar nicht schon aus dem Wortlaut des § 74 Abs. 1 S. 2, jedoch aus dem Sinn und Zweck des § 22 Nr. 5. Dieser sieht eine unwiderlegbare Befangenheitsvermutung – im Gegensatz zu § 23, der die Ausübung derselben prozessualen Tätigkeit erfasst – in der Ausübung einer anderen prozessualen Funktion in derselben Rechtssache. Genau das ist aber beim Sachverständigen als Beweisperson nicht der Fall.[39] Diese Erwägungen zur prozessualen Rolle führen dazu, dass letztlich auch eine sinngemäße Anwendung des **§ 23** nicht in Betracht kommt.[40] Die Vorschrift schließt von bestimmten Fällen der Vorbefassung auf den nicht zu widerlegenden Anschein der Befangenheit des Richters, nämlich dann, wenn er bei der Beurteilung über eine den Rechtszug oder das Verfahren abschließende Entscheidung zum Richter in eigener Sache würde. Diese Situation ist beim Sachverständigen, der durchgehend als Beweisperson tätig ist und daher lediglich die Entscheidungsgrundlage für das Gericht liefert, nicht gegeben. Ein Rückgriff auf § 23 käme demnach nur in Betracht, wenn der Sachverständige vorhergehend als Richter mitwirkte,[41] was aber kaum praxisrelevant sein dürfte.[42] 7

b) Besorgnis der Befangenheit. Nach §§ 74 Abs. 1 S. 1, 24 Abs. 1 und 2 kann ein Sachverständiger wegen Besorgnis der Befangenheit abgelehnt werden. Diese ist vom **Grundsatz** her gegeben, wenn der Antragsteller vernünftige Gründe vorbringt, die bei verständiger Würdigung auch jedem unbeteiligten Dritten Anlass geben könnten, an der Unparteilichkeit des Sachverständigen zu zweifeln.[43] Hierbei kommt es nicht auf den Standpunkt des Gerichts an, sondern auf denjenigen des Ablehnenden.[44] Auch bei Beurteilung der Ablehnungsgründe, die ein Beschuldigter vorbringt, der an einer psychischen Erkrankung leidet, ist allerdings auf die Vorstellung eines geistig gesunden, bei voller Vernunft befindlichen Antragstellers abzustellen.[45] Mehrere Gründe sind in ihrer Gesamtheit zu würdigen,[46] auch wenn sie zu unterschiedlichen Zeitpunkten, teilweise schon im Zwischenver- 8

---

[35] BGH 12.7.1955 – 5 StR 109/55, JurionRS 1955, 11761.

[36] *Bittmann* wistra 2011, 47 (51–53); *Dose* NJW 1978, 349 (354); *Wiegmann* StV 1996, 570 (574).

[37] KMR/*Neubeck* Rn. 8; SK/*Rogall* Rn. 24; Müller-Gugenberger/Bieneck/*Niemeyer* Wirtschaftsstrafrecht § 12 Rn. 29; *Lemme* wistra 2002, 281 (284 bis 288); *Wolf* ZWH 2012, 125 (127 f.); vgl. auch BGH 10.4.1979 – 4 StR 127/79, BGHSt 28, 381 (384) zur Verjährungsunterbrechung und OLG Koblenz 4.12.1997 – 1 Ws 719/97, NStZ-RR 1998, 127 (128) zu § 464a.

[38] Graf/*Monka* Rn. 1; HK/*Lemke* Rn. 4; KK/*Senge* Rn. 3; LR/*Krause* Rn. 9; *Meyer-Goßner* Rn. 3; SK/*Rogall* Rn. 27 f.

[39] RG 6.3.1900 – Rep. 220/00, RGSt 33, 198 (200).

[40] Graf/*Monka* Rn. 1; HK/*Lemke* Rn. 4; KK/*Senge* Rn. 3.

[41] KK/*Senge* Rn. 3; LR/*Krause* Rn. 10.

[42] SK/*Rogall* Rn. 26; *Wiegmann* StV 1996, 570 (571).

[43] BGH 12.7.1955 – 5 StR 109/55, JurionRS 1955, 11761; BGH 11.1.1963 – 3 StR 52/62, BGHSt 18, 214 (215); BGH 20.7.1965 – 5 StR 241/65, NJW 1965, 2017 (2018) insoweit nicht abgedruckt in BGHSt 20, 245; BGH 10.4.1990 – 1 StR 75/90, StV 1990, 389 (390); BGH 6.4.2011 – 2 StR 73/11, StV 2011, 709 (710); OLG Düsseldorf 8.9.1993 – 3 Ws 493–494/93, wistra 1994, 78; besonders strenger Maßstab, wenn persönliche Einschätzungen des Sachverständigen ausschlaggebend nach BGH 14.8.2009 – 3 StR 522/08, wistra 2011, 335 (338).

[44] BGH 8.7.1955 – 5 StR 233/55, BGHSt 8, 144 (145); BGH 1.11.1955 – 5 StR 329/55, BGHSt 8, 226 (233); BGH 14.4.2011 – 1 StR 458/10, StV 2011, 728 (731); KG 11.7.1963 – (2) 1 Ss 106/63, VRS 25 (1963), 272 (273); OLG Hamm 24.3.1966 – 2 Ss 35/66, NJW 1966, 1880 (1881); OLG Düsseldorf 8.9.1993 – 3 Ws 493–494/93, wistra 1994, 78.

[45] BGH 6.9.1968 – 4 StR 339/68, NJW 1968, 2297 (2298); LG Duisburg 13.3.2009 – 36 Ns 198/06, juris (→ Rn. 3) = JR 2009, 343; iErg zustimmend, aber mit praktisch kaum umsetzbarer Differenzierung hinsichtlich Art und Ausmaß der psychischen Störung *Peters* JZ 1969, 438 (440).

[46] BGH 1.11.1955 – 5 StR 329/55, BGHSt 8, 226 (235); OLG Düsseldorf 8.9.1993 – 3 Ws 493–494/93, wistra 1994, 78 (78 f.).

fahren, vorgebracht werden.[47] Alleine deren Anzahl legt allerdings noch keine Befangenheiten nahe.[48] Eine Stellungnahme des Sachverständigen kann die Besorgnis ausräumen.[49]

9 Die **Teilnahme an Ermittlungshandlungen** bewirkt nicht schon per se die Befangenheit des Sachverständigen, was sich in systematischer Hinsicht schon aus § 80 ergibt.[50] Das gilt auch für die Hinzuziehung des Sachverständigen zu einer Durchsuchung,[51] sofern sich die Aufgabenstellung auf eine beratende Tätigkeit beschränkt,[52] beispielsweise um nicht zuletzt aus Gründen der Verhältnismäßigkeit die Auswahl sicherzustellender Unterlagen einzugrenzen.[53] Etwas anderes gilt dann, wenn der hinzugezogene Experte für die Staatsanwaltschaft oder Polizei die Ermittlungshandlungen selbst vornimmt, beispielsweise den Ablauf der Durchsuchungsmaßnahme bestimmt, Durchsuchungshandlungen selbst tätigt und Rechner vor Ort selbständig prüft.[54] Eine vergleichbare Situation ist bei dem Sachverständigen gegeben, der – unbeschadet einer mit dem Gutachtenauftrag zwingend verbundenen Exploration der Beweisperson[55] – über informatorische Befragungen hinaus ohne Berücksichtigung der Grundsätze des § 80 Zeugen vernimmt und deren Angaben verwertet.[56] Auch in diesem Zusammenhang ist die bloße Zugehörigkeit als Beamter zu einer Staatsanwaltschaft oder einer Dienststelle, die (auch) polizeiliche Aufgaben wahrnimmt, nicht schon für sich ein Befangenheitsgrund, wie der Umkehrschluss aus § 22 Nr. 4 ergibt, der eine Tätigkeit „als" entsprechender Beamter fordert.[57] Es kommt vielmehr im Einzelfall darauf an, ob sich die abgelehnte Person konkret auch „wie" ein Polizeibeamter für die Erforschung und Aufklärung der in Frage stehenden Tat einsetzte.[58] Die Abgrenzung zur direkten Anwendung der §§ 74 Abs. 1 S. 1, 22 Nr. 4 ist, soweit es sich nicht wie bei den Ämtern für Verfassungsschutz um selbständige Behörden ohne gesetzlichen Auftrag zur Strafverfolgung handelt,[59] schwierig und fließend und hängt mitunter nicht zuletzt davon ab, ob sich die Revision mit ausreichendem Vortrag überhaupt auf § 22 Abs. 1 Nr. 4 beruft.[60] Unter Berücksichtigung dessen hängt wie oben (→ Rn. 6) der Ausschluss einer Befangenheit bei Polizeibeamten von der Zugehörigkeit zu einer organisatorisch selbständigen Abteilung und – wie beim Wirtschaftsreferenten – der Vornahme einer weisungsfreien lediglich auswertenden Tätigkeit ab oder ob vor allem Aufgaben der Ermittlungstätigkeit wahrgenommen wurden.[61]

10 Bei **Auftragserteilung durch Verfahrensbeteiligte** führt naturgemäß diejenige durch Staatsanwaltschaft oder Polizei wegen deren Verpflichtung zu neutraler Ermittlung nicht zur Befangenheit des Sachverständigen,[62] selbst wenn dies zu einer Beteiligung schon im

---

[47] RG 24.6.1913 – IV 501/13, RGSt 47, 239 (241).

[48] KK/*Senge* Rn. 4.

[49] BGH 12.9.2007 – 1 StR 407/07, NStZ 2008, 229 (230).

[50] *Bittmann* wistra 2011, 47 (51); *Foth/Karcher* NStZ 1989, 166 (169) zu §§ 74, 22 Nr. 4.

[51] Vgl. BVerfG 31.8.2007 – 2 BvR 1681/07, BeckRS 2007, 2656; *Wolf* ZWH 2012, 125 (130 f.); ausführlich hierzu → § 105 Rn. 35.

[52] Müller-Gugenberger/Bieneck/*Niemeyer* Wirtschaftsstrafrecht § 12 Rn. 9 für Wirtschaftsreferent; *Foth/Karcher* NStZ 1989, 166 (168 f.); *Senge* jurisPR-StrafR 6/2008 Anm. 2.

[53] *Lemme* wistra 2002, 281 (286) für Wirtschaftsreferent.

[54] LG Kiel 14.8.2006 – 37 Qs 54/06, NJW 2006, 3224 mAnm. Wehnert JR 2007, 82; *Wiegmann* StV 1996, 570 (573); aA für Buchprüfer, der nach § 88 Abs. 2 AO zur Neutralität verspflichtet ist, OLG Bremen 23.10.1998 – VAs 1/98, wistra 1999, 74 (75).

[55] BGH 6.4.2011 – 2 StR 73/11, BeckRS 2011, 14038 (→ Rn. 8).

[56] LG Essen 1.3.2006 – 5 KLs 38/05, StV 2006, 521.

[57] RG 30.4.1888 – Rep. 777/88, RGSt 17, 415 (425); BGH 12.7.1955 – 5 StR 109/55, JurionRS 1955, 11761 zu Buchprüfer der Kriminalpolizei.

[58] BGH 4.6.1964 – 3 StR 13/64, NJW 1964, 1681 (1682); RG 28.11.1930 – 1 D 423/30, JW 1931, 2026 (2027) für Buch- und Betriebsprüfer des Finanzamts.

[59] BGH 11.1.1963 – 3 StR 52/62, BGHSt 18, 214 (218); BGH 4.6.1964 – 3 StR 13/64, NJW 1964, 1681.

[60] BGH 11.1.1963 – 3 StR 52/62, BGHSt 18, 214; KG 11.7.1963 – (2) 1 Ss 106/63, VRS 25 (1963), 272; *Foth*/Karcher NStZ 1989, 166 (169).

[61] BGH 12.7.1955 – 5 StR 109/55, JurionRS 1955, 11761; BGH 11.1.1963 – 3 StR 52/62, BGHSt 18, 214 (216 f.); KG 11.7.1963 – (2) 1 Ss 106/63, VRS 25 (1963), 272 (273 f.); OLG Zweibrücken 9.10.1978 – Ws 397/78, NJW 1979, 1995 für Verjährungsunterbrechung durch Auftrag an Wirtschaftsreferenten.

[62] BGH 11.1.1963 – 3 StR 52/62, BGHSt 18, 214 (215); BGH 23.11.1995 – 1 StR 296/95, NJW 1996, 1355 (1357); OLG Hamm 4.12.1957 – 3 Ss 1494/56, DAR 1957, 131; BayObLG 25.4.1951 – RevReg. Nr. II 81/51, BayObLGSt 1949–51, 390 (391); *Kohlhaas* NJW 1962, 1329 (1331).

Ermittlungsverfahren führt,[63] sofern die unter → Rn. 9 aufgezeigten Grenzen eingehalten werden. Entsprechend bietet der auf geschäftsmäßige Dinge beschränkte Kontakt zur Staatsanwaltschaft keinen Anlass für Zweifel an der Unparteilichkeit der Beweisperson.[64] Eine andere Beurteilung ergibt sich für den Fall, dass der Sachverständige gegenüber der zeugnis- und untersuchungsverweigerungsberechtigen Person, die er zu untersuchen hat, die Auftragserteilung durch die Staatsanwaltschaft verschweigt, da er davon ausgeht, andernfalls keine Angaben zu erlangen.[65] Auch das auf Veranlassung des Beschuldigten oder des Verteidigers eingeholte Gutachten soll sich in seiner Beweismittelqualität nicht von dem infolge behördlichen Auftrags erstellten unterscheiden, weswegen alleine deswegen nicht von einer Voreingenommenheit ausgegangen wird.[66] Da aber hier der Privatgutachter aus der Interessenvertretung heraus seine Aufgabe entgegen nimmt,[67] erscheint es allerdings unschlüssig und ist nur mit der strukturellen (Über-)Betonung der Beschuldigtenrechte zu erklären,[68] wenn andererseits schon alleine die Tätigkeit für den Geschädigten[69] oder den Nebenkläger[70] als solche Grund zur Befangenheit geben soll.[71] Dies kann folgerichtig dann auch nur gelten, wenn über die reine Entlohnung durch den Auftraggeber hinaus zusätzliche, insbesondere fiskalische, Gründe hinzutreten, wie beispielsweise die berufliche Tätigkeit mit Gewinnbeteiligung für das Geschädigte Unternehmen[72] oder diejenige für einen Verband oder eine Gesellschaft, die die gewerblichen Interessen ihrer Mitglieder vertritt.[73] Zweifelhaft ist es indessen, bereits die Vorbefassung mit dem Vorgang auf Veranlassung eines Versicherungsunternehmens[74] ausreichen zu lassen. Wird dagegen aus der Stellung als öffentlich bestellter und vereidigter Sachverständiger ein Argument für die Neutralität selbst bei Beauftragung und Bezahlung durch den Beschuldigten hergeleitet,[75] ist nicht erkennbar, warum dies nicht bei einer solchen durch andere Verfahrensbeteiligte oder Dritte gleichfalls gelten soll.[76]

Bei der **Untersuchung von Personen** entscheidet der Sachverständige in eigener Ver- 11
antwortung, welche Unterlagen er benötigt, welche Untersuchungsmethoden er anwendet und ob für die Bearbeitung eine stationäre Beobachtung, eine ambulante Untersuchung oder die Beobachtung in der Hauptverhandlung ausreichend ist,[77] weswegen alleine aus der diesbezüglichen Entscheidung keine Befangenheit hergeleitet werden kann.[78] Da es sich bei der Exploration im Bereich psychiatrischer Begutachtung um die zentrale Untersuchungsmethode handelt,[79] kann die Staatsanwaltschaft aus deren ausführlicher Vornahme keine

---

[63] BGH 12.7.1955 – 5 StR 109/55, JurionRS 1955, 11761.

[64] BGH 20.11.1996 – 2 StR 323/96, wistra 1997, 147 (148) insoweit nicht abgedruckt in NStZ 1997, 189.

[65] BGH 4.12.1996 – 2 StR 430/96, NStZ 1997, 349 (350).

[66] KK/*Senge* Rn. 5; LR/*Krause* Rn. 14; *Meyer-Goßner* Rn. 7; SK/*Rogall* Rn. 35; *Eisenberg* Beweisrecht Rn. 1527a; *Hamm/Hassemer/Pauly* Beweisantragsrecht Rn. 441; *Detter*, FS Meyer-Goßner, 2001, 431 (438); *Neuhaus* StraFo 2001, 8 (11); aA OLG Frankfurt a. M. 2.4.1976 – 2 Ws 100/76, VRS 51 (1976), 212.

[67] Konsequent OLG Frankfurt a. M. 2.4.1976 – 2 Ws 100/76, VRS 51 (1976), 212.

[68] *Brammsen* ZStW 119 (2007), 93 (103, 107 und 109).

[69] BGH 20.7.1965 – 5 StR 241/65, BGHSt 20, 245 (246).

[70] OLG Hamm 3.9.1963 – 4 Ss 686/63, VRS 26 (1964), 365; aA Alsberg/*Dallmeyer* Beweisantrag Rn. 364.

[71] So aber Graf/*Monka* Rn. 3; HK/*Lemke* Rn. 7; KK/*Senge* Rn. 6; LR/*Krause* Rn. 13; *Meyer-Goßner* Rn. 6; SK/*Rogall* Rn. 35; *Eisenberg* Beweisrecht Rn. 1552.

[72] RG 8.7.1924 – I 309/24, RGSt 58, 262.

[73] LG Kiel 14.8.2006 – 37 Qs 54/06, NJW 2006, 3224 mAnm. Wehnert JR 2007, 82 (82 f.) für Verfolgung von Fällen der Produktpiraterie; *Senge* jurisPR-StrafR 6/2008 Anm. 2 „wie auch immer geartetes eigenes Interesse an Verlauf und Ausgang des Verfahrens".

[74] BGH 9.11.2001 – 3 StR 216/01, NStZ 2002, 215; RG 16.6.1938 – 2 D 172/38, RGSt 72, 250 (251); vgl. auch BGH 15.8.2001 – 3 StR 225/01, NStZ 2002, 44 (45); aA OLG Hamm 4.12.1957 – 3 Ss 1494/56, DAR 1957, 131.

[75] OLG Koblenz 23.5.1986 – 1 Ss 143/86, VRS 71 (1986), 200 (201); vgl. auch *Detter*, FS Meyer-Goßner, 2001, 431 (439).

[76] *Brammsen* ZStW 119 (2007), 93 (113).

[77] § 78 Rn. 4.

[78] BGH 22.5.1991 – 2 StR 453/90, *Kusch* NStZ 1992, 27.

[79] § 80 Rn. 9.

Voreingenommenheit herleiten, selbst wenn sich dabei zwangsläufig eine therapeutisch wirksame Beziehung des Sachverständigen zum Beschuldigten entwickelt, sofern dies den Prozessbeteiligten offengelegt und bei der Bewertung berücksichtigt wird.[80] Hierzu darf er auf Mitteilungen der Verteidigung, beispielsweise zur Einnahme von Medikamenten, zurückgreifen. Selbst wenn er die diesbezüglichen Angaben ungeprüft übernimmt und nicht von sich aus offen legt, folgt hieraus nicht die Befangenheit, solange der Gutachter keine bewusst falschen oder unvollständigen Angaben macht.[81] Umgekehrt kann sich der Beschuldigte ohne Anhaltspunkte für eine erkennbar einseitige Belastungstendenz nicht auf das Begehren einer Nachexploration berufen.[82] In gleicher Weise unerheblich ist es, wenn der Sachverständige Äußerungen des Beschuldigten entgegen nimmt, ohne ihn über sein Schweigerecht belehrt zu haben[83] und ohne dass der Verteidiger anwesend ist.[84] Auch darf er seine Sicht darlegen, warum er ein bestimmtes Verteidigungsvorbringen für aussichtslos hält und dessen Abänderung empfehlen.[85] Des Zwanges oder sonstiger unzulässiger Mittel iSd § 136a darf er sich jedoch nicht bedienen.[86] Zweifel an der Unparteilichkeit des Sachverständigen kann der Beschuldigte aus der unangekündigten Exploration vor Studenten,[87] der Vornahme körperlicher Eingriffe ohne richterliche Anordnung oder Einwilligung des Beschuldigten sowie aus unzureichender Rückfrage bei unklarer Anordnung herleiten,[88] nicht aber aus dem bloßen Angebot einer medizinisch indizierten Behandlung.[89] Geht es um die Untersuchung eines Zeugen, insbesondere die aussagepsychologische Begutachtung des Verletzten auf Grundlage einer Exploration, so kann alleine aus der irrtümlich unterbliebenen (Herbeiführung einer) Belehrung über ein Zeugnis- oder Untersuchungsverweigerungsrecht[90] und der Benutzung der Bezeichnungen von „Opfer" und „Tat"[91] oder „Peiniger"[92] nichts für eine Voreingenommenheit im Hinblick auf die inhaltliche Bewertung gefolgert werden. Ebenso unerheblich ist für sich betrachtet die aussagepsychologische Begutachtung des Belastungszeugen bereits in einem früheren Strafverfahren selbst bei ungünstigem Ergebnis für den Beschuldigten.[93] Im Einzelfall ist zu entscheiden, welchen Einfluss eine vorhergehende therapeutische Beziehung entfaltet.[94] Wegen des hieraus möglicherweise resultierenden Näheverhältnisses ist allerdings Vorsicht geboten.[95] Die Exploration selbst sollte an einem neutralen Ort durchgeführt werden, was aussagepsychologische Sachverständige in der forensischen Praxis regelmäßig durch Anhörung in den Praxis- oder Institutsräumen gewährleisten. Aus einer abweichenden Vorgehensweise kann bei verständiger Würdigung noch nicht ohne weiteres ein Mangel an Neutralität hergeleitet werden.[96] Es ist vielmehr im Einzelfall konkret abzuwägen, ob es hierfür einen nachvollziehbaren

---

[80] BGH 8.5.1991 – 3 StR 467/90, NJW 1991, 2357 (2357 f.); kritisch LR/*Krause* Rn. 13.

[81] Sehr weitgehend insoweit BGH 6.4.2011 – 2 StR 73/11, BeckRS 2011, 14038.

[82] BGH 3.9.2008 – 2 StR 305/08, BeckRS 2008, 20648 (→ Rn. 38) = *Cierniak/Zimmermann* NStZ-RR 2011, 97 (101).

[83] KK/*Senge* unter Hinweis auf BGH – 1 StR 546/79.

[84] BGH 12.9.2007 – 1 StR 407/07, NStZ 2008, 229 (230) mit dem Hinweis, dass ein Anwesenheitsrecht des Verteidigers bei der Exploration nicht besteht.

[85] BGH 12.9.2007 – 1 StR 407/07, NStZ 2008, 229 (230).

[86] BGH 6.9.1968 – 4 StR 339/68, NJW 1968, 2297 (2298).

[87] BGH 23.1.1980 – 2 StR 387/79, *Holtz* MDR 1980, 453 (456).

[88] BGH 8.7.1955 – 5 StR 233/55, BGHSt 8, 144 (146 bis 148); BGH 10.4.1990 – 1 StR 75/90, BGHR StPO § 74 Ablehnungsgrund 2 jedoch mit der Einschränkung, dass in dem ablehnenden Beschluss keine weitergehenden oder ausreichenden Darlegungen enthalten waren.

[89] BGH 6.9.1968 – 4 StR 339/68, NJW 1968, 2297 (2298).

[90] BGH 4.12.1996 – 1 StR 430/96, NStZ 1997, 349 (350).

[91] LR/*Krause* Rn. 14; *Meyer-Goßner* Rn. 7; einschränkend dagegen *Eisenberg* Beweisrecht Rn. 1551a (Fn. 84).

[92] BGH 14.2.2001 – 1 StR 8/01, BGHR StPO § 74 Ablehnungsgrund 6.

[93] BGH 2.3.1971 – 5 StR 44/71, *Dallinger* MDR 1972, 16 (18). Nach BGH 1.11.1955 – 5 StR 329/55, BGHSt 8, 226 (235) selbst dann, wenn in dem früheren Verfahren trotzdem Freispruch erfolgte.

[94] BGH 27.11.1995 – 1 StR 614/95, StV 1996, 130.

[95] LR/*Krause* Rn. 14; SK/*Rogall* Rn. 34.

[96] Viel zu weitgehend insoweit *Eisenberg* Beweisrecht Rn. 1552 und 1864; *Eisenberg* NStZ 2006, 368 (369 Fn. 6); *Eisenberg* JR 2009, 343 ff.

sachlichen Grund gibt.[97] Gerade bei stark traumatisierten kindlichen und jugendlichen Zeugen kann unter Umständen auf anderem Wege eine verwertbare Aussage gar nicht gewonnen werden, was der Aufklärungspflicht widerspräche.[98] Eine ausführliche Befragung Dritter, insbesondere Verwandter der zu begutachtenden Person, unter Außerachtlassung der Grundsätze des § 80 kann jedenfalls bei Hinzutreten weiterer Umstände und bedenklicher Äußerungen des Sachverständigen Zweifel an seiner Unparteilichkeit aufkommen lassen.[99]

Weitere **Einzelfälle** sind häufig durch Verhaltensweisen oder Eigenschaften des Sachver- 12
ständigen geprägt, wobei sich keine Befangenheit ergibt aus der mangelnden Sachkunde;[100] aus der Zugehörigkeit zu einem bestimmten Universitätsinstitut, das eine bestimmte wissenschaftliche Fachrichtung vertritt;[101] wenn sein Gutachten überhaupt erst zur Einleitung des Verfahrens führte;[102] aus Äußerungen bei Lehrveranstaltungen, bei Fachtagungen, in Publikationen;[103] aus Verhaltensweisen oder Vorkommnissen in anderen Verfahren, soweit keine diesbezüglich durchgängige Praxis erkennbar ist;[104] aus der Besichtigung des Untersuchungsobjekts ohne Teilnahme des Verteidigers;[105] aus der Vornahme ergänzender Nachforschungen ohne einseitige Tendenz.[106] Anhaltspunkte für eine Voreingenommenheit können sich dagegen gewinnen lassen aus Äußerungen des Sachverständigen im konkreten Verfahren,[107] insbesondere wenn sie ein Verfolgungsinteresse zu erkennen geben[108] oder wenn sie bewusst falsche Angaben über seine Ermittlungen im Zusammenhang mit der Erstellung des Gutachtens enthalten;[109] aus der einseitigen oder verfälschenden Heranziehung des Beweismaterials;[110] aus der einseitigen Würdigung der Beweismittel, vor allem solcher, die noch nicht formell ordnungsgemäß erhoben wurden;[111] wenn er Fangfragen an einen Entlastungszeugen richtet;[112] aus Kompetenzüberschreitungen durch Stellungnahme zu Rechtsfragen;[113] wenn er bei einem nach § 81 untergebrachten Beschuldigten Briefe eigenmächtig anhält und vernichtet;[114] wenn er grundlegende Verfahrensrechte von Verfahrensbeteiligten objektiv willkürlich missachtet.[115] Der Beschuldigte seinerseits kann dagegen aus eigenem Verhalten keinen Befangenheitsgrund herleiten,[116] da er es sonst in

[97] LG Duisburg 13.3.2009 – 36 Ns 198/06, juris (→ Rn. 18 f.) = JR 2009, 343 zu Gründen der Verfahrensbeschleunigung.

[98] *Cabanis* NJW 1978, 2329 (2330).

[99] AG Euskirchen 15.5.2006 – 6 Ls 70 Js 515/03, juris (→ Rn. 41).

[100] BGH 20.11.2001 – 1 StR 470/01, NStZ-RR 2001, 110; BGH 1.12.2006 – 2 StR 436/06, BeckRS 2007, 00056 = *Cierniak* NStZ-RR 2009, 1 (4); *Peters* JZ 1969, 438 (440); der Sache nach auch BGH 16.5.2000 – 1 StR 666/99, NStZ 2000, 544 (545); sehr weitgehend in diese Richtung andererseits LG Berlin 23.5.2002 – (518) 70 Js 1087/97 Ls Ns 10/02 StV 2002, 476 (476 f.).

[101] BGH 14.8.2009 – 3 StR 522/08, wistra 2011, 335 (337); OLG Hamm 24.3.1966 – 2 Ss 35/66, NJW 1966, 1880 (1881).

[102] BGH 12.7.1955 – 5 StR 109/55, JurionRS 1955, 11761; BayObLG 25.4.1951 – RevReg. Nr. II 81/51, BayObLGSt 1949–51, 390 (391); OLG Bremen 23.10.1998 – VAs 1/98, wistra 1999, 74 (75); *Kohlhaas* NJW 1962, 1329 (1331).

[103] BGH 2.8.1995 – 2 StR 221/94, BGHSt 41, 206 (211); BGH 14.6.2011 – 1 StR 458/10, StV 2011, 728 (731); OLG Düsseldorf 8.9.1993 – 3 Ws 493–494/93, wistra 1994, 78 (79); aA LG Köln 20.8.1981 – 109-1/81, StV 1981, 540 (541) für Aussagen, die „als allgemeingültig verstanden werden können".

[104] BGH 18.8.1999 – 1 StR 186/99, NStZ 1999, 632 (633).

[105] BGH 26.7.1968 – 4 StR 100/68, VRS 35 (1968), 428.

[106] BGH 23.11.1995 – 1 StR 296/95, NJW 1996, 1355 (1357).

[107] BGH 14.4.2011 – 1 StR 458/10, StV 2011, 728 (730 f.); AG Euskirchen 15.5.2006 – 6 Ls 70 Js 515/03, juris (→ Rn. 41).

[108] BGH 2.8.1995 – 2 StR 221/94, BGHSt 41, 206 (211 f.).

[109] BGH 23.3.1994 – 2 StR 67/94, NStZ 1994, 388.

[110] BGH 18.8.1991 – 1 StR 186/99, NStZ 1999, 632 (633).

[111] BGH 1.11.1955 – 5 StR 329/55, BGHSt 8, 226 (235).

[112] OLG Hamburg 23.1.1986 – 1 Ss 137/86, StV 1987, 142 (143).

[113] OLG Frankfurt a. M. 2.4.1976 – 2 Ws 100/76, VRS 51 (1976), 212.

[114] BGH 14.7.1961 – 4 StR 191/61, NJW 1961, 2069.

[115] BGH 6.4.2011 – 2 StR 73/11, BeckRS 2011, 14038; BGH 20.12.2012 – 3 StR 117/12, StV 2013, 427 (432 Rn. 44 f.) insoweit nicht abgedruckt in BGHSt 58, 84 zur Mitteilung eines Beinahetreffers bei § 81h; OLG Köln 23.2.2011 – 2 Ws 87/11, NStZ-RR 2011, 315; OLG Stuttgart v. 18.7.2012 – 2 Ws 273/11, BeckRS 2012, 15707.

[116] BGH 2.3.1971 – 5 StR 44/71, *Dallinger* MDR 1972, 16 (18).

der Hand hätte, nach Gutdünken die Auswechslung des Sachverständigen herbeizuführen. Deswegen bleibt es dem Sachverständigen auch unbenommen, gegen eine beleidigende Äußerung zur Geltendmachung seiner Rechte Strafanzeige zu erstatten.[117]

13 **2. Ablehnungsantrag.** Die **Ablehnungsberechtigung** steht neben den in § 74 Abs. 2 S. 1 genannten Verfahrensbeteiligten auch dem Nebenkläger (§ 397 Abs. 1 S. 2), dem Verfalls- und Einziehungsbeteiligten (§ 433 Abs. 1 S. 1), dem gesetzlichen Vertreter und Erziehungsberechtigten (§ 67 JGG) und dem Antragsteller im Adhäsionsverfahren (§§ 403 ff.) zu.[118] Der Verteidiger hat kein eigenes Ablehnungsrecht. Er kann dies nur im Namen des Beschuldigten ausüben.[119] Ein Selbstablehnungsrecht des Sachverständigen besteht nicht, da § 30 nicht zur Anwendung kommt. Insoweit ist nach § 76 Abs. 1 S. 2 zu verfahren.[120] Der Verletzte ist bei Einstellung des Ermittlungsverfahrens durch die Staatsanwaltschaft ausschließlich auf das Klagerzwingungsverfahren nach § 172 verwiesen.[121]

14 Die **Namhaftmachung** nach § 74 Abs. 2 S. 2, zu der Staatsanwaltschaft und Polizei nicht verpflichtet sind,[122] soll den Ablehnungsberechtigten ermöglichen, Einwendungen gegen die Person des Sachverständigen vorzubringen.[123] Sie hat daher unmittelbar nach Ernennung des Sachverständigen zu erfolgen.[124] Vor diesem Hintergrund ist das Gericht bei Vernehmung eines sachverständigen Zeugen verpflichtet, den Verfahrensbeteiligten darüber Klarheit zu verschaffen, sofern es diesen (auch) als Sachverständigen hören will.[125] Besondere Umstände, die ein Absehen von der Namhaftmachung ermöglichen, sind Gefahr des Beweismittelverlustes und Abwesenheit des Beschuldigten.[126]

15 Das an keine bestimmte Form gebundene (vgl. aber § 257a)[127] Ablehnungsgesuch, muss, ohne dass dies in § 74 Abs. 3 ausdrücklich erwähnt wird, **alle Tatsachen** enthalten, auf die die Ablehnung gestützt wird.[128] Es gelten dieselben Grundsätze wie bei der Richterablehnung und dem Antrag auf Wiedereinsetzung in den vorigen Stand.[129] Die Notwendigkeit weiterer Ermittlungen führt daher schon zur Unzulässigkeit des Ablehnungsgesuchs.[130] Für die Glaubhaftmachung iSd Abs. 3 genügt die bloße Benennung von Zeugen nicht,[131] jedoch die Vorlage von deren eidesstattlicher Versicherungen.[132] Auf das uneidliche Zeugnis des Abgelehnten kann der Antragsteller verweisen,[133] allerdings nicht auf die eigene eidesstattliche Versicherung.[134]

16 Die Ablehnung des Sachverständigen ist ein **Antrag zur Beweisaufnahme,**[135] und daher zu behandeln wie andere derartige Anträge.[136] Es gelten mithin die Grundsätze des

---

[117] OLG München 27.10.1970 – 1 U 1212/70, NJW 1971, 384 (385) für die Richterablehnung im Zivilverfahren.

[118] Graf/*Monka* Rn. 5; HK/*Lemke* Rn. 9; KK/*Senge* Rn. 10; KMR/*Neubeck* Rn. 16; LR/*Krause* Rn. 14; *Meyer-Goßner* Rn. 9; SK/*Rogall* Rn. 43 bis 48; aA allerdings für Antragsteller im Adhäsionsverfahren *Meyer-Goßner* Rn. 9; SK/*Rogall* Rn. 48; *Eisenberg* Beweisrecht Rn. 1555.

[119] Vgl. OLG Hamm 9.7.1951 – 2 Ws 110/51, NJW 1951, 731 für Richterablehnung durch Privatkläger.

[120] HK/*Lemke* Rn. 1; KK/*Senge* Rn. 1; LR/*Krause* Rn. 3; *Meyer-Goßner* Rn. 1; SK/*Rogall* Rn. 4.

[121] RG 23.10.1918 – DRA. TB. 79/18, RGSt 52, 291 (292).

[122] KK/*Senge* Rn. 11; KMR/*Neubeck* Rn. 17; LR/*Krause* Rn. 19; *Meyer-Goßner* Rn. 10.

[123] LR/*Krause* Rn. 18; SK/*Rogall* Rn. 49.

[124] Graf/*Monka* Rn. 6; *Meyer-Goßner* Rn. 10.

[125] BGH 11.2.1954 – 4 StR 677/53, JR 1954, 271 (272).

[126] HK/*Lemke* Rn. 10; KMR/*Neubeck* Rn. 17; LR/*Krause* Rn. 18; SK/*Rogall* Rn. 51.

[127] LR/*Krause* Rn. 20; SK/*Rogall* Rn. 54.

[128] *Meyer-Goßner* Rn. 13.

[129] KK/*Senge* Rn. 8.

[130] BGH 10.11.1967 – 4 StR 512/66, BGHSt 21, 334 (347).

[131] BGH 10.11.1967 – 4 StR 512/66, BGHSt 21, 334 (347).

[132] RG 29.10.1895 – Rep. 2975/95, RGSt 28, 8 (10).

[133] BGH 28.1.1964 – 5 StR 585/63, JurionRS 1964, 13298; HK/*Lemke* Rn. 14; KK/*Senge* Rn. 8; KMR/*Neubeck* Rn. 12; *Meyer-Goßner* Rn. 13.

[134] BGH 21.12.1972 – 1 StR 267/22, BGHSt 25, 89 (92) zu §§ 44, 45.

[135] BGH 20.11.2011 – 1 StR 470/01, NStZ-RR 2002, 110; OLG Oldenburg 8.1.1960 – 1 Ws 173/59, JZ 1960, 291 mAnm. Peters.

[136] RG 13.10.1924 – II 702/24, RGSt 58, 301.

Beweisantragsrechts.[137] Ein bereits zu einem früheren Zeitpunkt gestelltes Befangenheitsgesuch ist demnach in der Hauptverhandlung zu wiederholen,[138] wobei dann aber auch die nur früher vorgebrachten Gründe mitberücksichtigt werden müssen.[139] Wie sich aus § 83 Abs. 2 ergibt, kann es auch noch nach Erstattung des Gutachtens angebracht werden.[140] Als Prozesshandlung ist der Antrag bedingungsfeindlich,[141] kann, selbst nachdem er für begründet erklärt worden ist, zurückgenommen werden,[142] und es kann auf die Bescheidung verzichtet werden, selbst konkludent indem ein vor der Hauptverhandlung gestelltes Ablehnungsgesuch in derselben nicht erneut vorgebracht wird.[143] Letztmöglicher Zeitpunkt für die Stellung ist der Schluss der Beweisaufnahme.[144]

3. Ablehnungsverfahren. Auf das Verfahren kommen die für die Ablehnung eines Richters geltenden Vorschriften nicht zur Anwendung.[145] **Zuständig** ist demnach das mit der Sache befasste Gericht,[146] das heißt in der Hauptverhandlung das erkennende Gericht unter Mitwirkung der Schöffen.[147] Der beauftragte oder ersuchte Richter führt, gegebenenfalls nach Vernehmung des abgelehnten Sachverständigen, die Entscheidung des auftraggebenden Gerichts herbei.[148] 17

Die Entscheidung ergeht durch **Gerichtsbeschluss.**[149] Dieser ist nach vorheriger Anhörung der Verfahrensbeteiligten gemäß § 33 mit einer Begründung zu versehen (§ 34),[150] deren Fehlen nur bei anderweitiger Evidenz unschädlich ist.[151] Wurde der Ablehnungsantrag bereits vor der Hauptverhandlung inhaltsgleich angebracht und beschieden, so genügt bei der – grundsätzlich erforderlichen (→ Rn. 16) – nochmaligen Stellung in der Hauptverhandlung eine bloße Bezugnahme auf die früheren Entscheidungsgründe.[152] Mangels Anwendbarkeit des § 26 Abs. 3 ist die Anhörung des Sachverständigen vor der Entscheidung nicht zwingend, aber oftmals zweckmäßig.[153] Wird ihm Gelegenheit gegeben, sich zu den vorgebrachten Ablehnungsgründen zu äußern, kann dies allerdings berücksichtigt werden.[154] 18

4. Rechtsfolgen der Ablehnung. Die **erfolgreiche** Ablehnung hat die Wirkung, dass der Sachverständige nicht weiter vernommen werden darf. Hinsichtlich des bereits erstatteten Gutachtens besteht ein Beweisverwertungsverbot.[155] Das Gutachten darf deswegen von keinem anderen Sachverständigen an seiner Stelle – auch nicht vor Entscheidung über das Ablehnungsgesuch – vorgetragen werden,[156] genauso wenig wie das 19

---

[137] BGH 20.11.2011 – 1 StR 470/01, NStZ-RR 2002, 110; *Meyer-Goßner* Rn. 11.
[138] BGH 25.11.2003 – 1 StR 182/03, NStZ-RR 2004, 118 (119); Graf/*Monka* Rn. 7; HK/*Lemke* Rn. 15; KK/*Senge* Rn. 9; LR/*Krause* Rn. 21; *Meyer-Goßner* Rn. 14.
[139] RG 24.6.1913 – IV 501/13, RGSt 47, 239 (241).
[140] RG 18.10.1924 – II 702/24, RGSt 58, 301.
[141] BGH 3.5.2011 – 1 StR 699/10, BeckRS 2011, 12902; OLG Stuttgart 18.9.1970 – 4 W 31/70, NJW 1971, 1090.
[142] HK/*Lemke* Rn. 16; KK/*Senge* Rn. 9; LR/*Krause* Rn. 28; *Meyer-Goßner* Rn. 15; SK/*Rogall* Rn. 58.
[143] RG 18.10.1924 – II 702/24, RGSt 58, 301.
[144] Graf/*Monka* Rn. 7; KMR/*Neubeck* Rn. 18; LR/*Krause* Rn. 23.
[145] RG 10.5.1894 – Rep. 1438/94, RGSt 25, 361 (362); RG 24.6.1913 – IV 501/13, RGSt 47, 239 (240).
[146] Graf/*Monka* Rn. 9; HK/*Lemke* Rn. 17; *Meyer-Goßner* Rn. 16.
[147] BGH 20.11.1996 – 2 StR 323/96, wistra 1997, 147 (148) insoweit nicht abgedruckt in NStZ 1997, 189.
[148] Graf/*Monka* Rn. 9; KMR/*Neubeck* Rn. 21; *Meyer-Goßner* Rn. 16.
[149] OLG Hamm 24.3.1966 – 2 Ss 35/66, NJW 1966, 1880; KK/*Senge* Rn. 13; KMR/*Neubeck* Rn. 22; *Meyer-Goßner* Rn. 17.
[150] Graf/*Monka* Rn. 9; SK/*Rogall* Rn. 62.
[151] OLG Hamburg 3.11.1978 – 2 Ss 58/78, VRS 56 (1979), 457 (458).
[152] BGH 25.11.2003 – 1 StR 182/03, NStZ-RR 2004, 118 (119).
[153] BGH 14.8.2009 – 3 StR 522/08, wistra 2011, 335 (337); RG 10.5.1894 – Rep. 1438/94, RGSt 25, 361 (362); OLG Frankfurt a. M. 11.8.1964 – 1 Ws 157–159/64, NJW 1965, 314 (315).
[154] BGH 12.9.2007 – 1 StR 407/07, NStZ 2008, 229 (230).
[155] BGH 16.12.2004 – 1 StR 420/03, NJW 2005, 445 (447); OLG Düsseldorf 15.6.1983 – 1 Ws 506/83, MDR 1984, 71 (72).
[156] OLG Celle 2.12.1963 – 2 Ss 421/63, NJW 1964, 462.

Gericht nunmehr seine Sachkunde aus den bisherigen Ausführungen herleiten darf.[157] Gegebenenfalls ist die Begutachtung durch einen anderen Sachverständigen herbeizuführen (§ 83 Abs. 2).[158] Zulässig ist es dagegen, den Sachverständigen zu seinen Wahrnehmungen als (sachverständigen) Zeugen zu hören, und zwar sowohl zu den Befund-[159] als auch den Zusatztatsachen.[160] Die Befangenheitsgründe sind bei der Beweiswürdigung dann zu berücksichtigen.[161]

III. Rechtsmittel

20 Da sich die Verweisung in § 74 Abs. 1 S. 1 nur auf die Ablehnungsgründe, nicht auch das diesbezügliche Verfahren bezieht, gilt § 28 StPO nicht.[162] Für das **Beschwerdeverfahren** kommen deshalb die allgemeinen Vorschriften der §§ 304 ff. zur Anwendung.[163] Für sämtliche Antragsberechtigte, nicht jedoch den Sachverständigen selbst,[164] ist daher sowohl gegen die ablehnende, als auch die stattgebende Entscheidung die einfache Beschwerde statthaft,[165] soweit es sich nicht um eine Entscheidung des erkennenden Gerichts handelt (§ 305 S. 1).[166] Das Beschwerdegericht prüft in tatsächlicher und rechtlicher Hinsicht vollumfänglich und trifft seine Entscheidung nach eigenem Ermessen.[167]

21 Die **Revision** kann nicht auf die bloße Geltendmachung gestützt werden, ein befangener Sachverständiger habe an der Hauptverhandlung mitgewirkt, ohne dass ein Ablehnungsantrag gestellt wurde.[168] Ansonsten kann mit der Verletzung des § 74 sowohl die ablehnende als auch die stattgebende Entscheidung als rechtsfehlerhaft gerügt werden.[169] Ein vor der Hauptverhandlung gestelltes Ablehnungsgesuch ist indes keine ausreichende Grundlage, wenn es in der Hauptverhandlung nicht wiederholt wurde.[170] Die tatrichterliche Entscheidung prüft das Revisionsgericht nicht nach den Grundsätzen der Beschwerde, sondern nach denjenigen der Revision nur auf Rechtsfehler hin.[171] Es entscheidet daher unter Bindung an die vom Tatrichter zugrunde gelegten Tatsachen,[172] ohne eigene Ermittlungen durchzuführen und eigene Feststellungen zu treffen.[173] Entsprechend kann ein Rechtsfehler schon in einer unzureichen-

---

[157] HK/*Lemke* Rn. 19; KK/*Senge* Rn. 13; LR/*Krause* Rn. 34; *Fezer* JR 1990, 397 (399).

[158] → § 83 Rn. 5.

[159] AA LR/*Krause* Rn. 36; *Eisenberg* Beweisrecht Rn. 1561; *Geppert* DAR 1980, 315 (321).

[160] BGH 7.5.1965 – 2 StR 92/65, BGHSt 20, 222 (223 f.); BGH 15.8.2001 – 3 StR 225/01, NStZ 2002, 44 (45); BGH 6.12.2001 – 1 StR 468/01, NStZ 2002, 215; BGH 9.10.2002 – 5 StR 42/02, NJW 2003, 150 (151); BGH 16.12.2004 – 1 StR 420/03, NJW 2005, 445 (447); BGH 18.3.2010 – 3 StR 426/09, BeckRS 2010, 08150 = NStZ-RR 2010, 210 (Leitsatz); RG 28.11.1930 – 1 D 423/30, JW 1931, 2026 (2027); Graf/*Monka* Rn. 10; HK/*Lemke* Rn. 20; KK/*Senge* Rn. 15; KMR/*Neubeck* Rn. 23; *Meyer-Goßner* Rn. 20; SK/*Rogall* Rn. 65; *Fezer* JR 1990, 397 (400); *Foth/Karcher* NStZ 1989, 166 (169); *Gössel* DRiZ 1980, 363 (372); *Wolf* ZWH 2012, 125 (128).

[161] BGH 7.5.1965 – 2 StR 92/65, BGHSt 20, 222 (224); *Fezer* JR 1990, 397 (399).

[162] RG 10.5.1894 – Rep. 1438/94, RGSt 25, 361 (362); RG 24.6.1913 – IV 501/13, RGSt 47, 239 (240); OLG Koblenz 23.5.1986 – 1 Ss 143/86, VRS 71 (1986), 200 (201).

[163] OLG Celle 6.10.1965 – 5 Ws 292/65, NJW 1966, 415; OLG Hamburg 1.8.1967 – 1 Ws 381/67, NJW 1967, 2274 (2275).

[164] LR/*Krause* Rn. 38; *Meyer-Goßner* Rn. 20.

[165] OLG Frankfurt a. M. 11.8.1964 – 1 Ws 157–159/64, NJW 1965, 314.

[166] OLG Oldenburg 8.1.1960 – 1 Ws 173/59, JZ 1960, 291 mAnm. Peters; OLG Celle 6.10.1965 – 5 Ws 292/65, NJW 1966, 415; OLG Düsseldorf 18.10.1966 – 3 Ws 153/66, NJW 1967, 692; OLG Hamburg 1.8.1967 – 1 Ws 381/67, NJW 1967, 2274 (2275).

[167] HK/*Lemke* Rn. 21; KK/*Senge* Rn. 16; KMR/*Neubeck* Rn. 27; LR/*Krause* Rn. 40; *Meyer-Goßner* Rn. 20; SK/*Rogall* Rn. 69.

[168] BGH 27.11.1995 – 1 StR 614/95, juris (→ Rn. 4) = StV 1996, 130.

[169] HK/*Lemke* Rn. 22; KK/*Senge* Rn. 17; LR/*Krause* Rn. 43; *Meyer-Goßner* Rn. 21; SK/*Rogall* Rn. 70.

[170] BGH 20.11.2001 – 1 StR 470/01, NStZ-RR 2002, 110.

[171] BGH 1.11.1955 – 5 StR 329/55, BGHSt 8, 226 (232); BGH 2.8.1995 – 2 StR 221/94, BGHSt 41, 206 (212).

[172] BGH 1.11.1955 – 5 StR 329/55, BGHSt 8, 226 (234); BGH 12.9.2007 – 1 StR 407/07, NStZ 2008, 229 (230).

[173] BGH 23.3.1994 – 2 StR 67/94, NStZ 1994, 388; BGH 18.8.1999 – 1 StR 186/99, NStZ 1999, 632 (633); BGH 12.6.2001 – 1 StR 574/00, Becker NStZ-RR 2002, 65 (66); BGH 6.4.2011 – 2 StR 73/11, BeckRS 2011, 14038 (→ Rn. 7); BGH 14.4.2011 – 1 StR 458/10, StV 2011, 728 (731).

den[174] oder gänzlich fehlenden[175] Begründung des Beschlusses liegen, sofern die Gründe nicht klar ersichtlich sind,[176] sowie im gänzlichen Unterlassen einer gerichtlichen Entscheidung.[177] Um den Anforderungen des § 344 Abs. 2 S. 2 zu genügen, hat der Beschwerdeführer sämtliche rügebegründenden Tatsachen zum Gegenstand seines Vortrags zu machen,[178] insbesondere das Ablehnungsgesuch und den Gerichtsbeschluss.[179] Darüber hinausgehend ist ein Beweisantritt durch Mitteilung des Hauptverhandlungsprotokolls allerdings nicht notwendig.[180] Das Urteil beruht regelmäßig nicht auf einer fehlerhaften Anwendung des § 74, wenn das vorschriftswidrig besetzte Gericht auch bei ordnungsgemäßer Besetzung des Spruchkörpers nicht anders hätte entscheiden können;[181] wenn dem Ablehnungsantrag zu Unrecht stattgegeben, aber ein anderer gleichermaßen qualifizierter Sachverständiger vernommen wurde;[182] wenn die Namhaftmachung nach Abs. 2 S. 2 unterblieb.[183]

§ 75 [Pflicht zur Erstattung des Gutachtens]

(1) Der zum Sachverständigen Ernannte hat der Ernennung Folge zu leisten, wenn er zur Erstattung von Gutachten der erforderten Art öffentlich bestellt ist oder wenn er die Wissenschaft, die Kunst oder das Gewerbe, deren Kenntnis Voraussetzung der Begutachtung ist, öffentlich zum Erwerb ausübt oder wenn er zu ihrer Ausübung öffentlich bestellt oder ermächtigt ist.

(2) Zur Erstattung des Gutachtens ist auch der verpflichtet, welcher sich hierzu vor Gericht bereiterklärt hat.

Schrifttum: *Blank,* Verpflichtung des Arztes zur Blutentnahme nach § 81a StPO?, BA 1992, 81; *Detter,* der von der Verteidigung geladene psychiatrische Sachverständige, FS Meyer-Goßner 2001, 431; *Kohlhaas,* Verfahrensfragen bei der Blutprobenentnahme, DAR 1956, 201.

I. Normzweck

§ 75 begründet eine der Zeugenpflicht vergleichbare **staatsbürgerliche Pflicht,** unter 1
den dort genannten persönlichen Voraussetzungen der Beweisperson ein Gutachten zu erstatten.[1] Sie ergänzt die in § 73 geregelte Auswahlbefugnis hinsichtlich des Sachverständigen um eine für diesen daran sich anknüpfende Verpflichtung zur Erstattung des Gutachtens. Sie dient damit der Verwirklichung der Aufklärungspflicht.

II. Erläuterung

1. Entstehung der Begutachtungspflicht nach Abs. 1. Die Begutachtungspflicht ent- 2
steht nach Abs. 1, sofern eine **Ernennung zum Sachverständigen** vorliegt und der betreffenden Person kein Gutachtenverweigerungsrecht nach § 76 zusteht.[2] Die Vorschrift knüpft daher, wie der Wortlaut und die systematische Stellung zeigen, an die Auswahlbefugnis nach § 73 und

---

[174] BGH 10.4.1990 – 1 StR 75/90, Juris (→ Rn. 6) = StV 1990, 389; BGH 23.3.1994 – 2 StR 67/94, NStZ 1994, 388.
[175] RG 24.6.1913 – IV 501/13, RGSt 47, 239 (241).
[176] OLG Hamburg 3.11.1978 – 2 Ss 58/78, VRS 56 (1979), 457 (458).
[177] OLG Hamm 24.3.1966 – 2 Ss 35/66, NJW 1966, 1880 auch mit Ausführungen zum gleichwohl fehlenden Beruhen.
[178] BGH 26.5.2009 – 5 StR 57/09, *Cirener* NStZ-RR 2010, 133 (135).
[179] BGH 26.7.1968 – 4 StR 100/68, VRS 35 (1968), 428; BGH 25.11.2003 – 1 StR 182/03, NStZ-RR 2004, 118 (119).
[180] BGH 18.3.2010 – 3 StR 426/09, BeckRS 2010, 08150 = NStZ-RR 2010, 210 (Leitsatz).
[181] BGH 20.11.1996 – 2 StR 323/96, wistra 1997, 147 (148), insoweit nicht abgedruckt in NStZ 1997, 189.
[182] KK/*Senge* Rn. 17; LR/*Krause* Rn. 43; *Meyer-Goßner* Rn. 21; SK/*Rogall* Rn. 72.
[183] LR/*Krause* Rn. 41; *Meyer-Goßner* Rn. 22; SK/*Rogall* Rn. 49 und 76.
[1] *Eb. Schmidt* Lehrkommentar zur StPO Teil II Rn. 2; weitergehend SK/*Rogall* Rn. 2 „materiell-staatsrechtliche" Pflicht.
[2] HK/*Lemke* Rn. 1; KMR/*Neubeck* Rn. 1; KK/*Senge* Rn. 1.

die Durchsetzung im Falle des Ungehorsams nach § 77 an. Entsprechend gilt sie, wenn der Sachverständige nach § 73 durch das Gericht bestellt wurde.[3] Genauso ist sie anwendbar auf diejenige Beweisperson, die bereits im Ermittlungsverfahren durch die Staatsanwaltschaft als Sachverständiger zugezogen wird. Dies folgt aus § 161a Abs. 1 S. 1 und S. 2, der auch die Auswahlbefugnis nach § 73 auf die Staatsanwaltschaft überträgt, sowie aus § 161a Abs. 2 S. 1, der entsprechendes für die Ungehorsamsfolgen nach § 77 regelt.[4] In Ansehung dieses Regelungszusammenhangs gilt § 75 Abs. 1 nicht gegenüber der Polizei.[5] Letztere kann zwar, wie sich auch aus § 163 Abs. 3 S. 4 und 5 ergibt, kraft behördlichen Auftrags einen Sachverständigen bestimmen.[6] Insoweit gelten jedoch nur eingeschränkte Befugnisse, da eine umfassende Verweisungsnorm auf die Vorschriften des 7. Abschnitts des ersten Buches der StPO nicht besteht. Eine Verpflichtung zur Tätigkeit kann daher nur über vertragliche Bindung oder eine Amtshilfepflicht zustande kommen.[7] Entgegen allgemeiner Ansicht[8] besteht aus denselben Gründen keine aus § 75 herzuleitende Pflicht zur Erstattung des Gutachtens für den nach 220 Abs. 1 durch einen Prozessbeteiligten[9] unmittelbar geladenen Privatgutachter. Dieser unterliegt nur der aus der ordnungsgemäßen Ladung folgenden Pflicht zum Erscheinen nach § 220 Abs. 2. Sachverständiger wird er erst, wenn er durch das Gericht als Sachverständiger geladen[10] oder vernommen wird. Erst hierin kann der behördliche Auftrag gesehen werden, der neben der besonderen Sachkunde das maßgebliche Kriterium darstellt, das die Beweisperson vom sachverständigen Zeugen unterscheidet.[11] Für Dolmetscher gilt die Regelung ebenfalls nicht.[12]

3 Eine generelle Pflicht zur Erstattung von Gutachten besteht nur für den in Abs. 1 genannten **Personenkreis.** Die öffentliche Bestellung[13] muss sich dabei gerade auf diejenige Art von Gutachten beziehen, die für die Auswahlentscheidung nach § 73 maßgeblich war.[14] Bei den genannten Erwerbstätigkeiten ist der Begriff des Gewerbes weit und derjenige der Öffentlichkeit in tatsächlicher, nicht rechtlicher Art zu verstehen.[15] Unter erstgenannte Voraussetzung fällt daher jede Art von Erwerbstätigkeit in Industrie, Handel, Gewerbe oder freiem Beruf, die eine laufende Einnahmequelle bietet.[16] Letztgenanntes Kriterium ist erfüllt, wenn sich die Tätigkeit auf einen zahlenmäßig unbestimmten Personenkreis richtet. Es fällt demnach jeder Arzt, Apotheker, Schriftsteller, Künstler und Handwerker darunter, sofern er überhaupt faktisch berufstätig ist[17] und seine Kenntnisse nicht nur als Hobby und Liebhaberei erworben hat und einsetzt.[18] Öffentlich zur Ausübung der Tätigkeitsbereiche bestellt sind Beamten, insbesondere Universitätsprofessoren,[19] nach hM zudem Wirtschaftsprüfer, vereidigte Buchprüfer und die bayerischen Landgerichtsärzte.[20] Unter die entsprechende öffentliche Ermächtigung

---

[3] *Kohlhaas* DAR 1956, 201; KMR/*Neubeck* Rn. 1; LR/*Krause* Rn. 1.

[4] LG Trier 3.11.1986 – 1 Qs 265/86, NJW 1987, 722; SK/*Rogall* Rn. 4.

[5] HK/*Lemke* Rn. 1; KK/*Senge* Rn. 1; KMR/*Neubeck* Rn. 1; *Meyer-Goßner* Rn. 1; SK/*Rogall* Rn. 4; *Kohlhaas* DAR 1956, 201 (201 f.), allerdings für die Rechtslage vor Einfügung des § 161a auch noch für Staatsanwaltschaft.

[6] *Meyer-Goßner* § 163 Rn. 28.

[7] LR/*Krause* Rn. 1; *Blank* BA 1992, 81 zur Pflicht des Arztes zur Blutprobenentnahme.

[8] Graf/*Monka* Rn. 1; HK/*Lemke* Rn. 1; KK/*Senge* Rn. 1; KMR/*Neubeck* Rn. 1; SK/*Rogall* Rn. 4 dazu in Widerspruch aber § 85 Rn. 13; *Eisenberg* Beweisrecht Rn. 1566 *Detter*, FS Meyer-Goßner, 2001, 431 (435).

[9] Zum Nebenkläger s. Graf/*Weiner* § 397 Rn. 10; *Meyer-Goßner* Rn. 5.

[10] § 73 Rn. 4 und 11.

[11] → § 72 Rn. 21; *Meyer-Goßner* § 85 Rn. 3. Vgl. auch BGH 24.7.1997 – 1 StR 214/97, BGHSt 43, 171 (175), wo zwischen vom Gericht beauftragten Sachverständigen, für die „die in den § 73 ff. StPO zum Ausdruck kommenden Grundsätze" gelten, und den „privaten Sachverständigen" nach §§ 220, 245 unterschieden wird; so auch BGH 12.2.1998 – 1 StR 588/97, BGHSt 44, 26 (32).

[12] KK/*Senge* Rn. 1; KMR/*Neubeck* Rn. 1; SK/*Rogall* Rn. 3.

[13] → § 73 Rn. 26.

[14] KK/*Senge* Rn. 2; LR/*Krause* Rn. 2.

[15] LR/*Krause* Rn. 3.

[16] HK/*Lemke* Rn. 3; SK/*Rogall* Rn. 20.

[17] KK/*Senge* Rn. 3.

[18] HK/*Lemke* Rn. 3; LR/*Krause* Rn. 3.

[19] BayObLG 15.3.1978 – RReg. 2 St 212/77, JZ 1978, 482; HK/*Lemke* Rn. 4; LR/*Krause* Rn. 4.

[20] KK/*Senge* Rn. 2; LR/*Krause* Rn. 2; *Eisenberg* Beweisrecht Rn. 1567; aA SK/*Rogall* Rn. 18 „lediglich gleichgestellt".

fällt die Erteilung einer Lehrbefugnis oder der ärztlichen Approbation,[21] unabhängig von der tatsächlichen Ausübung. Auch ein nicht (mehr) praktizierender Arzt ist erfasst.[22]

2. Bereiterklärung nach Abs. 2. Eine **einzelfallbezogene Begutachtungspflicht** entsteht, wenn sich eine Beweisperson in einer bestimmten Strafsache zur Übernahme eines Auftrages bereit erklärt. Hierin liegt der praktische Hauptanwendungsfall der durch die Gerichte oder Strafverfolgungsbehörden erteilten Gutachtenaufträge. Für eine sachgerechte Aufklärung sind ungleich bessere Voraussetzungen gegeben, wenn in einem Vorgespräch geklärt wird, ob der für geeignet befundene Sachverständige zur Übernahme des Auftrags willens und in der Lage ist. Die Übernahmebereitschaft muss dabei nicht in Form eines persönlichen Erscheinens vor Gericht geäußert werden. Vielmehr kann dies auch fernmündlich, schriftlich oder stillschweigend, beispielsweise durch widerspruchslose Annahme des Gutachtensauftrags und mit dem Beginn der Tätigkeit erfolgen.[23] Eine generelle Erklärung, ohne konkreten Bezug auf ein bestimmtes Strafverfahren, genügt dagegen nicht.[24] Wegen des Verweises in § 161a Abs. 1 S. 2 findet die Vorschrift auch auf eine gegenüber der Staatsanwaltschaft im Ermittlungsverfahren abgegebene Erklärung Anwendung.[25] Dagegen können sich sonstige Prozessbeteiligte nicht auf § 75 Abs. 2 stützen, wie sich schon aus dem Wortlaut ergibt. Diese können allenfalls die Erscheinungspflicht nach § 220 Abs. 2 zur Entstehung bringen.[26] 4

3. Zumutbarkeit. Die Pflicht zur Erstattung des Gutachtens steht unter der **stillschweigenden Voraussetzung** der Zumutbarkeit.[27] Der Sachverständige kann daher wegen Krankheit, beruflicher Überlastung oder hohen Alters von der Erfüllung entbunden sein.[28] Es handelt sich insoweit allerdings vorwiegend um Gesichtspunkte, die im Rahmen der generellen Verpflichtung nach Abs. 1 Bedeutsamkeit erlangen. Im Rahmen der persönlichen Übernahme nach Abs. 2 werden entsprechende Hinderungsgründe bereits vor endgültiger Erteilung des Auftrags abzuklären sein. Falls sich die Unzumutbarkeit erst nach Bestellung ergibt, so ist § 76 Abs. 1 S. 2 einschlägig.[29] 5

4. Umfang der Sachverständigenpflicht. Der Sachverständige hat, neben seinen Ausführungen im Termin, auch die **notwendigen Vorarbeiten** zu erbringen.[30] Hierzu gehören beispielsweise Aktenstudium, Erledigung von Forschungsarbeiten, Vornahme von Untersuchungen – einschließlich der Exploration(en) der Untersuchungsperson(en) – und, auf Verlangen, Ausarbeitung eines schriftlichen Vorgutachtens.[31] Diese hat er persönlich abzuleisten und darf sie nicht auf Ersatzpersonen übertragen.[32] Entgegen der ansonsten vertretenen Ansicht[33] gilt dies nicht für den nach § 220 Abs. 1 von sonstigen Prozessbeteiligten geladenen Sachverständigen. Im Gegensatz zu dieser Auffassung wird im Zusammenhang mit der Frage nach Umfang und Inhalt der aus § 220 Abs. 2 folgenden Pflicht zu Recht davon ausgegangen, diese beschränke sich alleine auf das Erscheinen und nicht auf eventuelle Vorarbeiten.[34] Dies entspricht aus oben genannten Gründen (→ Rn. 2 und 4) der Systematik des Gesetzes. Etwas anderes gilt nur für den von der Staatsanwaltschaft nach § 214 Abs. 3 vorgeladenen Sachverständigen wegen § 161a Abs. 1 S. 1 und 2, Abs. 2 S. 1. 6

---

21 LG Trier 3.11.1986 – 1 Qs 265/86, NJW 1987, 722 (723).
22 KK/*Senge* Rn. 4; KMR/*Neubeck* Rn. 1; SK/*Rogall* Rn. 22.
23 LR/*Krause* Rn. 6; *Eisenberg* Beweisrecht Rn. 1568.
24 KK/*Senge* Rn. 5; KMR/*Neubeck* Rn. 2; SK/*Rogall* Rn. 24.
25 Graf/*Monka* Rn. 3.
26 AA LR/*Krause* Rn. 6; *Meyer-Goßner* Rn. 2.
27 *Meyer-Goßner* Rn. 1.
28 KMR/*Neubeck* Rn. 3; LR/*Krause* Rn. 7; SK/*Rogall* Rn. 15.
29 KMR/*Neubeck* Rn. 3.
30 Graf/*Monka* Rn. 4.
31 HK/*Lemke* Rn. 7; LR/*Krause* Rn. 8; *Meyer-Goßner* Rn. 3; SK/*Rogall* Rn. 11.
32 OLG Köln 21.8.1979 – 1 Ws 18/79, VRS 58 (1980), 72 (73).
33 Graf/*Monka* Rn. 4; HK/*Lemke* Rn. 1; KK/*Senge* Rn. 1; LR/*Krause* Rn. 8; *Meyer-Goßner* Rn. 3; *Eisenberg* Beweisrecht Rn. 1566.
34 Graf/*Ritscher* § 220 Rn. 9; LR/*Jäger* § 220 Rn. 2; *Meyer-Goßner* § 220 Rn. 7.

§ 76 [Gutachtenverweigerungsrecht]

(1) [1]Dieselben Gründe, die einen Zeugen berechtigen, das Zeugnis zu verweigern, berechtigen einen Sachverständigen zur Verweigerung des Gutachtens. [2]Auch aus anderen Gründen kann ein Sachverständiger von der Verpflichtung zur Erstattung des Gutachtens entbunden werden.

(2) [1]Für die Vernehmung von Richtern, Beamten und anderen Personen des öffentlichen Dienstes als Sachverständige gelten die besonderen beamtenrechtlichen Vorschriften. [2]Für die Mitglieder der Bundes- oder einer Landesregierung gelten die für sie maßgebenden besonderen Vorschriften.

Schrifttum: *Bleutge,* Der öffentlich bestellte Sachverständige, DRiZ 1977, 170; *Cramer,* Anmerkung zu § 81f II 3 StPO – Geheimhaltungsschutz und Gutachtenverweigerung, NStZ 1998, 498; *Detter,* Der von der Verteidigung geladene psychiatrische Sachverständige, FS Meyer-Goßner 2001, 431; *Kühne,* Die begrenzte Aussagepflicht des ärztlichen Sachverständigen vor Gericht nach §§ 53 I Nr. 3 StPO, 203 I Nr. 1 StGB, JZ 1981, 647.

Übersicht

I. Überblick

1 **1. Normzweck.** Die Vorschrift dient zunächst dazu, die in den persönlichen Verhältnissen einer Beweisperson begründeten Umstände, die sie berechtigen würden, das Zeugnis zu verweigern, auch auf den Sachverständigen zu übertragen. Durch § 76 Abs. 1 S. 1 wird demnach der **Zwangslage** Rechnung getragen, die sich aus einerseits der Pflicht zur gewissenhaften Erstattung des Gutachtens und andererseits der Befürchtung, dadurch einem Angehörigen zu schaden, ergibt sowie dem Schutz von Vertrauensverhältnissen zwischen bestimmten Berufsangehörigen und denen, die deren Hilfe und Sachkunde in Anspruch nehmen.[1] Darüber hinaus statuiert § 76 Abs. 1 S. 2 eine **generalklauselartige Erweiterung** zur Berücksichtigung sonstiger Umstände seitens des Gerichts, die die Heranziehung des konkret verpflichteten Sachverständigen als ungeeignet oder untunlich erscheinen lassen. Dies findet seine Berechtigung darin, dass der Sachverständige im Gegensatz zum Zeugen in der Regel austauschbar ist.[2] § 76 Abs. 2 erfasst ferner **öffentliche Geheimhaltungsinteressen.**

2 **2. Anwendungsbereich. a) Bestehen einer Gutachterpflicht.** § 76 gilt nur für den Sachverständigen, der zur Erstattung des Gutachtens **nach § 75 verpflichtet** ist.[3] Dies folgt schon aus dem systematischen Zusammenhang der §§ 73, 75, 76 und 77. Die Vorschrift kommt demnach nur auf den von Gericht oder Staatsanwaltschaft ausgewählten Sachverständigen zur Anwendung. Der von der Polizei hinzugezogene Sachverständige oder der von einem sonstigen Prozessbeteiligten beauftragte Privatgutachter fällt dagegen nicht unter

[1] Zusammenfassend zu den Zwecken der Zeugnisverweigerungsrechte der §§ 52–54 BGH 3.7.1962 – 3 StR 22/61, BGHSt 17, 337 (348).

[2] BGH 16.1.2003 – 1 StR 512/02, juris (→ Rn. 9) = StraFo 2003, 198; *Eb. Schmidt* Lehrkommentar zur StPO Teil II Rn. 3.

[3] *Meyer-Goßner* Rn. 1; *Eisenberg* Beweisrecht Rn. 1585.

§ 76, da er auch dann nicht nach § 75 zur Erstattung des Gutachtens verpflichtet ist, wenn er nach § 220 Abs. 1 unmittelbar geladen wurde.[4] Insofern bedarf es eines Rückgriffs auf § 76 nicht, denn andere als die nach § 75 verpflichteten Beweispersonen können einen Gutachtenauftrag ohnehin stets ablehnen. Wurde der Sachverständige zugleich als Zeuge vernommen, so finden insoweit die Vorschriften über die Verweigerung des Zeugnisses unmittelbare Anwendung.[5]

b) Abhängigkeit des Abs. 1 S. 2 vom Verfahrensstadium. Ob ein Sachverständiger nach § 76 Abs. 1 S. 2 von der Verpflichtung zur Erstattung des Gutachtens entbunden werden kann, hängt vom Verfahrensstadium ab. Der systematische Zusammenhang mit dem Gutachtenverweigerungsrecht nach Abs. 1 S. 1 zeigt, dass eine Entpflichtung nur **vor Erstattung des Gutachtens** in Betracht kommt. Danach gilt ausschließlich die Regelung des § 83 Abs. 1.[6] 3

Auf Beweispersonen, die von der Staatsanwaltschaft nach § 214 Abs. 3 oder von sonstigen Prozessbeteiligten nach § 220 Abs. 1 **unmittelbar geladen** wurden ist § 76 Abs. 1 S. 2 generell nicht anwendbar.[7] Einer Einschränkung dahingehend, dass die Entbindung seitens des Gerichts in diesen Fällen nur auf Antrag zulässig sei,[8] bedarf es daher nicht. Für den von der Staatsanwaltschaft beigezogenen Sachverständigen folgt dies aus deren Auswahlrecht und der korrespondierenden Pflicht des Sachverständigen vor der Staatsanwaltschaft auszusagen nach §§ 161a Abs. 1 S. 1 und 2, 73, 75. Dementsprechend steht auch das Entbindungsrecht (zunächst) über §§ 161a Abs. 1 S. 2, 76 Abs. 1 S. 2 der Staatsanwaltschaft zu. Der von einem anderen Prozessbeteiligten beauftragte Sachverständige fällt dagegen von vornherein nicht unter § 75. Seine Verpflichtung beschränkt sich nach ordnungsgemäßer Ladung iSd § 220 Abs. 1 auf das Erscheinen nach § 220 Abs. 2.[9] Mit dem Ladungsrecht korrespondiert die Regelung des § 245 Abs. 2, die die Möglichkeiten des Gerichts einschränkt, einen auf Vernehmung der Beweisperson gerichteten Antrag abzulehnen. Erst wenn das Gericht diese als Sachverständigen vernimmt, geht das Entbindungsrecht nach § 76 Abs. 1 S. 2 auf das Gericht über oder wird der Privatgutachter überhaupt erst zum Sachverständigen, auf den die §§ 73 ff. zur Anwendung kommen. Mithin ist es auch erst ab diesem Zeitpunkt für das Gericht statthaft, über eine Entbindung nach § 76 Abs. 1 S. 2 zu befinden. 4

Dagegen wird die grundsätzliche Berechtigung zur Entbindung hinsichtlich der durch das Gericht ausgewählten, zur Hauptverhandlung geladenen und auch erschienen Sachverständigen **durch § 245 Abs. 1 S. 1 eingeschränkt.**[10] Dies legt schon der Wortlaut der letztgenannten Norm nahe, wonach die Beweisaufnahme auf dieses Beweismittel „zu erstrecken ist", soweit nicht seitens der Staatsanwaltschaft, des Verteidigers und des Angeklagten nach § 245 Abs. 1 S. 2 verzichtet wird. Hierfür spricht auch der Zweck des gegenüber § 245 Abs. 2 weitergehenden Abs. 1. Dieser soll das Vertrauen der Verfahrensbeteiligten schützen, die im Hinblick auf die Ladung durch das Gericht, mit der es zugleich seine (vorläufige) Auffassung des notwendigen Umfangs der Beweisaufnahme zu erkennen gegeben hat, auf eigene Initiativen zu deren Ergänzung verzichtet haben könnten.[11] In diesem Verfahrensstadium kann folglich eine Entbindung des Sachverständigen nach § 76 Abs. 1 S. 2 nur noch mit dem Einverständnis aller Prozessbeteiligter erfolgen,[12] also bei Vorliegen eines Verzichts nach § 245 Abs. 1 S. 2.[13] 5

---

4 → § 75 Rn. 2.

5 KMR/*Neubeck* Rn. 1.

6 BGH 16.1.2003 – 1 StR 512/02, bei *Becker* NStZ-RR 2004, 33 (34); § 83 Rn. 2.

7 AA KK/*Senge* Rn. 4; SK/*Rogall* Rn. 7 mit der ganz hM.

8 So aber die hM HK/*Lemke* Rn. 3; KMR/*Neubeck* Rn. 3; LR/*Krause* Rn. 5; *Meyer-Goßner* Rn. 3; SK/*Rogall* Rn. 15; *Eisenberg* Beweisrecht Rn. 1586.

9 → § 75 Rn. 2.

10 AA KK/*Senge* Rn. 4, der einen generellen Vorgang des § 76 Abs. 1 S. 2 vor § 245 annimmt.

11 LR/*Becker* § 245 Rn. 1 und 4; offen gelassen in BGH 16.1.2003 – 1 StR 512/02, *Becker* NStZ-RR 2004, 33 (34).

12 KMR/*Neubeck* Rn. 3; LR/*Krause* Rn. 6.

13 SK/*Rogall* Rn. 15.

II. Erläuterung

6 **1. Gutachtenverweigerungsrecht nach Abs. 1 S. 1.** Abs. 1 S. 1 bezieht sich auf die Zeugnisverweigerungsrechte der **§§ 52–53a** und überträgt diese auf den Sachverständigen; § 54 wird dagegen durch § 76 Abs. 2 ersetzt.[14] Über § 72 kommen entsprechend zur Anwendung das Auskunftsverweigerungsrecht nach § 55,[15] die Belehrungspflichten nach §§ 52 Abs. 3 S. 1, 55 Abs. 2 und die Pflicht zur Glaubhaftmachung der Tatsachen, auf die der Sachverständige sein Zeugnis- oder Auskunftsverweigerungsrecht stützt.[16] Als Beispiel für § 55 wird der Fall genannt, dass der Sachverständige darlegen soll, das dem Beschuldigten zur Last gelegte Verhalten sei allgemein üblich und auch von ihm selbst für erlaubt gehalten und geduldet worden.[17]

7 Speziell für den **ärztlichen Sachverständigen** bedarf es eines Rückgriffs auf § 76 Abs. 1 S. 1 nicht, soweit dieser über Zusatztatsachen[18] als Zeuge vernommen wird. Insoweit kommen die Vorschriften über das Zeugnisverweigerungsrecht unmittelbar zur Anwendung.[19] Die entsprechende Anwendung über Abs. 1 S. 1 bezieht sich daher nur auf Befundtatsachen.[20] Im Zusammenhang mit dem ärztlichen Schweigerecht ist dabei von besonderer Bedeutung, dass gerade diese Befundtatsachen, die der Sachverständige aufgrund seiner Sachkunde feststellt, nicht vom Gutachtenverweigerungsrecht der §§ 76 Abs. 1 S. 2, 53 Abs. 1 Nr. 3 erfasst werden, selbst wenn das Gericht eine Beweisperson als Sachverständigen hört, die zunächst vom Angeklagten selbst als Privatgutachter beauftragt wurde.[21] Dies gilt jedoch nur in dem anhängigen Verfahren, da wegen der gerichtlichen Beauftragung in einer für die zu untersuchende Person ersichtlichen Weise kein Vertrauensverhältnis zustande kommt, das die Grundlage des § 53 Abs. 1 Nr. 3 bildet.[22] Unerheblich ist, ob die Untersuchung zwangsweise durchgeführt wird, wegen der mit § 81 ff. oder § 126a verbundenen Duldungspflicht,[23] oder ob der Untersuchte die Maßnahme freiwillig – ggf. unter Verzicht auf ein Zeugnis- und Untersuchungsverweigerungsrecht – hinnimmt.[24] Eine Ausnahme ist dann zu machen, wenn und soweit der Sachverständige von der untersuchten Person freiwillige Mitteilungen erlangt, die in keinem Zusammenhang mit dem Gutachten stehen,[25] wobei es sich diesbezüglich aber ohnehin um Zusatztatsachen, iSv Zufallstatsachen, handeln wird. Wurde der Arzt in einem anderen Verfahren als Sachverständiger tätig, und soll er im anhängigen Verfahren hierzu als sachverständiger Zeuge gehört werden, so bedarf es dagegen einer Entbindung von dem dann bestehenden Schweigerecht nach § 53 Abs. 1 Nr. 3. Macht er andernfalls von seinem Zeugnisverweigerungsrecht Gebrauch, so ist damit nur er selbst als Beweismittel ausgeschlossen, nicht jedoch der Zugriff auf das Beweisthema

---

[14] Graf/*Monka* Rn. 1; HK/*Lemke* Rn. 1; KK/*Senge* Rn. 2; KMR/*Neubeck* Rn. 2; LR/*Krause* Rn. 1.

[15] AA SK/*Rogall* Rn. 55; *Eisenberg* Beweisrecht Rn. 1585, wonach § 55 über Abs. 1 S. 1 unmittelbar anwendbar sein soll.

[16] *Meyer-Goßner* Rn. 1.

[17] LR/*Krause* Rn. 1.

[18] Zur Abgrenzung § 72 Rn. 10–12 und § 79 Rn. 23 f.

[19] KMR/*Neubeck* Rn. 1; *Kühne* JZ 1981, 647.

[20] LR/*Krause* Rn. 2.

[21] BVerfG 12.11.2002 – 2 BvR 1696/02, BeckRS 2002, 30293010; BGH 23.7.1996 – 4 StR 292/96, *Tolksdorf* DAR 1997, 169 (181); SK/*Rogall* Rn. 9; *Detter*, FS Meyer-Goßner, 2001, 431 (437); so der Sache nach auch BGH 6.12.2001 – 1 StR 468/01, NStZ 2002, 214 (214 f.) für einen im Rahmen der einstweiligen Unterbringung nach § 126a als Sachverständigen beauftragten Stationsarzt, allerdings ohne Bezugnahme auf § 76; bemerkenswert in diesem Zusammenhang RG 17.10.1927 – II 806/27, RGSt 61, 384 (385), wo hierzu noch die Tatschilderung der Zeugin im Rahmen der Begutachtung auf Aussagetüchtigkeit und Glaubhaftigkeit gerechnet wurde.

[22] RG 26.4.1932 – I 272/32, RGSt 66, 273 (274 f.); LR/*Krause* Rn. 2 f.; enger *Kühne* JZ 1981, 647 (648 f.) nur im Rahmen der §§ 81, 81a.

[23] BGH 14.11.1963 – III ZR 19/63, NJW 1964, 449 (451); BGH 28.10.1992 – 3 StR 367/92, BGHSt 38, 369 (371); BGH 6.12.2001 – 1 StR 468/01, NStZ 2002, 214 (215).

[24] BGH 14.11.1963 – III ZR 19/63, NJW 1964, 449 (451); BGH 21.10.2008 – 1 StR 536/08, NStZ-RR 2009, 15; RG 26.4.1932 – I 272/32, RGSt 66, 273 (275).

[25] RG 17.10.1927 – II 806/27, RGSt 61, 384 (385); in diesem Sinne wohl auch OLG Hamm 7.12.1967 – 2 Ss 1610/67, NJW 1968, 1202 (1203).

selbst. Daher kann ein im Zusammenhang mit dem anderen Verfahren gefertigtes schriftliches Gutachten in das anhängige Verfahren durch Verlesung eingeführt werden,[26] falls dies strafprozessual zulässig ist.

2. Entbindung nach Abs. 1 S. 2. Unabhängig vom Bestehen eines Verweigerungs- 8
rechts kann der Sachverständige gemäß Abs. 1 S. 2 nach **Ermessen** von der Verpflichtung zur Erstattung des Gutachtens entbunden werden.[27] Dies kommt wegen Unzumutbarkeit der Gutachtenerstattung in Betracht, weil diese für den Sachverständigen eine besondere Härte bedeuten würde, insbesondere wegen hohen Alters, Krankheit und Überlastung[28] sowie wegen erwiesener Ungeeignetheit, mangelnder Sachkunde, erkennbarer Befangenheit, auch wenn kein dahingehender Antrag gemäß § 74 gestellt wird, sowie Unfähigkeit oder Unwilligkeit das Gutachten zeitnah zu erstatten.[29] Besonders Letzteres kann es in Haftsachen erfordern, zur Einhaltung des Beschleunigungsgebotes frühzeitig zu prüfen, ob durch einen anderen, gleichermaßen geeigneten Sachverständigen eine zeitnähere Gutachtenerstellung erreichbar ist.[30]

3. Angehörige des öffentlichen Dienstes und Regierungsmitglieder nach Abs. 2. 9
Für die in Abs. 2 genannten Personen gelten die Sondervorschriften der **Beamten- und Ministergesetze** des Bundes und der Länder.[31] In Frage kommen vor allem §§ 61, 62 BBG, bei genehmigungsbedürftigen Tätigkeiten auch § 65 BBG[32] sowie die entsprechenden Regelungen der Landesbeamtengesetze. § 54 wird durch die unmittelbare Verweisung zwar verdrängt,[33] die hierzu entwickelten Grundsätze gelten für Angehörige des öffentlichen Dienstes aber entsprechend.[34] Einer Aussagegenehmigung bedarf der Beamte, wenn sich das Gutachten mit Angelegenheiten befasst, auf die sich seine Pflicht zur Amtsverschwiegenheit bezieht.[35]

4. Rechtsfolgen des Gutachtenverweigerungsrechts und der fehlenden Geneh- 10
migung. Macht der Sachverständige von seinem Gutachtenverweigerungsrecht nach Abs. 1 S. 1 Gebrauch oder ist eine Genehmigung nach Abs. 2 nicht zu erlangen, so besteht ein **Beweismittelverbot.** Der Sachverständige darf nicht vernommen werden, gegen ihn dürfen keine Ordnungs- oder Zwangsmittel verhängt werden und auf seine Vernehmung gerichtete Beweisanträge sind nach §§ 244 Abs. 3 S. 1, 245 Abs. 2 S. 2 unzulässig.[36] Umstritten ist indes die Frage, ob § 252 zur Anwendung kommt. Dies wird einerseits von einem Teil der Literatur bejaht,[37] andererseits aber zu Recht verneint.[38] Über § 72 kann die Vorschrift keine Geltung erlangen, da dieser hinsichtlich der für den Zeugen geltenden Vorschriften nur auf den 6. Abschnitt des ersten Buches verweist.[39] Eine direkte Anwendung scheidet schon vom Wortlaut her aus. § 252 knüpft daran an, dass der Beweisperson eine Zeugenstellung in der Hauptverhandlung zukommt.[40] Da es sich um eine

---

[26] BGH 28.10.1992 – 3 StR 367/92, BGHSt 38, 369 (370 f.).
[27] LR/*Krause* Rn. 4; SK/*Rogall* Rn. 14.
[28] *Bleutge* DRiZ 1977, 170 (172).
[29] Graf/*Monka* Rn. 2; HK/*Lemke* Rn. 3; KMR/*Neubeck* Rn. 4; LR/*Krause* Rn. 4; SK/*Rogall* Rn. 17; s. auch BVerfG 12.11.2002, BeckRS 2002, 30293010 zu möglicherweise bestehendem Ablehnungsgrund.
[30] OLG Jena 17.11.2004 – 1 HEs 39/04, juris (→ Rn. 17 f.); OLG Koblenz 29.9.2006 – (1) 4420 BL-III-23/06, StV 2007, 256 (257).
[31] Graf/*Monka* Rn. 3.
[32] LR/*Krause* Rn. 7.
[33] LR/*Krause* Rn. 7.
[34] KK/*Senge* Rn. 4; *Meyer-Goßner* Rn. 4.
[35] BGH 24.2.1966 – 1 StR 504/65, juris (→ Rn. 11); KMR/*Neubeck* Rn. 4.
[36] LR/*Becker* § 244 Rn. 189 und § 247 Rn. 27 und 56; vgl. auch Graf/*Bachler* § 244 Rn. 51 zum Zeugen.
[37] *Meyer-Goßner* § 252 Rn. 6; Alsberg/*Güntge* Beweisantrag Rn. 874; *Cramer* NStZ 1998, 498 (499 f.), allerdings wiederum mit der „teleologischen Reduktion", dass vorab erstellte schriftliche Gutachten in Fällen „automatisierter bzw. standardisierter Untersuchungsmethoden", beispielsweise DNA-Analyse, gleichwohl verlesen werden dürfen.
[38] KK/*Senge* § 72 Rn. 1; KMR/*Neubeck* § 72 Rn. 1; SK/*Rogall* Rn. 11.
[39] § 72 Rn. 25.
[40] Graf/*Ganter* § 252 Rn. 9.

Sonderregelung handelt,[41] ist sie einer analogen oder erweiternden Anwendung nicht zugänglich.[42] Macht der Sachverständige von seinem Gutachtenverweigerungsrecht Gebrauch, so ist damit nur er selbst als Beweismittel ausgeschlossen, nicht jedoch der Zugriff auf das Beweisthema selbst. Ein im Zusammenhang mit einem anderen Verfahren gefertigtes schriftliches Gutachten kann daher grundsätzlich durch Verlesung in das anhängige Verfahren eingeführt werden.[43] Gleiches gilt für ein Gutachten, das der Sachverständige noch vor Ausübung des Verweigerungsrechts erstellt und vorgelegt hat. Bei der Verlesung ist allerdings zu beachten, dass das schriftliche Sachverständigengutachten unter das Verlesungsverbot des § 250 S. 2 fällt[44] und daher nur bei Vorliegen einer Ausnahmeregelung in dieser Form eingeführt werden darf.

III. Rechtsmittel

11 Die Entbindung des Sachverständigen nach Abs. 1 S. 2 oder die Ablehnung eines Entbindungsantrags können die Prozessbeteiligten außerhalb der Hauptverhandlung (§ 305 S. 1) mit der **Beschwerde** anfechten. Der Sachverständige selbst ist durch seine Entbindung nicht beschwert, kann sich allerdings gegen die Ablehnung seines entsprechenden Antrags nach § 304 Abs. 2 jederzeit (§ 305 S. 2) mit der Beschwerde wenden. Die weitere Beschwerde ist nach § 310 ausgeschlossen.[45]

12 Die **Revision** kann auf die Verletzung der §§ 76 Abs. 1 S. 2, 52 oder 53 mit der Begründung gestützt werden, dem Sachverständigen sei zu Unrecht kein Gutachtenverweigerungsrecht zuerkannt worden.[46] Die fehlerhafte Zuerkennung eines Gutachtenverweigerungsrechts kann dagegen nur als Verstoß gegen § 244 Abs. 2 mit der Aufklärungsrüge beanstandet werden.[47] Soll die Entbindung oder Nichtentbindung des Sachverständigen nach Abs. 1 S. 2 mit der Revision zur Überprüfung gestellt werden, bedarf es eines rechtsfehlerhaften Ermessensgebrauchs durch das Gericht.[48] Ein Verstoß gegen die in Abs. 2 in Bezug genommenen Vorschriften berührt dagegen den Rechtskreis des Beschwerdeführers nicht.[49]

§ 77 [Folgen des Ausbleibens oder der Weigerung]

(1) [1]Im Falle des Nichterscheinens oder der Weigerung eines zur Erstattung des Gutachtens verpflichteten Sachverständigen wird diesem auferlegt, die dadurch verursachten Kosten zu ersetzen. [2]Zugleich wird gegen ihn ein Ordnungsgeld festgesetzt. [3]Im Falle wiederholten Ungehorsams kann neben der Auferlegung der Kosten das Ordnungsgeld noch einmal festgesetzt werden.

(2) [1]Weigert sich ein zur Erstattung des Gutachtens verpflichteter Sachverständiger, nach § 73 Abs. 1 Satz 2 eine angemessene Frist abzusprechen, oder versäumt er die abgesprochene Frist, so kann gegen ihn ein Ordnungsgeld festgesetzt werden. [2]Der Festsetzung des Ordnungsgeldes muß eine Androhung unter Setzung

---

41 Unbeschadet dessen, dass LR/*Sander/Cirener* § 252 Rn. 1 sie an systematisch unpassender Stelle eingefügt sehen.

42 Vgl. allgemein zur nach BGH 1.3.1955 – 5 StR 53/55, BGHSt 7, 256 (258) – zu § 232 aF StGB – fehlenden oder nach BGHSt 9.5.2006 – 1 StR 57/06, BGHSt 51, 34 (41 f. Rn. 25) – zu § 357 – allenfalls eingeschränkten Analogiefähigkeit von Ausnahmeregelungen; SK/*Rogall* Rn. 11 stellt auf unterschiedliche Struktur gegenüber Zeugenbeweis ab.

43 BGH 28.10.1992 – 3 StR 367/92, BGHSt 38, 369 (371) zu § 53 Abs. 1 Nr. 3.

44 BGH 28.11.1950 – 2 StR 50/50, BGHSt 1, 4 (7); BGH 30.10.1968 – 4 StR 281/68, BGHSt 22, 268 (270); RG 14.1.1937 – 3 D 681/36, RGSt 71, 10 f.

45 KK/*Senge* Rn. 5; KMR/*Neubeck* Rn. 5; LR/*Krause* Rn. 8; *Meyer-Goßner* Rn. 6; SK/*Rogall* Rn. 26 f.

46 Vgl. BGH 23.7.1996 – 4 StR 292/96, *Tolksdorf* DAR 1997 169 (181); RG 26.4.1932 – I 272/32, RGSt 66, 273 (274 f.); einschränkend SK/*Rogall* Rn. 31.

47 *Meyer-Goßner* Rn. 7; SK/*Rogall* Rn. 32.

48 KMR/*Neubeck* Rn. 6; LR/*Krause* Rn. 9.

49 KK/*Senge* Rn. 6; KMR/*Neubeck* Rn. 6; LR/*Krause* Rn. 9; *Meyer-Goßner* Rn. 7.

einer Nachfrist vorausgehen. [3]Im Falle wiederholter Fristversäumnis kann das Ordnungsgeld noch einmal festgesetzt werden.

Schrifttum: *Herbst,* Öffentlichkeit der Hauptverhandlung, Arztgeheimnis und Schutz der Menschenwürde, NJW 1969, 546; *Kaiser,* Betrunkene Beschuldigte und Zeugen im Strafverfahren, NJW 1968, 185; *Nack/Park/Brauneisen,* Gesetzesvorschlag der Bundesrechtsanwaltskammer zur Verbesserung der Wahrheitsfindung im Strafverfahren durch den verstärkten Einsatz von Bild- und Tontechnik, NStZ 2011, 310; *Praml,* Zur Zulässigkeit von Tonbandaufnahmen in der Hauptverhandlung, MDR 1977, 14; *Rieß,* Der Hauptinhalt des Ersten Gesetzes zur Reform des Strafverfahrens (1. StrVRG), NJW 1975, 81; *Wittschier,* Unentschuldigtes Ausbleiben eines Dolmetschers im Strafprozess, NJW 1985, 2873.

Übersicht

I. Überblick

1. Normzweck. § 77 ermöglicht es, die dem Sachverständigen obliegende staatsbürgerliche Pflicht, sein Gutachten zu erstatten, innerhalb gewisser Grenzen zwangsweise durchzusetzen. Das Gericht kann und soll sich dieser Befugnisse zur **Verwirklichung seiner Aufklärungspflicht** bedienen, um dafür Sorge zu tragen, dass zur Aufklärung der angeklagten Straftat dienliche und für erforderlich gehaltene sachverständige Bewertungen nicht verloren gehen.[1] Allerdings trägt die Vorschrift dabei dem Umstand Rechnung, dass der Sachverständige regelmäßig ersetzbar ist. Daher sind die Ungehorsamsfolgen nicht so weitgehend ausgestaltet wie diejenigen, mit denen sich der Zeuge nach §§ 51, 70 konfrontiert sieht.[2] 1

Daneben werden die Zwangsmaßnahmen, die § 77 zur Verfügung stellt, von der Rechtsprechung als Instrumentarium angesehen, das es dem Gericht oder der Staatsanwaltschaft ermöglicht, das **Beschleunigungsgebot**[3] in Haftsachen[4] oder bei einstweiliger Unterbringung[5] einzuhalten. Sind Gutachten einzuholen, so ist durch verbindliche Absprache von Fristen sowie Androhung und Festsetzung der Ordnungsmittel auf deren zeitnahe Erstellung hinzuwirken, oder frühzeitig die Entscheidungsgrundlage für die Beauftragung eines anderen Sachverständigen zu schaffen. Andernfalls kann es insbesondere in Zusammenhang mit der Haftprüfung nach §§ 121, 122 an einem wichtigen Grund iSd § 121 Abs. 1 fehlen, der die Fortdauer der Untersuchungshaft rechtfertigt.[6] Auch unabhängig von der Sechs-Monats-Frist des § 121 Abs. 1 kann der mangelhafte Einsatz der Zwangsmittel des § 77 zur Unverhältnismäßigkeit des weiteren Vollzugs der Untersuchungshaft führen.[7] 2

---

[1] Vgl. RG 11.6.1925 – II 253/25, RGSt 59, 248 (249) zur vergleichbaren Funktion des § 70.
[2] LR/*Krause* Rn. 1; *Eisenberg* Beweisrecht Rn. 1569.
[3] *Rieß* NJW 1975, 81 (84) zur entsprechenden gesetzgeberischen Intention bei Gestaltung von Abs. 2.
[4] OLG Düsseldorf 31.5.1996 – 2 Ws 194/96, NJW 1996, 2588; OLG Jena 17.11.2004 – 1 HEs 39/04, juris (→ Rn. 17 f.).
[5] Vgl. hierzu KG 15.9.2009 – (4) 1 HEs 34/09 (25/09), StV 2010, 372 (373).
[6] OLG Zweibrücken 29.11.1993 – 1 BL 117/93, NStZ 1994, 202; OLG Düsseldorf 31.5.1996 – 2 Ws 194/96, NJW 1996, 2588; OLG Jena 19.6.1997 – 1 HEs 50/97, StraFo 1997, 318; OLG Koblenz 29.9.2006 – (1) 4420 BL-III-23/06, StV 2007, 256 (257); OLG Düsseldorf 1.7.2009 – 1 Ws 337/09, NStZ-RR 2010, 19 (Leitsatz) = BeckRS 2009, 20236.
[7] Hierzu *Meyer-Goßner* § 120 Rn. 3.

3 **2. Anwendungsbereich. a) Bestehen einer Pflicht zur Erstattung des Gutachtens nach § 75.** § 77 kommt in vollem Umfang nur auf denjenigen Sachverständigen zur Anwendung, der von **Gericht oder Staatsanwaltschaft**[8] bestellt wurde, und der damit nach § 75 der Gutachterpflicht unterfällt. Mangels einer § 161a Abs. 2 S. 1 entsprechenden Regelung stehen die Zwangsmittel nicht gegen den von der Polizei hinzugezogenen Sachverständigen zu.[9] Nicht uneingeschränkt gefolgt werden kann zudem der Ansicht, § 77 sei ohne weiteres auf den von anderen Verfahrensbeteiligten, insbesondere dem Angeklagten, nach § 220 Abs. 1 unmittelbar geladenen Privatgutachter anwendbar.[10] Durch die ordnungsgemäße Ladung entsteht zunächst nur die Pflicht zum Erscheinen iSd § 220 Abs. 2. Lediglich im Hinblick auf diese kommt § 77 bei unentschuldigtem Ausbleiben des Privatgutachters zur Anwendung.[11] Erst wenn das Gericht ihn auf die Ladung hin als Sachverständigen benennt oder bei seinem Erscheinen als Sachverständigen vernimmt, kann ein eventuelles Fehlverhalten unter den Voraussetzungen der Sachverständigenpflichten nach §§ 75, 76 mit dem vollen Instrumentarium des § 77 geahndet werden. Bis dahin sind sonstige Verfahrensbeteiligte darauf verwiesen, ihre Rechte gegenüber dem Sachverständigen nach den dafür maßgeblichen privatrechtlichen Beziehungen geltend zu machen. Dies darf nicht durch Anwendung der allein hoheitliches Handeln betreffenden Regelungen der §§ 75–77 umgangen werden. Gleiches gilt für einen von der Polizei beauftragten Sachverständigen, soweit für diesen eine vertragliche oder aus Amtshilfe resultierende Verpflichtung zur Vornahme der Tätigkeit besteht.[12] Andererseits hat das Gericht selbst bei Nichterscheinen eines unmittelbar geladenen Privatgutachters von der Verhängung von Zwangsmaßnahmen nach § 77 abzusehen, wenn dieser dem Gericht gegenüber zur Erstattung eines Gutachtens nach § 75 nicht verpflichtet wäre oder ein Gutachtenverweigerungsrecht nach § 76 besteht.[13]

4 **b) Keine Anwendung auf Dolmetscher und Jugendgerichtshilfe.** Auch im Wege der Analogie ist § 77 **nicht anwendbar** auf den Dolmetscher[14] oder den Träger der Jugendgerichtshilfe.[15] Erscheint Ersterer nicht, kann die Kostentragung nach Abs. 1 schon deswegen nicht eingreifen, weil es an einer dem § 75 entsprechenden Übernahmepflicht fehlt.[16] Für den beim Termin ausgebliebenen Vertreter der Jugendgerichtshilfe kann sich zwar das Mitwirkungsrecht zu einer Teilnahmepflicht verdichtet haben, wenn das Gericht die Mitwirkung der Jugendgerichtshilfe zur Aufklärung für geboten hält; gleichwohl scheidet die Anwendung des § 77 Abs. 1 aus, da es sich um eine nicht analogiefähige Ausnahmevorschrift von der generellen Kostentragungspflicht des verurteilten Angeklagten handelt.[17] Die Verhängung von Ordnungsgeld verbietet das Analogieverbot des Art. 103 Abs. 2 GG aufgrund des strafähnlichen Charakters.[18]

---

[8] LG Trier 3.11.1986 – 1 Qs 265/86, NJW 1987, 722; SK/*Rogall* Rn. 3 und 29.

[9] HK/*Lemke* Rn. 1; *Meyer-Goßner* Rn. 1; SK/*Rogall* Rn. 3; *Eisenberg* Beweisrecht Rn. 1569.

[10] So aber Graf/*Monka* Rn. 1; KK/*Senge* Rn. 1; LR/*Krause* Rn. 2; *Meyer-Goßner* Rn. 1; Radtke/Hohmann/*Beukelmann* Rn. 1.

[11] Graf/*Ritscher* § 220 Rn. 10; LR/*Jäger* § 220 Rn. 12; *Meyer-Goßner* Rn. 8.

[12] Vgl. LR/*Krause* Rn. 2.

[13] LR/*Jäger* § 220 Rn. 9.

[14] KG 21.11.2007 – 1 AR 2087/07 – 1 Ws 199/07, StraFo 2008, 89; OLG Karlsruhe 25.3.2003 – 1 Ws 381/02, Justiz 2003, 449 (450) = BeckRS 2004, 09838; LG Cottbus 11.8.2008 – 24 jug Qs 40/08, BeckRS 2009, 10339; LG Nürnberg-Fürth 2.12.1997 – 7 Qs 218/77, MDR 1978, 508 f. = NJW 1978, 1119 (Leitsatz); SK/*Rogall* Rn. 3; *Wittschier* NJW 1985, 2873 (2874 f.); aA OLG Koblenz 13.5.1974 – 1 Ws 202/74, VRS 47 (1974) 353 (354).

[15] OLG Karlsruhe 30.9.1991 – 3 Ws 56/91, NStZ 1992, 251 (252); aA OLG Köln 24.6.1986 –Ss 236/86, NStZ 1986, 569 (570); LG Hamburg 19.8.1987 – (34) Qs 37/87, NStE Nr. 1 zu § 51 StPO; *Schaffstein* NStZ 1992, 252 f.

[16] KG 21.11.2007 – 1 AR 2087/07 – 1 Ws 199/07, StraFo 2008, 89; OLG Karlsruhe 25.3.2003 – 1 Ws 381/02, Justiz 2003, 449 (450) = BeckRS 2004, 09838; LG Cottbus 11.8.2008 – 24 jug Qs 40/08, juris (→ Rn. 14); *Wittschier* NJW 1985, 2873 (2874).

[17] OLG Karlsruhe 30.9.1991 – 3 Ws 56/91, NStZ 1992, 251 (252); aA *Schaffstein* NStZ 1992, 252 (253), der darin den Ausdruck eines allgemeinen Prinzips sieht, das die Kosten pflichtwidrigen Nichterscheinens ausnimmt.

[18] KG 21.11.2007 – 1 AR 2087/07 – 1 Ws 199/07, StraFo 2008, 89; OLG Karlsruhe 25.3.2003 – 1 Ws 381/02, Justiz 2003, 449 (450) = BeckRS 2004, 09838; LG Cottbus 11.8.2008 – 24 jug Qs 40/08, juris (→

c) Umfang der Zwangsbefugnisse. Die Vorschrift enthält eine **Teilregelung der Sanktionen,** die im Falle des Ungehorsams auf den Sachverständigen anwendbar sind. Von den für den Zeugen geltenden entsprechenden Regelungen werden nur die §§ 51 Abs. 1, 70 Abs. 1 und 2 ausgeschlossen. Über § 72 sind dagegen § 51 Abs. 2 und 3, 70 Abs. 3 und 4 heranzuziehen.[19] Die Anordnung von Haft ist in jedem Fall unzulässig.[20] 5

II. Erläuterung

1. Tatbestandsvoraussetzungen. a) Verpflichtung zur Erstattung des Gutachtens. Sowohl Abs. 1, als auch Abs. 2 setzen voraus, dass der Sachverständige nach **§§ 75, 76** zur Erstattung des Gutachtens verpflichtet ist, ohne dass dem ein Gutachtenverweigerungsrecht entgegensteht.[21] Die Bestellung des Sachverständigen muss daher nach § 73 durch das Gericht oder die Staatsanwaltschaft (§ 161a Abs. 1 und 2) erfolgt sein. Die Beiziehung durch die Polizei ist nicht ausreichend, diejenige durch andere Verfahrensbeteiligte nur eingeschränkt (→ Rn. 2). 6

b) Nichterscheinen nach Abs. 1 S. 1. Abs. 1 greift nach der ersten Alternative des S. 1 bei **Nichterscheinen** des Sachverständigen. Dem muss eine ordnungsgemäße Ladung unter Hinweis auf die gesetzlichen Folgen des Ausbleibens nach §§ 72, 48 vorausgehen. Das Weigerungsrecht des § 76 Abs. 1 S. 1 entbindet ihn allerdings bereits von der Pflicht zur Erstattung des Gutachtens[22] und damit auch von derjenigen zu erscheinen.[23] Das verspätete Eintreffen noch vor Erlass des Ordnungsgeldbeschlusses fällt nicht unter Abs. 1 S. 1.[24] Wie ein nicht erschienener Sachverständiger ist demgegenüber derjenige zu behandeln, der sich in einen Zustand der Vernehmungsunfähigkeit versetzt hat[25] oder der sich vor seiner Entlassung nach § 248 (vorübergehend) entfernt, ohne durch das Gericht (zweitweise) von der Anwesenheit entbunden zu sein.[26] Zwar kommt die Verhängung eines Ordnungsgeldes grundsätzlich nicht als vorbeugende Maßnahme in Betracht, sondern setzt einen bereits begangenen Ungehorsam voraus; gleichzusetzen ist jedoch der Fall, wenn der Sachverständige ohne Berufung auf ein Verweigerungsrecht unmissverständlich zu erkennen gibt, dass er zu dem festgesetzten Termin nicht kommen werde und dieser daher verlegt werden muss.[27] Hier wäre es reiner Formalismus und dem Gericht und den weiteren Verfahrensbeteiligten nicht zumutbar, einen von vornherein unnützen Termin abzuhalten, bei dem nicht ordnungsgemäß zur Sache verhandelt werden kann.[28] 7

Die Ungehorsamsfolgen treten nicht ein, wenn der Sachverständige sein Ausbleiben iSd § 72, 51 Abs. 2 S. 1 und 2 rechtzeitig und genügend **entschuldigt.**[29] Nicht ausreichend ist das Gegebensein eines Entschuldigungsgrundes. Dieser muss vielmehr wegen § 72, 51 Abs. 2 S. 2 auch rechtzeitig zur Kenntnis des Gerichts gebracht werden.[30] Ebenso entschuldigt die bloß irrige Annahme des Sachverständigen nicht, ihm stehe ein ausreichender Grund zu, den Termin nicht wahrnehmen zu müssen.[31] 8

c) Gutachtenverweigerung nach Abs. 1 S. 1. Die **Weigerung** iSd 2. Alternative des Abs. 1 S. 1 betrifft angesichts des offenen Wortlautes nicht nur das vollständige Unterlassen, 9

Rn. 11); LG Nürnberg-Fürth 2.12.1997 – 7 Qs 218/77, MDR 1978, 508 = NJW 1978, 1119 (Leitsatz); *Wittschier* NJW 1985, 2873 (2875).

[19] LR/*Krause* Rn. 1; → § 72 Rn. 26.
[20] SK/*Rogall* Rn. 1; *Eisenberg* Beweisrecht Rn. 1569.
[21] Graf/*Monka* Rn. 1; KK/*Senge* Rn. 1; LR/*Krause* Rn. 3; *Meyer-Goßner* Rn. 1.
[22] LR/*Krause* Rn. 3.
[23] HK/*Lemke* Rn. 2; KK/*Senge* Rn. 2; *Meyer-Goßner* Rn. 3; SK/*Rogall* Rn. 8.
[24] LR/*Krause* Rn. 4.
[25] *Kaiser* NJW 1968, 185 (188).
[26] HK/*Lemke* Rn. 3; LR/*Krause* Rn. 4.
[27] HK/*Lemke* Rn. 2; KK/*Senge* Rn. 2; aA LR/*Krause* Rn. 4; SK/*Rogall* Rn. 9.
[28] OLG Stuttgart 16.3.1956 – Ws 113/56, NJW 1956, 840 f. zu § 51.
[29] Graf/*Monka* Rn. 2; *Meyer-Goßner* Rn. 3; Radtke/Hohmann/*Beukelmann* Rn. 1.
[30] LR/*Krause* Rn. 5.
[31] HK/*Lemke* Rn. 2; KK/*Senge* Rn. 2; *Eisenberg* Beweisrecht Rn. 1570.

sondern bezieht sich auch auf die Teilaspekte der Gutachtenerstellung.[32] Dazu gehört die Verweigerung, die notwendigen Vorbereitungsarbeiten – wie bspw. eine Untersuchung[33] – zu erledigen, sich der Leitung des Gerichts (§ 78) zu unterwerfen, den Eid nach § 79 zu leisten,[34] aber auch, einzelne Fragen ohne gesetzlichen Grund nicht zu beantworten.[35] Selbst ohne vorherige Vereinbarung einer Frist nach § 77 Abs. 2 S. 1 kann Abs. 1 S. 1 2. Alternative erfüllt sein, wenn der Sachverständige ein schriftliches Gutachten nicht abliefert. Erforderlich ist hierfür aber, dass trotz Mahnung eine angemessene Frist nicht eingehalten wird.[36] Teilweise wird auch in sinngemäßer Anwendung des Abs. 2 gefordert, dass die Mahnung mit Setzung einer Frist und Androhung eines Ordnungsgeldes verbunden wird.[37] Wird das Gutachten für mangelhaft erachtet und ist der Sachverständige nicht bereit, entsprechende Änderungen vorzunehmen, so kann dieses Verhalten nicht als Verweigerung angesehen werden.[38] Genauso wie bei Zeugen der Eid dazu dient, eine wahrheitsgemäße Aussage herbeizuführen und nicht die Zwangsmittel,[39] ist über § 77 die tatsächliche Vornahme der Tätigkeit herbeizuführen und nicht mangelnde Gewissenhaftigkeit zu ahnden (vgl. § 79 Abs. 2).

10 Allgemein wird angenommen, der Sachverständige sei bei Vorliegen der **Unzumutbarkeit** entschuldigt,[40] wobei in diesem Fall bereits die Pflicht zur Erstattung des Gutachtens in Wegfall gerät.[41] Dies kann vorliegen bei Krankheit oder überraschend eingetretener Arbeitsüberlastung.[42] Gerade im Hinblick auf den letztgenannten Gesichtspunkt obliegt es dem Sachverständigen indes, diesbezüglich rechtzeitig Mitteilung zu machen[43] oder spätere Aufträge abzulehnen. Keine Entschuldigung stellt es dar, wenn der Sachverständige nicht damit einverstanden ist, dass seine Aussage im Rahmen der Hauptverhandlung auf Tonträger aufgenommen wird,[44] auch wenn dies in der derzeitigen Prozesspraxis eher selten vorkommen dürfte.[45] Gleiches gilt für die Ansicht des Sachverständigen, sein Gutachten dürfe er nur nach Ausschluss der Öffentlichkeit vortragen.[46] Die diesbezügliche prozessrechtliche Entscheidung trifft das Gericht und nicht der Sachverständige.[47]

11 **d) Verweigerung der Fristabsprache nach Abs. 2 S. 1.** Die erste Alternative des § 77 Abs. 2 S. 1 knüpft die Ungehorsamsfolgen daran, dass der Sachverständige nicht dazu bereit ist, eine **angemessene Frist abzusprechen.** Sie findet außer bei völligem Fehlen der Bereitschaft dann ebenfalls Anwendung, wenn der Sachverständige sich lediglich auf eine von vornherein unangemessene Frist einlässt.[48] Die Länge der Frist hat sich an der Dauer zu orientieren, die bei Einhaltung einer angemessenen Vorbereitungszeit für Gutachten der in Rede stehenden Art regelmäßig veranschlagt werden kann.[49] Dazu ist, wie schon die ausdrückliche Bezugnahme auf § 73 Abs. 1 S. 2 zeigt, mit dem Sachverständigen Kontakt aufzunehmen, um mit diesem den zeitlichen Rahmen zu erörtern. Aus diesem Erfordernis einer Absprache den Schluss zu ziehen, Abs. 2 S. 1 1. Alternative könne nur dann zur

---

32 Radtke/Hohmann/*Beukelmann* Rn. 2; SK/*Rogall* Rn. 10; *Eisenberg* Beweisrecht Rn. 1570.
33 LG Trier 3.11.1986 – 1 Qs 265/86, NJW 1987, 722.
34 HK/*Lemke* Rn. 3; KK/*Senge* Rn. 3; LR/*Krause* Rn. 6; *Meyer-Goßner* Rn. 4; SK/*Rogall* Rn. 11 f.
35 RG 15.12.1938 – 3 D 550/38, RGSt 73, 31 (33) zu § 70 StPO.
36 HK/*Lemke* Rn. 3; KK/*Senge* Rn. 3; *Meyer-Goßner* Rn. 4.
37 LR/*Krause* Rn. 6; Radtke/Hohmann/*Beukelmann* Rn. 2.
38 LR/*Krause* Rn. 6.
39 RG 15.12.1938 – 3 D 550/38, RGSt 73, 31 (33).
40 LR/*Krause* Rn. 7; *Meyer-Goßner* Rn. 4.
41 → § 75 Rn. 5.
42 *Eisenberg* Beweisrecht Rn. 1569; → § 75 Rn. 5.
43 Vgl. hierzu OLG Celle 28.4.1972 – 5 W 7/72, NJW 1972, 1524.
44 *Praml* MDR 1977, 14 (16); *Meyer-Goßner* Rn. 4.
45 Vgl. aber zu entsprechenden Bestrebungen *Nack/Park/Brauneisen* NStZ 2011, 310 (313 f.).
46 SK/*Rogall* Rn. 14; aA *Herbst* NJW 1969, 546 (548).
47 LR/*Krause* Rn. 7; *Meyer-Goßner* Rn. 4.
48 HK/*Lemke* Rn. 4; KK/*Senge* Rn. 4; LR/*Krause* Rn. 8; *Meyer-Goßner* Rn. 5; Radtke/Hohmann/*Beukelmann* Rn. 4.
49 LR/*Krause* Rn. 8.

Anwendung kommen, wenn die Unangemessenheit der vom Sachverständigen angebotenen Frist ganz evident sei,[50] erscheint indes zu weitgehend. Auch dessen Tätigkeit hat sich am Gebot der beschleunigten Behandlung von Strafsachen zu orientieren, das er in seine Erwägungen miteinzubeziehen hat.

Besondere Bedeutung kommt der Fristabsprache bei **Haftsachen** zu. In diesem Fall hat sich die Bestimmung der Dauer, die die Erstellung des Gutachtens in Anspruch nehmen darf, an dem in diesen Fällen besonders hervorgehobenen Beschleunigungsgebot zu orientieren.[51] **12**

Verweigert der Sachverständige die Fristabsprache, ist **keine Nachfristsetzung** erforderlich. Das Ordnungsgeld kann ohne weiteres festgesetzt werden, da sich Abs. 2 S. 2 nur auf die 2. Alternative des Abs. 2 S. 1 bezieht.[52] Die **Unzumutbarkeit** der Gutachtenerstattung wird als entschuldigend angesehen,[53] wobei für diesen Fall bereits die Gutachtenerstattungspflicht nach § 75 wegfällt.[54] **13**

e) Fristversäumung nach Abs. 2 S. 1 und 2. Ungehorsamsfolgen sind nach Abs. 2 S. 1 2. Alternative auch dann vorgesehen, wenn der Sachverständige die abgesprochene Frist **schuldhaft nicht einhält.**[55] Diesbezüglich ist in systematischer Hinsicht ebenfalls davon auszugehen, dass die für die Unzumutbarkeit in Betracht kommenden Gründe schon die Pflichtigkeit nach § 75 und damit zugleich die Pflicht zur Gutachtenerstattung entfallen lassen.[56] Eigenständige Bedeutung erlangt dieser Gesichtspunkt daher erst, falls in der Person des Sachverständigen zwar entsprechende Gründe gegeben sind, er diese jedoch nicht oder nicht rechtzeitig zur Kenntnis des Gerichts bringt. In diesem Fall kann er sich zur Abwendung der Ungehorsamsfolgen vor allem nicht mehr auf die Arbeitsüberlastung berufen, weil dem Gericht durch die verspätete Mitteilung die Möglichkeit genommen wurde, im Interesse einer zügigen Verfahrenserledigung hierauf zu reagieren, bspw. durch Entbindung des Sachverständigen nach § 76 Abs. 1 S. 2 und Bestellung eines anderen Gutachters.[57] **14**

Der Festsetzung des Ordnungsgeldes muss im Fall Säumnis nach Abs. 2 S. 2 dessen **Androhung** vorausgehen, die mit der Setzung einer Nachfrist zu verbinden ist. Diese muss so bemessen sein, dass sie zumindest in Verbindung mit der ersten Frist genügt, um die Erstellung des Gutachtens zu ermöglichen.[58] S. 3 eröffnet dem Gericht die Möglichkeit, bei Versäumen der Nachfrist ein weiteres Mal ein Ordnungsgeld verbunden mit einer (zweiten) Nachfrist anzudrohen.[59] Das Gericht kann aber stattdessen den Sachverständigen nach § 76 Abs. 1 S. 2 entbinden. Dies wird sich vor allem dann anbieten, wenn eine im Interesse der Wahrheitsfindung gedeihliche Zusammenarbeit mit dem Gutachter nicht mehr zu erwarten ist, was dann regelmäßig naheliegt.[60] **15**

2. Anordnungsbefugnis. Die **Zuständigkeit** für die Anordnung richtet sich nach dem Verfahrensstadium. Im Ermittlungsverfahren ist die Staatsanwaltschaft nach § 161a Abs. 2 S. 1 befugt, die Zwangsmittel des § 77 auf den von ihr beauftragten Sachverständigen zur Anwendung zu bringen.[61] Ansonsten ist dasjenige Gericht zuständig, vor dem sich der **16**

---

[50] *Rieß* NJW 1975, 81 (84).

[51] OLG Jena 17.11.2004 – 1 HEs 39/04, juris (→ Rn. 17); OLG Koblenz 29.9.2006 – (1) 4420 BL-III-23/06, StV 2007, 256 (257); OLG Düsseldorf 1.7.2009 – 1 Ws 337/09, NStZ-RR 2010, 19 (Leitsatz) = BeckRS 2009, 20236.

[52] KK/*Senge* Rn. 4; LR/*Krause* Rn. 8; SK/*Rogall* Rn. 25.

[53] LR/*Krause* Rn. 8.

[54] → § 75 Rn. 5.

[55] HK/*Lemke* Rn. 5; KK/*Senge* Rn. 5; LR/*Krause* Rn. 9; *Meyer-Goßner* Rn. 6; Radtke/Hohmann/*Beukelmann* Rn. 4.

[56] → § 75 Rn. 5.

[57] Vgl. OLG Celle 28.4.1972 – 5 W 7/72, NJW 1972, 1524 zur vergleichbaren Sach- und Rechtslage bei §§ 409, 411 ZPO.

[58] HK/*Lemke* Rn. 6; LR/*Krause* Rn. 10.

[59] KK/*Senge* Rn. 5.

[60] LR/*Krause* Rn. 11.

[61] KMR/*Neubeck* Rn. 1; SK/*Rogall* Rn. 29; Graf/*Patzak* § 161a Rn. 11 f.

Sachverständige gutachtlich äußern soll, wobei §§ 51 Abs. 3, 70 Abs. 3 entsprechend zur Anwendung kommen.[62] Das Gericht entscheidet durch Beschluss, der nach § 34 mit Gründen zu versehen ist.[63] Die Vollstreckung obliegt nach § 36 Abs. 2 S. 2 der Staatsanwaltschaft.[64] Für den durch die Polizei zugezogenen Sachverständigen gilt § 77 nicht.[65]

17 **Abs. 1** sieht für die dort genannten Ungehorsamsfälle die Auferlegung der Kosten ohne Rücksicht auf die Anzahl für jeden einzelnen Fall zwingend vor.[66] Die Verhängung des Ordnungsgeldes ist dagegen nur für den ersten Ungehorsamsfall obligatorisch.[67]

18 Die Verhängung der Maßnahme nach **Abs. 2** steht im Ermessen des Gerichts oder im Ermittlungsverfahren nach § 161a Abs. 2 S. 1 der Staatsanwaltschaft, soweit diese den Sachverständigen benannt hat.[68] Bei der Ausübung des Ermessens ist zu berücksichtigen, dass Zwangsmaßnahmen die Zusammenarbeit mit dem Sachverständigen erheblich belasten können, was der Wahrheitsfindung mitunter nicht dienlich ist.[69] Andererseits kann sich das Ermessen zum Einsatz der Zwangsmaßnahmen vor allem in Fällen verdichten, in denen sich der Beschuldigte in **Untersuchungshaft** befindet. Hier kann es wegen des in besonderer Weise zu beachtenden Beschleunigungsgebotes notwendig sein, frühzeitig und konsequent auf die Ordnungsmittel des § 77 zurückzugreifen, um von vornherein die Vereinbarung einer angemessenen Frist oder die Einhaltung derselben im Sinne einer zeitnäheren Gutachtenerstellung zu bewirken.[70] Zeichnet sich indes die weitere Unzuverlässigkeit ab, so kann es dem Gericht oder der Staatsanwaltschaft obliegen, bereits frühzeitig von § 76 Abs. 1 S. 2 Gebrauch zu machen und einen neuen Gutachter zu bestellen.[71] Bei der Entscheidung kann allerdings auch Berücksichtigung finden, dass zur Behandlung einer schwierigen Problematik ein als besonders kompetent bekannter bestimmter Sachverständiger den Auftrag erhält und behält.[72]

19 **3. Ungehorsamsfolgen.** Die **Kostenauferlegung** ist nur für Abs. 1, nicht jedoch nach Abs. 2 vorgesehen.[73] Sie umfasst die Kosten iSd § 464a Abs. 1 S. 1 und die dort in Abs. 2 genannten notwendigen Auslagen.[74] Wegen der Einzelheiten zu Art und Höhe der Kosten wird auf die Kommentierung zu § 51 verwiesen.

20 Das **Ordnungsgeld** darf nach Abs. 1 S. 3 und Abs. 2 S. 3 für sämtliche in § 77 geregelten Ungehorsamsfälle in demselben Verfahren nur einmal wiederholt festgesetzt werden.[75] Die Höhe richtet sich nach Art. 6 Abs. 1 EGStGB (5 bis 1.000 EUR).[76] Die ersatzweise Festsetzung von **Ordnungshaft** ist generell unzulässig.[77]

III. Rechtsmittel

21 Gegen den gerichtlichen Beschluss stehen der Staatsanwaltschaft und dem Beschuldigten nach § 304 Abs. 1 sowie dem Sachverständigen nach § 304 Abs. 2 die einfache **Beschwerde** zu. Für den Beschuldigten gilt dies allerdings nur, wenn er durch die Entscheidung

---

62 LR/*Krause* Rn. 17; SK/*Rogall* Rn. 28.
63 HK/*Lemke* Rn. 11; KK/*Senge* Rn. 9.
64 LR/*Krause* Rn. 20.
65 KMR/*Neubeck* Rn. 1.
66 Graf/*Monka* Rn. 3; KK/*Senge* Rn. 6; KMR/*Neubeck* Rn. 10; *Meyer-Goßner* Rn. 8; SK/*Rogall* Rn. 19.
67 HK/*Lemke* Rn. 9; LR/*Krause* Rn. 14; SK/*Rogall* Rn. 15 und 20.
68 § 161a Abs. 2 S. 2 entfaltet in diesem Zusammenhang keine Bedeutung, da die Festsetzung der Haft ohnehin unzulässig ist.
69 LR/*Krause* Rn. 11; *Eisenberg* Beweisrecht Rn. 1569.
70 OLG Zweibrücken 29.11.1993 – 1 BL 117/93, NStZ 1994, 202; OLG Düsseldorf 31.5.1996 – 2 Ws 194/96, NJW 1996, 2588; OLG Jena 19.6.1997 – 1 HEs 50/97, StraFo 1997, 318; OLG Düsseldorf 1.7.2009 – 1 Ws 337/09, NStZ-RR 2010, 19 (Leitsatz) = BeckRS 2009, 20236.
71 OLG Koblenz 29.9.2006 – (1) 4420 BL-III-23/06, StV 2007, 256 (257); Graf/*Monka* Rn. 5.
72 OLG Jena 17.11.2004 – 1 HEs 39/04, juris (→ Rn. 17 f.).
73 Graf/*Monka* Rn. 3; KMR/*Neubeck* Rn. 10; *Meyer-Goßner* Rn. 8.
74 HK/*Lemke* Rn. 8; KK/*Senge* Rn. 6; LR/*Krause* Rn. 13.
75 Graf/*Monka* Rn. 4; HK/*Lemke* Rn. 9; KMR/*Neubeck* Rn. 7 f.
76 KK/*Senge* Rn. 8; *Meyer-Goßner* Rn. 9.
77 Graf/*Monka* Rn. 4; HK/*Lemke* Rn. 10; KK/*Senge* Rn. 8; KMR/*Neubeck* Rn. 9; *Meyer-Goßner* Rn. 9.

beschwert ist, mit der das Gericht die Auferlegung der Kosten ablehnt oder aufhebt.[78] Wegen § 305 S. 2 sind auch Entscheidungen des erkennenden Gerichts erfasst.[79] Die Anordnung der Staatsanwaltschaft kann nach § 161a Abs. 3 S. 1 mit dem **Antrag auf gerichtliche Entscheidung** angefochten werden.[80]

Als **Revisionsgrund** kommt allenfalls die Verletzung der Aufklärungspflicht in Betracht, 22
sofern das Gericht es in einer entscheidungserheblichen Frage unterlassen hat, den ungehorsamen Sachverständigen zur Gutachtenerstattung zu zwingen oder stattdessen einen anderen zu beauftragen. Auf den bloßen Einwand, ein Ordnungsgeld sei nicht festgesetzt oder die Eidesleistung nicht herbeigeführt worden, kann die Revision dagegen nicht gestützt werden.[81]

§ 78 [Richterliche Leitung]

Der Richter hat, soweit ihm dies erforderlich erscheint, die Tätigkeit der Sachverständigen zu leiten.

Schrifttum: *Artkämper,* Der Sachverständige im Strafverfahren, BA 2001, 7; *Boetticher/Kröber/Müller-Isberner/Böhm/Müller-Metz/Wolf,* Mindestanforderungen an Prognosegutachten, NStZ 2006, 537; *Boetticher/Nedopil/Bosinski/Saß,* Mindestanforderungen für Schuldfähigkeitsgutachten, NStZ 2005, 57; *Foth/Karcher,* Überlegungen zur Behandlung des Sachverständigenbeweises im Strafverfahren, NStZ 1989, 166; *Groß/Fünfsinn,* Datenweitergabe im strafrechtlichen Ermittlungsverfahren, NStZ 1992, 105; *Haddenbrock,* Das Sachverständigendilemma im deutschen Strafprozess ohne Tat- oder Schuldinterlokut, NJW 1981, 1302; *Hefendehl,* Die Feststellung des Vermögensschadens – auf dem Weg zum Sachverständigenstrafrecht, wistra 2012, 325; *Jansen,* Überprüfung aussagepsychologischer Gutachten, StV 2000, 224; *Karpinski,* Der Sachverständige im Strafprozess, NJW 1968, 1173; *Krauß,* Richter und Sachverständiger im Strafverfahren, ZStW 85 (1973), 320; *Lürken,* Auswahl und Leitung des Sachverständigen im Strafprozess (§§ 73, 78 StPO), NJW 1968, 1161; *Nack,* Die Abhängigkeit des Richters vom Sachverständigen, GA 2009, 201; *Rauch,* Auswahl und Leitung des Sachverständigen im Strafprozess, NJW 1968, 1173; *Rudolph,* Das Zusammenwirken des Richters und des Sachverständigen, Justiz 1969, 24; *Sarstedt,* Auswahl und Leitung des Sachverständigen im Strafprozess (§§ 73, 78 StPO), NJW 1968, 177; *Schewe,* Verantwortung, Leitung und Fehlleitung des Sachverständigen, BA 1986, 356; *Schoreit,* Einsatz vom Polygraphen und Glaubhaftigkeits-Gutachten psychologischer Sachverständiger im Strafprozess, StV 2004, 284; *Tröndle,* Der Sachverständigenbeweis, JZ 1969, 374; *Wolf,* Der Sachverständige im Wirtschaftsstrafverfahren, ZWH 2012, 125; *Zilkens,* Zum Sachverständigenbeweis im Strafverfahren, BA 1986, 239.

Übersicht

I. Überblick

1 **1. Normzweck.** Die Vorschrift wird als eine der wichtigsten Bestimmungen des Sachverständigenbeweises bezeichnet.[1] Sie stellt die **Aufgabenverteilung zwischen Richter und Sachverständigem** klar. Auch wenn der Sachverständige bisweilen als Gehilfe des Richters bezeichnet wird, ist es Letzterer, der die Verantwortung für die rechtliche Bewertung des Tatsachenstoffes und die Einhaltung der prozessualen Vorschriften zu tragen hat.[2]

[78] HK/*Lemke* Rn. 12; KK/*Senge* Rn. 10; LR/*Krause* Rn. 21.
[79] HK/*Lemke* Rn. 12; LR/*Krause* Rn. 21.
[80] SK/*Rogall* Rn. 37.
[81] HK/*Lemke* Rn. 13; KK/*Senge* Rn. 11; LR/*Krause* Rn. 25; *Eisenberg* Beweisrecht Rn. 1579.
[1] *Sarstedt* NJW 1968, 177 (180); *Eb. Schmidt* JZ 1957, 229 (230).
[2] *Eb. Schmidt* JZ 1957, 229 (230); SK/*Rogall* Rn. 1 f.

Das rechtliche Verhältnis ist daher dasjenige eines Auftraggebers zum Beauftragen.[3] Gleichwohl darf dies nicht dahingehend missverstanden werden, dass dem Sachverständigen jede eigenverantwortliche Tätigkeit abgesprochen wird. Wie der Wortlaut schon klarstellt, greift die Leitungsfunktion nur ein, „soweit dies erforderlich erscheint". Als Ausfluss der fachlichen Seite der Begutachtung entscheidet daher der Sachverständige nach pflichtgemäßem Ermessen, mit welcher Methode und aufgrund welcher Unterlagen er sein Gutachten erarbeitet, soweit er die wissenschaftlichen Mindeststandards einhält.[4]

2 § 78 dient, wenn die Begutachtung von Zeugen erforderlich ist, auch dazu, **Belange des Opferschutzes** zu realisieren, und stellt damit ein Instrument des Gerichts und der Ermittlungsbehörden dar, der Fürsorgepflicht gegenüber dem Geschädigten nachzukommen. Der Auftraggeber hat die Grenzen der Aufklärung durch den Sachverständigen klar zu bestimmen und diesen erforderlichenfalls an deren Einhaltung zu erinnern, um einer allgemeinen Ausforschung, insbesondere zum Privat- und Intimleben der zu begutachtenden Person, entgegenzuwirken, sofern kein unmittelbarer Zusammenhang mit dem Verfahrensgegenstand gegeben ist.[5] Dies ist umso bedeutsamer, als vor allem im Bereich der Sexualdelikte von Verteidigung und Angeklagtem nicht selten der Versuch unternommen wird, über das Gericht und den Sachverständigen das gesamte Vorleben eines Opferzeugen zum Gegenstand des Verfahrens und scheinbar notwendiger Aufklärung zu machen, selbst wenn tragfähige konkrete Anhaltspunkte hierfür nicht gegeben sind.[6] Da die Rechtsprechung andererseits die Grenzen zulässigen Verteidigungsverhaltens sehr weit zieht,[7] darf nicht versäumt werden, gerade bei aussagepsychologischen Begutachtungen, frühzeitig eine klare Weichenstellung vorzunehmen.

3 **2. Anwendungsbereich.** Von § 78 wird die **Vorbereitung des Gutachtens** erfasst. Für die Hauptverhandlung greift die Sachleitungsbefugnis des Vorsitzenden nach § 238 Abs. 1.[8] Im Ermittlungsverfahren obliegt die Leitungsfunktion der Staatsanwaltschaft[9] oder der hinzuziehenden Polizeibehörde.[10] Für Erstere ergibt sich dies aus § 161a Abs. 1 S. 2. Für Letztere kann dies aus § 163 Abs. 3 S. 4 geschlossen werden.

II. Erläuterung

4 **1. Erforderlichkeit der Leitung. a) Fachliche Durchführung der Untersuchung.** § 78 sieht keine uneingeschränkte Leitung der Tätigkeit des Sachverständigen durch das Gericht vor, sondern nur soweit dies erforderlich erscheint. Demgemäß obliegt die originäre Aufgabe, nämlich die fachliche Durchführung und Auswertung der Untersuchungen, dem **pflichtgemäßen Ermessen des Sachverständigen.**[11] Der Sachverständige befindet daher selbst darüber, ob er die für sein Gutachten ausreichenden Grundlagen gewonnen hatte,[12] auf welche Weise er sich die erforderlichen Anknüpfungstatsachen verschafft,[13] welche Unter-

[3] HK/*Lemke* Rn. 1; LR/*Krause* Rn. 1.

[4] KK/*Senge* Rn. 1; LR/*Krause* Rn. 1; *Boetticher* NStZ 2005, 57 (58).

[5] BGH 11.1.2005 – 1 StR 498/04, NJW 2005, 1519 (1521), wobei es sich bei der dortigen Bezugnahme auf § 77 um einen offensichtlichen Druckfehler handelt; vgl. auch BGH 16.6.2005 – 1 StR 152/05, NJW 2005, 2791.

[6] Offensichtlich praxisfremd sieht *Krauß* ZStW 85 (1973), 320 (328–330) die Initiative hierzu auf Seiten der Justizbehörden und des Sachverständigen.

[7] Vgl. hierzu BGH 14.12.2004 – 4 StR 237/04, juris (→ Rn. 12); BGH 6.7.2010 – 3 StR 219/10, NStZ 2010, 692.

[8] Graf/*Monka* Rn. 1; HK/*Lemke* Rn. 1; KK/*Senge* Rn. 2; KMR/*Neubeck* Rn. 5; LR/*Krause* Rn. 2; *Meyer-Goßner* Rn. 1.

[9] BGH 31.5.2005 – 1 StR 290/04, NStZ-RR 2005, 264 (265).

[10] Graf/*Monka* Überblick; HK/*Lemke* Rn. 1; LR/*Krause* Rn. 3; *Meyer-Goßner* Rn. 2; SK/*Rogall* Rn. 3.

[11] BGH 12.2.1998 – 1 StR 588/97, BGHSt 44, 26 (33); Graf/*Monka* Rn. 4; HK/*Lemke* Rn. 4; LR/*Krause* Rn. 1; *Meyer-Goßner* Rn. 6; *Boetticher ua* NStZ 2005, 57 (58); *Boetticher ua* NStZ 2006, 537 (539); *Wolf* ZWH 2012, 125 (126); KK/*Senge* Rn. 1 hält diesen Rechtsgrundsatz für „überdenkenswert".

[12] BGH 22.3.1977 – 1 StR 858/76, JurionRS 1977, 12546 = *Spiegel* DAR 1978, 146 (158).

[13] BGH 6.7.2011 – 2 StR 124/11, StV 2011, 711 (712).

lagen er für die Erstattung des Gutachtens benötigt[14] und welche Untersuchungsmethoden er anwendet,[15] wozu insbesondere die Entscheidungen gehören, ob eine stationäre Beobachtung notwendig ist oder eine ambulante Untersuchung[16] in Verbindung mit Beobachtungen in der Hauptverhandlung,[17] die Beobachtung in der Hauptverhandlung[18] oder bei der Anhörung im Strafvollstreckungsverfahren[19] ohne persönliche Exploration – ggf. unter Heranziehung sonstiger schriftlicher und mündlicher Äußerungen – genügt, welche Zeitdauer er für eine Anhörung benötigt[20] und ob er die im gerichtlichen Beschluss nach § 81 Abs. 5 angeordnete Höchstdauer ausschöpft,[21] welche Testverfahren er für notwendig erachtet,[22] und ob er die Einholung von Hilfsgutachten, wie beispielsweise psychologischen Zusatzgutachten, für erforderlich hält.[23] Er kann bei einer aussagepsychologischen Begutachtung einer anders sprachigen Untersuchungsperson selbständig beurteilen, ob die Hinzuziehung eines Dolmetschers ausreichend ist, ohne dass es der Begutachtung durch einen Sachverständigen bedarf, der der Sprache der Untersuchungsperson selbst mächtig ist.[24] Schließlich ist der Gutachter nicht gehalten, ein Explorationsgespräch[25] oder die Besichtigung des zu begutachtenden Objektes[26] in Anwesenheit des Verteidigers vorzunehmen. Im Einzelfall kann der Auftraggeber vor dem Hintergrund der Aufklärungspflicht bei erkennbarem Anlass gleichwohl verpflichtet sein, dafür Sorge zu tragen, dass die für das Fachgebiet gültigen wissenschaftlichen Mindeststandards eingehalten[27] oder neue, vor allem überlegene iSd § 244 Abs. 4 S. 2 Hs. 2, anerkannte und zulässige Untersuchungsmethoden zur Anwendung kommen.[28] Sieht der Gutachter von einer Stellungnahme ab, da sich der Beschuldigte einer Untersuchung nicht zur Verfügung stellt, kann es geboten sein, ihn auf das Erfordernis einer Beurteilung nach Aktenlage und Beobachtung in der Hauptverhandlung hinzuweisen.[29]

b) Rechtliche Vorgaben für die Untersuchung. Erforderlich und mit besonderer Sorgfalt wahrzunehmen ist die Verantwortung für die Leitung des Sachverständigen in Bezug auf die Beurteilung von Rechtsfragen. Hier ist zunächst das **materielle Strafrecht** zu nennen.[30] Rechtsbegriffe sind dazu im Hinblick auf die vom Gutachter festzustellenden Tatsachen zu umschreiben und zu erläutern.[31] In der Praxis besonders bedeutsam ist dies für die vom Sachverständigen festzustellenden tatsächlichen Voraussetzungen der §§ 20, 21 StGB[32] oder der Gefährlichkeitsprognose für eine Maßregel der Besserung und 5

[14] BGH 18.5.1971 – 4 StR 100/71, juris (→ Rn. 6) insoweit nicht abgedruckt in BGHSt 24, 153; BGH 30.4.1974 – 1 StR 579/73, juris (→ Rn. 9) = *Dallinger* MDR 1974, 721 (725); BGH 5.1.1978 – 2 StR 425/77, juris (→ Rn. 13) insoweit nicht abgedruckt in NJW 1978, 1815; BGH 22.7.1997 – 1 StR 334/97, NStZ 1997, 610; BGH 12.2.1998 – 1 StR 588/97, BGHSt 44, 26 (33); BGH 7.7.1999 – 1 StR 207/99, NStZ 1999, 630 (632); RG 11.6.1934 – 3 D 525/34, RGSt 68, 198 (200).

[15] BGH 6.5.1980 – 5 StR 142/80, JurionRS 1980, 14295; BGH 22.7.1997 – 1 StR 334/97, NStZ 1997, 610; BGH 12.2.1998 – 1 StR 588/97, BGHSt 44, 26 (33); BGH 7.7.1999 – 1 StR 207/99, NStZ 1999, 630 (632).

[16] BGH 30.4.1974 – 1 StR 579/73, juris (→ Rn. 8) = *Dallinger* MDR 1974, 721 (724).

[17] BGH 25.3.1960 – 4 StR 72/60, LNR 1960, 11423; BGH 6.9.1968 – 4 StR 339/68, NJW 1968, 2297 (2298); BGH 22.5.1991 – 2 StR 453/90, bei *Kusch* NStZ 1992, 27.

[18] BGH 12.2.1998 – 1 StR 588/97, BGHSt 44, 26 (33).

[19] BGH 7.4.1993 – 1 StE 1/75 – StB 7/93, NJW 1993, 2449 (2450).

[20] BGH 18.5.1971 – 4 StR 100/71, juris (→ Rn. 6) insoweit nicht abgedruckt in BGHSt 24, 153.

[21] BGH 30.4.1974 – 1 StR 579/73, juris (→ Rn. 8 f.) = *Dallinger* MDR 1974, 721 (725).

[22] BGH 10.2.1977 – 4 StR 623/76, bei *Spiegel* DAR 1978, 146 (155).

[23] BGH 5.1.1978 – 2 StR 425/77, juris (→ Rn. 13) insoweit nicht abgedruckt in NJW 1978, 1815; BGH 22.7.1997 – 1 StR 334/97, NStZ 1997, 610.

[24] BGH 6.8.1969 – 4 StR 126/69, NJW 1970, 1242 (1243); was von LR/*Krause* Rn. 1 (Fn. 6); SK/*Rogall* Rn. 5 ohne nähere Begründung als „wohl zu weitgehend" aufgefasst wird.

[25] BGH 8.8.2002 – 3 StR 239/02, NStZ 2003, 101 mit kritischer Anmerkung *Barton;* BGH 12.9.2007 – 1 StR 407/07, NStZ 2008, 229 (230).

[26] BGH 26.7.1968 – 4 StR 100/68, VRS 35 (1968), 428 Unfallfahrzeug.

[27] BGH 30.7.1999 – 1 StR 618/98, BGHSt 45, 164 (182); KK/*Senge* Rn. 1.

[28] HK/*Lemke* Rn. 4; SK/*Rogall* Rn. 5.

[29] BGH 22.7.2003 – 4 StR 265/03, NStZ 2004, 263 (264) zu § 246a.

[30] Graf/*Monka* Rn. 3; SK/*Rogall* Rn. 12.

[31] *Rudolph* Justiz 1969, 24 (28); *Tröndle* JZ 1969, 374 (378).

[32] KK/Senge Rn. 2; LR/*Krause* Rn. 7; *Meyer-Goßner* Rn. 5.

Sicherung, vor allem in Abgrenzung zu zulässigem Verteidigungsverhalten des Angeklagten.[33]

6 Der Sachverständige ist zudem über **verfahrensrechtliche Vorschriften** in Kenntnis zu setzen. Deren Beachtung muss der Auftraggeber überwachen.[34] Hierzu ist auf die Einhaltung der sich aus § 80 ergebenden Befugnisse zu achten. Der Sachverständige darf zwar innerhalb der dort genannten Grenzen den Sachverhalt weiter aufklären, soweit sich dies im Rahmen des zur Gutachtenerstattung Erforderlichen hält. Dazu darf er auch auf Angaben der zu untersuchenden Person im Rahmen des Explorationsgesprächs zurückgreifen.[35] Andererseits ist er dazu anzuhalten, bei der ergänzenden Befragung vor allem zeugnisverweigerungsberechtigter weiterer Auskunftspersonen den verfahrensrechtlich korrekten Weg des § 80 über den Auftraggeber zu wählen und diese nicht eigenmächtig selbst zu befragen.[36] Ferner ist der Sachverständige daran zu erinnern, die Frist für die Unterbringung nach § 81 nicht zu überschreiten, Untersuchungen des Beschuldigten ohne dessen Einwilligung nur nach Anordnung gemäß § 81a vorzunehmen[37] oder bei anderen Personen nur, wenn diese nach § 81c hierzu verpflichtet wurden.[38] Andererseits kann es geboten sein, auf die Durchführung von Untersuchungen hinzuwirken, wenn diese, wie beispielsweise nach § 246a, vorgeschrieben sind.[39] Schließlich gebietet die prozessuale Fürsorgepflicht gegenüber dem Geschädigten, die Ausweitung der Erhebungen des Sachverständigen auf Fragen zu Privat- und Intimleben eines Zeugen zu unterbinden, sofern deren Aufklärung für die Beweisfrage nicht unerlässlich ist.[40] Auch zum Schutz des Beschuldigten ist die Leitungsfunktion einzusetzen. Zur Einhaltung des besonderen Beschleunigungsgebotes in Haftsachen muss das Gericht die zeitnahe Erstellung des Gutachtens überwachen.[41]

7 **2. Art und Weise der Leitung.** Zwingendes Erfordernis der Leitung der Sachverständigentätigkeit ist eine **eindeutige Auftragsbeschreibung.**[42] Vom Auftraggeber wird nach § 78 eine präzise Bezeichnung des Beweisthemas erwartet, damit für den Sachverständigen klar erkennbar ist, auf welche für wesentlich gehaltenen Punkte er seine Arbeit konzentrieren muss.[43] Dies sollte mit einer möglichst kurzen und prägnanten Formulierung geschehen,[44] die unbedingt ergebnisoffen zu gestalten ist, um dem Gutachter nicht schon eine bestimmte Richtung vorzugeben.[45] In Straßenverkehrssachen genügt dazu allerdings der bloße Hinweis auf die Klärung des „Unfallhergangs" oder der „Unfallursachen" nicht.[46]

---

[33] BGH 16.1.2003 – 1 StR 512/02, juris (→ Rn. 17) = StraFo 2003, 198.

[34] HK/*Lemke* Rn. 6; KK/*Senge* Rn. 3; LR/*Krause* Rn. 5.

[35] BGH 21.7.1965 – 2 StR 229/65, JurionRS 1965, 12761 = *Dallinger* MDR 1966, 381 (383) zur Exploration des Geschädigten; BGH 6.4.2011 – 2 StR 73/11, StV 2011, 709 (710) zum Angeklagten; ausführlich → § 80 Rn. 9 f.

[36] BGH 21.7.1965 – 2 StR 229/65, JurionRS 1965, 12761 = *Dallinger* MDR 1966, 381 (383); BGH 7.5.1968 – 5 StR 83/68, JurionRS 1968, 14341; AG Euskirchen 15.5.2006 – 6 Ls 70 Js 515/03, juris (→ Rn. 41); *Sarstedt* NJW 1968, 177 (180); → § 80 Rn. 8 und 10.

[37] BGH 6.9.1968 – 4 StR 339/68, NJW 1968, 2297 f.; *Sarstedt* NJW 1968, 177 (181).

[38] *Rudolph* Justiz 1969, 24 (32).

[39] BGH 17.11.1999 – 3 StR 305/99, NStZ 2000, 215; BGH 1.12.1955 – 3 StR 419/55, BGHSt 9, 1 (3). RG 11.6.1934 – 3 D 525/34, RGSt 68, 198 (199 f.); RG 11.12.1934 – 1 D 1326/34, RGSt 69, 129 (132 f.).

[40] BGH 11.1.2005 – 1 StR 498/04, NJW 2005, 1519 (1521); vgl. auch BGH 16.6.2005 – 1 StR 152/05, NJW 2005, 2791.

[41] *Rudolph* Justiz 1969, 24 (31); s. auch die Rspr.-Zitate bei § 77 Rn. 2 und 18.

[42] Graf/*Monka* Rn. 3; HK/*Lemke* Rn. 3; KK/*Senge* Rn. 2; KMR/*Neubeck* Rn. 2; *Meyer-Goßner* Rn. 3; insbesondere zum aussagepsychologischen Sachverständigengutachten BGH 30.7.1999 – 1 StR 618/98, BGHSt 45, 164 (182); *Jansen* StV 2000, 224 mit Formulierungsvorschlag; *Schoreit* StV 2004, 284 (287); zum Auftrag in Wirtschaftsstrafsachen *Wolf* ZWH 2012, 125 (129).

[43] *Artkämper* BA 2001, 7 (11); *Boetticher ua* NStZ 2006, 537 (539); *Wolf* ZWH 2012, 125 (129); *Zilkens* BA 1986, 239 (243); sehr weitergehend Hefendehl wistra 2012, 325 (330) für Vorgabe der bilanziellen Bewertungsmethode für Bestimmung eines Vermögensschadens.

[44] *Tröndle* JZ 1969, 374 (376).

[45] OLG Naumburg 24.10.2012 – 1 Ws 442/12, NStZ 2013, 183 zum Überprüfungsverfahren nach §§ 67d, 67e StGB.

[46] *Rudolph* Justiz 1969, 24 (28).

Vielmehr ist auf ein konkret in Betracht kommendes Fehlverhalten abzustellen, das im Falle des Gegebenseins einen Straftatbestand erfüllen würde.[47] Als besonders problematisch erweist sich in diesem Zusammenhang regelmäßig der Auftrag an einen psychiatrischen Sachverständigen zur Feststellung der medizinischen Voraussetzungen der §§ 20, 21 StGB. Die häufig vorzufindende Bemängelung eines Auftrags an den Sachverständigen, er möge den Beschuldigten „auf seine Schuldfähigkeit" untersuchen,[48] mag zwar ihre Berechtigung haben. Schließlich hat der Sachverständige die tatsächlichen Grundlagen einer rechtlichen Wertung zu klären, weswegen die Beweisfrage nicht in die Form einer Rechtsfrage gekleidet werden sollte (→ Rn. 5). Andererseits ist die Bandbreite in Betracht kommender psychiatrischer Befunde oder Verhaltensauffälligkeiten so vielfältig, dass sie für den psychiatrischen Laien – auch denjenigen mit langjähriger juristisch-forensischer Praxis – nicht überschaubar ist.[49] Im Zeitpunkt der Auftragserteilung, die möglichst frühzeitig erfolgen sollte,[50] ist aus diesem Grund oftmals nicht erkennbar, was für die Beurteilung des psychischen Zustandes überhaupt von Bedeutung ist.[51] Mitunter wird es daher kaum vermeidbar sein, zunächst auf eine derartige Formulierung zurückzugreifen, um nicht von vornherein eine missverständliche oder gar untaugliche Auftragsbeschreibung auf den Weg zu bringen. Umso wichtiger ist es aber dann, für Rückfragen forensisch weniger erfahrener Sachverständiger stets offen zu sein und die Vorgehensweise mit diesen im Folgenden zu erörtern. Eine solche Verständigung zwischen Juristen und Psychowissenschaftlern ist zudem auch bei aussagepsychologischen Gutachten notwendig.[52] Bei komplexen Fragestellungen kann dem Sachverständigen im Rahmen der Auftragserteilung aufgegeben werden, zur Vorbereitung der Hauptverhandlung ein vorbereitendes schriftliches Gutachten vorzulegen.[53]

Das Gericht teilt, wenn möglich schon zum Zeitpunkt der Auftragserteilung,[54] die **Anknüpfungstatsachen** mit, von denen der Sachverständige bei der Erstattung seines Gutachtens auszugehen hat,[55] sofern nicht schon zu deren Feststellung die besondere Sachkunde erforderlich ist. Der Sachverständige seinerseits hat diese kritisch zu würdigen und ggf. im Rahmen des § 80 auf deren Ergänzung hinzuwirken oder sich die weitergehende Aufklärung selbst zu erarbeiten.[56] Trifft er im Rahmen seiner Tätigkeit Feststellungen, die dem bislang bekannten Sachverhalt nicht entsprechen, muss er den Auftraggeber hierauf hinweisen.[57] Die teilweise vertretene Ansicht, die Information des Gutachters solle in erster Linie durch Übersendung eines vom Auftraggeber gefertigten Sachberichts erfolgen,[58] überzeugt schon deswegen nicht, weil hierbei immer die Gefahr eines Vorwurfs besteht, die Auswahl des Tatsachenstoffs sei einseitig oder voreingenommen erfolgt. Vielmehr ist im Einzelfall zu entscheiden,[59] wobei Fallgruppen[60] gebildet werden können. Kommen standardisierte technische Verfahren, vor allem im Zusammenhang mit Probenauswertungen, wie bei der Blutalkoholanalyse oder der DNA-Analyse, zur Anwendung, so genügt die Vorlegung der Beweisfrage. § 81f Abs. 2 **8**

[47] *Tröndle* JZ 1969, 374 (377) mit Formulierungsbeispielen.

[48] LR/*Krause* Rn. 4; *Sarstedt* NJW 1968, 177 (181); vgl. auch *Schewe* BA 1986, 356.

[49] Vgl. nur die vage Formulierung in BGH 29.9.1994 – 4 StR 494/94, NStZ 1995, 282, nach der sich aufgrund des außergewöhnlichen Sachverhalts eine Störung des sexuellen Trieb- und Gefühlslebens aufdrängen sollte.

[50] *Haddenbrock* NJW 1981, 1302 (1305).

[51] *Rauch* NJW 1968, 1173 (1175).

[52] *Schoreit* StV 2004, 284 (287).

[53] BGH 14.10.2009 – 2 StR 205/09, BGHSt 54, 177 (178 Rn. 5); → § 82 Rn. 2.

[54] BGH 15.3.2007 – 4 StR 66/07, NStZ 2007, 476 (477); *Meyer-Goßner* Rn. 4; *Jansen* StV 2000, 224 *Nack* GA 2009, 201 (206); *Wolf* ZWH 2012, 125 (129).

[55] BGH 29.9.1994 – 4 StR 494/94, NStZ 1995, 282; BGH 30.7.1999 – 1 StR 618/98, BGHSt 45, 164 (182).

[56] *Eisenberg* Beweisrecht Rn. 1581; *Foth/Karcher* NStZ 1989, 166 (169); *Zilkens* BA 1986, 239 (244).

[57] BGH 31.5.2005 – 1 StR 290/04, NStZ-RR 2005, 264 (265).

[58] *Rudolph* Justiz 1969, 24 (30); *Sarstedt* NJW 1968, 177 (180); in diese Richtung wohl auch Graf/*Monka* Rn. 3; *Meyer-Goßner* Rn. 4.

[59] Graf/*Monka* § 80 Rn. 4; SK/*Rogall* § 80 Rn. 10; *Lürken* NJW 1968, 1161 (1164), allerdings mit einseitigen, auf die Sicht der Interessen des Angeklagten und der Verteidigung beschränkten Schlussfolgerungen.

[60] Vgl. auch *Eisenberg* Beweisrecht Rn. 1591 „jeweilige Art des Gutachtens" ist ausschlaggebend.

S. 2–4 steht weitergehenden Informationen sogar entgegen. Von der vollständigen Überlassung der Akten sollte im konkreten Fall auch abgesehen werden, wenn deren zu frühzeitige Kenntnis die Gefahr falscher Schlüsse des Sachverständigen hervorrufen könnte,[61] was bei Schriftgutachten im Auge zu behalten ist.[62] Bei technischen Fragen, wie sie beispielsweise der Kfz-Sachverständige zu beantworten hat, bedarf es der Übersendung personenbezogener Ermittlungsergebnisse zum Beschuldigten, vor allem von Auszügen aus dem Bundeszentralregister, für gewöhnlich nicht.[63] Anderes gilt jedoch, sofern Geschehensabläufe oder (psychische) Zustände von Personen aufzuklären sind. Gerade bei psychiatrischen Begutachtungen ist regelmäßig nicht von vornherein absehbar, welche Umstände für die Beurteilung durch den Sachverständigen von Bedeutung sind. Daher besteht regelmäßig Anlass, ihm das gesamte Aktenmaterial zur Verfügung zu stellen.[64] Allerdings genügt es auch in diesem Fall nicht, die Akten kommentarlos und ohne nähere Bezeichnung dem Sachverständigen zu übersenden. Vielmehr ist in diesem Fall seiner Tätigkeit genauso durch Vorgabe der möglichst präzisen Beweisfrage eine Richtung zu geben.[65] Das Gericht muss zudem sorgfältig darauf achten, ob das Ergebnis der Beweisaufnahme vom Akteninhalt abweicht und den Sachverständigen ggf. hierauf hinweisen.[66] Ein solcher Hinweis kann ferner geboten sein, wenn der Gutachter den Einfluss leugnenden Verteidigungsverhaltens auf die Zuverlässigkeit dessen unberücksichtigt lässt, was der Beschuldigte bei der Befragung äußert.[67]

9 Bei **nicht eindeutiger Beweisgrundlage** leitet das Gericht die Tätigkeit des Sachverständigen, indem es diesem vorgibt, von welchem Sachverhalt er auszugehen hat. Hierzu kann es sich auf Grundlage einer Zwischenberatung über die Ergebnisse der bis dahin erfolgten Beweisaufnahme[68] eine vorläufige Bewertungsgrundlage schaffen, um diese dem Sachverständigen und den weiteren Verfahrensbeteiligten zu eröffnen.[69] Kommt das Gericht zu einer Tatsachengrundlage, die von den Anknüpfungstatsachen abweicht, die der Sachverständige seiner (bisherigen) Bewertung zugrunde gelegt hat, bedarf es eines entsprechenden Hinweises, damit dieser sich hiermit auseinandersetzen und die für ihn neuen Umstände in seine Begutachtung einbeziehen kann.[70] Umgekehrt muss auch der Sachverständige das Gericht über Feststellungen informieren, die den bisher vorgegebenen widersprechen.[71] Für den Fall, dass der Sachverständige erst nach vollständigem oder teilweisem Abschluss der Beweisaufnahme zugezogen wird, fordert § 78 gleichfalls eine entsprechende Belehrung.[72] Der Richter kann indes auch den Weg wählen, dem Sachverständigen verschiedene Sachverhaltsvarianten vorzugeben, die zunächst in Betracht kommen können, um jede für sich sachverständig zu beurteilen.[73] Eine Festlegung erfolgt dann erst im Rahmen der abschließenden Beratung. Schließlich kann das Gericht bei zweifelhafter Täterschaft des Angeklagten, beispielsweise im Hinblick auf standesethische Bedenken des psychiatrischen Sachverständigen, gehalten sein, diesem die Gutachtenerstattung auf der Grundlage hypothetischer Täterschaft ausdrücklich vorzugeben.[74]

---

[61] *Eisenberg* Beweisrecht Rn. 1591.

[62] → § 93 Rn. 4.

[63] *Groß/Fünfsinn* NStZ 1992, 105 (110).

[64] Venzlaff/Foerster/*Schreiber/Rosenau* Psychiatrische Begutachtung, S. 125 (132); *Artkämper* BA 2001, 7 (13); *Groß/Fünfsinn* NStZ 1992, 105 (110); *Karpinski* NJW 1968, 1173; *Rauch* NJW 1968, 1173 (1175).

[65] OLG Brandenburg 17.4.1996 – 2 Ws 50/96, NStZ 1996, 405 (406).

[66] LR/*Krause* Rn. 9.

[67] BGH 10.1.2000 – 5 StR 640/99, *Pfister* NStZ-RR 2000, 353 (361), allerdings sehr weitgehend.

[68] Hierzu BGH 3.7.1962 – 3 StR 22/61, BGHSt 17, 337 (339 f.).

[69] LR/*Krause* Rn. 9; *Eisenberg* Beweisrecht Rn. 1602.

[70] BGH 23.1.1985 – 1 StR 692/84, JurionRS 1985, 16107; BGH 13.3.1985 – 3 StR 8/85, NStZ 1985, 421; BGH 29.9.1994 – 4 StR 494/94, NStZ 1995, 282; BGH 27.10.1994 – 1 StR 597/94, NStZ 1995, 201; OLG Zweibrücken 17.9.1999 – 1 Ss 201/99, NStZ-RR 2000, 47; OLG Hamm 2.6.1999 – 2 Ss 1002/98, StV 2001, 221 (222) für divergierende Sachverständigengutachten.

[71] BGH 31.5.2005 – 1 StR 290/04, NStZ-RR 2005, 264 (265); BGH 12.9.2007 – 1 StR 407/07, juris (→ Rn. 12) insoweit nicht abgedruckt in NStZ 2008, 229.

[72] KK/*Senge* Rn. 2; LR/*Krause* Rn. 9.

[73] KMR/*Neubeck* Rn. 2; *Eisenberg* Beweisrecht Rn. 1605; *Sarstedt* NJW 1968, 177 (181).

[74] *Haddenbrock* NJW 1981, 1302 (1305).

3. Form der Leitung. § 78 sieht **keine bestimmte Form** vor, in der die Leitung des Sachverständigen zu erfolgen hat. Es steht daher im Ermessen des Auftraggebers, ob er die Anweisungen schriftlich oder mündlich erteilt.[75] In Wirtschaftsstrafsachen sollte gleichwohl eine schriftliche Dokumentation erfolgen, da gerade in diesem Bereich unter Anderem die Frage der Verjährungsunterbrechung davon abhängen kann.[76] Die Unterrichtung kann sowohl in der Hauptverhandlung als auch außerhalb erfolgen.[77] Der Gegenwart des Angeklagten und des Verteidigers bedarf es dabei nicht.[78] Die ununterbrochene Anwesenheit des Sachverständigen während der Hauptverhandlung[79] ist genauso wenig erforderlich wie diejenige des Richters bei den Untersuchungshandlungen des Sachverständigen, sofern die unmittelbare Leitung nicht durch die §§ 87–90 ausdrücklich vorgeschrieben ist.[80] 10

III. Revision

Bei § 78 handelt es sich um eine **Ordnungsvorschrift,** deren Verletzung als solche nicht revisibel ist.[81] Allerdings kann die mangelhafte Leitung der sachverständigen Tätigkeit zu rechtlich fehlerhaften Erwägungen führen, auf denen das Gutachten beruht. Wirken diese im Urteil weiter, kann dies mit der Sachrüge angegriffen werden,[82] vor allem in Zusammenhang mit Fragen der Schuldfähigkeit nach §§ 20, 21 StGB.[83] Bei unzureichender Information über die dem Gutachten zugrunde zu legenden Anknüpfungstatsachen kann ferner die Verfahrensrüge auf die Verletzung der Aufklärungspflicht nach § 244 Abs. 2 gestützt werden.[84] Auch kommen als Folgefehler Verletzungen der §§ 136a, 252, 261 in Betracht.[85] Hier ist im Rahmen des Revisionsvortrags nach § 344 Abs. 2 S. 2 Sorgfalt geboten, damit die Angriffsrichtung des Rechtsmittels[86] hinreichend deutlich zum Ausdruck kommt. 11

§ 79 [Sachverständigeneid]

(1) Der Sachverständige kann nach dem Ermessen des Gerichts vereidigt werden.

(2) Der Eid ist nach Erstattung des Gutachtens zu leisten; er geht dahin, daß der Sachverständige das Gutachten unparteiisch und nach bestem Wissen und Gewissen erstattet habe.

(3) Ist der Sachverständige für die Erstattung von Gutachten der betreffenden Art im allgemeinen vereidigt, so genügt die Berufung auf den geleisteten Eid.

Schrifttum: *Bleutge,* Der öffentlich bestellte Sachverständige, DRiZ 1977, 170; *Dahs,* Der Eid – noch ein zeitgemäßes Instrument zur Wahrheitsermittlung im Strafprozess?, FS Rebmann 1989, 161; *Diehm,* Die Entscheidung über die (Nicht-)Vereidigung im Strafprozess, StV 2007, 444; *Fleindl,* Das Erste Justizmodernisierungsgesetz (1. JustizModG) – Änderungen der StPO, JA 2005, 371; *Fuhrmann,* Das Beanstandungsrecht des § 238 Abs. 2 StPO, GA 1963, 65; *Fuhrmann,* Verwirkung des Rügerechts bei nicht beanstandeten Verfahrensverletzungen des Vorsitzenden (§ 283 Abs. 2 StPO), NJW 1963, 1230; *Heimann-Trosien,* Zur Beibehaltung und Fassung des Eides, JZ 1973, 609; *Neuhaus,* Die Änderungen der StPO durch das Erste Justizmodernisierungsgesetz vom 24.8.2004, StV 2005, 47; *Prüfer,* Sachverhaltsermittlung durch Spurenauswertung und Zeugenbefragung am Beispiel des Schwurgerichtsprozesses – Chancen, Fehler und Versäumnisse der Verteidigung, StV 1993, 602; *Schellenberg,* Zum Regeleid der Zeugen im Strafverfahren, NStZ 1993, 372; *Schuster,* Das

[75] KK/*Senge* Rn. 4; LR/*Krause* Rn. 10.
[76] *Wolf* ZWH 2012, 125 (129).
[77] BGH 8.12.1959 – 1 StR 577/59, JurionRS 1959, 13366.
[78] BGH 4.12.1951 – 1 StR 530/51, BGHSt 2, 25 (28).
[79] → § 80 Rn. 14.
[80] HK/*Lemke* Rn. 8; KK/*Senge* Rn. 4.
[81] Graf/*Monka* Rn. 6; SK/*Rogall* Rn. 15.
[82] BGH 16.1.2003 – 1 StR 512/02, juris (→ Rn. 17), insoweit nicht abgedruckt in StraFo 2003, 198.
[83] BGH 10.1.2000 – 5 StR 640/99, bei *Pfister* NStZ-RR 2000, 353 (361).
[84] BGH 13.3.1985 – 3 StR 8/85, NStZ 1985, 421; BGH 29.9.1994 – 4 StR 494/94, NStZ 1995, 282; OLG Zweibrücken 17.9.1999 – 1 Ss 201/99, NStZ-RR 2000, 47.
[85] Graf/*Monka* Rn. 6; LR/*Krause* Rn. 11; *Meyer-Goßner* Rn. 7.
[86] *Meyer-Goßner* § 344 Rn. 24.

neue Vereidigungsrecht nach dem Justizmodernisierungsgesetz aus revisionsrechtlicher Sicht, StV 2005, 628; *Woesner,* Der Gerichtseid als Fremdkörper in der verfassungsmäßigen Ordnung, NJW 1973, 169.

Übersicht

I. Überblick

1 **1. Normzweck.** Der Eid wird als **Mittel der Wahrheitsfindung** angesehen.[1] Diese Vorstellung von der Funktion der Vereidigung einer Beweisperson oder der dementsprechenden Bekräftigung fand zuletzt ausdrücklich Eingang in die Begründung zum JuMoG.[2] Dem liegt der Gedanke zugrunde, die Wahrheitsfindung durch das Gericht werde erleichtert, indem einer Beweisperson und deren Angaben wegen der Vereidigung größeres Gewicht beigemessen werden könne.[3]

2 **2. Anwendungsbereich.** § 79 bezieht sich nur auf die im **Strengbeweis** festzustellenden Tatsachen, die für die Entscheidung über die Schuld- und Rechtsfolgenfrage maßgeblich sind. Verfahrensrechtliche Fragen und Prozessvoraussetzungen, wie beispielsweise die Frage der Verhandlungsfähigkeit des Angeklagten, sind dagegen nach den Regeln des Freibeweises zu klären. Nimmt der Sachverständige hierzu Stellung, was durchaus zulässig ist, so ist er nicht nach § 79 zu vereidigen.[4]

3 **3. Entstehungsgeschichte.** Nach der ursprünglichen Fassung des § 79 musste der Sachverständige stets in Form des Voreides oder unter Berufung auf den allgemein geleisteten Eid, die ebenfalls im voraus zu erfolgen hatte, vereidigt werden.[5] Durch Artikel II Nr. 2 des Gesetzes zur Einschränkung der Eide im Strafverfahren vom 24.11.1933[6] erhielt die Vorschrift ihre heutige Form. Von der Regelvereidigung wurde auf eine solche nach dem Ermessen des Gerichts übergegangen. Zunächst enthielt § 79 Abs. 1 jedoch noch einen Satz 2, der wie folgt lautete: „Auf Antrag der Staatsanwaltschaft, des Angeklagten oder des Verteidigers ist er zu vereidigen".[7] Durch das **Erste Gesetz zur Modernisierung der Justiz (JuMoG)**[8] wurde § 79 Abs. 1 S. 2 gestrichen. Nach der Begründung zum Entwurf des JuMoG sollten hierdurch Spannungen zu den zugleich eingeführten neuen Vorschriften über die Vereidigung von Zeugen vermieden werden.[9] Dies war auch rechtssystematisch sinnvoll, da mit der Neufassung des § 59 zugleich auch beim Zeugen von der Regelvereidigung Abstand genommen wurde.

---

[1] BVerfG 11.4.1972 – 2 BvR 75/71, NJW 1972, 1183 (1185); RG 9.7.1935 – 4 D 631/35, RGSt 69, 263 (264 f.); RG 15.12.1938 – 3 D 550/38, RGSt 73, 31 (33).

[2] BT-Drs. 15/1508, 23.

[3] *Heimann-Trosien* JZ 1973, 609. Entsprechend zum Zeugenbeweis: BGH 15.5.1953 – 5 StR 17/53, BGHSt 4, 255 (257); BGH 3.6.1961 – 1 StR 155/61, BGHSt 16, 99 (103); BGH 9.2.1994 – 2 StR 21/94, StV 1994, 225 f.; BGH 19.7.2000 – 5 StR 258/00, NStZ-RR 2001, 18; BGH 26.11.2001 – 5 StR 54/01, NStZ-RR 2002, 77.

[4] RG 30.4.1929 – 1 D 361/29, JW 1931, 214 (215) mAnm *Oetker;* LR/*Krause* Rn. 1; KK/*Senge* Rn. 1; KMR/*Neubeck* Rn. 6; *Eisenberg* Beweisrecht Rn. 1595.

[5] LR/*Krause* Entstehungsgeschichte. Vgl. auch RG 4.6.1883 – Rep 1009/83, RGSt 8 359 (360 f.).

[6] RGBl. I 1933, 1008.

[7] LR/*Krause* Entstehungsgeschichte; *Eisenberg* Beweisrecht Rn. 1595.

[8] BGBl. 2004 I, 2198.

[9] BT-Drs. 15/1508, 24.

II. Erläuterung

1. Grundlage der Vereidigung nach Abs. 1. Das Gericht entscheidet über die Vereidigung des Sachverständigen nach seinem **freien Ermessen.**[10] Die einschränkenden Voraussetzungen des § 59 Abs. 1 S. 1 gelten nach der insoweit eindeutig abweichenden Formulierung des § 79 Abs. 1 nicht.[11] Schon der Wortlaut der Vorschrift legt dabei ein Regel-Ausnahme-Verhältnis nahe, wonach der Sachverständige üblicherweise nicht vereidigt wird.[12] Außerdem spricht hierfür, dass das Gutachten objektiv nachprüfbar ist und der Sachverständige eine neutrale Stellung einnimmt.[13] Hingewiesen wird zudem auf die Abnutzung der Appellfunktion und Entwertung der Bedeutung des Eides, die mit unreflektierter Anwendung verbunden wäre.[14] 4

Die Vereidigung wird dann erfolgen, wenn **besondere Umstände** gegeben sind, die sie zweckmäßig erscheinen lassen.[15] Da weder das Gesetz, noch die Rechtsprechung hierzu weitere Einzelheiten nennen, wird als Orientierungspunkt die Aufklärungspflicht genannt.[16] Das entspricht der Vorstellung des Gesetzgebers, der im Eid ein Mittel zur Wahrheitsfindung sieht. Ein echter Erkenntnisgewinn für die Umsetzung der Norm in der Praxis ist damit gleichwohl nicht verbunden. Soweit ersichtlich hat sich die Rechtsprechung bislang lediglich mit dem Fall auseinandergesetzt, dass dem Gutachten des Sachverständigen eine ausschlaggebende Bedeutung für die Entscheidung zukommt. Eine Einschränkung des Ermessens erfolgt aber alleine dadurch nicht.[17] Mit einer Anlehnung an das entsprechende Kriterium des § 59 Abs. 1 S. 1 ist auch durchaus Zurückhaltung geboten. Ein Sachverständigengutachten wird selten in Auftrag gegeben werden, ohne maßgeblichen Einfluss auf die Urteilsfindung zu entfalten. Das vorgegebene Regel-Ausnahme-Verhältnis darf mithin auf diesem Weg nicht umgangen werden. Als weitere Konstellation kommt diejenige in Betracht, bei der die Darlegungen des Sachverständigen einer näheren Überprüfung durch das Gericht nicht zugänglich sind.[18] Hier vermag die Vereidigung dem Sachverständigen seine Pflichten nochmals deutlich vor Augen führen und dem Gericht zumindest als psychische Entscheidungsstütze dienen.[19] Wenig überzeugend ist indes der in der Literatur vorzufindende Vorschlag, die Vereidigung könne naheliegen oder gar geboten sein, wenn Sachkunde und Gewissenhaftigkeit des Sachverständigen zweifelhaft erscheinen oder seine Ausführungen durch ihre innere Logik nicht überzeugen.[20] Dies sind Kriterien, die im systematischen Zusammenhang mit der Aufklärungspflicht des Gerichts bereits anderweitig erfasst sind. So werden entsprechende Mängel des Gutachtens oder der Person des Sachverständigen für das Gericht nach §§ 83 Abs. 1, 244 Abs. 2 Anlass gegeben, das Gutachten nachbessern zu lassen oder einen weiteren Sachverständigen zu beauftragen. Dahingehende Beweisanträge des Angeklagten können wegen der Sondervorschrift des § 244 Abs. 4 S. 2 Hs. 2 unter den genannten Umständen gerade nicht abgelehnt werden. Einer 5

---

[10] BGH 27.11.1961 – 4 StR 408/61, VRS 22 (1962), 144 (147); *Dahs*, FS Rebmann, 1989, 161 (165).

[11] *Diehm* StV 2007, 444 (446); *Fleindl* JA 2005, 371 (372); *Schlothauer* StV 2005, 200.

[12] BGH 9.9.1971 – 1 StR 317/71, LNR 1971, 11739; Graf/*Monka* Rn. 1; HK/*Lemke* Rn. 2; KK/*Senge* Rn. 2; *Meyer-Goßner* Rn. 2.

[13] BGH 22.2.1967 – 2 StR 2/67, BGHSt 21, 227 (228) allerdings noch mit der auf der vorhergehenden Gesetzesfassung beruhenden Erwägung, dass der Angeklagte gegen eine Benachteiligung durch die Nichtvereidigung durch sein (früheres) Antragsrecht geschützt war.

[14] *Heimann-Trosien* JZ 1973, 609 (610 und 613), der in diesem Zusammenhang die Grundlage des Eides „mindestens auch im Irrationalen" sieht; *Schellenberg* NStZ 1993, 372 (373 f.).

[15] BGH 22.2.1967 – 2 StR 2/67, BGHSt 21, 227 (228) ohne weitere Differenzierung.

[16] Radtke/Hohmann/*Beukelmann* Rn. 1. So auch *Rieß* NJW 1975, 81 (84); *Peglau/Wilke* NStZ 2005, 186 (188) für die Vereidigung des Zeugen.

[17] BGH 21.6.1955 – 5 StR 55/55, *Herlan* MDR 1955, 649 (651); BGH 24.6.1955 – 5 StR 55/55, LNR 1955, 12271; BGH 5.6.1956 – 5 StR 116/56, LNR 1956, 12525; LR/*Krause* Rn. 2; KK/*Senge* Rn. 1; *Meyer-Goßner* Rn. 1; *Eisenberg* Beweisrecht Rn. 1595.

[18] KMR/*Neubeck* Rn. 1; LR/*Krause* Rn. 2; *Meyer-Goßner* Rn. 1; Radtke/Hohmann/*Beukelmann* Rn. 1; SK/*Rogall* Rn. 7; *Eisenberg* Beweisrecht Rn. 1595.

[19] Siehe hierzu *Heimann-Trosien* JZ 1973, 609 (610).

[20] LR/*Krause* Rn. 2; *Meyer-Goßner* Rn. 1; Radtke/Hohmann/*Beukelmann* Rn. 1; *Eisenberg* Beweisrecht Rn. 1595; vgl. auch *Neuhaus* StV 2005, 47 (49).

Behelfslösung über die Vereidigung bedarf es daher nicht. Die Vorgaben dieser Vorschriften, die die entsprechende Prozesssituation spezifisch erfassen, sind vorrangig zu beachten. Schließlich wird noch angeführt, in besonders gelagerten Ausnahmefällen könne sich das Ermessen des Gerichts auf Null reduzieren und zu einer Pflicht verdichten, den Sachverständigen zu vereidigen.[21] Ob derartige Ausnahmefälle gegeben sein können und gegebenenfalls unter welchen Voraussetzungen, erscheint indes fraglich. Dagegen spricht, dass der Gesetzgeber in § 79 Abs. 1 im Gegensatz zu § 59 Abs. 1 S. 1 gerade keine inhaltlichen Vorgaben für die Ausübung des Ermessens macht.

6 Die **Vereidigungsentscheidung** trifft der Vorsitzende des Gerichts im Rahmen seiner Sachleitungsbefugnis nach § 238 Abs. 1.[22] Die Auffassung, die, nachdem die Möglichkeit zur Erzwingung einer Vereidigung durch die Verfahrensbeteiligten weggefallen ist, fordert, er müsse diesen zur Gewährung effektiven rechtlichen Gehörs, zuvor Gelegenheit zur Stellungnahme geben,[23] geht zu weit. Durch die Streichung des § 79 Abs. 1 S. 2 aF entfiel die Möglichkeit der Verfahrensbeteiligten, eine Vereidigung auf ihren Antrag hin zu erzwingen. Weiterhin haben sie aber die Befugnis, über die entsprechende Antragstellung, eine solche anzuregen.[24] Mithin ist nicht das Antragsrecht als solches entfallen, sondern es wurde lediglich ein weitergehender Freiraum zu dessen Bescheidung eingeräumt. Die Struktur des Verfahrensablaufs ist demnach unverändert, weswegen es nach wie vor keiner Anhörung der Beteiligten bedarf.[25] Gegen die Entscheidung des Vorsitzenden können die Verfahrensbeteiligten zudem den Zwischenrechtsbehelf des § 238 Abs. 2 in Anspruch nehmen, um eine Beschlussfassung des gesamten Spruchkörpers herbeizuführen.[26] Dagegen wird eingewandt, es liege von vornherein keine Maßnahme der Verhandlungsleitung vor, sondern der Vorsitzende entscheide lediglich ohne ausdrückliche Ermächtigung anstelle der an sich erforderlichen gerichtlichen Beschlussfassung.[27] Dem ist nicht zuzustimmen. Der Wortlaut des § 79 Abs. 1, wonach das „Gericht" zu befinden hat,[28] ist insoweit unergiebig. Auch dessen Ermessensausübung kann im Rahmen der Verhandlungsleitung vorläufig durch den Vorsitzenden erfolgen.[29] Im Zusammenhang mit der unter vergleichbaren Voraussetzungen zu treffenden Entscheidung über die Vereidigung eines Zeugen nach § 59 Abs. 1 S. 1 könnte nach Wegfall des § 79 Abs. 1 S. 2 aF nur ins Feld geführt werden, es handele sich um eine Entscheidung, die an wertungsbedürftige Voraussetzungen geknüpft sei und die eng in Verbindung mit der Entscheidung in der Hauptsache stehe. Die Letztere obliege indes in der Folge dem gesamten Spruchkörper.[30] Dabei bleibt jedoch unberücksichtigt, dass ein entsprechender Sachzusammenhang auch dann besteht, wenn das Gericht über die Ablehnung eines Beweisantrages oder die vernehmungsersetzende Verlesung einer Urkunde zu befinden hat. Für diese Fälle sieht das Gesetz in §§ 244 Abs. 6, 251 Abs. 4 S. 1 ausdrücklich die Form des Gerichtsbeschlusses vor. Mangels einer vergleichbaren Regelung in § 79 Abs. 1 kann hieraus im Umkehrschluss gefolgert werden, dass es eines solchen im vorliegenden Zusammenhang nicht sogleich bedarf.

---

[21] LR/*Krause* Rn. 2; SK/*Rogall* Rn. 7.

[22] BGH 31.8.1951 – 4 StR 427/51, NJW 1952, 233 f., KK/*Senge* Rn. 3; KMR/*Neubeck* Rn. 3; HK/*Lemke* Rn. 2; *Meyer-Goßner* Rn. 2. Siehe auch BGH 8.5.1951 – 1 StR 113/51, BGHSt 1, 216 (218) zur Vereidigung des Zeugen.

[23] LR/*Krause* Rn. 4; SK/*Rogall* Rn. 18.

[24] HK/*Lemke* Rn. 2.

[25] KK/*Senge* Rn. 3; KMR/*Neubeck* Rn. 14; HK/*Lemke* Rn. 2; sowie OLG Hamm 5.2.1971 – 3 Ss 741/70, VRS 41 (1971), 123 (124) zur Vereidigung eines Zeugen.

[26] BGH 31.8.1951 – 4 StR 427/51, NJW 1952, 233 f., KK/*Senge* Rn. 3; *Meyer-Goßner* Rn. 2; Siehe auch BGH 8.5.1951 – 1 StR 113/51, BGHSt 1, 216 (218) zur Vereidigung des Zeugen.

[27] *Fuhrmann* GA 1963, 65 (78); *Fuhrmann* NJW 1963, 1230 (1235 f.); LR/*Krause* Rn. 4; SK/*Rogall* Rn. 18; so auch im Hinblick auf das frühere Antragsrecht des § 79 Abs. 1 S. 2 StPO aF *Eb Schmidt* Lehrkommentar zur Strafprozessordnung und zum Gerichtsverfassungsgesetz Teil II Rn. 5; *Eisenberg* Beweisrecht Rn. 1596 mit Fn. 132.

[28] Vgl. LR/*Ignor*/*Bertheau* § 59 Rn. 21.

[29] BGH 8.5.1951 – 1 StR 113/51, BGHSt 1, 216 (218) zur Vereidigung des Zeugen; vgl. auch → § 59 Rn. 20.

[30] *Fuhrmann* GA 1963, 65 (79); *Peglau*/*Wilke* NStZ 2005, 186 (189).

Naturgemäß stellt sich nur für den Fall der **Nichtvereidigung** die Frage, ob es einer ausdrücklichen Entscheidung des Gerichts bedarf. Nach derzeitiger Rspr. des BGH[31] ist eine solche nicht notwendig. Sie wurde zwar anfangs gefordert, damit die Ausübung des richterlichen Ermessens hinreichend zum Ausdruck komme.[32] Diese Rechtsprechung gab der BGH in der Folge auf, wobei er jedoch speziell auf die frühere Rechtslage abstellte. Er sah die Verfahrensbeteiligten durch § 79 Abs. 1 S. 2 aF wirksam geschützt, da der dahingehende Antrag eine Pflicht zur Vereidigung nach sich zog.[33] Nach Angleichung an die Ermessensentscheidung über Vereidigung eines Zeugen (→ Rn. 3) ist dieses Argument für sich gesehen nicht mehr tragfähig. Vielmehr erscheint es nahe liegend, die Grundsätze zu § 59 Abs. 1 auf § 79 Abs. 1 sinngemäß zu übertragen. Hierzu ist die Rechtsprechung des BGH allerdings bislang nicht einheitlich. Ein Teil der Senate, geht davon aus, die Nichtvereidigung eines Zeugen sei der gesetzliche Regelfall und bedürfe daher keiner ausdrücklichen Entscheidung, wobei der Entlassverfügung entnommen werden könne, dass das Gericht bzw. dessen Vorsitzender konkludent die Beibehaltung des regelmäßigen Verfahrensgangs zugrunde gelegt habe.[34] Ein anderer Teil fordert hingegen eine solche.[35] Im Hinblick darauf empfiehlt es sich derzeit, auch über die Nichtvereidigung ausdrücklich zu befinden. Gleichwohl hat die bisherige Rechtsprechung zu § 79 Abs. 1 weiterhin die tragfähigeren Argumente auf ihrer Seite. Die Nichtvereidigung des Sachverständigen ist der gesetzlich vorgesehene Regelfall.[36] Eine ausdrückliche oder auch nur stillschweigende Entscheidung hierüber zu verlangen wäre bloße Förmelei. Etwas anderes kann nur dann gelten, wenn einer der Verfahrensbeteiligten explizit die Vereidigung beantragt.[37] 7

Dies zu Grunde gelegt, bedarf die Nichtvereidigung des Sachverständigen auch keiner **Begründung.**[38] Einer „transparenten Verfahrensführung“[39] ist ohnehin Genüge getan. Dies ergibt sich schon daraus, dass die Nichtvereidigung der gesetzliche Regelfall ist. Soll von diesem nicht abgewichen werden, handelt es sich um eine prozessuale Selbstverständlichkeit, die keiner Erläuterung bedarf. In Anlehnung an die Rechtslage zur Nichtvereidigung des Zeugen nach § 59 Abs. 1 S. 1 gilt dies auch für den Gerichtsbeschluss nach § 238 Abs. 2.[40] Da die Ermessensentscheidung nach § 79 Abs. 1 noch weitergehend an keinerlei einschränkende Voraussetzungen geknüpft ist, wäre sie ohnehin jeglicher Nachprüfung entzogen.[41] Wird die Vereidigung vorgenommen, ist die Begründung im Hinblick auf §§ 72, 59 Abs. 1 S. 2 entbehrlich.[42] 8

2. Form und Inhalt der Vereidigung nach Abs. 2. Der Sachverständigeneid ist im Anschluss an die Erstattung des Gutachtens als **Nacheid** zu leisten. Werden mehrere Sachverständige vernommen, so ist gemäß §§ 72, 59 Abs. 2 S. 1 jeder von ihnen einzeln zu vereidigen.[43] Sofern die entsprechenden Voraussetzungen gegeben sind, kann die Vereidi- 9

---

[31] BGH 22.2.1967 – 2 StR 2/67, BGHSt 21, 227 (228); BGH 9.9.1971 – 1 StR 317/71, LNR 1971, 11739; zustimmend *Hanack* JZ 1971, 126 (128).

[32] BGH 31.8.1951 – 4 StR 427/51, NJW 1952, 233; BGH 22.12.1964 – 1 StR 509/64, NJW 1965, 643; so auch LR/*Krause* Rn. 3.

[33] BGH 22.2.1967 – 2 StR 2/67, BGHSt 21, 227 (228).

[34] BGH 16.11.2005 – 2 StR 457/05, BGHSt 50, 282 (283 f.); BGH 7.7.2009 – 1 StR 268/09, NStZ 2009, 647 f. unter ausdrücklicher Aufgabe von BGH 15.2.2005 – 1 StR 584/04, StraFo 2005, 244; offen gelassen in BGH 11.7.2006 – 3 StR 216/06, BGHSt 51, 81 (83), jedoch kein wesentlicher Teil der Hauptverhandlung iSd § 247 StPO und BGH 31.7.2013 – 4 StR 276/13, BeckRS 2013, 14343 = NStZ-RR 2013, 348 (Leitsatz).

[35] BGH 20.1.2005 – 3 StR 455/04, NStZ 2005, 340 (341) allerdings nicht entscheidungstragend; s. auch → § 59 Rn. 25-27.

[36] BGH 22.2.1967 – 2 StR 2/67, BGHSt 21, 227 (228); BGH 9.9.1971 – 1 StR 317/71, LNR 1971, 11739; KMR/*Neubeck* Rn. 2; *Diehm* StV 2007, 444 (446).

[37] BGH 16.11.2005 – 2 StR 457/05, BGHSt 50, 282 (283) zu § 59.

[38] KK/*Senge* Rn. 3; *Fleindl* JA 2005, 371 (372).

[39] Vgl. LR/*Ignor/Bertheau* § 59 Rn. 22 und 27.

[40] KK/*Senge* Rn. 3; *Peglau/Wilke* NStZ 2005, 186 (189) zu § 59 StPO; s. aber auch → § 59 Rn. 37.

[41] Vgl. BGH 22.2.1967 – 2 StR 2/67, BGHSt 21, 227 (228).

[42] Vgl. Graf/*Huber* § 59 Rn. 8; zur Anwendbarkeit des § 59 Abs. 1 S. 2 s. → § 72 Rn. 26.

[43] RG 8.5.1880 – Rep 1099/80, RGSt 2, 153 (158); Graf/*Monka* Rn. 4; *Meyer-Goßner* § 79 Rn. 4.

gung ausnahmsweise bereits im vorbereitenden Verfahren nach §§ 72, 62 oder durch den beauftragten oder ersuchten Richter nach §§ 72, 63 erfolgen.[44] Ansonsten ist sie in der Hauptverhandlung vorzunehmen. Selbst wenn der Sachverständige im Vorverfahren den Eid leistete, ist die bloße Berufung in der Hauptverhandlung hierauf nicht ausreichend. Es besteht vielmehr die Notwendigkeit erneuter Beeidigung.[45] Erfolgen aber mehrere Vernehmungen innerhalb desselben Hauptverfahrens, so genügt nach §§ 72, 67 die Berufung auf eine bereits zu einem früheren Zeitpunkt erfolgte Vereidigung.[46]

10 Die **Eidesleistung** kann nach §§ 79 Abs. 2 Hs. 2 iVm §§ 72, 64 Abs. 1 mit oder nach § 79 Abs. 2 Hs. 2 iVm §§ 72, 64 Abs. 2 – in ansonsten entsprechender Form – ohne religiöse Beteuerung erfolgen. Der Vorsitzende des Gerichts wendet sich dazu zunächst mit folgendem Wortlaut[47] der Eidesnorm an den Sachverständigen: „Sie schwören (bei Gott dem Allmächtigen und Allwissenden), dass Sie das Gutachten unparteiisch und nach bestem Wissen und Gewissen erstattet haben". Hierauf wiederholt der Sachverständige die vom Vorsitzeden des Gerichts vorgesprochene Eidesformel: „Ich schwöre es (so wahr mir Gott helfe)".[48] Will er dagegen aus Glaubens- und Gewissensgründen keinen Eid leisten, so muss er die Wahrheit der Aussage nach §§ 72, 65 Abs. 1 S. 2 bekräftigen. Die Eidesnorm lautet dann nach § 79 Abs. 2 Hs. 2 iVm §§ 72, 65 Abs. 2: „Sie bekräftigen im Bewusstsein Ihrer Verantwortung vor Gericht, dass Sie das Gutachten unparteiisch und nach bestem Wissen und Gewissen erstattet haben". Hierauf spricht der Sachverständige ein schlichtes „Ja". Gemäß §§ 72, 65 Abs. 1 S. 2 ist der ausdrückliche Hinweis erforderlich, dass diese Bekräftigung dem Eid gleichsteht.

11 Im Einzelfall kann es erforderlich sein, den Sachverständigen zugleich als **Zeugen** zu vernehmen und zu vereidigen. Dies gilt insbesondere dann, wenn er Wahrnehmungen über Zusatztatsachen oder Zufallsbeobachtungen bekundet. In diesen Fällen ist eine Vereinigung der Formeln für den Sachverständigen- und Zeugeneid zulässig, sofern die Ableistung beider hinreichend deutlich wird.[49] Hierfür bietet sich folgender Wortlaut an: „Sie schwören (bei Gott dem Allmächtigen und Allwissenden), dass Sie nach bestem Wissen die reine Wahrheit gesagt und nichts verschwiegen sowie dass Sie das Gutachten unparteiisch und nach bestem Wissen und Gewissen erstattet haben".[50]

12 **3. Berufung auf die allgemeine Vereidigung nach Abs. 3.** § 79 Abs. 3 setzt die Möglichkeit der allgemeinen Vereidigung voraus. Er regelt nicht, welche **Institution** zur Abnahme des allgemeinen Eides ermächtigt ist und in welcher Form sie dies vorzunehmen hat.[51] Es ist demnach nicht erforderlich, dass die allgemeine Beeidigung durch eine Justizbehörde erfolgt.[52] Die Vorschriften, nach denen sie erfolgt, befinden sich einerseits im Bundes-, andererseits im Landesrecht.[53] So sieht § 36 GewO Abs. 1 und Abs. 2 die öffentliche Bestellung von Sachverständigen auf den Gebieten der Wirtschaft vor, wobei die Ausführung durch den Landesgesetzgeber geregelt wird.[54] Die entsprechende Zuständigkeit wurde auf die Industrie- und Handelskammern übertragen.[55] Für die Bereiche des Handwerks erfolgt die Bestellung nach § 91 Abs. 1 Nr. 8 HandwO durch die Handwerkskammern.[56] Die früher anzutreffende allgemeine Vereidigung durch (Amts-)Gerichte dürfte heute, wenn überhaupt, nur noch vereinzelt anzutreffen sein. Regelmäßig wird sie sich aber nur auf den entsprechen-

---

[44] LR/*Krause* Rn. 7.
[45] RG 4.6.1883 – Rep 1009/83, RGSt 8, 359 (360).
[46] KK/*Senge* § 79 Rn. 5.
[47] Zum Wortlaut der Eidesformeln LR/*Krause* Rn. 8.
[48] Zum Ablauf des Vereidigungsverfahrens LR/*Ignor*/*Bertheau* § 64 Rn. 3.
[49] *Eb. Schmidt* Lehrkommentar zur Strafprozessordnung Teil II § 85 Rn. 3; KMR/*Neubeck* Rn. 5.
[50] Vgl. LR/*Krause* Rn. 16.
[51] RG 15.6.1883 – Rep 1099/83, RGSt 8, 357 (358).
[52] RG 15.12.1911 – III 662/11, RGSt 45, 373 (374).
[53] HK/*Lemke* Rn. 5; KMR/*Neubeck* Rn. 8; SK/*Rogall* Rn. 16.
[54] RG 18.12.1911, 45, 373 (374 f.); zum Inhalt des Eides *Bleutge* DRiZ 1977, 170 (172 f.).
[55] Vgl. § 7 IHKG-BW, BWGBl. 1958, 77.
[56] LR/*Krause* Rn. 10; *Eisenberg* Beweisrecht Rn. 1599; *Bleutge* DRiZ 1977, 170.

den örtlichen Zuständigkeitsbereich beschränken und die dort abgegebenen Gutachten abdecken.[57] In gleicher Weise ist die Berufung auf den allgemein geleisteten Eid nur für den Bezirk der diesen abnehmenden Industrie- und Handelskammer oder Handwerkskammer zulässig[58] und wenn sich der Sachverständige innerhalb des betreffenden Fachgebiets hält.[59] Sobald der Sachverständige das ihm durch die gerichtliche Bestellung verliehene Amt niederlegt, kann er sich nicht mehr auf den allgemein geleisteten Eid berufen.[60]

Die Berufung auf den **Diensteid**[61] erfüllt die Voraussetzungen des § 79 Abs. 3, sofern 13
die Erstattung von Gutachten der entsprechenden Art zum Amtskreis des Beamten gehört.[62] Handelt es sich um einen Landesbeamten, kann er sich vor jedem Gericht auf den Diensteid berufen, das sich innerhalb des Bundeslandes befindet, zu dem sein Amt gehört.[63]

Der Sachverständigen- und der **Dolmetschereid** unterscheiden sich inhaltlich und hin- 14
sichtlich der Anordnungsvoraussetzungen.[64] Wird ein Dolmetscher (zugleich) als Sachverständiger gehört, ist daher die Berufung auf den allgemein geleisteten Dolmetschereid nicht ausreichend.[65]

Das Gericht nimmt die **Feststellung** der allgemeinen Vereidigung im Freibeweis vor.[66] 15
Hierzu kann es sich der Versicherung des Sachverständigen selbst bedienen.[67] Ausreichend ist es ebenfalls, wenn dies gerichtsbekannt ist.[68] Sofern die Frage mit den zur Verfügung stehenden Mitteln in der vorgegebenen Zeit nicht geklärt werden kann, hat im Zweifel die Vereidigung zu erfolgen.[69]

Die **Wirksamkeit** der Berufung nach Abs. 3 hängt davon ab, dass der Sachverständige 16
selbst die betreffende Erklärung abgibt.[70] Hierzu ist zwar der bloße Hinweis des Gerichts auf den allgemeinen Eid nicht ausreichend.[71] Allerdings genügt es, wenn der Sachverständige die Frage des Vorsitzenden bejaht, ob er sich auf den allgemein geleisteten Eid berufen wolle.[72] Erfolgen mehrere Vernehmungen im Verlaufe desselben Verfahrens, so ist jeweils die neuerliche Berufung des Sachverständigen notwendig.[73] Der Eid wird durch die Erklärung im Sinne des § 79 Abs. 3 ersetzt. Das Gericht darf den Sachverständigen darüber hinaus im Einzelfall nicht vereidigen.[74]

4. Protokollierung. Die **Vereidigung** des Sachverständigen stellt die Ausnahme vom 17
Regelfall der Nichtvereidigung dar. Sie ist daher eine wesentliche Förmlichkeit, die gemäß § 273 Abs. 1 S. 1 in das Hauptverhandlungsprotokoll aufzunehmen ist. Gleiches gilt für die eidesgleiche Bekräftigung. Der Protokollvermerk sollte den Wortlaut haben: „Der Sachverständige leistete den Sachverständigeneid" oder „der Sachverständige bekräftigte die Rich-

---

57 S. hierzu RG 15.12.1904 – Rep 6168/04, RGSt 37, 364.

58 RG 18.12.1911 – III 662/11, RGSt 45, 373 (374); LR *Krause* Rn. 10.

59 RG 2.2.1929 – 2 D 385/29, JW 1931, 889 mAnm *Alsberg;* RG 2.12.1929 – 2 D 385/29, JW 1931, 889; *Meyer-Goßner* Rn. 8.

60 LR/*Krause* Rn. 10; *Meyer-Goßner* Rn. 8; SK/*Rogall* Rn. 16; *Eisenberg* Beweisrecht Rn. 1599.

61 → § 58 Abs. 1 BBG oder die entsprechenden landesrechtlichen Vorschriften.

62 RG 8.1.1881 – Rep 3207/80, RGSt 3, 321 f.; RG 13.7.1881 – Rep 1448/81, RGSt 4, 388 (390); RG 15.6.1883 – Rep 1299/83, RGSt 8, 357 (358 f.); RG 12.12.1895 – Rep 3947/95, RGSt 28, 41 f.; RG 18.6.1909 – V 386/09, RGSt 42, 369 f.

63 RG 22.12.1909 – III 973/09, RGSt 43, 158 (159).

64 *Liemersdorf* NStZ 1981, 69.

65 BGH 22.12.1964 – 1 StR 509, NJW 1965, 643; BGH 7.7.1997 – 5 StR 17/97, NStZ 1998, 158 (159).

66 BGH 25.3.1960 – 4 StR 72/60, LNR 1960, 11423.

67 RG 8.5.1882 – Rep. 976/82, RGSt 6, 276 (278); Graf/*Monka* Rn. 5; *Bergmann* MDR 1976, 888 (890).

68 LR/*Krause* Rn. 12; KK/*Senge* § 79 Rn. 6; *Meyer-Goßner* Rn. 6; Radtke/Hohmann/*Beukelmann* Rn. 2; *Eisenberg* Beweisrecht Rn. 1599.

69 LR/*Krause* Rn. 12; KK/*Senge* Rn. 6; KMR/*Neubeck; Meyer-Goßner* Rn. 6.

70 *Eb. Schmidt* Lehrkommentar zur StPO Teil II Rn. 11; KK/*Senge* Rn. 6.

71 RG 10.12.1880 – Rep. 2959/80, RGSt 3, 100 (102); RG 29.1.1881 – Rep. 3450/80, RGSt 3, 326.

72 *Meyer-Goßner* Rn. 5; LR/*Krause* Rn. 13; SK/*Rogall* Rn. 15.

73 KK/*Senge* Rn. 6; LR/*Krause* Rn. 14.

74 Graf/*Monka* Rn. 5 wertet dies als „eine Art partielles Eidesverweigerungsrecht"; LR/*Krause* Rn. 15; *Meyer-Goßner* Rn. 5; KMR/*Neubeck* Rn. 8; aA *Eb. Schmidt* Lehrkommentar zur StPO Teil II Rn. 11; KK/*Senge* Rn. 6.

tigkeit seines Gutachtens".[75] Werden mehrere Sachverständige vereidigt, so ist aufzunehmen, dass dies einzeln geschah.[76]

18 Der BGH nahm zuletzt keine Pflicht zur Protokollierung der Entscheidung des Gerichts über die **Nichtvereidigung** an.[77] Dies war jedoch noch vor Neufassung der §§ 59, 79. Mit § 59 Abs. 1 S. 2 wurde eine Regelung geschaffen, die im Hinblick auf die Vereidigung des Zeugen, wenn eine solche erfolgt, lediglich von der Angabe der Begründung ausdrücklich entbindet. Hieraus wird teilweise der Umkehrschluss gezogen, die Entscheidung über die Vereidigung oder Nichtvereidigung selbst sei demnach zu protokollieren.[78] Unter den BGH-Senaten wird diese Frage, was die vergleichbare Situation im Hinblick auf den Zeugen betrifft, bislang im gleichen Sinne uneinheitlich beantwortet wie diejenige, ob überhaupt eine Entscheidung zu treffen ist (→ Rn. 7).[79] Es erscheint aber naheliegend, § 59 Abs. 1 S. 2 über § 72 – mit den entsprechenden Implikationen – auch auf die Entscheidung über die Vereidigung des Sachverständigen zur Anwendung zu bringen.[80] Zur Vermeidung von Unsicherheiten ist daher in der Praxis die Aufnahme in das Hauptverhandlungsprotokoll vorzuziehen. Es empfiehlt sich die Formulierung: „Der Sachverständige bleibt unvereidigt".[81] Zwingend ist dies gleichwohl nicht. Schon die Entscheidung selbst ist nicht ausdrücklich zu treffen und zu begründen. Eine wesentliche Förmlichkeit iSd § 273 Abs. 1 S. 1 kann sie folglich nicht darstellen.[82]

19 Die **Berufung** auf die allgemeine Eidesleistung nach Abs. 3 ist eine wesentliche Förmlichkeit im Sinne des § 273 Abs. 1 S. 1.[83] Als Wortlaut empfiehlt sich die Formulierung: „Der Sachverständige beruft sich auf den allgemein geleisteten Eid".[84] Ob und wie die Feststellung der allgemeinen Vereidigung durch das Gericht vorgenommen wurde, bedarf dagegen nicht der Erwähnung in der Sitzungsniederschrift.[85]

20 **5. Umfang des Eides.** Der Eid bezieht sich nicht auf **Fragen zur Person** nach §§ 72, 68.[86] Dies gilt auch, soweit eine entsprechende Aufklärung zur Entscheidung des Gerichts dient, ob der Sachverständige über die nötige Sachkunde zur Erledigung des Auftrags verfügt. Geschieht dies im Vorfeld, um abzuklären, ob der Sachverständige überhaupt zugezogen werden soll, gilt insoweit das Freibeweisverfahren.[87] Besteht im Rahmen der Gutachtenerstattung selbst Anlass zu diesbezüglichen Angaben, so ist der Sachverständige hierzu als Zeuge zu vernehmen und zu vereidigen.[88] Die entsprechende Überprüfung der Sachkunde und Zuverlässigkeit des Sachverständigen wird sich auch dann anbieten, wenn dem Gericht wegen des besonderen Gegenstandes des Gutachtens eine inhaltliche Überprüfung nur eingeschränkt möglich ist.[89]

21 Wie sich schon aus der Eidesformel des § 79 Abs. 2 ergibt, erstreckt sich der Eid des Sachverständigen auf das **Gutachten.** Hierzu gehören selbstredend diejenigen Darlegun-

[75] *Eisenberg* Beweisrecht Rn. 1598; Graf/*Monka* Rn. 4; HK/*Lemke* Rn. 3; LR/*Krause* Rn. 9; *Meyer-Goßner* Rn. 4.

[76] RG 8.5.1880 – Rep 1099/80, RGSt 2, 153 (158).

[77] BGH 22.2.1967 – 2 StR 2/67, BGHSt 21, 227 f.; BGH 9.9.1971 – 1 StR 317/71, LNR 1971, 11739.

[78] LR/*Ignor/Bertheau* § 59 Rn. 27; *Peglau/Wilke* NStZ 2005, 186 (190).

[79] BGH 16.11.2005 – 2 StR 457/05, BGHSt 50, 282 (283 f.); BGH 7.7.2009 – 1 StR 268/09, NStZ 2009, 647 f. einerseits; andererseits BGH 20.1.2005 – 3 StR 455/04, NStZ 2005, 340 (341) allerdings nicht entscheidungstragend; offen gelassen in BGH 11.7.2006 – 3 StR 216/06, BGHSt 51, 81 (83). Siehe hierzu auch *Diehm* StV 2007 444 (445).

[80] → § 72 Rn. 26.

[81] *Fleindl* JA 2005, 371 (372).

[82] BGH 16.11.2005 – 2 StR 457/04, BGHSt 50, 282 (283) zu § 59; s. aber auch → § 59 Rn. 40.

[83] KK/*Senge* Rn. 6; KMR/*Neubeck* Rn. 10; Graf/*Monka* Rn. 5.

[84] Graf/*Monka* Rn. 5; LR/*Krause* Rn. 13; *Eisenberg* Beweisrecht Rn. 1599.

[85] *Meyer-Goßner* § 79 Rn. 7; Graf/*Monka* Rn. 5; LR/*Krause* Rn. 13.

[86] RG 17.2.1890 – Rep. 143/90, RGSt 20, 235; *Eb. Schmidt* Lehrkommentar zur StPO, Nachträge und Ergänzungen zu Teil II, Nachtragsband I Rn. 6; Graf/*Monka* Rn. 3; *Meyer-Goßner* Rn. 9.

[87] Alsberg/*Dallmeyer* Beweisantrag Rn. 261.

[88] RG 31.3.1885 – Rep. 650/85, RGSt 12, 128 (129); RG 17.2.1890 – Rep. 143/90, RGSt 20, 235; LR/*Krause* Rn. 16; Alsberg/*Dallmeyer* Beweisantrag Rn. 261; *Eisenberg* Beweisrecht Rn. 1600.

[89] Siehe hierzu BGH 8.3.1955 – 5 StR 49/55, BGHSt 7, 238 (239).

gen, die der Sachverständige in Ausübung der für ihn spezifischen Tätigkeit macht. Das sind in erster Linie die von ihm vorgenommenen Wertungen und Schlussfolgerungen sowie die Erläuterung besonderen Fachwissens.[90] Nicht in gleicher Weise einheitlich ist hingegen die Zuordnung der Anknüpfungstatsachen, auf die der Sachverständige sein Gutachten stützt.[91] Handelt es sich um Tatsachen, die der Sachverständige nur unter Anwendung seiner speziellen Sachkunde erkennen und feststellen kann, so liegen Befundtatsachen vor, die als Teil des Gutachtens in die Hauptverhandlung eingeführt und vom Sachverständigeneid erfasst werden.[92] Zusatztatsachen sind dagegen solche, die das Gericht mit den ihm zur Verfügung stehenden Mitteln auch selbst – ohne Heranziehung der besonderen Sachkunde des Gutachters – hätte feststellen können. Diese gehören nicht mehr zum Gutachten. Der Sachverständige ist diesbezüglich als Zeuge zu vernehmen und zu vereidigen.[93] Die Abgrenzung kann im Einzelfall mit erheblichen Schwierigkeiten verbunden sein, zumal auch die Einzelfallrechtsprechung hierzu nicht durchgehend einheitlich ist. Auf die zusammenfassende Darstellung dieser Problematik bei § 72[94] wird verwiesen. Wird der Sachverständige indes als Zeuge vereidigt, so erfasst dies zugleich seine gutachtlichen Äußerungen.[95]

Befundtatsachen wurden von der Rechtsprechung teilweise auch in Zusammenhang 22
mit Äußerungen angenommen, die gegenüber dem Sachverständigen erfolgten, wobei besonders hierbei die Abgrenzung große Schwierigkeiten bereitet. Angaben des Angeklagten gegenüber dem Sachverständigen im Rahmen der Exploration wurden hier eingeordnet, wenn gerade das besondere Fachwissen, vor allem Fragetechnik und Beobachtungsgabe notwendig waren, um die entsprechenden Angaben zu erlangen.[96] Dies wurde auch dahingehend formuliert, dass die spezielle Sachkunde schon Voraussetzung für die systematische, sinnvoll ordnende Beobachtung und Feststellung von Äußerungen und Verhaltensweisen des Angeklagten war, mithin ein unmittelbarer und unauflöslicher Zusammenhang mit dem Gegenstand des Gutachtens bestand.[97] In diesem Sinne sind ebenfalls Feststellungen zu sehen, die ein psychiatrischer Sachverständiger bei einer früheren Begutachtung in einem vorhergehenden Verfahren gegen den Angeklagten machte, wie dessen eigene Beschreibungen zu seinen allgemeinen Befindlichkeiten[98] und entsprechende Beobachtungen.[99] Diese Gesichtspunkte waren auch leitend in den Fällen, in denen Schilderungen der Geschädigten zum Tatgeschehen anlässlich der Exploration bei einer aussagepsychologischen Begutachtung ausnahmsweise als Befundtatsachen gewertet wurden. Das war der Fall, wenn Aussagen von Kleinkindern dem Gericht überhaupt erst kraft Sachkunde des Gutachters vermittelbar waren[100] oder sie zur Konstanzprüfung im Vergleich mit anderen Aussagen herangezogen

[90] → § 72 Rn. 6.

[91] Siehe hierzu *Russ* NJW 1963, 385 sowie → § 72 Rn. 16.

[92] BGH 18.9.1959 – 4 StR 208/59, BGHSt 13, 250 (252); BGH 24.2.1967 – 4 StR 23/67, VRS 32 (1967), 433 (434 f.); BGH 1.12.1992 – 1 StR 633/92, NStZ 1993, 245 (246); BGH 23.11.1995 – 1 StR 296/95, NJW 1996, 1355 (1358); BGH 10.11.1998 – 5 StR 505/98, BGHR StPO § 59 Satz 1 Sachverständigenfrage 3; BGH 15.8.2001 – 3 StR 225/01, NStZ 2002, 44 (45).

[93] BGH 18.9.1959 – 4 StR 208/59, BGHSt 13, 240 (251); BGH 20.2.1986 – 4 StR 709/85, NStZ 1986, 323; BGH 6.8.1987 – 4 StR 433/87, NJW 1988, 1223 (1224). Insoweit nicht abgedruckt in BGHSt 35, 32; BGH 2.3.1982 – 1 StR 55/82, NStZ 1982, 256 (257); BGH 8.11.1984 – 1 StR 608/84, NStZ 1985, 135; BGH 1.12.1992 – 1 StR 633/92, NStZ 1993, 245 (246); BGH 20.7.1995 – 1 StR 338/95, NJW 1998, 838 (839); BGH 15.8.2001 – 3 StR 225/01, NStZ 2002, 44 (45).

[94] → § 72 Rn. 16–18.

[95] RG 17.12.1920 – IV 1687/20, RGSt 55, 183 (184); BGH 11.2.1954 – 4 StR 677/53, JR 1954, 271 (272); BGH 24.9.1975 – 3 StR 267/75, GA 1976, 78 (79); BGH 26.4.1988 – 1 StR 52/88, BGHR StPO § 79 Abs. 1 Vereidigung 1; OLG Hamm 25.10.1968 – 3 Ss 1054/68, NJW 1969, 567; aA SK/*Rogall* Rn. 14.

[96] BGH 10.11.1998 – 5 StR 505/98, BGHR StPO § 59 Satz 1 Sachverständigenfrage 3.

[97] BGH 1.12.1992 – 1 StR 633/92, NStZ 1993, 245 (246).

[98] RG 29.1.1935 – 4 D 22/35, RGSt 69, 97 f.: er habe bei der „außerhalb des gegenwärtigen Strafverfahrens vorgenommenen Untersuchung eingestanden, dass er geschlechtlich sehr erregbar sei und häufig unfreiwillige Samenergüsse habe".

[99] BGH 28.9.1994 – 3 StR 332/94, NStZ 1995, 44 (45); aA LR/*Krause* Rn. 20; Radtke/Hohmann/*Beukelmann* Rn. 3.

[100] BGH 6.7.1994 – 3 StR 141/94, LNR 1994, 12176.

wurden.[101] In gleicher Weise sind zu behandeln Wahrnehmungen, die der Sachverständige als behandelnder Arzt, zu einem Zeitpunkt als ihm noch kein Gutachterauftrag erteilt war, bei Behandlung des Geschädigten machte,[102] auch wenn er (zusätzlich) auf ein fremdes Gutachten und den fachlichen Inhalt von Krankengeschichten zurückgreift.[103] Ebenfalls als Befundtatsachen wurden gewertet Feststellungen bei einer Leichenöffnung,[104] Erkennen der Herkunft von aufgefundenen Trümmerteilen,[105] Feststellungen an der Unfallstelle[106] oder bei Untersuchung verunglückter Fahrzeuge an der Unfallstelle.[107]

23 Andererseits wurden vom BGH Tatsachen, die dem Sachverständigen im Zusammenhang mit Exploration und Untersuchung bekannt wurden auch als **Zusatztatsachen** eingeordnet, so beispielsweise bei Angaben des Angeklagten zum Tatgeschehen,[108] einschließlich eines Geständnisses[109] sowie Beobachtungen zu seinen Verhaltensweisen und Äußerungen anlässlich einer längerfristigen Beobachtung, die dem Sachverständigen von Dritten (Mitpatienten und Pflegepersonal) berichtet wurden.[110] Ebenfalls nicht vom Sachverständigeneid gedeckt sollen Schilderungen des Verletzten sein, die dieser gegenüber dem medizinischen Sachverständigen anlässlich der körperlichen Untersuchung[111] oder bei der aussagepsychologischen Begutachtung[112] zum Tatgeschehen machte. Letzteres kann indes nur dann gelten, wenn nicht ersichtlich ist, dass für deren Erhebung eine besondere Befragungstechnik oder sonstige Sachkunde erforderlich war (→ Rn. 22). Zu Recht äußerte aber der BGH an anderer Stelle grundsätzliche Zweifel an dieser Auffassung, da die Angaben im Rahmen der Exploration generell unerlässliche Grundlage für die Bewertung der Glaubhaftigkeit sind.[113] Auch das RG sah die Beschreibung des Tatherganges, die der Geschädigte gegenüber seinem Arzt abgab, selbst wenn er zu diesem Zeitpunkt noch nicht als Sachverständiger bestellt war, noch als Befundtatsachen.[114] Anders hingegen, wenn der Sachverständige zu Äußerungen vernommen wird, die er selbst noch vor seiner Bestellung gegenüber der Geschädigten im Rahmen einer ärztlichen Behandlung gemacht haben soll.[115] Schließlich sind hier Feststellungen zu nennen, die der Brandsachverständige zum Aufbau des zerstörten Objektes auf Grundlage der Beschreibungen eines Dritten traf.[116]

24 Bei **Zufallsbeobachtungen,** einem von der Literatur geprägten Begriff, handelt es sich um solche Wahrnehmungen des Sachverständigen, die in keinem unmittelbaren Zusammenhang mit seinem Gutachten stehen. Sie werden daher vom Sachverständigeneid nicht umfasst.[117] Als Beispiele werden hierfür regelmäßig genannt: das eigene Verhalten des Sachverständigen vor der Bestellung, die zufällige Beobachtung der Tat und Wahrnehmungen während der Ausführung seines Auftrages, die mit diesem aber nicht in inhaltlichem Zusammenhang stehen, wie beispielsweise dass er von Angehörigen des Beschuldigten unter Druck gesetzt oder diesem während der

---

[101] BGH 18.9.1959 – 4 StR 208/59, BGHSt 13, 250 (252); BGH 4.10.1988 – 5 StR 167/88, *Miebach* NStZ 1989, 217 (218).
[102] RG 24.6.1910 – V 437/10, RGSt 44, 11 f.; anders noch RG 11.5.1909 – 292/09, JW 1909, 520.
[103] BGH 17.11.1987 – 5 StR 547/87, BGHR StPO § 59 Satz 1 Sachverständigenfrage 1.
[104] BGH 24.2.1967 – 4 StR 23/67, VRS 32 (1967), 433 (434 f.).
[105] BGH 23.11.1995 – 1 StR 296/95, NJW 1996, 1355 (1358).
[106] BGH 19.1.1956 – 4 StR 484/55, VRS 10 (1956), 287 (288).
[107] BGH 21.4.1983 – 4 StR 90/83, VRS 85 (1983), 140.
[108] BGH 2.3.1982 – 1 StR 55/82, NStZ 1982, 256 (257); BGH 23.7.1985 – 5 StR 125/85, juris (→ Rn. 5) insoweit nicht abgedruckt in NStZ 1986, 27; BGH 20.7.1995 – 1 StR 338/95, NJW 1998, 838 (839).
[109] BGH 6.8.1987 – 4 StR 333/87, NJW 1988, 1223 (1224) Insoweit nicht abgedruckt in BGHSt 35, 32.
[110] BGH 1.12.1992 – 1 StR 633/92, NStZ 1993, 245 (246).
[111] BGH 20.11.1984 – 1 StR 639/84, NStZ 1985, 182.
[112] BGH 8.11.1984 – 1 StR 608/84, NStZ 1985, 135.
[113] BGH 20.11.1984 – 1 StR 639/84, NStZ 1985, 182 s. hierzu → § 75 Rn. 16.
[114] RG 10.6.1910 – II 377/10, RGSt 43, 437 f.; *Eb Schmidt* Lehrkommentar zur StPO, Nachträge und Ergänzungen zu Teil II, Nachtragsband I Rn. 8 sah daher die RG-Rechtsprechung als durch den BGH überholt an.
[115] RG 11.5.1909 – 292/09, JW 1909, 520.
[116] BGH 15.8.2001 – 3 StR 225/01, NStZ 2002, 44 (45).
[117] HK/*Lemke* Rn. 9; LR/*Krause* Rn. 17; *Meyer-Goßner* Rn. 12; Radtke/Hohmann/*Beukelmann* Rn. 4; SK/*Rogall* Rn. 13; Alsberg/*Dallmeyer* Beweisantrag Rn. 331.

Tatortbesichtigung ein Kassiber zugesteckt wird.[118] Der BGH hat – nicht entscheidungstragend – hierzu lediglich erwähnt, das Gericht müsse den Sachverständigen auch zu dem als Zeugen vernehmen und vereidigen, was er zufällig erfahre und nicht gezielt erhebe. Er subsumiert dies indes ebenfalls unter den Begriff der Zusatztatsachen.[119] Dadurch ist auch die vereinzelt gebliebene Ansicht des OLG Hamm überholt, das in erster Linie auf den Zeitpunkt der Auftragserteilung an den Sachverständigen abstellt. Diejenigen Wahrnehmungen, die der Sachverständige zuvor gemacht habe, seien verfahrensmäßig gesehen zufällig und der Sachverständige sei insoweit nicht, wie sonst regelmäßig, ersetzbar, ablehnbar und frei wählbar.[120] Gerade das in der Entscheidung herangezogene Gegenbeispiel der Leichenschau oder des behandelnden Arztes zeigt indes deren Widersprüchlichkeit. In beiden Fällen ist die Beweisperson, die die entsprechenden Wahrnehmungen machte, nicht austauschbar, unabhängig davon, ob sie zu diesem Zeitpunkt schon formell beauftragt war oder nicht. Es hinge dann auch von Zufälligkeiten ab, ob unter gleichen fachlichen Voraussetzungen getroffene Feststellungen als Teil des Gutachtens vermittelt werden könnten oder nicht.[121] Daher ist es zutreffend, wenn sich der BGH für die Unterscheidung am inhaltlichen Kriterium des unmittelbaren, unauflöslichen Zusammenhangs orientiert.[122]

6. Die Bedeutung des Sachverständigeneides für die Beweiswürdigung. Vor 25
allem in Zusammenhang mit der Zeugenaussage wird der **Beweiswert** des Eides weitgehend negiert. Es wird bezweifelt, dass er dazu geeignet sei, die Wahrhaftigkeit und Glaubhaftigkeit einer Aussage zu fördern.[123] Empirische Belege für eine solche Wirkung sind bislang nicht vorhanden[124] und dürften sich angesichts der mit einem entsprechenden Nachweis verbundenen Schwierigkeiten kaum finden lassen. Eine entsprechende Tendenz ist auch in der neueren Rechtsprechung des BGH zu erkennen, die zwischen der Glaubwürdigkeit als aussageübergreifender personaler Eigenschaft und der Glaubhaftigkeit der konkreten Aussage unterscheidet. Maßgebliches Gewicht wird dabei der Letzteren beigemessen.[125] Daher wird auch für den Fall der Abnahme eines Eides die sorgfältige Analyse der Aussage im Vordergrund stehen.[126] Entsprechend sollten sich auch die Verfahrensbeteiligten bei der Würdigung des Sachverständigengutachtens in erster Linie auf die inhaltliche Bewertung stützen. Wird die Abfassung der Urteilsgründe hieran orientiert, besteht für das Revisionsgericht zudem die Möglichkeit, ein Beruhen des Urteils auf einer möglicherweise fehlerhaften Entscheidung über die Vereidigung auszuschließen. Gleichwohl kommt auch die neuere Rechtsprechung bei Zeugen der Sache nach nicht gänzlich ohne das Kriterium von dessen Glaubwürdigkeit aus. So wird eine besonders sorgfältige Würdigung und, bei bewusst falschem Vortrag, die Bestätigung durch äußere Beweisanzeichen in den verbleibenden Aussageteilen gefordert, wenn sich Angaben in einem Punkt als unrichtig erwiesen haben.[127] Vor diesem Hintergrund mag die feierliche Berufung des Sachverständigen auf den Eid auch ein subjektiv stützendes Moment für die Wahrheitsfindung darstellen. Dies kann vor allem in Fällen gelten, die schwierige Fachfragen betreffen, welche für die nicht sachkundigen Verfahrensbeteiligten nur schwer zu erfassen sind. Stets ist hierbei jedoch Vorsicht geboten, damit nicht die subjektiv-emotionale Überzeugung über die Notwendigkeit objektiver Analysearbeit hinwegtäuscht.

---

118 LR/*Krause* Rn. 17; *Meyer-Goßner* Rn. 12; Alsberg/*Dallmeyer* Beweisantrag Rn. 331.

119 BGH 1.12.1992 – 1 StR 633/92, NStZ 1993, 245 (246).

120 OLG Hamm 3.5.1954 – (3) 2 a Ss 55/54, NJW 1954, 1820; in diesem Sinne auch LR/*Krause* Rn. 20 (im Gegensatz zu Rn. 17); ähnlich schon RG 23.12.1936 – II 1040/26, RGSt 61, 114 f.

121 AA nunmehr Alsberg/*Dallmeyer* Beweisantrag Rn. 389 entgegen der zutreffenden Ansicht der 5. Aufl., S. 188 und 215.

122 BGH 1.12.1992 – 1 StR 633/92, NStZ 1993, 245 (246).

123 → § 59 Rn. 5–7; *Dahs*, FS Rebmann, 1989, 161 (167–171) auch zum Sachverständigeneid; *Knauer/Wolf* NJW 2004, 2932; *Schellenberg* NStZ 1993, 372 (374); *Woesner* NJW 1973, 169 (171); in diese Richtung auch *Prüfer* StV 1993, 602 (606).

124 *Eisenberg* Beweisrecht Rn. 1133 (Fn. 101) zu § 59.

125 BGH 30.7.1999 – 1 StR 618/98, BGHSt 45, 164 (167 f.); BGH 16.5.2002 – 1 StR 553/01, BeckRS 2002, 05107; BGH 11.1.2005 – 1 StR 498/04, NJW 2005, 1519 (1521).

126 *Schellenberg* NStZ 1993, 372 (375).

127 BGH 29.7.1998 – 1 StR 94/98, BGHSt 44, 153 (158 f.); BGH 17.11.1998 – 1 StR 450/98, BGHSt 44, 256 (257); BGH 24.10.2002 – 1 StR 314/02, NStZ 2003, 164 (165).

III. Revision

26 Die **Ermessensentscheidung** nach § 79 Abs. 1 entzieht sich der Überprüfung durch das Revisionsgericht.[128] Das gilt für die Nichtvereidigung, da es sich um den gesetzlichen Regelfall handelt, unabhängig davon, ob überhaupt eine Entscheidung getroffen wurde oder sich im Sitzungsprotokoll hierzu ein Eintrag findet,[129] und für den Fall der Vereidigung.[130] Ist sich das Gericht überhaupt nicht bewusst gewesen, die Beweisperson als Sachverständigen vernommen zu haben, weil der Urkundenübersetzer als Dolmetscher angesehen wurde, beruht das Urteil wegen der Vergleichbarkeit von Dolmetscher- und Sachverständigeneid regelmäßig nicht auf dem Verstoß gegen § 79 Abs. 1.[131] Entsprechendes gilt, sofern der Sachverständige nur als Zeuge vernommen und vereidigt wurde. Die Rüge der Verletzung des § 79 Abs. 1 scheitert dann daran, dass der Zeugeneid zugleich das im Rahmen der Vernehmung erstattete Gutachten umfasst.[132] Liegt seitens der Verfahrensbeteiligten ein ausdrücklicher Verzicht auf die Vereidigung als Zeuge vor, so kann das Urteil nicht darauf beruhen, wenn das Gericht nicht gesondert über eine solche nach § 79 Abs. 1 entscheidet.[133] Dies wird nach der jetzigen Fassung der §§ 59 Abs. 1 S. 1, 79 Abs. 1 auch für den Fall zu gelten haben, dass eine Vereidigung als Zeuge nicht für erforderlich gehalten wird.[134] Nach Wegfall der Vereidigungspflicht auf Antrag nach § 79 Abs. 1 S. 2 aF kann die Verfahrensrüge, wenn überhaupt, wie beim Zeugen nur noch nach Inanspruchnahme des Zwischenrechtsbehelfs nach § 238 Abs. 2 erhoben werden.[135] Etwas anderes ergibt sich auch nicht aus einer früheren Entscheidungen des BGH, da diese einen Fall betraf, in dem der Vorsitzende trotz ausdrücklichen Antrags der Verteidigung nach § 79 Abs. 1 S. 2 aF von der Vereidigung absah.[136]

27 Anders ist nach der bisherigen Rspr. die Verfahrenssituation zu bewerten, bei der im Rahmen der Gutachtenerstattung zugleich eine **Zeugenvernehmung** des Sachverständigen erfolgt, insbesondere über Zusatztatsachen. Hier ist mit der Vereidigungsentscheidung nach § 79 Abs. 1 zugleich eine solche nach § 59 Abs. 1 S. 1 zu treffen. Geschieht dies nicht, so kann die Verfahrensrüge auf die Verletzung der letztgenannten Vorschrift gestützt werden.[137] Nicht in jedem Fall wird aber das Urteil gemäß § 337 Abs. 1 auf einem derartigen Mangel beruhen. Das kann ausgeschlossen werden, wenn Anhaltspunkte fehlen, der Sachverständige hätte als Zeuge unter Eid etwas anderes bekundet als bei seiner Sachverständigenanhörung.[138] Bei aussagepsychologischen Begutachtungen wird Anderes allerdings kaum denkbar sein, da inzwischen die Aufzeichnung des Explorationsgesprächs und

---

[128] BGH 22.2.1967 – 2 StR 2/67, BGHSt 21, 227 (228).

[129] BGH 22.2.1967 – 2 StR 2/67, BGHSt 21, 227 (228); BGH 24.6.1955 – 5 StR 55/55, LNR 1955, 12271; BGH 5.6.1956 – 5 StR 116/56, LNR 1956, 12525; BGH 9.9.1971 – 1 StR 317/71, LNR 1971, 1173; iErg auch LR/*Krause* Rn. 3; SK/*Rogall* Rn. 21; *Eisenberg* Beweisrecht Rn. 1601; *Diehm* StV 2007, 444 (446).

[130] KK/*Senge* Rn. 8; LR/*Krause* Rn. 22.

[131] BGH 7.7.1997 – 5 StR 17/97, NStZ 1998, 158 (159). Zur Vergleichbarkeit von Sachverständigen- und Dolmetschereid siehe auch BGH 9.4.1953 – 5 StR 824/52, BGHSt 4, 154.

[132] BGH 24.9.1975 – 3 StR 267/75, GA 1976, 78 (79); so aber im Gegensatz zu späteren Entscheidungen auch schon RG 11.5.1909 – 292/09, JW 1909, 520; aA SK/*Rogall* Rn. 14.

[133] BGH 26.4.1988 – 1 StR 52/88, BGHR StPO § 79 Abs. 1 Vereidigung 1 noch zu § 61 Nr. 5 aF.

[134] Ähnlich SK/*Rogall* Rn. 22.

[135] Vgl. BGH 20.1.2005 – 3 StR 455/04, NStZ 2005, 340 (341) BGH 16.11.2005 – 2 StR 457/05, BGHSt 50, 282 (284); BGH 7.7.2009 – 1 StR 268/09, NStZ 2009, 647 (648) jeweils zu § 59 Abs. 1, wobei die diesbezüglich in BGH 11.12.2008 – 3 StR 429/08, NStZ 2009, 343 erfolgte Einschränkung wegen des ungebundenen Ermessens auf § 79 Abs. 1 StPO nicht übertragbar ist; *Fleindl* JA 2005, 371 (372); *Huber* JuS 2004, 970; aA LR/*Ignor/Bertheau* § 59 Rn. 23; LR/*Krause* Rn. 22; SK/*Rogall* Rn. 21;. *Fuhrmann* NJW 1963, 1230 (1235 f.).

[136] BGH 30.5.1995 – 1 StR 23/95, StV 1996, 2.

[137] BGH 8.11.1984 – 1 StR 608/84, NStZ 1985, 135; BGH 20.11.1984 – 1 StR 639/84, NStZ 1985, 182; BGH 20.2.1986 – 4 StR 709/85, NStZ 1986, 323; BGH 1.12.1992 – 1 StR 633/92, NStZ 1993, 245 (246); RG 11.5.1909 – 292/09, JW 1909, 520.

[138] BGH 8.11.1984 – 1 StR 608/84, NStZ 1985, 135; BGH 20.2.1986 – 4 StR 709/85, NStZ 1986, 323; BGH 6.8.1987 – 4 StR 333/87, NJW 1988, 1223 (1224) insoweit nicht abgedruckt im BGHSt 35, 32.

Verschriftung der wesentlichen Teile in ein Wortprotokoll zum Standard gehört.[139] In jedem Fall sollte die Revisionsbegründung einen Vortrag zum Beruhen enthalten.[140] Die betreffenden Entscheidungen berücksichtigen zudem noch nicht, dass zwischenzeitlich auch beim Zeugen nach Änderung des § 59 Abs. 1 von der Regelvereidigung Abstand genommen wurde. Nunmehr kann die Beruhensfrage nur noch bejaht werden, wenn zusätzlich zu der Frage, ob sich die Angaben geändert hätten, davon auszugehen ist, dass es bei ordnungsgemäßer Entscheidung zu einer Vereidigung als Zeuge gekommen wäre.[141] Davon ist regelmäßig nicht mehr auszugehen. Die Vereidigungsentscheidung nach § 79 Abs. 1 ist an geringere Voraussetzungen gebunden als diejenige des § 59 Abs. 1 S. 1, da sie nicht unter den dortigen einschränkenden Voraussetzungen steht (→ Rn. 4).[142] Es ist mithin auszuschließen, dass das Gericht eine Vereidigung, die es nach dem für einschlägig erachteten § 79 Abs. 1 schon nicht vornahm, nach § 59 Abs. 1 S. 1 vorgenommen hätte. Ohnehin ist schon vom Grundsatz her nicht nachvollziehbar, warum der Zeugeneid den Sachverständigeneid umfassen soll, umgekehrt aber nicht. Zu Recht wies noch das RG darauf hin, dass sich der Sachverständigeneid, wie sich schon aus dem Wortlaut des § 79 Abs. 2 Hs. 2 ergibt, darauf bezieht, dass der Sachverständige „das Gutachten unparteiisch nach bestem Wissen und Gewissen" zu erstatten habe. Inhaltlich unterscheidet sich der auf die Zuverlässigkeit der Angaben bezogene Teil der Eidesformel nicht von derjenigen für den Zeugen, der die Wahrheit ebenfalls „nach bestem Wissen" zu beteuern hat (§ 64).[143] Von der Beteuerung des Sachverständigen könnten daher allenfalls Aussageteile ausgenommen sein, die sich gänzlich außerhalb des Gutachtenauftrags bewegen. Die Einordnung des vorliegenden Problems unter die §§ 59, 79 erscheint daher eher als ein revisionsrechtlicher Kunstgriff, denn in der Sache begründet, zumal schon die üblicherweise vorgenommene Aufspaltung in Befund- und Zusatztatsachen fragwürdig ist.[144] Der richtige Weg wäre es, die Grundsätze über den Sachverständigen bzw. Zeugen vom Hörensagen zur Anwendung zu bringen[145] und das Problem bei §§ 244 Abs. 2, 261 zu verorten.[146]

Ein Verstoß gegen § 79 Abs. 3 liegt vor, wenn der Sachverständige sich auf die **allgemeine Vereidigung** beruft, eine solche jedoch nicht gegeben war. Gleiches gilt, wenn deren Umfang den Gegenstand des erstatteten Gutachtens nicht mit abdeckt.[147] Sollte das Gericht indes vom Gegenteil ausgegangen sein, so wird das Urteil regelmäßig nicht auf der Gesetzesverletzung beruhen.[148] Zur ordnungsgemäßen Erhebung der Verfahrensrüge gehört der bestimmte Vortrag, dass der Sachverständige den allgemeinen Eid nicht geleistet habe.[149] Das Hauptverhandlungsprotokoll entfaltet insoweit keine Beweiskraft, da die Frage der allgemeinen Vereidigung als solche und deren Feststellung keine wesentliche Förmlichkeit im Sinne des §§ 273 Abs. 1 S. 1, 274 Abs. 1 S. 1 ist (→ Rn. 19).[150] 28

139 Vgl. BGH 30.7.1999 – 1 StR 618/98, BGHSt 45, 164 (181); *Kühne/Kluck* FamRZ 1995, 981 (986).

140 Vgl. BGH 5.6.1996 – 3 StR 534/95 I, *Tolksdorf* DAR 1997, 169 (181) insoweit nicht abgedruckt in NStZ 1996, 492.

141 BGH 17.8.2005 – 2 StR 284/05, NStZ 2006, 114; BGH 31.7.2013 – 4 StR 276/13, BeckRS 2013, 14343 = NStZ-RR 2013, 348 (Leitsatz); weitergehend *Schuster* StV 2005, 628 (629) „geradezu abwegig".

142 *Diehm* StV 2007, 444 (446).

143 RG 8.5.1880 – Rep 1099/80, RGSt 2, 153 (157); RG 24.6.1910 – V 437/10, RGSt 44, 11 (12); RG 29.1.1935 – 4 D 22/35, RGSt 69, 97 (98); vgl. auch RG 10.6.1910 – II 377/10, RGSt 43, 437 (438 f.); aA SK/*Rogall* § 85 Rn. 25.

144 → § 72 Rn. 16.

145 BGH 16.2.1965 – 3 StR 50/64, BGHSt 20, 164 (166); BGH 1.12.1992 – 1 StR 633/92, NStZ 1993, 245 (246) finden sich zumindest andeutungsweise Erwägungen in diese Richtung; s. hierzu auch BGH 24.10.2007 – 5 StR 468/07, StV 2008, 236 (237).

146 Grundlegend für Zeuge vom Hörensagen BGH 1.8.1962 – 3 StR 28/62, BGHSt 17, 382 (384 f.).

147 RG 13.7.1881 – Rep 1448/81, RGSt 4, 388 (390).

148 RG 20.12.1928 – 3 D 1017/28, JW 1929, 1047 (1048); HK-StPO/*Lemke* Rn. 10; KK/*Senge* Rn. 8; KMR/*Neubeck* Rn. 14; LR/*Krause* Rn. 23; *Meyer-Goßner* Rn. 13; SK/*Rogall* Rn. 24; *Eisenberg* Beweisrecht Rn. 1605; *Alsberg* JW 1931, 889.

149 Vgl. BGH 25.3.1960 – 4 StR 72/60, LNR 1960, 11423.

150 RG 13.7.1881 – Rep 1448/81, RGSt 4, 388 (389).

29 Ein Verstoß gegen die **Einzelvereidigung** mehrerer Sachverständiger verletzt §§ 72, 59 Abs. 2 S. 1. Es sind allerdings kaum Fälle denkbar, in denen das Urteil auf dieser Gesetzesverletzung beruhen könnte.[151]

§ 80 [Vorbereitung des Gutachtens]

(1) Dem Sachverständigen kann auf sein Verlangen zur Vorbereitung des Gutachtens durch Vernehmung von Zeugen oder des Beschuldigten weitere Aufklärung verschafft werden.

(2) Zu demselben Zweck kann ihm gestattet werden, die Akten einzusehen, der Vernehmung von Zeugen oder des Beschuldigten beizuwohnen und an sie unmittelbar Fragen zu stellen.

Schrifttum: *Bittmann,* Rechtsfragen um den Einsatz des Wirtschaftsreferenten, wistra 2011, 47; *Boetticher/Kröber/Müller-Isberner/Böhm/Müller-Metz/Wolf,* Mindestanforderungen an Prognosegutachten; NStZ 2006, 537; *Brause,* Glaubhaftigkeitsprüfung und -bewertung einer Aussage im Spiegel der höchstrichterlichen Rechtsprechung, NStZ 2013, 129; *Cabanis,* Glaubwürdigkeitsuntersuchungen, NJW 1978, 2329; *Foth/Karcher,* Überlegungen zur Behandlung des Sachverständigenbeweises im Strafverfahren, NStZ 1989, 166; *Groß/Fünfsinn,* Datenweitergabe im strafrechtlichen Ermittlungsverfahren, NStZ 1992, 105; *Jansen,* Überprüfung aussagespsychologischer Gutachten, StV 2000, 224; *Krauß,* Richter und Sachverständiger im Strafverfahren, ZStW 85 (1973), 320; *Kühne/Kluck,* Sexueller Missbrauch – forensisch-psychologische und psychodiagnostische Aspekte, FamRZ 1995, 981; *Nedopil,* Verständnisschwierigkeiten zwischen dem Juristen und dem psychiatrischen Sachverständigen, NStZ 1999, 433; *Roesen,* Der psychologische Sachverständige im Sittlichkeitsprozess, NJW 1964, 442; *Tröndle,* Der Sachverständigenbeweis, JZ 1969, 374; *Venzlaff/Foerster,* Psychiatrische Begutachtung; *Volbert/Steller,* Handbuch der Rechtspsychologie; *Wolf,* Der Sachverständige im Wirtschaftsstrafverfahren, ZWH 2012, 125.

Übersicht

I. Überblick

1 **1. Normzweck.** § 80 setzt eine **beschränkte eigene Aufklärungspflicht** des Sachverständigen[1] voraus und begrenzt diese zugleich. Da er weitere Aufklärung verlangen kann, hat er die ihm vom Gericht mitgeteilten Anknüpfungstatsachen kritisch zu würdigen und, soweit sie nicht ausreichend sind, unter Anwendung seiner Sachkunde selbständig zu ergänzen oder auf deren Vervollständigung hinzuwirken.[2] Das Gericht muss dem Verlangen indessen nicht uneingeschränkt nachkommen. Vielmehr verbleibt die Pflicht zur erschöpfenden Sachaufklärung iSd § 244 Abs. 2 beim Auftraggeber, dem insoweit ein Ermessen zusteht. Dieser selbst hat letztlich in dem hierdurch gesteckten Rahmen zu entscheiden, in welchem Umfang und auf welche Art und Weise er dem Sachverständigen eine weitere Tatsachengewinnung eröffnet.[3] Eine eigene Ermittlungstätigkeit zur Aufklärung des Tatgeschehens selbst ist dem Sachverständigen nicht gestattet, soweit es nicht um die Beantwortung der Gutachtenfrage auf Grundlage seiner besonderen Sachkunde geht.[4] Daher bleibt die Ausschöpfung der von der StPO vorgesehenen Erkenntnisquellen, insbesondere die Vernehmung von Zeugen oder Beschuldigten, wie

---

[151] RG 8.5.1880 – Rep 1099/80, RGSt 2, 153 (158); KK/*Senge* Rn. 5; LR/*Krause* Rn. 9.
[1] Vgl. auch BGH 6.4.2011 – 2 StR 73/11 BeckRS 2011, 14038 (→ Rn. 8); KK/*Senge* Rn. 1.
[2] HK/*Lemke* Rn. 1; LR/*Krause* Rn. 1; *Meyer-Goßner* Rn. 1; s. auch → § 78 Rn. 8.
[3] BGH 14.11.1961 – 5 StR 445/61, JR 1962, 111; SK/*Rogall* Rn. 2.
[4] HK/*Lemke* Rn. 2; LR/*Krause* Rn. 2; *Foth/Karcher* NStZ 1989, 166 (169).

die Vorschrift klarstellt, regelmäßig dem Gericht oder der Ermittlungsbehörde vorbehalten.[5] Etwas anderes kann sich ergeben, wenn gerade hierfür die besondere Sachkunde notwendig ist.

2. Anwendungsbereich. Die Befugnisse nach § 80 hat nur der vom Gericht **nach § 73** 2
bestellte Sachverständige.[6] Im Ermittlungsverfahren greift die Norm über § 161a Abs. 1 S. 2 auch für die Staatsanwaltschaft als Auftraggeber. Im Übrigen unterliegt der von der Staatsanwaltschaft hinzugezogene Sachverständige oder der vom Angeklagten beauftragte Privatgutachter den Rechten und Pflichten des § 80 erst, wenn er durch Beschluss gemäß § 245 Abs. 2 zugelassen ist, und auch dann nur unter den Beschränkungen seiner Stellung als präsentes Beweismittel.[7] Allerdings hat das Gericht dafür Sorge zu tragen, dass das aus §§ 220, 245 Abs. 2 folgende Selbstladungsrecht wirksam ausgeübt werden kann. Hierzu muss dem von einem anderen Verfahrensbeteiligten hinzugezogenen Gutachter im Einzelfall die Möglichkeit eingeräumt werden, sich auf seine Begutachtung vorzubereiten, beispielsweise durch Ermöglichung einer Exploration des Beschuldigten.[8] Die weitergehende Ansicht, ein Verfahrensbeteiligter sei nicht gehindert, dem von ihm hinzugezogenen (Privat-)Gutachter selbst aus den Akten Abschriften oder Ablichtungen zur Verfügung zu stellen,[9] würde allerdings zu einer Umgehung der Befugnisse des Gerichts aus §§ 78, 80 führen. Im Übrigen unterliegt sie erheblichen Bedenken im Hinblick auf den Persönlichkeitsschutz weiterer Personen, die von dem Verfahren betroffen sind, insbesondere von Zeugen. Gerade über das Akteneinsichtsrecht der Verteidigung gelangen auf diese Weise in der Praxis sensible Daten über Opferzeugen an außenstehende Personen, ohne dass dies durch das Gericht kontrolliert werden könnte oder mitunter nicht einmal zu dessen Kenntnis gelangt, wenn die Verteidigung die von ihr angestrengten Ermittlungen für nicht zielführend hält.

II. Erläuterung

1. Regelungsbereich. Nach allgemeiner Meinung enthält § 80 **keine abschließende** 3
Regelung. Über die dort genannten hinaus sind sonstige und weitergehende Beweiserhebungen zulässig, die der Sachverständige zur Vorbereitung seines Gutachtens benötigt, und die er deswegen anregt.[10] Die Befugnis des Sachverständigen, den Auftraggeber um weitere Aufklärung zu ersuchen, erstreckt sich auch auf die in § 80 nicht ausdrücklich erwähnten Beweismittel und Beweismöglichkeiten. Ihm dürfen daher Urkunden und Augenscheinsobjekte vorgelegt werden,[11] wobei er anregen kann, die von ihm benötigten Gegenstände zu beschlagnahmen.[12] Bei einer Durchsuchung darf er teilnehmen, diese jedoch nicht maßgeblich selbst ausführen.[13] Er ist befugt, den Untersuchungsgegenstand, beispielsweise ein Unfallfahrzeug, selbständig und ohne Benachrichtigung des Verteidigers zu besichtigen,[14] und damit in Augenschein zu nehmen. Krankengeschichten und ärztliche Gutachten kann er selbst erheben[15] und zum Gegenstand seines Gutachtens machen, soweit deren rein fachlicher Inhalt betroffen ist.[16] In gleicher Weise ist es zulässig, wenn er an der Befragung

---

[5] KK/*Senge* Rn. 2; *Bittmann* wistra 2011, 47 (51).
[6] BGH 12.2.1998 – 1 StR 588/97, BGHSt 44, 26 (32).
[7] BGH 12.2.1998 – 1 StR 588/97, BGHSt 44, 26 (32).
[8] BGH 24.7.1997 – 1 StR 214/97, BGHSt 43, 171 (172–176).
[9] LR/*Krause* Rn. 4; *Eisenberg* Beweisrecht Rn. 1591.
[10] Graf/*Monka* Rn. 1; HK/*Lemke* Rn. 4; KK/*Senge* Rn. 2; LR/*Krause* Rn. 10; *Meyer-Goßner* Rn. 4; Radtke/Hohmann/*Beukelmann* Rn. 2; SK/*Rogall* Rn. 4 und 15; *Eisenberg* Beweisrecht Rn. 1592.
[11] OLG Karlsruhe 10.10.1962 – 1 Ws 81 und 158/62, Justiz 1963, 36 (37).
[12] HK/*Lemke* Rn. 4; KK/*Senge* Rn. 2; KMR/*Neubeck* Rn. 2.
[13] LG Kiel 14.8.2006 – 37 Qs 54/06, NJW 2006, 3224 vor allem auch zur bedenklichen „Privatisierung des Ermittlungsverfahrens" (3225) bei Beauftragung Sachverständiger, die privatrechtlichen Organisationen zur Bekämpfung der Produktpiraterie angehören.
[14] BGH 26.7.1968 – 4 StR 100/68, VRS 35 (1968), 428.
[15] *Meyer-Goßner* Rn. 4.
[16] BGH 7.6.1956 – 3 StR 136/56, BGHSt 9, 292 (293 f.).

anderer Sachverständiger teilnimmt[17] oder sich zur Vertiefung seiner Sachkunde unmittelbar mit anderen Sachverständigen in Verbindung setzt.[18] Schließlich ist es dem psychiatrischen Sachverständigen nicht verwehrt, einen psychologischen (Hilfs-)Sachverständigen mit einem testpsychologischen Zusatzgutachten zu betrauen, wenn er dies für erforderlich hält und dessen Befunde in seinem eigenen Gutachten sachkundig und kritisch auswertet.[19]

4 Für diese der Sache nach zutreffende Ansicht fehlt es bislang – soweit ersichtlich – an der **dogmatischen Begründung.** Der regelmäßig zu findende bloße Hinweis, sonstige Beweiserhebungen seien über den Wortlaut der Vorschrift hinaus zulässig,[20] vermag nicht zu überzeugen, zumal er in dieser pauschalen Form nicht zwingend ist. Zwar nennt § 80 an Aufklärungsmöglichkeiten, die dem Sachverständigen zur Verfügung gestellt werden können, ausdrücklich nur die Vernehmung von Zeugen und des Beschuldigten sowie die Gewährung von Akteneinsicht; zur Annahme einer abschließenden Regelung führt dies gleichwohl nicht. Denn sowohl in Abs. 1, als auch in Abs. 2 ist vorgesehen, dass weitere Aufklärung verschafft werden „kann". Hieraus ergibt sich einerseits ein Entschließungsermessen dahingehend, ob der Auftraggeber unter Berücksichtigung der ihm nach § 244 Abs. 2 obliegenden Aufklärungspflicht dem Verlangen des Sachverständigen nach weiterer Aufklärung überhaupt stattgibt und in welchem Umfang.[21] Darüber hinaus räumt § 80 aber zugleich ein Auswahlermessen ein, in dem Sinne, dass der Auftraggeber entscheidet, auf welchem Wege er der Anregung des Gutachters nachkommt. Die Aufzählungen in Abs. 1 und Abs. 2 sind vor diesem Hintergrund nur beispielshaft und heben Fallkonstellationen hervor, bei denen eine sorgfältige Prüfung hinsichtlich der Vorgehensweise notwendig ist. Dies gilt für die Vernehmung von Zeugen oder des Beschuldigten. Hier sind Aussage- und Auskunftsverweigerungsrechte mit den entsprechenden Belehrungen zu beachten. Es bedarf daher besonders sorgfältiger Abwägung, durch wen diese Vernehmungen vorzunehmen sind. Eine vergleichbare Sach- und Rechtslage besteht bei Überlassung der Akten. Für diesen Fall ist es angezeigt, dem Auftraggeber seine Leitungsfunktion insofern vor Augen zu führen, ob und in welchem Umfang eine Überlassung der Akten dem Beweisergebnis dienlich ist oder nicht.[22] Über die in § 80 genannten ausdrücklichen Vorgaben hinaus, kann der Auftraggeber dem Sachverständigen aber weitere Beweisquellen zugänglich machen.

5 **2. Vernehmungen nach Abs. 1.** Weitere Aufklärung nach § 80 Abs. 1 kann in erster Linie durch die beispielhaft genannte Vernehmung von Zeugen oder des Beschuldigten gewährt werden. Diese Wendung bezieht sich auf Vernehmungen durch das Gericht, die Staatsanwaltschaft oder die Polizei,[23] das heißt den **behördlichen Auftraggeber** selbst oder die mit der Ausführung beauftragte Ermittlungsbehörde.[24]

6 Wenn Zwangsmaßnahmen gegen **Zeugen** notwendig sind, empfiehlt sich eine richterliche Vernehmung.[25] Sie kommt auch in Betracht, falls der Zeuge, wozu er berechtigt ist, in die Exploration durch den Sachverständigen bei einer aussagepsychologischen Begutachtung nicht einwilligt. Er kann seine Beurteilungsgrundlage dadurch gewinnen, dass er an der Vernehmung teilnimmt und selbst ergänzende Fragen stellt.[26]

7 Eine Vernehmung des **Beschuldigten** ist praktisch besonders relevant für Schuldfähigkeits- und Prognosebegutachtungen, ggf. im Rahmen des § 80a; oder für die Frage, ob eine Unterbringung nach § 81 in Betracht kommt. Erscheint der Beschuldigte nicht bei dem Sachverständigen, so kann Letzterer einen Antrag bei Gericht oder Staatsanwaltschaft nach

---

[17] RG 8.5.1880 – Rep 1099/80, RGSt 2, 153 (158); RG 2.3.1918 – V 948/17, RGSt 52, 161 (162).
[18] LR/*Krause* Rn. 10 dort sogar zur Erlangung seiner Sachkunde.
[19] BGH 30.10.1968 – 4 StR 28/68, BGHSt 22, 268 (272 f.); BGH 5.1.1978 – 2 StR 425/77, juris (→ Rn. 13) insoweit nicht abgedruckt in NJW 1978, 1815; BGH 22.7.1997 – 1 StR 334/97, NStZ 1997, 610.
[20] So beispielsweise HK/*Lemke* Rn. 4; KK/*Senge* Rn. 2.
[21] BGH 14.11.1961 – 5 StR 445/61, JR 1962, 111; SK/*Rogall* Rn. 2.
[22] → § 78 Rn. 8.
[23] *Meyer-Goßner* Rn. 2.
[24] KK/*Senge* Rn. 2.
[25] LR/*Krause* Rn. 5.
[26] → § 81c Rn. 46, 55, 59.

§ 80 Abs. 1 stellen. Diese Vorgehensweise ist insbesondere für die in § 81 Abs. 1 geforderte Anhörung des Sachverständigen zu wählen, die regelmäßig die Verschaffung eines persönlichen Eindrucks voraussetzt.[27] Die Justizorgane haben dann die dem Sachverständigen nicht zustehende Befugnis, den Beschuldigten nach §§ 133 Abs. 2, 134, 163a Abs. 3 S. 2 vorführen zu lassen, um nach § 80 Abs. 2 die Vernehmung in dessen Anwesenheit durchzuführen und ihm das Stellen von Fragen einzuräumen. Wegen der unterschiedlichen Zuständigkeiten ist im Stadium des Ermittlungsverfahrens sorgfältig zu unterschieden, ob es um eine von vornherein (zunächst) ambulante Untersuchung, bspw. zur Vorbereitung eines Schuldfähigkeits- oder Prognosegutachtens, geht oder um diejenige im Rahmen des § 81 Abs. 1. Bei der erstgenannten Variante sind für den Fall der Erteilung des Gutachtensauftrags durch die Staatsanwaltschaft auch die Vernehmung und die Zwangsmaßnahme durch diese anzuordnen (§ 163a Abs. 3 S. 1 und 2) oder auf entsprechenden Antrag durch den Ermittlungsrichter (§ 162 Abs. 1).[28] Die Zuständigkeit für die zweite Variante richtet sich dagegen einheitlich nach § 81 Abs. 3.[29] Zu beachten ist dabei, dass bereits die Anordnung der Vernehmung als vorbereitende Maßnahme unzulässig ist, wenn eine Unterbringung nach § 81 wegen des im Raum stehenden Tatvorwurfes von vornherein unverhältnismäßig wäre.[30]

Die Rechtsprechung versteht die Vorschrift dahingehend, dass eine ausführliche **Befragung von Auskunftspersonen,** insbesondere solcher, die dem näheren Umfeld der zu untersuchenden Person entstammen, durch den Sachverständigen selbst zumindest bedenklich ist. Dies gilt vor allem für umfassende Vernehmungen zeugnisverweigerungsberechtigter Angehöriger des psychiatrisch zu begutachtenden Angeklagten[31] oder des aussagepsychologisch zu begutachtenden Geschädigten,[32] aber auch von sonstigen Personen, die verfahrensrelevante Angaben zum Beschuldigten[33] oder der sonstigen zu begutachtenden Person[34] machen können.[35] Grund ist, dass auf diese Weise Zeugnisverweigerungsrechte nicht hinreichend zur Berücksichtigung kommen und ungesicherte Erkenntnisse in das Verfahren eingeführt werden können.[36] In Betracht kommt nur eine vorbereitende Befragung durch den Sachverständigen, inwieweit entsprechende Zeugen überhaupt Sachdienliches zum Vorgang berichten können und wollen.[37] Nimmt der Sachverständige gleichwohl entsprechende Befragungen vor, so können diese verfahrensrechtlich unverwertbar und ggf. durch das Gericht selbst (erneut) vorzunehmen sein.[38] 8

Die Rechtsprechung sieht andererseits die **Exploration** des Beschuldigten anlässlich der psychiatrischen Begutachtung[39] und des zu untersuchenden Zeugen bei der aussagepsychologischen Begutachtung[40] zumindest der Sache nach als nicht durch § 80 Abs. 1 ausgeschlossen 9

---

27 → § 81 Rn. 6.

28 LG Gera 29.8.1995 – 320 Js 8075/94-5 AR 37/05, StV 1995, 631.

29 → § 81 Rn. 6.

30 OLG Karlsruhe 4.6.1996 – 1 Ws 133/96, Justiz 1997, 141.

31 BGH 14.11.1961 – 5 StR 445/61, JR 1962, 111.

32 BGH 21.7.1965 – 2 StR 269/65, JurionRS 1965, 12761 = *Dallinger* MDR 1966, 381 (383); BGH 30.7.1999 – 1 StR 618/98, BGHSt 45, 164 (173 f.).

33 BGH 14.11.1961 – 5 StR 445/61, JR 1962, 111.

34 BGH 18.5.1951 – 1 StR 149/51, NJW 1951, 771; BGH 30.7.1999 – 1 StR 618/98, BGHSt 45, 164 (173 f.); AG Euskirchen 15.5.2006 – 6 Ls 70 Js 515/03, juris (→ Rn. 41).

35 Vgl. aber auch zur Notwendigkeit aus sachverständiger Sicht *Cabanis* NJW 1978, 2329 (2331).

36 S. hierzu vor allem BGH 14.11.1961 – 5 StR 445/61, JR 1962, 111.

37 BGH 7.6.1956 – 3 StR 136/56, BGHSt 9, 292 (296); *Boetticher ua* NStZ 2006, 537 (539 f.); *Jansen* StV 2002, 224 (228) mit Forderung der Dokumentation; ausdrücklich offen gelassen hingegen in BGH 30.7.1999 – 1 StR 618/98, BGHSt 45, 164 (174); aA *Nagler* StV 2006, 521.

38 HK/*Lemke* Rn. 2; KK/*Senge* Rn. 2; SK/*Rogall* Rn. 21.

39 BGH 6.9.1968 – 4 StR 339/68, NJW 1968, 2297, 2298; BGH 23.7.1985 – 5 StR 125/85, insoweit nicht abgedruckt in NStZ 1986, 27; BGH 8.5.1991 – 3 StR 467/90, NJW 1991, 2357 (2357 f.); BGH 29.9.1993 – 2 StR 355/93, NStZ 1994, 95 (96); BGH 20.7.1995 – 1 StR 338/95, NJW 1998, 838 (839); BGH 24.7.1997 – 1 StR 214/97, BGHSt 43, 171 (173); BGH 14.6.2006 – 2 StR 65/06, NStZ 2006, 686 (687); BGH 25.5.2011 – 2 StR 585/10, StV 2011, 709; BGH 20.9.2011 – 4 StR 434/11, NStZ 2012, 463 (464); BGH 27.8.2013 – 4 StR 311/13, BeckRS 2013, 17638 (→ Rn. 7).

40 BGH 14.12.1954 – 5 StR 416/54, BGHSt 7, 82 (83–86); BGH 13.2.1959 – 4 StR 470/58, BGHSt 13, 1 (3); BGH 23.8.1995 – 3 StR 163/95, NJW 1996, 206; BGH 30.7.1999 – 1 StR 618/98, BGHSt 45, 164 (170); BGH 6.7.2011 – 2 StR 124/11, StV 2011, 711 (712).

an. Dabei ist es auch zulässig, die zu untersuchende Person zum Tatgeschehen selbst zu befragen.[41] In Beziehung auf den Beschuldigten wird darauf abgestellt, dass es sich bei der Exploration des Probanden durch den Sachverständigen um die zentrale Untersuchungsmethode handelt, durch die er sich eine umfassende Beurteilungsgrundlage verschafft.[42] Bei der Beurteilung der Erlebnisbegründetheit einer Schilderung des Zeugen stützt sich die als wesentlicher methodischer Schritt unerlässliche Inhaltsanalyse der Aussage maßgeblich auf die beim Explorationsgespräch gemachten Angaben.[43] Insbesondere bei Zeugen kindlichen Alters, zog die Rechtsprechung zudem bereits sehr früh das strafprozessuale Erfordernis einer umfassenden Sachaufklärung heran. Gerade bei psychisch besonders anfälligen Zeugen wirkt die erdrückende Situation in der förmlichen strafprozessualen Vernehmung stark belastend. Hinzu kommt die Problematik, dass die lediglich juristisch geschulte Vernehmungsperson häufig nicht ausreichend in der Lage ist, die Befragung für eine umfassende und unbefangene Schilderung des Zeugen sachgerecht durchzuführen. Auf diese Weise kann es zu ungünstigen Beeinflussungen des Beweisergebnisses, sowohl zu Gunsten, als auch zu Lasten des Beschuldigten kommen. Insoweit bietet die Befragung durch den psychologischen oder psychiatrischen Sachverständigen weit größeren Gewinn für die Wahrheitserforschung unter Berücksichtigung des § 244 Abs. 2.[44] Unabhängig davon können die Angaben des zu untersuchenden Zeugen beim Sachverständigen nicht in die Hauptverhandlung eingeführt werden, wenn dieser zu einem späteren Zeitpunkt von seinem Zeugnisverweigerungsrecht Gebrauch macht[45] oder insoweit noch Unsicherheit besteht.[46] Eine Pflicht über Aussageverweigerungsrechte zu belehren besteht für den Sachverständigen weder gegenüber dem Beschuldigten mangels Anwendbarkeit der §§ 136 Abs. 1 S. 2, 163a Abs. 3 und 4 S. 2,[47] noch gegenüber dem Zeugen.[48] Sie wird sich aber schon im Hinblick auf ein nach außen hin erkennbar neutrales Vorgehen des Sachverständigen empfehlen.[49]

10 Eine **kritische Würdigung** der Rechtsprechung ergibt, dass diese, wenn auch ohne eingehende dogmatische Begründung, von zutreffenden Grundsätzen ausgeht. Die dagegen vertretene Ansicht, § 80 schließe auch eine Befragung der zu untersuchenden Person mit Eingehen auf das Tatgeschehen im Rahmen der Exploration durch den Sachverständigen aus und fordere insoweit eine Vernehmung durch das Gericht oder die Ermittlungsbehörde,[50] überzeugt demgegenüber nicht. Sicherlich ist insofern zuzustimmen, dass sich die Vorgaben des § 80 nicht im Wege definitorischer Umgehung aushebeln lassen, indem das Explorationsgespräch nicht als „Vernehmung“[51] bezeichnet wird.[52] Die Frage wird zudem nicht über die Unterscheidung

---

41 BGH 6.9.1968 – 4 StR 339/68, NJW 1968, 2297 (2298); BGH 23.7.1985 – 5 StR 125/85, juris (→ Rn. 5) insoweit nicht abgedruckt in NStZ 1986, 27; BGH 20.7.1995 – 1 StR 338/95, 838 (839) jeweils zum Beschuldigten; BGH 13.2.1959 – 4 StR 470/58, BGHSt 13, 1 (2 f.); BGH 18.9.1959 – 4 StR 208/59, BGHSt 13, 250 (252); BGH 6.7.2011 – 2 StR 124/11, StV 2011, 711 (712) jeweils zum Zeugen.

42 BGH 25.5.2011 – 2 StR 585/10, NStZ 2012, 103; Venzlaff/Foerster/*Foerster/Winckler* Psychiatrische Begutachtung 17 (21).

43 BGH 30.7.1999 – 1 StR 618/98, BGHSt 45, 164 (170); Venzlaff/Foerster/*Volbert/Steller* Psychiatrische Begutachtung 718 (722); *Cabanis* NJW 1978, 2329 (2331).

44 BGH 14.12.1954 – 5 StR 416/54, BGHSt 7, 82 (83–86); BGH 1.11.1955 – 5 StR 329/55, BGHSt 8, 226 (236 f.).

45 BGH 13.2.1954 – 4 StR 470/58, BGHSt 13, 1 (4).

46 BGH 23.8.1995 – 3 StR 163/95, NJW 1996, 206.

47 BGH 6.9.1968 – 4 StR 339/68, NJW 1968, 2297; BGH 20.7.1995 – 1 StR 338/95, NJW 1998, 838 (839); aA LG Oldenburg 6.7.1994 – SG 7/94, StV 1994, 646 allerdings für den Fall, dass der Sachverständige von weiteren Hinweisen „bewusst absieht, um das Arzt-Patientenverhältnis nicht zu belasten“ (647); Graf/*Monka* Rn. 3; *Arzt* JZ 1969, 438 f.

48 OLG Köln 28.10.2011 – 2 Ws 669/11, BeckRS 2011, 26108 KK/*Senge* Rn. 2; KMR/*Neubeck* Rn. 3; vgl. auch BGH 14.11.1961 – 5 StR 445/61, JR 1962, 111.

49 Venzlaff/Foerster/*Foerster/Venzlaff* Psychiatrische Begutachtung S. 11; weitergehend LR/*Krause* Rn. 5, der Belehrungspflicht annimmt.

50 HK/*Lemke* Rn. 2; KMR/*Neubeck* Rn. 3; LR/*Krause* Rn. 5 und 8; *Meyer-Goßner* Rn. 2; Radtke/Hohmann/*Beukelmann* Rn. 2; *Krauß* ZStW 85 (1973), 320 (323); *Roesen* NJW 1964, 442 (443); s. auch *Eisenberg* Beweisrecht Rn. 1868 speziell zur aussagepsychologischen Begutachtung.

51 So aber OLG Köln 28.10.2011 – 2 Ws 669/11, BeckRS 2011, 26108; Graf/*Monka* Rn. 2.

52 Insofern zutreffend *Weigend* JZ 1990, 48 (49).

in Befund- und Zusatztatsachen zu klären sein.[53] Eine fundierte Exploration kann nicht ohne Befragung zum eigentlichen Tatgeschehen auskommen. Die dabei erhobenen Angaben werden nach derzeit gängigem Verständnis aber regelmäßig gerade nicht zu den Befundtatsachen gerechnet.[54] Ausschlaggebend kann daher nur der systematische Gehalt des § 80 selbst sein. Der bislang üblichen Interpretation liegt eine zu enge und vor allem widersprüchliche Auffassung vom Regelungsgehalt der Vorschrift zugrunde. Bemerkenswerter Weise wird, wenn nicht Vernehmungen zu thematisieren sind, auf der anderen Seite ganz selbstverständlich davon ausgegangen, sonstige Aufklärungsmöglichkeiten, wie Urkundenbeiziehung, Augenschein und Befragung weiterer Sachverständiger seien zulässig (→ Rn. 3). Nach dem entsprechenden Wortlautverständnis wäre hierfür gleichfalls keine Grundlage gegeben. Bei schlüssiger Auslegung eröffnet § 80 dagegen ein Auswahlermessen dahingehend, dass das Gericht durch die genannten Vernehmungen als Varianten unter anderen Aufklärung verschaffen kann (→ Rn. 4). Deswegen ist es nicht ausgeschlossen, dem Sachverständigen zusätzlich die Möglichkeit zu bieten, selbst die Beweisperson zu befragen. Eine umfassende Beurteilungsgrundlage kann er – wenn die zu untersuchende Person bereit ist, sich ihm gegenüber zu äußern – durch bloße Teilnahme an einer vom Auftraggeber vorgenommenen Vernehmung auch nicht optimal erlangen. Über die eigentliche Befragung hinaus stützt sich der Sachverständige auf die Verhaltensbeobachtung des Probanden sowie ergänzende Untersuchungen und Testverfahren,[55] weswegen nicht zuletzt die Kritik an der Rechtsprechung nicht überzeugt, die aussagepsychologische Begutachtung stünde der Vernehmung näher als der körperlichen Untersuchung nach § 81c.[56] Entsprechend ergibt sich durch die eigene Exploration seitens des Gutachters ein weit größerer Gewinn für die Sachaufklärung iSd Gutachterfrage. Der Einwand, es komme dadurch zu einer Verlagerung des Verfahrens auf den Sachverständigen, bei der nicht gewährleistet sei, dass die für die Wahrheitsfindung erforderlichen verfahrensrechtlichen Garantien eingehalten würden,[57] ist einseitig und führt zu einer formalistischen Überbetonung der Interessen des Beschuldigten. Sie leidet nicht zuletzt unter der praxisfremden Unterstellung einer „permanenten Gesprächssituation" und „Kommunikationsstruktur" in der Hauptverhandlung.[58] Dies zeigt sich besonders deutlich für den Fall der Gewalt- und Sexualstraftaten zum Nachteil von Kindern. Sie sind im Rahmen ausschließlich justizförmiger Befragung regelmäßig gar nicht in der Lage, umfassend zu berichten,[59] ganz zu schweigen von den damit verbundenen Zumutungen und Belastungen. Die Aufklärungspflicht des § 244 Abs. 2 gebietet deswegen im Interesse der Geschädigten ebenso eine vorbehaltlose und vollständige Aufklärung unter Nutzung der dem Sachverständigen zur Verfügung stehenden weiteren Erkenntnismittel.[60] Erst recht an den praktischen Gegebenheiten vorbei geht die in diesem Zusammenhang mitunter zu findende Erwägung einer Gefahr zu früher Festlegungen, die mit Befragungen durch den Sachverständigen verbunden sei.[61] Gerade das Gegenteil ist der Fall. Es sind die Befragungen durch die Juristen, die mangels entsprechender Schulung und Kenntnisse sowie wegen des für den Zeugen oft einschüchternden Rahmens eine Verzerrung des Beweisergebnisses bewirken können.[62]

---

[53] So der Ansatz von SK/*Rogall* Rn. 17.

[54] Zur Kritik hieran → § 72 Rn. 16.

[55] *Boetticher ua* NStZ 2006, 537 (542); Venzlaff/Foerster/*Foerster/Winckler* Psychiatrische Begutachtung, S. 17 (23–25) zur psychiatrischen Begutachtung des Beschuldigten und Venzlaff/Foerster/*Volbert/Steller* Psychiatrische Begutachtung, S. 718 (722); Volbert/Steller/*Steller* Handbuch der Rechtspsychologie, S. 300 (303); *Blau* StV 1991, 406 (407 f.); *Nedopil* NStZ 1999, 433 (435); *Kühne/Kluck* FamRZ 1995, 981 (983 f.) zur aussagepsychologischen Begutachtung.

[56] So aber *Eisenberg* StV 1995, 625 (626); *Weigend* JZ 1990, 48.

[57] LR/*Krause* Rn. 5; in diese Richtung wohl auch KK/*Senge* Rn. 2; *Weigend* JZ 1990, 48 (49).

[58] So *Krauß* ZStW 85 (1973), 320 (333 f. und 344–347, s. aber dagegen 357 f.); wenigstens konsequent dagegen *Roesen* NJW 1964, 442 (443) „Seelenleben eines Kindes tritt zurück"!.

[59] S. dazu vor allem die einfühlsamen und vor allem nicht von der – leider oft zu beobachtenden – Selbstüberschätzung der juristischen Fachrichtung getragenen Ausführungen in BGH 14.12.1954 – 5 StR 416/54, BGHSt 7, 82 (83–86) und bei Brause NStZ 2013, 129 (131) allgemein zu Sexualdelikten.

[60] *Tröndle* JZ 1969, 374 (375); vgl. auch *Cabanis* NJW 1978, 2329 (2331); *Schoreit* StV 2004, 284.

[61] *Krauß* ZStW 85 (1973); 320 (332); *Weigend* JZ 1990, 48 (49); *Roesen* NJW 1964, 442 (443) Letzterer allerdings unter weitgehender Verkennung der beweismäßigen Funktion eines aussagepsychologischen Gutachtens.

[62] Vgl. *Brause* NStZ 2013, 129 (131); *Tröndle* JZ 1969, 374 (376).

11 Diese Erwägungen gelten dagegen nicht für die **Befragung Dritter,** vor allem wenn sie zur Aufklärung der Persönlichkeit des Beschuldigten oder Zeugen und zur Aussageentstehung beitragen können. Hier steht nicht die notwendige Sachkunde bei der Befragung im Vordergrund, sondern die Ermittlung des Umfeldes und die Berücksichtigung eventueller Auskunfts- und Zeugnisverweigerungsrechte.[63] Es handelt sich insoweit ohnehin um originäre Ermittlungsaufgaben der Staatsanwaltschaft und Polizeibehörden, die möglichst frühzeitig im Ermittlungsverfahren vorzunehmen sind.[64] Daher greift insoweit der von § 80 Abs. 1 ausdrücklich hervorgehobene Fall der vorrangigen Vernehmung durch den Auftraggeber.

12 **3. Fragerecht und Akteneinsicht nach Abs. 2.** Abs. 2 regelt dem Grundsatz nach ein eigenständiges **Akteneinsichtsrecht** des Sachverständigen. Ob und in welchem Umfang einem diesbezüglichen Verlangen entsprochen wird, steht im Ermessen des Auftraggebers und ist Gegenstand der Leitungsbefugnis nach § 78.[65] Nach dieser richtet sich auch, inwieweit schon ohne entsprechendes Verlangen des Sachverständigen, insbesondere in Zusammenhang mit der Auftragserteilung, die Akte oder Teile davon zugänglich gemacht werden.[66] Auf die diesbezüglichen Ausführungen bei § 78 wird verwiesen.[67]

13 Soweit dem Sachverständigen ein Anwesenheitsrecht bei **Vernehmungen** nach Abs. 2 eingeräumt wird, regelt die Vorschrift eine Selbstverständlichkeit. Die Umsetzung eines Aufklärungsverlangens nach Abs. 1 könnte unter dem Gesichtspunkt umfassender Sachaufklärung oftmals nur unzureichend erfolgen, wenn dem Sachverständigen nicht zugleich die Teilhabe gestattet werden würde. Bei der Gestattung von Fragen ist das Gericht an keine Reihenfolge gebunden. Es steht in seinem pflichtgemäßen Ermessen, inwieweit dem Sachverständigen das Fragerecht eingeräumt wird[68] und ob ihm das Fragerecht vor oder nach der Verteidigung zugestanden wird.[69] In jedem Fall soll ihm aber die Vernehmung des Beschuldigten oder Zeugen nicht vollständig überlassen werden.[70]

14 Für die **Hauptverhandlung** gilt, dass der Sachverständige nicht zu den Personen gehört, deren ununterbrochene Anwesenheit erforderlich ist.[71] Inwieweit er der Beweisaufnahme beiwohnt, entscheidet das Gericht nach pflichtgemäßem Ermessen im Rahmen der Aufklärungspflicht. Die erforderlichen Informationen kann ihm das Gericht auch außerhalb der Hauptverhandlung zukommen lassen.[72] Im Einzelfall kann es nach § 244 Abs. 2 allerdings geboten sein, dass der Sachverständige an der gesamten Beweisaufnahme oder an bestimmten Beweiserhebungen teilnimmt. Von besonderer Bedeutung ist dabei, inwieweit er selbst seine Anwesenheit für notwendig hält und ggf. sogar anregt.[73]

III. Rechtsmittel

15 Dient die Vernehmung des Beschuldigten der Vorbereitung einer Unterbringungsentscheidung nach § 81, so kann eine Terminsbestimmung nach § 80 gesondert mit der

[63] *Eisenberg* Beweisrecht Rn. 1873.

[64] BGH 30.7.1999 – 1 StR 618/98, BGHSt 45, 164 (174) unter Hinweis auf Nr. 19 Abs. 2 RiStBV zur aussagepsychologischen Begutachtung; vgl. auch BGH 14.11.1961 – 5 StR 445/61, JR 1962, 111 zur Aufklärung der für die psychiatrische Begutachtung relevanten persönlichen Entwicklung des Beschuldigten; SK/*Rogall* Rn. 19.

[65] *Groß/Fünfsinn* NStZ 1992, 105 (110 Fn. 50).

[66] *Meyer-Goßner* Rn. 3.

[67] → § 78 Rn. 8.

[68] BGH 8.12.1959 – 1 StR 577/59, JurionRS 1959, 13366.

[69] BGH 12.11.1968 – 1 StR 358/68, NJW 1969, 437 (438).

[70] HK/*Lemke* Rn. 2; KK/*Senge* Rn. 4; LR/*Krause* Rn. 6; *Meyer-Goßner* Rn. 2; SK/*Rogall* Rn. 8 und 14; *Bittmann* wistra 2011, 47 (51); *Wolf* ZWH 2012, 125 (131); OLG Köln 2 Ws 669/11, BeckRS 2011, 26108 zu polizeilicher Vernehmung.

[71] BGH 8.12.1959 – 1 StR 577/59, JurionRS 1959, 13366; BGH 30.4.1976 – 5 StR 481/75, *Spiegel* DAR 1977, 169 (175), insoweit nicht abgedruckt in NJW 1976, 1950; BGH 13.11.1979 – 1 StR 526/79, juris (→ Rn. 8); BGH 17.2.1982 – 2 StR 661/81, *Spiegel* DAR 1983, 187 (205); KMR/*Neubeck* Rn. 6; SK/*Rogall* Rn. 12.

[72] BGH 4.12.1951 – 1 StR 530/51, BGHSt 2, 25 (27 f.); BGH 8.12.1959 – 1 StR 577/59, JurionRS 1959, 13366; → § 78 Rn. 10.

[73] BGH 22.7.1964 – 2 StR 247/64, BGHSt 19, 367 (368–370) zur aussagepsychologischen Begutachtung.

Beschwerde angefochten werden. § 305 S. 1 steht in diesem Fall nicht entgegen, da sich die Anfechtungsbefugnis nach § 81 Abs. 4 bereits auf die vorbereitende Maßnahme erstreckt.[74]

Eine Verletzung des Abs. 1 kann mit der **Revision** nur (mittelbar) gerügt werden, wenn sie in einer Verletzung der Aufklärungspflicht nach § 244 Abs. 2 fortwirkt, die dazu geführt hat, dass der Sachverständige von unrichtigen Erwägungen ausgegangen ist.[75] Bei **Abs. 2** handelt es sich um eine Ordnungsvorschrift, deren Einhaltung im Wege der Revision nicht überprüft werden kann.[76] 16

§ 80a [Zuziehung im Vorverfahren]

Ist damit zu rechnen, daß die Unterbringung des Beschuldigten in einem psychiatrischen Krankenhaus, einer Entziehungsanstalt oder in der Sicherungsverwahrung angeordnet werden wird, so soll schon im Vorverfahren einem Sachverständigen Gelegenheit zur Vorbereitung des in der Hauptverhandlung zu erstattenden Gutachtens gegeben werden.

Schrifttum: *Alex/Feltes/Kudlacek,* Qualitätssicherung von Prognosegutachten, StV 2013, 259; *Basdorf,* Gebotene psychiatrische Begutachtung in Fällen auffälliger Besonderheiten in der Tat und/oder bei dem Täter, HRRS 2008, 275; *Boetticher/Kröber/Müller-Isberner/Böhm/Müller-Metz/Wolf,* Mindestanforderungen an Prognosegutachten; NStZ 2006, 537; *Deckers/Schöch/Nedopil/Dittmann/Müller/Nowara/Saimeh/Boetticher/Wolf,* Pflicht zur Einholung eines vorläufigen schriftlichen Gutachtens eines Psychiaters bei Anordnung einer Maßregel nach den §§ 63, 66, 66a StGB, NStZ 2011, 69; *Feltes,* Rückfallprognose und Sicherungsverwahrung: Die Rolle des Sachverständigen, StV 2000, 281; *Müller-Dietz,* Rechtsfragen der Unterbringung nach § 63 StGB, NStZ 1983, 203; *Schneider,* Die Reform des Maßregelrechts, NStZ 2008, 68; *Spiess,* Das Gesetz zur Sicherung der Unterbringung in einem psychiatrischen Krankenhaus und in einer Entziehungsanstalt, StV 2008, 160; *Trück,* Die Rechtsprechung des BGH zur Ablehnung von Beweisanträgen auf Vernehmung eines Sachverständigen, NStZ 2007, 377; *Wulf,* Zu den Änderungen des Verfahrens- und Jugendrechts und den Übergangsvorschriften im 1. StrRG, JZ 1970, 160.

I. Überblick

1. Normzweck. Die Vorschrift dient sowohl dem **Beschuldigten,** als auch dem **Anstalts-**[1] und **Allgemeininteresse.** Für Ersteren soll durch Untersuchung des psychischen und körperlichen Zustandes die medizinische und pädagogisch angemessene Behandlung[2] sowie durch die frühzeitige Einschaltung die Gründlichkeit und Vollständigkeit des Gutachtens[3] gesichert werden. Von den Anstalten gilt es ungeeignete Personen fernzuhalten.[4] Schließlich stellt es ein überragendes Gemeinwohlinteresse dar, bedeutende Individualrechtsgüter vor Straftätern zu schützen, von denen mit hoher Wahrscheinlichkeit weitere erhebliche Straftaten zu erwarten sind.[5] Durch frühzeitige und umfassende Aufklärung soll deswegen bei gefährlichen Tätern die für diese am geeignetsten erscheinende Form der Unterbringungseinrichtung gefunden werden. § 80a ergänzt dabei § 246a Abs. 3, der die Untersuchung vor oder während der Hauptverhandlung vorsieht.[6] Einen Anspruch der Verfahrensbeteiligten auf Vorlage eines vorbereitenden schriftlichen Gutachtens begründet die Vorschrift nicht.[7] 1

---

[74] OLG Karlsruhe 4.6.1996 – 1 Ws 133/96, Justiz 1997, 141.

[75] Graf/*Monka* Rn. 6; HK/*Lemke* Rn. 6; KK/*Senge* Rn. 6 unter Hinweis auf BGH – 4 StR 229/77; KMR/*Neubeck* Rn. 7; LR/*Krause* Rn. 13; SK/*Rogall* Rn. 22.

[76] KMR/*Neubeck* Rn. 7; *Meyer-Goßner* Rn. 6; aA SK/*Rogall* Rn. 22.

[1] HK/*Lemke* Rn. 1; LR/*Krause* Rn. 1; nach *Eisenberg* Beweisrecht Rn. 1824 sei „empirisch wenig geklärt", welches Interesse die Vorschrift vornehmlich verwirklicht.

[2] Graf/*Monka* Rn. 1; HK/*Lemke* Rn. 1; LR/*Krause* Rn. 1; *Meyer-Goßner* Rn. 2.

[3] SK/*Rogall* Rn. 1.

[4] HK/*Lemke* Rn. 1; LR/*Krause* Rn. 1; vgl. auch BGH v. 6.3.2013 – 597/12, NStZ 2013, 334 (336) zu § 64 StGB.

[5] LR/*Becker* § 246a Rn. 1.

[6] Vgl. BGH 1.12.1955 – 3 StR 419/55, BGHSt 9, 1.

[7] BGH 14.10.2009 – 2 StR 205/09, BGHSt 54, 177 (178); ausführlich hierzu die Kommentierung bei § 82.

2 **2. Anwendungsbereich.** § 80a gilt durch die Bezugnahme auf das Vorverfahren für das **staatsanwaltschaftliche Ermittlungsverfahren,**[8] auch soweit die Ermittlungshandlungen selbst im Rahmen der §§ 161, 163 durch die Polizei durchgeführt werden.[9] Wurde die Vorschrift nicht beachtet, so hat nach Anklageerhebung das Gericht, ggf. bereits im Zwischenverfahren nach § 202 S. 1,[10] einen Sachverständigen zu beauftragen.[11] Im Hauptverfahren kommt die zwingende Regelung des § 246a zur Anwendung.[12] Im Sicherungsverfahren greift § 414 Abs. 3, der darüber hinaus auch die in § 80a nicht aufgeführten Maßregeln der Besserung und Sicherung iSd §§ 61 ff. StGB erfasst.[13]

II. Erläuterung

3 Trotz des gegenüber § 246a Abs. 1 S. 1 unterschiedlichen Wortlauts des § 80a („ist damit zu rechnen“) besteht kein sachlicher Unterschied. Bereits im Ermittlungsverfahren ist sachkundige Unterstützung geboten, wenn die Anordnung **freiheitsentziehender Maßregeln in Betracht kommt.** In § 246a fand sich vor dessen Änderung durch das Gesetz zur Sicherung der Unterbringung in einem psychiatrischen Krankenhaus und in einer Entziehungsanstalt[14] zunächst ebenfalls die in § 80a immer noch anzutreffende Formulierung.[15] Durch dessen Änderung wurde keine inhaltliche Modifizierung vorgenommen, sondern lediglich der Wortlaut an die Vorgaben der Rspr. angepasst.[16] Diese hatte die ursprüngliche Wendung des § 246a ohnehin schon in dem Sinne ausgelegt, dass eine der genannten Maßnahmen in Betracht kommt.[17] Der Unterschied in den Fassungen ist damit rein redaktioneller Natur. Maßgeblich ist für § 80a mithin genauso alleine die Möglichkeit einer Maßregelanordnung.[18] Eine Entsprechung zu § 246a Abs. 2[19] für den Fall einer in Betracht kommenden Therapieweisung findet sich dagegen nicht. Insoweit ist vor Eröffnung oder außerhalb des Hauptverfahrens § 153a Abs. 1 S. 8 einschlägig,[20] weswegen auf die dortige Kommentierung verwiesen wird.

4 Entgegen dem missverständlichen Wortlaut („soll“) räumt § 80a **kein Ermessen** ein.[21] Ein Sachverständiger ist daher vom Gericht oder möglichst schon von der Staatsanwaltschaft[22] (§§ 73 Abs. 1, 161a Abs. 1 S. 2)[23] in einem frühen Stadium des Ermittlungsverfahrens heranzuziehen, sofern eine freiheitsentziehende Maßregel der Besserung und Sicherung nach §§ 63–66 StGB in Betracht kommt.[24] Selbst die angekündigte Untersuchungsverweigerung steht nicht entgegen. Notfalls sind Anordnungen nach §§ 80, 81a zu beantragen oder eine Begutachtung nach Aktenlage vornehmen zu lassen.[25] Obwohl im Gegensatz zu § 246a Abs. 1 S. 1 nicht ausdrücklich erwähnt, wird ein entsprechender Auftrag auch für den Fall des zu gewärtigenden Vorbehalts der Unterbringung in der Sicherungsverwahrung

8 KK/*Senge* Rn. 1.
9 HK/*Lemke* Rn. 2; LR/*Krause* Rn. 2.
10 Allerdings dort noch nicht zwingend nach BGH 15.11.1983 – 1 StR 553/83, NStZ 1984, 134 (135).
11 LR/*Krause* Rn. 2.
12 Graf/*Monka* Rn. 1; KK/*Senge* Rn. 1; *Meyer-Goßner* Rn. 1.
13 *Eisenberg* Beweisrecht Rn. 1710.
14 BGBl. 2007 I, 1327.
15 S. hierzu LR/*Becker* § 246a Entstehungsgeschichte; *Spiess* StV 2008, 160 (164).
16 LR/*Becker* § 246a Rn. 7; *Schneider* NStZ 2008, 68 (70); *Spiess* StV 2008, 160 (164); vgl. auch BGH 20.9.2011 – 4 StR 434/11, NStZ 2012, 463 (464).
17 BGH 15.6.1999 – 4 StR 231/99, *Kusch* NStZ-RR 2000, 33 (36) = BeckRS 1999, 30062516.
18 BGH 29.9.1993 – 2 StR 355/93, NStZ 1994, 95 (96) zu § 246a.
19 Eingefügt durch Art. 1 Nr. 7 StORMG v. 26.6.2013, BGBl I 2013, 1805.
20 BT-Drs. 17/12735 (16).
21 BGH 1.12.1955 – 3 StR 419/55, BGHSt 9, 1 (3) zu § 246a unter Bezugnahme auf § 80a (1); LR/*Krause* Rn. 3; *Eisenberg* Beweisrecht Rn. 1824; vgl. auch BVerfG 16.6.1995 – 1 BvR 1414/94, NJW 1995, 3047; BGH 17.11.1999 – 3 StR 305/99, NStZ 2000, 215 jeweils zu § 246a.
22 BGH 7.5.1963 – 1 StR 70/63, BGHSt 18, 374 (374 f.).
23 → § 73 Rn. 5 – 7. Zur Möglichkeit unmittelbarer Ladung durch die Staatsanwaltschaft s. auch HK/*Lemke* Rn. 2; LR/*Krause* Rn. 2.
24 Graf/*Monka* Rn. 1; *Deckers ua* NStZ 2011, 69 (71).
25 BGH 22.7.2003 – 4 StR 265/03, NStZ 2004, 263 (264).

nach § 66a StGB zu erteilen sein. Ohnehin kann die Differenzierung, ob § 66 oder nur § 66a in Frage kommt, im Ermittlungsverfahren häufig noch nicht getroffen werden. Ebensowenig wird die Staatsanwaltschaft im Ermittlungsverfahren die Entscheidung des Tatgerichts vorwegnehmen können, dass es unabhängig von sachverständigen Feststellungen die Maßregelanordnung nach § 64 StGB in Ausübung seines eng begrenzten Ermessens nicht treffen will und sie deshalb iSd § 246a Abs. 1 S. 2 StPO nicht „erwägt“.[26] Eine Ausnahme vom Erfordernis, den Sachverständigen beizuziehen, kann allenfalls dann angenommen werden, wenn der seelische Zustand des Beschuldigten und seine Gefährlichkeit offensichtlich sind.[27] In der Praxis dürfte dies kaum vorkommen,[28] außer es hat erst kurze Zeit zuvor in einem anderen Verfahren eine entsprechende Begutachtung stattgefunden, die die erneute überflüssig erscheinen lässt.[29] Zu beachten ist aber schon im Ermittlungsverfahren selbst dann stets, dass Änderungen in den Verhaltensweisen des Beschuldigten eine zeitnahe Untersuchung erforderlich machen[30] und sich das Gericht im Rahmen der Hauptverhandlung nicht auf eine in anderen Verfahren erworbene eigene Sachkunde berufen darf.[31]

Im Hinblick auf die **Fachrichtung des Sachverständigen** hat die Auswahl, wie bei 5
§ 246a, maßnahmespezifisch nach den zur Begutachtung erforderlichen Fachkenntnissen zu erfolgen.[32] In Betracht kommt daher bei den in § 80a genannten Maßregeln in erster Linie ein Arzt,[33] vor allem ein Psychiater.[34] Die Hinzuziehung eines Kriminologen, wie dies teilweise zumindest für die Anordnung der Unterbringung in der Sicherungsverwahrung vertreten wird,[35] ist vor allem dann nicht zu empfehlen, wenn sich seine diesbezügliche Erfahrung auf eine (vorwiegend) juristische Ausbildung und Tätigkeit stützt. Bei der Begutachtung im Hinblick auf §§ 66, 66a StGB steht die differenzierte Persönlichkeitsdiagnostik im Vordergrund, die zu erbringen der medizinisch-psychiatrisch nicht ausgebildete Gutachter zumindest nicht in gleicher Weise sachkundig in der Lage sein dürfte.[36] Soweit es um Umstände geht, die für die Beurteilung der Gefährlichkeit des Beschuldigten ausschlaggebend sind, wie bspw. Rückfallprognostik, sind entsprechende statistische Werte oder die Anwendung von standardisierten Prognoseinstrumenten immer konkret auf den Beschuldigten und dessen Persönlichkeitsstruktur zu beziehen.[37] In besonders schwierigen Fällen kann es sich empfehlen, ergänzend einen Psychologen, Soziologen oder Kriminologen zu Rate zu ziehen,[38] wobei es sich – gerade bei Letzteren – um im Strafvollzug und den dortigen Vollzugsplankonferenzen erfahrene Personen handeln sollte.

---

[26] Hierzu BGH 20.9.2011 – 4 StR 434/11, NStZ 2012, 463 (464); BGH 17.7.2013 – 2 StR 255/13, NJW 2013, 3318 (3319).

[27] KK/*Senge* Rn. 2; *Meyer-Goßner* Rn. 2; SK/*Rogall* Rn. 6; offen gelassen in BGH 1.12.1955 – 3 StR 419/55, BGHSt 9, 1 (3).

[28] Radtke/Hohmann/*Beukelmann* Rn. 2.

[29] HK/*Lemke* Rn. 4; LR/*Krause* Rn. 3; *Eisenberg* Beweisrecht Rn. 1824 (Fn. 420); vgl. auch BVerfG 16.6.1995 – 1 BvR 1414/94, NJW 1995, 3047 zu § 246a.

[30] BGH 7.5.1963 – 1 StR 70/63, BGHSt 18, 374 (375 f.).

[31] BGH 15.6.1999 – 4 StR 231/99, bei *Kusch* NStZ-RR 2000, 33 (36) = BeckRS 1999, 30062516; *Trück* NStZ 2007, 377 (384).

[32] BVerfG 16.6.1995 – 1 BvR 1414/94, NJW 1995, 3047; BGH 15.6.1999 – 4 StR 231/99, bei *Kusch* NStZ-RR 2000, 33 (36) = BeckRS 1999, 30062516; BGH 17.11.1999 – 3 StR 305/99, NStZ 2000, 215 jeweils zu § 246a.

[33] BGH 1.12.1955 – 3 StR 419/55, BGHSt 9, 1 (3); BGH 23.7.1975 – 2 StR 331/75, *Dallinger* MDR 1976, 13 (17).

[34] HK/*Lemke* Rn. 4; KMR/*Neubeck* Rn. 2 und § 73 Rn. 8; KK/*Senge* Rn. 2; LR/*Krause* Rn. 3; *Meyer-Goßner* Rn. 2; SK/*Rogall* Rn. 6; *Wulf* JZ 1970, 160; *Müller-Dietz* NStZ 1983, 203 (204) zu § 63 StGB; vgl. auch BGH 17.11.1999 – 3 StR 305/99, NStZ 2000, 215.

[35] *Eisenberg* Beweisrecht Rn. 1825; *Feltes* StV 2000, 281 (282 f.); generell für Prognosegutachten Feltes ua StV 2013, 259 (266 f.).

[36] Vgl. BGH 7.4.1993 – 1 StE 1/75 – StB 7/93, NJW 1993, 2449 (2450) zu §§ 57a StGB, 454 Abs. 2; in diesem Sinne auch *Basdorf* HRRS 2008, 275 (277) für die vergleichbare Sachlage bei der Beurteilung der Schuldfähigkeit.

[37] BGH 13.11.2007 – 3 StR 341/07, BeckRS 2008, 01435 (→ Rn. 13), insoweit nicht abgedruckt in NStZ-RR 2008, 304; BGH 23.10.2008 – 3 StR 350/08, NStZ-RR 2009, 75; *Boetticher ua* NStZ 2006, 537 (543 f.).

[38] LR/*Krause* § 73 Rn. 11; vgl. auch *Feltes* ua StV 2013, 259 (266); *Rasch* NStZ 1993, 509 (510) zu § 57a StGB.

6 Bei **Untersuchungsverweigerung** ist der Beschuldigte, notfalls nach Vorführung, durch die Staatsanwaltschaft oder das Gericht gemäß § 80 in Gegenwart des Sachverständigen zu vernehmen.[39] Zudem können zum Zwecke der Untersuchung eine Unterbringung nach § 81 oder eine Anordnung nach § 81a erforderlich sein.[40] Nur Ausnahmsweise darf von der verweigerten Untersuchung Abstand genommen werden, wenn sie ihrer Art nach die freiwillige Mitwirkung des Beschuldigten voraussetzt und bei zwangsweiser Vornahme gegen dessen Willen kein verwertbares Ergebnis erbringen kann.[41]

III. Rechtsmittel

7 Bei § 80a handelt es sich um eine Ordnungsvorschrift.[42] Gegen die Auftragserteilung an den Sachverständigen als solche ist die **Beschwerde** daher nicht statthaft.[43] Einer Anfechtung zugänglich sind erst die Anordnung körperlicher Untersuchung nach § 81a oder der Unterbringung zur Beobachtung nach § 81[44] sowie ggf. der Vernehmung nach § 80.[45]

8 Aufgrund des Charakters als Ordnungsvorschrift ist die Verletzung des § 80a auch **nicht revisibel.**[46] Über einen Aussetzungsantrag in der Hauptverhandlung kann die Einhaltung des § 80a nicht erzwungen werden. Nur mit der Verletzung des § 246a im Rahmen der Hauptverhandlung lässt sich die Revision begründen.[47] Genauso wenig können §§ 80a, 246a Grundlage für eine Rüge sein, das Gericht hätte zur Vorbereitung der Hauptverhandlung die Vorlage schriftlicher vorbereitender Gutachten verlangen und den Verfahrensbeteiligten zur Verfügung stellen müssen.[48]

§ 81 [Unterbringung zur Beobachtung des Beschuldigten]

(1) Zur Vorbereitung eines Gutachtens über den psychischen Zustand des Beschuldigten kann das Gericht nach Anhörung eines Sachverständigen und des Verteidigers anordnen, daß der Beschuldigte in ein öffentliches psychiatrisches Krankenhaus gebracht und dort beobachtet wird.

(2) [1]Das Gericht trifft die Anordnung nach Absatz 1 nur, wenn der Beschuldigte der Tat dringend verdächtig ist. [2]Das Gericht darf diese Anordnung nicht treffen, wenn sie zu der Bedeutung der Sache und der zu erwartenden Strafe oder Maßregel der Besserung und Sicherung außer Verhältnis steht.

(3) Im vorbereitenden Verfahren entscheidet das Gericht, das für die Eröffnung des Hauptverfahrens zuständig wäre.

(4) [1]Gegen den Beschluß ist sofortige Beschwerde zulässig. [2]Sie hat aufschiebende Wirkung.

(5) Die Unterbringung in einem psychiatrischen Krankenhaus nach Absatz 1 darf die Dauer von insgesamt sechs Wochen nicht überschreiten.

Schrifttum: *Altenhain,* Die strafgerichtliche Rechtsprechung zum Rechtsschutz gegen Justizverwaltungsakte, JZ 1965, 756; *Koch,* Auswertung der Briefe untergebrachter (verwahrter) Beschuldigter durch den

---

[39] Graf/*Monka* Rn. 2; HK/*Lemke* Rn. 5; KK/*Senge* Rn. 3; KMR/*Neubeck* Rn. 3; LR/*Krause* Rn. 4; *Meyer-Goßner* Rn. 3; *Eisenberg* Beweisrecht Rn. 1824; → § 80 Rn. 7.

[40] BGH 28.10.1971 – 4 StR 432/71, NJW 1972, 348; BGH 22.7.2003 – 4 StR 265/03, NStZ 2004, 263 (264) jeweils zu § 246a; SK/*Rogall* Rn. 8.

[41] BGH 29.9.1993 – 2 StR 355/93, NStZ 1994, 95 (96); BGH 31.1.1997 – 2 StR 668/96, NStZ-RR 1997, 166 (167) jeweils zu § 246a.

[42] Bohnert NStZ 1982, 5.

[43] Graf/*Monka* Rn. 3; HK/*Lemke* Rn. 6; → § 73 Rn. 28.

[44] LR/*Krause* Rn. 5; *Meyer-Goßner* Rn. 4.

[45] → § 80 Rn. 15.

[46] Graf/*Monka* Rn. 3; HK/*Lemke* Rn. 6; KK/*Senge* Rn. 4; LR/*Krause* Rn. 6; *Meyer-Goßner* Rn. 5; SK/*Rogall* Rn. 10.

[47] BGH 15.11.1983 – 1 StR 553/83, NStZ 1984, 134 (135).

[48] BGH 14.10.2009 – 2 StR 205/09, BGHSt 54, 177 (178); ausführlich bei § 82.

Anstaltssachverständigen?, NJW 1969, 176; *Löffler,* Voraussetzungen für die Anwendbarkeit der §§ 81, 81a StPO, NJW 1951, 821; *Schroeder,* Eine funktionelle Analyse der strafprozessualen Zwangsmittel, JZ 1985, 1028;

Übersicht

I. Überblick

1. Normzweck. § 81 dient dem Schutz der **Freiheit der Person** (Art. 2 Abs. 2 S. 2 GG) und stellt zugleich die Ermächtigungsgrundlage für einen diesbezüglichen Eingriff dar (Art. 2 Abs. 2 S. 3, 104 Abs. 1 S. 1 GG).[1] Zudem wahrt sie das **allgemeine Persönlichkeitsrecht** (Art. 2 Abs. 1 GG iVm Art. 1 Abs. 1 GG), das durch die Erhebung und Weitergabe von Befunden über den Gesundheitszustand, die seelische Verfassung und den Charakter eines Menschen betroffen ist.[2] Wegen der Schwere des Eingriffs in diese Grundrechte und die verfassungsrechtlichen Vorgaben unterliegt die Unterbringung zur Beobachtung engen sachlichen und förmlichen Voraussetzungen, einer zeitlichen Begrenzung und dem Richtervorbehalt.[3] 1

2. Anwendungsbereich. § 81 ist im **Erkenntnisverfahren** anwendbar, und zwar von der Einleitung des Ermittlungsverfahrens bis zur rechtskräftigen gerichtlichen Entscheidung.[4] Erfasst ist demnach auch der Fall, wenn sich der Beschuldigte mit seiner Revision lediglich gegen die neben der Strafe angeordnete Unterbringung nach § 63 StGB richtet. Da sich die daraufhin angeordnete Unterbringung zur Beobachtung auf dieselbe Strafsache bezieht, ist die Dauer des Aufenthalts in die Strafzeit einzurechnen.[5] Nicht erfasst ist dagegen das Strafvollstreckungsverfahren.[6] Die systematische Stellung der Vorschrift und die Verwendung des Begriffs des Beschuldigten, der als Oberbegriff für die in § 157 aufgeführten Verfahrensstadien zu verstehen ist,[7] belegen die Beschränkung auf den Zeitraum bis zum rechtskräftigen Abschluss des Hauptverfahrens.[8] Dagegen ist die Unterbringung nach § 81 im Sicherungsverfahren nach § 413 ff. statthaft (vgl. § 414 Abs. 1), genauso wie bei der Beweisaufnahme des Wiederaufnahmeverfahrens nach § 369, ausgeschlossen dagegen im Ordnungswidrigkeitenverfahren wegen § 46 Abs. 3 S. 1 OWiG und im Privatklageverfahren wegen § 81 Abs. 2 S. 2.[9] Im Jugendstrafverfahren sind die Sondervorschriften der §§ 73, 104 Nr. 12, 109 Abs. 1 S. 1, 112 JGG zu beachten, die als möglichen Unterbringungszweck die Vorbereitung eines Gutachtens über den Entwicklungsstand des Beschuldigten vorsehen.[10] 2

---

[1] BVerfG 7.3.1995 – 2 BvR 1509/94, NStZ-RR 1996, 38; BGH 8.7.1955 – 5 StR 233/55, BGHSt 8, 144 (147); RG 1.5.1890 – Rep. 901/90, RGSt 20, 378 (379).

[2] BVerfG 9.10.2001 – 2 BvR 1523/01, NJW 2002, 283 (284); OLG Nürnberg 2.6.2009 – 1 Ws 292/09, StV 2010, 510 (511).

[3] *Eb. Schmidt* Lehrkommentar zur StPO Teil II Rn. 4 bis 6; LR/*Krause* Rn. 1.

[4] LR/*Krause* Rn. 2; *Meyer-Goßner* Rn. 1; SK/*Rogall* Rn. 3.

[5] OLG Celle 1.3.1961 – 3 Bs 120/61, NJW 1961, 981.

[6] OLG Hamm 17.1.1974 – 4 Ws 350/73, NJW 1974, 914 (915); OLG Düsseldorf 10.4.1985 – 1 Ws 258 – 259/85, NStZ 1985, 575 (Leitsatz); offen gelassen von OLG Nürnberg 2.6.2009 – 1 Ws 292/09, StV 2010, 510 (511) für das Verfahren nach § 275a.

[7] *Meyer-Goßner* § 157 Rn. 4.

[8] OLG Hamm 17.1.1974 – 4 Ws 350/73, NJW 1974, 914 (915); OLG Düsseldorf 10.4.1985 – 1 Ws 258–259/85, StV 1985, 377 (378).

[9] LR/*Krause* Rn. 2; *Meyer-Goßner* Rn. 1; SK/*Rogall* Rn. 3.

[10] Graf/*Monka* Rn. 1; KK/*Senge* Rn. 1; SK/*Rogall* Rn. 3 und 16.

3 Nach der Rspr. und der hM[11] ist § 81 einschließlich der zeitlichen Begrenzung nach Abs. 5 nicht einschlägig, falls sich der Beschuldigte in **Untersuchungshaft,**[12] in **einstweiliger Unterbringung** nach § 126a[13] oder in anderer Sache in **Strafhaft**[14] befindet. Die hiergegen vorgebrachten Argumente liegen neben der Sache. Natürlich ist der Beschuldigte nicht zur aktiven Mitwirkung an der Begutachtung verpflichtet.[15] Das ist er aber nach Anordnung einer Maßnahme genauso wenig, auch diese Gewährt dem Sachverständigen kein „Recht" auf eine Exploration.[16] Von daher ist kein Unterschied erkennbar. Ganz im Gegenteil dürfte entgegen anders lautender Meinung[17] die zusätzliche Anordnung nach § 81 – sofern dies für den (idR nicht juristisch gebildeten!) Beschuldigten überhaupt noch durchschaubar ist – eher dazu Anlass geben, nunmehr einen weitergehenden Druck zur Kooperation auszumachen. Ferner hängt die „Objektivität der Beobachtung" nicht ausschließlich von der Durchführung in einer der in § 81 Abs. 1 genannten Einrichtungen ab.[18] Sonst hätte der Gesetzgeber die Vorgabe treffen müssen, jede Schuldfähigkeitsbegutachtung in entsprechenden Institutionen vorzunehmen. Vielmehr würde für den in einer freiheitsentziehenden Maßnahme befindlichen Beschuldigten der Unterschied zwischen einer Schuldfähigkeitsuntersuchung als Gegenstand der normalen Beweiserhebung und derjenigen im Rahmen des § 81 als ultima ratio völlig verwischt. Die Berufung auf die Umgehung von Verteidigungsrechten nach § 140 Abs. 1 Nr. 6[19] ist schließlich durch Einführung des § 140 Abs. 1 Nr. 4 hinfällig und wird auch bei anderweitiger Strafhaft wegen § 140 Abs. 1 Nr. 5 kaum zum Tragen kommen. Für den Fall der Untersuchungshaft genügt demnach die Verlegung in die psychiatrische Abteilung derselben oder einer anderen Strafanstalt.[20] Die Verlegungsanordnung trifft grundsätzlich das mit der Sache befasste Gericht,[21] im Ermittlungsverfahren der Haftrichter.[22] Während des Vollzugs der Strafhaft ist dagegen der Leiter der Vollzugsanstalt hierum zu ersuchen.[23] Trotz einstweiliger Unterbringung kann allerdings die Verlegung in ein öffentliches psychiatrisches Krankenhaus in Betracht zu ziehen sein, da nur für diesen Fall – im Gegensatz zur Maßnahme nach § 126a – dem Gericht die Auswahl einer bestimmten Anstalt zusteht.[24] Gleiches gilt für den Fall, dass aus besonderen Gründen die Untersuchung in der psychiatrischen Abteilung einer Strafanstalt nicht durchgeführt werden kann.[25] Wegen der weiterhin bestehenden Verwahrsituation wird die Haftprüfungsfrist des § 121 Abs. 1 jedoch nicht unterbrochen.[26]

---

[11] Graf/*Monka* Rn. 10; HK/*Lemke* Rn. 3; KK/*Senge* Rn. 2; LR/*Krause* Rn. 4 f.; *Meyer-Goßner* Rn. 2; SK/*Rogall* Rn. 34; aA KMR/*Bosch* Rn. 5; *Eisenberg* Beweisrecht Rn. 1694; *Bosch* StV 2002, 633 (634); *Duttge* NStZ 2003, 375 (377); *Wohlers* NStZ 1992, 348 (349).

[12] BGH 30.8.1994 – 1 StR 271/94, *Kusch* NStZ 1994, 218 (219); RG 2.7.1901 – Rep. 2064/01, RGSt 34, 306 (308 f.); OLG Stuttgart 10.8.1961 – 1 Ws 329/61, NJW 1961, 2077; OLG Stuttgart 29.3.1973 – 3 Ws 94/73, NJW 1973, 1426; OLG Celle 18.6.1991 – 3 Ws 131/90 (I), NStZ 1991, 598 (599); OLG Düsseldorf 13.4.2000 – 1 Ws 263 – 264/00, BeckRS 2000, 30107578; Dagegen setzt sich OLG Düsseldorf 9.1.1998 – 2 Ws 3/98, StV 1998, 638 (639) nicht mit dieser Frage auseinander, da es schon an der für § 81 trotz Untersuchungshaft erforderlich persönlichen Anhörung des Sachverständigen fehlte.

[13] BGH 6.12.2001 – 1 StR 468/01, NStZ 2002, 214 (215); da diese Grundsatzfrage dort nicht entscheidungserheblich war, verhält sich OLG Hamburg 9.10.1972 – 2 Ws 411/72, MDR 1972, 1048 hierzu nicht.

[14] OLG Celle 18.6.1991 – 3 Ws 131/90 (I), NStZ 1991, 598 (599).

[15] So das Argument von *Wohlers* NStZ 1992, 347 (348) allerdings undifferenziert auch auf §§ 81a, 81b bezogen.

[16] SK/*Rogall* Rn. 37.

[17] KMR/*Bosch* Rn. 5.

[18] In diesem Sinne *Duttge* NStZ 2003, 375 (377).

[19] KMR/*Bosch* Rn. 5; *Bosch* StV 2002, 633 (634).

[20] OLG Stuttgart 10.8.1961 – 1 Ws 329/61, NJW 1961, 2077; OLG Stuttgart 29.3.1973 – 3 Ws 94/73, NJW 1973, 1426.

[21] OLG Stuttgart 29.3.1973 – 3 Ws 94/73, NJW 1973, 1426.

[22] Graf/*Monka* Rn. 10.

[23] OLG Celle 18.6.1991 – 3 Ws 131/90 (I), NStZ 1991, 598 (599); Graf/*Monka* Rn. 10.

[24] OLG Hamburg 9.10.1972 – 2 Ws 411/72, MDR 1972, 1048.

[25] OLG Stuttgart 10.8.1961 – 1 Ws 329/61, NJW 1961, 2077; OLG Stuttgart 29.3.1973 – 3 Ws 94/73, NJW 1973, 1426.

[26] KG 30.10.1996 – (4) 1 HEs 158/96 112/96, NStZ 1996, 148 (149); OLG Dresden 19.10.2001 – 1 AK 132/01, NStZ-RR 2001, 60.

§ 81 bietet keine gesetzliche Grundlage für die zwangsweise Vorführung des Beschuldigten zu **ambulanter Beobachtung.**[27] Für eine solche bieten §§ 80, 133 Abs. 3 eine ausreichende Grundlage (→ Rn. 6). Der Sachverständige kann aber die Untersuchung im Rahmen der gem. § 81 gerichtlich angeordneten Unterbringung nach seinem pflichtgemäßen Ermessen bei einem kooperativen Beschuldigten auf lediglich ambulanter Basis durchführen, sofern er hierbei eine ausreichende Beobachtungsmöglichkeit gewinnt.[28] 4

II. Erläuterung

1. Anordnungsvoraussetzungen. Der **psychische Zustand** des Beschuldigten muss Gegenstand des vorzubereitenden Gutachtens sein. Hierunter fällt in erster Linie die Frage der Schuldfähigkeit nach §§ 20, 21 StGB,[29] aber auch diejenige der Gefährlichkeit, wenn über die Anordnung einer Maßregel nach §§ 63 ff. StGB zu entscheiden ist,[30] und diejenige des Vorliegens eines Hanges.[31] Unzulässig ist die Unterbringung dagegen, wenn nicht der Geisteszustand als solcher von Bedeutung für das Verfahren ist, sondern lediglich dessen Auswirkungen auf die Glaubwürdigkeit des Beschuldigten.[32] Angesichts des insoweit offenen Wortlautes ist es unmaßgeblich, ob der psychische Zustand zum Zeitpunkt der Tat oder der aktuelle zu beurteilen ist.[33] Selbst für den Fall, dass der Beschuldigte zum Zeitpunkt der Anordnung erkennbar gesund ist, darf daher eine Unterbringung nach § 81 angeordnet werden, um Rückschlüsse auf seinen Zustand zur Tatzeit zu ziehen.[34] Entsprechend kommt auch die Überprüfung der Verhandlungsfähigkeit in Betracht.[35] Fraglich ist indes, inwieweit dies erlaubt ist, um die Verhandlungsfähigkeit bei einem früher abgelegten Geständnis zu bewerten,[36] da dies auf eine unzulässige Prüfung der Glaubwürdigkeit hinauslaufen würde.[37] War die Bewusstseinsstörung zum Zeitpunkt der Tat ersichtlich nur vorübergehender Natur, wie bei einer Drogen- oder Medikamentenintoxikation scheidet die Unterbringung zur Durchführung von Experimenten, insbesondere Trinkversuchen aus.[38] Der Grund liegt hier in erster Linie darin, dass Eingriffe notwendig sind, die von § 81 nicht gedeckt werden, und zudem Mitwirkungshandlungen des Beschuldigten, die über die strafprozessual allein maßgebliche Duldungspflicht hinausgehen. 5

Die **Anhörung eines Sachverständigen** ist zwingend vorgeschrieben.[39] Er muss Psychiater oder Neurologe sein,[40] und möglichst der Arzt, der auch die Beobachtung durchführen soll.[41] In der Praxis üblich und durchaus sinnvoll ist es für den Fall, dass eine Unterbringung nach § 63 f. StGB im Raum steht, bereits für die Anhörung nach § 81 denjenigen Arzt auszuwählen, der auch für die spätere Unterbringung zuständig wäre. 6

[27] OLG Celle 15.2.1989 – 3 Ws 31/89, NJW 1989, 2339 (2340); LG Gera 29.8.1995 – 320 Js 8075/94-5 AR 37/95, StV 1995, 631; LR/*Krause* Rn. 3; aA OLG Bamberg 1.3.1983 – Ws 614/82, MDR 1984, 602.

[28] BGH 30.4.1974 – 1 StR 579/73, juris (→ Rn. 8) = *Dallinger* MDR 1974, 721 (724).

[29] RG 8.7.1895 – Rep. 2359/95, RGSt 27, 343 (348); OLG Hamm 30.11.2000 – 2 Ws 313/00, juris (→ Rn. 5) = StraFo 2002, 164; KK/*Senge* Rn. 1; LR/*Krause* Rn. 8; *Meyer-Goßner* Rn. 5; Schroeder JZ 1985, 1028 (1030).

[30] BGH 28.10.1971 – 4 StR 432/71, NJW 1972, 348 zur Sicherungsverwahrung; KK/*Senge* Rn. 1; KMR/*Bosch* Rn. 10; LR/*Krause* Rn. 9; *Meyer-Goßner* Rn. 5; Arzt JZ 1969, 438 (439).

[31] BGH 22.7.2003 – 4 StR 265/03, NStZ 2004, 263 (264); LR/*Krause* Rn. 9.

[32] BGH 5.7.1955 – 5 StR 52/55, JR 1955, 472; OLG Celle 4.3.1987 – OJs 28/86, StV 1987, 518.

[33] RGSt 1.5.1890 – Rep. 901/90, RGSt 20, 378 (379); *Eb. Schmidt* Lehrkommentar zur StPO Teil II Rn. 7; *Löffler* NJW 1951, 821.

[34] RG 1.5.1890 – Rep. 901/90, RGSt 20, 378 (379); LR/*Krause* Rn. 8.

[35] BVerfG 7.3.1995 – 2 BvR 1509/94, NStZ-RR 1996, 38; OLG Schleswig 15.9.1981 – 1 Ws 344/81, NStZ 1982, 81.

[36] So LR/*Krause* Rn. 10; SK/*Rogall* Rn. 14.

[37] Schroeder JZ 1985, 1028 (1030).

[38] BGH 22.6.1965 – 1 StR 159/65, *Dallinger* MDR 1966, 381 (383).

[39] KK/*Senge* Rn. 7; *Meyer-Goßner* Rn. 10.

[40] BVerfG 9.10.2001 – 2 BvR 1523/01, NJW 2002, 283 (284); OLG Frankfurt a. M. 24.11.1966 – 3 Ws 558/66, NJW 1967, 689 (690).

[41] OLG Hamm 7.5.1957 – 2 Ws 155/57, NJW 1957, 1290 (1291); LG Aschaffenburg 3.6.2003 – Qs 189/02, StV 2004, 583 (584); *Meyer-Goßner* Rn. 10.

Dieser kann sich ein umfassendes Bild, gerade auch im Hinblick auf die von der Maßnahme umfasste Gefährlichkeit oder den Hang, verschaffen und die prognoserelevanten Einwirkungsmöglichkeiten im stationären Rahmen angemessen beurteilen. Alleine hieraus Zweifel an der Unbefangenheit und Neutralität des Sachverständigen herzuleiten[42] ist wenig naheliegend. In jedem Fall hat sich der Sachverständige wegen des mit der Maßnahme verbundenen gravierenden Eingriffs einen persönlichen Eindruck von dem Unterzubringenden zu verschaffen,[43] was auch für den in Untersuchungshaft Befindlichen gilt[44] und was durch eine lediglich telefonische Kontaktaufnahme nicht ersetzt werden kann.[45] Weigert sich der Beschuldigte, vor dem Sachverständigen zu erscheinen, besteht die Möglichkeit, nach § 80 zu verfahren, gegebenenfalls mittels Vorführung nach §§ 133 f.[46] Die Zuständigkeit hierfür ergibt sich während des Ermittlungsverfahrens gleichfalls aus § 81 Abs. 3,[47] denn über § 80 wird lediglich die Art und Weise festgelegt, wie das für die Maßnahme nach § 81 zuständige Gericht die in Abs. 1 vorgeschriebene Anhörung durch den Sachverständigen zu gewährleisten hat. Der möglicherweise abweichenden Ansicht, für die Anhörung nach § 80 sei die Staatsanwaltschaft oder auf deren Antrag hin der Ermittlungsrichter nach § 162 Abs. 1 zuständig, kann allenfalls für den Fall gefolgt werden, dass sich nach dem (vorläufigen) Ermittlungsergebnis keinerlei Anhaltspunkte für eventuelle Einschränkungen der Schuldfähigkeit ergeben.[48] Dann würde die Vorgehensweise nach §§ 81 Abs. 1, 80 aber schon an der von vornherein erkennbar fehlenden Unerlässlichkeit der Unterbringung scheitern[49] (→ Rn. 11). Das anordnende Gericht wird in derartigen Fällen allerdings eine Gratwanderung vornehmen müssen. Einerseits darf eine Unterbringung zur Beobachtung nicht erfolgen, wenn der Beschuldigte jede Mitwirkung verweigert (→ Rn. 11). Andererseits gebietet die Sachaufklärungspflicht, nicht jede Weigerungshaltung unbesehen hinzunehmen. Vor allem gilt dies, sofern auf diese Weise die Heranziehung eines nicht genehmen Sachverständigen unterwandert werden soll.[50] Eine bloße Beurteilung aufgrund der Aktenlage ist nur in seltenen Ausnahmefällen zulässig, wobei ein solcher in der Stellungnahme des Sachverständigen dargelegt werden muss.[51] Entsprechende Ausnahmesituationen kommen bei Beschuldigten in Betracht, die sich kurze Zeit zuvor anderweitig in einer Unterbringung oder einem stationären Krankenhausaufenthalt befanden, und bei denen der Sachverständige nach Rücksprache mit den sie dort behandelnden Ärzten die Unterbringung nach § 81 zur Vorbereitung des Gutachtens unzweifelhaft für notwendig erachtet.[52] Genauso hat sich der Sachverständige in seiner

---

[42] KMR/*Bosch* Rn. 22; LR/*Krause* Rn. 16; *Eisenberg* Beweisrecht Rn. 1699.

[43] OLG Oldenburg 1.3.1961 – 1 Ws 58/61, NJW 1961, 981 (982); OLG Karlsruhe 24.10.1972 – 2 Ws 194/72, NJW 1973, 573; OLG Karlsruhe 26.4.1983 – 2 Ws 85/83, MDR 1984, 72; OLG Karlsruhe 15.5.1984 – 4 Ws 89/84, StV 1984, 369; OLG Celle 18.6.1991 – 3 Ws 131/90 (I), NStZ 1991, 598 (599); KG 30.12.2012 – 4 Ws 117/12, BeckRS 2013, 04054 = NStZ-RR 2013, 182 (Leitsatz); LG Zweibrücken 15.8.1996 – 1 Qs 104/96, NJW 1997, 70; LG Aschaffenburg 3.6.2003 – Qs 189/02, StV 2004, 583 (583 f.).

[44] OLG Düsseldorf 9.1.1998 – 2 Ws 3/98, StV 1998, 638 (639).

[45] OLG Düsseldorf 18.5.1993 – 1 Ws 446/93, StV 1993, 571; OLG Köln 28.1.2010 – 2 Ws 29–30/09, BeckRS 2010, 25270 = NStZ-RR 2011, 18 (Leitsatz).

[46] OLG Celle 15.2.1989 – 3 Ws 31/89, NJW 1989, 2339 (2340); OLG Düsseldorf 18.4.1993 – 2 Ws 99/93, StV 1993, 571; OLG Stuttgart 30.6.2003 – 5 Ws 26/03, StV 2004, 482; OLG Jena 9.5.2007 – 1 Ws 180/07, RuP 2008, 58; OLG Köln 28.1.2010 – 2 Ws 29–30/09, BeckRS 2010, 25270 = NStZ-RR 2011, 18 (Leitsatz); LG Aschaffenburg 3.6.2003 – Qs 189/02, StV 2004, 583 (584); LG Zweibrücken 11.12.2003 – Qs 133/03, VRS 106 (2004), 385 (386). Siehe auch → § 80 Rn. 7.

[47] *Meyer-Goßner* Rn. 11.

[48] Nicht ganz eindeutig insoweit LG Gera 29.8.1995 – 320 Js 8075/94-5 AR 37/95, StV 1995 631 (631 f.) inwieweit die dortigen Ausführungen alleine auf den Fall einer durch die Staatsanwaltschaft in Auftrag gegebenen ambulanten Untersuchung bezogen sind.

[49] OLG Karlsruhe 4.6.1996 – 1 Ws 133/96, Justiz 1997, 141.

[50] → § 73 Rn. 15.

[51] OLG Karlsruhe 26.4.1983 – 2 Ws 85/83, MDR 1984, 72; OLG Karlsruhe 15.5.1984 – 4 Ws 89/84, StV 1984 369; OLG Hamburg 3.2.1964 – 1 Ws 48/64, MDR 1964, 434; OLG Jena 9.5.2007 – 1 Ws 180/07, RuP 2008, 58; KK/*Senge* Rn. 7; aA OLG Düsseldorf 18.4.1993 – 2 Ws 99/93, StV 1993, 571; OLG Köln 28.1.2010 – 2 Ws 29–30/09, BeckRS 2010, 25270 = NStZ-RR 2011, 18 (Leitsatz); LG Zweibrücken 11.12.2003 – Qs 133/03, VRs 106 (2004), 385; LR/*Krause* Rn. 17; *Meyer-Goßner* Rn. 11.

[52] OLG Celle 15.2.1989 – 3 Ws 31/89, NJW 1989, 2339 (2340).

Stellungnahme, die gegenüber dem Gericht nicht lediglich telefonisch, sondern zwingend schriftlich abzugeben ist,[53] dazu zu äußern, ob die Anstaltsbeobachtung zur Vorbereitung des Gutachtens geeignet und erforderlich ist[54] und zur voraussichtlich erforderlichen Dauer.[55] Hieran ist das Gericht nicht gebunden. Es kann mithin die Maßnahme auch für erforderlich halten, wenn der Sachverständige zu einem anderen Ergebnis kommt. Im Hinblick auf die einschneidende Wirkung der Unterbringung wird dies jedoch regelmäßig nicht ohne die Anhörung eines weiteren Sachverständigen möglich sein.[56]

Die **Anhörung des Verteidigers** ist weitere zwingende Voraussetzung der Unterbringung,[57] auch wenn es auf sein Einverständnis mit der Maßnahme nicht ankommt.[58] Die Bestellung eines Pflichtverteidigers ist nach § 140 Abs. 1 Nr. 6 vorgeschrieben und hat schon bei einem ernst gemeinten und mit sachlichen Gründen versehenen Antrag auf Unterbringung seitens des Beschuldigten zu erfolgen.[59] Legitimiert sich daneben ein Wahlverteidiger, ist auch dessen Anhörung notwendig.[60] Wie sich aus dem Zweck der Gewährung rechtlichen Gehörs ergibt, das sich auf alle konkreten Umstände zu erstrecken hat, die bei der Entscheidung verwendet werden sollen,[61] muss die Untersuchung durch den Sachverständigen bereits stattgefunden und sich dieser zur Notwendigkeit und Dauer der Unterbringung geäußert haben.[62] Die schriftliche Stellungnahme ist dem Verteidiger zuzuleiten.[63] Er muss zudem Gelegenheit erhalten, mit dem Beschuldigten persönlichen Kontakt aufzunehmen und die Voraussetzungen der Anordnung zu überprüfen.[64] 7

Weitere Anhörungen sind in § 81 nicht ausdrücklich vorgesehen. Daher muss dem Beschuldigten[65] selbst und dem gesetzlichen Vertreter[66] keine Gelegenheit zur Stellungnahme gegeben werden, auch wenn dies teilweise für sinnvoll und zweckmäßig gehalten wird.[67] Die Notwendigkeit einer Anhörung der Staatsanwaltschaft ergibt sich dagegen schon aus § 33 Abs. 2.[68] 8

Bei der Unterbringungseinrichtung, in die der Beschuldigte verbracht werden soll, muss es sich um ein **öffentliches psychiatrisches Krankenhaus** handeln. Diese Voraussetzung erfüllt nur eine solche Anstalt, deren Träger der Staat, eine Gemeinde, ein Gemeindeverband oder ein anderer Hoheitsträger ist.[69] Nicht genügend ist demgegenüber eine Privatkli- 9

---

53 OLG Karlsruhe 26.4.1983 – 2 Ws 85/83, MDR 1984, 72; OLG Stuttgart 30.6.2003 – 5 Ws 26/03, StV 2004, 582; OLG Köln 28.1.2010 – 2 Ws 29–30/09, BeckRS 2010, 25270 = NStZ-RR 2011, 18 (Leitsatz).

54 OLG Hamm 7.5.1957 – 2 Ws 155/57, NJW 1957, 1290; OLG Frankfurt a. M. 18.7.1985 – 3 Ws 597/85, StV 1986, 51; KG 10.10.2002 – 5 Ws 530/02; KG 30.10.2012 – 4 Ws 117/12, BeckRS 2013 04054 = NStZ-RR 2013, 182 (Leitsatz).

55 OLG Karlsruhe 24.10.1972 – 2 Ws 194/72, NJW 1973, 573; OLG Düsseldorf 18.5.1993 – 1 Ws 446/93, StV 1993, 571; OLG Hamm 30.11.2000 – 2 Ws 313/00, StraFo 2002, 164 f.; OLG Stuttgart 30.6.2003 – 5 Ws 26/03, StV 2004, 582; OLG Jena 9.5.2007 – 1 Ws 180/07, RuP 2008, 58; LG Aschaffenburg 3.6.2003 – Qs 189/02, StV 2004, 583 (584).

56 OLG Hamm 7.5.1957 – 2 Ws 155/57, NJW 1957, 1290 (1291); OLG Hamm 30.11.2000 – 2 Ws 313/00, juris (→ Rn. 6) = StraFo 2002, 164.

57 KK/*Senge* Rn. 7.

58 LR/*Krause* Rn. 22; *Meyer-Goßner* Rn. 14.

59 BGH 17.4.1952 – 5 StR 349/52, NJW 1952, 797.

60 OLG München 16.11.2006 – 3 Ws 866/06, StV 2008, 127 (127 f.) = NStZ-RR 2008, 251 (nur Leitsatz).

61 OLG Karlsruhe 15.3.1972 – 2 Ws 47/72, NJW 1972, 1584.

62 OLG Karlsruhe 26.4.1983 – 2 Ws 85/83, MDR 1984, 72; OLG Köln 28.1.2010 – 2 Ws 29–30/09, BeckRS 2010, 25270 = NStZ-RR 2011, 18 (nur Leitsatz).

63 OLG Karlsruhe 26.4.1983 – 2 Ws 85/83, MDR 1984, 72; LG Zweibrücken 11.12.2003 – Qs 133/03, VRS 106 (2004), 385 (386).

64 OLG Frankfurt a. M. 24.11.1966 – 3 Ws 558/66, NJW 1967, 689 (689 f.); OLG Köln 28.1.2010 – 2 Ws 29–30/09, BeckRS 2010, 25270 = NStZ-RR 2011, 18 (nur Leitsatz).

65 *Eb. Schmidt* Lehrkommentar zur StPO Teil II Rn. 13; KK/*Senge* Rn. 7; *Löffler* NJW 1951, 821; aA KMR/*Bosch* Rn. 27; LR/*Krause* Rn. 23.

66 KMR/*Bosch* Rn. 27; *Meyer-Goßner* Rn. 14; aA LR/*Krause* Rn. 23.

67 OLG Karlsruhe 15.3.1972 – 2 Ws 47/72, NJW 1972, 1584.

68 LR/*Krause* Rn. 24; *Meyer-Goßner* Rn. 15.

69 OLG Frankfurt a. M. 24.11.1966 – 3 Ws 558/66, NJW 1967, 689 (690).

nik oder ein öffentliches Krankenhaus, das lediglich eine Station für Psychiatrie und Neurologie unterhält, bei dem es sich ansonsten aber nicht um eine Spezialklinik handelt.[70]

10 Ob ein **dringender Tatverdacht**[71] iSd Abs. 2 S. 1 gegeben ist, richtet sich nach den gleichen Maßstäben wie beim Haftbefehl gemäß § 112 Abs. 1 S. 1.[72] Die Entscheidung ist daher regelmäßig nach Aktenlage zu treffen,[73] sofern sich die Frage, ob eine Anordnung nach § 81 zu treffen ist, nicht erst in der Hauptverhandlung stellt.[74] Maßgeblich ist in erster Linie der äußere Tatbestand. Zur inneren Tatseite muss der Beschuldigte nicht eigens vor der Anstaltsbeobachtung vernommen werden.[75]

11 Bei der Unterbringung zur Beobachtung handelt es sich um einen schwerwiegenden Eingriff, bei dessen Anordnung das **Verhältnismäßigkeitsprinzip** strikt zu beachten ist.[76] § 81 Abs. 2 S. 2 hebt hiervon einen Aspekt ausdrücklich hervor und regelt mithin eine Selbstverständlichkeit. Unzulässig ist die Maßnahme dementsprechend im Privatklageverfahren[77] sowie im Bereich der Bagatellkriminalität,[78] was sich aus der Art des Deliktes, wie beispielsweise Beleidigung und übler Nachrede[79] oder der zu erwartenden, lediglich geringfügigen Sanktion[80] ergeben kann, vor allem sofern lediglich die Verhängung einer Geldstrafe zu erwarten ist.[81] Die Beobachtung nach § 81 muss darüber hinaus in dem Sinne unerlässlich sein, dass ohne sie die Schuldfähigkeit nicht beurteilt werden kann.[82] Dementsprechend müssen sich aus dem Akteninhalt und dem bisherigen Verfahrensverlauf überhaupt Anhaltspunkte ergeben, die die Annahme rechtfertigen, es bestünden Bedenken gegen die strafrechtliche Verantwortlichkeit des Beschuldigten,[83] die nicht durch Hinzuziehung eines Sachverständigen zur Hauptverhandlung geklärt werden könnten.[84] Vorrangig sind andere Erkenntnisquellen[85] und ambulante Untersuchungsmöglichkeiten[86] auszuschöpfen, mit denen sich der Sachverständige ein genügend sicheres Bild vom psychischen Zustand des Beschuldigten verschaffen kann. Hierzu kommt, falls er nicht freiwillig erscheint, eine Vorgehensweise nach § 80 mit Vorführung in Betracht.[87] Andererseits stellt die Unterbringung ein

---

[70] LR/*Krause* Rn. 30.

[71] Der noch von OLG Oldenburg 1.3.1961 – 1 Ws 58/61, NJW 1961, 981 (982) für ausreichend erachtete hinreichende Tatverdacht ist durch die heutige Gesetzesfassung überholt.

[72] LG Zweibrücken 22.1.1996 – 1 AR 33/95, VRS 91 (1996), 288.

[73] KMR/*Bosch* Rn. 19; *Meyer-Goßner* Rn. 6.

[74] LR/*Krause* Rn. 13; kritisch hierzu SK/*Rogall* Rn. 11.

[75] KK/*Senge* Rn. 4; LR/*Krause* Rn. 13; *Meyer-Goßner* Rn. 6; *Löffler* NJW 1951, 821; einschränkend KMR/*Bosch* Rn. 10; SK/*Rogall* Rn. 11; *Eisenberg* Beweisrecht Rn. 1693.

[76] BVerfG 7.3.1995 – 2 BvR 1509/94, NStZ-RR 1996, 38; BVerfG 9.10.2001 – 2 BvR 1523/01, NJW 2002, 283 (284); OLG Oldenburg 1.3.1961 – 1 Ws 58/61, NJW 1961, 981 (982); OLG Nürnberg 2.6.2009 – 1 Ws 292/09, StV 2010, 510 (511).

[77] KK/*Senge* Rn. 5; *Meyer-Goßner* Rn. 7; LR/*Krause* Rn. 14; SK/*Rogall* Rn. 20.

[78] OLG Düsseldorf 18.4.1993 – 2 Ws 99/93, StV 1993, 571; LG Hannover 7.5.1987 – 55 c 1/86, juris (Leitsatz).

[79] OLG Karlsruhe 4.6.1996 – 1 Ws 133/96, Justiz 1997, 141.

[80] OLG Düsseldorf 18.4.1993 – 2 Ws 99/93, StV 1993, 571; LG Krefeld 19.1.1972 – 8 Qs 491/71, MDR 1972, 533; LG Zweibrücken 22.1.1996 – 1 AR 33/95, VRS 91 (1997), 288 (289) selbst bei gefährlicher Körperverletzung.

[81] LG Zweibrücken 18.12.2002 – Qs 159/02, VRS 104 (2003), 363 (364) = NStZ 2003, 448 (Leitsatz).

[82] BVerfG 9.10.2001 – 2 BvR 1523/01, NJW 2002, 283 (284).

[83] BVerfG 7.3.1995 – 2 BvR 1509/94, NStZ-RR 1996, 38; vgl. auch LG Gera 29.8.1995 – 320 Js 8075/94-5 AR 37/05, StV 1995, 631 (632).

[84] OLG Düsseldorf 18.4.1993 – 2 Ws 99/93, StV 1993, 571 (571 f.); LG Zweibrücken 15.8.1996 – 1 Qs 104/96, NJW 1997, 70.

[85] OLG Oldenburg 3.1.2006 – 1 Ws 1/06, StV 2008, 128 = NStZ-RR 2006, 111 (Leitsatz); LG Berlin 17.5.1960 – 514 Qs 34/60, NJW 1960, 2256 (2257); LG Zweibrücken 11.12.2003 – Qs 133/03, VRS 106 (2004), 385 (386) jeweils für Gutachten aus anderen (Straf-, Betreuungs- oder sonstigen) Verfahren; OLG Köln 19.10.1956 – Ws 501/56, MDR 1957, 117 (Leitsatz).

[86] BGH 10.9.2002 – 1 StR 169/02, BGHSt 48, 4 (11); OLG Karlsruhe 24.10.1972 – 2 Ws 194/72, NJW 1972, 573; OLG Frankfurt a. M. 18.7.1985 – 3 Ws 597/85, StV 1985, 51; OLG Düsseldorf 18.5.1993 – 1 Ws 446/93, StV 1993 571; OLG Hamm 30.11.2000 – 2 Ws 313/00, juris (→ Rn. 8) = StraFo 2002, 164.

[87] OLG Düsseldorf 18.5.1993 – 1 Ws 446/93, StV 1993, 571; LG Gera 29.8.1995 – 320 Js 8075/94-5 AR 37/05, StV 1995, 631; *Meyer-Goßner* Rn. 8. Zu den hierbei zu beachtenden Regelungen über die Zuständigkeit → § 80 Rn. 7.

ungeeignetes Mittel dar, wenn die notwendige Untersuchung in Form einer Exploration die Mitwirkung des Beschuldigten erfordert, zu der er erkennbar in keiner Weise bereit ist,[88] und die nicht durch Anwendung verbotener Vernehmungsmethoden iSd § 136a oder sonstige Einflussnahmen auf die Aussagefreiheit erzwungen oder erschlichen werden darf.[89] Deswegen darf eine „Totalbeobachtung" nicht Ziel der Maßnahme sein.[90] Dabei ist aber andererseits zu berücksichtigen, dass nicht jede Weigerungshaltung von vornherein akzeptiert werden muss.[91] Alleine eine telefonisch erklärte Weigerung beispielsweise gebietet zunächst nicht, von weiteren Maßnahmen abzusehen.[92] Wie überhaupt in Erwägung zu ziehen ist, dass der Beschuldigte seine Verweigerungshaltung in der Maßnahme ändern kann.[93] Nicht zu folgen ist jedoch der Ansicht, die Unterbringung nach § 81 scheide bereits dann aus, wenn der Beschuldigte sich freiwillig in eine Privatklinik begebe, deren Ärzte als Sachverständige geeignet seien, und sich dort untersuchen lasse.[94] Eine solche Maßnahme widerspräche dem Sinn und Zweck des § 81 Abs. 1, der für die Beurteilung des Geisteszustandes besonders qualifizierte Fachkliniken vorsieht, die nicht ohne weiteres durch private Anstalten zu ersetzen sind. Auch darf auf diesem Wege nicht die Sachaufklärungspflicht des Gerichts umgangen werden. Es wählt den Sachverständigen im Hinblick auf das objektive Aufklärungsinteresse alleine nach seiner Qualifikation aus und nicht nach den Wünschen des Angeklagten. Diesen ist besonders dann keine Folge zu leisten, wenn auf diese Weise die Auswahlbefugnis des Gerichts umgangen werden soll.[95]

Die **zulässige Höchstdauer** von sechs Wochen nach Abs. 5 darf auch bei Einverständnis des Beschuldigten nicht überschritten werden.[96] Demnach darf die Unterbringung nicht angeordnet werden, wenn von vornherein feststeht, dass dieser Zeitraum für die Beurteilung des Geisteszustandes nicht ausreicht.[97] Ergibt die gemäß Abs. 1 erfolgte Anhörung des Sachverständigen, dass eine kürzere Zeitdauer genügt, so ist die Einweisung von vornherein hierauf zu begrenzen.[98] Stellt sich die bestimmte Frist als zu kurz heraus, so kann sie, nach entsprechender Stellungnahme des Sachverständigen, der hM zufolge verlängert werden (aber → Rn. 18).[99] Der Beschuldigte ist umgekehrt bei Abschluss der Begutachtung sofort zu entlassen, obwohl die gerichtlich angeordnete Dauer noch nicht abgelaufen ist, worüber der Sachverständige belehrt werden sollte (Nr. 62 Abs. 1 RiStBV).[100] Ohne Überschreitung der in Abs. 5 genannten Höchstdauer darf die Unterbringung in demselben Verfahren – aufgrund jeweils neuer Beschlussfassung[101] – auch mehrfach angeordnet werden.[102] Dies ergibt sich aus dem Wortlaut der heutigen Gesetzes- 12

[88] BGH 10.9.2002 – 1 StR 169/02, BGHSt 48, 4 (11 f.); OLG Celle 21.3.1985 – 1 Ws 69/85, StV 1985, 224; OLG Stuttgart 30.6.2003 – 5 Ws 26/03, StV 2004, 582 (583); OLG Düsseldorf 3.3.2005 – II-3 Ws 76 – 78/05, juris (→ Rn. 5) = StV 2005, 490; OLG Oldenburg 3.1.2006 – 1 Ws 1/06, StV 2008, 128 = NStZ-RR 2006, 111 (Leitsatz); OLG Nürnberg 2.6.2009 – 1 Ws 292/09, StV 2010, 510 (511); KG 30.12.2012 – 4 Ws 117/13, BeckRS 2013, 04054 = NStZ-RR 2013, 182 (Leitsatz); LG Hagen 11.2.2008 – 44 Qs 25/07, juris (→ Rn. 4) = StraFo 2008, 157; *Duttge* NStZ 2003, 375 (377).

[89] BVerfG 9.10.2001 – 2 BvR 1523/01, NJW 2002, 283 (284); OLG Frankfurt a. M. 18.7.1985 – 3 Ws 597/85, StV 1986, 51.

[90] BVerfG 9.10.2001 – 2 BvR 1523/01, NJW 2002, 283 (284); KG 30.12.2012 – 4 Ws 117/13, BeckRS 2013, 04054 = NStZ-RR 2013, 182 (Leitsatz).

[91] BGH 10.9.2002 – 1 StR 169/02, BGHSt 48, 4 (11).

[92] OLG Köln 28.1.2010 – 2 Ws 29–30/09, BeckRS 2010, 25270 = NStZ-RR 2011, 18 (Leitsatz).

[93] OLG Oldenburg 3.1.2006 – 1 Ws 1/06, StV 2008, 128 = NStZ-RR 2006, 111 (Leitsatz); *Duttge* NStZ 2003, 375 (377); vgl. allgemein zur Exploration OLG Nürnberg 16.6.1997 – Ws 612/97, NStZ-RR 1998, 242 (243); zweifelnd KMR/*Bosch* Rn. 14.

[94] KMR/*Bosch* Rn. 15; LR/*Krause* Rn. 15; *Meyer-Goßner* Rn. 8; SK/*Rogall* Rn. 19.

[95] → § 73 Rn. 10 und 23.

[96] KK/*Senge* Rn. 6; LR/*Krause* Rn. 25; *Meyer-Goßner* Rn. 17.

[97] KK/*Senge* Rn. 5; KMR/*Bosch* Rn. 14; LR/*Krause* Rn. 15.

[98] OLG Oldenburg 1.3.1961 – 1 Ws 58/61, NJW 1961, 981 (982).

[99] LR/*Krause* Rn. 26; *Meyer-Goßner* Rn. 17.

[100] KK/*Senge* Rn. 6; LR/*Krause* Rn. 25; *Meyer-Goßner* Rn. 17.

[101] KK/*Senge* Rn. 6; SK/*Rogall* Rn. 41.

[102] BGH 6.9.1968 – 4 StR 339/68, NJW 1968, 2297 (2298); OLG Hamm 30.3.1953 – 2 Ws 95/53, NJW 1953, 1237; OLG Schleswig 23.12.1958 – Ws 436/58, MDR 1959, 415; so im Ergebnis auch schon RG 13.7.1892 – Rep. 1924/92, RGSt 23, 209 (210–212).

fassung („insgesamt"),[103] durch den die in der früheren Rechtsprechung teilweise vertretene abweichende Ansicht[104] überholt ist.

13 **Von Amts wegen** ergeht die Entscheidung nach Maßgabe der Sachaufklärungspflicht gemäß § 244 Abs. 2.[105] Entsprechende Begehren der Staatsanwaltschaft entsprechen Anträgen auf sonstige Ermittlungshandlungen,[106] die der richterlichen Anordnung bedürfen (vgl. § 162 Abs. 1 S. 1). Sie sind daher entsprechend konkret zu fassen und zu begründen.[107] Ggf. können sich Ausführungen empfehlen, warum überhaupt Zweifel an der strafrechtlichen Verantwortlichkeit bestehen.[108] Anträge des Verteidigers stellen bloße Beweisanregungen dar.[109] Darüber hinaus werden Anträge auf eine Maßnahme nach § 81 teilweise als echte Beweisanträge angesehen,[110] sofern sie in der Hauptverhandlung (erneut) gestellt werden.[111] Sie sind nach dieser Ansicht auf Vernehmung eines weiteren Sachverständigen iSd § 244 Abs. 4 S. 2 gerichtet, wenn bereits ein Gutachten zu entsprechenden Fragen des psychischen Zustandes des Beschuldigten in der Hauptverhandlung erstattet wurde.[112] Dem ist indes nicht zuzustimmen. Das Beweisbegehren richtet sich in diesem Fall nicht auf bestimmte Beweistatsachen, sondern auf die Art und Weise der Untersuchung. Mithin handelt es sich um bloße Beweisanregungen.[113] Unbeschadet dessen stellt die stationäre Beobachtung kein überlegenes Forschungsmittel nach § 244 Abs. 4 S. 2 Hs. 2 dar.[114]

14 **2. Unterbringungsanordnung.** Hinsichtlich der **Zuständigkeit** enthält § 81 Abs. 3 für das Ermittlungsverfahren eine Ausnahmeregelung zu § 162 Abs. 1. Sie greift wegen des Sachzusammenhangs ebenfalls, wenn zugleich Anordnungen nach § 81a zu treffen sind[115] (→ Rn. 20). Bei mehreren in Betracht kommenden Gerichten ist die Prognose der Staatsanwaltschaft maßgeblich, vor welchem sie voraussichtlich die Anklage erheben wird.[116] Durch die Norm ist ein Gleichlauf mit der Zuständigkeit für die Bestellung des Pflichtverteidigers nach §§ 140 Abs. 1 Nr. 6, 141 Abs. 4 Hs. 1 gegeben. Zweckmäßig für die Staatsanwaltschaft ist es daher, beim unverteidigten Beschuldigten den Antrag auf Unterbringung mit demjenigen auf Bestellung eines Pflichtverteidigers zu verbinden. Nach Anklageerhebung entscheidet das mit der Sache befasste Gericht.[117] Für die Anordnung gilt wegen der Schwere des Eingriffs und wegen Art. 104 Abs. 2 GG ein absoluter Richtervorbehalt.[118] Entgegen § 161a Abs. 1 S. 2 kann die Staatsanwaltschaft daher die Anordnung nicht vornehmen, selbst bei Gefahr im Verzug nicht.

15 Im **Tenor** des Beschlusses sind diejenigen Anordnungsvoraussetzungen genau zu bezeichnen, die für die Vollstreckung maßgeblich sind. Neben dem Ausspruch der Unterbringung als solcher, nebst der Verbringung dorthin, muss das Gericht die Unterbringungseinrichtung bestimmen, deren Auswahl nicht der Staatsanwaltschaft oder dem Sachverständigen überlassen

---

[103] LR/*Krause* Rn. 28; *Meyer-Goßner* Rn. 18.

[104] BGH 26.4.1955 – 5 StR 86/55, BGHSt 8, 113 (121 f.).

[105] RG 24.9.1937 – 4 D 657/37, JW 1937, 3101; LR/*Krause* Rn. 6; *Meyer-Goßner* Rn. 3; vgl. auch BGH 5.7.1955 – 2 StR 159/55, BGHSt 8, 76 (77); RG 1.5.1890 – Rep. 901/90, RGSt 20, 378 (379), BGHSt 8, 76 (77) jeweils „pflichtgemäßes Ermessen des Gerichtes"; RG 1.5.1890 – Rep. 901/90, RGSt 20, 378 (379) „nach Ermessen des Gerichtes".

[106] Vgl. BGH 17.4.1952 – 5 StR 349/52, NJW 1952, 797.

[107] LG Zweibrücken 22.1.1996 – 1 AR 33/95, VRS 91 (1997), 288; aA SK/*Rogall* Rn. 9.

[108] Vgl. LG Gera 29.8.1995 – 320 Js 8075/94-5 AR 37/95, StV 1995, 631 (632).

[109] RG 1.5.1890 – Rep. 901/90, RGSt 20, 378 (379 f.) noch zur aF, die einen ausdrücklichen Antrag des Sachverständigen forderte, hierzu LR/*Krause* Rn. 7.

[110] *Eb. Schmidt* Lehrkommentar zur StPO Teil II Rn. 10.

[111] RG 8.7.1895 – Rep. 2359/95, RGSt 27, 343 (349).

[112] BGH 5.7.1955 – 5 StR 52/55, JR 1955, 472; OLG Koblenz 5.9.1974 – 1 Ss 182/74, VRS 48 (1975), 182 (184).

[113] HK/*Lemke* Rn. 5; KMR/*Bosch* Rn. 6; LR/*Krause* Rn. 7; *Meyer-Goßner* Rn. 3.

[114] BGH 5.7.1955 – 2 StR 159/55, BGHSt 8, 78 (77); BGH 5.7.1955 – 5 StR 52/55, JR 1955, 472; OLG Koblenz 5.9.1974 – 1 Ss 182/74, VRS 48 (1975), 182 (184).

[115] OLG Karlsruhe 19.11.1971 – 1 Ws 377/71, Justiz 1972, 18 (19).

[116] KMR/*Bosch* Rn. 21; LR/*Krause* Rn. 35.

[117] LR/*Krause* Rn. 35; *Meyer-Goßner* Rn. 23.

[118] *Eb. Schmidt* Lehrkommentar zur StPO Teil II Rn. 4.

werden darf.[119] Dagegen muss der Arzt, der die sachverständige Beobachtung vornehmen soll,[120] und die Art der Unterbringung, insbesondere ob in geschlossener oder offener Abteilung,[121] nicht vorgegeben werden. Unerlässlich ist es, die Zeit der Einweisung zu bestimmen. Dabei darf nicht formularmäßig von der zulässigen Höchstdauer des Abs. 5 ausgegangen werden.[122] Lässt sich aufgrund der vorbereitenden Stellungnahme des Sachverständigen zuverlässig ersehen, dass auch eine kürzere Zeitdauer ausreichend sein wird (→ Rn. 12), hat das Gericht die Zeitdauer der Unterbringung von vornherein entsprechend zu begrenzen.[123] Andernfalls ist zumindest die gesetzlich vorgeschriebene Höchstdauer der Verwahrung ausdrücklich auszusprechen.[124] Hierbei empfiehlt es sich in Anlehnung an den Wortlaut des Abs. 5 anzuordnen, dass die Unterbringung „die Dauer von insgesamt sechs Wochen nicht überschreiten darf".[125]

Der Gerichtsbeschluss ist schon wegen seiner Anfechtbarkeit nach § 34 mit einer **Begründung** zu versehen.[126] In dieser muss zum Vorliegen eines dringenden Tatverdachts Stellung genommen werden,[127] ferner dazu, welche Zweifel an der Schuldfähigkeit des Beschuldigten bestehen und warum diese nur durch die Beobachtung in einer Klinik geklärt werden können.[128] Schließlich haben sich die Darlegungen auch mit der erforderlichen Dauer zu befassen.[129] Die Anhörung des Sachverständigen und deren Ergebnis müssen sich gleichfalls aus dem Beschluss ergeben.[130] **16**

Die **Bekanntmachung** der gerichtlichen Entscheidung richtet sich nach den allgemeinen Vorschriften. Sie erfolgt in der Hauptverhandlung durch Verkündung nach § 35 Abs. 1 und außerhalb derselben für den Fall der Anordnung wegen der Frist für die sofortige Beschwerde gemäß §§ 81 Abs. 4 S. 1, 311 Abs. 2 durch Zustellung nach § 35 Abs. 2 S. 1.[131] Für die Zustellung an den Verteidiger gilt § 145a Abs. 1.[132] Die ablehnende Entscheidung, insbesondere auf einen Antrag der Staatsanwaltschaft hin, kann nach § 35 Abs. 2 S. 2 formlos mitgeteilt werden. **17**

Eine **Abänderung** des Gerichtsbeschlusses ist nach Eintritt der Rechtskraft nicht zulässig. Vielmehr bedarf es einer neuen Entscheidung, die ihrerseits, unabhängig von der vorhergehenden, anfechtbar ist.[133] Dies soll nach teilweise vertretener Ansicht indes nicht für die ursprünglich festgesetzte Unterbringungsdauer gelten, die sich kürzer als die Höchstfrist nach § 81 Abs. 5 bemisst. Hier soll eine nachträgliche Verlängerung möglich sein.[134] Dies erscheint allerdings bedenklich. Zwar sieht Abs. 5 lediglich einen Rahmen vor, der nicht überschritten werden darf. Andererseits fordert der Grundsatz der Verhältnismäßigkeit, eine kürzere Zeitdauer anzusetzen, wenn dies ausreichend erscheint (→ Rn. 12). Ist eine solche Bestimmung erfolgt, wurde ein Vertrauenstatbestand geschaffen, der, da der Beschuldigte **18**

---

[119] OLG Stuttgart 10.8.1961 – 1 Ws 329/61, NJW 1961, 2077; OLG Frankfurt a. M. 24.11.1966 – 3 Ws 558/66, NJW 1967, 689 (690).

[120] KK/*Senge* Rn. 6; KMR/*Bosch* Rn. 32; LR/*Krause* Rn. 29; *Meyer-Goßner* Rn. 19.

[121] OLG Hamm 21.5.1953 – 1 Ws 112/53, NJW 1953, 1237.

[122] OLG Hamm 30.11.2000 – 2 Ws 313/00, juris (→ Rn. 9) = StraFo 2002, 164.

[123] OLG Oldenburg 1.3.1961 – 1 Ws 58/61, NJW 1961, 981 (982).

[124] OLG Stuttgart 10.8.1961 – 1 Ws 329/61, NJW 1961, 2077.

[125] *Meyer-Goßner* Rn. 17; nach KMR/*Bosch* Rn. 30 und LR/*Krause* Rn. 26 „bis zu sechs Wochen" oder „höchstens sechs Wochen".

[126] OLG Frankfurt a. M. 24.11.1966 – 3 Ws 558/66, NJW 1967, 689 (690); OLG Oldenburg 15.1.1971 – 2 Ws 19/71, NJW 1971, 1098; OLG Karlsruhe 15.3.1972 – 2 Ws 47/72, NJW 1972, 1584; OLG Karlsruhe 24.10.1972 – 2 Ws 194/72, NJW 1973, 573; LG Zweibrücken 15.8.1996 – 1 Qs 104/96, NJW 1997, 70; LG Zweibrücken 11.12.2003 – Qs 133/03, VRS 106 (2004), 385.

[127] OLG Oldenburg 1.3.1961 – 1 Ws 58/61, NJW 1961, 981 (982).

[128] OLG Frankfurt a. M. 18.7.1985 – 3 Ws 597/85, StV 1986, 51; OLG Zweibrücken 15.8.1996 – 1 Qs 104/96, NJW 1997, 70.

[129] OLG Oldenburg 1.3.1961 – 1 Ws 58/61, NJW 1961, 981 (982).

[130] LR/*Krause* Rn. 36.

[131] KK/*Senge* Rn. 10; SK/*Rogall* Rn. 47.

[132] LR/*Krause* Rn. 38; *Meyer-Goßner* Rn. 26.

[133] Graf/*Monka* Rn. 8; KMR/*Bosch* Rn. 34; LR/*Krause* Rn. 27; *Meyer-Goßner* Rn. 35.

[134] LR/*Krause* Rn. 26; *Meyer-Goßner* Rn. 17.

möglicherweise wegen einer verhältnismäßig kurzen Unterbringungsdauer kein Rechtsmittel einlegt, an der Rechtskraft teilnimmt. Daher erscheint es angemessen, auch für diesen Fall auf Grundlage neuer sachverständiger Bewertung einen neuen Beschluss zu fassen.

19 **3. Vollstreckung und Durchführung.** Die **Vollstreckung** des Gerichtsbeschlusses erfolgt nach § 36 Abs. 2 S. 1 durch die Staatsanwaltschaft.[135] Nach Nr. 61 Abs. 1 RiStBV ist auch hierbei der Grundsatz der Verhältnismäßigkeit zu beachten und der Beschuldigte regelmäßig erst nach fruchtlosem Ablauf einer Ladungsfrist zwangsweise in die Einrichtung zu verbringen (Nr. 61 Abs. 2 RiStBV). Die Staatsanwaltschaft kann hierzu einen Vorführungsbefehl erlassen, der nach ganz hM nach § 23 EGGVG anfechtbar sein soll.[136] Dieser Ansicht ist indes nicht zu folgen. Diese Anfechtungsmöglichkeit erfasst lediglich Justizverwaltungsakte, nicht jedoch Prozesshandlungen der Staatsanwaltschaft, dh solche, die auf Gestaltung des Verfahrens gerichtet sind. Um eine solche handelt es sich indes bei dem Vorführungsbefehl der Staatsanwaltschaft zur Durchsetzung eines gemäß § 81 erlassenen gerichtlichen Beschlusses.[137] Das ergibt sich schon daraus, dass § 81 Abs. 1 als Rechtsfolge neben der Beobachtung in der Einrichtung ausdrücklich die Verbringung nach dorthin vorsieht. Die Staatsanwaltschaft führt in diesem Fall demnach lediglich die gerichtliche Entscheidung aus, die die notfalls zwangsweise Umsetzung schon enthält. Insoweit führt auch der Vergleich mit dem Vollstreckungshaftbefehl nach § 457[138] zu keinem anderen Ergebnis. Entgegen der diesbezüglichen Regelung für die Vollstreckung von Strafurteilen sieht § 81 eine solche gesonderte Eingriffsmöglichkeit mit vergleichbar weitgehenden Rechten nicht ausdrücklich vor. Auch kann die Befugnis der Staatsanwaltschaft, den Beschuldigten nach §§ 163a Abs. 3 S. 2, 133, 134 vorführen zu lassen nicht herangezogen werden, da diese nur zum Zwecke der Durchführung einer Beschuldigtenvernehmung erlaubt ist, um die es im gegebenen Zusammenhang offensichtlich nicht geht. Mithin ist die Zwangsmaßnahme bloße Ausführungshandlung einer gerichtlichen Anordnung, die als solche keiner gesonderten Anfechtungsmöglichkeit unterliegt.

20 Hinsichtlich der **Durchführung** der Unterbringung zur Beobachtung erlaubt § 81 Abs. 1 neben der Verbringung in das psychiatrische Krankenhaus nur das dortige Festhalten und die beobachtende Untersuchung des Beschuldigten.[139] Blutprobenentnahmen und andere Eingriffe in die körperliche Unversehrtheit bedürfen dagegen ausdrücklicher und gesonderter richterlicher Anordnung nach § 81a (zur Zuständigkeit → Rn. 14), sollen sie gegen den Willen des Beschuldigten vorgenommen werden.[140] Auch werden Heilbehandlungen und allgemeine körperliche Untersuchungen für unzulässig gehalten.[141] Teilweise werden übliche und ungefährliche Untersuchungen ohne körperliche Belastung wie Blutdruckmessungen und Elektrokardiogramme, die ohne ein Mitwirken des Beschuldigten vorgenommen werden können, ohne gesonderte Anordnung als erlaubt angesehen.[142] Zur Briefkontrolle ist der Anstaltsarzt generell nicht befugt,[143] der Richter nur, wenn sich der Beschuldigte zugleich in Untersuchungshaft oder einstweiliger Unterbringung befindet.[144]

III. Beschwerde

21 Gemäß Abs. 4 S. 1 ist gegen den Beschluss, mit dem die Unterbringung zur Beobachtung angeordnet wird, die **sofortige Beschwerde** nach § 311 statthaft. Dies gilt auch für Ent-

---

[135] KK/*Senge* Rn. 10; KMR/*Bosch* Rn. 36; LR/*Krause* Rn. 39; *Meyer-Goßner* Rn. 27; SK/*Rogall* Rn. 48.
[136] KK/*Senge* Rn. 10; KMR/*Bosch* Rn. 36; SK/*Rogall* Rn. 48; *Meyer-Goßner* Rn. 27; *Altenhain* JZ 1965, 756 (758) jeweils unter Bezugnahme auf OLG Koblenz JVBl. 1961, 237.
[137] OLG Hamm 3.2.1966 – 1 VAs 10/66, NJW 1966, 684 (685).
[138] *Altenhain* JZ 1965, 756 (758).
[139] SK/*Rogall* Rn. 35.
[140] BGH 8.7.1955 – 5 StR 233/55, BGHSt 8, 144 (147 f.); BGH 6.9.1968 – 4 StR 339/68, NJW 1968, 2297 (2298).
[141] BGH 6.9.1968 – 4 StR 339/68, NJW 1968, 2297 (2298); KK/*Senge* Rn. 8; LR/*Krause* Rn. 31 unter Hinweis auf eine mögliche Ausnahme nach § 34 StGB; *Meyer-Goßner* Rn. 20; *Arzt* JZ 1969, 438 (440).
[142] OLG Schleswig 15.9.1981 – 1 Ws 344/81, NStZ 1982, 81; *Peters* JR 1969, 232 (233).
[143] BGH 14.7.1961 – 4 StR 191/61, NJW 1961, 2069; aA *Koch* NJW 1969, 176 (177).
[144] KK/*Senge* Rn. 8; LR/*Krause* Rn. 32; *Meyer-Goßner* Rn. 20.

scheidungen des erkennenden Gerichts, da es sich hierbei um eine Sonderbestimmung handelt, die der allgemeinen Vorschrift des § 305 S. 1 vorgeht.[145] Neben dem Beschuldigten wird dem Verteidiger allgemein ein von dessen Willen unabhängiges Beschwerderecht zuerkannt. Soweit dies allerdings auf die allgemeine Aussage gestützt wird, § 297 finde keine Anwendung, weil die Verhandlungsfähigkeit des Beschuldigten zweifelhaft sei,[146] kann dem in dieser Allgemeinheit nicht gefolgt werden. Weder aus § 81 selbst, noch aus § 297 lässt sich derartiges entnehmen. Vielmehr ist, wie in § 297 vorgesehen, im Einzelfall zu prüfen, ob der Beschuldigte einen entsprechenden Willen bilden kann oder nicht. Letzteres liegt, wie auch die Frage, ob er einen wirksamen Rechtsmittelverzicht erklären kann, durchaus nahe, wenn die Unterbringung der Überprüfung der Verhandlungsfähigkeit oder Schuldfähigkeit dienen soll.[147] Anderes kann indes gelten, wenn die Maßnahme nach § 81 der Feststellung der Gefährlichkeit oder eines Hanges dient. Auch dem lediglich vermindert Schuldfähigen darf ein Rechtsmittel des Verteidigers nicht aufgezwungen werden, wenn er zu einer ordnungsgemäßen Willensbildung in der Lage ist. Mangels Betroffenheit iSd § 304 Abs. 2 hat der Sachverständige kein eigenes Beschwerderecht.[148] § 81 Abs. 2 S. 2 sieht als Ausnahme von § 307 Abs. 1 die aufschiebende Wirkung der Beschwerde vor. Die weitere Beschwerde ist nach § 310 Abs. 2 ausgeschlossen.[149]

Ob sich der **Prüfungsumfang** des Beschwerdegerichts bei einer Entscheidung des erkennenden Gerichts auf eine Rechtmäßigkeitsprüfung beschränkt[150] oder darüber hinaus auch die Zweckmäßigkeit der Maßnahme erfasst[151] ist streitig. In jedem Fall sollte es dem Tatrichter überlassen bleiben, was er zur Aufklärung des Sachverhaltes für erforderlich hält, sofern sich seine Ansicht in vertretbarem Rahmen bewegt.[152] Daher sollte das Beschwerdegericht in jedem Fall nicht sein Ermessen an die Stelle des tatrichterlichen Ermessens setzen.[153] Fehlt dem Unterbringungsbeschluss eine nachvollziehbare Begründung[154] oder unterlag das Verfahren gewichtigen Mängeln[155] kann das Beschwerdegericht entgegen § 309 Abs. 2 von einer eigenen Sachentscheidung absehen und die Sache in entsprechender Anwendung des § 328 Abs. 2 an die Vorinstanz zurückverweisen. 22

Mit **einfacher Beschwerde** kann die ablehnende gerichtliche Entscheidung durch die Staatsanwaltschaft[156] und den Beschuldigten[157] angefochten werden.[158] Die ablehnende Ansicht[159] findet im Gesetz keine Stütze. Durch § 81 Abs. 4 werden die allgemeinen Regelungen des Beschwerderechts nicht tangiert, sondern nur für die Anordnung wegen der damit verbundenen einschneidenden Wirkung eine der Rechtskraft fähige Ausnahmerege- 23

---

[145] OLG Köln 30.1.1951 – Ws 8/51, MDR 1951, 373 (374); OLG Stuttgart 10.8.1961 – 1 Ws 329/61, NJW 1961, 2077; OLG Düsseldorf 3.3.2005 – II-3 Ws 76 – 78/05, juris (→ Rn. 7) = StV 2005, 490; LG Zweibrücken 15.8.1996 – 1 Qs 104/96, NJW 1997, 70; § 305 S. 2 erfasst nur die einstweilige Unterbringung, nicht diejenige nach § 81.

[146] KK/*Senge* Rn. 11; KMR/*Bosch* Rn. 38; LR/*Krause* Rn. 40; *Meyer-Goßner* Rn. 28; SK/*Rogall* Rn. 53.

[147] Vgl. OLG Frankfurt a. M. 24.11.1966 – 3 Ws 558/66, NJW 1967, 689 (690).

[148] LR/*Krause* Rn. 40; SK/*Rogall* Rn. 53; *Eisenberg* Beweisrecht Rn. 1705.

[149] OLG Hamm 5.1.1984 – 3 Ws 3/84, MDR 1984, 602 f.; KK/*Senge* Rn. 11; KMR/*Bosch* Rn. 42.

[150] OLG Hamm 21.5.1953 – 1 Ws 112/53, NJW 1953, 1237.

[151] OLG Hamm 28.12.1949 – I Ws 187/49, MDR 1950, 373 (374); OLG Köln 30.1.1951 – Ws 8/51, MDR 1951, 373 (374); OLG Schleswig 23.12.1958 – Ws 436/58, MDR 1959, 415; OLG Hamburg 9.10.1972 – 2 Ws 411/72, MDR 1972, 1048.

[152] In diesem Sinne OLG Hamm 21.5.1953 – 1 Ws 112/53, NJW 1953, 1237.

[153] KMR/*Bosch* Rn. 40; LR/*Krause* Rn. 42; *Meyer-Goßner* Rn. 29; SK/*Rogall* Rn. 56.

[154] OLG Oldenburg 25.1.1971 – 2 Ws 19/71, NJW 1971, 1098 (1098 f.); OLG Karlsruhe 15.3.1972 – 2 Ws 47/72, NJW 1972, 1584 (1584 f.).

[155] OLG Oldenburg 1.3.1961 – 1 Ws 58/61, NJW 1961, 981 (982); OLG Karlsruhe 24.10.1972 – 2 Ws 194/72, NJW 1973, 573; OLG Karlsruhe 4.6.1996 – 1 Ws 133/96, Justiz 1997, 141; LG Aschaffenburg 3.6.2003 – Qs 189/02, StV 2004, 583 (584).

[156] OLG Braunschweig 1.7.1955 – Ws 66/55, NJW 1955, 1492; OLG Stuttgart 25.7.1972 – 2 Ws 127/72, Justiz 1972, 321; LG Köln 22.12.1995 – 107 Qs 396/95, NStZ-RR 1996, 267.

[157] OLG Nürnberg 15.7.1965 – Ws 248/65, MDR 1966, 347 (348).

[158] LG Köln 22.12.1995 – 107 Qs 396/95, NStZ-RR 1996, 267.

[159] OLG Karlsruhe 19.11.1971 – 1 Ws 377/71, Justiz 1972, 18; *Eb. Schmidt* Lehrkommentar zur StPO Teil II Rn. 19; KK/*Senge* Rn. 12.

lung getroffen.[160] Naturgemäß gilt dies wegen § 305 S. 1 nur für das Ermittlungsverfahren.[161] Gerade hier bedarf es aber der Anfechtungsmöglichkeit, die der Staatsanwaltschaft nach allgemeinen Vorschriften zusteht, wenn ihre Anträge auf die Anordnung oder Vornahme richterlicher Ermittlungsmaßnahmen abgelehnt werden.[162]

IV. Revision

24 Die **Anordnung der Unterbringung** kann wegen der in § 81 Abs. 4 vorgesehenen Beschwerdemöglichkeit schon nach § 336 S. 2 nicht mit der Revision gerügt werden.[163] Deren **Unterlassung** ist mit der Aufklärungsrüge (§ 244 Abs. 2) zu beanstanden,[164] die Erfolg haben kann, wenn das Gericht die Maßnahme trotz ausdrücklicher Anregung durch den Sachverständigen nicht anordnet.[165] Schöpft der Sachverständige dagegen die ausgesprochene Höchstfrist nicht aus und führt die Untersuchung im ambulanten Rahmen durch (→ Rn. 4), liegt alleine darin noch kein Verfahrensfehler.[166] Sieht man in dem entsprechenden Beweisbegehren einen echten Beweisantrag (→ Rn. 13), kann die Rüge fehlerhafter Ablehnung auf § 244 Abs. 3 und 4 gestützt werden.[167] Insoweit ist das Revisionsgericht allerdings auf die Prüfung beschränkt, dass dem Tatrichter ein Rechtsfehler bei Ausübung des Ermessens nach § 81 unterlief.[168]

V. Immunität

25 Für die Unterbringung von Abgeordneten sind Nr. 191 bis 192a RiStBV zu beachten.

§ 81a [Körperliche Untersuchung; Blutprobe]

(1) [1]Eine körperliche Untersuchung des Beschuldigten darf zur Feststellung von Tatsachen angeordnet werden, die für das Verfahren von Bedeutung sind. [2]Zu diesem Zweck sind Entnahmen von Blutproben und andere körperliche Eingriffe, die von einem Arzt nach den Regeln der ärztlichen Kunst zu Untersuchungszwecken vorgenommen werden, ohne Einwilligung des Beschuldigten zulässig, wenn kein Nachteil für seine Gesundheit zu befürchten ist.

(2) Die Anordnung steht dem Richter, bei Gefährdung des Untersuchungserfolges durch Verzögerung auch der Staatsanwaltschaft und ihren Ermittlungspersonen (§ 152 des Gerichtsverfassungsgesetzes) zu.

(3) Dem Beschuldigten entnommene Blutproben oder sonstige Körperzellen dürfen nur für Zwecke des der Entnahme zugrundeliegenden oder eines anderen anhängigen Strafverfahrens verwendet werden; sie sind unverzüglich zu vernichten, sobald sie hierfür nicht mehr erforderlich sind.

Schrifttum: *Amelung,* Probleme der Einwilligung in strafprozessuale Grundrechtsbeeinträchtigungen, StV 1985, 257; *Benfer,* Anwendung unmittelbaren Zwangs zur Durchsetzung strafprozessualer Rechtseingriffe, NJW 2002, 2688; *Binder/Seemann,* Die zwangsweise Verabreichung von Brechmitteln zur Beweissicherung, NStZ 2002, 234; *Blum,* Der Richtervorbehalt bei der Entnahme einer Blutprobe, SVR 2008, 441; *Blum,* Neue Fragen zum Richtervorbehalt bei der Entnahme einer Blutprobe, SVR 2009, 171; *Brocke/Herb,* Richtervorbehalt und Gefahr im Verzug bei Blutprobenentnahmen gemäß § 81a StPO, NStZ 2009, 671; *Brocke/Herb,* Strafverfolgung

[160] OLG Braunschweig 1.7.1955 – Ws 66/55, NJW 1955, 1492; LG Köln 22.12.1995 – 107 Qs 396/95, MDR 1996, 409; LR/*Krause* Rn. 44; SK/*Rogall* Rn. 58.
[161] KK/*Senge* Rn. 12; LR/*Krause* Rn. 44; SK/*Rogall* Rn. 58.
[162] Vgl. OLG Stuttgart 25.7.1972 – 2 Ws 127/72, Justiz 1972, 321 „prozessuale Weichenstellung".
[163] KK/*Senge* Rn. 13; KMR/*Bosch* Rn. 43; LR/*Krause* Rn. 45; *Meyer-Goßner* Rn. 32; SK/*Rogall* Rn. 62.
[164] KMR/*Bosch* Rn. 43; *Meyer-Goßner* Rn. 32; SK/*Rogall* Rn. 62.
[165] RG 24.9.1937 – 4 D 657/37, JW 1937, 3101.
[166] BGH 30.4.1974 – 1 StR 579/73, juris (→ Rn. 9) = *Dallinger* MDR 1974, 721 (724).
[167] KK/*Senge* Rn. 13.
[168] BGH 5.7.1955 – 2 StR 159/55, BGHSt 8, 76 (78).

nach Dienstschluss – Justiz im Dauereinsatz?, StraFo 2009, 46; *Busch,* Richtervorbehalt bei der Blutprobe, ZRP 2012, 79; *Dallmeyer,* Verletzt der zwangsweisen Brechmitteleinsatz gegen Beschuldigte deren Persönlichkeitsrechte?, StV 1997, 606; *Dencker,* Blutentnahme ohne richterliche Anordnung – ein Zwischenfazit, DAR 2009, 257; *Fickenscher/Dingelstadt,* Der Richtervorbehalt nach § 81a Abs. 2 StPO bei Trunkenheitsfahrten, NStZ 2009, 124; *Fickenscher/Dingelstadt,* Richterlicher Bereitschaftsdienst „Rund um die Uhr"?, NJW 2009, 3473; *Gaede,* Deutscher Brechmitteleinsatz menschenrechtswidrig: Begründungsansatz und Konsequenzen der Grundsatzentscheidung des EGMR im Fall Jalloh, HRRS 2006, 241; *Geerds,* Körperliche Untersuchung, Jura 1988, 1; *Geppert,* Die Stellung des medizinischen Sachverständigen im Verkehrsstrafprozess, DAR 1980, 315; *Heinrich,* Kein Richtervorbehalt nach § 81a Abs. 2 StPO bei Blutprobenentnahmen zwischen 21.00 Uhr und 6.00 Uhr, NZV 2010, 278; *Herbst/Theurer,* § 81a StPO – Kompetenznorm im Spannungsfeld zwischen effektiver Strafverfolgung bei Trunkenheitsfahrten, Richtervorbehalt und Grundrechten des Beschuldigten, NZV 2010, 544; *Hilger,* Über Vernichtungsregelungen in der StPO, NStZ 1997, 371; *Kargl/Kirsch,* Zur Zulässigkeit eines untauglichen Beweismittels im Strafverfahren – BGHSt 44, 308, JuS 2000, 537; *Kleinknecht,* Die Anwendung unmittelbaren Zwangs bei der Blutprobenentnahme nach § 81a StPO, NJW 1964, 2181; *Kohlhaas,* Verfahrensfragen bei der Blutprobenentnahme, DAR 1956, 201; *Kohlhaas,* Eine Lücke im Verfahren der körperlichen Untersuchung nach §§ 81a und 81c StPO, DAR 1960, 254; *Kohlhaas,* Zweifelsfragen zu § 81a StPO aus ärztlicher Sicht, NJW 1968, 2277; *Kraft,* Die Blutentnahme nach § 81a StPO, JuS 2011, 591; *König/Seitz,* Aktuelle obergerichtliche Rechtsprechung zum Verkehrsstraf- und -ordnungswidrigkeitenrecht, DAR 2012, 361; *Krey/Windgätter,* Vom unhaltbaren Zustand der Strafrechts, FS Achenbach 2011, 233; *Krüger/Kroke,* Brechmitteleinsatz in den Fängen von Straf-, Strafprozess- und Medizinrecht, Jura 2011, 289; *Krumm,* Richtervorbehalt bei der Blutprobe: Weg damit!, ZRP 2009, 71; *Kudlich,* Wie weit reicht die Widerspruchslösung?, HRRS 2011, 114; *Laschewski,* Zur Eilanordnung einer Blutprobenentnahme durch die Strafverfolgungsbehörden, BA 2008, 232; *Löffler,* Voraussetzungen für die Anwendbarkeit der §§ 81, 81a StPO, NJW 1951, 821; *Mayer,* Die Entnahme einer Blutprobe nach §§ 81a, 81c StPO zum Zecke der Feststellung einer AIDS-Infizierung, JR 1990, 358; *Metz,* Rangverhältnis der Staatsanwaltschaft zu ihren Ermittlungspersonen bei Gefahr im Verzug, NStZ 2012, 242; *Mosbacher,* Aktuelles Strafprozessrecht, JuS 2009, 124 und JuS 2010, 127; *Müller/Trurnit,* Eilzuständigkeiten der Staatsanwaltschaft und des Polizeivollzugsdienstes in der StPO, StraFo 2008, 144; *Peglau,* Richtervorbehalt bei Blutprobenentnahme – Anforderungen des BVerfG, NJW 2010, 2850; *Penning/Spann,* Der „AIDS-Test" im Rahmen gerichtlicher Leichenöffnungen und bei körperlichen Untersuchungen nach §§ 81a, 81c StPO, MedR 1987, 171; *Peters,* § 81a StPO – Ermächtigungsgrundlage für längerfristige freiheitsentziehende Maßnahmen?, StRR 2010, 213; *Pichon,* Unendliche Geschichte: Neues zum Richtervorbehalt bei Blutentnahmen (§ 81a Abs. 2 StPO), HRRS 2011, 472; *Prittwitz,* Richtervorbehalt, Beweisverwertungsverbot und Widerspruchslösung bei Blutentnahmen gemäß § 81a Abs. 2 StPO, StV 2008, 486; *Putzke/Scheinfeld/Klein/Undeutsch,* Polygraphische Untersuchungen im Strafprozess, ZStW 121 (2009), 607; *Rath/Brinkmann,* Strafverfahrensänderungsgesetz – DNA-Analyse („Genetischer Fingerabdruck") und DNA-Identitätsfeststellungsgesetz aus fachwissenschaftlicher Sicht, NJW 1999, 2697; *Rochholz/Kaatsch,* Gefahr im Verzug! Notwendigkeit einer zeitnahen Blutentnahme bei Straßenverkehrsdelikten, BA 2011, 129; *Eb. Schmidt,* Zur Lehre von den strafprozessualen Zwangsmaßnahmen, NJW 1962, 664; *Eb. Schmidt,* Ärztliche Mitwirkung bei Untersuchungen und Eingriffen nach StPO §§ 81a und 81c, MDR 1970, 461; *Schuhmann,* „Brechmitteleinsatz ist Folter"?, StV 2006, 661; *Schuhr,* Brechmitteleinsatz als unmenschliche und erniedrigende Behandlung, NJW 2006, 3538; *Schüssler,* Das endgültige Aus oder neue Hoffnung für den „Lügendetektor"?, JR 2003, 188; *Senge,* Strafverfahrensänderungsgesetz – DNA-Analyse, NJW 1997, 2409; *Stübinger,* Lügendetektor ante portas, ZIS 2008, 538; *Trück,* Mündliche Entscheidung des Ermittlungsrichters ohne Akten? – Überlegungen zu Zweck und Tragweite des strafprozessualen Richtervorbehalts am Beispiel von Durchsuchung und Blutprobenentnahme, JZ 2010, 1106; *Trück,* Die revisionsrechtliche Einordnung der Rüge rechtsfehlerhafter Anwendung des Richtervorbehalts bei Durchsuchung und Blutprobenentnahme, NStZ 2011, 202; *Weidig,* Atem- und Blutalkoholmessung auf dem Prüfstand, BA 2009, 170; *Wiesneth,* Der amtsgerichtliche Bereitschaftsdienst – Neuerungen, DRiZ 2010, 46; *Wohlers,* Die Nichtbeachtung des Richtervorbehalts, StV 2008, 434.

Übersicht

I. Überblick

1 **1. Normzweck.** Die vorrangige Funktion des § 81a besteht in der Legitimation von Eingriffen in das Grundrecht des Beschuldigten auf **körperliche Unversehrtheit**[1] und auf **freie Entfaltung der Persönlichkeit**[2] gemäß Art. 2 Abs. 2 S. 1 GG. Zugleich dient die verfassungsrechtlich unbedenkliche Vorschrift insoweit der Begrenzung entsprechender Maßnahmen, was bei deren Anwendung dadurch zu Gewährleisten ist, dass der Verhältnismäßigkeitsgrundsatz besondere Beachtung findet.[3] Darüber hinaus berechtigt § 81a aber zugleich zur zwangsweisen Durchsetzung der Untersuchungshandlung. Von daher wird zusätzlich das Grundrecht der **persönlichen Freiheit** eingeschränkt.[4]

2 **2. Anwendungsbereich.** Die Untersuchungsmaßnahmen dürfen nur gegen **Beschuldigte** angeordnet werden. Da es sich hierbei nach § 157 um den Oberbegriff für alle Verfahrensstadien von der Einleitung des Ermittlungsverfahrens bis zum rechtskräftigem Abschluss handelt,[5] wird hiervon auch das Zwischen- und Hauptsacheverfahren erfasst. Die für die Begründung des Beschuldigtenstatus notwendige Einleitung eines Ermittlungsverfahrens kann auch (konkludent) durch Anordnung der Untersuchungshandlung erfolgen.[6] Teilweise wird darüber hinaus angenommen, § 81a sei auch im Strafvollstreckungsverfahren auf den Verurteilten anwendbar.[7] Hiergegen spricht allerdings schon die Stellung des § 81a innerhalb der Strafprozessordnung.[8] Ferner stellt das Strafvollstreckungsverfahren nach § 449 ff. einen eigenständigen Verfahrensabschnitt dar, für den besondere Regelungen gelten. Die beispielsweise in §§ 453c Abs. 1, 457 Abs. 3 ggf. iVm § 463 Abs. 1 befindlichen Verweise auf eine Anwendung der Vorschriften des Ermittlungsverfahrens würden bei einer direkten Anwendung des § 81a umgangen. Aus systematischen Gründen kann dies daher nur unter den dort genannten Voraussetzungen erfolgen. Gegen Strafunmündige kann sich die Maßnahme ebenfalls nicht richten.[9] Im Ordnungswidrigkeitenverfahren findet § 81a über § 46 Abs. 4 S. 1 OWiG nur eingeschränkt Anwendung.[10] Für die DNA-analytische Untersuchung des entnommenen Probenmaterials sind §§ 81e, 81f zu beachten. Die Vorschrift ist schließlich neben § 81h anwendbar, wobei allerdings sorgfältig zu prüfen ist, ob die bestehende Verdachtslage ausreichend ist, um die Beschuldigteneigenschaft zu begründen.[11]

3 **Abgeordnete** des Deutschen Bundestages dürfen, wenn sie auf frischer Tat betroffen werden, einer Maßnahme nach § 81a Abs. 1 unterzogen und hierzu festgehalten werden (Nr. 191 Abs. 3h iVm Abs. 3a RiStBV). Es handelt sich dann um eine Festnahme iSd Art. 46 Abs. 2 GG, die, unbeschadet der Möglichkeit eines Aussetzungsverlangens nach Art. 46 Abs. 4 GG, auch die Weiterführung des gesamten Strafverfahrens ohne Genehmigung des Bundestags zulässig macht.[12] Eine Freiheitsentziehung iSd Nr. 192, 192a Abs. 2c liegt unter diesen Voraussetzungen nicht vor.[13] Gleiches gilt grundsätzlich für die den Immunitätsregelungen der Landesverfassungen unterfallenden Abgeordneten der Landtage.[14]

---

[1] BGH 8.7.1955 – 5 StR 233/55, BGHSt 8, 144 (147); *Eb. Schmidt* NJW 1962, 664.
[2] BVerfG 14.2.1978 – 2 BvR 406/77, NJW 1978, 1149 (1150).
[3] BVerfG 10.6.1963 – 1 BvR 790/58, NJW 1963, 1597 (1597 f.); BVerfG 25.7.1963 – 1 BvR 542/62, NJW 1963, 2368 (2369 f.); BVerfG 14.11.1969 – 1 BvR 253/68, NJW 1970, 505 (506).
[4] OLG Schleswig 22.4.1964 – 1 Ss 93/64, NJW 1964, 2215 (2216); OLG Bremen 12.1.1966 – Ss 79/65, NJW 1966, 743 (744).
[5] *Meyer-Goßner* Rn. 4.
[6] BVerfG 2.8.1996 – 2 BvR 1511/96, NJW 1996, 3071 (3072); *Geerds* Jura 1988, 1 (2).
[7] Graf/*Ritzert* Rn. 1; HK/*Lemke* Rn. 2; KK/*Senge* Rn. 2; LR/*Krause* Rn. 6; *Meyer-Goßner* Rn. 2; aA OLG Hamm 17.1.1974 – 4 Ws 350/73, NJW 1974, 914 (915); KMR/*Bosch* Rn. 18; SK/*Rogall* Rn. 9.
[8] OLG Hamm 17.1.1974 – 4 Ws 350/73, NJW 1974, 914 (915).
[9] LR/*Krause* Rn. 7.
[10] *Göhler* OWiG § 46 Rn. 21; SK/*Rogall* Rn. 3.
[11] → § 81h Rn. 2 f.
[12] OLG Bremen 12.1.1966 – Ss 79/65, NJW 1966, 743 (744 f.); OLG Oldenburg 7.6.1966 – 1 Ss 103/66, NJW 1966, 1764 (1765) jeweils für Blutprobenentnahme.
[13] Graf/*Ritzert* Rn. 1; KK/*Senge* Rn. 11; KMR/*Bosch* Rn. 19; *Meyer-Goßner* Rn. 35; SK/*Rogall* Rn. 113.
[14] KMR/*Bosch* Rn. 19; LR/*Krause* Rn. 103; SK/*Rogall* Rn. 113.

Gegen **Exterritoriale,** die den §§ 18, 20 GVG unterfallen, sind Anordnungen nach § 81a unzulässig (vgl. Nr. 193, 195 RiStBV). Anderes wird dagegen für Konsularbeamte iSd § 19 GVG und Personen, die dem Nato-Truppenstatut unterfallen, allgemein angenommen.[15] 4

3. Entstehungsgeschichte der Norm. § 81a wurde durch das Ausführungsgesetz zu dem Gesetz gegen gefährliche Gewohnheitsverbrecher und über Maßregeln der Besserung und Sicherung vom 24.11.1933 in die StPO eingefügt und umfasste zunächst auch den Regelungsbereich des § 81c.[16] Eine Trennung der Maßnahmen gegen Beschuldigte und Tatunverdächtige Personen erfolgte durch das Vereinheitlichungsgesetz vom 12.9.1950.[17] Nach Erstreckung des Arztvorbehaltes auch auf Blutprobenentnahmen in Abs. 1 S. 2 durch das dritte StRÄndG[18] wurde schließlich in Folge des Strafverfahrensänderungsgesetzes – DNA-Analyse („genetischer Fingerabdruck") – (StVÄG) vom 17.3.1997[19] Abs. 3 angefügt. 5

II. Erläuterung

1. Anordnungsvoraussetzungen nach Abs. 1. a) Verdachtslage. In § 81a wird kein bestimmter Grad von Tatverdacht gefordert.[20] Daher genügt für die Anordnung das Vorliegen eines **Anfangsverdachts** iSd § 152 Abs. 2.[21] Daraus folgt einerseits, dass der von der Maßnahme Betroffene nicht missbräuchlich in die Beschuldigtenposition gedrängt werden darf, um über die Durchführung der Maßnahme überhaupt erst Anhaltspunkte für eine Tatbegehung aufzuspüren.[22] Andererseits ist es ausreichend, wenn tatsächliche Umstände gegeben sind, die einen genügenden Tatverdacht begründen, sofern der insoweit gezogene Schluss nicht auf sachfremden Erwägungen beruht oder sonst willkürlich ist.[23] Besonderes Augenmerk ist auf die Abgrenzung zu der verdachtsunabhängigen Maßnahme nach § 81h zu legen.[24] Verdachtsunabhängige Zwangsmaßnahmen sind im Übrigen nur unter den Voraussetzungen des § 81c zulässig. 6

b) Untersuchungshandlungen. aa) Einfache körperliche Untersuchung nach Abs. 1 S. 1. Uneinheitlich werden die Fragen nach dem **Begriff** der körperlichen Untersuchung iSd Abs. 1 S. 1 und der auf dieser Grundlage erfolgenden **Abgrenzung** zu anderen Ermittlungshandlungen, insbesondere der Vornahme eines körperlichen Eingriffs nach Abs. 1 S. 2 (→ Rn. 11) und der Durchsuchung nach §§ 102 ff. beantwortet. Ausgangspunkt ist die Definition des BGH, der unter der körperlichen Untersuchung die Feststellung der körperlichen Beschaffenheit des Beschuldigten versteht, die sich auf die äußere und innere Seinsweise des Körpers einschließlich der in diesen geratener Fremdkörper, sowie unter Umständen auch das körperliche Verhalten gegenüber äußeren Einflüssen, wie beispielsweise Alkohol bezieht.[25] Daraus ergibt sich zunächst, dass sich die Unterscheidung zur Durchsuchung der Person in Bezug auf Gegenstände, die sich in den natürlichen Körperöffnungen befinden, nicht danach richtet, ob für die Suche der Einsatz medizinischer Mittel erforderlich ist.[26] Derartige Maßnahmen sind stets von § 81a erfasst[27] und sind mithin 7

[15] Graf/*Ritzert* Rn. 1; KK/*Senge* Rn. 12; KMR/*Bosch* Rn. 20; *Meyer-Goßner* Rn. 35a; LR/*Krause* Rn. 104; SK/*Rogall* Rn. 114.

[16] Zum damaligen Gesetzestext s. LR/*Krause* Entstehungsgeschichte.

[17] → § 81c Rn. 3.

[18] BGBl. 1953 I, 735.

[19] → § 81e Rn. 5.

[20] BVerfG 10.6.1963 – 1 BvR 790/58, NJW 1963, 1597.

[21] LR/*Krause* Rn. 8; SK/*Rogall* Rn. 6.

[22] HK/*Lemke* Rn. 2; KMR/*Bosch* Rn. 18; LR/*Krause* Rn. 8; SK/*Rogall* Rn. 6.

[23] BVerfG 2.8.1996 – 2 BvR 1511/96, NJW 1996, 3071 (3072).

[24] → § 81h Rn. 2 und 4.

[25] BGH 16.2.1954 – 1 StR 578/53, BGHSt 5, 332 (336).

[26] In diesem Sinne aber OLG Celle 5.11.1996 – 3 Ss 140/96, NJW 1997, 2463 (2464) für Inspektion der Mundhöhle; nach Roxin/Schünemann § 33 Rn. 6 wohl immer Durchsuchung; nicht ganz eindeutig *Benfer/Bialon* Rechtseingriffe Rn. 379 f. und 946.

[27] HK/*Lemke* Rn. 6; KMR/*Bosch* Rn. 4; LR/*Krause* Rn. 20; SK/*Rogall* Rn. 26; *Benfer/Bialon* Rechtseingriffe Rn. 379; *Eisenberg* Beweisrecht Rn. 1631; *Geerds* Jura 1988, 1 (6); aA *Meyer-Goßner* Rn. 9.

allenfalls gegenüber dem Eingriff iSd § 81a Abs. 1 S. 2 zu differenzieren. Im Übrigen ist die Unterscheidung im Hinblick auf den in § 102 genannten Zweck der Durchsuchung vorzunehmen. Letztere dient der Auffindung von Beweis- oder Einziehungsgegenständen (§§ 102, 111b Abs. 1 und 4), die sich über oder unter der Kleidung am Körper des Beschuldigten befinden.[28] Abs. 1 S. 1 bezieht sich dagegen auf die äußere Beschaffenheit des in bestimmter Beziehung interessierenden Körpers, die durch äußere Wahrnehmung festgestellt werden kann.[29] Soweit darüber hinaus davon ausgegangen wird, die Untersuchung erstrecke sich auch auf den psychischen Zustand des Beschuldigten,[30] ist dies zumindest missverständlich. Wegen der eindeutigen Beschränkung des Wortlauts auf die Körperlichkeit der Untersuchung kann sie sich auf psychische Zustände oder Funktionszusammenhänge nur insoweit beziehen, als diese körperlich bedingt sind oder sich in körperlichen Reaktionen äußern,[31] was beispielsweise bei der Feststellung der Arbeitsweise, der Leistungsfähigkeit und sonstiger Funktionen des Gehirns als eines Körperorgans der Fall ist.[32] Was die Abgrenzung der einfachen körperlichen Untersuchung zur Durchsuchung anbelangt, wird sie aber in den seltensten Fällen von erheblicher praktischer Bedeutung sein, da sich die Anordnungsvoraussetzungen weitgehend decken.[33] Eine Abgrenzung gegenüber der Augenscheinseinnahme als solcher kommt dagegen schon aus rechtlichen Gründen nicht in Betracht. Der teilweise vertretenen Ansicht, eine Untersuchung nach Abs. 1 S. 1 liege nur dann vor, wenn die Wahrnehmung der körperlichen Merkmale sachverständiger Beurteilung bedürfe,[34] ist nicht zu folgen. Die körperliche Untersuchung erfordert stets die Einnahme eines Augenscheins. Ihr Zweck besteht geradezu darin, den Körper des Beschuldigten zum Augenscheinsobjekt zu machen.[35] Die entscheidende Frage ist daher, ob die Besichtigung durch formlose Beweiserhebung im Wege des Augenscheins erfolgen kann, weil sich das Bezugsobjekt offen darbietet,[36] oder ob sie, weil dies nicht der Fall ist, eine Intensität erreicht, die weiter gehend die Anordnung einer Zwangsmaßnahme unter Berücksichtigung des § 81a Abs. 2 notwendig macht.[37] Gleichfalls von der rechtlichen Qualifikation der Maßnahme zu trennen ist die beweisrechtliche Behandlung, inwieweit das Gericht den entsprechenden Augenschein selbst vornehmen muss oder als Befundtatsache über ein Sachverständigengutachten einführen kann.

8 **Einzelfälle** einfacher körperlicher Untersuchungen sind die äußere Besichtigung des Körpers zur Auffindung bestimmter Körpermerkmale, wie Warzen, Leberflecke, Muttermale, Tätowierungen, Narben, oder Tatspuren, vor allem Verletzungen und Wunden;[38] die allgemeine körperliche Untersuchung durch einen Arzt anlässlich der Exploration;[39] die Abnahme einer Speichelprobe;[40] Blutdruckmessungen und Elektrokardiogramme (EKG) ohne körperliche Belastung;[41] die Elektroenzephalographie (EEG);[42] die Untersuchung auf die Erektionsfähigkeit sowohl in Form der Ultraschall-, als auch der Nachtschlafuntersuchung.[43]

---

[28] HK/*Lemke* Rn. 6; KMR/*Bosch* Rn. 4; LR/*Krause* Rn. 19; *Meyer-Goßner* Rn. 9; SK/*Rogall* Rn. 26; *Roxin/Schünemann* § 33 Rn. 6, aber auch für Gegenstände in den Körperöffnungen; nach *Eisenberg* Beweisrecht Rn. 1630 soll auch das Mittel der Durchführung als zusätzliches Abgrenzungskriterium in Betracht kommen.

[29] *Eb. Schmidt* NJW 1962, 664.

[30] HK/*Lemke* Rn. 6; LR/*Krause* Rn. 18; *Meyer-Goßner* Rn. 9.

[31] SK/*Rogall* Rn. 26; *Eisenberg* Beweisrecht Rn. 1629.

[32] OLG Hamm 10.1.1974 – 5 Ws 1/74, NJW 1974, 713.

[33] LR/*Krause* Rn. 21; Einschränkend *Benfer/Bialon* Rechtseingriffe Rn. 378.

[34] SK/*Rogall* Rn. 24 und 26.

[35] KK/*Senge* Rn. 1; *Eb. Schmidt* NJW 1962, 664.

[36] → § 86 Rn. 23.

[37] In diesem Sinne auch LR/*Krause* Rn. 19.

[38] LR/*Krause* Rn. 19; *Geerds* Jura 1988, 1 (5).

[39] OLG Nürnberg v. 16.61997 – Ws 612/97, NStZ-RR 1998, 242 (242 f.).

[40] LR/*Krause* Rn. 60.

[41] OLG Schleswig 15.9.1981 – 1 Ws 344/81, NStZ 1982, 81.

[42] LR/*Krause* Rn. 43; SK/*Rogall* Rn. 28; *Eisenberg* Beweisrecht Rn. 1639; *Geerds* Jura 1988, 1 (7); offen gelassen, ob Eingriff in BVerfG 25.7.1963 – 1 BvR 542/62, NJW 1963, 2368 (2369), aber jedenfalls zumutbar; von BGH 8.7.1955 – 5 StR 233/55, BGHSt 8, 144 (148) dagegen als „körperlicher Eingriff" bezeichnet.

[43] OLG Köln 9.3.2004 – 2 Ws 32/04, juris (→ Rn. 7–11).

Beim **Polygraphen-** bzw. **Lügendetektor-Test** werden körperliche Reaktionen des Beschuldigten gemessen und graphisch dargestellt,[44] weswegen es sich bei seiner Anwendung um eine einfache körperliche Untersuchung handelt. Vor diesem Hintergrund vermag die Ansicht nicht zu überzeugen, der Polygraphen-Test scheide schon deswegen aus dem Anwendungsbereich des § 81a aus, weil es nicht um die Feststellung von Tatsachen iSd Abs. 1 S. 1 gehe.[45] Vielmehr dient die Untersuchung mittels des Gerätes selbst zunächst eben der Feststellung und Dokumentation der psychologisch bedingten Reaktionen des Beschuldigten, an die sich erst eine sachverständige Auswertung anschließt.[46] Dazu muss der Beschuldigte allerdings bei den in Betracht kommenden Kontrollfragen- und Tatwissensverfahren verschiedene Fragen des Untersuchenden beantworten,[47] weswegen die Mitwirkung des Beschuldigten notwendig ist. Aus diesem Grunde ist mithin eine zwangsweise Anordnung unzulässig (→ Rn. 22 f.). Darüber hinaus sah die frühere Rechtsprechung in der Messung unwillkürlicher Körperreaktionen mittels einer Apparatur einen Verstoß gegen das Persönlichkeitsrecht[48] und nahm deswegen eine verbotene Vernehmungsmethode an, deren Anwendung nach § 136a auch mit Einwilligung des Beschuldigten unzulässig sei.[49] Zwischenzeitlich wurde diese Haltung indes aufgegeben,[50] die Untersuchungsmethode indes wegen weiterhin bestehender wissenschaftlicher Zweifel an der Zulässigkeit als untaugliches Beweismittel eingeordnet.[51] 9

bb) Körperliche Eingriffe nach Abs. 1 S. 2. Als Hauptanwendungsfall des körperlichen Eingriffs nennt Abs. 2 S. 1 die **Blutprobenentnahme.**[52] Es handelt sich hierbei um einen ungefährlichen und geringfügigen Eingriff,[53] wie sich schon aus § 46 Abs. 4 S. 1 OWiG ergibt.[54] Deren Anordnung erstreckt sich zugleich auf die Auswertung des gewonnenen Materials.[55] Der praktisch häufigste Anwendungsfall ist dabei die Feststellung des Blutalkoholgehaltes,[56] vor allem um Tatbestandsvoraussetzungen von Verkehrsstraftaten im Zusammenhang mit Alkoholisierung (§§ 315c, 316 StGB) oder alkoholbedingte Verminderungen der Schuldfähigkeit (§§ 20, 21 StGB) nachzuweisen.[57] Sofern im Entnahmezeitpunkt die Voraussetzungen des § 81a Abs. 1 S. 2 vorgelegen haben, ist aber gleichfalls die Auswertung einer Blutprobe zulässig, die aus medizinischen Gründen entnommen wurde. Es würde dem Grundsatz der Verhältnismäßigkeit widersprechen, hier nur aus formalen Gesichtspunkten eine weitere Blutprobenentnahme auf Grundlage einer förmlichen Anordnung nach § 81a zu verlangen, wobei es aber auch eines Rückgriffs auf die Sicherstellung nach §§ 94 ff. nicht[58] bedarf.[59] Die Durchführung der Blutprobenentnahme steht nicht unter der Voraussetzung eines vorhergehenden Atemalkoholtests.[60] Für die Auswertung von Blutpro- 10

---

44 Siehe hierzu BGH 17.12.1998 – 1 StR 156/98, BGHSt 44, 308 (313 bis 315); *Eisenberg* Beweisrecht Rn. 693.

45 BGH 16.2.1954 – 1 StR 578/53, BGHSt 5, 332 (336); LR/*Krause* Rn. 58.

46 *Eisenberg* Beweisrecht Rn. 693; *Putzke ua* ZStW 121 (2009), 607 (611); *Schüssler* JR 2003, 188.

47 Hierzu BGH 17.12.1998 – 1 StR 156/98, BGHSt 44, 308 (313 bis 315).

48 BVerfG 18.8.1981 – 2 BvR 166/81, NJW 1982, 375.

49 BGH 16.2.1954 – 1 StR 578/53, BGHSt 5, 332 (333 bis 336).

50 Zur Entwicklung der Rechtsprechung *Schüssler* JR 2003, 188 (189 f.); *Stübinger* ZIS 2008, 538 (544–547); kritisch hierzu *Kargl/Kirsch* JuS 2000, 537 (542).

51 → § 73 Rn. 14.

52 KMR/*Bosch* Rn. 8.

53 VerfG Brandenburg 20.9.2013 – 75/12, juris (→ Rn. 15). OLG Köln 17.12.1985 – 1 Ss 318/85, NStZ 1986, 234 (235); *Penning/Spann* MedR 1987, 171 (173).

54 *Göhler* OWiG § 46 Rn. 23; *Benfer/Bialon* Rechtseingriffe Rn. 951.

55 BVerfG 18.9.1995 – 2 BvR 103/92, NJW 1996, 771 (772); BGH 21.8.1990 – 5 StR 145/90, NJW 1990, 2944 (2945), jeweils noch zur DNA-Analyse vor Einfügung des § 81e; *Mayer* JR 1990, 358 (359).

56 *Meyer-Goßner* Rn. 13.

57 SK/*Rogall* Rn. 41; *Benfer/Bialon* Rechtseingriffe Rn. 951.

58 AA LR/*Krause* Rn. 40; *Mayer* JZ 1989, 908; *Wohlers* NStZ 1990, 254.

59 OLG Celle 14.3.1989 – 1 Ss 41/89, NStZ 1989, 385 (385 f.); OLG Zweibrücken 14.5.1993 – 1 Ss 58/93, NJW 1994, 810.

60 OLG Köln 17.12.1985 – 1 Ss 318/85, NStZ 1986, 234 (235 f.) zu dem von den Bundesländern vereinbarten „Gemeinsamen Erlass über die Feststellung von Alkohol im Blut bei Straftaten und Ordnungswidrigkeiten"; *Meyer-Goßner* Rn. 13; LR/*Krause* Rn. 41; aA KMR/*Bosch* Rn. 8.

ben zur DNA-Analyse, teilweise auch für die Entnahme, bestehen nunmehr Sonderregelungen in §§ 81e ff. Zum AIDS-Test → Rn. 21.

11 Abs. 1 S. 2 erfasst neben der Blutprobenentnahme andere **körperliche Eingriffe.** Deren Abgrenzung von der einfachen körperlichen Untersuchung nach Abs. 1 S. 1 ist schon deswegen von Bedeutung, weil nur für die erstgenannten die Vornahme durch einen Arzt zwingend vorgeschrieben ist.[61] Über den Begriff des körperlichen Eingriffs herrscht dabei weitgehend Einigkeit. Ein solcher liegt vor, wenn unter Zufügung auch nur geringfügiger Verletzungen in das haut- und muskelumschlossene Innere des Körpers eingedrungen wird, um Körperbestandteile, insbesondere Körperzellen, Blut, Liquor, Samen, Harn, Speichel, zu entnehmen oder dem Körper Stoffe zuzuführen.[62] Kein zuverlässiges Abgrenzungskriterium findet sich anhand dieser Definition allerdings für die Fälle der Inspektion natürlicher Körperöffnungen. Teilweise wird hierzu die Ansicht vertreten, ein Eindringen in diese stelle in jedem Fall einen körperlichen Eingriff dar.[63] Dem ist insoweit beizupflichten, als der Wortsinn des „Ein-Griffs" eine solche Auslegung durchaus nahe legt. Andererseits sieht Abs. 1 S. 2 die ausdrücklich genannte Blutprobe als Regelfall der körperlichen Eingriffe vor. Ein systematisch zutreffendes Verständnis hat sich mithin an dieser zu orientieren. Von daher ist es gerechtfertigt, die Beifügung einer Läsion zu fordern.[64] In Anbetracht dessen verdient diejenige Meinung den Vorzug, die das Eindringen in natürliche Körperöffnungen vom Grundsatz her als einfache körperliche Untersuchung wertet.[65] Selbst dieses Verständnis stößt indes unter Berücksichtigung des Normzwecks an Grenzen. Denn prinzipiell wäre damit jedes noch so weite Eindringen in das Körperinnere, bspw. mit einer Sonde, von der Beurteilung als Eingriff ausgenommen, sofern es nur nicht zu einer konkreten Schädigung der Körpersubstanz führt. In diesen Fällen sind als weitere Abgrenzungskriterien die Verletzungsgefahr, die gegebenenfalls nur durch sachkundige Vornahme vermieden werden kann,[66] und das Erfordernis der Verwendung technischer Hilfsmittel, vor allem ärztlicher Instrumente,[67] heran zu ziehen.

12 Der körperliche Eingriff darf nur durch einen **Arzt** vorgenommen werden, was bei der Anordnung zu berücksichtigen ist. Dies gilt auch für die Blutprobenentnahme.[68] Arzt in diesem Sinne ist nur, wer die Approbation nach §§ 2, 2a, 3 BÄO erhalten hat, nicht jedoch der Medizinalassistent.[69] Genauso wenig sind Sanitäter, Krankenschwestern oder sonstige Pflegekräfte hierzu befugt.[70] Etwas anderes kann allenfalls für die Blutprobenentnahme angenommen werden, wenn sie unter Anleitung, Aufsicht und Verantwortung eines Arztes erfolgt.[71] Für besonders gefährliche Eingriffe wird teilweise die Vornahme durch einen Facharzt gefordert,[72] was allerdings aufgrund des Wortlautes nicht geboten ist.

13 Der körperliche Eingriff darf nur angeordnet werden, sofern er nach den **Regeln der ärztlichen Kunst** vorgenommen werden kann.[73] Es müssen sich also für das in Rede

---

[61] OLG Hamm 25.10.1968 – 3 Ss 1054/68, NJW 1969, 567.

[62] Graf/*Ritzert* Rn. 6; HK/*Lemke* Rn. 9; KK/*Senge* Rn. 6; KMR/*Bosch* Rn. 7; LR/*Krause* Rn. 27; *Meyer-Goßner* Rn. 15; SK/*Rogall* Rn. 35; *Eisenberg* Beweisrecht Rn. 1632; *Benfer/Bialon* Rechtseingriffe Rn. 948.

[63] KMR/*Bosch* Rn. 7; *Eb. Schmidt* Lehrkommentar zur StPO Teil II Rn. 3; ähnlich SK/*Rogall* Rn. 37.

[64] In diesem Sinne *Eisenberg* Beweisrecht Rn. 1632.

[65] Graf/*Ritzert* Rn. 5; KK/*Senge* Rn. 6; *Meyer-Goßner* Rn. 15.

[66] LG Trier 3.11.1986 – 1 Qs 265/86, NJW 1987, 722; *Eisenberg* Beweisrecht Rn. 1632.

[67] KMR/*Bosch* Rn. 7; *Benfer/Bialon* Rechtseingriffe Rn. 1949.

[68] KK/*Senge* Rn. 7; LR/*Krause* Rn. 35.

[69] BGH 17.3.1971 – 3 StR 189/70, BGHSt 24, 125 (127); OLG Hamm 24.7.1970 – 1 Ss 271/70, NJW 1970, 1986.

[70] KK/*Senge* Rn. 7; LR/*Krause* Rn. 35; SK/*Rogall* Rn. 53; *Eb. Schmidt* MDR 1970, 461 (462).

[71] BGH 17.3.1971 – 3 StR 189/70, BGHSt 24, 125 (127); BayObLG 16.12.1964 – 1 a St 663/64, NJW 1965, 1088 (1089); OLG Köln 19.11.1965 – Ss 375/65, NJW 1966, 416 (417); OLG Hamm 24.7.1970 – 1 Ss 271/70, NJW 1970, 1986 jeweils für Medizinalassistent; KMR/*Bosch* Rn. 39; LR/*Krause* Rn. 35; *Meyer-Goßner* Rn. 19; SK/*Rogall* Rn. 53; aA HK/*Lemke* Rn. 15.

[72] KK/*Senge* Rn. 7.

[73] BayObLG 1.8.1956 – BReg. 1 St 109/56, NJW 1957, 272 (274).

stehende Untersuchungsverfahren bereits allgemein anerkannte Regeln herausgebildet haben. Der Beschuldigte kann nicht dazu verpflichtet werden, gegen seinen Willen die Erprobung neuartiger Untersuchungsverfahren zu dulden.[74] Bestehen diesbezügliche Zweifel hat das Gericht vor Anordnung dies selbständig, gegebenenfalls unter Heranziehung eines Sachverständigen, zu klären.[75]

Als Ausfluss des Verhältnismäßigkeitsprinzips[76] fordert Abs. 1 S. 2, dass kein **Gesundheitsnachteil** zu befürchten ist. Danach ist nicht schon jede Form von Schmerzen oder vorübergehenden Unannehmlichkeiten ausgeschlossen.[77] Der Begriff des Nachteils setzt darüber hinausgehend eine dauernde, mindestens erheblich über die Untersuchungshandlung hinaus wirkende gesundheitsschädigende Folge voraus, die mit einer gewissen Wahrscheinlichkeit eintreten wird.[78] Hierzu ist, erforderlichenfalls genauso unter Heranziehung sachverständiger Beratung, vor Anordnung eine prognostische Entscheidung anhand der Umstände des Einzelfalls zu treffen, die insbesondere die persönliche Disposition des Beschuldigten berücksichtigt.[79] 14

Unzulässig sind, da mit der Menschenwürde nicht vereinbar die Phallographie[80] und die Entnahme von Samen;[81] wegen der Gefährlichkeit des Eingriffs die Angiografie;[82] die Ballondilatation;[83] wegen Verstoßes gegen § 136a Hypnose, Elektroschock und Narkoanalyse zur Herbeiführung von Aussagen.[84] **Allenfalls eingeschränkt zulässig** zur Aufklärung schwerer Straftaten sind die Entnahme von Gehirn- und Rückenmarkflüssigkeit (Liquor) durch Lumbal- oder Okzipitalpunktion;[85] die Luftfüllung der Hirnkammer (Luft-Enzephalographie).[86] Allerdings dürften derartige medizinische Eingriffe in der heutigen Prozesspraxis ohnehin nicht mehr zur Anwendung kommen und spielen von daher kaum noch eine praktische Rolle. 15

Mit einer **Strahlenbelastung** verbundene Untersuchungsmethoden sind den Eingriffen zuzurechnen. Hierzu gehören die röntgenologische Untersuchung,[87] die Kernspintomographie und die Computertomographie.[88] Hierbei ist zu berücksichtigen, ob aufgrund der bisherigen Strahlenbelastung des Beschuldigten eine Schädigung nicht ausgeschlossen werden kann.[89] In diesem Zusammenhang ist auch die Szintigraphie zu nennen, bei der es sich um ein nuklearmedizinisches, bildgebendes Verfahren handelt, das vor allem zur Lokalisierung von Gehirntumoren eingesetzt wird. Wegen der Notwendigkeit, Radionukleide oder Radiopharmaka einzuspritzen, liegt auch hier ein Eingriff vor. Das Verfahren ist allerdings wenig belastend, weitgehend ungefährlich und von hohem diagnostischem Wert, weswegen gegen die Anordnung regelmäßig keine Bedenken bestehen.[90] 16

---

[74] BGH 8.7.1955 – 5 StR 233/55, BGHSt 8, 144 (148).

[75] BGH 8.7.1955 – 5 StR 233/55, BGHSt 8, 144 (148); BayObLG 1.8.1956 – BReg. 1 St 109/56, NJW 1957, 272 (274); OLG Hamm 6.1.2004 – 4 Ws 724/03, Juris (→ Rn. 10) = StraFo 2004, 92; SK/*Rogall* Rn. 56.

[76] KMR/*Bosch* Rn. 24.

[77] LR/*Krause* Rn. 1; *Meyer-Goßner* Rn. 17.

[78] *Löffler* NJW 1951, 821 (822); Graf/*Ritzert* Rn. 11; nach HK/*Lemke* Rn. 16; KMR/*Bosch* Rn. 24; *Meyer-Goßner* Rn. 17; *Eisenberg* Beweisrecht Rn. 1635 mit an Sicherheit grenzender Wahrscheinlichkeit.

[79] OLG Hamm 6.1.2004 – 4 Ws 724/03, Juris (→ Rn. 10) = StraFo 2004, 92; HK/*Lemke* Rn. 16.

[80] OLG Köln 9.3.2004 – 2 Ws 32/04, juris (→ Rn. 3); zum ohnehin eingeschränkten Beweiswert OLG Düsseldorf 5.4.1973 – 3 Ws 35/73, NJW 1973, 2255 (2256); *Eisenberg* Beweisrecht Rn. 703.

[81] KMR/*Bosch* Rn. 10; SK/*Rogall* Rn. 45; aA LR/*Krause* Rn. 64.

[82] LR/*Krause* Rn. 38; *Meyer-Goßner* Rn. 20; SK/*Rogall* Rn. 47.

[83] LR/*Krause* Rn. 39; vgl. BVerfG 22.9.1993 – 2 BvR 1732/93, NJW 1994, 1590 (1591) zu §§ 231, 231a.

[84] *Eb. Schmidt* Lehrkommentar zur StPO Teil II Rn. 5; KK/*Senge* Rn. 6.

[85] BVerfG 10.6.1963 – 1 BvR 790/58, NJW 1963, 1597 (1598); OLG Hamm 29.6.1971 – 1 Ws 361/70, NJW 1971, 1903 (1904).

[86] BVerfG 25.7.1963 – 1 BvR 542/62, NJW 1963, 2368 (2370).

[87] OLG Schleswig 15.9.1981 – 1 Ws 344/81, NStZ 1982, 81; OLG Jena 13.7.2006 – 1 Ws 235/06, StV 2007, 24; nicht ganz eindeutig OLG Karlsruhe 7.5.2004 – 2 Ws 77/04, NStZ 2005, 399 f.

[88] *Benfer/Bialon* Rechtseingriffe Rn. 962.

[89] OLG Schleswig 15.9.1981 – 1 Ws 344/81, NStZ 1982, 81.

[90] KK/*Senge* Rn. 7; KMR/*Bosch* Rn. 11; LR/*Krause* Rn. 61; *Meyer-Goßner* Rn. 20; SK/*Rogall* Rn. 51.

17 Die Verabreichung von **Vomitiv-(Brech-)** und **Abführmitteln** wurde bislang nach hM zumindest zur Aufklärung schwerer Straftaten für zulässig gehalten.[91] Die Gegenmeinung wies dagegen auf die sowohl mit der Zuführung von Ipecacuanha-Sirup, als auch Apomorphin verbundenen Gesundheitsgefahren, vor allem bei vorgeschädigten Personen hin, und hielt deswegen die Maßnahme für unzulässig.[92] Dem schloss sich nunmehr der EGMR an und wertete das zwangsweise Verabreichen von Brechmitteln im konkret entschiedenen Fall als unmenschliche und erniedrigende Behandlung, die Art. 3 EMRK verletze.[93] Nachdem zwischenzeitlich auch der BGH die deutsche Rechtsprechung als hierdurch „geläutert" betrachtet,[94] wird man nunmehr allenfalls noch von einer sehr eingeschränkten Zulässigkeit der Maßnahme ausgehen können.[95] Bemerkenswert ist in diesem Zusammenhang, dass den Mitgliedsstaaten des Europarats anempfohlen wird, „einfach das Ausscheiden der Droge auf natürlichem Wege ab(zu)warten"[96] oder dass sogar ein Haftbefehl wegen Verdunkelungsgefahr als milderes Mittel angesehen wird.[97] Dieselben Einschränkungen dürften für die vergleichbare **Magenausheberung** anzuwenden sein, die ohnehin als kriminalistisch bedeutungsloser Eingriff eingestuft wird.[98] Unter dem Gesichtspunkt der in der Praxis oft bestehenden kurzfristigen Entscheidungssituation, in der die ins Gewicht fallenden Umstände von Gefährdungslage und Schwere der Straftat oftmals noch gar nicht ausreichend abgeschätzt werden können, wird sich daher regelmäßig eine pragmatische Vorgehensweise empfehlen. Hierzu sollte der Beschuldigte darauf hingewiesen werden, dass er auf freiwilliger Basis entweder die natürliche Ausscheidung abwarten oder, was dann regelmäßig nicht mit einer Gesundheitsgefährdung verbunden ist,[99] freiwillig ein Brech- oder Abführmittel einnehmen kann.

18 Eine Reihe weiterer **Einzelfälle** ist von praktischer Bedeutung. Hierzu gehört die Veränderung der Haar- und Barttracht. In ihr wird größtenteils trotz des mit einer Kürzung oder Entfernung verbundenen Substanzverlustes kein Eingriff nach § 81a Abs. 1 S. 2 gesehen.[100] Sie wird vor diesem Hintergrund nach überwiegender Ansicht als vorbereitende Maßnahme für eine Untersuchungshandlung nach § 81a Abs. 1, beispielsweise zur Freilegung unter den Haaren liegender Körperregionen, für zulässig gehalten sowie im Rahmen des § 81b zur Vorbereitung erkennungsdienstlicher Behandlung,[101] wobei jedoch zum Teil wegen der damit verbundenen selbständigen Beschwer eine gesonderte Anordnung für notwendig erachtet wird.[102] Das BVerfG sieht in dieser Maßnahme, wenn sie mit einer Substanzverletzung verbunden ist, einen, wenn auch geringfügigen, Eingriff iSd § 81a, hält ihn indes von dieser Vorschrift auch dann für gedeckt, wenn er der Gegenüberstellung mit einem Zeugen zum Zwecke der Identifizierung oder einer Maßnahme nach § 81b dient.[103] Angesichts des Zwecks

[91] HK/*Lemke* Rn. 18; KK/*Senge* Rn. 6; LR/*Krause* Rn. 52; *Meyer-Goßner* Rn. 22; weitergehend SK/*Rogall* Rn. 48; OLG Bremen 19.1.2000 – Ws 168/99, NStZ-RR 2000, 270; KG 28.3.2000 – 1 Ss 87/98 (74/98), NStZ-RR 2001, 204; KG 8.5.2001 – (4) 1 Ss 180/99, StV 2002, 122 (123 bis 124); OLG Karlsruhe 7.5.2004 – 2 Ws 77/04, NStZ 2005, 399 (400) mAnm *Dallmeyer* StV 2005, 378 und wohl auch BVerfG 15.9.1999 – 2 BvR 2360/95, NStZ 2000, 96 mAnm *Rixen* NStZ 2000, 381.

[92] OLG Frankfurt a. M. 11.10.1996 – 1 Ss 28/96, StV 1996, 651 (652 f.) mit abl. Anm. Zaczyk für geringfügige Straftat; *Binder/Seemann* NStZ 2002, 234 (236); *Dallmeyer* StV 1997, 606 (608–610).

[93] EGMR 11.7.2006 – 54810/00, NJW 2006, 3117 (3121 und 3124) – Jalloh/Deutschland.

[94] BGH 29.4.2010 – 5 StR 18/10, BGHSt 55, 121 (130 Rn. 23).

[95] KMR/*Bosch* Rn. 13 mit zutreffendem Hinweis auf die Abwegigkeit der Ausführungen des EGMR zum Verstoß gegen die Selbstbelastungsfreiheit; *Schuhr* NJW 2006, 3538 (3539 f.); *Schumann* StV 2006, 661 (665); Unzulässig nach *Eisenberg* Beweisrecht Rn. 1638; *Gaede* HRRS 2006, 241 (247 f.).

[96] EGMR 11.7.2006 – 54810/00, NJW 2006, 3117 (3121) – Jalloh/Deutschland.

[97] LR/*Krause* Rn. 52; so *Binder/Seemann* NStZ 2002, 234 (236 f.); aA OLG Bremen 19.1.2000 – Ws 168/99, NStZ-RR 2000, 270.

[98] LR/*Krause* Rn. 51.

[99] KG 28.3.2000 – 1 Ss 87/98 (74/98), NStZ-RR 2001, 204 (204 f.); KG 8.5.2001 – (4) 1 Ss 180/99, StV 2002, 122 (124).

[100] AA KMR/*Bosch* Rn. 3 allerdings mit teleologischer Reduktion des Arztvorbehalts.

[101] HK/*Lemke* Rn. 13; KK/*Senge* Rn. 6; KMR/*Bosch* Rn. 3, trotz Qualifizierung als Eingriff; LR/*Krause* Rn. 46 f.; *Meyer-Goßner* Rn. 23; SK/*Rogall* Rn. 30.

[102] LR/*Krause* Rn. 47.

[103] BVerfG 14.2.1978 – 2 BvR 406/77, NJW 1978, 1149 (1149 f.).

des Arztvorbehaltes nach § 81a Abs. 1 S. 2 wird man aber für diesen Fall die Vornahme durch eine medizinisch geschulte Person nicht fordern müssen.[104] Die Abnahme einer Urinprobe wird aufgrund der mit ihr verbundenen Infektionsgefahr und Schmerzhaftigkeit teilweise als prinzipiell unzulässig angesehen.[105] Dem ist schon deswegen nicht zu folgen, da das BVerfG in anderem Zusammenhang die zwangsweise Entnahme von Urin als Eingriff von verhältnismäßig geringer Intensität ansah.[106] Zudem ist eine Gesundheitsgefährdung bei gesunden Probanden bei steriler Durchführung nicht zu befürchten.[107] Eine solche ist aber deswegen schon im Rahmen der Anordnung nach Abs. 1 S. 2 wegen der dortigen Voraussetzungen zu gewährleisten. Bei Straftaten, die sich nicht lediglich im Bagatellbereich bewegen, ist sie folglich zulässig und zumutbar, insbesondere wenn bestimmte Untersuchungen auf Betäubungsmittel- oder Medikamentenkonsum auf andere Weise nicht zuverlässig durchführbar sind.[108]

c) Verhältnismäßigkeitsgrundsatz. Wegen der Weite des Wortlauts ist der Verhältnismäßigkeitsgrundsatz als **Schranke** der Eingriffsmöglichkeiten nach § 81a besonders zu beachten.[109] Das bedeutet, dass die konkret angeordnete Untersuchungshandlung zur Erreichung des angestrebten Zwecks geeignet und erforderlich sein muss und dass der damit verbundene Eingriff nicht außer Verhältnis zur Bedeutung der Sache und zur Stärke des bestehenden Tatverdachts stehen darf.[110] Letzteres ist als ungeschriebenes Tatbestandsmerkmal bei der Auslegung der Norm zu berücksichtigen. Die Geeignetheit und Erforderlichkeit fand dagegen im Normtext Ausdruck, indem die Untersuchung und der Eingriff nur zur Feststellung von Tatsachen angeordnet werden darf, die für das Verfahren von Bedeutung sind. Insoweit bringt diese Limitierung auf den Verfahrenszweck tatsächlich lediglich eine Selbstverständlichkeit zum Ausdruck.[111] Eine besondere Ausprägung des Verhältnismäßigkeitsgrundsatzes findet sich für körperliche Eingriffe in Abs. 1 S. 2, der gesundheitsgefährdende Eingriffe explizit ausschließt.[112] 19

Die **Verfahrenserheblichkeit** ist bei allen Tatsachen gegeben, die unmittelbar oder mittelbar für die Entscheidung über Täterschaft, Schuld- und Rechtsfolgenfrage, einschließlich der Gefährlichkeit und des Hanges iSd § 63 ff. StGB, von Bedeutung sein können.[113] Hierzu können neben der Beschaffenheit des Körpers und seiner Bestandteile, beispielsweise des Blutes und des Magensaftes,[114] auch in diesen geratene Fremdkörper gehören.[115] Weiterhin kommen aber auch prozessual erhebliche Tatsachen in Betracht,[116] insbesondere Verhandlungsfähigkeit[117] oder Reisefähigkeit[118] des Beschuldigten. 20

Die Verhältnismäßigkeit ieS erfordert eine **Abwägung** zwischen den in Betracht kommenden Maßnahmen und zwischen Anlass und Auswirkungen des angeordneten Eingriffs.[119] 21

---

[104] KMR/*Bosch* Rn. 3; der Sache nach auch LR/*Krause* Rn. 48, der Vornahme durch einen Frisör für ausreichend hält.
[105] HK/*Lemke* Rn. 17; LR/*Krause* Rn. 63; *Meyer-Goßner* Rn. 21; *Eisenberg* Beweisrecht Rn. 1639; *Kohlhaas* NJW 1968, 2277.
[106] BVerfG 21.4.1993 – 2 BvR 930/92, NStZ 1993, 482 im Zusammenhang mit Bewährungsauflagen.
[107] SK/*Rogall* Rn. 44.
[108] SK/*Rogall* Rn. 44; KMR/*Bosch* Rn. 10 und *Benfer/Bialon* Rechtseingriffe Rn. 956 jeweils für besonders schwere Straftaten.
[109] BVerfG 10.6.1963 – 1 BvR 790/58, NJW 1963, 1597 (1598).
[110] BVerfG 2.8.1996 – 2 BvR 1511/96, NJW 1996, 3071 (3072).
[111] SK/*Rogall* Rn. 11.
[112] KMR/*Bosch* Rn. 24.
[113] KMR/*Bosch* Rn. 22; LR/*Krause* Rn. 16; *Meyer-Goßner* Rn. 6.
[114] HK/*Lemke* Rn. 5; KK/*Senge* Rn. 5.
[115] BGH 16.2.1954 – 1 StR 578/53, BGHSt 5, 332 (336).
[116] KMR/*Bosch* Rn. 22; SK/*Rogall* Rn. 11.
[117] BVerfG 14.11.1969 – 1 BvR 253/68, NJW 1970, 505 (506); BayObLG 1.8.1956 – BReg. 1 St 109/56, NJW 1957, 272 (274); OLG Celle 12.11.1970 – 3 Ws 434/70, NJW 1971, 256 (257); OLG Schleswig 15.9.1981 – 1 Ws 344/81, NStZ 1982, 81; OLG Düsseldorf 26.5.1988 – 1 Ws 459/88, JZ 1988, 984; OLG Celle 13.12.2011 – 2 Ws 341/11, StV 2012, 524 (525).
[118] LG Zweibrücken 28.3.2000 – Qs 8/00, VRS 99 (2000), 54.
[119] BVerfG 2.8.1996 – 2 BvR 1511/96, NJW 1996, 3071 (3072).

Maßgebliche Faktoren sind danach das Gewicht der zu ahndenden Tat, die Schwere des Eingriffs und die Stärke des Tatverdachts, die in eine angemessene Relation zu setzen sind.[120] Je schwerer die Tat und je stärker der Verdacht, desto eher ist die Maßnahme zulässig; umgekehrt wird zunehmendes Gewicht und Gefährlichkeit des Eingriffes einer Anordnung entgegenstehen.[121] Zu beachten sind auch die Folgen der Mitteilung des Untersuchungsergebnisses, insbesondere beim AIDS-Test,[122] der aber zur Aufklärung eines Gewalt- oder Sexualdeliktes deshalb nicht ausgeschlossen ist.[123] In jedem Fall besteht eine absolute Grenze, die zu einer Überschreitung des Wesensgehaltes des Grundrechts auf körperliche Unversehrtheit führen würde.[124] Ob diese im Hinblick auf das ausdrückliche Verbot für die Gesundheit nachteiliger Eingriffe nach Abs. 1 S. 2 eigenständige Bedeutung entfaltet, ist allerdings kaum denkbar. Hinsichtlich des Tatverdachtes enthält § 81a Abs. 1 zwar keine erhöhte Eingriffsschwelle (→ Rn. 6), das Gewicht des Eingriffs kann aber unter Verhältnismäßigkeitsgesichtspunkten eine Verdichtung der Verdachtslage fordern.[125] Der Verdachtsgrad ist dabei selbständig gerade im Hinblick auf die beabsichtigte Anordnung zu prüfen.[126] Generell muss die Maßnahme unerlässlich sein,[127] weswegen ein körperlicher Eingriff erst dann erlaubt ist, falls die Beweisfrage auf andere Weise, vor allem durch einfache körperliche Untersuchung,[128] nicht zu klären ist.[129]

22 **d) Duldungspflicht.** Die Anordnung einer einfachen körperlichen Untersuchung oder eines Eingriffs nach § 81a Abs. 1 lässt die **Mitwirkungsfreiheit** des Beschuldigten unberührt. Er ist zu aktivem Verhalten, das die Durchführung der Maßnahme ermöglicht oder fördert, nicht verpflichtet.[130] Dies wird größtenteils gleichgesetzt mit der Vorgabe, für ihn bestünde eine bloße Duldungspflicht.[131] Insofern ist es allerdings klarer, die dem Grundsatz der Mitwirkungsfreiheit zugrunde liegende Parallelität zur Aussagefreiheit deutlicher hervorzuheben. Ausschlaggebend ist nicht die Einordnung des Verhaltens als aktiv oder passiv; entscheidend ist dagegen, dass vom Beschuldigten keine Reaktion mit eigenständigem Beweiswert erzwungen werden darf, was einer unzulässigen zwangsweisen Selbstbelastung gleich käme.[132] Demgemäß ist es nicht unzulässig solche Vorbereitungshandlungen zwangsweise herbeizuführen, die die Vornahme der Maßnahme überhaupt erst ermöglichen, selbst wenn sie ein aktives Verhalten des Beschuldigten verlangen.[133] Hierzu gehört beispielsweise das Mitgehen zur Wache, Aufkrempeln der Ärmel, Anheben des Armes zur Entnahme einer Blutprobe,[134] oder eine bestimmte Körperhaltung einzunehmen.[135]

---

[120] BVerfG 10.6.1963 – 1 BvR 790/58, NJW 1963, 1597 (1598); BVerfG 25.7.1963 – 1 BvR 542/62, NJW 1963, 2368 (2370).

[121] SK/*Rogall* Rn. 12.

[122] S. LG Aurich 30.7.2012 – 12 Qs 97/12, StV 2013, 143 (144 f.) zur Unverhältnismäßigkeit bei fahrlässiger Körperverletzung, bei der „Tatverdacht kaum erhärtet".

[123] *Mayer* JR 1990, 358 (361); *Penning/Spann* MedR 1987, 171 (174).

[124] BVerfG 10.6.1963 – 1 BvR 790/58, NJW 1963, 1597 (1598).

[125] LR/*Krause* Rn. 32.

[126] BVerfG 25.7.1963 – 1 BvR 542/62, NJW 1963, 2368 (2370).

[127] BVerfG 25.7.1963 – 1 BvR 542/62, NJW 1963, 2368 (2370).

[128] OLG Hamm 3.2.1960 – 1 Ws 480/59, NJW 1960, 1400 (1402); KMR/*Bosch* Rn. 25; *Meyer-Goßner* Rn. 18.

[129] OLG Hamm 29.6.1971 – 1 Ws 361/70, NJW 1971, 1903 (1904).

[130] BVerfG 14.2.1978 – 2 BvR 406/77, NJW 1978, 1149 (1150); OLG Hamm 10.1.1974 – 5 Ws 1/74, NJW 1974, 713; OLG Düsseldorf 26.5.1988 – 1 Ws 459/88, JZ 1988, 984; OLG Köln 9.3.2004 – 2 Ws 32/04, juris (→ Rn. 6); So auch allgemein zum Beschuldigten als Objekt des Augenscheins- oder Sachverständigenbeweises BGH 9.4.1986 – 3 StR 551/85, BGHSt 34, 39 (45 f.); *Kleinknecht* NJW 1964, 2181 (2187).

[131] HK/*Lemke* Rn. 7; KK/*Senge* Rn. 4; LR/*Krause* Rn. 22; *Meyer-Goßner* Rn. 10 bis 12; *Eisenberg* Beweisrecht Rn. 1627; *Geerds* Jura 1988, 1 (4).

[132] KMR/*Bosch* Rn. 6; der Sache nach auch schon BGH 9.4.1986 – 3 StR 551/85, BGHSt 34, 39 (46).

[133] *Geppert* DAR 1980, 315 (318).

[134] LG Düsseldorf 11.7.1973 – 11 a S 28/73, NJW 1973, 1930 (1931).

[135] LR/*Krause* Rn. 22; *Eisenberg* Beweisrecht Rn. 1627.

23 Andererseits besteht **keine Verpflichtung** des Beschuldigten, Fragen zu beantworten;[136] sich Prüfungen zu unterziehen,[137] insbesondere einen Trinkversuch vorzunehmen,[138] einen Hirnleistungstest zu absolvieren[139] oder in ein Messgerät für die Atemalkoholkonzentration zu blasen;[140] Urin-, Gehproben abzugeben, Kniebeugen und Armausstrecken vorzunehmen;[141] sich zur Feststellung des Drehnachnystagmus herumzudrehen.[142] Das kann nur auf Basis der Freiwilligkeit erfolgen, falls der Beschuldigte hierüber belehrt wurde.[143] Unschädlich ist das Fehlen einer Belehrung, wenn es sich – vor allem in Zusammenhang mit der Blutprobenentnahme – um Tests handelt, zu denen ein Arzt seine Patienten üblicherweise aufzufordern berechtigt ist[144] und deren Freiwilligkeit allgemein bekannt ist.[145]

24 **2. Einwilligung oder Anordnung nach Abs. 2. a) Einwilligung in die Untersuchungshandlung. Rechtsfolge** einer Einwilligung des Beschuldigten in eine Untersuchungshandlung ist, dass die Notwendigkeit einer Anordnung nach Abs. 2 entfällt.[146] Ferner dürfen auch Untersuchungen und Eingriffe vorgenommen werden, die nach § 81a unzulässig sind,[147] beispielsweise solche, die seine Mitwirkung in Form der Beantwortung von Fragen oder Ausführung von Testübungen erfordern.[148] Der Beschuldigte kann auf freiwilliger Basis auch die Entnahme einer Blutprobe durch einen Nichtarzt gestatten,[149] insbesondere einen Medizinalassistenten[150] oder eine Krankenschwester.[151] Allgemein wird allerdings angenommen bei schwerwiegenden Eingriffen bedürfe es selbst bei Vorliegen einer Einwilligung des Beschuldigten einer richterlichen Anordnung.[152] In jedem Fall unzulässig sind Maßnahmen, die, insbesondere wegen einer damit verbundenen Gesundheitsgefahr, als sittenwidrig und unverhältnismäßig einzustufen sind.[153]

25 Die **Wirksamkeit** der Einwilligung setzt eine freiwillige, ernstliche und in Kenntnis der Sachlage und des Weigerungsrechts erteilte ausdrückliche Zustimmung des Beschuldigten voraus.[154] Dazu bedarf es keiner Geschäftsfähigkeit des Beschuldigten. Ausreichend ist, dass er nach seiner natürlichen Verstandesreife den Sinn und die Tragweite der Erklärung erkennt.[155] Zumindest bei der Blutprobenentnahme genugt hierfür schon die Fähigkeit, den mit der Maßnahme verbundenen körperlichen Eingriff und dessen

[136] OLG Hamm 10.1.1974 – 5 Ws 1/74, NJW 1974, 713; OLG Köln 9.3.2004 – 2 Ws 32/04, juris (→ Rn. 6); *Kleinknecht* NJW 1964, 2181 (2187).
[137] KK/*Senge* Rn. 4; LR/*Krause* Rn. 24; *Meyer-Goßner* Rn. 11.
[138] BGH 2.7.1965 – 4 StR 284/65, VRS 29 (1965), 203; LG Bremen 6.10.1967 – II Qs 529/67, NJW 1968, 208.
[139] OLG Hamm 10.1.1974 – 5 Ws 1/74, NJW 1974, 713.
[140] BGH 25.6.1970 – 4 StR 109/70, VRS 39 (1970), 184 (185); BayObLG 16.1.1963 – RReg. St 674/62, NJW 1963, 772; OLG Schleswig 1.9.1965 – VRS 30 (1966), 344 (345).
[141] OLG Hamm 9.2.1967 – 2 Ss 1562/66, NJW 1967, 1524.
[142] HK/*Lemke* Rn. 7; LR/*Krause* Rn. 25; *Meyer-Goßner* Rn. 11.
[143] HK/*Lemke* Rn. 8; LR/*Krause* Rn. 26; *Meyer-Goßner* Rn. 12; *Eisenberg* Beweisrecht Rn. 1628.
[144] OLG Köln 17.10.1961 – 1 Ss 318/61, NJW 1962, 692 (692 f.).
[145] OLG Hamm 9.2.1967 – 2 Ss 1562/66, NJW 1967, 1524; OLG Hamm 7.12.1967 – 2 Ss 1610/67, NJW 1968, 1202 (1203).
[146] Bremen 14.8.1968 – Ss 55/68, VRS 36 (1969), 180 (182); OLG Hamburg 4.2.2008 – 2-81/07 (REV), NJW 2008, 2597 (2599); OLG Celle 16.7.2008 – 311 SsBs 43/08, NJW 2008, 3079; OLG Hamm 25.8.2008 – 3 Ss 318/08, NJW 2009, 242.
[147] LR/*Krause* Rn. 12; *Eisenberg* Beweisrecht Rn. 1626.
[148] *Schmidt* NJW 1962, 664 (664 f.).
[149] *Kohlhaas* DAR 1956, 201 (203), *Schmidt* MDR 1970, 461 (465).
[150] BayObLG 16.12.1964 – RevReg. 1 a St 663/64, NJW 1965, 1088 (1089).
[151] OLG Oldenburg 30.11.1954 – Ss 368/54, NJW 1955, 683.
[152] HK/*Lemke* Rn. 3; KK/*Senge* Rn. 3; KMR/*Bosch* Rn. 14; LR/*Krause* Rn. 12; *Meyer-Goßner* Rn. 3; *Eisenberg* Beweisrecht Rn. 1626.
[153] SK/*Rogall* Rn. 17; *Amelung* StV 1985, 257 (259); *Löffler* NJW 1951, 821 (822).
[154] OLG Karlsruhe 7.5.2004 – 2 Ws 77/04, NStZ 2005, 399 (400); OLG Bamberg 19.3.2009 – 2 Ss 15/09, NJW 2009, 2146; OLG Hamm 28.4.2009 – 2 Ss 117/09, juris (→ Rn. 15); allgemein BGH 2.12.1963 – III ZR 222/62, NJW 1964, 1177.
[155] OLG Bamberg 19.3.2009 – 2 Ss 15/09, NJW 2009, 2146; OLG Hamm 28.4.2009 – 2 Ss 117/09, juris (→ Rn. 15); LR/*Krause* Rn. 14; SK/*Rogall* Rn. 19; *Kraft* JuS 2011, 591.

Risiken zu überblicken; auf die strafrechtlichen Folgen der Blutalkoholmessung muss sich diese nicht erstrecken.[156] An einer wirksamen Einwilligung kann aber es fehlen bei Täuschung oder Zwang,[157] oder bei einer Einschränkung der Einwilligungsfähigkeit durch Alkoholisierung.[158] Die bloße Hinnahme der Untersuchungshandlung genügt allerdings nicht, sofern ihr kein Erklärungswert im Hinblick auf eine schlüssige Einwilligung zu entnehmen ist.[159] Die Einwilligung kann vom Beschuldigten jederzeit widerrufen werden,[160] was dazu führt, dass nur die bis zu diesem Zeitpunkt gewonnenen Ermittlungsergebnisse verwertet werden dürfen.[161] Auch kann der Widerruf einer zunächst erklärten Einwilligung in Anbetracht der verstrichenen Zeit die Voraussetzungen für die Annahme der Eilentscheidungsbefugnis nach § 81a Abs. 2 begründen.[162]

26 Die für die Einwilligung erforderliche Freiwilligkeit kann nur nach ordnungsgemäßer **Belehrung** durch das Gericht oder die Strafverfolgungsbehörde angenommen werden. Dazu gehört, dass der Beschuldigte über das grundsätzliche Bestehen des Weigerungsrechts informiert wird,[163] genauso wie über die mit dem Eingriff verbundenen typischen Gefahren,[164] was dokumentiert werden sollte.[165] Es kann die Einräumung einer Überlegungsfrist notwendig sein.[166] Einer zusätzlichen ausdrücklichen Belehrung über das Weigerungsrecht im Rahmen des § 81a bedarf es nicht, sofern eine Belehrung nach den §§ 163a Abs. 4, 136 Abs. 1 S. 2 erfolgt.[167] Dem ausführenden Arzt darf die Belehrung allerdings nicht überlassen werden.[168]

27 **b) Richterliche Anordnung.** § 81a Abs. 2 enthält einen einfach gesetzlichen Richtervorbehalt,[169] der nicht zum rechtsstaatlichen Mindeststandard zu rechnen ist.[170] Zu Recht wird daher für den geringfügigen Eingriff der Blutprobenentnahme dessen Streichung gefordert.[171] Die gerichtliche **Zuständigkeit** richtet sich dabei nach den allgemeinen Vorschriften. Im Ermittlungsverfahren entscheidet folglich der nach § 162 Abs. 1 S. 1 zuständige Ermittlungsrichter.[172] Ist die Anordnung neben einer solchen auf Unterbringung zur Beobachtung zu treffen, so greift wegen des Sachzusammenhangs § 81 Abs. 3.[173]

---

[156] OLG Schleswig 13.3.2013 – 2 Ss 3/13 (5/13), juris (→ Rn. 10); *König/Seitz* DAR 2012, 361 (368).

[157] KK/*Senge* Rn. 3; *Amelung* StV 1985, 257 (261); BGH 2.7.1965 – 4 StR 284/65, VRS 29 (1965), 203 (204); OLG Bremen 14.8.1968 – Ss 55/68, VRS 36 (1969), 180 (182).

[158] OLG Hamm 25.8.2008 – 3 Ss 318/08, NJW 2009, 242; OLG Hamm 20.2.2011 – II-3 RVs 104/10, BeckRS 2011, 05837 = NStZ-RR 2011, 186; *Eisenberg* Beweisrecht Rn. 1626; *Blum* SVR 2009, 171 (172); *Pichon* HRRS 2011, 472 (474); *Eb. Schmidt* NJW 1962, 664 (665); s. aber OLG Jena 6.10.2011 – 1 Ss 82/11, juris (→ Rn. 12 und 26), wo bei 4,02‰ deren Annahme durch Polizei nicht beanstandet wurde; dem folgend *König/Seitz* DAR 2012, 361 (368).

[159] OLG Hamm 12.3.2009 – 3 Ss 31/09, BeckRS 2009, 10370 = NStZ-RR 2009, 243 (Leitsatz); OLG Bamberg 19.3.2009 – 2 Ss 15/09, NJW 2009, 2146; OLG Hamm 28.4.2009 – 2 Ss 117/09, juris (→ Rn. 15); OLG Celle 16.6.2009 – 311 SsBs 49/09, NZV 2009, 463; KMR/*Bosch* Rn. 17; LR/*Krause* Rn. 14.

[160] *Amelung* StV 1985, 257 (258).

[161] KK/*Senge* Rn. 3; KMR/*Bosch* Rn. 17; LR/*Krause* Rn. 14; *Meyer-Goßner* Rn. 5; *Eisenberg* Beweisrecht Rn. 1626.

[162] OLG Bamberg 26.6.2013 – 2 Ss OWi 1505/12, juris (→ Rn. 31) unter Aufhebung AG Kempten 12.7.2012 – 25 OWi 144 Js 4384/12, DAR 2012, 593 (594).

[163] OLG Karlsruhe 7.5.2004 – 2 Ws 77/04, NStZ 2005, 399 (400); LG Kassel 20.1.2010 – 3 (6) Qs 253/09, juris (→ Rn. 6); *Blum* SVR 2009, 171 (172); *Heinrich* NZV 2010, 278 (281).

[164] *Kohlhaas* NJW 1968, 2277; vgl. auch OLG Jena 6.10.2011 – 1 Ss 82/11, VRS 122 (2012), 114 (116).

[165] *Brocke/Herb* StraFo 2009, 46 (47).

[166] BGH 2.7.1965 – 4 StR 284/65, VRS 29 (1965), 203.

[167] LG Saarbrücken 13.11.2008 – 2 Qs 53/08, NStZ-RR 2009, 55; aA *Geppert* DAR 1980, 315 (318 f.).

[168] KMR/*Bosch* Rn. 17.

[169] BVerfG 12.2.2007 – 2 BvR 273/06, NJW 2007, 1345 (1346).

[170] BVerfG 28.7.2008 – 2 BvR 784/08, NJW 2008, 3053 (3054); BVerfG 24.2.2011 – 2 BvR 1596 und 2346/10, BA 2011, 170 (172).

[171] *Blum* SVR 2008, 441 (442); *Brocke/Herb* NStZ 2009, 671 (677); *Dencker* DAR 2009, 257 (263); *Herbst/Theurer* NZV 2010, 544 (546); *Krumm* ZRP 2009, 71 (73 f.); vorsichtiger *Peglau* NJW 2010, 2850 (2852); s. auch den Gesetzesentwurf des BRates BT-Drs. 17/4232, BR-Drs. 615/10, allerdings nur für Fälle der §§ 315a und 315c–316 StGB; dezidiert für einen vollständigen Wegfall aber zu Recht *Busch* ZRP 2012, 79 (81).

[172] BGH 8.7.1955 – 5 StR 233/55, BGHSt 8, 144 (146); BGH 23.12.1999 – 2 ARs 487/99 – 2 AR 227/99, NStZ 2000, 212.

[173] → § 81 Rn. 14 und 20.

Mit Anklageerhebung geht die Zuständigkeit auf das für die Eröffnung des Hauptverfahrens berufene Gericht über, nach Eröffnung des Hauptverfahrens auf das erkennende Gericht.[174] In der Hauptverhandlung wirken gegebenenfalls die Schöffen mit (§§ 30 Abs. 1, 77 Abs. 1 GVG).[175]

Der **Inhalt** der richterlichen Entscheidung hat sich an den Vorgaben des Abs. 1 zu orientieren. Im Tenor ist die Art des körperlichen Eingriffs bestimmt zu bezeichnen[176] sowie, falls nicht schon hiermit zum Ausdruck gebracht, die festzustellenden Tatsachen.[177] Besteht die Möglichkeit, dass die angeordnete Untersuchung oder deren Ergebnis zur Feststellung der verfahrenserheblichen Tatsache nicht ausreichend sind, kann dem Sachverständigen aufgegeben werden, sich zunächst zur Erforderlichkeit und den gesundheitlichen Auswirkungen von Wiederholungs- oder Zusatzuntersuchungen gegenüber dem Gericht zu äußern.[178] In den Beschlussgründen ist neben einer knappen Schilderung des Tatvorwurfs und – bei zweifelhaften Fällen – der Verdachtslage im Hinblick auf gewichtigere körperliche Eingriffe deren Notwendigkeit und Unerlässlichkeit darzustellen.[179] Sind diese Voraussetzungen erfüllt, bleibt dem Arzt die Art und Weise der fachlichen Durchführung überlassen. Auch die Entnahme einer zweiten Blutprobe wird, selbst wenn dies nicht ausdrücklich angeordnet sein sollte, für zulässig erachtet.[180] 28

Für den Beschluss,[181] durch den die gerichtliche Anordnung der Maßnahme erfolgt, ist im Gegensatz zu anderen Eingriffsmaßnahmen, wie beispielsweise § 81f Abs. 2 S. 1, 100b Abs. 2 S. 1, 100d Abs. 2 S. 1, 114 Abs. 1, keine bestimmte **Form** vorgeschrieben. Gleichwohl ist er „in der Regel" schriftlich abzufassen[182] und nach § 34 mit einer Begründung zu versehen.[183] Für Ausnahmefälle lässt das BVerfG aber auch eine lediglich mündliche Anordnung durch den Richter zu.[184] In einer weiteren Entscheidung zur Durchsuchungsanordnung, auf die in diesem Zusammenhang ausdrücklich verwiesen wird, beschränkt das BVerfG diese Ausnahme aber ihrerseits auf Eilfälle. Gefordert wird dann neben der Dokumentation der Anordnung selbst zusätzlich eine solche, aus der sich ergibt, dass wegen Eilbedürftigkeit eine schriftliche Abfassung des gerichtlichen Beschlusses nicht möglich war.[185] Offensichtlich scheint das BVerfG demnach selbst ein gewisses Unbehagen an der von ihm ins Leben gerufenen mündlichen Entscheidungspraxis beschlichen zu haben. Leider setzt sich das BVerfG aber nicht mit der Problematik auseinander, dass in den Fällen des nächtlichen Bereitschaftsdienstes die mündliche Anordnung einer Blutprobenentnahme wegen der faktischen Gegebenheiten zwangsläufig zum Regelfall wird. Auch bleibt die Problematik, die sich hierdurch hinsichtlich der Bekanntmachung der Entscheidung nach § 35 Abs. 2 S. 2 und der „Übergabe" an die Staatsanwaltschaft zur Vollstreckung nach § 36 Abs. 2 S. 1 ergibt, vollkommen unbeleuchtet. Dies ist schon deswegen bedenklich, weil die Rechtsprechung beispielsweise im Hinblick auf eine Maßnahme nach § 111a es als nicht ausreichend erachtet, wenn die richterliche Entscheidung dem Beschuldigten durch den Polizeibeamten lediglich 29

---

[174] HK/*Lemke* Rn. 19; KK/*Senge* Rn. 8.

[175] KMR/*Bosch* Rn. 26; LR/*Krause* Rn. 65; *Meyer-Goßner* Rn. 25c; SK/*Rogall* Rn. 61; *Eisenberg* Beweisrecht Rn. 1641.

[176] BayObLG 1.8.1956 – BReg. 1 St 109/56, NJW 1957, 272 (274); OLG Hamm 8.6.1970 – 1 Ws 191/70, NJW 1970, 1985 (1986); OLG Düsseldorf 3.3.2005 – III – 3 Ws 76–78/05, StV 2005, 490 (491); OLG Jena 13.7.2006 – 1 Ws 235/06, StV 2007, 24.

[177] Graf/*Ritzert* Rn. 15; HK/*Lemke* Rn. 21; KMR/*Bosch* Rn. 30; LR/*Krause* Rn. 69; *Meyer-Goßner* Rn. 27; SK/*Rogall* Rn. 86.

[178] Siehe hierzu OLG Hamm 6.1.2004 – 4 Ws 724/03, juris (Tenor mit → Rn. 11).

[179] HK/*Lemke* Rn. 21; KMR/*Bosch* Rn. 30; LR/*Krause* Rn. 69; *Meyer-Goßner* Rn. 27; SK/*Rogall* Rn. 86.

[180] KMR/*Bosch* Rn. 30; LR/*Krause* Rn. 69; *Eisenberg* Beweisrecht Rn. 1643.

[181] HK/*Lemke* Rn. 21; KMR/*Bosch* Rn. 29; LR/*Krause* Rn. 68; *Meyer-Goßner* Rn. 26; SK/*Rogall* Rn. 86.

[182] So die Entscheidung BVerfG 20.2.2001 – 2 BvR 144/00, NJW 2001, 1121 (1122 f.) zur Durchsuchungsanordnung, auf die in der Entscheidung BVerfG 12.2.2007 – 2 BvR 273/06, NJW 2007, 1345 (1346) zur Blutprobenentnahme ausdrücklich verwiesen wird.

[183] KMR/*Bosch* Rn. 29; LR/*Krause* Rn. 68.

[184] BVerfG 11.6.2010 – 2 BvR 1046/08, NJW 2010, 2864 (2865 Rn. 30).

[185] So BVerfG 23.7.2007 – 2 BvR 2267/06, BeckRS 2007, 25604, worauf in BVerfG 11.6.2010 – 2 BvR 1046/08, NJW 2010, 2864 (2865 Rn. 30) ausdrücklich verwiesen wird.

mündlich eröffnet wird.[186] Zudem wird systematisch wenig konsequent mit dem Verweis auf eine mündliche richterliche Entscheidung, die nur in Eilfällen zulässig ist, vor Inanspruchnahme der Eilentscheidungsbefugnis der Ermittlungsbehörden der Sache nach eine Gefahr im Verzug vor der Gefahr im Verzug geschaffen. Vor diesem Hintergrund scheint es fraglich, ob es dem BVerfG gelungen ist, sein vorgebliches Ziel einer Stärkung des Richtervorbehalts zu erreichen, oder ob es nicht vielmehr durch die zumindest für den Bereich der Blutprobenentnahme zwangsläufige Etablierung mündlicher richterlicher Entscheidungen, zudem noch häufig auf Grundlage rein mündlicher Information, einer Entwertung des Richtervorbehalts Vorschub geleistet hat.[187] Gleichwohl wird sich die Praxis an diese Vorgaben zu halten haben. Vor der gerichtlichen Entscheidung ist der Beschuldigte zu hören, sofern nicht die Voraussetzungen des § 33 Abs. 4 S. 1 gegeben sind.[188]

30 **c) Eilanordnungskompetenz der Ermittlungsbehörden.** Die Staatsanwaltschaft und ihre Ermittlungspersonen sind nach § 81a Abs. 2 bei **Gefahr im Verzug** berechtigt, die Anordnung zu treffen. Abs. 2 S. 1 enthält die Legaldefinition dieses Rechtsbegriffs unter Bezugnahme auf das zeitliche Moment der Verzögerung. Vor diesem Hintergrund ist Gefahr im Verzug immer dann anzunehmen, wenn schon der vorherige Versuch, eine richterliche Anordnung einzuholen, wegen des damit verbundenen Zeitverlusts den Erfolg der Ermittlungsmaßnahme gefährden würde.[189] Bei schwerwiegenden Eingriffen kommt dies von vornherein nicht in Betracht,[190] da in diesen Fällen die Maßnahme ohnehin erst, gegebenenfalls unter sachverständiger Beratung, auf ihre Erforderlichkeit und Angemessenheit zu überprüfen ist (→ Rn. 14). Wie schon der Wortlaut des Abs. 2 ergibt, ist ausschließlich auf den drohenden Beweismittelverlust abzustellen. Eine Gesundheitsgefahr, beispielsweise als Anlass für die Exkorporation von „Bodypacks", ist mithin kein geeignetes Kriterium.[191] Generell ist, da auch der einfach gesetzliche Richtervorbehalt auf eine vorbeugende Kontrolle der Maßnahme durch eine unabhängige und neutrale Instanz abzielt,[192] der Begriff der „Gefahr im Verzug" eng auszulegen.[193] Daher müssen die Strafverfolgungsbehörden nach der Rechtsprechung des BVerfG zur Blutprobenentnahme, sofern nicht bereits dadurch eine Einschränkung des Beweisergebnisses zu besorgen ist, vor Inanspruchnahme der Eilkompetenz versuchen, eine Anordnung des zuständigen Richters zu erlangen.[194] Zu berücksichtigen ist bei der prognostischen Beurteilung der hierdurch sich ergebenden zeitlichen Verzögerung, dass das Gericht in Ausnahmefällen auch berechtigt ist, ohne schriftliche Antragsunterlagen, auf Grund mündlicher Information, eine mündliche Anordnung zu treffen.[195] Bei Bestehen eines gerichtlichen, mit Mobilfunktelefonen ausgestatteten Bereitschaftsdienstes, kann dies auch fernmündlich geschehen.[196] Davon zu unterscheiden ist aber die Frage, ob auch eine Verpflichtung zur mündlichen Entscheidung ohne Akten besteht. Dies kann schon vor dem Hintergrund der richterlichen Unabhängigkeit nicht

---

[186] Ausführlich zur Problematik *Trück* JZ 2010, 1106 (1111) mwN.

[187] OLG Hamm 10.9.2009 – 4 Ss 316/09, StraFo 2009, 509; LG Limburg 4.8.2009 – 2 Qs 30/09, NStZ-RR 2010, 80 (82); *Rabe v. Kühlwein* JR 2007, 517 (519 f.); *Trück* JZ 2010, 1106 (1118); *Wiesneth* DRiZ 2010, 46 (51); kritisch auch SK/*Rogall* Rn. 59 f. und 88.

[188] KMR/*Bosch* Rn. 28; LR/*Krause* Rn. 67; SK/*Rogall* Rn. 105.

[189] OLG Bamberg 19.3.2009 – 2 Ss 15/09, NJW 2009, 2146; BVerfG 20.2.2001 – 2 BvR 1444/00, NJW 2001, 1121 (1123) zur Durchsuchungsanordnung; BGH 12.2.1962 – III ZR 204/60, JZ 1962, 609 (610) zur Beschlagnahmeanordnung; SK/*Rogall* Rn. 106; *Benfer/Bialon* Rechtseingriffe Rn. 62.

[190] BVerfG 10.6.1963 – 1 BvR 790/58, NJW 1963, 1597 (1598).

[191] OLG Karlsruhe 7.5.2004 – 2 Ws 77/04, NStZ 2005, 399 (400); KMR/*Bosch* Rn. 27; *Dallmeyer* StV 2005, 378; *Krüger/Kroke* Jura 2011, 289 (293).

[192] BVerfG 12.2.2007 – 2 BvR 273/06, NJW 2007, 1345 (1346).

[193] So die Entscheidung BVerfG 20.2.2001 – 2 BvR 1444/00, NJW 2001, 1221 (1222) zur Durchsuchungsanordnung, auf die BVerfG 12.2.2007 – 2 BvR 273/06, NJW 2007, 1345 (1346) zur Blutprobenentnahme ausdrücklich verweist.

[194] BVerfG 12.2.2007 – 2 BvR 273/06, NJW 2007, 1345 (1346).

[195] BVerfG 11.6.2010 – 2 BvR 1046/08, NJW 2010, 2864 (2865).

[196] OLG Karlsruhe 2.6.2009 – 1 Ss 183/08, BeckRS 2009, 24334; *Fickenscher/Dingelstadt* NJW 2009, 3473 (3475).

angenommen werden.[197] Daher greift die Notkompetenz der Staatsanwaltschaft und der Ermittlungspersonen, wenn sich der Richter außer Stande sieht, ohne Vorlage von Akten auf telefonischen Antrag hin mündlich zu entscheiden.[198] Dies entbindet allerdings nicht von der Prüfung, ob im Einzelfall nicht gleichwohl die Zeit verbleibt, einen kurzen Beschluss zu verfassen und zu übermitteln.[199] Der fast schon formelhafte Verweis auf einfach gelagerte Sachverhalte im Zusammenhang mit Blutprobenentnahmen,[200] vermag in diesem Zusammenhang allerdings nicht zu überzeugen. Ansonsten würde in diesem Bereich, vor allem für den nächtlichen Bereitschaftsdienst, die nur als Ausnahmefall zulässige mündliche richterliche Anordnung zum Regelfall erhoben. Ohnehin sollte, um spätere Streitigkeiten von Verteidigerseite zu vermeiden, mit lediglich mündlicher Antragstellung zurückhaltend verfahren werden. Sind die Voraussetzungen der Eilentscheidungsbefugnis gegeben, so steht diese der Staatsanwaltschaft oder deren Ermittlungspersonen gleichrangig zu.[201] Soweit zurückgehend auf das BVerfG die Formulierung Eingang in die Rechtsprechung und Literatur fand, die Anordnungskompetenz der Ermittlungspersonen sei gegenüber derjenigen der Staatsanwaltschaft nachrangig,[202] ist hieraus nichts anderes herzuleiten. Ein solches Rangverhältnis besteht lediglich insoweit, dass sich die Polizei nicht in Widerspruch zu Weisungen des bereits mit der Sache vorbefassten Staatsanwalts setzen darf.[203] Für dieses Ergebnis spricht in systematischer Hinsicht auch der Wortlaut des Abs. 2, der eine Differenzierung, wie sie sich bspw. in § 105 Abs. 1 S. 1 und Abs. 2 Hs. 2 findet, gerade nicht enthält.[204]

Eine bestimmte **Form** ist für die Anordnung der Strafverfolgungsbehörden nicht vorgesehen. Für die staatsanwaltschaftliche Entscheidung gelten die §§ 34, 35 lediglich sinngemäß.[205] Aus Gründen der Klarstellung ist die Maßnahme gegenüber dem Beschuldigten jedoch ausdrücklich bekannt zu geben und zu bezeichnen.[206] Im Einzelfall kann als schlüssige Erklärung die Aufforderung an den Beschuldigten genügen, zur Polizeidienststelle zu folgen, wenn für ihn aufgrund der Umstände erkennbar ist, dass dort eine Blutprobenentnahme erfolgt.[207] Etwas anderes gilt allerdings, wenn er zuvor einen Atemalkoholtest verweigerte und er nicht darüber informiert wird, dass nunmehr die zwangsweise Entnahme einer Blutprobe erfolgen soll.[208] Ferner besteht wegen des Gebotes effektiven Rechtsschutzes hinsichtlich der Voraussetzungen der Gefahr im Verzug eine Dokumentations- und Begründungspflicht der anordnenden Stelle. Sofern die Dringlichkeit nicht evident ist, muss die Gefährdung des Untersu- 31

[197] LG Hamburg 12.11.2007 – 603 Qs 470/07, NZV 2008, 213 (215) m. zust. Anm. *Laschewski;* LG Braunschweig 4.1.2008 – 9 Qs 381/07, BeckRS 2008, 06204; LG Limburg 4.8.2009 – 2 Qs 30/09, NStZ-RR 2010, 80 (82); ausführlich *Trück* JZ 2010, 1106 (1112 bis 1115) mwN; *Wiesneth* DRiZ 2010, 46 (51); aA OLG Schleswig 13.3.2013 – 2 Ss 3/13 (5/13), juris (→ Rn. 14).

[198] So auch SK/*Rogall* Rn. 69 f.; aA LG Berlin 30.11.2009 – 522 a – 2/09, NStZ 2010, 415; *Hofmann* NStZ 2010, 416; *Kraft* JuS 2011, 591 (592); *Mosbacher* JuS 2009, 124 (125); *Mosbacher* JuS 2010, 127 (131).

[199] BVerfG 11.6.2010 – 2 BvR 1046/08, NJW 2010, 2846 (2865).

[200] Vgl. nur *Hofmann* NStZ 2010, 416.

[201] OLG Karlsruhe 29.5.2008 – 1 Ss 151/07, BeckRS 2008, 42001; OLG Jena 25.11.2008 – 1 Ss 230/08, VRS 116 (2009), 105 (106 f.); OLG Brandenburg 16.12.2008 – 2 Ss 69/08, BeckRS 2009, 05947; ausführlich SK/*Rogall* Rn. 64; *Metz* NStZ 2012, 242 (243–245).

[202] BVerfG 12.2.2007 – 2 BvR 273/06, NJW 2007, 1345 (1346); BVerfG 28.7.2008 – 2 BvR 784/08, NJW 2008, 3053 (3054); BVerfG 11.6.2010 – 2 BvR 1046/08, NJW 2010, 2864 (2865); nunmehr aber offen gelassen im Hinblick auf den Wortlaut des § 81a Abs. 2 von BVerfG 24.2.2011 – 2 BvR 1596 und 2346/10, BA 2011, 170 (172); *Müller/Trurnit* StraFo 2008, 144 (147); *Peglau* NJW 2010, 2850 (2851).

[203] OLG Jena 25.11.2008 – 1 Ss 230/08, VRS 116 (2009), 105 (106 f.); OLG Brandenburg 16.12.2008 – 2 Ss 69/08, BeckRS 2009, 05947; nach *Metz* NStZ 2012, 242 (246) auch, wenn die Staatsanwaltschaft die Leitungskompetenz „würde ausüben wollen".

[204] *Fickenscher/Dingelstadt* NStZ 2009, 124 (128); aA trotz gleichen Wortlautverständnisses *Herbst/Theurer* NZV 2010, 544.

[205] → § 34 Rn. 3 und → § 35 Rn. 2 „nicht erfasst"; LR/*Graalmann-Scheerer* § 34 Rn. 5 und § 35 Rn. 19; *Trück* JZ 2010, 1106 (1115 f.).

[206] HK/*Lemke* Rn. 21; KMR/*Bosch* Rn. 29; *Meyer-Goßner* Rn. 26; LR/*Krause* Rn. 68; SK/*Rogall* Rn. 89.

[207] OLG Neustadt 17.1.1962 – Ss 172/61, MDR 1962, 593 (594); vgl. auch OLG Bamberg 22.3.2011 – 3 Ss 14/11, BeckRS 2011, 12936 = NStZ-RR 2011, 378 (Leitsatz); offen gelassen in BGH 25.6.1970 – 4 StR 109/70, VRS 39 (1970), 184 (185).

[208] BayObLG 16.1.1963 – RReg. 1 Sd 674/62, NJW 1963, 772 (772 f.).

chungserfolgs mit Tatsachen begründet werden, die auf den Einzelfall zu beziehen und in den Ermittlungsakten zu dokumentieren sind.[209] Diese Dokumentation hat in engem zeitlichem Zusammenhang mit der Anordnung der Maßnahme zu erfolgen und kann – zumindest was die Überprüfung der Entscheidung im Wege des § 98 Abs. 2 S. 2 analog anbelangt – nicht durch eine nachträglich zu den Akten gereichte ersetzt werden.[210]

32 Die Vorgaben des BVerfG haben im Zusammenhang mit der **Blutprobenentnahme** im Hinblick auf die Voraussetzungen für die Annahme von Gefahr im Verzug zu einer Vielzahl von Rechtsmitteln und kaum noch überschaubaren Einzelfallentscheidungen geführt, die Unschärfen und Abgrenzungsschwierigkeiten nach sich zogen,[211] und deren ausdifferenzierte Erörterung unterschiedlichster Sonderprobleme in keinem Verhältnis mehr zu dem Gewicht des eher geringfügigen Eingriffs steht. Betrachtet man den Befund in einer Gesamtschau, so dürfte das Ziel einer Stärkung des Richtervorbehalts verfehlt worden sein. Stattdessen wird die Praxis im Bereitschaftsdienst nunmehr weitgehend zu einem telefonisch ablaufenden mündlichen Verfahren gezwungen, das für den Beschuldigten, der sich der aktuell zu vollziehenden Maßnahme gegenüber sieht, keinerlei Transparenz bietet.[212] Dagegen wurde für den Bereich des Revisionsrechts eine „Spielwiese" für Verfahrensrügen aller erdenklichen Art eröffnet. Bezeichnend ist, dass nunmehr vertreten wird, alleine schon wegen der im Raum stehenden Problematik eines Verstoßes gegen den Richtervorbehalt liege ein Fall der notwendigen Verteidigung nach § 140 Abs. 2 vor.[213] Der Polizeibeamte hat sich dagegen mit Anforderungen auseinanderzusetzen, die sich weitgehend von den tatsächlichen Gegebenheiten und Möglichkeiten entfernt haben, die seine Arbeit vor Ort mit sich bringt. Als Grundsatz ist davon auszugehen, dass die anordnende Person in dem Zeitpunkt, in dem sie die Eingriffsmaßnahme in Form der Blutprobenentnahme für erforderlich hält, eine Prognoseentscheidung zur mutmaßlichen zeitlichen Verzögerung durch die Befassung des Gerichts mit dem Vorgang zu treffen hat.[214] Dabei ist bezogen auf die Umstände des Einzelfalls zu entscheiden, ob der Zeitpunkt, in dem die praktische Durchführung der Blutentnahme für notwendig erachtet wird, erheblich von demjenigen abweicht, zu dem mit einer richterlichen Entscheidung gerechnet werden kann.[215] Zu berücksichtigen ist, dass bei einfach gelagerten Sachverhalten, die bei Blutprobenentnahmen oftmals angenommen werden, die Möglichkeit bestehen kann, ohne Vorlage schriftlicher Akten eine mündliche richterliche Entscheidung herbeizuführen, was lediglich mit geringem Zeitverlust verbunden sein kann.[216] Dieser gegen die Eilanordnungskompetenz sprechende Gesichtspunkt tritt seinerseits allerdings wieder zurück, sofern, beispielsweise in Ermangelung eines Eildienstes, im Anordnungszeitpunkt kein Richter erreichbar ist und ein Zuwarten bis zur Dienstzeit mit erheblicher Verzögerung verbunden wäre[217] oder sich dieser ohne Aktenstudium nicht dazu in der Lage sieht, eine

---

[209] BVerfG 12.2.2007 – 2 BvR 273/06, NJW 2007, 1345 (1346); BVerfG 31.10.2007 – 2 BvR 1346/07, BeckRS 2007, 28256; BVerfG 28.7.2008 – 2 BvR 784/08, NJW 2008, 3053 (3054); BVerfG 11.6.2010 – 2 BvR 1046/08, NJW 2010, 2864.

[210] BVerfG 13.10.2007 – 2 BvR 1346/07, BeckRS 2007, 28256.

[211] *Meyer-Goßner* Rn. 25b; SK/*Rogall* Rn. 71.

[212] Zutreffend *Krey/Windgätter,* FS Achenbach, 2011, 233 (245): „Rolle der StA als Wächter des Gesetzes im strafrechtlichen Ermittlungsverfahren wird... sachwidrig verdrängt", genauso wie die der Polizei vor Ort.

[213] OLG Brandenburg 26.1.2009 – 1 Ws 7/09, NJW 2009, 1287; OLG Bremen 14.7.2009 – SsBs 15/09, StV 83 (Leitsatz); OLG Köln 27.10.2011 – III-1 Rbs 253/11, StV 2012, 455; LG Münster 10.1.2012 – 3 Qs 72 Js 6994/11, StV 2012, 525 (Leitsatz). *Kraft* JuS 2011, 591 (594).

[214] OLG Bamberg 19.3.2009 – 2 Ss 15/09, NJW 2009, 2146 (2147); LG Schwerin 9.2.2009 – 33 Qs 9/09, juris (→ Rn. 4) = BA 2009, 346; *Herbst/Theurer* NZV 2010, 544 (545); *Rabe v. Kühlwein* JR 2007, 517 (519).

[215] OLG Köln 21.12.2010 – 1 RVs 220/10, BeckRS 2011, 00933 = NZV 2011, 513 f. (Leitsatz).

[216] OLG Stuttgart 26.11.2007 – 1 Ss 532/07, NStZ 2008, 238; OLG Hamm 12.3.2009 – 3 Ss 31/09, BeckRS 2009, 10370 = NStZ-RR 2009, 243 (Leitsatz); OLG Karlsruhe 2.6.2009 – 1 Ss 183/08, BeckRS 2009, 24334 = StV 2009, 516; OLG Celle 16.6.2009 – 311 SsBs 49/09, NZV 2009, 463; OLG Schleswig 26.10.2009 – 1 Ss OWi 92/09, NStZ-RR 2010, 82 (83); OLG Nürnberg 7.12.2009 – 1 St OLG Ss 232/09, StraFo 2010, 148; OLG Düsseldorf 28.2.2011 – III – 4 Ws 33/11, NZV 2011, 456 (457); LG Cottbus 28.8.2008 – 24 Qs 223/08, juris (→ Rn. 12); LG Schwerin 9.2.2009 – 33 Qs 9/09, juris (→ Rn. 4) = BA 2009, 346.

[217] OLG Hamm 24.3.2009 – 3 Ss 53/09, NStZ-RR 2009, 386 (387); OLG Hamm 10.9.2009 – 4 Ss 316/09, StraFo 2009, 509; OLG Köln 15.1.2010 – 83 Ss 100/09, BeckRS 2010, 3706 = NStZ-RR 2010,

eigene Anordnung zu treffen.[218] Auch Letzterer, für die Annahme von Gefahr im Verzug sprechender Anhaltspunkt soll indes wieder unberücksichtigt bleiben, wenn es sich hierbei um eine grundsätzliche und pauschale Weigerung handelt, auf mündliche Information hin eine telefonische Entscheidung zu treffen[219] und gar nicht erst geprüft wird, ob die Zeit für ein – notfalls gestrafftes – schriftliches Verfahren zur Verfügung stünde.[220] Prinzipiell kann zudem Gefahr in Verzug nicht ohne Berücksichtigung der Umstände des Einzelfalls bei Straftaten unter Drogen- oder Alkoholeinfluss alleine mit den durch den körpereigenen Abbau möglicherweise verbundenen Nachweisschwierigkeiten begründet werden.[221] Wiederum anders kann aber eine möglichst zeitnahe Anordnung unter Inanspruchnahme der Eilkompetenz von Nöten sein, falls der vermutete Alkoholisierungsgrad nahe im Bereich eines Grenzwerts liegt, beispielsweise demjenigen für die absolute Fahruntüchtigkeit,[222] oder weil sonst ein unklares Ermittlungsbild gegeben ist, vor allem wegen Nachtrunks,[223] weil trotz erkennbaren Verdachts einer Alkoholisierung, insbesondere aufgrund des Verhaltens des Beschuldigten, der Grad der Alkoholisierung vollkommen unklar ist,[224] weil sich, wie im Schiffsverkehr der Fall, in der Rspr. nach keine festen Grenzwerte herausgebildet haben,[225] und, selbst bei hohen Alkoholisierungsgraden, weil die Schuldunfähigkeit zum Tatzeitpunkt[226] oder eine Beeinflussung durch Medikamente nicht auszuschließen ist.[227] Zusätzliche Schwierigkeiten entstehen bei dem Verdacht auf Konsum von Betäubungsmitteln. Hier geht die Rechtsprechung auseinander, ob ein schneller Abbau zu besorgen ist, der eher für die Annahme von Gefahr im Verzug spräche,[228] oder ob in diesen Fällen ein Zuwarten auch um Stunden nicht schädlich sein soll, da ein der Alkoholintoxikation vergleichbares Rückrechnungsproblem nicht bestehe.[229] Der erstgenannten Ansicht ist zu folgen, da bislang kein Vortest zur Verfügung steht, der über den bloßen Hinweis auf vorangegangenen Konsum hinaus Rückschlüsse auf die Konzentration von Drogen im Blut

---

281 (Leitsatz); OLG Celle 15.7.2010 – 322 SsBs 159/10, NZV 2011, 46 (47 f.); LG Düsseldorf 10.2.2011 – 29 Ns 19/11, NZV 2011, 458 (459).

[218] OLG Hamm 25.8.2008 – 3 Ss 318/08, NJW 2009, 242 (243); OLG Bamberg 19.3.2009 – 2 Ss 15/09, NJW 2009, 2146 (2148); OLG Schleswig 13.3.2013 – 2 Ss 3/13 (5/13), juris (→ Rn. 14); LG Braunschweig 4.1.2008 – 9 Qs 381/07, BeckRS 2008, 06204; *Brocke/Herb* NStZ 2009, 671 (674); *Brocke/Herb* StraFo 2009, 46 (50).

[219] OLG Hamm 25.10.2010 – 3 RVs 85/10, NJW 2011, 469 (471).

[220] BVerfG 11.6.2010 – 2 BvR 1046/08, NJW 2010, 2864 (2865 → Rn. 27 bis 30); OLG Köln 13.11.2012 – III-1 RVs 228/12, DAR 2013, 35.

[221] OLG Hamburg 4.2.2008 – 2-81/07 (REV) NJW 2008, 2597 (2598); OLG Dresden 11.5.2009 – 1 Ss 90/09, NJW 2009, 2149 (2150); OLG Schleswig 26.10.2009 – 1 Ss OWi 92/09, NStZ-RR 2010, 82; OLG Nürnberg 7.12.2009 – 1 St OLG Ss 232/09, StraFo 2010, 148; KG 30.12.2009 – 3 Ws (B) 543/09, NStZ 2010, 468 (469); aA LG Hamburg 12.11.2007 – 603 Qs 470/07, NZV 2008, 213 (215) m. zust. Anm. *Laschewski;* LG Braunschweig 4.1.2008 – 9 Qs 381/07, BeckRS 2008, 06204; LG Freiburg 18.2.2008 – 3 Qs 15/08, juris (→ Rn. 6); LG Berlin 24.10.2008 – 501 Qs 166/08, NZV 2009, 203; *Laschewski* NZV 2007, 582 (583) und NZV 2008, 638; *Laschewski* BA 2008, 232 (234 f.); *Weidig* BA 2009, 170 (174); „häufig gegeben" nach OLG Hamm 25.8.2008 – 3 Ss 318/08, NJW 2009, 242 (243).

[222] OLG Hamm 25.8.2008 – 3 Ss 318/08, NJW 2009, 242 (244); OLG Bamberg 19.3.2009 – 2 Ss 15/09, NJW 2009, 2146 (2147); OLG Bamberg 16.7.2009 – 2 Ss OWi 755/09, NZV 2010, 583 (584); OLG Frankfurt a. M. 8.11.2010 – 3 Ss 285/10, NStZ-RR 2011, 46 (47); OLG Koblenz 2.12.2010 – 2 SsBs 140/10, BeckRS 2011, 01272 = NStZ-RR 2011, 148 (Leitsatz); *Rochholz/Kaatsch* BA 2011, 129 (131); aA *Fickenscher/Dingelstadt* NStZ 2009, 124 (127); s. auch OLG Bamberg 26.6.2013 – 2 Ss OWi 1505/12, juris (→ Rn. 30) zu § 24a StVG.

[223] OLG Hamburg 4.2.2008 – 2-81/07 (REV) NJW 2008, 2597 (2598); OLG Bamberg 22.3.2011 – 3 Ss 14/11, BeckRS 2011, 12936 = NStZ-RR 2011, 378 (Leitsatz); *Rochholz/Kaatsch* BA 2011, 129 (131).

[224] OLG Köln 15.1.2010 – 83 Ss 100/09, BeckRS 2010, 3706 = NStZ-RR 2010, 281 (Leitsatz); OLG Bamberg 22.3.2011 – 3 Ss 14/11, BeckRS 2011, 12936 = NStZ-RR 2011, 378 (Leitsatz).

[225] OLG Schleswig 13.3.2013 – 2 Ss 3/13 (5/13), juris (→ Rn. 11).

[226] OLG Jena 6.10.2011 – 1 Ss 82/11, VRS 122 (2011), 114 (117).

[227] OLG Jena 7.11.2011 – 1 Ss 90/11, VRS 122 (2012), 119 (121); LG Itzehoe 3.4.2008 – 2 Qs 60/08, NStZ-RR 2008, 249 (250).

[228] OLG Köln 26.9.2008 – 83 Ss 69/08, NStZ 2009, 406 (407); KG 29.12.2008 – 3 Ws (B) 467/08, NStZ-RR 2009, 243; KG 30.12.2009 – 3 Ws (B) 543/09, NStZ 2010, 468 (470); OLG Düsseldorf 28.2.2011 – III – 4 Ws 33/11, NZV 2011, 456 (457); *Rabe v. Kühlwein* JR 2007, 517 (518).

[229] LG Verden 19.1.2009 – 1 Qs 255/08, juris (→ Rn. 7).

zulässt.[230] Teilweise wurde auch angenommen, der Beschuldigte, der sich entfernen wolle, dürfe auf Grundlage des § 81a wegen Gefahr im Verzug zunächst festgehalten werden, was aber die nachfolgende Herbeiführung einer richterlichen Anordnung bis zur tatsächlichen Durchführung der Blutentnahme nicht entbehrlich mache.[231] Diese Ansicht ist allerdings verfehlt, da das Festhalterecht lediglich als Annexkompetenz zur Anordnung der eigentlichen Maßnahme nach § 81a Abs. 1 S. 2 besteht[232] und deswegen denknotwendig auf deren vorhergehender Anordnung beruht.[233] Entsprechend besteht Gefahr im Verzug, wenn sich der Beschuldigte dem Vollzug der Untersuchungshandlung entziehen will und kein sonstiges Festhalterecht greift.[234] Eine nachträgliche Bestätigung der dann schon unter Inanspruchnahme der Eilkompetenz getroffenen Entscheidung sieht das Gesetz aber nicht vor.[235] Etwas anderes ergibt sich dann, wenn der Beschuldigte die Blutentnahme zwar verweigert, ansonsten aber freiwillig vor Ort bleibt.[236]

33 **3. Durchsetzung der Maßnahme.** Die **Vollstreckung** einer nach § 81a angeordneten Maßnahme erfolgt nach § 36 Abs. 2 S. 1 durch die Staatsanwaltschaft.[237] Hierzu lädt sie den Beschuldigten zur Untersuchung oder zur Vornahme des Eingriffs durch den Arzt.[238] Erscheint der Beschuldigte nicht, so kann die Staatsanwaltschaft selbst einen Vorführungsbefehl erlassen und dessen Ausführung durch die Polizei in die Wege leiten. Die richterliche Anordnung nach § 81a bildet hierfür die unmittelbare Grundlage.[239]

34 Die Anordnung nach § 81a, auch diejenige der Staatsanwaltschaft und der Ermittlungspersonen wegen Gefahr im Verzug,[240] berechtigt zur Vornahme von **Zwangsmaßnahmen.** § 81a selbst bildet die Rechtsgrundlage für die zwangsweise Durchsetzung der auf seiner Grundlage angeordneten Eingriffe und die damit einhergehenden Vorbereitungs- und Vollziehungsmaßnahmen, soweit sie notwendig und nach dem Grundsatz der Verhältnismäßigkeit zwischen Mittel und Zweck angemessen sind.[241] Dazu rechnen die mit der Anordnung verbundenen Einschränkungen der persönlichen Freiheit auf eine gewisse Zeit.[242] § 81a stellt insoweit das förmliche Gesetz zur Beschränkung der Freiheit nach Art. 2 Abs. 2 S. 3 GG[243] und nach Art. 104 Abs. 1 S. 1 GG[244] dar. Entsprechend darf der Beschuldigte auch ohne

---

[230] *Rochholz/Kaatsch* BA 2011, 129 (131–135).

[231] OLG Hamm 25.8.2008 – 3 Ss 318/08, NJW 2009, 242 (244) mAnm *Zopfs;* OLG Hamm 12.3.2009 – 3 Ss 31/09, BeckRS 2009, 10370 = NStZ-RR 2009, 243 (Leitsatz); OLG Karlsruhe 2.6.2009 – 1 Ss 183/08, BeckRS 2009, 24334 = StV 2009, 516; OLG Nürnberg 7.12.2009 – 1 St OLG Ss 232/09, StraFo 2010, 148; *Blum* SVR 2008, 441 (442); *Fickenscher/Dingelstadt* NStZ 2009, 124 (126 f.).

[232] OLG Bamberg 19.3.2009 – 2 Ss 15/09, NJW 2009, 2146 (2147); LG Freiburg 18.2.2008 – 3 Qs 15/08, juris (→ Rn. 6).

[233] SK/*Rogall* Rn. 73; *Kleinknecht* NJW 1964, 2181 (2186).

[234] OLG Bamberg 22.3.2011 – 3 Ss 14/11, BeckRS 2011, 12936 = NStZ-RR 2011, 378 (Leitsatz); LG Berlin 24.10.2008 – 501 Qs 166/08, NZV 2009, 203 (204); LG Hamburg 6.5.2010 – 603 Qs 165/10, juris (→ Rn. 10); *Brocke/Herb* NStZ 2009, 671 (672 f.); *Götz* NStZ 2008, 239 (240); *Herbst/Theurer* NZV 2010, 544 (545); *Weidig* BA 2009, 170 (175–177).

[235] LG Düsseldorf 10.2.2011 – 29 MS 19/11, NZV 2011, 458 (459); LG Hamburg 6.5.2010 – 603 Qs 165/10, juris (→ Rn. 11); *Brocke/Herb* StraFo 2009, 46 (48); *Kraft* JuS 2011, 591 (595).

[236] OLG München 21.2.2011 – 4 StRR 0018/11, VRS 122 (2012), 129 (133).

[237] BayVerfGH 24.10.1968 – Vf. 78-IV-68, NJW 1969, 229; OLG Hamm 10.1.1974 – 5 Ws 1/74, NJW 1974, 713.

[238] *Kleinknecht* NJW 1964, 2181 (2183).

[239] OLG Hamm 10.1.1974 – 5 Ws 1/74, NJW 1974, 713; HK/*Lemke* Rn. 22; KMR/*Bosch* Rn. 24; LR/*Krause* Rn. 70; *Meyer-Goßner* Rn. 28; SK/*Rogall* Rn. 92; aA *Eisenberg* Beweisrecht Rn. 1645 richterlicher Vorführungsbefehl erforderlich.

[240] OLG Koblenz 23.11.1977 – 2 Ss 574/77, VRS 54 (1978), 375 (359); OLG Köln 17.12.1985 – 1 Ss 318/85, NStZ 1986, 234 (236); HK/*Lemke* Rn. 23; *Meyer-Goßner* Rn. 29.

[241] OLG Schleswig 22.4.1964 – 1 Ss 93/64, NJW 1964, 2215; OLG Schleswig 1.9.1965 – 1 Ss 304/65, VRS 30 (1966), 344 (345); OLG Bremen 12.1.1966 – Ss 79/65, NJW 1966, 743 (744); OLG Dresden 1.8.2001 – 3 Ss 25/01, NJW 2001, 3643 (3644); HK/*Lemke* Rn. 22; LR/*Krause* Rn. 73; *Meyer-Goßner* Rn. 29; aA *Benfer* NJW 2002, 2688 (2689); *Geerds* Jura 1988, 1 (11).

[242] BayObLG 1.8.1956 – BReg. 1 St 109/56, NJW 1957, 272 (273); kritisch hierzu Peters StRR 2010, 213 (214 f.).

[243] OLG Schleswig 22.4.1964 – 1 Ss 93/64, NJW 1964, 2215 (2216).

[244] OLG Bremen 12.1.1966 – Ss 79/65, NJW 1966, 743 (744).

Vorliegen der Voraussetzungen des § 127 festgehalten,[245] zu einem zur Blutentnahme bereiten Arzt[246] oder in ein Krankenhaus[247] verbracht werden.[248] Er darf auch zur Polizeiwache transportiert und dort festgehalten werden bis der Arzt erscheint.[249] Zudem darf der Eingriff selbst ohne vorherige Androhung eines Zwangsmittels[250] unter Anwendung unmittelbaren Zwangs durchgesetzt werden, beispielsweise durch Festhalten zur Ermöglichung einer Blutprobenentnahme.[251] Durchsuchungsmaßnahmen bedürfen dagegen der selbständigen Anordnung nach §§ 102 ff. Dies gilt sowohl für die Durchsuchung der Person,[252] als auch der Räumlichkeiten, in denen sich der Beschuldigte befindet.[253] Der nach erfolgter Anordnung mit deren Ausführung betraute Polizeibeamte muss seinerseits nicht Hilfsbeamter der Staatsanwaltschaft sein.[254]

Der **Arzt** hat den körperlichen Eingriff gem. Abs. 1 S. 2 nach den Regeln ärztlicher Kunst auszuführen und die wesentlichen beruflichen Sorgfaltspflichten zu beachten.[255] Auf polizeiliche Anordnung hin ist der Privatarzt nicht zum Tätigwerden verpflichtet.[256] Erfolgt hingegen eine verpflichtende Bestellung nach §§ 73, 75, 161a Abs. 1 durch das Gericht oder die Staatsanwaltschaft, so kann und muss er die Ausführung ablehnen, wenn für den Beschuldigten gesundheitlich Nachteile drohen.[257] Einen sich widersetzenden Beschuldigten muss er über die Risiken der Zwangsmaßnahme aufklären, um diesem die Möglichkeit zu einer schonenderen Gestaltung des Ablaufs zu eröffnen.[258] In rechtlicher Hinsicht obliegt dem Arzt keine Prüfungspflicht. An einer erkennbar willkürlich angeordneten Zwangsmaßnahme darf er indes nicht mitwirken.[259] 35

4. Verwendungs- und Vernichtungsregelung nach Abs. 3. Abs. 3 Hs. 1 beschränkt die **Verwendung** entnommenen Probenmaterials zu Beweiszwecken auf das Ausgangsverfahren oder ein anderes anhängiges Strafverfahren. Die Verwendungsmöglichkeit bezüglich des Ersteren erfasst sämtliche prozessuale Taten iSd § 264 und nicht nur das für die Anordnung ausschlaggebende Tatgeschehen und Delikt.[260] Letzteres muss sich nicht gegen den Beschuldigten richten.[261] Es kann zudem auch gegen einen bislang unbekannten Täter geführt werden.[262] Ein Bußgeldverfahren kommt nur dann in Betracht, sofern die Voraussetzungen des § 46 Abs. 4 S. 1 und 2 OWiG gegeben sind.[263] Dort ist allerdings eine DNA-Analyse nach § 81g auf Grundlage des Probenmaterials in keinem Fall zulässig.[264] Das andere Strafverfahren muss zum Zeitpunkt der Entnahme der Körperzellen bereits anhängig sein.[265] 36

[245] BayObLG 16.1.1963 – RReg. 1 St 674/62, NJW 1963, 772.
[246] OLG Schleswig 1.9.1965 – 1 Ss 304/65, VRS 30 (1966), 344 (345).
[247] OLG Köln 17.12.1985 – 1 Ss 318/85, NStZ 1986, 234 (235 f.).
[248] OLG Karlsruhe 2.6.2009 – 1 Ss 183/08, BeckRS 2009, 24334 = StV 2009, 516; *Kleinknecht* NJW 1964, 2181 (2183).
[249] OLG Köln 14.12.1965 – Ss 308/65, NJW 1966, 417.
[250] OLG Koblenz 23.11.1977 – 2 Ss 574/77, VRS 54, 357 (358 f.).
[251] OLG Schleswig 22.4.1964 – 1 Ss 93/64, NJW 1964, 2215 (2217).
[252] LG Berlin 14.12.1970 – 52 S 220/70, NJW 1971, 620 (621).
[253] LR/*Krause* Rn. 75.
[254] KMR/*Bosch* Rn. 31; LR/*Krause* Rn. 71; *Kleinknecht* NJW 1964, 2181 (2186); *Kohlhaas* DAR 1960, 254.
[255] BGH 29.4.2010 – 5 StR 18/10, BGHSt 55, 121 (130 f. Rn. 24 und 133 f. Rn. 31).
[256] BayObLG 30.10.1963 – RReg. 1 St 451/63, NJW 1964, 459 (460) mAnm. *Dünnebier* JR 1964, 149; LR/*Krause* Rn. 37; *Geppert* DAR 1980, 315 (318); *Kohlhaas* DAR 1956, 201; *Kohlhaas* NJW 1968, 2277.
[257] LR/*Krause* Rn. 37; *Kohlhaas* NJW 1968, 2277 (2278); *Krüger/Kroke* Jura 2011, 289 (294).
[258] BGH 29.4.2010 – 5 StR 18/10, BGHSt 55, 121 (131 f. Rn. 27); aA *Krüger/Kroke* Jura 2011, 289 (294 f.).
[259] BGH 29.4.2010 – 5 StR 18/10, BGHSt 55, 121 (130 Rn. 25 f.); vgl. auch *Krumm* ZRP 2009, 71 (73).
[260] KK/*Senge* Rn. 9a; LR/*Krause* Rn. 80.
[261] KK/*Senge* Rn. 9a.
[262] LG Berlin 21.6.2006 – 515 Qs 60/06, NJW 2006, 2713 (2714); HK/*Lemke* Rn. 25.
[263] KMR/*Bosch* Rn. 40; *Meyer-Goßner* Rn. 39.
[264] HK/*Lemke* Rn. 26; KMR/*Bosch* Rn. 40; *Meyer-Goßner* Rn. 39; vgl. auch LG Osnabrück 14.6.2007 – 15 Qs 55/07, NZV 2007, 536 zu § 24a Abs. 2 und 3 StVG.
[265] *Senge* NJW 1997, 2409 (2410).

Eines sachlichen Bezuges zum Ausgangsverfahren bedarf es allerdings nicht.[266] In jedem Fall unerlaubt ist die ohne Einwilligung des Beschuldigten erfolgende Verwendung, die sich nicht auf strafrechtliche Zwecke erstreckt, sondern der Gefahrenabwehr, der Beweisführung in einem Zivilverfahren oder Forschungszwecken dient.[267] Eine Übermittlung der Untersuchungsergebnisse zur Einstellung in Datenbanken ist dagegen nicht ausgeschlossen. Sie setzt indes entsprechende Vorschriften voraus (vgl. § 81g Abs. 5 S. 2 Nr. 1).[268]

37 Der **Vernichtung** unterliegt das vollständige erhobene Körpermaterial, auch soweit es noch nicht untersucht wurde oder aufbereitet ist, einschließlich der entstandenen Zwischenprodukte.[269] Ausgenommen ist sichergestelltes, beschlagnahmtes oder aufgefundenes Spurenmaterial.[270] Dies betrifft jedoch nur das Probenmaterial selbst. Die auf dessen Grundlage gewonnenen Untersuchungsergebnisse, einschließlich der dazu erstellten Gutachten, werden Aktenbestandteil.[271] Sie können daher durch Beiziehung der Akten auf Grundlage entsprechender Vorschriften in anderen Verfahren verwendet oder als DNA-Identifizierungsmuster in die DNA-Identifizierungsdatei eingestellt werden.[272] Das Vernichtungsgebot des Abs. 3 Hs. 2 gilt grundsätzlich ab Rechtskraft des Anlassverfahrens.[273] Für den Einzelfall wird eine auch schon frühere Vernichtung gefordert, falls sich die Unbrauchbarkeit oder Bedeutungslosigkeit des Materials vorher zuverlässig erweist.[274] Im Einzelfall kann andererseits eine längere Aufbewahrung geboten sein, beispielsweise bei Erwartung einer Wideraufnahme des Verfahrens oder einer Widereinsetzung in den vorigen Stand, insbesondere nach Versäumung der Einspruchsfrist gegen einen Strafbefehl.[275] Die auf Anordnung der Staatsanwaltschaft erfolgende Vernichtung sollte aktenmäßig dokumentiert werden, auch wenn diesbezüglich keine gesetzliche Verpflichtung besteht.[276]

III. Rechtsmittel

38 **1. Beschwerde.** Gegen **richterliche Anordnungen** ist die einfache Beschwerde nach § 304 Abs. 1 das statthafte Rechtsmittel.[277] Einschränkungen können sich allerdings für Entscheidungen ergeben, die das Gericht im Zwischen- und Hauptverfahren trifft. § 202 S. 2 sieht einen Ausschluss der Anfechtungsmöglichkeit für Beweisanordnungen vor, die das Gericht nach § 202 S. 1 trifft. Dieser Ausschluss gilt jedoch nicht, wenn das Gericht in diesem Zusammenhang eine Beweiserhebung beabsichtigt, die generell gesetzlich unstatthaft ist, beispielsweise weil sie den Zwang zu einer aktiven Mitwirkung impliziert,[278] oder weil in unzulässiger Weise in die Grundrechte des Beschuldigten eingegriffen wird, was bei einer Maßnahme der Fall ist, die gegen die Menschenwürde verstößt.[279] Darüber hinaus sind auch Entscheidungen des erkennenden Gerichts durch § 305 S. 1 nicht generell einer Anfechtung entzogen. Die in der Rechtsprechung teilweise vertretene abweichende Ansicht[280] ist zwischenzeitlich überholt, indem nunmehr darauf abgestellt wird, ob die angeordnete Maßnahme einem der in § 305 S. 2 bezeich-

---

[266] LR/*Krause* Rn. 80.

[267] HK/*Lemke* Rn. 25; KMR/*Bosch* Rn. 40; *Meyer-Goßner* Rn. 38 zur Vernichtung; *Senge* NJW 1997, 2409 (2410).

[268] SK/*Rogall* Rn. 147.

[269] KK/*Senge* Rn. 9b; *Meyer-Goßner* Rn. 38; *Rath/Brinkmann* NJW 1999, 2697 (2699).

[270] KMR/*Bosch* Rn. 41; LR/*Krause* Rn. 81; *Rath/Brinkmann* NJW 1999, 2697.

[271] KK/*Senge* Rn. 9b; KMR/*Bosch* Rn. 41; SK/*Rogall* Rn. 149; *Hilger* NStZ 1997, 371 (372).

[272] KK/*Senge* Rn. 9b; KMR/*Bosch* Rn. 41; *Meyer-Goßner* Rn. 39; SK/*Rogall* Rn. 149.

[273] LG Berlin 21.6.2006 – 515 Qs 60/06, NJW 2006, 2713 (2714); vgl. auch BVerfG 11.6.2010 – 2 BvR 1046/08, NJW 2010, 2864 (2866 Rn. 36).

[274] SK/*Rogall* Rn. 148.

[275] LR/*Krause* Rn. 82; *Meyer-Goßner* Rn. 39.

[276] KK/*Senge* Rn. 9c; *Senge* NJW 1997, 2409 (2410).

[277] BayObLG 1.8.1956 – BReg. 1 St 109/56, NJW 1957, 272 (273); OLG Schleswig 15.9.1981 – 1 Ws 344/81, NStZ 1982, 81.

[278] OLG Hamm 10.1.1974 – 5 Ws 1/74, NJW 1974, 713.

[279] OLG Köln 9.3.2004 – 2 Ws 32/04, juris (→ Rn. 3).

[280] OLG Hamm 20.11.1958 – 2 Ws 407/58, NJW 1959, 447 (448); OLG Frankfurt a. M. 22.2.1957 – 1 Ws 70/57, NJW 1957, 839.

neten Zwangseingriffe gleich kommt.[281] Dies ist der Fall, soweit die Untersuchungshandlung mit einer Freiheitsbeschränkung verbunden ist oder einen Eingriff in die körperliche Unversehrtheit betrifft.[282] Auf die Intensität des Eingriffs kann es dabei nach zutreffender Ansicht nicht ankommen.[283] Ansonsten würde die Zulässigkeitsprüfung mit der Klärung von Fragen überfrachtet, die in erster Linie die Begründetheit, nämlich insbesondere die Verhältnismäßigkeit, der Maßnahme betreffen. Das Beschwerdegericht überprüft die Anordnung auf deren Rechtmäßigkeit und Zweckmäßigkeit. Bei Anordnungen des erkennenden Gerichts ist dabei insoweit Zurückhaltung geboten, als dem Tatrichter die für notwendig gehaltene Sachaufklärung nicht verwehrt werden darf.[284] Enthält der gerichtliche Beschluss keine tragfähige Begründung oder fehlt diese ganz, so kann trotz § 309 Abs. 2 zur erneuten Entscheidung zurückverwiesen werden.[285] Ein Rechtsschutzinteresse an der Überprüfung der Rechtmäßigkeit der Maßnahme kann auch nach deren Vollziehung noch bestehen.[286]

Anordnungen der **Ermittlungsbehörden** im Wege der Eilentscheidungsbefugnis können, auch wenn sie bereits vollzogen sind, nach nunmehr wohl einhelliger Meinung mit dem Antrag auf gerichtliche Entscheidung entsprechend § 98 Abs. 2 S. 2 angefochten werden.[287] Nach der Rechtsprechung des BVerfG darf dabei eine nachträgliche Stellungnahme des anordnenden Staatsanwalts oder der Polizeibehörde nicht berücksichtigt werden, falls es an einer zeitnahen Dokumentation der Voraussetzungen für die Annahme von Gefahr im Verzug fehlt.[288] Hierin liegt ein Systembruch mit strafprozessualen Verfahrensgrundsätzen. Auch im Freibeweisverfahren, in dem vorliegend die entsprechenden Voraussetzungen im Rahmen des Beschwerdeverfahrens zu prüfen sind, gelten die Aufklärungspflicht und der Grundsatz der freien Beweiswürdigung. Diese dürfen nicht durch in der StPO nicht verankerte, gleichwohl im Wege der Rechtsfortbildung zwingend vorgegebene Beweisgrundsätze ausgehebelt werden. Daher wäre es sachgerecht, eine nachgeschobene Fixierung der Dringlichkeitsgründe mit der gebotenen Vorsicht und unter besonderer Berücksichtigung aller dagegen sprechenden Umstände in die Beweiswürdigung einzustellen.[289] Verfassungsrechtlich ist eine Hinderung des Beschwerdegerichts an umfassender Sachaufklärung zudem nicht geboten. Bei einer Beweiswürdigungslösung würden die Belange des Beschuldigten angemessen berücksichtig und sein Rechtsschutzinteresse entgegen der nicht näher begründeten Auffassung des BVerfG[290] nicht leerlaufen. Das lässt aber erkennen, dass es sich der Sache nach um eine an die Ermittlungsbehörden gerichtete Erziehungsmaßnahme 39

[281] OLG Koblenz 26.11.1993 – 1 Ws 672/93, NStZ 1994, 355 (356); OLG Düsseldorf 3.3.2005 – III – 3 Ws 76 bis 78/05, juris (→ Rn. 7) = StV 2005, 490; OLG Jena 13.7.2006 – 1 Ws 235/06, juris (→ Rn. 9) = StV 2007, 24.

[282] OLG Stuttgart 24.7.1967 – 4 Ws 54/67, Justiz 1967, 245; OLG Celle 12.11.1970 – 3 Ws 434/70, NJW 1971, 256 (257); OLG Hamm 8.6.1970 – 1 Ws 191/70, NJW 1970, 1985; OLG Hamm 29.6.1971 – 1 Ws 361/70, NJW 1971, 1903; OLG Schleswig 15.9.1981 – 1 Ws 344/81, NStZ 1982, 81; OLG Zweibrücken 28.7.1989 – 1 Ws 360/89, MDR 1990, 75; OLG Nürnberg 16.6.1997 – Ws 612/97, NStZ-RR 1998, 242; OLG Celle 13.12.2011 – 2 Ws 341/11, StV 2012, 524 (525); entgegen vielfacher Verweise besagt auch BayObLG 1.8.1956 – BReg. 1 St 109/56, NJW 1957, 272 (273) nichts anderes, da die Entscheidung einen entsprechenden Fall betraf.

[283] OLG Hamburg 12.8.1998 – 1 Ws 157/98, NStZ-RR 1998, 337 (338); OLG Bremen 28.9.2009 – Ws 123/09, StV 2010, 122; aA OLG Koblenz 26.11.1993 – 1 Ws 672/93, NStZ 1994, 355 (356).

[284] KMR/*Bosch* Rn. 47; LR/*Krause* Rn. 88; *Meyer-Goßner* Rn. 30; vgl. auch OLG Stuttgart 24.7.1967 – 4 Ws 54/67, Justiz 1967, 245.

[285] OLG Hamm 29.6.1971 – 1 Ws 361/70, NJW 1971, 1903 (1904).

[286] LG Zweibrücken 28.3.2000 – Qs 8/00, VRS 99 (2000) 54.

[287] BVerfG 12.12.2007 – 2 BvR 273/06, NJW 2007, 1345 (1345 f.); BVerfG 28.7.2008 – 2 BvR 784/08, NJW 2008, 3053 (3054); allgemein zu Zwangsmaßnahmen, die mit Eingriffen in Grundrechte verbunden sind BGH 26.6.1990 – 5 AR (VS) 8/90, BGHSt 37, 79 (82); KK/*Senge* Rn. 13; KMR/*Bosch* Rn. 44; LR/*Krause* Rn. 90; *Meyer-Goßner* Rn. 31; SK/*Rogall* Rn. 154 mwN zur abweichenden Ansicht in der früheren Rspr.; *Brocke/Herb* StraFo 2009, 46 (51); *Rabe v. Kühlwein* JR 2007, 517 (518).

[288] BVerfG 31.10.2007 – 2 BvR 1346/07, BeckRS 2007, 28256; BVerfG 28.7.2008 – 2 BvR 784/08, NJW 2008, 3053 (3054).

[289] *Trück* JZ 2010, 1106 (1116 f.).

[290] BVerfG 31.10.2007 – 2 BvR 1346/07, BeckRS 2007, 28256; BVerfG 28.7.2008 – 2 BvR 784/08, NJW 2008, 3053 (3054).

handelt, die unter Inkaufnahme strafverfahrensrechtlicher Systembrüche zu einer einseitigen Bevorzugung des Beschuldigten führt. Nach Änderung der Rechtsprechung ist der Antrag in analoger Anwendung des § 98 Abs. 2 S. 2 nunmehr auch für Einwendungen gegen die Art und Weise des Vollzugs der Maßnahme nach § 81a durch die Staatsanwaltschaft oder ihre Ermittlungspersonen statthaft.[291] Teilweise wird darüber hinaus ein Antrag nach § 23 EGGVG gegen einen Vorführungsbefehl der Staatsanwaltschaft bei Vollzug einer richterlichen Anordnung für zulässig gehalten.[292] Dem ist nicht zu folgen. Es handelt sich insoweit lediglich um eine unselbständige Vollzugsmaßnahme auf Grundlage der gerichtlichen Anordnung. Der Anfechtung unterliegt daher allein die Letztere.[293]

40 **2. Revision. a) Verfahrensrüge. Grundsätzlich** ist bei der Verfahrensrüge einer Verletzung des § 81a zu beachten, dass – wie bei anderen Erhebungsvorschriften auch – nicht jeder Verstoß gegen die Beweiserhebungsvorschriften des Abs. 1 und Abs. 2 zu einem Verwertungsverbot führt.[294] Vielmehr ist nach den Umständen des jeweiligen Einzelfalles insbesondere die Art und das Gewicht des Verfahrensverstoßes sowie die Bedeutung der im Einzelfall betroffenen Rechtsgüter des Beschuldigten gegen die Verpflichtung des Gerichts zur Wahrheitserforschung (§ 244 Abs. 2), bei der es sich um ein wesentliches Prinzip des Strafverfahrensrechts handelt, abzuwägen. Gerade unter Berücksichtigung des letztgenannten Gesichtspunktes wird die Annahme eines Verwertungsverbotes eher die Ausnahme als den Regelfall darstellen.[295] Ein Revisionsgrund iSd § 337 Abs. 1 liegt vor diesem Hintergrund erst dann vor, wenn bei dieser Abwägung die Interessen des Beschuldigten ausnahmsweise überwiegen, das auf Grundlage der Maßnahme gewonnene Untersuchungsergebnis aber trotz seiner dann gegebenen Unverwertbarkeit im Urteil berücksichtigt wurde.[296] Darüber hinaus muss der Beschwerdeführer der Verwertung des Beweismittels in der Hauptverhandlung bis zu dem durch § 257 bestimmten Zeitpunkt widersprechen[297] und im Rahmen des § 344 Abs. 2 S. 2 auch hierzu ausdrücklich vortragen.[298] Da nach der zwischenzeitlich sehr ausdifferenzierten Rechtsprechung zu § 81a verschiedenartige Verstöße gegen diese Vorschrift in Betracht kommen, muss der Widerspruch begründet werden und seine Angriffsrichtung erkennen lassen.[299] Erfolgt der Widerspruch nicht schon erstinstanzlich rechtzeitig, kann er im Berufungsverfahren nicht nachgeholt werden,[300] selbst dann nicht, wenn jenes mit einem Freispruch endete.[301] Die entsprechende Erklärung im Ermittlungsverfahren wirkt nicht fort, sofern sie nicht in der Hauptverhandlung wiederholt

---

291 BGH 7.12.1998 – 5 AR (VS) 2/98, NJW 1999, 730 (731 f.) zur Durchsuchungsanordnung; KK/*Senge* Rn. 13; KMR/*Bosch* Rn. 44; LR/*Krause* Rn. 92 mwN zur früheren abweichenden Rspr.; SK/*Rogall* Rn. 154.

292 KMR/*Bosch* Rn. 44; LR/*Krause* Rn. 91; SK/*Rogall* Rn. 155.

293 S. hierzu auch → § 81 Rn. 19.

294 OLG Karlsruhe 29.5.2008 – 1 Ss 151/07, BeckRS 2008, 42001; OLG Düsseldorf 28.2.2011 – III – 4 Ws 33/11, NZV 2011, 456 (457); HK/*Lemke* Rn. 29; LR/*Krause* Rn. 93; *Meyer-Goßner* Rn. 32; *Kleinknecht* NJW 1964, 2181 (2184); *Müller/Trurnit* StraFo 2008, 144 (148 f.); *Trück* NStZ 2011, 202 (208); aA *Prittwitz* StV 2008, 486 (493 f.); *Wohlers* StV 2008, 434 (440); grundlegend hierzu Kudlich → Einl. Rn. 454 ff.

295 BVerfG 28.7.2008 – 2 BvR 784/08, NJW 2008, 3053 (3054); BVerfG 24.2.2011 – 2 BvR 1596 und 2346/10, BA 2001, 170 (172); BGH 17.3.1971 – 3 StR 189/70, BGHSt 24, 125 (130 f.); OLG Bamberg 26.6.2013 – 2 Ss OWi 1505/12, juris (→ Rn. 35) „Abwägungslehre"; KMR/*Bosch* Rn. 48; SK/*Rogall* Rn. 126; *Weidig* BA 2009, 170 (177).

296 Graf/*Ritzert* Rn. 27; HK/*Lemke* Rn. 33; KK/*Senge* Rn. 15; KMR/*Bosch* Rn. 48; LR/*Krause* Rn. 101; *Meyer-Goßner* Rn. 34.

297 BGH 15.10.2009 – 5 StR 373/09, NStZ 2010, 157 (158); OLG Hamm 25.8.2008 – 3 Ss 318/08, NJW 2009, 242; OLG Jena 30.5.2011 – 1 SsBs 23/11, VRS 121 (2011), 42 (43); *Pichon* HRRS 2011, 472 (473 f.).

298 OLG Dresden 13.10.2008 – 3 Ss 490/08, StV 2009, 571.

299 OLG Hamm 26.2.2009 – 3 Ss 7/09, juris (→ Rn. 18); OLG Hamm 24.3.2009 – 3 Ss 53/09, NStZ-RR 2009, 386 (386 f.); OLG Düsseldorf 21.1.2010 – III-1 RVs 1/10, NZV 2010, 306; OLG Hamm 24.8.2010 – 3 RBs 223/10, NJW 2011, 468 (469).

300 OLG Hamburg 4.2.2008 – 2-81/07 (REV), NJW 2008, 2597 (2600); OLG Frankfurt a. M. 26.8.2010 – 3 Ss 147/10, NStZ-RR 2011, 45; OLG Koblenz 1.9.2010 – 2 Ss 148/10, BeckRS 2011, 01617; OLG Hamm 25.10.2010 – 3 RVs 85/10, NJW 2011, 469 (470); OLG Frankfurt a. M. 8.11.2010 – 3 Ss 285/10, NStZ-RR 2011, 46 (48).

301 OLG Frankfurt a.M. 8.11.2010 – 3 Ss 285/10, NStZ-RR 2011, 46 (48); kritisch hierzu Kudlich → Einl. Rn. 478; Kudlich HRRS 2011, 114 (117 f.).

wird.[302] Das Revisionsgericht prüft das Vorliegen eines Rechtsfehlers seinerseits eigenständig im Wege des Freibeweises, ohne an diesbezügliche Urteilsfeststellungen gebunden zu sein, die bei wirksam erhobener Sachrüge allenfalls ergänzend herangezogen werden können.[303] Der Tatrichter sollte im Hinblick darauf die schriftlichen Urteilsgründe nicht mit Ausführungen zur Frage der Verwertbarkeit von Beweismitteln überfrachten.[304]

Im Zusammenhang mit den rechtlichen **Voraussetzungen der Untersuchungshandlung** nach Abs. 1 führt es nicht zu einem Verwertungsverbot, wenn die Blutentnahme nicht durch einen Arzt vorgenommen,[305] der Beschuldigte über die Freiwilligkeit der Mitwirkung nicht belehrt[306] oder der Verhältnismäßigkeitsgrundsatz nicht beachtet wurde.[307] Anderes wurde im Einzelfall bei einem Missbrauch staatlicher Zwangsbefugnisse angenommen, bspw. wenn dem Anordnenden bekannt ist, dass es sich bei der den Eingriff vornehmenden Person um einen Nichtarzt handelt,[308] er in diesem Sinne berechtigten Einwänden des Beschuldigten nicht nachgeht,[309] er bewusst vortäuscht, es handle sich um einen Arzt,[310] er einen Irrtum über die Freiwilligkeit der Mitwirkung durch Täuschung herbeiführt[311] oder eine bestehende Fehlvorstellung gezielt ausnutzt,[312] wobei allerdings eine analoge Anwendung von § 136a nach der hM nicht in Betracht kommt.[313] Fehler bei Durchführung der Untersuchung oder Auswertung von Blutproben sind dagegen im Rahmen der Beweiswürdigung zu berücksichtigen.[314] Bei der zwangsweisen Vergabe von Brechmitteln (→ Rn. 17) wird bislang noch danach differenziert, ob die Durchführung des Eingriffs geeignet ist, bei dem Betroffenen Angst, Furcht und ein Gefühl der Unterlegenheit hervorzurufen und er hierdurch gedemütigt und entwürdigt wird.[315] 41

Hinsichtlich der **Anordnungsbefugnis** nach Abs. 2 wird davon ausgegangen, dass es unschädlich ist, wenn die Anordnung durch den unzuständigen Richter ergeht.[316] Gleiches gilt bei gänzlichem Fehlen einer Anordnung für den Fall, dass eine Blutprobe, die zu anderen Zwecken, insbesondere im Rahmen einer ärztlichen Behandlung, erhoben wurde, für die Untersuchung verwendet wird, sofern die Voraussetzungen des § 81a gegeben waren (→ Rn. 10).[317] 42

Fehler bei der Annahme von **Gefahr im Verzug** iSd § 81a Abs. 2 beschäftigen die Praxis in erster Linie bei Blutprobenentnahmen, aber auch bei der Verabreichung von Brech- oder Abführmitteln zur Exkorporation von „Bodypacks".[318] Die zu dem erstgenannten Eingriff 43

---

[302] OLG Hamm 22.12.2009 – 3 Ss 497/09, NStZ-RR 2010, 148 (149); OLG Frankfurt a. M. 8.11.2010 – 3 Ss 285/10, NStZ-RR 2011, 46 (48).

[303] OLG Hamm 4.2.2008 – 2-81/07 (REV), NJW 2008, 2597 (2598); *Trück* NStZ 2011, 202 (206).

[304] BGH 7.3.2006 – 1 StR 316/05, BGHSt 51, 1 (5); BGH 8.5.2007 – 1 StR 202/07, NStZ-RR 2007, 244; BGH 27.5.2009 – 1 StR 99/09, NJW 2009, 2612 (2613); BGH 13.1.2005 – 1 StR 531/04, NJW 2005, 1060 (1061).

[305] BGH 17.3.1971 – 3 StR 189/70, BGHSt 24, 125 (130 f.); OLG Celle 14.10.1968 – 2 Ss 411/68, NJW 1969, 567 (568); OLG Celle 14.3.1989 – 1 Ss 41/89, NStZ 1989, 385 (386); Kudlich → Einl. Rn. 471.

[306] OLG Hamm 9.2.1967 – 2 Ss 1562/66, NJW 1967, 1524.

[307] KK/*Senge* Rn. 14; LR/*Krause* Rn. 94; *Meyer-Goßner* Rn. 32a; aA KMR/*Bosch* Rn. 52.

[308] BGH 17.3.1971 – 3 StR 189/70, BGHSt 24, 125 (131); OLG Hamm 8.4.1965 – 2 Ss 1610/64, NJW 1965, 1089 (1090).

[309] OLG Hamm 24.7.1970 – 1 Ss 271/70, NJW 1970, 1986 (1986 f.).

[310] OLG Hamm 21.8.1969 – 2 Ss 656/69, NJW 1970, 528 (529); Kudlich → Einl. Rn. 471; *Kraft* JuS 2011, 591 (594).

[311] KK/*Senge* Rn. 14; KMR/*Bosch* Rn. 53; LR/*Krause* Rn. 95.

[312] OLG Hamm 9.2.1967 – 2 Ss 1562/66, NJW 1967, 1524.

[313] OLG Hamm 8.4.1965 – 2 Ss 1610/64, NJW 1965, 1089 (1090); OLG Hamm 21.8.1969 – 2 Ss 656/69, NJW 1970, 528 (529); KK/*Senge* Rn. 14; KMR/*Bosch* Rn. 53; LR/*Krause* Rn. 97; *Meyer-Goßner* Rn. 33; SK/*Rogall* Rn. 127; ausführlich *Kleinknecht* NJW 1964, 2181 (2185 f.); aA OLG Celle 14.10.1968 – 2 Ss 411/68, NJW 1969, 567 (568).

[314] OLG Stuttgart 3.4.1984 – 3 Ss (25) 189/85, DAR 1984, 294; Graf/*Ritzert* Rn. 26; KMR/*Bosch* Rn. 51.

[315] KK/*Senge* Rn. 14; *Schuhr* NJW 2006, 3538 (3540); vgl. auch *Gaede* HRRS 2006, 241 (248).

[316] KK/*Senge* Rn. 14; KMR/*Bosch* Rn. 49; SK/*Rogall* Rn. 136.

[317] OLG Celle 14.3.1989 – 1 Ss 41/89, NStZ 1989, 385 (385 f.); OLG Zweibrücken 14.5.1993 – 1 Ss 58/93, NJW 1994, 810 (811); OLG Frankfurt a. M. 23.3.1999 – 2 Ss 35/99, NStZ-RR 1999, 246.

[318] Vgl. hierzu BGH 29.4.2010 – 5 StR 18/10, BGHSt 55, 121 (131 Rn. 25 f.); OLG Karlsruhe 7.5.2004 – 2 Ws 77/04, NStZ 2005, 399 (400).

ergangene Rechtsprechung kommt bei fehlerhafter Inanspruchnahme der Eilanordnungskompetenz im Rahmen des erforderlichen Abwägungsvorgangs regelmäßig nicht zu einem Verwertungsverbot, weil die Blutentnahme einen relativ geringfügigen Eingriff darstellt, der einem nicht zum rechtstaatlichen Mindeststandard zählenden einfachen Richtervorbehalt unterliegt. Von Bedeutung ist dabei, ob nach dem hypothetischen rechtmäßigen Ermittlungsverlauf eine richterliche Anordnung hätte erlangt werden können, wobei zu berücksichtigen ist, dass sich die gerichtliche Prüfungskompetenz nach § 162 Abs. 2 ohnehin nicht auf Zweckmäßigkeitsgesichtspunkte erstreckt. Ein Verwertungsverbot wird daher nur bei willkürlicher Annahme von Gefahr im Verzug und bewusster Verkennung des Richtervorbehalts anzunehmen sein.[319] Für einen Übergangszeitraum nach der Grundsatzentscheidung des BVerfG[320] wurde zunächst noch davon ausgegangen, dass auch die kritiklose Übernahme einer bis dahin gängigen polizeilichen Praxis,[321] selbst wenn diese auf einer fehlerhaften Dienstanweisung beruhte, die mithin zu einem „Fehler im System" führte,[322] noch nicht als willkürlicher Verstoß angesehen wurde. Davon kann zwischenzeitlich nicht mehr ausgegangen werden, weswegen zumindest im Bereich des Ordnungswidrigkeitenrechts und der Straßenverkehrsdelikte regelmäßig ein Verwertungsverbot vorliegt, falls sich der anordnende Polizeibeamte ohne weitere Überlegungen oder unter Berufung auf eine allgemeine Übung, gegebenenfalls auf Grundlage einer dienstlichen Anordnung, für anordnungsbefugt hält.[323] Ein Verstoß gegen die Dokumentations- und Begründungspflicht der anordnenden Stelle begründet für sich gesehen noch kein Verwertungsverbot, kann aber im Rahmen der Abwägung als ein hierfür sprechender Gesichtspunkt zu berücksichtigen sein.[324] Andererseits kann eine selbst unzureichende Dokumentation einen Anhaltspunkt dafür geben, dass der Polizeibeamte nicht vorschnell und willkürlich handelte.[325] Das Fehlen eines richterlichen Bereitschaftsdienstes während der Nachtzeit begründet gleichfalls kein Verwertungsverbot.[326] Ist dagegen außerhalb der in § 104 Abs. 3 definierten Tatzeit ein Ermittlungsrichter nicht ansprechbar, so wird teilweise auch außerhalb der Werktage ein Beweisverwertungsverbot zumindest für möglich

---

[319] OLG Hamburg 4.2.2008 – 2-81/07 (REV), NJW 2008, 2597 (2600); OLG Köln 26.9.2008 – 83 Ss 69/08, NStZ 2009, 406 (407); OLG Bamberg 19.3.2009 – 2 Ss 15/09, NJW 2009, 2146 (2148 f.); OLG Celle 16.6.2009 – 311 SsBs 49/09, NZV 2009, 463 (464); OLG Düsseldorf 28.2.2011 – III – 4 Ws 33/11, NZV 2011, 456 (457 f.); *Heinrich* NZV 2010, 278 (281); *Herbst/Theurer* NZV 2010, 544; *Mosbacher* JuS 2009, 124 (126).

[320] BVerfG 12.2.2007 – 2 BvR 273/06, NJW 2007, 1345.

[321] OLG Stuttgart 26.11.2007 – 1 Ss 532/07, NStZ 2008, 238 (239); OLG Köln 26.9.2008 – 83 Ss 69/08, NStZ 2009, 406 (407); KG 1.7.2009 – (3) 1 Ss 204/09 (71/09), NJW 2009, 3527; OLG Bamberg 16.7.2009 – 2 Ss OWi 755/09, NZV 2010, 583 (584); KG 30.12.2009 – 3 Ws (B) 543/09, NStZ 2010, 468 (469).

[322] OLG Karlsruhe 2.6.2009 – 1 Ss 183/08, BeckRS 2009, 24334 = StV 2009, 516; OLG Celle 15.9.2009 – 322 SsBs 197/09, NZV 2010, 417 (419); OLG Bamberg 22.3.2011 – 3 Ss 14/11, BeckRS 2011, 12936 = NStZ-RR 2011, 378 (Leitsatz).

[323] OLG Hamm 12.3.2009 – 3 Ss 31/09, BeckRS 2009, 10370 = NStZ-RR 2009, 243 (Leitsatz); OLG Dresden 11.5.2009 – 1 Ss 90/09, NJW 2009, 2149 (2150); OLG Oldenburg 12.10.2009 – 2 SsBs 149/09, NJW 2009, 3591 (3592); OLG Schleswig 26.10.2009 – 1 Ss OWi 92/09, NStZ-RR 2010, 82 (83); OLG Nürnberg 7.12.2009 – 1 St OLG Ss 232/09, StraFo 2010, 148; OLG Oldenburg 3.11.2009 – 1 Ss 183/09, Juris = StV 2010, 14 (Leitsatz); LG Schwerin 9.2.2009 – 33 Qs 9/09, juris (→ Rn. 7) = BA 2009, 346; AG Nördlingen 28.12.2011 – 5 OWi 605 Js 109117/11, DAR 2012, 410 (411).

[324] BVerfG 28.7.2008 – 2 BvR 784/08, NJW 2008, 3053 (3054); BVerfG 24.2.2011 – 2 BvR 1596 und 2346/10, BA 2011, 170 (172); OLG Dresden 13.10.2008 – 3 Ss 490/08, StV 2009, 571; OLG Brandenburg 16.6.2010 – (1) 53 Ss 68/10 (34/10), juris (→ Rn. 19); OLG Frankfurt a. M. 8.11.2010 – 3 Ss 285/10, NStZ-RR 2011, 46 (48).

[325] OLG München 21.2.2011 – 4 StRR 0018/11, VRS 122, 2012, 129 (136).

[326] BVerfG 24.2.2011 – 2 BvR 1596 und 2346/10, BA 2011, 170 (172); VerfGH Saarland 15.4.2010 – Lv 5/09, NJW 2010, 2037 (2039 f.); OLG Köln 15.1.2010 – 83 Ss 100/09, juris (→ Rn. 22 bis 24) = NStZ-RR 2010, 281 (Leitsatz); OLG Celle 25.1.2010 – 322 SsBs 315/09, NZV 2010, 362 (362 f.); OLG Celle 15.7.2010 – 322 SsBs 159/10, NZV 2011, 46 (47 f.); OLG Hamm 10.9.2009 – 4 Ss 316/09, StraFo 2009, 509; OLG Oldenburg 15.4.2010 – 2 SsBs 59/10, VRS 2010, 40 (42 f.); OLG Brandenburg 16.6.2010 – (1) 53 Ss 68/10 (34/10), juris (→ Rn. 25 – 28); LG Düsseldorf 10.2.2011 – 29 Ns 19/11, NZV 2011, 458 (459); *Kreg/Windgätter,* FS Achenbach, 2011, 233 (244, mit Fn. 38) halten bereits die Fragestellung für „fast schon abwegig"; *Pichon* HRRS 2011, 472 (474 f.); aA OLG Hamm 30.3.2010 – III – 3 RVs 7/10, BeckRS 2010, 11106; OLG Brandenburg 25.3.2009 – 1 Ss 15/09, Juris (→ Rn. 19), insoweit nicht abgedruckt in NStZ-RR 2009, 247.

gehalten.[327] Schließlich vertritt das OLG Hamm unter Hinweis auf das BVerfG die Ansicht, die generelle Weigerung des Ermittlungsrichters ohne Vorlage schriftlicher Unterlagen eine mündliche Entscheidung zu treffen, sei grob fehlerhaft und begründe ein Beweisverwertungsverbot.[328] Dies folgt aber schon nicht aus der in Bezug genommenen Entscheidung. Dort wird vielmehr beanstandet, es dürfe nicht von vornherein darauf abgestellt werden, die Erstellung schriftlicher Unterlagen würde bei Verkehrsdelikten unter Alkoholeinfluss in jedem Fall zu lange Zeit in Anspruch nehmen. Zudem wurde darauf verwiesen, es sei dem Ermittlungsrichter nicht verwehrt, eine mündliche Anordnung zu treffen.[329] Daraus kann aber nicht hergeleitet werden, es bestünde eine Verpflichtung zur Durchführung eines rein (fern-)mündlichen Verfahrens (→ Rn. 30). Selbst wenn eine vorrangige Zuständigkeit der Staatsanwaltschaft bei der Eilentscheidung nach § 81a Abs. 2 angenommen werden sollte, kann die Revision auf deren Nichtbeachtung durch die Polizei nicht gestützt werden.[330] Zum notwendigen Vortrag der Revision nach § 344 Abs. 2 S. 2 gehört neben dem Widerspruch (hierzu → Rn. 40) die Darlegung der näheren Umstände der Blutprobenentnahme und derjenigen, aus denen sich das Verwertungsverbot ergeben soll.[331]

b) Sachrüge. Vereinzelt wird es für zulässig gehalten, das Vorliegen eines aus einem 44
Beweiserhebungsverbot folgenden Beweisverwertungsverbotes im Wege der Sachrüge zu überprüfen, sofern sich die Einzelheiten hierzu aus dem Urteil ergeben.[332] Hierdurch werden allerdings die Grenzen zur Verfahrensrüge verwischt. Ein Verstoß gegen § 81a Abs. 1 oder Abs. 2 ist deswegen mit der Verfahrensrüge geltend zu machen.[333]

§ 81b [Lichtbilder und Fingerabdrücke]

Soweit es für die Zwecke der Durchführung des Strafverfahrens oder für die Zwecke des Erkennungsdienstes notwendig ist, dürfen Lichtbilder und Fingerabdrücke des Beschuldigten auch gegen seinen Willen aufgenommen und Messungen und ähnliche Maßnahmen an ihm vorgenommen werden.

Übersicht

I. Überblick

1. Normzweck. Die 1. Alt. der Norm bezweckt **Tatnachweis und Identifizierung** 1
in einem anhängigen Strafverfahren.[1] Sie dient daher der Strafverfolgung, indem mittels

[327] OLG Celle 11.8.2010 – 32 Ss 101/10, NZV 2011, 48 (49); LG Schwerin 9.2.2009 – 33 Qs 9/09, juris (→ Rn. 5) = BA 2009, 346; aA SK/*Rogall* Rn. 139.

[328] OLG Hamm 25.10.2010 – 3 RVs 85/10, NJW 2011, 469 (471); *Peglau* NJW 2010, 2850 (2851).

[329] BVerfG 11.6.2010 – 2 BvR 1046/08, NJW 2010, 2846 (2865 Rn. 27 und 30).

[330] BVerfG 24.2.2011 – 2 BvR 1596 und 2346/10, BA 2011, 170 (172); OLG Köln 21.12.2010 – III-1 RVs 220/10, BeckRS 2011, 00933 = NZV 2011, 513 (Leitsatz).

[331] OLG Celle 16.6.2010 – 311 SsBs 49/09, NZV 2009, 463; OLG Hamm 25.10.2010 – 3 RVs 85/10, NJW 2011, 469 (470); *Trück* NStZ 2011, 202 (206–208); zum Vortrag hinsichtlich des Widerspruchs s. OLG Jena 30.5.2011 – 1 SsBs 23/11, VRS 121 (2011), 42 (43).

[332] OLG Koblenz 2.12.2010 – 2 SsBs 140/10, BeckRS 2011, 01272 = NStZ-RR 2011, 148 (Leitsatz); BGH 18.4.2007 – 5 StR 546/06, BGHSt 51, 285 (287 f. Rn. 13) zur Durchsuchungsanordnung; offen gelassen von OLG Bamberg 26.6.2013 – 2 Ss OWi 1505/12, juris (→ Rn. 8).

[333] Ausführlich hierzu *Trück* NStZ 2011, 202 ff.

[1] KMR/*Bosch* Rn. 1.

der für zulässig erklärten Maßnahmen der Nachweis von Schuld und Unschuld des Täters geführt werden soll.[2] Die dabei gewonnenen Unterlagen werden demgemäß auch Bestandteil der Strafakten.[3]

2 Demgegenüber stellt die erkennungsdienstliche Behandlung nach der 2. Alt. eine Maßnahme der **Strafverfolgungsvorsorge**[4] dar. Erreicht werden soll die Anfertigung, Aufbewahrung und systematische Zusammenstellung erkennungsdienstlicher Unterlagen in kriminalpolizeilichen Sammlungen. Diese haben nach ihrer gesetzlichen Zweckbestimmung ohne unmittelbaren Bezug zu einem konkreten Strafverfahren zum Ziel, die Kriminalpolizei bei der Erforschung und Aufklärung von Straftaten nach § 163 durch vorsorgende Bereitstellung von sächlichen Hilfsmitteln für die sachgerechte Wahrnehmung ihrer Aufgaben zu unterstützen.[5] Die so erlangten Unterlagen gelangen folglich nicht zu den Vorgängen der Staatsanwaltschaft, sondern werden bei der kriminalpolizeilichen Personalakte des Beschuldigten verwahrt.[6]

3 **2. Anwendungsbereich.** Bei **Alt. 1** handelt es sich um originäres **Strafprozessrecht.**[7] Die Vorschrift greift daher nur für Identifizierungsmaßnahmen in Zusammenhang mit einem bereits eingeleiteten Straf- oder Bußgeldverfahren.[8] Der Begriff des Beschuldigten ist in diesem Zusammenhang, wie sich aus § 157 ergibt, der Oberbegriff für alle Verfahrensstadien.[9] § 81b gilt daher bis hin zum Abschluss durch rechtskräftiges Urteil,[10] nicht jedoch im Strafvollstreckungsverfahren.[11] Dort sind die Regelungen über strafprozessuale Zwangsmaßnahmen und sonstige Ermittlungshandlungen nicht direkt anwendbar, sondern nur über die besonderen Vorschriften der §§ 449 ff.[12] Das ergibt sich schon daraus, dass ansonsten die Einschränkungen der allgemeinen Ermittlungsbefugnisse durch §§ 453c Abs. 1, 457 Abs. 1 und 3 leer laufen würden. Die strafprozessuale Maßnahme nach § 81b Alt. 1 käme mithin in erster Linie über §§ 453c Abs. 1, 457 Abs. 3 iVm Abs. 2, ggf. iVm § 463 Abs. 1 in Betracht. Da den dortigen Eingriffsbefugnissen keine beweissichernde Funktion zukommt,[13] verbleibt – wenn überhaupt – praktisch nur ein geringer Anwendungsbereich. Für den Strafvollzug findet sich in § 86 StVollzG eine abschließende Sonderregelung[14] mit erschöpfender Aufzählung der zulässigen Maßnahmen.[15]

4 Die erkennungsdienstliche Behandlung nach **Alt. 2** ist dagegen nach hM **materielles Polizeirecht.**[16] Sie ermächtigt zur Durchführung präventiv-polizeilicher Maßnahmen für

---

[2] OLG Düsseldorf 8.7.1959 – 2 Ws 88/59, NJW 1959, 1790.

[3] OVG Hamburg 13.5.1976 – Bf II 17/76, MDR 1977, 80 (81); OLG Koblenz 12.10.1993 – 11 E 11692/93. OVG, NJW 1994, 2108 (2109); VGH Kassel 16.12.2004 – 11 UE 2982/02, NJW 2005, 2727 (2728).

[4] OVG Schleswig 22.12.2011 – 4036/11, juris (→ Rn. 12); kritisch zu diesem Begriff KMR/*Bosch* Rn. 3.

[5] BVerwG 19.10.1982 – 1 C 29/79, NJW 1983, 772 (772 f.); BVerwG 23.11.2005 – 6 C 2/05, NJW 2006, 1225 (1226); OVG Lüneburg 30.1.2013 – 11 LB 115/12, BeckRS 2013, 46936.

[6] BVerwG 19.10.1982 – 1 C 111/79, NJW 1983, 1338 (1338 f.); VGH Mannheim 13.7.2011 – 1 Ss 350/11, juris (→ Rn. 28); OLG Düsseldorf 8.7.1959 – 2 Ws 88/59, NJW 1959, 1790.

[7] HK/*Lemke* Rn. 2; KK/*Senge* Rn. 1; LR/*Krause* Rn. 2; *Meyer-Goßner* Rn. 2.

[8] BayVGH 6.12.2011 – 10 ZB 11.365, juris (→ Rn. 7); OVG NRW 9.1.2012 – 5 E 251/11, juris (→ Rn. 30); LG Landshut 31.8.2011 – 6 Qs 93/11, juris (→ Rn. 13 f.); KMR/*Bosch* Rn. 1.

[9] *Meyer-Goßner* § 157 Rn. 4.

[10] HK/*Lemke* Rn. 6; SK/*Rogall* Rn. 27.

[11] KMR/*Bosch* Rn. 7; SK/*Rogall* Rn. 27 jeweils auch unter Bezugnahme auf § 86 StVollzG, der allerdings nur den Strafvollzug als solchen betrifft und nicht die Strafvollstreckung im Ganzen; aA LR/*Krause* Rn. 8; *Meyer-Goßner* Rn. 6.

[12] OLG Celle 12.5.2009 – 2 Ws 103/09, NStZ 2010, 107 zu § 100a; KK/*Nack* Vor § 94 Rn. 4.

[13] OLG Celle 12.5.2009 – 2 Ws 103/09, NStZ 2010, 107.

[14] KG 6.11.1980 – 2 Vollz (Ws) 171, 173–184, 191, 198, 200–202, 279/80, NStZ 1981, 77.

[15] KK/*Senge* Rn. 4.

[16] BVerwG 25.10.1960 – BVerwG I C 63/59, NJW 1961, 571 (572); BVerwG v. 92.21967 – I C 57/66, NJW 1967, 1192; BVerwG 20.2.1990 – 1 C 30.86, JZ 1991, 471 (473); OLG Düsseldorf 8.7.1959 – 2 Ws 88/59, NJW 1959, 1790; OVG Berlin 24.6.2004 – 1 S 76.03, juris (→ Rn. 4); OVG Lüneburg 13.11.2009 – 11 ME 440/09, BeckRS 2009, 41613; OVG München 27.12.2010 – 10 ZB 10.2847, juris (→ Rn. 8); VG Saarbrücken 5.3.2010 – 6 K 691/09, juris (→ Rn. 26); aA OVG Schleswig 5.5.1998 – 4 L 1-98, NJW 1999, 1418; VGH Kassel 8.12.2010 – 8 E 1698/10, StV 2011, 395 (396 f.); so auch VG Berlin

die künftige Täterermittlung.[17] Die Maßnahme hat daher, außer dass sie aus Anlass eines konkreten Strafverfahrens durchgeführt wird, keinen unmittelbaren Bezug zu einem solchen. Zulässig ist sie, um die Polizei bei der Strafverfolgung im Hinblick auf mögliche spätere oder später bekannt werdende Straftaten zu unterstützen.[18] Wegen Art. 31, 72 Abs. 1, 74 Nr. 1 GG können die Parallelvorschriften in den Polizeigesetzen der Länder[19] nur außerhalb des Geltungsbereichs von § 81b zur Anwendung kommen.[20] Weitere Sonderregelungen auf bundesrechtlicher Ebene finden sich in §§ 15 Abs. 2 Nr. 7 AsylVfG, 49, 89 AufenthG, 24 BGSG, 20e BKAG, 24 BPolG, 6 Abs. 3 S. 2 PassG.[21]

II. Erläuterung

1. Anordnungsvoraussetzungen. a) Strafprozessuale Maßnahmen nach Alt. 1. 5
Beschuldigter iSd strafprozessualen Maßnahme ist derjenige, gegen den auf Grund zureichender tatsächlicher Anhaltspunkte das Strafverfahren betrieben wird.[22] Das ist bei Bestehen eines lediglich vagen Verdachtes noch nicht der Fall.[23] In diesem Fall greift § 163b Abs. 1 S. 3.[24] Die Abgrenzung kann im Einzelfall schwierig sein, da schon die Existenz des § 163b Abs. 1 S. 3 und Abs. 2 S. 2 Hs. 2 erkennen lässt, dass alleine in der Vornahme der Maßnahmen für sich gesehen kein Willensakt der Strafverfolgungsbehörde gefunden werden kann, durch den der Beschuldigtenstatus begründet wird.[25] Unbeschadet des Umstandes, dass die Erhebung in den Beschuldigtenstatus mit den daraus resultierenden Verfahrensrechten nicht gezielt umgangen werden darf,[26] ist die Anwendung des § 163b Abs. 1 S. 3 nicht allzu engherzig vorzunehmen. Diese Vorschrift trägt der schwierigen Situation Rechnung, in der sich ein Polizeibeamter in einem sehr frühen Stadium der Verdachtslage befindet, besonders vor Ort unmittelbar nach einem Ereignis. Hier kann es geboten sein, frühzeitig Maßnahmen zur Identitätsfeststellung potenziell tatbeteiligter Personen zu treffen, obwohl noch eine sehr unvollständig ermittelte Verdachtslage gegeben ist.[27] Zudem kann es wegen der schon mit der Einleitung eines Ermittlungsverfahrens möglicherweise verbundenen nachteiligen Konsequenzen schützende Funktion haben, einen Tatverdächtigen nicht zu früh in die Beschuldigtenposition zu drängen.[28] Der Begriff des Beschuldigten beschränkt die Maßnahme im Übrigen nicht auf das Ermittlungsverfahren, sondern ist, wie bei anderen Ermittlungsmaßnahmen auch, der Stellung des § 81b im Gesetz geschuldet. Er bezieht sich auf alle Stadien des Strafverfahrens vom Ermittlungsverfahren bis hin zum rechtskräftigen Abschluss (→ Rn. 3). Schuldunfähige werden zumindest dann erfasst, wenn ein Sicherungs-

27.10.2004 – 1 A 164.04, juris (→ Rn. 14–31); VG Berlin 28.3.2006 – 1 A 152.05, juris (→ Rn. 5–22) jeweils mit ausführlicher Darstellung des Meinungsstandes in Lit. und Rspr.

[17] OVG Münster 26.4.1972 – IV A 292/71, NJW 1972, 2147.

[18] BVerwG 6.7.1988 – 1 B 61/88, NJW 1989, 2640; BVerwG 23.11.2005 – 6 C 2/05, NJW 2006, 1225; BVerwG 19.10.1982 – 1 C 29/79, NJW 1983, 772 (772 f.).

[19] Eine Aufzählung befindet sich bei LR/*Krause* Rn. 5 Fn. 15.

[20] VGH München 27.9.1983 – Nr. 21 B 82 A 2261, NJW 1984, 2235 (2236 f.); OVG Münster 13.1.1999 – 5 B 2562/98, NJW 1999, 2689 (2690); OVG Bautzen 10.10.2000 – 3 BS 53/00, NVwZ-RR 2001, 238 (239); OVG Koblenz 17.11.2000 – 11 B 11859/00, NVwZ-RR 2001, 238; OVG Hamburg 11.4.2013 – 4 Bl 141/11, juris (→ Rn. 57 ff.) = DÖV 2013, 695 (Leitsatz); OVG Saarland 7.8.2013 – 3 A 295/13, juris (→ Rn. 21 ff.); OLG Naumburg 6.12.2005 – 10 Wx 14/05, NStZ-RR 2006, 179.

[21] HK/*Lemke* Rn. 4; KMR/*Bosch* Rn. 5; LR/*Krause* Rn. 6; *Meyer-Goßner* Rn. 4; SK/*Rogall* Rn. 20–22.

[22] LG Amberg 27.7.1990 – 2 Qs 23/90, StV 1990, 541 (543); KK/*Senge* Rn. 2; LR/*Krause* Rn. 8.

[23] AG Kiel 25.11.2005 – 43 Gs 2775/05, NStZ-RR 2006, 181.

[24] HK/*Lemke* Rn. 5; *Meyer-Goßner* Rn. 6.

[25] SK/*Rogall* Rn. 13; vgl. auch BGH 3.7.2007 – 1 StR 3/07, BGHSt 51, 367 (370 Rn. 17); BGH 18.7.2007 – 1 StR 280/07, NStZ 2008, 48 jeweils zu § 136.

[26] BGH 18.7.2007 – 1 StR 280/07, NStZ 48 zu § 136.

[27] SK/*Rogall* Rn. 13.

[28] BGH 19.10.2011 – 1 StR 476/11, NStZ-RR 2012, 49 (50); vgl. auch AG Dannenberg 9.11.1993 – 11 Gs 261/93, StV 1994, 69 die "Strafverfolgungsbehörde darf nicht jemanden willkürlich in die Rolle eines Beschuldigten drängen".

verfahren nach §§ 413 ff. gegen sie betrieben werden kann, nicht jedoch Strafunmündige,[29] gegen die nur Maßnahmen nach § 163b Abs. 2 zulässig sind.[30]

6 Die **Notwendigkeit** iSd Alt. 1 bestimmt sich nach der Sachaufklärungspflicht des § 244 Abs. 2,[31] auch hinsichtlich des Umfangs („soweit"). Beispielsweise können Messungen und Fotographien zum Nachweis der Täterschaft in Betracht kommen, indem sie als Grundlage für ein anthropologisches Sachverständigengutachten dienen.[32] Letztere können gefertigt werden, um mittels Wahllichtbildvorlage den Beschuldigten als Täter zu identifizieren, oder auch Fingerabdrücke zur Feststellung, ob er mit Gegenständen in Kontakt kam, die bei der Tat Verwendung fanden.[33] Der Grundsatz der Verhältnismäßigkeit ist zu beachten.[34] Bei Bagatellsachen ist § 81b 1. Alt. deswegen nicht anwendbar.[35] Allerdings ist die Schwelle nicht zu hoch anzusetzen. Auch eine Ordnungswidrigkeit kann ausreichend sein, wenn eine nicht unerhebliche Geldbuße und ein Fahrverbot als Rechtsfolge drohen.[36] Mit Einstellungsreife des Ermittlungsverfahrens entfällt die Notwendigkeit.[37]

7 **b) Polizeirechtliche Maßnahmen nach Alt. 2. Beschuldigter** iSd Alt. 2 ist jeder Tatverdächtige, gegen den die Strafverfolgungsbehörde ein Verfahren betreibt, weil er einer Straftat beschuldigt wird.[38] Da es sich um eine präventiv-polizeiliche Maßnahme handelt, wird mit dieser Anknüpfung an ein konkretes Ermittlungsverfahren allerdings nur zum Ausdruck gebracht, dass die Anordnung nach Alt. 2 nicht an beliebige Tatsachen anknüpfen und zu einem beliebigen Zeitpunkt ergehen kann.[39] In sachlicher Hinsicht grenzt dies den Kreis der von der Maßnahme betroffenen Personen dahingehen ein, als sich die gesetzlich geforderte Notwendigkeit der erkennungsdienstlichen Behandlung zumindest auch aus den Ergebnissen des anhängigen Ermittlungsverfahrens herleiten muss, dieses also – bei zumindest bestehendem Anfangsverdacht (§ 152 Abs. 2)[40] – einen entsprechenden Anlass für die Durchführung der Maßnahme bieten.[41] In zeitlicher Hinsicht besteht der erforderliche Zusammenhang nur, wenn im Zeitpunkt des Erlasses der ursprünglichen Anordnung ein Ermittlungsverfahren anhängig ist.[42] Unmaßgeblich ist dagegen hierfür (zur weiterhin erforderlichen Notwendigkeit → Rn. 8), ob das Ermittlungsverfahren durch Einstellung, Verurteilung oder Freispruch endet[43] oder der Abschluss noch nicht absehbar ist.[44] Uneinheitlich wird allerdings die Frage beantwortet, ob die Beschuldigteneigenschaft für derartige Fälle im Zeitpunkt des Widerspruchsbeschei-

[29] KK/*Senge* Rn. 2; KMR/*Bosch* Rn. 7; SK/*Rogall* Rn. 28.
[30] HK/*Lemke* Rn. 6; LR/*Krause* Rn. 8; *Meyer-Goßner* Rn. 6.
[31] LR/*Krause* Rn. 11; *Meyer-Goßner* Rn. 12.
[32] BGH 1.12.2011 – 3 StR 284/11, NStZ 2012, 345.
[33] LG Landshut 31.8.2011 – 6 Qs 93/11, juris (→ Rn. 25).
[34] LG Berlin v. 26.6.1989 – 522 Qs 49/89, NStZ 1989, 488.
[35] AG Kiel v. 25.11.2005 – 43 Gs 2775/05, NStZ-RR 2006, 181.
[36] LG Zweibrücken 31.5.2012 – Qs 55/12, VRS 123 (2012), 95.
[37] KMR/*Bosch* Rn. 16.
[38] OVG Bautzen 10.10.2000 – 3 BS 53/00, NVwZ-RR 2001, 238 (239).
[39] BVerwG 19.10.1982 – 1 C 29/79, NJW 1983, 772 (773); BVerwG 19.10.1982 – 1 C 114/79, NJW 1983, 1338 (1339); BVerwG 6.7.1988 – 1 B 61/88, NJW 1989, 2640; BVerwG 23.11.2005 – 6 C 2/05, NJW 2006, 1225 (1226); gleichwohl soll nach OVG Sachsen-Anhalt 9.10.2012 – 30576/12, juris (→ Rn. 6 f.) beim Jugendlichen § 67 Abs. 1 JGG zur Anwendung kommen.
[40] OVG Lüneburg 31.8.2010 – 11 ME 288/10, StV 2010, 676.
[41] BVerwG 19.10.1982 – 1 C 29/79, NJW 1983, 772 (773); BVerwG 19.10.1982 – 1 C 114/79, NJW 1983, 1338 (1339); BVerwG 23.11.2005 – 6 C 2/05, NJW 2006, 1225 (1226).
[42] OVG Lüneburg 16.9.2009 – 11 ME 402/09, NVwZ 2010, 69 (70); BayVGH 30.7.2013 – 10 (Cs 12.637, juris (→ Rn. 4); VG Braunschweig 23.5.2007 – 5 A 14/06, NVwZ-RR 2008, 30 (31); VG Minden 30.6.2008 – 11 K 1153/08, BeckRS 2008, 37545; VG Braunschweig 25.9.2009 – 7 A 1325/09, BeckRS 2009, 39894; VG Regensburg 38.6.2011 – RO 4 K 11.233, StV 1012, 8 (9).
[43] BVerwG 19.10.1982 – 1 C 29/79, NJW 1983, 772 (773); BVerwG 19.10.1982 – 1 C 114/79, NJW 1983, 1338 (1339); BVerwG 6.7.1988 – 1 B 61/88, NJW 1989, 2640; BVerwG 23.11.2005 – 6 C 2/05, NJW 2006, 1225 (1226); BayVGH 6.12.2011 – 10 ZB 11.365, juris (→ Rn. 3) für strafprozesuales Verwertungsverbot.
[44] VG Aachen 21.11.2011 – 6 K 29/10, juris (→ Rn. 10 und 30–32).

des noch gegeben sein muss[45] oder nicht, wobei Letzteres teilweise selbst dann angenommen wird, wenn die erkennungsdienstliche Anordnung ihren maßgeblichen Inhalt erst mit der Widerspruchsentscheidung erhält.[46] Gleichermaßen kontrovers wird es gewertet, ob § 81b Alt. 2 gegenüber Strafunmündigen,[47] Schuldunfähigen[48] oder bereits rechtskräftig Verurteilten[49] greift. Schon wegen der Verankerung in der StPO und der Anknüpfung an ein konkretes Strafverfahren ist es aus systematischen Gründen allerdings vorzugswürdig, innerhalb der Norm einen einheitlichen Beschuldigtenbegriff mit den oben dargelegten Grundsätzen (→ Rn. 3 und 5) zur Anwendung zu bringen.[50] Nicht ausgeschlossen wird dadurch die Möglichkeit, die weitere – polizeirechtlich zu bestimmende – Notwendigkeit einer ursprünglich gegen einen Beschuldigten erfolgten Anordnung maßnahmespezifisch an der Gefahrenabwehr auszurichten, falls die Beschuldigteneigenschaft später wegfällt.[51] Der Sache nach verfährt die Rspr. in diesem Sinne, wenn auch weitgehend unter der rechtlichen Kategorie des Beschuldigtenbegriffs. Zudem greifen außerhalb des Anvendungsbereichs des § 81b entsprechende Regelungen der Polizeigesetze der Länder (→ Rn. 4).

Bei der Prüfung der **Notwendigkeit** erkennungsdienstlicher Behandlung nach der 2. Alt. 8
ist der Grundsatz der Verhältnismäßigkeit zu beachten,[52] wonach die Maßnahme zur Erreichung des angestrebten Zwecks geeignet und erforderlich sein muss und der mit ihr verbundene Eingriff in das Persönlichkeitsrecht nicht außer Verhältnis zur Bedeutung der Sache und zur Stärke des Tatverdachts stehen darf.[53] Keinen genügenden Anlass bieten daher häufig Bagatelldelikte,[54] insbesondere Antragsdelikte[55] oder Privatklagedelikte,[56] sofern nicht das öffentliche Interesse an der Strafverfolgung bejaht werden kann.[57] Ferner ist die Anordnung nur zulässig, sofern Verdachtsmomente gegen den Betroffenen und zudem eine Wiederholungsgefahr gegeben sind.[58] Gleiches gilt für die Aufbewahrung der gewonnenen Unterlagen,[59] die sich wie deren elektronische Erfassung und Speicherung[60] ebenfalls nach § 81b richtet.[61] Kommt es nicht zu einer rechtskräftigen Verurteilung, so genügt hinsichtlich der

---

[45] VGH Mannheim 7.3.2007 – 1 S 1170/05, BeckRS 2008, 39409; VGH Mannheim 29.5.2008 – 1 S 1503/07, NJW 2008, 3082; VGH Mannheim 13.7.2011 – 1 S 350/11, BeckRS 2011, 5316; so auch OVG Hamburg 11.4.2013 – 4 Bl 141/11, juris (→ Rn. 35 ff) = DÖV 2013, 695 (Leitsatz) für rechtskräftig Verurteilten.

[46] OVG Bautzen 10.10.2000 – 3 BS 53/00, NVwZ-RR 2001, 238 (239).

[47] VG Freiburg 3.4.1979 – VS IV 1054/78, NJW 1980, 901; KK/*Senge* Rn. 2; aA HK/*Lemke* Rn. 7; KMR/*Bosch* Rn. 9; LR/*Krause* Rn. 9; *Meyer-Goßner* Rn. 7; SK/*Rogall* Rn. 29.

[48] HK/*Lemke* Rn. 7; KK/*Senge* Rn. 2; *Meyer-Goßner* Rn. 7; aA KMR/*Bosch* Rn. 9 f.; LR/*Krause* Rn. 9.

[49] KK/*Senge* Rn. 2; aA OVG Hamburg 11.4.2013 – 4 Bf 141/11, juris (→ Rn. 34) = DÖV 2013, 695 (Leitsatz); LR/*Krause* Rn. 9; KMR/*Bosch* Rn. 9 f.; *Meyer-Goßner* Rn. 7; SK/*Rogall* Rn. 29.

[50] OVG Hamburg 11.4.2013 – 4 Bf 141/11, juris (→ Rn. 34) = DÖV 2013, 695 (Leitsatz); KMR/*Bosch* Rn. 10; SK/*Rogall* Rn. 25.

[51] Ähnlich KMR/*Bosch* Rn. 10.

[52] OVG Lüneburg 17.12.2004 – 11 ME 264/04, BeckRS 2005, 20016; OVG Magdeburg 18.8.2010 – 3 L 372/09, StV 2011, 391 (392); OVG München 27.12.2010 – 10 ZB 10.2847, juris (→ Rn. 11); OVG München 23.3.2011 – 10 CS 10.3068, juris (→ Rn. 23); VG Aachen 21.11.2011 – 6 K 29/10, juris (→ Rn. 34); zutreffend Graf/*Ritzert* Rn. 5 „Ausprägung des Verhältnismäßigkeitsgrundsatzes".

[53] OVG Lüneburg 17.12.2004 – 11 ME 264/04, BeckRS 2005, 20016.

[54] VG Saarlouis 26.2.2013 – 6 K 53/12, juris (→ Rn. 34).

[55] OVG Greifswald 4.3.2003 – 3 M 30/03, juris (→ Rn. 17); aA OVG München 20.1.2011 – 10 CS 10.2725, juris (→ Rn. 2 und 11) für Beleidigung auf sexueller Grundlage eines wegen Mordes Vorverurteilten.

[56] VG Dresden 18.3.2008 – 6 L 122/08, juris (→ Rn. 21 f.) für Verweisung auf Privatklageweg.

[57] OVG Bautzen 7.12.2010 – 3 A 452/10, BeckRS 2011, 45233 bei Geldstrafe von 50 Tagessätzen wegen fahrlässiger Körperverletzung im Straßenverkehr.

[58] BVerwG 23.11.2005 – 6 C 2/05, NJW 2006, 1225 (1226); OVG Münster 26.4.1972 – IV A 292/71, NJW 1972, 2147 (2148); OVG Magdeburg 18.8.2010 – 3 L 372/09, StV 2011, 391 (392); OVG Lüneburg 31.8.2010 – 11 ME 288/10, StV 2010, 676 (676 f.).

[59] BVerfG 16.5.2002 – 1 BvR 2257/01, NJW 2002, 3231 (3232); BVerwG 25.10.1960 – BVerwG I C 63/59, NJW 1961, 571 (572); BVerwG v. 92.21967 – I C 57/66, NJW 1967, 1192; BVerwG 6.7.1988 – 1 B 61/88, NJW 1989, 2640; BVerwG 12.7.1989 – 1 B 85/89, NJW 1990, 136 (Leitsatz); VG Trier 16.11.2010 – 1 K 178/10.TR, BeckRS 2011, 51478.

[60] VG Dresden 18.3.2008 – 6 L 122/08, juris (→ Rn. 18); VG Saarlouis 5.3.2010 – 6 K 691/09, juris (→ Rn. 62 f.).

[61] BVerwG 19.10.1982 – 1 C 114/79, NJW 1983, 1338; VGH Mannheim 13.2.1973 – I 807/72, NJW 1973, 1663 (1664); OVG Münster 26.4.1972 – IV A 292/71, NJW 1972, 2147 (2148).

Anlasstat ein Restverdacht,[62] der auch dann noch gegeben sein kann, wenn die Beschuldigteneigenschaft wegfällt,[63] sei es durch Einstellung nach § 170 Abs. 2,[64] nach § 153 ff.,[65] nach § 45 JGG,[66] nach § 31a BtMG,[67] durch Ablehnung der Eröffnung des Hauptverfahrens[68] oder durch Freispruch. Maßgeblich ist dabei, dass durch die verfahrensbeendende Entscheidung die Verdachtsmomente nicht vollständig ausgeräumt sind.[69] Dies ist im Rahmen einer eingehenden Würdigung aller relevanten Umstände des Einzelfalls unter Berücksichtigung der Gründe für die Einstellung des Verfahrens festzustellen,[70] wobei auch Aussagen zeugnisverweigerungsberechtigter Zeugen berücksichtigt werden dürfen, die aus rein strafprozessualer Sicht einem Beweisverwertungsverbot nach § 252 unterliegen würden.[71] Wiederholungsgefahr ist anzunehmen, wenn begründete Anhaltspunkte dafür bestehen, dass der Betroffene künftig oder „anderwärts gegenwärtig" strafrechtlich in Erscheinung treten wird.[72] Die letztgenannte Formulierung bezieht sich auf Straftaten, die bereits begangen sind, aber dem Beschuldigten noch nicht zugeordnet werden können.[73] Sie kann unter Umständen schon bei erstmaliger Begehung eines Delikts vorliegen, was gerade bei Risikodelikten wie §§ 176, 176a StGB, aber auch §§ 174c,[74] 183,[75] 184b StGB[76] gilt, sowie dann, wenn die gegen den Betroffenen im Strafverfahren verhängte Freiheitsstrafe zur Bewährung ausgesetzt wurde.[77] Je länger frühere Taten zurückliegen, desto mehr verlieren sie an Indizwirkung.[78] Zudem muss die erkennungsdienstliche Behandlung und die Aufbewahrung der Unterlagen auch ihrem Umfang nach notwendig sein („soweit"). Deshalb müssen die gewonnenen Unterlagen gerade für die Aufklärung solcher Straftaten geeignet und erforderlich sein, für die eine Wiederholungsgefahr prognostiziert werden kann.[79] Bei Sexualdelikten wird dies regelmäßig

---

[62] VGH Kassel 16.12.2004 – 11 UE 2982/02, NJW 2005, 2727 (2729); OVG Lüneburg 31.8.2010 – 11 ME 288/10, StV 2010, 676 (677); VGH Mannheim 13.7.2011 – 1 S 350/11, BeckRS 2011, 53016; VG Köln 28.1.2010 – 20 K 7887/08, BeckRS 2010, 47663; VG Stade 9.3.2010 – 1 B 1530/09, BeckRS 2010, 47449; kritisch zu diesem Begriff KMR/*Bosch* Rn. 10.

[63] BVerwG 6.7.1988 – 1 B 61/88, NJW 1989, 2640; BVerwG 23.11.2005 – 6 C 2/05, NJW 2006, 1225; aA Graf/*Ritzert* Rn. 2.

[64] OVG Greifswald 4.3.2003 – 3 M 30/03, juris (→ Rn. 20); OVG Berlin 24.6.2004 – 1 S 76.03, juris (→ Rn. 9); VGH Kassel 16.12.2004 – 11 UE 2982/02, NJW 2005, 2727 (2729); VGH Mannheim 17.7.2011 – 1 S 350/11, BeckRS 2011, 53016; VG Saarbrücken 5.3.2010 – 6 K 691/09, juris (→ Rn. 36); VG Regensburg 28.6.2011 – RO 4 K 11.233, StV 2012, 8 (9).

[65] BVerfG 16.5.2002 – 1 BvR 2257/01, NJW 2002, 3231; OVG Münster 14.4.2010 – 5 A 479/09, BeckRS 2010, 49130; OVG München 23.3.2011 – 10 CS 10.3068, juris (→ Rn. 2 und 19) jeweils zu § 153a; OVG Münster 26.4.1972 – IV A 292/71, NJW 1972, 2147 (2148) zu § 153; OVG Sachsen-Anhalt 25.10.2012 – 3 L 40/12, juris (→ Rn. 9); VG Minden 30.6.2008 – 11 K 1153/08, BeckRS 2008, 37545; VG Greifswald 15.10.2008 – 3 L 491/04, BeckRS 2009, 35201.

[66] OVG Sachsen-Anhalt 2.10.2012 – 3 O 25/12, juris (→ Rn. 9).

[67] OVG Lüneburg 13.11.2009 – 11 ME 440/09, BeckRS 2009, 41613.

[68] OVG Bautzen 16.11.2009 – 3 B 355/08, BeckRS 2009, 42479.

[69] BVerfG 16.5.2002 – 1 BvR 2257/01, NJW 2002, 3231; OVG Bautzen 16.11.2009 – 3 B 255/08, BeckRS 2009, 42479; OVG Sachsen 31.1.2013 – 3 A 565/11, juris (→ Rn. 7).

[70] BVerfG 1.6.2006 – 1 BvR 2293/03, BeckRS 2009, 35816.

[71] VGH Mannheim 13.7.2011 – 1 S 350/11, BeckRS 2011, 5306.

[72] BVerwG 19.10.1982 – 1 C 29/79, NJW 1983, 772 (774); OVG Lüneburg 13.11.2009 – 11 ME 440/09, BeckRS 2009, 41613 unter Hinweis auf Rückfallwahrscheinlichkeit bei Drogenkriminalität.

[73] SK/*Rogall* § 81g Rn. 30.

[74] VG Aachen 21.11.2011 – 6 K 29/10, juris (→ Rn. 48 und 55–57).

[75] VG Köln 28.1.2010 – 20 K 7887/08, BeckRS 2010, 47663; VG Köln 2.5.2013 – 20 K 3268/12, juris (→ Rn. 26 f.).

[76] VGH Mannheim 29.5.2008 – 1 S 1503/07, NJW 2008, 3082 (3083 f.); VG Braunschweig 23.5.2007 – 5 A 14/06, NVwZ-RR 2008, 30 (31); VG Aachen 6.4.2006 – 6 L 63/06, juris (→ Rn. 24); VG Ansbach 5.12.2012 – AN 1 S 12.01657, juris (→ Rn. 74); aA VG Braunschweig 27.9.2006 – 5 A 53/06, BeckRS 2006, 26363 für erstmalige Begehung eines Betruges.

[77] BVerwG 19.10.1982 – 1 C 29/79, NJW 1983, 772 (774); VGH Mannheim 29.5.2008 – 1 S 1503/07, NJW 2008, 3082 (3083); BayVGH 6.12.2011 – 10 ZB 11.365, juris (→ Rn. 5); VG Saarlouis 15.2.2012 – 6 K 115/10, BeckRS 2012, 49016 = wistra 2012, 244 (Leitsatz).

[78] VG Braunschweig 27.9.2006 – 5 A 53/06, BeckRS 2006, 26363.

[79] BVerwG 7.3.2012 – 6 B 40/11, NVwZ-RR 2012, 342 (343) bejahend für Waffendelikte; VGH Mannheim 18.12.2003 – 1 S 2211/02, NVwZ-RR 2004, 572 (573); OVG Lüneburg 17.12.2004 – 11 ME 264/04, BeckRS 2005, 20016; OVG Bautzen 3.12.2010 – 3 A 601/10, BeckRS 2011, 45234; VGH

der Fall sein.[80] Auch setzt die Anordung nicht voraus, dass der Betroffene bereits unter fremdem Namen aufgetreten ist oder sonst seine Identität verschleiert hat.[81] Andererseits können sich schon Einschränkungen für die Erhebung der Daten ergeben, falls Polizeigesetze der Länder deren Speicherung, Veränderung und Nutzung nur unter bestimmten Bedingungen zulassen.[82] Für die Prüfung der Notwendigkeit ist neben dem Zeitpunkt des Erlasses der Anordnung auch auf denjenigen der tatsächlichen Vornahme abzustellen.[83] Wurde der Beschuldigte bereits zuvor erkennungsdienstlich behandelt, müssen für eine neuerliche Anordnung greifbare Anhaltspunkte für eine seitherige Veränderung des Aussehens vorliegen.[84]

2. Zulässige Maßnahmen. Neben den in § 81b ausdrücklich aufgezählten Maßnahmen sind alle Identifizierungsmöglichkeiten zulässig, die – ohne dass es einer körperlichen Untersuchung iSd § 81a Abs. 1 bedarf – der **Feststellung der körperlichen Beschaffenheit** dienen. Entsprechend dürfen das Aussehen, auch von Körperteilen und -merkmalen, wie Tätowierungen und Narben,[85] sowie sonstige für die Individualität einer Person signifikante dauerhafte Persönlichkeitsgegebenheiten fotografiert, vermessen oder in anderer Weise registriert werden.[86] Erlaubt ist es demnach, vom Beschuldigten Vergleichsfotografien mit einer Raumüberwachungskamera[87] oder einen Videofilm[88] zu fertigen, wobei auch die Gegenüberstellung mit Zeugen aufgenommen werden kann.[89] Es ist zulässig, die Maßnahmen bereits unmittelbar nach der Tat, noch am Tatort durchzuführen, bspw. den Beschuldigten bei der Festnahme durch einen Polizeibeamten anlässlich einer Demonstration zu fotografieren.[90] Die Aufnahme eines Demonstrationszuges als solchem, um unbekannte Täter früherer Straftaten zu entdecken, wird dagegen nicht von § 81b erfasst,[91] genauso wenig wie die Anfertigung von Bildaufnahmen zur Verfolgung von Ordnungswidrigkeiten im Straßenverkehr. Für Letztere findet sich die Rechtsgrundlage in § 100h Abs. 1 S. 1 Nr. 1 iVm § 46 Abs. 1 OWiG.[92] Zu beachten ist, dass durch den Rückgriff auf die Vorschrift die besonderen Anordnungsvoraussetzungen anderer Zwangsmaßnahmen, insbesondere Richtervorbehalte, und das fehlen einer Verpflichtung, an einer Untersuchungshandlung aktiv mitzuwirken, nicht umgangen werden.[93] Sprech- und Stimmproben, insbesondere zur Erstellung eines Sonagramms für die Durchführung von Stimmenanalysen und Stimmenvergleichen,[94] sind demnach nur verwertbar, wenn 9

Mannheim 13.7.2011 – 1 S 350/11, BeckRS 2011, 53016; BayVGH 5.11.2012 – 10 CS 12.1855, juris (→ Rn. 9) zu § 184b StGB; VG Braunschweig 27.9.2006 – 5 A 53/06, BeckRS 2006, 26363; VG Leipzig 19.7.2007 – 3 K 1162/06, juris (→ Rn. 18 f.) = StV 2009, 124; VG Saarlouis 5.3.2010 – 6 K 691/09, juris (→ Rn. 48, aber → Rn. 59); VG Regensburg 28.6.2011 – RO 4 K 11.233, StV 2012, 8 (9); VG Saarlouis 15.2.2012 – 6 K 115/10, BeckRS 2012, 49016 = wistra 2012, 244 (Leitsatz) für Insolvenzstraftaten durch „Firmenbestatter".

[80] VG Aachen 21.11.2011 – 6 K 29/10, juris (→ Rn. 55–57).

[81] OVG Sachsen-Anhalt 2.10.2012 – 3025/12, juris (→ Rn. 14); OVG Sachsen-Anhalt 4.10.2012 – 3026/12, juris (→ Rn. 12); aber ausgeschlossen daher nach OVG Sachsen 31.1.2013 – 3 A 565/11, juris (→ Rn. 10) bei § 170 StGB.

[82] VG Braunschweig 23.5.2007 – 5 A 14/06, NVwZ-RR 2008, 30 (31) zu §§ 39 Abs. 3 NdsSOG; vorausgesetzt wird dies auch von OVG Greifswald 4.3.2003 – 3 M 30/03, juris (→ Rn. 24) zu §§ 36, 37 SOG M-V.

[83] BVerwG 19.10.1982 – 1 C 29/79, NJW 1983, 772 (773).

[84] OVG Magdeburg 18.8.2010 – 3 L 372/09, StV 2011, 391 (395); VG Saarlouis 5.3.2010 – 6 K 691/09, juris (→ Rn. 51–53); VG Düsseldorf 13.9.2012 – 18 K 7552/11, juris (→ Rn. 36) nach 10 Jahren anzunehmen.

[85] OVG Lüneburg 17.12.2004 – 11 ME 264/04, BeckRS 2005, 20016.

[86] BGH 9.4.1986 – 3 StR 551/85, BGHSt 34, 39 (45).

[87] BGH 16.9.1992 – 3 StR 413/92, NStZ 1993, 47.

[88] LG Berlin 26.6.1989 – 522 Qs 49/89, NStZ 1989, 488.

[89] BVerfG 27.9.1982 – 2 BvR 1199/82, NStZ 1983, 84.

[90] OLG Köln 26.8.1975 – Ss 149/75, MDR 1976 67 (68).

[91] Nach BGH 12.8.1975 – 1 StR 42/75, NJW 75, 2075 (2076); LR/*Krause* Rn. 14 greift § 163; BGH 23.8.1977 – 1 StR 159/77, JZ 78, 762 nennt keine Vorschrift; nach *Meyer-Goßner* Rn. 9; SK/*Rogall* Rn. 46 gilt § 100h Abs. 1 S. 1 Nr. 1.

[92] So nunmehr BVerfG 5.7.2010 – 2 BvR 759/10, NJW 2010, 2717 f. mwN zur teilweise differierenden Rspr. der OLGe.

[93] BGH 9.4.1986 – 3 StR 551/85, BGHSt 34, 39 (45–47).

[94] Hierzu BGH 9.4.1986 – 3 StR 551/85, BGHSt 34, 39 (47 f.); LR/*Krause* Rn. 17 f.

sie mit Zustimmung des Beschuldigten oder auf Grundlage einer ordnungsgemäßen richterlichen Anordnung,[95] beispielsweise nach §§ 100a bis 100f erlangt wurden, nicht jedoch durch ausdrückliche oder konkludente Täuschung.[96] Gleiches gilt für heimlich gefertigte Bildaufnahmen, die den Maßgaben des § 100h entsprechen müssen.[97] Die Entnahme einer Speichelprobe zum Zweck der DNA-Analyse ist nur nach Maßgabe der §§ 81a, 81e, 81g möglich.[98] Schriftproben werden generell nicht von § 81b erfasst. Sie erfordern eine aktive Mitwirkung des Beschuldigten und sind somit nur freiwillig abzugeben.[99] Für diesen Fall greift § 81b aber schon vom Wortlaut her nicht,[100] wie auch nicht für die Aufnahme personenbezogener Hinweise wie „gewalttätig", „geisteskrank" oder „Ausbrecher" in die Akte.[101] Zulässige Maßnahmen nach § 81b umfassen zugleich die notwendigen Vorbereitungshandlungen und ggf. deren zwangsweise Durchsetzung (→ Rn. 11).

10 **3. Anordnung und Durchführung.** Für die **Anordnung** der Maßnahmen nach Alt. 1 ist während des Ermittlungsverfahrens die Zuständigkeit der Staatsanwaltschaft und der Beamten des Polizeidienstes,[102] nach Anklageerhebung des mit der Sache befassten Gerichts gegeben.[103] Für Alt. 2 gilt die ausschließliche Zuständigkeit der Kriminalpolizei[104] nach den landesrechtlichen Regelungen.[105] Es handelt sich um einen Verwaltungsakt, der, wenn er in schriftlicher Form ergeht, gem. § 39 Abs. 1 S. 1 VwVfG mit einer Begründung zu versehen ist, die Ausführungen auch zu dem in der Vorschrift eingeräumten Ermessen enthalten muss.[106] Die Durchführung erfolgt in jedem Fall durch die Polizei,[107] bei richterlicher Anordnung über § 36 Abs. 2.[108] Die zwangsweise Vorführung ist auch bei Alt. 2 mit umfasst, ohne dass es einer gerichtlichen Anordnung bedarf.[109]

11 Aus § 81b folgt für beide Alternativen gleichermaßen neben der Befugnis, die Maßnahme anzuordnen, inzident die Ermächtigung zu deren **Durchsetzung,** notfalls unter Anwendung unmittelbaren Zwanges.[110] Die Polizei kann daher die zwangsweise Vornahme ankündigen.[111] Sie muss dies aber nicht tun,[112] sofern es nicht unverhältnismäßig wäre, keine Gelegenheit zu freiwilliger Mitwirkung einzuräumen.[113] Der Beschuldigte ist aber zur aktiven Mitwirkung nicht verpflichtet, sondern nur zur Duldung.[114] Auf Grundlage des § 81b darf der Beschuldigte ergriffen, zu einer Dienststelle verbracht und im Sinne einer Freiheitsbeschränkung solange festhalten werden, bis die erkennungsdienstliche Behandlung durchgeführt wor-

---

[95] BGH 8.7.1985 – 3 StR 69/85, BeckRS 1985, 21037 = BeckRS 1985, 31099150.
[96] BGH 9.4.1986 – 3 StR 551/85, BGHSt 34, 39 (46).
[97] *Meyer-Goßner* Rn. 8.
[98] OVG Schleswig 22.12.2011 – 4036/11, juris (→ Rn. 10); VG Aachen 6.4.2006 – 6 L 63/06, juris (→ Rn. 10–12); VG Braunschweig 23.5.2007 – 5 A 14/06, NJW 2008, 30 (31); VG Neustadt 21.5.2013 – 5 K 969/12 NW, juris (→ Rn. 45).
[99] BGH 9.4.1986 – 3 StR 551/85, BGHSt 34, 39 (46).
[100] KMR/*Bosch* Rn. 13; SK/*Rogall* Rn. 52; aA LR/*Krause* Rn. 17.
[101] BVerwG 20.2.1990 – 1 C 30.86, JZ 1991, 471 (473).
[102] BGH 9.4.1986 – 3 StR 551/85, BGHSt 34, 39 (44).
[103] HK/*Lemke* Rn. 14; KK/*Senge* Rn. 5; LR/*Krause* Rn. 22; *Meyer-Goßner* Rn. 13.
[104] OVG Münster 26.4.1972 – IV A 292/71, NJW 1972, 2147; VGH Mannheim 18.12.2003 – 1 S 2211/02, NVwZ-RR 2004, 572; OLG Naumburg 6.12.2005 – 10 Wx 14/05, NStZ-RR 2006, 179 (180).
[105] BVerwG 23.11.2005 – 6 C 2/05, NJW 2006, 1225; OLG Hamm 13.4.2012 – 15 W 131/12, BeckRS 2012, 10003 = NStZ-RR 2012, 254 (Leitsatz); VG Saarlouis 5.3.2010 – 6 K 691/09, juris (→ Rn. 21).
[106] OVG Magdeburg 18.8.2010 – 3 L 372/09, StV 2011, 391 (392); VG Köln 28.1.2010 – 20 K 7887/08, BeckRS 2010, 47663 auch zur Nachholung.
[107] *Meyer-Goßner* Rn. 14.
[108] KMR/*Bosch* Rn. 18.
[109] OLG Hamm 13.4.2012 – 15 W 131/12, BeckRS 2012, 10003 = NStZ-RR 2012, 254 (Leitsatz).
[110] BGH 9.4.1986 – 3 StR 551/85, BGHSt 34, 39 (45); LG Zweibrücken 31.5.2012 – Qs 55/12, VRS 123 (2012), 95 für Alt. 1; OLG Naumburg 6.12.2005 – 10 Wx 14/05, NStZ-RR 2006, 179 (180) für Alt. 2.
[111] BGH 16.9.1992 – 3 StR 413/92, NStZ 1993, 47 ohne Verstoß gegen § 136a Abs. 1.
[112] OLG Naumburg 6.12.2005 – 10 Wx 14/05, NStZ-RR 2006, 179 (180); LG Zweibrücken 23.9.1999 – 1 Qs 126/99, NZV 2000, 100 (101).
[113] AG Kiel 25.11.2005 – 43 Gs 2775/05, NStZ-RR 2006, 181 für geringfügige Delikte.
[114] BGH 9.4.1986 – 3 StR 551/85, BGHSt 34, 39 (45 f.).

den ist.[115] Als vorläufige Festnahme iSd § 127 Abs. 2 ist eine solche Vorgehensweise nicht zu werten.[116] Ein stundenlanges Festhalten und Einschließen in eine Gewahrsamszelle ist allerdings nicht mehr von § 81b gedeckt, da es sich dabei um eine durch ein Gericht anzuordnende Freiheitsbeschränkung handelt.[117] Im Einzelnen können ihm auch unter Anwendung von Gewalt Handschuhe ausgezogen, Arme und Finger für die Abnahme eines Handflächenabdruckes gestreckt[118] eine Strumpfmaske übergezogen und er darf für eine Vergleichsaufnahme an den Tatort und in eine bestimmte Position gebracht werden.[119] Sind zwangsweise Veränderungen der Bart- oder Haartracht in Form von Kürzen oder Entfernen notwendig, um das Erscheinungsbild bei der Tat herzustellen, so ist hinsichtlich dieses Eingriffs in die körperliche Integrität (zusätzlich) eine Anordnung nach § 81a einzuholen.[120] Ist indes die Durchsuchung der Wohnung notwendig, so muss diese für Alt. 1 nach §§ 102 ff. und für Alt. 2 nach polizeirechtlichen Vorschriften angeordnet werden.[121] Sie kann unverhältnismäßig sein, wenn nicht ein Versuch der Vorladung des Beschuldigten vorausging[122] oder die Vollstreckungsmaßnahme bereits einmal daran gescheitert ist oder vorraussichtlich daran scheitern wird, dass sich der Betroffene in seiner Wohnung verborgen hält.[123]

4. Aufbewahrung, Speicherung, Veränderung und Nutzung des Datenmaterials. Die Aufbewahrung und Verwendung des nach § 81b erlangten Datenmaterials ist in **§§ 474 ff.** geregelt. Die von der früheren Rechtsprechung aufgestellten Grundsätze über den Umgang mit entsprechenden Unterlagen, insbesondere in Zusammenhang mit erkennungsdienstlichen Maßnahmen, ist mithin durch Einfügung dieser Vorschriften hinfällig.[124] Für Unterlagen, die im Rahmen einer Maßnahme nach Alt. 1 entstanden sind, ergibt sich allerdings schon durch die Bezugnahme auf die Zwecke der Durchführung des Strafverfahrens aus dem Wortlaut, dass diese Unterlagen Bestandteile der Strafakten (→ Rn. 1) und bis zu deren Ausscheidung aufbewahrt werden.[125] Die Digitalisierung, Speicherung und Umwidmung, auch für Zwecke zukünftiger Strafverfahren, richtet sich in erster Linie nach §§ 483 Abs. 1 und 2, 484, wobei § 483 Abs. 2 wegen des systematischen Zusammenhangs erkennbar auch auf Aktenmaterial anwendbar ist.[126] Erkennungsdienstliche Unterlagen nach Alt. 2, die Bestandteil der polizeilichen Akten werden (→ Rn. 2), dürfen von der Polizei nach Maßgabe der jeweiligen polizeirechtlichen Regelungen auch für Zwecke zukünftiger Strafverfahren gemäß §§ 481 Abs. 1 S. 1, 484 Abs. 4 verwendet und digitalisiert werden.[127] Dabei müssen, wie für die Aufbewahrung der Unterlagen, die Voraussetzungen des § 81b Alt. 2 weiterhin gegeben sein (→ Rn. 8).[128] § 481 Abs. 1 S. 2 lässt darüber hinaus die Verwendung nach Alt. 1 gewonnenen Datenmaterials im Rahmen der Polizei- 12

[115] BVerfG 8.3.2011 – 1 BvR 47/05, NStZ 2011, 529 (530); BVerfG 8.3.2011 – 1 BvR 142/05, juris (→ Rn. 20) = DVBl 2011, 623; OLG Stuttgart 11.6.1997 – 4 VAs 24/87, Juris (→ Rn. 6); OLG Naumburg 6.12.2005 – 10 Wx 14/05, NStZ-RR 2006, 179 (180); LG Zweibrücken 23.9.1999 – 1 Qs 126/99, NZV 2000, 100 (101).

[116] KG 21.7.1978 – (2) 2 OJs 24/77 (41/78), GA 1979, 225.

[117] BVerfG 8.3.2011 – 1 BvR 47/05, NStZ 2011, 529 (530 f.); BVerfG 8.3.2011 – 1 BvR 142/05, juris (→ Rn. 22 – 24) = DVBl 2011, 623; LG Bremen 8.11.2011 – 9 QS 401/11, StraFo 2011, 506 für Demonstrationsteilnehmer, dessen Identität vor Ort zweifelsfrei geklärt werden konnte.

[118] BGH 9.4.1986 – 3 StR 551/85, BGHSt 34, 39 (45).

[119] BGH 16.9.1992 – 3 StR 413/92, NStZ 1993, 47 (47 f.).

[120] BVerfG 14.2.1978 – 2 BvR 406/77, NJW 1978, 1149 f.; KMR/*Bosch* Rn. 14; SK/*Rogall* Rn. 33; aA KK/*Senge* Rn. 3 LR/*Krause* Rn. 21; *Meyer-Goßner* Rn. 10.

[121] OLG Naumburg 6.12.2005 – 10 Wx 14/05, NStZ-RR 2006, 179 (181).

[122] LG Bremen 30.3.2005 – 27 Qs 33/05, StV 2005, 494.

[123] OLG Hamm 13.4.2012 – 15 W 131/12 BeckRS 2012, 10003 = NStZ-RR 2012, 254 (Leitsatz).

[124] VGH Kassel 16.12.2004 – 11 UE 2982/02, NJW 2005, 2727 (2728); SK/*Rogall* Rn. 56 (mwN zur früheren Rechtsprechung).

[125] HK/*Lemke* Rn. 17; KK/*Senge* Rn. 7; *Meyer-Goßner* Rn. 17; SK/*Rogall* Rn. 57.

[126] LR/*Krause* Rn. 26; SK/*Rogall* Rn. 57.

[127] VGH Kassel 16.12.2004 – 11 UE 2982/02, NJW 2005, 2727 (2728); OVG Münster 14.4.2010 – 5 A 479/09, BeckRS 2010, 49130; VG Braunschweig 27.9.2006 – 5 A 53/06, BeckRS 2006, 26363; VG Braunschweig 23.5.2007 – 5 A 14/06, NVwZ-RR 2008, 30 (31).

[128] Ausführlich hierzu LR/*Krause* Rn. 29.

gesetze zu.[129] Für präventive Zwecke ist das nur möglich, wenn zugleich die Voraussetzungen der Alt. 2 erfüllt sind.[130] Die Löschung des Datenmaterials richtet sich nach § 489.[131]

III. Rechtsbehelfe

13 Gegen **strafprozessuale Maßnahmen** der Polizei oder Staatsanwaltschaft kann in entsprechender Anwendung des § 98 Abs. 2 die amtsgerichtliche Entscheidung auch noch nach deren Vollzug herbeigeführt werden.[132] Die richterliche Anordnung ist mit der nach § 304 Abs. 1 statthaften Beschwerde anzufechten.[133] Soll die weitere Aufbewahrung der bei den Ermittlungsakten befindlichen Unterlagen beanstandet werden, greift der Antrag auf gerichtliche Entscheidung nach § 23 EGGVG.[134] Mit der Revision kann schließlich nach Widerspruch in der Hauptverhandlung ein Verstoß gegen § 81b geltend gemacht werden. Ob ein Verwertungsverbot anzunehmen ist entscheidet sich nach der Abwägungslehre.[135]

14 Gegen **erkennungsdienstliche Maßnahmen** ist nach überwiegender Rspr. nicht die Rechtswegregelung in § 23 Abs. 1 EGGVG einschlägig,[136] sondern der Verwaltungsrechtsweg eröffnet.[137] Die Anordnung selbst ist mit der Anfechtungsklage zu beanstanden,[138] die für den Fall des Ausspruchs der sofortigen Vollziehung mit einem Antrag auf Wiederherstellung der aufschiebenden Wirkung des Rechtsbehelfs verbunden werden kann.[139] Wurde sie bereits vollzogen ist ein Fortsetzungsfeststellungsantrag statthaft.[140] Will sich der Beschuldigte gegen die weitere Aufbewahrung der erkennungsdienstlichen Unterlagen wenden und die Löschung der personenbezogenen Daten verlangen, so hat er deren Vernichtung ebenfalls auf dem Verwaltungsrechtsweg[141] mit der Verpflichtungsklage[142] zu verfolgen oder, falls die Löschung bereits erfolgte, mit einem Fortsetzungsfeststellungsantrag.[143]

---

129 VGH Kassel 16.12.2004 – 11 UE 2982/02, NJW 2005, 2727 (2728); SK/*Rogall* Rn. 59.

130 VG Dresden 18.3.2008 – 6 L 122/08, juris (→ Rn. 18).

131 HK/*Lemke* Rn. 17; *Meyer-Goßner* Rn. 19; ausführlich SK/*Rogall* Rn. 62.

132 OLG Hamburg 31.10.1975 – VAs 48/75, MDR 1977, 68 (Leitsatz); OLG Stuttgart 1.4.1986 – 4 VAs 8/86, MDR 1986, 689 (690); OLG Stuttgart 11.6.1987 – 4 VAs 24/87, Juris (→ Rn. 6); OLG Oldenburg 26.4.1990 – 1 VAs 4/90, VRS 79 (1990), 371 (372); OLG Oldenburg 14.5.1990 – 1 VAs 3/90, NStZ 1990, 504; OLG Braunschweig 14.5.1991 – VAs 1/91, NStZ 1991, 551; OLG Koblenz 8.11.2001 – 2 VAs 25/01, StV 2002, 127 (128); LG Amberg 27.7.1990 – 2 Qs 23/90, StV 1990, 541; LG Landshut 31.8.2011 – 6 Qs 93/11, juris (→ Rn. 17); AG Dannenberg 9.11.1993 – 11 Gs 261/93, StV 1994, 69; AG Kiel 25.11.2005 – 43 Gs 2775/05, NStZ-RR 2006, 181. Die noch in BVerwG 3.12.1974 – I C 11/73, NJW 1975, 893 (894) erfolgte, im Hinblick auf § 81b nicht tragende, Verweisung auf § 23 EGGVG dürfte überholt sein; offener formuliert in BVerwG 18.5.2011 – 6 B 1/11, NVwZ-RR 2011, 710 f.

133 LG Berlin 26.6.1989 – 522 Qs 49/89, NStZ 1989, 488 auch wenn das Verfahren analog § 98 Abs. 2 vorausgegangen ist; HK/*Lemke* Rn. 18; KK/*Senge* Rn. 8; *Meyer-Goßner* Rn. 21.

134 OLG Koblenz 12.10.1993 – 11 E 11692/93. OVG, NJW 1994, 2108 (2109).

135 BGH 9.4.1986 – 3 StR 551/85, BGHSt 34, 39 (52 f.).

136 So aber VGH Kassel 8.12.2010 – 8 E 1698/10, StV 2011, 395 (396 f.), aufgehoben durch BVerwG 18.5.2011 – 6 B 1/11, NVwZ-RR 2011, 710; VG Berlin 28.3.2006 – 1 A 152.05, juris (→ Rn. 23); anders VG Berlin 27.10.2004 – 1 A 164.04, juris (→ Rn. 12 f.) für den Fall, dass die Anordnung in Form eines Verwaltungsaktes ergeht; aA OLG Hamburg 31.10.1975 – VAs 48/75, MDR 1977, 68 (Leitsatz).

137 BVerwG 25.10.1960 – BVerwG I C 63/59, NJW 1961, 571 (572); BVerwG 9.2.1967 – I C 57/66, NJW 1967, 1192; BVerwG 19.10.1982 – 1 C 29/79, NJW 1983, 772; BVerwG 18.5.2011 – 6 B 1/11, NVwZ-RR 2011, 710 (711); VGH Mannheim 13.7.2011 – 1 S 350/11, BeckRS 2011, 53016; OVG Berlin 24.6.2004 – 1 S 76.03, juris (→ Rn. 1–4); OLG Celle 16.4.2012 – 2 VAs 2/12, NStZ-RR 2012, 254.

138 OVG Hamburg 13.5.1976 – Bf II 17/76, MDR 1977, 80 (81); VG Leipzig 19.7.2007 – 3 K 1162/06, juris (→ Rn. 16 und 23) = StV 2009, 124 schon für Vorladung.

139 OVG Greifswald 4.3.2003 – 3 M 30/03, juris (→ Rn. 5 und 15 f.); VG Dresden 18.3.2008 – 6 L 122/08, juris (→ Rn. 17); OVG Lüneburg 31.8.2010 – 11 ME 288/10, StV 2010, 676.

140 VGH Mannheim 18.12.2003 – 1 S 2211/02, NVwZ-RR 2004, 572; VG Saarlouis 5.3.2010 – 6 K 691/09, juris (→ Rn. 17); VG Ansbach 12.3.2012 – AN 1 K 12.01658, juris (→ Rn. 58); einschränkend OVG Lüneburg 31.10.2012 – 11 LA 255/12, BeckRS 2012, 58853.

141 OLG Düsseldorf 8.7.1959 – 2 Ws 88/59, NJW 1959, 1790; VGH Mannheim 13.2.1973 – I 807/72, NJW 1973, 1663 (1664).

142 VGH Kassel 29.12.2011 – 1 Ss 213/11, NJW 2005, 2727 (2728); VG Saarlouis 15.2.2012 – 6 K 115/10, BeckRS 2012, 49016 = wistra 2012, 244 (Leitsatz); Graf/*Ritzert* Rn. 11; noch offen gelassen von OVG Münster 26.4.1972 – IV A 292/71, NJW 1972, 2147 (2148), ob stattdessen allgemeine Leistungsklage.

143 OVG Saarland 5.10.2012 – 3 A 72/12, juris (→ Rn. 36).

§ 81c [Untersuchung anderer Personen]

(1) Andere Personen als Beschuldigte dürfen, wenn sie als Zeugen in Betracht kommen, ohne ihre Einwilligung nur untersucht werden, soweit zur Erforschung der Wahrheit festgestellt werden muß, ob sich an ihrem Körper eine bestimmte Spur oder Folge einer Straftat befindet.

(2) [1]Bei anderen Personen als Beschuldigten sind Untersuchungen zur Feststellung der Abstammung und die Entnahme von Blutproben ohne Einwilligung des zu Untersuchenden zulässig, wenn kein Nachteil für seine Gesundheit zu befürchten und die Maßnahme zur Erforschung der Wahrheit unerläßlich ist. [2]Die Untersuchungen und die Entnahme von Blutproben dürfen stets nur von einem Arzt vorgenommen werden.

(3) [1]Untersuchungen oder Entnahmen von Blutproben können aus den gleichen Gründen wie das Zeugnis verweigert werden. [2]Haben Minderjährige wegen mangelnder Verstandesreife oder haben Minderjährige oder Betreute wegen einer psychischen Krankheit oder einer geistigen oder seelischen Behinderung von der Bedeutung ihres Weigerungsrechts keine genügende Vorstellung, so entscheidet der gesetzliche Vertreter; § 52 Abs. 2 Satz 2 und Abs. 3 gilt entsprechend. [3]Ist der gesetzliche Vertreter von der Entscheidung ausgeschlossen (§ 52 Abs. 2 Satz 2) oder aus sonstigen Gründen an einer rechtzeitigen Entscheidung gehindert und erscheint die sofortige Untersuchung oder Entnahme von Blutproben zur Beweissicherung erforderlich, so sind diese Maßnahmen nur auf besondere Anordnung des Gerichts und, wenn dieses nicht rechtzeitig erreichbar ist, der Staatsanwaltschaft zulässig. [4]Der die Maßnahmen anordnende Beschluß ist unanfechtbar. [5]Die nach Satz 3 erhobenen Beweise dürfen im weiteren Verfahren nur mit Einwilligung des hierzu befugten gesetzlichen Vertreters verwertet werden.

(4) Maßnahmen nach den Absätzen 1 und 2 sind unzulässig, wenn sie dem Betroffenen bei Würdigung aller Umstände nicht zugemutet werden können.

(5) [1]Die Anordnung steht dem Gericht, bei Gefährdung des Untersuchungserfolges durch Verzögerung auch der Staatsanwaltschaft und ihren Ermittlungspersonen (§ 152 des Gerichtsverfassungsgesetzes) zu; Absatz 3 Satz 3 bleibt unberührt. [2]§ 81a Abs. 3 gilt entsprechend.

(6) [1]Bei Weigerung des Betroffenen gilt die Vorschrift des § 70 entsprechend. [2]Unmittelbarer Zwang darf nur auf besondere Anordnung des Richters angewandt werden. [3]Die Anordnung setzt voraus, daß der Betroffene trotz Festsetzung eines Ordnungsgeldes bei der Weigerung beharrt oder daß Gefahr im Verzuge ist.

Schrifttum: *Achenbach,* Zwangsbefugnisse der Staatsanwaltschaft bei Untersuchungsverweigerung Nichtbeschuldigter, NJW 1977; *Anslinger/Peschel,* Abstammungsbegutachtung, FS Eisenmenger, 2009, 423; *BMJ,* Bundeseinheitliche Handreichung zum Schutz kindlicher (Opfer-) Zeugen im Strafverfahren; *Bundesärztekammer,* Richtlinien für die Erstattung von Abstammungsgutachten, DÄBl. 2002, 665; *Busch,* Zulässigkeit molekulargenetischer Reihenuntersuchungen, NJW 2001, 1335; *Dettmeyer/Zedler/Bratzke/Flaig/Parzeller,* Ausgewählte verfahrensrechtliche Aspekte bei Gewalt gegen Minderjährige, Rechtsmedizin 20 (2010), 200; *Dünnebier,* Zweifelsfragen zu § 81c StPO, GA 1953, 65; *Fezer,* Grundfälle zum Verlesungs- und Verwertungsverbot im Strafprozess, JuS 1978, 765; *Fischer,* Die Fortwirkung von Zeugnisverweigerungsrechten nach Verfahrenstrennung, JZ 1992, 570; *Geppert,* Das Beweisverbot des § 252 StPO, Jura 1988, 305 und 363; *Geppert,* Der Sachverständigenbeweis, Jura 1993, 249; *Göppinger,* Die Entbindung von der Schweigepflicht und die Herausgabe oder Beschlagnahme von Krankenblättern, NJW 1958, 241; *Graalmann-Scherer,* Molekulargenetische Untersuchung im Strafverfahren, ZRP 2002, 72; *Herrmann,* Sexuelle Gewalt gegen Kinder und Frauen, StRR 2010, 250; *Hilger,* Über Vernichtungsregelungen in der StPO, NStZ 1997, 371; *Janetzke,* Die Beweiserhebung über die Glaubwürdigkeit des Zeugen, NJW 1958, 534; *Kett-Straub,* Die Glaubwürdigkeitsbegutachtung minderjähriger Zeugen, ZStW 117 (2006), 354; *Kohlhaas,* Die Glaubwürdigkeit der Kinderaussage und ihre Überprüfung durch Sachverständige, NJW 1951, 903; *Kohlhaas,* Die prozessualen Schwierigkeiten der Aufklärung von Kindesmißhandlungen, JR 1974, 89; *Krause,* Alte Fragen zum neuen § 81c StPO,

JZ 1976, 124; *Kretschmer,* Das Verhältnis von verweigerter Reihenuntersuchung nach § 81h StPO zur molekulargenetischen Untersuchung gem. der §§ 81c, 81e StPO, HRRS 2012, 185; *Kühne/Kluch,* Sexueller Missbrauch – forensisch-psychologische und psychodiagnostische Aspekte, FamRZ 1995, 981; *Matschke/Herrmann/Sperhake/Körber/Bajanowski/Glatzel,* Das Schütteltrauma-Syndrom, DtschÄrztebl 2009, 211; *Mayer,* Die Entnahme einer Blutprobe nach §§ 81a, 81c StPO zum Zwecke der Feststellung einer AIDS-Infizierung, JR 1990, 358; *Meier,* Zwischen Opferschutz und Wahrheitssuche, JZ 1991, 638; *Müller,* Aufgaben der Polizei bei Vernachlässigung, Misshandlung oder sexuellem Missbrauch von Kindern und Jugendlichen, FPR 2009, 561; *Oberlies,* Genetischer Fingerabdruck und Opferrechte, StV 1990, 469; *Penning/Spann,* Der „AIDS-Test" im Rahmen gerichtlicher Leichenöffnungen und bei körperlichen Untersuchungen nach §§ 81a, 81c StPO, MedR 1987, 171; *Rieß,* Der Hauptinhalt des Ersten Gesetzes zur Reform des Strafverfahrensrechts (1. StVRG); NJW 1975, 81; *Rieß,* Entwicklungstendenzen in der deutschen Strafprozessgesetzgebung seit 1950, ZIS 2009, 466; *Ritter,* Die humangenetische Abstammungsbegutachtung, FamRZ 1991, 646; *Ritter,* Die humangenetische Abstammungsbegutachtung, DAVorm 1997, 664; *Rogall,* Über die Folgen der rechtswidrigen Beschaffung des Zeugenbeweises im Strafprozess, JZ 1996, 944; *Satzger,* DNA-Massentests – kriminalistische Wunderwaffe oder ungesetzliche Ermittlungsmethode, JZ 2001, 639; *Eb. Schmidt,* Zur Lehre von den strafprozessualen Zwangsmaßnahmen, NJW 1962, 664; *Schoene,* Das Zeugnisverweigerungsrecht des Kindes und das gesetzliche Vertretungsrecht der Eltern, NJW 1972, 930; *Schweckendieck,* Eine Gesetzeslücke in § 52 II 2 StPO, NStZ 2008, 537; *Schiemann,* Profiling und Operative Fallanalyse im Strafverfahren, NStZ 2007, 684; *Senge,* Strafverfahrensänderungsgesetz – DNA-Analyse, NJW 1997, 2409; *Solbach,* Kann der Arzt von seiner Schweigepflicht entbunden werden, wenn sein Patient verstorben oder willensunfähig ist?, DRiZ 1978, 204; *Volk,* DNA-Identitätsfeststellungsgesetz – Kein Ende der Begehrlichkeiten, NStZ 2002, 561; *Woesner,* Fragen ärztlicher Geheimhaltungspflicht, NJW 1957, 692; *Zinka,* Sexualdelikte an Kindern, FS Eisenmenger 2009, 81.

Übersicht

I. Überblick

1 **1. Normzweck.** Durch Einfügung des § 81a, der ursprünglich den Regelungsgehalt des § 81c mitumfasste, sollte **Rechtsklarheit** geschaffen werden.[1] Das RG rechnete die Pflicht, eine körperliche Untersuchung zu dulden, nicht zur Zeugenpflicht.[2] Es ging vielmehr davon aus, es handele sich hierbei um die Einnahme eines (richterlichen) Augenscheins, der nur dann zulässig sei, wenn die Voraussetzungen für die Anordnung einer Durchsuchung

[1] LR/*Sarstedt* 22. Aufl. § 81a Rn. 1; *Dünnebier* JZ 1952, 426 (428).
[2] RG 11.6.1886 – Rep 1492/86, RGSt 14, 189 (191).

von Personen nach Spuren einer Straftat gegeben seien.[3] Entsprechend wandte es die Vorschriften über das Zeugnisverweigerungsrecht auf die Pflicht zur Hinnahme des Augenscheins nicht an.[4] Die zwangsweise Vornahme von Eingriffen in die körperliche Unversehrtheit, insbesondere Blutprobenentnahmen, erachtete das RG dagegen für unzulässig. Da die StPO hierfür keine ausdrückliche Regelung vorsah, durften diese nur mit Einwilligung der tatunverdächtigen Person oder deren Vertreter vorgenommen werden.[5] Diese Auffassung fand in der Literatur teils Zustimmung,[6] teilweise aber auch Ablehnung, da sie mit der staatlichen Aufgabe der Wahrheitsfindung im Strafprozess nicht zu vereinbaren sei.[7] Diese unklare und unbefriedigende Rechtslage wollte der Gesetzgeber beseitigen. Die Anwendung der, auf diese Materie nur wenig passenden, Vorschriften über die Durchsuchung wurde durch eine Vorschrift ersetzt, die Art und Umfang der Eingriffsbefugnisse ausdrücklich regelte.

§ 81c dient zudem dem **Schutz der Freiheitsrechte** von Personen, gegen die sich kein 2
Tatverdacht richtet.[8] Diese sollen vor hoheitlichen Eingriffen in Form körperlich wirkender Zwangsmaßnahmen weitgehend geschützt werden. Aus diesem Grunde löste der Gesetzgeber die ursprünglich in § 81a mitenthaltenen Duldungspflichten nicht beschuldigter Personen aus dieser Norm heraus und versah sie mit einer eigenständigen Vorschrift, die die Maßnahmen nur in geringerem Umfang zulässt als gegenüber dem Beschuldigten.[9] Diesem Zweck diente vor allem auch die Annäherung an die Zeugenpflichten und insbesondere das Zeugnisverweigerungsrecht.[10]

2. Entstehungsgeschichte der Norm. Die Untersuchung sowie die Vornahme körper- 3
licher Eingriffe bei Personen, die einer Tat nicht verdächtig sind, war ursprünglich gemeinsam mit den entsprechenden Maßnahmen gegen den Beschuldigten geregelt. Zur Lösung der diesbezüglichen Streitfragen (→ Rn. 1) fügte der Gesetzgeber mit dem Ausführungsgesetz zu dem Gesetz gegen gefährliche Gewohnheitsverbrecher und über Maßregeln der Sicherung und Besserung vom 24.11.1933[11] § 81a ein, der beide Bereiche enthielt.[12] Durch das Vereinheitlichungsgesetz vom 12.9.1950[13] wurden die Maßnahmen jedoch getrennt (→ Rn. 2). Über die Fassung des Normtextes herrschte im Verlaufe des Gesetzgebungsverfahrens allerdings erhebliche Streitigkeit. Die Fassung des Entwurfes unterlag mehreren Änderungen, da der Wille betont werden sollte, gegenüber tatunverdächtigen Personen möglichst wenig an strafprozessualen Eingriffsmaßnahmen zuzulassen. Erst in der dritten Lesung fand daraufhin auf Vorschlag eines Abgeordneten der heute noch in Abs. 1 befindliche **Zeugengrundsatz** Eingang in die Vorlage.[14] Hieraus ergab sich als einzig zulässige Eingriffsvoraussetzung der damalige Abs. 1 S. 1, der dem heutigen Abs. 1 entsprach. § 81c Abs. 2 beschränkte im Gegensatz zur heutigen Rechtslage, die Entnahme von Blutproben auf den „in Abs. 1 bezeichneten Zweck".

Der BGH stellte in der Folgezeit klar, dass sich durch diese Fassung des § 81c jedoch für 4
bestimmte Fälle keine Änderung gegenüber der früheren Rechtslage[15] ergab. Wurde nämlich in einem Meineidsverfahren dem Beschuldigten vorgeworfen, im zivilrechtlichen Unterhaltsrechtsstreit falsch ausgesagt zu haben, so konnte beispielsweise zum Nachweis der

[3] RG 11.6.1986 – Rep 1492/86, RGSt 14, 189 (193–195); RG 20.9.1909 – III 344/09, RGSt 42, 440.
[4] RG 8.7.1889 – Rep 1580/89, RGSt 19, 364 (366 f.).
[5] RG 16.5.1930 – I 1266/29, RGSt 64, 160 (162); RG 26.4.1932 – I 272/32, RGSt 66, 273 (274).
[6] *Hellwig* JW 1930, 1556 (1558); *Wachinger* JW 1932, 3041 (3044).
[7] *Alsberg* JW 1931, 69 (70).
[8] LR/*Sarstedt* 22. Aufl. Anm. 2.
[9] *Eb. Schmidt* Lehrkommentar zur StPO und zum GVG Rn. 1; LR/*Sarstedt* 22. Aufl. Anm. 2.
[10] Kritisch hierzu *Dünnebier* JZ 1952, 427 (429); *Geerds* Jura 1988, 1 (10).
[11] RGBl. I 1933, 995 (1000).
[12] LR/*Krause* Entstehungsgeschichte; *Dünnebier* JZ 1952, 427 (428).
[13] BGBl. 1950 I, 455 (482).
[14] BGH 8.12.1958 – GSSt 3/58, BGHSt 12, 235 (238); ausführlich zum Ablauf des Gesetzgebungsverfahrens *Dünnebier* GA 1953, 65; *Dünnebier* JZ 1952, 427 (429).
[15] Vgl. hierzu RG 16.5.1930 – I 1266/29, RGSt 64, 160 (161 f.).

Abstammung dem gezeugten Kind keine Blutprobe entnommen werden. Es kam als Zeuge der Straftat gerade nicht in Betracht. Eine Spur der Straftat, in diesem Fall des Meineides, war bei ihm nicht zu finden.[16] Hierauf reagierte der Gesetzgeber mit dem dritten Strafrechtsänderungsgesetz vom 4.8.1953,[17] wodurch in Abs. 2 S. 1 der Zeugengrundsatz durch den nunmehr gültigen **Aufklärungsgrundsatz** ersetzt wurde.[18] Die heute gültige Fassung erhielt § 81c dann im Wesentlichen durch das am 1.1.1975 in Kraft getretene erste Gesetz zur Reform des Strafverfahrensrechts (1. StVRG).[19] Es wurde sodann insbesondere die Rechtsprechung des BGH zum Untersuchungsverweigerungsrecht[20] in Abs. 3 umgesetzt.[21] Im Übrigen beschränkte sich der Gesetzgeber auf weitgehend redaktionelle Änderungen.[22] Zuletzt wurde indes eine bedeutsame Änderung durch das 2. Opferrechtsreformgesetz[23] vorgenommen. Die bis dahin nur dem Richter zustehende Anordnung der Beweissicherung nach § 81c Abs. 3 S. 3 wurde auf Vorschlag des BRates[24] nunmehr für Eilfälle auch der Staatsanwaltschaft eingeräumt.

II. Erläuterung

5 **1. Tatbestandsvoraussetzungen. a) Grundsätzliches.** § 81c enthält eine **abschließende Regelung.**[25] Andere Personen als Beschuldigte haben die zwangsweise Durchführung von Untersuchungen nur zu den dort bestimmten Zwecken und in dem dort bezeichneten eingeschränkten Umfang zu dulden.[26] Die zwangsweise Vornahme anderer als körperlicher Untersuchungen ist daher durch Abs. 1 ebenso ausgeschlossen (→ Rn. 14) wie diejenige anderer als der in Abs. 2 genannten Eingriffe (→ Rn. 17). Solche Ermittlungshandlungen bedürfen stets der Einwilligung des zu Untersuchenden (→ Rn. 46).[27]

6 **b) Untersuchung auf Spuren und Tatfolgen nach Abs. 1. aa) Zeugengrundsatz.** Der Gesetzgeber hat sich in § 81c Abs. 1 ausdrücklich zum Zeugengrundsatz bekannt. Das heißt, dass der **Kreis der duldungspflichten Personen** auf solche begrenzt ist, die „als Zeugen in Betracht kommen". Die Auslegung dieses Tatbestandsmerkmals stellt den Normanwender vor nicht unerhebliche Schwierigkeiten, will er in der praktischen Umsetzung des Abs. 1 zu sinnvollen und mit dem Aufklärungsgrundsatz vereinbaren Ergebnissen kommen. Dies mag damit zusammenhängen, dass der entsprechende Passus erst sehr spät in das Gesetzgebungsverfahren eingebracht wurde und er auf eine eher unausgegorene Einzelmeinung zurückging (→ Rn. 3).[28]

7 Die **Rechtsprechung** äußerte sich bislang nur vereinzelt zu dieser Problematik. Der BGH setzte sich mit dem Zeugengrundsatz nur in der Fassung des § 81c auseinander, die er durch das Vereinheitlichungsgesetz vom 12.9.1950 erfahren hatte. Zur damaligen Zeit, noch vor dem 3. Strafrechtsänderungsgesetz vom 4.8.1953, galt dieser sowohl für Abs. 1 und Abs. 2 (→ Rn. 3). Gegenstand des betreffenden Urteils[29] war ein Meineidsverfahren gegen die Mutter eines unehelichen Kindes. Diese hatte im Unterhaltsrechtsstreit als Zeugin

---

16 BGH 13.11.1952 – 5 StR 418/52, BeckRS 1952, 31192380 = *Dallinger* MDR 1953, 146 (148).

17 BGBl. 1953 I, 735 (744).

18 *Dünnebier* GA 1953, 65 (66).

19 BGBl. 1974 I, 3393 (3394 f.).

20 BGH 8.12.1958 – GSSt 3/58, BGHSt 12, 235.

21 *Krause* JZ 1976, 124 f.; *Rieß* NJW 1975, 81 (83); *Rieß* ZIS 2009, 466 (479).

22 Hierzu LR/*Krause* Entstehungsgeschichte.

23 BGBl. 2009 I, 2280 (2281).

24 BT-Drs. 16/13671, 21.

25 LG Frankfurt 4.6.2008 – 5/28 Qs 10/08, StraFo 2009, 18; HK/*Lemke* Rn. 5; *Meyer-Goßner* Rn. 6; LR/*Krause* Rn. 8; *Eisenberg* Beweisrecht Rn. 1661; *Geerds* Jura 1988, 1 (3).

26 BGH 11.11.1959 – 2 StR 471/59, BGHSt 14, 21 (23).

27 OLG Hamm 25.11.1960 – 1 Ss 1377/60, VRS 21 (1961), 62 (63); *Eb. Schmidt* Lehrkommentar zur StPO II Rn. 13.

28 *Dünnebier* GA 1953, 65.

29 BGH 13.11.1952 – 5 StR 418/52, BeckRS 1952, 31192380, insoweit nur teilweise wiedergegeben bei *Dallinger* MDR 1953, 146 (148).

bekundet, während der gesetzlichen Empfängniszeit mit keinem anderen Manne als dem in Anspruch genommenen verkehrt zu haben. Der BGH kam zu dem Ergebnis, dass die in dem darauf aufbauenden Strafverfahren vorgenommene Blutprobenentnahme bei dem Kind nicht von § 81c Abs. 1 und 2 gedeckt war. Er tendierte dabei zu einer wortgemäßen Auslegung des Passus, dass die betreffenden Personen „als Zeugen in Betracht kommen" müssten. Hierzu führte er aus, das sei bei dem unehelichen Kind nicht der Fall, da es nichts über von ihm gemachte Wahrnehmungen berichten könne, sondern lediglich Augenscheinsobjekt gewesen sei. Gegen „nicht als Zeugen am Verfahren beteiligte Personen" könne aber eine Blutprobenentnahme nicht zwangsweise durchgesetzt werden.[30]

Zu Recht wurde darauf hingewiesen, dass dieses Ergebnis mit einer **teleologischen Auslegung** der Vorschrift nicht vereinbar ist. Gerade die Fälle der hilflosesten Opfer, nämlich vor allem Kleinkinder oder solche, die infolge gravierender Tatfolgen ihre Zeugnisfähigkeit weitgehend oder vollständig verloren haben, wären nicht erfasst.[31] Daher wird zwischenzeitlich allgemein davon ausgegangen, alleine die potenzielle Verfahrensrolle des zu Untersuchenden sei maßgeblich. Die Duldungspflicht des Abs. 1 bezieht sich daher selbst auf aussageuntüchtige Personen, wenn die Möglichkeit ihrer Vernehmung für den Fall der Vernehmungsfähigkeit in Betracht käme. Erfasst sind daher Tatopfer wie Säuglinge, Kleinkinder, schwer Geistesgestörte oder solche, die bei der Tat schlafend oder bewusstlos waren.[32] Nur auf diese Weise finden die Umstände Berücksichtigung, dass das Zusammentreffen von Zeugenrolle und der Eigenschaft als Spurenträger zufällig ist[33] und dass es bei der körperlichen Untersuchung nach Abs. 1 um das Erlangen von Sachbeweisen geht und nicht die Nähe zur Zeugeneigenschaft.[34] Im Übrigen ging der Reformgesetzgeber selbst hiervon aus. Bei Einfügung des § 81c Abs. 3 (→ Rn. 4) begründete er die dort nicht erfolgte Übernahme der Aussagebereitschaft aus § 52 Abs. 2 S. 1 ausdrücklich damit, dass Maßnahmen nach § 81c auch an Personen vorgenommen werden können, die völlig handlungs- und willensunfähig sind".[35] Dies zugrunde gelegt ist der in Abs. 1 geregelte Zeugengrundsatz praktisch überflüssig. Das gesetzgeberische Ziel, strafprozessuale Zwangsmaßnahmen gegenüber beliebigen Personen auszuschließen, die in keiner hinreichend nahen Beziehung zum Gegenstand des Verfahrens stehen,[36] wird bereits durch den Spurengrundsatz erreicht. Dieser schließt, da nur bestimmte Spuren oder Folgen einer Straftat gesucht werden dürfen, Reihenuntersuchungen ohnehin aus (→ Rn. 12).[37] 8

bb) Spurengrundsatz. Als **Zweck der Untersuchung** kommt nach Abs. 1 nur die Suche nach Spuren oder Folgen einer Straftat in Frage. Hierzu rechnet bei entsprechendem Zusammenhang die Nachschau nach gewöhnlich nicht sichtbaren Körpermerkmalen wie Tätowierungen oder Muttermalen.[38] Diese Voraussetzung ist dagegen nicht erfüllt, wenn der Angeklagte in einem gegen ihn gerichteten Verfahren wegen Verleumdung die Untersuchung der Zeugin begehrt, um zu beweisen, dass sie nicht mehr „geschlechtlich unversehrt" sei;[39] eine eventuelle Sehschwäche für die Beweiswürdigung von Bedeutung sein kann;[40] die angeblich nicht erfolgte Defloration als äußeres Beweisanzeichen dienen soll, die Aussage des Opfers eines Sexualdeliktes sei nicht glaubhaft.[41] 9

---

[30] Unter ausdrücklicher Berufung auf RG 16.5.1930 – I 1266/29, RGSt 64, 160 (162).

[31] *Kohlhaas* JR 1974, 89 (90); *Krause* JZ 1976, 124 (125); *Meier* JZ 1991, 638 (642).

[32] HK/*Lemke* Rn. 6; KK/*Senge* Rn. 1; KMR/*Bosch* Rn. 6; *Meyer-Goßner* Rn. 10; LR/*Krause* Rn. 10; Radtke/Hohmann/*Beukelmann* Rn. 4; *Roxin/Schünemann* § 33 Rn. 25.

[33] *Busch* NJW 2001, 1335 (1336); *Dünnebier* GA 1953, 65 (67).

[34] *Geerds* Jura 1988, 1 (2).

[35] Hierzu ausführlich *Krause* JZ 1976, 124 (125).

[36] *Dünnebier* GA 1953, 65 gibt aus der BT-Drs. der 3. Lesung zum Vereinheitlichungsgesetz folgendes wieder: „Dass es nicht irgendwelche Personen sind, sondern nur solche, die Beweismittel im Prozess sind".

[37] LR/*Krause* Rn. 12; *Busch* NJW 2001, 1335 (1336); *Dünnebier* GA 1953, 65, (68); *Graalmann-Scherer* ZRP 2002, 72 (75); *Satzger* JZ 2001, 639 (645); *Volk* NStZ 2002, 561 (563).

[38] LR/*Krause* Rn. 13.

[39] RG 20.9.1909 – III 344/09, RGSt 42, 440; *Peters* S. 329.

[40] OLG Hamm 25.11.1960 – 1 Ss 1377/60, VRS 21 (1961), 62 (63); KK/*Senge* Rn. 2.

[41] BGH 6.8.1969 – 4 StR 126/69, NJW 1970, 1242 zu § 244 StPO.

10 Unter **Spuren** fallen die unmittelbar durch die Tat verursachten Änderungen am Körper, die Rückschlüsse auf den Täter oder die Tatausführung ermöglichen, unabhängig davon, ob sie dauerhaft sind oder nicht. Das sind beispielsweise Wunden,[42] insbesondere Stichwunden,[43] der Einschusskanal,[44] Antragungen am Körper des Opfers oder in den natürlichen Körperöffnungen, wie Blutspuren auf der Haut (auch des Täters), Hautreste unter den Fingernägeln oder Spermien in der Scheide der Frau, die Opfer eines Sexualdelikts wurde.[45] Das Scheidensekret als solches kann dagegen nicht Gegenstand einer entsprechenden Untersuchung sein, da es bei der geschädigten Frau unabhängig von der Tat stets vorhanden ist.[46]

11 **Tatfolgen** sind dagegen auch mittelbar durch die Tat hervorgerufene Veränderungen am Körper des Opfers, die Rückschlüsse darauf ermöglichen sollen, was an (qualifizierten) Merkmalen und Schädigungen entstanden ist.[47] Es ist nicht erforderlich, dass sie zum Tatbestand der Strafnorm gehören. Ausreichend ist auch deren Bedeutung für die Strafzumessung. Zu nennen sind Hautabschürfungen, Zahnlücken, Ansteckung mit Krankheiten,[48] Defloration bei der Vergewaltigung oder schlechter Ernährungszustand des Opfers nach Freiheitsberaubung.[49] Der üblicherweise bei der Definition der Tatfolgen verwandte Zusatz, sie würden keine Hinweise auf den Täter oder die Tatausführung geben,[50] ist zumindest missverständlich. Gerade die genannten Beispiele zeigen, dass auch Tatfolgen durchaus derartige Rückschlüsse zulassen. Sie beschränken sich nur nicht darauf, als sichtbare Einwirkungen ausschließlich und unmittelbar zur Tatfeststellung zu führen.[51] Indes werden vielfältig Überschneidungen gegeben sein.

12 Die Untersuchung ist nur zulässig, soweit sie sich auf **bestimmte** Spuren oder Tatfolgen richtet. Das heißt, dass sie nicht ohne genügenden Anlass erfolgen darf;[52] vielmehr müssen konkrete Anhaltspunkte über Art und Vorhandensein der Spuren oder Tatfolgen bestehen, zu deren Auffindung sie dient.[53] Schwere des Delikts und erwartete Qualität des Beweismittels sind dabei wesentliche Gesichtspunkte, die in die Abwägung der Anordnungsvoraussetzungen einzustellen sind. Bei Aufklärung einer gravierenden Straftat werden an den Bestimmtheitsgrad der Erwartung und die Genauigkeit ihres Inhalts geringere Anforderungen zu stellen sein, als bei weniger erheblichen Vergehen. Ein erfahrungsgemäß zuverlässiges Beweismittel wird eher zu erheben sein, als ein schwächeres Beweisanzeichen.[54] Für Reihenuntersuchungen kann § 81c Abs. 1 nach allgemeiner Meinung generell nicht als Anordnungsgrundlage herangezogen werden (→ Rn. 8).[55]

13 **cc) Erforschung der Wahrheit.** Die Maßnahme nach § 81c Abs. 1 ist nur statthaft, wenn sie zur Erforschung der Wahrheit durchgeführt werden muss. Das setzt voraus, dass sie nach dem **Aufklärungsgrundsatz** notwendig ist.[56] Dadurch wird sie aber nur dann ausgeschlossen, wenn es auf das Ergebnis der Untersuchung für das Ermittlungsverfahren nicht ankommt.[57] Schon die Erwartung, dass weitere Beweismittel gefunden werden können, und Zweifel, ob die vorhandenen zur Aufklärung des Sachverhalts genügen

---

[42] *Janetzke* NJW 1958, 534 (535).
[43] BGH 20.11.1953 – 2 StR 467/53, BGHSt 5, 132 (134).
[44] HK/*Lemke* Rn. 7; *Meyer-Goßner* Rn. 12; Radtke/Hohmann/*Beukelmann* Rn. 6.
[45] LR/*Krause* Rn. 14.
[46] *Oberlies* StV 1990, 469 (470).
[47] *Kohlhaas* JR 1974, 89 (90); KK/*Senge* Rn. 2.
[48] HK/*Lemke* Rn. 8 f.; *Meyer-Goßner* Rn. 13; *Janetzke* NJW 1958, 534 (535).
[49] LR/*Krause* Rn. 15.
[50] HK/*Lemke* Rn. 8; LR/*Krause* Rn. 15; *Meyer-Goßner* Rn. 13, Radtke/Hohmann/*Beukelmann* Rn. 6.
[51] *Kohlhaas* JR 1974, 89 (90).
[52] *Meyer-Goßner* Rn. 14.
[53] HK/*Lemke* Rn. 10; KK/*Senge* Rn. 1; Radtke/Hohmann/*Beukelmann* Rn. 7.
[54] LR/*Krause* Rn. 16; *Eisenberg* Beweisrecht Rn. 1663.
[55] HK/*Lemke* Rn. 10; KK/*Senge* Rn. 1; KMR/*Bosch* Rn. 8; *Meyer-Goßner* Rn. 14; LR/*Krause* Rn. 16; *Eisenberg* Beweisrecht Rn. 1663.
[56] *Meyer-Goßner* Rn. 15; LR/*Krause* Rn. 17; Radtke/Hohmann/*Beukelmann* Rn. 9.
[57] HK/*Lemke* Rn. 11; LR/*Krause* Rn. 17.

oder deren Verwertbarkeit zu einem späteren Zeitpunkt noch gegeben ist, führen zur Zulässigkeit.[58] Das ist beispielsweise bei unsicheren Zeugen der Fall, insbesondere wenn ihnen ein Zeugnisverweigerungsrecht zusteht und nicht sicher ist, dass sie von diesem keinen Gebrauch machen, oder wenn ein Geständnis des Beschuldigten nicht zu erwarten ist.[59] Gleiches gilt für den zu befürchtenden Widerruf eines Geständnisses.[60] Zu berücksichtigen ist auch, dass vor allem Spuren, aber mitunter auch Tatfolgen, nur kurze Zeit vorhanden sein, und Beweiswert und -erfolg bei einem Zuwarten schnell entfallen können.[61] Letzteres gilt gerade bei Antragungen am Körper des Tatopfers, wie Blutspuren oder Hautfetzen oder –abrieb des Täters in besondere Weise. Hier kann nicht ein möglicherweise endgültiger Verlust der Aufklärungsmöglichkeit in Kauf genommen werden, um festzustellen, ob noch andere Beweismittel zur Verfügung stehen, die die Erhebung überflüssig machen könnten.

dd) Art und Umfang der Untersuchung. Die Untersuchung der tatunverdächtigen 14
Person ist nur daraufhin gestattet, ob sich „an ihrem Körper“ Spuren oder Tatfolgen befinden. Schon der Wortlaut erlaubt daher ausschließlich **körperliche Untersuchungen**[62] (→ Rn. 5). Typischer Fall ist die Begutachtung äußerlich sichtbarer Verletzungen bei Fällen von Kindesmisshandlung.[63] Von der gesetzlichen Regelung nicht umfasst, sind dagegen Untersuchungen des psychischen Zustands, insbesondere aussagepsychologische Begutachtungen eines Zeugen ohne dessen Einwilligung[64] (ausführlich → Rn. 55–58). Gleiches gilt für die psychiatrische Begutachtung eines Zeugen zur Feststellung der Aussagetüchtigkeit[65] für die amtsärztliche Untersuchung auf dessen Zeugnis- und Vernehmungsfähigkeit,[66] für die Untersuchung auf die Sehfähigkeit,[67] oder inwieweit beispielsweise der psychische Zustand infolge eines Schocks oder allgemein durch die Tat verändert wurde.[68]

Erfasst wird allerdings nicht nur die bloße Beobachtung, sondern auch die Inspektion 15
der **natürlichen Körperöffnungen,** sofern deren Inneres ohne ärztliche Hilfe sichtbar zu machen ist.[69] Hierunter wird teilweise das gewaltsame Öffnen des Mundes zur Besichtigung der Zähne gefasst, die beispielsweise durch Körperverletzungshandlungen beschädigt wurden, oder die Vornahme von Scheidenabstrichen.[70] Letztere sind jedoch vom Spurengrundsatz nicht gedeckt, wenn sie ausschließlich der Gewinnung des Scheidensekrets als solchem dienen sollen[71] (→ Rn. 10).

Nach dem eindeutigen Wortlaut des § 81c Abs. 1 sind **körperliche Eingriffe verbo-** 16
ten.[72] Das sind alle Maßnahmen, die eine – wenn auch nur ganz geringfügige – Verletzung voraussetzen oder nach sich ziehen.[73] Eine Ausnahme gilt nur für die nach § 81c Abs. 2 ausdrücklich genannten Eingriffe. Ohne Einwilligung können daher nicht vorgenommen

---

58 HK/*Lemke* Rn. 11; *Eisenberg* Beweisrecht Rn. 1664; *Geerds* Jura 1988, 1 (3).
59 *Fezer* JuS 1978, 765 (Fn. 1).
60 *Meyer-Goßner* Rn. 14; Radtke/Hohmann/*Beukelmann* Rn. 9.
61 LR/*Krause* Rn. 17; *Eisenberg* Beweisrecht Rn. 1664.
62 *Eb. Schmidt* Lehrkommentar zur StPO, Nachträge und Ergänzungen zu Teil II Rn. 6; KK/*Senge* Rn. 3; *Janetzke* NJW 1958, 534 (535).
63 *Meier* JZ 1991, 638 (642).
64 KK/*Senge* Rn. 9; *Fezer* JuS 1978, 765 (766).
65 BGH 25.9.1990 – 5 StR 401/90, StV 1991, 405 (406).
66 LG Frankfurt 4.6.2008 – 5/28 Qs 10/08, StraFo 2009, 18.
67 OLG Hamm 25.11.1960 – 1 Ss 1377/60, VRS 21 (1961), 62 (63).
68 LR/*Krause* Rn. 8.
69 BGH 11.12.1990 – 5 StR 500/90, *Miebach/Kusch* NStZ 1991, 226 (227); HK/*Lemke* Rn. 13; KMR/*Bosch* Rn. 10; *Meyer-Goßner* Rn. 16; KK/*Senge* Rn. 3; *Eisenberg* Beweisrecht Rn. 1664; *Dettmeyer ua* Rechtsmedizin 20 (2010), 200 (206); aA SK/*Rogall* Rn. 19.
70 *Meyer-Goßner* Rn. 16; LR/*Krause* Rn. 19; aA Radtke/Hohmann/*Beukelmann* Rn. 21; SK/*Rogall* Rn. 19.
71 *Oberlies* StV 1990 469 (470).
72 *Eb. Schmidt* Lehrkommentar zur StPO II Nachtrag Rn. 6; HK/*Lemke* Rn. 13.
73 *Meier* JZ 1991, 638 (642).

werden Magenauspumpen,[74] die Beibringung einer Narkose,[75] die röntgenologische Durchleuchtung[76] (siehe hierzu ausführlich → Rn. 61) und die Besichtigung einer Wunde von innen unter Verwendung einer Sonde.[77]

17 **c) Abstammungsuntersuchungen und Blutprobenentnahmen nach Abs. 2. aa) Zulässige Maßnahmen.** § 81c Abs. 2 statuiert eine **Sonderregelung** für die dort ausdrücklich aufgeführte Abstammungsuntersuchung und die Blutprobenentnahme. Es handelt sich um die einzigen Maßnahmen, bei denen die Grenze der Beobachtung überschritten werden darf. Die Literatur geht dabei zum großen Teil davon aus, die Blutprobenentnahme sei der einzig zulässige körperliche Eingriff.[78] Dies ist nach der systematischen Auslegung der Vorschrift jedoch nicht zwingend. Eine entsprechende Beschränkung lässt sich aus dem Begriff der Untersuchung nicht herleiten. Eine solche kann durchaus in der Vornahme von Eingriffen bestehen.[79] Im Gegensatz zu der Formulierung in § 81c Abs. 1 ist die Untersuchung zur Feststellung der Abstammung nach dem insoweit abweichenden Wortlaut nicht auf eine solche „an" dem Köper des Betroffenen beschränkt. Sie kann demnach auch körperliche Eingriffe umfassen.[80] Andere als die damit in Zusammenhang stehenden oder die zusätzlich genannte Blutprobenentnahme sind dagegen nicht zulässig (→ Rn. 5). In jedem Fall ist nach § 81c Abs. 2 S. 2 ein Arzt[81] zu beauftragen.

18 Ist die **Abstammungsuntersuchung** angeordnet,[82] berechtigt daher schon dies zur Abnahme einer Blutprobe[83] oder einer Speichelprobe.[84] Darüber hinaus können Lichtbildaufnahmen gefertigt, Messungen vorgenommen und Fingerabdrücke abgenommen werden, um ein erbbiologisches Gutachten zu erstellen.[85] Eine Röntgenbestrahlung wäre, auch wenn sie einen Eingriff darstellt, zumindest für ein Gutachten aufgrund genetischen Wirbelsäulenvergleichs vom Anordnungsgrund gedeckt (aber → Rn. 21). Da nach heutigem Stand der Wissenschaft allerdings die Abstammung durch Blutgruppen- und DNA-Gutachten sowohl für den Fall des Ausschlusses, als auch des positiven Nachweises zuverlässig geklärt werden kann, kommt erbbiologischen Gutachten oder solchen zum genetischen Wirbelsäulenvergleich praktisch ohnehin keine Bedeutung mehr zu[86] (→ Rn. 21).

19 Die **Blutprobenentnahme** kann einerseits Grundlage sein, um mittels serologischen (Blutgruppen-) Gutachtens oder molekulargenetischer Untersuchung die Abstammung des Zeugen festzustellen.[87] Sie wird diesbezüglich auch vorrangige Beweisgrundlage sein.[88]

---

74 *Eb. Schmidt* Lehrkommentar zur StPO II Nachtrag Rn. 6; KK/*Senge* Rn. 4; LR/*Krause* Rn. 19; *Meyer-Goßner* Rn. 16; *Eisenberg* Beweisrecht Rn. 1664.

75 BGH 11.12.1990 – 5 StR 500/90, *Miebach/Kusch* NStZ 1991, 226 (227), unter expliziter Bezugnahme auf BGH 6.8.1969 – 4 StR 126/69, NJW 1970, 1242, wo dies wegen der mit jeder Narkose verbundenen Beeinträchtigung der Gesundheit als unzumutbar angesehen wurde.

76 KK/*Senge* Rn. 4; KMR/*Bosch* Rn. 9; LR/*Krause* Rn. 19; *Meyer-Goßner* Rn. 16; *Eisenberg* Beweisrecht Rn. 1664; *Dettmeyer ua* Rechtsmedizin 20 (2010), 200 (206).

77 LR/*Krause* Rn. 19; aA SK/*Rogall* Rn. 19.

78 HK/*Lemke* Rn. 15; KK/*Senge* Rn. 5; LR/*Krause* Rn. 23; Radtke/Hohmann/*Beukelmann* Rn. 1; SK/*Rogall* Rn. 31.

79 *Eb. Schmidt* NJW 1962, 664 zu § 81a StPO.

80 *Meier* JZ 1991, 638 (642).

81 → § 81a Rn. 12.

82 Zur Auswahl des Sachverständigen s. → § 73 Rn. 19.

83 *Meyer-Goßner* Rn. 18; LR/*Krause* Rn. 23; *Eisenberg* Beweisrecht Rn. 1666.

84 LG Verden 17.9.2004 – 1 Qs 188/04, NStZ-RR 2006, 246 (247); LG Hildesheim 18.11.2005 – 12 Qs 73/05, NStZ 2006, 360; aA *Meyer-Goßner* Rn. 18; LR/*Krause* Rn. 23; SK/*Rogall* Rn. 31.

85 HK/*Lemke* Rn. 16; *Meyer-Goßner* Rn. 18; LR/*Krause* Rn. 23 „Ähnlichkeitsgutachten"; *Eisenberg* Beweisrecht Rn. 1666.

86 *Anslinger/Peschel*, FS Eisenmenger, 2009, 423; *Ritter* FamRZ 1991, 646 (648); s. auch schon BGH 13.11.1952 – 5 StR 418/52, BeckRS 1952, 31192380, insoweit bei *Dallinger* MDR 1953, 146 (147 f.) nicht wiedergegeben zu § 244 Abs. 4 S. 2 Hs. 1 StPO.

87 LR/*Krause* Rn. 23; *Eisenberg* Beweisrecht Rn. 1666.

88 *Ritter* DAVorm 1999, 663 (667); *Bundesärztekammer* DÄBl. 2002, 667 Speichelprobe nur „in begründeten Ausnahmefällen"; aA *Anslinger/Peschel*, FS Eisenmenger, 2009, 423 (425) für molekulargenetische Abstammungsuntersuchung sei Speichelprobe der „Standard".

Andererseits steht die Entnahme einer Blutprobe schon vom Wortlaut des § 81c Abs. 2 S. 1 her als eigenständiger Eingriff neben der Untersuchung zur Feststellung der Abstammung. Sie kann folglich auch zu anderen Zwecken durchgeführt werden. Hier sind insbesondere zu nennen der Nachweis, ob das Tatopfer bei der Tat mit einer Krankheit infiziert wurde,[89] oder ob ein an einem Unfall beteiligter Verkehrsteilnehmer alkoholisiert war.[90] Die Entnahme einer Speichelprobe ist als weniger eingriffsintensives Minus gegenüber der Blutprobenentnahme zulässig, auch wenn sie im Normtext nicht ausdrücklich erwähnt wird.[91] Um Auslegungsschwierigkeiten zu vermeiden wird es sich anbieten, dem Betroffenen bei Anordnung der Blutprobenentnahme nachzulassen, diese durch die Abgabe einer Speichelprobe abzuwenden.[92] § 81c Abs. 2 S. 1 stellt zugleich ausreichende Grundlage für die Auswertung des Probenmaterials dar.[93] Eine besondere Regelung besteht indes für den Zweck der molekulargenetischen Analyse nach § 81e.

bb) Aufklärungsgrundsatz und Unerlässlichkeit der Maßnahme. Im Gegensatz zu § 81c Abs. 1 und zur früheren Fassung des Abs. 2 (→ Rn. 3 f.) gilt nunmehr für Abstammungsuntersuchungen und Blutprobenentnahmen der **Aufklärungsgrundsatz.** Das heißt, dass diese Maßnahmen auch bei solchen Personen zwangsweise durchgeführt werden dürfen, die nicht als Zeugen in Betracht kommen und keine Spuren oder Folgen der Tat an sich tragen.[94] Dies ist beispielsweise der Fall, bei einem Kind wenn dessen biologische Abstammung maßgeblich ist in einem Verfahren gegen einen Elternteil, dem vorgeworfen wird, im zivilrechtlichen Unterhaltsverfahren falsch ausgesagt oder einen Meineid geleistet zu haben;[95] für eine Strafbarkeit nach aufenthaltsrechtlichen Bestimmungen;[96] um bei einem unfallbeteiligten Verkehrsteilnehmer eine Blutprobe zur Bestimmung seiner Alkoholisierung zu entnehmen zur Aufklärung eines eventuellen Mitverschuldens;[97] um bei einem Zeugen eine Einschränkung seiner Wahrnehmungsfähigkeit zu prüfen, die sich aus einer (hochgradigen) Alkoholisierung ergeben kann.[98] 20

Die **Unerlässlichkeit** zur Erforschung der Wahrheit nach § 81c Abs. 2 S. 1 deutet von der Formulierung her auf erhöhte Anforderungen im Vergleich zu Abs. 1 hin.[99] Gleichwohl wird hier ebenfalls allgemein davon ausgegangen, dass die Maßnahme gemessen an der Aufklärungspflicht notwendig ist und andere Mittel gegenwärtig nicht zur Verfügung stehen oder nicht den gleichen Erfolg versprechen.[100] Eine Subsidiarität ist daher nicht anzunehmen.[101] Auch ist nicht vorausgesetzt, vor Anordnung der Maßnahme nach § 81c Abs. 2 zuvor sämtliche anderen Beweismöglichkeiten auszuschöpfen.[102] Unerlässlichkeit ist mithin immer dann gegeben, 21

---

[89] HK/*Lemke* Rn. 15.

[90] LR/*Krause* Rn. 23; *Eisenberg* Beweisrecht Rn. 1666.

[91] VGH Berlin 13.12.2005 – VerfGH 113/05, NJW 2006, 1416 (1418); LG Frankenthal 6.10.1999 – II Qs 363/99, NStZ-RR 2000, 146; *Busch* NJW 2001, 1335 (1336); *Kretschmer* HRRS 2012, 185 (189); aA *Meyer-Goßner* Rn. 18; LR/*Krause* Rn. 23; SK/*Rogall* § 81h Rn. 7; *Satzger* JZ 2001, 639 (645).

[92] Vgl. OLG Bremen 28.9.2009 – Ws 123/09, BeckRS 2010, 05906, insoweit nicht abgedruckt in StV 2010, 122; LG Mannheim 30.3.2004 – 1 Qs 1/04, NStZ-RR 2004, 301 (302).

[93] BVerfG 2.8.1996 – 2 BvR 1511/96, NJW 1996, 3071 (3072 f.); BGH 21.8.1990 – 5 StR 145/90, BGHSt 37, 157 (158) jeweils zu § 81a StPO.

[94] LG Mannheim 30.3.2004 – 1 Qs 1/04, NStZ-RR 2004, 301 (302); HK/*Lemke* Rn. 17; KK/*Senge* Rn. 5; *Meyer-Goßner* Rn. 18; *Eisenberg* Beweisrecht Rn. 1666; *Geerds* Jura 1988, 1 (3).

[95] LR/*Krause* Rn. 24; Radtke/Hohmann/*Beukelmann* Rn. 8; dagegen noch BGH 13.11.1952 – 5 StR 418/52, BeckRS 1952, 31192380 = *Dallinger* MDR 1953, 146 (148), s. auch *Dünnebier* JZ 1952, 426 (427), GA 1953, 65 (66).

[96] LG Hildesheim 18.11.2005 – 12 Qs 73/05, NStZ 2006, 360 zu § 95 Abs. 2 Nr. 2 AufenthG „Scheinvaterschaft"; LG Verden 17.9.2004 – 1 Qs 188/04, NStZ-RR 2006, 246 (247) zu § 92 Abs. 2 Nr. 2 AuslG.

[97] KK/*Senge* Rn. 5; Radtke/Hohmann/*Beukelmann* Rn. 8; *Anslinger/Peschel*, FS Eisenmenger, 2004, 423.

[98] Vgl. BGH 18.1.1990 – 4 StR 616/89, StV 1990, 289 (290) mAnm *Weider*.

[99] LG Mannheim 30.3.2004 – 1 Qs 1/04, NStZ-RR 2004, 301 (302); LR/*Krause* Rn. 26; *Geerds* Jura 1988, 1 (10).

[100] OLG Saarbrücken 10.9.1958 – Ss 27/58, FamRZ 1959, 35; LG Mannheim 30.3.2004 – 1 Qs 1/04, NStZ-RR 2004, 301 (302) „Wenn die Aufklärungspflicht (§ 244 Abs. 2) sie gebietet".

[101] LR/*Krause* Rn. 26; aA *Geerds* Jura 1988, 1 (10).

[102] LG Mannheim 30.3.2004 – 1 Qs 1/04, NStZ-RR 2004, 301 (302); LG Regensburg 6.2.2003 – Qs 4/2003 jug., StraFo 2003, 127 (128); KK-*Senge* Rn. 5; *Meyer-Goßner* Rn. 20; *Eisenberg* Beweisrecht Rn. 1668.

wenn die bereits erhobenen Beweismittel bei vernünftiger Beurteilung noch Zweifel übrig lassen, was lediglich dann ausgeschlossen ist, sofern der Sachverhalt bereits aufgeklärt ist und lediglich weitere Bestätigung gesucht wird.[103] Der Eingriff kann mithin vorgenommen werden bei einem Personenkreis, auf den ein im Rahmen einer Fallanalyse erstelltes Täterprofil zutrifft,[104] oder bei dem ein hinreichend konkreter Kontakt mit dem Tatopfer bestand.[105] Objektive Beweismittel, die über Untersuchungen nach § 81c Abs. 2 gewonnen werden können, haben zudem in der Regel Vorrang vor Zeugenaussagen wegen der mit Letzteren meist verbundenen Unsicherheit bei der Beweiswürdigung. Das gilt in besonderem Maße, wenn vor dem Hintergrund familiärer Auseinandersetzungen unbeteiligte Zeugen nicht vorhanden sind.[106] Wegen des unterschiedlichen Beweiswerts wird allgemein davon ausgegangen, ein erbbiologisches Gutachten könne erst dann angeordnet werden, wenn über eine Blutgruppenbestimmung die Abstammung nicht zu klären ist.[107] Wegen der Zuverlässigkeit dieser Methode nach heutigem Stand der Wissenschaft, dürfte dieser Fall aber praktisch nahezu ausgeschlossen sein (→ Rn. 18). Nicht eindeutig zu beantworten ist dagegen aus medizinischer Sicht die Frage, ob dem serologischen (Blutgruppen-) Gutachten oder der molekulargenetischen Untersuchung der Erbsubstanz der Vorrang gebührt.[108] Einerseits wird davon ausgegangen, die serologische Abstammungsuntersuchung ermögliche sowohl für Ausschluss als auch positive Feststellung der Abstammung zweifelsfreie Feststellungen.[109] DNA-Untersuchungen seien daher nur ergänzend heranzuziehen.[110] Andererseits wird der zuverlässigste Beweiswert den molekulargenetischen Untersuchungsmöglichkeiten, zumindest in Form der STR-Analyse, beigemessen.[111] Unter dem rechtlichen Gesichtspunkt der Unerlässlichkeit wird daher keinem der Verfahren ein genereller Vorrang einzuräumen sein. Es ist im Einzelfall zu entscheiden, welche (kombinierten) Methoden das zuverlässigere Beweisergebnis erwarten lassen. Bei Auswertung der Erbsubstanz ist § 81e zu beachten.[112]

22 **cc) Nachteil für die Gesundheit.** § 81c Abs. 2 S. 1 stellt ausdrücklich klar, dass durch die Maßnahme kein Nachteil für die Gesundheit zu befürchten sein darf. Dies bezieht sich nur auf **unmittelbare Folgen.** Nicht erfasst sind mittelbare Folgeschäden, vor allem psychische Beeinträchtigungen, die durch den Eingriff ausgelöst werden.[113] Hiervon geht auch die – soweit ersichtlich – zu diesem Problemkreis bislang einzig veröffentlichte Gerichtsentscheidung[114] im Zusammenhang mit der vergleichbaren Vorschrift des § 372a ZPO aF[115] aus. Dort wird ausdrücklich ausgeführt, durch eine Blutentnahme entstünde der Betroffenen kein „körperlicher Schaden". Der weitergehende psychische Schaden in Form einer „Spritzenphobie" wird dagegen unter dem Gesichtspunkt der Zumutbarkeit erörtert. Bei der Blutprobenentnahme[116] und erst recht bei der Speichelprobenentnahme[117]

---

103 OLG Saarbrücken 10.9.1958 – Ss 27/58, FamRZ 1959, 35; KMR/*Bosch* Rn. 18; LR/*Krause* Rn. 26.

104 LG Mannheim 30.3.2004 – 1 Qs 1/04, NStZ-RR 2004, 301 (302), hierzu *Schiemann* NStZ 2007, 684 (685 f.).

105 LG Frankenthal 6.10.1999 – II Qs 363/99, NStZ-RR 2000, 146 Verbindung über eine „Seitensprungagentur". Zur Abgrenzung gegenüber dem Reihengentest → § 81h Rn. 4.

106 OLG Saarbrücken 10.9.1958 – Ss 27/58, FamRZ 1959, 35 (36).

107 HK/*Lemke* Rn. 18; KK-*Senge* Rn. 5; *Meyer-Goßner* Rn. 20; LR/*Krause* Rn. 26.

108 In den Richtlinien der Bundesärztekammer für die Erstattung von Abstammungsgutachten, DÄBl. 2002, 665 (666) werden Varianten beider Untersuchungsmethoden für „hinreichend evaluiert" erklärt.

109 *Ritter* FamRZ 1991, 646 (647 und 649).

110 *Ritter* DAVorm 1999, 663 (666).

111 KMR/*Bosch* Rn. 14; *Anslinger/Peschel*, FS Eisenmenger, 2004, 423.

112 *Eisenberg* Beweisrecht Rn. 1668.

113 *Mayer* JR 1990, 358 (363).

114 OLG Koblenz 19.9.1975 – 6 W 255/75, NJW 1976, 379 f.

115 Die zum Zeitpunkt der Entscheidung gültige Fassung ging in Abs. 1 noch davon aus, dass die Untersuchung „ohne Nachteil für die Gesundheit zugemutet werden kann"; anders nunmehr §§ 372a Abs. 1 ZPO, 178 Abs. 1 FamFG, wo nur noch auf die Zumutbarkeit abgestellt wird.

116 LG Frankenthal 6.10.1999 – II Qs 362/99, NStZ-RR 2000, 146; *Busch* NJW 2001, 1335 (1336); *Mayer* JR 1990, 358 (362); *Penning/Spann* MedR 1987, 171 (173).

117 LG Frankenthal 6.10.1999 – II Qs 363/99, NStZ-RR 2000, 146; LG Hildesheim 18.11.2005 – 12 Qs 73/05, NStZ 2006, 360; *Busch* NJW 2001, 1335 (1336).

handelt es sich um geringfügige Eingriffe, bei denen aus medizinischer Sicht kein Gesundheitsrisiko besteht. Sie müssen zudem nach § 81c Abs. 2 S. 2 durch einen Arzt vorgenommen werden. Etwas anderes kann sich für die Blutprobenentnahme lediglich dann ergeben, wenn die betroffene Person an Hämophilie leidet („Bluter").[118] Bei verbleibenden Zweifeln ist die Maßnahme unzulässig. Dies gilt in besonderer Weise bei einer von der Abstammungsuntersuchung möglicherweise mit umfassten röntgenologischen Durchleuchtung wegen der damit verbundenen Strahlenbelastung.[119]

d) Duldungspflicht und Vorbereitungshandlungen des Betroffenen. Dem Betroffenen wird durch eine Anordnung nach § 81c Abs. 1 oder 2 lediglich eine Duldungspflicht auferlegt. Es kann **keine aktive Mitwirkung** an den Maßnahmen von ihm verlangt werden.[120] Allerdings ist deren Umsetzung naturgemäß von Vorbereitungshandlungen der zu untersuchenden Person abhängig. Diese sind, soweit sie eine **notwendige Voraussetzung** für die Vornahme der Untersuchung darstellen, nach Sinn und Zweck des § 81c von der Anordnung mitumfasst. Demnach ist die zu untersuchende Person nicht davon entbunden, die Bedingungen zu schaffen, unter denen die Untersuchung überhaupt erst durchgeführt werden kann. Dazu gehört es, auf Anforderung am Ort der Vornahme zu erscheinen und auch für längere Zeit zur Verfügung zu stehen.[121] Eine damit verbundene – zumindest kurzfristige – Freiheitsbeschränkung ist von § 81c gedeckt.[122] Soweit erforderlich, hat sich der Betroffene zu entkleiden sowie eine bestimmte Körperhaltung einzunehmen.[123] Eine Verpflichtung an Testübungen mitzuwirken oder auch nur Fragen zu beantworten, besteht dagegen nicht.[124] 23

2. Untersuchungsverweigerungsrecht nach Abs. 3. a) Sachlicher Anwendungsbereich nach S. 1. Nach § 81c Abs. 3 S. 1 können die Zwangsmaßnahmen nach Abs. 1 und 2 aus den gleichen Gründen wie das „Zeugnis verweigert" werden. Der Wortlaut bezieht sich damit eindeutig auf ein **bereits bestehendes Zeugnisverweigerungsrecht** der zu untersuchenden Person. In Betracht kommt hierbei nur dasjenige nach **§ 52.** Die tatsächlichen Voraussetzungen sind auf Verlangen entsprechend § 56 glaubhaft zu machen.[125] Nicht erfasst sind dagegen die §§ 53–54.[126] Letztere erfordern, dass die Tatsachen, die geheim gehalten werden dürfen, auf bestimmte Art und Weise, regelmäßig im Wege des Anvertrauens, oder aufgrund besonderer Umstände in den Bereich des Zeugnisverweigerungsberechtigten gelangt sind. Diese Situation ist bei den nach § 81c Abs. 1 und 2 zu erhebenden Beweisgegenständen gerade nicht gegeben.[127] 24

Der Betroffene kann sich auf das **Auskunftsverweigerungsrecht nicht** berufen, das ihm nach § 55 zustehen könnte.[128] Die Gegenteilige Ansicht[129] berücksichtigt den eindeutigen Wortlaut der Vorschrift nicht ausreichend. § 81c Abs. 3 S. 1 erwähnt Personen, die die 25

---

[118] *Händel* BA 1976, 389; LR/*Krause* Rn. 25; *Eisenberg* Beweisrecht Rn. 1667.

[119] LR/*Krause* Rn. 25.

[120] KK/*Senge* Rn. 6; KMR/*Bosch* Rn. 1; *Eisenberg* Beweisrecht Rn. 1658.

[121] HK/*Lemke* Rn. 14; KK/*Senge* Rn. 6; aA KMR/*Bosch* Rn. 11.

[122] LR/*Krause* Rn. 60; *Geerds* Jura 1988, 1 (4).

[123] LR/*Krause* Rn. 20; *Meyer-Goßner* Rn. 16; Radtke/Hohmann/*Beukelmann* Rn. 23; *Eisenberg* Beweisrecht Rn. 1658.

[124] *Eb. Schmidt* NJW 1962, 664 (665); KK/*Senge* Rn. 6; LR/*Krause* Rn. 60; *Eisenberg* Beweisrecht Rn. 1658.

[125] LR/*Krause* Rn. 33; *Eisenberg* Beweisrecht Rn. 1670a.

[126] HK/*Lemke* Rn. 19; KK/*Senge* Rn. 10; *Meyer-Goßner* Rn. 23; Radtke/Hohmann/*Beukelmann* Rn. 12; *Eisenberg* Beweisrecht Rn. 1670.

[127] LR/*Krause* Rn. 38; *Kohlhaas* JR 1974, 89 (91); vgl. auch RG 26.4.1932. I 272/32, RGSt 66, 273 (274 f.) zur Blutprobenentnahme durch einen Arzt.

[128] HK/*Lemke* Rn. 19; KK/*Senge* Rn. 10; KMR/*Bosch* Rn. 24; *Meyer-Goßner* Rn. 23; LR/*Krause* Rn. 39; *Fischer* JZ 1992, 570 (574).

[129] OLG Braunschweig 12.2.1954 – Ws 183/53, NJW 1954, 1052 (1053); OLG Saarbrücken 10.9.1958 – 2 Ss 27/58, FamRZ 1959, 35 (36); Radtke/Hohmann/*Beukelmann* Rn. 12; *Eisenberg* Beweisrecht Rn. 1670; *Krause* JZ 1976, 124 (125 f.); *Kretschmer* HRRS 2012, 185 (189); einschränkend *Kohlhaas* JR 1974, 89 (91); eher zustimmend, aber offen gelassen in BGH 20.11.1953 – 2 StR 467/53, BGHSt 5, 132 (134 f.).

Auskunft verweigern dürfen gerade nicht.[130] Die Formulierung entspricht derjenigen in § 252, wo § 55 gleichfalls nicht zur Anwendung kommt.[131] Auch für eine analoge Anwendung der Regelungen über das Untersuchungsverweigerungsrecht ist kein Raum. Es fehlt bereits an einer Regelungslücke. Dem Gesetzgeber war bei Einfügung des § 81c Abs. 3 durch das 1. StVRG (→ Rn. 4) die Streitfrage bekannt, die bereits zur weitgehend gleichlautenden Fassung der vorhergehenden Vorschrift in § 81c Abs. 1 S. 2 aF entbrannt war. Gleichwohl hielt er an der begrenzenden Formulierung fest. Zudem ist die Interessenlage nicht vergleichbar. § 55 schränkt die Pflicht zur aktiven Mitwirkung durch Tätigung einer Aussage ein. § 81c betrifft dagegen nur die Duldung von Maßnahmen, die durch die Strafverfolgungsbehörden vorgenommen werden.[132] Dem Zeugnisverweigerungsrecht des Angehörigen, für dessen Übertragung auf das Untersuchungsverweigerungsrecht prinzipiell dieselbe Verfahrenskonstellation leitend war, liegt demgegenüber ein weiter gehender Interessenkonflikt zu Grunde. Dort ist es die familiäre Beziehung zum Beschuldigten selbst, die schon für sich gesehen den Zeugen davon enthebt, an dessen Verfolgung aktiv mitwirken zu müssen. Bei § 55 ist es das eigene Persönlichkeitsrecht des Zeugen, vor dessen Hintergrund ihm ein Zwiespalt zwischen Zeugnispflicht und Belastung durch die Aussage erspart werden soll.[133] Ein Verstoß gegen die Selbstbelastungsfreiheit kann dabei nicht über die zwangsweise Duldung einer Untersuchung konstruiert werden.[134]

26 **b) Persönliche Voraussetzungen nach S. 2 Hs. 1.** Die **Berufung** auf das Untersuchungsverweigerungsrecht erfolgt, wie der Umkehrschluss aus § 81c Abs. 3 S. 2 Hs. 1 ergibt, durch den Betroffenen selbst, sofern er die notwendige Verstandesreife besitzt. Dies gilt auch für Minderjährige,[135] so dass es der Zustimmung des gesetzlichen Vertreters nur wegen des jugendlichen Alters nicht bedarf.[136] Auch bei Personen, die unter Betreuung stehen, an einer psychischen Krankheit, einer geistigen oder seelischen Behinderung leiden, führt nicht schon alleine dieser Umstand zum Übergang der Entscheidungsbefugnis auf den gesetzlichen Vertreter. Vielmehr ist im Einzelfall festzustellen, inwieweit sie das Verständnis haben, Umfang und Bedeutung des Untersuchungsverweigerungsrechts zu erfassen.[137] Ist (noch) keine Betreuung angeordnet, greift die Vorschrift nicht, und es muss ggf. zunächst gem. § 1896 BGB ein Betreuer bestellt werden.[138]

27 Die **Verstandesreife** bei Minderjährigen im Sinne einer genügenden Vorstellung von der Bedeutung des Untersuchungsverweigerungsrechts ist bei dem Betroffenen gegeben, der zu erkennen vermag, dass die angehörige Person etwas Unrechtes getan haben könnte und ihr ggf. Strafe droht, und dass das Untersuchungsergebnis möglicherweise zu einer solchen Bestrafung beitragen kann.[139] Hierfür gibt es keine abstrakt feststehende Altersgrenze.[140] Bei normal entwickelten 14-jährigen,[141] 15-jährigen[142] und 17-jährigen[143] wird diese Einsicht regelmäßig gegeben sein, bei Kindern unter 10 Jahren eher noch nicht. Bei einer 8 Jahre alten Zeugin hielt der BGH den Schluss auf mangelnde Verstandesreife nach

---

130 LR/*Krause* Rn. 39.

131 BGH 13.4.1962 – 3 StR 6/62, BGHSt 17, 245 (246).

132 LR/*Krause* Rn. 40.

133 BGH 21.1.1958 – GSSt 4/57, BGHSt 11, 213 (216 f.); vgl. auch BGH 13.4.1962 – 3 StR 6/62, BGHSt 17, 245 (247) zu § 252.

134 KMR/*Bosch* Rn. 24.

135 So schon BGH 11.11.1959 – 2 StR 471/59, BGHSt 14, 21 (24).

136 LR/*Krause* Rn. 32; so auch schon BGH 6.7.1965 – 5 StR 229/65, BGHSt 20, 234 (235).

137 LR/*Krause* Rn. 43.

138 Vgl. → § 52 Rn. 28; s. auch *Rieß* NJW 1975, 81 (83 Fn. 41) zu § 52 Abs. 2.

139 BGH 2.3.1960 – 2 StR 44/60, BGHSt 14, 159 (161 f.); BGH 6.12.1966 – 1 StR 561/66, NJW 1967, 360 jeweils zu § 52 StPO, in der erstgenannten Entscheidung unter Hervorhebung der Parallele zu § 81c; KK/*Senge* Rn. 15; LR/*Krause* Rn. 42; *Eisenberg* Beweisrecht Rn. 1671a; *Eisenberg* StV 1995, 625 (626).

140 KMR/*Bosch* Rn. 26; *Eisenberg* Beweisrecht Rn. 1671a; *Eisenberg* StV 1995, 625 (626).

141 BGH 6.7.1965 – 5 StR 229/65, BGHSt 20, 234 (235).

142 BGH 11.10.1968 – 4 StR 244/68, VRS 36 (1969), 23 zu § 52: Prüfung alleine auf Grund des Alters „abwegig"; BGH 20.9.1996 – 2 StR 289/96, NStZ 1997, 145 (146) zu § 52: „naheliegend".

143 BGH 11.11.1959 – 2 StR 471/59, BGHSt 14, 21 (24).

Prüfung durch das Instanzgericht für revisionsrechtlich nicht zu beanstanden.[144] Im Zweifel ist von deren Fehlen auszugehen.[145] Ob das der Fall ist, prüft im Ermittlungsverfahren der Ermittlungsrichter, der vernehmende Staatsanwalt[146] oder Polizeibeamte.[147] Daran ist allerdings das erkennende Gericht im Rahmen der Hauptverhandlung nicht gebunden (zur abweichenden Rechtslage bei Anordnung der Ergänzungspflegschaft im Rahmen des Ermittlungsverfahrens → Rn. 33). Dieses hat selbständig zu prüfen und festzustellen, ggf. durch Vernehmung des Ermittlungsrichters, ob die zu untersuchende Person in der Lage war, die Tragweite und Bedeutung ihres Verzichts auf das Verweigerungsrecht zu erfassen,[148] und, wenn dies nicht nahe liegt, im Urteil hierzu auszuführen.[149]

Liegen **psychische Beeinträchtigungen** vor, kann selbst bei Zusammentreffen mit Minderjährigkeit die Fähigkeit gegeben sein, den aus der familiären Beziehung erwachsenden Widerstreit zu erfassen, einerseits in einem Verfahren gegen einen nahen Angehörigen als Gegenstand der Untersuchung herangezogen zu werden, andererseits aber diesem dadurch möglicherweise zu schaden.[150] Entsprechendes wurde bspw. bei einem 14-jährigen an „mittlerem Schwachsinn leidenden" Mädchen im Zusammenhang mit der Ausübung des Zeugnisverweigerungsrechts angenommen.[151] Die als Indiz heranzuziehende Aussagetüchtigkeit wird allerdings für das Untersuchungsverweigerungsrecht wegen des andersartigen Charakters der Maßnahme häufig nicht zur Verfügung stehen.[152] Daher kann es geboten sein, zur Beurteilung sachverständige Hilfe in Anspruch zu nehmen.[153] Besteht wegen der damit verbundenen zeitlichen Verzögerung die Gefahr, dass die Ermittlungsmaßnahme nicht mehr durchgeführt werden kann und das Untersuchungsergebnis verloren geht, so ist im Zweifel auf das Beweissicherungsverfahren überzugehen. 28

c) Entscheidung des Vertreters nach S. 2 Hs. 1. Kann der Betroffene wegen mangelnder Verstandesreife oder einer psychischen Beeinträchtigung nicht wirksam über die Ausübung des Untersuchungsverweigerungsrechts entscheiden, so tritt gem. § 81c Abs. 3 S. 2 Hs. 1 an seine Stelle in vollem Umfang der gesetzliche Vertreter.[154] Dessen Erklärung hat **Bindungswirkung,** sowohl hinsichtlich einer Verweigerung der Untersuchung, als auch hinsichtlich eines Verzichts auf das Weigerungsrechts.[155] Letzteren Falls hat der als Zeuge in Betracht kommende Angehörige es zu dulden, dass die Maßnahme selbst gegen seinen Willen vorgenommen wird.[156] Dies folgt schon zwingend aus der Systematik des Gesetzes. Im Gegensatz zu § 52 Abs. 2 S. 1, der die Aussagebereitschaft voraussetzt, verlangt § 81c Abs. 3 S. 2 Hs. 1 die Bereitschaft zur Untersuchung gerade nicht. Die Verweisung in § 81c Abs. 3 S. 2 Hs. 2 nimmt § 52 Abs. 2 S. 1 von der Bezugnahme aus.[157] Zudem besteht der sachliche Unterschied, dass der Verzicht auf das Zeugnisverweigerungsrecht eine aktive Mitwirkung des Angehörigen durch seine Aussage zur Folge hat, wohingegen im vorliegen- 29

[144] BGH 15.11.1994 – 1 StR 461/94, BGHSt 40, 336 (337).
[145] BayObLG 7.8.1997 – 1 ZBR 146/97, NJW 1998, 614 (615); LR/*Krause* Rn. 42; BGH 9.8.1963 – 4 StR 188/63, BGHSt 19, 85 (86); BGH 18.4.2012 – 1 StR 146/12, NStZ 2012, 578 mAnm Eisenberg jeweils zu § 52, erstere Entscheidung unter Bezugnahme auf die Parallele zu § 81c; aA *Eisenberg* Beweisrecht Rn. 1671a.
[146] BayObLG 7.8.1997 – 1 ZBR 146/97, NJW 1998, 614 (615); OLG Nürnberg 15.4.2010 – 9 UF 353/10, NJW 2010, 3041 f.
[147] OLG Stuttgart 26.7.1985 – 8 W 253/85, OLGZ 1985, 385 (386).
[148] BGH 14.10.1959 – 2 StR 249/59, BGHSt 13, 394 (397), insoweit zu §§ 52, 252 StPO.
[149] BGH 2.3.1960 – 2 StR 44/60, BGHSt 14, 159 (161); BGH 6.12.1966 – 1 StR 561/66, NJW 1967, 360 jeweils zu § 52, allerdings in der erstgenannten Entscheidung unter Hervorhebung der Parallele zu § 81c; KK/*Senge* Rn. 15; LR/*Krause* Rn. 42.
[150] Grundlegend zu dieser Konfliktsituation BGH 8.12.1958 – GSSt 3/58, BGHSt 12, 235 (239).
[151] BGH 6.12.1966 – 1 StR 561/66, NJW 1967, 360; s. auch LR/*Krause* Rn. 43.
[152] BGH 8.12.1958 – GSSt 3/58, BGHSt 12, 235 (240).
[153] LR/*Krause* Rn. 43.
[154] BGH 15.11.1994 – 1 StR 461/94, BGHSt 40, 336 (337 f.); *Rieß* NJW 1975, 81 (83).
[155] *Eisenberg* Beweisrecht Rn. 1673a.
[156] *Meyer-Goßner* Rn. 26; *Kohlhaas* JR 1974, 89 (92); *Rogall* JZ 1996, 944 (953).
[157] BGH 15.11.1994 – 1 StR 461/94, BGHSt 40, 336 (337 f.).

den Fall eine nur passive Duldungspflicht entsteht.[158] In Konsequenz muss der Betroffene möglicherweise Ermittlungshandlungen über sich ergehen lassen, die sich nachhaltig belastend und sozial benachteiligend auf ihn auswirken können,[159] wie vor allem Untersuchungen nach Sexualdelikten im Schambereich. Bei derartigen Fallkonstellationen ist das Augenmerk in besonderem Maße auf die Prüfung der Zumutbarkeit nach § 81c Abs. 4 zu legen. Ferner sind nachteilige Folgewirkungen zu verhindern, die sich ergeben können, wenn Lichtbilder des Geschädigten gefertigt werden, die ihn in (teilweise) unbekleidetem Zustand zeigen. Sie sollten als Beweismittel erfasst werden, in die nur in den Räumen der Justizbehörde Einsicht genommen werden darf (vgl. § 147 Abs. 1 und Abs. 4 S. 1, Nr. 220 Abs. 2 RiStBV).[160]

30 Die Person des gesetzlichen Vertreters bestimmt sich nach bürgerlichem Recht.[161] Bei **Minderjährigen** sind dies, wenn ihnen wie im gesetzlichen Regelfall (§§ 1626, 1627, 1629 BGB) das Sorgerecht gemeinsam zusteht,[162] beide Elternteile.[163] Es genügt aber, dass ein Elternteil die Erklärung mit dem Einverständnis des anderen[164] oder bei dessen tatsächlicher Verhinderung nach § 1678 BGB[165] abgibt. Stimmt nur einer der Sorgeberechtigten nicht zu, so darf die Ermittlungshandlung nicht erfolgen.[166] Wird durch die Entscheidung allerdings das Sorgerecht in einer dem Kindeswohl widersprechenden Weise missbraucht, so kann das Gerichts oder die Staatsanwaltschaft beim Familiengericht eine teilweise Entziehung des Sorgerechts gem. § 1666 BGB und Anordnung einer Ergänzungspflegschaft – bei Eilbedürftigkeit ggf. im Wege einstweiliger Anordnung nach § 49 FamFG – anregen.[167] Ist bereits ein Vormund oder Pfleger bestellt, so vertritt dieser den Minderjährigen.[168] Zuvor ist sorgfältig zu prüfen, ob die zu Grunde liegende Übertragung des Sorgerechts auch die Ausübung der Rechte zur Einwilligung in die Untersuchung oder den Eingriff und zur Untersuchungsverweigerung umfasst.

31 Bei Vorliegen einer psychischen Beeinträchtigung, die einer eigenverantwortlichen Entscheidung der zu untersuchenden Person entgegensteht, übt nach Eintritt der **Volljährigkeit** der Betreuer das Untersuchungsverweigerungsrecht aus, sofern sich sein Aufgabenkreis hierauf erstreckt (§§ 1896, 1902 BGB). Ist Letzteres nicht der Fall oder ein Betreuer nicht bestellt, so scheidet eine Vertretung aus.[169] Ggf. hat das Gericht oder die Staatsanwaltschaft beim Betreuungsgericht (§ 23c GVG) auf die Bestellung oder Erweiterung des Aufgabenkreises (§§ 271, 293 FamFG) hinzuwirken.[170] In eilbedürftigen Fällen, vor allem bei sonst drohendem Beweismittelverlust, kann eine einstweilige Anordnung nach §§ 272 Abs. 2, 300, 301 FamFG in Betracht zu ziehen sein.

32 **d) Verhinderung des gesetzlichen Vertreters nach S. 2 Hs. 2.** Über § 81c Abs. 3 S. 2 Hs. 2 kommt § 52 Abs. 2 S. 2 zur Anwendung, wonach derjenige gesetzliche Vertreter zur Ausübung des Untersuchungsverweigerungsrechts **nicht entscheidungsbefugt** ist, der selbst Beschuldigter des Verfahrens ist. In gleicher Weise gilt dies bei Straftaten, die einem Elternteil vorgeworfen werden, wenn nur der andere Elternteil beschuldigt ist, das

[158] LR/*Krause* Rn. 51.
[159] *Peters* JR 1970, 68; *Eisenberg* Beweisrecht Rn. 1673b.
[160] *BMJ* Bundeseinheitliche Handreichung zum Schutz kindlicher (Opfer-) Zeugen im Strafverfahren S. 17.
[161] KK/*Senge* Rn. 16.
[162] Zu möglichen Ausnahmen mit der Folge, dass der dann sorgeberechtigte Elternteil alleine entscheidet LR/*Krause* Rn. 45 f.
[163] SK/*Rogall* Rn. 54; BGH 23.5.1972 – 1 StR 119/72, *Dallinger* MDR 1972, 922 (923) zum Strafantrag.
[164] KK/*Senge* Rn. 16; SK/*Rogall* Rn. 54.
[165] BGH 14.12.1966 – 2 StR 346/66, NJW 1967, 941 (942); BGH 23.5.1972 – 1 StR 119/72, *Dallinger* MDR 1972, 922 (923) jeweils zur vergleichbaren Rechtslage beim Strafantrag; LR/*Krause* Rn. 46.
[166] LR/*Krause* Rn. 46; *Eisenberg* Beweisrecht Rn. 1673a.
[167] OLG Nürnberg 15.4.2010 – 9 UF 353/10, NJW 2010, 3041 (3042); vgl. auch *Kohlhaas* JR 1974, 89 (91). SK/*Rogall* Rn. 54 auch zu § 1628 S. 1 BGB.
[168] LR/*Krause* Rn. 46; *Eisenberg* Beweisrecht Rn. 1673a.
[169] LR/*Krause* Rn. 44.
[170] *Eisenberg* Beweisrecht Rn. 1673a Fn. 64.

Sorgerecht, und damit die gesetzliche Vertretung, jedoch beiden zusteht. Diese Regelung greift unabhängig davon, ob die zu untersuchende Person oder eine andere Opfer der Tat ist.[171] Etwas anderes kann für den in der Praxis nicht selten anzutreffenden Fall gelten, dass der Stiefvater gegenüber dem Stiefkind gewalttätige oder sexuelle Übergriffe vornimmt. Steht in diesem Fall das Sorgerecht der mit dem Täter verheirateten Mutter des Opfers alleine zu, so ist diese von der Ausübung des Zeugnisverweigerungsrechts nicht ausgeschlossen.[172] Eine analoge Anwendung des § 52 Abs. 2 S. 2 auf solche Fälle[173] scheidet schon nach dem eindeutigen Wortlaut der Vorschrift aus. Im Übrigen wäre eine klare Grenzziehung für eine derartige entsprechende Anwendung nicht möglich. Nähebeziehungen, die eine unvoreingenommene Entscheidung in Frage stellen könnten, bestehen auch zu anderen Verwandten des vertretungsberechtigten Elternteils, wie beispielsweise Vater, Schwester und dergleichen.[174] Auch der Fall, dass die Eltern zugleich gesetzliche Vertreter des Opfers und des Täters sind, beispielsweise bei Geschwistern, ist nicht von §§ 81c Abs. 3 S. 2 Hs. 2, 52 Abs. 2 S. 2 erfasst.[175] Es besteht allerdings die Möglichkeit, das Sorgerecht teilweise gemäß § 1666 BGB zu entziehen, falls die Eltern oder der alleinvertretungsberechtigte Elternteil ihr Sorgerecht missbrauchen, indem sie eine Entscheidung treffen, die dem Kindeswohl widerspricht. Im konkreten Einzelfall kann zudem wegen eines bestehenden Interessenkonflikts nach §§ 1629 Abs. 2 S. 3, 1796 BGB eine familiengerichtliche Entscheidung zur Entziehung der Vertretungsmacht herbeizuführen sein.[176] Diese Sorgerechtsregelungen können in Eilfällen auch im Wege der einstweiligen Anordnung nach §§ 49, 157 Abs. 3 FamFG erfolgen.[177]

Ist der gesetzliche Vertreter von der Entscheidung ausgeschlossen, so ist durch das 33
Familiengericht gemäß § 1909 BGB ein **Ergänzungspfleger** zu bestellen.[178] Betrifft dies, wie in der Praxis weit überwiegend der Fall, die Eltern oder einen Elternteil, so liegt insoweit eine Kindschaftssache nach § 151 Nr. 5 FamFG vor.[179] Das Familiengericht ist dabei an die Entscheidung des Strafgerichts bzw. im Ermittlungsverfahren der Staatsanwaltschaft oder des Polizeibeamten gebunden, dass die nötige Verstandesreife nicht vorliege, um Bedeutung und Tragweite des Untersuchungsverweigerungsrechts zu erfassen.[180] Dabei ist es nicht in jedem Fall notwendig, einen Minderjährigen vor Beantragung der Ergänzungspflegschaft zu befragen, um auf diese Weise festzustellen, ob die Fähigkeit

---

171 LR/*Krause* Rn. 47.

172 OLG Nürnberg 15.4.2010 – 9 UF 353/10, NJW 2010, 3041 (3042); KK/*Senge* Rn. 17; LR/*Krause* Rn. 47; *Eisenberg* Beweisrecht Rn. 1674.

173 *Rieß* NJW 1975, 81 (83 Fn. 42); offengelassen in BGH 16.4.1991 – 5 StR 158/91, NStZ 1991, 398; sowie BGH 23.8.1995 – 3 StR 163/95, NJW 1996, 206 für den Fall des beschuldigten Vaters, wenn der Mutter das alleinige Sorgerecht zusteht; für diese Fallkonstellation eine Analogiefähigkeit des § 52 Abs. 2 S. 2 ausdrücklich ablehnend OLG Karlsruhe 26.3.2012 – 2 WF 42/12, NJW-RR 2012, 839 (840), wobei allerdings die für § 81c kaum in Frage kommende Sachlage der Mutter als Tatopfer betroffen war.

174 OLG Nürnberg 15.4.2010 – 9 UF 353/10, NJW 2010, 3041 (3042); *Schweckendieck* NStZ 2008, 537 (538).

175 So aber wohl *Eisenberg* Beweisrecht Rn. 1674.

176 OLG Hamm 13.10.1971 – 15a W 517/71, OLGZ 1972, 157 (158); OLG Karlsruhe 27.3.2003 – 16 UF 25/03, FamRZ 2004, 51; *Meyer-Goßner* Rn. 26 mit § 52 Rn. 20; *Schweckendieck* NStZ 2008, 537 (541 f.); vgl. auch OLG Düsseldorf 30.4.2001 – 2 Ws 71/01, NStZ-RR 2001, 303 (304) zur Beauftragung eines Rechtsanwalts; vgl. auch → § 52 Rn. 34.

177 OLG Nürnberg 15.4.2010 – 9 UF 353710, NJW 2010, 3041 (3042); vgl. auch *Kohlhaas* JR 1974, 89 (91).

178 LG Verden 17.9.2004 – 1 Qs 188/04, NStZ-RR 2006, 246 (247); LG Hildesheim 18.11.2005 – 12 Qs 73/05, NStZ 2006, 360; *Müller* FPR 2009, 561 (563); *Rieß* NJW 1975, 81 (83); vgl. auch schon BGH 8.12.1958 – GSSt 3/58, BGHSt 12, 235 (241).

179 Der frühere Rechtsstreit um die Zuständigkeit des Familien- oder Vormundschaftsgerichts (vgl. hierzu OLG Stuttgart 16.12.1998 – 18 WF 562/98, Justiz 1999, 103 f.; OLG Zweibrücken 14.6.1999 – 3 W 132/99, NJW-RR 2000, 1679; OLG Dresden 6.7.2000 – 10 ARf 15/00, NJW-RR 2000, 1677 f.; OLG Naumburg 27.10.2004 – 14 UF 176/04, OLGR Naumburg 2005, 749 f., wurde mit dem Inkrafttreten des FamFG hinfällig.

180 BayObLG 7.8.1997 – 1 ZBR 146/97, NJW 1998, 614 (615); OLG Nürnberg 15.4.2010 – 9 UF 353/10, NJW 2010, 3041 f.; OLG Stuttgart 26.7.1985 – 8 W 253/85, OLGZ 185, 385 (386) zu § 52 Abs. 2 StPO.

zur Ausübung des Verweigerungsrechts vorliegt. Die gegenteilige Ansicht[181] ist zu eng. Sie würde zu einer mindestens zweimaligen Einbestellung eines Kindes führen, wenn bei der Belehrung festgestellt würde, dass die notwendige Verstandesreife nicht gegeben ist. Die Untersuchung müsste sodann abgebrochen und zunächst eine Ergänzungspflegschaft angeordnet werden, bevor dann in einem weiteren Durchgang die Maßnahme selbst vorgenommen werden könnte. Dies widerspricht allerdings den Grundsätzen eines möglichst schonenden Umgangs mit – vor allem minderjährigen – Zeugen. Daher ist im Zweifel vom Fehlen der Verstandesreife auszugehen und das Familiengericht an die diesbezügliche Einschätzung des Gerichts oder der Ermittlungsbehörde gebunden, selbst wenn diese eine ausdrückliche Entscheidung nicht treffen.[182] Anders zu beurteilen ist die Frage, ob ein Interessenkonflikt nach §§ 1629 Abs. 2 S. 3, 1796 BGB vorliegt, der auf zivilrechtlichem Wege zur Einschränkung des Sorgerechts führt. Dies hat das Familiengericht ohne Bindung an die Vorgaben der Strafjustiz im konkreten Einzelfall zu entscheiden.[183] Das hat gleichfalls für die Voraussetzungen einer Kindeswohlgefährdung nach § 1666 BGB zu gelten. An die Anordnung des Familiengerichts sind die Gerichte und Ermittlungsbehörden ihrerseits gebunden.[184]

34 Es bestehen regelmäßig keine Bedenken, das **Jugendamt als Pfleger** zu bestellen.[185] Auf diese Weise kann in den meisten Fällen die Gewähr für eine neutrale Beurteilung geschaffen werden. Bei einer Auswahl von Personen aus dem Verwandtenkreis der zu untersuchenden Person ist eine solche angesichts der meist hochemotionalen Konfliktsituationen eher nicht zu erwarten. Im Einzelfall kann sich gleichwohl das Erfordernis ergeben, eine andere geeignete Person als Ergänzungspfleger einzusetzen. Das kommt vor allem dann in Betracht, wenn eine Interessenkollision nicht auszuschließen ist, beispielsweise aufgrund einer bereits früheren Tätigkeit des Jugendamtes oder falls bei einer anderen Abteilung oder anderen Behörde desselben Rechtsträgers anderweitige Verfahren im Zusammenhang mit dem Beschuldigten anhängig sind.[186]

35 **e) Belehrung nach S. 2 Hs. 2.** Auch wenn sich der Verweis auf § 52 Abs. 3 S. 1 gesetzestechnisch missglückt[187] in Abs. 3 S. 2 Hs. 2 befindet, bezieht er sich auch auf Abs. 3 S. 1, und damit auf **alle Weigerungsrechte.**[188] Zu belehren ist der Betroffene selbst, unabhängig von Alter, Geschäftsfähigkeit und Bestehen oder Ausübung eines Zeugnisverweigerungsrechts.[189] Der Sachverständige ist zur Belehrung nicht befugt, sondern dasjenige Strafverfolgungsorgan, das die Untersuchung angeordnet hat, wobei das Gericht die Staatsanwaltschaft bei Übergabe der Anordnung nach § 36 Abs. 2 S. 1 um Vornahme ersuchen darf.[190] Ein eventueller Mangel wird durch nachträgliche Belehrung und Zustimmung des Betroffenen oder Außerachtlassung des Untersuchungsergebnisses geheilt.[191] Fehlt dem Betroffenen die ausreichende Verstandesreife, so ist alleine der gesetzliche Vertreter zu

[181] OLG Hamm 13.10.1971 – 15a W 517/71, OLGZ 1972, 157 (159); *Eisenberg* Beweisrecht Rn. 1671 „nur in Extremfällen"; vgl. auch OLG Stuttgart 26.7.1985 – 8 W 253/85, OLGZ 185, 385 (387) zu § 52 Abs. 2 StPO.

[182] BayObLG 7.8.1997 – 1 Z BR 146/97, NJW 1998, 614 (615).

[183] OLG Karlsruhe 27.3.2003 – 16 UF 25/03, FamRZ 2004, 51 f.; *Schweckendieck* NStZ 2008, 537 (542); vgl. hierzu auch OLG Karlsruhe 26.3.2012 – 2 WF 42/12, NJW-RR 2012, 839 (840 f.) zu § 52.

[184] LR/*Krause* Rn. 47.

[185] BayObLG 7.8.1997 – 1 Z BR 146/97, NJW 1998, 614 (615); aA OLG Stuttgart 26.7.1985 – 8 W 253/85, OLGZ 1985, 385 (388) zu § 52 Abs. 2 StPO, Einzelpfleger vorrangig; vgl. auch schon BGH 8.12.1958 – GSSt 3/58, BGHSt 12, 235 (241) „geeigneter Vertreter, möglichst aus dem Verwandtenkreise des Kindes".

[186] OLG Naumburg 27.10.2004 – 14 UF 176/04, OLGR Naumburg 2005, 749 f., wo darüber hinaus ebenfalls die Bestellung eines Einzelpflegers für grundsätzlich vorrangig erachtet wird.

[187] SK/*Rogall* Rn. 59.

[188] HK/*Lemke* Rn. 20; LR/*Krause* Rn. 34; *Meyer-Goßner* Rn. 24; SK/*Rogall* Rn. 59.

[189] Graf/*Ritzert* Rn. 19.

[190] Graf/*Ritzert* Rn. 19; HK/*Lemke* Rn. 22; KMR/*Bosch* Rn. 28; LR/*Krause* Rn. 35; *Meyer-Goßner* Rn. 24; SK/*Rogall* Rn. 61; *Fezer* JuS 1978, 765.

[191] Graf/*Ritzert* Rn. 19; HK/*Lemke* Rn. 22; SK/*Rogall* Rn. 66.

belehren.[192] Ein Belehrungsmangel kann durch Nichtberücksichtigung des Untersuchungsergebnisses oder durch Zustimmung nach (qualifizierter) Belehrung geheilt werden.[193] Über diese allgemein vertretenen Grundsätze hinaus bezieht sich die ausdifferenzierte Rechtsprechung nahezu ausschließlich auf die sinngemäße Anwendung des § 81c Abs. 3 im Zusammenhang mit der aussagepsychologischen Begutachtung. Sie wird daher an entsprechender Stelle im Zusammenhang dargestellt (→ Rn. 55 bis 57).

f) Widerruf des Verzichts nach S. 2 Hs. 2. Den Verzicht auf das Untersuchungsverweigerungsrecht kann der Betroffene oder, wenn ein Vertretungsfall im Sinne des § 81c Abs. 3 S. 2 Hs. 2 vorliegt, der Vertreter nach §§ 81c Abs. 3 S. 2 Hs. 2, 52 Abs. 3 S. 2 jederzeit widerrufen. Einer **Verwertung** der bis dahin gewonnenen Untersuchungsergebnisse steht dies nicht entgegen. Ein erst nach der Maßnahme erklärter Widerruf ist demnach bedeutungslos. Erfolgt er während der Vornahme der Ermittlungshandlung, ist diese abzubrechen.[194] Eine Pflicht zur Belehrung über die Widerrufsmöglichkeit besteht nicht.[195] Genauso wie der Verzicht kann auch die Ausübung des Untersuchungsverweigerungsrechts widerrufen werden.[196] 36

g) Beweissicherungsverfahren nach S. 3–5. Eine **vorläufige Sicherung** der Beweise ist bei Verhinderung des gesetzlichen Vertreters möglich. Bei dessen tatsächlicher oder rechtlicher Verhinderung ordnet der Ermittlungsrichter (§§ 162, 169) die Maßnahmen nach § 81c Abs. 1 und 2 an. Falls Letzterer seinerseits nicht rechtzeitig erreicht werden kann, ist hierzu auch die Staatsanwaltschaft, nicht jedoch deren Hilfsbeamten, befugt. Der Gesetzesgeber versteht hierunter nicht nur den drohenden Beweismittelverlust, der bei einem Zuwarten zu besorgen ist. Zweck der Eilkompetenz ist neben einer effektiveren Strafverfolgung vielmehr gleichrangig die Verbesserung der Situation der Opfer und deren Schutz vor vermeidbaren Belastungen. Deswegen greift die staatsanwaltliche Entscheidungsbefugnis auch dann, wenn eine weitere Verzögerung für den Geschädigten der Tat nicht zumutbar ist.[197] Auf diese Eilzuständigkeit werden gleichwohl ansonsten die Grundsätze zu übertragen sein, die auch für die Annahme von Gefahr im Verzug bei Anordnung einer Blutprobenentnahme nach § 81a Abs. 1 oder einer Durchsuchung nach § 105 Abs. 1 maßgeblich sind.[198] Zunächst muss demnach, wenn nicht die damit verbundene kurze Verzögerung schon zu einem Beweismittelverlust führen würde, der Versuch unternommen werden, einen notfalls telefonisch übermittelten, mündlich ergehenden richterlichen Beschluss herbeizuführen.[199] In jedem Fall ersetzt die beweissichernde Anordnung der Justizbehörde zunächst die fehlende Einwilligung des gesetzlichen Vertreters.[200] Es kann auf deren Grundlage nicht nur die Untersuchungs- oder Eingriffshandlung selbst vorgenommen werden,[201] sondern bereits die Auswertung durch einen Sachverständigen in Auftrag gegeben werden.[202] 37

---

[192] Graf/*Ritzert* Rn. 19; HK/*Lemke* Rn. 21; KK/*Senge* Rn. 11; KMR/*Bosch* Rn. 27; SK/*Rogall* Rn. 59; aA LR/*Krause* Rn. 34; vgl. BGH 15.11.1994 – 1 StR 461/94, BGHSt 40, 336 (337 f.) zur analogen Anwendung des § 81c bei aussagepsychologischer Begutachtung.

[193] KMR/*Bosch* Rn. 29.

[194] So schon BGH 8.12.1958 – GSSt 3/58, BGHSt 12, 235 (242) noch vor Einfügung des Abs. 3; HK/*Lemke* Rn. 23; KK/*Senge* Rn. 14; *Meyer-Goßner* Rn. 25; LR/*Krause* Rn. 37 und 50; Radtke/Hohmann/*Beukelmann* Rn. 16; aA *Eisenberg* Beweisrecht Rn. 1673a.

[195] RG 19.10.1936 – 5 D 699/36, JW 1936, 3548 mit klarstellender Bezugnahme auf RG 26.4.1928 – II 1023/27, RGSt 62, 142 (144); BGH 29.6.1983 – 2 StR 150/83, BGHSt 32, 25 (31 f.) jeweils zu § 52; LR/*Krause* Rn. 37; aA *Eisenberg* StV 1995, 625 (627).

[196] *Meyer-Goßner* Rn. 25; LR/*Krause* Rn. 37.

[197] BT-Drs. 16/13671, 21; *Eisenberg* Beweisrecht Rn. 1674.

[198] → § 81a Rn. 30–32.

[199] S. auch BT-Drs. 16/13671, 21 „trotz entsprechender Kontaktierungsversuche … Gericht nicht erreichbar".

[200] HK/*Lemke* Rn. 24; LR/*Krause* Rn. 48; *Meyer-Goßner* Rn. 27; Radtke/Hohmann/*Beukelmann* Rn. 18; *Eisenberg* Beweisrecht Rn. 1674.

[201] So aber LG Verden 17.9.2004 – 1 Qs 188/04, NStZ-RR 2006, 246 (247 f.).

[202] LG Hildesheim 18.11.2005 – 12 Qs 73/05, NStZ 2006, 360.

38 Zu den **inhaltlichen Anforderungen** an die Beweissicherungsentscheidung gehört die Bezeichnung der durch die Untersuchungsperson vorzunehmenden Maßnahme nach § 81c Abs. 1 oder 2. Da es sich der Sache nach selbst bei der richterlichen Anordnung um eine solche wegen Gefahr im Verzug handelt, sind auch die Umstände zu dokumentieren, die ein Zuwarten bis zur Einwilligung des gesetzlichen Vertreters nicht zulassen, sofern dies nicht offensichtlich ist. Die in der Literatur teilweise vertretene weitergehende Forderung, die Darlegung der betreffenden Umstände müsse im Beschluss selbst erfolgen,[203] ist gesetzlich nicht vorgeschrieben. Ordnet der Richter die Maßnahme mündlich an, so hat er allerdings ebenfalls festzuhalten, warum keine ausreichende Zeit für die Abfassung eines schriftlichen Beschlusses zur Verfügung stand.[204] Die Staatsanwaltschaft muss zeitnah die Tatsachen dokumentieren, die ihre Eilentscheidung rechtfertigen.

39 Eine **Verwertung** der im Wege vorläufiger Beweissicherung gewonnenen Untersuchungsergebnisse ist nach § 81c Abs. 3 S. 5 erst zulässig, sobald der gesetzliche Vertreter im Nachhinein ausdrücklich und vorbehaltlos einwilligt.[205] War dessen vorherige Erklärung wegen §§ 81c Abs. 3 S. 2 Hs. 2, 52 Abs. 2 S. 2 aus Rechtsgründen ausgeschlossen, ist hierfür ein Ergänzungspfleger zu bestellen.[206] Auch dieser ist über das Recht zur Untersuchungsverweigerung nunmehr zu belehren.[207] Die Verweigerung begründet ein selbständiges Beweisverwertungsverbot.[208]

40 **h) Reichweite und Wirkung des Untersuchungsverweigerungsrechts.** Die Pflicht, eine Untersuchung zu dulden, ist zwar mit der Zeugenpflicht nahe verwandt,[209] gleichwohl ist das Untersuchungsverweigerungsrecht **unabhängig vom Zeugnisverweigerungsrecht.** Der Zeuge kann von den ihm nach § 52 und § 81c Abs. 3 zustehenden Rechten der Mitwirkungsverweigerung unterschiedlichen Gebrauch machen.[210] Er kann entweder nur das Zeugnis oder nur die Untersuchung oder auch beides verweigern.[211]

41 Richtet sich das Verfahren gegen **mehrere Beschuldigte,** wobei das Angehörigenverhältnis iSd §§ 83c Abs. 1 S. 1, 52 Abs. 1 nicht zu jedem besteht, greift das Untersuchungsverweigerungsrecht dennoch einheitlich gegenüber allen.[212] Das gilt auch nach Abtrennung der Verfahren.[213] Es erlischt erst mit dem Tode des Angehörigen oder dem rechtskräftigen Abschluss des gegen ihn gerichteten Verfahrens.[214]

42 Die Ausübung des Rechtes aus § 81c Abs. 3 S. 1 hat die **Wirkung,** dass grundsätzlich keine nachteiligen Schlüsse aus der Untersuchungsverweigerung gezogen werden dürfen.[215] Dies gilt aber nicht bei nur teilweisem Gebrauch. Ein solcher ist insbesondere dann gegeben, wenn der zur Zeugnisverweigerung berechtigte Zeuge zur Sache aussagt, es aber verhindert, die Richtigkeit seiner Angaben zu überprüfen, indem er eine als Beweis in Betracht kommende und ihm zumutbare Untersuchung verweigert. Aus diesem unterschiedlichen Gebrauch der Verweigerungsrechte aus § 52 und § 81c Abs. 3 dürfen selbst für den Ange-

---

203 LR/*Krause* Rn. 48; *Eisenberg* Beweisrecht Rn. 1674.

204 Vgl. BVerfG 23.7.2007 – 2 BvR 2267/06, BeckRS 2007, 25604; LG Mühlhausen 15.11.2006 – 6 Qs 9/06, wistra 2007, 195 (197); LG Tübingen 1.10.2007 – 1 Qs 38/07, NStZ 2008, 589 (591) jeweils zur Durchsuchungsanordnung; hierzu auch *Trück* JZ 2010, 1106 (1108).

205 LR/*Krause* Rn. 49; *Meyer-Goßner* Rn. 27; *Eisenberg* Beweisrecht Rn. 1674a.

206 LG Hildesheim 18.11.2005 – 12 Qs 73/05, NStZ 2006, 360; LG Verden 17.9.2004 – 1 Qs 188/04, NStZ-RR 2006, 246 (247); HK/*Lemke* Rn. 24; KK/*Senge* Rn. 18; *Meyer-Goßner* Rn. 27; Radtke/Hohmann/*Beukelmann* Rn. 18; *Rieß* NJW 1975, 81 (83).

207 LG Verden 17.9.2004 – 1 Qs 188/04, NStZ-RR 2006, 246 (248).

208 Kudlich → Einl. Rn. 473; KMR/*Bosch* Rn. 32; LR/*Krause* Rn. 49; *Meyer-Goßner* Rn. 27; Alsberg/*Güntge* Beweisantrag Rn. 938; *Eisenberg* Beweisrecht Rn. 1674a; *Rieß* NJW 1975, 81 (83).

209 BGH 20.11.1953 – 2 StR 467/53, BGHSt 5, 132 (133).

210 BGH 26.10.1983 – 3 StR 251/83, BGHSt 32, 140 (143).

211 HK/*Lemke* Rn. 19; *Meyer-Goßner* Rn. 23; LR/*Krause* Rn. 31; *Eisenberg* Beweisrecht Rn. 1670.

212 *Meyer-Goßner* Rn. 23; LR/*Krause* Rn. 31; *Eisenberg* Beweisrecht Rn. 1670.

213 LR/*Krause* Rn. 116.

214 KK/*Senge* Rn. 10; Radtke/Hohmann/*Beukelmann* Rn. 13.

215 KK/*Senge* Rn. 10; LR/*Krause* Rn. 33; *Eisenberg* Beweisrecht Rn. 1670a.

klagten nachteilige Schlüsse gezogen werden.[216] Nicht verhindern kann der Angehörige auch die Einnahme eines Augenscheins an seiner Person nach § 86.[217]

3. Zumutbarkeit nach Abs. 4. Untersuchungen und Eingriffe nach § 81c Abs. 1 und 2 dürfen nur vorgenommen werden, wenn sie im Sinne des Abs. 4 zumutbar sind. Durch die hierzu vorzunehmende umfassende Abwägung unter Würdigung aller Umstände, die Ausdruck des Verhältnismäßigkeitsgrundsatzes ist,[218] fließen die außerhalb der Maßnahme liegenden **persönlichen Gesichtspunkte** des davon Betroffenen in die Wertung ein.[219] Für die Frage der Unzumutbarkeit der Untersuchung oder des Eingriffs kommt es dabei auf die persönlichen Verhältnisse der Beteiligten, auf die Art und Folgen der Untersuchung sowie darauf an, ob die Maßnahme nicht außer Verhältnis zur Bedeutung der Strafsache steht.[220] Der Gesundheitsschutz der Allgemeinheit ist entsprechend kein zu beachtendes Rechtsgut.[221] Abzuwägen ist mithin das zur Durchsetzung des konkreten Strafanspruchs bestehende Aufklärungsinteresse gegen das Persönlichkeitsrecht des Betroffenen.[222] Auch hier gilt wieder (s. schon → Rn. 12), dass die Hinnahme umso mehr zumutbar ist, je näher der Betroffene dem Tatgeschehen steht, je mehr Tatsachen dafür vorhanden sind, dass er als „potenziell verdächtig" angesehen werden kann, je gravierender die Straftat und je zuverlässiger die zu erwartende Beweisbedeutung des Untersuchungsergebnisses ist.[223] Für die Zulässigkeit kann es sprechen, wenn Beweise für eine Straftat gewonnen werden sollen, die vom Betroffenen selbst zur Anzeige gebracht wurde.[224] Auf der anderen Seite ist Zurückhaltung geboten gegenüber pauschalem oder ohne sachlich nachvollziehbare Grundlage aufgestelltem Verteidigungsvorbringen.[225] Eine besonders sorgfältige Würdigung ist dann vorzunehmen, wenn bei Fällen des § 81c Abs. 3 S. 2 der gesetzliche Vertreter zwar einwilligt, der Betroffene selbst aber aus nachvollziehbaren Gründen die Vornahme der Maßnahme nicht dulden will (→ Rn. 29). Gerade bei Kindern erfordern vor allem Untersuchungen im Genitalbereich nach Sexualdelikten eine besondere Atmosphäre der Kooperation mit der Untersuchungsperson.[226] 43

Die **körperliche Untersuchung** nach § 81c Abs. 1 ist danach unzumutbar, wenn sie bei dem Vorwurf eines Sexualdelikts zum Nachteil einer kindlichen Verletzten dazu dienen soll, die Behauptung nicht erfolgter Defloration zu untermauern.[227] Hierbei ist im Rahmen der Abwägung zu beachten, dass anale und genitale Verletzungen, selbst solche im Bereich des Hymen, bei Kindern sehr schnell verheilen können.[228] Daher nimmt die Zumutbarkeit zwangsweiser Untersuchungen umso mehr ab, je länger die festzustellenden Sachverhalte zurückliegen. Im Gegensatz zu § 81c Abs. 2 S. 2 wird in Abs. 1 nicht zwingend vorausgesetzt, dass die Untersuchung durch einen Arzt zu erfolgen hat. Dieser Gesichtspunkt fließt daher in die Zumutbarkeit der Maßnahme ein, die häufig nur bei entsprechender Art der Durchführung gegeben sein wird.[229] Für Untersuchungen, die das Schamgefühl verletzen 44

---

[216] BGH 26.10.1983 – 3 StR 251/1983, BGHSt 32, 140 (141–143) mAnm *Pelchen* JR 1985, 71.

[217] → § 86 Rn. 23.

[218] LG Regensburg 6.2.2003 – Qs 4/2003 jug., StraFo 2003, 127 (128); HK/*Lemke* Rn. 25; *Meyer-Goßner* Rn. 17; *Eisenberg* Beweisrecht Rn. 1665; *Busch* NJW 2001, 1335 (1336); *Oberlies* StV 1990, 469 (470).

[219] *Geerds* Jura 1988, 1 (3); *Mayer* JR 1990, 358 (363).

[220] BGH 7.6.1956 – 4 StR 160/56, bei *Dallinger* MDR 525 (527); *Eb. Schmidt* Lehrkommentar zur StPO, Nachträge und Ergänzungen zu Teil II Rn. 9; vgl. auch LG Frankenthal 6.10.1999 – II Qs 363/99, NStZ-RR 2000, 146.

[221] LG Aurich 30.7.2012 – 12 QS 97/12, StV 2013, 143 (145).

[222] LG Mannheim 30.3.2004 – 1 Qs 1/04, NStZ-RR 2004, 301 (302); HK/*Lemke* Rn. 25; *Meyer-Goßner* Rn. 17 und 21.

[223] VerfG Berlin – VerfGH 113/05, NJW 2006, 1416 (1417); *Busch* NJW 2001, 1335 (1336); vgl. auch LR/*Krause* Rn. 21; *Eisenberg* Beweisrecht Rn. 1665.

[224] *Geerds* Jura 1988, 1 (3).

[225] LR/*Krause* Rn. 21.

[226] *Zinka*, FS Eisenmenger, 2004, 81 (84).

[227] BGH 6.8.1969 – 4 StR 126/69, NJW 1970, 1242 zu § 244 StPO.

[228] *Zinka*, FS Eisenmenger, 2004, 81 (82) „schon nach zwei bis drei Tagen nicht mehr nachweisbar".

[229] HK/*Lemke* Rn. 25; KK/*Senge* Rn. 7; *Meyer-Goßner* Rn. 17; LR/*Krause* Rn. 22; Radtke/Hohmann/*Beukelmann* Rn. 11; *Eisenberg* Beweisrecht Rn. 1665; *Geerds* Jura 1988, 1 (4).

können, ist zudem § 81d zu beachten. Auch wenn im Gegensatz zu § 81c Abs. 2 S. 1 nicht ausdrücklich erwähnt, darf mit der Untersuchung kein Nachteil für die Gesundheit verbunden sein. Im Hinblick auf Art und Umfang der nach Abs. 1 gestatteten Maßnahmen wird dies zwar regelmäßig nicht der Fall sein. Von Einfluss auf die Zumutbarkeit sind jedoch insbesondere psychische Folgeschäden und -belastungen, die mit der Maßnahme einhergehen. Solches kann für Inspektionen im Intimbereich bei Kindern gelten, vor allem dann, wenn sie durch vorhergehende Untersuchungen bereits misstrauisch und ängstlich geworden sind.[230]

45 Für **Eingriffe** nach § 81c Abs. 2 ist im Rahmen der Abwägung zu berücksichtigen, dass es sich bei Blutprobenentnahme[231] und vor allem bei Entnahme einer Speichelprobe[232] um leidglich geringfügige Eingriffe in die körperliche Unversehrtheit handelt, zumal sie nach S. 2 nur durch einen Arzt vorgenommen werden dürfen. In diesem Zusammenhang sind (psychische) Folgeschäden der Maßnahme zu beachten, die nicht vom Ausschlusskriterium der Gesundheitsschädlichkeit nach § 81c Abs. 2 S. 1 erfasst werden. Eine „Spritzenphobie“[233] stellt sich in diesem Zusammenhang als kein Abwägungsgesichtspunkt von praktisch relevantem Gewicht dar. Zum einen sind derartige Fälle, die zu ernsthaften psychischen Schäden oder nachwirkenden Beeinträchtigungen führen, in der medizinischen Praxis kaum zu verifizieren.[234] Zum anderen wird im Bereich der strafrechtlichen Ermittlungen kaum die Zeit bleiben, entsprechende Behauptungen, beispielsweise durch Einholung eines psychiatrischen Sachverständigengutachtens, umfassend abzuklären. Angesichts des absoluten Ausnahmecharakters solcher Vorkommnisse wird daher das Aufklärungsinteresse regelmäßig überwiegen.[235] Etwas anderes gilt dagegen hinsichtlich der massiven seelischen Beeinträchtigungen, die üblicherweise mit der Mitteilung des positiven Ergebnisses einer AIDS-Infizierung verbunden sind (s. hierzu ausführlich → Rn. 63–65). Unverhältnismäßig sind zudem Abstammungsfeststellungen im Rahmen eines Privatklageverfahrens oder Untersuchungen, die nicht nach den anerkannten Regeln der Wissenschaft vorgenommen werden, noch unsichere Methoden betreffen und wissenschaftliche Experimente darstellen.[236] Bloß wirtschaftliche Nachteile, die zivilrechtliche Folge des Untersuchungsergebnisses sein können, vor allem der Verlust von Unterhaltsansprüchen oder die Inanspruchnahme als Unterhaltsschuldner, sind dagegen nicht von Belang.[237] Gleiches gilt für Umstände, die aus dem Rechtsgedanken des § 55 entnommen werden können.[238] Insoweit stellt § 81c Abs. 3 eine Sonderregelung zur Berücksichtigung von Rechten dar, die es dem Zeugen ermöglichen, die Untersuchung zu verweigern. Dass dort § 55 nicht ausdrücklich erwähnt wird, kann nicht über die Zumutbarkeitsprüfung umgangen werden.

46 **4. Einwilligung des Betroffenen oder Anordnung der Maßnahme. a) Freiwillige Duldung von Untersuchungen und Eingriffen.** Willigt der Betroffene in die Vornahme einer Maßnahme ein, so hat dies die **Rechtsfolge,** dass die Beschränkungen des § 81c Abs. 1 und Abs. 2 wegfallen, sofern keine Sittenwidrigkeit vorliegt.[239] Die in § 81c Abs. 1 und Abs. 2 genannten Maßnahmen dürfen dann auch ohne Anordnung nach Abs. 5 S. 1 vorgenommen werden. Darüber hinaus sind grundsätzlich aber auch in diesen Regelungen

---

230 BGH 6.8.1969 – 4 StR 126/69, NJW 1970, 1242 zu § 244 StPO.

231 VerfG Berlin 13.12.2005 – VerfGH 113/05, NJW 2006, 1416 (1417); LG Mannheim 30.3.2004 – 1 Qs 1/04, NStZ-RR 2004, 301 (302); LG Frankenthal 6.10.1999 – II Qs 363/99, NStZ-RR 2000, 146.

232 VGH Berlin 13.12.2005 – VerfGH 113/05, NJW 2006, 1416 (1417); LG Hildesheim 18.11.2005 – 12 Qs 73/05, NStZ 2006, 360 „nahezu unbelastend“; LG Regensburg 6.2.2003 – Qs 4/2003 jug., StraFo 2003, 127 (128) „absolut ungefährlich“; LG Frankenthal 6.10.1999 – II Qs 363/99, NStZ-RR 2000, 146.

233 OLG Koblenz 19.9.1975 – 6 W 255/75, NJW 1976, 379 (380).

234 *Gerchow* BA 1976, 392 f.

235 *Händel* BA 1976, 389 (391).

236 KK/*Senge* Rn. 7; LR/*Krause* Rn. 28; *Eisenberg* Beweisrecht Rn. 1669.

237 LR/*Krause* Rn. 30; KMR/*Bosch* Rn. 20; *Meyer-Goßner* Rn. 21; aA *Eisenberg* Beweisrecht Rn. 1669.

238 KK/*Senge* Rn. 10; LR/*Krause* Rn. 40; *Meyer-Goßner* Rn. 21; aA *Eisenberg* Beweisrecht Rn. 55.

239 HK/*Lemke* Rn. 2; KK/*Senge* Rn. 8; *Meyer-Goßner* Rn. 2; LR/*Krause* Rn. 4; Radtke/Hohmann/*Beukelmann* Rn. 2; *Eisenberg* Beweisrecht Rn. 1658.

nicht genannte Untersuchungen und Eingriffe zulässig. Wird ein Antrag auf Vornahme einer entsprechenden Ermittlungsmaßnahme gestellt, hat das Gericht im Rahmen der Aufklärungspflicht festzustellen, ob der Betroffene oder, sofern erforderlich, der gesetzliche Vertreter die Einwilligung erteilen.[240] Körperliche Eingriffe dürfen aber auch in diesem Fall nur von einem Arzt vorgenommen werden.[241] Hierfür spricht § 81c Abs. 2 S. 2. Wenn schon die dort explizit aufgeführte Blutprobenentnahme, bei der es sich um einen geringfügigen und nicht gesundheitsgefährlichen Eingriff handelt, zwingend von einem medizinischen Fachmann vorzunehmen ist, so muss dies für jeden anderen körperlichen Eingriff erst recht gelten. Wird die Einwilligung nicht erteilt, ist das Gericht gleichwohl nicht gehindert, den Sachverständigen zur Vernehmung des Zeugen hinzuziehen, um ihm auf diese Weise Erkenntnismöglichkeiten zu verschaffen.[242]

Größtenteils wird ferner angenommen, für **schwerere Eingriffe** sei eine Anordnung der nach Abs. 5 S. 1 zuständigen Personen selbst bei Bereitschaft zur freiwilligen Duldung des Eingriffs durch den Betroffenen erforderlich.[243] Dem ist insoweit zuzustimmen, dass die Forderung einer generellen (zusätzlichen) Anordnung[244] zu weitgehend ist. Dürfen die in § 81c Abs. 1 und Abs. 2 genannten Maßnahmen bei Vorliegen einer Einwilligung ohne Anordnung durchgeführt werden, so ist nicht ersichtlich, warum dies nicht für andere Maßnahmen gleichfalls gelten sollte, die von der Eingriffsintensität her vergleichbar gering sind. Für Eingriffe von größerem Gewicht ist der üblicherweise zu findende pauschale Verweis auf Abs. 5 allerdings missverständlich. Eine entsprechende Anwendung dieser Regelung im Sinne einer Anordnungsbefugnis durch die dort benannten Stellen ist gerade nicht möglich. Sie würde von vornherein dem Gesetzeszweck des § 81c widersprechen, die Erlaubnis zu hoheitlichem Eingriff ausschließlich auf die dort genannten Maßnahmen zu beschränken. Es kann der Sache nach daher lediglich darum gehen, dass insbesondere der Ermittlungsrichter in begrenzender Weise zu prüfen hat, ob trotz grundsätzlichen Vorliegens einer Einwilligung der Gedanke der in § 81c vorgesehenen Schutzvorschriften gleichwohl der Durchführung entgegensteht. In diesem Sinne hat sich die Kontrolle vor allem darauf zu konzentrieren, ob mit einem körperlichen Eingriff Nachteile für die Gesundheit verbunden sein können und ob die Maßnahme insgesamt zumutbar im Sinne des § 81c Abs. 4 ist. Statt deren Anordnung darf sich die Entscheidung demnach in ihrem Ausspruch nur darauf beschränken, die Vornahme für zulässig zu erklären. 47

Im allgemeinen bemisst sich die **Wirksamkeit** einer Einwilligung in eine bestimmte Rechtsgutsverletzung danach, ob sie die im Augenblick des Eingriffs vorhandene, freiwillige, ernstliche und sittengemäße zustimmende Willensrichtung zum Ausdruck bringt, die der Betroffene bildet, der die natürliche Einsichtsfähigkeit und Urteilskraft zur Erkenntnis der Tragweite des Eingriffs besitzt.[245] Diese Grundsätze werden auf den mit einer strafprozessualen Ermittlungsmaßnahme verbundenen Eingriff in die Rechtsgüter einer unverdächtigen Person übertragen.[246] Das Einverständnis im Zusammenhang mit § 81c setzt daher keine Geschäftsfähigkeit voraus.[247] Es ist aber nur beachtlich, wenn es erklärt wurde, ohne dass die Freiheit der Willensentschließung oder Willensbetätigung, insbesondere durch unzulässige Einflussnahmen der Ermittlungsbehörden, beeinträchtigt war und wenn keine sonstigen Willensmängel vorlagen, die die Erklärung unwirksam machen könnten. Dabei 48

240 RG 16.5.1930 – I 1266/29, RGSt 64, 160 (162); BGH 11.11.1959 – 2 StR 471/59, BGHSt 14, 21 (23 f.).

241 HK/*Lemke* Rn. 2; KMR/*Bosch* Rn. 15; LR/*Krause* Rn. 4; *Meyer-Goßner* Rn. 2; *Eisenberg* Beweisrecht Rn. 1658.

242 LG Frankfurt 4.6.2008 – 5/28 Qs 10/08, StraFo 2009, 18.

243 HK/*Lemke* Rn. 2; LR/*Krause* Rn. 4; *Meyer-Goßner* Rn. 2; Radtke/Hohmann/*Beukelmann* Rn. 3; aA SK/*Rogall* Rn. 18.

244 KMR/*Bosch* Rn. 3; *Eisenberg* Beweisrecht Rn. 1658.

245 BGH 2.12.1963 – III ZR 222/62, NJW 1964, 1177 f.

246 HK/*Lemke* Rn. 3; KK/*Senge* Rn. 8; LR/*Krause* Rn. 5; *Meyer-Goßner* Rn. 3; Radtke/Hohmann/*Beukelmann* Rn. 2; *Eisenberg* Beweisrecht Rn. 1659; *Penning/Spann* MedR 1987, 171 (175).

247 *Eisenberg* Beweisrecht Rn. 1659; *Peters* JR 1970, 68.

ist das Bestreben des Betroffenen unerheblich, sich nicht durch eine Weigerung verdächtigt zu machen. Diesbezüglich handelt es sich um ein bloßes Motiv der Erklärung, das auf deren Freiwilligkeit keinen Einfluss hat.[248]

49 Zu weitgehend ist es, in jedem Falle einer Maßnahme, die nicht zwangsweise nach § 81c vorgenommen werden darf, die vorherige **Belehrung** über die grundsätzliche Freiwilligkeit der Duldung zu verlangen.[249] Die Freiheit der Willensentschließung oder Willensbetätigung wird hierdurch nur beeinträchtigt, sofern der Betroffene davon ausging, zur Hinnahme der Ermittlungshandlung verpflichtet zu sein.[250] Besteht allerdings ein Zeugnisverweigerungsrecht, so ist der tatunverdächtige Angehörige in jedem Fall über das aus einer analogen Anwendung des § 81c Abs. 3 folgende Recht der Untersuchungsverweigerung zu belehren.[251] Wer hierfür zuständig ist, richtet sich nach den Grundsätzen zu § 81c Abs. 3 S. 2 Hs. 2 (→ Rn. 35 und 56). Von der bloßen Hinnahme der Ermittlungshandlung kann noch nicht der Schluss auf die Einwilligung gezogen werden. Etwas anderes gilt für freiwilliges Erscheinen zur Untersuchung, sofern der Betroffene die Durchführung der Maßnahme nicht beanstandet[252] es sei denn, es ist aus anderem Grund gleichwohl erkennbar davon auszugehen, er habe die Notwendigkeit einer Einwilligung nicht erkannt.[253] Für den zu Untersuchenden, dem die notwendige Verstandesreife fehlt, entscheidet der gesetzliche Vertreter.[254] Die einmal erklärte Einwilligung kann bis zur Beendigung der Untersuchung jederzeit widerrufen werden, was jedoch der Verwertung der bis dahin erhobenen Befunde nicht entgegensteht.[255]

50 **b) Anordnung nach Abs. 5 S. 1.** Die Regelung für die **Anordnung** der Maßnahme in § 81c Abs. 5 S. 1 Hs. 1 entspricht derjenigen des § 81a Abs. 2. Es gelten die gleichen Grundsätze.[256] Eine Anhörung des Betroffenen nach § 33 Abs. 3 ist nicht notwendig, da die Vorschrift auf die vorliegende Konstellation nicht anwendbar ist.[257] Besonderheiten ergeben sich, wenn der gesetzliche Vertreter an der Entscheidung über das Untersuchungsverweigerungsrecht in Fällen verhindert ist, in denen diese bei ihm liegt. Dann sind, wie sich aus § 81c Abs. 5 S. 1 Hs. 2 ergibt, die Anforderungen des § 81c Abs. 3 S. 3 zu beachten. Die Eingriffsbefugnis der Ermittlungsbehörden ändert nichts an der Einschränkung des § 81c Abs. 6 S. 2, wonach nur der Richter unmittelbaren Zwang anordnen darf (→ Rn. 53).[258]

51 **5. Verwendungs- und Vernichtungsregelung nach Abs. 5 S. 2.** § 81a Abs. 3 ist **in vollem Umfang** entsprechend anwendbar.[259] Der Verweis in § 81c Abs. 5 S. 2 bezieht sich nicht nur auf die dort genannten Blutproben. Die gegenteilige Ansicht[260] findet im

---

[248] BVerfG 27.2.1996 – 2 BvR 200/91, NJW 1996, 1587 (1588).

[249] So aber Graf/*Ritzert* Rn. 19; HK/*Lemke* Rn. 3; *Meyer-Goßner* Rn. 4; Radtke/Hohmann/*Beukelmann* Rn. 2; SK/*Rogall* Rn. 16; *Eisenberg* Beweisrecht Rn. 1659; *Fezer* JuS 1978, 765 (766); vgl. auch LG Berlin 28.6.2008 – 525 Qs 102/08, StV 2011, 89 zur stillschweigenden Duldung einer Durchsuchungsanordnung; ausdrücklich offengelassen dagegen in BGH 14.10.1959 – 2 StR 249/59, BGHSt 13, 349 (398).

[250] In BVerfG 27.2.1996 – 2 BvR 200/91, NJW 1996, 1587 f. kam es hierauf nicht maßgeblich an, da die Belehrung durch die Kriminalpolizei erfolgt war.

[251] BGH 14.10.1959 – 2 StR 249/59, BGHSt 13, 394 (399); *Hanack* JZ 1971, 126 (128); *Rogall* JZ 1996, 944 (953), jeweils zur aussagepsychologischen Begutachtung.

[252] RG 26.4.1932 – I 272/32, RGSt 66, 273 (274); aA KMR/*Bosch* Rn. 4; *Meyer-Goßner* Rn. 3; *Janetzke* NJW 1958, 534 (535 f.).

[253] LR/*Krause* Rn. 5; *Eisenberg* Beweisrecht Rn. 1659.

[254] RG 16.5.1930 – I 1266/29, RGSt 64, 160 (162); *Janetzke* NJW 1958, 534 (535); *Kohlhaas* NJW 1951, 903 (904).

[255] HK/*Lemke* Rn. 4; KK/*Senge* Rn. 8; *Meyer-Goßner* Rn. 5.

[256] HK/*Lemke* Rn. 26; *Meyer-Goßner* Rn. 28; Radtke/Hohmann/*Beukelmann* Rn. 19; → § 81a Rn. 27–32.

[257] KK/*Senge* Rn. 19; *Meyer-Goßner* Rn. 28; LR/*Krause* Rn. 53; aA KMR/*Bosch* Rn. 34; Radtke/Hohmann/*Beukelmann* Rn. 19; *Eisenberg* Beweisrecht Rn. 1675 „entsprechende Anwendung".

[258] KK/*Senge* Rn. 22; LR/*Krause* Rn. 52; *Eisenberg* Beweisrecht Rn. 1675; aA *Kohlhaas* JR 1974, 89 (91) dies gälte nur für Eingriffe nach § 81c Abs. 2 StPO.

[259] HK/*Lemke* Rn. 26; *Meyer-Goßner* Rn. 29a u. 29b.

[260] KK/*Senge* Rn. 20a; LR/*Krause* Rn. 54; *Senge* NJW 1997, 2409, (2410 Fn. 21).

Wortlaut keine Stütze. Zudem können Körperzellen auch durch andere Maßnahmen nach § 81c Abs. 1 und 2 gewonnen werden. Es wäre nicht gerechtfertigt, diese einer anderen Behandlung zu unterwerfen. Die Vernichtungsregelung erfasst nur das bei der Untersuchungshandlung gewonnene Material, nicht das Ergebnis der Beweisgewinnung.[261] Die unter Verwendung der Körperzellen erstellten Gutachten werden Aktenbestandteil.[262]

6. Durchsetzung der Maßnahme. a) Grundsätzliches. Die **Vollstreckung** der durch den Richter angeordneten Untersuchung oder Blutprobenentnahme obliegt gem. § 36 Abs. 2 S. 1 der Staatsanwaltschaft.[263] Die wegen Gefahr im Verzug von der Staatsanwaltschaft oder der Polizei getroffenen Eilentscheidungen vollstecken diese selbst.[264] Notwendige Vorbereitungshandlungen, die dem Betroffenen zur Ermöglichung der Untersuchung obliegen (→ Rn. 23), können als Annex der Anordnung verlangt werden. 52

b) Anwendung von Zwang nach Abs. 6. Die Zwangsmittel des § 70, die nach § 81c Abs. 6 S. 1 für entsprechend anwendbar erklärt werden, setzt ausnahmslos der **Richter** fest.[265] § 161a Abs. 2 gilt nicht, da er die Staatsanwaltschaft, wie sich aus dem Zusammenhang mit § 161a Abs. 1 ergibt, nur zur Festsetzung gegenüber nicht aussagebereiten Zeugen und Sachverständigen ermächtigt.[266] Das Nichterscheinen trotz ordnungsgemäßer Ladung ist als unberechtigte Weigerung auszulegen.[267] Gegen den gesetzlichen Vertreter dürfen die Ordnungsmittel nicht festgesetzt werden[268] und gegen Minderjährige nur, soweit sie die notwendige Verstandesreife besitzen.[269] 53

Als **Ordnungsmittel** kommen die zunächst die in § 70 Abs. 1 genannten in Betracht, also die Auferlegung von Kosten, Ordnungsgeld oder Ordnungshaft. Darüber hinaus wird fast einhellig davon ausgegangen, Beugehaft nach § 70 Abs. 2 dürfe nicht verhängt werden, da an deren Stelle der unmittelbare Zwang trete, wobei eine Begründung in der Regel nicht erfolgt.[270] Lediglich vereinzelt wird darauf abgestellt, beim Zeugnis müsse im Gegensatz zur Hinnahme der Untersuchung eine aktive Mitwirkung erzwungen werden.[271] Dies mag zwar in der Sache im Wesentlichen zutreffen, berücksichtigt aber nicht, dass, auch wenn aus § 81c Abs. 1 und 2 bloße Duldungspflichten folgen, in geringem Umfang Vorbereitungshandlungen der zu untersuchenden Person gefordert werden können. Zudem findet eine solche Auffassung im Wortlaut des § 81c Abs. 6 S. 2 keinen Niederschlag. Dieser spricht vielmehr von der „besonderen" Anordnung des unmittelbaren Zwangs. Dies legt nahe, dass es einerseits insoweit eines eigenständigen Ausspruchs bedarf,[272] er andererseits aber auch als weitere, zusätzliche Maßregel neben dem in S. 1 insgesamt in Bezug genommenen § 70 in Betracht kommt. Auf jeden Fall ist aber, wie sich aus § 81c Abs. 6 S. 3 ergibt, die vorherige Festsetzung eines Ordnungsgeldes vor der Anordnung unmittelbaren Zwangs notwendig, sofern nicht Gefahr im Verzug vorliegt. Ob dieses zur Überwindung der dennoch bestehenden Weigerung bereits beigetrieben wurde, ist dagegen unerheblich.[273] 54

7. Praktisch bedeutsame Sonderfälle. a) Aussagepsychologische Begutachtung. Von der abschließenden Sonderregelung des § 81c (→ Rn. 5 und 14) wird die aussagepsy- 55

---

[261] *Hilger* NStZ 1997, 371 (372).
[262] *Senge* NJW 1997, 2409 (2410); LR/*Krause* Rn. 56.
[263] HK/*Lemke* Rn. 27; KK/*Senge* Rn. 20; Radtke/Hohmann/*Beukelmann* Rn. 19.
[264] *Eisenberg* Beweisrecht Rn. 1676.
[265] Nach *Kohlhaas* JR 1974, 89 (91) gilt dies nur für Maßnahmen nach Abs. 2.
[266] *Achenbach* NJW 1977, 1271.
[267] HK/*Lemke* Rn. 28; KK/*Senge* Rn. 21; LR/*Krause* Rn. 58; *Meyer-Goßner* Rn. 30; aA *Eisenberg* Beweisrecht Rn. 1676.
[268] OLG Hamm 7.4.1965 – 3 Ws 76/65, NJW 1965, 1613, zu § 51 StPO.
[269] LR/*Krause* Rn. 58; *Eisenberg* Beweisrecht Rn. 1676.
[270] HK/*Lemke* Rn. 28; *Meyer-Goßner* Rn. 30; Radtke/Hohmann/*Beukelmann* Rn. 20; *Eisenberg* Beweisrecht Rn. 1676a; *Achenbach* NJW 1977, 1271.
[271] LR/*Krause* Rn. 58.
[272] So zutreffend *Achenbach* NJW 1977, 1271.
[273] LR/*Krause* Rn. 59; *Eisenberg* Beweisrecht Rn. 1676a Fn. 71.

chologische Begutachtung und die damit ggf. einhergehende (psychiatrische) Beurteilung der Aussagetüchtigkeit nicht erfasst.[274] Derartige Untersuchungen sind deshalb nur mit **Einwilligung** des Betroffenen zulässig.[275] Wegen der vergleichbaren Interessenlage kommt indes § 81c zur entsprechenden Anwendung. Eine zeugnisverweigerungsberechtigte Person ist analog §§ 81c Abs. 3 S. 2 Hs. 2, 52 Abs. 3 S. 1 darüber zu belehren, dass sie an der aussagepsychologischen Begutachtung nicht mitwirken muss.[276] Die bloße Belehrung über das Zeugnisverweigerungsrecht ersetzt nicht diejenige über das Untersuchungsverweigerungsrecht und erstreckt sich auch nicht auf diese.[277] Ob über diesen Sonderfall des bestehenden Näherverhältnisses hinaus eine Belehrung über die Freiwilligkeit der Mitwirkung auch bei einem nicht zur Zeugnisverweigerung berechtigten Probanden erforderlich ist, hat der BGH bislang jeweils offen gelassen. In der Literatur ist diese Frage umstritten und wird teils abgelehnt,[278] größtenteils aber befürwortet.[279] Um Unsicherheiten bei der Verwertbarkeit zu vermeiden sollte in der Praxis daher sicherheitshalber auf die Freiwilligkeit hingewiesen werden. Andererseits versteht sich diese für die zu untersuchende Person nicht selten von selbst, gerade weil bei der in der Praxis vorrangig in Betracht kommenden Deliktskategorie der Sexualdelikte die häufig ohnehin schon beteiligten oder zu bestellenden Opferanwälte regelmäßig hierauf achten.[280] Bei allem anerkennenswerten Streben nach absoluter Freiwilligkeit der Mitwirkung, das von der die Belehrung befürwortenden Meinung hervorgehoben wird, darf jedoch nicht deren durchaus problematische Komponente unberücksichtigt bleiben. In der Praxis zeigt sich bei psychisch belasteten Zeugen eine zunehmende Verunsicherung, die mit steigender Zahl und Intensität von Belehrungen verbunden ist.[281] Diese werden gerade von Kindern und Jugendlichen häufig nicht als Hinweis auf die freie Entscheidungsmöglichkeit verstanden, sondern als Voreingenommenheit gegenüber ihrer Darstellung. Einer unbefangenen Aussagesituation ist dies durchaus abträglich.[282] Fehlt dem Betroffenen die notwendige Verstandesreife, um die Bedeutung des Untersuchungsverweigerungsrechtes zu erfassen, wovon sich das Gericht zunächst einen zuverlässigen Eindruck verschaffen muss,[283] richtet sich die Belehrung ausschließlich an den Vertreter.[284]

56 Hinsichtlich der **Zuständigkeit** für die Belehrung wird angenommen, dass sich diese nach der Anordnungsbefugnis richtet.[285] Zu erfolgen hat sie danach in entsprechender Anwendung der §§ 81c Abs. 3 S. 2 Hs. 2, 52 Abs. 3 S. 1 bevor der Sachverständige die Exploration durchführt,[286] wobei sie diesem selbst allerdings nicht überlassen werden

---

[274] Wegen der Einzelheiten zur Notwendigkeit einer aussagepsychologischen Begutachtung, der Auswahl des Sachverständigen und der Durchführung wird auf die Ausführungen bei → § 73 Rn. 17 und → § 80 Rn. 6 und 9 f. verwiesen.

[275] BGH 14.10.1959 – 2 StR 249/59, BGHSt 13, 394 (398); BGH 11.11.1959 – 2 StR 471/59, BGHSt 14, 21 (23); BGH 29.6.1989 – 4 StR 201/89, BGHSt 36, 217 (219); BGH 18.9.1990 – 5 StR 184/90, StV 1991, 405; BGH 22.2.2012 – 1 StR 674/11, StV 2013, 73 (74); BGH 8.1.2013 – 1 StR 602/12, NStZ 2013, 672; BGH 5.3.2013 – 1 StR 602/12, NStZ – RR 2013, 218.

[276] BGH 13.2.1959 – 4 StR 470/58, BGHSt 13, 1 (4 f.); BGH 14.10.1959 – 2 StR 249/59, BGHSt 13, 394 (398 f.); BGH 29.6.1989 – 4 StR 201/89, BGHSt 36, 217 (220); BGH 29.6.1989 – 4 StR 201/89, NStZ 1989, 485; BGH 15.11.1994 – 1 StR 461/94, BGHSt 40, 336 (337).

[277] BGH 23.8.1988 – 5 StR 211/88, NStE 1990 Nr. 1 zu § 81c StPO = BeckRS 1988, 31103412; BGH 16.7.1993 – 2 StR 333/93, StV 1993, 563.

[278] KK/*Senge* Rn. 11; so wohl auch *Dettmeyer ua* Rechtsmedizin 20 (2010), 200 (206).

[279] HK/*Lemke* Rn. 3; LR/*Krause* Rn. 5; *Meyer-Goßner* Rn. 7; *Eisenberg* StV 1995, 625 (626); *Fezer* JuS 1978, 765 (766); *Janetzke* NJW 1958, 534 (536); *Kett-Straub* ZStW (117), 2006, 354 (370 f.); *Weigend* JZ 1990, 48 (49).

[280] *Herrmann* StRR 2010, 250 (257).

[281] *Kohlhaas* JR 1974, 89 (91).

[282] Das übersieht vor allem *Eisenberg* StV 1995, 625 (627), der sich ausschließlich auf Instrumentalisierung durch Behörden fokussiert.

[283] BGH 22.1.1991 – 1 StR 624/90, NJW 1991, 2432.

[284] BGH 15.11.1994 – 1 StR 461/94, BGHSt 40, 336 (337 f.); s. auch die Nachweise bei → Rn. 35; aA KMR/*Bosch* Rn. 27; *Eisenberg* StV 1995, 625 (626); *Kett-Straub* ZStW 117 (2006), 354 (372).

[285] *Eisenberg* Beweisrecht Rn. 1867; *Geppert* Jura 1988, 363 (364 Fn. 79).

[286] BGH 22.1.1991 – 1 StR 624/90, NJW 1991, 2432; BGH 8.11.1995 – 2 StR 531/95, NStZ-RR 1996, 106.

darf.[287] Vielmehr belehrt das Gericht,[288] die Staatsanwaltschaft[289] oder die Polizei,[290] je nachdem, von wem die Untersuchung angeordnet wurde. Gegebenenfalls hat der Sachverständige auf die Nachholung der Belehrung durch die anordnende Stelle hinzuwirken.[291] Nach hiesiger Auffassung ist es allerdings nicht ausgeschlossen die Belehrung über das Untersuchungsverweigerungsrecht auch für den Fall, dass die Staatsanwaltschaft den Auftrag erteilt hat, dem Ermittlungsrichter zu übertragen, der eine richterliche Vernehmung vornimmt.[292] Entsprechend sollte bei einem zeugnisverweigerungsberechtigten Zeugen der Antrag auf dessen richterliche Vernehmung mit einem solchen auf die entsprechende Belehrung verbunden werden. Dem steht nicht entgegen, dass durch den analog zur Anwendung kommenden § 52 Abs. 3 S. 1 die Belehrung vor jeder Vernehmung, also auch vor der Exploration durch den Sachverständigen, zu erfolgen hat. Entscheidend ist vielmehr die klare Trennung und Unterscheidung der Belehrung über das Zeugnisverweigerungsrecht von derjenigen über das Untersuchungsverweigerungsrecht. Dies ist für die Entschließungsfreiheit des Zeugen ausreichend, sofern das Explorationsgespräch mit dem Sachverständigen in hinreichendem zeitlichem Zusammenhang mit der richterlichen Zeugenvernehmung und -belehrung erfolgt.[293] Dem steht auch die bisherige Rechtsprechung des BGH nicht entgegen. Sofern in Entscheidungen beanstandet wurde, die Belehrung über das Untersuchungsverweigerungsrecht sei vor der Untersuchung durch den Sachverständigen nicht erfolgt, so betraf dies Fälle, in denen ausschließlich über das Zeugnisverweigerungsrecht belehrt wurde und zudem in der Folgezeit mehrere Monate ins Land gingen.[294] Die Belehrung dagegen zwingend an die Auftragserteilung durch die Ermittlungsbehörde anzubinden, widerspricht der besonderen Bedeutung, die ansonsten der richterlichen Belehrung und Vernehmung beigemessen wird.[295] Erst recht nicht verständlich wäre dann, warum umgekehrt eine Übertragung seitens des Richters auf die Staatsanwaltschaft für zulässig erachtet wird (→ Rn. 35).

Beruft sich der Betroffene in rechtmäßiger Weise auf sein Untersuchungsverweigerungsrecht, entsteht ein **Verwertungsverbot** hinsichtlich der Angaben, die er im Rahmen des Explorationsgesprächs beim Sachverständigen machte. Dabei wird regelmäßig darauf abgestellt, hierunter fielen nur Zusatztatsachen, die der Sachverständige erhebt, im Gegensatz zu den Befundtatsachen, die verwertet werden könnten.[296] Ausgangpunkt ist eine aus sich heraus nur schwer verständliche Entscheidung des BGH, nach der er gegen die Verwertung der Angaben des Geschädigten dann keine rechtlichen Bedenken hatte, sofern sich das Gericht bereits anderweitig davon überzeugt hatte, und der Sachverständige sie lediglich als Anzeichen für die Glaubhaftigkeit heranzog.[297] Später hob er dann die Unterscheidung nach den Tatsachen, die auch das Gericht hätte feststellen können, im Gegensatz zu denen, 57

[287] BGH 23.8.1995 – 3 StR 163/95, NJW 1996, 206; BGH 4.12.1996 – 2 StR 430/96, NStZ 1997, 349 (350); aA *Geppert* Jura 1993, 249 (252 f.).

[288] BGH 29.6.1989 – 4 StR 201/89, BGHSt 36, 217 (220); BGH 23.8.1995 – 3 StR 163/95, NJW 1996, 206.

[289] BGH 16.7.1993 – 2 StR 333/93, StV 1993, 563; BGH 4.12.1996 – 2 StR 430/96, NStZ 1997, 349 (350).

[290] BGH 15.11.1994 – 1 StR 461/94, BGHSt 40, 336 (340).

[291] BGH 4.12.1996 – 2 StR 430/96, NStZ 1997, 349 (350); *Dettmeyer ua* Rechtsmedizin 20 (2010), 200 (207).

[292] So der Sache nach auch *Herrmann* StRR 2010, 250 (257).

[293] Dieser Gedanke liegt wohl auch BGH 20.7.1995 – 1 StR 338/95, NJW 1998, 838 (839) zugrunde; aA KMR/*Bosch* Rn. 30.

[294] BGH 23.8.1988 – 5 StR 211/88, NStE 1990 Nr. 1 zu § 81c StPO = BeckRS 1988, 31103412; BGH 16.7.1993 – 2 StR 333/93, StV 1993, 563.

[295] BGH 15.1.1952 – 1 StR 341/51, BGHSt 2, 99 (106 ff.); BGH 13.2.1959 – 4 StR 470/58, BGHSt 13, 1 (4 f.); BGH 3.11.2000 – 2 StR 354/00, BGHSt 46, 189 (195) jeweils zum Zeugnisverweigerungsrecht.

[296] Graf/*Ganter* § 252 Rn. 16; KK/*Senge* Vor § 72 Rn. 4; *Meyer-Goßner* § 252 Rn. 10; *Geppert* Jura 1988, 363 (364 f.); *Huber* JuS 2007, 485 (486).

[297] BGH 10.10.1957 – 4 StR 393/57, BGHSt 11, 97 (100). So jedenfalls wird die Entscheidung in BGH 26.10.1962 – 4 StR 318/62, BGHSt 18, 107 (109); BGH 29.6.1976 – 1 StR 263/76, juris (→ Rn. 9) = *Spiegel* DAR 1977, 169 (175) zitiert.

für deren Wahrnehmung es besonderer Sachkunde bedurfte,[298] hervor. Letztere bezeichnete er nunmehr ausdrücklich als Befundtatsachen und rechnete dazu als Beispiele das Verhalten der aussagepsychologisch untersuchten Person bei der Exploration, Aufgeschlossenheit gegenüber Fragen, Zustand und Auftreten[299] sowie Wortschatz, abfragbare biologische Grundkenntnisse, Suggestionsfestigkeit und Intelligenz.[300] Die Schilderung des Tatgeschehens selbst zählte er aber zu den Zusatztatsachen.[301] Hierzu darf der Sachverständige weder als solcher, noch als Zeuge vernommen werden.[302] Auch wenn die zu untersuchende Person erst in der Hauptverhandlung von ihrem Weigerungsrecht Gebrauch macht, steht der Einführung der Zusatztatsachen §§ 252 iVm 81c Abs. 3 S. 1, 52 Abs. 1 entgegen.[303] Dies gilt unabhängig davon, ob die Begutachtung im anhängigen Verfahren oder in einem anderen, beispielsweise einem Zivilverfahren oder einem solchen der freiwilligen Gerichtsbarkeit, erfolgte,[304] und schon solange noch Ungewissheit darüber besteht, ob der Betroffene vom Weigerungsrecht Gebrauch macht[305] oder wenn der gesetzliche Vertreter einer Vernehmung nicht zustimmt.[306] Unter Bezugnahme auf die Ausgangsentscheidung ging der BGH mit weiterer Differenzierung davon aus, es habe dort zum Ausdruck gebracht werden sollen, die Angaben zum Tatgeschehen hätten zwar als Befundtatsachen für die Begutachtung verwendet, nicht jedoch als Grundlage der Feststellungen zum Tathergang – dann als Zusatztatsachen – über den Sachverständigen in die Hauptverhandlung eingeführt werden dürfen.[307] Einen davon abweichenden, durchaus erwägenswerten Ansatz, verfolgte der BGH allerdings, hinsichtlich der Angaben die der Vater zur Persönlichkeit seines Sohnes anlässlich von dessen Schuldfähigkeitsbegutachtung machte. Für diesen Fall ging er davon aus, eine einmalige richterliche Belehrung eines Zeugen mache auch das verwertbar, was er zu einem späteren Zeitpunkt gegenüber dem Sachverständigen berichtet.[308] Diese Entscheidung blieb jedoch vereinzelt. Ohne nähere Begründung, ob und ggf. warum darin Befund- und nicht Zusatztatsachen zu sehen sein sollten, wurde deren Übertragbarkeit auf die vorliegende Fallkonstellation allerdings abgelehnt.[309] Das Bild, das die Rspr. abgibt zeigt aber, dass die Differenzierung in Verwertbarkeit von Befund- und Nichtverwertbarkeit von Zusatztatsachen für die aussagepsychologische Begutachtung gar nicht zuverlässig möglich ist.[310] Schon bei der Einteilung des Tatsachenstoffes an sich zeigt sich die Unzulänglichkeit der herkömmlichen Definitionen.[311] Es ist bereits zweifelhaft, ob hinsichtlich der Befragung zum Tatgeschehen selbst nicht die besondere Sachkunde des Untersuchenden im Vordergrund steht.[312] Der Gutachtenauftrag ist dann zu erteilen, wenn die eigene Sachkunde des Gerichts bei der Beurteilung der Aussage des Zeugen wegen Besonderheiten in dessen Person gerade nicht ausreicht. Das wirkt sich naturgemäß schon auf die Befragungssituation

[298] Grundlegend BGH 7.6.1956 – 3 StR 135/56, BGHSt 9, 292 ff.

[299] BGH 13.2.1959 – 4 StR 470/58, BGHSt 13, 1 (2); *Russ* NJW 1963, 385 (386).

[300] BGH 15.11.1994 – 1 StR 461/94, NJW 1995, 1501 (1502) insoweit nicht abgedruckt in BGHSt 40, 336.

[301] So auch BGH 22.1.1991 – 1 StR 624/90, NJW 1991, 2432; BGH 15.11.1994 – 1 StR 461/94, NJW 1995, 1501 (1502) insoweit nicht abgedruckt in BGHSt 40, 336; BGH 29.5.1996 – 3 StR 157/96, NStZ 1997, 95 (96); BGH 3.11.2000 – 2 StR 354/00, BGHSt 46, 189 (192 f.).

[302] BGH 13.2.1959 – 4 StR 470/58, BGHSt 13, 1 (4 f.); BGH 26.10.1962 – 4 StR 318/62, BGHSt 18, 107 (109); BGH 29.6.1989 – 4 StR 201/89, BGHSt 36, 217 (219).

[303] BGH 23.7.1986 – 2 StR 370/86, StV 1987, 328; BGH 23.8.1995 – 3 StR 163/95, NJW 1996, 206.

[304] BGH 27.10.2006 – 2 StR 334/06, NStZ 2007, 353 (354).

[305] BGH 23.8.1995 – 3 StR 163/95, NJW 1996, 206 (207).

[306] BGH 20.2.1987 – 2 StR 40/87, *Pfeiffer/Miebach* NStZ 1988, 17 (19).

[307] BGH 3.11.2000 – 2 StR 354/00, BGHSt 46, 189 (193 f.); s. auch BGH 29.8.1984 – 2 StR 363/84, StV 1984, 453; BGH 15.11.1994 – 1 StR 461/94, NJW 1995, 1501 (1503) insoweit nicht abgedruckt in BGHSt 40, 336.

[308] BGH 20.7.1995 – 1 StR 338/95, NJW 1998, 838 (839) mit ablehnender Anmerkung *Eisenberg* NStZ 1997, 297 ff.

[309] BGH 3.11.2000 – 2 StR 354/00, BGHSt 46, 189 (194).

[310] So auch die Einschätzung in BGH 3.11.2000 – 2 StR 354/00, BGHSt 46, 189 (194).

[311] → § 72 Rn. 16–18.

[312] S. dazu auch die → § 79 Rn. 23 angeführten Entscheidungen.

aus. In jedem Fall ist die Exploration zur Sache aber die zentrale Untersuchungsmethode.[313] Von daher stellt es sich als künstliche Aufspaltung dar, die dabei erhobenen Belastungstatsachen alleine unter Berufung auf die Feststellungsmöglichkeit durch das Gericht dem Befund des Gutachtens zu entziehen. Auf der anderen Seite wird man zur Vernehmung iSd § 252 jede Äußerung des Zeugen rechnen müssen, die durch die Befragung veranlasst wurde, unabhängig davon, ob sie sich auf das Tatgeschehen bezieht oder nicht. Eine entsprechende Differenzierung gibt dieser Begriff nicht her. Bei Anwendung dieser Vorschrift auf den Sachverständigen müsste dann aber konsequenterweise alles erfasst werden, was der Zeuge verbalisierte, sofern er nicht nachträglich der Verwertung zustimmt.

Erklärt die zu untersuchende Person in der Hauptverhandlung dagegen Ihre **Zustimmung** zu einer Verwertung der Schilderungen beim Sachverständigen, so können sie über diesen in die Hauptverhandlung eingeführt werden. In einer entsprechenden Erklärung in Bezug auf das Zeugnisverweigerungsrecht kann zugleich eine (schlüssige) hinsichtlich des Untersuchungsverweigerungsrechts gesehen werden.[314] Durch das Einverständnis wird die vor der Untersuchung durch den Sachverständigen unterbliebene Belehrung über das Untersuchungsverweigerungsrecht geheilt.[315] 58

Uneingeschränkt hat der Sachverständige bei einer bloßen Verweigerung der Untersuchung in jedem Fall die Möglichkeit zu **anderweitigem Erkenntnisgewinn,** indem er den Betroffenen anhand seiner Aussage in der Hauptverhandlung, gegebenenfalls unter Nutzung des Fragerechts nach § 80,[316] oder anhand anderweitig erstellter Gutachten, ärztlicher Berichte oder Verfahrensakten[317] begutachtet. Allerdings ist in diesem Fall der lediglich eingeschränkte Beweiswert bei der Würdigung des Gutachtens zu berücksichtigen.[318] In derartigen Fällen ist indes besonders sorgfältig auf die Belange vor allem kindlicher und jugendlicher Zeugen Bedacht zu legen und nach dem Rechtsgedanken des § 81c Abs. 4 die Zumutbarkeit einer solchen aufgedrängten Begutachtung sorgfältig zu erwägen.[319] 59

b) Gewalt- und Sexualdelikte an Kindern. In Fällen der Kindesmisshandlung ist eine **zeitnahe körperliche Untersuchung** des Tatopfers wichtig, um eine objektive Befunddokumentation und Spurensicherung vorzunehmen.[320] Dies gilt in vergleichbarer Weise bei Sexualdelikten, die gegenüber Kindern verübt werden. Zwar gibt es, insbesondere bei lang andauernden Missbrauchsgeschehen im familiären Nahbereich, regelmäßig keine typischen Verletzungsspuren, die für sich alleine einen eindeutigen Nachweis erlauben würden.[321] Aufgrund der großen Bandbreite sexueller Übergriffe führen diese auch nicht in jedem Fall zu körperlichen Folgen oder Verletzungen. Andererseits ist deren Auffinden oder auch die Feststellung biologischer Spuren des Täters, wie zum Beispiel Sperma, nicht fernliegend.[322] Zu nennen sind hier nicht zuletzt Fälle, in denen vollendeter Geschlechtsverkehr oder vergleichbares Eindringen in den Körper eines Mädchens zum Vorwurf gemacht wird. Eine dauerhafte Schädigung des Hymen muss damit nicht zwingend einhergehen,[323] kann aber nach den Vorgaben der Rechtsprechung auch nicht in 60

---

313 → § 80 Rn. 9.

314 BGH 6.7.1965 – 5 StR 229/65, BGHSt 20, 234.

315 BGH 23.9.1999 – 4 StR 189/99, BGHSt 45, 203 (208 f.).

316 BGH 13.5.1969 – 2 StR 616/68, BGHSt 23, 1 (1 f.) ausdrücklich gegen OLG Hamm 29.6.1956 – 2 Ws 207/56, JZ 1957, 186 (Leitsatz); BGH 23.11.1969 – 1 StR 309/69, juris (→ Rn. 7); BGH 15.8.1979 – 2 StR 399/79, NStZ 1981, 93; BGH 3.6.1982 – 1 StR 184/12, NStZ 1982, 432; BGH 27.3.1990 – 5 StR 119/90, StV 1990, 246 (247); BGH 7.9.1995 – 1 StR 136/95, StV 1995, 622; BGH 28.10.2008 – 3 StR 364/08, NStZ 2009, 346 (347).

317 BGH 25.9.1990 – 5 StR 401/90, NStZ 1991, 47.

318 BGH 6.7.2011 – 2 StR 124/11, StV 2011, 711 (712); KG 20.5.1996 – 1 AR 217/96 – 3 Ws 110/111/96, NJW 1997, 69 (70).

319 Vgl. OLG Stuttgart 19.9.2011 – 4 Ws 197 + 198/11, insoweit nicht abgedruckt in NStZ-RR 2012, 116 und Justiz 2012, 92; ähnlich KMR/*Bosch* Rn. 13.

320 *Müller* FPR 2009, 561 (563).

321 *Kühne/Kluck* FamRZ 1995, 981 (982).

322 *Zinka*, FS Eisenmenger, 2009, 81 (83).

323 *Zinka*, FS Eisenmenger, 2009, 81 (86).

jedem Fall unbeachtet bleiben.[324] Verletzungen, gerade auch im Genital- oder Analbereich, verheilen bei Kindern indes sehr schnell. Ferner ist Sperma des Täters in der Scheide regelmäßig höchstens bis zu 3 Tagen lang nachweisbar.[325] Die Untersuchung des Kindes sollte daher möglichst frühzeitig vorgenommen werden.

61 Eine solche **Erhebung ärztlicher Befunde** ist über § 81c Abs. 1 regelmäßig unproblematisch zulässig, da sie sich auf Spuren und Tatfolgen bezieht. Das gilt jedoch nicht für die von rechtsmedizinischen Sachverständigen in Fällen schwerer Kindesmisshandlungen häufig erhobenen Forderungen nach einer röntgenologischen Untersuchung des Kindes.[326] Aus medizinischer Sicht ist dies berechtigt, um schwere Misshandlungen auszuschließen oder nachzuweisen, die oftmals äußerlich nur schwer erkennbare oder gar keine Spuren hinterlassen. Nach der eindeutigen Rechtslage bedarf es jedoch der Einwilligung des Geschädigten oder seines Vertreters (→ Rn. 16). Es bleibt dann nur der Weg, auf solche Röntgenbefunde zurückzugreifen, die anlässlich früherer ärztlicher Untersuchungen des Kindes gefertigt wurden. Darüber hinaus stellen die Krankenakten behandelnder Ärzte allgemein ein wichtiges Beweismittel im Hinblick auf Verletzungen und den allgemeinen Zustand des Kindes dar. Der jeweilige Arzt kommt als Zeuge in Betracht. Oftmals macht er seine Feststellungen unmittelbar nach der Tat, wenn das Opfer ins Krankenhaus verbracht oder ihm sonst vorgestellt wird. Da insoweit jedoch keine Anordnung im Sinne des § 81c Abs. 1 vorliegt, fallen dessen Erkenntnisse unter das Zeugnisverweigerungsrecht des § 53 Abs. 1 S. Nr. 3. Auf sie kann nur bei Vorliegen einer wirksamen Entbindungserklärung im Sinne des § 53 Abs. 2 S. 1 zugegriffen werden. Eine Entscheidung hierüber ist deswegen ebenfalls baldmöglichst herbeizuführen.[327]

62 Bei der **Entbindung von der Schweigepflicht** für die behandelnden Ärzte handelt es sich nach allgemeiner Meinung um ein höchstpersönliches Recht. Dieses setzt keine Geschäftsfähigkeit voraus, sondern die natürliche Willensfähigkeit und eine hinreichende Vorstellung von der Bedeutung des Rechts.[328] Fehlt diese Voraussetzung, was bei der vorliegenden Fallgruppe häufig der Fall ist, so kann der Verletzte selbst die Erklärung nicht abgeben. Unter Hinweis auf die Höchstpersönlichkeit der Schweigepflichtentbindung wird in der Literatur die Möglichkeit einer Vertretung dann verneint. Eine weitergehende Begründung findet sich regelmäßig nicht.[329] Diese Ansicht hätte allerdings bemerkenswerterweise zur Konsequenz, dass gerade die besonders schutzbedürftige Gruppe kleiner Kinder, die Opfer von Straftaten wurden, einer beweismäßigen Schlechterstellung unterfielen.[330] Sie entspricht auch nicht den Grundsätzen, die die Rechtsprechung im Zusammenhang mit der Ausübung des Zeugnis- und Untersuchungsverweigerungsrechts bei verstandesunreifen Personen entwickelte.[331] Auch hierbei handelt es sich um höchstpersönliche Rechte. Sie sind, wenn der Rechtsträger von der Entscheidung ausgeschlossen ist, durch dessen Vertreter auszuüben,[332] um einen ansonsten drohenden Stillstand des Verfahrens mit negativen Konsequenzen für Geschädigten und Beschuldigten zu verhindern.[333] Diese Rechtssätze sind auch unter dem

---

[324] BGH 4.3.1960 – 4 StR 31/60, BGHSt 14, 162 (164); BGH 24.6.2008 – 3 StR 169/08, *Cierniak/Zimmermann* NStZ-RR 2011, 225 (227).

[325] *Schneider* Kriminalistik 2005, 303 (307); *Zinka*, FS Eisenmenger, 2009, 81 (82 f.).

[326] Insbesondere *Matschke ua* DtschÄrztebl 2009, 211 (216) zum Schütteltrauma-Syndrom.

[327] *Müller* FPR 2009, 561 (563).

[328] → § 53 Rn. 55; KK/*Senge* § 53 Rn. 48.

[329] → § 53 Rn. 58; KK/*Senge* § 53 Rn. 48; KMR/*Neubeck* § 53 Rn. 39; LR/*Ignor/Bertheau* § 53 Rn. 81; *Meyer-Goßner* § 53 Rn. 48. Das besondere Vertrauensverhältnis betonen *Göppinger* NJW 1958, 241 (244); *Woesner* NJW 1957, 692 f., allerdings bemerkenswerterweise nicht gegenüber der Geltendmachung von Honorarforderungen (694).

[330] Vgl. *Solbach* DRiZ 1978, 204 (207).

[331] Die oftmals in diesem Zusammenhang zitierte Entscheidung des OLG München 4.9.1931 – Reg 1177, 1178/31 III, JW 1932, 2176, kann indes nicht herangezogen werden, da sie das Berufsgeheimnis eines Rechtsanwalts betraf und das Gericht die Entbindung hiervon gerade nicht als höchstpersönliches Recht ansah.

[332] Nach OLG Stuttgart 14.6.1971 – 3 Ss 19/71, NJW 1971, 1137 (2238) „Ausfluss des Personensorgerechts".

[333] BGH 8.12.1958 – GSSt 3/58, BGHSt 12, 235 (240 f.); BGH 2.3.1960 – 2 StR 44/60, BGHSt 14, 159 (160); BGH 9.8.1963 – 4 StR 188/63, BGHSt 19, 85 (86).

Gesichtspunkt der historischen Auslegung vergleichbar. Zu dem Zeitpunkt, als sie aufgestellt wurden, fand sich insoweit ebenfalls noch keine ausdrückliche Regelung in der StPO. § 52 Abs. 2 und § 81c Abs. 3, der hierauf Bezug nimmt, wurden erst zu einem späteren Zeitpunkt[334] eingefügt und knüpfen weitgehend hieran an[335] (→ Rn. 4). Bemerkenswert ist auch, dass in der familienrechtlichen Rechtsprechung hinsichtlich einer Vertretung bei der Entbindung von der ärztlichen Schweigepflicht großen Teils keine Bedenken geäußert wurden.[336] Wie bei der Ausübung des Zeugnisverweigerungsrechts ist bei der Entbindung von der Schweigepflicht davon auszugehen, dass diejenige Person, die keine eigenverantwortliche Gestaltungserklärung abgeben kann, Anspruch auf interessengerechte Vertretung und ggf. staatliche Unterstützung hat.[337] Die Erklärung hat daher in entsprechenden Fällen im Rahmen der Ausübung des Sorgerechts durch den gesetzlichen Vertreter zu erfolgen. Befindet sich dieser in einem Interessenkonflikt im Sinne der §§ 1629 Abs. 2 S. 3, 1796 BGB oder übt er seine Befugnis in einer dem Kindeswohl widersprechenden Weise aus (§ 1666 BGB), so kann die Bestellung eines Ergänzungspflegers zu beantragen sein.[338]

c) AIDS-Test. Ein AIDS-Test kann beim Verletzten zum **Nachweis** in Betracht kommen, dass sexuelle Handlungen, insbesondere Vaginal- oder Analverkehr, stattgefunden haben, wobei der Täter seine bei ihm bereits zuvor vorhandene ansteckende Krankheit übertrug. Ein strafrechtlich relevantes Verhalten kann aber auch in der Übertragung der AIDS-Infektion selbst liegen, in erster Linie in Zusammenhang mit Körperverletzungsdelikten.[339] Von Bedeutung kann es dabei – neben der Tatsache, ob das mutmaßliche Tatopfer nicht bereits vor dem Sexualkontakt erkrankt war – sein, inwieweit es zu einer Infektion kam[340] oder eine solche nicht nachgewiesen werden kann.[341] 63

Für die **Zulässigkeit** der Maßnahme ist zunächst entscheidend, dass der AIDS-Test die zeitlich versetzte Auswertung von zwei Blutproben voraussetzt.[342] Daher ist stets der nur nach § 81c Abs. 2 erlaubte Eingriff notwendig, selbst wenn es sich bei der Infektion um die Spur oder Folge einer Straftat im Sinne des § 81c Abs. 1 handelt. § 81c Abs. 2 erfasst dabei nicht nur die Materialgewinnung in Form der Entnahme der Blutprobe selbst,[343] sondern auch deren Auswertung zum Zwecke der Feststellung, ob eine AIDS-Infizierung stattgehabt hat oder nicht. Dies ergibt sich daraus, dass die Untersuchung des Substrats regelmäßig zur Erforschung der Wahrheit notwendig ist.[344] Der AIDS-Test kann auch nicht im Sinne eines erweiterten Eingriffsbegriffes als nicht von den Eingriffsermächtigungen des § 81c Abs. 1 und 2 erfasster umfassender, einheitlicher anderer Eingriff angesehen werden, der damit stets der Einwilligung des Betroffenen bedürfte.[345] Dies widerspricht schon dem eindeutigen Wortlaut des § 81c Abs. 2, der den unmittelbaren Eingriff der Probenentnahme von dem damit verbundenen Untersuchungszweck trennt. Folge wäre zudem eine systematisch nicht gerechtfertigte unterschiedliche rechtliche Einordnung gegenüber anderen Auswertungen, die auf Grundlage einer Blutprobe getroffen werden, wie zum Beispiel die Bestimmung der Blutalkoholkonzentration.[346] 64

---

[334] Durch das 1. StVRG vom 9.12.1974, BGBl. I, 3393 (3394 f.).

[335] *Rieß* NJW 1975, 81 (83); *Rieß* ZIS 2009, 466 (479).

[336] OLG Karlsruhe 27.3.2003 – 16 UF 25/03, FamRZ 2004, 51 (52); vgl. auch OLG Dresden 6.7.2000 – 10 ARf 15/00, NJW-RR 2000, 1676; OLG Nürnberg 15.4.2010 – 9 UF 353/10, NJW 2010, 3041.

[337] *Schoene* NJW 1972, 930 (931).

[338] OLG Nürnberg 15.4.2010 – 9 UF 353/10, NJW 2010, 3041 (3042); vgl. auch OLG Zweibrücken 14.6.1999 – 3 W 132/99, NJW-RR 2000, 1679.

[339] Übersicht über die in Betracht kommenden Tatbestände bei LG Nürnberg-Fürth 16.11.1987 – 13 KLs 345 Js 31316/87, NJW 1988, 2311 f.; *Fischer* § 223 Rn. 7 aF.

[340] BGH 12.10.1989 – 4 StR 318/89, BGHSt 36, 262 (264).

[341] BGH 4.11.1988 – 1 StR 262/88, BGHSt 36, 1 (3).

[342] *Penning/Spann* MedR 1987, 171 (172) mit dem Hinweis, dass deren Abnahme gleichzeitig erfolgen kann, sofern auf die ausreichende Menge geachtet wird.

[343] So aber *Oberlies* StV 1990, 469 (470).

[344] Vgl. BVerfG 2.8.1996 – 2 BvR 1511/96, NJW 1996, 3071 (3072 f.); BGH 21.8.1990 – 5 StR 145/90, BGHSt 37, 157 (158 f.) jeweils zu § 81a StPO.

[345] So *Pening/Spann* MedR 1987, 171 (173).

[346] *Mayer* JR 1990, 358 (359).

65 Besondere Beachtung bedarf jedoch die Prüfung der **Zumutbarkeit** im Sinne des § 81c Abs. 4. Hierbei ist zu berücksichtigen, dass es für die zu untersuchende Person regelmäßig mit massiven psychischen Belastungen verbunden ist, für den Fall eines positiven Testergebnisses über die eigene HIV-Infektion unterrichtet zu werden.[347] Dies gilt besonders dann, wenn die Ansteckung als Folge eines gewaltsamen Übergriffes eingetreten sein kann. Die Ansicht, die Blutentnahme zur Durchführung eines AIDS-Tests sei regelmäßig zumutbar,[348] ist schon von daher zu weitgehend. Gleiches gilt aber auch dann, wenn man die Zumutbarkeit darauf beschränkt, dass die Infizierung durch die zur Last gelegte Tat verursacht worden sei.[349] Ausschlaggebend ist, um die berechtigten Interessen der zu untersuchenden Person angemessen zu würdigen, in erster Linie die auf eigenverantwortlicher Grundlage getroffene Entscheidung dieser selbst. Hierzu ist eine umfassende und schonende Information über die Art der Untersuchung und die möglichen Folgen eines positiven Nachweises Voraussetzung.[350] In die Einzelfallabwägung[351] mit einzubeziehen ist auch der Umstand, dass sich der Geschädigte für den Fall der „Mehrverkehrseinrede" möglicherweise weitgehenden Folgeermittlungen, auch im Intim- und sonstigen Privatbereich ausgesetzt sehen kann.[352]

III. Rechtsmittel

66 Die **richterliche Anordnung,** wegen § 305 S. 2 auch diejenige des erkennenden Gerichts, kann der Betroffene mit der einfachen Beschwerde nach § 304 Abs. 2 anfechten.[353] Die beweissichernde Anordnung nach § 81c Abs. 3 S. 3 ist dagegen wegen S. 4 für den Betroffenen einer Anfechtung entzogen,[354] bei Ablehnung eines entsprechenden Antrags nicht jedoch für die Staatsanwaltschaft.[355] Hinsichtlich Anordnungen der Staatsanwaltschaft wird teilweise der Antrag auf gerichtliche Entscheidung entsprechend § 98 Abs. 2 S. 2 für zulässig gehalten,[356] teilweise aber das diesbezügliche Rechtschutzbedürfnis verneint, da der Betroffene über Abs. 6 die richterliche Entscheidung herbeiführen könne, wenn er der Anordnung keine Folge leiste.

67 Der Angeklagte kann die **Revision** nicht auf eine Verletzung des Abs. 1 und Abs. 2 stützen. Die dortigen Eingriffsvoraussetzungen berühren nicht seinen Rechtskreis.[357] Bei Verstößen gegen Belehrungspflichten ist dagegen zu differenzieren. Wurde der Betroffene mit seiner Einwilligung untersucht, so kann die Revision nicht darauf gestützt werden, die Belehrung über die Freiwilligkeit der Duldung oder Mitwirkung sei unterblieben.[358] Insoweit ist schon fraglich, ob überhaupt eine Belehrungspflicht besteht, weswegen der BGH im Zusammenhang mit der aussagepsychologischen Begutachtung ausdrücklich offen ließ, ob das gewonnene Untersuchungsergebnis in den Fällen des „allgemeinen Verweigerungsrechts" unverwertbar ist, wenn keine Einwilligung vorlag.[359] Dagegen wird allgemein angenommen, die unterlassene Belehrung nach §§ 81c Abs. 3 S. 2 Hs. 2, 52 Abs. 3 S. 2 führe nach den zu § 52 entwickelten Grundsätzen zu einem Verwertungsverbot.[360] Zumindest für den Fall der

---

[347] *Penning/Spann* MedR 1987, 171 (173); vgl. auch LG Aurich 30.7.2012 – 12 Qs 97/12, StV 2013, 143 (145) zu § 81a.
[348] KK/*Senge* Rn. 7; *Meyer-Goßner* Rn. 17.
[349] LR/*Krause* Rn. 28, enger indes Rn. 21; Radtke/Hohmann/*Beukelmann* Rn. 11.
[350] Vgl. *Penning/Spann* MedR 1987, 171 (175) unter dem Gesichtspunkt der Einwilligung.
[351] KMR/*Bosch* Rn. 20.
[352] *Mayer* JR 1990, 358 (363).
[353] LR/*Krause* Rn. 61; SK/*Rogall* Rn. 100.
[354] LG Verden 17.9.2004 – 1 Qs 188/04, NStZ-RR 2006, 246 (247).
[355] HK/*Lemke* Rn. 29; KK/*Senge* Rn. 23; *Meyer-Goßner* Rn. 31.
[356] KK/*Senge* Rn. 23; LR/*Krause* Rn. 63; *Meyer-Goßner* Rn. 31; SK/*Rogall* Rn. 101.
[357] BGH 13.11.1952 – 5 StR 418/52, BeckRS 1952, 31192380 = *Dallinger* MDR 1953, 146 (147 f.); Graf/*Ritzert* Rn. 23; KK/*Senge* Rn. 24; KMR/*Bosch* Rn. 39; LR/*Krause* Rn. 64; *Meyer-Goßner* Rn. 32; *Rogall* JZ 1996, 944 (953).
[358] Graf/*Ritzert* Rn. 23; HK/*Lemke* Rn. 30; KK/*Senge* Rn. 24; LR/*Krause* Rn. 65; *Meyer-Goßner* Rn. 32; *Fezer* JuS 1978, 765 (766 f.); *Rogall* JZ 1996, 944 (953).
[359] BGH 14.10.1959 – 2 StR 249/59, BGHSt 13, 394 (398).
[360] Graf/*Ritzert* Rn. 23; HK/*Lemke* Rn. 30; KK/*Senge* Rn. 24; KMR/*Bosch* Rn. 40; LR/*Krause* Rn. 65; *Meyer-Goßner* Rn. 32; SK/*Rogall* Rn. 102.

freiwilligen Untersuchung, insbesondere die aussagepsychologische Begutachtung, hat der BGH aber hervorgehoben, dass die zu § 81c Abs. 3 entwickelten Grundsätze nur analog heranzuziehen sind und deswegen der Willensentscheidung des gesetzlichen Vertreters des Betroffenen größeres Gewicht beigemessen werden kann.[361] Entsprechend scheidet ein Verwertungsverbot vor allem im Hinblick auf denjenigen Vertreter aus, der zwar nicht gesondert belehrt wurde, von dessen Kenntnis des Untersuchungsverweigerungsrechts aber auszugehen ist. Das liegt nahe bei Ergänzungspflegern, die nicht zu den juristischen Laien rechnen, wie beispielsweise einem Rechtsanwalt[362] oder Mitarbeitern des Kreisjugendamtes.[363] Ein Beruhen des Urteils auf einem eventuellen Belehrungsfehler wird dann ausscheiden, wenn das Verhalten des Betroffenen in der Hauptverhandlung deutlich macht, dass er die Untersuchung auch bei ordnungsgemäßer Vorgehensweise geduldet hätte.[364] Unterblieb die Untersuchung infolge einer unzutreffenden Belehrung über ein tatsächlich nicht bestehendes Weigerungsrecht, kann umgekehrt die Aufklärungsrüge in Betracht kommen.[365] Bei einem willkürlichen und besonders schwerwiegenden Verstoß gegen den Richtervorbehalt des § 81c Abs. 5 kommt ein mit der Verfahrensrüge geltend zu machendes Beweisverwertungsverbot in Frage, sofern in der Hauptverhandlung ein Widerspruch erfolgte.[366]

§ 81d [Verletzung des Schamgefühls]

(1) [1]Kann die körperliche Untersuchung das Schamgefühl verletzen, so wird sie von einer Person gleichen Geschlechts oder von einer Ärztin oder einem Arzt vorgenommen. [2]Bei berechtigtem Interesse soll dem Wunsch, die Untersuchung einer Person oder einem Arzt bestimmten Geschlechts zu übertragen, entsprochen werden. [3]Auf Verlangen der betroffenen Person soll eine Person des Vertrauens zugelassen werden. [4]Die betroffene Person ist auf die Regelungen der Sätze 2 und 3 hinzuweisen.

(2) Diese Vorschrift gilt auch dann, wenn die betroffene Person in die Untersuchung einwilligt.

Schrifttum: *Amelung,* Probleme der Einwilligung in strafprozessuale Grundrechtsbeeinträchtigungen, StV 1985, 257; *Bohnert,* Ordnungsvorschriften im Strafverfahren, NStZ 1982, 5; *Ferber,* Das Opferrechtsreformgesetz, NJW 2004, 2562; *Geerds,* Körperliche Untersuchung – zur strafprozessualen und kriminalistischen Problematik der §§ 81a, 81c, 81d StPO, Jura 1988, 1; *Gössel,* Kritische Bemerkungen zum gegenwärtigen Stand der Lehre von den Beweisverboten im Strafverfahren, NJW 1981, 649; *Gössel,* Verfassungsrechtliche Verwertungsverbote im Strafverfahren, JZ 1984, 361; *Gössel,* Die Beweisverbote im Strafverfahrensrecht der Bundesrepublik Deutschland, GA 1991, 483; *Hofmann,* Beweisverbote im Strafprozeß – Beweiserhebungsverbote und Beweisverwertungsverbote, JuS 1992, 587; *Neuhaus,* Das Opferrechtsreformgesetz 2004, StV 2004, 620; *Rudolphi,* Die Revisibilität von Verfahrensmängeln im Strafprozess, MDR 1970, 93; *Schork/König,* Das Opferrechtsreformgesetz, NJ 2004, 537.

Übersicht

361 BGH 15.11.1994 – 1 StR 461/94, BGHSt 40, 336 (340).
362 BGH 8.8.2006 – 3 StR 212/06, *Cierniak* NStZ-RR 2009, 1 (3).
363 BGH 15.11.1994 – 1 StR 461/94, BGHSt 40, 336 (340).
364 BGH 6.7.1965 – 5 StR 229/65, BGHSt 20, 234.
365 HK/*Lemke* Rn. 31; KK/*Senge* Rn. 24; LR/*Krause* Rn. 66; SK/*Rogall* Rn. 102.
366 LG Dresden 22.11.2011 – 14 KLs 204 Js 41068/08 (2), StV 2012, 331.

I. Überblick

1 **1. Normzweck.** § 81d schützt die **Achtung der Privat- und Intimsphäre** einer im Strafverfahren zu untersuchenden Person, indem er vorschreibt, die Ermittlungshandlung dürfe nur, sofern nicht ein berechtigter anderweitiger Wunsch besteht, durch eine Person gleichen Geschlechts oder einen Arzt oder eine Ärztin vorgenommen werden.[1] Hierdurch sollen die mit der Maßnahme verbundenen Belastungen vermieden oder zumindest reduziert werden.[2] Zugleich führt die Vorschrift eine Gleichbehandlung bei der Untersuchung von Personen beiderlei Geschlechts herbei.[3]

2 **2. Anwendungsbereich.** Der **persönliche Anwendungsbereich** erstreckt sich auf sämtliche Personen, die im Verlaufe des Strafverfahrens einer körperlichen Untersuchung unterzogen werden, unabhängig davon, ob sie männlichen oder weiblichen Geschlechts sind[4] oder ob sie als Beschuldigte oder als Zeugen in Betracht kommen.[5] Sie gilt uneingeschränkt auch für Kleinkinder und Säuglinge. Die gegenteilige Ansicht, die davon ausgeht, unterhalb der Grenze des schulpflichtigen Alters seien die Einschränkungen des § 81d nicht zu berücksichtigen,[6] findet im Wortlaut und dem Schutzzweck des Gesetzes keine Stütze.[7] Lediglich im Einzelfall kann festzustellen sein, dass sie aufgrund ihres Entwicklungsstandes noch nicht in der Lage sind, ein Schamgefühl zu entwickeln und dieses damit auch nicht im Sinne des § 81d Abs. 1 S. 1 verletzt sein kann (→ Rn. 5).[8]

3 Der Begriff der körperlichen Untersuchung, der den **sachlichen Anwendungsbereich** umgrenzt, ist weit auszulegen. Er erfasst daher nicht nur diejenigen im engen Sinne, beispielsweise nach §§ 81a, 81c, sondern Untersuchungen jeder Art. Hierzu rechnet auch die Durchsuchung der Person auf Grundlage der §§ 102 ff.[9] Nach Abs. 2 gilt dies nicht nur für die in der StPO ausdrücklich geregelten Zwangsmaßnahmen, sondern uneingeschränkt auch dann, wenn die Maßnahme auf freiwilliger Basis mit Einwilligung der betroffenen Person vorgenommen wird.[10]

4 **3. Entstehungsgeschichte der Norm.** § 81d wurde durch das **Vereinheitlichungsgesetz** vom 12.9.1950[11] in die StPO aufgenommen. In der ursprünglichen Fassung war die persönliche Anwendbarkeit in Abs. 1 auf Frauen beschränkt. Durch das **OpferRRG** vom 24.6.2004[12] erhielt die Norm ihre heutige Fassung. Sie wurde auf die Untersuchung von Personen beiderlei Geschlechts ausgedehnt und geschlechtsneutral formuliert.[13] Zudem wurde zur Stärkung der Opferrechte die Hinweispflicht in § 81d Abs. 1 S. 4 eingefügt.[14]

II. Erläuterung

5 **1. Verletzung des Schamgefühls nach Abs. 1 S. 1.** Sofern die Verletzung des Schamgefühls möglich erscheint, sieht § 81d Abs. 1 S. 1 eine Sonderregelung hinsichtlich der Art und Weise vor, wie die Untersuchung des Betroffenen zu erfolgen hat. Ob dies

[1] KK/*Senge* Rn. 1; KMR/*Bosch* Rn. 1.
[2] *Ferber* NJW 2004, 2562 (2564).
[3] BT-Drs. 15/1976, 9.
[4] KK/*Senge* Rn. 1; LR/*Krause* Rn. 1; Radtke/Hohmann/*Beukelmann* Rn. 1.
[5] *Burhoff* EV Rn. 1072.
[6] HK/*Lemke* Rn. 2; LR/*Krause* Rn. 3; *Meyer-Goßner* Rn. 2; Radtke/Hohmann/*Beukelmann* Rn. 1; *Eisenberg* Beweisrecht Rn. 1679.
[7] KMR/*Bosch* Rn. 2.
[8] KK/*Senge* Rn. 1; SK/*Rogall* Rn. 7.
[9] Graf/*Ritzert* Rn. 1; HK/*Lemke* Rn. 1; KK/*Senge* Rn. 1; LR/*Krause* Rn. 2; *Burhoff* EV Rn. 1072; *Geerds* Jura 1988, 1 (8); aA KMR/*Bosch* Rn. 1; SK/*Rogall* Rn. 2; *Eisenberg* Beweisrecht Rn. 1679, die jedoch über die unmittelbare Anwendung von Art. 1 Abs. 1, 2 Abs. 1 GG zu demselben Ergebnis gelangen.
[10] *Eb. Schmidt* Lehrkommentar zur StPO Teil II Rn. 2; nach *Amelung* StV 1985, 257 (260), weil die Norm „das Interesse des Staates, sein Ansehen als Rechtsstaat zu wahren," schützt.
[11] BGBl. 1950 I, 455 (482).
[12] BGBl. 2004 I, 1354 f.
[13] BT-Drs. 15/1976, 9; *Ferber* NJW 2004, 2562 (2564); *Schork/König* NJ 2004, 537 (538).
[14] *Ferber* NJW 2004, 2562 (2564); *Neuhaus* StV 2004, 620 (621).

der Fall ist, bestimmt sich nach **objektiven Gesichtspunkten.**[15] Dies legt schon die Gesetzesbegründung zum OpferRRG nahe, die die Berücksichtigung individueller Befindlichkeiten erst im Zusammenhang mit der Neufassung des S. 2 nennt.[16] Untersuchungen der Geschlechtsorgane oder des Gesäßes in (teilweise) unbekleidetem Zustand fallen in jedem Fall unter die Tatbestandsvoraussetzungen.[17] Bei Betroffenen anderer Kulturkreise können sich nach berücksichtigungswürdigen besonderen Maßstäben im Einzelfall weitergehende Anforderungen ergeben.[18] Im Hinblick auf die insoweit neutrale Formulierung des Textes ist zu beachten, dass der Begriff des Schamgefühls nicht ausschließlich unter Einnahme sexueller Perspektive auszulegen ist. Vielmehr fallen darunter auch körperliche Beeinträchtigungen oder Behinderungen, deren Offenbarung die zu untersuchende Person als schambesetzt empfindet.[19] Kleinkinder werden im Einzelfall von der Vorschrift nicht erfasst, wenn sie aufgrund ihres Entwicklungsstandes noch nicht in der Lage sind, ein Schamgefühl zu entwickeln (→ Rn. 2).[20]

Die Vornahme der körperlichen Untersuchung durch eine Person gleichen Geschlechts 6
oder, insoweit ohne Rücksicht auf das Geschlecht, durch eine Ärztin oder einen Arzt, ist **zwingende Rechtsfolge.**[21] Sie gilt damit auch bei einer Augenscheinsnahme, die das Gericht am Körper der betroffenen Person vornimmt.[22] Unerheblich ist, welcher Fachrichtung die medizinische Untersuchungsperson angehört, da es auf deren medizinische Kenntnisse nicht ankommt.[23] Eine Ausnahme von der Vorschrift ist allerdings für den Fall zu machen, dass die Aufklärung einer schweren Straftat vereitelt würde, wenn die unverzügliche Untersuchung oder Durchsuchung nicht gewährleistet ist, da ein Arzt oder eine Person gleichen Geschlechts nicht rechtzeitig beigezogen werden könnte. Das kann vor allem bei flüchtigen Tatspuren oder Beweismitteln am Körper einer Person in Betracht kommen.[24] Dann tritt die objektiv zu bestimmende Möglichkeit einer Verletzung des Schamgefühls hinter das überwiegende Aufklärungsinteresse zurück.

Die untersuchende Person wird grundsätzlich in der **Funktion** als Augenscheinsgehilfe 7
tätig und ist anschließend als Zeuge zu vernehmen.[25] Als Sachverständiger ist auch ein Arzt nur dann anzusehen, wenn er die Untersuchung im Auftrag des Gerichts oder der Ermittlungsbehörden vornimmt und dabei gerade seine medizinischen Fachkenntnisse zur Anwendung bringt.[26] Im Einzelfall kann sich dies auch schon aus der gesetzlichen Regelung der Untersuchungsmaßnahme selbst ergeben, wie bei §§ 81a Abs. 1 S. 2, 81c Abs. 2 S. 2. Dann verliert § 81d aber ohnehin seine eigenständige Bedeutung.[27]

2. Wahlrecht nach Abs. 1 S. 2. Auf **Wunsch des Betroffenen** soll die Untersuchung 8
einer Person oder einem Arzt bestimmten Geschlechts übertragen werden. Auf diese Weise wird den individuellen Befindlichkeiten des Betroffen Rechnung getragen.[28] Abgesehen von den sonstigen Voraussetzungen des Abs. 1 S. 1 ist diesem Wahlrecht indes nur zu entsprechen, wenn hierfür ein berechtigtes Interesse besteht. Dies kann nach der Gesetzesbegründung der Fall sein, wenn ein vorangegangener Missbrauch durch eine Person gleichen

---

15 *Eb. Schmidt* Lehrkommentar zur StPO Teil II Rn. 3; Graf/*Ritzert* Rn. 5 KMR/*Bosch* Rn. 2; LR/*Krause* Rn. 4; *Meyer-Goßner* Rn. 3; *Burhoff* EV Rn. 1072; aA HK/*Lemke* Rn. 3.

16 BT-Drs. 15/1976, 10.

17 *Meyer-Goßner* Rn. 3; SK/*Rogall* Rn. 6.

18 LR/*Krause* Rn. 4; Radtke/Hohmann/*Beukelmann* Rn. 2.

19 HK/*Lemke* Rn. 3.

20 *Eb. Schmidt* Lehrkommentar zur StPO Teil II Rn. 3; KK/*Senge* Rn. 2.

21 KK/*Senge* Rn. 2; *Meyer-Goßner* Rn. 4.

22 Graf/*Ritzert* Rn. 2; LR/*Krause* Rn. 6; *Eisenberg* Beweisrecht Rn. 1679a.

23 HK/*Lemke* Rn. 4.

24 KK/*Senge* Rn. 2; aA HK/*Lemke* Rn. 4; KMR/*Bosch* Rn. 3; LR/*Krause* Rn. 2; Radtke/Hohmann/*Beukelmann* Rn. 4; SK/*Rogall* Rn. 8.

25 Graf/*Ritzert* Rn. 2; KK/*Senge* Rn. 3; LR/*Krause* Rn. 6; *Meyer-Goßner* Rn. 4; SK/*Rogall* Rn. 8; *Eisenberg* Beweisrecht Rn. 1679a; s. auch → § 86 Rn. 15.

26 KMR/*Bosch* Rn. 4; Alsberg/*Dallmeyer* Beweisantrag Rn. 402; *Burhoff* EV Rn. 1073.

27 Graf/*Ritzert* Rn. 2; LR/*Krause* Rn. 4; *Meyer-Goßner* Rn. 1.

28 BT-Drs. 15/1976, 10; HK/*Lemke* Rn. 3; *Meyer-Goßner* Rn. 4.

Geschlechts erfolgt war.[29] Andererseits kann davon abgesehen werden, dem entsprechenden Wunsch zu folgen, wenn ansonsten der Untersuchungserfolg durch die damit verbundene Verzögerung vereitelt oder gefährdet wäre.[30]

9 **3. Zulassung einer Vertrauensperson nach Abs. 1 S. 3.** Zusätzlich zu den Rechten aus Abs. 1 S. 1 und 2 besteht für den Betroffenen die Berechtigung, auf die Zulassung einer von ihm zu benennenden **Person seines Vertrauens** hinzuwirken. Hierfür kommt jede von ihm selbst für geeignet befundene Person in Betracht. Um einen Angehörigen muss es sich schon nach dem Wortlaut der Vorschrift nicht handeln.[31] Die Berechtigung ist wie diejenige aus S. 2 nicht zwingend. Dies folgt aus der Gestaltung der Norm als Sollvorschrift.[32] Aus triftigen Gründen können die Ermittlungsbehörden daher davon absehen, dem Verlangen zu entsprechen. Eine solche Situation ist gegeben, wenn von der Vertrauensperson Störungen ausgehen oder zu erwarten sind oder wenn sich die Untersuchung dadurch mit nachteiliger Auswirkung auf das Beweisergebnis verzögert.[33] Dagegen kann die benannte Vertrauensperson seitens der Ermittlungsbehörde oder der Untersuchungsperson nicht eigenmächtig durch eine andere, aus deren Sicht gleich geeignete, ausgetauscht werden.[34]

10 **4. Hinweis nach Abs. 1 S. 4.** § 81d Abs. 1 S. 4 begründet eine **uneingeschränkte Hinweispflicht** auf die in S. 2 und 3 verankerten Rechte für die Ermittlungspersonen. Sie bezieht sich naturgemäß nicht auf Satz 1, da dieser eine von Amts wegen zu beachtende Verfahrensweise vorsieht. Die darüber hinausgehenden Rechte aus S. 2 und 3 dürften dagegen nicht allgemein bekannt sein, weswegen die Verfahrensfairness deren Benennung gebietet.[35] Aus dem systematischen Zusammenhang der Vorschrift, vor allem mit §§ 81a, 81c folgt, dass diese Hinweispflicht, wie sonstige Belehrungspflichten auch, das Gericht und die Ermittlungsbehörden betrifft. Im Übrigen kann vor allem bei Ärzten und anderen nicht der Justiz und Polizei zugehörigen Untersuchungspersonen, die die Maßnahme ausführen, die Kenntnis der strafprozessualen Rechtslage nicht ohne weiteres vorausgesetzt werden.

III. Revision

11 Ein Verstoß gegen § 81d kann die Revision selbst dann nicht begründen, wenn er die Untersuchung des **Beschuldigten** betrifft.[36] Dies gilt selbst bei bewussten Verstößen des Anordnenden oder – erst recht – des Untersuchenden, da Verwertungsverbote nicht dazu dienen, die Strafverfolgungsbehörden ohne Berücksichtigung der Zwecke des Strafprozesses, insbesondere demjenigen der Wahrheitsfindung, zu disziplinieren.[37] Denn § 81d regelt die äußeren Umstände, unter denen ein Beweismittel gewonnen werden soll. Auf die Zuverlässigkeit und Richtigkeit des Untersuchungsergebnisses hat dies keinen Einfluss.[38] Aus diesem Grund könnte das Urteil zudem nicht auf einem entsprechenden Rechtsfehler beruhen.[39]

---

[29] BT-Drs. 15/1976, 10; KK/*Senge* Rn. 2; SK/*Rogall* Rn. 9.

[30] LR/*Krause* Rn. 5; *Eisenberg* Beweisrecht Rn. 1679; *Geerds* Jura 1988, 1 (11 Fn. 135); *Neuhaus* StV 2004, 620 (621).

[31] HK/*Lemke* Rn. 6.

[32] LR/*Krause* Rn. 7; SK/*Rogall* Rn. 10; aA HK/*Lemke* Rn. 6.

[33] Graf/*Ritzert* Rn. 6; KK/*Senge* Rn. 4; *Meyer-Goßner* Rn. 5; LR/*Krause* Rn. 7; *Burhoff* EV Rn. 1073; *Eisenberg* Beweisrecht Rn. 1679; *Neuhaus* StV 2004, 620 (621).

[34] LR/*Krause* Rn. 7.

[35] KK/*Senge* Rn. 5; KMR/*Bosch* Rn. 5.

[36] Graf/*Ritzert* Rn. 7; KK/*Senge* Rn. 5; *Meyer-Goßner* Rn. 7; SK/*Rogall* Rn. 14.

[37] KMR/*Bosch* Rn. 6; aA Radtke/Hohmann/*Beukelmann* Rn. 6; SK/*Rogall* Rn. 14; *Eisenberg* Beweisrecht Rn. 1679a; *Hofmann* JuS 1992, 587 (590) „besonders schwere und vorsätzliche Verstöße"; *Neuhaus* StV 2004, 620 (621).

[38] KMR/*Bosch* Rn. 6; LR/Krause Rn. 10; *Rudolphi* MDR 1970, 93 (97); vgl. auch *Bohnert* NStZ 1982, 5 (Fn. 6) zumindest für § 81d Abs. 1 S. 2 StPO aF, mit dem Hinweis, dass es sich um eine Ordnungsvorschrift handle.

[39] HK/*Lemke* Rn. 8; *Burhoff* EV Rn. 1074; in diesem Sinne auch *Gössel* NJW 1981, 694 (650).

Betraf die Untersuchung einen **Zeugen,** so kann die Verfahrensrüge nicht auf gestützt werden, weil der Angeklagte nicht in eigenen Interessen betroffen ist.[40] Der Verstoß bleibt daher revisionsrechtlich folgenlos.[41] 12

§ 81e [Molekulargenetische Untersuchung]

(1) [1]An dem durch Maßnahmen nach § 81a Abs. 1 erlangten Material dürfen auch molekulargenetische Untersuchungen durchgeführt werden, soweit sie zur Feststellung der Abstammung oder der Tatsache, ob aufgefundenes Spurenmaterial von dem Beschuldigten oder dem Verletzten stammt, erforderlich sind; hierbei darf auch das Geschlecht der Person bestimmt werden. [2]Untersuchungen nach Satz 1 sind auch zulässig für entsprechende Feststellungen an dem durch Maßnahmen nach § 81c erlangten Material. [3]Feststellungen über andere als die in Satz 1 bezeichneten Tatsachen dürfen nicht erfolgen; hierauf gerichtete Untersuchungen sind unzulässig.

(2) [1]Nach Absatz 1 zulässige Untersuchungen dürfen auch an aufgefundenem, sichergestelltem oder beschlagnahmtem Spurenmaterial durchgeführt werden. [2]Absatz 1 Satz 3 und § 81a Abs. 3 erster Halbsatz gelten entsprechend.

Schrifttum: *Amelung,* Probleme der Einwilligung in strafprozessuale Grundrechtsbeeinträchtigungen, StV 1985, 257; *Anslinger,* Molekulargenetische Untersuchungen und Spurensuche, FS Eisenmenger 2009, 94; *Anslinger/Rolf/Eisenmenger,* Möglichkeiten und Grenzen der DNA-Analyse, DRiZ 2005, 165; *Benfer,* Die molekulargenetische Untersuchung (§§ 81e, 81g StPO), StV 1999, 402; *Brodersen/Anslinger/Rolf,* DNA-Analyse und Strafverfahren, 2003; *Duttge/Hörnle/Renzikowski,* Das Gesetz zur Änderung der Vorschriften über die Straftaten gegen die sexuelle Selbstbestimmung, NJW 2004, 1065; *Fischinger,* Der Grundrechtsverzicht, JuS 2007, 808; *Graalmann-Scheerer,* Molekulargenetische Untersuchung im Strafverfahren, ZRP 2002, 72; *Graalmann-Scheerer,* DNA-Massentest de lege lata und de lege ferenda, NStZ 2004, 297; *Hannich,* Viel Lärm um nichts?, DRiZ 2005, 166; *Hilger,* Über Vernichtungsregelungen in der StPO, NStZ 1997, 371; *Kimmich/Spyra/Steinke,* Das DNA-Profiling in der Kriminaltechnik und der juristischen Diskussion, NStZ 1990, 318; *Kimmich/Spyra/Steinke,* DNA-Amplifizierung in der forensischen Anwendung und der juristischen Diskussion, NStZ 1993, 23; *Knauer,* Übungsklausur – Strafprozessrecht: Durchsuchung, Beschlagnahme und DNA-Analyse – Pflanzen, Tiere und Kinder, JuS 2009, 227; *Köhnemann/Pfeiffer/Scheiper/Appel/Staginnus/Morzfeld,* DNA-Untersuchungen an Cannabis sativa (Hanf), Kriminalistik 2013, 36; *König,* Strafprozessuale Änderungen, Kriminalistik 2004, 262; *Kretschmer,* Das Verhältnis von verweigerter Reihenuntersuchung nach § 81h StPO zur molekulargenetischen Untersuchung gem. der §§ 81c, 81c StPO, HRRS 2012, 185; *Lorenz,* Allgemeines Persönlichkeitsrecht und Gentechnologie, JZ 2005, 1121; *Krehl/Kolz,* Genetischer Fingerabdruck und Verfassung, StV 2004, 447; *Lütkes/Bäumler,* DNA-Analysen zur effektiven Strafverfolgung, ZRP 2004, 87; *Nack,* Verwertung rechtswidriger Ermittlungen nur zugunsten des Beschuldigten?, StraFo 1998, 366; *Nack,* Reversibilität der Beweiswürdigung – Teil 2, StV 2002, 558; *Nack,* Die Abhängigkeit des Richters vom Sachverständigen, GA 2009, 201; *Neuhaus,* Kriminaltechnik für den Strafverteidiger – Eine Einführung in die Grundlagen, StraFo 2004, 127; 2005, 148; 2006, 393; *Oberlies,* Genetischer Fingerabdruck und Opferrechte, StV 1990, 469; *Pommer,* Die DNA-Analyse im Strafprozess – Problemfelder der §§ 81e ff. StPO, JA 2007, 621; *Rackow,* Molekulargenetische Untersuchung im Strafverfahren, ZRP 2002, 236; *Rath/Brinkmann,* Strafverfahrensänderungsgesetz – DNA-Analyse („Genetischer Fingerabdruck") und DNA-Identitätsfeststellungsgesetz aus fachwissenschaftlicher Sicht, NJW 1999, 2697; *Rogall,* Die DNA-Analyse im Strafverfahren – eine endlose Geschichte, FS Schroeder 2006, 691; *Satzger,* DNA-Massentests – Kriminalistische Wunderwaffe oder ungesetzliche Ermittlungsmethode?, JZ 2001, 639; *Schneider,* Der „genetische" Fingerabdruck, Kriminalistik 2005, 303; *Schneider/Anslinger/Eckert/Fimmers/Schneider,* Erläuterungen zu den wissenschaftlichen Grundlagen biostatistischer Wahrscheinlichkeitsberechnungen im Rahmen von DNA-Spurengutachten, NStZ 2013, 693; *Schneider/Fimmers/Schneider/Brinkmann,* Allgemeine Empfehlung der Spurenkommission zur Bewertung von DNA-Mischspuren, NStZ 2007, 447; *Schneider/Schneider/Fimmers/Keil/Molsberger/Pflug/Rothämel/Eckert/Pfeiffer/Brinkmann,* Allgemeine Empfehlung der Spurenkommission zur statistischen Bewertung von DNA-Datenbank-Treffern, Rechtsmedizin 20 (2010), 111; *Schneider/Schneider/Fimmers/Brinkmann,* Allgemeine Empfehlung der Spurenkommission zur statistischen Bewertung von DNA-Datenbank-Treffern, NStZ 2010, 433; *Senge,* Strafverfahrensänderungsgesetz – DNA-Analyse, NJW 1997, 2409; *Senge,* Gesetz zur Änderung der Strafprozessordnung (DNA-Identitätsfeststellungsgesetz), NJW 1999, 253; *Steinke,* Der Beweiswert forensischer Gutachten, NStZ 1994, 16; *Taroni/Biedermann/Coquoz/Hicks/Champod,* Statistische Bewertung von DNA-Datenbank-Treffern, Rechtsmedizin 21 (2011), 55; *Volk,* DNA-Identitätsfeststellungsgesetz – Kein Ende der Begehrlichkeiten,

[40] Graf/*Ritzert* Rn. 7; KMR/*Bosch* Rn. 6; LR/*Krause* Rn. 10; *Meyer-Goßner* Rn. 7.
[41] *Gössel* JZ 1984, 361 (362); *Gössel* GA 1991, 483 (486).

NStZ 2002, 561; *Wagner,* DNA-Analyse als gerichtliches Beweismittel, JR 2003, 56; *Wollweber,* DNA-Analysen und Richtervorbehalt, NJW 2002, 1771; *Voßkuhle/Kaiser,* Grundwissen – Öffentliches Recht: Der Grundrechtseingriff, JuS 2009, 313.

Übersicht

I. Überblick

1 **1. Normzweck.** Die DNA-Analyse an nach § 81a[1] oder § 81c[2] erhobenem Probenmaterial wurde von der Rechtsprechung schon vor Einfügung des § 81e für zulässig gehalten, zumindest soweit der nicht codierende Bereich der Erbsubstanz betroffen ist. Mit der Vorschrift sollten indes klare gesetzliche Grenzen gezogen werden, um allgemein mit der Gentechnik verbundenen Befürchtungen entgegenzuwirken, die der Gesetzgeber bei weiten Teilen der Bevölkerung annahm.[3] Zugleich wurde durch die ausdrückliche Zweckbindung der Untersuchung deren gesetzlich zulässiger Umfang beschränkt. Hierdurch wird der **Kernbereich der Persönlichkeit** in Form schutzbedürftiger genetischer Anlagen des Betroffenen und genetisch bedingter schutzbedürftiger Persönlichkeitsmerkmale dem Zugriff und der Ausforschung entzogen.[4]

2 Neben der Informationsgewinnung reglementiert § 81e die Nutzung der Untersuchungsergebnisse. Durch die mit den, teilweise auch in § 81a, 81c befindlichen, Verwendungs- und Vernichtungsregelungen erreichte Zweckbindung sollen zu weitgehende Eingriffe in das **Recht auf informationelle Selbstbestimmung** verhindert werden.[5] Zu Recht erfuhr die gesetzgeberische Intention jedoch auch deutliche Kritik. Gerade vor dem Hintergrund, dass schon die bisherigen Ermächtigungsgrundlagen ausreichende Basis für die Auswertung des Untersuchungsmaterials boten,[6] wurde es zutreffend als „befremdlich" bezeichnet, dass sich der Gesetzgeber ohne konkreten Anlass dazu hinreißen ließ, ein präsumtives Misstrauen der Bevölkerung vor angeblich allgegenwärtigem Missbrauch von Ermittlungsbefugnissen durch die Strafverfolgungsbehörden zum Motiv einer gesetzlichen Regelung zu erheben.[7]

3 **2. Anwendungsbereich. a) Abgrenzung zu § 81g.** Die Untersuchung nach § 81e setzt ein **konkret anhängiges Ermittlungsverfahren**[8] voraus,[9] wobei sich dieses zunächst

[1] BVerfG 18.9.1985 – 2 BvR 103/92, NJW 1996, 771 (773); BVerfG 2.8.1996 – 2 BvR 1511/96, NJW 1996, 3071 (3072); BGH 21.8.1990 – 5 StR 145/90, BGHSt 37, 157 (158 f.).

[2] Vgl. BVerfG 27.2.1996 – 2 BvR 200/91, NJW 1996, 1587 (1588).

[3] BT-Drs. 13/667, 5.

[4] BT-Drs. 13/667, 6; vgl. auch BVerfG 18.9.1995 – 2 BvR 103/92, NJW 1996, 771 (773); *Lütkes/Bäumler* ZRP 2004, 87 (88).

[5] BT-Drs. 13/667, 5.

[6] Hierzu SK/*Rogall* § 81a Rn. 109-118 mit eingehender Analyse der Rspr. des BVerfG und des BGH.

[7] SK/*Rogall* § 81a Rn. 120.

[8] Wegen § 46 Abs. 4 S. 2 OWiG ist § 81e im Ordnungswidrigkeitenverfahren ausgeschlossen.

[9] *Burhoff* EV Rn. 502; *Pommer* JA 2007, 621 (622); *Wagner* JR 2003, 56.

gegen unbekannt richten kann.[10] Erforderlich ist das Vorliegen zumindest eines Anfangsverdachts iSd § 152 Abs. 2 für eine bestimmte Straftat.[11] Der Grund dafür besteht darin, dass die DNA-Analyse nur zur Feststellung bestimmter, in § 81e Abs. 1 S. 1 ausdrücklich genannter Tatsachen zulässig ist.[12] Diese setzen, wie der Zusammenhang mit den Verwendungs- und Vernichtungsregelungen der §§ 81a Abs. 3, 81c Abs. 5 S. 2 und der Verweis hierauf für Spurenmaterial in Abs. 2 S. 2 ergibt, voraus, dass bereits ein Ermittlungsverfahren eingeleitet wurde.[13] Im Gegensatz dazu bezieht sich § 81g schon nach dem Wortlaut in Abs. 1 S. 1 auf Maßnahmen in Bezug auf künftige Strafverfahren.[14] Die bei § 81e notwendige Innerprozessualität[15] ist für § 81g gerade außer Kraft gesetzt. Letztere Vorschrift knüpft die Zulässigkeit einer Untersuchung an andere und teilweise weitergehende Voraussetzungen. § 81e und § 81g stehen daher in einem Ausschließlichkeitsverhältnis.[16]

b) Einwilligung in die Untersuchung. Ausweislich der Begründung des Gesetzesentwurfs zum StVÄG (→ Rn. 5) wird die DNA-Analyse nur dann von der gesetzlichen Regelung erfasst, wenn sie auf **hoheitlicher Anordnung** beruht. Fälle, in denen sich der Betroffene der Untersuchung freiwillig unterzieht, sind nach „den allgemeinen Regeln" zu behandeln. Ein auf Veranlassung des Betroffenen erstelltes Gutachten soll demnach „sofern es den dem gesetzlichen Standard entsprechenden Qualitätsanforderungen entspricht und auch sonst im Einzelfall keine Bedenken bestehen" als Beweismittel herangezogen werden können.[17] Dem entspricht der Wortlaut des § 81f Abs. 1 S. 1, der hinsichtlich der Untersuchung und der Notwendigkeit einer Anordnung eben nur für den Fall auf § 81e verweist, dass keine Einwilligung vorliegt.[18] Teilweise wird dies dahingehend verstanden, auch weitergehende oder andere molekulargenetische Untersuchungen als die in § 81e genannten seien erlaubt, sofern sich der Betroffene hiermit einverstanden erklärt.[19] Dem kann nicht in vollem Umfang gefolgt werden. Auf diesem Wege könnten – soweit dies überhaupt technisch möglich sein sollte (→ Rn. 16) – selbst persönlichkeitsrelevante Merkmale wie Erbanlagen, Charaktereigenschaften oder Krankheiten Eingang in das Ermittlungsverfahren und die Akten finden. Derartige Feststellungen beträfen jedoch den absolut geschützten Kernbereich der Persönlichkeit.[20] Entsprechend wendet ein Teil der Literatur auch insoweit § 81e Abs. 1 S. 3 an.[21] Da eine unmittelbare Anwendung der Norm indes ausscheidet, kann ein entsprechendes Beweiserhebungsverbot nur direkt aus Art. 1 Abs. 1, 2 Abs. 1 GG in Gestalt des Rechts auf informationelle Selbstbestimmung hergeleitet werden. Zwar nimmt auch das BVerfG eine Verletzung des Kernbereichs der privaten Lebensgestaltung dort nicht an, wo der Betroffene selbst an der Geheimhaltung kein Interesse zeigt.[22] Eine Grenze der Dispositionsbefugnis wird allerdings angenommen, sofern der Wesensgehalt des Grundrechts betroffen ist.[23] Zu unterschiedlichen Ergebnissen wird dies nur dann führen, wenn 4

---

[10] LG Berlin 21.6.2006 – 515 Qs 60/06, NJW 2006, 2713 (2714).

[11] LG Mainz 7.12.2000 – 1 Qs 302/00, NStZ 2001, 499 f.; HK/*Lemke* Rn. 7; KK/*Senge* Rn. 3; Radtke/Hohmann/*Beukelmann* Rn. 3.

[12] *Meyer-Goßner* Rn. 4.

[13] LG Offenburg 12.1.2006 – 3 Qs 104/05, NStZ 2006, 514 (515); *Senge* NJW 1997, 2409 (2410 f.); 1999, 253 (254).

[14] *Burhoff*EV Rn. 502; *Pommer* JA 2007, 621 (622); *Wagner* JR 2003, 56.

[15] SK/*Rogall* § 81g Rn. 33.

[16] LG Mainz 17.12.2000 – 1 Qs 302/00, NStZ 2001, 499 (500); LG Offenburg 12.1.2006 – 3 Qs 104/05, NStZ 2006, 514.

[17] BT-Drs. 13/667, 5.

[18] → § 81f Rn. 2.

[19] *Hilger* NStZ 1997, 371 (372 Fn. 30), wobei der dortige Verweis auf § 14 Abs. 2 Nr. 2 BDSG wohl nur die Verwendung des Untersuchungsergebnisses betreffen kann; HK/*Lemke* Rn. 5; *Meyer-Goßner* Rn. 4.

[20] Vgl. BVerfG 14.12.2000 – 1 BvR 1741/99, NJW 2001, 879 (880) zu § 81g StPO; zur Unantastbarkeit des Kernbereichs s. auch VerfG Brandenburg 20.9.2013 – VfGBbG 75/12, BeckRS 2013, 57037.

[21] KMR/*Bosch* Rn. 9; LR/*Krause* Rn. 24; SK/*Rogall* Rn. 13; Nack StraFo 1998, 366 (369).

[22] BVerfG 14.9.1989 – 2 BvR 1062/87, NJW 1990, 563 f.; BVerfG 14.12.2001 – 2 BvR 152/01, NJW 2002, 2164 (2165); s. auch LG Düsseldorf 14.2.2003 – X Qs 8/02, NJW 2003, 1883 (1885).

[23] VGH Berlin 13.12.2005 – VerfGH 113/05, NJW 2006, 1416; *Fischinger* JuS 2007 808 (811); *Lorenz* JZ 2005, 1121 (1127); *Vosskuhle/Kaiser* JuS 2009, 313 (314); LG Düsseldorf 14.2.2003 – X Qs 8/02, NJW

andere äußerlich erkennbare körperliche Merkmale als das in § 81e Abs. 1 S. 1 Hs. 2 ausdrücklich genannte Geschlecht, wie bspw. Haar- und Augenfarbe, nicht zum Kernbereich der Persönlichkeit gerechnet werden (→ Rn. 18).

5 **3. Entstehungsgeschichte der Norm.** § 81e wurde durch Art. 1 Nr. 3 Strafverfahrensänderungsgesetz – DNA-Analyse („Genetischer Fingerabdruck") – **(StVÄG)** 17.3.1997[24] in die StPO eingefügt. Vorausgegangen war ein langwieriges[25] und „nicht gerade von Gradlinigkeit und klarem Einschätzungsvermögen" geprägtes Gesetzgebungsverfahren.[26] Der Entwurf des Gesetzes, der zunächst unverändert auf einen schon im Jahre 1993 eingebrachten Entwurf zurückging,[27] datierte bereits vom 2.3.1995. Danach sollte Abs. 2 S. 1 zunächst folgenden Wortlaut erhalten: „Nach Abs. 1 zulässige Untersuchungen dürfen auch an aufgefundenem Spurenmaterial durchgeführt werden".[28] Der Bundesrat hielt diese Formulierung jedoch für missverständlich. Er wollte die Wörter „aufgefundenem Spurenmaterial" durch den Passus „Material, das auf andere Weise als nach § 81a oder § 81c erlangt ist", ersetzt haben. Dies sollte der Klarstellung dienen, dass unter anderem auch beschlagnahmtes Material untersucht werden dürfe.[29] Diesem Vorschlag stimmte die Bundesregierung zu.[30] Der Gesetzesentwurf wurde gemeinsam mit einem Gegenentwurf der SPD-Fraktion zunächst an den Rechtsausschuss verwiesen.[31] Mit Beschlussempfehlung und Bericht vom 15.2.1996 empfahl dieser, aus Gründen der Klarstellung Abs. 2 S. 1 in der Form zu fassen, wie er dann Gesetz wurde.[32] Zugleich regte der Rechtsausschuss an, die Benachrichtigungsvorschrift des § 101 Abs. 1 aF um einen Verweis auf § 81e zu ergänzen. Zur Begründung wurde unter anderem folgendes ausgeführt: „Die Benachrichtigungsvorschrift des § 101 dient der Transparenz von Maßnahmen, die dem Beschuldigten bzw. den von der Maßnahme betroffenen Personen verborgen bleiben".[33] Auch diese Anregung wurde mit Art. 1 Nr. 1 StVÄG umgesetzt. Durch das Gesetz vom 21.12.2007 zur Neuregelung der Telekommunikationsüberwachung und anderer verdeckter Ermittlungsmaßnahmen sowie zur Umsetzung der Richtlinie 2006/24/EG fiel diese Benachrichtigungspflicht indes wieder weg, da § 81e nicht mehr in den vollständig neu gefassten § 101 aufgenommen wurde.[34] Grund dafür war, dass sie für überflüssig gehalten wurde. Bei einer anonymen Spur sei die betroffene Person zunächst nicht bekannt. Werde die Person später bekannt, so erfahre sie von der Auswertung über die sich daran anschließenden Ermittlungsmaßnahmen.[35]

6 Eine Änderung erfuhr § 81e Abs. 1 S. 1 durch das **SexualDelÄndg** vom 27.12.2003. Durch Art. 3 Nr. 2 wurde der Kreis zulässiger Untersuchungszwecke um die Bestimmung des Geschlechts der Person erweitert.[36]

II. Erläuterung

7 **1. Untersuchungsmaterial. a) Taugliche Spurenträger. Alle Spuren menschlicher Herkunft** kommen prinzipiell als Untersuchungsmaterial in Betracht, da das mittels

---

2003, 1883 (1885) stellt auf Schwere und Dauer des Eingriffs und Gefahr des Missbrauchs ab; *Graalmann-Scheerer*, FS Rieß, 2002, 153 (157) sieht den Kernbereich als solchen einer Einwilligung nicht zugänglich; vgl. auch *Amelung* StV 1985, 257 (260) zur Einwilligungsschranke des staatlichen Interesses, das Ansehen als Rechtsstaat zu wahren.

[24] BGBl. 1997 I, 534.
[25] Ausfühlich zur DNA-Analyse insgesamt *Rogall*, FS Schroeder, 2006, 691 (692–697).
[26] So zutreffend SK/*Rogall* § 81a Rn. 114.
[27] Hierzu *Senge* NJW 1997, 2409.
[28] BT-Drs. 13/667, 4.
[29] BT-Drs. 13/667, 9.
[30] BT-Drs. 13/667, 11.
[31] Zum weiteren Verlauf des Gesetzgebungsverfahrens *Senge* NJW 1997, 2409 f.
[32] BT-Drs. 13/6420, 3 und 5.
[33] BT-Drs. 13/6420, 3 und 5.
[34] BGBl. 2007 I, 3198 (3203 f.).
[35] BT-Drs. 16/5846, 57.
[36] BGBl. 2003 I, 3007 (3010).

DNA-Analyse zu untersuchende Erbmaterial in sämtlichen Körperzellen vorkommt.[37] Als Beispiele für Spurenträger sind zu nennen Blut, Haare, Hautpartikel – insbesondere Hautabrieb in Form von Gebrauchsspuren oder Kontaktspuren –, Schweiß, Nasensekret, Speichel, Urin, Kotsedimente, Vaginalsekret und Spermien.[38] Für die Auswertung von Spurenmaterial im Sinne des § 81e Abs. 2 S. 1 können bereits geringste Mengen genügen, selbst wenn sie mit bloßem Auge nicht sichtbar sind.[39] Vergleichsmaterial vom Beschuldigten und anderen Personen wird regelmäßig über die Entnahme von Speichel- oder Blutproben gewonnen.[40]

Nicht erfasst ist dagegen **Untersuchungsmaterial tierischer Herkunft.**[41] Solches kann 8
von beweiserheblicher Bedeutung sein, bspw. ob an der Kleidung des Opfers oder am Tatort aufgefundene Tierhaare von einem Tier stammen, das dem Beschuldigten gehört.[42] Körperzellen eines Tieres können auch typisiert und zugeordnet werden.[43] Da ihnen das Recht auf informationelle Selbstbestimmung nicht zukommt, gelten insoweit jedoch die allgemeinen Regelungen. Das Untersuchungsmaterial ist nach § 94 zu beschlagnahmen und auf Grundlage der Ermittlungsklausel des § 161 Abs. 1 auszuwerten.[44] Entsprechend ist mit **pflanzlichem Untersuchungsmaterial** zu verfahren. Insbesondere bei Cannabis-Pflanzen kann eine DNA-Untersuchung dazu beitragen, Verbindungen zwischen verschiedenen Plantagen und Verkaufswege aufzudecken und nachzuweisen.[45]

b) Vergleichsmaterial nach Abs. 1 S. 1. Als Vergleichsmaterial für die DNA-Analyse 9
kann nach § 81e Abs. 1 S. 1 zunächst solches dienen, das durch eine **Eingriffsmaßnahme beim Beschuldigten** nach § 81a gewonnen wurde. Die rechtmäßige Anordnung und Durchführung der körperlichen Untersuchung oder des Eingriffs ist hierfür nur insoweit Voraussetzung, als sie auf die Verwertbarkeit der Probenerhebung Einfluss hat.[46] Der notwendige Anfangsverdacht für die Begründung der Beschuldigteneigenschaft kann dabei nicht ausschließlich daraus hergeleitet werden, dass der Betroffene die freiwillige Abgabe einer Speichelprobe verweigert.[47] Neben einem Täterprofil, das aber wenig spezifisch sein muss, sind demnach weitere verdachtsbegründende Kriterien notwendig, um den Kreis der grundsätzlich Verdächtigen einzuengen.[48] Die Eingrenzung des Täterkreises kann sich dabei auch daraus ergeben, dass andere Person nach freiwilliger Abgabe einer Speichelprobe ausgeschieden werden konnten.[49] Schon vom Wortlaut her genügt jedoch eine Probenentnahme nach § 81b, insbesondere im Wege erkennungsdienstlicher Behandlung, nicht.[50]

c) Vergleichsmaterial nach Abs. 1 S. 2. Zulässig ist die molekulargenetische Untersu- 10
chung nach § 81e Abs. 1 S. 2 an Vergleichsmaterial, das durch eine **Eingriffsmaßnahme bei Tatunverdächtigen** nach § 81c gewonnen wurde.[51] Der Verweis umfasst die Vor-

---

[37] *Eisenberg* Rn. 1904, Fn. 26 „Ausnahme: Rote Blutkörperchen"; *Schneider* Kriminalistik 2005, 303 (306).
[38] Siehe die Aufzählungen bei *Eisenberg* Beweisrecht Rn. 1904 (Fn. 26); *Burhoff* EV Rn. 500; *Anslinger*, FS Eisenmenger, 2009, 94; und die ausführlichen Darstellungen bei LR/*Krause* Rn. 14–22 und *Schneider* Kriminalistik 2005, 303 (306 f.) mit Darstellung der besonderen Problematik bei Hautabrieb.
[39] *Anslinger*, FS Eisenmenger, 2009, 94, auch zu Methoden des Auffindens und der Sichtbarmachung.
[40] LR/*Krause* Rn. 20; zur Abstammungsuntersuchung → § 81c Rn. 18 f.
[41] Brodersen/Anslinger/Rolf/*Brodersen* Rn. 26.
[42] Siehe BGH 4.3.1993 – 2 StR 503/92, NStZ 1993, 395 zu Hundehaaren an der Kleidung des Tatopfers.
[43] *König* Kriminalistik 2004, 262 (265); nach BGH 4.3.1993 – 2 StR 503/92, NStZ 1993, 395 (396) ist zumindest Ausschluss möglich; s. auch Brodersen/Anslinger/Rolf/*Anslinger/Rolf* Rn. 269 zur Speziesbestimmung.
[44] Brodersen/Anslinger/Rolf/*Brodersen* Rn. 26; *Knauer* JuS 2009, 227 (228 f.).
[45] *Köhnemann* ua Kriminalistik 2013, 36 (38 f.).
[46] SK/*Rogall* Rn. 7; aA LR/*Krause* Rn. 27.
[47] BGH 21.1.2004 – 1 StR 364/03, BGHSt 49, 56 (58); LG Regensburg 6.2.2003 – Qs 4/2003 jug., StraFo 2003, 127 (128); so schon BVerfG 27.2.1996 – 2 BvR 200/91, NJW 1996, 1587 (1588); BVerfG 2.8.1996 – 2 BvR 1511/96, NJW 1996, 3071 (3072).
[48] LG Bielefeld 29.9.2010 – 10 Qs 404 und 405/10 juris (→ Rn. 6–9).
[49] BGH 21.1.2004 – 1 StR 364/03, BGHSt 49, 56 (60).
[50] VG Aachen 6.4.2006 – 6 L 63/06, juris (→ Rn. 10–12); *Benfer* StV 1999, 402; → § 81b Rn. 9.
[51] LG Mainz 7.12.2000 – 1 Qs 302/00, NStZ 2001, 499.

schrift in vollem Umfang. Verwertet werden darf daher nur Material, bei dessen Gewinnung die den Schutz des Betroffenen dienenden Vorkehrungen des § 81c Abs. 3, 4 und 6 eingehalten wurden.[52] Besonderes Augenmerk ist dabei auf die Beachtung des Untersuchungsverweigerungsrechts nach § 81c Abs. 3[53] und aus Gründen des Opferschutzes auf die Zumutbarkeit nach Abs. 4[54] zu legen. Verfahrensverstöße bei der Gewinnung des Probenmaterials sind in dem Umfang zu berücksichtigen, in dem sie Einfluss auf dessen Verwertbarkeit haben.[55]

11 **d) Spurenmaterial nach Abs. 2 S. 1.** An **offenen Spuren**,[56] das heißt an aufgefundenem, sichergestelltem oder beschlagnahmtem Spurenmaterial, dürfen gemäß Abs. 2 S. 1 ebenfalls die nach Abs. 1 zulässigen Untersuchungen durchgeführt werden. Die teilweise vertretene Ansicht,[57] die Einbeziehung „aufgefundenen" Spurenmaterials in den Gesetzestext sei überflüssig, ist unzutreffend. Sie entspricht nicht der Systematik des Gesetzes. Vielmehr handelt es sich hierbei um einen Grundfall des Abs. 2 S. 1, der sich aus der Art und Weise ergibt, wie die Ermittlungsbehörden, insbesondere im Rahmen der Spurensicherung, die Verfügungsmacht über die Untersuchungsgegenstände erlangen. Indem sie überhaupt erst Kenntnis von der Existenz der Spurenträger erlangen, entsteht die Möglichkeit, tatsächliche Sachherrschaft herbeizuführen. Darauf aufbauend wird das staatliche Gewaltverhältnis mittels Sicherstellung oder Beschlagnahme begründet. Dabei handelt es sich aber nur um eine mögliche Variante der Erlangung von auswertbaren Proben. Der Sicherstellung und Beschlagnahme kommt daneben, wie die ausdrückliche Aufnahme in den Gesetzestext belegt, ein eigener Regelungsgehalt zu (→ Rn. 12 und 15). Dies bestätigt die historische Auslegung. Im ursprünglichen Entwurf für das StVÄG wurde zunächst ausschließlich auf aufgefundenes Spurenmaterial abgestellt.[58] Die Stellungnahme des Bundesrates, dem die Bundesregierung insoweit zustimmte, sah vor, den Begriff dahingehend umzuformulieren, dass das Material „auf andere Weise als nach § 81a oder § 81c StPO erlangt" sei. Damit sollte auch die Bezugnahme auf beschlagnahmtes Material ausdrücklich klar gestellt werden.[59] Der Rechtsausschuss nahm dies zum Anlass, die Ergänzung des § 81e Abs. 2 S. 1 im Sinne des dann Gesetz gewordenen Textes vorzuschlagen (→ Rn. 5).[60] Den verschiedenen Varianten wurde daher auch im Gesetzgebungsverfahren durchaus eigenständige Bedeutung beigemessen.

12 Dieses Verständnis ist für die Auslegung der Vorschrift ausschlaggebend. Aufgefundenes Spurenmaterial ist demnach auch solches, das **ohne Zwangsmaßnahme rechtmäßig erlangt** wurde. Das können in erster Linie Körperzellen an Spurenträgern sein, die vom Beschuldigten oder von Zeugen zurückgelassen wurden – wie beispielsweise eine am Tatort weggeworfene Zigarettenkippe[61] –, aber auch solche, die von Observierungskräften anlässlich einer Überwachungsmaßnahme sichergestellt werden.[62] § 81e unterscheidet in Abs. 1 und Abs. 2, wie die systematische und historische Auslegung ergibt, nicht danach, ob das Untersuchungsmaterial von vornherein einer bestimmten Person zugeordnet werden kann oder nicht,[63] sondern nach der Art und Weise, wie es erlangt wurde. Abs. 1 S. 1 und 2 betreffen Probenerhebungen, die durch körperlichen Eingriff nach § 81a oder § 81c gewon-

---

52 BT-Drs. 13/667, 7.
53 KK/*Senge* Rn. 3a; *Meyer-Goßner* Rn. 6.
54 *Oberlies* StV 1990, 469 (473).
55 SK/*Rogall* Rn. 8.
56 LR/*Krause* Rn. 36; SK/*Rogall* Rn. 15 (Fn. 53).
57 *Benfer* StV 1999, 402 (404); KMR/Bosch Rn. 11; LR/*Krause* Rn. 36.
58 BT-Drs. 13/667, 4.
59 BT-Drs. 13/667, 9 und 11.
60 BT-Drs. 13/6420, 5.
61 Vgl. *Burhoff* EV Rn. 499; *König* Kriminalistik 2004, 262 (265).
62 Graf/*Ritzert* Rn. 2; KK/*Senge* Rn. 3; LR/*Krause* Rn. 27, jeweils unter Bezugnahme auf BGH 21.3.2007 – 1 BGs 96/2007, wobei die Zuordnung aber zu Abs. 1 S. 1 erfolgt; zweifelnd *Meyer-Goßner* Rn. 5; aA *Eisenberg* Beweisrecht Rn. 1684.
63 So aber *Eisenberg* Beweisrecht Rn. 1684.

nen wurden.[64] Aufgefunden werden können dagegen offene Spuren, die auf andere Weise zugänglich sind. Damit knüpft aber § 81e nur in Abs. 1 an offene Maßnahmen an. Schon vom Wortlaut her stellt es mithin kein Ausschlusskriterium für die Anwendung des Abs. 2 S. 1 dar, nur weil die tatsächliche Möglichkeit zu deren Vornahme besteht.[65] Hiervon ging auch der Gesetzgeber im Zusammenhang mit der ursprünglich eingeführten Benachrichtigungsvorschrift aus (zum Verlauf des Gesetzgebungsverfahrens → Rn. 5). Durch das StVÄG wurde § 101 Abs. 1 aF um einen Verweis auf § 81e ergänzt. Dies war im Gesetzesentwurf der Bundesregierung zunächst nicht vorgesehen. Erst im Verlaufe des Gesetzgebungsverfahrens kam eine solche Forderung auf. Als Grund hierfür, der Aufnahme in die Beschlussempfehlung und den Bericht des Rechtsausschusses fand, wurde allgemein die Transparenz von Maßnahmen genannt, die dem Beschuldigten oder anderen davon betroffenen Personen verborgen blieben.[66] Diese Vorstellung, die folglich von der Möglichkeit verdeckter Maßnahmen ausging, wurde auch durch die Neuregelung der Telekommunikationsüberwachung und anderer verdeckter Ermittlungsmaßnahmen nicht revidiert. Bei Streichung des § 81e aus der Liste der Vorschriften, die eine Benachrichtigungspflicht nach sich ziehen, wurde zwar einerseits auf den Regelfall abgestellt, dass der Spurenleger im Sinne des § 81e Abs. 2 zunächst nicht bekannt ist. Letztlich für überflüssig wurde die Regelung jedoch deswegen gehalten, weil die betroffene Person im Zuge der weiteren Ermittlungen ohnehin von den Ermittlungshandlungen Kenntnis erlangen würde. Wird demnach die Erhebung von Untersuchungsmaterial, das der bekannte Beschuldigte zurücklässt, von Abs. 2 S. 1 erfasst, liegt darin kein Verstoß gegen den Grundsatz der Selbstbelastungsfreiheit.[67] Dieser gebietet nur, dass der Beschuldigte nicht gezwungen werden darf, aktiv zur Sachverhaltsaufklärung beizutragen und die Strafverfolgungsbehörden seine diesbezügliche Entscheidungsfreiheit nicht durch ausdrückliche oder konkludente Täuschung umgehen dürfen. Er gewährt dagegen keinen Schutz vor unbewusster Selbstbelastung.[68] Es ist Ausfluss des allgemeinen Lebensrisikos, Spuren zu hinterlassen, die für das Ermittlungsverfahren relevant werden können.[69] Genau solche aufzufinden und auszuwerten wollte der Gesetzgeber ermöglichen.[70] Es ist nicht unzulässig, hiernach gezielt zu suchen.

Eine andere Wertung kann sich allenfalls bei **bewusster Umgehung** der Anordnungsvo- 13
raussetzungen der §§ 81a, 81c ergeben. Solche Fälle sind denkbar, wenn sich der Beschuldigte auf Anordnung des Gerichts oder der Ermittlungsbehörden in deren Gewahrsamsbereich befindet, beispielsweise zur Durchführung einer Beschuldigtenvernehmung oder im Vollzug der Untersuchungshaft. Auf diese Weise würde die staatliche Verfügungsmacht über Spurenmaterial schon vor dessen Entstehung hergestellt. Es wäre vom Wortsinn des Auffindens nicht mehr gedeckt, wenn es unter Ausnutzung des bereits bestehenden Gewahrsamsverhältnisses bspw. durch Anbieten von Zigaretten, Getränken oder Aufsammeln von Haarschuppen und Kleidungsstücken im Haftraum überhaupt erst geschaffen und erhoben würde.[71]

Da es sich bei den zu untersuchenden Substanzen um Spuren handeln muss, ist nach 14
Wortlaut und Zweck des § 81e Abs. 2 S. 1 ein **sachlicher Zusammenhang** mit der aufzuklärenden Straftat notwendig. Nicht zulässig ist die allgemeine Ausforschung beliebigen Untersuchungsmaterials. Da der Wortsinn andererseits offen ist, kann die Beziehung aus

---

[64] LG Mainz 7.12.2000 – 1 Qs 302/00, NStZ 2001, 499.
[65] AA *Meyer-Goßner* Rn. 5; *Eisenberg* Beweisrecht Rn. 1684.
[66] BT-Drs. 13/6420, 5.
[67] So aber *Eisenberg* Beweisrecht Rn. 1685.
[68] BGH 9.4.1986 – 3 StR 551/85, BGHSt 39, 39 (46); BGH 24.2.1994 – 4 StR 317/93, BGHSt 40, 66 (71 f.); BGH 13.5.1996 – GSSt 1/96, BGHSt 42, 139 (152 f.).
[69] Vgl. BGH 24.2.1994 – 4 StR 317/93, BGHSt 40, 66 (71) zu einem ohne Kenntnis des Beschuldigten vorgenommenen Stimmvergleich.
[70] Vgl. Graf/*Ritzert* Rn. 2.
[71] Vgl. hierzu BGH 26.7.2007 – 3 StR 104/07, BGHSt 52, 11 (→ Rn. 27 und 35); BGH 31.3.2011 – 3 StR 400/10, NStZ 2011, 596 (597 f. Rn. 11 – 15) jeweils zur Umgehung des Schweigerechts des Beschuldigten. Nur unter diesem Gesichtspunkt ist den Ausführungen von *Eisenberg* Beweisrecht Rn. 1684 zuzustimmen.

der Art der Spur oder aus der Person des (mutmaßlichen) Spurenlegers und seiner Nähe zur Tat herzuleiten sein. Eine räumliche Begrenzung der Auffindesituation, im Sinne einer Beschränkung auf den „Tatort“[72] legt den Zusammenhang zwar nahe, ist dem Gesetz dagegen nicht als einzig in Betracht kommende Voraussetzung zu entnehmen. Das untersuchungsfähige Material kann auch an anderer Stelle erhoben werden.[73]

15 **e) Auf freiwilliger Basis erlangtes Untersuchungsmaterial.** Werden die Proben für die molekulargenetische Untersuchung mit **Einwilligung** des Beschuldigten oder Dritten erlangt, gilt § 81e Abs. 1 nicht. Wegen der eindeutigen Bezugnahme auf die §§ 81a, 81c in S. 1 und 2 erfasst die Vorschrift nur mittels hoheitlicher Anordnung gewonnenes Untersuchungsmaterial.[74] Einschlägig ist indes Abs. 2 S. 1. Zwar wird zu Recht davon ausgegangen, dass auf freiwilliger Basis überlassene Körperzellen kein aufgefundenes Spurenmaterial darstellen,[75] jedoch handelt es sich um sichergestelltes. Eine (formlose) Sicherstellung iSd § 94 Abs. 1 hat nicht nur dann zu erfolgen, wenn der Gewahrsamsinhaber nicht bekannt ist, sondern auch dann, wenn er die Sache freiwillig zur Verfügung stellt.[76] Insoweit besteht für diese Variante des § 81e Abs. 2 S. 1 ein eigenständiger Anwendungsbereich gegenüber derjenigen des Auffindens.

16 **2. Untersuchungszweck. a) Vergleichsmaterial vom Beschuldigten.** Abs. 1 S. 1 enthält eine Zweckbindung für Vergleichsmaterial, das beim Beschuldigten gewonnen wurde. Die Untersuchung darf nur auf die **Feststellung abschließend bestimmter Tatsachen** gerichtet sein, nämlich der Abstammung oder daraufhin, ob Vergleichsmaterial vom Beschuldigten oder Verletzten stammt. Die nach Abs. 1 S. 1 Hs. 2 zulässige Bestimmung des Geschlechts hat in erster Linie für aufgefundenes Spurenmaterial im Sinne des Abs. 2 S. 1 Bedeutung.[77] Nicht umfasst ist daher die Auswertung des Probenmaterials auf genetisch besonders schutzbedürftige Persönlichkeitsmerkmale wie Erbanlagen, Charaktereigenschaften, Krankheiten und Krankheitsanlagen.[78] Auch äußere Körpermerkmale wie Größe, Haar- und Augenfarbe dürfen nicht bestimmt werden,[79] genauso wie die ethnische Herkunft.[80] Technisch lassen sich nach dem heutigen Stand der Wissenschaft ohnehin nur Anhaltspunkte hinsichtlich spezieller Aberrationen (bspw. Mongolismus oder Down-Syndrom) finden.[81] Zum äußeren Erscheinungsbild[82] oder zu geistigen oder charakterlichen Eigenschaften sind keine, zu ethnischen Fragestellungen nur sehr eingeschränkte Erkenntnisse[83] möglich. Eine Unterscheidung zwischen kodierenden und nicht-kodierenden Merkmalen wurde in die Regelung ausdrücklich nicht aufgenommen. Eine solche hielt der Gesetzgeber im Hinblick auf bestehende und zu erwartende wissenschaftliche Erkenntnisse nicht für möglich und sachgerecht.[84]

17 **b) Vergleichsmaterial von Nichtbeschuldigten.** Hinsichtlich der Abstammungsfeststellung und des inhaltlichen Umfangs der Auswertungen gilt das Vorstehende nach dem

---

[72] *Krehl/Kolz* StV 2004, 447 (454).

[73] *Benfer* StV 1999, 402 (404).

[74] LG Mainz 7.12.2000 – 1 Qs 302/00, NStZ 2001, 499 – „Eingriff“; auch BGH 15.10.2009 – 5 StR 373/09, NStZ 2010, 157 (158) differenziert zwischen Probenerhebungen, die mit Einwilligung durchgeführt wurden und solchen, die ansonsten hätten angeordnet werden müssen; aA Graf/*Ritzert* Rn. 2; KK/*Senge* Rn. 3; LR/*Krause* Rn. 27, jeweils unter Bezugnahme auf BGH 21.3.2007 – 1 BGs 96/2007, die jegliches Untersuchungsmaterial, das auf andere rechtmäßige Art und Weise erlangt wird, Abs. 1 S. 1 zuordnen.

[75] *Graalmann-Scheerer* NStZ 2004, 297 (299); LR/*Krause* Rn. 3.

[76] → § 94 Rn. 43; Graf/*Ritzert* § 94 Rn. 7; *Meyer-Goßner* § 94 Rn. 12; vgl. auch SK/*Rogall* Rn. 15 zum Auffinden.

[77] BR-Drs. 15/350, 12; *Duttge/Hörnle/Renzikowski* NJW 2004, 1065 (1071).

[78] BT-Drs. 15/350, 12; *Senge* NJW 1997, 2409 (2410).

[79] HK/*Lemke* Rn. 6; LR/*Krause* Rn. 24; *Graalmann-Scheerer* ZRP 2002, 72 (74).

[80] HK/*Lemke* Rn. 6; KK/*Senge* Rn. 4.

[81] *Anslinger/Rolf/Eisenmenger* DRiZ 2005, 165 (168); *Pöche* bei *Wagner* JR 2003, 56.

[82] *Pöche* bei *Wagner* JR 2003, 56; *Schneider* Kriminalistik 2005, 303 (309).

[83] *Anslinger/Rolf/Eisenmenger* DRiZ 2005, 165 (167 f.); vgl. auch *Kimmich/Spyra/Steinke* NStZ 1990, 318 (322).

[84] BT-Drs. 13/667, 6; LR/*Krause* Rn. 25.

Verweis in Abs. 1 S. 2 unproblematisch auch für Material, das nach § 81c erlangt wurde. Streitig ist indes die **Auslegung der Entsprechungsklausel,** die in dieser Vorschrift enthalten ist. Teilweise wird diese dahingehend verstanden, sie erlaube nicht, bei Dritten gewonnenes Material mit Spurenmaterial auf eine Übereinstimmung zu vergleichen oder eine solche auszuschließen.[85] Dies wird dem Wortlaut und dem Zweck der Vorschrift allerdings nicht gerecht.[86] Die Rechtsprechung ist dem daher nicht gefolgt. Nach den bislang hierzu ergangenen Entscheidungen bedeutet die Entsprechung gemäß § 81c Abs. 2 S. 2, dass bei sonstigen Personen erlangtes Material daraufhin untersucht werden darf, ob aufgefundenes Spurenmaterial von diesen selbst stamme.[87]

c) Spurenmaterial. Auch Spurenmaterial unterliegt der **Zweckbindung,** wie sich aus Abs. 2 ergibt, der in S. 1 hinsichtlich der Zulässigkeit von Untersuchungen auf Abs. 1 sowie in S. 2 auf das Erhebungsverbot des Abs. 1 S. 3 verweist. Durch die Bestimmung des Geschlechts eines unbekannten Spurenlegers kann dabei nach Auffassung des Gesetzgebers ein wertvoller Ermittlungsansatz gewonnen werden.[88] Zumindest im Bereich der für die DNA-Analyse besonders relevanten Gewaltkriminalität dürfte damit indes wenig gewonnen sein, da hier ohnehin statistisch gesehen vorwiegend Männer als Täter in Betracht kommen.[89] Daher werden Forderungen erhoben, auch Untersuchungen auf Größe, Haar-, Augenfarbe und andere äußere Körpermerkmale zuzulassen.[90] Dies erscheint auch nicht unberechtigt. Die Bestimmung des Geschlechts wurde deswegen in den Gesetzestext aufgenommen, weil hierdurch nicht der Kernbereich des Persönlichkeitsrechts betroffen ist, da es sich um ein äußerlich erkennbares Merkmal der betroffenen Person handelt.[91] Dies trifft aber für andere körperliche Merkmale, die das äußere Erscheinungsbild bestimmen, in gleicher Weise zu.[92] Der dagegen erhobene Einwand der leichten Veränderbarkeit, beispielsweise durch Kontaktlinsen, Perücke und Färbung,[93] betrifft die tatsächliche Umsetzung im Rahmen der Ermittlungstätigkeit, nicht die verfassungsrechtlichen Grundlagen. Er gälte für Fahndungsfotos ebenfalls.[94] Etwas anderes mag für die ethnische Zugehörigkeit gelten und trifft sicherlich für (charakterliche) Persönlichkeitsanlagen und Krankheiten zu.[95] 18

d) Feststellungs- und Untersuchungsverbot nach Abs. 1 S. 3. Abs. 1 S. 3, der nach Abs. 2 S. 2 auch für Spurenmaterial gilt, enthält ein ausdrückliches **Beweiserhebungsverbot** für andere als die nach Abs. 1 S. 1 und 2 zulässigen molekulargenetischen Untersuchungen.[96] Dieses gilt auch für den Fall, dass sich wegen der Beschaffenheit des Untersuchungsmaterials oder technisch bedingt der Anfall weitergehender Informationen nicht vermeiden lässt. Derartige Überschussinformationen dürfen nicht weitergegeben oder in das Verfahren eingeführt werden. Insoweit richtet sich die Vorschrift auch an den Sachverständigen selbst.[97] 19

Die Begründung des Gesetzesentwurfes geht ohne nähere Ausführungen davon aus, ein Verstoß gegen Abs. 1 S. 3 führe auch zu einem **Beweisverwertungsverbot.**[98] Dies 20

[85] *Graalmann-Scheerer* ZRP 2002, 72 (75 f.); *Graalmann-Scheerer* NStZ 2004, 297 (299); *Satzger* JZ 2001, 639 (646 f.).

[86] Ausführlich SK/*Rogall* Rn. 10; Brodersen/Anslinger/Rolf/*Brodersen* DNA-Analyse und Strafverfahren Rn. 196; *Kretschmer* HRRS 2012, 185 (188); *Pommer* JA 2007, 621 (627).

[87] VGH Berlin 13.12.2005 – VerfG 113/05, NJW 2006, 1416 (1418); LG Frankenthal 6.10.1999 – II Qs 363/99, NStZ-RR 2000, 146; LG Mannheim 30.3.2004 – 1 Qs 1/04, NStZ-RR 2004, 301 (302 f.); HK/*Lemke* Rn. 10; *Meyer-Goßner* Rn. 6.

[88] BT-Drs. 15/350, 12; *Duttge/Hörnle/Renzikowski* NJW 2004, 1056 (1071); *Volk* NStZ 2002, 561 (564).

[89] *Graalmann-Scheerer* ZRP 2002, 72 (74).

[90] SK/*Rogall* Rn. 9.

[91] BT-Drs. 15/350, 12; *Duttge/Hörnle/Renzikowski* NJW 2004, 1065 (1071); *König* Kriminalistik 2004, 262 (263); vgl. auch *Volk* NStZ 2002, 561 (564).

[92] *Anslinger/Rolf/Eisenmenger* DRiZ 2005, 165 (168).

[93] *Graalmann-Scheerer* ZRP 2002, 72 (74); *Pommer* JA 2007, 621 (624).

[94] *Rackow* ZRP 2002, 236.

[95] *Lütkes/Bäumler* ZRP 2004, 87 (88).

[96] KK/*Senge* Rn. 7; *Senge* NJW 1997, 2409 (2411).

[97] BT-Drs. 13/667, 7; KMR/*Bosch* Rn. 9; LR/*Krause* Rn. 32; *Volk* NStZ 2002, 561 (564).

[98] BT-Drs. 13/667, 7; so auch HK/*Lemke* Rn. 5; KMR/*Bosch* Rn. 14; *Meyer-Goßner* Rn. 4; Radtke/Hohmann/*Beukelmann* Rn. 4; SK/*Rogall* Rn. 20; *Graalmann/Scheerer*, FS Ries, 2002, 153 (163).

widerspricht jedoch allgemeinen Rechtsprechungsgrundsätzen. Sofern sich im Gesetzestext nicht ein ausdrückliches Verwertungsverbot befindet (wie zum Beispiel bei § 136a Abs. 3 S. 2), ist nach umfassender Abwägung im Einzelfall zu entscheiden, ob ein Beweiserhebungsverbot zu einem Beweisverwertungsverbot führt.[99] Abs. 1 S. 3 bezieht sich aber ausdrücklich nur auf den Vorgang der Untersuchung selbst.

21 **3. Beweisrelevanz der Untersuchung.** Für die Zulässigkeit der molekulargenetischen Untersuchung ist **kein erhöhter Verdachtsgrad** notwendig. Es genügt das Vorliegen eines Anfangsverdachts im Sinne des § 152 Abs. 2 (insbesondere für den Beschuldigten → Rn. 9).[100] Auf die Aufnahme einer erhöhten Eingriffsschwelle oder einer Subsidiaritätsklausel wurde bewusst verzichtet, um gerade auch frühzeitig die Möglichkeit zu eröffnen, den Beschuldigten mittels molekulargenetischer Untersuchung als Täter auszuschließen.[101] Die Auswertung, auch diejenige auf Feststellung der Abstammung, muss allerdings für das zu Grunde liegende oder ein anderes anhängiges Ermittlungsverfahren (vgl. § 81a Abs. 3), das sich auch gegen einen noch unbekannten Täter richten kann,[102] beweismäßige Relevanz haben.[103]

22 **Erforderlich** ist die Durchführung einer DNA-Analyse von Proben, die dem Beschuldigten oder Dritten entnommen wurden, bereits dann, wenn Spurenmaterial vorliegt, bei dem die begründete Erwartung besteht, es eigne sich für einen DNA-Vergleich. Ausgewertet muss dieses noch nicht sein.[104] Lediglich die „Vorratshaltung" eines Beschlusses ist unzulässig, wenn dessen Vollzug völlig ungewiss erscheint, weil der Beschuldigte auf unabsehbare Zeit abwesend ist[105] oder die Möglichkeit ausgeschlossen erscheint, überhaupt verwertbares Spurenmaterial aufzufinden.[106] Bei aufgefundenem Untersuchungsmaterial kommt eine frühzeitige Auswertung, auch wenn noch kein Beschuldigter ermittelt ist, in Betracht, falls es bspw. zu verderben droht oder um ggf. später notwendig werdende Vergleichsuntersuchungen zügig umsetzen zu können.[107]

23 **4. Verhältnismäßigkeit der Anordnung.** Die Anordnung der molekulargenetischen Untersuchung muss in Bezug auf die Bedeutung der aufzuklärenden Tat **verhältnismäßig** sein.[108] Sie ist zwar im Gegensatz zu § 81g Abs. 1 nicht an Delikte mit qualifiziertem Schweregrad gebunden,[109] darf aber bei dem Vorwurf von Bagatelldelikten nicht vorgenommen werden.[110] Nicht entgegenstehen dürfte dagegen ein glaubhaftes Geständnis,[111]

---

[99] KK/*Senge* Rn. 7; Brodersen/Anslinger/Rolf/*Bordersen* Rn. 148; *Senge* NJW 1997, 2409 (2411); → § 81f Rn. 20.

[100] VerfG Brandenburg 20.9.2013 – VfGBbG 75/12, BeckRS 2013, 57057; LG Mainz 7.12.2000 – 1 Qs 302/00, NStZ 2001, 499; LG Bielefeld 29.9.2010 – 10 Qs 404 und 405/10, juris (→ Rn. 6); LG Ravensburg 9.3.2009 – 2 Qs 22/09, NStZ-RR 2010, 18; KMR/*Bosch* Rn. 13; KK/*Senge* Rn. 3; SK/*Rogall* Rn. 6; Brodersen/Anslinger/Rolf/*Brodersen* Rn. 28.

[101] BT-Drs. 13/667, 6; HK/*Lemke* Rn. 7; KMR/*Bosch* Rn. 13; LR/*Krause* Rn. 26; *Meyer-Goßner* Rn. 7; *Senge* NJW 1997, 2409 (2411); so auch schon BVerfG 18.9.1995 – 2 BvR 103/92, NJW 1996, 771 (773); vgl. auch OLG Bremen 28.9.2009 – Ws 123/09, BeckRS 2010, 05906; aA *Wollweber* NJW 2002, 1771 (1772).

[102] Vgl. hierzu auch LG Berlin 21.6.2006 – 515 Qs 60/06, NJW 2006, 2713 (2714).

[103] KK/*Senge* Rn. 5; Graf/*Ritzert* Rn. 4.

[104] VerfG Brandenburg 18.9.2008 – VfGBbg 13/08, BeckRS 2008, 39396; LG Saarbrücken 20.11.2000 – 4 Qs 101/00 I, StV 2001, 266 (Leitsatz); LG Ravensburg 9.3.2009 – 2 Qs 22/09, NStZ-RR 2010, 18; *Meyer-Goßner* Rn. 4; aA LG Offenburg 10.7.2002 – III Qs 29/02, StV 2003, 153 (154), wonach allerdings die Entnahme der Speichelprobe gleichwohl schon zulässig sein soll (155); LR/*Krause* Rn. 26.

[105] BGH 23.12.1999 – 2 Ars 487/992 – AR 227/99, NStZ 2000, 212; BGH 11.9.2002 – 2 Ars 257/02, bei *Becker* NStZ-RR 2003, 289, jeweils zu § 81g.

[106] LG Saarbrücken 20.11.2000 – 4 Qs 101/00 I, StV 2001, 266 (265, Leitsatz).

[107] BT-Drs. 13/667, 7; KMR/*Bosch* Rn. 11; LR/*Krause* Rn. 37; *Meyer-Goßner* Rn. 9; *Rogall*, FS Schroeder, 2006, 691 (701).

[108] VerfG Berlin 13.12.2005 – VerfGH 113/05, NJW 2006, 1416 (1419); VerfG Brandenburg 18.9.2008 – VfGBbg 13/08, BeckRS 2008, 39396; VerfG Brandenburg 20.9.2013 – VfGBbG 75/12, BeckRS 2013, 57037.

[109] Brodersen/Anslinger/Rolf/*Bordersen* Rn. 30.

[110] LG Ravensburg 9.3.2009 – 2 Qs 22/09, NStZ-RR 2010, 18.

[111] So aber LR/*Krause* Rn. 26.

da ein solches, wie die Praxis zeigt, nicht selten widerrufen wird. Besonderer Ausdruck der Verhältnismäßigkeit ist das Verwendungsverbot in § 46 Abs. 4 S. 3 OWiG. Sofern dieses eingreift, ist bereits die Entnahme von Körperzellen unzulässig.[112]

5. Molekulargenetische Untersuchung. Abs. 1 S. 1 bezeichnet die Art der Untersu- 24
chung lediglich mit dem Sammelbegriff der molekulargenetischen Untersuchung. Damit wurde bewusst **keine bestimmte Untersuchungsmethode** vorgegeben. Die rechtliche Regelung bleibt dadurch offen für die wissenschaftliche Entwicklung, die zu neuen, immer wirksameren Auswertungsmöglichkeiten gelangen kann.[113] Für Gerichte und Ermittlungsbehörden bedeutet dies, dass gerade bei neueren Analyseverfahren deren Zuverlässigkeit im Zusammenhang mit der Auswahl des Sachverständigen und der von diesem angewandten Methode sowie bei der Beweiswürdigung sorgfältig zu prüfen sind.

Die **Praxis der DNA-Analyse**[114] war zunächst von der Restriktionsfragment-Längen- 25
polymorphismus-Analyse (RFLP) – so genannter „genetischer Fingerabdruck" oder „DNA-Fingerprinting"- geprägt.[115] Diese Variante weist allerdings Nachteile auf, da sie eine größere Mindestmenge an isolierbarer DNA erfordert, verhältnismäßig empfindlich auf degradiertes Probenmaterial reagiert und einem hohen Zeitaufwand unterliegt. Daher wurde sie zwischenzeitlich weitgehend durch die DNA-Amplifizierung oder Polymerase Kettenreaktion (PCR) ersetzt.[116] In jedem Fall sind Fehlerquellen[117] zu beachten, die sich vor allem aus starker Kontamination des Untersuchungsmaterials ergeben können,[118] bspw. im Zusammenhang mit der Sicherung von Hautabriebspuren am Tatort,[119] aber auch aus der unsorgfältigen Arbeitsweise bei nicht in vollem Umfang zuverlässigen Labors.[120] Besondere Umsicht ist bei der Auswertung von Mischspuren geboten,[121] die im Bereich der Sexualdelikte besonders häufig anzutreffen sind.[122]

6. Verwendungs-/Vernichtungsregelung und Aktenführung. Für die **Verwen-** 26
dung und Vernichtung des beim Beschuldigten oder Dritten gewonnenen Untersuchungsmaterials gelten §§ 81a Abs. 3, 81c Abs. 5 S. 2. Auf die dortigen Ausführungen wird verwiesen.[123] Das gilt für Spurenmaterial nach Abs. 2 S. 2 allerdings nur hinsichtlich der Verwendung. Es ist, weil der entsprechende Verweis sich nicht auf § 81a Abs. 3 Hs. 2 erstreckt, nicht zu vernichten.[124] Grund hierfür ist, dass Vergleichsmaterial beim Beschuldigten oder Dritten regelmäßig wieder erhoben werden kann, aufgefundenes Untersuchungsmaterial hingegen unwiederbringlich verloren wäre.[125] Auf diese Weise ist auch gesichert, dass es im Rahmen eines eventuellen Wiederaufnahmeverfahrens mit nunmehr

---

[112] LG Osnabrück 14.6.2007 – 15 Qs 55/07, NZV 2007, 536; vgl. auch LR/*Krause* Rn. 33.

[113] BT-Drs. 13/667, 5; LR/*Krause* Rn. 5; *Burhoff* EV Rn. 498; vgl. auch SK/*Rogall* § 81a Rn. 106.

[114] Zu den Begrifflichkeiten *Kimmich/Spyra/Steinke* NStZ 1990, 318 (319); *Schneider* Kriminalistik 2005, 303 (303–305); LR/*Krause* Rn. 7; Graf/*Ritzert* Rn. 3.1; *Eisenberg* Beweisrecht Rn. 1904–1905a; *Neuhaus* StraFo 2005, 148–150; ausführlich zu wissenschaftlichen Grundlagen und Methoden SK/*Rogall* § 81a Rn. 102–106.

[115] *Kimmich/Spyra/Steinke* NStZ 1990, 318 (319) auch zum Ablauf der Untersuchungsmethode; s. auch LR/*Krause* Rn. 10.

[116] *Anslinger*, FS Eisenmenger, 2009, 94 (96); *Kimmich/Spyra/Steinke* NStZ 1993 23 (24); *Steinke* NStZ 1994, 16 (19); LR/*Krause* Rn. 11; *Eisenberg* Beweisrecht Rn. 1906; siehe auch schon BT-Drs. 13/667, 5; *Burhoff* EV Rn. 498 unterscheidet in drei Analyseverfahren; *Neuhaus* StV 2013, 137 (138); *Rath/Brinkmann* NJW 1999, 2697 (2698). Zum Ablauf der PCR-Analysesysteme *Anslinger/Rolf/Eisenmenger* DRiZ 2005, 165 (167); *Kimmich/Spyra/Steinke* NStZ 1993, 23 (25); LR/*Krause* Rn. 12.

[117] BGH 16.8.2012 – 3 StR 180/12, NStZ-RR 2013, 20 (21) zu Sekundärübertragungen bei altem Probenmaterial; ausführlich *Neuhaus* StraFo 2006, 393–398.

[118] LR/Krause Rn. 13; *Baur/Fimmers/Schneider* StV 2010, 175 (176 f.).

[119] *Schneider* Kriminalistik 2005, 303 (307).

[120] HK/*Lemke* Rn. 3 mit Kritik an der „zunehmend zu beobachtenden Privatisierung der Analysetätigkeit"; vgl. auch *Lüdtkes/Bäumler* ZRP 2004, 87 (88).

[121] *Schneider/Fimmers/Schneider/Brinkmann* NStZ 2007, 447.

[122] *Anslinger*, FS Eisenmenger, 2009, 94 (97) mit Darstellung der Methoden zur Isolierung der Spuren (98–100); *Pöche* bei *Wagner* JR 2003, 56.

[123] → § 81a Rn. 36 f.; → § 81c Rn. 51.

[124] BT-Drs. 13/667, 7.

[125] KMR/*Bosch* Rn. 12; *Hilger* NStZ 1997, 371 (372).

gegebenenfalls weiterentwickelten Analysemethoden erneut untersucht werden kann.[126] Die Untersuchungsergebnisse, vor allem die unter Verwendung des Untersuchungsmaterials erstellten Gutachten, werden dagegen Aktenbestandteil.[127] Sie können daher über den Weg der Akteneinsicht auch in anderen Verfahren verwertet werden, beispielsweise zur Klärung der Abstammungsfrage in einem Zivilrechtsstreit.[128]

27 Da das DNA-Gutachten personenbezogene Daten enthält, empfiehlt es sich, dieses in einem **Sonderband** der Akten oder in einem besonderen Umschlag zu verwahren. Als Grundlage hierfür kann § 3 Abs. 1 S. 10b AktO dienen. Im Einzelfall ist insbesondere nach §§ 474 ff. zu prüfen, ob es bei entsprechenden Gesuchen im Wege der Akteneinsicht an andere Personen als die unmittelbar Verfahrensbeteiligten herausgegeben werden darf.[129]

28 **7. Beweiswert der DNA-Analyse.** Die DNA-Analyse wird nach allgemeiner Meinung als **zuverlässiges Beweismittel** anerkannt, dem ein hoher Beweiswert zukommt.[130] Die ursprünglichen Vorbehalte, die die Rechtsprechung zunächst hegte,[131] werden nicht mehr aufrecht erhalten. Zwischenzeitlich kommen in hohem Maße standardisierte und einer Qualitätskontrolle unterliegende Verfahren zur Anwendung, die zuverlässige Folgerungen auf den Spurengeber erlauben,[132] weswegen die Untersuchungsmethode – jedenfalls bei Anwendung des gebräuchlichen PCR-Verfahrens[133] – im Urteil keiner Darlegung bedarf.[134] Bei der Anwendung entsprechender Methoden kann von gesicherter wissenschaftlicher Erkenntnis ausgegangen werden, die der Beweiswürdigung zugrunde zu legen ist.[135] Auch wenn es sich weiterhin bei dem Ergebnis der gutachtlichen Feststellung um eine biostatistische Wahrscheinlichkeitsaussage über die Häufigkeit der festgestellten Merkmale bzw. Merkmalskombinationen innerhalb einer bestimmten Population handelt,[136] kann somit bei einem Seltenheitswert im Millionenbereich des Vergleichsergebnisses der Schluss gezogen werden, dass die gesicherte Spur von dem Geber der Vergleichsprobe stammt.[137] Zu beachten ist dabei allerdings, dass die Wahrscheinlichkeit der Übereinstimmung eines anhand einer Spur gewonnenen DNA-Identifizierungsmusters mit einem in der DNA-Analyse-Datei einliegenden (sog „DNA-Datenbank-Treffer") anderen Regeln folgt, als bei Vergleich mit demjenigen des bereits bekannten Beschuldigten.[138]

29 Diese Grundsätze gelten naturgemäß **nur für die genetische Herkunft** des Vergleichsmaterials. Nicht enthoben wird das Gericht von der Feststellung, ob zwischen der DNA-Spur und der Tat ein Zusammenhang besteht.[139] Zudem müssen mögliche Fehlerquellen

---

[126] *Eisenberg* Beweisrecht Rn. 1668; LR/*Krause* Rn. 39.

[127] *Hilger* NStZ 1997, 371 (372); *Rath/Brinkmann* NJW 1999, 2697 (2699); *Senge* NJW 1997, 2409 (2410).

[128] BT-Drs. 13/667, 7; KMR/*Bosch* Rn. 9.

[129] *Graalmann/Scheerer* ZRP 2002, 72 (76); LR/*Krause* Rn. 34.

[130] HK/*Lemke* Rn. 1; KK/*Senge* Rn. 1; KMR/Bosch Rn. 4; LR/*Krause* Rn. 44; *Meyer-Goßner* Rn. 2; Radtke/Hohmann/*Beukelmann* Rn. 1; SK/*Rogall* § 81a Rn. 108; *Hannich* DRiZ 2005, 166.

[131] BGH 21.8.1990 – 5 StR 145/90, BGHSt 37, 157 (159 f.); BGH 12.8.1992 – 5 StR 239/92, BGHSt 38, 320 (322–324) „wissenschaftliche Entwicklung noch in vollem Fluss".

[132] *Anslinger/Rolf/Eisenmenger* DRiZ 2005, 165 (167); *Baur/Fimmers/Schneider* StV 2010, 175–177; *Steinke* NStZ 1994, 16 (19); vgl. auch *Pöche* bei *Wagner* JR 2003, 56 (57).

[133] BGH 3.5.2012 – 3 StR 46/12, NStZ 2013, 177 (178).

[134] BGH 12.10.2011 – 2 StR 362/11, NStZ-RR 2012, 53 (54); BGH 23.10.2012 – 1 StR 377/12, NStZ 2013, 179 (180).

[135] Vgl. BGH 26.5.2009 – 1 StR 597/08, BGHSt 54, 15 (24) zu einem Fall mitochondrialer DNA-Analyse (mtDNA-Analyse); hierzu, insbesondere auch zu möglichen Einschränkungen des Beweiswerts, s. auch *Anslinger*, FS Eisenmenger, 2009, 94 (101); *Schneider* Kriminalistik 2005, 303 (305); zur Kombination mit Kern-DNA BGH 3.11.2010 – 1 StR 520/10, BGHSt 56, 72 (73).

[136] BGH 12.8.1992 – 5 StR 239/92, BGHSt 38, 320 (323); BGH 6.3.2012 – 3 StR 41/12, NStZ 2012, 464 mAnm. *Neuhaus* StV 2013, 137 (140) (465); Graf/*Ritzert* Rn. 8; SK/*Rogall* § 81a Rn. 108; *Eisenberg* Beweisrecht Rn. 1681; zur Darstellung im Sachverständigengutachten s. *Schneider* ua, NStZ 2013, 693 (694–697).

[137] BGH 21.1.2009 – 1 StR 722/08, NJW 2009, 1159; *Nack* GA 2009, 201 (210); zu Abstufungen der Wahrscheinlichkeitsgrade BGH 21.3.2013 – 3 StR 247/12, NJW 2013, 2612 (2613).

[138] *Schneider ua* Rechtsmedizin 20 (2010), 111; *Schneider ua* NStZ 2010, 433; aber auch *Taroni ua* Rechtsmedizin 21 (2011), 55.

[139] BGH 21.1.2009 – 1 StR 722/08, NJW 2009, 1159; BGH 12.10.2011 – 2 StR 362/11, NStZ-RR 2012, 53 (54); BGH 6.3.2012 – 3 StR 41/12, NStZ 2012, 464 (465); vgl. auch BGH 21.8.1990 – 5 StR

bei Gewinnung und Auswertung des Probenmaterials (→ Rn. 25) berücksichtigt werden.[140] Das Ergebnis kann gleichermaßen zur Belastung und zum Täterausschluss herangezogen werden.[141] Daher wird regelmäßig, sofern verwertbares Untersuchungsmaterial vorhanden ist, einem Beweisantrag auf Durchführung einer molekulargenetischen Untersuchung zum Beweis der Tatsache, dass aufgefundenes Spurenmaterial nicht vom Angeklagten stammt, nachzugehen sein.[142] Umgekehrt ist es grundsätzlich schon durch die Aufklärungspflicht geboten, vorhandenes Spurenmaterial zum Tatnachweis auszuwerten.[143]

III. Revision

Die **Verfahrensrüge,** mit der Verstöße gegen §§ 81a, 81c bei der Beweisgewinnung geltend gemacht werden, richtet sich nach den dortigen Vorschriften. Im Einzelfall kann ein Beweiserhebungsverbot aber darauf gestützt werden, dass diese Vorschriften bewusst umgangen wurden (→ Rn. 13), was auch dadurch geschehen kann, dass eine Einwilligung in die Probenentnahme erschlichen wird.[144] Im Übrigen kommen in erster Linie Verstöße gegen die Beschränkung der zulässigen Feststellungen nach Abs. 1 S. 1 und 2 und das Untersuchungsverbot nach Abs. 1 S. 3 in Betracht. Ob sich hieraus ein Verwertungsverbot herleiten lässt, ist durch umfassende Abwägung festzustellen (→ Rn. 20). Um den Anforderungen des § 344 Abs. 2 S. 2 zu genügen, müssen mit der Rüge die tatsächlichen Umstände, aus denen der Beschwerdeführer das Verwertungsverbot herleitet, im Einzelnen vorgetragen werden.[145] Da sich der behauptete Verfahrensverstoß auf ein höchstpersönliches Rechtsgut bezieht, hat der Angeklagte in der Hauptverhandlung rechtzeitig zu widersprechen[146] und auch hierzu vorzutragen.[147] 30

Mit der **Sachrüge** kann beanstandet werden, das Gericht habe dem Ergebnis der DNA-Analyse einen unzutreffenden Beweiswert zugemessen. Da auf Grundlage des Analyseergebnisses lediglich statistische Aussagen zur Herkunft einer Spur gemacht werden können, ist die Belastungswahrscheinlichkeit anhand der Vergleichsmerkmale zu bestimmen.[148] In Anbetracht dessen kann sich einerseits der Angeklagte darauf berufen, das Gericht sei von einer zu hohen Belastungswahrscheinlichkeit ausgegangen[149] oder aber die Staatsanwaltschaft darauf, das Ergebnis der Beweiswürdigung beruhe auf der Annahme eines zu geringen Beweiswertes.[150] Ein Darlegungsmangel liegt vor, wenn die Berechnungsgrundlage und die Wahrscheinlichkeit des Angeklagten als Spurenleger nicht mitgeteilt werden.[151] Insbesondere bei Zugehörigkeit des Angeklagten zu einer fremden Ethnie[152] oder bei sonstigen 31

145/90, BGHSt 37, 157 (159 f.); BGH 21.1.2004 – 1 StR 364/03, BGHSt 49, 56 (60 f.); BGH 2.4.2008 – 2 StR 621/07, BeckRS 2008, 07343 (→ Rn. 10); *Neuhaus* StraFo 2010, 344 f.; s. auch *Schneider* Kriminalistik 2005, 303 (309).

[140] BGH 21.8.1990 – 5 StR 145/90, BGHSt 37, 157 (159); BGH 16.8.2012 – 3 StR 180/12, NStZ-RR 2013, 20 (21) zu Sekundärübertragungen.

[141] BGH 25.4.1991 – 4 StR 582/90, NStZ 1991, 399 (400); BGH 12.8.1992 – 5 StR 239/92, BGHSt 38, 320 (322); BGH 25.9.2007 – 4 StR 348/07, juris (→ Rn. 6).

[142] BGH 3.7.1990 – 1 StR 340/90, NJW 1990, 2328.

[143] BGH 25.4.1991 – 4 StR 582/90, NStZ 1991, 399 (400); BGH 22.1.2002 – 1 StR 467/01, NStZ-RR 2002, 145 (146).

[144] Vgl. LR/*Krause* Rn. 48.

[145] LR/*Krause* Rn. 53.

[146] Vgl. BGH 15.10.2009 – 5 StR 373/09, NStZ 2010, 157 (158) „jedenfalls" für fehlende Schriftform der Einwilligung iSd § 81f Abs. 1 S. 1.

[147] Vgl. BGH 2.12.2010 – 4 StR 464/10, bei *Cirener* NStZ-RR 2011, 134 (138) zur Durchsuchungsanordnung.

[148] Hierzu *Nack* StV 2002, 558 (563–565); *Nack* GA 2009, 201 (209 f.).

[149] BGH 12.8.1992 – 5 StR 239/92, BGHSt 38, 320 (322–324).

[150] BGH 26.5.2009 – 1 StR 597/08, BGHSt 54, 15 (21–25).

[151] BGH 12.10.2011 – 2 StR 362/11, NStZ-RR 2012, 53 (54); BGH 6.3.2012 – 3 StR 41/12; NStZ 2012, 464 (465); BGH 7.11.2012 – 5 StR 517/12, NStZ 2013, 179; allgemein zu den Darlegungsanforderungen BGH 21.3.2013 – 3 StR 247/12, NJW 2013, 2612 (2613 f.); BGH 16.4.2013 – 3 StR 67/13, BeckRS 2013, 10265 (→ Rn. 6).

[152] BGH 3.5.2012 – 3 StR 46/12, NStZ 2013, 177 (178); BGH 21.3.2013 – 3 StR 247/12, NJW 2013, 2612 (2614).

Besonderheiten der Vergleichspopulation infolge des Vorhandenseins mehrerer DNA-Merkmale[153] ist auszuführen, inwieweit dies für Auswahl der Vergleichspopulation und Anwendung der sog. Produktregel von Bedeutung war. Gleichwohl ist es nicht ausgeschlossen bei entsprechendem Beweiswert die Überzeugung von der Täterschaft des Angeklagten alleine auf die Übereinstimmung von DNA-Merkmalen zu stützen.[154]

§ 81f [Richterliche Anordnung; Durchführung der Untersuchung]

(1) [1]Untersuchungen nach § 81e Abs. 1 dürfen ohne schriftliche Einwilligung der betroffenen Person nur durch das Gericht, bei Gefahr im Verzug auch durch die Staatsanwaltschaft und ihre Ermittlungspersonen (§ 152 des Gerichtsverfassungsgesetzes) angeordnet werden. [2]Die einwilligende Person ist darüber zu belehren, für welchen Zweck die zu erhebenden Daten verwendet werden.

(2) [1]Mit der Untersuchung nach § 81e sind in der schriftlichen Anordnung Sachverständige zu beauftragen, die öffentlich bestellt oder nach dem Verpflichtungsgesetz verpflichtet oder Amtsträger sind, die der ermittlungsführenden Behörde nicht angehören oder einer Organisationseinheit dieser Behörde angehören, die von der ermittlungsführenden Dienststelle organisatorisch und sachlich getrennt ist. [2]Diese haben durch technische und organisatorische Maßnahmen zu gewährleisten, daß unzulässige molekulargenetische Untersuchungen und unbefugte Kenntnisnahme Dritter ausgeschlossen sind. [3]Dem Sachverständigen ist das Untersuchungsmaterial ohne Mitteilung des Namens, der Anschrift und des Geburtstages und -monats des Betroffenen zu übergeben. [4]Ist der Sachverständige eine nichtöffentliche Stelle, gilt § 38 des Bundesdatenschutzgesetzes mit der Maßgabe, daß die Aufsichtsbehörde die Ausführung der Vorschriften über den Datenschutz auch überwacht, wenn ihr keine hinreichenden Anhaltspunkte für eine Verletzung dieser Vorschriften vorliegen und der Sachverständige die personenbezogenen Daten nicht in Dateien automatisiert verarbeitet.

Zum Schrifttum siehe die Nachweise bei § 81e, ferner: *Amelung,* Probleme der Einwilligung in strafprozessuale Grundrechtsbeeinträchtigungen, StV 1985, 257; *Bergemann/Hornung,* Die DNA-Analyse nach den Änderungen der Strafprozessordnung – Speicherung bis auf Widerruf?, StV 2007, 164; *Cramer,* Anmerkung zu § 81f II 3 StPO – Geheimhaltungsschutz und Gutachtenverweigerung, NStZ 1998, 498; *Finger,* Einwilligung in die Entnahme und Untersuchung von Körperzellen, Kriminalistik 2006, 696; *Graalmann-Scherer,* Molekulargenetische Untersuchung und Revision, FS-Rieß 2002, 153; *Hinrichs,* Der gläserne Mensch und sein verfassungsrechtlicher Mantel, KJ 2006, 60; *Müller,* Die Novellierung der Strafprozessordnung hinsichtlich der gesetzlichen Voraussetzungen forensischer DNA-Analysen, Die Polizei 2006, 40; *Rackow,* Rechtsprobleme bei einer Ausweitung der DNA-Analyse, Kriminalistik 2003, 474; *Schaefer,* Richtervorbehalt, NJW 2005, 1332; *Senge,* Die Neuregelung der forensischen DNA-Analyse, NJW 2005, 3028; *Sprenger/Fischer,* Zur Erforderlichkeit der richterlichen Anordnung von DNA-Analysen, NJW 1999, 1830.

Übersicht

[153] BGH 23.10.2012 – 1 StR 377/12, NStZ 2013, 179 (180).

[154] BGH 16.4.2013 – 3 StR 67/13, BeckRS 2013, 10265 (→ Rn. 4); s. zur Anwendung der Produktregel auch *Schneider* ua, NStZ 2013, 693 (695–697).

I. Überblick

1. Normzweck. Durch Einfügung der §§ 81e, 81f wollte der Gesetzgeber einen **Ausgleich von Grundrechten mit Verfassungsrang** herstellen. Einerseits wird dem Schutz des Persönlichkeitsrechts des von der molekulargenetischen Untersuchung Betroffenen, insbesondere in Form seines Rechts auf informationelle Selbstbestimmung, der angemessene Ausdruck verliehen. Eventuellen Vorbehalten der Bevölkerung gegenüber der Gentechnik soll durch eine klare Regelung entgegengewirkt werden.[1] Andererseits stellt die DNA-Analyse ein bewährtes und zuverlässiges Beweismittel im Rahmen der Aufklärung von Straftaten dar. Daher werden im Interesse einer funktionstüchtigen Rechtspflege die Bedürfnisse einer wirksamen Strafverfolgung und die verfassungsrechtliche Vorgabe einer möglichst umfassenden Wahrheitsermittlung ebenfalls mit der gebotenen Deutlichkeit zum Ausdruck gebracht. Vor diesem Hintergrund überträgt § 81f Abs. 1 S. 1 die Eilzuständigkeit der Ermittlungsbehörden von der Entnahme des Probenmaterials bei Beschuldigten oder anderen Personen nach §§ 81a Abs. 2, 81c Abs. 5 S. 1 auch auf die Anordnung der molekulargenetischen Untersuchung. Ferner sieht die Vorschrift für die Auswertung von Spurenmaterial im Sinne des § 81e Abs. 2 S. 1 keinen Richtervorbehalt (mehr) vor, da sich dieser in der Rechtspraxis ohnehin als reiner Formalismus erwiesen hat.[2] 1

2. Anwendungsbereich bei freiwilliger Überlassung des Untersuchungsmaterials. Die Untersuchung von freiwillig überlassenem Vergleichsmaterial fällt nicht in den Anwendungsbereich von **§ 81f Abs. 1.**[3] Dies ergibt sich aus dem Wortlaut und der systematischen Auslegung. Die Vorschrift bezieht sich auf § 81e. § 81e Abs. 1 erfasst allerdings nur solches Probenmaterial, das durch Zwangsmaßnahmen nach §§ 81a, 81c erlangt wurde. Diese Vorschriften greifen schon ihrem klaren Wortlaut nach nicht für Fälle, in denen der Betroffene in die Untersuchung einwilligt.[4] Eine richterliche Anordnung ist daher für diesen Fall nicht erforderlich.[5] Die Beauftragung eines Sachverständigen folgt mithin den allgemeinen Vorschriften der §§ 73, 161a Abs. 1 S. 2. Sie kann demnach im Ermittlungsverfahren durch die Staatsanwaltschaft oder die Polizei erfolgen.[6] 2

Für die Auftragserteilung ist **§ 81f Abs. 2** dagegen nicht nur sinngemäß,[7] sondern unmittelbar einschlägig. Mit Einverständnis des Betroffenen erlangtes Probenmaterial ist zumindest konkludent sicherzustellen und fällt daher unter § 81e Abs. 2 S. 1.[8] Im Gegensatz zu § 81f Abs. 1 verweist Abs. 2 aber auf den gesamten § 81e, weswegen auch diese Variante in Bezug genommen ist. 3

3. Entstehungsgeschichte. § 81f wurde durch Artikel 1 Nr. 3 **StVÄG** vom 17.3.1997 in die StPO eingefügt.[9] Abs. 1 S. 1 enthielt dabei folgenden Wortlaut: „Untersuchungen nach § 81e dürfen nur durch den Richter angeordnet werden". Abs. 1 S. 2 regelte dagegen – an systematisch unzutreffender Stelle[10] – Fragen der Form und des Inhalts der Anordnung. Diese finden sich zwischenzeitlich in § 81f Abs. 2. Die ausschließliche Anordnungskompetenz des Richters wurde durch Gesetz zur Änderung der Strafprozessordung vom 6.8.2002 sogar noch ausgeweitet. Eingefügt wurde ein Abs. 1 S. 2, der vorsah, dass sich diese Befugnis auch auf Spurenmaterial erstreckte. 4

---

[1] BT-Drs. 13/667, 5 und 7; → 81e Rn. 1 f.
[2] BT-Drs. 15/5674, 6 f.; LG Potsdam 12.12.2005 – 24 Qs 169/05, NJW 2006, 1224; *Senge* NJW 2005, 3028 (3029); so auch schon *Lütkes/Bäumler* ZRP 2004, 87 (88).
[3] SK/*Rogall* Rn. 9; → § 81e Rn. 4 und 14; aA LR/*Krause* Rn. 3.
[4] → § 81e Rn. 15 mwN auch zur aA.
[5] AA LR/*Krause* Rn. 3.
[6] SK/*Rogall* Rn. 9.
[7] So aber SK/*Rogall* Rn. 16; Brodersen/Anslinger/Rolf/*Brodersen* Rn. 116.
[8] → § 81e Rn. 15.
[9] BGBl. 1997 I, 534; → § 81e Rn. 5; zum langwierigen Gesetzgebungsverfahren SK/*Rogall* Rn. 3–7; *Senge* NJW 1997, 2409 f.
[10] BT-Drs. 15/5674, 11; LR/*Krause* Rn. 1.

5 Dieser Rechtszustand wurde durch das **Gesetz zur Novellierung der forensischen DNA-Analyse** vom 12.8.2005[11] grundlegend geändert. Der Gesetzgeber reagierte hiermit auf deutliche und berechtigte Kritik der Literatur und Praxis, der ausschließliche und umfassende Richtervorbehalt sei formalistisch und überzogen.[12] § 81f Abs. 1 erhielt dadurch seine heutige Fassung. Neben der Einführung der Eilentscheidungsbefugnis für die Ermittlungsbehörden und die Abschaffung des Richtervorbehalts bei Spurenmaterial wurde nunmehr auch ausdrücklich geregelt, dass es bei Vorliegen einer schriftlichen Einwilligung der betroffenen Person keiner hoheitlichen Anordnung bedarf. Hiermit reagierte der Gesetzgeber auf Unsicherheiten, die in der Praxis bei der Rechtsanwendung auftraten.[13] Durch die Neufassung ist ein Großteil der früheren Rechtsprechung und Literatur überholt, die sich mit Fragen der Zuständigkeit für die Anordnung der Maßnahme und der Zulässigkeit einer Einwilligung in deren Vornahme beschäftigte.

II. Erläuterung

6 **1. Zuständigkeit für die Anordnung. a) Untersuchungen nach § 81e Abs. 1.** Die Untersuchung von Vergleichsmaterial nach § 81e Abs. 1, das beim Beschuldigten oder anderen Personen erhoben wurde, ordnet grundsätzlich das Gericht an. Für die **sachliche Zuständigkeit** gilt im Ermittlungsverfahren § 162 Abs. 1 S. 1. Danach hat der Ermittlungsrichter zu entscheiden.[14] Nach Anklageerhebung im Zwischenverfahren liegt die Entscheidungskompetenz bei dem für die Eröffnung des Hauptverfahrens zuständigen Gericht.[15] Im Hauptverfahren entscheidet in der Hauptverhandlung das erkennende Gericht unter Mitwirkung der Schöffen.[16] Außerhalb der Hauptverhandlung wirken die Schöffen gemäß §§ 30 Abs. 2, 76 Abs. 1 S. 2 GVG nicht mit.[17]

7 Die **örtliche Zuständigkeit** des Ermittlungsrichters bestimmt sich gleichfalls nach § 162 Abs. 1 S. 1. Nach Einführung der dortigen Zuständigkeitskonzentration durch das Gesetz zur Neuregelung der Telekommunikationsüberwachung und anderer verdeckter Ermittlungsmaßnahmen vom 21.12.2007[18] ist das Amtsgericht zuständig, in dessen Bezirk die Staatsanwaltschaft oder deren Zweigstelle ihren Sitz hat.[19] Dies gilt unabhängig davon, ob mit der Auswertung zugleich die Entnahme des Probenmaterials nach §§ 81a, 81c angeordnet wird, oder ob der Betroffene dieses freiwillig zur Verfügung stellt. Die frühere Rechtsprechung und kontroverse Literatur zur Frage der örtlichen Zuständigkeit[20] ist damit überholt.

8 Bei **Gefahr im Verzug** besteht nach Abs. 1 S. 2 eine Eilanordnungsbefugnis der Staatsanwaltschaft und ihrer Ermittlungspersonen. Diese Regelung soll dem Umstand Rechnung tragen, dass aufgrund des wissenschaftlichen Erkenntnisfortschrittes das Ergebnis einer DNA-Analyse immer kurzfristiger zur Verfügung steht. Eine beschleunigte Auswertung unter Nutzung der Eilkompetenz kommt nach der Gesetzesbegründung beispielsweise dann in Betracht, wenn bei Vorliegen eines Anfangsverdachtes die Gefahr besteht, der Beschuldigte werde sich dem Verfahren durch Flucht entziehen, der für die Beantragung eines Haftbefehls erforderliche dringende Tatverdacht sich jedoch nur auf die Auswertung des Untersuchungsmaterials stützen kann.[21] Vergleichbares kann auch für den

---

[11] BGBl. 2005 I, 2360.
[12] Siehe nur Brodersen/Anslinger/Rolf/*Brodersen* Rn. 76; *Senge* NJW 1997, 2409 (2410); *Senge* NJW 2005, 3028 (3029); zur Gegenansicht s. LR/*Krause* Rn. 2.
[13] BT-Drs. 15/5674, 7.
[14] Graf/*Ritzert* Rn. 3.
[15] LR/*Krause* Rn. 5.
[16] KK/*Senge* Rn. 8; LR/*Krause* Rn. 5; SK/*Rogall* Rn. 11.
[17] Hierzu *Meyer-Goßner* GVG § 30 Rn. 3 und GVG § 76 Rn. 7.
[18] BGBl. 2007 I, 3198 (3204).
[19] Vgl. hierzu BT-Drs. 16/5846, 65; Graf/*Patzak* § 162 Rn. 2.
[20] Vgl. hierzu BGH 7.5.2004 – 2 ARs 153/04 – 2 AR 73/04, NStZ 2004, 689; OLG Düsseldorf 28.2.2002 – 3 Ws 553/01, NJW 2002, 1814, jeweils mwN; vgl. auch BGH 2.2.2000 – 2 ARs 495/99, BGHSt 45, 376.
[21] BT-Drs. 15/5674, 10; Graf/*Ritzert* Rn. 1; *Müller* Polizei 2006, 40 (41).

Haftbefehl der Wiederholungsgefahr anzunehmen sein. Diese Vorgabe in der Begründung des Gesetzesentwurfes mag zwar insoweit missverständlich sein, als ein Festhalterecht ohne sonstige verdachtsbegründende Umstände jedenfalls nicht aus der Hoffnung auf ein belastendes Ergebnis der DNA-Analyse hergeleitet werden kann.[22] Die weitergehende Kritik[23] verdient indes keine Zustimmung. Gefahr im Verzug liegt allgemein dann vor, wenn wegen des Zeitverlustes, der mit der Herbeiführung einer richterlichen Anordnung verbunden ist, der Untersuchungszweck vereitelt werden könnte.[24] Dies mag zwar in den häufigsten Fällen dann anzunehmen sein, wenn bei weiterem Zuwarten ein Beweismittelverlust droht.[25] Andererseits ist eine entsprechende Situation aber auch dann gegeben, wenn das Ermittlungsverfahren deswegen nicht mehr im gebotenen Umfang weitergeführt werden kann, weil sich der Beschuldigte diesem entzieht. Vergleichbares kann auch unter dem Gesichtspunkt des Schutzes der Allgemeinheit anzunehmen sein, dem § 112a dient,[26] sofern ein belastendes Ergebnis der DNA-Analyse ein hohes Gefährdungspotenzial des Beschuldigten belegt, das ein schnelles Eingreifen erfordert. Ob vor diesem Hintergrund die Eilanordnungsbefugnis keine wesentliche Bedeutung erlangt, wovon in der Literatur großenteils ausgegangen wird,[27] wird sich erweisen. Die engen Grenzen, die das BVerfG für die Annahme von Gefahr im Verzug bei Blutprobenentnahme und Durchsuchung zieht,[28] können nicht uneingeschränkt übertragen werden. Ein ausschließlich fernmündliches Verfahren ist vorliegend nicht geeignet, die Annahme von Gefahr im Verzug zu beseitigen. § 81e Abs. 2 S. 1 sieht zwingend die Schriftform – auch der richterlichen – Anordnung vor. Kann daher in der zur Verfügung stehenden Zeit seitens des Ermittlungsrichters ein schriftlich abgefasster Beschluss nicht gefertigt und ordnungsgemäß bekannt gemacht werden,[29] so können die Staatsanwaltschaft oder ihre Ermittlungspersonen eine entsprechende Entscheidung treffen.

b) Untersuchung von Spurenmaterial. Ein Umkehrschluss aus § 81f Abs. 1 S. 1 ergibt, dass es für die Auswertung von Spurenmaterial iSd **§ 81e Abs. 2 S. 1** keines gerichtlichen Beschlusses bedarf.[30] Die Anordnungskompetenz liegt in diesem Fall bei der Staatsanwaltschaft oder deren Ermittlungspersonen.[31] 9

2. Einwilligung in die Untersuchung. Die Einwilligung in die Untersuchung des Vergleichsmaterials, die in **Schriftform** zu erfolgen hat, macht die hoheitliche Anordnung entbehrlich, wie der Gesetzgeber nunmehr ausdrücklich klargestellt hat. Dieses Formerfordernis dient der Dokumentation und der Aufklärung. Einerseits sollen Unsicherheiten vermieden werden, ob die Einwilligungserklärung von der betroffenen Person überhaupt abgegeben wurde. Andererseits soll sich diese ihrer Entscheidung hinreichend bewusst werden.[32] Ein Widerruf der Einwilligung ist nur in die Zukunft gerichtet möglich.[33] Die frühere kontroverse Diskussion in Rechtsprechung und Literatur, ob eine Einwilligung die richterliche Anordnung ersetzen kann,[34] ist damit gegenstandslos. 10

---

22 In diesem Sinne zutreffend *Senge* NJW 2005, 3028 (3030).
23 Hierzu LR/*Krause* Rn. 7.
24 BGH 12.2.1962 – III ZR 204/60, JZ 1962, 609 (610) zur Beschlagnahmeanordnung.
25 Vgl. BGH 11.8.2005 – 5 StR 200/05, NStZ 2006, 114 (115) zur Durchsuchungsanordnung.
26 *Meyer-Goßner* Rn. 1.
27 KK/*Senge* Rn. 2; LR/*Krause* Rn. 7; *Senge* NJW 2005, 3028 (3030).
28 Hierzu *Trück* JZ 2010, 1107 f.
29 Das beachtet SK/*Rogall* Rn. 12 nicht ausreichend.
30 BT-Drs. 15/5674, 10; *Lorenz* JZ 2005, 1121 (1128).
31 LG Potsdam 12.12.2005 – 24 Qs 169/05, NJW 2006, 1224; Graf/*Ritzert* Rn. 1; LR/*Krause* Rn. 8; *Meyer-Goßner* Rn. 1b; SK/*Rogall* Rn. 9.
32 BT-Drs. 15/5674, 11; LR/*Krause* Rn. 14.
33 LG Saarbrücken 20.11.2000 – 4 Qs 101/00 I, StV 2001, 265 f. (Leitsatz); Graf/*Ritzert* Rn. 5; HK/*Lemke* Rn. 2; KK/*Senge* Rn. 3; Brodersen/Anslinger/Rolf/*Brodersen* Rn. 82; *Finger* Kriminalistik 2006, 696 (698); *Fischinger* JuS 2007, 808 (809); *Müller* Polizei 2006, 40 (41); aA *Bergmann/Hornung* StV 2007, 164 (168).
34 Vgl. hierzu OLG Düsseldorf 28.2.2002 – 3 Bs 553/01, NJW 2002, 1814; *Sprenger/Fischer* NJW 1999, 1830 jeweils mwN.

11 Die wirksame Erklärung der Einwilligung setzt deren **Freiwilligkeit** voraus.[35] Sie muss daher frei von Täuschung und Zwang erfolgen,[36] insbesondere darf kein Druck dahingehend ausgeübt werden, dass die Verweigerung der Einwilligung als Indiz für die Täterschaft gewertet werden könnte.[37] Auch dürfen keine Vergünstigungen zugesagt werden.[38] In persönlicher Hinsicht ist die Rechtswirksamkeit der Einwilligung nicht an die Geschäftsfähigkeit gebunden. Es genügt, wie bei §§ 81a, 81c, 81g natürliche Verstandesreife.[39]

12 Die nach § 81a Abs. 1 S. 2 erforderliche **Belehrung** muss den Betroffenen in die Lage versetzen, eine freiverantwortliche Entscheidung in Kenntnis aller Umstände zu treffen.[40] Nach dem Wortlaut des Gesetzes ist eine qualifizierte Belehrung, die sich auch auf eine unter Umständen mögliche Speicherung des DNA-Musters erstreckt,[41] nicht erforderlich.[42] Eine entsprechende ausdrückliche Forderung hat der Gesetzgeber gerade nicht in den Normtext aufgenommen.[43] Auch wenn die Schriftform für die Belehrung nicht ausdrücklich vorgesehen ist, empfiehlt es sich, sie mit der Einwilligungserklärung zu verbinden und hierzu die bei der Kriminalpolizei für die verschiedenen Fallkonstellationen vorhandenen Formblätter zu verwenden.[44] Diese entsprechen üblicherweise den notwendigen Anforderungen und ermöglichen zugleich eine nachvollziehbare Dokumentation.[45]

13 **3. Form und Inhalt der Anordnung nach Abs. 2 S. 1.** Die Anordnung der molekulargenetischen Untersuchung muss in jedem Fall in **Schriftform** erfolgen,[46] bei richterlicher Entscheidung durch Beschluss.[47] Neben einer eventuell zu treffenden Entscheidung über die Probenentnahme nach §§ 81a, 81c ist diejenige über deren Auswertung nach § 81e gesondert zu treffen.[48] Beide Anordnungen können aber verbunden und gleichzeitig getroffen werden.[49] Das Formerfordernis gilt auch für den Fall der Auswertung von Spurenmaterial, selbst im Falle der freiwilligen Überlassung durch den Betroffenen (→ Rn. 3). In diesem Fall haben die dann zuständige Staatsanwaltschaft oder ihre Ermittlungspersonen die Beauftragung des Sachverständigen schriftlich abzufassen.[50] Die gegenteilige Ansicht[51] ist zwar praktikabel und entspricht den Gegebenheiten des Ermittlungsverfahrens, die Systematik des § 81f steht dem jedoch entgegen. Abs. 1 S. 1 nimmt für die Notwendigkeit einer richterlichen Anordnung ausdrücklich nur auf § 81e Abs. 1 Bezug. Im Gegensatz dazu nennt Abs. 2 S. 1 die Vorschrift des § 81e ohne weitere Differenzierung. Dies zeigt, dass insoweit auch das Spurenmaterial nach § 81e Abs. 2 erfasst ist. Naturgemäß kann hiermit nicht die Anordnung der Untersuchung als solche gemeint sein, da diese nach Abs. 1 S. 1 gerade nicht erforderlich ist. Nicht enthoben werden Staatsanwaltschaft und Ermittlungspersonen dagegen von ihrer Bezeichnungspflicht hinsichtlich des Sachverständigen. Aus dieser Systematik folgt aber zugleich, dass das Schriftformerfordernis des Abs. 2 S. 1 nicht gilt, wenn

---

[35] LR/*Krause* Rn. 15; *Amelung* StV 1985, 257 (261).

[36] *Amelung* StV 1985, 257 (261); Allgemein in diesem Sinne zum Grundrechtsverzicht *Fischinger* JuS 2007, 808 (809 f.); *Voßkuhle/Kaiser* JuS 2009, 313 (314).

[37] *Müller* Polizei 2006, 40 (42).

[38] HK/*Lemke* Rn. 2; *Meyer-Goßner* Rn. 2.

[39] *Finger* Kriminalistik 2006, 696 (698); vgl. LR/*Krause* § 81g Rn. 52.

[40] LR/*Krause* Rn. 15; *Bergmann/Hornung* StV 2007, 164 (166).

[41] So Graf/*Ritzert* Rn. 5; KK/*Senge* Rn. 3; LR/*Krause* Rn. 16; *Senge* NJW 2005, 3028 (3029 f.); so auch schon LG Düsseldorf 14.2.2003 – X Qs 8/02, NJW 2003, 1883 (1884); *Bergmann/Hornung* StV 2007, 164 (167), soweit die Speicherung in Betracht kommt.

[42] *Meyer-Goßner* Rn. 2; SK/*Rogall* Rn. 15.

[43] BT-Drs. 15/5674, 11, trotz der ausdrücklichen Erwähnung der in Fn 41 genannten Entscheidung des LG Düsseldorf.

[44] *Finger* Kriminalistik 2006, 696 (698); aA *Hinrichs* KJ 2006, 60 (69).

[45] KK/*Senge* Rn. 3; Brodersen/Anslinger/Rolf/*Brodersen* DNA-Analyse und Strafverfahren Rn. 84–86.

[46] Graf/*Ritzert* Rn. 2; *Meyer-Goßner* Rn. 3.

[47] *Graalmann-Scheerer*, FS Rieß, 2002, 153 (159).

[48] LG Offenburg 10.7.2002 – III Qs 29/02, StV 2003, 153 (155).

[49] Vgl. OLG Bremen 28.9.2009 – Ws 123/09, StV 2010, 122 = BeckRS 2010, 05906.

[50] LG Potsdam 12.12.2005 – 24 Qs 169/05, NJW 2006, 1224.

[51] KK/*Senge* Rn. 5; LR/*Krause* Rn. 17.

der Betroffene in die Untersuchung einwilligt.[52] In diesem Fall liegt eine Untersuchung nach § 81e nicht vor, da diese Vorschrift nur hoheitlich angeordnete Maßnahmen erfasst.[53] Entsprechend greift der Verweis in Abs. 2 S. 1 für diesen Fall nicht. Gleichwohl wird sich die schriftliche Benennung des Sachverständigen aus Gründen der Dokumentation empfehlen. Nicht notwendig ist die Gewährung rechtlichen Gehörs nach § 33 Abs. 3, da dessen Voraussetzungen nicht vorliegen.[54]

Die richterliche Anordnung nach Abs. 1 S. 1 und diejenige der Staatsanwaltschaft oder ihrer Ermittlungspersonen wegen Gefahr im Verzug ist mit einer **Begründung** zu versehen. Hierzu bedarf es einer auf den Einzelfall bezogenen Entscheidung, die sich nicht in der bloßen Wiedergabe des Gesetzeswortlauts erschöpft.[55] Allerdings sind hieran, vor allem im frühen Ermittlungsstadium, keine allzu hohen Anforderungen zu stellen. Es genügt, den Tatvorwurf, die Gründe für den Anfangsverdacht und den Zweck der DNA-Untersuchung knapp zu umreißen.[56] Geringere Anforderungen gelten dagegen für die Untersuchung von Spurenmaterial. Diesbezüglich ist die Anordnung der Untersuchung als solche gerade nicht notwendig. Insoweit kann sich die schriftliche Anordnung auf die Benennung des Sachverständigen im Sinne des Abs. 2 S. 1 beschränken.[57] 14

Die Anordnung hat zwingend einen **Sachverständigen zu bezeichnen,**[58] wobei die Benennung einer den Anforderungen des Abs. 2 genügenden Institution (→ Rn. 16) ausreichend ist.[59] Das Bestimmungsrecht steht demjenigen zu, der die Untersuchung anordnet. Für den Fall der richterlichen Anordnung ist dies auch im Ermittlungsverfahren das Gericht.[60] Der Staatsanwaltschaft steht dann ein bloßes Vorschlagsrecht zu.[61] Nimmt sie dieses wahr, so wird ihr teilweise ein Beschwerderecht gegen die abweichende Benennung durch das Gericht zuerkannt. Als Grund hierfür wird die Abweichung von der grundsätzlichen Systematik der §§ 73 Abs. 1 S. 1, 161a Abs. 1 S. 2 genannt, wonach im Ermittlungsverfahren die Staatsanwaltschaft den Sachverständigen auswählt.[62] Die Untersuchungsmethode ist dagegen nicht vorzugeben. Der Sachverständige hat unter den in Betracht kommenden die am besten geeignete in eigener Verantwortung auszuwählen.[63] Hinsichtlich der Person des Sachverständigen kann es sich im Einzelfall empfehlen neben oder statt eines DNA-Sachverständigen auf einen Blutgruppensachverständigen zurückzugreifen[64] oder, sofern es um den Beweiswert einer mitochondrialen DNA-Analyse geht, einen biostatistischen Sachverständigen heranzuziehen.[65] 15

Die **Anforderungen an den Sachverständigen,** der zu benennen ist, ergeben sich im Einzelnen aus Abs. 2 S. 1. Neben Personen, die als Sachverständige öffentlich bestellt oder nach dem Verpflichtungsgesetz verpflichtet sind,[66] kommen Amtsträger in Betracht, die 16

---

[52] AA KK/*Senge* Rn. 5; LR/*Krause* Rn. 17.

[53] → § 81e Rn. 4.

[54] KK/*Senge* Rn. 5; LR/*Krause* Rn. 13; SK/*Rogall* Rn. 11; *Eisenberg* Beweisrecht Rn. 1678; aA LG Offenburg 10.7.2002 – III Qs 29/02, StV 2003, 153 (155).

[55] VGH Berlin 13.12.2005 – VerfG GH 113/05, NJW 2006, 1416 (1418).

[56] LG Ravensburg 9.3.2009 – 2 Qs 22/09, NStZ-RR 2010, 18 (19); *Meyer-Goßner* Rn. 3.

[57] Vgl. LG Potsdam 12.12.2005 – 24 Qs 169/05, NJW 2006, 1224.

[58] OLG Bremen 28.9.2009 – Ws 123/09, StV 2010, 122 = BeckRS 2010, 05906; LG Potsdam 12.12.2005 – 24 Qs 169/05, NJW 2006, 1224; BT-Drs. 15/5674, 11; SK/*Rogall* Rn. 17; *Graalmann-Scheerer* ZRP 2002, 72 (74).

[59] Brodersen/Anslinger/Rolf/*Brodersen* DNA-Analyse und Strafverfahren Rn. 120 unter Hinweis auf BVerfG 6.11.2002 – 2 BvR 1714/02.

[60] KK/*Senge* Rn. 6 unter Aufgabe von *Senge* NJW 1997, 2409 (2411 f.) Auswahlkompetenz bei Staatsanwaltschaft.

[61] BGH 7.5.2004 – 2 ARs 153/04, 2 AR 73/04, NStZ 2004, 689; KMR/*Bosch* Rn. 8; *Eisenberg* Beweisrecht Rn. 1687; *Graalmann-Scheerer* ZRP 2002, 72 (74).

[62] KK/*Senge* Rn. 6; LR/*Krause* Rn. 9; aA Graf/*Ritzert* Rn. 10; *Meyer-Goßner* Rn. 8; LR/*Krause* Rn. 35.

[63] BT-Drs. 13/667, 7; Graf/*Ritzert* Rn. 4; KK/*Senge* Rn. 6; LR/*Krause* Rn. 10; *Meyer-Goßner* Rn. 3; SK/*Rogall* Rn. 17; *Eisenberg* Beweisrecht Rn. 1687; vgl. auch BGH 22.1.2002 – 1 StR 467/01, NStZ-RR 2002, 145 zur vergleichbaren Problematik bei der Begründung der Aufklärungsrüge.

[64] BGH 24.11.1992 – 5 StR 500/92, BGHSt 39, 49 (52); LR/*Krause* Rn. 9 mwN.

[65] BGH 26.5.2009 – 1 StR 597/08, BGHSt 54, 15 (24).

[66] Hierzu LR/*Krause* Rn. 19 f.; SK/*Rogall* Rn. 20.

der ermittlungsführenden Behörde nicht zuzurechnen sind oder zumindest einer davon organisatorisch und sachlich getrennten Einheit angehören. Auf diese Weise wird sichergestellt, dass nur zuverlässige Einrichtungen einen Auftrag erhalten, bei denen die notwendigen apparativen und personellen Standards gewährleistet werden. Hierzu gehören gerichtsmedizinische Institute, aber auch die kriminaltechnischen Institute der Landeskriminalämter und des Bundeskriminalamtes.[67] Bei letzteren sind die Voraussetzungen der erforderlichen Selbständigkeit erfüllt.[68] Die Vorschrift hat zur Folge, dass eine Beauftragung ausländischer Sachverständiger nicht möglich ist.[69]

17 **4. Geheimhaltungs- und Datenschutz nach Abs. 2 S. 2–4.** Abs. 2 S. 2–4 dienen der **Verhinderung von Missbrauch** bei Durchführung der Untersuchung und Verwendung der Daten.[70] Hierzu werden besondere technische und organisatorische Maßnahmen nach S. 2[71] sowie eine datenschutzrechtliche Kontrolle[72] vorgegeben.

18 Die **Teilanonymisierungsklausel** des Abs. 2 S. 3 führt nicht nur zu Problemen bei der statistischen Auswertung des Untersuchungsergebnisses,[73] sondern kann zur Folge haben, dass der Sachverständige ein Verweigerungsrechts nach §§ 76 Abs. 1 S. 1, 52 mangels Kenntnis nicht ausüben kann. Dies hindert ihn aber nicht, sich in der Hauptverhandlung darauf zu berufen. Dort kann das Gutachten dann von einem anderen Sachverständigen vertreten werden.[74] Dazu bedarf es keiner teleologischen Reduktion des § 252,[75] da diese Vorschrift ohnehin nicht anwendbar ist.[76] Die Ausübung des Gutachtenverweigerungsrechts verbietet nur, den Sachverständigen weiterhin heranzuziehen. Zwar liegt damit – selbst wenn diese Ausnahmesituation in der Praxis kaum eine Rolle spielen dürfte[77] – schon in der Gesetzessystematik eine (zeitweilige) Umgehung der Verfahrensrechte des Sachverständigen. Dies erscheint aber unbedenklich, da bei der Untersuchung des Materials nur standardisierte Auswertungsmethoden zur Anwendung kommen.[78] Das ändert gleichwohl nichts daran, dass die Anforderungen des Abs. 2 S. 3 und die vom Gesetzgeber als Grund hierfür gemutmaßte Missbrauchsgefahr überzogen erscheinen.[79] Bemerkenswert, aber fast schon symptomatisch für die derzeitige gesetzgeberische Haltung, ist in diesem Zusammenhang, dass im Hinblick auf Verteidigung und Beschuldigte keinerlei Vorkehrungen getroffen wurden. Diese erhalten im Wege der Akteneinsicht ebenfalls die Personendaten, selbst bei Maßnahmen auf Grundlage des § 81c. Der Verteidiger ist sogar grundsätzlich berechtigt, Kopien der Akten an den Beschuldigten weiterzugeben.[80] Es ist daher in keiner Weise gesichert, wohin Daten vor allem auf letzterem Wege gelangen.

III. Beschwerde

19 Die Beschwerde ist **statthaft,** falls der Ermittlungsrichter die DNA-Analyse gegen den Beschuldigten (§ 304 Abs. 1) oder eine andere Person (§ 304 Abs. 2) anordnet oder einen

---

[67] BT-Drs. 13/667, 8.

[68] KK/Senge Rn. 7.

[69] Anders noch BGH 21.8.1990 – 5 StR 145/90, BGHSt 37, 157 (159), wo die Beauftragung eines „privatwirtschaftlich tätigen Instituts in England" für unbedenklich gehalten wurde; zu möglichen Problemen des Gemeinschaftsrechts der EU KK/*Senge* Rn. 7; LR/*Krause* Rn. 23.

[70] BT-Drs. 13/667, 8; kritisch zu dieser Erwägung *Schaefer* NJW 2005, 1332 (1333).

[71] Hierzu LR/*Krause* Rn. 25 f.

[72] Hierzu LR/*Krause* Rn. 30–32; für überflüssig gehalten von KK/*Senge* Rn. 9.

[73] *Rath/Brinkmann* NJW 1999, 2697 (2698).

[74] KMR/*Bosch* Rn. 8; *Meyer-Goßner* Rn. 6; SK/*Rogall* Rn. 24; Brodersen/Anslinger/Rolf/*Brodersen* DNA-Analyse und Strafverfahren Rn. 125; *Cramer* NStZ 1998, 498 (499 f.).

[75] So aber Brodersen/Anslinger/Rolf/*Brodersen* DNA-Analyse und Strafverfahren Rn. 125; *Cramer* NStZ 1998, 498 (499).

[76] → § 76 Rn. 10.

[77] SK/*Rogall* Rn. 24.

[78] Brodersen/Anslinger/Rolf/*Brodersen* DNA-Analyse und Strafverfahren Rn. 125.

[79] *Rackow* Kriminalistik 2003, 474 (477 f.); *Rath/Brinkmann* NJW 1999, 2697 (2699).

[80] BGH 3.10.1979 – 3 StR 264/79, BGHSt 29, 99(102); bemerkenswert hierzu auch OLG Frankfurt 2.11.2012 – 2 Ws 114/12, juris.

Antrag der Staatsanwaltschaft auf deren Durchführung ablehnt.[81] Die Anordnung durch den Ermittlungsrichter des Bundesgerichtshofs kann dagegen nicht angefochten werden. Sie unterfällt nicht dem Ausnahmenkatalog des § 304 Abs. 5.[82] Dagegen kann ein entsprechender Beschluss des erkennenden Gerichts während der laufenden Hauptverhandlung auch vom Beschuldigten angefochten werden. § 305 S. 2 enthält lediglich eine beispielhafte Aufzählung der Maßnahmen, die nicht von der Anfechtung ausgenommen sind.[83] Gegen die Auswahl des Sachverständigen kann sich der Beschuldigte nicht wenden. Für die Staatsanwaltschaft wird ein entsprechendes Beschwerderecht jedoch teilweise angenommen, wenn das Gericht einen anderen als den von ihr benannten Sachverständigen beauftragt (→ Rn. 15).[84] § 310 steht einer weiteren Beschwerde entgegen. Bei Geltendmachung schwerwiegender Mängel kann eine solche allerdings in eine Gegenvorstellung umzudeuten sein.[85]

IV. Revision

Bei der Prüfung von Verfahrensrügen, mit denen die Verletzung des § 81f unter verschiedenen Gesichtspunkten geltend gemacht werden kann, ist besonderes Augenmerk auf die **Abwägungslehre** zu legen, die der BGH in ständiger Rechtsprechung vertritt. Nicht jeder Rechtsverstoß im Rahmen der Beweiserhebung führt notwendig zu einem strafprozessualen Verwertungsverbot, auf das sich der Beschwerdeführer berufen kann. Entscheidend ist vielmehr eine Abwägung der widerstreitenden Interessen nach der Art des Verbots und des Gewichts des Verstoßes.[86] Ob eine Vorschrift in erster Linie dem Schutz des Beschuldigten dient oder nicht, mithin seinen Rechtskreis berührt, wird zwischenzeitlich als ein Gesichtspunkt im Rahmen des Abwägungsvorganges angesehen, der ein Verwertungsverbot nahe- oder fernliegend erscheinen lässt,[87] und regelmäßig nicht mehr als (eigenständige) Rügevoraussetzung.[88] Dies hat naturgemäß Einfluss auf Inhalt und Umfang des für die zulässige Erhebung einer Verfahrensrüge erforderlichen Tatsachenvortrags nach § 344 Abs. 2 S. 2.[89] 20

Fehlt es an einer Anordnung iSd **Abs. 1 S. 1** oder an einer solchen des Richters, ohne dass die Voraussetzungen einer Eilanordnung der Ermittlungsbehörden gegeben waren, so kann dies die Revision begründen.[90] Ein mit der Revision geltend zu machendes Verwertungsverbot kommt allerdings auch dann nicht in jedem Fall zum Tragen, wenn sich die Maßnahme gegen den Beschuldigten richtete.[91] Vielmehr kann dies wie bei anderen vergleichbaren Richtervorbehalten der StPO überhaupt nur dann anzunehmen sein, wenn die Anordnungskompetenz bewusst oder willkürlich umgangen wurde.[92] Selbst für derartige Fälle, in denen die Argumentation über den hypothetischen rechtmäßigen Ersatzeingriff regelmäßig für ausgeschlossen erachtet wird,[93] ist aber zu beachten, dass es sich bei dem DNA-Identifizierungsmuster um ein stets gleichbleibendes Beweismittel handelt, das bei derselben Person ohne weiteres wieder in gleicher Weise erhoben werden kann und das keinen zeitlichen Veränderungen oder äußeren Gegebenheiten unterworfen ist. Die Maßnahme könnte daher jederzeit, auch noch in der Hauptverhandlung, wiederholt werden.[94] 21

---

[81] KMR/*Bosch* Rn. 10.

[82] BGH 21.3.2002 – StB 3/02, *Becker* NStZ-RR 2003, 97 (100); vgl. auch BGH 9.11.2001 – 1 StE 4/85, StB 16/01, NJW 2002, 765 f. zu § 81g StPO.

[83] Vgl. OLG Bremen 28.9.2009 – Ws 123/09, StV 2010, 122 = BeckRS 2010, 05906.

[84] HK/*Lemke* Rn. 8; KK/*Senge* Rn. 11; aA Graf/*Ritzert* Rn. 10; LR/*Krause* Rn. 35; *Meyer-Goßner* Rn. 8.

[85] KMR/*Bosch* Rn. 10; OLG Karlsruhe 22.3.2001 – 3 Ws 44/01, StV 2002, 60 zu § 81g StPO.

[86] BGH 27.2.1992 – 5 StR 190/91, BGHSt 38, 214 (219 f.); BGH 11.11.1998 – 3 StR 181/98, BGHSt 44, 243 (249); hierzu auch → Einl. Rn. 460.

[87] BGH 27.2.1992 – 5 StR 190/91, BGHSt 38, 214 (220).

[88] Zu dieser Entwicklung der Rechtsprechung s. LR/*Gössel* Einl. Abschn. L Rn. 27.

[89] Vgl. *Graalmann-Scheerer*, FS Rieß, 2002, 153 (154).

[90] HK/*Lemke* Rn. 9; KMR/*Bosch* Rn. 11; *Meyer-Goßner* Rn. 9; SK/*Rogall* Rn. 28.

[91] AA *Eisenberg* Beweisrecht Rn. 1687.

[92] *Graalmann-Scheerer*, FS Rieß, 2002, 153 (160 f.); LR/*Krause* Rn. 36.

[93] Grundlegend BGH 18.4.2007 – 5 StR 546/06, BGHSt 51, 285 (295 f. Rn. 29).

[94] Bordersen/Anslinger/Rolf/*Brodersen* Rn. 142.

Deswegen ist es gerechtfertigt ein Beweisverwertungsverbot hier nur dann anzunehmen, wenn es von vornherein an deren grundlegender Voraussetzung fehlte, nämlich dem Anfangsverdacht zum Zeitpunkt der Vornahme.[95] Um mit der Rüge nicht präkludiert zu werden, sollte in der Hauptverhandlung widersprochen werden und die Revisionsbegründung auch hierzu Ausführungen enthalten. Erfolgte die Anordnung gegen einen Dritten, so kann sich der Beschuldigte hierauf nicht erfolgreich berufen, da sein Rechtskreis nicht betroffen und das Gewicht des Verstoßes aus seiner Sicht gering ist.[96]

22 Liegt eine **unwirksame Einwilligung** des Beschuldigten – für andere Personen gilt vorstehendes – vor, so ist zu differenzieren. Bei der (versehentlich) unterlassenen oder unvollständigen Belehrung iSd Abs. 1 S. 2 wird ein revisibles Verwertungsverbot regelmäßig nicht gegeben sein.[97] Insoweit ist im Rahmen der Abwägung zu berücksichtigen, dass es sich im Hinblick auf die restriktiven gesetzlichen Regelungen zum Umgang mit dem Zellmaterial und zum zulässigen Untersuchungsbereich der DNA um einen Eingriff von eher geringer Intensität handelt.[98] Anderes wird zu gelten haben, wenn die Einwilligung erschlichen und die Anordnungsvoraussetzungen bewusst umgangen werden. Das Fehlen der Schriftform nach Abs. 1 S. 1 kann jedenfalls dann nicht Gegenstand der Revision sein, wenn der Beschwerdeführer in der Hauptverhandlung nicht widersprochen hat und hierzu nicht vorträgt.[99]

23 Eine Verletzung der Vorschriften des **Abs. 2** kommt im Wege der Revision nicht in Betracht. Es handelt sich um Datenschutz- und Organisationsregelungen, die nicht in erster Linie die strafprozessualen Verfahrens- und Beteiligungsrechte des Beschuldigten schützen.[100] Dies gilt insbesondere für das Gebot der Teilanonymisierung in Abs. 2 S. 3.[101] In diesem Sinne wird sich der Beschuldigte auch nicht isoliert darauf berufen können, mit der Untersuchung sei keine unabhängige Stelle im Sinne des Abs. 2 S. 1 beauftragt worden. Hier kommt für ihn nur in Betracht, die Besorgnis der Befangenheit über § 74 Abs. 1 bereits in der Hauptverhandlung geltend zu machen und die Revision nachfolgend hierauf zu stützen.[102]

24 Liegt Zellmaterial vor, das einer Untersuchung zugänglich wäre, die gleichwohl nicht angeordnet wurde, besteht die Möglichkeit, die **Aufklärungsrüge** zu erheben.[103] Dazu muss weder ein bestimmter Sachverständiger, noch das von diesem konkret anzuwendende Untersuchungsverfahren bezeichnet werden.[104]

§ 81g [DNA-Identitätsfeststellung bei Beschuldigten und Verurteilten]

(1) [1]Ist der Beschuldigte einer Straftat von erheblicher Bedeutung oder einer Straftat gegen die sexuelle Selbstbestimmung verdächtig, dürfen ihm zur Identitätsfeststellung in künftigen Strafverfahren Körperzellen entnommen und zur Feststellung des DNA-Identifizierungsmusters sowie des Geschlechts molekulargenetisch untersucht werden, wenn wegen der Art oder Ausführung der Tat, der Persönlichkeit des Beschuldigten oder sonstiger Erkenntnisse Grund zu der Annahme besteht, dass gegen ihn künftig Strafverfahren wegen einer Straftat von

[95] Bordersen/Anslinger/Rolf/*Brodersen* Rn. 143–145.
[96] HK/*Lemke* Rn. 9; KMR/*Bosch* Rn. 11; LR/*Krause* Rn. 38; *Meyer-Goßner* Rn. 9.
[97] *Graalmann-Scheerer*, FS Rieß, 2002, 153 (161); einschränkend LR/*Krause* Rn. 37.
[98] VerfG Brandenburg 20.9.2013 – VfGBbG 75/12, BeckRS 2013, 57037; OLG Bremen 28.9.2009 – Ws 123/09, BeckRS 2010, 05906; LG Düsseldorf 14.2.2003 – X Qs 8/02, NJW 2003, 1883 (1885); *Schaefer* NJW 2005, 1332; s. auch BGH 9.11.2001 – 1 StE 4/85 – StB 16/01, NJW 2002, 765 (766) zu § 81g StPO.
[99] BGH 15.10.2009 – 5 StR 373/09, NStZ 2010, 157 (158).
[100] KMR/*Bosch* Rn. 11; LR/*Krause* Rn. 39; *Graalmann-Scheerer*, FS Rieß, 2002, 153 (164).
[101] BGH 12.11.1998 – 3 StR 421/98, NStZ 1999, 209 (Leitsatz); → Einl. Rn. 471.
[102] *Graalmann-Scheerer*, FS Rieß, 2002, 153 (165 f.).
[103] BGH 19.10.1990 – 1 StR 465/90, BGHR StPO § 344 Abs. 2 S. 2 Aufklärungsrüge 5 zum notwendigen Vortrag; *Graalmann-Scheerer*, FS Rieß, 2002, 153 (168 f.).
[104] BGH 22.1.2002 – 1 StR 467/01, NStZ-RR 2002, 145.

erheblicher Bedeutung zu führen sind. [2]Die wiederholte Begehung sonstiger Straftaten kann im Unrechtsgehalt einer Straftat von erheblicher Bedeutung gleichstehen.

(2) [1]Die entnommenen Körperzellen dürfen nur für die in Absatz 1 genannte molekulargenetische Untersuchung verwendet werden; sie sind unverzüglich zu vernichten, sobald sie hierfür nicht mehr erforderlich sind. [2]Bei der Untersuchung dürfen andere Feststellungen als diejenigen, die zur Ermittlung des DNA-Identifizierungsmusters sowie des Geschlechts erforderlich sind, nicht getroffen werden; hierauf gerichtete Untersuchungen sind unzulässig.

(3) [1]Die Entnahme der Körperzellen darf ohne schriftliche Einwilligung des Beschuldigten nur durch das Gericht, bei Gefahr im Verzug auch durch die Staatsanwaltschaft und ihre Ermittlungspersonen (§ 152 des Gerichtsverfassungsgesetzes) angeordnet werden. [2]Die molekulargenetische Untersuchung der Körperzellen darf ohne schriftliche Einwilligung des Beschuldigten nur durch das Gericht angeordnet werden. [3]Die einwilligende Person ist darüber zu belehren, für welchen Zweck die zu erhebenden Daten verwendet werden. [4]§ 81f Abs. 2 gilt entsprechend. [5]In der schriftlichen Begründung des Gerichts sind einzelfallbezogen darzulegen

1. die für die Beurteilung der Erheblichkeit der Straftat bestimmenden Tatsachen,
2. die Erkenntnisse, auf Grund derer Grund zu der Annahme besteht, dass gegen den Beschuldigten künftig Strafverfahren zu führen sein werden, sowie
3. die Abwägung der jeweils maßgeblichen Umstände.

(4) Die Absätze 1 bis 3 gelten entsprechend, wenn die betroffene Person wegen der Tat rechtskräftig verurteilt oder nur wegen

1. erwiesener oder nicht auszuschließender Schuldunfähigkeit,
2. auf Geisteskrankheit beruhender Verhandlungsunfähigkeit oder
3. fehlender oder nicht auszuschließender fehlender Verantwortlichkeit (§ 3 des Jugendgerichtsgesetzes)

nicht verurteilt worden ist und die entsprechende Eintragung im Bundeszentralregister oder Erziehungsregister noch nicht getilgt ist.

(5) [1]Die erhobenen Daten dürfen beim Bundeskriminalamt gespeichert und nach Maßgabe des Bundeskriminalamtgesetzes verwendet werden. [2]Das Gleiche gilt

1. unter den in Absatz 1 genannten Voraussetzungen für die nach § 81e Abs. 1 erhobenen Daten eines Beschuldigten sowie
2. für die nach § 81e Abs. 2 erhobenen Daten.

[3]Die Daten dürfen nur für Zwecke eines Strafverfahrens, der Gefahrenabwehr und der internationalen Rechtshilfe hierfür übermittelt werden. [4]Im Fall des Satzes 2 Nr. 1 ist der Beschuldigte unverzüglich von der Speicherung zu benachrichtigen und darauf hinzuweisen, dass er die gerichtliche Entscheidung beantragen kann.

Schrifttum: *Benfer,* Die molekulargenetische Untersuchung (§ 81e, 81g StPO), StV 1999, 402; *Bergemann/Hornung,* Die DNA-Analyse nach den Änderungen der Strafprozessordnung – Speicherung bis auf Widerruf?, StV 2007, 164; *Busch,* Die Speicherung von DNA-Identifizierungsmustern in der DNA-Analyse-Datei, NJW 2002, 1754; *Brodersen/Anslinger/Rolf,* DNA-Analyse und Strafverfahren, 2003; *Duttge/Hörnle/Renzikowski,* Das Gesetz zur Änderung der Vorschriften über die Straftat gegen die sexuelle Selbstbestimmung, NJW 2004, 1065; *Eisenberg,* Streitfragen in der Judikatur zum Jugendstrafrecht, NStZ 2003, 124; *Eisenberg/Singelnstein,* Speicherung von DNA-Identifizierungsmustern als erkennungsdienstliche Maßnahme zur „Strafverfolgungsvorsorge" trotz Nichtverurteilung?, GA 2006, 168; *Endriß/Kinzig,* Betäubungsmittel und DNA-Analyse, NStZ 2001, 299; *Finger,* Einwilligung in die Entnahme an Untersuchung von Körperzellen, Kriminalistik 2006, 696; *Fluck,* Anwendung und Auslegung der DNA-Identifizierung, NJW 2001, 2292; *Graalmann-Scheerer,* Molekulargenetische Untersuchung im Strafverfahren, ZRP 2002, 72; *Graalmann-Scheerer,* Molekulargenetische Untersuchung und Revision, FS Rieß 2002, 153; *Hinrichs,* Der gläserne Mensch und sein verfassungsrechtlicher Mantel, KJ 2006, 60; *Kläver,* Rechtliche Entwicklungen zum allgemeinen Persönlichkeitsrecht, JR 2006, 229; *Krehl/Kolz,* Genetischer Fingerabdruck und Verfassung, StV 2004, 447; *Lengler,* Die Zulässigkeit der Anordnung einer DNA-Untersuchung bei Straßenverkehrsdelikten, SVR 2008, 246; *Lorenz,* Allgemeines Persönlichkeitsrecht und Gentechnologie, JZ 2005, 1121; *Markwardt/Brodersen,* Zur Prognoseklausel im § 81g StPO, NJW 2000, 692; *Müller,* Die Novellierung der Strafprozessordnung hinsichtlich der gesetzlichen Voraussetzungen forensischer DNA-Analysen, Die Polizei 2006, 40; *Pfeiffer/Höynck/Görgen,* Ausweitung von DNA-Analysen auf Basis einer kriminologischen Gefährlichkeitsprognose, ZRP 2005, 113; *Pommer,* Die DNA-Analyse im Strafprozess – Problemfelder der §§ 81e ff. StPO, JA 2007, 621; *Rackow,* Molekulargenetische Untersuchung im Strafverfahren, ZRP 2002, 236; *Rackow,* Rechtsprobleme bei einer Ausweitung der DNA-Analyse, Kriminalistik 2003, 474; *Rieß,* Die „Straftat von erheblicher Bedeutung" als Eingriffsvoraussetzung – Versuch einer Inhaltsbestimmung, GA 2004, 623; *Rogall,* Die DNA-Analyse im Strafverfahren – eine endlose Geschichte, FS Schroeder 2006, 691; *Schaefer,* Richtervorbehalt, NJW 2005, 1332; *Schewe,* Quo vadis genetischer Fingerabdruck?, JR 2006, 181; *Senge,* Gesetz zur Änderung der Strafprozessordnung (DNA-Identitätsfeststellungsgesetz), NJW 1999, 253; *Senge,* Die Neuregelung der forensischen DNA-Analyse, NJW 2005, 3028; *Senge,* DNA-Identitätsfeststellung bei Steuerhinterziehung als Anlasstat, juris PR-StrafR 10/2011 Anm. 2; *Sprenger/Fischer,* Zur Erforderlichkeit der richterlichen Anordnung von DNA-Analysen, NJW 1999, 1830; *Störzer,* Benachrichtigungs- und Hinweispflicht bei Umwidmung, Kriminalistik 2006, 184; *Wagner,* Effektive Strafverfolgung durch DNA-Kartei für alle Straftaten, ZRP 2004, 14; *Wollweber,* Der genetische Fingerabdruck auf dem Prüfstand, NJW 2001, 2304; *Wollweber,* DNA-Analysen und Richtervorbehalt, NJW 2002, 1771.

Übersicht

I. Überblick

1 **1. Normzweck.** Die Vorschrift, die in ihrer jetzigen Fassung Regelungsbereiche, die sich zuvor außerhalb der StPO im DNA-IFG befanden, nunmehr vereint,[1] dient der **Vorsorge für künftige Strafverfolgung.**[2] Es handelt sich mithin, auch wenn der „genetische Fingerabdruck"[3] eine gewisse Nähe zu Gewinnung und Verwendung des Daktylogramms iSd § 81b aufweist,[4] um originäres Strafverfahrensrecht.[5] Da sich die DNA-Analyse als eine zuverlässige und erfolgreiche Methode zur Aufklärung von Straftaten erwiesen hat,[6] wollte der Gesetzgeber durch § 81g deren Anwendungsbereich erweitern.[7] Deswegen wird durch die Norm die Möglichkeit eröffnet, die Anordnung und Durchführung im Hinblick auf zukünftige Strafverfahren auch dann vorzunehmen, wenn sie im Ausgangsverfahren nach

[1] Zur Entstehungsgeschichte s. SK/*Rogall* Rn. 7 bis 9; Brodersen/Anslinger/Rolf/*Anslinger* DNA-Analyse und Strafverfahren Rn. 13–24; *Senge* NJW 1999, 253 (253 f.); *Senge* NJW 2005, 3028.

[2] BVerfG 14.8.2007 – 2 BvR 1293/07, NStZ-RR 2007, 378; LR/*Krause/Senge* Rn. 2; SK/*Rogall* Rn. 1; *Senge* NJW 1999, 253 (254).

[3] So die Bezeichnung für die gentechnische Untersuchung von Körpermaterial in der Gesetzesbegründung BT-Drs. 13/10791, 4.

[4] *Rackow* Kriminalistik 2003, 474 (477); *Rogall,* FS Schroeder, 2006, 691 (707); *Schaefer* NJW 2005, 1332 (1333); *Schewe* JR 2006, 181 (182).

[5] BVerfG 14.12.2000 – 2 BvR 1741/99, NJW 2001, 879 (880); BVerfG 14.8.2007 – 2 BvR 1186/07, NStZ 2008, 226; BGH 31.3.1999 – 2 ARs 153/99 – 2 AR 48/99, BGHR StPO § 81g Zuständigkeit 1; KK/*Senge* Rn. 2; LR/*Krause* Rn. 1; SK/*Rogall* Rn. 1 bis 3; aA *Meyer-Goßner* Rn. 2; *Eisenberg* Beweisrecht Rn. 1689 Maßnahme „zu erkennungsdienstlichen Zwecken".

[6] Hierzu *Kläver* JR 2006, 229 (231 f.); *Pfeiffer/Höynck/Görgen* ZRP 2005, 113 (115); *Wagner* ZRP 2004, 14.

[7] *Duttge/Hörnle/Renzikowski* NJW 2004, 1065 (1071).

§§ 81a, 81e, 81f nicht erfolgt,[8] beispielsweise weil sie wegen eines glaubhaften Geständnisses oder sonstigen sicheren Tatnachweises nicht erforderlich wäre.[9] Ferner wird sie durch Abs. 4 bei Personen eröffnet, die von diesen Vorschriften nicht erfasst werden.[10] Schließlich bildet sie mit Abs. 5 die rechtliche Grundlage für die beim BKA eingerichtete DNA-Analyse-Datei.[11]

Die detaillierten Regelungen zur Gewinnung und Verwertung eines DNA-Identifizierungsmusters, die § 81g enthält, tragen auf der anderen Seite dem **Schrankenvorbehalt für Eingriffe in das Recht auf informationelle Selbstbestimmung** Rechnung.[12] Bedeutung und Tragweite dieses Grundrechts sind entsprechend auch bei Auslegung und Anwendung der Norm zu berücksichtigen.[13] Aus diesem Grund erfolgt die Beschränkung auf die in Abs. 1 genannten Straftaten mit dem Begründungserfordernis,[14] das in Abs. 3 S. 5 nunmehr seinen ausdrücklichen Niederschlag gefunden hat. In diesem Sinne schützen die Zweckbindung des Abs. 2 und die Verwertungsregelung nach Abs. 5 den Beschuldigten vor missbräuchlichen Untersuchungen des Materials und in seinem Rehabilitationsinteresse gegenüber der Gefahr sozialer Abstempelung.[15] Das Interesse an einem effektiven Grundrechtsschutz wird darüber hinaus durch den Richtervorbehalt des Abs. 3 gewahrt.[16] 2

2. Anwendungsbereich. Erfasst werden sowohl nach Abs. 1 die Entnahme und Untersuchung im **laufenden** oder nach Abs. 4 im **rechtskräftig abgeschlossenen Strafverfahren** sowie in **gleichgestellten Fällen,** als auch die **Umwidmung** untersuchten Zellmaterials nach Abs. 5 S. 2.[17] Abs. 1 und Abs. 4 stehen dabei im Verhältnis der Alternativität. Die Vorschrift geht schon nach ihrem Wortlaut nicht davon aus, dass bei einem (noch) nicht durch rechtskräftige Entscheidung abgeschlossenen Strafverfahren ein Anwendungsvorrang des Abs. 4 besteht, wenn zu erwarten ist, dass der Beschuldigte nach Abschluss des Verfahrens für die Maßnahme zur Verfügung steht.[18] Nach Nr. 16a RiStBV soll die Staatsanwaltschaft sogar so früh wie möglich einen Antrag stellen.[19] Über § 2 Abs. 2 JGG kommt § 81g auf Jugendliche und Heranwachsende zur Anwendung.[20] In Abgrenzung zu § 81e darf die Maßnahme aber nur auf noch nicht gegen den Beschuldigten anhängige Verfahren ausgerichtet sein (→ Rn. 11).[21] 3

II. Erläuterung

1. Anordnungsvoraussetzungen nach Abs. 1. a) Beschuldigter. Die Maßnahme darf sich nur gegen denjenigen richten, der, unabhängig vom Verfahrensstadium (§ 157), Beschuldigter eines Strafverfahrens ist.[22] Zwingende Voraussetzung ist hierfür ein **Anfangs-** 4

---

8 KK/*Senge* Rn. 1; *Senge* NJW 1999, 253 (254).

9 LR/*Krause* Rn. 1.

10 KK/*Senge* Rn. 1.

11 *Meyer-Goßner* Rn. 1; SK/*Rogall* Rn. 5; *Pommer* JA 2007, 621 (622); *Senge* NJW 2005, 3028.

12 BVerfG 14.12.2000 – 2 BvR 1741/99, NJW 2001, 879 (880) noch zu § 2 DNA-IFG iVm § 81g; BVerfG 1.9.2008 – 2 BvR 939/08, StV 2009, 1 = BeckRS 2009, 31202; BVerfG 2.7.2013 – 2 BvR 2392/12, BeckRS 2013, 53073 = NStZ-RR 2013, 315 (Leitsatz).

13 BVerfG 15.3.2001 – 2 BvR 1841/00, NJW 2001, 2320 (2321) noch zu § 2 DNA-IFG iVm § 81g; BVerfG 18.9.2007 – 2 BvR 257/06, NJW 2008, 281; BVerfG 19.2.2009 – 2 BvR 287/09, BeckRS 2009, 32493; BVerfG 29.9.2013 – 2 BvR 939/13, BeckRS 2013, 58083 (Rn. 14).

14 BVerfG 14.12.2000 – 2 BvR 1741/99, NJW 2001, 879 (880 f.); BVerfG 1.9.2008 – 2 BvR 939/08, StV 2009, 1 (2) = BeckRS 2009, 31202; BVerfG 19.2.2009 – 2 BvR 287/09, BeckRS 2009, 32493.

15 BVerfG 14.12.2000 – 2 BvR 1741/99, NJW 2001, 879 (881) zu § 2 DNA-IFG iVm § 81g; *Fluck* NJW 2001, 2292 (2293); kritisch hierzu *Wollweber* NJW 2001, 2304 (2305).

16 BVerfG 14.12.2000 – 2 BvR 1741/99, NJW 2001, 879 (881) zu § 2 DNA-IFG iVm § 81g.

17 Graf/*Ritzert* Überblick; *Meyer-Goßner* Rn. 3.

18 OLG Hamm 18.4.2000 – 2 Ws 112/00, juris (→ Rn. 8) = StV 2000, 606; LG Hamburg 8.1.2008 – 619 Qs 68/07, NStZ-RR 2008, 251 (251 f.).

19 Hierzu Brodersen/Anslinger/Rolf/*Brodersen* DNA-Analyse und Strafverfahren Rn. 100–102.

20 BVerfG 18.9.2007 – 2 BvR 257/06, NJW 2008, 281 (282).

21 → § 81e Rn. 3.

22 HK/*Lemke* Rn. 8.

verdacht iSd § 152 Abs. 2 (→ Rn. 8). Eine Person, gegen die die Maßnahme angeordnet werden soll, darf daher nicht aufgrund beliebiger Tatsachen oder zu einem beliebigen Zeitpunkt in den Beschuldigtenstatus erhoben werden.[23] Wegen der Nähe der Vorschrift zu § 81b in beiden Alternativen[24] gelten dieselben Grundsätze wie beim dortigen Beschuldigtenbegriff,[25] weswegen hierauf verwiesen wird.[26] Eine Sonderregelung findet sich in Abs. 4 für Fälle, die ansonsten nicht ohne weiteres vom Beschuldigtenbegriff erfasst wären. Danach kann die Anordnung selbst nach einem Freispruch unter bestimmten Voraussetzungen erfolgen. Das bedeutet zugleich, dass sie unzulässig ist, sofern der Freispruch aus anderen, insbesondere aus tatsächlichen oder rechtlichen Gründen erfolgt.[27] Unberührt bleibt indes die Möglichkeit, das mittels einer beim Beschuldigten während des noch anhängigen Ermittlungs- und Gerichtsverfahrens auf Grundlage des § 81g Abs. 1–3 gewonnene DNA-Identifizierungsmuster auch nach einem zwischenzeitlich erfolgten Freispruch unter den Voraussetzungen des über Abs. 5 S. 1 anwendbaren § 8 Abs. 6 S. 2 iVm Abs. 3 BKAG noch in die DNA-Analyse-Datei einzustellen (→ Rn. 8 und 35).[28]

5 **b) Anlassstraftaten.** Eine **Straftat von erheblicher Bedeutung** nach Abs. 1 S. 1 muss mindestens dem Bereich der mittleren Kriminalität zuzurechnen sein, den Rechtsfrieden empfindlich stören und dazu geeignet sein, das Gefühl der Rechtssicherheit der Bevölkerung erheblich zu beeinträchtigen.[29] Lediglich geringfügige Straftaten scheiden daher von vornherein aus.[30] Erforderlich ist im Übrigen eine einzelfallbezogene Beurteilung,[31] bei der davon ausgegangen werden kann, dass der Gesetzgeber den Grundsatz der Verhältnismäßigkeit bereits bei der Schaffung des Eingriffstatbestandes berücksichtigt hat.[32] Bei einem Verbrechen werden die Voraussetzungen regelmäßig erfüllt sein,[33] wie beispielsweise Raub, räuberische Erpressung[34] oder Verbrechen nach dem BtMG.[35] Zwingend ist dies allerdings nicht.[36] Vor allem bei Vorliegen von Milderungsgründen, die zur Anwendung minderschwerer Fälle oder einer Verschiebung des Strafrahmens führen, kann eine abweichende Beurteilung ausnahmsweise auch dann erforderlich sein.[37] Vergehen kommen besonders dann in Betracht, wenn Qualifikationen oder Regelbeispiele besonders schwerer Fälle, besonders in Form von gewerbs-[38] und bandenmäßiger[39] Begehung oder Gewaltdelikte[40] verwirklicht sind. Auch der Grundtatbestand eines sonstigen Vergehens kann zur Überschreitung der Erheblichkeitsschwelle führen, gerade im Falle wiederholter oder serienmäßiger Begehung.[41] Selbst bei reinen Fahrlässigkeitsdelikten, insbesondere bei fahrlässiger Tötung, kann die Maßnahme in

---

[23] *Müller* Polizei 2006, 40 (42).

[24] OLG Karlsruhe 27.3.2001 – 3 Ws 17/01, Justiz 2001, 447 (449); *Benfer* StV 1999, 402; *Fluck* NJW 2001, 2292 (2293).

[25] LR/*Krause* Rn. 11.

[26] → § 81b Rn. 5 und 7.

[27] OLG Oldenburg 16.7.2008 – 1 Ws 390/08, NStZ 2008, 711.

[28] LR/*Krause* Rn. 25, allerdings mit zu enger Widergabe der Voraussetzungen nach BKAG; Brodersen/Anslinger/Rolf/*Bordersen* Rn. 49. Hiervon gehen wohl auch OLG Oldenburg 16.7.2008 – 1 Ws 390/08, NStZ 2008, 711; LG Hamburg 8.1.2008 – 619 Qs 68/07, NStZ-RR 2008, 251 (252) aus.

[29] BVerfG 14.12.2000 – 2 BvR 1741/99, NJW 2001, 879 (880). Für eine Absenkung der Eingriffsschwelle durch den Reformgesetzgeber *Wagner* ZRP 2004, 14, dagegen *Krehl/Kolz* StV 2004, 447 (452).

[30] *Rieß* GA 2004, 623 (627).

[31] LR/*Krause* Rn. 17; SK/*Rogall* Rn. 18.

[32] OLG Jena 9.8.1999 – 1 Ws 215/99, NStZ 1999, 634 (635); LG Bautzen 20.1.2000 – 1 Qs 136/99, NJW 2000, 1207 (1207 f.).

[33] KK/*Senge* Rn. 5.

[34] OLG Jena 9.8.1999 – 1 Ws 215/99, 634 (635).

[35] OLG Köln 16.9.2004 – 2 Ws 215/04, NStZ-RR 2005, 56 (57).

[36] AA HK/*Lemke* Rn. 11.

[37] BVerfG 15.3.2001 – 2 BvR 1841/00, NJW 2001, 2320 (2322); LR/*Krause* Rn. 19; SK/*Rogall* Rn. 20 f.

[38] OLG Celle 7.12.2009 – 1 Ws 556/09, NStZ-RR 2010, 149 (150) für Hehlerei.

[39] LG Saarbrücken 8.12.2010 – 2 Qs 26/10, NStZ 2011, 423 (424) für Steuerverkürzung.

[40] OLG Karlsruhe 27.3.2001 – 3 Ws 17/01, Justiz 2001, 447 (448); LG Nürnberg-Fürth 7.9.2009 – 7 Qs 72/09, juris (→ Rn. 12) = StraFo 2009, 509 jeweils für gefährliche Körperverletzung.

[41] LG Freiburg 10.10.2001 – 2 Qs 195/01, NJW 2001, 3720 (3721) für Betrug; *Meyer-Goßner* Rn. 7a für Erpressung.

Betracht kommen.[42] Bei entsprechendem Gewicht der Ausführung ist andererseits die Form der Beteiligung oder das Steckenbleiben im Versuchsstadium für sich alleine genauso wenig ausschlaggebend wie die Anwendung des Vollrauschtatbestandes nach § 323a StGB.[43] Ob es sich bei der Anlasstat um eine solche handelt, bei deren Tatausführung in der Regel Körperzellen abgesondert werden, ist in diesem Zusammenhang unmaßgeblich.[44] Diese Frage ist erst für die Erforderlichkeit der Maßnahme relevant.[45]

Wie schon der eindeutige Wortlaut ergibt, muss eine **Straftat gegen die sexuelle Selbstbestimmung** nicht von erheblicher Bedeutung sein, weswegen sämtliche Delikte der §§ 174–184f StGB als Anlasstat in Betracht kommen.[46] Bei dieser Einstufung ließ sich der Gesetzgeber davon leiten, dass exhibitionistische Straftäter mit einer Wahrscheinlichkeit von 1 bis 2 Prozent zu einem späteren Zeitpunkt ein sexuelles oder sonstiges Gewaltdelikt begehen.[47] Demnach sind auch die Straftaten der exhibitionistischen Handlungen nach § 183 StGB[48] und des Besitzes kinderpornografischer Schriften nach § 184b StGB[49] grundsätzlich erfasst, wenngleich hier eine sorgfältige Prüfung der Prognose zu erfolgen hat (→ Rn. 12). 6

Die **wiederholte Begehung sonstiger Straftaten,** dh solcher, die für sich gesehen jeweils nicht unter Abs. 1 S. 1 fallen, kann nach Abs. 1 S. 2 ebenfalls die Erheblichkeitsschwelle überschreiten. Die verfassungsrechtlich nicht zu beanstandende Norm erfordert dabei eine einzelfallspezifische Abwägung der maßgeblichen Umstände, insbesondere der Art oder Ausführung der Tat und der Persönlichkeit des Beschuldigten, in Form einer Gesamtschau unter strenger Berücksichtigung des Verhältnismäßigkeitsgrundsatzes.[50] Ob dabei der Unrechtsgehalt einer Straftat von erheblicher Bedeutung erreicht wird, kann sowohl für die Feststellung der Anlasstaten als auch für die Prognose der Begehung künftiger Straftaten von Bedeutung sein.[51] In beiderlei Hinsicht muss das Gericht die Grundlagen und das Ergebnis seiner Prüfung einzelfallbezogen darlegen.[52] Der Gesetzgeber hatte bei Schaffung der Norm vor allem Fälle des wiederholten Hausfriedensbruchs in Zusammenhang mit Stalking im Blick.[53] Auch bei dieser Variante des Abs. 1 genügt allerdings die bloße Häufung von Straftaten im Bagatellbereich nicht.[54] Hinsichtlich der wiederholten Begehung muss noch keine rechtskräftige Verurteilung vorliegen, vielmehr genügt der begründete Verdacht entsprechender Straftaten.[55] 7

c) Verdachtsgrad. Der Betroffene muss einer der in Abs. 1 genannten qualifizierten Straftaten verdächtig sein. Hierfür erforderlich (→ Rn. 4), aber auch ausreichend ist ein 8

---

[42] Vgl. BGH 22.3.2012 – 1 StR 359/11, StV 2013, 1 (3 Rn. 31); BVerfG 16.6.2009 – 2 BvR 902/06, NJW 2009, 2431 (2435); *Rieß* GA 2004, 623 (638 ff.). Zu eng daher LR/*Krause* Rn. 22; SK/*Rogall* Rn. 19.

[43] HK/*Lemke* Rn. 10; LR/*Krause* Rn. 17 f.; SK/*Rogall* Rn. 19.

[44] So aber LG Berlin 7.9.1999 – 511 Qs 103/99, NJW 2000, 752; *Meyer-Goßner* Rn. 7a.

[45] BVerfG 14.12.2000 – 2 BvR 1741/99, NJW 2001, 879 (881); LG Freiburg 10.10.2001 – 2 Qs 195/01, NJW 2001, 3720 (3721); Graf/*Ritzert* Rn. 3.

[46] LG Arnsberg 23.1.2006 – 2 Qs 1/06, juris (→ Rn. 14); LG Traunstein 12.3.2007 – 1 Qs 27/07, StV 2007, 521; *Duttge/Hörnle/Renzikowski* NJW 2004, 1065 (1070 bis 1072) mit kritischer Wertung. Einschränkend, allerdings wohl mit dem Wortlaut nicht vereinbar KK/*Senge* Rn. 6 für §§ 183, 183a, 184a, 184c, 184d und 184e StGB.

[47] Graf/*Ritzert* Rn. 4; HK/*Lemke* Rn. 12; LR/*Krause* Rn. 23; *Meyer-Goßner* Rn. 7b; SK/*Rogall* Rn. 25; kritisch hierzu *Rackow* Kriminalistik 2003, 474 (476 f.).

[48] LG Bremen 23.10.2006 – 11 Qs 318/06, StraFo 2007, 58.

[49] LG Traunstein 12.3.2007 – 1 Qs 27/07, juris (→ Rn. 6) = StV 2007, 521; LG Trier 22.2.2012 – 5 Qs 17/12, juris (→ Rn. 7); AG Bremen 8.4.2008 – 80 Gs 75/07, NStZ-RR 2008, 346.

[50] BVerfG 14.8.2007 – 2 BvR 1293/07, NStZ-RR 2007, 378; LG Leipzig 19.7.2007 – 1 Qs 215/07, StraFo 2007, 464.

[51] BVerfG 14.8.2007 – 2 BvR 1293/07, NStZ-RR 2007, 378.

[52] BVerfG 1.9.2008 – 2 BvR 939/08, StV 2009, 1 (2); BVerfG 19.2.2009 – 2 BvR 287/09, BeckRS 2009, 32493; BVerfG 10.3.2009 – 2 BvR 400/09, juris (→ Rn. 4); BVerfG 22.5.2009 – 2 BvR 287/09 und 400/09, juris (→ Rn. 22) = StraFo 2009, 276.

[53] KK/*Senge* Rn. 7; *Meyer-Goßner* Rn. 7c; SK/*Rogall* Rn. 26; *Lengler* SVR 2008, 246 (248).

[54] LG Würzburg 8.10.2009 – 1 Qs 293/09, juris (→ Rn. 15) = StraFo 2010, 22; LG Bremen 3.12.2010 – 4 Qs 362/10, StV 2011, 403 (404).

[55] Graf/*Ritzert* Rn. 5; HK/*Lemke* Rn. 13; LR/*Krause* Rn. 24; *Meyer-Goßner* Rn. 7c; *Rogall*, FS Schroeder, 2006, 691 (703).

Anfangsverdacht.[56] Ein hinreichender oder gar dringender Tatverdacht wird dagegen schon nach dem eindeutigen Wortlaut der Vorschrift nicht gefordert.[57] Die entsprechende Verdachtslage muss sich aber gerade auf eine der in Betracht kommenden qualifizierten Straftaten beziehen und nicht nur zum Zeitpunkt der Anordnung, sondern auch bei der Entnahme und Untersuchung noch bestehen.[58] Ändert sie sich vor Abschluss der Maßnahme, so ist dies nur dann unschädlich, sofern sich ein weiter bestehender Tatverdacht nunmehr ebenfalls auf eine – gegebenenfalls andere – qualifizierte Straftat im Sinne des Abs. 1 richtet.[59]

9 **d) Erforderlichkeit.** Ein mitunter nicht hinreichend von der Frage der Erheblichkeit der Anlasstat oder der Negativprognose unterschiedenes Kriterium für die Rechtsmäßigkeit der Maßnahme ist deren **potenzielle Aufklärungsrelevanz.**[60] Sie findet ihren Niederschlag im Gesetzestext darin, dass die Anordnung nur zur Identitätsfeststellung in künftigen Strafverfahren dienen darf. Der Gesetzgeber sah hierin eine aus dem Grundsatz der Verhältnismäßigkeit folgende systemimmanente Begrenzung und ging deswegen davon aus, „dass solche Delikte" mangels Erforderlichkeit der Maßnahme ausscheiden, bei denen der Täter nicht deliktstypisch im Zusammenhang mit einer künftigen Straftat „Identifizierungsmaterial" am Tatort hinterlassen wird. Als Beispielsfälle nannte er die §§ 154, 183, 187 StGB.[61] Diese Ausführungen zogen jedoch Missverständnisse bei der Anwendung des § 81g nach sich.[62] So wurde teilweise hieraus der Schluss gezogen, eine Anordnung der Körperzellenentnahme scheide schon dann aus, wenn es sich bei der Anlasstat um eine solche handle, bei der regelmäßig keine Spuren hinterlassen werden würden.[63] Diese Sicht ist allerdings zu eng, da die Wahrscheinlichkeit der Spurenverursachung nicht bezogen auf die Anlasstat, sondern auf die prognostizierte Deliktsbegehung[64] und dabei jeweils im konkreten Einzelfall zu prüfen ist.[65] Vor diesem Hintergrund ist aber auch der teilweise vertretenen Auffassung nicht zu folgen, bei bestimmten Deliktsgruppen, für die regelmäßig Vermögensdelikte wie §§ 263, 266, 266a StGB,[66] die Anschlussdelikte der §§ 257 ff. StGB, vor allem Hehlerei,[67] oder Betäubungsmittelstraftaten[68] genannt werden, scheide die Erhebung des DNA-Identifizierungsmusters aus, da verwertbare Spuren üblicherweise nicht verursacht würden. Gerade bei Betäubungsmittelstraftaten gibt es einen außerordentlich breiten Anwendungsbereich für die DNA-Analyse, wie Anhaftungen an verschiedensten Gegenständen oder Zurücklassen von Zigarettenkippen oder Haaren.[69] Genauso können auch an Schriftstücken und Unterlagen verschiedenster Art Abriebspuren zurückgelas-

---

56 Graf/*Ritzert* Rn. 1; KK/*Senge* Rn. 5; KMR/*Bosch* Rn. 8; LR/*Krause* Rn. 11; *Meyer-Goßner* Rn. 5; SK/*Rogall* Rn. 17; *Müller* Polizei 2006, 40 (42).

57 OLG Hamm 18.4.2000 – 2 Ws 112/00, juris (→ Rn. 6) = StV 2000, 606; OLG Rostock 11.10.2005 – I Ws 287/05, juris (→ Rn. 3); aA *Eisenberg* Beweisrecht Rn. 1689 „gesteigerter Verdachtsgrad".

58 KK/*Senge* Rn. 5; SK/*Rogall* Rn. 17.

59 LR/*Krause* Rn. 25.

60 *Hinrichs* KJ 2006, 60 (67).

61 BT-Drs. 13/10791, 5.

62 Dagegen *Pfeiffer/Höynck/Görgen* ZRP 2005, 113 (116) mit dem Vorschlag, einen abschließenden Straftatenkatalog aufzustellen.

63 LG Berlin 7.9.1999 – 511 Qs 103/99, NJW 2000, 752; in diesem Sinne jeweils unter Bezugnahme auf die Anlasstat LG Frankenthal 9.3.2000 – I Qs 77/00, StV 2000, 609 für Betäubungsmittelstraftat; LG Aachen 28.10.2008 – 68 Qs 120/08, StraFo 2009, 18 für Betrug; LG Nürnberg-Fürth 7.9.2009 – 7 Qs 72/09, juris (→ Rn. 12) = StraFo 2009, 509 für Bedrohung.

64 LG Saarbrücken 8.12.2010 – 2 Qs 26/10, NStZ 2011, 423 (424).

65 BVerfG 14.12.2000 – 2 BvR 1741/99, NJW 2001, 879 (881); LG Freiburg 10.10.2001 – 2 Qs 195/01, NJW 2001, 3720 (3721).

66 LG Leipzig 19.7.2007 – 1 Qs 215/07, StraFo 2007, 464; LG Aachen 28.10.2008 – 68 Qs 120/08, StraFo 2009, 18 (19).

67 OLG Köln 3.2.2004 – 2 Ws 41/04, StraFo 2004, 317; OLG Celle 7.12.2009 – 1 Ws 556/09, NStZ-RR 2010, 149 (150).

68 LG Koblenz 19.1.1999 – 9 Qs 17/99, StV 1999, 141; LG Rostock 6.4.1999 – I Qs 45/99, StraFo 1999, 204 (205); AG Kaiserslautern 12.11.1999 – 2 a Gs 1405/99, StV 2000, 72 (73); LG Zweibrücken 7.6.2002 – Qs 59/02, StV 2003, 155.

69 LG Bautzen 20.1.2000 – 1 Qs 136/99, NJW 2000, 1207 (1208); OLG Köln 16.9.2004 – 2 Ws 215/04, NStZ-RR 2005, 56 (57); LG Waldshut-Tiengen 8.11.2000 – 2 Qs 100/00, NStZ-RR 2001, 146 (147) LG Freiburg 30.7.2013 – 2 Qs 12/12, juris (Rn. 27).

sen werden, die auf den Täter von Vermögens- oder Steuerstraftaten hindeuten.[70] Gleiches gilt für die Beteiligung eines nicht am Tatort mitwirkenden Gehilfen oder Anstifters. Auch bei derartigen Taten können Körperzellen hinterlassen werden, beispielsweise durch zurückgelassene Haare oder Speichel an Zigarettenresten.[71] Entsprechend können Bedrohungen konkludent mittels Verwendung eines Gegenstandes begangen werden. Nicht zu vernachlässigen ist zudem die fortschreitende Verfeinerung der Analysemethoden, die in wachsendem Umfang Nachweise ermöglicht, welche mit älteren Methoden nicht möglich waren.[72] Selbst bei den in der Gesetzesbegründung genannten Straftatbeständen der exhibitionistischen Handlungen oder Verleumdung, genauso wie beim Besitz kinderpornografischer Schriften[73] wird daher unter Berücksichtigung dessen die Zurücklassung und Auswertung von Spuren nicht von vornherein kategorisch ausgeschlossen werden können. Im vorliegend gegebenen Zusammenhang kommt es demnach ausschließlich darauf an, ob die bisherige Tatbegehung den zuverlässigen Rückschluss eröffnet, auch in zukünftigen Fällen der Strafverfolgung werde sich die Identitätsfeststellung nicht als Problem erweisen. Das kommt nur dann in Betracht, wenn die bisherigen Taten ohne eine Verschleierung der Identität begangen wurden und zu erwarten ist, dass der Beschuldigte zukünftig in gleicher Weise vorgeht. Das Ergebnis dieser Prüfung hängt nicht nur von den begangenen Taten ab, sondern auch von den prognostisch zu erwartenden.[74] Gerade bei Sexualstraftaten ohne Körperkontakt wie §§ 183 – 184d StGB ist zu erwägen, dass der Beschuldigte eventuelle Neigungen in Taten mit Körperkontakt auslebt, die erwartungsgemäß Spuren hinterlassen.[75] Inwiefern den prognostizierten Taten ein ausreichendes Gewicht zukommt, ist ein gesonderter Prüfungsschritt, der hiermit nicht verwechselt werden darf. Für die generell fehlende Erforderlichkeit der Maßnahme nach § 81g kommen somit in erster Linie reine Aussagedelikte der §§ 153 ff. StGB in Betracht.[76]

Die **Verhältnismäßigkeit** der Maßnahme hängt nicht von der Möglichkeit ab, andere Nachweismethoden, insbesondere den Rückgriff auf erkennungsdienstliche Unterlagen nach § 81b,[77] in Anspruch zu nehmen.[78] Insoweit besteht kein Stufenverhältnis, was sich schon daraus ergibt, dass die Vorschrift im Gegensatz zu anderen strafprozessualen Zwangsmaßnahmen keine Subsidiaritätsklausel enthält und wegen der Beschränkung auf den nicht kodierenden Bereich der DNA nur einen vergleichsweise geringfügigen Eingriff in das Recht auf informationale Selbstbestimmung darstellt.[79] Etwas anderes gilt allerdings für den Fall, dass bereits ein nach §§ 81e–81g gewonnenes, verwertbares DNA-Identifizierungsmuster des Beschuldigten vorliegt.[80] Selbst in diesen Fällen ist die erneute Probenentnahme und Auswertung indes zulässig, um die zehn-Jahres-Frist nach § 34 Abs. 1 Nr. 8 BKAG iVm Nr. 8.1 der Errichtungsanordnung erneut in Lauf zu setzen.[81] Zudem kann die neuerliche Entnahme zum Zwecke der Auftypisierung älterer Proben erfolgen, die aufgrund früherer, noch nicht dem heutigen Stand der Technik entsprechender Methoden nur eine geringere Zahl von Merkmalsystemen enthalten. Sie bergen deswegen die größere Gefahr von Zufallstreffern und bieten unzuverlässigere Aufklärungsmöglichkeiten.[82] Unzulässig ist dagegen 10

[70] LG Freiburg 10.10.2001 – 2 Qs 195/01, NJW 2001, 3720 (3721) für Betrug; LG Saarbrücken 8.12.2010 – 2 Qs 26/10, NStZ 2011, 423 (424) für Steuerverkürzung.

[71] OLG Hamm 18.4.2000 – 2 Ws 112/00, juris (→ Rn. 9) = StV 2000, 606.

[72] LG Saarbrücken 8.12.2010 – 2 Qs 26/10, NStZ 2011, 423 (424); SK/*Rogall* Rn. 46.

[73] Vgl. hierzu LG Traunstein 12.3.2007 – 1 Qs 27/07, StV 2007, 521 (522).

[74] LG Darmstadt 28.3.2011 – 3 Qs 152/11, BeckRS 2011, 07476; *Markwardt/Brodersen* NJW 2000, 692 (695); *Senge* jurisPR-StrafR 10/2011 Anm. 2.

[75] LG Arnsberg 23.1.2006 – 2 Qs 1/06, juris (→ Rn. 14); LG Trier 22.2.2012 – 5 Qs 17/12, juris (→ Rn. 13 f.); AG Bremen 8.4.2008 – 80 Gs 75/07 (403 AR 34790/07), NStZ-RR 2008, 346 (347).

[76] KK/*Senge* Rn. 8.

[77] So aber LG Aachen 28.10.2008 – 68 Qs 120/08, StraFo 2009, 18 (19).

[78] SK/*Rogall* Rn. 46; aA wohl *Endriß/Kinzig* NStZ 2001, 299 (300).

[79] LG Saarbrücken 8.12.2010 – 2 Qs 26/10, NStZ 2011, 423 (424).

[80] HK/*Lemke* Rn. 19; KK/*Senge* Rn. 11; KMR/*Bosch* Rn. 5; *Meyer-Goßner* Rn. 9.

[81] OLG Bremen 23.3.2006 – Ws 18/06 (BL 14/06), NStZ 2006, 653; LR/*Krause* Rn. 39.

[82] LG Freiburg 30.7.2013 – 2 Qs 12/12, juris (→ Rn. 8 f. und 30–37) mit sorgfältiger Begründung gegen die allerdings jeweils zu § 81g Abs. 4 ergangenen Entscheidungen LG Saarbrücken 24.9.2012 – 1 Qs 79/12,

eine Vorratshaltung von Beschlüssen, deren Vollstreckung ungewiss ist, bspw. bei einem ausgereisten oder abgeschobenen Betroffenen.[83] Eine solche Situation ist allerdings nicht gegeben bei einer Person, die im Inland abgetaucht ist, und die auf Grundlage der Anordnung nach § 81g ausgeschrieben werden soll.[84]

11 **e) Negativprognose.** Bei der nach Abs. 1 zu stellenden Negativprognose,[85] teilweise auch bezeichnet als „Gefährlichkeitsprognose", „Gefahrenprognose", „Wiederholungsgefahr" oder „Wahrscheinlichkeit für einen Rückfall",[86] sind einige **Grundsätze** zu beachten. Zunächst richtet sich die prognostische Beurteilung, wie schon der Wortlaut der Vorschrift belegt, nicht auf die zukünftige Begehung von Straftaten, sondern auf die Erwartung, dass gegen den Beschuldigten „Strafverfahren" zu führen sein werden. Demnach fallen in den Regelungsbereich auch schon begangene Straftaten, selbst wenn in Bezug auf diese bereits Strafverfahren geführt werden, solange sich diese nur (noch) nicht gegen den Betroffenen der Maßnahme richten.[87] Hierfür spricht die teleologische Auslegung. Mit Einführung und Ausgestaltung der Regelungen für die Erhebung und den Abgleich von DNA-Identifizierungsmustern wurde nicht zuletzt das Ziel verfolgt, dieser erfolgreichen und zuverlässigen Ermittlungsmethode zu mehr Effizienz zu verhelfen.[88] Entsprechend dient die vorsorgliche Beweisbeschaffung nicht der Abwehr künftiger Straftaten – was sie auch gar nicht leisten kann –, sondern der Produktion eines Mittels zum Tatnachweis gegen den Beschuldigten, sofern gegen diesen weitere Ermittlungsverfahren zu führen sind. Nur auf diese erstreckt sich die Funktion des DNA-Identifikationsmusters.[89] Es muss ferner Grund zu der Annahme bestehen, dass die zukünftigen Verfahren sich auf eine Straftat beziehen, die von erheblicher Bedeutung ist,[90] oder nach Abs. 1 S. 2 auf mehrere Straftaten, die diese Voraussetzung in ihrer Gesamtheit erfüllen (→ Rn. 7). Diese Schwelle muss für die Negativprognose auch bei einem Sexualdelikt erfüllt sein, unabhängig davon, dass als Anlasstat auch ein solches in Betracht kommt, das nicht von erheblicher Bedeutung ist.[91] Hinsichtlich der dazu notwendigen Verdachtslage wird, zurückgehend auf eine Formulierung des BVerfG, häufig von der Wahrscheinlichkeit künftiger Straftaten gesprochen.[92] Hiermit wird aber nur zum Ausdruck gebracht, dass die Erwartung besteht, künftig seien gegen den Beschuldigten erneut Strafverfahren wie in § 81g benannt, zu führen.[93] Entsprechend muss die Verdachtsschwelle des hinreichenden oder gar dringenden Tatverdachts nicht erreicht sein.[94] Systematisch handelt es sich dabei um eine dem Anfangsverdacht entsprechende Verdachtslage, die prognostisch auf die anderweitige Begehung von Straftaten gerichtet ist.[95] Um sie zu bestimmen, ist schließlich eine Prognoseentscheidung eigener Art vorzunehmen,[96] die

---

juris (→ Rn. 3); LG Paderborn 23.1.2013 – 1 Qs 331 Js 873/03 – 5/13, StV 2013, 434 (434 f.); AG Hamburg 21.6.2012 – 166 Gs 553/12, StV 2013, 148; nunmehr auch wie hier LG Schweinfurt 6.2.2013 – 1 Qs 16/13, juris RS 2013, 33701 mAnm *Artkämper* StRR 2013, 266.

[83] BGH 23.12.1999 – 2 ARs 487/992 – AR 227/99, NStZ 2000, 212; BGH 11.9.2002 – 2 ARs 257/02, *Becker* NStZ-RR 2003, 289.

[84] LG Stuttgart 9.11.2000 – 17 Qs 56/00, NStZ 2000, 336.

[85] So die Bezeichnung im Gesetzesentwurf BT-Drs. 13/10791, 5.

[86] Hierzu *Fluck* NJW 2001, 2292 (2293).

[87] LG Frankfurt 17.10.2000 – 5/6 Qs 62/00, StV 2001, 9; Graf/*Ritzert* Rn. 6; *Meyer-Goßner* Rn. 8; ausführlich SK/*Rogall* Rn. 29 bis 36; *Fluck* NJW 2001, 2292 (2293); *Markwardt/Brodersen* NJW 2000, 692 (694); aA HK/*Lemke* Rn. 15; KK/*Senge* Rn. 9; KMR/*Bosch* Rn. 15; LR/*Krause* Rn. 13 f. und 29.

[88] Vgl. BT-Drs. 13/10791, 4; BT-Drs. 15/5674, 7.

[89] BGH 23.7.2001 – 1 BGs 129/01 – 1 StE 4/85, wiedergegeben bei Brodersen/Anslinger/Rolf/*Brodersen* Rn. 56.

[90] LG Mannheim 18.12.2000 – 5 Qs 104/00, StV 2001, 266.

[91] BVerfG 2.7.2013 – 2 BvR 2392/12, BeckRS 2013, 53073 = NStZ-RR 2013, 315 (Leitsatz); LR/*Krause* Rn. 27; SK/*Rogall* Rn. 28; aA LG Nürnberg-Fürth 7.9.2009 – 7 Qs 72/09, juris (→ Rn. 13).

[92] BVerfG 14.12.2000 – 2 BvR 1741/99, NJW 2001, 879 (881).

[93] OLG Hamm 4.3.2004 – 4 Ws 722/03, juris (→ Rn. 5); Brodersen/Anslinger/Rolf/*Brodersen* DNA-Analyse und Strafverfahren Rn. 60.

[94] OLG Rostock 11.10.2005 – I Ws 287/05, juris (→ Rn. 3); LG Arnsberg 23.1.2006 – 2 Qs 1/06, juris (→ Rn. 10); LG Dresden 19.2.2007 – 3 Qs 19/07, juris (→ Rn. 11).

[95] SK/*Rogall* Rn. 37.

[96] LR/*Krause* Rn. 27.

sich wegen der unterschiedlichen Prüfungsmaßstäbe nicht an den Prognoseentscheidungen der §§ 63, 64, 66 StGB[97] oder der Wiederholungsgefahr iSd § 112 a[98] orientiert. Ebenso folgt die Entscheidung über die Strafaussetzung zur Bewährung nach § 56 Abs. 1 S. 1 StGB anderen Kriterien.[99] Vielmehr kommen für die hier in Frage stehende Wertung die gleichen Maßstäbe zur Anwendung, wie sie für die gleichlautende Prognosevorschrift des § 8 Abs. 6 S. 1 Nr. 1 BKAG maßgeblich sind.[100] Allerdings ergibt sich regelmäßig ein erhöhter Begründungsbedarf, wenn von einer zuvor gestellten positiven Prognose, insbesondere im Rahmen der Strafaussetzung zur Bewährung, abgewichen werden soll,[101] gerade dann, wenn nicht ohne weiteres Anhaltspunkte dafür ersichtlich sind, dass sich die günstige Sozialprognose nicht bestätigt hat.[102]

Die **Prognosekriterien,** anhand derer die auf den Einzelfall bezogene Entscheidung zu treffen ist,[103] werden in Abs. 1 S. 1 genannt. Art und Ausführung der Tat indizieren regelmäßig dann die Negativwertung, wenn es sich bei den Anlasstaten um schwere Sexual- und Gewaltstraftaten[104] handelt, vor allem in Serie zum Nachteil mehrerer Opfer begangen,[105] oder eine gewerbs- und/oder bandenmäßige Begehung[106] verzeichnet werden kann. Das (Vor- und Nach-)Tatverhalten, wie Planung, Vorsorge gegen Entdeckung und Identifizierung, grausame Begehungsweise, Motivationslage, Vorbereiten und Sichern der Flucht und des Abtransportes der Beute sowie nachträgliches Einwirken auf Beweispersonen, ist zu berücksichtigen.[107] Bei Sexualdelikten, die für sich gesehen im Einzelfall nicht die Erheblichkeitsschwelle überschreiten, wie beispielsweise bei exhibitionistischen Handlungen oder Besitz kinderpornografischer Schriften, ist alleine die statistische Wahrscheinlichkeit von 1 bis 2 Prozent dafür, dass zur Begehung von (sexuellen) Gewaltdelikten übergegangen wird, nicht ausreichend.[108] Andererseits darf nicht unberücksichtigt bleiben, sofern nicht der Zeitablauf dagegen spricht,[109] dass eine entsprechend ausgeprägte Neigung des Betroffenen darauf hindeuten kann, er werde strafrechtlich relevante sexuelle Phantasien zu einem späteren Zeitpunkt ausleben.[110] In Bezug auf die Persönlichkeit des Beschuldigten kommt es auf die innere Bereitschaft an, Straftaten zu begehen.[111] Hier können maßgebliche Bedeutung entfalten die Rückfallgeschwindigkeit oder andererseits der lange Zeitraum zwischen den Taten,[112] 12

[97] Die diesbezüglich von *Senge* NJW 1999, 253 (255) vertretene Ansicht wurde mit *Senge* NStZ 2001, 331 (332) aufgegeben; so nunmehr auch KK/*Senge* Rn. 10.

[98] So aber *Schneider* StV 2001, 6.

[99] BVerfG 14.12.2000 – 2 BvR 1741/99, NJW 2001, 879 (881).

[100] OLG Karlsruhe 27.3.2001 – 3 Ws 17/01, Justiz 2001, 447 (449); OLG Köln 23.7.2002 – 2 Ws 336/02, NStZ-RR 2002, 306 (307); LG Frankfurt 17.10.2000 – 5/6 Qs 62/00, StV 2001, 9; *Fluck* NJW 2001, 2292 (2293); *Markwardt/Brodersen* NJW 2000, 692 (694); so die Intention des Gesetzesentwurfes nach BT-Drs. 13/10791, 5.

[101] BVerfG 14.12.2000 – 2 BvR 1741/99, NJW 2001, 879 (881); BVerfG 29.9.2013 – 2 BvR 939/13, BeckRS 2013, 58083 (Rn. 17 f.); LG Potsdam 13.12.2011 – 24 Qs 147/11, StV 2012, 331 (Leitsatz); AG St. Wendel 22.1.2010 – 19 Gs 138/09, juris (→ Rn. 5 f.).

[102] BVerfG 15.3.2001 – 2 BvR 1841/00, NJW 2001, 2320 (2321); LG Frankenthal 21.3.2000 – II Qs 105/00, NStZ-RR 2001, 19; LG Berlin 10.3.2009 – 533 Qs 19/09, StraFo 2009, 203 für Reststrafenbewährung.

[103] BVerfG 14.12.2000 – 2 BvR 1741/99, NJW 2001, 879 (881); BVerfG 15.3.2001 – 2 BvR 1841/00, NJW 2001, 2320 (2321).

[104] SK/*Rogall* Rn. 40; Brodersen/Anslinger/Rolf/*Brodersen* DNA-Analyse und Strafverfahren Rn. 65; einschränkend LR/*Krause* Rn. 32.

[105] LG Dresden 19.2.2007 – 3 Qs 19/07, juris (→ Rn. 13 f.).

[106] OLG Brandenburg 22.3.1999 – 2 Ws 49/99, juris (→ Rn. 39); KMR/*Bosch* Rn. 13; SK/*Rogall* Rn. 40.

[107] *Markwardt/Brodersen* NJW 2000, 692 (695).

[108] LG Weiden 22.3.2005 – Qs 5/05 jug., StV 2005 (495); LG Bremen 23.10.2006 – 11 Qs 318/06, StraFo 2007, 58; LG Darmstadt 28.3.2011 – 3 Qs 152/11, BeckRS 2011, 07476; s. auch LG Hannover 7.6.2013 – 30 Qs 16/13, juris (→ Rn. 8).

[109] LG Traunstein 12.3.2007 – 1 Qs 27/07, StV 2007, 521 (522).

[110] LG Arnsberg 23.1.2006 – 2 Qs 1/06, juris (→ Rn. 10 und 14); AG Bremen 8.4.2008 – 80 Gs 75/07 (403 AR 34790/07), NStZ-RR 2008, 346 (346 f.); LG Darmstadt 28.3.2011 – 3 Qs 152/11, BeckRS 2011, 07476 Annäherung an Kinder und Jugendliche.

[111] KMR/*Bosch* Rn. 15; LR/*Krause* Rn. 33; SK/*Rogall* Rn. 41.

[112] BVerfG 14.8.2007 – 2 BvR 1293/07, NStZ-RR 2007, 378; LG Köln 23.7.2002 – 2 Ws 336/02, NStZ-RR 2002, 306 (307); LG Aurich 18.5.2000 – 12 Qs 52/00, StV 2000, 609.

die Motivationslage, die Lebensumstände,[113] die Persönlichkeit des Beschuldigten, vor allem ob es sich um eine besonderen Umständen entspringende Entgleisung, eine Episode innerhalb einer konfliktbehafteten Entwicklungsphase, eine Spontantat, eine Beziehungstat oder ein persönlichkeitstypisches Verhaltensmuster handelt,[114] das Verhalten während einer Bewährungszeit,[115] die finanzielle Situation, einschlägige Vorstrafen[116] oder der Verlauf einer Therapie, wobei, wie die Praxis lehrt, nicht jeder Erfolg einer solchen zwingend eine positive Prognose nach sich zieht.[117] Soll die Maßnahme gegen einen Jugendlichen angeordnet werden, so soll wegen der Gefahr einer negativen Einflussnahme auf die soziale Integration, die mit einer „Brandmarkung" durch die Maßnahme verbunden sein könnte, die Auswirkung der Anordnung auf die weitere Entwicklung des Jugendlichen ausdrücklich in die Abwägung miteinzubeziehen sein.[118] Es steht allerdings zu befürchten, dass derartige Vorgaben selbst für erfahrene Entscheidungsträger angesichts der zur Verfügung stehenden Erkenntnismöglichkeiten[119] zu wenig mehr als Spekulationen durch die Praxis führen werden. Unmaßgeblich ist dagegen zulässiges Prozessverhalten in Form von Leugnen der Tat.[120] Sonstige Erkenntnisse sind alle weiteren verwertbaren[121] Feststellungen, die anhand anderer Quellen getroffen werden können,[122] wozu auch kriminalistisch und kriminologisch anerkannte Erfahrungssätze zählen.[123]

13 Für die Prognoseentscheidung gilt das **Freibeweisverfahren** unter Beachtung der dort gültigen Aufklärungspflicht, indem die maßgeblichen Umstände unter Bezugnahme auf positive, den Einzelfall bewertende Gründe vorzunehmen und darzulegen sind.[124] Dies macht eine zureichende Sachaufklärung erforderlich, bei der zumindest die verfügbaren Straf- und Vollstreckungsakten, Bewährungshefte und zeitnahe Auskünfte aus dem Bundeszentralregister beizuziehen sind.[125] Darüber hinaus ist auch die Auswertung weiterer oder sämtlicher Akten betreffend Vorstrafen und solcher aus anderen Verfahren, beispielsweise aus Betreuungsverfahren, zu erwägen.[126]

14 **2. Rechtsfolgen nach Abs. 1 S. 1 und Abs. 2.** Sind die tatbestandlichen Voraussetzungen des Abs. 1 gegeben, darf beim Beschuldigten – unter Beachtung des Verfahrens nach Abs. 3 – die **Entnahme von Körperzellen** erfolgen. Diese erfolgt in der Regel durch einen Wangenschleimhautabstrich.[127] Wirkt der Beschuldigte allerdings nicht mit, hat eine Entnahme durch Hautabrieb[128] oder eine Blutprobenentnahme[129] zu erfolgen. Die Rechtsgrund-

---

113 BVerfG 20.12.2000 – 2 BvR 2232/00, NStZ 2001, 332 (333) zu Strafhaft LG Hannover 7.6.2013 – 30 Qs 16/13, juris (→ Rn. 11) zu Besitz kinderpornographischer Schriften während „depressiver Phase".

114 OLG Karlsruhe 27.3.2001 – 3 Ws 17/01, justiz 2001, 447 (448); OLG Hamm 4.3.2004 – 4 Ws 722/03, juris (→ Rn. 5); OLG Rostock 11.10.2005 – I Ws 287/05, juris (→ Rn. 3 bis 5); LG Freiburg 1.3.2001 – 6 Qs 4/01, NStZ-RR 2001, 336; LG Arnsberg 23.1.2006 – 2 Qs 1/06, juris (→ Rn. 12).

115 BVerfG 14.12.2000 – 2 BvR 1741/99, NJW 2001, 879 (881).

116 *Markwardt/Brodersen* NJW 2000, 692 (695).

117 Zu weitgehend daher *Endriß/Kinzig* NStZ 2001, 299 (301).

118 BVerfG 18.9.2007 – 2 BvR 2577/06, NJW 2008, 281 (283); BVerfG 2.7.2013 – 2 BvR 2392/12, BeckRS 2013, 53073 = NStZ-RR 2013, 315 (Leitsatz); *Eisenberg* NStZ 2003, 124 (131); s. allerdings zu einem eindeutigen Fall BVerfG 23.1.2013 – 2 BvR 2392/12, FD-StrafR 2013, 343056 m Anm. *Krug;* BVerfG 2.7.2013 – 2 BvR 2392/12, BeckRS 2013, 53073 = NStZ-RR 2013, 315 (Leitsatz).

119 Hierzu *Pfeiffer/Höynck/Görgen* ZRP 2005, 113 (115 f.).

120 OLG Karlsruhe 27.3.2001 – 3 Ws 17/01, Justiz 2001, 447 (449).

121 LG Freiburg 1.3.2001 – 6 Qs 4/01, NStZ-RR 2001, 336.

122 SK/*Rogall* Rn. 42 mit Beispielen.

123 Brodersen/Anslinger/Rolf/*Brodersen* DNA-Analyse und Strafverfahren Rn. 70; *Markwardt/Brodersen* NJW 2000, 692 (695).

124 BVerfG 14.12.2000 – 2 BvR 1741/99, NJW 2001, 879 (881).

125 BVerfG 15.3.2001 – 2 BvR 1841/00, NJW 2001, 2320; BVerfG 18.9.2007 – 2 BvR 2577/06, NJW 2008, 281 (281 f.); VerfG des Landes Brandenburg 15.11.2001 – VfG-Bbg. 49/01, 49/01 EA, StV 2002, 57 (58).

126 *Fluck* NJW 2001, 2292 (2294).

127 Brodersen/Anslinger/Rolf/*Brodersen* DNA-Analyse und Strafverfahren Rn. 2.

128 *Pfeiffer/Höynck/Görgen* ZRP 2005, 113 (114).

129 HK/*Lemke* Rn. 5; LR/*Krause* Rn. 4 unter Hinweis auf BGH 17.4.2002 – 1 BGs 106/02; *Meyer-Goßner* Rn. 3.

lage für den körperlichen Eingriff findet sich auch hierfür in Abs. 1 S. 1 selbst,[130] da dieser zugleich die Befugnis zur zwangsweisen Durchsetzung beinhaltet (→ Rn. 25). Eine zusätzliche Anordnung nach § 81a ist mithin nicht erforderlich.[131] Allerdings ist, da § 81g die Art und Weise der Durchführung des körperlichen Eingriffes nicht regelt, aus Verhältnismäßigkeitsgründen § 81a Abs. 1 S. 2 entsprechend anzuwenden und der Eingriff durch einen Arzt nach Regeln ärztlicher Kunst vorzunehmen.[132] Die Probenerhebung ist nicht isoliert zulässig, sondern nur im Hinblick auf die nach Abs. 1 S. 1 ebenfalls gestattete Untersuchung.[133]

Die Körperzellen dürfen nach Abs. 1 S. 1 und Abs. 2 S. 1 einer **molekulargenetischen Untersuchung** unterzogen werden, um ein DNA-Identifizierungsmuster zu erstellen. Diese folgt den Grundsätzen des § 81e.[134] 15

Sowohl Entnahme als auch Untersuchung der Körperzellen unterliegen den **Zweckbindungen** des Abs. 1 S. 1 und Abs. 2 S. 1 Hs. 1 und S. 2. Dies lässt einerseits als Ziel der Maßnahme lediglich die Identitätsfeststellung in zukünftigen Strafverfahren zu. Das bedeutet allerdings nicht die Beschränkung auf eine Verwertung im Hinblick auf erst in der Zukunft zu begehende Straftaten (→ Rn. 11). Vielmehr kann die Einstellung des Identifizierungsmusters in die DNA-Analyse-Datei auch zu einer Übereinstimmung im Hinblick auf ein bereits anderweit anhängiges Ermittlungsverfahren führen, das aufgrund der neuen Verdachtslage künftig gegen den Beschuldigten zu führen sein wird.[135] Unzulässig ist dagegen die Erhebung zu Zwecken der Gefahrenabwehr, beispielsweise zur Feststellung schwerer oder ansteckender Krankheiten, oder zu Zwecken der Forschung.[136] Andererseits darf sich die Untersuchung inhaltlich lediglich auf die Erstellung eines DNA-Identifizierungsmusters und die Feststellung des Geschlechts beziehen. Darüber hinausgehende Auswertungen, wie die Erstellung eines „Persönlichkeitsprofils" sind dagegen unzulässig.[137] 16

Die **Vernichtungsregelung** des Abs. 2 S. 1 Hs. 2 gebietet darüber hinaus die sofortige Vernichtung des entnommenen Körpermaterials, sofern dieses nicht mehr benötigt wird. Hiervon erfasst sind auch Zwischenprodukte und aufbereitetes Material[138] sowie überzähliges, noch nicht untersuchtes Material.[139] 17

3. Verfahren nach Abs. 3. a) Anordnung der Maßnahme. Die **Körperzellenentnahme** unterliegt, sofern keine Einwilligung des Beschuldigten vorliegt, nach Abs. 3 S. 1 grundsätzlich einem Richtervorbehalt. Die Staatsanwaltschaft und ihre Ermittlungspersonen sind nur bei Gefahr im Verzug hierzu berechtigt. Eine solche Situation besteht insbesondere, wenn nicht gesichert ist, dass die beschuldigte Person dem weiteren Verfahren zur Verfügung steht, eine freiheitsentziehende Maßnahme, insbesondere Untersuchungshaft, allerdings mangels rechtlicher oder tatsächlicher Voraussetzungen nicht in Betracht kommt.[140] Da indes schon die Entnahme der Körperzellen an die Voraussetzungen des Abs. 1 geknüpft ist, und, abgesehen von einem Sexualdelikt, entsprechend erhebliche Anlassstraftaten voraussetzt, dürfte hierfür nur ein geringer Anwendungsbereich verbleiben.[141] Im Übrigen gelten wegen Vergleichbarkeit der Maßnahme die Maßstäbe des § 81a Abs. 2, weswegen auf die dortigen Ausführungen verwiesen wird. 18

Für die **Untersuchung der Körperzellen** normiert Abs. 3 S. 2 dagegen einen absoluten Richtervorbehalt ohne Eilkompetenz für Staatsanwaltschaft oder Ermittlungsperso- 19

---

[130] KMR/*Bosch* Rn. 2; LR/*Krause* Rn. 4; SK/*Rogall* Rn. 11 bis 13; Brodersen/Anslinger/Rolf/*Brodersen* DNA-Analyse und Strafverfahren Rn. 39.
[131] AA OLG Köln 13.12.2000 – 2 b Ss 291/00 – 73/00 IV, StraFo 2001, 104 (105 f.); KK/*Senge* Rn. 15.
[132] HK/*Lemke* Rn. 5; KMR/*Bosch* Rn. 3; LR/*Krause* Rn. 4 und 9; SK/*Rogall* Rn. 13.
[133] LR/*Krause* Rn. 4.
[134] → § 81e Rn. 24 f.
[135] Brodersen/Anslinger/Rolf/*Brodersen* DNA-Analyse und Strafverfahren Rn. 8.
[136] KK/*Senge* Rn. 12; KMR/*Bosch* Rn. 22; SK/*Rogall* Rn. 60; *Senge* NJW 1999, 253 (255).
[137] KMR/*Bosch* Rn. 22; LR/*Krause* Rn. 45; *Meyer-Goßner* Rn. 4.
[138] KMR/*Bosch* Rn. 23; SK/*Rogall* Rn. 61.
[139] LR/*Krause* Rn. 43.
[140] BT-Drs. 15/5674, 12.
[141] So im Ergebnis auch KMR/*Bosch* Rn. 18; LR/*Krause* Rn. 47; SK/*Rogall* Rn. 73.

nen.[142] Sie kann – im Gegensatz zur Entnahme (→ Rn. 14) – auch isoliert angeordnet werden, was in Betracht kommt, falls eine Einwilligung des Beschuldigten lediglich die Entnahme des Untersuchungsmaterials betrifft oder solches bereits aufgrund einer vorhergehenden, beispielsweise auf § 81a gestützten, Maßnahme vorliegt.[143]

20 Für die **gerichtliche Zuständigkeit** enthält § 81g keine ausdrückliche Regelung. Allgemein anerkannt ist inzwischen, dass insoweit die allgemeinen Regelungen des § 162 Abs. 1 (ggf. iVm § 162 Abs. 3 S. 3) gelten, soweit das Verfahrensstadium der noch laufenden Ermittlungen oder nach rechtskräftigem Abschluss des gerichtlichen Verfahrens betroffen ist. Diesbezüglich ist jeweils der Ermittlungsrichter iSd § 162 Abs. 1 S. 1 zuständig.[144] Umstritten ist dagegen weiterhin, welches Gericht nach Erhebung der Anklage bis zum rechtskräftigen Abschluss des Verfahrens berufen ist. Von der hM wird die Zuständigkeit des erkennenden Gerichts angenommen.[145] Zur Begründung wird im Wesentlichen auf dessen größere Sachnähe verwiesen.[146] Auch kann sich diese Ansicht auf § 162 Abs. 3 S. 1 berufen.[147] Andererseits wird mit gewichtigen Argumenten eingewandt, § 81g diene nicht der Beweisführung in der anhängigen Strafsache, sondern in einem künftigen Strafverfahren. Von daher wird auch in diesem Verfahrensstadium die Zuständigkeit des Ermittlungsrichters angenommen.[148] Zudem wird auf die Unsicherheit bei der örtlichen Zuständigkeit hingewiesen, sofern bei mehreren Tatgerichten Anklagen erhoben wurden, die bei Anwendung des § 162 Abs. 1 S. 1 nicht auftreten.[149] Sofern allgemein die Auffassung vertreten wird, bei Jugendlichen entscheide in jedem Fall der Jugendrichter,[150] kann dem nicht uneingeschränkt gefolgt werden. Zur Begründung wird auf §§ 34, 107 JGG verwiesen.[151] Eine die Vorgaben des § 34 Abs. 1 JGG sicherstellende Regelung des Geschäftsverteilungsplans ist für den Bereich ermittlungsrichterlicher Entscheidungen jedoch nicht zwingend.[152]

21 **b) Entbehrlichkeit der Anordnung bei Einwilligung.** Die **schriftliche Einwilligung** macht sowohl für die Körperzellenentnahme nach Abs. 3 S. 1, als auch für deren Auswertung nach Abs. 3 S. 2 eine gerichtliche Anordnung entbehrlich, kann aber auch auf eine der Maßnahmen beschränkt werden. Das Formerfordernis dient dabei der aktenmäßigen Dokumentation und soll zugleich dem Beschuldigten die Tragweite seiner Entscheidung bewusst machen.[153] Hinsichtlich der Wirksamkeit der Einwilligung selbst gelten dieselben Maßstäbe wie bei § 81f Abs. 1, weswegen auf die dortigen Ausführungen verwiesen wird.[154] Hervorzuheben ist allerdings, dass auch im gegebenen Zusammenhang keine Geschäftsfähigkeit des Beschuldigten vorausgesetzt wird, sondern ausreichende Verstandesreife.[155] Daher kann die Erklärung grundsätzlich auch von den in Abs. 4 Nr. 1–3 genannten

---

[142] Graf/*Ritzert* Rn. 13; HK/*Lemke* Rn. 24; KK/*Senge* Rn. 14; LR/*Krause* Rn. 48; *Meyer-Goßner* Rn. 15; SK/*Rogall* Rn. 74.

[143] LR/*Krause* Rn. 48.

[144] BGH 21.3.1999 – ARs 153/99 – 2 AR 48/99, BGHR StPO § 81g Zuständigkeit 1, allerdings durch Neufassung des § 162 Abs. 1 überholt im Hinblick auf die dortigen Ausführungen zur örtlichen Zuständigkeit; OLG Celle 25.7.2000 – 3 Ws 139/00, NStZ-RR 2000, 374 (374 f.); OLG Saarbrücken 21.1.2004 – 1 Ws 2/04, NStZ-RR 2004, 112 (113) jeweils noch zu § 81g iVm § 2 DNA-IFG mwN; OLG Oldenburg 16.7.2008 – 1 Ws 390/08, NStZ 2008, 711.

[145] OLG Brandenburg 22.3.1999 – 2 Ws 49/99, juris (→ Rn. 37); OLG Hamm 18.4.2000 – 2 Ws 112/00, StV 2000, 606, juris (→ Rn. 4) = StV 2000, 606; OLG Celle 25.7.2000 – 3 Ws 139/00, NStZ-RR 2000, 374; OLG Düsseldorf 16.9.2003 – III – 2 Ws 176/03, NStZ 2004, 349; OLG Saarbrücken 21.1.2004 – 1 Ws 2/04, NStZ-RR 2004, 112 (113); OLG Bremen 2.6.2006 – Ws 67/06, NStZ 2006, 716 (717); Graf/*Ritzert* Rn. 14; SK/*Rogall* Rn. 73 f.

[146] KMR/*Bosch* Rn. 18; LR/*Krause* Rn. 49.

[147] *Meyer-Goßner* Rn. 15; *Eisenberg* Beweisrecht Rn. 1692.

[148] HK/*Lemke* Rn. 23; KK/*Senge* Rn. 18; *Senge* NJW 1999, 253 (255 f.).

[149] KG 19.11.2003 – 5 Ws 314/03, NStZ-RR 2004, 82 (83).

[150] Graf/*Ritzert* Rn. 14; HK/*Lemke* Rn. 23; LR/*Krause* Rn. 47; *Meyer-Goßner* Rn. 15.

[151] *Eisenberg* Beweisrecht Rn. 1692; *Eisenberg* NStZ 2003, 124 (131), auf den diese Ansicht zurückgeht.

[152] Graf/*Allgayer* JGG § 34 Rn. 1.

[153] BT-Drs. 15/5674, 12.

[154] → § 81f Rn. 11.

[155] SK/*Rogall* Rn. 51; *Finger* Kriminalistik 2006, 696 (698).

Personen abgegeben werden. Allerdings wird in diesen Fällen eine sorgfältige Prüfung der Einwilligungsfähigkeit notwendig sein.[156]

In jedem Fall setzt eine freiverantwortliche Entscheidung die umfassende **Belehrung** des Beschuldigten nach Abs. 3 S. 3 über Bedeutung und Umfang der Maßnahme voraus,[157] insbesondere über die Art des Eingriffs, die Speicherung der gewonnenen Daten in der DNA-Analyse-Datei[158] und die – allerdings nur in die Zukunft gerichtete[159] – freie Widerruflichkeit der Erklärung.[160] Alleine dieser Hinweis auf die Widerruflichkeit lässt noch nicht besorgen, dass der Beschuldigte davon Gebrauch macht, und führt mithin für sich gesehen nicht zur Notwendigkeit einer gerichtlichen Anordnung.[161] Die Verwendung von Formularen bietet sich hier genauso an wie bei § 81f Abs. 1 S. 2.[162] 22

Eine **schriftliche Anordnung** bleibt auch in Fällen der Einwilligung wegen des Verweises in Abs. 3 S. 4 auf § 81f Abs. 2 zumindest für die Bestimmung des Sachverständigen notwendig.[163] Diese kann durch die Staatsanwaltschaft oder die Polizei erfolgen.[164] Die zusätzliche Forderung, in jedem Fall sei die Negativprognose durch die Staatsanwaltschaft vorzunehmen und sinnvollerweise in den Akten zu dokumentieren,[165] geht indes zu weit und wird weder von Wortlaut, noch Sinn und Zweck der Vorschrift geboten. Auch die Polizei prüft materiellrechtliche Fragestellungen und trifft durchaus den hier in Rede stehenden vergleichbare Prognoseentscheidungen, wie § 8 Abs. 6 BKAG belegt. Daher bestehen keine Bedenken, ihr in diesem Fall die Beurteilung zu überlassen.[166] In jedem Fall ist es aber notwendig, dass auch die Polizei vor Anordnung der Untersuchung die tatbestandlichen Voraussetzungen, ggf. unter Beiziehung von Vorakten, prüft und das Ergebnis der Erwägungen dokumentiert. Denn die Einwilligung des von der Maßnahme betroffenen ersetzt nach dem eindeutigen Worlaut des § 81g Abs. 3 S. 1 und 2 nur die formelle Voraussetzung der jeweiligen richterlichen Entscheidung. Unberührt bleiben dagegen die inhaltlichen Anforderungen des § 81g Abs. 1, deren Feststellung keinem geringeren Maßstab unterliegt als der richterliche Beschluss nach Abs. 3 S. 5.[167] Diese stellen zugleich die Grundlage für die spätere Speicherung in der DNA-Analyse-Datei dar.[168] 23

c) Form und Inhalt der Entscheidung. Die **gerichtliche Entscheidung** ergeht schon wegen der gesonderten Anfechtbarkeit durch Beschluss.[169] Aufgrund des Verweises in Abs. 4 auf § 81f Abs. 2 ist Schriftform unter Benennung eines den dortigen Vorgaben entsprechenden Sachverständigen zwingend.[170] Die spezifischen Vorgaben des Abs. 5 sind im Prinzip überflüssig,[171] da sie ohnehin nur wiedergeben, was grundsätzlich in der nach § 34 erforderlichen Entscheidungsbegründung darzulegen ist.[172] Klargestellt wird hierdurch, dass eine bloße Wiedergabe des Gesetzeswortlautes nicht genügen kann. Vielmehr hat das Gericht die Auswertung der von ihm beizuziehenden verfügbaren Akten und des zeitnahen Bundeszentralregisterauszuges darzustellen, die darin enthaltenen Erkenntnisse zu würdigen und gegenüber dem Eingriff in das Recht auf informationelle Selbstbestimmung abzuwägen 24

[156] LR/*Krause* Rn. 52.
[157] KMR/*Bosch* Rn. 19; *Krehl/Kolz* StV 2004, 447 (454); *Sprenger/Fischer* NJW 1999, 1830 (1833).
[158] KK/*Senge* Rn. 16; *Meyer-Goßner* Rn. 17.
[159] *Finger* Kriminalistik 2006, 696 (698); s. auch → § 81f Rn. 10.
[160] LR/*Krause* Rn. 54; SK/*Rogall* Rn. 53; aA HK/*Lemke* Rn. 26, der von Unwiderruflichkeit ausgeht.
[161] Missverständlich insoweit LG Dresden 19.2.2007 – 3 Qs 19/07, juris (→ Rn. 8).
[162] → § 81f Rn. 12; vgl. auch LG Dresden 19.2.2007 – 3 Qs 19/07, juris (→ Rn. 7).
[163] LR/*Krause* Rn. 51.
[164] Siehe → § 81f Rn. 13 und 15.
[165] KK/*Senge* Rn. 16; LR/*Krause* Rn. 51; *Senge* NJW 2005, 3028 (3031).
[166] Brodersen/Anslinger/Rolf/*Brodersen* DNA-Analyse und Strafverfahren Rn. 83.
[167] VG Hannover 23.9.2013 – 10 A 2028/11, BeckRS 2013, 56156.
[168] Brodersen/Anslinger/Rolf/*Brodersen* DNA-Analyse und Strafverfahren Rn. 83.
[169] BGH 8.5.2001 – 4 StR 105/01, *Becker* NStZ-RR 2002, 65 (67).
[170] → § 81f Rn. 13–16.
[171] HK/*Lemke* Rn. 29; *Meyer-Goßner* Rn. 19.
[172] Genau dieselben Anforderungen stellt schon BVerfG 14.12.2000 – 2 BvR 1741/99, NJW 2001, 879 (881).

und zu gewichten.[173] Wegen der Notwendigkeit einer besonders sorgfältigen Prüfung der Anordnungsvoraussetzungen ist bei Anwendung des Abs. 1 S. 2 einzelfallbezogen auszuführen, warum die wiederholte Begehung sonstiger Straftaten einer solchen von erheblicher Bedeutung gleichsteht.[174] Andererseits genügt aber in eindeutigen Fällen eine knappe Begründung.[175] Die Art der Probenentnahme ist zu bezeichnen.[176] Eine Kosten- und Auslagenentscheidung ist dagegen nicht zu treffen, da weder in der Vorschrift selbst, noch in § 464 vorgesehen.[177] Eine vorherige Anhörung des Beschuldigten wird teilweise für entbehrlich gehalten.[178] Auch nach der Gegenansicht[179] ist sie indes verzichtbar, falls die Voraussetzungen des § 33 Abs. 4 S. 1 eingreifen.[180]

25 **d) Ausführung der Entscheidung.** Die **Vollstreckung** der Entscheidung erfolgt nach § 36 Abs. 2 S. 1 durch die Staatsanwaltschaft und die für diese tätig werdende Polizei.[181] Besonderer Anordnungen für den Fall, dass der Beschuldigte nicht freiwillig mitwirkt, bedarf es nicht. Die Anordnung zur Entnahme nach § 81g Abs. 1 beinhaltet zugleich die Befugnis zu deren zwangsweiser Durchsetzung.[182] Die frühere Streitfrage, ob eine auf §§ 102, 105 gestützte Durchsuchungsmaßnahme zulässig ist,[183] hat sich durch die Aufnahme der retrograden DNA-Analyse in § 81g erledigt. Der Gesetzgeber wollte hiermit klarstellen, dass über die ausdrücklich erwähnten Fahndungsvorschriften hinaus die Regelungen des strafrechtlichen Ermittlungsverfahrens bei Verurteilten und ihnen gleichgestellten Personen Anwendung finden. Sie stehen mithin dem Beschuldigten auch insoweit gleich als es um die für die Durchführung der Anordnung notwendigen weiteren Maßnahmen geht.[184] Unbeschadet dessen bedarf die Durchsuchung wegen des weitergehenden Grundrechtseingriffs der gesonderten Anordnung nach §§ 102, 105.[185] Die Vollstreckung der richterlichen Entscheidung ist nur zulässig, solange ein hinreichend enger zeitlicher Zusammenhang mit deren Erlass gegeben ist. Liegt ein langer Zeitraum dazwischen, verliert sie ihre Wirksamkeit.[186]

26 Bei der **Aktenführung** ist zu berücksichtigen, dass die Erstellung und Speicherung des DNA-Identifizierungsmusters nicht das Anlassverfahren betrifft. Daher ist der Vorgang aktenmäßig getrennt zu führen und gesondert zu erfassen.[187] Im Falle eines Treffers wird der gesonderte Aktenband durch Beiziehung dann Bestandteil des neu zu führenden Verfahrens.[188] Auch die Akteneinsicht an nicht unmittelbar am Verfahren Beteiligte ist regelmäßig nicht auf die Vorgänge der Erhebung des DNA-Identifizierungsmusters zu erstrecken.[189]

27 Für die **Verwertung** des DNA-Identifizierungsmusters[190] in dem künftig zu führenden Strafverfahren wird regelmäßig – allerdings ohne nähere Begründung – gefordert, diese sei

[173] LG Darmstadt 19.1.2009 – 2 Qs 12/09, StV 2011, 402 (403).

[174] BVerfG 1.9.2008 – 2 BvR 939/08, StV 2009, 1 (2); BVerfG 19.2.2009 – 2 BvR 287/09, BeckRS 2009, 32493; BVerfG 10.3.2009 – 2 BvR 400/09, juris (→ Rn. 4); BVerfG 22.5.2009 – 2 BvR 287 und 400/09, juris (→ Rn. 22).

[175] BVerfG 20.12.2000 – 2 BvR 2232/00, NStZ 2001, 332.

[176] Graf/*Ritzert* Rn. 16; HK/*Lemke* Rn. 29; LR/*Krause* Rn. 59; *Meyer-Goßner* Rn. 19.

[177] OLG Rostock 21.1.2013 – I Ws 26/13, juris (→ Rn. 3–5); LG Offenburg 29.10.2002 – III Qs 65/02, NStZ-RR 2003, 32 noch zu § 81g iVm § 2 DNA-IFG.

[178] HK/*Lemke* Rn. 23; *Meyer-Goßner* Rn. 15.

[179] LR/*Krause* Rn. 55; SK/*Rogall* Rn. 57.

[180] SK/*Rogall* Rn. 57.

[181] OLG Karlsruhe 5.3.2002 – 2 VAs 5/01, NJW 2002, 3117 (3118).

[182] OLG Jena 9.8.1999 – 1 Ws 215/99, NStZ 1999, 634 (635).

[183] So schon LG Hamburg 24.7.2002 – 606 Qs 44/02, NStZ-RR 2004, 213; Brodersen/Anslinger/Rolf/*Brodersen* DNA-Analyse und Strafverfahren Rn. 128; *Graalmann-Scheerer* ZRP 2002, 72 (75) gegen LG Baden-Baden 22.11.2000 – 1 Qs 175/00; LG Frankfurt 17.9.2003 – 5/6 Qs 51/03, StV 2003, 610; *Fluck* NJW 2001, 2292 (2295), jeweils noch zu § 81g iVm § 2 DNA-IFG.

[184] BT-Drs. 15/5674, 12; *Meyer-Goßner* Rn. 21; SK/*Rogall* Rn. 76.

[185] *Meyer-Goßner* Rn. 21; *Graalmann-Scheerer* ZRP 2002, 72 (75).

[186] LG Bonn 7.6.2011 – 22 Qs 49/11, BeckRS 2011, 26022.

[187] *Graalmann-Scheerer* ZRP 2002, 72 (76).

[188] LR/*Krause* Rn. 78.

[189] LR/*Krause* Rn. 79; *Graalmann-Scheerer* ZRP 2002, 72 (76); → § 81e Rn. 27.

[190] Zum Beweiswert → § 81e Rn. 28.

nur zulässig, wenn es auch eine Anlasstat iSd § 81g Abs. 1 betreffe.[191] Dem ist nicht zu folgen. Eine Verwertung ist auch zum Nachweis von Straftaten zulässig, die nicht zu den qualifizierten Anlasstaten gehören.[192] Hierfür spricht schon der Wortlaut der Vorschrift. Die besonderen Anforderungen an das Delikt werden nur für die Anlasstat und die Negativprognose aufgestellt. Daneben findet sich in Abs. 1 S. 1 der Verwendungszweck („zur Identitätsfeststellung in künftigen Strafverfahren"), der textlich gerade nicht auf diese Anforderungen bezogen ist. Zudem spricht auch Abs. 5 S. 3 ohne Einschränkung davon, dass die Daten für Zwecke eines Strafverfahrens verwendet werden dürfen.[193] Dem steht auch der Zweck der Vorschrift nicht entgegen. Die erhöhten Anforderungen an Anlasstat und Prognose dienen der Legitimation, ohne konkreten Bezug zu einem anhängigen Verfahren, lediglich aus Anlass von dessen Anhängigkeit, eine von diesem losgelöste, in die Zukunft gerichtete Maßnahme vorzunehmen.[194] Es ist gerechtfertigt, hierfür eine erhöhte Eingriffsschwelle anzusetzen. Dies bedeutet aber nicht, dass die so gewonnenen Beweismöglichkeiten nicht berücksichtigt werden könnten, wenn sich die Prognose lediglich abgeschwächt erfüllt. Schließlich streitet ein systematisches Argument für die uneingeschränkte Verwertbarkeit. Soweit § 477 Abs. 2 S. 2 nicht ohnehin durch die speziellen Regelungen des § 81g verdrängt wird, lässt dieser die Verwertung von Ermittlungsergebnissen in anderen Straftaten zu, wenn „eine solche Maßnahme" auch zur Aufklärung der dortigen Strafverfahren hätte angeordnet werden dürfen. Hierzu ist folglich auf die zulässigen Zwangsmaßnahmen in dem neuen Verfahren abzustellen. Dh die Zulässigkeit ist an den dort zur Anwendung kommenden Maßstäben des § 81e zu messen. Dieser enthält aber gerade keine Erheblichkeitsschwelle für die Tat, wegen derer ermittelt wird.[195]

4. Gleichstellungsvorschrift des Abs. 4. Die Gleichstellungsvorschrift des § 81g Abs. 4 enthält für die sog „retrograde DNA-Analyse",[196] auch als „Altfälle" bezeichnet,[197] eine **vollumfängliche Verweisung** auf die Anordnungsvoraussetzungen, die Verwendungs- und Vernichtungsregelungen und das Verfahren der Absätze 1 bis 3, sofern die betroffene Person wegen der Tat rechtskräftig verurteilt wurde oder zu dem nach Nr. 1 bis 3 gleichgestellten Personenkreis gehört.[198] Auf die vorstehenden Ausführungen kann daher Bezug genommen werden. Besondere Sorgfalt ist aber in diesen Fällen auf die Prüfung der Negativprognose zu verwenden, wenn die Tat im Falle rechtskräftiger Verurteilung lange Zeit zurück liegt.[199] Gerade dann kann selbst die Indizwirkung schwerer Anlasstaten[200] durch die zwischenzeitlich erfolgte positive Persönlichkeitsentwicklung des Betroffenen und die Stabilisierung seiner Lebensverhältnisse entkräftet werden.[201] Auch der anstehende längere Vollzug einer Strafe oder freiheitsentziehenden Maßregel steht dagegen der Anordnung nicht entgegen, da qualifizierte Straftaten auch im Vollzug oder im Rahmen einer Vollzugslockerung oder -unterbrechung begangen werden können.[202] Nicht nur bei Tilgung der Eintragung aus dem Bundeszentral- oder Erziehungsregister darf die Maßnahme 28

---

[191] KK/*Senge* Rn. 22; LR/*Krause* Rn. 81; SK/*Rogall* Rn. 93; *Eisenberg* Beweisrecht Rn. 1693.

[192] Brodersen/Anslinger/Rolf/*Brodersen* DNA-Analyse und Strafverfahren Rn. 169; *Schewe* JR 2006, 181 (184).

[193] Brodersen/Anslinger/Rolf/*Brodersen* DNA-Analyse und Strafverfahren Rn. 169 noch zu dem inhaltsgleichen § 3 S. 4 DNA-IFG.

[194] *Lorenz* JZ 2005, 1121 (1128); *Rogall*, FS Schroeder, 2006, 691 (707 f.).

[195] In diesem Sinne auch Brodersen/Anslinger/Rolf/*Brodersen* DNA-Analyse und Strafverfahren Rn. 169.

[196] LR/*Krause* Rn. 60.

[197] Brodersen/Anslinger/Rolf/*Brodersen* DNA-Analyse und Strafverfahren Rn. 9.

[198] KK/*Senge* Rn. 21; LR/*Krause* Rn. 60; SK/*Rogall* Rn. 65; *Rogall*, FS Schroeder, 2006, 691 (703 f.).

[199] BVerfG 19.2.2009 – 2 BvR 287/09, BeckRS 2009, 32493 Antrag 3 Jahre nach Urteil; Graf/*Ritzert* Rn. 8.

[200] LG Karlsruhe 29.4.2002 – Qs 48/02 für 10 Jahre zurückliegenden schweren Menschenhandel; LG Berlin 16.5.2002 – 502 Qs 57/02, StV 2003, 610 für 17 Jahre zurückliegenden Mord.

[201] LG Paderborn 23.1.2013 – 1 Qs 331 Js 873/03 – 5/13, StV 2013, 434 (435) zu 10 Jahre zurückliegender Tat; HK/*Lemke* Rn. 32; LR/*Krause* Rn. 62; *Meyer-Goßner* Rn. 10a; SK/*Rogall* Rn. 71.

[202] Graf/*Ritzert* Rn. 8; *Meyer-Goßner* Rn. 10a.

nicht mehr angeordnet werden, sondern schon bei Tilgungsreife.[203] Zur Auftypisierung (→ Rn. 10).

29 **5. Speicherung und Verwendung der Daten nach Abs. 5.** Abs. 5 S. 1 und S. 2 erlauben die **Speicherung** der gewonnenen DNA-Identifizierungsmuster in der DNA-Analyse-Datei des BKA. Die Vorschrift stellt eine Sonderregelung im Vergleich zu § 484 dar.[204] Für Umwidmungsfälle stellt Abs. 5 S. 2 Nr. 1 hinsichtlich der nach § 81e Abs. 1 bei einem Beschuldigten erhobenen Daten besondere Voraussetzungen auf. Deren Speicherung ist, da §§ 81a Abs. 1, 81e Abs. 1 dem § 81g entsprechende Anforderungen nicht enthaltenen, nur zulässig, wenn sie im Rahmen der Ermittlungen wegen einer der in Abs. 1 genannten Straftaten gewonnen wurden und die Negativprognose gegeben ist.[205] Bei Spurenmaterial sind diese Einschränkungen nach Abs. 5 S. 2 Nr. 2 nicht gegeben.[206] Ob die Aufnahme in die Datei nach diesen Voraussetzungen erfolgen darf, unterliegt in jedem Fall keinem Richtervorbehalt.[207] Hierüber entscheidet die Polizeibehörde in eigener Zuständigkeit.[208] Die Speicherung von DNA-Identifizierungsmustern, das von anderen Personen, beispielsweise bei Dritten nach §§ 81c, 81e Abs. 1 S. 2 oder nach § 81h gewonnen wurde, ist unzulässig.[209]

30 Die Verwendung der Daten richtet sich gemäß Abs. 1 nach dem BKAG. Auch insoweit verdrängt die Vorschrift als Sonderregelung die §§ 483 ff.[210] Bei der DNA-Analyse-Datei handelt es sich um eine erkennungsdienstliche Sammlung iSd § 2 Abs. 4 Nr. 1 BKAG, weswegen insoweit auch § 8 Abs. 6 BKAG einschlägig ist.[211] Bedeutsam ist das wegen des dort in S. 2 befindlichen Verweises auf § 8 Abs. 3 BKAG, wonach auch ein Freispruch, die Ablehnung der Eröffnung des Hauptverfahrens oder dessen endgültige Einstellung die Speicherung, Veränderung und Nutzung der Daten nicht unzulässig macht, sofern sich aus den Gründen der Entscheidung nicht ergibt, dass der Betroffene die Tat nicht oder nicht rechtswidrig begangen hat.[212] Bei Bestehen eines Restverdachtes bleibt die Speicherung mithin auch in diesen Fällen zulässig.[213] Praktisch besonders bedeutsam ist, dass eine Löschungsfrist nicht besteht, und die Daten damit prinzipiell ohne zeitliche Beschränkung aufbewahrt werden können.[214] Zu berücksichtigen sind jedoch die Aussonderungsüberprüfungsfristen, die nach § 34 Abs. 1 Nr. 8 BKAG i.V.m. Nr. 8.1 der Errichtungsanordnung derzeit zehn Jahre bei Erwachsenen[215] und bei Jugendlichen fünf Jahre betragen.[216] Spätestens innerhalb dieser Zeiträume ist auch festzustellen, ob die Negativprognose noch fortbesteht, da ansonsten die Daten zu entfernen sind.[217] Ein Anspruch auf deren Löschung, der auf dem Verwaltungsrechtsweg mit der Verpflichtungsklage geltend zu machen ist, besteht nach § 32 Abs. 2 S. 1 BKAG, sofern die Tatbestandvoraussetzungen des § 81g Abs. 1 nicht

[203] SK/*Rogall* Rn. 68; Brodersen/Anslinger/Rolf/*Brodersen* DNA-Analyse und Strafverfahren Rn. 53.

[204] BT-Drs. 15/5674, 12; Graf/*Ritzert* Rn. 18; LR/*Krause* Rn. 65; *Meyer-Goßner* Rn. 12; SK/*Rogall* Rn. 78; aA *Senge* NStZ 2001, 331.

[205] KK/*Senge* Rn. 24; LR/*Krause* Rn. 67; SK/*Rogall* Rn. 83; *Schewe* JR 2006, 181 (184).

[206] BT-Drs. 15/5674, 13.

[207] LG Hamburg 7.6.2001 – 631 Qs 20/01, NJW 2001, 2563; LG Offenburg 12.1.2006 – 3 Qs 104/05, NStZ 2006, 514 (515); HK/*Lemke* Rn. 35; KK/*Senge* Rn. 24; *Meyer-Goßner* Rn. 12; *Rackow* ZRP 2002, 236; *Rackow* Kriminalistik 2003, 474 (479); *Wollweber* NJW 2002, 1771.

[208] LG Offenburg 12.1.2006 – 3 Qs 104/05, NStZ 2006, 514 (515).

[209] LR/*Krause* Rn. 67; SK/*Rogall* Rn. 80; Brodersen/Anslinger/Rolf/*Bordersen* DNA-Analyse und Strafverfahren Rn. 166.

[210] HK/*Lemke* Rn. 35; LR/*Krause* Rn. 65; SK/*Rogall* Rn. 78; Brodersen/Anslinger/Rolf/*Brodersen* DNA-Analyse und Strafverfahren Rn. 154; aA *Senge* NStZ 2001, 331.

[211] VG Gelsenkirchen 31.3.2009 – 17 K 2747/07, juris (→ Rn. 27); *Busch* NJW 2002, 1754 (1755).

[212] HK/*Lemke* Rn. 35; LR/*Krause* Rn. 66; *Meyer-Goßner* Rn. 12; SK/*Rogall* Rn. 90.

[213] Brodersen/Anslinger/Rolf/*Brodersen* DNA-Analyse und Strafverfahren Rn. 176.

[214] HK/*Lemke* Rn. 35; KMR/*Bosch* Rn. 24; *Meyer-Goßner* Rn. 13; Pommer JA 2007, 621 (625).

[215] OLG Bremen v. 23.3.2006 – Ws 18/06 (BL 14/06), NStZ 2006, 653.

[216] *Krehl/Kolz* StV 2004, 447 (451); *Wollweber* NJW 2001, 2304 (2305).

[217] SK/*Rogall* Rn. 89; Brodersen/Anslinger/Rolf/*Brodersen* DNA-Analyse und Strafverfahren Rn. 173 f. und Rn. 178 auch zum Beginn der Frist; *Bergemann/Hornung* StV 2007, 164 (168); *Busch* NJW 2002, 1754 (1757).

(mehr) gegeben sind.[218] Dies gilt selbst bei Vorliegen einer Einwilligung des Betroffenen nach § 81g Abs. 3 S. 1 und 2[219] (→ Rn. 23).

Abs. 5 S. 3 enthält eine **Verwendungsbeschränkung** im Hinblick auf §§ 10, 14 BKAG.[220] Die dort genannten Begriffe sind indes weit auszulegen, weswegen in Bezug auf das Strafverfahren auch der Strafvollzug, die Strafvollstreckung und das Gnadenverfahren, und hinsichtlich der Gefahrenabwehr nicht lediglich die Abwehr einer konkreten Gefahr verstanden sein sollen.[221] 31

Zur Effektivierung des Rechtsschutzes sieht Abs. 5 S. 4 eine **Benachrichtigungspflicht** für Umwidmungsfälle vor. Diese ist nach dem Willen des Gesetzgebers durch die „speichernde Stelle" zu erfüllen.[222] Vor diesem Hintergrund wird teilweise die Ansicht vertreten, das BKA sei stets zuständig.[223] Von anderer Seite wird dagegen auf den Charakter der DNA-Analyse-Datei als Verbunddatei abgestellt. Für diese stellt das BKA lediglich die Datenverarbeitungsanwendung und die Rechnerkapazität zentral zur Verfügung. Die Eingabe der Daten erfolgt jedoch dezentral und eigenverantwortlich durch die Verbundteilnehmer, insbesondere die Landeskriminalämter.[224] Von daher wird darauf abgestellt, die Unterrichtung müsse durch die jeweils als Verbundteilnehmer tätig gewordene Polizeibehörde erfolgen,[225] was angesichts der tatsächlichen Gegebenheiten vorzugswürdig erscheint. Im Hinblick auf die gerichtliche Entscheidung wurde kein besonderer Rechtsbehelf eingerichtet. Statthaft ist die gerichtliche Entscheidung in analoger Anwendung des § 98 Abs. 2 S. 2.[226] 32

III. Beschwerde

Gegen die Anordnung der Körperzellenentnahme und deren Untersuchung ist die einfache Beschwerde nach **§ 304 Abs. 1 statthaft.** Da es sich um eine vorbeugende Maßnahme zur Beweissicherung in künftigen Strafverfahren handelt, steht § 305 S. 1 nicht entgegen.[227] Auch nach deren Vollzug ist die Beschwerde ausnahmsweise zulässig, wenn der Anordnung durch späteren Freispruch des Betroffenen die Grundlage entzogen wurde.[228] Unschädlich ist es auch, wenn die Anordnung im Urteilstenor ausgesprochen wird, da dies nichts am Charakter eines selbständig anfechtbaren Beschlusses ändert.[229] Erging die Entscheidung indes durch den Ermittlungsrichter des BGH, so ist die Beschwerde mangels Einschlägigkeit des § 304 Abs. 5 nach § 304 Abs. 4 S. 1 unzulässig.[230] Die Beschwerde hat nach § 307 Abs. 1 keine aufschiebende Wirkung. Im Einzelfall kann jedoch Anlass bestehen, die Vollziehung der angefochtenen Entscheidung nach § 307 Abs. 2 auszusetzen, falls weitere Ermittlungen erforderlich sind,[231] bspw. um Strafakten beizuziehen und eine aktuelle Auskunft aus dem 33

[218] VG Gelsenkirchen 31.3.2009 – 17 K 2747/07, juris (→ Rn. 43 und 46) noch zu § 2 DNA-IfG; VG Augsburg 25.9.2012 – Au 1 K 12.536, BeckRS 2012, 58065 (→ Rn. 20–26).

[219] VG Neustadt 21.5.2013 – 5 K 969/12.NW, BeckRS 2013, 54995; VG Hannover 23.9.2013 – 10 A 2028/11, BeckRS 2013, 56156.

[220] BT-Drs. 15/5674, 13; Graf/*Ritzert* Rn. 20; *Meyer-Goßner* Rn. 12a; *Bergemann/Hornung* StV 2007, 164 (165).

[221] KK/*Senge* Rn. 23; LR/*Krause* Rn. 69; SK/*Rogall* Rn. 86.

[222] BT-Drs. 15/5674, 13.

[223] KK/*Senge* Rn. 24; SK/*Rogall* Rn. 84; *Senge* NJW 2005, 3028 (3031).

[224] Hierzu Brodersen/Anslinger/Rolf/*Brodersen* DNA-Analyse und Strafverfahren Rn. 154; *Störzer* Kriminalistik 2006, 184 (184 f.).

[225] HK/*Lemke* Rn. 37; LR/*Krause* Rn. 70; *Störzer* Kriminalistik 2006, 184 (185).

[226] BT-Drs. 15/5674, 13; in diesem Sinne auch schon zur alten Rechtslage nach § 81g iVm § 2 DNA-IFG, OLG Karlsruhe 5.3.2002 – 2 VAs 5/01, NJW 2002, 3117 (3118).

[227] OLG Köln 23.7.2002 – 2 Ws 336/02, NStZ-RR 2002, 306 (306 f.); OLG Köln 16.9.2004 – 2 Ws 215/04, NStZ-RR 2005, 56 (57).

[228] LG Oldenburg 21.6.2012 – 4 KLs 2/12, StV 2013, 145 (145 f.).

[229] BGH 8.5.2001 – 4 StR 105/01, *Becker* NStZ-RR 2002, 65 (67); BGH 9.7.2009 – 4 StR 235/09, juris.

[230] BGH 9.11.2001 – 1 StE 4/85 – StB 16/01, NJW 2002, 765 (765 f.); BGH 21.3.2002 – StB 3/02, *Becker* NStZ-RR 2003, 97 (100).

[231] LG Kiel 22.1.2001 – 32 Qs 7/01, StV 2001, 149 (Leitsatz).

Bundeszentralregister einzuholen.[232] Das Beschwerdegericht entscheidet nach § 309 Abs. 2 in der Sache selbst. Ausnahmsweise kommt bei groben Verfahrensfehlern, insbesondere bei Fehlen einer tragenden Begründung des angefochtenen Beschlusses, eine Zurückverweisung in Betracht.[233] Die weitere Beschwerde ist nach § 310 Abs. 2 ausgeschlossen. Ein entsprechender Antrag kann als Gegenvorstellung zu werten sein.[234] Einwendungen gegen die Art und Weise der Vollstreckung sind dagegen mit dem Antrag auf gerichtliche Entscheidung in entsprechender Anwendung des § 98 Abs. 2 S. 2 zu rügen,[235] genauso wie die Beanstandung der Umwidmung nach § 81g Abs. 5 S. 2 Nr. 1 (→ Rn. 32).

IV. Revision

34 Im **anhängigen Verfahren** kann die Verletzung des § 81g nicht erfolgreich mit der Revision beanstandet werden. Da die Anordnung der Maßnahme und Verwertung des DNA-Identifizierungsmusters auf ein zukünftiges Strafverfahren gerichtet ist, kann das Urteil nicht auf einem etwaigen Rechtsfehler beruhen.[236] Selbst wenn die Anordnung im Urteil erfolgt, ändert dies nichts daran, dass der Sache nach eine Entscheidung durch Beschluss vorliegt (→ Rn. 33).

35 Im **künftigen Strafverfahren** gelten, soweit nicht die spezifischen Tatbestandsmerkmale und Rechtsfolgen des § 81g betroffen sind, für Fehler bei Anordnung, Entnahme und Untersuchung der Körperzellen die für vergleichbare Verstöße bei §§ 81a, 81e, 81f gültigen Grundsätze.[237] Auf die dortigen Ausführungen kann daher Bezug genommen werden. Darüber hinausgehend wird teilweise davon ausgegangen, es bestünde ein Verwertungsverbot für solche Straftaten, die nicht ebenfalls die qualifizierten Anforderungen an die Anlasstat für die Anordnung nach § 81g Abs. 1 erfüllen würden.[238] Dies ist aus den oben genannten Gründen (→ Rn. 27) unzutreffend. Um Unsicherheiten zu vermeiden, kann es sich aber anbieten, im neuen Verfahren, da eine Fernwirkung vorhergehender Fehler nicht in Betracht kommt,[239] die erneute Erhebung und Auswertung von Körperzellen nach §§ 81a, 81e, 81f zu erwägen.[240] Die revisionsrechtliche Überprüfung der Voraussetzungen für die qualifizierte Anlasstat und die Negativprognose hat zu berücksichtigen, dass es sich hierbei um unbestimmte Rechtsbegriffe handelt, die einen Beurteilungsspielraum des anordnenden Gerichts eröffnen. Insoweit ist die Überprüfung auf eine Willkürkontrolle beschränkt.[241] Gleiches gilt grundsätzlich für die von § 81g vorausgesetzte Verdachtslage.[242] Einschränkungen werden von einem Teil der Literatur allerdings dahingehend gemacht, die Verwertung sei unzulässig, wenn die Verdachtslage durch Freispruch[243] oder Verfahrenseinstellung[244] nachträglich wegfalle oder der Beschuldigte nur wegen einer nicht qualifizierten Anlasstat verurteilt werde.[245] Zur Begründung wird auf die Gleichstellungsklausel des § 81g Abs. 4 S. 2 abgestellt, der im Falle des Ausbleibens einer Verurteilung lediglich für bestimmte Fälle die retrograde Erfassung zulässt.[246] Bei dieser Ansicht

[232] LG Würzburg 5.11.1999 – Qs 345/99, StV 2000, 12.
[233] LG Darmstadt 19.1.2009 – 2 Qs 12/09, StV 2001, 402 (403).
[234] OLG Karlsruhe 22.3.2001 – 3 Ws 44/01, 59 (60).
[235] OLG Karlsruhe 5.3.2002 – 2 VAs 5/01, NJW 2002, 3117 (3118).
[236] KK/*Senge* Rn. 26; KMR/*Bosch* Rn. 26; LR/*Krause* Rn. 80; SK/*Rogall* Rn. 93; Brodersen/Anslinger/Rolf/*Brodersen* DNA-Analyse und Strafverfahren Rn. 150.
[237] LR/*Krause* Rn. 82 f.; *Meyer-Goßner* Rn. 23; SK/*Rogall* Rn. 94.
[238] KK/*Senge* Rn. 26; LR/*Krause* Rn. 81; SK/*Rogall* Rn. 93; *Eisenberg* Beweisrecht Rn. 1687.
[239] KMR/*Bosch* Rn. 29; Brodersen/Anslinger/Rolf/*Brodersen* DNA-Analyse und Strafverfahren Rn. 143.
[240] Brodersen/Anslinger/Rolf/*Brodersen* DNA-Analyse und Strafverfahren Rn. 142.
[241] HK/*Lemke* Rn. 39; KK/*Senge* Rn. 26; LR/*Krause* Rn. 84; *Meyer-Goßner* Rn. 23; SK/*Rogall* Rn. 95; *Graalmann-Scheerer*, FS Rieß 2002, 153 (167 f.) auch zum im Hinblick auf § 344 Abs. 2 S. 2 notwendigen Revisionsvortrag.
[242] KMR/*Bosch* Rn. 27.
[243] AG Tiergarten 19.2.2007 – (240 Ds) 120 PLs 2396/03 (152/05), StV 2008, 249; KK/*Senge* Rn. 22; KMR/*Bosch* Rn. 27; LR/*Krause* Rn. 85.
[244] LR/*Krause* Rn. 85; *Eisenberg/Singelnstein* GA 2006, 168 (176).
[245] KMR/*Bosch* Rn. 27; einschränkend LR/*Krause* Rn. 85; aA KK/*Senge* Rn. 22.
[246] KMR/*Bosch* Rn. 27 noch zu § 2 Abs. 1 DNA-IFG; LR/*Krause* Rn. 85.

bleibt jedoch unbeachtet, dass maßgeblich für eine entsprechende Differenzierung der Zeitpunkt der Anordnung und Durchführung der Maßnahme nach § 81g ist. Liegt dieser nach der gerichtlichen Entscheidung, so ist Abs. 4 einschlägig und die Anordnung nicht mehr möglich. Ergeht sie trotzdem, wird ein derartiger Verstoß regelmäßig die Unverwertbarkeit nach sich ziehen. Abweichend zu beurteilen ist die Sachlage indes, sofern der Freispruch erfolgt, nachdem die Maßnahme angeordnet und vollzogen wurde. Für diesen Fall greift über Abs. 5 S. 1 § 8 Abs. 6 S. 2 iVm Abs. 3 BKAG, wonach die Speicherung und Verwertung bei bestehen bleibendem Restverdacht[247] zulässig ist.[248] Ein Freispruch ist demnach unschädlich, sofern sich aus den Gründen der Entscheidung nicht ergibt, dass der Betroffene die Tat nicht oder nicht rechtswidrig begangen hat.[249] Entsprechend hat sich die revisionsrechtliche Überprüfung wie im Regelfall lediglich darauf zu erstrecken, ob die Annahme der Verdachtslage willkürlich war. Gleiches gilt erst recht für die demgegenüber geringere Abweichung, die darin besteht, dass sich im Unterschied zu der ursprünglichen Annahme lediglich eine nichtqualifizierte Anlasstat erweisen ließ.[250] Wurde die Einwilligung des Beschuldigten erschlichen oder erzwungen, kann dies dagegen zu einem Verwertungsverbot führen.[251] In jedem Fall sollte bei entsprechenden Bedenken gegen die Verwertbarkeit des DNA-Identifizierungsmusters in der Hauptverhandlung widersprochen werden, um die Rügemöglichkeit zu erhalten.[252]

§ 81h [Reihengentests]

(1) Begründen bestimmte Tatsachen den Verdacht, dass ein Verbrechen gegen das Leben, die körperliche Unversehrtheit, die persönliche Freiheit oder die sexuelle Selbstbestimmung begangen worden ist, dürfen Personen, die bestimmte, auf den Täter vermutlich zutreffende Prüfungsmerkmale erfüllen, mit ihrer schriftlichen Einwilligung

1. Körperzellen entnommen,
2. diese zur Feststellung des DNA-Identifizierungsmusters und des Geschlechts molekulargenetisch untersucht und
3. die festgestellten DNA-Identifizierungsmuster mit den DNA-Identifizierungsmustern von Spurenmaterial automatisiert abgeglichen werden,

soweit dies zur Feststellung erforderlich ist, ob das Spurenmaterial von diesen Personen stammt, und die Maßnahme insbesondere im Hinblick auf die Anzahl der von ihr betroffenen Personen nicht außer Verhältnis zur Schwere der Tat steht.

(2) [1]Eine Maßnahme nach Absatz 1 bedarf der gerichtlichen Anordnung. [2]Diese ergeht schriftlich. [3]Sie muss die betroffenen Personen anhand bestimmter Prüfungsmerkmale bezeichnen und ist zu begründen. [4]Einer vorherigen Anhörung der betroffenen Personen bedarf es nicht. [5]Die Entscheidung, mit der die Maßnahme angeordnet wird, ist nicht anfechtbar.

(3) [1]Für die Durchführung der Maßnahme gelten § 81f Abs. 2 und § 81g Abs. 2 entsprechend. [2]Soweit die Aufzeichnungen über die durch die Maßnahme festgestellten DNA-Identifizierungsmuster zur Aufklärung des Verbrechens nicht mehr erforderlich sind, sind sie unverzüglich zu löschen. [3]Die Löschung ist zu dokumentieren.

---

[247] Nach BVerwG 22.10.2003 – 6 C 3/03, juris (→ Rn. 14 f.) setzt § 8 Abs. 3 BKAG noch nicht einmal einen solchen voraus.
[248] Hierzu mit sauberer Differenzierung für die jeweiligen Zeitpunkte Brodersen/Anslinger/Rolf/*Brodersen* DNA-Analyse und Strafverfahren Rn. 49, 170 und 176.
[249] SK/*Rogall* Rn. 96.
[250] SK/*Rogall* Rn. 96.
[251] HK/*Lemke* Rn. 40; *Meyer-Goßner* Rn. 23; *Finger* Kriminalistik 2006, 696 (698); → § 81f Rn. 22.
[252] *Graalmann-Scheerer*, FS Rieß, 2002, 153 (168).

(4) [1]Die betroffenen Personen sind schriftlich darüber zu belehren, dass die Maßnahme nur mit ihrer Einwilligung durchgeführt werden darf. [2]Hierbei sind sie auch darauf hinzuweisen, dass
1. die entnommenen Körperzellen ausschließlich für die Untersuchung nach Absatz 1 verwendet und unverzüglich vernichtet werden, sobald sie hierfür nicht mehr erforderlich sind, und
2. die festgestellten DNA-Identifizierungsmuster nicht zur Identitätsfeststellung in künftigen Strafverfahren beim Bundeskriminalamt gespeichert werden.

Schrifttum: *Brocke,* Zur Frage der Verwertbarkeit eines so genannten Beinahetreffers im Rahmen einer DNA-Reihenuntersuchung gemäß § 81h StPO, StraFo 2011, 298; *Brodersen/Anslinger/Rolf,* DNA-Analyse und Strafverfahren, 2003; *Busch,* Zur Zulässigkeit molkulargenetischer Reihenuntersuchungen, NJW 2001, 1335; *Busch,* Verwertbarkeit von „Beinahetreffern" aus DNA-Reihenuntersuchungen, NJW 2013, 1771; *Finger,* Einwilligung in die Entnahme und Untersuchung von Körperzellen, Kriminalistik 2006, 696; *Graalmann-Scheerer,* DNA-Massentest de lege lata und de le lege ferenda, NStZ 2004, 297; *Hinrichs,* Der gläserne Mensch und sein verfassungsrechtlicher Mantel, KJ 2006, 60; *Hoppmann,* Die Entwicklung der Rasterfahndung und DNA-Reihenuntersuchung, Kriminalistik 2013, 147, 219, 291; *Kerner/Trüg,* DNA-Massentests zwischen Verbrechensbekämpfung und Rechtsstaatlichkeit, FS Weber 2004, 457; *König,* Strafprozessuale Änderungen, Kriminalistik 2004, 262; *Kretschmer,* Das Verhältnis von verweigerter Reihenuntersuchung nach § 81h StPO zur molekulargenetischen Untersuchung gem. der §§ 81c, 81c StPO, HRRS 2012, 185; *Lorenz,* Allgemeines Persönlichkeitsrecht und Gentechnologie, JZ 2005, 1121; *Mertin,* Freiwillig, aber auf Anordnung des Richters, ZRP 2005, 37; *Müller,* Die Novellierung der Strafprozessordnung hinsichtlich der gesetzlichen Voraussetzungen forensischer DNA-Analysen, Polizei 2006, 40; *Pommer,* Die DNA-Analyse im Strafprozess – Problemfelder der §§ 81e ff. StPO, JA 2007, 621; *Rogall,* Die DNA-Analyse im Strafverfahren – eine endlose Geschichte, FS Schroeder 2006, 691; *Rogall,* Die Behandlung von sogenannten Beinahetreffern bei Reihengentests nach § 81h StPO, JZ 2013, 874; *Ronellenfitsch,* Genanalysen und Datenschutz, NJW 2006, 321; *Saliger/Ademi,* Der Massengentest nach § 81h StPO, JuS 2008, 193; *Satzger,* DNA-Massentests – Kriminalistische Wunderwaffe oder ungesetzliche Ermittlungsmethode?, JZ 2001, 639; *Schaefer,* Richtervorbehalt, NJW 2005, 1332; *Senge,* Die Neuregelung der forensischen DNA-Analyse, NJW 2005, 3028; *Swoboda,* Grenzen der Informationsgewinnung aus DNA-Identifikationsmustern bei molekulargenetischen Reihentests nach § 81h StPO, StV 2013, 461; *Zuck,* Spucke, rechtlich, NJW 2002, 1924.

Übersicht

I. Überblick

1 **1. Normzweck.** Mit der seit 1.11.2005 gültigen Vorschrift, die durch Artikel 1 Nr. 3 des Gesetzes zur Novellierung der forensischen DNA-Analyse in die StPO eingefügt wurde, wollte der Gesetzgeber die in der Praxis aufgetretenen Unsicherheiten in der Rechtsanwendung hinsichtlich Zulässigkeit und Rechtsgrundlagen von Reihengentests, sogenannten Massenscreenings, beseitigen.[1] Dies ist nur begrenzt gelungen, da die Vorschrift durch die systemwidrige Verbindung einer richterlichen Anordnung mit vollkommener Freiwilligkeit der Maßnahme einen Fremdkörper in der StPO darstellt.[2] Letztlich ist § 81h aber als eine besondere Ausprägung des **Verhältnismäßigkeitsgrundsatzes** anzusehen.[3] Insoweit ist der Norm zumindest die Existenzberechtigung nicht abzusprechen, wenn sie vor diesem

[1] BT-Drs. 15/5674, 7.
[2] Vgl. KK/*Senge* Rn. 5; *Rogall,* FS Schroeder, 2006, 691 (711).
[3] BT-Drs. 15/5674, 13.

Hintergrund dazu dient, der mit der Probenentnahme möglicherweise verbundenen Berührung des Grundrechts der körperlichen Unversehrtheit und der mit der Auswertung der Probe verbundenen Berührung des Grundrechts auf informationelle Selbstbestimmung eine Legitimationsgrundlage zu verleihen.[4] Schließlich können von der Maßnahme eine große Anzahl von Personen betroffen sein, gegen die sich kein Tatverdacht richtet, und bei denen eine konkrete Beziehung zur Tat oder dem Tatopfer (zunächst) nicht festgestellt werden konnte. Dementsprechend entfaltet die Vorschrift wenigstens eine begrüßenswerte Klarstellungsfunktion dahingehend, dass der Reihengentest keine Standardmaßnahme im Rahmen der Ermittlungen sein kann, sondern einen Ausnahmecharakter trägt, und die erlangten Proben nur in eng begrenztem Umfang ausgewertet und verglichen werden dürfen.[5]

2. Anwendungsbereich. § 81h entfaltet **keine Sperrwirkung** gegenüber den Zwangsmaßnahmen nach §§ 81a, 81c, 81e, 81 f.[6] Soweit dagegen vorgebracht wird, es handle sich um eine abschließende Sonderreglung für DNA-Reihentests,[7] so lässt sich dies schon nicht dem Willen des Gesetzgebers entnehmen. In der Begründung des Gesetzesentwurfs wurde ausdrücklich hervorgehoben, dass es durch die Einführung des § 81h weiterhin nicht ausgeschlossen ist, einen Anfangsverdacht gegen eine Person anzunehmen und „ggf. auf eine (zwangsweise) DNA-Analyse auf der Grundlage der §§ 81e, 81f StPO hinzuwirken". Dabei wurde klargestellt, dass es zur Begründung der Verdachtslage durchaus zulässig ist, auch auf die Prüfmerkmale nach § 81h Abs. 1 zurückzugreifen.[8] Gleichzeitig wurde hervorgehoben, es handle sich um eine „Befugnisnorm für eine Maßnahme auf der Basis freiwilliger Mitwirkung der Betroffenen".[9] Damit sollte erkennbar der Bereich zwangsweiser Eingriffsbefugnisse, und damit auch des § 81c, nicht einbezogen oder eingeschränkt werden. Vor dem gleichen Hintergrund sah die Begründung die mit der Einführung des § 81h bezweckte Beseitigung von Rechtsunsicherheiten. In diesem Zusammenhang wurde betont, es handle sich beim Reihengentest gerade nicht um eine Zwangsmaßnahme. Lediglich die Frage sollte entschieden werden, ob trotz Einwilligung der davon Betroffenen noch eine richterliche Entscheidung erforderlich sei.[10] Die Regelungen haben zudem unterschiedliche systematische Ansatzpunkte. § 81h erfasst den Fall eines Personenkreises, der sich zunächst ausschließlich nach abstrakten Merkmalen bestimmt, die aus Art und Umständen der Tatbegehung hergeleitet werden. Die betroffenen Personen selbst stehen dabei üblicherweise noch nicht namentlich fest.[11] §§ 81c, 81e richten sich im Unterschied dazu gegen bestimmt bezeichnete Personen. Es mag zwar insoweit Schnittmengen geben, insbesondere dann, wenn sich die Möglichkeit zur Individualisierung des Betroffenen erst im Rahmen der Durchführung einer DNA-Reihenuntersuchung ergibt; der generelle Ansatzpunkt ist indes unterschiedlich. Demnach ist der Einwand unzutreffend, zwangsweise Untersuchungen wären auf diese Weise unter weicheren Voraussetzungen zulässig als freiwillige.[12] Eine solche Gewichtung verzerrt die Darstellung, weil sie unberücksichtigt lässt, dass die Ansatzpunkte der jeweiligen richterlichen Entscheidung gänzlich unterschiedlich sind. Bei § 81h dient die richterliche Anordnung dazu, die Grenzen hinsichtlich der Bestimmung des Personenkreises und der Verhältnismäßigkeit zu wahren. Im Vordergrund steht der (zunächst) formale Aspekt, den Ausnahmecharakter der Maßnahme durch richterliche Kontrolle zu sichern. Ein Eingriff in die Rechte der erst im Anschluss zu bestimmenden konkret Betroffenen ist damit noch 2

[4] *Saliger/Ademi* JuS 2008, 193 (194), wobei die dortige Bezeichnung als „Eingriff" schon wegen der vollkommenen Freiwilligkeit zumindest missverständlich erscheint.

[5] BT-Drs. 15/5674, 9 und 13.

[6] HK/*Lemke* Rn. 14; *Meyer-Goßner* Rn. 17; SK/*Rogall* Rn. 5; *Busch* NJW 2013, 1771 (1772 Fn. 13); *Kretschmer* HRRS 2012, 185 (188).

[7] LR/*Krause* Rn. 2 und 5; *Saliger/Ademi* JuS 2008, 193 (199); der Sache nach auch *Roxin/Schünemann* § 33 Rn. 36.

[8] BT-Drs. 15/5674, 14; *Müller* Die Polizei 2006, 40 (48).

[9] BT-Drs. 15/5674, 13 f.

[10] BT-Drs. 15/5674, 7.

[11] Vgl. Graf/*Ritzert* Rn. 2.

[12] So aber *Saliger/Ademi* JuS 2008, 193 (199).

gar nicht verbunden, da deren Teilnahme freiwillig ist. Demgegenüber ist das Regel-Ausnahmeverhältnis bei der zwangsweisen Durchführung ein anderes. Die richterliche Anordnung sowohl der Probenentnahme nach § 81c als auch der Untersuchung nach § 81f ist grundsätzlich erforderlich, soweit der konkret Betroffene nicht ausnahmsweise einwilligt. Hierbei sind weitergehende, sich auf die individuell betroffene Person beziehende Prüfungskriterien im Rahmen der Abs. 2–4 des § 81c zu berücksichtigen. Auch kann die gerichtliche Entscheidung, im Gegensatz zu derjenigen nach § 81h Abs. 2 S. 5, mit der Beschwerde angefochten werden.

3 Die **Abgrenzung zu §§ 81a, 81e** erfolgt danach, ob lediglich abstrakte Prüfungsmerkmale iSd § 81h Abs. 1 gegeben sind, die auf einen möglichen Täter hindeuten oder ob gegen eine konkrete Person ein Anfangsverdacht im Sinne des § 152 Abs. 2 begründet werden kann. Ein rein abstraktes Kriterium, wie beispielsweise die Zahl der in Betracht kommenden Personen, dürfte hierfür nicht tragfähig sein. Es ist vielmehr eine Frage des Einzelfalls, ab wie viel betroffenen Personen die Grenze einer konkreten Verdachtslage überschritten ist und nur noch anhand allgemeiner Prüfkriterien vorgegangen wird.[13] Zu deren Beantwortung sind personenbezogene Kriterien heranzuziehen. Hierbei dürfen durchaus auch solche Umstände ergänzend berücksichtigt werden, die Prüfmerkmale nach § 81h Abs. 1 darstellen.[14] Die bloße Verweigerung der Teilnahme an einem Reihentest genügt dagegen nicht.[15] Sie kann andererseits als ein zusätzlicher Gesichtspunkt angesehen werden, wenn weitere verdachtsbegründende Kriterien gegeben sind. Hierzu rechnet es auch, wenn sich der Kreis der Verdächtigen durch Abgabe einer Vielzahl freiwilliger Speichelproben bereits erkennbar verdichtet hat.[16] Neben der Testverweigerung können bspw. wechselndes oder widersprüchliches Aussageverhalten,[17] ein zweifelhaftes Alibi oder Tatortnähe[18] herangezogen werden, nicht jedoch die Beiziehung eines Rechtsanwalts, da es sich hierbei lediglich um die verdachtsneutrale Ausübung prozessualer Rechte handelt.[19]

4 Die **Abgrenzung zu §§ 81c, 81e** erfolgt über § 81c Abs. 4. Nimmt ein Betroffener an der Reihenuntersuchung nicht freiwillig teil, so ist es zulässig, die Anordnung der Speichel- oder Blutprobenentnahme auf § 81c Abs. 2 S. 1 zu stützen, sofern dies für den Betroffenen zumutbar ist, und deren Auswertung auf § 81e Abs. 1 S. 2.[20] Auch in diesem Fall ist es nicht ausreichend, die Maßnahme alleine auf abstrakte Prüfungsmerkmale iSd § 81h Abs. 1 zu stützen. Zumutbar ist die Probenentnahme gemäß § 81c Abs. 4 nur, wenn eine – wenn auch weite – persönliche Beziehung des Betroffenen zum Tatgeschehen („spezifische Beweisbeziehung")[21] erkennbar ist.[22] Eine solche kann im Zusammenwirken mit einer als Täter in Betracht kommenden Gruppe bei anderen Gelegenheiten in Betracht kommen oder auch in einem bei anderen Taten an den Tag gelegten vergleichbaren Handlungsmuster.[23] Eine persönliche Verbindung zum Tatopfer kann ebenfalls ausschlaggebend sein.[24]

13 KMR/*Bosch* Rn. 2; LR/*Krause* Rn. 6; Brodersen/Anslinger/Rolf/*Brodersen* DNA-Analyse und Strafverfahren Rn. 192; *Kretschmer* HRRS 2012, 185 (187).

14 BT-Drs. 15/5674, 14; *Müller* Polizei 2006, 40 (48); *Senge* NJW 2005, 3028 (3032).

15 BVerfG 27.2.1996 – 2 BvR 200/91, NJW 1996, 1587 (1588); BVerfG 2.8.1996 – 2 BvR 1511/96, NJW 1996, 3071 (3072); LG Regensburg 6.2.2003 – Qs 4/2003 jug., StraFo 2003, 127 (128); LG Arnsberg 22.6.2011 – II-2 KLs-382 Js 144/09-12/09, Jurion RS 2011, 21766 (Rn. 141).

16 BGH 21.1.2004 – 1 StR 364/03, BGHSt 49, 56 (60); LG Bielefeld 29.9.2010 – 10 Qs 404 und 405/10, juris (→ Rn. 6–9); vgl. auch *Saliger/Ademi* JuS 2008, 193 (198) zur Frage eines „geschlossenen" oder „nicht geschlossenen" Kreises von Betroffenen, die für einen möglichen Tatverdacht in Frage kommen.

17 LR/*Krause* Rn. 7.

18 *Kretschmer* HRRS 2012, 185 (187).

19 BGH 19.1.2000 – 3 StR 531/99, NJW 2000, 1962 (1964), insoweit nicht abgedruckt in BGHSt 45, 363.

20 *Kretschmer* HRRS 2012, 185 (187 f.); *Pommer* JA 2007, 621 (627); aA LR/*Krause* § 81c Rn. 29, der von genereller Unzumutbarkeit ausgeht.

21 SK/*Rogall* Rn. 8; *Kretschmer* HRRS 2012, 185 (188).

22 KMR/*Bosch* Rn. 3; *Busch* NJW 2001, 1335 (1337); *Rogall*, FS Schroeder, 2006, 691 (714).

23 VerfG Berlin 13.12.2005 – VerfGH 113/05, NJW 2006, 1416 (1417–1419).

24 LG Frankenthal 6.10.1999 – II Qs 363/99, NStZ-RR 2000, 146; vgl. auch BGH 19.1.2000 – 3 StR 531/99, NJW 2000, 1962 (1964), insoweit nicht abgedruckt in BGHSt 45, 363.

Alleine die Tatsache, dass der Betroffene gleichen Geschlechts ist wie der mutmaßliche Täter, kann die Zumutbarkeit der Maßnahme dagegen nicht begründen.[25]

II. Erläuterung

5 **1. Anordnungsvoraussetzungen nach Abs. 1. a) Verdacht einer Katalogtat.** Die Anordnung eines Reihengentests kommt nur beim **Verdacht** einer der im **Deliktskatalog** des Abs. 1 abschließend angeführten Verbrechen in Betracht. Ausreichend ist der Versuch einer solchen Straftat.[26] Dabei ist die Hervorhebung eines Delikts gegen das Leben nicht als ein abschließender Verweis auf den 16. Abschnitt des StGB zu verstehen. Vielmehr bezieht sich die Aufzählung auf die zugrunde liegenden höchstpersönlichen Rechtsgüter.[27] Demnach erfasst die Vorschrift sämtliche Verbrechen mit Todesfolge.[28] Ein Anfangsverdacht ist ausreichend.[29] Ausschlaggebend ist die Verdachtslage zum Zeitpunkt der Anordnung. Die Verurteilung wegen einer nicht von Abs. 1 erfassten Straftat wegen nachträglicher Änderung der Beurteilungsgrundlage oder abweichender rechtlicher Bewertung ist unschädlich und berührt die ursprüngliche Rechtmäßigkeit der Anordnung nicht.[30]

6 **b) Prüfungsmerkmale.** Durch die Benennung bestimmter Prüfmerkmale hat eine **Eingrenzung des Personenkreises** zu erfolgen, auf den sich die Maßnahme erstreckt.[31] Hierzu wird regelmäßig über eine Fallanalyse ein Täterprofil zu erstellen sein.[32] Dabei ist keine Gewissheit erforderlich, dass sich der mutmaßliche Täter unter der auf diese Weise abstrakt bestimmten Personengruppe befindet, da die Prüfungsmerkmale auf ihn nur „vermutlich" zutreffen müssen.[33] Namentlich müssen die Betroffenen zum Zeitpunkt der Anordnung noch nicht feststehen,[34] was naturgemäß der Fall sein wird, da eine Fallanalyse zunächst nur abstrakte Merkmale der Zielperson liefert. Als gruppenspezifische Merkmale kommen zunächst personenbezogene Eigenschaften oder Umweltbeziehungen in Betracht wie Alter, Geschlecht, Haar-/Augenfarbe, Kahlköpfigkeit, Körpergröße, Konfektionsgröße, Ortskenntnis, Wohnort, Halter eines bestimmten Fahrzeugtyps, Zugehörigkeit zu einem bestimmten Unternehmen, einer bestimmten Personengruppe (beispielsweise Uniformträger) oder einer Berufsgruppe.[35] Es darf allerdings auch auf empirische und kriminologische Erkenntnisse zurückgegriffen werden, wie die aufgrund der Deliktsnatur wahrscheinlichste Zugehörigkeit zu einer bestimmten Alters- oder Personengruppe.[36] Auch kann ein bestimmtes Handlungsmuster[37] entsprechende Hinweise geben. Die Festlegung der Prüfungsmerkmale muss zumindest so weit gehen, dass eine Beschränkung der Probenerhebung und Auswertung möglich ist und der Personenkreis nicht uferlos ausgeweitet wird.[38]

7 **c) Erforderlichkeit und Teilnehmerkreis-Tatschwere-Relation.** Als besondere **Ausprägung des Verhältnismäßigkeitsgrundsatzes** sieht Abs. 1 vor, dass die Maß-

[25] LG Regensburg 6.2.2003 – Qs 4/2003 jug., StraFo 2003, 127 (128), wobei im konkreten Fall eines getöteten Babys hinzukam, dass die Betroffene im fraglichen vorhergehenden Zeitraum nachweislich nicht schwanger war und somit eine persönliche Beziehung zur Tat ausgeschlossen war.

[26] BT-Drs. 15/5674, 13.

[27] BT-Drs. 15/5674, 13; vgl. auch *Müller* Die Polizei 2006, 40 (48).

[28] Graf/*Ritzert* Rn. 1; HK/*Lemke* Rn. 3; *Meyer-Goßner* Rn. 3; s. auch die Aufzählung der in Betracht kommenden Tatbestände bei LR/*Krause* Rn. 9.

[29] KMR/*Bosch* Rn. 9; *Meyer-Goßner* Rn. 3; SK/*Rogall* Rn. 11; *Senge* NJW 2005, 3028 (3032).

[30] LR/*Krause* Rn. 10.

[31] SK/*Rogall* Rn. 13; vgl. LG Magdeburg 21.12.2005 – 25 Qs 117/05, StV 2006, 125 (126).

[32] *Hoppmann* Kriminalistik 2013, 291 (293); vgl. LG Mannheim 30.3.2004 – 1 Qs 1/04, NStZ-RR 2004, 301 (302); KK/*Senge* Rn. 3.

[33] LG Dortmund 28.2.2007 – 37 Qs 4/07, NStZ 2008, 175 (176).

[34] Graf/*Ritzert* Rn. 2; HK/*Lemke* Rn. 4.

[35] KK/*Senge* Rn. 3; *Meyer-Goßner* Rn. 4; *Graalmann-Scheerer* NStZ 2004, 297 (300); vgl. auch LG Mannheim 30.3.2004 – 1 Qs 1/04, NStZ-RR 2004, 301 (302).

[36] LG Dortmund 28.2.2007 – 37 Qs 4/07, NStZ 2008, 175 (178).

[37] Vgl. BGH v. 17.1.2007 – 5 StR 186/07, NStZ-RR 2008, 148 (149) zum Beweiswert von Handlungsmustern bei der Tatbegehung.

[38] KK/*Senge* Rn. 3; vgl. LG Magdeburg 21.12.2005 – 25 Qs 117/05, StV 2006, 125 (126).

nahme erforderlich sein muss, um festzustellen, ob Spurenmaterial von dem betroffenen Personenkreis stammt und dass dieser zahlenmäßig in vertretbarer Relation zur Schwere der Tat stehen muss. Hierdurch hebt der Gesetzgeber den Ausnahmecharakter des Reihengentests hervor.[39] Die Anordnung kommt damit wegen der potentiellen Betroffenheit einer Vielzahl von unverdächtigen Personen nur als Ultima ratio in Frage. In der Praxis werden diese rechtlichen Anforderungen regelmäßig schon wegen der tatsächlichen Gegebenheiten nicht zum Problem.[40] Der enorme Kosten-, Verwaltungs- und Personalaufwand, der mit einem Massenscreening verbunden ist, führt dazu, dass es faktisch nur vereinzelt und in erster Linie bei Sexual- und Kapitaldelikten zur Anwendung kommt.[41] Unzutreffend ist indes der überwiegend gezogene Schluss, dies erfordere im Hinblick auf den Ermittlungsstand und den Zeitablauf, dass vor Anordnung der Maßnahme alle anderweitigen Ermittlungsmöglichkeiten zur Aufklärung des Tatgeschehens ausgeschöpft sein müssten.[42] Vielmehr kann sich die Frage nach der entsprechenden Vorgehensweise bei Sexualdelikten mit der Gefahr einer Wiederholung gerade in einem frühen Ermittlungsstadium stellen. Vom Wortlaut und Zweck der Vorschrift ist dies nicht ausgeschlossen.[43]

8 An der **Erforderlichkeit** fehlt es daher in sachlicher Hinsicht, wenn auswertbares Spurenmaterial, mit dem die im Wege der Reihenuntersuchung zu erlangenden DNA-Identifizierungsmuster abzugleichen wären, (noch) nicht vorhanden ist. Eine Vorratshaltung der Anordnung oder des Vergleichsmaterials ist nicht zulässig.[44] Als Ausschlusskriterium werden auch mit der Durchführung verbundene erhebliche Kosten angesehen.[45] Soweit darüber hinaus bestimmte Betroffene aus persönlichen Gründen als Spurenverursacher ausscheiden, betrifft dies regelmäßig erst die Durchführung des Reihengentests (→ Rn. 14).

9 Bei der **Personenkreis-Tatschwere-Relation** besteht hinsichtlich des in Abs. 1 erstgenannten Kriteriums, der Anzahl der von der Maßnahme betroffenen Personen, keine feste Grenze. Es ist vielmehr unter Abwägung aller Umstände im Einzelfall zu entscheiden.[46] Eher unproblematisch ist die Eingrenzung bei „geschlossenen Fällen“, die aufgrund mutmaßlicher Teilnahme des Täters an einer örtlich und zahlenmäßig begrenzten Veranstaltung, schon von vornherein eine Beschränkung vorgeben.[47] Ansonsten wird als grobe Orientierung für die Grenze zur Unverhältnismäßigkeit eine Zahl von ca. 10.000 betroffenen Personen genannt.[48] Bei dem entgegen zu stellenden Abwägungskriterium der Schwere der Tat kann trotz des Deliktskatalogs, der nur gravierende Straftaten enthält, nicht generell auf die Verhältnismäßigkeit geschlossen werden.[49] Ansonsten wäre dieses Tatbestandsmerkmal überflüssig. Maßgebliche Gesichtspunkte sind daher in erster Linie Intensität und Umfang der Rechtsgutsverletzung, aber auch Art und Anzahl der Tatopfer sowie Art des verletzten Rechtsguts.[50]

10 **2. Anordnung nach Abs. 2.** Abs. 2 S. 1 enthält einen **absoluten Richtervorbehalt.** Die richterliche Anordnung ist mithin unverzichtbar.[51] Eine Eilanordnungsbefugnis der

---

[39] BT-Drs. 15/5674, 9 und 13 „Keine Standardmaßnahme“.

[40] So auch die Einschätzung von *Rogall*, FS Schroeder, 2006, 691 (710 f.).

[41] Brodersen/Anslinger/Rolf/*Brodersen* DNA-Analyse und Strafverfahren Rn. 188; *Hoppmann* Kriminalistik 2013, 219 (224); *König* Kriminalistik 2004, 262 (265); vgl. auch die Praxisbeispiele bei *Hoppmann* Kriminalistik 2013, 147 ff., 219 ff., 219 ff.; *Kerner/Trüg*, FS Weber, 2004, 457 (458 f.).

[42] LG Düsseldorf 28.2.2007 – 37 Qs 4/07, NStZ 2008, 175 (176); Graf/*Ritzert* Rn. 3; LR/*Krause* Rn. 16; *Meyer-Goßner* Rn. 5; *Müller* Die Polizei 2006, 40 (48); *Saliger/Ademi* JuS 2008, 193 (195).

[43] KMR/*Bosch* Rn. 12; s. auch *Hoppmann* Kriminalistik 2013, 291 (295 ff.) zur Wichtigkeit zeitnahen Vorgehens bei Tötungsdelikten, s. aber auch (297).

[44] Graf/*Ritzert* Rn. 3; KK/*Senge* Rn. 3; LR/*Krause* Rn. 16.

[45] Graf/*Ritzert* Rn. 3; KMR/*Bosch* Rn. 11; *Meyer-Goßner* Rn. 5; *Saliger/Ademi* JuS 2008, 193 (196).

[46] LR/*Krause* Rn. 22.

[47] Vgl. *Saliger/Ademi* JuS 2008, 193 (196) zu „Schützenfest- oder Partykellerfällen“, wobei auch die Möglichkeit angenommen wird, die Teilnehmer als Beschuldigte zu führen (198).

[48] *Meyer-Goßner* Rn. 5; *Saliger/Ademi* JuS 2008, 193 (196).

[49] LR/*Krause* Rn. 22.

[50] *Saliger/Ademi* JuS 2008, 193 (196).

[51] BT-Drs. 15/5674, 14; KMR/*Bosch* Rn. 14; *Pommer* JA 2007, 621 (626).

Strafverfolgungsbehörden besteht nicht, ist im Hinblick auf den Ermittlungsaufwand zur Vorbereitung und Umsetzung der Maßnahme aber auch nicht erforderlich. Der Beschluss ergeht nach Abs. 2 S. 2 zwingend in Schriftform und muss nach Abs. 2 S. 3 neben einer Begründung die Prüfungsmerkmale hinreichend genau bezeichnen, um den betroffenen Personenkreis zu umgrenzen. Durch den Verweis in Abs. 3 S. 1 auf § 81f Abs. 2 wird darüber hinaus klargestellt, dass auch der Sachverständige iSd dortigen S. 1 zu bezeichnen ist.[52] Einer Anhörung der betroffenen Personen bedarf es angesichts der Freiwilligkeit der Mitwirkung nach Abs. 2 S. 4 nicht.[53] Örtlich zuständig ist nach § 162 Abs. 1 S. 1 der Ermittlungsrichter, in dessen Bezirk die beantragende Staatsanwaltschaft ihren Sitz hat.[54] Fälle einer Anordnung nach Abschluss des Ermittlungsverfahrens kommen im Hinblick auf die Art der Maßnahme nicht in Betracht. Die Ausführung erfolgt auf Veranlassung der Staatsanwaltschaft (§ 36 Abs. 2 S. 1) regelmäßig durch die Polizei.[55]

3. Durchführung des Reihengentests. a) Einwilligung. Die richterliche Anordnung darf nur ausgeführt werden, wenn die nunmehr anhand der allgemeinen Prüfkriterien ermittelte konkret betroffene Person nach **schriftlicher Belehrung** gemäß Abs. 4 ihre **Einwilligung in Schriftform** gemäß Abs. 1 erteilt. Letzteres dient Dokumentationszwecken.[56] Die Belehrung hat neben dem Hinweis auf die Freiwilligkeit der Maßnahmen nach Abs. 4 S. 1 auch die besonderen Punkte nach Abs. 4 S. 2 Nr. 1 und 2 hinsichtlich der Feststellungs- und Verwendungsbeschränkung, des Vernichtungsgebots und des Speicherverbots zu enthalten.[57] Sie kann zusammen mit der Einwilligungserklärung auf einem Formblatt der Strafverfolgungsbehörden erfolgen,[58] was zu empfehlen ist.[59] Der Gesetzgeber wollte durch die Kombination der Belehrungsvorgaben einerseits psychischen Druck von den Betroffenen nehmen (Abs. 4 S. 1), andererseits diese dem Test aufgeschlossen gegenübertreten lassen, um sie so zur Mitwirkung zu motivieren.[60] Um dies zu erreichen, empfiehlt es sich in der praktischen Umsetzung, trotz des damit verbundenen enormen Arbeitsaufwandes, die ausgewählten Personen aufzusuchen und nicht lediglich mittels Vorladung einzubestellen und die Maßnahme durch Öffentlichkeitsarbeit zu unterstützen.[61] **11**

Abs. 4 enthält eine **abschließende Aufzählung** der Belehrungspflichten. Es ist nicht notwendig, den Betroffenen ausdrücklich dahingehend zu belehren, dass aus der Verweigerung der Teilnahme kein Tatverdacht hergeleitet werden darf.[62] Der Gesetzgeber hat das Problem der Verdachtsneutralität einer Versagung der Einwilligung erkannt und gleichwohl nicht mit in die explizit bestimmten Belehrungspflichten aufgenommen.[63] Angesichts der im Übrigen ausdifferenzierten Fassung des Abs. 4, die ins Einzelne gehende Vorgaben enthält, ist kein Raum für eine entsprechende erweiternde Auslegung. In gleicher Weise ist eine Belehrung über die Löschungsvorschrift nicht zwingend,[64] wenngleich empfehlenswert. **12**

Die Einwilligungserklärung muss **freiwillig** erfolgen,[65] das heißt, frei von Willensmängeln und ohne Beeinträchtigung der Willensentschließung oder Willensbetätigung. Die etwaige Befürchtung, im Falle der Weigerung könne eine Probenentnahme und DNA-Analyse gerichtlich angeordnet werden, stellt einen unbeachtlichen Motivirrtum dar,[66] **13**

---

[52] Hierzu → § 81f Rn. 15.
[53] BT-Drs. 15/5674, 14.
[54] KMR/*Bosch* Rn. 15; *Meyer-Goßner* Rn. 11.
[55] KMR/*Bosch* Rn. 15; SK/*Rogall* Rn. 25.
[56] BT-Drs. 15/5674, 13.
[57] LR/*Krause* Rn. 35.
[58] *Finger* Kriminalistik 2006, 696 (698).
[59] → § 81f Rn. 12.
[60] BT-Drs. 15/5674, 14; kritisch hierzu HG/*Lemke* Rn. 12; SK/*Rogall* Rn. 34.
[61] *Hoppmann* Kriminalistik 2013, 219 (224 f.).
[62] AA LR/*Krause* Rn. 14 und 34; *Saliger/Ademi* JuS 2008, 193 (196 f.).
[63] BT-Drs. 15/5674, 13 f.
[64] AA wohl KK/*Senge* Rn. 9.
[65] LR/*Krause* Rn. 14.
[66] *Müller* Die Polizei 2006, 40 (48); vgl. auch bereits BVerfG 27.2.1996 – 2 BvR 200/91, NJW 1996, 1587 (1588).

sofern die Strafverfolgungsbehörden nicht eine entsprechende Fehlvorstellung bewusst herbeiführen. In gleicher Weise unerheblich ist ein möglicherweise bestehender sozialer oder moralischer Druck in Richtung auf eine Mitwirkung an dem Test, der in der Literatur teilweise kritisch gesehen wird.[67] Dem Gesetzgeber war auch diese Problematik bekannt,[68] gleichwohl sah er hierin keine grundlegende Gefahr für die Freiwilligkeit der Entscheidung, die einer Regelung bedurft hätte. Im Übrigen bleibt bei der bisherigen Diskussion vollständig ausgeblendet, dass an einer entsprechenden Erwartungshaltung der Rechtsgemeinschaft nicht lediglich negative, sondern auch positive Züge zu erkennen sind. Letztlich geht es darum, einem anderen Mitglied der Rechtsgemeinschaft, das Opfer einer gravierenden Straftat wurde, wenigstens ein Mindestmaß an Solidarität entgegenzubringen (→ Rn. 20). Die Gefahr, als „unbescholtener Bürger allzu leicht" in einen Rechtsfertigungszwang zu geraten,[69] erscheint demgegenüber nicht naheliegend. Zu dem Gesichtspunkt, dass ein Betroffener zufällig oder durch gezielte Spurenlegung des Täters eigene Spuren am Tatort zurücklässt, müsste der weitere Zufall hinzutreten, dass er unter das zu erstellende Täter-Profil fällt.

14 **b) Erforderlichkeit.** Die Erforderlichkeit nach Abs. 1 ist ein Prüfungspunkt, der nicht nur die Anordnung der Maßnahme betrifft, sondern auch deren Umsetzung. Die Erhebung und der Abgleich von Probenmaterial scheidet nach **personenbezogenen Gesichtspunkten** aus, wenn bei einer nunmehr anhand der Prüfmerkmale ermittelten bestimmten Person eine Verbindung zur Anlassstraftat ausgeschlossen werden kann.[70] Ein solches Ausschlusskriterium kann ein zuverlässig belegtes Alibi sein.[71] Entsprechend können besondere Umstände in der Lebensgeschichte oder dem Umfeld des Betroffenen die Indizwirkung der Prüfmerkmale beseitigen.[72]

15 **c) Probenentnahme und -auswertung.** In Abs. 1 Nr. 1 wird die **Art der Entnahme** der Körperzellen nicht vorgegeben. Üblicherweise geschieht dies durch eine Speichelprobe.[73] Eine Blutprobenentnahme ist mangels entgegenstehender Vorschrift allerdings ebenfalls möglich.[74] Diese hat nach dem Rechtsgedanken der §§ 81a Abs. 1 S. 2, 81c Abs. 2 S. 2 durch einen Arzt zu erfolgen. An die Umsetzung der freiwilligen Mitwirkung können keine geringeren Anforderungen gestellt werden als an die zwangsweise Probengewinnung.

16 Aus dem Probenmaterial wird nach Abs. 1 Nr. 2 ein **DNA-Identifizierungsmuster** gewonnen, wobei auch die Bestimmung des Geschlechts zulässig ist, und nach Abs. 1 Nr. 3 mit Spurenmaterial **abgeglichen.** Hierbei sind nach Abs. 3 S. 1 die Vorgaben des § 81f Abs. 2 zu beachten, die die Untersuchung durch qualifizierte Sachverständige und die Einhaltung datenschutzrechtlicher Belange gewährleisten.[75] Ferner wird auf die Verwendungsbeschränkung und das Untersuchungsverbot des § 81g Abs. 2 verwiesen. Die entsprechende Anwendung des § 81g Abs. 2 S. 1 bedeutet in diesem Zusammenhang, dass die entnommenen Körperzellen nur für die in § 81h Abs. 1 genannten Untersuchungen benutzt werden dürfen.[76] Denn die in § 81g Abs. 1 S. 1 Hs. 1 ihrerseits vorgesehene Bezugnahme auf Abs. 1 ist unter teleologischen Gesichtspunkten als ein Rückverweis auf die Ausgangsvorschrift und nicht auf § 81g Abs. 1 zu interpretieren.[77]

---

[67] LR/*Krause* Rn. 14; *Hinrichs* KJ 2006, 60 (69 f.); *Graalmann-Scheerer* NStZ 2004, 297 (298); *Mertin* ZRP 2005, 37 f.; *Ronellenfitsch* NJW 2006, 321 (325); *Saliger/Ademi* JuS 2008, 193 (197).

[68] Vgl. BT-Drs. 15/5674, 7 und 14.

[69] *Hinrichs* KJ 2006, 60 (70).

[70] KK/*Senge* Rn. 3; *Meyer-Goßner* Rn. 4.

[71] LR/*Krause* Rn. 17.

[72] Vgl. LG Regensburg 6.2.2003 – Qs 4/2003 jug., StraFo 2003, 127 (128), noch zu § 81c, wo im Fall einer Kindstötung der behandelnde Frauenarzt der Betroffenen bestätigte, dass eine Schwangerschaft im relevanten Empfängniszeitraum nicht gegeben war.

[73] *Meyer-Goßner* Rn. 7; SK/*Rogall* Rn. 16.

[74] LR/*Krause* Rn. 19.

[75] BT-Drs. 15/5674, 14.

[76] LR/*Krause* Rn. 29; Kanz ZJS 2013, 518 (519).

[77] In diesem Sinne auch *Rogall* JZ 2013, 874 (878).

17 Die Rspr. des 3. Strafsenats des BGH und die h.M. halten unter diesen Voraussetzungen mit dem Hinweis auf den angeblich eindeutigen Wortlaut der Zweckbindung der §§ 81h Abs. 3 S. 1, 81g Abs. 2 S. 2, 81h Abs. 1 die Erhebung und Verwertung sogenannter **„Beinahetreffer"** für unzulässig. Die Reihenuntersuchung erlaube nur die Verwertung der Erkenntnis, ob aufgefundenes Spurenmaterial von einem Teilnehmer stamme.[78] Beim Beinahetreffer besteht aber die besondere und weitergehende Situation, dass bei der Auswertung der Probe einer Testperson zwar keine vollständige Übereinstimmung mit dem DNA-Identifizierungsmuster des Spurenverursachers festgestellt wird, jedoch eine auffallende Ähnlichkeit, die auf eine verwandtschaftliche Beziehung hindeutet, die Anlass zu weiteren Ermittlungen geben kann. Eine solche Ähnlichkeit in den Allelen der untersuchten Proben tritt bei der Untersuchung durch den Sachverständigen schon aus verfahrenstechnischen Gründen zwangsläufig zu Tage; es handelt sich um ein „technisch bedingtes Nebenprodukt" der gesetzlich vorgesehenen Untersuchungsmethode.[79] Schon hier zeigt sich aber, dass das Wortlautargument tatsächlich auf einer teleologischen Voramnahme beruht. Nähme man den Verweis auf § 81g Abs. 2 für bare Münze, wäre § 81h wegen Perplexität des Regelungsgehaltes schlicht nicht anwendbar. § 81g verbietet es nämlich in Abs. 2 S. 2 Hs. 1 bereits, dass „andere Feststellungen als diejenigen, die zur Ermittlung des DNA-Identifizierungsmusters sowie des Geschlechts erforderlich sind, getroffen werden". Nach der Gesetzesbegründung sollten hiermit schon unzulässige Untersuchungen als solche ausgeschlossen werden.[80] Wenn aber die Erkenntnis einer verwandtschaftlichen Beziehung unvermeidbares Ergebnis der Untersuchung, dieses aber nicht (mehr) von der Zweckbindung gedeckt wäre, so dürfte diese von vornherein niemals durchgeführt werden. Denn die Teilnahme eines Verwandten des noch unbekannten Täters kann niemals von vornherein ausgeschlossen werden.[81] Der 3. Strafsenat umgeht diese Konsequenz, indem er unausgesprochen die Verweisung in § 81h Abs. 3 S. 1 nur auf § 81g Abs. 2 S. 2 Hs. 2 bezieht und sich darauf beruft, die Untersuchung sei nicht auf derartige Erkenntnisse „gerichtet".[82] Damit ist aber der Boden der reinen Wortlautinterpretation verlassen. Verstärkt wird die Schwäche dieses Auslegungsansatzes dadurch, dass die Verweisungsnorm wegen ihrer unklaren Formulierung hinsichtlich der Anwendung von § 81g Abs. 2 und die dortige Bezugnahme auf „Absatz 1" ohnehin nur unter teleologischem Blickwinkel sinnvoll angewandt werden kann[83] (→ Rn. 16 aE). Dieser führt aber zu dem Ergebnis, dass Erkenntnisse aus einem Beinahetreffer auch nach dem Wortlaut des § 81h Abs. 1 als Ermittlungsansatz gegen den nunmehr neu in Betracht kommenden Spurenleger verwendet werden können. Abs. 1 beschränkt das Ziel der Maßnahme im Hinblick auf die betroffene Person dahingehend, ob das Spurenmaterial von ihr stammt. Deswegen ist es nicht zulässig, die hierbei gewonnenen DNA-Identifizierungsmuster in Bezug auf die Testperson einem Abgleich zu unterziehen, ob sie als Täter anderer Straftaten in Betracht kommt.[84] Nicht ausgeschlossen wird dadurch, für den Fall der Nichtübereinstimmung hieraus einen Ermittlungsansatz gegen andere Personen herzuleiten. Nach dem Verständnis einer engen Zweckbindung wäre ansonsten nämlich die Untersuchung als solche bereits ausgeschlossen. Die fragliche Passage ist mithin als Erforderlichkeitsklausel zu verstehen, in dem Sinne, dass eine Ausforschung über das für den Abgleich Notwendige nicht zulässig ist.[85] Diese Grenze ist eingehalten, sofern wie hier das Auswertungsergebnis

---

[78] BGH 20.12.2012 – 3 StR 117/12, BGHSt 58, 84 gegen die Vorinstanz LG Osnabrück 2.11.2011 – 3 KLs 10/11, juris (→ Rn. 69–81); *Busch* NJW 2013, 1771 (1773); *Jahn* JuS 2013, 470 (471); *Hunsmann* StRR 2013, 140 (142); *Hüttenrauch* NJ 2013, 218; *Kanz* ZJS 2013, 518 (520 f.); *Löffelmann* JR 2013, 277; *Swoboda* StV 2013, 461 (463 f.); aA *Brocke* StraFo 2011, 298; *Rogall* JZ 2013, 874.

[79] BGH 20.12.2012 – 3 StR 117/12, BGHSt 58, 84 (Rn. 24 f.); *Brocke* StraFo 2011, 298 (300).

[80] BT-Drs. 15/5674, 14.

[81] Deswegen greift auch das Argument der angeblich fehlenden Vergleichbarkeit mit der Geschlechtsbestimmung von *Busch* NJW 2013, 1771 (1773) nicht.

[82] BGH 20.12.2012 – 3 StR 117/12, BGHSt 58, 84 (Rn. 22); *Busch* NJW 2013, 1771 (1773).

[83] *Rogall* JZ 2013, 874 (878).

[84] *Senge* NJW2005, 3028 (3032).

[85] *Rogall* JZ 2013, 874 (879).

die betreffende Erkenntnis systembedingt mitliefert. Für die Verwertbarkeit spricht auch die gesetzgeberische Intention. Mit der Neuregelung der DNA-Analyse verfolgte der Gesetzgeber unter anderem auch das Ziel, die Effizienz und Praktikabilität des Rechts der forensischen DNA-Analyse weiter zu erhöhen.[86] Dies spricht, vor allem weil der Reihengentest ohnehin nur als ultima ratio in Betracht kommt (Rn. 7), dafür, die aufgrund der rechtmäßig im Rahmen der angeordneten Maßnahme gewonnenen Ansätze für Neuermittlungen zu nutzen. Eventuelle Zeugnis- oder Untersuchungsverweigerungsrechte und das Recht auf ein faires Verfahren stehen nicht entgegen und werden auch nicht umgangen.[87] §§ 52, 81c Abs. 3 setzen voraus, dass sich das Ermittlungsverfahren erkennbar schon gegen einen der genannten Verwandten als Beschuldigten richtet.[88] Die Situation eines möglicherweise bestehenden Weigerungsrechtes, die derjenigen bei Durchführung des Reihengentest entspricht, ist nicht erfasst.[89] Das heißt, entsprechende Ermittlungsmaßnahmen dürften sogar zwangsweise durchgesetzt werden. Warum bei § 81h, der sogar nur die freiwillige Teilnahme zulässt, eine andere Wertung getroffen werden sollte, erschließt sich nicht.[90] Somit stellt § 81h Abs. 1, abweichend von der Auffassung des 3. Strafsenats des BGH,[91] schon keine entgegenstehende Verwendungsregelung iSd § 160 Abs. 4 dar. Im Übrigen ist das vom BGH postulierte, an den Sachverständigen gerichtete Verbot, die Erkenntnis eines Beinahetreffers an die Ermittlungsbehörden weiterzuleiten,[92] mit strafprozessualen Grundsätzen schlicht nicht zu vereinbaren. Denn einerseits widerspricht es den Pflichten und Aufgaben des Sachverständigen, die ihren Niederschlag in §§ 75, 78, 79 gefunden haben,[93] andererseits haben im Ermittlungsverfahren die Staatsanwaltschaft nach § 160 Abs. 1 und im Hauptsacheverfahren das Gericht nach § 244 Abs. 2 über den (zulässigen) Umfang des Verfahrensstoffes zu entscheiden. § 81h eine solch weitgehende Einschränkung zentraler Grundsätze des Strafprozesses, noch dazu unter Bezugnahme auf den insoweit völlig indifferenten Wortlaut, zu entnehmen, ist nicht vertretbar. Es bleibt demnach zu hoffen, dass sich die anderen Senate dieser Rspr. nicht anschließen.

18 **d) Vernichtungs- und Löschungsregelung nach Abs. 3.** Die entnommenen Körperzellen sind nach Abs. 3 S. 1 iVm § 81g Abs. 2 S. 1 Hs. 2 nach Durchführung der Untersuchung zu **vernichten.** Sobald diese zur Aufklärung des Verbrechens nicht mehr benötigt werden, sind nach Abs. 3 S. 2 auch die durch die Untersuchung gewonnenen DNA-Identifizierungsmuster zu **löschen.** Dies ist regelmäßig dann der Fall, wenn der Spurenverursacher ermittelt werden konnte,[94] wird aber auch in Betracht kommen, wenn eine Übereinstimmung des DNA-Identifizierungsmusters des Betroffenen mit demjenigen des Spurenmaterials ausgeschlossen werden kann.[95] Spätest möglicher Zeitpunkt ist der Eintritt der Verjährung des Verbrechens.[96] Die Löschung der Daten ist durch die Strafverfolgungsbehörden nach Abs. 3 S. 3 zu dokumentieren, was durch Fertigung einer Niederschrift oder Abspeicherung eines entsprechenden Vermerks in den Datenverarbeitungssystemen geschieht.[97] Eine Speicherung der nach Abs. 1 Nr. 2 gewonnenen DNA-Identifizierungsmuster ist demnach uneingeschränkt unzulässig, genauso wie ein Abgleich mit denjenigen, die in die DNA-Analyse-Datei des Bundeskriminalamtes eingestellt sind,

---

[86] BT-Drs. 15/5674, 7.
[87] *Brocke* StraFo2011, 298 (301 f.); aA *Swoboda* StV 2013, 461 (467 – 469).
[88] → § 52 Rn. 17; → § 81c Rn. 24.
[89] LG Osnabrück 2.11.2011 – 3 KLs 10/11, juris (→ Rn. 74); *Busch* NJW 2013, 1771 (1772); vgl. auch *Löffelmann* JR 2013, 277 (278).
[90] So im Ergebnis auch SK/*Rogall* Rn. 7; *Brocke* StraFo 2013, 298 (302).
[91] BGH 20.12.2012 – 3 StR 117/12, BGHSt 58, 84 (Rn. 26).
[92] BGH 20.12.2012 –3 StR 117/12, BGHSt 58, 84 (Rn. 21 und 25).
[93] *Rogall* JZ 2013, 874 (879).
[94] BT-Drs. 15/5674, 14.
[95] KK/*Senge* Rn. 8; LR/*Krause* Rn. 30; *Saliger/Ademi* JuS 2008, 193 (198).
[96] BT-Drs. 15/5674, 14.
[97] BT-Drs. 15/5674, 14.

beispielsweise um andere Straftaten als die Anlasstat aufzuklären.[98] Entsprechende Erkenntnisse wären unverwertbar.[99]

III. Reformbedarf

19 Die Vorschrift des § 81h ist dringend reformbedürftig.[100] Sie stellt schon im Hinblick auf die Verbindung der richterlichen Anordnung bei vollkommener Freiwilligkeit der Durchführung einen **systematischen Fremdkörper** in der StPO dar, der in der Sache keine Rechtfertigung findet.[101] Der Bundesrat stimmte demgemäß zwar mit Beschluss vom 8.7.2005 dem Entwurf des Gesetzes zur Novellierung der forensischen DNA-Analyse zu, verband dies allerdings mit Empfehlungen der Ausschüsse. In diesen wurde ausdrücklich betont, dass der Bundesrat weiteren gesetzgeberischen Handlungsbedarf im Hinblick auf die Möglichkeiten der DNA-Analyse sehe. Hierbei werde auch „die Aufhebung entbehrlicher rechtlicher Einschränkungen der Strafverfolgungsbehörden beim DNA-Reihengentest zu prüfen sein".[102] Dem kann nur beigepflichtet werden. Dem Grundsatz der Verhältnismäßigkeit wird durch den absoluten Richtervorbehalt des Abs. 2 S. 1 vollauf Genüge getan. Hierdurch wird die Kontrolle gewährleistet, dass die DNA-Reihenuntersuchung eine Ausnahmemaßnahme bleibt, die nur unter den einschränkenden Voraussetzungen des Abs. 1 angewandt werden kann. Einer Ausuferung des betroffenen Personenkreises ist damit entgegengewirkt. Die dagegen immer wieder ins Feld geführte angebliche Schwere des Eingriffs in das Recht auf informationelle Selbstbestimmung[103] lässt die rechtlichen Vorgaben außer Betracht. Hergestellt werden darf lediglich ein DNA-Identifizierungsmuster, das keinerlei Rückschlüsse auf persönlichkeitsrelevante Merkmale zulässt. Dieses darf nur mit vorhandenem Spurenmaterial automatisiert abgeglichen und nicht anderweitig verwendet werden. Es ist im Anschluss zu vernichten. Daher ist das Recht auf informationelle Selbstbestimmung der Betroffenen nur in dem für die Ermittlungsmaßnahmen unbedingt notwendigen Minimalmaß betroffen. Der Eingriff als solcher ist von der Intensität her gering und zudem zeitlich beschränkt. Es kann daher allenfalls von einem geringfügigen Eingriff ausgegangen werden.[104]

20 Auch im Übrigen krankt die Diskussion, die unter dem Gesichtspunkt der Rechtsstaatlichkeit die „größtmögliche Freiheit" bei der Mitwirkung an einem DNA-Reihentest fordert, und vor „sozialem Druck" warnt, der die Entscheidungsfreiheit beeinträchtigen könnte,[105] – unabhängig davon, ob ein solcher überhaupt pauschal unterstellt werden kann[106] – an Einseitigkeit. Sie betrachtet die Betroffenen lediglich als isolierte Selbstverwirklicher und nicht als Teil einer **Rechtsgemeinschaft.** Vollkommen außer Betracht bleibt bislang das Argument der Solidarität gegenüber dem Opfer, das ebenfalls Mitglied dieser Rechtsgemeinschaft ist.[107] Naturgemäß kann und darf eine entsprechende Haltung gegenüber dem Geschädigten einer Straftat nicht uferlos erzwungen werden. Andererseits ist es auch ein Gebot der Rechtsstaat-

[98] LR/*Krause* Rn. 21; *Senge* NJW 2005, 3028 (3032).
[99] KK/*Senge* Rn. 8.
[100] So auch *Rogall*, FS Schroeder, 2006, 691 (716).
[101] *Rogall*, FS Schroeder, 2006, 691 (711) „Absurdität"; nach KMR/*Bosch* Rn. 6 wegen Ungeeignetheit verfassungsrechtlich bedenklich und Rn. 21 „unsinnig".
[102] BR-Drs. 521/05 und 521/1/05.
[103] LR/*Krause* Rn. 29; *Graalmann-Scheerer* NStZ 2004, 297 (298) wonach dies sogar einer Einwilligung nicht zugänglich sein soll; vgl. auch *Hinrichs* KJ 2006, 60 (68).
[104] Vgl. BGH 9.11.2001 – 1 StE 4/85 – StB 16/01, NJW 2002, 765 (766); OLG Bremen 28.9.2009 – WF 123/09, BeckRS 2010, 05906, insoweit nicht abgedruckt in StV 2010, 122; LG Düsseldorf 14.2.2003 – X Qs 8/02, NJW 2003, 1883 (1885); LG Mannheim 30.3.2004 – 1 Qs 1/04, NStZ-RR 2004, 301 (302); *Schaefer* NJW 2005, 1332 (1333).
[105] *Hinrichs* KJ 2006, 60 (69); *Mertin* ZRP 2005, 37; *Graalmann-Scheerer* NStZ 2004, 297 (298); *Satzger* JZ 2001, 639 (647 f.).
[106] Zu recht zweifelnd Brodersen/Anslinger/Rolf/*Brodersen* DNA-Analyse und Strafverfahren Rn. 190.
[107] Symptomatisch *Zuck* NJW 2002, 1924 (1925) und *Kerner/Trüg*, FS Weber, 2004, 457 (470–473), die sich ausschließlich – teilweise auf Grundlage bloßer Mutmaßungen – auf den Ermittlungsdruck der Strafverfolgungsbehörden fokussieren.

lichkeit, angesichts der für den Geschädigten gravierenden Folgen der in § 81h Abs. 1 genannten Straftaten zumindest ein Minimalmaß an Solidarität in Form der Mitwirkung an einer Reihenuntersuchung zu verlangen, die nach Umfang und Inhalt umschrieben und gerichtlich geprüft ist. An der Sache vorbei geht schließlich das Argument, niemand sei verpflichtet, an seiner Überführung mitzuwirken.[108] Wollte man mit diesem ernstmachen, müsste man sämtliche Ermittlungsmaßnahmen der StPO abschaffen, die sich in irgendeiner Weise gegen den Beschuldigten richten oder seine Person zum Gegenstand haben. Bemerkenswerterweise enthält die StPO aber weitergehende Regelungen, die sogar die Verwertung anlässlich einer Wohnraumüberwachung gewonnener Erkenntnisse gegen Dritte zulässt, selbst wenn es teilweise um weniger gravierende Delikte geht als die in § 81h Abs. 1 genannten (vgl. § 100d Abs. 5 Nr. 3). Im Hinblick auf diese Gesichtspunkte ist es angemessen, aber auch ausreichend, die molekulargenetische Reihenuntersuchung unter den absoluten Richtervorbehalt des Abs. 2 S. 1 zu stellen. Die darüber hinausgehende Freiwilligkeit der Mitwirkung sollte demgegenüber gestrichen und durch ein Beschwerderecht des Betroffenen ersetzt werden, das bislang nach § Abs. 2 S. 5 ausgeschlossen ist.

21 Erkennbar hat sich der Gesetzgeber auch nicht mit der Frage der Verwertbarkeit von Beinahetreffern (→ Rn. 17) auseinandergesetzt. Diese bieten indes wertvolle Ermittlungsansätze, deren Einbeziehung nicht außer Verhältnis zu den vom Straftatenkatalog des § 81h Abs. 1 erfassten Tatbeständen stehen. Vor dem Hintergrund der von der Norm geforderten gravierenden Rechtsgutsverletzungen kann es nur als Zumutung, vor allem für Geschädigte, aber auch für Sachverständige, Ermittlungsbehörden und Gerichte bezeichnet werden, insoweit den Eingriff in das Recht auf informationelle Selbstbestimmung der Probengeber und im entsprechenden Verfahrensstadium lediglich gemutmaßte familiäre Konfliktlagen, als vorrangig zu betrachten.[109] Die Rspr. des 3. Strafsenats stellt allerdings restriktive Maßstäbe auf, die zwar rechtlich nicht geboten sind, gleichwohl aber die Anwendungspraxis stark einschränken werden.[110] Daher wird zu Recht eine Klarstellung gefordert, die eine Einbeziehung entsprechender Erkenntnisse ausdrücklich zulässt.[111] Für erwägenswert wird es in diesem Zusammenhang gehalten, zugleich die Belehrungspflicht in Abs. 4 entsprechend zu erweitern.[112] Dies widerspräche aber der gesetzlichen Systematik bei Zeugnis- und Untersuchungsverweigerungsrechten, die keine Belehrungen aufs Geratewohl vorsehen. Die anderweitige Forderung kann daher allenfalls in der grundsätzlichen Freiwilligkeit der Mitwirkung an einem Reihengentest verortet werden, die indes schon vom Ansatz her verfehlt ist (→ Rn. 19 f.).

IV. Rechtsmittel

22 Die Anordnung der DNA-Reihenuntersuchung ist durch die davon Betroffenen gemäß Abs. 2 S. 5 nicht mit der **Beschwerde** anfechtbar. Hierfür besteht auch nach derzeitiger Rechtslage kein Bedürfnis, da die Mitwirkung nach Abs. 1 verweigert werden kann. Wird ein Antrag der Staatsanwaltschaft auf Anordnung eines Massenscreenings abgelehnt, so kann sie hiergegen mit der Beschwerde vorgehen.[113]

23 Ein mit der **Revision** geltend zu machendes Verwertungsverbot kann regelmäßig nicht aus der fehlerhaften Anordnung hergeleitet werden, wenn der Beschwerdeführer freiwillig mitgewirkt hat. Die Einwilligung in die Probenentnahme und deren Abgleich kompensiert die Mängel der Anordnung.[114] Etwas anderes kann sich bei einer bewussten oder willkürlichen Umge-

[108] *Mertin* ZRP 2005, 37 (38); *Graalmann-Scheerer* NStZ 2004, 297 (298); *Jahn* JuS 2013, 470 (472).
[109] So aber *Swoboda* StV 2013, 461 (468 – 470).
[110] *Hunsmann* StRR 2013, 140 (142).
[111] *Brocke* StraFo2011, 298 (304); *Busch* NJW 2013, 1771 (1774); *Hüttenrauch* NJ 2013, 218 (219); *Jahn* JuS 2013, 470 (472); *Kanz* ZJS 2013, 518 (522); *Löffelmann* JR 2013, 277 (279); *Rogall* JZ 2013, 874 (880); aA *Swoboda* StV 2013, 461 (469 f.).
[112] *Brocke* StraFo2011, 298 (304); *Jahn* JuS 2013, 470 (472); *Kanz* ZJS 2013, 518 (522).
[113] LG Dortmund 28.2.2007 – 37 Qs 4/07, NStZ 2008, 175 (176); BT-Drs. 15/5674, 14; KMR/*Bosch* Rn. 20; SK/*Rogall* Rn. 35.
[114] KK/*Senge* Rn. 11; *Meyer-Goßner* Rn. 15; *Pommer* JA 2007, 621 (626).

hung des Richtervorbehalts ergeben.[115] Nach der Abwägungslehre ist im Einzelfall zu entscheiden, wenn die Einwilligung unwirksam war, beispielsweise aufgrund Täuschung oder Zwang, oder wenn dieser eine unzureichende oder fehlerhafte Belehrung zugrunde lag.[116] Zu berücksichtigen ist aber, dass spätestens nach vollständiger Druchführung des Reihentests eine Anordnung auch über §§ 81a, 81c erlangt werden könnte, was gegen ein Verwertungsverbot spricht.[117] Das Urteil muss zudem auf dem im Rahmen der Beweiswürdigung verwerteten Untersuchungsergebnis beruhen.[118] Bei Verwertung von Erkenntnissen aus einem Beinahetreffer wird vom 3. Strafsenat des BGH und der hM für zukünftige Fälle ein Beweisverwertungsverbot anzunehmen sein (→ Rn. 17)[119]. Diese Ansicht verkennt aber, dass es bei zutreffender Auslegung der Vorschrift schon an einem Beweiserhebungsverbot fehlt. Es bleibt daher zu hoffen, dass sie sich nicht dauerhaft durchsetzt. Zudem stimmt die Selbstverständlichkeit, mit der ein Beweisverwertungsverbot gefordert wird[120] angesichts der Straftaten, aus deren Anlass eine Maßnahme nach § 81h durchgeführt werden kann,[121] nachdenklich. Sie ist eigentlich nur erklärbar mit der derzeitigen Rechtskultur, nach der der Beschuldigte (zu Recht!) als Individuum ins Auge gefasst, das Opfer aber hinter dem staatlichen Strafanspruch versteckt und anschließen rechtssystematisch „neutralisiert" wird.

§ 82 [Gutachten im Vorverfahren]

Im Vorverfahren hängt es von der Anordnung des Richters ab, ob die Sachverständigen ihr Gutachten schriftlich oder mündlich zu erstatten haben.

Schrifttum: *Deckers/Schöch/Nedopil/Dittmann/Müller/Nowara/Saimeh/Boetticher/Wolf,* Pflicht zur Einholung eines vorläufigen schriftlichen Gutachtens eines Psychiaters bei Anordnung einer Maßregel nach den §§ 63, 66, 66a StGB, NStZ 2011, 69; *Geipel,* Markante Rechtsschutzlücken im Strafprozess, StraFo 2010, 272; *Gössel,* Behörden und Behördenangehörige als Sachverständige vor Gericht, DRiZ 1980, 363; *Karpinski,* Der Sachverständige im Strafprozess, NJW 1968, 1173; *Lind,* schriftliches Prognosegutachten im Strafaussetzungsverfahren, StRR 2010, 422: *Lürken,* Auswahl und Leitung des Sachverständigen im Strafprozess (§§ 73, 78 StPO), NJW 1968, 1161; *Senge,* Kein Anspruch des Betroffenen auf Anfertigung und Aushändigung vorbereitender schriftlicher Gutachten, jurisPR-StrafR 5/2010 Anm. 2.

I. Anwendungsbereich

1 § 82 betrifft das **Vorverfahren** speziell für den Fall, dass der Ermittlungsrichter nach §§ 162, 169 auf Antrag der Staatsanwaltschaft mit der Einvernahme des Sachverständigen befasst ist.[1] Die Vorschrift kommt über § 161a Abs. 1 S. 2 zudem für den Regelfall der Auftragserteilung im Ermittlungsverfahren durch die Staatsanwaltschaft zur Anwendung und sinngemäß für diejenige durch die Polizei (vgl. § 163 Abs. 3 S. 4).[2]

2 Im **Zwischen-** und **Hauptsacheverfahren** ist § 82 schon nach dem Wortlaut wegen der eindeutigen Beschränkung auf das Vorverfahren nicht anwendbar. Das Gericht kann aber in Ausübung seiner Leitungsfunktion nach § 78 zur Vorbereitung der Eröffnungsentscheidung (§ 202 S. 1) oder zur Vorbereitung der Hauptverhandlung dem Sachverständi-

[115] LR/*Krause* Rn. 36.
[116] LR/*Krause* Rn. 37
[117] KMR/*Bosch* Rn. 21.
[118] KK/*Senge* Rn. 11; *Meyer-Goßner* Rn. 15; SK/*Rogall* Rn. 36.
[119] Neben den dortigen Verweisen s. auch Beck-OK/*Ritzert* Rn. 9; *Meyer-Goßner* Rn. 13a; aA KK/*Senge* Rn. 8a: Abwägung im Einzelfall.
[120] S. nur *Hunsmann* StRR 2013, 140 (142); *Hüttenrauch* NJ 2013, 218 (219); *Kanz* ZJS 2013, 518 (522); *Swoboda* StV 2013, 461 (468 f.); NJW-Spezial 2013, 152 (153); deutlich vorsichtiger und einfühlsamer Jahn JuS 2013, 470 (472); aA *Brocke* StraFo 2011, 298; *Rogall* JZ 2013, 874.
[121] Hier sei nur auf die zusammengefasste Fallschilderung bei BGH 20.12.2012 – 3 StR 117/12, BGHSt 58, 84 und nochmals auf die Fallbeispiele bei Hoppmann Kriminalistik 2013, 147 ff., 219 ff., 291 ff. verwiesen.
[1] HK/*Lemke* Rn. 1; LR/*Krause* Rn. 2.
[2] Graf/*Ritzert* Rn. 1; KK/*Senge* Rn. 1; LR/*Krause* Rn. 1; SK/*Rogall* Rn. 2; *Gössel* DRiZ 1980, 363 (368).

gen aufgeben, ein vorbereitendes schriftliches Gutachten vorzulegen.[3] Unabhängig davon ist der Gutachter berechtigt, von sich aus ein solches zu den Akten zu bringen.[4] Die schriftliche Stellungnahme ist naturgemäß vorläufiger Natur, auch wenn dies nicht ausdrücklich erwähnt wird.[5] Sie steht unter dem Vorbehalt einer Änderung aufgrund der Ergebnisse der Hauptverhandlung. Wegen der Grundsätze der Unmittelbarkeit und Mündlichkeit ist für die Beurteilung der Schuld- und Rechtsfolgenfrage ausschließlich der Inhalt des dort mündlich erstatteten Gutachtens maßgeblich.[6] Zu Vorhalten an den Sachverständigen kann das schriftliche vorläufige Gutachten herangezogen werden.[7] Ansonsten kommt eine Verlesung und ausschließliche Verwertung eines schriftlichen Gutachtens nur unter den Voraussetzungen der §§ 251 Abs. 1 und Abs. 2, 256[8] oder im Freibeweis für Verfahrensfragen, wie beispielsweise die Verhandlungsfähigkeit,[9] in Betracht. Selbst wenn die Forderung nach einem vorbereitenden schriftlichen Gutachten vor allem zur Vorbereitung der Verfahrensbeteiligten mitunter zweckmäßig sein mag,[10] haben sie keinen Anspruch auf Vorlage eines solchen oder eine Verschriftung des in der Hauptverhandlung mündlich erstatteten Gutachtens.[11] Erst recht kann demnach keine Verpflichtung des Sachverständigen hergeleitet werden, bereits ein endgültiges Gutachten vor der Hauptverhandlung zu den Akten zu bringen; dem Grundsatz der Mündlichkeit würde dies diametral entgegenstehen.[12] Lediglich in ganz besonders gelagerten Ausnahmefällen kann der Grundsatz des fairen Verfahrens die Anforderung einer schriftlichen Vorbeurteilung gebieten, insbesondere dann, wenn das Berufungsgericht nach einem in erster Instanz zum Freispruch führenden Sachverständigengutachten zur Berufungshauptverhandlung ausschließlich einen anderen Sachverständigen ohne sonstige Vorbereitungshandlungen lädt.[13] Ob die Aufklärungspflicht nach § 244 Abs. 2 im Einzelfall entsprechendes gebietet hat die Rechtsprechung offen gelassen.[14]

3 Im **Strafvollstreckungsverfahren** gilt § 82 wegen seiner ausdrücklichen Bezugnahme auf das Vorverfahren und das Fehlen einer Verweisung in §§ 449 ff. ebenfalls nicht. Für Prognosegutachten anlässlich der Entscheidungen nach §§ 454 Abs. 2, 463 Abs. 3 wird wegen des überwiegend schriftlichen Charakters des Verfahrens die Vorlage eines schriftlichen Gutachtens sogar für zwingend erachtet.[15] Hierauf deutet auch § 454 Abs. 2 S. 3 hin,

---

[3] BGH 14.10.2009 – 2 StR 205/09, BGHSt 54, 177 (178 Rn. 5); SK/*Rogall* Rn. 3.

[4] BGH 14.11.1961 – 5 StR 445/61, juris (→ Rn. 15) = JR 1962, 111 f. = GA 1963, 18; BGH 12.12.2008 – 1 StR 649/07, NStZ 2008, 418.

[5] BGH 14.11.1961 – 5 StR 445/61, juris (→ Rn. 15) = JR 1962, 111 f.

[6] BGH 21.7.1965 – 2 StR 229/65, JurionRS 1965, 12761, insoweit nicht abgedruckt bei *Dallinger* MDR 1966, 381 (383); BGH 12.9.2007 – 1 StR 407/07, BeckRS 2007, 17488 (→ Rn. 4 f.) insoweit nicht abgedruckt in NStZ 2008, 229; BGH 12.2.2008 – 1 StR 649/07, NStZ 2008, 418; BGH 14.10.2009 – 2 StR 205/09, BGHSt 54, 177 (178 Rn. 5); zur Bewertung von Abweichungen gegenüber vorbereitenden schriftlichen Gutachten s. BGH 23.8.2012 – 1 StR 389/12, NStZ 2013, 98 (98 f.).

[7] KK/*Senge* Rn. 3; SK/*Rogall* Rn. 3.

[8] Graf/*Ritzert* Rn. 2; HK/*Lemke* Rn. 4; KK/*Senge* Rn. 3; LR/*Krause* Rn. 5; SK/*Rogall* Rn. 5.

[9] BGH 12.2.2008 – 1 StR 649/07, NStZ 2008, 418; *Eisenberg* Beweisrecht Rn. 1582 (Fn. 116).

[10] *Lürken* NJW 1968, 1161 (1165); aA *Karpinski* NJW 1968, 1173, der die Gefahr einer „Festlegung" sieht.

[11] BGH 14.10.2009 – 2 StR 205/09, BGHSt 54, 177 (178 – 180 Rn. 4–8); Graf/*Ritzert* Rn. 2; HK/*Lemke* Rn. 3; KK/*Senge* Rn. 3; KMR/*Bosch* Rn. 4; *Meyer-Goßner* Rn. 2; SK/*Rogall* Rn. 4; *Peglau* JR 2010, 304 (304 f.); *Senge* jurisPR-StrafR 5/2010 Anm. 2; offen gelassen in BGH 12.2.2008 – 1 StR 649/07, NStZ 2008, 418; aA LR/*Krause* Rn. 5; *Eisenberg* Beweisrecht Rn. 1582; *Deckers ua* NStZ 2011, 69 (71–73); *Deckers/Heusel* StV 2009, 7; *Geipel* StraFo 2010, 272 (273); *Ziegert* StV 2011, 199 (199–201).

[12] BGH 12.9.2007 – 1 StR 407/07, BeckRS 2007, 17488 (→ Rn. 5) insoweit nicht abgedruckt in NStZ 2008, 229 nachdem mit der Revision durch die Verteidigung offensichtlich eine entsprechende Forderung erhoben wurde. Bemerkenswert schon deswegen, weil eine Revision der Verteidigung noch im Zusammenhang mit BGH 14.11.1961 – 5 StR 445/61, juris (→ Rn. 15) = JR 1962, 111 f. die Ansicht vertrat, es dürfe noch nicht einmal ein vorläufiges schriftliches Gutachten überreicht werden.

[13] OLG Hamm 14.5.1996 – 2 Ss 176/96, NStZ 1996, 454 (455).

[14] BGH 14.10.2009 – 2 StR 205/09, BGHSt 54, 177 (178 Rn. 4).

[15] KG 8.3.2010 – 2 Ws 40–41/10, NStZ-RR 2011, 29 (29 f.); Lind StRR 2010, 422 f.; vgl. auch BGH 14.10.2009 – 2 StR 205/09, BGHSt 54, 177 (179 f. Rn. 8); s. aber auch die Kommentierungen zu § 454.

der ansonsten überflüssig wäre, wenn der Mündlichkeitsgrundsatz im Strafvollstreckungsverfahren uneingeschränkt zur Geltung käme.

II. Erläuterung

Die **Anordnung,** ob das Gutachten schriftlich oder mündlich zu erstatten ist, trifft die zuständige Strafverfolgungsbehörde nach pflichtgemäßem Ermessen.[16] Hierbei sind Zweckmäßigkeitsgesichtspunkte zu berücksichtigen.[17] 4

Da es sich, wie aus § 168b ersichtlich, im Ermittlungsstadium um ein schriftliches Verfahren handelt, wird in der Regel die **Schriftform** einzufordern sein,[18] besonders dann, wenn umfangreichere Gutachten zu erwarten sind.[19] Gleiches gilt für die Bewertung komplexer Fragestellungen, vor allem im Zusammenhang mit der Schuldfähigkeitsbegutachtung gemäß §§ 20, 21 StGB und den tatsächlichen Voraussetzungen für die Anordnung und die Prognosen der Unterbringungen nach §§ 63–66a StGB.[20] 5

Unbeschadet dessen bleibt die **mündliche Gutachtenerstattung** generell zulässig,[21] wird sich in einfach gelagerten Fällen bisweilen sogar anbieten.[22] Erfolgt diese, haben die Staatsanwaltschaft nach § 168b Abs. 2, die Polizei in entsprechender Anwendung dieser Vorschrift[23] oder das Gericht nach §§ 168, 168a unter Wahrung der Anwesenheitsrechte nach § 168c ein Protokoll zu erstellen.[24] Ein unter den weiteren Voraussetzungen des § 251 Abs. 2 in der Hauptverhandlung verlesbares richterliches Vernehmungsprotokoll liegt nur dann vor, wenn der mündlich vom Sachverständigen erläuterte Befund aufgenommen oder das schriftliche Gutachten verlesen und dies im Protokoll vermerkt wird. Ansonsten kommt eine Verlesung nur über § 251 Abs. 1 oder § 256 in Betracht.[25] 6

§ 83 [Neues Gutachten]

(1) Der Richter kann eine neue Begutachtung durch dieselben oder durch andere Sachverständige anordnen, wenn er das Gutachten für ungenügend erachtet.

(2) Der Richter kann die Begutachtung durch einen anderen Sachverständigen anordnen, wenn ein Sachverständiger nach Erstattung des Gutachtens mit Erfolg abgelehnt ist.

(3) In wichtigeren Fällen kann das Gutachten einer Fachbehörde eingeholt werden.

Schrifttum: *Ahlf,* Zur Ablehnung des Vertreters von Behördengutachten durch den Beschuldigten im Strafverfahren, MDR 1978, 981; *Dästner,* Zur Anwendbarkeit des § 74 StPO auf Polizeibedienstete als Sachverständige, MDR 1979, 545; *Foth/Karcher,* Überlegungen zur Behandlung des Sachverständigenbeweises im Strafverfahren, NStZ 1989, 166; *Gössel,* Behörden und Behördenangehörige als Sachverständige vor Gericht, DRiZ 1980, 363; *Leineweber,* Die Rechtstellung der Polizeibediensteten als Sachverständige vor Gericht, MDR 1980,7; *Parzeller/Dettmeyer/Bratzke,* Die Äußere und Innere Leichenschau nach der deutschen Strafprozessordnung – Analyse des § 87 StPO unter besonderer Berücksichtigung der gerichtlichen Leichenöffnung, ArchKrim 223 (2009), 1; *Rudolph,* Das Zusammenwirken des Richters und des Sachverständigen, Justiz 1969, 49; *Seyler,* Das Behördengutachten im Strafprozess, GA 1989, 546; *Wustmann,* Zur Gutachtens- und Sachverständigentätigkeit einer staatlichen Behörde und deren Bediensteter, ZLR 2006, 691.

---

[16] HK/*Lemke* Rn. 1; SK/*Rogall* Rn. 4; *Gössel* DRiZ 1980, 363 (368).
[17] LR/*Krause* Rn. 1.
[18] Graf/*Ritzert* Rn. 1; KK/*Senge* Rn. 1; KMR/*Neubeck* Rn. 1; *Meyer-Goßner* Rn. 1; *Gössel* DRiZ 1980, 363 (368).
[19] *Eb. Schmidt* Lehrkommentar zur StPO Teil II Rn. 3.
[20] *Deckers ua* NStZ 2011, 69 (70).
[21] *Gössel* DRiZ 1980, 363 (368).
[22] HK/*Lemke* Rn. 1; LR/*Krause* Rn. 1.
[23] BGH 19.6.1997 – 1 StR 168/97, NStZ 1997, 611.
[24] Graf/*Ritzert* Rn. 1; HK/*Lemke* Rn. 2; KK/*Senge* Rn. 1; LR/*Krause* Rn. 1 und 3; *Meyer-Goßner* Rn. 2; *Gössel* DRiZ 1980, 363 (368).
[25] HK/*Lemke* Rn. 2; KK/*Senge* Rn. 2; LR/*Krause* Rn. 3 und 5; SK/*Rogall* Rn. 5.

I. Normzweck

1 Der Vorschrift kommt nach gängiger Lesart kaum eigenständige Bedeutung zu.[1] Sie hat lediglich **erinnernde Funktion.** Sie enthält keine Befugnisse oder Gebote, die nicht schon durch § 73 Abs. 1 und die Aufklärungspflicht des § 244 Abs. 2 vorgegeben sind. Abs. 3 sieht zu deren Einhaltung – insoweit konstitutiv[2] – die Möglichkeit der Beauftragung von Fachbehörden vor, da deren Autorität und besondere Sachkompetenz einem Gutachten besonderes Gewicht verleiht, wenn auch nicht per se einen erhöhten Beweiswert.[3] Die Beschränkung auf wichtigere Fälle dient der Entlastung von Routineangelegenheiten.[4] Ergänzt wird dies durch § 256 Abs. 2.[5]

II. Erläuterung

2 **1. Neue Begutachtung nach Abs. 1.** Eine **neue Begutachtung** iSd Abs. 1 liegt nur vor, sofern dieselbe Beweisfrage durch einen Vertreter desselben Fachgebiets[6] ein weiteres Mal – vor Erstattung des Gutachtens gilt § 76 Abs. 1 S. 2[7] – untersucht werden soll.[8] Dies entscheidet der Auftraggeber nach Maßgabe der Aufklärungspflicht des § 244 Abs. 2.[9] Die bereits durch § 73 Abs. 1 eingeräumte Befugnis, weitere Sachverständige zu beauftragen, wird nicht eingeschränkt, insbesondere nicht dahingehend, dies sei nur unter der Voraussetzung eines ungenügenden Gutachtens zulässig.[10] § 83 Abs. 1 bringt durch den Wortlaut („kann") nur zum Ausdruck, dass selbst dann eine weitere Begutachtung nicht zwingend erforderlich ist. Hat sich heraus gestellt, dass die Zuziehung eines Sachverständigen nicht (mehr) erforderlich ist,[11] oder wurde ausreichend Sachkunde vermittelt, um die Frage selbst zu entscheiden[12] so kann von einer erneuten Begutachtung abgesehen werden. Auch dies entscheidet sich aber letztlich nach der Sachaufklärungspflicht des § 244 Abs. 2.[13]

3 Das Gutachten, das keine ausreichende Sachkunde zur Entscheidung der Beweisfrage vermittelt, ist **ungenügend;** nicht notwendig ist dagegen, dass es den Auftraggeber inhaltlich überzeugt.[14] Ob dies der Fall ist, bemisst sich nach der Aufklärungspflicht des § 244 Abs. 2 und den Voraussetzungen des § 244 Abs. 4 S. 2 Hs. 2.[15] Aus den Äußerungen des Sachverständigen dürfen sich mithin keine Zweifel an seiner Sachkunde oder der Tauglichkeit seiner Forschungsmethoden ergeben und er muss die zutreffenden Anknüpfungstatsachen erschöpfend und widerspruchsfrei abgehandelt haben.[16]

4 Als **Rechtsfolge** sieht § 83 Abs. 1 die „neue Begutachtung" vor, wobei die Auswahl der diesbezüglichen Beweisperson ins Ermessen des Gerichts gestellt wird. Das Kriterium ist wiederrum die Aufklärungspflicht. Weist die Äußerung des Sachverständigen Widersprü-

---

[1] *Eb. Schmidt* Lehrkommentar zur StPO Teil II Rn. 1; aA *Duttge* NStZ 2003, 375 (376).

[2] SK/*Rogall* Rn. 6.

[3] LR/*Krause* Rn. 11; SK/*Rogall* Rn. 18; *Gössel* DRiZ 1980, 363 (369).

[4] SK/*Rogall* Rn. 18; *Seyler* GA 1989, 546 (549).

[5] Siehe hierzu die dortige Kommentierung.

[6] RG 2.12.1931 – 2 D 684/30, JW 1931, 949 (950).

[7] BGH 16.1.2003 – 1 StR 512/02, bei *Becker* NStZ-RR 2004, 33 (34); → § 76 Rn. 3.

[8] Graf/*Ritzert* Rn. 1; LR/*Krause* Rn. 7; SK/*Rogall* Rn. 12; *Eisenberg* Beweisrecht Rn. 1542.

[9] BGH 16.1.2003 – 1 StR 512/02, bei *Becker* NStZ-RR 2004, 33 (34). Vgl. auch RG 18.3.1913 – V 738/12, RGSt 47, 100 (108); RG 10.3.1916 – IV 102/16, RGSt 49, 435 (437); RG 7.1.1920 – IV 944/19, RGSt 54, 209 jeweils „pflichtgemäßes Ermessen".

[10] BayObLG 23.12.1955 – BReg 3 St 187/55, NJW 1956, 1001; der Sache nach auch RG 4.2.1930 – 1 D 1323/29, JW 1930, 1006; OLG Schleswig 16.4.1999 – 2 WS 117/99, StV 2000, 543; aA lediglich *Duttge* NStZ 2003, 375 (376).

[11] BayObLG 23.12.1955 – BReg 3 St 187/55, NJW 1956, 1001; HK/*Lemke* Rn. 3; *Meyer-Goßner* Rn. 2.

[12] LR/*Krause* Rn. 3; *Rudolph* Justiz 1969, 49 (52).

[13] BGH 16.1.2003 – 1 StR 512/02, bei *Becker* NStZ-RR 2004, 33 (34); Graf/*Ritzert* Rn. 1; LR/*Krause* Rn. 1.

[14] Graf/*Ritzert* Rn. 2; HK/*Lemke* Rn. 3; KK/*Senge* Rn. 2; *Meyer-Goßner* Rn. 2; LR/*Krause* Rn. 3.

[15] BGH 16.1.2003 – 1 StR 512/02, bei *Becker* NStZ-RR 2004, 33 (34).

[16] BGH 7.2.2008 – 4 StR 502/07, bei *Cierniak/Zimmermann* NStZ-RR 2011, 161 (163) zu § 244 Abs. 2; BayObLG 23.12.1955 – BReg 3 St 187/55, NJW 1956, 1001.

che auf oder geht sie von unzutreffenden Anknüpfungstatsachen aus – was durchaus auch Folge der weiteren Aufklärung im Verlaufe des Verfahrens sein kann – genügt es, dem bisherigen Sachverständigen trotz des insoweit missverständlichen Wortlautes Gelegenheit zu geben, sein Gutachten zu ergänzen oder klarzustellen.[17] Unterliegen dagegen die Sachkunde oder die Forschungsmethoden berechtigten Zweifeln, ist ein anderer Sachverständiger zu beauftragen.[18]

2. Abgelehnter Sachverständiger nach Abs. 2. Das Gutachten eines erfolgreich abgelehnten Sachverständigen unterliegt einem **Verwertungsverbot,** weswegen er im Erkenntnisverfahren[19] durch einen anderen ersetzt werden muss.[20] Das in § 83 Abs. 2 eingeräumte Ermessen kann sich daher nur auf den Fall beziehen, dass dessen Ausführungen nicht (mehr) entscheidungserheblich sind. Das kann vor allem in Betracht kommen, wenn von ursprünglich beauftragten mehreren Sachverständigen zumindest einer nicht abgelehnt wurde, dessen Gutachten zur Entscheidung der Beweisfrage ausreichend ist, diese sich als rechtlich oder tatsächlich unerheblich erwiesen hat, das Gericht zwischenzeitlich über ausreichende Sachkunde verfügt oder die Begutachtung gar nicht durchführbar ist.[21] Letztlich ist demnach auch diese Frage nach Maßgabe der Aufklärungspflicht zu entscheiden.[22] 5

3. Gutachten einer Fachbehörde nach Abs. 3. Der Begriff der Fachbehörde deckt sich mit dem der **öffentlichen Behörde** iSd § 256 Abs. 1 Nr. 1a.[23] Das sind alle nach öffentlichem Recht eingerichtete, in den Organismus der Staatsgewalt eingegliederte, mit der Erfüllung öffentlicher Aufgaben betraute Stellen des Staates oder eines anderen Trägers öffentlicher Verwaltung, die in ihrem Bestand von dem oder den sie leitenden Beamten unabhängig sind.[24] Hierzu rechnen insbesondere die Bundes-, Landeskriminalämter,[25] Fakultäten und Fachbereiche der Universitäten,[26] chemische Untersuchungsanstalten, Veterinäruntersuchungsämter, Gesundheitsämter,[27] Handwerkskammern sowie Industrie- und Handelskammern.[28] Nicht erfasst ist allerdings die Obduktionstätigkeit des rechtsmedizinischen Sachverständigen nach § 87 Abs. 2 S. 2.[29] 6

Die **Verpflichtung zur Gutachtenerstattung** wird in § 83 Abs. 3 vorausgesetzt.[30] Sie ergibt sich aus bundes- oder landesrechtlichen Vorschriften, wie beispielsweise dem BKAG oder den Regelungen der Länder für die Landeskriminalämter,[31] und aus der Pflicht zu gegenseitiger Rechts- und Amtshilfe (Art. 35 GG),[32] was auch die Vertretung des Gutachtens in der Hauptverhandlung durch einen Bediensteten der Behörde einschließt.[33] Dieser unterliegt dann insoweit den Rechten und Pflichten im Sinne der §§ 72 ff., einschließlich des § 74.[34] Wird bei 7

---

17 Graf/*Ritzert* Rn. 2; SK/*Rogall* Rn. 14; *Rudolph* Justiz 1969, 49 (52).

18 LR/*Krause* Rn. 7; *Eisenberg* Beweisrecht Rn. 1542.

19 Nach OLG Düsseldorf 15.6.1983 – 1 Ws 506/83, MDR 1984, 71 (72) nicht schon im Ermittlungsverfahren.

20 Graf/*Ritzert* Rn. 3; HK/*Lemke* Rn. 4; *Meyer-Goßner* Rn. 3; s. auch → § 74 Rn. 19.

21 LR/*Krause* Rn. 8; SK/*Rogall* Rn. 16; *Eisenberg* Beweisrecht Rn. 1543.

22 KK/*Senge* Rn. 3.

23 LR/*Krause* Rn. 10; SK/*Rogall* Rn. 19; *Seyler* GA 1989, 546 (550).

24 *Wustmann* ZLR 2006, 691 (701).

25 BGH 12.3.2002 – 1 StR 557/01, JurionRS 2002, 15823 insoweit nicht abgedruckt in NStZ 2002, 495; *Ahlf* MDR 1978, 981 (981 f.); *Leineweber* MDR 1980, 7.

26 *Parzeller/Dettmeyer/Bratzke* ArchKrim 223 (2009), 1 (5); aA für Universitätsklinik OLG München 22.9.1967 – 6 U 707/67, NJW 1968, 202 (203) zu § 404 ZPO.

27 *Wustmann* ZLR 2006, 691 (702).

28 LR/*Krause* Rn. 10; *Eisenberg* Beweisrecht Rn. 1544; Alsberg/*Dallmeyer* Beweisantrag Rn. 523 f. (zu § 256), jeweils mit weiteren Beispielen.

29 *Parzeller/Dettmeyer/Bratzke* ArchKrim 223 (2009), 1 (5 f.).

30 Graf/*Ritzert* Rn. 4.

31 *Leineweber* MDR 1980, 7.

32 Graf/*Ritzert* Rn. 4; HK/*Lemke* Rn. 5; *Eisenberg* Beweisrecht Rn. 1544.

33 SK/*Rogall* Rn. 20; *Wustmann* ZLR 2006, 691 (705).

34 HK/*Lemke* § 74 Rn. 2; KK/*Senge* Rn. 1; KMR/*Neubeck* § 74 Rn. 1; LR/*Krause* Rn. 10; *Meyer-Goßner* Rn. 5; *Dästner* MDR 1979, 545 (546); *Foth/Karcher* NStZ 1989, 166 (170); *Gössel* DRiZ 1980, 363, (375 f.)

der Verlesung des Behördengutachtens nach § 256a Abs. 1 Nr. 1a ein Ablehnungsgrund gegen den sich aus der Urkunde ergebenden Verfasser erkennbar, kann trotz des dann vorliegenden Urkundenbeweises eine Ablehnung nach § 74 erfolgen.[35]

8 Die Bezugnahme auf **„wichtigere Fälle"** hat abgesehen von dem ohnehin wenig präzisen Wortlaut lediglich Richtliniencharakter. Der Zweck der Norm (→ Rn. 1) ist nicht geeignet, den strafprozessualen Grundsatz bestmöglicher Sachaufklärung einzuschränken. Entscheidend ist demnach auch hier – sofern nicht wie in § 92 eine gesetzliche Verpflichtung besteht – das pflichtgemäße Ermessen nach den Vorgaben der Aufklärungspflicht,[36] weswegen ein Behördengutachten auch in anderen Fällen[37] und unabhängig von den Voraussetzungen der Abs. 1 und 2 eingeholt werden kann.[38] Die Bedeutung der Vorschrift liegt mithin insbesondere darin, dass bei Bestellung einer Fachbehörde die Person des Sachverständigen nicht namentlich benannt werden muss.[39] Die Behörde als solche stellt dagegen kein geeignetes Beweismittel dar.[40]

III. Revision

9 Eine Verletzung des § 83 Abs. 1 ist **nicht revisibel.**[41] Will der Beschwerdeführer rügen, das Gericht habe es rechtsfehlerhaft unterlassen, ein neues Gutachten einzuholen, bedarf es der Erhebung der Aufklärungsrüge.[42] Dasselbe gilt für Abweichungen von Abs. 2 oder 3.[43]

§ 84 [Sachverständigenentschädigung]

Der Sachverständige erhält eine Vergütung nach dem Justizvergütungs- und -entschädigungsgesetz.

Erläuterung

1 Wer als **Sachverständiger** anspruchsberechtigt ist, richtet sich weder nach der Bezeichnung in der Ladung, noch nach derjenigen in den Urteilsgründen. Maßgeblich ist vielmehr ausschließlich die Bekundung in Form eines Gutachtens, selbst wenn die Beweisperson daneben als Zeuge vernommen wurde. Der sachverständige Zeuge wird dagegen stets als Zeuge und nicht als Sachverständiger entschädigt.[1] Wird in der Hauptverhandlung ein anderer als der ursprünglich beauftragte vernommen, bspw. ein Mitarbeiter eines Sachverständigenbüros, ist dieser zu entschädigen.[2]

2 Nach den Bestimmungen des JVEG regelt sich bei der Inanspruchnahme als Sachverständiger sodann die **Höhe der Vergütung.**[3] Deren **Versagung** kommt nur in Betracht, wenn der Sachverständige schuldhaft eine völlige oder teilweise Unverwertbarkeit des Gutachtens

---

nur für § 74; *Seyler* GA 1989, 546 (566); aA SK/*Rogall* Rn. 20; *Ahlf* MDR 1978, 981 (982); *Leineweber* MDR 1980, 7 (8–10); *Wustmann* ZLR 2006, 691 (705).

[35] KK/*Senge* § 74 Rn. 1; *Dästner* MDR 1979, 545 (547); *Foth/Karcher* NStZ 1989, 166 (170); *Seyler* GA 1989, 546 (566); aA SK/*Rogall* Rn. 20; *Gössel* DRiZ 1980, 363, (376); *Ahlf* MDR 1978, 981 (982 f.); *Wustmann* ZLR 2006, 691 (705).

[36] HK/*Lemke* Rn. 5; *Eisenberg* Beweisrecht Rn. 1544.

[37] AA, aber mit ähnlichem Ergebnis SK/*Rogall* Rn. 18.

[38] Graf/*Ritzert* Rn. 4; LR/*Krause* Rn. 11; *Meyer-Goßner* Rn. 8; *Seyler* GA 1989, 546 (549).

[39] *Eisenberg* Beweisrecht Rn. 1536; *Gössel* DRiZ 1980, 363, (369); *Parzeller/Dettmeyer/Bratzke* ArchKrim 223 (2009), 1 (6); *Seyler* GA 1989, 546 (551).

[40] OLG Jena 5.1.2012 – 1 SsBs 112/11, NZV 2012, 144 (145).

[41] RG 10.3.1916 – IV 102/16, RGSt 49, 435 (437).

[42] BGH 16.1.2003 – 1 StR 512/02, bei *Becker* NStZ-RR 2004, 33 (34).

[43] SK/*Rogall* Rn. 21.

[1] Graf/*Ritzert* Rn. 1; HK/*Lemke* Rn. 1; KK/*Senge* Rn. 1; LR/*Krause* Rn. 2; *Meyer-Goßner* Rn. 84; SK/*Rogall* Rn. 2 f.

[2] OLG Köln 21.8.1979 – 1 Ws 18/79, VRS 58 (1980), 72 (73).

[3] HK/*Lemke* Rn. 2; KK/*Senge* Rn. 2; KMR/*Neubeck* Rn. 2; *Meyer-Goßner* Rn. 2; SK/*Rogall* Rn. 4.

herbeiführt, sei es durch unberechtigte Weigerung (§ 77), verspätetes Erscheinen, das seine Vernehmung nicht mehr zulässt, oder wegen grober Verstöße gegen die Pflicht zur Unparteilichkeit.[4] Die berechtigte Ausübung des Gutachtenverweigerungsrechts (§ 76) ist grundsätzlich kein Ausschlussgrund für die Honorierung.[5] Etwas anderes kann gelten, wenn der Sachverständige die Gründe für sein Weigerungsrecht von Anfang an kennt oder schuldhaft nicht erkannt hat.[6]

§ 85 [Sachverständige Zeugen]

Soweit zum Beweis vergangener Tatsachen oder Zustände, zu deren Wahrnehmung eine besondere Sachkunde erforderlich war, sachkundige Personen zu vernehmen sind, gelten die Vorschriften über den Zeugenbeweis.

Schrifttum: *Bittmann,* Rechtsfragen um den Einsatz des Wirtschaftsreferenten, wistra 2011, 47; *Deutsch,* Verkehrstauglichkeit: die Rolle des Arztes aus rechtlicher Sicht, VersR 2001, 793; *Fezer,* Grundfälle zum Verlesungs- und Verwertungsverbot im Strafprozess, JuS 1978, 765; *Hartung,* Das ärztliche Gutachten im Verkehrsstrafrecht aus der Sicht des Richters, BA 1975, 162; *Hölscher/Trück/Hering,* Opferberichterstattung im Strafverfahren, NStZ 2008, 673; *Jessnitzer,* Sind Maßnahmen zur Vermeidung unzulänglicher Sachverständigengutachten in Verkehrssachen erforderlich und möglich?, BA 1970, 175; *Nack,* Abhängigkeit des Richters vom Sachverständigen, GA 2009, 201; *Schiemann,* Profiling und Operative Fallanalyse im Strafverfahren, NStZ 2007, 684; *Schöch,* Die Gerichtshilfe aus kriminologischer und verfahrensrechtlicher Sicht, FS Leferenz 1983, 127; *Schröer/Kukies/Gehl/Sperhake/Püschel,* Neue Ermittlungsansätze durch fallanalytische Verfahren, DÄBl 2004, 2249; *Sontag,* Die prozessuale Stellung des Gerichtshelfers, NJW 1976, 1436.

Übersicht

I. Normzweck

1 § 85 stellt klar, dass vom Grundsatz her eine Beweisperson als **Zeuge** anzusehen ist, wenn sie über die **Wahrnehmung von Tatsachen** berichtet. Dies gilt nach der Vorschrift zunächst unabhängig davon, ob schon für den Erkenntnisvorgang selbst ein besonderes Fachwissen oder eine speziell geschulte Beobachtungsgabe erforderlich war. Vereinzelt wurde hieraus der Schluss gezogen, jegliche Wahrnehmungen sinnlicher Art seien Zeugenwissen. Dies gelte unabhängig davon, ob sie auf wissenschaftlicher Grundlage erfolgen oder nicht. In jedem Fall sei derjenige, der Tatsachen festzustellen habe, zumindest insoweit, immer nur Zeuge und nicht Sachverständiger.[1] Dieser Ansicht ist die Rechtsprechung indes zu Recht nicht gefolgt (→ Rn. 4). Sie kann sich zwar durchaus auf den Wortlaut des Gesetzes stützen. § 85 eine so weitgehende Funktion als Ausschlusskriterium für die Annahme eines Sachverständigenbeweises zuzumessen, schießt gleichwohl über das Ziel hinaus. In der Mehrzahl der Fälle kann sich die gutachtliche Tätigkeit nicht auf die bloße Wiedergabe von Erfahrungssätzen oder die Vornahme von Wertungen beschränken. Häufig ist es notwendig, dass der Sachverständige auch selbst Feststellungen zur Tatsachengrundlage trifft, auf die er sein Fachwissen anwendet. Es würde eine unnatürliche Aufspaltung darstellen, in jedem dieser Fälle das Gutachten in einen sachverständig und daneben in einen zeugenschaftlich vermittelnden Teil aufzuspalten. Durch § 85 soll nicht die reine Sachver-

[4] Graf/*Ritzert* Rn. 1; KK/*Senge* Rn. 3; LR/*Krause* Rn. 2; SK/*Rogall* Rn. 3.
[5] KK/*Senge* Rn. 3; LR/*Krause* Rn. 4.
[6] Graf/*Ritzert* Rn. 1.
[1] *Foth/Karcher* NStZ 1989, 166 (169).

ständigentätigkeit zurückgedrängt und faktisch zum Ausnahmefall gemacht werden. Er dient vielmehr der Klarstellung, dass die Inanspruchnahme von Sachkunde nicht das alleinige Abgrenzungskriterium darstellen kann.

II. Erläuterung

2 **1. Der Begriff des sachverständigen Zeugen.** Der **sachverständige Zeuge** berichtet über Wahrnehmungen, die er lediglich aufgrund besonderer Sachkunde machen konnte. Entgegen des einengenden Wortlautes wird § 85 dahingehend verstanden, dass hiervon nicht nur derjenige erfasst wird, der über vergangene Tatsachen oder Zustände aussagt, sondern auch derjenige, der sich auf gegenwärtige bezieht.[2] Durch die Anwendung von Fachwissen ließe er sich zwar auch von anderen, nicht sachkundigen Zeugen unterscheiden; das ist jedoch unerheblich, da ohnehin gleichermaßen die Vorschriften über den Zeugenbeweis zur Anwendung kommen.[3] Das Schwergewicht der vorgegebenen Differenzierung liegt mithin darin, dass sich der Zeuge begrifflich vom Sachverständigen nicht alleine durch seine Sachkunde unterscheiden lässt. Entscheidend ist vielmehr die ausdrückliche Bezugnahme des § 85 auf die Wahrnehmung, das heißt sinnliche Erfassung von Tatsachen und Zuständen. Dies schließt es nicht aus, auch Anlass und Umstände der entsprechenden Wahrnehmungen miteinzubeziehen.

3 **2. Abgrenzung des sachverständigen Zeugen vom Sachverständigen. a) Grundsätze.** Die **unproblematischen Fälle** der Abgrenzung ergeben sich weitgehend aus den beiden Tatbestandsvoraussetzungen des § 85 selbst. So kann einerseits der Umkehrschluss auf den Sachverständigenbeweis gezogen werden, wenn sich das Beweisthema nicht auf die Wahrnehmung von Tatsachen oder Zuständen bezieht. Dies liegt dann vor, wenn der Sachverständige wissenschaftliche Erfahrungssätze vermittelt oder Wertungen vornimmt und Schlussfolgerungen zieht.[4] Diese theoretisch klare Differenzierung darf indes nicht darüber hinwegtäuschen, dass die Grenzziehung im Einzelfall nicht unerhebliche Schwierigkeiten bereiten kann.[5] Andererseits lässt sich aus § 85 folgern, dass derjenige, dessen Erkenntnisse nicht auf der Inanspruchnahme besonderer Sachkunde beruhen, erst recht immer nur Zeuge sein kann.[6]

4 In den verbleibenden Fällen hat es sich als tauglich erwiesen, das vorrangige Abgrenzungskriterium darin zu sehen, ob die Beweisperson über Wahrnehmungen berichtet, die sie **mit besonderer Sachkunde aufgrund behördlichen Auftrags** gemacht hat. Führt dies im Einzelfall nicht zu einer klaren Unterscheidung, so können weitere Gesichtspunkte herangezogen werden wie insbesondere Wiederholbarkeit der Wahrnehmungen und Austauschbarkeit der Beweisperson.[7]

5 Macht der sachverständige Zeuge im Rahmen seiner Vernehmung **gutachtliche Äußerungen,** indem er seine Beobachtungen aufgrund der Sachkunde interpretiert und Schlussfolgerungen zieht, so wird er alleine hierdurch nicht zum Sachverständigen.[8] Solange das Schwergewicht der Aussage in der Tatsachenschilderung zu sehen ist, unterliegt diese weiterhin dem Zeugenbeweis.[9] Gedenkt das Gericht die gutachtlichen Äußerungen des sachverständigen Zeugen im Rahmen der Beweiswürdigung zu verwerten, ist es nicht zu einem entsprechenden Hinweis an die Verfahrensbeteiligten verpflichtet.[10] Andererseits kann es

---

[2] *Meyer-Goßner* Rn. 2; Radtke/Hohmann/*Beukelmann* Rn. 1; SK/*Rogall* Rn. 5.
[3] LR/*Krause* Rn. 12.
[4] Alsberg/*Dallmeyer* Beweisantrag Rn. 379; LR/*Krause* Rn. 3; *Meyer-Goßner* Rn. 2.
[5] → § 72 Rn. 14 f.
[6] Alsberg/*Dallmeyer* Beweisantrag Rn. 381; LR/*Krause* Rn. 3; *Meyer-Goßner* Rn. 3.
[7] Ausführlich → § 72 Rn. 19–22.
[8] AA SK/*Rogall* Rn. 22.
[9] RG 23.12.1926 – II 1040/26, RGSt 61, 114; BGH 26.6.1984 – 5 StR 93/84, NStZ 1984, 465; BayObLG 14.2.1951 – III 114/50, BayObLGS St 1951, 304 (305); OLG Frankfurt a. M. 12.3.1952 – 1 Ws 13/58, NJW 1952, 717; LR/*Krause* Rn. 13; HK/*Lemke* Rn. 5; KMR/*Neubeck* Rn. 3; Radtke/Hohmann/*Beukelmann* Rn. 2.
[10] BGH 24.9.1975 – 3 StR 267/75, GA 1976, 78 (79); *Meyer-Goßner* Rn. 4; Graf/*Ritzert* Rn. 3.

Fragen der Verfahrensbeteiligten nach § 241 Abs. 2 zurückweisen, die sich nicht lediglich auf Tatsachenbekundungen beziehen.[11]

b) Einzelfälle. Der **Privatgutachter,** der beispielsweise im Auftrag des Beschuldigten oder Nebenklägers tätig wird, ist (zunächst) kein Sachverständiger.[12] Zur wirksamen Bestellung eines solchen sind nur der Richter nach § 73 sowie im Ermittlungsverfahren die Staatsanwaltschaft nach §§ 161a Abs. 1 S. 2, 73 und die Polizei berechtigt. Daher liegt auch nur für diesen Fall eine Sachverständigentätigkeit vor.[13] Das Gericht ist auch nicht verpflichtet, alleine wegen eines anderweitig erteilten Auftrages die Beweisperson als Sachverständigen zu vernehmen. Es kann diesen als sachverständigen Zeugen anhören.[14] Etwas anderes kann dann geboten sein, wenn der Schwerpunkt der Äußerungen im gutachtlichen Teil liegt und dessen Einführung in das Verfahren durch die Aufklärungspflicht geboten ist. 6

Alleine die **Zugehörigkeit zu einer Dienststelle,** auch zu einer Ermittlungsbehörde, schließt die Tätigkeit als Sachverständiger nicht aus. Die Unterscheidung fällt regelmäßig mit der Frage nach Ablehnungs- und Befangenheitsgründen iSd § 74 zusammen und richtet sich nach den dazu aufgestellten Kriterien.[15] 7

Die **operative Fallanalyse** oder **Täter-Analyse** kann ein hilfreiches Instrument für die Förderung der Ermittlungsarbeit darstellen.[16] Sie kommt unter zweierlei Gesichtspunkten in Betracht. Zum einen kann sie in Form von vergleichender Beurteilung dazu beitragen, mehrere Einzeltaten als Teil einer Serie zuzuordnen oder auszuschließen.[17] Zum anderen kann auf ihrer Grundlage versucht werden, ein Täterprofil zu erstellen, um Hinweise für weitere Ermittlungen nach dem Täter zu erlangen.[18] In jedem Fall handelt es sich bei dem Ermittlungsbeamten oder den Mitgliedern einer entsprechenden Ermittlungsgruppe („Profiler") nicht um Sachverständige.[19] Sie sind vielmehr sachverständige Zeugen, sofern sie in die Tatort- und Ermittlungsarbeit eingebunden waren.[20] Falls sie sich dagegen darauf beschränken, aus den anderweitig im Ermittlungsverfahren gewonnenen Beweistatsachen Schlüsse auf Tatabläufe zu ziehen, so ist auch das nicht der Fall. Durch ihre Vernehmung darf sich das Gericht nicht der Aufgabe entheben, die für die Beurteilung des Tathergangs und der Täterschaft maßgeblichen Umstände selbst festzustellen und die erforderlichen Schlüsse hieraus zu ziehen.[21] 8

Der **Gerichtshelfer** kann, je nachdem wo das Schwergewicht seiner Äußerungen liegt, als sachverständiger Zeuge oder als Sachverständiger zu vernehmen sein.[22] Soweit er aufgrund seiner besonderen beruflichen Qualifikation der Sozialen Dienste die persönlichen Verhältnisse und das soziale Umfeld von Opfer und Täter bewertet, handelt es sich um gutachtliche Äußerungen.[23] 9

Werden **Ärzte** zur Beweiserhebung herangezogen, ist je nach Aufgabenstellung zu differenzieren, was im Einzelfall mit erheblichen Schwierigkeiten verbunden sein kann. Sachverständiger ist er hinsichtlich der Blutprobenentnahme nach § 81a Abs. 1 S. 2. Soweit er 10

---

[11] BGH 9.10.2002 – 5 StR 43/02, NJW 2003, 150 (151) insoweit nicht abgedruckt in BGHSt 48, 34.

[12] → § 73 Rn. 4 und 9 f.; aA LR/*Krause* Rn. 11.

[13] → § 73 Rn. 5–8; *Meyer-Goßner* Rn. 3; HK/*Lemke* Rn. 4.

[14] Vgl. BGH 23.11.1973 – I ZR 59/72, MDR 1974, 382 aus zivilrechtlicher Sicht; aA Alsberg/*Dallmeyer* Beweisantrag Rn. 390; *Meyer-Goßner* Rn. 3.

[15] Hierzu → § 74 Rn. 6 und 9.

[16] BGH 16.12.2008 – 3 StR 453/08, NStZ 2009, 284 (285).

[17] *Eisenberg* Beweisrecht Rn. 1894a.

[18] *Schiemann* NStZ 2007, 684 (695); *Schröer ua* DÄBl. 2004, 2249 (2249–2253).

[19] *Eisenberg* Beweisrecht Rn. 1894c; nach *Nack* GA 2009, 201 (212) nur in Ausnahmefällen denkbar; wenn auch in BGH 16.10.2006 – 1 StR 180/06, NJW 2007, 92 (95) so bezeichnet; aA *Schiemann* NStZ 2007, 684 (686–688).

[20] BGH 17.7.2007 – 5 StR 186/07, NStZ-RR 2008, 148 (149); aA *Nack* GA 2009, 201 (211) auch kein sachverständiger Zeuge.

[21] BGH 1.6.2006 – 3 StR 77/06, NStZ 2006, 712 (713); BGH 16.12.2008 – 3 StR 453/08, NStZ 2009, 284 (284 f.).

[22] BGH 26.9.2007 – 1 StR 276/07, NStZ 2008, 709 (710); SK/*Rogall* Rn. 34.

[23] *Hölscher/Trück/Hering* NStZ 2008, 673 (676); *Sontag* NJW 1976, 1436 (1437) f.; aA LR/*Krause* Rn. 16; SK/*Wohlers* § 160 Rn. 70; *Schöch*, FS Leferenz, 1983, 127 (139).

darüber hinaus Befragungen und Tests vornimmt, um über den Zustand des Beschuldigten, insbesondere Ausfallerscheinungen, zu berichten, wird er von der Rechtsprechung als sachverständiger Zeuge angesehen.[24] Zutreffend wird in der Literatur dagegen darauf abgestellt, dass der Blutentnahmearzt die entsprechenden Feststellungen gerade aufgrund seiner Fachkunde macht und er hierzu durch ein Gericht oder die Ermittlungsbehörden beauftragt wurde. Richtigerweise handelt es sich daher auch insoweit um eine Sachverständigentätigkeit.[25] Soll die Beweisperson über die Befunde zur Verkehrstauglichkeit berichten, die sie als behandelnder Arzt erhob, ist sie indes sachverständiger Zeuge.[26] Die Beobachtungen bei Untersuchung des Verletzten – vor allem in Fällen der Kindesmisshandlung – nach § 81c Abs. 1, unterfallen dem Sachverständigenbeweis.[27] Wird der Arzt zur Leichenschau hinzugezogen, ist er ebenfalls stets Sachverständiger.[28] Sofern er als Pathologe bei der Leichenöffnung den Befund feststellt, ist er Sachverständiger nur, sofern ihm vom Gericht oder den Strafverfolgungsbehörden ein entsprechender Auftrag erteilt wurde.[29] Nicht entscheidend kann hierbei der Zeitpunkt sein, zu dem dies geschieht. Erfolgt die Auftragserteilung erst zu einem späteren Zeitpunkt, so würde es zu einer unnatürlichen Aufspaltung führen, die früher geschaffenen Grundlagen für die Erstellung des Gutachtens aus dem Gesamtzusammenhang herauszulösen.[30] Weitere Einzelfälle werden im Zusammenhang mit der systematischen Darstellung der Abgrenzung des Sachverständigen gegenüber dem Zeugen[31] und mit dem Umfang des Sachverständigeneides[32] dargestellt.

11 Beim **technischen Sachverständigen** ist gleichfalls die Abgrenzung anhand der konkreten Tätigkeit notwendig. Selbst der Berufssachverständige kann die Funktion eines lediglich sachverständigen Zeugen erfüllen.[33] Dies ist beispielsweise dann der Fall, wenn er ein Unfallfahrzeug im Auftrag einer Haftpflichtversicherung besichtigt hat.[34] Liegt ein Gutachtenauftrag der Ermittlungsbehörde vor, äußert er sich jedoch im Rahmen von dessen Erfüllung über Befundtatsachen als Sachverständiger, wenn er seine Untersuchung des Unfallherganges auf die von ihm festgestellte Unfallörtlichkeit und den Straßenzustand stützt.[35] Dagegen soll nach der Rspr. die Bezugnahme auf eine Fahrtenschreiberscheibe unabhängig von einem Auftrag keine Sachverständigentätigkeit betreffen. Da das Gericht bei Vorliegen der erforderlichen Sachkunde diese selbst in Augenschein nehmen könne, stelle sie lediglich eine Zusatztatsache dar, die in keinem Fall vom Gutachten erfasst werde.[36] Auf weitere Einzelfälle, die im Zusammenhang mit der Vereidigungsentscheidung dargestellt sind, wird verwiesen.[37]

12 **3. Rechtsfolgen.** Der sachverständige Zeuge ist, wie sich schon aus der umfassenden Verweisung des § 85 ergibt, wie jeder andere Zeuge zu behandeln.[38] Für ihn gilt daher uneingeschränkt der **sechste Abschnitt** des ersten Buches der StPO. Die Regelungen zum Sachverständigen können auch nicht sinngemäß angewandt werden. Er ist folglich als Zeuge

---

[24] OLG Hamburg 17.8.1962 – 2 Ss 43/62, NJW 1963, 408 (409); OLG Köln 29.4.1966 – Ss 55/66, BA 1966, 609; KG 21.7.1966 – (2) 1 Ss 93/66, VRS 31 (1966), 273 (274); *Hartung* BA 1975, 162 (164).

[25] *Jessnitzer* BA 1970, 175 (177); LR/*Krause* Rn. 14; HK/*Lemke* Rn. 6; KMR/*Neubeck* Rn. 4; *Meyer-Goßner* Rn. 5; Radtke/Hohmann/*Beukelmann* Rn. 3.

[26] *Deutsch,* VersR 2001, 793 (juris) unter Hinweis auf § 53 Abs. 1 S. 1 Nr. 3.

[27] *Fezer* JuS 1978, 765 (766).

[28] → § 87 Rn. 41; Alsberg/*Dallmeyer* Beweisantrag Rn. 391.

[29] Alsberg/*Dallmeyer* Beweisantrag Rn. 391; LR/*Krause* Rn. 14; HK/*Lemke* Rn. 6; KMR/*Neubeck* Rn. 4; *Meyer-Goßner* Rn. 5.

[30] Vgl. auch BGH 24.2.1967 – 4 StR 23/67, VRS 32 (1967) 433, (434 f.), wo der Zeitpunkt der Auftragserteilung unerwähnt bleibt; aA OLG Hamm 3.5.1954 – (3) 2 a Ss 55/54, NJW 1954, 1820; SK/*Rogall* Rn. 30; → § 72 Rn. 21.

[31] → § 72 Rn. 14–22.

[32] → § 79 Rn. 21–24.

[33] LR/*Krause* Rn. 15; *Meyer-Goßner* Rn. 5.

[34] Alsberg/*Dallmeyer* Beweisantrag Rn. 391.

[35] OLG Hamm 5.3.1965 – 3 Ss 1585/64, VRS 29 (1965) 202 f.

[36] OLG Düsseldorf 18.2.1970 – 2 Ss 654/69, VRS 39 (1970), 277 f; s. aber auch → § 86 Rn. 19.

[37] → § 79 Rn. 22–24.

[38] *Eb. Schmidt* Lehrkommentar zur Strafprozessordnung Teil II vor § 72 Rn. 12; SK/*Rogall* Rn. 3.

zu vernehmen, zu vereidigen, zu entschädigen und kann nicht wegen Befangenheit abgelehnt werden.[39]

Im Gegensatz zu § 72 verweist § 85 indes nicht lediglich auf den 6. Abschnitt des ersten Buches der StPO, sondern auf die Vorschriften über den **Zeugenbeweis ohne Einschränkung.** Damit sind schon vom Wortlaut her sämtliche sonstigen Vorschriften ausgeschlossen, die sich lediglich auf den Sachverständigen und nicht (auch) auf den Zeugen beziehen.[40] Fragen, die sich nur auf wertende Schlussfolgerungen beziehen, sind ungeeignete Fragen an den sachverständigen Zeugen iSd §§ 240 Abs. 1, 241 Abs. 2.[41] Wird in einem Beweisantrag ein sachverständiger Zeuge zu einem entsprechenden Beweisthema benannt, so kann sich das Gericht lediglich auf die Ablehnungsgründe des § 244 Abs. 3 berufen und nicht auf die eigene Sachkunde iSd § 244 Abs. 4 S. 1.[42] Erfolgte dagegen bereits die Vernehmung als sachverständiger Zeuge, ist es nicht möglich, den Beweisantrag auf Einholung eines Sachverständigengutachtens auf § 244 Abs. 2 S. 2 zu stützen, da die benannte Beweisperson kein „weiterer" Sachverständiger ist.[43] Die Einführung von Verfahrensstoff alleine über das Gutachten kann, sofern sie nicht den Bereich originär sachverständiger Tätigkeit betrifft, einen Verstoß gegen § 261 darstellen.[44] Auf den Sachverständigen ist § 136a anwendbar.[45] Beim sachverständigen Zeugen dürfte dies zumindest nicht unproblematisch sein, da es bei ihm an der Auftragserteilung durch Gericht oder Strafverfolgungsbehörde fehlt. 13

Über § 85 hinaus kann die Unterscheidung **materiellrechtliche Wirkung** entfalten. Die Verjährung wird nach § 78c Abs. 1 S. 1 Nr. 3 StGB durch die Erteilung eines Gutachtenauftrags unterbrochen.[46] Diese Voraussetzung ist allerdings nur dann erfüllt, wenn ein Auftrag des Gerichts oder der Ermittlungsbehörden vorliegt, zu dessen Ausführung der Einsatz spezifischer Sachkunde erforderlich ist[47] und keine Ermittlungstätigkeit vorliegt.[48] Die entsprechende Wirkung tritt mithin nur ein, wenn die Beweisperson als Sachverständiger tätig wird. 14

III. Revision

Ein Rechtsfehler kann darin bestehen, dass eine Beweisperson als sachverständiger Zeuge vernommen wird, obwohl sie der Sache nach, beispielsweise weil der Schwerpunkt auf den gutachtlichen Äußerungen liegt (→ Rn. 5), als Sachverständiger aussagt. Das Urteil kann hierauf jedoch nur beruhen, wenn nicht auszuschließen ist, dass der sachverständige Zeuge als Sachverständiger falsch aussagte und ein anderer Sachverständiger anderes bekundet hätte. Die Revisionsbegründung muss auch entsprechend vortragen.[49] Erfolgt die Vereidigung des sachverständigen Zeugen, deckt der Zeugeneid denjenigen für den Sachverständigen mit ab. Auf einer Verletzung des § 79 Abs. 1 kann das Urteil 15

---

[39] LR/*Krause* Rn. 12 f.; *Meyer-Goßner* Rn. 1.

[40] SK/*Rogall* Rn. 34.

[41] BGH 9.10.2002 – 5 StR 42/02, NJW 2003, 150 (151) insoweit nicht abgedruckt in BGHSt 48, 34.

[42] BGH 21.2.1985 – 1 StR 812/84, NStZ 1985, 396; StV 1990, 438.

[43] BGH 11.2.1954 – 4 StR 677/53, MDR 1954, 271 (272); BGH 28.4.1970 – 4 StR 71/70, VRS 39 (1970), 95 (96); BGH 29.5.1990 – 5 StR 186/90, StV 1990, 438; → § 72 Rn. 14.

[44] OLG Köln 7.7.1964 – Ss 181/64, NJW 1964, 2218; OLG Düsseldorf 18.2.1970 – 2 Ss 654/69, VRS 39, 277 (277 f.); KG 16.9.1993 – (4) 1 Ss 86/93, StV 1993, 628 (629); so wohl auch BGH 8.5.1991 – 3 StR 467/90, NJW 1991, 2357 (2358), allerdings ohne Nennung der Norm; in gleicher Weise, aber noch unter Berufung auf § 250 OLG Celle 2.12.1963 – 2 Ss 421/63, NJW 1964, 462.

[45] BGH 4.3.1958 – 5 StR 7/58, BGHSt 11, 211 (212); BGH 6.9.1968 – 4 StR 339/68, NJW 1968, 2297 (2298); BGH 10.2.2012 – NSV 121 Js 17270/1998 jug., StV 2012, 332; nach *Roxin/Schünemann* § 25 Rn. 12 auch § 136; aA *Peters* JR 1969, 232 (234) Verbot der Methoden folge aus der prozessualen Stellung als bloßes Beweismittel.

[46] *Bittmann* wistra 2011, 47 (48 f.) zum Wirtschaftsreferenten.

[47] BGH 10.4.1979 – 4 StR 127/79, BGHSt 28, 381 (382) zum Wirtschaftsreferenten; OLG Zweibrücken 8.10.2003 – 1 Ws 353/03, NStZ-RR 2004, 298 zum EDV-Kundigen.

[48] BGH 20.12.1983 – 5 StR 763/82, NStZ 1984, 215; BGH 2.3.2011 – 2 StR 275/10, wistra 2011, 228; *Bittmann* wistra 2011, 47 (48 f.).

[49] BGH 5.6.1996 – 3 StR 534/95 I, *Tolksdorf* DAR 1997, 169 (181) insoweit nicht abgedruckt in NStZ 1996, 492.

daher in diesem Fall nicht beruhen.[50] Auch wenn das Gericht nicht darauf hinweist, dass es die gutachtlichen Äußerungen eines sachverständigen Zeugen bei der Beweiswürdigung berücksichtigt, kann dies mit der Revision nicht gerügt werden.[51] Wird bei der Ablehnung von Beweisanträgen der sachverständige Zeuge zu Unrecht als Sachverständiger eingestuft, so kann die Verletzung des § 244 Abs. 4 S. 1 oder 2 in Frage kommen (→ Rn. 13). Die Bestellung als Sachverständiger in einem früheren Verfahrensstadium, hindert nicht, die Beweisperson in der Hauptverhandlung lediglich als sachverständigen Zeugen zu vernehmen. Ein Verstoß gegen § 244 Abs. 2 kann alleine darauf nicht gestützt werden. Weist das Gericht in diesem Rahmen Fragen der Verfahrensbeteiligten als ungeeignet zurück, die ausschließlich auf Werturteile und Schlussfolgerungen abzielen, liegt hierin keine revisible Verletzung der §§ 240, 241.[52]

§ 86 [Richterlicher Augenschein]

Findet die Einnahme eines richterlichen Augenscheins statt, so ist im Protokoll der vorgefundene Sachbestand festzustellen und darüber Auskunft zu geben, welche Spuren oder Merkmale, deren Vorhandensein nach der besonderen Beschaffenheit des Falles vermutet werden konnte, gefehlt haben.

Schrifttum: *Dähn,* Die Leichenöffnung: Augenscheins- oder Sachverständigenbeweis, JZ 1978, 640; *Fisch,* Eine Hauptverhandlung mit Hindernissen, JA 2004, 303; *Geppert,* Der Augenscheinsbeweis, Jura 1996, 307; *Giercke/Wollschläger,* Videoaufzeichnungen und digitale Daten als Grundlage des Urteils, StV 2013, 106; *Hanack,* Zur Austauschbarkeit von Beweismitteln im Strafprozess, JZ 1970, 561; *Kertai,* Das Bild im Strafprozess, MMR 2011, 716; *Koch,* Tatort und Augenschein in Verkehrsstrafsachen, DAR 1961, 275; *Lilie,* Augenscheinseinnahme und Öffentlichkeit der Hauptverhandlung, NStZ 1993, 121; *Mühlhaus,* Unfallskizzen und Lichtbilder, DAR 1965, 12.

Übersicht

I. Überblick

1 **1. Normzweck.** Bei § 86 handelt es sich um eine **Protokollvorschrift,** die nichts über Begriff und Zulässigkeitsvoraussetzungen des Augenscheins aussagt.[1] Sie dient der Dokumentation einer außerhalb der Hauptverhandlung vorgenommenen Beweishandlung zum Zwecke der Beweissicherung und Prozessökonomie,[2] indem ein in der Hauptverhandlung verlesbares Protokoll gewährleistet werden soll[3] (§ 249 Abs. 1 S. 2). Hintergrund dieser Ersetzbarkeit der eigenen Wahrnehmung durch das erkennende Gericht waren die zum Zeitpunkt der Entstehung der Vorschrift schwierigen Verkehrsverhältnisse,[4] die eine Ausführung des Augenscheins im Rahmen der Hauptverhandlung häufig nicht ausführbar erscheinen lie-

[50] RG 17.12.1920 – IV 1687/20, RGSt 55, 183 f.; BGH 24.9.1975 – 3 StR 267/75, GA 1976, 78 (79).
[51] BGH 24.9.1975 – 3 StR 267/75, GA 1976, 78 (79).
[52] BGH 9.10.2002 – 5 StR 42/02, NJW 2003, 150 (151) insoweit nicht abgedruckt in BGHSt 48, 34.
[1] LR/*Krause* Rn. 1; *Meyer-Goßner* Rn. 16; SK/*Rogall* Rn. 3.
[2] SK/*Rogall* Rn. 3 und 7.
[3] Graf/*Ritzert* Überblick.
[4] SK/*Rogall* Rn. 3.

ßen.[5] Da diese Umstände angesichts heutiger Lebensverhältnisse nicht mehr in gleicher Weise zutreffen, sollte von der grundsätzlichen Möglichkeit einer „Auslagerung" eines Teils der Beweisaufnahme aus der Hauptverhandlung nur zurückhaltend Gebrauch gemacht werden.[6] Nicht zu Unrecht wurde überdies davon ausgegangen, § 86 behandle „aus der ganzen Lehre vom Augenschein nur eine relativ belanglose Frage".[7] Die Norm betrifft nämlich den notwendigen Inhalt der zu fertigenden Niederschrift[8] und auch insoweit, außer des Verweises, dass auch das aufzunehmen ist, was gerade nicht aufgefunden, aber vermutet werden konnte, weitgehend Selbstverständlichkeiten.[9] Ein Hindernis für die Verlesbarkeit erwächst zudem in erster Linie aus Verstößen gegen die formalen Vorschriften der §§ 168, 168a, 168d über die Aufnahme des Protokolls, aus inhaltlichen Mängeln dagegen nur, wenn sie eine weitgehend inhaltsleere Aufzeichnung zur Folge haben.[10]

2. Anwendungsbereich. § 86 betrifft die Einnahme eines Augenscheins durch den **Richter,** und zwar bei Anwendung der §§ 162 Abs. 1, 169, 165, 202 S. 1, 225, 369 Abs. 1 und 3 für sämtliche Verfahrensstadien **außerhalb der Hauptverhandlung.**[11] Zudem ist es unter Beachtung des § 244 Abs. 2 zulässig, die Augenscheinseinnahme während laufender Hauptverhandlung einem beauftragten Richter zu überantworten.[12] Für diesen Fall bildet die Beweishandlung des erkennenden Gerichts die Verlesung des durch diesen nach § 86 gefertigten Protokolls.[13] Auf die Hauptverhandlung selbst findet § 86 dagegen keine Anwendung. In das Hauptverhandlungsprotokoll ist nicht das Ergebnis der Augenscheinseinnahme durch das Gericht, sondern nur die Tatsache von deren Vornahme aufzunehmen[14] (§ 273 Abs. 1 und 3). Hierauf erstreckt sich die (negative) Beweiskraft nach § 274.[15] Im Übrigen gelten die allgemeinen Ausführungen zur Augenscheinseinnahme und zu den Augenscheinobjekten (→ Rn. 4–23). 2

Nicht erfasst werden Besichtigungen oder andere sinnliche Wahrnehmungen durch **Staatsanwaltschaft oder Polizei.** Für die Staatsanwaltschaft kann auch nichts anderes aus § 161a Abs. 1 S. 2 hergeleitet werden. Dort wird zwar auf den siebten Abschnitt des ersten Buches der StPO insgesamt verwiesen. Das betrifft aber, wie sich aus dem systematischen Zusammenhang, insbesondere mit § 161a Abs. 1 S. 1, ergibt, nur die Vernehmung von Zeugen und Sachverständigen. Es verbleibt daher bei der allgemeinen Regelung des § 168b Abs. 1.[16] Ob solche Wahrnehmungen als nichtrichterliche Besichtigungen[17] oder auch als Augenschein zu bezeichnen sind, wofür der Wortlaut spricht, der wegen der ausdrücklichen 3

---

[5] RG 18.3.1913 – V 738/12, RGSt 47, 100 (104).

[6] SK/*Rogall* Rn. 3; in diese Richtung aber auch schon RG 18.3.1913 – V 738/12, RGSt 47, 100 (104).

[7] *Eb. Schmidt* Lehrkommentar zur StPO Teil II Rn. 9.

[8] Graf/*Ritzert* Überblick.

[9] *Eb. Schmidt* Lehrkommentar zur StPO Teil II Rn. 17.

[10] SK/*Rogall* Rn. 30.

[11] RG 3.12.1894 – Rep. 3687/94, RGSt 26, 277; KK/*Senge* Rn. 8; KMR/*Neubeck* Rn. 2; LR/*Krause* Rn. 41; *Meyer-Goßner* Rn. 16; SK/*Rogall* Rn. 2 *Schlothauer* StV 2009, 228 (230).

[12] RG 18.3.1913 – V 738/12, RGSt 47, 100 (103 f.).

[13] RG 30.12.1889 – Rep. 3227/89, RGSt 20, 149 (150); OLG Stuttgart 12.3.1980 – 3 Ss 932/79, VRS 58 (1980), 436 (438 f.).

[14] RG 3.12.1894 – Rep. 3687/94, RGSt 26, 277; OLG Zweibrücken 17.6.1992 – 1 Ss 35/92, VRS 83, 349 (350); *Geppert* Jura 1996, 307 (312).

[15] BGH 2.5.1990 – 2 StR 337/89, NStE Nr. 4 zu § 338 Nr. 6 StPO; BGH 6.11.1990 – 1 StR 726/89, NStZ 1991, 143 (144); BGH 18.8.1992 – 5 StR 126/92, NStZ 1993, 51 (51 f.); BGH 30.6.1998 – 1 StR 309/88, NStE Nr. 7 zu § 247 StPO; BGH 6.12.2000 – 1 StR 488/00, NStZ 2001, 262 (263); BGH 23.10.2001 – 4 StR 249/01, NStZ 2002, 219; BGH 11.11.2009 – 5 StR 530/08, BGHSt 54, 184 (185 Rn. 6); RG 6.11.1906 – II 1032/06, RGSt 39, 257; OLG Hamm 28.3.1952 – (1) 2 Ss 34/52, VRS 4 (1952), 602 (603); OLG Hamm 5.2.1953 – (2) 2 Ss 805/52, NJW 1953, 839; KG 4.3.1953 – 1 Ss 407/52 (B) (376/52), NJW 1953, 1118; OLG Hamm 29.6.1972 – 5 Ss OWi 808/72, VRS 44 (1973), 117; KG 16.9.1993 – (4) 1 Ss 86/93, StV 1993, 628 (629); KG 5.8.1998 – 2 Ss 228/98-3 Ws (B) 423/98, juris (→ Rn. 2); OLG Saarbrücken 21.2.2011 – Ss (B) 117/10, NStZ-RR 2011, 319.

[16] LR/*Krause* Rn. 49.

[17] Graf/*Ritzert* Rn. 1; HK/*Lemke* Rn. 19; KK/*Senge* Rn. 11; LR/*Krause* Rn. 49; Alsberg/*Dallmeyer* Beweisantrag Rn. 396; *Eisenberg* Beweisrecht Rn. 2281a; *Dähn* JZ 1978, 640 (641).

Bezugnahme auf die richterliche Durchführung offensichtlich davon ausgeht, es gäbe auch den nichtrichtlichen Augenschein,[18] kann dahinstehen. In jedem Fall sind die entsprechenden Dokumentationen wegen des eindeutigen Wortlauts des § 249 Abs. 1 S. 2, der nur richterliche Protokolle erfasst,[19] nicht verlesbar; vielmehr müssen der Staatsanwalt oder Polizeibeamte hierzu als Zeugen vernommen werden.[20] Dies gilt auch für das Ergebnis einer Leichenschau und Leichenöffnung unter Leitung des Staatsanwalts.[21]

II. Erläuterung

4 **1. Begriff und Durchführung des Augenscheinsbeweises.** Der Begriff der Augenscheinseinnahme wird weder in § 86 noch an anderer Stelle in der StPO erläutert. Daher ist auf allgemeine Lehren zurückzugreifen, die sich in Rspr. und Literatur hierzu gebildet haben. Nach diesen handelt es sich um eine **förmliche Art der Beweisaufnahme,** die sich auf ein Augenscheinsobjekt als Beweismittel bezieht.[22] Sie erfordert eine unmittelbare sinnliche Wahrnehmung durch Sehen, Hören, Riechen, Schmecken oder Befühlen,[23] die nicht als Zeugen- (zur Abgrenzung → Rn. 23), Sachverständigen- oder Urkundenbeweis (zur Abgrenzung → Rn. 22) besonders geregelt ist.[24] Augenscheinsobjekte gehören – neben Urkunden – zu den sachlichen Beweismitteln.[25]

5 Der Augenscheinsbeweis dient der Feststellung des gegenwärtigen Zustandes eines Objektes oder des Nachweises einer jederzeit wiederholbaren Erscheinung in Form eines Versuches.[26] **Beweisziel** kann in diesem Zusammenhang die Beweisaufnahme sowohl über unmittelbar entscheidungserhebliche Tatsachen sein,[27] als auch über Indizien;[28] Letzteres vor allem in Form von Hilfstatsachen, indem über den Augenschein die von einem Zeugen wiedergegebenen Wahrnehmungen und Wahrnehmungsmöglichkeiten einer Überprüfung unterzogen werden sollen, um die Glaubhaftigkeit seiner Aussage zu bestätigen oder zu erschüttern.[29] Die **Beweismethode** besteht darin, dass sich das Gericht durch sinnliche Wahrnehmung einen Eindruck von der Existenz oder äußeren Beschaffenheit eines Menschen, eines Körpers oder einer Sache verschafft, dass es die Lage von Örtlichkeiten und Gegenständen feststellt oder eine Verhaltensweise oder einen wiederholbaren Vorgang beobachtet.[30]

6 Augenscheinsobjekte können als **Vernehmungshilfen** eingesetzt werden, um Fragen an eine Beweisperson zu erläutern und deren Aussagen zu veranschaulichen.[31] In dieser

---

[18] *Eb. Schmidt* Lehrkommentar zur StPO Teil II Rn. 9; SK/*Rogall* Rn. 1.

[19] Graf/*Ganter* § 249 Rn. 19.

[20] Graf/*Ritzert* Rn. 1; HK/*Lemke* Rn. 19; KK/*Senge* Rn. 11; KMR/*Neubeck* Rn. 3; LR/*Krause* Rn. 49; *Meyer-Goßner* Rn. 18; *Eisenberg* Beweisrecht Rn. 2281a; Alsberg/*Dallmeyer* Beweisantrag Rn. 396; *Dähn* JZ 1978, 640 (641).

[21] → § 87 Rn. 40 und 44.

[22] *Eb. Schmidt* Lehrkommentar zur StPO Teil II Rn. 2.

[23] BGH 28.9.1962 – 4 StR 301/62, BGHSt 18, 51 (53); OLG Hamm 5.2.1953 – (2) 2 Ss 805/52, NJW 1953, 839; BayObLG 6.3.2002 – 1 ObOWi 41/02, NStZ 2002, 388 (389).

[24] HK/*Lemke* Rn. 1; KK/*Senge* Rn. 1; KMR/*Neubeck* Vor § 72 Rn. 17; LR/*Krause* Rn. 1; *Meyer-Goßner* Rn. 1; *Geppert* Jura 1996, 307 (308).

[25] BGH 7.10.1960 – 4 StR 360/60, NJW 1961, 280; *Eb. Schmidt* Lehrkommentar zur StPO Teil II Rn. 3; KMR/*Neubeck* Vor § 72 Rn. 17.

[26] RG 18.3.1913 – V 738/12, RGSt 47, 100 (106); OLG Hamm VRS 34 (1968), 61; OLG Koblenz 7.2.1973 – 1 Ws (a) 46/73, VRS 45 (1973), 48 (49 f.).

[27] RG 8.6.1931 – II 511/31, RGSt 65, 304 (307) Film zu möglichem Tathergang.

[28] RG 24.7.1913 – V 180/13, RGSt 47, 235 (237).

[29] BGH 13.10.1955 – 3 StR 322/55, BGHSt 8, 177 (179); BGH 7.10.1960 – 4 StR 360/60, NJW 1961, 280; BGH 14.8.1984 – 4 StR 474/84, NStZ 1984, 565; BGH 22.9.2009 – 3 StR 321/09, *Cirener* NStZ-RR 2010, 133 (134); RG 26.9.1929 – 2 D 1124/29, JW 1930, 714; OLG Köln 20.4.2000 – Ss 166/00, StV 2002, 238; OLG Koblenz 13.8.2010 – 1 Ss 141/10, BeckRS 2010, 19834; *Lilie* NStZ 1993, 121 (123).

[30] *Eb. Schmidt* Lehrkommentar zur StPO Teil II Rn. 6; KMR/*Neubeck* Vor § 72 Rn. 18; *Meyer-Goßner* Rn. 2; Alsberg/*Dallmeyer* Beweisantrag Rn. 394.

[31] BGH 5.5.2004 – 2 StR 492/03, NStZ-RR 2004, 237 (238); KG 5.8.1998 – 2 Ss 228/98 – 3 Ws (B) 423/98, juris (→ Rn. 3); HK/*Lemke* Rn. 7; LR/*Krause* Rn. 10; *Meyer-Goßner* Rn. 6. Vgl. auch RG 24.6.1913 – V 180/13, RGSt 47, 235 (236).

Funktion können bspw. Lichtbilder,[32] Tatort-,[33] Unfall-[34] und sonstige Skizzen,[35] Lagepläne,[36] Zeichnungen, Modelle,[37] Landkarten, Stadtpläne[38] oder anlässlich von Telefonüberwachungsmaßnahmen gefertigte Mitschnitte von Telefongesprächen[39] eingesetzt werden. Erfolgt die Heranziehung des Gegenstandes erkennbar nur zu diesem Zweck,[40] handelt es sich nicht um eine förmliche Beweiserhebung durch Augenschein. Maßgeblich für die Überzeugungsbildung und alleinige Urteilsgrundlage sind dann ausschließlich die Äußerungen des Zeugen oder Sachverständigen, die aus sich heraus eindeutig verständlich sein müssen.[41] Ein solcher Vorgang erfordert weder die Anwesenheit des Angeklagten,[42] noch die Aufnahme in das Hauptverhandlungsprotokoll.[43] Um Missverständnisse zu vermeiden, sollte Letzteres auch unterbleiben.[44]

Wegen des Numerus clausus der Beweismittel im Bereich des Strengbeweises[45] gibt es 7
neben der Beweisaufnahme durch Augenschein keine solche durch **informatorische (Orts-)Besichtigung.**[46] Gleichwohl sind das Gericht oder einzelne Mitglieder nicht gehindert, sich vorab durch eine „private Besichtigung" Kenntnis vom Augenscheinsgegenstand zu verschaffen, um sich auf die Verhandlung vorzubereiten,[47] teilweise ist dies vor dem Hintergrund einer umfassenden Sachaufklärung sogar geboten.[48] Das so erlangte Wissen darf zur Förderung der Sachaufklärung in der Hauptverhandlung genutzt werden,[49] vor allem für Vorhalte an den Beschuldigten oder Beweispersonen.[50] Als Urteilsgrundlage darf das außerhalb der Hauptverhandlung gewonnene Wissen selbst allerdings nicht herangezogen werden,[51] und zwar auch dann nicht, wenn Schöffen und andere Verfahrensbeteiligte anschließend in der Hauptverhandlung über die Ergebnisse der Augenscheinseinnahme informiert werden.[52]

---

[32] BGH 5.5.2004 – 2 StR 492/03, NStZ-RR 2004, 237; OLG Düsseldorf 27.7.1967 – 1 Ss 291/67, VRS 33 (1967), 447 für sog Rotlicht-Kamera; OLG Hamm 29.6.1972 – 5 Ss OWi 808/72, VRS 44 (1973), 117 (117 f.) für Radaraufnahme.

[33] BGH 30.9.1976 – 4 StR 198/76, *Spiegel* DAR 1977, 169 (176).

[34] BGH 22.5.1964 – 4 StR 14/64, VRS 27 (1964), 119 (120); BGH 3.7.1964 – 4 StR 186/64, VRS 27 (1964), 192; BGH 14.5.1968 – 1 StR 552/67, *Martin* DAR 1969, 141 (152); BGH 11.10.1968 – 4 StR 244/68, VRS 36 (1969), 23 (24); BGH 22.11.1968 – 4 StR 309/68, VRS 36 (1969), 189 (190); OLG Düsseldorf 31.5.1951 – Ss 189/51, VRS 3 (1951), 359 (360); OLG Hamm 8.1.1965 – 1 Ss 1455/64, VRS 28 (1965), 380 (381); BayObLG 7.7.1965 – RevReg 1 b St 53/65, NJW 1965, 2357.

[35] BGH 28.9.1962 – 4 StR 301/62, BGHSt 18, 51 (53).

[36] BGH 28.10.1954 – 3 StR 466/54, JurionRS 1954, 10585 insoweit nicht abgedruckt in BGHSt 7, 15 und NJW 1955, 32.

[37] Alsberg/*Dallmeyer* Beweisantrag Rn. 397.

[38] KK/*Senge* Rn. 7.

[39] BGH 2.12.2003 – 1 StR 340/03, *Becker* NStZ-RR 2005, 65 (66).

[40] BGH 12.12.2002 – 5 StR 477/02, NStZ 2003, 320 (321) für eine Skizze ohne „irgendeinen optischen Beweiswert". Zum umgekehrten Fall BGH 2.10.1952 – 3 StR 83/52, BGHSt 3, 187 (188).

[41] BGH 28.9.1962 – 4 StR 301/62, BGHSt 18, 51 (53 f.).

[42] BGH 12.12.2002 – 5 StR 477/02, NStZ 2003, 320 (321); BGH 5.5.2004 – 2 StR 492/03, NStZ-RR 2004, 237 (237 f.); BGH 5.10.2010 – 1 StR 264/10, NStZ 2011, 51 jeweils zu § 247.

[43] BGH 6.12.2000 – 1 StR 488/00, NStZ 2001, 262 (263); BGH 2.12.2003 – 1 StR 340/03, *Becker* NStZ-RR 2005, 65 (66); BGH 5.5.2004 – 2 StR 492/03, NStZ-RR 2004, 237 (237 f.); BGH 5.10.2010 – 1 StR 264/10, NStZ 2011, 51; Alsberg/*Dallmeyer* Beweisantrag Rn. 397.

[44] BGH 23.6.1999 – 3 StR 212/99, NStZ 1999, 522 (523); BGH 23.10.2002 – 1 StR 234/02, NJW 2003, 597; BGH 12.12.2002 – 5 StR 477/02, NStZ 2003, 320 (321); vgl. hierzu auch BGH 19.11.2013 – 2 StR 379/13, NStZ-RR 2014, 53 (53 f.).

[45] Hierzu LR/*Becker* § 244 Rn. 17.

[46] BGH 2.10.1952 – 3 StR 83/52, BGHSt 3, 187 (188).

[47] BGH 22.10.1965 – 4 StR 359/65, *Dallinger* MDR 1966, 381 (383); RG 29.7.1938 – 4 D 296/38, JW 1938, 2736.

[48] SK/*Rogall* Rn. 26 und Vor § 72 Rn. 177.

[49] OLG Köln 12.9.1972 – Ss 52/72, VRS 44 (1973), 211; *Geppert* Jura 1996, 307 (312 f.); *Koch* DAR 1961, 275 (276).

[50] BGH 22.5.1964 – 4 StR 14/64, VRS 27 (1964), 119 (120); RG 19.10.1916 – I 390/16, RGSt 50, 154 (155); Graf/*Ritzert* Rn. 2; HK/*Lemke* Rn. 5; KMR/*Neubeck* Vor § 72 Rn. 21; *Meyer-Goßner* Rn. 6.

[51] BGH 22.10.1965 – 4 StR 359/65, *Dallinger* MDR 1966, 381 (383); RG 19.10.1916 – I 390/16, RGSt 50, 154 (155); RG 29.7.1938 – 4 D 296/38, JW 1938, 2736; OLG Köln 12.9.1972 – Ss 52/72, VRS 44 (1973), 211; OLG Frankfurt a. M. 29.12.1982 – 1 Ws (B) 267/82 OWiG, StV 1983, 192 (192 f.).

[52] BGH 13.2.2013 – 2 StR 556/12, NStZ 2013, 357.

8 Keine besondere Art der Beweiserhebung ist der in der Literatur so bezeichnete **zusammengesetzte** oder **gemischte Augenschein.**[53] Dabei nimmt der Richter die sinnliche Wahrnehmung des Beweisgegenstandes selbst vor, zieht zur Unterstützung indes einen Sachverständigen mit hinzu. Gesetzlich vorgesehen ist diese Vorgehensweise beispielsweise in § 87 Abs. 1 S. 1 für die Leichenschau. In rechtlicher Hinsicht sind keine Besonderheiten gegeben. Es liegt ein richterlicher Augenschein[54] vor und daneben ein Sachverständigengutachten mit den entsprechenden Vorbereitungshandlungen.[55]

9 Die **Anwesenheitsrechte** bestimmen sich für den Augenschein, der außerhalb der Hauptverhandlung eingenommen wird, nach §§ 168d, 224, 225.[56] Damit die Berechtigten diese wirksam ausüben können, sind sie, sofern kein Ausschlussgrund besteht, nach §§ 168d Abs. 1 S. 2, 168c Abs. 5 S. 1, 225, 224 Abs. 1 S. 1 zu benachrichtigen.[57] In der Hauptverhandlung erfolgt er, selbst wenn er in Form einer Ortsbesichtigung außerhalb der Gerichtsstelle vorgenommen wird, unter Anwesenheit des vollständigen Spruchkörpers, der Staatsanwaltschaft (§ 226 Abs. 1) und des Angeklagten (§ 230 Abs. 1), sofern kein gesetzlich zulässiger Ausnahmefall nach §§ 231 Abs. 2, 231a, 231b, 232, 233 vorliegt,[58] ggf. auch des Nebenklägers (§ 397 Abs. 1 S. 1). Praktisch besonders bedeutsam ist in diesem Zusammenhang der Ausschluss des Angeklagten nach § 247 S. 1 und 2. Da sich dieser nur auf die Vernehmung des Zeugen bezieht, kann eine förmliche Inaugenscheinnahme als Sachbeweis (zur Vernehmungshilfe → Rn. 6) währenddessen nicht wirksam erfolgen.[59] Eine Heilung des Verfahrensfehlers kann indes herbeigeführt werden, wenn das Gericht dem Angeklagten im Rahmen der Unterrichtung nach § 247 S. 4 die Möglichkeit einräumt, das Augenscheinsobjekt zu besichtigen, und auch die anderen weiterhin anwesenden Verfahrensbeteiligten die nochmalige Gelegenheit der Augenscheinsnahme erhalten.[60] Findet die Beweiserhebung nicht im Sitzungssaal, sondern an dem Ort statt, an dem sich der Beweisgegenstand befindet, was – selbst außerhalb des Gerichtsbezirks (§ 166 GVG)[61] – zulässig ist,[62] wird der Grundsatz der Öffentlichkeit nicht verletzt, wenn der Hausrechtsinhaber Zuhörern und Zuschauern den Zutritt verweigert.[63]

10 **2. Notwendigkeit der Beweiserhebung durch Augenschein. a) Aufklärungspflicht als Maßstab.** Der **Unmittelbarkeitsgrundsatz gilt nicht** für die Beweiserhebung durch Augenschein.[64] Ob das Gericht eine Augenscheinseinnahme durchführt oder dieses Erkenntnismittel durch andere zulässige und gleichermaßen zuverlässige Beweiserhebungen ersetzt, wie Vernehmung von Zeugen und Sachverständigen oder Verlesung von Urkunden, unterliegt seinem nach Maßgabe der Aufklärungspflicht des § 244 Abs. 2 auszuübenden Ermessen.[65] Es handelt sich hierbei um ein grundlegendes Prinzip, das, wie sich aus § 244 Abs. 5 S. 1

---

[53] Zur Bezeichnung Alsberg/*Dallmeyer* Beweisantrag Rn. 401.

[54] KMR/*Neubeck* Vor § 72 Rn. 15; LR/*Krause* Rn. 6; *Meyer-Goßner* Rn. 5; Alsberg/*Dallmeyer* Beweisantrag Rn. 401.

[55] *Dähn* JZ 1978, 640 (641).

[56] *Meyer-Goßner* Rn. 16; Graf/*Ritscher* § 225 Rn. 3.

[57] SK/*Rogall* Rn. 18.

[58] BGH 2.10.1952 – 3 StR 83/52, BGHSt 3, 187 (188 f.) noch ohne Nennung der §§ 231a f., aber – insoweit überholt – des § 247; BGH 22.11.1988 – 5 StR 521/88, BGHR StPO § 86 Augenschein 1; RG 12.2.1909 – II 98/09, RGSt 42, 197 (198); RG 26.11.1931 – II 1222/31, RGSt 66, 28 (29) sehr weitgehend für Urteilsberatung noch am Ort der Besichtigung.

[59] BGH 10.6.1987 – 2 StR 242/87, NJW 1988, 429; BGH 30.6.1988 – 1 StR 309/88, NStE Nr. 7 zu § 247 StPO; BGH 7.2.1989 – 5 StR 541/88, juris (→ Rn. 4) = StV 1989, 192 f.; BGH 6.12.2000 – 1 StR 488/00, NStZ 2001, 262 (263); BGH 5.10.2010 – 1 StR 264/10, NStZ 2011, 51; aA LR/*Krause* Rn. 47 für besondere Ausnahmesituationen bei § 247 S. 2.

[60] BGH 10.6.1987 – 2 StR 242/87, NJW 1988, 429 (430); BGH 11.11.2009 – 5 StR 530/08, BGHSt 54, 184 (187 Rn. 12); BGH 5.10.2010 – 1 StR 264/10, NStZ 2011, 51.

[61] KMR/*Neubeck* Rn. 7.

[62] RG 22.12.1906 – II 1201/06, RGSt 39, 348; HK/*Lemke* Rn. 17; *Meyer-Goßner* Rn. 17.

[63] BGH 14.6.1994 – 1 StR 40/94, BGHSt 40, 191 (192); aA *Lilie* NStZ 1993, 121 (125).

[64] RG 30.12.1889 – Rep. 3227/89, RGSt 20, 149; HK/*Lemke* Rn. 3; KMR/*Neubeck* Rn. 3; LR/*Krause* Rn. 3; *Meyer-Goßner* Rn. 3; *Eisenberg* Beweisrecht Rn. 2223.

[65] BGH 9.4.1965 – 4 StR 147/65, VRS 28 (1965), 460 (462); BGH 11.10.1968 – 4 StR 244/68, VRS 36 (1969), 23 (24); BGH 3.3.1977 – 2 StR 390/76, BGHSt 27, 135 (136); RG 18.3.1913 – V 738/12, RGSt

ergibt, selbst dann gilt, wenn ein entsprechender Beweisantrag gestellt wurde.[66] Lediglich über § 245 Abs. 1 S. 1[67] tritt eine Selbstbindung des Gerichts insoweit ein, als es nicht unbesehen von einer einmal für notwendig erachteten Beweiserhebung abrücken kann, die es durch Herbeischaffung zum Termin selbst kundgetan hat.[68] Ein Herbeischaffen kann schon darin gesehen werden, dass das Gericht vom Angeklagten ersichtlich zu Beweiszwecken mitgebrachte und überreichte Bilder entgegen und zur Kenntnis nimmt.[69] Die Vorschrift macht auch für die von der Staatsanwaltschaft herbeigeschafften Beweismittel eine Ausnahme,[70] was damit zusammenhängt, dass eine nach § 214 Abs. 4 S. 1 grundsätzlich ihr obliegende Aufgabe betroffen ist.

Das Gericht kann daher auch einen **Beweismittler** vernehmen, der über einen von ihm eingenommenen Augenschein aussagt.[71] Hierunter werden Fälle zusammengefasst, in denen das Gericht den Beweisgegenstand aus tatsächlichen oder aus rechtlichen (bspw. § 81d Abs. 1 S. 1) Gründen nicht selbst besichtigen kann oder darf.[72] Darüber hinaus kommen auch Zweckmäßigkeitserwägungen in Betracht, bei denen vorwiegend die Prozessökonomie im Vordergrund steht, indem das Gericht bestimmte Örtlichkeiten, bspw. wegen der damit verbundenen Anreise, nicht selbst besichtigen[73] oder eine Vielzahl von Tonaufzeichnungen nicht selbst anhören[74] will. Mit der Ausführung können einerseits nichtrichterliche Beweispersonen beauftragt werden, die den Zustand oder die Erscheinung des Objektes feststellen und die dem Gericht dann ihrerseits über ihre Wahrnehmungen berichten.[75] Sie können als Sachverständige oder als Zeugen zu qualifizieren sein. Allerdings ist in der Literatur vieles streitig (→ Rn. 12–15). Andererseits kann die mittelbare Einnahme des Augenscheins einem beauftragten oder ersuchten Richter übertragen werden, wobei dies nach der Natur der Sache nur aus Gründen der Zweckmäßigkeit in Frage kommt. Erstellt er ein ordnungsgemäßes Protokoll, bedarf es seiner Vernehmung nicht mehr, da die Verlesung der Niederschrift in der Hauptverhandlung nach § 249 Abs. 1 S. 2 dann die Beweisaufnahme über den Augenschein darstellt.[76] Umgekehrt darf das Gericht bei einem auf Vernehmung eines Beweismittlers gerichteten Antrag diese durch einen gleichermaßen zuverlässigen eigenen Augenschein ersetzen.[77] 11

47, 100 (103 und 106); Alsberg/*Dallmayer* Beweisantrag Rn. 398; der Sache nach auch BGH 30.9.1976 – 4 StR 198/76, juris (→ Rn. 7) insoweit nicht abgedruckt bei *Spiegel* DAR 1977, 169 (176); BGH 2.5.1990 – 2 StR 337/89, NStE Nr. 4 zu § 338 Nr. 6 StPO.

[66] BGH 14.8.1984 – 4 StR 474/84, NStZ 1984, 565; BGH 28.10.1954 – 3 StR 466/54, JurionRS 1954, 10585 insoweit nicht abgedruckt in BGHSt 7, 15 und NJW 1955, 32; BGH 13.10.1955 – 3 StR 322/55, BGHSt 8, 177 (179 – 181); BGH 30.11.1993 – 1 StR 637/93, *Kusch* NStZ 1994, 227; RG 26.9.1929 – 2 D 1124/29, JW 1930, 714 (715); OLG Hamm 12.9.1967 – 3 Ss 890/67, VRS 34 (1968), 61; KG 28.1.1980 – (1) 1 StE 2/77 (130/77), NJW 1980, 952 (953); OLG Köln 20.4.2000 – Ss 166/00, StV 2002, 238; OLG Koblenz 13.8.2010 – 1 Ss 141/10, BeckRS 2010, 19834; vgl. hierzu *Eisenberg* Beweisrecht Rn. 2236 auch zur aA; allgemein zur Ersetzung von Beweismitteln BGH 12.3.1969 – 2 StR 33/69, BGHSt 22, 347 (349); vgl. auch BGH 17.9.1982 – 2 StR 139/82, NJW 1983, 126 (127 f.).

[67] KK/*Senge* Rn. 2; LR/*Krause* Rn. 2.

[68] Ähnlich RG 8.6.1931 – II 511/31, RGSt 65, 304 (305); allgemein hierzu BGH 8.7.1997 – 4 StR 295/97, NStZ 1997, 610 (611).

[69] BGH 27.8.1953 – 1 StR 791/52, *Dallinger* MDR 1953, 721 (723); OLG Hamm 28.3.1952 – (1) 2 Ss 34/52, VRS 4 (1952), 602 (603); KG 4.3.1953 – 1 Ss 407/52 (B) (376/52), NJW 1953, 1118; jeweils für Unfallskizze; OLG Neustadt 11.5.1962 – Ss 68/62, VRS 23 (1962), 447; *Mühlhaus* DAR 1965, 12 (13) hierzu mit Hinweis, dass zumindest Bezugnahme darauf erforderlich; in diesem Sinn auch KG 28.1.1980 – (1) 1 StE 2/77 (130/77), NJW 1980, 952 (953) für Tonaufzeichnungen.

[70] LR/*Krause* Rn. 2.

[71] Nach BGH 3.3.1977 – 2 StR 390/76, BGHSt 27, 135 (136); BGH 17.9.1982 – 2 StR 139/82, NJW 1983, 126 (127 f.) findet dieser Begriff für jede Form der Ersetzung des Augenscheins (oder des Urkundenbeweises) durch den Personalbeweis Anwendung.

[72] Alsberg/*Dallmeyer* Beweisantrag Rn. 400–402; LR/*Krause* § 86 Rn. 5; *Meyer-Goßner* § 86 Rn. 4; *Eisenberg* Beweisrecht Rn. 2263.

[73] *Eb. Schmidt* Lehrkommentar zur StPO Teil II Vor § 72 Rn. 19 mit weiteren Beispielen; LR/*Krause* Rn. 5; *Lilie* NStZ 1993, 121 (123); *Koch* DAR 1961, 275.

[74] KG 28.1.1980 – (1) 1 StE 2/77 (130/77), NJW 1980, 952 (953).

[75] RG 18.3.1913 – V 738/12, RGSt 47, 100 (106); RG 20.4.1931 – 3 D 186/31, JW 1931, 2813; OLG Koblenz 7.2.1973 – 1 Ws (a) 46/73, VRS 45 (1973), 48 (49 f.); *Alsberg* JW 1930, 714; *Alsberg* JW 1931, 1608 (1609).

[76] OLG Stuttgart 12.3.1980 – 3 Ss 932/79, VRS 58 (1980), 436 (438 f.).

[77] BGH 12.3.1969 – 2 StR 33/69, BGHSt 22, 347 (349); *Hanack* JZ 1970, 561 (564); vgl. auch BGH 17.9.1982 – 2 StR 139/82, NJW 1983, 126 (127 f.).

12 **b) Vornahme durch Sachverständige.** Im Einzelfall kann es erforderlich sein, einen Sachverständigen mit der Besichtigung des Augenscheinsobjekts zu beauftragen. Teilweise ist dies **gesetzlich vorgeschrieben,** wie in §§ 81a Abs. 1 S. 2, 81c Abs. 2 S. 2,[78] teilweise kann der Augenscheinseinnahme aufgrund der Beschaffenheit des Gegenstandes nur dann ein Beweiswert beigemessen werden, wenn sie auf Grundlage einer **sachkundigen Beurteilung** erfolgt.[79] In diesen Fällen liegt ein Sachverständigenbeweis vor,[80] wobei gerade in der letztgenannten Variante auch das Augenscheinsobjekt – vorbehaltlich der aus § 244 Abs. 2 folgenden Notwendigkeit eigener Besichtigung – als Befundtatsache über das Gutachten in die Beweisaufnahme eingeführt wird.[81]

13 In diesem Zusammenhang ist auch ein Teil der Konstellationen zu erfassen, die in der Literatur üblicherweise unter der Kategorie des Augenscheinsgehilfen diskutiert werden. Mitunter kann das Gericht nämlich aus tatsächlichen Gründen gehindert sein, einen Augenschein selbst einzunehmen, wenn ihm **besondere Fertigkeiten oder körperliche Fähigkeit** fehlen,[82] wie dies bei Besichtigung eines Gegenstandes auf einem hohen Dach, an einer Bergwand oder unter Wasser der Fall ist.[83] Hierbei handelt es sich aber ebenfalls um einen Beweis mittels Sachverständigem. Denn als solcher wird eine Beweisperson tätig, die bestimmte Verrichtungen vornimmt, welche eine besondere Sachkunde erfordern.[84] In diesem Sinne sind unter den genannten Umständen gerade besondere Fähigkeiten erforderlich, um die notwendigen Wahrnehmungen überhaupt treffen zu können. Entsprechend können nicht beliebige Personen mit der Durchführung beauftragt werden, sondern nur solche, die genau über diese Befähigung verfügen. Schon das macht sie zum Sachverständigen. Es wäre mit den Grundsätzen der Zeugenpflicht nicht zu vereinbaren, Zeugen in dieser Eigenschaft verpflichtend heranzuziehen,[85] obwohl sie in keiner Beziehung zum Beweisobjekt stehen.[86] Eine andere Frage ist die, ob die tatsächliche Wahrnehmung selbst einer besonderen Sachkunde bedarf oder nicht und ob sich hierauf die Erstattung eines Gutachtens stützt.[87] Ist dies nicht der Fall, so sind die Feststellungen zu behandeln wie Zusatztatsachen, die über die Vernehmung des Sachverständigen zugleich als Zeuge in die Beweisaufnahme einzuführen sind.

14 **c) Augenscheinsgehilfe.** Erfordert die Wahrnehmung und Beurteilung des Beweisgegenstandes **nicht die besondere Sachkunde** eines Sachverständigen, wird der Beweismittler überwiegend mit dem Begriff des Augenscheinsgehilfen[88] bezeichnet. Im Einzelnen ist streitig, ob es sich hierbei um Sachverständigen-, Zeugenbeweis oder ein Beweismittel eigener Art handelt,[89] wobei die hM die Vorschriften des Sachverständigenbeweises, insbe-

---

[78] *Eb. Schmidt* Lehrkommentar zur StPO Teil II Rn. 8.

[79] BGH 7.6.1956 – 3 StR 136/56, BGHSt 9, 292 (293); KK/*Senge* Rn. 4 „sachverständiger Augenscheinsgehilfe"; LR/*Krause* Rn. 4; Alsberg/*Dallmeyer* Beweisantrag Rn. 400.

[80] LG Trier 3.11.1986 – 1 Qs 265/86, NJW 1987 722 (722 f.) zu § 81a „sachverständiger Augenscheinsgehilfe"; Graf/*Ritzert* Rn. 2; HK/*Lemke* Rn. 4; KK/*Senge* Rn. 4; LR/*Krause* Rn. 4; *Meyer-Goßner* Rn. 5; SK/*Rogall* Rn. 13; *Dähn* JZ 1978, 640 (641) aA *Foth/Karcher* NStZ 1989, 166 (169), die ihn nur dann als Sachverständigen ansehen, wenn er auch die wissenschaftliche Methode vermittelt, die ihm seine Feststellungen ermöglicht.

[81] → § 72 Rn. 9; *Geppert* Jura 1996, 307 (309).

[82] RG 18.3.1913 – V 738/12, RGSt 47, 100 (106).

[83] LR/*Krause* Rn. 5; *Meyer-Goßner* Rn. 4; *Eisenberg* Beweisrecht Rn. 2263 (Fn. 36); Alsberg/*Dallmeyer* Beweisantrag Rn. 402.

[84] → § 72 Rn. 5.

[85] So aber LR/*Krause* Rn. 7.

[86] Vgl. hierzu *Eisenberg* Beweisrecht Rn. 2275. Als mittelbare Folge erhielte er auch keine Vergütung als Sachverständiger.

[87] Vgl. RG 20.4.1931 – 3 D 186/31, JW 1931, 2813.

[88] So die gebräuchliche Benennung in der Literatur KK/*Senge* Rn. 3; LR/*Krause* § 86 Rn. 4; *Meyer-Goßner* § 86 Rn. 5; Alsberg/*Dallmeyer* Beweisantrag Rn. 402. Nach RG 20.4.1931 – 3 D 186/31, JW 1931, 2813; *Alsberg* JW 1930, 714; *Alsberg* JW 1931, 1608 (1609) „gerufener oder gezogener Zeuge". Von *Eb. Schmidt* Lehrkommentar zur StPO Teil II vor § 72 Rn. 13 und § 86 Rn. 8; *Dähn* JZ 1978, 640 (641) zugleich auch für den Sachverständigen als Beweismittler.

[89] S. hierzu LR/*Krause* Rn. 7; Alsberg/*Dallmeyer* Beweisantrag Rn. 403 jeweils mwN.

sondere die §§ 73, 74, 75 entsprechend angewendet wissen will und sich hinsichtlich der Vernehmung selbst für die Anwendung des Zeugenbeweises ausspricht.[90]

Eine Mischform verschiedener Beweisformen mit einer teilweisen Analogie zu Vorschriften des Sachverständigenbeweises scheidet indes schon deswegen aus, weil **keine Regelungslücke** besteht.[91] Die Verwendung eines eigenständigen Begriffes verstellt weitgehend den Blick dafür, dass die in Frage kommenden Fallgestaltungen mit den Instituten des Zeugen- oder Sachverständigenbeweises jeweils angemessen erfasst werden können. Gerade in diesem Zusammenhang ist bemerkenswert, dass es sich um einen Problemkreis handelt, der in der literarisch diskutierten Form kaum Praxisrelevanz entfaltet,[92] was sich schon daraus ergibt, dass kaum Gerichtsentscheidungen zu finden sind, die sich – tragend – damit grundsätzlich auseinandersetzen.[93] So kann die Variante, die unter dem Gesichtspunkt der tatsächlichen Unmöglichkeit diskutiert wird, als Sachverständigenbeweis erfasst werden (→ Rn. 13). Es verbleiben mithin für die Diskussion nur die Fälle rechtlicher Unmöglichkeit, welche sich im gegebenen Zusammenhang auf § 81d beschränken (zu §§ 81a, 81c → Rn. 12), und diejenigen, in denen das Gericht aus Zweckmäßigkeitsgründen von einer eigenen Inaugenscheinnahme absieht. Da hier die Besichtigung jeweils keine besondere Sachkunde erfordert – ansonsten könnte sie schon begrifflich nicht diejenige des Gerichts ersetzen –, wird der Beweismittler als Zeuge zu seinen Beobachtungen vernommen.[94] Die Frage der bindenden Verpflichtung stellt sich üblicherweise nicht als Schwierigkeit dar, da die Praxis zu entsprechenden Beweisvorgängen Polizeibeamten[95] oder Zeugen, die ohnehin zu den Tatumständen oder dem Tatumfeld vernommen werden,[96] heranzieht.[97] Eine „Beauftragung" beliebiger Dritter bietet sich schon vor der Pflicht zur neutralen Sachaufklärung nicht an. Gegenstand der Beweiswürdigung ist die Aussage des Beweismittlers über seine Wahrnehmungen. Die Verfahrensbeteiligten können sich deswegen auf die ihnen zustehenden Rechte auf Stellung ergänzender Beweisanträge, insbesondere auf Augenscheinseinnahme durch das Gericht selbst,[98] und aus § 238 Abs. 2 berufen.[99] Bei der Würdigung der Angaben sind die Grundsätze einer Beweisaufnahme vom Hörensagen[100] im Hinblick auf eine besonders sorgfältige Würdigung zu beachten, was dann gewährleistet ist, wenn der Einsatz des Beweismittlers eine gleichermaßen zuverlässige Aufklärung ermöglicht, wie die Augenscheinseinnahme durch das Gericht selbst (→ Rn. 10). 15

3. Augenscheinsobjekte. a) Allgemeines. Eine Definition des **Begriffs** der Augenscheinsobjekte findet sich in der StPO nicht. Andererseits kennt sie auch keine Beschränkung 16

[90] Graf/*Ritzert* Rn. 3.2; HK/*Lemke* Rn. 3; KK/*Senge* Rn. 4; LR/*Krause* Rn. 7; *Meyer-Goßner* Rn. 4; Alsberg/*Dallmeyer* Beweisantrag Rn. 403; *Geppert* Jura 1996, 307 (309).

[91] So im Ergebnis zutreffend *Eisenberg* Beweisrecht Rn. 2273; *Danckert* NStZ 1985, 469.

[92] So aber die Einschätzung von *Eisenberg* Beweisrecht Rn. 2262.

[93] Vgl. die regelmäßig zitierten BGH 7.6.1956 – 3 StR 136/56, BGHSt 9, 292 (293); BGH 3.3.1977 – 2 StR 390/76, BGHSt 27, 135 (136 f.); RG 18.3.1913 – V 738/12, RGSt 47, 100 (106), die die Funktion des Beweismittlers lediglich abstrakt ansprechen. Auch in meiner eigenen Prozesspraxis ist mir bislang kein Fall begegnet, in dem dies virulent wurde.

[94] RG 20.4.1931 – 3 D 186/31, JW 1931, 2813; OLG Hamm 12.9.1967 – 3 Ss 890/67, VRS 34 (1968), 61; OLG Frankfurt a. M. 18.2.1980 – 1 Ws (B) 26/80 OWiG, VRS 58 (1980), 368 (369); s. auch → § 81d Rn. 7.

[95] So jeweils bei BGH 11.10.1968 – 4 StR 244/68, VRS 36 (1969), 23 (24); BGH 30.11.1993 – 1 StR 637/93, *Kusch* NStZ 1994, 227; OLG Hamm 12.9.1967 – 3 Ss 890/67, VRS 34 (1968), 61; KG 28.1.1980 – (1) 1 StE 2/77 (130/77), NJW 1980, 952 (953); OLG Frankfurt a. M. 18.2.1980 – 1 Ws (B) 26/80 OWiG, VRS 58 (1980), 368 (369).

[96] So bei BGH 7.10.1960 – 4 StR 360/60, NJW 1961, 280 – dort auch zur grundsätzlichen Überlegenheit des sachlichen Beweismittels; RG 26.9.1929 – 2 D 1124/29, JW 1930, 714; OLG Koblenz 7.2.1973 – 1 Ws (a) 46/73, VRS 45 (1973), 48 (49 f.); OLG Köln 20.4.2000 – Ss 166/00, StV 2002, 238 (239). Vgl. auch BGH 12.3.1969 – 2 StR 33/69, BGHSt 22, 347 (348) sowie BGH 28.10.1954 – 3 StR 466/54, JurionRS 1954, 10585 insoweit nicht abgedruckt in BGHSt 7, 15 und NJW 1955, 32 zum sachverständigen Zeugen.

[97] Exemplarisch für Unfallörtlichkeit unter Zuhilfenahme einer Skizze BGH 22.5.1964 – 4 StR 14/64, VRS 27 (1964), 119 (120).

[98] OLG Frankfurt a. M. 18.2.1980 – 1 Ws (B) 26/80 OWiG, VRS 58 (1980), 368 (369).

[99] *Eisenberg* Beweisrecht Rn. 2273 f.

[100] Oder eben vom „Sehen-, Riechen-, Fühlen- oder Schmeckensagen".

auf eine bestimmte Art von Gegenständen.[101] Augenscheinsobjekte sind daher alle Gegenstände, die einen Beweis durch die ihnen beiwohnenden, mit den Sinnen wahrnehmbaren Eigenschaften erbringen können,[102] sofern der Richter sie zur Überzeugungsbildung für geeignet hält.[103] In Betracht kommen allgemein neben Personen, unabhängig vom Aggregatszustand alle Körper und Substanzen gasförmiger, flüssiger oder fester Art, Gebäude, Örtlichkeiten sowie Abbildungen davon, wobei Sonderregelungen, wie bspw. in §§ 81a, 81c, 87 zu beachten sind.[104]

17 **b) Einzelfälle.** Als Augenscheinsgegenstände können **Abbildungen, Lichtbilder,**[105] **Filmstreifen**[106] oder **Videoaufnahmen**[107] und (sonstige) **digitale Daten**[108] wie bspw Excel- oder Power-Point-Dateien herangezogen werden. Sie dienen entweder dem Nachweis ihres eigenen strafbaren Inhalts[109] oder dem Beweis anderer Straftaten, die auf ihnen festgehalten sind,[110] wie beispielsweise bei Aufnahmen von Überwachungskameras in Banken,[111] an Tankstellen, in öffentlichen Verkehrsmitteln,[112] von Verkehrsüberwachungskameras,[113] einschließlich der darauf befindlichen Geschwindigkeits- und Datumsangaben (→ Rn. 19),[114] aber auch bei heimlich hergestellten Fotos oder Filmaufnahmen.[115] Daneben kommt deren Verwendung auch zur mittelbaren Beweisführung in Betracht, was beispielsweise bei Aufnahmen von einer Gegenüberstellung[116] oder dem Geständnis des Angeklagten anlässlich einer Tatrekonstruktion[117] der Fall ist. Bänder einer polizeilichen Videovernehmung sind gleichfalls (nur) dem Augenscheinsbeweis zugänglich.[118] Für derartige Aufnahmen richterlicher Vernehmungen sind die Sonderregelungen des § 255a zu berücksichtigen.[119] Weder diese Vorschrift, noch § 250 hindern indessen, sie neben der Vernehmung des Zeugen selbst ergänzend durch Vorspielen in Augenschein zu nehmen, gerade zur Prüfung der Aussagekonstanz (→ Rn. 19).[120] Nach Maßgabe der Aufklärungspflicht bestimmt sich, ob Zweifel im Hinblick auf Zeit und Ort der Herstellung der Aufnahmen eine ergänzende Vernehmung derjenigen Person erforderlich machen, die sie hergestellt hat.[121] Werden Lichtbilder bei

---

[101] RG 15.10.1900 – Rep. 2822/00, RGSt 33, 403 (404); RG 5.1.1903 – Rep. 6104/02, RGSt 36, 55 (56); RG 24.6.1913 – V 180/13, RGSt 47, 235 (237).

[102] RG 4.12.1906 – II 663/06, RGSt 39, 303 (304).

[103] Allgemein zu diesem Grundsatz bei der Heranziehung von Beweismitteln BGH 12.8.1960 – 4 StR 48/60, NJW 1960, 2156.

[104] HK/*Lemke* Rn. 6; KMR/*Neubeck* Rn. 22; LR/*Krause* Rn. 9; *Meyer-Goßner* Rn. 8; Alsberg/*Dallmeyer* Beweisantrag Rn. 404.

[105] BGH 27.8.1953 – 1 StR 791/52, *Dallinger* MDR 1953, 721 (723); RG 5.1.1903 – Rep. 6104/02, RGSt 36, 55 (56); RG 24.6.1913 – V 180/13, RGSt 47, 235 (236); BayObLG 7.7.1965 – RevReg. 1 b St 53/65, NJW 1965, 2357.

[106] RG 8.6.1931 – II 511/31, RGSt 65, 304 (307).

[107] Graf/*Ritzert* Rn. 9; KMR/*Neubeck* Rn. 9; *Kertai* MMR 2011, 716 (717).

[108] *Gercke/Wollschläger,* StV 2013, 106.

[109] Graf/*Ritzert* Rn. 9; LR/*Krause* Rn. 15; *Meyer-Goßner* Rn. 10; *Eisenberg* Beweisrecht Rn. 2304; Alsberg/*Dallmeyer* Beweisantrag Rn. 405.

[110] BGH 12.8.1975 – 1 StR 42/75, NJW 1975, 1075 (2076) zu Aufnahmen, die von einem Demonstrationszug gefertigt wurden; KMR/*Neubeck* Rn. 9.

[111] KMR/*Neubeck* Rn. 9; LR/*Krause* Rn. 15; *Meyer-Goßner* Rn. 10; Alsberg/*Dallmeyer* Beweisantrag Rn. 407.

[112] KMR/*Neubeck* Rn. 9.

[113] OLG Düsseldorf 27.7.1967 – 1 Ss 291/67, VRS 33 (1967), 447 (447 f.); OLG Koblenz 23.4.1974 – 1 Ws (a) 140/74, VRS 47 (1974), 441 (442); OLG Stuttgart 21.3.1980 – 1 Ss 246/80, VRS 1959 (1980), 360 (361); OLG Zweibrücken 17.6.1992 – 1 Ss 35/92, VRS 83, 348 jeweils bei Radarmessung.

[114] BayObLG 6.3.2002 – 1 ObOWi 41/02, NStZ 2002, 388 (389).

[115] OLG Schleswig 3.10.1979 – 1 Ss 313/79, NJW 1980, 352; weitere Beispiele bei Alsberg/*Dallmeyer* Beweisantrag Rn. 407.

[116] BVerfG 27.9.1982 – 2 BvR 1199/82, NStZ 1983, 84.

[117] BGH 10.6.1975 – 1 StR 184/75, *Holtz* MDR 1976, 632 (634) = vollständiger Wortlaut bei juris (→ Rn. 15 – 26).

[118] Zumindest blieb dies in BGH 15.4.2003 – 1 StR 64/03, NJW 2003, 2761 insoweit nicht abgedruckt in BGHSt 48, 268 unbeanstandet.

[119] KMR/*Neubeck* Rn. 11; *Meyer-Goßner* Rn. 10.

[120] BGH 12.2.2004 – 1 StR 566/03, BGHSt 49, 68 (71) mit Hinweis auf den Vorrang der Vernehmungsersetzung zur Vermeidung von unnötigen Mehrfachbefragungen aus Gründen des Opferschutzes.

[121] RG 5.1.1903 – Rep. 6104/02, RGSt 36, 55 (57); BayObLG 7.7.1965 – RevReg. 1 b St 53/65, NJW 1965, 2357 (2358).

einem richterlichen Augenschein außerhalb der Hauptverhandlung angefertigt, was sich zur Verdeutlichung des beurkundeten Bestandes empfehlen kann, sollten sie als Anlage zum Protokoll genommen werden (→ Rn. 24). Die entsprechenden Objekte können auch als bloße Vernehmungshilfe eingesetzt werden (→ Rn. 6). Für eine Bezugnahme im Urteil gem. § 267 Abs. 1 S. 3 ist zu beachten, dass Bild- und Filmdateien – sofern Letztere überhaupt unter die Vorschrift fallen –, die auf elektronischen Medien gespeichert sind, als solche nicht in dem erforderlichen Sinn Bestandteil der Akten werden.[122]

Skizzen, Zeichnungen und Pläne insbesondere solche von Tat- und Unfallort, können hinsichtlich ihrer Existenz als Augenscheinsobjekt herangezogen werden[123] und (zugleich) als Vernehmungshilfen dienen (→ Rn. 6).[124] Darüber hinausgehend nimmt die Rechtsprechung vereinzelt an, zumindest[125] amtliche Unfall- und Tatortskizzen könnten als solche in Augenschein genommen werden.[126] Dies ist schon deswegen bedenklich, weil sich nicht eindeutig erschließt, was mit diesem Begriff gemeint ist. Er kann wohl nur dahingehend verstanden werden, dass sich der amtliche und nicht weiter beweisbedürftige Charakter auf sie bezieht, soweit sich Eintragungen auf Landkarten oder Stadtplänen als Grundlage befinden (s. hierzu → Rn. 20).[127] Ansonsten wird wegen § 250 auf die Vernehmung der Person, die die Skizze oder Zeichnung angefertigt, hat nicht verzichtet werden können, da der gedankliche Inhalt auf deren Wahrnehmung zurückgeht.[128] Das gilt gerade dann, wenn es auf genaue Maßangaben, bspw. zur Lage von Fahrzeugen, Länge von Bremsspuren und dergleichen bei Verkehrsunfällen, geht, weswegen zusätzlich zur Besichtigung der Skizze der Polizeibeamte zu vernehmen ist, der sie fertigte.[129] Bei richterlichen Augenscheinnahmen außerhalb der Hauptverhandlung kann es oft zweckmäßig oder sogar notwendig sein, die ins Protokoll aufgenommenen Feststellungen durch Skizzen zu veranschaulichen und diese als Anlage beizufügen. Sie können dann bei der Verlesung des Protokolls in Augenschein genommen werden (→ Rn. 24).[130] Ampelphasenpläne werden durch Augenscheinseinnahme in die Hauptverhandlung eingeführt.[131] 18

Auf **visuelle** und **akustische Aufzeichnungen** kann sich der Augenschein beziehen. Zur ersten Kategorie gehören neben den oben genannten Film- und Videoaufnahmen **technische Aufzeichnungen** iSd § 268 StGB, wie Lochstreifen, Papierstreifen von Registrierkassen oder von Kontrolluhren.[132] Wegen des sich vom materiellen Recht unterscheidenden strafprozessualen Urkundenbegriffs[133] sind sie beweisrechtlich aber als solche zu behandeln (s. hierzu → Rn. 22), wenn sich ihr Inhalt nur durch Lesen erschließen lässt. Ist 19

---

[122] BGH 2.11.2011 – 2 StR 332/11, NJW 2012, 244 (245) mAnm *Deutscher* NStZ 2012, 229; BGH 14.3.2012 – 2 StR 547/11, StV 2013, 73; OLG Jena 5.1.2012 – 1 SsBs 112/11, NZV 2012, 144 (146); ferner *Gercke/Wollschläger,* StV 2013, 106 (108) für sonstige digitale Daten und (107) mwN zur teilweise abweichenden OLG-Rspr.

[123] OLG Celle 10.4.1967 – 2 Ss 100/67, VRS 33 (1967), 43 (44); Graf/*Ritzert* Rn. 10; HK/*Lemke* Rn. 10; LR/*Krause* Rn. 32; *Meyer-Goßner* Rn. 12; *Eisenberg* Beweisrecht Rn. 2307.

[124] Allein in diesem Sinne dürften wohl auch BGH 30.9.1976 – 4 StR 198/76, *Spiegel* DAR 169 (176) BGH 27.9.2007 – 4 StR 1/07, NStZ-RR 2008, 83; zu verstehen sein.

[125] Weitergehend OLG Hamm 28.3.1952 – (1) 2 Ss 34/52, VRS 4 (1952), 602 (603) für eine vom Angeklagten selbst angefertigte Skizze.

[126] BGH 18.6.1953 – 4 StR 198/53, VRS 5 (1953), 541 (543); KG 4.3.1953 – 1 Ss 407/52 (B) (376/52), NJW 1953, 1118; OLG Hamm 5.8.1963 – 4 Ss 367/63, NJW 1963, 2284. Soweit demgegenüber von KMR/*Neubeck* Rn. 15; LR/*Krause* Rn. 32; *Meyer-Goßner* Rn. 12; *Eisenberg* Beweisrecht Rn. 2307; Alsberg/*Dallmeyer* Beweisantrag Rn. 414 auf weitere Entscheidungen Bezug genommen wird, sind diese zwar mitunter missverständlich formuliert, aber wohl im Sinne von Rn. 6 zu verstehen.

[127] OLG Saarbrücken 24.7.1969 – Ss 110/68, VRS 38 (1970), 453 (454); *Mühlhaus* DAR 1965, 12 (13).

[128] OLG Hamm 8.1.1965 – 1 Ss 1455/64, VRS 28 (1965), 380 (381); BayObLG 7.7.1965 – RevReg. 1 b St 53/65, NJW 1965, 2357; *Eisenberg* Beweisrecht Rn. 2308.

[129] OLG Düsseldorf 31.5.1951 – Ss 189/51, VRS 3 (1951), 359 (360); OLG Celle 10.4.1967 – 2 Ss 100/67, VRS 33 (1967), 43 (44); *Mühlhaus* DAR 1965, 12 (13).

[130] LR/*Krause* Rn. 44; *Meyer-Goßner* Rn. 16; SK/*Rogall* Rn. 10.

[131] KG 5.8.1998 – 2 Ss 228/98 – 3 Ws (B) 423/98, juris (→ Rn. 2).

[132] KK/*Senge* Rn. 6; KMR/*Neubeck* Rn. 14; LR/*Krause* Rn. 34; Alsberg/*Dallmeyer* Beweisantrag Rn. 415.

[133] Graf/*Ganter* § 249 Rn. 9.

dies dagegen nicht der Fall oder sind sie nicht verlesbar, muss der Beweis durch Augenschein erhoben werden.[134] Das gilt bei Lichtbildern, die eine Geschwindigkeitsmessanlage produziert, auch hinsichtlich der darauf befindlichen Geschwindigkeits- und Datumsangabe, da die entsprechenden Ziffernfolgen ohne den Bezug zur Abbildung keinen eigenständigen Sinngehalt haben.[135] Ein praktisch häufig relevanter Fall eines Augenscheinsobjektes in diesem Sinn sind darüber hinaus die regelmäßig nicht verlesbaren Fahrtenschreiberdiagramme.[136] Das Gericht kann diese aber nur dann durch eigene Betrachtung auswerten, wenn es um einfache Geschwindigkeitsfeststellungen geht.[137] Sind dagegen kurzfristige Geschwindigkeitsänderungen Gegenstand der Beweisaufnahme, so bedarf es der Auswertung durch einen Sachverständigen.[138] In diesem Fall werden sie als Befundtatsachen mit dem Sachverständigengutachten in die Hauptverhandlung eingeführt.[139] Unter die zweite Kategorie fallen **Tonaufzeichnungen,** sei es auf Video-, Tonbändern, Magnetstreifen, Schallplatten, CDs, DVDs, CD-ROMs und sonstigen Trägermedien.[140] Hierzu rechnen die Bild-Ton-Aufzeichnung einer richterlichen Vernehmung, sofern sie nicht vernehmungsersetzend nach § 255a, sondern ergänzend zur persönlichen Vernehmung des Zeugen, insbesondere zur Überprüfung der Aussagekonstanz, vorgespielt wird (→ Rn. 17); die auf Tonband aufgezeichneten Explorationsgespräche des aussagepsychologischen Sachverständigen;[141] aus Überwachungsmaßnahmen nach § 100a ff. gewonnene Gesprächsmitschnitte[142] sowie solche, die mit Einwilligung des Sprechers hergestellt[143] oder zum Gegenstand der Beweiserhebung gemacht[144] wurden. Privat, heimlich oder sonst unrechtmäßig gefertigte Gesprächsmitschnitte können, jedenfalls soweit sie nicht den Kernbereich privater Lebensführung betreffen, unter notstandsähnlichen Gesichtspunkten[145] oder zur Verfolgung schwerer Straftaten[146] als Augenscheinsobjekt verwertet werden. Der Inhalt der auf Tonaufzeichnungen festgehaltenen Gedankenäußerungen wird durch Abspielen zum Gegenstand des Augenscheinsbeweises gemacht.[147] Dies gilt auch für ein auf Tonband aufgezeichnetes Geständnis des Angeklagten.[148] Das Abspielen einer Tonaufzeichnung kann durch Verlesung einer Verschriftung im Wege des Urkundsbeweises ersetzt werden.[149]

20 Die Augenscheinseinnahme kann durch **Ortsbesichtigung** erfolgen, bei der durch das Betrachten von Gebäuden, Straßen, Verkehrseinrichtungen, Räumlichkeiten und sonstigen Örtlichkeiten die Verhältnisse an einem Tatort aufgeklärt werden sollen.[150] Dies kann

---

[134] HK/*Lemke* Rn. 11; *Meyer-Goßner* Rn. 13.

[135] BayObLG 6.3.2002 – 1 ObOWi 41/02, NStZ 2002, 388 (389).

[136] OLG Stuttgart 17.4.1959 – 2 Ss 92/59, NJW 1959, 1379; OLG Hamm 8.5.1959 – 1 Ss 214/59, VRS 17 (1959), 211 = NJW 1959, 1380 (Leitsatz); KK/*Senge* Rn. 6; KMR/*Neubeck* Rn. 14; LR/*Krause* Rn. 14.

[137] OLG Hamburg 23.1.1962 – 2 Ss 317/61, VRS 22 (1962), 473 (475) gefahrene Geschwindigkeit auf einer Fahrtstrecke von ca. 1800 m bei einer Dauer von 95 Sekunden.

[138] BGH 9.4.1965 – 4 StR 147/65, VRS 28 (1965), 460 (461); BayObLG 26.11.1958 – 1 St 440/58, VRS 16 (1959), 296 (297); OLG Hamm 14.11.1961 – 3 Ss 1241/61, DAR 1962, 59; OLG Köln 22.4.1966 – Ss 30/66, VRS 31 (1966), 271.

[139] LR/*Krause* Rn. 14; *Eisenberg* Beweisrecht Rn. 2322; Alsberg/*Dallmeyer* Beweisantrag Rn. 415; aA, jedoch widersprüchlich OLG Düsseldorf 18.2.1970 – 2 Ss 654/69, VRS 39, 277 (277 f.), nachdem Auswertung der Fahrtschreiberscheibe einerseits nicht als Befundtatsache gewertet, andererseits aber deren Vornahme durch Sachverständigen vorausgesetzt wird.

[140] KK/*Senge* Rn. 6; KMR/*Neubeck* Rn. 12; LR/*Krause* Rn. 29; *Meyer-Goßner* Rn. 11.

[141] BGH 18.3.2010 – 3 StR 426/09, BeckRS 2010, 08150 = NStZ-RR 2010, 210 (Leitsatz).

[142] LR/*Krause* Rn. 36; *Meyer-Goßner* Rn. 11.

[143] BGH 14.6.1960 – 1 StR 73/60, BGHSt 14, 339 (340) für aufgezeichnetes Geständnis.

[144] BGH 12.4.1989 – 3 StR 453/88, BGHSt 36, 167 (172).

[145] BGH 14.6.1960 – 1 StR 683/59, BGHSt 14, 358 (361); OLG Celle 13.5.1965 – 1 Ss 523/64, NJW 1965, 1677 (1679); AG Winsen 1.2.1985 – 8 Ls 14 Js 676/85 – 63/84, NJW 1986, 2001 (2002).

[146] BGH 12.4.1989 – 3 StR 453/88, BGHSt 36, 167 (173 f.).

[147] BGH 3.3.1977 – 2 StR 390/76, BGHSt 27, 135 (137); AG Winsen 1.2.1985 – 8 Ls 14 Js 676/85 – 63/84, NJW 2001 (2002); aA *Roxin/Schünemann* § 28 Rn. 9; *Geppert* Jura 1996, 307 (310 f.) Analogie zu §§ 249 ff.

[148] BGH 14.6.1960 – 1 StR 73/60, BGHSt 14, 339 (341).

[149] BGH 3.3.1977 – 2 StR 390/76, BGHSt 27, 135 (136 f.).

[150] BGH 28.9.1962 – 4 StR 301/62, BGHSt 18, 51 (53); RG 14.8.1893 – Rep. 2674/93, RGSt 24, 233 (233 f.).

zudem erfolgen, um festzustellen, ob Vorgänge oder Objekte von einer bestimmten Stelle aus sichtbar[151] oder hörbar[152] sind. Soweit zur Aufklärung gleichermaßen geeignet, kann statt der Ortsbesichtigung die Inaugenscheinnahme eines **Stadtplanes,** einer **Land-** oder **Straßenkarte** erfolgen.[153] Weitergehend wird sogar angenommen, diese enthielten allgemeinkundige Tatsachen über örtliche Verhältnisse, die nicht durch förmliche Augenscheinseinnahme zum Gegenstand der Hauptverhandlung gemacht werden müssten und auch noch durch das Revisionsgericht herangezogen werden könnten.[154] Unabhängig davon können sie auch als Vernehmungshilfen fungieren (→ Rn. 6).

Versuche und **Experimente** können beobachtet werden.[155] Vor allem zur Klärung des Tathergangs kommen Fahrversuche, Bremsversuche, Schießversuche und Rekonstruktionen in Betracht.[156] Diskutiert werden in diesem Zusammenhang auch auf Grundlage von Tatort-Scans erstellte 3D-Präsentationen.[157] Sollen sie der Prüfung der Glaubhaftigkeit von Zeugenaussagen dienen, beispielsweise zur Überprüfung von Aufmerksamkeits-, Wahrnehmungs-, Merkfähigkeit oder Geschicklichkeit der Beweisperson, so sind sie aber nicht Gegenstand des Augenscheinsbeweises, sondern Teil der Vernehmung.[158] 21

Urkunden sind dem Augenscheinsbeweis nur zugänglich, wenn es nicht auf deren Inhalt, der durch Verlesung in die Hauptverhandlung einzuführen ist, sondern auf ihr Vorhandensein oder ihren Zustand ankommt.[159] Letzteres kommt insbesondere für eine Schriftvergleichung in Frage, um die Urheberschaft des Beschuldigten[160] oder eine Fälschung[161] aufzuklären, oder um zu sehen, ob sie unterzeichnet sind.[162] Gleiches gilt, wenn sie nicht verlesbar sind, was bei technischen Aufzeichnungen häufig der Fall ist (→ Rn. 19).[163] 22

Personen können unter Berücksichtigung der Einschränkungen des § 81d in Augenschein genommen werden, sofern nicht, wie beispielsweise bei §§ 81a, 81c, der Sachverständigenbeweis erforderlich ist.[164] Das gilt sowohl für Beschuldigte, Zeugen oder sonstige Dritte.[165] Keiner gesonderten förmlichen Beweiserhebung durch Augenschein bedarf allerdings die Wahrnehmung der Verhaltensweisen einer befragten Person während der Erzählung oder auf Vorhalte und Fragen hin, wie Gestik, Mimik und Körperreaktionen,[166] oder der äußeren Erscheinung, soweit sie sich offen darbietet.[167] Dabei handelt es sich um – 23

---

[151] RG 21.6.1887 – Rep. 1376/87, RGSt 16, 147; RG 26.9.1929 – 2 D 1124/29, JW 1930, 714.

[152] OLG Hamm 9.3.1971 – 5 Ss 23/71, VRS 41 (1971), 136.

[153] BGH 12.3.1969 – 2 StR 33/69, BGHSt 22, 347 (350); zu einem Ausdruck aus „Google Earth" s. BGH 19.11.2013 – 2 StR 379/13, NStZ-RR 2014, 53.

[154] OLG Hamm 15.11.1957 – 3 Ss 1251/57, VRS 14 (1958), 454 (454 f.); Graf/*Ritzert* Rn. 9; HK/*Lemke* Rn. 14; KK/*Senge* Rn. 7; LR/*Krause* Rn. 18; *Hanack* JZ 1970, 561 (562).

[155] RG 18.3.1913 – V 738/12, RGSt 47, 100 (106).

[156] Graf/*Ritzert* Rn. 13; KMR/*Neubeck* Rn. 17; LR/*Krause* Rn. 27 und 39; *Meyer-Goßner* Rn. 15.

[157] *Kertai* MMR 2011, 716 (717).

[158] In diesem Sinne ist wohl RG 26.2.1907 – II 127/07, RGSt 40, 48 (50) zu verstehen; aA *Meyer-Goßner* Rn. 15; Alsberg/*Dallmeyer* Beweisantrag Rn. 419.

[159] BGH 10.3.2009 – 5 StR 530/08, StV 2009, 226 (227) für unterschiedliche Schriftbilder bei Kalendereinträgen; BGH 30.8.2011 – 2 StR 652/10, NJW 2011, 3733; RG 25.1.1882 – Rep. 25/82, RGSt 5, 398 (399); RG 11.12.1883 – Rep. 2748/83, RGSt 10, 115 (116); OLG Hamm 5.2.1953 – (2) 2 Ss 805/52, NJW 1953, 839; OLG Saarbrücken 21.2.2011 – Ss (B) 117/10, NStZ-RR 2011, 319.

[160] RG 11.5.1931 – II 216/31, RGSt 65, 294 (295 f.); KG 16.9.1993 – (4) 1 Ss 86/93, StV 1993, 628 (629).

[161] BGH 6.11.1990 – 1 StR 726/89, NStZ 1991, 143 (144); RG 19.12.1878 – Rep. C. 5/87, RGSt 17, 103 (106).

[162] LR/*Krause* Rn. 38.

[163] HK/*Lemke* Rn. 11; *Meyer-Goßner* Rn. 13.

[164] LR/*Krause* Rn. 25; *Meyer-Goßner* Rn. 14; Alsberg/*Dallmeyer* Beweisantrag Rn. 420; s. auch → § 81a Rn. 7.

[165] OLG Hamm 25.7.1974 – 3 Ss OWi 586/74, VRS 48 (1975), 105 (106).

[166] BGH 5.3.1954 – 5 StR 661/53, BGHSt 5, 354 (355 f.); BGH 28.9.1962 – 4 StR 301/62, BGHSt 18, 51 (54 f.); RG 5.10.1900 – Rep. 2822/00, RGSt 33 403 (404); RG 4.12.1906 – II 663/06, RGSt 39, 303 (304 f.) „nicht aufgesuchte Wahrnehmungen"; OLG Zweibrücken 17.6.1992 – 1 Ss 35/92, VRS 83, 348 (349) „unselbständiger Augenschein". kritisch *Eisenberg* Beweisrecht Rn. 2313.

[167] BGH 28.11.1973 – 3 StR 183/73, *Dallinger* MDR 1974, 365 (368); OLG Jena 30.10.2007 – 1 Ss 48/07, VRS 114 (2008), 447 (450).

nicht protokollierungsbedürftige – Teile der Vernehmung.[168] Entsprechend gilt dies nicht, wenn der Angeklagte von seinem Schweigerecht[169] oder ein Zeuge von einem ihm zustehenden Zeugnisverweigerungsrecht[170] Gebrauch macht. Der Inaugenscheinnahme muss sich der Angeklagte dann aber gleichwohl zur Verfügung stellen.[171] Beim Zeugen kann sie bspw. mit der Vernehmung zur Person nach § 68 verbunden werden.[172] Ihr steht dann weder das Zeugnisverweigerungsrecht,[173] noch das Untersuchungsverweigerungsrecht entgegen, soweit sich die Betrachtung unterhalb der Schwelle einer Untersuchung iSd § 81c hält[174] und sich alleine auf das äußere Erscheinungsbild des Zeugen beschränkt und nicht auch auf dessen Verhalten.[175] Dem können allerdings in extrem gelagerten Ausnahmefällen Grenzen gesetzt sein. Einem zeugnisverweigerungsberechtigten Zeugen, der eindeutig zu erkennen gibt, er wolle in keiner irgendwie gearteten zulässigen Weise zu Beweiszwecken gegen den Angeklagten verwendet werden, kann es möglicherweise nicht zuzumuten sein, zur Anwesenheit während der Vernehmung eines anderen Zeugen gezwungen zu werden. In solchen Fällen ist der im Untersuchungsverweigerungsrecht nach § 81c Abs. 1 S. 2 zum Ausdruck gekommene allgemeine Wille des Gesetzgebers zu berücksichtigen, dass sich eine Beweisperson aus einem gegen einen Angehörigen gerichteten Strafverfahren heraushalten darf.[176]

24 **4. Protokollierung der Augenscheinseinnahme.** § 86 enthält Bestimmungen zum **sachlichen Inhalt** des Protokolls über eine außerhalb der Hauptverhandlung stattfindende richterliche Inaugenscheinnahme.[177] Damit es dem Zweck einer Verlesbarkeit in der Hauptverhandlung nach § 249 Abs. 1 S. 2 genügen kann, ist auf eine besonders anschauliche Darstellung des vorgefundenen Sachbestandes Wert zu legen, die alle Umstände enthält, die eines der Mitglieder des späteren erkennenden Gerichts für wesentlich halten könnte.[178] Hierzu wird es sich häufig anbieten, Lichtbilder (→ Rn. 17), Skizzen oder Zeichnungen (→ Rn. 18) zu fertigen, die als Anlage zum Protokoll zu nehmen sind, und Zeugen oder auch Sachverständige hinzuzuziehen, deren Angaben protokolliert werden können.[179] Die Verwertung dieser zusätzlichen Erkenntnisse in der Hauptverhandlung kann allerdings nicht über die bloße Verlesung des Protokolls erfolgen, da § 249 Abs. 1 S. 2 nur die richterliche Augenscheinseinnahme selbst erfasst. Vielmehr folgt deren Verwertung den jeweils eigenen Regeln. Handelt es sich um bildliche Darstellungen, sind diese in Augenschein zu nehmen.[180] Zeugen sind in der Hauptverhandlung zu vernehmen, außer der den Augenschein

---

[168] Graf/*Ritzert* Rn. 12; HK/*Lemke* Rn. 12; KK/*Senge* Rn. 6; KMR/*Neubeck* vor § 72 Rn. 19; LR/*Krause* Rn. 25.

[169] OLG Bremen 7.10.1969 – Ws 188/69, MDR 1970, 165; OLG Stuttgart 21.3.1980 – 1 Ss 246/80, VRS 1959 (1980), 360 (361). Weitergehend OLG Koblenz 23.4.1974 – 1 Ws (a) 140/74, VRS 47 (1974), 441 (442), das auch dann das äußere Erscheinungsbild des erschienen Angeklagten ohne förmliche Inaugenscheinnahme als Gegenstand der Hauptverhandlung ansieht.

[170] OLG Hamm 25.7.1974 – 3 Ss OWi 586/74, VRS 48 (1975), 105 (106); OLG Köln 4.4.1979 – 3 Ss 164/79, VRS 57 (1979), 425 (426); OLG Karlsruhe 30.8.1982 – 1 Ss 157/82, DAR 1983, 93; OLG Zweibrücken 17.6.1992 – 1 Ss 35/92, VRS 83 (1993), 348 (349 f.).

[171] OLG Stuttgart 21.3.1980 – 1 Ss 246/80, VRS 1959 (1980), 360 (361).

[172] OLG Zweibrücken 17.6.1992 – 1 Ss 35/92, VRS 83 (1993), 348 (350).

[173] OLG Karlsruhe 30.8.1982 – 1 Ss 157/82, DAR 1983, 93.

[174] OLG Hamm 25.7.1974 – 3 Ss OWi 586/74, VRs 48 (1975), 105 (106); *Eisenberg* Beweisrecht Rn. 2317; vgl. auch LR/*Krause* Rn. 26; aA *Eb. Schmidt* Lehrkommentar zur StPO Teil II Rn. 13; SK/*Rogall* § 81c Rn. 48; zu den Abgrenzungsschwierigkeiten s. *Fisch* JA 2004, 303 (307).

[175] OLG Köln 4.4.1979 – 3 Ss 164/79, VRS 57 (1979), 425 (426).

[176] BGH 12.8.1960 – 4 StR 48/60, NJW 1960, 2156 (2157) für den allerdings etwas anders gelagerten Fall der von der Verteidigung beantragten Anwesenheit einer Mutter während der Vernehmung ihrer Tochter in einem gegen den Ehemann gerichteten Verfahren wegen eines Sexualdeliktes; *Fisch* JA 2004, 303 (307) will § 81c Abs. 3 analog anwenden.

[177] SK/*Rogall* Rn. 1.

[178] LR/*Krause* Rn. 44.

[179] *Eb. Schmidt* Lehrkommentar zur StPO Teil II Rn. 20 f.; HK/*Lemke* Rn. 15; *Meyer-Goßner* Rn. 16; SK/*Rogall* Rn. 11.

[180] HK/*Lemke* Rn. 15; LR/*Krause* Rn. 44; *Meyer-Goßner* Rn. 16.

durchführende Richter hatte als beauftragter oder ersuchter Richter nach § 223 zugleich die Aufgabe, diese stellvertretend für das erkennende Gericht zu vernehmen.[181] Besonderes Augenmerk ist zudem darauf zu richten, die erwartungswidrige Unvollständigkeit des vorgefundenen Sachbestandes protokollarisch zu dokumentieren. Durch die ausdrückliche Erwähnung dieses Gesichtspunktes in § 86 soll Streitigkeiten und Missverständnissen bei der späteren Verwertung des Protokolls entgegengewirkt werden, tatsächlich doch vorhanden gewesene Umstände seien lediglich versehentlich nicht protokolliert worden.[182]

In **formeller Hinsicht** ist das Protokoll unter Beachtung der Anwesenheitsrechte der §§ 168d, 224, 225 (→ Rn. 9) und nach Maßgabe der §§ 168, 168a zu erstellen.[183] Zieht der Richter einen Protokollführer hinzu, so entfaltet das von beiden zu unterzeichnende Protokoll Beweiskraft nur hinsichtlich solcher Feststellungen über die Einnahme des Augenscheins, die beide Gerichtspersonen gemeinschaftlich und übereinstimmend beurkundeten.[184] Ergibt sich aus dem Protokoll selbst hierzu nichts Gegenteiliges, so ist hiervon auszugehen.[185] Nach § 168 S. 2 Hs. 2 kann der Richter allerdings das Protokoll auch selbst ohne Mitwirkung eines Urkundsbeamten erstellen.[186] In diesem Fall kann es naturgemäß auf die Wahrnehmung der Urkundsperson, welche die meist mittels Tonaufnahmegerät gefertigte vorläufige Aufzeichnung überträgt, nicht ankommen, da diese nicht vor Ort war.[187] Im Übrigen handelt es sich bei der Übertragung um eine mechanische Verrichtung ohne eigenständigen Erkenntnisvorgang.[188] 25

III. Revision

Zu beachten ist, dass § 86 selbst nur inhaltliche Vorgaben für ein außerhalb der Hauptverhandlung zu erstellendes Protokoll enthält. Geht man im Hinblick auf diese Funktion nicht schon von einer **nicht revisiblen Ordnungsvorschrift** aus, so wird regelmäßig nicht zu begründen sein, dass das Urteil auf deren Verletzung beruht.[189] Es besteht daher nur die Möglichkeit, Auswirkungen von Fehlern auf das Hauptverfahren zu beanstanden. Hier kann zunächst darauf abgestellt werden, das Protokoll leide an Mängeln, die seiner Verlesung nach § 249 Abs. 1 S. 2 entgegengestanden hätten. Liegen allerdings formelle Mängel bei der Herstellung der Urkunde und der Benachrichtigung und Beteiligung Anwesenheitsberechtigter vor, so richtet sich dies nicht nach § 86, sondern den entsprechenden Regelungen der §§ 168, 168a, 168c, 168d, 224, 225.[190] Die Verlesbarkeit wegen inhaltlicher Mängel ist dagegen nur ausgeschlossen, wenn die Niederschrift weitgehend inhaltsleer ist.[191] Praktisch dürften kaum derartige Fälle in Betracht kommen. Angesichts dessen verbleibt in erster Linie die Aufklärungsrüge, wenn das Gericht trotz dürftiger oder zweifelhafter Feststellungen im Augenscheinsprotokoll keine weiteren eigenen Beweiserhebungen vornahm,[192] oder ein Verstoß gegen § 261, sofern dort festgehaltene Vernehmungen über die Verlesung zur Urteilsgrundlage gemacht werden, ohne die entsprechenden Beweispersonen zu vernehmen (→ Rn. 24). 26

---

[181] BGH 9.5.1985 – 1 StR 63/85, BGHSt 33, 217 (221) mAnm *Danckert* NStZ 1985, 469; KK/*Diemer* § 249 Rn. 20.
[182] SK/*Rogall* Rn. 9.
[183] KK/*Senge* Rn. 8; *Meyer-Goßner* Rn. 16.
[184] RG 21.6.1887 – Rep. 1376/87, RGSt 16, 147 (149); zum diesbezüglich „eindeutigen Willen des historischen Gesetzgebers" SK/*Rogall* Rn. 5.
[185] RG 21.6.1887 – Rep. 1376/87, RGSt 16, 157 (159).
[186] LR/*Krause* Rn. 43; *Meyer-Goßner* Rn. 16; *Eisenberg* Beweisrecht Rn. 2240; kritisch hierzu *Schlothauer* StV 2009, 228 (230 Fn. 22).
[187] SK/*Rogall* Rn. 6.
[188] Vgl. BGH 3.3.1977 – 2 StR 390/76, BGHSt 27, 135 (138) zur Übertragung von Tonbandaufzeichnungen aus Überwachungsmaßnahmen.
[189] KK/*Senge* Rn. 11; SK/*Rogall* Rn. 36.
[190] KK/*Senge* Rn. 11; SK/*Rogall* Rn. 36; siehe auch die Kommentierung bei § 249 sowie LR/*Mosbacher* § 249 Rn. 27.
[191] SK/*Rogall* Rn. 30.
[192] SK/*Rogall* Rn. 30.

§ 87 [Leichenschau, Leichenöffnung]

(1) [1]Die Leichenschau wird von der Staatsanwaltschaft, auf Antrag der Staatsanwaltschaft auch vom Richter, unter Zuziehung eines Arztes vorgenommen. [2]Ein Arzt wird nicht zugezogen, wenn dies zur Aufklärung des Sachverhalts offensichtlich entbehrlich ist.

(2) [1]Die Leichenöffnung wird von zwei Ärzten vorgenommen. [2]Einer der Ärzte muß Gerichtsarzt oder Leiter eines öffentlichen gerichtsmedizinischen oder pathologischen Instituts oder ein von diesem beauftragter Arzt des Instituts mit gerichtsmedizinischen Fachkenntnissen sein. [3]Dem Arzt, welcher den Verstorbenen in der dem Tod unmittelbar vorausgegangenen Krankheit behandelt hat, ist die Leichenöffnung nicht zu übertragen. [4]Er kann jedoch aufgefordert werden, der Leichenöffnung beizuwohnen, um aus der Krankheitsgeschichte Aufschlüsse zu geben. [5]Die Staatsanwaltschaft kann an der Leichenöffnung teilnehmen. [6]Auf ihren Antrag findet die Leichenöffnung im Beisein des Richters statt.

(3) Zur Besichtigung oder Öffnung einer schon beerdigten Leiche ist ihre Ausgrabung statthaft.

(4) [1]Die Leichenöffnung und die Ausgrabung einer beerdigten Leiche werden vom Richter angeordnet; die Staatsanwaltschaft ist zu der Anordnung befugt, wenn der Untersuchungserfolg durch Verzögerung gefährdet würde. [2]Wird die Ausgrabung angeordnet, so ist zugleich die Benachrichtigung eines Angehörigen des Toten anzuordnen, wenn der Angehörige ohne besondere Schwierigkeiten ermittelt werden kann und der Untersuchungszweck durch die Benachrichtigung nicht gefährdet wird.

Schrifttum: *Albani,* Der plötzliche Säuglingstod: Eine absolute Obduktionsindikation, MedR 1991, 243; *Bajanowski/Poets,* Der plötzliche Säuglingstod, DtschÄrztebl 2004, A3185; *Becker/Friedrich/Rothschild,* Rekonstruktion von Verkehrsunfällen, Rechtsmedizin (21) 2011, 561; *Breitmeier/Graefe-Kirci/Albrecht/Günther/Kleemann/Tröger,* Exhumierungen – Aussagekraft in Abhängigkeit von der Grabliegezeit, Kriminalistik 2003, 611; *Brinkmann/Banaschak/Bratzke/Cremer/Drese/Erfurt/Giebe/Lang/Lange/Peschel/Philipp/Püschel/Riße/Tutsch-Bauer/Vock/Du Chesne,* Fehlleistungen bei der Leichenschau in der Bundesrepublik Deutschland, ArchKrim 199 (1997), 1 (Teil I), 65 (Teil II); *Brinkmann/Püschel,* Definition natürlicher, unnatürlicher, unklarer Tod. Todesursachenklärung. Derzeitige Praxis, MedR 1991, 233; *Czerner,* Strafprozessuale Verdachtsgraduierung, Verhältnismäßigkeitsrestiktionen und Veto-Optionen bei rechtsmedizinisch indizierten Sektionen, ArchKrim 226 (2010), 1; *Dähn,* Die Leichenöffnung: Augenscheins- oder Sachverständigenbeweis?, JZ 1978, 640; *Dettmeyer/Madea,* Ärztliches Schweigerecht bezüglich Daten der Leichenschau – Anmerkung zum Beschluss des LG Berlin NStZ 1999, 86, NStZ 1999, 605; *Dettmeyer/Madea,* Organ- und Gewebeasservation: Notwendiges Verfahren, DtschÄrztebl 2002, A3376; *Dettmeyer/Verhoff,* Ärztliche Leichenschau in Deutschland, Rechtsmedizin 19 (2009), 391; *Dufková,* Der Gerichtsarzt – Praktische Erfahrungen mit der Novellierung zu § 87 StPO, MedR 1990, 131; *Ebner,* Fahrlässige Tötung im Straßenverkehr, staatsanwaltschaftliche Sofortmaßnahmen und „Checkliste" zur Erkennbarkeit von Suiziden unter Einsatz von Kraftfahrzeugen; SVR 2010, 250; *Geerds,* Leichensachen und Leichenschau aus juristischer Sicht, MedR 1984, 172; *Geerds,* Über rechtliche und tatsächliche Probleme von Leichenschau und Leichenöffnung (§ 87 StPO); ArchKrim 199 (1997), 41 (Teil I), 75 (Teil II); *Gerg/Baier,* Das Leichenschauwesen, Kriminalistik 2009, 475; *Haehling von Lanzenauer,* Leichenöffnung, Kriminalistik 1993, 379; *Helbing,* Die Würde des Menschen nach dem Tod, Kriminalistik 2004, 443; *Helbing,* Die Klärung der Todesursache – Das letzte Grundrecht des Menschen?; ZRP 2009, 23; *Hoffmann,* Verbesserung der äußeren Leichenschau, Kriminalistik 2010, 363; *Hoppmann,* Exhumierung, Kriminalistik 2011, 463; *Janetzke,* Die Leichenöffnung, DRiZ 1957, 232; *Keil/Berzlanovic,* Ersticken durch weiche Bedeckung, Rechtsmedizin 20 (2010), 519; *Klinkhammer,* Organbestattung, DtschÄrztebl 2009, A1780; *Koch,* Pietät und Wahrheitsermittlung bei Obduktionen, NJW 1965, 528; *Koch,* Zum Umfang der richterlichen Prüfung nach § 162 Abs. 2 StPO, NJW 1968, 1316; *Lampe,* Ermittlungszuständigkeit von Richter und Staatsanwalt nach dem 1. StVRG, NJW 1975, 195; *Lippert,* Forschung an und mit Körpersubstanzen – wann ist die Einwilligung des ehemaligen Trägers erforderlich, MedR 2001, 406; *Lockemann/Püschel,* Todesfälle durch Strangulation im Kindesalter, Kriminalistik 1992, 459; *Madea,* Strukturelle Probleme bei der Leichenschau, Rechtsmedizin 19 (2009), 399; *Madea/Dettmeyer,* Ärztliche Leichenschau und Todesbescheinigung, DtschÄrztebl 2003, A3161; *Madea/Dammeyer Wiehe de Gómez/Dettmeyer,* Zur Reliabilität von Leichenschaudiagnosen bei fraglichen iatrogenen Todesfällen, Kriminalistik 2007, 767; A3161; *Madea/Rothschild,* Ärztliche Leichenschau, DtschÄrztebl 2010, 575; *Madea/Rothschild,* Ärztliche Leichenschau – Geplante Neuregelung löst die eigentlichen Probleme nicht, DtschÄrztebl 2010, A1564; *Maiwald,* Zur Ermittlungspflicht des Staatsanwalts in Todesfällen, NJW 1978, 561; *Matschke/Herrmann/Sperhake/Körber/Bajanowski/Glatzel,* Das Schütteltrauma-Syndrom, DtschÄrztebl 2009, 211; *Metter,* Ärztliche Leichenschau und Dunkelziffer bei unnatürlichen Todesfällen, Kriminalistik 1978, 155; *Oehmichen/Sternuns,* Leichenschau und Todesbescheinigung, Kriminalistik 1985, 2; *Oesterhelweg/Kaufmann/Hornbolstel/Bostelmann/Schulz/Püschel,* Todesfälle im Zusammenhang mit Biogas; Kriminalistik 2006, 594; *Parzeller/Dettmeyer/Bratzke,* Die äußere und innere Leichenschau nach der deutschen Strafprozessordnung – Analyse des § 87 StPO unterbesonderer Berücksichtigung der gerichtlichen Leichenöffnung, ArchKrim 223 (2009), 1; *Parzeller/Dettmeyer/Bratzke,* Zur Reform der gerichtlichen Leichenöffnung in der Strafprozessordnung, ArchKrim 225 (2010), 73; *Penning/Spann,* Der „AIDS-Test" im Rahmen gerichtlicher Leichenöffnungen und bei körperlichen Untersuchungen nach §§ 81a, 81c StPO, MedR 1987, 171; *Püschel,* Problemfall „Wasserleiche"/Ertrinken, Kriminalistik 2007, 545; *Restle,* Änderungen im Bereich der Todesermittlungen durch die neue Bestattungsverordnung des Landes Baden-Württemberg, ArchKrim 207 (2001), 129; *Rieß/Hilger,* Das neue Strafverfahrensrecht – Opferschutzgesetz und Strafverfahrensänderungsgesetz 1987 –, NStZ 1987, 145; *Rixen,* Schutz vor rechtswidrigen Sektionen nach geltendem und künftigem Recht am Beispiel der Obduktion von an plötzlichem Kindstod verstorbenen Säuglingen; ZRP 2001, 374; *Roebel/Wenk/Parzeller,* Postmortale ärztliche Schweigepflicht, Rechtsmedizin 19 (2009), 37; *Rothschild,* Probleme bei der ärztlichen Leichenschau, Rechtsmedizin 19 (2009), 407; *Schlichting,* Zu den rechtlichen Grundlagen der Gewinnung von Leichenblut, BA 1967, 79; *H.-A. Schmidt,* Zur Zulässigkeit staatsanwaltschaftlicher Leichenöffnungen, DRiZ 1967, 76; *Schneider,* Leichenschau und Meldepflicht nicht-natürlicher Todesfälle, Kriminalistik 1981, 282; *Schneiders/Schröder,* Das Schütteltrauma – eine häufig unbekannte Form der Kindesmisshandlung, Kriminalistik 2005, 734; *Schweitzer/Bär/Keller,* Rechtsmedizinische Interpretation von Verletzungen, Kriminalistik 2009, 48; *Schwinn,* Leichenschau – Ein offenes Problem, Kriminalistik 1991, 569; *Spann,* Der Ermittler als Anwalt des Verstorbenen, Kriminalistik 1987, 586; *Spann/Maidl,* Die Frequenz gerichtlicher Leichenöffnungen in der Bundesrepublik Deutschland, MedR 1985, 59; *Stolt,* Stromtodesfälle, Kriminalistik 2005, 297; *Struckmann,* Obduktion ohne Anhörung der Angehörigen, NJW 1964, 2244; *Tag,* Gedanken zur Zulässigkeit von Sektionen, FS Laufs 2006, 1079; *Thomsen/Schewe,* Ärztliche Leichenschau, ArchKrim 193 (1994), 79; *Wegener,* Zur Rechtslage und Praxis der Obduktionen in der früheren DDR, MedR 1991, 231; *Wehner,* Leichenöffnung – in welchen Fällen?, Kriminalistik 1979, 484; *Zylka-Menhorn,* Unbeliebte Leichenschau, DtschÄrztebl 2004, A69.

Übersicht

I. Überblick

1. Normzweck. § 87 trägt dem herausgehobenen **Stellenwert des Rechtsguts Leben** Rechnung.[1] Deshalb sieht die Vorschrift als Ausfluss des Legalitätsprinzips und des Aufklärungsgrundsatzes der §§ 158 Abs. 1, 160 Abs. 1 und 2[2] bei Todesfällen besondere Ermittlungsmaßnahmen vor. Diese sind zur Beweissicherung[3] im Rahmen eines Todesermittlungsverfahrens nach § 159 Abs. 1 auch schon unterhalb der Schwelle eines förmlichen staatsanwaltschaftlichen Ermittlungsverfahrens[4] vorgesehen und, wie sich aus Nr. 33 Abs. 1 und 2 RiStBV ergibt, nur ausnahmsweise entbehrlich, wenn jeglicher Anhaltspunkt für eine Straftat ausgeschlossen werden kann. Zugleich wird durch Vorgaben zur Durchführung der Maßnahmen und die Bestimmung der teilnehmenden Personen, vor allem gem. Abs. 2 1

[1] *Czerner* ArchKrim 226 (2010), 1 (6 und 8); *Tag,* FS Laufs, 2006, 1079 (1095).

[2] Vgl. BVerfG 27.7.1993 – 2 BvR 1553/93, NJW 1994, 783; BVerfG 18.1.1994 – 2 BvR 1912/93, NJW 1994, 783 (784).

[3] *Meyer-Goßner* § 159 Rn. 1; *Maiwald* NJW 1978, 561 (562).

[4] Nach BGH 2.12.2003 – 1 StR 102/03, BGHSt 49, 29 (32) handelt es sich bei dem Todesermittlungsverfahren nach § 159 Abs. 1 StPO, in der Praxis auch als „Leichensache" bezeichnet, nicht um ein Ermittlungsverfahren iSd § 160 StPO.

S. 1 und 2 zu Zahl und Qualifikation der Mediziner bei der Leichenöffnung (→ Rn. 24), eine Qualitätssicherung erstrebt. Die Zahl unerkannt bleibender Tötungsdelikte[5] soll auf diesem Wege so gering wie möglich gehalten werden.[6]

2 **2. Anwendungsbereich.** Von § 87 Abs. 1 wird ausschließlich die **staatsanwaltschaftliche** oder **richterliche Leichenschau** erfasst. Sie ist nicht identisch mit der von einem Arzt im Zusammenhang mit der Todesfeststellung oder vor einer Feuerbestattung[7] vorzunehmenden Leichenschau[8] und daher von diesen abzugrenzen. Letztere basieren auf dem der Gesetzgebung der Bundesländer unterliegenden Leichenschauwesen, das teilweise sehr unterschiedliche Ausgestaltung gefunden hat.[9] Sie ist ferner nicht gleichzusetzen mit derjenigen, die polizeiliche Ermittlungsbeamte zur Abklärung der Anzeigepflicht gem. § 159 Abs. 1 durchführen.[10]

3 Entsprechende in der Praxis bedeutsame Differenzierungen gelten für § 87 Abs. 2. Diese Vorschrift gilt nur für die nach Abs. 4 angeordnete **strafverfahrensrechtliche Leichenöffnung.** Sie darf daher nicht gleichgesetzt werden mit der klinischen Sektion – auch bezeichnet als Verwaltungssektion –, die der zweifelsfreien Feststellung der Todesursache,[11] in erster Linie zu medizinisch-wissenschaftlichen oder Zwecken der Gefahrenabwehr dient.[12]

II. Erläuterung

4 **1. Leichenschau nach Abs. 1. a) Begriff, Rechtsnatur und Umfang.** Leichenschau ist die Besichtigung der **äußeren Beschaffenheit** einer Leiche[13] ohne deren Öffnung,[14] weswegen sie als äußere Leichenschau bezeichnet wird. Sie ist zu unterscheiden von der äußeren Besichtigung der Leiche, die als Bestandteil der Leichenöffnung nach Abs. 2 dieser unmittelbar vorausgehen soll.[15] Für den Regelfall der Vornahme durch die Staatsanwaltschaft[16] handelt es sich um eine nichtrichterliche Besichtigung, die nicht als Augenschein iSd § 86 zu werten ist.[17] Die Leichenschau durch den Richter stellt dagegen die Einnahme eines richterlichen Augenscheins dar,[18] bei Teilnahme eines Arztes unter Zuziehung eines Sachverständigen.[19] Unbeschadet dessen bleibt es eine strafprozessuale Untersuchungshandlung des dafür zuständigen

[5] Schätzungen zum Dunkelfeld reichen nach den Zusammenfassungen von *Oehmichen/Sternuns* Kriminalistik 1985, 2; *Scheib* Kriminalist 2004, 161 mwN, von 1 : 3 bis 1 : 7; *Brinkmann ua* ArchKrim 199 (1997), 65 (67 und 71 f.); *Madea/Rothschild* DtschÄrztebl 2010, 575 (581) nennen 1200–1300 Tötungsdelikte pro Jahr; zurückhaltender *Schwinn* Kriminalistik 1991, 569 (573); *Zylka-Menhorn* DtschÄrztebl 2004, A69.

[6] *Czerner* ArchKrim 226 (2010), 1 (11); *Geerds* ArchKrim 199 (1997), 75 (83); *Gerg/Baier* Kriminalistik 2009, 475 (476); *Haehling von Lanzenauer* Kriminalistik 1993, 379; vgl. auch *Janetzke* DRiZ 1957, 232; vgl. auch *Breitmeier ua* Kriminalistik 2003, 611 zur Exhumierung.

[7] *Dettmeyer/Verhoff* Rechtsmedizin 19 (2009), 391 (397 f.) „Kremolationsleichenschau" oder „zweite Leichenschau"; *Schneider* Kriminalistik 1981, 282 (283 f.), *Spann* Kriminalistik 1987, 586 (587).

[8] *Kimpel* ArchKrim 179 (1987), 45 (46); *Schneider* Kriminalistik 1981, 282; vgl. §§ 20, 22 BestattG-BW.

[9] *Geerds* ArchKrim 199 (1997), 41 (46); *Scheib* Kriminalist 2004, 161 mit der Forderung nach bundeseinheitlicher Regelung (164). *Eisenberg* Beweisrecht Rn. 1945. Eine Auflistung der landesrechtlichen Gesetze findet sich bei LR/*Krause* Rn. 8 (Fn. 22); *Dettmeyer/Verhoff* Rechtsmedizin 19 (2009), 391 (392); einen Überblick bieten *Dettmeyer/Verhoff* Rechtsmedizin 19 (2009), 391 ff.; *Madea/Dettmeyer* DtschÄrztebl 2003, A3161 ff.; *Thomsen/Schewe* ArchKrim 193 (1994), 79 (83–86).

[10] SK/*Rogall* Rn. 7; *Eisenberg* Beweisrecht Rn. 1947; *Dähn* JZ 1978, 640 (Fn. 2); *Kimpel* ArchKrim 179 (1987), 45.

[11] OLG München 31.5.1976 – 1 Ws 1540/75, NJW 1976, 1805; zu weiteren Arten privat- oder verwaltungsrechtlicher Sektionen *Wehner* Kriminalistik 1979, 484 f.

[12] *Schwinn* Kriminalistik 1991, 569 (572); vgl. *Geerds,* ArchKrim 199 (1997), 75; *Tag,* FS Laufs, 2006, 1079 (1093 f.); vgl. auch zur Zulässigkeit „außergerichtlicher Leichenöffnungen" § 28 BestattG-BW.

[13] Graf/*Ritzert* Rn. 1; *Meyer-Goßner* Rn. 2.

[14] HK/*Lemke* Rn. 3; KK/*Senge* Rn. 3; KMR/*Neubeck* Rn. 5.

[15] LR/*Krause* Rn. 8.

[16] *Meyer-Goßner* Rn. 4.

[17] *Eisenberg* Beweisrecht Rn. 1947; LR/*Krause* Rn. 8; KMR/*Neubeck* Rn. 1 und SK/*Rogall* Rn. 5 wählen gleichwohl die Bezeichnung „staatsanwaltschaftlicher Augenschein"; s. auch → § 86 Rn. 3.

[18] *H.-A. Schmidt* DRiZ 1967, 76 (77).

[19] Alsberg/*Dallmeyer* Beweisantrag Rn. 374; KMR/*Neubeck* Rn. 1 und 7; SK/*Rogall* Rn. 5; *Eisenberg* Beweisrecht Rn. 1947.

Organs. Der Staatsanwalt oder – sofern er teilnimmt – der Richter haben diese daher selbst vorzunehmen und zu leiten. Sie dürfen die Besichtigung der Leiche nicht dem Arzt überlassen und sich ausschließlich mit der Aufnahme seiner Äußerungen und Feststellungen begnügen.[20]

Besonders in Zusammenhang mit der Leichenschau und der polizeilichen Besichtigung der Leiche kann die weitere sachdienliche Aufklärung von einer **Leichenblutentnahme** abhängig sein. Erfolgt sie nicht im Zusammenhang mit der Sektion, wird hierfür teilweise eine gesonderte richterliche Anordnung gefordert.[21] Hier ist indes sowohl hinsichtlich der Rechtsgrundlage, als auch der Erforderlichkeit eine genaue Prüfung angebracht. §§ 81a, 81c erfassen schon vom Wortlaut her nur Eingriffe gegenüber lebenden Personen.[22] Für eine analoge Anwendung des § 81c Abs. 5[23] fehlt es an einer Regelungslücke. Es handelt sich nämlich bei dem Leichenblut um einen Beweisgegenstand iSd § 94 Abs. 1 und 2.[24] Der hiergegen erhobene Einwand, §§ 94, 98 würden die mit dem Eingriff verbundene Integritätsverletzung nicht erfassen,[25] verfängt nicht, da schon der Leichnam selbst einen beschlagnahmefähigen Gegenstand[26] darstellt. Aber selbst hinsichtlich beschlagnahmefähiger Beweismittel bedarf es nach § 94 Abs. 2 einer förmlichen Beschlagnahme nach § 98 Abs. 1 nur dann, wenn sie sich im Gewahrsam der widersprechenden Person befinden. Andernfalls können sie durch Realakt formlos sichergestellt werden.[27] Stellt sich die Frage der Leichenblutentnahme, wie in den praktisch am häufigsten vorkommenden Fällen, an der Fundstelle der Leiche, am Unfallort eines tödlichen Verkehrsunfalls oder in der Klinik, so wäre selbst ein Widerspruch der totensorgeberechtigten Angehörigen gegen die Ermittlungsmaßnahme unerheblich. In diesem Stadium haben sie noch keinen Gewahrsam erlangt.[28] Im Rahmen der allgemeinen Befugnis zur Vornahme der notwendigen Ermittlungshandlungen können daher die Staatsanwaltschaft oder die polizeilichen Ermittlungsbeamten auf Grundlage der §§ 161 Abs. 1, 163 Abs. 1 die Leichenblutentnahme im Wege der Sicherstellung nach § 94 Abs. 1 veranlassen.[29] Eine richterliche Beschlagnahmeanordnung kommt nur ausnahmsweise dann in Betracht, wenn die Angehörigen dadurch Gewahrsam an der Leiche erlangt haben, dass sie sie nach Freigabe durch die Staatsanwaltschaft in die Leichenhalle[30] oder zum Bestattungsunternehmen[31] verbracht haben,[32] und nunmehr der Maßnahme widersprechen. 5

Mitunter kann es vorkommen, dass sich der **Leichnam** selbst im Gewahrsam einer Person oder Institution befindet und die verantwortlichen Personen der Herausgabe zur Durchführung einer Leichenschau widersprechen. Dies können nicht nur die Angehörigen nach Freigabe der Leiche sein, sondern auch das Personal der Klinik, in der die Person verstirbt. In diesen Fällen bedarf es einer Beschlagnahme der Leiche nach §§ 94 Abs. 2, 98.[33] 6

b) Erforderlichkeit. § 87 Abs. 1 sieht ausdrückliche Regelungen nur für das Wie der Leichenschau vor. Aus den allgemeinen Vorschriften ergibt sich, wann sie erforderlich ist.[34] 7

---

[20] RG 16.11.1911 – I 1034/11, Das Recht 1912 Nr. 154.

[21] LR/*Krause* Rn. 16; SK/*Rogall* Rn. 15; *Eisenberg* Beweisrecht Rn. 1950, jeweils unter (entsprechender) Anwendung des § 81c Abs. 5 StPO.

[22] *Schlichting* BA 1967, 79 (80 und 82 f.).

[23] SK/*Rogall* Rn. 15; *Eisenberg* Beweisrecht Rn. 1950.

[24] → § 94 Rn. 12; KMR/*Neubeck* Rn. 2; *Meyer-Goßner* § 94 Rn. 4; *Haehling von Lanzenauer* Kriminalistik 1993, 379 (380); *Schlichting* BA 1967, 79 (83).

[25] *Geilen* JZ 1975, 380 (382 Fn. 13); SK/*Rogall* Rn. 15.

[26] → § 94 Rn. 12; *Meyer-Goßner* Rn. 4.

[27] → § 94 Rn. 43 und 56; Graf/*Ritzert* § 94 Rn. 7 f.

[28] *Schlichting* BA 1967, 79 (83); vgl. auch BVerfG 9.4.2002 – 2 BvR 710/01, NJW 2002, 2861 (2862); *Geilen* JZ 1975, 380 (381) jeweils zur vergleichbaren Rechtslage hinsichtlich des Gewahrsams iSd § 168 StGB.

[29] *Schlichting* BA 1967, 79 (82 f.); *Ebner* SVR 2010, 250 (251 mit Fn. 13) zur Leichenblutentnahme am Ort eines tödlichen Verkehrsunfalls.

[30] *Geilen* JZ 1975, 380 (381).

[31] Vgl. BVerfG 18.1.1994 – BvR 1912/93, NJW 1994, 783 (784).

[32] AA LSG MV 19.11.1998 – L 5 U 47/98, juris (→ Rn. 5, 63, 65 und 68), das auch dann noch die Leichenblutentnahme als von der Ermächtigungsgrundlage des § 87 Abs. 1 gedeckt sieht.

[33] KMR/*Neubeck* Rn. 2; SK/*Rogall* Rn. 7 und 15; aA LSG MV 19.11.1998 – L 5 U 47/98, juris (→ Rn. 65), § 87 als Ermächtigungsgrundlage für Staatsanwaltschaft.

[34] *Czerner* ArchKrim 226 (2010), 1 (3); *Maiwald* NJW 1978, 561 (564).

Maßgeblich sind insoweit die §§ 159, 160 Abs. 1.[35] Sie kann daher nach §§ 152 Abs. 2, 160 Abs. 1 und 2 bei bereits begründetem Anfangsverdacht einer Straftat erfolgen.[36] Schon unterhalb dieses Verdachtsgrades ist jedoch durch § 159 Abs. 1, ohne dass es der Einleitung eines förmlichen Ermittlungsverfahrens nach § 160 Abs. 1 bedürfte,[37] die Zulässigkeit einer Vorprüfung eröffnet.[38] Dies ist regelmäßig dann der Fall, falls eine **Straftat als Todesursache nicht von vornherein ausgeschlossen** werden kann (Nr. 33 Abs. 1 S. 2 RiStBV). Die Leichenschau soll dabei möglichst am Fundort der Leiche (Nr. 33 Abs. 1 S. 3 RiStBV) vorgenommen und mit größter Beschleunigung herbeigeführt werden. Bereits geringe Verzögerungen können die Zuverlässigkeit der Feststellungen beeinträchtigen (Nr. 36 Abs. 1 RiStBV).[39] Eine Einschränkung unter dem Gesichtspunkt der Verhältnismäßigkeit ist wegen der Geringfügigkeit des Eingriffs kaum denkbar.[40]

8 Die **Todesart,** welche der Arzt anlässlich der nach den landesrechtlichen Leichenschaubestimmungen durchgeführten Leichenschau in die Todesbescheinigung einträgt, liefert bei der Entscheidung für oder gegen die strafprozessuale Maßnahme nach § 87 Abs. 1 einen Anhaltspunkt,[41] ist aber nicht zwingend. Vorgesehen sind dort neben dem in § 159 Abs. 1 einzig genannten nicht natürlichen Tod, in der überwiegenden Zahl der Bundesländer noch die Varianten der ungeklärten Todesart und des natürlichen Todes.[42] Es handelt sich insoweit zumindest auch um medizinisch-naturwissenschaftliche Begriffe,[43] die unter Anderem statistischen und wissenschaftlichen Zwecken dienen.[44] Für die Ermittlungsbehörden ausschlaggebend ist dagegen der strafprozessuale Rechtsbegriff des nicht natürlichen Todes, bei dem maßgeblich ist, ob der Tod durch Selbstmord, Unfall, eine rechtswidrige Tat oder sonst durch Einwirkung von außen verursacht wurde.[45] Wegen dieser unterschiedlichen begrifflichen Ansätze werden in der Praxis immer wieder Probleme in der Kommunikation und Zusammenarbeit zwischen Leichenschauärzten und Ermittlungsbehörden beklagt.[46] Dabei ist zudem zu berücksichtigen, dass in der Literatur großteils davon ausgegangen wird, die ärztlichen Angaben zur Todesursache in der Todesbescheinigung unterlägen einer nicht unerheblichen Fehleranfälligkeit,[47] die besonders groß ist, wenn die Untersuchung der Leiche im Wohnbereich erfolgt.[48] Auch bei Attestierung einer nicht natürlichen oder ungeklärten Todesart ist daher eine Leichenschau nicht zwingend, wenn ein Fremdverschulden auf andere Weise sicher ausgeschlossen werden

[35] HK/*Lemke* Rn. 2; KK/*Senge* Rn. 2; LR/*Krause* Rn. 4; *Eisenberg* Beweisrecht Rn. 1946.

[36] LR/*Krause* Rn. 6; *Kimpel* ArchKrim 179 (1987), 45.

[37] Vgl. BGH 2.12.2003 – 1 StR 102/03, BGHSt 49, 29 (32) zur Unterscheidung gegenüber den bloßen „Todesfallermittlungen" bei der Leichenöffnung.

[38] *Czerner* ArchKrim 226 (2010), 1 (6); *Geerds* MedR 1984, 172 (172 u. 174 Fn. 16); *Geerds* ArchKrim 199 (1997), 41 (42 f.); *Maiwald* NJW 1978, 561 (562); so auch LR/*Krause* Rn. 5 unter Heranziehung des § 159 Abs. 2 StPO.

[39] HK/*Lemke* Rn. 2; *Meyer-Goßner* Rn. 1; *Eisenberg* Beweisrecht Rn. 1946; *Maiwald* NJW 1978, 562 (565); *Struckmann* NJW 1964, 2244 (2245).

[40] SK/*Rogall* Rn. 42.

[41] *Oehmichen/Sternuns* Kriminalistik 1985, 2 (5).

[42] *Dettmeyer/Verhoff* Rechtsmedizin 19 (2009), 391 (395) auch zu den abweichenden Formulierungen; s. ferner §§ 22 Abs. 3 BestattG-BW, 11, 12 Abs. 4 BestattVO-BW mit Definitionen der Begriffe in Anlagen 1 und 2 zur BestattVO-BW sowie insbesondere zur Todesart „ungeklärt" *Restle* ArchKrim 207 (2001), 129 (130–133).

[43] Zu den unterschiedlichen Ansätzen *Brinkmann/Püschel* MedR 1991, 233 (233 f.).

[44] *Gerg/Baier* Kriminalistik 2009, 475 (476); *Madea/Dettmeyer* DtschÄrztebl 2003, A3161 (3169); *Madea/Rothschild* DtschÄrztebl 2010, 575 (576 und 578 f.); vgl. § 22 Abs. 4 BestattG-BW.

[45] *Scheib* Kriminalist 2004, 161; vgl. auch *Maiwald* NJW 1978, 561 (562); zur Definition *Meyer-Goßner* § 159 Rn. 2.

[46] *Madea* Rechtsmedizin 19 (2009), 399 (400); *Madea/Rothschild* DtschÄrztebl 2010, 575 (583); vgl. auch *Rothschild* Rechtsmedizin 19 (2009), 407 (408 und 412).

[47] Hierzu *Eisenberg* Beweisrecht Rn. 1945; *Madea/Dammeyer Wiehe de Gómez/Dettmeyer* Kriminalistik 2007, 767 (768–772); *Madea/Rothschild* DtschÄrztebl 2010, 575 (581) mit statistischem Zahlenmaterial; *Wegener* MedR 1991, 231; s. auch *Brinkmann ua* ArchKrim 199 (1997), 1 (7 und 11); *Brinkmann/Püschel* MedR 1991, 233 (235); *Thomsen/Schewe* ArchKrim 193 (1994), 79 (81) mit besonders krassen Beispielen „gröbster Fehlleistungen".

[48] *Metter* Kriminalistik 1978, 155 (155–157).

kann. In der Regel wird die Maßnahme allerdings zu erfolgen haben, um überhaupt die entsprechenden Ansätze für die Aufklärung zu gewinnen. Umgekehrt schließt die Bescheinigung eines natürlichen Todes die Vornahme strafprozessualer Maßnahmen nicht aus,[49] wenngleich sie nicht nahe liegen werden. Andererseits wird immer wieder von Fällen berichtet, in denen der Leichenschauarzt von Polizeibeamten nachdrücklich aufgefordert worden sein soll, einen natürlichen Tod zu bescheinigen, oder sich aus Rücksichtnahme gegenüber Angehörigen dazu gedrängt sah.[50] Praktisch wird diese Situation indessen kaum zu einem Einschreiten der Staatsanwaltschaft führen, da für den Fall der Angabe eines natürlichen Todes ihr gegenüber keine Anzeigepflicht besteht.[51]

In der **Praxis der Ermittlungsbehörden** entfaltet die Leichenschau durch Staatsanwalt oder Richter nach § 87 Abs. 1 keine Bedeutung.[52] Sie kommt, wenn überhaupt, allenfalls in Ausnahmefällen vor. Vielmehr findet bei Feststellung einer nicht natürlichen oder ungeklärten Todesart bereits die gründliche Besichtigung der Leiche durch die vom Leichenschauarzt verständigte Polizei[53] im Zusammenwirken mit diesem statt.[54] Die Staatsanwaltschaft trifft dann ihre Entscheidung über die Frage, ob weitergehend eine Leichenöffnung zu beantragen ist oder nicht, auf Grundlage der Information durch die polizeilichen Ermittlungsbeamten.[55] Grund hierfür ist, dass die Todesfallermittlungen bei der Polizei regelmäßig durch Spezialdezernate geführt werden, deren Beamte eine spezielle Ausbildung gerade für den Umgang mit dieser diffizilen Materie erhalten haben.[56] Solche Kenntnisse auf dem Gebiet der faktischen Ermittlungstätigkeit[57] sind im Bereich der Justiz mangels entsprechender Ausbildung für gewöhnlich nicht im erforderlichen Maße vorhanden. 9

c) Teilnehmender Personenkreis. Die Leichenschau führt regelmäßig der **Staatsanwalt** durch (Nr. 33 Abs. 3 S. 1 RiStBV). Im Interesse einer möglichst fachkundigen Aufklärung hat er vor Beginn sorgfältig zu erwägen, inwieweit er hierzu speziell ausgebildete polizeiliche Ermittlungsbeamten zur Unterstützung heranzieht oder sich auf deren Besichtigung stützt (→ Rn. 9). Wird die Ermittlungshandlung auf seinen Antrag hin vom Richter vorgenommen, besteht keine Anwesenheitspflicht für den Staatsanwalt.[58] 10

Der **Richter** darf sie, ohne dass er ausnahmsweise nach § 165 zu deren Anordnung befugt wäre, nur auf einen Antrag der Staatsanwaltschaft hin durchführen.[59] Ein solcher kommt nur aus besonderen Gründen in Betracht, insbesondere um zum Zweck der Beweissicherung eine nach § 249 Abs. 1 S. 2 verlesbare Niederschrift über die Leichenschau zu erstellen (Nr. 33 Abs. 3 S. 2 RiStBV).[60] Im Einzelfall mag auch die besondere Bedeutung der Sache ausschlaggebend sein,[61] wie bspw. bei politischem Hintergrund,[62] wobei sich allerdings die berechtigte Frage erhebt, warum einer richterlichen Leichenschau, abgesehen von der Verlesbarkeit des Protokolls, ein höherer Beweiswert zukommen soll als einer staatsanwaltschaftlichen.[63] Außer 11

---

[49] *Thomsen/Schewe* ArchKrim 193 (1994), 79 (80); *Madea/Rothschild* DtschÄrztebl 2010, 575 (583); vgl. auch *Czerner* ArchKrim 226 (2010), 1 (4 f.); *Geerds* ArchKrim 199 (1997), 41 (46 f.).

[50] *Brinkmann/Püschel* MedR 1991, 233 (235 f.); *Helbing* Kriminalistik 2004, 443 (444); *Madea/Dettmeyer* DtschÄrztebl 2003, A3161 (3164 und 3178); *Madea* Rechtsmedizin 19 (2009), 399 (400); *Restle* ArchKrim 207 (2001), 129 (131 f.); *Rothschild* Rechtsmedizin 19 (2009), 407 (407 f.); *Spann* Kriminalistik 1987, 586 (607); *Thomsen/Schewe* ArchKrim 193 (1994), 79 (80); *Wegener* MedR 1991, 231.

[51] *Schwinn* Kriminalistik 1991, 569 (571).

[52] So auch *Kimpel* ArchKrim 179 (1987), 45 (48 f.).

[53] Zur entsprechenden Verpflichtung s. § 22 Abs. 3 S. 1 BestattG-BW.

[54] *Metter* Kriminalistik 1978, 155.

[55] *Dähn* JZ 1978, 640 (Fn. 2).

[56] *Helbing* Kriminalistik 2004, 443 (446); *Helbing* ZRP 2009, 23 (24) weist zutreffend auf die Unerlässlichkeit einer Personalpolitik hin, die einen entsprechenden Standard gewährleistet.

[57] Beispiele für die Problemfelder, die die Aufdeckung äußerer Einwirkungen bei verschiedenen Todesursachen erschweren können, finden sich bei *Eisenberg* Beweisrecht Rn. 1946a–1946c.

[58] KMR/*Neubeck* Rn. 6; SK/*Rogall* Rn. 8.

[59] HK/*Lemke* Rn. 5; *Maiwald* NJW 1978, 561 f. (Fn. 3).

[60] *Lampe* NJW 1975, 195 (197).

[61] LR/*Krause* Rn. 10.

[62] *Kimpel* ArchKrim 179 (1987), 45 (47).

[63] So zur entsprechenden Situation bei der Leichenöffnung *H.-A. Schmidt* DRiZ 1967, 76 (78).

bei dem nach § 162 Abs. 1 S. 1 örtlich zuständigen Amtsgericht kann der Antrag, da es sich um die Einnahme eines richterlichen Augenscheins handelt (→ Rn. 4), bei dem nach 162 Abs. 1 S. 3 zuständigen Ermittlungsrichter gestellt werden.[64] Seine Prüfungskompetenz erschöpft sich in der rechtlichen Zulässigkeit der Maßnahme nach § 162 Abs. 2. Auf eine Prüfung der Zweckmäßigkeit erstreckt sie sich dagegen nicht.[65]

12 Zur Leichenschau kann jeder beliebige **Arzt,** auch mehrere, da die Befugnis zur Bestimmung der Anzahl nach § 73 Abs. 1 S. 1 nicht eingeschränkt wird,[66] hinzugezogen werden.[67] Es muss sich nicht um einen Gerichts- oder Amtsarzt handeln,[68] wie der Umkehrschluss aus § 87 Abs. 2 S. 2 belegt. Zur Vermeidung von Fehleinschätzungen empfiehlt es sich gleichwohl, zumindest einen forensisch erfahrenen Arzt zu beauftragen.[69] Da eine Abs. 2 S. 3 vergleichbare Regelung fehlt, kann selbst der behandelnde Arzt des Verstorbenen beauftragt werden.[70] Vor seiner Auswahl ist indes sorgfältig zu erwägen, dass er wegen der Besorgnis vor Aufdeckung von (vermeintlichen) Behandlungsfehlern möglicherweise nicht unbefangen untersucht.[71] Der hinzugezogene Arzt wird in jedem Fall als Sachverständiger tätig.[72] Ausnahmsweise, sofern die Todesursache schon ermittelt und eine sachverständige Besichtigung der Leiche daher nicht mehr ausschlaggebend ist, kann nach § 87 Abs. 1 S. 2 auf die Teilnahme des Arztes verzichtet werden.[73] Die Entscheidung hierüber trifft der Staatsanwalt oder Richter nach pflichtgemäßem Ermessen.[74] Unabhängig von § 87 Abs. 1 kann die Vornahme der Leichenschau durch einen Arzt nach den landesrechtlichen Vorschriften über das Leichenschauwesen zwingend vorgeschrieben sein (→ Rn. 2).[75]

13 Bei der staatsanwaltschaftlichen Leichenschau haben **weitere Personen,** insbesondere Beschuldigter und Verteidiger, kein Anwesenheitsrecht. Bei Vornahme durch den Richter gilt § 168d.[76] Aus Gründen der Zweckmäßigkeit kann allerdings die Teilnahme gestattet werden, was unter dem Gesichtspunkt umfassender Aufklärung vor allem für die ermittelnden Polizeibeamten[77] und weitere Sachverständige[78] gilt.

14 **d) Protokollierung.** Nimmt der Staatsanwalt die Leichenschau vor, hat er einen **Aktenvermerk** nach § 168b Abs. 1 zu fertigen.[79] In diesem muss er seine eigenen Wahrnehmungen niederlegen. Selbst wenn ein Arzt hinzugezogen wird, darf er sich nicht darauf beschränken, dessen Bekundungen aufzuzeichnen.[80]

15 Über die von ihm durchgeführte Leichenschau fertigt der Richter nach gleichen Grundsätzen ein **Protokoll** nach Maßgabe der §§ 168, 168a und, da es sich um einen richterlichen Augenschein handelt (→ Rn. 4), des § 86.[81] Wird ein Arzt hinzugezogen ist dessen Unter-

---

[64] *Meyer-Goßner* Rn. 4.
[65] Graf/*Ritzert* Rn. 3; KK/*Senge* Rn. 3; LR/*Krause* Rn. 10; SK/*Rogall* Rn. 8.
[66] RG 30.3.1920 – III 275/19, RGZ 98, 284 (285).
[67] *Eb. Schmidt* Lehrkommentar zur StPO Teil II Rn. 8.
[68] HK/*Lemke* Rn. 6; LR/*Krause* Rn. 11; *Eisenberg* Beweisrecht Rn. 1948.
[69] *Geerds* ArchKrim 199 (1997), 41 (51); *Helbing* Kriminalistik 2004, 443 (446); *Hoffmann* Kriminalistik 2010, 363 (363 und 365); *Parzeller/Dettmeyer/Bratzke* ArchKrim 223 (2009), 1 (2); *Schneider* Kriminalistik 1981, 282.
[70] LR/*Krause* Rn. 12; SK/*Rogall* Rn. 10.
[71] *Schneider* Kriminalistik 1981, 282 (288); in diesem Sinne auch *Hoffmann* Kriminalistik 2010, 363 zum Leichenschauwesen.
[72] *Eb. Schmidt* Lehrkommentar zur StPO Teil II Rn. 4; Alsberg/*Dallmeyer* Beweisantrag Rn. 391; vgl. BGH 18.7.2001 – 3 StR 211/01, BeckRS 2001, 30194101.
[73] *Meyer-Goßner* Rn. 6.
[74] HK/*Lemke* Rn. 6; KK/*Senge* Rn. 3.
[75] Vgl. § 20 Abs. 1 und 2 BestattG-BW.
[76] HK/*Lemke* Rn. 7; KK/*Senge* Rn. 3; *Meyer-Goßner* Rn. 3; SK/*Rogall* Rn. 12.
[77] LR/*Krause* Rn. 14; *Eisenberg* Beweisrecht Rn. 1947; dezidiert *Geerds* ArchKrim 199 (1997), 41 (50) und für die Leichenöffnung 75 (78).
[78] KMR/*Neubeck* Rn. 8; *Geerds* ArchKrim 199 (1997), 41 (49).
[79] *Meyer-Goßner* Rn. 7.
[80] LR/*Krause* Rn. 11; SK/*Rogall* Rn. 9.
[81] *Meyer-Goßner* Rn. 7.

schrift oder Genehmigung nach § 168a Abs. 3 S. 3 oder 4 notwendig, deren Fehlen aber unschädlich.[82] Seine Erklärungen sind aufzunehmen.[83]

2. Leichenöffnung nach Abs. 2. a) Begriff und Rechtsnatur. Unter Leichenöffnung, auch als innere Leichenschau bezeichnet,[84] versteht man die im Anschluss an die Identifizierung des Verstorbenen gem. § 88 erfolgende und nach Maßgabe der §§ 88–91 durchgeführte **Untersuchung des Inneren** der Leiche zur Klärung von Todeszeit[85] und Todesursache.[86] Sie dient auch der detaillierten Erfassung von Verletzungsbefunden, um rekonstruktive Aussagen zu einem möglichen, strafrechtlich relevanten Tatgeschehen treffen zu können.[87] 16

Die Frage nach der **Rechtsnatur** der Leichenöffnung ist im Hinblick auf die daran teilnehmenden Personen unterschiedlich zu beurteilen. Der Staatsanwalt ist bei seiner Teilnahme zwar zur Leitung der Ermittlungshandlung berufen, es handelt sich aber mangels einer § 86 entsprechenden Regelung nicht um die Einnahme eines Augenscheins im formellen Sinn, sondern um eine Besichtigung. Ein Augenschein des beiwohnenden Richters ist ausschließlich in Bezug auf seine eigenen sinnlichen Wahrnehmungen gegeben.[88] Darüber hinausgehende Tätigkeiten bestehen in der Vorbereitung des durch einen Sachverständigen zu erstattenden Gutachtens oder in dessen Vernehmung.[89] Dies hat entsprechenden Einfluss auf die Verlesbarkeit des Protokolls (→ Rn. 44). Die Ärzte, die die Sektion durchführen, sind stets als Sachverständige tätig.[90] Das gilt in gleicher Weise für einen Sachkundigen, der die bei der Obduktion erhobenen Proben oder Leichenteile auswertet, insbesondere einen Chemiker (vgl. § 91)[91] oder Toxikologen.[92] Wird er schon zur Leichenöffnung hinzugezogen, wie bspw. bei Verdacht der Vergiftung ratsam (vgl. Nr. 35 Abs. 1 S. 2 RiStBV), so ist er auch diesbezüglich als Sachverständiger tätig,[93] da er seine Feststellungen kraft behördlichen Auftrags unter Anwendung seiner besonderen Sachkunde trifft. Der behandelnde Arzt nimmt im Fall des § 87 Abs. 2 S. 4 dagegen als sachverständiger Zeuge iSd § 85 teil.[94] 17

b) Anordnungsvoraussetzungen. Wie bei der Leichenschau regelt § 87 für die Leichenöffnung ausdrücklich nur die Art und Weise der Durchführung, nicht jedoch die Anordnungsvoraussetzungen.[95] Es gelten dieselben Grundsätze wie bei der Leichenschau. Maßgeblich für die Frage der **Erforderlichkeit** der Obduktion sind die allgemeinen Vorschriften der §§ 152 Abs. 2, 159, 160 Abs. 1 und 2 sowie das in Nr. 36 RiStBV zum Ausdruck gebrachte Gebot größtmöglicher Beschleunigung wegen sonst drohenden Beweismittelverlustes (→ Rn. 7).[96] Im Hinblick auf den Zweck der Vorschrift (→ Rn. 1) 18

---

[82] KK/*Senge* Rn. 3; KMR/*Neubeck* Rn. 9; LR/*Krause* Rn. 15; SK/*Rogall* Rn. 14; Eisenberg *Beweisrecht* Rn. 1949.

[83] *Eb. Schmidt* Lehrkommentar zur StPO Teil II Rn. 4.

[84] *Eb. Schmidt* Lehrkommentar zur StPO Teil II Rn. 1; SK/*Rogall* Rn. 15 (Fn. 51).

[85] Zu den erheblichen Unsicherheiten bei Feststellung des Todeszeitpunktes durch bloßes Wegdrücken von Totenflecken s. BGH 21.9.2000 – 1 StR 634/99, juris (→ Rn. 8), insoweit nicht abgedruckt in StV 2001, 4.

[86] HK/*Lemke* Rn. 8; KK/*Senge* Rn. 4.

[87] *Dettmeyer/Madea* DtschÄrztebl 2002, A3376; vgl. auch *Schweitzer/Bär/Keller* Kriminalistik 2009, 48 (51–54).

[88] KMR/*Neubeck* Rn. 10.

[89] *Dähn* JZ 1978, 640 (641); RG 8.5.1880 – Rep. 1099/80, RGSt 2, 153 (159) sieht im Zusammenhang mit der Verlesbarkeit hierin wohl die eigentliche Funktion.

[90] BGH 12.1.1956 – 3 StR 420/55, JurionRS 1956, 12263; BGH 2.4.2008 – 2 StR 621/07, BeckRS 2008, 07343 (→ Rn. 8); vgl. auch BGH 18.7.2001 – 3 StR 211/01, BeckRS 2001, 30194101.

[91] BGH 12.1.1956 – 3 StR 420/55, JurionRS 1956, 12263; Alsberg/*Dallmeyer* Beweisantrag Rn. 370.

[92] Alsberg/*Dallmeyer* Beweisantrag Rn. 370.

[93] LR/*Krause* § 91 Rn. 3; *Geerds* ArchKrim 199 (1997), 75 (81 Fn. 103); aA KMR/*Neubeck* Rn. 20 sachverständiger Zeuge gem. § 85.

[94] KK/*Senge* Rn. 5; KMR/*Neubeck* Rn. 15.

[95] *Czerner* ArchKrim 226 (2010), 1 (6); *Koch* NJW 1965, 528; *Maiwald* NJW 1978, 561.

[96] BVerfG 27.7.1993 – 2 BvR 1553/93, NJW 1994, 783; BVerfG 18.1.1994 – 2 BvR 1912/93, NJW 1994, 783 (784); *Maiwald* NJW 1978, 561 (564); s. auch HK/*Lemke* Rn. 2; KK/*Senge* Rn. 2; LR/*Krause* Rn. 4–6; *Eisenberg* Beweisrecht Rn. 1950, die indes nur auf §§ 159, 160 Abs. 1 StPO abstellen. Der Sache nach geht BGH 2.12.2003 – 1 StR 102/03, BGHSt 49, 29 (33) davon aus, dass alleine die Vornahme der

ist der notwendige Verdachtsgrad niedrigschwellig anzusetzen.[97] Dementsprechend genügt es, wenn ein strafbares fremdes Verschulden am Tod eines Menschen in Betracht kommt, dh, umgekehrt gewendet, wenn nach den Umständen, insbesondere auch nach Vornahme der Leichenschau, eine strafbare Handlung als Todesursache nicht von vornherein auszuschließen ist (Nr. 33 Abs. 2 S. 1 RiStBV).[98] Neben der förmlichen Leichenschau iSd § 87 Abs. 1 können die entsprechenden (entfernten) Anhaltspunkte für die staatsanwaltschaftliche und richterliche Entscheidung aus den Befunden der sorgfältigen polizeilichen Besichtigung des Leichnams (s. hierzu → Rn. 9) und der ärztlichen Leichenschau hergeleitet werden.[99] In der Praxis wird die staatsanwaltschaftliche und richterliche Entscheidung hauptsächlich auf Grundlage der Berichterstattung durch die Polizei getroffen.[100] Zu beachten ist hierbei jedoch, dass die äußere Leichenschau nur von wenig zuverlässigem Beweiswert ist, weswegen bei verbleibenden Zweifeln die Obduktion durchgeführt werden sollte.[101] In besonderem Maße gilt dies für die ärztliche Leichenschau nach dem Leichenschauwesen,[102] zumal dann wenn sie im Wohnbereich des Verstorbenen erfolgt.[103] Sie wird nicht selten von diesbezüglich unerfahrenen Ärzten und in den häufigsten Fällen entgegen entsprechender landesrechtlicher Vorschriften sogar ohne vollständige Entkleidung der Leiche vorgenommen.[104] Die in diesem Kontext angegebene Todesart kann daher, wie bei der Leichenschau (→ Rn. 8), nur einen ersten Anhaltspunkt für die Entscheidung über die Leichenöffnung geben und ist nicht bindend.[105] Zuverlässige Klärung kann bei verbleibenden – wenn auch nur geringen – Unsicherheiten alleine über die deutlich aussagekräftigere Untersuchungsmöglichkeit der Obduktion, ggf. ergänzt durch Auswertung dabei erhobenen Probenmaterials, gewonnen werden.[106]

19 Der **verfassungsrechtliche Verhältnismäßigkeitsgrundsatz** ist als Schranke für die Anordnung der Obduktion zu beachten. Durch diesen werden das Persönlichkeitsrecht der verstorbenen Person und das Recht der Angehörigen auf Totenfürsorge vor übermäßigen Eingriffen geschützt. Dem ist allerdings schon dann genüge getan, wenn sich die Ermittlungsbehörden in dem von §§ 152 Abs. 2, 160 Abs. 1 und 2 vorgegebenen Rahmen bewegen.[107] Gerade angesichts der Schwere der Tötungsdelikte, deren Aufdeckung die Maßnahme dient, und der Bedeutung des von diesen erfassten Rechtsguts Leben, wird die Anordnung regelmäßig nicht unverhältnismäßig sein.[108] Etwas anderes kann dann anzuneh-

---

Obduktion nichts am Charakter der Vorprüfung durch die Staatsanwaltschaft in Form der bloßen Todesfallermittlungen ändert.

[97] *Czerner* ArchKrim 226 (2010), 1 (3).

[98] BVerfG 27.7.1993 – 2 BvR 1553/93, NJW 1994, 783; BVerfG 18.1.1994 – 2 BvR 1912/93, NJW 1994, 783 (784); LG Mainz 25.9.2001 – 5 Qs 73/01, NStZ-RR 2002, 43.

[99] *Oehmichen/Sternuns* Kriminalistik 1985, 2 (5).

[100] *Helbing* ZRP 2009, 23 (24); *Spann* Kriminalistik 1987, 586 (608).

[101] LR/*Krause* Rn. 9; *Czerner* ArchKrim 226 (2010), 1 (14); *Haehling von Lanzenauer* Kriminalistik 1993, 379; zu den statistisch erheblichen Abweichungen zwischen Leichenschaudiagnose zur Todesursache und Obduktion *Madea/Dammeyer Wiehe de Gómez/Dettmeyer* Kriminalistik 2007, 767 (769–771); *Madea/Rothschild* DtschÄrztebl 2010, 575 (576 f.).

[102] *Madea/Rothschild* DtschÄrztebl 2010, A1564 (A1565) daher mit Forderung, die Frequenz der Verwaltungssektionen zu erhöhen; *Schwinn* Kriminalistik 1991, 569 (570); *Spann* Kriminalistik 1987, 586 (606).

[103] *Metter* Kriminalistik 1978, 155 (155 f.).

[104] *Gerg/Baier* Kriminalistik 2009, 475 (478); *Helbing* Kriminalistik 2004, 443 (444); *Helbing* ZRP 2009, 23 (24); *Madea/Rothschild* DtschÄrztebl 2010, 575 (582 f.); *Metter* Kriminalistik 1978, 155; *Rothschild* Rechtsmedizin 19 (2009), 407 (410 f.); *Madea/Dettmeyer* DtschÄrztebl 2003, A3161 beziffern Letzteres mit 75 % der Leichenschauärzte, bei Hausärzten mit 99 %; s. auch den Fall einer ua deswegen unerkannt gebliebenen CO-Vergiftung bei AG Wennigsen 11.5.1988 – 11 – 75/87 – 84 Js 54654/86, NJW 1989, 786.

[105] Bedenklich daher die bei *Helbing* ZRP 2009, 23 (24); *Thomsen/Schewe* ArchKrim 193 (1994), 79 (82 f. und 85 f.) wiedergegebene ministerielle Weisung, selbst bei der Todesart ungeklärt, die Polizei nicht zu verständigen.

[106] *Madea* Rechtsmedizin 19 (2009), 399 (403) *Oehmichen/Sternuns* Kriminalistik 1985, 2 (4); *Madea/Rothschild* DtschÄrztebl 2010, A1564 f. zur Verwaltungssektion.

[107] BVerfG 27.7.1993 – 2 BvR 1553/93, NJW 1994, 783; BVerfG 18.1.1994 – 2 BvR 1912/93, NJW 1994, 783 (784).

[108] LG Waldshut 8.2.1972 – 2 Qs 24/72, NJW 1972, 1148; KK/*Senge* Rn. 2; *Meyer-Goßner* Rn. 9; *Maiwald* NJW 1978, 561 (565).

men sein, wenn die Todesursache zweifelsfrei feststeht,[109] soweit ausermittelt ist, dass unter keinem strafrechtlichen oder strafprozessualen Gesichtspunkt eine weitere Klärung erforderlich werden kann, oder der entsprechende Aufklärungserfolg durch andere, weniger eingriffsintensive Ermittlungshandlungen in gleicher Weise zu erreichen ist.[110] Eine Verfügung des Verstorbenen selbst, im Todesfall von einer Obduktion abzusehen, steht nicht entgegen.[111]

Im Ergebnis handelt es sich um eine **Einzelfallentscheidung,** bei der jedoch bestimmte Fallkonstellationen die Vornahme der Leichenöffnung nahe legen.[112] Eine solche Situation ist bspw. anzunehmen, wenn ärztliche Behandlungsfehler, auch durch Unterlassen gebotener Behandlungsmöglichkeiten,[113] oder die Verletzung von Betreuungs- und Obhutspflichten gegenüber Kindern in Betracht kommen.[114] Schon der Tod eines noch jungen Menschen ohne erkennbare Ursache wird für sich gesehen einen Grund zur Anordnung geben.[115] Knochenbrüche oder sonstige Verletzungsfolgen von Misshandlungen sind bei Säuglingen und Kindern oftmals äußerlich nicht oder nur schwer erkennbar.[116] Das gilt auch für ein Schütteltrauma[117] oder einen Erstickungstod,[118] was die Gefahr bewirkt, ohne Sektion vorschnell von einem plötzlichen Säuglings- oder Kindstod[119] auszugehen. Ohnehin kann ein plötzlicher Säuglings- oder Kindstod wegen der Komplexität der in Betracht kommenden Umstände, und damit der zuverlässige Ausschluss einer Tötungshandlung, erst nach einer Leichenöffnung hinreichend sicher diagnostiziert werden.[120] Wegen der besonderen Betroffenheit der Angehörigen, insbesondere der Eltern,[121] bedarf gleichwohl die Prüfung der Verhältnismäßigkeit der Maßnahme sorgfältiger Prüfung. Eine vergleichbare Situation ist beim plötzlichen Herztod Erwachsener und dem Versterben wehrloser Erwachsener oder hochbetagter Menschen gegeben. Hier ist besonderes Augenmerk auf die Möglichkeit eines Erstickens durch weiche Bedeckung zu legen.[122] Die Leichenöffnung ist ferner besonders zu erwägen bei Personen die während eines Aufenthaltes in Haft oder amtlicher Verwahrung versterben (Nr. 33 Abs. 2 S. 2 RiStBV), wozu insbesondere Polizeigewahrsam, Untersuchungs-, Straf-, Abschiebehaft, Unterbringung nach § 63 ff. StGB oder den Unterbringungsgesetzen der Bundesländer zählen;[123] bei Drogentoten,[124] wobei ein Teil der Ermittlungsbehörden in der Praxis zu Recht davon ausgeht, dass alleine der mögliche oder wahrscheinliche Zusammenhang des Todeseintritts mit einer Drogen-/Medikamentenintoxikation nicht per se eine Obduktion notwendig macht, wenn ein Fremdeinfluss nicht erkennbar ist; bei tödlichen Unfällen unter Beteiligung mehrerer Personen, bspw. um die Sitzposition der Fahrzeuginsassen anhand des Verletzungsbildes, insbesondere zur 20

[109] Nach Graf/*Ritzert* Rn. 6; *Czerner* ArchKrim 226 (2010), 1 (6) fehlt es in diesem Fall schon an der Erforderlichkeit.

[110] LR/*Krause* Rn. 7; *Czerner* ArchKrim 226 (2010), 1 (14); *Koch* NJW 1965, 527; s. auch HK/*Lemke* Rn. 2.

[111] LG Mainz 25.9.2001 – 5 Qs 73/01, NStZ-RR 2002, 43 (44); ausführlich hierzu *Tag* FS Laufs, 2006, 1079 (1095 f.).

[112] S. auch die weiterführenden Hinweise bei *Eisenberg* Beweisrecht Rn. 1946a bis 1946c; *Geerds* MedR 1984, 172 (176 Fn. 47 bis 49).

[113] BVerfG 18.1.1994 – 2 BvR 1912/93, NJW 1994, 783 (784); LG Mainz 25.9.2001 – 5 Qs 73/01, NStZ-RR 2002, 43 (44).

[114] BVerfG 27.7.1993 – 2 BvR 1553/93, NJW 1994, 783.

[115] *Lockemann/Püschel* Kriminalistik 1992, 459 (462); *Thomsen/Schewe* ArchKrim 193 (1994), 79 (80).

[116] *Matschke ua* DtschÄrztebl 2009, 211; vgl. auch *Thomsen/Schewe* ArchKrim 193 (1994), 79 (80).

[117] *Matschke ua* DtschÄrztebl 2009, 211 (216); *Schneiders/Schröder* Kriminalistik 2005, 734 (734 und 736).

[118] *Brinkmann ua* ArchKrim 199 (1997), 1 (5 f.); *Keil/Berzlanovic* Rechtsmedizin 20 (2010), 519 (521).

[119] *Bajanowski/Poets* DtschÄrztebl 2004, A 3185 zur begrifflichen Unterscheidung.

[120] *Albani* MedR 1991, 243 (245); *Bajanowski/Poets* DtschÄrztebl 2004, A3185 (A3187 f.); *Lockemann/Püschel* Kriminalistik 1992, 459 (459 und 462); *Restle* ArchKrim 207 (2001), 129 (131).

[121] Vgl. *Rixen* ZRP 2001, 374; *Wegener* MedR 1991, 231 (232) im Hinblick auf die frühere Rechtsalge in der DDR.

[122] *Keil/Berzlanovic* Rechtsmedizin 20 (2010), 519 (524–527).

[123] *Dettmeyer/Verhoff* Rechtsmedizin 19 (2009), 391 (397).

[124] *Brinkmann ua* ArchKrim 199 (1997), 1 (9).

Identifizierung des Fahrers,[125] den Ablauf des Unfallgeschehens[126] oder die Todesursächlichkeit selbst eines längere Zeit zurückliegenden Unfallgeschehens[127] zu bestimmen, nicht zuletzt auch um mögliche Tatverdächtige zu entlasten;[128] bei Leichen, die aus dem Wasser geborgen werden, da hier umfangreiche Untersuchungen notwendig sind, um die Feststellung treffen zu können, ob eine Fremdeinwirkung vorlag;[129] bei Leichenfunden in Güllegruben, Klärwerken, Biogasanlagen, um festzustellen, ob eine Gasintoxikation todesursächlich war oder der Leichnam postmortal in die Anlage verbracht wurde;[130] bei Todesfällen im Zusammenhang mit elektrischen Geräten, vor allem zum Ausschluss eines vorgetäuschten Suizids[131] oder zum Nachweis einer todesursächlichen Fehlerhaftigkeit bei Konstruktion oder Anschluss des Gerätes;[132] bei Brandleichen, da erst durch die Obduktion eine sichere Aussage über die Todesursache möglich ist.[133]

21 **c) Umfang der Anordnung.** Die allgemeine Ansicht ist wohl dahingehend zu verstehen, dass von der Anordnung nach § 87 Abs. 2 S. 1 nur die Vornahme der Ermittlungshandlung selbst iSd der Sektion der Leiche umfasst ist. Daher wird im Hinblick auf das Totensorgerecht, das den Angehörigen zusteht,[134] davon ausgegangen, es bedürfe einer **Beschlagnahme des Leichnams** nach § 94, falls sie ihn nicht freiwillig zur Verfügung stellen.[135] Vom BVerfG wurde das zumindest für den Fall angenommen, dass sich die Leiche bereits in den Räumlichkeiten des Bestattungsunternehmens befand.[136] Dieser Ansicht mag zwar insoweit zu folgen sein, als ein Leichnam grundsätzlich als beschlagnahmefähiger Gegenstand iSd § 94 Abs. 1 und 2 in Betracht kommt.[137] Offensichtlich wird aber von der Möglichkeit einer Beschlagnahme vorschnell auf deren Notwendigkeit geschlossen. Nimmt man den Wortlaut des § 94 Abs. 2 indes ernst, ist über den entgegenstehenden Willen einer Person hinaus notwendig, dass sich der Beweisgegenstand in deren Gewahrsam befindet.[138] Nur dann kommt eine Beschlagnahme in Betracht, die der Anordnung nach § 98 Abs. 1 S. 1 bedarf. Andernfalls kann eine formlose Sicherstellung nach § 94 Abs. 1 durch die Ermittlungsbehörden erfolgen.[139] Die Entstehung eines entsprechenden Gewahrsamsverhältnisses zu den Angehörigen kann aber nicht alleine durch das Versterben entstehen, sonst wäre dieser Begriff jedes tatsächlichen Bezuges zu dem Gegenstand entleert.[140] Hinzu kommt ein zu enges Verständnis des § 87 Abs. 2. Bei der Leichenöffnung handelt es sich um eine

125 *Becker/Friedrich/Rothschild* Rechtsmedizin 21 (2011), 561 (562) auch zur Notwendigkeit der engen Zusammenarbeit des Rechtsmediziners mit dem technischen und molekularbiologischen (567 f.) Sachverständigen sowie zu Textilvergleichsuntersuchungen (568 ff.).

126 *Spann/Maidl* MedR 1985, 59.

127 *Spann/Maidl* MedR 1985, 59 (62); *Thomsen/Schewe* ArchKrim 193 (1994), 79 (80); vgl. auch *Oehmichen/Sternuns* Kriminalistik 1985, 2 (3 f.); *Schneider* Kriminalistik 1981, 282 (284).

128 *Ebner* SVR 2010, 250 (251), insbesondere zu Suizidfällen; *Geerds;* ArchKrim 199 (1997), 75; *Händel* NJW 1967, 289.

129 *Püschel* Kriminalistik 2007, 545 (549).

130 *Oesterhelweg ua* Kriminalistik 2006, 594 (597).

131 *Stolt* Kriminalistik 2005, 297.

132 Vgl. den Beispielsfall bei *Brinkmann ua* ArchKrim 199 (1997), 1 (6).

133 *Eisenberg* Beweisrecht Rn. 1946c.

134 BVerfG 27.7.1993 – 2 BvR 1553/93, NJW 1994, 783; BVerfG 18.1.1994 – 2 BvR 1912/93, NJW 1994, 783 (784); LSG MV 19.11.1998 – L 5 U 47/98, juris (→ Rn. 72) „möglicherweise" *Struckmann* NJW 1964, 2244; nach OLG Karlsruhe 26.7.2001 – 9 U 11/01, NJW 2001, 2808 sonstiges Recht iSd § 823 Abs. 1 BGB.

135 Graf/*Ritzert* Rn. 7; HK/*Lemke* Rn. 10; KK/*Senge* Rn. 4; LR/*Krause* Rn. 17; *Meyer-Goßner* Rn. 9; Radtke/Hohmann/*Beukelmann* Rn. 4; *Janetzke* DRiZ 1957, 232 (233); *H.-A. Schmidt* DRiZ 1967, 76 (78).

136 BVerfG 18.1.1994 – 2 BvR 1912/93, NJW 1994, 783 (784).

137 Insoweit zutreffend *Eb. Schmidt* Lehrkommentar zur StPO Teil II § 86 Rn. 16, auf den diese Ansicht – soweit ersichtlich – zurückgeht; s. auch → § 94 Rn. 12.

138 So auch SK/*Rogall* Rn. 15; ferner → § 94 Rn. 43.

139 So für die Leiche am Ort des Verkehrsunfalls *Ebner* SVR 2010, 250 (251).

140 *Schlichting* BA 1967, 79 (81 f.); vgl. auch BVerfG 9.4.2002 – 2 BvR 710/01, NJW 2002, 2861 (2862); OLG München 31.5.1976 – 1 Ws 1540/75, NJW 1976, 1805, jeweils zum fehlenden Gewahrsam iSd § 168 Abs. 1 StGB der Angehörigen am Leichnam einer in der Klinik verstorbenen Person.

Maßnahme, die, im Gegensatz zur Leichenschau,[141] am Fund- oder Verwahrort der Leiche ersichtlich nicht in gebotener Sorgfalt und gebotenem Umfang vorgenommen werden kann.[142] Der gesetzgeberische Zweck der Maßnahme kann daher von vornherein nur erreicht werden, sofern der Leichnam zu deren Durchführung an einen anderen Ort verbracht wird.[143] Daher wäre es lebensfremd, anzunehmen, diese Vorbereitungshandlung gälte nicht als Annex mitangeordnet. Die Situation ist vergleichbar mit derjenigen bei Eingriffsmaßnahmen nach §§ 81a, 81b, 81c, 81g, die jeweils die im Gesetz nicht ausdrücklich erwähnte Befugnis zur Vornahme der Vorbereitungs- und Vollstreckungshandlungen mitumfassen. Bei einer teleologische Gesichtspunkte außer Acht lassenden Auslegung müsste ansonsten selbst neben der Ausgrabung noch die Beschlagnahme angeordnet werden, da ja auch mit dieser für sich gesehen nichts über den weiteren Verbleib des Leichnams bestimmt ist. Einer gesonderten Anordnung der Beschlagnahme bedarf es mithin nach einer den Sinn und Zweck der Norm erfassenden Auslegung neben der Entscheidung über die Obduktion nicht. In der Praxis sollte sie gleichwohl mitaufgenommen werden, um Auslegungsschwierigkeiten zu vermeiden, die nach der vorherrschenden Meinung verursacht sein können. Dies gilt besonders für Fälle, in denen die widersprechenden Angehörigen nach Freigabe der Leiche seitens Staatsanwaltschaft und durch deren Verbringung in die Leichenhalle oder das Bestattungsunternehmen Gewahrsam erlangt haben.[144]

Eigenständige Bedeutung kann die Beschlagnahme für den **Zeitraum bis zur Entscheidung des Gerichts** über die Leichenöffnung erlangen. Sind hier Einwirkungen auf die Leiche zu besorgen, so ist der Status quo durch eine förmliche Anordnung nach § 94 Abs. 2 zu erhalten. Für eine derartige Maßnahme liegen jedoch die Voraussetzungen einer Eilanordnung durch die Staatsanwaltschaft oder deren Ermittlungspersonen nach § 98 Abs. 1 S. 1 nahe. Bei Widerspruch wird die Bestätigung nach § 98 Abs. 2 hinfällig, wenn das Gericht die Obduktion anordnet, da diese die Beschlagnahme mitumfasst. Um Auslegungsschwierigkeiten zu vermeiden empfiehlt es sich auch hier gleichwohl die Bestätigung der Beschlagnahme ausdrücklich auszusprechen. 22

Die weitere Sachaufklärung kann es gebieten, bei der Leichenöffnung **Leichenteile** zu entnehmen, genauso wie Blutproben,[145] Harnproben und Mageninhalt. Hierauf ist durch den Staatsanwalt, ggf. nach Beratung durch einen besonderen Sachverständigen, hinzuwirken (Nr. 35 Abs. 1 RiStBV). Einer gesonderten richterlichen Entscheidung über eine Sicherstellung oder Beschlagnahme bedarf es hierzu nicht. Die Anordnung der Obduktion, die per se zum Öffnen der Leiche ermächtigt, umfasst von ihrem Sinn und Zweck her die Sicherung und weiterführende Auswertung hierbei aufzufindender Befundstücke, einschließlich der inneren Organe.[146] Durch deren Benennung wird der zuvor nicht abzusehende Umfang zum Zwecke der Beweismittelsicherung konkretisiert, was durch den mit der Ausführung der Anordnung betrauten Staatsanwalt oder Sachverständigen erfolgen kann.[147] Nr. 35 Abs. 1 RiStBV konkretisiert diesen Grundsatz. Schon um weitergehende als die mit der Sektion ohnehin verbundenen Belastungen für die Angehörigen zu vermeiden, sollte die Untersuchung der Leichenteile jedoch auf die Zwecke und die Aufbewah- 23

[141] Nr. 33 Abs. 1 S. 3 RiStBV, wonach diese am Fundort vorgenommen werden soll.

[142] *Geerds,* ArchKrim 199 (1997), 75 (76) mit dem Hinweis, dass sie nach früherer Praxis indes tatsächlich am Fundort der Leiche durchgeführt wurde (Fn. 74).

[143] Wofür den Angehörigen nach VG Neustadt 22.8.2011 – 5 K 301/11.NW, juris (→ Rn. 15 – 18) auch die Kosten nicht auferlegt werden können.

[144] BVerfG 18.1.1994 – 2 BvR 1912/93, NJW 1994, 783 (784); *Geilen* JZ 1975, 380 (381), jeweils zu § 168 StGB.

[145] Bspw. auch für AIDS-Tests *Penning/Spann* MedR 1987, 171 (172 f.).

[146] LR/*Krause* Rn. 16; vgl. auch LSG MV 19.11.1998 – L 5 U 47/98, juris (→ Rn. 65) zur Blutentnahme bei Leichenschau und OLG München 31.5.1976 – 1 Ws 1540/75, NJW 1976, 1805 zur klinischen Sektion; aA *Haehling von Lanzenauer* Kriminalistik 1993, 379 (379 f.) für Gliedmaßen und innere Organe.

[147] *Lippert* MedR 2001, 406 (409); *Kimpel* ArchKrim 179 (1987), 45 (54 f.), der wohl untechnisch, aber dennoch missverständlich, teilweise von „Beschlagnahme“ durch den Staatsanwalt spricht und ihm folgend *Geerds* ArchKrim 199 (1997) 75 (78); *Dettmeyer/Madea* DtschÄrztebl 2002, A3376 unter Hinweis auf die Sorgfaltspflicht des Obduzenten gegenüber den Ermittlungsbehörden.

rung auf die Dauer des Todesfallermittlungs- oder Strafverfahrens beschränkt werden.[148] Eine Umwidmung für wissenschaftliche Zwecke nach Wegfall des Interesses der Ermittlungsbehörden[149] erscheint zumindest bedenklich, sofern keine Einwilligung der Totensorgeberechtigten vorliegt.[150] Die rechtsmedizinische Praxis geht als Ausdruck eines pietätvollen Umgangs mit zurückbehaltenen Leichenteilen, da Nachbestattungen nur selten in Betracht kommen, mitunter den Weg über Organbestattungen.[151]

24 **d) Teilnehmender Personenkreis.** § 87 Abs. 2 S. 1 schreibt die – ununterbrochene[152] – Anwesenheit von **zwei Ärzten,** wodurch eine besondere Verlässlichkeit der Dokumentation gewährleistet wird,[153] und S. 2 die **besondere Qualifikation des Erstobduzenten** zur Qualitätssicherung[154] unter Einschränkung des Auswahlermessens der §§ 73, 161a Abs. 1 S. 2[155] zwingend vor. Letztere wird trotz des eindeutigen Wortlauts der Vorschrift im Interesse einer funktionsfähigen Strafrechtspflege[156] dann ausnahmsweise für entbehrlich und die Zuziehung eines anderen Arztes für zulässig gehalten, wenn ansonsten der Untersuchungszweck gefährdet würde.[157] Praktisch dürfte dieser Fall indes wegen des (noch) gewährleisteten Bereitschaftsdienstes rechtsmedizinischer Institute[158] keine Bedeutung erlangen.[159] Gerichtsarzt ist, wer nach Landesrecht zur Wahrnehmung der in gerichtlichen Angelegenheiten vorkommenden ärztlichen Geschäfte ein für allemal bestellt ist,[160] das heißt jeder Amtsarzt.[161] Hierzu rechnen je nach landesrechtlichen Bestimmungen die Amtsärzte der Gesundheitsämter für deren Bezirk[162] und die Landgerichtsärzte.[163] Obwohl den Vorgenannten die Sachkunde eines rechtsmedizinischen Sachverständigen nicht abzusprechen ist,[164] findet in der Praxis die Leichenöffnung überwiegend durch einem gerichtsmedizinischen Institut angehörige Ärzte statt,[165] wobei seitens des Leiters desselben regelmäßig vom Delegationsrecht Gebrauch gemacht wird.[166] Ob und wie er dieses ausübt unterliegt nicht beamtenrechtlichen Grundsätzen, sondern strafprozessualen im Verhältnis zum Auftraggeber.[167] Entscheidend ist die ausreichende Qualifikation und kurzfristige Verfügbarkeit des beauftragten Obduzenten, um letztlich der Aufklärungspflicht gerecht zu werden, der der anordnende Staatsanwalt oder Richter unterliegen. Generell sind Einrichtungen iSd § 87 Abs. 2 S. 2 Universitätsinstitute, nicht aber Abteilungen öffentlicher Kran-

---

148 *Rixen* ZRP 2001, 374 f.; *Tag*, FS Laufs, 2006, 1079 (1096).

149 So aber *Dettmeyer/Madea* DtschÄrztebl 2002, A3376.

150 *Tag*, FS Laufs, 2006, 1079 (1105); nach *Lippert* MedR 2001, 406 (409) schon deswegen unzulässig, weil nicht vom Gutachtenauftrag umfasst.

151 *Klinkhammer* DtschÄrztebl 2009, A1780; vgl. auch *Tag*, FS Laufs, 2006, 1079 (1096).

152 KMR/*Neubeck* Rn. 14; HK/*Lemke* Rn. 11; KK/*Senge* Rn. 5; *Meyer-Goßner* Rn. 11; LR/*Krause* Rn. 23; *Eisenberg* Beweisrecht Rn. 1953.

153 BGH 21.9.2000 – 1 StR 634/99, bei *Becker* NStZ-RR 2001, 257 (262).

154 BVerwG 18.3.1993 – 2 C 40/91, juris (→ Rn. 28); LR/*Krause* Rn. 24; SK/*Rogall* Rn. 18.

155 SK/*Rogall* Rn. 17; *Parzeller/Dettmeyer/Bratzke* ArchKrim 223 (2009), 1 (5); → § 73 Rn. 14 f.

156 *Parzeller/Dettmeyer/Bratzke* ArchKrim 223 (2009), 1 (5).

157 Graf/*Ritzert* Rn. 9; KMR/*Neubeck* Rn. 14; HK/*Lemke* Rn. 11; KK/*Senge* Rn. 5; *Meyer-Goßner* Rn. 11; SK/*Rogall* Rn. 19; *Eisenberg* Beweisrecht Rn. 1953.

158 Vgl. hierzu *Parzeller/Dettmeyer/Bratzke* ArchKrim 223 (2009), 1 (11 f. und 15) auch mit berechtigter Kritik an der Schließung und Zusammenlegung rechtsmedizinischer Institute aus Kostengründen und bedenklichen Bestrebungen zur Verlagerung der Dienste auf Private; kritisch in diesem Sinne ferner *Helbing* Kriminalistik 2004, 443 (445 f.); *Helbing* ZRP 2009, 23 (24); *Zylka-Menhorn* DtschÄrztebl 2004, A69.

159 SK/*Rogall* Rn. 19.

160 OVG Berlin 28.3.1960 – OVG VI B 48/57, NJW 1961, 984 (985).

161 *Dufková* MedR 1990, 131 (132).

162 § 42 Abs. 1 S. 1 AGGVG-BW; § 12 Abs. 1 Nr. 2 ÖGDG-BW.

163 Art. 5 Abs. 3 S. 1 und 2 GDVG-Bay.; hierzu *Parzeller/Dettmeyer/Bratzke* ArchKrim 225 (2010), 73 (77).

164 BGH 21.9.2000 – 1 StR 634/99, juris (→ Rn. 11), insoweit nicht abgedruckt in StV 2001, 4 für den Landgerichtsarzt nach bayerischem Recht; zweifelnd indes *Kimpel* ArchKrim 179 (1987), 45 (51).

165 Und zwar nach *Dufková* MedR 1990, 131 (131 f.); *Parzeller/Dettmeyer/Bratzke* ArchKrim 223 (2009), 1 (3) an einem universitären; vgl. aber auch *Parzeller/Dettmeyer/Bratzke* ArchKrim 225 (2010), 73 (77 f.) zu anderen öffentlichen Einrichtungen einzelner Bundesländer.

166 Kritisch hierzu *Dufková* MedR 1990, 131 (133).

167 BVerwG 18.3.1993 – 2 C 40/91, juris (→ Rn. 28).

kenhäuser. Ein in Letzteren tätiger Pathologe kann mithin nicht bestellt werden.[168] Auch wenn er einem pathologischen Institut angehört, empfiehlt sich jedoch die Beauftragung eines Pathologen wegen seiner primär auf die klinische Patientenversorgung abzielenden Fachrichtung nicht.[169]

Für den **zweiten Arzt** sieht das Gesetz keine besondere Qualifikation vor.[170] Es kann demnach auf jeden Mediziner zurückgegriffen werden. Er kann aber genauso dem Institut für Rechtsmedizin angehören, aus dem der Erstobduzent stammt. Letzteres entspricht auch der geübten Praxis bei gerichtlichen Leichenöffnungen[171] und empfiehlt sich, da das Sektionsprotokoll dann, wenn es von diesen beiden Ärzten unterzeichnet wurde, nach § 256 Abs. 1 Nr. 1a verlesen werden kann. Im Hinblick auf eine zuverlässige Sachaufklärung wird dies regelmäßig vorzugswürdig sein. Von dem während oder unmittelbar nach der Sektion angefertigten Protokoll ist zumindest hinsichtlich der Befundmitteilung größere Zuverlässigkeit zu erwarten als von einer üblicherweise wesentlich später erfolgenden Vernehmung des Arztes in der mündlichen Verhandlung.[172] 25

Der **behandelnde Arzt** ist von der Vornahme der Obduktion, auch im Sinne bloßer Beobachtung in Person des Zweitobduzenten,[173] wegen einer unwiderlegbaren Befangenheitsvermutung des § 87 Abs. 2 S. 3 ausgeschlossen.[174] Die Begriffe der „Behandlung" und der „dem Tod unmittelbar vorausgegangenen Krankheit" sind weit auszulegen. Dass das Leiden für den Tod ursächlich sein könnte, ist unmaßgeblich.[175] Zu den in § 87 Abs. 2 S. 4 genannten Zwecken können Staatsanwaltschaft oder Gericht aber seine Anwesenheit als sachverständiger Zeuge iSd § 85 anordnen und ihn nach der hM in der Hauptverhandlung als Sachverständigen auch zum Ergebnis der Leichenöffnung vernehmen[176] (aber → Rn. 42). Nr. 37 S. 1 RiStBV erweitert den Gedanken einer möglichen Befangenheit des behandelnden Arztes auf andere Ärzte desselben Krankenhauses. Die Ermittlungsbehörden haben dementsprechend darauf hinzuwirken, dass ein solcher die Leichenöffnung nicht selbst vornimmt. 26

Die Teilnahme des **Staatsanwalts** ist nach § 87 Abs. 2 S. 5 nicht zwingend. Er entscheidet hierüber nach pflichtgemäßem Ermessen (Nr. 33 Abs. 4 S. 1 RiStBV).[177] Nach Nr. 33 Abs. 4 S. 2 RiStBV soll eine Teilnahme bei Tötungsdelikten, nach tödlichen Unfällen zur Rekonstruktion des Unfallgeschehens, bei Todesfällen im Vollzug freiheitsentziehender Maßnahmen und durch Schusswaffengebrauch im Dienst sowie in Verfahren, die ärztliche Behandlungsfehler zum Gegenstand haben, regelmäßig in Betracht kommen.[178] Selbst in diesem Rahmen stellt sich jedoch die Frage nach dem Sinn einer Anwesenheit. Eine ernsthafte Ausübung der Leitungsfunktion iSd §§ 161a Abs. S. 2, 78 ist in der Praxis nicht hiervon abhängig.[179] Im Hinblick auf die Sachaufklärung ist regelmäßig kein Erkenntnisgewinn zu erwarten. Der Schwerpunkt der Untersuchungshandlung liegt in der Befunderhebung und -bewertung durch die Sachverständigen.[180] Das hierbei bestehende Gefälle bezüglich der erforderlichen medizinischen Kenntnisse lässt eine sinnvolle Einflussnahme des Juristen praxisfremd erscheinen.[181] Selbst ein unerwarteter Ver- 27

---

[168] Graf/*Ritzert* Rn. 9.1; *Meyer-Goßner* Rn. 11.
[169] *Geerds* ArchKrim 199 (1997), 75 (76 Fn. 70); *Parzeller/Dettmeyer/Bratzke* ArchKrim 225 (2010), 73 (75) mit dem Vorschlag, diese Variante des S. 2 deshalb zu streichen.
[170] *Kimpel* ArchKrim 179 (1987), 45 (51 f.); *Parzeller/Dettmeyer/Bratzke* ArchKrim 223 (2009), 1 (3).
[171] *Parzeller/Dettmeyer/Bratzke* ArchKrim 223 (2009), 1 (3).
[172] BGH 21.9.2000 – 1 StR 634/99, bei *Becker* NStZ-RR 2001, 257 (262).
[173] Zur Aufgabe des Zweitobduzenten *Kimpel* ArchKrim 179 (1987), 45 (52).
[174] KMR/*Neubeck* Rn. 15; SK/*Rogall* Rn. 21; *Schneider* Kriminalistik 1981, 282 (288).
[175] Graf/*Ritzert* Rn. 10; *Meyer-Goßner* Rn. 12; LR/*Krause* Rn. 25 mit Beispielen.
[176] KK/*Senge* Rn. 5; KMR/*Neubeck* Rn. 15; LR/*Krause* Rn. 26; *Eisenberg* Beweisrecht Rn. 1954.
[177] *Rieß/Hilger* NStZ 1987, 145 (148).
[178] Dem folgend die ganz hM Graf/*Ritzert* Rn. 11; HK/*Lemke* Rn. 13; KMR/*Neubeck* Rn. 12; LR/*Krause* Rn. 19; *Meyer-Goßner* Rn. 13; noch weitergehend *Geerds* ArchKrim 199 (1997), 75 (77); zurückhaltender dagegen *Eisenberg* Beweisrecht Rn. 1954 „am ehesten".
[179] Im Ergebnis KK/*Senge* Rn. 6.
[180] *Kimpel* ArchKrim 179 (1987), 45 (55); so auch *Geerds* MedR 1984, 172 (174 Fn. 23).
[181] *Dähn* JZ 1978, 640 (641).

lauf der Leichenöffnung[182] wird darüber hinaus nicht die Anwesenheit des Staatsanwalts erfordern, um notwendig werdende Anordnungen zu treffen. Einerseits werden diese, was die Entnahme von Leichenteilen iSd Nr. 35 Abs. 1 S. 1 RiStBV betrifft, üblicherweise schon von den ausführenden Ärzten veranlasst,[183] ohne dass es dazu einer besonderen Anordnung bedürfte (→ Rn. 23). Andererseits können sie meist im Voraus oder zumindest auf (telefonische) Nachfrage hin getroffen werden,[184] und zwar vom Dienstsitz des Staatsanwalts aus wesentlich sachgerechter und fundierter. Dies gilt vor allem für die Beiziehung weiterer Sachverständiger, die besonders bei Verdacht der Vergiftung (Nr. 35 Abs. 2 S. 2 RiStBV) oder des Stromtodes (Nr. 36 Abs. 2 S. 2 RiStBV) zu erwägen ist. Die Rolle des Staatsanwalts während der Sektion selbst ist daher weitgehend passiver Natur.[185] Soweit demgegenüber eine andere Situation für den Fall zweifelhafter Sachkunde der hinzugezogenen Ärzte gesehen wird,[186] sind derartige Fehler bei der Auswahl der Sachverständigen nicht wirksam über eine Gegensteuerung bei der Ausführungshandlung zu korrigieren. Als Argument für die Teilnahme bleibt die im Einzelfall in Erwägung zu ziehende bessere Nachvollziehbarkeit und Anschaulichkeit der Befunderhebung, die es ermöglichen kann, weitere Ermittlungsschritte zeitnah einzuleiten.

28 Einen Antrag nach § 87 Abs. 2 S. 6 auf Anwesenheit des **Richters,** der bindende Wirkung entfaltet,[187] stellt die Staatsanwaltschaft nur ausnahmsweise. Zu nennen sind in Anlehnung an Nr. 33 Abs. 3 S. 2 RiStBV Sachen von besonderer Bedeutung, was allenfalls bei politisch motivierten oder ansonsten die Öffentlichkeit erheblich beunruhigenden Tötungshandlungen der Fall sein könnte.[188] Nicht maßgeblich ist dagegen die Erwartung eines problematischen und kontroversen Falles oder die Gewinnung eines nach § 249 Abs. 1 S. 2 verlesbaren Protokolls.[189] Ersteres ist bei Tötungsdelikten ohnehin eher die Regel als die Ausnahme und hängt zudem nicht ausschließlich von sachlich geprägten Gründen ab, sondern auch vom weiteren Prozessverhalten des Beschuldigten und des Verteidigers. Letzteres genügt nicht,[190] weil ein richterliches Protokoll nach dieser Vorschrift ohnehin nur zum Teil verlesen werden kann (→ Rn. 44). Der Richter prüft den Antrag gem. § 162 Abs. 2 nur auf seine rechtliche Zulässigkeit, nicht auf Zweckmäßigkeit.[191] Dies gilt selbst dann, wenn seine Teilnahme, wie in der Regel absehbar, keinen nennenswerten Beitrag zur Sachaufklärung leisten kann.[192] Ihm obliegt die Leitung der Untersuchung, auch wenn der Staatsanwalt ebenfalls teilnimmt.[193] Hinsichtlich der Zuständigkeit gelten die gleichen Grundsätze wie bei der Leichenschau (→ Rn. 11) mit der Maßgabe, dass es sich regelmäßig anbieten wird, den Antrag auf Teilnahme nach Abs. 2 S. 6 mit demjenigen auf Anordnung nach Abs. 4 S. 1 zu verbinden.

29 Die **Anwesenheitsrechte weiterer Personen** und die Gestattung der Teilnahme entsprechen denjenigen bei der Leichenschau (→ Rn. 13).[194] Die ganz hM geht indessen davon aus, Beschuldigter und Verteidiger hätten kein Recht auf Anwesenheit. Selbst bei

---

[182] Dass dieser wie *Geerds* ArchKrim 199 (1997), 75 (77) ausführt „nicht selten" sei, dürfte wohl kaum den tatsächlichen Gegebenheiten entsprechen.

[183] *Kimpel* ArchKrim 179 (1987), 45 (55).

[184] Vgl. hierzu KMR/*Neubeck* Rn. 12; LR/*Krause* Rn. 20; *Meyer-Goßner* Rn. 13; *Eisenberg* Beweisrecht Rn. 1954, ohne dass ersichtlich wäre, warum die Art des Deliktes hieran etwas ändern sollte.

[185] LR/*Krause* Rn. 22.

[186] LR/*Krause* Rn. 19.

[187] *Rieß/Hilger* NStZ 1987, 145 (148).

[188] HK/*Lemke* Rn. 14; *Dähn* JZ 1978, 640 (642).

[189] So aber LR/*Krause* Rn. 19; SK/*Rogall* Rn. 29 mit Einschränkungen.

[190] HK/*Lemke* Rn. 14; KMR/*Neubeck* Rn. 13; *Meyer-Goßner* Rn. 14.

[191] KK/*Senge* Rn. 6; KMR/*Neubeck* Rn. 13; *Meyer-Goßner* Rn. 14.

[192] Vgl. hierzu schon *Dähn* JZ 1975, 640 (641); *H.-A. Schmidt* DRiZ 1967, 76.

[193] LR/*Krause* Rn. 20; *Geerds* ArchKrim 199 (1997), 75 (78).

[194] *Eisenberg* Beweisrecht Rn. 1956 sieht bei Anwesenheit der Ermittlungsbeamten „mitunter möglicherweise" die „Gefahr der Beeinflussung", ohne dass allerdings ersichtlich wäre, worin diese bestehen könnte, da sie auch ansonsten nach der Natur der Sache ohnehin den direktesten und unmittelbarsten Zugang zu den Ermittlungsergebnissen haben. *Geerds* ArchKrim 199 (1997), 75 (78); *Kimpel* ArchKrim 179 (1987), 45 (55) gehen dagegen zu Recht von Zweckmäßigkeit und uU sogar Notwendigkeit der Beiziehung aus.

Mitwirkung des Richters wird § 168d für nicht einschlägig gehalten,[195] da es sich um keine Augenscheinseinnahme handle.[196] Diese Ansicht vermag allerding nicht zu überzeugen. § 87 Abs. 2 enthält keine abschließende Sonderregelung hinsichtlich der Befugnis zur Teilnahme an der Obduktion.[197] Die Vorschrift schreibt vielmehr teils zwingend, teils fakultativ nur die Anwesenheit bestimmter Personen vor, um die Qualität der Durchführung und Dokumentation dieser wichtigen Ermittlungsmaßnahme zu sichern. Dadurch werden die allgemeinen Vorschriften nicht tangiert. Zumindest soweit es seine eigenen sinnlichen Wahrnehmungen betrifft, nimmt der Richter aber unzweifelhaft einen Augenschein ein (→ Rn. 17). Schon das legt die Anwendung des § 168d Abs. 1 nahe.[198] Daran ändert sich nichts, weil in Person der Ärzte Sachverständige hinzugezogen werden und die Ermittlungshandlung mithin auch – oder sogar vorwiegend – in deren Vernehmung besteht,[199] denn von dieser Variante geht schon § 168d Abs. 2 S. 1 explizit aus. Selbst wenn man in der Vernehmung des Sachverständigen den eigentlichen Schwerpunkt sehen wollte, so würde dies zur Anwendung des § 168c Abs. 2 führen, der die grundsätzliche Anwesenheitsberechtigung von Beschuldigtem und Verteidiger vorsieht. Vor diesem Hintergrund ist auch nach pflichtgemäßem Ermessen zu entscheiden, ob einem vom Beschuldigten benannten Privatgutachter die Teilnahme zu gestatten ist,[200] wenn keine Behinderung der Untersuchung zu besorgen ist (§ 168d Abs. 2 S. 2). Wird ein dahingehender Antrag des Beschuldigten abgelehnt, steht ihm bei der Leichenöffnung im Beisein des Richters die Möglichkeit der Selbstladung nach § 168d Abs. 1 S. 1 offen.[201]

e) Protokoll. Die Ergebnisse der Leichenöffnung werden vom Staatsanwalt in einem **Aktenvermerk** nach § 168b Abs. 1 oder, falls sie im Beisein des Richters stattfindet, von diesem in einem **Protokoll** gem. §§ 86, 168, 168a festgehalten.[202] Es gelten insoweit dieselben Grundsätze wie bei der Leichenschau (→ Rn. 14 f.). In die Aufzeichnung müssen aber auf jeden Fall die sachverständigen Stellungnahmen der sezierenden Ärzte aufgenommen werden.[203] Es handelt sich somit um ein gemischtes Protokoll, das neben der Beurkundung des richterlichen Augenscheins diejenige einer Vernehmung enthält.[204] Die Ärzte fertigen ihrerseits ein **Sektionsprotokoll** von der Leichenöffnung.[205] 30

3. Ausgrabung einer Leiche nach Abs. 3. Allgemein wird unter **Exhumierung** die Ausgrabung einer Leiche oder Urne im Zusammenhang mit einer rechtsmedizinischen Untersuchung, regelmäßig einer Obduktion, verstanden.[206] Nach § 87 Abs. 3 kann die Enterdigung einer Leiche[207] sowohl zum Zwecke der Durchführung einer Leichenschau gem. Abs. 1 als auch einer Leichenöffnung gem. Abs. 2 vorgenommen werden.[208] Sie kommt in der Praxis eher selten vor[209] wegen der damit verbundenen großen Betroffenheit 31

---

[195] HK/*Lemke* Rn. 15; KMR/*Neubeck* Rn. 16; *Meyer-Goßner* Rn. 15; Radtke/Hohmann/*Beukelmann* Rn. 8.

[196] Graf/*Ritzert* Rn. 11; KK/*Senge* Rn. 7; nach LR/*Krause* Rn. 28 „keine eigentliche Augenscheinseinnahme".

[197] SK/*Rogall* Rn. 31.

[198] Im Ergebnis auch *Eisenberg* Beweisrecht Rn. 1956.

[199] So aber Graf/*Ritzert* Rn. 11.

[200] HK/*Lemke* Rn. 15; KMR/*Neubeck* Rn. 16; LR/*Krause* Rn. 28; *Meyer-Goßner* Rn. 15; Radtke/Hohmann/*Beukelmann* Rn. 8; *Eisenberg* Beweisrecht Rn. 1956; aA SK/*Rogall* Rn. 31 Anwesenheit muss gestattet werden.

[201] Vgl. Alsberg/*Dallmeyer* Beweisantrag Rn. 608 zur Leichenschau.

[202] LR/*Krause* Rn. 29.

[203] KMR/*Neubeck* Rn. 17.

[204] *Eb. Schmidt* Lehrkommentar zur StPO Teil II Rn. 6; HK/*Lemke* Rn. 16; SK/*Rogall* Rn. 33.

[205] Radtke/Hohmann/*Beukelmann* Rn. 7.

[206] *Breitmeier ua* Kriminalistik 2003, 611.

[207] Nach *Eisenberg* Beweisrecht Rn. 1959 auch einer Urne.

[208] LR/*Krause* Rn. 31.

[209] *Hoppmann* Kriminalistik 2011, 463; *Breitmeier ua* Kriminalistik 2003, 611 (612) kamen bei einer Studie, die mehrere Landgerichtsbezirke über einen Zeitraum von 19 Jahren erfasste, zu dem Ergebnis, dass 0,64 % der insgesamt vorgenommenen Sektionen eine Exhumierung vorausging, wobei auch solche auf Antrag von

der Angehörigen des Verstorbenen und des großen Aufwands. Bereits während der Enterdigung sollte, um eine sachkundige Befundaufnahme zu gewährleisten, der Obduzent (Nr. 34 S. 1 RiStBV) und bei Verdacht einer Vergiftung ein chemischer Sachverständiger anwesend sein (Nr. 34 Abs. 3 RiStBV).[210]

32 Es handelt sich um eine Maßnahme, die tief in das Totensorgerecht der Angehörigen eingreift und bei diesen häufig auf erhebliche Vorbehalte stößt, vor allem wegen der damit verbundenen psychischen Belastungen.[211] Die Prüfung der **Erforderlichkeit und Verhältnismäßigkeit** erfordert daher besondere Berücksichtigung der entsprechenden Umstände.[212] Diese erfolgt ansonsten nach den Grundsätzen derjenigen Ermittlungshandlungen, zu deren Ermöglichung die Ausgrabung vorgenommen wird, nämlich der Leichenschau und der Leichenöffnung. Zu beachten ist, dass eine Untersuchung der Leiche selbst nach langen Liegezeiten noch zuverlässige Ergebnisse liefern kann,[213] weswegen sie im Zweifelsfall – wenn nach Ausschöpfung anderer Ermittlungsansätze Fragen offen bleiben – vorgenommen werden sollte.[214] Sie kann auch zur Entlastung eines Tatverdächtigen beitragen.[215]

33 Der **Umfang** der Anordnung erstreckt sich nicht auf den bloßen faktischen Vorgang der Ausgrabung selbst. Daher ist der Ansicht nicht zu folgen, es sei daneben eine förmliche Beschlagnahme nach §§ 94 Abs. 2, 98 erforderlich, falls die Angehörigen die Leiche nicht freiwillig zur Verfügung stellen.[216] Zwar haben sie nach der Beerdigung in Ausübung ihres Totensorgerechts Gewahrsam iSd § 94 Abs. 2 erlangt; dennoch führt die teleologische Auslegung des § 87 Abs. 3 zu einem anderen Ergebnis. Die Ausgrabung ist schon vom Wortlaut der Vorschrift her auf die Ermöglichung einer weitergehenden Untersuchung des Leichnams in Form der Leichenschau oder Leichenöffnung angelegt. Der Intention des Gesetzes kann mithin nur entsprochen werden, wenn auch die Verbringung an den Ort, an dem diese weitergehenden Ermittlungshandlungen vorzunehmen sind, als Annex erfasst wird. Ohne Weiteres erschließt sich dies vor allem für den Fall der Leichenöffnung, die sachgerecht nur in Sektionsräumen durchgeführt werden kann (→ Rn. 21). Da es sich insoweit um eine eigenständige Maßnahme iSd § 87 Abs. 2 handelt, ist für Letztere allerdings ein gesonderter Ausspruch notwendig. Zum Umfang der Exhumierung selbst gehören indessen die nach Nr. 34 S. 2 und 3 RiStBV zu entnehmenden Gegenstände und Proben bei Verdacht einer Vergiftung.

34 **4. Anordnung nach Abs. 4. a) Leichenschau.** Die Leichenschau ordnet grundsätzlich der **Staatsanwalt** an.[217] Einer richterlichen Entscheidung bedarf es nicht.[218] Dies ergibt ein Umkehrschluss aus § 87 Abs. 4 S. 1, der eine solche nur für die Maßnahmen nach Abs. 2 und 3 vorsieht.[219] Eine explizite Entschließung wird schon nach dem Wortlaut des § 87 Abs. 1 S. 1 nicht gefordert. Vielmehr ist diese konkludent in der Vornahme der Ermittlungshandlung zu sehen. Der **Richter** kann sie nur ausnahmsweise anordnen und ohne Antrag der Staatsanwaltschaft nach § 87 Abs. 1 S. 1 durchführen, sofern die Voraussetzungen des § 165 vorliegen.[220]

35 **b) Leichenöffnung und Ausgrabung.** § 87 Abs. 4 S. 1 statuiert für Leichenöffnung und Ausgrabung einen **Richtervorbehalt.** Örtlich zuständig für die Anordnung ist nach § 162

Berufsgenossenschaften enthalten waren. Andererseits führen *Brinkmann/Püschel* MedR 1991, 233 (235) aus, die Exhumierungsrate in Deutschland sei im internationalen Vergleich „extrem hoch".

210 Graf/*Ritzert* Rn. 13; *Meyer-Goßner* Rn. 17; LR/*Krause* Rn. 31; *Eisenberg* Beweisrecht Rn. 1959.

211 *Brinkmann/Püschel* MedR 1991, 233 (235); vgl. auch das anschauliche Fallbeispiel bei *Hoppmann* Kriminalistik 2011, 463 (464).

212 LG Waldshut 8.2.1972 – 2 Qs 24/72, NJW 1972, 1148 (1149); SK/*Rogall* Rn. 42.

213 Vgl. *Hoppmann* Kriminalistik 2011, 463 (466 f.) für eine Untersuchung auf eine Vergiftung nach zwei Jahren Liegezeit.

214 *Breitmeier ua* Kriminalistik 2003, 611 (615).

215 Vgl. wiederum das Fallbeispiel bei *Hoppmann* Kriminalistik 2011, 463 (466 f.).

216 So aber *Breitmeier ua* Kriminalistik 2003, 611 (611 f.).

217 *Kimpel* ArchKrim 179 (1987), 45 (52).

218 *Meyer-Goßner* Rn. 4; SK/*Rogall* Rn. 7 und 38; *Lampe* NJW 1975, 195 (197).

219 LR/*Krause* Rn. 10.

220 KK/*Senge* Rn. 3.

Abs. 1 S. 1 im Ermittlungsverfahren das Amtsgericht am Sitz der Staatsanwaltschaft.[221] Der Ermittlungsrichter überprüft den Antrag der Staatsanwaltschaft[222] nach § 162 Abs. 2 nur unter dem Gesichtspunkt der gesetzlichen Zulässigkeit, wozu die Verhältnismäßigkeit rechnet,[223] nicht jedoch unter dem der Zweckmäßigkeit.[224] Ergibt sich die Notwendigkeit der Maßnahme in einem späteren Verfahrensstadium, was in erster Linie bei der Ausgrabung in Betracht kommen kann, so beschließt hierüber das mit der Sache befasste Gericht[225] iSd § 162 Abs. 3.

Für die **Staatsanwaltschaft,** nicht jedoch für die Ermittlungsbeamten,[226] besteht bei Gefahr im Verzug eine Eilentscheidungsbefugnis. Hinsichtlich der Anordnung nach Abs. 2 kann diese nicht schon deswegen angenommen werden, weil der Erlass des Gerichtsbeschlusses nicht sofort ergeht, sondern Zeit in Anspruch nimmt. Hier ist eine vorläufige Sicherung des Zustandes durch Beschlagnahme des Leichnams möglich (→ Rn. 22). Eine Notsituation ist nur dann gegeben, wenn die Ermittlungshandlung selbst nicht aufgeschoben werden kann, ohne dass Beweismittelverlust droht. Das kommt in Betracht, wenn der Zustand der Leiche oder die Notwendigkeit einer sofortigen Aufklärung der Todesursache die sofortige Untersuchung gebieten.[227] Hinsichtlich der Exhumierung ist eine Situation der Gefahr im Verzug allerdings praktisch kaum denkbar.[228] Sie bedarf sorgfältiger Vorbereitung. Im Übrigen liegt regelmäßig eine längere Entscheidungsphase zwischen dem Auftreten des Erstverdachts auf eine strafbare Handlung oder des Bedürfnisses weitergehender Aufklärung und dem Zeitpunkt, in dem die Verdachtslage ein „kritisches Gewicht" überschreitet, das letztlich zur Antragstellung führt.[229] 36

Eine bestimmte **Form** ist für die richterliche Entscheidung nicht ausdrücklich vorgeschrieben. Sie ist aber, da mit der Beschwerde anfechtbar (→ Rn. 46), nach § 34 zu begründen.[230] Das gilt auch für die Beschlagnahmeanordnung,[231] sofern eine solche für erforderlich gehalten wird (s. hierzu → Rn. 21). Dabei genügen lediglich formelhafte Ausführungen nicht, insbesondere dann nicht, wenn sie sich in der bloßen Wiedergabe des Gesetzestextes oder der nicht natürlichen oder ungeklärten Todesart erschöpfen.[232] Die Anordnung ist nach § 35, regelmäßig durch formlose Mitteilung nach Abs. 2 S. 2, bekannt zu machen und der Staatsanwaltschaft gem. § 36 Abs. 2 S. 1 zur Ausführung zu übergeben. Hieraus zeigt sich, dass für den gerichtlichen Beschluss nur die Schriftform in Betracht kommt. 37

Eine (formlose) **Benachrichtigung der Angehörigen,** zu denen der in § 52 Abs. 1 genannte Personenkreis rechnet,[233] sieht § 87 Abs. 4 S. 2 für die Anordnung der Exhumierung unter den genannten Einschränkungen ausdrücklich vor. Keine besonderen Schwierigkeiten zu deren Ermittlung stellen Befragungen von Auskunftspersonen nach Name und Aufenthaltsort oder Einwohnermeldeamtsanfragen dar.[234] Ausschreibungen oder sonstige besondere Maßnahmen sind dagegen nicht erforderlich.[235] Ob eine Gefährdung des Unter- 38

---

[221] Der frühere Streit um die Maßgeblichkeit von Sektionsort oder dem Ort, an dem sich die Leiche befindet (vgl. hierzu *Meyer-Goßner* Rn. 10; *Eisenberg* Beweisrecht Rn. 1953) ist durch Neufassung des § 162 Abs. 1 StPO erledigt; s. aber SK/*Rogall* Rn. 40 zu § 162 Abs. 1 S. 3.

[222] Die Eilentscheidungsbefugnis des Richters nach § 165 ist praktisch bedeutungslos.

[223] *Koch* NJW 1968, 1316 (1317).

[224] LG Waldshut 8.2.1972 – 2 Qs 24/72, NJW 1972, 1148; AG Bremerhaven 29.9.1971 – 4 Qs 257/71, MDR 1972, 259.

[225] Graf/*Ritzert* Rn. 13; KMR/*Neubeck* Rn. 18; LR/*Krause* Rn. 32.

[226] HK/*Lemke* Rn. 9; KK/*Senge* Rn. 4.

[227] Graf/*Ritzert* Rn. 8; KMR/*Neubeck* Rn. 11; LR/*Krause* Rn. 18; *Meyer-Goßner* Rn. 10, *Eisenberg* Beweisrecht Rn. 1952.

[228] Graf/*Ritzert* Rn. 13; LR/*Krause* Rn. 32; SK/*Rogall* Rn. 41; *Eisenberg* Beweisrecht Rn. 1959.

[229] *Breitmeier ua* Kriminalistik 2003, 611.

[230] *Eisenberg* Beweisrecht Rn. 1951.

[231] LR/*Krause* Rn. 17.

[232] BVerfG 18.1.1994 – 2 BvR 1912/93, NJW 1994, 783 (784 f.), bloße Erklärung als „Polizeifall".

[233] HK/*Lemke* Rn. 17; KK/*Senge* Rn. 8; LR/*Krause* Rn. 33; nach *Struckmann* NJW 1964, 2244; SK/*Rogall* Rn. 44 der in § 2 Abs. 2 S. 2 FBestG 15.5.1934 (RGBl. I 380) genannte Personenkreis.

[234] LR/*Krause* Rn. 33.

[235] *Meyer-Goßner* Rn. 18; SK/*Rogall* Rn. 44.

suchungszwecks zu besorgen ist, entscheidet der Richter nach pflichtgemäßem Ermessen.[236] Das kann vor allem dann angenommen werden, wenn der Angehörige selbst der Tat verdächtig ist oder die Befürchtung besteht, er werde tatverdächtige Personen unterrichten.[237] Sind die entsprechenden Umstände für den Richter nicht abschließend zu beurteilen, kann er die Anordnung mit dem Vorbehalt einer Anhörung iSd Abs. 4 S. 2 versehen und die weitere Ausführung der Staatsanwaltschaft überlassen.[238]

39 Darüber hinaus nimmt die hM, größtenteils gestützt auf § 33 Abs. 3, an, es bestünde eine, zwar an keine bestimmte Form gebundene, aber **generelle Anhörungspflicht** gegenüber den Totensorgeberechtigten (auch) vor Anordnung der Leichenöffnung, von der nur bei Gefährdung des Untersuchungszwecks abgesehen werden dürfe (§ 33 Abs. 4 S. 1),[239] wobei die Erklärung des Angehörigen aktenkundig zu machen sei.[240] Diese Ansicht vermag nicht zu überzeugen. Für die Exhumierung wäre die Vorschrift des § 87 Abs. 4 S. 2 überflüssig, würde man die vorherige Anhörung nach § 33 Abs. 3 für notwendig halten. Denn unter dieser Voraussetzung wäre ihnen als Betroffenen die Entscheidung schon nach § 35 Abs. 1 oder Abs. 2 S. 2 bekannt zu machen. Die Sonderregelung des § 87 Abs. 4 S. 2 führt daher zu dem Umkehrschluss, dass in anderen Fällen des § 87 eine Anhörung gerade nicht durchgeführt werden muss, was sich auch mit § 33 Abs. 4 S. 2 deckt.[241] Bei Beschlagnahme des Leichnams, gilt dies indes nicht, da die Vorschrift keine Spezialregelung für §§ 94, 98 darstellt. Auch ansonsten sollten die Angehörigen aber bei vertretbarem Aufwand aus Gründen der Rücksichtnahme in angemessener Form über die Vorgehensweise bei der Maßnahme und deren Umfang informiert werden.[242]

40 **5. Beweisgrundsätze. a) Personalbeweis.** Die Vorgänge und Ergebnisse von Maßnahmen nach § 87 können durch Vernehmung der daran teilnehmenden Personen in die Hauptverhandlung eingeführt werden. Staatsanwalt, Richter und Kriminalbeamte müssen dazu, sofern es für die Entscheidung darauf ankommt, über ihre Wahrnehmungen bei Leichenschau[243] und Leichenöffnung[244] als **Zeugen** vernommen werden.

41 Werden Ärzte nach § 87 Abs. 1 S. 1 zur Leichenschau zugezogen, treffen sie ihre diesbezüglichen Feststellungen, die auch in bloßen Wahrnehmungen bestehen können, als **Sachverständige** (→ Rn. 4). Sie sind in der Hauptverhandlung demnach als solche zu hören. Ebenfalls in vollem Umfang dem Sachverständigenbeweis unterfallen die Obduzenten iSd Abs. 2 S. 1 und 2, und zwar auch hinsichtlich der Erhebung und Mitteilung des Befundes.[245] Sind unter Berücksichtigung der Aufklärungspflicht zuverlässige Feststellungen durch die Vernehmung nur eines der Ärzte zu treffen,[246] so ist dies ausreichend. Der allgemeine Grundsatz des § 73 Abs. 1 S. 1 wird durch § 87 nicht eingeschränkt.[247] Auch Chemiker

---

236 HK/*Lemke* Rn. 17; KK/*Senge* Rn. 8; *Geerds* ArchKrim 199 (1997), 75 (82 Fn. 113).

237 KMR/*Neubeck* Rn. 19; *Meyer-Goßner* Rn. 18; LR/*Krause* Rn. 33; SK/*Rogall* Rn. 44; *Eisenberg* Beweisrecht Rn. 1959.

238 *Meyer/Goßner* Rn. 18; SK/*Rogall* Rn. 44.

239 BVerfG 18.1.1994 – 2 BvR 1912/93, NJW 1994, 783 (784); *Struckmann* NJW 1964, 2244, jeweils auch unter Heranziehung von Art. 103 Abs. 1 GG; LG Mainz 25.9.2001 – 5 Qs 73/01, NStZ-RR 2002, 43 (44); HK/*Lemke* Rn. 10; KK/*Senge* Rn. 4; *Meyer-Goßner* Rn. 9; LR/*Krause* Rn. 17; SK/*Rogall* Rn. 43.

240 *Koch* NJW 1965, 528.

241 *Czerner* ArchKrim 226 (2010), 1 (15–18); ähnlich *Haehling von Lanzenauer* Kriminalistik 1993, 379 (380).

242 Vgl. OLG Karlsruhe 26.7.2001 – 9 U 11/01, NJW 2001, 2808 (2809); *Brinkmann/Püschel* MedR 1991, 233 (237).

243 *Geerds* MedR 1984, 172 (174 Fn. 23); Alsberg/*Dallmeyer* Beweisantrag Rn. 396 für Staatsanwalt und Polizeibeamte; sowie LR/*Krause* Rn. 8; SK/*Rogall* Rn. 5; *Janeztke* DRiZ 1957, 232, jeweils für Staatsanwalt und Richter.

244 KMR/*Neubeck* Rn. 21; *Dähn* JZ 1978, 640 (641) jeweils für Staatsanwalt und Richter.

245 BGH 12.1.1956 – 3 StR 420/55, JurionRS 1956, 12263; BGH 2.4.2008 – 2 StR 621/07, BeckRS 2008, 07343 (→ Rn. 8); vgl. auch BGH 18.7.2001 – 3 StR 211/01, BeckRS 2013, 30194101; aA KMR/*Neubeck* Rn. 20 f., hinsichtlich Wahrnehmungen bei Obduktion als (sachverständige) Zeugen; → § 85 Rn. 10.

246 BGH 12.1.1956 – 3 StR 420/55, JurionRS 1956, 12263; nach LR/*Krause* Rn. 29; SK/*Rogall* Rn. 34 jedenfalls bei übereinstimmenden Erkenntnissen.

247 RG 29.3.1928 – 2 D 240/28, bei *Drucker/Alsberg* JW 1929, 113 f. m. zustimmender Anm. *Oetker*.

(vgl. Nr. 34 S. 2 RiStBV), elektrotechnische (Nr. 36 Abs. 2 S. 2 RiStBV) oder sonstige Sachverständige sind als solche in der Hauptverhandlung zu vernehmen. Dies gilt nicht nur hinsichtlich ihrer außerhalb der Leichenöffnung getroffenen Feststellungen anhand von dabei erhobenen Proben und Leichenteilen oder ärztlichen Befunden, sondern bereits für ihre eigenen Feststellungen bei dieser Untersuchungshandlung selbst (→ Rn. 17).

Als **sachverständiger Zeuge** ist hingegen derjenige Arzt anzusehen, der die Leichenschau nach Bestattungsrecht vornahm.[248] Werden die Erkenntnisse des nach Abs. 2 S. 4 zur Leichenöffnung hinzugezogenen behandelnden Arztes in die Hauptverhandlung eingeführt, so geschieht dies gleichfalls in dieser Funktion. Da sich das in § 87 Abs. 2 S. 3 ausgesprochene Verbot der Beiziehung bei engem Wortlautverständnis nur auf die Leichenöffnung selbst bezieht, kann er nach der hM in der Hauptverhandlung auch über die dortigen Vorgänge als Sachverständiger vernommen werden (→ Rn. 26). Das erscheint aber zumindest bedenklich und mit dem Gesetzeszweck nur schwer vereinbar.[249] Eine vollkommen unbefangene Bewertung, die allerdings mit den Vorschriften des § 87 Abs. 2 S. 1–4 gewährleistet werden soll, kann von ihm nicht ohne Weiteres erwartet werden. Selbst wenn man der hM folgen will, ist daher eine genaue Prüfung unerlässlich und er sollte bei selbst geringen verbleibenden Zweifeln an seiner Neutralität nicht mit der Erstattung eines Gutachtens beauftragt werden. 42

Die Frage, inwieweit den teilnehmenden Ärzten, vor allem in der Hauptverhandlung, ein **Zeugnisverweigerungsrecht** zusteht, ist im Hinblick auf ihre verfahrensrechtliche Funktion zu beantworten, in der sie tätig wurden. Diejenigen, die nach § 87 Abs. 1 zur Leichenschau oder nach Abs. 2 S. 1 und 2 zur Vornahme der Leichenöffnung zugezogen wurden, haben als Sachverständige nach den §§ 76 Abs. 1, 53 Abs. 1 S. 1 Nr. 3 kein Zeugnisverweigerungsrecht hinsichtlich ihrer dabei gemachten Feststellungen und Befunde.[250] Da er kraft gesetzlichen und behördlichen Auftrags handelt, greift § 53 Abs. 1 S. 1 Nr. 3 mangels schutzwürdigen Vertrauensverhältnisses zudem nicht für den Arzt, der die Leichenschau nach landesrechtlichem Leichenschauwesen durchgeführt hat,[251] oder den Pathologen nach einer Verwaltungssektion,[252] sofern dessen Vernehmung erforderlich ist. Gleich einzustufen ist dementsprechend der behandelnde Arzt, der nach § 87 Abs. 2 S. 4 zur Teilnahme an der Obduktion verpflichtet wird, in Bezug auf seine diesbezüglichen Wahrnehmungen und deren Bewertung. Etwas Anderes gilt für seine Erkenntnisse aus der noch zu Lebzeiten erfolgten Behandlung des Verstorbenen. Insoweit ist er zur Auskunft nicht verpflichtet.[253] Das Entbindungsrecht geht auch nicht auf die Erben über.[254] Für die Ermittlungsbehörden kann jedoch ein Bedürfnis an Aufklärung dieser Umstände bestehen, um die Frage nach einer Fremdeinwirkung als Todesursache zu erhellen. Dann wird häufig von einer mutmaßlichen Einwilligung des Verstorbenen auszugehen sein, die dem Arzt deren Offenbarung erlaubt.[255] Ggf. kann ihm ein Auskunftsverweigerungsrecht nach § 55 zustehen,[256] insbesondere bei Verdacht eines Behandlungsfehlers.[257] 43

---

[248] LG Berlin 28.9.1998 – 534 Qs 103/98, NStZ 1999, 86.

[249] SK/*Rogall* Rn. 23 f. hält dies deswegen für unzulässig.

[250] *Roebel/Wenk/Parzeller* Rechtsmedizin 19 (2009), 37 (47); → § 76 Rn. 7.

[251] LG Berlin 28.9.1998 – 534 Qs 103/98, NStZ 1999, 86; *Spann/Maidl* MedR 1985, 59; aA LR/*Krause* Rn. 13 für den behandelnden Arzt; *Dettmeyer/Madea* NStZ 1999, 605 (607) nur hinsichtlich der in der Todesbescheinigung anzugebenden Todesart kein Zeugnisverweigerungsrecht; unentschieden dagegen *Roebel/Wenk/Parzeller* Rechtsmedizin 19 (2009), 37 (46 f.).

[252] *Schneider* Kriminalistik 1981, 282 (285).

[253] KMR/*Neubeck* Rn. 15; LR/*Krause* Rn. 13 und 26, die dies allerdings auch auf die bei der Leichenöffnung bekannt gewordenen Umstände erstrecken.

[254] BGH 22.3.2012 – 1 StR 359/11, BeckRS 2012, 09450 (→ Rn. 28); RG 17.11.1936 – 1 D 793/36, RGSt 71, 21 (22); OLG Naumburg 9.12.2004 – 4 W 43/04, NJW 2005, 2017 (2018).

[255] OLG Naumburg 9.12.2004 – 4 W 43/04, NJW 2005, 2017 (2018 f.); *Dettmeyer/Madea* NStZ 1999, 605 (607).

[256] *Eb. Schmidt* Lehrkommentar zur StPO Teil II Rn. 11; KMR/*Neubeck* Rn. 15; LR/*Krause* Rn. 26.

[257] SK/*Rogall* Rn. 24; vgl. auch *Madea/Dettmeyer* DtschÄrztebl 2003, A3161 (3166) zum entsprechend anwendbaren Auskunftsverweigerungsrecht des behandelnden Arztes gegenüber dem Leichenschauarzt nach Landesrecht.

44 **b) Urkundenbeweis.** Das **richterliche Protokoll** der Leichenschau[258] und der Leichenöffnung[259] kann – im Gegensatz zu den von der Staatsanwaltschaft gefertigten Aktenvermerken[260] – nach § 249 Abs. 1 S. 2 in der Hauptverhandlung verlesen werden, soweit es das Ergebnis des richterlichen Augenscheins wiedergibt. Etwas anderes gilt für den Fall, dass die Beurkundung der Leichenschau Vernehmungen anwesender Personen als Zeugen oder des mitwirkenden Arztes als Sachverständigen enthält.[261] Das Protokoll der Leichenöffnung ist dann grundsätzlich zugleich ein Vernehmungsprotokoll hinsichtlich der sachverständigen Bekundungen der ausführenden Ärzte. Diesbezüglich könnte eine Verlesung nur unter den Voraussetzungen der §§ 251, 253 erfolgen.[262]

45 Das von den Ärzten gefertigte **Sektionsprotokoll** ist nach § 256 Abs. 1 verlesbar, wenn die Obduktion – was unter den Gesichtspunkten der zuverlässigen Sachaufklärung und der späteren Einführung in die Hauptverhandlung durchaus empfehlenswert ist (→ Rn. 25) – von zwei Ärzten vorgenommen wird, die beide die Voraussetzungen dieser Vorschrift erfüllen, und sofern beide unterzeichnet haben.[263] Für den Fall, dass nur bei einem Arzt die entsprechende rechtliche Qualifikation vorliegt, beide Obduzenten aber zum übereinstimmenden Ergebnis gelangen, wird dies gleichfalls angenommen.[264] Hierfür spricht der Normzweck des § 256 Abs. 1. Die besondere Autorität, die sich aus der Herkunft der Stellungnahme ableitet,[265] würde gerade nicht durch die Mitwirkung einer weiteren Person in Frage gestellt, sondern durch deren abweichende Einschätzung.

III. Beschwerde

46 Gegen die Anordnung der Leichenöffnung und die Beschlagnahme der Leiche steht den totensorgeberechtigten Angehörigen das Rechtsmittel der Beschwerde nach **§ 304** zu.[266] Die ablehnende Entscheidung kann von der Staatsanwaltschaft angefochten werden.[267]

IV. Revision

47 Nach überwiegender Ansicht stellen Verstöße gegen die verschiedenen Regelungen des § 87 grundsätzlich **keine revisiblen Verfahrensfehler** dar. Dies gilt selbst dann, wenn die Leichenöffnung entgegen Abs. 2 S. 1 von nur einem Arzt vorgenommen wird,[268] die Auswahlvorgaben des Abs. 2 S. 2 missachtet wurden,[269] oder ein nach Abs. 2 S. 3 ausgeschlossener Arzt mitwirkte.[270] Dies hat seinen Grund darin, dass die Vorschrift selbst kein Verwertungsverbot enthält, und die entsprechenden Fehler bei der Beweisgewinnung nach gefestigter Rechtsprechung nur über die Abwägung zwischen den schutzwürdigen Belangen des Betroffenen und dem Interesse der Allgemeinheit an einer funktionsfähigen Strafrechtspflege und effektiven Strafverfolgung auf die Beweisverwertung durchschlagen

[258] RG 8.5.1880 – Rep. 1099/80, RGSt 2, 153 (159).

[259] RG 8.5.1880 – Rep. 1099/80, RGSt 2, 153 (159); LR/*Krause* Rn. 29; *Meyer-Goßner* Rn. 16; *Dähn* JZ 1978, 640 (641); *H.-A. Schmidt* DRiZ 1967, 76 (77).

[260] *Dähn* JZ 1978, 640 (641).

[261] RG 9.7.1919 – V 238/19, RGSt 53, 348 f.

[262] BGH 21.9.2000 – 1 StR 634/99, *Becker* NStZ-RR 2001, 257 (262); KK/*Senge* Rn. 7; vgl. auch schon RG 8.5.1880 – Rep. 1099/80, RGSt 2, 153 (159); RG 9.7.1919 – V 238/19, RGSt 53, 348 (349).

[263] HK/*Lemke* Rn. 16; KMR/*Neubeck* Rn. 20; LR/*Krause* Rn. 29; BGH 21.9.2000 – 1 StR 634/99, *Becker* NStZ-RR 2001, 257 (262); *Parzeller/Dettmeyer/Bratzke* ArchKrim 223 (2009), 1 (6) jeweils für Angehörige eines Rechtsmedizinischen Instituts.

[264] HK/*Lemke* Rn. 16; KK/*Senge* Rn. 7.

[265] *Meyer-Goßner* § 256 Rn. 1.

[266] BVerfG 18.1.1994 – 2 BvR 1912/93, NJW 1994, 783 (784); LG Mainz 25.9.2001 – 5 Qs 73/01, NStZ-RR 2002, 43; *Eisenberg* Beweisrecht Rn. 1951.

[267] LG Waldshut 8.2.1972 – 2 Qs 24/72, NJW 1972, 1148; *Maiwald* NJW 1978, 561.

[268] HK/*Lemke* Rn. 18; KMR/*Neubeck* Rn. 22; LR/*Krause* Rn. 34.

[269] AA *Parzeller/Dettmeyer/Bratzke* ArchKrim 223 (2009), 1 (10) für bewusste Missachtung.

[270] HK/*Lemke* Rn. 18; KK/*Senge* Rn. 9; KMR/*Neubeck* Rn. 22; LR/*Krause* Rn. 34; Radtke/Hohmann/*Beukelmann* Rn. 9; aA Graf/*Ritzert* Rn. 15; *Meyer-Goßner* Rn. 19; *Eisenberg* Beweisrecht Rn. 1962.

können.[271] Ein Beweisverwertungsverbot kommt unter diesem Gesichtspunkt in erster Linie bei bewussten oder willkürlichen Verfahrensverstößen in Betracht, bei denen die gesetzlichen Vorgaben durch die Ermittlungsbehörden planmäßig oder systematisch außer Acht gelassen worden sind.[272] Ein Verstoß gegen den Richtervorbehalt des § 87 Abs. 4 S. 1 wird, in Anlehnung an die Bewertung vergleichbarer Verstöße bei Blutprobenentnahme und Durchsuchung, bei gezielter oder mutwilliger Kompetenzüberschreitung in gleicher Weise zu behandeln sein. Auf die unterbliebene Benachrichtigung gem. § 87 Abs. 4 S. 2 kann die Revision dagegen nicht gestützt werden, da es sich um eine bloße Ordnungsvorschrift handelt, die den Rechtskreis des Angeklagten nicht berührt.[273] Bei Verfahrensrügen, die in sachlichem Zusammenhang mit der Leichenöffnung stehen, ist es zur Erfüllung der Anforderungen des § 344 Abs. 2 S. 2 erforderlich, den Sektionsbericht mitzuteilen.[274]

Da die Vorschriften über die bei der Obduktion einzuhaltende Vorgehensweise in § 87 **48**
Abs. 2 S. 2 bis 4 deren fachlich fundierte und unvoreingenommene Durchführung im Interesse der ordnungsgemäßen Sachaufklärung sichern sollen, sind Abweichungen hiervon nach zutreffender Ansicht bei der Beweiswürdigung zu berücksichtigen.[275] Finden sich im Urteil hierzu keine Ausführungen, kann dies mit der **Sachrüge** beanstandet werden.[276]

§ 88 [Identifizierung]

(1) [1]Vor der Leichenöffnung soll die Identität des Verstorbenen festgestellt werden. [2]Zu diesem Zweck können insbesondere Personen, die den Verstorbenen gekannt haben, befragt und Maßnahmen erkennungsdienstlicher Art durchgeführt werden. [3]Zur Feststellung der Identität und des Geschlechts sind die Entnahme von Körperzellen und deren molekulargenetische Untersuchung zulässig; für die molekulargenetische Untersuchung gilt § 81f Abs. 2 entsprechend.

(2) Ist ein Beschuldigter vorhanden, so soll ihm die Leiche zur Anerkennung vorgezeigt werden.

Schrifttum: *Beyser/Pitz/Horn/Hölzl/Rauch,* Isotopenanalytik, Kriminalistik 2003, 443; *Bohnert,* Ordnungsvorschriften im Strafverfahren, NStZ 1982, 5; *Brodersen/Anslinger/Rolf,* DNA-Analyse und Strafverfahren; *König,* Strafprozessuale Änderungen des Gesetzes zur Änderung der Vorschriften über die Straftaten gegen die sexuelle Selbstbestimmung und zur Änderung anderer Vorschriften, Kriminalistik 2004, 262; *Rinio,* Identifizierung unbekannter Toter mittels DNA-Analyse, Kriminalistik 2004, 187.

Erläuterung

Mit der Identifizierung eines Verstorbenen schreibt **Abs. 1 S. 1** eine Selbstverständlichkeit **1**
vor,[1] die schon die Aufklärungspflicht gebietet. Maßgeblicher Gehalt der Norm ist daher, dass die Feststellung der Identität möglichst vor der Leichenöffnung durchgeführt werden soll, mithin bevor Veränderungen an dem Leichnam eintreten können, die dessen Erkennung erschweren.[2] Wie die Formulierung als Sollvorschrift belegt, wird dadurch naturgemäß nicht

---

[271] BGH 18.1.2011 – 1 StR 663/10, BGHSt 56, 138 (145 Rn. 25); grundlegend BGH 27.2.1992 – 5 StR 190/91, BGHSt 38, 214 (219 f.); s. auch → Einl. Rn. 460.
[272] SK/*Rogall* Rn. 46; *Parzeller/Dettmeyer/Bratzke* ArchKrim 223 (2009), 1 (10); allgemein BGH 13.1.2011 – 3 StR 332/10, BGHSt 56, 128 (135 Rn. 20).
[273] HK/*Lemke* Rn. 17; KK/*Senge* Rn. 8; LR/*Krause* Rn. 34.
[274] BGH 4.9.2007 – 4 StR 265/07, BeckRS 2007, 14991.
[275] KMR/*Neubeck* Rn. 22; LR/*Krause* Rn. 25; Radtke/Hohmann/*Beukelmann* Rn. 9.
[276] KK/*Senge* Rn. 9.
[1] *Eb. Schmidt* Lehrkommentar zur StPO Teil II Rn. 1.
[2] LR/*Krause* Rn. 1; SK/*Rogall* Rn. 3.

ausgeschlossen, die Leichenöffnung gerade zum Zwecke der Identifizierung eines unbekannten Toten vorzunehmen (Nr. 33 RiStBV). Andererseits ist es vor dem Hintergrund der Aufklärungspflicht regelmäßig erforderlich, soweit möglich, die Identität schon vor der Leichenschau zu klären[3] oder auch dann, wenn keine Leichenöffnung erfolgen soll.[4]

2 Nach **Abs. 1 S. 2** kommen neben der Befragung von Personen, womit die förmliche Zeugenvernehmung gemeint ist,[5] erkennungsdienstliche Maßnahmen iSd § 81b in Betracht.[6] Die Aufzählung ist indes, wie sich aus dem Wort „insbesondere" ergibt, nicht abschließend. Als weitere Maßnahmen können daher die Fertigung von Röntgenaufnahmen oder Gebissabdrücken herangezogen werden, um sie mit solchen zu vergleichen, die bereits zu Lebzeiten gefertigt wurden.[7] Bei längerer Liegezeit oder Verstümmelung der Leiche können Techniken der Gesichtsrekonstruktion zur Anwendung kommen.[8] Zur Herkunftsbestimmung unbekannter Toter kann auf anthropologische Untersuchungen oder Isotopenanalytik zurück gegriffen werden. Bei Letzterer handelt es sich um eine Methode, mit der Lebensräume und Migrationsbewegungen früher lebender Menschen bestimmt werden.[9]

3 Durch **Abs. 1 S. 3** wird klargestellt, dass auch eine DNA-Analyse zur Identifizierung des Toten zulässig ist.[10] Wegen des Verweises lediglich auf Abs. 2 des § 81f unterliegt diese Maßnahme keinem Richtervorbehalt. Sie kann daher unter Beachtung der dort vorgeschriebenen Förmlichkeiten[11] von der Staatsanwaltschaft oder den Ermittlungspersonen angeordnet werden,[12] und zwar auch dann, wenn (noch) kein Anfangsverdacht für eine Straftat vorliegt, bspw. zur Identifizierung des Toten oder bei einem Unglücksfall.[13] Über die Entnahme und Auswertung von Proben am Verstorbenen hinaus erlaubt die Vorschrift aber auch die DNA-analytische Auswertung von Vergleichsproben, die von Gegenständen aus dessen persönlichem Lebensbereich stammen, wie zB Zahnbürsten oder anderen Gebrauchsgegenständen.[14]

4 Soll dem Beschuldigten die Leiche nach **Abs. 2** zur „Anerkennung vorgezeigt" werden, so ergibt der Regelungszusammenhang mit Abs. 1, dass dies nur zu deren Identifizierung erfolgen darf.[15] Eine entsprechende Vorgehensweise ist demnach entbehrlich, wenn die Identität bereits auf andere Weise festgestellt wurde.[16] Von einer Vorzeigung kann wegen der Ausgestaltung als Ermessensvorschrift aber auch dann abgesehen werden, wenn sie mit Schwierigkeiten verbunden oder das Entweichen des Beschuldigten zu befürchten ist.[17] Da die Maßnahme nach Abs. 2 einen Teil der Beschuldigtenvernehmung darstellt, erstreckt sich hierauf die Hinweispflicht und das Schweigerecht des § 136 Abs. 1. Zu einer Mitwirkung ist der Beschuldigte nicht verpflichtet.[18] Ein Mitwirkungs- und Teilnahmerecht eröffnet die Vorschrift andererseits nicht. Wird die Leiche dem Beschuldigten nicht vorgezeigt, so liegt darin keine Verletzung rechtlichen Gehörs.[19]

---

[3] SK/*Rogall* Rn. 3.

[4] *Meyer-Goßner* Rn. 1; KMR/*Neubeck* Rn. 1.

[5] *Eb. Schmidt* Lehrkommentar zur StPO Teil II Rn. 1; SK/*Rogall* Rn. 5.

[6] KMR/*Neubeck* Rn. 1.

[7] *Meyer-Goßner* Rn. 1; *König* Kriminalistik 2004, 262 (264).

[8] LR/*Krause* Rn. 1; *Eisenberg* Beweisrecht Rn. 1950.

[9] *Beyser/Pitz/Horn/Hölzl/Rauch* Kriminalistik 2003, 443 ff.

[10] KMR/*Neubeck* Rn. 1; *König* Kriminalistik 2004, 262 (264).

[11] → § 81f Rn. 13–18.

[12] LR/*Krause* Rn. 2.

[13] *Brodersen/Anslinger/Rolf* DNA-Analyse und Strafverfahren Rn. 198 u. 200; *Rinio* Kriminalistik 2004, 187 (189).

[14] KK/*Senge* Rn. 1; *Brodersen/Anslinger/Rolf* DNA-Analyse und Strafverfahren Rn. 200; *Rinio* Kriminalistik 2004, 187 (189).

[15] BGH 7.10.1960 – 4 StR 342/60, BGHSt 15, 187 (189); SK/*Rogall* Rn. 7.

[16] BGH 2.10.1979 – 1 StR 440/79, *Pfeiffer* NStZ 1981, 93 (94); vgl. auch BGH 10.9.1953 – 3 StR 336/53, JurionRS 1953, 11276.

[17] LR/*Krause* Rn. 3; *Eisenberg* Beweisrecht Rn. 1960.

[18] KMR/*Neubeck* Rn. 2; SK/*Rogall* Rn. 8.

[19] BGH 2.10.1979 – 1 StR 440/79, juris (→ Rn. 23) insoweit nicht abgedruckt in NJW 1980, 649 und bei *Pfeiffer* NStZ 1981, 93 (94).

Verstöße gegen § 88 sind als solche **nicht revisibel.** Dies ergibt sich schon aus der Formulierung als Sollvorschrift.[20] Mit der Revision kann lediglich die Verletzung der Aufklärungspflicht gerügt werden,[21] zu deren Umsetzung § 88 beispielhaft verschiedene Maßnahmen nennt.[22] Demnach begründet ein Verstoß gegen § 88 Abs. 2 jedenfalls dann die Revision nicht, wenn ansonsten keine Zweifel über die Persönlichkeit des Verstorbenen bestehen.[23] Ausnahmsweise kann ein Verstoß gegen § 136a Abs. 1 angenommen werden, wenn die Vorzeigung nicht der Identifizierung des Leichnams dient, sondern der Erzwingung von Angaben des Beschuldigten.[24] 5

§ 89 [Umfang der Leichenöffnung]

Die Leichenöffnung muß sich, soweit der Zustand der Leiche dies gestattet, stets auf die Öffnung der Kopf-, Brust- und Bauchhöhle erstrecken.

Erläuterung

Die **Öffnung der drei Höhlen** muss, wie das Wort „stets" belegt, bei jeder Leichenöffnung vollständig durchgeführt werden. Der Umfang der Untersuchung hängt damit nicht von deren Zweck ab, sondern lediglich vom Zustand der Leiche.[1] Die weitere Öffnung des Leichnams ist damit auch dann zwingend, falls die obduzierenden Ärzte bereits nach Öffnung der einen Höhle davon ausgehen, die Todesursache feststellen zu können.[2] Dies entspricht im Übrigen der lex artis[3] und dient dem Ausschluss anderer Faktoren, die für das Versterben mit ursächlich gewesen sein können, so genannte „ Negativ-Befunde", wie bestimmte Erkrankungen oder Verletzungen.[4] Im Einzelfall kann es zudem erforderlich sein, Leichenteile zu entnehmen.[5] Der Staatsanwalt oder der Richter haben nach §§ 78, 161a Abs. 1 S. 2 für die Einhaltung der Vorschrift Sorge zu tragen.[6] Bei der Beurteilung, ob der Zustand der Leiche die vollständige Durchführung der Maßnahme zulässt, können sie auf die Einschätzung der sachverständigen Ärzte zurückgreifen.[7] 1

Die **Revision** kann auf die Verletzung des § 89 selbst nicht gestützt werden.[8] Revisibel wäre alleine eine hieraus folgende Verletzung der Aufklärungspflicht. 2

§ 90 [Neugeborenes Kind]

Bei Öffnung der Leiche eines neugeborenen Kindes ist die Untersuchung insbesondere auch darauf zu richten, ob es nach oder während der Geburt gelebt hat und ob es reif oder wenigstens fähig gewesen ist, das Leben außerhalb des Mutterleibes fortzusetzen.

---

[20] BGH 2.10.1979 – 1 StR 440/79, juris (→ Rn. 23); *Bohnert* NStZ 1982, 5 (Fn. 6) sieht Abs. 2 als Ordnungsvorschrift.
[21] SK/*Rogall* Rn. 10.
[22] *König* Kriminalistik 2004, 262 (264).
[23] BGH 10.9.1953 – 3 StR 336/53, JurionRS 1953, 11276.
[24] BGH 7.10.1960 – 4 StR 342/60, BGHSt 15, 187 (189–191).
[1] *Eb. Schmidt* Lehrkommentar zur StPO Teil II Rn. 1; LR/*Krause* Rn. 1.
[2] KK/*Senge* Rn. 1; KMR/*Neubeck* Rn. 1; *Meyer-Goßner* Rn. 1.
[3] AK/*Maiwald* Rn. 1.
[4] SK/*Rogall* Rn. 1.
[5] Hierzu → § 87 Rn. 23.
[6] KK/*Senge* Rn. 1; KMR/*Neubeck* Rn. 1; LR/*Krause* Rn. 1; SK/*Rogall* Rn. 3.
[7] LR/*Krause* Rn. 1.
[8] KK/*Senge* Rn. 2; KMR/*Neubeck* Rn. 2; LR/*Krause* Rn. 3; *Meyer-Goßner* Rn. 2; SK/*Rogall* Rn. 4; *Eisenberg* Beweisrecht Rn. 1962.

Erläuterung

1 § 90 schreibt als Ergänzung der § 87 Abs. 2, 89 das **Aufklärungsziel** ausdrücklich vor.[1] Schon aus dem Wortlaut der Vorschrift ergibt sich deren instruktioneller Charakter („insbesondere auch"), wodurch klargestellt wird, dass die allgemeinen Sorgfaltsanforderungen an die Durchführung der Obduktion unberührt bleiben.[2] Wegen der besonderen materiellrechtlichen Differenzierungen beim Beginn menschlichen Lebens wird spezifisch zum Ausdruck gebracht, dass besonderes Augenmerk auf die genaue Feststellung des Todeszeitpunktes zu legen ist.[3] Sofern das Kind bei Beginn des Geburtsvorganges am Leben war ist eine dann erfolgende Tathandlung in erster Linie unter dem Gesichtspunkt der Tötungs- oder Körperverletzungsdelikte zu prüfen.[4] Reife und Lebensfähigkeit sind in diesem Zusammenhang nicht von Bedeutung.[5] Fand eine Angriffshandlung indes vor der Geburt statt und war das Kind nicht reif oder lebensfähig, so steht eine Strafbarkeit nach den §§ 218 ff. StGB im Raum, selbst wenn das Kind zunächst lebend zur Welt kam.[6] Das durch die Norm vorgegebene Erkenntnisziel ist jedoch nicht nur für gezielte Tötungshandlungen ausschlaggebend, sondern auch bei dem Verdacht von Kunstfehlern bei geburtshilflicher Tätigkeit[7] oder sonstigen Versäumnissen. Bei Vorliegen von Reife und Lebensfähigkeit können sowohl Unterlassungsstrafbarkeiten wegen Tötungs- oder Körperverletzungsdelikten, als auch wegen unterlassener Hilfeleistung in Betracht zu ziehen sein.[8]

2 Der Verstoß gegen § 90 als solcher ist **nicht revisibel.**[9] Bei entsprechenden Aufklärungsdefiziten wird aber ein Verstoß gegen die Aufklärungspflicht in Betracht kommen.

§ 91 [Verdacht einer Vergiftung]

(1) Liegt der Verdacht einer Vergiftung vor, so ist die Untersuchung der in der Leiche oder sonst gefundenen verdächtigen Stoffe durch einen Chemiker oder durch eine für solche Untersuchungen bestehende Fachbehörde vorzunehmen.

(2) Es kann angeordnet werden, daß diese Untersuchung unter Mitwirkung oder Leitung eines Arztes stattzufinden hat.

I. Anwendungsbereich

1 Die chemische Untersuchung verdächtiger Stoffe bei **Verdacht einer Vergiftung** wird teilweise als Ergänzung der Leichenöffnung verstanden.[1] Dies erfasst ihren Anwendungsbereich jedoch nur unvollständig. Schon nach dem Wortlaut bezieht sie sich nicht nur auf solche verdächtigen Stoffe, die in der Leiche, also bei der Obduktion, entdeckt werden, sondern auch auf solche, die auf andere Weise („sonst") aufgefunden werden. Entsprechend erstreckt sich die Norm nicht nur auf Tötungsdelikte, sondern zugleich auf alle anderen strafbaren Handlungen, die unter Verwendung einer toxischen Substanz begangen werden, wie beispielsweise §§ 224 Abs. 1 Nr. 1, 229, 324, 326 StGB.[2] Weitergehend wird sie über den Wortlaut hinaus selbst ohne Verdacht einer Vergiftung bei Ermittlungen für einschlägig

---

[1] Graf/*Ritzert* Rn. 1; SK/*Rogall* Rn. 1.
[2] SK/*Rogall* Rn. 1.
[3] LR/*Krause* Rn. 1.
[4] BGH 22.4.1983 – 3 StR 25/83, BGHSt 31, 348 (352); BGH 7.12.1983 – 1 StR 665/83, BGHSt 32, 194 (195).
[5] *Eb. Schmidt* Lehrkommentar zur StPO Teil II Rn. 2.
[6] BGH 22.4.1983 – 3 StR 25/83, BGHSt 31, 348 (352).
[7] *Eb. Schmidt* Lehrkommentar zur StPO Teil II Rn. 1; KK/*Senge* Rn. 1; KMR/*Neubeck* Rn. 1; LR/*Krause* Rn. 1; *Meyer-Goßner* Rn. 1.
[8] SK/*Rogall* Rn. 1.
[9] SK/*Rogall* Rn. 3.
[1] Graf/*Ritzert* Rn. 1; *Meyer-Goßner* Rn. 1; *Eisenberg* Beweisrecht Rn. 1963.
[2] *Eb. Schmidt* Lehrkommentar zur StPO Teil II Rn. 2; KMR/*Neubeck* Rn. 1; KK/*Senge* Rn. 1; *Meyer-Goßner* Rn. 1; siehe auch die weiteren Beispiele bei SK/*Rogall* Rn. 2.

gehalten, bei denen zu klären ist, ob ein bestimmter Stoff als Gift anzusehen ist.[3] Insoweit dürfte es indes ausreichend sein, auf die allgemeine Aufklärungspflicht zurückzugreifen.[4]

II. Erläuterung

Als **„verdächtiger Stoff"** iSd Norm ist, wie der im Text zum Ausdruck kommende 2
Zusammenhang mit dem Begriff der „Vergiftung" zeigt, jede organische oder anorganische Substanz zu werten, die eine toxische Wirkung entfaltet, sei es auf chemischem oder physikalischem Wege.[5]

Die Untersuchung ist nach Abs. 1 zwingend durch einen **Chemiker** oder eine entspre- 3
chend ausgerichtete **Fachbehörde** vorzunehmen. Hierdurch wird das Auswahlermessen der Staatsanwaltschaft und des Gerichts nach §§ 73, 161a Abs. 1 S. 2 eingeschränkt und die Beiziehung eines Sachverständigen bindend vorgeschrieben.[6] Um dem Sachverständigen die Arbeit zu ermöglichen, ist es regelmäßig notwendig, bereits bei der Leichenöffnung auf die Entnahme von Leichenteilen hinzuwirken,[7] die durch genaue Kennzeichnung gegen Verwechslungen zu sichern sind.[8] Es kann angebracht sein, aus diesem Grund den chemischen Sachverständigen bereits zur Obduktion hinzuzuziehen, damit er die für seine Untersuchung relevanten Leichenteile bezeichnet (Nr. 35 Abs. 1 S. 2 RiStBV).[9] Auch sollten Teile der Proben für eventuell notwendig werdende nochmalige Untersuchungen zurückbehalten werden.[10] Der Chemiker wird als Sachverständiger tätig.[11] Das Gutachten einer Fachbehörde kann nach § 256 Abs. 1 Nr. 1a verlesen werden.[12]

Die Mitwirkung eines **Arztes** nach Abs. 2 ist nicht obligatorisch. Ob ein entsprechender 4
Auftrag zu erteilen ist, hat das Gericht oder die Staatsanwaltschaft im Rahmen des Auswahlermessens der §§ 73, 161a Abs. 1 S. 2 unter Berücksichtigung der Aufklärungspflicht zu entscheiden.[13] Es muss sich nicht um den Obduzenten[14] oder einen Gerichtsarzt handeln.[15] Die Auswahl eines Rechtsmediziners wird sich aber regelmäßig empfehlen. Er ist als sachverständiger Zeuge nach § 85 zu qualifizieren, wenn sich seine Aufgabe – beispielsweise als behandelnder Arzt – darauf beschränkt, dem Chemiker, die Anknüpfungstatsachen für dessen Untersuchung mitzuteilen, dagegen aber als Sachverständiger, wenn er dessen Untersuchungsergebnisse medizinisch bewertet oder sein medizinisches Fachwissen in den Begutachtungsvorgang einbringt.[16]

III. Revision

Die Verletzung des § 91 ist als solche **nicht revisibel.** Entsprechende Verstöße sind mit 5
der Aufklärungsrüge geltend zu machen.[17]

§ 92 [Gutachten bei Geld- oder Wertzeichenfälschung]

(1) [1]Liegt der Verdacht einer Geld- oder Wertzeichenfälschung vor, so sind das Geld oder die Wertzeichen erforderlichenfalls der Behörde vorzulegen, von der

---

[3] LR/*Krause* Rn. 1; *Eisenberg* Beweisrecht Rn. 1963.
[4] Vgl. SK/*Rogall* Rn. 6.
[5] SK/*Rogall* Rn. 2.
[6] SK/*Rogall* Rn. 1; → § 73 Rn. 14 f.
[7] LR/*Krause* Rn. 2.
[8] *Eb. Schmidt* Lehrkommentar zur StPO Teil II Rn. 3.
[9] KMR/*Neubeck* Rn. 2; → § 87 Rn. 17, 27 und 29.
[10] KK/*Senge* Rn. 1; LR/*Krause* Rn. 2.
[11] *Eb. Schmidt* Lehrkommentar zur StPO Teil II Rn. 4; KK/*Senge* Rn. 1; LR/*Krause* Rn. 3.
[12] KK/*Senge* Rn. 1.
[13] SK/*Rogall* Rn. 1 und 5 „eher die Regel".
[14] KK/*Senge* Rn. 2; LR/*Krause* Rn. 4.
[15] KMR/*Neubeck* Rn. 3; *Meyer-Goßner* Rn. 3; *Eisenberg* Beweisrecht Rn. 1964.
[16] *Eb. Schmidt* Lehrkommentar zur StPO Teil II Rn. 6; KK/*Senge* Rn. 2; LR/*Krause* Rn. 4; SK/*Rogall* Rn. 7.
[17] SK/*Rogall* Rn. 7.

echtes Geld oder echte Wertzeichen dieser Art in Umlauf gesetzt werden. [2]Das Gutachten dieser Behörde ist über die Unechtheit oder Verfälschung sowie darüber einzuholen, in welcher Art die Fälschung mutmaßlich begangen worden ist.

(2) Handelt es sich um Geld oder Wertzeichen eines fremden Währungsgebietes, so kann an Stelle des Gutachtens der Behörde des fremden Währungsgebietes das einer deutschen erfordert werden.

Erläuterung

1 Hinsichtlich ihres sachlichen **Anwendungsbereichs** nimmt die Vorschrift auf die Überschrift des 8. Abschnitts des StGB Bezug. Sie erfasst damit vom Grundsatz her sämtliche in §§ 146–152b StGB aufgeführten Straftaten. Dies gilt allerdings, wie sich aus dem insoweit eindeutigen Normtext ergibt, nur, wenn die dem Fälschungsobjekt entsprechenden echten Geld- oder Wertzeichen von einer Behörde in Umlauf gebracht wurden. Die von der ganz hM vertretene Ansicht, die in § 92 gegebene Anweisung gelte auch hinsichtlich einer privaten Stelle, sofern diese Wertzeichen ausgegeben habe,[1] ist mit dem Wortlaut nicht zu vereinbaren. Insoweit verbleibt es bei den allgemeinen Grundsätzen des § 73 hinsichtlich der Auswahl des Sachverständigen und der Aufklärungspflicht für die Notwendigkeit der Einholung eines Gutachtens.[2] Eine Verlesbarkeit nach § 256 ist für diesen Fall nicht gegeben.[3] Zur Beachtung der Vorschrift sind neben dem Gericht, soweit sich das Verfahren im Stadium der Ermittlungen befindet, die Staatsanwaltschaft (§ 161a Abs. 1 S. 2) und die Polizei verpflichtet.[4]

2 Bei Verdacht einer der genannten Straftaten besteht nach Abs. 1 S. 1 eine **Vorlegungspflicht** an die entsprechende Geld- und Wertzeichen ausgebende Behörde,[5] damit diese ein Gutachten iSd in Abs. 1 S. 2 genannten Anforderungen erstellt. Hierdurch wird die generelle Auswahlbefugnis des § 73 Abs. 1 S. 1 eingeschränkt und die Bezugnahme auf „wichtigere Fälle" in § 83 Abs. 3 konkretisiert. Der Gesetzgeber geht davon aus, dass diejenige öffentliche Stelle, die Geld- oder Wertzeichen in Umlauf setzt, in besonderer Weise dafür qualifiziert ist, diesbezügliche Fälschungen zu erkennen.[6] Dessen bedarf es nicht, wenn die Tatbegehung schon auf andere Weise, insbesondere durch Augenschein, ohne weiteres feststellbar ist.[7] Es fehlt dann an der Erforderlichkeit nach Abs. 1 S. 1.

3 Hinsichtlich der Vorgehensweise enthalten Nr. 215 bis 219 RiStBV weitergehende Regelungen. Dort sind in Nr. 216 RiStBV auch die für die Begutachtung **zuständigen Stellen** aufgeführt.[8] Für Geld- oder Wertzeichen eines **fremden Währungsgebietes** (vgl. § 152 StGB) sieht Abs. 2 aus prozessökonomischen Gründen eine Sonderregelung vor (s. hierzu auch Nr. 216 Abs. 1b RiStBV).[9] Für die Beurteilung eines Falsifikats des von einer ausländischen Bank ausgegebenen Wertpapiers kommt danach die Deutsche Bundesbank oder eine Landeszentralbank in Betracht.[10]

4 Eine Verletzung des § 92 kann mit der **Revision** nicht gerügt werden. In Betracht kommt lediglich die Aufklärungsrüge.[11]

---

[1] *Eb. Schmidt* Lehrkommentar zur StPO Teil II Rn. 1; Graf/*Ritzert* Rn. 2; HK/*Lemke* Rn. 1; KK/*Senge* Rn. 2; LR/*Krause* Rn. 3; *Meyer-Goßner* Rn. 1.

[2] SK/*Rogall* Rn. 5.

[3] *Eb. Schmidt* Lehrkommentar zur StPO Teil II Rn. 1; Graf/*Ritzert* Rn. 2; KK/*Senge* Rn. 2; SK/*Rogall* Rn. 5.

[4] SK/*Rogall* Rn. 3.

[5] KK/*Senge* Rn. 1; KMR/*Neubeck* Rn. 1; LR/*Krause* Rn. 2; *Meyer-Goßner* Rn. 2; → § 73 Rn. 14 f.

[6] SK/*Rogall* Rn. 4.

[7] Graf/*Ritzert* Rn. 1; *Eb. Schmidt* Lehrkommentar zur StPO Teil II Rn. 2; HK/*Lemke* Rn. 2; KK/*Senge* Rn. 1; KMR/*Neubeck* Rn. 1; LR/*Krause* Rn. 2; *Meyer-Goßner* Rn. 2; SK/*Rogall* Rn. 9.

[8] Hierzu auch LR/*Krause* Rn. 3; SK/*Rogall* Rn. 6.

[9] KMR/*Neubeck* Rn. 2; SK/*Rogall* Rn. 12.

[10] BGH 9.7.1996 – 1 StR 288/96, NStZ 1997, 31 (32).

[11] SK/*Rogall* Rn. 13.

§ 93 [Schriftgutachten]

Zur Ermittlung der Echtheit oder Unechtheit eines Schriftstücks sowie zur Ermittlung seines Urhebers kann eine Schriftvergleichung unter Zuziehung von Sachverständigen vorgenommen werden.

Erläuterung

Der Anwendungsbereich des § 93 erstreckt sich auf eine **Schriftvergleichung** zur Urheberidentifizierung oder zur Authentizitätsprüfung.[1] Gegenstand der Untersuchung können dabei nicht nur handschriftlich angefertigte Dokumente sein, sondern auch Maschinenschrift.[2] Bei Verwendung moderner Drucker sind erhebliche Einschränkungen der Analysierbarkeit zu berücksichtigen, da diese großteils ohne direkten Kontakt zum Papier arbeiten.[3] Nicht erfasst ist dagegen die psychodiagnostische Graphologie, die der Beurteilung des Charakters des Schreibers dient.[4] 1

Für die Erhebung der für die Schriftvergleichung erforderlichen **Vergleichsschriften** sind die „Richtlinien für die Beschaffung von Schriftproben für die Handschriftenvergleichung" des Bundeskriminalamts[5] zu beachten. Danach ist besonders wichtig, möglichst zahlreiches und umfangreiches Schriftmaterial zu beschaffen, das der mutmaßliche Aussteller des zu überprüfenden Schriftstückes möglichst im Zeitraum während dessen Entstehung angefertigt hat.[6] Sofern verfügbar, müssen unbedingt Originalschriftstücke zur Vergleichung herangezogen werden und nicht lediglich Fotokopien.[7] Nur mit solchem Untersuchungsmaterial können diejenigen grafischen Grundkomponenten (→ Rn. 4) überprüft werden, die sich auf die Druckgebung als physikalische Komponente der Schrifterzeugung beziehen.[8] Bei der Erhebung der Vergleichsproben ist naturgemäß sorgfältig darauf zu achten, dass deren Herkunft von derjenigen Person gewährleistet ist, die als Hersteller des zu überprüfenden Schriftstücks in Betracht kommt.[9] Weder durch Täuschung, noch durch Zwang dürfen die Polizei- oder Justizbehörden die Gegenproben vom Beschuldigten[10] oder von Zeugen[11] herbeischaffen. Auch eine Erhebung nach § 81b scheidet aus.[12] Erforderlichenfalls sind sie durch Beschlagnahme zu erheben. Nachteilige Schlüsse dürfen aus der Weigerung Schriftproben abzugeben gegen den Beschuldigten nicht gezogen werden.[13] 2

Mit der Durchführung der Untersuchung ist regelmäßig ein **Sachverständiger** zu beauftragen. Das Gericht darf sich nur in ganz besonderen Ausnahmefällen selbst zutrauen, auf Grundlage eines Augenscheins die Vergleichung des zu untersuchenden Schriftstücks mit 3

---

[1] Graf/*Ritzert* Rn. 3; LR/*Krause* Rn. 1; *Eisenberg* Beweisrecht Rn. 1970 jeweils auch zum Begriff der Schriftvergleichung; SK/*Rogall* Rn. 7 bis 9.

[2] KK/*Senge* Rn. 1; KMR/*Neubeck* Rn. 1.

[3] Hierzu *Eisenberg* Beweisrecht Rn. 1979.

[4] KK/*Senge* Rn. 1; KMR/*Neubeck* Rn. 2; SK/*Rogall* Rn. 2; kritisch zu dieser Methode im allgemeinen LR/*Krause* Rn. 4.

[5] Abgedruckt bei LR/*Krause* Rn. 13.

[6] Richtlinien Nr. 3.1; vgl. auch OLG Celle 4.12.1973 – 1 Ss 271/73, NJW 1974, 616 (617); OLG Düsseldorf 30.5.1986 – 5 Ss 323/85 – 253/85 I, NStZ 1987, 137 (138); OLG Düsseldorf 29.5.1991 – 5 Ss 193/91 – 65/91 I, wistra 1991, 319 (320).

[7] OLG Braunschweig 10.4.1953 – Ss 179/52, NJW 1953, 1035 (1036); OLG Köln 30.6.1981 – 1 Ss 316/81, NJW 1982, 249; OLG Celle 7.7.1981 – 1 Ss 243/81, StV 1981, 608; OLG Düsseldorf 30.5.1986 – 5 Ss 323/85 – 253/85 I, NStZ 1987, 137 (138); LG Berlin 8.10.1963 – 502 81/63, MDR 1964, 694.

[8] *Eisenberg* Beweisrecht Rn. 1975.

[9] RG 25.2.1987 – Rep. 321/87, RGSt 15, 319 (320).

[10] BGH 9.4.1986 – 3 StR 551/85, BGHSt 34, 39 (46); RG 25.2.1887 – Rep. 321/87, 319 (320).

[11] Graf/*Ritzert* Rn. 6; HK/*Lemke* Rn. 4; KK/*Senge* Rn. 3; KMR/*Neubeck* Rn. 4; LR/*Krause* Rn. 7; *Meyer-Goßner* Rn. 2; SK/*Rogall* Rn. 12.

[12] → § 81b Rn. 9.

[13] Graf/*Ritzert* Rn. 6; KK/*Senge* Rn. 3; KMR/*Neubeck* Rn. 4; LR/*Krause* Rn. 7; *Eisenberg* Beweisrecht Rn. 1977.

den Vergleichsstücken vorzunehmen und zu bewerten. Die eigene Sachkunde ist dann aber sorgfältig darzulegen.[14] Bei der Auswahl des Sachverständigen ist wegen der verschiedenen zur Anwendung kommenden Methoden, dem Fehlen einer gleichmäßigen Ausbildung und einer zuverlässigen Prüfung große Sorgfalt geboten.[15] Vorzugswürdig erscheinen Sachverständige des Bundeskriminalamts wegen ihrer großen Erfahrung, den für die Überprüfung zur Verfügung stehenden besonderen technischen Hilfsmitteln und der Möglichkeit auf eine Sammlung bekannter Schriftproben zurückzugreifen.[16] Ein weiterer oder von Beginn an mehrere Sachverständige sollten bei schwieriger Beweislage herangezogen werden, insbesondere wenn nur wenig Schriftmaterial zur Verfügung steht,[17] das Gutachten mangels sonstiger zuverlässiger Beweismittel für die Beweiswürdigung von ausschlaggebender Bedeutung ist[18] oder sich Zweifel an der Sachkunde des bislang tätigen Sachverständigen ergeben.[19] Eine Auftragserteilung ist auch dann nicht von vornherein ausgeschlossen, wenn nur wenig Vergleichsmaterial vorhanden ist.[20]

4 Die zur Anwendung gebrachte **Methode** sollte nicht ohne begründete Ausnahme von der Untersuchung der neun grafischen Grundkomponenten abweichen. Hierzu gehören Strichbeschaffenheit, Druckgebung, Bewegungsfluss, Bewegungsrichtung, vertikale Ausdehnung, horizontale Ausdehnung, vertikale Flächengliederung und horizontale Flächengliederung,[21] auf die auch im Urteil einzugehen ist.[22] Unterschiedlich beantwortet wird die Frage, ob und in welchem Umfang dem Sachverständigen Aktenmaterial zur Verfügung gestellt werden kann und soll. Teilweise wird vertreten, dies solle, wenn überhaupt, nur eingeschränkt erfolgen,[23] um eine unbefangene Beurteilung zu gewährleisten.[24] Teilweise wird die Kenntnis sonstiger Ermittlungsergebnisse aber auch für unerlässlich gehalten, beispielsweise um von den Rahmenbedingungen der Schreibleistung Kenntnis zu erlangen.[25] Zutreffender Weise wird aber davon auszugehen sein, dass der Auftraggeber im Einzelfall das Aufklärungsbedürfnis gegen die Gefahren für die Unbefangenheit gegeneinander abzuwägen hat, wobei allerdings Inhalt und Ergebnis eines bereits erstatteten Vorgutachtens nicht zur Kenntnis gegeben werden sollten.[26]

5 Es ist nicht von vornherein ausgeschlossen, dem Schriftgutachten bei Fehlen weiterer Beweisanzeichen alleinigen und ausschlaggebenden **Beweiswert** für die Entscheidung beizumessen.[27] Eine besonders sorgfältige Würdigung ist allerdings schon alleine wegen der oben dargestellten Probleme bei der Auswahl des Sachverständigen und der angewandten Methoden (→ Rn. 3) unerlässlich.[28] Die Schwierigkeit der Bewertung und die Gefahr

[14] KG 18.12.2008 – (4) 1 Ss 453/08 (292/08), juris (→ Rn. 7) = StraFo 2009, 154 f.

[15] So schon OLG Braunschweig 10.4.1953 – Ss 179/52, NJW 1953, 1035; LR/*Krause* Rn. 8; *Eisenberg* Beweisrecht Rn. 1969.

[16] BGH 19.11.1956 – 2 StR 493/56, BGHSt 10, 116 (118); OLG Düsseldorf 30.5.1986 – 5 Ss 323/85 – 253/85 I, NStZ 1987, 137 (138); OLG Düsseldorf 29.5.1991 – 5 Ss 193/91 – 65/91 I, wistra 1991, 319 (320); Graf/*Ritzert* Rn. 3.

[17] BGH 19.11.1956 – 2 StR 493/56, BGHSt 10, 116 (119); OLG Celle 4.12.1973 – 1 Ss 271/73, NJW 1974, 616 (617); OLG Düsseldorf 29.5.1991 – 5 Ss 193/91 – 65/91 I, wistra 1991, 319 (320).

[18] BGH 19.11.1956 – 2 StR 493/56, BGHSt 10, 116 (119); OLG Düsseldorf 30.5.1986 – 5 Ss 323/85 – 253/85 I, NStZ 1987, 137 (138); OLG Düsseldorf 29.5.1991 – 5 Ss 193/91 – 65/91 I, wistra 1991, 319 (320).

[19] OLG Braunschweig 10.4.1953 – Ss 179/52, NJW 1953, 1035 (1035 f.); KG 18.12.2008 – (4) 1 Ss 453/08 (292/08), juris (→ Rn. 7 und 8) = StraFo 2009, 154 f.

[20] OLG Düsseldorf 10.5.1990 – 2 Ss 71/90 – 19/90 III, NStZ 1990, 506 bei nur drei Worten noch kein völlig ungeeignetes Beweismittel iSd § 244 Abs. 3.

[21] Graf/*Ritzert* Rn. 4; LR/*Krause* Rn. 1; SK/*Rogall* Rn. 6; *Eisenberg* Beweisrecht Rn. 1973.

[22] OLG Frankfurt a. M. 10.9.1993 – 3 Ss 321/93, StV 1994, 9; KG 18.12.2008 – (4) 1 Ss 453/08 (292/08), Juris (→ Rn. 7) = StraFo 2009, 154 f.

[23] Graf/*Ritzert* Rn. 2; KK/*Senge* Rn. 4; *Meyer-Goßner* Rn. 1; *Eisenberg* Beweisrecht Rn. 1969a.

[24] OLG Celle 4.12.1973 – 1 Ss 271/73, NJW 1974, 616 (617); LR/*Krause* Rn. 9.

[25] *Pfanne* NJW 1974, 1439 f.

[26] SK/*Rogall* Rn. 21.

[27] BGH 24.6.1982 – 4 StR 183/82, NJW 1982, 2882 (2883) mit Ausführungen zu den Wahrscheinlichkeitsgraden, hierzu auch *Eisenberg* Beweisrecht Rn. 1969 (Fn. 163).

[28] BGH 19.11.1956 – 2 StR 493/56, BGHSt 10, 116 (119); OLG Braunschweig 10.4.1953 – Ss 179/52, NJW 1953, 1035; OLG Düsseldorf 29.5.1991 – 5 Ss 193/91 – 65/91 I, wistra 1991, 319 (320).

einer Fehlbeurteilung sind daher stets im Auge zu behalten. Das gilt besonders, wenn nur wenig Schriftmaterial zur Verfügung steht,[29] wie beispielsweise nur ein kurzer Schrift- oder Namenszug auf dem zu beurteilenden Schriftstück,[30] Verstellungsbemühungen des Urhebers erkennbar sind[31] oder lediglich Fotokopien zur Verfügung stehen.[32] Die Aufklärungspflicht des § 244 Abs. 2 kann es in derartigen Fällen nahe legen, ein weiteres Gutachten einzuholen (→ Rn. 3).[33] Selbst wenn in der Literatur teilweise die Ansicht vertreten wird, die Schriftstücke würden über das Sachverständigengutachten in die Hauptverhandlung eingeführt,[34] sollte das Gericht wegen der Schwierigkeit der Bewertung nicht davon absehen, diese förmlich in Augenschein zu nehmen.[35]

Die **Revision** kann keine Verletzung des § 93 darauf stützen, das Gericht habe in der 6
Hauptverhandlung trotz eines entsprechenden Antrags den Angeklagten nicht zur Abgabe einer Vergleichsschrift aufgefordert.[36] Wertet man entgegen der teilweise in der Literatur vertretenen Ansicht die Vergleichsschriften nicht als Befundtatsachen, so stellt es eine Verletzung des § 261 dar, wenn diese ohne förmliche Inaugenscheinnahme in die Hauptverhandlung eingeführt und im Urteil verwertet werden.[37] Auch auf diese Vorschrift wird zurückgegriffen, sofern das Gericht die Beweiskraft des Schriftgutachtens verkannte.[38] Es erscheint aber nahe liegender, derartige Einwände auf die Sachrüge zu stützen, da die Beweiswürdigung keine tragfähige Grundlage für die Schuldfeststellung bietet.[39] In Betracht kommt auch die Erhebung der Aufklärungsrüge (§ 244 Abs. 2)[40] oder, falls ein entsprechender Beweisantrag gestellt wurde, die Verletzung des § 244 Abs. 3 oder 4, weil das Gericht kein weiteres Sachverständigengutachten einholte.[41]

---

[29] OLG Celle 4.12.1973 – 1 Ss 271/73, NJW 1974, 616 (617); OLG Düsseldorf 29.5.1991 – 5 Ss 193/91 – 65/91 I, wistra 1991, 319 (320).

[30] BGH 19.11.1956 – 2 StR 493/56, BGHSt 10, 116 (119); OLG Köln 30.6.1981 – 1 Ss 316/81, NJW 1982, 249; OLG Düsseldorf 30.5.1986 – 5 Ss 323/85 – 253/85 I, NStZ 1987, 137 (138); OLG Düsseldorf 29.5.1991 – 5 Ss 193/91 – 65/91 I, wistra 1991, 319 (320).

[31] OLG Düsseldorf 29.5.1991 – 5 Ss 193/91 – 65/91 I, wistra 1991, 319 (320).

[32] OLG Braunschweig 10.4.1953 – Ss 179/52, NJW 1953, 1035 (1036); OLG Köln 30.6.1981 – 1 Ss 316/81, NJW 1982, 249; OLG Celle 7.7.1981 – 1 Ss 243/81, StV 1981, 608; OLG Düsseldorf 30.5.1986 – 5 Ss 352/85 – 253/85 I, NStZ 1987, 137 (138).

[33] KMR/*Neubeck* Rn. 5.

[34] LR/*Krause* Rn. 3; SK/*Rogall* Rn. 18; Alsberg/*Dallmeyer* Beweisantrag Rn. 416.

[35] KG 16.9.1993 – (4) 1 Ss 86/93, StV 1993, 628 (629); *Meyer-Goßner* Rn. 1; *Eisenberg* Beweisrecht Rn. 1967 (Fn. 158) halten dies für zwingend.

[36] RG 25.2.1887 – Rep. 321/87, RGSt 15, 319 (320).

[37] KG 16.9.1993 – (4) 1 Ss 86/93, StV 1993 628 (629); KMR/*Neubeck* Rn. 6.

[38] KMR/*Neubeck* Rn. 6; SK/*Rogall* Rn. 24.

[39] BGH 24.6.1982 – 4 StR 183/82, NJW 1982, 2882 (2882 f.).

[40] Vgl. OLG Düsseldorf 29.5.1991 – 5 Ss 193/91 – 65/91 I, wistra 1991, 319 (320).

[41] BGH 19.11.1956 – 2 StR 493/56, BGHSt 10, 116 (118 f.); SK/*Rogall* Rn. 24.

Achter Abschnitt. Beschlagnahme, Überwachung des Fernmeldeverkehrs, Rasterfahndung, Einsatz technischer Mittel, Einsatz Verdeckter Ermittler und Durchsuchung

§ 94 [Gegenstand der Beschlagnahme]

(1) Gegenstände, die als Beweismittel für die Untersuchung von Bedeutung sein können, sind in Verwahrung zu nehmen oder in anderer Weise sicherzustellen.

(2) Befinden sich die Gegenstände in dem Gewahrsam einer Person und werden sie nicht freiwillig herausgegeben, so bedarf es der Beschlagnahme.

(3) Die Absätze 1 und 2 gelten auch für Führerscheine, die der Einziehung unterliegen.

Schrifttum: *Achenbach,* Verfahrenssichernde und vollstreckungssichernde Beschlagnahme im Strafprozess, NJW 1976, 1068; *Ahlbrecht,* Die Europäische Ermittlungsanordnung – oder: EU-Durchsuchung leicht gemacht, StV 2013, 114; *Amelung,* Der Grundrechtsschutz der Gewissenserforschung und die strafprozessuale Behandlung von Tagebüchern, NJW 1988, 1002; *ders.,* Die zweite Tagebuchentscheidung des BVerfG, NJW 1990, 1753; *Arloth,* Neue Wege zur Lösung des strafprozessualen „V-Mann-Problems", NStZ 1993, 467; *Baldus,* Der Kernbereich privater Lebensgestaltung – absolut geschützt, aber abwägungsoffen, JZ 2008, 218; *Bär,* Der Zugriff auf Computerdaten im Strafverfahren, 1992; *Beck/Kreißig,* Tauschbörsen-Nutzer im Fadenkreuz der Strafverfolgungsbehörden, NStZ 2007, 304; *Bittmann,* Das Beiziehen von Kontounterlagen im staatsanwaltschaftlichen Ermittlungsverfahren, wistra 1990, 325; *Böckenförde,* Die Ermittlung im Netz, 2003; *Brandt, Kukla,* Zur Rechtsgrundlage für die Sicherstellung von E-Mails auf dem Mailserver eines Providers und zur Verneinung einer Prüfungskompetenz des Providers, wistra 2010, 415; *Ciolek-Krepold,* Durchsuchungen und Beschlagnahme im Wirtschaftsstrafverfahren, 2000; *Cremers,* Nur Vernichtung oder auch Hinterlegung beschlagnahmter Beweisunterlagen bei fehlender Rückgabemöglichkeit?, wistra 2000, 130; *Damrau,* Der Ort der Rückgabe beschlagnahmter Sachen, NStZ 2003, 408; *Dörn,* Vernichtung beschlagnahmter Beweisunterlagen bei fehlender Rückgabemöglichkeit, wistra 1999, 175; *Ellbogen, Erfurth,* Strafrechtliche Folgen von Ping- oder Lockanrufen auf Mobiltelefone, CR 2008, 635; *Gaede,* Der grundrechtliche Schutz gespeicherter E-Mails beim Provider und ihre weltweite strafprozessuale Überwachung, StV 2009, 96; *Görtz-Leible,* Die Beschlagnahmeverbote des § 97 Abs. 1 StPO im Lichte der Zeugnisverweigerungsrechte, 2000; *Gramse,* Verkehrsstraftat, Führerscheinbeschlagnahme, Wohnungsdurchsuchung, NZV 2002, 345; *Graulich,* Die Sicherstellung von während einer Durchsuchung aufgefundenen Gegenständen – Beispiel Steuerstrafverfahren, wistra 2009, 299; *Hartmann/Schmidt,* Strafprozessrecht, 2010; *Hauf,* Ist die „Rechtskreistheorie" noch zu halten? Eine neue Konzeption zur Frage von Verfahrensfehlern und Beweisverwertungsverboten, NStZ 1993, 457; *Hoffmann/Knierim,* Rückgabe von im Strafverfahren sichergestellten oder beschlagnahmten Gegenständen, NStZ 2000, 461; *Janssen,* Rechtliche Grundlagen und Grenzen der Beschlagnahme, 1995; *Kasiske,* Neues zur Beschlagnahme von E-Mails beim Provider, StraFo 2010, 228; *Kemper,* Die Beschlagnahmefähigkeit von Daten und E-Mails, NStZ 2005, 538; *ders.,* Rückgabe beschlagnahmter Gegenstände – Bringschuld oder Holschuld? NJW 2005, 3679; *ders.,* Durchsuchung von EDV-Anlagen beim Berufsgeheimnisträger, PStR 2006, 136; *ders.,* Anforderungen und Inhalt der Online-Durchsuchung bei der Verfolgung von Straftaten, ZRP 2007, 105; *ders.,* Die „Mitnahme zur Durchsicht" – Ein vom Gesetz nicht vorgesehenes Instrument zur Sicherstellung von Beweismitteln? – zugleich Replik auf Graulich wistra 2009, 299, wistra 2010, 295; *Klein,* Offen und (deshalb) einfach – Zur Sicherstellung und Beschlagnahme von E-Mails beim Provider, NJW 2009, 2996; *Klos,* Die Beschlagnahme von Geld durch die Steuerfahndung, wistra 1987, 121; *Koch,* Die Beschlagnahme von Geschäftsunterlagen im Wirtschaftsstrafverfahren und der Grundsatz der Verhältnismäßigkeit, wistra 1983, 63; *Korge,* Die Beschlagnahme elektronisch gespeicherter Daten bei privaten Trägern von Berufsgeheimnissen, 2009; *Kudlich,* Strafprozessuale Probleme des Internet – Rechtliche Probleme der Beweisgewinnung in Computernetzen –, JA 2000, 227; *Kutzner,* Die Beschlagnahme von Daten beim Berufsgeheimnisträger, NJW 2005, 2652; *Leitner, Michalke,* Strafprozessuale Zwangsmaßnahmen, 2007; *Lemcke,* Die Sicherstellung gem. § 94 StPO und deren Förderung durch die Inpflichtnahme Dritter als Mittel des Zugriffs auf elektronisch gespeicherte Daten, 1995; *Löffler,* Die Herausgabe von beschlagnahmten oder sichergestellten Sachen im Strafverfahren, NJW 1991, 1705; *Malek, Wohlers,* Zwangsmaßnahmen und Grundrechtseingriffe im Ermittlungsverfahren, 2001; *Matzky,* Zugriff auf EDV im Strafprozess – Rechtliche und technische Probleme der Beschlagnahme und Durchsuchung, 1999; *Mayer,* Zur Verwertbarkeit einer dem Beschuldigten nicht im Wege der Anordnung gemäß § 81a StPO, sondern zum Zwecke der Operationsvorbereitung entnommenen Blutprobe, deren Rest sich der ermittelnde Polizeibeamte von der Krankenschwester aushändigen ließ, JZ 1989, 908; *Mehle/Mehle,* Beschlagnahmefreiheit von Verteidigungsunterlagen, NJW 2011, 1639; *Meier/Böhm,* Strafprozessuale Probleme der Computerkriminalität, wistra 1992, 166; *Metz,* Rangverhältnis der Staatsanwaltschaft zu ihren Ermittlungspersonen bei Gefahr im Verzug, NStZ 2012, 242; *Michalke,* Wenn der Staatsanwalt klingelt – Verhalten bei Durchsuchung und Beschlagnahme, NJW 2008, 1490; *Möhrenschläger,* Computerstraftaten und ihre Bekämpfung in der Bundesrepublik Deutschland, wistra 1991, 321; *Münchhalffen,* Zur Verwertung auf der Grundlage rechtswidriger Durchsuchungsmaßnahmen erlangter Beweismittel, in: Hiebl/Kassebohm/Lilie (Hrsg.), FS Mehle, 2009, S. 445; *Obenhaus,* Cloud Computing als neue Herausforderung für Strafverfolgungsbehörden und Rechtsanwaltschaft, NJW 2010, 651; *Pitsch,* Strafprozessuale Beweisverbote, 2009; *Ransiek,* Durchsuchung, Beschlagnahme und Verwertungsverbot, StV 2002, 565; *Rebmann,* Beschlagnahme von terroristischen Bekennerschreiben bei Presseunternehmen, FS Pfeiffer, 1988, S. 225; *Reichling,* Strafprozessuale Ermittlungen bei Kreditinstituten – ein Überblick, JR 2011, 12; *Schäfer,* Die Rückgabe beschlagnahmter Beweismittel nach Rechtskraft des Urteils, wistra 1984, 136; *ders.,* Der Computer im Strafverfahren, wistra 1989, 8; *Schlegel,* Online-Durchsuchung light – Die Änderung des § 110 StPO durch das Gesetz zur Neuregelung der Telekommunikationsüberwachung, HRRS 2008, 23; *Schwabenbauer,* Verwertung von Zufallsfunden einer verfassungswidrigen Durchsuchung, NJW 2009, 3207; *Spatscheck,* Beschlagnahme von Computerdaten und E-Mails beim Berater, FS Hamm, 2008, S. 733; *Störing,* Strafprozessuale Zugriffsmöglichkeiten auf E-Mail-Kommunikation, 2007; *Vogelberg,* Durchsuchung und Beschlagnahme im Steuerrecht, 2010; *Wasmuth,* Die Beschlagnahme von Patientenkarteien und Krankenscheinen im Strafverfahren wegen Abrechnungsbetruges des Arztes, NJW 1989, 2297; *Welp,* Zeugnisverweigerungsrechte und Beschlagnahmeverbote, FS Bemmann, 1997, S. 626; *Weyand,* Arzt- und Steuergeheimnis als Hindernis für die Strafverfolgung, wistra 1990, 4; *ders.,* Der Insolvenzverwalter – ein Refugium für Geschäftsunterlagen?, ZInsO 2008, 26.

Übersicht

I. Überblick

1. Normzweck. Die §§ 94 ff. regeln die (formlose) **Sicherstellung** (Abs. 1) sowie die **Beschlagnahme** (Abs. 2) von Gegenständen, die als notwendige Beweismittel für das Strafverfahren in Betracht kommen, um einen Beweisverlust zu verhindern.[1] Das gilt unabhängig davon, ob sich die Beweisgegenstände im Eigentum oder Gewahrsam des Beschuldigten oder eines anderen befinden.[2] Die Vorschrift dient allein der (Straf-) Verfahrenssicherung und nicht der Vorbereitung eines Zivilprozesses[3] oder der Sicherung von Steuerforderungen.[4] 1

Die Sicherstellung und die Beschlagnahme führen grds. zu einem **Eingriff in grundrechtlich geschützte Positionen,** besonders in das Grundrecht auf Eigentum (Art. 14 Abs. 1 S. 2 GG). Darüber hinaus können je nach Art und Weise des Eingriffs auch weitere Grundrechte betroffen sein, bspw. das Post- und Fernmeldegeheimnis (Art. 10 Abs. 1 GG), die Unverletzlichkeit der Wohnung (Art. 13 GG), die Presse- (Art. 5 Abs. 1 GG), Kunst- (Art. 5 Abs. 3 GG) oder Berufsfreiheit (Art. 12 GG) sowie bei der Beschlagnahme von Datenträgern das Recht auf informationelle Selbstbestimmung aus Art. 2 Abs. 1 iVm Art. 1 Abs. 1 GG.[5] Ferner kann durch die Ermittlungsmaßnahme die Intim- und Geheimsphäre (Art. 2 Abs. 1 iVm Art. 1 Abs. 1 GG) des Betroffenen berührt sein. § 94 enthält die nach dem Grundsatz des Gesetzesvorbehalts notwendige gesetzliche Eingriffsermächtigung.[6] 2

[1] SK-StPO/*Wohlers* Rn. 1; Löwe/Rosenberg/*Schäfer,* 25. Aufl. Rn. 1.
[2] BGH 5.1.1979 – 1 BJs 226/78/StB 246/78, NStZ 1981, 93 (94).
[3] HK-StPO/*Gercke* Rn. 1 f.; *Janssen* S. 5.
[4] *Klos* wistra 1987, 121.
[5] BVerfG 12.4.2005 – 2 BvR 1027/02, NJW 2005, 1918.
[6] SK-StPO/*Wohlers* Rn. 2.

Zum aktuellen Entwurf einer Richtlinie über die **Europäische Ermittlungsanordnung (EEA)** in Strafsachen → § 105 Rn. 45.[7]

3 **2. Anwendungsbereich.** Während § 94 den aktiven Zugriff der Ermittlungsbehörden auf Gegenstände normiert, die als **Beweismittel** in Frage kommen, regelt § 95 die Verpflichtung des Betroffenen zur Herausgabe von beschlagnahmefähigen Gegenständen und ersetzt die Durchsuchung. Werden die Gegenstände nach Aufforderung herausgegeben, sind sie anschließend sicherzustellen oder zu beschlagnahmen. Die Beschlagnahme von **Führerscheinen** erfolgt nach § 94 Abs. 1, 2 (vgl. Abs. 3), wenn sie der Einziehung nach § 74 StGB bzw. nach § 111a Abs. 1, Abs. 3 iVm § 69 StGB unterliegen, falls dringende Gründe für die Annahme vorhanden sind, dass die Fahrerlaubnis entzogen wird. Kommt der Führerschein unmittelbar als Beweismittel in Betracht, bspw. wegen einer Urkundenfälschung, so erfolgt die Beschlagnahme unmittelbar nach § 94 Abs. 1, 2 (→ Rn. 42).

4 § 98 Abs. 1 enthält die **Anordnungsbefugnis** zur richterlichen und nichtrichterlichen Beschlagnahme. Zudem regelt die Vorschrift den Vollzug der Beschlagnahme (§ 98 Abs. 4) und den Rechtsschutz (§ 98 Abs. 2 und 3). Eine **Einschränkung der Beschlagnahme** erfolgt zur Sicherung von Dienstgeheimnissen nach § 96 im Hinblick auf amtliche Schriftstücke und Erkenntnismitteilungen von Behörden. **Beschlagnahmeverbote,** die an Zeugnisverweigerungsrechte nach §§ 52, 53, 53a anknüpfen, sind in § 97 normiert.[8] Diese stehen auch dem Herausgabeverlangen nach § 95 entgegen. Weitere Beschlagnahmeverbote können sich im Zusammenhang mit strafprozessualen Verwertungsverboten und aus dem verfassungsrechtlichen Grundsatz der Verhältnismäßigkeit ergeben.

5 Die Beschlagnahme von Gegenständen und Dateien, die dem Brief-, Post-und Fernmeldegeheimnis unterliegen, ist in § 99 geregelt, wobei die Beschlagnahme von **Briefen von Untersuchungsgefangenen** zu Beweiszwecken im anhängigen Verfahren nach § 94 erfolgt.[9] Die **Durchsicht von Papieren** ist in § 110 gesondert normiert. Die bloße Mitnahme von Papieren zur Durchsicht, das gilt auch für elektronisch gespeicherte Daten, ist keine Sicherstellung im Sinne von § 94, sondern eine vorläufige amtliche Verwahrung. Die Durchsicht ist nach § 110 noch Teil der Durchsuchung.[10]

6 Die §§ 94 ff. sind nicht einschlägig, wenn die Wegnahme von Gegenständen in Ausübung **anderer strafprozessualer Maßnahmen,** etwa bei der Blutentnahme (§ 81a) oder der vorläufigen Festnahme (§ 127) im Rahmen der Annexkompetenz, erfolgt. Darüber hinaus gelten die §§ 94 ff. nicht für Sicherstellungen, die in Ausübung sitzungspolizeilicher Befugnisse gemäß §§ 176, 181 GVG durchgeführt werden.[11] Nach **§ 46 OWiG** kommen die §§ 94 ff. auch im OWiG-Verfahren zur Anwendung. Der Verhältnismäßigkeitsgrundsatz, dem hier besondere Bedeutung zukommt, kann jedoch einer Durchsuchung in Bagatellfällen entgegenstehen.[12] § 116 BRAO und § 153 StBerG verweisen für ehren- oder berufsgerichtliche Verfahren ebenfalls auf die Vorschriften der StPO.

7 Die §§ 111b ff. regeln abschließend die Sicherstellung von **Verfalls- und Einziehungsgegenständen.**[13] Nicht jede Sicherstellung nach § 111b stellt bereits eine Beschlagnahme

[7] Vgl. Rat der Europäischen Union, Ratstagung vom 9./10.6.2011, Ratsdok.-Nr. 11735/11; ZD-Aktuell 2012, 02840. Krit. *Ahlbrecht* StV 2013, 114.

[8] BVerfG 5.8.1966 – 1 BvR 586/62, 610/63, 512/64, NJW 1966, 1603 (1607); BVerfG 8.3.1972 – 2 BvR 28/71, NJW 1972, 1123 (1125); BVerfG 16.6.2009 – 2 BvR 902/06, NJW 2009, 2431 (2433); BGH 3.12.1991 – 1 StR 120/90, BGHSt 38, 144 (146) = NJW 1992, 763 (764); BGH 27.3.2009 – 2 StR 302/08, BGHSt 53, 257 (260) = NJW 2009, 2690 (2691).

[9] BGH 23.10.2008 – StB 18/08, NStZ-RR 2009, 56; OLG Jena 9.3.2011 – 1 Ws 122/11, NStZ-RR 2012, 28.

[10] BGH 5.8.2003 – StB 7/03, NStZ 2003, 670; KK/*Greven* Rn. 15.

[11] BGH 11.2.1998 – StB 3/98, 3 StE 7/94 – 1 (2) – StB 3/98, BGHSt 44, 23 = NJW 1998, 1420; OVG Schleswig 28.4.1993 – 3 M 16/93, NJW 1994, 340; LG Ravensburg 22.1.2007 – 2 Qs 10/07, NStZ-RR 2007, 348; Meyer-Goßner *(Schmitt)* Rn. 1.

[12] LG Verden 10.6.2004 – 1 Qs 72/04, NStZ 2005, 527.

[13] SK-StPO/*Wohlers* Rn. 3.

dar und bewirkt ein Veräußerungsverbot.[14] Kommt ein Gegenstand zugleich als Beweismittel und als Objekt des Verfalls- oder der Einziehung in Betracht, sollte neben der Beschlagnahme nach § 94 zugleich auch eine Beschlagnahme nach §§ 111b Abs. 1, 111e erfolgen, um das in § 111c Abs. 5 geregelte Veräußerungsverbot gemäß § 136 BGB wirksam werden zu lassen.[15] Jeder nach § 111b beschlagnahmte Gegenstand kann zudem als Beweismittel verwertet werden.[16] In diesem Fall ist jedoch zusätzlich die Beschlagnahme nach § 94 notwendig. Nur dann besteht ein Besichtigungsrecht nach § 147.[17]

Zu beachten ist, dass die **Polizeirechte** des Bundes und der Länder die Sicherstellung 8 von Gegenständen regeln. Diese Vorschriften verfolgen präventive Zwecke, die Eigensicherung von Polizeibeamten oder die präventive Gewinnabschöpfung und Rückgewinnungshilfe. Eine Beschlagnahme von Beweismitteln nach § 94 kann jedoch nicht zugleich eine Sicherstellung von Gegenständen nach dem Polizeirecht sein. Für den Rechtscharakter der Maßnahme ist insoweit die sich aus den Umständen der Beschlagnahme ergebende Zielsetzung des handelnden Polizeibeamten maßgeblich (vgl. auch § 98 Rn. 39a).[18] Durchsuchungs- und Beschlagnahmeanordnungen im **vereinsrechtlichen Verbotsverfahren** können auf §§ 4, 31 Abs. 3 VereinsG gestützt werden.[19]

Im Rahmen eines **Auslieferungsverfahrens** sind bei einer Beschlagnahme die speziellen 9 Vorschriften des Auslieferungsrechts zu beachten.[20]

II. Erläuterung

Die Sicherstellung und Beschlagnahme von Beweismitteln setzt voraus, dass der betref- 10 fende Gegenstand beschlagnahmefähig ist **(1.)**. Es ist der Grundsatz der Verhältnismäßigkeit zu wahren **(2.)**. Schließlich darf der Gegenstand dem Zugriff der Strafverfolgungsorgane nicht durch Beschlagnahmeverbote entzogen sein **(3.)**.

1. Beschlagnahmefähige Gegenstände. Die Vorschrift erfasst alle beweglichen und 11 unbeweglichen Gegenstände, unabhängig vom Eigentum, Besitz und Gewahrsam,[21] die als Beweismittel für die Untersuchung von Bedeutung sein können.[22]

a) Gegenstände. Zu den beschlagnahmefähigen Gegenständen zählen **unbewegliche** 12 **und bewegliche Sachen.** Es muss sich grds. (mit Ausnahme von elektronisch (digital) gespeicherten Informationen und Kommunikationsdaten, → Rn. 13) um körperliche Gegenstände handeln.[23] Abzugrenzen davon sind unkörperliche Gegenstände, zB Forderungen,[24] und sonstige Rechte, bei denen eine unmittelbare Verwendung zu Beweiszwecken nicht möglich ist und die nur nach § 111b beschlagnahmt werden können.[25] Zu den unbeweglichen Sachen gehören Grundstücke, Grundstücksteile und Räumlichkeiten.[26] Zu den beweglichen Sachen zählen körperliche Gegenstände, ua Schriftstücke, Behördenakten,[27] Briefe an oder von einem inhaftierten Gefangenen,[28] Speichermedien wie CDs,

---

14 LG Flensburg 15.4.2004 – I Qs 26/04, StV 2004, 644 mAnm *Jung* StV 2004, 644 (645 f.).
15 LG Lübeck 2.10.2003 – 2b Qs 103/03, StV 2004, 123; Radke/Hohmann/*Joecks* Rn. 3.
16 Meyer-Goßner *(Schmitt)* Rn. 2; Radtke/Hohmann/*Joecks* Rn. 3; *Achenbach* NJW 1976, 1068 (1070 f.).
17 BGH 21.9.2000 – 1 StR 634/99, StV 2001, 4; KK/*Greven* Rn. 2; Meyer-Goßner *(Schmitt)* Rn. 2; SK-StPO/*Wohlers* Rn. 3; HK-StPO/*Gercke* Rn. 5.
18 VG Neustadt 5.8.2005 – 7 L 1177/05.NW, juris; *Hartmann/Schmidt* Strafprozessrecht Rn. 415.
19 OVG Lüneburg 4.11.2010 – 11 OB 425/10, NdsVBL 2011, 54.
20 BGH 19.2.1965 – 4 ARs 32/64, BAusl. 9/64 (GenStA Karlsruhe), NJW 1965, 1143; KK/*Greven* Rn. 23.
21 HK-StPO/*Gercke* Rn. 9.
22 BVerfG 25.7.2007 – 2 BvR 2282/06, NJW 2007, 3343.
23 *Leitner/Michalke* Rn. 561 f.; *Malek/Wohlers* Rn. 135; HK-StPO/*Gercke* Rn. 8; *Möhrenschläger* wistra 1991, 321 (329).
24 KK/*Greven* Rn. 3.
25 Löwe/Rosenberg/*Schäfer,* 25. Aufl. Rn. 13; *Malek/Wohlers* Rn. 135; *Park* Rn. 435.
26 SK-StPO/*Wohlers* Rn. 20; KK/*Greven* Rn. 3; *Park* Rn. 441.
27 BGH 18.3.1992 – 1 BGs 90/92, 1 BGs 90/92 – 2 BJs 186/91-5, BGHSt 38, 237 = NJW 1992, 1973; OLG Jena 20.11.2000 – 1 Ws 313/00, StV 2002, 63.
28 BGH 23.10.2008 – StB 18/08, NStZ-RR 2009, 56.

DVDs, Festplatten, USB-Sticks, Magnetbänder, Ton- und Bildträger,[29] optische Speicher und sonstige verkörperte Datenspeicher.[30] Auch Computerausdrucke, auf denen sich aus einem Datenbestand recherchiertes Material befindet, werden von der Vorschrift umfasst.[31] Technische Hilfsmittel, mit denen die Datenträger überhaupt erst lesbar gemacht werden können (→ Rn. 13), sind ebenfalls beschlagnahmefähig, genauso Unterlagen über die Verfahrensdokumentation, mit deren Hilfe Buchführungen überprüfbar sind.[32] Daneben ist zu beachten, dass die zum Lesen der Datenträger notwendigen Auskünfte von Zeugen (zB Bankmitarbeiter) im Rahmen ihrer Zeugenpflicht erteilt werden müssen.[33] Als bewegliche Sachen kommen – unabhängig von der zivilrechtlich Würdigung als Sache – weiter in Betracht: Tiere, Leichen und Leichenteile,[34] Föten, abgetrennte Teile des Körpers des lebenden Menschen, Körperinhalte wie Blut- oder Urinproben,[35] Prothesen, künstliche Implantate,[36] nicht jedoch der Körper eines lebenden Menschen (vgl. hierzu §§ 81a–81g).[37] Vorbehaltlich einer Sperrerklärung nach § 96 sind auch behördliche Akten Beweisgegenstände,[38] sowie Informationsträger anderer Art, zu denen allerdings nicht die Akten des anhängigen Strafverfahrens zählen. Diese sind nach §§ 163 Abs. 2, 199 Abs. 2 S. 2 vorzulegen. Auch Geld kann im Verfahren als Augenscheinsobjekt dienen, wobei hier meist keine Beweisbedeutung hinsichtlich des konkreten Objekts vorliegt, es sei denn, es kommt auf die konkreten Geldscheine an.[39]

13 Der Wortsinn des § 94 gestattet es darüber hinaus, auch **nichtkörperliche Gegenstände** in den Anwendungsbereich der Norm einzubeziehen.[40] Dazu gehören **elektronisch (digital) gespeicherte Informationen und Kommunikationsdaten,** die auf einem Mobiltelefon, Computer oder auf einem sonstigen Datenträger gespeichert sind.[41] Außerdem umfasst die Vorschrift **E-Mails** (und Nutzerkonten bei **sozialen Netzwerken,** zB ein Facebook-Account, → Rn. 31),[42] die sich nach Abschluss der Telekommunikation im Herrschaftsbereich des Absenders oder nach Ankunft beim Empfänger, bereits in dessen Herrschaftsbereich befinden bzw. dort gespeichert sind.[43] § 94 umfasst zudem E-Mails, die auf einem Server beim Provider gespeichert sind.[44] Ein offener Zugriff auf diese Daten ist auf Grundlage der

---

[29] KK/*Greven* Rn. 3.

[30] BVerfG 18.2.2003 – 2 BvR 372/01, NStZ-RR 2003, 176 (177); BVerfG 12.4.2005 – 2 BvR 1027/02, BVerfGE 113, 29 = NJW 2005, 1917 (1920); LG Köln 11.8.1994 – 112 Qs 2/94, NStZ 1995, 54; SK-StPO/*Wohlers* Rn. 20; Löwe/Rosenberg/*Schäfer,* 25. Aufl. Rn. 14; KK/*Greven* Rn. 3; *Bär* S. 240 ff.; *Götz-Leible* S. 194; *Graulich* wistra 2009, 299; *Janssen* S. 5 f.; *Kudlich* JA 2000, 227 (229); *Lemcke* S. 19; *Meier/Böhm* wistra 1992, 166; *Möhrenschläger* wistra 1991, 321 (329); *Schlegel* HRRS 2008, 23 (24); *Störing* S. 68 ff.

[31] BVerfG 18.2.2003 – 2 BvR 372/01, NStZ-RR 2003, 176 (177).

[32] *Kemper* NStZ 2005, 538; *Eisenberg* Beweisrecht Rn. 2324.

[33] KK/*Greven* Rn. 4.

[34] BVerfG 18.1.1994 – 2 BvR 1912/93, NStZ 1994, 246; HK-StPO/*Gercke* Rn. 12.

[35] Zur Verwertbarkeit einer zur Operationsvorbereitung entnommenen Blutprobe im Strafverfahren vgl. OLG Celle 14.3.1989 – 1 Ss 41/89, NStZ 1989, 385; OLG Zweibrücken 14.5.1993 – 1 Ss 58/93, NJW 1994, 810; krit. *Hauf* NStZ 1993, 457.

[36] SK-StPO/*Wohlers* Rn. 20; HK-StPO/*Gercke* Rn. 12.

[37] KK/*Greven* Rn. 5; HK-GS/*Hartmann* Rn. 2.

[38] BGH 18.3.1992 – 1 BGs 90/92 – 2 BJs 186/91-5, BGHSt 38, 237 = NJW 1992, 1973 mAnm *Amelung* NStZ 1993, 48; Thüringer OLG v. 20.11.2000 – 1 Ws 313/00, StV 2002, 63 (64) mAnm *Hohmann* wistra 2001, 196 (197); LG Potsdam 26.9.2006 – 21 Qs 127/06, wistra 2007, 193 (194); *Arloth* NStZ 1993, 467; *Ciolek-Krepold* Rn. 325.

[39] HK-StPO/*Gercke* Rn. 14.

[40] BVerfG 25.7.2007 – 2 BvR 2282/06, NJW 2007, 3343; BVerfG 16.6.2009 – 2 BvR 902/06, BVerfGE 124, 43 = NJW 2009, 2431; *Obenhaus* NJW 2010, 651.

[41] BVerfG 12.4.2005 – 2 BvR 1027/02, BVerfGE 113, 29 = NJW 2005, 1917; BVerfG 2.3.2006 – 2 BvR 2099/04, NJW 2006, 976; BVerfG 16.6.2009 – 2 BvR 902/06, NJW 2009, 2434; BGH 24.11.2009 – StB 48/09, NJW 2010, 1297; *Kutzner* NJW 2005, 2652; *Matzky* S. 7 ff., 208 ff.; *Lemcke* S. 20 ff.; *Böckenförde* S. 274 ff.; aA HK-StPO/*Gercke* Rn. 18, der auf den entsprechenden Datenträger bei der Beschlagnahme zurückgreifen will.

[42] AG Reutlingen 31.10.2011 – 5 Ds 43 Js 18155/10, CR 2012, 193; Meyer-Goßner *(Schmitt)* Rn. 16b.

[43] BeckOK-StPO/*Ritzert* Rn. 1.

[44] BVerfG 16.6.2009 – 2 BvR 902/06, BVerfGE 124, 43 = NJW 2009, 2431; *Kasiske* StraFo 2010, 228; *Brandt/Kukla* wistra 2010, 415.

§§ 94, 98 nach der Rspr. auch dann möglich, wenn es um die Aufklärung von Tatvorwürfen geht, die nicht im Katalog des § 100a enthalten sind.[45] Die Anordnung der Beschlagnahme des gesamten auf dem Mailserver des Providers gespeicherten E-Mail-Bestands eines Beschuldigten verstößt allerdings regelmäßig gegen das Übermaßverbot (→ Rn. 32.).[46] Zu den beschlagnahmefähigen Daten gehören schließlich beim Provider gespeicherte Verkehrsdaten, Bestands- und Nutzungsdaten bei Telemediendiensten (§ 14 Abs. 1 TMG, § 15 Abs. 1 TMG) und Inhalts- und Verkehrsdaten (§ 3 Nr. 30 TKG), die nach Abschluss des Kommunikationsvorgangs nicht beim Telekommunikationsdiensteanbieter erhoben werden (§ 100g Abs. 3; vgl. zur Bestandsdatenauskunft auch § 100j).[47] Können im Rahmen eines Ermittlungsverfahrens sichergestellte Daten nicht ausgewertet werden, weil die von einem der Beschuldigten verwendete Software nur serverunterstützt funktioniert, ist – unabhängig von der Frage, ob es sich hierbei um ein bloßes technisches Hilfsmittel oder ein mittelbares Beweismittel handelt – die Beschlagnahme einer Spezialsoftware sowie eines hierzu gehörenden Benutzerhandbuchs und einer Freischaltdiskette beim Vertreiber der Software zulässig, falls die Herausgabe nicht freiwillig erfolgt.[48]

b) Potentielle Beweisbedeutung für die Untersuchung. Dem Beweismittel muss 14
für die betreffende Untersuchung unmittelbar oder mittelbar eine potentielle Beweisbedeutung zukommen, da die Maßnahme ausschließlich der Sicherung des zu erwartenden gerichtlichen Verfahrens dient.[49] Bei Vorliegen der potentiellen Beweisbedeutung ist der Gegenstand mit Blick auf das Legalitätsprinzip sicherzustellen.

aa) Beweismittel. Als Beweismittel sind alle beweglichen und unbeweglichen Sachen 15
anzusehen, die unmittelbar oder mittelbar für die den Gegenstand des Straf- oder Ermittlungsverfahrens bildende Tat oder die Umstände ihrer Begehung potentiell Beweis erbringen können.[50] Zu den Beweismitteln zählen Gegenstände, die durch ihr Vorhandensein, ihre Beschaffenheit, durch ihren geistigen Inhalt oder durch Spuren der Tat (sog Beweismittelträger) dazu geeignet sind, die Überzeugung von der Wahrheit eines bestimmten geschichtlichen Vorgangs zu begründen, zu festigen, zu erschüttern oder zu widerlegen.[51]

bb) Untersuchung. Die Untersuchung umfasst das gesamte Strafverfahren von der Ein- 16
leitung des Ermittlungsverfahrens bis zu seinem rechtskräftigen Abschluss.[52] Im OWi-Verfahren sind die Vorschriften §§ 94 ff. entsprechend anzuwenden (§ 46 OWiG).

Die Untersuchung beginnt regelmäßig mit der **Einleitung des Ermittlungsverfah-** 17
rens. Dafür ist ein Anfangsverdacht iSd § 152 Abs. 2 erforderlich, also eine ausreichende Tatsachengrundlage, aus der sich die Möglichkeit der Tatbegehung durch den Beschuldigten, der namentlich noch nicht bekannt sein muss, ergibt, ohne dass es auf eine erhöhte

---

[45] BVerfG 16.6.2009 – 2 BvR 902/06, BVerfGE 124, 43 = NJW 2009, 2431. Krit. SK-StPO/*Wohlers* Rn. 27; *Gaede* StV 2009, 96 ff.; BGH 31.3.2009 – 1 StR 76/09, NJW 2009, 1828 stellte noch auf § 99 mit der Begründung ab, dass die Beschlagnahme von E-Mails beim Provider vergleichbar mit der Beschlagnahme anderer Mitteilungen ist, welche sich zumindest vorübergehend bei einem Post- oder Telekommunikationsdienstleister befinden, zB von Telegrammen, welche gleichfalls auf dem Telekommunikationsweg dorthin übermittelt wurden.

[46] Vgl. auch BGH 24.11.2009 – StB 48/09, NJW 2010, 1297; HK-GS/*Hartmann* Rn. 2.

[47] BVerfG 13.11.2010 – 2 BvR 1124/10, ZUM-RD 2011, 396; zur Sicherstellung der Festplatte beim Provider zum Nachweis des vom Beschuldigten dort betriebenen Webseed-Servers LG Saarbrücken 23.4.2009 – 2 Qs 9/09, MMR 2010, 205; BeckOK-StPO/*Ritzert* Rn. 1.

[48] LG Trier 16.10.2003 – 5 Qs 133/03, NJW 2004, 869.

[49] BGH 7.9.1956 – StB 28/56, BGHSt 9, 351 (355).

[50] BVerfG 1.10.1987 – 2 BvR 1178/86, NJW 1988, 890 (894); BVerfG 13.12.1994 – 2 BvR 894/94, wistra 1995, 139 (140); BVerfG 13.1.1999 – 2 BJs 71/93 – 2 StB 14/98, StV 1999, 183 (183/184); BVerfG 12.4.2005 – 2 BvR 1027/02, BVerfGE 113, 29 = NJW 2005, 1917; BGH 24.11.1995 – StB 84/95, BGHSt 41, 363 (364) = NJW 1996, 532; BGH 22.10.1999 – StB 13/99, BGHR StPO § 94 Beweismittel 5; OLG München 5.12.1977 – 1 Ws 1309/77, NJW 1978, 601; OLG Hamm 11.5.1989 – 2 Ws 237/89, wistra 1989, 359.

[51] KK-OWiG/*Wache* Vorbemerkungen Rn. 70.

[52] KK/*Greven* Rn. 12.

Wahrscheinlichkeit ankommt. Eine bloße Vermutung reicht hierfür nicht aus.[53] Aus den Umständen, die den Anfangsverdacht begründen, muss sich noch keine genaue Tatkonkretisierung ergeben.[54] Die Sicherstellung kann die erste Maßnahme des Ermittlungsverfahrens sein.[55] Nicht zulässig ist eine **Beschlagnahme zur Ausforschung,** die erst dem Ziel dient, aus den beschlagnahmten Gegenständen Anhaltspunkte für die Einleitung eines Ermittlungsverfahrens zu gewinnen, auch wenn die angenommene Tat in Idealkonkurrenz mit einer Straftat stehen könnte, wegen der bereits ermittelt wird.[56] Eine Beschlagnahme und andere strafprozessuale Zwangsmaßnahmen sind im sog Vorermittlungsverfahren nicht zulässig.[57] Ist eine Relevanz für die Untersuchung von Anfang an auszuschließen, ist die Sicherstellung oder Beschlagnahme nicht statthaft, zB wenn die der Beschlagnahmeentscheidung zugrunde gelegte Strafvorschrift verfassungswidrig ist.[58]

18 Die Untersuchung endet durch den **rechtskräftigen Abschluss des Strafverfahrens.** Dazu gehören ein rechtskräftiges Sach- oder Einstellungsurteil, ein rechtskräftiger Strafbefehl oder ein Einstellungsbeschluss nach § 206a oder § 206b.[59] Wird das Verfahren vorläufig eingestellt, bleibt die Sicherstellung oder Beschlagnahme bis zur endgültigen Einstellung des Verfahrens zulässig. Da das Verfahren bei einer Einstellung gemäß § 153, § 170 Abs. 2 und § 205 grds. jederzeit wieder aufgenommen werden kann, sind ebenfalls Maßnahmen nach § 94 möglich.[60] Bei einer Einstellung nach § 153 Abs. 2 ist die beschränkte Rechtskraftwirkung zu beachten, die ggf. einer Sicherstellung oder Beschlagnahme entgegen steht. Im Falle einer Einstellung nach § 153a endet die Untersuchung bei fristgemäßer Erfüllung von Weisungen und Auflagen, weil erst dadurch ein endgültiges Verfahrenshindernis entsteht. Bei einer Einstellung nach § 154 Abs. 1 kann hingegen das Verfahren bei Vorliegen eines sachlichen Grundes bis zum Eintritt der Verjährung jederzeit wieder aufgenommen werden. Anders im Falle einer gerichtlichen Einstellung nach § 154 Abs. 2. Hier ist § 154 Abs. 3 und 4 zu beachten. Der Wiederaufnahmebeschluss ist auch nach Ablauf der Drei-Monatsfrist zulässig, wenn sich herausstellt, dass das eingestellte Verfahren ein Verbrechen zum Gegenstand hat.[61] Solange daher eine Wiederaufnahme des Verfahrens möglich ist, ist eine Sicherstellung oder Beschlagnahme bis zum Zeitpunkt der Verjährung zulässig.[62] Im Falle des § 154a tritt mit rechtskräftigem Abschluss des betreffenden Verfahrens Strafklageverbrauch ein, da die Rechtskraft sich auch auf die ausgeschiedenen Teile der Tat und Rechtsverletzungen erstreckt.[63] In der Revisionsinstanz bleibt die Sicherstellung wegen der Möglichkeit der Zurückweisung zulässig (§ 354 Abs. 2).[64]

19 Beweismittel dürfen grds. nur bis zum rechtskräftigen Abschluss des Verfahrens, nicht jedoch im Anschluss daran zur Sicherstellung der **Strafvollstreckung** beschlagnahmt werden. Daher sind Beschlagnahmeanordnungen während der Bewährungszeit zwecks Überwachung der Lebensführung, bspw. von Kontounterlagen zur Anpassung einer Bewährungsauflage an das tatsächliche Leistungsvermögen des Verurteilten, unzulässig.[65] Nach dem rechtskräftigen

---

[53] BVerfG 23.1.2004 – 2 BvR 766/03, NStZ-RR 2004, 143; OLG München 11.10.2011 – 1 U 708/11, juris.

[54] BVerfG 7.5.2001 – 2 BvR 2013/00, juris; BVerfG 16.6.2009 – 2 BvR 902/06, BVerfGE 124, 43 = NJW 2009, 2431 (2435); OLG Frankfurt a. M. 21.6.2005 – 3 Ws 499/05, 3 Ws 501/05, NStZ-RR 2005, 270.

[55] OLG München 11.10.2011 – 1 U 708/11; OLG Celle 23.11.1962 – 3 Ws 280/62, NJW 1963, 406.

[56] BGH 28.6.2001 – 1 StR 198/01, NStZ 2001, 604 (606); LG Köln 31.8.1982 – 117 Qs 11/82, StV 1983, 56; LG Potsdam 26.9.2006 – 21 Qs 127/06, wistra 2007, 193 (194/195); HK-StPO/*Gercke* Rn. 31.

[57] BeckOK-StPO/*Ritzert* Rn. 4.

[58] BVerfG 29.6.2009 – 2 BvR 174/05 und 2 BvR 1499/05, juris; BVerfG 9.7.2009 – 2 BvR 1119/05, 2 BvR 1120/05 und 2 BvR 1497/05, NVwZ 2009, 1281.

[59] SK-StPO/*Wohlers* Rn. 17.

[60] Vgl. auch HK-GS/*Hartmann* Rn. 4; teilweise aA SK-StPO/*Wohlers* Rn. 17.

[61] BGH 12.6.1985 – 3 StR 35/85, BGHSt 33, 234 = NStZ 1986, 36.

[62] BeckOK-StPO/*Ritzert* Rn. 4.

[63] Meyer-Goßner § 154 Rn. 28.

[64] OLG Hamm – JMBlNW 1976, 118.

[65] KG 5.5.1999 – 2 AR 26-99 – 3 Ws 116-99, NJW 1999, 2979.

Abschluss des Verfahrens ist im Vollstreckungsverfahren eine Sicherstellung oder Beschlagnahme nach § 457 Abs. 2 nur möglich, wenn es um Gegenstände geht, die der Ergreifung des flüchtigen Verurteilten, nicht aber der Beweissicherung dienen (§ 457 Abs. 3 S. 1). Dabei ist, insbesondere hinsichtlich der Dauer der (noch) zu vollstreckenden Freiheitsstrafe, der Grundsatz der Verhältnismäßigkeit zu beachten (Abs. 3 S. 2; § 34 Abs. 2 StVollstrO). Zuständig für die Maßnahme ist das Gericht des ersten Rechtszugs (§ 457 Abs. 3 S. 3).

Der Begriff Untersuchung umfasst auch das **Sicherungs-** (§ 413 ff.), das **Einziehungs-** (§ 440 ff.) und das **erhobene Privatklageverfahren** (§ 374 ff.). Dagegen ist eine Sicherstellung von Beweismitteln zur Vorbereitung des Privatklageverfahrens nicht möglich.[66] Zulässig ist allerdings die Sicherstellung im **Wiederaufnahmeverfahren,**[67] auch zu dessen Vorbereitung, es sei denn, dass für eine Wiederaufnahme offensichtlich keine Anhaltspunkte vorliegen.[68] 20

cc) Potentielle Beweisbedeutung. Für die betreffende Untersuchung kommt dem Gegenstand dann eine potentielle Beweisbedeutung zu, wenn er für den weiteren Fortgang des Verfahrens erforderlich ist.[69] Es besteht kein Unterschied zwischen Beweismitteln, die sich auf den Nachweis des Tatvorwurfs beziehen und solchen, die in anderer Weise für die Sicherung des Strafverfahrens bestimmt sind. Ausreichend ist die Erwartung im Sinne einer ex ante-Prognose,[70] dass der Gegenstand Schlussfolgerungen auf verfahrensrelevante Tatsachen zulässt. Dazu dienen Beweisstücke, die über die innere Einstellung des Beschuldigten Aufschluss geben[71] oder als Indiz von Bedeutung sind,[72] ferner solche, die zwar für die Aufklärung des objektiven Tatbestandes oder die Schuldfrage ohne Bedeutung sind, aber die Strafzumessung oder den sonstigen Rechtsfolgenausspruch beeinflussen können.[73] Es genügt bereits, wenn der Beweisgegenstand für den Fortgang der Untersuchung bedeutsam sein könnte,[74] bspw. durch Sicherstellung von Urkunden wegen Aktenverlustes, bei der Ermittlung des Aufenthaltsortes des gesuchten Beschuldigten oder bei der Anordnung und Fortdauer der Untersuchungshaft.[75] Das gilt auch für die Beschlagnahme von Gegenständen, die die Flucht- oder Verdunkelungsgefahr begründen können. Es kommt nicht darauf an, ob der Gegenstand später tatsächlich als Beweismittel beweiserheblich wird,[76] da die konkrete Entwicklung des Verfahrens in der Praxis zumeist nicht vorhersehbar ist. Steht jedoch die fehlende Beweisbedeutung im Zeitpunkt der Anordnung bereits sicher fest, ist eine Beschlagnahme ausgeschlossen.[77] 21

Die Sicherstellung ist wegen fehlender Beweisbedeutung unzulässig, wenn von vornherein ein **nicht behebbares Verfahrenshindernis** vorliegt,[78] insbesondere wenn abzusehen ist, dass es nicht zum gerichtlichen (auch nicht zum objektiven) Verfahren kommt, somit keine 22

[66] Meyer-Goßner § 383 Rn. 4; BeckOK-StPO/*Ritzert* Rn. 5.

[67] Löwe/Rosenberg/*Schäfer,* 25. Aufl. Rn. 22; *Schäfer* wistra 1984, 136.

[68] Meyer-Goßner (*Schmitt*) Rn. 9; BeckOK-StPO/*Ritzert* Rn. 45.

[69] HK-StPO/*Gercke* Rn. 33.

[70] BVerfG 1.10.1987 – 2 BvR 1178/86 ua, BVerfGE 77, 1 = NJW 1988, 890; BVerfG 13.12.1994 – 2 BvR 894/94, NJW 1995, 2839; BGH 5.1.1979 – 1 BJs 226/78/StB 246/78, NStZ 1981, 94; BGH 13.1.1999 – StB 14/98, StV 1999, 183; BGH 24.11.1995 – StB 84/95, BGHSt 41, 363 = NJW 1996, 532.

[71] BGH bei *Schmidt* MDR 1984, 183 (186).

[72] OLG Bremen 5.2.1962 – Ws 36/62, NJW 1962, 649.

[73] BVerfG 1.10.1987 – 2 BvR 1178/86 ua, BVerfGE 77, 1 = NJW 1988, 890; BVerfG 16.8.1994 – 2 BvR 983, 1258/94, NJW 1995, 385.

[74] OLG Bremen 5.2.1962 – Ws 36/62, NJW 1962, 649; OLG Düsseldorf v. 30.5.1979 – 1 Ws 332/79, JMBlNW 1979, 226; *Rebmann*, FS Pfeiffer, 1988, 225 ff., Rn. 11.

[75] OLG Düsseldorf 2.9.1993 – 3 Ws 466/93, NJW 1993, 3278; OLG Hamburg 14.10.1966 – 2 Ws 334/66, NJW 1967, 166; krit. Radke/Hohmann/*Joecks* Rn. 13.

[76] BVerfG 1.10.1987 – 2 BvR 1178/86 ua, BVerfGE 77, 1 = NJW 1988, 890; BGH 6.4.1962 – 2 StR 9/62, JZ 1962, 609; BGH 12.2.1962 – III ZR 204/60, JZ 1962, 609; VerfGH Berlin 28.6.2001 – 100/00, JR 2002, 496 (499); OLG Düsseldorf 4.2.1983 – 2 Ws 905/82, StV 1983, 407; Meyer-Goßner *(Schmitt)* Rn. 6.

[77] BGH, bei *Schmidt* MDR 1981, 89 (93).

[78] SK-StPO/*Wohlers* Rn. 16; Löwe/Rosenberg/*Schäfer,* 25. Aufl. Rn. 23, 31; KK/*Greven* Rn. 10; Meyer-Goßner *(Schmitt)* Rn. 7.

Sachentscheidung ergehen wird,[79] oder bspw. die Immunität eines Abgeordneten nicht aufgehoben wird.[80] Ist zu erwarten, dass die nach § 353b Abs. 4 StGB berechtigten Behörden im Falle des Geheimnisverrats die erforderliche Ermächtigung zur Strafverfolgung nicht erteilen werden, hat die Maßnahme ebenfalls zu unterbleiben (Nr. 212 Abs. 1 RiStBV). Die Entscheidung über die Ermächtigung ist vor einer Sicherstellung oder Beschlagnahme bei der zuständigen Stelle einzuholen.[81] In Eilfällen gilt Nr. 209 Abs. 2 S. 4, 212 Abs. 1 S. 2 RiStBV. Sind die **Verfahrenshindernisse noch behebbar,** zB wenn ein Strafantrag (§ 77 StGB), eine Ermächtigung zur Strafverfolgung (§ 77e StGB, §§ 353a Abs. 2, 353b Abs. 6 StGB) oder ein Strafverlangen (§ 104a StGB) noch beschafft werden können, darf die Sicherstellung oder Beschlagnahme angeordnet und durchgeführt werden. Stellt sich später heraus, dass die fehlenden Strafverfahrensvoraussetzungen nicht mehr herbeigeführt werden können, ist die Beschlagnahme unverzüglich aufzuheben.[82]

23 **2. Verhältnismäßigkeit.** Der Grundsatz der Verhältnismäßigkeit erfordert, dass die Maßnahme zur Erreichung des angestrebten Ziels geeignet und erforderlich sein muss und dass der mit ihr verbundene Grundrechtseingriff nicht außer Verhältnis zur Bedeutung der Sache und zur Stärke des bestehenden Tatverdachts steht (Übermaßverbot).[83]

24 Eine **Bagatellstraftat,** eine **geringe Beweisbedeutung** der zu beschlagnahmenden Objekte sowie die **Vagheit des Anfangsverdachts** können der Verhältnismäßigkeit im Einzelfall entgegenstehen. Besteht kein konkreter Tatverdacht gegen bestimmte Beschuldigte, verletzt bspw. die Beschlagnahme von Klientenakten einer Suchtberatungsstelle (§ 203 Abs. 1 Nr. 4 StGB) den Grundsatz der Verhältnismäßigkeit, wenn sie sich lediglich auf den allgemeinen Verdacht stützt, dass sich Klienten der Beratungsstelle durch Erwerb und Besitz von Betäubungsmitteln strafbar gemacht und solche Mittel illegal bezogen haben.[84]

25 Im Rahmen der Abwägung ist zu berücksichtigen, dass die **Interessen von Verletzten und anderen Unbeteiligten** bei der Abwägung mehr ins Gewicht fallen als die des Beschuldigten,[85] da Eingriffe in Rechte Unverdächtiger in besonderer Weise rechtfertigungsbedürftig sind.[86] Grundrechte und Grundrechtsbegrenzungen sind stets in ein angemessenes Verhältnis zu bringen.[87]

26 Die Beschlagnahme ist unverhältnismäßig, wenn **geeignete mildere Maßnahmen,** vor allem die (schriftliche) Auskunftserteilung durch Banken oder Behörden, zur Verfügung stehen.[88] Die Möglichkeit eines **Auskunftsverlangens** steht im Ermessen der Strafverfolgungsbehörde und ist nur bei vertrauenswürdig eingestuften Institutionen sachgerecht. Der Gegenstand darf in diesem Fall nicht als Beweismittel benötigt werden.[89] Ein Auskunftsersuchen kann auch auf die §§ 161, 161a gestützt werden. Ggf. kann damit eine Durchsuchung nach § 103 vermieden werden.[90] Das **„Bankgeheimnis"** gilt im Strafverfahren nicht, da es sich lediglich um eine privatrechtliche Vereinbarung zwischen der Bank und dem Kunden

---

79 BGH 7.9.1956 – 1 BJs 182/55, NJW 1956, 1805 (1806); LG Lüneburg 28.3.2011 – 26 Qs 45/11, NJW 2011, 2225.

80 BVerfG 17.12.2001 – 2 BvE 2/00, NJW 2002, 1111.

81 BGH 14.12.1977 – 1 BJs 91/77 – StB 255/77, BGHSt 27, 307 = NJW 1978, 431.

82 KK/*Greven* Rn. 10.

83 BVerfG 3.9.1991 – 2 BvR 279/90, NStZ 1992, 91 (92); BVerfG 12.4.2005 – 2 BvR 1027/02, BVerfGE 113, 29 = NJW 2005, 1917 (1920); BVerfG 2.3.2006 – 2 BvR 2099/04, BVerfGE 115, 166 = NJW 2006, 976 (980 ff.); BVerfG 16.6.2009 – 2 BvR 902/06, BVerfGE 124, 43 = NJW 2009, 2431 (2434 ff.); BVerfG 10.12.2010 – 1 BvR 2020/04, NJW 2011, 1863 (1864); BGH 23.10.2008 – StB 18/08, NStZ-RR 2009, 56.

84 BVerfG 24.5.1977 – 2 BvR 988/75, BVerfGE 44, 353 = NJW 1977, 1489; LG München I – 8 Qs 22/95, 8 Qs 32/95, 8 Qs 33/95, 8 Qs 34/95, StV 1996, 141.

85 Meyer-Goßner *(Schmitt)* Rn. 18; *Ellbogen/Erfurth* CR 2008, 635 (638).

86 OLG Koblenz 19.6.2006 – 1Ws 385/06, NStZ 2007, 285.

87 BVerfG 12.4.2005 – 2 BvR 1027/02, BVerfGE 113, 29 = NJW 2005, 1917 (1921).

88 BVerfG 29.2.2012 – 2 BvR 1954/11, NJW 2012, 2096.

89 SK-StPO/*Wohlers* Rn. 36 f.

90 Radtke/Hohmann/*Joecks* Rn. 23; *Welp*, FS Bemmann, 626 (648).

handelt.[91] In diesem Zusammenhang ist zu beachten, dass in Belange unbeteiligter Dritter so wenig wie möglich eingegriffen werden darf.[92] Besteht der konkrete Verdacht, im Betrieb der Bank sei systematisch Beihilfe zur Steuerhinterziehung geleistet worden, kann allerdings auch eine umfassende Beschlagnahme von Bankunterlagen erforderlich und damit zulässig sein.[93]

Die Unverhältnismäßigkeit der Maßnahme kann sich in Fällen ergeben, in denen der Strafverfolgungsbehörde andere Beweismittel im ausreichenden Maße zur Verfügung stehen. (Beglaubigte) **Fotokopien** erfüllen den Beweiszweck in der Regel ebenso wie Originale.[94] Unverhältnismäßig ist somit die Beschlagnahme eines weiteren Schreibens für die Gewinnung des für ein Schriftgutachten notwendigen Vergleichsmaterials, wenn schon ein handschriftliches Originalschreiben vorliegt, das für die Untersuchung geeignet ist.[95] 27

Der Umfang der Beschlagnahme ist durch das **Ziel der Beweissicherung** auf eine vertretbare Menge zu beschränken. Das heißt, dass bei der Beschlagnahme von Schriften, Büchern oder Filmen meist nur eine begrenzte Anzahl von Exemplaren für die Untersuchung erforderlich ist. Die Beschlagnahme des gesamten Bestandes eines Betriebes mit dem Ziel der Beweissicherung wäre dann nicht verhältnismäßig.[96] Eine weitergehende Beschlagnahme kann nach § 111b erfolgen. Besondere Anforderungen sind auch an die **Auswirkungen** der Sicherstellung und Beschlagnahme zu stellen, wenn der Betroffene das sichergestellte Material zur Fortführung seines Betriebes dringend benötigt und bei der weiteren Durchsicht erhebliche Nachteile entstehen, auf der anderen Seite aber nur ein vager Verdacht vorliegt, dass das gesuchte Beweismittel sich unter den mitgenommenen Gegenständen befindet.[97] 28

Werden **umfangreiche Aktenbestände** beschlagnahmt, kann der Grundsatz der Verhältnismäßigkeit eine zeitnahe Durchsicht (vgl. hierzu auch § 110) und die Aussonderung der sichergestellten Akten erfordern, denen offensichtlich keine Beweisbedeutung zukommt.[98] Die Beschlagnahme der **gesamten Computeranlage** kann zu erheblichen Beeinträchtigungen des Geschäftsbetriebes führen und deshalb unverhältnismäßig sein.[99] Unter Umständen droht einem Betrieb die vollständige Lahmlegung der Buchhaltung.[100] Im Rahmen der Abwägung ist ein möglicher Eingriff in Art. 14 Abs. 1 GG zu berücksichtigen.[101] Insbesondere bei geständigen Beschuldigten ist zu prüfen, ob die Anfertigung von Kopien, bspw. Geschäftsunterlagen des Schuldners beim (unverdächtigen) Insolvenzverwalter,[102] für den Beweiszweck ausreichend ist.[103] In diesem Fall werden die Originalunterlagen nach Herstellung der Kopien, die anschließend zu beschlagnahmen sind, wieder zurückgegeben. Bestehen Anhaltspunkte dafür, dass sich auf dem Datenträger verborgene oder verschlüsselte Dateien befinden, ist die Beschlagnahme des Originaldatenträgers unerlässlich.[104] Der Verhältnismäßigkeitsgrundsatz erfordert es nicht, dem Beschuldigten kostenlos Fotokopien zu überlassen, wenn die Originalurkunden als Beweismittel unentbehrlich 29

[91] *Reichling* JR 2011, 12 (13); *Bittmann* wistra 1990, 325.
[92] HK-StPO/*Gercke* Rn. 54.
[93] BVerfG 13.12.1994 – 2 BvR 894/94, NJW 1995, 2839.
[94] HK-StPO/*Gercke* Rn. 50.
[95] BGH 23.10.2008 – StB 18/08, NStZ-RR 2009, 56.
[96] OLG Frankfurt a. M. – 3 Ws 236/73, NJW 1973, 2073 (2074); KK/*Greven* Rn. 14.
[97] BGH 23.11.1987 – I BJs 55/81-4 – I BGs 517/87, StV 1988, 90.
[98] LG Dresden 18.10.2002 – 5 Qs 82/2002, NStZ 2003, 567; SK-StPO/*Wohlers* Rn. 43.
[99] *Kemper* PStrR 2006, 136 (139).
[100] LG Aachen 14.6.2000 – 65 Qs 60/00, StV 2000, 548; HK-StPO/*Gercke* Rn. 56, der zwischen beruflicher und privater Betroffenheit unterscheidet.
[101] SK-StPO/*Wohlers* Rn. 45.
[102] LG Berlin 9.4.2008 – 523 Qs 35/08, ZInsO 2008, 865; LG Neubrandenburg 9.11.2009 – 8 Qs 190/09, NJW 2010, 691.
[103] BVerfG 11.7.2008 – 2 BvR 2016/06, NJW 2009, 281; OLG Hamburg 14.10.1966 – 2 Ws 334/66, NJW 1967, 166; OLG München 5.12.1977 – 1 Ws 1309/77, NJW 1978, 601; *Beck/Kreißig* NStZ 2007, 304 (309): Insbesondere bei geständigen und kooperierenden Tätern kann es genügen, vor Ort die auf dem PC gespeicherten Daten zu kopieren oder aber nur die betreffende Festplatte zu beschlagnahmen.
[104] HK-GS/*Hartmann* Rn. 6.

sind.[105] Ihm ist jedoch zu gestatten, Fotokopien auf eigene Kosten anfertigen zu lassen.[106] Die für die Herstellung von Ablichtungen und Abschriften entstehenden Personal- und Sachkosten sind nicht erstattungsfähig. Das JVEG ist insoweit nicht einschlägig.

30 Speziell bei der Durchsuchung, Sicherstellung und Beschlagnahme von **Datenträgern** und **Datenmengen** ist dem Verhältnismäßigkeitsgrundsatz in besonderer Weise Rechnung zu tragen.[107] Der Zugriff auf überschießende, für das Verfahren bedeutungslose Informationen und vertrauliche Daten Dritter ist im Rahmen des Vertretbaren zu vermeiden.[108] Es ist abzuwägen, ob eine Sicherstellung des Datenträgers und der darauf vorhandenen Daten für den konkreten Beweiszweck überhaupt erforderlich ist. Der dauerhafte Zugriff auf den gesamten Datenbestand ist nicht gefordert, wenn die Sicherstellung der beweiserheblichen Daten auf eine andere, weniger belastende Weise möglich ist.

Die besondere Schutzbedürftigkeit der von einem überschießenden Datenzugriff mitbetroffenen Vertrauensverhältnisse ist ausdrücklich zu beachten.[109] Der eingriffsintensive Zugriff auf Datenträger etwa bei Ärzten,[110] Rechtsanwälten und Steuerberatern als **Berufsgeheimnisträgern**[111] bedarf im Einzelfall einer regulierenden Beschränkung. Bei der gemeinsamen Nutzung einer EDV-Anlage durch mehrere Sozien bietet sich, wenn möglich, eine auf den betreffenden Berufsgeheimnisträger bezogene (mittels einer Zugriffsbeschränkung gesicherte) themen-, zeit-, mandanten- oder mandatsbezogene Beschlagnahme der Daten an. Zu prüfen ist in jedem Verfahrensabschnitt auch, inwieweit die Erstellung einer (Teil-) Kopie der verfahrenserheblichen Daten, das Löschen oder die Herausgabe der für das Verfahren irrelevanten Daten in Betracht kommt.[112]

31 Die Grundsätze, die für die Beschlagnahme von Datenträgern gelten, sind in entsprechender Weise auf die (offene) Beschlagnahme von auf dem **Mailserver des Providers** zwischen- oder endgespeicherten **E-Mails** und von **Daten eines Nutzerkontos bei sozialen Netzwerken** anzuwenden, die stets auch an Art. 10 Abs. 1 GG zu messen sind.[113] Der Grundrechtsschutz endet grds. erst im Herrschaftsbereich des Empfängers. Demgegenüber ist der zugangsgesicherte Kommunikationsinhalt in einem E-Mail-Postfach, auf das der Nutzer nur über eine Internetverbindung zugreifen kann, durch das Fernmeldegeheimnis geschützt. Das Fernmeldegeheimnis knüpft an das Kommunikationsmedium an und will jenen Gefahren für die Vertraulichkeit begegnen, die sich gerade aus der Verwendung dieses Mediums ergeben, das einem staatlichen Zugriff leichter als die direkte Kommunikation unter Anwesenden ausgesetzt ist.[114] Dem Schutz der auf dem Mailserver des Providers gespeicherten E-Mails durch Art. 10 Abs. 1 GG steht nicht entgegen, dass während der Zeitspanne, in der die E-Mails auf dem Mailserver des Providers „ruhen", ihre Inhalte oder lediglich der Eingang vom Empfänger möglicherweise schon zur Kenntnis genommen worden sind. Soll die Maßnahme allerdings **verdeckt** erfolgen, dh der Betroffene soll gerade keine Kenntnis von der Beschlagnahme erhalten, kann sie nur auf § 100a gestützt werden

[105] BVerfG 18.2.2008 – 2 BvR 2697/07, juris; Meyer-Goßner *(Schmitt)* Rn. 18; aA BGH, bei *Schmidt* MDR 1988, 353 (358).

[106] LG Aachen 31.5.1989 – 63 Qs 131/89, MDR 1989, 1014; Meyer-Goßner *(Schmitt)* Rn. 18; aA HK-StPO/*Gercke* Rn. 50.

[107] *Korge* S. 124 ff.; *Spatscheck*, FS Hamm, 2008, 733 (737).

[108] BVerfG 12.4.2005 – 2 BvR 1027/02, BVerfGE 113, 29 = NJW 2005, 1917; BVerfG 11.7.2008 – 2 BvR 2016/06, NJW 2009, 281; BVerfG 16.6.2009 – 2 BvR 902/06, BVerfGE 124, 43 = NJW 2009, 2431; BGH 24.11.2009 – StB 48/09, NJW 2010, 1298.

[109] BVerfG 31.8.2010 – 2 BvR 223/10, BVerfGK 17, 550.

[110] SK-StPO/*Wohlers* Rn. 45; *Wasmuth* NJW 1989, 2297 (2300 f.); *Weyand* wistra 1990, 4 (6).

[111] BVerfG 17.7.2002 – 2 BvR 1027/02, BVerfGE 105, 365 = NJW 2002, 2458; BVerfG 12.4.2005 – 2 BvR 1027/02, BVerfGE 113, 29 = NJW 2005, 1917; BVerfG 11.7.2008 – 2 BvR 2016/06, NJW 2009, 281.

[112] BVerfG 25.7.2007 – 2 BvR 2282/06, NJW 2007, 3343 (3344); LG Konstanz 27.10.2006 – 4 Qs 92/06, MMR 2007, 193; *Beck/Kreißig* NStZ 2007, 304 (309); *Michalke* NJW 2008, 1490 (1492).

[113] BVerfG 16.6.2009 – 2 BvR 902/06, BVerfGE 124, 43= NJW 2009, 2431; *Klein* NJW 2009, 2996 (2998); Meyer-Goßner *(Schmitt)* Rn. 16b; → § 98 Rn. 21.

[114] BVerfG 14.7.1999 – 1 BvR 2226/94, 2420/95, 2437/95, BVerfGE 100, 313 (363).

(→ § 98 Rn. 21). Die gegenüber den Ermittlungsbehörden erfolgte Gewährung eines inhaltlich unbegrenzten **Gastzugangs durch den Provider** stellt sich für den Betroffenen, dessen Mailpostfach anschließend von den Ermittlungsbehörden heimlich ausgespäht wird, als verdeckte Ermittlungsmaßnahme dar, die nicht auf §§ 94 ff., sondern ebenfalls nur auf Grundlage von § 100a angeordnet werden kann.[115]

Zu beachten ist, dass die Anordnung der Beschlagnahme des gesamten auf dem Mailserver des Providers gespeicherten E-Mail-Bestands regelmäßig gegen das **Übermaßverbot** verstößt. Die Beschlagnahme sämtlicher gespeicherten Daten ist allenfalls dann verhältnismäßig, wenn konkrete Anhaltspunkte dafür vorliegen, dass der gesamte Datenbestand, auf den zugegriffen werden soll, für das Verfahren potenziell beweiserheblich ist. Bei einem E-Mail-Postfach ist daher zu differenzieren.[116] Soweit eine Unterscheidung der E-Mails nach ihrer potenziellen Verfahrenserheblichkeit vorgenommen werden kann, ist die Möglichkeit einer Trennung der potenziell beweiserheblichen von den restlichen E-Mails zu prüfen. Je nach den Umständen des Einzelfalls können für die Begrenzung des Zugriffs unterschiedliche, miteinander kombinierbare Möglichkeiten der materiellen Datenzuordnung in Betracht gezogen werden. Sie müssen, bevor eine endgültige Beschlagnahme sämtlicher E-Mails erwogen wird, ausgeschöpft werden. Bei der Suche nach ermittlungsrelevanten E-Mails ist auch eine Auswahl anhand bestimmter Übermittlungszeiträume oder Sender- und Empfängerangaben in Betracht zu ziehen. Eine Zuordnung der E-Mails nach ihrer Verfahrensrelevanz kann unter Umständen auch mit Hilfe geeigneter Suchprogramme erfolgen. Das gilt entsprechend bei der Beschlagnahme von Datenträgern.[117] Sofern die Umstände des jeweiligen strafrechtlichen Vorwurfs und die technische bzw. inhaltliche Erfassbarkeit des Datenbestands eine unverzügliche Zuordnung nicht erlauben, muss die **vorläufige Sicherstellung** größerer Teile oder gar des gesamten E-Mail-Bestands erwogen werden, an die sich eine Durchsicht gemäß **§ 110** zur Feststellung der potenziellen Beweiserheblichkeit und -verwertbarkeit der E-Mails anschließt, um im Anschluss an dieses Verfahrensstadium die endgültige Entscheidung über den erforderlichen und zulässigen Umfang der Beschlagnahme treffen zu können.[118] Es entspricht dem Zweck des § 110 im Rahmen des technisch Möglichen und Vertretbaren lediglich diejenigen Informationen einem dauerhaften und damit vertiefenden Eingriff zuzuführen, die verfahrensrelevant und verwertbar sind. Ist den Strafverfolgungsbehörden im Verfahren der Durchsicht unter zumutbaren Bedingungen eine materielle Zuordnung der verfahrenserheblichen E-Mails einerseits oder eine Löschung oder Rückgabe der verfahrensunerheblichen E-Mails an den Nutzer andererseits nicht möglich, steht der Grundsatz der Verhältnismäßigkeit jedenfalls unter dem Gesichtspunkt der Erforderlichkeit der Maßnahme einer Beschlagnahme des gesamten Datenbestands nicht entgegen. 32

Aufzuheben ist die Beschlagnahme, wenn die Fortdauer der Maßnahme, die Sichtung von Unterlagen oder die Auswertung eines beschlagnahmten PCs, **wegen Zeitablaufs** unverhältnismäßig ist.[119] Abzuwägen ist dabei der Umfang und die Komplexität des konkreten Ermittlungsvorganges sowie die Eingriffsintensität der Beschlagnahme. Ist die Auswertung der im Rahmen der Ermittlungsverfahren sichergestellten Gegenstände umfangreich und wegen des konspirativen Vorgehens der Tätergruppe schwierig und zeitraubend, bspw. in komplexen Wirtschaftsstrafsachen oder Verfahren im Bereich der organisierten Kriminalität oder des Staatsschutzes, ist im Einzelfall eine Beschlagnahme auch über einen längeren 33

[115] *Kelnhofer* StV 2011, 352; *Albrecht* jurisPR-ITR 19/2011 Anm. 5; aA LG Mannheim 12.10.2010 – 24 Qs 2/10. BeckRS 2011, 14306.

[116] BVerfG 12.4.2005 – 2 BvR 1027/02, BVerfGE 113, 29 = NJW 2005, 1917; BGH 24.11.2009 – StB 48/09, NJW 2010, 1297; vgl. zu den Methoden zur effizienten forensischen Sicherung von digitalen Speichermedien *Bäcker,* DVD 2010, 80.

[117] BVerfG 25.7.2007 – 2 BvR 2282/06, NJW 2007, 3343 (3344).

[118] BVerfG 16.6.2009 – 2 BvR 902/06, BVerfGE 124, 43= NJW 2009, 2431; BGH 24.11.2009 – StB 48/09, NJW 2010, 1297.

[119] LG Köln 17.5.2002 – 109 Qs 219/02, StV 2002, 413; LG Dresden 18.10.2002 – 5 Qs 82/2002, NStZ 2003, 567; LG Limburg 22.8.2005 – 5 Ws 96/05, StraFo 2006, 198; LG Kiel 19.6.2003 – 32 Qs 72/03, StraFo 2004, 93; LG München I 22.11.2002 – 14 Qs 200/02, NStZ-RR 2003, 142.

Zeitraum verhältnismäßig. Zu berücksichtigen ist, dass in der Praxis die Auswertung von Daten nicht nur automatisch mittels eines (digitalen) Schlagwortverzeichnisses, sondern oftmals händisch erfolgen muss, was bei großen Datenmengen oftmals sehr zeitintensiv sein kann. Eine zeitliche Verzögerung bei der Auswertung kann auch dann noch vertretbar sein, wenn technische Probleme, zB die Wiederherstellung beschädigter Festplatten, dafür ursächlich sind. Die Umstände, die im Einzelfall zu einer zeitlichen Verzögerung führen, sind, falls sie nicht offensichtlich vorliegen, aus Gründen der Gewährleistung eines effektiven Rechtsschutzes in der Akte zu dokumentieren.

34 Bei Beschlagnahmen in **Presse- oder Rundfunkunternehmen** sind im Rahmen der Prüfung der Verhältnismäßigkeit mögliche Beeinträchtigungen der Presse- und Rundfunkfreiheit (Art. 5 Abs. 1 S. 2 GG) auch dann zu beachten, wenn strafprozessuale, insbesondere pressebezogene Beschlagnahmeverbote nicht vorliegen.[120] Es ist dann eine Abwägung zwischen dem sich auf die konkret zu verfolgenden Taten beziehenden Strafverfolgungsinteresse und den Belangen der Rundfunkfreiheit vorzunehmen.[121] Sind bei einer Sicherstellung Unterlagen betroffen, die einen Inhalt aufweisen, der von der Rundfunkfreiheit vor staatlicher Kenntnisverschaffung geschützt ist, greift nicht nur deren Sicherstellung, sondern auch die Anfertigung von Ablichtungen hiervon zu Zwecken des Strafverfahrens – ungeachtet einer späteren Rückgabe der Originale an den Betroffenen – in die Rundfunkfreiheit ein, da auf diese Weise an sich der Einsicht des Staates entzogene Informationen jederzeit und dauerhaft für diesen einsehbar werden.[122]

35 Die **Ingewahrsamnahme eines Ausweisdokuments** kann schließlich einen schwerwiegenden Eingriff in das verfassungsrechtlich geschützte Recht auf freie Entfaltung der Persönlichkeit darstellen, das das Recht auf ungehindertes Reisen einschließt. Ein solcher Eingriff genügt nur dann dem Verhältnismäßigkeitsgebot, wenn ein erheblicher Tatverdacht besteht, der Beschlagnahmegegenstand ein wichtiges Beweismittel ist und andere gleichwertige Beweismittel nicht zur Verfügung stehen.[123]

36 **3. Beschlagnahmeverbote.** Gesetzliche Beschlagnahmeverbote enthalten die **§§ 96, 97, 160a.** Ein über § 97 Abs. 1 hinausgehendes eigenständiges Beschlagnahmeverbot kann bei Verteidigern nicht aus § 148 abgeleitet werden.[124] Ein Beschlagnahmeverbot besteht darüber hinaus in Fällen, in denen ein Beweisverwertungsverbot an dem Gegenstand besteht (→ Rn. 57 ff.).[125] Im Übrigen können sich Beschlagnahmeverbote unmittelbar aus dem **Grundgesetz** ergeben, wenn wegen der Eigenart des Beweisthemas in grundrechtlich geschützte Bereiche unter Verstoß gegen den Grundsatz der Verhältnismäßigkeit eingegriffen wird.[126] Dann ist eine nähere Begründung dafür erforderlich, warum ausnahmsweise – über das geschriebene Strafprozessrecht hinaus – unmittelbar aus Gründen der Verfassung ein Beschlagnahmeverbot bestehen soll, denn das Strafprozessrecht stellt grundsätzlich kein Beschlagnahmeverbot für Fälle fehlerhafter Durchsuchungen auf, die zur Sicherstellung von Beweisgegenständen führen.[127] Abweichungen vom geschriebenen Strafprozessrecht sind wegen des verfassungsrechtlichen Postulats der Verfahrensfairness

---

120 BVerfG 1.10.1987 – 2 BvR 1434/86, BVerfGE 77, 65 = NStZ 1988, 33; BVerfG 24.3.1998 – 1 BvR 1935/96, wistra 1998, 221; BVerfG 12.3.2003 – 1 BvR 330/96, 348/99, BVerfGE 107, 299 = NJW 2003, 1787; BVerfG 10.12.2010 – 1 BvR 1739/04, NJW 2011, 1859.

121 BVerfG 22.8.2000 – 1 BvR 77/96, NJW 2001, 507; BVerfG 1.2.2005 – 1 BvR 2019/03, NJW 2005, 965.

122 BVerfG 1.10.1987 – 2 BvR 1434/86, BVerfGE 77, 65 = NJW 1988, 329; BVerfG 27.2.2007 – 1 BvR 538/06 ua, BVerfGE 117, 244 = NJW 2007, 1117; BVerfG 10.12.2010 – 1 BvR 2020/04, NJW 2011, 1863.

123 LG Berlin 2.5.1994 – 503 Qs 23/94, StV 1995, 459 f.

124 BGH 27.3.2009 – 2 StR 302/08, BGHSt 53, 257 = NJW 2009, 2690; *Park* Rn. 596.

125 BGH 28.6.2001 – 1 StR 198/01, NJW 2001, 3793; KK/*Greven* Rn. 19.

126 BVerfG 27.10.2003 – 2 BvR 2211/00, BVerfGK 2, 97 = NStZ-RR 2004, 83 (84); BGH 13.11.1997 – 4 StR 404/97, BGHSt 43, 300 = NStZ 1998, 471.

127 BVerfG 9.10.2003 – 2 BvR 1707/02, NStZ 2004, 216; BVerfG 2.7.2009 – 2 BvR 2225/08, BVerfGK 16, 22 = NJW 2009, 3225.

behutsam vorzunehmen.[128] Dies gilt auch deshalb, weil Beschlagnahmeverbote die im Interesse der Allgemeinheit bestehende Pflicht der staatlichen Strafverfolgungsorgane zur umfassenden Sachaufklärung begrenzen. Fehlt es an einer eindeutigen Begründung für das Vorliegen eines besonderen Ausnahmefalles, welche die Beschränkung der Strafverfolgungstätigkeit rechtfertigen soll, geht das öffentliche Interesse an vollständiger Wahrheitsermittlung im Strafverfahren dem Geheimhaltungsinteresse des Betroffenen vor.[129]

Einzelfälle: Ein Beschlagnahmeverbot kommt zunächst bei Eingriffen in das **allgemeine Persönlichkeitsrechts** aus Art. 2 Abs. 1 in Verbindung mit Art. 1 Abs. 1 GG in Betracht, zB bei der Beschlagnahme von Krankenunterlagen nichtbeschuldigter Personen bei einem Arzt.[130] Für eine analoge Anwendung des § 97 Abs. 1 Nr. 3 im Fall der Alleintäterschaft des Arztes ist kein Raum.[131] Ein Beschlagnahmeverbot besteht ferner bei Mandantendaten in Kanzleiräumen eines Rechtsanwalts.[132] Die Beschlagnahme von **Verteidigerunterlagen** ist stets unzulässig, auch wenn sie sich im Besitz des Beschuldigten befinden.[133] Die Mitschriften, die ein nunmehr als Zeuge vernommener Richter in einer früheren Hauptverhandlung als erkennender Richter angefertigt hat, sind einer Beweisaufnahme ebenfalls nicht zugänglich.[134] Die von einem Kreditinstitut gem. **§ 9 GwG** erstellten Unterlagen sind keine beschlagnahmefähigen Beweismittel iSd § 94 und dürfen in einem Steuerstrafverfahren nicht verwertet werden.[135] Auch der Schutz des **Sozialgeheimnisses** aus § 35 SGB I steht einer gerichtlichen Durchsuchungs- und Beschlagnahmeanordnung entgegen.[136] 37

Ein verfassungsrechtliches Beschlagnahmeverbot kann sich aus dem Grundsatz „nemo tenetur se ipsum accusare"[137] für Gegenstände ergeben, die unmittelbar mit einer **gesetzlichen Auskunftspflicht** im Zusammenhang stehen, zB aus § 97 Abs. 1 S. 1 InsO. Zu den Pflichten, die ein Beschlagnahmeverbot zur Folge haben, zählen erzwingbare Auskünfte, nicht jedoch die Beschlagnahme von bereits existierenden Unterlagen oder Aufzeichnungen, die der Gemeinschuldner dem Insolvenzverwalter übergeben hat.[138] Diese im Besitz des Insolvenzverwalters stehenden Unterlagen können ohne Einschränkung beschlagnahmt werden.[139] **Briefe von Untersuchungsgefangenen,** die der Kontrolle nach den UVollzG unterliegen, können ebenfalls nach § 94 beschlagnahmt werden.[140] 38

Bei der Beschlagnahme von **Tagebuchaufzeichnungen, auch bei Notiz- und Taschenkalendern,**[141] ist zu beachten, dass ein letzter unantastbarer Bereich privater Lebensgestaltung unter dem Schutz des allgemeinen Persönlichkeitsrechts (Art. 2 Abs. 1 iVm Art. 1 Abs. 1 GG) der öffentlichen Gewalt schlechthin entzogen ist.[142] Allein die Aufnahme in ein Tagebuch oder eine ähnliche private Aufzeichnung entzieht sie nicht in jedem Fall dem staatlichen Zugriff.[143] Besteht Anlass zur Annahme, dass die Aufzeichnungen auch über straf- 39

[128] BVerfG 26.5.1981 – 2 BvR 215/81, BVerfGE 57, 250 (276) = NStZ 1981, 357; BVerfG 1.10.1987 – 2 BvR 1434/86, BVerfGE 77, 65 (76) = NStZ 1988, 33.

[129] BVerfG 15.1.1975 – 2 BvR 65/74, BVerfGE 38, 312 (321) = NJW 1975, 588.

[130] LG Meiningen 5.1.2012 – 2 Qs 212/11, juris.

[131] Vgl. ausführlich *Wasmuth* NJW 1989, 2297 (2301).

[132] BVerfG 11.7.2008 – 2 BvR 2016/06, NJW 2009, 281 (282).

[133] HK-StPO/*Gercke* Rn. 62. Vgl. umfassend zur Beschlagnahmefreiheit von Verteidigungsunterlagen *Mehle, Mehle* NJW 2011, 1639.

[134] BGH 8.7.2009 – 2 StR 54/09, NStZ 2009, 582.

[135] LG Koblenz 29.7.1996 – 10 Qs 14/96, NJW 1997, 2613.

[136] LG Fulda 6.5.2004 – 2 Qs 34/04, JAmt 2004, 438; LG Oldenburg 30.11.2010 – 1 Qs 437/10, JAmt 2011, 101; *Leitner/Michalke* Rn. 644.

[137] Vgl. zum Grundsatz auch BGH 21.8.2012 – 1 StR 26/12, NStZ-RR 2012, 372.

[138] LG Ulm 15.1.2007 – 2 Qs 2002/07, NJW 2007, 2056.

[139] *Weyand* ZInsO 2008, 26; Meyer-Goßner *(Schmitt)* Rn. 20.

[140] KK/*Schultheis* § 119 Rn. 42.

[141] BGH 13.10.1999 – 2 BJs 112/97-2 – StB 10 u. 11/99, NStZ 2000, 383; bei Testamenten vgl. LVG Koblenz 8.4.2010 – 4 Qs 10/10, NJW 2010, 2227.

[142] HK-StPO/*Gercke* Rn. 62.

[143] BVerfG 17.11.2007 – 2 BvR 518/07, CNR 2007, 43357; BGH 12.4.1989 – 3 StR 453/88, BGHSt 36, 167 = NJW 1989, 2760 (bei privaten rechtswidrigen Tonbuchaufzeichnungen); BGH 30.3.1994 – StB

bare Handlungen Aufschluss geben, besteht kein verfassungsrechtliches Hindernis, solche Schriftstücke im Strafverfahren zu verwerten. Bei der Durchsicht ist jedoch größtmögliche Zurückhaltung zu wahren.[144] Ein Beschlagnahmeverbot kann nur angenommen werden, wenn eine Verwertbarkeit des gesamten Inhalts einer Aufzeichnung von vornherein ausgeschlossen werden kann. Gehören private Aufzeichnungen nicht zum absolut geschützten Kernbereich, bedarf ihre Verwertung der Rechtfertigung durch ein überwiegendes Interesse der Allgemeinheit. Hierbei hat das Bundesverfassungsgericht wiederholt die unabweisbaren Bedürfnisse einer wirksamen Strafverfolgung und Verbrechensbekämpfung hervorgehoben.[145]

40 Auch im Zusammenhang mit der Sicherstellung und Beschlagnahme von **E-Mails auf dem Mailserver des Providers** fordert die nach Art. 1 Abs. 1 GG garantierte Unantastbarkeit der Menschenwürde im Gewährleistungsbereich des Art. 10 GG Vorkehrungen zum Schutz individueller Entfaltung im Kernbereich privater Lebensgestaltung. Das bedeutet, dass dieser Bereich nicht nur Situationen erfasst, in denen der Einzelne mit sich selbst ist.[146] Vielmehr schließt er auch die vertrauliche Kommunikation mit anderen ein, da sich der Mensch im Kernbereich seiner Persönlichkeit notwendig in sozialen Bezügen verwirklicht.[147] Es kann somit nicht ausgeschlossen werden, dass bei der Erfassung der Kommunikationsinhalte personenbezogene Daten betroffen sind, die sich auf den Kernbereich höchstpersönlicher Lebensgestaltung beziehen.[148] Inwieweit eine personenbezogene Kommunikation diesem Kernbereich zuzuordnen ist, hängt davon ab, ob sie nach ihrem Inhalt höchstpersönlichen Charakters ist und in welcher Art und Intensität sie aus sich heraus die Sphäre anderer oder Belange der Gemeinschaft berührt. Nicht zu diesem Kernbereich gehören Kommunikationsinhalte, die im unmittelbaren Bezug zu konkreten strafbaren Handlungen stehen, zB Angaben über die Planung bevorstehender oder Berichte über begangene Straftaten.[149] Bestehen im konkreten Fall tatsächliche Anhaltspunkte für die Annahme, dass ein Zugriff auf gespeicherte Telekommunikation Inhalte erfasst, die zu diesem Kernbereich zählen, hat er zu unterbleiben. Es muss sichergestellt werden, dass Kommunikationsinhalte des höchstpersönlichen Bereichs nicht gespeichert und verwertet, sondern unverzüglich gelöscht werden, wenn es ausnahmsweise zu ihrer Erhebung gekommen ist.[150]

41 Bezüglich **vertraulicher Gewerkschaftsunterlagen** kann sich aus Art. 9 Abs. 3 GG ein Beschlagnahmeverbot ergeben, da auch der gewerkschaftliche Rechtsschutz in jenen Strafverfahren, die einen Bezug zur dienstlichen Tätigkeit des Mitglieds haben, dem Schutzbereich des Grundrechts unterfallen.[151] Die Beschlagnahme einer **Akte der Jugendgerichtshilfe** oder einer **Jugendamtsakte mit einem ärztlichen Krankenbericht** kann gegen das verfassungsrechtlich garantierte Recht des Betroffenen auf informationelle Selbst-

---

2/94, 3 BJs 845/93 – 4 – StB 2/94, NJW 1994, 1970 (bei Tagebüchern); BGH 13.10.1999 – StB 10 und 11/99, StB 10/99, StB 11/99, 2 BJs 112/97 – 2 – StB 10/99, 2 BJs 112/97 – 2-11/99, NStZ 2000, 383 (bei Notizbüchern und Taschenkalendern); vgl. insoweit auch BVerfG 3.3.2004 – 1 BvR 2378/98, 1 BvR 1084/99, NJW 2004, 999.

[144] BVerfG 17.11.2007 – 2 BvR 518/07, LNR 2007, 43357; BVerfG 26.6.2008 – 2 BvR 219/08, StraFo 2008, 421.

[145] BVerfG 1.10.1987 – 2 BvR 1434/86, BVerfGE 77, 65 (76) = NJW 1988, 329; BVerfG 14.9.1989 – 2 BvR 1062/87, BVerfGE 80, 367 (375) = NStZ 1990, 89; BVerfG 17.11.2007 – 2 BvR 518/07, zur strafprozessualen Behandlung von Tagebüchern vgl. *Amelung* NJW 1988, 1002 sowie *ders.*, NJW 1990, 1753.

[146] BGH 10.8.2005 – 1 StR 140/05, BGHSt 50, 206 = NJW 2005, 3295.

[147] BVerfG 3.3.2004 – 1 BvR 2378/98, 1 BvR 1084/99, BVerfGE 109, 279 = NJW 2004, 999 (1002 f.).

[148] BVerfG 16.6.2009 – 2 BvR 902/06, BVerfGE 124, 43 = NJW 2009, 2431 (2436 f.).

[149] BVerfGE 14.9.1989 – 2 BvR 1062/87, BVerfGE 80, 367 = NJW 1990, 563; BVerfG 3.3.2004 – 1 BvR 2378/98, 1 BvR 1084/99, BVerfGE 109, 279 (319) = NJW 2004, 999; BVerfG 27.7.2005 – 1 BvR 668/04, BVerfGE 113, 348 = NJW 2005, 2603.

[150] BVerfG 27.7.2005 – 1 BvR 668/04, BVerfGE 113, 348 (392) = NJW 2005, 2603; BVerfG 12.10.2011 – 2 BvR 236/08, 2 BvR 237/08, 2 BvR 422/08, NJW 2012, 833.

[151] BVerfG 1.10.1997 – 2 BvR 1059/96, NJW 1998, 893; LG Berlin 3.5.1996 – 5 11 Qs 35/96, NJW 1996, 2520.

bestimmung verstoßen und wäre rechtswidrig, wenn nicht die Voraussetzungen vorliegen, unter denen der Arzt selbst offenbarungsbefugt wäre.[152]

4. Führerscheine (Abs. 3). Die Sicherstellung und Beschlagnahme von Führerscheinen zum Zwecke der Beweissicherung erfolgt nach § 94 Abs. 1 und 2. Nach § 94 Abs. 3 können Führerscheine als Objekt der Einziehung (§ 74 StGB) beschlagnahmt werden oder wenn die Voraussetzungen des § 111a Abs. 1 S. 1 vorliegen.[153] Die Regelungen § 111a Abs. 3 und Abs. 4 sind zu beachten. Danach besteht keine Zuständigkeit der Staatsanwaltschaft oder der Polizei zur vorläufigen Entziehung von Fahrerlaubnissen. Diese können lediglich bei Gefahr im Verzug einen Führerschein nach § 98 beschlagnahmen, wenn die Voraussetzungen des § 111a Abs. 1 gegeben sind (vgl. § 111a Rn. 38).[154] 42

5. Sicherstellung und Beschlagnahme. Stellt der Gewahrsamsinhaber den Gegenstand freiwillig zur Verfügung, entweder ausdrücklich oder stillschweigend, erfolgt die **Sicherstellung** – auch bei einem gewahrsamlosen Gegenstand – durch Inverwahrungnahme oder auf andere Weise durch bloßen (formlosen) Realakt (§ 94 Abs. 1). Es bedarf dann keiner besonderen Anordnungsbefugnis. Erforderlich ist, dass der Herausgebende die Kenntnis und den Willen hat, einen Gegenstand zu Beweiszwecken einer Strafverfolgungsbehörde zu übergeben.[155] Die **Freiwilligkeit** setzt die Kenntnis voraus, dass eine Pflicht zur Herausgabe nicht besteht. Eine Belehrung darüber ist grds. nicht erforderlich.[156] Auch die Motive für die Herausgabe sind unerheblich. Erklärt sich daher der Gewahrsamsinhaber mit der Sicherstellung einverstanden, weil er die Abwendung der ansonsten drohenden förmlichen Beschlagnahme, die Befolgung einer Dienstpflicht oder einer Herausgabepflicht gemäß § 95 Abs. 1 bewirken will, so ist darin gleichwohl eine freiwillige Herausgabe zu sehen.[157] Liegen allerdings die Voraussetzungen für ein förmliches Herausgabeverlangen nicht vor, setzt Freiwilligkeit eine Belehrung darüber voraus, dass ein zwangsweiser Zugriff unzulässig wäre. Entsprechendes gilt bei einer freiwilligen Herausgabe trotz Vorliegens eines Beschlagnahmeverbots.[158] Nach allgA ist nicht von Freiwilligkeit bei der durch Zwang nach § 95 Abs. 2 bewirkten Herausgabe auszugehen.[159] 43

Soweit mehrere Personen **Mitgewahrsam** haben, müssen, falls nicht einer allein verfügungsberechtigt ist, alle einwilligen.[160] Bei **Minderjährigen,** die über den Gegenstand nicht selbst verfügen können, ist die Zustimmung des gesetzlichen Vertreters erforderlich.[161] Der **Widerruf des Einverständnisses** ist nach § 98 Abs. 2 S. 2 zu behandeln.[162] Eine richterliche Entscheidung ist nach § 98 Abs. 2 S. 1 herbeizuführen, wenn die Herausgabe des Gegenstandes durch den Gewahrsamsinhaber gegen den Widerspruch des Eigentümers erfolgt.[163] 44

Wird der nicht herrenlose Gegenstand durch den Gewahrsamsinhaber nicht freiwillig oder nur durch Androhung oder Anwendung von Zwang gemäß § 95 Abs. 2 herausgegeben, so ist eine förmliche **Beschlagnahme** (Abs. 2) erforderlich. Die freiwillige Herausgabe schließt die Möglichkeit einer förmlichen Beschlagnahme grds. nicht aus.[164] 45

6. Anordnung und Vollstreckung. Die Sicherstellung oder Beschlagnahme erfolgt durch deren Anordnung (§§ 98, 33 Abs. 4) und anschließende Vollstreckung (§ 36 Abs. 2). 46

---

[152] LG Hamburg 3.3.1992 – 617 Qs 7/92, NStZ 1993, 401.
[153] *Gramse* NZV 2002, 345; HK-GS/*Hartmann* Rn. 11.
[154] OLG Stuttgart 11.12.1968 – 1 Ss 666/68, NJW 1969, 760; BeckOK-StPO/*Ritzert* Rn. 15.
[155] BGH 9.7.1987 – 4 StR 223/87, BGHSt 34, 397 (400); HK-GS/*Hartmann* Rn. 8.
[156] Meyer-Goßner *(Schmitt)* Rn. 12.
[157] SK-StPO/*Wohlers* Rn. 7.
[158] *Mayer* JZ 1989, 908 (909); *Lemcke* S. 89 ff.; SK-StPO/*Wohlers* Rn. 7.
[159] Löwe/Rosenberg/*Schäfer,* 25. Aufl. Rn. 36; Meyer-Goßner *(Schmitt)* Rn. 13.
[160] HK-StPO/*Gercke* Rn. 40, KK/*Greven* Rn. 15; aA Löwe/Rosenberg/*Schäfer,* 25. Aufl. Rn. 36.
[161] Meyer-Goßner *(Schmitt)* Rn. 12; Löwe/Rosenberg/*Schäfer,* 25. Aufl. Rn. 35, KK/*Greven* Rn. 15.
[162] BGH 7.9.1956 – 1 BJs 182/55, NJW 1956, 1805 (1806); SK-StPO/*Wohlers* Rn. 9; aA Löwe/Rosenberg/*Schäfer,* 25. Aufl. Rn. 38.
[163] SK-StPO/*Wohlers* Rn. 9.
[164] BGH 7.9.1956 – 1 BJs 182/55, NJW 1956, 1805 (1806); Meyer-Goßner *(Schmitt)* Rn. 13; Löwe/Rosenberg/*Schäfer,* 25. Aufl. Rn. 41.

Die **Anordnung** muss den Tatvorwurf, insbesondere das Delikt, den Tatort sowie die Tatzeit, soweit wie möglich konkretisieren.[165] Sie muss Angaben zum Tatverdacht, zur potentiellen Beweisfunktion und zum Umfang der Beschlagnahme enthalten.[166] Die pauschale Anordnung „alle gefundenen Gegenstände" zu beschlagnahmen, stellt einen Verstoß gegen Art. 2 Abs. 1 GG in Verbindung mit dem Rechtsstaatsprinzip dar.[167]

47 Die **Vollstreckung,** die in einem Akt mit der Anordnung geschehen kann, erfolgt idR durch Inverwahrungnahme. Hierfür ist eine amtliche Handlung erforderlich, die in geeigneter Weise und erkennbar zum Ausdruck bringt, dass der Gegenstand nunmehr amtlicher Obhut unterstehen soll. Der Gegenstand wird in amtlichen Gewahrsam überführt,[168] indem die zuständige Behörde oder die von ihr beauftragte Person die Sache in ihren Besitz nimmt.[169] Zulässig ist die Anwendung von unmittelbarem Zwang.[170] Die mit dem Vollzug der Sicherstellungsanordnung im Strafverfahren beauftragte Behörde überführt die Gegenstände mittels eines Realakts in ein unmittelbares Herrschaftsverhältnis der handelnden Ermittlungsbehörde.[171] Das ist idR die Staatsanwaltschaft, wenn die Verwahrung der sichergestellten oder beschlagnahmten Gegenstände durch Ermittlungspersonen der Staatsanwaltschaft oder in Steuerstrafsachen durch die Bußgeld- und Strafsachenstelle des Finanzamtes (§ 386 Abs. 2 AO) erfolgt ist. Wegen ihres Weisungsrechts nach § 152 GVG üben die Ermittlungsbehörden die rechtliche Sachherrschaft über die Gegenstände aus, sie handeln entsprechend § 855 BGB als „Besitzdiener". Zur Beschlagnahme von Druckschriften in Pressestrafsachen vgl. Nr. 251 RiStBV.

48 Die **Inverwahrungnahme,** die sich auch auf einen Teil der Sache beschränken kann, wenn es sich nicht um einen einheitlichen, unteilbaren Gegenstand handelt, erfolgt meist durch Wegnahme. Im Rahmen der förmlichen Beschlagnahme kann diese aber **auch auf andere Weise** bewirkt werden (Abs. 1), wenn Gegenstände aufgrund ihrer Beschaffenheit nicht in Verwahrung genommen werden können oder der Zweck auch ohne Inverwahrungnahme erreicht werden kann,[172] zB durch Versiegelung von Räumen, Wegnahme von Schlüsseln, Absperrungen, das Verbot des Betretens von Räumen und Grundstücken oder sonstige Verbote und Gebote an den unmittelbaren Besitzer.[173] Die Beschlagnahme von gespeicherten Daten kann ohne Beschlagnahme des Datenträgers durch elektronische Übermittlung an die Strafverfolgungsbehörde erfolgen,[174] bspw. bei E-Mails, die auf dem Mailserver des Providers gespeichert sind.[175] Die Anfertigung von Kopien gegen Rückgabe der Originale ist keine „Sicherstellung in sonstiger Weise", sondern ein Sicherstellungsersatz.[176]

49 **7. Wirkungen der Sicherstellung und Beschlagnahme.** Werden die beschlagnahmten oder sichergestellten Gegenstände in amtliche Verwahrung überführt, wird ein öffentlich-rechtliches Verwahrungsverhältnis begründet (§ 688 BGB).[177] Ein strafrechtlicher Schutz wird durch die §§ 133, 136 Abs. 1 StGB gewährleistet. Die Sicherstellung und die Beschlagnahme begründen – anders bei § 111c Abs. 5 – kein Veräußerungsverbot nach § 136 BGB.[178] Sicher-

---

[165] LG Krefeld 13.3.1992 – 21 Qs 58/92, wistra 1993, 317; LG Magdeburg 2.6.1998 – 25 Qs 11/98, StraFo 1998 272; LG Halle 5.5.2008 – 22 Qs 8/08, wistra 2008, 280.

[166] LG Lüneburg 12.12.1983 – 12 Qs 8/83, JZ 1984, 343; LG Stuttgart 11.7.1986 – 9 Qs 80/86, StV 1986, 471; LG Berlin 15.1.2004 – 518 Qs 44/03, StV 2004, 198.

[167] BVerfG 3.9.1991 – 2 BvR 279/90, NStZ 1992, 91.

[168] *Graulich* wistra 2009, 299.

[169] *Kemper* wistra 2010, 295.

[170] BGH 6.4.1962 – 2 StR 9/62, JZ 1962, 609; HK-GS/*Hartmann* Rn. 9.

[171] BGH 11.10.1960 – 5 StR 333/60, BGHSt 15, 149; *Hoffmann/Knierim* NStZ 2000, 461.

[172] Meyer-Goßner *(Schmitt)* Rn. 16, Löwe/Rosenberg/*Schäfer,* 25. Aufl. Rn. 49.

[173] BGH 11.10.1960 – 5 StR 333/60, BGHSt 15, 149.

[174] *Möhrenschläger* wistra 1991, 321 (329); *Schäfer* wistra 1989, 8 (12); *Meier/Böhm* wistra 1992, 166 (169); *Kemper* NStZ 2005, 538; *ders.,* ZRP 2007, 105 (107); BeckOK-StPO/*Ritzert* Rn. 10.

[175] BVerfG 16.6.2009 – 2 BvR 902/06, BVerfGE 124, 43= NJW 2009, 2431 (2434); → § 98 Rn. 21.

[176] Meyer-Goßner *(Schmitt)* Rn. 16; aA *Koch* wistra 1983, 63; *Sieg* wistra 84, 172.

[177] BGH 3.5.2005 – III ZR 271/04, NJW 2005, 988; *Hoffmann/Knierim* NStZ 2000, 461.

[178] OLG München 4.2.1980 – 11 W 715/80, Rpfleger 1980, 238; LG Lübeck 2.10.2003 – 2b Qs 103/03, StraFo 2003, 417; SK-StPO/*Wohlers* Rn. 3; Radtke/Hohmann/*Joecks* Rn. 3.

gestellte bzw. beschlagnahmte Asservate werden Bestandteil der Akten. Sie unterliegen der Akteneinsicht, werden dem Verteidiger jedoch nicht ausgehändigt (§ 147 Abs. 4 S. 1). Mit der Anklageerhebung müssen sie dem Gericht auf Anforderung vorgelegt werden (§ 199 Abs. 2 S. 2).[179]

8. Beendigung der Beschlagnahme und Rückgabe des Gegenstandes. Die Beschlagnahme erlischt ohne Rechtsakt spätestens mit rechtskräftigem Abschluss des Verfahrens.[180] Die Sache ist nicht zurückzugeben, wenn im Urteil die Einziehung angeordnet wurde. Ausdrücklich aufzuheben ist die Sicherstellung/Beschlagnahme, wenn die Sache vor rechtskräftigem Abschluss des Verfahrens aus tatsächlichen oder rechtlichen Gründen für die Zwecke des Strafverfahrens nicht mehr gebraucht wird (Nr. 75 RiStBV) und auch eine Beschlagnahme nach §§ 111b ff. nicht in Betracht kommt.[181] Die Herausgabe ist Sache der Staatsanwaltschaft, sie erfolgt mittels einer ausdrücklichen Anordnung.[182] Einer förmlichen Aufhebung durch das anordnende Gericht bedarf es nicht.[183] Das gilt auch für eine Herausgabe des Gegenstandes an den Verletzten nach § 111k. Das Gericht darf im Vorverfahren die Aufhebung nur auf Antrag der Staatsanwaltschaft beschließen. Deren Antrag ist stattzugeben.[184] 50

Der formlos sichergestellte Gegenstand ist an denjenigen **zurückzugeben,** der ihn freiwillig zur Verfügung gestellt hat. In Fällen der förmlichen Beschlagnahme ist generell an den **letzten Gewahrsamsinhaber** herauszugeben.[185] Ansprüche Dritter auf den verwahrten Gegenstand, die der letzte Gewahrsamsinhaber nicht anerkennt und über die gerichtlich noch nicht entschieden ist, stehen der Rückgabe an diesen nicht entgegen. Gleiches gilt für Rechte Dritter an einer dem letzten Gewahrsamsinhaber zustehenden Geldforderung. Das Strafverfahren hat nicht die Funktion, die Frage der Rechtmäßigkeit des vormaligen Besitzes an Sachen oder die Inhaberschaft von (gegenseitigen) Geldforderungen unter den Beteiligten auf zivilrechtlicher Ebene zu regeln. Soweit Nr. 75 Abs. 4 RiStBV die Herausgabe an einen Dritten bei offensichtlich begründetem Anspruch zulässt oder bei entsprechenden Anhaltspunkten für die Berechtigung eines Dritten die Möglichkeit vorsieht, diesem unter Bestimmung einer Frist Gelegenheit zum Nachweis seiner Berechtigung zu geben, ist die Verwaltungsanweisung nicht durch die StPO gedeckt.[186] 51

Ist der letzte **Gewahrsamsinhaber verstorben,** ist der Gegenstand an die Erben freizugeben.[187] Im Übrigen erfolgt keine Rückgabe an den letzten Gewahrsamsinhaber, wenn die Eigentumsvermutung durch Indizien widerlegt ist.[188] Eine Herausgabe sichergestellter Gegenstände an den letzten Gewahrsamsinhaber kommt nicht in Betracht, wenn diese durch – wenn auch möglicherweise nicht in das Verfahren einbezogene – **strafbare Handlungen** in den Besitz des Betreffenden gelangt sind. Es wäre mit einem geordneten Strafverfahren nicht zu vereinbaren, wenn der Staat sich am Aufrechterhalten eines rechtswidrigen Zustands beteiligen müsste.[189] Zudem werden auch anderweitige Gegenstände, die der Beschuldigte aus einer Straftat erlangt hat, generell nicht an diesen zurückgegeben.[190] 52

---

179 Vgl. auch OLG Celle 13.1.2012 – 322 SsRs 420/11, DAR 2012, 216; HK-GS/*Hartmann* Rn. 9.

180 OLG Karlsruhe 28.3.1977 – 1 Ws 68/77, Die Justiz 1977, 356; OLG Düsseldorf 20.3.1995 – 1 Ws 135/95, NJW 1995, 2239; OLG Düsseldorf 17.1.1997 – 1 Ws 1063/94, 1 Ws 1064/96, NStZ 1997, 301; *Schäfer* wistra 1984, 136.

181 OLG Düsseldorf 13.12.1989 – 2 Ws 582/89, NStZ 1990 202; LG Saarbrücken 27.10.2009 – 2 KLs 2/09, 2 KLs 33 Js 518/08 (2/09), StraFo 2009, 510.

182 OLG Celle 4.1.1973 – 2 Ws 31/72, 2 Ws 72/72, NJW 1973, 863; OLG Düsseldorf 10.1.1973 – 18 W 125/72, MDR 1973, 499.

183 *Schäfer* wistra 1984, 136.

184 Meyer-Goßner *(Schmitt)* Rn. 30.

185 BGH 9.11.1978 – III ZR 116/77, BGHZ 72, 302 = NJW 1979, 425; OLG Düsseldorf 13.12.1989 – 2 Ws 582/89, NStZ 1990, 202; LG Mainz 29.4.1983 – 2 Js 21002/81 – 5 KLs, MDR 1983, 954; *Damrau* NStZ 2003, 408.

186 OLG Düsseldorf 13.12.1989 – 2 Ws 582/89, NStZ 1990, 202.

187 Löwe/Rosenberg/*Schäfer,* 25. Aufl. Rn. 69.

188 VG Koblenz 23.4.2008 – 5 K 1802/07.KO, becklink 259259.

189 OLG Celle 10.1.2012 – 1 Ws 7/12, NdsRPfl 2012, 75.

190 OLG Düsseldorf 5.7.1983 – 4 Ws 256/83, NStZ 1984, 567; OLG Hamm 10.1.1986 – 4 Ws 13/86, NStZ 1986, 376; LG Saarbrücken 27.10.2009 – 2 KLs 2/09, 2 KLs 33 Js 518/08 (2/09), StraFo 2009, 510.

53 Die **Rückgabe** einer in einem Strafverfahren beschlagnahmten Sache hat an dem Ort zu erfolgen, an welchem diese aufzubewahren war. Die zuständigen Justizbehörden sind nicht verpflichtet, die Sache dem Berechtigten an dessen Wohnsitz zu bringen.[191] Das gilt auch im Falle der Einstellung des Ermittlungsverfahrens. Die Rechtmäßigkeit des hoheitlichen Zugriffs begründet eine sachliche Rechtfertigung für das öffentlich-rechtliche Verwahrungsverhältnis, die in ihrem Gewicht dem vertraglichen Konsens bei einem privatrechtlichen Verwahrungsvertrag mindestens gleichkommt. Dies rechtfertigt es, die gesetzlichen Regelungen für die Abwicklung eines beendeten Verwahrungsverhältnisses auch auf die Beendigung einer Beschlagnahme anzuwenden. Dazu gehört insbesondere die gesetzliche Wertung, die der Rückgaberegelung des § 697 BGB zu Grunde liegt. Ausnahmsweise führt allerdings aus dem Gesichtspunkt der Folgenbeseitigung eine nicht rechtmäßige Beschlagnahme zur Begründung einer Rückschaffungspflicht der Behörde. Die Sache ist dann an den Wohnsitz des Berechtigten zurückzubringen.[192]

54 Im Falle des Scheiterns eines **wiederholten Bemühens um Rückgabe der Sache** oder bei fehlender Rückgabemöglichkeit kann die Sache unter Beachtung des Verhältnismäßigkeitsgrundsatzes vernichtet werden.[193] Das ist bspw. angezeigt, wenn die Sache nur einen geringeren Wert hat oder die Aufbewahrung unverhältnismäßig hohe Kosten verursacht. Eine Hinterlegung der Sache kommt dagegen in Betracht, wenn die Kosten dafür gesichert sind.[194]

55 Für die Entscheidung, ob Gegenstände, die in einem rechtskräftig abgeschlossenen Strafverfahren beschlagnahmt worden sind, an den letzten Gewahrsamsinhaber oder einen anderen herauszugeben sind, ist nicht das Gericht, sondern die Staatsanwaltschaft **zuständig.** Verweigert die Staatsanwaltschaft nach rechtskräftigem Abschluss des Strafverfahrens die Herausgabe von Gegenständen, die in dem Strafverfahren beschlagnahmt worden sind, ist Herausgabeklage auf dem **Zivilrechtsweg** statthaft.[195] Vor dem rechtskräftigen Abschluss des Verfahrens ist eine solche Klage unzulässig.[196]

56 **9. Schadensersatzansprüche.** Gegenstände, die in einem Strafverfahren beschlagnahmt oder sonst in amtliche Verwahrung genommen worden sind und sich somit in einem öffentlich-rechtlichen Verwahrungsverhältnis befinden,[197] müssen zur Vermeidung von Schadensersatzansprüchen vor Verlust, Entwertung oder Beschädigung geschützt werden (Nr. 74 RiStBV). Die Verantwortung hierfür trifft zunächst den Beamten, der die Beschlagnahme vorgenommen hat. Sie geht auf die Stelle (Staatsanwaltschaft oder Gericht) über, der die weitere Verfügung über den verwahrten Gegenstand zusteht. Aufgrund der Sicherstellung und Inverwahrungnahme trifft sie die Amtspflicht, für die ordnungsgemäße Aufbewahrung des sichergestellten Gegenstandes zu sorgen, die Sachen pfleglich zu behandeln und vor Verschlechterung, Untergang und sonstiger Gefährdung zu bewahren. Aus der schuldhaften Verletzung von Obhutspflichten kann der Betroffene aus dem öffentlich-rechtlichen Verwahrungsverhältnis Entschädigungsansprüche herleiten.[198] Wenn im Ermittlungsverfahren beschlagnahmte Gegenstände, die für die Zwecke des Strafverfahrens nicht mehr benötigt werden, an einen Nichtberechtigten herausgegeben werden, hat der geschädigte Eigentümer einen Anspruch

---

191 BGH 3.2.2005 – III ZR 271/04, NJW 2005, 988; LG Hamburg 20.2.2004 – 303 S 16/03, NStZ 2004, 512; KK/*Greven* Rn. 24.; für Bringschuld *Kemper* NJW 2005, 3679 sowie HK-StPO/*Gercke* Rn. 83; *Hoffmann/Knierim* NStZ 2000, 461 (462); allgemein zur Herausgabe von beschlagnahmten oder sichergestellten Sachen im Strafverfahren vgl. *Löffler* NJW 1991, 1705.

192 *Hofmann/Knierim* NStZ 2000, 461 (462).

193 *Schäfer* wistra 1984, 136; *Dörn* wistra 1999, 175 ff.; *Cremers* wistra 2000, 130 ff.

194 Radtke/Hohmann/*Joecks* Rn. 29.

195 OLG Düsseldorf 13.12.1989 – 2 Ws 582/89, NStZ 1990, 202; OLG Nürnberg 30.12.2005 – 1 VAs 12/05, NStZ 2006, 654; OLG Stuttgart 27.8.2001 – 2 Ws 165/2001, 2 Ws 165/01, NStZ-RR 2002, 111; OLG Frankfurt a. M. 3.9.2010 – 3 Ws 813/10, NStZ-RR 2010, 379.

196 BGH 3.2.2005 – III ZR 271/04, NStZ 2005, 391; KK/*Greven* Rn. 24.

197 LG Hamburg 20.2.2004 – 303 S 16/03, NStZ 2004, 512; HK-StPO/*Gercke* Rn. 84.

198 BGH 12.4.1951 – III ZR 87/50, BGHZ 1, 369; KK/*Greven* Rn. 24; Meyer-Goßner *(Schmitt)* Rn. 23.

auf Entschädigung (§ 2 Abs. 2 Nr. 4 StrEG).[199] Wird ein Gegenstand im Zuge strafrechtlicher Ermittlungen als Beweismittel sichergestellt und in Verwahrung genommen, steht dem Eigentümer für Schäden, die durch vorsätzliche Fremdeinwirkung („Vandalismus") an dem Gegenstand entstanden sind, keine Entschädigung aus dem Gesichtspunkt des enteignenden Eingriffs zu, da die entstandenen Nachteile in einem inneren Zusammenhang mit der hoheitlichen Maßnahme stehen müssen.[200] Für den Anspruch aus einem öffentlich-rechtlichen Verwahrungsverhältnis ist der ordentliche Rechtsweg zulässig (§ 40 Abs. 2 S. 1 VwGO).[201] Der Rechtsweg nach § 23 EGGVG ist ausgeschlossen.[202]

10. Beweisverwertungsverbot. Nicht jeder Verstoß gegen Beweiserhebungsvorschriften zieht ein strafprozessuales Verwertungsverbot nach sich. Die Frage des Beweisverwertungsverbots ist jeweils nach den Umständen des Einzelfalls, insbesondere nach der Art des Verbots und dem Gewicht des Verstoßes unter Abwägung der widerstreitenden Interessen zu beurteilen.[203] 57

Ein Beweisverwertungsverbot stellt eine **Ausnahme** dar, die nur nach ausdrücklicher gesetzlicher Vorschrift oder aus übergeordneten, gewichtigen Gründen im Einzelfall anzuerkennen ist.[204] Ein Beweisverwertungsverbot ist bei Eingriffen ohne Rechtsgrundlage anzunehmen, die eine so massive Beeinträchtigung enthalten, dass dadurch rechtsstaatliche Grundsätze nachhaltig geschädigt werden und folglich jede andere Lösung als ein Beweisverwertungsverbot unerträglich wäre. Zumindest bei schwerwiegenden, bewussten oder willkürlichen Verfahrensverstößen, bei denen die grundrechtlichen Sicherungen planmäßig oder systematisch außer Acht gelassen worden sind, ist ein Beweisverwertungsverbot geboten.[205] In Fällen der bewussten Missachtung oder gleichgewichtig groben Verkennung der Voraussetzungen des für Wohnungsdurchsuchungen bestehenden Richtervorbehalts sind nach der Rechtsprechung des BGH die erlangten Beweismittel unverwertbar.[206] Eine Verwertung würde hier gegen die Grundsätze des fairen Verfahrens verstoßen. Dem – für andere Fallgestaltungen zur Einschränkung der Annahme von Beweisverwertungsverboten entwickelten – Aspekt eines möglichen **hypothetischen rechtmäßigen Ermittlungsverlaufs** soll im Einzelfall bei grober Verkennung des Richtervorbehalts keine Bedeutung zukommen, da die Einhaltung der durch Art. 13 Abs. 2 GG und § 105 Abs. 1 S. 1 festgelegten Kompetenzregeln in diesen Fällen stets unterlaufen und damit der Richtervorbehalt letztlich sinnlos werden würde.[207] 58

Ein absolutes Beweisverwertungsverbot unmittelbar aus den Grundrechten ist zudem für solche Fälle anerkannt, in denen der **absolute Kernbereich privater Lebensgestaltung** berührt ist.[208] Ein Beweisverwertungsverbot kommt bei der Beschlagnahme von **E-Mails** in Betracht, wenn dadurch in unzulässiger Weise in den Kernbereich der höchstpersönlichen Lebensgestaltung eingegriffen worden ist. Ob eine personenbezogene Kom- 59

---

[199] BGH 9.11.1978 – III ZR 116/77, BGHZ 72, 302 = NJW 1979, 425.

[200] BGH 9.4.1987 – III ZR 3/86, BGHZ 100, 335 = NJW 1987, 2573.

[201] BGH 9.11.1978 – III ZR 116/77, BGHZ 72, 302 = NJW 1979, 425.

[202] Meyer-Goßner *(Schmitt)* Rn. 23; HK-StPO/*Gercke* Rn. 84.

[203] BVerfG 28.7.2008 – 2 BvR 784/08, NJW 2008, 3053; BVerfG 12.10.2011 – 2 BvR 236/06, 2 BvR 237/08, 2 BvR 422/08, NJW 2012, 833; BGH 11.11.1998 – 3 StR 181/98, BGHSt 44, 243 = NJW 1999, 959; BGH 18.4.2007 – 5 StR 546/06, BGH 51, 285 = StV 2007, 337; OLG Frankfurt a. M. 29.7.2011 – 2 Ss-Owi 887/10, StRR 2011, 326; LG Dresden 11.1.2011 – 14 KLs 201 Js 33570/09, StV 2012, 13; HK-StPO/*Gercke* Rn. 69; *Ransiek* StV 2002, 565.

[204] BVerfG 9.11.2010 – 2 BvR 2101/09, NStZ 2011, 103; BGH 11.11.1998 – 3 StR 181/98, BGHSt 44, 243 = NJW 1999, 959; BGH 18.4.2007 – 5 StR 546/06, BGHSt 51, 285 = NJW 2007, 2269.

[205] BVerfG 9.11.2010 – 2 BvR 2101/09, NJW 2011, 2417; BVerfG 3.3.2004 – 1 BvR 2378/98, BVerfGE 109, 279 (320).

[206] BGH 3.5.2011 – 3 StR 277/10, StV 2012, 3.

[207] BGH 18.4.2007 – 5 StR 546/06, BGHSt 51, 285 = NJW 2007, 2269; vgl. hierzu auch BVerfG 7.12.2011 – 2 BvR 2500/09 ua, NJW 2012, 907; AG Bremen 10.1.2012 – 75 Ls 570 Js 14531/10 (8/11), NStZ 2012, 287; *Münchhalffen*, FS Mehle, 2009; vgl. zum Verstoß gegen den Richtervorbehalt auch OLG Köln 15.1.2009 – 83 Ss 100/09, StV 2010, 622, 445 ff.

[208] BVerfG 15.1.2009 – 2 BvR 2044/07, BVerfGE 122, 248 (258), NJW 2009, 1469; BVerfG 9.11.2010 – 2 BvR 2101/09, NJW 2011, 2417.

munikation diesem Kernbereich zuzuordnen ist, hängt davon ab, ob sie nach ihrem Inhalt höchstpersönlichen Charakters ist und in welcher Art und Intensität sie aus sich heraus die Sphäre anderer oder Belange der Gemeinschaft berührt. Nicht zu diesem Kernbereich gehören Kommunikationsinhalte, die in unmittelbarem Bezug zu konkreten strafbaren Handlungen stehen.[209]

60 **11. Immunität.** Solange Abgeordnete nicht verfolgbar sind (Art. 46 Abs. 1 GG), ist auch die Beschlagnahme von Beweisgegenständen unzulässig (191, 192a RiStBV). Bei tatunbeteiligten Abgeordneten ist die Beschlagnahme jedoch ohne Einschränkung zulässig.[210] Nach Art. 40 Abs. 2 S. 2 GG ist für eine Beschlagnahme in den Räumen des Parlaments die Genehmigung des Präsidenten erforderlich.

III. Revision

61 Das Urteil kann grundsätzlich nicht auf der Rechtswidrigkeit der Beschlagnahme beruhen. Die Revision kann nur damit begründet werden, dass Beweismittel verwertet worden sind, die jedoch wegen der Rechtswidrigkeit der Maßnahme nicht verwertbar waren (→ § 98 Rn. 44; § 105 Rn. 46).[211]

§ 95 [Herausgabepflicht]

(1) Wer einen Gegenstand der vorbezeichneten Art in seinem Gewahrsam hat, ist verpflichtet, ihn auf Erfordern vorzulegen und auszuliefern.

(2) [1]Im Falle der Weigerung können gegen ihn die in § 70 bestimmten Ordnungs- und Zwangsmittel festgesetzt werden. [2]Das gilt nicht bei Personen, die zur Verweigerung des Zeugnisses berechtigt sind.

Schrifttum: *Bär,* Der Zugriff auf Computerdaten im Strafverfahren, 1992; *Bittmann,* Das Beiziehen von Kontounterlagen im staatsanwaltschaftlichen Ermittlungsverfahren, wistra 1990, 325; *ders.,* Das staatsanwaltschaftliche Auskunftsverlangen gemäß § 95 StPO, NStZ 2001, 231; *Braczyk,* Zur Zuständigkeit der Staatsanwaltschaft für das Herausgabeverlangen nach § 95 StPO, wistra 1993, 57; *Döpfer,* Der Anspruch der Bank auf einen förmlichen Beschlagnahme- bzw. Herausgabebeschluss im Rahmen von § 95 I StPO – oder: Warum auch § 95 I StPO einen richterlichen Beschluss voraussetzt, WM 2002, 373; *Jahn,* Die Grenzen der Editionspflicht des § 95 StPO, Roxin-FS II, 2011, S. 1257; *Janssen,* Rechtliche Grundlagen und Grenzen der Beschlagnahme, 1995; *Klinger,* Die Zuständigkeit der StA für Maßnahmen nach § 95 StPO, wistra 1991, 17; *Lemcke,* Die Sicherstellung gem. § 94 StPO und deren Förderung durch die Inpflichtnahme Dritter als Mittel des Zugriffs auf elektronisch gespeicherte Daten, 1995; *Reichling,* Strafprozessuale Ermittlungen bei Kreditinstituten – ein Überblick, JR 2011, 12; *Reiß,* Beschlagnahmebefugnis der Behörden gegenüber Strafgericht und Staatsanwaltschaft in Strafverfahren, StV 1988, 35; *Schäfer,* Ordnungs- und Zwangsmittel statt Beschlagnahme?, wistra 1983, 102; *Tschacksch,* Die strafrechtliche Editionspflicht, 1988.

Übersicht

[209] BVerfGE 14.9.1989 – 2 BvR 1062/87, BVerfGE 80, 367 = NJW 1990, 563; BVerfG 3.3.2004 – 1 BvR 2378/98, 1 BvR 1084/99, BVerfGE 109, 279 (319) = NJW 2004, 999; BVerfG 27.7.2005 – 1 BvR 668/04, BVerfGE 113, 348 (391) = NJW 2005, 2603; BVerfG 16.6.2009 – 2 BvR 902/06, BVerfGE 124, 43= NJW 2009, 2431 (2436 f.); vgl. auch *Baldus* JZ 2008, 218; *Pitsch* S. 298 ff.

[210] Meyer-Goßner *(Schmitt)* Rn. 24.

[211] SK-StPO/*Wohlers* Rn. 50; Radtke/Hohmann/*Joecks* Rn. 30.

I. Überblick

1. Normzweck. Abs. 1 normiert die Verpflichtung, Beweismittel (§ 94 Abs. 1) sowie Führerscheine (§ 94 Abs. 3) auf Verlangen an die Strafverfolgungsbehörden herauszugeben (Editionspflicht). Abs. 2 S. 1 sieht Ordnungs- und Zwangsmittel (§ 70) vor, die angeordnet werden können, wenn der Betroffene sich unberechtigt weigert, den Gegenstand herauszugeben. Abs. 2 S. 2 verhindert, dass Zeugnisverweigerungsrechte unterlaufen werden, indem zeugnisverweigerungsberechtigte Personen nicht zur Herausgabe des Beweismittels gezwungen werden können.[1] 1

2. Anwendungsbereich. Ein auf § 95 gestütztes Herausgabeverlangen kommt in Betracht, wenn Gewissheit darüber besteht, dass sich der Beweisgegenstand im Gewahrsam eines Betroffenen befindet,[2] den eine Mitwirkungspflicht zur Vorlage und Auslieferung des Gegenstandes trifft, der also nicht Beschuldigter ist. Zweckmäßig ist das Herausgabeverlangen nur dann, wenn es bspw. aufgrund kriminaltaktischer Erwägungen nicht auf einen überraschenden Zugriff der Ermittlungsbehörde ankommt.[3] Es dürfen weder ein das Ermittlungsverfahren bedrohender Verlust der Sache, noch etwaige Verdunkelungsmaßnahmen zu befürchten sein.[4] In der Praxis kommt die Vorschrift häufig zur Anwendung beim Verlangen auf Herausgabe der als Beweismittel benötigten Kontounterlagen einer Bank in einem gegen den Kontoinhaber geführten Ermittlungsverfahren.[5] Abzugrenzen ist das Herausgabeverlangen von einem auf § 161 Abs. 1 gestützten Auskunftsersuchen.[6] 2

Die Norm verpflichtet lediglich zur Herausgabe bereits **existierender Beweismittel.** Sie begründet grds. keine Verpflichtung, Beweismittel herzustellen oder an deren Herstellung mitzuwirken.[7] Da die Herausgabe einer Kopie der nach konkreten Kriterien zusammengestellten Einzeldaten im Vergleich zur Beschlagnahme der Originaldatenträger mit dem gesamten Datenbestand das mildere Mittel darstellt, kann das im Einzelfall allerdings dazu führen, dass nicht nur bereits vorhandene Beweisgegenstände erfasst werden, sondern auch solche, die erst auf Grund des Herausgabeverlangens geschaffen werden müssen.[8] 3

Bei der Anwendung von **Ordnungs- und Zwangsmitteln** nach Abs. 2 ist eine **vorherige Beschlagnahmeanordnung** oder ein **erfolgloser Beschlagnahmeversuch** nicht erforderlich.[9] Das Herausgabeverlangen kann mit der Androhung der Anwendung von Ordnungs- und Zwangsmitteln sowie der Möglichkeit einer Durchsuchung verbunden werden.[10] 4

Das Herausgabeverlangen ersetzt nicht die Beschlagnahme der Beweisgegenstände. Weder § 94 Abs. 2 noch § 95 kommt grds. ein genereller **Vorrang** zu.[11] Beide Möglichkeiten der Erlangung eines Beweisgegenstandes bleiben nebeneinander bestehen.[12] Allerdings ist im Rahmen der Verhältnismäßigkeitsprüfung zu beachten, dass das Herausgabeverlangen im Einzelfall als milderes Mittel gegenüber der Durchsuchung und Beschlagnahme aufgrund 5

---

[1] LG Bonn 13.2.2012 – 27 Qs – 410 Js 511/10-21/11, NStZ 2012, 712.
[2] Radtke/Hohmann/*Joecks* Rn. 1.
[3] LG Gera 30.9.1999 – 2 Qs 412/99, NStZ 2001, 276.
[4] BVerfG 23.3.1994 – 2 BvR 396/94, NJW 1994, 2079 (2080 f.); LG Saarbrücken 2.2.2010 – 2 Qs 1/10, NStZ 2010, 534; LG Potsdam 8.1.2007 – 25 Qs 60/06, JR 2008, 260 f. mAnm *Menz;* LG Bonn 11.11.1982 – 37 Qs 116/82, NStZ 1983, 327 mAnm *Kurth* NStZ 1983, 327; *Bittmann* NStZ 2001, 231 ff.
[5] LG Gera 30.9.1999 – 2 Qs 412/99, NStZ 2001, 276; *Bittmann* NStZ 2001, 231 (233).
[6] BVerfG 17.2.2009 – 2 BvR 1372, 1745/07, NJW 2009, 1405 und Meyer-Goßner *(Schmitt)* Rn. 1 ff.
[7] Radtke/Hohmann/*Joecks* Rn. 1; SK-StPO/*Wohlers* Rn. 1; *Bär* S. 397 ff.; *Tschacksch* S. 47 f.; *Döpfer* WM 2002, 373.
[8] BVerfG 18.2.2003 – 2 BvR 369/01, NStZ-RR 2003, 176 (177).
[9] LG Stuttgart 19.11.1991 – 14 Qs 61/91, NJW 1992, 2646 (2467).
[10] Meyer-Goßner *(Schmitt)* Rn. 2; SK-StPO/*Wohlers* Rn. 3.
[11] HK-StPO/*Gercke* Rn. 1; SK-StPO/*Wohlers* Rn. 4.
[12] LG Halle 6.10.1999 – 22 Qs 28/99, NStZ 2001, 276 (277); LG Stuttgart 19.11.1991 – 14 Qs 61/91, NJW 1992, 2646 (2467).

der geringeren Zwangswirkung vorrangig sein kann,[13] es sei denn, die Sicherstellung des Beweisgegenstandes wäre dadurch konkret gefährdet.[14]

6 Das **Herausgabeverlangen** ist in allen Verfahrensabschnitten zulässig, in denen die Beschlagnahme nach § 94 angeordnet werden kann. Es ist somit auch im Privatklageverfahren ohne Einschränkungen gegen den Privatkläger anwendbar.[15]

II. Erläuterung

7 **1. Zuständigkeit.** Für das Herausgabeverlangen, das schriftlich oder mündlich gestellt werden kann,[16] sind neben dem Richter auch die Staatsanwaltschaft und die Polizei **zuständig.** Das gilt selbst dann, wenn Gefahr im Verzug nicht besteht.[17] Eine Verkürzung des Rechtsschutzes ist in diesen Fällen nicht zu besorgen. Da die Durchsetzung der Herausgabeverpflichtung mit Zwangsmitteln unter Richtervorbehalt (§ 70 Abs. 3) steht, ist eine vorhergehende richterliche Überprüfung der Anordnung entbehrlich.[18] Anders als eine Durchsuchungs- und Beschlagnahmeanordnung berechtigt ein Herausgabeverlangen die Ermittlungsbehörden nicht zur Anwendung von unmittelbarem Zwang, sondern begründet eine öffentlich-rechtliche Pflicht des Betroffenen zu eigener Mitwirkung, deren Nichterfüllung lediglich mittelbar mit Zwangsmitteln bedroht ist.

8 **2. Gegenstand.** Die Herausgabepflicht bezieht sich auf bewegliche Sachen,[19] dazu gehören auch Daten (ggf. auch bekannte Zugangscodes),[20] die als Beweis für die Untersuchung von Bedeutung sein können (§ 94 Abs. 1, 2)[21] und auf Führerscheine, die der Einziehung unterliegen (§ 94 Abs. 3). Die Herausgabepflicht besteht nicht für Gegenstände, die nur als Verfalls- und Einziehungsgegenstände nach § 111b in Betracht kommen.[22]

9 **3. Adressat.** Adressat des Herausgabeverlangens ist grds. der **Gewahrsamsinhaber,** also diejenige Person, die die tatsächliche Sachherrschaft über einen Gegenstand hat.[23] Dazu kann auch der Insolvenzverwalter zählen.[24] Unerheblich ist, ob der Gewahrsamsinhaber Eigentümer der Sache ist oder ob er rechtmäßigen Gewahrsam an ihr hat.[25] Eine Zustimmung des Eigentümers des Gegenstands ist nicht erforderlich.

10 Soweit der **Eigentümer keinen eigenen Gewahrsam** hat, ist er nicht zur Mitwirkung verpflichtet.[26] Bei juristischen Personen und Behörden sind die vertretungsbefugten Organe

---

[13] LG Saarbrücken 2.2.2010 – 2 Qs 1/10, NStZ 2010, 534; LG Limburg 22.6.2012 – 1 Qs 72/12, juris; LG Saarbrücken 12.3.2013 – 2 Qs 15/13, NStZ-RR 2013, 183.

[14] Thüringer OLG 20.11.2000 – 1 Ws 313/00, StV 2002, 63 (64 f.); LG Saarbrücken 2.2.2010 – 2 Qs 1/10, NStZ 2010, 534 (535); LG Koblenz 31.10.2001 – 4 Qs 167/01, wistra 2002, 359 (360); *Bittmann* NStZ 2001, 231 (232 f.); *Klinger* wistra 1991, 17 f.; *Kurth* NStZ 1983, 327.

[15] Meyer-Goßner *(Schmitt)* Rn. 1, 7; Löwe/Rosenberg/*Schäfer,* 25. Aufl. Rn. 7, KK/*Greven* Rn. 2.

[16] KG 23.8.1988 – 2 Ws 154/88, NStZ 1989, 192.

[17] LG Arnsberg 16.4.1983 – 3 Rs 359/82, wistra 1985, 205; LG Gera 30.9.1999 – 2 Qs 412/99, NStZ 2001, 276; LG Halle 6.10.1999 – 22 Qs 28/99, NStZ 2001, 276 (277); LG Koblenz 31.10.2001 – 4 Qs 167/01, wistra 2002, 359 f.; LG Lübeck 3.2.2000 – 6 Qs 3/00, NJW 2000, 3148; *Bittmann* wistra 1990, 325 (327 ff.); *Klinger* wistra 1991, 17; *Schäfer* wistra 1983, 102; Meyer-Goßner *(Schmitt)* Rn. 2; Radtke/Hohmann/*Joecks* Rn. 7; aA KG 23.8.1988 – 2 Ws 154/88, NStZ 1989, 192; LG Bonn 11.11.1982 – 37 Qs 116/82, NStZ 1983, 327; LG Düsseldorf 8.1.1993 – X Qs 142/92, wistra 1993, 199; LG Stuttgart 19.11.1991 – 14 Qs 61/91, NJW 1992, 2646; *Reichling* JR 2011, 12 (14); *Eisenberg* Beweisrecht Rn. 2373; *Reiß* StV 1988, 35; *Braczyk* wistra 1993, 57.

[18] *Hartmann, Schmidt* Strafprozessrecht Rn. 486.

[19] HK-StPO/*Gercke* Rn. 3.

[20] BVerfG 18.2.2003 – 2 BvR 372/01, NStZ-RR 2003, 176; unter Bezugnahme auf §§ 48 Abs. 1 S. 2, 161a Abs. 1 S. 1; Meyer-Goßner *(Schmitt)* Rn. 3a.

[21] *Bär* S. 408; *Bittmann* wistra 1990, 325 (327).

[22] KK/*Greven* Rn. 1, Meyer-Goßner *(Schmitt)* Rn. 3.

[23] *Bär* S. 409 ff.

[24] LG Saarbrücken 2.2.2010 – 2 Qs 1/10, ZInsO 2010, 431.

[25] SK-StPO/*Wohlers* Rn. 9; Löwe/Rosenberg/*Schäfer,* 25. Aufl. Rn. 9; KK/*Greven* Rn. 3; Meyer-Goßner *(Schmitt)* Rn. 4; HK-StPO/*Gercke* Rn. 4.

[26] Meyer-Goßner *(Schmitt)* Rn. 4; KK/*Greven* Rn. 3.

oder sonstigen delegationsbefugten Vertreter herausgabepflichtig.[27] **Schriftstücke in Ämtern** sind nicht nach § 95, sondern mit einem Amtshilfeersuchen herauszuverlangen. Die Einschränkungen des § 96 sind hierbei zu beachten.

Bei **Mitgewahrsam** ist jeder Gewahrsamsinhaber zur Herausgabe verpflichtet. Das Herausgabeverlangen kann sich somit gegen jeden Mitgewahrsamsinhaber richten, es sei denn, diese sind nur gemeinsam zur Herausgabe in der Lage.[28] Übergeordnete mittelbare Gewahrsamsinhaber trifft die Verpflichtung, den Inhaber des unmittelbaren Gewahrsams zur Herausgabe anzuhalten.[29] 11

Die Herausgabepflicht hat grds. nur der Zeuge. Beschuldigte und Tatverdächtige[30] sind aufgrund des Grundsatzes **„nemo tenetur se ipsum accusare"** nicht zur Herausgabe des Beweisgegenstandes verpflichtet.[31] Es kann ihnen aber angeboten werden, die Beweismittel freiwillig herauszugeben, um eine Durchsuchung und Beschlagnahme abzuwenden. Unterliegt der Gegenstand einem Beschlagnahmeverbot, so ist ein solches Angebot zur Abwendung einer Durchsuchung nicht zulässig. Die Herausgabepflicht trifft zudem nicht den Einziehungsbeteiligten hinsichtlich des Einziehungsgegenstandes.[32] 12

Bei **Zeugnisverweigerungsberechtigten (§ 52 ff.)** ist zu beachten, dass ihnen gegenüber der Anspruch auf Herausgabe des Gegenstandes, der in diesen Fällen meist einem Beschlagnahmeverbot nach § 97 unterliegt,[33] weder mit Ordnungs- noch mit Zwangsmitteln nach Abs. 2 durchgesetzt werden kann. Darüber ist der Zeugnisverweigerungsberechtigte zu belehren. Das erlangte Beweismittel ist im Falle einer fehlenden Belehrung jedoch verwertbar, wenn der Gewahrsamsinhaber seine Rechte kannte.[34] Im Falle der Entbindung von der Schweigepflicht, etwa wenn der Insolvenzverwalter die Rechtsanwälte, die mit der rechtlichen und betriebswirtschaftlichen Beratung der Gesellschaften, über die das Insolvenzverfahren eröffnet worden ist, beauftragt sind, von der Pflicht zur Verschwiegenheit entbindet, so entfällt das Zeugnisverweigerungsrecht gemäß § 53 Abs. 1 Nr. 3 und damit auch die Beschlagnahmefreiheit nach § 95 angeforderter Unterlagen.[35] 13

4. Beweiserhebungsverbot. Es darf kein Beweiserhebungsverbot vorliegen. Die Herausgabepflicht besteht nicht, wenn die Beschlagnahmebefugnis entfällt, zB im Falle einer wirksamen Sperrerklärung nach § 96 oder eines Beschlagnahmeverbots nach § 97.[36] 14

Zu beachten ist, dass eine Bank oder Sparkasse die Herausgabe nicht unter Berufung auf das **„Bankgeheimnis"** oder ein dem Kunden zustehendes Zeugnisverweigerungsrecht ablehnen darf. Ein gesetzlich geregeltes Beweiserhebungs- und/oder Verwertungsverbot bei Unterlagen von Geldinstituten besteht nicht. Es entfaltet nur auf privat-rechtlicher Ebene Wirkung. Die Kontounterlagen können daher von der Staatsanwaltschaft ohne richterlichen Beschluss heraus verlangt werden.[37] Datenschutzrechtliche Gesichtspunkte stehen der Herausgabepflicht ebenfalls nicht entgegen.[38] 15

5. Verhältnismäßigkeit. Der Grundsatz der Verhältnismäßigkeit beschränkt die Ausführung der Maßnahme, bspw. wenn der Zweck der Herausgabe durch das mildere Mittel 16

---

[27] *Bittmann* NStZ 2001, 231 (232).
[28] SK-StPO/*Wohlers* Rn. 11; Löwe/Rosenberg/*Schäfer,* 25. Aufl. Rn. 10 f.; *Lemcke* S. 255 ff.; aA *Bär* S. 412; *Tschacksch* S. 101 f.
[29] SK-StPO/*Wohlers* Rn. 11; Löwe/Rosenberg/*Schäfer,* 25. Aufl. Rn. 11; *Tschacksch,* S. 102 (109 ff.).
[30] *Janssen,* S. 20; Löwe/Rosenberg/*Schäfer,* 25. Aufl. Rn. 16.
[31] BVerfG 13.1.1981 – 1 BvR 116/77, BVerfGE 56, 37 (42) = NJW 1981, 1431; BGH 9.4.1986 – 3 StR 551/85, BGHSt 34, 39 (45) = NJW 1986, 2261.
[32] Meyer-Goßner *(Schmitt)* Rn. 5; *Eisenberg* Beweisrecht Rn. 2326; HK-GS/*Hartmann* Rn. 12.
[33] OLG Celle 23.11.1962 – 3 Ws 280/62, NJW 1963, 406.
[34] SK-StPO/*Wohlers* Rn. 24.
[35] LG Bonn v. 13.2.2012 – 27 Qs-410 Js 511/10 21/11, NStZ 2012, 712.
[36] OLG Karlsruhe 27.9.1985 – 1 Ws 176/85, NJW 1986, 145 (146); SK-StPO/*Wohlers* Rn. 7.
[37] KG 23.8.1988 – 4 Ws 154/88, NStZ 1989, 192; LG Gera 30.9.1999 – 2 Qs 412/99, NStZ 2001, 276; LG Halle 6.10.1999 – 22 Qs 28/99, NStZ 2001, 276; LG Lübeck 3.2.2000 – 6 Qs 3/00 – 720 35837/98 Wi, 6 Qs 3/00, NJW 2000, 3148.
[38] SK-StPO/*Wohlers* Rn. 7.

einer Auskunftserteilung erfüllt werden kann.[39] Werden die Beweismittel im Original nicht benötigt, ist die Aushändigung von Ablichtungen der in Rede stehenden Schriftstücke zur Erfüllung des Beweiszwecks ausreichend,[40] es sei denn die Originale sind für die Beweisführung notwendig, etwa wenn die Echtheit von Unterschriften in Frage steht. Werden die **Originalunterlagen** ausgehändigt, muss dem Betroffenen die Anfertigung von Kopien ermöglicht werden. Die Kosten dafür hat er jedoch selbst zu tragen.

17 Die Beweismittel, das gilt insbesondere für Mikrokopien und Datenträger, sind den Strafverfolgungsbehörden in lesbarer Form herauszugeben, ohne dass Hilfsmittel hierfür benötigt werden.[41] Die **Kostenerstattung** ist in § 23 Abs. 2 JVEG geregelt. Danach werden Dritte, die aufgrund eines Ersuchens der Strafverfolgungsbehörde Gegenstände herausgeben oder die Pflicht zur Herausgabe entsprechend einer Anheimgabe abwenden, wie Zeugen entschädigt. Ist ein Dritter (zB eine Bank) in einem Ermittlungsverfahren zur Herausgabe von Unterlagen verpflichtet, so hat er die Mehrkosten selbst zu tragen, die dadurch entstanden sind, dass die Unterlagen anstatt im Original auf Mikrofiche archiviert sind. Zudem besteht nach § 261 HGB die Verpflichtung, soweit Unterlagen nicht im Original bereitgehalten werden, diese auf eigene Kosten auszudrucken bzw. zu kopieren.[42]

Personen ohne Zeugnisverweigerungs- und Auskunftsverweigerungsrecht, nicht aber der Beschuldigte, trifft bei Gegenständen elektronischer Datenverarbeitung die Pflicht, die zum Lesen der Daten notwendigen Auskünfte zu erteilen, wenn die Daten verschlüsselt oder passwortgeschützt sind.[43]

18 **6. Ordnungs- und Zwangsmittel (Abs. 2).** Ordnungs- und Zwangsmittel im Sinne des § 70 dürfen nur vom Gericht und nicht von der Staatsanwaltschaft oder der Polizei angeordnet werden (vgl. auch § 70 Abs. 3).[44] Eine Zuständigkeit ergibt sich für die Staatsanwaltschaft auch nicht aus § 161a analog.[45] Als mögliche Ordnungs- und Zwangsmittel kommen – neben der Auferlegung der durch die Weigerung entstandenen Kosten – die Festsetzung von Ordnungsgeld, ggf. auch Ordnungs- und Beugehaft in Betracht.[46] Für Parlamentarische Untersuchungsausschüsse des Bundes gilt das Untersuchungsausschussgesetz (§§ 18, 29, 30).[47]

19 Die Anwendung der Ordnungs- und Zwangsmittel ist **zulässig,** wenn Gewissheit darüber besteht, dass sich der Beweisgegenstand im Gewahrsam des Betroffenen befindet. Dieser muss eine Mitwirkungspflicht zur Vorlage und Auslieferung des Gegenstandes haben. Das gilt nicht für den Beschuldigten, von dem ein Tätigwerden zum Zwecke seiner eigenen Überführung nicht gefordert werden kann. Zudem muss der Betroffene Kenntnis von dem Herausgabeverlangen besitzen und sich unberechtigt weigern, den Gegenstand herauszugeben.[48] Die Festsetzung der Zwangsmittel steht im pflichtgemäßen Ermessen des Richters.[49] Die Ordnungsmittel (§ 70 und Art. 6 ff. EGStGB) bleiben grds. bestehen, wenn der Gewahrsamsinhaber den Gegenstand nachträglich herausgibt.[50] Die Ordnungshaft von höchstens sechs Monaten ist jedoch dann sofort zu beenden. Das gilt auch, wenn die Behörde auf

---

[39] HK-StPO/*Gercke* Rn. 9.

[40] LG Aachen 14.6.2000 – 65 Qs 60/00, StV 2000, 548.

[41] BVerfG 18.2.2003 – 2 BvR 372/01, NStZ-RR 2003, 177; OLG Bremen 16.12.1975 – Ws 156/75, NJW 1976, 686; *Tschacksch* S. 246 ff.

[42] OLG Koblenz 8.9.2005 – 2 Ws 514/05, NStZ 2006, 241; OLG Bremen 16.12.1975 – Ws 156/75, NJW 1976, 686; LG Koblenz 7.1.2005 – 3 AR 29/04, NStZ 2006, 241.

[43] LG Trier 16.10.2003 – 5 Qs 133/03, NStZ 2004, 223; KK/*Greven* § 94 Rn. 4.

[44] *Bittmann* wistra 1990, 325 (335); *Klinger* wistra 1991, 17; *Kurth* NStZ 1983, 328.

[45] KK/*Greven* Rn. 4.

[46] Radtke/Hohmann/*Joecks* Rn. 11.

[47] BVerfG 1.10.1987 – 2 BvR 1165/86, NJW 1988, 897; KK/*Greven* Rn. 4.

[48] OLG Koblenz 31.10.2001 – 4 Qs 167/01, wistra 2002, 359 (360); LG Gera 30.9.1999 – 2 Qs 412/99, NStZ 2001, 276; Meyer-Goßner *(Schmitt)* Rn. 9; HK-GS/*Hartmann* Rn. 4.

[49] Radtke/Hohmann/*Joecks* Rn. 12; *Bittmann* wistra 1990, 335; *Klinger* wistra 1991, 19; *Kurth* NStZ 1983, 328.

[50] HK-StPO/*Gercke* Rn. 10.

sonstige Weise in den Besitz des Gegenstandes gelangt, wenn er untergegangen[51] oder die Beweiserheblichkeit des Gegenstandes weggefallen ist.[52]

Gegen **zeugnisverweigerungsberechtigte Personen** darf kein Zwang angewendet werden (Abs. 2 S. 2). Das gilt auch für herausverlangte Gegenstände, auf die sich das Beschlagnahmeverbot gemäß § 97 Abs. 1 Nr. 1 bezieht. Obwohl ein solcher Gegenstand nach § 94 sichergestellt darf, kann seine Herausgabe nicht mit den Mitteln des § 95 Abs. 2 erzwungen werden.[53] Bei **§§ 53, 53a** werden alle Gegenstände erfasst, die im Zusammenhang mit der geschützten Berufsausübung erlangt oder entstanden sind.[54] Die Entbindung von der Verschwiegenheitspflicht begründet in den Fällen des § 53 Abs. 2 S. 1 die Zeugnispflicht, so dass Abs. 2 S. 1 anwendbar ist.[55] Gegenüber Personen, die sich ausdrücklich und berechtigt auf das Auskunftsverweigerungsrecht nach **§ 55** berufen, darf ebenfalls kein Zwang entsprechend Abs. 2 S. 2 angewendet werden.[56] Gegenüber **Abgeordneten** sind Zwangsmittel erst nach Zustimmung des Parlaments zulässig (RiStBV 191 Abs. 1 und 3 Buchst. d).[57] 20

III. Rechtsbehelfe und Revision

1. Rechtsbehelfe. Gegen die richterlichen Anordnungen der Herausgabepflicht und der Zwangsmittel ist die **Beschwerde** nach § 304 ff. zulässig.[58] Gegen das Herausgabeverlangen der Staatsanwaltschaft kann der Antrag auf **gerichtliche Entscheidung entsprechend § 98 Abs. 2 S. 2** gestellt werden.[59] 21

2. Revision. Neben der Aufklärungsrüge, dass die Herausgabe eines Beweismittels nicht verlangt worden ist, kann gerügt werden, dass der herausverlangte Beweisgegenstand ungeachtet eines **Beweisverwertungsverbots** verwertet worden ist. Das ist der Fall, wenn trotz zulässiger Weigerung des Beschuldigten oder einer zur Zeugnisverweigerung berechtigten Personen unzulässiger Zwang angewendet wurde.[60] Zu beachten sind allerdings die Grundsätze für den **hypothetischen Ersatzeingriff.** Danach sind Beweismittel zwar grundsätzlich verwertbar, wenn sie bei Anwendung einer legalen und ordnungsgemäß durchgeführten Durchsuchung hätten gefunden und beschlagnahmt werden können.[61] Anders kann es bei Verstößen sein, die so schwerwiegend sind, dass nach Abwägung aller Umstände das Interesse des Staates an der Tataufklärung zurückstehen muss.[62] Der Verwertung kann im Einzelfall zudem der Verhältnismäßigkeitsgrundsatz entgegenstehen. Kein Verwertungsverbot besteht im Falle des § 55, weil die Verletzung dieser Vorschrift ausschließlich den Rechtskreis des Zeugen, nicht des Beschuldigten betrifft. Anders ist das jedoch zu beurteilen, wenn der Herausgebende später selbst Beschuldigter wird.[63] 22

§ 96 [Amtliche Schriftstücke]

[1]Die Vorlegung oder Auslieferung von Akten oder anderen in amtlicher Verwahrung befindlichen Schriftstücken durch Behörden und öffentliche Beamte darf

---

[51] Meyer-Goßner *(Schmitt)* § 94 Rn. 9.
[52] KK/*Greven* § 94 Rn. 4.
[53] SK-StPO/*Wohlers* Rn. 33; Löwe/Rosenberg/*Schäfer,* 25. Aufl. Rn. 15.
[54] Meyer-Goßner *(Schmitt)* Rn. 10.
[55] KK/*Greven* Rn. 5.
[56] *Eisenberg* Beweisrecht Rn. 2329; Löwe/Rosenberg/*Schäfer,* 25. Aufl. Rn. 16.
[57] HK-GS/*Hartmann* Rn. 4.
[58] Meyer-Goßner *(Schmitt)* Rn. 12.
[59] LG Gera 30.9.1999 – 2 Qs 412/99, NStZ 2001, 276; LG Halle 6.10.1999 – 22 Qs 28/99, NStZ 2001, 276 (277); Löwe/Rosenberg/*Schäfer,* 25. Aufl. Rn. 32; *Bittmann* wistra 1990, 325 (331); *ders.* NStZ 2001, 231.
[60] Löwe/Rosenberg/*Schäfer,* 25. Aufl. Rn. 37; SK-StPO/*Wohlers* Rn. 39.
[61] BGH 15.2.1989 – 2 StR 402/88, NStZ 1989, 375; LG Bremen 22.7.2005 – 11 Qs 112/05, StV 2006, 571; Löwe/Rosenberg/*Schäfer,* 25. Aufl. Rn. 25.
[62] BGH 18.4.2007 – 5 StR 546/06, BGHSt 51, 285 = NJW 2007, 2269; vgl. auch BVerfG 7.12.2011 – 2 BvR 2500/09 ua, NJW 2012, 907; AG Bremen 10.1.2012 – 75 Ls 570 Js 14531/10 (8/11), NStZ 2012, 287.
[63] Löwe/Rosenberg/*Schäfer,* 25. Aufl. Rn. 16; Meyer-Goßner *(Schmitt)* Rn. 11.

nicht gefordert werden, wenn deren oberste Dienstbehörde erklärt, dass das Bekanntwerden des Inhalts dieser Akten oder Schriftstücke dem Wohl des Bundes oder eines deutschen Landes Nachteile bereiten würde. [2]Satz 1 gilt entsprechend für Akten und sonstige Schriftstücke, die sich im Gewahrsam eines Mitglieds des Bundestages oder eines Landtages beziehungsweise eines Angestellten einer Fraktion des Bundestages oder eines Landtages befinden, wenn die für die Erteilung einer Aussagegenehmigung zuständige Stelle eine solche Erklärung abgegeben hat.

Schrifttum: *Arloth,* Neue Wege zur Lösung des strafprozessualen „V-Mann-Problems", NStZ 1993, 467; *Barczak,* Der verdeckte Einsatz ausländischer Polizisten in Deutschland – Rechtsrahmen, Rechtsprobleme und Reformbedarf, StV 2012, 182; *Detter,* Einige Gedanken zu audiovisueller Vernehmung, V-Mann in der Hauptverhandlung und der Entscheidung des Bundesgerichtshofs in der Sache El Motassadeq, StV 2006, 544; *Eisenberg,* Beschlagnahme von Akten der Jugendgerichtshilfe durch das Jugendgericht, NStZ 1986, 308; *Ellbogen,* Anfechtung der behördlichen Verweigerung einer Aussagegenehmigung durch die Staatsanwaltschaft?, NStZ 2007, 310; *Fezer,* Zur Problematik des gerichtlichen Rechtsschutzes bei Sperrerklärungen gemäß § 96 StPO, FS Kleinknecht, 1985, S. 113; *ders.,* Anfechtung einer Sperrerklärung des Innenministers und Aussetzung der Hauptverhandlung, JuS 1987, 358; *Gaede,* Die besonders wichtige Beweiswürdigung bei der exekutiven Sperrung von Beweismaterial im Konflikt mit dem Offenlegungsanspruch des Art. 6 Abs. 1 1 EMRK – Zugleich Besprechung von BGH – 3 StR 218/03 – vom 4.3.2004, StraFo 2004, 195; *ders.,* Schranken des fairen Verfahrens gemäß Art. 6 EMRK bei der Sperrung verteidigungsrelevanter Informationen und Zeugen, StV 2006, 599; *ders.,* Fairness als Teilhabe – Das Recht auf konkrete und wirksame Teilhabe durch Verteidigung gemäß Art. 6 EMRK, 2007; *Gomolla,* Der Schutz des Zeugen im Strafprozess, 1986; *Haas,* V-Leute im Ermittlungs- und Hauptverfahren, 1986; *Hilgendorf,* Zur Zulässigkeit der Beschlagnahme von Behördenakten im Strafverfahren, JZ 1993, 368; *Hilger,* Zum Rechtsweg gegen Sperrerklärungen und Verweigern der Aussagegenehmigung in V-Mann-Prozessen, NStZ 1984, 145; *Hohmann,* Zur Frage, ob bei Beschlagnahme von Behördenakten zuvor die Herausgabe des Schriftgutes erfolglos versucht sein muss, zur Durchsicht nach StPO § 110 und zu den Voraussetzungen für eine Beschlagnahme, wistra 2001, 196; *Janoschek,* Strafprozessuale Durchsuchung und Beschlagnahme bei juristischen Personen des öffentlichen Rechts, 1990; *Keller,* Polizeiliche Observation und strafprozessuale Wahrheitsforschung, StV 1984, 521; *Kramer,* Die Beschlagnahmefähigkeit von Behördenakten im Strafprozess, NJW 1984, 1502; *Krey,* Probleme des Zeugenschutzes im Strafverfahrensrecht, GS-Meyer, 1990, S. 239; *ders.,* Zur Problematik strafprozessualer verdeckter Ermittlungen ohne Einsatz technischer Mittel im Kampf gegen die Organisierte Kriminalität, FS Miyazawa, 1995, S. 595; *Laue,* Der staatliche Strafanspruch in Abhängigkeit von verwaltungsrechtlicher Aufgabenerfüllung?, ZStW 120 (2008), 246; *Lesch,* V-Mann und Hauptverhandlung – die Drei-Stufen-Theorie nach Einführung der §§ 68 III, 110b III StPO und 172 Nr. 1a GVG, StV 1995, 542; *Lisken,* Sperrerklärungen im Strafprozess, NJW 1991, 1658; *Lüderssen,* Zur Unerreichbarkeit des V-Mannes, FS Klug, 1983, S. 527; *Müller,* Fairer Prozess und in dubio pro reo bei Zurückhaltung von Beweismaterial – Das El-Moutassadeq-Urteil des BGH, JZ 2004, 926; *Reiß,* Beschlagnahmebefugnis der Strafgerichte gegenüber Strafgericht und Auslieferungs- und Auskunftspflichten der Behörden gegenüber Behörden und Staatsanwaltschaften im Strafverfahren, StV 1988, 31; *Schneider,* Die Pflicht der Behörden zur Aktenvorlage im Strafprozess, 1970; *Soiné,* Zulässigkeit und Grenzen heimlicher Informationsbeschaffung durch Vertrauensleute der Nachrichtendienste, NStZ 2013, 83; *Taschke,* Die behördliche Zurückhaltung von Beweismitteln im Strafprozess, 1989; *ders.,* Zur verwaltungsgerichtlichen Überprüfung der Rechtmäßigkeit eines Sperrvermerkes nach § 96 StPO, StV 1986, 54; *Uhlig,* Anspruch der Polizei: Herrin des Strafverfahrens? Probleme der rechtsstaatlichen Entwicklung im Verhältnis der Polizei als Mitwirkende an der Strafverfolgung, StV 1986, 117; *Velten,* Befugnisse der Ermittlungsbehörden zu Information und Geheimhaltung, 1995; *Zaczyk,* Prozesssubjekte oder Störer? Die Strafprozessordnung nach dem OrgKG – dargestellt an der Regelung des Verdeckten Ermittlers, StV 1993, 490.

Übersicht

I. Überblick

1. Normzweck. Die Vorschrift begrenzt die Aktenvorlagepflicht (Amtshilfepflicht, Art. 35 Abs. 1 GG) staatlicher Behörden[1] und steht im inneren Zusammenhang mit den §§ 54, 161. Die Vorlegung oder Auslieferung von Akten oder anderen in amtlicher Verwahrung befindlichen Schriftstücken ist unzulässig, wenn eine wirksame Sperrerklärung abgegeben wird.[2] Die Norm stellt für das Strafverfahren ein Beweisverbot auf und dient dem Zweck, das Dienstgeheimnis auch im Strafverfahren in engen Grenzen zu schützen.[3] Ein Verstoß gegen das Prinzip der Gewaltenteilung ist darin nicht zu sehen, denn dieses schließt nicht aus, dass Geheimhaltungsinteressen der Exekutive oder Legislative unter bestimmten Voraussetzungen Vorrang vor dem Interesse an der strafprozessualen Wahrheitsfindung haben.[4] 1

2. Anwendungsbereich. § 96 beschränkt die Beschlagnahme nach § 94, zudem die nach § 95 bestehende **Herausgabepflicht** sowie die Aktenvorlage- bzw. Amtshilfepflicht[5] staatlicher Stellen gegenüber der Strafjustiz (Art. 35 Abs. 1 GG, § 161), wenn die oberste Dienstbehörde erklärt, dass das Bekanntwerden des Inhalts dieser Schriftstücke dem Wohl des Bundes oder eines deutschen Landes Nachteile bereiten würde.[6] Entsprechend ist die Vorschrift bei **Auskunftsersuchen** anzuwenden.[7] 2

3. Weitere Einschränkungen. Für die Vorlage von Unterlagen durch Behörden ergeben sich weitere Grenzen aus dem Verhältnismäßigkeitsgrundsatz, aus dem nemo-tenetur-Grundsatz und aus gesetzlichen Vorschriften, wie dem Sozialgeheimnis nach § 35 SGB I iVm § 67 ff. SGB X und dem Steuergeheimnis nach §§ 30, 193 Abs. 2 AO.[8] Ein privatrechtlich wirkendes **Bankgeheimnis** begrenzt hingegen nicht die Herausgabe im Rahmen strafrechtlicher Ermittlungen.[9] Die im Strafprozess durch §§ 95, 96 geregelte Aktenanforderung und Sperrung wird im Verfahren des **Untersuchungsausschusses** durch § 18 PUAG modifiziert.[10] 3

II. Erläuterung

1. Akten oder andere in amtlicher Verwahrung befindliche Schriftstücke. Akten sind Zusammenfassungen von Schriftstücken.[11] Der Begriff Schriftstücke wird über den Wortlaut des § 97 hinaus im Sinne des § 11 Abs. 3 StGB weit ausgelegt. Nach allgemeiner 4

---

[1] Hessischer VGH 29.5.2013 – 8 B 1005/13, 8 D 1006/13, StraFo 2013, 330; HK-StPO/*Gercke* Rn. 1.

[2] BGH 18.3.1992 – 1 BGs 90/92, BGHSt 38, 237 = NJW 1992, 1973; OLG Jena 20.11.2000 – 1 Ws 313/00, NJW 2001, 1290; *Hilgendorf* JZ 1993, 368; *Hohmann* wistra 2001, 196; *Kramer* NJW 1984, 1502 (1504); *Janoschek* S. 94; Radtke/Hohmann/*Joecks* Rn. 3; *Lisken* NJW 1991, 1658 ff.; *Reiß* StV 1988, 31; *Velten*, 1995.

[3] BVerfG 26.5.1981 – 2 BvR 215/81, BVerfGE 57, 250 (282), NJW 1981, 1719; BVerfG 17.7.1984 – 2 BvE 11/83 u. 2 BvE 15/83, NStZ 1984, 515 (517); BVerfG 29.3.2007 – 2 BvR 197/07, juris; BGH 18.3.1992 – 1 BGs 90/92 – 2 BJs 186/91-5, BGHSt 38, 237 (239 ff.) = NJW 1992, 1973; BGH 24.6.1998 – 5 AR (VS) 1/98, BGHSt 44, 107 (116) = NJW 1998, 3577; BGH 16.1.2001 – 1 StR 523/00, NStZ 2001, 333; OLG Jena 20.11.2000 – 1 Ws 313/00, NJW 2001, 1290; Löwe/Rosenberg/*Schäfer*, 25. Aufl. Rn. 1; HK-StPO/*Gercke* Rn. 1.

[4] BVerfG 26.5.1981 – 2 BvR 215/81, BVerfGE 57, 250 (284) = NJW 1981, 1719; SK-StPO/*Wohlers* Rn. 2; HK-StPO/*Gercke* Rn. 1; *Janoschek* S. 101.

[5] BGH 17.10.1983 – GSSt 1/83, BGHSt 32, 115 (124) = NJW 1984, 247; *Krey*, GS-Meyer, S. 255; *Schneider* S. 41 ff.; SK-StPO/*Wohlers* Rn. 1.

[6] BGH 24.6.1998 – 5 AR (VS) 1/98, BGHSt 44, 107 (116) = NJW 1998, 3577; Meyer-Goßner *(Schmitt)* Rn. 1; *Taschke* S. 70.

[7] BVerfG 26.5.1981 – 2 BvR 215/81, BVerfGE 57, 250 (282) = NJW 1981, 1719; BGH 17.2.1981 – 5 StR 21/81, BGHSt 30, 34 (36) = NJW 1981, 1052; OLG Stuttgart 2.4.1986 – 4 VAs 9/86, Justiz 1986, 304.

[8] Radtke/Hohmann/*Joecks* Rn. 4.

[9] LG Frankfurt a. M. 3.8.1979 – 5/29 AR 10/79, NJW 1980, 1478.

[10] BVerfG 17.6.2009 – 2 BvE 3/07, BVerfGE 124, 78 = NVwZ 2009, 1353; BGH 26.3.2009 – 3 ARs 6/09, BGHR PUAG § 17 Beweisantrag 1 (Gründe).

[11] *Janoschek* S. 115.

Auffassung wird der Begriff auf andere Beweisgegenstände, wie Ton-, Bild- und sonstige (elektronische) Datenträger, analog angewendet.[12]

5 Der Aktenbegriff umfasst auch **private Unterlagen, die wegen ihres Inhalts in amtliche Verwahrung genommen wurden.**[13] Dazu gehören Schriftstücke, über die die Behörde in Erfüllung ihrer Aufgaben die tatsächliche Verfügungsgewalt ausübt,[14] unabhängig davon, ob sie bei der Behörde entstanden oder an sie gerichtet sind.[15] Somit gilt § 96 nicht für Testamente, die zur Sicherung bei einer Behörde hinterlegt wurden.[16] Auch sonstige bei Behörden hinterlegte Privaturkunden sind von der Norm nicht umfasst.

6 § 96 gilt nicht bei **privaten Schriftstücken,** die ein Beamter an seinem Arbeitsplatz verwahrt, es sei denn, dass sie wegen ihres Inhalts in amtliche Verwahrung genommen wurden.[17] Die Verwahrung wird nicht bei Gegenständen aufgehoben, die kurzfristig und vorübergehend Privatpersonen überlassen worden sind.[18] Ist ein **Gegenstand iSd § 96 durch eine Straftat abhanden gekommen** und wird er anschließend durch die Strafverfolgungsorgane aufgefunden, ist zunächst der obersten Dienstbehörde die Gelegenheit zur Abgabe einer Sperrerklärung zu geben.[19] Der Gegenstand unterfällt nicht der Beschränkung, wenn er nur als Beweismittel, zB für das Strafverfahren wegen Diebstahls, beschlagnahmt wird.[20]

7 Unter den Aktenbegriff iSd § 96 fallen auch **Dokumente und Ermittlungsakten** der Staatsanwaltschaft oder Ermittlungsvorgänge der Polizei hinsichtlich anderweitiger Verfahren.[21] Soweit Gutachten von Behördenangehörigen zu den verfahrensgegenständlichen Strafakten gegeben worden sind, unterliegen diese nicht der Beschränkung der Vorschrift.[22]

8 Eine **entsprechende Anwendung** des § 96 kommt bei Beweisgegenständen anderer Art, zB ein Videofilm über eine Observation, in Betracht.[23] Bei **Auskunftsverlangen** wird die Vorschrift ebenfalls analog angewendet, insbesondere wenn § 110b Abs. 3 nicht eingreift.[24] Im Strafverfahren wird das relevant, wenn das Gericht Auskunft über die Identität geschützter Zeugen verlangt.[25] Auch Akten über die Identität von **nicht offen ermittelnden Beamten, Verdeckten Ermittlern und Vertrauenspersonen (V-Personen),**[26] die in Akten der

---

[12] BVerfG 26.5.1981 – 2 BvR 215/81, BVerfGE 57, 250 (282) = NJW 1981, 1719; BGH 17.10.1983 – GSSt 1/83, BGHSt 32, 115 (123) = NJW 1984, 247; BGH 18.3.1992 – 1 BGs 90/92, 1 BGs 90/92 – 2 BJs 186/91-5, BGHSt 38, 237 (241) = NJW 1992, 1973; OLG Karlsruhe 4.7.2007 – 1 Ss 111/06, NStZ-RR 2008, 315; *Eisenberg* Beweisrecht Rn. 2337.

[13] BeckOK-StPO/*Ritzert* Rn. 2.

[14] *Hartmann, Schmidt* Strafprozessrecht Rn. 446; SK-StPO/*Wohlers* Rn. 14.

[15] KK/*Greven* Rn. 5.

[16] *Janoschek* S. 118; aA Löwe/Rosenberg/*Schäfer,* 25. Aufl. Rn. 39; SK-StPO/*Wohlers* Rn. 15.

[17] KK/*Greven* Rn. 5.

[18] Meyer-Goßner *(Schmitt)* Rn. 4.

[19] Radtke/Hohmann/*Joecks* Rn. 7; SK-StPO/*Wohlers* Rn. 16.

[20] *Eisenberg* Beweisrecht Rn. 2337.

[21] OLG Frankfurt a. M. 8.10.1981 – 3 Ws 616/81, NJW 1982, 1408; OLG München 19.4.2005 – 6 St 1/05, NStZ 2005, 706 (707).

[22] BGH 29.5.1963 – 6 BJs 497/62 – StB 5/63, BGHSt 18, 369 (370) = JZ 1963, 607; OLG Hamburg 7.12.1983 – VAs 15/83, StV 1984, 11; SK-StPO/*Wohlers* Rn. 11.

[23] OLG Karlsruhe 4.7.2007 – 1 Ss 111/06, NStZ-RR 2008, 315.

[24] BVerfG 26.5.1981 – 2 BvR 215/81, BVerfGE 57, 250 (282) = NJW 1981, 1719; BVerfG 29.3.2007 – 2 BvR 197/07, juris; BGH 17.2.1981 – 5 StR 21/81, BGHSt 30, 34 (36) = NJW 1981, 1052; BGH 24.6.1998 – 5 AR (VS) 1/98, BGHSt 44, 107 (116) = NStZ 1999, 40; OLG Hamburg 7.12.1983 – VAs 15/83, StV 1984, 11 (12); OLG Hamm 18.8.1988 – 1 VAs 1/88, NStZ 1990, 44 (45); OLG Stuttgart 23.7.1990 – 4 VAs 21/90, NJW 1991, 1071; mAnm *Arloth* NStZ 1992, 96; *Fezer* JZ 1996, 602 (609).

[25] BGH 29.10.1980 – 3 StR 335/80, BGHSt 29, 390 (393) = NJW 1981, 355; BGH 17.2.1981 – 5 StR 21/81, BGHSt 30, 34 = NJW 1981, 1052; BGH 1.7.1983 – 1 StR 138/83, BGHSt 32, 32 (37) = NJW 1984, 1973; BGH 16.4.1985 – 5 StR 718/84, BGHSt 33, 178 = NJW 1985, 1789; BGH 3.11.1987 – 5 StR 579/87, NStZ 1988, 563; BGH 20.11.1990 – 1 StR 562/90, NJW 1991, 646; OLG Celle 9.9.1983 – 3 VAs 9/83, NStZ 1983, 570; OLG Frankfurt a. M. 5.10.1982 – 3 VAs 46/82, NStZ 1983, 231; OLG Hamm 26.8.1985 – 1 VAs 74/84, NStZ 1985, 566, siehe auch SK-StPO/*Wohlers* Rn. 5 Fn. 18; *Janoschek* S. 105 ff.; *Taschke* S. 72 ff.; *Detter* StV 2006, 545; *Haas* S. 197; *Krey* Meyer-GS, S. 239 (256); *Franzheim* JR 1981, 348.

[26] Vgl. zu den Voraussetzungen die gemeinsame Richtlinie der Justizminister/-senatoren und der Innenminister/-senatoren über den Einsatz von Vertrauenspersonen (V-Personen) und Verdeckten Ermittlern im Rahmen der Strafverfolgung (Anlage D der RiStBV).

Polizei oder eines Nachrichtendienstes[27] geführt werden, unterfallen aus den Rechtsgedanken der §§ 110b Abs. 1 S. 1, 101 Abs. 2 der Vorschrift § 96.[28] Eine Anwendung der weitergehenden Gründe des § 68 Abs. 1 BBG und des § 37 Abs. 4 S. 1 BeamtStG ist im Hinblick auf das Strafverfolgungsinteresse unzulässig.[29] Die Versagung einer **Aussagegenehmigung** muss bei behördlichen Zeugen nach § 68 Abs. 3 BBG bzw. entsprechenden Bestimmungen in den Landesbeamtengesetzen von der jeweils obersten Dienstbehörde erklärt werden.[30]

§ 96 stellt keine Rechtsgrundlage dafür dar, während oder nach Abschluss des Strafverfah- 9
rens dem Beschuldigten oder der Verteidigung **Akteneinsicht** zu verweigern. Dagegen kann die Vorschrift analog bei Akteneinsichtsgesuchen am Verfahren nicht Beteiligter angewendet werden.[31]

2. Berechtigte. Zu den Berechtigten zählen Behörden und öffentliche Beamte. **Behör- 10
den** (vgl. auch § 256 Abs. 1 S. 1a) sind nach öffentlichem Recht eingerichtete, mit der Erfüllung öffentlicher Aufgaben betraute Stellen des Staates oder eines anderen Trägers öffentlicher Verwaltung, die in ihrem Bestand von den jeweils leitenden Beamten unabhängig sind.[32] Dazu zählen auch Gerichte (§ 11 Abs. 1 Nr. 7 StGB) und Beliehene.[33] Rein privatrechtlich organisierte Unternehmen des Staates und Kirchen sind nicht Berechtigte iSd Vorschrift.[34] Es werden nur Behörden im Geltungsbereich der StPO und Auslandsvertretungen der Bundesrepublik Deutschland von der Vorschrift erfasst.[35] Nicht erforderlich ist, dass die Behörden obrigkeitliche Befugnisse haben.[36] **Öffentliche Beamte** sind solche, die für sich allein eine Behörde bilden. Sie müssen eine behördenähnliche Funktion haben.[37]

§ 96 gilt für die **Polizei** nur, wenn sie in Erfüllung präventiver und nicht repressiver 11
Aufgaben tätig wird.[38] Im letzteren Fall erfolgt die Herausgabe der Akten an die Staatsanwaltschaft nach § 163 Abs. 2.[39] Bei einer Gemengelage kommt es darauf an, wo der Schwerpunkt der Tätigkeit liegt.[40] Die **Staatsanwaltschaft** hat in einer Strafsache die vollständigen Ermittlungsakten, also auch Fahndungsakten, nicht jedoch Handakten, an das für die Sache zuständige Gericht vollständig herauszugeben (§ 199 Abs. 2 S. 2).[41] Akten der Strafverfolgungsbehörden dürfen gegenüber einem erkennenden Gericht lediglich dann mittels einer Sperrerklärung nach § 96 zurückgehalten werden, wenn sie ein anderes rechtshängiges Verfahren betreffen.[42] Für die in Satz 2 genannten **gesetzgebenden Körperschaften** gilt Satz 1 entsprechend.[43] Andere Verwaltungsorgane (zB Stadtverordnetenversammlung, Gemeinderäte und Kreistage) werden, so der Umkehrschluss aus S. 2, von der Vorschrift nicht erfasst.[44]

3. Abgabe der Sperrerklärung. Für die Abgabe einer Sperrerklärung iSd § 96 ist die 12
oberste Dienstbehörde **zuständig.** Das ist grds. der zuständige Fachminister als oberste

---

[27] Vgl. auch *Soiné* NStZ 2013, 83.
[28] BVerfG 26.5.1981 – 2 BvR 215/81, BVerfGE 57, 250 = NJW 1981, 1719; BGH 26.7.2011 – 1 StR 297/11, StV 2012, 5.
[29] BeckOK-StPO/*Ritzert* Rn. 2.
[30] Meyer-Goßner *(Schmitt)* Rn. 12.
[31] BGH 29.5.1963 – 6 BJs 497/62 – StB 5/63, BGHSt 18, 369 (370) = JZ 1963, 607 zustimmend *Arndt* JZ 1963, 609; *Hohmann* wistra 2001, 196 (197); SK-StPO/*Wohlers* Rn. 6; HK-StPO/*Gercke* Rn. 4; KK/*Greven* Rn. 9.
[32] BVerfG 14.7.1959 – 2 BvF 1/58, BVerfGE 10, 20 (48) = DÖV 1959, 690; *Janoschek* S. 108 ff.
[33] *Janoschek* S. 111.
[34] *Schneider* S. 59 ff.; HK-StPO/*Gercke* Rn. 6.
[35] KK/*Greven* Rn. 3.
[36] BGH 20.9.1957 – V ZB 19/57, BGHZ 25, 188 = NJW 1957, 1673.
[37] Radtke/Hohmann/*Joecks* Rn. 9; SK-StPO/*Wohlers* Rn. 8.
[38] BeckOK-StPO/*Ritzert* Rn. 1. Zum verdeckten Einsatz ausländischer Polizisten vgl. *Barczak* StV 2012, 182.
[39] OLG Hamburg 7.12.1983 – VAs 15/83, StV 1984, 11 f.; *Keller* StV 1984, 521 (525 f.); *Taschke* S. 78 ff.; 100 ff.; *ders.* StV 1986, 54 (55 f.); *Uhlig* StV 1986, 117 (118 f.).
[40] BGH 16.2.1995 – 4 StR 733/94, BGHSt 41, 36 = NJW 1995, 2569; KK/*Greven* Rn. 3.
[41] BGH 29.5.1963 – StB 5/63, BGHSt 18, 369 (370) = JZ 1963, 607; *Taschke* StV 1986, 54 (56).
[42] OLG Frankfurt a. M. 8.10.1981 – 3 Ws 616/81, NJW 1982, 1408 (1409); OLG München 19.4.2005 – 5 St 1/05, NStZ 2005, 706 (707).
[43] Vgl. auch BGH 23.3.1965 – 1 StR 549/64, BGHSt 20, 189 = NJW 1965, 922.
[44] Radtke/Hohmann/*Joecks* Rn. 11; SK-StPO/*Wohlers* Rn. 13.

Aufsichtsbehörde,[45] für Kommunen der Innenminister.[46] Für das Parlament gibt dessen Präsident die Sperrerklärung ab.[47] Bei der Polizei ist der Innenminister (-senator) bei Auskunft über Namen und Anschriften polizeilich geheim gehaltener V-Personen zuständig.[48] Für die Staatsanwaltschaft erfolgt die Sperrerklärung durch den Justizminister/-senator.[49] Die oberste Dienstbehörde kann diese Aufgabe bei häufig vorkommenden, gleich gelagerten Fällen an einen Beamten delegieren, der berechtigt ist, das Ministerium nach außen zu vertreten.[50] Die Sperrerklärung ist allein von der Behörde einzuholen, welche die Schriftstücke verwahrt, nicht jedoch von den Ermittlungsbehörden oder dem mit der Sache befassten Gericht.[51]

13 **4. Voraussetzungen der Sperrerklärung.** Der Erlass einer Sperrerklärung setzt das Vorliegen einer Gefahr von **Nachteilen** für das **Wohl des Bundes** oder eines **deutschen Landes** (nicht dagegen einer Gemeinde) voraus.[52] Das kommt bei Staatsgeheimnissen (unabhängig davon, ob das Bekanntwerden Menschenleben gefährden könnte),[53] Beeinträchtigungen verfassungsgemäß legitimierter staatlicher Aufgaben sowie bei repressiven und präventiven Belangen des Strafrechts in Betracht.[54] Die Sperrung kann nicht per se mit dem Schutz der Aufklärung anderer gewichtiger Straftaten begründet werden.[55] Bei Verfassungsschutzakten ist zu beachten, dass sie im Rahmen des § 96 nicht schon wegen ihres Wesens geheimhaltungsbedürftig sind, sondern dass eine konkrete Gefahr vorliegen muss.[56] Die Verhütung bevorstehender schwerwiegender Straftaten kann die Geheimhaltung rechtfertigen.[57] Das Steuergeheimnis nach § 30 AO[58] und der Schutz der Intimsphäre eines Bürgers durch Aktenübersendung[59] werden ebenfalls von den öffentlichen Belangen iSd § 96 umfasst.

14 Die bloße Beeinträchtigung von **Individualinteressen** rechtfertigt nicht die Abgabe einer Sperrerklärung, da die Verletzung privater Interessen grds. keine Nachteile für das Gemeinwohl darstellt.[60] Gleichwohl kann sich, bspw. im Rahmen des Zeugenschutzes, eine Gefahr aus der Pflicht des Staates ergeben, Leben, Gesundheit und Freiheit von Menschen oder sonstige Grundrechte betroffener Bürger zu schützen.[61] Die Schwere der Straftat, die zu erwartende Sanktion, die Bedeutung des Beweismittels für die Wahrheitsfindung und die Möglichkeit alternativer Verfahren zur Wahrheitsforschung sind mit dem Grad und

---

[45] BGH 17.2.1981 – 5 StR 21/81, BGHSt 30, 34 (36) = NJW 1981, 1052.

[46] BGH 26.4.1989 – 3 StR 52/89, NJW 1989, 3294.

[47] BGH 23.3.1965 – 1 StR 549/64, BGHSt 20, 189 = NJW 1965, 922.

[48] BGH 16.2.1995 – 4 StR 733/94, BGHSt 41, 36 = NJW 1995, 2569; mAnm *Gössel* NStZ 1996, 287.

[49] BGH 28.10.1987 – 2 StR 545/87, StV 1988, 45 (46); *Arloth* NStZ 1992, 96; *Schäfer* NStZ 1990, 46.

[50] Vgl. auch BVerfG 26.5.1981 – 2 BvR 215/81, BVerfGE 57, 250 (289) = NJW 1981, 1719; BGH 23.3.1965 – 1 StR 549/64, BGHSt 20, 189 = NJW 1965, 922; BGH 3.11.1987 – 5 StR 579/87, BGHSt 35, 82 (86) = NJW 1988, 2187; SK-StPO/*Wohlers* Rn. 19; zur Übertragung auf eine nachgeordnete Behörde vgl. BGH 2.7.1996 – 1 StR 314/96, BGHSt 42, 175 = NJW 1996, 2738.

[51] LG Darmstadt 7.10.1988 – 9 Qs 691/88, NStZ 1989, 86 (87); BeckOK-StPO/*Ritzert* Rn. 5.

[52] SK-StPO/*Wohlers* Rn. 22; *Eisenberg* NStZ 1986, 308 (309).

[53] KK/*Greven* Rn. 18.

[54] BVerfG 26.5.1981 – 2 BvR 215/81, BVerfGE 57, 250 = NJW 1981, 1719; BGH 5.11.1982 – 2 StR 250/82, BGHSt 31, 148 (155) = NJW 1983, 1005; BGH 31.3.1989 – 2 StR 706/88, BGHSt 36, 161 = NJW 1989, 3291; Hessischer VGH 29.5.2013 – 8 B 1005/13, 8 D 1006/13, StraFo 2013, 330.

[55] BGH 5.12.1984 – 2 StR 526/84, BGHSt 33, 83 (92) = NJW 1985, 984; vgl. auch BGH 11.2.2000 – 3 StR 377/99, NJW 2000, 1661; LG Saarbrücken 20.7.2000 – 8-3/2000, 8-3/00, NStZ-RR 2002, 44.

[56] BVerwG 19.8.1986 – 1 C 7/85, NJW 1987, 202.

[57] OLG Stuttgart 23.7.1990 – 4 VAs 21/90, NJW 1991, 1071; LG Hamburg 6.8.2001 – 616 Qs 41/01, StV 2002, 647; *Arloth* NStZ 1985, 280 (281); nur bezogen auf schwerwiegende Kapitalverbrechen vgl. Radtke/Hohmann/*Joecks* Rn. 14.

[58] BVerfG 17.7.1984 – 2 BvE 11/83, 2 BvE 15/83, NJW 1984, 2271 (2275).

[59] BVerfG 15.1.1970 – 1 BvR 13/68, NJW 1970, 555; mAnm *Becker* NJW 1970, 1075.

[60] SK-StPO/*Wohlers* Rn. 22; aA *Arloth* NStZ 1992, 96; *Franzheim* JR 1982, 436.

[61] BVerfG 15.1.1970 – 1 BvR 13/68/, BVerfGE 27, 344 = NJW 1970, 555 (zum Schutz der Intimsphäre); BVerfG 26.5.1981 – 2 BvR 215/81, BVerfGE 57, 250 (284) = NJW 1981, 1719; BGH 10.10.1979 – 3StR 281/79, BGHSt 29, 109 (113) = NJW 1980, 464; BGH 16.4.1985 – 5 StR 718/84, BGHSt 33, 178 (180) = NJW 1985, 1789.

der Nähe der Gefahren für das Staatswohl gegeneinander abzuwägen.[62] Der zuständigen Stelle steht dabei ein Beurteilungsspielraum zu, allerdings muss sie in der Sperrerklärung die Wertung der Tatsachen soweit begründen, dass das Gericht diese unter Berücksichtigung rechtsstaatlicher Belange noch als triftig anerkennen kann.[63]

Die o.g. Schutzpflicht des Staates besteht auch für **Verdeckte Ermittler, verdeckt ermittelnde Polizeibeamte, Vertrauenspersonen und Informanten.**[64] Lediglich für den Verdeckten Ermittler besteht in der StPO eine ausdrückliche Regelung zur Geheimhaltung seiner Identität auch nach Beendigung des Einsatzes (§ 110b Abs. 3). Für die übrigen Fälle ist auf die Vorschrift § 96 zurückzugreifen, die iSd § 110b Abs. 3 auszulegen ist.[65] Die bloße **Vertraulichkeitszusage** einer Behörde begründet nicht ohne Weiteres eine Sperrerklärung, jedoch ist die weitere Verwendbarkeit verdeckt eingesetzter Personen ein tragbarer Gesichtspunkt im Rahmen der Gesamtabwägung.[66] Den Strafverfolgungsbehörden wäre zukünftig die Arbeit erschwert, wenn ihre Informationsquellen nicht mehr auf die Verlässlichkeit von Vertraulichkeitszusagen zählen könnten und dadurch erhebliche Gefahren für deren Leib und Leben entstünden.[67] Im Übrigen kann im Rahmen der Abwägung auch die Effektivität und Glaubwürdigkeit staatlicher **Zeugenschutzprogramme** Berücksichtigung finden, ggf. auch **außenpolitische Interessen** der Bundesrepublik Deutschland. Es ist zu berücksichtigen, dass die Sperrerklärung bei ernstlicher Gefahr für Leib, Leben und Freiheit – was in der Praxis meist der Fall ist und an deren Nachweis geringe Anforderungen zu stellen sind -[68] zulässig und geboten ist.[69] 15

Anders als im Verwaltungsverfahren[70] ist die Überlassung der Akten nur an das Gericht mit einer Verpflichtung zur Geheimhaltung (so genanntes **in-camera-Verfahren,** § 99 Abs. 2 VwGO), dh. ohne Akteneinsicht für die Verteidigung (§ 147), in Strafsachen ausgeschlossen.[71] Unbeachtlich ist auch eine Bitte an das Strafgericht, die Sache vertraulich zu behandeln.[72] 16

5. Inhalt und Begründung der Sperrerklärung. Dem Gericht muss es anhand der Sperrerklärung möglich sein, die Gründe für die Sperre nachzuvollziehen und auf ihre **Rechtmäßigkeit** zu **überprüfen.**[73] Die Sperrerklärung bedarf einer fehlerfreien und nicht nur formelhaften Begründung.[74] Sie muss erkennen lassen, dass die Behörde sorgfältig die 17

[62] BGH 17.10.1983 – GSSt 1/83, BGHSt 32, 115 (123) = NStZ 1984, 36; BGH 3.11.1987 – 5 StR 579/87, BGHSt 35, 82 (85) = NJW 1988, 2187.

[63] BVerwG 19.8.1986 – 1 C 7.85, BVerwGE 75, 1 = NJW 1987, 202; VGH Mannheim 3.6.1991 – 1 S 1484/91, NJW 1991, 2097.

[64] Hessischer VGH 29.5.2013 – 8 B 1005/13, 8 D 1006/13, StraFo 2013, 330; HK-GS/*Hartmann* Rn. 7.

[65] Löwe/Rosenberg/*Schäfer,* 25. Aufl. Rn. 60; HK-GS/*Hartmann* Rn. 7; *Hilger* JR 1992, 524 Fn. 154; *Krey*, FS Miyazawa, 595 (606 f.); *Lesch* StV 1995, 542 (545); *Zaczyk* StV 1993, 490 (496); *Siegismund* JR 1994, 252 für eine restriktive Auslegung im Zusammenhang mit V-Personen und Informanten.

[66] BVerfG 8.10.2009 – 2 BvR 547/08, NJW 2010, 925; BGH 16.3.1983 – 2 StR 543/82, BGHSt 31, 290 (294); BGH 5.12.1984 – 2 StR 526/84, BGHSt 33, 83 (91); BGH 3.11.1987 – 5 StR 579/87, BGHSt 35, 82 (85); BGH 31.3.1989 – 2 StR 706/88, BGHSt 36, 159 (163); BGH 10.2.1993 – 5 StR 550/92, BGHSt 39, 141 (144); BGH 24.6.1998 – 5 AR (VS) 1/98, BGHSt 44, 107 (116); BGH 16.1.2001 – 1 StR 523/00, wistra 2001, 226; HK-GS/*Hartmann* Rn. 7; aA SK-StPO/*Wohlers* Rn. 25.

[67] BVerfG 8.10.2009 – 2 BvR 547/08, NJW 2010, 925; VGH Mannheim 28.8.2012 – 1 S 1517/12, NJW 2013, 102.

[68] BGH 31.3.1989 – 2 StR 706/88, BGHSt 36, 159 (163); HK-GS/*Hartmann* Rn. 7.

[69] BVerfG 26.5.1981 – 2 BvR 215/81, BVerfGE 57, 285; BGH 5.11.1982 – 2 StR 250/82, BGHSt 31, 148; BGH 9.12.1988 – 2 StR 279/88, BGHSt 36, 44; BGH 2.7.1996 – 1 StR 314/96, BGHSt 42, 175; BGH 24.10.2006 – 1 StR 442/06, StraFo 2007, 25.

[70] BVerwG 28.3.2006 – 20 F 1/05, DÖV 2006, 699; OVG Niedersachsen 4.1.2012 – 14 PS 3/11, DÖV 2012, 571 f.

[71] BVerfG 14.12.2006 – 2 BvR 1290/05, NStZ 2007, 274; BVerfG v. 7.9.2007 – 2 BvR 1009/07, NStZ-RR 2008, 16; BVerfG v. 9.9.2013 – 2 BvR 533/13, WM 2013, 1990; BGH 11.2.2000 – 3 StR 377/99, NStZ 2000, 265; *Laue* ZStW 120 (2008), 246 (268 f.).

[72] BGH 7.3.1996 – 1 StR 688/95, BGHSt 42, 71 ff.; *Gillmeister* NStZ 1997, 44.

[73] BVerfG 26.5.1981 – 2 BvR 215/81, BVerfGE 57, 250 (290) = NJW 1981, 1719 (1725); BGH 11.2.2000 – 3 StR 377/99, BGHSt 29, 109 (112) = NStZ 2000, 265 (266); *Hilger* NStZ 1984, 145.

[74] BVerfG 26.5.1981 – 2 BvR 215/81, BVerfGE 57, 250 (288 f.); BGH 17.10.1983 – GSSt 1/83, BGHSt 32, 115 (125).

durch die Verweigerung der Herausgabe bzw. Auskunftserteilung[75] geschützten Interessen gegen das aus dem Rechtsstaatsprinzip folgende Interesse einer Wahrheitsfindung abgewogen hat.[76] Dabei sind zu berücksichtigen der Stellenwert und der Beweiswert des Beweismittels, das Gewicht des in Frage stehenden Tatvorwurfs, die Art und Schwere der durch die Offenlegung drohenden Nachteile und die Auswirkungen der Verweigerung der Herausgabe auf die Verteidigungsrechte des Angeklagten.[77, 78] Hierbei sind auch weniger in Verteidigungsrechte eingreifende Maßnahmen, zB die Erteilung eines **Behördenzeugnisses,** zu berücksichtigen.[79] Strafverfahrensrechtliche Vorkehrungen, die im konkreten Einzelfall geeignet wären, die Identität des verdeckten Informanten mit hinreichender Sicherheit geheim zu halten (bspw. die Möglichkeit einer **audio-visuellen Vernehmung** unter optischer und akustischer Verfremdung), sind erkennbar zu prüfen (→ Rn. 21a, 26).[80] Die Begründung hat jedoch stets die durch § 96 geschützten Geheimhaltungsinteressen zu wahren.[81]

18 Das Gericht hat die Begründung der Sperrerklärung allein auf Fehler hinsichtlich der Auslegung der Vorschrift, der zugrunde gelegten Tatsachen sowie der Einhaltung der Grenzen des **Beurteilungsspielraums** zu überprüfen.[82] Wenn das Gericht die Begründung in tatsächlicher Hinsicht für unzulänglich oder in rechtlicher Beziehung für fehlerhaft hält, ist aufgrund der Aufklärungspflicht bei der obersten Dienstbehörde **Gegenvorstellung** zu erheben, um die Behörde zu einer Überprüfung ihres Standpunkts zu veranlassen und sie vor die Alternative zu stellen, entweder die beanstandeten Mängel zu beheben oder die Sperrerklärung zurückzunehmen.[83] Bei fortdauernder Weigerung der obersten Dienstbehörde ist eine Entscheidung der Bundes- bzw. Landesregierung durch **Kabinettsbeschluss** herbeizuführen.[84]

19 **6. Anfechtung der Sperrerklärung.** Die Sperrerklärung kann der betroffene Prozessbeteiligte, der Beschuldigte, der Privat- und Nebenkläger,[85] nicht jedoch die Staatsanwaltschaft oder das mit der Sache befasste Gericht anfechten, weil diese durch die Erklärung nicht in eigenen Rechten verletzt werden können.[86] Ist die Sperrerklärung vom Innenminister erlassen worden, so ist für Streitigkeiten, die die Sperrerklärung zum Gegenstand haben, bspw. mit dem Ziel, die geheim gehaltene Identität einer Auskunftsperson in dem betreffenden Strafverfahren aufzudecken, der **Verwaltungsrechtsweg nach § 42 VwGO**

---

[75] BGH 29.10.1980 – 3 StR 335/80, BGHSt 29, 390 (393); BGH 17.10.1983 – GSSt 1/83, BGHSt 32, 115 (123).

[76] BGH 31.3.1989 – 2 StR 706/88, BGHSt 36, 159 (163); BGH 11.2.2000 – 3 StR 377/99, NJW 2000, 1661; BVerwG 19.8.1986 – 1 C 7/85, NStZ 1987, 520; OLG Hamburg 20.1.1993 – VAs 29/92, StV 1993, 402; KG 22.6.1989 – 4 Ws 110/89, NStZ 1989, 541 (542); BeckOK-StPO/*Ritzert* Rn. 6; Radtke/Hohmann/*Joecks* Rn. 18; SK-StPO/*Wohlers* Rn. 31; *Taschke* S. 267; *Fezer* Jus 1987, 358 (360).

[77] BVerfG 26.5.1981 – 2 BvR 215/81, BVerfGE 57, 250; BGH 5.6.2007 – 5 StR 383/06, NJW 2007, 3010; KG 22.6.1989 – 4 Ws 110/89, NStZ 1989, 541 (542); OLG Celle 9.9.1983 – 3 VAs 9/83, NStZ 1983, 570; OLG Stuttgart 23.7.1990 – 4 VAs 21/90, NJW 1991, 1071.

[78] BGH 5.6.2007 – 5 StR 383/06, NJW 2007, 3010 (3012) mAnm *Wohlers* JR 2008, 127.

[79] BGH 7.3.2007 – 1 StR 646/06, BGHSt 51, 232 mAnm *Güntge* JR 2007, 429; Beck-OK/*Ritzert* Rn. 6.

[80] BVerwG 2.7.2009 – 20 F 4.09, 20 F 4/09, Buchholz 310 § 99 VwGO Nr. 54; Hessischer VGH 29.5.2013 – 8 B 1005/13, 8 D 1006/13, StraFo 2013, 330; OVG Lüneburg 30.4.2009 – 14 PS 1/09, NJW 2012, 2372; OVG Lüneburg 4.1.2012 – 14 PS 3/11, NJW 2012, 2372.

[81] BVerfG 26.5.1981 – 2 BvR 215/81, BVerfGE 57, 250 (288); BGH 17.10.1983 – GSSt 1/83, BGHSt 32, 115 (125); BGH 9.12.1988 – 2 StR 279/88, BGHSt 36, 44 (49); BVerwG 19.8.1986 – 1 C 7/85, BVerwGE 75, 1 (9 ff.); *Hilgendorf* JZ 1993, 368 (369); *Gommolla,* S. 126.

[82] BGH 21.3.1989 – 5 StR 57/89, NStZ 1989, 282.

[83] BVerfG 26.5.1981 – 2 BvR 215/81, BVerfGE 57, 250; BGH 16.4.1985 – 5 StR 718/84, BGHSt 33, 178 (180); BGH 31.3.1989 – 2 StR 706/88, BGHSt 36, 159 (161); BGH 11.2.2000 – 3 StR 377/99, NStZ 2000, 265; BGH 26.6.2001 – 1 StR 197/01, NStZ 2001, 656; BGH 5.6.2007 – 5 StR 383/06, NJW 2007, 3010 (3012); BGH 23.12.2009 – 1 BJs 26/77-5 StB 51/09, NStZ 2010, 445 (448).

[84] BGH 5.6.2007 – 5 StR 383/06, NJW 2007, 3010 (3012).

[85] Vgl. OLG Hamburg 20.8.1981 – VAs 8/81, JR 1982, 435; Radtke/Hohmann/*Joecks* Rn. 20.

[86] BVerfG 26.5.1981 – 2 BvR 215/81, BVerfGE 57, 250 (289) = NStZ 1981, 357; BGH 5.6.2007 – 5 StR 383/06, NJW 2007, 3010 (3012); vgl. *Lüderssen*, FS Klug, 527 (535); Meyer-Goßner *(Schmitt)* Rn. 14; *Janoschek* S. 151 f.; *Fezer* JuS 1987, 360; aA *Ellbogen* NStZ 2007, 310 (313); SK-StPO/*Wohlers* Rn. 54.

gegeben.[87] Der Verwaltungsrechtsweg ist auch dann statthaft, wenn die oberste Dienstbehörde der Justizminister ist, denn die Sperrerklärung ist kein Akt einer Justizbehörde auf dem Gebiet des Strafrechts.[88] In diesem verwaltungsgerichtlichen Verfahren findet § 99 Abs. 2 VwGO (Zwischenverfahren) Anwendung. § 99 Abs. 1 S. 2 VwGO regelt die Auskunftserteilung und Aktenvorlage im Verhältnis der mit geheimhaltungsbedürftigen Vorgängen befassten Behörden zum Verwaltungsgericht, das in einem schwebenden Prozess für eine sachgerechte Entscheidung auf die Kenntnis der Akten angewiesen ist. Die Entscheidung über die Verweigerung der Aktenvorlage bei Geheimhaltungsbedarf erfordert grds. eine fehlerfreie Ermessensausübung.[89]

Im Fall einer Anfechtung besteht grds. **kein Anspruch auf Aussetzung** des Strafverfahrens. Maßgebend ist, ob nach pflichtgemäßem Ermessen die Aufklärungspflicht und das Beschleunigungsgebot eine Aussetzung gebieten (§ 244 Abs. 2). Das ist bei einer offensichtlich aussichtslos erscheinenden Klage nicht der Fall.[90] 20

7. Folgen der Sperrerklärung. Eine **fehlerhafte Sperrerklärung** ist unwirksam, wenn die Begründung der Sperrerklärung offenkundig unzureichend oder die Sperrerklärung willkürlich oder missbräuchlich ist oder auf einer offensichtlich unrichtigen tatsächlichen Grundlage oder einer falschen Rechtsauffassung beruht.[91] Das fragliche Beweismittel kann dann, wenn eine Gegenvorstellung des Gerichts erfolglos bleibt, beschlagnahmt werden.[92] Das darf jedoch nicht dazu führen, dass Leib und Leben von Zeugen gefährdet werden.[93] Eine Durchsuchung in Behördenräumen – ohne vorheriges Herausgabeverlangen – ist nur in Ausnahmefällen zulässig, zB wenn Behördenangehörige selbst als Teilnehmer einer Straftat, die mit der zu untersuchenden Tat im Zusammenhang steht, verdächtig sind.[94] 21

Zu beachten ist, dass Sperrerklärungen **unwirksam** sein können, soweit sie sich auf eine vom zuständigen Strafgericht für zulässig und erforderlich gehaltene Zeugenvernehmung einer Vertrauensperson beziehen, bspw. weil diese maßgeblich an der Planung und Organisation der Straftat, die Gegenstand des jeweiligen Strafverfahrens ist, mitgewirkt hat, und durch eine **audiovisuelle Vernehmung** dieser Person unter Nutzung weiterer strafprozessualer Möglichkeiten des Zeugenschutzes deren Enttarnung verhindert werden kann. Bedenken der Ermittlungsbehörden hinsichtlich einer erheblichen Gefährdung einer Vertrauensperson können u.a. dadurch in der Hauptverhandlung Rechnung getragen werden, dass dem Zeugen nach § 68 Abs. 3 gestattet wird, die Angaben zur Person zu verweigern und so seine Identität geheim zu halten. Ferner kommt die Möglichkeit der Entfernung des Angeklagten aus dem Sitzungssaal nach § 247 in Betracht. Es besteht unter Umständen auch die Möglichkeit, die audiovisuelle Vernehmung der Vertrauensperson in Anwesenheit des Führungsbeamten durchzuführen, um zu verhindern, dass die Vertrauensperson unbeabsichtigt Informationen über sich selbst preisgibt, dass sie dadurch identifiziert werden könnte. Zudem bietet § 68a Abs. 2 S. 1 die Möglichkeit einer Inhaltskontrolle 21a

---

[87] BVerfG 29.3.2007 – 2 BvR 197/07, juris; BGH 24.6.1998 – 5 AR (VS) 1/98, BGHSt 44, 107; BGH 5.6.2007 – 5 StR 383/06, NJW 2007, 3010 (3012); BVerwG 27.4.1984 – 1 C 10/84, BVerwGE 69, 192 = NJW 1984, 2233; BVerwG 19.8.1986 – 1 C 7/85, NStZ 1987, 502 mAnm *Arloth* NStZ 1987, 502; Meyer-Goßner *(Schmitt)* Rn. 14.

[88] KK-*Greven* Rn. 34; BeckOK-StPO/*Ritzert* Rn. 8; für die Anwendung von § 23 EGGVG: OVG Münster 21.4.1977 – XII B 87/77, NJW 1977, 1790; Meyer-Goßner *(Schmitt)*.

[89] BVerwG 28.3.2006 – 20 F 1/05, DÖV 2006, 267; BVerwG 8.3.2010 – 20 F 11/09, juris; BVerwG 31.1.2011 – 20 F 18.10, 20 F 18/10, juris; OVG Lüneburg 14.12.2012 – 14 PS 2/12, NJW 2012, 2372.

[90] BGH 18.8.2006 – 3 StR 284/05, NStZ-RR 2009, 4; BGH 24.10.2006 – 1 StR 442/06, NStZ-RR 2009, 4; BGH 5.6.2007 – 5 StR 383/06, NJW 2007, 3010 (3012) mAnm *Wohlers* JR 2008, 127; *Fezer* Jus 1987, 362.

[91] BGH 16.4.1985 – 5 StR 718/84, BGHSt 33, 178; BGH 21.3.1989 – 5 StR 57/89, NStZ 1989, 282; Beck-OK-StPO/*Ritzert* Rn. 7c; KK/*Greven* Rn. 29; *Arloth* NStZ 1993, 467 (468).

[92] BVerfG 29.3.2007 – 2 BvR 197/07, BVerfGE 57, 250 (284 ff.); BGH 18.3.1992 – 1 BGs 90/92, BGHSt 38, 237 (245 f.); LG Potsdam 26.9.2006 – 21 Qs 127/06, wistra 2007, 193 (194); *Janoschek* S. 173 ff.

[93] KK/*Greven* Rn. 31.

[94] OLG Jena 20.11.2000 – 1 Ws 313/00, NJW 2001, 1290.

von Glaubwürdigkeitsfragen durch den Vorsitzenden im Rahmen der Verhandlungsleitung.[95]

22 Eine **wirksame Sperrerklärung** ist für das Gericht bindend.[96] Geht die Sperrerklärung später als die Akten oder Schriftstücke beim Gericht ein, ist zu unterscheiden: Bei Eingang der Sperrerklärung vor Verwertung des Beweismittels in der Hauptverhandlung besteht ein Verwertungsverbot auch dann, wenn das Gericht zuvor Kenntnis vom Akteninhalt erlangt hat.[97] Ist der Akteninhalt bereits in der Hauptverhandlung verwertet worden, ist die Sperrerklärung nicht mehr zu berücksichtigen, zumal die Voraussetzungen für die Abgabe einer Sperrerklärung schon deshalb entfallen sein dürften, da die geheimhaltungsbedürftigen Vorgänge nunmehr bekannt sind.[98] Sind nachträglich gesperrte Akten bereits zuvor Gegenstand durch den Ermittlungsrichter angeordneter Maßnahmen geworden, bspw. bei Anordnungen zum Abhören und Aufzeichnen von Telekommunikationsverkehr, so ist ebenfalls von einer Unwirksamkeit der Sperrerklärung auszugehen, da ansonsten die Überprüfung der Rechtsmäßigkeit der angeordneten Maßnahmen nicht möglich ist.[99]

23 Im Übrigen ist bei einer wirksamen Sperrerklärung eine **Beschlagnahme der Unterlagen unzulässig,** weil die Pflicht zur Vorlage der Akten entfällt.[100] Das gilt auch für ein nachträgliches Ersuchen um Übersendung von Akten.[101] Der Beweisgegenstand ist deshalb unerreichbar im Sinne von § 244 Abs. 3 S. 2.[102]

24 Aus dem Vorliegen einer wirksamen Sperrerklärung folgt **kein generelles Beweisverbot.**[103] Der Gegenvortrag des Angeklagten ist nicht ohne Weiteres als wahr zu unterstellen. Eine Einstellung des Strafverfahrens kommt nur in extremen Ausnahmefällen in Betracht.[104] Wenn dem Gericht die Identität des Zeugen bekannt ist, zB in Fällen, in denen sich aus den Akten oder sonstigen Erkenntnisquellen Hinweise auf die Identität ergeben, kann es die Aufklärungspflicht erfordern, dass das Gericht von Amts wegen Bemühungen entfaltet, die Identität festzustellen und die Vernehmung in der Hauptverhandlung zu ermöglichen.[105]

25 Eine wirksame Sperrerklärung verwehrt dem Gericht nicht die Einführung und Verwertung von **Beweissurrogaten** für das gesperrte Beweismittel in die Hauptverhandlung,[106] bspw. durch Vernehmung von Verhörspersonen als mittelbare Zeugen über Angaben von unerreichbaren Vertrauenspersonen.[107] In Betracht kommt die Verlesung

---

95 Hessischer VGH 29.5.2013 – 8 B 1005/13, 8 D 1006/13, StraFo 2013, 330 vgl. auch BVerwG 2.7.2009 – 20 F 4.09, 20 F 4/09, Buchholz 310 § 99 VwGO Nr. 54; OVG Lüneburg 4.1.2012 – 14 PS 3/11, NJW 2012, 2372.

96 BGH 10.10.1979 – 3 StR 281/79 (S), BGHSt 29, 109 (112); BGH 17.10.1983 – GSSt 1/83, BGHSt 32, 115 (123); BGH 16.4.1985 – 5 StR 718/84, BGHSt 33, 178, 179 f.; BGH 20.2.2009 – I ARs 3/2008, juris.

97 Meyer-Goßner *(Schmitt)* Rn. 11; aA OLG Hamburg 7.12.1983 – VAs 15/83, StV 1984, 11 (12).

98 SK-StPO/*Wohlers* Rn. 41.

99 BeckOK-StPO/*Ritzert* Rn. 7e.

100 BGH 18.3.1992 – 1 BGs 90/92, BGHSt 38, 237 (246 f.); BGH 24.6.1998 – 5 AR (Vs) 1/98, StV 1998, 411; OLG Jena 20.11.2000 – 1 Ws 313/00, StV 2002, 63 f.; LG Potsdam 26.9.2006 – 21 Qs 127/06, wistra 2007, 193; Radtke/Hohmann/*Joecks* Rn. 25; SK-StPO/*Wohlers* Rn. 41.

101 BGH 20.2.2009 – I ARs 3/2008, juris; Meyer-Goßner *(Schmitt)* Rn. 10; KK/*Greven* Rn. 10.

102 BGH 3.11.1987 – 5 StR 579/87, BGHSt 35, 82 (84 ff.); BGH 26.7.2011 – 1 StR 297/11, StV 2012, 5; HK-GS/*Hartmann* Rn. 11.

103 BGH 6.2.2003 – 4 StR 423/02, NStZ 2003, 610.

104 BGH 5.6.2007 – 5 StR 383/06, NJW 2007, 3010 mAnm *Niehaus* NStZ 2008, 355; *Wohlers* JR 2008, 127; *Laue* ZStW 120 (2008), 246 (267); Meyer-Goßner *(Schmitt)* Rn. 10.

105 BGH 17.11.1992 – 1 StR 752/92, NStZ 1993, 248; BGH 6.2.2003 – 4 StR 423/02, NStZ 2003, 610 (611); BGH 24.6.1998 – 5 AR (VS) 1-98, BGHSt 44, 107 (115); Radtke/Hohmann/*Joecks* Rn. 25.

106 BVerfG 26.5.1981 – 2 BvR 215/81, BVerfGE 57, 250 (290); BVerfG 29.3.2007 – 2 BvR 197/07, juris; BGH 17.2.1981 – 5 StR 21/81, NJW 1981, 1052; BGH 31.3.1989 – 2 StR 706/88, NStZ 1989, 380; BGH 16.1.2001 – 1 StR 523/00, NStZ 2001, 333; BGH 20.2.2002 – 1 StR 545/01, NStZ 2002, 368; Hessischer VGH 29.5.2013 – 8 B 1005/13, 8 D 1006/13, StraFo 2013, 330.

107 BVerfG 26.5.1981 – 2 BvR 215/81, BVerfGE 57, 250 (292 f.); BGH 16.4.1985 – 5 StR 718/84, BGHSt 33, 178 (181 ff.); BGH 10.2.1993 – 5 StR 550/92, NStZ 1993, 293; BGH 7.6.2000 – 3 StR 84, NStZ 2000, 607.

polizeilicher Vernehmungsniederschriften.[108] Bei nach § 96 analog gesperrten Augenscheinsobjekten kann das Gericht, einen Augenscheinsgehilfen hinzuziehen und ihn in der Hauptverhandlung als Zeugen über seine Wahrnehmungen vernehmen.[109] Der Rückgriff auf Beweissurrogate verpflichtet das Tatgericht allerdings zu einer besonders **vorsichtigen Beweiswürdigung** hinsichtlich der nur eingeschränkt zugänglichen Beweismittel und zu gesteigerten Begründungsanforderungen.[110] So können Feststellungen nur dann auf Beweissurrogate gestützt werden, wenn diese durch andere wichtige Beweisanzeichen in der Hauptverhandlung bestätigt worden sind.[111] Zudem ist die Möglichkeit einzubeziehen, dass das gesperrte Beweismittel, wenn es in die Hauptverhandlung eingeführt worden wäre, das Entlastungsvorbringen bzw. die entlastende Beweisbehauptung des Angeklagten bestätigt hätte. Diese Möglichkeit hat das Gericht dem übrigen Beweisergebnis gegenüberzustellen und auf dieser Grundlage unter Beachtung des Zweifelssatzes zu entscheiden, ob das potentiell entlastende Ergebnis der unterbliebenen Beweiserhebung durch die verwertbaren sonstigen Beweismittel so weit entkräftet wird, dass trotz der geschmälerten Erkenntnisgrundlage der Inbegriff der Hauptverhandlung die Überzeugung von der Schuld des Angeklagten trägt. Je mehr sich das Ergebnis der Beweisaufnahme mit dem Entlastungsvorbringen des Angeklagten in Einklang bringen lassen könnte, je näher das gesperrte Beweismittel zu der Tat steht und je stärker es daher potentiell zu deren Aufklärung hätte beitragen können, um so höhere Anforderungen sind an den argumentativen Aufwand des Tatrichters zur Begründung seiner Überzeugung von der Schuld des Angeklagten zu stellen.[112]

Neben der Kompensation durch eine besonders vorsichtige Beweiswürdigung ist zu beachten, dass das Recht auf ein faires Verfahren dem Angeklagten u.a. gewährleistet, zur Wahrung seiner Rechte auf den Gang und das Ergebnis des Verfahrens Einfluss zu nehmen. Bei der Bestimmung der Beteiligungsrechte des Angeklagten sind insbesondere die Gewährleistungen der **Europäischen Menschenrechtskonvention (EMRK)** und die Rspr. des **EGMR** zu berücksichtigen.[113] Für das sich aus Art. 6 Abs. 3 Buchstabe d EMRK ergebende **Konfrontationsrecht** bedeutet dies, dass dem Angeklagten die effektive Möglichkeit verschafft werden muss, einen Zeugen zu befragen und seine Glaubwürdigkeit und Zuverlässigkeit in Frage zu stellen.[114] Das Konfrontationsrecht darf durch die Einführung von Beweissurrogaten nicht in unzulässiger Weise verkürzt werden.[115] Der Beschuldigte hat ein Recht darauf, Belastungszeugen unmittelbar zu befragen oder befragen zu lassen,[116] wobei in bestimmten Fällen auf eine Konfrontation des Zeugen mit dem Angeklagten verzichtet werden kann, etwa aus Gründen des Zeugenschutzes oder des Staatswohls.[117] Die Justiz muss eine solche Einschränkung des Fragerechts durch andere Maßnahmen ausgleichen, 26

[108] BGH 5.12.1984 – 2 StR 526/84, BGHSt 33, 83.
[109] OLG Karlsruhe 4.7.2007 – 1 Ss 111/06, NStZ-RR 2008, 315.
[110] BVerfG 17.9.2004 – 2 BvR 2122/03, BVerfGK 4, 72; BVerfG 29.3.2007 – 2 BvR 197/07, BVerfGE 57, 250 (292 f.); BGH 16.4.1985 – 5 StR 718/84, NJW 1985, 1789; BGH 31.3.1989 – 2 StR 706/88, NStZ 1989, 380; BGH 10.2.1993 – 5 StR 550/92, NStZ 1993, 293; BGH 7.6.2000 – 3 StR 84/00, NStZ 2000, 607; BGH 20.2.2002 – 1 StR 545/01, NStZ 2002, 368.
[111] BVerfG 19.7.1995 – 2 BvR 1142/93, NStZ 1995, 600; BGH 10.2.1993 – 5 StR 550/92, NStZ 1993, 293; BGH 7.6.2000 – 3 StR 84/00, NStZ 2000, 607.
[112] BGH 4.3.2004 – 3 StR 218/03, BGHSt 49, 112 (121) = NJW 2004, 1259; BGH 23.12.2009 – 1 BJs 26/77-5 StB 51/09, NStZ 2010, 445 (448); BGH 16.9.2010 – AK 12/10, NStZ 2011, 153; *Müller* JZ 2004, 926; krit. *Mosbacher* JR 2004, 523; *Detter* StV 2006, 544 (548); *Nehm*, FS Widmaier, 371; Meyer-Goßner *(Schmitt)* Rn. 10. Krit. zur Beweiswürdigungslösung im Hinblick auch auf Art. 6 Abs. 1 S. 1 MRK: SK-StPO/*Wohlers* Rn. 45 ff.; *Gaede* StraFo 2004, 195.
[113] BVerfG 5.7.2006 – 2 BvR 1317/05, NJW 2007, 204; BVerfG 29.3.2007 – 2 BvR 1880/06, NStZ 2007, 534; BVerfG 23.1.2008 – 2 BvR 2491/07, juris.
[114] EGMR 23.4.1997 – 55/1996/674/861 – 864, StV 1997, 617; BVerfG 29.3.2007 – 2 BvR 1880/06, NStZ 2007, 534; BGH 29.11.2006 – 1 StR 493/06, BGHSt 51, 150 = NStZ 2007, 166; KK/*Schädler* MRK Art. 6 Rn. 51 ff.
[115] *Gaede* StV 2006, 599 (602 f.); SK-StPO/*Wohlers* Rn. 48 ff.
[116] BVerfG 8.10.2009 – 2 BvR 547/08, NJW 2010, 925.
[117] Hessischer VGH 29.5.2013 – 8 B 1005/13, 8 D 1006/13, StraFo 2013, 303.

bspw. dadurch, dass wenigstens der Verteidiger bei der Zeugenvernehmung anwesend sein darf und den Zeugen befragen kann oder dass dem Angeklagten die Gelegenheit gegeben wird, schriftlich Fragen an den Zeugen zu richten.[118] Im Einzelfall kommt eine audiovisuelle Konfrontationsvernehmung nach § 247a unter optischer und akustischer Abschirmung in Betracht, um eine Verletzung des Fairnessgebots zu vermeiden (→ Rn. 22a).[119] Aber auch wenn der Angeklagte zu keinem Zeitpunkt die Gelegenheit zur konfrontativen Befragung des Zeugen hatte, kann, wenn das Verfahren in seiner Gesamtheit einschließlich der Art und Weise der Beweiserhebung und -würdigung fair war,[120] ein solches Defizit im Rahmen der abschließenden Beweiswürdigung ausgeglichen werden.[121]

III. Revision

27 Mit der **Aufklärungsrüge** (§ 244 Abs. 2) kann beanstandet werden, dass das Gericht auf die Vorlage von Behördenakten nicht hingewirkt und eine gebotene Gegenvorstellung nicht erhoben habe.[122] Bei fehlender, rechtwidriger oder nichtiger Sperrerklärung darf ein Beweismittel nicht als ein **unerreichbares Beweismittel** iSd § 244 Abs. 3 S. 2 behandelt werden. Ein Informant darf so lange nicht als unerreichbares Beweismittel angesehen werden, als nicht eine Sperrerklärung der obersten Dienstbehörde vorliegt.[123] Ein trotz bindender Sperrerklärung verwertetes Beweismittel berührt den Rechtskreis des Angeklagten nicht und kann deshalb die Revision nicht begründen.[124] Das Unterlassen einer kritischen Beweiswürdigung, insbesondere bei Beweissurrogaten, kann mit der **Sachrüge** gerügt werden.[125]

§ 97 [Der Beschlagnahme nicht unterliegende Gegenstände]

(1) Der Beschlagnahme unterliegen nicht

1. **schriftliche Mitteilungen zwischen dem Beschuldigten und den Personen, die nach § 52 oder § 53 Abs. 1 Satz 1 Nr. 1 bis 3b das Zeugnis verweigern dürfen;**
2. **Aufzeichnungen, welche die in § 53 Abs. 1 Satz 1 Nr. 1 bis 3b Genannten über die ihnen vom Beschuldigten anvertrauten Mitteilungen oder über andere Umstände gemacht haben, auf die sich das Zeugnisverweigerungsrecht erstreckt;**
3. **andere Gegenstände einschließlich der ärztlichen Untersuchungsbefunde, auf die sich das Zeugnisverweigerungsrecht der in § 53 Abs. 1 Satz 1 Nr. 1 bis 3b Genannten erstreckt.**

(2) [1]Diese Beschränkungen gelten nur, wenn die Gegenstände im Gewahrsam der zur Verweigerung des Zeugnisses Berechtigten sind, es sei denn, es handelt sich um eine elektronische Gesundheitskarte im Sinne des § 291a des Fünften Buches Sozialgesetzbuch. [2]Der Beschlagnahme unterliegen auch nicht Gegen-

---

118 BGH 5.2.1993 – 2 StR 525/92, NStZ 1993, 292.

119 BGH 15.9.1999 – 1 StR 286/99, BGHSt 45, 188 (190); BGH 25.7.2000 – 1 StR 169/00, BGHSt 46, 93 (103); BGH 7.3.2007 – 1 StR 646/06, NStZ 2007, 477 (478).

120 St. Rspr.: EGMR 20.12.2001 – 33900/96 P.S./Deutschland, NJW 2003, 2893; EGMR 17.11.2005 – 73047/01, NStZ 2007, 103; EMGR 11.9.2006 – 22007/03 „Sapuneresc u" StraFo 2007, 107; BVerfG 8.10.2009 – 2 BvR 547/08, NJW 2010, 925; BGH 29.11.2006 – 1 StR 493/06, NStZ 2007, 649; BGH 25.7.2000 – 1 StR 169/00, BGHSt 46, 93 = NJW 2000, 3505; BGH 29.11.2006 – 1 StR 493/06, BGHSt 51, 150 = NStZ 2007, 166; BGH 4.4.2007 – 4 StR 345/0, NJW 2007, 2341; KK/*Schädler* MRK Art. 6 Rn. 51 ff. BGH 5.2.1993 – 2 StR 525/92, NStZ 1993, 292.

121 BGH 29.11.2006 – 1 StR 493/06, BGHSt 51, 150 (155).

122 BGH 31.3.1989 – 2 StR 706/88, BGHSt 36, 159 (161) = NJW 1989, 3291; BGH 17.10.1983 – GSSt 1/83, BGHSt 32, 115 (123); BGH 11.2.2000 – 3 StR 377/99, NStZ 2000, 265; BGH 26.6.2001 – 1 StR 197/01, NStZ 2001, 656; SK-StPO/*Wohlers* Rn. 37.

123 BGH 26.7.2011 – 1 StR 297/11, StV 2012, 5; BGH 16.1.2001 – 1 StR 523/00, NStZ 2001, 333.

124 Meyer-Goßner *(Schmitt)* Rn. 15; Löwe/Rosenberg/*Schäfer,* 25. Aufl. Rn. 114.

125 BGH 31.3.1989 – 2 StR 706/88, BGHSt 36, 159; BGH 7.6.2000 – 3 StR 84/00, NStZ 2000, 607.

stände, auf die sich das Zeugnisverweigerungsrecht der Ärzte, Zahnärzte, Psychologischen Psychotherapeuten, Kinder- und Jugendlichenpsychotherapeuten, Apotheker und Hebammen erstreckt, wenn sie im Gewahrsam einer Krankenanstalt oder eines Dienstleisters, der für die Genannten personenbezogene Daten erhebt, verarbeitet oder nutzt, sind, sowie Gegenstände, auf die sich das Zeugnisverweigerungsrecht der in § 53 Abs. 1 Satz 1 Nr. 3a und 3b genannten Personen erstreckt, wenn sie im Gewahrsam der in dieser Vorschrift bezeichneten Beratungsstelle sind. [3]Die Beschränkungen der Beschlagnahme gelten nicht, wenn bestimmte Tatsachen den Verdacht begründen, dass die zeugnisverweigerungsberechtigte Person an der Tat oder an einer Begünstigung, Strafvereitelung oder Hehlerei beteiligt ist, oder wenn es sich um Gegenstände handelt, die durch eine Straftat hervorgebracht oder zur Begehung einer Straftat gebraucht oder bestimmt sind oder die aus einer Straftat herrühren.

(3) Die Absätze 1 und 2 sind entsprechend anzuwenden, soweit die Hilfspersonen (§ 53a) der in § 53 Abs. 1 Satz 1 Nr. 1 bis 3b Genannten das Zeugnis verweigern dürfen.

(4) [1]Soweit das Zeugnisverweigerungsrecht der in § 53 Abs. 1 Satz 1 Nr. 4 genannten Personen reicht, ist die Beschlagnahme von Gegenständen unzulässig. [2]Dieser Beschlagnahmeschutz erstreckt sich auch auf Gegenstände, die von den in § 53 Abs. 1 Satz 1 Nr. 4 genannten Personen ihren Hilfspersonen (§ 53a) anvertraut sind. [3]Satz 1 gilt entsprechend, soweit die Hilfspersonen (§ 53a) der in § 53 Abs. 1 Satz 1 Nr. 4 genannten Personen das Zeugnis verweigern dürften.

(5) [1]Soweit das Zeugnisverweigerungsrecht der in § 53 Abs. 1 Satz 1 Nr. 5 genannten Personen reicht, ist die Beschlagnahme von Schriftstücken, Ton-, Bild- und Datenträgern, Abbildungen und anderen Darstellungen, die sich im Gewahrsam dieser Personen oder der Redaktion, des Verlages, der Druckerei oder der Rundfunkanstalt befinden, unzulässig. [2]Absatz 2 Satz 3 und § 160a Abs. 4 Satz 2 gelten entsprechend, die Beteiligungsregelung in Absatz 2 Satz 3 jedoch nur dann, wenn die bestimmten Tatsachen einen dringenden Verdacht der Beteiligung begründen; die Beschlagnahme ist jedoch auch in diesen Fällen nur zulässig, wenn sie unter Berücksichtigung der Grundrechte aus Artikel 5 Abs. 1 Satz 2 des Grundgesetzes nicht außer Verhältnis zur Bedeutung der Sache steht und die Erforschung des Sachverhaltes oder die Ermittlung des Aufenthaltsortes des Täters auf andere Weise aussichtslos oder wesentlich erschwert wäre.

Schrifttum: *Amelung,* Grenzen der Beschlagnahme notarieller Unterlagen, DNotZ 1984, 195; *Bader,* Das Verwendungsverbot des § 97 I 3 InsO, NZI 2009, 416; *Bauer,* Keine Beschlagnahmefreiheit für Unterlagen eines mit internen Ermittlungen beauftragten Rechtsanwalts, StraFo 2012, 488; *Bauwens,* Der Schutz der Mandantenakten bei Durchsuchung in der Kanzlei eines Steuerberaters, wistra 1988, 100; *Bertheau,* § 160a StPO neuer Fassung – doch offene Fragen bleiben, StV 2012, 303; *Beukelmann,* Beschlagnahme von Mitteilungen zwischen Anwälten und Mandanten, NJW-Spezial 2012, 504; *Beulke,* Beschlagnahmefreiheit von Verteidigungsunterlagen, FS Lüderssen, 2002, S. 693; *ders./Ruhmannseder,* Strafprozessuale Zwangsmaßnahmen in der Verteidigungssphäre, StV 2011, 180; *Bringewat,* Zeugnisverweigerungsrecht und Beschlagnahmeprivileg des Verteidigers, NJW 1974, 1742; *Brüning,* Der Schutz der Pressefreiheit im Straf- und Strafprozessrecht, wistra 2007, 333; *Cramer,* Strafprozessuale Verwertbarkeit ärztlicher Gutachten aus anderen Verfahren, NStZ 1996, 209; *Creifelds,* Die Beschlagnahme von Handakten des Verteidigers, GA 1960, 65; *Dahs,* Die Beschlagnahme von Verteidigungsmaterial und die Ausforschung der Verteidigung, GS Meyer 1990, S. 61; *Göppinger,* Die Entbindung von der Schweigepflicht und die Herausgabe oder Beschlagnahme von Krankenblättern, NJW 1958, 241; *Görtz-Leible,* Die Beschlagnahmeverbote des § 97 Abs. 1 StPO im Lichte der Zeugnisverweigerungsrechte, 2000; *Gropp,* Zur Verwertbarkeit eigenmächtig aufgezeichneter (Telefon-) Gespräche, StV 1989, 216; *Gülzow,* Beschlagnahme von Unterlagen der Mandanten und bei deren Rechtsanwälten, Wirtschaftsprüfern oder Steuerberatern, NJW 1981, 265; *Jahn,* Die verfassungskonforme Auslegung des § 97 Abs. 1 Nr. 3 StPO, ZIS 2011, 453; *Janssen,* Rechtliche Grundlagen und Grenzen der Beschlagnahme, 1995; *Kahlenberg, Schwinn,* Amnestieprogramme bei Compliance-Untersuchungen im Unternehmen, CCZ 2012, 81; *Knauer, Gaul,* Internal investigations und fair trial – Überlegungen zu einer Anwendung des Fairnessgedankens, NStZ 2013, 192; *Krekeler,* Zufallsfunde bei Berufsgeheimnisträgern und ihre Verwertbarkeit, NStZ

1987, 199; *ders.*, Durchsuchung und Beschlagnahme in Anwaltsbüros, FS Koch, 1989, S. 165; *ders.*, Beeinträchtigungen der Rechte des Mandanten durch Strafverfolgungsmaßnahmen gegen den Rechtsanwalt, NJW 1977, 1417; *Kremer/van Vormizeele,* Neues Rollenverständnis für Syndikusanwälte und Anwaltsprivileg, AG 2011, 245; *Kunert,* Das Gesetz über das Zeugnisverweigerungsrecht der Mitarbeiter von Presse und Rundfunk, MDR 1975, 885; *ders.*, Erweitertes Zeugnisverweigerungsrecht der Medienmitarbeiter, NStZ 2002, 169; *Küpper,* Tagebücher, Tonbänder, Telefonate, JZ 1990, 416; *Lemcke,* Die Sicherstellung gem. § 94 StPO und deren Förderung durch die Inpflichtnahme Dritter als Mittel des Zugriffs auf elektronisch gespeicherte Daten, 1995; *Mann,* Anwaltsprivileg und Zeugnisverweigerungsrecht des unternehmensinternen Syndikus, DB 2011, 245; *Mehle/Mehle,* Beschlagnahmefreiheit von Verteidigungsunterlagen – insbesondere in Kartellbußgeldverfahren, NJW 2011, 1639; *Michalke,* Wenn der Staatsanwalt klingelt – Verhalten bei Durchsuchung und Beschlagnahme, NJW 2008, 1490; *Michalowski,* Schutz der Vertraulichkeit strafrechtlich relevanter Patienteninformationen, ZStW 109 (1997), 519; *Moosburger,* § 104 Abs. 2 AO – eine gesetzlich fixierte „Umgehung" des Schutzes von Berufsgeheimnissen?, wistra 1989, 252; *Peters/Klingberg,* Die Entbindung von der Schweigepflicht bei Wirtschaftsprüfern und gemischten Sozietäten durch juristische Personen, ZWH 2012, 11; *Priebe,* Die Entbindung des Wirtschaftsprüfers und des Steuerberaters von der Schweigepflicht durch den Insolvenzverwalter, ZIP 2011, 312; *Quermann,* Durchsuchung und Beschlagnahme beim steuerlichen Berater, wistra 1988, 254; *Ransiek,* Durchsuchung, Beschlagnahme und Verwertungsverbot, StV 2002, 565; *Raum,* Die Verwertung unternehmensinterner Ermittlungen, StraFo 2012, 395; *Rogall,* Artenschutz für Medienmitarbeiter? Das neue Zeugnisverweigerungsrecht der Presse, Lampe-FS, 2003, S. 805; *Ruhmannseder,* Die Vertrauensbeziehung zwischen Strafverteidiger und Mandant – (k)ein beschlagnahme- und beleidigungsfreier Raum?, NJW 2009, 2647; *Samson,* Im Irrgarten von Zeugnisverweigerungsrecht und Beschlagnahmefreiheit, StV 2000, 55; *H. Schäfer,* Die Beschlagnahme von Handelsbüchern beim Steuerberater, wistra 1985, 12; *ders.*, Der Konkursverwalter im Strafverfahren, wistra 1985, 209; *G. Schäfer,* Zum Schutz der Verteidigung gegen Zugriffe der Strafverfolgungsorgane, in: Ebert et al. (Hrsg.), Hanack-FS, 1999, S. 77; *P. Schmitt,* Probleme des Zeugnisverweigerungsrechts (§ 53 I Nr. 3 StPO, § 383 Nr. 6 ZPO) und des Beschlagnahmeverbots (§ 97 StPO) bei Beratern juristischer Personen – zugleich ein Betrag zu der Entbindungsbefugnis des Konkursverwalters, wistra 1993, 9; *R. Schmidt,* Die Ausnahme vom Beschlagnahmeverbote gem. § 97 II, 3, 1. HS StPO, 1989; *ders.*, Die Beschlagnahme von Geschäftsunterlagen beim Zeugnisverweigerungsberechtigten, wistra 1991, 245; *Schork,* Das Gesetz zur Stärkung der Pressefreiheit im Straf- und Strafprozessrecht – Vorstellung und Kritik, NJW 2012, 2694; *Schreiber,* Die Beschlagnahme von Unterlagen beim Steuerberater, 1993; *Schröder/Kroke,* Erosion der strafprozessualen Stellung des Wirtschaftsprüfers durch die Berufsaufsicht?, wistra 2010, 466; *Schuhmann,* Zur Beschlagnahme von Mandantenunterlagen bei den Angehörigen der Rechts- und steuerberatenden Berufe, wistra 1995, 50; *Spangenberg,* Umfang und Grenzen der Beschlagnahmeverbote gemäß § 97 StPO in der steuerlichen Beratungspraxis, Diss. Bonn, 1992; *Stahl,* Beschlagnahme der Anderkonten von Berufsgeheimnisträgern bei Kreditinstituten, wistra 1990, 94; *Starke,* Rudolphi-Symposium, Beschlagnahme von im Auftrag des Beschuldigten erstellten Sachverständigengutachten, 1995, S. 81; *Tsambikakis,* Das neue Zeugnisverweigerungsrecht bei Medienmitarbeiter, StraFo 2002, 145; *Volk,* Durchsuchung und Beschlagnahme von Geschäftsunterlagen beim Steuerberater, DStR 1998, 338; *Wasmuth,* Beschlagnahme von Patientenkarteien und Krankenscheinen im Strafverfahren wegen Abrechnungsbetruges des Arztes, NJW 1989, 2297; *Wehnert,* Die Verwertung unternehmensinterner Ermittlungen, StraFo 2012, 253; *Weinmann,* Die Beschlagnahme von Geschäftsunterlagen des Beschuldigten bei Zeugnisverweigerungsberechtigten, FS Dünnebier, 1982, S. 199; *Welp,* Die Geheimsphäre des Verteidigers in ihrer strafprozessualen Funktion, FS Gallas, 1973, S. 391; *Weyand,* Arzt- und Steuergeheimnis als Hindernis für die Strafverfolgung, wistra 1990, 4; *Wolter,* Alternativen zum Regierungs-Entwurf 2007 zur Neuregelung der Ermittlungsmaßnahmen, GA 2007, 183.

Übersicht

I. Überblick

1 **1. Normzweck.** § 97 ergänzt die Regelungen über das Zeugnisverweigerungsrecht und betrifft das Verhältnis des Beschuldigten zu aussageberechtigten Zeugen.[1] Die Vorschrift normiert im Verfahren gegen einen Beschuldigten ein Beschlagnahmeverbot hinsichtlich der dort genannten Beweismittel, die sich im Regelfall im Gewahrsam zeugnisverweigerungsberechtigter Personen befinden, wenn andernfalls durch die Beschlagnahme das Zeugnisverweigerungsrecht nach §§ 52, 53, 53a umgangen würde.[2]

2 **2. Anwendungsbereich.** Aus § 97 folgt nicht nur ein Beschlagnahmeverbot, sondern auch, dass die Anordnung und anschließende Durchführung einer **Durchsuchung** zur Sicherstellung von Gegenständen, die unter § 97 fallen, unzulässig ist. Die Beschränkung gilt ferner für die einstweilige Beschlagnahme nach § 108 Abs. 1.[3] Ein Zeugnisverweigerungsrecht kann nur dann wirksam geschützt werden kann, wenn auch **Surrogate** dem Zugriff der Strafverfolgungsorgane nicht ausgesetzt sind.

3 **Berufsgeheimnisträger** werden nur soweit geschützt, wie ihr Zeugnisverweigerungsrecht im Verfahren gegen den Beschuldigten reicht[4] und nicht, wenn ihr Individualinteresse als selbst beschuldigte Personen betroffen ist.[5] Auf andere Berufsgruppen, bspw. Insolvenzverwalter[6] oder Schadensversicherer,[7] ist die Vorschrift nicht analog anwendbar.[8]

4 § 97 bezieht sich lediglich auf Beweismittel nach § 94, nicht auf Verfalls- und Einziehungsgegenstände nach **§§ 111b ff.** Diese dürfen stets bei Personen beschlagnahmt werden, die zeugnisverweigerungsberechtigt sind, auch wenn die Gegenstände zugleich als Beweismittel in Betracht kommen.[9]

---

[1] BVerfG 27.10.2003 – 2 BvR 2211/00, NStZ-RR 2004, 83 (84); BVerfGE 10.12.2010 – 1 BvR 2020/04, ZUM-RD 2011, 137; BGH 13.11.1997 – 4 StR 404/97, NJW 1998, 840; OLG Frankfurt a. M. 22.8.2001 – 2 AuslS 10/01, NJW 2002, 1135; *Spangenberg,* S. 106 ff.

[2] BVerfG 8.3.1972 – 2 BvR 28/71, BVerfGE 32, 373 (385) = NJW 1972, 1123 (1125); *Michalowski* ZStW 109 (1997), 519 (542); Meyer-Goßner *(Schmitt)* Rn. 1; SK-StPO/*Wohlers* Rn. 1; KK/*Greven* Rn. 1; *Amelung* DNotZ 1984, 195 (198); *Bringewat* NJW 1974, 1742; *Mehle/Mehle* NJW 2011, 1639; *Lemke,* S. 153.

[3] BVerfG 20.5.2010 – 2 BvR 1413/09, NJW 2010, 2937; BGH. 27.3.2009 – 2 StR 302/08, NJW 2009, 2690; *Ruhmannseder* NJW 2009, 2647.

[4] BVerfG 5.8.1966 – 1 BvR 586/62, 610/63, 512/64, BVerfGE 20, 162 (188) = NJW 1966, 1603 (1607); BVerfG 8.3.1972 – 2 BvR 28/71, BVerfGE 32, 373 (385) = NJW 1972, 1123 (1125); BGH 13.11.1997 – 4 StR 404/97, BGHSt 43, 300 = NJW 1998, 840; BGH 27.3.2009 – 2 StR 302/08, BGHSt 53, 257, 260 = NJW 2009, 2690 (2691) mAnm *Bauer* JZ 2010, 103.

[5] BGH 27.3.2009 – 2 StR 302/08, BGHSt 53, 257, 260 = NJW 2009, 2690 (2691); LG Potsdam 8.1.2007 – 25 Qs 60/06, JR 2008, 260; *Wasmuth* NJW 1989, 2297 (2302).

[6] LG Potsdam 8.1.2007 – 25 Qs 60/06, JR 2008, 280; LG Saarbrücken 2.2.2010 – 2 Qs 1/10, ZInsO 2010, 431.

[7] BVerfG 10.2.1981 – 2 BvR 46/81, ZfSch 1982, 13; vgl. auch LG Hamburg 6.6.1984 – 33 Qs 643/84, MDR 1984, 867.

[8] Radtke/Hohmann/*Joecks* Rn. 1; BeckOK-StPO/*Ritzert* Rn. 3; HK-StPO/*Gercke* Rn. 2.

[9] Vgl. LG Frankfurt a. M. 25.11.1958 – 5/5 Qs 205/58, NJW 1959, 543.

5 Die Grenzen des aus § 97 folgenden Beschlagnahmeverbots sollen durch **§ 160a** nicht verändert werden. Nach § 160a Abs. 5 bleiben die Vorschriften der §§ 97–100c Abs. 6 unberührt und gehen als Spezialregelungen vor (→ Rn. 64).[10]

6 Neben § 97 können sich **weitere Beschlagnahmeverbote** in Fällen ergeben, in denen der Beschuldigte aufgrund gesetzlicher Auskunftsverpflichtungen, bspw. nach § 97 Abs. 1 S. 3 InsO[11] oder § 93 Abs. 1 S. 1 AO, Angaben macht. Hier ist bei einer rechtswidrigen Beschlagnahme aufgrund Verstoßes gegen den Grundsatz „nemo tenetur se ipsum accusare" von einem Verwertungsverbot auszugehen.[12] Im Übrigen besteht von Verfassungs wegen kein Rechtssatz des Inhalts, dass im Falle einer rechtsfehlerhaften Beweiserhebung die Verwertung der gewonnenen Beweise stets unzulässig wäre. Es bedarf daher einer näheren Begründung dafür, warum ausnahmsweise über das geschriebene Strafprozessrecht hinaus unmittelbar von Verfassungs wegen ein Zeugnisverweigerungsrecht oder ein dieses Recht flankierendes Beschlagnahmeverbot bestehen sollen. Fehlt es an einer eindeutigen Begründung für das Vorliegen eines Ausnahmefalles, welche die Beschränkung der Strafverfolgungstätigkeit über gesetzliche Ausnahmetatbestände hinaus rechtfertigen soll, dann geht das öffentliche Interesse an vollständiger Wahrheitsermittlung im Strafverfahren dem Geheimhaltungsinteresse des Betroffenen vor. Im Ausland durch Privatpersonen rechtswidrig erlangte Steuerdaten, die ein Informant aus Liechtenstein auf einem Datenträger an den Bundesnachrichtendienst weitergegeben hat, sind selbst dann verwertbar, wenn die Beschaffung der Daten nicht mit geltendem Recht übereinstimmt.[13] In Einzelfällen, unter „ganz besonders strengen Voraussetzungen",[14] kann ein Beschlagnahmeverbot unmittelbar aus dem **Grundgesetz** folgen, wenn wegen der Eigenart des Beweisthemas in grundrechtlich geschützte Bereiche unter Verstoß gegen den Verhältnismäßigkeitsgrundsatz eingegriffen wird.[15] Ein Beschlagnahmeverbot könnte sich etwa aus Art. 5 GG[16] oder bei besonders geschützten Verteidigungsunterlagen, die allerdings nicht willkürlich als solche deklariert werden dürfen,[17] ergeben. Ferner kommen Beschlagnahmeverbote in Betracht, wenn Anhaltspunkte für die Betroffenheit eines besonders sensiblen Bereichs der Privatsphäre bestehen. Die Beschlagnahme von höchstpersönlichen Tagebuchaufzeichnungen ist unzulässig, wenn von vornherein feststeht, dass diese zum absolut geschützten Kernbereich persönlicher Lebensgestaltung gehören. Hierzu können auch Tonband- und Lichtbildaufnahmen sowie private Aufzeichnungen zählen (→ § 94 Rn. 39).[18]

7 Ein aus der **Verletzung des Völkerrechts** abgeleitetes inländisches Verwertungsverbot kann sich bei unzulässigen Eingriffen in das Souveränitätsrecht eines anderen Staates ergeben,[19] insbesondere wenn der betreffende Staat einer Verwertung der erlangten Beweismittel bereits im Vorfeld widersprochen hat.[20] Ansonsten unterliegen Beweise trotz

---

10 BeckOK-StPO/*Ritzert* Rn. 2; *Jahn* ZIS 2011, 453 (466).

11 *Bader* NZI 2009, 416.

12 SK-StPO/*Wohlers* Rn. 8; Radtke/Hohmann/*Joecks* Rn. 2.

13 BVerfG 9.11.2010 – 2 BvR 2101/09, NJW 2011, 2417. Anzumerken ist, dass nach den Beschlussgründen weder der Bundesnachrichtendienst noch die Strafverfolgungsbehörden veranlasst hätten, dass die Daten hergestellt, beschafft oder auf sonstige Weise erfasst worden seien. Ein Verstoß gegen das Trennungsgebot sei auszuschließen (→ Rn. 59 des Beschlusses).

14 HK-StPO/*Gercke* Rn. 3.

15 BVerfG 12.4.2005 – 2 BvR 1027/02, BVerfGE 113, 29 = NJW 2005, 1917 (1922); BVerfG 27.10.2003 – 2 BvR 2211/00, BVerfGK 2, 97 = NStZ-RR 2004, 83; BGH 13.11.1997 – 4 StR 404/97, BGHSt 43, 300 = NStZ 1998, 471; BeckOK-StPO/*Ritzert* Rn. 1; HK-GS/*Hartmann* Rn. 1.

16 BVerfG 28.11.1973 – 2 BvL 42/71, BVerfGE 36, 193.

17 BVerfG 30.1.2002 – 2 BvR 2248/00, NStZ 2002, 377; BGH 25.2.1998 – 3 StR 490/97, BGHSt 44, 50; Zur Sonderstellung des Verteidigers vgl. *Beulke*, FS Lüderssen, 713; *G. Schäfer*, FS Hanack, 77 (88 ff.).

18 BVerfG 31.1.1973 – 2 BvR 454/71, BVerfGE 34, 238, NJW 1973, 891; BVerfG 14.9.1989 – 2 BvR 1062/87, BVerfGE 80, 367 = NJW 1990, 563; BGH 22.12.2011 – 2 StR 509/10, NJW 2012, 945; *Gropp* StV 1989, 216; *Küpper* JZ 1990, 416.

19 BGH 8.4.1987 – 3 StR 11/87, BGHSt 34, 334 (342 f.); BGH 21.11.2012 – 1 StR 310/12, wistra 2013, 282.

20 *Bär* ZIS 2011, 53 (59).

Nichteinhaltung der maßgeblichen rechtshilferechtlichen Bestimmungen keinem Beweisverwertungsverbot, wenn die Beweise auch bei Beachtung des **Rechtshilferechts** durch den ersuchten und den ersuchenden Staat hätten erlangt werden können. Ein auf die Nichteinhaltung der rechtshilferechtlichen Bestimmungen über die Beweiserhebung im Ausland gestütztes Verwertungsverbot kann nicht ohne Weiteres aus dem individualschützenden Charakter der entsprechenden Regelungen bzw. aus völkerrechtlichen Grundsätzen wie dem allgemeinen Fairnessgebot des **Art. 6 Abs. 1 EMRK** abgeleitet werden.[21]

II. Erläuterung

1. Verfahren gegen einen Beschuldigten. Die Beschlagnahmefreiheit bezieht sich stets auf Verfahren, die gegen einen konkreten Beschuldigten (Abs. 1), der nicht selbst Zeugnisverweigerungsberechtigter ist, eingeleitet sind.[22] Es ist ausreichend, wenn die Beschlagnahme den ersten Verfolgungsakt gegen den Beschuldigten darstellt.[23] Nicht erforderlich ist die Einleitung eines förmlichen Ermittlungsverfahrens.[24] Keine Anwendung findet § 97 bei Verfahren gegen Unbekannt. Im Einzelfall kann die Vorschrift zugunsten von bereits absehbar Verdächtigen zur Anwendung kommen.[25] 8

Ein Beschlagnahmeverbot besteht auch nach **Abtrennung** einzelner Beschuldigter aus dem Verfahren fort, es sei denn, die Vorwürfe beziehen sich auf völlig verschiedene Sachverhalte. Im Hinblick auf die prozessuale Gemeinsamkeit darf eine den Beschuldigten schützende Verfahrensregel nicht durch den formalen Akt einer Verfahrenstrennung beseitigt werden.[26] 9

Das Beschlagnahmeverbot nach Abs. 1 Nr. 1 gilt auch, soweit der Verteidiger im Zusammenhang mit der Vorbereitung des **Wiederaufnahmeverfahrens** als Zeugenbeistand für den Verurteilten tätig ist.[27] 10

2. Beschlagnahmefreie Gegenstände (Abs. 1). Dazu gehören solche Gegenstände, die „Wissen" des Zeugnisverweigerungsberechtigten verkörpern, das ihm vom Beschuldigten anvertraut oder sonst wie bekannt geworden ist.[28] 11

a) Schriftliche Mitteilungen (Abs. 1 Nr. 1). Dem Beschlagnahmeverbot unterliegen **schriftliche Mitteilungen** zwischen dem Beschuldigten und den nach § 52 oder § 53 Abs. 1 S. 1 Nr. 1 bis 3b zeugnisverweigerungsberechtigten Personen. Bei dem in § 53 genannten Personenkreis ist darauf abzustellen, dass die Mitteilung einen Inhalt hat, der zur Verweigerung des Zeugnisses berechtigt.[29] Dagegen sind bei dem in § 52 genannten Personenkreis Zweck und Inhalt der Mitteilung irrelevant.[30] 12

Der Begriff „schriftliche Mitteilungen" erfasst alle **Gedankenäußerungen,** die ein Absender einem Empfänger zwecks Kenntnisnahme übermittelt.[31] Hierzu gehören Briefe, Karten, schriftliche Anmerkungen, Zeichnungen, Skizzen, Mitteilungen auf (elektronische) Bild- und Tonträger iSv § 11 Abs. 3 StGB sowie E-Mails.[32] Geschützt ist nicht nur das Original, sondern auch eine **Kopie/Durchschrift** oder eine Ablichtung der schriftlichen 13

[21] EGMR 10.3.2009 – 4378/02 (Bykov/Russland), NJW 2010, 213; BVerfG 17.7.1985 – 2 BvR 1190/84, NStZ 1986, 178; BGH 21.11.2012 – 1 StR 310/12, wistra 2013, 282.
[22] BGH 20.5.2010 – 2 BvR 1413/09, NJW 2010, 2937; *Beulke/Ruhmannseder* StV 2011, 180 (183); *Krekeler* NStZ 1987, 199 (201); *Weyand* wistra 1990, 4 (5).
[23] OLG Celle 23.11.1962 – 3 Ws 280/62, NJW 1963, 406 f.
[24] *Görtz-Leible* S. 224.
[25] HK-GS/*Hartmann* Rn. 2.
[26] BGH 13.11.1997 – 4 StR 404/97, BGHSt 43, 300 = NStZ 1998, 471; OLG München 30.11.2004 – 3 Ws 720–722/04, NStZ 2006, 300 f.
[27] BGH 28.6.2001 – 1 StR 198/01, NJW 2001, 3793.
[28] HK-StPO/*Gercke* Rn. 13; *Görtz-Leible* S. 225.
[29] BGH 20.9.1979 – 4 StR 364/79, NStZ 1981, 94; aA HK-StPO/*Gercke* Rn. 20; *Amelung* DNotZ 1984, 195 (201); *Janssen,* S. 93 ff.
[30] Radtke/Hohmann/*Joecks* Rn. 25.
[31] BGH 25.2.1998 – 3 StR 490/97, BGHSt 44, 46 (48); Meyer-Goßner *(Schmitt)* Rn. 28.
[32] BVerfG 30.1.2002 – 2 BvR 2248/00, NStZ 2002, 377.

Mitteilung, unabhängig davon, ob bei ihrer Fertigung ein Dritter geholfen oder sie geschrieben hat.[33] Die Mitteilung ist entstanden, auch wenn sie noch nicht versandt, aber schon zum Übermitteln bestimmt ist.[34]

14 **b) Aufzeichnungen (Abs. 1 Nr. 2).** Hierzu gehören auf Informationsträger jeder Art festgehaltene, anvertraute Mitteilungen oder Wahrnehmungen der nach § 53 Abs. 1 S. 1 Nr. 1 bis 3b zeugnisverweigerungsberechtigten Personen, soweit es sich nicht um Mitteilungen an Dritte handelt.[35] Die Aufzeichnungen müssen sich auf das Vertrauensverhältnis zwischen dem Beschuldigten und dem Zeugnisverweigerungsberechtigten beziehen. So unterliegen der Prüfungsbericht eines Wirtschaftsprüfers über den Jahresabschluss einer Kommanditgesellschaft, aber auch Entwürfe von Schriftsätzen, Verträgen, Bilanzen und Steuererklärungen, dem Beschlagnahmeverbot. Als weitere Aufzeichnungen kommen in Betracht:[36] Ärztliche Krankenblätter, Handakten des Rechtsanwalts,[37] Retenturkunden des Notars[38] und Kontounterlagen über ein Anderkonto im Gewahrsam eines Rechtsanwalts oder Notars.

15 **c) Andere Gegenstände (Abs. 1 Nr. 3 und Abs. 4).** Gegenüber Abs. 1 Nr. 2 stellt Abs. 1 Nr. 3 lediglich einen Auffangtatbestand dar, um solche Gegenstände zu erfassen, die nicht als schriftliche Mitteilungen und Aufzeichnungen angesehen werden. Abs. 1 Nr. 3 umfasst alle ausschließlich im Zusammenhang mit der Vertrauensbeziehung zwischen dem Beschuldigten und dem Zeugnisverweigerungsberechtigten stehenden Gegenstände, nicht jedoch solche, die außerhalb des geschützten Vertrauensverhältnisses stehen.[39] Dieses erstreckt sich aufgrund des Schutzzwecks der Norm nicht auf Drittgeheimnisse, die der Zeugnisverweigerungsberechtigte im Zusammenhang mit seiner Berufsausübung erlangt hat. Das Beschlagnahmeverbot kann nicht weiterreichen als in Abs. 1 Nr. 1 und 2, in denen diese Beschränkung auf das Verhältnis Berufsgeheimnisträger zum beschuldigten Auftraggeber ausdrücklich genannt ist,[40] denn § 97 steht in einem untrennbaren Zusammenhang mit dem Zeugnisverweigerungsrecht gegenüber dem Beschuldigten und bildet als Umgehungsschutz dessen notwendige Ergänzung.

16 **Beispiele:** Zu den anderen Gegenständen iSd Abs. 1 Nr. 3 zählen die von einem Arzt aus dem Körper des Beschuldigten entfernten Fremdkörper (zB eine Schusskugel),[41] technische Untersuchungsbefunde wie Röntgenaufnahmen, Kardiogramme, Fieberkurven,[42] Alkoholbefunde, Blutbilder, vom Beschuldigten in Auftrag gegebene Sachverständigengutachten[43] sowie Buchführungs- und Buchhaltungsunterlagen.[44]

17 **d) Schriftstücke (Abs. 3, Abs. 5).** Diese umfassen schriftliche Mitteilungen (Abs. 1 Nr. 1) und Aufzeichnungen (§ 97 Abs. 1 Nr. 2). Darüber hinaus gehören dazu sonstige festgehaltene Gedankenäußerungen,[45] unter anderem Schriften, Tonträger, Fotografien und Filme, nicht aber Druckschriften und Bücher.[46]

---

[33] BeckOK-StPO/*Ritzert* Rn. 16.
[34] HK-StPO/*Gercke* Rn. 17.
[35] BVerfG 30.1.2002 – 2 BvR 2248/00, NStZ 2002, 377; HK-GS/*Hartmann* Rn. 13.
[36] Ausführlich HK-StPO/*Gercke* Rn. 23 ff.
[37] BT-Drs. 1/3713, 49; vgl. auch Creifelds GA 1960, 65.
[38] LG Köln 7.4.1981 – 117 (62) Qs 3/80, NJW 1981, 1746.
[39] BeckOK-StPO/*Ritzert* Rn. 17; vgl. auch LG Bonn 21.6.2012 – 27 Qs 2/12, NZWiSt 2013, 21 (24); LG Hamburg 15.10.2010 – 608 Qs 18/10, NJW 2011, 942; aA HK-StPO/*Gercke* Rn. 31.
[40] LG Hildesheim 29.10.1981 – 12 Qs 192/81, NStZ 1982, 394; LG Meiningen 5.1.2012 – 2 Qs 212/11, juris; *Samson* StV 2000, 55 (56); *Schröder/Kroke* wistra 2010, 466 (468); aA HK-StPO/*Gercke* Rn. 31; *Krekeler* NStZ 1987, 199 (201).
[41] OLG Nürnberg 17.8.1956 – Ws 267/56, NJW 1958, 272.
[42] OLG Celle 30.9.1964 – 3 Ws 362/64, MDR 1965, 225.
[43] *Starke,* Rudolphi-Symposium, S. 81 (83 ff.).
[44] LG Dresden 22.1.2007 – 5 Qs 34/06, NJW 2007, 2709; *Schmidt* wistra 1991, 245 (246); *Weinmann,* FS Dünnebier, 199 ff.
[45] BGH 21.12.1959 – 2 StR 519/59, BGHSt 13, 366 (367); BeckOK-StPO/*Ritzert* Rn. 18.
[46] Meyer-Goßner *(Schmitt)* Rn. 31; aA Löwe/Rosenberg/*Schäfer,* 25. Aufl. Rn. 126.

e) Ton-, Bild- und Datenträger, Abbildungen und andere Darstellungen (Abs. 5). Diese Begriffe entsprechen § 11 Abs. 3 StGB. Datenträger sind technische (analoge oder digitale) Geräte zur Informationsspeicherung (Datenspeicher). 18

3. Gewahrsam des Zeugnisverweigerungsberechtigten. Der Beweisgegenstand muss sich nach Abs. 2 S. 1 grds. im Gewahrsam des Zeugnisverweigerungsberechtigten befinden.[47] Wenn das Beweismittel den geschützten Bereich verlassen hat und zeugnispflichtige Dritte dadurch die Möglichkeit der Kenntnisnahme erhalten, verliert es seine Schutzwürdigkeit.[48] 19

Gewahrsam ist das von einem Herrschaftswillen getragene Herrschaftsverhältnis.[49] Der Zeugnisverweigerungsberechtigte muss tatsächliche Verfügungsgewalt über die geschützten Beweismittel haben.[50] Es kommt hierbei auf die **Sachherrschaft** an. Ausreichend ist eine mittelbare Verfügungsgewalt, so bspw. bei einem Bankschließfach.[51] Auch der **Mitgewahrsam** durch den Zeugnisverweigerungsberechtigten genügt, es sei denn der Beschuldigte hat an dem Beweisgegenstand Mitgewahrsam.[52] Nicht ausreichend ist jedoch, wenn der Beschuldigte lediglich die Herausgabe des Gegenstandes an sich fordern kann. Allein der Anspruch des Beschuldigten auf Herausgabe bspw. von Unterlagen gegenüber seinem Verteidiger begründet noch keine faktische Verfügungsherrschaft über die Beweismittel, da es an einer unmittelbaren tatsächlichen Zugriffsmöglichkeit fehlt.[53] Zulässig ist die Beschlagnahme von Kontounterlagen über ein Rechtsanwalts- und Notar-Anderkonten bei dem kontoführenden Kreditinstitut.[54] 20

Bei **Unternehmen** ist derjenige Gewahrsamsinhaber, der den Gegenstand tatsächlich und rechtlich beherrscht. Bei juristischen Personen sind das die zur Geschäftsführung berufenen Organe.[55] 20a

Bei **E-Mails** gilt: Gewahrsam an ankommenden und gespeicherten E-Mails besteht nicht nur, wenn sie auf dem Rechner des zeugnisverweigerungsberechtigten Zeugen gespeichert sind,[56] sondern auch dann, wenn sie sich bereits im Herrschaftsbereich des Empfängers, also schon auf dem E-Mail-Postfach der zeugnisverweigerungsberechtigten Person beim Provider befinden.[57] 20b

Das Gewahrsamserfordernis gilt nicht für **Verteidigungsunterlagen** (§ 148 Abs. 1, → Rn. 30).[58] Dazu gehören auch solche Aufzeichnungen, die sich ein Beschuldigter erkennbar zu seiner Verteidigung in dem gegen ihn laufenden Strafverfahren angefertigt hat.[59] Falls sich solche Unterlagen bei dem Beschuldigten oder auf dem Postweg befinden, sind diese – über den Wortlaut des Abs. 2 S. 1 hinaus – gemäß Art. 2 Abs. 1 GG iVm Art. 20 Abs. 3 GG; Art. 6 Abs. 3 EMRK beschlagnahmefrei.[60] In einem Strafverfahren gegen einen Strafverteidiger stehen allerdings die §§ 97, 148 der Beschlagnahme und Ver- 21

---

[47] LG Mannheim 3.7.2012 – 24 Qs 1/12, NStZ 2012, 713.

[48] BeckOK-StPO/*Ritzert* Rn. 6.

[49] Radtke/Hohmann/*Joecks* Rn. 5; HK-GS/*Hartmann* Rn. 5; *Lemcke* S. 60 ff.; *Spangenberg* S. 147; *Beulke*, FS Lüderssen, 693 (714); SK-StPO/*Wohlers* Rn. 16.

[50] LG Würzburg 20.9.1989 – Qs 323/89, wistra 1990, 118.

[51] Meyer-Goßner *(Schmitt)* Rn. 11.

[52] BGH 4.8.1964 – 3 StB 12/63, BGHSt 19, 374; LG Frankfurt a. M. 17.12.1992 – 5/26 Qs 41/92, StV 1993, 351; LG Bonn 29.9.2005 – 37 Qs 27/05, NStZ 2007, 605; *R. Schmidt* wistra 1991, 245 (247 f.); *Schuhmann* wistra 1995, 50; *Beulke*, FS Lüderssen, 2002, 693 (714); BeckOK-StPO/*Ritzert* Rn. 6b; Löwe/Rosenberg/*Schäfer*, 25. Aufl. Rn. 28 f.; SK-StPO/*Wohlers* Rn. 17.

[53] LG Fulda 12.10.1999 – 2 Qs 51/99, StV 2000, 548 (551); *Janssen* S. 99; KK/*Greven* Rn. 8.

[54] BVerfG 9.10.1989 – 2 BvR 1558/89, wistra 1990, 97; OLG Frankfurt a. M. 22.8.2001 – 2 AuslS 10/01, NJW 2002, 1135 (1136).

[55] HK-StPO/*Gercke* Rn. 35.

[56] KK/*Greven* Rn. 8.

[57] BVerfG 16.6.2009 – 2 BvR 902/06, NJW 2009, 2431.

[58] Radtke/Hohmann/*Joecks* Rn. 5.

[59] BGH 25.2.1998 – 3 StR 490/97, NJW 1998, 1963 ff.; LG Mainz 23.5.1986 – 5 Qs 4/86, NStZ 1986, 473; LG Gießen 25.6.2012 – 7 Qs 100/1, wistra 2012, 409; *Mehle/Mehle* NJW 2011, 1639.

[60] LG Bonn 21.6.2012 – 27 Qs 2/12, NZKart 2013, 204.

wertung seiner Schreiben an den Mandanten nicht entgegen.[61] Das Gewahrsamserfordernis besteht ferner nicht für **Abgeordnete** (→ Rn. 46).[62]

22 Bei **Ärzten und anderen im Gesetz aufgeführten Heilberufen** ist nach Abs. 2 S. 2 der Gewahrsam der Krankenanstalt oder ihres Dienstleisters ausreichend. Der Begriff **„Krankenanstalt"** ist weit auszulegen und erstreckt sich auf unter ärztlicher Leitung stehende Pflegeanstalten, Genesungsheime, Krankenabteilungen des Strafvollzuges (Ausnahme: einstweilige Unterbringung nach § 126a),[63] der Polizei oder der Bundeswehr.[64] Es ist es nicht erforderlich, ob der Gewahrsam durch Übertragung von der zeugnisverweigerungsberechtigten Person entstanden ist oder der Zeugnisverweigerungsberechtigte in der Krankenanstalt zur Zeit der Entstehung des Gegenstandes beschäftigt war oder ob er dort zur Zeit der Beschlagnahme noch tätig ist.[65] Entsprechendes gilt, soweit **Hilfspersonen** das Zeugnis verweigern dürfen (Abs. 3), zudem für **Beratungsstellen nach § 219 Abs. 2 StGB und Abs. 3** (§ 53 Abs. 1 S. 1 Nr. 3a), wenn deren Hilfspersonen das Zeugnis verweigern dürfen sowie für **Drogenberatungsstellen** (§ 53 Abs. 1 S. 1 Nr. 3b). Bei **elektronischen Gesundheitskarten** nach § 291a SGB V ist § 97 Abs. 2 S. 1 Hs. 2 zu beachten.[66]

23 Im Zusammenhang mit **Presse- und Rundfunkmitarbeitern** ist ausreichend, dass sich die geschützten Gegenstände im Gewahrsam der Medienangehörigen oder der Redaktion, des Verlages, der Druckerei, der Rundfunkanstalt oder der Presseagentur befinden (Abs. 5).[67] Der Begriff der Redaktionsräume ist weit auszulegen.[68]

24 Wenn sich der Gegenstand im Gewahrsam einer **Hilfsperson** des Zeugnisverweigerungsberechtigten befindet, bleibt es bei der Beschlagnahmefreiheit. Dagegen fallen nicht unter den Begriff des Helfers Selbstständige, die nicht selbst Berufsgeheimnisträger sind, sondern von diesen lediglich für die Erfüllung von Einzelaufträgen herangezogen werden.[69]

25 Befindet sich das Beweismittel auf dem **Postweg** verbleibt es bei der Beschlagnahmefreiheit, wenn das Beweismittel sich auf dem Weg von einem Berufsgeheimnisträger zum anderen befindet.[70] Im Übrigen gilt § 99.[71]

26 Neben der freiwilligen Abgabe des Gegenstandes endet der Gewahrsam des Zeugnisverweigerungsberechtigten (→ Rn. 51) durch dessen **Tod.** Das gilt auch, wenn der Gewahrsamsnachfolger selbst weigerungsberechtigt ist.[72] Bei Berufsgeheimnisträgern bleibt die Beschlagnahmefreiheit bei der Weiterbearbeitung durch einen Berufsnachfolger bestehen, zB wenn der Beweisgegenstand bei der Übernahme einer Arztpraxis sich später im Gewahrsam des Praxisnachfolgers befindet.[73] Auch in Fällen, in denen der Berufsgeheimnisträger die betreffenden Unterlagen etwa einem Finanzamt oder der Ärztekammer zur Aufbewahrung oder Bearbeitung überlassen hat, dürfen diese nicht beschlagnahmt werden.[74] Im Übrigen endet das Beschlagnahmeverbot bei unfreiwilligem Gewahrsamsverlust.[75]

27 **4. Geschützter Personenkreis. a) Angehörige (Abs. 1 Nr. 1, § 52).** Lediglich schriftliche Mitteilungen zwischen dem Beschuldigten und dem Angehörigen (vgl. zum

---

[61] BVerfG 20.5.2010 – 2 BvR 1413/09, NJW 2010, 2937.
[62] BeckOK-StPO/*Ritzert* Rn. 6.
[63] BGH 6.12.2001 – 1 StR 468/01, NStZ 2002, 214.
[64] Löwe/Rosenberg/*Schäfer,* 25. Aufl. Rn. 118; BeckOK-StPO/*Ritzert* Rn. 7.
[65] Meyer-Goßner *(Schmitt)* Rn. 14.
[66] BT-Drs. 15/1525, 167.
[67] BGH 13.1.1999 – 2 Bfs 71–93 – 2 StB 14–98, NJW 1999, 2051 (2053).
[68] HK-StPO/*Gercke* Rn. 63.
[69] OLG Frankfurt a. M. 22.8.2001 – 2 AuslS 10/01, NJW 2002, 1135 (1136); LG Chemnitz 2.7.2001 – 4 Qs 13/01, wistra 2001, 399 (400).
[70] BeckOK-StPO/*Ritzert* Rn. 6.
[71] Radtke/Hohmann/*Joecks* Rn. 9.
[72] Meyer-Goßner *(Schmitt)* Rn. 13; BeckOK-StPO/*Ritzert* Rn. 6b.
[73] BVerfG 8.3.1972 – 2 BvR 28/71, BVerfGE 32, 373 (381 ff.) = NJW 1972, 1123; zur entsprechenden Anwendung im Wege einer verfassungskonformen Auslegung des § 97 für die Praxisnachfolger eines Rechtsanwalts, Steuerberaters und sonstigen in § 53 Abs. 1 S. 1 Nr. 2, 3 genannten Personen vgl. KK/*Greven* Rn. 22.
[74] OLG Celle 18.1.1952 – Ws 502/51, MDR 1952, 376; HK-GS/*Hartmann* Rn. 6.
[75] BGH 15.12.1976 – 3 StR 432/76, NJW 1977, 540.

Personenkreis § 52) sind beschlagnahmefrei. Es ist unerheblich, ob ihr Inhalt einen vertraulichen Charakter hat. Es brauchen nicht irgendwelche Beziehungen zwischen der Mitteilung und der Tat bestehen.[76] Solche Mitteilungen dürfen auch nicht zum Zweck des Schriftabgleichs beschlagnahmt werden. Dagegen unterliegen andere Beweismittel, zB Eintragungen in ein Fahrtenbuch, der Beschlagnahme.[77] Mit Beendigung des Angehörigenverhältnisses entfallen das Zeugnisverweigerungsrecht und damit auch das Beschlagnahmeverbot.[78]

b) Geistliche (Abs. 1 S. 1 Nr. 1–3, § 53 Abs. 1 S. 1 Nr. 1). Bei Geistlichen[79] unterliegen schriftliche Mitteilungen zwischen diesen und dem Beschuldigten unabhängig von deren Inhalt einem Beschlagnahmeverbot. Das gilt auch für Aufzeichnungen über Tatsachen, die dem Geistlichen in seiner Eigenschaft als Seelsorger anvertraut oder auf anderem Wege bekannt geworden sind, sowie für Gegenstände, die ihm in seiner Eigenschaft als Geistlicher übergeben worden sind. Die Beschlagnahmefreiheit erstreckt sich auf Daten-, Bild- und Tonträger.[80] Das seelsorgerliche Gespräch mit einem Geistlichen gehört zum absolut geschützten Kernbereich privater Lebensgestaltung. Der Schutz der Beichte und der Gespräche mit Beichtcharakter zählen zum verfassungsrechtlichen Menschenwürdegehalt der Religionsausübung.[81] 28

c) Verteidiger (Abs. 1 S. 1 Nr. 1–3, § 53 Abs. 1 S. 1 Nr. 2). Zwischen dem Verteidiger und dem Beschuldigten sind schriftliche Mitteilungen, wenn sie unmittelbar die Verteidigung und das Strafverfahren betreffen, also unmittelbar die Stellung des Beschuldigten im Strafverfahren tangieren,[82] und ihr Inhalt von dem Zeugnisverweigerungsrecht umfasst wird, grds. beschlagnahmefrei.[83] Auch wenn der Mandant noch nicht formell Beschuldigter ist, kann schon eine Verteidigerbestellung vorliegen.[84] Das Beschlagnahmeverbot gilt bereits in der Anbahnungsphase eines Mandats, auch wenn dieses später nicht zustande kommt.[85] Eine schützenswerte Vertrauensbeziehung (vgl. § 148) zu dem beauftragten Rechtsanwalt besteht bereits dann, wenn der Betroffene lediglich befürchtet, es werde zukünftig ein Strafverfahren gegen ihn geführt werden.[86] Nach § 137 Abs. 1 S. 1 kann der Verteidiger „in jeder Lage des Verfahrens" aktiv werden, insbesondere wenn es darum geht, die Einleitung eines förmlichen Ermittlungsverfahrens zu verhindern.[87] Die Beschlagnahmefreiheit umfasst nicht Briefe, die nach Ende des Mandats an den ehemaligen Verteidiger gerichtet waren. Es fehlt dann an einem Verteidigungsverhältnis.[88] Das Beschlagnahmeverbot gilt ferner zur Vorbereitung eines Wiederaufnahmeverfahrens.[89] Zur Beschlagnahmefreiheit von Unterlagen nach europäischem Recht vgl. LG Bonn 21.6.2012 – 27 Qs 2/12, NZWiSt 2013, 21.[90] Voraussetzung für die Beschlagnahmefreiheit ist, dass es sich um Unterlagen handelt, die im Auftrag des zu verteidigenden Mandanten durch externe Rechtsanwälte 29

---

[76] HK-GS/*Hartmann* Rn. 17; Meyer-Goßner *(Schmitt)* Rn. 34.
[77] BVerwG 4.3.1981 – 7 B 17/81, NJW 1981, 1852.
[78] Meyer-Goßner *(Schmitt)* Rn. 34.
[79] Vgl. auch *Wolter* GA 2007, 183 (187).
[80] SK-StPO/*Wohlers* Rn. 67; Radtke/Hohmann/*Joecks* Rn. 29.
[81] BVerfG 3.3.2004 – 1 BvR 2378/98 und 1 BvR 1084/99, NJW 2004, 999 (1004); BVerfG 25.1.2007 – 2 BvR 26/07, NJW 2007, 1865.
[82] Vgl. zur Reichweite des freien Verteidigerverkehrs BVerfG 13.10.2009 – 2 BvR 256/09, NJW 2010, 1740; LG Bonn 21.6.2012 – 27 Qs 2/12, NZKart 2013, 204.
[83] LG Gießen 25.6.2012 – 7 Qs 100/12, wistra 2012, 409; LG Bonn 29.9.2005 – 37Qs 27/05, wistra 2006, 396.
[84] BGH 3.10.1979 – 3 StR 264/79, BGHSt 29, 99 (105); aA LG Bonn 21.6.2012 – 27 Qs 2/12, NZWiSt 2013, 21.
[85] BGH 28.6.2001 – 1 StR 198/01, NStZ 2001, 604; OLG Düsseldorf 5.10.1983 – V 5/83, StV 1984, 106; Löwe/Rosenberg/*Schäfer*, 25. Aufl. Rn. 83; HK-GS/*Hartmann* Rn. 19.
[86] LG Gießen 25.6.2012 – 7 Qs 100/1, wistra 2012, 409; *C. Krüger* jurisPR StrafR 13/2012 Anm. 1.
[87] Jahn/Kirsch NZWiSt 2013, 28 (30).
[88] LG Tübingen 14.2.2007 – 1 KLs 42 Js 13000/06, NStZ 2008, 653.
[89] BGH 28.6.2001 – 1 StR 198/01, NStZ 2001, 604.
[90] Krit. *Jahn/Kirsch* NZWiSt 2013, 28.

oder vom Mandanten selbst zur Anforderung einer Beratung zu seiner Verteidigung aufgestellt worden sind.

30 § 97 wird durch den Grundsatz des **freien Verkehrs zwischen Verteidiger und Beschuldigten** (§ 148) ergänzt.[91] Die Beschlagnahmefreiheit gilt deshalb unabhängig davon, ob sich die Unterlagen noch nicht oder nicht mehr im Gewahrsam des Verteidigers befinden.[92] Aus der Unzulässigkeit der Beschlagnahme folgt ein Verwertungsverbot aus Art. 6 EMRK iVm Art. 2 Abs. 1, Art. 20 Abs. 3 GG.[93] Der Beschuldigte wird in seinem Recht auf eine effektive Verteidigung als Ausprägung des Anspruchs auf ein faires Verfahren verletzt.[94]

31 Die Beschlagnahmefreiheit besteht auch für die **vom Verteidiger stammenden Schriftstücke** und für erkennbar zur Vorbereitung der eigenen Verteidigung erstellte schriftliche Mitteilungen an den Verteidiger im Gewahrsam des Beschuldigten[95] sowie für Unterlagen, die sich bereits auf dem Postweg befinden,[96] ferner für Aufzeichnungen des Verteidigers über Mitteilungen des Beschuldigten. Einem Beschuldigten ist es jedoch verwehrt, die Beschlagnahme von Unterlagen schon dadurch zu verhindern, dass er diese lediglich als Verteidigungsunterlagen bezeichnet oder mit solchen Unterlagen vermischt.[97] Es kommt vielmehr darauf an, ob ein Beschuldigter die Aufzeichnungen erkennbar, also für einen Außenstehenden nachvollziehbar, zum Zwecke der Verteidigung angefertigt hat. Ist nicht sofort feststellbar, ob die einzelnen Aufzeichnungen, die bei einer Durchsuchung gefunden werden, der Verteidigung dienen, so können sie vorläufig zum Zwecke der Durchsicht (§ 110) sichergestellt werden. Eine Pflicht zur sofortigen und ungelesenen Herausgabe besteht nur, wenn die Eigenschaft als Verteidigungsunterlage offensichtlich ist.[98]

32 Darüber hinaus umfasst die Vorschrift Urkunden, die ein Dritter dem Verteidiger zum Zwecke der Verteidigung übergeben hat, da die durch diese zu beweisenden Tatsachen von dem Zeugnisverweigerungsrecht des Verteidigers umfasst werden. Dies gilt auch dann, wenn aus bestimmten Umständen darauf geschlossen werden kann, dass es sich um Unterlagen handelt, die der Entlastung des Beschuldigten dienen.[99]

33 Eine Ausnahme von der Beschlagnahmefreiheit ergibt sich in Ausnahmefällen, wenn der Verteidiger seine privilegierte Stellung offensichtlich missbraucht, um Akten, Schriftstücke oder andere Gegenstände dem Zugriff der Strafverfolgungsbehörden zu entziehen,[100] indem er bewusst dabei mitwirkt, Beweisgegenstände willkürlich als Verteidigungsunterlagen zu deklarieren, damit sie nicht beschlagnahmt werden können.[101]

34 Bei der Beschlagnahme von Unterlagen bei einem Verteidiger, bei dem ein **Beteiligungsverdacht** besteht, ergeben sich keine Besonderheiten.[102] Der Verteidiger braucht

---

[91] Vgl. BVerfG 13.10.2009 – 2 BvR 256/09, NJW 2010, 1740.

[92] BT-Drs. 16/5846, 35; BVerfG 30.1.2002 – 2 BvR 2248/00, NJW 2002, 1410; OLG München 30.11.2004 – 3 Ws 720–722/04, NStZ 2006, 300; SK-StPO/*Wohlers* Rn. 87; HK-StPO/*Gercke* Rn. 40, 46.

[93] KK/*Greven* Rn. 24.

[94] BVerfG 30.1.2002 – 2 BvR 2248/00, NStZ 2002, 377.

[95] BVerfG 30.1.2002 – 2 BvR 2248/00, NStZ 2002, 377; BGH 13.8.1973 – 1 BJs 6/71/StB 34/73, NJW 1973, 2035; BGH 24.3.1982 – 3 StR 28/82 (S), NJW 1982, 2508; BGH 25.2.1998 – 3 StR 490/97, BGHSt 44, 46 (50) = NJW 1998, 1963; LG Mannheim 3.7.2012 – 24 Qs 1/12, NStZ 2012, 713; LG Gießen 25.6.2012 – 7 Qs 100/1, wistra 2012, 409; HK-GS/*Hartmann* Rn. 19; Meyer-Goßner *(Schmitt)* Rn. 37; *Dahs,* GS-Meyer, S. 61.

[96] BGH 13.11.1989 – I BGs 351/89 – GBA – 1 BJs 33/89-6 –, NJW 1990, 722; LG Tübingen 14.2.2007 – 1 KLs 42 Js 13000/06, NStZ 2008, 653.

[97] HK-StPO/*Gercke* Rn. 47.

[98] BVerfG 30.1.2002 – 2 BvR 2248/00, NStZ 2002, 377; für eine analoge Anwendung des § 110 Abs. 2 S. 2 vgl. HK-StPO/*Gercke* Rn. 47.

[99] OLG Frankfurt a. M. 21.6.2005 – 3 Ws 499 und 501/05, NStZ 2006, 302; OLG Koblenz 6.7.1995 – 2 Ws 391/95, StV 1995, 570; Radtke/Hohmann/*Joecks* Rn. 30; Meyer-Goßner *(Schmitt)* Rn. 36.

[100] OLG Frankfurt a. M. 21.6.2005 – 3 Ws 499 und 501/05, NStZ 2006, 302.

[101] LG Fulda 12.10.1999 – 2 Qs 51/99, NJW 2000, 1508; Meyer-Goßner *(Schmitt)* Rn. 39.

[102] BGH 24.3.1982 – 3 StR 28/82 (S), NJW 1982, 2508; BGH 5.11.1985 – 2 StR 279/85, BGHSt 33, 347 (351 ff.); Meyer-Goßner *(Schmitt)* Rn. 38; HK-GS/*Hartmann* Rn. 19.

noch nicht nach § 138a ausgeschlossen sein. Es wird auch nicht vorausgesetzt, dass das Ruhen der Verteidigerrechte (§ 138c Abs. 3) angeordnet wurde.[103] Ausreichend ist, dass bestimmte (gewichtige) Tatsachen vorliegen, die den Verdacht einer Tatbeteiligung begründen.[104] Die Beschlagnahme ist trotz des besonders geschützten Vertrauensverhältnisses zwischen Rechtsanwalt und Mandant rechtmäßig, wenn gegen den Strafverteidiger ein an konkrete Tatsachen anknüpfender Verdacht hinsichtlich einer Straftat nach § 258 StGB besteht. Ein einfacher Tatverdacht ist hierfür ausreichend.[105]

d) Rechtsanwälte, Notare, Wirtschaftsprüfer, Steuerberater (Abs. 1 Nr. 1–3, § 53 Abs. 1 S. 1 Nr. 3). Für diese Berufsgeheimnisträger besteht die Beschlagnahmefreiheit hinsichtlich schriftlicher Mitteilungen zwischen dem Geheimnisträger und dem Beschuldigten sowie Aufzeichnungen des Geheimnisträgers und Gegenstände, die dem Geheimnisträger in seiner Eigenschaft seitens des Beschuldigten oder eines Dritten übergeben wurden.[106] Diese Gegenstände müssen sich – anders als beim Verteidiger – im Gewahrsam des Zeugnisverweigerungsberechtigten befinden (Abs. 2 S. 1, → vgl. auch Rn. 64). 35

Da § 97 das **Vertrauensverhältnis** zwischen dem Mandanten und dem Berufsgeheimnisträger schützt,[107] sind – unabhängig von einem Herausgabeanspruch des Beschuldigten – auch gegenständliche Erklärungen, zB Briefe, Aufzeichnungen, Belege, Geschäftspapiere, über deren Inhalt der Zeugnisverweigerungsberechtigte nicht auszusagen bräuchte, sofern sie ihm mündlich mitgeteilt worden wären, einer Beschlagnahme entzogen.[108] Die Beziehung eines Nichtbeschuldigten zu einem Berufsgeheimnisträger unterliegt nicht der Schutznorm des § 97.[109] 36

Das Beschlagnahmeverbot soll den Berufsgeheimnisträger davor schützen, in einem Strafverfahren gegen seinen Mandanten Beweismaterial liefern zu müssen. Daher reicht es nicht so weit wie ein bestehendes Zeugnisverweigerungsrecht nach § 53.[110] Die Beschlagnahme ist zulässig bei **berufsfremder Tätigkeit des Berufsgeheimnisträgers.** Das Beschlagnahmeverbot besteht nicht, wenn ein Berufsgeheimnisträger mit Tätigkeiten betraut wird, die für seine berufliche Qualifikation und Stellung nicht kennzeichnend sind.[111] Von dem Beschlagnahmeverbot nicht erfasst sind Unterlagen, die privat ohne Bezug auf ein Mandat oder bei einer Tätigkeit erlangt worden sind, die nicht dem Berufsbild des Berufsgeheimnisträgers zuzuordnen sind. Sind einem Steuerberater **Buchführungsunterlagen** in „seiner Eigenschaft als Steuerberater" vom Mandanten überlassen worden, sind diese insoweit beschlagnahmefrei, solange der Berufsgeheimnisträger sie zur Erledigung noch nicht abgeschlossener Arbeiten, auf die sich sein Zeugnisverweigerungsrecht erstreckt, in Gewahrsam hat.[112] Das gilt insbesondere, wenn sie eine Korrespondenz mit dem Mandanten darstellen oder vom Steuerberater zum Zwecke der Auswertung mit Anmerkungen versehen worden sind. Es ist jedoch nicht gerechtfertigt, Unterlagen, welche im Grundsatz vom Kaufmann zu führen und aufzubewahren sind (vgl. § 257 HGB), allein deshalb dem Zugriff der Ermittlungsbehörden zu entziehen, weil diese sich beim Steuerberater des Kaufmanns befinden.[113] Ein Buchführungsprivileg für steuerberatende 37

---

[103] BGH 27.3.2009 – 2 StR 302/08, NStZ 2009, 517; aA Radtke/Hohmann/*Joecks* Rn. 32; Löwe/Rosenberg/*Schäfer*, 25. Aufl. Rn. 96.

[104] BGH 13.8.1973 – 1 BJs 6/71/StB34/73, NJW 1973, 2035; BGH 28.6.2001 – 1 StR 198/01, NJW 2001, 3793; HK-GS/*Hartmann* Rn. 19.

[105] BVerfG 20.5.2010 – 2 BvR 1413/09, NJW 2010, 2937 (2938); krit. *Barton* JZ 2010, 102.

[106] OLG Koblenz 6.7.1995 – 2 Ws 391/95, StV 1995, 570; vgl. auch *Gülzow* NJW 1981, 265; *Krekeler*, FS Koch, 1989, 165; *Volk* DStR 1998, 338.

[107] BVerfG 18.6.1980 – 1 BvR 697/77, BVerfGE 54, 301 = NJW 1981, 33.

[108] BGH 20.2.1985 – 2 StR 561/84, BGHSt 33, 148 = NJW 1985, 2203; LG Fulda 12.10.1999 – 2 Qs 51/99, StV 2000, 548; LG München 14.12.1983 – 19 QS 4/83, NJW 1984, 1191.

[109] BVerfG 27.10.2003 – 2 BvR 2211/00, NStZ-RR 2004, 83.

[110] BVerfG 11.7.2008 – 2 BvR 2016/06, NJW 2009, 281.

[111] OLG Frankfurt a. M. 22.8.2001 – 2 AuslS 10/01, NJW 2002, 1135.

[112] LG Dresden 22.1.2007 – 5 Qs 34/2006, NJW 2007, 2709; LG Hamburg 4.7.2005 – 608 Qs 3/05, wistra 2005, 394; LG Essen 12.8.2009 – 56 Qs 7/09, NStZ-RR 2010, 150.

[113] LG München I 22.4.1988 – 19 Qs 3/88, NJW 1989, 536; LG Darmstadt 18.3.1988 – 9 Qs 1188/87, NStZ 1988, 286; LG Hildesheim 21.4.1988 – 22 Qs 1/88, wistra 1988, 327; SK-StPO/*Wohlers* Rn. 82;

Berufe besteht nicht.[114] Das Führen fremder Handelsbücher ist nicht vom Berufsbild und dem besonderen Vertrauensverhältnis des Steuerberaters umfasst.[115] Anders liegt der Fall, wenn aufgrund der Belege Jahresabschlüsse und Steuererklärungen erstellt werden sollen (vgl. zum Inhalt der Tätigkeit: § 2 WPO, § 33 StBerG).[116] Da es kein auf dem Gewahrsam des Berufsgeheimnisträgers aufbauendes „Asylrecht für Buchhaltungsunterlagen" gibt, ist es sachgerecht, dass entweder den Ermittlungsbehörden Kopien der Unterlagen zur Verfügung gestellt oder dem Berufsgeheimnisträger diese überlassen werden.[117]

38 Notarielle Urkunden dürfen im Unterschied zum vorherigen Schriftverkehr eines **Notars** mit seinem Mandanten sowie zu seinen Entwürfen zur Errichtung der notariellen Urkunden beschlagnahmt werden.[118] Sie unterliegen keiner besonderen Geheimhaltung, sondern dienen gerade der Kenntnisnahme durch Dritte.[119] Das gilt auch für Unterlagen, die allein die Abwicklung und Durchführung nicht geheimhaltungsbedürftiger Urkunden betreffen, etwa die im Gewahrsam des kontoführenden Kreditinstituts befindlichen reinen Buchungsunterlagen und Kontobelege eines notariellen (aber auch rechtsanwaltlichen) Anderkontos, da über diese Konten lediglich die vertraglichen Verpflichtungen, die ihrerseits für die Kenntnisnahme durch Dritte bestimmt sind, abgewickelt werden.[120] Die Beschlagnahme von **Kontounterlagen eines Anderkontos** im Gewahrsam des Berufsgeheimnisträgers ist zulässig, soweit es sich um reine Buchungsunterlagen handelt.[121] Eine Beschlagnahme von Anderkonto-Unterlagen beim Notar ist unzulässig, wenn eine Trennung der reinen Buchungsunterlagen von damit zusammenhängenden beschlagnahmefreien Unterlagen nicht möglich ist.[122]

39 Soweit die Beweismittel im Gewahrsam eines **Syndikusanwaltes** aufgefundenen wurden, besteht Beschlagnahmefreiheit, wenn er nach § 53 Abs. 1 Nr. 3 Berufsgeheimnisträger ist und seine Aufgabe den Voraussetzungen selbständiger anwaltlicher Tätigkeit entspricht. Das ist der Fall, sofern er neben seiner Einbindung in ein bestimmtes Unternehmen auch für außenstehende Dritte tätig wird und wenn Unterlagen betroffen sind, die er als Rechtsanwalt zur Erbringung von anwaltlichen Leistungen gegenüber Dritten erstellt hat.[123] Soweit der Syndikusanwalt, zB als Leiter der Rechtsabteilung, für sein Unternehmen tätig wird, handelt es sich nicht um eine Anwaltstätigkeit iSd § 53.[124] Zu beachten ist jedoch, wenn die betreffenden Gegenstände im Unternehmen beschlagnahmt werden, dass der ggf. beschuldigte Unternehmer daran Mitgewahrsam haben kann. Eine Beschlagnahmefreiheit scheidet dann aus.[125] Der unternehmensinterne Schriftwechsel mit einem Syndikusanwalt unterliegt ebenfalls nicht dem Schutz der Vertraulichkeit, der zwischen Mandant und seinem Rechtsanwalt gilt. Der Syndikusanwalt genießt aufgrund seiner wirtschaftlichen Abhängigkeit und der engen Bindungen an seinen Arbeitgeber gerade keine berufliche

---

Radtke/Hohmann/*Joecks* Rn. 34; aA LG Bonn 29.10.2001 – 37 Qs 59/01, NJW 2002, 2261 im Zusammenhang mit Unterlagen, die einem Wirtschaftsprüfer im Rahmen seiner Berufstätigkeit übergeben worden sind.

[114] BVerfG 18.6.1980 – 1 BvR 697/77, BVerfGE 54, 301 = NJW 1981, 33; BVerfG 27.1.1982 – 1 BvR 807/80, BVerfGE 59, 302 = NJW 1982, 1687.

[115] HK-GS/*Hartmann* Rn. 14.

[116] LG Bonn 29.10.2001 – 37 Qs 59/01, NJW 2002, 2261; Meyer-Goßner *(Schmitt)* Rn. 40.

[117] SK-StPO/*Wohlers* Rn. 82; Radtke/Hohmann/*Joecks* Rn. 34.

[118] LG Gera 30.9.2003 – 2 Qs 306/03, NotBZ 2003, 433.

[119] LG Darmstadt 12.12.1986 – 13 Qs 1368/86, 13 Qs 1368/86 – 22 Js 29417/85, wistra 1987, 232; LG Freiburg 22.9.1997 – VIII Qs 9/97, wistra 1998, 35.

[120] BVerfG 9.10.1989 – 2 BvR 1558/89, wistra 1990, 97; OLG Frankfurt a. M. 22.8.2001 – 2 AuslS 10/01, NJW 2002, 1135; LG Aachen 16.10.1998 – 86 Qs 63/98, 86 Qs 99/98, NJW 1999, 2381; HK-GS/*Hartmann* Rn. 14; Meyer-Goßner *(Schmitt)* Rn. 40; KK/*Greven* Rn. 18; aA LG Darmstadt 9.6.1989 – 9 Qs 288/89, DNotZ 1991, 560; HK-StPO/*Gercke* Rn. 54.

[121] BVerfG 9.10.1989 – 2 BvR 1558/89, wistra 1990, 97.

[122] LG Aachen 23.1.1998, – 86 Qs 94–97, NStZ-RR 1999, 216; Radtke/Hohmann/*Joecks* Rn. 35; vgl. auch *Stahl* wistra 1990, 94.

[123] LG Bonn 29.9.2005 – 37 Qs 27/05, NStZ 2007, 605; LG Berlin 30.11.2005 – 505 Qs 185/05, wistra 2006, 159; *Kremer/van Vormizelle* AG 2011, 245.

[124] LG Bonn 29.9.2005 – 37 Qs 27/05, NStZ 2007, 605.

[125] HK-StPO/*Gercke* Rn. 53.

Unabhängigkeit wie ein externer Rechtsanwalt.[126] Zur Beschlagnahme von Unterlagen aus **„Internal Investigations"** (interne Untersuchungen) sowie zum Beweisverwertungsverbot → Rn. 64.

e) Angehörige der Heilberufe (Abs. 1 Nr. 1–3, § 53 Abs. 1 Nr. 3). Bei Ärzten, Zahnärzten, Psychotherapeuten, Apothekern, Hebammen nebst Berufshelfern (Abs. 4) sind schriftliche Mitteilungen zwischen dem Geheimnisträger und dem Beschuldigten beschlagnahmefrei. Das gilt auch, wenn sie sich im Gewahrsam einer Krankenanstalt oder eines Dienstleisters (Abs. 2 S. 2) befinden.[127] 40

Die Beschlagnahmefreiheit umfasst **Aufzeichnungen** des Geheimnisträgers, zB solche über die Krankengeschichte, zudem Krankenblätter sowie ärztliche Karteikarten[128] und Gegenstände, die der Geheimnisträger im Rahmen seiner Berufsausübung vom Beschuldigten erlangt hat, einschließlich der ärztlichen Untersuchungsbefunde. Zu diesen gehören Röntgenaufnahmen, Blutbilder, Alkoholbefunde und Blutproben.[129] 41

Die Beschlagnahmefreiheit an den Beweismitteln besteht nur, wenn sie in dem Verfahren gegen einen Beschuldigten von Bedeutung sind, der Patient des Arztes war.[130] Soweit die Untersuchung im Zusammenhang mit einer **zulässigen Zwangsuntersuchung** steht, zB eine Aufnahmeuntersuchung in einer JVA,[131] liegt kein Beschlagnahmeverbot vor. Das gilt auch im Rahmen einer zulässigen Zwangsunterbringung.[132] Bei Krankenunterlagen dritter Personen ist § 108 Abs. 2 zu beachten. Beschlagnahmeverbote können sich bei der Beschlagnahme von ärztlichen Unterlagen ggf. auch aus dem Grundgesetz ergeben.[133] 42

f) Schwangerschafts- und Drogenberater (Abs. 1 Nr. 3, § 53 Abs. 1 S. 1 Nr. 3a, b). Für diese Berufsgruppen stehen die Beschlagnahmeverbote denen der Angehörigen der Heilberufe gleich. Das gilt jedoch nicht für in Selbsthilfegruppen tätige ehrenamtliche Berater. Verbände der freien Wohlfahrtspflege haben kein eigenes Zeugnisverweigerungsrecht. Die Unterlagen ihrer psychologischen Beratungsstellen unterfallen keinem Beschlagnahmeverbot.[134] 43

g) Abgeordnete und ihre Berufshelfer (Abs. 4, § 53 Abs. 1 S. 1 Nr. 4, § 53a). Hier entspricht der Umfang der Beschlagnahmefreiheit dem bei Angehörigen der Heilberufe oder dem bei Anwälten.[135] Beschlagnahmefrei sind Gegenstände, die vom Schutzbereich des Zeugnisverweigerungsrechts des Mandatsträgers umfasst sind, insbesondere die dem Abgeordneten in Ausübung seines Mandats anvertraut wurden. Art. 47 S. 1 und S. 2 GG schützt bei Bundestagsabgeordneten das Vertrauensverhältnis, das im Einzelfall zwischen ihnen und Dritten in Rücksicht auf die Mandatsausübung zu Stande gekommen ist.[136] Für Abgeordnete des Europäischen Parlaments gilt § 6 S. 2 EuAbgG. Für Landtagsabgeordnete gelten die entsprechenden Regelungen in den Landesverfassungen (zB Art. 29 BayVerf.). Der Vertrauensschutz ist weitreichend. Er kann sich auf die in dieser Eigenschaft anvertrauten Tatsachen oder auf die Person beziehen, die anvertraut hat oder der anvertraut worden ist. Abs. 4 ist lex specialis zu § 6 S. 2 EuAbgG und § 7 BPräsWahlG.[137] 44

---

[126] EuGH 14.9.2010 – C-550/07 P, NJW 2010, 3557.
[127] Radtke/Hohmann/*Joecks* Rn. 36.
[128] LG Koblenz 31.1.1983 – 8 Qs 3/83, NJW 1983, 2100; SK-StPO/*Wohlers* Rn. 55; HK-StPO/*Gercke* Rn. 55; *Janssen,* S. 94.
[129] KK/*Greven* Rn. 14, 19.
[130] OLG Celle 30.9.1964 – 3 Ws 362/64, NJW 1965, 362 (363); Meyer-Goßner *(Schmitt)* Rn. 41.
[131] LG Stuttgart 17.3.1994 – 5 LS 1248/93, MDR 1994, 715; *Cramer* NStZ 1996, 209 (214).
[132] BGH 6.12.2001 – 1 StR 468/01, NStZ 2002, 214.
[133] BGH 13.11.1997 – 4 StR 404/97, BGHSt 43, 300 = NJW 1998, 840.
[134] LG Freiburg 6.11.1998 – II Qs 129/98, NStZ-RR 1999, 366.
[135] Radtke/Hohmann/*Joecks* Rn. 38.
[136] BVerfG 17.12.2001 – 2 BvE 2/00, NJW 2002, 1111; BVerfG 30.7.2003 – 2 BvR 508/01 ua, NJW 2003, 3401.
[137] HK-StPO/*Gercke* Rn. 58.

45 Der Begriff „Gegenstände" umfasst hier schriftliche Mitteilungen, Aufzeichnungen und andere Gegenstände iSd Abs. 1 Nr. 1–3.[138] Es ist nicht nach der Neufassung des Gesetzes vom 26.6.2009 erforderlich, dass der Abgeordnete **Gewahrsam** an den Gegenständen hat.[139] Nach Art. 40 Abs. 2 S. 2 GG bedarf die Beschlagnahme in den Räumen des Parlaments der Genehmigung des Präsidenten.

46 Eine **strafrechtliche Verstrickung des Abgeordneten** beseitigt den Beschlagnahmeschutz nicht, da Abs. 2 S. 3 insoweit nicht gilt. Die Beschlagnahmefreiheit entfällt aufgrund der Wahrung der Immunität erst dann, wenn gegen den Abgeordneten rechtlich zulässig ermittelt werden darf.[140] Nach Abs. 4 S. 3 ist der Beschlagnahmeschutz auf die Hilfspersonen (§ 53a) entsprechend anwendbar. Ein Teilnahmeverdacht gegen die Hilfsperson führt nicht ohne Weiteres zum Wegfall der Beschlagnahmefreiheit (vgl. Rn. 47).

47 **h) Hilfspersonen (Berufshelfer) (Abs. 3, 4 S. 2 und 3, § 53a Abs. 1 S. 2).** Bei Hilfspersonen besteht die Beschlagnahmefreiheit bei Gegenständen, die sich in deren Gewahrsam befinden und die wegen der Beziehung zu einer der in § 53 Abs. 1 S. 1 Nr. 1–4 bezeichneten Personen nicht beschlagnahmt werden dürfen. Es kommt nicht auf das Vertrauensverhältnis zur Hilfsperson, sondern auf das zwischen dem Beschuldigten und dem Berufsgeheimnisträger an. Entscheidend für die Beschlagnahmefreiheit ist die Entscheidung des Geheimnisträgers, dass die Hilfsperson nicht aussagt (§ 53a Abs. 1 S. 2).[141] Eine Beschlagnahme ist zulässig, wenn der Geheimnisträger von der Schweigepflicht entbunden wird oder wenn die Hilfsperson selbst tatbeteiligungsverdächtig ist. Das gilt unabhängig davon, ob die Beschlagnahme bei dem Berufsgeheimnisträger zulässig wäre. Eine Ausnahme besteht allerdings bei Abgeordnetenmitarbeitern. Danach sind Schriftstücke, die das Zeugnisverweigerungsrecht eines Abgeordneten berühren und sich bei einem Mitarbeiter befinden, beschlagnahmefrei, selbst wenn gegen diesen strafrechtliche Ermittlungen geführt werden, für deren Durchführung die Schriftstücke Beweisbedeutung haben können.[142] Die Beschlagnahmefreiheit endet hier erst bei Aufhebung der Immunität.[143]

48 **i) Mitarbeiter von Presse, Rundfunk und anderen Informationsmedien.** Dieser Personenkreis hat ein umfängliches Zeugnisverweigerungsrecht (Abs. 5 S. 1 iVm § 53 Abs. 1 S. 1 Nr. 5, § 53 Abs. 1 S. 2 und S. 3; zur Gewahrsamregelung → Rn. 59). Damit besteht eine Beschlagnahmefreiheit von Schriftstücken, Ton- und Datenträgern, soweit diese Aufschluss über Verfasser, Einsender oder sonstige Informanten und ihre Mitteilungen geben.[144] Das Zeugnisverweigerungsrecht steht sämtlichen Personen zu, die bei der Vorbereitung, Herstellung oder Verbreitung von Druckwerken, Rundfunksendungen und Filmberichten, dem wissenschaftlichen Publikationswesen sowie allen der Unterrichtung oder der Meinungsbildung dienenden Informations- und Kommunikationsdiensten berufsmäßig mitwirken.[145] Dazu gehören nicht Personen, die nur gelegentlich Beiträge einsenden oder ohne berufsmäßige Einbindung im Medienbereich tätig sind.[146] Die Nutzer eines **Online-Forums** genießen nicht den Schutz der Pressefreiheit, auch wenn ein Medienunternehmen das Forum betreibt.[147]

49 Die Beiträge, Unterlagen, Materialien oder Mitteilungen müssen **für den redaktionellen Teil des Presseorgans bestimmt** sein. Es ist ausreichend, dass die geschützten Gegenstände mittelbar für die Veröffentlichung bestimmt sind. Dazu gehört auch aufbe-

---

138 HK-GS/*Hartmann* Rn. 23.

139 BT-Drs. 16/12314, 3, 4; Meyer-Goßner *(Schmitt)* Rn. 44; *Park* Rn. 609.

140 KK/*Greven* Rn. 28.

141 KK/*Greven* Rn. 26.

142 Meyer-Goßner *(Schmitt)* Rn. 44; *Hebenstreit* Schäfer-SH 33.

143 BVerfG 30.7.2003 – 2 BvR 508/01 ua, NJW 2003, 3401; RiStBV Nr. 191 ff.

144 HK-StPO/*Gercke* Rn. 61; vgl. zum Schutz der Pressefreiheit im Strafprozess auch *Brüning* wistra 2007, 333; *Schork* NJW 2012, 2694.

145 BeckOK-StPO/*Huber* § 53 Rn. 25.

146 BT-Drs. 14/5166.

147 LG Augsburg 19.3.2013 – 1 Qs 151/13, NStZ 2013, 480. Zu Bewertungsportalen vgl. *Ernst* CR 2013, 318.

wahrtes Archivmaterial.[148] Da das dem Zeugnisverweigerungsrecht zugrunde liegende Grundrecht der Pressefreiheit von der Beschaffung der Information bis zur Verbreitung der Nachricht und der Meinung gilt,[149] sind selbst recherchiertes Material (Fotos, Filmmaterial) und sonstige Aufzeichnungen über berufsbezogene Wahrnehmungen durch das Beschlagnahmeverbot geschützt.[150] Das Zeugnisverweigerungsrecht erstreckt sich auf nichtperiodische Druckwerke, Filmberichte und Informations- und Kommunikationsdienste, die der Unterrichtung und Meinungsbildung dienen.[151] Unter Rundfunksendungen fallen alle Sendungen des Hör- und Bildfunks, damit auch Fernsehsendungen und die Filmberichterstattung.[152]

Zu den Einschränkungen der Beschlagnahmefreiheit ist **§ 53 Abs. 2 S. 2** zu beachten. 50
Eine Einschränkung besteht bei „Bekennerschreiben", mit denen Straftäter sich der Presse gegenüber zu bestimmten Straftaten bekennen. Diese können beschlagnahmt werden, da ihre Zusendung allein in der Absicht erfolgt, Informationen zu veröffentlichen. Die Information wird insofern der Redaktion nicht anvertraut.[153] Anders liegt der Fall bei (auch anonymen) Leserbriefen. Diese sind Beiträge für den redaktionellen Teil eines periodischen Schriftwerks und daher von der Beschlagnahme ausgeschlossen.[154] Handelt es sich um dem Anzeigenteil oder Werbefernsehen zuzuordnende Gegenstände, sind diese nicht geschützt, sofern dem Anzeige- oder Werbeteil nicht eine ähnliche Funktion wie dem redaktionellen Teil zukommt.[155]

5. Ausschluss der Beschlagnahmefreiheit. a) (Freiwilliger) Gewahrsamsverlust. 51
Bei **Gewahrsamsverlust,** insbesondere wenn der Zeugnisverweigerungsberechtigte den an sich beschlagnahmefreien Gegenstand an die Strafverfolgungsorgane **freiwillig herausgegeben** hat, entfällt die Beschlagnahmefreiheit, weil damit auf das Beschlagnahme- und Verwertungsverbot verzichtet worden ist (→ Rn. 26).[156] Das Verbot des § 97 ist eine Folge des Zeugnisverweigerungsrechts, über dessen Ausübung der Berechtigte selbst entscheiden kann.[157] **Freiwilligkeit** setzt die Kenntnis des Beschlagnahmeverbots voraus. Es ist erforderlich, dass insbesondere in Fällen eines vorherigen Herausgabeverlangen der Ermittlungsbehörde, dieses (bei Angehörigen entsprechend § 52 Abs. 3 S. 1) mit einer **Belehrung** verbunden sein muss, dass die Sache nicht zwangsweise in amtliche Verwahrung genommen werden darf.[158] Die Belehrung kann nachgeholt werden.[159] Sie ist auch erforderlich, wenn der Beweisgegenstand „spontan", ohne vorheriges Herausgabeverlangen übergeben wird.[160] Eine Belehrung von Zeugnisverweigerungsberechtigten nach § 53 kann unterbleiben, wenn ihnen das Beschlagnahmeverbot bekannt ist.[161] Im Übrigen kann der Gewahrsamsinhaber die Verwertbarkeit der Sache auch auf das Verfahren beschränken, in dem sie herausgegeben worden ist.[162]

Der Verzicht des Zeugnisverweigerungsberechtigten auf das Beschlagnahme- und Ver- 52
wertungsverbot kann analog § 52 Abs. 3 S. 2 **widerrufen** werden.[163] Die Ausübung des

[148] BGH 28.12.1978 – 1 BJs 92/75; StB 235/78, BGHSt 28, 251 = NJW 1979, 1212.
[149] BVerfG 27.2.2007 – 1 BvR 538/06, BVerfGE 117, 244 (262, 265) = NJW 2007, 117; Meyer-Goßner *(Schmitt)* Rn. 45.
[150] Radtke/Hohmann/*Joecks* Rn. 40; SK-StPO/*Wohlers* Rn. 72.
[151] BT-Drs. 14/5166, 7; KK/*Greven* Rn. 32.
[152] BeckOK-StPO/*Huber* § 53 Rn. 25.
[153] BVerfG 22.8.2000 – 1 BvR 77/96, NStZ 2001, 43; HK-StPO/*Gercke* Rn. 62; Löwe/Rosenberg/*Schäfer*, 25. Aufl. Rn. 125.
[154] KG 17.3.1983 – ER 9/83, NJW 1984, 1133.
[155] BVerfG 10.5.1983 – 1 BvR 385/82, NStZ 1983, 515.
[156] BGH 23.1.1963 – 2 StR 534/62, BGHSt 18, 227, 230 = NJW 1963, 870.
[157] KK/*Greven* Rn. 3.
[158] Meyer-Goßner *(Schmitt)* Rn. 6.
[159] KK/*Greven* Rn. 3.
[160] *Eisenberg* Beweisrecht Rn. 2347.
[161] HK-GS/*Hartmann* Rn. 9.
[162] BeckOK-StPO/*Ritzert* Rn. 24b.
[163] BGH 26.8.1998 – 3 StR 256/98, NStZ 1999, 94; BGH 23.9.1999 – 4 StR 189/99, NJW 2000, 596.

Zeugnisverweigerungsrechts ist nicht als Widerruf des Verzichts auf das Beschlagnahme- und Verwertungsverbot auszulegen.[164] Das Beschlagnahmeverbot lebt ex nunc wieder auf und beschlagnahmte Beweismittel sind zurückzugeben. Zwischenzeitlich rechtmäßig gewonnene Beweisergebnisse werden nicht unverwertbar.[165] Die Ergebnisse der Auswertung können im Strafverfahren durch Vernehmung des auswertenden Ermittlungsbeamten eingeführt werden. Die Sicherstellung ist auch im Falle eines Verstoßes nach **§ 203 StGB** zulässig, da der Gewahrsam grundsätzlich an die tatsächliche Verfügungsgewalt anknüpft.[166]

53 **b) Unfreiwilliger Gewahrsamsverlust.** Die Beschlagnahmefreiheit entfällt, wenn der Gewahrsamsverlust unfreiwillig, zB durch Verlust oder Diebstahl, erfolgt ist.[167] Diese Folge ist jedoch im Zusammenhang mit Geistlichen und Strafverteidigern, im Einzelfall auch bei Ärzten, abzulehnen, da die Kommunikation mit diesen zum absolut geschützten Kernbereich mit Bezug zur Menschenwürde gehört.[168] Das Beschlagnahmeverbot erlischt im Übrigen dann nicht, wenn der Gewahrsamsverlust auf Veranlassung der Ermittlungsbehörden erfolgt ist.[169]

54 **c) Beendigung des Zeugnisverweigerungsrechts.** Der Grund für das Beschlagnahmeverbot entfällt, wenn ein Zeugnisverweigerungsrecht nicht mehr besteht oder wenn der Berufsgeheimnisträger von der **Schweigepflicht entbunden** wird (§ 53 Abs. 2 S. 1 iVm § 97 Abs. 1 S. 1 Nr. 2 bis 3b, § 53a).[170] Die Entbindung erstreckt sich auf Hilfspersonen nach Abs. 3. Das Zeugnisverweigerungsrecht von Abgeordneten, Angehörigen, Geistlichen und Angehörigen der Medienberufe kann nicht durch einseitige Erklärung des Beschuldigten aufgehoben werden.[171] Auch in den Fällen des § 52 berührt das Einverständnis des Beschuldigten die Beschlagnahmefreiheit nicht, weil das Beschlagnahmeverbot nicht primär in seinem Interesse besteht.[172]

55 Bei einer **juristischen Person** ist für die Entbindungserklärung deren Organ zuständig.[173] Das kann auch faktische oder vormalige Geschäftsführer einschließen, die ihrerseits die betreffenden Informationen gegeben haben.[174] Wenn sich die juristische Person in der Insolvenz befindet, ist allein der Insolvenzverwalter (dem selbst kein Zeugnisverweigerungsrecht zusteht)[175] für die Entbindungserklärung zuständig (vgl. § 22 Abs. 1 S. 1, § 80 Abs. 1 InsO), da ausschließlich die wirtschaftlichen Interessen des Unternehmens berührt sind.[176] Die Entbindung eines Wirtschaftsprüfers von seiner Schweigepflicht, die auf dem Mandat einer inzwischen in Insolvenz befindlichen Gesellschaft beruht, ist lediglich vom Insolvenzverwalter und

---

[164] BeckOK-StPO/*Ritzert* Rn. 24.

[165] BGH 28.3.1973 – 3 StR 385/72, BGHSt 25, 168 (171); BGH 20.10.1982 – 2 StR 43/82, StV 1983, 1.

[166] BGH 23.1.1963 – 2 StR 534/62, BGHSt 18, 230; Meyer-Goßner *(Schmitt)* Rn. 5; *Michalke* NJW 2008, 1490 (1492); Radtke/Hohmann/*Joecks* Rn. 12; BeckOK-StPO/*Ritzert* Rn. 24a; aA SK-StPO/*Wohlers* Rn. 23; *Eisenberg* Beweisrecht Rn. 2348; *Welp*, FS Gallas, 391 (409).

[167] Radtke/Hohmann/*Joecks* Rn. 11; Löwe/Rosenberg/*Schäfer*, 25. Aufl. Rn. 33; aA HK-StPO/*Gercke* Rn. 37.

[168] BVerfG 3.3.2004 – 1 BvR 2378/98 und 1 BvR 1084/99, NJW 2004, 999 (1005).

[169] Löwe/Rosenberg/*Schäfer*, 25. Aufl. Rn. 34 f.; SK-StPO/*Wohlers* Rn. 22. Vgl. hierzu auch BVerfG 9.11.2010 – 2 BvR 2101/09, NJW 2011, 2417.

[170] BGH 3.12.1991 – 1 StR 120/90, BGHSt 38, 144 (145) = NJW 1992, 763; LG Bonn 13.2.2012 – 27 Qs-410 Js 511/10-21/11, NZI 2012, 686; LG Hildesheim 29.10.1981 – 12 Qs 192/81, NStZ 1982, 394 (395); HK-StPO/*Gercke* Rn. 72.

[171] Radtke/Hohmann/*Joecks* Rn. 15.

[172] BeckOK-StPO/*Ritzert* Rn. 12.

[173] Radtke/Hohmann/*Joecks* Rn. 16; *Spangenberg* S. 68 ff.; *Peters/Klingenberg* ZWH 2012, 11.

[174] OLG Celle 2.8.1985 – 1 Ws 194/85, wistra 1986, 83 (84).

[175] LG Ulm 15.1.2007 – 2 Qs 2002/07, NJW 2007, 2056.

[176] OLG Nürnberg 18.6.2009 – 1 Ws 289/09, NJW 2010, 690; LG Bonn 13.2.2012 – 27 Qs-410 Js 511/10-21/11, NZI 2012, 686; LG Lübeck 7.6.1977 – 4 Qs 171/77, NJW 1978, 1014 f.; *Schäfer* wistra 1985, 209 (211); *Schmitt* wistra 1993, 9 (14); einschränkend OLG Düsseldorf 14.12.1992 – 1 Ws 1155/92, StV 1993, 346.

nicht auch vom früheren Geschäftsführer zu erklären.[177] Die Rechtsordnung geht nicht von einem schützenswerten Interesse der juristischen Person an strafbaren Handlungen zu ihren Gunsten aus, weswegen sich das nach § 97 geschützte Vertrauensverhältnis zwischen Berufsgeheimnisträger und juristischer Person nicht auf deren Organe erstreckt.[178]

d) Strafrechtliche Verstrickung (Abs. 2 S. 3). Die Beschlagnahmefreiheit entfällt, 56 wenn bestimmte Tatsachen den Verdacht begründen, dass die zeugnisverweigerungsberechtigte Person an der Tat oder an einer Begünstigung, Strafvereitelung oder Hehlerei beteiligt ist, oder wenn es sich um Gegenstände handelt, die durch eine Straftat hervorgebracht oder zur Begehung einer Straftat gebraucht oder bestimmt sind oder die aus einer Straftat herrühren.[179] Entsprechendes gilt für die Hilfsperson (Abs. 3), wenn sich der Beweisgegenstand in ihrem Alleingewahrsam befindet.[180] Die Verwertbarkeit des erlangten Beweisgegenstandes beschränkt sich ansonsten auf das Verfahren gegen die zeugnisverweigerungsberechtigte Person und die an der Tat beteiligten Personen, denn Berufsgeheimnisträger werden nur geschützt, soweit ihr Zeugnisverweigerungsrecht im Verfahren gegen den Beschuldigten reicht, nicht aber soweit ihr Individualinteresse als selbst beschuldigte Personen betroffen ist.[181] Bei **Verteidigern** müssen gewichtige Gründe der Tatbeteiligung vorliegen (qualifizierter Tatverdacht).[182]

Für die Tatbeteiligung gilt der Tatbegriff des § 264. Ausreichend ist eine vorsätzliche 57 rechtswidrige Tat (§ 11 Abs. 1 Nr. 5 StGB), die nicht notwendigerweise schuldhaft und strafbar sein muss.[183] Nicht ausreichend ist eine nur objektive Verstrickung, eine notwendige Teilnahme oder eine Teilnahme an einer Tat, die in einem anderen Verfahren verfolgt wird.[184] Bei Antrags- oder Ermächtigungsdelikten entfällt die Beschlagnahmefreiheit erst mit Vorliegen des Strafantrags oder der Ermächtigung (Abs. 5 S. 2 iVm § 160a Abs. 4 S. 2).[185] Außer bei Abgeordneten ist nicht erforderlich, dass gegen den Zeugnisverweigerungsberechtigten bereits ein **Ermittlungsverfahren eingeleitet** worden ist oder dass einer Einleitung keine rechtlichen Hindernisse entgegenstehen.[186]

Erforderlich für den Ausschluss des Beschlagnahmeverbots ist ein bestehender **(einfacher)** 58 **Tatverdacht.** Dieser muss auf bestimmten Tatsachen beruhen und bereits bei Anordnung der Beschlagnahme bestehen.[187] Bloße Vermutungen sind unzureichend.[188] Im Rahmen der Verhältnismäßigkeit ist zu berücksichtigen, dass der Verdacht umso mehr konkretisiert sein muss, je schwerwiegender die anzuordnende Beschlagnahme sich für den Betroffenen auswirkt.[189] In diesem Sinne ist vor allem bei Berufsgeheimnisträgern eine besonders sorgfältige Prüfung des Tatverdachts vorzunehmen.[190] Die Strafverfolgungsbehörden haben das Ausmaß der – mittelbaren – Beeinträchtigung der beruflichen Tätigkeit der Betroffenen zu berücksichtigen.[191]

---

[177] OLG Nürnberg 18.6.2009 – 1 Ws 289/09, NJW 2010, 690; OLG Oldenburg 28.5.2004 – 1 Ws 242/04, NJW 2004, 2176; *Priebe* ZIP 2011, 312.

[178] BVerfG 27.10.2003 – 2 BvR 2211/00, NStZ-RR 2004, 83.

[179] BGH 13.8.1973 – 1 BJs 6/71/StB34/73, NJW 1973, 2035; *Gössel* NStZ 2010, 288; *Beulke/Ruhmannseder* StV 2011, 180 (183).

[180] HK-StPO/*Gercke* Rn. 66.

[181] BGH 27.3.2009 – 2 StR 302/08, NJW 2009, 2690; BeckOK-StPO/*Ritzert* Rn. 5.

[182] BGH 13.8.1973 – 1 BJs 6/71, StB 34/73, NJW 1973, 2035; BGH 22.11.2000 – 1 StR 375/00, juris vgl. auch BGH 27.3.2009 – 2 StR 302/08, BGHSt 53, 257 = NJW 2009, 2690 mAnm *Wohlers* JR 2009, 524; *Barton* JZ 2010, 104.

[183] BGH 28.3.1973 – 3 StR 385/72, BGHSt 25, 168; BeckOK-StPO/*Ritzert* Rn. 20c; Meyer-Goßner *(Schmitt)* Rn. 19.

[184] HK-GS/*Hartmann* Rn. 10.

[185] BeckOK-StPO/*Ritzert* Rn. 20c.

[186] BGH 13.8.1973 – 1 BJs 6/71/StB34/73, NJW 1973, 2035; Meyer-Goßner *(Schmitt)* Rn. 18.

[187] LG Koblenz 30.10.1984 – 10 Qs 10/84, StV 1985, 8.

[188] BVerfG 20.5.2010 – 2 BvR 1413/09, NJW 2010, 2937; *Beulke*, FS Lüderssen, 693 (709).

[189] Meyer-Goßner *(Schmitt)* Rn. 20; *R. Schmidt* S. 54 ff.; KK/*Greven* Rn. 35.

[190] BeckOK-StPO/*Ritzert* Rn. 20a.

[191] BVerfG 21.1.2008 – 2 BvR 1219/07, NStZ-RR 2008, 176 (177); BVerfG 31.8.2010 – 2 BvR 223/10, NJOZ 2011, 781.

59 Für **Mitarbeiter von Rundfunk und Presse** wurden nunmehr durch das am 1.8.2012 in Kraft getretene Gesetz zur Stärkung der Pressefreiheit im Straf- und Strafprozessrecht die Eingriffsschranken verschärft (vgl. Abs. 5 S. 2 Hs. 2).[192] Danach gilt die Beteiligungsregelung in Abs. 2 S. 3 nur noch dann, wenn bestimmte Tatsachen einen **dringenden Verdacht** der Beteiligung begründen.[193] Durch den Verweis auf § 160a Abs. 4 S. 2 ist zu beachten, dass bei Medienmitarbeitern neben einem solchen Tatverdacht bei Antrags- oder Ermächtigungsdelikten der Strafantrag oder die Ermächtigung vorliegen muss. Darüber hinaus ist im Rahmen der qualifizierten Verhältnismäßigkeitsprüfung, an die ein strenger Maßstab anzulegen ist (Abs. 5 S. 2; vgl. auch Nr. 73a RiStBV), Art. 5 Abs. 1 S. 2 GG ausdrücklich zu beachten,[194] so dass der Gegenstand beschlagnahmefrei ist, wenn die Beschlagnahme außer Verhältnis zur Bedeutung der Sache steht und der Zweck der Beschlagnahme auch auf andere Weise ohne wesentliche Erschwernis erfolgen könnte.[195] Abzuwägen ist die Bedeutung des gesuchten Beweismittels sowie der verfolgten Tat gegen die Schwere des Eingriffs in die Pressefreiheit. Im Zweifel ist die Abwägung zugunsten der Pressefreiheit vorzunehmen.[196] Wegen der Bezugnahme auf Abs. 2 S. 3 gilt die besondere Verhältnismäßigkeitsprüfung nicht nur im Rahmen der Frage der Tatverstrickung, sondern ist grds. aufgrund der besonderen Grundrechtsrelevanz bei Beschlagnahmen im Bereich der Presse vorzunehmen, auch wenn ein Zeugnisverweigerungsrecht nicht vorliegt.[197]

60 **e) Delikts- und Verfallsgegenstände (Abs. 2 S. 3).** Tatwerkzeuge und Gegenstände, die durch die Tat hervorgebracht, zur Tat gebraucht oder bestimmt sind oder aus der Tat herrühren (§ 73 f. StGB), unterliegen nicht dem Beschlagnahmeverbot.[198] Das gilt auch für die zur Tatvorbereitung genutzten Gegenstände,[199] so bei echten oder manipulierten Buchungsunterlagen oder Urkunden (etwa bei Insolvenz und Betrugsdelikten),[200] Retentunterlagen eines Notars,[201] ein an die Presse gerichtetes Bekennerschreiben[202] oder Unterlagen zu einem Rechtsanwalts-Anderkonto, auf das inkriminierte Gelder eingezahlt wurden.[203]

61 **6. Beschlagnahme- und Verwertungsverbot.** Bei einem Verstoß gegen Abs. 1 Nr. 1, bei verbotener Beschlagnahme von schriftlichen Mitteilungen zwischen dem Beschuldigten und zeugnisverweigerungsberechtigten Personen nach § 52 Abs. 1, liegt stets ein Verwertungsverbot vor,[204] bspw. wenn der Gegenstand von dem Zeugnisverweigerungsberechtigten ohne notwendige Belehrung herausgegeben wurde. Kein Verwertungsverbot ist anzunehmen, wenn der Gewahrsamsinhaber sein Recht auf Nichtherausgabe kannte oder nach einer späteren Belehrung sein Einverständnis erklärt hat. Hätte der Beweisgegenstand auf einer anderen Eingriffsgrundlage, zB § 81a, erlangt werden können, tritt ebenfalls kein Verwertungsverbot ein.[205] Auch eine Beschlagnahme auf Grundlage von § 108 Abs. 1 als

192 BGBl. I 1374; *Schork* NJW 2012, 2694.

193 BVerfG 27.2.2007 – 1 BvR 538/06, BVerfGE 117, 244 (262) = NJW 2007, 1117 (1119).

194 LG Berlin 4.8.2011 – 525 Qs 110/11 und 525 Qs 11/11, ZUM-RD 2012, 39.

195 BVerfG 10.12.2010 – 1 BvR 1739/04, NJW 2011, 1859.

196 BT-Drs. 14/5166; vgl. auch *Kunert* NStZ 2002, 169 (174); *Rogall*, FS Lampe, 2003, 805 (831 f.); *Tsambikakis* StraFo 2002, 145 (146).

197 HK-StPO/*Gercke* Rn. 65.

198 BeckOK-StPO/*Ritzert* Rn. 21.

199 OLG Hamburg 8.1.1981 – 1 Ws 7/81, MDR 1981, 603; Löwe/Rosenberg/*Schäfer,* 25. Aufl. Rn. 163.

200 LG Aachen 11.10.1984 – 86 Qs 74/84, NJW 1985, 338; LG Stuttgart 7.11.1975 – IV Qs 3663/75, NJW 1976, 2030; *Schäfer* wistra 1985, 12.

201 Löwe/Rosenberg/*Schäfer,* 25. Aufl. Rn. 44; aA LG Köln 7.4.1981 – 117 (62) Qs 3/80, NJW 1981, 1746; *Amelung* DNotZ 1984, 195 (210).

202 BVerfG 22.8.2000 – 1 BvR 77/96, NStZ 2001, 43; BGH 13.1.1999 – StB 14/98, NStZ 1999, 260.

203 HK-GS/*Hartmann* Rn. 11.

204 Meyer-Goßner *(Schmitt)* Rn. 46a.

205 OLG Karlsruhe 7.5.2004 – 2 Ws 77/04, NStZ 2005, 399; BeckOK-StPO/*Ritzert* Rn. 27; Meyer-Goßner *(Schmitt)* Rn. 6 mwN.

Zufallsfund steht einer Verwertbarkeit bei einer Straftat des Berufsgeheimnisträgers grds. nicht entgegen.[206] Im Übrigen gilt:

62 **a) Zulässige Beschlagnahme.** War die Beschlagnahme im Zeitpunkt der Anordnung zulässig, droht kein Verwertungsverbot, wenn erst nachträglich Umstände eintreten, die ein Beschlagnahmeverbot iSd Vorschrift begründen, so bei späterer Entstehung des Angehörigenverhältnisses oder des Zeugnisverweigerungsrechts.[207] Anders ist der Fall zu beurteilen, wenn von Anfang an das Zeugnisverweigerungsrecht bestand und die Beschlagnahme erst dadurch rechtmäßig war, weil zunächst ein Teilnahmeverdacht bestand, der jedoch später weggefallen ist, so dass nachträglich ein Beschlagnahmeverbot entsteht. Ein zulässig beschlagnahmter Gegenstand ist nur in dem Umfang verwertbar, in dem die Voraussetzungen der Beschlagnahme vorgelegen haben.[208] Ein Beweisgegenstand darf deshalb nicht zum Nachweis einer Tat verwertet werden, zu deren Verfolgung er nicht hätte beschlagnahmt werden dürfen. So scheidet bspw. die Möglichkeit aus, zulässigerweise beschlagnahmte schriftliche Mitteilungen zwischen dem Beschuldigten und seiner teilnahmeverdächtigen Ehefrau, für andere Straftaten des Beschuldigten, bei denen kein Teilnahmeverdacht der Ehefrau besteht, zu verwenden.

63 **b) Unzulässige Beschlagnahme.** War die Beschlagnahme unzulässig und sind die das Beschlagnahmeverbot begründenden Umstände anschließend entfallen, so ist der Gegenstand verwertbar.[209] Das ist bei wirksamer Entbindung von der Verschwiegenheitsverpflichtung der Fall, wenn der Teilnahmeverdacht erst nach der Beschlagnahme entsteht oder wenn das Angehörigenverhältnis erlischt. Wenn sich dieser Verdacht allerdings erst aus den rechtswidrig beschlagnahmten Unterlagen ergibt, verbleibt es bei der Unzulässigkeit der Beschlagnahme. Anderenfalls würde ein rechtswidriger Eingriff durch den erhofften Erfolg belohnt werden.[210]

64 **c) § 160a und „Internal Investigations".** § 97 ist im Verhältnis zwischen dem Beschuldigten und seinem Verteidiger die speziellere Regelung vor **§ 160a** (vgl. auch § 160a Abs. 5).[211] Hinsichtlich der Frage der Verwertbarkeit von beschlagnahmefreien Gegenständen ist § 160a ergänzend anzuwenden, da § 97 die Frage des Beweisverwertungsverbots nicht regelt.[212] Mit Inkrafttreten der Neuregelung des § 160a Abs. 1 zum 1.2.2011 sind nicht nur Verteidiger, sondern nunmehr gleichgestellt alle Rechtsanwälte in den Schutzbereich einbezogen. Ermittlungshandlungen gegen diese sind daher nicht zulässig, wenn sie über die gewonnenen Erkenntnisse das Zeugnis verweigern dürften. Anwaltliche Arbeitsergebnisse aus **„Internal Investigations"** (insbesondere interne Untersuchungen über Straftaten von Mitarbeitern innerhalb eines Unternehmens), zB Dateien, Berichte, hierfür verwendete (Geschäfts-) Unterlagen sowie Protokolle über Mitarbeiterbefragungen, soweit sie sich im Gewahrsam der mandatierten Rechtsanwälte befinden, unterliegen jedoch auch nach der Neufassung des § 160a keinem absoluten Beweiserhebungs- und Verwertungsverbot und damit keinem Beschlagnahmeverbot, da bei einem Rechtsanwalt, der im Auftrag eines Unternehmens interne Untersuchungen durchführt, kein „mandatsähnliches Treueverhältnis" zugunsten des beschuldigten Mitarbeiters anzunehmen ist.[213] § 97 Abs. 1 Nr. 3 schützt

[206] BVerfG 20.5.2010 – 2 BvR 1413/09, NJW 2010, 2937 (2939).

[207] BGH 20.10.1982 – 2 StR 43/82, NStZ 1983, 85.

[208] BGH 23.1.1963 – 2 StR 534/62, BGHSt 18, 227 f.

[209] BGH 28.3.1973 – 3 StR 385/72, BGHSt 25, 168.

[210] BGH 28.6.2001 – 1 StR 198/01, NStZ 2001, 604; LG Saarbrücken 4.1.1988 – 5 Qs 149/87, NStZ 1988, 424.

[211] LG Mannheim 3.7.2012 – 24 Qs 1/12, NStZ 2012, 713; Müller-Guggenberger/Bieneck-Häcker, Wirtschaftsstrafrecht, 5. Aufl. 2011, § 93 Rn. 41.

[212] BVerfG 12.10.2011 – 2 BvR 236/08 u.a., NJW 2012, 833; BT-Drs. 16/5846, 38; BeckOK-StPO/*Ritzert* Rn. 25; *Jahn/Kirsch* StV 2011, 151 (154); vgl. auch: *Bauer* StV 2012, 277; aA *Bertheau* StV 2012, 303 (306).

[213] Vgl. LG Hamburg 15.10.2010 Kirsch/Jahn – 608 Qs 18/10, NJW 2011, 942; LG Bonn 21.6.2012 – 27 Qs 2/12, NZKart 2013, 204; *Bauer* StV 2012, 277; NStZ 2012, 719; *Kahlenberg, Schwinn* CCZ 2012, 81; *Gräfin von Galen* NJW 2011, 945; *Schuster* NZWiSt 2012, 28; *Raum* StraFo 2012, 395 (399); Meyer-Goßner

nur das Vertrauensverhältnis zum jeweiligen Beschuldigten und erstreckt sich bei einem Mandatsverhältnis mit einer juristischen Person nicht auch auf deren beschuldigte Organe.[214] Insbesondere hinsichtlich der im Rahmen solcher Untersuchungen „vernommenen" Unternehmensmitarbeiter fehlt es an einer schützenswerten Vertrauensbeziehung iSd § 97 Abs. 1.[215] Anders ist der Fall zu beurteilen, wenn externe Rechtsanwälte von einem Unternehmen im Rahmen eines **Kartellrechtsmandates** beauftragt werden, mögliche Kartellrechtsverstöße zu untersuchen, um das Unternehmen und die beteiligten Mitarbeiter in Verfahren gemäß §§ 14, 130, 30 OWiG zu verteidigen, wenn zwischen dem Unternehmen und den befragten Mitarbeitern keine „zuwiderlaufenden Interessen" zu erkennen sind.[216] Soweit in diesen Fällen, auch bereits vor Einleitung eines förmlichen Ermittlungsverfahrens, ein materielles Verteidigungsverhältnis begründet ist, besteht der Schutz auf ungestörte Kommunikation zwischen dem Beschuldigten und dem Verteidiger nach § 148 Abs. 1 (→ Rn. 29). Bei straf- und ordnungswidrigkeitenrechtlichen Maßnahmen sowie bei Einziehungs- und Verfallsanordnungen, die sich gegen juristische Personen richten,[217] ist § 148 Abs. 1 über §§ 434 Abs. 1 S. 2, 442 Abs. 1, 444 Abs. 2 S. 2 entsprechend anwendbar.[218]

III. Revision

65 Die Revision ist begründet, wenn ein Beweisgegenstand verwertet wurde, obwohl dieser Gegenstand einem Beweisverwertungsverbot unterlag und das Urteil darauf beruht.[219] Der Verwertung ist zu widersprechen.[220] Beanstandet die Revision, dass Beweismittel trotz Verbots beschlagnahmt worden seien, so erfordert die Zulässigkeit der Verfahrensrüge nach § 344 Abs. 2 S. 2 Ausführungen dazu, dass die Voraussetzungen für einen Fortfall der Beschlagnahmefreiheit wegen Deliktsbezogenheit nach Abs. 2 S. 3 nicht vorlagen, wenn diese Möglichkeit ernsthaft in Betracht zu ziehen ist.[221] Wenn wegen desselben Lebenssachverhalt zunächst ein einheitliches Ermittlungsverfahren geführt wurde und erst nach Verfahrenstrennung Verteidigungsunterlagen unzulässigerweise bei einem ehemaligen Mitbeschuldigten beschlagnahmt werden, kann das Beschlagnahme- und Verwertungsverbot auch von früheren Mitbeschuldigten geltend gemacht werden.[222]

§ 98 [Anordnung der Beschlagnahme]

(1) [1]Beschlagnahmen dürfen nur durch das Gericht, bei Gefahr im Verzug auch durch die Staatsanwaltschaft und ihre Ermittlungspersonen (§ 152 des Gerichtsverfassungsgesetzes) angeordnet werden. [2]Die Beschlagnahme nach § 97 Abs. 5 Satz 2 in den Räumen einer Redaktion, eines Verlages, einer Druckerei oder einer Rundfunkanstalt darf nur durch das Gericht angeordnet werden.

(Schmitt) Rn. 10b; zu weitgehend LG Mannheim 3.7.2012 – 24 Qs 1/12, BeckRS 2012, 15309 mAnm Zimmermann FD-StraR 2012, 335226; *Beukelmann* NJW-Spezial 2012, 504. Zum Beweisverwertungsverbot bei unfairen internen Ermittlungen vgl. *Knauer, Gaul* NStZ 2013, 192; vgl. zu interne Erhebungen in Unternehmen *Ignor* CCZ 2011, 143.

[214] Meyer-Goßner *(Schmitt)* Rn. 10a; a.A. für extensive Auslegung: *Gercke* FS-Wolter, 2013, 933 (939 ff.).

[215] *Bauer* StraFo 2012, 488; vgl. auch *Wehnert* StraFo 2012, 253 (258).

[216] *Bauer* StV 2012, 277 (279 f.).

[217] *Leipold* NJW-Spezial 2008, 216.

[218] *Kirsch/Jahn* NZWiSt 2013, 28 (29); ebenso NStZ 2012, 720.

[219] BGH 23.1.1963 – 2 StR 534/62, BGHSt 18, 227 f.; BGH 28.3.1973 – 3 StR 385/72, BGHSt 25, 168; BGH 20.10.1982 – 2 StR 43/82, NStZ 1983, 85.

[220] BGH 25.2.1998 – 3 StR 490/97, BGHSt 44, 46 = NJW 1998, 1963.

[221] BGH 28.11.1990 – 3 StR 170/90, BGHSt 37, 245 = NStZ 1991, 196; BGH v. 5.6.1996 – 2 StR 70/96, NStZ-RR 1997, 71; HK-StPO/*Gercke* Rn. 93; *Güntge* JR 2005, 496 (495).

[222] OLG München 30.4.2004 – 3 Ws 720–722/04, 3 Ws 720/04, 3 Ws 721/04, 3 Ws 722/04, StV 2005, 118 f.

(2) [1]Der Beamte, der einen Gegenstand ohne gerichtliche Anordnung beschlagnahmt hat, soll binnen drei Tagen die gerichtliche Bestätigung beantragen, wenn bei der Beschlagnahme weder der davon Betroffene noch ein erwachsener Angehöriger anwesend war oder wenn der Betroffene und im Falle seiner Abwesenheit ein erwachsener Angehöriger des Betroffenen gegen die Beschlagnahme ausdrücklichen Widerspruch erhoben hat. [2]Der Betroffene kann jederzeit die gerichtliche Entscheidung beantragen. [3]Die Zuständigkeit des Gerichts bestimmt sich nach § 162. [4]Der Betroffene kann den Antrag auch bei dem Amtsgericht einreichen, in dessen Bezirk die Beschlagnahme stattgefunden hat; dieses leitet den Antrag dem zuständigen Gericht zu. [5]Der Betroffene ist über seine Rechte zu belehren.

(3) Ist nach erhobener öffentlicher Klage die Beschlagnahme durch die Staatsanwaltschaft oder eine ihrer Ermittlungspersonen erfolgt, so ist binnen drei Tagen dem Gericht von der Beschlagnahme Anzeige zu machen; die beschlagnahmten Gegenstände sind ihm zur Verfügung zu stellen.

(4) [1]Wird eine Beschlagnahme in einem Dienstgebäude oder einer nicht allgemein zugänglichen Einrichtung oder Anlage der Bundeswehr erforderlich, so wird die vorgesetzte Dienststelle der Bundeswehr um ihre Durchführung ersucht. [2]Die ersuchende Stelle ist zur Mitwirkung berechtigt. [3]Des Ersuchens bedarf es nicht, wenn die Beschlagnahme in Räumen vorzunehmen ist, die ausschließlich von anderen Personen als Soldaten bewohnt werden.

Schrifttum: *Achenbach,* Verfahrenssichernde und vollstreckungssichernde Beschlagnahme im Strafprozeß, NJW 1976, 1068; *ders.,* Polizeiliche Inverwahrnahme und strafprozessuales Veräußerungsverbot, NJW 1982, 2809; *Amelung,* Die Entscheidung des BVerfG zur Gefahr im Verzug iS des Art. 13 II GG, NStZ 2001, 337; *Beichel, Kieninger,* „Gefahr im Verzug" auf Grund Selbstausschaltung des erreichbaren, jedoch „unwilligen" Bereitschaftsrichters? NStZ 2003, 10; *Biernat,* Rechtsschutz gegen Zwangsmaßnahmen im Ermittlungsverfahren, JuS 2004, 2414; *Bittmann,* Gefahr im Verzug, wistra 2001, 451; *Brodowski,* Strafprozessualer Zugriff auf E-Mail-Kommunikation, JR 2009, 408; *Brünning,* Der Richtervorbehalt im strafrechtlichen Ermittlungsverfahren, 2005; *Burghardt,* Der Rechtsschutz gegen Zwangsmittel im Ermittlungsverfahren, Jus 2010, 605; *Einmahl,* Gefahr im Verzug und Erreichbarkeit des Ermittlungsrichters, NJW 2001, 1393; *Fezer,* Effektiver Rechtsschutz bei Verletzung der Anordnungsbefugnis – Gefahr im Verzug, FS Rieß, 2002, S. 93; *Gaede,* Der grundrechtliche Schutz gespeicherter E-Mails beim Provider und ihre weltweite strafprozessuale Überwachung, StV 2009, 96; *Heuchemer,* Die Praxis der Hausdurchsuchung und Beschlagnahme und die Wirksamkeit von Rechtsbehelfen im Wirtschaftsstrafrecht, NZWiSt 2012, 137; *Hoffmann/Knierim,* Rückgabe von im Strafverfahren sichergestellten oder beschlagnahmten Gegenständen, NStZ 2000, 462; *Janssen,* Rechtliche Grundlagen und Grenzen der Beschlagnahme, 1995; *Kemper,* Rückgabe beschlagnahmter Gegenstände – Bringschuld oder Holschuld?, NJW 2005, 3679; *Krekeler,* Beeinträchtigungen der Rechte des Mandanten durch Strafverfolgungsmaßnahmen gegen den Rechtsanwalt, NJW 1977, 1417; *Kunert,* Das Gesetz über das Zeugnisverweigerungsrecht der Mitarbeiter von Presse und Rundfunk, MDR 1975, 885; *Kunz,* Durchsuchung und Beschlagnahme in Steuerstrafverfahren, BB 2000, 438; *Laser,* Das Rechtsschutzsystem gegen strafprozessuale Zwangsmaßnahmen, StV 2009, 276; *Löffler,* Die Herausgabe von beschlagnahmten oder sichergestellten Sachen im Strafverfahren, NJW 1991, 1705; *Metz,* Rangverhältnis der Staatsanwaltschaft zu ihren Ermittlungspersonen bei Gefahr im Verzug, NStZ 2012, 242; *Müller, Römer,* Legendierte Kontrollen – Die gezielte Suche nach dem Zufallsfund, NStZ 2012, 543; *Müller/Trurnit,* Eilzuständigkeiten der Staatsanwaltschaft und des Polizeivollzugsdienstes in der StPO, StraFo 2008, 144; *Ostendorf/Brüning,* Die gerichtliche Überprüfbarkeit der Voraussetzungen von Gefahr im Verzug – BVerfG, NJW 2001, 1121, JuS 2001, 1063; *Park,* Der Anspruch auf rechtliches Gehör im Rechtsschutzverfahren gegen strafprozessuale Zwangsmaßnahmen, StV 2009, 276; *Rabe von Kühlewein,* Normative Grundlagen der Richtervorbehalte, GA 2002, 637; *Schäfer,* Die Rückgabe beschlagnahmter Beweismittel nach Rechtskraft des Urteils, wistra 1984, 136; *Schenke,* Rechtsschutz gegen doppelfunktionale Maßnahmen der Polizei; NJW 2011, 2838; *Schmidt,* Zur Bindungswirkung strafprozessualer Beschwerdeentscheidungen für das erkennende Gericht; NStZ 2009, 243; *Schnarr,* Zur Verknüpfung von Richtervorbehalt, staatsanwaltlicher Eilanordnung und richterlicher Bestätigung, NStZ 1991, 209; *Spaniol,* Grundrechtsschutz im Ermittlungsverfahren durch qualifizierten Richtervorbehalt und wirksame richterliche Kontrolle, FS Eser, 473 (2005); *Sommermeyer,* Schutz der Wohnung gegenüber strafprozessualen Zwangsmaßnahmen, ein Phänomen?, JR 1990, 493; *Sterzinger,* Durchsuchung von Büro- und Kanzleiräumen durch die Steuerfahndung, NJOZ 2010, 1766; *Wohlers,* Die Nichtbeachtung des Richtervorbehalts, StV 2008, 439.

Übersicht

I. Überblick

1 **1. Normzweck und Anwendungsbereich.** § 98 regelt die förmliche Beschlagnahme zu Beweiszwecken und zur Sicherstellung von Führerscheinen (§ 94 Abs. 3). Bei freiwilliger Herausgabe der Beweisgegenstände bedarf es keiner förmlichen Beschlagnahme (vgl. § 94 Abs. 2). Abs. 2 und 3 betrifft das Verfahren und die Rechtsbehelfe gegen nichtrichterliche Beschlagnahmen. Die Staatsanwaltschaft und ihre Ermittlungspersonen haben, soweit nicht eine Pressebeschlagnahme in einer Redaktion, einem Verlag, einer Druckerei oder einer Rundfunkanstalt vorliegt, eine Eilkompetenz bei Gefahr im Verzug. Wenn das Gericht seine Anordnung nicht selbst vollstreckt, gilt § 36 Abs. 1 S. 1.[1] Eine Sonderregelung enthält Abs. 4, die die Durchführung der angeordneten Beschlagnahme in Dienstgebäuden oder sonstigen Anlagen der Bundeswehr betrifft. Keine Anwendung findet § 98 bei der Beschlagnahme von Einziehungs- und Verfallsobjekten, soweit diese nicht als Beweismittel in Betracht kommen. Hier gelten die §§ 111b ff. und §§ 111o, 111p. § 98 regelt nur das Verhältnis zwischen Staatsanwaltschaft und Gericht zu Außenstehenden, so dass das Gericht grds. keine Befugnis hat, im Gewahrsam der ermittelnden Staatsanwaltschaft befindliche Gegenstände zu beschlagnahmen.[2]

1a **2. Europäische Ermittlungsanordnung (EEA).** Auf europäischer Ebene wird derzeit der Entwurf einer Richtlinie über die Europäische Ermittlungsanordnung (EEA) in Strafsachen beraten,[3] die die am 18.12.2008 beschlossene Europäische Beweisanordnung (EBA) zur Erlangung von Sachen, Schriftstücken und Daten zur Verwendung in Strafsachen,[4] die am 22.7.2003 beschlossene Europäische Sicherstellungsanordnung[5] und die sonstige Rechthilfe innerhalb der Europäischen Union ersetzen und auf der Grundlage des Prinzips der gegenseitigen Anerkennung ein umfassendes System für die Gewinnung von Beweisen aller Art schaffen soll (→ § 105 Rn. 45).[6]

---

[1] Meyer-Goßner *(Schmitt)* Rn. 24.

[2] Schleswig-Holsteinisches OLG 21.2.2013 – 2 Ws 566/12 (8/13), StraFo 2013, 205.

[3] Vgl. Rat der Europäischen Union, Ratstagung vom 9./10.6.2011, Ratsdok.-Nr.: 11735/11; vgl. auch ZD-Aktuell 2012, 02840.

[4] Rahmenbeschluss 2008/978/JI des Rates vom 18.12.2008 über die Europäische Beweisanordnung zur Erlangung von Sachen, Schriftstücken und Daten zur Verwendung in Strafsachen, im Einzelnen hierzu *Eisenberg* Beweisrecht Rn. 478 ff.

[5] Rahmenbeschluss 2003/577/JI des Rates vom 22.7.2003 über die Vollstreckung von Entscheidungen zur Sicherstellung von Vermögensgegenständen und Beweismitteln in der Europäischen Union.

[6] *Beukelmann* NJW-Spezial 2011, 760; *Brodowski* ZIS 2011, 940.

II. Erläuterung

2 **1. Zuständigkeit. a) Richterliche Anordnung.** Die Anordnungskompetenz der Beschlagnahme zu Beweiszwecken liegt nach Abs. 1 grds. beim Ermittlungsrichter oder beim erkennenden Gericht. Der Richtervorbehalt soll eine vorbeugende Kontrolle der Maßnahme durch eine (persönlich und sachlich) unabhängige und neutrale Instanz gewährleisten, um die Rechte der Betroffenen zu wahren.[7] Das Grundgesetz geht davon aus, dass das Gericht auf Grund persönlicher und sachlicher Unabhängigkeit sowie der strikten Unterwerfung unter das Gesetz (Art. 97 GG) die Rechte der Betroffenen im Einzelfall am besten und sichersten wahren kann. Der Richtervorbehalt dient dem präventiven Rechtsschutz.[8] Der Eingriff in die grundrechtlich geschützte Sphäre des Bürgers soll angemessen begrenzt werden.[9] Im Ermittlungsverfahren nimmt die Anordnungskompetenz der **Ermittlungsrichter** wahr (§ 162, § 169), in dessen Bezirk die antragstellende Staatsanwaltschaft (Zweigstelle) ihren Sitz hat. Die Anordnung erfolgt grds. (abgesehen im Fall des § 165) auf Antrag der Staatsanwaltschaft.[10] Über diesen Antrag darf der Ermittlungsrichter nicht hinausgehen.[11] In **Steuerstrafverfahren** steht das Antragsrecht auch der Finanzbehörde zu (§ 399 Abs. 1 AO), nicht jedoch der Steuer- oder Zollfahndung.[12] In Strafsachen, die nach § 120 GVG zur Zuständigkeit des Oberlandesgerichts im ersten Rechtszug gehören, können die im vorbereitenden Verfahren dem Richter beim Amtsgericht obliegenden Geschäfte auch durch den Ermittlungsrichter des Oberlandesgerichts wahrgenommen werden. Führt der Generalbundesanwalt die Ermittlungen, so ist der Ermittlungsrichter des Bundesgerichtshofes zuständig (§ 169 Abs. 1).[13]

3 **Nach Anklageerhebung** ordnet das mit der Sache befasste Gericht auf Antrag oder von Amts wegen die Beschlagnahme an (§ 162 Abs. 3).[14] Diese Entscheidung trifft nicht der Vorsitzende allein,[15] sondern das Gericht in der für Beschlüsse außerhalb der Hauptverhandlung vorgesehenen Besetzung.[16] Der Staatsanwaltschaft ist zuvor Gelegenheit zur Stellungnahme zu geben (§ 33 Abs. 2). Diese ist an die richterliche Anordnung gebunden.[17] In der Berufungsinstanz trifft nach Vorlegung der Akten nach § 321 S. 2 das Berufungsgericht die Beschlagnahmeanordnung.[18] In der Revisionsinstanz ist der letzte Tatrichter zuständig, dessen Urteil angefochten wird.[19]

4 **Briefe von Untersuchungsgefangenen** werden als Beweismittel nach § 94 beschlagnahmt.[20] Während die nach § 126 Abs. 2 S. 3 allein vom Vorsitzenden zu treffende haftrechtliche Entscheidung über den Beförderungsausschluss eines Briefes nur dessen Nichtaushändigung an den Empfänger und Rückgabe an den Verfasser zur Folge hat, dient die darüber hinausgehende Beschlagnahme des nicht beförderten Briefes, der nicht an den Verfasser zurückgegeben wird, der Sachaufklärung im anhängigen Verfahren, da die Beschlagnahme

---

[7] BVerfG 16.6.1981 – 1 BvR 1094/80, NJW 1981, 2111; BVerfG 16.6.1987 – 1 BvR 1202/84, NJW 1987, 2499; BVerfG 1.10.1987 – 2 BvR 1178/86 ua, NJW 1988, 890; BVerfG 20.2.2001 – 2 BvR 1444/00, NStZ 2001, 382.

[8] SK-StPO/*Wohlers* Rn. 6.

[9] BVerfG 20.2.2001 – 2 BvR 1444/00, NStZ 2001, 382; *Janssen* S. 24 f.; *Ostendorf/Brüning* JuS 2001, 1063.

[10] LG Kaiserslautern 19.3.1981 – 5 Os 346/80, NStZ 1981, 438.

[11] Meyer-Goßner *(Schmitt)* Rn. 4; Radtke/Hohmann/*Joecks* Rn. 3.

[12] *Heuchemer* NZWiSt 2012, 137.

[13] KK/*Greven* Rn. 6.

[14] BGH 12.7.2000 – StB 4/00, NStZ 2000, 609; BGH 28.6.2001 – 1 StR 198/01, NStZ 2001, 604; OLG Köln 7.5.2003 – 2 Ws 170/032 u. 2 Ws 171/03, NJW 2003, 2546 (2547); OLG Hamburg 11.10.1984 – 1 Ws 292/84, JR 1985, 300.

[15] Meyer-Goßner *(Schmitt)* Rn. 4.

[16] OLG Hamburg 28.4.2009 – 2 Ws 85–86/09, OLGSt StPO § 98 Nr. 3.

[17] Meyer-Goßner *(Schmitt)* Rn. 24.

[18] KK/*Greven* Rn. 8.

[19] BeckOK-StPO/*Ritzert* Rn. 1.

[20] BGH 23.10.2008 – StB 18/08, NStZ-RR 2009, 56; OLG Düsseldorf 2.9.1993 – 3 Ws 466/93, NJW 1993, 3278; OLG Hamburg 28.4.2009 – 2 Ws 85–86/09, OLGSt StPO § 98 Nr. 3; Meyer-Goßner *(Schmitt)* Rn. 5 mwN.

sich auf Gegenstände bezieht, die als Beweismittel für die Untersuchung von Bedeutung sein können. Dementsprechend ist für eine solche Entscheidung das Gericht in seiner für Entscheidungen außerhalb der Hauptverhandlung vorgesehenen Besetzung zuständig. Eine Zuständigkeitskonzentration bei dem zur haftrichterlichen Entscheidung über den Briefbeförderungsausschluss berufenen Vorsitzenden tritt nicht ein.[21] Wenn der Brief für ein anderes Verfahren relevant ist, verbleibt es bei der Zuständigkeit des Gerichts, wenn dieses auch für das andere Verfahren zuständig ist, ansonsten ist durch den Vorsitzenden die Beschlagnahme entsprechend § 108 Abs. 1 anzuordnen.[22] Der Brief ist anschließend an die zuständige Staatsanwaltschaft weiterzuleiten.[23]

5 **b) Nichtrichterliche Anordnung bei Gefahr im Verzug. aa) Zuständigkeit.** Die Staatsanwaltschaft und ihre Ermittlungspersonen (§ 152 GVG) können nur bei Gefahr im Verzug die Beschlagnahme anordnen (Abs. 1 S. 1).[24] Das gilt nicht bei Pressebeschlagnahmen in den Räumen einer Redaktion, eines Verlages, einer Druckerei oder einer Rundfunkanstalt (Abs. 1 S. 2). Dagegen dürfen Beschlagnahmen bei beschuldigten Journalisten[25] und von Druckwerken und Schriften außerhalb der in Abs. 1 S. 2 bezeichneten Räume[26] bei Gefahr im Verzug durch die Staatsanwaltschaft und ihren Ermittlungspersonen vorgenommen werden.

6 Die **Ermittlungspersonen** sind gegenüber der Staatsanwaltschaft als Herrin des Ermittlungsverfahrens bei der Ausübung der Eilkompetenz **nachrangig zuständig.**[27] Sie dürfen nur dann die Beschlagnahme durchführen, wenn die zuständige Staatsanwaltschaft oder der Ermittlungsrichter nicht rechtzeitig erreichbar sind.[28] Es ist daher zunächst eine Anordnung der Staatsanwaltschaft anzustreben. Ist allein der Ermittlungsrichter für die Anordnung zuständig (Abs. 1 S. 2), können sich die Ermittlungspersonen nur im Ausnahmefall direkt an diesen wenden (§§ 165, 163 Abs. 2 S. 2).[29] Die (nachrangige) Kompetenzregelung für die Ermittlungspersonen der Polizei gilt auch für die Finanzbehörden (§§ 386, 399 Abs. 1 AO), die Steuer- und Zollfahndungsstellen (§§ 404 AO, 37 AWG) und die Bundeswehr (§§ 7, 8 UZwGBw). Weitere Kompetenzregelungen bestehen nach § 2 Abs. 2 VerbrVerbG und nach § 4 VereinsG.[30]

7 Die Eilkompetenz der Staatsanwaltschaft und ihrer Ermittlungspersonen gilt nicht nur im Ermittlungsverfahren, sondern auch **nach Erhebung der öffentlichen Klage** bis zum rechtskräftigen Abschluss des Verfahrens (Abs. 3).[31] In diesem Fall ist innerhalb von drei Tagen dem Gericht die Beschlagnahme anzuzeigen. Zudem sind die beschlagnahmten Gegenstände dem Gericht zur Verfügung zu stellen. Das gilt auch bei formloser Sicherstellung von Beweismitteln.[32]

8 **bb) Voraussetzungen der Eilkompetenz (Gefahr im Verzug).** Bei der Bestimmung der Voraussetzungen von Gefahr im Verzug darf der Zweck der von der Verfassung

[21] OLG Jena 9.3.2011 – 1 Ws 122/11, NStZ-RR 2012, 28; OLG Hamburg 28.4.2009 – 2 Ws 85–86/09, OLGSt StPO § 98 Nr. 3; Schleswig-Holsteinisches OLG 3.1.2000 – 2 Ws 541/99, SchlHA 2001, 136; *Schultheis* NStZ 2013, 87 (90).

[22] Meyer-Goßner *(Schmitt)* Rn. 5; HK-StPO/*Gercke* Rn. 6.

[23] OLG Düsseldorf 2.9.1993 – 3 Ws 466/93, NJW 1993.

[24] BeckOK-StPO/*Ritzert* Rn. 2; HK-StPO/*Gercke* Rn. 11; *Müller/Trurnit* StraFo 2008, 144 (147).

[25] *Achenbach* NJW 1976, 1068 (1069 Fn. 16); *Kunert* MDR 1975, 885 (891).

[26] KK/*Greven* Rn. 9; Meyer-Goßner *(Schmitt)* Rn. 4.

[27] BVerfG 11.6.2010 – 2 BvR 1046/08, NStZ 2011, 289.

[28] OLG Köln 27.10.2009 – 81 Ss 65/09, StV 2010, 14; Meyer-Goßner *(Schmitt)* Rn. 6; HK-StPO/*Gercke* Rn. 11; Löwe/Rosenberg/*Schäfer*, 25. Aufl. Rn. 31; *Müller/Trurnit* StraFo 2008, 144 (147). Ausführlich zum Rangverhältnis der Staatsanwaltschaft zu ihren Ermittlungspersonen bei Gefahr im Verzug vgl. auch Metz NStZ 2012, 242.

[29] Meyer-Goßner *(Schmitt)* Rn. 6; Löwe/Rosenberg/*Schäfer*, 25. Aufl. Rn. 31; SK-StPO/*Wohlers* Rn. 31; aA KK/*Greven* Rn. 11; *Park* Rn. 475.

[30] BVerwG 9.2.2001 – 6 B 3/01, NJW 2001, 1663; OVG NRW 25.8.1994 – 5 E 59/94, DÖV 1995, 340.

[31] Meyer-Goßner *(Schmitt)* Rn. 7; Löwe/Rosenberg/*Schäfer*, 25. Aufl. Rn. 29.

[32] SK-StPO/*Wohlers* Rn. 32.

vorgesehenen Eilkompetenz nicht außer Betracht bleiben. Nicht nur wegen des Ausnahmecharakters der nichtrichterlichen Anordnung, sondern vor allem wegen der grundrechtssichernden Schutzfunktion des Richtervorbehalts ist der Begriff „Gefahr im Verzug" **eng auszulegen.** Die richterliche Anordnung ist die Regel.[33] Ordnen die Strafverfolgungsbehörden die Durchsuchung an, so fällt die präventive Kontrolle durch eine unabhängige und neutrale Instanz weg. Zudem fehlt bei der Durchführung einer Durchsuchung wegen Gefahr im Verzug die begrenzende Wirkung der richterlichen Durchsuchungsanordnung. Die Kontrolle durch den unabhängigen und neutralen Richter ist dann auf eine repressive Funktion beschränkt, die den bereits geschehenen Eingriff nicht mehr rückgängig machen kann.[34]

Die Eilkompetenz eröffnet die Möglichkeit eines Eingriffs, wenn die vorherige Einholung der richterlichen Anordnung den Erfolg der Maßnahme gefährden würde.[35] Die Strafverfolgungsbehörden sollen dadurch in die Lage versetzt werden, einen **Beweismittelverlust zu verhindern.** Dies entspricht der verfassungsrechtlichen Gewährleistung einer rechtsstaatlich geordneten Rechtspflege, die sich, bei nachhaltiger Sicherung der Rechte des Beschuldigten, auch auf eine wirksame Strafverfolgung erstreckt.[36] Daher müssen die Strafverfolgungsbehörden die Entscheidung, ob aufgrund der konkreten Umstände von der Gefahr eines Beweismittelverlusts auszugehen ist, so rechtzeitig treffen können, dass dieser Gefahr wirksam begegnet werden kann.[37] **9**

Die Konzeption der Eilzuständigkeit von Strafverfolgungsbehörden hat zur Folge, dass die Behörden selbst über die Voraussetzungen ihrer Zuständigkeit zu entscheiden haben. Es steht jedoch nicht im freien Ermessen der Ermittlungsbehörden, wann sie eine Antragstellung in Betracht ziehen. Nach allgemeiner Ansicht ist das Merkmal Gefahr im Verzug vielmehr ein **unbestimmter Rechtsbegriff,** der den Beamten keinen Beurteilungsspielraum einräumt.[38] Das Vorliegen der Voraussetzungen untersteht einer uneingeschränkten richterlichen Überprüfung.[39] Die Gerichte sind gehalten, der besonderen Entscheidungssituation der nichtrichterlichen Organe mit ihren situationsbedingten Grenzen von Erkenntnismöglichkeiten Rechnung zu tragen. Es ist eine aus der ex-ante-Position vorzunehmende Gefahrenprognose durchzuführen, die sich auf eine einzelfallbezogene, nachweisbar vorhandene konkrete Tatsachenbasis stützen muss. Die Eingriffsvoraussetzung müssen mit einzelfallbezogenen Tatsachen begründet werden. Dabei können die Grundsätze der Rechtsprechung zur rechtswidrigen Durchsuchung auf die Beschlagnahme entsprechend übertragen werden, denn die Durchsuchung steht regelmäßig in einem engen sachlichen Zusammenhang mit der Beschlagnahme eines Beweisgegenstandes. Eine wirksame gerichtliche Nachprüfung einer nichtrichterlichen Durchsuchungsanordnung wegen Gefahr im Verzug setzt voraus, dass vor oder jedenfalls unmittelbar nach der Maßnahme für den Eingriff bedeutsame Erkenntnisse und Annahmen in den Ermittlungsakten **dokumentiert** werden.[40] Unter Bezeichnung des Tatverdachts und der gesuchten Beweismittel müssen die Umstände dargelegt werden, auf die die Gefahr des Beweismittelverlusts gestützt werden, insbesondere warum eine richterliche Anordnung zu spät gekommen wäre und von dem Versuch abgese- **10**

---

[33] BVerfG 20.2.2001 – 2 BvR 1444/00, NStZ 2001, 382; *Amelung* NStZ 2001, 337 (342); *Rabe von Kühlewein* GA 2002, 637 (653); *Bittmann* wistra 2001, 451; *Brünning,* 2005; *Einmahl* NJW 2001, 1393; *Wohlers* StV 2008, 439.

[34] BVerfG 20.2.2001 – 2 BvR 1444/00, NStZ 2001, 382.

[35] BVerfG 3.4.1979 – 1 BvR 994/76, BVerfGE 51, 97 (111) = NJW 1979, 1539 (1540); BVerfG 20.2.2001 – 2 BvR 1444/00, NStZ 2001, 382; BGH 19.1.2010 – 3 StR 530/09, wistra 2010, 231; BVerwG 15.10.2008 – 2 WD 16/07, NVwZ-RR 2009, 378 (379); *Amelung* NStZ 2001, 337 (339).

[36] BVerfG 1.10.1987 – 2 BvR 1434/86, BVerfGE 77, 65, 76 f.

[37] BVerfG 20.2.2001 – 2 BvR 1444/00, NStZ 2001, 382.

[38] BGH 19.1.2010 – 3 StR 530/09, wistra 2010, 231; *Gusy* JZ 2001, 1035.

[39] BVerfG 20.2.2001 – 2 BvR 1444/00, NStZ 2001, 382; BVerfG 22.1.2002 – 2 BvR 1473/01, StV 2002, 348 (349); BGH 30.8.2011 – 3 StR 210/11, NStZ 2012, 104; AG Essen 27.2.2008 – 44 Gs 1518/08, StraFo 2008, 199; *Gusy* JZ 2001, 1035; *Rabe von Kühlewein* GA 2002, 637 (654).

[40] BVerfG 12.2.2004 – 2 BvR 1687/02, StV 2004, 633; BGH 13.1.2005 – 1 StR 531/04, NJW 2005, 1060; LG Köln 6.5.2013 – 116 Qs 12/13, 116 Js 788/12, GRUR-RR 2013, 380.

hen wurde, eine solche Entscheidung zu erlangen.[41] Allgemeine Formulierungen, die lediglich die juristische Definition von Gefahr im Verzug wiedergeben, reichen für die Begründung der Eilkompetenz nicht aus. Das gilt auch für fallunabhängige Vermutungen, die auf die bloße Möglichkeit eines Beweismittelverlustes, reine Spekulationen, hypothetische Erwägungen oder lediglich auf kriminalistische Alltagserfahrung gestützt werden.

11 Gefahr im Verzug kann nicht dadurch entstehen, dass die Strafverfolgungsbehörden ihre tatsächlichen Voraussetzungen selbst herbeiführen. Sie dürfen insbesondere nicht so lange mit dem Antrag an den Ermittlungsrichter warten, bis die Gefahr eines Beweismittelverlusts tatsächlich eingetreten ist. **Die von Verfassungs wegen vorgesehene Regelzuständigkeit des Richters darf nicht unterlaufen werden.**[42] Die Strafverfolgungsbehörden müssen somit regelmäßig versuchen, eine Anordnung des instanziell und funktionell zuständigen Richters zu erlangen, bevor sie eine Durchsuchung beginnen. Das gilt insbesondere dann, wenn zwischen Anordnung und Durchführung der Beschlagnahme geraume Zeit verstrichen ist.[43] Nur in engen Ausnahmesituationen, wenn schon die zeitliche Verzögerung wegen eines solchen Versuchs den Erfolg der Durchsuchung gefährden würde, dürfen sie selbst die Anordnung wegen Gefahr im Verzug treffen, ohne sich zuvor um eine richterliche Entscheidung bemüht zu haben. Der abstrakte Hinweis, eine richterliche Entscheidung sei gewöhnlicherweise zu einem bestimmten Zeitpunkt oder innerhalb einer bestimmten Zeitspanne nicht zu erlangen, ist für die Begründung von Gefahr im Verzug nicht ausreichend. Hiermit korrespondiert die verfassungsrechtliche Verpflichtung der Gerichte, die Erreichbarkeit eines Ermittlungsrichters, auch durch die Einrichtung eines Eil- oder Notdienstes, zu sichern (→ § 105 Rn. 7 ff.).[44]

12 Die **frühere Ablehnung der Anordnung der Beschlagnahme durch das Gericht,** schließt die Annahme von Gefahr im Verzug im Falle einer veränderten Sachlage, insbesondere aufgrund neuer Erkenntnisse, nicht aus, wenn eine rechtzeitige richterliche Entscheidung nicht zu erreichen ist, bspw. weil der Ermittlungsrichter nicht erreicht werden kann oder ihm die Prüfung aus sonstigen Gründen unmöglich ist und sich das Verhalten der Staatsanwaltschaft nicht als rechtsmissbräuchlich darstellt. Nach seiner erneuten Befassung mit der Sache ist jedoch allein der Ermittlungsrichter für die Anordnung der Durchsuchung zuständig. Die Voraussetzungen für eine rechtmäßige Inanspruchnahme der Eilkompetenz der Staatsanwaltschaft zur Anordnung einer Beschlagnahme/Durchsuchung können im Einzelfall dennoch vorliegen, wenn der Ermittlungsrichter meint, **ohne Aktenkenntnis** nicht (auch nicht mündlich) entscheiden zu können und der Verlust des Beweismittels zeitnah droht. Es kommt allein darauf an, ob eine richterliche Prüfung und Entscheidung nicht mehr innerhalb einer Zeit bewirkt werden kann, in der der Untersuchungszweck nicht gefährdet ist.[45] Es spielt keine Rolle, ob der Richter überhaupt nicht erreichbar ist, eine Befassung mit der Sache ablehnt oder die richterliche Prüfung zu lange dauert.[46] Nimmt die Erstellung der vom Richter verlangten Unterlagen daher zu lange Zeit in Anspruch, können die Ermittlungsbehörden selbst eine Entscheidung über die Notwendigkeit der Durchsuchung treffen, solange das Verhalten der Staatsanwaltschaft nicht rechtsmissbräuchlich ist. Insbesondere in umfangreichen und komplexen Ermittlungsverfahren, welche die Staatsanwaltschaft schon länger geführt hat, erscheint es allerdings zwecks Vermeidung der Umgehung des Richtervorbehalts geboten, den Ermittlungsrichter frühzeitig über den Stand der Ermittlungen zu informieren.

---

[41] BGH 3.5.2011 – 3 StR 277/10, StV 2012, 3.

[42] BVerfG 20.2.2001 – 2 BvR 1444/00, NStZ 2001, 382; BVerfG 4.2.2005 – 2 BvR 308/04, NJW 2005, 1637; BGH 30.8.2011 – 3 StR 210/11, NStZ 2012, 104.

[43] BGH 3.5.2011 – 3 StR 277/10, StV 2012, 3.

[44] BVerfG 20.2.2001 – 2 BvR 1444/00, NStZ 2001, 382.

[45] BGH 11.8.2005 – 5 StR 200/05, NStZ 2006, 114; aA LG Berlin 30.11.2009 – 522a – 2/09, NStZ 2010, 415.

[46] *Hofmann* NStZ 2003, 230 (232); *Schulz* NStZ 2003, 635 f.; aA *Krehl* NStZ 2003, 461 (463); *Spaniol*, FS Eser, 2005, 473 (485); vgl. auch *Beichel/Kieninger* NStZ 2003, 10; *Jahn* NStZ 2007, 255 (260).

cc) Beweisverwertungsverbot. Wird aus tatsächlichen oder rechtlichen Gründen irrtümlich Gefahr im Verzug angenommen, besteht hinsichtlich des beschlagnahmten Gegenstands grundsätzlich noch kein **Verwertungsverbot.**[47] Ein solches ist lediglich bei schwerwiegenden, bewussten oder willkürlichen Verfahrensverstößen, bei denen die grundrechtlichen Sicherungen planmäßig oder systematisch außer Acht gelassen worden sind, geboten.[48] Das gilt vor allem bei einer objektiv willkürlichen Umgehung des Richtervorbehalts.[49] Ein Verwertungsverbot kann im Einzelfall auch bei Organisationsmängeln bei Ermittlungsbehörden, die im Tätigwerden mit den Verhältnissen (bspw. mangelnde Kenntnis über richterlichen Bereitschaftsdienst) nicht vertrauter Behördenvertreter liegen könnten, in Betracht kommen.[50] Entsprechendes gilt auch, wenn die richterliche Anordnungskompetenz durch ein Hinausschieben der Antragstellung bis zum drohenden Beweismittelverlust bewusst unterlaufen wird.[51] Dem Aspekt eines möglichen **hypothetisch rechtmäßigen Ermittlungsverlaufs,** der grds. zur Einschränkung der Annahme von Beweisverwertungsverboten führt,[52] kommt bei solcher Verkennung des Richtervorbehalts keine Bedeutung zu. Die Anerkennung des hypothetisch rechtmäßigen Ersatzeingriffs als Abwägungskriterium würde die Kompetenzregelung stets unterlaufen und den Richtervorbehalt letztlich sinnlos werden lassen. Damit würde das wesentliche Erfordernis eines rechtstaatlichen Ermittlungsverfahrens aufgegeben, dass Beweise nicht unter bewusstem Rechtsbruch oder gleichgewichtiger Rechtsmissachtung erlangt werden dürfen.[53] 13

Ein Verwertungsverbot kommt auch dann in Betracht, wenn das Gericht die Anordnung der Beschlagnahme zuvor **abgelehnt** hat,[54] es sei denn, dass sich die Umstände verändert haben und zugleich die Voraussetzungen für Gefahr im Verzug vorliegen (→ Rn. 12).[55] Keine Umgehung des Richtervorbehalts ist gegeben, wenn die Voraussetzungen von Gefahr im Verzug lediglich durch **ungeschicktes Verhalten von Polizeibeamten** ausgelöst werden.[56] Dieser Umstand ist nicht mit solchen Fallgestaltungen vergleichbar, in denen durch bewusst gesteuertes oder grob nachlässiges polizeiliches Ermittlungsverhalten die Gefahr im Verzug gleichsam heraufbeschworen und damit der Richtervorbehalt gezielt oder leichtfertig umgangen wird. 14

c) Führerschein. Bei der Beschlagnahme des Führerscheins nach § 94 Abs. 2 darf die vorläufige Entziehung der Fahrerlaubnis als behördliche Berechtigung nur durch den Richter erfolgen (§ 111a). Diese wirkt zugleich als Anordnung oder Bestätigung der Beschlagnahme (§ 111a Abs. 3). Der Führerschein als Gegenstand iSv § 94 Abs. 3 darf hingegen auch bei Gefahr im Verzug durch die Strafverfolgungsbehörden beschlagnahmt werden, wobei dafür die Annahme weiterer Trunkenheitsfahrten ausreichend ist (vgl. → § 111a Rn. 38).[57] 15

2. Form. a) Richterliche Anordnung. Die Beschlagnahmeanordnung des Richters ergeht in Form eines schriftlichen Beschlusses, der zu begründen (§ 34) und aktenkundig zu machen ist.[58] Das Erfordernis bleibt bestehen, auch wenn in Eilfällen der Beschluss der 16

---

[47] Meyer-Goßner *(Schmitt)* Rn. 7.

[48] BVerfG 12.4.2005 – 2 BvR 1027/021, BVerfGE 113, 29 (61); BVerfG 16.3.2006 – 2 BvR 954/02, NJW 2006, 2684 (2686); BVerfG 20.5.2011 – 2 BvR 2072/10, DAR 2011, 457; BGH 30.8.2011 – 3 StR 210/11, NStZ 2012, 104.

[49] BVerfG 2.7.2009 – 2 BvR 2225/08, NJW 2009, 3225; BGH 18.4.2007 – 5 StR 546/06, BGHSt 51, 285; *Müller, Römer* NStZ 2012, 543 (547).

[50] BGH 3.5.2011 – 3 StR 277/10, StV 2012, 3.

[51] BVerfG 20.2.2001 – 2 BvR 1444/00, NStZ 2001, 382; BGH 30.8.2011 – 3 StR 210/11, NStZ 2012, 104.

[52] BGH 17.3.1983 – 4 StR 640/82, BGHSt 31, 304 (306); BGH 15.2.1989 – 2 StR 402/88, NStZ 1989, 375 (376); BGH 18.11.2003 – 1 StR 455/03, NStZ 2004, 449.

[53] BGH 18.4.2007 – 5 StR 546/06, BGHSt 51, 285 (296); BGH 30.8.2011 – 3 StR 210/11, NStZ 2012, 104.

[54] BGH 28.6.2001 – 1 StR 198/01, NStZ 2001, 604 (606).

[55] SK-StPO/*Wohlers* Rn. 36.

[56] BGH 19.1.2010 – 3 StR 530/09, wistra 2010, 231.

[57] BGH 23.5.1969 – 4 StR 585/68, NJW 1969, 1308.

[58] BeckOK-StPO/*Ritzert* Rn. 3; *Janssen* S. 34.

Staatsanwaltschaft zunächst mündlich oder fernmündlich zur Vollstreckung bekannt gegeben wird (§ 36 Abs. 2 S. 1).[59] Die gerichtliche Anordnung der Beschlagnahme erfolgt meist ohne vorherige Anhörung des Betroffenen (§ 33 Abs. 4 S. 1).[60] Wenn der Zweck der Maßnahme jedoch nicht gefährdet ist, ist dem Betroffenen zuvor rechtliches Gehör zu gewähren. Das liegt regelmäßig vor, wenn die Beschlagnahme von Gegenständen einer Durchsicht sichergestellter Unterlagen (§ 110) nachfolgt.

17 **b) Nichtrichterliche Anordnung.** Die Anordnungen der Staatsanwaltschaft und ihrer Ermittlungspersonen können mündlich, telefonisch, schriftlich oder per Telefax getroffen werden. Das Ergebnis und die Grundlagen der Entscheidung müssen in einem unmittelbaren zeitlichen Zusammenhang mit der Maßnahme in den Ermittlungsakten dokumentiert werden.[61] Die Voraussetzungen von Gefahr im Verzug sind mit Tatsachen, die auf den Einzelfall bezogen sind, aktenkundig zu begründen (→ Rn. 10).[62] Wenn eine Ermittlungsperson eine Beschlagnahme selbst durchführt, liegt in deren Vornahme auch ihre Anordnung. Die Ermittlungsperson muss diese nicht vorab gegenüber dem Betroffenen zum Ausdruck bringen.[63] Schließlich ist der Betroffene nach Abs. 2 S. 5 zu belehren.[64]

18 **3. Inhalt. a) Richterliche Anordnung.** Der Tatvorwurf ist in rechtlicher und in tatsächlicher Hinsicht in einem inhaltlichen Mindestumfang zu konkretisieren.[65] Der Beschluss muss in knapper Form den Gegenstand der Untersuchung bildenden Sachverhalt,[66] seine strafrechtliche Würdigung[67] sowie die Umstände darlegen, die den Tatverdacht und die Annahme begründen, dass der Gegenstand als Beweismittel benötigt wird.[68] Der Beweisgegenstand ist so genau zu bezeichnen, dass keine Zweifel über den Umfang der Maßnahme bestehen.[69] Pauschale Bezeichnungen, die Verwendung von Oberbegriffen und nicht auf den konkreten Fall bezogene Aufzählungen, genügen den rechtsstaatlichen Mindestanforderungen nicht.[70] Im Einzelfall kann die unspezifische Angabe, bspw. dass die Beschlagnahme sich auf Betäubungsmittel und Gegenstände bezieht, die dem Verkauf und Konsum von Betäubungsmitteln dienen, ausreichend sein.[71] Entsprechendes gilt für die Umschreibung des Beweismittels durch Bezeichnung des konkreten Aufbewahrungsorts. Ist die Anordnung allerdings zu unbestimmt, etwa dass alle bei einer Durchsuchung gefundenen Beweismittel beschlagnahmt werden sollen, so ist sie unwirksam.[72] Es ist nicht erforderlich, dass die potentielle Beweiserheblichkeit für jedes zu beschlagnahmende Beweismittel im Gerichtsbeschluss ausgeführt wird.[73] Einer nicht genauen, gattungsmäßigen Umschreibung des Beweisgegenstandes soll

[59] BVerfG 23.7.2007 – 2 BvR 2267/06, juris; Radtke/Hohmann/*Joecks* Rn. 8; SK-StPO/*Wohlers* Rn. 14; BeckOK-StPO/*Ritzert* Rn. 3.
[60] Meyer-Goßner *(Schmitt)* Rn. 8.
[61] OLG Karlsruhe 3.7.1981 – 4 Ws 151/80, Justiz 1981, 482.
[62] BVerfG 20.2.2001 – 2 BvR 1444/00, NStZ 2001, 382; BVerfG 12.2.2007 – 2 BvR 273/06, NJW 2007, 1345.
[63] LG Frankfurt 26.10.1981 – 5/10 Qs 76/81, NJW 1982, 897; aA *Achenbach* NJW 1982, 2809; *Sommermeyer* JR 1990, 493 (498).
[64] SK-StPO/*Wohlers* Rn. 40; Radtke/Hohmann/*Joecks* Rn. 15.
[65] SK-StPO/*Wohlers* Rn. 17.
[66] Meyer-Goßner *(Schmitt)* Rn. 9.
[67] LG Halle 5.5.2008 – 22 Qs 8/08, wistra 2008, 280.
[68] OLG Düsseldorf 4.2.1983 – 2 Ws 905/82, 2 Ws 20/83, StV 1983, 407; Meyer-Goßner *(Schmitt)* Rn. 9; BeckOK-StPO/*Ritzert* Rn. 4; *Achenbach* NJW 1976, 1068 (1071).
[69] BVerfG 3.9.1991 – 2 BvR 279/90, NStZ 1992, 91; OLG Düsseldorf 21.7.1982 – 2 Ws 501/82, StV 1982, 513; OLG Düsseldorf 18.9.1996 – 1 Ws 788/96, StV 1997, 174; OLG Koblenz 19.6.2009 – 1 Ws 385/06, NStZ 2007, 285; OVG Berlin-Brandenburg 1.9.2009 – 1 L 100.08, 1 L 100/08, BeckRS 2009, 39996; BeckOK-StPO/*Ritzert* Rn. 4; Meyer-Goßner *(Schmitt)* Rn. 9; Radtke/Hohmann/*Joecks* Rn. 9.
[70] LG Köln v. 25.41983, 117 Qs 3/83, StV 1983, 275; Löwe/Rosenberg/*Schäfer,* 25. Aufl. Rn. 20.
[71] LG Neuruppin 11.7.1997 – 14 Qs 59, Js 315/96, StV 1997, 506.
[72] BVerfG 3.9.1991 – 2 BvR 279/90, NStZ 1992, 91; BVerfG 9.11.2001 – 2 BvR 436/01, NStZ 2002, 212 (213); LG Koblenz 17.11.2008 – 2 Qs 87/08, NStZ-RR 2009, 105, 106; LG Mühlhausen 15.11.2006 – 6 Qs 9/06, wistra 2007, 195.
[73] BVerfG 18.2.2008 – 2 BvR 2697/07, juris.

dann die Bedeutung einer **Richtlinie** für die Durchsuchung zukommen.[74] Eine solche allgemeine Beschlagnahmeanordnung ist noch keine wirksame richterliche Beschlagnahmeanordnung. In diesen Fällen ist eine Beschwerde gegen die Beschlagnahmeanordnung als Antrag nach Abs. 2 S. 2 umzudeuten, über den der Ermittlungsrichter zu entscheiden hat.[75]

Die Beschlagnahme muss in einem **angemessenen Verhältnis** zur Schwere der Tat 19
und der Stärke des Tatverdachts stehen und für die Ermittlungen notwendig sein. Ausführungen zur Verhältnismäßigkeit der Beschlagnahme sind nur dann geboten, wenn diese nicht evident ist.

b) Nichtrichterliche Anordnung. Bei der nichtrichterlichen Anordnung bestehen im 20
Wesentlichen die gleichen Voraussetzungen wie bei der richterlichen Anordnung. Einschränkungen sind in Bezug auf die Eilbedürftigkeit vorzunehmen. Die Schriftform ist nicht zwingend erforderlich.[76]

4. Bekanntgabe. Die Anordnung ist dem Betroffenen bekanntzugeben (§§ 33 Abs. 2, 21
35 Abs. 2). Um den Zweck der Untersuchung nicht zu gefährden, kann die Bekanntgabe bis zum Beginn der Beschlagnahme zurückgestellt werden.[77] Ob auch nach Durchführung der Beschlagnahme eine **Zurückstellung der Benachrichtigung** wegen Gefährdung des Untersuchungserfolgs zulässig ist, ist umstritten.[78] Nach früherer Rechtsprechung war eine Zurückstellung in Ausnahmefällen zuzulassen, wenn durch die Bekanntmachung der Untersuchungszweck gefährdet würde.[79] Praktische Relevanz hat diese Frage bei der Beschlagnahme von **E-Mails, die auf dem Mailserver des Providers zwischen- oder endgespeichert sind.** Da in der Praxis meist zeitgleich eine Überwachung des E-Mail-Accounts nach § 100a erfolgt, birgt die offene Beschlagnahme die Gefahr der Aufdeckung der sonstigen im Verfahren angeordneten verdeckten Ermittlungen. Entsprechendes gilt für die Beschlagnahme von Daten eines Nutzerkontos bei sozialen Netzwerken im Internet (ua Facebook).[80] Nach der Rechtsprechung des BGH ist ein Betroffener bei der Beschlagnahme von E-Mails nach §§ 94, 98, die auf dem Mailserver des Providers gespeichert sind, stets zu unterrichten.[81] Gegen eine Zurückstellung der Benachrichtigung spricht vor allem, dass es sich bei der Beschlagnahme, wie bei der Durchsuchung, um eine offene Ermittlungsmaßnahme handelt, deren Anordnung den Betroffenen und Verfahrensbeteiligten bekannt zu machen ist. Eine Zurückstellung der Benachrichtigung wegen Gefährdung des Untersuchungszwecks ist für offene Untersuchungshandlungen in der StPO nicht vorgesehen. Eine analoge Anwendung von § 101 Abs. 5 kommt bei offenen Ermittlungsmaßnahmen nicht in Betracht,[82] da eine Beschlagnahme ohne Benachrichtigung des Betroffenen dann den Charakter einer heimlichen Ermittlungsmaßnahme hätte. Eine solche birgt spezifische Risiken für die Rechte des Betroffenen. So kann sich dieser nur dann mit rechtlichen Mitteln gegen eine verdeckte Ermittlungsmaßnahme wehren, wenn sie bereits vollzogen ist und er Kenntnis davon erlangt hat.[83] Der verdeckte Zugriff auf beim Provider zwischen- oder endgespeicherten E-Mails ist daher nur auf Grundlage von § 99[84] oder § 100a[85] denkbar. Beide Eingriffsgrundlagen werden nach der Rechtsprechung des BVerfG nicht dadurch

---

[74] BVerfG 9.11.2001 – 2 BvR 436/01, NStZ 2002, 212 (213); BVerfG 16.6.2009 – 2 BvR 902/06, BVerfGE 124, 43 = NJW 2009, 2431 (2438); OLG Koblenz 19.6.2006 – 1 Ws 385/06, NStZ 2007, 285; LG Essen 12.8.2009 – 56 Qs 7/09, wistra 2010, 78.

[75] LG Essen 12.8.2009 – 56 Qs 7/09, wistra 2010, 78.

[76] SK-StPO/*Wohlers* Rn. 38.

[77] Radtke/Hohmann/*Joecks* Rn. 10.

[78] BeckOK-StPO/*Ritzert* Rn. 5.

[79] BGH 7.11.2002 – 2 BJs 27/02-5 – StB 16/2, NStZ 2003, 273.

[80] Meyer-Goßner *(Schmitt)* § 94 Rn. 16a, b; BeckOK-StPO/*Graf* § 100a Rn. 32c.

[81] BGH 24.11.2009 – StB 48/09, NJW 2010, 1297; Meyer-Goßner *(Schmitt)* Rn. 10.

[82] BeckOK-StPO/*Ritzert* Rn. 5; KK/*Greven* Rn. 21.

[83] BVerfG 16.6.2009 – 2 BvR 902/06, NJW 2009, 2431 Tz. 69, 75, 76.

[84] Vgl. ausführlich BeckOK-StPO/*Graf* § 100a Rn. 26 ff.; *Brunst* CR 2009, 592; *Jahn* JuS 2009, 1048.

[85] Vgl. auch Meyer-Goßner *(Schmitt)* § 100a Rn. 6b; *Gaede* StV 2009, 96 (99); *Störing* MMR 2008, 187; *Brodowski* JR 2009, 408.

verdrängt, dass die offene Beschlagnahme von E-Mails beim Provider nach §§ 94, 98 erfolgt.[86] Für eine Anwendbarkeit von **§ 100a** spricht insbesondere, dass der zugangsgesicherte Kommunikationsinhalt in einem E-Mail-Postfach, auf das der Nutzer nur über eine Internetverbindung zugreifen kann, nach wie vor durch das Fernmeldegeheimnis geschützt ist.[87] Dieses knüpft an das Kommunikationsmedium an und will jenen Gefahren für die Vertraulichkeit begegnen, die sich gerade aus der Verwendung eines Mediums ergeben, das einem staatlichen Zugriff leichter als die direkte Kommunikation unter Anwesenden ausgesetzt ist.[88] Dem Schutz der auf dem Mailserver des Providers gespeicherten E-Mails durch Art. 10 Abs. 1 GG steht nicht entgegen, dass während der Zeitspanne, in der die E-Mails auf dem Mailserver des Providers „ruhen" und ein Telekommunikationsvorgang in einem dynamischen Sinne somit nicht stattfindet, ihr Inhalt oder nur ihr Eingang vom Empfänger möglicherweise schon zur Kenntnis genommen worden ist. Für die Anwendbarkeit von § 100a spricht zudem, dass sich die auf dem Mailserver des Providers vorhandenen E-Mails nicht im Herrschaftsbereich des Kommunikationsteilnehmers befinden, sondern in dem des Providers gespeichert sind. Sie befinden sich nicht auf in den Räumen des Nutzers verwahrten oder in seinen Endgeräten installierten Datenträgern. Der Nutzer kann sie zudem für sich auf einem Bildschirm nur dann lesbar machen, indem er eine Internetverbindung zum Mailserver des Providers herstellt.[89] Dem Kommunikationsteilnehmer ist gleichwohl zumindest Mitgewahrsam an den gespeicherten Daten zuzusprechen, soweit er in der Lage ist, die Daten eigenhändig zu löschen (→ § 103 Rn. 17).

22 **5. Belehrung (Abs. 2 S. 5).** In Fällen einer Beschlagnahme ohne gerichtliche Anordnung muss der Betroffene über sein Antragsrecht nach Abs. 2 S. 2 von der Behörde, die die Beschlagnahme durchführt, belehrt werden. Betroffener ist derjenige, in dessen Gewahrsam eingegriffen wird, der Rechte an dem Gegenstand hat oder dessen Rechtsposition durch die Beschlagnahme sonst berührt ist.[90] Dazu gehört nicht allein die Stellung als Beschuldigter, wenn er weder Gewahrsamsinhaber[91] noch aus anderem Grund Betroffener ist.[92] Ausreichend ist die Belehrung an den Betroffenen, dass er sich nach Abs. 2 S. 4 an das Amtsgericht wenden kann, in dessen Bezirk die Beschlagnahme stattgefunden hat.[93] Die Belehrung sollte in das Beschlagnahmeverzeichnis nach § 109 aufgenommen werden.[94] Bei Nichtbelehrung kommt ein Verwertungsverbot in Betracht, wenn von den Ermittlungsbehörden bewusst die richterliche Kontrolle ausgeschaltet werden sollte.[95]

23 **6. Bestätigung nichtrichterlicher Anordnungen (Abs. 2). a) Antrag auf richterliche Bestätigung. aa) Antrag durch den anordnenden Beamten (Abs. 2 S. 1).** Wenn bei der Beschlagnahme weder der davon Betroffene noch ein erwachsener Angehöriger anwesend war oder wenn der Betroffene und im Falle seiner Abwesenheit ein erwachsener Angehöriger des Betroffenen gegen die Beschlagnahme ausdrücklich Widerspruch erhoben hat, ist vom anordnenden Staatsanwalt oder von der anordnenden Ermittlungsperson über den Staatsanwalt **innerhalb von drei Tagen** die **richterliche Bestätigung** der Anordnung zu beantragen.[96] Die **Frist** beginnt mit dem Ende der Durchführung der Beschlagnahme. Der Tag der Beschlagnahme ist bei der Fristberechnung nicht mitzuzählen (§ 42).[97]

---

[86] BVerfG 16.6.2009 – 2 BvR 902/06, NJW 2009, 2431 Tz. 58.

[87] Vgl. auch LG Hamburg 8.1.2008 – 619 Qs 1/08, StV 2009, 70; Meyer-Goßner *(Schmitt)* § 94 Rn. 16b; SK-StPO/*Wohlers* § 94 Rn. 27; HK-StPO/*Gercke* § 100a Rn. 15; aA AG Reutlingen 31.10.2011 – 5 Ds 43 Js 18155/10, mAnm *Meinicke* StV 2012, 463; *Neuhöfer* ZD 2012, 178.

[88] BVerfG 14.7.1999 – 1 BvR 2226/94, 2420/95, 2437/95, BVerfGE 100, 313 (363).

[89] BVerfG 16.6.2009 – 2 BvR 902/06, NJW 2009, 2431; *Klein* NJW 2009, 2996 (2998).

[90] BVerfG 20.2.2007 – 2 BvR 646/06, juris.

[91] BVerfG 25.7.2007 – 2 BvR 2282/06, NJW 2007, 3343.

[92] BGH 9.10.1992 – StB 16/92, 2 BJs 16/92-6 – StB 16/92, BGHR StPO § 94 Beweismittel 2.

[93] Meyer-Goßner *(Schmitt)* Rn. 11.

[94] Löwe/Rosenberg/*Schäfer,* 25. Aufl. Rn. 40.

[95] OLG Frankfurt a. M. 4.4.2003 – 3 Ws 301/03, NStZ-RR 2003, 175 (176); SK-StPO/*Wohlers* Rn. 40.

[96] BeckOK-StPO/*Ritzert* Rn. 6.; HK-StPO/*Gercke* Rn. 14.

[97] Löwe/Rosenberg/*Schäfer,* 25. Aufl. Rn. 44; KK/*Greven* Rn. 16.

Die Frist gilt nicht für die anschließende gerichtliche Entscheidung.[98] Diese kann später erfolgen, zumal dem Betroffenen zuvor rechtliches Gehör und ggf. Akteneinsicht zu gewähren ist.[99] Ein Verstoß gegen Abs. 2 S. 1 hat keinen Einfluss auf die Wirksamkeit der Beschlagnahme, es sei denn, die Fristüberschreitung dient der bewussten Ausschaltung der richterlichen Kontrolle.[100] Auch unabhängig vom Widerspruch des Betroffenen, kann die Staatsanwaltschaft jederzeit die richterliche Bestätigung der Anordnung beantragen.[101] Als richterliche Beschlagnahmeanordnung unterbricht die Bestätigung die Verjährung (§ 78c Abs. 1 S. 1 Nr. 4 StGB).[102]

Bei gleichzeitiger Beschlagnahme einer beweglichen Sache nach § 111e Abs. 1 S. 2 gilt der Wegfall des Bestätigungserfordernisses nach § 111e Abs. 2 S. 2 auch für die Beschlagnahme nach §§ 94, 98.[103] **Nach erhobener öffentlicher Klage** ist die Beschlagnahme dem zuständigen Gericht binnen drei Tagen anzuzeigen (Abs. 3). Der beschlagnahmte Gegenstand ist dem Gericht zur Verfügung zu stellen. Dieses hat dann nach Abs. 2 S. 1 zu entscheiden, ob die Beschlagnahme der Bestätigung bedarf. 24

Betroffener im Sinne des Abs. 2 ist jeder, in dessen (Mit-)Gewahrsam durch die Beschlagnahme eingegriffen wurde, auch wenn er den Gegenstand freiwillig herausgegeben hat.[104] Das gilt auch für denjenigen, dessen (Mit-)Eigentums- oder (Mit-)Besitzrechte durch die Beschlagnahme betroffen sind.[105] Der Begriff **Angehöriger** muss im Hinblick auf § 11 Abs. 1 Nr. 1 StGB weit ausgelegt werden. Er ist nicht nur auf den Personenkreis des § 52 Abs. 1 beschränkt.[106] Vielmehr erfasst er jede dem Betroffenen tatsächlich nahe stehende Person, auch Lebenspartner, entfernte Verwandte oder Verschwägerte, sowie Pflegekinder und -eltern, zu denen allerdings eine persönliche Bindung bestehen muss.[107] Erwachsen ist nicht nur der Volljährige, vielmehr ist auf die körperliche Entwicklung und das äußere Erscheinungsbild abzustellen.[108] Dazu zählen jedenfalls nicht Personen, die jünger als 14 Jahre sind.[109] 25

bb) Antrag durch den Betroffenen (Abs. 2 S. 2). Der Gewahrsamsinhaber, der Eigentümer sowie der Besitzer der beschlagnahmten Sache können jederzeit die richterliche Entscheidung über eine nichtrichterliche Entscheidung beantragen.[110] Bei freiwilliger Herausgabe hat der von der Maßnahme Betroffene das Recht, nachträglich eine richterliche Entscheidung herbeizuführen.[111] Das gilt auch, wenn er oder ein erwachsener Angehöriger bei der Beschlagnahme anwesend waren oder der Beschlagnahme nicht widersprochen haben. Ferner können alle antragsberechtigt sein, deren personenbezogene Daten in dem beschlagnahmten Beweismittel enthalten sind.[112] 26

Ein als **„Beschwerde"** bezeichneter Rechtsbehelf gegen die nichtrichterliche Beschlagnahmeanordnung kann in einen Rechtsbehelf nach Abs. 2 ausgelegt werden.[113] In der 27

---

[98] KG 30.9.1971 – 3 Ss 72/71, VRS 42, 210; HK-StPO/*Gercke* Rn. 27.
[99] Radtke/Hohmann/*Joecks* Rn. 13.
[100] Löwe/Rosenberg/*Schäfer,* 25. Aufl. Rn. 46.
[101] BGH 7.9.1956 – 1 BJs 182/55, StB 28/56, NJW 1956, 1805; HK-StPO/*Gercke* Rn. 28.
[102] KK/*Greven* Rn. 16.
[103] KK/*Greven* Rn. 16; Meyer-Goßner *(Schmitt)* Rn. 13; verneinend Löwe/Rosenberg/*Schäfer,* 25. Aufl. Rn. 45; SK-StPO/*Wohlers* Rn. 41; *Achenbach* NJW 1976, 1068 (1070).
[104] BVerfG 25.7.2007 – 2 BvR 2282/06, NJW 2007, 3343.
[105] Löwe/Rosenberg/*Schäfer,* 25. Aufl. Rn. 47; Meyer-Goßner *(Schmitt)* Rn. 15.
[106] HK-StPO/*Gercke* Rn. 16.
[107] SK-StPO/*Wohlers* Rn. 42.
[108] BSG 24.8.1976 – 8 RU 130/75, MDR 1977, 82; VGH Mannheim 15.12.1977 – X 2806/77, NJW 1978, 719.
[109] Meyer-Goßner *(Schmitt)* Rn. 15.
[110] BVerfG 20.2.2007 – 2 BvR 646/06, juris.
[111] BVerfG 25.7.2007 – 2 BvR 2282/06, NJW 2007, 3343.
[112] BVerfG 2.4.2006 – 2 BvR 237/06, HFR 2006, 719; EGMR 16.10.2007 – 74336/01, NJW 2008, 3409 (3411); Meyer-Goßner *(Schmitt)* Rn. 20.
[113] BVerfG 29.1.2002 – 2 BvR 1245/01, NStZ-RR 2002, 172; BGH 18.6.1993 – StB 12/93, BGH StPO § 310 Oberlandesgericht 1; OLG Koblenz 19.6.2006 – 1 Ws 385/06, NStZ 2007, 285; LG Bielefeld

Entscheidung ist gemäß § 473a über die Kostentragung zu befinden.[114] Ist bereits die Anordnung nach Abs. 2 S. 2 richterlich bestätigt worden, ist der Antrag in eine Beschwerde gegen den Bestätigungsbeschluss umzudeuten.[115]

28 Wenn sich die **nichtrichterlich angeordnete Maßnahme bereits erledigt** hat, gilt Abs. 2 S. 2 für die (nachträgliche) gerichtliche Überprüfung entsprechend. Es muss allerdings ein Rechtsschutzinteresse an der Feststellung der Rechtswidrigkeit vorliegen, bspw. durch einen schwerwiegenden Grundrechtseingriff, auch wenn dieser schon abgeschlossen ist. Wegen der erheblichen Folgen des Eingriffs, die im Fortwirken der „Diskriminierung" liegen können, oder wegen der Gefahr der Wiederholung kann ebenfalls ein nachwirkendes Bedürfnis für die richterliche Überprüfung bestehen.[116] Entsprechend ist die Vorschrift anzuwenden, wenn festgestellt werden soll, ob die Art und Weise der Durchführung einer erledigten richterlichen oder nichtrichterlichen Zwangsmaßnahme rechtswidrig war.[117] Eine **Verfassungsbeschwerde** ist mangels Rechtswegerschöpfung unzulässig, wenn der Rechtsschutz nach Abs. 2 S. 2 nicht in Anspruch genommen wurde.[118] Das Rechtsschutzbedürfnis für eine gerichtliche Überprüfung der Rechtmäßigkeit erledigter strafprozessualer Ermittlungsmaßnahmen kann entfallen, wenn die verspätete Geltendmachung gegen Treu und Glauben verstößt, etwa weil der Berechtigte sich verspätetet auf das Recht beruft und unter Verhältnissen untätig geblieben ist, unter denen vernünftigerweise etwas zur Wahrung des Rechts unternommen zu werden pflegt.[119]

29 **b) Bestätigung der vorläufigen Sicherstellung zum Zwecke der Durchsicht von Papieren.** Bei der Sicherstellung von Papieren, insbesondere von elektronischen Datenträgern und Datenspeichern (EDV-Daten), ist § 110 zu beachten. Dient die wegen des Umfangs der Asservate noch nicht abgeschlossene Durchsicht erst der Klärung und Entscheidung, ob die vorläufig sichergestellten Unterlagen zurückzugeben sind oder ob die richterliche Beschlagnahme zu erwirken ist, so ist die Bestätigung der vorläufigen Sicherstellung der Gegenstände zum Zwecke der Durchsicht zu beantragen.[120] Der Grundsatz der Verhältnismäßigkeit verlangt, dass die Durchsicht zügig durchgeführt wird, um abhängig von der Menge des vorläufig sichergestellten Materials und der Schwierigkeit seiner Auswertung in angemessener Zeit zu dem Ergebnis zu gelangen, was als potenziell beweiserheblich dem Gericht zur Beschlagnahme angetragen und was an den Beschuldigten wieder herausgegeben werden kann. Ist Anklage erhoben und die Durchsuchung vom Gericht vorgenommen worden, ist nur der Richter zur Durchsicht nach § 110 befugt. Verteidiger haben kein Recht zur Einsicht in vorläufig sichergestelltes Schriftgut und damit kein Teilnahmerecht an der Durchsicht.[121]

30 **c) Zuständigkeit (Abs. 2 S. 3).** Die Zuständigkeit des Gerichts bestimmt sich nach den allgemeinen Vorschriften (§§ 162, 169). Bis zur Erhebung der öffentlichen Klage ist der Ermittlungsrichter zuständig, in dessen Bezirk die antragstellende Staatsanwaltschaft ihren Sitz hat (§ 98 Abs. 2. S. 3 iVm 162 Abs. 1). Der Betroffene kann den Antrag auch bei dem Amtsgericht einreichen, in dessen Bezirk die Beschlagnahme stattgefunden hat. Dieses leitet den Antrag dem zuständigen Gericht zu. Nach Anklageerhebung entscheidet

---

22.11.2007 – Qs 587/07 I, wistra 2008, 117; LG Mühlhausen 15.11.2006 – 6 Qs 9/06, wistra 2007, 195; *Burghardt* Jus 2010, 605 (607).

114 Vgl. BVerfG 16.11.2009 – 1 BvR 3229/06, NJW 2010, 360; BeckOK-StPO/*Ritzert* Rn. 7.

115 Meyer-Goßner *(Schmitt)* Rn. 19.

116 BVerfG 30.4.1997 – 2 BvR 817/90 ua, NJW 1997, 2163; BVerfG 22.1.2002 – 2 BvR 1473/01, NJW 2002, 1333; BVerfG 14.12.2004 – 2 BvR 1451/04, NJW 2005, 1855; KK/*Greven* Rn. 23.

117 BGH 7.12.1998 – 5 AR (VS) 2/98, BGHSt 44, 265; BGH 25.8.1999 – 5 AR (VS) 1/99, BGHSt 45, 183.

118 BVerfG 11.6.2010 – 2 BvR 3044/09, wistra 2010, 404; BVerfG 18.2.2010 – 2 BvQ 8/10, juris.

119 BVerfG 4.3.2008 – 2 BvR 2111/07 und 2112/07, NStZ 2009, 166.

120 BGH 5.8.2003 – 2 BJs 11/03-5 – StB 7/03, NStZ 2003, 670; LG Bonn 10.1.2011 – 27 Qs 33/10, BeckRS 2011, 11803; LG Saarbrücken 10.9.2010 – 2 Qs 24/10, BeckRS 2010, 25477.

121 OLG Jena 20.11.2000 – 1 Ws 313/00, NJW 2001, 1290.

das Gericht der Hauptsache.[122] Gegen diese Entscheidung ist die Beschwerde nach § 304 statthaft.[123]

31 Zuständiges Gericht bei Beschlagnahmen in noch nicht verbundenen Ermittlungsverfahren in **verschiedenen Gerichtsbezirken** ist das Gericht am Sitz derjenigen Staatsanwaltschaft, deren Verfahren die größte Bedeutung hat. Bei einem Zuständigkeitsstreit hat das gemeinschaftliche obere Gericht gem. § 14 zu entscheiden.[124]

32 **d) Prüfungsumfang.** Die gerichtliche Prüfung umfasst aus Gründen der Gewährleistung effektiven Rechtsschutzes die Frage, ob die Voraussetzungen der Beschlagnahme im Zeitpunkt seiner Entscheidung vorlagen.[125] In Fällen gravierender Grundrechtseingriffe hat der Betroffene einen Anspruch darauf, dass die Rechtswidrigkeit der Maßnahme im nachhinein festgestellt wird.[126] Der gerichtliche Prüfungsumfang erstreckt sich auch auf die Kompetenz der Staatsanwaltschaft und ihrer Ermittlungspersonen zur Anordnung der Durchsuchung wegen Gefahr im Verzug. Ein gerichtlich nicht überprüfbarer Auslegungs-, Ermessens- oder Beurteilungsspielraum für die Behörden besteht bei der Beschlagnahme- und Durchsuchungsanordnung wegen Gefahr im Verzug nicht (→ Rn. 10).

33 **7. Durchführung der Beschlagnahmeanordnung.** Richterliche Beschlagnahmeanordnungen werden grds. durch die Staatsanwaltschaft vollstreckt (§ 36 Abs. 2 S. 1). Diese dürfen sich ihrer Ermittlungspersonen (§ 152 GVG) oder anderer Polizeibeamter bedienen (§ 161 Abs. 1) und diesen insoweit Weisungen erteilen. Eine richterliche Beschlagnahmeanordnung ist zeitnah zu vollstrecken. Es widerspricht dem Regelungszweck der Norm, wenn Beschlagnahmeanordnungen auf Vorrat beantragt werden. Gleichwohl ist zu berücksichtigen, dass die Staatsanwaltschaft Herrin des Ermittlungsverfahrens ist und daher auf die Vollstreckung der richterlichen Anordnung aus kriminaltaktischen Erwägungen heraus auch verzichten kann.[127] Eine richterliche Anordnung darf allerdings nicht mehr vollzogen werden, wenn seit ihrer Anordnung mehr als **sechs Monate** vergangen sind, um den Richtervorbehalt nicht ins Leere laufen zu lassen.[128] Dann ist, eventuell unter Berücksichtigung hinzutretender Tatsachen, eine neuerliche richterliche Anordnung einzuholen.

34 Nach Anklageerhebung kann das Gericht seine Anordnungen selbst vollstrecken.[129] Es kann sich aber auch der Hilfe der Polizei bedienen.[130] Die Vollziehung der Beschlagnahme erfolgt, indem der Gegenstand in amtliche Verwahrung genommen wird. Dabei kann als **Annexkompetenz unmittelbarer Zwang** angewendet werden. Die Annexkompetenz umfasst das gewaltsame Öffnen von Türen oder verschlossenen Behältnissen, jedoch nicht die Befugnis zum Betreten von Wohnungen und anderen Räumen iSd § 102, insoweit bedarf es einer Durchsuchungsanordnung.[131] Unmittelbarer Zwang zur Durchsetzung der Beschlagnahmeanordnung, ua die Einwirkung auf Personen oder Sachen durch einfache körperliche Gewalt oder durch Hilfsmittel der körperlichen Gewalt, darf im Rahmen des Verhältnismäßigkeitsgrundsatzes angewendet werden, wenn sich der Betroffene oder sonstige im Durchsuchungsobjekt anwesende Personen der ordnungsgemäßen Durchführung der Maßnahme widersetzen. Zu den Möglichkeiten des unmittelbaren Zwangs durch Vollzugsbeamte des Bundes vgl. UZwG, durch Polizei- und Vollzugsbeamte der Länder (zB: Baden-Württemberg §§ 49 ff. PolGBW, Nordrhein-Westfalen §§ 57 ff. PolGNW).[132] Störer dürfen gemäß § 164 festgenommen werden.[133]

---

[122] Meyer-Goßner *(Schmitt)* Rn. 16.
[123] *Burghardt* JuS 2010, 605 (607).
[124] BGH 14.10.1975 – 2 ARs 292/75, NJW 1976, 153.
[125] Meyer-Goßner *(Schmitt)* Rn. 17; *Krekeler* NJW 1977, 1417 (1420); *Schnarr* NStZ 1991, 209 (214).
[126] Radtke/Hohmann/*Joecks* Rn. 16.
[127] KK/*Greven* Rn. 10.
[128] BVerfG 27.5.1997 – 2 BvR 1992/92, NJW 1997, 2165.
[129] Meyer-Goßner *(Schmitt)* Rn. 24.
[130] SK-StPO/*Wohlers* Rn. 22.
[131] SK-StPO/*Wohlers* Rn. 25.
[132] KK-OWiG/*Wache,* Vorbemerkungen Rn. 91.
[133] HK-GS/*Hartmann* Rn. 10.

35 Soll die Beschlagnahme in Räumen erfolgen, die nicht ausschließlich von anderen Personen als **Soldaten der Bundeswehr** bewohnt werden (Abs. 4 S. 3), dürfen die Strafverfolgungsbehörden sie nicht selbst vollziehen. Sie haben die vorgesetzte Dienststelle der Bundeswehr zu ersuchen, die Beschlagnahme – gegebenenfalls unter Teilnahme der ersuchenden Behörde – durchzuführen. Wenn das Gericht seine Anordnung selbst vollstreckt, ist die ersuchende Behörde das Gericht.[134] Zur vorgesetzten Dienststelle zählen der Leiter der Anlage bzw. der Kommandeur der in der Einrichtung untergebrachten Truppe, denen die dienstliche Gewalt über das Dienstgebäude, die Einrichtung oder die Anlage zustehen, in der sich die Sache befindet.[135] Dienstgebäude im Sinne der Vorschrift können Kasernen und Werkstätten sein, nicht aber Offizierswohnungen.[136] Nicht allgemein zugänglich sind: Kasernen, Übungsplätze, Schießstände und Lazarette. Wehrmittel, Kriegsschiffe, Panzer, Flugzeuge sind keine Einrichtungen oder Anlagen im wörtlichen Sinne.[137] Die Vorschrift gilt aber auch in diesen Fällen aufgrund des Regelungszwecks entsprechend.

36 Wenn die Beschlagnahme in den Räumen des **Bundestags oder eines Landesparlaments** durchgeführt werden soll, ist die Genehmigung des jeweiligen Parlamentspräsidenten erforderlich (vgl. Art. 40 Abs. 2 S. 2 GG und die entsprechenden Regelungen in den Landesverfassungen).

37 **8. Beendigung der Beschlagnahme.** Mit dem rechtskräftigen Abschluss des Verfahrens endet die Beschlagnahme. Eine förmliche Aufhebung der Anordnung ist nicht erforderlich; sie wirkt nur deklaratorisch.[138] Die beschlagnahmten Gegenstände sind anschließend an den Berechtigten zurückzugeben (vgl. zur Rückgabe im Einzelnen → § 94 Rn. 50).[139] Unzulässig ist die analoge Anwendung von § 111k auf die **Herausgabe** sichergestellter Sachen an Dritte, denen sie nicht „durch die Straftat entzogen worden sind".[140] Ist das Verfahren noch nicht rechtskräftig abgeschlossen, hat die Staatsanwaltschaft die Anordnung der Beschlagnahme durch Verfügung förmlich aufzuheben, insbesondere wenn der Beweisgegenstand vor Verfahrensbeendigung nicht mehr zu Beweiszwecken gebraucht wird und eine Beschlagnahme nach § 111b ff. nicht in Betracht kommt.[141] Eine erneute Beschlagnahme ist durch die Aufhebung nicht ausgeschlossen.[142] Die Ermittlungspersonen der Staatsanwaltschaft sind nur dann zuständig, wenn sie selbst die Beschlagnahme angeordnet und den Vorgang noch nicht nach § 163 Abs. 2 S. 1 der Staatsanwaltschaft vorgelegt haben (§ 163 Abs. 2 S. 1).[143] Bei der richterlichen Beschlagnahme, nicht jedoch bei einer gerichtlichen Bestätigung, ist für die Aufhebung der Anordnung der Ermittlungsrichter zuständig.[144] In entsprechender Anwendung des § 120 Abs. 3 S. 1 muss der Ermittlungsrichter auf Antrag der Staatsanwaltschaft die Beschlagnahme ohne sachliche Prüfung aufheben, wobei die Staatsanwaltschaft entsprechend § 120 Abs. 3 S. 2 die beschlagnahmten Gegenstände gleichzeitig mit dem Antrag bereits herausgeben kann.[145] Zum Ort der Rückgabe der Gegenstände → § 94 Rn. 53.

---

[134] BeckOK-StPO/*Ritzert* Rn. 11.

[135] SK-StPO/*Wohlers* Rn. 26; Löwe/Rosenberg/*Schäfer,* 25. Aufl. Rn. 28; Meyer-Goßner *(Schmitt)* Rn. 27.

[136] BeckOK-StPO/Ritzert Rn. 11.

[137] OLG Düsseldorf 20.3.1995 – 1 Ws 135/9, NJW 1995, 2239; OLG Koblenz 27.7.2005 – 8 W 427/05, MDR 2006, 470; OLG Stuttgart 27.8.2001 – 2 Ws 165/2001, NStZ-RR 2002, 111; Meyer-Goßner *(Schmitt)* Rn. 26.

[138] OLG Düsseldorf 20.3.1995 – 1 Ws 135/9, NJW 1995, 2239.

[139] Vgl. *Löffler* NJW 1991, 1705; *Schäfer* wistra 1984, 136; *Kemper* NJW 2005, 3679 *Hoffmann/Knierim* NStZ 2000, 461 (462).

[140] LG Hildesheim 7.11.1988 – 16 Qs 2/88, NStZ 1989, 336; LG Mannheim 29.10.1997 – 25 AR 9/97, NStZ-RR 1998, 113.

[141] OLG Düsseldorf 13.12.1989 – 2 Ws 582/89, NStZ 1990, 202; LG Saarbrücken 27.10.2009 – 2 KLs 2/09, 2 KLs 33 Js 518/08 (2/09), StraFo 2009, 510.

[142] OLG Bremen 28.12.1959 – Ws 269/59, MDR 1960, 425.

[143] BGH 30.10.1953 – 3 StR 776/52, BGHSt 5, 155 (158); KK/*Greven* Rn. 33.

[144] Meyer-Goßner *(Schmitt)* Rn. 30; SK-StPO/*Wohlers* Rn. 55.

[145] BeckOK-StPO/*Ritzert* Rn. 12.

Eine Aufhebung der Beschlagnahme ist nicht schon bei einer – vorläufigen – Einstellung des Verfahrens nach **§ 154 Abs. 2** in Bezug auf eine noch nicht rechtskräftig abgeurteilte andere Tat erforderlich. Für die Aufhebung einer richterlichen Beschlagnahme **nach Anklageerhebung** ist das Gericht (§ 162),[146] während des **Revisionsverfahrens** ist der letzte Tatrichter zuständig.[147] 38

III. Rechtsbehelfe und Revision

1. Beschwerde. Wird die nichtrichterlich angeordnete Beschlagnahme oder die Art und Weise des Vollzugs der (auch richterlichen) Beschlagnahmeanordnung beanstandet, kann der Betroffene die richterliche Entscheidung entsprechend **Abs. 2 S. 2** beantragen (→ Rn. 26).[148] Eine Beschwerde ist in einen Antrag auf gerichtliche Entscheidung umzudeuten.[149] Das gilt auch für den Widerruf des Einverständnisses mit der amtlichen Sicherstellung.[150] Damit ist der Rechtsweg nach § 23 EGGVG ausgeschlossen.[151] Antragsberechtigt ist jeder, in dessen Rechte unmittelbar eingegriffen wird. Dazu gehört nicht nur der Gewahrsamsinhaber, sondern auch der mittelbar Betroffene.[152] Zuständig für die Entscheidung ist zunächst der Ermittlungsrichter, in dessen Bezirk die Zwangsmaßnahme stattgefunden hat (Abs. 2 S. 3, § 162 Abs. 1). Wurde Anklage gegen den Beschuldigten erhoben, geht die Entscheidungszuständigkeit auf das mit der Hauptsache befasste Gericht über. Gegen diese Entscheidung ist die Beschwerde nach § 304 zulässig.[153] 39

Bei **doppelfunktionalen Maßnahmen der Polizei,** die nach äußerem Anschein sowohl der Gefahrenabwehr als auch der Strafverfolgung gedient haben, ist der Verwaltungsrechtsweg eröffnet, wenn der Grund für das polizeiliche Einschreiten bzw. dessen Schwerpunkt nach objektiver Betrachtung für den Betroffenen nicht zweifelsfrei zu erkennen war, aber (zumindest auch) eine präventiv polizeiliche Rechtsgrundlage in Betracht kam. Das angerufene Verwaltungsgericht entscheidet den Rechtsstreit dann nach § 17 Abs. 2 Satz 1 GVG unter allen in Betracht kommenden rechtlichen Gesichtspunkten. Die dadurch angeordnete umfassende Prüfung erstreckt sich auch auf rechtliche Gesichtspunkte, für die an sich ein anderer Rechtsweg gegeben wäre.[154] 39a

Gegen die richterliche Anordnung der Beschlagnahme und die richterliche Bestätigung der Beschlagnahmeanordnung nach Abs. 2 S. 1 sowie die Ablehnung des Antrags nach Abs. 2 S. 2 ist die Beschwerde nach **§ 304** zulässig.[155] Beschwerdeberechtigt ist jeder, der durch die Entscheidung in seinen Rechten betroffen ist (§ 304 Abs. 2).[156] Dazu zählen der Beschuldigte (auch wenn dessen Beschlagnahmeantrag nach § 163a Abs. 2 erfolglos war),[157] sein gesetzlicher Vertreter, die Staatsanwaltschaft (ua gegen die Aufhebung der Anordnung), der Nebenkläger oder sonstige Verfahrensbeteiligte nach § 433, § 444. Beschwerdeberechtigt sind ferner der letzte Gewahrsamsinhaber[158] sowie der nicht besitzende Eigentümer, wenn die Beschlagnahme sein Rückforderungsrecht beeinträchtigt. Beschwerdeberechtigt 40

---

[146] Meyer-Goßner *(Schmitt)* Rn. 30; SK-StPO/*Wohlers* Rn. 55.

[147] LG Saarbrücken 27.10.2009 – 2 KLs 2/09, 2 KLs 33 Js 518/08 (2/09), StraFo 2009, 510.

[148] BGH 5.8.1998 – 5 ARs (VS) 2/98, NStZ 1999, 151; BGH 13.10.1999 – StB 7, 8/99, NStZ 2000, 46. BGH 12.7.2000 – 3 BJs 15/00 – 4 – StB 4/00, NStZ 2000, 609; KK/*Greven* Rn. 27; krit. *Schenke* NJW 2011, 2838. Danach ist der Rechtsschutz gegen strafprozessuale Maßnahmen der Polizei nach §§ 23 ff. EGGVG und nicht nach Abs. 2 zu gewähren.

[149] LG Lüneburg 12.12.1983 – 12 Qs 8/83, JZ 1984, 343; HK-GS/*Hartmann* Rn. 14.

[150] HK-StPO/*Gercke* Rn. 33.

[151] BGH 5.8.1998 – 5 ARs (VS) 2/98, wistra 1998, 353; SK-StPO/*Wohlers* Rn. 28; KK/*Greven* Rn. 26; HK-StPO/*Gercke* Rn. 37.

[152] KG 5.5.1999 – 2 AR 26/99 – 3 Ws 116/99, 2 AR 26/99, 3 Ws 116/99, StV 2000, 10.

[153] *Burghardt* Jus 2010, 605 (607).

[154] OVG Lüneburg 8.11.2013 – 11 OB 263/13 –, juris; OVG Nordrhein-Westfalen 9.1.2012 – 5 E 251/11, NWVBl 2012, 364; OVG Thüringen 5.9.2013 – 1 K 121/12 –, juris.

[155] *Sterzinger* NJOZ 2010, 1766 (1768).

[156] BGH 6.4.1977 – 1 BJs 123/76 – StB 76/77, NJW 1977, 192.

[157] Meyer-Goßner *(Schmitt)* Rn. 31; HK-GS/*Hartmann* Rn. 14.

[158] OLG Celle 30.9.1964 – 3 Ws 362/64, NJW 1965, 362.

ist auch der Inhaber einer Urkunde, die lediglich als Ablichtung sichergestellt worden ist.[159] Die Beschwerde gegen eine Beschlagnahmeanordnung wird durch einen zwischenzeitlich ergangenen Beschlagnahmebestätigungsbeschluss gegenstandslos.[160] Soweit nach Übergang der gerichtlichen Zuständigkeit durch Anklageerhebung eine Beschwerde noch nicht beschieden ist, ist diese in einen an das erkennende Gericht gerichteten Antrag auf Aufhebung der beschwerenden Entscheidung umzudeuten.[161]

41 **Entscheidungen des erkennenden Gerichts** sind ebenfalls mit der Beschwerde anfechtbar (§ 305 S. 2). Fehlt es an einer Sachentscheidung des erkennenden Gerichts, weil dieses seine Zuständigkeit zu Unrecht verneint hat, so kann das ihm übergeordnete Beschwerdegericht die Sache zur erneuten Entscheidung zurückverweisen. Die Entscheidung des Beschwerdegerichts lässt die Frage der Verwertbarkeit der Ergebnisse aus den Ermittlungsverfahren unberührt. Hierüber entscheiden allein das erkennende Gericht und gegebenenfalls die Revisionsinstanz.[162] Entscheidungen des Ermittlungsrichters des BGH oder eines erstinstanzlich zuständigen OLG über Einwendungen gegen die Art und Weise des Vollzugs einer Durchsuchung sind – anders als die Anordnung der Durchsuchung selbst – nicht mit der Beschwerde anfechtbar (vgl. § 304 Abs. 4 S. 2 Nr. 1, Abs. 5).[163]

42 Bei **durch Vollzug erledigten Beschlagnahmeanordnungen** ist neben den Fällen der Wiederholungsgefahr und der fortwirkenden Beeinträchtigung durch einen an sich beendeten Eingriff eine gerichtliche Überprüfung zulässig, wenn durch sie tiefgreifend in Grundrechte des Betroffenen eingegriffen wird (bspw. faktische Enteignung) und sich ihre direkte Belastung nach dem typischen Verfahrensablauf auf eine Zeitspanne beschränkt, in welcher der Betroffene eine gerichtliche Entscheidung, einschließlich der Beschwerdeentscheidung in der Regel nicht erlangen kann.[164] Hat sich die Zwangsmaßnahme zwischenzeitlich erledigt, ist der Antrag auf Überprüfung der Rechtmäßigkeit unzulässig, wenn der Betroffene nicht ein fortdauerndes, besonderes Rechtsschutzinteresse begründen kann. Das Rechtsschutzbedürfnis für eine gerichtliche Überprüfung der Rechtmäßigkeit erledigter strafprozessualer Ermittlungsmaßnahmen kann entfallen, wenn die verspätete Geltendmachung eines Anspruchs gegen Treu und Glauben verstößt, zB weil der Berechtigte sich verspätetet auf das Recht beruft (Zeitmoment) und unter Verhältnissen untätig geblieben ist, unter denen vernünftigerweise etwas zur Wahrung des Rechts unternommen zu werden pflegt.[165]

43 Die nachträgliche Feststellung der Rechtswidrigkeit (der Anordnung und Durchführung) von Ermittlungsmaßnahmen mit tiefgreifendem Grundrechtsrechtseingriff, gegen deren Anordnung der Beschuldigte typischer Weise vor ihrer Vollziehung keinen Rechtsschutz erlangen kann, obliegt grundsätzlich dem **anordnenden Gericht,** nach Erhebung der Anklage dem **erkennenden Gericht.** Es hat sowohl die gerichtliche Überprüfung der von den Ermittlungsbehörden angeordneten Maßnahmen gemäß Abs. 2 analog vorzunehmen, als auch die Rechtswidrigkeit der vom Ermittlungsrichter angeordneten Maßnahmen festzustellen. Gegen die Entscheidung des erkennenden Gerichts ist die Beschwerde nach § 304 Abs. 1 eröffnet.[166]

43a Eine gerichtliche Entscheidung im Beschwerdeverfahren darf nur auf der Grundlage solcher Tatsachen und Beweismittel gestützt werden, die dem Beschuldigten durch **Akten-**

---

[159] BGH 3.11.1999 – StB 14/99, BGHR StPO § 304 Abs. 2 Betroffener 1; OLG München 5.12.1977 – 1 Ws 1309, NJW 1978, 601.

[160] BGH 15.10.1999 – 2 BJs 20/97 – 2 – StB 9/99, NStZ 2000, 154.

[161] OLG Jena 29.5.2009 – 1 Ws 204/09, wistra 2010, 80.

[162] BVerfG 14.12.2004 – 2 BvR 1451/04, NJW 2005, 1855; OLG Frankfurt a. M. 2.12.2005 – 3 Ws 972/05, 3 Ws 1021/05, NStZ-RR 2006, 44.

[163] BGH 13.10.1999 – StB 7, 8/99, NJW 2000, 84.

[164] BVerfG 14.12.2004 – 2 BvR 1451/04, NJW 2005, 1855; BVerfG 27.2.2007 – 1 BvR 538/06 ua, NJW 2007, 1117 (1120); OLG Frankfurt a. M. 4.4.2003 – 3 Ws 301/03, NStZ-RR 2003, 175; LG Saarbrücken 2.4.2007 – 8 Qs 132/06, NStZ-RR 2008, 113.

[165] BVerfG 4.3.2008 – 2 BvR 2111/07, 2 BvR 2112/07, 2 BvR 2111, 2112/07, NStZ-RR 2008, 113.

[166] OLG Frankfurt a. M. 1.12.2005 – 3 Ws 972/05 + 1021/05, NStZ-RR 2006, 44.

einsicht (§ 147) der Verteidigung bekannt sind und zu denen er sich äußern konnte. Hierzu zählt auch die Information über die entscheidungserheblichen Beweismittel.[167] Die Versagung der Akteneinsicht durch die Staatsanwaltschaft nach § 147 Abs. 2 aufgrund von Geheimhaltungsinteressen rechtfertigt es nicht, im Beschwerdeverfahren auf der Grundlage eines Akteninhalts zu entscheiden, der dem Beschuldigten nicht zugänglich ist. Ist das Beschwerdegericht nach § 147 Abs. 5 an die Entscheidung der Staatsanwaltschaft zur Versagung von Akteneinsicht gebunden, muss es die Entscheidung über die Beschwerde aufschieben.[168]

2. Revision. Eine Revision kann darauf gestützt werden, dass bei der Urteilsfindung ein Beweismittel verwertet wurde, für das ein **Verwertungsverbot** bestand. Das ist bspw. der Fall, wenn die Staatsanwaltschaft oder die Ermittlungspersonen willkürlich Gefahr im Verzug angenommen haben, insbesondere bei bewusster und gezielter Missachtung des Richtervorbehalts oder in gleichgewichtiger Weise bei gröblicher Verkennung der Rechtslage.[169] Auch ein bestehendes Beschlagnahmeverbot führt grundsätzlich zur Unverwertbarkeit des Beweisgegenstandes.[170] In diesem Zusammenhang ist zu beachten, dass in der Revisionsbegründung nicht nur die Tatsachen zur Fehlerhaftigkeit der Beschlagnahme vorzutragen sind, sondern auch die verwerteten Beweismittel zu bezeichnen und die fehlenden tatrichterlichen Feststellungen zu ihrer Gewinnung im Rahmen der rechtswidrigen Beschlagnahme mit der Aufklärungsrüge zu beanstanden sind.[171] Lehnt das Gericht die Beschlagnahme eines Beweismittels ab, kann dieses ebenfalls die **Aufklärungsrüge** begründen.[172] Die nicht fristgerechte Beantragung einer richterlichen Bestätigung nach Abs. 2 S. 1 hat keine Auswirkungen auf die Wirksamkeit der Beschlagnahme.[173] Auf sonstige Verstöße gegen § 98 kann die Revision nicht gestützt werden.[174] Die Entscheidung des Richters nach Abs. 2 S. 2 oder eine Beschwerdeentscheidung sind für das Revisionsgericht nicht bindend (§ 336).[175] 44

§ 98a [Maschineller Abgleich und Übermittlung personenbezogener Daten]

(1) [1]Liegen zureichende tatsächliche Anhaltspunkte dafür vor, daß eine Straftat von erheblicher Bedeutung

1. **auf dem Gebiet des unerlaubten Betäubungsmittel- oder Waffenverkehrs, der Geld- oder Wertzeichenfälschung,**
2. **auf dem Gebiet des Staatsschutzes (§§ 74a, 120 des Gerichtsverfassungsgesetzes),**
3. **auf dem Gebiet der gemeingefährlichen Straftaten,**
4. **gegen Leib oder Leben, die sexuelle Selbstbestimmung oder die persönliche Freiheit,**
5. **gewerbs- oder gewohnheitsmäßig oder**
6. **von einem Bandenmitglied oder in anderer Weise organisiert**

---

[167] BVerfG 9.11.2010 – 2 BvR 2101/09, NJW 2011, 2417; BVerfG 19.1.2006 – 2 BvR 1075/05, NStZ 2006, 459; *Börner* NStZ 417; *ders.* NStZ 2007, 680; aA LG Saarbrücken 24.8.2005 – 8 Qs 81/05, NStZ-RR 2006, 80; LG Berlin 16.12.2005 – 505 Qs 217/05, NStZ 2006, 472.

[168] BVerfG 19.1.2006 – 2 BvR 1075/05, NJW 2006, 1048; BVerfG 4.12.2006 – 2 BvR 1290/05, NStZ 2007, 274; BVerf 9.9.2013 – 2 BvR 533/13, WM 2013, 1990; LG Neubrandenburg 16.8.2007 – 9 Qs 107/07, NStZ 2008, 655; vgl. ausführlich: Lampe, jurisPR-StrafR 20/2013 Anm. 1.

[169] BGH 3.5.2011 – 3 StR 277/10, StV 2012, 3; OLG Koblenz 6.6.2002 – 1 Ss 93/02, NStZ 2002, 660; *Beichel/Kieninger* NStZ 2003, 10 (13).

[170] BVerfG 12.4.2005 – 2 BvR 1027/02, NJW 2005, 1917; *Eisenberg* Beweisrecht Rn. 2387.

[171] BayObLG 10.9.2002 – 4 St RR 70/2002, NStZ-RR 2003, 90.

[172] KH-StPO/*Gercke* Rn. 40; SK-StPO/Wohlers Rn. 64 f.

[173] BeckOK-StPO/Ritzert Rn. 15.

[174] Meyer-Goßner *(Schmitt)* Rn. 32.

[175] *Fezer*, FS Rieß, 2002, 93 (106); Meyer-Goßner *(Schmitt)* Rn. 32; aA *Schlothauer* StV 2003, 210; umfassend *Schmidt* NStZ 2009, 243.

begangen worden ist, so dürfen, unbeschadet §§ 94, 110, 161, personenbezogene Daten von Personen, die bestimmte, auf den Täter vermutlich zutreffende Prüfungsmerkmale erfüllen, mit anderen Daten maschinell abgeglichen werden, um Nichtverdächtige auszuschließen oder Personen festzustellen, die weitere für die Ermittlungen bedeutsame Prüfungsmerkmale erfüllen. [2]Die Maßnahme darf nur angeordnet werden, wenn die Erforschung des Sachverhalts oder die Ermittlung des Aufenthaltsortes des Täters auf andere Weise erheblich weniger erfolgversprechend oder wesentlich erschwert wäre.

(2) Zu dem in Absatz 1 bezeichneten Zweck hat die speichernde Stelle die für den Abgleich erforderlichen Daten aus den Datenbeständen auszusondern und den Strafverfolgungsbehörden zu übermitteln.

(3) [1]Soweit die zu übermittelnden Daten von anderen Daten nur mit unverhältnismäßigem Aufwand getrennt werden können, sind auf Anordnung auch die anderen Daten zu übermitteln. [2]Ihre Nutzung ist nicht zulässig.

(4) Auf Anforderung der Staatsanwaltschaft hat die speichernde Stelle die Stelle, die den Abgleich durchführt, zu unterstützen.

(5) § 95 Abs. 2 gilt entsprechend.

Schrifttum: *Bernsmann/Jansen,* Heimliche Ermittlungsmethoden und ihre Kontrolle – Ein systematischer Überblick, StV 1998, 217; *Dencker,* Über Heimlichkeit, Offenheit und Täuschung bei der Beweisgewinnung im Strafverfahren – Anmerkungen aus Anlass zweier Entscheidungen des BGH, StV 1994, 667; *Diercks,* Der verfassungsrechtlich anstößige Begriff „Täter" im Ermittlungsverfahren, AnwBl 1999, 311; *Gerling/Langer/Roßmann,* Rechtsgrundlagen der Rasterfahndung, DuD 2001, 746; *Graf,* Rasterfahndung und organisierte Kriminalität, 1997, 100; *Gunst,* Moderne Gesetzestechniken in StGB und StPO aus kritischer Sicht der juristischen Methodenlehre, GA 2002, 214; *Herold,* Rasterfahndung – eine computergestützte Fahndungsform der Polizei, Recht und Politik (RuP) 1985, 84; *Hilger,* Neues Strafverfahrensrecht durch das OrgKG – 1.Teil –, NStZ 1992, 457; *Krey/Haubrich,* Zeugenschutz, Rasterfahndung, Lauschangriff, Verdeckte Ermittler, JR 1992, 309; *Möhrenschlager,* Das OrgKG – eine Übersicht nach amtlichen Materialien, wistra 1992, 326; *Rieß,* Die „Straftat von erheblicher Bedeutung" als Eingriffsvoraussetzung, Versuch einer Inhaltsbestimmung, GA 2004; *ders.,* Neue Gesetz zur Bekämpfung der Organisierten Kriminalität, NJ 1992, 491; *Rogall,* Frontalangriff auf die Bürgerrechte oder notwendige Strafverfolgungsmaßnahme? – Zur Regelung der sog. Schleppnetzfahndung in § 163d StPO, NStZ 1986, 385; *Siebrecht,* Rechtsprobleme der Rasterfahndung, CR 1996, 545; *Thommes,* Verdeckte Ermittlungen im Strafprozess aus der Sicht des Datenschutzes, StV 1997, 657; *Vahle,* Besondere (technische) Datenerhebungsbefugnisse für Zwecke der Strafverfolgung und Straftatenprävention, Deutsche Verwaltungspraxis (DVP) 2001; *Wittig,* Schleppnetzfahndung, Rasterfahndung und Datenabgleich, JuS 1997, 961; *Zöller,* Verdachtslose Recherchen und Ermittlungen im Internet, GA 2000, 563.

Übersicht

A. Überblick

I. Normzweck

Mit der Regelung des maschinellen Abgleichs personenbezogener Daten (vulgo: Rasterfahndung) nach den §§ 98a, 98b verfolgte der Gesetzgeber den Zweck, eine **Rechtsgrundlage zur massenhaften Verarbeitung von Daten** zur Verfolgung bestimmter, „für die Organisierte Kriminalität typisch(er) oder nach der Art ihrer Ausführung oder ihrer Auswirkungen besonders schwerwiegend(er)" Straftaten zu schaffen.[1] 1

Entsprechend dieser Zielsetzung hat der Gesetzgeber § 98a – als numerisch erste – ebenso wie die weiteren der in den §§ 98c bis 101, 110a bis 110c und 163d bis 163f geregelten strafprozessualen Maßnahmen als **verdeckte Ermittlungsmaßnahmen** ausgestaltet.[2] Die StPO enthält keine Legaldefinition des Begriffs der „Verdeckten Ermittlungen". Der Verfasser des Gesetzentwurfs der Bundesregierung zur Neuregelung der Telekommunikationsüberwachung und anderer verdeckter Ermittlungsmaßnahmen sah das konstitutive Element einer verdeckten Ermittlungsmaßnahme darin, dass sich der Betroffene einer solchen regelmäßig nicht gegenübersieht.[3] Dies trifft indes vielfach und namentlich auf den „Archetyp" verdeckter Ermittlungsmaßnahmen, die Telekommunikationsüberwachung des § 100a, nicht zu. Namentlich im Bereich der sogenannten Transaktionskriminalität rechnen die Betroffenen häufig mit ihrer Überwachung und richten deshalb bereits ihr Kommunikationsverhalten entsprechend ein. 2

Anders als bei den traditionellen verdeckten Ermittlungsmethoden, bei denen hinsichtlich eines bestimmten Tatverdächtigen im Verlauf des Ermittlungsverfahrens Erkenntnisse gesammelt werden, ist die Vorgehensweise bei der Rasterfahndung eine grundsätzlich andere. Sie knüpft **an einen großen Kreis zunächst unverdächtiger Personen an,** der nach bestimmten Rastern überprüft wird. Ziel der Maßnahme ist es, diesen Kreis im Wege einer „gestuften Verdachtsverdichtung" stetig zu verkleinern.[4] 3

II. Anwendungsbereich

1. Personenbezogene Daten. Die strafprozessuale Rasterfahndung nutzt ebenso wie der automatische Datenabgleich nach § 98c sowie die Schleppnetzfahndung gemäß § 163d 4

[1] BT-Drs. 12/989, 36.
[2] Zum Überblick vgl. *Bernsmann/Jansen* StV 1998, 217.
[3] BT-Drs. 16/5856, 22.
[4] Vgl. *Graf* S. 20.

die Möglichkeiten der automatisierten, massenhaften Verarbeitung personenbezogener Daten.[5] Alle drei Regelungen enthalten Eingriffsermächtigungen, mit denen verdeckt in das aus dem allgemeinen **Persönlichkeitsrecht des Art. 2 Abs. 1 GG iVm Art. 1 GG** abzuleitende Recht auf informationelle Selbstbestimmung eingegriffen wird und bei denen ein Datenabgleich mittels Rasterung erfolgt.

5 **2. „Andere Daten" iSv Abs. 1 S. 2.** In Abgrenzung zu § 98c, der den Abgleich mit solchen Daten betrifft, welche bei den Strafverfolgungsbehörden bereits gespeichert sind, regelt die Rasterfahndung den Abgleich mit „anderen Daten", sprich mit solchen Datenbeständen, die für die Strafverfolgungsbehörden **fremd,** dh nicht bereits zuvor bei diesen angefallen sind.[6] Dies kann unmittelbar sowohl aus Abs. 1 S. 1, der von „anderen Daten" spricht, als auch aus Abs. 2 gefolgert werden, der „die speichernde (und damit eine andere) Stelle" verpflichtet, die Daten den Strafverfolgungsbehörden zu übermitteln.

6 **3. Auf Veranlassung der Strafverfolgungsbehörden.** § 98a erfasst weiter nur denjenigen automatisierten Datenabgleich, der auf Veranlassung und damit auch unter der **Verantwortung der Strafverfolgungsbehörden** durchgeführt wird.[7] Hatte die ersuchte Stelle, ohne von den Strafverfolgungsbehörden hierzu beauftragt worden zu sein, bereits zuvor aus betrieblichen Gründen einen Datenabgleich eigenständig entweder innerhalb der eigenen Dateien oder aber mit den Daten anderer privaten Stellen durchgeführt und teilt sie das Ergebnis dieses Abgleichs den Strafverfolgungsbehörden auf ein entsprechendes Ersuchen lediglich mit, so handelt es sich nicht um eine Rasterfahndung iSd § 98a.

7 Andererseits liegt eine Rasterfahndung vor, wenn die speichernde Stelle den für die Rasterfahndung charakteristischen maschinellen Abgleich mit ihren personenbezogenen Daten gleichsam auf Zuruf der Strafverfolgungsbehörden **freiwillig** und ohne dass etwa ein entsprechender richterlicher Beschluss nach § 98b erwirkt worden wäre, durchführt.[8]

8 **4. Beschlagnahme von Speichermedien.** Die Beschlagnahme von Speichermedien einschließlich der sich auf diesen befindlichen Dateien als Beweismittel nach Maßgabe der §§ 94 ff. sowie die anschließende Auswertung der darauf gespeicherten Daten stellt ebenso wenig wie die Durchsicht von Papieren nach § 110 Abs. 1, die Durchsicht eines elektronischen Speichermediums nach Maßgabe des § 110 Abs. 3 oder die Sichtung elektronischer Dateien auf der Grundlage der Ermittlungsgeneralklausel des § 161 eine Maßnahme der Rasterfahndung dar. Hierauf weist neben der Formulierung „unbeschadet (der) §§ 94, 110, 161" in Abs. 1 S. 1 bereits die Regelung des § 98b Abs. 1 S. 1 hin. Danach ist neben der Übermittlung auch ein **Abgleich** erforderlich.

9 **5. Maschineller Abgleich.** Werden allein die auf allgemeiner Grundlage wie den §§ 94, 110, 161 erlangten elektronischen Datenbestände mittels technischer Hilfsmittel wie Computern etc ohne Vermengung mit anderen Daten automatisiert verarbeitet, stellt auch diese Maßnahme keine Rasterfahndung dar.[9] Hier liegt zwar eine maschinell automatisierte Datenverarbeitung, indes kein maschineller Abgleich mit anderen Daten iSv § 98a Abs. 1 S. 1 vor. Ein solch maschineller Abgleich mit anderen Daten und damit eine Maßnahme der Rasterfahndung ist vielmehr nur gegeben, wenn unter den weiteren Voraussetzungen des § 98a „andere Daten" im vorstehend unter 2) genannten Sinne verarbeitet werden, auf die zuvor noch **nicht in anderer strafprozessual zulässiger Weise** als Beweismittel zugegriffen worden war.

10 Dies gilt nach richtiger und hM jedenfalls dann, wenn der strafprozessuale Zugriff auf diese Daten in demselben Verfahren erfolgte, in dem der interne Datenabgleich durchgeführt werden soll.[10] Andere Stimmen wollen eine solche Maßnahme zwecks Vermeidung

[5] BT-Drs. 12/989, 36.
[6] Wittig JuS 1997, 961 (968); Löwe/Rosenberg/*Schäfer* Rn. 4.
[7] BT-Drs. 12/989, 37.
[8] Ebenso zutreffend wenngleich ohne Begründung Löwe/Rosenberg/*Schäfer* Rn. 4.
[9] Ebenso *Meyer-Goßner* Rn. 8; KK-StPO/*Greven* Rn. 5.
[10] Vgl. statt vieler *Hilger* Fn. 78.

von Umgehungstendenzen noch weiter einengend nur dann nicht den strengen Voraussetzungen der §§ 98a, 98b unterworfen sehen, wenn die Sicherung der Daten etwa nach Maßgabe der §§ 94 ff. bzw. 110, 161 zuvor für **dieselbe prozessuale Tat** erfolgte, zu deren weiterer Aufklärung der interne maschinelle Datenabgleich durchgeführt werden soll.[11] Dem ist „im Interesse eines effektiven Grundrechtsschutzes" zuzustimmen, so dass in Zweifelsfällen von einer Maßnahme der Rasterfahndung auszugehen ist, mithin die Eingriffsvoraussetzungen der §§ 98a, 98b vorliegen müssen.[12]

6. Präventive Rasterfahndung. Auch die Polizeigesetze der Länder und des Bundes, etwa § 45a Nds. SOG und § 20j BKAG enthalten Eingriffsermächtigungen für Rasterfahndungen.[13] Nach dem Polizeirecht darf die Maßnahme dort indes nur präventiv, mithin „zur **Abwehr einer Gefahr** für den Bestand oder die Sicherheit des Staates oder für Leib, Leben oder Freiheit einer Person oder Sachen von bedeutendem Wert"[14] eingesetzt werden. Erfolgte eine Rasterfahdnung zunächst zu solch präventiven Zwecken und entsteht während ihres Verlaufs ein § 152 Abs. 2, § 160 entsprechender Verdacht auf das Vorliegen einer Straftat, so ist die Rechtmäßigkeit der Maßnahme auch im Falle einer derartigen „Gemengelage" wenn es um die strafprozessuale Verwendung der Daten geht einheitlich an den Regelungen der StPO zu messen.[15] Dies schließt indes nicht aus, dass eine präventiv begonnene Maßnahme zugleich auch nach diesen Regeln weiter geführt werden kann, solange nur eine Gefahr besteht, die es abzuwehren gilt. 11

III. Entstehungsgeschichte

Die Maßnahme der Rasterfahndung, eingeführt durch das Gesetz zur Bekämpfung des illegalen Rauschgifthandels und anderer Erscheinungsformen der organisierten Kriminalität (OrgKG) vom 15.7.1992,[16] war zuvor bereits praeter legem praktiziert und entweder auf die §§ 161, 163 oder aber auf § 94[17] gestützt worden. Durch das Volkszählungsurteil des BVerfG vom 15.12.1983,[18] in welchem das BVerfG unter anderem festgestellt hatte, die massenhafte Verarbeitung personenbezogener Daten setze ua voraus, „dass der Gesetzgeber den **Verwendungszweck bereichsspezifisch und präzise bestimmt,** dass die Angaben für diesen Zweck geeignet und erforderlich sind" und dass ein „ – amtshilfefester – Schutz gegen Zweckentfremdung durch Weitergabe- und Verwertungsverbote" besteht, sah sich der Gesetzgeber veranlasst, auch für die Maßnahme der Rasterfahndung eine spezialgesetzliche Ermächtigungsgrundlage zu schaffen. Der Einsatz der Rasterfahndung wurde als ein wichtiges Element in der Bewältigungsstrategie zur Eindämmung der Organisierten Kriminalität angesehen.[19] 12

B. Erläuterung

I. Regelungsinhalt des § 98a Abs. 1

§ 98a Abs. 1 gestattet beim Verdacht bestimmter Straftaten den massenhaften automatisierten **Abgleich** von bei anderen öffentlichen wie nichtöffentlichen Stellen gespeicherten personenbezogenen Daten einer unbestimmten Vielzahl von Personen mit bestimmten, von den Strafverfolgungsbehörden herausgearbeiteten und auf den Täter mutmaßlich zutreffenden Prüfungsmerkmalen. 13

---

[11] Löwe/Rosenberg/*Schäfer* Rn. 4.
[12] So zutreffend Löwe/Rosenberg/*Schäfer* Rn. 4.
[13] Kritisch zur Rasterfahndung zwecks Gefahrenabwehr Vahle DVP 2001, 343.
[14] § 29j Abs. 1 BKAG.
[15] BGH 30.5.2001 – 1 StR 42/01, NJW 2001, 2981 für den Fall der Tatprovokation durch eine Vertrauensperson.
[16] BGBl. I 1302.
[17] *Herold* RuP 1085, 84.
[18] BVerfG 15.12.1983 – 1 BvR 209/83, NJW 1984, 419 (422).
[19] Ausführlich hierzu *Graf* S. 11 ff.

14 Diese Prüfungsmerkmale werden als **„Raster"** bezeichnet und geben der Maßnahme, die nur bei Straftaten von erheblicher Bedeutung aus verschiedenen, im Einzelnen aufgeführten Deliktsgruppen zulässig ist, ihren Namen. Die Raster müssen – zwingend – bestimmte, auf den Täter mutmaßlich zutreffende Merkmale enthalten, weil nur mit derartigen Merkmalen ein „Hinarbeiten" auf diejenigen Personen möglich ist, die das nach kriminalistischen Erfahrungen festgelegte Täterprofil erfüllen.[20]

15 Die Maßnahme dient mithin nicht der unmittelbaren Identifizierung des Täters. Hierzu ist sie regelmäßig mangels ausreichend individualisierender Raster auch nicht in der Lage. Ziel der Rasterfahndung ist vielmehr, Nichtverdächtige auszuschließen **(negative Rasterfahndung)** oder andere Personen und damit regelmäßig einen eine Vielzahl von Menschen umfassenden Personenkreis zu ermitteln, bei dessen Mitgliedern die vermutlich auch auf den Täter zutreffenden Raster kumuliert vorzufinden sind **(positive Rasterfahndung).** Bei der negativen Rasterfahndung werden die Raster aus Negativ- oder Ausschlusskriterien gebildet und die personenbezogenen Daten all derjenigen gleichsam ausgeschlossen, auf die diese Negativraster zutreffen. Bei der positiven Rasterfahndung werden die entsprechenden personenbezogenen Daten all derjenigen Personen gespeichert und weiter verarbeitet, auf die die Positivraster zutreffen.

II. Gegenstand der Eingriffsbefugnis des § 98a Abs. 1

16 In **sachlicher Hinsicht** gestattet § 98a die Verarbeitung personenbezogener Daten. In **personaler Hinsicht** dürfen – jedenfalls anfänglich – die Daten all derjenigen Personen verarbeitet werden, die bestimmte, vermutlich auch auf den Täter zutreffende (Positivraster) oder aber nicht zutreffende Prüfungsmerkmale (Negativraster) aufweisen. Betroffen ist stets eine Vielzahl unbeteiligter Personen.[21] Eine weitere Speicherung und Verarbeitung ist indes einzig bzgl. derjenigen personenbezogenen Daten zulässig, die unter ein Positivraster fallen. Ein datenschutzrechtliches „Verarbeiten" iSd § 3 Abs. 4 BDSG hinsichtlich der personenbezogenen Daten von sich im Zuge der weiteren Recherchen als nicht verdächtig ergebender Personen ist nur noch in Form der Löschung zulässig.

17 **1. Personenbezogene Daten (Abs. 1 S. 1).** „Personenbezogenen Daten" sind nach der auch hier einschlägigen Legaldefinition in § 3 Abs. 1 Nr. 1 BDSG „Einzelangaben über persönliche oder sachliche Verhältnisse einer bestimmten oder bestimmbaren **natürlichen Person**". Einzig hinsichtlich solcher Daten kann der Maßnahme ein Eingriffscharakter zuerkannt werden. Fehlt den verarbeiteten Daten ein personaler Bezug iSd vorgenanten Regelung, liegt auch kein Eingriff in das Recht auf informationelle Selbstbestimmung vor, findet § 98a mithin keine Anwendung.

18 Eine weitergehende Beschränkung auf personenbezogene Daten einer bestimmten Art enthält die Vorschrift nicht. Eine **Einschränkung** ergibt sich freilich aus § 98b Abs. 1 S. 6 sowie § 98b Abs. 1 S. 7 iVm § 97, durch die sowohl der Schutz bestimmter Amts- und Berufsgeheimnisse als auch etwa der Schutz des Steuer-, Sozial- sowie des Post- und Fernmeldegeheimnisses sichergestellt werden (→ § 98b Rn. 16).

19 **2. Personen mit täterrelevanten Prüfungsmerkmalen.** Von einer weitergehenden Speicherung und Verarbeitung ihrer personenbezogenen Daten dürfen, wie vorstehend dargelegt (→ Rn. 16), nur solche Personen betroffen werden, „die bestimmte, auf den Täter vermutlich zutreffende Prüfungsmerkmale erfüllen". Unter den Begriff des **Täters**, der ua auch in § 163d Verwendung findet und der wegen seines vorverurteilenden Charakters auch als verfassungsrechtlich „anstößig" bewertet wird,[22] fallen sämtliche materiellrechtlichen Kategorien von Täterschaft und Teilnahme wie etwa Allein- und Mittäter, Anstifter und Gehilfe.[23]

---

[20] BT-Drs. 12/989, 37.
[21] BT-Drs. 12/989, 37.
[22] *Diercks* AnwBl 1999, 311.
[23] BT-Drs. 12/989, 37.

Anlässlich einer Rasterfahndung können mithin unterschiedliche Raster entsprechend der Anzahl der mutmaßlichen Beteiligten erstellt werden. Es könnte damit gezielt auch lediglich gegen einen **Anstifter oder Gehilfen** ermittelt werden, sofern dem der in Abs. 1 S. 2 verankerte Verhältnismäßigkeitsgrundsatz nicht entgegensteht, mithin eine solche Maßnahme gegen den Gehilfen in konkreten Einzelfall nicht unverhältnismäßig ist. Der Begriff des Täters kann mithin mit dem des Beschuldigten gleichgesetzt werden. 20

III. Eingriffsvoraussetzungen

Voraussetzung für eine Rasterfahndung ist das Vorliegen zureichender tatsächlicher Anhaltspunkte für eine Straftat von erheblicher Bedeutung hinsichtlich solcher Delikte, die in dem generalisierenden Katalog[24] des § 98a Abs. 1 S. 1 enthalten sind. Die Maßnahme soll beim Verdacht solcher Straftaten zum Einsatz kommen, die entweder für die Organisierte Kriminalität typisch sind oder aber die nach der Art der Tatausführung oder hinsichtlich ihrer Auswirkungen besonders schwer wiegen.[25] Eine solch **erhöhte Eingriffsschwelle** schien den Verfassern des Gesetzentwurfs in Anbetracht der Vielzahl von Unbeteiligten, die von der Maßnahme betroffen werden, geboten.[26] 21

1. Zureichende tatsächliche Anhaltspunkte (Abs. 1 S. 1). Der Verdacht einer Katalogtat muss sich auf „zureichende tatsächliche Anhaltspunkte" stützen. Die dergestalt durch den Gesetzgeber konkretisierte Verdachtslage ist keine andere als die von ihm in den §§ 100a, 100c, 100f oder 100g geforderte. Dort wird sie indes mit „bestimmte(n) Tatsachen" umschrieben (→ § 100a Rn. 72 ff.). Die Vergleichbarkeit dieser beiden Verdachtslagen hat der Verfasser des Gesetzentwurfs in den Materialien zu § 98a unmittelbar zum Ausdruck gebracht, wenn er dort angemerkt hat, die Verdachtslage entspreche der in § 100a.[27] Diese Bewertung ist nachvollziehbar. Der Begriff „zureichende tatsächliche Anhaltspunkte" setzt ebenso wie der Begriff „bestimmte Tatsachen" eine **Tatsachengrundlage** voraus, aus der sich die Möglichkeit der Tatbegehung durch den Beschuldigten ergeben muss, ohne dass es jeweils auf eine erhöhte Wahrscheinlichkeit ankommt.[28] Für die Vergleichbarkeit beider Verdachtslagen streitet noch eine weitere Erwägung: Dieselbe Verdachtslage wie bei § 98a verlangt der Gesetzgeber neben der längerfristigen Observation nach § 163f auch bei der Maßnahme des Einsatzes eines Verdeckten Ermittlers nach § 110a Abs. 1. Bei der weniger eingriffsintensiven Maßnahme des Einsatzes technischer Mittel nach § 100h Abs. 2 S. 2 Nr. 2 im Falle ihres Einsatzes gegen andere Personen als den Beschuldigten setzt er wiederum das Vorliegen „bestimmter Tatsachen" voraus. Die Verdachtslage bei dieser Maßnahme kann jedoch nicht höher sein als bei dem im Vergleich dazu zweifelsfrei eingriffsintensiveren Einsatz eines Verdeckten Ermittlers. 22

Es ist der wiederholt angestrebten Harmonisierung des Rechts der verdeckten Ermittlungsmaßnahmen[29] und dem vom BVerfG regelmäßig thematisierten **Gebot der Normenklarheit** abträglich, wenn vergleichbare Verdachtsmomente und damit zugleich die jeweiligen Eingriffsvoraussetzungen in den §§ 98a, 110a und 163f einerseits und in den §§ 100a, 100c, 100f, 100g, 100h und 100i andererseits normativ unterschiedlich umschrieben werden. Bei anderen verdeckten Ermittlungsmaßnahmen wie etwa der Postbeschlagnahme nach § 99 bzw. dem Einsatz technischer Mittel im Falle des § 100h Abs. 1 sieht der Gesetzgeber von einer näheren Umschreibung der Verdachtsvoraussetzungen hingegen gänzlich ab, obwohl es auch hier eines entsprechenden Tatverdachts bedarf. Das Vorliegen eines auf bestimmten Tatsachen bzw. zureichenden tatsächlichen Anhaltspunkten beruhenden Tat- 23

---

[24] *Hilger* NStZ 1992, 460 ff.
[25] BT-Drs. 12/989, 36.
[26] BT-Drs. 12/989, 37.
[27] BT-Drs. 12/989, 37.
[28] Vgl. BVerfG 23.1.2004 – 2 BvR 766/03, NStZ-RR 2004, 143.
[29] Vgl. BT-Drs. 16/5646, 2.

verdachts ist für die Durchführung eines an rechtsstaatlichen Grundsätzen orientierten Strafverfahrens von elementarer Bedeutung.[30]

24 Der **Tatverdacht** muss mithin auf konkreten, sinnlich wahrnehmbaren Umständen beruhen. In Abgrenzung hierzu reichen bloße Vermutungen oder eine nicht auf tatsächliche Umstände gestützte Möglichkeit nicht aus.[31] Vorausgesetzt werden tatsächlichen Anhaltspunkte, die auf eine Straftat hindeuten und die durch kriminalistische Erfahrungen bzw. die Lebenserfahrung ergänzt werden können. In der Gesamtschau müssen Umstände vorliegen, die es als möglich erscheinen lassen, dass eine Straftat begangen wurde.[32] Dem zur Entscheidungen berufen Polizeibeamten, Staatsanwalt oder Richter steht dabei ein Beurteilungsspielraum zu.[33] Es versteht sich von selbst, dass gerade im vorbereitenden Verfahren die Bewertung des Vorliegens eines entsprechenden Verdachts auch von der kriminalistischen Erfahrung des zur Entscheidung Berufenen abhängt. Als rechtswidrig stellt sich eine Entscheidung somit nur dar, wenn sie nicht mehr vertretbar ist, was im Ergebnis auf eine Kontrolle nach dem Maßstab objektiver Willkür oder grober Fehlbeurteilung hinausläuft.[34]

25 **2. Straftat von erheblicher Bedeutung (Abs. 1 S. 1).** Bei sämtlichen der in den Nr. 1 bis 6 genannten Straftaten muss es sich zunächst ebenso wie bei § 81g Abs. 1 S. 1 Nr. 1, § 100g Abs. 1 S. 1 Nr. 1, § 100h Abs. 1 S. 2, § 100i Abs. 1, § 110a Abs. 1 S. 1, § 131 Abs. 3, § 131a Abs. 3, § 131b Abs. 1, § 163e Abs. 1 S. 1 und § 163f Abs. 1 S. 1 um solche von **erheblicher Bedeutung** handeln. Es handelt sich hierbei, wie die vorstehende Aufzählung zeigt, um einen zentralen Begriff in der Dogmatik der Eingriffsnormen, der durch die obergerichtliche Rspr. einerseits wohl keine wirklich klaren, jedenfalls keine praktisch handhabbaren Konturen erfahren hat, gleichwohl indes durch das BVerfG für ausreichend bestimmt erachtet wurde.[35] Nach hM ist darunter eine Straftat zu verstehen, die zumindest der mittleren Kriminalität zuordnen ist, den Rechtsfrieden empfindlich stört und zudem geeignet ist, das Gefühl der Rechtssicherheit der Bevölkerung empfindlich zu beinträchtigen.[36] Schon das Merkmal der „mittleren Kriminalität" ist zur Abgrenzung nur bedingt geeignet, noch weniger geeignet ist der Rückgriff auf das Gefühl der Rechtssicherheit der Bevölkerung. Ob es ein handhabbares Abgrenzungskriterium ist, darauf abzustellen, ob wegen der Tat Anklage beim Landgericht erhoben werden müsste,[37] darf ebenfalls bezweifelt werden. Derartige Taten sind evident von erheblicher Bedeutung.

26 § 98a setzt ebenso wie § 100h Abs. 1 S. 2 und anders als etwa § 100g Abs. 1 S. 1 Nr. 1 bzw. § 100i Abs. 1 **keine Straftat von auch im Einzelfall von erheblicher Bedeutung** voraus. Eingedenk des Umstandes, dass der Gesetzgeber die Eingriffsvoraussetzungen der Rasterfahndung so präzise wie möglich regeln wollte (→ Rn. 27), lässt das Fehlen dieses (weiter) eingriffslimitierenden Umstandes unter grammatischen und systematischen Aspekten wohl einzig eine Auslegung (→ zu den tradierten Auslegungsmethoden vgl. Einleitung Rn. 584 ff.) dahingehend zu, dass Maßnahmen nach § 98a auch bei solchen Straftaten zulässig sind, die zwar dem Katalog in Abs. 1 S. 1 Nr. 1. bis 6. angehören, die konkrete Tat im Einzelfall indes nicht schwer wiegt. In Fällen dieser Art ist die Frage der Verhältnismäßigkeit deshalb besonders sorgfältig zu prüfen.

27 Entsprechendes gilt für **Verbrechenstatbestände**.[38] Vergehenstatbestände, die eine Strafobergrenze von nicht mehr als zwei Jahre vorsehen, haben regelmäßig keine Straftat von besonderer Bedeutung zum Gegenstand.[39] **Vergehen** mit einer Strafobergrenze von

[30] BVerfG 29.5.1990 – 2 BvR 254/88, 2 BvR 1343/88, NJW 1990, 2741.
[31] Vgl. Löwe-Rosenberg/*Beulke* § 152 Rn. 32.
[32] Löwe/Rosenberg/*Schäfer* Vor § 94 Rn. 88.
[33] BGH 16.2.1995 – 4 StR 729/94, NJW 1995, 1974.
[34] BGH 16.2.1995 – 4 StR 729/94, NJW 1995, 1974 (1975).
[35] Vgl. BVerfG 14.12.2000 – 2 BvR 1741/99, 879 (880).
[36] *Meyer-Goßner* Rn. 5; KMR/*Jäger* Rn. 15; KK-StPO/*Bruns* § 110a Rn. 21.
[37] So KK-StPO/*Bruns* § 110a Rn. 21.
[38] Ebenso *Meyer-Goßner* Rn. 5.
[39] *Rieß* GA 2004, 623.

über zwei bzw. solche mit einer Strafobergrenze bis zu fünf Jahren beinhalten hingegen häufig eine Straftat von erheblicher Bedeutung.[40]

Ausgangslage für die Beurteilung jedenfalls von Zweifelsfällen sollte nicht der abstrakte Straftatbestand, sondern vielmehr das **Maß des Unrechts** sein. Zu fragen ist nach Art und Schwere der konkreten Tat und der durch diese betroffenen Rechtsgüter wie Leib, Leben oder körperliche Unversehrtheit.[41] Andererseits können auch Delikte gegen fremdes Eigentum, das keinen beträchtlichen Wert aufweist, eine Straftat von erheblicher Bedeutung zum Gegenstand haben, wenn sich die Tat als Bestandteil einer Serie darstellt, die von einem Täter oder gar einer Tätergruppierung begangen wurde. 28

3. Straftatenkatalog (Abs. 1 S. 1). Der **sehr weit gefasste Katalog**[42] in § 98a Abs. 1 S. 1 zählt zwar unter den Nr. 1. bis 6. Straftaten von erheblicher Bedeutung aus einzelnen Deliktsgruppen auf, ihn jedoch als „enumerativ"[43] zu bezeichnen erscheint ebenso wie der gesetzgeberische Anspruch, den Anwendungsbereich der Rasterfahndung so klar und präzise wie möglich zu bestimmen,[44] verfehlt. Insoweit und zu den einzelnen Deliktsgruppen ist Folgendes anzumerken: 29

a) Straftat auf dem Gebiet des unerlaubten Betäubungsmittel- oder Waffenverkehrs, der Geld- oder Wertzeichenfälschung (Nr. 1). Die Betäubungsmittelstraftaten sind in den §§ 29, 29a, 30 und 30a BtMG normiert. Obwohl in Nr. 1 der Begriff des „Betäubungsmittelverkehrs" Verwendung findet, dürften von der Vorschrift nicht nur die im ieS auf den Betäubungsmittelumsatz gerichteten Handlungen und damit nicht nur Handlungen des Handeltreibens mit Betäubungsmitteln gemäß § 29 Abs. 1 Nr. 1 BtMG und dessen Qualifikationen, sondern vielmehr **sämtliche Straftaten nach dem BtMG** und damit nicht nur der einen Verbrechenstatbestand darstellende Besitz von Betäubungsmitteln in nicht geringer Menge nach § 29a Abs. 1 Nr. 2 BtMG, sondern ua auch zahlreiche Fälle des § 29 Abs. 1 Nr. 3 BtMG (der Besitz von Betäubungsmitteln unterhalb der Grenze der nicht geringen Menge) erfasst werden.[45] 30

Straftaten des **Waffenverkehrs** iSv Nr. 1 sind sowohl die in den §§ 51 und 52 WaffG enthaltenen Vorschriften als auch die Tatbestände der §§ 19, 20, 20a, 22a KWKG. Delikte der **Geld- und Wertzeichenfälschung** sind die im 8. Abschnitt enthaltenen Straftatbestände der §§ 146–149 StGB sowie die §§ 152a und 152b StGB. 31

b) Straftat auf dem Gebiet des Staatsschutzes (Nr. 2). Die Vorschrift verweist allgemein auf die **§§ 74a und 120 GVG** und damit auf diejenigen Regelungen, die die sachliche Zuständigkeit der Staatsschutzkammern als erkennende Gerichte des ersten Rechtsschutzes (§ 74a Abs. 1 GVG) und die erstinstanzliche Zuständigkeit der Staatsschutzsenate bei den OLG regeln (§ 120 Abs. 1 und 2 GVG). Zutreffend wird darauf hingewiesen, dass es dadurch zu unübersichtlichen Querverweisen kommt, als Nr. 2 auf § 120 verweist, der seinerseits wiederum in seinem Abs. 2 auf sämtliche der in § 129a Abs. 1 Nr. 2 und Abs. 2 StGB genannten Straftaten Bezug nimmt.[46] Dies führt indes zu keiner Ausweitung des Anwendungsbereichs der Rasterfahndung. Sofern etwa § 120 Abs. 2 GVG auch einzelne der in § 129a StGB aufgeführten Straftatbestände enthält, ist die Maßnahme nur unter den weiteren in § 120 Abs. 2 GVG genannten Voraussetzungen zulässig.[47] 32

c) Gemeingefährliche Straftaten (Nr. 3). Mit dem Begriff der „gemeingefährlichen Straftaten" wird auf die im 28. Abschnitt des StGB enthalten Delikte der **§§ 306–330a StGB** wie etwa die Brandstiftungsdelikte, das Herbeiführen einer Sprengstoffexplosion, die 33

[40] Vgl. BVerfG 16.6.2009 – 2 BvR 902/06, NJW 2009, 2431 (2435).
[41] So zutreffend Löwe-Rosenberg/*Schäfer* Rn. 27a.
[42] *Gunst* GA 2002, 214 (219).
[43] BT-Drs. 12/989, 36.
[44] BT-Drs. 12/989, 37.
[45] Ebenso Löwe/Rosenberg/*Schäfer* Rn. 17.
[46] Löwe/Rosenberg/*Schäfer* Rn. 18; *Siebrecht* CR 1996, 547.
[47] Ebenso *Graf* S. 90.

gefährlichen Eingriffe in den Bahn-Schiffs-, Luft- und Straßenverkehr sowie die Gewässer-, Boden- und Luftverunreinigung Bezug genommen.

34 **d) Straftaten gegen Leib oder Leben, die sexuelle Selbstbestimmung oder die persönliche Freiheit (Nr. 4).** Die Straftaten gegen das Leben sind die im 16. Abschnitt aufgeführten Delikte der **§§ 211–222 StGB**, gegen den Leib die im 17. Abschnitt aufgelisteten Straftaten gegen die körperliche Unversehrtheit der **§§ 223–231 StGB**, gegen die sexuelle Selbstbestimmung die im 13. Abschnitt enthaltenen Vorschriften der **§§ 174–184f StGB** und gegen die persönliche Freiheit die im 18. Abschnitt enthaltenen Straftatbestände der **§§ 232–241a StGB**. Von Nr. 4 werden weiter diejenigen Straftaten erfasst, die in ihrem „zusammengesetzten" Tatbestand eines der vorgenannten Delikte enthalten wie etwa die Straftaten im Amt der §§ 340, 343 StGB. So setzt die Körperverletzung im Amt nach § 340 StGB eine Körperverletzung bzw. die Vollstreckung gegen Unschuldige nach § 345 StGB die Vollziehung einer nicht vollzugsfähigen Strafe und damit eine Freiheitsberaubung voraus.[48]

35 **e) Gewerbs- oder gewohnheitsmäßig (Nr. 5).** Die Begriffe „gewerbs-„bzw. „gewohnheitsmäßig" sind solche des materiellen Strafrechts. **Gewerbsmäßig** handelt, wer eine Straftat in der Absicht begeht, sich durch deren wiederholte Begehung eine fortlaufende Einnahmequelle von einiger Dauer und einigem Umfang zu verschaffen.[49]

36 **Gewohnheitsmäßig** handelt derjenige, bei dem sich durch Übung ein selbstständig fortwirkender Hang zur wiederholten Tatbegehung entwickelt hat.[50] Eine einmalige Tatbegehung reicht mithin nicht aus, der Hang muss sich vielmehr durch die wiederholte Tatbegehung ausgebildet haben.

37 **f) Von einem Bandenmitglied oder in anderer Weise organisiert (Nr. 6).** Der Begriff der **Bande** setzt nach der Entscheidung des BGH GrS v. 22.3.201[51] den Zusammenschluss von mindestens drei Personen voraus, die sich mit dem Willen verbunden haben, künftig für eine gewisse Dauer mehrere selbstständige, im Einzelnen noch ungewisse Straftaten des im Gesetz genannten Delikttyps zu begehen. Eine bandenmäßige Begehungsweise bedingt jedoch nicht, dass wenigstens drei Bandenmitglieder die Tat „vor Ort" auch gemeinschaftlich als Mittäter begehen. Es reicht aus, wenn zwei Bandenmitglieder als Täter und ein drittes Bandenmitglied bei der Ausführung der Tat in der Art und Weise zusammenwirken, dass sich die Tätigkeit dieses Dritten bei wertender Betrachtung als Gehilfentätigkeit darstellt.[52]

38 Der Begriff **„in anderer Weise organisiert"** ist dem materiellen Strafrecht fremd und orientiert sich erkennbar an dem der „Organisierten Kriminalität". Dieser Begriff wird allein in Verwaltungsvorschriften[53] umschrieben. Danach ist unter „Organisierter Kriminalität" die von Gewinn- oder Machstreben bestimmte planmäßige Begehung von Straftaten zu verstehen, die einzeln oder in ihrer Gesamtheit von erheblicher Bedeutung sind und bei deren Begehung mehr als zwei Beteiligte auf längere oder bestimmte Zeit arbeitsteilig unter Verwendung gewerblicher oder geschäftsähnlicher Strukturen oder unter Anwendung von Gewalt oder unter Einflussnahme auf Politik, Medien oder die öffentliche Verwaltung zusammenwirken. Der Begriff erfasst keine Straftaten des Terrorismus.

39 **4. Zweck der Maßnahme (Abs. 1 S. 1).** Dem Zweck einer Maßnahme kommt eine **eingriffslimitierende Funktion** zu. Nach Abs. 1 S. 1 darf die Rasterfahndung nur zum Aus-

---

[48] So überzeugend mit eingehender weiterer Begründung Löwe/Rosenberg/*Schäfer* Rn. 20.

[49] BGH 11.10.1994 – 1 StR 522/94, NStZ 1995, 85 bzgl. des Straftatbestandes des Betruges; weiterführend Schönke/Schröder/Stree/*Hecker* § 260 Rn. 2.

[50] Löwe/Rosenberg/*Schäfer* Rn. 23 mit Verweis auf BGH 28.2.1961 – 1 StR 467/60, NJW 1961, 1031.

[51] BGH 22.3.2001 – GSSt 1/00, NJW 2001, 2266.

[52] BGH 15.1.2002 – 4 StR 499/01, NStZ 2002, 318; *Möhrenschlager* wistra 1992, 326 (327).

[53] Gemeinsame Richtlinien der Justizminister/- senatoren und der Innenminister/- senatoren der Länder über die Zusammenarbeit von Staatsanwaltschaft und Polizei bei der Verfolgung der Organisierten Kriminalität, Anlage E zu den RiStBV.

schluss Nichtverdächtiger oder zur Feststellung von Personen durchgeführt werden, die weitere für die Ermittlungen bedeutsame Prüfungsmerkmale erfüllen. Die Festlegung dieser Prüfungsmerkmale (Raster) hat sich an tatsächlichen Umständen, maßgeblich am Tatbild zu orientieren, indes können darauf basierend auch kriminalistische Erfahrungen berücksichtigt werden.

5. Subsidiarität (Abs. 1 S. 2). Dass die Rasterfahndung nur angeordnet werden darf, wenn die Sachverhaltserforschung oder die Aufenthaltsermittlung des Täters auf andere Weise erheblich weniger erfolgversprechend oder wesentlich erschwert wäre, ist stets und damit ausnahmslos in jedem Fall als zusätzliche Eingriffsvoraussetzung zu beachten. Bei der Prüfung, ob die Sachverhaltserforschung auf andere Weise **erheblich weniger erfolgversprechend** wäre, ist eine am Aufklärungserfolg orientierte Betrachtung vorzunehmen. Erscheint eine andere Ermittlungsmaßnahme auch nicht annähernd geeignet, eine vergleichbare Aufklärung herbeizuführen, darf der Rasterfahndung der Vorrang eingeräumt werden.[54] 40

Andere Maßnahmen als die Rasterfahndung, die – prognostisch – zu einem vergleichbaren Ermittlungserfolg führten, würden die Ermittlungen **wesentlich erschweren**, wenn sie mit einen erheblichen höheren Zeit- oder Personalaufwand verbunden wären. Darüber hinaus gilt das allgemeineVerhältnismäßigkeitsprinzip, nachdem ua von mehreren gleich geeigneten Maßnahmen derjenigen der Verzug zu geben ist, die weniger stark in die Rechte der Betroffenen eingreift. 41

IV. Automatisierter Datenabgleich

§ 98a eröffnet unter den vorgenannten Voraussetzungen den automatisierten Datenabgleich für Zwecke der Strafverfolgung. Es handelt sich dabei um eine **maschinell** ablaufende Überprüfung von Datenbeständen. 42

1. Technische Durchführung der Rasterfahndung. a) Suchanfrage, Abs. 1 S. 1. In einem ersten Schritt und basierend auf den vorliegenden Erkenntnissen müssen die auf den Täter vermutlich zutreffenden Prüfungsmerkmale (**Raster**) ermittelt werden. Anhand der Raster wird sodann eine Anfrage (Suchanfrage) erstellt. Nach den terroristischen Anschlägen vom 11.9.2011 führten die Polizeibehörden in der Bundesrepublik Deutschland eine bundesweite – hier präventive – Rasterfahndung nach mutmaßlichen islamistischen Terroristen durch, die sich als sogenannte „Schläfer" bereits in der Bundesrepublik Deutschland aufhalten sollten. Anlass für die Maßnahme war ua die Erkenntnis, dass einige der an den Anschlägen beteiligten Personen zuvor in Deutschland gelebt hatten. Für die durchzuführende Recherche wurden folgende Prüfungsmerkmale festgelegt: Männliches Geschlecht, 18 bis 40 Jahre, Student oder ehemaliger Student, islamische Religionszugehörigkeit, Geburtsland oder Nationalität bestimmte, im Einzelnen benannte Länder.[55] Die bei der repressiven Rasterfahndung zusammengestellten, mutmaßlich auf den Täter zutreffenden Prüfungsmerkmale werden sodann den speichernden privaten oder öffentlichen Stellen **(Speicherstelle)** übermittelt. 43

b) Recherche (Abs. 2). Die Speicherstelle ist gemäß § 98a Abs. 2 verpflichtet, auf der Grundlage der ihr übermittelten Raster ihre **Datenbestände zu überprüfen.** Im vorstehend geschilderten Fall wurden die Merkmale Geschlecht und Alter bei den Einwohnermeldeämtern, das Merkmal Student oder ehemaliger Student bei den Universitäten und das Merkmal einer bestimmten Nationalität ua bei den Ausländerzentralregistern abgefragt. 44

c) Report (Abs. 2). Die von der jeweiligen Speicherstelle ermittelten Daten (im Beispielsfall etwa die Namen aller an einer bestimmten Universität (ehemals) eingeschriebenen Studenten eines bestimmten Alters) werden sodann von dieser aus sämtlichen für den Abgleich herangezogenen Daten, etwa denen aller (ehemals) eingeschriebenen Studenten gleich welchen Alters ausgesondert und in einer **separaten Datei** (Report) gespeichert. 45

[54] BT-Drs. 12/989, 37.
[55] BVerfG 4.4.2006 – 1 BvR 518/02, NJW 2006, 1939 ff.

46 **d) Datenübermittlung (Abs. 2).** Die in dem Report zusammengefassten Daten sind sodann von der Speicherstelle den Strafverfolgungsbehörden zu übermitteln. Diese **Mitwirkungspflicht** entspricht der Herausgabepflicht bei der Sicherstellung von Beweisgegenständen nach § 94. Wie die Übermittlung zu geschehen hat, lässt das Gesetz offen. Regelmäßig erfolgt die Datenübergabe auf einem gesonderten Datenträger, in Einzelfällen auch auf gesichertem elektronischem Weg über das Internet. Wenngleich, wie sich aus der Formulierung „mit anderen Daten" in Abs. 1 S. 1 ergibt, die Speicherstelle regelmäßig organisatorisch von der die Suchanfrage übermittelnden Strafverfolgungsbehörde getrennt ist, sodass es zur Verarbeitung des Report auch regelmäßig einer Anordnung nach § 98b Abs. 1 bedarf, kann eine Rasterfahndung auch vorliegen, wenn die Strafverfolgungsbehörde ihr bereits zuvor und aus anderem Anlass übermittelte Daten erneut für einen Datenabgleich nutzt. Eine aktuelle, anlassbezogene Datenübermittlung ist mithin kein konstitutives Merkmal der Rasterfahndung.

47 **e) Datenabgleich (Abs. 2).** Die übermittelten Daten werden sodann von der abgleichenden Stelle **maschinell ausgewertet** (Abgleich). Abgleichende Stelle (Abgleichstelle) kann dabei sowohl eine Strafverfolgungsbehörde selbst, etwa eine Polizeibehörde, oder aber eine von den Strafverfolgungsbehörden beauftragte private Stelle sein, sofern die Strafverfolgungsbehörden selbst nicht über das technische Know-how verfügen. Es könnte sich dabei auch um die speichernde Stelle selbst handeln, wenngleich diese hierzu regelmäßig nicht verpflichtet werden kann. Von erheblicher praktischer Relevanz ist das Format der übermittelten Daten. Diese können elektronisch von der Abgleichstelle nur verarbeitet werden, wenn ihre Programme mit dem Format der Reportdateien kompatibel sind. Auch insoweit hat die speichernde Stelle die Abgleichstelle gemäß Abs. 4 ggf. auf Anordnung der Staatsanwaltschaft zu unterstützen.

48 **2. Andere Formen eines automatisierten Datenabgleichs. a) Erhebung von Telekommunikationsdaten.** Auch **Telekommunikationsverkehrsdaten nach § 96 Abs. 1 TKG** enthalten vielfach personenbezogene Daten, die vor ihrer Herausgabe auf Ersuchen der Strafverfolgungsbehörden von dem Telekommunikationsdienstleister einer automatisierten Verarbeitung unterzogen werden. Eine solche Maßnahme stellt indes keine Rasterfahndung dar, weil lediglich der Datenbestand ein und derselben Speicherstelle betroffen ist. Ihre spezialgesetzliche Regelung erfährt diese Vorgehensweise in § 100g.

49 Entsprechendes gilt für die Erhebung der **Verkehrsdaten nach Maßgabe der §§ 100a bzw. § 112 TKG.** Sollen diese Daten mit anderen, bei den Strafverfolgungsbehörden bereits vorhandenen Daten einem maschinellen Abgleich unterzogen werden, so kommen entgegen einzelner Stimmen[56] nicht stets die Grundsätze der Rasterfahndung zum Einsatz, sondern vielmehr nur dann, wenn die Erhebung der Telekommunikationsdaten für eine andere strafprozessuale Tat erfolgte (→ Rn. 47).

50 **b) Recherchen im Internet.** Die repressive „Streife im Netz" unter Auswertung **allgemein zugänglicher** Online-Dienste stellt keine Maßnahme der Rasterfahndung dar. Rechtsgrundlage hierfür sind vielmehr die §§ 161, 163. Für präventive Recherchen sind die entsprechenden Regelungen der Polizeigesetze einschlägig. Eine spezialgesetzliche Ermächtigungsgrundlage ist in diesen Fällen nicht erforderlich, weil der Maßnahme kein Einriffscharakter zukommt. Die Anbieter der entsprechenden Dienste haben deren Inhalt allgemein zugänglich ins Netz gestellt, sodass jedwede Person gleich zu welchem Zweck auf die Daten zugreifen kann und darf.[57]

51 **c) DNA-Reihenuntersuchung.** Der Abgleich von DNA-Identifizierungsmustern zur Identitätsfeststellung noch unbekannter Tatverdächtiger hat seine **spezialgesetzliche Regelung** durch § 81g erfahren.

---

[56] So KK-StPO/*Greven* Rn. 34.
[57] Vgl. *Zöller* GA 2000, 563 ff.

V. Unterstützungspflicht der speichernden Stelle (Abs. 4)

Welche Fälle von der Unterstützungspflicht der speichernden Stelle nach Abs. 4 erfasst werden sollen, wird auch durch die Materialien nicht belegt. Die Vorschrift dürfte indes – in Abgrenzung zu den in Abs. 2 und 3 statuierten Mitwirkungspflichten – namentlich auf diejenigen Fälle Anwendung finden, in denen sich nach der Aussonderung und Übermittlung der Daten noch Fragen ergeben. Wenngleich Speicher- und Abgleichstelle auch nach der Datenübermittlung unmittelbar miteinander kommunizieren dürfen, soll nach dem Wortlaut der Regelung für eine **Verpflichtung** zur Unterstützung eine entsprechende Aufforderung der Staatsanwaltschaft erforderlich sein. 52

VI. Zeugnisverweigerungsrecht, Berufsgeheimnisträger, Amtsgeheimnis, Beschlagnahmeverbot (Abs. 5, § 95 Abs. 2)

Durch die Regelung in Abs. 5, die § 95 Abs. 2 für entsprechend anwendbar erklärt, und durch § 98b Abs. 1 S. 7, der auf die §§ 96, 97 und 98 Abs. 1 S. 2 verweist, wird klargestellt, unter welchen Voraussetzungen und in welchem Umfang personenbezogene Daten, die sich im Gewahrsam der von diesen Vorschriften privilegierten Personen bzw. Stellen befinden, zum Zwecke des Datenabgleichs verwendet werden dürfen und ob das Ergebnis dieses Abgleichs (Report) den Strafverfolgungsbehörden übermittelt werden darf. Für sämtliche dieser Fälle gilt, das die Gewahrsamsinhaber der Daten von Rechts wegen **nicht verpflichtet werden können**, mit den personenbezogenen Daten einen Abgleich nach Abs. 1 durchzuführen oder das Ergebnis dieses Abgleichs den Strafverfolgungsbehörden zu übermitteln. Sie dürfen allerdings zu einer entsprechenden Mitwirkung aufgefordert werden. Kommen sie dieser (freiwillig) nach, dürfen die Daten auch verwertet werden. Dies kann aus § 95 Abs. 2 S. 2 abgeleitet werden, aus welchem sich ergibt, dass der entsprechende Personenkreis im Weigerungsfall nicht durch Ordnungs- oder Zwangsmittel zu einer Mitwirkung angehalten werden darf.[58] 53

Mit dem Herausgabeverlangen sind jedenfalls die **Angehörigen darüber zu belehren**, dass sie nicht zu einer Mitwirkung verpflichtet sind. Bei den Berufsgeheimnisträgern dürfte dies ebenso wie bei ihrer Belehrung als Zeuge vor Gericht entbehrlich sein. Es darf davon ausgegangen werden, dass sie um ihre Berufsrechte und –pflichten wissen.[59] 54

1. Angehörige, Berufsgeheimnisträger, Berufshelfer, §§ 52, 53, 53a. Zu dem durch Abs. 5 **privilegierten Personenkreis** gehören nicht nur die nach § 52 zur Verweigerung des Zeugnisses berechtigen Angehörigen wie bestimmte Verwandte, Ehegatten und Verlobte, sondern auch die durch § 53 geschützten Berufsgeheimnisträger, mithin Geistliche, Verteidiger, Ärzte, Zahnärzte, psychologische Therapeuten und deren von § 53a erfassten Gehilfen. 55

2. Beschlagnahmeverbot (§ 97). Das Beschlagnahmeverbot des § 97 knüpft an das **Zeugnisverweigerungsrecht der §§ 52, 53 und 53a** an, soll dessen Umgehung verhindern[60] und erfasst schriftliche Mitteilungen, Aufzeichnungen, sonstige Schriftstücke und Ton-, Bild- und Datenträger aller Art. Im Falle der Berufsgeheimnisträger, etwa eines Verteidigers oder Rechtsanwalts nach § 53 Abs. 1 S. 1 Nr. 2 und 3, schützt § 97 lediglich das Vertrauensverhältnis zwischen dem Beschuldigten und dem jeweiligen Berufsgeheimnisträger. Es ist insoweit enger als das Zeugnisverweigerungsrecht. Da sich die Maßnahme der Rasterfahndung regelmäßig nicht gegen einen bestimmten Beschuldigten richtet, dürfen bei Berufsgeheimnisträgern etwa im Fall einer freiwilligen Übermittlung auch solche personenbezogenen Daten abgeglichen werden, die sich nicht auf den Beschuldigten beziehen.[61] 56

---

[58] Ebenso KK-StPO/*Greven* Rn. 28; *Meyer-Goßner* Rn. 10.
[59] Vgl. BGH 4.2.2010 – 4 StR 394/09, NStZ-RR 2010, 178.
[60] BVerfG 8.3.1972 – 2 BvR 28/71, NJW 1972, 1123 (1125).
[61] So KK-StPO/*Greven* Rn. 29.

VII. Ordnungs- und Zwangsmittel (Abs. 5)

57 Zur Durchsetzung der Mitwirkungspflicht in § 98a Abs. 2 und 3 verweist § 98a Abs. 5 folgerichtig auf § 95 Abs. 2, über den im Falle der Weigerung von den Ordnungs- und **Zwangsmittel des § 70** Gebrauch gemacht werden kann. § 70 findet mithin sowohl Anwendung, wenn sich die Speicherstelle weigert, die erforderlichen Daten auszusondern oder zu übermitteln (Abs. 2) als auch wenn sie sich nach entsprechender Aufforderung durch die Staatsanwaltschaft weigert, die Abgleichstelle zu unterstützen.

VIII. Entschädigungsanspruch

58 Die Speicherstelle ist für ihre Mitwirkung nach **§ 23 Abs. 2–4 JVEG** zu entschädigen.[62]

C. Revision

59 Ein Rechtsfehler und damit die Revision kann darauf gestützt werden, dass die Maßnahme **rechtswidrig** war. Indes führt nicht jeder Verstoß gegen die materiellen oder formellen Voraussetzungen der Rasterfahndung zu einem Verwertungsverbot. Vielmehr ist ein solches hier wie bei anderen (verdeckten) Ermittlungsmaßnahmen nur anzunehmen, wenn der konkrete Verstoß schwerwiegend war oder bewusst oder willkürlich begangen wurde.[63] Ein Verwertungsverbot dieser Art läge etwa vor, wenn der Richtervorbehalt des § 98b bewusst umgangen worden wäre.

§ 98b [Zuständigkeit; Rückgabe und Löschung der Daten]

(1) [1]Der Abgleich und die Übermittlung der Daten dürfen nur durch das Gericht, bei Gefahr im Verzug auch durch die Staatsanwaltschaft angeordnet werden. [2]Hat die Staatsanwaltschaft die Anordnung getroffen, so beantragt sie unverzüglich die gerichtliche Bestätigung. [3]Die Anordnung tritt außer Kraft, wenn sie nicht binnen drei Werktagen vom Gericht bestätigt wird. [4]Die Anordnung ergeht schriftlich. [5]Sie muß den zur Übermittlung Verpflichteten bezeichnen und ist auf die Daten und Prüfungsmerkmale zu beschränken, die für den Einzelfall benötigt werden. [6]Die Übermittlung von Daten, deren Verwendung besondere bundesgesetzliche oder entsprechende landesgesetzliche Verwendungsregelungen entgegenstehen, darf nicht angeordnet werden. [7]Die §§ 96, 97, 98 Abs. 1 Satz 2 gelten entsprechend.

(2) Ordnungs- und Zwangsmittel (§ 95 Abs. 2) dürfen nur durch das Gericht, bei Gefahr im Verzug auch durch die Staatsanwaltschaft angeordnet werden; die Festsetzung von Haft bleibt dem Gericht vorbehalten.

(3) [1]Sind die Daten auf Datenträgern übermittelt worden, so sind diese nach Beendigung des Abgleichs unverzüglich zurückzugeben. [2]Personenbezogene Daten, die auf andere Datenträger übertragen wurden, sind unverzüglich zu löschen, sobald sie für das Strafverfahren nicht mehr benötigt werden.

(4) Nach Beendigung einer Maßnahme nach § 98a ist die Stelle zu unterrichten, die für die Kontrolle der Einhaltung der Vorschriften über den Datenschutz bei öffentlichen Stellen zuständig ist.

Schrifttum: s. bei § 98a.

[62] Noch zum früheren § 17a ZSEG OLG Stuttgart 6.9.2000 – 2 Ws 109/2000, NStZ 2001, 158.
[63] Vgl. BGH 18.4.2007 – 5 StR 546/06, NJW 2007, 2269 (2271).

Übersicht

A. Erläuterung

I. Regelungsinhalt des § 98b

1 § 98b enthält die für Maßnahmen der Rasterfahndung **maßgeblichen Verfahrensregelungen.** Nach Abs. 1 S. 1 bedürfen sowohl der Abgleich der Daten als auch die Übermittlung des Ergebnisses dieses Abgleichs, des sogenannten „Reports" (→ § 98a Rn. 45), einer besonderen Anordnung. Abs. 1 enthält des weiteren Vorschriften über die Zuständigkeit für diese Anordnung (S. 1 bis 3), deren Form und Inhalt (S. 4 und 5), den Vorrang besonderer bundes- bzw. entsprechender landesgesetzlicher Verwendungsregelungen (S. 6) sowie über die entsprechende Anwendbarkeit der Vorschriften über den Schutz von Amtsgeheimnissen und die Beschlagnahme einschließlich derjenigen bei Pressevertretern nach §§ 96, 97 sowie § 98 Abs. 1 S. 2 (S. 7).

2 Abs. 2 regelt die Zuständigkeit für die Anordnung von **Ordnungs- und Zwangsmitteln,** die Abs. 3 und 4 enthalten **datenschutzrechtliche Regelungen.**

3 **1. Grundsätzliche Zuständigkeit des Gerichts.** Für die Anordnung der Übermittlung und den Abgleich der Daten ist nach Abs. 1 S. 1 grundsätzlich das Gericht zuständig. Der Begriff „Gericht" wurde durch das Gesetz zur Neuregelung der Telekommunikationsüberwachung und anderer verdeckter Ermittlungsmaßnahmen vom 21.12.2007[1] einzig zur Gewährleistung einer geschlechtsneutralen Sprache[2] eingeführt und ersetzt die zuvor verwendete Bezeichnung „Richter". Zuständiges Gericht ist im Ermittlungsverfahren gemäß den §§ 162, 169 der **Ermittlungsrichter** und damit im Regelfall des § 162 Abs. 1 das AG, in dessen Bezirk die den Antrag stellende Staatsanwaltschaft ihren Sitz hat.

4 Wenngleich in Zeiten moderner Kommunikationsmittel und aufgrund der durch ihre Komplexität bedingten Schwerfälligkeit der Maßnahme kaum vorstellbar, bedarf es für die Anordnung der Rasterfahndung durch das Gericht anders als etwa im Falle der Telekommunikations- bzw. der Wohnraumüberwachung nicht ausnahmslos eines entsprechenden Antrages der Staatsanwaltschaft. Eine einen solchen Antrag zwingend voraussetz-

---

[1] BGBl. I 3198.
[2] BT-Drs. 16/5846, 38.

zende Regelung enthält § 98b, anders als § 100b Abs. 1 S. 1 und § 100d Abs. 1 S. 1, nicht. Bei Gefahr im Verzug könnte mithin das Gericht eine Rasterfahndung unter den Voraussetzungen des § 165 mithin auch **ohne entsprechenden Antrag der Staatsanwaltschaft** anordnen.

5 **2. Eilzuständigkeit der Staatsanwaltschaft.** Bei **Gefahr im Verzug** kann die Maßnahme gemäß Abs. 1 S. 1 Hs. 2 auch von der Staatsanwaltschaft angeordnet werden. Eine Eilanordnungskompetenz auch hinsichtlich ihrer Ermittlungspersonen hat der Gesetzgeber, anders als im Fall der längerfristigen Observation in § 163f Abs. 3 S. 1, hingegen nicht vorgesehen.

6 Hat die Staatsanwaltschaft eine Eilanordnung getroffen, ist sie gemäß Abs. 1 S. 2 verpflichtet, **unverzüglich die gerichtliche Bestätigung** ihrer Anordnung herbeizuführen. Unverzüglich bedeutet ein Tätigwerden ohne schuldhaftes Verzögern, mithin sobald der Staatsanwaltschaft eine Antragsstellung ohne Vernachlässigung noch wichtigerer Dienstgeschäfte möglich und das Ermittlungsgericht wieder erreichbar ist. Eine dieser Regelung vergleichbare findet sich weder bei der Wohnraumüberwachung in § 100d Abs. 1 (hier ist der Vorsitzende zur Eilanordnung befugt), noch in den Fällen der Telekommunikationsüberwachung in § 100b Abs. 1, des Abhörens außerhalb von Wohnungen gemäß § 100f, der Erhebung von Verkehrsdaten nach § 100g bzw. des Einsatzes eines IMSI-Catchers nach § 100i. All diese Vorschriften enthalten ebenso wie Abs. 1 S. 3 „lediglich" die Regelung, dass die Eilanordnung außer Kraft tritt, wenn sie nicht binnen drei Tagen bestätigt wird.

7 Einzig im Falle der Rasterfahndung wird die Staatsanwaltschaft in S. 2 verpflichtet, die richterliche Bestätigung ihrer Eilandordnung selbst dann noch herbeizuführen, wenn für sie bereits absehbar geworden ist, dass die Maßnahme nicht über die 3-Tages-Frist hinaus durchgeführt werden soll. Vor dem Hintergrund der Tatsache, dass für die anderen Fälle von Eilanordnungen nach §§ 100b, 100f, 100g, 100i und selbst für den Fall der akustischen Wohnraumüberwachung des § 100d[3] anerkannt ist, dass die auf Grund der Eilanordnung gewonnen Erkenntnisse auch dann verwertbar bleiben, wenn eine richterliche Bestätigung der Anordnung wegen Beendigung der Maßnahme vor Ablauf der 3-Tages-Frist nicht mehr herbeigeführt wird, stellt sich die Frage nach dem Sinn der Regelung in S. 2. Dies gilt umso mehr, als auch bzgl. S. 2 die Auffassung vertreten wird, dass auf eine richterliche Bestätigung verzichtet werden kann, wenn der Ermittlungserfolg bereits vor Ablauf der 3-Tages-Frist eingetreten ist und die Maßnahme auch noch vor Ablauf dieser Frist beendet wird.[4] Bei dieser – zustimmungswürdigen – Auffassung **läuft das Gebot der unverzüglichen gerichtlichen Bestätigung des S. 2 ins Leere.** Zwar weisen die Gesetzmaterialien die Eilkompetenzzuweisung durch Abs. 1 S. 1 Hs. 2 ohne weitere Erläuterung als „beschränkte Eilkompetenz" aus.[5] Es wäre indes systemwidrig, allein im Falle der Rasterfahndung und anders als etwa im Falle der Telekommunikationsüberwachung bzw. der Wohnraumüberwachung eine Bestätigung der Eilanordnung auch für den Fall zu verlangen, dass die Maßnahme vor Ablauf der 3-Tages-Frist beendet wird.

II. Schriftform (Abs. 1 S. 4)

8 Nach Abs. 1 S. 4 hat die Anordnung schriftlich zu ergehen. Schriftlich bedeutet zum einen, dass die Anordnung nicht mündlich getroffen werden darf. Zum anderen kann aus dem Gebot der Schriftlichkeit nach dem allgemeinen Sprachgebrauch bzw. aus § 126 BGB, der die gesetzliche Schriftform regelt, nicht mehr abgeleitet werden, als dass die Anordnung einen **schriftlichen Text sowie eine eigenhändige Namensunterschrift** des Ausstellers oder ein beglaubigtes Handzeichen zu enthalten hat.

9 Dem anzuerkennenden Interesse der zur Mitwirkung Verpflichteten, Gewissheit darüber zu haben, dass die ihnen übersandte staatsanwaltschaftlichen Eilanordnung oder der richterli-

[3] BVerfG 3.3.2004 – 1 BvR 2378/98 und 1 BvR 1084/99, NJW 2004, 999 (1015).
[4] Ebenso KK- StPO/*Greven* Rn. 2.
[5] BT-Drs. 12/989, 37.

che Beschluss auch von der **zuständigen Behörde** erlassen wurde, wird durch § 25 der Geschäftsordnungsvorschriften (GOV) für die Gerichte und Staatsanwaltschaften Rechnung getragen, der weitere Anforderungen an die Schriftform stellt. Danach haben Schreiben ua die Bezeichnung der absendenden Behörde, deren Anschrift, die Geschäftsnummer sowie Telefon- und Faxnummer zu enthalten. Eine Siegelung des Originals ist nicht vorgeschrieben. Namentlich Eilanordnungen könnten mithin auch gänzlich handschriftlich abgefasst werden.

III. Inhalt der Anordnung (Abs. 1 S. 5)

Die maßnahmespezifischen inhaltlichen Anforderungen ergeben sich aus Abs. 1 S. 5 sowie § 34. Nach Abs. 1 S. 5 muss die Anordnung den zur Übermittlung Verpflichteten bezeichnen und ist inhaltlich so abzufassen, dass eine Beschränkung auf die **im Einzelfall benötigten Daten und Raster** möglich ist. 10

1. Verpflichtete. Der Verpflichtete sollte schon zur Vermeidung von durch Unklarheiten bedingten Verzögerungen so genau wie möglich benannt werden. Es darf nicht zweifelhaft sein, wer den sich aus § 98a Abs. 2–4 ergebenden Mitwirkungspflichten unterliegt und gegen wen ggf. nach § 98b Abs. 2, § 95 Abs. 2 Ordnungs- bzw. Zwangsmittel anzuordnen sind. Bei Behörden, Körperschaften des öffentlichen Rechts aber auch bei privaten Firmen ist dies stets der **Leiter** derjenigen Organisationseinheit, die die Daten in Gewahrsam hat, mithin der Amts- oder Abteilungsleiter. Verpflichtet werden kann indes stets auch der diesen übergeordnete Behördenleiter oder Firmeninhaber, der Kraft seiner dienst- bzw. arbeitsrechtlichen Weisungsbefugnis seine Mitarbeiter zur Umsetzung der Maßnahme anhalten kann. 11

Sinnvoll ist es weiter, auf der **Sachbearbeiterebene** diejenigen Personen zu ermitteln und sodann zu benennen, die für die Verwaltung und Bearbeitung der Datenbestände zuständig sind. Allein dieser Personenkreis könnte seitens der speichernden Stelle die Abgleichstelle nach Aufforderung durch die Staatsanwaltschaft unterstützen (§ 98a Abs. 4). 12

2. Daten und Prüfungsmerkmale. Das in Abs. 1 S. 5 enthaltene Gebot der Beschränkung der Maßnahme auf die für den **Einzelfall benötigten Daten** bezweckt eine Eingriffsminimierung und damit einen effektiveren Grundrechtsschutz potenziell Betroffener. Eine Beschränkung der abzugleichenden Daten empfiehlt sich indes auch aus Sicht der Strafverfolgungsbehörden. Sie reduziert regelmäßig die Anzahl der Daten, innerhalb derer die Recherche (→ § 98a Rn. 44) durchgeführt wird und damit vielfach auch den Umfang des Reports (→ § 98a Rn. 45), wodurch sich wiederum unmittelbar der von den Strafverfolgungsbehörden letztlich zu verarbeitende Datenbestand verringert. 13

Die weitere Regelung in Abs. 1 S. 5, wonach die Maßnahme auf diejenigen Prüfungsmerkmale (Raster, → § 98a Rn. 43) zu beschränken ist, die für den Einzelfall benötigt werden, dient ebenfalls dem Grundrechtsschutz, Sie begrenzt indes nicht dem Unfang der abzugleichenden Daten, sondern das Rechercheergebnis. Der Anordnende muss auf der Grundlage der bisherigen Ermittlungen die für die Rasterung benötigten **Prüfungsmerkmale so genau wie möglich bestimmen** und logisch derart miteinander verknüpfen, dass eine größtmögliche Effektivität der Recherche gewährleistet ist. Dadurch wird vielfach eine Trennung der zu übermittelten Daten von den übrigen Daten möglich, mithin deren Übermittlung entsprechend § 98a Abs. 3 entbehrlich. 14

3. Begründung. Die Anordnung der Rasterfahndung ist eine anfechtbare und deshalb nach § 34 mit Gründen zu versehende Entscheidung. Aus ihr müssen sich über den vorstehend dargelegten Inhalt hinaus und auf den **konkreten Einzelfall bezogen** ua die Tat, deren Begehung der Beschuldigte verdächtig ist sowie deren rechtliche Würdigung ergeben. Die bloße Wiedergabe des Gesetzeswortlauts reicht dabei ebenso wenig aus wie eine formelhafte und abstrakte Darstellung der verfahrengegenständlichen Tat.[6] Neben der Verdachts- 15

[6] Vgl. KK-StPO/*Maul* § 34 Rn. 5.

ist weiter die Beweislage darzulegen. Insoweit genügt regelmäßig eine kurze, zusammenfassende Darlegung der wesentlichen Beweismittel (vgl. ergänzend zu den konkreten Begründungserfordernissen § 100b Rn. 29 ff.).

IV. Schutz besonderer Amts- und Berufsgeheimnisse (Abs. 1 S. 6)

16 Nach Abs. 1 S. 6, dem lediglich ein klarstellender, deklaratorischer Charakter zukommt, darf die Übermittlung von Daten, deren Verwendung besondere bundes- oder entsprechende landesrechtliche Verwendungsregelungen entgegenstehen, nicht angeordnet werden. Hiermit sind insbesondere das Steuer-, Sozial-, Post-, Fernmelde- und Telekommunikationsgeheimnis des § 30 Abs. 1 AO, des § 35 Abs. 1 SGB I, der §§ 67d ff. SGB X, des § 39 Abs. 1 PostG sowie des § 88 Abs. 1 TKG gemeint. Der Gesetzgeber geht davon aus, dass ein **Eingriff in diese Amtsgeheimnisse nicht auf der Grundlage des § 98a** erfolgen darf.[7]

17 Unzulässig ist gemäß § 160a Abs. 1 auch jede Ermittlungsmaßnahme, die sich gegen eine der in § 53 Abs. 1 S. 1 Nr. 1, 2 oder Nr. 4 genannten Personen, einen Rechtsanwalt oder eine sonstige von § 160a Abs. 1 erfasste Person richtet. Abs. 1 S. 7 weist zudem auf die sich aus §§ 96, 97 und § 98 Abs. 1 S. 2 ergebenden Einschränkungen und **Beschlagnahmeverbote** hin.

V. Ordnungs- und Zwangsmittel (Abs. 2)

18 Kommt der Verpflichtete seiner **Aussonderungs-, Übermittlung- und Mitwirkungspflicht** nach § 98a Abs. 2–4 (→ § 98a Rn. 46, 57) nicht nach, können gegen ihn nach Abs. 2 die in § 70 bestimmten Ordnungs- und Zwangsmittel verhängt werden. Zu deren Anordnung ist grundsätzlich nur das Gericht befugt. Bei Gefahr im Verzug besteht, mit Ausnahme der ausnahmslos dem Gericht vorbehaltenen Anordnung von Haft, auch eine Eilanordnungskompetenz der Staatsanwaltschaft. Das zuständige Gericht ergibt sich für das Ermittlungsverfahren aus den §§ 162, 169. Nach Anklageerhebung ist das Gericht der Hauptsache zuständig.

VI. Maßnahmen nach Beendigung der Fahndung (Abs. 3)

19 Abs. 3 statuiert im Interesse der betroffenen Bürger einzelne **Schutzvorschriften**. Im Einzelnen handelt es sich um folgende Verpflichtungen zur Rückgabe und Löschung der personenbezogenen wie nicht personenbezogenen Daten:

20 **1. Rückgabepflicht der Daten(träger), Löschungspflicht (S. 1 und 2).** Nach Abs. 3 S. 1 sind die übersandten **Datenträger einschließlich der sich auf ihnen noch befindlichen „Daten" nach Beendigung des Abgleichs unverzüglich der jeweiligen Speicherstelle zurückzugeben.** Der materielle Regelungsgehalt dieser Vorschrift erfasst, wie ihre grammatische Auslegung auch mit Blick auf und in Abgrenzung zu S. 2 ergibt, den Datenträger, die „Hardware", einschließlich der übermittelten Daten. S. 2 hingegen regelt den Fall, dass „personenbezogene Daten" auf einen anderen Datenträger übertragen wurden, etwa per E-Mail. Sofern in S. 1 der Begriff „Daten", in S. 2 hingegen der der „personenbezogene(n) Daten" Verwendung findet, werden beide Begriffe synonym verwandt. Es ist evident, dass von dem Begriff der „Daten" in S. 1 auch, ja vorrangig personenbezogene Daten erfasst werden. Die Löschungspflicht in S. 2 erfasst auch nicht personenbezogene Daten. Auch diese sind, wenn sie nicht mehr benötigt werden, schon auf Grund allgemeiner datenschutzrechtlicher Grundsätze zu löschen.

21 § 98b enthält keine Regelung darüber, wer für die Entscheidung über die Rückgabe zuständig ist. Im Ermittlungsverfahren obliegt die Entscheidung der Staatsanwaltschaft bzw. – im Einverständnis mit dieser – der Polizei. Mit Erhebung der öffentlichen Klage geht die **Entscheidungszuständigkeit** auf das mit der Sache fasste Gericht über.

---

[7] Vgl. BT-Drs. 12/989, 37.

Nach S. 2 dürfen die **Daten hingegen so lange gespeichert werden, wie sie für das Strafverfahren benötigt werden.** Nach S. 1 müssen die Datenträger hingegen bereits wesentlich früher, nämlich unverzüglich nach Beendigung des Abgleichs, zurückgegeben werden. Im Zeitalter der modernen Kommunikationstechnik, in dem Datenträger nahezu in beliebigem Umfang zur Verfügung stehen, erscheint es verfehlt, in S. 1 allein für den physikalischen Datenträger – seine Daten dürfen nach S. 2 auf andere Speichermedien übertragen werden – eine eigenständige, restriktive Rückgabeverpflichtung zu statuieren. Vor diesem Hintergrund verwundert es nicht, wenn einzelne Stimmen in der Kommentarliteratur freilich ohne nähere Begründung die Vorschrift des S. 1 über dessen Wortlautgrenze hinaus dahingehend auslegen, dass mit der Rückgabe der Datenträger bis zur Beendigung des Strafverfahrens zugewartet werden könne.[8] 22

Die Löschungsregelung des S. 2 ist durch § 101 Abs. 8 S. 1 **überflüssig** geworden. Diese Vorschrift bestimmt für alle von ihr erfassten Maßnahmen, wozu gemäß § 101 Abs. 1 auch die Rasterfahndung nach § 98a gehört, ebenfalls, dass sämtliche personenbezogenen Daten unverzüglich zu löschen sind, sobald die Daten für Zwecke der Strafverfolgung nicht mehr erforderlich sind (→ § 101 Rn. 95 ff.). 23

2. Kennzeichnungspflicht (§ 101 Abs. 3 S. 1). Gemäß § 101 Abs. 3 S. 1, der nach seinem Abs. 1 S. 1 auch auf Maßnahmen der Rasterfahndung Anwendung findet, sind sämtliche durch diese Maßnahmen erlangten personenbezogenen Daten zu **kennzeichnen** (zu Sinn und Zweck der Kennzeichnungspflicht vgl. § 101). 24

VII. Benachrichtigungspflichten (Abs. 4, § 101 Abs. 4 S. 1 Nr. 1)

Nach Beendigung der Maßnahme ist gemäß Abs. 4 der zuständige **Datenschutzbeauftragte** zu benachrichtigen. Des Weiteren sind nach § 101 Abs. 4 S. 1 Nr. 1 die Personen zu benachrichtigen, gegen die nach Auswertung der Daten weitere Ermittlungen geführt, die mithin von weiteren strafprozessualen Maßnahmen betroffen wurden. 25

1. Datenschutzbeauftragte (Abs. 4). Da die Maßnahme der Rasterfahndung als Prozess der massenhaften Verarbeitung von Daten regelmäßig auch die Daten einer großen Anzahl unbeteiligter Personen erfasst und diese dadurch möglicherweise in einen „strafrechtlichen Kontrollprozess"[9] geraten können, ist nach Beendigung der Maßnahme der Datenschutzbeauftragte zu unterrichten. Dessen ihm nach dem Datenschutzgesetz zugewiesene Aufgabe erfährt durch Abs. 4 keine Erweiterung. Dem Datenschutzbeauftragten steht insbesondere kein Prüfungsrecht zu, ob die Maßnahme in strafprozessualer Hinsicht rechtmäßig war.[10] Aufgabe des Datenschutzbeauftragten ist vielmehr, auf die **Einhaltung des Datenschutzgesetzes** des Bundes bzw. des betreffenden Landes sowie auf die anderer Vorschriften des Datenschutzes hinzuwirken. Eine solch andere Vorschrift des Datenschutzes ist in Abs. 3 S. 2 enthalten. Ihre Einhaltung obliegt somit ebenfalls der Kontrolle des Datenschutzbeauftragten. 26

Die Unterrichtung des Datenschutzbeauftragten dürfte indes nicht stets und namentlich dann nicht „nach Beendigung der Maßnahme" zu veranlassen sein, wenn noch weitere verdeckte Ermittlungen durchgeführt werden. In diesen Fällen besteht ein berechtigtes Interesse an der **weiteren Geheimhaltung der Ermittlungen.** Berücksichtigt man weiter, dass den Strafverfolgungsbehörden durch S. 2 ein Beurteilungsspielraum dahingehend eingeräumt wird, ob bzw. für wie lange die personenbezogenen Daten für das Strafverfahren noch benötigt werden, erscheint es in Abwägung der berechtigten Interessen des Datenschutzes mit denen einer geordneten und damit auch effektiven Strafverfolgung gut vertretbar, den Datenschutzbeauftragten frühestens mit Übergang in die sogenannte offene Ermittlungsphase zu unterrichten. 27

---

[8] Vgl. KK-StPO/*Greven* Rn. 8 und ihm folgend *Meyer-Goßner,* Rn. 6.

[9] BT-Drs. 12/989, 57.

[10] So auch *Hilger* NStZ 1992, 457 ff. (Fn. 74).

28 **2. Von weiteren Ermittlungen betroffene Personen.** Diejenigen Personen, gegen die nach Auswertung der Daten weitere Ermittlungen geführt werden, sind gemäß § 101 Abs. 4 S. 2 über die Maßnahme zu unterrichten und auf die **Möglichkeit des nachträglichen Rechtsschutzes** nach § 101 Abs. 7 und die dafür vorgesehene Frist (bis zu zwei Wochen nach ihrer Benachrichtigung, § 101 Abs. 7 S. 2) hinzuweisen.

VIII. Beweisverwertung

29 Für die Frage der Beweisverwertung (→ § 100a Rn. 174 ff.) ist es von entscheidender Bedeutung, ob sich die betreffenden Erkenntnisse auf **dieselbe oder aber auf eine andere Tat** im prozessualen Sinne beziehen. Insofern sei Folgendes angemerkt:

30 **1. Hinsichtlich derselben Straftat.** Durch die Rasterfahndung erlangte Erkenntnisse, die sich auf die verfahrensgegenständliche Tat im prozessualen Sinne beziehen, können sowohl als weiterer Ermittlungsansatz als auch als Beweismittel verwendet werden. Insoweit gibt es **keine Beschränkungen.** Die Erkenntnisse bleiben selbst dann verwertbar, wenn sich nachträglich herausstellt, dass der der Anordnung der Maßnahme zugrunde liegende historische Lebenssachverhalt letztlich „nur" unter einen anderen Tatbestand, nicht indes unter einen der im Straftatenkatalog des § 98a Abs. 1 S. 1 Nr. 1 bis 6 enthaltenen Straftatbestände subsumiert werden kann.

31 Verwertbar sind auch Erkenntnisse, die zwar den Verdacht einer anderen Straftat als der des Katalogs nach § 98a begründen, diese Nichtkatalogtat indes mit einer Katalogtat im **Zusammenhang** steht. Eine solche Zusammenhangstat läge etwa vor, wenn diese mit der Katalogtat in Idealkonkurrenz gemäß § 52 StGB verbunden wäre bzw. wenn zwischen beiden Taten Tatidentität iSv § 264 bestünde.[11]

32 **2. Hinsichtlich einer anderen Straftat.** Ergeben sich bei Gelegenheit der Rasterfahndung Hinweise auf eine andere prozessuale Tat, so werden diese als „**Zufallserkenntnisse**" bezeichnet.[12] Die Verwertbarkeit solcher Erkenntnisse bemisst sich nach § 477 Abs. 2 S. 2. Danach dürfen durch die Rasterfahndung erlangte personenbezogene Daten ohne Einwilligung der von der Maßnahme betroffenen Personen zu Beweiszwecken in anderen Strafverfahren nur zur Aufklärung solcher Straftaten verwendet werden, zu deren Aufklärung eine Rasterfahndung ebenfalls hätte angeordnet werden können. Mit dem Begriff „andere Strafverfahren" iSd § 477 Abs. 2 S. 2 ist eine andere prozessuale Tat gemeint. Zu Beweiszwecken dürfen die Erkenntnisse mithin verwertet werden, sofern sich der neu bekannt gewordene Sachverhalt unter den Straftatenkatalog des § 98a Abs. 1 S. 1 Nr. 1 bis 6 subsumieren lässt.

33 **3. Präventivrechtliche Aspekte.** Durch eine Maßnahme der Rasterfahndung erlangte personenbezogene Daten dürfen ohne Einwilligung der von der Maßnahme betroffenen Personen **für präventive Zwecke** gemäß § 477 Abs. 2 S. 3 zur Abwehr einer erheblichen Gefahr für die öffentliche Sicherheit verwendet werden.

34 Personenbezogene Daten **aus präventiven Maßnahmen dürfen** ohne Einwilligung der von der Maßnahme betroffenen Personen gemäß § 161 Abs. 2 zu Beweiszwecken im Strafverfahren zur Aufklärung solcher Straftaten verwendet werden, zu deren Aufklärung eine solche Maßnahme auch nach diesem Gesetz hätte angeordnet werden können. Auch der Vorschrift des § 161 Abs. 2 liegt somit der Gedanke des sogenannten hypothetischen Ersatzeingriffs zugrunde.

35 Mit der Beschränkung der Verwertungsmöglichkeit „zu Beweiszwecken" wollte der Gesetzgeber klarstellen, dass personenbezogenen Daten, die durch andere – nicht strafprozessuale – Maßnahmen gewonnen wurden, als **Spurenansatz** ohne jedwede Beschränkung verwendet werden können.[13]

---

[11] BGH 18.3.1999 – 5 StR 693, NStZ 1998, 426 (427).
[12] Vgl. *Meyer-Goßner* § 100a Rn. 34.
[13] BT-Drs. 16/5846, 64.

B. Rechtsbehelfe

Personen, die durch Maßnahmen nach § 98a beschwert sind, stehen abhängig davon, wer die Maßnahme angeordnet hat und in welchem Stadium sich das Verfahren befindet, **unterschiedliche Rechtsbehelfe** zur Verfügung. 36

I. Eilanordnung der Staatsanwaltschaft

§ 98b sieht die Möglichkeit der Anrufung des Gerichts nach **§ 98 Abs. 2 S. 2** gegen Eilanordnungen der Staatsanwaltschaft nicht vor. Die Vorschrift ist indes entsprechend anwendbar.[14] Der Verpflichtete auf Seiten der Speicherstelle kann mithin einen Antrag auf gerichtliche Entscheidung stellen. Die Verfasser des Gesetzentwurfs haben sich bei der Fassung der §§ 98a, 98b an den Vorschriften der §§ 94 ff. orientiert und darauf verwiesen, dass diese „entsprechend anwendbar" seien.[15] Anträge auf gerichtliche Entscheidungen sind weder frist- noch formgebunden. Ein als „Beschwerde" bezeichneter Rechtsbehelf ist in einen solchen Antrag umzudeuten. Durch die Statthaftigkeit des Antrages auf gerichtliche Entscheidung wird gemäß § 23 Abs. 3 EGGVG der Rechtsweg nach §§ 23 ff. EGGVG ausgeschlossen. 37

II. Richterliche Anordnung

Gegen richterliche Anordnungen stehen **unterschiedliche Rechtsschutzmöglichkeiten** zur Verfügung. 38

Personen, die von einer Rasterfahndung dadurch betroffen wurden, dass deren Daten „errastert", den Strafverfolgungsbehörden übermittelt und von diesen ausgewertet wurden, ohne dass indes danach gegen sie weitere Ermittlungen geführt wurden (§ 101 Abs. 4 S. 1 Nr. 1), steht die einfache **Beschwerde nach § 304** zur Verfügung. Dies in Ausnahmefällen selbst dann, wenn die Maßnahme zwar bereits vollzogen ist, wodurch eine gegenwärtige Beschwer entfallen sein könnte, sodass die Beschwerde eigentlich unzulässig wäre, eine Beschwer jedoch gleichwohl deshalb noch anzuerkennen ist, weil die Gefahr der Wiederholung besteht oder der Betroffene ein berechtigtes Feststellungsinteresse hat. Nach der Rspr. des BVerfG[16] ist eine Beschwer ferner stets dann anzuerkennen, wenn ein tiefgreifender, tatsächlich aber nicht mehr fortwirkender Grundrechtseingriff erfolgte und die direkte Belastung durch den angegriffenen Hoheitsakt sich nach dem typischen Verfahrensablauf auf einen so kurzen Zeitraum beschränkte, innerhalb dessen der Betroffene eine gerichtliche Entscheidung nicht erlangen konnte. 39

Betroffenen, gegen die nach Auswertung der Daten weitere Ermittlungen geführt wurden, steht als lex specialis der **Rechtsbehelf nach § 101 Abs. 7 S. 2 bis 4** iVm § 101 Abs. 4 S. 1 Nr. 1 zu. Dabei ist es gleichgültig, ob sich der Rechtsbehelf gegen eine richterliche oder staatsanwaltschaftliche Anordnung richtet oder ob die Anordnung als solche oder aber lediglich die Art und Weise ihres Vollzuges beanstandet wird. 40

C. Revision

Die Revision kann auf einen Verstoß gegen § 98b gestützt werden.[17] So kann mit der Verfahrensrüge beanstandet werden, dass durch die Strafverfolgungsbehörden vorsätzlich der Richtervorbehalt des Abs. 1 S. 1 umgangen wurde und das Tatgericht die aus der Rasterfahndung erlangten Daten trotz Widerspruchs in einer den Schuldspruch tragenden Weise verwertet hat. Freilich ist in diesem Zusammenhang darauf hinzuweisen, dass das 41

---

[14] Vgl. *Meyer-Goßner* Rn. 9; Löwe/Rosenberg/*Schäfer* Rn. 31.
[15] BT-Drs. 12/989, 36.
[16] BVerfG 30.4.1997 – 2 BvR 817/90, NJW 1997, 2163 ff.
[17] Missverständlich insoweit *Meyer-Goßner* Rn. 12.

Ergebnis der Rasterfahndung **nur selten ein selbstständiges Beweismittel** darstellt, die Maßnahme vielmehr häufig dazu dient, „schon vorhandene oder rechtmäßig erhebbare Daten und deren Zusammenhang durch den effektiveren maschinellen Abgleich transparent(er) zu machen“.[18]

§ 98c [Datenabgleich zur Aufklärung einer Straftat]

[1]Zur Aufklärung einer Straftat oder zur Ermittlung des Aufenthaltsortes einer Person, nach der für Zwecke eines Strafverfahrens gefahndet wird, dürfen personenbezogene Daten aus einem Strafverfahren mit anderen zur Strafverfolgung oder Strafvollstreckung oder zur Gefahrenabwehr gespeicherten Daten maschinell abgeglichen werden. [2]Entgegenstehende besondere bundesgesetzliche oder entsprechende landesgesetzliche Verwendungsregelungen bleiben unberührt.

Schrifttum: *Bernsmann/Jansen,* Heimliche Ermittlungsmethoden und ihre Kontrolle – Ein systematischer Überblick, StV 1998, 217; *Hassemer,* Stellungnahme zum Entwurf eines Gesetzes zur Bekämpfung des illegalen Rauschgifthandels und anderer Erscheinungsformen der organisierten Kriminalität, KJ 1992, 64; *Siebrecht,* Ist der Datenabgleich zur Aufklärung einer Straftat rechtmäßig?, StV 1996, 566; *Witting,* Schleppnetzfahndung, Rasterfahndung und Datenabgleich, JuS 1997, 961.

Übersicht

A. Überblick

I. Entstehungsgeschichte der Norm

1 Die Vorschrift wurde durch das Gesetz zur Bekämpfung des illegalen Rauschgifthandels und anderer Erscheinungsformen der organisierten Kriminalität (OrgKG)[1] vom 15.7.1992 in die StPO eingeführt. Sie hat seit dieser Zeit trotz berechtigter Kritik[2] keine Veränderung erfahren und muss als **gesetzestechnisch missglückt** bezeichnet werden.

2 **1. Traditionelles Normverständnis. a) De lege lata.** Die Vorschrift enthält weder eine Konkretisierung des Tatverdachts noch eine Beschränkung auf bestimmte Straftatbestände oder eine Subsidiaritätsklausel. Dieser Normzustand dürfte auf die Tatsache zurück-

[18] So zutreffend KK-StPO/*Greven* Rn. 16.
[1] BGBl. I 1302.
[2] *Siebrecht* StV 1996, 566; *Hassemer* KJ 1992, 64.

zuführen sein, dass der Maßnahme vom Gesetzgeber keine Eingriffsqualität beigemessen worden war. So wird in den Materialien ausgeführt, die Vorschrift regele „die Zulässigkeit des maschinellen Abgleichs von Daten, die **in einem Strafverfahren durch die in der Strafprozessordnung geregelten Maßnahmen erhoben worden sind, mit Daten, in deren Besitz die Strafverfolgungsbehörden gelangt sind**".[3] Indes erfolgt die Besitzerlangung dieser Daten vielfach durch strafprozessuale Maßnahmen mit Eingriffscharakter, in Einzelfällen freilich auch auf rechtsgeschäftlicher Grundlage (Bsp.: CDs von Steuersündern).

Der historische Gesetzgeber vertrat danach offenbar die Auffassung, bei der Verwendung grundrechtlich geschützter personenbezogener Daten komme allein dem Beschaffen von Daten, mithin deren Erhebung (vgl. § 3 Abs. 2 BDSG), nicht hingegen der weiteren Verarbeitung, sprich ua dem Speichern und Übermitteln (vgl. § 3 Abs. 4 BGSG) ein **Eingriffscharakter** zu. Auch der moderne(re) Gesetzgeber scheint diese Auffassung jedenfalls noch am 21.12.2007 bei der Verkündung des Gesetzes zur Neuregelung der Telekommunikationsüberwachung und anderer verdeckter Ermittlungsmaßnahmen vertreten zu haben.[4] Er hat die Vorschrift des § 98c nicht in § 101 mit aufgenommen, in der er für die übrigen verdeckten Ermittlungsbefugnisse einheitlich ua Kennzeichnungs- und Benachrichtigungspflichten geregelt hat.[5] 3

b) Auffassung der Literatur. In der Kommentarliteratur wird die Auffassung vertreten, § 98c sei lediglich eine **allgemeine Ermittlungsmaßnahme** ohne Eingriffscharakter. Während einzelne Autoren[6] diese Auffassung explizit vertreten, teilen andere[7] diese Auffassung wohl unausgesprochen. Nur so lässt es sich jedenfalls erklären, dass diese Autoren Aspekte des Rechtsschutzes, deren Erörterung sich bei Maßnahmen mit Eingriffscharakter förmlich aufdrängen würde, im Zusammenhang mit § 98c nicht thematisieren. Vereinzelt wird in Periodika – indes ohne dogmatische Herleitung – auch die Auffassung vertreten, der Maßnahme des Datenabgleichs komme eine nur geringe Eingriffsqualität zu.[8] 4

2. Eingriffsdogmatik des BVerfG. Entsprechend der modernen, **an der Rspr. des BVerfG orientierten Eingriffsdogmatik** kommt nicht nur der Erhebung, sondern auch der weiteren Verarbeitung personenbezogener Daten ein Eingriffscharakter zu. So hat der Erste Senat des BVerfG in seinem Urteil vom 14.7.1999[9] anlässlich der Auslegung von Art. 10 GG ausgeführt, dieses Grundrecht entfalte seinen Schutz nicht nur gegenüber staatlicher Kenntnisnahme von Fernmeldekommunikationen, die die Beteiligten für sich behalten wollen. Der Schutz von Art. 10 GG erstrecke sich darüber hinaus auch auf den Informations- und **Datenverarbeitungsprozess, der sich an die Kenntnisnahme der geschützten Kommunikationsvorgängen anschließe** sowie den weiteren Gebrauch, der von den erlangten Erkenntnissen gemacht werde.[10] Im Folgenden hat der Senat hinsichtlich der weiteren Verarbeitung der Daten ausgeführt, die Schwere eines solchen Eingriffs ergebe sich daraus, dass in der Übermittlung der personenbezogenen Daten eine erneute Durchbrechung des Fernmeldegeheimnisses liege. Diese könne eine noch größere Beeinträchtigung als der Ersteingriff zur Folge haben kann. Die Wirkung der Datenübermittlung erschöpfe sich nicht in der Ausweitung des Personenkreises, der von den Telekommunikationsumständen und –inhalten Kenntnis erhalte. An die Kenntnisnahme könnten sich vielmehr noch weitere Maßnahmen anschließen.[11] 5

Diese Grundsätze gelten nicht nur für den tiefgreifenden Eingriff in Art. 10 GG. Sie finden, wie das BVerfG bereits in seinem „**Volkszählungsurteil**" v. 15.12.1983 festgestellt 6

[3] BT-Drs. 12/989.
[4] BGBl. I 3198.
[5] Vgl. BT-Drs. 16/5845, 57.
[6] Vgl. Löwe/Rosenberg/*Schäfer* Rn. 17.
[7] KK-StPO/Greven Rn. 1; KMR-StPO/*Jäger* 1 f.; *Pfeiffer* 1.
[8] Ebenso *Bernsmann/Jansen* StV 1998, 217 (222).
[9] BVerfG 14.7.1999 – 1 BvR 2226/94, 1 BvR 2420/95 u. 1 BvR 2437/95, NJW 2000, 55.
[10] BVerfG 14.7.1999 – 1 BvR 2226/94, 1 BvR 2420/95 u. 1 BvR 2437/95, NJW 2000, 55 (57).
[11] BVerfG 14.7.1999 – 1 BvR 2226/94, 1 BvR 2420/95 u. 1 BvR 2437/95, NJW 2000, 55 (65).

hat, auch auf Eingriffe in das allgemeine Persönlichkeitsrecht des Art. 2 Abs. 1 GG iVm Art. 1 Abs. 1 GG Anwendung.[12]

7 **3. § 98c als Eingriffstatbestand.** Nach den vorstehenden Ausführungen kommt auch der Maßnahme des maschinellen Datenabgleichs nach § 98c stets dann ein Eingriffscharakter zu, wenn, gleich ob bei der Verwendung von Maßnahme- (→ Rn. 13 ff.) oder Abgleichdaten (→ Rn. 18 ff.), im Rahmen der Datenabgleichs auf solche **Daten zugegriffen wird, die ihrerseits zuvor durch eine Eingriffsmaßnahme erhoben worden waren.** Zwar bildet auch in diesen Fällen § 98c lediglich die Rechtsgrundlage für den maschinellen Abgleich der personenbezogenen Daten. Der sich an die Erhebung anschließende Verarbeitungsprozess, mithin der Vorgang des eigentlichen Abgleichs, stellt in diesen Fällen jedoch einen erneuten Eingriff dar.

8 Die Vorschrift ist daher **entsprechend verfassungskonform auszulegen.**[13] Eingriffscharakter dürfte der Maßnahme des § 98c auch hinsichtlich der Verarbeitung solcher personenbezogener Daten zukommen, die den Strafverfolgungsbehörden freiwillig, indes nicht zum Zwecke eines maschinellen Datenabgleichs übergeben wurden.

II. Rechtstatsachen

9 Der maschinelle Datenabgleich spielt im Zeitalter der elektronischen Datenverarbeitung auch in der strafprozessualen Praxis eine geradezu **herausragende Rolle.** Bestätigende statistische Daten stehen insoweit indes – soweit erkennbar – nicht zur Verfügung. In gerichtlichen Entscheidungen bzw. der Lit. spiegelt sich diese Praxisrelevanz freilich nicht wider. Weil der Maßnahme des § 98c keine Eingriffsrelevanz zuerkannt wird, sie in Folge dessen keine verfahrensrechtlichen Regularien enthält und ihre Durchführung deshalbvielfach wenn nicht gar regelmäßig nicht dokumentiert wird, führt sie jedenfalls wahrnehmungsmäßig ein Schattendasein.

B. Erläuterung

I. Regelungsinhalt des § 98c S. 1

10 § 98c S. 1 gestattet den Strafverfolgungsbehörden im Falle der Fahndung nach einer Person den internen **maschinellen Abgleich** zwischen denjenigen Daten, die in einem Strafverfahren (Verfahrensdaten) mittels der unterschiedlichsten, von der StPO zugelassenen Maßnahmen erhoben wurden mit weiteren Daten, die zur Strafverfolgung, Strafvollstreckung oder zur Gefahrenabwehr gespeichert sind (Abgleichsdaten).

II. Gegenstand der Eingriffsbefugnis

11 **1. Personenbezogene Daten.** Bei den mit anderen gespeicherten Daten abzugleichenden Verfahrensdaten muss es sich, soll die Maßnahme als Datenabgleich iSd § 98c zu qualifizieren sein, ebenso wie bei § 98a Abs. 1 S. 1 um personenbezogene Daten handeln. Auch hier ist zur Begriffsbestimmung auf das Datenschutzgesetz und dessen in § 3 Abs. 1 BDSG enthaltene Definition zurückzugreifen. Danach unterfallen dem Begriff der personenbezogenen Daten alle **Einzelangaben über persönliche oder sachliche Verhältnisse einer bestimmten oder aber bestimmbaren natürlichen Person.**

12 Mit der Verarbeitung personenbezogener Daten im Rahmen des maschinellen Datenabgleichs erfolgt ein Eingriff in grundrechtlich geschützte Positionen, nämlich in das **Recht auf informationelle Selbstbestimmung,** welches aus dem allgemeinen Persönlichkeitsrecht des Art. 2 Abs. 1 GG iVm Art. 1 Abs. 1 GG abgeleitet wird. Wird im Rahmen des Datenabgleichs

[12] BVerfG 15.12.1983 – 1 BvR 209/83, NJW 1984, 419.
[13] So auch KMR/*Jäger* Rn. 4; aA *Hassemer* KJ 1992, 64 (71).

auf weitere Daten zurückgegriffen, die ihrerseits zuvor durch Eingriffe in andere grundrechtlich geschützte Positionen, etwa einen Eingriff in Art. 10 GG erfolgten, so wird mit der Maßnahme auch in dieses Grundrecht – abermals – eingegriffen. Das BVerfG legt Art. 10 dahingehend aus, dass nicht nur die Erhebung von Telekommunikationsdaten, sondern auch deren anschließende Verwendung einen weiteren Eingriff in dieses Grundrecht darstellt.[14]

2. Daten aus dem Maßnahmeverfahren (Maßnahmedaten). Mit „Daten aus einem Strafverfahren" sind ausschließlich die Daten desjenigen Strafverfahrens gemeint, aus dem heraus die Maßnahme durchgeführt wird (Maßnahmeverfahren). Die Vorschrift gestattet mithin allein einen Abgleich zwischen den Daten dieses **Maßnahmeverfahrens** mit zu Zwecken der Strafverfolgung, Strafvollstreckung oder Gefahrenabwehr gespeicherten Daten (Abgleichdaten). Bei diesen Abgleichdaten kann es sich um Daten eines anderen Ermittlungs- bzw. eines Vollstreckungsverfahrens oder um Daten aus einer Maßnahme der Gefahrenabwehr handeln. Nicht von § 98c erfasst sein dürfte ein Abgleich personenbezogener Daten allein zwischen den Daten zweier **Abgleichverfahren** für Zwecke des Maßnahmeverfahrens. 13

a) Straftat des Maßnahmeverfahrens. Gleichgültig ist, welcher Straftat der Beschuldigte verdächtig ist. Es muss sich weder um eine besonders schwere wie bei § 100c bzw. um eine schwere Straftat des in § 100a Abs. 2 enthaltenen Katalogs noch um eine solche von erheblicher Bedeutung wie bei § 100g handeln. Es genügt vielmehr, dass gegen den Beschuldigten des Maßnahmeverfahrens ein Anfangsverdacht nach Maßgabe des § 152 Abs. 2 **hinsichtlich irgendeiner Straftat** besteht. 14

b) Maßnahmedaten. Der Gesetzgeber[15] hatte hinsichtlich der **Daten des Maßnahmeverfahrens**, die mit denen des Abgleichverfahrens maschinell abgeglichen werden sollen, insbesondere die zuvor im Maßnahmeverfahren erhobenen Daten der Einwohnermeldeämter im Blick. Die Meldebehörden sind nach § 18 des Melderechtsrahmengesetzes (MRRG) berechtigt, den Strafverfolgungsbehörden ua Namen, Geburtsdatum, Geschlecht und vor allem die gegenwärtige oder frühere Anschrift zu übermitteln. Zu denken ist auch an die Daten des Kraftfahrt-Bundesamtes oder durch die Ermittlungsbehörden unmittelbar generierte Daten. 15

Auf welche Art und Weise bzw. auf welcher **Rechtsgrundlage** diese selbst- oder fremdgenerierten Daten vor dem Abgleich durch die Strafverfolgungsbehörden erhoben wurden, ist gleichgültig. Maßnahmen der Datenerhebung sind auch die Vernehmung von Zeugen gemäß §§ 48 ff., die Einholung von Sachverständigengutachten nach §§ 72 ff., die Beschlagnahme gemäß §§ 94 ff., die Durchsuchung beim Unverdächtigen nach Maßgabe der §§ 103, 104 ff. sowie die auf die Aufgabengeneralklausel der §§ 161, 163 gestützten Auskunftsersuchen. 16

Während Maßnahmen nach §§ 161, 163 vielfach nicht mit Eingriffen in Grundrechte des Beschuldigten einhergehen, sind andere Maßnahme der Datenerhebung hingegen mit tiefgreifenden Grundrechtseingriffen verbunden und deshalb nur beim Verdacht bestimmter, **schwerer Straftaten** zulässig. Zudem können die Maßnahmedaten durch offen geführte Ermittlungen, wie etwa die Durchsuchung nach den §§ 102, 104 ff. oder aber ohne Wissen des Betroffenen durch verdeckt geführte Ermittlungsmaßnahme wie die Telekommunikationsüberwachung nach §§ 100a, 100b oder die längerfristige Observation gemäß § 163f erhoben worden sein. 17

3. Abgleichdaten. a) Arten von Abgleichdaten. Die anderen zum Zwecke der **Strafverfolgung, Strafvollstreckung und Gefahrenabwehr** gespeicherten Daten können in den Datenbanken verschiedenster Bundes- bzw. Landesbehörden gespeichert sein. Es muss sich indes um Daten handeln, die zu einem der drei vorgenannten Zwecke gespeichert werden. 18

Daten der **Strafverfolgung** können solche aus anderen Ermittlungsverfahren bzw. Daten aus Fahndungsdateien[16] sein. Namentlich in Fahndungsdateien sind immer wieder Daten enthalten, die zuvor durch eingriffsintensive Maßnahmen wie die der Telekommunikations- 19

---

[14] Vgl. BVerfG 14.7.1999 – 1 BvR 2226/94, 1 BvR 2420/95, 1 BvR 1437/95, NJW 2000, 55.
[15] Vgl. BT-Drs. 12/989, 38.
[16] *Witting* JuS 1997, 961 (970).

überwachung nach § 100a gewonnen wurden. So lässt § 100a Abs. 1 S. 1 diese Maßnahme ausdrücklich zur Ermittlung des Aufenthalts eines Beschuldigten zu und werden insbesondere bei gezielten Fahndungsmaßnamen, die auch als „Zielfahndung" bezeichnet werden, vielfach ebenso viele Überwachungsanordnungen nach § 100a getroffen wie zur Aufklärung der eigentlichen Straftat.

20 Daten zum Zwecke der **Strafvollstreckung** werden bei den Staatsanwaltschaften und in den Justizvollzugsanstalten gespeichert.

21 Daten, die zu Zwecken der **Gefahrenabwehr** gespeichert werden, finden sich in den Dateien der Bundes- und Landespolizeien. Diese verfügen über unterschiedliche Datensysteme, die ua der Vorgangsbearbeitung, der Information sowie der Fahndung dienen. Gemeinsame Grundlage der polizeilichen Dateien ist INPOL-neu als länderübergreifendes Verbundsystem mit INPOL-zental für das Bundeskriminalamt und INPOL-Land für die einzelnen Bundesländer, durch die das System auch als POLAS bezeichnet wird. An INPOL-neu ist auch der Zoll angeschlossen. Es dient vorrangig als Informations-, Recherche- und Fahndungssystem. In ihm werden ua Personaldaten, Daten zu aktuellen wie abgeschlossenen Ermittlungs- und Strafverfahren und verhängten Freiheitsstrafen bzw. verbüßten Haftzeiten gespeichert.

22 **b) Verwendungsbeschränkungen.** § 98c enthält keine ausreichend klaren Verwendungsvorschriften.[17] Damit ist nicht die Regelung in S. 2 und dessen Hinweis auf die besonderen bundes- oder landesgesetzlichen Verwendungsregelungen gemeint (→ Rn. 34 f.). In den Blick zu nehmen ist vielmehr die Tatsache, dass die StPO für viele strafprozessuale Maßnahmen **Eingriffsbeschränkungen** wie etwa den Verdacht einer bestimmten, schweren oder gar besonders schweren Straftat vorsieht, um mittels dieser Maßnahmen überhaupt personenbezogene Daten erheben zu dürfen.

23 Diese Eingriffsschranken sind nach der eingangs dargelegten Rspr. des BVerfG (→ Rn. 5) nicht nur bei der Erhebung, sondern **auch bei der weiteren Verwendung** der Daten zu beachten. Da § 98c indes keine ausdrückliche Verwendungsregelung enthält, ist die Vorschrift verfassungskonform dahingehend auszulegen, dass auf personenbezogene Daten im Rahmen eines Datenabgleichs nur zugegriffen werden darf, wenn die Voraussetzungen für ihre – vorausgegangene – Erhebung auch im Maßnahmeverfahren, mithin in dem Verfahren vorliegen, in dem der maschinelle Datenabgleich durchgeführt werden soll.

24 **4. Betroffener der Maßnahme.** Betroffene der Maßnahme sind all diejenigen Personen, **deren personenbezogene Daten verarbeitet werden**. Dabei ist es gleichgültig ist, ob ihre Daten aus dem Strafverfahren stammen, aus dem heraus die Maßnahme veranlasst wird (Maßnahmedaten), oder ob sie Bestandteil der „anderen zur Strafverfolgung oder Strafvollstreckung oder zur Gefahrenabwehr gespeicherten Daten" (Abgleichdaten) sind.

25 Zu Kreis der Betroffenen gehört damit auch diejenige **Person,** „nach der für Zwecke eines Strafverfahrens gefahndet wird". Dies muss nicht stets der Beschuldigte sein. Der Gesetzgeber hat durch die evident bewusste Verwendung des Begriffs der „Person" die Möglichkeit eröffnen wollen, für Zwecke eines Strafverfahrens auch nach solchen Personen zu fahnden, bzgl. deren lediglich ihr Aufenthaltsort ermittelt werden soll. Hierbei kann es sich auch um einen Zeugen oder Sachverständigen handeln.[18]

III. Eingriffsvoraussetzungen

26 Der maschinelle Datenabgleich des § 98c darf nur zur **Aufklärung einer Straftat** oder zur **Ermittlung des Aufenthaltes einer Person,** nach der für Zwecke des Strafverfahrens gefahndet wird, durchgeführt werden.

27 **1. Fahndung.** Fahndung iSd S. 1 ist zunächst entsprechend dem allgemeinen Sprachgebrauch als die **Suche nach einer Person** zu verstehen. Zur Art und Weise dieser Personen-

[17] *Siebrecht* StV 1996, 566 (567).

[18] Ebenso Löwe/Rosenberg/*Schäfer* Rn. 4; *Graf/Ritzert* Rn. 1; Meyer-Goßner Rn. 2.

fahndung enthält die Vorschrift keine weitergehenden Regelungen. Daher ist es insbesondere nicht erforderlich, dass gegen die gesuchte Person ein Haftbefehl besteht oder sonstige förmliche Maßnahmen wie etwa die Niederlegung eines Suchvermerks zur Feststellung des Aufenthalts einer Person nach § 27 BZRG bereits veranlasst wurden. Maßnahmen nach § 98c zum Zwecke der Ermittlung des Aufenthalts können im Einzelfall unter Umständen gar den Erlass eines Haftbefehls entbehrlich machen.

Dem Zweck **„Ermittlung des Aufenthaltsortes"** dürfte gegenüber dem Begriff der Fahndung („gefahndet") keine eigenständige Bedeutung beizumessen sein. 28

2. Aufklärung einer Straftat. Zur Aufklärung einer Straftat erfolgen alle Maßnahmen, die der **Erforschung des Sachverhalts iSd § 160 Abs. 1,** mithin zur Entschließung darüber dienen, ob bzw. gegen wen die Staatsanwaltschaft öffentliche Klage erhebt oder aber ob sie das Verfahren einstellt. 29

3. Verhältnismäßigkeit der Maßnahme. Wie jedes staatliche Handeln muss auch der automatisierte Datenabgleich des § 98c im Hinblick auf den **allgemeinen Verhältnismäßigkeitsgrundsatz** zur Zweckerreichung geeignet und erforderlich sein.[19] Diesem Gesichtspunkt kommt hier besondere Bedeutung zu, weil die Maßnahme ohne Bindung an einen Straftatenkatalog und ohne Einschränkung durch eine Subsidiaritätsregelung zulässig sein soll, obwohl mit ihrem Vollzug regelmäßig Grundrechtseingriffe einhergehen. 30

Weiter bleibt anzumerken, dass mit dem Zugriff auf sämtliche zum Zwecke der Gefahrenabwehr gespeicherten personenbezogenen Daten zum Zwecke des Abgleichs mit den Verfahrensdaten eine Nutzung der gefahrenabwehrrechtlichen Daten zu strafprozessualen Zwecken und damit zu anderen als den Erhebungszwecken erfolgt. Hierfür gilt seit dem Volkszählungsurteil[20] des BVerfG, dass **eine solche Umwidmung einen Eingriff in das Recht auf informationelle Selbstbestimmung** darstellt. 31

4. Formelle Aspekte. Verfahrensrechtlich steht eine Anordnung nach § 98c **weder unter Richtervorbehalt noch bedarf sie der Schriftform.** Es empfiehlt sich jedoch aus Gründen der Rechtssicherheit stets, die Maßnahme schriftlich anzuordnen bzw. Inhalt und Umfang einer zunächst mündlich erteilten Anordnung nachträglich in den Akten zu vermerken. 32

IV. Entgegenstehende Verwendungsregelungen (S. 2)

Nach der Regelung in S. 2 bleiben die dem maschinellen Datenabgleich entgegenstehenden besonderen bundes- oder landesgesetzlichen Verwendungsregelungen unberührt, sind mithin zu beachten. Derartige Regelungen sind auch in der StPO enthalten, solche **zugunsten des Beschuldigten** etwa in den §§ 136a und 148, solche **zugunsten von Zeugen** ua in den §§ 52, 252. Weitere Verwendungsregelungen ergeben sich aus § 477 Abs. 2 S. 2 in Verbindung mit den verschiedenen, etwa in §§ 100a, 100c enthaltenen besonderen Eingriffsermächtigungen. 33

C. Rechtsbehelfe

Die Maßnahme wird mangels Richtervorbehalt stets von Ermittlungspersonen der Staatsanwaltschaft (§ 152 GVG) angeordnet werden. Gegen deren Entscheidung ist entsprechend § 98 Abs. 2 S. 2 der **Antrag auf gerichtliche Entscheidung** statthaft. 34

D. Revision

§ 98c kommt, da er praktisch keine materiellrechtlichen Beschränkungen und keine besonderen verfahrensrechtlichen Regelungen enthält, **praktisch keine revisionsrechtli-** 35

[19] Ebenso Löwe/Rosenberg/*Schäfer* Rn. 13; *Bernsmann/Jansen* StV 1998, 217 (221).
[20] BVerfG 15.12.1983 – 1 BvR 209/83, NJW 1984, 419.

che Bedeutung zu. Bedeutsam werden könnte im Einzelfall die Nichtbeachtung der besonderen bundes- oder landesgesetzlichen Verwendungsregelungen des S. 2 bzw. ein Verstoß gegen Verwendungsbeschränkungen der StPO (→ Rn. 22). Zudem wird die Maßnahme des Datenabgleichs regelmäßig weder in der Hauptverhandlung thematisiert noch finden die durch sie gewonnenen Erkenntnisse als unmittelbar beweiserhebliche Umstände Eingang in die Urteilsgründe.

§ 99 [Postbeschlagnahme]

[1]Zulässig ist die Beschlagnahme der an den Beschuldigten gerichteten Postsendungen und Telegramme, die sich im Gewahrsam von Personen oder Unternehmen befinden, die geschäftsmäßig Post- oder Telekommunikationsdienste erbringen oder daran mitwirken. [2]Ebenso ist eine Beschlagnahme von Postsendungen und Telegrammen zulässig, bei denen aus vorliegenden Tatsachen zu schließen ist, daß sie von dem Beschuldigten herrühren oder für ihn bestimmt sind und daß ihr Inhalt für die Untersuchung Bedeutung hat.

Schrifttum: *Böckenförde,* Die Ermittlung im Netz, 2003; *Felixburger,* Staatliche Überwachung der Telekommunikation, CR 1998, 143: *Gramlich,* Ende gut, alles gut? – Anmerkungen zum neuen Postgesetz, NJW **1998,** 866; *ders,* Von der Postreform zur Postneuordnung, Zur erneuten Novellierung des Post- und Telekommunikationswesens, NJW 1994, 2785; *Groß,* Verteidiger, Abgeordnete und Journalisten als verbotene unfreiwillige Medien zur strafprozessualen Aufklärung, StV 1996, 559; *Gusy,* Das Grundrecht des Post- und Fernmeldegeheimnisses, JuS 1986, 89; *Kurt,* Zeugnispflicht und Postgeheimnis, NStZ 1983, 541; *Mosbacher,* Aktuelles Strafprozessrecht, JuS 2009, 696; *Park,* Handbuch Durchsuchung und Beschlagnahme, 2. Aufl. 2009; *Welp,* Die strafprozessuale Überwachung des Post- und Fernmeldeverkehrs, 1974.

Übersicht

A. Überblick

I. Normzweck

§ 99 gestattet die Beschlagnahme von Postsendungen und Telegrammen, die sich im Gewahrsam eines Postunternehmens befinden und damit einen Eingriff in das Brief- und Postgeheimnis des Art. 10 GG. Wo dessen Schutzbereich nicht berührt ist, findet auch § 99 keine Anwendung und es bedarf ggf. eines Rückgriffs auf andere Vorschriften wie etwa die des § 94. 1

1. Post- und Briefgeheimnis des Art. 10 Abs. 1 GG. Art. 10 GG schützt vor einer **staatlichen** Kenntnisnahme von Umständen und Inhalten des Brief-, Post- oder Fernmeldeverkehrs. Art. 10 GG erfasst dabei nicht nur die Erhebung dieser Daten. Sein Schutzbereich erstreckt sich auch auf deren anschließenden Gebrauch.[1] 2

Weitere Voraussetzung für einen Schutz durch Art. 10 GG ist, dass es sich um **individuelle Kommunikation** handelt, mithin eine Übertragung an einen bzw. mehrere individuelle Empfänger erfolgt. Hierdurch unterscheiden sich die durch Art. 10 GG geschützten Freiheitsrechte von denen anderer Kommunikationsgrundrechte wie der Informations-und Pressefreiheit des Art. 5 GG.[2] Die Erzeugnisse von Presse und Rundfunk richten sich nicht an eine einzelne Person bzw. an einen aus einer Vielzahl von Personen bestehenden, indes hinsichtlich seiner Mitglieder letztlich noch individualisierbaren Empfängerkreis, sondern an die Allgemeinheit. 3

a) Postgeheimnis. Das Postgeheimnis schützt in umfassender Weise die Vertraulichkeit des durch den Postdienstleister vermittelten Kommunikationsverkehrs.[3] Von seinem Schutzbereich werden **sämtliche durch Postdienstleister abgewickelten Transport- und Kommunikationsvorgänge umfasst,** insbesondere der Inhalt von Briefen, Paketen und Warensendungen jeglicher Art. Dabei ist es unerheblich, ob die Sendung offen oder verschlossen ist.[4] Eine solche Differenzierung kann im Übrigen auch dem einfachgesetzlich normierten Postgeheimnis des § 39 PostG nicht entnommen werden. Von entscheidender Bedeutung für den Anwendungsbereich von § 99 ist die Tatsache, dass das Postgeheimnis die Sendungen **lediglich während der Phase der Übermittlung** schützt. 4

b) Briefgeheimnis. Das ebenfalls in Art. 10 Abs. 1 GG verankerte Briefgeheimnis, dessen Bruch – dann allerdings nur im Falle eines verschlossenen Schriftstücks – durch § 202 StGB strafbewehrt ist, schützt den Inhalt und die näheren Umstände des Briefverkehrs gegen eine Kenntnisnahme durch die öffentliche Gewalt. Von diesen näheren Umständen wird insbesondere erfasst, ob und wann zwischen welchen Personen und mit welchem Inhalt Briefverkehr stattgefunden hat.[5] Voraussetzung ist allerdings, dass der Brief **individuelle Kommunikation** enthält. Der Versand von Zeitungen, Werbebriefen etc unterfällt hingegen nicht dem Briefgeheimnis. 5

Das Briefgeheimnis wirkt nach der Rspr. des BVerfG zeitlich so lange, wie sich der Brief **im Herrschaftsbereich des Beförderers,** mithin noch nicht beim Empfänger befindet. Der Schutz durch das Briefgeheimnis ist folglich auf die Dauer des Versendevorgangs beschränkt. Strafprozessuale Zugriffe nach Abschluss des Übermittlungsvorgangs stehen unter dem Schutz anderer Grundrechte wie etwa der durch Art. 13 GG geschützten Unverletzlichkeit der Wohnung, sollte sich der Brief in einer solchen befinden bzw. dem durch Art. 14 GG gewährleisteten Schutz des Eigentums, soll eine Postsendung aus dem Gewahrsam ihres Eigentümer entfernt werden.[6] 6

---

[1] BVerfG 5.7.2011 – 1 BvR 2226/94, NStZ 1995, 503.
[2] Maunz/Dürig/*Durner* Art. 10 Rn. 51.
[3] Maunz/Dürig/*Durner* Art. 10 Rn. 72.
[4] Maunz/Dürig/*Durner* Art. 10 Rn. 72.
[5] BVerfG 20.6.1984 – 1 BvR 1494/78, NJW 1985, 121 (122).
[6] BVerfG 4.2.2005 – 2 BvR 308/04, NStZ 2005, 337 (340).

7 **2. Postgeheimnis nach § 39 PostG.** § 39 PostG verpflichtet anders als Art. 10 GG **nicht die öffentliche Gewalt** zur Wahrung des Postgeheimnisses, sondern allein diejenigen, die geschäftsmäßig Postdienste erbringen oder daran mitwirken. Die einfachgesetzliche Verpflichtung durch § 39 PostG war erforderlich geworden, nachdem die Post keine Staatsgewalt mehr ausübt und deshalb nicht mehr zum Kreis der durch Art. 10 GG Verpflichteten gehört.[7] Der sachliche Schutzbereich von § 39 PostG stimmt mit dem des Art. 10 GG indes überein.

8 Die Mitarbeiter der Postdienstleister werden durch Vorlage einer Anordnung nach § 99 **berechtigt, Auskünfte auch über solche Umstände zu erteilen**, die dem Postgeheimnis unterliegen. Die unbefugte Weitergabe von dem Postgeheimnis unterliegen Umständen ist nach § 206 StGB strafbar.

B. Erläuterung

I. Regelungsinhalt des § 99

9 Die Vorschrift ermächtigt die Strafverfolgungsbehörden, für Zwecke eines Strafverfahrens auf „Postsendungen und Telegramme" zuzugreifen, die entweder an den Beschuldigten gerichtet sind (S. 1) oder aber die von ihm herrühren bzw. für ihn bestimmt sind (S. 2) und die sich im **Gewahrsam von Personen oder Unternehmen befinden, die geschäftsmäßig Post- oder Telekommunikationsdienste** erbringen oder daran mitwirken. Entgegen der Bezeichnung „Postbeschlagnahme" regelt die Vorschrift des § 99 keine Beschlagnahme iSd Sicherstellung einzelner „Postsendungen und Telegramme" zu Beweiszwecken. § 99 regelt vielmehr das einer möglichen Beschlagnahme vorgelagerte Verfahren. Die Vorschrift gestattet, den Postdienstleister zu verpflichten, Postsendungen an die Strafverfolgungsbehörden zum Zwecke ihrer Überprüfung auf eine mögliche Beweisrelevanz auszuliefern. Die eigentliche Beschlagnahme erfolgt auch hier nach Maßgabe der §§ 94 ff.

II. Gegenstand der Eingriffsbefugnis

10 § 99 gestattet die Beschlagnahme von Postsendungen und Telegrammen. Die Vorschrift erlaubt einen Eingriff in den brieflichen Nachrichtenverkehr zwischen konkreten, individuellen Personen. Sie erfasst somit ausschließlich die **individuelle Kommunikation.** Den Gegensatz hierzu bilden etwa das Austragen von Zeitungen oder die Versendung von Massenwerbesendungen, wenn deren fehlende Individualität offen erkennbar ist.[8]

11 **1. Postsendungen.** Bei der Bestimmung dessen, was vom Begriff der „Postsendungen" in § 99 erfasst wird, kann in einem ersten Schritt auf die Begriffsbestimmung in § 4 Nr. 5 PostG[9] zurückgegriffen werden. Danach erfasst der Begriff Postsendungen Gegenstände im Sinne von § 4 Nr. 1 PostG, mithin **Briefsendungen, adressierte Pakete, deren Einzelgewicht 20 kg nicht übersteigt, sowie Bücher, Kataloge, Zeitungen und Zeitschriften.** Postsendungen stellen somit auch die den Briefsendungen zuzuordnenden und offen einsehbaren Postkarten sowie die Postwurfsendungen als massenhafte Zustellung identischer Postsendungen an zahlreiche individuelle Empfänger dar. Derartige Sendungen richten sich noch an einen individuellen Empfängerkreis, auch wenn dieser vielfach sehr groß sein wird. Postsendungen stellen ferner die keine individuellen schriftlichen Mitteilungen enthaltenden Sendungen wie Büchersendungen oder aber überhaupt keine schriftlichen Mitteilungen enthaltenden (kleine) Päckchen oder (größere) Pakete dar.

12 Da § 99 nach der hier vertretenen Auffassung und in Abweichung von der des BGH,[10] der eine entsprechende Anwendung des § 99 bejaht, lediglich **„körperliche** schriftliche

---

[7] Erbs/Kohlhaas/*Lampe* PostG § 39 Rn. 1.
[8] So zutreffend Maunz/Dürig/*Durner* Art. 10 Rn. 66.
[9] Postgesetz 22.12.1997, BGBl. I 3294.
[10] Vgl. BGH 31.3.2009 – 1 StR 76/09, NJW 2009, 1828; vgl. auch *Mosbacher* JuS 2009, 696 (698 ff.).

Nachricht(en) in beliebiger Schrift- und Verwielfältigungsart" erfasst,[11] findet die Vorschrift auf E-Mails weder direkt noch analog Anwendung (→ § 100a Rn. 127 ff.).[12]

2. Telegramme. Für den Begriff Telegramm existiert soweit ersichtlich keine Legaldefininiton. Das Wort ist griechischen Ursprung, wobei „tele" für fern in Sinne räumlicher Distanz und „gramma" für Schrift, Schriftzeichen bzw. Buchstabe steht, weshalb folgerichtig als Synonym auch der Begriff Fernschreiben Verwendung findet. Bei einem Telegramm handelt es sich um eine mittels einer Telekommunikationsanlage (vgl. § 3 Nr. 23 TKG) übertragene Nachricht. Dem **Begriff kommt jedoch gegenüber dem der Postsendung keine selbstständige Bedeutung** zu. Er könnte deshalb auch ersatzlos gestrichen werden, soweit das Telegramm als Schriftstück verkörpert und als solches übermittelt wird. In dieser Form stellt das Telegramm eine Postsendung dar. 13

Gestützt wird diese Ansicht durch die Erwägung, dass ein Zugriff auf Telegramme während ihrer **„Tele-Phase"**, mithin während der Fernübertragung, nicht nach Maßgabe des § 99 statthaft ist. In dieser Phase wird die individuelle Kommunikation körperlos und distanzüberbrückend übertragen, sodass es sich um „qualifizierte Telekommunikationsdaten" (zum Begriff → § 100a Rn. 45) handelt. Auf diese Daten darf zu strafprozessualen Zwecken nur unter den engen Voraussetzungen des § 100a zugegriffen werden darf. Anders hingegen bei einem Zugriff während der **„Gramma-Phase"**. Hier ist die Nachricht verkörpert. Ob noch oder bereits wieder ist dabei von Rechts wegen ohne Bedeutung, das Telegramm hier mithin einer Postsendung gleichzustellen. 14

3. Gegenstände im Gewahrsam des Dienstleisters. Eine an Art. 10 GG und dem darin verbürgten Postgeheimnis orientierte Auslegung des § 99 macht deutlich, dass es für die Anwendbarkeit dieser Vorschrift weniger darauf ankommt, ob es sich um eine Postsendung im Sinne von § 4 Nr. 5 PostG oder um ein Telegramm handelt. Entscheidend ist vielmehr, dass der Absender seine Sendung einem Dritten, der geschäftsmäßig Post- oder Telekommunikationsdienste erbringt, mit dem Auftrag übergeben hat, diese zu einem bestimmten Empfänger zu transportieren. Vor diesem Hintergrund darf auch auf ein Paket von mehr als 20 kg, selbst wenn dieses von dem Begriff der Postsendung des § 4 Nr. 5 PostG nicht mehr erfasst wird (→ Rn. 11), es gleichwohl angenommen und transportiert wurde und sich noch im **Gewahrsam eines Post- oder Telekommunikationsdienstleisters** befindet, nur unter den Voraussetzungen des § 99 zugegriffen werden.[13] 15

Vor der Liberalisierung des Postwesens insbesondere durch die Postreform II[14] konnte diese Phase noch mit „auf der Post" umschrieben werden, weil es damals nur die eine, die traditionelle Post als staatlichen Monopolisten gab. Durch das Postneuordnungsgesetz[15] (PTNeuOG) der Postreform II (1994) wurden die bisherigen Unternehmen der Deutschen Bundespost zur Stärkung ihrer internationalen Wettbewerbsfähigkeit neu organisiert. Darüber hinaus wurden auch Dritte als private Zusteller von Postsendungen zugelassen, es gab fortan mithin nicht mehr nur die (eine) Post. Dies machte eine Anpassung des § 99 erforderlich. Durch das Begleitgesetz zum Telekommunikationsgesetz (BegleitG) v. 17.12.1997[16] wurde § 99 neu gefasst und erhielt seine aktuelle Fassung. Der Begriff „ auf der Post" wurde ersetzt durch die Formulierung „ (…) die sich **im Gewahrsam** von Personen oder Unternehmen befinden, die geschäftsmäßig Post- oder Telekommunikationsdienste erbringen oder daran mitwirken." 16

4. Geschäftsmäßige Post- und Telekommunikationsdienstleister. Mit der Verwendung der Begriffe „Personen oder Unternehmen (…) die geschäftsmäßig Post- oder 17

[11] So auch Maunz/Dürig/*Durner* Art. 10 Rn. 67.
[12] Einen Überblick der Befugnispalette nach dem Begleitgesetz zum TKG gibt *Felixburger* CR 1998, 143.
[13] AA wohl Löwe/Rosenberg/*Schäfer* Rn. 25.
[14] Gesetz zur Neuordnung des Postwesens und der Telekommunikation: Postneuordnungsgesetz (PTNeuOG) v. 27.6.1994, BGBl. I 2325.
[15] *Gramlich* NJW 1994, 2785 ff.
[16] BGBl. I 3108.

Telekommunikationsdienste erbringen oder daran mitwirken" wollte der Gesetzgeber unabhängig von künftigen Fassungen des Postgesetzes eine Beschlagnahme **bei allen Unternehmen ermöglichen,** die Briefe, sonstige Postsendungen oder Telegramme für andere befördern.[17]

18 **a) Postdienstleister.** Postdienstleister ist jede Person und jedes Unternehmen, durch welche Postdienstleistungen erbracht, mithin gemäß § 4 Nr. 1 PostG Postsendungen gewerbsmäßig befördert werden. Unter **befördern** ist nach § 4 Nr. 3 PostG das Einsammeln, Weiterleiten oder Ausliefern von Postsendungen an den Empfänger zu verstehen. **Geschäftsmäßig** handelt der Postdienstleister, wenn er die Beförderung von Postsendungen für andere nachhaltig betreibt. Eine Gewinnerzielungsabsicht ist nicht erforderlich. Insoweit kann bei der Auslegung des § 99 auf die inhaltsgleichen Definitionen in § 4 Nr. 4 PostG bzw. § 3 Nr. 10 TKG zurückgegriffen werden, während dies bei § 100a, dem dort verwendeten Begriff der Telekommunikation und dessen Definition durch das TKG nicht möglich ist (→ § 100a Rn. 26 ff.). Von der Geschäftsmäßigkeit ist die Gewerbsmäßigkeit zu unterscheiden. Hierunter versteht man ein auf Gewinnerzielung ausgerichtetes Handeln.[18] **Nachhaltig** ist eine Tätigkeit schließlich, wenn sie nicht nur vorübergehender Art ist und in quantitativer Hinsicht eine gewisse Intensität aufweist.[19]

19 Wer sich an der Beförderung nicht auf eigene Rechnung beteiligt, erbringt den Dienst nicht, sondern **wirkt daran mit.**

20 **b) Telekommunikationsdienste.** Hinsichtlich dieses – rein technisch orientierten – Begriffs kann ohne Einschränkung auf § 3 Nr. 24 TKG zurückgegriffen werden. Danach sind unter Telekommunikationsdiensten solche Leistungen zu verstehen, die in der Regel gegen Entgelt erbracht werden und die **ganz oder überwiegend in der Übertragung von Signalen über Telekommunikationsanlagen** bestehen, einschließlich der Übertragungsdienste in Rundfunknetzen.

21 **5. Postsendungen von bzw. für den Beschuldigten.** § 99 gestattet den Zugriff auf Postsendungen und Telegramme, die entweder an den Beschuldigten gerichtet sind oder die von dem Beschuldigten herrühren bzw. für ihn bestimmt sind.

22 **a) An Beschuldigten gerichtet (S. 1).** An den Beschuldigten gerichtet sind die an ihn adressierten Postsendungen. Auf welche Art und Weise die Adressierung erfolgt, ist nicht maßgeblich, sofern nur die Art und Weise der personalen bzw. adressalen Beschreibung **eine eindeutige Zuordnung der Postsendung zur Person des Beschuldigten** ermöglicht. Die Sendung muss auch nicht zwingend für den Beschuldigten bestimmt sein.[20] Bei der Tatbestandsvariante in S. 1 dominiert somit – anders und in Abgrenzung zu denen in S. 2, der für den Beschuldigten bestimmten bzw. von ihm herrührenden Sendung – die adressale und damit die formale Komponente. Zwar kann der Beschuldigte dabei sowohl mit seinem bürgerlichen Namen, seinem Künstler- als auch mit seinem Spitznamen benannt sein.[21] Der verwendete „Namen" muss indes ohne weiteren Rechercheaufwand eine zweifelsfreie Zuordnung zur Person des Beschuldigten ermöglichen. Ist dies nicht der Fall, handelt es sich um eine für den Beschuldigten bestimmte Sendung nach S. 2 vor.

23 **b) Für den Beschuldigten bestimmte, von ihm herrührend (S. 2).** Für die Beschlagnahme von Sendungen dieser Art verlangt S. 2, es müsse „aus vorliegenden Tatsachen" geschlossen werden können, dass die Sendung entweder von dem Beschuldigten herrühre oder für diesen bestimmt sei. Die Beschlagnahmevoraussetzungen nach S. 2 sind somit strenger, weil in diesen beiden Fällen der Beschuldigte noch nicht namentlich bekannt

---

[17] BT-Drs. 13/8016, 25, 26.
[18] BGH 24.7.1997 – 4 StR 222/97, NStZ 1998, 89; Lackner/*Kühl* § 260 Rn. 2.
[19] OLG Zweibrücken 10.10.1991 – DGH 22/91, NJW 1992, 2841 (2842).
[20] Ebenso Löwe/Rosenberg/*Schäfer* Rn. 26.
[21] Löwe/Rosenberg/*Schäfer* Rn. 26.

sein muss.[22] Die Zuordnung der Sendung allein aufgrund des bürgerlichen Namens bzw. eines eindeutigen Spitznamens ist hier anders als im Fall von S. 1 nicht eindeutig möglich. Bedingt durch die sich hieraus ergebenden Unsicherheiten ist die Gefahr wesentlich größer, dass durch die Maßnahme anders als in den Fällen von S. 1 irrtümlich in den Postversendungsvorgang völlig unbeteiligter Personen eingegriffen wird.

Der Verdacht, dass die Sendung für den Beschuldigten bestimmt ist oder von diesem herrührt, muss sich auf Grund **tatsächlicher, mithin sinnlich wahrnehmbarer Umstände** ergeben. Bloße Vermutungen reichen nicht aus (→ § 100a Rn. 72 ff.). 24

aa) Für den Beschuldigten bestimmte Postsendungen. Für den Beschuldigten bestimmt sind Postsendungen, die ihn entweder nicht zweifelsfrei oder aber die in der Adresse eine andere – fiktive oder tatsächlich existierende – Person als Empfänger ausweisen, indes **ihm zugehen sollen** und somit für den Beschuldigten bestimmt sind. 25

bb) Vom Beschuldigten herrührende Postsendungen. Vom Beschuldigten rühren all diejenigen Postsendungen her, die **tatsächlich** von ihm stammen. Sie müssen weder den Beschuldigten mit seinen echten Personalien noch überhaupt einen Absender aufweisen. Ein Hauptanwendungsfall dieser Variante des § 99 betrifft anonyme Bekennerschreiben.[23] 26

III. Durchführung der Beschlagnahme

Der Gesetzgeber hat die Postbeschlagnahme als **zweistufiges Verfahren** ausgestaltet. In der ersten Stufe werden auf der Grundlage der dem Post- bzw. Transportdienstleister zuvor übermittelten **generellen Beschlagnahmeanordnung nach § 99** all diejenigen Postsendungen aus dem geschäftsmäßigen Beförderungskreislauf herausgenommen und gesammelt, auf die die in der Anordnung im Einzelnen aufgeführten Spezifizierungskriterien zutreffen (Beispiel: Alle an den in der Anordnung mit seinem bürgerlichen Namen benannten Beschuldigten gerichteten Postsendungen aus einem bestimmten Land, die ein bestimmtes Mindestgewicht überschreiten und innerhalb eines bestimmten Zeitraums festgestellt werden). Diese Aussortierung erfolgt ausschließlich durch die Mitarbeiter des Postunternehmens. Eine Mitwirkung durch die Strafverfolgungsbehörden oder den Richter ist unzulässig, um die Vertraulichkeit des Postverkehrs in dieser Phase zu wahren.[24] Sodann erfolgt die Übergabe der herausgesuchten Sendungen an den Richter oder den Staatsanwalt. 27

In der zweiten Stufe erfolgt zunächst (erneut) eine äußerliche Sichtung aller der durch den Transportdienstleister ausgelieferten Postsendungen durch den die Maßnahme anordnenden Richter oder die Staatsanwaltschaft. Sodann erfolgt die Öffnung der als potentiell beweisrelevant bewerteten einzelnen Sendungen. Erst wenn deren Inhalt tatsächlich als beweisrelevant erachtet wird, erfolgt die eigentliche, **individuelle Beschlagnahme nach § 94.** Die Sendung wird dann für Zwecke des Strafverfahrens zurückbehalten. Die individuelle Beschlagnahme kann dergestalt durchgeführt werden, dass etwa von einem Brief eine Ablichtung gefertigt und der Brief als solches sodann weitergeleitet oder aber die Postsendung im Original zurückgehalten wird. Anzumerken ist weiter, dass das generelle Beschlagnahmeverfahren des § 99 als verdeckte Maßnahme ausgestaltet ist, während es sich bei der individuellen Beschlagnahme nach § 94 um eine offene Ermittlungsmaßnahme handeln soll (→ § 101 Rn. 21). 28

Die Vorschriften der **Nr. 77 ff. RiStBV** enthalten zahlreiche sinnvolle Regelungen zur konkreten Ausgestaltung der Postbeschlagnahme. So hat nach Nr. 77 Abs. 2 RiStBV der Staatsanwalt vor Antragsstellung zu prüfen, ob die Beschlagnahme aller Postsendung und Telegramme an bestimmte Empfänger notwendig ist, oder ob die Maßnahme auf einzelne Gattungen von Sendungen wie etwa Briefsendungen, adressierte Pakete, Postanweisungen, Bücher oder Telegramme beschränkt werden kann. 29

---

[22] So KK-StPO/*Nack* Rn. 8.
[23] Vgl. BGH 28.11.2007 – BGs 519/2007, StV 2008, 225.
[24] BGH 28.11.2007 – BGs 519/2007, 1 BGs 519/97, BeckRS 2008, 20196.

IV. Eingriffsvoraussetzungen

30 Auf Postsendungen oder Telegramme kann auf die vorstehend dargelegte Art und Weise zugegriffen werden, sofern gegen einen bestimmten Beschuldigten auf Grund **tatsächlicher Anhaltspunkte** der Verdacht besteht, dass dieser an einer – durch die Vorschrift nicht näher bestimmten – Straftat beteiligt war und die Beschlagnahme verhältnismäßig ist.

31 Aus der Notwendigkeit eines Verfahrens gegen einen bestimmten Beschuldigten folgt im Umkehrschluss, dass im **objektiven Verfahren** der §§ 440 ff., wenn mithin aus tatsächlichen oder rechtlichen Gründen kein bestimmter Beschuldigter verfolgt oder gar verurteilt werden kann, eine Postbeschlagnahme nicht zulässig ist.[25]

32 **1. Ermittlungen gegen einen bestimmten Beschuldigten.** § 99 gestattet die Auslieferung „der an den Beschuldigten gerichteten Postsendungen und Telegramme" und setzt damit ein gegen einen **bestimmten Beschuldigten** gerichtetes Ermittlungsverfahren voraus. Dieser Umstand stellt das wesentliche „Individualisierungsmoment" dar, welches die Postbeschlagnahme nach § 99 von anderen aus Gründen der Staatsräson erfolgenden allgemeinen Postkontrollen unterscheidet".[26]

33 **a) Grad der Individualisierung.** Der (bestimmte) Beschuldigte braucht – im Ermittlungsverfahren – noch **nicht identifiziert** zu sein.[27] Damit sich die Ermittlungen gegen eine bestimmte Person richten, genügt vielmehr bereits deren Individualisierung dahingehend, dass eine bestimmte Person der Tat verdächtig ist. Hierfür müssen den Strafverfolgungsbehörden weder Personalien noch Anschrift bekannt sein. Zwar kommt in Fällen dieser Art eine Postbeschlagnahme nur ausnahmsweise und nicht unter den Voraussetzungen des S. 1 in Betracht, wohl aber unter den Voraussetzungen des S. 2.

34 **b) Beschuldigtenstatus.** Ist der Tatverdacht in der dargelegten Weise individualisiert, so hängt die Beschuldigteneigenschaft in subjektiver Hinsicht von dem **Verfolgungswillen** der zuständigen Strafverfolgungsbehörde und in objektiver Hinsicht von einem diesen Willen **nach außen manifestierenden Akt** ab.[28] Eine solche Manifestation erfolgt vielfach durch die schriftliche Einleitung eines Ermittlungsverfahrens. Es genügen aber bereits strafprozessuale Eingriffsmaßnahmen, die nur gegenüber dem Beschuldigten zulässig sind und deshalb gleichsam aus sich heraus ohne weiteres auf den Strafverfolgungswillen der zuständigen Behörden schließen lassen.[29]

35 „Beschuldigter" iSd § 99 ist weiterhin jeder Tatverdächtige, gegen den das Verfahren als Beschuldigter geführt wird, **gleich in welchem Stadium** sich das Verfahren befindet, mithin unabhängig davon, ob gegen den Beschuldigten bereits Anklage erhoben (§ 157 Abs. 1), die Eröffnung des Hauptverfahrens beschlossen (§ 157 Abs. 2) oder das Erkenntnisverfahren gar bereits abgeschlossen wurde. Maßnahmen der Postbeschlagnahme können ebenso wie andere verdeckte Ermittlungsmaßmahmen nach § 457 Abs. 3 zum Zwecke der Festnahme des Verurteilten noch im Vollstreckungsverfahren veranlasst werden.

36 **2. Verdacht der Beteiligung an einer Straftat.** Die Vorschrift enthält **keine Beschränkung auf bestimmte Straftatbestände.** Der Gesetzgeber hat weder einen enumerativen Straftatenkatalog wie in § 100a Abs. 2 und § 100c Abs. 2 vorgesehen noch fordert er das Vorliegen einer Straftat von erheblicher Bedeutung wie im Falle des § 100g Abs. 1 Nr. 1. Sofern es sich nicht um ein Bagatelldelikt handelt – die Privatklagedelikte des § 374 wie bspw. Hausfriedensbruch, Beleidigung, Sachbeschädigung und Nachstellung dürften bereits im Hinblick auf den Grundsatz der Verhältnismäßigkeit eine Postbeschlagnahme

---

[25] BGH 29.9.1970 – 5 StR 234/70, NJW 1990, 2071.

[26] So zutreffend Löwe/Rosenberg/*Schäfer* Rn. 18 unter Verweis auf BGH 29.9.1970 – 5 StR 234/70, NJW 1970, 2071.

[27] Ebenso Löwe/Rosenberg/*Schäfer* Rn. 18; KK-StPO/Nack Rn. 2.

[28] BGH 3.7.2007 – 1 StR 3/07, NJW 2007, 2706 (2707) mwN auf die Rspr.

[29] SK-StPO/*Rogall* Vorb. zu § 133 Rn. 33; BGH 3.7.2007 – 1 StR 3/07, NJW 2007, 2706 (2707).

nicht zu rechtfertigen vermögen – kann die Maßnahme im Einzelfall auch bei einer Straftat von nicht erheblicher Bedeutung angeordnet werden.

Ebenso wie bei der Beschlagnahme nach § 94 bzw. den verdeckten Ermittlungsmaßnahmen der §§ 100a, 100c, 100g oder 100i ist auch für die Anordnung der Postbeschlagnahme ein erhöhter Verdachtsgrad nicht erforderlich. Der Beschuldigte muss der Tat weder dringend noch hinreichend verdächtig sein. Der somit ausreichende Anfangsverdacht (vgl. § 152 Abs. 2) setzt jedoch wie bei allen anderen Maßnahmen eine **schlüssige Tatsachengrundlage** (→ § 100a Rn. 72 ff.) voraus, aus der sich die Möglichkeit der Tatbegehung durch den Beschuldigten ergibt.[30] Dabei sind die Anforderungen an die Stärke des Tatverdachts umso höher, je weniger schwer die dem Beschuldigten zur Last gelegte Straftat wiegt.[31] 37

3. Gewahrsam des Post- bzw. Telekommunikationsdienstleisters. Maßnahmen der Postbeschlagnahme sind ausschließlich hinsichtlich solcher Sendungen erforderlich, die sich im Gewahrsam eines geschäftsmäßigen Transportdienstleisters, mithin **nicht mehr beim Absender und noch nicht beim Empfänger** befinden.[32] Postsendungen hingegen, die sich noch nicht oder nicht mehr im Gewahrsam des Transportdienstleisters befinden und die als Beweismittel von Bedeutung sein können, unterliegen den allgemeinen Vorschriften und können bei Vorliegen der entsprechenden Voraussetzungen nach § 94 beschlagnahmt werden. 38

Im Gewahrsam des Transportdienstleisters müssen sich die Postsendungen und Telegramme erst **im Zeitpunkt der Aussonderung** zum Zwecke ihrer Übergabe an und anschließenden Überprüfung durch die Strafverfolgungsbehörden befinden. Der Beschlagnahmebeschluss nach den §§ 99, 100 wird sich vielfach auch auf solche Postsendungen bzw. Telegramme beziehen, die sich zum Zeitpunkt der Anordnung der Postbeschlagnahme noch gar nicht im Gewahrsam des Transportdienstleisters befanden. 39

4. Verhältnismäßigkeit. Eine Postbeschlagnahme darf nur durchgeführt werden, wenn sie in einem **angemessenen Verhältnis zur Bedeutung und Schwere der verfahrensgegenständlichen Tat** steht, der Verdacht der Beteiligung des Beschuldigten ausreichend konkret, die Maßnahme geeignet ist, den beabsichtigten Aufklärungserfolg herbeizuführen und mildere Mittel hierzu nicht zur Verfügung stehen. Diesem aus dem Rechtsstaatsprinzip abgeleiteten und damit mit Verfassungsrang ausgestatteten Grundsatz kommt bei der Postbeschlagnahme besondere Bedeutung zu. § 99 gestattet ebenso wie die Maßnahme der Telekommunikationsüberwachung nach § 100a einen tiefgreifenden, weil auch Inhalte erfassenden Eingriff in das durch Art. 10 GG geschützte Post- bzw. Fernmeldegeheimnis. Anders als § 100a, der als Ausprägung des Verhältnismäßigkeitsgrundsatzes einen strengen Straftatenkatalog enthält und damit eine entsprechende Maßnahme nur in Fällen schwerer Kriminalität zulässt, enthält § 99 keine entsprechende Restriktion. 40

Da die Postbeschlagnahme wie jeder andere Eingriff auch den Beschuldigten nicht übermäßig belasten darf, wirkt sich der Grundsatz der Verhältnismäßigkeit begrenzend sowohl auf das „ob" als auch auf das „wie" der Maßnahme aus.[33] Aspekte der Verhältnismäßigkeit sind mithin auch bei der **Ausgestaltung der Maßnahme** und damit auch bei der Frage zu beachten, über welchen Zeitraum und auf welche Arten von Postsendungen sich die Beschlagnahme erstrecken soll. Wenngleich die Regelungen der §§ 99, 100 keine zeitliche Befristung der Maßnahme vorsehen, ist eine solche aus den vorgenannten Gründen geboten. Dies berücksichtigend sieht Nr. 80 RiStBV vor, dass generelle Beschlagnahmeanordnungen von vornherein auf eine bestimmte Zeit (etwa einen Monat) beschränkt werden sollen. 41

[30] BVerfG 23.1.2004 – 2 BvR 766/03, NStZ 2004, 143.
[31] BVerG 24.7.2007 – 2 BvR 1545/03, NStZ 2008, 103 (104).
[32] Löwe/Rosenberg/*Schäfer* Rn. 22.
[33] BVerfG 31.1.1973 – 2 BvR 454/71, NJW 1973, 891 = BVerfGE 34, 238 (246).

V. Auskunftsverlangen

42 **1. Grundsätzliches.** Nach der in Lit. und Rspr. wohl überwiegend vertretenen Auffassung[34] ist bei Vorliegen der materiellen und formellen Voraussetzungen in der Beschlagnahmebefugnis des § 99 als die **weniger eingriffsintensive Befugnis** auch das Recht enthalten, von dem Transportdienstleister Auskunft über die Postsendungen und Telegramme des Beschuldigten zu verlangen.

43 Diese Rechtsauffassung wird indes mit wenigen Ausnahmen[35] nicht begründet.[36] Dies überrascht, weil sich aus § 99 eine entsprechende Mitwirkungs- und Auskunftspflicht nicht ergibt. Bevor der Dienstleister eine solche Auskunft erteilen könnte, müsste er zudem erst innerbetriebliche Recherchen dahingehend durchführen, ob sich überhaupt Postsendungen der betreffenden Art in seinem Gewahrsam befinden. Auch stellt § 39 Abs. 3 S. 3 PostG klar,[37] dass die näheren Umstände des Postverkehrs für andere als betriebliche Zwecke nur verwendet werden dürfen, soweit dies durch das PostG oder andere Gesetze vorgesehen ist. Eine entsprechende Auslegung dürfte indes dem Willen des **historischen Gesetzgebers** entsprechen. So hat die BReg. anlässlich der Diskussion zum BegleitG ausgeführt, auch für die Neufassung des § 99 gelte, dass darin „das geringe Rechte" enthalten sei, von einem Postunternehmen Auskunft über Briefe, andere Postsendungen und Telegramme zu verlangen.[38] Tatsächlich dürfte der historische Gesetzgeber und diesem folgend die hM § 100 Abs. 3 S. 1, der eigentlich nur für den Fall der Beschlagnahme gilt, „in Reminiszenz" an die vormals staatliche Post dahingehend auslegen, dass eine Mitwirkungs- und Auskunftspflicht des Dienstleisters auch nach der Privatisierung der Post und damit nach Wegfall der Verpflichtung zur Amtshilfe fortbesteht und der Dienstleister bereits bei Vorliegen der Beschlagnahmevoraussetzungen entsprechend auskunftspflichtig ist. Methodologisch kann auf das argumetum a maiore ad minus zurückgegriffen und argumentiert werden, dass wenn eine Beschlagnahme zulässig wäre, auch lediglich um Auskunft ersucht werden darf.[39]

44 **2. Inhalt der Auskunftspflicht. a) Verkehrsdaten.** Zur Abgrenzung und inhaltlichen Umschreibung der Reichweite der Auskunftspflicht kann begrifflich auf die Terminologie des Telekommunikationsrechts zurückgegriffen werden, zumal sowohl das Post- als auch das Fernmeldegeheimnis in Art. 10 GG verankert sind und auch von ihrem materiellen Regelungsgehalt Gemeinsamkeiten aufweisen. Die Auskunftspflicht gegenüber den Strafverfolgungsbehörden erstreckt sich lediglich auf die näheren Tansportumstände oder, anders ausgedrückt, auf die „Verkehrsdaten" des Postverkehrs. Der Dienstleister hat somit mitzuteilen, **wer (Absender) wann (Datum/Uhrzeit) an wen (Empfänger) welche Art von Postsendungen (äußere Erscheinungsbild) übersandt** bzw. **von wem empfangen** hat.

45 **b) Inhaltsdaten.** Die Auskunftspflicht erstreckt sich über die Verkehrsdaten hinaus auch auf die **Inhalte bzw. „Inhaltsdaten"** der Postsendungen und Telegramme, sofern und soweit der betreffende Dienstleister zuvor in rechtmäßiger Weise von deren Inhalt Kenntnis erlangt hat.

46 Diese auch in der übrigen Kommentarliteratur allgemein vertretene Auffassung[40] bedarf in Anbetracht des Regelungsgehalts von § 100 Abs. 3 S. 1 indes einer differenzierten

[34] *Kurt* NStZ 1983, 541; *Eisenberg* Beweisrecht Rn. 2390; KK-StPO/*Nack* § 99 Rn. 11; *Meyer-Goßner* § 99 Rn. 14; *Pfeiffer* Rn. 3; Beck'scher Postkommentar/*Stern* § 39 Rn. 45; LG Hamburg 12.2.2009 – 628 Qs 05/09, BeckRS 2009, 19797.

[35] Vgl. Löwe/Rosenberg/*Schäfer* Rn. 29.

[36] Vgl. *Kurt* NStZ 1983, 541; *Eisenberg* Beweisrecht Rn. 2390; Löwe/Rosenberg/*Schäfer* § 99 Rn. 29; KK-StPO/*Nack* Rn. 11; *Meyer-Goßner* Rn. 14; *Pfeiffer* Rn. 3; LG Hamburg 12.2.2009 – 628 Qs 05/09, BeckRS 2009, 19797.

[37] Worauf Löwe/Rosenberg/*Schäfer* Rn. 29 zutreffend hingewiesen hat.

[38] BT-Drs. 13/8453, 12.

[39] So unter Hinweis auf den Verhältnismäßigkeitsgrundsatz Löwe/Rosenberg/*Schäfer* Rn. 29.

[40] Differenzierend Löwe/Rosenberg/*Schäfer* Rn. 31 und unter Berufung auf diesen pauschal KK-StPO/*Nack* Rn. 11; im Ergebnis ebenso *Meyer-Goßner* Rn. 14, *Pfeiffer* Rn. 4.

Betrachtung. Nach dieser Vorschrift steht die Öffnung der ausgelieferten Postsendungen, mithin die Erhebung der Inhaltsdaten, grundsätzlich dem Richter zu. Der Gesetzgeber hat die Erhebung der Inhaltsdaten zu strafprozessualen Zwecken damit unter Richtervorbehalt gestellt. Hieraus folgt, dass Mitarbeiter des Postdienstleisters, die im Zusammenhang mit der Erbringung von Postdiensten und damit im Rahmen der ihnen durch das Postgeheimnis des § 39 PostG gezogenen Schranken Kenntnis auch vom Inhalt einzelner Postsendungen erlangt haben, nur veranlasst werden dürfen, hierüber **gegenüber dem Gericht** bzw. unter den Voraussetzungen des § 100 Abs. 3 S. 2 gegenüber der Staatsanwaltschaft Auskunft zu erteilen.

3. Gegenstand der Auskunftspflicht. Gegenständlich erstreckt sich die Auskunftspflicht auf diejenigen Postsendungen, die sich entweder noch im Gewahrsam des Dienstleisters befinden oder aber sich zuvor einmal in dessen Gewahrsam befunden haben (**Nicht-mehr-Gewahrsam**). Über künftige, vom Absender erst noch zu übernehmende, sich mithin noch nicht im Gewahrsam **(Noch-nicht-Gewahrsam)** des Dienstleisters befindliche Sendungen kann regelmäßig aus tatsächlichen Gründen keine Auskunft erteilt werden. 47

Während der Fall des Noch-nicht-Gewahrsams evident ist, der im Übrigen das Postgeheimnis des Art. 10 GG auch (noch) nicht berührt, ist der Fall des **Nicht-mehr-Gewahrsams** umstritten. So vertreten Teile der Lit.[41] die Auffassung, die Auskunftspflicht erstrecke sich in entsprechender Anwendung des § 99 auch auf solche Sendungen, die sich nicht mehr im Gewahrsam des Dienstleisters befinden. Begründet wird dies mit der Erwägung, dass dem Schutz der Verkehrs- und Inhaltsdaten nach Beendigung des Postgewahrsams ansonsten ein größerer Schutz gewährt würde als während der Phase des Gewahrsams.[42] Andere verweisen auf Nr. 84 RiStBV, wonach Auskunft auch hinsichtlich solcher Sendungen zu erteilen ist, die sich beim Eingang des Ersuchens nicht mehr im Machtbereich des Postunternehmens befinden.[43] Dieser Auffassung kann indes in Anbetracht des klaren Wortlauts von § 99 S. 1 nicht zugestimmt werden. Danach beschränkt sich die Postbeschlagnahme auf den Fall des Noch-Gewahrsams[44] und genießen die Fälle des Nicht-mehr-Gewahrsams de facto tatsächlich und ohne dass dies verfassungsrechtlich geboten wäre einen größeren Schutz als die des Noch-Gewahrsams. Dem kann nicht durch eine Auslegung des § 99 begegnet werden, die die Wortlautgrenze sprengt. Hier ist der Gesetzgeber gefordert. 48

VI. Beschlagnahmebeschränkungen

Verteidigerpost ist nach § 148 Abs. 1 von einer Postbeschlagnahme ausdrücklich ausgenommen. Sie unterliegt auch dann nicht der Durchsicht und Beschlagnahme, wenn sie sich nicht mehr in der Hand des Verteidigers bzw. des Beschuldigten befindet.[45] Anders läge der Fall nur, wenn „gewichtige Anhaltspunkte" dafür sprächen, dass sich der Verteidiger an der dem Beschuldigten zur Last gelegten Tat beteiligt hat.[46] Dieser Privilegierung unterliegt nur die Verteidigerpost, nicht die Post eines Rechtsbeistands nach § 149 bzw. die eines Rechtsanwalts, der sich außerhalb eines Strafverfahrens mit einem Strafgefangenen in Verbindung setzen will. Insoweit sind jedoch die Beschränkungen des § 160a zu beachten. 49

Die Beschlagnahme der Post von **Abgeordneten** ist, da das Beschlagnahmeprivileg des § 97 Abs. 4 nicht deren Gewahrsam voraussetzt, in dem Umfang unzulässig, wie dieses Privileg reicht.[47] 50

[41] KK-StPO/*Greven* Rn. 11.
[42] Beck'scher Postkommentar/*Stern* § 39 Rn. 45.
[43] KK-StPO/*Greven* Rn. 11.
[44] Ebenso Löwe/Rosenberg/*Schäfer* Rn. 30.
[45] KK-StPO/*Greven* Rn. 24 f.
[46] BGH 13.8.1973 – 1 BJs 6/71/StB 34/73, NJW 1973, 2035.
[47] Zur Beschlagnahme von Abgeordnetenpost vgl. *Groß* StV 1996, 559.

VII. Wahrung des Postgeheimnisses durch das Postunternehmen

51 **1. Freiwillige Herausgabe.** Die **freiwillige Herausgabe bzw. Beauskunftung einer Postsendung durch das Postunternehmen ist nicht zulässig.** Jedes privatrechtliche Postunternehmen, welches sich nicht im Alleinbesitz des Staates befindet bzw. von diesem nicht beherrscht wird – auf privatrechtliche Unternehmen, die im Alleinbesitz des Staates stünden bzw. von diesem beherrscht würden, fände Art. 10 Abs. 1 GG unmittelbar Anwendung[48] – ist im Hinblick auf die Art. 10 Abs. 1 GG entsprechende einfachgesetzliche Regelung des Postgeheimnisses in § 39 PostG zur Wahrung des Postgeheimnisses verpflichtet. Danach unterliegen die näheren Umstände des Postverkehrs natürlicher und juristischer Personen sowie der Inhalt der Postsendungen dem Postgeheimnis. Geschützt sind auch die Inhalte „offen" aufgegebener Postsendungen, etwa der einer Postkarte. § 39 PostG enthält keine Differenzierung zwischen offenen und verschlossenen Sendungen.

52 Die freiwillige Herausgabe einer Postsendung ohne rechtfertigenden Grund stellt eine nach § 206 StGB strafbewehrte **Verletzung des Post- oder Fernmeldegeheimnisses** dar.

53 **2. Durchbrechungen des Postgeheimnisses. a) G 10 Gesetz (2001).** Art. 1 Abs. 1 des Gesetzes zur Beschränkung des Brief-, Post- und Fernmeldegeheimnisses[49] berechtigt – wie § 99 die Strafverfolgungsbehörden – die **Verfassungsschutzbehörden** des Bundes und der Länder, den **Militärischen Abschirmdienst** sowie den **Bundesnachrichtendienst** als Auslandsnachrichtendienst zu Eingriffen in das Postgeheimnis.

54 **b) § 138 StGB.** Nach § 39 Abs. 3 S. 4 PostG hat die Anzeigepflicht nach § 138 StGB Vorrang vor dem Postgeheimnis. Mitarbeiter von Postunternehmen, die grundsätzlich zur Wahrung des Postgeheimnisses verpflichtet sind, haben mithin in Durchbrechung desselben den Strafverfolgungsbehörden oder dem Bedrohten mitzuteilen, wenn sie zu einer Zeit, zu der die Ausführung oder der Erfolg noch abgewendet werden kann, **von Umständen Kenntnis erlangen,** die dem Vorhaben oder der Ausführung der in § 138 Abs. 1 und 2 aufgeführten Straftaten dienen.

55 **c) § 46 AWG.** Gemäß § 46 des Außenwirtschaftgesetzes (AWG)[50] sind die Zollbehörden berechtigt, **zur Überwachung von Sachen,** die aus-, ein- oder durchgeführt werden, auch den Postverkehr zu überwachen.

56 **d) § 99 InsO.** Gemäß § 99 Abs. 1 InsO kann zur Aufklärung von **für den Gläubiger mutmaßlich nachteiligen Rechtshandlungen** des Schuldners auf Antrag des Insolvenzverwalters bzw. von Amts wegen durch das Insolvenzgericht angeordnet werden, dass einzelne Untenehmen bestimmte oder gar alle für den Schuldner bestimmte Postsendungen dem Insolvenzverwalter zuzuleiten haben.

VIII. Einwilligung des Betroffenen

57 Ebenso wie bei Maßnahmen nach § 100a zur Überwachung der Telekommunikation verliert auch die Erhebung und Verwertung von dem Postgeheimnis unterliegenden Daten ihren Eingriffscharakter nicht dadurch, dass der Absender oder der Empfänger der Postsendung und damit lediglich einer von ihnen einer solchen Maßnahme zustimmt. Zwar kann auch hier jede am Versendungsvorgang beteiligte Person in die Erhebung und Verwertung der von Art. 10 GG erfassten und sie betreffenden Daten einwilligen. Eine solch einseitige Einwilligung berechtigt die Strafverfolgungsbehörden indes **ausschließlich zur Verwertung der Daten hinsichtlich der einwilligenden Person.** Der durch Art. 10 GG gewährte Schutz auch der anderen am Kommunikationsvorgang beteiligten Person bleibt von dieser Einwilligung unberührt. Betrifft die Datenerhebung zugleich auch Dritte, so

[48] BVerwG 18.3.1998 – 1 D 88/97, BVerGE 113, 208 = NVwZ 1998, 1083.
[49] BGBl. I 1254, 2298.
[50] BGBl. I 1595.

bedarf es für die Verwertung der zugleich auch bzw. der ausschließlich Dritte betreffenden Daten auch deren Einwilligung oder aber (doch) einer Postbeschlagnahme.

Demgegenüber vertreten zahlreiche Stimmen in der Lit.[51] die Auffassung, **schon die Einwilligung eines der beiden Partner genüge** zur Herausgabe und Verwertung der Daten. Absender und Empfänger einer Postsendung seien, so die Begründung, wechselseitig nicht zur Wahrung des Postgeheimnisses verpflichtet. Dem ist zwar zuzustimmen. Diese Auffassung lässt jedoch unberücksichtigt, dass die Erhebung und Verwertung der Daten zu strafprozessualen Zwecken nicht das Bürger-Bürger-, sondern das Bürger-Staat-Verhältnis berühren, hinsichtlich dessen jeder nur über seine, nicht aber zugleich auch über die Daten Dritter zu disponieren befugt ist. Soweit von den Anhängern/Befürwortern dieser Einwilligungstheorie die Auffassung vertreten wird, die Postbeschlagnahme betreffe nur die Äußerung eines der beiden Kommunizierenden, weshalb jedenfalls die Einwilligung des Absenders genüge,[52] trägt diese Argumentation der Tatsache nicht ausreichend Rechnung, dass ein allein auf eine solche Einwilligung gestützter Zugriff auch Name und Anschrift des Empfänger erfassen und damit dessen grundgesetzlich geschützte Positionen betreffen würde. Dies dürfte zweifelsfrei für all diejenigen Fällen gelten, in denen der Empfänger den Versand der Sendung veranlasst hat (→ § 100a Rn. 79 ff.). 58

C. Revision

Die Revision kann ebenso wie bei der Telekommunikationsüberwachung darauf gestützt werden, dass **ohne Beachtung der materiellen Voraussetzungen,** hier der des § 99, und damit ohne Rechtsgrundlage in das Postgeheimnis des Beschuldigten eingegriffen wurde. Dies wäre bspw. der Fall, wenn der Beschuldigte jedenfalls zum Zeitpunkt des Vollzugs der Maßnahme einer Straftat überhaupt noch nicht verdächtig gewesen wäre. Das Urteil bzw. die dem Schuldspruch zugrunde liegende Beweiswürdigung kann sich letztlich jedoch nur auf einzelne Beweismittel und deren Beschlagnahme nach § 94 stützen.[53] Voraussetzung für die Erhebung einer entsprechenden Verfahrensrüge ist zudem, dass der Beschuldigte zuvor der Verwertung der entsprechenden Erkenntnisse widersprochen hat.[54] Indes führt nach gefestigter höchstrichterlicher Rspr. nur das Fehlen wesentlicher sachlicher Voraussetzungen zu einem Verwertungsverbot.[55] Zudem ist in jedem Einzelfall entsprechend der „Abwägungslehre" zu prüfen, ob trotz des im Einzelfall festgestellten Verstoßes die Verwertung der daraus unmittelbar erlangten Erkenntnisse im überwiegenden Interesse der Allgemeinheit steht stünde und damit zulässig wäre.[56] 59

Auch ein Verstoß gegen die **Zuständigkeitsregelungen** könnte die Revision begründen, etwa wenn die Anordnung nicht von dem nach § 100 Abs. 1 Hs. 1 zuständigen Gericht getroffen wurde oder Gefahr im Verzug nicht vorlag und der Richtervorbehalt „sehenden Auges" nicht beachtet wurde. 60

§ 100 [Zuständigkeit]

(1) Zu der Beschlagnahme (§ 99) ist nur das Gericht, bei Gefahr im Verzug auch die Staatsanwaltschaft befugt.

(2) Die von der Staatsanwaltschaft verfügte Beschlagnahme tritt, auch wenn sie eine Auslieferung noch nicht zur Folge gehabt hat, außer Kraft, wenn sie nicht binnen drei Werktagen gerichtlich bestätigt wird.

[51] Löwe/Rosenberg/*Schäfer* Rn. 12; Meyer-Goßner Rn. 3; SK-StPO/Wohlers Rn. 7.
[52] Löwe/Rosenberg/*Schäfer* Rn. 13.
[53] BeckOK-StPO/*Graf* Rn. 29; Löwe/Rosenberg/*Schäfer* § 100 Rn. 50.
[54] BGH 7.3.2006 – 1 StR 316/05, NJW 2006, 1361.
[55] BGH 26.2.2003 – 5 StR 423/02, NJW 2003, 1880.
[56] Vgl. BVerfG 2.7.2009 – 2 BvR 2225/08, NJW 2009, 3225.

(3) [1]Die Öffnung der ausgelieferten Postsendungen steht dem Gericht zu. [2]Es kann diese Befugnis der Staatsanwaltschaft übertragen, soweit dies erforderlich ist, um den Untersuchungserfolg nicht durch Verzögerung zu gefährden. [3]Die Übertragung ist nicht anfechtbar; sie kann jederzeit widerrufen werden. [4]Solange eine Anordnung nach Satz 2 nicht ergangen ist, legt die Staatsanwaltschaft die ihr ausgelieferten Postsendungen sofort, und zwar verschlossene Postsendungen ungeöffnet, dem Gericht vor.

(4) [1]Über eine von der Staatsanwaltschaft verfügte Beschlagnahme entscheidet das nach § 98 zuständige Gericht. [2]Über die Öffnung einer ausgelieferten Postsendung entscheidet das Gericht, das die Beschlagnahme angeordnet oder bestätigt hat.

(5) [1]Postsendungen, deren Öffnung nicht angeordnet worden ist, sind unverzüglich an den vorgesehenen Empfänger weiterzuleiten. [2]Dasselbe gilt, soweit nach der Öffnung die Zurückbehaltung nicht erforderlich ist.

(6) Der Teil einer zurückbehaltenen Postsendung, dessen Vorenthaltung nicht mit Rücksicht auf die Untersuchung geboten erscheint, ist dem vorgesehenen Empfänger abschriftlich mitzuteilen.

Schrifttum: s. § 99.

Übersicht

A. Erläuterung

I. Anordnung der Beschlagnahme nach § 99 (Abs. 1 und 2)

1 **1. Zuständigkeit.** Die Anordnung der Beschlagnahme obliegt nach § 100 Abs. 1 **grundsätzlich dem Gericht.** Vor Erhebung der öffentlichen Klage ist dies gemäß § 162

Abs. 1 S. 1 dasjenige Amtsgericht, in dessen Bezirk die Staatsanwaltschaft oder ihre den Antrag stellende Zweigstelle ihren Sitz hat. Innerhalb dieses Gerichts ist der für diese Aufgabe nach § 21e GVG bestimmte Ermittlungsrichter zuständig. Für die gerichtliche Anordnung bedarf es, anders als bei der Telekommunikationsüberwachung nach § 100b Abs. 1 S. 1, nicht zwingend eines Antrages der Staatsanwaltschaft. Der Ermittlungsrichter kann mithin eine Postbeschlagnahme unter den Voraussetzungen des § 165 auch ohne Antrag der Staatsanwaltschaft anordnen.

Bei **Gefahr im Verzug** kann die Postbeschlagnahme gemäß § 100 Abs. 1 auch von der Staatsanwaltschaft angeordnet werden. Eine Eilanordnungskompetenz auch ihrer Ermittlungspersonen (§ 152 GVG) sieht die Vorschrift indes nicht vor. Die Zuständigkeitsregelung in Abs. 1, die so im Wesentlichen bereits in der Erstfassung der StPO vom 1.2.1877[1] enthalten war, entspricht damit der der Telekommunikationsüberwachung in § 100b Abs. 1 S. 1 und 2. Dies scheint konsequent, weil sowohl das Post- als auch das Fernmeldgeheimnis ihren besonderen Schutz vor staatlichen Eingriffen durch Art. 10 GG erfahren und von beiden Maßnahmen regelmäßig auch Kommunikationsinhalte betroffen werden. 2

2. Form der Beschlagnahmeanordnung. Das Gesetz sieht für die Anordnung der Postbeschlagnahme keine bestimmte Form vor. Die an das Postunternehmen gerichtete Anordnung, bestimmte Postsendungen auszusortieren und diese den Strafverfolgungsbehörden zu übergeben, könnte mithin anders als im Fall der Telekommunikationsüberwachung, für die § 100b Abs. 2 S. 1 die Schriftform zwingend vorsieht, de lege lata auch mündlich oder gar fernmündlich getroffen werden. Aus Gründen der Rechtssicherheit bedarf auch die Postbeschlagnahme regelmäßig der **Schriftform** und ist zu begründen. Hiervon könnte einzig in den kaum vorstellbaren Ausnahmefällen abgesehen werden, in denen im Falle einer vorherigen schriftlichen Niederlegung mit einem Beweismittelverlust zu rechnen wäre. In diesen Fällen wäre die Entscheidung freilich nachträglich aktenkundig zu machen und gegenüber dem betroffenen Postunternehmen schriftlich zu bestätigen.[2] 3

3. Inhalt der Anordnung. a) Entscheidungsformel. § 100 enthält keine Vorgaben dazu, welche Angaben eine Beschlagnahmeanordnung im Einzelnen zu enthalten hat. Der notwendige Inhalt der „Entscheidungsformel" ergibt sich aus der tatsächlichen Erwägung, dass für die vollziehende Stelle der **Umfang der Beschlagnahme zweifelsfrei bestimmt** werden muss.[3] Eine entsprechende Regelung enthält Nr. 77 Abs. 1 RiStBV. Die Entscheidungsformel muss mithin ua festlegen, über welchen Zeitraum die Mitarbeiter des Postdienstleisters welche Art von Postsendungen aus dem geschäftsmäßigen Beförderungskreislauf herauszusortieren haben. Dabei ist aus Gründen der Verhältnismäßigkeit zugleich darauf zu achten, dass die Maßnahme nicht weitergehend als zur Zweckerreichung erforderlich in rechtlich geschützte Positionen des Betroffenen eingreift. 4

b) Anordnende Stelle, Strafverfahren und Beschuldigter. Wie bei jeder anderen Maßnahme sind auch bei der Beschlagnahmeanordnung die die Maßnahme anordnende Behörde sowie deren gerichtliches bzw. staatsanwaltschaftliches Aktenzeichen anzugeben. Nur so kann der zur Mitwirkung verpflichtete Dienstleister überprüfen, ob die Anordnung von einer nach Abs. 1 **berechtigten Behörde** erlassen wurde und er in Durchbrechung des ihn bindenden Postgeheimnisses nach § 39 Abs. 3 S. 3 PostG (→ § 99 Rn. 43, 49) zur Mitwirkung oder Beauskunftung berechtigt ist. 5

c) Name und Anschrift des Beschuldigten bzw. des Absenders. Weitergehende Regelungen über die Postbeschlagnahme finden sich in Nr. 78 bis 81 RiStBV, die als Verwaltungsvorschriften für die Staatsanwaltschaft bindend sind. Nach der sprachlich missglückten Regelung in Nr. 78 Abs. 1 S. 1 und 2 RiStVB sind der **volle Name des Beschuldigten,** bei häufig wiederkehrenden Namen insbesondere in Großstädten auch andere 6

---

[1] RGBl. I 253.
[2] So auch Löwe/Rosenberg/*Schäfer* Rn. 16 für die staatsanwaltschaftliche Anordnung.
[3] Vgl. BGH 7.9.1956 – 1 BJs 182/55, StB 28/56, NJW 1956, 1805 (1806).

Unterscheidungsmerkmale, des Weiteren der genaue Wohnort sowie die Straße nebst Hausnummer anzugeben, wenn an diesen gerichtete Sendungen beschlagnahmt werden sollen. Sollen hingegen Sendungen eines bestimmten Absenders beschlagnahmt werden, sind nach Nr. 78 Abs. 2 S. 1 RiStBV neben dessen Personalien auch die Annahme- bzw. Einlieferungsstelle des jeweiligen Postunternehmens zu bezeichnen, bei dem die Einlieferung der Sendung erwartet wird.

7 **d) Bezeichnung der zu beschlagnahmenden Postsendungen.** Grundsätzlich sind nach Nr. 77 Abs. 1 RiStBV die zu beschlagnahmenden Postsendungen und Telegramme **so genau wie möglich** zu bezeichnen. Nr. 77 Abs. 2 RiStBV verpflichtet die Staatsanwaltschaft zur Prüfung, ob eine Beschlagnahme aller Postsendung erforderlich ist oder aber ob die Beschlagnahme auf einzelne der in Nr. 77 Abs. 3 RiStBV aufgeführten Gattungen von Postsendungen beschränkt werden kann.

8 **e) Befristung der Maßnahme.** Eine Befristungsregelung enthält § 100 nicht. Die Notwendigkeit einer zeitlichen Begrenzung der Maßnahme gebietet indes bereits der Grundsatz der **Verhältnismäßigkeit** (→ Rn. 4). Zudem sieht Nr. 80 Abs. 1 RiStBV vor, dass die Maßnahme auf eine bestimmte Zeit, nämlich etwa einen Monat, beschränkt werden soll.

9 **f) Adressat der Anordnung.** Anders als im Falle der Telekommunikationsüberwachung, bei der der Teilnehmeranschluss als Netzabschlusspunkt in den Räumlichkeiten des Teilnehmers über einen Hauptverteilerknoten mit dem öffentlichen Netz verbunden und die diesem Anschluss zugewiesene Kennung stets nur einem Diensteanbieter zuzuordnen ist, kann ein und dieselbe Anschrift, gleich ob die des Beschuldigten oder des Absenders der Postsendung, von mehreren Postunternehmen „versorgt" werden. Aus diesem Grund muss in der Anordnung zwingend das **verpflichtete Unternehmen** und damit der Adressat der Anordnung benannt werden.

10 In Konsequenz dessen bestimmt Nr. 79 RiStBV, dass „der Staatsanwalt", mithin die Ermittlungsbehörden, zu prüfen haben, wer als Adressat der Anordnung in Betracht kommt und dass die Anordnung, sollte es sich um mehrere verschiedene Unternehmen handeln, **jedem** dieser Unternehmen zu übermitteln ist. Schließlich ist bei der Adressierung nach Nr. 79 S. 4 RiStBV auf die jeweilige Betriebsstruktur Rücksicht zu nehmen. Bestehen rechtlich selbstständige Niederlassungen, so sind diese als Adressat zu benennen.

11 Von größter praktischer Bedeutung ist der deklaratorische Hinweis in Nr. 78 Abs. 3 RiStBV, in dem gegenüber dem Staatsanwalt – auch dem Ermittlungsrichter bleibt dies unbenommen – die Empfehlung ausgesprochen wird, sich in zweifelhaften oder schwierigen Fällen vor der Anordnung **mit dem betreffenden Post- oder Telekommunikationsunternehmen darüber zu verständigen, wie die Beschlagnahme durchzuführen ist.** Dies gilt umso mehr, als diese Unternehmen nach § 100 lediglich dazu verpflichtet sind, die in der Anordnung bezeichneten Sendungen aus dem Verteilerkreislauf auszusortieren und den Strafverfolgungsbehörden zu übergeben.[4]

12 **g) Begründung der Anordnung.** Als nach § 101 Abs. 7 bzw. nach § 304 anfechtbare Sachentscheidung ist die Postbeschlagnahme gemäß § 34 zu begründen. Dies gilt unabhängig davon, ob sie in Form eines Beschlusses oder einer Eilanordnung ergangen ist. Auch derartige Entscheidungen der Staatsanwaltschaft bedürfen grundsätzlich einer Begründung.[5] Hierfür reicht die vielfach festzustellende Wiedergabe des Gesetzeswortlauts nicht aus;[6] gleiches gilt für formelhafte Wendungen.[7] Die Begründung muss vielmehr so gehalten sein, dass das **Rechtsmittelgericht nachprüfen kann, ob der Anordnende von zutreffenden materiell- und verfahrensrechtlichen Voraussetzungen** ausgegangen ist. Neben

---

[4] Ebenso *Welp,* Die strafprozessuale Überwachung des Post- und Fernmeldeverkehrs 1974, S. 158.

[5] OLG Hamburg 19.10.1009 – 2 Ws 267/98, NStZ-RR 1999, 123 (126).

[6] BayObLG 4.12.1952 – 1 St 55/52, NJW 1953, 233.

[7] *Meyer-Goßner* § 34 Rn. 4.

der Verdachts- ist weiter die Beweislage darzulegen. Insoweit reicht jedoch eine kurze, zusammenfassende Darlegung der wesentlichen Beweismittel aus (vgl. ergänzend zu den konkreten Begründungserfordernissen § 100b Rn. 29 ff.).

Der Begründungsaufwand hängt stets von den **konkreten Umständen des Einzelfalls** ab. Sollen etwa Sendungen beschlagnahmt werden, von denen „aus vorliegenden Tatsachen zu schließen ist, dass sie von dem Beschuldigten herrühren oder für ihn bestimmt sind" (§ 99 S. 2), so sind sowohl diese Tatsachen als auch deren Herkunft darzulegen. 13

II. Öffnung der Postsendungen (Abs. 3)

1. Richtervorbehalt, Zuständigkeit der Staatsanwaltschaft (S. 1 und 2). Nach Abs. 3 S. 1 steht die Öffnung der ausgelieferten Post **grundsätzlich dem Gericht** zu. Dieses kann nach S. 2 die Befugnis zur Öffnung der Staatsanwaltschaft übertragen, soweit dies erforderlich ist, um den Untersuchungserfolg nicht durch Verzögerungen zu gefährden. S. 2 erfasst somit diejenigen Fälle, in denen das zuständige Gericht entweder bereits bei der Anordnung der Beschlagnahme nach Abs. 1 oder aber danach im Rahmen einer antizipatorischen Betrachtung zu der Bewertung gelangt, es könne im Verlauf des künftigen Verfahrens der Postbeschlagnahme zu einer Situation kommen, in der Gefahr im Verzug besteht. Der Gesetzgeber hatte dabei Momente im Blick, in denen die Einschaltung des Richters zum Zwecke der Öffnung der Post den Erfolg der Ermittlungen gefährden könnte und deshalb ein sofortiger Zugriff der Staatsanwaltschaft auf den Inhalt der Postsendungen geboten erscheint. Derartige, gleichsam zukünftige Gefahrenlagen sollen insbesondere gegeben sein, wenn sich aus den Postsendungen „Anhaltspunkte für die Art, den Umfang oder den Ort weiterer Ermittlungshandlungen ergeben" könnten.[8] Angestrebt wird mit dieser Regelung eine schnellere Fortführung der staatsanwaltschaftlichen Ermittlungen.[9] 14

Bei Gefahr im Verzug umfasst die Zuständigkeit der Staatsanwaltschaft lediglich den Vollzug der gerichtlichen Öffnungsanordnung. Die **Öffnungsanordnung selbst steht nach S. 2 unter ausschließlichem Vorbehalt des Gerichts**. Auch bei Gefahr im Verzug muss die Staatsanwaltschaft mithin, anders als im Fall der Telekommunikationsüberwachung, bei der sie in einem solchen Fall nicht nur die Kommunikationsinhalte zur Kenntnis nehmen, sondern nach § 100b Abs. 1 S. 2 auch die entsprechende Anordnung selbst treffen darf, erst die Öffnungsanordnung des Gerichts herbeiführen und sich die Befugnis zur Öffnung der Postsendungen übertragen lassen. Möglich und zulässig ist es aber, dass das Gericht diese Befugnis bereits in dem Beschlagnahmebeschluss auf die Staatsanwaltschaft überträgt. In diesem Fall darf sie die Postsendungen selbst öffnen. Vor diesem Hintergrund kann hinsichtlich der Regelung in S. 2 auch von einer „eingeschränkten Eilzuständigkeit" der Staatsanwaltschaft gesprochen werden kann. 15

Dass nach Abs. 3 **ausschließlich Gericht und Staatsanwaltschaft, nicht jedoch deren Ermittlungspersonen zur Öffnung der ausgelieferten Post berechtigt sind,** überrascht im Zeitalter moderner Telekommunikationsmittel und steht in einem Wertungswiderspruch zu den Regelungen der Telekommunikationsüberwachung nach den §§ 100a ff. Diese Vorschriften enthalten keine entsprechende Einschränkung, obwohl durch Maßnahmen der Telekommunikationsüberwachung quantitativ und qualitativ in einem ungleich stärkeren Maß in Kommunikationsumstände- und -inhalte der Beteiligten eingegriffen wird als dies heutzutage noch durch die Postbeschlagnahme geschieht. Die klassische Fernkommunikation mittels Postsendung, sprich der verkörperte Brief oder die Postkarte, sind „Auslaufmodelle". Diesen Aspekt hat der Gesetzgeber im Rahmen des Gesetzentwurfs zur Neuregelung der Telekommunikationsüberwachung und anderer verdeckter Ermittlungsmaßnahmen erkannt und thematisiert,[10] ihn gar zur Begründung für seine Auffassung herangezogen, dass es trotz entgegenstehender Forderungen in der rechtswissenschaftlichen 16

[8] BT-Drs. 7/551, 65.
[9] BT-Drs. 7/551, 65.
[10] BT-Drs. 16/5846, 38, 39.

Lit.[11] keiner einheitlichen Vorschrift zur Überwachung der Fernkommunikation, womit er sowohl Post- als auch Telekommunikation gemeint hat, bedürfe. Der Gesetzgeber sah mithin keine Veranlassung für eine Änderung des Rechts der Postbeschlagnahme dahingehend, dass diese künftig ebenfalls nur unter besonderen Eingriffsvoraussetzungen zulässig sein und zu diesem Zweck ein spezifischer Deliktskatalog sowie eine Subsidiaritätsklausel in § 99 implementiert werden sollte.

17 Wenn der Gesetzgeber den Strafverfolgungsbehörden bei der Postbeschlagnahme die im Vergleich zur Telekommunikationsüberwachung erleichterten Zugriffsmöglichkeiten erhalten wollte, erschließt sich von Rechts wegen nicht, wieso er die Öffnung der Post und damit die **Kenntnisnahme der Inhaltsdaten unter Richtervorbehalt** stellt, während bei der Telekommunikationsüberwachung die entsprechenden Daten unmittelbar von den Ermittlungspersonen ausgewertet werden dürfen.

18 Dieser Widerspruch lässt sich allein **rechtshistorisch** erklären. Die Vorschrift des Abs. 3 wurde durch das Erste Gesetz zur Reform des Strafverfahrensrechts (1. StVRG) vom 9.12.1974[12] eingeführt und stellt insoweit eine lediglich redaktionelle Überarbeitung der ursprünglichen Regelung des § 100 idF vom 1.2.1877 dar. Dessen Abs. 1 S. 2 enthielt bereits die Regelung, dass Briefe und andere Postsendungen „uneröffnet dem Richter" vorzulegen seien. Bei der Telekommunikationsüberwachung, die durch das Gesetz zur Beschränkung des Brief-, Post- und Fernmeldegeheimnisses vom 12.8.1968[13] eingeführt worden war und dessen Materialen[14] sich hierzu nicht verhalten, wird man bereits im Hinblick auf die Vielzahl und den Umfang der Telefonate von einer entsprechenden Regelung Abstand genommen haben.

19 **2. Unanfechtbarkeit, Widerruf der Übertragungsanordnung (S. 3).** Nach Abs. 3 S. 3 Hs. 1 ist die Übertragungsanordnung nach S. 2 **anfechtungsfest**. Sie kann mithin nicht mit der Beschwerde angegriffen werden. Mit der Übertragung der Befugnis zur Öffnung der Postsendungen auf die Staatsanwaltschaft sollte auch eine Beschleunigung des Verfahrens herbeigeführt werden. Der Gesetzgeber befürchtete, dieser Effekt könnte wieder aufgehoben werden, würde dem Betroffen die Möglichkeit eröffnet, die Rechtmäßigkeit der Übertragungsanordnung überprüfen zu lassen.[15]

20 Die Übertragungsanordnung kann gemäß Abs. 3 S. 3 Hs. 2 **jederzeit widerrufen** werden. Dieser deklaratorische Hinweis dürfte dem Umstand geschuldet sein, dass das Gericht nach S. 3 Hs. 1 nicht verpflichtet ist, die Befugnis zur Öffnung der Postsendungen durch die Staatsanwaltschaft zu befristen.

21 **3. Vorlage und Öffnung der Postsendungen (S. 4).** Nach S. 4 ist die Staatsanwaltschaft verpflichtet, die ausgelieferten Postsendungen – sofern sie zu deren Öffnung nicht zuvor nach S. 2 durch das Gericht ermächtigt wurde – **„sofort" dem Gericht vorzulegen.**

22 „Sofort" bedeutet nicht nur, dass die Staatsanwaltschaft die entsprechende Vorlageverfügung sogleich zu treffen, sondern zudem auch dafür Sorge zu tragen hat, dass die Postsendungen **dem zuständigen Gericht kurzfristig vorgelegt** werden. Mit der Überbringung der Postsendungen kann – und wird – die Staatsanwaltschaft ihre Ermittlungspersonen beauftragen. Allein diese verfügen über die für eine sofortige Vorlage erforderlichen technischen und personellen Ressourcen. Durch S. 4 soll gewährleistet werden, dass das Gericht unmittelbar nach Aussortierung der Postsendungen in die Lage versetzt wird, diese zu öffnen und auf ihre Beweiserheblichkeit überprüfen zu können. Nur so kann das zum Zwecke der Eingriffsminimierung sogleich die Weiterleitung derjenigen Sendungen veranlassen, die nicht beweisrelevant sind (vgl. Abs. 5).

---

[11] *Böckenförde* S. 383.
[12] BGBl. I 3393.
[13] BGBl. I 949.
[14] BT-Drs. V/1880, 11 bis 13.
[15] BT-Drs. 7/551, 66.

III. Entscheidung über eine Beschlagnahmeanordnung der Staatsanwaltschaft nach § 99 (Abs. 4)

Die Regelung des Abs. 4 wurde durch das 1. StVRG v. 9.12.1974[16] in § 100 eingeführt. 23
Der Gesetzgeber hat dafür lediglich den bisherigen Abs. 3 redaktionell überarbeitet und ohne sachliche Änderung als Abs. 4 eingestellt. Nach dessen S. 1 entscheidet über eine von der Staatsanwaltschaft verfügte Beschlagnahme das **nach § 98 zuständige Gericht.** Vor Erhebung der öffentlichen Klage ist damit gemäß § 162 Abs. 1 S. 1 das Amtsgericht zuständig, in dessen Bezirk die Staatsanwaltschaft ihren Sitz hat. Nach Anklagerhebung entscheidet gemäß § 98 Abs. 2 S. 3 das mit der Sache befasste Gericht in der für Beschlüsse außerhalb der Hauptverhandlung vorgeschriebenen Besetzung.

Durch S. 2 soll weiter klargestellt werden, dass auch über die grundsätzlich dem Richter 24
vorbehaltene Öffnung (Abs. 3 S. 1) der Sendungen, die auf Grund einer von der Staatsanwaltschaft wegen Gefahr im Verzug angeordneten Beschlagnahme (Abs. 1 S. 2) ausgeliefert wurden, **derjenige** Richter entscheidet, der für die Anordnung der Beschlagnahme zuständig wäre bzw. die Anordnung der Staatsanwaltschaft richterlich bestätigt hat.[17]

IV. Nicht geöffnete bzw. beschlagnahmte Sendungen (Abs. 5)

Verschlossene Postsendungen – allein solche können geöffnet werden – die äußerlich 25
gesichtet und nicht geöffnet wurden, sind nach S. 1 unverzüglich an den vorgesehenen Empfänger weiterzuleiten. Dies geschieht regelmäßig dadurch, dass die betreffenden Sendungen wieder demjenigen **Postdienstleister zurückgegeben** wird, der sie zuvor aussortiert und den Strafverfolgungsbehörden übergeben hatte.

Entsprechendes gilt nach S. 2 für geöffnete Sendungen, deren **Zurückbehaltung nicht** 26
mehr erforderlich ist. Dabei ist es gleichgültig, ob diesen keinerlei Beweisbedeutung zukommt bzw. es im Falle einer Beweisbedeutung zur Beweissicherung ausreicht, den Inhalt der Postsendungen in geeigneter Weise zu dokumentieren und die sodann wieder verschlossenen Sendungen dem Empfänger zuzuleiten. Die in der Kommentarliteratur[18] vertretene Auffassung, geöffnete indes nicht beweiserhebliche Postsendungen wieder zu verschließen, mit einem Vermerk über deren gerichtliche Öffnung zu versehen und sie anschließend den Postdienstleister zu weiteren Beförderung zurückzugeben, ist mit der Ausgestaltung der generellen Postbeschlagnahme des § 99 als verdeckte Ermittlungsmaßnahme nicht vereinbar. Ist der Inhalt der Postsendung hingegen beweisrelevant und erfolgt die Beweissicherung bei einen Brief in der Form, dass von diesem eine (beglaubigte) Kopie gefertigt und der Brief sodann weitergeleitet wird, stellt diese Maßnahme eine Beschlagnahme nach § 94 dar und bedarf nach § 98 Abs. 1 S. 1 in der Regel einer richterlichen Anordnung.

V. Teilbeschlagnahmte Postsendungen (Abs. 6)

Die Vorschrift des Abs. 6 entstammt ebenso wie des Abs. 5 dem Postkutschenzeitalter. Beide 27
waren mit demselben materiellen Regelungsgehalt bereits Bestandteil der Erstfassung der StPO vom 1.2.1877.[19] Beide Regelungen waren in der Vergangenheit lediglich dem allgemeinen Sprachgebrauch angepasst und durch das Gesetz zur Neuregelung der Telekommunikation und anderer verdeckter Ermittlungsmaßnahmen[20] redaktionell den anderen verdeckten Maßnahmen angeglichen worden. Der Gesetzgeber geht, im Jahre 1877 mag dies ausnahmslos zugetroffen haben, noch immer davon aus, dass sich der nicht vorenthaltene Teil einer zurückbehaltenen Postsendung dem Empfänger abschriftlich mitteilen lässt. Bei mit Tinte und Feder verfassten Briefen war dies stets möglich, bei heutigen Postsendungen ist dies vielfach unmöglich. So han-

[16] BGBl. I 3393.
[17] Vgl. BT-Drs. 7/551, 66.
[18] Vgl. *Meyer-Goßner* Rn. 11.
[19] Als § 101 Abs. 2 und 3, RGBl. 1877, 253 ff.
[20] BGBl. I 3198.

delt es sich heute bei den gesuchten Beweismitteln wohl überwiegend **nicht mehr um Briefe.** Vielfach werden Warensendungen mit inkriminierten Waren gesucht, die, wenn überhaupt, als einzig abschriftsfähigen Inhalt eine Rechnung bzw. sonstige Begleitpapiere enthalten.

28 Abs. 6 könnte vor diesem Hintergrund wie von einzelnen Stimmen in der – oftmals nicht ausreichend begründeten – Kommentarliteratur[21] dahingehend ausgelegt werden, dass die Vorschrift entgegen ihrem Wortlaut einzig **auf Briefe Anwendung findet**. Dann stellt sich allerdings die Frage, wie zu verfahren ist, wenn der einem Brief gleichzustellende gedankliche Inhalt nicht urkundlich auf Papier, sondern auf einem elektronischen Datenträger, etwa einer CD, verkörpert ist.

VI. Beschlagnahme der Postsendungen, §§ 94, 98

29 **1. Anhörung der Staatsanwaltschaft.** Gelangt das Gericht zu der Auffassung, eine bestimmte Postsendung könnte als Beweismittel von Bedeutung sein, leitet es diese vor seiner Entscheidung zwecks Anhörung der Staatsanwaltschaft zu. Diese wäre bereits im Hinblick auf § 33 Abs. 2 zu hören. Entscheidend ist, dass die Staatsanwaltschaft als die die Ermittlungen führende Behörde regelmäßig einen sehr viel besseren Überblick über den **aktuellen Ermittlungsstand** hat und damit die Beweisbedürftigkeit einer Tatsache bzw. die Beweiseignung einer konkreten Postsendung ggf. nach Rücksprache mit der sachbearbeitenden Polizeidienststelle weitaus besser beurteilen kann als das die Maßnahme anordnende Gericht. Sodann stellt die Staatsanwaltschaft erforderlichenfalls den Antrag, die Sendung zu beschlagnahmen.

30 **2. Postsendungen als Aktenbestandteil (§ 147).** Hält die nach Abs. 3 S. 2 zur Öffnung befugte Staatsanwaltschaft eine bestimmte Postsendung für beweisrelevant, nimmt sie diese zu den Akten und leitet sie zwecks Entscheidung dem Gericht zu. Damit wird die Sendung Aktenbestandteil und unterliegt als solche dem **Akteneinsichtsrecht,** welches allerdings unter den Voraussetzungen des § 147 Abs. 2 bis zum Abschluss der Ermittlungen beschränkt werden kann.[22]

31 **3. Individuelle Beschlagnahme.** Im Gegensatz zu der generellen Beschlagnahmeanordnung nach § 99 erfolgt die individuelle Beschlagnahme beweisrelevanter einzelner Postsendungen **nach Maßgabe der §§ 94, 98.** Erst auf der Grundlage dieser Anordnung darf die Sendung dauerhaft zurückgehalten werden. Zuständig für diese Maßnahme ist gemäß § 98 ebenfalls das Gericht.

VII. Anhörung/Benachrichtigung des Betroffenen

32 **1. Maßnahmen nach § 99.** Eine **vorherige Anhörung** des Beschuldigten oder sonstiger durch die Maßnahme der Postbeschlagnahme betroffenen Personen nach § 33 Abs. 3 findet regelmäßig nicht statt. Eine solche Anhörung würde zumeist auch den Zweck der Maßnahme gefährden (§ 33 Abs. 4).

33 Ist die Anordnung ergangen und vollzogen worden, müssen weder die aussortierten und dennoch nicht geöffneten (Abs. 5 S. 1) noch die geöffneten und wieder verschlossenen Sendungen (Abs. 5 S. 2) bei der Weiterleitung mit einem Vermerk über ihre Aussortierung oder Öffnung zu versehen werden.[23] Das Verfahren der Postbeschlagnahme nach § 99 ist **den verdeckten Ermittlungsmaßnahmen** zuordnen. Dementsprechend eröffnet § 101 Abs. 1 iVm Abs. 5 die Möglichkeit, die Benachrichtigung des Absenders bzw. Adressaten einer Postsendung zurückzustellen.

34 **2. Maßnahmen nach §§ 94, 98.** Im Gegensatz zur generellen Beschlagnahmeanordnung nach § 99 iVm § 101 Abs. 5 sieht die StPO für die individuelle Beschlagnahme einzelner Postsendungen als Beweismittel nach Maßgabe der §§ 94, 98 die **Möglichkeit einer**

[21] *Meyer-Goßner* Rn. 12.
[22] Vgl. Löwe/Rosenberg/*Schäfer* Rn. 37.
[23] So aber *Meyer-Goßner* Rn. 11 für den Fall der geöffneten Sendungen.

Zurückstellung der Benachrichtigung nicht vor. Der Gesetzgeber hat Maßnahmen nach § 94 nicht in den Maßnahmenkatalog des § 101 Abs. 1 aufgenommen.

Diese Tatsache hat der **BGH** zum Anlass genommen, in seinem Beschluss vom 24.11.2009[24] darauf hinzuweisen, dass im Falle der Beschlagnahme aller im Postfach/E-Mail-Konto einer Person bereits vorhandenen Nachrichten, hinsichtlich derer der Übertragungsvorgang mithin bereits abgeschlossen sei und auf die nach der Entscheidung des BVerfG vom 16.6.2009[25] nach Maßgabe der §§ 94 ff. zugegriffen werden könne, der Betroffene entsprechend zu benachrichtigen, ihm mithin die **Entscheidung nach § 35 Abs. 2 bekannt zu machen** sei. 35

Zwar wurde diese Entscheidung in der Lit. pauschal begrüßt,[26] sie verdient jedoch Kritik. Der BGH hat nicht berücksichtigt, dass es einen – von Gesetzgeber offenbar nicht bedachten – **Wertungswiderspruch** darstellt, wenn er ausweislich der Materialien[27] „für alle speziellen verdeckten Ermittlungsmaßnahmen", mithin auch für die des § 99 in § 101 Abs. 5–7 die Möglichkeit der Zurückstellung der Benachrichtigung und deren gerichtliche Überprüfung eröffnet, zugleich indes davon abgesehen hat, hierin auch diejenigen Fälle einzubeziehen, in denen sich an die generelle Beschlagnahmeanordnung gemäß § 99 eine solche nach §§ 94, 98 anschließt. Vor diesem Hintergrund ist jedenfalls in Fällen der vorliegenden Art der Auffassung zuzustimmen, dass § 101 entsprechende Anwendung findet, wenn der Untersuchungszweck durch die Bekanntgabe gefährdet würde.[28] 36

VIII. Aufhebung der Postbeschlagnahme

Die Maßnahme der Postbeschlagnahme nach § 99 ist aufzuheben, wenn die Voraussetzungen für ihre Anordnung **entfallen** sind. Dies ist der Fall, wenn etwa der Tatverdacht gegen den Beschuldigten entfallen, das Ermittlungsverfahren mithin gemäß § 170 Abs. 2 einzustellen, oder aber der Tatnachweis mit anderen Beweismitteln erbracht ist, sodass es der Postbeschlagnahme nicht mehr bedarf. 37

B. Rechtsbehelfe

I. Maßnahmen nach § 99

Entscheidungen nach § 99 können von dem durch § 101 Abs. 4 S. 1 Nr. 2 erfassten Personenkreis, mithin dem Absender sowie dem Adressaten einer Postsendung mit dem befristeten **Rechtsbehelf des § 101 Abs. 7 S. 2 bis 4** (→ § 101 Rn. 87) angefochten werden. Diese Vorschrift verdrängt bei Vorliegen ihrer Voraussetzungen, mithin „nach Beendigung der Maßnahme" (vgl. § 101 Abs. 7 S. 2) als lex specialis die Regelung des § 304.[29] Mit dem Rechtsbehelf des § 101 Abs. 7 S. 2 bis 4 können sich die vorgenannten Personen dabei sowohl gegen richterliche Entscheidungen (Abs. 1 Hs. 1) wie gegen Eilanordnungen der Staatsanwaltschaft (Abs. 1 Hs. 2) wenden und nicht nur die Maßnahme als solches, sondern auch die Art und Weise ihres Vollzugs beanstanden. Wird bereits vor Anklageerhebung um nachträglichen Rechtsschutz gegen eine Maßnahme der Postbeschlagnahme nach § 101 Abs. 7 S. 2 nachgesucht, so geht mit Anklageerhebung die Zuständigkeit für diese Entscheidung auf das Gericht der Hauptsache über.[30] 38

Andere als die in § 101 Abs. 4 S. 1 Nr. 2 genannten, durch die Maßnahme jedoch ebenfalls beschwerten Personen können gegen richterliche Anordnungen nach § 100 Abs. 1 bzw. richterliche Entscheidungen nach § 100 Abs. 4 **Beschwerde gemäß § 304** einlegen. 39

---

[24] BGH 24.11.2009 – StB 48/09, NStZ 2010, 345 (346).
[25] BVerfG 16.6.2009 – 2 BvR 902/06, NJW 2009, 2431 (2433).
[26] *Holch* beck-online, FD-StrafR 2010, 301352.
[27] BT-Drs. 16/5846, 57.
[28] So pauschal KK-StPO/*Greven* § 98 Rn. 21.
[29] So auch *Meyer-Goßner* Rn. 17, Graf/*Graf* § 99 Rn. 25.
[30] BGH 8.10.2008 – StB 12-15/08, NJW 2009, 454 (455).

40 Gegen Eilanordnungen der Staatsanwaltschaft gemäß Abs. 1 Hs. 2 ist der **Antrag auf gerichtliche Entscheidung** analog § 98 Abs. 2 S. 2 statthaft. Dies gilt jedenfalls so lange, wie die Eilanordnung noch nicht richterlich bestätigt wurde. Mit der richterlichen Bestätigung nach Abs. 2 ist der Antrag auf gerichtliche Entscheidung prozessual überholt.[31]

41 Die Staatsanwaltschaft kann gegen die **Ablehnung des Antrages nach § 99** bzw. die Öffnung eines ausgesonderten und dem Gericht vorgelegten Briefes Beschwerde nach § 304 einlegen. Entscheidungen, mit denen die Befugnis zur Öffnung der ausgelieferten Post der Staatsanwaltschaft übertragen wurden, können nach Abs. 3 S. 2 Hs. 1 nicht angefochten werden.

II. Maßnahmen nach § 94, 98

42 Gegen die individuelle richterliche Beschlagnahmeanordnung nach § 98 Abs. 1 (→ § 99 Rn. 28) ist für alle durch die Maßnahme Betroffenen bzw. die Staatsanwaltschaft die **Beschwerde nach § 304** statthaft. Auch entsprechende Entscheidungen des erkennenden Gerichts (§ 305 S. 2) bzw. solche des OLG als Gericht des ersten Rechtszugs und des Ermittlungsrichters beim BGH (§ 304 Abs. 4 S. 2 Nr. 1) sind anfechtbar. Die Staatsanwaltschaft kann auch die Ablehnung eines Antrages auf Beschlagnahme nach § 94 mit der Beschwerde anfechten.

III. Rechtsbehelfe des Postdienstleisters

43 Dem Postdienstleister steht ein eigenständiges Beschwerderecht zu.[32] Indes ist er nicht befugt, die Voraussetzungen für die Anordnung der Postbeschlagnahme einer „eigenen Rechtmäßigkeitskontrolle zu unterziehen“[33] bzw. eine eigenständige Prüfung der Zulässigkeit der Maßnahme durchzuführen.[34] Die Beschwerdebefugnis des Postdienstleisters beschränkt sich vielmehr auf den **Bereich seiner Mitwirkungspflichten** und damit etwa auf die Frage, ob er und nicht ein anderer Postdienstleister der richtige Adressat der Anordnung ist oder ob die konkret auferlegten Mitwirkungspflichten für ihn durchführbar bzw. zumutbar sind.[35] Der Postdienstleister ist hingegen nicht beschwerdebefugt, wenn er die Rechtmäßigkeit der Anordnung gegenüber dem Betroffenen in Zweifel sieht.[36]

C. Revision

44 Auf Verstöße gegen die §§ 99, 100 kann die Revision regelmäßig nicht gestützt werden. Grundlage für die Beweisverwertung einzelner Postsendungen ist nicht die Postbeschlagnahme nach § 99, sondern die **individuelle Beschlagnahmeanordnung** nach Maßgabe der §§ 94, 98 (→ § 99 Rn. 28).

§ 100a [Überwachung der Telekommunikation]

(1) Auch ohne Wissen der Betroffenen darf die Telekommunikation überwacht und aufgezeichnet werden, wenn

1. bestimmte Tatsachen den Verdacht begründen, dass jemand als Täter oder Teilnehmer eine in Absatz 2 bezeichnete schwere Straftat begangen, in Fällen, in denen der Versuch strafbar ist, zu begehen versucht, oder durch eine Straftat vorbereitet hat,

---

[31] BGH 3.9.2002 – 2 BGs 513/02, NStZ 2003, 272.
[32] *Meyer-Goßner*, Rn. 17; *Park* Rn. 680.
[33] LG Hildesheim 21.4.2010 – 26 Qs 58/10, MMR 2010, 800.
[34] Graf/*Graf* § 99 Rn. 28.
[35] Ebens Graf/*Graf* § 99 Rn. 28.
[36] BeckOK-StPO/*Graf* Rn. 22.

2. die Tat auch im Einzelfall schwer wiegt und
3. die Erforschung des Sachverhalts oder die Ermittlung des Aufenthaltsortes des Beschuldigten auf andere Weise wesentlich erschwert oder aussichtslos wäre.

(2) Schwere Straftaten im Sinne des Absatzes 1 Nr. 1 sind:

1. aus dem Strafgesetzbuch:
   a) Straftaten des Friedensverrats, des Hochverrats und der Gefährdung des demokratischen Rechtsstaates sowie des Landesverrats und der Gefährdung der äußeren Sicherheit nach den §§ 80 bis 82, 84 bis 86, 87 bis 89a, 94 bis 100a,
   b) Bestechlichkeit und Bestechung von Mandatsträgern nach § 108 e,
   c) Straftaten gegen die Landesverteidigung nach den §§ 109d bis 109h,
   d) Straftaten gegen die öffentliche Ordnung nach den §§ 129 bis 130,
   e) Geld- und Wertzeichenfälschung nach den §§ 146 und 151, jeweils auch in Verbindung mit § 152, sowie nach § 152a Abs. 3 und § 152b Abs. 1 bis 4,
   f) Straftaten gegen die sexuelle Selbstbestimmung in den Fällen der §§ 176a, 176b, 177 Abs. 2 Nr. 2 und des § 179 Abs. 5 Nr. 2,
   g) Verbreitung, Erwerb und Besitz kinder- und jugendpornographischer Schriften nach § 184b Abs. 1 bis 3, § 184c Abs. 3,
   h) Mord und Totschlag nach den §§ 211 und 212,
   i) Straftaten gegen die persönliche Freiheit nach den §§ 232 bis 233a, 234, 234a, 239a und 239b,
   j) Bandendiebstahl nach § 244 Abs. 1 Nr. 2 und schwerer Bandendiebstahl nach § 244a,
   k) Straftaten des Raubes und der Erpressung nach den §§ 249 bis 255,
   l) gewerbsmäßige Hehlerei, Bandenhehlerei und gewerbsmäßige Bandenhehlerei nach den §§ 260 und 260a,
   m) Geldwäsche und Verschleierung unrechtmäßig erlangter Vermögenswerte nach § 261 Abs. 1, 2 und 4,
   n) Betrug und Computerbetrug unter den in § 263 Abs. 3 Satz 2 genannten Voraussetzungen und im Falle des § 263 Abs. 5, jeweils auch in Verbindung mit § 263a Abs. 2,
   o) Subventionsbetrug unter den in § 264 Abs. 2 Satz 2 genannten Voraussetzungen und im Falle des § 264 Abs. 3 in Verbindung mit § 263 Abs. 5,
   p) Straftaten der Urkundenfälschung unter den in § 267 Abs. 3 Satz 2 genannten Voraussetzungen und im Fall des § 267 Abs. 4, jeweils auch in Verbindung mit § 268 Abs. 5 oder § 269 Abs. 3, sowie nach § 275 Abs. 2 und § 276 Abs. 2,
   q) Bankrott unter den in § 283a Satz 2 genannten Voraussetzungen,
   r) Straftaten gegen den Wettbewerb nach § 298 und, unter den in § 300 Satz 2 genannten Voraussetzungen, nach § 299,
   s) gemeingefährliche Straftaten in den Fällen der §§ 306 bis 306c, 307 Abs. 1 bis 3, des § 308 Abs. 1 bis 3, des § 309 Abs. 1 bis 4, des § 310 Abs. 1, der §§ 313, 314, 315 Abs. 3, des § 315b Abs. 3 sowie der §§ 316a und 316c,
   t) Bestechlichkeit und Bestechung nach den §§ 332 und 334,
2. aus der Abgabenordnung:
   a) Steuerhinterziehung unter den in § 370 Abs. 3 Satz 2 Nr. 5 genannten Voraussetzungen,
   b) gewerbsmäßiger, gewaltsamer und bandenmäßiger Schmuggel nach § 373,
   c) Steuerhehlerei im Falle des § 374 Abs. 2,
3. aus dem Arzneimittelgesetz:
   Straftaten nach § 95 Abs. 1 Nr. 2a unter den in § 95 Abs. 3 Satz 2 Nr. 2 Buchstabe b genannten Voraussetzungen,

4. aus dem Asylverfahrensgesetz:
a) Verleitung zur missbräuchlichen Asylantragstellung nach § 84 Abs. 3,
b) gewerbs- und bandenmäßige Verleitung zur missbräuchlichen Asylantragstellung nach § 84a,

5. aus dem Aufenthaltsgesetz:
a) Einschleusen von Ausländern nach § 96 Abs. 2,
b) Einschleusen mit Todesfolge und gewerbs- und bandenmäßiges Einschleusen nach § 97,

6. aus dem Außenwirtschaftsgesetz:
vorsätzliche Straftaten nach den §§ 17 und 18 des Außenwirtschaftsgesetzes

7. aus dem Betäubungsmittelgesetz:
a) Straftaten nach einer in § 29 Abs. 3 Satz 2 Nr. 1 in Bezug genommenen Vorschrift unter den dort genannten Voraussetzungen,
b) Straftaten nach den §§ 29a, 30 Abs. 1 Nr. 1, 2 und 4 sowie den §§ 30a und 30b,

8. aus dem Grundstoffüberwachungsgesetz:
Straftaten nach § 19 Abs. 1 unter den in § 19 Abs. 3 Satz 2 genannten Voraussetzungen,

9. aus dem Gesetz über die Kontrolle von Kriegswaffen:
a) Straftaten nach § 19 Abs. 1 bis 3 und § 20 Abs. 1 und 2 sowie § 20a Abs. 1 bis 3, jeweils auch in Verbindung mit § 21,
b) Straftaten nach § 22a Abs. 1 bis 3,

10. aus dem Völkerstrafgesetzbuch:
a) Völkermord nach § 6,
b) Verbrechen gegen die Menschlichkeit nach § 7,
c) Kriegsverbrechen nach den §§ 8 bis 12,

11. aus dem Waffengesetz:
a) Straftaten nach § 51 Abs. 1 bis 3,
b) Straftaten nach § 52 Abs. 1 Nr. 1 und 2 Buchstabe c und d sowie Abs. 5 und 6.

(3) Die Anordnung darf sich nur gegen den Beschuldigten oder gegen Personen richten, von denen auf Grund bestimmter Tatsachen anzunehmen ist, dass sie für den Beschuldigten bestimmte oder von ihm herrührende Mitteilungen entgegennehmen oder weitergeben oder dass der Beschuldigte ihren Anschluss benutzt.

(4) [1]Liegen tatsächliche Anhaltspunkte für die Annahme vor, dass durch eine Maßnahme nach Absatz 1 allein Erkenntnisse aus dem Kernbereich privater Lebensgestaltung erlangt würden, ist die Maßnahme unzulässig. [2]Erkenntnisse aus dem Kernbereich privater Lebensgestaltung, die durch eine Maßnahme nach Absatz 1 erlangt wurden, dürfen nicht verwertet werden. [3]Aufzeichnungen hierüber sind unverzüglich zu löschen. [4]Die Tatsache ihrer Erlangung und Löschung ist aktenkundig zu machen.

Schrifttum: *Albrecht/Dorsch/Krüpe,* Rechtswirklichkeit und Effizienz der Überwachung der Telekommunikation und anderer verdeckter Ermittlungsmaßnahmen, Abschlussbericht, Juni 2003; *Allgayer,* Die Verwendung von Zufallserkenntnissen aus Überwachungen der Telekommunikation gem. §§ 100a f. StPO (und anderen Ermittlungsmaßnahmen) – Zugleich eine Anmerkung zu den Entscheidungen des BVerfG vom 3.3.2004 (NJW 2004, 999) und vom 29.6.2005 (NJW 2005, 2766) sowie des OLG Karlsruhe vom 3.6.2004 (NStZ 2004, 2687) NStZ 2006, 603; *Ambos,* Beweisverwertungsverbote: Grundlagen und Kasuistik – internationale Bezüge – ausgewählte Probleme, 2010; *Baldus,* Der Kernbereich privater Lebensgestaltung – absolut geschützt, aber abwägungsoffen, JZ 2008, 218; *Bär,* Telekommunikationsüberwachung und andere verdeckte Ermittlungsmaßnahmen, MMR 2008, 215; *ders.,* Aktuelle Rechtsfragen bei strafprozessualen Eingriffen in die Telekommunikation, MMR 2000, 472; *Becker/Meinicke,* Die sog. Quellen-TKÜ und die StPO – Von einer „herrschenden Meinung" und ihrer fragwürdigen Entstehung, StV 2011, 50; *Beling,* Beweisverbote, 1903; *Bernsmann,* Anordnung der Überwachung der Telekommunikation – Mitteilung der geographischen Daten des eingeschalteten Mobiltelefons, NStZ 2002, 103; *Brodowski,* Strafprozessualer Zugriff auf E-Mail-

Kommunikation, JR 2009, 402; *Buermeyer,* Die „Online-Durchsuchung", Technischer Hintergrund des verdeckten hoheitlichen Zugriffs auf Computersysteme HRRS 2007, 154; *ders.,* Die „Online-Durchsuchung", Verfassungsrechtliche Grenzen des verdeckten Zugriffs auf Computersysteme, HRRS 2007, 329; *Buermeyer/Bäcker,* Zur Rechtswidrigkeit der Quellen-Telekommunikationsüberwachung auf der Grundlage des § 100a StPO, HRRS 2009, 433; *Demko,* Die Erstellung von Bewegungsbildern mittels Mobiltelefon als neuartige strafprozessuale Observationsmaßnahme, NStZ 2004, 57; *Engel,* Die Grenzen des Brief-, Post- und Fernmeldegeheimnisses, 1992; *Gleß, Zur Verwertung von Erkenntnissen aus verdeckten Ermittlungen im Ausland im inländischen Strafverfahren,* NStZ 2000, 57; *dies.,* Beweisverwertungsverbote in Fällen mit Auslandsbezug, JR 2008, 317; *Grünwald,* Beweisverbote und Verwertungsverbote im Strafverfahren, JZ 1996, 489; *Guder,* Die repressive Hörfalle in Lichte der Europäischen Menschenrechtskonvention, 2007; *Günther,* Zur strafprozessualen Erhebung von Telekommunikationsdaten – Verpflichtung zur Sachaufklärung oder verfassungsrechtlich unkalkulierbares Wagnis, NStZ 2005, 485; *Gusy,* Das Fernmeldegeheimnis von Pressemitarbeitern als Grenze strafprozessualer Ermittlungen, NStZ 2003, 399; *Hamm,* Staatliche Hilfe bei der Suche nach Verteidigern – Verteidigerhilfe zur Begründung von Verwertungsverboten, NJW 1996, 2185; *Heise Online-Recht/Tschoepe,* Kapitel III, Rechtsprobleme der E-Mail-Nutzung, Rn. 109, 3. Ergänzungslieferung 2011; *Herdegen,* Das Beweisrecht – Zum Rechtsmissbrauch – Teil III, NStZ 2000, 1; *Hofmann,* Die Online-Durchsuchung – staatliches Hacken oder zulässige Ermittlungsmaßnahme, NStZ 2005, 121; *Jahn,* Der strafprozessuale Zugriff auf Telekommunikationsverbindungsdaten – BVerfG, NJW 2007, 976, JuS 2006, 491; Strafprozessuale Eingriffsmaßnahmen im Lichte der aktuellen Rspr. des BVerfG – Unter Berücksichtigung der in BVerfGK 1–5 veröffentlichten Entscheidungen, NStZ 2007, 255; *Jahn/Kudlich,* Die strafprozessuale Zulässigkeit der Online-Durchsuchung, JR 2007, 57; *Jordan, W-LAN Scannen – rechtliche Einsatzmöglichkeiten bei der Strafverfolgung, Kriminalistik 2005, 514; Kemper,* Die Beschlagnahmefähigkeit von Daten und E-Mail, MMR 2009, 538; *Kilian/Heussen/Polenz,* Teil 13, Telekommunikation und Telemedien Rn. 12, Computerrecht, 2009; *Klein,* Offen und (deshalb) einfach, Zur Sicherstellung und Beschlagnahme von E-Mails beim Provider, NJW 2009, 2996; *Kleine-Vossbeck,* Electronic mail und Verfassungsrecht, 2000; *Knierim,* Fallrepetitorium zur Telekommunikationsüberwachung nach neuem Recht, StV 2008, 599; *Köhntopp/Köhntopp,* Datenspuren im Internet, CR 2000, 248; *Kudlich,* Mitteilung der Bewegungsdaten eines Mobiltelefons als Überwachung der Telekommunikation – BGH, NJW 2001, 1587 –, JuS 2001, 1165; *ders.,* Strafprozessuale Probleme des Internets, JA 2000, 227 *Kutscha,* Verdeckte „Online-Durchsuchung" und Unverletzlichkeit der Wohnung, NJW 2007, 1169; *Leupold/Glossner (Hrsg.),* Münchner AnwaltsHandbuch, München 2011; *Mahnkopf/Döring,* Telefonüberwachungsmaßnahmen bei Opfern von Schutzgelderpressungen ohne deren Einwilligung, NStZ 1995, 112; *Obenhaus,* Cloud Computing als neue Herausforderung für Strafverfolgungsbehörden und Rechtsanwaltschaft, NJW 2010, 651; *Palm/Roy,* Mailboxen: Staatliche Eingriffe und andere rechtliche Aspekte, NJW 1996, 1791; *Park,* Handbuch Durchsuchung und Beschlagnahme, 2. Aufl. 2009; *Paul,* Unselbstständige Beweisverwertungsverbote in der Rechtsprechung, NStZ 2013, 489; *Prittwitz,* Zur Verwertbarkeit zufällig aufgezeichneter Raum- und Hintergrundgespräche, StV 2009, 437; *Reiß,* Der strafprozessuale Schutz verfassungsrechtlich geschützter Kommunikation vor verdeckten Ermittlungsmaßnahmen, StV 2008, 539; *Rieß,* Die „Straftat von erheblicher Bedeutung" als Eingriffsvoraussetzung, Versuch einer Inhaltsbestimmung, GA 2004, 623; *Rosengarten/Römer,* Der „virtuelle verdeckte Ermittler" in sozialen Netzwerken und Internetbords, NJW 2012, 1764; *Sankol,* Die Qual der Wahl: § 113 TKG oder §§ 100g, 100h StPO? Die Kontroverse über das Auskunftsverlangen von Ermittlungsbehörden gegen Access-Provider bei dynamischen IP-Adressen, MMR 2006, 361; *ders.,* Strafprozessuale Zwangsmaßnahmen und Telekommunikation – Der Regelungsgehalt der §§ 100aff. StPO, JuS 2006, 698; *ders.,* Strafprozessuale Zwangsmaßnahmen gegen „Nachrichtenmittler" Ein Überblick über die rechtlichen Möglichkeiten und Grenzen, MMR 2008, 154; *ders.,* Überwachung von Internt-Telefonie, CR 2008, 13; *Schulz/Hoffman,* Grundrechtsrelevanz staatlicher Beobachtungen im Internet, CR 2010, 131; *Schuster,* Telekommunikationsüberwachung in grenzüberschreitenden Strafverfahren nach Inkrafttreten des EU-Rechtshilfeübereinkommens, NStZ 2006, 657; *Stögmüller,* Vertraulichkeit und Integrität informationstechnischer Systeme in Unternehmen, CR 2008, 435; *Störing,* Strafprozessuale Zugriffsmöglichkeiten auf E-Mail-Kommunikation, Diss., 2007; *Welp,* Die strafprozessuale Überwachung des Post- und Fernmeldeverkehrs, 1974; *Widmaier,* Mitwirkungspflicht des Verteidigers in der Hauptverhandlung und Rügeverlust(?), NStZ 1992, 519.

Übersicht

A. Überblick

I. Normzweck

Die Vorschrift gestattet Maßnahmen zur Überwachung der Telekommunikation. Der Begriff der Telekommunikation ist mehrdeutig. Im Sinne des § 100a sind darunter **individuelle Nachrichten** zu verstehen, die mittels Telekommunikationsanlagen übertragen werden. Die Individualität bezieht sich dabei nicht auf den Nachrichteninhalt, sondern auf den Übertragungsvorgang. So kann es sich bei dem Nachrichteninhalt gar um einen allgemein bekannten Sachverhalt, etwa das Bild eines Werbeplakat handeln, sofern sich die Individualität der Kommunikation aus dem Übertragungsvorgang ergibt, dieser mithin zwischen einzelnen Personen bzw. zwischen individualisierbaren Personenkreisen erfolgt. Telekommunikation iSd § 100a Abs. 1 erfasst somit ausschließlich die Übertragung von Daten gleich welcher Art zwischen einem individuellen Teilnehmerkreis. Diese Art von Telekommunikation darf zum Zwecke der **Erforschung des Sachverhalts** oder **der Ermittlung des Aufenthaltsortes des Beschuldigten** überwacht werden. Maßnahmen nach § 100a werden indes nicht nur zur alternativen Erreichung eines dieser beiden sondern häufig unter kumulativer Verfolgung beider Zwecke angeordnet und durchgeführt. 1

Die ursprüngliche gesetzgeberische Ausrichtung der Maßnahme zielte im Jahre ihrer Einführung 1968[1] darauf ab, „in Fällen des Verdachts bestimmter schwerer Straftaten aus dem Bereich der allgemeinen Kriminalität und des strafrechtlichen Staatsschutzes“[2] durch heimliche Ermittlungen **bereits vor der Durchführung der Maßnahme vorhandene** tatsächliche Anhaltspunkte dahingehend zu überprüfen, ob tatsächlich ein Sachverhalt vorliegt, durch den einer der (im damaligen Katalog) aufgezählten Straftatbestände verwirklicht wird. Dass die Maßnahme nach der gesetzgeberischen Vorstellung jedenfalls hinsichtlich des Zwecks der „Erforschung des Sachverhalts“ **retrograd** ausgerichtet war und dies im Übrigen noch immer ist, ergibt sich aus den historischen Materialien. Danach sollte die Überwachung des Fernmeldeverkehrs „wie die Postbeschlagnahme der §§ 99, 100 ein Mittel zur Aufklärung des Sachverhalts“, mithin eines bereits abgeschlossenen Lebenssachverhaltes sein. 2

Erscheint die Telekommunikationsüberwachung zur Klärung dieser Frage nach der einer solchen Anordnung stets zu Grunde liegenden prognostischen Beurteilung im Einzelfall geeignet und wird die Maßnahme deshalb angeordnet, so führt sie zumeist „nur“ zu Erkenntnissen, denen hinsichtlich der tatbestandlichen Voraussetzungen der einschlägigen Katalogtat lediglich eine **indizielle Bedeutung** zukommt. Relevanz erlangen diese Erkenntnisse vor allem dadurch, dass sie in der Gesamtschau mit weiteren Indiztatsachen zum Schuldnachweis geeignet sind. 3

II. Kriminalistische Bedeutung

Die Telekommunikationsüberwachung stellt aufgrund ihrer besonderen kriminalistischen Bedeutung die zentrale Vorschrift im Instrumentarium der heimlichen Ermittlungsmethoden dar. Sie dient vorrangig der **Erlangung von Äußerungen des Beschuldigten zu den Tatvorwürfen und zu möglichen Mittätern und Täterstrukturen.** Demgegen- 4

[1] BGBl. I 949.
[2] BT-Drs. V/1880, 7.

über spielt die Ermittlung des Aufenthaltsortes des Beschuldigten eine untergeordnete Rolle.[3]

5 Mit dem Gesetz zur Neuregelung der Telekommunikationsüberwachung und anderer verdeckter Ermittlungsmaßnahmen sowie zur Umsetzung der Richtlinie 2006/24/EG vom 21.12.2007[4] sollte den Strafverfolgungsbehörden trotz vielfach geübter Kritik etwa an der wiederholten Erweiterung des Anlasstatenkatalogs des Abs. 2 in § 100a ein Ermittlungsinstrument erhalten bleiben, welches unterhalb der Eingriffsschwelle der akustischen Wohnraumüberwachung des § 100c und damit unter weniger strengen Voraussetzungen die **„Verfolgung schwerer und schwer ermittelbarer Kriminalität"** ermöglicht.[5] Im Blick hatte der Gesetzgeber dabei namentlich Straftaten der Transaktions- und Wirtschaftskriminalität sowie solche Delikte, die unter Verwendung moderner Kommunikationsmittel begangen werden. Hierzu zählt insbesondere die Betäubungsmitteldelinquenz in der Form des Handeltreibens mit Betäubungsmitteln in nicht geringer Menge. So bilden von den Katalogstraftaten des § 100a Abs. 2 die in Nr. 7 aufgeführten Betäubungsmitteldelikte diejenige Deliktsgruppe, die ausweislich der Untersuchung des Max-Planck-Instituts für ausländisches und internationales Strafrecht aus dem Jahre 2003[6] in den untersuchten 501 Verfahren am häufigsten, nämlich in 199 Verfahren, zur Begründung von Maßnahmen nach § 100a herangezogen wurde.

III. Berücksichtigung verfassungsgerichtlicher Vorgaben

6 Als § 100a im Jahre 1968 in die StPO eingeführt worden war, gab es nur eine allgemein gebräuchliche Form der individuellen Übertragung von Nachrichten (→ Rn. 1), die analog übertragene Sprachtelefonie. Moderne digitale Kommunikationstechniken stellen viele weitere Formen individueller Übertragungsmöglichkeiten zur Verfügung wie etwa SMS, MMS und E-Mails (→ Rn. 127). Anders als die analoge Sprachtelefonie hinterlassen digitale Kommunikationsformen vielfältige Spuren in Form von Verkehrsdaten (vgl. § 96 TKG). Auf sie kann mit einfachen technischen Mitteln zu strafprozessualen Zwecken zugegriffen werden. Es war das erklärte Ziel des modernen Gesetzgebers, durch das Gesetz zur Neuregelung der Telekommunikationsüberwachung vom 21.12.2007[7] mit der Novellierung des § 100a StPO sowie den weiteren verdeckten Ermittlungsmaßnahmen nicht nur ein „harmonisches Gesamtsystem der strafprozessualen heimlichen Ermittlungsmethoden zu schaffen".[8] Er wollte vielmehr gerade auch für den Bereich der Telekommunikationsüberwachung den Vorgaben Rechnung tragen, die sich aus der Rspr. des BVerfG zur elektronischen Datenverarbeitung ergeben haben. So hat er in § 100a Abs. 4 Regelungen zum **Kernbereichsschutz**,[9] in § 101 zum **nachträglichen Rechtsschutz**[10] sowie zur **Löschung von Daten**,[11] zu den **Möglichkeiten ihrer weiteren Verwendung**[12] sowie zur Umsetzung der eine weitere Verwendung der Daten erst ermöglichenden **Kennzeichnungspflicht**[13] getroffen. Geboten war namentlich der Kernbereichsschutz, weil dieser Bereich privater Lebensgestaltung einem strafprozessualen Zugriff schlechthin und damit ausnahmslos entzogen ist. Den Kernbereich des Persönlichkeitsrechts berührende Daten dürfen ungeachtet der Schwere des Tatverdachts weder erhoben noch verwendet werden.[14]

---

[3] Albrecht/Dorsch/*Krüpe* S. 442.
[4] BGBl. I 3198.
[5] BT-Drs. 16/5846, 40.
[6] Albrecht/Dorsch/*Krüpe* S. 145.
[7] BT-Drs. 16/5846, 1.
[8] BT-Drs. 16/5846, 1.
[9] BVerfG 27.7.2005 – 1 BvR 668/04, BVerfGE 113, 348 (391) = NJW 2005, 2603.
[10] BVerfG 12.3.2003 – 1 BvR 330/96 und 1 BvR 348/99, NJW 2003, 1787 = BVerfGE 107, 299 (337 f.) = NStZ 2004, 441.
[11] BVerfG 14.7.1999 – 1 BvR 2226/94, 1 BvR 2420/95 und 1 BvR 2437/95, NJW 2000, 44 = BVerfGE 100, 313 (364).
[12] BVerfG 3.3.2004 – 1 BvR 3/92, NJW 2004, 2213 = BVerfGE 110, 33, (73 ff.).
[13] BVerfG 3.3.2004 – 1 BvR 2378/98 und 1 BvR 1084/99, NStZ 2004, 270 = BVerfGE 109, 279 (374 ff.).
[14] BVerfG 3.3.2004 – 1 BvR 2378/98 und 1 BvR 1084/99, NStZ 2004, 270 (271).

IV. Anwendungsbereich

7 Ausweislich der Materialien war es neben der Anpassung des § 100a an die aktuelle verfassungsgerichtliche Rspr. (→ Rn. 10 ff.) eines der weiteren vorrangigen Ziele des Gesetzgebers, mit dem Gesetz zur Neuregelung der Telekommunikationsüberwachung vom 21.12.2007[15] den Strafverfolgungsbehörden in § 100a weiterhin ein effektives Ermittlungsinstrument für eine geordnete Strafverfolgung zu erhalten und einen aus der polizeilichen und staatsanwaltschaftlichen Praxis berichteten Änderungsbedarf zu berücksichtigen, der sich insbesondere aufgrund **technischer Innovationen** ergeben und zu Schwierigkeiten bei der Rechtsanwendung geführt habe.[16] Dieser Bestandsaufnahme ist uneingeschränkt zuzustimmen.

8 **1. Schwierigkeiten bei der Rechtsanwendung.** Die Schwierigkeiten bei der Anwendung des § 100a liegen zum einen darin begründet, dass mit der Entwicklung jeder neuen Telekommunikationstechnik und der Nutzung dieser Technik durch Straftäter sich stets erneut die Frage stellt, ob auch die Überwachung der damit übermittelten Inhalte bzw. ob die Erhebung der durch diese Technologie generierten Daten das Fernmeldegeheimnis berührt.[17] Zum anderen soll sich nach der Rspr. des BVerfG die Bestimmung des gegenständlichen Wirkungsbereichs von Art. 10 GG, in den § 100a die Strafverfolgungsbehörden zum Eingreifen legitimiert, angesichts der technologischen Entwicklungen und der durch sie bedingten vielfältigen Konvergenzen der Übertragungswege nicht an rein technischen Kriterien orientieren.[18] Es stellt sich danach die Frage, woran sich die **Anwendung des § 100a vorrangig zu orientieren** hat und ob es für dessen Anwendungsbereich entsprechend der Rspr. des BGH (→ Rn. 29) allein darauf ankommt, dass mittels Telekommunikationstechnik übertragene Daten erhoben werden sollen.

9 Zu Schwierigkeiten bei der Anwendung des § 100a führt auch eine kasuistische, vereinzelt widersprüchliche und vielfach dogmatisch nicht überzeugende Rspr. der Obergerichte bis hin zum BVerfG. Zur Verdeutlichung der Problematik soll nachfolgend zunächst auf das **Fernmeldegeheimnis** (a), die **Gesetzeshistorie** des § 100a sowie **die Entwicklung der Kommunikationstechnik** (b), die Auslegung des **Begriffs der Telekommunikation** iSd § 100a (c) und sodann auf vereinzelt **divergierende Entscheidungen** des BVerfG (d) hinsichtlich solcher strafprozessualen Normen eingegangen werden, die zu Eingriffen in das Fernmeldegeheimnis berechtigen.

10 **a) Das Fernmeldegeheimnis des Art. 10 GG.** Das weder grund- noch einfachgesetzlich definierte Fernmeldegeheimnis bezweckt den spezifischen Schutz vor jenen Gefahren, die sich dadurch ergeben, dass die Kommunikationsteilnehmer nicht an ein und demselben Ort anwesend sind und sich deshalb für ihre **distanzüberbrückende Kommunikation** der Hilfe eines Kommunikationsübermittlers bedienen müssen. Die Inanspruchnahme eines solchen Kommunikationsmittlers eröffnet die Gefahr, dass entweder dieser oder Dritte, etwa die Strafverfolgungsbehörden, auf die übermittelte Kommunikation zugreifen und so von deren Inhalt Kenntnis erlangen. So hat der Erste Senat des BVerfG in seinem Urteil vom 12.3.2003[19] ausgeführt, Art. 10 Abs. 1 GG begegne jenen Gefahren für die Vertraulichkeit von Mitteilungen, die „aus dem Übermittlungsvorgang" einschließlich der Einschaltung fremder Übermittler entstehen würden. Sein Schutz umfasse sämtliche mit Hilfe der Telekommunikationstechniken durchgeführten Übermittlungen von Informationen unabhängig davon, wer Betreiber der Übertragungs- und Vermittlungseinrichtungen sei. Insoweit ist anzumerken, dass sich „aus dem Übermitt-

---

[15] Gesetz zur Neuregelung der Telekommunikationsüberwachung und anderer verdeckter Ermittlungsmaßnahmen sowie zur Umsetzung der Richtlinie 2006/24/EG, BGBl. I 3198.

[16] BT-Drs. 16/5846, 1.

[17] *Günther* NStZ 2005, 485 (486).

[18] BVerfG 9.10.2002 – 1 BvR 1611/96, 1 BvR 805/98, NJW 2002, 3619 (3620 f.).

[19] BVerfG 12.3.2002 – 1 BvR 330/96 und 1 BvR 348/99, NJW 2003, 1787 = BVerfGE 107, 299 (313 ff.).

lungsvorgang" ergebende Gefahren nach der hier vertretenen Auffassung nur solche sind, deren Gefährdungspotenzial auch in der dynamischen Komponente der Übertragung einschließlich möglicher Zwischenspeicherungen, sofern diese nur der weiteren Übertragung dienen, liegt.

11 Das BVerfG vertritt in ständiger Rspr.[20] weiter die Auffassung, vom Schutzbereich des Art. 10 GG werde das Übertragungsmedium in seinem speziellen funktionalen Bezug geschützt, mithin als Mittel der Übertragung **während der Übertragung.** Dieser Umstand liege darin begründet, dass das Fernmeldegeheimnis ein Spezialfall des Postgeheimnisses sei.[21] Auch dessen Schutzbereich erstrecke sich sowohl auf den Inhalt der von dem Postdienstleister übermittelten Sendungen als auch auf alle Umstände, die „mit der konkreten Nutzung" der Post zusammenhingen.[22] Unter das Postgeheimnis fielen die entsprechenden Sendungen indes nur solange, wie sie sich noch im Bereich der Post befinden.[23]

12 Das Fernmeldegeheimnis dient ebenso wie das Brief- und Postgeheimnis dem **Schutz der Individualkommunikation.** Es dehnt den grundgesetzlichen Schutz des Brief- bzw. Postgeheimnisses, die beide nach traditionellem Verständnis dem Schutz körperlich vermittelter Individualkommunikation[24] dienen, auf diejenige Individualkommunikation aus, die **unkörperlich**, mithin mittels Telekommunikationsanlagen übertragen wird. Dabei schützt das Fernmeldegeheimnis auf diese Art vermittelte Kommunikation, gleich ob sie einen privaten, geschäftlichen oder politischen Inhalt hat[25] und unabhängig davon, ob an ihr auf der Seite des Versenders bzw. Empfängers eine oder gar mehrere Personen beteiligt sind, sofern der Teilnehmerkreis nur begrenzt ist und die Übertragung unter Ausschluss Dritter an einen individuellen Empfänger(kreis) erfolgt.[26] Schließlich erfasst das Fernmeldegeheimnis ungeachtet der Übermittlungsart (Kabel oder Funk, analog oder digital) und losgelöst von ihrer Ausdrucksform (Sprache, Töne, Bilder oder Zeichen) jedwede Art der unkörperlichen, individuellen Informationsübermittlung.[27] Dass das Fernmeldegeheimnis des Art. 10 GG allein auf die „unkörperliche Übermittlung von Informationen an individuelle Empfänger mit Hilfe des Telekommunikationsverkehrs" Anwendung findet, hat das BVerfG erneut in seinem Beschluss vom 24.1.2012 hervorgehoben.[28]

13 Art. 10 GG schützt sowohl die **Inhalte als auch die näheren Umstände** dieser Individualkommunikation, mithin auch die tatsächlichen Umstände wer, wann, wie lange und auf welche Art und Weise mit wem telekommuniziert hat.[29] Dabei wird von Art. 10 GG nach der Rspr. des BVerfG jedoch **allein die Vertraulichkeit konkreter Telekommunikationsvorgänge** erfasst. Sein Schutz erstreckt sich hingegen nicht auf allgemeine Informationen, die das Telekommunikationsverhalten oder die Beziehungen zwischen den Telekommunikationsdienstleistern und ihren Kunden betreffen. Das Fernmeldegeheimnis schützt auch nicht die Vertraulichkeit der jeweiligen Umstände der Bereitstellung von Telekommunikationsdienstleistungen.[30]

14 Das BVerfG hat in seinem Beschluss vom 9.10.2002 zudem darauf hingewiesen, dass **eine rein technisch definierte Abgrenzung des Art. 10 GG dessen Schutzanliegen nicht gerecht werde** und die Reichweite des grundrechtlichen Schutzes daher auch nicht stets am so genannten Endgerät der Telekommunikationsanlage ende.[31] Moderne Endge-

---

20 BVerfG 14.7.1999 – 1 BvR 2226/94, 1 BvR 2420/95 und 1 BvR 2437/95, NJW 2000, 44 = BVerfGE 100, 313.

21 Schmidt/Bleibtreu/*Klein* Art. 10 Rn. 9.

22 Maunz/Dürig/*Durner* Art. 10 Rn. 15.

23 Maunz/Dürig/*Durner* Art. 10 Rn. 15.

24 Mangoldt/Klein/Starck Art. 10 Rn. 38 f.

25 BVerfG 9.10.2002 – 1 BvR 1611/96 und 1 BvR 805/98, NJW 2002, 3619 = BVerfGE 106, 28, 36.

26 v. Mangoldt/Klein/*Starck* Art. 10 Rn. 38 f.

27 BVerfG 2.3.2006 – 2 BvR 2099/04, NJW 2006, 976 = BVerGE 115, 166, 182 f.

28 BVerfG 24.1.2012 – 1 BvR 1299/05, BeckRS 2012, 47556 Abs.-Nr. 111.

29 BVerfG 16.6.2009 – 2 BvR 902/06, NJW 2009, 2431 (2432) = MMR 2009, 673 (674).

30 BVerfG 24.1.2010 – 1 BvR 1299/05, BeckRS 2012, 47556 Abs.-Nr. 113.

31 BVerfG 9.10.2002 – 1 BvR 1611/96 und 1 BvR 805/98, NJW 2002, 3619 (3621).

räte, so das BVerfG weiter, ermöglichten eine Vielzahl von Leistungen, auch solche, die untrennbar in den Übermittlungsvorgang eingebunden und dem Endteilnehmer häufig gar nicht in allen Einzelheiten bekannt seien und „jedenfalls nicht seiner alleinigen Einflussnahme" unterlägen. Eine Gefährdung der durch Art. 10 Abs. 1 GG geschützten Vertraulichkeit der Telekommunikation könne deshalb auch durch einen Zugriff am Endgerät erfolgen. Ob Art. 10 Abs. 1 GG Schutz vor solchen Zugriffen biete, sei mit Blick auf den Zweck der Freiheitsverbürgung unter Berücksichtigung der spezifischen Gefährdungslage zu bestimmen. So gewähre Art. 10 Abs. 1 GG auch Schutz, wenn an einem Endgerät, etwa einem Telefon, ein Abhörgerät angebracht und genutzt werde.[32]

In seiner Entscheidung vom 16.6.2009 hat das BVerfG weiter zutreffend darauf hingewiesen, dass es einer Anwendung von Art. 10 GG nicht entgegenstehe, wenn ein Telekommunikationsvorgang **in einem dynamischen Sinne gerade nicht stattfinde.**[33] Sofern das BVerfG in seiner späteren Entscheidung vom 12.10.2011[34] unter Bezugnahme auf seine bisherige Rspr. angemerkt hat, dass die „Nutzung des Kommunikationsmediums" in allem vertraulich möglich sein soll, dürfte daraus abzuleiten sein, dass Art. 10 GG nicht die potentielle Kommunikationsbereitschaft eines Kommunikationsteilnehmers, sondern vielmehr erst den eigentlichen **Kommunikationsübertragungsvorgang** selbst erfasst 15

b) Gesetzeshistorie und technologische Entwicklung. aa) Ursprünglicher Zweck des § 100a. Die Vorschrift des § 100a wurde durch das „Gesetz zur Beschränkung des Brief-, Post- und Fernmeldegeheimnisses (Gesetz zu Art. 10 GG) (G 10)" vom 13.8.1968[35] eingeführt und trat am 1.11.1968 in Kraft. Das Gesetz ermächtigte die Strafverfolgungsbehörden zur „Überwachung und Aufnahme des Fernmeldeverkehrs auf Tonträgern" und gestattete zu diesem Zweck, wie aus der Benennung des einführenden Gesetzes unmittelbar hervor geht, **Eingriffe in den Schutzbereich des Art. 10 GG.** Begründet wurde die Erforderlichkeit dieses Gesetzes mit der Erwägung, es sei unbefriedigend, „dass die Strafverfolgungsbehörden auch in Fällen schwerster Kriminalität nicht befugt (seien), Telefongespräche abzuhören". Das damals geltende Recht sah mit § 12 FAG[36] für Zwecke der Strafverfolgung lediglich einen Auskunftsanspruch hinsichtlich des bereits stattgefundenen Fernmeldeverkehrs vor.[37] Außer dieser Norm ließen im Jahre 1968 lediglich noch die Vorschrift des § 99, das Gesetz zur Überwachung strafrechtlicher und anderer Verbringungsverbote vom 24.5.1961, § 121 Konkursordnung, § 431 der Reichsabgabenordnung sowie § 16 Zollgesetz (in ihrer damals jeweils geltenden Fassung) Beschränkungen des Brief-, Post- und Fernmeldegeheimnisses zu.[38] 16

bb) Telefonverkehr. Der Fernmeldeverkehr, in den ab 1968 auf der Grundlage des § 100a eingegriffen werden durfte, so dass auch Telefongespräche abgehört werden konnten, bestand Ende der 60er Jahre noch durchweg in der leitungsgestützten Übertragung der **klassischen Sprachtelefonie.** 17

Telefonie, gleich ob leitungsgestützt oder funkbasiert, bezeichnet die Übermittlung von Schall (Sprache) durch Umwandlung in elektrische Signale, die sodann übertragen und an einem anderen Ort wieder in Schallsignale zurückverwandelt werden.[39] Der **Anwendungsbereich des § 100a und der gegenständliche Schutzbereich des durch Art. 10 GG geschützten Fernmeldeverkehrs waren noch weitestgehend kongruent.** 18

Zwar erfolgte die Nutzung des Mobilfunks in Deutschland bereits im Jahre 1926 mit der Einrichtung eines Telefondienstes in den Zügen der Reichsbahn und wurde 1958 mit 19

[32] BVerfG 9.10.2002 – 1 BvR 1611/96, 1 BvR 805/98, NJW 2002, 2619 (3621).
[33] BVerfG 16.6.2009 – 2 BvR 902/06, NJW 2009, 2431 (2432 f.).
[34] BVerfG 12.10.2011 – 2 BvR 236/08, 2 BvR 237/08 und 2 BvR 422/08, BeckRS 2011, 56451 Abs.-Nr. 198.
[35] BGBl. I 949 ff.
[36] In der Fassung vom 14.1.1928, RGBl. I 8.
[37] BT-Drs. V/1880, 7.
[38] BT-Drs. V/1880, 6.
[39] Brockhaus Fachlexikon Computer, Stichwort Telefonie.

der Einführung des A-Netzes mit circa 11000 Teilnehmern das Autotelefon eingeführt, welches noch auf Handvermittlung angewiesen war. Das erste verbreitet genutzte Mobilfunknetz war aber erst (nach Einführung des B-Netzes im Jahre 1972) das 1986 eingeführte C-Netz mit circa 800000 Teilnehmern. Diese Netze waren sämtlich analog, die mobilen Endgeräte noch mobile Telefone, mithin **„Mobiltelefone"** im klassischen Sinn. Sie waren in ihrem Funktionsumfang noch dem leitungsgestützten Telefon vergleichbar und dienten der Übermittlung von Sprachtelefonie, wenngleich im C-Netz, welches im Jahre 2000 eingestellt wurde, bereits die Übermittlung von Faxen möglich war.

20 Die Telekommunikationstechnologie änderte sich grundlegend erst mit der Einführung der Digitalnetze im GSM (Global Standard for Mobile Communications) bzw. UMTS (Universal Mobile Telecommunications System) Standard. Diese Netze sind in der Lage, nicht nur Sprache bzw. Töne, sondern auch Bilder, Zeichen und sonstige digitale Daten aller Art wie etwa eine SMS oder eine E-Mail zu übertragen. Das UMTS-Netz ermöglicht darüber hinaus auch die schnelle Übertragung von Multimediadiensten und damit die Nutzung selbst aufwendiger Internetseiten.[40] Dadurch wurden über die klassische Telefonie hinaus auch **nicht mehr sprachbasierte Daten Gegenstand des „Fernmelde- bzw. Telekommunikationsverkehrs"**. Auch diese Daten können technisch auf der Grundlage des § 100a überwacht und aufgezeichnet werden. Moderne „Handys", die entsprechend ihrer Funktionserweiterung auch nicht mehr als „Mobiltelefone" sondern als „Smartphone" bezeichnet werden, bieten durch die Verwendung weiterer Programme (Apps) eine Vielzahl von Funktionalitäten außerhalb der Individualkommunikation. Der Anwendungsbereich des § 100a und der Schutzbereich von Art. 10 GG wurden dadurch **inkongruent.**

21 **cc) Internet.** Das moderne Kommunikationszeitalter begann indes erst mit dem Internet, dessen Anfänge bis in die 1950er Jahre zurückreichen. So gründete im Jahre 1958 das amerikanische Verteidigungsministerium die Advanced Research Projects Agency (ARPA), deren Aufgabe ua darin bestand, Kommunikationssysteme zu entwickeln, die auch bei einem Ausfall eines Teils des Systems noch eine landesweite Datenübertragung gewährleisten sollten. Auch wenn das Internet in der Folgezeit zunächst ausschließlich militärischen und sodann auch zunehmend wissenschaftlichen Zwecken diente, begann die rasante weltweite kommerzielle und private Verbreitung und Nutzung des Internets erst Anfang der 1980er Jahre. Das Internet bietet heute zahlreiche verschiedene Nutzungsmöglichkeiten (Dienste) an, die mit dem vom historischen Gesetzgeber im Jahres 1968 verwendeten Begriff des „Fernmeldeverkehr" nur noch wenig gemein haben. Ihm entsprechen heute namentlich die so genannten „Chat-", „E-Mail-" und „Internet-Telefonie-Dienste", die ebenso wie die vormals analoge Sprachtelefonie Individualkommunikation, dh die **Übermittlung von Nachrichten zwischen individuellen Kommunikationsteilnehmern,** zum Gegenstand haben.

22 Bei der Nutzung des Internets gleich zu welchem Zweck hinterlässt der Nutzer regelmäßig eine „breite Datenspur".,[41] die über die Individualkommunikation weit hinausgeht. So ermöglichen Dienste wie das „World Wide Web" (www), welches fälschlicherweise noch immer mit dem Internet gleichgesetzt wird, die Veröffentlichung von bzw. die Einsicht in Hypertext-Dokumente bzw. der „FTP-Dienst" das Herunterladen von Dateien. Gegenstand dieser Internet-Dienste ist ebenso wie bei Smartphones nicht (mehr allein) die Übertragung von Nachrichten zwischen individuellen Kommunikationsteilnehmern. Sie dienen vielmehr (ebenso) der **Nutzung bzw. dem Abruf allgemein zugänglicher Daten.** Dies dürfte heute den Schwerpunkt der Internetnutzung darstellen.

23 **dd) Novellierungen des § 100a.** Nach Einführung des § 100a (→ Rn. 16) wurde dieser auch im Hinblick auf die vorstehend beschriebe technologische Entwicklung sowie damit einhergehend die Privatisierung der Telekommunikationsdienste bis zum heutigen Tage durch neunundzwanzig Novellierungen, zuletzt durch das Gesetz zur Verfolgung der

---

[40] Vgl. Brockhaus Fachlexikon Computer, Stichwort UMTS.
[41] Vgl. *Köhntopp/Köhntopp* CR 200, 248.

Vorbereitung von schweren staatsgefährdenden Gewalttaten vom 30.7.2009,[42] umgestaltet. Erst im Rahmen seiner sechzehnten Änderung durch das Begleitgesetz zum Telekommunikationsgesetz vom 17.12.1997[43] wurde als Reaktion auf die technologische Entwicklung der Begriff **„Fernmeldeverkehr" durch den der „Telekommunikation" ersetzt.**

24 Der Gesetzgeber hat sich soweit erkennbar bisher nicht mit der Tatsache auseinander gesetzt, dass anders als noch im Jahre 1968 die Erhebung von Fernmelde- bzw. Telekommunikationsdaten vielfach **nicht mehr mit Eingriffen in das Fernmeldegeheimnis einhergehen,** weil Telekommunikationsdaten heute überwiegend keine „Telefongespräche" bzw. Daten moderner Formen der Individualkommunikation mehr enthalten, zu deren Überwachung und Aufzeichnung vormals § 100a aFin die StPO eingefügt worden war.

25 Der Anwendungsbereich des § 100a und der gegenständliche Schutzbereich des Fernmeldegeheimnisses sind durch die vorstehend skizzierte technologische Entwicklung immer weiter auseinander gedriftet. Hierin liegt letztlich auch die Ursache für die unterschiedliche Auslegung des Begriffs „Telekommunikation" durch Lit. und Rspr. (→ Rn. 29 f.). Der Gesetzgeber hat den Strafverfolgungsbehörden bislang lediglich in einem Fall die Möglichkeit eröffnet, auf **Telekommunikationsdaten, die nicht vom Schutzbereich des Art. 10 GG erfasst sind, während ihrer Übertragungsphase** unter vereinfachten Voraussetzungen zuzugreifen. Es handelt sich hierbei um § 100g Abs. 1 S. 3 und die von dieser Vorschrift erfassten so genannten „Stand-by-Daten", mithin die Standortdaten eines sich in Betrieb befindlichen, indes zum Zeitpunkt der Erhebung dieser Daten gerade nicht zur Kommunikation genutzten Mobiltelefons. Diese Daten können „bereits" beim Vorliegen einer Straftat von auch im Einzelfall erheblicher Bedeutung erhoben werden.

26 **c) Zum Begriff der „Telekommunikation" iSd § 100a.** Mit dem Begriff Telekommunikation wird der sachliche Anwendungsbereich der Vorschrift, mithin ihr **Eingriffsgegenstand,** umschrieben und zugleich begrenzt. Die Vorschrift findet dementsprechend Anwendung, wenn zu den durch Abs. 1 zugelassenen Zwecken Telekommunikationsdaten erhoben und verwertet werden sollen. Die StPO enthält keine Legaldefinition des ua auch in den §§ 100g und 101 verwendeten Begriffs der „Telekommunikation". Zugleich und noch häufiger findet dieser Terminus im Telekommunikationsgesetz (TKG), etwa in den §§ 2 und 3 TKG Verwendung und wird in § 3 Nr. 22 TKG legaldefiniert. Danach ist unter „Telekommunikation der technische Vorgang des Aussendens, Übermittelns und Empfangens von Signalen mittels Telekommunikationsanlagen" zu verstehen.

27 Obwohl strafprozessuale Maßnahmen nach § 100a durchweg Daten betreffen, die während ihrer Erhebung und Verwertung zu strafprozessualen Zwecken mittels Telekommunikationsanlagen übertragen werden, erscheint es fraglich, ob zur **Bestimmung des sachlichen Anwendungsbereichs des § 100a auf die telekommunikationsgesetzliche Definition** des Begriffs „Telekommunikation" zurückgegriffen werden kann. Zu prüfen ist, ob sämtliche von § 3 Nr. 22 TKG erfassten Telekommunikationsdaten zugleich auch Kommunikationsdaten im Sinne des § 100a sind. Anders gefragt: Gibt es mittels Telekommunikationsanlagen übertragene Daten, deren Verwertung nicht den verhältnismäßig strengen materiellen und formellen Voraussetzungen der §§ 100a, 100b unterliegt?

28 Diese Problematik ist mitnichten rechtstheoretischer Natur. Sie hat vielmehr **erhebliche Praxisrelevanz.** Ihre dogmatisch saubere Beantwortung ist der Schlüssel zu den vorstehend thematisierten Schwierigkeiten der Praxis bei der Anwendung des geltenden Rechts, namentlich dann, wenn die strafprozessuale Zulässigkeit technische innovativer Maßnahmen, wie etwa der „Online-Durchsuchung", zu bewerten ist.

29 **aa) Auslegung des Begriffs durch den BGH.** Der BGH legt den Begriff unter Rückgriff auf die Definition in § 3 Nr. 22 TKG aus. So hat der 2. Strafsenat des BGH in

---

[42] BGBl. I 2437.
[43] BGBl. I 3108.

seiner Entscheidung vom 14.3.2003[44] festgestellt, das von einem Beschuldigten mit einem Dritten in einem Pkw geführte Raumgespräch unterfalle dem Begriff der Telekommunikation des § 100a auch dann, wenn der Beschuldigte eine von ihm zuvor selbst hergestellte Telekommunikationsverbindung zwar habe beenden wollen, diese aber auf Grund eines Bedienungsfehlers fortbestanden habe. Zur Begründung hat der BGH ua ausgeführt, der in § 100a StPO verwendete Begriff der Telekommunikation erfasse „die Vorgänge des Aussendens, Übermittelns und Empfangens von Nachrichten jeglicher Art (…), also den gesamten Datenverkehr mittels Telekommunikationsanlagen“. Diese Formulierung des BGH lehnt sich erkennbar an die Legaldefinition im Telekommunikationsgesetz an. Im Weiteren führt der BGH sodann aus, der Begriff der Telekommunikation des § 100a sei „insoweit **inhaltsgleich“ mit der Legaldefinition des § 3 Nr. 16 TKG (aF).**[45] Sie entspricht der nunmehr in § 3 Nr. 22 TKG enthaltenen Definition. Auch der 3. Strafsenat des BGH hat in seiner „Online-Entscheidung“ vom 31.1.2007[46] diese Rspr. fortgeführt. Er hat bei der Auslegung des Begriffes der Telekommunikation des § 100a auf die vorgenannte Entscheidung des 2. Strafsenats Bezug genommen und damit ebenfalls auf das TKG zurückgegriffen, wenngleich es sich insoweit um keine diese Entscheidung tragenden Erwägungen gehandelt hat.

30 **bb) Auslegung des Begriffs durch die Lit.** Diese Auffassung wird in der Lit. überwiegend abgelehnt[47] und eine genuin strafprozessuale Inhaltsbestimmung des Begriffs „Telekommunikation“ gefordert.[48] Der Normzweck des § 100a sei auf die Kommunikationsüberwachung ausgerichtet und damit auf Informationen, die sich aus einem „konkret und bewusst eingeleiteten Kommunikationsvorgang“ ergeben.[49] So sei bereits nach dem allgemeinen Sprachgebrauch unter Kommunikation jede Form der Verständigung zu verstehen, die durch Informationsübermittlung erfolge. Vor diesem Hintergrund falle es schwer, **jedweden Datenaustausch** zwischen elektronischen Maschinen als eine (auf Verständigung angelegte) Kommunikation zu begreifen. § 100a StPO sei im Lichte von Art. 10 GG auszulegen und rein technisch generierte Daten seien nicht mit der allein von Art. 10 GG erfassten menschlichen Kommunikation gleichzusetzen.[50] § 100a diene nicht der Überwachung der Telekommunikation sondern der Kommunizierenden.[51]

31 **cc) Eigene Bewertung.** Von Rechts wegen kann dem strafprozessualen und dem telekommunikationsrechtlichen Begriff der Telekommunikation **nicht derselbe Bedeutungsgehalt** beigemessen werden. So erfasst Telekommunikation iSd § 3 Nr. 22 TKG die elektronische Übertragung von Informationen aller Art und damit auch Rundfunk und Fernsehen.[52] Es steht jedoch außer Zweifel, dass die Inhalte des Rundfunks als Informationsangebot an die Allgemeinheit weder dem Anwendungsbereich des § 100a noch dem des § 100g unterfallen.[53]

32 Der Begriff **Telekommunikation iSd § 3 Nr. 22** TKG ist rein technisch zu verstehen. Dies ergibt sich aus § 1 TKG, wonach erklärtes Zweck dieses Gesetze ist, durch technologieneutrale Regulierung den Wettbewerb im Bereich der Telekommunikation und leistungsfähige Telekommunikationsinfrastrukturen zu fördern und flächendeckend angemessene und ausreichende Dienstleistungen zu gewährleisten. Die Wahrung der öffentlichen Interessen, deren Schutz in Abwägung mit den Beschuldigtenrechten die StPO dient, firmiert hingegen unter Nr. 9 als letztes der in § 2 Abs. 2 TKG aufgelisteten Ziele. Das

---

[44] BGH 14.3.2003 – 2 StR 341/02, NJW 2003, 2034 = NStZ 2003, 668.
[45] BGH 14.3.2003 – 2 StR 341/02, NJW 2003, 2034, Sperrung nicht im Original.
[46] BGH 31.1.2007 – StB 18/06, NJW 2007, 930.
[47] Vgl. statt vieler *Günther* NStZ 2005, 485 (491).
[48] Vgl. *Demko* NStZ 2004, 61.
[49] *Kudlich* JuS 2001, 1165 (1168).
[50] *Bernsmann* NStZ 2002, 103 (104).
[51] *Kudlich* JuS 2001, 1165 (1167 f.).
[52] Brockhaus Fachlexikon Computer, Stichwort Telekommunikation.
[53] *Günther* NStZ 2005, 485 (491).

TKG und seine Begrifflichkeiten sind mithin anders als die Strafprozessordnung eindeutig technikorientiert.

33 Ganz anders ist § 100a zu interpretieren. Als Vorschrift, die zu Eingriffen in den Schutzbereich des Art. 10 GG berechtigt, ist sie selbst **im Lichte dieses Grundgesetzes** und nicht eines technisch ausgerichteten Gesetzes auszulegen. An anderer Stelle, nämlich bei der Neufassung des § 100g Abs. 1 S. 1 und damit im Zusammenhang mit einer weiteren strafprozessualen Eingriffsnorm in das Fernmeldegeheimnis, hat der Gesetzgeber ausdrücklich auf das TKG zurück gegriffen und den dort bislang verwendeten Begriff der „Verbindungsdaten" entsprechend dem „im modernen Telekommunikationsrecht üblichen Sprachgebrauch"[54] durch den der „Verkehrsdaten" ersetzt. Hier hat er allerdings nicht nur die Begriffe ausgetauscht, sondern **in der neuen Fassung des § 100g ausdrücklich auf § 96 Abs. 1 TKG** und damit auf die dort im Einzelnen aufgeführten Verkehrsdaten Bezug genommen. Er hat dadurch erklärtermaßen dem Begriff der Verkehrsdaten in StPO und TKG denselben Bedeutungsgehalt beigemessen. Dies erscheint insofern sinnvoll, als der Begriff der Verbindungsdaten in § 100g, eingeführt durch das Gesetz zur Änderung der Strafprozessordnung vom 20.12.2001,[55] von Beginn an technisch orientiert war und die Anwendung des § 100g aFanders als die des § 100a nach dem Willen des Gesetzgebers nicht nur mit Eingriffen in Art. 10 GG, sondern auch mit solchen in das Recht auf informationelle Selbstbestimmung gemäß Art. 1 Abs. 1 GG iVm Art. 2 Abs. 1 GG einhergehen sollte.[56]

34 Nach der hier vertretenen Auffassung wird der Anwendungsbereich des **§ 100a nicht vom gegenständlichen Schutzbereich des durch Art. 10 GG geschützten Fernmeldegeheimnisses abgekoppelt.** Die Erhebung von Telekommunikationsdaten, die keine Individualkommunikation zum Inhalt haben, ist nicht an der Norm des § 100a zu messen. Dass die nach § 100b Abs. 3 verpflichteten Telekommunikationsdienstleister gleichwohl sämtliche Telekommunikationsdaten iSd § 3 Nr. 22 TKG, mithin nicht nur die der reinen Individualkommunikation ausleiten, hat technische Gründe. Sie sind zu einer Trennung des Datenstroms weder technisch in der Lage noch rechtlich verpflichtet. Zur strafprozessualen Verwertung auch dieser Daten sind die Strafverfolgungsbehörden auf Grund der hohen Eingriffsschwelle des § 100a nach dem Grundsatz „argumentum a maiore ad minus" berechtigt.

35 **d) Divergierende Entscheidungen des Bundesverfassungsgerichts.** Auch das BVerfG hatte in der Vergangenheit wiederholt Schwierigkeiten bei der verfassungsrechtlichen Auslegung der einschlägigen strafprozessualen Normen. In seiner Entscheidung vom 1.7.2005[57] hat es in einem obiter dictum angemerkt, der „Bundesgesetzgeber habe die Überwachung der Telekommunikation zu Zwecken der Strafverfolgung in den §§ 100a, 100b, 100g, 100h und 100i StPO nach Umfang, Zuständigkeit und Zweck sowie hinsichtlich der für die jeweilige Maßnahme erforderlichen Voraussetzungen umfassend geregelt". In seiner **IMSI-Catcher-Entscheidung** vom 22.8.2006[58] rückte das BVerfG bzgl. des § 100i zu Recht von dieser Auffassung wieder ab und merkte nunmehr an, dass Maßnahmen nach § 100i (doch nicht solche der Überwachung der Telekommunikation seien und damit auch) nicht den Schutzbereich des Art. 10 GG berühren.[59]

36 **2. Stellung des § 100a im Gesamtgefüge der Art. 10 GG berührenden strafprozessualen Eingriffsnormen.** § 100a ist nur einschlägig, wenn **während der Übertragungsphase** zu strafprozessualen Zwecken auf Telekommunikationsdaten zugegriffen wird, die Inhalte von durch Art. 10 GG geschützter **Individualkommunikation** zum Gegenstand haben. Nach der hier vertretenen Auffassung gilt dies auch dann, wenn diese Daten

[54] BT-Drs. 16/5846, 50.
[55] BGBl. I 3879.
[56] Vgl. BT-Drs. 14/7008, 1.
[57] BVerfG 1.7.2005 – 1 BvR 668/04, NJW 2005, 2603 (2606).
[58] BVerfG 22.8.2006 – 2BvR 1345/03, NJW 2007, 351.
[59] So zuvor schon *Günther* Kriminalistik 2004, 11 (14).

technisch bedingt zwischenspeichert werden und diese Zwischenspeicherung dergestalt in einem direkten funktionalen Bezug zum Übertragungsvorgang steht, dass sie notwendiger Bestandteil desselben ist, ihm dient und die Übermittlung als solche mithin noch nicht abgeschlossen ist.

V. Internationalrechtliche Grundlagen

37 **1. Grundsätzliches.** Maßnahmen der Telekommunikationsüberwachung sehen auch die Strafverfahrensordnungen zahlreicher **anderer Länder** wie etwa Frankreich, Italien, Schweiz, Niederlande, Dänemark, Belgien, Österreich oder der Vereinigten Staaten von Amerika vor.[60] Sollen im Ausland im Rahmen dort geführter Ermittlungen gewonnene Erkenntnisse aus Überwachungsmaßnahmen in Deutschland als Beweismittel verwendet werden, so ist es nach völkerrechtlichen Grundsätzen unzulässig, nicht auf offiziellem Wege als Beweismittel erlangte Erkenntnisse zu verwerten, wenn ihre Übersendung durch einen formalen Rechtshilfevertrag geregelt ist und der betreffende Staat nicht auf diesem Wege der Verwertung zugestimmt hat.[61] Erforderlich ist in derartigen Fällen vielfach ein **justizielles Rechtshilfeersuchen.** Indes ermöglicht § 61a IRG eine Übersendung „personenbezogener Daten aus strafprozessualen Ermittlungen" und damit von Beweismitteln in bestimmten Fällen auch ohne ein derartiges Rechtshilfeersuchen. Die in Rechtshilfesachen zu beachtenden grundsätzlichen Regelungen ergeben sich aus dem bereits erwähnten Gesetz über die internationale Rechtshilfe in Strafsachen v. 27.6.1994 (IRG),[62] den Richtlinien für den Verkehr mit dem Ausland in strafrechtlichen Angelegenheiten idF v. 8.12.2008 (RiVASt), die überwiegend Regelungen für eingehende Ersuchen enthalten, sowie den ggf. einschlägigen zwischenstaatlichen Regelungen, wobei letztere jeweils vorrangig zu berücksichtigen sind.

38 Für **eingehende Ersuchen** um Überwachung der Telekommunikation legt Nr. 77a Abs. 1 RiVASt fest, dass diese sowohl auf vertragsloser Grundlage nach § 59 Abs. 1 IRG als auch auf der Grundlage völkerrechtlicher Verträge entsprechend § 1 Abs. 3 IRG erledigt werden können. Nr. 77a RiVASt enthält darüber hinaus in den Abs. 2–4 detaillierte Regelungen, ob und wie derartigen Ersuchen zu entsprechen ist.

39 Eine Strafverfolgungsbehörde kann einen ausländischen Staat indes auch darum ersuchen, nur für sie **Maßnahmen der Telekommunikationsüberwachung auf seinem Hoheitsgebiet** durchzuführen. Eine solche Möglichkeit sieht etwa das EU-RhÜbk. vor.

40 **2. EU-RhÜbk.** Von erheblicher **praktischer Bedeutung** sind die Regelungen im „Gesetz zu dem Übereinkommen vom 29. Mai 2000 über die Rechtshilfe in Strafsachen zwischen den Mitgliedstaaten der Europäischen Union" (EU-RhÜbk.).[63] Das am 2.2.2006 in Kraft getretene EU-RhÜbk. ergänzt die Regelungen des Schengener Durchführungsübereinkommens (SDÜ) v. 19.6.1990 sowie des Europäischen Rechtshilfeüberkommens (Eu-RhÜbk.) v. 20.4.1959.

41 Das EU-RhÜbk. enthält in den Art. 18 bis 21 erstmals detaillierte Regelungen zu Rechtshilfeersuchen zwecks Überwachung der Telekommunikation. Nach **Art. 18 Abs. 1 EU-RhÜbk.** sind die Vertragsstaaten berechtigt, zum Zwecke strafrechtlicher Ermittlungen einander um Überwachung des Telekommunikationsverkehrs zu ersuchen. Ein Novum im internationalen Rechtshilfeverkehr stellt dabei die Regelung in Art. 18 Abs. 1a EU-RhÜbk. dar, wonach die überwachte Telekommunikation unmittelbar an den ersuchenden Mitgliedstaat weitergeleitet und damit erst bei diesem ausgewertet und aufgezeichnet werden kann. Im Gegensatz dazu steht die bisherige, nach Art. 18 Abs. 1b EU-RhÜbk. alternativ weiterhin bestehende Möglichkeit, dass die Telekommunikation zunächst im ersuchten Staat selbst aufgezeichnet und erst (vielfach mit Verzug) danach an den ersuchenden Staat übermittelt wird. Um Maßnahmen der Telekommunikation im Wege der Rechtshilfe

[60] Vgl. Albrecht/Dorsch/*Krüpe* S. 59 ff.
[61] BGH 8.4.1987 – 3 StR 11/87, NJW 1987, 2168; *Gleß* NStZ 2000, 57 ff.
[62] BGBl. I 1537.
[63] BGBl. II 650.

kann ein Mitgliedsstaat sowohl ersucht werden, wenn sich die „Zielperson" auf seinem Hoheitsgebiet (Art. 18 Abs. 2b EU-RhÜbk.), auf dem Hoheitsgebiet des ersuchenden Staates (Art. 18 Abs. 2a EU-RhÜbk.) oder aber auf dem Hoheitsgebiet eines dritten Mitgliedsstaat (Art. 18 Abs. 2c EU-RhÜbk.) befindet. Liegt einer der von Art. 18 Abs. 2 EU-RhÜbk. erfassten Fälle vor, so ist der ersuchte Staat nach Art. 18 Abs. 5 EU-RhÜbk. unter den weiteren dort genannten Voraussetzungen sogar zur Rechtshilfe „verpflichtet". Dies stellt ein Novum im internationalen Rechtshilfeverkehr dar.[64]

Art. 20 EU-RhÜbk. regelt schließlich Fälle der Überwachung des Telekommunikati- 42
onsverkehrs ohne technische Hilfe eines anderen Mitgliedsstaates. Ein solcher länderübergreifender Fall liegt nach Art. 20 Abs. 2 EU-RhÜbk. vor, wenn ein Mitgliedsstaat die Überwachung der Telekommunikation angeordnet hat, der in der Überwachungsanordnung bezeichnete Telekommunikationsanschluss der Zielperson jedoch im Hoheitsgebiet eines anderen Mitgliedsstaat genutzt wird und die weitere Überwachung dieses Anschlusses auch ohne technische Hilfe dieses Mitgliedsstaates durchgeführt werden kann.

B. Erläuterung

I. Materielle Eingriffsvoraussetzungen des Abs. 1

Gemäß § 100a Abs. 1 darf die Telekommunikation des Betroffenen zur Erforschung des 43
Sachverhalts oder zur Ermittlung seines Aufenthalts auch ohne dessen Wissen überwacht und aufgezeichnet werden, **wenn** aufgrund bestimmter Tatsachen der Verdacht besteht, dass eine der im Katalog des Abs. 2 aufgeführten schweren Straftaten begangen oder zu begehen versucht wurde, diese auch im Einzelfall schwer wiegt und der Betroffene aufgrund bestimmter Tatsachen im Verdacht steht, an dieser Tat als Täter oder Teilnehmer beteiligt gewesen zu sein, sich der Tatverdacht auf bestimmte Tatsachen begründet und die Erforschung des Sachverhalts oder die Ermittlung des Aufenthaltsortes des Beschuldigten auf andere Weise wesentlich erschwert oder aussichtslos wäre.

1. Telekommunikation. § 100a Abs. 1 gestattet einen Eingriff in die „Telekommuni- 44
kation" des Betroffenen. Der Begriff der Telekommunikation in § 100a ist anders als nach der Rspr. des BGH (→ Rn. 29) in einem **technisch-funktionalen** Sinne zu verstehen. Jede Telekommunikation im Sinne der StPO setzt zunächst einen Telekommunikationsvorgang im Sinne des Telekommunikationsgesetzes voraus.

Von dieser **technischen** Telekommunikation werden aber nur solche Telekommunika- 45
tionsdaten zugleich auch von § 100a erfasst, denen die **Funktion** zukommt, Nachrichten und damit individuelle Kommunikationen von Grundrechtsträgern darzustellen. Sie sollen als **„qualifizierte Telekommunikationsdaten"** bezeichnet werden. Diese Funktion unterscheidet sie von den **„schlichten Telekommunikationsdaten"**, die ebenfalls mittels Telekommunikationsanlagen übertragen werden, indes weder die näheren Umstände noch die Inhalte individueller Nachrichten zum Gegenstand haben. Um solche „schlichten Telekommunikationsdaten" handelt es sich etwa, wenn sich der Betroffene von einem allgemein zugänglichen Internetportal durch schlichten Abruf mittels „Mausklick" allgemein zugängliche und für die Öffentlichkeit bestimmte Daten „downloadet".

Diese Grundsätze berücksichtigend wäre aller Voraussicht nach die Rspr. nicht bereits 46
an der ersten dogmatischen Fragestellung im Zusammenhang mit der Überwachung der modernen Telekommunikation, nämlich der Frage, unter welchen Voraussetzungen die von einem lediglich aktiv geschalteten Mobiltelefon **automatisch generierten Stand-by-Daten** zu strafprozessualen Zwecken erhoben werden dürfen, gescheitert.

In Verkennung der Reichweite des verfassungsrechtlich geschützten Fernmeldegeheim- 47
nisses hatte der Ermittlungsrichter beim BGH[65] die Auffassung vertreten, die Erhebung

[64] *Schuster* NStZ 2006, 657.
[65] BGH 21.2.2001 – 2 BGs 42/2001, NStZ 2002, 103.

dieser Daten stelle einen Eingriff in das Fernmeldegeheimnis dar. Zwar handelt es sich hier **um Telekommunikation im technischen Sinne, diese Daten stellen indes keine qualifizierten Telekommunikationsdaten** dar.

48 **a) Telekommunikationsdaten (Inhalts-, Verkehrs- und Bestandsdaten).** Telekommunikationsdaten werden auch aus strafprozessualer Sicht **allgemein unterteilt** in Inhalts-, Verkehrs- und Bestandsdaten, wobei es sich bei den Inhalts- und Verkehrsdaten um qualifizierte und damit dem Schutzbereich des Art. 10 GG unterfallende Telekommunikationsdaten handelt. Bestandsdaten sind hingegen auch im technischen Sinne keine Telekommunikationsdaten, weil sie mit dem technischen Übertragungsvorgang in keinem direkten Zusammenhang stehen.

49 **aa) Inhaltsdaten.** Mit dem nicht legaldefinierten Begriff der Inhaltsdaten werden allgemein die **Inhalte der Individualkommunikation** und damit diejenigen Daten bezeichnet, um derentwillen der Übermittlungsvorgang mittels Telekommunikation überhaupt veranlasst wird. Es kann sich dabei um Töne wie etwa bei der klassischen Sprachtelefonie, um Zeichen wie etwa bei einer SMS (Short Message Service) oder um Bilder wie bei der Versendung einer MMS (Multimedia Messaging Service) handeln. Wird auf Daten dieser Art während des Übertragungsvorgangs zugegriffen, so bedarf es einer Anordnung nach §§ 100a, 100b StPO.

50 **bb) Verkehrsdaten.** Unter den Begriff der Verkehrsdaten fallen sämtliche für die Herstellung und Aufrechterhaltung einer Telekommunikationsverbindung erforderlichen Daten. In **§ 3 Nr. 30 TKG werden Verkehrsdaten als solche Daten bezeichnet, „die bei der Erbringung eines Telekommunikationsdienstes erhoben, verarbeitet oder genutzt werden“.** Verkehrsdaten werden, anders als die Inhaltsdaten, technisch generiert, sodass der Gesetzgeber in § 100g, der die Erhebung und Verwertung dieser Daten zu strafprozessualen Zwecken regelt, auch auf die Vorschrift des § 96 Abs. 1 TKG Bezug genommen hat, in der die einzelnen Verkehrsdaten aufgezählt sind. Dort sind diejenigen Verkehrsdaten aufgelistet, die nach dem TKG zulässigerweise erhoben und verwertet werden dürfen.[66]

51 In Abgrenzung zu den Inhaltsdaten erfassen Verkehrsdaten gerade nicht die Inhalte, sondern die näheren Umstände der Telekommunikation und geben, vereinfacht ausgedrückt Aufschluss darüber, **wer wann wie lange** und **wo mit wem auf welche Art und Weise** telekommuniziert hat.

52 Zu den Verkehrsdaten, auf die zu strafprozessualen Zwecken zugegriffen werden kann, gehören nach § 96 Abs. 1 TKG ua die **Nummer oder eine andere Kennung** der beteiligten Anschlüsse (Nr. 1), **Beginn und Ende der jeweiligen Verbindung** nach Datum und Uhrzeit sowie ggf. die Datenmenge (Nr. 2), der in Anspruch genommene **Telekommunikationsdienst** (Nr. 3) sowie die **Endpunkte von festgeschalteten Verbindungen** (Nr. 4).

53 **cc) Bestandsdaten. (1) Allgemeines.** Der Begriff der „Bestandsdaten“ wird durch § 3 Nr. 3 TKG definiert als Daten eines Teilnehmers, „die für die **Begründung, inhaltliche Ausgestaltung, Änderung oder Beendigung eines Vertragsverhältnisses** über Telekommunikationsdienste erhoben werden.“

54 Es handelt sich hierbei um eine allgemein gehaltene Definition, die sowohl von einem abschließenden Katalog als auch von einer beispielhaften Aufzählung absieht. Teilnehmer kann sowohl eine natürliche als auch eine juristische Person sein, wobei diesen kennzeichnet, dass er mit dem Anbieter von Telekommunikationsdiensten **einen Vertrag über die Erbringung derartiger Dienste** geschlossen hat (§ 3 Nr. 20 TKG). Im telekommunikationsrechtlichen Sinne sind Bestandsdaten deshalb ausschließlich Kundendaten.[67] Zu den Bestandsdaten gehören mithin bspw. die von dem Kunden bei Vertragsschluss angegebenen

[66] So zutreffend Beck'scher TKG-Kommentar/*Braun* § 96 TKG Rn. 6.
[67] Vgl. Beck'scher TKG-Kommentar/*Büttgen* § 3 TKG Rn. 6 ff.

Personalien und **Adresse** sowie die ihm durch den Diensteanbieter zugewiesene Kennung wie etwa eine Telefonnummer.

Rechtsgrundlage für die Erhebung von Bestandsdaten ist § 100j iVm den Vorschriften 55 der §§ 112, 113 TKG. § 113 TKG wurde zuletzt durch das Gesetz zur Änderung des Telekommunikationsgesetzes und zur Neuregelung der Bestandsdatenauskunft v. 20.6.2013[68] neu gefasst und ist seit dem 1.7.2013 in Kraft. In ihm wird die Verpflichtung zur Auskunftserteilung derjenigen, die geschäftsmäßig Telekommunikationsdienste erbringen oder daran mitwirken telekommunikationsrechtlich konkretisiert und „datenschutzrechtlich sanktioniert".[69] Das BVerfG hatte in seiner Entscheidung v. 24.1.2012 zu § 113 aFTKG angemerkt, dass diese Vorschrift aus kompetenzrechtlichen wie auch aus rechtsstaatlichen Gründen dahingehend auszulegen sei, dass sie für sich allein keine Auskunftspflicht der Telekommunikationsunternehmen zu strafprozessualen Zwecken zu begründen vermag, erforderlich hierfür sei vielmehr eine fachrechtliche Rechtsgrundlage,[70] die der Gesetzgeber mit § 100j geschaffen und ebenfalls durch das vorgenannte Gesetz v. 9.1.2013 in die Strafprozessordnung eingeführt hat. In Kreisen der Telekommunikationsdienstleister bzw. der Datenschutzbeauftragten ist umstritten, ob § 113 TKG die Dienstleister auch zur Herausgabe nicht telekommunikationsspezifischer Daten wie etwa der Bankverbindung, des Beruf oder der Zugehörigkeit zu einer bestimmten sozialen Gruppe berechtigt.[71] Dem kann indes dadurch begegnet werden, dass das Ersuchen nach § 113 TKG zugleich stets auch auf §§ 161, 163 StPO gestützt wird.

(2) Identifizierende Zuordnung dynamischer IP-Adressen. IP-Adresse steht für 56 Internet-Protocol-Adresse. Es handelt sich dabei um eine normierte Ziffernfolge, über die jeder Rechner in einem Netzwerk, das mit dem TCP/IP (Transmission Control Protocol), einem speziellen Programm für die Datenübertragung, arbeitet, eindeutig identifiziert wird. Eine IP-Adresse besteht aus vier Zahlen zwischen 0 und 255, die jeweils durch einen Punkt voneinander getrennt sind, zB 413.78.8.187. Da sich die Nutzer des Internets derartige Ziffernfolgen nur schwer merken könnten, wandelt ein Server diese IP-Adresse nach dem DNS (Domain Name System) um. Computer, die ständig mit dem Netzwerk verbunden sind, haben eine feste, sog **statische IP-Adresse**. Alle übrigen haben, da noch nicht für sämtliche Computer eigene IP-Adressen zur Verfügung stehen, sogenannte dynamische Adressen (Dies gilt für die jetzige IPv4-Version, mit der geplanten IPv6-Version wird es künftig möglich sein, allen Nutzern eine statische IP-Adresse zuzuweisen.) Jedem entsprechenden Diensteanbieter wird ein bestimmter Pool solcher **dynamischen IP-Adressen** zugewiesen. Wählt sich der Nutzer über seinen Rechner und seinen Diensteanbieter in das Netz ein, wird ihm aus den zurzeit freien IP-Adressen eine bestimmte dynamische IP zugewiesen, die dann für die Dauer der Verbindung die Adresse des Rechners darstellt. Anhand der dynamischen IP sowie der genauen Uhrzeit ihrer Nutzung kann der zuständige Diensteanbieter in der Regel feststellen, welchem seiner Kunden die Adresse vorübergehend zugeteilt worden war. Teilweise sind hierzu weitere Kennungen, sogenannte **Portnummern,** erforderlich. Da dynamische IP-Adressen nur beschränkt zur Verfügung stehen und der Erwerb entsprechender Kontingente die Telekommunikationsdienstleister Geld kostet, vergeben sie (verstärkt) ein und dieselbe dynamische IP-Adresse gleichzeitig an mehrere Nutzer. In derartigen Fällen können die einzelnen Nutzer nur identifiziert werden, wenn neben der IP-Adresse auch die entsprechende Portnummer bekannt ist. Diese Portnummern werden durch die Dienstleister jedoch regelmäßig nicht gespeichert.

Auf welcher **Rechtsgrundlage** dynamische IP-Adressen für eine identifizierende Zuord- 57 nung zu den Personalien des Kunden und damit des – mutmaßlichen Nutzers – verwendet werden dürfen, war lange Zeit umstritten. Da die dynamische IP durch Dritte bzw. die

---

[68] BGBl. I 1602.
[69] Beck'scher TKG-Kommentar/*Eckhardt* § 113 TKG Rn. 12.
[70] BVerfG 24.1.2012 – 1 BvR 1299/05, BeckRS 2012, 47666, Abs.-Nr. 164.
[71] Beck'scher TKG-Kommentar/*Eckhardt* § 113 TKG Rn. 12 ff.

Strafverfolgungsbehörden stets erst anlässlich der Nutzung bestimmter Dienste und damit auch anlässlich deren Kenntnisnahme festgestellt wird, geht es bei der Abfrage der dahinter stehenden Personalien letztlich lediglich noch um die Zuordnung zu einer bestimmten Person, sodass vielfach die Auffassung vertreten wurde, eine entsprechende Anfrage könne auf § 113 aFTKG iVm §§ 161, 163 gestützt werden.[72] Auch die BReg. hatte die Auffassung vertreten, dass es sich bei der dynamischen IP um ein Bestandsdatum handele.[73]

58 In seinem Beschluss vom 24.1.2012 hat das BVerfG zu dieser Frage Stellung bezogen. Es hat in deren Leitsatz aufgeführt, die Vorschrift des § 113 TKG dürfe „nicht zur Zuordnung dynamischer IP-Adressen angewendet werden" (amtlicher Leitsatz).[74] Begründet hat es diese Auffassung mit dem Umstand, dass die Telekommunikationsdienstleister für die Feststellung der einer dynamischen IP zuzuordnenden Personalien „in einem Zwischenschritt die entsprechenden Verbindungsdaten ihrer Kunden sichten müssen, also auf konkrete Telekommunikationsvorgänge zugreifen" müssen. Diese von den Diensteanbietern gespeicherten Verbindungsdaten, so das BVerfG weiter, fielen unabhängig davon, ob sie auf Grund gesetzlicher oder vertraglicher Grundlage gespeichert wären, unter das Telekommunikationsgeheimnis.[75] Rechtsgrundlage für eine entsprechende Zuordnung ist nunmehr 100j Abs. 2.

59 **2. Betroffene der Maßnahmen.** Von Ermittlungsmaßnahmen nach § 100a wird regelmäßig der Beschuldigte gleich ob „als **Täter oder Teilnehmer**" betroffen werden.

60 **a) Beschuldigte.** Beschuldigter iSd Abs. 1 ist jede Person, gegen die in dem Maßnahmeverfahren wegen des Verdachts der Beteiligung (Täter oder Teilnehmer) an **einer Katalogtat** nach Abs. 2 ermittelt wird. Die Identität des Beschuldigten braucht dabei noch nicht bekannt zu sein. Das Verfahren kann sich mithin auch gegen Unbekannt richten.

61 Der Gesetzgeber hat hier den Begriff des Beschuldigten im **weiten Sinne des § 157** verwandt. Beschuldigter ist sowohl derjenige Tatverdächtige, gegen den die Ermittlungen noch nicht abgeschlossen sind, als auch der Angeschuldigte, Angeklagte bzw. der Verurteilte. Maßnahmen nach § 100a können mithin in jedem Verfahrensstadium angeordnet werden, vom Zeitpunkt der Einleitung der Ermittlungen – das Verfahren könnte gar erst mit der Anordnung selbst eingeleitet werden – bis ins Vollstreckungsverfahren zum Zwecke der Fahndung gegen den aus der Strafhaft entwichenen Verurteilten (vgl. § 457 Abs. 3).

62 Eine **Anstiftung oder Beihilfe,** mithin eine Beteiligung an der Anlasstat, steht der Täterschaft gleich, nicht indes die Strafvereitelung bzw. Begünstigung. Auch der Versuch einer Katalogstraftat ist ausreichend.[76] **Vorbereitungshandlungen** zu den Katalogstraftaten nach Abs. 2 rechtfertigen Maßnahmen nach § 100a nur, wenn sie ihrerseits entweder als selbstständige Straftat oder aber nach Maßgabe des § 30 StGB strafbar sind.[77]

63 **b) Nichtbeschuldigte.** Eine Anordnung nach § 100a kann sich gemäß Abs. 3 auch gegen andere Personen, mithin gegen **Nichtverdächtig**e richten. Dies gilt selbst dann, wenn es sich um zeugnisverweigerungsberechtigte Angehörige handelt (weiterführend Rn. 98 ff.).

64 **3. Schwere Straftaten.** § 100a Abs. 2 enthält einen **enumerativen, mithin abschließenden Katalog** von Straftaten. Nur bei Verdacht einer der dort aufgeführten schweren Straftaten darf die Maßnahme angeordnet werden.

65 **a) Katalog der schweren Straftaten.** Mit dem Erfordernis des Vorliegens einer „schweren Straftat" hat der Gesetzgeber das Verhältnis der Telekommunikationsüberwachung zu den anderen verdeckten Maßnahmen nunmehr auch formal neu strukturiert, in dem er die

---

[72] So ebenfalls *Meyer-Goßner* § 100g Rn. 4; LG Stuttgart 22.12.2004 – 9 Qs 80/04, MMR 2005, 628; *Sankol* MMR 2006, 361 (365); aA *Bär* MMR 2005, 624 (626), Anm. zu LG Stuttgart v. 4.1.2005.

[73] Vgl. BT-Drs. 16/5846, 26.

[74] BVerfG 24.1.2012 – 1 BvR 1299/05, BeckRS 2012, 47666.

[75] BVerfG 24.1.2012 – 1 BvR 1299/05, BeckRS 2012, 47666, Abs.-Nr. 116.

[76] *Meyer-Goßner* Rn. 12.

[77] BGH 16.6.1983 – 2 StR 837/82, NJW 1983, 2396 (2398).

in Abs. 2 enthaltenen Straftatbestände **kraft Gesetzes** als „schwere Straftaten" iSv Abs. 1 Nr. 1 bestimmt. Er hat in Umsetzung seines erklärten Zieles, durch das Gesetz zur Neuregelung der Telekommunikationsüberwachung und anderer verdeckter Ermittlungsmaßnahmen ein harmonisches Gesamtgefüges von Ermittlungsmaßnahmen zu schaffen, in dem unterschiedliche Anordnungsvoraussetzungen mit der unterschiedliche Intensität der mit den verschiedenen Maßnahmen einhergehenden Grundrechtseingriffe korrespondieren sollen,[78] eine Dreiteilung vorgenommen. Die „schweren Straftaten" nehmen darin eine Zwischenstellung ein und sollen vom Grundsatz all diejenigen Straftaten erfassen, die mit einer Höchststrafe von mehr als fünf Jahren bedroht sind. Hierin findet die in Abs. 1 Nr. 1 enthaltene Qualifizierung als „schwer" der in Abs. 2 im Einzelnen aufgelisteten Straftaten ihren „objektivierten Ausdruck".[79] Sofern in den Katalog des Abs. 2 etwa mit der Abgeordnetenbestechung des § 108e StGB vereinzelt Straftaten aufgenommen wurden, die lediglich mit Freiheitsstrafe bis zu fünf Jahren bedroht sind, handelt es sich wie etwa mit den weiteren Vorschriften der § 275 Abs. 2, § 276 Abs. 2 und § 298 StGB sämtlich um Delikte, deren Verwirklichung die Funktionstüchtigkeit des Staates oder die Rechtsgüter Privater in erheblicher Weise beeinträchtigen.[80]

An erster Stelle in dieser Hierarchie stehen die in Artikel 13 Abs. 1 S. 1 GG genannten **„besonders schweren Straftaten"**, deren Strafrahmen eine Mindesthöchststrafe von mehr als fünf Jahren Freiheitsstrafe androht[81] und die Voraussetzung sind für Maßnahmen der akustischen Wohnraumüberwachung nach § 100c. 66

Im Unterschied zu den eine schwere bzw. eine besonders schwere Straftat voraussetzenden Vorschriften der §§ 100a bzw. 100c reicht für andere Ermittlungsmaßnahmen wie die nach § 98a Abs. 1 S. 1, § 100f Abs. 1 Nr. 2, § 100g Abs. 1 S. 1, § 100i Abs. 2 S. 2 und 3, § 110a Abs. 1 S. 1, § 163e Abs. 1 S. 1, § 163f Abs. 1 S. 1 eine **„Straftat von erheblicher Bedeutung"** als Anlasstat aus. Dieser Begriff ist inzwischen von Lit.[82] und Rspr. wenig praktikabel dahingehend definiert worden, dass eine solche Straftat mindestens dem Bereich der mittleren Kriminalität zuzurechnen, den Rechtsfrieden empfindlich störe und geeignet sein müsse, das Gefühl der Rechtssicherheit der Bevölkerung erheblich zu beeinträchtigen. Diese Auslegung wurde durch die Rspr. des BVerfG gebilligt.[83] 67

b) Im Einzelfall schwer wiegend (Abs. 1 Nr. 2). Mit der in Abs. 1 Nr. 2 erfolgten Klarstellung, wonach die Anlasstat nicht nur abstrakt, sondern auch im Einzelfall schwer wiegen muss, wollte der Gesetzgeber Maßnahmen der Telekommunikationsüberwachung in solchen Verfahren ausschließen, die zwar eine Katalogtat nach Abs. 2 zum Gegenstand haben, die wegen des **Fehlens der Schwere der Tat im Einzelfall** derart eingriffsintensive Maßnahmen aber nicht zu rechtfertigen vermögen.[84] Er setzte damit die Rspr. des BVerfG um. Dieses hatte im Rahmen einzelner Entscheidungen, etwa in seinem Urteil vom 27.7.2005[85] zum Niedersächsischen Gesetz über die öffentliche Sicherheit und Ordnung (Nds. SOG) festgestellt, die gebotene einengende Auslegung von Anlasstatenkatalogen bzw. Rechtsbegriffen im Zusammenhang mit Maßnahmen zur Überwachung der Telekommunikation gebiete es, dass solche Maßnahmen rechtfertigende Straftaten nicht nur allgemein, sondern auch im konkreten Einzelfall, etwa auf Grund des Grades der Bedrohung für die Allgemeinheit, ein besonderes Gewicht zukommen müsse. Dies kann sich ua aus den Folgen 68

[78] BT-Drs. 16/5846, 2.

[79] BVerfG 12.10.2011 – 2 BvR 236/08, 2 BvR 237/08 und 2 BvR 422/08, BeckRS 2011, 56464 Abs.-Nr. 203; NJW 2012, 833.

[80] BVerfG 12.10.2011 – 2 BvR 236/08, 2 BvR 237/08 und 2 BvR 422/08, BeckRS 2011, 56464 Abs.-Nr. 206, NJW 2012, 833.

[81] Vgl. BVerfG 3.3.2004 – 1 BvR 2378/98 und 1 BvR 1084/99, NStZ 2004, 270 = BVerfG 109, 279, (343 ff.).

[82] Rieß GA 2004, 623 ff.

[83] BVerfG 15.3.2001 – 2 BvR 1841/00, NJW 2001, 2320 (2321); BverfG 20.12.2001 – 2 BvR 483/01, StV 2003, 1.

[84] BT-Drs. 16/5846, 40.

[85] BVerfG 27.7.2005 – 1 BvR 668/04, NJW 2005, 2603 (2611).

der Tat, der Schutzwürdigkeit des verletzten Rechtsgutes sowie dem Zusammenwirken des Beschuldigten mit anderen Straftätern ergeben.[86]

69 Bei der dabei vorzunehmenden Einzelfallprüfung sollen ausweislich der Gesetzesmaterialien[87] die im Gesetz als Strafmilderungsgründe benannten **minder schweren Fälle nicht von vornherein ausgeschlossen** sein, weil sich namentlich zu Beginn eines Ermittlungsverfahrens noch nicht absehen lasse, ob die Voraussetzungen eines – erst die Strafzumessung berührenden – minder schweren Falles tatsächlich vorliegen bzw. auch ein minder schwerer Fall in Anbetracht der Auswirkungen der Straftat auf das Opfer im Einzelfall so schwerwiegend sein könne, dass die mit Maßnahmen nach § 100a einhergehenden Eingriffe verhältnismäßig erscheinen.

70 Anhand der Materialien kann auf den Willen des historischen Gesetzgebers rückgeschlossen werden. Dessen vorstehend dargelegten Erwägungen machen deutlich, dass der Begriff der „Tat" in Abs. 1 Nr. 2 die Berücksichtigung von nicht nur mit der Tatausführung selbst einhergehenden sondern auch von darüber hinausgehenden Umständen zulässt. Auch sind bei der Bewertung einer Straftat als minder oder besonders schwerer Fall das Gewicht sowohl des Unrechts als auch der Schuld zu berücksichtigen. Ihr Gepräge als im Einzelfall schwerwiegend kann eine Tat mithin auch allein deshalb erhalten, weil der Täter sie **wiederholt** begeht wie etwa die fortwährende Begehung eines in jedem Einzelfall nicht schwer wiegender Falles des Handeltreibens mit Betäubungsmitteln nach § 29a Abs. 1 Nr. 2 BtMG oder des sexuellen Missbrauchs von Kindern nach § 176 Abs. 1 und 2 StGB. Derartige Fälle stellen gemäß § 176a Abs. 1 StGB einen schweren sexuellen Missbrauch von Kindern dar. Während es sich bei dem Tatbestand des § 29a Abs. 1 Nr. 2 BtMG als solchen um ein Anlasstat nach Abs. 2 handelt, ist es in den Fällen des sexuellen Missbrauchs lediglich der des § 176a StGB. Indes zeigt dieser Fall, dass eine Tat ihr Gepräge als schwerwiegend gerade durch ihre wiederholte Begehung erfahren kann.

71 Indizien für eine im Einzelfall schwer wiegende Straftat können nach der Rspr. des BVerfG ua die **Schutzwürdigkeit der verletzten Rechtsgüter,**[88] der **Grad der Bedrohung der Allgemeinheit,**[89] die **Art der Begehung der Straftat,**[90] die **Anzahl der Geschädigten**[91] oder das **Ausmaß des Schadens**[92] sein.[93]

72 **4. Verdacht aufgrund bestimmter Tatsachen.** Das Erfordernis eines sich auf Grund **bestimmter Tatsachen** ergebenden Tatverdachts war bereits in der Erstfassung des § 100a in der Fassung des G 10 – Gesetzes vom 13.6.1967[94] enthalten. Es findet sich explizit in zahlreichen Eingriffstatbeständen der verdeckten strafprozessualen Ermittlungsmaßnahmen wie etwa den §§ 100a, 100c, 100f, 100g, 100h, 100i und 163f und gilt darüber hinaus auch für offene Eingriffsnormen wie etwa die der Durchsuchung gemäß § 102.[95] Die Verdachtslage muss sich auf Tatsachen stützen, wobei in der Gesamtschau eine hinreichend sichere Tatsachenbasis vorliegen muss.[96] Vage Anhaltspunkte bzw. bloße Vermutungen reichen nicht aus.[97]

73 Erläuterungen der vorstehenden Art, die auf die Rspr. des BGH[98] und des BVerfG[99] zurückgehen, finden sich mit guten Gründen in allen einschlägigen Kommentaren.[100] Sie

---

[86] *Knierim* StV 2008, 599 (603).
[87] BT-Drs. 16/5846, 40.
[88] BVerfG 3.3.2004 – 1 BvR 2378/98, 1 BvR 1984/99, BVerfGE 109, 279 (346).
[89] BVerfG 12.3.2003 – 1 BvR 330/96 und 1 BvR 348/99, BVerfGE 107, 299 (322).
[90] BVerfG 12.3.2003 – 1 BvR 330/96 und 1 BvR 348/99, BVerfGE 107, 299 (324).
[91] BVerfG 12.3.2003 – 1 BvR 330/96 und 1 BvR 348/99, BVerfGE 107, 299 (324).
[92] BVerfG 12.3.2003 – 1 BvR 330/96 und 1 BvR 348/99, BVerfGE 107, 299 (324).
[93] Vgl. BVerfG 12.10.2011 – 2 BvR 236/08, 2 BvR 237/08 und 2 BvR 422/08, BeckRS 2011, 56451 Abs.-Nr. 208.
[94] BT-Drs. V/1880, 4.
[95] BVerfG 27.7.2005 – 1 BvR 668/04, NJW 2005, 2603 (2610).
[96] BVerfG 12.3.2003 – 1 BvR 330/96 und 1 BvR 348/99 – NJW 2003, 441 (443).
[97] BVerfG 4.7.2006 – 2 BvR 950/05, NJW 2006, 2974 (2975).
[98] BGH 16.2.1995 – 4 StR 729/94, NJW 1995, 1974.
[99] BVerfG 12.10.2011 – 2 BvR 236/08, 2 BvR 237/08 und 2 BvR 422/08, BeckRS 2011, 56451 Abs.-Nr. 202.
[100] Vgl. statt vieler *Meyer-Goßner* Rn. 9; BeckOK-StPO/Graf Rn. 37.

bedürfen indes einer weitergehenden Erläuterung. Das Erfordernis einer solchen auf konkreten Tatsachen basierten Verdachtslage bedeutet nicht, dass sich diese Verdachtslage – letztlich, insbesondere zum Zeitpunkt des Abschlusses der Ermittlungen – bestätigen muss bzw. die die Verdachtslage vormals begründenden Tatsachen der Wahrheit entsprochen haben müssen. Tatsachen iSd strafprozessualen Eingriffsermächtigungen sind zuvörderst **sinnlich wahrnehmbare Umstände,** die in ihrer Gesamtschau, ggf. auch in Kombination mit kriminalistischen Erfahrungswerten, die Bewertung tragen, dass eine der Katalogtaten des Abs. 2 gegeben ist. Die **„Wahrhaftigkeit"** ist streng genommen kein konstitutives Merkmal von Tatsachen als sinnlich wahrnehmbare Umstände. So ist etwa diejenige Anordnung zweifelsfrei rechtmäßig ergangen, die neben weiteren konkreten tatsächlichen Umständen entscheidend auch auf dem letztlich unzutreffenden Umstand beruhte, das ein zum Zeitpunkt seiner Aussage als glaubwürdig zu bewertender Zeuge gleichwohl der Wahrheit zuwider bekundet hat, der Beschuldigte lagere in einem Depot zwei Kilogramm Kokain, welches er sukzessive verkaufe.

Der Tatverdacht muss **weder** hinreichend iSd § 203 noch dringend iSd § 112 Abs. 1 sein.[101] Ausreichend ist vielmehr ein **qualifizierter Anfangsverdacht.**[102] Dieser muss indes auf einer „gesicherten Tatsachenbasis"[103] iS eines schlüssigen Tatsachenmaterials beruhen, das nach der Lebenserfahrung und unter Berücksichtigung kriminalistischer Erfahrungswerte den belastbaren Schluss zulässt, dass sich jemand an einer der in Abs. 2 genannten Katalogtaten beteiligt hat. Soll die Maßnahme allein der Aufenthaltsermittlung des Beschuldigten dienen, wobei eine trennscharfe Abgrenzung vielfach jedenfalls in all denjenigen Fällen nicht möglich sein wird, in denen der Feststellung des Aufenthaltsort zugleich auch indizielle Bedeutung hinsichtlich der Sachverhaltsaufklärung zukommt, müssen entgegen anderslautender Stimmen[104] die Voraussetzungen für die vorläufige Festnahme oder die Verhaftung des Beschuldigten vorliegen. 74

Dem die Maßnahme Anordnenden steht hinsichtlich der Frage des Tatverdachts nach zutreffender Auffassung in Lit.[105] und Rspr. ein **Beurteilungsspielraum** zu. Maßstab für die Beurteilung der Rechtmäßigkeit einer entsprechenden Anordnung ist daher insoweit die Frage, ob die Anordnung der Maßnahme rückbezogen auf den Zeitpunkt ihres Erlasses als noch vertretbar erscheint.[106] 75

5. Verdeckte Durchführung, Einwilligung in die Maßnahme. a) Durchführung ohne Wissen des Betroffenen. Die Telekommunikationsüberwachung darf „auch ohne Wissen des Betroffenen", mithin heimlich durchgeführt werden. Der Betroffene der Maßnahme muss mithin **weder vor noch während der Durchführung der Maßnahme hierüber unterrichtet werden.** Selbst nach Beendigung der Maßnahme kann eine Benachrichtigung der an der Telekommunikation Beteiligten unter den in § 101 Abs. 4–7 genannten Voraussetzungen zurückgestellt werden oder gar unterbleiben. 76

Die Heimlichkeit der Telekommunikationsüberwachung ist das Element, welches neben der Sensibilität der von ihr berührten Daten und ihrer oft beträchtlichen Streubreite ursächlich ist für ihre **erhebliche Eingriffsintensität.** 77

Mit dem Merkmal „auch" wird klargestellt, dass die Überwachungsmaßnahme selbst dann durchgeführt werden darf, wenn der Betroffene **mit ihrer Anordnung rechnet** oder darum weiß bzw. während ihrer Vollstreckung von der Maßnahme Kenntnis erlangt.[107] Tatsächlich rechnen namentlich Beschuldigte aus dem Bereich der Organisierten- bzw. der 78

[101] OLG Hamm 14.11.2002 – 2 Ss 906/02, NStZ 2003, 279; KK-StPO/*Bruns* Rn. 32.
[102] BGH 11.3.2010 – StB 16/09, NStZ 2010, 711 Abs.-Nr. 10; BVerfG 18.4.2007 – 2 BvR 2094/05, NJW 2007, 2749 (2751).
[103] BVerfG 12.3.2003 – 1 BvR 330/96 und 1 BvR 348/99, NJW 2003, 1787 (1791).
[104] Vgl. *Meyer-Goßner* Rn. 9.
[105] *Meyer-Goßner* Rn. 9; BeckOK-StPO/*Graf* Rn. 37.
[106] BGH 26.3.2003 – 5 StR 423/02, NJW 2003, 1880 (1882).
[107] BT-Drs. 17/5846, 39.

Transaktionskriminalität vielfach mit entsprechenden Maßnahmen und stellen ihr Kommunikationsverhalten darauf ein.

79 **b) Einwilligung des Betroffenen.** Eine Maßnahme zur Überwachung der Telekommunikation verliert ihren Eingriffscharakter nicht dadurch, dass lediglich einzelne der an der Kommunikation beteiligten Personen wie etwa der Anschlussinhaber oder der Beschuldigte ihrer Durchführung zustimmen, mithin in die Maßnahme einwilligen. Betroffener der Maßnahme ist nämlich nicht nur der der Katalogstraftat Verdächtige bzw. derjenige, der von dem Beschuldigten herrührende oder für den Beschuldigten bestimmte Nachrichten als Nachrichtenmittler (Abs. 3) entgegennimmt oder weiterleitet. Von dem **Eingriff betroffen sind auch sämtliche übrigen an der überwachten Telekommunikation beteiligten Personen.** Hinsichtlich eines jeden Beteiligten verliert die Maßnahme ihre Eingriffsqualität nicht dadurch, dass ein anderer an der Telekommunikation ebenfalls Beteiligter ihrer Durchführung und der Verwertung der dadurch erlangten Daten zu strafprozessualen Zwecken zustimmt.

80 Zwar hat der 2. Strafsenat des BGH in einer **„Zweithörer-Entscheidung"**[108] aus dem Jahre 1993 ausgeführt, ein Polizeibeamter, der zu strafprozessualen Zwecken ein Telefongespräch über einen Zweithörer verfolge, handele dann nicht rechtswidrig, wenn ihm dies von dem Benutzer des die Mithörmöglichkeit bietenden Anschlusses ohne Wissen des anderen Teilnehmers gestattet werde.

81 Zuzustimmen ist dieser Auffassung aber lediglich insoweit, als das Fernmeldegeheimnis es keinem der Gesprächspartner verwehrt, seinerseits **Dritte über den Kommunikationsinhalt zu unterrichten.** Soweit der BGH indes weiter die Auffassung vertritt, einem Dritten könne auch das Mithören gestattet werden und es mache keinen Unterschied, ob es sich bei diesem Dritten um eine Privatperson oder aber einen Polizeibeamten handele, begegnet diese Auffassung durchgreifenden Bedenken.

82 Artikel 10 Abs. 1 GG enthält nach zutreffender Meinung ein subjektives öffentliches Recht im Sinne eines Abwehrrechts gegen den Staat.[109] Auch wenn Artikel 10 GG nach hM eine unmittelbare Drittwirkung für die Rechtsbeziehungen Privater untereinander nicht zukommt[110] und das Fernmeldegeheimnis zwischen den Kommunikationspartnern nicht gilt, kann daraus nicht die weitere Folgerung gezogen werden, auch die Beteiligung eines hoheitlich handelnden Polizeibeamten berühre den Schutzbereich von Artikel 10 Abs. 1 GG und den sich aus dieser Norm für Grundrechtseingriffe ergebenden Gesetzesvorbehalt nicht. Vielmehr fehlt der Argumentation des BGH eine widerspruchsfreie und überzeugende dogmatische Grundlegung, wenn er zunächst feststellt, ein derartiges von einem Polizeibeamten veranlasstes Gespräch erfolge in Ausübung des diesem anvertrauten Amtes im Sinne des § 163 Abs. 1 und stelle einen Akt der öffentlichen Gewalt dar, sodass mithin die klassische Abwehrrichtung des Fernmeldegeheimnisses als Schutz vor Eingriffen öffentlicher Gewalt gegeben sei, sodann jedoch die Auffassung vertritt, gleichwohl fehle es in Fällen der vorliegenden Art an einem Eingriff, „weil ein vom Anschlussbenutzer gestattetes Mithören den Schutzbereich des Fernmeldegeheimnisses unberührt" lasse. Der BGH verkennt, **dass der dem Mithören zustimmende Anschlussinhaber nicht zugleich mit rechtfertigender Wirkung einen Eingriff auch in das seinen Gesprächspartner schützende Grundrecht des Art. 10 GG, mithin in dessen Grundrechte gestatten kann.** Der Anschlussinhaber ist insoweit nicht dispositionsbefugt. Das BVerfG hat in seiner Entscheidung vom 25.3.1992[111] zutreffend festgestellt, jeder staatliche Zugriff auf laufende Kommunikationsvorgänge, der nicht mit Zustimmung beider Kommunikationsteilnehmer erfolge, stelle einen Eingriff in Art. 10 GG dar.[112] Im Fall der „Zweithörer-Entscheidung" kann der Eingriffscharakter der

---

[108] BGH 8.10.1993 – 2 StR 400/93, NJW 1994, 596 (597).

[109] Maunz/Dürig/*Durner* Art. 10 Rn. 2.

[110] Maunz/Dürig/*Durner* Art. 10 Rn. 27.

[111] BVerfG 25.3.1992 – 1 BvR 1430/88, NJW 1992, 1875.

[112] Zu den unterschiedlichen Rechtsauffassungen von BGH und BVerfG in dieser Frage vgl. auch *Guder* S. 14 ff.

Maßnahme somit nicht auf Grund einer Einwilligung verneint werden. Die Maßnahme stellte vielmehr deshalb keinen Eingriff in Art. 10 GG dar, weil sie außerhalb des Herrschaftsbereichs des Netzbetreibers erfolgte und somit außerhalb des gegenständlichen Schutzbereichs dieser Norm. Das Fernmeldegeheimnis endet regelmäßig und jedenfalls in Fällen der hier vorliegenden Fall am Endgerät des Teilnehmers(→ Rn. 11, 14).

6. Erforschung des Sachverhalts oder Ermittlung des Aufenthalts des Beschuldigten. Die Bestimmung, wonach Maßnahmen zur Überwachung der Telekommunikation nur zur Aufklärung einer Straftat bzw. zur Feststellung des Aufenthaltsortes des Beschuldigten vorgenommen werden dürfen, begrenzt die Maßnahme und trägt damit dem **Bestimmtheitsgebot** ausreichend Rechnung.[113] 83

„Erforschung des Sachverhalts" im Sinne des § 100a bedeutet, auf der Grundlage der vorliegenden tatsächlichen Anhaltspunkte auf das Vorhandensein einer Katalogstraftat des Abs. 2 diese Verdachtslage dahingehend zu überprüfen, ob ein entsprechender Lebenssachverhalt auch wirklich vorliegt. Gegenstand der Ermittlungen können dabei sämtliche materiellrechtlich erheblichen Haupt- und Indiztatsachen der betreffenden Katalogtat sein. Hierzu gehört beim Verdacht des Umgangs mit inkriminierten Gütern wie Betäubungsmitteln oder Waffen auch die Ermittlung ihres Verwahrortes zwecks Sicherstellung als Beweismittel. Die **„Ermittlung des Aufenthalts"** bedeutet die Feststellung des Ortes, an dem sich der Beschuldigte aufhält. 84

Während allein zum Zwecke der Sachverhaltserforschung dienende Maßnahmen **zu beenden sind,** wenn der Sacherhalt im vorstehend dargelegten Sinne vollständig aufgeklärt ist, dürfen zur Aufenthaltsermittlung dienende Maßnahmen auch nach Feststellung des Aufenthaltsortes noch so lange durchgeführt werden, wie der eigentliche Zweck der Aufenthaltsermittlung, die Ergreifung des Beschuldigten, noch nicht veranlasst werden konnte. Nur dadurch kann gewährleistet werden, dass nach einem erneuten Aufenthaltswechsel die Ergreifung durchgeführt werden kann. 85

7. Überwachung und Aufzeichnung. § 100a Abs. 1 gestattet einen Eingriff in Form der „Überwachung" und „Aufzeichnung" der Telekommunikation. Wenngleich beide Begriffe einen unterschiedlichen semantischen Bedeutungsgehalt haben und dahingehend auszulegen sind, dass die Überwachung als „Mittel der Aufklärung des Sachverhalts",[114] die Kenntniserlangung der Telekommunikationsdaten sowie deren spätere Verwertung zu Beweiszwecken, die **Aufzeichnung** hingegen die Perpetuierung dieser Daten gleich in welcher Form bedeutet, kommt der Befugnis der Aufzeichnung bei teleologischer Auslegung **keine eigenständige Bedeutung** zu. Sie ist lediglich Mittel zum Zweck der Beweisführung und damit integrativer Bestandteil der Überwachungsbefugnis. 86

Die Strafverfolgungsbehörden sind zur Aufzeichnung auch dann berechtigt, wenn sie in der Überwachungsanordnung hierzu nicht ausdrücklich ermächtigt werden. Die Überwachung und damit die Aufklärung des Sachverhalts setzt in all den Fällen, in denen die überwachte Kommunikation des Betroffenen nicht in Echtzeit mitgehört wird, mithin in der ganz überwiegenden Mehrzahl der Überwachungsmaßnahmen, **eine Aufzeichnung zur späteren Kenntniserlangung zwingend** voraus. 87

Weiter ist zu beachten, dass anders als zur Zeit der Einführung des § 100a die zu überwachende Telekommunikation heute nicht mehr aus analog übertragener Sprachtelefonie und ebenso vermitteltem Fernschreibverkehr, sondern in **Folge der Digitalisierung der Telekommunikationstechnik aus einer Fülle von Inhalts- und Verkehrsdaten** besteht, die auch bei einer Überwachung in Echtzeit bereits aufgrund der Datenmenge ohne Aufzeichnung nicht mehr wahrnehmbar und damit auch nicht mehr überwachbar wäre. 88

---

[113] Vgl. BVerfG 12.10.2011 – 2 BvR 236/08, 2 BvR 237/08 und 2 BvR 422/08, BeckRS 2011, 56451 Abs.-Nr. 202.

[114] BT-Drs. V/1880, 11.

89 Diese Auslegung findet auch in den Materialien ihre Stütze. So enthielt 100a idF des Entwurfs der BReg. zum G 10-Gesetz vom 13.6.1967 lediglich die Formulierung, „die Überwachung des Fernmeldeverkehrs“[115] dürfe angeordnet werden. Durch den erst im Jahre 1989 infolge des Poststrukturgesetzes[116] eingefügten und den der „Aufnahme“ ersetzenden Begriff der „Aufzeichnung“ sollte lediglich **klargestellt werden, dass die Befugnis zur Überwachung auch die zur Aufzeichnung** der Telekommunikation enthält.[117]

90 Die Befugnis zur Überwachung der Telekommunikation berechtigt die Strafverfolgungsbehörden über die Kenntniserlangung hinaus auch zum Einsatz all derjenigen **technischen Hilfsmittel**, die für die Speicherung und nachfolgend die Auswertung der Daten erforderlich sind. Dies sind zum einen die Datenträger gleich welcher Art wie Papier oder elektronische Speichermedien, zum anderen die für die Verarbeitung der elektronischen Daten erforderlichen Programme.

91 **8. Subsidiarität (Abs. 1 Nr. 3).** Maßnahmen nach § 100a dürfen nur angeordnet werden, wenn die Erforschung des Sachverhalts oder die Ermittlung des Aufenthaltsortes des Beschuldigten auf andere Weise entweder **wesentlich erschwert oder aussichtslos** wäre. Dies setzt zunächst voraus, dass die Maßnahme zur Erreichung der zugelassenen Zwecke überhaupt geeignet ist. An einer solchen Eignung fehlt es, wenn auszuschließen ist, dass der Betroffene Telekommunikation mit Bezug zur Anlasstat durchführt.[118] Erst wenn die Geeignetheit der Maßnahme bejaht werden kann, sind und können deren konkrete Erfolgsaussichten mit denen anderer Maßnahmen verglichen werden. Bei gleicher Geeignetheit ist stets die schonendere Maßnahme zu wählen.[119] Allein Kostengesichtspunkte vermögen den Vorrang von Maßnahmen nach § 100a allenfalls dann zu rechtfertigen, wenn sich der Aufwand für andere Maßnahmen insgesamt als unvertretbar erweist, insbesondere wenn ansonsten andere gewichtige Aufklärungsmaßnahmen vernachlässigt werden müssten.[120]

92 **Aussichtslosigkeit** – nicht der Maßnahme der Telekommunikation[121] sondern der Maßnahmen im Übrigen – ist gegeben, wenn keine andere Maßnahme als die der Telekommunikationsüberwachung zur Sachverhaltsaufklärung bzw. zur Aufenthaltsermittlung zur Verfügung steht.[122]

93 **Wesentlich erschwert** wäre die Sachverhaltserforschung bzw. Aufenthaltsermittlung, wenn mit anderen zur Verfügung stehenden Maßnahmen bzw. Mitteln zur Zweckerreichung erheblich mehr Zeit aufgewendet werden müsste bzw. andere Maßnahmen zwar gleich schnell durchgeführt werden könnten, indes zu wesentlich schlechteren Ergebnissen führen würden.

94 **9. Verhältnismäßigkeit.** Neben der sich unmittelbar aus dem Gesetz ergebenden und aus dem Grundsatz der Verhältnismäßigkeit abzuleitenden Subsidiaritätsklausel ist auch im Übrigen die Verhältnismäßigkeit der Maßnahme zu prüfen.[123] Dieser aus dem Rechtsstaatsprinzip des Art. 20 Abs. 3 GG abzuleitende und damit mit Verfassungsrang ausgestattete Grundsatz kommt zum Tragen, wenn die Erreichung der durch Abs. 1 eröffneten Zwecke der Sachverhaltserforschung bzw. Aufenthaltsermittlung durch andere Maßnahmen nicht oder lediglich wesentlich erschwert herbeigeführt werden könnten, die Maßnahme der Telekommunikationsüberwachung mithin geeignet und erforderlich ist, es indes an ihrer Angemessenheit und damit **Verhältnismäßigkeit im engeren Sinne** fehlt.

95 An der **Angemessenheit** der Maßnahme fehlt es, wenn die durch sie bedingten Nachteile für die Betroffenen außer Verhältnis zu dem angestrebten Erfolg bzw. der Schuld des Beschuldigten stehen.

---

115 BT-Drs. V/1880, 4.
116 Poststrukturgesetz v. 1.7.1989, BGBl. I 1082.
117 BT-Drs. V 2930, 3.
118 KK-StPO/*Bruns* Rn. 33.
119 So zutreffend Löwe/Rosenberg/*Schäfer* Rn. 43.
120 So auch BeckOK-StPO/*Graf* Rn. 40.
121 So missverständlich *Meyer-Goßner* Rn. 13.
122 Ebenso BeckOK-StPO/*Graf* Rn. 40; KK-StPO/*Nack* Rn. 35.
123 So zutreffend KK-StPO/*Bruns* Rn. 34; BeckOK-StPO/*Graf* Rn. 40.

II. Anlasstatenkatalog (Abs. 2)

96 Der Anlasstatenkatalog in Abs. 2 wurde im Hinblick auf das Urteil des BVerfG vom 27.7.2005[124] sowie die Erkenntnisse einer rechtstatsächlichen Studie des Max-Planck-Instituts[125] überarbeitet und mit dem Anlasstatenkatalog in § 100c Abs. 2 harmonisiert. In seiner vorgenannten Entscheidung hat das BVerfG ua zum Ausdruck gebracht, nur **Strafrechtsnormen zum Schutze überragend wichtiger Rechtsgüter** dürften Anlass zu Maßnahmen der Telekommunikationsüberwachung geben. Der Gesetzgeber hat anlässlich dieser Überarbeitung auch den – halbwegs geglückten – Versuch unternommen, den Straftatenkatalog übersichtlicher zu gestalten.[126]

97 Zu den wesentlichen **praxisrelevanten Neuerungen** gehören ua die Aufnahme der Bestechlichkeit und Bestechung von Mandatsträgern nach § 108e StGB, der wettbewerbsbeschränkenden Absprachen bei Ausschreibungen nach § 298 StGB, der besonders schweren Fälle der Bestechlichkeit und Bestechung im geschäftlichen Verkehr nach § 299 StGB unter den in § 300 Satz 2 StGB genannten Voraussetzungen sowie die Aufnahme der Bestechlichkeit und Bestechung nach den §§ 332 und 334 StGB. Entsprechendes gilt für die gewerbs- oder bandenmäßige Fälschung von Zahlungskarten, Schecks und Wechseln nach § 152a Abs. 3 StGB, die Fälschung von Zahlungskarten mit Garantiefunktion und Vordrucken von Euroschecks nach § 152b Abs. 1–4 StGB sowie für die Fälle des Verbreitens, des Erwerbs und des Besitzes kinderpornographischer Schriften nach § 184b Abs. 1 und 2 StGB.

III. Nichtbeschuldigte als weitere Betroffene der Maßnahme (Abs. 3)

98 Maßnahmen der Telekommunikationsüberwachung dürfen sich gemäß Abs. 3 nicht nur gegen die an der Anlasstat beteiligten Personen, mithin gegen Beschuldigte, sondern darüber hinaus auch gegen solche **nicht beschuldigte Personen** richten, „von denen auf Grund bestimmter Tatsachen anzunehmen ist, dass sie für den Beschuldigten bestimmte oder von ihm herrührende Mitteilungen entgegennehmen oder weitergeben oder dass der Beschuldigte ihren Anschluss benutzt."

99 **1. Nachrichtenmittler.** Nachrichtenmittler ist eine Person, die von dem Beschuldigten herrührende Nachrichten entweder entgegennimmt oder aber für diesen bestimmte Nachrichten weiterleitet. **Nachrichten** können dabei im Hinblick auf die in Abs. 1 Nr. 3 enthaltene Zweckbestimmung nur solche Informationen sein, die entweder einen Bezug zur Anlasstat oder aber zum Aufenthaltsort des Beschuldigten haben, mithin geeignet sind, den Beschuldigten zu lokalisieren oder aber den Sachverhalt zu erforschen. Maßnahmen gegen Dritte als Nachrichtenmittler sind daher nicht bereits zulässig, wenn der Beschuldigte mit diesen in Kontakt steht. Vielmehr müssen – namentlich bei Maßnahmen zur Sachverhaltserforschung – auch „bestimmte Tatsachen" (→ Rn. 199) dafür vorliegen, dass die zwischen dem Beschuldigten und dem Nachrichtenmittler ausgetauschten Informationen Inhalte der vorgenannten Art zum Gegenstand haben. Bei Maßnahmen allein zur Aufenthaltsermittlung wird dies häufig nicht gelten, weil sich Rückschlüsse hierauf bereits aus den Standortdaten ergeben.

100 Vielfach wird dabei zwischen **„aktiven und passiven Nachrichtenmittlern"** unterschieden.[127] Als aktiv wird dabei die die Nachricht weitergebende, als passiv die sie entgegennehmende Person bezeichnet. Von Rechts wegen ist lediglich für den aktiven Nachrichtenmittler die Weitergabe der Nachricht konstitutiv. Beim passiven Nachrichtenmittler reicht es schon aus, dass er eine Nachricht lediglich entgegennimmt (→ Rn. 103).

101 Dass eine Nachrichtenübermittlung dieser Art erfolgt, muss sich „auf Grund bestimmter Tatsachen", mithin auf einer **gesicherten Tatsachenbasis,**[128] oder, anders formuliert, „auf

[124] BVerfG 27.7.2005 – 1 BvR 668/04, NJW 2005, 2603 (2610).
[125] Albrecht/Dorsch/*Krüpe* 12 ff., 462 ff.
[126] Vgl. BT-Drs. 16/5846, 40.
[127] Vgl. etwa *Sankol* MMR 2008, 154 (156).
[128] BVerfG 12.3.2003 – 1 BvR 330/96 und 1 BvR 348/99, NJW 2003, 1787 (1791).

Grund der Lebenserfahrung oder der kriminalistischen Erfahrung fallbezogen aus Zeugenaussagen, Observationen oder anderen sachlichen Beweisanzeichen“[129] ergeben.

102 In **personaler Hinsicht** handelt es sich bei Nachrichtenmittlern typischerweise entweder um Tatbeteiligte oder aber um Verwandte, Lebenspartner oder Freunde. Weder dem Wortlaut noch dem Sinn der Vorschrift kann eine Einschränkung des Abs. 3 unterfallenden Personenkreises dahingehend zu entnommen werden, dass Nachrichtenmittler „im Lager“ des Beschuldigten stehen müssen.[130]

103 Nachrichtenmittler brauchen weder um den Grund und die näheren Hintergründe der Mitteilung noch um deren Tatbezogenheit zu wissen. Auch müssen weder die Entgegennahme von Mitteilungen vom Beschuldigten noch die Weiterleitung von Nachrichten an den Beschuldigten freiwillig erfolgen. Das Gesetz verlangt lediglich eine Entgegennahme oder Weiterleitung, diese kann mithin auch **unfreiwillig** erfolgen.

104 Auch wenn die **Angehörigen einer entführten Person,** von denen durch den Beschuldigten eine Lösegeldsumme erpresst werden soll, keine Nachrichtenmittler im strengen Wortsinne sind,[131] sind Überwachungsmaßnahmen gleichwohl auch hinsichtlich dieses Personenkreises nach hM zulässig.[132] Mit der Erwägung, dass es in diesen Fällen an der für eine Nachrichtenmittlertätigkeit konstitutiven Weitergabe einer Nachricht fehle und das Erpressungsopfer der Endabnehmer der Nachricht sei, lehnt dies eine Mindermeinung ab.[133] Die Vertreter dieser Auffassung verkennen indes, dass es im Falle des passiven Nachrichtenmittlers nach Abs. 3 einer Weitergabe nicht zwingend bedarf. Dessen Wortlaut lässt für Fälle der hier vorliegenden Art auch die Auslegung zu, dass Überwachungsmaßnahmen auch gegen solche Personen zulässig sind, die lediglich „vom ihm (…) herrührende Mitteilungen entgegennehmen“.

105 **2. Nutzung fremder Anschlüsse.** Schließlich dürfen auch die Anschlüsse derjenigen nicht beschuldigten Personen überwacht werden, von denen auf Grund einer gesicherten Tatsachenbasis davon auszugehen ist, dass der Beschuldigte **ihren Anschluss nutzt**.

106 Nicht erforderlich ist, dass der Anschlussinhaber von der Nutzung seines Anschlusses durch den Beschuldigten Kenntnis hat. Betroffene von Maßnahmen nach Abs. 3 können mithin sowohl die um die Nutzung ihres Anschlusses wissende Freundin des Beschuldigten als auch der E-Mail-Account eines Dritten sein, den der Beschuldigte „geknackt“ hat und um dessen missbräuchliche Nutzung der Dritte nicht weiß.

107 Fremde Anschlüsse stellen auch **öffentliche Telefonanschlüsse** dar. Liegen konkrete Anhaltspunkte dafür vor, dass der Beschuldigte einen öffentlichen Anschluss nutzt, ist auch dessen Überwachung grundsätzlich zulässig.[134] Indes ist hier im Hinblick auf die Vielzahl der von der Überwachung voraussehbar mitbetroffenen unbeteiligten Dritten sowohl bei Anordnung der Maßnahme als auch bei deren Vollstreckung dem Grundsatz der Verhältnismäßigkeit entsprechend zu gewährleisten, dass deren Kreis so klein wie möglich gehalten wird. Dies kann etwa durch eine entsprechend kurze zeitliche Begrenzung der Maßnahme, deren Echtzeitüberwachung oder durch die unverzügliche Löschung der Datensätze sämtlicher Nichtverdächtiger erfolgen.[135]

108 Entsprechendes gilt für die Überwachung von **Internetcafés und so genannten Hotspots.** Dabei handelt es sich um Zugangsvermittlungen zum Internet, die im öffentlichen Raum installiert sind und gegen Bezahlung, im Falle von Hotspots vermehrt indes auch unentgeltlich zugänglich sind. WLAN-Access-Points, über die der Nutzer zunächst Zugriff zu einen lokalen Netzwerk und über dieses schließlich zum Internet erhält, werden vielfach

---

[129] BVerfG 30.4.2007 – 2 BvR 2151/06, NJW 2007, 2752 (2753).
[130] So zutreffend *Sankol* MMR 2008, 154 (156); *Meyer-Goßner* Rn. 19.
[131] Ebenso KK-StPO/*Bruns* Rn. 35; *Sankol* MMR 2008, 154 (157).
[132] Im Ergebnis ebenso *Meyer-Goßner* Rn. 19; KK-StPO/*Bruns* Rn. 35; BeckOK-StPO/*Graf* Rn. 47; *Mahnkopf/Döring* NStZ 1995, 112.
[133] Vgl. SK-StPO/*Wolter* Rn. 51; einschränkend *Sankol* MMR 2008, 154 (156).
[134] BeckOK-StPO/*Graf* Rn. 50; *Meyer-Goßner* Rn. 20.
[135] So auch BeckOK-StPO/*Graf* Rn. 50.

zwischenzeitlich von Transport- und Beherbergungsunternehmen (Bahn, Hotels) sowie Restaurants angeboten. Hotspots können mit Hilfe eines so genannten „WiFi-Catchers", wobei Wifi für Wireless Fidelity steht, überwacht werden.[136]

IV. Kernbereichsschutz (Abs. 4)

Gesetzliche Ermächtigungen zu Ermittlungsmaßnahmen, durch die der Kernbereich privater Lebensgestaltung berührt werden kann, haben nach der Rspr. des BVerfG so weitgehend wie möglich zu gewährleisten, dass Daten mit Kernbereichsbezug möglichst nicht erhoben werden.[137] Dem trägt der Gesetzgeber in Abs. 4 in verfassungskonformer Weise auf der **Ebene der Informationserhebung** Rechnung.[138] Nachdem das BVerfG erstmals in seiner Entscheidung zu akustischen Wohnraumüberwachung[139] einfachgesetzliche Vorschriften zum Schutz des **Kernbereichs privater Lebensgestaltung** eingefordert hatte, hat es in seinem weiteren Urteil vom 27.7.2005[140] entsprechende Regelungen auch bei Maßnahmen der Telekommunikationsüberwachung verlangt. Das BVerfG hat dabei aber zugleich festgestellt, dass zur Gewährleistung eines entsprechenden Schutzes bei Maßnahmen nach § 100a andere und damit weniger strenge Maßstäbe anzulegen seien als bei der akustischen Wohnraumüberwachung. 109

1. Kernbereichsrelevante Daten (S. 1). Ob Kommunikationsinhalte den Kernbereich privater Lebensgestaltung berühren oder „lediglich" den Sozialbereich, der unter bestimmten Voraussetzungen einem Zugriff offen steht,[141] hängt von Art, Inhalt und situativem Kontext der Kommunikation ab. Zur Entfaltung des **Kernbereichs der Persönlichkeit** eines Menschen gehört jedenfalls die Möglichkeit, innere Vorgänge wie Empfindungen und Gefühle sowie Überlegungen, Ansichten und Erlebnisse höchstpersönlicher Art zum Ausdruck zu bringen und zwar ohne Angst davor, dass staatliche Stellen dies überwachen. Von diesem Schutz umfasst sind innerste Gefühlsäußerungen, Äußerungen des unbewussten Erlebens sowie Ausdrucksformen der Sexualität.[142] Intimste Gesprächsinhalte über die eigene Sexualität, eigene schwere Erkrankungen, zwischenmenschliche Beziehungen sowie über innerste Empfindungen, Gedanken etc sind daher regelmäßig dem Kernbereich zuzuordnen. Allgemein gilt, dass eine Kernbereichsrelevanz regelmäßig hinsichtlich solcher Inhalte zu bejahen ist, in denen eine Person gleichsam „ihr Innerstes nach außen kehrt". 110

Regelmäßig wird bei der Prüfung der Kernbereichsrelevanz auch von Bedeutung sein, in welchem örtlichen und situativen Zusammenhang die Kommunikation erfolgte. Bei Äußerungen in einem **öffentlichen Rahmen,** insbesondere wenn – für den Betroffenen erkennbar – die Möglichkeit bestand, dass auch Dritte vom Kommunikationsinhalt hätten Kenntnis nehmen können, wird vielfach ein geringeres schützenswertes Interesse des Betroffenen anzunehmen sein. 111

Kommunikationsinhalten im Rahmen von **Zwiegesprächen, die in einem unmittelbaren Bezug zu konkreten Straftaten** stehen, wie etwa Angaben über geplante oder begangene Straftaten, kommt nach der Rspr. des BVerfG regelmäßig keine Kernbereichsrelevanz zu.[143] Dies gilt selbst dann, wenn sie wie etwa Äußerungen eines Beschuldigten über von diesem bevorzugte Sexualpraktiken, grundsätzlich dem Kernbereich zuzuordnen wären, zugleich jedoch auch strafrechtliche Relevanz haben, etwa wenn sich die Äußerun- 112

[136] Vgl. *Jordan* Kriminalistik 2005, 514.
[137] BVerfG 12.10.2011 – 2 BvR 236/08, 2 BvR 237/08 und 2 BvR 422/08, BeckRS 2011, 56451 Abs.-Nr. 210.
[138] BVerfG 12.10.2011 – 2 BvR 236/08, 2 BvR 237/08 und 2 BvR 422/08, BeckRS 2011, 56451 Abs.-Nr. 213.
[139] BVerfG 3.3.2004 – 1 BvR 2378/98 und 1 BvR 1084/99, NJW 2004, 999.
[140] BVerfG 27.7.2005 – 1 BvR 668/04, NJW 2005, 2603.
[141] BVerfG 3.3.2004 – 1 BvR 2378/98 und 1 BvR 1084/99, NJW 2004, 999 (1003).
[142] Vgl. BVerfG 3.3.2004 – 1 BvR 2378/98 und 1 BvR 1084/99, NJW 2004, 999; BVerfG 27.7.2005 – 1 BvR 668/04, NJW 2005, 2603.
[143] BVerfG 27.7.2005 – 1 BvR 668/04, NJW 2005, 2603 (2612).

gen als schwerer sexueller Missbrauch eines Kindes nach § 176a StGB darstellen. Indes gilt auch hier, dass bei der Prüfung einer möglichen Kernbereichsrelevanz stets eine Abwägung und Gesamtbetrachtung der maßgeblichen Umstände des konkreten Einzelfalles vorzunehmen ist. So ist nach der Entscheidung des BGH vom 22.12.2011[144] eine Kernbereichsrelevanz jedenfalls dann zu bejahen, wenn sich der Beschuldigte im Rahmen eines **nicht öffentlich geführten Selbstgesprächs,** bei welchem er sich „allein mit sich selbst wähnt", zur Tat äußert. Derartige Gespräche unterlägen, so der BGH zutreffend weiter, bereits unter verfassungsrechtlichen Gesichtspunkten einem selbstständigen Beweisverwertungsverbot. Dies deshalb, weil jedem Menschen ein letzter Rückzugsraum erhalten bleiben müsse, in dem er sich ohne Angst vor Überwachung mit dem eigenen Ich befassen könne. Kriterien, ob Äußerungen in Selbstgesprächen dem Kernbereich zuzuordnen sind, seien die Eindimensionalität der Selbstkommunikation oder anders ausgedrückt Äußerungen ohne kommunikativen Bezug, die Nichtöffentlichkeit der Äußerungssituation und damit zusammenhängend das Vertrauen der sich äußernden Person darauf, an dem betreffenden Ort vor staatlicher Überwachung geschützt zu sein, die mögliche Unbewusstheit der Äußerung sowie die Äußerung innerster Gedanken.

113 **2. Prognoseentscheidung (S. 1).** Maßnahmen der Telekommunikationsüberwachung sind gemäß Abs. 4 S. 1 unzulässig, wenn tatsächliche Anhaltspunkte dafür vorliegen, dass hierdurch **allein** Erkenntnisse aus dem Kernbereich privater Lebensgestaltung erlangt würden. Soweit mithin erkennbar ist, dass durch die Maßnahme ausschließlich dem Kernbereich zuzuordnende Daten erhoben würden, hat die Überwachung zu unterbleiben. Ein besonders hoher Grad der Wahrscheinlichkeit wird nicht vorausgesetzt, weshalb bereits eine entsprechende Möglichkeit ausreicht. Allerdings kann die Maßnahme regelmäßig durchgeführt werden, wenn die Prognose ergibt, dass neben kernbereichsrelevanten Daten auch andere, dem unantastbaren Kernbereich nicht zuzuordnende und möglicherweise beweisrelevante Daten erhoben werden könnten.

114 Zur Vorbereitung dieser Prognose brauchen **keine gesonderten Ermittlungen** getätigt zu werden.[145]

115 Auch durch eine Überwachung der **Telekommunikation in Echtzeit** wird der Kernbereichsschutz nach Auffassung des BVerfG vielfach nicht wirkungsvoller ausgestaltet werden können, weil die zu überwachenden Gespräche vielfach in fremden, nicht verständlichen Sprachen und Dialekten bzw. Geheimcodes geführt werden.[146]

116 **3. Verwertungsverbot (S. 2).** Gemäß S. 2 dürfen Erkenntnisse aus dem Kernbereich privater Lebensgestaltung nicht verwertet werden. Das Grundgesetz gewährleistet nach der Rspr. des BVerfG einen **unantastbaren** Bereich privater Lebensgestaltung, der einem Eingriff durch die öffentliche Gewalt schlechthin entzogen ist und bzgl. dessen selbst schwerwiegende Interessen der Allgemeinheit einen Zugriff (auch zu strafprozessualen Zwecken) nicht zu rechtfertigen vermögen.[147] Eine Abwägung nach Maßgabe des Verhältnismäßigkeitsgrundsatzes findet insoweit mithin nicht statt. Die entsprechenden Umstände sind schlechthin abwägungsfest[148] und damit einer Verwertung selbst im Zusammenhang mit schwersten Straftaten entzogen.

117 Wird eine Maßnahme zur Telekommunikationsüberwachung „live", mithin in Echtzeit mitgehört, wozu die Strafverfolgungsbehörden im Übrigen nicht verpflichtet sind,[149] und erkennt der Auswerter zweifelsfrei die Kernbereichsrelevanz bestimmter und aus dem Gesprächskontext erkennbar auch weiterhin zu erwartenden Äußerungen, so ist er ver-

---

144 BGH 22.12.2011 – 2 StR 509/10, BeckRS 2012, 04721.

145 Vgl. BT-Drs. 16/5846, 44.

146 BVerfG 12.10.2011 – 2 BvR 236/08, 2 BvR 237/08 und 2 BvR 422/08, BeckRS 2011, 56451 Abs.-Nr. 219.

147 BVerfG 14.9.1989 – 2 BvR 1026/87, NJW 1990, 563.

148 AA *Baldus* JZ 2008, 218.

149 BT-Drs. 16/5846, 45.

pflichtet, die **weitere Aufzeichnung der Telekommunikation vorübergehend zu unterbrechen.**

4. Löschungsverpflichtung und Dokumentationspflicht (S. 3 und 4). Aufzeichnungen über kernbereichsrelevante Daten sind nach S. 3 **unverzüglich zu löschen.** Grundsätzlich, dh von Evidenzfällen abgesehen, kann die Beantwortung der Frage, ob einzelnen Daten eine Kernbereichsrelevanz zukommt und diese daher zu löschen sind, nicht den Ermittlungspersonen der Staatsanwaltschaft übertragen bzw. überlassen werden.[150] Diese sind hierzu im Hinblick auf die mit der Frage der Verwertbarkeit verbundenen verfassungsrechtlichen Fragestellungen und von im Einzelfall einfach gelagerten Ausnahmefällen abgesehen nicht in der Lage. Deshalb sollte die Staatsanwaltschaft als „Herrin des Ermittlungsverfahrens" eine Löschung der Daten ausnahmslos von ihrer vorherigen Zustimmung abhängig machen.[151] Indes darf es hierdurch zu keiner erheblichen Verzögerung kommen, die Entscheidung der Staatsanwaltschaft muss unverzüglich und damit ohne schuldhaftes Verzögern herbeigeführt werden.[152] 118

Die Umsetzung der Löschungsverpflichtung kann sowohl in **technischer als auch tatsächlicher Hinsicht Schwierigkeiten bereiten.** Tatsächlich kann durch die Löschung etwa einzelner Passagen eines Gesprächs der verbleibende nicht kernbereichsrelevante Bereich seinen Sinnzusammenhang und damit seinen Beweiswert verlieren, was jedoch hingenommen werden muss. Ferner ist die partielle Löschung von Daten technisch bei DSL-Ausleitungen gelegentlich noch schwierig. Hier sind einzelfallbezogen jeweils Lösungen zu finden, die der Löschungsverpflichtung in größtmöglichem Umfang Rechnung tragen. 119

Nach S. 4 ist schließlich die Tatsache der Erlangung sowie der **Löschung kernbereichsrelevanter Daten aktenkundig zu machen.** Wenngleich sowohl das Gesetz als auch die Materialien[153] zur näheren Ausgestaltung dieser Dokumentationspflicht schweigen, sollte Folgendes in den Akten vermerkt werden: die Betroffenen der betreffenden Telekommunikation, die Bezeichnung der Kommunikationsart (etwa Sprachtelefonie bzw. Telefon), soweit möglich eine schlagwortartige Bezeichnung des Gesprächsgegenstands (etwa „Krankheit", „Sexualität" oder „Religion", wobei dadurch kein weiterer Rückschluss auf den Inhalt ermöglicht werden darf), ob der Datensatz vollständig oder lediglich teilweise gelöscht wurde und wer die Löschung angeordnet bzw. durchgeführt hat. 120

Den **Verkehrsdaten** (vgl. § 100g) einer Telekommunikation, mithin deren näheren Umständen, dürfte regelmäßig **keine Kernbereichsrelevanz** zukommen, weshalb diese Daten (auch wenn den entsprechenden Inhalten eine Kernbereichsrelevanz zukommt) nicht gelöscht werden sollten. Die dadurch uU noch im Nachhinein mögliche Beantwortung der Frage, wann und wo der Betroffene mit welchem Anschluss wie lange telekommuniziert hat, kann – insbesondere wenn den Daten eine entlastende Bedeutung zukäme – auch im Interesse des Beschuldigten liegen. 121

C. Technische und verfahrensrechtliche Besonderheiten

I. Technische Aspekte – Formen der Individualkommunikation

1. Sprachtelefonie. Die Sprachtelefonie, dh das Erfassen des **gesprochenen Wortes** mittels eines Mikrofons und die Umwandlung und Übertragung als digitale Daten vom Endgerät des Anrufers zu dem des Angerufenen ist nach wie vor eine der beliebtesten und damit auch am häufigsten vorkommenden Formen der Individualkommunikation. Die Datenübertragung kann mittels Fest-, Mobilfunknetz oder Internet bzw. auch unter kumulativer Nutzung dieser Medien erfolgen. 122

[150] So in der Tendenz jedoch BT-Drs. 16/5846, 45.
[151] So auch KK-StPO/*Bruns* Rn. 39.
[152] So zutreffend auch BeckOK-StPO/*Graf* Rn. 57.
[153] Vgl. BT-Drs. 16//5846, 45.

123 Bei der Internettelefonie wird als „Endgerät" ein Computer verwendet, der mit einem Mikrofon, Soundkarte, Lautsprecher und einer speziellen Software ausgestattet ist. Die Übertragung der digitalen Daten erfolgt als Datenpakete mittels des TCP/IP Protokolls. Die Datenpakete werden über verschiedene Netzwerke geleitet und am Ende wieder zusammengefügt. Auf Grund der paketvermittelten Übertragung kann es gerade bei dieser Art der Sprachtelefonie zu Verzögerungen kommen.

124 **2. Faxtelefonie.** Unter Faxtelefonie versteht man die **Übertragung der Kopie eines Dokuments** mittels Telefonleitung. Dabei wird eine papierne Vorlage vom Faxgerät abgetastet und in elektronische Signale umgewandelt, die anschließend übertragen werden. Heute können regelmäßig PCs mit einem Faxmodem oder einer ISDN-Karte als Faxgerät verwendet werden. In diesem Fall werden indes keine papiernen Vorlagen mehr genutzt, sondern Dokumenten-Dateien versandt.

125 **3. SMS (Short Message Service).** Eine SMS, die Nachricht wird wie der Dienst selbst bezeichnet, stellt eine Textkurznachricht dar, die über das Mobilfunknetz übertragen wird. Die SMS dürfte die am meisten gebrauchte Form individueller Telekommunikation darstellen.

126 **4. MMS (Multimedia Messaging Service).** Mittels einer MMS, auch hier werden die Nachrichten nach dem Dienst benannt, können nicht nur Textdateien sondern multimediale Inhalte, mithin auch Bilder und kurze Videos übertragen werden. Die Übertragung erfolgt mittels „General Packet Radio Service" (GRPS), also einen paketvermittelten Übertragungsweg. Genutzt werden kann dieser Service in allen GSM und UMTS-Netzen.

127 **5. E-Mail.** Die E-Mail (Electronic Mail) ist neben der SMS sowie der klassischen Sprachtelefonie die am häufigsten genutzte Form der Individualkommunikation. Als solche wird sie grundsätzlich jedenfalls innerhalb des Herrschaftsbereichs des Telekommunikationsdienstleisters vom Schutzbereich des Art. 10 GG erfasst. Dies gilt nach der uneingeschränkte Zustimmung verdienenden Entscheidung des BVerfG v. 16.6.2009[154] selbst für solche E-Mail, deren Übertragungsvorgang insoweit abgeschlossen ist, als ihr Empfänger bereits von ihr Kenntnis erlangt hat, sie sich jedoch auf dem Mailserver und damit noch im Herrschaftsbereich des Providers befindet.

128 **a) Technischer Übertragungsvorgang.** Die **klassische E-Mail** wird, anders als die sogenannte **Webmail** (→ Rn. 129), mittels eines bestimmten Internetprotokolls, dem Simple Mail Transfer Protocol (SMTP), in das Netz eingespeist und dort weiter übertragen. Technisch läuft dieser Übertragungsprozess wie folgt ab: Der Versender schaltet sein Endgerät, etwa Laptop oder Smartphone, ein, welches ein Mailprogramm, den E-Mail-Client, nutzt. Über den Mail User Agent (MUA) wird zunächst eine Verbindung zu dem SMTP-Server (Postausgangsserver) des Versenders aufgebaut, der die E-Mail transportiert (Mail Submission Agent – MSA) Dieser Server bestätigt zunächst den Verbindungsaufbau und erwartet die Übertragung der Absenderadresse. Wurde diese übertragen, wird deren Empfang durch den SMTP-Server bestätigt und der Server erwartet als nächstes die Übertragung der Empfängeradresse. Nach deren Übertragung wird auch ihr Eingang durch den SMTP-Server bestätigt. Nunmehr wird die E-Mail übertragen. Ihr Empfang wird durch den SMTP-Server dem E-Mail-Client bestätigt, woraufhin dieser die Verbindung zum Server beendet. Auf dem SMTP-Server sind jetzt alle Daten gespeichert, die für die Übertragung der E-Mail zu dem angegebenen Empfänger erforderlich sind. Da E-Mail-Adressen mittels eines speziellen Adressumsetzungssystems (Domain Name System – DNS) zugeordnet werden, fragt der SMTP-Server beim einem DNS-Server an und erhält von diesem eine Liste von E-Mail-Servern, die E-Mails für den Ziel-SMTP-Server entgegennehmen. Sodann überträgt der SMTP-Server die E-Mail am dem SMTP-Server des Empfängers, an dessen

[154] BVerfG 16.6.2009 – 2 BvR 902/06, NJW 2009, 2431.

Posteingangsserver. Bevor sie auf diesem Server eingehen, werden E-Mails indes noch über mehrere Zwischenserver (Relayserver) weitergeleitet.

Weil die wenigsten Internetnutzer über eine dauerhafte, feste Internetverbindung verfügen, sich vielmehr nur vorübergehend für die jeweilige „Sitzung" ins Internet einwählen und ihre Rechner deshalb auch nicht rund um die Uhr für den Empfang einer E-Mail online sind, müssen **E-Mails** technisch bedingt auf dem letzten SMTP-Server (E-Mail-Server des Empfängers) **zwischengespeichert** werden. Wählt sich der Empfänger der E-Mail ins Internet ein, kann die E-Mail an diesen übermittelt und der Übertragungsvorgang abgeschlossen werden. Für den Empfang der Mail werden verschiedene Übertragungsprotokolle verwandt, das Post Office Protocol Version 3 (POP 3) oder das Internet Mail Access Protocol Version 4 (IMAP 4). Während mittels POP herunter geladene Mails anschließend vom (letzten) SMTP-Server gelöscht werden, bietet IMAP die Möglichkeit, die E-Mail auch nach ihrer Übertragung auf das Endgerät des Empfängers weiterhin auf dem Server des Providers zu speichern und dort zu verwalten. Von dieser Möglichkeit hatte der Beschuldigte in dem der Entscheidung des BVerfG v. 16.6.2009[155] zu Grunde liegenden Fall Gebrauch gemacht. Die Übertragung der sogenannten **Webmail** erfolgt hingegen browsergestützt etwa mittels Internet-Explorer. Die Webmail bleibt als solche dauerhaft auf dem Mailserver gespeichert, dh sie wird idR nicht übertragen und kann unter ihrer Webmail-Adresse von jeder Person, die Username und Passwort kennt, eingesehen werden. Dies gilt auch für Dritte als vorgesehene Empfänger, sofern der „Absender" der Mail dem Empfänger die den Zugriff auf seinen Account ermöglichenden Daten zuvor mitgeteilt hat. 128a

b) Rechtliche Bewertung. aa) Zugriff außerhalb des Herrschaftsbereichs des Dienstleisters. Nach allgM sind strafprozessuale Zugriffe auf „offline" erstellte und noch auf dem Endgerät des Versenders gespeicherte **E-Mail-Entwürfe** sowie weiter Zugriffe auf E-Mails nach Eingang derselben auf dem Endgerät des Empfängers nach Maßgabe der **§§ 94, 98** zulässig.[156] Zugriffe dieser Art berühren das durch Art. 10 GG geschützte Fernmeldegeheimnis nicht. 129

E-Mail-Programme sowie andere Dienste werden indes zunehmend im Rahmen von **„Cloud Computing"** online verwaltet.[157] Dies gilt insbesondere auch für die Webmail. Bei ihr wird anders als bei der klassischen E-Mail bereits der Entwurf „online" erstellt und befindet sich somit bereits im Herrschaftsbereich des Telekommunikationsdienstleisters (vgl. hierzu nachfolgend bb). 130

bb) Zugriffe im Herrschaftsbereich des Dienstleisters. (1) Im Netz gespeicherte E-Mail-Entwürfe des Absenders. Bei noch nicht versandten E-Mail-Entwürfen besteht, wenn diese online „im Internet" und nicht auf dem Endgerät des Versenders erstellt und gespeichert werden, die Möglichkeit einer erleichterten Kenntnisnahme durch Dritte. So hat der Staat unter Zuhilfenahme des Telekommunikationsdienstleisters jederzeit die Möglichkeit eines offenen oder verdeckten Zugriffs auf diese Daten. Zwar schützt Art. 10 GG „die unkörperliche Übermittlung von Informationen an individuelle Empfänger mit Hilfe des Telekommunikationsverkehrs"[158] und hat der eigentliche Übertragungsvorgang an den Empfänger bei der Erstellung derartiger Entwürfe noch nicht begonnen. Dieses klassische und bislang in der Rspr. des BVerfG als eines von mehreren verwendete Abgrenzungskriterium (→ Rn. 10 ff.) versagt indes, wenn die Initiierung eines Kommunikationsvorgangs nicht traditionell außerhalb, sondern vielmehr bereits innerhalb des Herrschaftsbereichs des Telekommunikationsdienstleisters erfolgt. Anders verhält es sich mit dem weiteren und wohl zentralen Aspekt für die Frage der Anwendbarkeit von Art. 10 GG: Das Fernmeldegeheimnis knüpft an das Kommunikationsmedium an. Es will jenen Gefahren für die Vertrau- 131

[155] BVerfG 16.6.2009 – 2 BvR 902/06, NJW 2009, 2431.

[156] Vgl. statt vieler BeckOK-StPO/*Graf* Rn. 27; *Störing* S. 177; *Kudlich* JA 2000, 227 (230 f.); BVerfG 12.4.2005 – 2 BvR 1027/02, NJW 2005, 1917 (1919); aA *Kleine-Vossbeck* 39.

[157] Vgl. *Obenhaus* NJW 2010, 651.

[158] BVerfG 16.6.2009 – 2 BvR 902/06, NJW 2009, 2341 (2342 Abs.-Nr. 43).

lichkeit begegnen, die sich gerade aus der Verwendung dieses Mediums und damit aus der Tatsache ergeben, dass Telekommunikation als Informationsaustausch unter Abwesenden einem leichteren staatlichen Zugriff ausgesetzt ist als die Kommunikation zwischen Anwesenden.[159] Dies gilt auch für online gespeicherte Entwürfe, weshalb einem Zugriff auf diese aus dogmatischer Sicht der **Schutz durch Art. 10 GG** nicht versagt werden kann. Fälle dieser Art stehen demjenigen gleich, der Gegenstand der Entscheidung des BVerfG vom 16.6.2009 war. Hier wie dort handelt es sich um Daten im Herrschaftsbereich des Providers, sie „befinden sich nicht auf in den Räumen des Nutzers verwahrten oder in seinen Endgeräten installierten Datenträgern".[160] Hier wie dort erfolgt ein Zugriff außerhalb des eigentlichen Übertragungsvorgangs; im vom BVerfG entschiedenen Fall hatte der Empfänger die Nachricht „möglicherweise schon zur Kenntnis genommen",[161] in den Fällen der hier vorliegenden Art ist die Nachricht noch nicht versandt und hat der Empfänger sie möglicherweise noch nicht zur Kenntnis genommen. Im Falle von Webmails ist eine Kenntnisnahme durch diesen selbst in dieser frühen Phase möglich (→ Rn. 129).

132 Bedenken könnten sich allenfalls noch daraus ergeben, dass anders als bei bereits empfangenen Mails hier jedenfalls nach dem traditionellen Verständnis noch keine Nachrichtenübertragung an einen individuellen Empfänger stattgefunden hat. Von einem solchen könnte erst dann auszugehen sein, wenn der Absender diesen dergestalt initiiert hat, dass die Nachricht auch ohne sein weiteres Zutun bei ungestörtem Fortgang unmittelbar in den Empfangsbereich des Adressaten übermittelt wird.[162] Dieser Ansatz führt indes namentlich bei den modernen Formen der E-Mail wie etwa der Webmail (→ Rn. 129) zu nicht überbrückbaren Abgrenzungsschwierigkeiten. Hier findet eine Übertragung wie bei der traditionellen E-Mail (vgl. insoweit → Rn. 133 ff.) nicht mehr statt. Die Webmail bleibt auf dem Mail-Server gespeichert und kann von dem Absender wie dem Empfänger gleichermaßen aufgerufen und zur Kenntnis genommen werden. Eingedenk dieses Umstandes gilt: Ein Zugriff auf die auf dem „Mailserver des Providers"[163] befindlichen und „möglicherweise schon zur Kenntnis" genommenen E-Mails ist ebenso wie der Zugriff auf möglicherweise noch nicht zur Kenntnis genommene E-Mail-Entwürfe an Art. 10 GG zu messen. Einschlägige Ermächtigungsgrundlage ist nach der Entscheidung des BVerfG vom 16.6.2009 **im Falle eines offenen Zugriffs § 94.**[164] Dabei ist zu beachten, dass es sich bei der Beschlagnahme um eine **offene Ermittlungsmaßnahme** handelt, für die § 101 die Möglichkeit einer Zurückstellung der Benachrichtigung nicht vorsieht.[165]

133 **(2) Dynamische Übertragungsphase der klassischen E-Mail.** Hat der Versender bei der klassischen und offline erstellten E-Mail auf den Button „Senden" gedrückt, so unterliegt ein strafprozessualer Zugriff während der nunmehr erfolgenden dynamischen Übertragungsphase, dh während der Phase, in der die Daten gleichsam „in Bewegung sind", **nach allgM den strengen Voraussetzungen des § 100a.**[166] Maßnahmen dieser Art stellen einen Eingriff in das Fernmeldegeheimnis des Art. 10 GG dar.

134 **(3) Statische Übertragungsphase der klassischen E-Mail.** Die „statische Übertragungsphase" der zuvor offline erstellten E-Mail erfasst all diejenigen Phasen, in denen die Mail vom Absender bereits versandt, der Übertragungsvorgang indes noch nicht abgeschlossen ist und die Mail vorübergehend **allein zum Zwecke ihrer weiteren Übertragung** und damit allein technisch bedingt ruht – deshalb auch die Bezeichnung dieser Phase als „statische Übertragungsphase".

---

159 BVerfG 16.6.2009 – 2 BvR 902/06, NJW 2009, 2341 (2342 Abs.-Nr. 46).

160 BVerfG 16.6.2009 – 2 BvR 902/06, NJW 2009, 2341 (2342 Abs.-Nr. 46).

161 BVerfG 16.6.2009 – 2 BvR 902/06, NJW 2009, 2341 (2342 Abs.-Nr. 48).

162 So *Günther* NStZ 2006, 641 (643), Anm. zu BVerfG 2.3.2006 – 2 BvR 2099/04 NJW 2006, 976.

163 BVerfG 16.6.2009 – 2 BvR 902/06, NJW 2009, 2341 (2342 Abs.-Nr. 46).

164 BVerfG 16.6.2009 – 2 BvR 902/06, NJW 2009, 2341 (2342 Abs.-Nr. 57), *Engel* S. 88; Graf/*Graf* Rn. 30a; *Welp* S. 47.

165 BGH 24.11.2009 – StB 48/09, NJW 2010, 1297 (1298).

166 BeckOK-StPO/*Graf* Rn. 26 ff.

Die rechtlichen Voraussetzungen, unter denen die Daten einer E-Mail in der Phase ihrer **Zwischenspeicherung** erhoben und verwertet werden dürfen, wurden und werden kontrovers diskutiert, je nach Standpunkt soll § 94,[167] § 99[168] oder aber § 100a[169] Anwendung finden.[170] Dabei werden unterschiedliche Übertragungsmodelle herangezogen, so etwa das „Drei-Phasen-Modell",[171] das „Vier-Phasen-Modell"[172] oder das zur genaueren technischen Differenzierung gebildete „Sieben-Phasen-Modell".[173] Selbst das „Sieben-Phasen-Modell", das zwischen der Erstellung der Mail auf dem Endgerät des Absenders (Phase 1), der Versendung der Mail (Phase 2), ihrer Ankunft auf dem Postausgangsserver des Absenders (Phase 3), ihrer Versendung zum Mail-Server des Empfängers (Phase 4), ihrer Ankunft und Zwischenspeicherung dort (Phase 5), ihrem Abruf durch den Empfänger (Phase 6) sowie ihrer Speicherung auf dem Endgerät des Empfängers bzw. in dessen E-Mail-Account (Phase 7) unterscheidet, vereinfacht den vorstehend (→ Rn. 128 ff.) erläuterten technischen Übertragungsvorgang einer E-Mail. Sie sind schon deshalb unzulänglich und sollten einer rechtlichen Bewertung nicht zu Grunde gelegt werden. Technisch bedingte Zwischenspeicherungen gibt es nicht nur auf dem Mail-Server des Empfängers bzw. auch auf dem des Versenders, sondern auch auf den zwischengeschalteten Relayservern. 135

Insoweit hat die Entscheidung des BVerfG v. 16.6.2009[174] wegen der Besonderheiten des der Entscheidung zu Grunde liegenden Einzelfalls entgegen verbreiteter Auffassung keine ausreichende Rechtsklarheit geschaffen. Bei dem vom BVerfG entschiedenen Fall erfolgte ein offener Zugriff, der Beschuldigte „wusste von diesem Beschuss (…)".[175] Dies wird in der Lit. bei der Diskussion um die aus dieser Entscheidung zu ziehenden Schlussfolgerungen vielfach nicht[176] oder nicht ausreichend[177] berücksichtigt. Ein **verdeckter Zugriff während der statischen Übertragungsphase ist nicht nach Maßgabe des § 99,**[178] **sondern nach der hier vertretenen Auffassung allein unter den strengen Voraussetzungen des § 100a** statthaft. 136

Auch wenn das BVerfG in seiner Entscheidung v. 16.6.2009[179] die Frage eines offenen Zugriffs zu bewerten hatte, ist es gleichwohl den zahlreichen Vertretern eines technisch orientierten Telekommunikationsbegriffs entgegengetreten. Es hat ua ausgeführt, dem Schutz der auf dem Mailserver des Providers gespeicherten E-Mails durch Art. 10 GG stehe nicht entgegen, dass während der Zeitspanne, während derer die E-Mails auf dem Mailserver des Providers „ruhen", ein Telekommunikationsvorgang in einem dynamischen Sinne nicht stattfinde. Zwar definiert § 3 Nr. 22 TKG „Telekommunikation" als den technischen Vorgang des Aussendens, Übermittelns und Empfangens von Signalen. Art. 10 Abs. 1 GG, so das BVerfG weiter, **folge indes nicht dem rein technischen Telekommunikationsbegriff des Telekommunikationsgesetzes** (…)".[180] Die Entscheidung wird vielfach fehlinterpretiert. Sie kann nicht dahingehend verstanden werden, dass ein Zugriff auf die auf dem Mailserver zwischengespeicherten und noch nicht durch den Empfänger geöffneten Mails allein unter den Voraussetzungen des § 94 statthaft sei.[181] 137

---

[167] KK-StPO/*Bruns* Rn. 19.
[168] BGH 31.3.2009 – 1 StR 76/09, NStZ 2009, 397 (398); LG Ravensburg 9.12.2002 – 2 Qs 153/02, NStZ 2003, 325 (326).
[169] LG Hamburg 17.12.2007 – 619 Qs 1/08, MMR 2008, 186 (187).
[170] Ausführlich hierzu BeckOK-StPO/*Graf* Rn. 30.
[171] Zurückgehend auf *Palm/Roy* NJW 1996, 1791.
[172] KMR-StPO/*Bär* Rn. 27.
[173] Brodowski JR 2009, 402 ff.; BeckOK-StPO/*Graf* Rn. 27.
[174] BVerfG 16.6.2009 – 2 BvR 902/06, NJW 2009, 2431.
[175] BVerfG 16.6.2009 – 2 BvR 902/06, NJW 2009, 2431.
[176] *Leupold/Glossner/Cornelius* Teil 10 Rn. 428.
[177] BeckOK-StPO/*Graf* Rn. 26 ff.
[178] So etwa KK-StPO/*Bruns* Rn. 19; BeckOK-StPO/*Graf* Rn. 30.
[179] BVerfG 16.6.2009 – 2 BvR 902/06, NJW 2009, 2431.
[180] BVerfG 16.6.2009 – 2 BvR 902/06, NJW 2009, 2431 (2432, Abs.-Nr. 47).
[181] So aber BeckOK-StPO/*Graf* Rn. 28.

In seiner Entscheidung vom 16.6.2009 dürfte das BVerfG vielmehr zu erkennen geben, dass in derartigen, von ihm noch nicht entschiedenen Fällen § 100a Anwendung finden soll.[182]

138 **(4) Bereits empfangene E-Mails.** Hat der Empfänger die Mail bereits gelesen und somit empfangen, befindet sie sich indes gleichwohl noch im Netz, weil er zum Abruf das E-Mail-Protokoll IMAP 4 (→ Rn. 129) verwendet, so ist ein **verdeckter Zugriff allein unter den Voraussetzungen des § 100a** zulässig. Anders als im Falle von vorstehend α) sind diese Daten Gegenstand eines zuvor erfolgten Telekommunikationsvorgangs, während im Falle von α) ein solcher noch nicht stattgefunden hat. Der Telekommunikationsvorgang ist bei der empfangenen Mail bereits abgeschlossen, die Mail befindet sich jedoch noch immer im Herrschaftsbereich des Telekommunikationsdienstleisters. Daran ändert nichts, dass der Empfänger diese Tatsache beeinflussen und die Mail dort löschen könnte. Solange er dies nicht tut, besteht ein für das Fernmeldegeheimnis nach der Entscheidung des BVerfG vom 16.6.2009 konstitutiver Umstand fort: Provider und Ermittlungsbehörden „bleiben weiterhin in der Lage, jederzeit auf den Mailserver (…) zuzugreifen".[183]

139 Die vorstehend gewonnenen Ergebnisse lassen sich dahingehend zusammenfassen, dass ein **verdeckter Zugriff** auf E-Mails im Herrschaftsbereich des Providers – gleich ob es sich um eine traditionell versandte E-Mail oder um eine Webmail handelt – **einzig unter den strengen Voraussetzungen des § 100a** statthaft ist. So sind nach der Rspr. des BVerfG namentlich bei heimlichen Eingriffen in das Fernmeldegeheimnis besonders hohe Anforderungen an die Bedeutung der zu verfolgenden Straftat zu stellen.[184] Nur wenn es zweifelsfrei erkennbar um Maßnahmen außerhalb eines laufenden Kommunikationsvorgangs und außerhalb des Herrschaftsbereichs des Providers geht, verlangt das Übermaßverbot nicht das Vorliegen einer besonders schweren Straftat wie in § 100c, einer schweren Straftat wie bspw. in § 100a oder einer solchen von erheblicher Bedeutung wie im Falle des § 100g.[185]

140 **6. Kommunikationsforen.** Der Zugriff auf Daten aus **öffentlich zugänglichen** Kommunikationsforen stellt keinen Grundrechtseingriff dar und kann auf die Aufgabengeneralklausel der §§ 161, 163 gestützt werden. Dies gilt auch dann, wenn die Ermittler unter Verwendung eines falschen (Nick-) Namens auftreten. Beteiligen sich die Beamten hingegen an geschlossenen Kommunikationsforen, zu welchen ihnen nur aufgrund ihrer veränderten Identität Zugang gewährt wurde, so werden jeweils bei einem längerfristigen Einsatz mit hoher Täuschungsintensität die Vorschriften des Verdeckten Ermittlers gemäß den §§ 110a ff. Anwendung finden. Hierfür bedarf es freilich mehr als nur der Verwendung eines falschen Namens.[186] Die Überwachung **zugangsgesicherter Chatrooms** „von außen", mithin die Überwachung und Aufzeichnung des digitalen Datenstroms richtet sich hingegen nach § 100a.[187]

II. Schutz zeugnisverweigerungsberechtigter Personen

141 **1. Angehörige.** Verdeckte wie offene Ermittlungsmaßnahmen, die sich gegen Angehörige des Beschuldigten richten, sind **weder einfachgesetzlich noch verfassungsrechtlich unzulässig.** Dies gilt jedenfalls dann, wenn die Angehörigen nicht zu den zeugnisverweigerungsberechtigten Berufsgeheimnisträgern gehören und es sich auch sonst nicht um die Umgehung einer Vernehmung bzw. des Angehörigen nach § 52 zustehenden Zeugnisverweigerungsrechtes handelt. Dieses Recht soll nämlich nicht nur Loyalitätskonflikte des Angehörigen vermeiden, es dient vielmehr auch dem Schutz des Beschuldigten.[188] Eine

[182] Ebenso *Klein* NJW 2009, 2996 (2999).
[183] BVerfG 16.6.2009 – 2 BvR 902/06, NJW 2009, 2431 (2433).
[184] BVerfG 16.6.2009 – 2 BvR 902/06, NJW 2009, 2431 (2432, Abs.-Nr. 69).
[185] BVerfG 16.6.2009 – 2 BvR 902/06, NJW 2009, 2431 (2432, Abs.-Nr. 69).
[186] *Rosengarten/Römer* NJW 2012, 1764 (1767).
[187] Vgl. KK-StPO/*Bruns* Rn. 21.
[188] Vgl. *Meyer-Goßner* § 52 Rn. 1, 33 ff.

bewusste Umgehung dieses Rechts durch eine verdeckte und gezielte Ausforschung des zur Verweigerung des Zeugnisses berechtigten Angehörigen außerhalb von Vernehmungssituationen ist deshalb unzulässig.[189]

Im Übrigen werden **Angehörige weder von § 160a,** der dem Schutz zeugnisverweigerungsberechtigter Berufsgeheimnisträger dient, erfasst, noch ist eine weitergehende Privilegierung von Gesprächen zwischen dem Beschuldigten und seinen Angehörigen von Verfassungs wegen geboten.[190] Es verbleibt insoweit mithin bei der allgemeinen Kernbereichsregelung.[191] 142

2. Berufsgeheimnisträger (§ 160a). a) Maßnahmen gegen Geistliche, Verteidiger und Abgeordnete (§ 160a Abs. 1). Gemäß § 160a Abs. 1 sind – sämtliche, gleich ob offene oder verdeckte – Ermittlungsmaßnahmen, die sich zielgerichtet gegen Geistliche, Verteidiger und Abgeordnete richten und voraussichtlich Erkenntnisse erbringen würden, über die diese Personen das Zeugnis verweigern könnten, **unzulässig.** Maßnahmen hingegen, die sich gegen den Beschuldigten richten und bzgl. derer es nicht nur möglich sondern uU gar zu erwarten ist, dass sie auch die Kommunikation des Beschuldigten mit seinem Geistlichen oder Verteidiger erfassen könnten, bleiben hingegen zulässig.[192] 143

aa) Beweisverwertungsverbote. Gespräche bzw. jedwede sonstige Kommunikationen des Beschuldigten mit seinem Verteidiger, Seelsorger oder Abgeordneten dürfen demnach, soweit dieser Personenkreis im Wirkungsbereich seines jeweiligen Zeugnisverweigerungsrechts tätig wird, weder durch Maßnahmen der Telekommunikationsüberwachung noch durch sonstige Ermittlungsmaßnahmen gleich welcher Art zielgerichtet überwacht bzw. ausgeforscht werden.[193] Die vorgenannten Berufsgeheimnisträger dürfen mithin **nicht als Zielperson** überwacht werden. Der diesen durch § 160a Abs. 1 S. 1 insoweit gewährte Schutz ist durch das Beweisverbot des § 160a Abs. 1 S. 2 absolut ausgestaltet. Er hängt damit im Einzelfall nicht von Erwägungen zur Verhältnismäßigkeit ab und erstreckt sich nicht nur auf die Verwertung der Erkenntnisse zu Beweiszwecken. Das Beweisverbot des § 160 Abs. 1 S. 2 verbietet vielmehr auch die weitere Verwendung gleichwohl erlangter Erkenntnisse als Spurenansätze.[194] Dem Charakter dieser Regelung als absolutem Beweisverwertungsverbot entsprechend dürfen die betreffenden Erkenntnisse auch zur Entlastung des Beschuldigten nicht verwertet werden.[195] 144

Stellt sich erst nachträglich heraus, dass die Zielperson einer der vorgenannten Berufsgruppen zuzuordnen ist und wurde eine Überwachungsmaßnahme gleichwohl durchgeführt, greift das in S. 2 enthaltene **Beweisverbot nach § 160a Abs. 1 S. 5 entsprechend** ein. 145

Wird bei Gelegenheit einer „live" durchgeführten Überwachung festgestellt, dass der Beschuldigte ein durch § 53 Abs. 1 Nr. 1, 2 und 4 geschütztes Gespräch führt, ist die Maßnahme zwingend vorübergehend zu unterbrechen. § 160a Abs. 1 S. 2 enthält ein **Beweiserhebungs- und -verwertungsverbot**. 146

bb) Geistliche. Kommunikationen mit Geistlichen, dh solchen der christlichen Kirchen bzw. der sonstigen anerkannten öffentlich-rechtlichen Religionsgemeinschaften (→ vertiefend § 53 Rn. 12 ff.) sind insoweit geschützt, als es sich um Tatsachen handelt, die ihnen **in ihrer Eigenschaft als Seelsorger** anvertraut oder in sonstiger Weise bekannt gemacht wurden. Derartige Umstände berühren zudem nach der Rspr. des BVerfG regelmäßig den Kernbereich privater Lebensgestaltung und sind bereits deshalb dem staatlichen Zugriff schlechthin entzogen.[196] 147

---

[189] Vgl. BGH 29.4.2009 – 1 StR 701/08, NJW 2009, 2463 (2467).
[190] So BVerfG 15.10.2009 – 2 BvR 2438/08, NJW 2010, 287 (288).
[191] So zutreffend BeckOK-StPO/*Graf* Rn. 58.
[192] Vgl. BT-Drs. 16/5846, 35.
[193] BT-Drs. 16/5846, 35.
[194] So auch KK-StPO/*Bruns* Rn. 41; *Meyer-Goßner* § 160 Rn. 4.
[195] Ebenso BeckOK-StPO/*Graf* Rn. 59.
[196] BVerfG 3.3.2004 – 1 BvR 2378/98 und 1 BvR 1084/99, NJW 2004, 999.

148 **cc) Verteidiger.** § 160a Abs. 1 S. 1 erfasst nicht alle Rechtsanwälte, sondern lediglich die **gewählten bzw. bestellten Verteidiger.** Darauf, ob sie die Verteidigung tatsächlich auch aktiv ausgeübt haben, kommt es nicht an.[197] Da ein Rechtsanwalt freilich stets auch als Verteidiger tätig sein kann und dies vielfach auch ist, ist bei der Überwachung anwaltlicher Kommunikationsanschlüsse größtmögliche Zurückhaltung geboten.[198] Der Schutz des § 160a erstreckt sich auf all diejenigen Umstände, die einem Verteidiger in dieser Eigenschaft anvertraut wurden (→ eingehend zum Umfang des Zeugnisverweigerungsrecht § 53 Rn. 17).

149 Das Verhältnis zwischen Verteidiger und Mandaten erfährt einen **weiteren und im Verhältnis zu § 160a vorgelagerten Schutz durch § 148,** der (ebenfalls) den unüberwachten Verkehr zwischen Verteidiger und Mandanten gewährleistet. Anders als § 160a erfasst der Schutz durch § 148 indes bereits die eine Verteidigung erst anbahnende Kommunikation.[199] Das Bundesverfassungsrecht betont in seinen Entscheidungen regelmäßig die fundamentale objektive Bedeutung der „freien Advokatur" für den Rechtsstaat.[200] Wegen dieser Bedeutung erfasst der Schutz des § 160a Abs. 1 S. 1 auch die Berufsgruppe der Verteidiger. Diese können ihre Aufgabe nur erfüllen, wenn die Kommunikation zwischen ihnen und ihren Mandanten ungestört erfolgen kann.

150 Indes ist es nicht grundsätzlich und von vornherein unzulässig, den Kommunikationsanschluss eines **Rechtsanwalts, der sich auch als Verteidiger betätigt, nach § 100a überwachen** zu lassen, die Kommunikationsinhalte aufzuzeichnen und zu strafprozessualen Zwecken zu verwerten.[201] Dies gilt etwa in denjenigen Fällen, in denen der Verteidiger im Verdacht steht, eine Strafvereitelung zugunsten seines Mandanten begangen zu haben, der seinerseits einer Katalogtat nach § 100a verdächtig ist.[202]

151 **dd) Abgeordnete.** Für die Berufsgruppe der Abgeordneten sind deren Zeugnisverweigerungsrecht und das damit korrespondierende Beschlagnahmeverbot bereits in Art. 47 GG sowie in den entsprechenden Regelungen der Landesverfassungen niedergelegt. Geschützt wird dadurch das **mandatsbezogenen Vertrauensverhältnis** zwischen dem Abgeordneten und dritten Personen. Die einfachgesetzlichen Regelungen in § 53 Abs. 1 S. 1 Nr. 4, § 97 Abs. 4, denen insofern ein mehr deklaratorischer Charakter beizumessen ist, hat der Gesetzgeber durch die Vorschrift des § 160a Abs. 1 S. 1 ergänzt.[203]

152 **b) Sonstige Beratungs- und Heilberufe, Medienberater (§ 160a Abs. 2).** Für die sonstigen Berufsgeheimnisträger nach § 53 Abs. 1 S. 1 Nr. 3 bis 3b und 5, mithin für **Rechtsanwälte, Wirtschaftsprüfer, Steuerberater, Ärzte,** Zahnärzte, psychologische Psychotherapeuten, Mitglieder anerkannter **Beratungsstellen** nach dem Schwangerschaftskonfliktgesetz bzw. von Drogenberatungsstellen sowie für Medienberater enthält § 160a Abs. 2 ein relatives und damit am Verhältnismäßigkeitsgrundsatz orientiertes Beweiserhebungs- und Beweisverwertungsverbot.

153 Auch für diese Berufsgruppe gilt ebenso wie für Verteidiger, Geistliche und Abgeordnete, dass das Verwertungsverbot nur solche Umstände berühren kann, die das spezifische Verhältnis der entsprechenden Berufsträger zu ihren Mandanten bzw. Patienten betreffen. Es **korrespondiert mithin mit dem durch § 53 Abs. 1 S. 1 Nr. 3 bis 3b und 5 statuierten Zeugnisverweigerungsrecht.** Dementsprechend entfällt auch ein ggf. bestehendes Beweisverwertungsverbot gemäß § 53 Abs. 2 S. 1, wenn der von dieser Vorschrift erfasste Geheimnisträger von seiner Pflicht zur Verschwiegenheit entbunden wird.

---

[197] So zutreffend *Meyer-Goßner* § 53 Rn. 13.
[198] Löwe/Rosenberg/*Schäfer* Rn. 75.
[199] BGH 11.5.1988 – 3 StR 563/87, NStZ 1988, 562 (563).
[200] Vgl.BVerfG 18.4.2007 – 2 BvR 2094/05, NJW 2007, 2749 (2751).
[201] BVerfG 18.4.2007 – 2 BvR 2094/05, NJW 2007, 2749 (2750, Abs.-Nr. 38).
[202] BGH 5.11.1985 – 2 StR 279/85, NJW 1986, 1183.
[203] BT-Drs. 16/5846, 35.

Umstände, die vom Zeugnisverweigerungsrecht des § 53 Abs. 1 S. 1 Nr. 3 bis 3b und 5 erfasst werden, sind verwertbar, sofern die Abwägung des primär öffentlichen bzw. im Hinblick auf mögliche Opferinteressen auch individuell begründeten Interesses an einer **wirksamen, effektiven Strafverfolgung** gegenüber dem Interesse der Öffentlichkeit an den durch die **zeugnisverweigerungsberechtigten Personen wahrgenommenen Aufgaben sowie dem individuellen Interesse an der Geheimhaltung** der dem Geheimnisträger anvertrauten Umstände, überwiegt.[204] § 160a Abs. 2 S. 1 Hs. 2 enthält dabei die – widerlegbare – gesetzliche Vermutung, dass das Strafverfolgungsinteresse regelmäßig nicht überwiegt, wenn Gegenstand des Verfahrens „keine Straftat von erheblicher Bedeutung" ist. Des Weiteren wird das Strafverfolgungsinteresse in all den Fällen zurückzustehen haben, in denen das Geheimnis kernbereichsnahe Tatsachen zum Gegenstand hat. 154

aa) Beratungs- und Heilberufe. Auch wenn Rechtsanwälten gegenüber Verteidigern, wie ein Vergleich mit § 160a Abs. 1 ergibt, ein geringer Schutz zukommt, besteht auch an der Tätigkeit der von § 160a Abs. 2 weiterhin erfassten Berufsgruppen wie Notaren, Wirtschafts- und Buchprüfern, Ärzten, Mitgliedern von Beratungsstellen für Schwangerschaftskonflikte bzw. für Fragen der Betäubungsmittelabhängigkeit ein hohes öffentliches Interesse. Da deren Tätigkeit in einem sozialen Rechtsstaat auch gesellschaftlich ein hoher Stellenwert zukommt, dürfen Ermittlungsmaßnahmen nur unter **„strikter Wahrung der Verhältnismäßigkeit angewandt werden".**[205] 155

Die Kommunikation mit Ärzten bzw. Psychotherapeuten wird vielfach Umstände aus dem Kernbereich privater Lebensführung bzw. diesem Bereich nahestehende Tatsachen zum Inhalt haben. So stehen Angaben eines **Arztes über Anamnese, Diagnose und therapeutische Maßnahmen** nach der Rspr. des BVerfG[206] als Ausfluss des allgemeinen Persönlichkeitsrechts unter dem Schutz des Grundgesetzes, weshalb in derartigen Fällen vielfach das Strafverfolgungsinteresse zurückzutreten hat. 156

bb) Medienmitarbeiter. Wenngleich der Tätigkeit von Presse, Rundfunk und Fernsehen namentlich für die Meinungsbildung in einer parlamentarischen Demokratie eine besonders hohe Bedeutung zukommt und sich diese in der institutionellen Verfassungsgarantie des Art. 5 GG widerspiegelt, lässt sich auch nach der Rspr. des BVerfG **kein genereller Vorrang** der schutzwürdigen Interessen von Journalisten vor dem öffentlichen Interesse an einer effektiven Strafverfolgung begründen.[207] Auch ist zu bedenken, dass Zeugnisverweigerungsrechte von Medienmitarbeitern keinen Bezug zum Kernbereich privater Lebensgestaltung aufweisen.[208] Andererseits soll ein Verwertungsverbot in den Fällen nahe liegen, in denen die Recherchen der Medienmitarbeiter die Aufdeckung öffentlicher Missstände bezweckt.[209] 157

c) Berufshelfer. Nach § 160a Abs. 3 iVm § 53a besteht für die Gehilfen der in § 53 Abs. 1 S. 1 Nr. 1 bis 4 genannten Berufsgeheimnisträger ein den Abs. 1 und 2 **entsprechendes Beweiserhebungs- und Verwertungsverbot.** 158

d) Verstrickungsverdacht (§ 160a Abs. 4). Gemäß § 160a Abs. 4 S. 1 finden die **Verwertungsverbote des § 160a Abs. 1–3 keine Anwendung,** soweit der Berufsgeheimnisträger bzw. dessen Helfer entweder der Beteiligung an der Tat oder aber der Begünstigung, Strafvereitelung oder Hehlerei verdächtig ist. Der Verdacht einer solchen Verstrickung muss sich nach der gesetzlichen Regelung ebenso wie der in § 97 Abs. 2 S. 3 auf Grund **bestimmter Tatsachen** (→ Rn. 72 ff. ergeben. Beim Verteidiger muss der Verstrickungsverdacht iS einer „echten Beteiligung" gegeben sein.[210] 159

---

204 BT-Drs. 16/5846, 36.
205 BT-Drs. 16/5846, 36.
206 BVerfG 6.6.2006 – 2 BvR 1349/05, MedR 2006, 586.
207 BVerfG 3.3.2004 – 1 BvR 2378/98 und 1 BvR 1084/99, NJW 2004, 999.
208 BT-Drs. 16/5486, 37.
209 *Gusy* NStZ 2003, 399.
210 BVerfG 4.7.2006 – 2 BvR 950/05, NJW 2006, 2974.

III. Möglichkeiten der Einführung gewonnener Erkenntnisse in die Hauptverhandlung

160 Erkenntnisse aus Maßnahmen zur Überwachung der Telekommunikation gemäß § 100a können **strengbeweislich durch alle statthaften Beweismittel,** mithin etwa durch die Einlassung des Angeklagten bzw. die Einnahme des Augenscheins, durch Urkunden, Zeugen oder mittels eines Sachverständigen in die Hauptverhandlung eingeführt werden.

161 **1. Augenscheinseinnahme.** Das **originäre** Beweismittel sind die Kommunikationsdaten selbst. Sie bzw. die Datenträger, auf denen sie abgespeichert sind, sind Objekte des Augenscheins.[211] Gegenstand des Augenscheins sind all diejenigen Daten, die den Strafverfolgungsbehörden – auf gesichertem elektronischen Weg – von dem die Überwachungsmaßnahme umsetzenden und zur Mitwirkung gemäß § 100b Abs. 3 verpflichteten Telekommunikationsdienstleister übermittelt werden. Die Übertragung an bzw. die Erstspeicherung der Daten durch die mit dem Vollzug der Maßnahme betrauten technischen Fachdienststellen der Polizei erfolgt dabei automatisiert, weshalb die Wahrscheinlichkeit einer Datenveränderung während dieses Übertragungsvorgangs weitgehend ausgeschlossen werden kann. Aus diesem Grunde kommt den elektronischen Daten unter den vorgenannten Beweismitteln im Hinblick auf Inhalt (Inhaltsdaten) und nähere Umstände der überwachten Telekommunikation (Verkehrsdaten) regelmäßig der höchste Beweiswert zu.

162 Die Polizei archiviert die übermittelten Daten auf Speichermedien wie etwa Multiple Optical Disks (MODs) oder sonstigen digitalen Datenträgern und stellt diese Datenträger Staatsanwaltschaften und Gerichten **in Kopie** zur Verfügung. Die Inhalte der (kopierten) Telekommunikation werden dabei, sofern es sich um Zeichen, Bilder oder Töne handelt, entweder durch **optische Darstellung** der Zeichen und Bilder oder aber durch **akustische Wiedergabe** der Töne zum Gegenstand der sinnlichen Wahrnehmung und damit zum Inbegriff der Hauptverhandlung nach § 261 gemacht. Demgegenüber bestehen Verkehrsdaten aus (Zahlen)Zeichen, die allein durch eine optische Wiedergabe, etwa durch ihre Darstellung auf einem Monitor oder ihrem Ausdruck auf Papier einer Augenscheineinnahme zugänglich sind. Da es sich bei den Verkehrsdaten zumeist um umfangreiches Datenmaterial handelt, bedarf zu ihrer Einführung regelmäßig des **Urkundenbeweises.**

163 **2. Urkunden.** Da es sich beim Ausdruck der Verkehrsdaten weitgehend um automatisierte Prozesse handelt, kommt den dergestalt perpetuierten elektronischen Daten ein **vergleichbar hoher Beweiswert** zu wie den originären elektronischen Daten selbst. Eine Beweisregel des Inhalts, dass beweiserhebliche Tatsachen nur originär, mithin in der Gestalt Verwendung finden dürfen, in der sie sich ursprünglich in der Außenwelt manifestierten, ist der Rechtsordnung fremd.[212]

164 Bei denjenigen Inhaltsdaten, bei denen es sich um Töne in Form von Sprache handelt, ist eine automatisierte Transformation in eine Urkunde (noch) nicht möglich. Diese Daten müssen deshalb zunächst akustisch wiedergegeben, sinnlich erfasst, sodann in ihrem Bedeutungsgehalt verstanden und schließlich niedergeschrieben werden. Handelt es sich dabei um klar verständliche Wörter deutscher Sprache, ist deren **Verschriftung ein gleichsam mechanischer Prozess** mit verhältnismäßig hoher Gewähr dafür, dass das gesprochene Wort anlässlich seiner Verschriftung keine beweisrelevante Veränderung erfahren hat. Entsprechendes gilt für den Beweiswert der so erstellten Urkunden.

165 Stellen sich die Zeichen als Schrift oder Zahlen dar, können sie wie die verschriftete Sprache entweder gemäß § 249 Abs. 1 durch **Verlesung** oder aber im Wege des **Selbstleseverfahrens** nach § 249 Abs. 2 in die Hauptverhandlung eingeführt werden. Auch Ablichtungen oder Abschriften von Urkunden können verlesen werden, sofern, was regelmäßig der Fall sein dürfte, keine Zweifel daran bestehen, dass diese mit dem Original inhaltlich übereinstimmen.

---

[211] Vgl. BGH 3.3.1977 – 2 StR 390/76, NJW 1977, 1545 (noch für Tonbandaufzeichnungen).
[212] So zutreffend auch BGH 3.3.1977 – 2 StR 390/76, NJW 1977, 1545.

Von der ganz überwiegenden Anzahl der überwachten und aufgezeichneten Gespräche werden indes aus Zeit- und Kostengründen keine **Wortprotokolle,** sondern lediglich so genannte **Inhaltsprotokolle** erstellt. Diese enthalten auch wertende Zusammenfassungen der Gesprächsinhalte. Kommt es auf den genauen Wortlaut des Gespräches an, so gebietet es die Aufklärungspflicht, Wortprotokolle erstellen zu lassen.[213] Im Vergleich mit diesen kommt Inhaltsprotokollen abhängig vom Beweisthema regelmäßig ein deutlich geringerer Beweiswert zu. Gleichwohl können auch sie verlesen werden.[214] 166

3. Sachverständige. Handelt es sich hingegen um akustisch nicht verständliche oder um Gespräche in einer fremden Sprache, bedarf es deren Hörbarmachung bzw. Übersetzung durch einen technischen Sachverständigen bzw. einen Sprachmittler. Dieser Sprachmittler wird dabei nicht als Dolmetscher, vielmehr als Sprachsachverständiger tätig,[215] da es sich bei seiner Tätigkeit um die Übersetzung von **außerhalb des Prozessverkehrs abgegebener fremdsprachiger Äußerungen** handelt.[216] Aus diesem Grunde kann derjenigen Auffassung, die die Übersetzungen fremdsprachiger Äußerungen offenbar als Dolmetschertätigkeit qualifiziert, nicht gefolgt werden.[217] 167

Soll ein fremdsprachiger Text in der Hauptverhandlung übersetzt werden, kann hierzu **auch** der Dolmetscher herangezogen werden, der dann jedoch insoweit als Sprachsachverständiger tätig wird. Von Rechts wegen ist gegen einen solchen Funktionswechsel bzgl. derselben Person nichts einzuwenden, solange das Gericht dem auch verfahrensrechtlich bei Belehrung und ggf. Vereidigung Rechnung trägt.[218] 168

4. Zeugen. Inhalte und nähere Umstände der Telekommunikation kann das Gericht auch durch Zeugen feststellen.[219] Es kann insbesondere einen Polizeibeamten zeugenschaftlich vernehmen, der mit dem Verfahren dienstlich befasst war und dabei **Gesprächsaufzeichnungen abgehört** oder **Niederschriften derselben gelesen** hatte bzw. dem fremdsprachige Gesprächsinhalte von einem Sprachmittler übersetzt worden waren. Zu bedenken ist, dass der Zeugenbeweis in Fällen dieser Art kein originäres und damit ein Beweismittel von im Verhältnis zum Augenscheins- bzw. Urkundenbeweis regelmäßig schwächerem Beweiswert ist. 169

5. Zum Verhältnis der verschiedenen Beweismittelarten. Für das Verhältnis der verschiedenen, aufgrund von Maßnahmen zur Überwachung der Telekommunikation gewonnenen Beweismittel enthält die StPO keine besondere Regelung. Insbesondere lässt sich der StPO kein Gebot entnehmen, Gesprächsaufzeichnungen ausschließlich durch Augenschein in die Hauptverhandlung einzuführen. Es ist dem an der **Aufklärungspflicht** des § 244 Abs. 2 ausgerichteten Ermessen des Tatrichters überlassen, welches von mehreren zur Verfügung stehenden Beweismitteln er verwenden will.[220] 170

Wenngleich er sich bei der Erforschung der materiellen Wahrheit zuvörderst desjenigen Beweismittels zu bedienen hat, dem der höchste Beweiswert zukommt, darf er unter Berücksichtigung weiterer Grundsätze des Strafprozesses wie etwa dem in den Vorschriften der §§ 112 und 229 zum Ausdruck kommenden **Konzentrations- und Beschleunigungsgrundsatz** von verschiedenen annähernd gleichwertigen Beweismitteln demjenigen den Vorzug geben, mit dem die Beweisaufnahme beschleunigt und damit effektiver durchgeführt werden kann. Vor diesem Hintergrund kann es sich empfehlen, Gesprächsaufzeichnungen nicht in Augenschein zu nehmen, sondern die Niederschriften der Gesprächsprotokolle im Wege des Selbstleseverfahrens nach § 249 Abs. 2 einzuführen. 171

---

[213] BGH 29.5.1985 – 2 StR 804/84, NStZ 1985, 466.
[214] BGH 7.10.2008 – 4 StR 272/08, NStZ 2009, 280.
[215] Vgl. BGH 29.5.1985 – 2 StR 804/84, NStZ 1985, 466; BGH 22.12.1964 – 1 StR 509/64, NJW 1965, 643.
[216] So zutr. KK-StPO/*Bruns* Rn. 50.
[217] Ebenso KK-StPO/*Bruns* Rn. 50.
[218] BGH 22.12.1964 – 1 StR 509/64, NJW 1965, 643.
[219] Vgl. BGH 3.4.2002 – 1 StR 540/01, hrr-strafrecht.de.
[220] BGH 3.3.1977 – 2 StR 390/76, NJW 1977, 1545.

172 Gibt der Vorsitzende dem Urkundenbeweis den Vorzug, hat sich das Gericht im Rahmen seiner Überzeugungsbildung bei fremdsprachigen und deshalb zunächst in die deutsche Sprache übersetzten Gesprächen auch mit der Frage auseinanderzusetzen, ob die **Übertragung zuverlässig** und damit der eingesetzte Sprachmittler sachkundig war.

173 Namentlich der **Grundsatz der Unmittelbarkeit** des § 250 steht einer Verlesung von Niederschriften über Gesprächsinhalte nicht entgegen. Dessen S. 1 statuiert den grundsätzlichen Vorrang des Personalbeweises vor dem Sachbeweis mit berichtenden, mithin solchen Urkunden, die personengebundene Wahrnehmungen enthalten. Bei den aufgezeichneten Telekommunikationsdaten, gleich ob Inhalts- oder Verkehrsdaten, handelt es sich jedoch nicht um derartige, vor ihrer Perpetuierung sinnlich wahrgenommene Tatsachen. Die im Rahmen der Telekommunikationsüberwachung ausgeleiteten Daten sind vielmehr personenwahrnehmungsunabhängig.[221]

IV. Verwertung von Erkenntnissen auf Grund rechtmäßiger Überwachungsanordnung

174 **1. Verwendung in demselben (Ausgangs-)Strafverfahren.** Eine Entscheidung darüber, ob Erkenntnisse aus einer rechtmäßig angeordneten Maßnahme zur Überwachung der Telekommunikation verwertbar sind, hat der Tatrichter von Amts wegen zu treffen. § 100a StPO enthält zur Frage der Verwertbarkeit von Erkenntnissen oder, anders ausgedrückt, zur Frage der Verwendung personenbezogener Daten lediglich eine Regelung in Abs. 4 S. 2 hinsichtlich solcher Erkenntnisse, die den **Kernbereich privater Lebensgestaltung** betreffen. Darüber hinaus findet sich in § 477 Abs. 2 S. 2 eine verfahrensübergreifende Verwendungsregelung für **sämtliche personenbezogene Daten,** die aus Maßnahmen erlangt wurden, die nur beim Verdacht bestimmter Straftaten zulässig sind. Zwar gilt diese Regelung damit auch für die aus Maßnahmen nach § 100a resultierende Erkenntnisse. Die Vorschrift des § 477 Abs. 2 S. 2 beinhaltet indes eine Verwendungsregelung ausschließlich für die Fälle, in denen erlangte personenbezogene Daten ohne Einwilligung der von der Maßnahme betroffenen Person **„in anderen Strafverfahren"** verwendet werden sollen.

175 Es ist mithin zu differenzieren, ob aufgrund rechtmäßiger Maßnahmen erhobene personenbezogene Daten im Ausgangsverfahren oder aber in einem „anderen Strafverfahren" Verwendung finden sollen. Der Begriff „andere Strafverfahren" bezieht sich nicht auf verschiedene Ermittlungsverfahren. Anderes Strafverfahren bedeutet vielmehr eine **andere prozessuale Tat** als die die Maßnahme begründete Anlasstat.[222] Es bedarf mithin einer Differenzierung dahingehend, ob personenbezogene Daten im Zusammenhang mit der Anlasstat oder aber einer anderen strafprozessualen Tat verwendet werden sollen.

176 Für die Verwendung personenbezogener Taten hinsichtlich der die Maßnahme begründenden strafprozessualen Tat enthält das Gesetz über die vorstehend genannten Regelungen hinaus für Maßnahmen der Telekommunikationsüberwachung keine spezielle Verwendungsregelung. Der BGH legt § 100a StPO dahingehend aus, dass nach § 100a gewonnene personenbezogene Daten hinsichtlich der Anlasstat auch dann verwendet werden dürfen, wenn sich im Verlauf der weiteren Ermittlungen herausstellt, dass die rechtliche Bewertung dieser Tat als Katalogtat unzutreffend war. Ausschlaggebend sei, so der BGH weiter, dass die Telekommunikationsüberwachung **„auf Grund sachlicher Erwägungen wegen einer Katalogtat angeordnet wurde und die gewonnenen Erkenntnisse im Zusammenhang mit dem Anlass der Anordnung"** stehen.[223] Diese Rspr. und damit verbunden eine entsprechende Auslegung des in Art. 10 Abs. 1 GG verbürgten Fernmeldegeheimnisses ist vom BVerfG gebilligt worden. Dieses hat in seiner Entscheidung vom 18.8.1997[224] ausgeführt, Art. 10 GG gebiete es nicht, Eingriffsermächtigungen dahingehend auszulegen

---

221 So auch BGH 3.3.1977 – 2 StR 390/76, NJW 1977, 1545 (1546).
222 *Meyer-Goßner* § 477 Rn. 5.
223 BGH 30.8.1978 – 3 StR 255/78, NJW 1979, 990 (991).
224 BVerfG 18.8.1987 – 2 BvR 400/96, NStZ 1988, 32.

„dass der nachträgliche Wegfall des ursprünglich begründeten Verdachts einer Katalogtat stets zu Unverwertbarkeit der Erkenntnisse führt, die durch die zulässige Überwachungsmaßnahme gewonnen wurden". Diese höchstrichterliche Rspr., die im Zusammenhang mit § 100b Abs. 5 aFentwickelt worden war, fand auch in der Kommentarliteratur breite Zustimmung.[225]

Der Gesetzgeber wollte, dass diese Rspr. fortbesteht. Er hat von einer entsprechenden gesetzlichen Regelung, der lediglich ein deklaratorischer Charakter zukäme, abgesehen. Dies kann aus den Materialien zum Gesetz über die Neuregelung der Telekommunikationsüberwachung und anderer verdeckter Ermittlungsmaßnahmen abgeleitet werden, in denen er ausgeführt hat, die Verwendung von Erkenntnissen aus Maßnahmen im selben Ausgangsstrafverfahren, wobei hiermit die prozessuale Anlasstat gemeint war, unterliege keiner Verwendungsbeschränkung. Diese gelte insbesondere für den Fall, dass sich der Verdacht einer Katalogtat nicht bestätige. In rechtmäßiger Weise erlangte Erkenntnisse seien mithin im Ausgangsverfahren **„sowohl als Spurenansatz als auch zu Beweiszwecken"** sowohl hinsichtlich anderer Begehungsformen der zunächst angenommenen Katalogtat als auch hinsichtlich sonstiger Straftatbestände und anderer Tatbeteiligter insoweit verwertbar, als es sich um dieselbe Tat im prozessualen Sinne handele (vgl. BT-Drs. 16/5846, 66). Nach alledem gilt: 177

a) Katalogtat. Gewonnene personenbezogene Erkenntnisse hinsichtlich der den Gegenstand der Anordnung bildenden Katalogtat (die ihre rechtliche Qualifizierung als Anlasstat im Sinne des § 100a Abs. 2 StPO nicht verloren hat) sind sowohl als Beweismittel als auch als Spurenansatz **uneingeschränkt** verwertbar. 178

b) Nicht-mehr-Katalogtat. Durfte der Anordnende zum Zeitpunkt seiner Anordnung davon ausgehen, dass der Verdacht einer Katalogtat nach Abs. 2 vorlag, so dürfen anlässlich der Maßnahme gewonnene personenbezogene Daten hinsichtlich der Anlasstat **ebenfalls ohne Einschränkung** sowohl als Beweismittel als auch als Spurenansatz verwendet werden, wenn sich erst im Verlauf der weiteren Ermittlungen der Verdacht einer Katalogtat im Sinne des Abs. 2 nicht bestätigt, der Verdacht mithin entfällt. Dies gilt auch für den Fall, dass bereits die Anklagebehörde bei Anklageerhebung den auf die Katalogtat gerichteten Tatverdacht insoweit nicht aufrechterhalten hat, als zwar weiterhin der Verdacht einer Straftat, nicht indes einer solchen nach Abs. 2 besteht.[226] Stellt sich bspw. die Anlasstat anders als zum Zeitpunkt der Anordnung der Überwachungsmaßnahme nicht mehr als Bandendiebstahl nach § 244 Abs. 1 Nr. 2 StGB, sondern lediglich noch als einfacher Diebstahl dar, können die aus der Maßnahme gewonnenen personenbezogenen Daten als Beweismittel auch für eine entsprechende Diebstahlsanklage gemäß § 242 StGB verwendet werden. 179

c) Katalogzusammenhangstat. Personenbezogene Daten dürfen weiter als Beweismittel verwendet werden, wenn sie sich auf eine Nichtkatalogtat beziehen, die in einem engen Bezug zu der in der Anordnung aufgeführten Katalogtat steht, diese Nichtkatalogtat gegenüber der Anlasstat einen anderen materiellrechtlichen Straftatbestand darstellt. Der Begriff des „Zusammenhangs" hat durch die Rspr. bislang keine klare Konturierung erfahren. Er ist im Zusammenhang mit den Organisationsdelikten wie etwa § 129 StGB entwickelt worden. Ein entsprechender Zusammenhang ist stets gegeben, wenn eine Tat mit der Katalogtat **realkonkurrierend verbunden oder aber Tatidentität** im Sinne des § 264 gegeben ist.[227] Im Zusammenhang mit einer Katalogtat nach § 129 StGB stehen weiter all diejenigen Taten, auf deren Begehung die Tätigkeit der kriminellen Vereinigung gerichtet ist. Dies gilt auch dann, wenn ein Vergehen nach § 129 StGB letztlich nicht nachgewiesen werden kann.[228] 180

---

225 Vgl. statt vieler Löwe/Rosenberg/*Schäfer* Rn. 88 ff.
226 BGH 30.8.1978 – 3 StR 255/78, Beck LSK 1978, 845673.
227 BGH 18.3.1998 – 5 StR 693/97, NStZ 1998, 426 (427).
228 KK-StPO/*Bruns* Rn. 61.

181 **2. Verwendung in anderen Strafverfahren. a) Keine Verwendung „zu Beweiszwecken".** Die Verwertung personenbezogener Erkenntnisse aus einer rechtmäßigen Überwachungsmaßnahme hinsichtlich anderer prozessualer Taten (andere Strafverfahren) regelt § 477 Abs. 2 S. 2. Die Vorschrift knüpft an die Regelungsvorbilder in § 98b Abs. 3 S. 3 aFbzw. § 100b Abs. 5 aFan und bestimmt, den Gedanken des hypothetischen Ersatzeingriffs zu Grunde legend, dass personenbezogene Daten aus Maßnahmen, die nur beim Verdacht bestimmter Straftaten zulässig sind, „ohne Einwilligung der von der Maßnahme betroffenen Person **zu Beweiszwecken** in anderen Straftaten", sprich hinsichtlich anderer prozessualer Taten nur zur Aufklärung solcher Taten verwendet werden dürfen, zu deren Aufklärung die betreffende Maßnahme ebenfalls hätte angeordnet werden dürfen.

182 Nach ihrem Wortlaut enthält § 477 Abs. 2 S. 2 lediglich eine Verwendungsbeschränkung „zu Beweiszwecken". Als **Spuren- und damit Ermittlungsansatz** dürfen personenbezogene Daten hinsichtlich anderer prozessualer Taten hingegen verwendet werden.[229] So hat das BVerfG in seiner Entscheidung vom 29.6.2005[230] ausgeführt, die in der Rspr. und Lit. weit verbreitete Auffassung, wonach Zufallserkenntnisse aus einer rechtmäßig angeordneten Maßnahme nach § 100a zwar nicht zu Beweiszwecken verwertet werden dürften, indes Grundlage weiterer Ermittlungen in einem anderen gegen den Beschuldigten geführten Verfahren wegen einer Nichtkatalogtat sein dürfen, sei nicht zu beanstanden. An dieser Rspr. hat sich offensichtlich auch der Gesetzgeber des § 477 Abs. 2 S. 2 orientiert. Auch die Materialien thematisieren lediglich eine Verwendungsbeschränkung „für Beweiszwecke in einem anderen Strafverfahren".[231]

183 Dass das BVerfG für **Maßnahmen der Wohnraumüberwachung** nach § 100c hierzu in seiner Entscheidung vom 3.3.2004[232] eine andere Auffassung vertreten und ausgeführt hat, aus einer solchen Maßnahme resultierende entsprechenden Daten dürften auch nicht als Spurenansatz verwertet werden, weil anderenfalls in einem anderen Verfahren Informationen einer akustischen Wohnraumüberwachung verwendet werden könnten, ohne dass in diesem Verfahren jemals der Verdacht einer Katalogtat nach § 100c bestand, steht dem nicht entgegen.

184 So hat das BVerfG in seiner Entscheidung vom 29.6.2005 und damit nach seinem Urteil vom 3.3.2004 unter Bezugnahme auf die ständige Rspr. des BGH im Zusammenhang mit Maßnahmen nach § 100a anders als im Falle des § 100c eine Verwendung auch als Spurenansatz ausdrücklich zugelassen. Es hat offenkundig Veranlassung gesehen, insoweit zwischen der besonders intensiven Eingriffsmaßnahme nach § 100c und den übrigen Ermittlungsmaßnahmen wie etwa § 100a eine **Differenzierung** vorzunehmen. Diese hat der Gesetzgeber übernommen. So enthält die Verwendungsregelung der akustischen Wohnraumüberwachung in § 100d Abs. 5 Nr. 1 keine Einschränkung der weiteren Verwendungsmöglichkeiten (lediglich) zu Beweiszwecken, sondern vielmehr ein generelles Beweisverwertungsverbot.

185 **b) Verwendung von Spurenansätzen. aa) Einleitung von Ermittlungsverfahren.** Die Möglichkeit der Verwendung von Erkenntnissen als Spurenansatz gestattet es den Strafverfolgungsbehörden, Ermittlungsverfahren auch wegen des Verdachts solcher Straftaten einzuleiten, die keine Katalogtat nach Abs. 2 darstellen. Die (weitere) Verwendung solcher Erkenntnisse darf indes **nicht der Beweisführung dienen.**[233] Aus diesem Grunde ist es zwar zulässig, die anlässlich einer Überwachungsmaßnahme gewonnenen Erkenntnisse, nach denen der Beschuldigte (auch) andere, nicht dem Katalog des Abs. 2 unterfallende Straftaten begangen haben soll, zur Einleitung entsprechender Ermittlungsverfahren zu nutzen. So dürfen die entsprechenden Erkenntnisse dem Beschuldigten nicht vorgehalten wer-

229 Ebenso *Meyer-Goßner* § 477 Rn. 5a; BeckOK-StPO/*Wittig* § 477 Rn. 5; BeckOK-StPO/*Graf* Rn. 104.
230 BVerfG 29.6.2005 – 2 BvR 866/05, NJW 2005, 2766.
231 BT-Drs. 16/5846, 66.
232 BVerfG 3.3.2004 – 1 BvR 2378/98 und 1 BvR 1084/99, NJW 2004, 999 (1019).
233 KK-StPO/*Bruns* Rn. 67.

den. Geschieht dies gleichwohl, so unterliegt die diesbezügliche Aussage einem Beweisverwertungsverbot.[234]

bb) Strafprozessuale Zwangsmaßnahmen. Spurenansätze aus einer rechtmäßig 186
angeordneten Maßnahme zur Überwachung der Telekommunikation, etwa Erkenntnisse zu Nichtkatalogtaten, dürfen weiter dazu verwendet werden, strafprozessuale Zwangsmaßnahmen wie etwa Durchsuchungen zu begründen. Dies hat der BGH in seiner Entscheidung vom 20.12.1995[235] festgestellt.[236]

3. Verwendung zu präventiven Zwecken (§ 477 Abs. 2 S. 3). Durch besondere 187
strafprozessuale Ermittlungsmaßnahmen gewonnene personenbezogene Daten dürfen ohne Einwilligung der Betroffenen nach Maßgabe des § 477 Abs. 2 S. 3 zu präventiven Zwecken verwendet werden, wenn die weitere Verwendung der **Abwehr einer erheblichen Gefahr** für die öffentliche Sicherheit dienen soll. Die Verwendung der Daten zur Abwehr einer Gefahr für die öffentliche Ordnung ist hingegen nicht statthaft.[237]

V. Beweisverbote hinsichtlich rechtswidrig erlangter Erkenntnisse

1. Allgemeines. Die Strafprozessordnung enthält keine allgemeingültige Regelung, in 188
welchen Fällen tatsächlich zur Verfügung stehende rechtswidrig erlangte Beweismittel nicht verwertet werden dürfen. Für Maßnahmen der Telekommunikationsüberwachung bzw. andere offene wie verdeckte Ermittlungsmaßnahmen lassen sich vielmehr **einzelne maßnahmenspezifische Regelungen finden,** die vereinzelt von einer rechtswidrigen Beweisgewinnung ausgehen, überwiegend indes Verwendungsregelungen für rechtmäßig gewonnene Beweise enthalten. Hierzu gehören neben der in Abs. 4 S. 2 enthaltenen Regelung, wonach nach Abs. 1 gewonnene Erkenntnisse aus dem Kernbereich privater Lebensgestaltung nicht verwertet werden dürfen und die im Übrigen verallgemeinerungsfähig ist und auf Fälle rechtmäßiger wie rechtswidriger Maßnahmen gleichermaßen Anwendung findet, die weiteren Regelungen in § 136a, § 69 Abs. 3, § 100d Abs. 5, § 160a Abs. 1–3 und § 257c Abs. 4 S. 3. Darüber hinaus enthält die Vorschrift des § 477 Abs. 2 S. 2 und 3 eine allgemeine Regelung über die verfahrensübergreifende Verwendung personenbezogener Daten aus solchen Maßnahmen, die „nur bei Verdacht bestimmter Straftaten" zulässig sind.

Von diesen Vorschriften regeln allein die §§ 136a, 69 Abs. 3 ausdrücklich den Umgang 189
mit rechtswidrig erlangten Daten. Im Übrigen enthält die Strafprozessordnung auch keine Regelung darüber, welche Konsequenzen sich namentlich aus einem **Verstoß gegen die materiellen oder formellen Voraussetzungen** ihrer Eingriffsermächtigungen ergeben. Die im RegE eines Gesetzes zur Neuregelung der Telekommunikationsüberwachung und anderer verdeckter Ermittlungsmaßnahmen sowie zur Umsetzung der Richtlinie 2006/24/EG[238] in § 100b Abs. 1 S. 3 Hs. 2 E zunächst vorgesehene Reglung eines Beweisverwertungsverbotes in den Fällen, in denen die Staatsanwaltschaft rechtsfehlerhaft Gefahr im Verzug angenommen hat, wurde nicht geltendes Recht.

Beweisverbote gelten – nach einhelliger Auffassung – **nicht nur in den gesetzlich** 190
(ausdrücklich) geregelten Fällen. Vielmehr gilt, was Beling bereits 1903 aussprach: „Allseitig einverstanden wird man darüber sein, dass auch der Strafprozess die Menschenwürde achten muss, und dass daher ein unlösbarer Konflikt zwischen Menschenwürde und Strafprozessinteresse zu einem Beweisverbot führen muss. (…) Aber auch von der Menschenwürde abgesehen wird die moderne Anschauung – und sicher mit Recht – darauf bestehen,

---

[234] BGH 22.7.1979 – 2 StR 334/77, NJW 1978, 1390; BGH 15.3.1976 – AnSt (R) 4/75, NJW 1976, 1462; OLG Karlsruhe 3.6.2004 – 2 Ss 188/03, NStZ 2004, 643.
[235] BGH 20.12.1995 – 5 StR 680/94, NStZ 1996, 200 (201).
[236] Ebenso OLG München 21.8.2006 – St RR 148/06, wistra 2006, 472, KK-StPO/*Bruns* Rn. 68.
[237] KK-StPO/*Bruns* Rn. 64.
[238] Vgl. BT-Drs. 16/6979, 11.

dass jedem seine Persönlichkeitssphäre vor Staatszugriff sichergestellt werde, auch im Strafprozess".[239]

191 Vielfältig sind die Meinungen, wie Beweisverbote dogmatisch zu begründen sind. Weder die „Rechtskreistheorie",[240] die „Schutzzwecktheorie" noch etwa die „Beweisbefugnislehre", deren dogmatische Grundlegung auf der Erwägung beruht, der Gesetzesvorbehalt erfordere für jede Maßnahme eine Rechtsgrundlage, vermag schlüssig die Vielzahl der Beweisprobleme schlüssig aufzulösen zu lösen. Auf diese Theorien näher einzugehen, ist im Rahmen einer Kommentierung weder möglich noch nötig. In der gebotenen Kürze hierzu so viel: In der Rspr. von BGH[241] und BVerfG[242] ist – wie eingangs ausgeführt – anerkannt, dass dem Strafprozess ein allgemein geltender Grundsatz, wonach jeder Verstoß gegen Beweiserhebungsvorschriften ein Verwertungsverbot nach sich zieht, fremd ist. Nach der auch von der Rspr. vertretenen so genannten **Abwägungslehre,** der wohl überzeugendsten Beweisverbotstheorien,[243] hat unter Berücksichtigung der besonderen Umstände des Einzelfalls eine Abwägung stattzufinden zwischen dem Gewicht des Verfahrensverstoßes und dessen Bedeutung für die rechtlich geschützte Sphäre des Betroffenen einerseits sowie den Belangen einer funktionstüchtigen Strafrechtspflege andererseits.[244] Dabei muss beachtet werden, dass die Annahme eines Beweisverwertungsverbots eines der wesentlichen Prinzipien des Strafverfahrensrechts, nämlich die Pflicht zur Erforschung der Wahrheit, einschränkt.[245]

191a In seiner Entscheidung vom 7.12.2011 hat das **BVerfG** hierzu ausgeführt, Rechtsgrundlage für die Beweisverwertung in einem Strafverfahren sei die Vorschrift des § 261. Deren Wortlaut lasse sich keine Regelung des Inhalts entnehmen lassen, dass die Erhebung und Verwertung rechtswidrig erhobener Beweise nur eingeschränkt zulässig oder gänzlich unzulässig sei. Diese Bewertung denke sich mit den Anforderungen der EMRK, nach welcher die Verwertbarkeit rechtswidrig erlangter Beweise an dem Maßstäben eines fairen Verfahrens nach Art. 6 Abs. 1 S. 1 EMRK zu messen sei, mithin auch danach eine Prüfung der Gesamtumstände zu erfolgen habe. Dabei sei insbesondere in den Blick zu nehmen, welches Gewicht dem Verstoß gegen das Konventionsrecht bzw. das innerstaatliche Recht zukomme.[246]

192 Danach liegt ein Verwertungsverbot bei zunächst isolierter Betrachtung der Sphäre des Beschuldigten nahe, wenn die verletzte Vorschrift dazu bestimmt ist, die verfahrensrechtliche **Stellung des Beschuldigten im Strafverfahren zu sichern** und eher fern, wenn die verletzte Vorschrift nicht bzw. nicht in erster Linie den Interessen des Beschuldigten dient. Dem gegenüberzustellen ist ua das **Gewicht der Straftat,** derer der Beschuldigte verdächtig ist. Bei der Gesamtabwägung in den Blick zu nehmen ist weiter, ob der Verstoß auf **vorsätzliches oder grob fahrlässiges Verhalten** der Strafverfolgungsbehörden zurückzuführen ist.

193 Auch wenn sich diese Abwägung zuvörderst an verfassungsrechtlichen Grundsätzen auszurichten hat, wird sich vielfach das eine Ergebnis als das allein richtige Ergebnis nicht finden lassen, weil es vielfach **nicht nur eine richtige Entscheidung** gibt. Innerhalb der „verfassungsmäßigen Ummantelung" der zur Entscheidung stehenden Rechtsfragen können, abhängig vom Standpunkt des Betrachters, mehrere verschiedene Ergebnisse bzw. Entscheidungen verfassungskonform und damit vertretbar sein. Dieser Hinweis sollte manchem Tatgericht die vielfach zu beobachtende Scheu nehmen, sich solchen Fragestellungen zu stellen.

---

239 *Beling* S. 37.
240 Vgl. BGH 21.1.1958 – GSSt 4/57, NJW 1958, 557 (558) = BGHSt 11, 213 (215).
241 BGH 11.11.1998 – 3 StR 181/98, NJW 1999, 959 (961).
242 BVerfG 7.12.2011 – 2 BvR 2500/09, NJW 2012, 907 (910 Abs.-Nr. 121).
243 Vgl. *Paul,* NStZ 2013, 489 (491); zur Kritik an dieser vgl. *Jahn* NStZ 2007, 255.
244 Vgl. BVerfG 2.7.2009 – 2 BvR 2225/08, NJW 2009, 3225; BGH 27.2.1992 – 5 StR 190/91, NJW 1992, 1463; KK-StPO/*Greven* vor § 94 Rn. 11.
245 BGH 11.11.1998 – 3 StR 181/98, NJW 1999, 959 (961).
246 BVerfG 7.12.2001 – 2 BvR 2500/09, NStZ 2012, 496 (499).

2. Formell rechtswidrige Anordnungen. Verstöße gegen die formellen Voraussetzungen der Telekommunikationsüberwachung nach können, wie bei anderen Eingriffsmaßnahmen auch, zu einem Beweisverwertungsverbot führen. Dies gilt indes **nicht für Verstöße gegen einfachere Formvorschriften.** Hierzu dürfte der kaum noch vorstellbare Fall zählen, dass der die Maßnahme anordnende Richter oder Staatsanwalt seine Entscheidung entgegen § 100b Abs. 2 S. 1 nicht schriftlich erlässt.[247] 194

Wird die zulässige Höchstdauer einer Maßnahme nach § 100a durch irrtümliche **Fristüberschreitung** nicht beachtet – im entschiedenen Fall[248] wurde die Maßnahme vom 8.9. bis zum 14.10. durchgeführt, ohne dass auf Grund einer verspäteten Stellung des Verlängerungsantrages eine diesen Zeitraum ebenfalls abdeckende richterliche Anordnung nach § 100b vorgelegen hatte – führt auch dies nicht zwingend zu einem Verwertungsverbot. Zwar erscheint die Ablehnung eines Verwertungsverbotes bei einer derart zeitgreifenden Fristüberschreitung nicht unbedenklich.[249] Unproblematisch dürften indes kurze irrtümliche Fristüberschreitungen sein. 195

Die Aufzeichnung einer Telekommunikation – gänzlich – **ohne richterliche Anordnung** und damit unter Verstoß gegen § 100b Abs. 1 S. 1 auf Veranlassung der Polizei begründet hingegen ein Beweisverwertungsverbot. Während dies der 3. Strafsenat in seiner Entscheidung vom 17.3.1983[250] noch offen gelassen hat, hat der 4. Strafsenat in seiner Entscheidung vom 6.8.1987 hieraus ein Beweisverwertungsverbot abgeleitet.[251] 196

Anders verhält es sich, wenn seitens der Staatsanwaltschaft gegen den Richtervorbehalt durch **irrtümliche Annahme von Gefahr im Verzug** verstoßen wurde. Die Staatsanwaltschaft ist, anders als die Polizei, in Ausnahmefällen anordnungsbefugt. Fälle dieser Art führen deshalb regelmäßig nicht zu einem Beweisverwertungsverbot.[252] Dies gilt indes nicht für den Fall, dass die Annahme von Gefahr im Verzug willkürlich oder grob fahrlässig erfolgte.[253] Bei der Prüfung dieser Frage durch den Tatrichter ist Folgendes zu beachten: Wegen der grundrechtssichernden Schutzfunktion des Richtervorbehalts ist der Begriff „Gefahr im Verzug" eng auszulegen. In Fällen einer Eilanordnung fehlt die präventive Kontrolle durch den neutralen und unabhängigen Richter. Andererseits soll die Zuweisung einer Eilanordnungskompetenz im Einzelfall ein schnelles und situationsgerechtes Handeln der Exekutive zur Vermeidung von Beweisverlusten gewährleisten. Der Tatrichter hat die von den Strafverfolgungsbehörden getroffene Einschätzung der konkreten Situation nachzuvollziehen. Beruht diese Einschätzung auf Tatsachen und war sie in der Situation nahe liegend bzw. plausibel, so darf bzw. hat sie der Tatrichter bei seiner Entscheidung als zutreffend zu Grunde zu legen.[254] 197

Die in der strafprozessualen Praxis am häufigsten vorkommenden formellen Mängel dürften indes **Begründungsdefizite in der ermittlungsrichterlichen Anordnung** darstellen. Auch Anordnungen nach § 100a sind gemäß § 34 zu begründen. Gleichwohl beschränken sich nicht selten Richter in ihren Anordnungen rechtsfehlerhaft auf die formularmäßige und allein durch ein Ankreuzen konkretisierte Wiedergabe des abstrakten Straftatbestandes.[255] Fehlt indes wie in diesen Fällen selbst eine knappe Darlegung der den Tatverdacht begründenden tatsächlichen Umstände und der Beweislage, führt dies gleichwohl nicht zur Unverwertbarkeit der auf Grund solcher Maßnahmen erlangten Ermittlungsergebnisse. In diesen Fällen hat der Tatrichter vielmehr den Ermittlungsstand zum Zeitpunkt der ermittlungsrichterlichen Anordnung zu rekonstruieren und auf dieser Grundlage die Frage 198

[247] BGH 5.5.1995 – 2 StR 183/95, NStZ 1996, 48.
[248] BGH 11.11.1998 – 3 StR 181/98, NJW 1999, 959.
[249] Ebenso Löwe/Rosenberg/*Schäfer* Rn. 110; *Starkgraff* NStZ 1999, 470.
[250] BGH 17.3.1983 – 4 StR 640/82, NJW 1983, 1570.
[251] BGH 6.8.1987 – 4 StR 333/87, NJW 1988, 142.
[252] Ebenso KK-StPO/*Bruns* Rn. 52.
[253] BVerfG 20.2.2001 – 2 BvR 1444/00, NJW 2001, 1121.
[254] BVerfG 20.2.2001 – 2 BvR 1444/00, NJW 2001, 1124.
[255] Vgl. BGH 7.3.2006 – 1 StR 534/05, wistra 2006, 311.

der Vertretbarkeit der Anordnung zu prüfen.[256] Hierfür kommt es nicht darauf an, wie der Tatrichter in der damaligen Situation des Ermittlungsrichters und ob auch jener wie dieser entschieden hätte. Entscheidend ist allein, ob die damalige Entscheidung des Ermittlungsrichters vertretbar war.

199 **3. Materiell rechtswidrige Anordnungen.** Die Frage, ob der Tatverdacht auch auf „**bestimmten Tatsachen**" iSv Abs. 1 beruhte, ist bezogen auf den Zeitpunkt der Anordnung und auf der Grundlage des damaligen Ermittlungsstandes zu prüfen. Spätere Ergebnisse haben mithin außer Acht zu bleiben. Zudem kann namentlich während des dynamischen Geschehens im Ermittlungsverfahren die Frage, ob „bestimmte Tatsachen" einen Verdacht begründen, abhängig von der kriminalistischen Erfahrung des zur Entscheidung Berufenen unterschiedlich bewertet werden.[257] Vor diesem Hintergrund räumt das Gesetz den je nach Ermittlungsmaßnahme zur Entscheidungen berufenen Ermittlungspersonen, Staatsanwälten und Richtern einen Beurteilungsspielraum ein. Rechtswidrig mit der Folge eines Verwertungsverbotes sind deren Anordnungen in Fällen der vorliegenden Art deshalb nur dann, wenn sie nicht mehr vertretbar sind. Dies wiederum würde voraussetzen, dass die fehlerhafte Bejahung eines hinreichend bestimmten Tatverdachts (objektiv) willkürlich oder grob fehlerhaft erfolgt wäre.[258]

200 Das Vorgesagte gilt auch, wenn der Anordnende durch eine **rechtsfehlerhafte Bewertung der Frage der Subsidiarität** verkannt hat, dass eine weniger eingriffsintensive Maßnahme zu einem ähnlichen Ermittlungserfolg hätte führen können. Nur wenn der Anordnende bei der Prüfung der Subsidiarität dem ihm zuzubilligenden Beurteilungsspielraum überschritten hat, führt dieser Rechtsfehler auch zu einem Beweisverwertungsverbot.[259] In der Rspr. des BGH nach wie vor – soweit ersichtlich – umstritten ist die Frage, wie mit derartigen Begründungsdefiziten umzugehen ist.

201 Lag von vornherein hinsichtlich der den Gegenstand des Verfahrens bildenden prozessualen Tat **kein Verdacht einer Katalogtat** nach Abs. 2 vor, hat dies regelmäßig die Unverwertbarkeit der durch die Maßnahme erlangten Ermittlungsergebnisse zur Folge.[260] Dies gilt unabhängig davon, ob kein Verdacht hinsichtlich irgendeiner Straftat bestand bzw. ob eine solche zwar vorlag, diese indes auf Grund eines Subsumtionsfehlers irrtümlich dem Katalog des Abs. 2 zugeordnet wurde. Unschädlich sind hingegen Subsumtionsfehler in den Fällen, in denen **hinsichtlich derselben prozessualen Tat der Verdacht einer anderen als der angenommenen Katalogtat bestand.**[261] In diesem Fall hätte die Anordnung zur Überwachung der Telekommunikation nämlich auf den Verdacht des Vorliegens dieses anderen Straftatbestandes gestützt werden können. Eine entsprechende Auswechselung der rechtlichen Bewertung kommt allerdings nur bei solchen Fällen in Betracht, in denen derselbe Lebenssachverhalt betroffen ist und die Änderung der rechtlichen Grundlage für die Telekommunikationsüberwachung der damals bestehenden Ermittlungssituation nicht ein völlig anderes Gepräge geben würde.[262]

202 **4. Voraussetzung der Beachtung von Verwertungsverboten.** Die isolierte Betrachtung wiederholt anzutreffenden Ausführungen in Entscheidungen des BGH wie: „In einem rechtsstaatlichen Strafverfahren dürfen Erkenntnisse aus einer **rechtswidrig** angeordneten Telefonüberwachung nicht als Beweismittel verwertet werden. Dies gilt insbesondere in Fällen, in denen es an einer wesentlichen sachlichen Voraussetzung für die Maßnahme nach § 100a fehlt",[263] führt leicht zu Missverständnissen. Vielmehr folgt, wie sich aus der

---

256 BGH 1.8.2002 – 3 StR 122/02, NStZ 2003, 215 (216) = BGHSt 47, 362 (366).
257 Vgl. BGH 16.2.1995 – 4 StR 729/94, NJW 1994, 1974 (1975).
258 Vgl. BGH 16.2.1995 – 4 StR 729/94, NJW 1994, 1974 (1975).
259 BGH 16.2.1995 – 4 StR 729/94, NJW 1995, 1974 = StV 1995, 226.
260 BGH 24.8.1983 – 3 StR 136/83, NStZ 1984, 275; BGH 16.2.1995 – 4 StR 729/94, NJW 1994, 1974 (1975).
261 BGH 26.2.2003 – 5 StR 423/02, NJW 2003, 1880 (1881).
262 BGH 18.3.1998 – 5 StR 693/97, NStZ 1998, 426.
263 BGH 1.8.2002 – 3 StR 122/02, NStZ 2003, 215 (216).

vorstehend dargelegten „Abwägungslehre“ (→ Rn. 191) ergibt, **aus der Rechtswidrigkeit einer Ermittlungsmaßnahme nicht stets ein Beweisverwertungsverbot.** Zu einem Beweisverbot führen rechtswidrige Ermittlungsmaßnahmen nur, wenn sie derart schwerwiegend sind, dass abhängig von den konkreten Umständen des Einzelfalles auch die Interessen an einer effektiven Strafverfolgung eine Verwertung der rechtswidrig erlangten Erkenntnisse nicht zu rechtfertigen vermögen.

a) Berücksichtigung von Beweisverboten, Widerspruch. aa) Allgemeines zur „Widerspruchslösung“. Strafverfolgungsbehörden wie Gerichte dürfen rechtsstaatswidrig gewonnene Erkenntnisse, die wie etwa im Falle des § 136a mit besonders schwerwiegenden Rechtsverstößen einhergehen und bzgl. derer ein gesetzliches Verwertungsverbot besteht, bereits von **Amts wegen** nicht verwerten. Die gilt auch für andere schwerwiegende Rechtsverstöße, bzgl. derer der Gesetzgeber kein ausdrückliches Beweisverbot vorgesehen hat. Für den Richter ergibt sich dies unmittelbar aus seiner Gesetzesbindung nach Art. 97 Abs. 1 GG. Sie ist das notwendige Korrelat zu seiner Weisungsunabhängigkeit.[264] Auch andere, weniger schwer wiegende Verstöße gegen formelle bzw. materielle Anordnungsvoraussetzungen hat der Tatrichter stets für sich zu prüfen, muss die von ihm gezogenen Konsequenzen aus solchen Verstößen indes nicht während des Verfahrens mit den Beteiligten erörtern, sofern er zu einer Verwertbarkeit der Erkenntnisse gelangt. Hiervon scheint auch der BGH in seiner Entscheidung vom 7.3.2006 im Zusammenhang mit § 100a ausgegangen zu sein, wenn er ausgeführt hat, dass der Tatrichter die Rechtmäßigkeit einer Maßnahme „regelmäßig nur dann zu prüfen braucht, wenn der Angeklagte der Verwertung rechtzeitig widerspricht“.[265] Will der Angeklagte hingegen ein nach seiner Auffassung gegebenes und vom Gericht aus welchen Gründen auch immer gleichwohl nicht berücksichtigtes Beweiserhebungs- bzw. Beweisverwertungsverbot geltend machen, muss er der Beweisverwertung nach hM in Rspr. und Kommentarliteratur[266] rechtzeitig und damit spätestens bis **zu dem in § 257 benannten Zeitpunkt** widersprechen,[267] um den ggf. hierauf beruhenden Verfahrensfehler in der Revision geltend machen zu können. 203

Nach der die Widerspruchslösung begründenden Rspr. des Reichsgerichts[268] und der diese fortführenden Rspr. des BGH[269] und einzelner Stimmen in der Lit.[270] ist der Widerspruch somit ein **konstitutives Element** für die Geltendmachung von Beweisverwertungsverboten, die nicht bereits von Amts wegen berücksichtigt wurden. 204

Eine **dogmatisch einheitliche Begründung** für die Widerspruchslösung findet sich auch in der neueren Rspr. nicht. So hat der BGH in seiner Grundsatzentscheidung vom 27.2.1992[271] die Widerspruchslösung damit begründet, dass dem verteidigten Angeklagten das Recht, sich auf ein Verwertungsverbot zu berufen, **verloren gehe,** wenn er in der tatrichterlichen Vernehmung der Verwertung nicht widersprochen habe. 205

Auf die Möglichkeit der **Disponibilität** von Verfahrensrügen bzw. der **Einwilligung** in die Verwertung rechtswidrig erlangter Erkenntnisse hebt der BGH hingegen in seiner Entscheidung vom 10.8.2005[272] ab. Diese Rspr. findet nunmehr ihre Stütze in einzelnen Vorschriften wie § 100d Abs. 5 Nr. 1 hinsichtlich der aus Maßnahmen der Wohnraumüberwachung gewonnenen Erkenntnisse bzw. in § 101 Abs. 8 S. 3. Dort ist nunmehr ausdrücklich geregelt, dass der Angeklagte bestehende Verwertungsverbote durch seine Einwilligung beseitigen kann. Voraussetzung hierfür ist jedoch, dass der Angeklagte in dem entsprechenden Umfang auch dispositionsbefugt ist. 206

---

[264] Vgl. Maunz/Dürig/*Hillgruber* GG Art. 97 Rn. 25.
[265] BGH 7.3.2006 – 1 StR 316/05, NJW 2006, 1361.
[266] Vgl. BGH 15.8.2000 – 5 StR 223/00, BeckRS 2000, 07757 mit abl. Anm. *Wollweber* wistra 2001, 182; KK-StPO/*Bruns* Rn. 55; BeckOK-StPO/*Graf* Rn. 88; *Ventzke* StV 2001, 545.
[267] BGH 27.2.1992 – 5 StR 190/91, NStZ 1992, 294 (295).
[268] RG 24.6.1881 – 1431/81, RGSt 4, 301.
[269] BGH 27.2.1992 – 5 StR 190/91, NStZ 1992, 294 (295) = BGHt 38, 214 (225 ff.).
[270] *Widmaier* NStZ 1992, 519 (521); Hamm NJW 1996, 2185 (2187).
[271] BGH 27.2.1992 – 5 StR 190/91, NStZ 1992, 294 (295).
[272] BGH 10.8.2005 – 1 StR 140/05, NStZ 2007, 700.

207 **bb) Kritik an der herrschenden Rspr.** Das Erfordernis eines Verwertungswiderspruchs kann nicht unkritisch gesehen werden. Die Regelungen in § 100d Abs. 5 Nr. 1 bzw. in § 477 Abs. 2 setzen, sofern die weitere Verwertung der Erkenntnisse allein vom Verhalten des Betroffenen abhängig und er dispositionsbefugt ist, dessen Einwilligung als ausdrückliche Willensbekundung voraus. Eine solche ausdrücklich zu erklärende Einwilligung kann indes **nicht in einem Schweigen** des Betroffenen bzw. Angeklagten gesehen werden. Nichts anderes ergibt sich aus § 136a Abs. 3. Dort geht der Gesetzgeber offenkundig, auch wenn er sie für unbeachtlich erklärt hat, davon aus, dass Voraussetzung für eine Verwertung der Erkenntnisse allenfalls die ausdrücklich oder zumindest – zweifelsfrei – konkludent erklärte Einwilligung bzw. Zustimmung des Beschuldigten sein könnte, nicht hingegen sein Schweigen.

208 **cc) Zur konkreten Ausgestaltung der Widerspruchspflicht in der Rspr.** Zahlreiche Entscheidungen des BGH verhalten sich zwischenzeitlich dazu, wie der Angeklagte seiner Widerspruchsverpflichtung nachzukommen hat. So reicht es nicht aus, wenn dieser bzw. sein Verteidiger ein Verwertungsverbot lediglich im Ermittlungsverfahren gegenüber der Staatsanwaltschaft und damit **außerhalb der Hauptverhandlung** geltend macht. Der Widerspruch muss vielmehr (auch) innerhalb derselben erhoben werden.[273] Bei der Vernehmung mehrerer Zeugen – auch wenn diese dasselbe Beweisthema betreffen – hat der Angeklagte seinen Widerspruch **nach jeder einzelnen Zeugenvernehmung,** ggf. vorsorglich geltend zu machen. Er darf nicht zuwarten, bis alle Zeugen vernommen wurden.[274] Der Widerspruch – jedenfalls des verteidigten Angeklagten – **bedarf zudem regelmäßig einer Begründung**, in der zumindest in groben Zügen anzugeben ist, unter welchem rechtlichen Gesichtspunkt der Angeklagte den zu erhebenden oder bereits erhobenen Beweis für unverwertbar hält. Die Begründung begrenzt den Prüfungsumfang durch das Tatgericht.[275]

209 Weiter hat der BGH in seiner Entscheidung vom 7.3.2006[276] zum Ausdruck gebracht, **nicht jeder Antrag auf gerichtliche Entscheidung nach § 238 Abs. 2 genüge den Anforderungen an die revisionsrechtlich beachtliche Geltendmachung eines Beweisverwertungsverbotes.** Im dem der Entscheidung zu Grunde liegenden Fall hatte der Verteidiger ohne weitere Begründung in der Hauptverhandlung zwar „einen Gerichtsbeschluss über das Vorspielen der abgehörten Telefonate" beantragt. Er hat indes weder bis zu dem nach § 257 maßgebenden Zeitpunkt noch während der weiteren Hauptverhandlung der Verwertung der entsprechenden Gespräche ausdrücklich widersprochen. Im Weiteren wird in der Entscheidung ausgeführt, es könne dahingestellt bleiben, ob ein bloßer nicht weiter begründeter oder wenigstens kommentierter Antrag nach § 238 Abs. 2 nach einer Verfügung des Vorsitzenden über die Einführung der Erkenntnisse aus Maßnahmen der Telekommunikationsüberwachung als Widerspruch gegen die Verwertung dieser Erkenntnisse zu werden sei. Weiter hat der BGH ausgeführt: „Da dies dann die Überprüfungspflicht des Gerichts auslöst (…), wird regelmäßig eine entsprechende Klarstellung zu fordern sein". Mit „dies" scheint im Kontext der weiteren Begründung der Antrag nach § 238 Abs. 2 gemeint zu sein. Im Gegensatz zu diesem Antrag wäre dann bei einem Widerspruch eine gerichtliche Entscheidung nicht geboten. Dies würde jedenfalls nach der Rspr. des BGH auch Sinn machen, weil nach dessen Auffassung dem Widerspruch gegen eine Beweisverwertung zwar ein konstitutives Element hinsichtlich der Revision zukommt, der den Widerspruch erhebende Angeklagte will sich die entsprechende Verfahrensrüge erhaltenen, indes kein konsensuales Element im Rahmen der tatrichterlichen Hauptverhandlung. Der Angeklagte bzw. sein Verteidiger werden sich regelmäßig ungeachtet etwaiger selbst noch so überzeugend klingender tatrichterlicher Erläuterungen die Rügemöglichkeit in jedem

---

[273] BGH 17.6.1997 – 4 StR 243/97, NStZ 1997, 502.

[274] BGH 12.10.1993 – 1 StR 475/93, NStZ 1994, 95.

[275] BGH 11.9.2007 – 1 StR 273/07, NJW 2007, 3587 (3588 f.); offen gelassen in BVerfG 19.9.2006 – 2 BvR 2115/01 und 2 BvR 2132/01 und 2 BvR 348/03, NJW 2007, 499 (504).

[276] BGH 7.3.2006 – 1 StR 534/05, BeckRS 2006, 05646 = wistra 2006, 311 = StV 2008, 63 (64).

Fall erhalten wollen. Vor diesem Hintergrund scheint allein bei einem Verwertungswiderspruch eine förmliche Bescheidung entbehrlich. So hat der BGH in seiner Entscheidung v. 16.8.2007[277] nach einem in der Hauptverhandlung erhobenen Widerspruch des Verteidigers gegen die Verwertung der Aussage eines Polizeibeamten zutreffend angemerkt, ein verpflichtenden Zwischenbescheid der Art, dass sich das Gericht während der Hauptverhandlung zur Frage eines Beweisverbotes äußern müsse, sei insbesondere auch unter dem Gesichtspunkt fairer Verfahrensgestaltung nicht geboten. Das BVerfG hat im Rahmen einer Verfassungsbeschwerde gegen diese Entscheidung am 18.3.2009[278] diese Rechtsauffassung bestätigt und angemerkt, einen strafprozessualen Zwischenbescheid über das Vorliegen eines Beweisverwertungsverbotes bereits in der Hauptverhandlung vor dem Tatgericht sehe die StPO nicht vor. Ein solcher sei auch aus rechtsstaatlichen Gesichtspunkten nicht zwingend geboten, die entsprechende fachgerichtliche Rspr. des BGH nicht zu beanstanden.

Hinsichtlich der weiteren prozessualen Ausgestaltung des Widerspruchs hat der 1. Strafsenat des BGH hat in seiner Entscheidung vom 9.11.2005[279] die Auffassung vertreten, dass der in der ersten tatrichterlichen Hauptverhandlung unterlassene bzw. verspätet erfolgte Widerspruch (hier wegen Verletzung der §§ 136 Abs. 1 S. 2, 163a Abs. 4 S. 2) **nach Zurückverweisung der Sache durch das Revisionsgericht nicht mehr nachgeholt** werden könne. 210

Für den Fall einer **Zustimmung des Angeklagten** trotz Bestehens eines Verwertungsverbotes zur Verwendung der bemakelten Ermittlungsergebnisse als Beweismittel hat der BGH in seiner Entscheidung vom 5.8.2008[280] im Rahmen einer nicht tragender Erwägungen zum Ausdruck gebracht, dass der Angeklagte dann nicht ausschließlich die sich zu seinen Gunsten auswirkenden Erkenntnisse berücksichtigen lassen kann. Gänzlich unerörtert blieb bisher soweit ersichtlich in der Rspr. die Frage, ob im Falle eines Verwertungsverbotes **die Zustimmung aller durch die Maßnahme Betroffenen** erforderlich ist. Indes dürfte, weil zielgerichtet in das jeweilige Grundrecht nach Art. 10 GG eingegriffen wurde, die Zustimmung jedes Einzelnen erforderlich sein, gegen den die Maßnahme angeordnet wurde und bzgl. dessen die Erkenntnisse verwertet werden sollen. Alle anderen Fälle sind an § 477 Abs. 2 zu messen. 211

dd) Einzelfälle. Ein Widerspruch ist insbesondere in Fällen **schwerwiegender Verfahrensverstöße entbehrlich.** Anerkannt ist dies etwa für die Verwertung von Aussagen, die unter Verstoß gegen § 136a zustande gekommen sind.[281] Ebenso darf der Angeklagte einen Verstoß gegen § 252 selbst dann rügen, wenn er selbst bzw. sein Verteidiger der Verwertung der Zeugenaussage nicht widersprochen hat und bei der Vernehmung des Zeugen in dessen Entscheidungsfreiheit eingegriffen wurde.[282] 212

In **anderen Fällen** soll nach der Rspr. des BGH hingegen ein Widerspruch erforderlich sein. In Zusammenhang mit Maßnahmen der Telekommunikationsüberwachung hat er einen Widerspruch in den Fällen für erforderlich gehalten, in denen das Gericht Erkenntnisse aus Überwachungsmaßnahmen verwertet, die es nach Auffassung des Angeklagten nicht hätte verwerten dürfen, der Angeklagte mithin die **rechtswidrige Verwendung von Erkenntnissen aus Überwachungsmaßnahmen** rügt.[283] 213

b) Von Amts wegen keine Darlegung in den Urteilsgründen. In der Rspr. des BGH ist indes umstritten, wie mit rechtswidrigen oder gar rechtsstaatswidrigen Anordnungen nach § 100a umzugehen ist. Nach der – nicht tragenden – Entscheidung des 3. Strafsenats vom 1.8.2002[284] hat der Tatrichter die Verwertbarkeit von Erkenntnissen aus Maßnah- 214

277 BGH 16.8.2007 – 1 StR 307/07, NStZ 2007, 719.
278 BVerfG 18.3.2009 – 2 BvR 2025/07, nicht veröffentlicht.
279 BGH 9.11.2005 – 1 StR 447/05, NJW 2006, 707 = NStZ 2006, 348.
280 BGH 5.8.2008 – 3 StR 45/08, NStZ 2008, 706.
281 BGH 22.8.1985 – 1 StR 458/95 (nicht veröffentlicht); KK-StPO/*Diemer* § 136a Rn. 43.
282 BGH 27.10.2006 – 2 StR 334/06, NStZ 2007, 353.
283 BGH 15.8.2000 – 5 StR 223/00, BeckRS 2000 30126687 = BGH bei *Becker* NStZ 2001, 260.
284 BGH 1.8.2002 – 3 StR 122/02, NStZ 2003, 215 (216).

men nach § 100a „nach obigen Maßstäben **von Amts** wegen zu prüfen", wobei mit „obigen Maßstäben" offensichtlich nicht die Frage der Rechtsstaatswidrigkeit, sondern „lediglich" die der Rechtswidrigkeit gemeint ist. Unterlasse der Tatrichter diese Überprüfung und setze sich damit nicht von Amts wegen in den Urteilsgründen auseinander, so der 3. Strafsenat weiter, stelle dies einen **eigenständigen Rechtsfehler** dar, der im Einzelfall zur Aufhebung des Urteils führen könne.

215 Dieser Rspr. ist der 1. Strafsenat in seiner Entscheidung vom 7.3.2006[285] mit der überzeugenden Begründung entgegengetreten, Ausführungen zur Verwertbarkeit von Beweismitteln seien nach § 267 **nicht vorgeschrieben**. Dem ist zuzustimmen.

216 **5. Fernwirkung.** Der **BGH** vertritt in ständiger Rspr. die Auffassung, dass Beweisverwertungsverboten jedenfalls grundsätzlich keine Fernwirkung zukommt.[286] Er begründet dies damit, dass ein Verfahrensfehler, der hinsichtlich eines bestimmten Beweismittels zu einem Verwertungsverbot führe, nicht ohne weiteres dazu führen dürfe, dass das gesamte Strafverfahren lahmgelegt werde.

217 Dem gegenüber wird in der **Lit.** ganz überwiegend eine Fernwirkung bejaht. Zumeist wird darauf abgehoben, wirksamen Beweisverwertungsverboten komme eine disziplinierende Wirkung zu, die den Strafverfolgungsbehörden den Anreiz für die Nicht- oder Geringachtung von Verfahrensvorschriften nehmen würde.[287] Eine Fernwirkung würde diesen Effekt noch verstärken. Vereinzelt wird auch schlicht „zur sachgerechten Handhabung des Problems" eine Fernwirkung bejaht.[288] Entsprechend der im angloamerikanischen Rechtsraum vertretenen „hypothetical clean path doctrine" wird vereinzelt und einschränkend die Auffassung vertreten, eine Fernwirkung sei jedenfalls in den Fällen zu verneinen und das Beweismittel zuzulassen, wenn dieses im konkreten Fall auch rechtmäßig hätte erlangt werden können.[289]

218 Im Ergebnis **verdient die Rspr. Zustimmung.** Die Gewährleistung einer effektiven Strafverfolgung ist höher anzusiedeln als die nach wie vor eine Ausnahme darstellenden Verfahrensverstöße seitens der Strafverfolgungsbehörden. Hiergegen ist auch aus verfassungsrechtlicher Sicht nichts zu erinnern. So hat das BVerfG in seiner Entscheidung vom 8.12.2005[290] angemerkt, es sei nicht zu beanstanden, wenn aus einer rechtswidrigen Anordnung nach § 100a kein Beweisverwertungsverbot mit Fernwirkung abgeleitet werde. Ein solches, so das BVerfG weiter, würde dem verfassungsrechtlich anerkannten Interesse der Allgemeinheit an einer wirksamen Strafverfolgung sowie dem öffentlichen Interesse an einer möglichst vollständigen Wahrheitsermittlung im Strafprozess zuwiderlaufen.

218a **6. Prüfung der Verwertbarkeit von mittels Rechtshilfe erlangter Beweise.** Nach der in der Rspr.[291] sowie im überwiegenden Teil des Schrifttums[292] vertretenen Auffassung richtet sich die Verwertung von mittels Rechtshilfe eines ausländischen Staates erlangter Beweise nach der Rechtsordnung des um die Rechtshilfe ersuchenden Staates, mithin **nach inländischem Recht.** Noch nicht vollständig geklärt ist die Frage, welche Gründe im Einzelfall zu einer Unverwertbarkeit der auf solche Art und Weise erlangten Beweise im inländischen Strafverfahren führen können. Maßgeblich hierfür sind nach dem vorstehend Gesagten die inländische Rechtsordnung sowie die im Inland ebenfalls zu berücksichtigenden völkerrechtlichen Grundsätze. So hat der BGH in der Vergangenheit eine Unverwertbarkeit von Beweisen angenommen, wenn in unzulässiger Weise in das Souveränitätsrecht

[285] BGH 7.3.2006 – 1 StR 316/05, NStZ 2006, 402 (403).

[286] BVerfG 8.12.2005 – 2 BvR 1686/04, BeckRS 2011, 51747; BGH 28.4.1987 – 5 StR 666/86, NStZ 1989, 33; BGH 22.2.1978 – 2 StR 334/77, NJW 1978, 1390.

[287] *Grünwald* JZ 1966, 489, 499.

[288] Vgl. statt vieler *Park* Rn. 385.

[289] Vgl. zum Überblick *Meyer-Goßner* § 136a Rn. 30 ff.

[290] BVerfG 8.12.2005 – 2 BvR 1686/04, BeckRS 2011, 51747 Abs.-Nr. 11.

[291] BGH 21.11.2012 – 1 StR 310/12, BeckRS 2013, 04113 Rn. 21; BGH 4.3.1992 – 3 StR 460/91, NStZ 1992, 394.

[292] *Ambos* S. 31; *Gleß* JR 2008, 317 (321).

eines ausländischen Staates eingegriffen[293] bzw. wenn durch den ersuchten Staat gegen internationale rechtshilferechtliche Bestimmungen verstoßen wurde. Entschieden wurde ua der Fall, dass der ersuchte Staat (Frankreich) im Rahmen einer durch die Bundesrepublik Deutschland ersuchten richterlichen Vernehmung die Vorschrift des § 168c nicht beachtet und den Verteidiger nicht benachrichtigt hatte, obwohl nach Art. 4 EU-RhÜbk. die in Frankreich durchzuführende Vernehmung nach dem Recht des ersuchenden Staates und damit nach deutschen Recht durchzuführen war.[294]

Wird im Rahmen der Rechtshilfe gegen inländisches Recht bzw. gegen völkerrechtliche Grundsätze verstoßen und werden damit die Erkenntnisse des ausländischen Staates in **rechtswidriger Weise** erlangt, so hat der BGH für die Frage der Verwertung solcher Erkenntnisse in seiner Entscheidung v. 21.11.2012[295] folgende Grundsätze aufgestellt: Aus der Nichteinhaltung rechtshilferechtlicher Bestimmungen kann nur dann ein Beweisverwertungsverbot abgeleitet werden, wenn der betreffenden Regelung auch ein individualschützender Charakter zukommt. Ist eine solch individualschützende Komponente zu bejahen, kann allein aus ihrer Verletzung noch kein Beweisverwertungsverbot abgeleitet werden, sofern das betreffende Regelwerk ein solches nicht ausdrücklich vorsieht. Auch völkerrechtliche Grundsätze wie das allgemeine Fairnessgebot des Art. 6 Abs. 1 EMRK geböten keine andere Betrachtungsweise. Es sei auch in der Rspr. des Europäischen Gerichtshofs für Menschrechte anerkannt, so der BGH weiter, dass aus der Verletzung von Vorschriften des nationalen Rechts nicht zwingend ein Beweisverwertungsverbot resultiere, weshalb für die Verletzung von rechtshilferechtlichen Bestimmungen über die Beweiserhebung im Ausland insoweit nichts anderes gelten könne. Verstöße gegen Verfahrensvorschriften führten insbesondere dann zu keinem Beweisverwertungsverbot, wenn die betreffenden Beweismittel auch bei Beachtung der entsprechenden Vorschriften hätten erlangt werden können. 218b

Handelt es sich bei den im Wege der Rechtshilfe übermittelten Erkenntnissen bzw. Beweismitteln um solche, die originär durch den ersuchten Staat im Rahmen eines von diesem durchgeführten Ermittlungsverfahrens erhoben worden waren, bedarf es nach Auffassung des BGH keiner **„umfassende(n) Rechtmäßigkeitsprüfung der ausländischen Anordnungsbeschlüsse am Maßstab des ausländischen Rechts“** etwa dahingehend, ob derartige ausländische Anordnungsbeschlüsse mit dem ausländischen Verfassungsrecht in Einklang stünden.[296] Würden inländische Strafgerichte ggf. unter Einholung von Sachverständigengutachten die Entscheidungen ausländischer Gerichte (hier die Anordnung eines tschechischen Gerichts zur Durchführung einer Telekommunikationsüberwachung) am Maßstab des ausländischen Rechts prüfen, würden sie sich Kompetenzen anmaßen, die ihnen nach Völkerrecht und Unionsrecht nicht zustünden.[297] Vor diesem Hintergrund unterliegen entsprechende ausländische Entscheidungen lediglich einer beschränkten Überprüfung ihrer Rechtmäßigkeit. So sei in den Blick zu nehmen, ob die Beweiserhebung durch den ausländischen Staat unter Verletzung völkerrechtlich verbindlicher und dem Individualrechtsgüterschutz dienender Garantien wie etwa Art. 3 EMRK oder § 73 IRG erfolgte bzw. die Maßnahme mit der entsprechenden Verfahrensordnung des ausländischen Staates in Einklang stehe. Indes führen auch Verstöße gegen diese nach dem vorstehend Gesagten und dem auch hier anzuwenden Grundsatz des hypothetischen Ersatzeingriffes nicht zwingend zu einem Beweisverwertungsverbot. 218c

VI. Auf Grund anderer Gesetze erlangte Erkenntnisse (§ 161 Abs. 2)

Liegen personenbezogene Daten vor, die durch andere – nicht strafprozessuale – hoheitliche Maßnahmen erlangt wurden und sollen diese Daten ohne Einwilligung der von diesen 219

---

[293] BGH 8.4.1987 – 3 StR 11/87, NJW 1998, 2168.
[294] BGH 15.3.2007 – 5 StR 53/07, NStZ 2007, 417.
[295] BGH 21.11.2012 – 1 StR 310/12, BeckRS 2013, 04113.
[296] BGH 21.11.2012 – 1 StR 310/12, BeckRS 2013, 04113 Rn. 33.
[297] Vgl. BGH 11.11.2004 – 5 StR 299/03, wistra 2005, 58 (60).

Maßnahmen betroffenen Personen zu Beweiszwecken in einem Strafverfahren Verwendung finden, so bemisst sich die Beweisverwendung nach § 161 Abs. 2. In der Praxis betrifft dies vor allem Maßnahmen nach den Polizeigesetzen bzw. den Gesetzen über die Nachrichtendienste. § 161 Abs. 2 macht die Beweisverwendung dieser Daten davon abhängig, dass sie zur Aufklärung solcher Straftaten dienen, auf Grund derer die durchgeführte Maßnahme **auch nach der StPO** hätte angeordnet werden dürfen.

220 So lassen zahlreiche **Polizeigesetze** wie etwa § 33a Nds SOG oder § 23a ZFdG – wenn auch zu anderen Zwecken – ebenso wie § 100a Maßnahmen der Telekommunikationsüberwachung zu. Gemäß § 161 Abs. 1 dürfen aus derartigen polizeilichen Maßnahmen resultierende personenbezogene Daten zu Beweiszwecken in einem Strafverfahren verwendet werden, wenn Gegenstand der Ermittlungen eine Katalogtat nach Abs. 2 ist. Weitere Voraussetzung ist, dass die polizeiliche Maßnahme nicht mit schwerwiegenden, der Verwertung ihrer Erkenntnisse entgegenstehenden Rechtsverstößen belastet ist.

221 Ebenso wie § 477 Abs. 2 S. 2 liegt auch § 161 Abs. 2 der Gedanke des hypothetischen Ersatzeingriffs zu Grunde und enthält auch diese Vorschrift eine Beschränkung der weiteren Verwendung nur für den Fall, dass die Daten **„zu Beweiszwecken im Strafverfahren“** verwendet werden sollen. Sollen die Daten hingegen lediglich als weiterer Ermittlungs- bzw. Spurenansatz verwertet werden, **greift die Beschränkung nicht.**[298]

222 Personenbezogene Daten, die durch eine Maßnahme nach § 20k BKAG, mithin durch einen verdeckten Eingriff in informationstechnische Systeme (vulgo: **Online Durchsuchung**) gewonnen wurden, dürfen mithin zu Beweiszwecken in einem Strafverfahren nicht verwendet werden. Eine solche Maßnahme ist nach der Strafprozessordnung nicht statthaft.

VII. Besondere Ermittlungsmaßnahmen

223 **1. Quellen-TKÜ.** Werden die mittels Telekommunikationseinrichtungen zu versendenden Nachrichten durch den Nutzer bereits **im sogenannten Endgerät und damit gleichsam an der „Quelle“** der Telekommunikation, etwa einem Handy, vor ihrer Übertragung verschlüsselt, erfolgt ausschließlich eine Übertragung kryptierter Daten. Allein diese kann der nach § 100b Abs. 3 verpflichtete Telekommunikationsdienstleister an die Strafverfolgungsbehörden ausleiten. Ist die Polizei nicht in der Lage, die kryptierten Daten zu entschlüsseln, was bei modernen und vielfach gebräuchlichen Verschlüsselungsprogrammen technisch nicht möglich ist, kann sie die Telekommunikation zwar rein technisch „überwachen“, deren Inhalte jedoch nicht nachvollziehen.

224 Die Strafverfolgungsbehörden haben deshalb in der Vergangenheit wiederholt[299] die Nachrichten der zu überwachenden Personen noch vor der Verschlüsselung der Daten erfasst und ausgeleitet. Bei der Versendung von Textnachrichten, etwa E-Mails, wurden dafür spezielle Programme, ua so genannte „Key-Logger“ bzw. „Trojaner“ auf den Rechner der zu überwachenden Person überspielt. Entsprechend wurde verfahren, um etwa im Falle der Internet-Telefonie die Sprache der zu überwachenden Person aufzuzeichnen. Die entsprechenden Anordnungen nach § 100a enthaltenen in derartigen Fällen eine **zusätzliche Anordnung,** wonach den Strafverfolgungsbehörden gestattet wird, spezielle Softwareprogramme auf die von dem Beschuldigten genutzten Endgeräte zu übertragen, die eine unverschlüsselte Ausleitung der Telekommunikationsdaten ermöglichen.

225 Die Zulässigkeit der Quellen TKÜ zu strafprozessualen Zwecken ist **in der Lit.**[300] **und Rspr.**[301] **umstritten**. Alleiniger Maßstab für die Beurteilung dieser Frage ist nach Auffas-

---

[298] BT-Drs. 16/5846, 6; KK-StPO/*Nack* Rn. 67.

[299] Vgl. OLG Hamburg 12.11.2007 – 6 Ws 1/07, NStZ 2008, 478; LG Landshut 20.1.2011 – 4 Qs 346/10, NStZ 2011, 479; LG Hamburg 1.10.2007 – 629 Qs 29/07, MMR 2008, 423; AG Bayreuth 17.9.2009 – Gs 911/09, NJW-Spezial 2010, 345.

[300] Abl. *Becker/Meinicke* StV 2011, 50; *Buermeyer/Bäcker* HRRS 2009, 433 (440); *Sankol* CR 2008, 13 (17); zust. Graf/*Graf* Rn. 114; KMR-StPO/*Bär* Rn. 32.

[301] AG Bayreuth 17.9.2009 – Gs 911/09, NJW-Spezial 2010, 345; LG Landshut 20.1.2011 – 4 Qs 346/10, NStZ 2011, 479; abl. LG Hamburg 1.10.2007 – 629 Qs 29/07, MMR 2008, 423.

sung des BVerfG Art. 10 GG. Dies gilt jedenfalls dann, wenn sich die Überwachung ausschließlich auf die Daten des laufenden Telekommunikationsvorgangs beschränkt.[302] Anders als § 20l Abs. 2 BKAG, der ausdrücklich zulässt, dass mit „technischen Systemen in vom Betroffenen genutzte informationstechnische Systeme eingegriffen" werden kann, wenn dies notwendig ist, „um die Überwachung und Aufzeichnung der Telekommunikation insbesondere auch in unverschlüsselter Form zu ermöglichen", enthält § 100a keine entsprechende Regelung.

Gleichwohl ist eine solche Maßnahme auch zu strafprozessualen Zwecken zulässig, sofern die durch die Rspr. des BVerfG bzw. die durch die Verfassung gezogenen Grenzen eingehalten werden. Es darf insbesondere **kein weitergehender Eingriff** in das aus Art. 2 Abs. 1 iVm Art. 1 Abs. 1 GG abzuleitende Grundrecht auf Gewährleistung der Vertraulichkeit und Integrität informationstechnischer Systeme erfolgen.[303] Ist dies gewährleistet, so dürfen auf Grund einer aus § 100a abzuleitenden Annexkompetenz[304] entsprechende Programme auf das Endgerät des Betroffenen übertragen werden. Es bedarf insbesondere keiner zusätzlichen Anordnung nach § 100c,[305] weil allenfalls Voice-over-IP-Gespräche überwacht werden.[306] Bei einer derartigen technischen Ausgestaltung der Maßnahme wird allein, wozu § 100a die Strafverfolgungsbehörden ermächtigt, die Telekommunikation des Betroffenen überwacht, weitere Daten werden nicht erhoben. 226

2. Online-Durchsuchung. Unter einer Online-Durchsuchung versteht man den **heimlichen Zugriff auf ein informationstechnisches System** des Betroffenen, der dazu dient, die auf den Speichermedien dieses System vorhandenen Daten auszulesen und zu verwerten. Zu diesem Zweck wird verdeckt entsprechende Software auf den zu infiltrierenden Rechner überspielt, die sodann je nach ihrer Programmierung die Datenbestände ggf. auch wiederholt kopiert und an eine Zieladresse übersendet, wo die Daten sodann gespeichert und ausgewertet werden. Die erstellten Programme werden umgangssprachlich als „Trojaner" bzw. „Bundestrojaner" bezeichnet. 227

Während eine offene Durchsuchung bzw. Auslesung der Daten von informationstechnischen Systemen nach der Rspr. des BVerfG[307] zulässig ist, ist eine Online-Durchsuchung zu strafprozessualen Zwecken **nicht statthaft.** Anders als § 20k BKAG enthält die Strafprozessordnung keine entsprechende Ermächtigungsgrundlage. Maßnahmen dieser Art können insbesondere weder auf § 100a noch auf die §§ 102, 103 gestützt werden. So hat der BGH in seiner Entscheidung v. 31.1.2007 zutreffend festgestellt, die Vorschriften über die Durchsuchung seien nicht einschlägig, weil diese als offene Maßnahme ausgestaltet sei, § 100a finde keine Anwendung, weil die Maßnahme nicht der Überwachung laufender Telekommunikation diene. § 100c sei, so der BGH weiter, nicht einschlägig, weil entsprechende Maßnahmen nicht die Aufzeichnung des in einer Wohnung nichtöffentlich gesprochenen Wortes, sondern die Durchsuchung eines Computers auf elektronischem Wege bezweckten.[308] 228

Neben dem BKAG lässt auch Art. 34d BayPAG einen verdeckten Zugriff auf informationstechnische Systeme zu. Die aus Maßnahmen nach diesem Gesetz bzw. § 20k BKAG gewonnenen Erkenntnisse **dürfen zu strafprozessualen Zwecken nicht verwendet werden.** Dies wäre nach § 161 Abs. 2 nur zulässig, wenn auch die StPO eine entsprechende Regelung enthielte. 229

3. Zugriff auf im Ausland gespeicherte (Telekommunikations)Daten. Weltweit agierende Telekommunikationsdienstleister wie etwa yahoo bzw. international tätige Firmen speichern Daten auch weltweit und damit vielfach im Ausland. Erfordern die Ermitt- 230

302 Vgl. BVerfG 27.2.2008 – 1 BvR 370/07, 1 BvR 595/07, NJW 2008, 822 (826).
303 Grundlegend hierzu BVerfG 27.2.2008 – 1 BvR 370/07, 1 BvR 595/07, NJW 2008, 822.
304 So zutreffend BeckOK-*Graf* Rn. 115; KMR-StPO/*Bär* Rn. 32.
305 So unzutreffend LG Hamburg 1.10.2007 – 629 Qs 29/07, MMR 2008, 423 (424 f.).
306 So zutr. BeckOK-StPO/*Graf* Rn. 115.
307 BVerfG 2.3.2006 – 2 BvR 2099/94, NJW 2006, 976.
308 BGH 31.1.2007 – StB 18/06, NJW 2007, 930.

lungen die Erhebung von Telekommunikationsdaten eines ausländischen Dienstleisters nebst Kontaktaufnahme mit diesem an seinem ausländischen Firmensitz, so bedarf es entsprechend den allgemeinen völkerrechtlichen Grundsätzen der **Rechtshilfe.**

231 Gleiches gilt bei Durchsicht von informationstechnischen Systemen im Rahmen einer Durchsuchung nach Maßgabe der §§ 102, 103, wenn bei Gelegenheit einer so genannten „Netzdurchsicht" nach Maßgabe des durch das Gesetz zur Neuregelung der Telekommunikationsüberwachung v. 21.12.2007[309] neu eingeführten **§ 110 Abs. 3** (Telekommunikations)Daten im Ausland festgestellt werden. Auf ausländischen Speichermedien gesichtete Daten dürfen nur mit Zustimmung des betroffenen Staates verwendet werden. Dabei kann insbesondere nicht auf Art. 32 der Cyber-Crime-Konvention[310] zurückgegriffen werden. Dieser lässt einen Zugriff ohne Genehmigung des betroffenen Staates ausschließlich auf öffentlich zugängliche Computerdaten zu bzw. macht die Erhebung und Verwertung von im Ausland gespeicherten Daten davon abhängig, dass die rechtmäßige und freiwillige Zustimmung der Person eingeholt wird, die rechtmäßig befugt ist, die Daten mittels dieses Computersystems an den ersuchenden Staat weiterzuleiten.

232 Hilfreich ist vielfach jedoch die Regelung in Art. 29 der Cyber-Crime-Convention. Diese sieht als vorläufige Maßnahme die **Möglichkeit der umgehenden Sicherung** möglicher beweisrelevanter Daten vor, die auf einem Computersystem im Hoheitsgebiet des ersuchten Staates gespeichert sind. Vorraussetzung hierfür ist ua, dass der ersuchende Staat seine Absicht erklärt, im Rahmen eines zu stellenden Rechtshilfeersuchen um Sicherstellung der Daten zu bitten.

D. Revision

233 Verstöße gegen die materiellen bzw. formellen Anordnungsvoraussetzungen der §§ 100a, 100b im Rahmen der Datenerhebung bzw. bei der Verwertung von solchen durch Maßnahmen der Telekommunikationsüberwachung gewonnener Erkenntnisse durch den Tatrichter stellen regelmäßig einen Verfahrensfahler dar. Die Revision kann mit der Verfahrensrüge nach § 344 Abs. 2 S. 2 darauf gestützt werden, dass das Gericht bei seiner Überzeugungsbildung und durch die Beweiswürdigung im Urteil dokumentiert **unverwertbare Erkenntnisse berücksichtigt** hat und das Urteil hierauf beruht.

234 Voraussetzung für eine entsprechende Rüge ist regelmäßig, dass der Angeklagte bis zu dem gemäß § 257 maßgeblichen Zeitpunkt der Verwertung der entsprechenden Telekommunikationsdaten **widersprochen** hat. Dies ist nach ständiger Rspr. im Zusammenhang mit § 100a regelmäßig in all denjenigen Fällen erforderlich, in denen das Verwertungsverbot für den Angeklagten disponibel ist.[311] Im Fall eines Verstoßes gegen das ausdrücklich geregelte Verbot in § 100a Abs. 4 ist ein Widerspruch hingegen nicht erforderlich. Dies gilt ungeachtet der Frage, ob der Angeklagte auch der Verwertung von unter Verstoß gegen Abs. 4 gewonnener bzw. berücksichtigter Erkenntnisse zustimmen kann oder nicht, was im Umkehrschluss zu § 136a Abs. 3 S. 2 vertretbar erscheinen dürfte, weil der Gesetzgeber dort anders als in Abs. 2 eine entsprechende Zustimmung ausdrücklich für unbeachtlich erklärt hat.[312]

235 Rügt der Beschwerdeführer die unzulässige Verwertung von erhobenen Daten, so hat er darzulegen, **auf Grundlage welcher konkreten Überwachungsmaßnahme diese Daten erhoben** wurden, rügt er die unzureichende Begründung von so genannten **„Kettenbeschlüssen"**, durch die eine Erstanordnung (wiederholt) verlängert wurde, hat er regelmäßig auch die der Verlängerungsanordnung vorausgegangenen ermittlungsrichterlichen Entscheidungen mitzuteilen.[313] Dabei kann das Revisionsgericht im Hinblick auf den

---

[309] BGBl. I 3198.
[310] BGBl. 2008 II 1242.
[311] BGH 7.2.2006 – 1 StR 534/06, BeckRS 2006, 05646.
[312] Ebenso KK-StPO/*Bruns* Rn. 71.
[313] BGH 24.2.2009 – 4 StR 476/08, BeckRS 2009, 07715.

dem Anordnenden zustehenden Beurteilungsspielraum nur eine begrenzte Überprüfung vornehmen. Rügt der Beschwerdeführer einen **unzulässigen Vorhalt** durch die Verwendung unverwertbarer Daten, muss er den Inhalt des Vorhalts sowie den der daraufhin erfolgten Aussage mitteilen.[314]

§ 100b [Zuständigkeit für Anordnung der Überwachung der Telekommunikation]

(1) [1]Maßnahmen nach § 100a dürfen nur auf Antrag der Staatsanwaltschaft durch das Gericht angeordnet werden. [2]Bei Gefahr im Verzug kann die Anordnung auch durch die Staatsanwaltschaft getroffen werden. [3]Soweit die Anordnung der Staatsanwaltschaft nicht binnen drei Werktagen von dem Gericht bestätigt wird, tritt sie außer Kraft. [4]Die Anordnung ist auf höchstens drei Monate zu befristen. [5]Eine Verlängerung um jeweils nicht mehr als drei Monate ist zulässig, soweit die Voraussetzungen der Anordnung unter Berücksichtigung der gewonnenen Ermittlungsergebnisse fortbestehen.

(2) [1]Die Anordnung ergeht schriftlich. [2]In ihrer Entscheidungsformel sind anzugeben:
1. soweit möglich, der Name und die Anschrift des Betroffenen, gegen den sich die Maßnahme richtet,
2. die Rufnummer oder eine andere Kennung des zu überwachenden Anschlusses oder des Endgerätes, sofern sich nicht aus bestimmten Tatsachen ergibt, dass diese zugleich einem anderen Endgerät zugeordnet ist,
3. Art, Umfang und Dauer der Maßnahme unter Benennung des Endzeitpunktes.

(3) [1]Auf Grund der Anordnung hat jeder, der Telekommunikationsdienste erbringt oder daran mitwirkt, dem Gericht, der Staatsanwaltschaft und ihren im Polizeidienst tätigen Ermittlungspersonen (§ 152 des Gerichtsverfassungsgesetzes) die Maßnahmen nach § 100a zu ermöglichen und die erforderlichen Auskünfte unverzüglich zu erteilen. [2]Ob und in welchem Umfang hierfür Vorkehrungen zu treffen sind, bestimmt sich nach dem Telekommunikationsgesetz und der Telekommunikations-Überwachungsverordnung. [3]§ 95 Abs. 2 gilt entsprechend.

(4) [1]Liegen die Voraussetzungen der Anordnung nicht mehr vor, so sind die auf Grund der Anordnung ergriffenen Maßnahmen unverzüglich zu beenden. [2]Nach Beendigung der Maßnahme ist das anordnende Gericht über deren Ergebnisse zu unterrichten.

(5) [1]Die Länder und der Generalbundesanwalt berichten dem Bundesamt für Justiz kalenderjährlich jeweils bis zum 30. Juni des dem Berichtsjahr folgenden Jahres über in ihrem Zuständigkeitsbereich angeordnete Maßnahmen nach § 100 a. [2]Das Bundesamt für Justiz erstellt eine Übersicht zu den im Berichtsjahr bundesweit angeordneten Maßnahmen und veröffentlicht diese im Internet.

(6) In den Berichten nach Absatz 5 sind anzugeben:
1. die Anzahl der Verfahren, in denen Maßnahmen nach § 100a Abs. 1 angeordnet worden sind;
2. die Anzahl der Überwachungsanordnungen nach § 100a Abs. 1, unterschieden nach
   a) Erst- und Verlängerungsanordnungen sowie
   b) Festnetz-, Mobilfunk- und Internettelekommunikation;
3. die jeweils zugrunde liegende Anlassstraftat nach Maßgabe der Unterteilung in § 100a Abs. 2.

---
[314] OLG Karlsruhe 3.6.2004 – 2 Ss 188/03, NStZ 2004, 643 = StV 2004, 476.

Schrifttum: *Albrecht/Dorsch/Krüpe,* Rechtswirklichkeit und Effizienz der Überwachung der Telekommunikation nach den §§ 100a, 100b StPO und anderer verdeckter Ermittlungsmaßnahmen, 2003; *Bär,* TK-Überwachung; §§ 100a–101 mit Nebengesetzen, Kommentar, 2009; *ders.,* Telekommunikationsüberwachung und andere verdeckte Ermittlungsmaßnahmen, Gesetzliche Neuregelungen zum 1.1.2008, MMR 2008, 215; *Böckenförde,* Die Ermittlung im Netz, 2003; *Buse/Bohnert;* Steuerstrafrechtliche Änderungen zur Bekämpfung des Umsatz- und Verbrauchsteuerbetrugs, NJW 2008, 618; *Günther,* Telekommunikationsüberwachung und Auskunftsersuchen über Telekommunikationsverbindungen, Kriminalistik 2006, 683; *Holznagel/Nelles/Sokol,* Die neue TKÜV, 2002; *Knierim,* Fallrepetitorium zur Telekommunikationsüberwachung nach neuem Recht, StV 2008, 599; *Reinel,* Die Auslandskopfüberwachung – Rechtsstaat auf Abwegen?, wistra 2006, 205; *Schnarr,* Zur Verknüpfung von Richtervorbehalt, staatsanwaltschaftlicher Eilanordnung und richterlicher Bestätigung, NStZ 1991, 209; *Starkgraff,* Beginn der Abhörfrist mit richterlicher Anordnung, NStZ 1999, 470; *Tiedemann,* Die Auslandskopf-Überwachung nach der TKÜV 2005, CR 2005, 858, *Wendisch,* Zustellung von Entscheidungen, die der Zustellung bedürfen, JR 1978, 445.

Übersicht

A. Erläuterung

1 In § 100b sind alle für die Anordnung sowie die Durchführung der Telekommunikationsüberwachung **wesentlichen Verfahrensvorschriften** enthalten.

I. Zuständigkeit für die Anordnung, Befristung (Abs. 1)

2 **1. Zuständigkeit des Gerichts (Abs. 1 S. 1).** Gemäß Abs. 1 obliegt die Anordnung der Maßnahme dem „Gericht", die Maßnahme steht somit unter **Richtervorbehalt.** Dieser ist bereits im Hinblick auf die Schwere der mit der Vollziehung der Maßnahme einhergehenden Eingriffe in die Grundrechte Dritter, hier Art. 10 GG, geboten. Im Ermittlungsverfahren, innerhalb dessen Maßnahmen der Telekommunikationsüberwachung ganz überwiegend durchgeführt werden, ist dies gemäß § 162 Abs. 1 S. 1 das AG, an dem die den Antrag

stellende Staatsanwaltschaft oder deren Zweigstelle ihren Sitz hat. In Verfahren, für die gemäß § 120 GVG im ersten Rechtszug die Zuständigkeit des OLG gegeben ist, besteht nach § 169 Abs. 1 S. 1 eine alternative Zuständigkeit auch des Ermittlungsrichters des OLG. In diesen Fällen kann die Staatsanwaltschaft mithin zwischen dem Ermittlungsrichter beim AG und dem beim OLG wählen. Führt in den Verfahren nach § 120 GVG der Generalbundesanwalt die Ermittlungen, so ist nach § 169 Abs. 1 S. 2 – neben dem Amtsgericht – der Ermittlungsrichter beim BGH das für die Anordnung zuständige Gericht.

Nach Erhebung der öffentlichen Klage ist nach § 162 Abs. 3 S. 1 das mit der Sache 3 befasste Gericht, also das **Tatgericht** zuständig. Dessen Zuständigkeit bleibt nach § 162 Abs. 3 S. 2 auch während der Durchführung des Revisionsverfahrens erhalten.

Seit dem am 1.1.2008 in Kraft getretenen Gesetz zur Neuregelung der Telekommunika- 4 tionsüberwachung und anderer verdeckter Ermittlungsmaßnahmen[1] darf das zuständige Gericht nur (noch) **auf Antrag der Staatsanwaltschaft** bzw. in den Fällen des § 399 Abs. 1 AO der **Finanzbehörde**[2] entscheiden. Damit ist dem Gericht die Möglichkeit genommen, entsprechend der Regelung in § 165 bei Gefahr im Verzug eine Anordnung zur Telekommunikationsüberwachung auch ohne Antrag der Staatsanwaltschaft zu erlassen.

2. Eilzuständigkeit der Staatsanwaltschaft (Abs. 1 S. 2 und 3). a) Eilanord- 5 nungskompetenz der Staatsanwaltschaft (S. 2). Bei Gefahr im Verzug kann die ermittelnde Staatsanwaltschaft die Überwachungsanordnung gemäß Abs. 1 S. 2auch selbst treffen. Mit ihrer Eilanordnung übt die Staatsanwaltschaft dabei neben der fortbestehenden Zuständigkeit des Gerichts eine ihr übertragene Befugnis in eigener Zuständigkeit aus. In Abs. 1 S. 2 hat der Gesetzgeber wie auch in den weiteren Fällen der §§ 100f, 100g, 100i und 110b ein duales System von vorrangiger gerichtlicher und nachgeordneter staatsanwaltschaftlicher Zuständigkeit geschaffen.[3] Ihre Eilzuständigkeit eröffnet der Staatsanwaltschaft die Möglichkeit, eine Maßnahme anzuordnen, wenn Beweismittel ansonsten gefährdet wären, dh wenn die **vorherige Einholung der richterlichen Anordnung zu einem Beweismittelverlust führen könnte.** Für diese Prognose reichen „reine Spekulationen, hypothetische Erwägungen oder lediglich auf kriminalistische Alltagserfahrung gestützte, fallunabhängige Vermutungen"[4] nicht aus. Die Annahme von Gefahr im Verzug muss vielmehr – stets – mit auf den konkreten Einzelfall bezogenen Tatsachen belegt werden.

Eine Eilanordnungskompetenz der **Ermittlungspersonen der Staatsanwaltschaft** 6 (§ 152 GVG) besteht nicht.

b) Frist von drei Werktagen (S. 3). Die staatsanwaltschaftliche Eilanordnung tritt 7 gemäß Abs. 1 S. 3 binnen drei Werktagen außer Kraft, wenn sie nicht vor Ablauf dieser Frist durch das Gericht bestätigt wurde. Bei der Berechnung dieser Frist gelten folgende Grundsätze: Der Fristenlauf wird ebenso wie bei einer richterlichen Anordnung[5] bereits mit **Erlass der staatsanwaltschaftlichen Eilanordnung** in Gang gesetzt. Der Tag der Anordnung selbst zählt gemäß § 42 bei der Berechnung des Fristenlaufs indes nicht mit. Der Gesetzgeber hat anlässlich der Novellierung des § 100b durch das Gesetz zur Neuregelung der Telekommunikationsüberwachung und anderer verdeckter Ermittlungsmaßnahmen zum Ausdruck gebracht, dass auch bei Zwangsmaßnahmen die Fristberechnung nach den allgemeinen Vorschriften der §§ 42 ff. erfolgen soll.[6] Danach gilt: Der Lauf der Frist von drei Werktagen beginnt stets erst am folgenden Tag um 0:00 Uhr. Fiele das Fristende auf einen Sonnabend, Sonntag oder allgemeinen Feiertag, so endete die Frist erst mit Ablauf des nächsten Werktages. Für eine an einem Mittwoch nach Abs. 1 S. 2 getroffene

---

[1] BGBl. I 3198.
[2] *Buse/Bohnert* NJW 2008, 618 (619).
[3] So zutreffend BGH 7.3.1995 – 1 StR 685/94, NJW 1995, 2237 (2238) zu § 110b unter Verweis auf *Schnarr* NStZ 1991, 209 (214 f.).
[4] BVerfG 20.2.2001 – 2 BvR 1444/00, NJW 2001, 1121 (1123).
[5] So die Rspr., vgl. BGH 11.11.1998 – 3 StR 181/98, NStZ 1999, 203 und die hM in der Lit., abl. *Starkgraff* NStZ 1999, 470.
[6] BT-Drs. 16/5846, 46.

Eilanordnung fiele das Fristende nach S. 3 mithin auf Montag, 24:00 Uhr, sofern es sich bei diesem Tag nicht ausnahmsweise um einen allgemeinen Feiertag handelt.

8 Wenngleich vom Wortlaut der Vorschrift („nicht binnen drei Werktagen") wohl noch gedeckt, darf Abs. 1 S. 3 indes **nicht dahingehend** ausgelegt werden, dass der auf die Eilanordnung folgende nächste bzw. übernächste Tag bei der Berechnung der Frist von „drei Werktagen" – ebenso wie der Tag des Fristendes – nicht mitzählt, wenn es sich bei diesen Tagen um einen allgemeinen Feiertag handeln sollte. Eine solche Berechnung wäre von den allgemeinen Regelungen für die Berechnung strafprozessualer Fristen gemäß §§ 42 ff. nicht gedeckt.

9 **c) Richterliche Bestätigung.** Staatsanwaltschaftliche Eilanordnungen bedürfen der richterlichen Bestätigung **nur, sofern die Maßnahme der Telekommunikationsüberwachung über die Frist von „drei Werktagen" hinaus** durchgeführt werden soll. Wird eine richterliche Bestätigung der Eilanordnung nicht herbeigeführt, „tritt sie außer Kraft". Bereits eine am Wortlaut der Vorschrift orientierte Auslegung ergibt, dass die eingriffslegitimierende Funktion der Eilanordnung in diesem Fall mit Wirkung ex nunc endet. Ist eine Fortführung der Maßnahme über die Frist von drei Werktagen hinaus nicht erforderlich, bedarf es keiner richterlichen Bestätigung. Auch wenn das BVerfG im Jahre 2001[7] „Nachlässigkeiten der Praxis"[8] bei Wohnungsdurchsuchungen zum Anlass nahm, in grundlegender Weise sowohl zur Bedeutung des Richtervorbehalts als auch zur gebotenen engen Auslegung des Begriffs „Gefahr im Verzug" (in Art. 13 Abs. 2 GG) Stellung zu beziehen, steht die staatsanwaltschaftliche Anordnung – so denn Gefahr im Verzug vorlag und die Maßnahme nicht länger als drei Werktage andauern soll – weder unter dem Vorbehalt noch unter der auflösenden Bedingung der richterlichen Bestätigung.[9] Eine solche sieht das Gesetz in den Fällen der Vollziehung der Eilanordnung nicht über drei Tage hinaus nicht vor.[10] Gewonnene Erkenntnisse bleiben daher nicht nur als Ermittlungsansätze, sondern auch zu Beweiszwecken verwertbar.[11] Ob die auf Grund der Anordnung der Staatsanwaltschaft durchgeführte Maßnahme rechtmäßig oder rechtswidrig war bzw. welche Folgen sich aus eventuellen Rechtsverstößen ergeben, obliegt vorbehaltlich einer Entscheidung nach § 98 Abs. 2 S. 2 vorrangig dem Tatgericht.

10 Soll die Maßnahme hingegen **länger als drei Werktage** andauern, bedarf die staatsanwaltschaftliche Eilanordnung der Bestätigung durch das Gericht. In diesem Falle hat das Gericht ohne jede Einschränkung wie im Falle einer Regelanordnung nach Abs. 1 S. 1 zu überprüfen, ob – sämtliche – Voraussetzungen des § 100a gegeben sind. Die Staatsanwaltschaft kann dabei bereits bei ihrer Eilanordnung die voraussichtlich gebotene Dauer der Maßnahme in dem durch Abs. 1 S. 4, Abs. 2 S. 2 Nr. 3 gesteckten Rahmen und damit für länger als drei Werktage anordnen. Das Gericht kann diese Anordnung dann entweder entsprechend dem Antrag der Staatsanwaltschaft bestätigen, in welcher Form auch immer modifizieren oder aber eine gerichtliche Bestätigung ablehnen.

11 **3. Befristung und Verlängerung der Anordnung (Abs. 1 S. 4 und 5).** Maßnahmen nach § 100a sind gemäß Abs. 1 S. 4 – auf längstens – **drei Monate** zu befristen. Nach Abs. 2 S. 2 Nr. 3 ist dabei stets, gleich ob es sich um eine Erst- oder eine Verlängerungsanordnung handelt, zugleich auch der **Endzeitpunkt** der Maßnahme zu benennen. Was auf den ersten Blick den Eindruck einer überflüssigen Regelung erweckt, weil bereits mit der Bestimmung der Dauer einer Maßnahme auch deren Endzeitpunkt festgelegt scheint, stellt sich auf den zweiten Blick als Notwendigkeit dar und ist der Tatsache geschuldet, dass verschiedene Telekommunikationsdienstleister in der Vergangenheit vielfach jeweils den Endzeitpunkt ein und derselben, ihnen allen übermittelten Überwachungsanordnung unter-

[7] BVerfG 20.2.2001 – 2 BvR 1444/00, NJW 2001, 1121.
[8] Löwe/Rosenberg/*Schäfer* § 105 *Rn.* 15 ff.
[9] So zutreffend *Schnarr* NStZ 1991, 209 (215).
[10] So auch KK-StPO/*Bruns* Rn. 1.
[11] Ebenso BeckOK-StPO/*Graf* Rn. 14; Löwe/Rosenberg/*Schäfer* Rn. 4; AnwK/*Löffelmann* Rn. 1; KMR/*Bär* Rn. 4.

schiedlich berechnet haben. Gleichsam potenziert hat sich diese Ungenauigkeit bei der Fristberechnung in den Fällen sogenannter „Kettenanordnungen", wenn mithin dieselben Überwachungsanordnungen (jeweils wiederholt) verlängert wurden. Hier war nicht selten ein regelrechtes „Tohuwabohu"[12] festzustellen. Die Berechnung des sich aus der Dauer ergebenden Endzeitpunktes muss deshalb nunmehr **durch das Gericht** selbst erfolgen. Dieses hat bei seiner Berechnung darauf Bedacht zu nehmen, dass – auch bei Verlängerungsanordnungen – der Fristenlauf durch die Anordnung selbst und nicht erst durch deren späteren Vollzug ausgelöst wird[13] und sich die Fristberechnung im Übrigen nach den oben (→ Rn. 7 ff.) dargelegten Grundsätzen richtet.

II. Form und Inhalt der Anordnung (Abs. 2)

1. Form. Die Anordnung muss nach S. 1 **schriftlich** ergehen, gleich ob es sich um eine richterliche oder staatsanwaltschaftliche Anordnung handelt. Zu den weiteren sich aus der Schriftform ergebenden Anforderungen → § 163f Rn. 27. 12

2. Inhalt. Gemäß S. 2 sind in der „Entscheidungsformel" anzugeben: soweit möglich **Name und Anschrift des Betroffenen,** die **Rufnummer oder eine andere Kennung** des zu überwachenden Anschlusses oder Endgerätes sowie **Art, Umfang und Dauer der Maßnahme unter Benennung des Endzeitpunktes.** Mit der Einschränkung „soweit möglich" hat der Gesetzgeber der Tatsache Rechnung getragen, dass namentlich zu Beginn verdeckter Ermittlungen vielfach einzelne Beschuldigte noch nicht identifiziert sind und die Angabe ihrer vollständigen Personalien daher noch nicht möglich ist.[14] 13

Die Vorschrift des § 100b enthält keine § 100d Abs. 2 Nr. 2 entsprechende Vorschrift, wonach „in der Anordnung" der Tatvorwurf anzugeben ist, aufgrund dessen die Maßnahme angeordnet wurde. Der Gesetzgeber hat dies nicht gewollt. Im Gesetzgebungsverfahren wurde zwar eine entsprechende Verpflichtung erwogen,[15] indes hat man von ihr bewusst abgesehen, weil der Beschluss nach §§ 100a, 100b regelmäßig dem Telekommunikationsdienstleister zu übermitteln ist und dieser aus Gründen des Datenschutzes nicht über die gegen den Betroffenen bestehende Verdachtslage unterrichtet werden soll. Eine entsprechende Verpflichtung des Anordnenden, seine **Entscheidung zu begründen,** ergibt sich indes aus der verfassungskonformen Auslegung des § 34 im Hinblick auf Art. 19 Abs. 4 GG.[16] Den Telekommunikationsdienstleistern sollte aus Gründen des Datenschutzes sowie der Geheimhaltung stets eine Ausfertigung der Überwachungsanordnung ohne Begründung übersandt werden. 14

a) Name und Anschrift des Betroffenen. Mit „Name" sind in erster Linie die Namen des Betroffenen, mithin **Vor- und Familiennamen** gemeint. Sind diese (noch) nicht bekannt, genügt freilich auch die Angabe von Alias- oder Spitznamen bzw. sonstigen Bezeichnungen und Beschreibungen, die die Person ausreichend individualisieren. 15

Betroffener iSv S. 2 Nr. 1 wird regelmäßig der Beschuldigte, mithin derjenige sein, gegen den sich die Ermittlungen richten. Betroffener kann indes auch der aktive oder passive Nachrichtenmittler bzw. eine Person sein, deren Anschluss der Beschuldigte nutzt. **Ausschließlich gegen diese Gruppe** von Personen darf sich gemäß § 100a Abs. 3 die Anordnung der Telekommunikationsüberwachung richten. Die Personen dieser Gruppe sind von jenen Personen zu unterscheiden, deren Kommunikation allein deshalb aufgezeichnet wird, weil sie mit den Betroffenen iSv S. 2 Nr. 1 in Kontakt stehen. Jene gehören somit nicht zu den Betroffenen nach S. 2 Nr. 1, wohl aber, wenn sie mehr als „nur unerheblich betroffen" (vgl. § 101 Abs. 4 S. 4) wurden, ebenso wie die Betroffenen nach S. 2 Nr. 1 zum Kreise der zu benachrichtigenden Beteiligten nach § 101 Abs. 4 S. 1 Nr. 3. 16

---

[12] *Günther* Kriminalistik 2006, 683.
[13] BGH 11.11.1998 – 3 StR 181/98, NJW 1999, 959 (960).
[14] BT-Drs. 16/5846, 46.
[15] BT-Drs. 16/5846, 46.
[16] BVerfG 20.2.2001 – 2 BvR 1444/00, NJW 2001, 1121 (1124) = NStZ 2001, 382.

17 Die **Anschrift** bzw. der tatsächliche Aufenthalt des Betroffenen ist anzugeben, wenn und soweit diese Daten den Strafverfolgungsbehörden bekannt sind. Ihre Mitteilung dient der weiteren Individualisierung des Betroffenen.

18 **b) Rufnummer oder andere Kennung. aa) Rufnummer.** Bei dem Begriff der „Rufnummer" handelt es sich um einen rein technischen Terminus, weshalb hier unmittelbar auf die Begriffsbestimmung des § 3 Nr. 18 TKG zurückgegriffen werden kann. Danach ist unter der Rufnummer entsprechend dem allgemeinen Sprachgebrauch eine Nummer zu verstehen, durch deren Wahl im öffentlichen Telefondienst eine **Verbindung zu einem bestimmten Ziel** aufgebaut werden kann.

19 **bb) Andere Kennung.** Alle übrigen **telekommunikationstechnischen Adressierungen**, die ebenfalls dazu dienen, eine Verbindung zu einem bestimmten Ziel aufzubauen, stellen eine „andere Kennung" im Sinne von Abs. 2 S. 2 Nr. 2 selbst dann dar, wenn es sich bei ihnen wie bei der Rufnummer um eine reine Nummernfolge handelt. Unter den Begriff der „anderen Kennung" fallen ua IMSI, IMEI sowie E-Mail-Adresse als eindeutige Zieladressierung im E-Mail-Verkehr.[17]

20 Bei der **IMSI,** der „International Mobile Subscriber Identity", handelt es sich um die aus höchstens 15 Ziffern bestehende individuelle Kennung der in das Gerät eingelegten Telefonkarte. Diese Kennung wird weltweit gleich durch welchen der zahlreichen Telekommunikationsdienstleister nur einmal vergeben. Es sind noch keine Fälle bekannt geworden, in denen Telefonkarten manipuliert und dabei mehrere Karten mit derselben IMSI versehen wurden. Bezieht sich die Überwachungsanordnung gemäß §§ 100a, 100b auf die kartenbezogene Rufnummer oder IMSI, können sich die von der Maßnahme Betroffenen einer Überwachung dadurch entziehen, dass sie in ihr Mobiltelefon eine andere Karte einlegen (sogenannte „Kartenspieler"). Die Betroffenen einer solch kartenbezogenen Überwachung können dieser damit so lange entgehen, bis die Strafverfolgungsbehörden die „Rufnummer" oder „IMSI" der neuen Karte ermittelt und für diese erneut einen richterlichen Beschluss und dessen technische Umsetzung durch den Telekommunikationsdienstleister herbeigeführt haben.

21 Um derartigen Überwachungslücken zu begegnen, kann die Überwachungsmaßnahme auch auf die **IMEI,** die „International Mobile Equipment Identity" bezogen werden. Diese Mobiltelefon-Kennung besteht ebenso wie die IMSI aus einer mehrstelligen Zahlenkombination, stellt ebenfalls wie die IMSI eine „andere Kennung" in Sinne von Abs. 2 S. 2 Nr. 2 dar und ist als solche in der Überwachungsanordnung anzugeben. Eine IMEI-basierte und damit an die Endgerätekennung anknüpfende Überwachung ermöglicht indes eine ununterbrochene Telekommunikationsüberwachung auch in den Fällen, in denen die in dem Gerät einliegende Karte und mit dieser die auf die Karte bezogene Rufnummer bzw. IMSI (aus)gewechselt werden. Da in den vergangenen Jahren wiederholt Fälle aufgetreten sind, in denen Endgeräte manipuliert und viele mit derselben IMEI versehen wurden, bestimmt Abs. 2 Nr. 2 weiter, dass eine IMEI-bezogene Telekommunikationsüberwachung nur angeordnet werden darf, wenn sich nicht aus „bestimmten Tatsachen" ergibt, dass die betreffende IMEI mehreren Endgeräten zuzuordnen ist. Entgegen der in der Kommentarliteratur vereinzelt vertretenen Auffassung, wonach grundsätzlich vor Antragsstellung eine solche Überprüfung durch eine entsprechende Anfrage beim Telekommunikationsdienstleister durchzuführen sei,[18] bedarf es im Falle des Fehlens konkreter Anhaltspunkte einer solchen Abklärung nicht. Sollte die betreffende IMEI tatsächlich mehrfach vergeben sein, werden dies entweder der nach Abs. 3 verpflichtete Telekommunikationsdienstleister oder aber die berechtigte Stelle, hier die Strafverfolgungsbehörden, augenblicklich feststellen. In diesem Fall ist die Überwachungsmaßnahme unverzüglich auf eine allein dem Betroffenen zuzuordnende Rufnummer oder andere Kennung umzustellen bzw. zu beschränken.

---

[17] KK-StPO/*Bruns* Rn. 8.
[18] So wohl *Meyer-Goßner* Rn. 4.

Eine „andere Kennung" im Sinne von Abs. 2 Nr. 2 stellen weiter die dem Internetnutzer fest oder – wie regelmäßig der Fall – lediglich vorübergehend zugewiese IP-Adresse[19] oder die **E-Mail-Adresse** dar. Bei der E-Mail-Adresse handelt es sich wie bei der Telefon-Rufnummer um die eindeutige Adresse eines Nutzers von E-Mail-Diensten wie Outlook oder Webmail-Diensten wie web.de. Eine E-Mail-Adresse besteht aus einem vor dem „Klammeraffen" stehenden lokalen Teil (local-part) und einem danach angehängten globalen Teil (domain-part). Der lokale Teil dient der – vielfach anonymen – Bezeichnung des Nutzers, der globale bezeichnet den Host-Namen des E-Mail-Servers, Beispiel: Renate.Mustermann@web.de. 22

c) Art, Umfang und Dauer der Maßnahme, § 100b Abs. 2 S. 2 Nr. 3. aa) Überwachung, Aufzeichnung. Die Entscheidung zur Durchführung einer Maßnahme nach § 100a geht regelmäßig mit dem Willen einher, die überwachte Telekommunikation auch aufzuzeichnen. Überwachung **und** Aufzeichnung der Telekommunikation sind daher anzuordnen, wenn diese auch gespeichert werden soll.[20] Der Begriff der Überwachung beinhaltet die „laufende Beobachtung bzw. die sinnliche Wahrnehmung", der Begriff der Aufzeichnung die Speicherung der überwachten Kommunikationsinhalte.[21] 23

bb) Umfang der Überwachungsmaßname. Art und Umfang der einzelnen Daten, welche der nach Abs. 3 verpflichtete Telekommunikationsdienstleister den Strafverfolgungsbehörden zu übermitteln hat, werden durch die StPO und damit das Gesetz selbst zunächst nicht näher bestimmt. Eine Entscheidung sowohl hierüber als auch über die Art und Weise des technischen Zugriffs[22] soll vielmehr erst in der jeweiligen Überwachungsanordnung und damit einzelfallbezogen durch den Anordnenden selbst getroffen werden. Dies dient dem zielgerichteten und damit eingriffsminimierenden Einsatz der Maßnahme.[23] Soll ein allein der Sprachübertragung dienender analoger Festnetz-Telefonanschluss überwacht werden, macht es regelmäßig keinen Sinn, einzelne Daten dieser (einen) Kommunikationsform von der Überwachung auszunehmen. Dies ginge etwa durch eine zeitliche Beschränkung der Maßnahme auf bestimmte Tage oder Tageszeiten. Gänzlich anders freilich ist ein Sachverhalt zu beurteilen, bei dem der Betroffene seine Kommunikation über eine digitale Teilnehmerleitung, einen so genannten DSL-Anschluss (Digital Subscriber Line), führt und **über diese Leitung sämtliche Telekommunikationsdaten** der unterschiedlichsten Kommunikationsformen übertragen werden. Über den niederfrequenten Bereich einer solchen Leitung erfolgt die klassische Sprachübertragung. Im höherfrequenten Bereich werden die paketvermittelten Daten übertragen. Liegen etwa Erkenntnisse vor, dass der Beschuldigte gezielt ausschließlich E-Mails zur Verständigung mit seinen Mittätern nutzt, ist darüber zu befinden, ob allein diese E-Mail-Kommunikation und, wenn ja, ob diese leitungs- oder/und Account-bezogen überwacht werden soll. 24

cc) Bereitzustellende Daten, § 7 TKÜV. Welche Telekommunikationsdaten den Strafverfolgungsbehörden von den verpflichteten Telekommunikationsdienstleister jeweils – **mindestens** – zur Verfügung gestellt werden müssen, ergibt sich aus § 7 der Verordnung über die technische und organisatorische Umsetzung von Maßnahmen zur Überwachung der Telekommunikation vom 3.11.2005 (Telekommunikations-Überwachungsverordnung – TKÜV 2005).[24] Diese Vorschrift enthält indes keine abschließende Regelung der von den Verpflichteten bereitzustellenden Daten. Auch solche Daten, die im Rahmen der Telekommunikation bei den Dienstleistern anfallen, jedoch nicht von § 7 TKÜV erfasst werden, sind den „berechtigten Stellen" – unter diesem Oberbegriff werden in § 2 Nr. 3 TKÜV die nach 25

[19] Vgl. *Bär* S. 217.
[20] *Pfeiffer* Rn. 4.
[21] So zutreffend *Böckenförde* S. 442.
[22] Vgl. BT-Drs. 16/5846, 47.
[23] BR-Drs. 275/07, 104.
[24] BGBl. I 3136, zuletzt durch Art. 4 des Gesetzes vom 25.12.2008 geändert (BGBl. I 3083); vgl. zur TKÜV allgemein *Holznagel/Nelles/Skokol*.

§ 100b Abs. 2 S. 1, § 1 Abs. 1 Nr. 1 G-10 Gesetz, § 23a Abs. 1 S. 1 ZfdG oder nach Landesrecht anordnungsberechtigten Behörden zusammengefasst – erforderlichenfalls zu übermitteln. In diesem Fall sind die entsprechenden, von § 7 TKÜV nicht erfassten Daten in der Anordnung jedoch ausdrücklich zu benennen.

26 **dd) Dauer der Maßnahme.** Gemäß Abs. 2 S. 2 Nr. 3 ist in der Überwachungsanordnung auch die „Dauer der Maßnahme unter **Benennung des Endzeitpunktes**" anzugeben. Der zuständige Richter kann die Frist von Rechts wegen nach Stunden, Tagen, Wochen oder – was regelmäßig der Fall ist – Monaten bemessen. Die Fristberechnung selbst erfolgt nach Maßgabe der §§ 42, 43.[25] Neu ist, dass nunmehr auch der Endzeitpunkt benannt werden muss, der sich anhand des fristauslösenden Ereignisses, dem Erlass der Anordnung, und der bestimmten Dauer ohne große Schwierigkeiten berechnen lässt. Dabei gelten folgende Grundsätze: Das die Frist auslösende Ereignis ist die Anordnung selbst, nicht ihr unter Umständen erst Tage oder gar Wochen später erfolgender Vollzug, die eigentliche „Aufschaltung". Der Tag der Anordnung zählt bei der Fristberechnung nicht mit, dh der Fristenlauf beginnt erst am darauffolgenden Tag um 0 Uhr. Die weitere Berechnung der Wochen- oder Monatsfrist erfolgt nach § 43.

27 Auch nach der neu eingefügten Verpflichtung zur Benennung des Endzeitpunktes der Maßnahme dürfte die Vorschrift des § 43 Abs. 2 bis auf einen **Ausnahmefall** weiterhin Anwendung finden. Diese Vorschrift sieht vor, dass eine Frist, fiele ihr Ende auf einen Sonntag, allgemeinen Feiertag oder Sonnabend, nicht an diesem Tag, sondern erst mit Ablauf des nächsten Werktages endet. Wird die Maßnahme auf den nach Abs. 1 S. 4 längstmöglichen Zeitraum von drei Monaten befristet und stellt der Anordnende, der nunmehr und anders als vor der Neuregelung den konkreten Endzeitpunkt der Maßnahme in seine Überlegungen mit einzubeziehen hat, fest, dass das Fristende auf einen von § 43 Abs. 2 erfassten Sonnabend, Sontag oder allgemeinen Feiertag fiele, muss er die Frist am letzten vorgelagerten Werktag enden lassen. Ansonsten würde er sich – gleichsam „sehenden Auges" und regelmäßig vermeidbar – über die gesetzgeberische Entscheidung hinwegsetzen, dass eine Maßnahme längstens drei Monate andauern darf. In allen anderen Fällen kann er, § 43 Abs. 2 berücksichtigend, das Fristende auf den nachfolgenden Werktag legen, sofern nur die Höchstfrist von drei Monaten eingehalten wird.

28 **d) Begründung der Maßnahme. aa) Allgemeine, vielfach defizitäre Praxis der Rechtsanwendung.** Die Erfahrungen der vergangen Jahre haben gezeigt, dass Beschlüsse zur Überwachung der Telekommunikation vielfach schwerwiegende, den nachfolgend dargelegten Grundsätzen auch nicht ansatzweise genügende Begründungen, sondern erhebliche Defizite aufweisen. Wissenschaftlich belegt wurde diese Tatsache erstmals durch die Studie von Albrecht, Dorsch und Krüpe zur Rechtswirklichkeit der Telekommunikationsüberwachung aus dem Jahre 2003.[26] Die in dieser Studie dargelegten Defizite lassen sich auch heute vielfach noch feststellen und sind einer der Gründe, warum sich nicht wenige Tatgerichte noch immer mit der Verwertung von Ermittlungsergebnissen aus Maßnahmen zur Überwachung der Telekommunikation schwer tun. Die Gerichte fürchten die rechtliche Auseinandersetzung um die vermeintlich bestehenden Beweisverwertungsverbote, die sich aus den vielfach festzustellenden Begründungsmängeln ergeben könnten. Ein solcher, häufig festzustellender Mangel liegt im **Fehlen einer auf den Einzelfall und mit Tatsachen belegten Begründung des konkreten Tatverdachts.** Stattdessen wird als „Begründung" nicht selten lediglich der Wortlaut des einschlägigen Tatbestandes zitiert, unter den der sich aus den Akten ergebende Sachverhalt nach Auffassung des Anordnenden zu subsumieren ist. Selbst Beschlüsse, die sich nicht hierauf beschränken, enthalten nicht selten gleichwohl noch spekulative, hypothetische Erwägungen oder allein auf kriminalistischer Erfahrung beruhende, fallunabhängige Darlegungen.[27]

---

[25] Eingehend zur Fristberechnung *Günther* Kriminalistik 2006, 683.
[26] Albrecht/Dorsch/*Krüpe* S. 216 ff.
[27] Zu den Begründungsanforderungen vgl. BVerfG 20.2.2001 – 2 BvR 1444/00, NJW 2001, 1121.

bb) Konkrete Begründungserfordernisse. Nach der Rspr. des **BverfG** zu den Begründungsanforderungen an Durchsuchungsbeschlüsse[28] werden derartige Anordnungen rechtsstaatlichen Anforderungen nicht gerecht, wenn sie keine – zumindest kurze – Umschreibung der aufzuklärenden Straftat iSd aufzuklärenden Lebenssachverhalts enthalten. Zudem verstießen gerichtliche Entscheidungen gegen Art. 3 Abs. 1 GG, wenn sich für sie keine ausreichend plausiblen Gründe finden ließen, sodass auch Angaben zur Verhältnismäßigkeit derartiger Maßnahmen erforderlich seien. Im Zusammenhang mit derartigen, wegen Gefahr im Verzug erfolgten Anordnungen hat das BVerfG[29] weiter ausgeführt, eine wirksame gerichtliche Nachprüfung von Eilanordnungen setze voraus, dass sowohl das Ergebnis als auch die Grundlage solcher Entscheidungen im unmittelbaren zeitlichen Zusammenhang mit der Anordnung in den Akten zu dokumentieren seien. 29

An diese Rspr. anknüpfend hat der 3. Strafsenat des BGH im Jahre 2006[30] entschieden, auch in Fällen der Telekommunikationsüberwachung seien **in dem ermittlungsrichterlichen Beschluss die Verdachts- und Beweislage darzulegen.** Im Einzelfall könne auch eine konkrete Bezugnahme auf Aktenteile genügen. Nur durch eine solche Dokumentation ließe sich überprüfen, ob zum Zeitpunkt der Anordnung die wesentlichen sachlichen Voraussetzungen für die Maßnahme der Telekommunikationsüberwachung vorgelegen haben und ob der Verdacht einer Katalogtat nach § 100a Abs. 2 tatsächlich bestand. Habe ein entsprechender Tatverdacht von vornherein (zum Zeitpunkt der Anordnung) nicht bestanden, seien die gewonnenen Erkenntnisse unverwertbar.[31] Dieser Rspr. ist bereits im Hinblick auf die sich aus Art. 19 Abs. 4 GG ergebende Garantie eines effektiven Rechtsschutzes,[32] der immer auch die Nachprüfung der Grundlagen einer Entscheidung mit umfasst, zuzustimmen.[33] In die Anordnung sind damit – jedenfalls im Regelfall – Ausführungen zu **allen materiellrechtlichen Voraussetzungen** und damit **sowohl zur Katalogtat, deren der Beschuldigte verdächtig ist,** zu den **konkreten Tatsachen,** auf denen der entsprechende Tatverdacht beruht, zur **Erheblichkeit der Tat auch im Einzelfall** sowie zur **Verhältnismäßigkeit** aufzunehmen.[34] Richtet sich die Anordnung nicht gegen den Beschuldigten, sondern gegen sonstige Betroffene, etwa den **Nachrichtenmittler,** so sind auch Darlegungen dazu unabdingbar, auf Grund welcher tatsächlichen Anhaltspunkte davon auszugehen ist, dass gerade diese Person Nachrichten von dem Beschuldigten entgegennimmt oder für diesen bestimmte Nachrichten weiterleitet. 30

Den vorstehenden Anforderungen haben auch **staatsanwaltschaftliche Eilanordnungen** zu genügen.[35] Indes können sich diese inhaltlich im Wesentlichen auf den nach Abs. 2 S. 2 maßgeblichen Inhalt der Entscheidungsformel beschränken, zumal Fälle von Gefahr im Verzug nach Abs. 1 S. 2 vielfach besonders eilbedürftig sind. Der Anordnende kann dann nach Übermittlung der Anordnung die für die Annahme von Gefahr im Verzug sowie die für das Vorliegen der materiellen Anordnungsvoraussetzungen des § 100a entscheidungserheblichen Aspekte in einem gesonderten Vermerk zu den Akten nehmen. 31

III. Durchführung der Maßnahme und Mitwirkungspflicht der Telekommunikationsdienstleister (Abs. 3)

Zur **Vollstreckung** gerichtlicher Beschlüsse nach § 100a ist gemäß § 36 Abs. 2 die Staatsanwaltschaft berufen.[36] Auch ihre nach Abs. 1 S. 2 getroffene Eilentscheidung vollstreckt sie (selbst). Regelmäßig übergibt die Staatsanwaltschaft die Überwachungsanordnung ihren 32

[28] BVerfG 8.3.2004 – 2 BvR 27/04, NJW 2004, 1517 (1518).
[29] BVerfG 20.2.2001 – 2 BvR 1444/00, NJW 2001, 1121.
[30] BGH 1.8.2002 – 3 StR 122/02, NStZ 2003, 215.
[31] BGH 1.8.2002 – 3 StR 122/02, NStZ 2003, 215 (216).
[32] Vgl. hierzu BeckOK-GG/*Enders* Rn. 51 ff.
[33] So zutreffend *Meyer-Goßner* Rn. 5.
[34] Ebenso BeckOK-StPO/*Graf* Rn. 7.
[35] BGH 7.3.2006 – 1 StR 534/05, BeckRS 2006, 05646.
[36] Wendisch JR 1978, 445 (447).

Ermittlungspersonen, die sie ihrerseits an die von der Maßnahme betroffenen Telekommunikationsteilnehmer weiterleiten. Die weitere Umsetzung der Maßnahme ist wiederum in der TKÜV geregelt.

33 **1. Verpflichtung der Telekommunikationsdienstleister.** Nach Abs. 3 S. 1 hat **„jeder"**, der Telekommunikationsdienste erbringt oder daran mitwirkt, Strafverfolgungsbehörden und Gerichten Maßnahmen nach § 100a zu ermöglichen und die erforderlichen Auskünfte zu erteilen.

34 **a) Ermöglichung der Telekommunikationsüberwachung (S. 1).** S. 1 verpflichtet diejenigen, die Telekommunikationsdienste erbringen oder darin mitwirken, Maßnahmen nach § 100a zu ermöglichen. Der Grund hierfür liegt auf der Hand: Ohne die Mitwirkung der Telekommunikationsdienstleister können Überwachungsmaßnahmen jedenfalls in der Regel technisch nicht durchgeführt werden. Im Vergleich zu der bisherigen nationalen Umsetzung der Regelungen in Art. 17 iVm Art. 16 des Übereinkommens des Europarats über Computerkriminalität, der so genannten Cybercrime-Konvention,[37] die hinsichtlich der gesetzlichen Mitwirkungspflicht der Telekommunikationsdienstleister keine Beschränkung auf solche Dienstleister enthält, die ihre Dienste ausschließlich geschäftsmäßig erbringen,[38] enthält die Neufassung von Abs. 3 anders noch als Abs. 3 aFnunmehr ebenfalls keine entsprechende Beschränkung mehr. **Telekommunikationsdienste** erbringt nach § 3 Nr. 24 TKG derjenige, welcher in der Regel gegen Entgelt Dienste anbietet, die zumindest in der Übertragung von Signalen über Telekommunikationsanlagen bestehen einschließlich der Übertragung in Rundfunknetzen. Durch Abs. 3 werden nunmehr auch diejenigen Dienstleister verpflichtet, die nicht geschäftsmäßig Kommunikationsdienste in Hotels, Krankenhäusern, Betrieben und größeren Wohnanlagen anbieten. Auch die Betreiber derartiger Kommunikationsanlagen bzw. von ihnen beauftragte Person müssen nunmehr auch außerhalb der üblichen Geschäftszeiten bereitstehen, um die nachfolgend dargelegten, sich aus der TKÜV ergebenden Verpflichtungen erfüllen zu können.

35 Ihrer Mitwirkungspflicht kommen die betreffenden Telekommunikationsdienstleister entweder dadurch nach, dass sie den Strafverfolgungsbehörden wie vielfach im Falle des § 100a ein komplettes **Doppel des durch sie übertragenen Datenstroms** ausleiten oder wie im Falle des § 100g die entsprechenden Verkehrsdaten aus dem Gesamtdatenstrom herausfiltern und ausleiten oder aber auf andere Weise beauskunften.

36 § 100b Abs. 3 verpflichtet die Telekommunikationsdienstleister „lediglich" zur vorstehend dargelegten Mitwirkung. Ihre Verpflichtung, auf **eigene Kosten technische Einrichtungen zur Umsetzung** der gesetzlich vorgesehenen Maßnahmen zur Überwachung der Telekommunikation vorzuhalten, ergibt sich nicht aus der StPO sondern aus § 110 Abs. 1 TKG. Diese Vorschrift verpflichtet solche Dienstleister, die Telekommunikationsdienste für die Öffentlichkeit erbringen.[39] Hierzu zählen die vorgenannten Betreiber von Anlagen in Hotels, Krankenhäusern etc indes regelmäßig nicht.

37 Für die ihnen auf Grund ihrer Mitwirkung **entstandenen Kosten** sind die Dienstleister gemäß § 23 Abs. 1 JVEG zu entschädigen.

38 **b) Auskunftsanspruch (S. 1).** Die betreffenden Telekommunikationsdienstleister sind neben der Mitwirkung verpflichtet, alle zur **Durchführung bzw. Ermöglichung der Maßnahme erforderlichen Auskünfte** unverzüglich zu erteilen.

39 **c) Ordnungs- und Zwangsmittel (S. 3).** Kommen die nach Abs. 3 iVm § 3 TKÜV verpflichteten Telekommunikationsdienstleister ihrer Verpflichtung zur Ermöglichung der Überwachungsmaßnahme bzw. zur Auskunftserteilung nicht nach, so können gegen sie durch den in S. 3 enthaltenen Verweis auf § 95 Abs. 2 die in § 70 bestimmten **Ordnungs- und Zwangsmittel** festgesetzt werden.

---

[37] BGBl. 2008 II 1242.
[38] Vgl. BT-Drs. 16/5846, 47.
[39] BeckOK-TKG/*Graf* § 110 Rn. 3.

2. Vorkehrungen zur Mitwirkung nach der TKÜV (S. 2). Gemäß S. 2 bestimmt sich der genauere Umfang der Mitwirkungspflichten der Telekommunikationsdienstleister nach dem TKG sowie der TKÜV. Von dieser sind folgende Regelungen von **besonderer Praxisrelevanz**: 40

a) Überwachung mit Auslandsbezug (§ 4 TKÜV). aa) Endgerät im Ausland (§ 4 Abs. 1 TKÜV). Auslandsbezüge entstehen regelmäßig dadurch, dass sich entweder einzelne Teilnehmer und/oder aber Teile der Kommunikationsinfrastruktur im Ausland befinden. Vor diesem Hintergrund legt § 4 Abs. 1 TKÜV fest, dass die grundsätzlich zu überwachende Telekommunikation ausnahmsweise nicht zu erfassen ist, wenn erkannt wird, dass sich das zu **überwachende Endgerät im Ausland** befindet. Dies gilt indes nicht, wenn die zu überwachende Kommunikation an einen im Inland gelegenen Anschluss oder an eine im Inland gelegene Speichereinrichtung um- oder weitergeleitet wird. 41

bb) Auslandskopfüberwachung (§ 4 Abs. 2 TKÜV). Des Weiteren ist die Kommunikation nach § 4 Abs. 2 TKÜV auch in den Fällen zu erfassen, in denen sie von einem den berechtigten Stellen nicht bekannten (inländischen) Anschluss herrührt und für eine in der Anordnung angegebene ausländische Rufnummer bestimmt ist. § 4 Abs. 2 TKÜV regelt die sogenannte **„Auslandskopfüberwachung"**. In der Praxis findet die Auslandskopfüberwachung in Verfahren Anwendung, in denen ein sich im Ausland befindlicher Beschuldigter im Verdacht steht, inkriminierte Güter wie etwa Betäubungsmittel oder von einem Embargo erfasste Waren nach Deutschland bzw. in ein Drittland zu liefern und über seinen ausländischen Anschluss insbesondere Lieferabsprachen mit seinen inländischen Abnehmern bzw. Geschäftspartnern treffen soll. Praxisrelevanz besitzt diese Maßnahme weiter in Verfahren wegen des Verdachts der Bildung einer kriminellen oder terroristischen Vereinigung im Ausland nach § 129b StGB. 42

Technisch beruhen Maßnahmen der Auslandskopfüberwachung auf dem Umstand, dass es sogenannter Schnittstellen oder „Gateways" bedarf, um die Kommunikationsdaten von einem Netz in ein anderes weiterzuleiten. Diese „Gateways" werden – daher der Name – umgangssprachlich als „Auslandskopf" bezeichnet. Die Auslandskopfüberwachung erlaubt dabei zumeist nur die Überwachung der **von Deutschland ausgehenden Gespräche** zu dem überwachten ausländischen Anschluss. Dies liegt daran, dass an den „Gateways" die Rufnummer des aus dem Ausland anrufenden Teilnehmers (eingehende Kommunikation) anders als im Falle ausgehender Kommunikation vielfach nicht erfasst wird. Ist es im Einzelfall gleichwohl technisch möglich, auch die Rufnummer eines aus dem Ausland eingehenden Telefonats zu erfassen, darf von Rechts wegen auch diese Kommunikation überwacht und aufgezeichnet werden. 43

Da die Maßnahme im Geltungsbereich der StPO erfolgt und auch nicht in das betreffende Land „ausstrahlt", mithin dortige Hoheitsrechte nicht berührt, verstößt sie nicht gegen **völkerrechtliche Bestimmungen.**[40] 44

b) Verpflichtung zur unverzüglichen Umsetzung (§ 6 Abs. 1, § 10 TKÜV). Nach § 6 Abs. 1 TKÜV hat der Telekommunikationsdienstleister seine technischen Einrichtungen im Voraus so zu gestalten, dass er Überwachungsmaßnahmen **„unverzüglich" umsetzen** kann. Bei einem zeitweiligen Übermittlungshindernis hat er nach § 10 TKÜV die angeforderten Daten „unverzüglich nachträglich" zu übermitteln. 45

c) Bereitzustellende Daten (§ 7 TKÜV). Gemäß § 7 Abs. 1 S. 1 Nr. 5 TKÜV sind den berechtigten Stellen (hier den Strafverfolgungsbehörden) das **Dienstmerkmal sowie dessen Kenngrößen** mitzuteilen. Diese Vorschrift erlangt vor dem Hintergrund Bedeutung, dass bestimmte Telekommunikationsanlagen wie etwa das ISDN-Netz für sehr unterschiedliche Telekommunikationsdienste (zB Telefonie, Fax, sonstige Datenübertragung) genutzt werden können. Die an der Telekommunikation unmittelbar Beteiligten wissen 46

[40] *Tiedemann* CR 2005, 858, 862; KMR-StPO/*Bär* Rn. 17.

selbstverständlich, welchen Telekommunikationsdienst sie für einen bestimmten Telekommunikationsvorgang nutzen. Dem Telekommunikationsnetz werden während des Telekommunikationsvorgangs dabei entsprechende Informationen übermittelt, damit sowohl dort als auch am Endgerät die für die jeweilige Telekommunikation richtigen Ressourcen bereitgestellt bzw. die richtigen Endgeräte angewählt werden. Bei den übermittelten Daten handelt es sich indes beim digitalen Telekommunikationsnetz um einen sogenannten „binären Datenstrom“, dessen Inhalt nur dann sinnvoll auswertbar ist, wenn bekannt ist, wie die einzelnen „Bits“ zu interpretieren sind, dh welchem Telekommunikationsdienst sie zuzurechnen sind und welches Dienstmerkmal mit welchen Kenngrößen aktuell genutzt wird.

47 § 7 Abs. 1 S. 1 Nr. 6 TKÜV regelt, dass den Berechtigten auch die **Ursache für die Auslösung oder das Nichtzustandekommen der Verbindung** mitzuteilen ist. Diese Regelung ist nur für die „leitungsvermittelnde Telekommunikation“ von Bedeutung. Die technischen Ursachen für die Beendigung der zu übermittelnden Telekommunikation können etwa darin liegen, dass der angerufene bzw. der anrufende Teilnehmer auflegt oder aber die Verbindung deshalb nicht zustande kommt, weil der angerufene Teilnehmer selbst telefoniert. Die Übermittlung der nach Nr. 6 geforderten Daten ist geboten, weil sich ansonsten für die berechtigten Stellen Unsicherheiten daraus ergeben könnten, dass zwar die Rufnummer oder die andere Kennung des jeweiligen Anschlusses übermittelt würde, jedoch aufgrund einer tatsächlich nicht zustande gekommenen Verbindung keine Inhalte aufgezeichnet würden.

48 Eine für die Praxis herausragend wichtige Regelung enthält § 7 Abs. 1 S. 1 Nr. 7 TKÜV, wonach weiterhin der **Standort des Mobiltelefons** mitzuteilen ist, über den die zu überwachende Telekommunikation abgewickelt wird. Falls eine Standortangabe nicht möglich ist, kann ersatzweise auch die Funkzelle oder Rufzone übermittelt werden, über die die zu überwachende Telekommunikation erfolgt. Diese Daten sind auch mitzuteilen, wenn das Mobiltelefon zwar empfangsbereit ist, es zur zzt. jedoch nicht (aktiv) als Telekommunikationsmittel benutzt wird. Sollen auch Angaben zum **Standort des lediglich empfangsbereiten Endgerätes übermittelt werden, empfiehlt es sich, dies in die Anordnung ausdrücklich aufzunehmen.**

49 **d) Entgegennahme der Anordnung durch den Dienstleister (§ 12 TKÜV).** Einzelheiten zur Entgegennahme der Anordnung regelt § 12 TKÜV geregelt. Der in der TKÜV als „Verpflichteter“ bezeichnete Telekommunikationsdienstleister hat gemäß § 12 Abs. 1 S. 1 TKÜV zu gewährleisten, dass er **jederzeit telefonisch** über das Vorliegen einer Anordnung zur Überwachung der Telekommunikation und die Dringlichkeit ihrer Umsetzung benachrichtigt werden kann. Nach § 12 Abs. 1 S. 2 TKÜV hat er weiter sicherzustellen, dass er die Anordnung zu diesem Zweck innerhalb der üblichen Geschäftszeiten jederzeit entgegenzunehmen in der Lage ist.

50 Außerhalb der üblichen Geschäftszeiten hat er nach § 12 Abs. 1 S. 3 TKÜV eine Entgegennahme innerhalb von sechs Stunden nach seiner Benachrichtigung zu gewährleisten. Der Richter oder Staatsanwalt kann in seiner Anordnung – in begründeten Ausnahmefällen –auch eine kürzere, in diesem Fall indes mit dem Verpflichteten abzustimmende Frist für die Entgegennahme der Anordnung festlegen. Der Verpflichtete hat nach § 12 Abs. 1 S. 3 TKÜV weiter der Bundesnetzagentur eine – bei dieser abfragbare – Stelle für die Entgegennahme der Anordnungen anzugeben, für deren Erreichbarkeit keine Anschlüsse benannt werden dürfen, für die eine Sondertarifierung gilt.

51 Von erheblicher praktischer Bedeutung ist weiter die Regelung in § 12 Abs. 2 S. 1 TKÜV, wonach der Verpflichtete die Umsetzung der Überwachungsmaßnahme auch aufgrund einer auf gesichertem elektronischem Weg oder vorab per Fax übermittelten Kopie der Anordnung einzuleiten hat. Nach § 12 Abs. 2 S. 2 TKÜV ist dem Verpflichteten **binnen einer Woche** im Falle der Übermittlung per Fax das Original oder eine beglaubigte Abschrift der Anordnung zu übersenden, ansonsten hat er die Maßnahme wieder abzuschalten.

3. Überwachungsmaßnahmen ohne Einbindung des Telekommunikationsdienstleisters. Die §§ 100a, 100b enthalten die materiellen und formellen Voraussetzungen der strafprozessualen Telekommunikationsüberwachung. § 110 TKG hingegen regelt, welche technischen und organisatorischen Vorkehrungen die verpflichteten Telekommunikationsdienstleister zu treffen haben, damit Anordnungen nach §§ 100a, 100b bzw. nach anderen zur Überwachung der Telekommunikation ebenfalls berechtigenden Vorschriften wie etwa den §§ 3 und 5 G 10 bzw. § 20l BKAG überhaupt durchgeführt werden können. § 110 TKG trägt dem Umstand Rechnung, dass die Errichtung und Erhaltung effektiver systemintegrierter Vorrichtungen zur Ermöglichung derartiger Maßnahmen bereits aus tatsächlichen Gründen flächendeckend allein dem Netzbetreiber möglich ist. Die technologische Entwicklung der vergangenen Jahre ermöglicht es den Strafverfolgungsbehörden indes zunehmend, Überwachungsmaßnahmen wenngleich in eingeschränktem Umfang auch selbstständig, dh ohne Mitwirkung der Telekommunikationsdienstleister und damit **ohne deren technisches Equipment** durchzuführen. Eine solche – eingeschränkte – Möglichkeit eröffnet zB der so genannte „IMSI-Catcher" (→ § 100i Rn. 15). 52

Namentlich aus der Mitwirkungspflicht in Abs. 3 haben Stimmen in der Lit. gefolgert, Überwachungsmaßnahmen ohne Mitwirkung der Dienstleister seien nicht statthaft.[41] Aus der verfassungsrechtlich, nämlich dem gegenständlichen Schutzbereich des Art. 10 GG abzuleitenden Tatsache, dass allein die von einem Telekommunikationsdienstleister als Drittem vermittelte Kommunikation zwischen voneinander zumeist räumlich getrennten und sich deshalb der Telekommunikation bedienenden Personen vom Schutzbereich des Fernmeldegeheimnisses erfasst wird und daher eine Überwachung derselben ohne diesen Dritten jedenfalls regelmäßig technisch nicht möglich ist, kann indes **nicht abgeleitet werden, dass Überwachungsmaßnahmen nur bei Mitwirkung der Telekommunikationsdienstleister statthaft** sind. Dieser im Rahmen der Sachverständigenanhörung[42] zur Neuregelung des § 100b vertretenen Rechtsauffassung hat sich in den Materialen zum Entwurf eines Gesetzes zur Neuregelung der Telekommunikation und anderer verdeckter Ermittlungsmaßnahmen auch die BReg. angeschlossen.[43] Auch aus den historischen Materialien zum G 10 – Gesetz von 1968 ergibt sich nichts Gegenteiliges. Dort wird in diesem Zusammenhang lediglich ausgeführt, die Überwachungsmaßnahme würde nicht durch den Telefonanlagenbetreiber, sondern (allein) durch die Staatsanwaltschaft und ihre Hilfsbeamten vollzogen.[44] 53

IV. Beendigung der Maßnahme (Abs. 4)

1. Wegfall der Anordnungsvoraussetzungen (S. 1). Gemäß S. 1 ist eine Überwachungsmaßnahme „unverzüglich zu beenden", wenn die Voraussetzungen für ihre Anordnung nicht mehr vorliegen. Wenngleich diese Regelung auch auf diejenigen Fälle Anwendung findet, in denen der gemäß Abs. 2 Nr. 3 zu benennende Endzeitpunkt hinsichtlich der Dauer der Überwachungsmaßnahme erreicht ist, dürfte der Gesetzgeber bei S. 1 vorrangig diejenigen Konstellationen im Blick gehabt haben, in denen dieser Zeitpunkt noch nicht erreicht ist, indes **sonstige Anordnungsvoraussetzungen entfallen** sind. Gedacht haben dürfte er hier etwa an diejenigen Fälle, in denen der Tatnachweis entweder erbracht oder aber der zunächst bestehende Tatverdacht auf Grund weiterer Ermittlungen entfallen ist. 54

Die Voraussetzungen für die Fortdauer einer Maßnahme entfallen nicht stets dadurch, dass der Beschuldigte, dessen Anschluss durch die Maßnahme überwacht wird, **verhaftet** wurde. Dies gilt jedenfalls dann, wenn Anhaltspunkte dafür vorliegen, dass zwar nicht 55

---

[41] So wohl Löwe/Rosenberg/*Schäfer* § 100a Rn. 8, 30.

[42] *Günther*, Protokoll der 74. Sitzung des Rechtsauschusses des Deutschen Bundestages vom 19.9.2007 S. 10.

[43] BT-Drs. 16/5846, 47.

[44] BT-Drs. V/1880, 13.

mehr der Beschuldigte selbst, indes ein Nachrichtenmittler von dem überwachten Anschluss Gebrauch macht.[45] Diese veränderte Sachlage muss allerdings durch die Anordnung (noch) abgedeckt sein; ggf. muss eine neue oder ergänzende Anordnung hinsichtlich des Nachrichtenmittlers als weiteren Betroffenen erlassen werden.[46]

56 Wird die Maßnahme hingegen trotz Wegfalls ihrer Voraussetzungen fortgeführt, sind die ab diesem Zeitpunkt erlangten Erkenntnisse in der Regel nicht verwertbar.[47]

57 Wenngleich Abs. 4 hierzu keine Regelung enthält, ist für die **Entscheidung zur Beendigung** der Maßnahme im Ermittlungsverfahren auf Grund ihrer Sachleitungsfunktion sowie ihrer Stellung als Vollstreckungsbehörde vorrangig die **Staatsanwaltschaft** zuständig.[48] Diese wird sich hierzu indes erst auf Grund einer entsprechen Anregung der die Telekommunikationsdaten auswertenden Polizeidienststelle veranlasst sehen. Die Staatsanwaltschaft ist zur Gewährleistung der Rechtsstaatlichkeit des Vollzugs der Überwachungsmaßnahme gehalten, sich regelmäßig über den aktuellern Ermittlungsstand Bericht erstatten zu lassen. Nur so kann sie prüfen, ob die weitere Überwachung der betreffenden Kennung noch geeignet ist, den Sachverhalt weiter zu erforschen und auch die weiteren materiellen Anordnungsvoraussetzungen des § 100a weiterhin vorliegen. Kommt die Staatsanwaltschaft, gleich aus welchen Gründen, zu der Auffassung, dass die Maßnahme zu beenden sei, so muss das Gericht, so sie dessen Entscheidung überhaupt herbeiführen will, ihrem Antrag entsprechen. Dies folgt aus dem nunmehr auch in Abs. 1 S. 1 zum Ausdruck kommenden Umstand, dass die Staatsanwaltschaft die Herrin des Ermittlungsverfahrens ist und es seit der Novellierung dieser Vorschrift durch das Gesetz zur Neuregelung der Telekommunikationsüberwachung und anderer verdeckter Ermittlungsmaßnahmen vom 21.12.2007[49] für die Anordnung der Maßnahme zwingend eines entsprechenden Antrages der Staatsanwaltschaft bedarf. Eines Rückgriffs auf § 120 Abs. 3 (wonach im Ermittlungsverfahren Haftbefehle auf Antrag der Staatsanwaltschaft aufzuheben sind) im Wege der Analogie[50] bedarf es zur Herleitung dieser Auffassung deshalb nicht mehr.

58 Das die Maßnahme im Ermittlungsverfahren **anordnende Gericht** bleibt indes ebenfalls für die Rechtmäßigkeit des weiteren Verfahrens – von Rechts wegen sogar vorrangig – (mit)verantwortlich.[51] Dies kann unmittelbar aus dem Richtervorbehalt in Abs. 1 S. 1 abgeleitet werden. Kommt das Gericht während der laufenden Überwachung des Betroffenen zu der Auffassung, die Voraussetzungen des § 100a liegen nicht mehr vor, so hat es die Beendigung der Maßnahme anzuordnen. Anders als für den Erlass der Überwachungsanordnung, für den es gemäß Abs. 1 S. 1 zwingend eines Antrages der Staatsanwaltschaft bedarf (→ Rn. 57), wäre für einen derartigen Aufhebungsbeschluss ein Antrag der Staatsanwaltschaft nicht erforderlich. Die gegenteilige Auffassung[52] würde den Richtervorbehalt in sachlich nicht zu rechtfertigender Weise einschränken.

59 Würde eine Überwachungsmaßnahme noch nach Anklageerhebung weitergeführt, was praktisch nur in seltenen Ausnahmefällen und lediglich für einen sehr kurzen Zeitraum vorkommen dürfte, ist das **mit der Sache befasste Gericht** für die Entscheidung über die Beendigung der Maßnahme zuständig. Der Staatsanwaltschaft, deren Verfahrensherrschaft mit Anklageerhebung auf das Tatgericht übergegangen ist (vgl. § 125 Abs. 2, § 126 Abs. 2, § 147 Abs. 5), verbleibt das Recht, auf die ihr geboten erscheinende Entscheidung anzutragen.

60 **2. Unterrichtung des Gerichts (S. 2).** Gemäß Abs. 4 S. 2 ist das anordnende Gericht nach Beendigung der Maßnahme über deren **Ergebnisse** – nicht hingegen wie im Falle der

[45] So BGH 21.7.1994 – 1 StR 83/94, NJW 1194, 2904 (2907).
[46] Ebenso Löwe/Rosenberg/*Schäfer* Rn. 32.
[47] Vgl. LG Münster 16.1.1996 – 7 KLs 13/95, StV 1996, 203.
[48] Ebenso KMR-StPO/*Bär* Rn. 22.
[49] BGBl. I 3198.
[50] So noch Löwe/Rosenberg/*Schäfer* Rn. 33.
[51] Ebenso Löwe/Rosenberg/*Schäfer* Rn. 33.
[52] So wohl *Meyer-Goßner* Rn. 6.

Wohnraumüberwachung gemäß § 100d Abs. 4 S. 1 auch über den Verlauf – zu unterrichten. Näheres regelt die Vorschrift nicht. Der Gesetzgeber hat während des Gesetzgebungsverfahrens aus Gründen der Stärkung des Richtervorbehalts die Frage diskutiert, ob Gegenstand der Unterrichtung auch der Verlauf der Überwachung sein soll.[53] Er hat sich letztlich gegen eine derartige Ausweitung der Berichtspflicht entschieden, um die durch die neuen Berichtspflichten in Abs. 5 zusätzlich belasteten Staatsanwaltschaften nicht noch weiter zu strapazieren.

Es bleibt der Staatsanwaltschaft überlassen, auf welche – geeignete – Weise sie das Gericht unterrichtet. Regelmäßig dürfte es ausreichen, diesem die Akten unter Hinweis auf entsprechende Auswerteberichte der sachbearbeitenden Polizeidienststelle mit einem kurzen erläuternden Vermerk zu übersenden.[54] **61**

V. Berichtspflicht (Abs. 5 und 6)

Gemäß Abs. 5 S. 1 haben die Länder und der Generalbundesanwalt dem Bundesamt für Justiz jeweils bis zum 30. Juni des dem Berichtsjahr folgenden Monats über die in ihrem Zuständigkeitsbereich gemäß § 100a angeordneten Maßnahmen zur Überwachung der Telekommunikation zu berichten. Der **notwendige Inhalt** dieser Berichte wird durch Abs. 6 festgelegt. **62**

Der Gesetzgeber bezweckte mit diesen Regelungen einheitliche Bestimmungen für statistische Erhebungen zu Telekommunikationsüberwachungsmaßnahmen zu schaffen.[55] Dementsprechend sind nach Abs. 6 mit der Anzahl der Verfahren, in denen Maßnahmen nach § 100a durchgeführt worden sind, der Anzahl der entsprechenden Anordnungen, wobei zwischen Erst- und Verlängerungsanordnungen zu unterscheiden ist, lediglich rein statische und **keine personenbezogenen Daten** mitzuteilen. **63**

B. Rechtsbehelfe

I. Beteiligte

Dem Beschuldigten sowie allen weiteren Beteiligten der überwachten Telekommunikation iSd § 101 Abs. 4 S. 1 Nr. 3 steht als lex specialis der befristete **Rechtsbehelf des § 101 Abs. 7 S. 2 bis 4** gegen richterliche wie staatsanwaltschaftliche Anordnungen zur Verfügung. Bei diesem Rechtsbehelf handelt es sich nach Auffassung des BGH[56]um eine abschließende Sonderregelung, deren Abs. 7 jedenfalls für beendete Maßnahmen die Rechtsbehelfe der Beschwerde nach § 304 bzw. des Antrages auf gerichtliche Entscheidung entsprechend § 98 Abs. 2 verdrängt. Andernfalls liefe die Antragsfrist von zwei Wochen, binnen derer gemäß § 101 Abs. 7 S. 2 die durch die Maßnahme Betroffen nach ihrer Benachrichtigung über die Maßnahme deren Rechtmäßigkeit sowie die Art und Weise ihres Vollzugs überprüfen lassen können, ebenso leer wie die Ausgestaltung des Anschlussrechtsbehelfs als sofortige Beschwerde.[57] **64**

In den Fällen, in denen § 101 Abs. 7 S. 2 keine Anwendung findet, kann der durch die Maßnahme unmittelbar Betroffene gegen richterliche Entscheidungen (einfache) **Beschwerde gemäß § 304** einlegen. Auch Anordnungen des OLG im ersten Rechtszug bzw. die vom Ermittlungsrichter des BGH erlassenen Anordnungen nach § 100a können mit der Beschwerde angefochten werden (vgl. § 304 Abs. 4 S. 2 Nr. 1, Abs. 5). **65**

Gegen Eilanordnungen der Staatsanwaltschaft ist **analog § 98 Abs. 2 Antrag auf gerichtliche Entscheidung** staathaft. **66**

---

53 Vgl. BT-Drs. 16/5846, 48.

54 KMR-StPO/*Bär* Rn. 23.

55 BT-Drs. 16/5846, 48.

56 BGH 8.10.2008 – StB 12 – 15/08, NJW 2009, 454 = NStZ 2009, 104.

57 BGH 8.10.2008 – StB 12 – 15/08, NJW 2009, 454 = NStZ 2009, 104.

II. Telekommunikationsdienstleister

67 Die zur Umsetzung der Überwachungsmaßnahmen verpflichteten Telekommunikationsdienstleister sind grundsätzlich beschwerdeberechtigt. Indes ist zum Ausschluss einer „Popularbeschwerde"[58] eine besondere Beschwerdebefugnis erforderlich. So hat der Ermittlungsrichter beim BGH in seiner Entscheidung vom 7.9.1998[59] zutreffend darauf hingewiesen, dem zur Umsetzung der Maßnahme verpflichteten Betreiber könne nicht die Befugnis zustehen, die Wirksamkeit einer Anordnung nach § 100a anzugreifen. Dieser würde sonst faktisch die Interessen des vorrangig durch die Maßnahme betroffenen Beschuldigten wahrnehmen. Indes sind zur Beschwerde gemäß § 304 Abs. 2 auch andere Personen berechtigt und die Dienstleister nach § 100a Abs. 3 zur Umsetzung der Überwachungsmaßnahme verpflichtet. Vor diesem Hintergrund sind Telekommunikationsdienstleister entsprechend der wohl hA beschwerdebefugt, als sie im Einzelfall durch bestimmte Bestandteile einer Anordnung beschwert sind und sie insoweit ein schutzwürdiges Interesse an einer gerichtlichen Überprüfung haben.[60] Zur Beanstandung des materiell-rechtlichen Teils einer Überwachungsanordnung ist der Dienstleister somit nicht befugt, **soweit es die technischen Umsetzung der Maßnahme betrifft** hingegen schon.[61]

C. Revision

68 Will der Beschwerdeführer mit der Revision einen Verstoß gegen § 100b geltend machen, muss er eine entsprechende **Verfahrensrüge** erheben. Insoweit wird auf die entsprechenden Ausführungen bei § 100a Bezug genommen (→ Rn. 233 ff.).

§ 100c [Wohnraumüberwachung]

(1) Auch ohne Wissen der Betroffenen darf das in einer Wohnung nichtöffentlich gesprochene Wort mit technischen Mitteln abgehört und aufgezeichnet werden, wenn

1. **bestimmte Tatsachen den Verdacht begründen, dass jemand als Täter oder Teilnehmer eine in Absatz 2 bezeichnete besonders schwere Straftat begangen oder in Fällen, in denen der Versuch strafbar ist, zu begehen versucht hat,**
2. **die Tat auch im Einzelfall besonders schwer wiegt,**
3. **auf Grund tatsächlicher Anhaltspunkte anzunehmen ist, dass durch die Überwachung Äußerungen des Beschuldigten erfasst werden, die für die Erforschung des Sachverhalts oder die Ermittlung des Aufenthaltsortes eines Mitbeschuldigten von Bedeutung sind, und**
4. **die Erforschung des Sachverhalts oder die Ermittlung des Aufenthaltsortes eines Mitbeschuldigten auf andere Weise unverhältnismäßig erschwert oder aussichtslos wäre.**

(2) Besonders schwere Straftaten im Sinne des Absatzes 1 Nr. 1 sind:

1. **aus dem Strafgesetzbuch:**
   a) **Straftaten des Friedensverrats, des Hochverrats und der Gefährdung des demokratischen Rechtsstaates sowie des Landesverrats und der Gefährdung der äußeren Sicherheit nach den §§ 80, 81, 82, 89a, nach den §§ 94, 95 Abs. 3 und § 96 Abs. 1, jeweils auch in Verbindung mit § 97b, sowie nach den §§ 97a, 98 Abs. 1 Satz 2, § 99 Abs. 2 und den §§ 100, 100a Abs. 4,**

---

[58] So zutreffend *Bär*, TK-Überwachung, Kommentar Rn. 28.
[59] BGH 7.9.1998 – 2 BGs 211/98, MMR 1999, 99 (100).
[60] So zutreffend LG Bielefeld 1.12.2003 – Qs 495-498/02 IX, MMR 2004, 702.
[61] Vgl. OLG Frankfurt a. M. 30.11.2006 – 20 W 128/05, NJW 2007, 3292 = BeckRS 2007, 02900.

b) Bildung krimineller Vereinigungen nach § 129 Abs. 1 in Verbindung mit Abs. 4 Halbsatz 2 und Bildung terroristischer Vereinigungen nach § 129a Abs. 1, 2, 4, 5 Satz 1 Alternative 1, jeweils auch in Verbindung mit § 129b Abs. 1,
c) Geld- und Wertzeichenfälschung nach den §§ 146 und 151, jeweils auch in Verbindung mit § 152, sowie nach § 152a Abs. 3 und § 152b Abs. 1 bis 4,
d) Straftaten gegen die sexuelle Selbstbestimmung in den Fällen des § 176a Abs. 2 Nr. 2 oder Abs. 3, § 177 Abs. 2 Nr. 2 oder § 179 Abs. 5 Nr. 2,
e) Verbreitung, Erwerb und Besitz kinderpornografischer Schriften in den Fällen des § 184b Abs. 3,
f) Mord und Totschlag nach den §§ 211, 212,
g) Straftaten gegen die persönliche Freiheit in den Fällen der §§ 234, 234a Abs. 1, 2, §§ 239a, 239b und Menschenhandel zum Zweck der sexuellen Ausbeutung und zum Zweck der Ausbeutung der Arbeitskraft nach § 232 Abs. 3, Abs. 4 oder Abs. 5, § 233 Abs. 3, jeweils soweit es sich um Verbrechen handelt,
h) Bandendiebstahl nach § 244 Abs. 1 Nr. 2 und schwerer Bandendiebstahl nach § 244a,
i) schwerer Raub und Raub mit Todesfolge nach § 250 Abs. 1 oder Abs. 2, § 251,
j) räuberische Erpressung nach § 255 und besonders schwerer Fall einer Erpressung nach § 253 unter den in § 253 Abs. 4 Satz 2 genannten Voraussetzungen,
k) gewerbsmäßige Hehlerei, Bandenhehlerei und gewerbsmäßige Bandenhehlerei nach den §§ 260, 260a,
l) besonders schwerer Fall der Geldwäsche, Verschleierung unrechtmäßig erlangter Vermögenswerte nach § 261 unter den in § 261 Abs. 4 Satz 2 genannten Voraussetzungen,
m) besonders schwerer Fall der Bestechlichkeit und Bestechung nach § 335 Abs. 1 unter den in § 335 Abs. 2 Nr. 1 bis 3 genannten Voraussetzungen,

2. aus dem Asylverfahrensgesetz:
a) Verleitung zur missbräuchlichen Asylantragstellung nach § 84 Abs. 3,
b) gewerbs- und bandenmäßige Verleitung zur missbräuchlichen Asylantragstellung nach § 84a Abs. 1,

3. aus dem Aufenthaltsgesetz:
a) Einschleusen von Ausländern nach § 96 Abs. 2,
b) Einschleusen mit Todesfolge oder gewerbs- und bandenmäßiges Einschleusen nach § 97,

4. aus dem Betäubungsmittelgesetz:
a) besonders schwerer Fall einer Straftat nach § 29 Abs. 1 Satz 1 Nr. 1, 5, 6, 10, 11 oder 13, Abs. 3 unter der in § 29 Abs. 3 Satz 2 Nr. 1 genannten Voraussetzung,
b) eine Straftat nach den §§ 29a, 30 Abs. 1 Nr. 1, 2, 4, § 30a,

5. aus dem Gesetz über die Kontrolle von Kriegswaffen:
a) eine Straftat nach § 19 Abs. 2 oder § 20 Abs. 1, jeweils auch in Verbindung mit § 21,
b) besonders schwerer Fall einer Straftat nach § 22a Abs. 1 in Verbindung mit Abs. 2,

6. aus dem Völkerstrafgesetzbuch:
a) Völkermord nach § 6,
b) Verbrechen gegen die Menschlichkeit nach § 7,
c) Kriegsverbrechen nach den §§ 8 bis 12,

7. aus dem Waffengesetz:

a) **besonders schwerer Fall einer Straftat nach § 51 Abs. 1 in Verbindung mit Abs. 2,**
b) **besonders schwerer Fall einer Straftat nach § 52 Abs. 1 Nr. 1 in Verbindung mit Abs. 5.**

(3) [1]Die Maßnahme darf sich nur gegen den Beschuldigten richten und nur in Wohnungen des Beschuldigten durchgeführt werden. [2]In Wohnungen anderer Personen ist die Maßnahme nur zulässig, wenn auf Grund bestimmter Tatsachen anzunehmen ist, dass
1. **der in der Anordnung nach § 100d Abs. 2 bezeichnete Beschuldigte sich dort aufhält und**
2. **die Maßnahme in Wohnungen des Beschuldigten allein nicht zur Erforschung des Sachverhalts oder zur Ermittlung des Aufenthaltsortes eines Mitbeschuldigten führen wird.**

[3]Die Maßnahme darf auch durchgeführt werden, wenn andere Personen unvermeidbar betroffen werden.

(4) [1]Die Maßnahme darf nur angeordnet werden, soweit auf Grund tatsächlicher Anhaltspunkte, insbesondere zu der Art der zu überwachenden Räumlichkeiten und dem Verhältnis der zu überwachenden Personen zueinander, anzunehmen ist, dass durch die Überwachung Äußerungen, die dem Kernbereich privater Lebensgestaltung zuzurechnen sind, nicht erfasst werden. [2]Gespräche in Betriebs- oder Geschäftsräumen sind in der Regel nicht dem Kernbereich privater Lebensgestaltung zuzurechnen. [3]Das Gleiche gilt für Gespräche über begangene Straftaten und Äußerungen, mittels derer Straftaten begangen werden.

(5) [1]Das Abhören und Aufzeichnen ist unverzüglich zu unterbrechen, soweit sich während der Überwachung Anhaltspunkte dafür ergeben, dass Äußerungen, die dem Kernbereich privater Lebensgestaltung zuzurechnen sind, erfasst werden. [2]Aufzeichnungen über solche Äußerungen sind unverzüglich zu löschen. [3]Erkenntnisse über solche Äußerungen dürfen nicht verwertet werden. [4]Die Tatsache der Erfassung der Daten und ihrer Löschung ist zu dokumentieren. [5]Ist eine Maßnahme nach Satz 1 unterbrochen worden, so darf sie unter den in Absatz 4 genannten Voraussetzungen fortgeführt werden. [6]Im Zweifel ist über die Unterbrechung oder Fortführung der Maßnahme unverzüglich eine Entscheidung des Gerichts herbeizuführen; § 100d Abs. 4 gilt entsprechend.

(6) [1]In den Fällen des § 53 ist eine Maßnahme nach Absatz 1 unzulässig; ergibt sich während oder nach Durchführung der Maßnahme, dass ein Fall des § 53 vorliegt, gilt Absatz 5 Satz 2 bis 4 entsprechend. [2]In den Fällen der §§ 52 und 53a dürfen aus einer Maßnahme nach Absatz 1 gewonnene Erkenntnisse nur verwertet werden, wenn dies unter Berücksichtigung der Bedeutung des zugrunde liegenden Vertrauensverhältnisses nicht außer Verhältnis zum Interesse an der Erforschung des Sachverhalts oder der Ermittlung des Aufenthaltsortes eines Beschuldigten steht. [3]§ 160a Abs. 4 gilt entsprechend.

(7) [1]Soweit ein Verwertungsverbot nach Absatz 5 in Betracht kommt, hat die Staatsanwaltschaft unverzüglich eine Entscheidung des anordnenden Gerichts über die Verwertbarkeit der erlangten Erkenntnisse herbeizuführen. [2]Soweit das Gericht eine Verwertbarkeit verneint, ist dies für das weitere Verfahren bindend.

Schrifttum: *Baldus,* Der Kernbereich privater Lebensgestaltung – absolut geschützt, aber abwägungsoffen, JZ 2008, 218; *Beukelmann,* „Verwendungsbeschränkter" Kernbereichsschutz, NJW Spezial 2009, 712; *Brodag,* Die akustische Wohnraumüberwachung, Maßnahmen ohne Wissen des Betroffenen gem. § 100 I Nr. 3 StPO, Kriminalistik 1999, 746; *Denninger,* Verfassungsrechtliche Grenzen des Lauschens – Der „große Lauschangriff" auf dem Prüfstand der Verfassung, ZRP 2004, 101; *Dittrich,* Der „Große Lauschangriff" – diesseits und jenseits der Verfassung, NStZ 1998, 336; *Eisenberg,* Zur Unzulässigkeit optischer Ermittlungsmaßnahmen (Observation) betreffend eine Wohnung, NStZ 2002, 638; *Ellbogen,* Verwertungsverbot bei Selbstgesprächen,

NStZ 2006, 179; *Gusy,* Lauschangriff und Grundgesetz, JuS 2004, 457; *Hauck,* Lauschangriff in der U-Haft – Anmerkungen zu BGH, Urt. v. 29.4.2009 (1 StR 701/08) – und Versuch einer dogmatischen Klärung, NStZ 2010, 17; *Hilger,* Neues Strafverfahrensrecht durch das OrgKG – 1. Teil, NStZ 1992, 457; *Kolz,* Das Selbstgespräch im Krankenzimmer und der Große Lauschangriff, NJW 2005, 3248; *Kress,* Der „große Lauschangriff" als Mittel internationaler Verbrechensbekämpfung, 1 Aufl., 2009; *Leutheusser-Schnarrenberger,* Der Gesetzentwurf der Bundesregierung zum „großen Lauschangriff – Anmerkung zu § 100c StPO und dem Versuch, verfassungsgerichtlich geforderte Überwachungsverbote zu umgehen, ZRP 2005, 1; *Lindemann,* Der Schutz des „Kernbereichs privater Lebensgestaltung" im Strafverfahren; JR 2006, 191; *Löffelmann,* Die Neuregelung der akustischen Wohnraumüberwachung, NJW 2005, 2033; *ders.,* Das Gesetz zur Umsetzung des Urteils des Bundesverfassungsgerichts vom 3. März 2008 (akustische Wohnraumüberwachung), ZIS 2006, 87; *Meyer/Hetzer,* Neue Gesetze gegen Organisierte Kriminalität, NJW 1998, 1017; *Müller,* Der sogenannte „Große Lauschangriff" Eine Untersuchung zu den Rechtsproblemen der Einführung der elektronischen Wohnraumüberwachung zur Beweismittelgewinnung, 1. Aufl., 2000; *Rogall,* Zur Zulässigkeit einer heimlichen akustischen Überwachung von Ehegattengesprächen in der Untersuchungshaft, HRRS 2010, 289; *Sankol,* Das sog. „Raumgespräch" und seine Verwertbarkeit im Strafverfahren, MMR 2007, 692; *Schlegel,* Warum die Festplatte keine Wohnung ist – Art. 13 GG und die „Online-Durchsuchung", GA 2007, 648; *Weißer,* Zeugnisverweigerungsrechte und Menschenwürde als Schutzschild gegen heimliche strafprozessuale Zugriffe auf Kommunikationsinhalte?, GA 2006, 148; *Zuck,* Faires Verfahren und der Nemo tenetur-Grundsatz bei der Besuchsüberwachung in der Untersuchungshaft, JR 2010, 17.

Übersicht

A. Überblick

I. Normzweck

1 Mit der durch § 100c eröffneten Möglichkeit, Gespräche auch innerhalb von Wohnungen heimlich aufzuzeichnen, sollte eine Gesetzeslücke geschlossen werden. Namentlich die Strafverfolgungsbehörden haben bereits lange vor Inkrafttreten der Regelung des § 100c Abs. 1 Nr. 3 idF des Gesetzes zur Verbesserung der Bekämpfung der Organisierten Kriminalität vom 4.5.1998,[1] mit welcher die Maßnahme der akustischen Wohnraumüberwachung in die Strafprozessordnung eingefügt worden war, wiederholt darauf hingewiesen, dass die **Bedrohung der Gesellschaft durch die Organisierte Kriminalität** und damit einhergehend das Erfordernis deren effektiver Bekämpfung es gebiete, auch das Abhören und Aufzeichnen des nichtöffentlich gesprochenen Wortes in Wohnungen zuzulassen.[2] Zwar wurden die strafprozessualen Eingriffsbefugnisse bereits zuvor durch das OrgKG vom 15.7.1992[3] beträchtlich erweitert, als mit diesem ua die Regelungen zum Einsatz technischer Mittel außerhalb von Wohnungen gemäß § 100c Abs. 1 Nr. 1 und 2 aF. sowie des Verdeckten Ermittlers nach §§ 110a ff. in die StPO eingefügt worden waren. Wohnungen boten Tätern indes nach der damals bestehenden Rechtslage „ein von Entdeckungsrisiko freies Aktionsfeld".[4]

II. Internationalrechtliche Grundlagen

2 Maßnahmen der akustischen Wohnraumüberwachung gestatten auch die Verfahrensordnungen **anderer Staaten**. So eröffnet § 136 der österreichischen StPO die Möglichkeit, optische und akustische Überwachungsmaßnahmen auch in einer „bestimmte(n) Wohnung oder in andere(n) durch das Hausrecht geschützte(n) Räumen" durchzuführen. In anderen Ländern werden vergleichbare Maßnahmen durchgeführt, obwohl entsprechende spezialgesetzliche Ermächtigungsgrundlagen fehlen. Diese Maßnahmen werden dort vielfach im Wege einer entsprechenden Auslegung der Verfassung für zulässig erachtet.[5] Indes enthalten soweit erkennbar weder die österreichische StPO noch die Verfahrensordnungen anderer Länder derart detaillierte Regelungen wie sie sich in den §§ 100c ff. finden.[6]

B. Erläuterung

I. Regelungsinhalt des § 100c

3 § 100c Abs. 1 ermächtigt die Strafverfolgungsbehörden, das von Personen „in einer Wohnung nichtöffentlich gesprochene Wort mit technischen Mitteln" abzuhören und aufzuzeichnen. Die Vorschrift gestattet somit **lediglich die akustische** Überwachung und Aufzeichnung des nichtöffentlichen gesprochenen Wortes in Wohnungen, in denen sich der Beschuldigte mutmaßlich aufhält. Optische Überwachungsmaßnahmen innerhalb von Wohnungen lässt die StPO anders als bspw. § 16 Abs. 1 BKAG, der beim Einsatz technischer Mittel zur Eigensicherung auch innerhalb von Wohnungen die Herstellung von Lichtbildern und Bildaufzeichnungen gestattet, hingegen nicht zu.[7] Maßnahmen nach § 100c sind regelmäßig mit einem physischen Eindringen in die Wohnung zwecks Installation der Überwachungstechnik verbunden.[8]

---

1 BGBl. I 845.
2 BT-Drs. 13/8651, 10.
3 BGBl. I 1302.
4 BT-Drs. 13/8651, 13.
5 Weiterführend *Müller* S. 124 ff.
6 *Kress* S. 15 ff.
7 Vgl. auch *Eisenberg* ZRP 2002, 638: Zur Abgrenzungsproblematik mit Maßnahmen nach § 100a vgl. *Sankol* MMR 2007, 692.
8 *Schlegel* GA 2007, 648.

II. Eingriffsvoraussetzungen (Abs. 1)

Das in einer Wohnung nichtöffentlich gesprochene Wort des Betroffenen darf gemäß § 100c Abs. 1 überwacht und aufgezeichnet werden, wenn „jemand" – der Beschuldigte – der Beteiligung an einer der in § 100c Abs. 2 aufgeführten besonders schweren Straftaten, die auch im Einzelfall besonders schwer wiegen müssen, auf Grund bestimmter Tatsachen verdächtig ist. Des Weiteren müssen tatsächliche Anhaltspunkte dafür vorliegen, dass die Maßnahme der Erreichung des in § 100c Abs. 1 Nr. 3 legaldefinierten Zwecks dient und die Maßnahme schließlich auch verhältnismäßig ist. § 100c gestattet somit in **sachlicher und personeller** Hinsicht die Überwachung des in einer **Wohnung** iSv Art. 13 GG nichtöffentlich gesprochenen Wortes der von der Maßnahme **Betroffenen.** 4

Von **zentraler** Bedeutung für die Anwendung der Vorschrift ist ihr „raumgreifender", weiter Wohnungsbegriff. In der strafprozessualen Praxis wird ihm nicht immer die gebotene Beachtung zuteil, was in Einzelfällen dazu führt, dass Gesprächsaufzeichnungen durchgeführt werden und dabei verkannt wird, dass sich die Maßnahme bereits als Wohnraumüberwachung nach § 100c darstellt, ohne dass zugleich deren formale, in § 100d niedergelegten Voraussetzungen beachtet werden. Aus diesem Grunde soll nachfolgend zunächst der Wohnungsbegriff des § 100c eingehender beleuchtet werden. 5

1. Der Wohnungsbegriff des § 100c. a) Auslegung durch das BVerfG. Im Verlauf der gesamten positivrechtlichen nationalstaatlichen Verfassungsgeschichte Deutschlands von der Preußischen Verfassung über die Paulskirchenversammlung, die Weimarer Reichsverfassung bis hin zum jetzigen Grundgesetz der Bundesrepublik Deutschland war die Unverletzlichkeit der Wohnung ausdrücklich geregelt und wurde ihr gegenständlicher Schutzbereich **traditionell weit ausgelegt**. Dieser Tradition folgte auch das GG und bei dessen Auslegung das BVerfG.[9] 6

Der **Wohnungsbegriff des § 100c erfasst sämtliche (auch) durch Artikel 13 GG geschützte Räumlichkeiten.** Der Begriff ist nicht im engen, umgangssprachlichen Sinne zu verstehen. Er erfasst vielmehr zur Gewährleistung einer räumlichen Sphäre, in der sich das Privat- aber auch Geschäftsleben Dritter ungestört entfalten kann, sämtliche nicht allgemein zugängliche Räume, die zur Stätte des Aufenthalts oder Wirkens von Menschen bestimmt und durch Abschottung allgemeiner Zugänglichkeit entzogen sind.[10] 7

Der Begriff der „Wohnung" hat sich danach an dem umfassenden Schutz der räumlichen Privatsphäre zu orientieren und erstreckt sich auf **jeden nicht allgemein zugänglichen, feststehenden, fahrenden oder schwimmenden Raum, der zur Stätte des Aufenthalts oder Wirken von Menschen dient.**[11] Gegenstand der Grundrechtsverbürgung durch Art. 13 GG ist somit nicht nur die Wohnung im eigentlichen, engeren Sinne als Stätte des dauerhaften Aufenthalts von Menschen. Der Schutz des Art. 13 GG und damit der sachliche Anwendungsbereich von § 100c umfasst vielmehr auch andere Räumlichkeiten. Das BVerfG vertritt die Auffassung, allein eine solch weite Auslegung werde dem Grundsatz gerecht, wonach auch in Zweifelsfällen diejenige Auslegung zu wählen sei, die die juristische Wirkungskraft dieser Grundrechtsnorm am stärksten entfalte.[12] 8

aa) Wohnung (im umgangssprachlichen Sinne). Der Wohnungsbegriff des § 100c umfasst zunächst sämtliche Räume einer Wohnung im umgangssprachlichen Sinne gleich um welchen Raum oder Bereich innerhalb derselben es sich handelt. Vom Wohnungsbegriff werden weiter auch **die zu einer solchen Wohnung vielfach gehörenden, räumlich abgetrennten Nebenräume** wie Keller, Speicher und Garagen erfasst.[13] Der Wohnungsbegriff erstreckt sich mithin auch auf nicht an den eigentlichen Wohnbereich unmittelbar 9

---

[9] Vgl. von Münch/*Kunig* Art. 13 Rn. 17; Maunz/Dürig/*Papier* Art. 13 Rn. 3 ff.
[10] Maunz/Dürig/*Papier* Art. 13 Rn. 10.
[11] Maunz/Dürig/*Papier* Art. 13 Rn. 10.
[12] BVerfG 10.4.2008 – 1 BvR 848/08, NJW 2008, 2426 Rn. 10 ff.
[13] Maunz/Dürig/*Papier* Art. 13 Rn. 10.

angrenzende Räume. Auch wenn namentlich bei solchen, nicht an die eigentliche Wohnung angrenzenden Raumgebilden die Frage ihrer Qualifikation als durch Art. 13 GG erfasster Raum im Einzelfall schwierig erscheint, ist entscheidend für die Abgrenzung die funktionale Zuordnung zur Privatsphäre des einzelnen und damit in erster Linie die nach außen erkennbare Zweckbestimmung durch den Nutzungsberechtigten.[14]

10 **bb) Wohnungsumfeld (Gärten).** Des Weiteren erstreckt sich der Schutz der räumlichen Privatsphäre auch auf sich „draußen" und damit **unter freiem Himmel befindliche, umzäunte oder in anderer Weise der öffentlichen Zugänglichkeit entzogene Bereiche** wie Gärten bzw. Vorgärten. Maßgeblich ist, ob die betreffende Fläche als privater Rückzugsbereich ausgewiesen und damit der öffentlichen Nutzung entzogen ist.[15]

11 **cc) Arbeits- und Geschäftsräume.** Das BVerfG hat in seiner Grundsatzentscheidung vom 13.10.1971[16] ausgeführt, der weit auszulegende Begriff der Wohnung erfasse auch **Arbeits-, Betriebs- und Geschäftsräume.** Bei derartigen Räumen besteht ein voller Grundrechtsschutz indes nur in Bezug auf die **nicht allgemein zugänglichen Räume.**[17] Ist ein solcher Widmungsakt erfolgt, erfasst der Grundrechtsschutz des Art. 13 GG und damit auch der durch § 100c verbürgte Bereich selbst nicht allgemein zugängliche Räume handwerklicher und industrieller Produktion wie Werkstätten, Montagehallen, Ställe, Scheunen und Lagerhallen.[18] Das BVerfG vertritt bei der Auslegung des Art. 13 GG mithin eine gegenständlich-funktionale Betrachtungsweise, indem es sowohl auf die Beschaffenheit des Raumgebildes als auch auf dessen Zweckbestimmung durch den Nutzungsberechtigten abhebt. Für den Bereich der Berufs- und Arbeitswelt obliegt die entsprechende „soziale Definitionsmacht" dem Geschäftsherrn.[19]

12 Auch während ihrer Öffnungszeiten erfahren durch Dritte zugängliche Räume Schutz durch Art. 13 GG. Hierzu gehören etwa Verkaufsläden, Warenhäuser, Gaststätten etc. In der Festlegung des Nutzungsberechtigten des Inhalts, dass jeder Dritte und damit die Öffentlichkeit zu den festgelegten Zeiten die Räumlichkeit zu widmungsadäquaten Zwecken betreten darf, liegt kein Verzicht auf den durch Art. 13 GG gewährleisteten Schutz. Dieser Schutz wird indes durch die **gesetzlichen Betretens- und Besichtigungsrechte von Behörden** eingeschränkt.[20] Derartige Betretungsrechte berechtigen Behördenmitarbeiter indes nicht dazu, innerhalb dieser Räumlichkeiten zu strafprozessualen Zwecken technische Mittel einzusetzen.

13 **dd) Bewegliche Raumgebilde.** Den Schutz des Art. 13 GG genießen auch **bewegliche, zum dauerhaften Aufenthalt von Menschen bestimmte** Raumgebilde wie Wohnwagen, Schiffe mit Aufenthaltsräumen, nicht hingegen reine Verkehrsmittel wie etwa ein Pkw oder Busse.[21]

14 **ee) Hafträume.** Die **Zelle** eines Häftlings wird hingegen von Art. 13 GG nicht erfasst. Das Hausrecht der Anstalt beinhaltet die Befugnis, die Hafträume jederzeit und unabhängig vom Einverständnis der Gefangenen zu betreten.[22]

15 **b) Einzelfälle aus der Rechtsprechung des BGH.** Der BGH legt den Wohnungsbegriff der §§ 100c, 102 **entsprechend den verfassungsgerichtlichen Vorgaben** aus. Statt vieler sei hier auf das Urteil des 4. Strafsenats vom 24.7.1998[23] verwiesen. In dieser Entscheidung wird ausgeführt, der Begriff der Wohnung umfasse zur Gewährleistung einer räumlichen Sphäre, in der sich das Privatleben ungestört entfalten könne, alle Räume, die der

---

[14] Von Münch/*Kunig* Art. 13 Rn. 10.
[15] Vgl. Maunz/Dürig/*Papier* Art. 13 Rn. 11.
[16] BVerfG 13.10.1971 – 1 BvR 280/66, BVerfGE 32, 54 ff. = NJW 1971, 2299.
[17] Maunz/Dürig/*Papier* Art. 13 Rn. 14.
[18] *Hilger* NStZ 1992, 457 (462 Fn. 95).
[19] *Berkemann* GG Art. 10 Rn. 16, 23, 33.
[20] Maunz/Dürig/*Papier* Art. 13 Rn. 15.
[21] Vgl. Maunz/Dürig/*Papier* Art. 13 Rn. 10.
[22] BVerfG 30.5.1996 – 2 BvR 727 und 884/94, NStZ 1996, 55 = NJW 1996, 2643.
[23] BGH 24.7.1998 – 4 StR 78/98, NJW 1998, 3284.

allgemeinen Zugänglichkeit durch eine Abschottung entzogen und zur Stätte privaten Wirkens gemacht worden seien. Maßgeblich sei die nach außen erkennbare Zweckbestimmung durch den Nutzungsberechtigten.[24]

Wenngleich in gegenständlicher Hinsicht für einen dem Schutzbereich des Art. 13 GG zuzuordnenden Raum ein gewisses Mindestmaß an räumlicher Abschottung, welche Schutz gegen unbefugtes Betreten bzw. Einsichtnahme von außen gewährt ", unverzichtbar ist,[25] genügen nach zutreffender Auffassung des BGH bereits **niedrigschwellige körperliche Schranken.** So ist als „Wohnung" iSd § 100c nach Auffassung des Ermittlungsrichters beim BGH[26] auch die Grundstücksfläche zwischen Gehweg und Hausfront zu qualifizieren, selbst wenn der Vorgarten lediglich durch eine kniehohe Hecke vom öffentlichen Gehweg abgetrennt und die zudem im Eingangsbereich noch über eine Länge von 2 m unterbrochen ist. Selbst eine solche niedrigschwellige Begrenzung weise den Vorgarten als nicht allgemein zugänglichen Bereich aus. Für höherschwellige Abgrenzungen wie etwa einen Jägerzaum wird dies in der Kommentarliteratur durchgängig anerkannt.[27] 16

Ebenfalls als Wohnung zu qualifizieren ist sind Auffassung des BGH ein **Vereinsbüro, sofern dieses nicht allgemein zugänglich ist,**[28] **sowie weiter sonstige Vereinshäuser, Clubräume, Spielsäle etc.** Voraussetzung ist allerdings, dass eine nach außen erkennbare Zweckbestimmung des Nutzungsberechtigten diese Räume einer Nutzung durch die Öffentlichkeit entzieht. Dies gilt auch für Räumlichkeiten wie schlecht beleumdete Hotels, Spielclubs und Bordelle, bzgl. derer konkrete Anhaltspunkte dafür vorliegen, dass sie auch oder überwiegend dem Aufenthalt von Straftätern dienen.[29] Ebenfalls vom Schutzbereich des Art. 13 GG erfasst wird nach Auffassung des BGH[30] ein **Krankenzimmer,** obwohl dieses dem Nutzungsberechtigten lediglich vorübergehend und nur für einen bestimmten Zweck überlassen wird. Dass dem Krankenhauspersonal auf Grund des Heil- und Betreuungsauftrages eine Betretungs- und Kontrollfunktion zustehe, lockere zwar den Schutz durch Art. 13 GG, ändere indes nichts an der Qualifizierung dieses Bereichs als Wohnung, weil dadurch der Privatcharakter eines Krankenzimmers nicht aufgehoben werde.[31] 17

2. Nichtöffentlich gesprochene Wort (Abs. 1). a) Gesprochenes Wort. Gemäß § 100c Abs. 1 darf innerhalb von Wohnungen das „gesprochene Wort" überwacht werden. Der Begriff „Wort" ist zwar vorrangig semantisch dahingehend auszulegen, dass darunter sprachliche Laute mit einem selbstständigen Bedeutungsgehalt zu verstehen sind. Der Begriff erfasst weitergehend indes auch Wörter in einem phonologischen Sinne und damit **sämtliche menschlichen Laute,** mithin nicht lediglich solche, denen ein selbstständiger Bedeutungs- bzw. Erklärungsgehalt zukommt. Weiter ist gleichgültig, ob es sich um „live-gesprochene" oder um auf Datenträgern gespeicherte und durch Abspielen reproduzierte gesprochene Worte handelt. 18

b) Nichtöffentlich. Der Tatsache, dass es sich bei dem überwachten und aufgezeichneten Wort um ein solches handeln soll, welches „nichtöffentlich" gesprochen wird, kommt **keine selbstständige, eingriffsbeschränkende Wirkung** zu. Vielmehr darf innerhalb des durch Art. 13 GG geschützten Bereichs ohne Wissen des Betroffenen bzw. Einverständnis des Nutzungsberechtigten selbst das öffentlich gesprochene Wort zu strafprozessualen Zwecken nur unter den engen Voraussetzungen des § 100c abgehört und aufgezeichnet werden. Auf die Frage, wann ein Wort nichtöffentlich ist bzw. die im Zusammenhang mit § 100c vertretene Auffassung, „nichtöffentlich" seien alle innerhalb des Schutzbereichs des 19

---

[24] BGH 24.7.1998 – 4 StR 78/98, NJW 1998, 3284 (3285).
[25] *Jarass/Pieroth* GG Art. 13 Rn. 4.
[26] BGH 14.3.1997 – 1BGs 65/97, NJW 1997, 2189.
[27] Vgl. statt vieler Maunz/Dürig/Maunz Art. 13 Rn. 3c.
[28] BGH 15.1.1997 – StB 27/96, NStZ 1997, 195.
[29] BGH 15.1.1997 – StB 27/96, NStZ 1997, 195 (196).
[30] So zutreffend BGH 10.8.2005 – 1 StR 140/05, NStZ 2005, 700.
[31] BGH 10.8.2005 – 1 StR 140/05, NStZ 2005, 700.

Art. 13 GG geführten Unterredungen, die für niemand anderes als den Gesprächspartner bestimmt seien,[32] dürfte es mithin von Rechts wegen nicht ankommen.

20 Die scheinbare Beschränkung des Anwendungsbereichs des § 100c Abs. 1 auf das „nichtöffentlich" gesprochene Wort dürfte allein historisch bedingt und auf die ursprüngliche Regelung des § 100c Abs. 1 idF des Gesetzes zur Bekämpfung des illegalen Rauschgifthandels und anderer Erscheinungsformen der Organisierten Kriminalität (OrgKG) vom 15.7.1992[33] zurückzuführen sein. Diese Vorschrift gestattete in Nr. 2 das Abhören und Aufzeichnen des nichtöffentlich gesprochenen Wortes **lediglich außerhalb von Wohnungen und damit an allen anderen Orten, mithin auch in der Öffentlichkeit.** Bei dieser Vorschrift machte der Zusatz „nichtöffentlich" schon im Hinblick auf § 201 Abs. 1 Nr. 1 StGB Sinn, wodurch die unbefugte Aufzeichnung des „nichtöffentlich" gesprochenen, mithin des **nicht** für einen größeren, nach Zahl und Individualität unbestimmten Personenkreises bestimmten Wortes[34] unter Strafe gestellt wird. Als durch das Gesetz zur Verbesserung der Bekämpfung der Organisierten Kriminalität vom 4.5.1998[35] die Vorschrift des § 100c Abs. 1 aFum Nr. 3 aF ergänzt und dadurch die Strafprozessordnung um die Maßnahme der akustischen Überwachung innerhalb von Wohnungen erweitert wurde, hat sich der Gesetzgeber bei der Fassung dieser neuen Vorschrift erkennbar am Wortlaut des § 100c Abs. 1 Nr. 2 aF orientiert und von dort **den in Nr. 3** aF **überflüssigen Terminus „nichtöffentlich" übernommen.** Innerhalb des durch Art. 13 GG geschützten Bereichs erfährt der von der Maßnahme der akustischen Wohnraumüberwachung Betroffene indes umfassenden Schutz, gleich ob das von ihm dort gesprochene Wort lediglich für einzelne Personen und damit nichtöffentlich oder aber für einen nach Zahl und Individualität unbestimmten Personenkreis bestimmt.

21 **3. Beschuldigte und Dritte als Betroffene der Maßnahme.** Zielperson der Maßnahme ist zwar der Beschuldigte (vgl. Abs. 3 S. 1). § 100c Abs. 1 gestattet den Strafverfolgungsbehörden aber das Abhören und Aufzeichnen sowohl der Worte des **Beschuldigten als auch anderer in der Wohnung anwesender Personen.** Sie alle bilden den Kreis „der Betroffenen". Um dies klarzustellen hat der Gesetzgeber in Abs. 1 aF, wodurch die Überwachung des „nichtöffentlich gesprochene(n) Wort(es) des Beschuldigten" gestattet worden war, die Worte „des Beschuldigten" gestrichen[36] und statt dieser die Formulierung „der Betroffenen" verwandt.

22 **4. Tatverdacht. a) Hinsichtlich des Katalogs nach Abs. 2 (Abs. 1 Nr. 1).** Der Beschuldigte muss einer der im Anlasstatenkatalog des Abs. 2 aufgeführten Straftaten verdächtig sein. Abs. 2 enthält zahlreiche Straftatbestände aus dem Strafgesetzbuch sowie aus einer Reihe von Nebengesetzen wie bspw. dem Betäubungsmittelgesetz, dem Aufenthaltsgesetz, dem Waffengesetz und dem Völkerstrafgesetzbuch. All diesen Vorschriften gemein ist, dass sie eine **„besonders schwere Straftat"** iSd § 100c Abs. 1 Nr. 1 darstellen. Als maßgeblicher Grundrechtsinterpret hat das BVerfG in seiner Entscheidung vom 3.3.2004[37] den Begriff der „besonders schweren Straftat" dahingehend ausgelegt, dass hierunter all diejenigen Straftaten fallen, für die der Gesetzgeber eine höhere Höchststrafe als fünf Jahre vorgesehen hat.

23 Der Katalog des § 100c Abs. 2 enthält eine enumerative, mithin **abschließende Aufzählung** derjenigen Straftaten, bei denen eine akustische Wohnraumüberwachung zulässig ist. In ihm nicht enthaltene, indes ebenfalls eine höhere Höchststrafe als fünf Jahre androhende Delikte vermögen eine Anordnung jedenfalls dieser Maßnahme nicht zu rechtfertigen.

---

32 *Meyer-Goßner* § 100c Rn. 3.
33 BGBl. I 1302.
34 Vgl. Schönke/Schröder/Lenckner/*Eisele* StGB § 201 Rn. 6.
35 BGBl. I 845.
36 BT-Drs. 13/4533, 12; kritisch zu diesem Entwurf *Leutheusser-Schnarrenberger* ZRP 2005, 1.
37 BVerfG 3.3.2004 – 1 BvR 2378/98, 1 BvR 1084/99, NJW 2004, 270 (272).

Nach Abs. 1 S. Nr. 1 genügt auch der **Versuch** einer von Abs. 2 erfassten Katalogtat. Anders als etwa in den Fällen der Telekommunikationsüberwachung reicht die Vorbereitung einer besonders schweren Straftat iSd Versuchs der Beteiligung nach § 30 StGB nicht aus. Dieser Aspekt war im Gesetzgebungsverfahren diskutiert, von der BReg. indes mit der Begründung abgelehnt worden, vorbereitende Straftaten seien nicht per se auch besonders schwere Straftaten iSv Art. 13 GG.[38] Somit ist eine Maßnahme nach § 100c selbst beim Verdacht einer verbindlichen Verabredung zu einem Mord, worauf der Bundesrat in seiner Stellungnahme im Rahmen des Gesetzgebungsverfahrens ausdrücklich hingewiesen hatte, nicht statthaft.[39] 24

b) Im Einzelfall besonders schwer wiegende Straftat (Abs. 1 Nr. 2). Die konkrete Tat, nicht der abstrakte Straftatbestand, mithin **der den Anlass für die Maßnahme bildende Lebenssachverhalt** muss auch im Einzelfall besonders schwer wiegen. Dies ist bei vielen der Delikte des Abs. 2, wie etwa bei Mord oder Totschlag, evident. In anderen Fällen sollen mit diesem zusätzlichen Erfordernis diejenigen Fälle ausgeschieden werden, die zwar einen Straftatbestand des Katalogs erfüllen, aber im Einzelfall mangels ausreichender Schwere der Tat einen Eingriff in Art. 13 GG nicht zu rechtfertigen vermögen. Maßstab für die Prüfung des Schweregrades sind nach Auffassung des BVerfG[40] vorrangig die Folgen für die von der Tat betroffenen Rechtsgüter, das Hinzutreten weiterer Umstände wie etwa die faktische Verzahnung mit anderen Katalogtaten, das Zusammenwirken des Beschuldigten mit anderen Straftätern und nicht zuletzt die Frage, ob die Tat lediglich versucht oder vollendet wurde. 25

c) Tatverdacht auf Grund bestimmter Tatsachen (Abs. 1 Nr. 1). Gemäß Abs. 1 Nr. 1 muss sich der Verdacht einer auch im Einzelfall besonders schwer wiegenden Katalogtat auf Grund bestimmter Tatsachen ergeben. Erforderlich ist mithin ein **„qualifizierter Verdacht"**, der sich auf eine konkrete Tatsachenbasis und damit auf sinnlich wahrnehmbare Umstände stützen lässt. Dieser Verdacht unterliegt zwar höheren Anforderungen als der schlichte Anfangsverdacht, muss indes weder hinreichend nach Maßgabe des § 170 Abs. 1 noch dringend iSd § 112 Abs. 1 sein.[41] Erforderlich ist ein schlüssiges Tatsachenmaterial, dass das Vorliegen der tatbestandlichen Voraussetzungen plausibel als möglich erscheinen lässt (→ § 100a Rn. 72). 26

5. Zweck der Maßnahme, Anhaltspunkte für die Gewinnung verfahrensrelevanter Erkenntnisse (Abs. 1 Nr. 3). a) Sachverhaltserforschung, Aufenthaltsermittlung. Abs. 1 Nr. 3 legt fest, dass eine Wohnraumüberwachung allein zur Erforschung des Sachverhalts oder zur Ermittlung des Aufenthaltsortes eines Mitbeschuldigten durchgeführt werden darf. Dieser Regelung kommt ebenfalls eine **eingriffslimitierende Wirkung** zu. Für andere als die vorstehend genannten Zwecke darf die Maßnahme nicht durchgeführt werden. 27

Die **Sachverhaltserforschung** dient vorrangig der Überprüfung, ob sich die vorliegenden tatsächlichen Anhaltspunkte auf einen strafrechtlich relevanten Sachverhalt zum hinreichenden Tatverdacht verdichten lassen oder aber ob ein solcher Verdachtsgrad nicht bzw. nicht durch Maßnahmen der Wohnraumüberwachung festgestellt werden kann. Die Erforschung des Sachverhalts kann im Falle der Feststellung eines hinreichenden Tatverdachts indes auch die Ermittlung noch darüber hinausgehender Umstände, insbesondere all derjenigen Tatsachen bezwecken, die für den äußeren oder inneren Tatbestand und damit letztlich für die Schuld- und Rechtsfolgenfrage relevant sind.[42] So dient der Sachverhaltserforschung im Falle des Umgangs mit inkriminierten Gütern wie Waffen oder Betäubungsmitteln auch deren Sicherstellung als Beweismittel, selbst wenn bei – vorläufiger – Bewertung der bereits 28

---

[38] BT-Drs. 15/4533, 26.
[39] BT-Drs. 15/4533, 21.
[40] BVerfG 3.3.2004 – 1 BvR 2378/98, 1 BvR 1084/99, BGBl. I 610 Abs. Nr. 227, 235.
[41] *Brodag* Kriminalistik 1999, 746 (747).
[42] Vgl. KK-StPO/*Griesbaum* § 160 Rn. 20.

vorliegenden Erkenntnisse ein hinreichender Tatverdacht und damit ein Schuldnachweis bereits möglich erscheint, von der Sichterstellung der Güter indes eine deutliche Verbesserung der Beweislage zu erwarten ist.

29 Die Wohnraumüberwachung darf weiter zum Zwecke der Ermittlung des **Aufenthaltsortes eines Mitbeschuldigten** durchgeführt werden. Zur Ermittlung des Aufenthalts des Beschuldigten ist die Maßnahme hingegen nicht zulässig. Das Wissen hierum ist vielmehr Voraussetzung für die Zulässigkeit der Maßnahme.

30 **b) Anhaltspunkte für die Gewinnung relevanter Erkenntnisse.** Die Maßnahme darf nach Abs. 1 Nr. 3 weiter nur durchgeführt werden, wenn **tatsächliche Anhaltspunkte dafür vorliegen, dass auch Äußerungen des Beschuldigten** erfasst werden, die für die Erforschung des Sachverhalts oder die Ermittlung des Aufenthaltsortes eines Mitbeschuldigten von Bedeutung sind.

31 Mit dieser Regelung soll ausweislich der Gesetzesmaterialien verdeutlicht werden, dass die Maßnahme zu dem vorgenannten Zweck auch geeignet sein muss;[43] allein hierzu wäre sie indes überflüssig. Das Gebot der Geeignetheit strafprozessualer Eingriffsmaßnahmen zur Erreichung ihrer maßnahmenspezifischen Zwecke – und ausschließlich auf diese hebt Nr. 3 ab – ist bereits aus dem im Rechtsstaatsprinzip verankerten Grundsatz der Verhältnismäßigkeit abzuleiten, der stets zu berücksichtigen ist und zudem seine Konkretisierung in der Subsidiaritätsregelung in Nr. 4 erfahren hat. Auch soweit mit der Regelung dem Umstand Rechnung getragen werden soll, dass Überwachungsmaßnahmen nach § 100c nach den Feststellungen des BVerfG nur zulässig sind, wenn sie von vornherein ausschließlich der Überwachung von Gesprächen des Beschuldigten dienen sollen, weil nur insoweit angenommen werden kann, dass die überwachten Gespräche einen hinreichenden Bezug zur verfolgten Straftat aufweisen, hat der Gesetzgeber dem bereits mit der Regelung in Abs. 3 S. 1 Rechnung getragen. Danach darf sich die Maßnahme nur gegen den Beschuldigten richten. Nach alledem dürfte der Regelung in Nr. 3 allenfalls ein **deklaratorischer Charakter** zukommen.

32 Der mit der Regelung eigentlich beabsichtigte Zweck, nämlich dass über den Regelungsgehalt in Abs. 3 S. 2 Nr. 1 hinaus, der sich auf Wohnungen anderer Personen bezieht, Maßnahmen nach § 100c selbst in der Wohnung des Beschuldigten **nur durchgeführt werden dürfen, wenn Anhaltspunkte dafür vorliegen, dass sich dieser dort auch aufhält,** kann dem Wortlaut des Gesetzes nur mit Mühe entnommen werden.

33 **6. Subsidiaritätsklausel (Abs. 1 Nr. 4).** Nach der Subsidiaritätsregel in Abs. 1 Nr. 4 darf die Maßnahme nur angeordnet werden, wenn die Erforschung des Sachverhalts oder die Ermittlung des Aufenthaltsortes eines Mitbeschuldigten auf andere Weise **unverhältnismäßig erschwert oder aussichtslos** wäre. Von ihrem materiellen Regelungsgehalt enthält die Vorschrift damit die strengste Subsidiaritätsklausel aller (verdeckten) Ermittlungsmaßnahmen. Neben dieser kennt die Strafprozessordnung noch die strenge Subsidiaritätsregelung wie sie in § 100a Abs. 1 Verwendung findet („wesentlich erschwert oder aussichtslos"), die qualifizierte Subsidiaritätsregel etwa in § 163f („erheblich weniger Erfolg versprechend oder wesentlich erschwert") sowie die einfache Subsidiaritätsklausel („weniger Erfolg versprechend oder erschwert").

34 **„Aussichtslos"** sind andere Maßnahmen, wenn sie keinen Erfolg versprechen oder aber mit hoher Wahrscheinlichkeit nicht geeignet sind, den angestrebten Erfolg herbeizuführen. Durch das Merkmal **„unverhältnismäßig erschwert"** soll ein Ermittlungsaufwand umschrieben werden, der voraussichtlich benötigt würde, wenn die Strafverfolgungsbehörden auf die akustische Wohnraumüberwachung im konkreten Fall verzichten und stattdessen andere Ermittlungsmaßnahmen ergreifen würden. Gegenüber der strengen Klausel und deren Merkmal „wesentlich erschwert" soll das hier Verwendung findende Kriterium „unverhältnismäßig erschwert" eine weitere Steigerung darstellen und damit auch eine Rangfolge zum

[43] BT-Drs. 15/4533, 12.

Ausdruck bringen.[44] Nach der – insoweit jedenfalls keine Bindungswirkung entfaltenden – Auffassung des BVerfG sollen bis zum Grade der Unverhältnismäßigkeit Erschwernisse in der Ermittlungsarbeit hinzunehmen sein, ehe auf das Mittel der Wohnraumüberwachung zurückgegriffen werden soll.[45]

Die Subsidiaritätsregelung in Nr. 4 soll verdeutlichen, dass Maßnahmen nach § 100c **ultima ratio** der Strafverfolgung sind und als schwerstes Eingriffsmittel gegenüber allen anderen Ermittlungsmaßnahmen, mithin auch gegenüber solchen der Telekommunikationsüberwachung, zurücktreten.[46] 35

7. Anordnung nur gegen den Beschuldigten (Abs. 3 S. 1 Hs. 1). Die Maßnahme der Wohnraumüberwachung darf sich nach Abs. 3 S. 1 nur gegen eine Zielperson richten, die in dem Verfahren, in dem die Maßnahme angeordnet werden soll, **Beschuldigter der entsprechenden Anlasstat** ist.[47] Gegen andere Personen als den Beschuldigten, etwa solche, bzgl. derer Anhaltspunkte dafür vorliegen, dass sie für den Beschuldigten bestimmte oder von diesem herrührende Mitteilungen entgegennehmen oder weiterleiten, dürfen – anders als im Falle der Telekommunikationsüberwachung des § 100a – Maßnahmen nach § 100c nicht angeordnet werden. Gespräche solcher auch als „Nachrichtenmittler" bezeichneter oder sonstiger Personen dürfen nur aufgezeichnet werden, wenn und soweit dies im Rahmen einer gegen den Beschuldigten gerichteten Maßnahme unvermeidbar ist. 36

a) Begriff des Beschuldigten. Der Beschuldigtenbegriff der Strafprozessordnung **vereinigt subjektive und objektive Elemente.** Die Beschuldigteneigenschaft setzt so zum einen in subjektiver Hinsicht einen Verfolgungswillen der Ermittlungsbehörden und zum anderen objektiv einen diesen nach außen manifestierenden Willensakt voraus.[48] Regelmäßig ist dies die Einleitung eines Ermittlungsverfahrens. Die Person, gegen die die Maßnahme in einem bestimmten Verfahren durchgeführt werden soll, muss – in diesem Verfahren – auch als (Mit)Beschuldigter „auf dem Aktendeckel" stehen. 37

b) Durchführung ohne Wissen des Beschuldigten bzw. sonstiger Betroffener. aa) Ohne Wissen des Betroffenen. Durch den Zusatz, dass die Maßnahme auch „ohne Wissen" des Betroffenen durchgeführt werden darf, soll ebenso wie bei § 100a Abs. 1 lediglich klargestellt werden, dass die als heimliche Maßnahme konzipierte Überwachung des nichtöffentlich gesprochenen Wortes innerhalb einer Wohnung nicht dadurch unzulässig wird, dass der von ihr betroffene Beschuldigte von der Maßnahme **Kenntnis** erlangt.[49] 38

bb) Mit Wissen des Betroffenen gegen Mitbeschuldigte . Würde der Beschuldigte als Betroffener und hinsichtlich der betreffenden Wohnung (allein) zur Disposition Befugter **in eine Überwachung einwilligen,** stellte sich die Frage, ob das nichtöffentlich gesprochene Wort anderer, sich ebenfalls in dieser Wohnung befindlicher Mitbeschuldigter unter weniger strengen Voraussetzungen als denen des § 100c abgehört und aufgezeichnet werden könnte. Das subjektive öffentliche Recht des einwilligenden Beschuldigten aus Art. 13 GG wäre in diesem Fall jedenfalls nicht berührt. Ebenso wäre der weitere Fall zu beurteilen, in dem der keiner Straftat verdächtige Wohnungsinhaber, in dessen Wohnung sich der Beschuldigte regelmäßig aufhält, als (künftig) Betroffener der Maßnahme deren Durchführung zustimmen würde, um den Strafverfolgungsbehörden in seiner Wohnung die Aufzeichnung der von dem Beschuldigten geführten Gespräche zu ermöglichen. In beiden Fällen würde sich die Maßnahme für den jeweiligen Wohnungsinhaber zwar als Aufzeichnung des nichtöffentlich gesprochenen Wortes innerhalb seiner Wohnung darstellen, freilich 39

[44] BT-Drs. 13/8650, 5.

[45] BVerfG 3.3.2004 – 1 BvR 2378/98, 1 BvR 1084/99, BeckRS 2004, 21087, Abs. Nr. 227, 235. BVerfG 3.3.2004 – 1 BvR 2378/98, 1 BvR 1084/99, BeckRS 2004, 21087, Abs. Nr. 220.

[46] BT-Drs. 15/4533, 13.

[47] BVerfG 3.3.2004 – 1 BvR 2378/98, 1 BvR 1084/99, BeckRS 2004, 21087, Abs. Nr. 259, 261.

[48] BGH 3.7.2007 – 1 StR 3/07, NJW 2007, 2706 (2707).

[49] BT-Drs. 16/5846, 48.

wäre dessen sich aus Art. 13 GG abzuleitendes subjektive öffentliche Abwehrrecht mangels Einwilligung nicht berührt. Die sich als Gäste in der Wohnung befindlichen (Mit)Beschuldigten würden indes nicht durch Art. 13 GG geschützt.

40 Die vorstehende Fragestellung **wurde bereits im Gesetzgebungsverfahren** diskutiert. Die BReg. hat im Rahmen ihrer Gegenäußerung vom 15.12.2004[50] dem Antrag des Bundesrates, den Anwendungsbereich des § 100c dergestalt zu beschränken, dass bei einem Einverständnis des Wohnungsinhabers eine Anordnung der akustischen Wohnraumüberwachung nicht mehr erforderlich sei, vielmehr eine solche nach § 100f StPO ausreiche, eine Absage erteilt. Die von der BReg. hierfür herangezogene Begründung, wonach die Durchführung einer solchen Maßnahme auf Grund des Einverständnisses des Wohnungsinhabers einer Disposition durch diesen über die Rechte Dritter gleichkäme, da die §§ 100c, 100d auch dem Schutz der Menschwürde gemäß Art. 1 Abs. 1 GG aller sich in der Wohnung befindlichen Personen diene und der Wohnungsinhaber hierüber nicht disponieren könne, vermag dogmatisch nicht zu überzeugen. Zum einen strahlt Art. 1 Abs. 1 als „tragendes Konstruktionsprinzip und oberster Verfassungswert"[51] auf alle Eingriffsmaßnahmen aus. Zum anderen wäre im Falle einer Anordnung nach § 100f Grundlage des Eingriffs nicht das Einverständnis des Wohnungsinhabers, sondern die richterliche Anordnung selbst.

41 Maßnahmen der vorstehend (→ Rn. 39) beschrieben Art wären rechtswidrig. Zwar wären sie bezüglich der sich jeweils in einer fremden Wohnung befindlichen (Mit)Beschuldigten nicht an § 100c zu messen, wobei sie wie alle Eingriffsmaßnahmen auch im Lichte des Art. 1 Abs. 1 GG und nicht nur im Hinblick auf Art. 13 GG auszulegen wären. Die Strafprozessordnung gestattet jedoch das Abhören und Aufzeichnen des nichtöffentlich gesprochenen Wortes im Übrigen allein nach Maßgabe des § 100f, der vorliegend indes nicht einschlägig ist, weil sein gegenständlicher Anwendungsbereich **allein Örtlichkeiten „außerhalb von Wohnungen", mithin nicht die hier einschlägigen Konstellationen** erfasst.

III. Ort der Maßnahme (Abs. 3 S. 1 und 2)

42 Eine Wohnraumüberwachung darf nach Abs. 3 lediglich in **Wohnungen des Beschuldigten (S. 1) oder in Wohnungen (bestimmter) anderer Personen (S. 2)**, durchgeführt werden. Wohnungen anderer Personen können grundsätzlich alle außer der des Beschuldigten sein.

43 **1. Wohnung des Beschuldigten (Abs. 3 S. 1 Hs. 2).** „Wohnungen des Beschuldigten" sind nicht nur solche, die melderechtlich als Wohnsitz des Beschuldigten geführt werden. Von dem Begriff der „Wohnung" iSd § 100c Abs. 3 S. 1 werden vielmehr sämtliche Wohnungen erfasst, die der Beschuldigte gleich ob dauerhaft oder nur vorübergehend und ggf. auch nur kurzzeitig **selbst nutzt.**

44 **2. Wohnung anderer Personen (Abs. 3 S. 2).** In Wohnungen anderer Personen ist eine Wohnraumüberwachung nach Abs. 2 S. 2 Nr. 1 nur zulässig, wenn auf Grund bestimmter Tatsachen anzunehmen ist, dass der in der Anordnung nach § 100d Abs. 2 bezeichnete Beschuldigte sich dort auch aufhält. **„Andere Personen"** iSv Abs. 3 S. 2 sind nur solche, die weder Beschuldigte noch Mitbeschuldigte der Anlasstat und damit jedenfalls dieser Tat nicht verdächtig sind. Diese Auslegung dürfte sich bereits zwanglos aus der Erwägung ergeben, dass, sollten sich die Ermittlungen neben dem Beschuldigten auch gegen einen weiteren der Anlasstat Mitbeschuldigten richten und sich der Beschuldigte in dessen Wohnung aufhalten, die Maßnahme dann gegen die Person des Mitbeschuldigten als Zielperson durchzuführen wäre. Schließlich wird weiter zu fordern sein, dass sich der Beschuldigte nur dann in der Wohnung einer anderen Person aufhält, wenn dem Beschuldigten hinsichtlich dieser Wohnung kein Mitnutzungsrecht zusteht. Unter den Begriff der „anderen Personen" fallen zufällig sich in der Wohnung aufhaltende Personen wie etwa **Freunde**

[50] BT-Drs. 15/4533, 26.
[51] BVerfG 3.3.2004 – 1 BvR 2378/98, 1 BvR 1084/99, BeckRS 2004, 21087 Abs. Nr. 114.

und Bekannte aber auch sich ständig dort aufhaltende Personen wie etwa die **Familienangehörigen** des Beschuldigten.[52]

Ferner muss gemäß Abs. 3 S. 2 Nr. 1 auf Grund tatsächlicher Anhaltspunkte davon auszugehen sein, dass sich der Beschuldigte zwar nicht notwendig zum Zeitpunkt der Anordnung, wohl aber **während der Durchführung der Maßnahme in der überwachten Wohnung aufhält.** Wird eine Wohnraumüberwachung für einen längeren Zeitraum als lediglich wenige Tage angeordnet, so müssen Anhaltspunkte dafür vorliegen, dass sich der Beschuldigte regelmäßig in der Wohnung aufhält. Nicht erforderlich hingegen ist, dass sich der Beschuldigte später auch tatsächlich zu jedem Zeitpunkt während der Durchführung der Maßnahme bzw. während der überwiegenden Zeit in der Wohnung aufhält. Sollte der letztgenannte Umstand bereits während der Überwachung festgestellt werden, werden sich die Strafverfolgungsbehörden zeitnah die Frage nach der Geeignetheit jedenfalls einer weiteren Dauerüberwachung zu stellen haben. 45

Weiter ist im Falle von S. 2 die in **Nr. 2 enthaltene besondere Subsidiaritätsregelung** zu beachten. Sie setzt voraus, dass Maßnahmen in der Wohnung des Beschuldigten allein nicht zur Zweckerreichung führen werden, mithin hierzu gerade die Überwachung der Wohnung „anderer Personen" erforderlich ist. 46

3. Drittbetroffene (Abs. 3 S. 3). Nach Abs. 3 S. 3 darf die Maßnahme auch durchgeführt werden, wenn **„andere Personen unvermeidbar"** betroffen werden. Dies gilt sowohl für Maßnahmen in Wohnungen des Beschuldigten als auch für solche in Wohnungen anderer Personen iSv S. 2. Auch kann dem Regelungsinhalt des § 100c keine Einschränkung dahingehend entnommen werden, dass die Maßnahme lediglich das Abhören und Aufzeichnen des nichtöffentlich gesprochenen Wortes des Beschuldigten und mit diesem sprechender Personen gestattet. Vielmehr dürfen unter den vorstehend dargelegten Voraussetzungen des § 100c Abs. 1 und 3 auch Erkenntnisse, die ausschließlich Gespräche Dritter betreffen und an denen weder der Beschuldigte noch weitere Mitbeschuldigte beteiligt waren, zu Beweiszwecken verwertet werden. 47

Sofern das BVerfG in seiner Entscheidung vom 3.3.2004 ausgeführt hat, § 100c Abs. 1 Nr. 3(aF) enthalte eine Eingrenzung dahingehend, dass die Vorschrift lediglich „das Abhören und die Aufzeichnung **des nichtöffentlich gesprochenen Wortes des Beschuldigten**" gestattete,[53] nahm es lediglich eine Auslegung dieser einfachgesetzlichen Regelung vor. Diese Auffassung hat sich der Gesetzgeber indes bei der Neuregelung nicht zu eigen gemacht. Die Neufassung des § 100c Abs. 1 gestattet vielmehr „ohne Wissen des Betroffenen (…) das in einer Wohnung nichtöffentlich gesprochene Wort" zu überwachen. Wenngleich sich die Materialien hierzu nicht ausdrücklich verhalten,[54] dürfte sich der Gesetzgeber diesbezüglich bewusst von § 100c Abs. 1 Nr. 3 aFgelöst haben. Mit der Auslegung, die die Vorschrift des § 100c Abs. 1 Nr. 3 aFdurch das BVerfG erfahren hat, wäre eine vielfach aus technischen Gründen nicht mögliche „Live-Überwachung" der Maßnahme erforderlich gewesen, wollte man gewährleisten, ausschließlich Gespräche des Beschuldigten aufzuzeichnen und damit einhergehend die Maßnahme augenblicklich abschalten zu können, würden allein Gespräche anderer Personen aufgezeichnet werden. 48

Dass der Gesetzgeber auch die Verwertung solcher **Gespräche zulassen wollte, an denen der Beschuldigte nicht beteiligt war,** dürfte schließlich auch unmittelbar aus der Verwertungsregelung des § 100d Abs. 1 Nr. 1 abgeleitet werden können. Nach dieser Vorschrift dürfen die erlangten verwertbaren personenbezogenen Daten in anderen Strafverfahren ohne Einwilligung der insoweit überwachten Person verwertet werden, wenn es sich um eine Straftat handelt, auf Grund derer Maßnahmen nach § 100c ebenfalls hätten angeordnet werden können. Diese Vorschrift spricht allgemein von „überwachten Perso- 49

[52] BVerfG 3.3.2004 – 1 BvR 2378/98, 1 BvR 1084/99, BeckRS 2004, 21087.
[53] BVerfG 3.3.2004 – 1BvR 2378/98, 1 BvR 1084/99, BeckRS 2004, 21087.
[54] Vgl. BT-Drs. 13/4533, 13.

nen" und nicht etwa vom Beschuldigten, was im Übrigen auch mit der Verwendung der Formulierung „der Betroffenen" in § 100c Abs. 1 korreliert.

IV. Mittel zur Durchführung der Maßnahme

50 Abs. 1 gestattet das Abhören und Aufzeichnen des nichtöffentlich gesprochenen Wortes mit **„technischen Mitteln".** Um welche technischen Mittel es sich dabei handelt, hat der Gesetzgeber bewusst offen gelassen, um den Strafverfolgungsbehörden ebenso wie bei Maßnahmen nach § 100h die Möglichkeit zu geben, entsprechend der technologischen Entwicklung auf diejenige Technik zurückgreifen zu können, die für die konkrete Maßnahme am geeignetsten erscheint. Die technischen Mittel dürfen indes allein zur Sprachaufzeichnung eingesetzt werden. Nicht statthaft ist der Einsatz technischer Mittel in Wohnungen zur Herstellung von Fotos oder Videoaufzeichnungen.[55] Sofern § 100h Abs. 1 S. 1 Nr. 1 den Einsatz technischer Mittel zur Herstellung von derartigen Bildaufnahmen gestattet, beschränkt er den Einsatz dieser Mittel ausdrücklich auf die Bereiche „außerhalb von Wohnungen". Neben dem eigentlichen Einsatz der „technischen Mittel" gestattet die Vorschrift auch alle damit notwendiger Weise einhergehenden Begleitmaßnahmen wie das wiederholte heimliche Betreten der Wohnung zum Zwecke des Ein- bzw. Ausbaus der Technik.[56]

V. Schutz des Kernbereichs privater Lebensgestaltung (Abs. 4 und 5)

51 Die Vorschriften in Abs. 4 und 5 erfüllen die wohl zentrale Forderung im Urteil des BVerfG vom 3.3.2004, wonach die Neuregelung der akustischen Wohnraumüberwachung auch **Sicherungen zum Schutz der Menschenwürde** zu enthalten habe.[57]

52 **1. Anordnungsverbot (Abs. 4).** Gemäß Abs. 4 S. 1 darf die Wohnraumüberwachung **von vornherein nur** angeordnet werden, soweit auf Grund tatsächlicher Umstände, namentlich im Hinblick auf die Art der zu überwachenden Räumlichkeiten und dem Verhältnis der zu überwachenden Personen zueinander, anzunehmen ist, dass durch die Überwachung **keine kernbereichsrelevanten Äußerungen** erfasst werden.

53 **a) Vermutung der Kernbereichsrelevanz bei Privaträumen.** Die Vorschrift in S. 1 geht in Anlehnung an die Ausführungen im Urteil des BVerfG vom 3.3.2004 davon aus, dass bei der Überwachung von Räumen, **„denen typischerweise oder im Einzelfall die Funktion als Rückzugsbereich** der privaten Lebensgestaltung"[58] zukommt, eine tatsächliche Vermutung dafür spricht, dass (auch) Gespräche aus dem unantastbaren Kernbereich privater Lebensgestaltung erfasst werden. Sollen derartige Räume einer Privatwohnung wie etwa Küche, Wohn- und Schlafzimmer überwacht werden, muss diese Vermutung nach dem Willen des Gesetzgebers „durch geeignete Abklärungen im Vorfeld der Maßnahme" widerlegt werden.[59] Diese Intention hat der Gesetzgeber in der Regelung zum Ausdruck gebracht. Er fordert in S. 1, dass die Annahme der Nichterfassung kernbereichsrelevanter Daten durch „tatsächlicher Anhaltspunkte" gestützt werden müsse. Liegen hingegen tatsächliche Anhaltspunkte dafür vor, dass die Zielperson ihre Privatwohnung gezielt zur „Lagebesprechung" mit Mittätern nutzt, so wird jedenfalls für die Dauer derartiger Gespräche davon ausgegangen werden können, dass in der Privatwohnung keine kernbereichsrelevanten Daten aufgezeichnet werden.

54 **b) Gegenstand des Kernbereichs.** In seiner Entscheidung vom 3.3.2004 hat das BVerfG ausgeführt, dem Kernbereich privater Lebensgestaltung seien „innere Vorgänge

55 BT-Drs. 13/8651, 13.

56 Ebenso *Meyer/Hetzer* NJW 1998, 1017 (1026); *Brodag* Kriminalistik 1999, 746; *Meyer-Goßner* Rn. 7; *Schlegel* GA 2007, 653; aA *Heger* JR 1998, 165.

57 BVerfG 3.3.2004 – 1 BvR 2378/98, 1 BvR 1084/99, BeckRS 2004, 21087; vgl. zum Kernbereichsschutz *Baldus* JZ 2008, 218; *Beukelmann* NJW Spezial 2009, 712; *Lindemann* JR 2006, 191.

58 BVerfG 3.3.2004 – 1 BvR 2378/98, 1 BvR 1084/99, BeckRS 2004, 21087, Abs. Nr. 143; zu dem Urteil *Denninger* ZRP 2004, 101.

59 BT-Drs. 14/4533, 14.

wie Empfindungen und Gefühle sowie Überlegungen, Ansichten und Erlebnisse **höchstpersönlicher Art**" zuzurechnen.[60] Aufgrund der Vielzahl denkbarer Lebenssituationen und eingedenk des Umstandes, dass der Begriff des Kernbereichs vielfach nur in Ansehung des konkreten Einzelfalls bestimmt werden kann, hat der Gesetzgeber davon abgesehen, den Kernbereich zu definieren. Auch habe, so die Begründung im Gesetzentwurf zu § 100c vom 15.12.2004, der Begriff durch die bisherige Rspr. des BVerfG ausreichend scharfe Konturen erfahren, an deren Kasuistik angeknüpft werden könne.[61]

Ausgangspunkt der Bewertung in der Rspr. des BVerfG ist der Eingriff selbst. Der **Begriff der Menschenwürde wird regelmäßig vom Verletzungsvorgang** her beschrieben. 55 Historisch bedingt standen in der Rspr. zunächst Erscheinungen wie Misshandlung, Verfolgung und Diskriminierung, sodann im Hinblick auf neue Gefährdungen in den 1980er Jahren der Missbrauch durch Erhebung von Daten und aktuell bedingt vor allem durch die technologische Entwicklung Gefährdungen durch die Beschaffung sowie die Weiterverarbeitung von Daten.[62] Kernbereichsrelevanz haben Äußerungen innerster Gefühle sowie solche über das Intim- bzw. Sexualleben.[63] Zum Kernbereich gehören weiter Äußerungen über innere moralische und religiöse Konflikte, Gespräche zwischen Ehepartnern über tiefgreifendere Aspekte der Beziehung sowie Gespräche mit Seelsorgern und Ärzten. Gleichwohl darf auch in diesen Fällen keine rein schematische Betrachtungsweise vorgenommen werden.

c) Negative Kernbereichsprognose (S. 1). Die Überprüfung, ob durch die Maß- 56 nahme kernbereichsrelevante Inhalte erfasst werden könnten, hat durch eine so genannte „negative Kernbereichsprognose" zu erfolgen. Bei dieser ist danach zu fragen, ob **tatsächliche Anhaltspunkte** die Annahme rechtfertigen, dass durch die Überwachung der konkret betroffenen Räume und der dort voraussichtlich anwesenden Personen in deren Kernbereich eingegriffen werden könnte. Aus den vorliegenden Anhaltspunkten muss in typisierender Weise geschlossen werden können, dass die voraussichtlich geführten und aufgezeichneten Gespräche nicht den Kernbereich betreffen. Diese Prognose hat das anordnende Gericht auf der Grundlage der ihm vorliegenden Erkenntnisse zu treffen und sich zu fragen, ob eine gewisse Wahrscheinlichkeit dafür besteht, dass kernbereichserelevante Daten erfasst werden. Der Gesetzgeber hat weder eine „überwiegende Wahrscheinlichkeit" noch eine „hohe Wahrscheinlichkeit" vorgesehen.[64] Das BVerfG hat in seiner Entscheidung vom 3.3.2004 indes auch insoweit Position bezogen und ausgeführt, Abhörmaßnahmen seien ausgeschlossen, wenn es **wahrscheinlich** sei, dass mit ihnen absolut geschützte Gespräche erfasst würden. Befindet sich ein Beschuldigter allein mit seinem Lebenspartner in der Wohnung, so wird nicht allein deshalb davon auszugehen sein, dass diese auch kernbereichsrelevante Inhalte thematisieren. So sind Gespräche über Beziehungs- oder Liebesangelegenheiten nicht stets dem Kernbereich zuzuordnen. Maßgeblich sind auch hier die Höchstpersönlichkeit des Gesprächsinhalts und damit der Umstand, in welcher Intensität die Beziehung (voraussichtlich) thematisiert (werden) wird.

Im Rahmen der nach S. 1 vorzunehmenden **Prognose steht dem Gericht ein Beur-** 57 **teilungsspielraum** zu. Dabei kommt ein Verwertungsverbot nur in Betracht, wenn das Gericht diesen Beurteilungsspielraum klar erkennbar und damit rechtsfehlerhaft überschritten hat. Fragen nach dem Vorliegen der Anordnungsvoraussetzungen und damit danach, ob das Gericht zum Zeitpunkt der Anordnung der Maßnahme zu Recht eine negative Kernbereichsprognose getroffen hat, werden vielfach erst im Rahmen der Hauptverhandlung thematisiert. Damit das Tatgericht in diesen Fällen den Ermittlungsstand zum Zeitpunkt der Anordnung noch nachvollziehen kann, empfiehlt es sich nachdrücklich, das

[60] BVerfG 3.3.2004 – 1 BvR 2378/98, 1 BvR 1084/99, BeckRS 2004, 21087 Abs. Nr. 119.
[61] BT-Drs. 15/4533, 14.
[62] BVerfG 3.3.2004 – 1 BvR 2378/98, 1 BvR 1084/99, BeckRS 2004, 21087, Abs. Nr. 114.
[63] BVerfG 3.3.2004 – 1 BvR 2378/98, 1 BvR 1084/99, BeckRS 2004, 21087, Abs. Nr. 122.
[64] *Löffelmann* NJW 2005, 2033.

Ergebnis der Vorermittlungen nach S. 1 genau zu dokumentieren[65] und in die Begründung des die Maßnahme anordnenden Beschlusses aufzunehmen.

58 **d) Regelvermutungen von S. 2 und 3.** Die S. 2 und 3. stellen Regelvermutungen dahingehend auf, dass Gesprächen in bestimmten Räumlichkeiten bzw. über bestimmte Themen keine Kernbereichsrelevanz beizumessen ist. Der Gesetzgeber hat in S. 2 die Bewertung des BVerfG übernommen und die gesetzliche Vermutung aufgestellt, dass Gespräche in **Betriebs- oder Geschäftsräumen** in der Regel nicht dem Kernbereich zuzuordnen sind. Anders verhält es sich hingegen mit Räumen, die sowohl dem Wohnen als auch dem Arbeiten dienen. Für sie soll nach der Rspr. des BVerfG die Vermutung des rein geschäftlichen Charakters und damit des Sozialbezugs ebenso wenig bestehen wie für Räume, die der Ausübung von Berufen dienen, die ein den Bereich des Höchstpersönlichen betreffendes Vertrauensverhältnis voraussetzen.[66]

59 S. 3 stellt schließlich die Vermutung auf, dass Gespräche über **begangene Straftaten und Äußerungen, mittels derer Straftaten begangen** werden, regelmäßig nicht dem Kernbereich zuzurechnen sind. Der Anwendungsbereich der „Äußerungen, mittels derer Straftaten begangen werden", soll nach dem Willen des Gesetzgebers auch die Planung von Straftaten umfassen, sofern derartige Planungen bereits einen Straftatbestand zu erfüllen vermögen. Zwar wird ein Sozialbezug und damit eine fehlende Kernbereichsrelevanz auch hinsichtlich solcher Äußerungen angenommen werden können, bei denen die Planung selbst noch keinen Straftatbestand erfüllt. Der Gesetzgeber hatte indes „auf Grund der damit einhergehenden Weite der gesetzlichen Regelung Bedenken", die Vermutung des S. 3 auch hierauf zu erstrecken.[67]

60 Einem Gespräch, welches der **Beschuldigte mit seiner Ehefrau** in einem separaten Besuchsraum der JVA über einen von ihm begangenen Mord und damit über eine „begangene Straftat" führte, kommt nach Auffassung des BGH keine Kernbereichsrelevanz zu.[68] Werden indes **Mischgespräche,** dh solche Gespräche aufgezeichnet, die sowohl den Kernbereich betreffen als auch andere Inhalte aufweisen, so dürfen lediglich die den Kernbereich betreffenden Inhalte nicht verwertet werden. Der Regelung in Abs. 4 S. 1 kann kein derart umfassendes Verwertungsverbot entnommen werden.[69] Äußerungen, die sich mit Straftaten befassen, sind jedoch dann dem Kernbereich zuzurechnen, wenn sie innerhalb der von Art. 13 GG erfassten Räumlichkeiten (hier: Krankenzimmer) und im Rahmen eines **Selbstgesprächs** gemacht wurden.[70] Ausdrücklich offen gelassen hat der BGH dabei die Frage, ob Selbstgespräche, die sich auf Straftaten beziehen, „absolut" unverwertbar sind, oder ob die entsprechenden Inhalte etwa in dem Fall zur **Gefahrenabwehr** verwendet werden dürften, wenn ein Kindesentführer bei solcher Gelegenheit Angaben zum Aufenthaltsort des von ihm entführten Kindes machen würde.[71]

61 **2. Unterbrechungsgebot, Verwertungsverbot (Abs. 5).** Abs. 5 regelt die **Konsequenzen** für den Fall, dass „sich während der Überwachung Anhaltspunkte dafür ergeben, dass Äußerungen, die dem Kernbereich privater Lebensgestaltung zuzurechnen sind", erfasst werden.

62 **a) Unterbrechungsgebot (S. 1).** Nach S. 1 ist das Abhören und Aufzeichnen **„unverzüglich zu unterbrechen",** sobald kernbereichsrelevante Daten erfasst werden. Der Gesetzgeber, der hier wohl eher das Gebot einer „augenblicklichen" Unterbrechung im Sinn hatte, trägt mit S. 1 der Entscheidung des BVerfG Rechnung, welches festgestellt

[65] So zutreffend KK-StPO/*Bruns* Rn. 27.
[66] BVerfG 3.3.2004 – 1 BvR 2378/98, 1 BvR 1084/99, BeckRS 2004 21087, Abs. Nr. 142.
[67] BT-Drs. 15/4533, 14.
[68] BGH 29.4.2009 – 1 StR 701/08, NJW 2009, 519 (520); krit. *Löffelmann* NJW 2005, 2033 (2034), *Hauck* NStZ 2010, 17; vgl. zur Problematik auch *Rogall* HRRS 2010, 289 *Zuck* JR 2010, 17.
[69] BGH 14.8.2009 – 3 StR 552/08, NStZ 2010, 44 (47).
[70] BGH 10.8.2005 – 1 StR 140/05, NStZ 2005, 700; zustimmend *Ellbogen* NStZ 2006, 180; Kolz NJW 2005, 3248.
[71] BGH 10.8.2005 – 1 StR 140/05, NStZ 2005, 700 (701).

hatte, das in einem solchen Fall „die Überwachung abgebrochen werden“ muss.[72] In der Praxis ist diese Regelung insoweit schwer handhabbar, als in solchen Fällen unklar bleibt, „wann die Überwachung wieder fortgeführt werden kann.“ Die BReg. hatte im Gesetzgebungsverfahren einen Vorschlag des Bundesrates, in solchen Fällen das Abhören zu unterbrechen, die Aufzeichnung indes weiterlaufen lassen zu können und die Gespräche anschließend dem anordnenden Gericht zur Prüfung der Verwertbarkeit vorzulegen, wegen verfassungsrechtlicher Bedenken abgelehnt.[73]

Ergeben sich während der Durchführung der Maßnahme tatsächliche Anhaltspunkte dafür, dass kernbereichsrelevante Daten erfasst werden könnten, kann dieser Umstand den Verzicht auf die bislang automatische Aufzeichnung der abgehörten Gespräche und eine **Echtzeitüberwachung** gebieten. Andererseits gebietet die theoretische Möglichkeit der Erfassung derartiger Daten nicht von vornherein den Verzicht auf eine automatische Aufzeichnung. 63

b) Löschungsverpflichtung (S. 2 und 4). Nach S. 2 sind kernbereichsrelevante Daten **unverzüglich zu löschen.** Das in Art. 19 Abs. 4 GG verankerte Gebot effektiven Rechtsschutzes steht dem nicht entgegen. Entscheidend ist in derartigen Fällen, dass jede weitere Aufbewahrung der höchstpersönlichen Daten das Risiko einer Vertiefung der Grundrechtsverletzung in sich trägt.[74] Der Menschenwürdebezug der Aufzeichnungen und die daraus resultierende Pflicht zur unverzüglichen Löschung der Daten überwiegen somit gegenüber den Rechtsschutzbelangen. Selbstredend erfasst das Löschungsgebot **auch sämtliche Datenkopien** bzw. jedwede sonstige Perpetuierung der entsprechenden Inhalte etwa in Form von Inhalts- oder Wortprotokollen. 64

Die Tatsache der Erfassung sowie der anschließenden Löschung der kernbereichsrelevanten Daten ist nach S. 4 zu dokumentieren. Diese **Dokumentationspflicht** dient der nachträglichen Überprüfung der Rechtmäßigkeit der Maßnahme, führt indes zu einem gewissen Dilemma: So sind einerseits die kernbereichsrelevanten Daten in einer Weise zu löschen, dass die entsprechenden Inhalte nicht mehr nachvollzogen werden können, andererseits soll die Tatsache ihrer Erfassung und Löschung dokumentiert werden. Insbesondere bei einer wiederholten Erfassung und Löschung kernbereichsrelevanter Daten wird die Dokumentation und damit einhergehend auch die nachträgliche Überprüfung der Rechtmäßigkeit – so sie effektiv denn überhaupt möglich ist – zunehmend schwieriger. Die betreffenden Einzelfälle werden immer weniger voneinander unterscheidbar. Um die gebotene Unterscheidbarkeit zu gewährleisten, sollten dokumentiert werden: Ort, Beginn und Ende (soweit feststellbar) des Gesprächs, Gesprächsteilnehmer (soweit identifizierbar) und Thema des Gesprächs (ohne inhaltliche Wiedergabe, Beispiel: Sexualität, Religion, Krankheit etc). 65

c) Verwertungsverbot (S. 3). Nach S. 3 dürfen Erkenntnisse, die den Kernbereich privater Lebensgestaltung betreffen, nicht verwertet werden. Die Vorschrift enthält ein **absolutes strafprozessuales Beweisverwertungsverbot** und untersagt – anders als etwa im Falle der Telekommunikationsüberwachung (→ § 100a Rn. 182) – auch die Verwertung der Daten als Spurenansatz. So hat das BVerfG in diesem Zusammenhang ausgeführt, die entsprechenden Daten unterlägen „einem absoluten Verwertungsverbot und dürfen weder im Hauptsacheverfahren verwertet werden noch Anknüpfungspunkt weiterer Ermittlungen sein.“[75] Das Verwertungsverbot des S. 3 ist insofern nicht (all)umfassend, als es sich auf (einzelne) „Äußerungen“ und nicht auf das Gespräch als Ganzes bezieht. Von den insgesamt gewonnenen Erkenntnissen verbietet es lediglich die Verwertung der den Kernbereich betreffenden Daten und damit je nach Einzelfall lediglich die Verwertung einzelner Gesprächspassagen.[76] 66

---

[72] BVerfG 3.3.2004 – 1 BvR 2378/98, 1 BvR 1084/99, BeckRS 2004, 21087, Abs. Nr. 151. BT-Drs. 15/4533, 14.

[73] BT-Drs. 15/4533, 23, 27.

[74] BVerfG 3.3.2004 – 1 BvR 2378/98, 1 BvR 1084/99, BeckRS 2004, 21087, Abs. Nr. 185.

[75] BVerfG 3.3.2004 – 1 BvR 2378/98, 1 BvR 1084/99, BeckRS 2004, 21087, Abs. Nr. 184.

[76] BGH 14.8.2009 – 3 StR 552/08, NStZ 2010, 44 (47).

67 Ohne dass es einer ausdrücklichen gesetzlichen Regelung bedarf, gelten über das Verwertungsverbot des S. 3 hinaus die von der Rspr. für die Fälle entwickelten Beweisverwertungsverbote, dass die Maßnahme durchgeführt wurde, obwohl **wesentliche materielle oder formelle Anordnungsvoraussetzungen nicht vorlagen.** Ein solches Verwertungsverbot würde nur für nicht kernbereichsrelevante Daten eine selbstständige Bedeutung erlangen und schließe im Gegensatz zu der Regelung in S. 3 uU noch eine Verwendung der aus der Maßnahme resultierenden Ermittlungsergebnisse als Spurenansatz zu.

68 **d) Fortsetzung der Maßnahme (S. 5).** Nach einer Unterbrechung der Maßnahme darf diese gemäß S. 5 erst wieder fortgeführt werden, wenn **tatsächliche Anhaltspunkte** dafür vorliegen, dass die Gefahr eines Eingriffs in den Kernbereich privater Lebensgestaltung nicht mehr besteht. Fraglich ist, woraus sich derartige Erkenntnisse ergeben sollen. Da „tatsächliche Anhaltspunkte" erforderlich sind und somit kriminalistische Erfahrung allein nicht ausreicht, können sich die tatsächlichen Anhaltspunkte eigentlich nur aus dem abgebrochenen Gespräch selbst ergeben. Dabei werden die Gesprächspartner den Strafverfolgungsbehörden regelmäßig nicht den Gefallen tun und die kernbereichsrelevante Gesprächspassage mit dem Hinweis auf die viel zitierten „fünf Minuten" einleiten. Werden in einer Privatwohnung nach Aufnahme der Überwachung entgegen der zuvor nach S. 1 getroffenen negativen Kernbereichsprognose wiederholt gleichwohl kernbereichsrelevante Gespräche festgestellt, so ist die Überwachung ggf. nicht nur (erneut) zu unterbrechen, sondern **abzubrechen.**[77]

69 **e) Gerichtliche Entscheidung bei Zweifeln (S. 6).** In Anbetracht der grundrechtssichernden Funktion des Richtervorbehalts, dem bei der eingriffsintensivsten aller strafprozessualen Ermittlungsmaßnahmen eine besonders herausragende Bedeutung zukommt, sieht S. 6 vor, dass **bei Zweifeln „über die Unterbrechung oder Fortführung der Maßnahme** unverzüglich eine Entscheidung des Gerichts herbeizuführen" ist. Um eine solch unverzügliche Entscheidung tatsächlich auch zu gewährleisten, ermöglicht S. 6 Hs. 2, indem er § 100d Abs. 4 für entsprechend anwendbar erklärt, eine Entscheidung über die Unterbrechung bzw. Fortführung auch allein durch den Vorsitzenden des nach § 100d Abs. 1 S. 1 zuständigen Gerichts. Diese Regelung lässt es als unerlässlich erscheinen, dass auch bei diesem Gericht jedenfalls für den Zeitpunkt der Durchführung der Maßnahme ein Bereitschaftsdienst eingerichtet wird. Ausweislich der Gesetzesmaterialien kann es in besonders sensiblen Einzelfällen auch geboten erscheinen, dass die Mitglieder dieses Gerichts bzw. dessen Vorsitzender selbst die Durchführung der Maßnahme überwachen.

VI. Schutz zeugnisverweigerungsberechtigter Personen (Abs. 6)

70 Die Vorschriften in Abs. 6 tragen den **Interessen der durch Zeugnisverweigerungsrechte geschützten Zeugen Rechnung.** Die Vorschrift differenziert in den S. 1 und 2 zwischen Berufsgeheimnisträgern einerseits und Angehörigen und den Berufshelfern andererseits.

71 **1. Berufsgeheimnisträger (S. 1).** Nach S. 1 Hs. 1 ist eine Wohnraumüberwachung bei den von § 53 erfassten Berufsgeheimnisträgern generell unzulässig. Die Vorschrift differenziert in Gegensatz zu § 160a nicht nach den verschiedenen Gruppen der in § 53. S. 1 Nr. 1 bis 5 genannten Berufsgeheimnisträgern, sondern erfasst vielmehr alle gleichermaßen. Für Gespräche zwischen dem Beschuldigten und den Mitgliedern der von § 53 erfassten Berufsgruppen statuiert S. 1 ein **Beweiserhebungsverbot.** Der generelle Verweis in S. 1 auf § 53 („in den Fällen des § 53") führt zu Unklarheiten bzw. erscheint überflüssig. So werden Gespräche mit Verteidigern oder Seelsorgern bereits von Abs. 4 S. 1 bzw. Abs. 5 S. 1 erfasst, sodass Abs. 6 insoweit keine eigenständige Bedeutung zukommen dürfte.[78]

72 Stellt sich erst bei Durchführung der Maßnahme heraus, dass ein entsprechendes Gespräch mit einem der Berufsgeheimnisträger des § 53 überwacht wird, so finden nach S. 1 Hs. 2

[77] *Löffelmann* NJW 2005, 2033 (2034).
[78] So KMR-StPO/*Bär* Rn. 36 unter Verweis auf *Löffelmann* ZIS 2006, 87 (95).

die Regelungen in Abs. 5 S. 2 bis 4 entsprechend Anwendung. Es besteht mithin ein **Beweisverwertungsverbot.** Die entsprechenden Daten sind ferner zu löschen, die Löschung ist zu dokumentieren.

2. Angehörige und Berufshelfer (S. 2). Im Gegensatz zu den Berufsgeheimnisträgern begründet S. 2 für Angehörige[79] und Berufshelfer lediglich ein – eingeschränktes – **Beweisverwertungsverbot.** Der Gesetzgeber trägt mit dieser Regelung dem Umstand Rechnung, dass nach Auffassung des BVerfG von Verfassungs wegen für Angehörige ein absolutes Verwertungsverbot nicht erforderlich ist.[80] Somit dürfen nach S. 2 Erkenntnisse aus Gesprächen zwischen dem Beschuldigten und Angehörigen verwertet werden, wenn „dies unter Berücksichtigung der Bedeutung des zu Grunde liegenden Vertrauensverhältnisses nicht außer Verhältnis zum Interesse an der Erforschung des Sachverhalts oder der Ermittlung des Aufenthalts eines Beschuldigten steht". Werden bei Gesprächen zwischen dem Beschuldigten und Mitgliedern der von S. 2 erfassten Gruppen indes dem Kernbereich zuzuordnende Inhalte erfasst, gilt bereits deshalb und ungeachtet der vorstehenden Abwägung ein absolutes Beweisverwertungsverbot. Den Kernbereich berührende Erkenntnisse sind „abwägungsfest". 73

3. Verstrickung (S. 3). Die durch S. 1 und 2 begründeten **Beweiserhebungs- bzw. Beweisverwertungsverbote entfallen** sämtlich, wenn der betreffende Berufsgeheimnisträger, Berufshelfer oder die Angehörigen verstrickt, dh entweder der Beteiligung an der Tat oder der Begünstigung, Strafvereitelung oder Hehlerei verdächtig sind.[81] Diese Rückausnahme ergibt sich aus dem Verweis in S. 3 auf § 160 Abs. 4. Der Vorschrift will verhindern, dass „aufklärungsfreie Zonen" entstehen, in denen unter missbräuchlicher Ausübung der von § 53 erfassten Berufe bzw. unter nicht schutzwürdiger Ausnutzung eines Angehörigenverhältnisses Straftaten geplant oder ausgeführt werden.[82] 74

Beim **verstrickten Verteidiger** ist die Vorschrift im Hinblick auf die Sonderregelung in § 148, die den ungehinderten Verkehr des Beschuldigten mit seinem Verteidiger schützt, verfassungskonform einschränkend dahingehend auszulegen, dass sie nur die Fälle einer echten Beteiligung und damit nicht die der Begünstigung, Strafvereitelung oder Hehlerei erfasst.[83] Für **Journalisten und Abgeordnete** ist die Rückausnahme ebenfalls restriktiv zu handhaben. Dies gilt namentlich in den Fällen, in denen durch Journalisten und Abgeordnete gesellschaftliche oder staatliche Missstände aufgedeckt werden.[84] 75

VII. Entscheidung des Gerichts (Abs. 7)

1. Allgemeines. Die verfassungskonforme Ausgestaltung der akustischen Wohnraumüberwachung gebietet nach Auffassung des BVerfG weiter, dass in Zweifelsfällen nicht allein die Strafverfolgungsbehörden darüber entscheiden, ob von ihnen gewonnene Erkenntnisse verwertbar sind bzw. ob Ermittlungsergebnisse einem Beweisverwertungsverbot unterliegen. Es bedarf hierzu vielmehr einer unabhängigen Stelle, die auch die Interessen des Beschuldigten wahrt.[85] Zu dieser Stelle hat der Gesetzgeber in S. 1 naheliegender Weise das anordnende Gericht berufen und dieses für zuständig erklärt, **Zweifelsfälle über das Vorliegen eines Verwertungsverbots nach Abs. 5** zu entscheiden. Die Vorschrift konkurriert mit der Regelung des § 101 Abs. 7 S. 2, die zum Tragen kommt, wenn die generelle Rechtmäßigkeit der Anordnung einer Wohnraumüberwachung bzw. die Art und Weise ihres Vollzugs überprüft werden sollen. 76

Die – de facto vom BVerfG geforderte – für alle Maßnahmen nach § 100c geltende Vorschrift des Abs. 7 schränkt in **systemwidriger Weise** in zahlreichen Einzelfällen die 77

[79] Vgl. Zu den Rechten von Angehörigen bei verdeckten Ermittlungen *Weißer* GA 2006, 148.
[80] BVerfG 15.10.2009 – 2 BvR 2438/08, NJW 2010, 287.
[81] *Dittrich* NStZ 1998, 336 (338).
[82] BT-Drs. 16/5846, 37.
[83] So auch KMR-StPO/*Bär* Rn. 38.
[84] KK-StPO/*Bruns* Rn. 36.
[85] BVerfG 3.3.2004 – 1 BvR 2378/98, 1 BvR 1084/99, BeckRS 2004, 21087, Abs. Nr. 190.

Sachentscheidungskompetenz des Tatgerichts ein.[86] Namentlich Maßnahmen der Wohnraumüberwachung, die außerhalb von privaten Wohnräumen, gleichwohl jedoch noch im von Art. 13 GG erfassten gegenständlichen Bereich liegen, etwa die Überwachung einer sich unter einem Mehrfamilienhaus befindlichen, verschlossenen und der alleinigen Nutzung durch die Mieter gewidmeten Tiefgarage, bergen kein größeres Risiko der Erfassung kernbereichsrelevanter Daten wie bspw. Maßnahmen nach § 100a. Für diese oder andere verdeckte Ermittlungsmaßnahme hat das BVerfG in seinen Entscheidungen nach seinem Urteil zur akustischen Wohnraumüberwachung vom 3.3.2004 der Vorschrift des Abs. 7 vergleichbare Regelungen soweit ersichtlich (und richtiger Weise) nicht gefordert.

78 **2. Zuständiges Gericht.** Die Vorschrift ist zudem in sich unstimmig. Sie scheint nach ihrem eindeutigen Wortlaut sämtliche nach Abs. 5 in Betracht kommende Verwertungsverbote zu erfassen, mithin sowohl solche, die sich aus dem **Unterbrechungsgebot** von Abs. 5 S. 1 als auch diejenigen, die sich aus dem **Verwertungsverbot** von Abs. 5 S. 3 ergeben können.

79 Zweifel bestehen in denjenigen Fällen, in denen die Staatsanwaltschaft aus welchen Gründen auch immer im Ermittlungsverfahren keine Entscheidung des anordnenden Gerichts herbeigeführt hat und sich die Frage eines möglichen Verwertungsverbot im Hinblick auf einen Verstoß gegen das Unterbrechungsgebot in Abs. 5 S. 1 erst im Hauptverfahren stellt. Die Staatsanwaltschaft müsste dann während des laufenden Hauptverfahrens – systemwidrig – das anordnende Gericht anrufen. In diesem Fällen hat allein das **Tat- und nach diesem das Revisionsgericht** über die Frage der Verwertbarkeit zu entscheiden.[87]

80 Zweifelhaft sind weiter diejenigen Fälle, in denen sich die Frage eines Verwertungsverbots auf Grund **eines Verstoßes gegen das Erhebungsverbot,** etwa wegen einer möglicherweise rechtswidrigen Anordnung, stellt.[88] Hier müsste bei einer Entscheidungszuständigkeit des anordnenden Gerichts dieses über seine eigene Anordnung befinden. Zudem können namentlich die hiermit zusammenhängenden Fragestellungen wie etwa die, ob sich der Verdacht einer Katalogtat bestätigt hat, vielfach erst nach Abschluss der Ermittlungen beantwortet werden. Auch insoweit sind für die Entscheidung mithin das Tat- bzw. das Revisionsgericht zuständig.[89]

81 **3. Bindungswirkung der Entscheidung.** Eine Überprüfung hinsichtlich des Vorliegens eines Verwertungsverbots in der durch S. 1 eröffneten Art macht letztlich nur Sinn, wenn das Ergebnis dieser Prüfung für Strafverfolgungsbehörden und Tatgericht bindend ist. Aus diesem Grund legt S. 2 auch fest, dass die Verneinung der Verwertbarkeit **für das weitere Verfahren bindend** sei. Indes können die Staatsanwaltschaft sowie die sonstigen Beschwerdeberechtigten wie etwa der Beschuldigte, der in dieser Phase des Verfahrens freilich weder um die Maßnahme als solche noch um die durch sie erlangten Erkenntnisse wissen dürfte, gegen die Entscheidung des Gerichts nach S. 1 die einfache Beschwerde einlegen.[90] Zuständiges Beschwerdegericht ist das durch § 120 Abs. 4 GVG bestimmte Oberlandesgericht. Verneinen das nach S. 1 bzw. das zuständige Beschwerdegericht hingegen ein Verwertungsverbot, so sind Staatsanwaltschaft und Tatgericht in ihrer Bewertung frei.

C. Revision

82 Die Revision kann mit der Verfahrensrüge darauf gestützt werden, dass Beweisverbote verkannt wurden und die Beweiswürdigung somit auf **unverwertbaren Erkenntnissen** beruht (→ § 100a Rn. 233).

---

[86] Ebenso *Löffelmann* NJW 2005, 2033 (2035).
[87] Ebenso AnwK/*Löffelmann* Rn. 16; KK-StPO/*Nack* Rn. 41.
[88] So zutreffend KK-StPO/*Bruns* Rn. 41.
[89] KK-StPO/*Bruns* Rn. 41.
[90] So auch BeckOK-StPO/*Graf* Rn. 30.

§ 100d [Zuständigkeit]

(1) [1]Maßnahmen nach § 100c dürfen nur auf Antrag der Staatsanwaltschaft durch die in § 74a Abs. 4 des Gerichtsverfassungsgesetzes genannte Kammer des Landgerichts angeordnet werden, in dessen Bezirk die Staatsanwaltschaft ihren Sitz hat. [2]Bei Gefahr im Verzug kann diese Anordnung auch durch den Vorsitzenden getroffen werden. [3]Dessen Anordnung tritt außer Kraft, wenn sie nicht binnen drei Werktagen von der Strafkammer bestätigt wird. [4]Die Anordnung ist auf höchstens einen Monat zu befristen. [5]Eine Verlängerung um jeweils nicht mehr als einen Monat ist zulässig, soweit die Voraussetzungen unter Berücksichtigung der gewonnenen Ermittlungsergebnisse fortbestehen. [6]Ist die Dauer der Anordnung auf insgesamt sechs Monate verlängert worden, so entscheidet über weitere Verlängerungen das Oberlandesgericht.

(2) [1]Die Anordnung ergeht schriftlich. [2]In der Anordnung sind anzugeben:
1. soweit möglich, der Name und die Anschrift des Beschuldigten, gegen den sich die Maßnahme richtet,
2. der Tatvorwurf, auf Grund dessen die Maßnahme angeordnet wird,
3. die zu überwachende Wohnung oder die zu überwachenden Wohnräume,
4. Art, Umfang und Dauer der Maßnahme,
5. die Art der durch die Maßnahme zu erhebenden Informationen und ihre Bedeutung für das Verfahren.

(3) [1]In der Begründung der Anordnung oder Verlängerung sind deren Voraussetzungen und die wesentlichen Abwägungsgesichtspunkte darzulegen. [2]Insbesondere sind einzelfallbezogen anzugeben:
1. die bestimmten Tatsachen, die den Verdacht begründen,
2. die wesentlichen Erwägungen zur Erforderlichkeit und Verhältnismäßigkeit der Maßnahme,
3. die tatsächlichen Anhaltspunkte im Sinne des § 100c Abs. 4 Satz 1.

(4) [1]Das anordnende Gericht ist über den Verlauf und die Ergebnisse der Maßnahme zu unterrichten. [2]Liegen die Voraussetzungen der Anordnung nicht mehr vor, so hat das Gericht den Abbruch der Maßnahme anzuordnen, sofern der Abbruch nicht bereits durch die Staatsanwaltschaft veranlasst wurde. [3]Die Anordnung des Abbruchs der Maßnahme kann auch durch den Vorsitzenden erfolgen.

(5) Personenbezogene Daten aus einer akustischen Wohnraumüberwachung dürfen für andere Zwecke nach folgenden Maßgaben verwendet werden:
1. Die durch eine Maßnahme nach § 100c erlangten verwertbaren personenbezogenen Daten dürfen in anderen Strafverfahren ohne Einwilligung der insoweit überwachten Personen nur zur Aufklärung einer Straftat, auf Grund derer die Maßnahme nach § 100c angeordnet werden könnte, oder zur Ermittlung des Aufenthalts der einer solchen Straftat beschuldigten Person verwendet werden.
2. Die Verwendung der durch eine Maßnahme nach § 100c erlangten personenbezogenen Daten, auch solcher nach § 100c Abs. 6 Satz 1 Halbsatz 2, zu Zwecken der Gefahrenabwehr ist nur zur Abwehr einer im Einzelfall bestehenden Lebensgefahr oder einer dringenden Gefahr für Leib oder Freiheit einer Person oder Gegenstände von bedeutendem Wert, die der Versorgung der Bevölkerung dienen, von kulturell herausragendem Wert oder in § 305 des Strafgesetzbuches genannt sind, zulässig. Die durch eine Maßnahme nach § 100c erlangten und verwertbaren personenbezogenen Daten dürfen auch zur Abwehr einer im Einzelfall bestehenden dringenden Gefahr für sonstige bedeutende Vermögenswerte verwendet werden. Sind die Daten zur Abwehr der Gefahr oder für eine vorgerichtliche oder gerichtliche Überprüfung der zur Gefahrenabwehr getroffenen Maßnahmen nicht mehr erforderlich, so sind Aufzeichnungen über diese Daten

von der für die Gefahrenabwehr zuständigen Stelle unverzüglich zu löschen. Die Löschung ist aktenkundig zu machen. Soweit die Löschung lediglich für eine etwaige vorgerichtliche oder gerichtliche Überprüfung zurückgestellt ist, dürfen die Daten nur für diesen Zweck verwendet werden; für eine Verwendung zu anderen Zwecken sind sie zu sperren.

3. Sind verwertbare personenbezogene Daten durch eine entsprechende polizeirechtliche Maßnahme erlangt worden, dürfen sie in einem Strafverfahren ohne Einwilligung der insoweit überwachten Personen nur zur Aufklärung einer Straftat, auf Grund derer die Maßnahme nach § 100c angeordnet werden könnte, oder zur Ermittlung des Aufenthalts der einer solchen Straftat beschuldigten Person verwendet werden.

Schrifttum: *Allgayer,* Die Verwendung von Zufallserkenntnissen aus Überwachungen der Telekommunikation gem. §§ 100af. StPO (und anderen Ermittlungsmaßnahmen) – Zugleich Anmerkung zu den Entscheidungen des BVerfG vom 3.3.2004 (NJW 2004, 999) und vom 29.6.2005 (NJW 2005, 2766) sowie des OLG Karlsruhe vom 3.6.2004 (NStZ 2004, 2687), NStZ 2006, 603; *Allgayer/Klein,* Verwendung und Verwertung von Zufallserkenntnissen, wistra 2010, 130; *Eisenberg, Beweisrecht der StPO, 7. Auflage, 2011; Kutscha/Moritz,* Lauschangriffe zur vorbeugenden Straftatenbekämpfung, StV 1998, 564; *Löffelmann,* Die Neuregelung der akustischen Wohnraumüberwachung, NJW 2005, S. 2033; *Singelstein,* Rechtsschutz gegen heimliche Ermittlungsmaßnahmen nach Einführung des § 101 VII 2-4 StPO, NStZ 2009, 481.

Übersicht

A. Erläuterung

1 Die Vorschrift regelt das bei Maßnahmen der akustischen Wohnraumüberwachung **zu beachtende Verfahren.** Während die materiellen Anordnungsvoraussetzungen in § 100c normiert sind, regelt § 100d im Einzelnen, wer für die Anordnung zuständig ist und wie

lange diese befristet werden darf (Abs. 1), in welcher Form sie zu ergehen und welche Angaben sie zu enthalten hat (Abs. 2 und 3), die Unterrichtung des anordnenden Gerichts über Inhalt und Verlauf der Maßnahme (Abs. 4) sowie die weitere Verwendung der durch die Maßnahme erlangten personenbezogenen Daten (Abs. 5).

I. Zuständigkeit für die Anordnung (Abs. 1)

1. Regelzuständigkeit (S. 1). Maßnahmen der Wohnraumüberwachung dürfen nach 2
S. 1 nur durch die in § 74a Abs. 4 GVG genannte besondere Strafkammer angeordnet werden. Nach dieser Vorschrift handelt es sich um eine **besondere Strafkammer, die nicht mit Hauptverfahren in Strafsachen befasst** und bei dem Landgericht angesiedelt ist, in dessen Bezirk das Oberlandesgericht seinen Sitz hat. Diese Kammer ist für den gesamten Bezirk des Oberlandesgerichts zuständig. Mit den vorgenannten Regelungen hat der Gesetzgeber die Konsequenz aus der Feststellung im Urteil des BVerfG vom 3.3.2004[1] gezogen, wonach das in der Hauptsache erkennende Gericht in dem Fall, dass der Angeklagte von der Durchführung der Maßnahme noch nicht unterrichtet wurde, nicht zugleich über die Zurückstellung der Benachrichtigung oder über Anträge anderer Betroffener auf nachträglichen Rechtsschutz entscheiden dürfe. Der durch Art. 103 Abs. 1 GG verbürgte Anspruch auf rechtliches Gehör gewährleiste, so das BVerfG weiter, dass das erkennende Gericht nicht über Tatsachen bzw. Beweisergebnisse verfügen und diese berücksichtigen dürfe, die dem Angeklagten mangels Unterrichtung noch nicht bekannt seien. Dies kann nach Auffassung des Gesetzgebers indes nur gewährleistet werden, wenn für derartige Entscheidungen generell ein Spruchkörper zuständig ist, der nicht mit solchen Hauptverfahren in Strafsachen befasst ist, in denen Maßnahmen der Wohnraumüberwachung angeordnet worden sein können.[2] Das Gericht darf schließlich gemäß S. 1 nur auf Antrag der Staatsanwaltschaft tätig werden. Ein Rückgriff auf § 165, wonach bei Gefahr im Verzug der Richter erforderliche Untersuchungshandlungen auch ohne Antrag der Staatsanwaltschaft vornehmen kann, ist nicht zulässig. Dies ist unschädlich, weil es bei Maßnahmen nach § 100c auszuschließen sein dürfte, dass die Staatsanwaltschaft nicht rechtzeitig eingebunden werden kann.

Für **Anträge des Generalbundesanwalts** ist nach der Regelung in Abs. 1 S. 1 somit 3
stets das Landgericht Karlsruhe und nicht etwa der BGH zuständig. Ist das **Oberlandesgerichts** gemäß § 120 GVG erstinstanzlich zuständig, so entscheidet dort aus vorstehend dargelegten Erwägungen (→ Rn. 2) ein gemäß § 120 Abs. 4 GVG einzurichtender besonderer Senat über Anträge nach § 100c.

Die nach § 74a Abs. 4 GVG zuständige Kammer ist gemäß Abs. 4 auch für die **weitere** 4
Überwachung der Maßnahme sowie nach § 101 Abs. 6 und 7 für **Entscheidungen über die weitere Zurückstellung der Benachrichtigung** der Betroffenen und für Entscheidungen im Zusammenhang mit dem nachträglichen Rechtsschutz zuständig. Wurde die Dauer der Maßnahme auf insgesamt **sechs Monate** verlängert, so ist für jede weitere Entscheidung über die Fortführung der Maßnahme nicht mehr wie bisher die nach § 74a Abs. 4 GVG zu bildende Kammer, sondern gemäß Abs. 1 S. 6 der gemäß § 120 Abs. 4 S. 2 GVG mit Hauptverfahren in Strafsachen nicht befasste Senat des Oberlandesgerichts zuständig.

2. Zuständigkeit bei Gefahr im Verzug (S. 2). Gemäß S. 2 kann bei Gefahr im 5
Verzug – auch hier wiederum nur auf Antrag der Staatsanwaltschaft – die Anordnung auch durch den **Vorsitzenden** der besonderen Strafkammer getroffen werden. Dies dürfte auch für diejenigen Fälle gelten, in denen die Zuständigkeit nach Abs. 1 S. 6 aufgrund der Verlängerung der Maßnahme auf insgesamt sechs Monate auf das Oberlandesgericht übergangen ist. Allein die Tatsache, dass die Eilkompetenzregelung in S. 2 der besonderen Zuständig-

[1] BVerfG 3.3.2004 – 1 BvR 2378/98, 1 BvR 1084/99, BeckRS 2004, 21087 Abs. Nr. 316 = NJW 2004, 999 ff.

[2] BT-Drs. 15/4533, 20.

keitsregelung in S. 6 voransteht, vermag eine gegenteilige Auslegung nicht zu begründen, zumal der Gesetzgeber in Abs. 1 S. 1 bis 4 entsprechend der Regelung der Telekommunikationsüberwachung in § 100b Abs. 1 auch hier zunächst die Regel-, sodann die Eilzuständigkeit, das Außerkrafttreten der Eilanordnung sowie die Befristung der Maßnahme geregelt hat und die Zuständigkeitsregelung in S. 6 nicht von der Teilhabe an der Eilanordnungskompetenz des Vorsitzenden ausschließen wollte. Diese Auslegung liegt auch deshalb nahe, weil nicht ausgeschlossen werden kann, dass nach bzw. mit Übergang der Zuständigkeit an das Oberlandesgericht im Einzelfall ein Bedürfnis für eine Eilanordnung entstehen könnte.

6 Die Eilanordnung des Vorsitzenden tritt gemäß S. 3 außer Kraft, wenn sie nicht binnen **drei Werktagen** von der Kammer bzw. im Falle von S. 6 vom Senat bestätigt wird. Die auf Grund einer solchen Eilanordnung erlangten Erkenntnisse bleiben indes selbst dann verwertbar, wenn eine Bestätigung nicht erfolgen sollte.[3] Sowohl das Außerkrafttreten als auch die Bestätigung wirken ex nunc, treten somit nicht rückwirkend außer Kraft. Im Fall der akustischen Wohnraumüberwachung hat das BVerfG ausdrücklich festgestellt, dass die Bestätigung durch die Kammer lediglich für die Zukunft wirke und keine Überprüfung der vorangegangenen Eilentscheidung des Vorsitzenden darstelle. Grund hierfür sei, dass im Falle des § 100c bereits die Eilentscheidung durch einen Richter und nicht durch einen der Exekutive zuzurechnenden Staatsanwalt getroffen werde.[4]

7 Für die **Berechnung der 3-Tages-Frist** gelten die §§ 42, 43 Abs. 2. Der Fristenlauf wird durch die Anordnung in Gang gesetzt, wobei der Tag der Anordnung gemäß § 42 noch nicht mitgerechnet wird. Fiele das so zu berechnende Fristende auf einen Samstag, Sonntag oder allgemeinen Feiertag, würde die Frist gemäß § 43 Abs. 2 mit Ablauf des darauffolgenden Werktages enden.

8 **3. Keine Zuständigkeitskonzentration.** Die durch § 74a Abs. 4 GVG begründete besondere Zuständigkeit beschränkt sich **allein auf Anordnungen nach § 100c** nebst diesbezüglichen Folgeentscheidungen etwa nach § 101 Abs. 6 und 7. Für andere verdeckte Ermittlungsmaßnahmen ist die besondere Strafkammer hingegen nicht zuständig, insbesondere ist sie nicht befugt, über gleichzeitig ebenfalls beantragte verdeckte Ermittlungsmaßnahmen mit zu entscheiden.[5]

II. Form und Inhalt der Entscheidung (Abs. 2 und 3)

9 **1. Schriftform (Abs. 2 S. 1).** Durch die dezidierten notwendigen Angaben, die die Anordnungen der Wohnraumüberwachung nach Abs. 2 und 3 enthalten müssen, sollen die Gerichte veranlasst werden, die für die Anordnung maßgeblichen Gesichtspunkte im Anordnungsbeschluss **transparent und nachvollziehbar** zum Ausdruck zu bringen Die Anordnung der Maßnahme hat deshalb zunächst nach Abs. 2 S. 1 wie andere Ermittlungsmaßnahmen auch schriftlich zu erfolgen. Die Schriftform gewährleistet zudem der Staatsanwaltschaft als zuständiger Vollstreckungsbehörde bzw. sonstigen mit der Maßnahme befassten Dritten eine Überprüfung dahingehend, ob die Anordnung auch von dem zuständigen Gericht erlassen wurde. Hinsichtlich der an die Schriftform im Einzelnen weiter zu stellenden Anforderungen wird auf die entsprechenden Ausführungen zu § 163f (→ Rn. 27) Bezug genommen.

10 **2. Inhalt der Entscheidungsformel (Abs. 2 S. 2).** Die **Entscheidungsformel** muss nach Abs. 2 Nr. 1 Angaben zu Name und Anschrift des Beschuldigten, gegen den sich die Maßnahme richtet, sowie – hier ebenso wie in § 100f auf Grund ausdrücklicher Regelung – Angaben zum Tatvorwurf, auf Grund dessen die Maßnahme angeordnet wird, zu den zu überwachenden Wohnräumen, zu Art, Umfang und Dauer der Maßnahme sowie zu den

---

[3] Vgl. BT-Drs. 15/4533, 16.
[4] BVerfG 3.3.2004 – 1 BvR 2378/98, 1 BvR 1084/99, BeckRS 2004, 21087 Abs. Nr. 285 ff.
[5] OLG Hamburg 12.11.2007 – 6 Ws 1/07, NStZ 2008, 478.

durch die Maßnahme zu erhebenden Informationen und deren Bedeutung für das Verfahren enthalten.

11 **a) Name und Anschrift des Beschuldigten (Nr. 1).** Hinsichtlich der Regelung in Nr. 1, wonach soweit möglich Name und Anschrift des Beschuldigten anzugeben sind, kann weitgehend auf die Ausführungen zu § 100b (→ Rn. 15 f.) verwiesen werden. Mit der Formulierung **„soweit bekannt"** hat der Gesetzgeber dem Umstand Rechnung getragen, dass namentlich im Falle der Überwachung von Wohnungen Dritter gemäß § 100c Abs. 3 S. 2 zwar deren Anschrift, gelegentlich jedoch nicht auch die sogenannten Klarpersonalien des Beschuldigten bzw. dessen Anschrift bekannt sind.[6] Maßnahmen der Wohnraumüberwachung können somit ebenso wie Maßnahmen nach § 100a auch gegen individualisierte, indes noch nicht identifizierte Beschuldigte angeordnet werden.

12 **b) Tatvorwurf (Nr. 2).** Nach Nr. 2 ist weiter der Tatvorwurf, auf Grund dessen die Maßnahme angeordnet wurde, anzugeben. Das BVerfG hat in seinem Urteil vom 3.3.2004 angemerkt, eine Anordnung zur akustischen Wohnraumüberwachung genüge den aus Art. 13 GG abzuleitenden Anforderungen nur, wenn sie ua Angaben zum Tatvorwurf enthalte.[7] In Abgrenzung zu Abs. 3 Nr. 1 und der dort enthaltenen Bestimmung, wonach die Begründung der Anordnung auch Angaben zu denjenigen „bestimmten Tatsachen" enthalten muss, die den Tatverdacht begründenden, ist hier mit dem anzugebenden „Tatvorwurf" die **Bezeichnung des gesetzlichen Tatbestandes** gemeint, der unter Benennung der einschlägigen Norm anzugeben ist. Die konkrete Bezeichnung des Tatbestandes ist im Hinblick auf den in § 100c Abs. 2 enthaltenen Straftatenkatalog von Bedeutung.

13 **c) Bezeichnung der zu überwachenden Wohnungsräume (Nr. 3).** Die Bezeichnung der zu überwachenden Wohnung bestimmt das zu überwachende Objekt. Zwar ist die postalische Anschrift jedenfalls des Hauptwohnsitzes bereits nach Nr. 1 verpflichtend und kommt die Regelung in Nr. 3 deshalb insbesondere in den Fällen zum Tragen, in denen der Betroffene mehrere Wohnungen nutzt. Eine genaue, über die postalische Angabe hinausgehende Bezeichnung der zu überwachenden Wohnung bzw. der zu überwachenden Wohnräume ist insbesondere aus rechtsstaatlichen Gesichtspunkten geboten, weil nur so die mit einem schwerwiegenden Grundrechtseingriff einhergehende Maßnahme auch ausreichend bestimmt ist. Dem Begriff „Wohnräume" dürfte gegenüber dem der „Wohnung" namentlich im Zusammenhang mit Nr. 4 (→ Rn. 19) eine selbstständige Bedeutung zukommen. Beide Wörter werden **nicht synonym** verwandt. Zwar kann eine kleine Wohnung aus nur einem Wohnraum, eine größere aus mehreren Räumen bestehen. Aus Gründen der Verhältnismäßigkeit ist jedoch stets zu prüfen ist, ob lediglich einzelne Wohnräume einer Wohnung oder aller alle überwacht werden sollen.

14 **d) Dauer der Maßnahme (Abs. 1 S. 4 und 5, Abs. 2 S. 2 Nr. 4).** Gemäß Abs. 1 S. 4 ist die Maßnahme auf längstens **einen Monat** und nicht wie nach altem Recht auf vier Wochen zu befristen. Der Gesetzgeber hat die Maximaldauer damit geringfügig erhöht und zugleich die Fristberechnung vereinfacht. Was nach der Rspr. des BGH[8] bereits für die anderen verdeckten Ermittlungsmaßnahmen gilt, nämlich dass der Fristenlauf schon mit der Anordnung der Maßnahme in Gang gesetzt wird, hat das BVerfG für die akustische Wohnraumüberwachung „von Verfassungs wegen" festgestellt.[9] Es hat insoweit angemerkt, es wäre mit der Effektivität der richterlichen Anordnungs- und Prüfungsbefugnisse und der einschneidenden Wirkung dieser Maßnahme nicht vereinbar, wenn die Frist erst mit Beginn der Überwachungsmaßnahme einsetzen würde.[10] Die Höchstfrist wird als Monatsfrist ebenso wie Wochenfristen nach Maßgabe des § 43 berechnet.

---

[6] Vgl. BT-Drs. 15/4533, 16.
[7] BVerfG 3.3.2004 – 1 BvR 2378/98, 1 BvR 1084/99, BeckRS 2004, 21087 Abs. Nr. 277.
[8] BGH 11.11.1998 – 3 StR 181/98, NStZ 1999, 203.
[9] BVerfG 3.3.2004 – 1 BvR 2378/98, 1 BvR 1084/99, NJW 2004, 999 (1015).
[10] BVerfG 3.3.2004 – 1 BvR 2378/98, 1 BvR 1084/99, NJW 2004, 999 (1015).

15 Nach Abs. 1 S. 5 kann die Maßnahme **für jeweils längstens einen Monat verlängert** werden, „soweit die Voraussetzungen unter Berücksichtigung der (nach der Erstanordnung zwischenzeitlich) gewonnenen Ermittlungsergebnisse fortbestehen". Auch wenn sich der Gesetzgeber bei der Abfassung von S. 5 an den Entscheidungsgründen des Urteils des BVerfG vom 3.3.2004 orientiert hat,[11] enthält der Satz eine schlichte Selbstverständlichkeit, die im Übrigen bei der Verlängerung sämtlicher anderen verdeckten Ermittlungsmaßnahmen ebenfalls zu beachten ist. Über dieses deklaratorische Element hinaus kommt der Regelung ein selbstständiger Gehalt allenfalls in Verbindung mit Abs. 3 S. 2 Nr. 2 zu. Danach hat sich das Gericht in seiner[12] Verlängerungsanordnung auch mit der Bedeutung der zwischenzeitlich gewonnenen Erkenntnisse inhaltlich auseinander zu setzen.[13]

16 Eine **absolute Höchstdauer,** nach der eine abermalige Verlängerung nicht mehr erfolgen darf, sehen weder Art. 13 GG noch die Strafprozessordnung vor. Sie kann sich indes aus Verhältnismäßigkeitsgesichtspunkten ergeben, weil die Maßnahme der akustischen Wohnraumüberwachung wie andere verdeckte Ermittlungsmaßnahmen auch mit zunehmender Dauer an Intensität gewinnt und letztlich, namentlich bei zeitgleicher Durchführung auch anderer verdeckter Ermittlungsmaßnahmen, die Zielperson in ihrem Menschenwürdegehalt verletzten könnte. Der Umstand, dass mit zunehmender Dauer der Maßnahme auch deren Eingriffsintensität zunimmt, hat den Gesetzgeber veranlasst, durch die Zuständigkeitsverlagerung nach Abs. 1 S. 6 auf das OLG (→ Rn. 4) eine **zusätzliche Kontrolle** zu gewährleisten.[14]

17 Der Sinngehalt von Abs. 2 S. 2 Nr. 4 ist, soweit danach auch Angaben zur Dauer der Maßnahme zu machen sind, evident. Diesbezüglich dürfte bei **Erstanordnungen regelmäßig die gesetzliche Höchstfrist** auszuschöpfen sein, weil auch die eine Wohnraumüberwachung vorbereitenden Maßnahmen wie bspw. das erste heimliche Betreten der Wohnung zur Klärung der Frage, welche Technik dort an welchen Örtlichkeiten eingesetzt werden kann, bereits durch eine Anordnung nach § 100c abgedeckt sein muss. Die Erfahrungen der vergangenen Jahre haben gezeigt, dass derartige Vorbereitungsmaßnahmen nicht selten bereits länger als einen Monat dauern, sodass das erste in der Wohnung gesprochene nichtöffentliche Wort erst im Verlauf der ersten Verlängerungsanordnung aufgezeichnet werden kann.

18 **e) Art und Umfang der Maßnahme (Nr. 4).** Mit der Vorgabe, auch die Art der Maßnahme näher festzulegen, wollte der Gesetzgeber dem Umstand Rechnung tragen, dass das Abhören durch **verschiedene technische Mittel** vorgenommen werden kann, mit deren Einsatz auch unterschiedliche Beeinträchtigungen für den Betroffenen verbunden sein können. Vielfach kann jedoch im Rahmen der Erstanordnung noch nicht entschieden werden, mit welchen konkreten technischen Mitteln die Maßnahme durchgeführt werden soll, da dies entscheidend von den tatsächlichen Gegebenheiten in der Wohnung abhängt und diese noch unbekannt sind. Die „Art" der Maßnahme betrifft somit mehr die tatsächlichen Gegebenheiten als rechtliche Notwendigkeiten. Ebenso verhält es sich mit der Frage der Echtzeitüberwachung. Sie kann unter Umständen, gleich ob angeordnet oder nicht, aus technischen Gründen nicht durchgeführt werden. Ein solcher Fall liegt vor, wenn die für eine Echtzeitüberwachung im Einzelfall erforderliche leitungsgestützte Übertragung der Gespräche nicht möglich ist, diese mithin über eine reichweitenschwächere Luftschnittstelle übertragen werden müssen und die Ermittlungsbehörden ohne die Gefahr der Entdeckung nicht dauerhaft zwecks Echtzeitüberwachung in der Nähe der Wohnung bleiben können, sodass einzig die Aufzeichnung der Gespräche auf einem kleinen und selbst in der Nähe der Wohnung gut zu verbergenden Datenträger in Betracht kommt

[11] BVerfG 3.3.2004 – 1 BvR 2378/98, 1 BvR 1084/99, BeckRS 2004, 21087 Abs. Nr. 282.
[12] BVerfG 3.3.2004 – 1 BvR 2378/98, 1 BvR 1084/99, BeckRS 2004, 21087 Abs. Nr. 283.
[13] So auch BT-Drs. 15/4533, 16.
[14] BT-Drs. 15/4533, 28.

Anders verhält es sich mit dem „Umfang" der Maßnahme. Hier kann die Intensität des Eingriffs abhängig von den tatsächlichen Gegebenheiten dadurch sinnvoll limitiert werden, dass die Maßnahme **nur für einzelne Räume** einer Wohnung angeordnet wird. Auch kann, ggf. nachträglich, mithin nach Erlass der Anordnung, die Maßnahme auf diejenigen Zeitfenster beschränkt werden, während derer sich der Beschuldigte in der Wohnung aufhält und nicht zu erwarten ist, dass relevante Erkenntnisse durch die Aufzeichnung von Gesprächen der übrigen Mitbewohner gewonnen werden. Der Umfang der Maßnahme kann weiter dadurch begrenzt werden, dass bestimmte Personen auf Grund gesetzlicher Beweisverbote von der Maßnahme ausdrücklich ausgenommen werden. 19

f) Art der zu erhebenden Informationen (Nr. 5). Die Anordnung hat sich weiter zur „Art der durch die Maßnahme zu erhebenden Informationen und ihre(r) Bedeutung für das Verfahren" zu verhalten. Gemeint ist damit weniger die Art im eigentlichen Wortsinn, etwa einer Typisierung der Information, als vielmehr der **mutmaßliche Gesprächsinhalt und dessen Bedeutung** im Hinblick auf den gemäß Nr. 2 ebenfalls zu benennenden Tatvorwurf. 20

3. Inhalt der Begründung (Abs. 3). In Abs. 3 hat der Gesetzgeber eine **„qualifizierte Begründungspflicht"** hinsichtlich der wesentlichen die Maßnahme rechtfertigenden Erwägungen normiert. Sie soll der Stärkung des Richtervorbehalts dienen und für eine sorgfältige und verantwortungsvolle Wahrnehmung seiner Funktion Sorge tragen. Zugleich wird damit der nachträgliche Rechtsschutz gestärkt. So kann auf der Grundlage einer detaillierten Begründung wesentlich besser nachvollzogen werden, von welchen tatsächlichen und rechtlichen Erwägungen die die Maßnahme anordnende Kammer zum Zeitpunkt ihrer Entscheidung ausgegangen ist. Bei einer Verlängerungsanordnung sind der Verlauf und die Ergebnisse der bisherigen Maßnahme namentlich im Hinblick auf die weitere Erforderlichkeit und Geeignetheit der Wohnraumüberwachung zu würdigen. 21

a) Verdachtsbegründende Tatsachen (Nr. 1). Der Tatverdacht muss auf Tatsachen, mithin **sinnlich wahrnehmbaren Umständen** beruhen. Reine Spekulationen, Mutmaßungen oder gar hypothetische Erwägungen genügen nicht. Insoweit kann auf die Ausführungen bei § 100a (→ Rn. 72 ff.) Bezug genommen werden. 22

b) Erforderlichkeit und Verhältnismäßigkeit der (weiteren) Maßnahme (Nr. 2). In der Begründung müssen die wesentlichen Erwägungen dafür angegeben werden, weshalb eine akustische Wohnraumüberwachung **zur Erreichung der nach § 100c Abs. 1 zulässigen Zwecke,** mithin der Erforschung des Sachverhalts oder der Ermittlung des Aufenthalts eines Mitbeschuldigten, geeignet und erforderlich ist und dass der Eingriff in seiner konkret beabsichtigten Art und Weise nicht außer Verhältnis zur Schwere des Tatverdachts steht. Auch hier sind konkrete, auf den Einzelfall bezogene Ausführungen erforderlich. Insbesondere wird darzulegen sein, dass und warum die zu erhebenden Informationen nicht auf andere Weise gewonnen werden können. 23

c) Keine Erfassung kernbereichsrelevanter Daten (Nr. 3). Schließlich sind in der Begründung im Rahmen einer sogenannten „negativen Kernbereichsprognose" die tatsächlichen Umstände für die Annahme darzulegen, dass durch die Maßnahme keine dem Kernbereich privater Lebensgestaltung zuzuordnende Daten erfasst werden. Der Grund, warum derartige Daten keinesfalls erfasst werden sollen, liegt unter anderen darin begründet, dass der verfassungsrechtliche Schutz des Kernbereichs absolut und damit abwägungsfest ist, gleich welcher noch so schweren Straftat der Beschuldigte verdächtig ist. Eine valide Prognose hat hier weniger von dem gegen den Beschuldigten bestehen Taterdacht als vielmehr von den **tatsächlichen Umständen der beabsichtigten Überwachung ausgehen** und insbesondere berücksichtigen, ob die beabsichtigte Maßnahme in einer Privatwohnung oder in Geschäftsräumen (vgl. § 100c Abs. 4 S. 2) durchgeführt werden soll und wer sich dabei mutmaßlich neben dem Beschuldigten noch in der Wohnung aufhalten könnte. 24

III. Unterrichtung des Gerichts, Abbruch der Maßnahme (Abs. 4)

25 **1. Unterrichtung des Gerichts (S. 1).** Das anordnende Gericht hat den Abbruch der Maßnahme anzuordnen, wenn diese fortgeführt werden sollte, obwohl ihre gesetzlichen Voraussetzungen zwischenzeitlich entfallen sind. Von Rechts wegen eine schlichte Selbstverständlichkeit und vom BVerfG in seiner Entscheidung vom 3.3.2004 argumentativ aufgegriffen,[15] hat der Gesetzgeber diese Erwägung in Abs. 4 S. 2 Hs. 1 eingestellt. Der Regelung kommt mithin ein rein deklaratorischer, mahnender Charakter zu. Damit das **Gericht in die Lage versetzt wird, tatsächlich einen entsprechenden Abbruch** für den Fall anordnen zu können, dass dies nicht bereits gemäß S. 2 Hs. 2 durch die Staatsanwaltschaft geschehen ist, legt S. 1 fest, dass das anordnende Gericht über den Verlauf und die Ergebnisse der Maßnahme zu unterrichten ist. Die Staatsanwaltschaft ist bei Wegfall der Anordnungsvoraussetzungen als „Herrin des Ermittlungsverfahrens" zur Gewährleistung eines effektiven Grundrechtsschutz auch eigenständig zum Abbruch der Maßnahme berechtigt und verpflichtet, siebedarf hierfür mithin nicht der Zustimmung des Gerichts.[16]

26 Abs. 4 enthält hinsichtlich der Unterrichtung des Gerichts keine weiteren Vorgaben, als dass der entsprechende Bericht Angaben zum – tatsächlichen – Verlauf sowie zu den Ergebnissen der Ermittlungen zu enthalten hat. Er gibt weder vor wie, mithin ob schriftlich oder mündlich, noch wie oft der Bericht zu erfolgen hat. Vielmehr soll die **Unterrichtung je nach Einzelfall und Eigenart des Verfahrens und den sich daraus ergebenden Informationsbedarf** erfolgen.[17] Die Unterrichtung kann mithin mündlich oder schriftlich, durch die Staatsanwaltschaft selbst oder, auf deren Veranlassung, durch ihre Ermittlungspersonen erfolgen.

27 Das Gericht muss auch nicht abwarten, dass es informiert wird. Es kann vielmehr, so es einen aktuellen Informationsbedarf sieht, **eigeninitiativ** entsprechende Informationen **anfordern** oder aber bereits mit der Anordnung der Maßnahme die Staatsanwaltschaft verpflichten, es in bestimmten Intervallen zu unterrichten. Die Befugnis hierzu ist unmittelbar aus der Anordnungskompetenz abzuleiten.[18]

28 **2. Abbruch der Maßnahme (S. 2 und 3).** Der Abbruch der Maßnahme, der nach S. 3 neben Gericht und Staatsanwaltschaft auch allein durch den Vorsitzenden erfolgen kann, ist **zwingend und augenblicklich** anzuordnen, wenn die Maßnahme fortgesetzt wird, obwohl die gesetzlichen oder die in der Anordnung selbst festgelegten Voraussetzungen nicht mehr vorliegen. Erfolgte der Abbruch aus Gründen des schnelleren und damit effektiveren Rechtsgüterschutzes der von der Maßnahme betroffenen Personen durch den Vorsitzenden, so bedarf diese Entscheidung, anders als dessen Anordnung nach Abs. 1 S. 2 **keiner Bestätigung** durch die Kammer.

29 Anders als im Falle der Unterbrechung einer Maßnahme zum Zwecke des Kernbereichsschutzes (vgl. § 100c Abs. 5 S. 1) darf mit einer Maßnahme, die wegen Wegfalls ihrer gesetzlichen oder gerichtlich angeordneten Voraussetzungen nicht unter- sondern abgebrochen wurde, **nicht mehr auf der Grundlage der bisherigen Anordnung fortgefahren werden.**[19] In einem solchen Fall muss auf der Grundlage eines neuen Anordnungsbeschlusses mit der Maßnahme erneut begonnen werden. Dies gilt selbst dann, wenn (unmittelbar) nach dem Abbruch neue Anhaltspunkte festgestellt werden, durch die die gesetzlichen Voraussetzungen für die Anordnung wieder erfüllt würden und die in der Anordnung bestimmte Frist noch nicht abgelaufen ist. Grund hierfür ist der Umstand, dass mit jedem – manifesten – Wegfall der Anordnungsvoraussetzungen die Anordnung ihre eingriffslegitimierende Wirkung unwiederbringlich verliert und es einer erneuten richterlichen Überprüfung bedarf, ob auch der neue Sachverhalt die Maßnahme (wieder) rechtfertigt.

---

[15] BVerfG 3.3.2004 – 1 BvR 2378/98, 1 BvR 1084/99, BeckRS 2004, 21087 Abs. Nr. 279.
[16] BVerfG 21.11.2000 – 2 BvR 1444/00, BVerfGE 103, 142 (145).
[17] BT-Drs. 15/4533, 17.
[18] BVerfG 3.3.2004 – 1 BvR 2378/98, 1 BvR 1084/99, 21087, Abs. Nr. 278.
[19] Vgl. BT-Drs. 15/4533, 17.

IV. Weitere Verwendung der Daten (Abs. 5)

Abs. 5 regelt die weitere Verwendung der durch die akustische Wohnraumüberwachung gewonnenen personenbezogenen Daten **zu anderen Zwecken** als der Aufklärung einer Katalogtat nach § 100c Abs. 2 bzw. der Ermittlung des Aufenthaltsortes eines Mitbeschuldigten einer solchen Tat. Die Vorschrift schränkt in den Nr. 1 bis 3 allein die weitere Verwendung personenbezogener Daten, mithin gemäß § 3 Abs. 1 BDSG solcher Daten ein, die Einzelangaben über persönliche oder sachliche Verhältnisse einer bestimmten oder bestimmbaren natürlichen Person enthalten. Anders als solch personenbezogene Daten dürfen sachbezogene Informationen uneingeschränkt verwendet werden.[20] Hierzu zählen etwa Beschreibungen über bauliche Besonderheiten eines Gebäudes oder spezielle topografische Gegebenheiten einer bestimmten Landschaft. **30**

Die Verwendungsregelungen in Abs. 5 gehen als **lex specialis** ebenso wie die in § 100i Abs. 2 S. 2 und § 108 Abs. 2 und 3 den allgemeinen Verwendungsregelungen in § 161 Abs. 2 und § 477 Abs. 2 vor. Dies wird durch die Regelung in § 477 Abs. 2 S. 4, der festlegt, dass die Regelungen von Abs. 5, § 100i Abs. 2 S. 2 sowie § 108 Abs. 2 und 3 unberührt bleiben, ausdrücklich klargestellt.[21] Anders als Abs. 5 Nr. 2 S. 1 und 2 gestattet § 477 Abs. 2 S. 3 die Verwendung personenbezogener Daten ohne Einwilligung des Betroffenen bereits zur Abwehr einer lediglich erheblichen Gefahr für die öffentliche Sicherheit. **31**

Sollen gewonnene Daten zu einem anderen als dem ursprünglich verfolgten Zweck verwendet werden, stellt dies nach der Rspr. des BVerfG einen neuen, eigenständigen Grundrechtseingriff dar.[22] Eine solche Weiterverwendung setzt voraus, dass die Daten bereits im Ursprungsverfahren verwertbar waren, da Abs. 5 als reine Verwertungsvorschrift eine ordnungsgemäße Erhebung der Daten voraussetzt. Dem trägt Abs. 5 Rechnung, indem er in den Fällen von Nr. 1 S. 1 und Nr. 2 S. 2 jeweils von durch Maßnahmen nach § 100c erlangten, **verwertbaren** und im Fall der Nr. 3 S. 1 von durch polizeiliche Maßnahmen erlangten und ebenfalls verwertbaren personenbezogenen Daten ausgeht. **32**

Nicht verwertbar und damit in den vorstehend bezeichneten Fällen auch nicht weiterverwendbar sind personenbezogenen Daten, die von § 100c Abs. 5 erfasst werden, mithin dem Kernbereich privater Lebensgestaltung zuzurechnen sind. Insoweit statuiert § 100c Abs. 5 S. 3 ein **absolutes Verwertungsverbot**. Weiter ist eine Wohnraumüberwachung in den Fällen des § 53 nach § 100c Abs. 6 S. 1 unzulässig und greift auch hier über den Verweis in § 100c Abs. 6 S. 1 letzter Hs. das Verwertungsverbot des § 100c Abs. 5 S. 3. § 100c Abs. 6 S. 2 begründet schließlich ein **relatives Beweisverwertungsverbot.** Berühren die gewonnenen personenbezogenen Daten den Schutzbereich der §§ 52 oder 53a, so dürfen die gewonnenen Daten nur unter den weiteren Voraussetzungen des § 100c Abs. 6 S. 2 verwertet werden. Schließlich können auch Verstöße gegen die materiellen und formellen Anordnungsvoraussetzungen der §§ 100c, 100d nach den von der Rspr. namentlich im Zusammenhang mit §§ den 100a, 100b entwickelten allgemeinen Grundsätzen (→ § 100a Rn. 174 ff.) zu einem Beweisverwertungsverbot führen. **33**

1. Verwendung in anderen Strafverfahren (Nr. 1). Die aus Maßnahmen nach § 100c erlangten – verwertbaren – personenbezogenen Daten dürfen gemäß Nr. 1 ohne Einwilligung der überwachten Person in einem anderen Strafverfahren verwendet werden, wenn mit diesen Daten entweder eine andere Straftat aufgeklärt oder der Aufenthalt der einer anderen Tat verdächtigen Person ermittelt werden soll und **wegen dieser anderen Tat eine Maßnahme nach § 100c ebenfalls** hätte angeordnet werden können. Die Vorschrift knüpft an die Regelung des § 100d Abs. 5 S. 2 in der Fassung des Gesetzes zur Verbesserung der Bekämpfung der Organisierten Kriminalität vom 4.5.1998[23] an. **34**

---

[20] So auch *Meyer-Goßner* Rn. 6; KMR-StPO/*Bär* Rn. 18; aA SK-StPO/*Wolter* Rn. 32.
[21] BT-Drs. 16/6979, 46.
[22] BVerfG 3.3.2004 – 1 BvR 2378/98, 1 BvR 1084/99, BeckRS 2004, 21087 Abs. Nr. 332.
[23] BGBl. I 845.

35 **a) Anderes Strafverfahren.** Mit „anderen Strafverfahren" iSv Nr. 1 ist eine **andere prozessuale Tat iSd § 264** gemeint. Es kann sich dabei um eine solch andere Tat des Beschuldigten oder aber um eine Tat beliebiger Dritter handeln. § 100d Abs. 5 Nr. 1 findet somit auch Anwendung, wenn erst während der Überwachungsmaßnahme nach § 100c Anhaltspunkte dafür festgestellt werden, dass der Beschuldigte über die anordnungsgegenständliche Tat hinaus weitere Straftaten begangen haben könnte und Ermittlungen auch insoweit unter demselben Aktenzeichen, mithin in demselben Ermittlungsverfahren geführt wurden.

36 **b) Maßnahmen nach § 100c rechtfertigende Straftaten, Verhältnismäßigkeit.** Mit der Formulierung, dass hinsichtlich der aufzuklärenden Straftat ebenfalls eine „Maßnahme nach § 100c (hätte) angeordnet" werden können, hat der Gesetzgeber zum Ausdruck gebracht, dass allein der bloße Verdacht auf das Vorliegen einer Straftat nicht ausreicht. Vielmehr müssen die gewonnenen Erkenntnisse eine **konkretisierte Verdachtslage** iSd § 100c Abs. 1 Nr. 1 begründen. Des Weiteren muss die Subsidiaritätsregelung des § 100c Abs. 1 Nr. 3 entsprechend beachtet werden, dh dass auch hinsichtlich dieser Straftat eine Maßnahme der Wohnraumüberwachung nicht unverhältnismäßig gewesen wäre.[24]

37 **c) Verwendungszweck.** Liegen die vorstehend genannten Voraussetzungen vor, so können die einen qualifizierten Anfangsverdacht auf eine weitere Katalogtat begründenden Erkenntnisse zunächst sowohl zur Aufklärung einer Katalogtat als auch zur Ermittlung des Aufenthaltsortes eines Mitbeschuldigten verwendet werden. Daneben hat der Gesetzgeber auch die Möglichkeit der Verwendung der entsprechenden Erkenntnisse als **Spurenansatz** eröffnet.[25] Das BVerfG hatte dies in seinen Urteil vom 3.3.2004 zugelassen und angemerkt, dass auch die Verwendung der Erkenntnisse als Spurenansatz für die Aufklärung einer anderer Straftat zulässig sei, wenn es sich bei dieser um eine auch im Einzelfall besonders schwer wiegende Katalogtat nach § 100c Abs. 2 handele.[26] Es erscheint jedoch fraglich, ob hierfür angesichts der erforderlichen konkreten Verdachtslage noch Raum bleibt.

38 Sofern in der Kommentarliteratur die Auffassung vertreten wird, die durch rechtmäßige Maßnahmen erlangten Erkenntnisse dürften „auch als Spurenansatz für weitere Ermittlungen – auch zu Nichtkatalogtaten – verwendet werden"[27] und zum Beleg dieser Auffassung auf das vorgenannte Urteil des BVerfG vom 3.3.2004 Bezug genommen wird, vermögen dessen Gründe eine solche Auffassung nicht zu stützen. In dieser Entscheidung wird vielmehr ausgeführt, auch Spurenansätze dürften **nur zur Aufklärung einer Katalogtat** im Sinne des § 100c verwendet werden.[28]

39 **d) Einwilligung des Betroffenen.** Ungeachtet der strengen Voraussetzungen in Nr. 1, mithin auch ohne deren Vorliegen, können personenbezogene Daten in einem anderen Strafverfahren mit Einwilligung „der insoweit überwachten Person" verwendet werden. Die Einwilligung dieser Person löst die strenge Zweckbindung der Vorschrift auf und lässt die Verwertung der gewonnenen Erkenntnisse auch hinsichtlich solcher Straftaten zu, die **keine Katalogtat** gemäß § 100c Abs. 2 zum Gegenstand haben. Schließlich setzt die Weiterverwendung der entsprechenden Daten im Falle der Einwilligung auch nicht deren Verwertbarkeit voraus. Die einwilligende Person hat indes nicht die Möglichkeit, ausschließlich die Verwendung der sie entlastenden Erkenntnisse zu gestatten (sogenannte „Rosinentheorie", → § 100a Rn. 211).

40 **2. Datenverwendung zu präventiven Zwecken (Nr. 2).** Abs. 5 Nr. 2 regelt die weitere Verwendung personenbezogener Daten zur Abwehr bestimmter Gefahrenlagen. Die S. 1. und 2 enthalten die entsprechenden Verwendungsregelungen, die S. 3 bis 5 Bestim-

---

[24] BT-Drs. 15/4533, 18.
[25] BT-Drs. 15/4533, 18.
[26] BVerfG 3.3.2004 – 1 BvR 2378/98, 1 BvR 1084/99, Abs. Nr. 338.
[27] KK-StPO/*Bruns* Rn. 39.
[28] BVerfG 3.3.2004 – 1 BvR 2378/98, 1 BvR 1084/99, BeckRS 2004, 21087 Abs. Nr. 338.

mungen über die Löschung nicht mehr benötigter Daten. S. 1 gestattet die weitere Verwendung der Daten zur **Abwehr einer im Einzelfall bestehenden Lebensgefahr** oder einer **dringenden Gefahr für Leib** oder **Freiheit einer Person** oder **für Gegenstände von bedeutendem Wert**. Derartige Gegenstände müssen nach S. 1 weiter der Versorgung der Bevölkerung dienen, von kulturell herausragendem Wert sein oder Gebäude, Schiffe oder sonstige Bauwerke iSd § 305 StGB darstellen. Der Gesetzgeber gestattet in all diesen Fällen, wie sich aus dem Umkehrschluss aus S. 2 ergibt, auch die **Verwendung strafprozessual nicht verwertbarer** Daten. Er hat sich hierfür ua deshalb entschieden, weil sich die oftmals schwierige Frage nach der strafprozessualen Verwertbarkeit von Daten im Moment und unter dem Eindruck einer Gefahrenlage kaum verlässlich beurteilen lässt.[29] Die hier denkbaren rechtlichen Fragestellungen dürften vorrangig dem Themenkreis möglicher Rechtsfolgen von Verstößen gegen die materiellen und formellen Anordnungsvorraussetzungen der akustischen Wohnraumüberwachung, nicht hingegen dem der Zugehörigkeit von Daten zum Kernbereich zuzuordnen sein. Gespräche, die Gefahrenlagen zum Inhalt haben, dürften vielfach nicht dem Kernbereich privater Lebensführung zuzuordnen sein.[30]

S. 2 erlaubt die Verwendung personenbezogener Daten zur Abwehr **weniger gewichtiger Gefahrenlagen,** nämlich einer im Einzelfall bestehenden dringenden Gefahr für sonstige bedeutende Vermögenswerte. Für diesen Fall hängt eine entsprechende Weiterverwendung der Daten jedoch wieder davon ab, dass diese verwertbar sind. 41

S. 3 bestimmt, dass die zur Gefahrenabwehr bzw. zur Überprüfung damit zusammenhängender Rechtsfragen nicht mehr benötigten Daten unverzüglich, mithin **nach der subjektiv erforderlichen Vorbereitungszeit, zu löschen** sind. Dies ist nach S. 4 **aktenkundig** zu machen. S. 5 legt schließlich fest, dass diejenigen Daten nicht für andere Zwecke verwendet werden dürfen, deren Löschung lediglich für eine etwaige vorgerichtliche oder gerichtliche Überprüfung zurückgestellt worden war. 42

3. Daten aus einer präventiven Wohnraumüberwachung (Nr. 3). § 100d Abs. 5 Nr. 3 regelt die Verwendung „verwertbare(r) personenbezogene(r) Daten", die durch eine zuvor zu präventiven Zwecken durchgeführte Maßnahme der Wohnraumüberwachung gewonnen worden waren, für Zwecke der Strafverfolgung. Die Vorschrift geht als lex specialis der des § 161 Abs. 2 S. 2 vor. Voraussetzung für eine entsprechende Weiterverwendung ist, dass Gegenstand des Verfahrens eine Straftat ist, wegen derer **eine Maßnahme nach § 100c hätte angeordnet werden** dürfen. 43

Der Begriff **„verwertbare personenbezogene Daten"** soll sich dabei nach Auffassung des BGH,[31] der sich die Kommentarliteratur[32] weitgehend angeschlossen hat, auf die Verwertungsverbote des § 100c beziehen. Zur Begründung seiner Auffassung führt der BGH nachvollziehbar aus, dass durch die Verwendungsregelungen in Abs. 5 ein Schutzniveau geschaffen werden sollte, welches den Vorgaben aus dem Urteil des BVerfG vom 3.3.2004 entsprechen sollte. Würde man hingegen (allein) auf die Verwertung im polizeirechtlichen Ausgangsverfahren abstellen, könnte dies dazu führen, „dass für die Verwendbarkeit durch Wohnraumüberwachungsmaßnahmen gewonnener Daten nach § 100d Abs. 5 Nr. 3 StPO andere, gegebenenfalls großzügigere Maßstäbe gelten würden, als für diejenige nach § 100d Abs. 5 Nr. 1 StPO".[33] Im Weiteren hat der BGH im Hinblick auf den der Regelung des Nr. 3 zu Grunde liegenden Gedanken des hypothetischen Ersatzeingriffes ausgeführt, es komme nicht darauf an, dass der entsprechende strafprozessuale Verdacht bereits im Zeitpunkt der Anordnung oder Durchführung der polizeilichen Maßnahme bestanden habe. Folgerichtig hat er dies mit der Erwägung begründet, es handele sich bei Nr. 3 um eine Verwendungsregelung für Erkenntnisse aus Maßnahmen der Gefahrenabwehr. 44

[29] BT-Drs. 15/5486, 18.
[30] So zutreffend VerfGH Rheinland-Pfalz 29.1.2007 – VGH B 1/06, MMR 2007, 578 (580).
[31] BGH 14.8.2009 – 3 StR 552/08, NJW 2009, 3448 (3451).
[32] *Meyer-Goßner*, Rn. 9; KK-StPO/*Bruns* Rn. 18; *Graf*, Rn. 14, aA hingegen SK-StPO/*Wolter* Rn. 64.
[33] BGH 14.8.2009 – 3 StR 552/08, NJW 2009, 3448 (3451).

45 Darüber hinaus müssen die Daten **auch polizeirechtlich rechtmäßig** erhoben worden sein.[34] Enthalten die der Erhebung zu Grunde liegenden polizeirechtlichen Vorschriften noch keine Regelungen zum Schutz des Kernbereichs, so ist im Rahmen einer Einzelfallabwägung aller maßgeblichen Gesichtspunkte und der widerstreitenden Interessen zu entscheiden. Im Rahmen einer solchen Abwägung sind die Art eines etwaigen Verwertungsverbots sowie das Gewicht eines diesem eventuell zu Grunde liegenden Verfahrensvertoßes der Bedeutung der aufzuklärenden Straftat gegenüberzustellen.[35]

46 **4. Kennzeichnungspflicht (§ 101).** Zur Sicherung der Zweckbindung von Daten, die aus verdeckten strafprozessualen Ermittlungsmaßnahmen stammen, schreibt § 101 Abs. 1 und 3 eine Kennzeichnungspflicht für personenbezogene Daten vor.

V. Widerspruch gegen die Beweisverwertung

47 Die ungeschriebenen Verwertungsverbote im Zusammenhang mit § 100c sind hier ebenso wie bei § 100a regelmäßig nur auf einen entsprechenden Widerspruch des Angeklagten hin zu überprüfen. Ein solcher Widerspruch ist auch Voraussetzung für die Erhebung einer Verfahrensrüge im Rahmen der Revision **(„Widerspruchslösung“).** Anders verhält es sich mit dem in § 100c Abs. 5 S. 3 enthaltenen absoluten Beweisverwertungsverbot. Dieses hat das Gericht **von Amts wegen zu beachten,** weil es entsprechende Äußerungen schlicht nicht verwerten darf. Insoweit bedarf es auch keines Widerspruchs, um einen entsprechenden Verstoß mit der Revision zu rügen.

B. Rechtsbehelfe

48 Gegen die gerichtliche Anordnung der akustischen Wohnraumüberwachung kann die – einfache – **Beschwerde** eingelegt werden. Zuständig für die Entscheidung ist gemäß § 120 Abs. 4 GVG ein nicht in der Hauptsache mit Strafsachen befasster Senat des OLG. Die Beschwerde ist auch nach Erledigung der Maßnahme zur Feststellung ihrer Rechtswidrigkeit noch zulässig.

49 Erfolgte die Anordnung wegen Gefahr im Verzug gemäß § 100d Abs. 1 S. 2 durch den Vorsitzenden der in § 74a GVG genannten Kammer des Landgerichts, ist gegen dessen Eilanordnung entsprechend § 98 Abs. S. 2 der **Antrag auf gerichtliche Entscheidung** durch die Kammer statthaft.

50 Die von der Maßnahme Betroffenen iSd § 101 Abs. 4 S. 1 Nr. 4, dh der Beschuldigte, gegen den sich die Maßnahme gerichtet hat, sonstige überwachte Personen sowie Personen, die die überwachte Wohnung zur Zeit der Durchführung der Maßnahme innehatten oder bewohnten, können gemäß **§ 101 Abs. 7 S. 2** bei Vorliegen der entsprechenden Voraussetzungen die Überprüfung der Rechtmäßigkeit der Maßnahme sowie der Art und Weise ihrer Vollziehung beantragen. Diese Vorschrift geht als lex specialis der Beschwerde sowie dem Antrag auf gerichtliche Entscheidung vor (→ § 101 Rn. 92 ff.). Ansonsten liefe die gesetzliche Antragsfrist in § 101 Abs. 7 S. 2 leer.

C. Revision

51 Mit der Revision kann die rechtsfehlerhafte Beweiswürdigung gerügt werden. Dies setzt indes mit Ausnahme der vorstehend (→ Rn. 47) dargelegten Fälle einen Widerspruch gegen die Beweisverwertung bereits in der Tatsacheninstanz voraus. Die Rüge muss zudem den Anforderungen des § 344 Abs. 2 S. 2 genügen. Hier wie bei Maßnahmen nach § 100a

---

[34] Ebenso BGH 14.8.2009 – 3 StR 552/08, NJW 2009, 3448 (3452); KK-StPO/*Bruns* Rn. 19; SK-StPO/*Wolter* Rn. 32; *Eisenberg* Rn. 358.

[35] BGH 14.8.2009 – 3 StR 552/08, NJW 2009, 3448 (3453).

sind ua die anordnende **Entscheidung,** sofern erforderlich der in der Hauptverhandlung erhobene **Widerspruch,** die rechtswidrig **verwerteten Tatsachen,** der Vortrag, dass diese – sofern nicht evident ersichtlich – **nicht auf andere Weise rechtmäßig** erlangt werden konnten und schließlich die Tatsache, dass sie sich **auf die Entscheidung zum Nachteil des Angeklagten** ausgewirkt haben, mitzuteilen.

§ 100e [Bericht an die oberste Justizbehörde; Unterrichtung des Bundestages]

(1) [1]Für die nach § 100c angeordneten Maßnahmen gilt § 100b Abs. 5 entsprechend. [2]Vor der Veröffentlichung im Internet berichtet die Bundesregierung dem Deutschen Bundestag über die im jeweils vorangegangenen Kalenderjahr nach § 100c angeordneten Maßnahmen.

(2) In den Berichten nach Absatz 1 sind anzugeben:

1. **die Anzahl der Verfahren, in denen Maßnahmen nach § 100c Abs. 1 angeordnet worden sind;**
2. **die jeweils zugrunde liegende Anlassstraftat nach Maßgabe der Unterteilung in § 100c Abs. 2;**
3. **ob das Verfahren einen Bezug zur Verfolgung organisierter Kriminalität aufweist;**
4. **die Anzahl der überwachten Objekte je Verfahren nach Privatwohnungen und sonstigen Wohnungen sowie nach Wohnungen des Beschuldigten und Wohnungen dritter Personen;**
5. **die Anzahl der überwachten Personen je Verfahren nach Beschuldigten und nichtbeschuldigten Personen;**
6. **die Dauer der einzelnen Überwachung nach Dauer der Anordnung, Dauer der Verlängerung und Abhördauer;**
7. **wie häufig eine Maßnahme nach § 100c Abs. 5, § 100d Abs. 4 unterbrochen oder abgebrochen worden ist;**
8. **ob eine Benachrichtigung der Betroffenen (§ 101 Abs. 4 bis 6) erfolgt ist oder aus welchen Gründen von einer Benachrichtigung abgesehen worden ist;**
9. **ob die Überwachung Ergebnisse erbracht hat, die für das Verfahren relevant sind oder voraussichtlich relevant sein werden;**
10. **ob die Überwachung Ergebnisse erbracht hat, die für andere Strafverfahren relevant sind oder voraussichtlich relevant sein werden;**
11. **wenn die Überwachung keine relevanten Ergebnisse erbracht hat: die Gründe hierfür, differenziert nach technischen Gründen und sonstigen Gründen;**
12. **die Kosten der Maßnahme, differenziert nach Kosten für Übersetzungsdienste und sonstigen Kosten.**

Schrifttum: *Meyer-Wieck,* Rechtswirklichkeit und Effizienz der akustischen Wohnraumüberwachung („großer Lauschangriff") nach § 100c Abs. 1 Nr. 3 StPO, Eine rechtstatsächliche Untersuchung im Auftrag des Bundesministeriums der Justiz, 2004.

I. Allgemeines (Abs. 1)

Zur Gewährleistung einer effektiven Kontrolle der Exekutive durch das Parlament hat die BReg. nach Art. 13 Abs. 6 S. 1 GG jährlich den Bundestag über die in Art. 13 Abs. 3–5 GG verankerten Maßnahmen, wozu gemäß Art. 13 Abs. 3 GG auch die strafprozessuale Wohnraumüberwachung nach § 100c zählt, zu unterrichten.[1] Diese Berichtspflicht dient nicht der Kontrolle der Rechtmäßigkeit der Maßnahme, sondern der **Kontrolle der Normeffizienz.** Nach Art. 13 Abs. 6 S. 2 GG übt ein vom Bundestag gewähltes Kontroll- 1

[1] Zu den nach Art. 13 Abs. 6 GG, § 100e vorliegenden Berichte für die Jahre 1998 bis 2001 und deren Auswertung vgl. *Meyer-Wieck* S. 53 ff.

gremium auf der Grundlage der übersandten Berichte die parlamentarische Kontrolle aus. Die Länder müssen nach Art. 13 Abs. 6 S. 3 eine gleichwertige parlamentarische Kontrolle gewährleisten. Zur Überprüfung der Normeffizienz gehört sowohl die Auseinandersetzung mit der Frage, ob Maßnahmen nach § 100c die **Strafverfolgung verbessern** als auch eine Prüfung dahingehend, ob die gesetzgeberischen Maßnahmen zum Schutz der Grundrechte in der strafprozessualen Praxis ihre **Wirkung entfalten.**[2]

2 Da die entsprechenden Daten bei den Strafverfolgungsbehörden anfallen, begründet Abs. 1 durch seinen Verweis auf § 100b Abs. 5 eine **kalenderjährliche und damit anlassunabhängige** Verpflichtung der Länder sowie des GBA, dem Bundesamt für Justiz jeweils bis zum 30. Juni des dem Berichtsjahr folgenden Jahres über die im jeweiligen Zuständigkeitsbereich angeordneten Maßnahmen der Wohnraumüberwachung zu berichten. Darüber hinaus verpflichtet Art. 13 Abs. 6 S. 1 GG die BReg., dem Bundestag auch über die nach Art. 13 Abs. 4 und 5 GG auf polizeirechtlicher Grundlage durchgeführten Maßnahmen der Wohnraumüberwachung Bericht zu erstatten. Es handelt sich dabei um den Einsatz technischer Mittel durch die Polizei zur Abwehr von Gefahren für die öffentliche Sicherheit bzw. zum Schutze der bei einem Einsatz in Wohnungen tätigen Personen. Das Bundesamt für Justiz erstellt auf der Grundlage der ihm übermittelten Daten sodann entsprechende maßnahmenspezifische Übersichten. Der Bericht an den Bundestag wird in einer BT-Drs. veröffentlicht.

II. Kreis der Berichtspflichtigen bzgl. § 100c

3 Seitens der Länder berichten die **Staatsanwaltschaften** ihrer obersten Justizbehörde, dem Landesjustizministerium. Die **sechzehn Justizministerien** wiederum berichten dem Bundesamt für Justiz. Auf Bundesebene berichtet diesem der **GBA**.

III. Inhalt der Berichte (Abs. 2)

4 Mit den im Katalog des Abs. 2 aufgelisteten **detaillierten Kriterien** wie etwa der Anzahl der Verfahren (Nr. 1.), der den entsprechenden Anordnungen zu Grunde liegenden Anlasstaten (Nr. 2) sowie der Beweisrelevanz der erzielten Ergebnisse (Nr. 9. und 10.) hat sich der Gesetzgeber an den Kriterien orientiert, die auch im Rahmen der von der BReg. beim Max-Planck-Institut in Auftrag gegebenen Studie zur Frage der praktischen Handhabung und Effizienz der akustischen Wohnraumüberwachung erhoben worden waren.[3]

§ 100f [Außerhalb von Wohnungen nichtöffentlich gesprochenes Wort]

(1) Auch ohne Wissen der Betroffenen darf außerhalb von Wohnungen das nichtöffentlich gesprochene Wort mit technischen Mitteln abgehört und aufgezeichnet werden, wenn bestimmte Tatsachen den Verdacht begründen, dass jemand als Täter oder Teilnehmer eine in § 100a Abs. 2 bezeichnete, auch im Einzelfall schwerwiegende Straftat begangen oder in Fällen, in denen der Versuch strafbar ist, zu begehen versucht hat, und die Erforschung des Sachverhalts oder die Ermittlung des Aufenthaltsortes eines Beschuldigten auf andere Weise aussichtslos oder wesentlich erschwert wäre.

(2) [1]Die Maßnahme darf sich nur gegen einen Beschuldigten richten. [2]Gegen andere Personen darf die Maßnahme nur angeordnet werden, wenn auf Grund bestimmter Tatsachen anzunehmen ist, dass sie mit einem Beschuldigten in Verbindung stehen oder eine solche Verbindung hergestellt wird, die Maßnahme zur Erforschung des Sachverhalts oder zur Ermittlung des Aufenthaltsortes eines

[2] Maunz/Dürig/*Papier* Art. 13 Rn. 117.
[3] Vgl. *Meyer-Wieck* S. 8 ff.

Beschuldigten führen wird und dies auf andere Weise aussichtslos oder wesentlich erschwert wäre.

(3) Die Maßnahme darf auch durchgeführt werden, wenn Dritte unvermeidbar betroffen werden.

(4) § 100b Abs. 1, 4 Satz 1 und § 100d Abs. 2 gelten entsprechend.

Schrifttum: *Beukelmann,* „Verwendungsbeschränkter Kernbereichsschutz, NJW Spezial 2009, 712; *Hauck,* Lauschangriff in der U-Haft- Anmerkungen zu BGH, Urteil v. 29.4.2009 (1 StR 701/08) und Versuch einer dogmatischen Klärung, NStZ 2010, 17; *Hilger,* Neues Strafverfahrensrecht durch das OrgKG – 1. Teil, NStZ 1992, 457; *Keller,* Der Einsatz technischer Mittel außerhalb von Wohnungen zu repressiven Zwecken, Kriminalistik 2006, 537; *Puschke/Singelstein,* Telekommunikationsüberwachung, Vorratsdatenspeicherung und (sonstige) heimliche Ermittlungsmaßnahmen der StPO nach der Neuregelung zum 1.1.2008, NJW 2008, 113; *Rogall,* Zur Zulässigkeit einer heimlichen akustischen Überwachung von Ehegattengesprächen in der Untersuchungshaft, HRRS 2010, 289; *Seeber,* Videoüberwachung im Strafverfahren, StraFo 2010, 265; *Schneider,* Verdeckte Ermittlungen in Haftanstalten, NStZ 2001, 8; *Steinmetz,* Zur Kumulierung strafprozessualer Ermittlungsmaßnahmen, NStZ 2001, 344; *Zuck,* Faires Verfahren und der Nemo tenetur-Grundsatz bei der Besuchsüberwachung in der Untersuchungshaft, JR 2010, 17.

Übersicht

A. Überblick

I. Anwendungsbereich und rechtstatsächliche Umstände

1 Nachdem die Regelungen über die akustische Wohnraumüberwachung nach § 100c aFdurch Urteil des BVerfG vom 3.3.2004[1] in weiten Teilen für verfassungswidrig erklärt worden waren, erlangte der nunmehr in § 100f normierte so genannte „Kleine Lauschan-

[1] BVerfG 3.3.2004 – 1 BvR 2378/98 und 1 BvR 1084/99, NJW 2004, 999.

griff" noch größere praktische Bedeutung. Seine materiellen und formellen Voraussetzungen sind aufgrund seiner geringeren Eingriffstiefe im Vergleich zu denen des § 100c deutlich abgesenkt. Aus diesem Grunde sowie wegen seiner **vielfach festzustellenden Effizienz** wird das Abhören außerhalb von Wohnungen, welches hinsichtlich seiner Art und Eingriffstiefe am ehesten mit der Telekommunikationsüberwachung nach § 100a verglichen werden kann,[2] durch die Strafverfolgungsbehörden favorisiert. Wenngleich statistische Erhebungen nicht bekannt sind und den Vorschriften in § 100b Abs. 5 und 6 vergleichbare Berichtspflichten fehlen, dürfte sich die Effizienz von Maßnahmen nach § 100f schlüssig durch den Umstand erklären lassen, dass die Beschuldigten hiermit (noch) weniger rechnen als mit der „Standardmaßnahme" des § 100a.

II. Verfassungsrechtliche Aspekte

2 Maßnahmen nach § 100f dürfen von Rechts wegen, da sie nach Abs. 1 ausschließlich „außerhalb von Wohnungen" zulässig sind, anders als solche nach § 100c nicht mit Eingriffen in Art. 13 GG einhergehen. Die Aufzeichnung des nichtöffentlich gesprochenen Wortes außerhalb von Wohnungen greift indes in das **allgemeine Persönlichkeitsrecht** nach Art. 2 Abs. 1 iVm Art. 1 Abs. 1 GG ein. Dem Rechnung tragend enthält § 101 auch für Maßnahmen nach § 100f verschiedene grundrechtssichernde Regelungen (→ Rn. 34).

B. Erläuterung

I. Regelungsinhalt des § 100f Abs. 1

3 Die umgangssprachlich auch als **„kleiner Lauschangriff"** bezeichnete Eingriffsnorm bzw. Maßnahme des § 100f Abs. 1 gestattet den Strafverfolgungsbehörden, das von Personen „außerhalb von Wohnungen" iSv Art. 13 GG nichtöffentlich gesprochene Wort auch ohne deren Wissen mit technischen Mitteln" abzuhören und aufzuzeichnen. Voraussetzung für eine solche Maßnahme ist, dass der Beschuldigte auf Grund bestimmter Tatsachen der Beteiligung an einer auch im Einzelfall schwer wiegenden Katalogtat des § 100a Abs. 2 verdächtig ist. Schließlich muss die weitere Erforschung des Sachverhalts oder die Ermittlung des Aufenthaltsortes des Beschuldigten auf andere Weise aussichtslos oder wesentlich erschwert sein.

II. Gegenstand der Eingriffsbefugnis (Abs. 1)

4 Abs. 1 gestattet in **sachlicher** Hinsicht und anders als die akustische Wohnraumüberwachung nach § 100c die Überwachung des **nichtöffentlich gesprochenen Wortes** von Personen ausschließlich **außerhalb von Wohnungen.**[3] In **personaler** Hinsicht darf die Maßnahme nur gegen den **Beschuldigten** oder gegen **andere Personen** angeordnet werden, von denen auf Grund bestimmter Tatsachen anzunehmen ist, dass sie mit dem Beschuldigten bereits in Verbindung stehen oder eine solche Verbindung in Zukunft hergestellt werden wird. Anders als im Falle der Wohnraumüberwachung des § 100c und ebenso wie bei der Telekommunikationsüberwachung gemäß § 100a dürfen Maßnahmen nach § 100f somit nicht nur gegen den Beschuldigten, sondern auch gegen Dritte angeordnet werden. Den §§ 100a, 100c und 100f gemein ist hingegen, dass jede dieser Maßnahmen auch durchgeführt werden darf, wenn Dritte unvermeidbar betroffen werden.

5 **1. Nichtöffentlich gesprochenes Wort. a) Gesprochenes Wort.** Abs. 1 gestattet das Abhören und Aufzeichnen des nichtöffentlich „gesprochene(n) Wort(es)". Ebenso wie bei § 100c ist der Begriff „Wort" vorrangig in seinem semantischen Sinne und damit als

[2] KMR-StPO/*Bär* Rn. 1; *Meyer-Goßner* Rn. 2.
[3] Vgl. *Keller* Kriminalistik 2006, 537.

menschlicher Laut mit einem selbstständigen Bedeutungsgehalt zu verstehen. Darüber hinaus werden von dem Begriff aber auch sämtliche menschlichen Äußerungen im phonologischen Sinne und damit alle sprachlichen Laute des Betroffenen erfasst. Insoweit kann auf die Darlegungen unter → § 100c Rn. 18 verwiesen werden. Soll hingegen nicht das gesprochene Wort aufgezeichnet, sondern sollen Bildaufnahmen des Beschuldigten hergestellt werden, gilt § 100h, der den „Einsatz weiterer technischer Mittel" regelt.

b) Nichtöffentlich. Der Begriff „nichtöffentlich" ist weder in der Strafprozessordnung noch im Strafgesetzbuch definiert. Er ist jedoch im selben Sinne zu verstehen wie in § 201 Abs. 1 Nr. 1 StGB. Danach ist eine Äußerung nichtöffentlich, wenn sie **nicht für einen größeren, nach Zahl und Individualität unbestimmten** oder nicht für einen durch persönliche oder sachliche Beziehungen miteinander verbundenen Personenkreis bestimmt ist.[4] Maßgeblich ist dabei die entsprechende Zweckbestimmung durch den Sprecher, dh den Betroffenen.[5] Nichtöffentlich sind auch diejenigen Worte, die nicht für einen Dritten bestimmt sind und im Rahmen eines Selbstgesprächs geäußert werden.[6] 6

Dem Merkmal „nichtöffentlich" kommt hier, anders als in § 100c Abs. 1 (→ Rn. 19), eine selbstständige Bedeutung zu. Das außerhalb einer Wohnung gesprochene öffentliche Wort darf zu strafprozessualen Zwecken bereits auf Grundlage der **Ermitttlungsgeneralklausel der §§ 161, 163** aufgezeichnet werden.[7] 7

2. Außerhalb von Wohnungen. a) Grundsätzliches. Der Begriff „außerhalb von Wohnungen" ist **negativ zum Wohnungsbegriff des § 100c,** der seinerseits mit dem verfassungsrechtlichen Wohnungsbegriff des Art. 13 GG identisch ist, abzugrenzen. Durch den Begriff der „Wohnung" werden somit sämtliche Örtlichkeiten erfasst, die dem gegenständlichen Schutzbereich von Art. 13 GG zuzuordnen sind. Hierzu zählen alle nicht allgemein zugänglichen Orte, die als Wohn-, Aufenthalts- oder Arbeitsstätte von Menschen dienen. Unter „Wohnung" ist dabei nicht nur die Wohnung im engeren Sinne als Stätte des dauerhaften Aufenthalts von Menschen zu verstehen. Der Schutz des Art. 13 erstreckt sich darüber hinaus auf Nebenräume wie Keller, Speicher, Garagen, Treppenhäuser.[8] Er erfasst selbst nicht an den eigentlichen Wohnbereich angrenzende Räume wie etwa den durch einen kniehohen Zaun umfriedeten Vorgarten (→ § 100c Rn. 10). 8

b) Einzelfälle. Nicht unter den Wohnungsbegriff des § 100c fallen und stellen somit Örtlichkeiten außerhalb von Wohnungen dar: allgemein zugängliche **Betriebs- und Geschäftsräume**, **Restaurants, Cafés** etc. Dies gilt indes nur während ihrer Öffnungszeiten bzw. lediglich so lang, wie der Nutzungsberechtigte nicht in einer nach außen erkennbaren Weise zum Ausdruck gebracht hat, dass die Räumlichkeiten nicht für jedermann zugänglich sein sollen. Dies trifft vielfach auf Vereinshäuser, Clubräume, Spielhallen etc zu.[9] Nicht unter den Wohnungsbegriff fallen weiter der **Besuchsraum einer Haftanstalt,**[10] **Pkws,** die anders als Wohnwagen regelmäßig ausschließlich der Fortbewegung und nicht auch dem dauerhaften Aufenthalt und Wirken von Menschen dienen.[11] Gleiches gilt für **Krankenzimmer**, die jedenfalls dann, wenn der sich darin aufhältliche Beschuldigte auch außerhalb seiner Heilbehandlung regelmäßig einer durch medizinische Notwendigkeit oder durch Sicherheitsinteressen begründeten **dauerhaften Überwachung** bedarf.[12] Schließlich unterfallen dem Anwendungsbereich des § 100f als Evidenzfälle alle **öffentlichen Straßen und Plätze.** 9

---

4 Leckner/*Eisele* in Schönke/Schröder Rn. 6.
5 SK-*Samson* Rn. 5.
6 Vgl. BGH 10.8.2005 – 1 StR 140/05, NStZ 2005, 700; KMR-StPO/*Bär* § 100f Rn. 7.
7 Ebenso *Hilger* NStZ 1992, 457 Fn. 96.
8 Bonner Kommentar zum Grundgesetz Art. 13 Rn. 26.
9 BGH 15.1.1997 – StB 27/96, NJW 1997, 1018.
10 BVerfG 30.5.1996 – 2 BvR 727/94, NJW 1996, 2643; zur Problematik der Überwachung in Haftanstalten *Zuck* JR 2010, 17.
11 BGH 11.4.1997 – 1 BGs 88/97, NStZ 1998, 157.
12 BGH 10.8.2005 – 1 StR 140/05, NStZ 2005, 700.

10 Problematisch stellt sich indes die **Gesprächsüberwachung in Haftanstalten** dar. Werden dort Gespräche des Beschuldigten mit Dritten überwacht, ist im Hinblick auf die Verhältnismäßigkeit der Maßnahme zu bedenken, ob es sich bei diesen Dritten um Angehörige iSd § 52 handelt, ob das Gespräch in Gegenwart von Justizbediensteten erfolgt und ob – dies ist entscheidend – durch derartige Maßnahmen ein inhaftierter Betroffener, der in seinen Kommunikationsmöglichkeiten ohnehin starken Einschränkungen unterliegt, nicht gänzlich zum bloßen Objekt staatlichen Handelns degradiert und einer Totalausforschung unterzogen wird. So wäre es einerseits sicher nicht zulässig, sämtliche Gespräche etwa eines inhaftierten Beschuldigten mit seinen Besuchern heimlich zu überwachen. Andererseits ist zu bedenken, dass namentlich in Fällen schwerer Kriminalität, auf die Maßnahmen nach § 100c beschränkt sind, die Effektivität der Strafverfolgung in den Blick zu nehmen und zu berücksichtigen ist, dass es regelmäßig selbst inhaftierte Beschuldigte nicht überfordern dürfte, gegenüber Besuchern bzw. Angehörigen jedenfalls von ihnen begangene Straftaten nicht zu thematisieren.[13] Unzulässig wäre es aus den oben dargelegten Gründen hingegen, den zu dem Zeitpunkt bereits verantwortlich vernommenen Beschuldigten zu Selbstbelastungen zu provozieren und diese Äußerungen aufzuzeichnen.

11 In seinem Urteil vom 29.4.2009[14] hielt der BGH zwar die akustische Überwachung der Gespräche eines inhaftierten Beschuldigten mit seiner Ehefrau in einem separaten Besuchsraum der Justizvollzugsanstalt für regelungskonform mit § 100f, befand die durch die Maßnahme gewonnenen Erkenntnisse jedoch gleichwohl für nicht verwertbar.[15] Er begründete seine Auffassung damit, die Gesamtschau der Umstände belege eine Verletzung des Rechts auf ein faires Verfahren (Art. 20 Abs. 3 GG iVm Art. 2 Abs. 1 GG), weil durch die Zuweisung eines separaten Besuchsraums ohne die sonst in der Anstalt übliche Gesprächsüberwachung bei dem Beschuldigten **bewusst der Irrtum hervorgerufen** worden sei, diese Gespräche würden nicht überwacht.

12 **3. Betroffene der Maßnahme (Abs. 2).** Gemäß Abs. 2 S. 1 darf sich die Maßnahme sowohl gegen den Beschuldigten als eigentliche Zielperson als auch gegen bestimmte andere Personen, mithin auch **gegen Nichtbeschuldigte** richten.

13 **a) Beschuldigter (Abs. 2 S. 1).** Beschuldigter ist **der der Anlasstat Verdächtige.** Wenngleich Abs. 2 anders etwa als § 100a Abs. 1 1ediglich vom „Beschuldigten" und nicht von demjenigen spricht, der der Tat „als Täter oder Teilnehmer" verdächtig ist, erfasst Abs. 2 alle Beteiligungsformen und damit den Täter ebenso wie Anstifter und Gehilfen. Auch braucht der Beschuldigte nicht bereits identifiziert zu sein, es genügt vielmehr, dass die Ermittlungen gegen eine individuelle, wenn auch noch unbekannte Person geführt werden (→ § 100a Rn. 60).

14 Maßnahmen nach § 100c gegen den Beschuldigten berühren nicht den **Nemo tenetur-Grundsatz,** der in seinen bislang in der Rspr. des BGH anerkannten Ausprägungen vor staatlichem Zwang zur aktiven Selbstbelastung schützt.[16] Würden die Strafverfolgungsbehörden indes selbstbelastende Gespräche eines Beschuldigten, der sich zuvor bereits auf sein Schweigerecht nach § 136 berufen hat, provozieren und diese aufnehmen, läge hierin ein Verstoß gegen die Selbstbelastungsfreiheit und würde ein Beweisverwertungsverbot nach sich ziehen.[17]

15 **b) Andere Personen (Abs. 2 S. 2).** Gegen andere Personen darf die Maßnahme nur angeordnet werden, wenn auf Grund bestimmter Tatsachen anzunehmen ist, dass sie mit dem Beschuldigten in Verbindung stehen oder eine solche Verbindung hergestellt wird. Bei diesen Kontaktpersonen kann es sich auch um Tatbeteiligte handeln. In einem solchen Fall ist wäre Abs. 1 S. 1 einschlägig. Nur wenn es sich um Nichtbeschuldigte handelt, findet

---

[13] *Schneider* NStZ 2001, 8 (14).
[14] BGH 29.4.2009 – 1 StR 701/08, NStZ 2009, 519, besprochen von *Hauck* NStZ 2010, 17.
[15] Vgl. zu dieser Entscheidung auch *Rogall* HRRS 2010, 289.
[16] BGH 26.7.2007 – 3 StR 104/07, NJW 2007, 3138 (3140).
[17] Vgl. BGH 26.7.2007 – 3 StR 104/07, NJW 2007, 3138 (3139).

Abs. 2 S. 2 Anwendung[18] und ist ein strengerer Maßstab für deren Überwachung anzulegen. Nach Abs. 2 S. 2 darf eine Überwachung nur angeordnet werden, wenn auf Grund bestimmter Tatsachen und damit auf Grund eines **qualifizierten Verdachts** anzunehmen ist, dass es sich um solche **Kontaktpersonen** handelt, bei denen auf Grund bestimmter Tatsachen anzunehmen ist, dass die Maßnahme **zur Erforschung des Sachverhalts oder zur Ermittlung des Aufenthaltsortes eines Beschuldigten führen wird,** und dies **auf andere Weise aussichtslos oder wesentlich erschwert** wäre. Die vorgenannten vier Voraussetzungen müssen kumulativ gegeben sein. Zudem bezieht sich das Erfordernis eines qualifizierten Verdachts nicht nur auf den Verdacht hinsichtlich der Kontaktpersoneneigenschaft, sondern auch auf den der Zweckerreichung. Letzteres folgt aus der Formulierung „wird", die zum Ausdruck bringt, dass allein die theoretische Möglichkeit der weiteren Sachverhaltserforschung bzw. der Aufenthaltsermittlung eines Beschuldigten nicht ausreicht. Vielmehr muss eine erhöhte Wahrscheinlichkeit dafür bestehen, dass ein Kontakt bereits besteht oder aber hergestellt werden wird und deshalb mit einem Aufklärungserfolg zu rechnen ist.[19]

aa) Zeugnisverweigerungsberechtigte Berufsgeheimnisträger (§ 160a). Handelt es sich bei einer „anderen Person" um einen der in § 53 Abs. 1 S. 1 Nr. 1, 2 oder 4 genannten **Berufsgeheimnisträger** (Geistliche, Verteidiger, Abgeordnete) oder um einen entsprechenden **Berufshelfer** nach § 53a und würde die Maßnahme voraussichtlich zu Erkenntnissen führen, über die diese Person das Zeugnis verweigern dürfte, so sind auch Maßnahmen nach § 100f gemäß § 160a Abs. 1 S. 1, Abs. 3 „unzulässig". Insoweit begründet diese Vorschrift ein **absolutes Beweiserhebungs- bzw. Verwertungsverbot.** Für Verteidiger ist hiervon unabhängig des Weiteren die Vorschrift des § 148 zu beachten, die ebenfalls einen ungehinderten und damit auch nicht überwachten Verkehr zwischen dem Beschuldigten und seinem Verteidiger gewährleistet.[20] 16

Für die Berufsgeheimnisträger nach § 53 Abs. 1 S. 1 Nr. 3 bis 3b und 5 (Rechtsanwälte, Schwangerschaftsberater, Berater für Fragen der Betäubungsmittelabhängigkeit und Mitarbeiter von Presse und Rundfunk) sowie deren Berufshelfer enthalten die Regelungen in § 160a Abs. 2 und 3 ein **relatives Beweiserhebungs- bzw. Verwertungsverbot.** Anders als im Falle von § 160a Abs. 1 sind nach § 160a Abs. 2 Ermittlungsmaßnahme gegen Vertreter der vorstehend aufgezählten Berufsgruppen, durch welche voraussichtlich Erkenntnisse erlangt würden, über die auch sie das Zeugnis verweigern dürften, nicht unzulässig. Indes ist nach § 160a Abs. 2 S. 1 Hs. 1 insofern ein strenger Verhältnismäßigkeitsmaßstab anzulegen und sind nach § 160a Abs. 2 S. 1 Hs. 2 Maßnahmen gegen die vorgenannten Berufsgruppen „in der Regel" unzulässig, wenn das Verfahren keine Straftat von erheblicher Bedeutung zum Gegenstand hat. 17

bb) Zeugnisverweigerungsberechtigte Angehörige. Für zeugnisverweigerungsberechtigte Angehörige sieht die Strafprozessordnung in verfassungskonformer Weise **keine Einschränkungen** vor. Indes könnten Fairnessaspekte nach der Rspr. des BVerfG im Einzelfall zu einem Verwertungsverbot führen, wenn der Staat unter bewusster Umgehung einer Vernehmungssituation die gezielte Ausforschung eines solchen Angehörigen betreiben würde.[21] 18

c) Ohne Wissen des Betroffenen. Der Wortlaut des Abs. 1, wonach die Maßnahme „auch ohne Wissen" der Betroffenen durchgeführt werden darf, stellt eine durch das Gesetz zur Neuregelung der Telekommunikationsüberwachung vom 31.12.2007[22] eingeführte redaktionelle Anpassung an die entsprechend neu gefassten §§ 100a und 100c dar und soll zum Ausdruck bringen, dass der als heimliche Ermittlungsmaßnahme ausgestaltete Eingriff 19

[18] Ebenso *Meyer-Goßner* Rn. 11.
[19] *Hilger* NStZ 1992, 457 (463); diesem folgend KK-StPO/*Nack* Rn. 8.
[20] Vgl. *Meyer-Goßner* § 148 Rn. 2.
[21] BVerfG 15.10.2009 – 2 BvR 2438/08, NJW 2010, 287, 288.
[22] BGBl. I 3198.

auch dann **fortgesetzt werden darf,** wenn der Betroffene von ihm Kenntnis erlangt haben sollte.[23]

20 **4. Drittbetroffene (Abs. 3).** Neben dem Beschuldigten als eigentlicher Zielperson (Abs. 2 S. 1) und dessen möglichen Kontaktpersonen (Abs. 2 S. 2), werden durch den Einsatz technischer Überwachungsgeräte regelmäßig und **unvermeidbar auch dritte Personen** betroffen, die nicht Zielpersonen sind und deren Worte allein deshalb aufgezeichnet werden, weil sie sich im Empfangsbereich der eingesetzten Technik befinden. Bei solch Drittbetroffenen kann es sich um Gesprächspartner des Beschuldigten oder aber um andere Personen wie zB Passanten handeln, die sich zufällig in der Nähe des Beschuldigten befinden und sich miteinander unterhalten. Müsste in solchen Fällen auf den Einsatz der Technik verzichtet werden, liefe § 100f wie andere verdeckte Ermittlungsmaßnahmen in vergleichbaren Fällen auch vielfach leer.[24] Dies wollte der Gesetzgeber vermeiden. Unvermeidbar Drittbetroffene können auch **zeugnisverweigerungsberechtigte Angehörige** des Beschuldigten sein.[25]

III. Materielle Anordnungsvoraussetzungen (Abs. 1)

21 Maßnahmen nach § 100f dürfen angeordnet werden, wenn der Beschuldigte aufgrund bestimmter Tatsachen in dem Verdacht steht, als Täter oder Teilnehmer eine der in § 100a Abs. 2 bezeichneten und auch im Einzelfall schwer wiegenden Straftaten begangen zu haben und die Erforschung des Sachverhalts oder die Ermittlung des Aufenthalts des Beschuldigten auf andere Weise aussichtslos oder wesentlich erschwert wäre.

22 **1. Katalogtaten. a) Katalog des § 100a Abs. 2.** § 100f Abs. 1 enthält **keinen eigenständigen** Straftatenkatalog, sondern verweist auf den abschließenden Katalog des § 100a Abs. 2. Dieser Verweis liegt darin begründet, dass der Gesetzgeber Maßnahmen der Telekommunikationsüberwachung hinsichtlich ihrer Eingriffstiefe mit solchen nach § 100f für vergleichbar erachtet. Vor diesem Hintergrund kann hinsichtlich der einzelnen Katalogtaten auf die entsprechenden Ausführungen bei § 100a Bezug genommen werden (→ § 100a Rn. 64 ff.).

23 **b) Auch im Einzelfall schwer wiegende Straftat.** Folgerichtig zu dem Verweis auf den Katalog des § 100a Abs. 2 setzt Abs. 1 ebenso wie § 100a Abs. 1 Nr. 2 weiter voraus, dass diese Katalogstraftat auch im Einzelfall als schwerwiegend anzusehen ist. Der Gesetzgeber hat damit der Rspr. des BVerfG Rechnung getragen, das in den vergangenen Jahren wiederholt ausgeführt hat, die Verdachtslage bei mit tiefgreifenden Grundrechtseingriffen einhergehenden Ermittlungsmaßnahmen müsse sich auf Straftaten beziehen, denen nicht nur abstrakt, sondern auch **im konkreten Einzelfall besonderes Gewicht** zukomme.[26] In Fällen von nur abstrakt, nicht aber konkret schwerwiegenden Straftaten, wie sie in der Praxis freilich selten vorkommen, sollen Maßnahmen nach § 100f nicht zulässig sein.[27] Die schwerwiegenden Straftaten des § 100f sind zwischen den besonders schweren Straftaten des § 100c Abs. 2 und denen von erheblicher Bedeutung der §§ 100g, 110a anzusiedeln. Strafrahmenorientiert sind schwer wiegende Straftaten solche mit einer Mindesthöchststrafe von fünf Jahren (→ § 100a Rn. 65 f.).

24 **2. Verdacht der Beteiligung an der Tat.** Maßnahmen nach § 100f sind nur zulässig, wenn der Beschuldigte des Verfahrens – dh nicht notwendig derjenige, gegen den sich die Anordnung richtet – in dem Verdacht steht, an der Katalogtat als **Täter oder Teilnehmer** beteiligt gewesen zu sein. Es reicht aus, dass die Tat versucht wurde, sie muss nicht vollendet sein. Hinsichtlich des Verdachtsgrades genügt hier wie bei allein anderen ver-

---

[23] BT-Drs. 16/5846, 39 (49).
[24] BT-Drs. 12/989, 40.
[25] BGH 24.7.1998 – 3 StR 78/98, NStZ 1999, 145 (146).
[26] Vgl. BVerfG 27.7.2005 – 1 BvR 668/04, BeckRS 2005, 28075 Abs. Nr. 154 = NJW 2005, 2603.
[27] Vgl. BT-Drs. 16/5846, 40 (49).

deckten Ermittlungsmaßnahmen auch der so genannte **qualifizierte Anfangsverdacht** (→ § 100a Rn. 74). Der Beschuldigte muss der Tat mithin weder hinreichend noch gar dringend verdächtig sein.

3. Aufgrund bestimmter Tatsachen. Der Verdacht, eine der in § 100a Abs. 2 enthaltenen Straftaten begangen zu haben, muss sich auf konkrete tatsächliche Umstände stützen und somit durch ein **„hinreichendes Tatsachenmaterial"** belegt sein, welches in der Anordnung benannt werden, bereits ein gewisses Maß an Konkretisierung erfahren haben und von erheblicher Stärke sein muss (→ § 100a Rn. 72 ff.).[28] 25

4. Subsidiarität. Voraussetzung für Maßnahmen nach § 100f ist weiter, dass die Erforschung des Sacheralts oder die Ermittlung des Aufenthaltsortes eines Beschuldigten auf andere Weise aussichtslos oder wesentlich erschwert wäre. Hier gilt mithin dieselbe strenge Subsidiaritätsklausel wie bei Maßnahmen der Telekommunikationsüberwachung nach § 100a und beim Einsatz eines Verdeckten Ermittlers nach § 110a. Auf andere Weise **aussichtslos** ist die Erforschung des Sachverhalts oder die Ermittlung des Aufenthaltsortes eines Beschuldigten, wenn alternative Ermittlungsmaßnahmen zur Erreichung dieser Zwecke nicht zur Verfügung stehen. **Wesentlich erschwert** würden die Ermittlungen zur Erreichung der vorgenannten Zwecke, wenn diese durch andere Maßnahmen mit hoher Wahrscheinlichkeit entweder nicht oder aber nicht so umfassend erreicht werden würden.[29] 26

IV. Formelle Anordnungsvoraussetzungen (Abs. 4)

Die Vorschrift des § 100f enthält **keine eigenständigen Verfahrensregelungen**, vielmehr verweist Abs. 4 auf § 100b Abs. 1 und Abs. 4 S. 1 sowie auf § 100d Abs. 2. Der Gesetzgeber verfolgte damit den Zweck, die hinsichtlich ihrer Eingriffstiefe vergleichbaren Maßnahmen der Telekommunikationsüberwachung und der Überwachung des nichtöffentlich gesprochenen Wortes außerhalb von Wohnungen einander anzugleichen.[30] 27

1. Richtervorbehalt, Befristung (Abs. 4, § 100b Abs. 1 und 4 S. 1). Maßnahmen nach § 100f dürfen gemäß Abs. 4 iVm § 100b Abs. 1 S. 1 nur auf Antrag der Staatsanwaltschaft durch das **Gericht** angeordnet werden. Bei Gefahr im Verzug kann die Anordnung nach Abs. 4 iVm § 100b S. 2 auch durch die Staatsanwaltschaft getroffen werden, wobei die Anordnung nach § 100b Abs. 1 S. 3 außer Kraft tritt, wenn sie nicht binnen drei Werktagen richterlich bestätigt wird. **Ermittlungspersonen der Staatsanwaltschaft** (§ 152 GVG) sind im Gegensatz zur früheren Regelung nicht mehr anordnungsberechtigt. 28

Die Anordnung ist gemäß Abs. 4 iVm § 100b Abs. 1 S. 3 und 4 ist auf höchstens **drei Monate zu befristen** und kann um jeweils nicht mehr als drei Monate verlängert werden, soweit die Voraussetzungen der Anordnung unter Berücksichtigung der gewonnenen Ermittlungsergebnisse fortbestehen. Liegen die Anordnungsvoraussetzungen nicht mehr vor, so ist die Maßnahme nach Abs. 4 iVm § 100b Abs. 4 S. 1 unverzüglich zu beenden. Eine den weiteren Regelungen zur Telekommunikationsüberwachung in § 100b Abs. 4 S. 2 entsprechende Verpflichtung, nach Beendigung der Maßnahme das anordnende Gericht über die gewonnenen Ergebnisse zu unterrichten, hat der Gesetzgeber hier nicht vorgesehen. 29

2. Form und Inhalt der Anordnung (Abs. 4 iVm § 100d Abs. 2). Nach Abs. 4, der auf § 100d Abs. 2 verweist, hat die Anordnung **schriftlich** zu ergehen. Inhaltlich hat sie nach § 100d Abs. 2 S. 1 Angaben zu **Name und Anschrift des Betroffenen,** gegen den sich die Maßnahme richtet, zum **Tatvorwurf,** auf Grund dessen die Maßnahme angeordnet wird, zu den zu **überwachenden Räumen**, zu **Art, Umfang und Dauer** der Maßnahme sowie zur Art der durch die Maßnahme **zu erhebenden Informationen** und ihrer Bedeu- 30

[28] KK-StPO/*Bruns* Rn. 15.
[29] SK-StPO/*Rudolphi* Rn. 13.
[30] BT-Drs. 16/5846, 49.

tung für das Verfahren zu enthalten. Ergänzend wird insoweit auf die entsprechenden Ausführungen zu § 100d Bezug genommen (→ § 100d Rn. 11 ff.).

V. Technische Durchführung der Maßnahme

31 Mit welchen technischen Mitteln die Maßnahme umgesetzt wird, hat der Gesetzgeber bewusst offen gelassen, um der gerade in diesem Bereich rasanten technologischen Entwicklung Rechnung zu tragen und den Einsatz auch solcher Technologien zu ermöglichen, die zum Zeitpunkt des Inkrafttretens dieser Vorschrift noch nicht bekannt waren.[31] Darüber hinaus dürfte sich nicht in jedem Fall bereits zum Zeitpunkt der Anordnung absehen lassen, welches technische Mittel in Anbetracht der begrenzten technischen Ressourcen bei der darauffolgenden Umsetzung der Anordnung tatsächlich zum Einsatz kommt bzw. den Ermittlungsbehörden zur Verfügung steht. Mithin brauchen die „technischen Mittel" in der Anordnung selbst **nicht näher bezeichnet** zu werden. Entscheidend für die Zulässigkeit des Einsatzes eines bestimmten technischen Mittels ist zudem nicht, welches konkrete Gerät eingesetzt wird, sondern welcher konkrete Eingriff durchgeführt bzw. welchen Daten erhoben werden sollen.

32 § 100f gestattet allein das Abhören und Aufzeichnen des nichtöffentlich gesprochenen Wortes, mithin einzig eine **Sprachaufzeichnung.** Demgegenüber erfasst § 100h Abs. 1 Nr. 1 technische Mittel, mit denen Lichtbilder und Bildaufzeichnungen hergestellt werden können und § 100h Abs. 1 Nr. 2 schließlich solche Techniken, die weder zur Aufzeichnung von Bildern noch von Wörtern geeignet sind.[32] Sollen derartige Daten erhoben werden, sind die vorgenannten Normen einschlägig, nicht hingegen § 100 f. Das heimliche Mithören des nichtöffentlich gesprochenen Wortes außerhalb von Wohnungen **ohne technische Mittel** findet seine Ermächtigungsgrundlage in der Ermittlungsgeneralklausel der §§ 161, 163.

33 Die mit dem Einbau der technischen Geräte verbundenen Vorbereitungs- und Begleitmaßnahmen wie zB das Öffnen von Fahrzeugen, die Verbringung eines Fahrzeugs an einen anderen Ort zum heimlichen Einbau der Technik sowie die Nutzung des bordeigenen Batteriestroms sind im Wege der **Annexkompetenz** ebenfalls durch § 100f abgedeckt.[33]

VI. Weitere grundrechtssichernde Regelungen (§ 101)

34 Der Gesetzgeber hat auch Maßnahmen nach § 100f durch § 101 Abs. 1 („100c bis 100i") den grundrechtssichernden Verfahrensregelungen dieser Norm unterstellt. Danach gilt auch für die nach § 100f erhobenen Daten, dass **personenbezogene Daten** zu kennzeichnen sind (§ 101 Abs. 3) und dass die Betroffenen iSd § 101 Abs. 4 S. 1 Nr. 5, mithin die Zielperson sowie die erheblich mitbetroffenen Personen, nach § 101 Abs. 4 S. 1 und 2 unter Hinweis auf die Möglichkeit des nachträglichen Rechtsschutzes zu benachrichtigen sind. Eine Benachrichtigung darf gemäß § 101 Abs. 4 S. 1 unterbleiben, wenn ihr schutzwürdige Belange einer betroffenen Person entgegenstehen. Gemäß § 101 Abs. 3 sind die durch die Maßnahme erlangten personenbezogenen Daten unverzüglich zu löschen, sobald sie zur Strafverfolgung bzw. für eine etwaige gerichtliche Überprüfung der Maßnahme nicht mehr erforderlich sind.

35 Obwohl Maßnahmen nach § 100f auch nach Auffassung des Gesetzgebers hinsichtlich ihrer Eingriffstiefe mit denen der Telekommunikationsüberwachung vergleichbar sind,[34] fehlt der Vorschrift eine Regelung zum **Schutze des Kernbereichs privater Lebensgestaltung,** wie sie in § 100a Abs. 4 bzw. § 100c Abs. 4 und 5 enthalten ist. Dies mag daran liegen, dass den nach § 100f erhobenen Daten vielfach eine Kernbereichsrelevanz nicht zukommt. Gleichwohl stellt sich in den Fällen einer (möglichen) Erhebung kernbereichsrelevanter Daten die Frage, ob die Vorschrift des § 100a Abs. 3 bzw. die des § 100c Abs. 4 analog anzuwenden ist. Dass eine entsprechende Anwendung in Betracht zu ziehen ist,

---

[31] Vgl. BGH 24.1.2001 – 3 StR 324/00, NStz 2001, 386, 387 = NJW 2001 (1658).

[32] So zutreffend *Meyer-Goßner* § 100h Rn. 2.

[33] BGH 24.1.2001 – 3 StR 324/00, NStZ 2001, 386 (387); zustimmend *Steinmetz* NStZ 2001, 344 bzgl. des Einbaus von GPS-Technik.

[34] BT-Drs. 16/5846, 49.

hat der BGH in seiner Entscheidung vom 29.4.2009[35] in Erwägung gezogen, indes nicht entschieden. Da sowohl bei Maßnahmen nach § 100f wie bei solchen nach § 100a und anders als im Falle des § 100c einem Eingriff in den Kernbereich privater Lebensgestaltung Ausnahmecharakter zukommen dürfte, liegt eine entsprechende Anwendung des § 100a Abs. 4 nahe.[36] Werden gleichwohl kernbereichsrelevante Daten erhoben, ergibt sich ein verfassungsunmittelbares Verwertungsverbot.[37]

VII. Verwertungsverbote

Nicht personenbezogene Daten unterliegen keinerlei Verwendungsbeschränkungen. **36** Hinsichtlich der Verwendung der durch die Maßnahme erlangten personenbezogenen gelten dieselben Grundsätze wie bei der Telekommunikationsüberwachung (→ § 100a Rn. 174 ff.).

Durch Maßnahmen nach § 100f gewonnene personenbezogene Daten von **Angehörigen des Beschuldigten** im Sinne des § 52 unterliegen keinem Verwertungsverbot, für sie **37** gilt weder § 100c Abs. 6 noch § 160a. Von Verfassungs wegen ist der Beschuldigte nicht davor geschützt, dass die Strafverfolgungsbehörden durch heimliche Ermittlungsmaßnahmen auch Gespräche von Angehörigen des Beschuldigten aufzeichnen.[38] Der Angehörigenschutz des § 52 setzt nämlich stets eine Vernehmungssituation voraus, da es sonst an der spezifischen Konfliktsituation fehlt, deren Schutz § 52 ua gerade dient. Die Vorschrift würde daher im Zusammenhang mit § 100f nur greifen, wenn eine bewusste Umgehung des Zeugnisverweigerungsrechts durch eine gezielte Ausforschung des Angehörigen außerhalb von Vernehmungssituationen erfolgen sollte.[39]

1. Verwendung im Ausgangsverfahren. Personenbezogene Daten, die sich auf dieje- **38** nige Tat beziehen, deren Aufklärung die Maßnahme dient bzw. deren Beschuldigter festgestellt werden sollte, unterliegen **keinerlei Verwendungsbeschränkungen**. Dies gilt selbst dann, wenn die Katalogtatqualität der Anlasstat erst im Verlauf der Ermittlungen entfallen sollte (→ § 100a Rn. 174).

2. Verwendung in anderen Strafverfahren (§ 477 Abs. 2 S. 2). Die in § 100f Abs. 5 **39** aF enthaltene Verwendungsregelung ist im Hinblick auf § 477 Abs. 2 S. 2 entfallen. Nach dieser Regelung gilt auch für Maßnahmen nach § 100f nunmehr, dass die hierdurch erlangten personenbezogenen Daten ohne Einwilligung der von der Maßnahme betroffenen Personen zu Beweiszwecken hinsichtlich anderer strafprozessualer Taten verwendet werden dürfen, wenn auch hinsichtlich dieser anderen Taten Maßnahmen nach § 100f hätten angeordnet werden können. Der Regelung des § 477 Abs. 2 S. 2 liegt damit der Gedanke des **hypothetischen Ersatzeingriffs** zu Grunde. Handelt es sich bei der anderen Straftat nicht um eine Katalogtat nach § 100a Abs. 2, so dürfen die personenbezogenen Daten gleichwohl als **Spurenansatz** verwendet werden.

3. Verwendung zu präventiven Zwecken (§ 477 Abs. 2 S. 3). Aus strafprozessualen **40** Maßnahmen erlangte personenbezogene Daten dürfen ohne Einwilligung der von der Maßnahme betroffenen Personen nach § 477 Abs. 2 S. 3 nur zur Abwehr einer erheblichen Gefahr für die **öffentliche Sicherheit**, nicht jedoch zur Abwehr einer solchen für die öffentliche Ordnung (→ § 100a Rn. 187) verwendet werden.

4. Daten aus präventiven Maßnahmen (§ 161 Abs. 2). Personenbezogene Daten **41** aus präventiv-polizeilichen Maßnahmen können unter den Voraussetzungen des § 161 Abs. 2 für strafprozessuale Zwecke Verwendung finden. Gedanklicher Anknüpfungspunkt

---

[35] BGH 29.4.2009 – 1 StR 701/08, NStZ 2009, 519 (520).
[36] Ebenso *Meyer-Goßner* Rn. 19; KMR-StPO/*Bär* Rn. 23.
[37] So zutreffend *Meyer-Goßner* Rn. 10 mit Verweis auf *Puschke/Singelstein* NJW 2008, 115.
[38] BVerfG v. 15.102009 – 2 BvR 2438/08, NJW 2010, 287.
[39] BVerfG v. 15.102009 – 2 BvR 2438/08, NJW 2010, 287 (288).

ist auch hier der **hypothetische Ersatzeingriff.** Sofern die Erhebung der Daten durch strafprozessuale Maßnahmen – wie im Falle des § 100f – mithin nur bei Verdacht bestimmter Straftaten zulässig ist und personenbezogene Daten, die durch entsprechende Maßnahmen nach anderen Gesetzen erlangt wurden, in Strafverfahren verwendet werden sollen, ist deren Verwendung zu **Beweiszwecken** nur zulässig, wenn sie der Aufklärung einer Straftat dienen, auf Grund derer eine solche Maßnahme nach der Strafprozessordnung ebenfalls hätte angeordnet werden können.

42 Sollen die präventiv-polizeilich gewonnen Erkenntnisse nicht zu Beweiszwecken sondern lediglich als **Spuransatz oder zur Ermittlung des Aufenthalts des Beschuldigten** verwendet werden, greifen die Beschränkungen des § 161 Abs. 2 nicht.

43 **5. Materiell oder formell rechtswidrige Anordnungen.** Ob in den Fällen einer materiell oder formell rechtswidrigen Anordnung nach § 100f ein Verwertungsverbot anzunehmen ist, ist nach den von der Rspr. entwickelten Grundsätzen im Einzelfall durch eine **Abwägung** zwischen dem öffentlichen Interesse an einer Aufklärung und ggf. Ahndung der Tat sowie der Art und Gewicht des Rechtsverstoßes einerseits und dem individuellen Interesse des hiervon Betroffenen an der Wahrung seiner Rechtsgüter andererseits (→ § 100a Rn. 191) zu beurteilen.

C. Rechtsbehelfe

44 Gemäß § 101 Abs. 7 S. 2 bis 4 iVm § 101 Abs. 4 S. 1 Nr. 5 können die Zielperson sowie die durch die Maßnahme erheblich mitbetroffenen Personen gegen – richterliche oder nichtrichterliche – Anordnungen nach § 100f einen **Antrag auf Überprüfung der Rechtmäßigkeit der Maßnahme sowie die Art und Weise ihres Vollzuges** stellen. Dieser Rechtsbehelf geht als abschließende Sonderregelung der Beschwerde nach § 304 vor. Andernfalls würde die gesetzliche Antragsfrist von zwei Wochen in § 101 Abs. 7 S. 2 sowie die Ausgestaltung des gegen diese Entscheidung nach § 101 Abs. 7 S. 3 statthaften Rechtsmittels als sofortige Beschwerde leerlaufen.

45 Durch die Maßnahme ebenfalls betroffene, indes nicht nach § 101 Abs. 7 S. 2 bis 4 antragsberechtigte Personen können gegen die richterliche Anordnung der Maßnahme bzw. gegen die richterliche Bestätigung einer staatsanwaltschaftlichen Eilanordnung gemäß **§ 304 Abs. 2 einfache Beschwerde** erheben. Gegen staatsanwaltschaftliche Eilanordnungen ist ein Antrag auf gerichtliche Entscheidung entsprechend § 98 Abs. 2 S. 2 statthaft. Dies gilt auch für die Fälle, in denen eine Überprüfung der Art und Weise des Vollzugs der Maßnahme begehrt wird.

D. Revision

46 Mit der Revision kann die **Verfahrensrüge** erhoben werden, das Urteil beruhe auf unverwertbaren Erkenntnissen. Voraussetzung für eine entsprechende Rüge ist nach der Rspr. des BGH indes, dass der Beschwerdeführer der Verwertung der entsprechenden Erkenntnisse bis zu dem in § 257 benannten Zeitpunkt widersprochen hat (Widerspruchslösung).[40]

§ 100g [Erhebung von Verkehrsdaten]

(1) [1]Begründen bestimmte Tatsachen den Verdacht, dass jemand als Täter oder Teilnehmer

[40] BGH 27.2.1992 – 5 StR 190/91, NJW 1992, 1463.

1. eine Straftat von auch im Einzelfall erheblicher Bedeutung, insbesondere eine in § 100a Abs. 2 bezeichnete Straftat, begangen hat, in Fällen, in denen der Versuch strafbar ist, zu begehen versucht hat oder durch eine Straftat vorbereitet hat oder

2. eine Straftat mittels Telekommunikation begangen hat,

so dürfen auch ohne Wissen des Betroffenen Verkehrsdaten (§ 96 Abs. 1, § 113a des Telekommunikationsgesetzes) erhoben werden, soweit dies für die Erforschung des Sachverhalts oder die Ermittlung des Aufenthaltsortes des Beschuldigten erforderlich ist. [2]Im Falle des Satzes 1 Nr. 2 ist die Maßnahme nur zulässig, wenn die Erforschung des Sachverhalts oder die Ermittlung des Aufenthaltsortes des Beschuldigten auf andere Weise aussichtslos wäre und die Erhebung der Daten in einem angemessenen Verhältnis zur Bedeutung der Sache steht. [3]Die Erhebung von Standortdaten in Echtzeit ist nur im Falle des Satzes 1 Nr. 1 zulässig.

(2) [1]§ 100a Abs. 3 und § 100b Abs. 1 bis 4 Satz 1 gelten entsprechend. [2]Abweichend von § 100b Abs. 2 Satz 2 Nr. 2 genügt im Falle einer Straftat von erheblicher Bedeutung eine räumlich und zeitlich hinreichend bestimmte Bezeichnung der Telekommunikation, wenn die Erforschung des Sachverhalts oder die Ermittlung des Aufenthaltsortes des Beschuldigten auf andere Weise aussichtslos oder wesentlich erschwert wäre.

(3) Erfolgt die Erhebung von Verkehrsdaten nicht beim Telekommunikationsdiensteanbieter, bestimmt sie sich nach Abschluss des Kommunikationsvorgangs nach den allgemeinen Vorschriften.

(4) Über Maßnahmen nach Absatz 1 ist entsprechend § 100b Abs. 5 jährlich eine Übersicht zu erstellen, in der anzugeben sind:

1. die Anzahl der Verfahren, in denen Maßnahmen nach Absatz 1 durchgeführt worden sind;

2. die Anzahl der Anordnungen von Maßnahmen nach Absatz 1, unterschieden nach Erst- und Verlängerungsanordnungen;

3. die jeweils zugrunde liegende Anlassstraftat, unterschieden nach Absatz 1 Satz 1 Nr. 1 und 2;

4. die Anzahl der zurückliegenden Monate, für die Verkehrsdaten nach Absatz 1 abgefragt wurden, bemessen ab dem Zeitpunkt der Anordnung;

5. die Anzahl der Maßnahmen, die ergebnislos geblieben sind, weil die abgefragten Daten ganz oder teilweise nicht verfügbar waren.

Schrifttum: *Bär,* Auskunftsanspruch über Telekommunikationsdaten nach den neuen §§ 100g, 100h StPO, MMR 2002, 358; *Braun,* Parallelwertungen in der Laiensphäre: Der EuGH und die Vorratsdatenspeicherung, ZRP 2009, 174; *Danckwerts,* Funkzellenabfrage gem. § 100h Abs. 1 S. 2 StPO, CR 2002, 539; *Eisenberg/Singelstein,* Zur Unzulässigkeit der heimlichen Ortung per „stiller SMS", NStZ 2005, 62; *Gietl,* Die Zukunft der Vorratsdatenspeicherung, DuD 2010, 398; *Gnirck/Lichtenberg,* Internetprovider im Spannungsfeld staatlicher Auskunftsersuchen, DuD 2004, 598; *Götz,* Rechtsfragen der Funkzellenabfrage, Der Kriminalist, 6/2009, S. 22; *Günther,* Zur strafprozessualen Erhebung von Telekommunikationsdaten – Verpflichtung zur Sachverhaltsaufklärung oder verfassungsrechtlich unkalkulierbares Wagnis, NStZ 2005, 485; *Gusy,* Das Fernmeldegeheimnis von Pressemitarbeitern als Grenze strafprozessualer Ermittlungen, NStZ 2003, 399; *Hilger,* § 100g, § 100h die Nachfolgeregelung zu § 12 FAG in Kraft, GA 2002, 228; *Horn,* Der strafprozessuale Zugriff auf Verkehrsdaten nach § 100g StPO, HRRS 2009, 112; *Hornung/Schnabel,* Verfassungsrechtlich nicht schlechthin verboten – das Urteil des BVerfG in Sachen Vorratsdatenspeicherung, DVBl 2010, 824; *Hupka,* Verfassungs- und verfahrensrechtliche Probleme moderner Fahndungsmethoden am Beispiel der „stillen SMS", 2009; *Kindt,* Die grundrechtliche Überprüfung der Vorratsdatenspeicherung: EuGH und BVerfG – wer traut sich was), MMR 2009, 661; *Korn,* Der strafprozessuale Zugriff auf Verkehrsdaten nach § 100g StPO, HRRS 2009, 112; *Orantek,* Die Vorratsdatenspeicherung in Deutschland, NJ 2010, 193; *Rauschenberger,* Die Funkzellenüberwachung – Möglichkeiten und Grenzen eines polizeilichen Ermittlungsinstruments, Kriminalistik 2009, 273; *Roßnagel,* Die „Überwachungs-Gesamtrechnung" – Das BVerfG und die Vorratsdatenspeicherung, NJW 2010, 1238; *Simitis,* Der EuGH und die Vorratsdatenspeicherung oder die verfehlte Kehrtwende bei der Kompetenzregelung, NJW 2009, 1782; *Tiedemann,* Die stille SMS – Überwachung im Mobilfunk, 2004; *Tölpe,* Die strafprozessuale Ermittlungsmaßnahme „stille SMS", 2009; *Valerian,* Eile mit

Weile – Vorratsdatenspeicherung auf dem Prüfstand, CR 2008, 282; *Volkmer,* Verwertbarkeit von Vorratsdaten, NStZ 2010, 318; *Welp,* Verbindungsdaten, Zur Reform des Auskunftsrechts (§§ 100g, 100h StPO), GA 2002, 545; *Wohlers/Demko,* Der strafprozessuale Zugriff auf Verbindungsdaten, StV 2003, 241; *Zöller,* Vorratsdatenspeicherung zwischen nationaler und europäischer Strafverfolgung, GA 2007, 393.

Übersicht

A. Erläuterung

I. Regelungsinhalt des § 100g

1 § 100g **Abs. 1** S. 1 gestattet den Strafverfolgungsbehörden, auch ohne Wissen des Betroffenen Verkehrsdaten nach § 96 des Telekommunikationsgesetzes (TKG) zu erheben. Soweit die Vorschrift diese Möglichkeit zunächst auch für Verkehrsdaten (Vorratsdaten) nach § 113a TKG eröffnet hatte, ist eine solche Maßnahme nicht mehr statthaft. Das BVerfG hat mit Urteil v. 2.3.2010[1] § 113a TKG sowie § 100g Abs. 1 S. 1, soweit danach auch Verkehrsdaten nach § 113a TKG erhoben werden durften, für verfassungswidrig und nichtig erklärt. Voraussetzung für die danach weiterhin zulässige Erhebung der von § 96 TKG erfassten Verkehrsdaten ist, dass jemand aufgrund bestimmter Tatsachen im Verdacht steht, als Täter

[1] BVerfG 2.3.2010 – 1 BvR 256/08, NJW 2010, 833; BGBl. I 3198.

oder Teilnehmer eine der in S. 1 Nr. 1 und 2 benannten Straftaten begangen zu haben und die Erhebung der vorgenannten Daten für die Erforschung des Sachverhalts oder die Ermittlung des Aufenthaltsortes des Beschuldigten erforderlich ist.[2] Die Vorschrift enthält in S. 2 für den Fall des Verdachts bestimmter Delikte, nämlich mittels Telekommunikation begangener Straftaten (S. 1 Nr. 2) weiter eine verschärfte Subsidiaritätsklausel („auf andere Weise aussichtslos") und gestattet in S. 3 in Anlehnung an § 100a im Falle von S. 1 Nr. 1 die Erhebung von Verkehrsdaten in Echtzeit.

Abs. 2 enthält einen umfassenden Verweis auf § 100a Abs. 3, § 100b Abs. 1–4 S. 1 und harmonisiert damit die bei § 100g anzuwendenden Verfahrensregelungen mit denen der Telekommunikationsüberwachung nach § 100a. Hierzu sah sich der Gesetzgeber ua deshalb gehalten, weil durch Abs. 1 S. 3 ebenso wie bereits zuvor im Falle des § 100a die Möglichkeit der Datenerhebung in Echtzeit eröffnet wurde.[3] 2

Durch **Abs. 3** soll schließlich klargestellt werden, dass Verkehrsdaten, die nach Abschluss des Telekommunikationsvorgangs außerhalb des Herrschaftsbereichs des Telekommunikationsdienstleisters erhoben werden, etwa durch Sicherstellung elektronischer Datenträger oder papierner Einzelverbindungsnachweise, nach den allgemeinen Vorschriften, insbesondere nach den §§ 94 ff. erhoben werden können und § 100g insoweit keine Anwendung findet. 3

Abs. 4 statuiert in Umsetzung von Art. 10 der Richtlinie 2006/24/EG eine jährliche Berichtspflicht und legt in seinen Nr. 1 bis 5 die dabei mitzuteilenden Daten fest. 4

II. Gegenstand der Eingriffsbefugnis

§ 100g gestattet in **sachlicher** Hinsicht die Erhebung der Verkehrsdaten nach **§ 96 Abs. 1 TKG**. In **personaler** Hinsicht ermächtigt die Vorschrift zur Erhebung der entsprechenden Daten „des Betroffenen". Betroffener der Maßnahme ist dabei vorrangig gemäß Abs. 1 S. 1 der „Täter oder Teilnehmer", mithin der **Beschuldigte.** Durch den in Abs. 2 S. 1 enthaltenen Verweis auf § 100a Abs. 3 darf die Maßnahme der Verkehrsdatenerhebung indes nicht nur gegen diesen, sondern auch gegen Personen angeordnet werden, von denen aufgrund bestimmter Tatsachen anzunehmen ist, dass sie von dem Beschuldigten herrührende oder für diesen bestimmte Tatsachen weitergeben oder entgegennehmen **(Nachrichtenmittler)** oder dass der Beschuldigte ihren Anschluss nutzt **(Anschlussinhaber).** 5

1. Verkehrsdaten des § 96 Abs. 1 TKG. a) Die einzelnen Verkehrsdaten des § 96 Abs. 1 TKG. Der Gesetzgeber hat durch die Verwendung des Begriffs „Verkehrsdaten" den bislang in Abs. 1 S. 1 aFverwendeten Begriff der „Verbindungsdaten" aufgeben und damit mehr als nur eine Anpassung an den „im modernen Telekommunikationsrecht üblichen Sprachgebrauch"[4] vorgenommen. Soweit Abs. 1 S. 1 nunmehr auf die Verkehrsdaten des § 96 Abs. 1 TKG verweist, werden dadurch **weit mehr Verbindungs- bzw. Verkehrsdaten von § 100g erfasst als noch von § 100g aF.** So werden von § 96 Abs. 1 TKG die Nummer oder Kennung der beteiligten Anschlüsse oder der Endeinrichtung, des Weiteren personenbezogene Berechtigungskennungen, bei Verwendung von Kundenkarten auch die Kartennummer, bei mobilen Anschlüssen auch die Standortdaten (§ 96 Abs. 1 S. 1 Nr. 1), Beginn und Ende der jeweiligen Verbindung nach Datum und Uhrzeit und, soweit die Entgelte davon abhängen, auch die übermittelten Datenmengen (Nr. 2), ferner den vom Nutzer in Anspruch genommenen Telekommunikationsdienst (Nr. 3), die Endpunkte von festgeschalteten Verbindungen, ihren Beginn und ihr Ende nach Datum und Uhrzeit und, soweit wiederum die Entgelte davon abhängen, die übermittelten Datenmengen (Nr. 4) und schließlich alle sonstigen zum Aufbau und zur Aufrechterhaltung der Telekommunikation sowie zur Entgeltabrechnung notwendigen Verkehrsdaten (Nr. 5) umfasst. Durch die Verwendung des Begriffs **„Nummer"** (Nr. 1) statt „Rufnummer" wird verdeut- 6

[2] Grundsätzlich zur Regelung des § 100g vgl. *Bär* MMR 2002, 358.
[3] BT-Drs. 16/5846, 54.
[4] BT-Drs. 16/5846, 51.

licht, dass von dem Begriff auch solche Dienste erfasst werden, die über die Sprachtelefonie hinausgehen wie etwa Faxdienste bzw. Voice-mail-Dienste.[5] **„Telekommunikationsdienst"** (Nr. 3) ist ein Sammelbegriff für unterschiedliche Dienstleistungen. Ein häufig genutzter Dienst ist die Telefonie, daneben gibt es weitere Dienste wie Telefax oder die Datenfernübertragung mittels Internet.

7 Dem in Abs. 1 S. 1 enthaltenen Verweis auf die Verkehrsdaten des § 96 TKG liegt seitens des Gesetzgebers die Erwägung zugrunde, dass all diejenigen Verkehrsdaten, die der Diensteanbieter für seine Zwecke erheben darf, unter den vorgesehenen engen Voraussetzungen **auch von den Strafverfolgungsbehörden** erhoben werden dürfen."[6] Bei den vorstehend aufgezählten Verkehrsdaten handelt es sich lediglich um eine Teilmenge der telekommunikationstechnisch generierbaren, dh technisch möglichen „Verkehrsdaten". Diese werden durch § 3 Nr. 30 TKG legaldefniniert als „Daten, die bei der Erbringung eines Telekommunikationsdienstes erhoben, verarbeitet oder genutzt werden".

8 **b) Zu betrieblichen Zwecken generierte Verkehrsdaten.** Der in Abs. 1 enthaltene Verweis auf die Verkehrsdaten des § 96 Abs. 1 TKG und deren in § 3 Nr. 30 TKG enthaltene Legaldefinition verdeutlicht einen weiteren gewichtigen strafprozessualen Aspekt zum sachlichen Anwendungsbereich des § 100g: Die Vorschrift ermöglicht ausschließlich den Zugriff auf solche Verkehrsdaten, die der betroffene Diensteanbieter zu betrieblichen Zwecken generiert und zum Zeitpunkt des strafprozessualen Zugriffs noch gespeichert hat.[7] Benötigen die Strafverfolgungsbehörden ein von § 96 Abs. 1 S. 1 TKG erfasstes Verkehrsdatum, welches der betreffende Diensteanbieter indes zu betrieblichen Zwecken nicht benötigt, so ist er nach derzeitigem nationalen Recht **nicht verpflichtet,** dieses Datum allein deshalb zu generieren und gleichsam auf Vorrat zu speichern, um es im Falle einer Maßnahme nach § 100g auch beauskunften zu können.[8]

9 Diese derzeitige nationale Rechtslage steht im Widerspruch zu den Vorgaben der am 3.5.2006 in Kraft getretenen Richtlinie 2006/24/EG des Europäischen Parlaments und des Rates vom 15.3.2006[9] über die **Vorratsspeicherung von Daten.**[10] Die BReg. hat jedoch bis zum heutigen Tage (Stand: 1.11.2013) keinen Gesetzentwurf für eine Nachfolgeregelung des eine solche Vorratsdatenspeicherung beinhaltenden und für nichtig erklärten § 113a TKG (→ Rn. 1) eingebracht.

10 **c) „Qualifizierte" und „nicht qualifizierte" Verkehrsdaten, Entkoppelung des Anwendungsbereichs von § 100g vom Schutzbereich des Art. 10 GG.** Von den „Telekommunikationsverbindungsdaten" des § 100g aF, die in dessen Abs. 3 enumerativ, mithin abschließend aufgezählt und dadurch legaldefiniert worden waren, wurden nicht nur eine Vielzahl der von § 96 Abs. 1 S. 1 TKG aufgezählten Verkehrsdaten nicht erfasst, so etwa die übermittelten Datenmengen (Nr. 5). § 100g aF fand zudem nur Anwendung, wenn es sich um Verkehrsdaten handelte, die „im Falle einer Verbindung" entstanden waren. Der Gesetzgeber wollte mit dem Wegfall dieses Erfordernisses in der aktuellen Fassung des § 100g erreichen, dass **die Anwendung der aktuellen Neuregelung nicht mehr von einer bestehenden Kommunikationsverbindung abhängig ist** und damit im Falle der Erhebung von Standortdaten die rechtlich umstrittene „stille SMS",[11] auch als „Stealth-Ping-Verfahren" bezeichnet, überflüssig wird.[12] In der Gesetz gewordenen Fassung ermöglicht § 100g nunmehr auch die Erhebung von Standortdaten eines lediglich aktiv

---

[5] BR-Drs. 300/00, 17.
[6] BT-Drs. 16/5846, 51.
[7] *Wohlers/Demko* StV 2003, 241 (242); *Welp* GA 2002, 535 (556).
[8] So ebenfalls LG Frankfurt 21.10.2003 – 5/8 Qs26/03, MMR 2004, 339; LG Konstanz 27.10.2006 – 4 Qs 92/06, MMR 2007, 193.
[9] Amtsblatt der Europäischen Union 2006, ABl. L 105, 54 ff.
[10] Vgl. *Zöller* GA 2007, 393.
[11] Zur Problematik vgl. *Eisenberg/Singelstein* NStZ 2005, 62; *Tiedemann* S. 63 ff.
[12] Zu den verfassungs- und verfahrensrechtlichen Aspekten vgl. *Hupka*.

geschalteten, mithin sich im Standby-Modus befindlichen Mobiltelefons.[13] Da freilich auch § 96 Abs. 1 S. 1 TKG von bestehenden Verbindungen ausgeht, so ist etwa in Nr. 1 von „beteiligten Anschlüssen" und in Nr. 2 von „der jeweiligen Verbindung" die Rede, scheint jedenfalls auf den ersten Blick mit der Neuregelung des § 100g etwas aufgegeben worden zu sein, das durch den Verweis auf § 96 TKG wieder eingeführt wird. § 100g aFsetzte über eine rein technische Verbindung, die für den rein telekommunikationstechnisch auszulegenden § 96 TKG indes genügt, eine gleichsam verfassungsrechtlich qualifizierte technische Verbindung dergestalt voraus, dass diese Verbindung der Übermittlung individueller, von Art. 10 GG erfasster Kommunikation diente oder im Falle eines lediglich versuchten Verbindungsaufbaus dienen sollte. Dies ergibt die historische Auslegung der Norm. So hat die BReg in ihrer Begründung zum „Entwurf eines […] Gesetzes zur Änderung der Strafprozessordnung" vom 1.10.2001[14] ausgeführt, die den § 12 FAG ablösende Neuregelung des § 100g-E beinhalte ein Auskunftsverlangen, mit dem „in das Grundrecht des Fernmeldegeheimnisses eingegriffen wird.".[15] In Konsequenz dessen zitierte das auf diesem Entwurf beruhende „Gesetz zur Änderung der Strafprozessordnung" vom 20.12.2001[16] in Entsprechung des Zitiergebotes des Art. 19 Abs. 2 S. 1 GG einzig Art. 10 Abs. 1 GG und nicht etwa auch das allgemeine Persönlichkeitsrecht des Art. 2 Abs. 1 GG iVm Art. 1 Abs. 1 GG.

Vom Geltungsbereich des § 100g Abs. 1 in seiner aktuellen Fassung werden nunmehr sämtliche Verkehrsdaten im allein technisch definierten Sinne des § 96 Abs. 1 S. 1 TKG erfasst, gleichgültig, ob sie einen von Art. 10 GG erfassten Kommunikationsvorgang und damit **„qualifizierte Verkehrsdaten"** oder lediglich solche **„nicht qualifizierten Verkehrsdaten"** erfassen, die den gegenständlichen Schutzbereich von Art. 10 GG nicht berühren. Verkehrsdaten dieser Art stellen beispielsweise die Standortdaten eines lediglich aktiv geschalteten Mobiltelefons dar (vgl. § 96 Abs. 1 Nr. 1 TKG). **11**

Mit dem Wegfall des Erfordernisses „im Fall einer Verbindung" hat der Gesetzgeber mithin nicht weniger bewirkt, als **§ 100g vom Schutzbereich des Art. 10 GG zu entkoppeln.** Ob er diese Konsequenz bedacht hat, darf eingedenk der Tatsache, dass die Gesetzesmaterialien hierzu schweigen, bezweifelt werden. Sein Ziel, die rechtlich umstrittene Maßnahme der „stillen SMS" entbehrlich zu machen, hat er damit jedenfalls nicht erreicht. Zwar fällt durch diese Entkoppelung die Erhebung von Verkehrsdaten des lediglich aktiv geschaltenen Mobiltelefons oder, wie es der Ermittlungsrichter beim BGH in seiner Entscheidung vom 21.2.2001[17] zwar einprägsam, indes technisch unzutreffend ausgedrückt hat, des „nicht telefonierenden Handys" unter den Anwendungsbereich des § 100g. Die allein netzseitig generierten und von den Telekommunikationsdienstleistern zu beauskunftenden Standortdaten des aktiv geschalteten Mobiltelefons reichen quantitativ regelmäßig aber nicht aus, um ein präzises Bewegungsbild des das Mobiltelefon mit sich führenden Beschuldigten erstellen zu können. Hierzu bedarf es häufig zusätzlicher Standortdaten, die nach wie vor mittels der „stillen SMS" erzeugt werden. **12**

d) Datenerhebung beim Diensteanbieter (Abs. 3). Die Neuregelung in Abs. 3 soll klarstellen, dass sich „nach Abschluss des Kommunikationsvorgangs" die Erhebung von Verkehrsdaten nach den allgemeinen Vorschriften richtet. Der Gesetzgeber hatte hier insbesondere die Vorschriften der §§ 94 ff. über die Beschlagnahme im Blick.[18] Die Vorschrift hat klarstellenden und damit rein **deklaratorischen Charakter.** Sie ist eine Reaktion auf jenen Kammerbeschluss des BVerfG aus dem Jahre 2005,[19] in welchem dieses die Auffassung vertreten hatte, die in einem sichergestellten Mobiltelefon gespeicherten bzw. die in schriftlichen Einzelverbindungsnachweisen aufgelisteten Verkehrs(Verbindungs)daten dürften nur **13**

---

[13] BT-Drs. 16/5846, 51.
[14] BT-Drs. 14/7008, 6.
[15] BT-Drs. 14/7008, 6; vgl. zur Frage der Grundrechtsrelevanz auch *Korn* HRRS 2009, 112 (119).
[16] BGBl. I 3879.
[17] BGH 21.2.2001 – 2 BGs 42/2001, NStZ 2002, 103.
[18] BT-Drs. 16/5846, 55.
[19] BVerfG 4.2.2005 – 2 BvR 308/04, NJW 2005, 1637.

auf der Grundlage einer den §§ 100g, 100h aF entsprechenden Anordnung erhoben werden. Die in dieser Entscheidung vom BVerfG vertretene Rechtsauffassung hatte „das bisherige Verständnis zum Anwendungsbereich der in den §§ 100a, 100b enthaltenen Ermächtigungen zu Eingriffen in das durch Art. 10 GG geschützte Fernmeldegeheimnis nachhaltig erschüttert".[20] In seinem Urteil vom 2.3.2006[21] hat sich das BVerfG, ohne auf seine Entscheidung aus dem Jahr 2005 ausdrücklich einzugehen, korrigiert und ist zu der Auffassung zurückgekehrt, dass die nach Abschluss des Übertragungsvorgangs im Herrschaftsbereich des Kommunikationsteilnehmers gespeicherten Verkehrsdaten nicht von Art. 10 GG erfasst werden.

14 Nach Abs. 3 fallen unter den Anwendungsbereich des § 100g mithin diejenigen „qualifizierten" wie „nicht qualifizierten" Verkehrsdaten des § 96 Abs. 1 TKG, die **„beim Telekommunikationsdiensteanbieter" erhoben** werden. Diese Regelung stellt in dogmatischer Hinsicht keinen „Ausgleich" für die Entkoppelung des § 100g vom Schutzbereich des in Art. 10 GG verbürgten Fernmeldegeheimnisses dar. Dem Anwendungsbereich des § 100g unterliegen nach Abs. 3 zwar ausschließlich die beim Diensteanbieter erhobenen Verkehrsdaten, unter diesen befinden sich aber auch zahlreiche „nicht qualifizierte" Verkehrsdaten. Dies war nach richtigem Verständnis bei § 100g aF nicht der Fall. Dieser erfasste ausschließlich die in § 100g Abs. 3 aF abschließend aufgeführten Verbindungsdaten, bei denen es sich sämtlichst um „qualifizierte Verkehrsdaten" und somit um Daten einer nach Art. 10 GG relevanten Telekommunikationsverbindung handelte.

15 Die allgemeinen Vorschriften, insbesondere die der **§§ 94 ff.**, sollen nach dem in Abs. 3 zum Ausdruck gekommenen Willen des Gesetzgebers nur noch dann anzuwenden sein, wenn die Erhebung der Verkehrsdaten nach Abschluss des Kommunikationsvorgangs **in anderer Weise als durch eine Auskunftsanordnung** gegenüber dem Diensteanbieter erfolgt.

16 **2. Vorratsdaten. a) Zum Begriff der Vorratsdaten.** Vorratsdaten sind nach dem technisch orientierten Blickwinkel des TKG zunächst Verkehrsdaten im Sinne des § 3 Nr. 30 TKG, weil sie entsprechend der dort enthaltenen Definition Daten darstellen, „die bei der Erbringung eines Telekommunikationsdienstes erhoben, verarbeitet oder genutzt werden". Ihre Qualifikation als Vorratsdaten erfuhren die von der verfassungswidrigen Regelung des § 113a TKG erfassten Verkehrdaten dadurch, dass sie **verdachtslos und damit anlassunabhängig** und losgelöst von betrieblichen Zwecken des Telekommunikationsdienstleister, in dessen Netz sie generiert wurden, einzig zu öffentlichen Zwecken, etwa denen der Strafverfolgung, gespeichert werden sollten. Das nach wie vor bestehende Interesse der Strafverfolgungsbehörden an einer anlassunabhängigen Speicherung dieser Daten liegt darin begründet, dass strafrechtlich relevante Verkehrsdaten von den Telekommunikationsdienstleistern zu betrieblichen Zwecken vielfach nur noch für wenige Tage bzw. im Einzelfall überhaupt nicht benötigt und deshalb lediglich kurzzeitig bzw. nicht mehr gespeichert werden. Mit ihrer Löschung lassen sich die betreffenden Telekommunikationsvorgänge indes nicht mehr nachvollziehen.

17 Aufgrund der weltweiten Verbreitung moderner Telekommunikationmittel und damit einhergehend deren verstärkter Nutzung auch zu Straftaten hatten das Europäische Parlament und der Rat der Europäischen Union am 15.3.2006 die Richtlinie 2006/24/EG erlassen, um zu gewährleisten, dass jedenfalls diejenigen Verkehrsdaten, die Aufschluss über die durchgeführte Kommunikation hinsichtlich der beteiligten Anschlüsse, der Namen ihrer Nutzer, Beginn und Ende sowie des Ortes der Telekommunikation geben, „zum Zwecke der Ermittlung, Feststellung und Verfolgung von schweren Straftaten"[22] **auch dann noch zur Verfügung stehen**, wenn deren Beweisrelevanz erst später erkannt werden sollte. Die am 3.5.2006 in Kraft getretene Richtlinie war ua durch die aufgrund der nachstehend

---

[20] *Günther* NStZ 2005, 485.

[21] BVerfG 2.3.2006 – 2 BvR 2099/04, NStZ 2006, 641 ff. mit zust. Anm. *Günther.*

[22] Art. 1 der Richtlinie 2006/23/EG vom 15.3.2006, Autoblatt der Europäischen Union 2006, ABl. L 105.

dargestellten Entscheidung des BVerfG nichtigen Passagen in § 100g Abs. 1 S. 1 aF sowie die nunmehr ebenfalls nichtigen §§ 113a, 113b TKG in nationales Recht umgesetzt worden. In § 113a TKG waren die von Art. 5 der Richtlinie 2006/24/EG vorgebenen Kategorien der auf Vorrat zu speichernden Daten übernommen worden. Eine gegen die Richtlinie erhobene Nichtigkeitsklage, die darauf gestützt worden war, die Richtlinie sei rechtswidrig auf Art. 95 EG (nunmehr Art. 114 AEUV) gestützt worden, hatte der EuGH abgewiesen.[23]

§ 100g Abs. 1 S. 1 aF berechtigte die Strafverfolgungsbehörden zur Erhebung der auf der Grundlage des § 113a TKG gespeicherten Vorratsdaten. Das BVerfG hat mit Urteil vom 2.3.2010[24] festgestellt, dass **§ 100g Abs. 1 S. 1 insoweit gegen Art. 10 Abs. 1 GG verstößt und damit nichtig ist,** als die Vorschrift zur Erhebung dieser Vorratsdaten berechtige. Die Vorschriften der §§ 113a, 113b TKG hat das BVerfG vollständig für verfassungswidrig erklärt. 18

b) Verfassungswidrigkeit des § 113a TKG idF des Gesetzes v. 21.12.2007[25]. Wenngleich mit § 113a TKG die Rechtsgrundlage für die Speicherung dieser Art von Verkehrsdaten und mit § 113b S. 1 Nr. 1 TKG die Grundlage für deren Übermittlung an die Strafverfolgungsbehörden entfallen sind, hat das BVerfG in seiner Entscheidung eine sechsmonatige anlasslose Speicherung von Verkehrsdaten durch private Diensteanbieter für öffentliche Zwecke **nicht schlechthin als mit Art. 10 GG unvereinbar** erklärt. Von Verfassungs wegen sei eine solche Vorratsdatenspeicherung vielmehr statthaft. Indes hält die rechtspolitisch kontrovers geführte Diskussion über ihre Notwendigkeit namentlich im Zusammenhang mit der Bekämpfung des islamistischen Terrorismus, rechtsextremistischer Gewalttaten sowie der Organisierten Kriminalität an. Zudem sind bundesweit noch immer eine Reihe offener Ermittlungs- bzw. Strafverfahren anhängig, in denen noch vor der Entscheidung des BVerfG vom 2.3.2010 Vorratsdaten nach § 113a TKG auf der Grundlage der in dieser Sache zunächst erlassenen und wiederholt verlängerten einstweiligen Anordnung vom 11.3.2008[26] erhoben worden waren. Nach Maßgabe dieser Anordnung durften bis zur Hauptsachentscheidung allein nach § 113a TKG gespeicherte Verkehrsdaten aufgrund eines Abrufeersuchens der Strafverfolgungsbehörden nach § 100g Abs. 1 erhoben und diesen auch übermittelt werden, wenn Gegenstand dieser Anordnung eine Katalogtat nach § 100a Abs. 2 war. In diesen Verfahren stellt sich nun die Frage, ob und ggf. unter welchen Voraussetzungen diese Vorratsdaten noch verwertet werden dürfen (→ Rn. 53 f.).[27] 19

3. Betroffene der Maßnahme. a) Beschuldigte. Maßnahmen nach § 100g richten sich vorrangig gegen die „als **Täter oder Teilnehmer**" (Abs. 1 S. 1) einer Straftat verdächtige Person, mithin gegen den Beschuldigten. Dieser muss im Verdacht stehen, an der Tat als Täter gemäß § 25 Abs. 1 StGB, gleichgültig ob als unmittelbarer (§ 25 Abs. 1 Alt. 1) bzw. mittelbarer Täter (§ 25 Abs. 1 Alt. 2) oder aber als Anstifter oder Gehilfe beteiligt gewesen zu sein. Auch Vorbereitungshandlungen, sofern sie als selbstständige Delikte strafbar sind und unter die von § 100g Abs. 1 erfassten Deliktsgruppen subsumiert werden können, sind taugliche Anlasstaten für Maßnahmen nach § 100g. Nichts anderes gilt grundsätzlich für den Versuch der Beteiligung nach § 30 StGB.[28] Dies hat der BGH soweit ersichtlich bisher erst für den Fall des § 100a entschieden,[29] welcher seinem Wortlaut nach indes denselben Personenkreis umfasst wie § 100g StPO. Der Versuch der Beteiligung ist ausschließlich im Falle eines Verbrechens strafbar, sodass es sich bereits vor diesem Hintergrund regelmäßig um eine Straftat von auch im Einzelfall erheblicher Bedeutung handeln dürfte, auch wenn der Unrechtsgehalt der Tat beim Versuch der Beteiligung aufgrund der 20

[23] Vgl. zu der Entscheidung *Simitis* NJW 2009, 1782; *Braun* ZRP 2009, 174; *Kindt* MMR 2009, 661 (663).
[24] BVerfG 2.3.2010 – 1 BvR 256/08, NJW 2010, 833.
[25] BGBl. I 3198.
[26] BVerfG 11.3.2011 – 1 BvR 256/08, NStZ 2008, 290.
[27] Vgl. *Volkmer* NStZ 2010, 318.
[28] So auch *Meyer-Goßner* Rn. 15.
[29] BGH 16.6.1983 – 2 StR 837/82, NJW 1983, 2396 (2398).

geringeren objektiven Gefährlichkeit der Tathandlung regelmäßig deutlich vermindert sein dürfte.

21 **b) Nachrichtenmittler, Anschlussinhaber.** Darüber hinaus kann sich die Maßnahme gemäß Abs. 2 S. 1 iVm § 100a Abs. 3 auch gegen einen so genannten Nachrichtenmittler bzw. Anschlussinhaber, dh gegen Personen richten, bzgl. derer Anhaltspunkte dafür vorliegen, dass sie **für den Beschuldigten bestimmte oder von ihm herrührende Mitteilungen** entgegennehmen oder weiterleiten oder dass der Beschuldigte ihren Anschluss nutzt. Der Verweis auf § 100a Abs. 3 erfolgte zum Zweck der Harmonisierung der Vorschrift über die Verkehrsdaten mit denjenigen der Telekommunikationsüberwachung nach § 100a.[30]

22 Verkehrsdaten von anderen als den vorstehend genannten Personen zu erheben, etwa von **Zeugen**, ist unzulässig.[31] In Fällen von „Hacker-Angriffen", bei denen sich die Täter unter Ausnutzung einer Vielzahl von Computernetzwerken einwählen, sind die Betreiber der dazu missbrauchten, zwischengeschalteten Computernetzwerke nach dem Willen des Gesetzgebers als Nachrichtenmittler iSv § 100a Abs. 3 ansehen.[32]

III. Materielle Anordnungsvoraussetzungen (Abs. 1)

23 **Voraussetzung für die Erhebung von Verkehrsdaten** gemäß § 100g Abs. 1 iVm § 96 Abs. 1 TKG ist, dass entweder eine Straftat von auch im Einzelfall erheblicher Bedeutung oder aber „eine Straftat mittels Telekommunikation" begangen wurde, die entsprechenden Verdachtsmomente auf „bestimmte Tatsachen" gestützt werden können und die Datenerhebung für die Erforschung des Sachverhalts oder die Ermittlung des Aufenthaltsortes des Beschuldigten erforderlich ist.

24 **1. Straftat von erheblicher Bedeutung/Straftat mittels Telekommunikation (Abs. 1 S. 1 Nr. 1 und 2). a) Straftat von erheblicher Bedeutung.** Der **unbestimmte Rechtsbegriff** der „Straftat von erheblicher Bedeutung" wird nach einhelliger Auffassung dahingehend ausgelegt, dass es sich um eine Straftat handeln muss, die zumindest dem mittleren Kriminalitätsbereich zuzuordnen und geeignet ist, den Rechtsfrieden empfindlich zu stören sowie das Gefühl der Rechtssicherheit der Bevölkerung erheblich zu beeinträchtigen.[33] Der Begriff entstammt dem Polizeirecht und hat anlässlich der zunehmenden Verwendung „generalisierenden Deliktskataloge"[34] Aufnahme in die StPO gefunden. In der vorgenannten Definition kumulieren unbestimmte Rechtsbegriffe, sie sich einer begrifflichen Präzisierung weitgehend entziehen.[35] Wenngleich der unbestimmte Rechtsbegriff einer Straftat von erheblicher Bedeutung damit wenig praktikabel ist, genügt er nach Auffassung des BVerfG noch den rechtsstaatlichen Erfordernissen der Normenklarheit und Justitiabilität.[36]

25 Soweit das Erfordernis einer Straftat von erheblicher Bedeutung durch die Formulierung „insbesondere eine in § 100a Abs. 2 bezeichnete Straftat" eine gewisse Konkretisierung erfährt, soll der ausdrückliche Hinweis auf die Katalogtaten des § 100a die Anordnungsvoraussetzungen einerseits präzisieren, andererseits die für eine sachgerechte Anwendung der Vorschrift erforderliche Flexibilität gewährleisten.[37] Aus der Verwendung des Wortes „insbesondere" wird deutlich, dass der Hinweis auf den Katalog des § 100a lediglich beispielhaft ist.[38] Berücksichtigt man weiter, dass die Schwere eines Eingriffs nach § 100g regelmäßig

[30] BT-Drs. 14/7008, 7.
[31] BGH 24.11.2009 – 5 StR 385/09, BeckRS 2009, 88032.
[32] Vgl. BT-Drs. 14/7008, 7 hinsichtlich § 100a Abs. 2 S. 2 aF, der § 100a Abs. 3 entspricht.
[33] Vgl. BVerfG 14.12.2000 – 2 BvR 1741/99, NJW 2001, 878, 880; BGH 7.8.2013 – 1 StR 156/13, BeckRS 2013, 15441; *Meyer-Goßner* § 98a Rn. 5.
[34] BT-Drs. 12/2720, 43.
[35] So zutreffend *Welp* GA 2002, 538 (539).
[36] BVerfG 14.12.2000 – 2 BvR 1741/99, NJW 2001, 878 (880).
[37] BT-Drs. 14/7008, 6.
[38] Ebenso BeckOK-StPO/*Graf* Rn. 13.

hinter der des § 100a zurückbleibt[39] und dessen Katalog auch Vergehen umfasst, werden vielfach bereits Vergehen eine Straftat von erheblicher Bedeutung darstellen. Ausreichend sind Vergehen mittlerer Schwere, wofür eine **Strafrahmenobergrenze von mehr als drei Jahren** zu fordern ist. Die in der Kommentarlit.[40] vereinzelt vertretene Auffassung, auch ein Delikt mit einer Strafrahmenobergrenze von zwei Jahren könne ausreichen, begegnet aus den vorstehend dargelegten Erwägungen Bedenken. Antrags- und Bagatelldelikte scheiden damit regelmäßig aus.[41] Auch der Diebstahl eines Handys genügt in der Regel nicht.[42] Etwas anderes gilt, wenn Gegenstand des Diebstahls eine Sache von erheblichem Wert ist.[43]

Die Straftat muss nicht nur abstrakt, sondern auch **im Einzelfall von erheblicher Bedeutung** sein. Durch dieses zusätzliche Erfordernis sollen Fälle ausgeschieden werden, die zwar eine Straftat von erheblicher Bedeutung zum Gegenstand haben, indes im Einzelfall nicht geeignet sind, einen Eingriff in das Fernmeldegeheimnis zu rechtfertigen. So dürfte der Verdacht des einfachen Diebstahls eines Mobiltelefons sowie weiterer Gegenstände im Gesamtwert von 550 Euro[44] ebenso wenig ausreichen wie der eines Computerbetruges mit einem Schaden von 35 Euro.[45] Der Diebstahl einer Uhr im Werte von 25.000 Euro ist hingegen schon angesichts der Schadenshöhe als Straftat von erheblicher Bedeutung zu qualifizieren. Auch sind die im Gesetz als Strafmilderungsgründe benannten minder schweren Fälle nicht stets ausgeschlossen. Auch ein solcher Fall kann namentlich im Hinblick auf die Folgen der Tat für das Opfer ausreichend schwer wiegen, um im Einzelfall die Erhebung von Verkehrsdaten zu rechtfertigen.[46] 26

b) Straftat mittels Telekommunikation (Abs. 1 S. 1 Nr. 2). Liegen Anhaltspunkte für eine mittels Telekommunikation begangene Straftat vor, also bspw. unter Verwendung eines Telefons, einer E-Mail, eines Faxgerätes oder unter Nutzung des Internets, muss die den Gegenstand des Verfahrens bildende Straftat **nicht eine solche von erheblicher Bedeutung** sein. Es genügt vielmehr jede Straftat, sofern nur im Hinblick auf die Verhältnismäßigkeit des Eingriffs entsprechend dem Erfordernis in S. 2 die Erhebung der Daten in einem angemessenen Verhältnis zur Bedeutung der Sache liegt. Der Regelung in Nr. 2 liegt die kriminalpolitische Erwägung zu Grunde, dass derartige Straftaten ohne die Erhebung der Verkehrsdaten, namentlich der Kennung des anrufenden Anschlusses, nicht aufklärbar wären.[47] Gegen die damit begründete Herabsenkung der Eingriffsvoraussetzungen des § 100g bestehen auch keine verfassungsrechtlichen Bedenken. Nach Auffassung des BVerfG mindert vielmehr derjenige Beschuldigte seinen Anspruch auf Wahrung der Vertraulichkeit des Mediums, der dieses als Tatmittel einsetzt.[48] Als taugliche Anlasstat kommt in diesen Fällen „jede beliebige Straftat"[49] in Betracht, etwa das Nachstellen unter Verwendung von Telekommunikationsmitteln, das „Stalking" gemäß § 238 StGB, der unbefugte Zugriff auf fremde Daten unter Überwindung von Zugangssicherungen sowie das Ausspähen von Daten nach § 202a StGB. 27

Sämtliche mittels Telekommunikation begangenen Taten müssen, anders als im Falle von Nr. 1, auch **vollendet sein**. Eine mithin lediglich – sofern überhaupt strafbar – vorbereitete oder versuchte Straftat reicht, sofern diese nicht bereits von erheblicher Bedeutung ist, nicht aus. 28

---

[39] So auch BVerfG 12.3.2003 – 1 BvR 330/96 und 1 BvR 348/99, NJW 2003, 1787 (1791).
[40] So *Meyer-Goßner* § 98a Rn. 5.
[41] LG Dortmund 18.3.2002 – 14 (III) Qs 6/02, MMR 2003, 54.
[42] LG Hildesheim 12.3.2008 – 12 Qs 12/08, NdsRpfl. 2008, 148 (149).
[43] AG Friedberg 15.3.2006 – 40a Gs 301 Js 43229/06, NStZ 2006, 517.
[44] LG Hildesheim 12.3.2008 – 12 Qs 12/08, NdsRpfl. 2008, 148.
[45] LG Köln 5.2.2002 – 107 Qs 36702, MMR 2002, 562.
[46] BT-Drs. 16/5846, 40 hinsichtlich der Begründung zu § 100a.
[47] BT-Drs. 14/7008, 7.
[48] BVerfG 17.6.2006 – 2 BvR 1085/05, NJW 2006, 3197 (3198).
[49] BVerfG 17.6.2006 – 2 BvR 1085/05, NJW 2006, 3197, (3198).

29 **2. Den Tatverdacht begründende „bestimmte Tatsachen".** Ebenso wie etwa in den Fällen der §§ 100a, 100c, 100f, 100i muss sich auch im Fall des § 100g der Tatverdacht auf „bestimmte Tatsachen" stützen. Ausreichend ist bereits ein **qualifizierter Anfangsverdacht,** erforderlich ist also weder ein hinreichender Tatverdacht gemäß § 203 noch gar ein dringender Tatverdacht nach § 112. Indes muss sich der Anfangsverdacht aus „bestimmten Tatsachen", dh auf „eine hinreichende Tatsachenbasis" stützen lassen.[50] Reine Spekulationen, Mutmaßungen oder nicht auf tatsächliche Aspekte gestützte „kriminalistische Erfahrungswerte" reichen mithin nicht aus (→ § 100a Rn. 72 ff.).

30 **3. Zweck der Maßnahme.** Verkehrsdaten nach Maßgabe des § 100g dürfen einzig zum Zwecke der **Sachverhaltserforschung oder Aufenthaltsermittlung** des Beschuldigten erhoben werden, wobei sich die Maßnahme gemäß Abs. 2 S. 1 iVm § 100a Abs. 3 auch gegen den Nachrichtenmittler richten darf. Unzulässig ist es hingegen, in einem Verfahren wegen des Verdachts der Brandstiftung Verkehrsdaten im Wege einer so genannten „Funkzellenabfrage" einzig zur Klärung der Frage zu erheben, welche Personen sich zu einem bestimmten Zeitpunkt in einer konkreten Funkzelle aufgehalten haben, um so Anhaltspunkte für die Ermittlung der Identität weiterer und einzig als Zeugen in Betracht kommender Personen zu gewinnen.[51]

31 **4. Verhältnismäßigkeit. a) Straftat von erheblicher Bedeutung (Abs. 1 S. 1 Nr. 1).** Im Falle des Verdachts einer Straftat von erheblicher Bedeutung ist die Erhebung von Verkehrsdaten im Hinblick auf den jeden Grundrechtseingriff limitierenden Grundsatz der Verhältnismäßigkeit nach der gesetzgeberischen Wertung nur zulässig, wenn und soweit dies für die zulässigen Untersuchungszwecke **erforderlich** ist. Dies bedeutet konkret, dass bestimmte der von § 96 Abs. 1 S. 1 TKG erfassten Verkehrsdaten für die Ermittlungen benötigt werden und **keine andere, weniger eingriffsintensive Maßnahme** zur Erlangung dieser Daten bzw. zur Herbeiführung eines gleichwertigen Ermittlungserfolges zur Verfügung steht. Die so genannte „Fangschaltung", sprich die Identifizierung eines unbekannten Anrufers, auf die in der Lit.[52] als Alternative verwiesen wird, ist aufgrund ihrer eingeschränkten Leistungsmerkmale und damit mangels Geeignetheit regelmäßig kein gegenüber § 100g vorrangig zu berücksichtigendes Ermittlungsinstrument. Die Fangschaltung erfasst nur die *eingehende*, nicht hingegen die durchweg ebenfalls beweiserhebliche *abgehende* Telekommunikation.

32 Bei der Beurteilung der Verhältnismäßigkeit einer Maßnahme nach § 100g steht dem anordnenden Richter oder Staatsanwalt wie bei anderen Eingriffsmaßnahmen auch ein **Beurteilungsspielraum** zu. Die revisionsrechtliche Kontrolle beschränkt sich insoweit auf den Maßstab der Vertretbarkeit, weil, wie der BGH zutreffend festgestellt hat, sich „das gesetzliche System der Subsidiaritätsklauseln als derart fein abgestimmt dar(stellt), dass die Übergänge fließend und eindeutige – von den subjektiven Einschätzungen und Wertungen des zur Entscheidung Berufenen unabhängige – Grenzziehungen nicht möglich sind".[53]

33 **b) Straftat mittels Telekommunikation (Abs. 1 S. 1 Nr. 2, S. 2).** Im Falle einer mittels Telekommunikation begangenen Straftat ist gemäß Abs. 1 S. 2 eine Verkehrsdatenerhebung nur zulässig, wenn die Sachverhaltserforschung oder Aufenthaltsermittlung **„aussichtslos"** wäre. Soweit die Vorschrift zusätzlich fordert, dass „die Erhebung der Daten in einem angemessenen Verhältnis zur Bedeutung der Sache steht", wollte der Gesetzgeber damit die Fälle der „leichteren Kriminalität" aus dem Anwendungsbereich des § 100g Abs. 1 S. 1 Nr. 2 ausschließen.[54] Diesem Erfordernis kommt indes eine weitergehende, über den allgemeinen Grundsatz der Verhältnismäßigkeit, der diese leichteren Fälle bereits ausschließt, hinausgehende eingriffslimitierende Bedeutung nicht zu.

---

[50] BVerfG 12.3.2003 – 1 BvR 330/96 und 1 BvR 348/99, NJW 2003, 1787 (1791).
[51] Vgl. *Bitzer* DuD 2005, 578.
[52] *Meyer-Goßner* Rn. 16; *Hilger* GA 2002, 229.
[53] BGH 16.2.1995 – 4 StR 729/94, NJW 1995, 1974 (1975).
[54] BT-Drs. 16/5846, 52.

IV. Formelle Anordnungsvoraussetzungen (Abs. 2)

Hinsichtlich der formellen Eingriffsvoraussetzungen wurde durch den Verweis in Abs. 2 auf die Regelungen in § 100b Abs. 1–4 S. 1 eine weitestgehende **Harmonisierung** mit den Regelungen der Telekommunikationsüberwachung vorgenommen. 34

1. Zuständigkeit für die Anordnung. Zuständig ist im Ermittlungsverfahren gemäß § 162 das **Amtsgericht,** in dessen Bezirk die den Antrag stellende Staatsanwaltschaft oder ihre Zweigstelle ihren Sitz hat. In den Fällen, die nach § 120 GVG zur Zuständigkeit des OLG im ersten Rechtszug gehören, ist nach § 169 Abs. 1 S. 1 auch der Ermittlungsrichter beim OLG zuständig. Führt der GBA die Ermittlungen, so ist nach § 169 Abs. 1 S. 2 alternativ auch der Ermittlungsrichter beim BGH zuständig. Das zuständige Gericht darf eine Anordnung nach § 100g nur auf Antrag der Staatsanwaltschaft erlassen. Bei Gefahr im Verzug besteht nach Abs. 2 iVm § 100b Abs. 1 S. 2 und 3 eine **Eilzuständigkeit der Staatsanwaltschaft,** deren Anordnung binnen drei Werktagen außer Kraft tritt, wenn sie nicht vom Gericht bestätigt wird. Der Betroffene wird erst nach Beendigung der Maßnahme gehört (§ 33 Abs. 4). 35

2. Form und Inhalt der Anordnung. Hinsichtlich Form und Inhalt legt Abs. 2 iVm § 100b Abs. 2 S. 1 und 2 fest, dass die Anordnung schriftlich zu ergehen hat. In ihr sind, soweit diese Umstände bekannt sind, **Name** und **Anschrift** des Betroffenen, die **Rufnummer** oder eine andere Kennung des betreffenden Anschlusses oder Endgerätes, **Art**, **Umfang** und, sollen zukünftige Verkehrsdaten erhoben werden, die **Dauer** der Maßnahme unter Benennung des Endzeitpunktes anzugeben. Die Anordnung setzt ebenso wie die einer jeden anderen verdeckten Ermittlungsmaßnahme auch eine konkrete Einzelfallprüfung voraus und hat dies entsprechend zu dokumentieren.[55] 36

Soll eine retrograde, dh eine Verkehrsdatenerhebung hinsichtlich bereits vergangener Telekommunikationsvorgänge erfolgen, so kommt eine Befristung der Maßnahme naturgemäß nicht in Betracht. Da von Rechts wegen über retrograde Verkehrsdaten **unbeschränkt Auskunft** verlangt werden kann, ist es aus Gründen der Verhältnismäßigkeit geboten, den Umfang der Vekehrsdatenerhebung durch Benennung der ermittlungsrelevanten Zeitpunkte oder -räume so weit wie möglich zu begrenzen. 37

Die richterliche (oder richterlich bestätigte staatsanwaltschaftliche) Anordnung zwecks Erhebung von Verkehrsdaten bzgl. künftiger Telekommunikationsvorgänge ist gemäß Abs. 2 iVm § 100b Abs. 1 S. 4 und 5 auf höchsten **drei Monate** zu befristen und kann so oft wie erforderlich und verhältnismäßig um jeweils längstens drei weitere Monate verlängert werden. Bedingung für eine Verlängerung ist, dass die Voraussetzungen für die Anordnung der Maßnahme auch unter Berücksichtigung der bis dahin gewonnenen Erkenntnisse nach wie vor gegeben sind. 38

Gemäß § 100g Abs. 2 S. 2 genügt im Falle einer Straftat von erheblicher Bedeutung eine räumlich und zeitlich hinreichend bestimmte Bezeichnung der Telekommunikation, wenn die Erforschung des Sachverhalts oder die Ermittlung des Aufenthaltsortes des Beschuldigten auf andere Weise aussichtslos oder wesentlich erschwert wäre **(„Funkzellenabfrage“).**[56] Die Anforderungen, die im Falle der Funkzellenabfrage an die Bestimmtheit der Bezeichnung der Telekommunikation zu stellen sind, hängen maßgeblich von der Schwere der Anlasstat sowie der Anzahl der durch die Maßnahme möglicherweise betroffenen unbeteiligten Dritten ab.[57] 39

Die räumliche Lokalisierung des Ortes der Telekommunikation ist aufgrund der vielfach verhältnismäßig genauen Kenntnis der Strafverfolgungsbehörden über den Ereignis- bzw. Tatort meist recht präzise möglich. Dies bedeutet hingegen nicht, dass damit auch sicher die diesen Ort zum Ereigniszeitpunkt versorgende Funkzelle feststeht. Derselben geographi- 40

---

[55] *Meyer-Goßner* Rn. 25; *Gusy* NStZ 2003, 399 (403).
[56] Zu den kriminalistischen Möglichkeiten vgl. *Rauschenberger* Kriminalistik 2009, 273.
[57] BT-Drs. 14/7258, 4, 5.

schen Punkte werden vielfach nicht nur von verschiedenen Mobilfunknetzen versorgt, auch innerhalb desselben Netzes eines bestimmten Mobilfunkbetreibers kann es zu „Überlagerungen" kommen. So werden viele geographische Punkte von mehreren Funkzellen desselben Betreibers abgedeckt, um etwa Belastungsspitzen einzelner Funkzellen ausgleichen zu können. Auch kann sich der Versorgungsbereich einer bestimmten Funkzelle wetterbedingt oder aufgrund topografischer bzw. baulicher Maßnahmen verändern. Aus diesem Grunde empfiehlt es sich vielfach, zur genauen Eingrenzung des Versorgungsbereichs einer Funkzelle diese zu vermessen, mithin eine so genannte. **„Funkzellenvermessung"** durchzuführen. Ähnlich verhält es sich mit der Ereignis- bzw. Tatzeit. Sie kann zzt. der Antragstellung häufig nur ungenau bestimmt werden. Entsprechend groß ist das Zeitfenster, innerhalb dessen sich die Tat ereignet haben kann. Um zu vermeiden, dass unbeteiligte Dritte in größerer Zahl betroffen werden, ist das Zeitfenster so klein zu möglich zu fassen. Es liegt in der Regel zwischen etwa dreißig Minuten und wenigen Stunden.

41 **3. Beendigung der Maßnahme (Abs. 4 S. 1).** Liegen die Voraussetzungen für die Erhebung der Verkehrsdaten nicht mehr vor, so sind die aufgrund der Anordnung ergriffenen Maßnahmen gemäß § 100g Abs. 2 S. 1 iVm § 100b Abs. 4 S. 1 **unverzüglich** zu beenden. Die Regelung gilt für die retrograde Erhebung wie für die Erhebung zukünftiger Verkehrsdaten gleichermaßen. Im erstgenannten Fall ist der verpflichtete Telekommunikationsdienstleister darüber zu unterrichten, dass er die erbetene Auskunft nicht mehr bzw. nicht weiter zu erteilen hat, im zweitgenannten Fall ist diesem aufzugeben, die weitere Ausleitung der Daten einzustellen.

42 Eine Pflicht, das anordnende Gericht entsprechend der Regelung gemäß § 100b Abs. 4 S. 2 nach Beendigung der Maßnahme über deren **Ergebnisse zu unterrichten**, sieht § 100g nicht vor.

V. Art der Datenerhebung

43 **1. Retrograde Datenerhebung.** § 100g berechtigt die Strafverfolgungsbehörden zu einer umfassenden Erhebung zurückliegender bzw. zukünftiger Verkehrsdaten. Die zurückliegenden Verkehrsdaten werden notwendiger Weise **nachträglich und zumeist gebündelt** erhoben. Der Dienstleister versucht aus Kostengründen vielfach, sämtliche Datensätze gemeinsam (gebündelt) zu übermitteln. Ob er diese Daten in Papierform oder aber elektronisch auszuleiten hat, kann dem Dienstleister durch die Staatsanwaltschaft oder deren Ermittlungspersonen aufgegeben werden. Zwar ist die Art und Weise des Vollzugs der richterlichen Anordnung nicht im Gesetz geregelt; § 100g enthält indes, ebenso wie § 100a, die konkludente Ermächtigung zur Anordnung solcher Begleitmaßnahmen, die mit der Übermittlung der Daten typischerweise einhergehen. Die Staatsanwaltschaft als nach § 36 Abs. 2 S. 1 zuständige Vollstreckungsbehörde darf also eine entsprechende Anweisung treffen.[58]

44 **2. Künftige Verkehrsdaten (Abs. 1 S. 3).** § 100g lässt hinsichtlich künftig anfallender Verkehrsdaten eine Datenausleitung in **Echtzeit** zu. Möglich ist indes auch hier in bestimmten Zeitabständen eine nachträgliche und gebündelte Beauskunftung. Nach Abs. 1 S. 3 dürfen indes die Standortdaten nur dann in Echtzeit erhoben werden, wenn Gegenstand der Anordnung eine Straftat nach Abs. 1 S. 1 Nr. 1 ist.

45 **3. Beauskunftung löschungspflichtiger Daten.** Verkehrsdaten dürfen nach § 96 Abs. 1 S. 2 und 3 TKG über das Ende einer Verbindung hinaus nur verwendet werden, soweit dies zum Aufbau weiterer Verbindungen oder für gesetzlich zugelassene Zwecke wie Entgeltabrechnung, Erstellung von Einzelverbindungsnachweisen etc erforderlich ist. Vielfach speichern Telekommunikationsdienstleister Daten aber noch länger, sodass sich Maßnahmen nach § 100g im Einzelfall auch auf – nunmehr jedenfalls – (datenschutz)**rechts-**

---

[58] BGH 20.3.2003 – 1 BGs 107/03, NStZ 2005, 278.

widrig gespeicherte Daten beziehen können. Die BReg. hat in einer Stellungnahme die Auffassung vertreten, die Auskünfte der Dienstleister sollen auf diejenigen Daten beschränkt sein, die „zulässigerweise erhoben und gespeichert werden".[59] Gleichwohl sind auch derartige, nunmehr, dh zum Zeitpunkt ihrer Erhebung rechtswidrig gespeicherte Daten zu Beweiszwecken verwertbar. Diese Daten sind vormals rechtmäßig erhoben worden und besitzen Beweisrelevanz im Hinblick auf Straftaten von zumindest erheblicher Bedeutung. Entsprechend der von der Rspr. entwickelten Abwägungslehre dürfte in Fällen dieser Art regelmäßig das öffentliche Interesse an der Strafverfolgung überwiegen (vgl. zur Abwägungslehre § 100a Rn. 191).

4. „Quick Freezing". Die StPO enthält keine Rechtsgrundlage, Telekommunikations- 46
dienstleister verbindlich anzuweisen, bei ihnen noch gespeicherte und zu Beweiszwecken benötigte Verkehrsdaten **bis zur Übersendung einer die Beauskunftung der Daten rechtfertigenden Anordnung nicht zu löschen.** Obwohl Art. 16 Abs. 2 des Übereinkommens über Computerkriminalität des Europarats vom 23.11.2001[60] vorsieht, dass die Vertragsparteien die gesetzgeberischen Grundlagen für eine solche Möglichkeit zu schaffen haben, sah die BReg. eine solche Regelung neben der damals vorgesehenen Vorratsdatenspeicherung und schließlich auch umgesetzten Vorratsdatenspeicherung für entbehrlich an.[61] Nachdem das BVerfG die Regelungen über die Vorratsdatenspeicherung in § 113a TKG für verfassungswidrig erklärt hat (→ Rn. 53), lebt die rechtspolitische Diskussion über die Notwendigkeit einer solchen Möglichkeit wieder auf.[62] Den Strafverfolgungsbehörden dürften zzt. allein die Möglichkeit zur Verfügung stehen, eine Eilanordnung nach § 100g Abs. 2 S. 1 iVm § 100b Abs. 1 S. 2 durch die Staatsanwaltschaft zu erwirken. Diese Anordnung dürfte freilich vielfach zu spät kommen, da die Telekommunikationsdienstleister die Verkehrsdaten so sie diese denn überhaupt speichern vielfach bereits nach drei bis sieben Tagen löschen.

VI. Mitwirkungspflicht der Telekommunikationsdienstleister (Abs. 2 S. 1 iVm § 100b Abs. 3)

Nach Abs. 2 S. S. 1 iVm § 100b Abs. 3 hat jeder, der Telekommunikationsdienste 47
erbringt oder daran mitwirkt, Gerichten und Strafverfolgungsbehörden **Maßnahmen nach § 100g zu ermöglichen sowie die erforderlichen Auskünfte zu erteilen.**[63] Zu dem Verweis auf § 100b Abs. 3 sah sich der Gesetzgeber aufgrund der Erweiterung des § 100g um die Möglichkeit der Erhebung von Verkehrsdaten in Echtzeit veranlasst.[64] Eine Mitwirkung der Telekommunikationsdienstleister bei der Erhebung der Verkehrsdaten ist für Maßnahmen nach § 100g indes nicht konstitutiv. Die Strafverfolgungsbehörden sind nicht verpflichtet, Verkehrsdaten ausschließlich unter Mitwirkung der Diensteanbieter zu erheben. Sofern sie hierzu im Einzelfall auch eigenständig in der Lage sein sollten, wird auch diese Art der Datenerhebung bei Vorliegen der weiteren Voraussetzungen von § 100g erfasst (→ § 100b Rn. 52).[65]

VII. Verwertbarkeit

1. Allgemeine Verwertungsaspekte. a) Erkenntnisse zur Anlasstat. Personenbe- 48
zogene Daten, die sich auf diejenige Tat beziehen, zu deren Aufklärung die Maßnahme angeordnet wurde, unterliegen hinsichtlich ihrer Verwertbarkeit keinerlei Beschränkungen.

---

[59] BT-Drs. 14/7258, 2.
[60] BGBl. II 1242.
[61] BT-Drs. 16/5846, 53.
[62] Vgl. heise online v. 12.11.2010, Vorratsdatenspeicherung: *Schaar* schlägt „Quick Freeze Plus" vor.
[63] Zum Spannungsfeld zwischen privatrechtlichem Dienstleister und öffentlichrechtlich Verpflichtetem vgl. *Gnirck/Lichtenberg* DUD 2004, 598.
[64] BT-Drs. 16/5846, 54.
[65] So auch *Meyer-Goßner* Rn. 3.

Dies gilt selbst dann, wenn die Qualität der Anlasstat als Straftat von erheblicher Bedeutung im Verlauf der Ermittlungen entfallen sollte (vgl. zu dieser Problematik § 100a Rn. 179).

49 **b) Erkenntnisse zu einer anderen Tat.** Die durch Maßnahmen nach § 100g erlangten personenbezogenen Daten dürfen ohne Einwilligung der von der Maßnahme betroffenen Personen gemäß § 477 Abs. 2 S. 2 zu Beweiszwecken hinsichtlich anderer strafprozessualer Taten verwendet werden, wenn auch hinsichtlich dieser anderen Taten Maßnahmen nach § 100g hätten angeordnet werden dürfen. Der Regelung des § 477 Abs. 2 S. 2 liegt damit der Gedanke des **hypothetischen Ersatzeingriffs** zu Grunde. Handelt es sich bei der anderen Straftat nicht um eine solche nach Abs. 1 S. 1 Nr. 1 und 2, so dürfen die personenbezogenen Daten gleichwohl nach wohl allgM als **Spurenansatz** verwendet werden (→ § 100a Rn. 179).[66]

50 **c) Verwendung zu präventiven Zwecken (§ 477 Abs. 2 S. 3).** Aus strafprozessualen Maßnahmen erlangte personenbezogene Daten dürfen ohne Einwilligung der von der Maßnahme betroffenen Personen nach § 477 Abs. 2 S. 3 nur zur Abwehr einer erheblichen Gefahr für die öffentliche Sicherheit, nicht indes zur Abwehr einer Gefahr für die öffentliche Ordnung verwendet werden (→ § 100a Rn. 187).

51 **d) Daten aus präventiven Maßnahmen (§ 161 Abs. 2).** Aus präventiv-polizeirechtlichen Maßnahmen erlangte personenbezogene Daten über begangene Straftaten können unter den Voraussetzungen des § 161 Abs. 2 für strafprozessuale Zwecke verwendet werden. Auch diese Vorschrift knüpft an den Grundsatz des **hypothetischen Ersatzeingriffs** an und lässt eine Umwidmung der Daten zu, wenn diese auch nach den Vorschriften der Strafprozessordnung hätten erhoben werden können. Die Verwertung von auf präventiv-polizeirechtlicher Grundlage erhobenen Verkehrsdaten nach § 96 Abs. 1 S. 1 TKG zu **Beweiszwecken** ist danach nur unter der Voraussetzung zulässig, dass die Daten zur Aufklärung einer Straftat dienen, bzgl. derer die materiellen Anordnungsvoraussetzungen des § 100g vorliegen. Sollen die präventiv-polizeirechtlich gewonnenen Erkenntnisse nicht zu Beweiszwecken, sondern lediglich als **Spuransatz oder zur Ermittlung des Aufenthaltsortes des Beschuldigten** verwendet werden, greifen die Beschränkungen des § 161 Abs. 2 nicht.

52 **e) Materiell bzw. formell rechtswidrige Anordnungen.** Die Frage, ob in den gesetzlich nicht geregelten Fällen einer materiell bzw. formell rechtswidrigen Anordnung nach § 100g im Einzelfall ein Verwertungsverbot besteht, ist nach den von der Rspr. entwickelten Grundsätzen durch eine **Abwägung** zwischen dem öffentlichen Interesse an einer Aufklärung und ggf. Ahndung der Tat einerseits mit Art und Gewicht des Rechtsverstoßes und dem individuellen Interesse des hiervon Betroffenen an der Wahrung seiner Rechtsgüter andererseits zu prüfen (→ § 100a Rn. 191 ff.).

53 **2. Verwertung von Vorratsdaten zu Beweiszwecken.** Das BVerfG hat in seinem Urteil zur „Vorratsdatenspeicherung" vom 2.3.2010 ua die Vorschriften der **§§ 113a, 113b TKG**, die bis dato die Rechtsgrundlagen für die Speicherung und Beauskunftung von Vorratsdaten (zum Begriff → Rn. 16) darstellten, für **verfassungswidrig** erklärt.[67] Es hat in Konsequenz dessen weiter entschieden, dass sämtliche bisher auf der Grundlage seiner einstweiligen Anordnung vom 11.3.2008[68] von den Anbietern öffentlich zugänglicher Telekommunikationsdienste im Rahmen von behördlichen Auskunftsersuchen erhobenen, aber einstweilen nicht nach § 113b S. 1 Hs. 1 TKG an die ersuchenden Stellen übermittelten, sondern bei den Diensteanbietern noch gespeicherte Daten unverzüglich zu löschen seien.

---

[66] Vgl. BT-Drs. 16/5846, 64; *Meyer-Goßner* § 477 Rn. 5a; BeckOK-StPO/*Wittig* § 477 Rn. 5; aA *Singelstein* ZStW 120, 880 (887).

[67] Vgl. hierzu *Roßnagel* NJW 2010, 1238; *Hornung/Schnabel* DVBl 2010, 824; *Gietl* DuD 2010, 398; *Danckwerts* CR 2002, 539.

[68] BVerfG 11.3.2008 – 1 BvR 256/08, NStZ 2008, 290.

Das vorgenannte Urteil des BVerfG hat der Erhebung und Übermittlung von Vorratsdaten – letzteres war zulässig, wenn es sich bei der anordnungsgegenständlichen Straftat um eine solche nach § 100a Abs. 2 gehandelt hat – bis zum Zeitpunkt seiner Verkündung indes nicht die Rechtsgrundlage entzogen. Rechtsgrundlage für die Erhebung und Übermittlung der während der Geltungsdauer der einstweiligen Anordnung beauskunfteten Daten war vielmehr **die einstweilige Anordnung selbst.** Eine solche auf § 32 Abs. 1 BVerfGG gestützte und im Bundesgesetzblatt zu veröffentlichende Entscheidung erwächst ebenso wie die Entscheidungsformel eines Urteils des BVerfG und die sie tragenden Erwägungen in Gesetzeskraft.[69] Die einstweilige Anordnung gilt zwar längstens für sechs Monate bzw. bis zur Entscheidung des Hauptsacheverfahrens. Für die Zeit ihrer Geltung regelt sie indes die Rechtslage endgültig.[70] Sie ist, auch wenn ihr eine Gesetzeskraft, anders als durch § 31 Abs. 2 BVerfGG für die Hauptsacheentscheidung, nicht zuerkannt wird, gleichwohl die „endgültige Regelung eines vorläufigen Zustandes".[71] Auch das BVerfG selbst spricht seinen einstweiligen Anordnungen eine solche Wirkung zu.[72] 54

Auf diese Erwägungen haben sich, ebenso wie bereits zuvor der 4. Strafsenat,[73] dieser indes nicht tragend, der 1. Strafsenat des BGH in seinem Beschluss vom 18.1.2011[74] und der 3. Strafsenat in seinem Urteil vom 13.1.2011[75] gestützt und die Verwertung von Vorratsdaten, die auf der Grundlage ermittlungsrichterlicher Beschlüsse bis zur Hauptsacheentscheidung am 2.3.2010 erhoben worden waren, auch nach diesem Zeitpunkt für rechtmäßig erachtet. Der 1. Strafsenat hat weiter ausgeführt, die Rechtmäßigkeit der Beweismittelgewinnung sei durch die Nichtigkeit der §§ 113a, 113b TKG nicht rückwirkend entfallen und die einstweilige Anordnung verliere ihre „legitimierende Kraft" nicht durch die Hauptsacheentscheidung. Mit der einstweiligen Anordnung habe das BVerfG als **„Interimsnormgeber"** gewirkt und die Konsequenzen seiner Anordnung in ihrer konkreten Form, nämlich dass vorläufig einer eingeschränkten Anwendung der §§ 113a, 113b TKG gegenüber ihrer Nichtanwendung der Vorzug zu geben sei, bedacht. Für dieses Ergebnis spreche auch die Hauptsacheentscheidung selbst. So habe das BVerfG in seinem Urteil angeordnet, die Diensteanbieter hätten die erhoben Daten unverzüglich zu löschen, soweit sie nicht bereits an die ersuchenden Behörden übermittelt worden seien. Zwar sei durch die Hauptsacheentscheidung eine Änderung der Rechtslage eingetreten und es gelte im Strafprozessrecht der Grundsatz, dass für das weitere Verfahren auf die neue Rechtslage abzustellen sei; vorliegend seien die Daten indes zuvor rechtmäßig erhoben und übermittelt worden. Die weitere strafprozessuale Verwendung der Daten sei erlaubt, da ein selbstständiges Verwertungsverbot nicht bestehe. 55

VIII. Berichtspflicht, § 100g Abs. 4 iVm § 100b Abs. 5

Die **Länder sowie der Generalbundesanwalt** haben ebenso wie im Falle der Telekommunikationsüberwachung nach § 100a das Bundesamt für Justiz kalenderjährlich, jeweils bis spätestens zum 30. Juli eines jeden Jahres, über die in ihrem Zuständigkeitsbereich im vergangenen Jahr angeordneten Maßnahmen zu unterrichten (→ § 100b Rn. 62) Die nach Abs. 4 Nr. 1 bis 3 mitzuteilenden Daten sind im Wesentlichen identisch mit denen in § 100b Abs. 6. Soweit über diese hinaus nach § 100g Abs. 4 Nr. 4 und 5 noch die Anzahl der zurückliegenden Monate, für die Verkehrsdaten nach Abs. 1 abgefragt wurden (bemessen nach dem Zeitpunkt der Anordnung) sowie die Anzahl der Maßnahmen, die ergebnislos geblieben sind, anzugeben sind, resultiert diese weitergehende Mitteilungspflicht aus der auch retrograden Ausrichtung der Verkehrsdatenerhebung. 56

[69] Maunz/Schmidt-Bleibtreu/Klein/*Bethge,* BVerfGG, EL 21.7.2002, § 32 Rn. 173.
[70] Maunz/Schmidt-Bleibtreu/Klein/*Bethge,* BVerfGG, EL 21.7.2002, § 32 Rn. 8.
[71] Maunz/Schmidt-Bleibtreu/Klein/*Bethge,* BVerfGG, EL 21.7.2002, § 32 Rn. 8 mit Verweis auf Bend/Klein/*Klein,* Verfassungsprozessrecht, 2. Aufl. 2001 Rn. 1229.
[72] BverfG 28.8.2003 – 2 BvR 1010/01, NJW 2004, 279 (280).
[73] BGH 4.11.2010 – 4 StR 404/10, NJW 2011, 467.
[74] BGH 18.1.2011 – 1 StR 663/10, NStZ 2011, 354.
[75] BGH 13.1.2011 – 3 StR 332/10, Beck RS 2011, 06570 = NStZ-RR 2011, 181.

B. Rechtsbehelfe

57 Gegen die richterliche Anordnung der Maßnahme oder die richterliche Bestätigung einer staatsanwaltschaftlichen Eilanordnung können Betroffene nach **§ 304 Abs. 2** die **einfache Beschwerde** einlegen. Gegen staatsanwaltschaftliche Eilanordnungen ist zudem ein Antrag auf gerichtliche Entscheidung analog § 98 Abs. 2 S. 2 statthaft. Dies gilt bis zur Beendigung der Maßnahme auch für die Fälle, in denen eine Überprüfung der Art und Weise des Vollzugs der Maßnahme begehrt wird.[76]

58 Gemäß § 101 Abs. 7 S. 2 bis 4 iVm § 101 Abs. 4 S. 1 Nr. 6 können die Beteiligten der Kommunikation gegen richterliche wie gegen nichtrichterliche Anordnungen nach § 100g einen **Antrag auf Überprüfung der Rechtmäßigkeit der Maßnahme sowie der Art und Weise ihres Vollzuges** stellen. Dieser Rechtsbehelf geht als abschließende Sonderregelung der Beschwerde nach § 304 vor. Andernfalls würde die gesetzliche Antragsfrist von zwei Wochen in § 101 Abs. 7 S. 2 sowie die Ausgestaltung des gegen diese Entscheidung nach § 101 Abs. 7 S. 3 statthaften Rechtsmittels als sofortige Beschwerde leerlaufen (→ § 101 Rn. 91 ff.).

C. Revision

59 Mit der Revision kann in einer den Anforderungen des § 344 Abs. 2 S. 2 genügenden Weise mit der **Verfahrensrüge** beanstandet werden, das Tatgericht habe bei seiner Entscheidung zu Unrecht Verkehrsdaten verwandt, weil diese entweder bereits rechtswidrig erhoben worden seien oder zwar rechtmäßig erhoben worden seien, indes zu strafprozessualen Zwecken nicht hätten verwertet werden dürfen (→ § 100a Rn. 233 ff.).

§ 100h [Weitere Maßnahmen ohne Wissen der Betroffenen]

(1) [1]Auch ohne Wissen der Betroffenen dürfen außerhalb von Wohnungen
1. Bildaufnahmen hergestellt werden,
2. sonstige besondere für Observationszwecke bestimmte technische Mittel verwendet werden,

wenn die Erforschung des Sachverhalts oder die Ermittlung des Aufenthaltsortes eines Beschuldigten auf andere Weise weniger erfolgversprechend oder erschwert wäre. [2]Eine Maßnahme nach Satz 1 Nr. 2 ist nur zulässig, wenn Gegenstand der Untersuchung eine Straftat von erheblicher Bedeutung ist.

(2) [1]Die Maßnahmen dürfen sich nur gegen einen Beschuldigten richten. [2]Gegen andere Personen sind
1. Maßnahmen nach Absatz 1 Nr. 1 nur zulässig, wenn die Erforschung des Sachverhalts oder die Ermittlung des Aufenthaltsortes eines Beschuldigten auf andere Weise erheblich weniger erfolgversprechend oder wesentlich erschwert wäre,
2. Maßnahmen nach Absatz 1 Nr. 2 nur zulässig, wenn auf Grund bestimmter Tatsachen anzunehmen ist, dass sie mit einem Beschuldigten in Verbindung stehen oder eine solche Verbindung hergestellt wird, die Maßnahme zur Erforschung des Sachverhalts oder zur Ermittlung des Aufenthaltsortes eines Beschuldigten führen wird und dies auf andere Weise aussichtslos oder wesentlich erschwert wäre.

(3) Die Maßnahmen dürfen auch durchgeführt werden, wenn Dritte unvermeidbar mitbetroffen werden.

[76] SK-StPO/*Rudolphi* § 98 Rn. 35 ff.

Schrifttum: *Abdullah/Gercke,* Verwertbarkeit privat veranlasster GPS-Peilungen von gestohlenem Gut, CR 2003, 298; *Bernsmann,* Beweisgewinnung unter Verwendung des satelittengestützten Navigationssystems GPS, StV 2001, 382; *Bull,* Sind Video-Verkehrskontrollen unter keinem rechtlichen Aspekt vertretbar?, NJW 2009, 3279; *Burghardt,* Die neue Übersichtlichkeit – Die Rechtssprechung des BGH zum nachträglichen Rechtsschutz gegen verdeckte Ermittlungen, HRRS 2009, 567; *Burhoff,* Videomessung im Straßenverkehr – BverfG – 2 BvR 941/08 und seine Folgen, VRR 2010, 93; *Eisenberg/Singelstein,* Zur Unzulässigkeit der heimlichen Ortung per „stiller SMS, NStZ 2005, 62; *Hilger,* Neues Strafverfahrensrecht durch das OrgKG – Teil 1, NStZ 1992, 457; *Hippel/Weiß,* Eingriffsqualität polizeilicher Observierungen, JR 1992, 316; *Keller,* Der Einsatz technischer Mittel außerhalb von Wohnungen zu repressiven Zwecken, Kriminalistik 2006, 537; *Meyer-Wieck,* Rechtswirklichkeit und Effizienz der akustischen Wohnraumüberwachung („großer Lauschangriff") nach § 100c Abs. 1 Nr. 3 StPO, Eine rechtstatsächliche Untersuchung im Auftrag des Bundesministeriums der Justiz; *2004; Schairer/Krombacher,* Einsatz technischer Mittel, Anmerkung zum Beschluss des Ermittlungsrichters beim BGH vom 11.4.1997 (NJW 1997, 2189) zur Reichweite des § 100c Abs. 1 Nr. 2 StPO, Kriminalistik 1998, 119; *Singelstein,* Rechtsschutz gegen heimliche Ermittlungsmaßnahmen nach Einführung des § 101 VII 2-4 StPO, NStZ 2009, 481; *Soiné,* Kriminalistische List im Ermittlungsverfahren, NStZ 2010, 596; *Vassilaki,* Zulässigkeit der Beweiserhebung und -verwertung bei GPS-Einsatz, CR 2005, 572; *Wilcken,* § 100h I 1 Nr. 1 StPO als gesetzliche Ermächtigungsgrundlage für sog. „verdachtsunabhängige" Geschwindigkeitsmessungen in der Verkehrsüberwachung, NZV 2011, 67.

Übersicht

A. Erläuterung

I. Regelungsinhalt des § 100h

1 § 100h gestattet den Strafverfolgungsbehörden, beim Verdacht einer Straftat zur Erforschung derselben oder zur Ermittlung des Aufenthaltsortes eines Beschuldigten auch ohne Wissen des Betroffenen außerhalb von Wohnungen entweder Bildaufnahmen herzustellen (Abs. 1 S. 1 Nr. 1) oder sonstige für Observationszwecke bestimmte **technische Mittel** (Abs. 1 S. 1 Nr. 2) zu verwenden.[1] Der Einsatz der technischen Mittel gemäß Nr. 2 ist nach S. 2 nur zulässig, wenn Gegenstand der Untersuchung eine Straftat von erheblicher Bedeutung ist.

II. Gegenstand der Eingriffsbefugnis

2 Die Vorschrift des § 100h gestattet in **sachlicher** Hinsicht die Erstellung von „Bildaufnahmen" sowie den Einsatz sonstiger „für Observationszwecke bestimmte(r) technische(r)

[1] Zur Übersicht über verdeckte Ermittlungen vgl. *Bernsmann* StV 2001, 382.

Mittel". Mit dem Einsatz dieser technischen Mittel geht ein Eingriff in das allgemeine Persönlichkeitsrecht des Art. 2 Abs. 1 GG iVm Art. 1 Abs. 1 GG einher. Dass Maßnahmen nach § 100h „außerhalb von Wohnungen" und damit im öffentlichen Raum durchgeführt werden (müssen), berührt den Eingriffscharakter der Maßnahme nicht. Das allgemeine Persönlichkeitsrecht dient nicht nur dem Schutz sensibler Daten aus dem Bereich der Privat- und Intimsphäre. Es trägt in Gestalt des Rechts auf informationelle Selbstbestimmung auch den informationellen Schutzinteressen der sich in der Öffentlichkeit bewegenden Person Rechnung.[2] In **personaler** Hinsicht darf sich die Maßnahme nach Abs. 2 S. 1 sowohl gegen den Beschuldigten als auch gegen andere Personen richten.

3 **1. Bildaufnahmen (Abs. 1 S. 1 Nr. 1).** Abs. 1 S. 1 Nr. 1 gestattet die Herstellung von „Bildaufnahmen", wobei von diesem Begriff sowohl Fotos als auch Video- und Filmaufnahmen erfasst werden.[3] Indes findet die Vorschrift **nicht nur Anwendung, wenn derartige Bildaufnahmen zum Zwecke der Observation erstellt werden.** Hierfür könnte der Umstand streiten, dass gemäß Abs. 1 S. 1 „Bildaufnahmen herstellt (und) sonstige besondere für Observationszwecke bestimmte technische Mittel" verwendet werden dürfen und sich die Zweckbestimmung „für Observationszwecke" in Nr. 2 auch auf die Bildaufnahmen in Nr. 1 beziehen könnte. Indes ist auch die Fertigung von Bildaufnahmen für Zwecke der Erforschung des Sachverhalts oder der Ermittlung des Aufenthaltsortes des Beschuldigten an Abs. 1 S. 1 Nr. 1 zu messen. Dies ergibt die grammatische Auslegung (→ zu den tradierten Auslegungsmethoden vgl. Einleitung Rn. 584 ff.). Das Wort „sonstige" in Nr. 2 bezieht sich einzig auf die dort genannten technischen Mittel und grenzt Maßnahmen nach Nr. 2 gerade von solchen nach Nr. 1 ab. Die Vorschrift ist mithin dahingehend auszulegen, dass zur Erforschung des Sachverhalts bzw. zur Aufenthaltsermittlung zum einen Bildaufnahmen hergestellt und zum anderen darüber hinaus auch alle sonstigen technischen Mittel eingesetzt werden dürfen, die für Observationszwecke geeignet sind.[4] Aus der Entscheidung des BGH vom 29.1.1998[5] ergibt sich nichts Gegenteiliges. In dieser hat der BGH die der heutigen Vorschrift des § 100h entsprechende Regelung des § 100c Abs. Nr. 1a aFdahingehend ausgelegt, „dass Bildaufzeichnungen gerade oder zumindest auch mit dem Ziel der Observation gemeint sind", ihre Herstellung mithin auch zu anderen durch Abs. 1 eröffneten Zwecke erfolgen kann.

4 Ermittlungsergebnisse aus Maßnahmen nach § 100h können auch zum **Nachweis von Verkehrsordnungswidrigkeiten** Verwendung finden. Diese Auslegung der Vorschrift begegnet keinen verfassungsrechtlichen Bedenken. So hat das BVerfG in seiner Entscheidung vom 5.7.2010[6] ausgeführt, die Heranziehung des § 100h Abs. 1 S. 1 Nr. 1 iVm § 46 Abs. 1 OWiG als Rechtsgrundlage für die Anfertigung von Bildaufnahmen zur Verfolgung (auch) von Ordnungswidrigkeiten begegne keinen Bedenken, eine Beschränkung dieser Rechtsgrundlage auf Observationszwecke sei auch von Verfassungs wegen nicht geboten.

5 **2. Sonstige für Observationszwecke bestimmte technische Mittel (Abs. 1 S. 1 Nr. 2).** Unter den „sonstigen technischen Mitteln" sind solche zu verstehen, die **in Abgrenzung** zu S. 1 Nr. 1 weder der Herstellung von Bildaufzeichnungen noch der Aufzeichnung des nichtöffentlichen gesprochenen Wortes innerhalb (§ 100c) oder außerhalb (§ 100f) von Wohnungen dienen. Dass der Gesetzgeber die sonstigen technischen Mittel nicht näher bezeichnet hat, begegnet auch nach Auffassung des BVerfG keinen Bedenken. Insbesondere durch Abgrenzung zu den vorstehend genannten Maßnahmen habe der Gesetzgeber den Anwendungsbereich der Norm hinreichend bestimmt. Das Bestimmtheits-

---

[2] BVerfG v. 11.32008 – 1 BvR 2074/05, 1 BvR 1254/07, NJW 2008, 1505 (1506).

[3] BT-Drs. 12/989, 58; OLG Bamberg 16.11.2009 – 2Ss OWi 1215/09, NJW 2010, 100 (101).

[4] Im Ergebnis ebenso OLG Bamberg 16.11.2009 – 2Ss OWi 1215/09, NJW 2010, 100 (101); OLG Jena 6.1.2010 – 1 Ss 291/09, NJW 2010, 1093; wohl auch BeckOK-StPO/*Graf* Rn. 1, aA *Meyer-Goßner* Rn. 1; OLG Düsseldorf 9.2.2010 – 3 BRs 8/10, NJW 2010, 1216 (1217).

[5] BGH 29.1.1998 – 1 StR 511/97, NJW 1998, 1237 (1238).

[6] BVerfG 5.7.2010 – 2 BvR 759/10, NJW 2010, 2717 (2718).

gebot, so das BVerfG weiter, verlange keine gesetzlichen Formulierungen, die jede Einbeziehung kriminaltechnischer Neuerungen ausschließen.[7]

Zu den sonstigen für Observationszwecke bestimmten technischen Mitteln gehören etwa **Peilsender, Nachtsichtgeräte,**[8] **Bewegungsmelder, Alarmkoffer**[9] **und GPS-Sender.**[10] Von Abs. 1 S. 1 Nr. 2 werden alle technischen Mittel erfasst, die der Ortung und Aufenthaltsbestimmung dienen. Die Bestimmung des technischen Mittels zu Observationszwecken bezieht sicht stets und ausschließlich auf die konkrete Verwendung des Mittels im Strafverfahren. Mit welcher Zweckbestimmung das technische Mittel ursprünglich konzipiert und „auf den Markt" gebracht worden war, ist unerheblich.[11]Die fortschreitende technologische Entwicklung erschwert vielfach die Abgrenzung zwischen den einzelnen Maßnahmen des Abs. 1.[12] So überwachen mit besonderer Sensorik ausgestattete technische Geräte als Bewegungsmelder einerseits einzelne Örtlichkeiten und dienen damit der Observation, indem sie sich nur aktivieren, wenn (irgend)eine Person ihren (zuvor definierten) Überwachungsbereich betritt (Abs. 1 S. 1 Nr. 2), andererseits lösen sie je nach Art des Kontaktes die Herstellung einzelner Lichtbilder bzw. ganzer Videosequenzen aus (Abs. 1 S. 1 Nr. 1). Da verdeckte Ermittlungsmaßnahmen vielfach auch kumuliert eingesetzt werden, wird der Gesetzgeber nach Auffassung des BVerfG zu beobachten haben, „ob die bestehenden verfahrensrechtlichen Vorkehrungen auch angesichts zukünftiger Entwicklungen geeignet sind, den Grundrechtsschutz effektiv zu sichern".[13] 6

Keine technischen Mittel iSv Abs. 1 S. 1 Nr. 2 stellen allgemein gebräuchliche Sichthilfen wie etwa Ferngläser dar.[14] Entsprechendes gilt für erst mittels spezieller Technik sichtbar werdende Farbmarkierungen und technische Vorkehrungen, die die Ortung zuvor präparierter Gegenstände ermöglichen.[15] 7

3. Außerhalb von Wohnungen. Maßnahmen nach § 100h dürfen gemäß Abs. 1 S. 1 nur außerhalb von Wohnungen durchgeführt werden (zum Wohnungsbegriff → § 100c Rn. 6 ff.).[16] Da § 100c innerhalb von Wohnungen an technischen Maßnahmen einzig die Aufzeichnung des nichtöffentlich gesprochenen Wortes zulässt, sind Bildaufnahmen in Wohnungen zu strafprozessualen Zwecken nicht statthaft. Entscheidend für die Beantwortung der Frage, ob eine Maßnahme innerhalb oder außerhalb „von Wohnungen" vollzogen wird, ist nicht der Standort des technischen Mittels, sondern die **Lage der zu erhebenden Daten.**[17] Wird das Geschehen in einer Privatwohnung durch das Fenster des betreffenden Zimmers hindurch von einem Standort auf der gegenüberliegenden Straßenseite gefilmt, handelt es sich um eine in der StPO nicht vorgesehene Maßnahme. Wird auf vergleichbare Weise mittels eines Richtmikrophons das nichtöffentlich gesprochene Wort aufgezeichnet, bemisst sich die Maßnahme nicht nach § 100f (Abhören außerhalb von Wohnungen), sondern nach § 100c (Wohnraumüberwachung). 8

4. Betroffene der Maßnahme (Abs. 2 und 3). Abs. 2 beschreibt den Kreis der **Zielpersonen,** mithin derjenigen, gegen die Maßnahmen nach § 100h angeordnet werden dürfen. Die Vorschrift des Abs. 3 stellt klar, dass die Maßnahme auch durchgeführt werden darf, wenn durch diese **Dritte,** mithin keine der in Abs. 2 genannten Zielpersonen, unvermeidbar mitbetroffen werden. 9

---

[7] BVerfG 12.5.2005 – 2 BvR 581/01, NJW 2005, 1338 (1340).
[8] BT-Drs. 12/989, 58.
[9] *Hilger* NStZ 1992, 457 (461) Fn. 89.
[10] OLG Düsseldorf 12.12.1997 – VI 1/97, NStZ 1998, 268 (269); *Meyer-Goßner* Rn. 2; Zu GPS-Sendern vgl. *Vassilaki* CR 2005, 572; Zur Durchführung von GPS-Peilungen durch private Dritte vgl. *Abdallah/Gercke* CR 2003, 298.
[11] Löwe/Rosenberg/*Schäfer* § 100c aF Rn. 24.
[12] So zutreffend KK-StPO/*Bruns* Rn. 5.
[13] BVerfG v. 5.2005 – 2 BvR 581/01, NJW 2005, 1338 (1341).
[14] BT-Drs. 12/989, 58.
[15] So zutreffend KK-StPO/*Bruns* Rn. 7; aA *Meyer-Goßner* Rn. 2; *Eisenberg* Rn. 2514.
[16] Zum Einsatz technischer Mittel außerhalb von Wohnungen vgl. *Keller* Kriminalistik 2006, 537.
[17] Vgl. BGH (ErR) 14.3.1997 – 1 BGs 65/97, NJW 1997, 2189.

10 **a) Beschuldigte (Abs. 2 S. 1).** Maßnahmen nach § 100h dürfen sich nach Abs. 2 S. 1 „nur" gegen den Beschuldigten, mithin gegen denjenigen richten, welcher der **durch die Maßnahme aufzuklärenden Tat** verdächtig ist (zum Begriff → § 100c Rn. 36 f.).

11 **b) Andere Personen (Abs. 2 S. 2).** Nach Abs. 2 S. 2 Nr. 1 dürfen von anderen Personen **Bildaufnahmen** (Abs. 1 S. 1 Nr. 1) nur unter strengeren Voraussetzungen hergestellt werden; Voraussetzung ist, dass die Erforschung des Sachverhalts oder die Aufenthaltsermittlung des Beschuldigten auf andere Weise erheblich weniger erfolgversprechend oder wesentlich erschwert wäre (→ § 100f Rn. 26).

12 Sonstige besondere **für Observationszwecke bestimmte technische Mittel** (Abs. 1 S. 1 Nr. 2) dürfen gemäß Abs. 2 S. 2 Nr. 2 gegen andere Personen nur unter gegenüber der Regelung in Abs. 2 S. 2 Nr. 1 nochmals verschärften Voraussetzungen eingesetzt werden. Ihr Einsatz ist nur zulässig, wenn aufgrund bestimmter Tatsachen davon auszugehen ist, dass diese anderen Personen mit dem Beschuldigten in Verbindung stehen oder eine solche Verbindung hergestellt werden wird, die Maßnahme zur Erforschung des Sachverhalts oder zur Ermittlung des Aufenthaltsortes des Beschuldigten führen wird und dies auf andere Weise aussichtslos oder wesentlich erschwert wäre. Abs. 2 S. 2 Nr. 2 setzt somit kumulativ voraus, dass aufgrund schlüssigen Tatsachenmaterials davon auszugehen ist, dass der Beschuldigte mit der anderen Person entweder bereits in Kontakt steht oder ein solcher Kontakt hergestellt werden wird **(Kontaktperson),** die Maßnahme zur Erreichung einer der vorgenannten Zwecke führen wird und die Herbeiführung eines solchen Ermittlungserfolges andere Weise aussichtslos oder wesentlich erschwert wäre.

13 Gegen **Strafverteidiger** dürfen Maßnahmen nach § 100h gemäß § 148 Abs. 1 nicht angeordnet werden. Auf die sonstigen **Berufsgeheimnisträger** des § 53 und deren **Berufshelfer** nach § 53a findet die Regelung des § 160a Anwendung.[18]

14 **c) Unvermeidbar Mitbetroffene (Abs. 3).** Neben dem Beschuldigten und den anderen Zielpersonen nach Abs. 2 S. 2 werden durch den Einsatz technischer Mittel regelmäßig und **unvermeidbar auch dritte Personen** betroffen, Bei solch Drittbetroffenen handelt es sich im Falle des § 100h vielfach um Begleitpersonen des Beschuldigten oder aber um sonstige Personen wie etwa Passanten auf einer belebten Straße, die sich zufällig in der Nähe des Beschuldigten befinden. Würde in solchen Fällen auf den Einsatz der technischen Mittel verzichtet, liefe die Regelung des § 100h vielfach leer.[19] Unvermeidbar Drittbetroffene können auch **zeugnisverweigerungsberechtigte Angehörige** des Beschuldigten sein.[20]

III. Materielle Anordnungsvoraussetzungen (Abs. 1)

15 **1. Straftat von erheblicher Bedeutung.** Maßnahmen nach Abs. 1 S. 1 Nr. 1, mithin die Herstellung von Bildaufnahmen, dürfen beim Verdacht **jedweder Straftat** durchgeführt werden. Zwar kommt auch der Fertigung von Bildern in der Öffentlichkeit im Hinblick auf das Recht auf informationelle Selbstbestimmung (→ Rn. 2) ein Eingriffscharakter zu,[21] indes handelt es sich nicht um einen schwerwiegenden Eingriff, sodass die niedrigschwelligen Eingriffsvoraussetzungen vertretbar erscheinen.

16 Für den Einsatz sonstiger für Observationszwecke geeigneter technischer Mittel muss die Anlasstat eine solche **von erheblicher Bedeutung** und damit mindestens dem Bereich der mittleren Kriminalität zuzuordnen sein (→ § 100g Rn. 24 ff.).[22] Antrags- und Bagatelldelikte scheiden aus. Auf das Erfordernis einer Straftat von auch im Einzelfall erheblicher Bedeutung wie etwa im Falle des § 100g hat der Gesetzgeber hier zwar verzichtet, indes

---

18 AA KMR-StPO/*Bär* Rn. 17.

19 BT-Drs. 12/989, 40.

20 BGH 24.7.1998 – 3 StR 78/98, NStZ 1999, 145 (146).

21 So wohl auch BeckOK-StPO/*Graf* Rn. 10.

22 BVerfG 3.3.2004 – 1 BvR 2378/98 und 1 BvR 1084/99, NStZ 2003, 270.

wird eine vergleichbare Abwägung bei der Prüfung der Verhältnismäßigkeit vorzunehmen sein.

2. Den Verdacht begründende Tatsachen. Anders als etwa in den Fällen der §§ 100a, 100c, 100f, 100g und 100i verlangt die einfachgesetzliche Regelung des § 100h nicht einen auf „bestimmte Tatsachen" gestützten Tatverdacht. Gleichwohl bedarf es auch für Maßnahmen nach § 100h eines solch **qualifizierten Anfangsverdachts** (→ § 100a Rn. 72 ff.) selbst dann, wenn es „lediglich" um die Herstellung von Bildaufnahmen geht, wofür jede Straftat taugliche Anlasstat sein kann. Dies kann im Falle des § 100h unmittelbar aus dem verfassungsrechtlich verankerten Rechtsstaatsprinzip abgeleitet werden. Reine Spekulationen, Mutmaßungen bzw. nicht auf tatsächliche Aspekte gestützte „kriminalistische Erfahrungswerte" reichen somit nicht aus.[23] Vom Verdachtsgrad reicht ein qualifizierter strafprozessualer Anfangsverdacht iSd § 152 Abs. 2 aus. 17

3. Zweck der Maßnahme. Personenbezogene Daten wie (fotografische) Bilder oder Bewegungsbilder dürfen nach Maßgabe des § 100h zum Zwecke der **Sachverhaltserforschung** oder **Aufenthaltsermittlung** des Beschuldigten erhoben werden. Die Sachverhaltserforschung durch Observation ist das Sammeln von Erkenntnissen, denen entweder bereits für sich allein oder aber zusammen mit anderen Informationen eine Aussagekraft hinsichtlich der aufzuklärenden Verdachtslage zukommt.[24] In Abgrenzung zur Sachverhaltserforschung dient die Aufenthaltsermittlung jedenfalls vorrangig der **Fahndung** nach einer tatverdächtigen Person. Maßnahmen dieser Art sind nicht auf Fälle beschränkt, in denen die Voraussetzungen für den Erlass eines Haftbefehls vorliegen oder sonstige freiheitsentziehende Maßnahmen durchgeführt werden sollen. 18

4. Subsidiaritätsklausel (Abs. 1 S. 1, Abs. 2 S. 2). Bildaufnahmen (Abs. 1. S. 1 Nr. 1) dürfen erstellt und sonstige zu Observationszwecken geeignete technische Mittel (Abs. 1 S. 1 Nr. 2) gegen den **Beschuldigten** verwendet werden, wenn die Sachverhaltserforschung oder die Aufenthaltsermittlung auf andere Weise weniger erfolgversprechend oder erschwert wäre. Der Gesetzgeber knüpft Maßnahmen dieser Art damit an die niedrigschwelligste Subsidiaritätsklausel an und lässt sie bereits zu, wenn sie **zweckmäßig** sind. 19

Für den Fall, dass sich die Maßnahmen nach Abs. 1 gegen andere Personen als den Beschuldigten richten, enthält Abs. 2 S. 2 eine zwischen den beiden Maßnahmen des Abs. 1 **differenzierende Subsidiaritätsklausel**. Im Fall der Herstellung von Bildaufnahmen muss die Sachverhaltserforschung bzw. Aufenthaltsermittlung „erheblich weniger erfolgversprechend" oder wesentlich erschwert, im Falle des Einsatzes sonstiger für Observationszwecke bestimmter technischer Mittel ist deren Einsatz nur zulässig, wenn die Maßnahme zur Sachverhaltserforschung oder Aufenthaltsermittlung führen wird und dies auf andere Weise „aussichtslos" oder wesentlich erschwert wäre. 20

Dem Anordnenden steht bei der Beurteilung der Verhältnismäßigkeit einer Maßnahme nach § 100h wie bei anderen Eingriffsmaßnahmen ein **Beurteilungsspielraum** zu. Die revisionsrechtliche Kontrolle beschränkt sich insoweit auch hier auf den Maßstab der Vertretbarkeit (→ § 100g Rn. 32).[25] 21

IV. Formelle Anordnungsvoraussetzungen, Aktenführung

Maßnahmen nach § 100h unterliegen nicht dem Richtervorbehalt, können mithin sowohl durch die **Polizei** (§ 163) als auch durch die **Staatsanwaltschaft** angeordnet werden. Eine Beschränkung der Anordnungskompetenz auf Ermittlungspersonen der Staatsanwaltschaft enthält § 100h nicht. Auch zu Form und Inhalt der Anordnungen nach Abs. 1 S. 1 Nr. 1 und 2 enthält § 100h keine Vorgaben. Es empfiehlt sich jedoch bereits im Hinblick auf die Regelungen über den nachträglichen Rechtsschutz des § 101 Abs. 7 S. 2 bis 4, die gemäß § 101 22

[23] BVerfG 12.3.2003 – 1 BvR 330/96 und 1 BvR 348/99, NJW 2003, 1787 (1791).
[24] Löwe/Rosenberg/*Schäfer* § 100c aF Rn. 27.
[25] BGH 16.2.1995 – 4 StR 729/94, NJW 1995, 1974 (1975).

Abs. 1 auch auf Maßnahmen nach § 100h Anwendung finden, die Herstellung von Bildaufnahmen bzw. den Einsatz sonstiger technischer Mittel in den Akten zu **dokumentieren.** § 100h enthält weiter keine **Fristen** für die Durchführung der durch ihn eröffneten Maßnahmen, insbesondere lässt die Vorschrift nicht erkennen, dass der Einsatz technischer Mittel nur für kurzfristige Beobachtungen erlaubt werden sollte. Werden indes mit Maßnahmen nach § 100h längerfristige Beobachtungen nach § 163f verknüpft, was in der Praxis vielfach der Fall sein dürfte, sind selbstverständlich auch die dort genannten Eingriffsvoraussetzungen bzw. die in § 163f Abs. 3 S. 3 enthaltene Fristenregelung zu beachten.[26] Diese Vorschrift verweist ua auf die in § 100b Abs. 1 S. 4 enthaltene Drei-Monats-Frist.

23 Hinsichtlich der **Aktenführung** ist zu beachten, dass Entscheidungen oder sonstige Unterlagen zu Maßnahmen nach § 100h nach der Regelung des § 101 Abs. 2 bei der Staatsanwaltschaft zu verwahren und erst dann zu den Akten zu nehmen sind, wenn die Voraussetzungen des § 101 Abs. 5 gegeben sind, mithin eine Benachrichtigung insbesondere ohne Gefährdung des Untersuchungszwecks erfolgen kann.

V. Einbau der Technik

24 Die verdeckte Nutzung der technischen Mittel des § 100h, insbesondere die Verwendung sonstiger für Observationszwecke geeigneter Mittel iSd Abs. 1 S. 1 Nr. 2 setzt namentlich bei der Verwendung von Ortungssystemen auch deren **heimlichen Einbau** in Sachen Dritter, etwa den PKW des Beschuldigten, voraus. Wenngleich § 100h eine ausdrückliche Ermächtigung hierzu nicht enthält, erlaubt die Vorschrift den Strafverfolgungsbehörden im Wege der so genannten „Annexkompetenz“ und unter Beachtung des Verhältnismäßigkeitsgrundsatzes auch die Vornahme entsprechender Begleitmaßnahmen.[27] Um einen Einbau durchzuführen, darf etwa das Fahrzeug des Beschuldigten kurzzeitig in eine Werkstatt verbracht werden.[28]

25 Zwar wird durch den Einbau etwa eines GPS-Empfängers und der Auswertung seiner Daten in die durch Art. 8 Abs. 1 EMRK geschützte Privatsphäre des von der Maßnahme Betroffenen eingegriffen, § 100h stellt indes ein diesen **Eingriff legitimierendes Gesetz** iSd Art. 8 Abs. 2 EMRK dar. Die Vorschrift gestattet den verdeckten Einbau technischer Mittel und die Nutzung der GPS-Technik. Maßnahmen dieser Art sind in einer demokratischen Gesellschaft zum Rechtsgüterschutz unbedingt notwendig.[29]

VI. Grundrechtssichernde Regelungen

26 Durch Maßnahmen nach § 100h erlangte Daten sind nach § 101 Abs. 3 S. 1 zu **kennzeichnen** und gemäß § 101 Abs. 8 S. 1 unverzüglich zu **löschen**, sobald sie für Zwecke der Strafverfolgung nicht mehr erforderlich sind. Durch die Maßnahme betroffene Personen sind nach § 101 Abs. 4–7 zu **benachrichtigen.**

VII. Verwertbarkeit

27 **1. Verwendung hinsichtlich einer anderen Tat.** Personenbezogene Daten in Form von Bildaufnahmen nach Abs. 1 S. 1 Nr. 1 dürfen ohne Einwilligung der von der Maßnahme betroffenen Person zu Beweiszwecken und als Spurenansatz hinsichtlich **jeder anderen strafprozessualen Tat** verwendet werden. Anders verhält es sich beim Einsatz sonstiger technischer Mittel nach Abs. 1 S. 1 Nr. 2. Dieser setzt eine **Straftat von erheblicher Bedeutung** voraus, weshalb insoweit die Regelung des § 477 Abs. 2 S. 2 Anwendung findet und die entsprechenden personenbezogenen Daten somit nur weiterverwendet werden dürfen, wenn Gegenstand des anderen Verfahrens bzw. Sachverhalts ebenfalls eine

---

[26] BGH 29.1.1998 – 1 StR 511/97, NStZ 1998, 629 (630).
[27] *Schairer/Krombacher* Kriminalistik 1998, 119 (120).
[28] BGH 24.1.2001 – 3 StR 324/00, NJW 2001, 1658, 1659 = NStZ 2001, 386 = StV 2001, 216.
[29] EGMR 12.5.2000 – 35394/97, JZ 2000, 993.

Straftat von erheblicher Bedeutung ist. Handelt es sich bei der anderen Straftat nicht um eine solche, dürfen die personenbezogenen Daten indes als Spurenansatz verwendet werden (→ § 100b Rn. 181). Im Ausgangsverfahren bzw. hinsichtlich der Anlass für die Maßnahme gebenden Tat sind die gewonnenen Erkenntnisse hingegen ohne Einschränkung verwertbar (→ § 100a Rn. 175 ff.).

2. Verwendung zu präventiven Zwecken (§ 477 Abs. 2 S. 3). Aus Maßnahmen nach § 100h erlangte personenbezogene Daten dürfen ohne Einwilligung der betroffenen Personen gemäß § 477 Abs. 2 S. 3 nur zur Abwehr einer erheblichen Gefahr für die **öffentliche Sicherheit,** nicht indes zur Abwehr einer Gefahr für die öffentliche Ordnung verwendet werden (→ § 100a Rn. 187). 28

3. Daten aus präventiven Maßnahmen (§ 161 Abs. 2). Personenbezogene Daten, die durch den präventiv-polizeilichen Einsatz von zu Observationszwecken bestimmter technischer Mittel erlangt wurden, dürfen als Beweismittel hinsichtlich begangener Straftaten nach Maßgabe des § 161 Abs. 2 verwendet werden, wenn **auch die StPO entsprechende Maßnahmen vorsieht** und die Verwendung der Daten gestattet. Eine solche Maßnahme ist § 100h. Einer Verwertung der durch präventiv-polizeiliche Maßnahmen gewonnen Daten könnte somit allenfalls entgegen, dass die polizeiliche Maßnahme ihrerseits rechtswidrig und in einer ein Verwertungsverbot begründenden Art und Weise durchgeführt worden war. 29

4. Materiell bzw. formell rechtswidrige Anordnungen. Die Frage, welche Konsequenzen es für die Verwertbarkeit personenbezogener Daten hat, wenn die der Datenerhebung zu Grunde liegende Anordnung rechtswidrig war, dürfte im Fall des § 100h nur selten relevant werden. So enthält die Vorschrift zum einen **keine formellen Anordnungsvoraussetzungen** und dürfte sich die Möglichkeit einer materiell-rechtswidrigen Anordnung zum anderen auf die Fälle beschränken, dass entweder **kein Anfangsverdacht** hinsichtlich irgendeiner Straftat (Abs. 1 S. 1 Nr. 1) bzw. hinsichtlich einer solchen von erheblicher Bedeutung (Abs. 1 S. 1 Nr. 2) vorlag. 30

B. Rechtsbehelfe

Gegen Anordnungen nach § 100h kann der von solchen noch andauernden Maßnahmen Betroffene Rechtsschutz durch einen **Antrag auf gerichtliche Entscheidung** entsprechend § 98 Abs. 2 S. 2 erlangen. Entsprechendes gilt, wenn sich die Maßnahme bereits erledigt hat, der von ihr Betroffene jedoch ein berechtigtes Interesse an der nachträglichen Feststellung der Rechtswidrigkeit (Fortsetzungsfeststellungsinteresse) geltend machen kann,[30] selbst wenn lediglich die Art und Weise des Vollzuges der Maßnahme beanstandet wird. 31

Die Zielperson sowie die durch die Maßnahme erheblich mitbetroffenen Personen (§ 101 Abs. 4 S. 1 Nr. 7) können nach Erledigung der Maßnahme nach der Rspr. lediglich auf den **Rechtsbehelf des § 101 Abs. 7 S. 2 bis 4** als insoweit abschließende Regelung zurückgreifen. Begründet wird dies mit der Erwägung, dass andernfalls die gesetzliche Antragsfrist in § 101 Abs. 7 S. 2 von zwei Wochen sowie die Ausgestaltung des weiteren Rechtsbehelfs in § 101 Abs. 7 S. 3 als sofortige Beschwerde leer liefe.[31] Nach wohl hM in der Lit. sollen hingegen die allgemeinen Rechtsbehelfe weiterhin zulässig sein (→ § 101 Rn. 91 ff.). 32

C. Revision

Mit der Revision kann geltend gemacht werden, dass das Tatgericht seine Beweiswürdigung auf **unverwertbare Ermittlungsergebnisse** gestützt hat. Voraussetzung ist allerdings 33

[30] BT-Drs. 16/5846, 62.

[31] BGH 8.10.2008 – StB 12 – 15/08, NJW 2008, 454; ebenso *Meyer-Goßner* § 101 Rn. 26a, BeckOK-StPO/*Graf* Rn. 42; aA *Burghardt* HRRS 2009, 567 (569); *Singelstein* NStZ 2009, 481 (482).

auch hier, dass der Beschwerdeführer der Beweisverwertung noch in der Hauptverhandlung bis zu dem in § 257 genannten Zeitpunkt widersprochen hat.

§ 100i [Maßnahmen bei Mobilfunkendgeräten]

(1) Begründen bestimmte Tatsachen den Verdacht, dass jemand als Täter oder Teilnehmer eine Straftat von auch im Einzelfall erheblicher Bedeutung, insbesondere eine in § 100a Abs. 2 bezeichnete Straftat, begangen hat, in Fällen, in denen der Versuch strafbar ist, zu begehen versucht hat oder durch eine Straftat vorbereitet hat, so dürfen durch technische Mittel

1. die Gerätenummer eines Mobilfunkendgerätes und die Kartennummer der darin verwendeten Karte sowie

2. der Standort eines Mobilfunkendgerätes

ermittelt werden, soweit dies für die Erforschung des Sachverhalts oder die Ermittlung des Aufenthaltsortes des Beschuldigten erforderlich ist.

(2) [1]Personenbezogene Daten Dritter dürfen anlässlich solcher Maßnahmen nur erhoben werden, wenn dies aus technischen Gründen zur Erreichung des Zwecks nach Absatz 1 unvermeidbar ist. [2]Über den Datenabgleich zur Ermittlung der gesuchten Geräte- und Kartennummer hinaus dürfen sie nicht verwendet werden und sind nach Beendigung der Maßnahme unverzüglich zu löschen.

(3) [1]§ 100a Abs. 3 und § 100b Abs. 1 Satz 1 bis 3, Abs. 2 Satz 1 und Abs. 4 Satz 1 gelten entsprechend. [2]Die Anordnung ist auf höchstens sechs Monate zu befristen. [3]Eine Verlängerung um jeweils nicht mehr als sechs weitere Monate ist zulässig, soweit die in Absatz 1 bezeichneten Voraussetzungen fortbestehen.

Schrifttum: *Albrecht/Dorsch/Krüpe,* Rechtswirklichkeit und Effizienz der Überwachung der Telekommunikation und anderer verdeckter Ermittlungsmaßnahmen, Abschlussbericht, Juni 2003; *Demkowski, von,* Fernmeldeaufklärung durch den IMSI-Catcher, Kriminalistik 2002, 177; *Dix,* Freiheit braucht Sicherheit – Sicherheit braucht Freiheit; Informations- und Kommunikationskriminalität, 2003; *Eisenberg/Singelstein,* Zur Unzulässigkeit der heimlichen Ortung per „stiller SMS", NStZ 2005, 63; *Fox,* Der IMSI-Catcher, DuD 2002, 212; *Gercke,* Rechtliche Probleme durch den Einsatz des IMSI-Catchers, MMR, 2003, 453; *Günther,* Zur strafprozessualen Erhebung von Telekommunikationsdaten – Verpflichtung zur Sachverhaltsaufklärung oder verfassungsrechtlich unkalkulierbares Wagnis?, NStZ 2005, 485; *ders.,* Spannungsfeld: Strafverfolgung und Service-Provider, Kriminalistik 2004, 11; *Hilger,* Gesetzgebungsbericht: Über den neuen § 100i StPO, GA 2002, 557; *Nachbaur,* Standortfeststellung und Art. 10 GG – Der Kammerbeschluss des BVerfG zum Einsatz des „IMSI-Catchers", NJW 2007, 335; *Puschke/Singelstein,* Telekommunikationsüberwachung, Vorratsdatenspeicherung und (sonstige) heimliche Ermittlungsmaßnahme nach der StPO nach der Neuregelung zum 1.1.2008, NJW 2008, 114; *Ruhmannseder,* Strafprozessuale Zulässigkeit von Standortermittlungen im Mobilfunkverkehr, JA 2007, 47.

Übersicht

A. Überblick

I. Entstehungsgeschichte der Norm

1 Die Vorschrift des § 100i wurde durch das Gesetz zur Änderung der StPO vom 6.8.2002[1] in die StPO eingeführt. Dem lag die Erwägung des Gesetzgebers zu Grunde, dass es namentlich bei der Verfolgung schwerwiegender Straftaten zur Gewährleistung einer effektiven Strafverfolgung geboten sei, auch Maßnahmen zur Telekommunikationsüberwachung durchzuführen, wofür regelmäßig die Rufnummer oder eine andere Kennung des Telekommunikationsanschlusses des Betroffenen benötigt würden. Die entsprechenden Kennungen indes seien den Strafverfolgungsbehörden häufig und insbesondere dann nicht bekannt, wenn die Beschuldigten mit Überwachungsmaßnahmen nach § 100a rechneten und diese dadurch zu umgehen suchten, dass sie regelmäßig ihre Handy-Karten wechselten. Für eine lückenlose Fortführung der Überwachung sei daher die Kenntnis der jeweils aktuellen Rufnummer erforderlich. Des Weiteren sei es zur Vorbereitung einer vorläufigen Festnahme oder Verhaftung von vielfach auch gewaltbereiten Beschuldigten zur Vermeidung von Gefahren für Leib und Leben der Einsatzkräfte geboten, vorher den genauen Aufenthaltsort des Beschuldigten lokalisieren zu können. Mit der Einführung des § 100i sollte der Einsatz des „IMSI-Catchers“ zur Vorbereitung von Maßnahmen nach § 100a bzw. zur Ergreifung des Beschuldigten „**aus Gründen der Rechtssicherheit und Rechtsklarheit** auf eine eindeutige Rechtsgrundlage“ gestellt werden.[2]

2 § 100i sah in seiner ursprünglichen Fassung aus dem Jahre 2002 ua vor, dass zum Zwecke der Vorbereitung von Maßnahmen nach § 100a die Geräte- und Kartennummer sowie zur vorläufigen Festnahme oder Ergreifung des Täters der Standort seines aktiv geschalteten Mobilfunkendgerätes ermittelt werden dürfe. Die Vorschrift war **von Anbeginn an sowohl in technischer als auch in rechtlicher Hinsicht umstritten.** So wurde durch die Mobilfunknetzbetreiber sowie den Bundesbeauftragten für den Datenschutz[3] vorgebracht, der Einsatz des „IMSI-Catchers“, auf den die Vorschrift auch damals bereits zugeschnitten war, führe zu Störungen im Netzbetrieb und bedürfe zudem einer Genehmigung durch die (damalige) Regulierungsbehörde für Telekommunikation und Post. Weiterhin wurde vorgebracht, das Gesetz zur Änderung der StPO vom 6.8.2002 zitiere nicht Art. 10 GG und verstoße daher gegen das Zitiergebot des Art. 19 Abs. 1 S. 2 GG, da der Einsatz des IMSI-Catchers mit einem Eingriff in das Fernmeldegeheimnis verbunden sei.[4]

---

[1] BGBl. 2002 I 3018.
[2] Vgl. BT-Drs. 14/9088, 7.
[3] Vgl. Stellungnahme des Bundesbeauftragten für den Datenschutz vom 19.4.2002 für die öffentliche Anhörung zum Entwurf eines Gesetzes zur Änderung der StPO vor dem Rechtsausschuss des Deutschen Bundestages am 24.4.2002.
[4] So *Dix* S. 163.

3 In seiner „IMSI-Catcher"- Entscheidung vom 22.8.2006[5] stellte das BVerfG fest, dass die durch Art. 10 GG geschützten Rechte des Betroffenen durch Maßnahmen nach § 100i nicht berührt werden.[6] Die Entscheidung, der in Ergebnis und Begründung vollumfänglich zuzustimmen ist, ist in zweifacher Hinsicht bemerkenswert: Zum einen kommt ihr eine grundlegende Bedeutung dadurch zu, dass das BVerfG in ihr erstmals deutlich zum Ausdruck gebracht hat, **dass nicht alle von Mobiltelefonen generierten Daten vom Schutzbereich des in Art. 10 GG verbürgten Fernmeldegeheimnisses erfasst werden.** In dem Beschluss ist das BVerfG als maßgeblicher Interpret des Grundgesetzes ausdrücklich der Rechtsauffassung des Ermittlungsrichters beim BGH[7] entgegengetreten, wonach die Auskunftserteilung über Standortdaten „nicht telefonierender Mobilgeräte" unter den Schutz des Art. 10 GG falle. Dieser „dogmatische Sündenfall" des BGH prägte über Jahre hinweg das Verständnis von Inhalt bzw. Reichweite des Schutzbereichs von Art. 10 GG im Zusammenhang mit strafprozessualen bzw. telekommunikationsrechtlichen Fragestellungen und damit auch die Auslegung des § 100a. Die Entscheidung des Ermittlungsrichters beim BGH war Grundlage für die in der Rspr. der Fachgerichte danach herrschende, wenngleich unzutreffende Auffassung, wonach vom Fernmeldegeheimnis eben auch solche Daten erfasst würden, die allein den technisch bedingten Datenaustausch zwischen Kommunikationsanlagen bzw. Endgeräten betreffen.

4 Bemerkenswert ist der Beschluss zum anderen insoweit, als mit einer Entscheidung dieses Inhalts nicht zu rechnen war. So hatte das BVerfG noch kurz zuvor in seiner Entscheidung vom 27.7.2005[8] die Auffassung vertreten, der Bundesgesetzgeber habe „mit der Regelung der Telekommunikationsüberwachung in der StPO eine abschließende Regelung getroffen (…)" und habe „(…) die **Überwachung der Telekommunikation zu Zwecken der Strafverfolgung in den §§ 100a, 100b, 100g, 100h und 100i StPO** nach Umfang, Zuständigkeit und Zweck sowie hinsichtlich der für die jeweilige Maßnahme erforderlichen Vorkehrungen umfassend geregelt".[9] In seiner Kammerentscheidung vom 22.8.2006 nimmt das BVerfG auf eben diese Ausführungen Bezug und stellt fest, aus dem Zusammenhang dieser Ausführungen ergebe sich, dass der Erste Senat des BVerfG in seiner Entscheidung vom 27.7.2005 „die besonderen Gegebenheiten der § 100i StPO zu Grunde liegenden Maßnahmen nicht näher behandelt" habe.[10] Dies zeigt, dass auch das BVerfG jedenfalls gelegentlich Schwierigkeiten bei der Bestimmung des sachlichen Anwendungsbereichs der §§ 100a, 100g und 100i hat. Entsprechendes dürfte auch für die BReg. gelten. Diese hatte in ihrer Antwort vom 10.9.2001 auf eine Kleine Anfrage einzelner Abgeordneter sowie der Fraktion der FDP die Auffassung vertreten, der Einsatz des IMSI-Catchers im strafprozessualen Bereich sei „durch die §§ 100a ff., 161 StPO gedeckt" und damit die Maßnahme jedenfalls auch dem Anwendungsbereich des § 100a zugeordnet.[11]

5 Seine jetzige Fassung erhielt die Vorschrift durch das Gesetz zur Neuregelung der Telekommunikation und anderer verdeckter Ermittlungsmaßnahmen sowie zur Umsetzung der Richtlinie 2006/24/EG.[12] Erklärtes Ziel war es, im Rahmen der Neuregelung der verdeckten Ermittlungen **die Vorschrift des § 100i sowie die des § 100g Abs. 1 S. 1 Nr. 1 StPO-E einander anzugleichen** und durch den Wegfall des Erfordernisses „im Fall einer Verbindung" den sachlichen Anwendungsbereich des § 100g künftig auch auf solche Daten zu erstrecken, deren Erhebung wie im Falle des § 100i nicht den Schutzbereich von Art. 10 GG berührt. Schließlich sollte die bisherige Fassung der Vorschrift, die auch ob ihrer schwierigen Lesbarkeit[13] kritisierte worden, redaktionell gestrafft werden.[14]

---

[5] BVerfG 22.8.2006 – 2 BvR 1345/03, NJW 2007, 351.
[6] So zuvor bereits *Günther* Kriminalistik 2004, 11 (15).
[7] BGH 21.2.2001 – 2 BGs 42/01, NJW 2001, 1587.
[8] BVerfG 27.7.2005 – 1 BvR 668/04, NJW 2005, 2603.
[9] BVerfG 27.7.2005 – 1 BvR 668/04, NJW 2005, 2603 (2606).
[10] BVerfG 22.8.2007 – 2 BvR 1345/03, NJW 2007, 351 (354).
[11] BT-Drs. 14/6885, 1.
[12] BGBl. I 3198.
[13] *Albrecht/Dorsch/Krüpe,* S. 204.
[14] BT-Drs. 16/5846, 56.

II. Rechtstatsachen

1. Funktionsweise des IMSI-Catchers. Bei dem **IMSI-Catcher** handelt es sich um ein ursprünglich für die Nachrichtendienste[15] entwickeltes „technische(s) Mittel" im Sinne des § 100i, welches in GSM- bzw. in UMTS- Netzen und für die Frequenzbereiche aller, mithin jedweder Mobilfunknetzbetreiber, eine **Funkzelle simuliert**. Zu diesem Zweck verarbeitet das Gerät zunächst die technischen Parameter der seinen Standort versorgenden Funkzelle des betreffenden Mobilfunknetzbetreibers wie etwa den Funkkanal, auf dem gesendet werden soll, sowie den „Location Area Code (LAC)". Diesen wandelt der IMSI-Catcher ab, um mit dem neuen Zellcode und einer zuvor eingestellten stärkeren Sendeleistung eine diese Funkzelle ebenfalls versorgende Basisstation des betreffenden Mobilfunknetzbetreibers vorzutäuschen. Da Mobiltelefone (vulgo: Handys) ständig die sie verbindungsmäßig versorgenden Basisstationen ihrer Umgebung sondieren, um jederzeit zu einer anderen, eine bessere Versorgung gewährleistende Basisstation wechseln zu können, erfassen sie augenblicklich auch die anfänglich mit sehr hoher Leistung arbeitende virtuelle Funkzelle des IMSI-Catchers. Sie identifizieren dessen virtuelle Funkzelle anhand der veränderten LAC und versuchen innerhalb von Sekunden, sich in diese einzuloggen. Dabei wird automatisch ein so genanntes „Location Update" generiert, im Rahmen dessen von dem Mobiltelefon dessen IMSI und IMEI an die vermeintliche Basisstation, den IMSI-Catcher, übermittelt werden. Die Daten sämtlicher Handys, die sich einloggen wollen, werden dabei erfasst und auf einem Display des IMSI-Catchers angezeigt. Anschließend wird die Sendeleistung des IMSI-Catchers heruntergefahren, so dass die reale Basisstation mit ihrer nunmehr im Vergleich zum IMSI-Catcher wieder stärkeren Sendeleistung eine bessere Netzverbindung gewährleistet – mit der Folge, dass sich die Mobiltelefone wieder bei dieser einloggen. Lediglich für diesen kurzen Zeitraum von wenigen Sekunden ist das betroffene Handy vom realen Netz getrennt. Bestehende Verbindungen (etwa Gespräche) werden durch den Einsatz des IMSI-Catchers nicht unterbrochen. 6

In der Folge wird dieser **Vorgang wiederholt,** zumeist nach einem Standort- und damit Funkzellenwechsel der Zielperson. Die Geräte- bzw. Kartennummer, die nunmehr ein zweites bzw. nach einer weiteren Wiederholung ein drittes Mal ausgelesen wird, ist mit sehr hoher Wahrscheinlichkeit die der Zielperson. Aus dieser Vorgehensweise wird deutlich, dass der IMSI-Catcher nur erfolgreich eingesetzt werden kann, wenn die Zielperson ihr Mobiltelefon zumindest eingeschaltet hat („stand-by"-Betrieb) und bekannt ist, an welchem Ort sich die Zielperson ungefähr aufhält. Der IMSI-Catcher muss in ihre Nähe gebracht werden. In der Praxis bedeutet dies regelmäßig, dass der Betroffene zuvor observiert werden muss. 7

2. IMSI und IMEI. International Mobile Equipment Identity (IMEI): Bei der IMEI handelt es sich um eine vielstellige Seriennummer, die der individuellen Gerätekennung dient und deshalb auch nur ein Mal vergeben wird. Ihr erster Teil besteht aus der so genannten TAC (Type Approval Code), der unter anderem den Hersteller des Gerätes sowie dessen Seriennummer erkennen lässt. Nach Mitteilung einzelner Telekommunikationsdienstleister sollen in seltenen Fällen Mobiltelefonie manipuliert und mit ein und derselben IMEI versehen worden sein. 8

International Mobile Subscriber Identity (IMSI): Hierunter versteht man die Kartenkennung, dh die individuelle Kennung der jeweiligen in das Mobiltelefon eingelegten SIM-Karte. Bezüglich der IMSI sind noch keine Fälle von Mehrfachvergaben bekannt geworden. Sie besteht ebenfalls aus einer Seriennummer, die ua Codes für das Land, den Telekommunikationsdienstleister sowie eine Individualkennung enthält. So steht bei der IMSI 262 01 9789797791 die Nummer 262 für Deutschland, 01 für den Diensteanbieter T-Mobile und die 9789797791 für die individuelle Teilnehmerkennung. 9

---

[15] Vgl. *Fox* DuD 2002, 212.

B. Erläuterung

I. Regelungsinhalt des § 100i

10 § 100i Abs. 1 gestattet den Strafverfolgungsbehörden für den Fall, dass jemand aufgrund bestimmter Tatsachen im Verdacht steht, eine Straftat von auch im Einzelfall erheblicher Bedeutung begangen zu haben, durch technische Mittel die **Gerätenummer** eines Mobilfunkendgerätes, die **Nummer der darin verwendeten Karte** sowie den **Standort des Mobilfunkendgerätes** des Beschuldigten oder des so genannten Nachrichtenmittlers zu ermitteln, soweit diese Maßnahmen zur Erforschung des Sachverhalts oder zur Ermittlung des Aufenthalts des Beschuldigten erforderlich sind. Die Vorschrift ist zwar, wie sich aus ihrer Historie sowie der vielfach verwendeten, indes nicht amtlichen Überschrift **„IMSI-Catcher"**[16] ergibt, auf dieses Instrument zugeschnitten, ihre Anwendung indes nicht darauf beschränkt.

11 **Abs. 2** enthält **Verwendungsregelungen** für personenbezogene Daten. Nach dessen S. 2 dürfen solche Daten über den Datenabgleich zur Ermittlung der gesuchten Geräte- und Kartennummer hinaus nicht verwendet werden und sind danach unverzüglich zu löschen.

12 Die Vorschrift des **Abs. 3** mit ihrem Verweis auf § 100a Abs. 3, § 100b Abs. 1 S. 1 bis 3, Abs. 2 S. 1 sowie Abs. 4 S. 1 enthält die für die Anordnung und Durchführung des Geräteeinsatzes maßgeblichen **Verfahrensregelungen.**

II. Gegenstand der Eingriffsbefugnis (Abs. 1)

13 § 100i Abs. 2 gestattet in **sachlicher Hinsicht** die Erhebung der Gerätenummer eines Mobilfunkendgerätes, der Nummer der in das Gerät eingelegten Telefonkarte sowie des Standortes des Gerätes. In **personaler Hinsicht** darf sich die Maßnahme nach Abs. 3 iVm § 100a Abs. 3 gegen den Beschuldigten sowie gegen Personen richten, die für den Beschuldigten bestimmte oder von ihm herrührende Mitteilungen entgegennehmen oder weitergeben (Nachrichtenmittler) bzw. deren Anschluss (Anschlussinhaber) der Beschuldigte benutzt.

14 **1. Maßnahme berührt nicht den Schutzbereich von Art. 10 GG.** Der Einsatz des IMSI-Catchers ist nicht – entgegen lang verbreiteter Auffassung – mit einem Eingriff in das Fernmeldegeheimnis des Art. 10 GG verbunden. In seiner „IMSI-Catcher"- Entscheidung aus dem Jahre 2006[17] hat des BVerfG ausgeführt, die Datenerhebung nach Maßgabe des § 100i berühre nicht den Schutzbereich des Art. 10 GG. Zur Begründung hat es auf die in der Lit.[18] vertretene Auffassung verwiesen, wonach sowohl die Erhebung der Karten- als auch der Gerätenummer eines Mobiltelefons, welches sich in die virtuelle Funkzelle des IMSI-Catchers eingeloggt habe, **unabhängig von einem tatsächlich stattfindenden oder zumindest versuchten Kommunikationsvorgang zwischen Menschen erfolge.**[19] Beim Einsatz eines IMSI-Catchers würden vielmehr ausschließlich technische Geräte miteinander kommunizieren. Es fehle an einem von Menschen veranlassten Informationsaustausch. Soweit durch den Einsatz des IMSI-Catchers für einige Sekunden, so das BVerfG weiter, die Herstellung einer Telekommunikationsverbindung nicht möglich sei, sei eine dadurch mögliche Beeinträchtigung des Grundrechts der allgemeinen Handlungsfreiheit gemäß Art. 2 Abs. 1 GG durch die Anordnung der Maßnahme gerechtfertigt. Gleiches gelte für die mit dem Einsatz des IMSI-Catchers verbundene, kurzfristige Unterbindung der Telekommunikation. Rechte Dritter auf informationelle Selbstbestimmung gemäß Art. 2 Abs. 1 iVm Art. 1 Abs. 1 GG würden durch die kurzzeitige Speicherung der Karten- und Gerätekennung nicht berührt. Erst die tatsächliche Nutzung eines Mobiltelefons zur Übermittlung individueller Informationen qualifiziere die durch Telekommunikationsanla-

---

[16] Vgl. *Meyer-Goßner,* Überschrift zu § 101i.
[17] BVerfG 22.8.2006 – 2 BvR 1345/03, NJW 2007, 351 ff.
[18] vgl. *Günther* NStZ 2005, 485 (491); *Jordan* Kriminalistik 2005, 514 (515 f.).
[19] BVerfG 22.8.2006 – 2 BvR 1345/03, NJW 2007, 351 (353).

gen und Endgeräte übermittelten Daten als solche Daten, die von dem sachlichen Anwendungsbereich des Art. 10 GG erfasst würden.[20]

Technisch könnten IMSI-Catcher auch zur Gesprächsüberwachung und damit zum **„Mithören"** eingesetzt werden. Ein solcher Einsatz wäre indes nicht durch § 100i gedeckt, es bedürfte vielmehr einer Anordnung nach § 100a.[21] 15

2. Abgrenzung zu Maßnahmen nach §§ 100a, 100c, 100f, 100g und 100h. Ebenso wie im Falle des § 100i werden auch bei Maßnahmen nach den §§ 100c, 100f und 100h technische Mittel eingesetzt. In keiner der vorgenannten Regelungen, auch nicht in § 100i (→ Rn. 19), werden die technischen Mittel konkret und abschließend benannt. Was die Maßnahmen der §§ 100a, 100c, 100f, 100g, 100h und 100i voneinander unterscheidet, sind **nicht die technischen Möglichkeiten** der im Rahmen der Vollziehung der Maßnahmen eingesetzten Geräte**, sondern das rechtlich Zulässige.** So sind moderne Versionen des IMSI-Catchers sowohl in der Lage, die Gerätenummer eines Mobilfunkendgerätes zu ermitteln als auch diejenigen Gesprächsinhalte zu überwachen, die von sämtlichen in seiner virtuelle Zelle eingeloggten Handys abgehenden. Im erstgenannten Fall ist die Zulässigkeit einer solchen Maßnahme an § 100i, im zweitgenannten Fall an § 100a zu messen. 16

Unter Verwendung technischer Mittel berechtigt 17

- **§ 100a** die Strafverfolgungsbehörden zur Überwachung sowohl des Inhalts als auch der näheren Umstände individueller Kommunikation iS „qualifizierter Telekommunikationsdaten" (→ § 100a Rn. 51),
- **§ 100c** zur Aufzeichnung des nichtöffentlich gesprochenen Wortes innerhalb und **§ 100f** außerhalb von Wohnungen,
- **§ 100g** zur Erhebung von Verkehrsdaten nach § 96 Abs. 1 TKG, wobei § 100g in Abgrenzung zu § 100a nicht die Erhebung von Inhaltsdaten gestattet und mit den Daten nach § 96 Abs. 1 TKG auch solche Daten erfasst, die nicht vom Schutzbereich des Art. 10 GG erfasst werden,
- **§ 100h** in Abgrenzung zu den §§ 100c und 100f zur Erhebung personenbezogener Daten, die nicht das nichtöffentliche gesprochene Wort betreffen, und
- **§ 100i** in Abgrenzung zu den §§ 100c und 100f weder zur Erhebung des nichtöffentlich gesprochenen Wortes noch in Abgrenzung zu **§ 100h** Abs. 1 S. 1 Nr. 1 zur Herstellung von Bildaufnahmen – indes ebenso wie im Falle des § 100h Abs. 1 S. 1 Nr. 2 zur Erhebung von für Observationen relevanter Daten, wobei dies im Falle des **§ 100i** Abs. 1 Nr. 2 durch die Ermittlung des Standortes eines Mobilfunkgerätes erfolgt und diese Regelung daher als lex specialis zu der des § 100h Abs. 1 S. 1 Nr. 1 anzusehen ist.

Von den Maßnahmen der §§ 100a, 100c, 100f, 100g, 100h und 100i darf allein die des § 100c **innerhalb von Wohnungen** iSd Art. 13 GG durchgeführt werden. Zwar befinden sich auch bei Maßnahmen nach § 100a eines bzw. beide Endgeräte und damit auch die überwachten Personen selbst in Wohnungen, indes zielt die Telekommunikationsüberwachung anders als die Maßnahme der akustischen Wohnraumüberwachung nicht auf die Aufzeichnung von Gesprächen zwischen Anwesenden innerhalb derselben Wohnung ab. 18

In den Fällen der §§ 100a und 100g werden regelmäßig **technische Mittel Dritter,** nämlich die der Telekommunikationsdienstleister, eingesetzt. Aus diesen Grunde statuieren deren Verfahrensvorschriften auch in den § 100b Abs. 3 bzw. § 100g Abs. 2 iVm § 100b Abs. 3 entsprechende Mitwirkungspflichten der Dienstleister. Maßnahmen nach §§ 100c, 100f, 100h und 100i werden hingegen mit „eigenen" technischen Mitteln durchgeführt. 19

3. Die nach Abs. 1 statthaften Maßnahmen. Unter den Voraussetzungen des § 100i Abs. 1 dürfen durch technische Mittel die Geräte- bzw. Kartennummer sowie der Standort eines Mobilfunkendgeräts ermittelt werden. Das hierzu regelmäßig benutzte Gerät ist der so genannte **„IMSI-Catcher".** In technischer Hinsicht ist Voraussetzung für seinen Einsatz, 20

---

[20] Ebenso *Günther* Kriminalistik 2004, 11 [14].

[21] *Günther,* Protokoll der 74. Sitzung des Rechtsausschusses des Deutschen BTag v. 19.9.2007, S. 10.

dass der ungefähre Standort des zu ortenden Mobiltelefons bis auf wenige hundert Meter (in Städten) bzw. wenige Kilometer (auf dem Land) bekannt ist (→ Rn. 7).

21 **a) Ermittlung der Geräte- oder Kartennummer.** Ob die Ermittlung der Geräte- oder Kartennummer des Betroffenen tatsächlich erforderlich ist, kann abschließend vielfach nur unter Berücksichtigung der besonderen Umstände des Einzelfalls beurteilt werden. Eine der wichtigsten Fallgruppen dürfte indes darin bestehen, dass der Verdacht der Beteiligung an einer Katalogtat nach § 100a Abs. 2 besteht und die weitere Aufklärung des Sachverhalts **die Erhebung von Telekommunikationsdaten des Betroffenen nach § 100a bzw. 100g** erforderlich macht. Ist es den Strafverfolgungsbehörden bislang noch nicht gelungen, die Nummer des von dem Beteiligten benutzten Mobiltelefons oder die seiner Telefonkarte zu ermitteln, können Maßnahmen nach §§ 100a und 100g nicht durchgeführt werden. Zwar könnte jedenfalls die Ruf- und damit auch die Kartennummer im Rahmen einer Bestandsdatenabfrage nach § 100j iVm §§ 112, 113 TKG festgestellt werden. Straftäter aus dem Bereich der schweren Kriminalität nutzen freilich durchweg Mobilfunkkarten, die nicht auf ihren Namen eingetragen sind, sodass derartige Anfragen ins Leere laufen. Ist hingegen der ungefähre Aufenthalt des Betroffenen bekannt, kann der IMSI-Catcher in dessen Nähe verbracht und können zur Vorbereitung einer Maßnahme nach § 100a sowohl die Karten- als auch die Handynummer ausgelesen werden. Entsprechendes gilt auch zur Vorbereitung einer anderen Maßnahme wie der des § 100g. Entgegen § 100i Abs. 1 Nr. 1 aFist der Einsatz der Technik nunmehr nicht mehr darauf beschränkt, diese „zur Vorbereitung einer Maßnahme nach § 100a" (so § 100i Abs. 1 Nr. 1aF) durchzuführen.

22 **b) Feststellung des Standorts.** Der IMSI-Catcher darf weiter zur Ermittlung des Standorts eines Mobilfunkendgeräts eingesetzt werden. Technisch ist dies nur möglich, wenn das Mobilfunkendgerät eingeschaltet ist, sich mithin im „stand-by"-Modus befindet und den Strafverfolgungsbehörden die IMSI- bzw. die IMEI-Nummer von Telefonkarte bzw. Handy bereits bekannt sind. Die Standortfeststellung erfolgt vielfach zum Zwecke der **vorläufigen Festnahme** des Beschuldigten nach § 127 Abs. 2 oder zur Ergreifung des Beschuldigten zur Vollstreckung eines Haft- oder Unterbringungsbefehls. Die Maßnahme der Standortfeststellung ist indes, anders noch als nach § 100i Abs. 1 Nr. 2 aFnicht mehr hierauf beschränkt. Eine Standortfeststellung kann vielmehr auch zu dem weiteren Zweck durchgeführt werden, den Beschuldigten anschließend zur Erforschung des Sachverhalts **längerfristig zu observieren.**

23 **c) Kumulation beider Maßnahmen.** Die nach Abs. 1 statthaften und in Nr. 1 und 2 aufgelisteten Maßnahmen können auch **kumulativ angeordnet** werden. Dies kann aus der Formulierung „sowie" am Ende von Nr. 1 gefolgert werden mit der Konsequenz, dass zunächst die Karten- bzw. Gerätenummer (Nr. 1) ermittelt werden, um sodann mit deren Hilfe eine Standortbestimmung (Nr. 2) durchführen zu können.[22]

III. Materielle Anordnungsvoraussetzungen (Abs. 1)

24 Maßnahmen nach § 100i dürfen angeordnet werden, wenn aufgrund **bestimmter Tatsachen** der Verdacht einer **Straftat von auch im Einzelfall erheblicher Bedeutung,** insbesondere einer der in § 100a Abs. 2 bezeichneten Straftaten besteht, und die Ermittlung der Geräte- oder Kartennummer bzw. des Standorts des Mobilfunkgerätes für die **Erforschung des Sachverhalts** oder die Ermittlung des **Aufenthaltsortes des Beschuldigten** erforderlich ist.

25 **1. Anlasstat (Abs. 1).** Der hier ebenso wie in den §§ 98a, 100g, 110a, 163e, 163f verwendete unbestimmte Rechtsbegriff der „Straftat von erheblicher Bedeutung" wird nach einhelliger Auffassung dahingehend ausgelegt, dass darunter solche Straftaten zu verstehen sind, die dem **mittleren Kriminalitätsbereich** zuzuordnen und damit geeignet sind, den

[22] Ebenso *Meyer-Goßner* Rn. 11; KMR-StPO/*Bär* Rn. 11; aA wohl BeckOK-StPO/*Hegmann* Rn. 5.

Rechtsfrieden empfindlich zu stören sowie das Gefühl der Rechtssicherheit der Bevölkerung erheblich zu beeinträchtigen.[23] Wenngleich diese Auslegung ebenso wenig praktikabel ist wie der unbestimmte Rechtsbegriff selbst, genügt letzterer – auch nach Auffassung des BVerfG – den rechtsstaatlichen Erfordernissen der Normenklarheit und Bestimmtheit (→ § 100g Rn. 24 ff.).[24] Eine „Straftat von auch im Einzelfall erheblicher Bedeutung" muss nicht zwingend eine der in § 100a Abs. 2 bezeichneten Straftaten zum Gegenstand haben.[25] Mit dem Verweis auf diesen Katalog hat der Gesetzgeber lediglich einen bedeutsamen Anwendungsfall für Straftaten von erheblicher Bedeutung hervorgehoben[26] und damit zugleich dessen Anwendungsbereich – wenngleich nicht abschließend – bestimmt.

Die Straftat von erheblicher Bedeutung muss schließlich auch **im Einzelfall** schwer 26 wiegen. Damit sollen im Hinblick auf die aktuelle verfassungsgerichtliche Rspr.[27] diejenigen Lebenssachverhalte ausgeschieden werden, die zwar eine Straftat von erheblicher Bedeutung zum Gegenstand haben, etwa weil die einschlägigen Straftatbestände eine Höchststrafe von mehr als drei Jahren vorsehen, die indes gleichwohl mangels hinreichender Schwere im konkreten Einzelfall einen Eingriff nach Maßgabe des Abs. 1 in das allgemeine Persönlichkeitsrecht nicht zu rechtfertigen vermögen.

Die durch Abs. 1 umschriebene Verdachtslage muss sich **nicht auf eine vollendete Tat** 27 beziehen. Es genügt vielmehr auch eine in strafbarer Weise versuchte oder vorbereitete Straftat von erheblicher Bedeutung. Soweit die Vorschrift weiter voraussetzt, dass jemand als „Täter oder Teilnehmer" an einer solchen Tat mitgewirkt hat, genügen dem **sämtliche Beteiligungsformen** gemäß den §§ 25 ff. StGB. Der Beschuldigte kann der Tat mithin als Allein- oder Mittäter, Anstifter oder Gehilfe verdächtig sein.

2. Verdacht aufgrund bestimmter Tatsachen (Abs. 1). Der Verdacht des Vorliegens 28 einer Straftat von auch im Einzelfall erheblicher Bedeutung muss sich aufgrund bestimmter Tatsachen ergeben, reine Vermutungen bzw. allein kriminalistische Erfahrungssätze reichen nicht aus. Der Tatverdacht muss weder hinreichend iSd § 203 noch dringend iSd § 112 Abs. 1 S. 1 sein.[28] Der Verdacht muss sich jedoch als hinreichend konkret darstellen und sich damit auf sinnlich wahrnehmbare, konkrete Umstände, mithin auf eine schlüssige Tatsachenbasis iS eines **qualifizierten Anfangsverdachts** stützen (→ § 100a Rn. 72 ff.).

3. Zweck der Maßnahme, Subsidiarität (Abs. 1). Der Einsatz der technischen Mittel 29 ist weiter nur zulässig, soweit er zur Erforschung des Sachverhalts oder zur Ermittlung des Aufenthaltsortes des Beschuldigten erforderlich ist. Zur **Erforschung des Sachverhalts** ist der Einsatz technischer Mittel zwecks Feststellung der Karten- bzw. Gerätenummer regelmäßig erforderlich, wenn der Beschuldigte zur Erschwerung der Überwachung seiner Telekommunikation regelmäßig seine Telefonkarte (so genannte „Kartenspieler") bzw. auch sein Mobiltelefon wechselt und die Nummer seiner neuen Karte bzw. seines neuen Handys auf andere Weise nicht schneller bzw. einfacher festgestellt werden kann.

Zur genaueren Bestimmung des **Aufenthaltsortes des Beschuldigten** ist der Einsatz 30 technischer Mittel nach § 100i vielfach selbst dann erforderlich, wenn gegen den Beschuldigten aktuell Maßnahmen nach § 100a bzw. 100g durchgeführt werden und deshalb regelmäßig im Falle einer Verbindung bzw. nach Maßgabe von § 7 Abs. 1 Nr. 7 TKÜV selbst im Falle des lediglich aktiv geschalteten Handys bereits die betreffende Funkzelle, in der sich das überwachte Gerät gerade befindet, durch den Telekommunikationsdienstleister „in Echtzeit" mitgeteilt wird. Zwar hat der Dienstleister den aktuellen Standort nach der Regelung in § 7 TKÜV mit der „größtmöglichen Genauigkeit" zu benennen, er kann indes

---

[23] Vgl. statt vieler BVerfG 14.12.2000 – 2 BvR 1741/99, NJW 2001, 878, 880; *Meyer-Goßner* § 98a Rn. 5.
[24] BVerfG 14.12.2000 – 2 BvR 1741/99, NJW 2001, 879 (880).
[25] Ebenso *Meyer-Goßner* Rn. 6; KK-StPO/*Bruns* Rn. 7; KMR-StPO/*Bär* Rn. 7; zweifelnd *Puschke/Singelstein* NJW 2008, 114.
[26] BVerfG 12.3.2003 – 1 BvR 330/96, NJW 2003, 1787 (1791).
[27] BVerfG 2.3.2006 – 2 BvR 2099/04, NJW 2006, 976 (982).
[28] So auch *Meyer-Goßner* Rn. 4 unter Verweis auf § 100a Rn. 9.

technisch bedingt entweder nur die Daten der Funkzelle als Ganzes oder aber die eines größeren Sektor derselben (Abstrahlwinkel) angeben. Eine „punktgenaue" Standortfeststellung ist auf der Grundlage dieser Angaben nicht möglich. Anders verhält es sich mit der nach Abs. 1 Nr. 2 statthaften Peilung mittels des IMSI-Catchers. Hierdurch ist oftmals eine Standortbestimmung mit einer Genauigkeit von wenigen Metern möglich.

31 Zulässig bleibt weiterhin auch der Einsatz der technischen Mittel des § 100i **zur Eigensicherung** der zur vorläufigen Festnahme oder Ergreifung des Täters eingesetzten Polizeibeamten. Der Gesetzgeber hat die entsprechende Regelung des § 100i Abs. 2 S. 3 aFallein deshalb nicht übernommen, weil er dies mit der – vertretbaren – Erwägung für entbehrlich hielt, dass auch der Einsatz des IMSI-Catchers im Rahmen der Eigensicherung letztlich der Ermittlung des aktuellen Aufenthaltsortes des Beschuldigten diene.[29]

32 **4. Adressaten der Maßnahme (Abs. 3 S. 1 iVm § 100a Abs. 3).** Der Einsatz technischer Mittel nach § 100i darf sich nach Abs. 3 S. 1 iVm § 100a Abs. 3 nur gegen den **Beschuldigten** oder gegen Personen richten, von denen aufgrund bestimmter Tatsachen anzunehmen ist, dass sie für den Beschuldigten bestimmte oder von ihm herrührende Mitteilungen entgegennehmen oder weitergeben **(Nachrichtenmittler)** bzw. dass der Beschuldigte ihren Anschluss benutzt **(Anschlussinhaber).** Der Verweis auf § 100a Abs. 3 erscheint konsequent. Ist es unter den dort genannten Voraussetzungen zulässig, Maßnahmen zur Überwachung der Telekommunikation auch gegen so genannte Nachrichtenmittler durchzuführen, kann sinnvoller Weise nichts dagegen eingewendet werden, gegen diesen Personenkreis auch Maßnahmen zuzulassen, die wie im Falle von Abs. 1 Nr. 1 der Vorbereitung einer Telekommunikationsüberwachung dienen.

IV. Formelle Anordnungsvoraussetzungen (Abs. 3)

33 **1. Zuständigkeit für die Anordnung (S. 1 iVm § 100b Abs. 1 S. 1).** Der Einsatz eines IMSI-Catchers darf im Ermittlungsverfahren grundsätzlich nur auf Antrag der Staatsanwaltschaft durch das gemäß §§ 162, 169 zuständige **Gericht,** mithin durch den Ermittlungsrichter beim Amtsgericht bzw. im Falle des § 169 den Ermittlungsrichter beim Oberlandesgericht oder dem BGH angeordnet werden. In Auslieferungsverfahren ist hier ebenso wie etwa für Maßnahmen nach § 100a stets das Oberlandesgericht zuständig.[30]

34 Bei Gefahr im Verzug kann die Anordnung nach Abs. 3 S. 1 iVm § 100b Abs. 1 S. 2 auch durch die **Staatsanwaltschaft selbst, nicht indes durch deren Ermittlungspersonen** getroffen werden. Wird die Anordnung der Staatsanwaltschaft nicht binnen drei Werktagen durch das Gericht bestätigt, tritt sie außer Kraft. Die bis zu diesem Zeitpunkt gewonnenen Erkenntnisse bleiben gleichwohl verwertbar. Dies gilt auch für den Fall, dass eine Bestätigung der staatsanwaltschaftlichen Eilanordnung durch das Gericht herbeigeführt wird, weil die Maßnahme noch vor Ablauf dieser kurzen Frist beendet wird.[31]

35 Der Lauf der **3-Tages-Frist** wird bereits durch den Erlass der Anordnung selbst ausgelöst. Wann die Anordnung, die die Staatsanwaltschaft nach § 36 zu vollstrecken hat, tatsächlich umgesetzt wurde, ist für die Fristberechnung ohne Bedeutung. Die Berechnung selbst richtet sich nach §§ 42, 43 Abs. 2 (→ § 100b Rn. 7).

36 **2. Form der Anordnung (S. 1 iVm § 100b Abs. 2 S. 1).** Die richterliche Anordnung hat gemäß Abs. 3 S. 1 iVm § 100b Abs. 2 S. 1 **schriftlich** zu ergehen und ist als anfechtbare Entscheidung nach § 34 zu begründen. Auch die Eilanordnung der Staatsanwaltschaft bedarf stets der Schriftform. In Fällen besonderer Eilbedürftigkeit kann die Staatsanwaltschaft ihre Anordnung zunächst auch mündlich treffen und erst später schriftlich niederlegen.

37 **3. Inhalt der Anordnung; Dauer der Maßnahme.** Zum Inhalt der Anordnung macht § 100i, dessen Abs. 3 lediglich auf § 100b Abs. 2 S. 1, nicht jedoch auch auf dessen S. 2

[29] BT-Drs. 16/5846, 56.
[30] OLG Hamm 22.6.1998 – (2) 4 Ausl. 419/97 (30/98), NStZ-RR 1998, 350.
[31] *Meyer-Goßner* Rn. 1 mwN.

verweist, keine Vorgaben. Indes gehört hier ebenso wie bei Maßnahmen nach § 100a zum notwendigen Inhalt der Anordnung die – soweit möglich – Angabe von **Name und Anschrift** des Betroffenen, das **Ziel der Maßnahme,** im Fall von Abs. 1 Nr. 2 die **Geräte- oder Kartennummer** sowie schließlich die **Dauer** der Maßnahme. Diese ist gemäß S. 2 auf höchstens sechs Monate zu befristen und kann nach S. 3 um jeweils sechs weitere Monate verlängert werden. Gemäß Abs. 3 S. 1 iVm § 100b Abs. 4 S. 1 ist der Einsatz der technischen Mittel „unverzüglich zu beenden“, wenn die Voraussetzungen der Anordnung nicht mehr vorliegen. Dies ist der Fall liegt, wenn die Eingriffsvoraussetzungen nachträglich entfallen, etwa weil sich die verfahrensgegenständliche Straftat im Verlauf der weiteren Ermittlungen als nicht auch im Einzelfall von erheblicher Bedeutung darstellt oder wenn, was den Regelfall darstellen dürfte, der mit der Maßnahme erstrebte Zweck erreicht wird.

V. Keine Mitwirkungspflicht der Telekommunikationsdienstleister

Maßnahmen nach § 100i werden **gänzlich ohne Mitwirkung der Dienstleister** mit dem eigenem technischen Equipment der Strafverfolgungsbehörden durchgeführt (→ Rn. 6). Aus diesem Grund enthält Abs. 3 S. 1 auch keinen Verweis auf § 100b Abs. 3 S. 1, wonach bei Maßnahmen der Telekommunikationsüberwachung die Dienstleister den berechtigten Stellen die Durchführung entsprechender Maßnahmen zu ermöglichen haben. 38

§ 100i enthält im Gegensatz zu § 100i Abs. 4 S. 4 aFkeine Verpflichtung der geschäftsmäßig tätigen Telekommunikationsdienstleister, die Geräte- und Kartennummer derjenigen Person mitzuteilen, gegen die sich die Maßnahme richten soll. Die Verpflichtung zur **Erteilung entsprechender Auskünfte** ergibt sich bereits aufgrund der allgemeinen Befugnisse der §§ 94 ff., 161, 163 in Verbindung mit der in § 111 TKG geregelten Verpflichtung der Telekommunikationsdienstleister zur Erteilung entsprechender Auskünfte.[32] 39

VI. Kennzeichnungs-, Benachrichtigungs- und Löschungsregelung

Gemäß § 101 sind auch im Falle einer Maßnahme nach § 100i die dadurch erlangten personenbezogenen **Daten zu kennzeichnen** (§ 101 Abs. 1, Abs. 3 S. 1), wobei diese Kennzeichnung auch nach Übermittlung der Daten an eine andere Stelle durch diese aufrechtzuerhalten ist (§ 101 Abs. 3 S. 2). Des Weiteren haben die Strafverfolgungsbehörden im Falle einer Maßnahme nach § 100i gemäß § 101 Abs. 4 Nr. 8 die Zielperson der Maßnahme **zu benachrichtigen** und diese auf die Möglichkeit des nachträglichen Rechtsschutzes (§ 101 Abs. 7 S. 2) hinzuweisen. Schließlich sind die personenbezogenen Daten gemäß § 101 Abs. 8 S. 1 **unverzüglich zu löschen**, wenn sie nicht mehr benötigt werden. 40

VII. Verwertbarkeit

1. Zufallsfunde bzgl. des Adressaten der Anordnung. Ergeben sich gelegentlich der Maßnahme weitere Erkenntnisse bzgl. des Adressaten der Anordnung, mithin entweder hinsichtlich des Beschuldigten oder aber des Nachrichtenmittlers bzw. Anschlussinhabers, so gelten für die Verwertbarkeit dieser Erkenntnisse zu strafprozessualen Zwecken die allgemeinen Grundsätze nach § 477 Abs. 2 S. 2. Die gewonnenen Daten können mithin nach Maßgabe dieser Norm **zu Beweiszwecken bzw. als Spurenansatz verwendet werden** (→ § 100a Rn. 182). Die in Abs. 2 S. 2 enthaltene Verwendungsbeschränkung findet nämlich nur auf „personenbezogene Daten Dritter“, mithin nicht auf den vorgenannten Personenkreis Anwendung. 41

Zu **präventiven Zwecken** dürfen die Daten nach Maßgabe des § 477 Abs. 2 S. 3 auch ohne Einwilligung der von der Maßnahme betroffenen Person verwendet werden, sofern dies zur Abwehr einer erheblichen Gefahr für die **öffentliche Sicherheit** erforderlich ist. Zur Abwehr einer entsprechenden Gefahr für die öffentliche Ordnung können die Daten hingegen nicht verwendet werden (→ § 100a Rn. 187). 42

[32] BT-Drs. 16/5846, 56, ebenso *Meyer-Goßner* Rn. 19.

43 **2. Personenbezogene Daten Dritter (Abs. 2).** Nach Abs. 2 S. 1 dürfen personenbezogene Daten unbeteiligter Dritter nur erhoben werden, wenn und soweit dies aus technischen Gründen für Maßnahmen des Datenabgleichs nach Abs. 1 Nr. 1 bzw. der Standortbestimmung nach Abs. 1 Nr. 2 unvermeidbar ist. Dritte iSd Vorschrift sind all diejenigen Personen, die nicht Beschuldigter und weder Nachrichtenmittler noch Anschlussinhaber sind. Nach S. 2 dürfen die im Rahmen der Maßnahme erhobenen IMSI- und IMEI-Nummern Dritter über den Datenabgleich hinaus **für andere Zwecke nicht verwendet werden.** Die Daten sind nach Beendigung der Maßnahme vielmehr unverzüglich zu löschen. Nach dieser gegenüber der allgemeinen Verwendungsregelung in § 477 Abs. 2 S. 2 gemäß § 477 Abs. 2 S. 4 vorrangigen Norm können Zufallsfunde weder als Beweismittel noch als Spurenansatz verwendet werden, weil das Verwertungsverbot des Abs. 2 S. 2 selbst keinerlei Einschränkungen enthält.[33]

44 Das Verwendungsverbot in Abs. 2 S. 2 schließt auch die weitere Verwendung der Daten zu **präventiven Zwecken** aus.

45 Die Regelung des Abs. 2 S. 2 verdient **Kritik.** Sie lässt sich nicht harmonisch mit dem Regelungsgehalt des § 477 Abs. 2 S. 2 in Einklang bringen, der als verfahrensübergreifende Regelung die Verwendung personenbezogener Daten auch bei erheblich eingriffsintensiveren Maßnahmen wie etwa der Überwachung der Telekommunikation nach § 100a zulässt. Nach Abs. 2 S. 2 dürfte selbst die Feststellung nicht verwertet werden, dass ein in einem anderen Verfahren als Mörder gesuchter Beschuldigter (als Dritter) bzw. das von ihm mutmaßlich genutzte Handy im Bereich eines gerade eingesetzten IMSI-Catchers eingeloggt ist und der Gesuchte eigentlich festgenommen werden könnte.[34]

46 **3. Verwertung von Daten aus präventiven Maßnahmen.** Personenbezogene Daten aus dem präventiv-polizeilichen Einsatz technischer Mittel zur Standortbestimmung bzw. der Erhebung von Geräte- und Kartennummer dürfen als Beweismittel hinsichtlich begangener Straftaten nach Maßgabe des § 161 Abs. 2 ohne Einwilligung der betroffenen Person als **Beweismittel** verwendet werden, wenn das Polizeirecht eine entsprechende Maßnahme gestattet und es sich bei der begangenen Straftat um eine solche von auch im Einzelfall erheblicher Bedeutung handelt. Bei einer Verwendung der entsprechenden Daten lediglich als Spurenansatz greift die Beschränkung des § 161 Abs. 2 nicht.[35]

C. Rechtsbehelfe

47 Gemäß § 101 Abs. 7 S. 2 kann die **Zielperson,** mithin nicht nur der Beschuldigte, sondern auch der Nachrichtenmittler sowie der Anschlussinhaber, gegen den sich die Maßnahme gerichtet hat, nach Beendigung der Maßnahme eine gerichtliche Entscheidung deren Rechtmäßigkeit sowie die Art und Weise ihrer Vollstreckung beantragen. Gegen diese Entscheidung ist nach § 101 Abs. 7 S. 3 die sofortige Beschwerde statthaft.

48 **Andere Personen** können gegen die entsprechende Anordnung des Gerichts, auch des Oberlandesgerichts bzw. des Ermittlungsrichters beim BGH, Beschwerde nach § 304 einlegen und gegen Anordnungen der Staatsanwaltschaft Antrag auf gerichtliche Entscheidung entsprechend § 98 Abs. 2 stellen (→ § 100b Rn. 65 f.).

D. Revision

49 Da die aus Maßnahmen nach § 100i gewonnenen Erkenntnisse regelmäßig nur als Ansatz für weitere Ermittlungen genutzt werden, dürfte das Urteil auch nicht auf der Verwertung

[33] So *Meyer-Goßner* Rn. 14; KMR-StPO/*Bär* Rn. 14; Löwe/Rosenberg/*Schäfer* Rn. 14.
[34] So zutreffend Löwe/Rosenberg/*Schäfer* Rn. 14.
[35] BT-Drs. 16/5846, 64.

dieser Erkenntnisse beruhen. Rechtsfehlern im Zusammenhang mit § 100i kommt somit regelmäßig **keine revisionsrechtliche** Bedeutung zu.

§ 100j [Bestandsdatenauskunft]

(1) [1]Soweit dies für die Erforschung des Sachverhalts oder die Ermittlung des Aufenthaltsortes eines Beschuldigten erforderlich ist, darf von demjenigen, der geschäftsmäßig Telekommunikationsdienste erbringt oder daran mitwirkt, Auskunft über die nach den §§ 95 und 111 des Telekommunikationsgesetzes erhobenen Daten verlangt werden (§ 113 Absatz 1 Satz 1 des Telekommunikationsgesetzes). [2]Bezieht sich das Auskunftsverlangen nach Satz 1 auf Daten, mittels derer der Zugriff auf Endgeräte oder auf Speichereinrichtungen, die in diesen Endgeräten oder hiervon räumlich getrennt eingesetzt werden, geschützt wird (§ 113 Absatz 1 Satz 2 des Telekommunikationsgesetzes), darf die Auskunft nur verlangt werden, wenn die gesetzlichen Voraussetzungen für die Nutzung der Daten vorliegen.

(2) Die Auskunft nach Absatz 1 darf auch anhand einer zu einem bestimmten Zeitpunkt zugewiesenen Internetprotokoll-Adresse verlangt werden (§ 113 Absatz 1 Satz 3 des Telekommunikationsgesetzes).

(3) [1]Auskunftsverlangen nach Absatz 1 Satz 2 dürfen nur auf Antrag der Staatsanwaltschaft durch das Gericht angeordnet werden. [2]Bei Gefahr im Verzug kann die Anordnung auch durch die Staatsanwaltschaft oder ihre Ermittlungspersonen (§ 152 des Gerichtsverfassungsgesetzes) getroffen werden. [3]In diesem Fall ist die gerichtliche Entscheidung unverzüglich nachzuholen. [4]Die Sätze 1 bis 3 finden keine Anwendung, wenn der Betroffene vom Auskunftsverlangen bereits Kenntnis hat oder haben muss oder wenn die Nutzung der Daten bereits durch eine gerichtliche Entscheidung gestattet wird. [5]Das Vorliegen der Voraussetzungen nach Satz 4 ist aktenkundig zu machen.

(4) [1]Die betroffene Person ist in den Fällen des Absatzes 1 Satz 2 und des Absatzes 2 über die Beauskunftung zu benachrichtigen. [2]Die Benachrichtigung erfolgt, soweit und sobald hierdurch der Zweck der Auskunft nicht vereitelt wird. [3]Sie unterbleibt, wenn ihr überwiegende schutzwürdige Belange Dritter oder der betroffenen Person selbst entgegenstehen. [4]Wird die Benachrichtigung nach Satz 2 zurückgestellt oder nach Satz 3 von ihr abgesehen, sind die Gründe aktenkundig zu machen.

(5) [1]Auf Grund eines Auskunftsverlangens nach Absatz 1 oder 2 hat derjenige, der geschäftsmäßig Telekommunikationsdienste erbringt oder daran mitwirkt, die zur Auskunftserteilung erforderlichen Daten unverzüglich zu übermitteln. [2]§ 95 Absatz 2 gilt entsprechend.

Schrifttum: s. § 100a

Übersicht

A. Überblick

Entstehungsgeschichte der Norm, verfassungsrechtliche Aspekte

1 § 100j wurde durch Art. 2 des **Gesetzes zur Änderung des Telekommunikationsgesetzes und zur Neuregelung der Bestandsdatenauskunft v. 20.6.2013** in die StPO eingeführt und trat am 1.7.2013 in Kraft.[1] Die Regelung ist unmittelbar auf den Beschluss des BVerfG v. 24.1.2012 zurückzuführen.[2] In diesem hat das BVerfG festgestellt, § 113 Abs. 1 S. 2 TKG sei mit dem aus Art. 2 Abs. 1 GG iVm Art. 1 Abs. 1 GG abzuleitenden Recht auf informationelle Selbstbestimmung unvereinbar und gelte übergangsweise längstens bis zum 30.6.2013 fort. Diese verfassungswidrige Regelung sah vor, dass Auskunftsersuchen hinsichtlich solcher Daten, durch die der Zugriff auf Endgeräte oder in diesen oder im Netz eingesetzte Speichereinrichtungen geschützt werde, insbesondere auf PIN oder PUK, auf die Aufgabengeneralklausel der §§ 161, 163 gestützt werden können. Zur Begründung seiner Entscheidung hat das BVerfG ua ausgeführt, zwar erfolge durch die Erhebung dieser Daten bzw. von **Bestandsdaten** (zum Begriff der Bestandsdaten → § 110a Rn. 53 ff.) kein Eingriff in das durch Art. 10 GG geschützte Fernmeldegeheimnis, wohl aber in das Recht auf informationelle Selbstbestimmung. Ein Eingriff liege zunächst in der Erhebung und Speicherpflicht nach § 111 TKG, ein weiterer, selbstständiger in der Einspeisung der Bestandsdaten in ein automatisiertes Abrufsystem, wozu der Telekommunikationsdienstleister durch § 112 TKG verpflichtet werde. Der tatsächliche Abruf dieser Daten stelle schließlich erneut einen (weiteren) Eingriff in dieses Grundrecht dar.[3]

2 Anders verhält es sich bei der identifizierenden Zuordnung einer **dynamischen oder statischen IP-Adresse** (zum Begriff und zu weiteren technischen Aspekten → § 100a Rn. 56 ff.) zu einem bestimmten Nutzer. Solche IP-Adressen erheben die Strafverfolgungsbehörden ua bei Maßnahmen der Telekommunikationsüberwachung nach § 100a, im Rahmen derer sie bspw. die Internetkommunikation einer bestimmten Person überwachen und dabei feststellen, dass diese tatrelevante Informationen mit einer dritten Person austauscht, bzgl. deren allein die IP-Adresse als Identifizierungsmöglichkeit bekannt wird. Entsprechende Auskunftsersuchen beim zuständigen Internet-Provider stellen nach Auffassung des BVerfG anders als die Beauskunftung von Bestandsdaten einen **Eingriff in das Fernmeldegeheimnis des Art. 10 GG dar,** weil das Telekommunikationsunternehmen für die Identifizierung des hinter der IP-Adresse stehenden Nutzers in einem Zwischenschritt die Verkehrsdaten (zum Begriff der Verkehrsdaten → § 100a Rn. 50 ff.) des betreffenden Kunden sichten und dabei auf dessen konkrete Telekommunikationsvorgänge zugreifen müssen.[4]

3 Es bestand somit Handlungsbedarf und der Bundestag hatte in seiner Sitzung vom 3.5.2013[5] dem vom Deutschen Bundestag am 21.3.2013[6] verabschiedeten Gesetz gemäß Art. 73 Abs. 2 GG zugestimmt. Nachdem der ursprüngliche Gesetzentwurf der BReg. v.

[1] BGBl. I 1602.
[2] BVerfG 24.1.2012 – 1 BvR 1299/05, NJW 2012, 1419.
[3] BVerfG 24.1.2012 – 1 BvR 1299/05, NJW 2012, 1419 (1423, Rn. 124).
[4] BVerfG 24.1.2012 – 1 BvR 1299/05, NJW 2012, 1419 (1422, Rn. 116).
[5] BR-Drs. 251/13.
[6] BT-Plenarprotokoll 17/231 S. 29917D.

9.1.2013[7] lediglich die jetzigen Absätze 1, 2 und 3 vorsah, fand die Vorschrift ihre endgültige Fassung aufgrund des Beschlusses des Innenausschusses vom 20.3.2014,[8] mit dem eine Änderung des Abs. 2 sowie die Einfügung der Abs. 3 und 4 (der ursprüngliche Abs. 3 wurde Abs. 5) empfohlen worden war. Durch diese Änderungen sollte ua gewährleistet werden, dass **ein heimlicher Zugriff auf die Daten des Betroffenen grundsätzlich nur mit richterlicher Zustimmung** erfolgt.[9]

B. Erläuterung

I. Regelungsinhalt des § 100j

§ 100j **Abs. 1** gestattet den Strafverfolgungsbehörden die Erhebung der von den §§ 95, 111 TKG erfassten Bestandsdaten durch Abfrage bei den Telekommunikationsdienstleistern. **Abs. 2** erlaubt die Erhebung dieser Daten auch anhand der Internetprotokoll-Adresse und damit anders als im Falle des Abs. 1 auch mittels eines Eingriffs in das Fernmeldegeheiminis (→ Rn. 1 und 2). Die **Absätze 3 und 4** enthalten Verfahrensregelungen und dienen mit dem Richtervorbehalt sowie der Benachrichtigungspflicht der von der Maßnahme betroffenen Personen vorrangig deren Interessen. **Abs. 5** statuiert schließlich eine Mitwirkungspflicht der Telekommunikationsdienstleister, ohne die der Auskunftsanspruch der Abs. 1 und 2 leer liefe. 4

II. Gegenstand der Eingriffsbefugnis (Abs. 1 S. 1 und 2)

1. Bestandsdaten und Zugriffscodes. Die Regelungen in Abs. 1 S. 1 und 2gestatten in sachlicher Hinsicht die Erhebung von Bestandsdaten „nach den §§ 95 und 111 des Telekommunikationsgesetzes". Bestandsdaten sind nach § 3 Nr. 3 TKG diejenigen Daten eine Teilnehmers, die für die Begründung, inhaltliche Ausgestaltung, Änderung oder Beendigung eines Vertragsverhältnisses über Telekommunikationsdaten erhoben werden (vgl. weiterführend § 100a Rn. 53 f.). Durch § 95 TKG werden die Dienstleister zur Erhebung, Verarbeitung und sonstigen Nutzung dieser Daten berechtigt und durch § 111 TKG verpflichtet, bestimmte Bestandsdaten für Auskunftsersuchen der Sicherheitsbehörden noch vor Freischaltung des Anschlusses zu erheben und unverzüglich zu speichern. Im Einzelnen handelt es sich dabei um folgende Daten: **Rufnummern und Anschlusskennungen, Name und Anschrift des Anschlussinhabers,** bei natürlichen Personen deren **Geburtsdatum,** bei Festnetzanschlüssen die **Anschrift des Anschlusses,** bei der Überlassung eines Mobilfunkgerätes die **Gerätenummer** sowie das **Datum des Vertragsbeginns.** Der Vorschrift des § 100 j nachgebildete Eingriffsermächtigungen finden sich auch in anderen Spezialgesetzen wie den §§ 7, 20b, 20w, 22 BKAG, §§ 22a, 33, 70 BPolG, §§ 8c, 8d, BVerfSchG, §§ 7, 15, 23g, 27 ZFdG, § 2b BNDG und § 4b MADG. Mit diesen Neuregelungen sowie der Novellierung insbesondere des § 113 Abs. 2 S. 1 TKG, wonach es für den Abruf von Bestandsdaten einer qualifizierten Rechtsgrundlage für die abrufende Stelle bedarf, hat der Gesetzgeber den Vorgaben des BVerfG Rechnung getragen, welches das Bild einer Doppeltür benutzt und ausgeführt hatte, es bedürfe einer Norm für die Datenübermittlung (erste Tür) sowie einer weiteren Abrufnorm (zweite Tür).[10] 5

Gemäß Abs. 1 S. 2 sind die Strafverfolgungsbehörden weiter berechtigt, Auskunft über solche „Daten, mittels derer der Zugriff auf Endgeräte oder auf Speichereinrichtungen" erfolgen kann, zu verlangen. Es handelt sich hierbei um personenbezogene Berechtigungskennungen iSv § 96 Abs. 1 Nr. 1 TKG und damit um Zugangssicherungen wie sie etwa **Passwörter sowie PIN und PUK**[11] darstellen. Nach der weiteren Regelung in S. 2 6

[7] BT-Drs. 17/12034, 6.
[8] BT-Drs. 17/12879, 4.
[9] BT-Drs. 17/12879, 11.
[10] Vgl. BT-Drs. 17/12034 S. 12.
[11] BT-Drs. 17/12879, 11.

darf die Auskunft über derartige Zugangssicherungen nur verlangt werden, wenn auch die gesetzlichen Voraussetzungen für die Nutzung der durch die Codes gesicherten Daten vorliegen. Soll bspw. mit der PIN die Sperre eines Mobiltelefons aufgehoben werden, so kann auf die sich bereits im Endgerät befindlichen Telekommunikationsdaten wie bspw. bereits übertragene, indes noch gespeicherte E-Mails und Kurznachrichten (SMS) auf der Grundlage der Aufgabengeneralklausel der §§ 161, 163 zugegriffen werden. Soll hingegen mit dem Handy ein heimlicher, dem Beschuldigten nicht bekannt gegebener Abruf von auf dem Server des E-Mail Providers des Beschuldigten noch zwischengespeicherter Nachrichten erfolgen, wäre diese Maßnahme an § 100a zu messen und bedürfte es hierfür entsprechend der Regelung in § 100b Abs. 1 S. 1 grundsätzlich einer richterlichen Anordnung.[12]

7 **2. Beschuldigter und Dritte als Betroffene der Maßnahme.** In **personaler Hinsicht** darf sich die Maßnahme sowohl gegen den Beschuldigten als auch gegen sonstige „betroffene Person(en)" und damit gegen Dritte richten. Soweit die in Abs. 1 S. 1 enthaltene Zweckbestimmung regelt, Auskünfte dürften „zur Erforschung des Sachverhalts oder zur Ermittlung des Aufenthaltsortes des Beschuldigten" verlangt werden, kann daraus nicht der Schluss gezogen werden, Ersuchen nach § 100j seien auf die Erhebung von Bestandsdaten des Beschuldigten beschränkt. In Abs. 3 S. 4 und Abs. 4 S. 1 ist von „Betroffene(n)" bzw. „betroffene(n) Person(en)" die Rede und macht § 100b Abs. 2 S. 2 Nr. 1 deutlich, dass der Gesetzgeber mit „Betroffenen" den Personenkreis umschreibt, gegen den sich die Maßnahme richtet. Dieser besteht nicht nur aus dem Beschuldigten.

8 § 100j **schränkt den damit weiten Kreis möglicher Betroffener nicht ein.** Die Vorschrift enthält keine § 100a Abs. 3 bzw. den § 100g Abs. 2 und § 100i Abs. 3 (jeweils iVm mit § 100a Abs. 3) vergleichbare Regelung, wonach sich ein Auskunftsersuchen nur gegen den Beschuldigten bzw. gegen Personen richten darf, die für den Beschuldigten bestimmte oder von ihm herrührende Mitteilungen entgegennehmen oder weitergeben (Nachrichtenmittler) bzw. deren Anschluss (Anschlussinhaber) der Beschuldigte benutzt. Einer solchen Einschränkung bedarf es im Falle von Abs. 1 nicht, weil mit Maßnahmen dieser Art „lediglich" ein Eingriff in das Recht auf informationelle Selbstbestimmung verbunden ist. Anders könnte es sich mit Ersuchen nach Abs. 2 verhalten, die mit einem Eingriff in das Fernmeldegeheimnis einhergehen. In Fällen dieser Art könnte aus rechtsstaatlichen Gesichtspunkten eine verfassungskonforme enge Auslegung der Eingriffsnorm des Abs. 2 dahingehend geboten sein, dass eine mögliche Regelungslücke durch die analoge Anwendung des § 100a Abs. 3 geschlossen würde. Zwar hat sich der Gesetzgeber soweit ersichtlich im Gesetzgebungsverfahren mit dieser Problematik nicht befasst, sodass auch vom Vorliegen einer ausfüllungsbedürftigen Regelungslücke ausgegangen werden könnte. Die Vorschrift des Abs. 2 könnte indes vor dem Hintergrund noch als verfassungskonform erachtet werden, dass der Telekommunikationsdienstleister zur Beantwortung des Auskunftsersuchens der Strafverfolgungsbehörden zwar auf die bei ihm gespeicherten Verkehrsdaten zugreifen muss und damit ein Eingriff in Art. 10 GG erfolgt, indes nicht diese qualifizierten Telekommunikationsdaten (zum Begriff → § 100a Rn. 45 ff.) selbst, sondern lediglich Bestandsdaten übermittelt.

III. Materielle Anordnungsvoraussetzungen (Abs. 1)

9 **1. Verwendungszweck.** Auskunftsersuchen dürfen gemäß S. 1 nur zur **Erforschung des Sachverhalts oder zur Ermittlung des Aufenthaltsortes des Beschuldigten** erfolgen (→ § 100a Rn. 83 ff.). Damit trägt der Gesetzgeber auch in § 100j dem Gebot der hinreichend präzisen Umgrenzung des Verwendungszwecks der erhobenen Daten Rechnung. Nach ständiger Rspr. des BVerfG hatte jedwede Vorschrift, die zu Eingriffen in das Recht auf informationelle Selbstbestimmung berechtigt, derartige eingriffslimitierende Verwendungsregelungen zu enthalten.[13]

[12] BVerfG 24.1.2012 – 1 BvR 1299/05, NJW 2012, 1419 (1429 Rn. 184).
[13] BVerfG 24.1.2012 – 1 BvR 1299/05, NJW 2012, 1419 (1428 Rn. 169).

2. Anlasstat. § 100j verlangt eine verfahrensgegenständliche Tat, die **weder erheblich iSv § 100g** sein **noch schwer oder gar besonders schwer** wiegen muss wie in den Fällen der Telekommunikationsüberwachung nach § 100a Abs. 2 bzw. der Wohnraumüberwachung nach § 100c. Aus diesem Grunde dürfen anders als etwa im Falle des § 100g (→ § 100g Rn. 25) Auskunftsersuchen nach § 100j auch zur Aufklärung von Antrags- bzw. Bagatelldelikten gestellt werden. 10

Die Anlasstat muss sich **nicht auf eine vollendete Tat** beziehen. Es genügt auch hier eine in strafbarer Weise versuchte oder vorbereitete Straftat. Weiter lässt die Vorschrift **sämtliche Beteiligungsformen** genügen. Der Beschuldigte kann der Tat mithin als Allein- oder Mittäter, Anstifter oder Gehilfe verdächtig sein. 11

3. Verdacht auf Grund bestimmter Tatsachen. Auch wenn die Vorschrift keine besonderen Anforderungen an die Verdachtslage stellt, bedarf es auch hier des Vorliegens eines hinreichend konkreten Anfangsverdachts.[14] Dieser Verdacht muss sich aufgrund bestimmter Tatsachen ergeben, sich mithin auf eine schlüssige Tatsachenbasis iS eines **qualifizierten Anfangsverdachts** stützen (→ § 100a Rn. 72 ff.). Reine Vermutungen bzw. allein kriminalistische Erfahrungssätze reichen nicht aus. Jedoch muss der Tatverdacht jedoch weder hinreichend iSd § 203 noch dringend iSd § 112 Abs. 1 S. 1 sein. 12

4. Auskunft mittels IP-Adresse (Abs. 2). Nach Abs. 2 darf die Auskunft über Bestandsdaten bzw. Zugangscodes auch anhand „einer zu einem bestimmten Zeitpunkt zugewiesenen Internetprotokoll-Adresse" verlangt werden. Als Spuren der Kommunikation werden vielfach IP-Adressen festgestellt, die über ein entsprechendes Auskunftsersuchen einen Rückschluss auf die Identität des Kommunikationsteilnehmers ermöglichen. Mit der Einführung von IPv6, der Internet-Protokoll Version 6, wird es künftig möglich sein, auch privaten Nutzern eine **statische IP-Adresse** zuzuweisen (zum Begriff → § 100a Rn. 56). Diese werden in den nächsten Jahren mithin häufiger auch von Beschuldigten genutzt werden. Vor diesem Hintergrund erscheint es im Sinne einer geordneten und effektiven Strafverfolgung verfehlt, den Anwendungsbereich des Abs. 2 auf **dynamische IP-Adressen** gleichsam zu verkürzen.[15] Eine solche Auslegung ist auch von Rechts wegen nicht geboten. Der Gesetzgeber hatte bei der Vorschrift des § 100j Abs. 2 bzw. der Neufassung des § 113 Abs. 1 TKG zwar vorwiegend die dynamische IP-Adresse im Blick.[16] Der von ihm in Abs. 2 sowie in § 113 Abs. 1 S. 3 TKG verwendete Wortlaut, nämlich dem der einem Nutzer „zu einem bestimmten Zeitpunkt zugewiesenen" IP-Adresse, erfasst indes auch die statische IP-Adresse. Auch sie ist dem Nutzer lediglich zu einem bestimmten Zeitpunkt, dem ihrer Nutzung und darüber hinaus für die Laufzeit seines Vertrages mit dem Internet-Zugangs-Provider zugewiesen. Eine solche Auslegung trägt der Regelung in Abs. 2 auch unter teleologischen Gesichtspunkten Rechnung. Das Merkmal „zu einem bestimmten Zeitpunkt" spiegelt allein den tatsächlichen Umstand, dass dynamische IP-Adressen sukzessive verschiedenen Nutzern zugewiesen werden und allein durch die Mitteilung auch der Nutzungszeit der jeweilige Nutzer identifiziert werden kann. Das in Abs. 2 zum Ausdruck gebrachte strafprozessuale Interesse an der Identifizierung eines Nutzer einer IP-Adresse besteht jedoch unabhängig von der Frage, ob dieser im Zeitalter von IPv6 noch eine dynamische oder aber bereits eine statische IP-Adresse nutzt. Kriminalpolitisch bezweckt ist die Identifizierung der Nutzer von IP-Adressen ungeachtet des zufälligen und allein technisch bedingten Umstandes, welche „Internet Protocol Version" diese nutzen. 13

IV. Formelle Anordnungsvoraussetzungen (Abs. 3)

1. Zuständigkeit für die Anordnung. Anträge auf **Auskunft über Zugangscodes ohne Wissen des Betroffenen dürfen gemäß S. 1 grundsätzlich nur auf Antrag der** 14

[14] BT-Drs. 17/12034, 10.
[15] So wohl *Meyer-Goßner* Rn. 3.
[16] Vgl. BT-Drs. 17/12034, 10.

Staatsanwaltschaft durch das gemäß §§ 162, 169 zuständige Gericht, mithin durch den Ermittlungsrichter beim Amtsgericht bzw. im Falle des § 169 den Ermittlungsrichter beim Oberlandesgericht bzw. dem BGH beschlossen werden. Bei Gefahr im Verzug kann die Auskunftserteilung nach Abs. 3 S. 2 auch durch die **Staatsanwaltschaft bzw. deren Ermittlungspersonen** (§ 152 GVG) angeordnet werden. Gemäß S. 2 ist in diesen Fällen die gerichtliche Entscheidung unverzüglich nachzuholen. Ersuchen um Auskunft über Bestandsdaten nach Abs. 1 S. 1 bzw. in den Fällen des Abs. 3 S. 4 können von der Staatsanwaltschaft bzw. auch ihren Ermittlungspersonen angeordnet werden.

15 Nimmt man in den Blick, dass es das erklärte Ziel des Gesetzgebers ist, ein harmonisches Gesamtsystem der strafprozessualen heimlichen Ermittlungsmethoden zu schaffen,[17] so dürfte eine **Disharmonie darin liegen,** dass Auskünfte nach Abs. 1 S. 2 unter Richtervorbehalt gestellt werden, solche nach Abs. 2 indes nicht. Auskunftsersuchen nach Abs. 2 berühren nach Auffassung des BVerfG den Schutzbereich von Art. 10 GG (→ Rn. 2), solche nach Abs. 1 S. 2 hingegen nicht. Die Eingriffsintensitäten beider Ersuchen dürften vor diesem Hintergrund zumindest vergleichbar sein.

16 Gemäß S. 4 ist ein richterlicher Beschluss ausnahmsweise entbehrlich, **wenn der Betroffene vom Auskunftsverlangen bereits Kenntnis erlangt hat bzw. haben muss** oder wenn die Nutzung der Daten bereits durch eine gerichtliche Entscheidung gestattet worden ist. Zu denken ist hier insbesondere an eine gerichtliche Beschlagnahmeanordnung nach den § 94, 98. Weiter ist eine gerichtliche Anordnung nach S. 1 entbehrlich, wenn der Betroffene in die Verwendung der Zugangssicherung ausdrücklich eingewilligt hat oder aber mit einer Nutzung rechnen muss, weil sein Mobiltelefon bereits beschlagnahmt wurde oder ein Auskunftsersuchen an seinen Provider ihm zuvor durch die Strafverfolgungsbehörden zur Kenntnis gebracht wurde. Ausreichend ist gemäß S. 4 insoweit auch die bloße Möglichkeit der Kenntnisnahme, sodann ein postalischer Zugang genügt.[18]

17 **2. Form der Anordnung.** Wenngleich sich § 100j hierzu nicht verhält, hat die richterliche Anordnung grundsätzlich **schriftlich** zu ergehen und ist als anfechtbare Entscheidung nach § 34 zu begründen. Auch die Eilanordnung der Staatsanwaltschaft bedarf aus Gründen der Rechtssicherheit grundsätzlich der Schriftform. Schließlich ist gemäß Abs. 3 S. 5 das Vorliegen der Voraussetzungen des Abs. 3 S. 4 (→ Rn. 15) aktenkundig zu machen.

V. Benachrichtigungspflicht (Abs. 4)

18 Gemäß § Abs. 4 ist der **Betroffene** im Falle einer Beauskunftung von Zugangssicherungscodes nach Abs. 1 S. 2 sowie bei Auskünften anhand von IP-Adressen über die Maßnahme zu benachrichtigen, sofern hierdurch der Zweck der Maßnahme nicht vereitelt wird. Durch die Benachrichtigungspflicht soll dem Grundsatz der Transparenz Rechnung getragen und die Möglichkeit der Inanspruchnahme nachträglichen Rechtsschutzes eröffnet werden. Der Gesetzgeber sah sich aufgrund der durch das BVerfG in seiner Entscheidung v. 24.1.2013 vorgegebenen Gesetzessystematik gehalten, die Benachrichtigungspflicht nunmehr in der Befugnisnorm selbst zu regeln.[19] Für die übrigen verdeckten Ermittlungsmaßnahmen hat er zuvor noch die Benachrichtigungspflichten in § 101 Abs. 4 konzentriert. Die Vorschrift in S. 3, wonach eine Benachrichtigung unterbleiben kann, wenn ihr schutzwürdige Belange Dritter oder der betroffenen Person selbst entgegenstehen, ist offensichtlich der Regelung in § 101 Abs. 4 S. 3 nachgebildet. § 100j enthält jedoch keine § 101 Abs. 4 S. 2 vergleichbare Regelung, wonach auf die Möglichkeit des nachträglichen Rechtsschutzes hinzuweisen ist.

19 **Kennzeichnungs- bzw. Löschungspflichten** sah der Gesetzgeber für § 100j offenbar vor dem Hintergrund nicht vor, dass sich die Auskünfte jedenfalls in den Fällen von Abs. 1 S. 1 bzw. Abs. 2 auf Bestandsdaten beziehen, die der Telekommunikationsdienstleister nach § 111 TKG ohnehin zu speichern hat. Im Falle von Abs. 1 S. 2 werden jedoch auch sensible

[17] Vgl. BT-Drs. 16/5846, 1.
[18] Vgl. BT-Drs. 17/12879, 11.
[19] BT-Drs. 17/12879, 11.

personenbezogene Daten beauskunftet, die wie bspw. die PUK nach ihrer Beauskunftung und damit Offenlegung von dem Betroffenen zwecks weiterer Nutzung als Zugangssicherungscodes und anders als die PIN nicht selbst verändert werden können. In derartigen Fällen ist ein berechtigtes Interesse der Betroffenen an einer unverzüglichen Löschung des Datums zwecks weiterer Nutzung als Zugangskennung entsprechend der Regelung in § 101 Abs. 8 anzuerkennen.

VI. Mitwirkungspflicht der Telekommunikationsdienstleister (Abs. 5)

Auskunftsersuchen nach § 100j setzten zwingend die Mitwirkung derjenigen voraus, die geschäftsmäßig Telekommunikationsdienste erbringen oder daran mitwirken, sie werden durch Abs. 1 S. 1 verpflichtet. Folgerichtig sieht Abs. 5 S. 1 ihre **Verpflichtung zur unverzüglichen Übermittlung** der erforderlichen Daten vor. Zur wirksamen Durchsetzung dieser Verpflichtung erklärt Abs. 5 S. 2 die Vorschrift des § 95 Abs. 2 für entsprechend anwendbar und eröffnet damit die Möglichkeit, gegen die Telekommunikationsdienstleister im Falle einer unberechtigten Weigerung die in § 70 bestimmten **Ordnungs- und Zwangsmittel** festzusetzen. 20

C. Rechtsbehelfe

Die zur Mitwirkung verpflichteten Telekommunikationsdienstleister sind grundsätzlich beschwerdebefugt. Sie können **gegen gerichtliche Entscheidungen nach Maßgabe des § 304** vorgehen und Beschwerde einlegen. Zwecks Ausschluss einer Popularbeschwerde gilt hier wie in den Fällen des § 100b (→ § 100b Rn. 57), das der Telekommunikationsdienstleister ein besonderes schutzwürdiges Interesse an einer gerichtlichen Überprüfung haben muss. Den von der Maßnahme Betroffenen soll nach dem Willen des Gesetzgebers ebenfalls die Möglichkeit des nachträglichen Rechtsschutzes eröffnet werden.[20] Da § 100j indes eine der Regelung des § 101 Abs. 4 S. 2 vergleichbare Regelung (→ Rn. 18) nebst Fristsetzung fehlt, dürfte von dieser Möglichkeit unbeschränkt Gebrauch gemacht werden können. 21

D. Revision

Da die aus Maßnahmen nach § 100j gewonnenen Erkenntnisse ebenso wie im Falle des § 100i regelmäßig lediglich als Ansatz für weitere Ermittlungen genutzt werden, dürfte das Urteil regelmäßig auch nicht auf ihrer ggf. rechtswidrigen Verwertung beruhen. Rechtsfehlern im Zusammenhang mit § 100j dürfte daher regelmäßig **keine revisionsrechtliche** Bedeutung zukommen. Zu denken wäre allenfalls an einen Verstoß gegen den Richtervorbehalt in Abs. 3. S. 1, der dann mit einer den Anforderungen des § 344 Abs. 2 S. 2 genügen Verfahrensrüge geltend gemacht werden müsste. 22

§ 101 [Benachrichtigung; Löschung personenbezogener Daten]

(1) Für Maßnahmen nach den §§ 98a, 99, 100a, 100c bis 100i, 110a, 163d bis 163f gelten, soweit nichts anderes bestimmt ist, die nachstehenden Regelungen.

(2) [1]Entscheidungen und sonstige Unterlagen über Maßnahmen nach den §§ 100c, 100f, 100h Abs. 1 Nr. 2 und § 110a werden bei der Staatsanwaltschaft verwahrt. [2]Zu den Akten sind sie erst zu nehmen, wenn die Voraussetzungen für eine Benachrichtigung nach Absatz 5 erfüllt sind.

---

[20] Vgl. BT-Drs. 17/12879, 16.

(3) [1]Personenbezogene Daten, die durch Maßnahmen nach Absatz 1 erhoben wurden, sind entsprechend zu kennzeichnen. [2]Nach einer Übermittlung an eine andere Stelle ist die Kennzeichnung durch diese aufrechtzuerhalten.

(4) [1]Von den in Absatz 1 genannten Maßnahmen sind im Falle

1. **des § 98a die betroffenen Personen, gegen die nach Auswertung der Daten weitere Ermittlungen geführt wurden,**
2. **des § 9 der Absender und der Adressat der Postsendung,**
3. **des § 100a die Beteiligten der überwachten Telekommunikation,**
4. **des § 100c**
   a) **der Beschuldigte, gegen den sich die Maßnahme richtete,**
   b) **sonstige überwachte Personen,**
   c) **Personen, die die überwachte Wohnung zur Zeit der Durchführung der Maßnahme innehatten oder bewohnten,**
5. **des § 100f die Zielperson sowie die erheblich mitbetroffenen Personen,**
6. **des § 100g die Beteiligten der betroffenen Telekommunikation,**
7. **des § 100h Abs. 1 die Zielperson sowie die erheblich mitbetroffenen Personen,**
8. **des § 100i die Zielperson,**
9. **des § 110a**
   a) **die Zielperson,**
   b) **die erheblich mitbetroffenen Personen,**
   c) **die Personen, deren nicht allgemein zugängliche Wohnung der Verdeckte Ermittler betreten hat,**
10. **des §1 63d die betroffenen Personen, gegen die nach Auswertung der Daten weitere Ermittlungen geführt wurden,**
11. **des § 163e die Zielperson und die Person, deren personenbezogene Daten gemeldet worden sind,**
12. **des § 163f die Zielperson sowie die erheblich mitbetroffenen Personen**

zu benachrichtigen. [2]Dabei ist auf die Möglichkeit nachträglichen Rechtsschutzes nach Absatz 7 und die dafür vorgesehene Frist hinzuweisen. [3]Die Benachrichtigung unterbleibt, wenn ihr überwiegende schutzwürdige Belange einer betroffenen Person entgegenstehen. [4]Zudem kann die Benachrichtigung einer in Satz1 Nr.2, 3 und 6 bezeichneten Person, gegen die sich die Maßnahme nicht gerichtet hat, unterbleiben, wenn diese von der Maßnahme nur unerheblich betroffen wurde und anzunehmen ist, dass sie kein Interesse an einer Benachrichtigung hat. [5]Nachforschungen zur Feststellung der Identität einer in Satz 1 bezeichneten Person sind nur vorzunehmen, wenn dies unter Berücksichtigung der Eingriffsintensität der Maßnahme gegenüber dieser Person, des Aufwands für die Feststellung ihrer Identität sowie der daraus für diese oder andere Personen folgenden Beeinträchtigungen geboten ist.

(5) [1]Die Benachrichtigung erfolgt, sobald dies ohne Gefährdung des Untersuchungszwecks, des Lebens, der körperlichen Unversehrtheit und der persönlichen Freiheit einer Person und von bedeutenden Vermögenswerten, im Fall des §110a auch der Möglichkeit der weiteren Verwendung des Verdeckten Ermittlers möglich ist. [2]Wird die Benachrichtigung nach Satz1 zurückgestellt, sind die Gründe aktenkundig zu machen.

(6) [1]Erfolgt die nach Absatz 5 zurückgestellte Benachrichtigung nicht binnen zwölf Monaten nach Beendigung der Maßnahme, bedürfen weitere Zurückstellungen der gerichtlichen Zustimmung. [2]Das Gericht bestimmt die Dauer weiterer Zurückstellungen. [3]Es kann dem endgültigen Absehen von der Benachrichtigung zustimmen, wenn die Voraussetzungen für eine Benachrichtigung mit an Sicherheit grenzender Wahrscheinlichkeit auch in Zukunft nicht eintreten werden. [4]Sind mehrere Maßnahmen in einem engen zeitlichen Zusammenhang durchgeführt worden, so beginnt die in Satz 1 genannte Frist mit der Beendigung

der letzten Maßnahme. [5]Im Fall des § 100c beträgt die in Satz 1 genannte Frist sechs Monate.

(7) [1]Gerichtliche Entscheidungen nach Absatz 6 trifft das für die Anordnung der Maßnahme zuständige Gericht, im Übrigen das Gericht am Sitz der zuständigen Staatsanwaltschaft. [2]Die in Absatz 4 Satz 1 genannten Personen können bei dem nach Satz 1 zuständigen Gericht auch nach Beendigung der Maßnahme bis zu zwei Wochen nach ihrer Benachrichtigung die Überprüfung der Rechtsmäßigkeit der Maßnahme sowie der Art und Weise ihres Vollzugs beantragen. [3]Gegen die Entscheidung ist die sofortige Beschwerde statthaft. [4]Ist die öffentliche Klage erhoben und der Angeklagte benachrichtigt worden, entscheidet über den Antrag das mit der Sache befasste Gericht in der das Verfahren abschließenden Entscheidung.

(8) [1]Sind die durch die Maßnahme erlangten personenbezogenen Daten zur Strafverfolgung und für eine etwaige gerichtliche Überprüfung der Maßnahme nicht mehr erforderlich, so sind sie unverzüglich zu löschen. [2]Die Löschung ist aktenkundig zu machen. [3]Soweit die Löschung lediglich für eine etwaige gerichtliche Überprüfung der Maßnahme zurückgestellt ist, dürfen die Daten ohne Einwilligung der Betroffenen nur zu diesem Zweck verwendet werden; sie sind entsprechend zu sperren.

Schrifttum: *Burghardt,* Die neue Unübersichtlichkeit – Die Rechtsprechung des BGH zum nachträglichen Rechtsschutz gegen verdeckte Ermittlungsmaßnahmen, HRRS 2009, 569; *Hilger,* Über Vernichtungsregeln in der StPO, NStZ 1997, 371 ff.; *ders.,* Neues Strafverfahren durch das OrgKG – 2. Teil, NStZ 1992, 523 ff; *Mertens,* Das Gesetz gegen die Organisierte Kriminalität, eine unerträgliche Geschichte, ZRP 1992, 205 ff.; *Meyer/Rettenmaier,* Die Praxis des nachträglichen Rechtsschutzes gegen strafprozessuale Zwangsmaßnahmen – Rückkehr der strafprozessualen Überholung?, NJW 2009, 1238 ff; *Löffelmann,* Der Rechtsschutz gegen Ermittlungsmaßnahmen, StV 2009, 378; *ders.,* Zum Übergang der Zuständigkeit zur Entscheidung über Rechtsbehelfe gegen Ermittlungsmaßnahmen des erkennenden Gerichts und andere Absonderlichkeiten des Rechtsschutzsystems im Ermittlungsverfahren, ZIS 2009, 495; *Puschke/Singelstein,* Telekommunikationsüberwachung, Vorratsdatenspeicherung und (sonstige) heimliche Ermittlungsmaßnahmen der StPO nach der Neuregelung zum 1.1.2008, NJW 2008, 113 ff.; *Schnarr,* Über die Pflicht zur Vernichtung von Unterlagen nach § 100b Abs. 5 Satz 1 StPO, MDR 1987, 1; *Simitis* (Hrsg.), Kommentar zum Bundesdatenschutzgesetz, 6. Auflage, 2006; *Singelstein,* Rechtsschutz gegen heimliche Ermittlungsmaßnahmen nach Einführung des § 101 VII 2-4 StPO, NStZ 2009, 481; *Strate,* Annexion des Strafverfahrens durch die Polizei, ZRP 1990, 143 ff; *Wesemann,* Die Neuregelungen des § 101 StPO, StraFo 2009, 505.

Übersicht

A. Erläuterung

1 § 101 beinhaltet für sämtliche der in Abs. 1 aufgeführten Ermittlungsmaßnahmen, mithin für die Maßnahmen nach den §§ 98a, 99, 100a, 100c bis 100i, 110a sowie für diejenigen der §§ 163d–163f einheitlich all diejenigen verfahrensrechtlichen Vorschriften, die bisher maßnahmenspezifisch und mitunter auch voneinander abweichend geregelt waren.[1] Die Vorschrift regelt für all diese Maßnahmen im Lichte der aktuellen Rechtsprechung des BVerfG die (getrennte) **Aktenführung** (Abs. 1), die **Kennzeichnung** der aufgrund der vorgenannten Maßnahmen gewonnenen personenbezogenen Daten (Abs. 3), maßnahmenspezifisch die **Benachrichtigung** der Betroffenen (Abs. 4) bzw. die Möglichkeit sowie Voraussetzungen für eine zeitweise **Zurückstellung dieser Benachrichtigung** (Abs. 5), die **gerichtliche Kontrolle** der in Abs. 5 normierten Gründe für eine Zurückstellung der Benachrichtigung (Abs. 6), die **Zuständigkeit** für die nach Abs. 6 zu treffenden Entscheidungen (Abs. 7) sowie die **Löschung** der durch die Maßnahmen erlangten, indes nicht mehr benötigten personenbezogenen Daten (Abs. 8).

I. Anwendungsbereich (Abs. 1)

2 Von der Vorschrift des Abs. 1 werden mit der Rasterfahndung (§ 98a StPO), dem Verfahren bei der Postbeschlagnahme (§ 99 StPO), der Telekommunikationsüberwachung (§ 100a StPO), der akustischen Wohnraumüberwachung (100c StPO), den Maßnahmen der akustischen Überwachung außerhalb von Wohnungen (§ 100f StPO), der Erhebung von Verkehrsdaten (§ 100g StPO), dem Einsatz besonderer technischer Mittel (§ 100h StPO), dem

[1] Zur Neuregelung vgl. *Löffelmann* StV 2009, 379; *ders.* ZIS 2009, 495; *Wesemann* StraFo 2009, 505.

Einsatz des sogenannten „IMSI-Catcher" (§ 100i StPO), dem Einsatz eines Verdeckten Ermittlers (§ 110a StPO), der Schleppnetzfahndung (§ 163d StPO), der Ausschreibung zur polizeilichen Beobachtung (§ 163e StPO) sowie der längerfristigen Observation (§ 163f StPO) **alle verdeckten** Ermittlungsmaßnahmen erfasst.

Vereinzelte bereichsspezifische Regelungen zu den vorgenannten Maßnahmen finden sich noch in § 98b Abs. 3 sowie § 100i Abs. 2 S. 2. Die in § 100a Abs. 4 S. 3 und 4 sowie § 100c Abs. 5 S. 2 bis 4 enthaltenen Regelungen, wonach kernbereichsrelevante Daten unverzüglich zu löschen sind und die Tatsache ihrer Erlangung und Löschung aktenkundig zu machen ist, dürften analog auch auf sämtliche andere Ermittlungsmaßnahmen anzuwenden sein und hätten daher auch in § 101 aufgenommen werden können. Auch wenn bei anderen Maßnahmen die Gefahr der Erhebung derartiger Daten geringer ist, kann sie gleichwohl nicht ausgeschlossen werden. 3

Von der Einbeziehung der **DNA-Analyse** nach § 81e Abs. 1 in § 101 hat der Gesetzgeber mit der zutreffenden Erwägung Abstand genommen, dass es sich hierbei um keine verdeckte Ermittlungsmaßnahme handelt. Bei der molekularbiologischen Untersuchung einer aufgefundenen, anonymen Spur nach § 81e Abs. 2 kommt zudem eine Benachrichtigung (jedenfalls zunächst) nicht in Betracht.[2] 4

Die am 1.1.2008 in Kraft getretene Regelung des § 101 findet auch auf sogenannte Altfälle Anwendung, mithin auf diejenigen Verfahren, in denen die verdeckten Maßnahmen bereits vor Inkrafttreten der neuen Regelung durchgeführt worden waren. Ändern sich im Laufe eines Ermittlungsverfahrens strafprozessuale Vorschriften, so ist für das weitere Verfahren grundsätzlich **die neue Rechtslage maßgeblich.**[3] 5

II. Getrennte Aktenführung (Abs. 2)

1. Statthaftigkeit der getrennten Aktenführung. Nach Abs. 2 S. 1 sind bei Maßnahmen der **Wohnraumüberwachung** gemäß § 100c, des **Abhörens außerhalb von Wohnungen** nach § 100f, des **Einsatzes technischer Mittel** nach § 100h im Falle der Verwendung sonstiger besonderer für Observationszwecke bestimmter technischer Mittel (§ 100h Abs. 1 Nr. 2) sowie des **Einsatzes Verdeckter Ermittler** nach § 110a die diesbezüglichen „Entscheidungen" und „sonstigen Unterlagen" bei der Staatsanwaltschaft zu verwahren. Zu den Akten sind sie gemäß Abs. 1 S. 2 erst zu nehmen, wenn die Voraussetzungen einer Benachrichtigung nach Abs. 5 erfüllt sind. 6

In Abs. 2 wurden damit die bislang in § 100d Abs. 9 S. 5 aF, § 101 Abs. 4 iVm § 100f Abs. 2 aF, § 101 Abs. 4 iVm § 100f Abs. 1 Nr. 2 aFund § 110d Abs. 2 aFeröffneten Möglichkeiten einer getrennten Aktenführung zentral zusammengefasst. Die Vorschrift erfasst damit lediglich einzelne und mit den §§ 100c, 100f und 110a drei der gewichtigsten, freilich nicht sämtliche der verdeckten Ermittlungsmaßnahmen. Auf die praxisrelevanteste unter den eingriffsintensiven Maßnahmen, **die Telekommunikationsüberwachung nach § 100a, findet Abs. 2 keine Anwendung.** Zwar hat der Gesetzgeber bedacht, dass eine getrennte Aktenführung namentlich nach Anklageerhebung zu „einer nicht unerheblichen Beschränkung des Akteneinsichtsrechts" führt[4] und wollte aus diesem Grund den Anwendungsbereich der Norm auf diejenigen Fälle beschränken, für die „aus der Praxis (…) Bedarf bekundet" wurde.[5] Gerade im Falle der Telekommunikationsüberwachung dürften indes die in Abs. 5 genannten und nach Abs. 2 S. 2 eine getrennte Aktenführung rechtfertigenden Gründe nicht seltener vorliegen als im Falle des § 100 f. 7

2. Gegenstand der getrennten Aktenführung. Abs. 2 erfasst „Entscheidungen" und „sonstige Unterlagen". Der Begriff der **„Entscheidung"** iS dieser Vorschrift ist nicht gleichzusetzenden mit dem strafprozessualen Entscheidungsbegriff, wie er etwa in § 33 Ver- 8

[2] BT-Drs. 16/5846, 57.
[3] BGH 27.11.2008 – 3 StR 342/08, NJW 2009, 791 (792).
[4] BT-Drs. 16/5846, 58.
[5] BT-Drs. 16/5846, 58.

wendung findet. Dieser erfasst sämtliche Urteile, Beschlüsse und Verfügungen des erkennenden bzw. entscheidenden Gerichts[6] und damit jede Entscheidung, durch die entweder in die sachlich-rechtliche oder verfahrensrechtliche Stellung eines Prozessbeteiligten eingegriffen wird. Der Begriff der Entscheidung iSd Abs. 2 geht inhaltlich hierüber hinaus. Er umfasst auch die dienstinternen Entscheidungen der an der Maßnahme beteiligten Exekutivbehörden wie Polizei und Staatsanwaltschaft, die im Zusammenhang mit den von Abs. 2 erfassten Maßnahmen stehen. Auch muss den von Abs. 2 erfassten Daten, wie sich aus der wenig glücklichen Formulierung **„sonstige Unterlagen"** ergibt, kein Regelungscharakter zukommen. Zu ihnen gehören ua die Anregungen der Polizei auf den Einsatz entsprechender Ermittlungsmaßnahmen, die diesbezüglichen Anträge der Staatsanwaltschaft, die Aktenvermerke eines VE-Führers über die von dem Verdeckten Ermittler erlangten Informationen[7] ebenso wie die von der Staatsanwaltschaft zu fertigen Vermerke über die Gespräche mit der Polizei bzgl. des Einsatzes des Verdeckten Ermittlers[8] sowie sämtliche aufgrund der Maßnahme erlangten weiteren Ermittlungsergebnisse.

9 Die vorgenannten Unterlagen sind gemäß Abs. 2 S. 1 bei der **Staatsanwaltschaft zu verwahren** und werden dort in entsprechenden „Sonderakten" bzw. „Sonderheften" geführt. Nach Abs. 2 S. 2 sind diese erst dann zu den (Haupt)Akten zu nehmen, wenn die Voraussetzungen für die Benachrichtigung der von der Maßnahme Betroffenen gegeben sind. Beide Vorgänge haben mithin grundsätzlich zum selben Zeitpunkt zu erfolgen. In tatsächlicher Hinsicht wird die Maßnahme nach Abs. 2 S. 2 im Ermittlungsverfahren dadurch umgesetzt, dass die entsprechenden Sonderbände nicht mehr getrennt, sondern nunmehr zusammen mit den Akten geführt werden. Nach Anklageerhebung werden die Sonderbände dem Gericht übersandt. Erst ab dem Zeitpunkt ihrer Offenlegung unterliegen die entsprechenden Unterlagen der Regelung des § 147. Bis zu diesem Zeitpunkt geht die Regelung in Abs. 2 S. 1 hingegen der des § 147 Abs. 2 vor.[9] Es bedarf im Falle einer von Abs. 2 S. 1 erfassten Maßnahmen bis zum Zeitpunkt des Abs. 5 auch keines Hinweises oder gar Vermerkes, dass die **Akteneinsicht** beschränkt sei.

10 **3. Dauerhafte Aktentrennung.** Das durch Abs. 2 S. 1 gesetzlich legitimierte ermittlungstaktische Bestreben von Polizei und Staatsanwaltschaft, die von dieser Vorschrift erfassten Maßnahmen selbst nach Offenlegung des Ermittlungsverfahrens als solches noch geheim zu halten, **berechtigt die vorgenannten Stellen freilich nicht** dazu, zum Zwecke der Verschleierung oder weiteren Geheimhaltung der Maßnahme unwahre Sachverhalte darzustellen bzw. falsche Erklärungen abzugeben. Ein solches Vorgehen verstieße gegen den „Fair-trial"Grundsatz.[10] Zulässigkeit ist es hingegen, zu entsprechenden Nachfragen Verfahrensbeteiligter keine Erklärungen abzugeben.

11 Auf die mit einer getrennten Aktenführung **einhergehenden Gefahr** wurde in anderem Zusammenhang namentlich seitens der Strafverteidiger[11] zu Recht bereits früh hingewiesen. Der Strafprozess werde aufgespaltet in einen offiziellen Teil, von dem die Verfahrensbeteiligten irrtümlich meinten, er sei das Ganze, und ein Geheimverfahren.[12] Auch sei eine effektive (nachträgliche) Überprüfung der tatbestandlichen Voraussetzungen vielfach nicht möglich.[13]

12 **4. Unterrichtung von Ermittlungsrichter und Prozessgericht.** Es obliegt der Verantwortung des mit den Maßnahmen befassten **Ermittlungsrichters,** sämtliche ihm noch erforderlich erscheinenden Informationen einzuholen bzw. die Vorlage der entsprechenden

---

6 Vgl. hierzu KK-StPO/*Maul* § 33 Rn. 2; *Meyer-Goßner* § 33 Rn. 2.
7 *Hilger* NStZ 1992, 523 ff. Fn. 163.
8 Richtlinien für das Strafverfahren und das Bußgeldverfahren (RiStBV), Anlage D 2,7.
9 AA wohl Graf/*Hegmann* Rn. 5.
10 BGH 11.2.2010 – 4 StR 436/09, NStZ 2010, 294.
11 *Strate* ZRP 1990, 143 (145); *Mertens* ZRP 1992, 205 (207).
12 *Strate* ZRP 1990, 143.
13 *Mertens* ZRP 1992, 205 (207).

Sonderakten zu verlangen.[14] Dies gilt ua dann, wenn sich allein den Ermittlungsakten die materiellen Voraussetzungen für die beantragte Maßnahme nicht entnehmen lassen. Zudem hat der Ermittlungsrichter seine Anordnung in einer Art und Weise schriftlich zu begründen, die auch im Nachhinein noch eine Überprüfung ihrer Rechtmäßigkeit und damit zusammenhängend des Bestehens von Verwertungsverboten ermöglicht. Ergeben sich die die Maßnahme rechtfertigenden Umstände aus den Sonderakten und begründen diese zugleich einen der in Abs. 5 genannten Zurückstellungsgründe, besteht ein klassisches Dilemma. Der Ermittlungsrichter kann jedenfalls dann, wenn absehbar ist, dass die Gründe des Abs. 5 auch nach Anklageerhebung noch fortbestehen, nicht zugleich seine Entscheidung rechtsbehelfsfest begründen und dem Geheimhaltungsinteresse Rechnung tragen.

Mit Anklageerhebung geht die Zuständigkeit für sämtliche Ermittlungsmaßnahmen auf das **Prozessgericht** über. Die Staatsanwaltschaft darf dieses nicht über die noch nicht offengelegten Ermittlungen unterrichten. Eine solche Vorgehensweise stellt einen Verstoß gegen den verfassungsrechtlich in Art. 103 Abs. 1 GG verankerten Anspruch der Verfahrensbeteiligten auf rechtliches Gehör dar.[15] Auf diesen Grundsatz kann der Angeklagte auch nicht verzichten, er gehört vielmehr zum „Kern einer rechtsstaatlichen Verfahrensgestaltung".[16] Eine derartige, Parallelen zum „in camera-Verfahren" des § 99 Abs. 1 VwGO aufweisende Vorgehensweise kommt für den Bereich des Strafverfahrens nicht in Betracht, auch wenn diese Vorschrift in ihrem Wortlaut der des § 96 weitgehend entspricht.[17] 13

Unproblematisch ist das weiterbestehende Geheimhaltungsinteresse der Strafverfolgungsbehörden mithin nur dann, wenn das Verfahren entweder eingestellt wird oder aber die Staatsanwaltschaft weitere Maßnahmen bzw. die Anklageerhebung **so lange zurückstellt**, bis die geheimhaltungsbedürftigen Umstände offengelegt werden können.[18] 14

III. Kennzeichnungspflicht (Abs. 3)

Durch Abs. 3 wird die erhebende Stelle verpflichtet, sämtliche aus Maßnahmen nach Abs. 1 gewonnenen personenbezogenen Daten maßnahmespezifisch zu kennzeichnen. Zum Begriff der personenbezogenen Daten → § 98a Rn. 17. Eine solch maßnahmenspezifische Kennzeichnung ist geboten, weil alle in Abs. 1 aufgeführten verdeckten Ermittlungsmaßnahmen mit Ausnahme der der Postbeschlagnahme nach § 99 nur bei bestimmten, in den jeweiligen Eingriffsermächtigungen im Einzelnen benannten Anlasstaten zulässig sind und ihm Hinblick auf die eine weitere Verwendung der gewonnenen Daten ermöglichende Regelung des § 477 Abs. 2 **Klarheit bestehen muss, aus welcher der verschiedenen Ermittlungsmaßnahmen das weiter zu verwendende Datum stammt** und welche Anlasstat der jeweiligen Maßnahme zugrunde lag. Der Gesetzgeber hat mit dieser Kennzeichnungspflicht denjenigen Vorgaben des BVerfG entsprochen, die dieses anlässlich seiner Grundsatzentscheidung zum „Großen Lauschangriff" vom 3.3.2004[19] aufgestellt hat. In diesem Urteil hat das BVerfG ausgeführt, die Vorschrift des § 100d aFsei mit dem Grundgesetz unvereinbar, weil es der Gesetzgeber versäumt habe, eine Pflicht zu Kennzeichnung der Daten vorzusehen. Anderenfalls könnten diese Daten mit anderen Daten „vermischt" und dadurch im Gesetz vorgesehene Verwendungsbeschränkungen unterlaufen werden.[20] 15

Die Pflicht zur Kennzeichnung personenbezogener Daten trifft nicht **nur die datenerhebende, sondern auch die datenempfangende** Stelle. Wie diese Kennzeichnung zu erfolgen hat, gibt § 101 indes nicht vor. Bei papiernen Aktenbestandteilen reicht es bspw. aus, die entsprechenden personenbezogenen Daten zu entsprechenden „Sonderakten" bzw. „Sonderheften" zu nehmen. 16

[14] BGH 23.3.1996 – 1 StR 685/96, BGHSt 42, 103 (106) = NJW 1996, 2518 (2519).
[15] BVerfG 26.5.1981 – 2 BvR 215/81, NJW 1981, 1719 (1721).
[16] BGH 7.3.1996 – 1 StR 688/95, NJW 1996, 2171.
[17] Vgl. BGH 11.2.2000 – 3 StR 377/99, NStZ 2000, 265 (266).
[18] So zutreffend KK-StPO/*Bruns* Rn. 8.
[19] BVerfG 3.3.2004 – 1 BvR2378/98 und 1 BvR 1084/99, NJW 2004, 999 ff.
[20] BVerfG 3.3.2004 – 1 BvR2378/98 und 1 BvR 1084/99, NJW 2004, 999 (1120).

IV. Benachrichtigung (Abs. 4–6)

17 **Abs. 4** regelt im Einzelnen, welche Personen jeweils maßnahmenspezifisch zu benachrichtigen sind und dass dabei auf die Möglichkeit des nachträglichen Rechtsschutzes hinzuweisen ist bzw. unter welchen Voraussetzungen von einer solchen Benachrichtigung ausnahmsweise abgesehen werden kann. **Abs. 5** legt fest, zu welchem Zeitpunkt die Benachrichtigung zu erfolgen hat und dass im Falle ihrer Zurückstellung die hierfür maßgeblichen Gründe aktenkundig zu machen sind. Erfolgt die nach Abs. 5 zurückgestellte Benachrichtigung nicht binnen zwölf Monaten bzw. im Falle des § 100c nicht binnen sechs Monaten nach Beendigung der Maßnahme, so bedürfen gemäß **Abs. 6** weitere Zurückstellungen der Zustimmung des Gerichts. Dieses bestimmt zugleich die weitere Dauer der Zurückstellung und kann unter bestimmten Voraussetzungen auch einem endgültigen Absehen von der Benachrichtigung zustimmen.

18 **1. Benachrichtigungspflicht, zu unterrichtende Personen (Abs. 4).** Gemäß Abs. 4 sind die von Maßnahmen nach Abs. 1 betroffenen Personen **grundsätzlich** zu benachrichtigen. Zugleich führt die Vorschrift maßnahmenspezifisch die jeweils zu benachrichtigenden Personen auf. Mit dieser Aufzählung hat der Gesetzgeber dem Umstand Rechnung getragen, dass es in der Vergangenheit insbesondere durch die bislang verwendeten Begriffe des „Betroffenen" in § 100b Abs. 2 S. 2 aF bzw. der „Beteiligten" in § 101 aF immer wieder zu Unsicherheiten kam und diese Begriffe als Definitions- bzw. Abgrenzungskriterien der Praxis keine verlässlichen Anhaltspunkte dafür zu liefern vermochten, wer im Einzelnen jeweils zu benachrichtigen war.[21]

19 **a) Rasterfahndung nach § 98a (Nr. 1).** Im Falle einer Rasterfahndung sind gemäß Nr. 1 diejenigen Personen zu benachrichtigen, „gegen die nach Auswertung der Daten weitere Maßnahmen geführt werden". Damit hat der Gesetzgeber wörtlich die für die Rasterfahndung geltende Altregelung des § 98b Abs. 4 S. 1 aF iVm § 163d Abs. 5 aF übernommen. Sowohl die am Wortlaut orientierte grammatische (→ zu den tradierten Auflegungsmethoden Einleitung Rn. 584 ff.) als auch die historische Auslegung[22] legen ein Verständnis dieser Regelung dahingehend nahe, dass damit all diejenigen Personen gemeint sind, gegen die sich aufgrund der Datenverarbeitung **ein Tatverdacht ergeben** hatte, gleich ob sich dieser letztlich bestätigt hat oder nicht.[23] Personen, deren personenbezogenen Daten zwar verarbeitet wurden, gegen die sich indes aufgrund dieser Maßnahme zu keinem Zeitpunkt ein Tatverdacht ergeben hat, sind dementsprechend nicht zu benachrichtigen.[24]

20 **b) Postbeschlagnahme gemäß § 99 (Nr. 2).** Bei dieser Maßnahme sind gemäß Nr. 2 „**Absender und Adressat** der Postsendung" zu benachrichtigen. Der Gesetzgeber hat bewusst den Begriff „Adressat" statt des auch in Betracht kommenden Begriffs „Empfänger" verwandt und damit dem Umstand Rechnung getragen, dass die zu benachrichtigende Person, an die die Postsendung gerichtet war, diese aufgrund der Beschlagnahme gerade nicht empfangen hat.[25]

21 Wenngleich § 99 lediglich das bei der Postbeschlagnahme anzuwendende und damit das der eigentlichen Beschlagnahme nach § 94 vorausgehende Verfahren regelt, ist die Vorschrift telelogisch dahingehend zu interpretieren, dass eine Benachrichtigung lediglich **im Falle einer nach § 94 tatsächlich auch erfolgten** Beschlagnahme zu erfolgen hat. Von dieser Auslegung ist offensichtlich auch der Gesetzgeber ausgegangen. So hat er in den Materialen ausführt, „Absender und Adressat **der beschlagnahmten Postsendung**" seien zu benachrichtigen.[26] § 101 Abs. 1 ist mithin dahingehend auszulegen, dass er auch auf Maßnahmen

[21] BT-Drs. 16/5846, 58.
[22] Vgl. insoweit BT-Drs. 10/5128, 8.
[23] Ebenso KK-StPO/*Bruns* Rn. 11; *Meyer-Goßner* Rn. 7.
[24] So auch Graf/*Hegmann* Rn. 9.
[25] BT-Drs. 16/5846, 58.
[26] BT-Drs. 16/5846, 58.

der Beschlagnahme nach § 94 Anwendung findet, sofern sich diese auf eine Postsendung iSd § 99 bezieht. Dementsprechend bedarf es auch keiner Benachrichtigung, wenn es nicht zu einer Beschlagnahme nach § 94 kommt.[27] Das die Sendung befördernde Postunternehmen ist nach Nr. 2 nicht zu benachrichtigen. Diesem gegenüber legitimieren die Strafverfolgungsbehörden ihre Maßnahme bereits durch Vorlage der Beschlagnahmeanordnung nach § 99.

Fraglich ist, wie beim Zugriff auf beim Server des Providers **zwischengespeicherte E-Mails** zu verfahren ist. Nach der hier vertretenen Auffassung sind derartige Zugriffe nur unter den Voraussetzungen des § 100a statthaft (→ § 100a Rn. 133) und greifen damit die Regelungen in Abs. 4 S. 1 Nr. 3, S. 2 bis 5, Abs. 5–8. Entsprechendes gilt, wenn man in § 99 die einschlägige Rechtsgrundlage sieht.[28] Der BGH hat hingegen in seiner Entscheidung vom 24.11.2009[29] die Auffassung vertreten, die Überwachung des E-Mail-Accounts eines Beschuldigten durch Zugriff auf dessen zwischengespeicherte Mails sei an § 94 zu messen. Hierbei handele es sich um eine offene Ermittlungsmaßnahme, deren Anordnung den Betroffenen sowie den Verfahrensbeteiligten bekannt zu machen seien (§§ 33 Abs. 1, 35 Abs. 2). Der Beschuldigte sei daher selbst dann von der Beschlagnahme der in seinem elektronischen Postfach gelagerten E-Mail-Nachrichten zu unterrichten, wenn die Daten durch einen Zugriff beim Provider auf dessen Mailserver sichergestellt würden.[30] Da nach der hier weiter vertretenen Auffassung Maßnahmen der Beschlagnahme nach § 94 jedenfalls dann zu den von Abs. 1 erfassten Maßnahmen zählen, wenn Gegenstand der Beschlagnahme Postsendungen sind, käme auch Abs. 5 zur Anwendung. Demgegenüber sprechen sich andere Stimmen in der Kommentarliteratur in Fällen dieser Art zwar nicht für eine analoge Anwendung des gesamten Regelungsgehalts von § 101, wohl aber für eine analoge Anwendung der Regelung des § 101 Abs. 5 aus.[31] 22

c) Überwachung der Telekommunikation nach § 100a (Nr. 3). Im Falle der Telekommunikationsüberwachung sind gemäß Nr. 3 „die Beteiligten der überwachten Telekommunikation" zu benachrichtigen. Damit sind **diejenigen Personen gemeint, „die telekommuniziert haben"**,[32] mithin an der überwachten Kommunikation teilgenommen haben. Dieser Kreis ist im Rahmen einer an Art. 10 GG ausgerichteten Betrachtungsweise zu bestimmen. Beteiligter kann zunächst nur sein, wer rein tatsächlich an der überwachten Telekommunikation beteiligt war, mithin (bewusst) das Kommunikationsmittel (mit)benutzt hat. Hierfür reicht bereits der Versuch der Kommunikationsaufnahme, dh ein Anwählversuch aus. Der Schutzbereich von Art. 10 GG erfasst bereits den Versuch, mit Dritten mittels Telekommunikation in Kontakt zu treten (→ Rn. 10 ff.). Wenngleich in dogmatischer Hinsicht auch der einen Anwählversuch Vornehmende als Beteiligter der Telekommunikation anzusehen ist, dürften in Fällen dieser Art die Voraussetzungen von Abs. 4 S. 4 vorliegen und der anwählende Beteiligte regelmäßig nur unerheblich betroffen sein, sodass jedenfalls von einer Benachrichtigung abgesehen werden kann. 23

Zwar werden zu den Beteiligten der überwachten Telekommunikation regelmäßig der **Beschuldigte** und der Inhaber des überwachten Anschlusses, der **Anschlussinhaber,** zählen. Allein die Stellung als Beschuldigter, gegen den sich gemäß § 100b Abs. 3 die Überwachungsanordnung richtet, begründet indes anders als nach Nr. 4 im Falle der akustischen Wohnraumüberwachung keine Benachrichtigungspflicht. Der Beschuldigte ist vielmehr nur dann zu benachrichtigen, wenn er auch tatsächlich in der vorstehend dargelegten Art und Weise an der überwachten Kommunikation beteiligt war. Gleiches dürfte für den Inhaber des überwachten Anschlusses gelten,[33] auch wenn es sich bei diesem um einen Nachrichten- 24

---

[27] So im Ergebnis wohl BT-Drs. 16/5846, 58, ebenso Graf/*Hegmann* Rn. 10.
[28] So etwa KMR-StPO/*Bär* § 100a Rn. 29a.
[29] BGH 24.11.2009 – StB 48/09, NStZ 2010, 345.
[30] BGH 24.11.2009 – StB 48/09, NStZ 2010, 345.
[31] So etwa KMR-StPO/*Bär* Rn. 14.
[32] BT-Drs. 16/5846, 58.
[33] BT-Drs. 16/5846, 58.

mittler iSd § 100b Abs. 3 handeln sollte. Er ist mithin nur zu benachrichtigen, wenn er den auf ihn eingetragenen und überwachten Anschluss tatsächlich auch genutzt hat. Vertretbar erscheint indes auch die Auffassung, den Anschlussinhaber stets dann zu benachrichtigen, wenn dieser in der Anordnung benannt ist, da er ansonsten keine Kenntnis davon erlangen würde, dass ein Beschluss gegen ihn ergangen ist, weil der Beschuldigte seinen Anschluss genutzt hat.

25 Für die Frage der Beteiligung spielt es keine Rolle, welchen Inhalt die Kommunikation hatte oder ob sie beweisrelevant ist. Nicht zum Kreise der Beteiligten iSv Nr. 3 dürften hingegen diejenigen Personen zählen, deren Stimmen im Rahmen einer Überwachungsmaßnahme nach § 100a lediglich bei Gelegenheit eines Gespräches aufgezeichnet wurden, welches diese ausschließlich mit dritten, sich ebenfalls im Raume befindlichen Personen geführt haben (reine **Raumgespräche**) und ohne selbst an der überwachten Telekommunikation beteiligt gewesen zu sein. Zwar setzt nach Auffassung des BGH die Beteiligung an einem Telekommunikationsvorgang nicht voraus, dass der von der Maßnahme Betroffene die Technik (noch) bewusst nutzt. Im entschiedenen Fall ging der Gesprächspartner irrtümlich davon aus, das Gespräch durch Drücken der Auflegetaste beendet zu haben.[34] In den Fällen reiner Raumgespräche haben die hieran Beteiligten indes überhaupt keine Telekommunikationsmittel genutzt.

26 **d) Akustische Wohnraumüberwachung gemäß § 100c (Nr. 4).** Bei einer Maßnahme der Wohnraumüberwachung ist nach Maßgabe von Nr. 4 a) und unabhängig davon, ob auch Gespräche von ihm überwacht wurden, der **Beschuldigte,** gegen den sich die Maßnahme richtet, zu benachrichtigen.

27 Darüber hinaus sind gemäß Nr. 4 b) und c) sonstige überwachte Personen sowie Personen, die die überwachte Wohnung zur Zeit der Durchführung der Maßnahme innehatten oder bewohnten, zu benachrichtigen. **Überwachte Person** ist jede, deren Äußerungen, gleich ob diesen eine Beweisrelevanz zukommt oder nicht, aufgezeichnet wurden und gleichgültig, ob sich diese Person als Gast oder Bewohner, mithin dauerhaft oder nur vorübergehend in der Wohnung aufgehalten hat.

28 Zu benachrichtigen sind schließlich weiter sämtliche Personen, die die überwachte Wohnung zur Zeit der Überwachungsmaßnahme **„innehatten oder bewohnten",** auch wenn sie selbst nicht direkt überwacht wurden. Durch diese bereits in § 100d Abs. 8 S. 3 aFenthaltene und auf die Rspr. des BVerfG zur akustischen Wohnraumüberwachung[35] zurückgehende Differenzierung soll auch der Fall des Mieters erfasst werden, der seine Wohnung zur Zeit der Überwachung zwar nicht selbst bewohnt, seine Rechte an dieser Wohnung indes nicht aufgegeben hat. Er ist ebenso wie ein Bewohner, dem für diese Zeit die faktische Möglichkeit der Nutzung der überwachten Wohnung eingeräumt wurde, in eigenen Rechten betroffen und damit schutzwürdig.

29 **e) Akustische Überwachung außerhalb von Wohnungen nach § 100f (Nr. 5).** Im Falle der akustischen Überwachung außerhalb von Wohnungen sind nach Nr. 5 die „Zielperson sowie die erheblich mitbetroffenen Personen" zu benachrichtigen. Unter der **Zielperson** ist diejenige Person zu verstehen, die überwacht, dh deren nichtöffentlich gesprochenes Wort mit technischen Mitteln (§ 100f Abs. 1) abgehört und aufgezeichnet wurde. Entsprechend der Regelung in § 100f Abs. 2, die den personalen Anwendungsbereich dieser Maßnahme eingrenzt, kann es sich bei der Zielperson nur um den Beschuldigten selbst oder aber um eine Person handeln, von der aufgrund bestimmter Tatsachen anzunehmen ist, dass sie mit dem Beschuldigten in Verbindung steht oder aber eine solche Verbindung hergestellt werden wird. Gemäß § 100f Abs. 3 iVm § 100d Abs. 2 S. 2 Nr. 1 muss, soweit möglich, diese Person ebenso wie die Zielperson mit Namen und Anschrift in der Anordnung bezeichnet werden.

---

[34] BGH 14.3.2003 – 2 StR 341/02, NStZ 2003, 668 ff.

[35] BVerfG 3.3.2004 – 1 BvR, NJW 2004, 999.

Mit der Beschränkung der Benachrichtigungspflicht auf die lediglich **„erheblich mitbetroffenen Personen"** wollte der Gesetzgeber dem Umstand Rechnung tragen, dass durch die Streubreite von Maßnahmen nach § 100f häufig eine Vielzahl von Personen in vergleichsweise unerheblicher Weise betroffen werden.[36] Hierbei hatte der Gesetzgeber diejenigen Fällen im Blick, in denen die Maßnahme an Orten durchgeführt wird, an denen sich regelmäßig unbeteiligte Dritte aufhalten wie etwa öffentliche Parks, Cafés und Restaurants und wo im Rahmen der Überwachung häufig nur einzelne Sätze, Wörter oder gar nur „Wortfetzen" dieser unbeteiligten Personen mit erfasst werden. In derartigen Fällen erschien es dem Gesetzgeber „weder sachgerecht noch aus verfassungsrechtlichen Gründen geboten, diese „vorbeispazierenden" Personen von der Maßnahme zu benachrichtigen".[37] Demgegenüber dürften die Gesprächspartner der Zielperson, selbst wenn jene nur zufällig getroffen sein und auch keine verfahrensrelevanten Inhalte thematisiert haben sollten, regelmäßig erheblich betroffen sein, sofern der Inhalt des Gesprächs über soziale Floskeln hinausging. 30

f) Verkehrsdatenerhebung nach Maßgabe des § 100g (Nr. 6). Bei der Verkehrsdatenerhebung sind „die **Beteiligten** der betroffenen Telekommunikation" zu benachrichtigen. Insoweit kann auf die vorstehenden Ausführungen im Zusammenhang mit § 100a (→ Rn. 23 ff.) verwiesen werden. Der Gesetzgeber hatte hier wie dort die Beteiligten der überwachten Telekommunikation als zu benachrichtigenden Personenkreis im Blick. Sofern er in Nr. 3 von der „überwachten" und hier von der „betroffenen" Telekommunikation spricht, dürfte dieser Umstand allein der Verschiedenartigkeit der beiden Maßnahmen geschuldet sein. 31

g) Einsatz technischer Mittel gemäß § 100h (Nr. 7). Hier sind ebenso wie bei der akustischen Überwachung außerhalb von Wohnungen nach § 100f die **„Zielperson sowie die erheblich mitbetroffenen Personen"** zu benachrichtigen. Es kann mithin auf die dort gemachten Ausführungen (→ Rn. 29 ff.) verwiesen werden. Von den beiden tatbestandlichen Alternativen des § 100h Abs. 1 dürften die mitbetroffenen Personen regelmäßig durch Maßnahmen der ersten Alternative, nämlich der Herstellung von Bildaufzeichnungen nach § 100g Abs. 1 Nr. 1, mithin durch einen Eingriff in das Recht am eigenen Bild betroffen sein. 32

h) Einsatz des IMSI-Catchers nach § 100i (Nr. 8). Über den Einsatz des IMSI-Catchers ist nach der Regelung in Nr. 8 einzig **die Zielperson** zu benachrichtigen. Von einer Pflicht zur Benachrichtigung der durch eine solche Maßnahme regelmäßig mitbetroffenen Personen hat der Gesetzgeber abgesehen, weil hinsichtlich dieser Personen der Maßnahme nur eine geringe Eingriffsintensität zukomme,[38] sie somit nicht erheblich mitbetroffen seien. Dem ist bereits vor dem Hintergrund zuzustimmen, dass mit dem Einsatz des IMSI-Catchers kein Eingriff in das Fernmeldegeheimnis des Art. 10 GG, sondern lediglich ein Eingriff in das Recht auf informationelle Selbstbestimmung verbunden ist. Zudem werden, worauf in den Gesetzmaterialien zutreffen hingewiesen wurde, die Daten der mitbetroffenen Personen nur im Rahmen des Unvermeidbaren erhoben.[39] Auch können die erhobenen Daten ohne weitere Ermittlungen regelmäßig noch keiner bestimmten Person zugeordnet werden. Schließlich dürfen diese Daten nach § 100i Abs. 2 S. 2 über den Datenabgleich zur Ermittlung der gesuchten Geräte- und Kartennummer hinaus nicht verwendet werden und sind nach Beendigung der Maßnahme unverzüglich zu löschen. 33

Anders erhält es sich hinsichtlich der Daten der Zielperson. Die durch die Maßnahme erhobene Gerätenummer des Mobiltelefons bzw. die Nummer der darin verwendeten Karte werden ebenso wie der Standort des Gerätes zu **Beweiszwecken gespeichert bzw. sind Grundlage weiterer Ermittlungsmaßnahmen.** 34

---

[36] BT-Drs. 16/5846, 58.
[37] BT-Drs. 16/5846, 58.
[38] BVerfG 22.8.2006 – 2 BvR 1345/03, NJW 2007, 351 (356).
[39] BT-Drs. 16/5846, 59.

35 **i) Einsatz eines Verdeckten Ermittlers gemäß § 110a (Nr. 9).** Von dem Einsatz eines Verdeckten Ermittlers sind gemäß Nr. 9 a) bis c) die Zielperson, die erheblich mitbetroffenen Personen sowie ferner all diejenigen Personen zu benachrichtigen, deren **„nicht allgemein zugängliche Wohnung** der Verdeckte Ermittler betreten hat".

36 Zum Begriff der **„Zielperson"** wird auf die vorstehenden Ausführungen (→ Rn. 29) verwiesen. Zu den sonstigen **erheblichen mitbetroffenen Personen** im Sinne von b) zählen all diejenigen Personen, die in Abgrenzung zu den von Nr. 9 c) erfassten Personen nicht bereits dadurch erheblich betroffen sind, dass der Verdeckte Ermittler deren nicht allgemein zugängliche Wohnung betreten hat. Zum Kreis der sonstigen erheblich mitbetroffenen Personen sind mithin die Personen zu zählen, die der Verdeckte Ermittler entsprechend seiner maßnahmespezifischen Vorgehensweise durch Verwendung seiner Legende in erheblicher Weise getäuscht und hinsichtlich derer er Anhaltspunkt für erhebliche Straftaten festgestellt hat.

37 Soll die Regelung in Nr. 9 nicht leerlaufen, wird der Verdeckte Ermittler gehalten sein, sämtliche Kontakte mit denjenigen Personen zu **dokumentieren,** bzgl. derer im Hinblick auf Nr. 9 b) und c) eine Benachrichtigung nicht evident entbehrlich erscheint.[40] Zusätzlich müsste er in all diesen Fällen die Kontaktsituation festhalten, um nachträglich eine halbwegs verlässliche Bewertung zu ermöglichen, ob im Hinblick auf die einzelnen bzw. die Gesamtheit der Kontakte eine erhebliche Beeinträchtigung vorliegt.

38 **j) Schleppnetzfahndung nach § 163d (Nr. 10).** Bei der Schleppnetzfahndung sind nach Nr. 9 die von der Maßnahme **„betroffenen Personen"** zu benachrichtigen. Hierbei handelt es sich um diejenigen Personen, gegen die nach Auswertung der bei den entsprechenden Massenkontrollen erhobenen und kurzfristig gespeicherten Daten weitere Ermittlungen geführt wurden. Inhaltlich entspricht die Regelung damit der bisherigen Bestimmung in § 163d Abs. 5 aF.

39 **k) Ausschreibung zur polizeilichen Beobachtung, § 163e (Nr. 11).** Bei dieser Maßnahme sind ebenso wie etwa im Falle von Nr. 5 die „Zielperson" sowie diejenigen Personen zu benachrichtigen, „deren personenbezogene Daten gemeldet worden sind". Zum Begriff der **Zielperson** kann zunächst auf die vorstehenden Ausführungen (→ Rn. 29) verwiesen werden. Auch im Falle der polizeilichen Beobachtung kann Zielperson gemäß § 163e Abs. 1 S. 3 zum einen der Beschuldigte selbst, zum anderen jede weitere Person sein, bzgl. deren aufgrund bestimmter Tatsachen davon auszugehen ist, dass sie mit dem Täter in Verbindung standen.

40 Bei Personen, **„deren personenbezogene Daten gemeldet worden sind",** handelt es sich ua um diejenigen Personen, die namentlich zunächst nicht bekannt waren und gemäß § 163e Abs. 2 und 3 ein zur Beobachtung ausgeschriebenes Fahrzeug oder sonstigen Gegenstand geführt oder genutzt haben bzw. die bei Antreffen der ausgeschriebenen Zielperson als deren Begleiter festgestellt wurden.

41 **l) Längerfristige Observation nach § 163f (Nr. 12).** Nach einer längerfristigen Observation sind wie im Falle der akustischen Überwachung mit technischen Mitteln (§ 100f) gemäß Nr. 12 **„die Zielperson sowie die erheblich mitbetroffenen Personen"** zu benachrichtigen. Auf die vorstehenden Ausführungen → Rn. 29 kann daher Bezug genommen werden. Nicht erheblich mitbetroffen sind bei Observationsmaßnahmen namentlich all diejenigen Personen, die entweder nur kurzfristig, etwa als Begleitperson der Zielperson oder als deren zufällige Kontaktperson observiert wurden.

42 **m) Benachrichtigungspflichten nach § 20w Abs. 2 S. 2 BKAG. Weitere Benachrichtigungspflichten** ergeben sich aus § 20w BKAG. Danach sind über Maßnahmen nach § 20g Abs. 2 Nr. 1 bis 3 BKAG (längerfristige Observation, Bildaufnahmen, technische Observationsmittel) die Zielperson sowie die erheblich mitbetroffenen Personen, über Maß-

---

[40] Ebenso *Meyer-Goßner* Rn. 13.

nahmen gemäß § 20g Abs. 2 Nr. 4 und 5 BKAG (Einsatz von Vertrauenspersonen und Verdeckten Ermittlern) die Zielperson, die erheblich mitbetroffenen Personen sowie diejenigen Personen, deren Wohnungen betreten wurden, über Maßnahmen nach § 20h BKAG (Wohnraumüberwachung) die Zielperson, sonstige überwachte Personen sowie Personen, die die überwachte Wohnung zur Zeit der Durchführung der Maßnahme innehatten oder bewohnten, über Maßnahmen nach § 20i BKAG (Ausschreibung) die Zielperson und diejenigen Personen, deren personenbezogenen Daten gemeldet worden sind und schließlich über Maßnahmen nach § 20j BKAG (Rasterfahndung) die betroffenen Personen, gegen die nach Auswertung der Daten weitere Maßnahmen getroffen worden sind, zu benachrichtigen.

Werden hinsichtlich der diesen präventiv-polizeilichen Maßnahmen zugrunde liegenden Lebenssachverhalte strafprozessuale Ermittlungsmaßnahmen geführt, so haben die Staatsanwaltschaften gemäß § 20w Abs. 2 S. 2 BKAG **eine den Vorschriften des Strafverfahrens entsprechende Benachrichtigung** vorzunehmen. Hinsichtlich des nach § 20k BKAG zulässigen verdeckten Eingriffs in informationstechnische Systeme fehlt indes eine entsprechende Regelung in der StPO. Aus diesem Grunde ist eine Verwertung der durch eine solche präventiv-polizeiliche Maßnahme gewonnenen Erkenntnisse im Strafverfahren zu Beweiszwecken gemäß § 161 Abs. 2 nicht zulässig. Zulässig ist allenfalls eine Verwertung als Spurenansatz. In diesem Fall sind, um den verfassungsrechtlich gebotenen Mitteilungspflichten zu genügen und orientiert an § 20w Abs. 1 Nr. 6 BKAG, die Zielperson sowie die mitbetroffenen Personen durch die Staatsanwaltschaft zu benachrichtigen.[41] 43

2. Benachrichtigungsverfahren. a) Zuständigkeit für die Benachrichtigung. Zuständig für die Benachrichtigung der in Abs. 4 S. 1 benannten Personen ist nach wohl einhelliger Auffassung die **Staatsanwaltschaft.**[42] Als die die Maßnahme vollstreckende Behörde erlangt sie durch die Polizei unmittelbar Kenntnis vom tatsächlichen Umfang der Maßnahme und ist als Verbindungsglied zwischen dem die Maßnahme anordnenden Gericht und der sie umsetzenden Polizei und als sowohl mit rechtlicher als auch maßnahmenspezifischer Kompetenz ausgestattete Behörde verlässlichsten in der Lage, die sich bei der Anwendung des § 101 im Einzelfall ergebenden Fragestellungen zu beantworten. Zudem sind allein ihre Ermittlungspersonen in der Lage, mit einem noch leistbaren Mehraufwand bei Durchführung der Maßnahme zugleich die Anschriften der mutmaßlich zu benachrichtigenden Personen zu ermitteln. 44

b) Form und Inhalt der Benachrichtigung (Abs. 4 S. 1 und 2). Die Benachrichtigung muss schon aus Gründen der Rechtssicherheit **schriftlich** erfolgen.[43] Nur so kann sich der Betroffene einen Überblick über Art und Umfang der Maßnahme verschaffen und ist später substanziell überprüfbar, ob und in welchem Umfang er tatsächlich unterrichtet wurde. 45

Die Vorschrift des Abs. 4 regelt nicht im Einzelnen den Inhalt die Benachrichtigung. In den S. 1 und 2 ist lediglich maßnahmenspezifisch festgelegt, wer „von den in Abs. 1 genannten Maßnahmen" zu benachrichtigen und dass dabei auf die Möglichkeit des **nachträglichen Rechtsschutzes nach Abs. 7 und die dafür vorgesehene Frist** hinzuweisen ist. Da die über eine Maßnahme zu benachrichtigenden „erheblich mitbetroffenen Personen" regelmäßig weder den Akteninhalt noch die Hintergründe und näheren Umstände der Maßnahme kennen, können sie eine Vorprüfung, ob sie von der Möglichkeit des nachträglichen Rechtsschutzes Gebrauch machen sollen, nur vornehmen, wenn ihnen **neben der Durchführung der Maßnahme als solcher auch deren Umfang** mitgeteilt wird. Wenngleich das BVerfG dies im Rahmen seiner Entscheidung vom 11.5.2007[44] „lediglich" für die Maßnahme der akustischen Wohnraumüberwachung ausdrücklich festgestellt hat, 46

[41] So zutreffend *Meyer-Goßner* Rn. 14a.
[42] BGH 29.11.1989 – 2 StR 264/89, NJW 1990, 584 (585); *Meyer-Goßner* Rn. 5; KMR-StPO/*Bär* Rn. 21.
[43] Ebenso BeckOK-StPO/*Hegmann* Rn. 40.
[44] BVerfG 11.5.2007 – 2 BvR 543/06, NJW 2007, 2753 (2757).

kann zur Gewährleistung eines effektiven Rechtsschutzes für die übrigen von § 101 erfassten Maßnahmen nichts grundsätzlich anderes gelten.[45]

47 Nach alledem hat die Benachrichtigung unter Angabe des **Aktenzeichens** des Verfahrens, in dem die Maßnahme angeordnet und durchgeführt wurde, des Weiteren Angaben dazu zu enthalten, gegen **wen** sich die Ermittlungen richteten, welcher **Tatverdacht** bestand und **welche** der in Abs. 1 genannten Maßnahmen innerhalb welches **Zeitraums** durchgeführt wurden. Diese Mindeststandards sind namentlich auch deshalb einzuhalten, weil sich das Akteneinsichtsrecht von Betroffenen, denen nicht zugleich die Stellung als Verfahrensbeteiligte im Ermittlungs- bzw. Strafverfahren zukommt, nach Auffassung des BGH nach den Grundsätzen der §§ 475 ff. richtet.[46] Drittbetroffenen steht danach im Hinblick auf die insoweit vorrangigen Interessen der von der Akteneinsicht betroffenen Personen kein Anspruch auf eine umfassende Einsicht in die Verfahrensakten zu.

48 **c) Unterbleiben der Benachrichtigung (Abs. 4 S. 3 bis 5).** Nach Abs. 4 kann die Benachrichtigung unter Berücksichtigung **unterschiedlicher Interessenlagen** unterbleiben, wenn ihr überwiegende schutzwürdige Belange einer betroffenen Person entgegenstehen (S. 3), die zu benachrichtigende Person nur unerheblich betroffen und anzunehmen ist, dass sie an einer Benachrichtigung kein Interesse hat (S. 4) bzw. Nachforschungen der Feststellung der Identität betroffener Personen nicht geboten erscheinen (S. 5).

49 **aa) Abs. 4. S. 3** berücksichtigt mit den „schutzwürdige(n) Belange(n) einer betroffenen Person" **die Interessen anderer als der nach S. 1 zu benachrichtigenden Personen.** Gemeint sind damit vorrangig diejenigen Personen, gegen die sich die Maßnahme gerichtet hat, mithin der Beschuldigte oder der sogenannte Nachrichtenmittler im Falle einer nach § 100a Abs. 3 gegen diesen gerichteten Überwachungsmaßnahme. Die Feststellung, dass überwiegende schutzwürdige Interessen des Beschuldigten oder des Nachrichtenmittlers einer Benachrichtigung der in S. 1 Genannten entgegenstehen, erfordert in jedem Einzelfall eine Abwägung der widerstreitenden Interessen, die einer weitergehenden gesetzlichen Regelung nicht zugänglich sind.[47] So hat etwa der Beschuldigte regelmäßig ein Interesse daran, dass die gegen ihn bestehenden Verdachtsmomente unabhängig vom Ausgang des Ermittlungsverfahrens Außenstehenden möglichst nicht bekannt werden. Andererseits möchten von der Maßnahme mitbetroffene Personen regelmäßig erfahren, ob und in welchem Umfang von ihnen personenbezogene Daten erhoben wurden.

50 Wenngleich der Umstand, dass sich die zunächst gegen den Beschuldigten bestehende Verdachtslage im Laufe des Ermittlungsverfahrens nicht bestätigt hat, eine verstärkte Berücksichtigung seiner Interessenlage gebietet, wird diese dadurch nicht abwägungsfest. Selbst in einem solchen Fall kann die Benachrichtigung einer mitbetroffenen Person geboten sein, wenn von dieser durch die Maßnahme **in erheblichem Umfang höchstpersönliche Daten** erhoben wurden. Geboten erscheint eine Benachrichtigung ferner in den Fällen, in denen durch die Maßnahme entgegen dem in § 160a Abs. 1 normierten Verbot in das besonders geschützte Vertrauensverhältnis zwischen dem Beschuldigten den in § 53 Abs. 1 S. 1 Nr. 1, 2 und 4 genannten Berufsgeheimnisträgern eingriffen wurde.

51 **bb)** Gemäß **S. 4** „kann" in den Fällen der Postbeschlagnahme nach § 99, der Telekommunikationsüberwachung nach Maßgabe des § 100a sowie der Erhebung von Verkehrsdaten auf der Grundlage des § 100g von der Benachrichtigung von Personen, „gegen die sich die Maßnahme nicht gerichtet hat", abgesehen werden, wenn diese Personen von der Maßnahme entweder nur **unerheblich betroffen** wurden oder aber anzunehmen ist, dass sie **kein Interesse** an einer Benachrichtigung haben. Die erste Alternative dieser Ermessensvorschrift ist vorrangig zu prüfen. Berücksichtigt man weiter, dass bis zu einer rechtskräftigen Verurteilung des Beschuldigten für diesen die Unschuldsvermutung streitet, so werden

---

[45] Ebenso BeckOK-StPO/*Hegmann* Rn. 40; *Meyer-Goßner* Rn. 15; aA *Singelstein* NStZ 2009, 481 (485).
[46] BGH 22.9.2009 – StB 28/09, BeckRS 2009, 86260.
[47] BT-Drs. 16/5846, 59.

vielleicht nicht „in aller Regel“,[48] freilich jedoch vielfach die **Interessen des Beschuldigten überwiegen,** Dritte über die gegen ihn bestehende Verdachtslage nicht zu informieren. Vor diesem Hintergrund kann im Rahmen einer Interessenabwägung selbst dann von einer Benachrichtigung abgesehen werden, wenn ein Interesse des Betroffenen an einer Benachrichtigung erkennbar ist.

In S. 4 hat der Gesetzgeber dem Umstand Rechnung getragen, dass durch die Maßnahmen der Postbeschlagnahme, der Telekommunikationsüberwachung sowie des Abhörens außerhalb von Wohnungen zwar regelmäßig in die Grundrechte zahlreicher Personen eingegriffen wird, dies indes vielfach „in einer **vergleichsweise so geringfügigen Weise,** dass ein Interesse an einer Benachrichtigung oftmals nicht anzunehmen ist“.[49] Im Blick hatte der Gesetzgeber dabei in den Fällen der Telekommunikationsüberwachung ua Alltagsgeschäfte, etwa Terminvereinbarungen mit Handwerkern und telefonische Bestellungen bei Lieferfirmen. Maßnahmen der Verkehrsdatenerhebung nach § 100g sind zudem grundsätzlich weniger eingriffsintensiv als solche der Telekommunikationsüberwachung. 52

d) Ermittlungen zur Identitätsfeststellung Betroffener (S. 5). Ist die Identität einer der in S. 1 benannten Personen nicht bekannt, so sind nach der in hohem Maße praxisrelevanten Regelung des S. 5 Nachforschungen zur Feststellung ihrer Identität nur vorzunehmen, „wenn dies **unter Berücksichtigung der Eingriffsintensität** der Maßnahme gegenüber dieser Person, des Aufwands für die Feststellung ihrer Identität sowie der daraus für diese oder andere Personen folgenden Beeinträchtigungen geboten ist“. 53

Die Regelung ist im Lichte der Entscheidung des BVerfG vom 16.9.2009[50] weit auszulegen. Nach dieser Entscheidung kann selbst bei einer erheblicheren Eingriffsintensität regelmäßig von einer Benachrichtigung abgesehen werden, wenn die mitbetroffenen Personen **allein zum Zwecke der Benachrichtigung** erst noch identifiziert werden müssten. Derartige Ermittlungen sind weder unter datenschutz- noch verfassungsrechtlichen Gesichtspunkten geboten.[51] So hat das BVerfG in dieser Entscheidung weiter ausgeführt, mit der Namhaftmachung der Betroffenen würde der Rechtseingriff zusätzlich vertieft, weshalb es einer weitergehenden Recherche auch in den sichergestellten Datenbeständen nicht bedürfe. Vor diesem Hintergrund gebietet S. 5 Nachforschungen nur in besonders gelagerten Ausnahmefällen. Die Tatsache, dass kernbereichsrelevante Daten einem absoluten Verwertungsverbot unterliegen, führt dazu, dass solche Ausnahmefälle gerade bei den eingriffsintensivsten Fällen, der Erhebung derartiger Daten, regelmäßig nicht gegeben sind. Es gilt, eine weitere Intensivierung des Eingriffs allein zum Zwecke der Identifizierung bislang noch unbekannter Betroffener bzw. zur Feststellung, dass bekannte Personen von einem solchen Eingriff betroffen wurden, zu vermeiden. Den Kernbereich privater Lebensgestaltung betreffende Daten sind vielmehr unverzüglich zu löschen, sodass es auch einer Identifizierung allein zum Zwecke der Benachrichtigung nicht bedarf. 54

e) Zeitpunkt der Benachrichtigung (Abs. 5 S. 1). Sind die in Abs. 4 S. 1 genannten Betroffenen zu benachrichtigen, was nur der Fall ist, wenn die sachlogisch vorrangig zu prüfenden Vorschriften in Abs. 4 S. 3 bis 5 über das endgültige Unterbleiben einer Benachrichtigung nicht greifen, hat diese Benachrichtigung nach Abs. 5 S. 1 zu erfolgen, sobald eine **Gefährdung des Untersuchungszwecks,** des **Lebens, der körperlichen Unversehrtheit und der persönlichen Freiheit einer Person** bzw. von **bedeutenden Vermögenswerten** nicht mehr zu besorgen ist. Im Falle des Einsatzes eines **Verdeckten Ermittlers** rechtfertigt auch die Möglichkeit seines weiteren Einsatzes eine Zurückstellung der Benachrichtigung. Die vormals bestehende Möglichkeit, von einer Benachrichtigung entsprechend der Regelung in § 101 Abs. 1 S. 1 aFauch wegen Gefährdung der öffentlichen Sicherheit abzusehen, hat der Gesetzgeber aufgrund der Vorgaben in der Entscheidung 55

---

[48] *Graf/Hegmann* Rn. 32.
[49] BT-Drs. 16/5846, 59.
[50] BVerfG 16.6.2009 – 2 BvR 902/06, MMR 2009, 673 ff.
[51] *Simitis/Mahlmann,* § 19a Rn. 18, 44.

des BVerfG zur akustischen Wohnraumüberwachung[52] nicht in Abs. 5 übernommen. Das BVerfG hielt die im Polizei- und Ordnungsrecht verwendete Generalklausel der Gefährdung der öffentlichen Sicherheit für zu unbestimmt.

56 **aa) Gefährdung des Untersuchungszwecks.** Eine Gefährdung des Untersuchungszwecks ist so lange gegeben, wie die begründete Erwartung besteht, dass durch die verdeckte Ermittlungsführung weitere beweiserhebliche Erkenntnisse gewonnen werden können.[53] Da Untersuchungszweck die **Erforschung des Sachverhalts**, mithin die Klärung des gegen den Beschuldigten bestehenden Tatverdachts mittels aller zulässigen Untersuchungshandlungen ist, kann dieser Zurückstellungsgrund entgegen vereinzelter Stimmen in der Kommentarliteratur[54] nicht maßnahmenspezifisch ausgelegt werden. Werden mehrere verdeckte Untersuchungshandlungen nach Abs. 1 in demselben Ermittlungsverfahren parallel oder sukzessive durchgeführt, so kann auch nach Beendigung einer Maßnahme deren Bekanntgabe zunächst unterbleiben, weil eine entsprechende Mitteilung die weitere Erforschung des Sachverhalts im Hinblick auf eine andere, noch verdeckt geführte Maßnahmen gefährden könnte. So kann nach der hier vertretenen Auffassung auch im Falle der Postbeschlagnahme nach §§ 99, 94 (→ Rn. 21) eine Benachrichtigung zurückgestellt und muss der Betroffene erst dann von einer der in Abs. 1 genannten Maßnahmen in Kenntnis gesetzt werden, wenn auch hinsichtlich der zuletzt durchgeführten Maßnahme eine Gefährdung des Untersuchungszweckes durch die Bekanntgabe der bereits seit geraumer Zeit beendeten Maßnahmen nicht mehr zu besorgen ist.

57 **bb) Gefährdung des Lebens, der körperlichen Unversehrtheit oder der persönlichen Freiheit einer Person.** Diese Regelung dient vorrangig dem Schutz der von den **Strafverfolgungsbehörden eingesetzten und nicht offen agierenden Personen**, mithin der soggenannten Vertrauensperson (VP), des Verdeckten Ermittlers (VE) sowie jedes sonstigen nicht offen ermittelnden Polizeibeamten (NoeP). Die Möglichkeit der Zurückstellung ist freilich nicht auf diesen Personenkreis beschränkt. In Frage kommen auch andere Personen, etwa Angehörige eines Verdeckten Ermittlers oder eines NoeP.[55] In Anbetracht der Tatsache, dass mit Maßnahmen nach Abs. 1 vielfach schwere Grundrechtseingriffe einhergehen und der damit korrespondierenden Bedeutung der Möglichkeit eines nachträglichen Rechtsschutzes der Betroffenen sind an die Feststellung des Bestehens einer – häufig nur sehr schwer einzuschätzenden – Gefährdungslage strenge Maßstäbe anzulegen.

58 **cc) Möglichkeit der weiteren Verwendung eines Verdeckten Ermittlers.** Das BVerfG hat in seinem Urteil zum Großen Lauschangriff vom 3.3.2004 die Möglichkeit der Zurückstellung einer Benachrichtigung zum Zwecke der weiteren Verwendung „eines eingesetzten nicht offen ermittelnden Beamten" (NoeP oder VE) als mit Art. 13 Abs. 1 GG, Art. 19 Abs. 4 GG sowie Art. 2 Abs. 1 GG iVm Art. 1 Abs. 1 GG unvereinbar erklärt. Begründet hat es dies mit der Erwägung, der weitere Einsatz beziehe sich nicht nur auf das Verfahren, in dem die Maßnahme der Wohnraumüberwachung angeordnet worden sei. Zur Erfüllung des Kriteriums „weitere Verwendung" solle bereits ausreichen, dass „infolge der Benachrichtigung jede weitere Verwendung des verdeckt ermittelnden Beamten auch im Zusammenhang mit anderen Ermittlungsverfahren gefährdet wäre". Damit löse sich dieses Kriterium, so das BVerfG weiter, von dem jeweiligen Verfahren, innerhalb dessen die Überwachungsmaßnahme durchgeführt worden sei.[56] Die in Abs. 5 S. 1 enthaltene Neuregelung berücksichtigt diese Bedenken und sieht eine entsprechende Möglichkeit der Zurückstellung der Benachrichtigung **nur noch für den Verdeckten Ermittler vor.**[57]

---

52 BVerfG 3.3.2004 – 1 BvR 2378/98 und 1 BvR 1084/99, NJW 2004, 999 (1015).
53 So zutreffend *Meyer-Goßner* Rn. 19.
54 Löwe/Rosenberg/*Schäfer* Rn. 7; *Meyer-Goßner* Rn. 19.
55 So zutreffend Löwe/Rosenberg/*Schäfer* Rn. 9.
56 BVerfG 3.3.2004 – 1 BvR 2378/98 und 1 BvR 1084/99, NJW 2004, 999 (1015).
57 BT-Drs. 16/5846, 60.

In Anbetracht der verhältnismäßigen strengen Voraussetzungen, die § 110a an den Einsatz eines Verdeckten Ermittlers knüpft und dieses Ermittlungsinstrument damit eine gewissen Exklusivität besitzt, während ein nicht offen ermittelnder Polizeibeamter nach der noch herrschen Rspr. bereits auf der Grundlage der Aufgabengeneralklausel der §§ 161, 163 eingesetzt werden kann, erscheint die Regelung verfassungskonform, zumal „die Ausbildung Verdeckter Ermittler, die Schaffung der erforderlichen Legende und das – nicht ohne weiteres reproduzierbare – Heranführen und Einschleusen eines Verdeckten Ermittlers in Kreise etwa der organisierten Kriminalität (…) mit einem ganz erheblichen zeitlichen, organisatorischen und finanziellen Aufwand verbunden" ist.[58]

f) Dokumentation der Zurückstellung (Abs. 5 S. 2). Nach Abs. 5. S. 2 sind sowohl die Tatsache der Zurückstellung als auch die hierfür maßgeblichen Gründe **aktenkundig** zu machen. Diese Dokumentationspflicht dient sowohl der Selbst- als auch der Fremdkontrolle. So fördert sie zum einen eine ordnungsgemäße Handhabung der Zurückstellungsregelung durch den Zurückstellenden selbst. Zum anderen eröffnet der Rückgriff auf die die Zurückstellungsentscheidung tragenden Erwägungen eine effiziente gerichtliche Kontrolle nach Abs. 6. 59

V. Gerichtliche Kontrolle der Zurückstellung (Abs. 6)

Werden die nach Abs. 4 S. 1 zu benachrichtigenden Personen nicht binnen zwölf bzw. im Falle einer Maßnahme der akustischen Wohnraumüberwachung nach § 100c nicht binnen sechs Monaten (S. 5) nach Beendigung einer Maßnahme unterrichtet, so bedarf jede weitere Zurückstellung gleich welcher Dauer der **gerichtlichen Zustimmung** (S. 1), wobei das Gericht zugleich die weitere Dauer der Zurückstellung bestimmen (S. 2) und letztlich auch dem endgültigen Absehen von der Benachrichtigung zustimmen kann (S. 3). Sind mehrere Maßnahmen in einem engen zeitlichen Zusammenhang durchgeführt worden, so beginnt die Frist nach S. 1 bzw. S. 5 mit Beendigung der letzten Maßnahme (S. 4). 60

Die vorstehenden Regelungen sollen eine angemessene gerichtliche Kontrolle der verfassungsrechtlich gebotenen Benachrichtigungspflichten in den Fällen gewährleisten, in denen die Benachrichtigung der Betroffenen nach Abs. 5 zurückgestellt wurde. Freilich findet damit eine gerichtliche Kontrolle der staatsanwaltschaftlichen Zurückstellung **nur und erst dann statt,** wenn die nach §§ 42 ff. zu berechnenden Fristen überschritten wurden. Diese Tatsache und im Falle der akustischen Wohnraumüberwachung die Frist von sechs Monaten hat das BVerfG nicht beanstandet.[59] Vor diesem Hintergrund ging der Gesetzgeber offenkundig davon aus, im Falle der übrigen in Abs. 1 genannten Maßnahmen die Frist auf zwölf Monate ausdehnen zu können, da diese regelmäßig weniger eingriffsintensiv sind. Für die nach S. 2 durch das Gericht zu bestimmende Dauer der weiteren Zurückstellung hat der Gesetzgeber keine bestimmte Frist vorgesehen. 61

1. Zuständiges Gericht (Abs. 7 S. 1). Entscheidungen nach Abs. 6 trifft gemäß Abs. 7 S. 1 Hs. 1 **das für die Anordnung zuständige Gericht,** im Übrigen nach Abs. 7 S. 1 Hs. 2 „das Gericht am Sitz der zuständigen Staatanwaltschaft". Dies ist im Falle des Hs. 1 gemäß § 162 Abs. 1 S. 1 in der Regel das Amtsgericht, in dessen Bezirk die Staatsanwaltschaft oder ihre den Antrag stellende Zweigstelle ihren Sitz hat. Im Falle der akustischen Wohnraumüberwachung nach § 100c die in § 74a Abs. 4 GVG bestimmte Kammer des Landgerichts. Dies gilt auch in den Fällen, in denen die Durchführung der Maßnahme nicht durch das zuständige Gericht, sondern wegen Gefahr im Verzuge von der Staatsanwaltschaft angeordnet und eine gerichtliche Bestätigung nicht herbeigeführt worden war. Mit Abs. 7 S. 1 Hs. 2 wird, soweit im Übrigen das Gericht am Sitz der Staatsanwaltschaft zuständig ist, eine an § 162 Abs. 1 angelehnte Auffangzuständigkeit begründet.[60] Diese Regelung trägt dem Umstand Rechnung, 62

58 BT-Drs. 16/5846, 60.
59 BVerfG 3.3.2004 – 1 BvR 2378/98 und 1 BvR 1084/99, NJW 2004, 999 (1016).
60 BT-Drs. 16/6979, 44.

dass es für bestimmte Maßnahmen, etwa den Einsatz technischer Mittel nach § 100h, keiner und für die des Einsatzes eines Verdeckten Ermittlers nach Maßgabe des § 110b Abs. 2 nur in bestimmten Fällen einer gerichtlichen Anordnung bedarf. Nach Erhebung der öffentlichen Klage geht die Zuständigkeit auf das **Gericht der Hauptsache** über.

63 **2. Prüfungsumfang, weitere Zurückstellung (Abs. 6 S. 1 und 2).** Das Gericht hat zu prüfen, ob im konkreten Einzelfall die nach Abs. 5 **zulässigen Zurückstellungsgründe tatsächlich vorliegen.** Bejahendenfalls hat es seine Zustimmung, verneinenden falls seine Ablehnung zu der weiteren Zurückstellung auszusprechen. Stimmt das Gericht einer Zurückstellung nicht zu, löst dies seitens der Staatsanwaltschaft die Benachrichtigungspflicht aus, sofern sie die gerichtliche Entscheidung nicht mit der Beschwerde nach Maßgabe des § 304 angreift und der Beschwerde nicht nach § 307 Abs. 2 eine vollzugshemmende Wirkung zukommende sollte.

64 Stimmt das Gericht der weiteren Zurückstellung hingegen zu, bestimmt es deren **weitere Dauer nach seinem pflichtgemäßen Ermessen.** Diesem Ermessen sind indes im Hinblick auf die in Art. 19 Abs. 4 GG verbürgte Rechtsschutzgarantie Grenzen gesetzt. Deshalb kann die in den Gesetzesmaterialien enthaltene Empfehlung, in aller Regel werde sich eine Zurückstellung über mehr als ein weiteres Jahr nicht empfehlen,[61] in Anbetracht der Tatsache, dass damit eine Zurückstellung über einen Zeitraum von insgesamt zwei Jahren erfolgen würde und die Benachrichtigung gerade der Gewährleistung eines effektiven Rechtsschutzes dient, allenfalls als Höchstfrist angesehen werden. In diesem Zusammenhang ist weiter zu bedenken, dass nach der ersten noch weitere gerichtliche Zurückstellungen statthaft sind und die erste Zurückstellungsdauer mithin gefahrlos auch kürzer bemessen werden kann. Zwar verhält sich Abs. 6 hierzu nicht, der Gesetzgeber hatte in § 101 Abs. 1 S. 2 Hs. 2-Entwurf indes solche „Verlängerungen der Zurückstellungsdauer" ausdrücklich für zulässig erklärt. Mit dessen Streichung sollte diese Möglichkeit nicht entfallen, sondern S. 2 ohne inhaltliche Änderung lediglich kürzer gefasst werden.[62] Zudem sind derartige Verlängerungen auch vor dem Hintergrund als statthaft anzusehen, als das Gericht gemäß Abs. 6 S. 3 auch dem endgültigen Absehen von der Benachrichtigung zustimmen kann.

65 **3. Fristberechnung bei mehreren Maßnahmen (Abs. 6 S. 4).** Gemäß Abs. 6 S. 4 beginnt die in S. 1 genannte Frist von zwölf Monaten mit Beendigung der letzten Maßnahme, wenn mehrere Maßnahmen in einem engen zeitlichen Zusammenhang durchgeführt wurden. Weder dem Wortlaut der Vorschrift noch den Gesetzesmaterialen[63] kann entnommen werden, ob die Vorschrift einengend dahingehend auszulegen ist, dass sie lediglich auf die **wiederholte Anordnung ein und derselben Maßnahme,** etwa mehrerer nacheinander erfolgender Anordnungen zur Überwachung der Telekommunikation, Anwendung findet. Dafür könnte sprechen, dass dem Verhältnis verschiedenartiger Maßnahmen bereits durch Abs. 5 S. 1 ausreichend Rechnung getragen werde, wonach eine Benachrichtigung ua erst zu erfolgen hat, wenn dies ohne Gefährdung des Untersuchungszwecks möglich ist.[64] Eine solche Auslegung würde in der Praxis jedoch zu nicht überwindbaren Schwierigkeiten bei der Rechtsanwendung führen. So müsste für jede Maßnahme eine isolierte Überprüfung dahingehend vorgenommen werden, ob bereits eine maßnahmenbezogene „Teilbenachrichtigung" den Untersuchungszweck gefährden könnte. Die Frage der Gefährdung des Untersuchungszwecks ist jedoch einer solch isolierten Betrachtung nicht zugänglich.

66 **4. Endgültiges Absehen von der Benachrichtigung (Abs. 6 S. 3).** Das Gericht kann nach Abs. 6 S. 3 auch dem endgültigen Absehen von einer Benachrichtigung zustimmen, wenn die Voraussetzungen für eine Benachrichtigung mit an Sicherheit grenzender Wahrscheinlichkeit auch in Zukunft nicht eintreten werden. Wenngleich für diese Entscheidung – anders als

---

[61] BT-Drs. 16/5846, 61.
[62] BT-Drs. 16/6979, 44.
[63] BT-Drs. 16/5846, 61.
[64] Ebenso KMR-StPO/*Bär* Rn. 30.

noch in § 101 Abs. 7-Entwurf, der hierfür voraussetzte, dass die Benachrichtigung bereits für insgesamt fünf Jahre zurückgestellt worden war[65] – **keine besondere Frist** vorgesehen ist, kann eine Entscheidung dahingehend, dass von einer Benachrichtigung endgültig abgesehen wird, **nicht bereits unmittelbar nach Beendigung der Maßnahme** ergehen.[66] Dies ergibt bereits die systematische Auslegung. Die Möglichkeit eines endgültigen Absehens wird in S. 3 erst eröffnet, nachdem in S. 2 festgelegt wurde, dass das Gericht die Dauer der weiteren Zurückstellungen bestimmt. Die Entscheidung der Zurückstellung hat jener des Absehens von einer Benachrichtigung mithin vorauszugehen.[67] Diese Auslegung gebietet sich schließlich auch vor dem Hintergrund, dass sich die unmittelbar nach Beendigung der Maßnahme getroffene Einschätzung, die Voraussetzungen für ein endgültiges Absehen von der Benachrichtigung lägen vor, durch Zeitablauf und währenddessen eingetretener, vielfach nicht vorhersehbarer Veränderungen relativieren kann.

5. Fehlende gerichtliche Kontrolle im Falle des Unterbleibens einer Benachrichtigung. Das BVerfG hat es anlässlich seiner Entscheidung zur Vorratsdatenspeicherung vom 2.3.2010 als unzureichend kritisiert, dass § 101 keine Regelung zur richterlichen Kontrolle für diejenigen Fälle enthalte, in denen **nach Maßgabe des Abs. 4** von einer Benachrichtigung abgesehen werde.[68] Dies trage, so das BVerfG, dem hohen Stellenwert der Benachrichtigung für eine transparente Verwendung der Verkehrsdaten nicht hinreichend Rechnung. Bei personenbezogenen Verkehrsdaten dürfe jedenfalls nur nach einer gerichtlichen Kontrolle der entsprechenden Ausnahmegründe auf eine Benachrichtigung verzichtet werden.[69] Da auch durch die übrigen der in Abs. 1 genannten Maßnahmen regelmäßig personenbezogene Daten erhoben werden, dürfte für diese Maßnahmen nichts anderes gelten.[70] 67

VI. Nachträglicher Rechtsschutz (Abs. 7)

Durch Abs. 7 S. 2 wird den in Abs. 4 S. 1 genannten Personen nachträglicher Rechtsschutz gewährt. Danach können diejenigen Personen, die von den in Abs. 1 aufgeführten, „regelmäßig in nicht unerheblicher Weise eingriffsintensiven verdeckten Ermittlungsmaßnamen“[71] betroffenen wurden, binnen zwei Wochen nach ihrer Benachrichtigung bei dem nach S. 1 zuständigen Gericht auch **nach Beendigung der Maßnahme** sowohl die Überprüfung der Rechtmäßigkeit der Maßnahme als auch eine Überprüfung der Art und Weise ihres Vollzugs beantragen. 68

1. Gegenstand der gerichtlichen Überprüfung. Gegenstand der gerichtlichen Kontrolle ist die Überprüfung der **Rechtmäßigkeit der Maßnahme,** mithin die Frage, ob zum Zeitpunkt ihrer Anordnung die entsprechenden materiellen und formellen Voraussetzungen vorgelegen haben. Darüber hinaus kann auch die **Art und Weise ihres Vollzugs** zur gerichtlichen Überprüfung gestellt werden. Hierzu gehört auch die Frage der Rechtmäßigkeit der Benachrichtigung und damit auch die Frage der Rechtzeitigkeit der Unterrichtung.[72] Dies kann zwanglos aus der Erwägung abgeleitet werden, dass ohne eine zeitnahe Benachrichtigung des von der Maßnahme Betroffenen ein effektiver Rechtsschutz durch diesen nicht mehr oder nur eingeschränkt erlangt werden kann.[73] 69

Die von dem Gericht zu treffende Entscheidung soll nach dem Willen des Gesetzgebers hingegen keine Entscheidung darüber enthalten, ob die aus der Maßnahme gewonnenen Erkenntnisse **verwertbar** sind. Über diese Frage hat vielmehr im Rahmen eines etwaigen 70

[65] BT-Drs. 16/5846, 14.
[66] So BT-Drs. 16/6979, 44; KMR-StPO/*Bär* Rn. 32; KK-StPO/*Bruns* Rn. 27.
[67] Im Ergebnis ebenso *Puschke/Singelstein* NJW 2008, 113 (116).
[68] BVerfG 2.3.2010 – 1 BvR 256/08, NJW 2010, 833 (848).
[69] BVerfG 2.3.2010 – 1 BvR 256/08, NJW 2010, 833, (848).
[70] Ebenso KMR-StPO/*Bär* 32.
[71] BT-Drs. 16/5846, 61.
[72] OLG Celle 24.2.2012 – 2 Ws 43/12, BeckRS 2010, 06440.
[73] Ebenso *Meyer-Goßner* Rn. 25; KK-StPO/*Bruns* Rn. 30.

Hauptverfahrens erst das erkennende Gericht zu befinden.[74] Diese Regelung macht Sinn, da die StPO keine allgemeine Vorschrift des Inhalts kennt, dass Rechtsverstöße gleich ob gegen materielles oder formelles Recht stets ein Verwertungsverbot nach sich ziehen. Vielmehr ist die Frage eines Beweisverwertungsverbotes in jedem Einzelfall gesondert zu prüfen, häufig von verfassungsrechtlichen Fragestellungen überlagert, etwa bei § 100a der Reichweite des Fernmeldegeheimnisses in Art. 10 GG, und kann im Einzelfall zu unterschiedlichen, indes sämtlich von Rechts wegen vertretbaren Ergebnissen führen.

71 **2. Zuständiges Gericht iSv Abs. 7 S. 2. a) Grundsätzliches.** Vor Anklageerhebung ist gemäß § 101 Abs. 7 S. 1 das die Maßnahme anordnende Gericht zuständig. Nach Abs. 7 S. 4 geht die Zuständigkeit, wenn „die öffentliche Klage erhoben und der Angeklagte benachrichtigt" wurde, auf das für die **Hauptsache zuständige Gericht** über. Voraussetzung ist indes, dass jedenfalls hinsichtlich des Angeklagten beide der vorgenannten Voraussetzungen, Anklageerhebung und Benachrichtigung, kumulativ gegeben sind. Dabei tritt ein Zuständigkeitswechsel auch ein, wenn der Antrag auf gerichtliche Überprüfung nach einer Benachrichtigung des Betroffenen zwar noch beim Anordnungsgericht eingegangen ist, indes noch vor dessen Entscheidung über den Antrag Anklage gegen den Beschuldigten erhoben wurde.[75]

72 Nach **rechtskräftigem Abschluss** des Strafverfahrens ist für die Maßnahme des nachträglichen Rechtsschutzes (wieder) das Gericht zuständig, das die Maßnahme angeordnet hat.[76]

73 Die Zuständigkeitsregelung in Abs. 7 S. 4 findet über ihren Wortlaut hinaus nicht nur auf den Angeschuldigten bzw. den dort genannten „Angeklagten", sondern auch auf sonstige bereits benachrichtigte Betroffene**, mithin auf den gesamten übrigen nach Abs. 4 S. 1 zu benachrichtigenden Personenkreis** Anwendung. Anderenfalls wäre für diesen weiterhin das anordnende Gericht zuständig. Diese Möglichkeit einer „gesplitteten Zuständigkeit" wurde ausweislich der Gesetzesbegründung zwar erwogen, indes zur Vermeidung divergierender Entscheidungen zwischen Anordnungs- und Beschwerdegericht einerseits bzw. Hauptsache- und Rechtmittelgericht andererseits sowie zur Gewährleistung einer effizienten Verfahrensführung durch Konzentration der Entscheidungszuständigkeit verworfen.[77] Im vorstehend dargelegten Sinne wird S. 4 sowohl durch den BGH[78] als auch die Lit.[79] ausgelegt.

74 **b) Fälle parallel geführter Ermittlungsverfahren.** In seinem Beschluss vom 22.1.2009[80] verneinte der BGH „die Gefahr divergierender Entscheidungen" in einem Fall, in dem der Generalbundesanwalt ein – allein gegen den nachträglichen Rechtsschutz begehrenden Beschwerdeführer geführtes – Verfahren wegen des Verdachts der Mitgliedschaft in einer terroristischen Vereinigung nach § 170 Abs. 2 eingestellt, gut zwei Monate später indes ein zeitweilig parallel und stets getrennt geführtes weiteres Ermittlungsverfahren gegen drei Beschuldigte wegen des Verdachts der Mitgliedschaft in derselben terroristischen Vereinigung durch Erhebung der öffentlichen Klage abgeschlossen hatte. Auch hier sah der BGH das die Maßnahme gegen den Betroffenen anordnende Gericht als für den nachträglichen Rechtsschutz zuständig an. Zur Begründung hat er ausgeführt, es sei nicht erkennbar, dass im Verlauf der **„durch die vom Betroffenen angegriffenen heimlichen Ermittlungsmaßnahmen Erkenntnisse gewonnen worden wären, die in dem gegen die drei vor dem KG angeklagten Beschuldigten von Bedeutung sein könnten".**[81]

75 Diesem Grundsatz folgend gelangt der BGH nach Maßgabe seiner weiteren Entscheidung vom 29.10.2009 folgerichtig in all denjenigen Fällen zu einem Übergang der Zuständigkeit

---

74 BT-Drs. 16/5846, 62.
75 BGH 8.10.2008 – StB 12 – 15/08, NStZ 2009, 104 (105).
76 Ebenso OLG Koblenz 19.5.2010 – 1 AR 19/10, StV 2010, 562 (L) = BeckRS 2010, 13361.
77 BT-Drs. 16/5846, 63.
78 BGH 8.10.2008 – StB 12 – 15/09, NStZ 2009, 104 (105) unter Verweis auf BT-Drs. 16/5846, 63.
79 *Meyer-Goßner* Rn. 25a.
80 BGH 22.1.2009 – StB 24/09, NStZ 2009, 399 ff.
81 BGH 22.1.2009 – StB 24/09, NStZ 2009, 399 (400).

vom Anordnungs- auf das Hauptsachegericht, in denen **„sich bei formaler Betrachtung das Rechtsschutzbegehren (einer Person) nach § 101 Abs. 7 S. 2 gegen eine Maßnahme richtet, die in dem zur Anklage (gegen eine andere Person) führenden Verfahren angeordnet worden ist“.**[82] Hiervon erfasst werden zunächst diejenigen Fälle, in denen (hinsichtlich des angeklagten Verfahrens) ein so genannter Drittbetroffener, mithin weder der Angeklagte noch ein sonstiger Verfahrensbeteiligter; die nachträgliche Überprüfung einer heimlichen Ermittlungsmaßnahme begehrt, von der er unmittelbar betroffen wurde und deren Erkenntnisse zugleich auch dem Nachweis der dem Angeklagten zur Last gelegten Straftat dienen sollen. Über den Antrag des Drittbetroffenen entscheidet mithin das in der Hauptsache für den Angeklagten zuständige Gericht.

c) Identität der Maßnahme als entscheidendes Kriterium. Aus den vorstehenden Entscheidungen ist nicht zweifelsfrei erkennbar, ob die gegen die jeweiligen Beschwerdeführer einerseits bzw. die Angeklagten andererseits geführten Ermittlungen stets auch denselben Prozessgegenstand betrafen. Dies kann indes dahingestellt bleiben. Entscheidend für die Abgrenzungsfrage und damit für den Übergang der Zuständigkeit ist vielmehr die Identität der Maßnahme. Ihrer Überprüfung hinsichtlich Rechtmäßigkeit sowie der Art und Weise ihres Vollzuges dient der Rechtsbehelf des § 101 Abs. 7 S. 2. Nur wenn **dieselbe Maßnahme nach Abs. 1 Gegenstand sowohl des einen wie des anderen, angeklagten Verfahrens ist,** dürfte in den vorstehend dargelegten Fällen ein Übergang der Zuständigkeit überhaupt in Betracht kommen. Nicht entscheidend ist hingegen, ob Gegenstand dieser Verfahren auch dieselbe Tat ist. So können Erkenntnisse aus ein und derselben Ermittlungsmaßnahme hinsichtlich verschiedener Taten entscheidungsrelevant sein. 76

3. Zeitpunkt der Entscheidung – Vorrang des Hauptsacheverfahrens. Insbesondere in Fällen, in denen mehrere Drittbetroffene bei dem Gericht der Hauptsache um nachträglichen Rechtsschutz antragen und uU noch durch verschiedene Maßnahmen betroffen sind, können derartige Anträge zu einer erheblichen zusätzlichen Belastung und damit zu einer Verzögerung des Hauptsacheverfahrens führen. Eine solche Verzögerung ist indes in Anbetracht des vom Gesetzgeber bewusst favorisierten Aspekts der Vermeidung widersprüchlicher Entscheidungen[83] hinzunehmen. Gleichwohl gebührt dem Hauptsacheverfahren der **zeitliche Vorrang.** Dieser Umstand kann aus dem auch in § 398 enthaltenen Rechtsgedanken abgeleitet werden, wonach der Fortgang des Hauptverfahrens durch die Geltendmachung Rechter Dritter, hier die Anschlusserklärung des Nebenklägers, nicht gehemmt werden soll.[84] Das Gericht der Hauptsache kann seine Entscheidung sogar noch nach Urteilsverkündung treffen. So hat der BGH in seiner vorstehend dargelegten Entscheidung vom 29.10.2009 (→ Rn. 75) das Gericht der Hauptsache hinsichtlich des fristgerecht und noch vor Urteilsverkündung gestellten, indes unbeschieden gebliebenen Antrages eines Drittbetroffenen auch noch nach Verkündung des Urteils gegen die Angeklagten weiterhin für zuständig erachtet.[85] 77

Bei Anträgen des Angeklagten ist der Gesetzgeber, wie sich aus Abs. 7 S. 4 ergibt, im Übrigen selbst davon ausgegangen, dass die Entscheidung erst im **zeitlichen Zusammenhang mit der Urteilsverkündung** ergeht. 78

4. Form der Entscheidung. Das die **Maßnahme anordnende Gericht** entscheidet durch Beschluss. 79

Nach Erhebung der öffentlichen Klage befindet das **Gericht der Hauptsache** nach Abs. 7 S. 4 über den Antrag des Angeklagten „in der das Verfahren abschließenden Entscheidung“. Orientiert man sich bei der Auslegung dieser Regelung an der des § 100d Abs. 10 aF, der sie regelungstechnisch nachgebildet ist,[86] müsste S. 4 ebenso wie § 100d Abs. 10 80

---

[82] BGH 29.10.2009 – StB 20/09, NStZ 2010, 225 (226).
[83] BT-Drs. 16/5846, 63.
[84] KK-StPO/*Bruns* Rn. 37, im Ergebnis ebenso KMR-StPO/*Bär* Rn. 35.
[85] BGH 29.10.2009 – StB 20/09, NStZ 2010, 225 (226).
[86] BT-Drs. 16/5846, 62.

aF[87] dergestalt ausgelegt werden, dass das Gericht seine Entscheidung jedenfalls hinsichtlich des Angeklagten nicht ausschließlich im Urteil selbst, sondern entweder in diesem oder in einem das Urteil begleitenden Beschluss verkünden kann. Da es sich bei dem Verfahren um nachträglichen Rechtsschutz indes um ein selbstständiges Verfahren handelt,[88] kann das Gericht der Hauptsache stets durch Beschluss entscheiden. In diesem Sinne wird S. 4 auch durch den BGH[89] sowie die herrschende Meinung in der Lit.[90] ausgelegt.

81 Die Möglichkeit einer **Wahl zwischen Urteil oder Beschluss** hat das Gericht der Hauptsache indes nur, wenn es sich bei dem Antragsteller um den Angeklagten handelt. Ersucht eine andere Person, etwa ein Drittbetroffener um nachträglichen Rechtsschutz, so ist das Gericht der Hauptsache stets gehalten, durch Beschluss und außerhalb der Hauptverhandlung zu entscheiden.

82 **5. Bindungswirkung der Entscheidung des anordnenden Gerichts.** Das Gesetz sieht keine Bindungswirkung dergestalt vor, dass das erkennende Gericht an diejenige Entscheidung gebunden wäre, die das anordnende Gericht im Verfahren des nachträglichen Rechtsschutzes zur Frage der Rechtmäßigkeit bzw. der Art und Weise des Vollzugs der Maßnahme getroffen hat. Der Gesetzgeber hat in diesem Zusammenhang zutreffend bedacht, dass Fragen der Rechtmäßigkeit bzw. Verwertbarkeit oft sehr schwierig sind, das Verfahren des nachträglichen Rechtsschutzes regelmäßig indes nur eine instanzgerichtliche Rechtsprechung ermöglicht und damit eine höchstrichterliche Klärung dieser Fragen vielfach ausgeschlossen ist.[91]

83 **6. Akteneinsichtsrecht Drittbetroffener (§ 475 Abs. 1 S. 1).** Die in Abs. 4 S. 1 genannten Personen, insbesondere jedoch Drittbetroffene können ihre Rechte auf nachträglichen Rechtsschutz nur wahrnehmen, wenn ihnen in dem Umfang Einsicht in die Ermittlungsakten gewährt wird, wie dies zur Beurteilung der Rechtmäßigkeit der sie betreffenden Maßnahme erforderlich ist. Der Gesetzgeber hat es indes versäumt, das Akteneinsichtsrecht für Drittbetroffene zu regeln. Diesen steht damit, anders als den Verfahrensbeteiligten wie etwa dem Beschuldigten nach Maßgabe von § 147, dem Privatkläger gemäß § 385 Abs. 3, dem Nebenkläger nach § 397 Abs. 1 oder gar dem Einziehungsbeteiligten nach § 434 Abs. 1 **kein eigenständiges Akteneinsichtsrecht** zu.

84 Wenngleich Drittbetroffenen dennoch ein Akteneinsichtsrecht unstreitig zuzubilligen ist, ist dessen **dogmatische Ableitung umstritten.** So wird in der Lit. sowohl die Auffassung vertreten, dieses Akteneinsichtsrecht sei aus den §§ 475 ff. abzuleiten als auch die, dass sich das Akteneinsichtsrecht Drittbetroffener unmittelbar aus Art. 103 Abs. 1 GG ergebe.[92]

85 Der BGH hat hierzu in seiner Entscheidung vom 22.9.2009[93] Stellung genommen und zutreffend angemerkt, Drittbetroffene können ihr Recht auf Akteneinsicht aus § 475 Abs. 1 S. 1 ableiten, da sie weder Beschuldigte noch sonstige Verfahrensbeteiligte und damit Privatpersonen seien, für die der Gesetzgeber in den §§ 475 ff. abschließende Regelungen zur Verfügung gestellt habe. Danach steht Drittbetroffenen ein **eingeschränktes Akteneinsichtsrecht** in dem Umfang zu, wie es für eine effektive Durchführung des Verfahrens nach Abs. 7 S. 2 erforderlich ist. Dem Rechtsanwalt des Drittbetroffenen ist daher nicht nur die zur Überprüfung gestellte Entscheidung, vielmehr sind ihm sämtliche Aktenbestandteile zugänglich zu machen, auf die sich die Entscheidung stützt und in denen die aufgrund der Maßnahme gewonnenen und den Drittbetroffenen betreffenden Erkenntnisse dokumentiert sind.

86 Über das **Akteneinsichtsgesuch** entscheidet im Ermittlungsverfahren und nach rechtskräftigem Abschluss des Verfahrens gemäß § 478 Abs. 1 S. 1 Hs. 1 allein die Staatsanwalt-

[87] Vgl. zu dessen Auslegung SK-StPO/*Wolter,* § 100d Rn. 59.
[88] Vgl. BT-Drs. 16/5846, 62, *Singelstein* NStZ 2009, 481 (485).
[89] So hinsichtlich der Form der Entscheidung BGH 24.6.2009 – 4 StR 188/09, NJW 2009, 3177 (3178).
[90] *Meyer-Goßner* Rn. 25a; KK-StPO/*Bruns* Rn. 37; aA *Singelstein;* NStZ 2009, 481 (484).
[91] BT-Drs. 16/5846, 62.
[92] *Singelstein* NStZ 2009, 481 (485).
[93] BGH 22.9.2009 – StB 28/09, BeckRS 2009, 86260.

schaft und nicht das die Maßnahme anordnende Gericht. Ist die einen bestimmten Drittbetroffenen berührende Maßnahme bereits beendet, das Ermittlungsverfahren aber noch nicht abgeschlossen, wird dessen Akteneinsichtsgesuch regelmäßig abzulehnen sein. In derartigen Fällen gebietet es der Rechtsstaatsgedanke, dass eine Entscheidung nicht ergeht, bevor der von der strafprozessualen Eingriffsmaßnahme Betroffene Gelegenheit erhalten hat, sich nach erfolgter Akteneinsicht zu äußern.[94] Soweit nach § 478 Abs. 1 S. 1 Hs. 2 „im Übrigen der Vorsitzende des mit der Sache befassten Gerichts" zur Entscheidung berufen ist, ist damit, wie sich aus dem Regelungszusammenhang ergibt, der Vorsitzende des erkennenden Gerichts gemeint.[95] Auf diesen geht die Zuständigkeit mit Anklageerhebung über.

7. Anfechtung der Entscheidung (Abs. 7 S. 3). S. 3 gestattet die sofortige Beschwerde gegen Entscheidungen nach S. 2. Wurde diese Entscheidung von dem **die Maßnahme anordnenden Gericht,** mithin nicht von dem Gericht der Hauptsache getroffen, so richtet sich das weitere Verfahren nach § 311. 87

Aus dem Regelwerk in Abs. 7 geht indes nicht klar hervor, ob der Gesetzgeber die Möglichkeit der sofortigen Beschwerde auch für den Fall eröffnet hat, dass die Entscheidung nach S. 2 entsprechend der Zuständigkeitsregelung in S. 4 von dem **Gericht der Hauptsache** getroffen wurde. Dagegen könnte unter regelungssystematischen Aspekten der Umstand sprechen, dass die die sofortige Beschwerde eröffnende Regelung derjenigen in S. 4 vorangestellt ist und deshalb in den Fällen, in denen das Gericht der Hauptsache entschieden hat, keine Anwendung finden soll. Für eine solche Auslegung könnte weiter streiten, dass auch im Falle des § 100d Abs. 10 aF, dem Abs. 7 nachgebildet ist, der Gesetzgeber davon ausging, dass gegen Entscheidungen des Gerichts der Hauptsache keine sofortige Beschwerde, sondern einzig die Rechtsmittel der Berufung bzw. der Revision statthaft sein sollten.[96] 88

Der **BGH**[97] legt die Vorschrift mit überzeugenden Argumenten dahingehend aus, dass auch gegen Entscheidungen des Gerichts der Hauptsache stets die sofortige Beschwerde statthaft ist. Zur Begründung hebt er darauf ab, dass ein Drittbetroffener sonst jedenfalls regelmäßig keine Anfechtungsmöglichkeit hätte und auch dem Angeklagten eine Überprüfung der Entscheidung des Gerichts der Hauptsache in den Fällen versagt bliebe, in denen das Urteil nicht auf aus der Maßnahme gewonnenen Erkenntnissen beruht. Dem Drittbetroffenen in derartigen Fällen gleichsam als Ausgleich ebenfalls die Möglichkeit der Revision zu eröffnen, sei mit der Systematik des Revisionsrechts unvereinbar.[98] 89

Hat also das Gericht der Hauptsache bzgl. des Angeklagten im Urteil über die Rechtmäßigkeit der Maßnahme bzw. die Art und Weise des Vollzugs derselben befunden, entscheiden über die hiergegen gerichtete sofortige Beschwerde nicht das Revisionsgericht, sondern die nach Maßgabe des 121 Abs. 1 Nr. 2 bzw. des § 135 Abs. 2 GVG **zuständigen Beschwerdegerichte.** Dabei schließt weder § 336 S. 2 – wonach der Beurteilung des Revisionsgerichts solche dem Urteil vorausgegangene Entscheidungen entzogen sind, die mit der sofortigen Beschwerde angefochten werden können – die Überprüfung der Verwertbarkeit der gewonnen Erkenntnisse durch das Revisionsgericht aus noch steht § 305 S. 1 der Beschwerdemöglichkeit nach § 101 Abs. 7 gegen die in oder neben dem Urteil getroffene Entscheidung entgegen. Damit lassen sich zwar entgegen der vom Gesetzgeber angestrebten Intention „divergierende Entscheidungen über die Rechtmäßigkeit der(selben) Ermittlungsmaßnahmen nicht vermeiden".[99] Indes ist der Prüfungsmaßstab ein unterschiedlicher und mancher Widerspruch nur vordergründig. So gilt es einerseits im Rahmen der Revision die Frage nach der Verwertbarkeit der aus der Maßnahme gewonnenen Erkennt- 90

---

94 BVerfG 7.9.2007 – 2 BvR 1009/07, NStZ-RR 2008, 16 (17).
95 BGH 22.9.2009 – StB 28/09, BeckRS 2009, 86260.
96 BT-Drs. 15/4533, 19.
97 BGH 24.6.2009 – 4 StR 188/09, NJW 2009, 3177 ff.
98 BGH 24.6.2009 – 4 StR 188/09, NJW 2009, 3177 (3178); ebenso Graf/*Hegmann* Rn. 47a; *Meyer-Goßner* Rn. 25c.
99 BGH 24.6.2009 – 4 StR 188/09, NJW 2009, 3177 (3178).

nisse, im Rahmen des nachträglichen Rechtsschutzes nach Abs. 7 S. 2 und 3 die nach der Rechtmäßigkeit der Maßnahme bzw. der Art und Weise ihres Vollzugs und gerade nicht die der Verwertbarkeit zu beantworten. Andererseits folgt aus der Rechtswidrigkeit einer Ermittlungsmaßnahme nicht notwendiger Weise die Unverwertbarkeit der aus ihr gewonnenen Erkenntnisse.

91 **8. Verhältnis zu anderen Rechtsbehelfen.** Ausweislich der Gesetzesmaterialien sollte dem nachträglichen Rechtsschutz nach Abs. 7 „im Wesentlichen" die Funktion zukommen, den Betroffenen im Einzelfall den **Nachweis eines Rechtsschutzbedürfnisses** zu ersparen. Die Vorschrift sollte hingegen nicht „die schon bislang anerkannten Rechtsbehelfe" verdrängen. Der von einer noch andauernden verdeckten Ermittlungsmaßnahme Betroffene soll daher, so er von dieser Kenntnis erlangt, stets Rechtsschutz entsprechend § 98 Abs. 2 S. 2 verlangen können.[100] Im Blick hatte der Gesetzgeber im Hinblick auf die bislang anerkannten Rechtsbehelfe weiterhin die Regelung des § 304.

92 Aus der Formulierung in Abs. 7 S. 2, wonach die Betroffenen „auch nach Beendigung der Maßnahme" den durch diese Vorschrift eröffneten Rechtsbehelf nutzen können sollen, wird indes deutlich, dass die Vorschrift für den antragsberechtigten Personenkreis lediglich „nachträglichen Rechtsschutz"[101] gewähren soll, sodass es sich bei dieser Vorschrift, so die Rspr. des BGH zutreffend, um eine **abschließende Sonderregelung** handelt, deren Abs. 7 – jedenfalls bei beendeten Maßnahmen – den Rechtsbehelf der Beschwerde sowie den von der Rspr. entwickelten Rechtsschutz entsprechend § 98 Abs. 2 S. 2 verdrängt".[102] Dies gilt jedenfalls für diejenigen Fälle, in denen die in Abs. 4 S. 1 genannten Personen über die Maßnahme **benachrichtigt** wurden.

93 Im Falle seiner Benachrichtigung muss der Betroffene nach Abs. 7 S. 2 binnen zwei Wochen um nachträglichen Rechtsschutz antragen. Versäumt er diese Frist, **kann er nicht auf die unbefristeten Rechtsbehelfe zurückgreifen.** Ansonsten liefe die Ausgestaltung des Rechtsbehelfs in Abs. 7 S. 3 als sofortige Beschwerde leer. Diese Konsequenz ist aus verfassungsrechtlicher Sicht nicht zu beanstanden. So kann eine verspätete Geltendmachung gegen den auch im Prozessrecht anerkannten Grundsatz von Treu und Glauben namentlich dann verstoßen, wenn der Betroffene über einen angemessenen Zeitraum hinweg untätig geblieben ist.[103]

94 Ist die Maßnahme beendet, wurden die in Abs. 4 S. 1 genannten Person indes **nicht nach dieser Vorschrift benachrichtigt,** sondern haben sie in sonstiger Weise von der Maßnahme Kenntnis erlangt, können sie auf die „bislang anerkannten Rechtsbehelfe" des §§ 98 Abs. 2 S. 2 analog bzw. des § 304 mit der Konsequenz zurückgreifen, dass sie ihr Rechtsschutzbedürfnis darzulegen haben.[104]

VII. Löschung und Sperrung personenbezogener Daten (Abs. 8)

95 **1. Löschung der Daten (S. 1 und 2). a) Löschungsvoraussetzungen (S. 1).** Gemäß S. 1 sind „die durch die Maßnahme erlangten personenbezogenen Daten (…) unverzüglich zu löschen", sobald sie weder für strafprozessuale Beweiszwecke noch für eine etwaige gerichtliche Überprüfung der verdeckten Ermittlungsmaßnahme benötigt werden. Diese Voraussetzungen müssen **positiv feststehen.** Bestehen noch Zweifel, unterbleibt die Löschung bzw. Vernichtung dieser Daten.[105]

96 Eine weitergehende Regelung des Inhalts, dass selbst „beweiserhebliches Material vernichtet werden muss, wenn sein Inhalt inzwischen durch andere Beweismittel bestätigt

---

[100] BT-Drs. 16/5846, 62.
[101] BT-Drs. 16/5846, 61.
[102] BGH 8.10.2008 – StB 12-15/08, NJW 2008, 454; *Meyer-Goßner* Rn. 26a; BeckOK-StPO/*Hegmann* Rn. 42; aA *Burghardt* HRRS 2009, 567 (569); *Singelstein* NStZ 2009, 481 (482).
[103] BVerfG 4.3.2009 – 2 BvR 2111 und 2112/07, NStZ 2009, 166 (167).
[104] So auch BeckOK-StPO/*Hegmann* Rn. 43.
[105] *Hilger* NStZ 1997, 371 (373).

worden ist“,[106] kann weder Abs. 8 noch allgemeinen Rechtsgrundsätzen entnommen werden. Zudem lässt sich die Tatsache einer solch **parallelen Erkenntnisgewinnung** nur schwer beurteilen. Gleiches gilt für die sich sodann stellende Frage, auf welche von mehreren Ermittlungsmaßnahmen und den aus ihnen jeweils resultierenden Ergebnissen denn (besser) verzichtet werden könnte und ob hinsichtlich der letztlich ausgewählten und damit später einzig noch zur Verfügung stehenden Maßnahme ein Beweisverwertungsverbot verlässlich ausgeschlossen werden kann. So könnte ein zunächst möglicher Schuldnachweis nicht mehr geführt werden, würde hinsichtlich der am Ende noch gespeicherten Daten ein zunächst nicht erkanntes Beweisverwertungsverbot greifen und wären die aufgrund anderer verdeckter Maßnahmen gewonnenen Erkenntnisse, die ebenfalls einen Schuldnachweis ermöglicht hätten, gelöscht worden.

Die durch Maßnahmen nach Abs. 1 gewonnenen personenbezogenen Daten dürfen auch weiter gespeichert werden, wenn die Löschungsvoraussetzungen zwar hinsichtlich des Beschuldigten und aller Drittbetroffenen eingetreten sind, die gewonnenen Erkenntnisse indes als so genannte **Zufallsfunde** nach § 477 Abs. 2 S. 2 in einem anderen Strafverfahren den Verdacht begründen, eine Person habe eine andere Straftat begangen, wegen derer die betreffende Maßnahme ebenfalls hätte angeordnet werden können.[107] 97

b) Löschungsumfang. Die Vorschrift gebietet entgegen ihrem Vorlaut nicht nur, dass die „erlangten personenbezogenen Daten (…) zu löschen“ sind. Sie ist teleologisch dahingehend auszulegen, dass sie die Strafverfolgungsbehörden grundsätzlich zur Vernichtung sämtlicher personenbezogener Erkenntnisse aus Maßnahmen nach Abs. 1 verpflichtet, **gleich in welcher Form und wo** diese verkörpert sind. S. 2 dient vorrangig dem Schutz des Persönlichkeitsrechts der von diesen Maßnahmen Betroffenen. In das Persönlichkeitsrecht greift indes ein auf Papier verzeichnetes personenbezogenes Datum in gleicher Weise ein wie ein elektronisches.[108] Da unter „Löschung“ im Sinne von S. 1 allein die dauerhafte Vernichtung zu verstehen ist, müssen Dateien ebenso wie herkömmliche auf Papier verkörperte Informationen auch so vernichtet bzw. gelöscht werden, dass eine Rekonstruktion der Dateien weitgehend ausgeschlossen ist. 98

Dieser Grundsatz lässt sich jedoch **nicht ausnahmslos** umsetzen. So wird der Inhalt löschungspflichtiger Daten bzw. Informationen vielfältig wiedergegeben bzw. zitiert, etwa in Anklageschriften, gerichtlichen Beschlüssen und Urteilen. Es wäre namentlich in umfangreichen Verfahren weder tatsächlich umsetzbar noch rechtlich vertretbar, die entsprechenden Daten auch dort zu „löschen“ oder gar trotz ihrer Beweisrelevanz nicht in die Urteilsurkunde aufzunehmen. Dies wäre mit § 267 Abs. 3 unvereinbar. 99

c) Löschungsfristen. Eigenständige Löschungsprüffristen hat der Gesetzgeber in Abs. 8 bewusst **nicht vorgesehen,** weil sich entsprechende Prüf- und Löschungsfristen vielfach schon aus anderen Vorschriften wie etwa den der §§ 484, 489 Abs. 4 bzw. § 32 Abs. 3 BKAG ergeben.[109] Sind aus Maßnahmen nach Abs. 1 gewonnene personenbezogenen Daten in den Akten enthalten, so soll hinsichtlich dieser Daten ausweislich der Gesetzesbegründung eine „fortlaufende Kontrolle durch die aktenbearbeitende Stelle“, dahingehend erfolgen, ob und welche Aktenbestandteile im Hinblick auf S. 1 zu vernichten sind.[110] Da der hierfür erforderliche Aufwand in Umfangsverfahren beträchtlich ist, empfiehlt es sich, über die Regelung in Abs. 2 S. 1 hinaus und damit nicht nur in den Fällen der §§ 100c, 100f, 100h Abs. 1 Nr. 2 sowie § 110a personenbezogene Daten aus Maßnahmen nach Abs. 1 stets in entsprechenden Sonderbänden bzw. Sonderheften abzulegen, um diese bei Vorliegen der 100

---

106 So *Meyer-Goßner* Rn. 27.
107 BGH 27.11.2008 – 3 StR 342/08, NJW 2009, 791 (792).
108 Vgl. *Hilger* NStZ 1997, 771 (772).
109 BT-Drs. 16/5846, 63.
110 BT-Drs. 16/5846, 63 zu § 101 Abs. 10 S. 2 Entwurf, der inhaltsgleich ist mit der Gesetz gewordenen Fassung.

Voraussetzungen des S. 1 ohne zusätzlichen Recherche- und Aussonderungsaufwand vernichten zu können.

101 **d) Zuständigkeit für die Löschungsanordnung.** Aufgrund ihrer Sachleitungsbefugnis gemäß §§ 152, 160 ist bis zur Rechtshängigkeit des Verfahrens allein die **Staatsanwaltschaft** für die Anordnung der Löschung zuständig. Diese Zuständigkeit geht ab Rechtshängigkeit zugleich mit dem Übergang der Verfahrensherrschaft bis zum rechtskräftigen Abschluss des Verfahrens auf das **Gericht der Hauptsache** über.[111] Nach Rechtskraft des Urteils hat eine abschließende Überprüfung der Löschung zu erfolgen, für die nunmehr wieder die Staatsanwaltschaft zuständig ist.[112]

102 **e) Aktenvermerk (S. 2).** Nach S. 2 ist die „Löschung (...) aktenkundig zu machen". Die Vorschrift verhält sich im Übrigen weder dazu, wie die Löschung konkret durchzuführen und der Vermerk inhaltlich auszugestalten noch wo der Aktenvermerk anzubringen ist. In dem Aktenvermerk ist u. a aufzunehmen, aufgrund welcher der in Abs. 1 genannten **Maßnahme** die gelöschten Daten erhoben wurden, der **Umfang** der vernichteten Daten sowie zumindest ein allgemeiner Hinweis zu ihrem **Inhalt.** Bei der Löschung elektronischer Daten sollte aus dem Vermerk weiter hervorgehen, dass diese **dauerhaft** und nicht etwa nur die logischen Verknüpfungen zu den entsprechenden Dateien gelöscht wurden.

103 Der **Aufsicht der Staatsanwaltschaft** unterliegt diese Löschung anders noch als nach § 100b Abs. 6 aF nicht mehr.[113]

104 **2. Datensperrung zur Überprüfung der Maßnahme (S. 3).** Wird die Löschung der Daten allein zum Zwecke einer etwaigen gerichtlichen Überprüfung der Maßnahme zurückgestellt, so dürfen diese Daten nach S. 3 Hs. 1 „ohne Einwilligung des Betroffenen nur zu diesem Zweck verwendet werden. Gemäß S. 3 Hs. 2 sind die Daten „entsprechend zu sperren". Erfolgt die Datenspeicherung mithin allein zum Zwecke einer gerichtlichen Überprüfung, dürfen die Daten nach dem eindeutigen Wortlaut in S. 3 ohne Einwilligung des Betroffenen zur Strafverfolgung nicht mehr verwendet werden. Es besteht insoweit ein **Beweisverwertungsverbot**. Dies gilt selbst dann, wenn sich im Nachhinein herausstellen sollte, dass der Sperrvermerk zu früh angebracht wurde.

§ 102 [Durchsuchung beim Verdächtigen]

Bei dem, welcher als Täter oder Teilnehmer einer Straftat oder der Begünstigung, Strafvereitelung oder Hehlerei verdächtig ist, kann eine Durchsuchung der Wohnung und anderer Räume sowie seiner Person und der ihm gehörenden Sachen sowohl zum Zweck seiner Ergreifung als auch dann vorgenommen werden, wenn zu vermuten ist, daß die Durchsuchung zur Auffindung von Beweismitteln führen werde.

Schrifttum: *Bär,* Polizeilicher Zugriff auf kriminelle Mailboxen, CR 1995, 489; *Benfer,* Die strafprozessuale Haussuchung als implizierte Befugnis?, NJW 1980, 1611; *Beulke, Meininghaus,* Verdeckte Durchsuchung eines Computers mittels heimlich installiertem Computerprogramm, StV 2007, 63; *Brüning,* Der Schutz der Pressefreiheit im Straf- und Strafprozessrecht, wistra 2007, 333; *Buermeyer,* Die „Online-Durchsuchung". Technischer Hintergrund des verdeckten hoheitlichen Zugriffs auf Computersysteme, HRRS 2007, 154; *Ciolek-Krepold,* Durchsuchung und Beschlagnahme in Wirtschaftsstrafsachen, 2000; *Ellbogen, Erfurth,* Strafrechtliche Folgen von Ping- oder Lockanrufen auf Mobiltelefone, CR 2008, 635; *Erb,* Putativnotwehr bei nächtlicher Durchsuchung unter heimlichem Eindringen, JR 2012, 204; *Fincke,* Zum Begriff des Beschuldigten und den Verdachtsgraden, ZStW 95 (1983), 918; *Fluck,* Anwendung und Auslegung der DNA-Identifizierung, NJW 2001, 2295; *Geerds,* Durchsuchungen von Personen, Räumen und Sachen, FS-Dünnebier, 1982, S. 171; *Gercke,* Heimliche Online-Durchsuchung: Anspruch und Wirklichkeit, CR 2007, 245; *Graalmann-Scheerer,* Molekulargenetische Untersuchung im Strafverfahren, ZRP 2002, 72; *Graf,* Internet – Straftaten

[111] *Schnarr* MDR 87, 1 (4).
[112] Ebenso *Meyer-Goßner* Rn. 28.
[113] BT-Drs. 15/4533, 17.

und Strafverfolgung, DRiZ 1999, 281; *Gramse,* Verkehrsstraftat, Führerscheinbeschlagnahme, Wohnungsdurchsuchung, NZV 2002, 345; *Hansen, Pfitzmann, Roßnagel,* Online-Durchsuchung, DRiZ 2007, 225; *Hauck,* Lauschangriff in der U-Haft, NStZ 2010, 17; *Heuchemer,* Die Praxis der Hausdurchsuchung und Beschlagnahme und die Wirksamkeit von Rechtsbehelfen im Wirtschaftsstrafrecht, NZWiSt 2012, 137; *Hofmann,* Die Online-Durchsuchung – staatliches „Hacken" oder zulässige Ermittlungsmaßnahme?, NStZ 2005, 121; *Jahn,* Strafprozessuale Eingriffsmaßnahmen im Lichte der aktuellen Rechtsprechung des BVerfG – Unter besonderer Berücksichtigung der in BVerfGK 1–5 veröffentlichten Entscheidungen, NStZ 2007, 255; *Jahn, Kudlich,* Die strafprozessuale Zulässigkeit der Online-Durchsuchung, JR 2007, 57; *Jaeschke,* Durchsuchung besetzter Häuser nach der Strafprozessordnung, NJW 1983, 434; *Kaiser,* Notwendigkeit eines Durchsuchungsbefehls bei strafprozessualen Zwangsmaßnahmen?, NJW 1980, 875; *Kemper,* Die Voraussetzungen einer Wohnungsdurchsuchung in Steuerstrafsachen, wistra 2007, 249; *ders.,* Anforderungen und Inhalt der Online-Durchsuchung bei der Verfolgung von Straftaten, ZRP 2007, 105; *Krekeler,* Beweisverwertungsverbote bei fehlerhaften Durchsuchungen, NStZ 1993, 263; *ders., Schütz,* Die Durchsuchung von beziehungsweise in Unternehmen, wistra 1995, 296; *Matthes,* Zwischen Durchsuchung und Rasterfahndung – Verdachtsbegründung und Ermittlungsmöglichkeiten der Steuerfahndung, wistra 2008, 10; *Müller,* Rechtsgrundlagen und Grenzen zulässiger Maßnahmen bei der Durchsuchung von Wohn- und Geschäftsräumen, 2003; *Müller, Römer,* Legendierte Kontrollen – Die gezielte Suche nach dem Zufallsfund, NStZ 2012, 543; *Nelles,* Strafprozessuale Eingriffe in das Hausrecht von Angehörigen, StV 1991, 488; *Park,* Handbuch Durchsuchung und Beschlagnahme, 2. Auflage, 2009; *Rengier,* Praktische Fragen bei Durchsuchungen, insbesondere in Wirtschaftsstrafsachen, NStZ 1981, 372; *Rosengarten, Römer,* Der „virtuelle verdeckte Ermittler" in sozialen Netzwerken und Internetboards, NJW 2012, 1764; *Sommermeyer,* Die materiellen und formellen Voraussetzungen der strafprozessualen Hausdurchsuchung, Jura 1992, 449; *Stoffers,* Einführung eines „Krisenmanagements" bei Unternehmen im Hinblick auf mögliche Strafverfahren, wistra 2009, 379; *Walter,* Die strafprozessuale Hausdurchsuchung, JA 2010, 32; *Warda,* Die Durchsuchung bei Verdächtigen und bei anderen Personen nach den §§ 102, 103 StPO, Diss. Köln 1986; *Weiler,* Beweissichernde Durchsuchung und die Folgen von Verfahrensfehlern, GS-Meurer, 2002, 395; *Weiß,* Online-Durchsuchungen im Strafverfahren, Diss. Hamburg 2009; *Werwigk,* Zur Geltung des Richtervorbehalts bei der Durchsuchung von besetzten Häusern, NJW 1983, 2366; *Wiese,* Zum Richtervorbehalt nach Art. 13 Abs. 2 GG und zum Verhältnismäßigkeitsprinzip im steuerstrafrechtlichen Ermittlungsverfahren, wistra 2006, 417; *Zöller,* Verdachtslose Recherchen und Ermittlungen im Internet, GA 2000, 563.

Übersicht

I. Überblick

1. Normzweck. § 102 betrifft die Durchsuchung beim Verdächtigen und gestattet einen Eingriff in das Grundrecht aus Art. 13 Abs. 1 GG, das die Unverletzlichkeit der Wohnung garantiert.[1] Dem Gewicht dieses gravierenden Eingriffs und der verfassungsrechtlichen Bedeutung des Schutzes der räumlichen Privatsphäre entspricht es, dass Art. 13 Abs. 2 GG die Anordnung einer Durchsuchung grds. unter Richtervorbehalt stellt. Die Durchsuchung der Person des Verdächtigen sowie seiner Sachen kann einen Eingriff in das allgemeine Persönlichkeitsrecht aus Art. 2 Abs. 1 GG in Verbindung mit Art. 1 GG begründen.[2] 1

2. Anwendungsbereich. § 102 regelt die Voraussetzungen der Durchsuchung beim Verdächtigen, § 103 dagegen die Durchsuchung beim Nichtverdächtigen, die nur unter 2

[1] BVerfG 30.4.1997 – 2 BvR 817/90 ua, BVerfGE 96, 27 (40) = NJW 1997, 2163 (2164); BVerfG 20.2.2001 – 2 BvR 1444/00, BVerfGE 103, 142 (150 f.) = NJW 2001, 1121 (1122); BVerfG 13.11.2005 – 2 BvR 728/05 + 758/05, NStZ-RR 2006, 110; BVerfG 5.3.2012 – 2 BvR 1345/08, NJW 2012, 209; BVerfG 24.1.2013 – 2 BvR 376/11, StV 2013, 609; BVerfG v. 9.9.2013 – 2 BvR 533/13, juris.

[2] BVerfG 29.10.2003 – 2 BvR 1745/01, NJW 2004, 1728 (1729), BVerfG 18.3.2009 – 2 BvR 1036/08, NJW 2009, 2518.

engeren Voraussetzungen angeordnet werden darf. Die Anordnungsbefugnis ist in § 105 Abs. 1, die Durchführung der Durchsuchung in den §§ 104–110 normiert. Bei den Vorschriften §§ 105 Abs. 2, 106 Abs. 1, 107 handelt es sich um wesentliche Formvorschriften, da die Durchsuchung eine **offene Ermittlungsmaßnahme** darstellt.[3] Unzulässig ist ein heimliches Ausforschen der Wohnung. § 108 Abs. 1 gestattet die einstweilige Beschlagnahme von Zufallsfunden. § 109 regelt die Kennzeichnung beschlagnahmter Gegenstände. § 110 betrifft die offene Durchsicht von Papieren einschließlich elektronischer Speichermedien.

3 **3. Durchsuchungszweck.** Die Durchsuchung darf nicht dem Zweck dienen, Verdachtsgründe gegen bisher noch unbekannte Dritte zu finden oder mit Hilfe von Ausforschungen einen Tatverdacht zu begründen.[4] Sie dient vielmehr der Ergreifung des Verdächtigen **(Ergreifungsdurchsuchung)** oder dem Auffinden von Beweismitteln **(Ermittlungsdurchsuchung).** Zu legendierten Kontrollen → § 108 Rn. 7.

4 Die **Ergreifungsdurchsuchung** umfasst jede Festnahme mit dem Ziel der Durchführung einer zum Zeitpunkt der Anordnung der Durchsuchung gesetzlich zugelassenen Zwangsmaßnahme. Das gilt für die vorläufige Festnahme nach § 127 oder für die Vollstreckung eines Haftbefehls nach § 112 oder § 230, eines Vorführungsbefehls nach § 134, § 236 oder § 329 Abs. 4 S. 1 oder eines Unterbringungsbefehls nach § 126a. Eine Ergreifung ist auch möglich zum Zwecke der Identitätsfeststellung nach § 163b oder einer körperlichen Untersuchung nach § 81a sowie der erkennungsdienstlichen Behandlung für die Durchführung des Strafverfahrens nach § 81b. Ist die Entnahme von Körperzellen mittels einer Blutprobe angeordnet, leistet der Betroffene der Vorladung aber keine Folge, so darf die Durchsuchung seiner Wohnung zum Zwecke seiner Ergreifung angeordnet werden. Die Anordnung muss dann von einem Richter getroffen werden.[5] Zulässiger Zweck der Durchsuchung ist auch der Vollzug eines Vorführungs- oder Vollstreckungshaftbefehls (§ 457 Abs. 2, 3)[6] oder eines Sicherungshaftbefehls nach § 453c Abs. 1 oder die Festnahme des Betroffenen zur Einlieferung in den Maßregelvollzug nach § 463 Abs. 1.[7]

5 Die **Ermittlungsdurchsuchung** dient dem Auffinden von **Beweismitteln**, also Sachen, die unmittelbar oder mittelbar für die Tat Beweis erbringen können,[8] und von Spuren.[9] Zu den Beweismitteln zählen weiter Personen, die zu Beweiszwecken in Augenschein genommen werden sollen. Darunter fallen jedoch nicht Personen, die nur als Zeugen gesucht werden.[10] Die §§ 102 ff. sind entsprechend anwendbar, wenn die Durchsuchung dem Auffinden von **Verfalls- und Einziehungsgegenständen** dient, um diese anschließend zu beschlagnahmen (§ 111b Abs. 4).[11] In **Bußgeldverfahren** kommt ebenfalls eine Durchsuchung in Betracht. Hier sind jedoch deutlich höhere Anforderungen an die Verhältnismäßigkeit zu stellen.[12]

6 Eine Durchsuchung liegt in Abgrenzung zu bloßen Betretungs-, Besichtigungs- und Kontrollrechten vor, wenn ein Betreten der Wohnung der **ziel- und zweckgerichteten Suche** nach Personen oder Sachen oder zur Ermittlung eines nicht bereits offenkundigen

---

[3] BVerfG 2.3.2006 – 2 BvR 2099/04, BVerfGE 115, 166 (195) = NJW 2006, 976 (981); BGH 31.1.2007 – StB 18/06, BGHSt 51, 211 (212 f.) = NJW 2007, 930; BGH 2.11.2011 – 2 StR 375/11, NStZ 2012, 272 mAnm *Erb* JR 2012, 204 (209); *Beulke/Meininghaus* StV 2007, 63 (64); *Müller/Römer* NStZ 2012, 543 (544); *Heuchemer* NZWiSt 2012, 137 ff.; KK/*Bruns* Rn. 1.

[4] BVerfG 5.8.1966 – 1 BvR 586/62, 610/63, 512/64, NJW 1966, 1603 (1608); BeckOK-StPO/*Hegmann* Rn. 3.

[5] LG Hamburg 11.3.2005 – 602 Qs 11/05, NStZ 2005, 407; *Graalmann-Scheerer* ZRP 2002, 72 (75); aA LG Frankfurt a. M. 17.9.2003 – 5/6 Qs 51/03, StV 2003, 610; *Fluck* NJW 2001, 2295.

[6] *Park* Rn. 51.

[7] Löwe/Rosenberg/*Schäfer*, 25. Aufl. Rn. 19.

[8] *Park* Rn. 50; AK/*Löffelmann* Rn. 5.

[9] Meyer-Goßner *(Schmitt)* Rn. 13; KK/*Bruns* Rn. 4; Radtke/Hohmann/*Ladiges* Rn. 16; *Geerds*, FS-Dünnebier, S. 171 (174).

[10] Meyer-Goßner *(Schmitt)* Rn. 13.

[11] *Gramse* NZV 2002, 345 (349).

[12] *Burhoff* EV Rn. 1058.

Sachverhalts, dh dem Aufspüren dessen dient, was der Wohnungseigentümer von sich aus nicht herausgeben oder offen legen will.[13] Dagegen ist eine **Nachschau** aufgrund eines gesetzlichen Betretungs- und Besichtigungsrechts keine Durchsuchung iSd Vorschrift.[14] Eine Nachschau liegt in Abgrenzung zur Durchsuchung vor, wenn sichere Kenntnis darüber besteht, dass sich der Gesuchte in einer bestimmten Wohnung aufhält,[15] bspw. wenn Polizeibeamte im Zuge der Vollstreckung einer Ersatzfreiheitsstrafe eine Wohnung betreten haben, um den Widerstand leistenden Wohnungsinhaber festzunehmen.[16] Obwohl die Nachschau ebenfalls einen Eingriff in Art. 13 Abs. 1 GG bewirkt, ist sie nicht an die Voraussetzung des Art. 13 Abs. 2 GG gebunden.[17]

Eine Durchsuchung kann im Zeitraum von der Einleitung des Ermittlungsverfahrens bis zu seinem rechtskräftigen Abschluss erfolgen.[18] Wenn es um die Vollziehung eines Sicherungs- oder Vollstreckungshaftbefehls geht (§§ 453c, 457, 460), ist gemäß § 457 Abs. 3 die Durchsuchung zwar auch im **Strafvollstreckungsverfahren** zulässig.[19] Beweismittel dürfen jedoch nur bis zum rechtskräftigen Abschluss des Verfahrens, nicht dagegen für Zwecke der Strafvollstreckung sichergestellt werden. Durchsuchungs- und Beschlagnahmeanordnungen zur Überwachung der Lebensführung während der Bewährungszeit, bspw. zur Begründung eines Bewährungswiderrufs, sieht das Gesetz nicht vor.[20] 7

II. Erläuterung

1. Verdächtiger. Dazu gehört diejenige Person, von der aufgrund tatsächlicher Anhaltspunkte oder kriminalistischer Erfahrungen angenommen werden kann,[21] dass sie als Täter oder Teilnehmer (nicht aber nur als notwendiger Teilnehmer)[22] einer verfolgbaren Straftat in Betracht kommt. Eine Durchsuchung darf nicht der Ermittlung von Tatsachen dienen, die zur Begründung eines Verdachts erforderlich sind, denn die Maßnahme setzt bereits einen Verdacht voraus.[23] Erforderlich ist somit der **personenbezogene, qualifizierte Anfangsverdacht** einer Straftat,[24] also zureichende tatsächliche Anhaltspunkte, dass der Verdächtige eine bestimmte Straftat begangen hat.[25] Im Gegensatz zu § 103 ist bereits die begründete Aussicht, relevante Beweismittel zu finden, ausreichend,[26] nicht jedoch vage Anhaltspunkte. Auch bloße Vermutungen, zB aufgrund mehrerer einschlägiger Vorahnungen des Beschuldigen,[27] genügen 8

---

[13] BVerfG 5.5.1987 – 1 BvR 1113/85, BVerfGE 75, 318 (327) = NJW 1987, 2500 (2501); BVerfG 19.11.1999 – 1 BvR 2017/97, NJW 2000, 943 (944); BVerfG 18.9.2008 – 2 BvR 683/08, wistra 2008, 463; BGH 24.2.2011 – V ZB 280/10, MDR 2011, 631; *Müller* S. 68; *Weiler*, GS-Meurer, S. 398; HK-GS/*Hartmann* Rn. 1.

[14] BVerfG 13.10.1971 – 1 BvR 280/66, NJW 1971, 2299; BVerfG 15.3.2007 – 1 BvR 2138/05, NVwZ 2007, 1049; aA HK-StPO/*Gercke* Rn. 11.

[15] Radtke/Hohmann/*Ladiges* Rn. 5.

[16] KG 19.2.1999 – 1 Ss 363/98, juris; *Kaiser* NJW 1980, 875 (876); Meyer-Goßner *(Schmitt)* Rn. 8.

[17] BVerfG 5.5.1987 – 1 BvR 1113/85, BVerfGE 75, 318 (327) = NJW 1987, 2500 (2501); BVerwG 7.6.2006 – 4 B 36/06, NJW 2006, 2504; BGH 10.8.2006 – I ZB 126/05, NJW 2006, 3352 (3353), Radtke/Hohmann/*Ladiges* Rn. 5; *Benfer* NJW 1980, 1611 (1612).

[18] Meyer-Goßner *(Schmitt)* Rn. 1.

[19] SK-StPO/*Wohlers* Rn. 4.

[20] KG 5.5.1999 – 2 AR 26/99 – 3 Ws 116/99, NJW 1999, 2979 (2980).

[21] BGH 23.11.1987 – I BJs 55/81 – 4 – I BGs 517/87, StV 1988, 90.

[22] Meyer-Goßner *(Schmitt)* Rn. 5; SK-StPO/*Wohlers* Rn. 6.

[23] BVerfG 27.2.2007 – 1 BvR 538/06, BVerfGE 117, 244 (262 f.) = NJW 2007, 1117 (1119); BVerfG 11.6.2010 – 2 BvR 3044/09, wistra 2010, 404; BVerfG 5.5.2011 – 2 BvR 1011/10, NJW 2011, 2275; BVerfG 25.10.2011 – 2 BvR 2674/10, NJW 2012, 1065; BVerfG 24.1.2013 – 2 BvR 376/11, StV 2013, 609; LG Zweibrücken 11.6.1990 – 1 Qs 105/90, NJW 1990, 2760; LG Oldenburg 15.9.1997 – Qs 114/97, StV 1997, 626.

[24] BVerfG 23.1.2004 – 2 BvR 766/03, NStZ-RR 2004, 143; BGH 15.10.1999 – 2 BJs 20/97 – 2 – StB 9/99, NStZ 2000, 154.

[25] BGH 18.12.2008 – StB 26/08, NStZ-RR 2009, 142; *Krekeler/Schütz* wistra 1995, 296; *Sommermeyer* Jura 1992, 449 (450 f.).

[26] BVerfG 28.4.2003 – 2 BvR 358/03, NJW 2003, 2669 (2670); BGH 21.11.2001 – 3 BJs 22/04-4 (9) – StB 20/01, NStZ 2002, 215 (216).

[27] BVerfG 11.6.2010 – 2 BvR 3044/09, wistra 2010, 404; BVerfG 24.1.2013 – 2 BvR 376/11, StV 2013, 609.

nicht.[28] Nicht ausreichend ist, wenn der Anfangsverdacht allein auf Erkenntnissen beruht, die aus Telefonüberwachungsmaßnahmen stammen, sofern der Tatverdacht sich nicht auf eine Katalogtat richtet.[29] Unzulässig ist, aus einem Fehlverhalten den Schluss auf ein generelles Fehlverhalten zu schließen.[30] Nicht statthaft ist die Durchsuchung, wenn sich plausible Gründe für die Durchführung nicht mehr finden lassen.[31] Der Verdacht muss bereits durch auf einen bestimmten Tatvorwurf bezogene Tatsachen individualisiert sein.[32] Das ist bei einer „Ausforschungsdurchsuchung" jedenfalls nicht der Fall.[33]

9 Eine **genaue Tatkonkretisierung** ist nicht erforderlich.[34] Der Betroffene braucht formal noch nicht Beschuldigter zu sein, gleichwohl wird dieser Status durch eine Durchsuchung konstituiert. Dient die Maßnahme dem Ziel, gegen den Verdächtigen wegen einer Straftat strafrechtlich vorzugehen und für seine Überführung geeignete Beweismittel zu gewinnen, wird dieser bereits durch die Anordnung zum Beschuldigten.[35]

10 **Einzelfälle:** Es fehlt an einem ausreichenden Tatverdacht wegen **Unterhaltspflichtverletzung,** wenn weder die Höhe der Unterhaltspflicht noch die Einkünfte, die der Beschuldigte erzielt haben soll, konkretisiert werden.[36] Auch wenn bei einem Insassen eines PKWs **Rauschgift** sichergestellt wird, begründet dieses ohne weitere konkrete Anhaltspunkte nicht den erforderlichen Tatverdacht für eine Wohnungsdurchsuchung beim Mitfahrer.[37] Im Falle der Einstellung von **Links im Internet** durch Dritte, die zu urheberrechtlich geschützten Werken führen, handelt ein Forenbetreiber nur dann vorsätzlich iSd §§ 106, 109 UrhG, wenn er die Links tatsächlich zur Kenntnis genommen oder sogar gebilligt hat. Es müssen konkrete Anhaltspunkte dafür vorliegen, dass der Betroffene in strafrechtlich relevanter Weise für die Veröffentlichung der verfahrensgegenständlichen Links verantwortlich war.[38] Bei der Prüfung und Entscheidung, ob ein Anfangsverdacht der **Geldwäsche** (§ 261 StGB) gegen einen Strafverteidiger vorliegt, ist auf die Gefahren für die betroffenen, verfassungsrechtlich geschützten Rechtsgüter (Berufsausübungsfreiheit/Institut der Wahlverteidigung) zu achten. Die Entgegennahme von Honorar ist nur dann als Geldwäsche strafbar, wenn der Verteidiger im Zeitpunkt der Annahme der Vergütung sichere Kenntnis von der Herkunft des Geldes aus illegalen Einnahmequellen seines Mandanten hat.[39] Die Darlegungen zum Geldwäscheverdacht erfordern somit tatsächliche Anhaltspunkte für die Vortat.[40]

11 Kommt als Vortat eine **Steuerhinterziehung** in Betracht, ist den Darlegungsanforderungen nicht Genüge getan, wenn ohne Bezeichnung der Steuerart und des steuerbaren Gegenstands lediglich behauptet wird, Einnahmen seien nicht versteuert worden.[41]

---

28 BVerfG 15.12.2005 – 2 BvR 372/05, StV 2006, 565; BVerfG 8.4.2009 – 2 BvR 945/08, StV 2009, 452 (453); BVerfG 11.6.2010 – 2 BvR 3044/09, StV 2010, 665; BVerfG 10.9.2010 – 2 BvR 2561/08, NJW 2011, 291; BVerfG 5.5.2011 – 2 BvR 1011/10, NJW 2011, 2275; Meyer-Goßner *(Schmitt)* Rn. 2.

29 LG Freiburg 31.7.2013 – 3 Qs 67/12, juris.

30 SK-StPO/*Wohlers* Rn. 29.

31 BVerfG 26.10.2011 – 2 BvR 15/11, wistra 2012, 63.

32 BVerfG 27.6.2005 – 2 BvR 2428/04, BVerfGK 5, 347 (355); BVerfG 3.7.2006 – 2 BvR 2030/04, BVerfGK 8, 332 (335); BGH 13.10.1999 – StB 7, 8/99, NJW 2000, 84 (85).

33 BVerfG 5.8.1966 – 1 BvR 586/62 ua, BVerfGE 20, 162 (192) = NJW 1966, 1603; BVerfG 23.3.1994 – 2 BvR 396/94, NJW 1994, 2079; *Wiese* wistra 2006, 416 (417); HK-StPO/*Gercke* Rn. 2; Meyer-Goßner *(Schmitt)* Rn. 2.

34 BVerfG 28.9.2008 – 2 BvR 1800/07, ZAP Fach 23, 797.

35 BGH 28.2.1997 – StB 14/96, NStZ 1997, 398 (399); BGH 3.7.2007 – 1 StR 3/07, BGHSt 51, 367 (370 f.) = NJW 2007, 2706 (2707); *Fincke* ZStW 1983, 918 (972); *Warda* S. 168; *Müller* S. 29 ff.; *Matthes* wistra 2008, 10; *Rengier* NStZ 1981, 372 (373).

36 BVerfG 10.11.1981 – 2 BvR 1118/80, BVerfGE 59, 95 (97), MDR 1982, 291; BVerfG 26.10.2011 – 2 BvR 15/11, wistra 2012, 63 (64).

37 BVerfG 11.6.2010 – 2 BvR 3044/09, wistra 2010, 404.

38 BVerfG 8.4.2009 – 2 BvR 945/08, ZUM 2009, 552.

39 BVerfG 14.1.2005 – 2 BvR 1975/03, BVerfGK 5, 25 (29) = NJW 2005, 1707; BVerfG 18.4.2007 – 2 BvR 2094/05, NJW 2007, 2749.

40 BVerfG 13.12.1994 – 2 BvR 894/94, NJW 1995, 2839; BVerfG 14.1.2005 – 2 BvR 1975/03, NStZ 2005, 443.

41 BVerfG 4.7.2006 – 2 BvR 950/05, NJW 2006, 2974.

Erhöhte Anforderungen an die Begründung des Tatverdachts ergeben sich aus dem Verhältnismäßigkeitsgrundsatz, insbesondere durch pauschale Angaben in einer **anonymen Anzeige**[42] oder von **zweifelhaften Zeugen** oder bei bestimmten Berufsgruppen, bspw. **Rechtsanwälten,**[43] insbesondere **Verteidigern.**[44] Die herausgehobene Bedeutung der Berufsausübung eines Rechtsanwalts für die Rechtspflege und für die Wahrung der Rechte seiner Mandanten gebietet die besonders sorgfältige Beachtung der Eingriffsvoraussetzungen und des Grundsatzes der Verhältnismäßigkeit, auch wenn die Beschlagnahme und die auf sie gerichtete Durchsuchung bei einem als Strafverteidiger tätigen Rechtsanwalt durch § 97 nicht ausgeschlossen ist, wenn dieser selbst Beschuldigter in einem gegen ihn gerichteten Strafverfahren ist.[45] Bei **Journalisten** sind erhöhte Anforderungen an den Tatverdacht zu stellen, selbst wenn das Beschlagnahmeverbot nach § 97 Abs. 5 S. 2, Abs. 2 S. 3 entfällt, weil einzelne Mitarbeiter des Presseunternehmens einer Straftat verdächtig sind. Auch dann bleibt Art. 5 Abs. 1 S. 2 GG für die Anwendung und Auslegung der strafprozessualen Normen bei Durchsuchungen in Redaktionen oder bei Journalisten einschränkend von Bedeutung.[46] 12

Verdächtige sind ausweislich § 102 auch solche Personen, die der **Begünstigung, Strafvereitelung oder Hehlerei** verdächtigt werden. Die ausdrückliche Nennung dieser Tatbestände ist historisch bedingt.[47] Der Verdacht der Hehlerei (§ 259 StGB) setzt voraus, dass die Sache durch einen Diebstahl oder ein anderes Vermögensdelikt erlangt worden ist. Wird der Tatverdacht allein darauf gestützt, dass der Verdächtige in kurzer Zeit eine große Anzahl von Mobiltelefonen, von denen einige originalverpackt gewesen sind, über die Internetplattform eBay versteigert und dabei Verkaufserlöse erzielt hat, die in der Regel unter dem Preis der billigsten Anbieter gelegen haben, handelt es sich noch nicht um zureichende tatsächliche Anhaltspunkte dafür, dass die Mobiltelefone aus einer gegen fremdes Vermögen gerichtete Tat stammten. Allein aus der Anzahl der verkauften Mobiltelefone kann nicht unmittelbar auf eine Straftat geschlossen werden.[48] 13

Das **Werben für Mitglieder und Unterstützer einer ausländischen terroristischen Vereinigung** iSd §§ 129a Abs. 5 S. 2, 129b Abs. 1 StGB und die öffentliche Aufforderung zu deren Unterstützung nach § 111 StGB setzen einen Bezug der Äußerung zu einer konkreten – oder zumindest anhand der Umstände konkretisierbaren – terroristischen Vereinigung voraus.[49] 14

Die Anordnung der Durchsuchung ist unzulässig, wenn **nicht behebbare Verfahrenshindernisse bestehen oder offensichtlich Rechtfertigungs-, Entschuldigungs- oder persönliche Strafausschließungsgründe** vorliegen.[50] Strafunmündige können keine „Verdächtige" sein. Daher kann bei diesen nicht nach § 102, sondern nur nach § 103 durchsucht werden.[51] Auch in Verfahren gegen „Unbekannt" ist lediglich eine Durchsuchung nach § 103 zulässig.[52] Nicht statthaft sind jedoch Zwangsmaßnahmen gegen Personen, gegen die sich sogenannte Vorermittlungen zur Prüfung eines Anfangsverdachts richten.[53] 15

Auf eine nach **EU- oder Verfassungsrecht** nicht anwendbare Strafnorm kann der Anfangsverdacht nicht gestützt werden.[54] 16

2. Gegenstände der Durchsuchung. a) Wohnungen und Räume. Der Begriff Wohnung ist im Hinblick auf Art. 13 Abs. 1 GG weit auszulegen. Hierzu gehören auch der 17

---

42 LG Bremen 8.1.2009 – 7 Qs 514/08, StraFo 2009, 416.

43 BVerfG 31.8.2010 – 2 BvR 223/10, BayVBl 2011, 315 mAnm *Höhne,* jurisPR-ITR 23/2010 Anm. 6.

44 BVerfG 20.5.2010 – 2 BvR 1413/09, NJW 2010, 2937.

45 BVerfG 4.7.2006 – 2 BvR 950/05, NJW 2006, 2974; BVerfG 5.5.2008 – 2 BvR 1801/06, NJW 2008, 2422.

46 BVerfG 10.12.2010 – 1 BvR 1739/04, NJW 2011, 1859.

47 Radtke/Hohmann/*Ladiges* Rn. 7; *Geerds,* FS-Dünnebier, S. 171 (173).

48 BVerfG 10.9.2010 – 2 BvR 2561/08, NJW 2011, 291.

49 BGH 28.10.2004 – StB 5/04, NStZ-RR 2005, 73 (74); BGH 19.7.2012 – 3 StR 218/12, NStZ-RR 2013, 171; BGH 20.9.2012 – 3 StR 314/12, StraFo 2013, 123.

50 Meyer-Goßner *(Schmitt)* Rn. 4.

51 OLG Bamberg 31.3.1987 – Ws 176/86, NStZ 1989, 40; KK/*Bruns* Rn. 1; Löwe/Rosenberg/*Schäfer,* 25. Aufl. Rn. 8.

52 LG Trier 22.3.2006 – 5 Qs 40/06, StraFo 2007, 371.

53 KMR/*Hadamitzky* Rn. 5.

54 BVerfG 29.6.2009 – 2 BvR 174/05, juris.

allgemeinen Zugänglichkeit durch Abschottung entzogene Räume, die so zur Stätte privaten Wirkens gemacht wurden.[55] Wohnungen sind alle Räumlichkeiten, in denen sich der Verdächtige tatsächlich aufhält, die er nicht nur vorübergehend (mit-)benutzt,[56] unabhängig ob feststehend, fahrbar oder stehend. Dazu zählen Wohnräume im engeren Sinne, zudem auch nicht allgemein zugängliche Arbeits-, Betriebs- und Geschäftsräume von privaten oder öffentlichen Einrichtungen,[57] Schiffskabinen,[58] Hotelzimmer[59] und Wohnmobile.[60] Ferner umfasst der Begriff Nebenräume, wie Garagen, Kellerräume und Dachböden,[61] sowie das befriedete Besitztum.[62]

18 Es ist unerheblich, ob die Räumlichkeiten im **Allein- oder Mitbesitz** des Verdächtigen stehen,[63] ob die betreffende Person Eigentümer oder zur Nutzung berechtigt ist[64] oder ob ein Hausrecht besteht.[65] Entscheidend ist, dass der Betreffende die Räumlichkeit tatsächlich innehat.[66] Daher sind auch Hausbesetzer Wohnungsinhaber bei tatsächlicher Nutzung der besetzten Räume über einen längeren Zeitraum.[67] Bei **Wohngemeinschaften** kommen lediglich die vom Verdächtigen bewohnten sowie die gemeinschaftlich genutzten Räume als Durchsuchungsobjekte in Betracht.[68]

19 Unter den Begriff Wohnungen fallen ferner lediglich zeitweise genutzte Unterkünfte, zB Hotelzimmer, Vereinsheime oder Clubräume, wobei es auf die nach außen erkennbare Zweckbestimmung des Nutzungsberechtigten als räumliche Privatsphäre ankommt.[69] Bei **gemeinsamer Nutzung** von Räumen an der Arbeitsstelle, die dem Verdächtigen von seinem Arbeitgeber zur Arbeitsausübung überlassen worden sind, können diese auch dann nach § 102 durchsucht werden, wenn eine genaue Zuordnung der einzelnen Räume nicht möglich ist.[70] Bei Gemeinschaftsräumen in einem Mietshaus ist ebenfalls § 102 anwendbar.

20 Keine Wohnungen im engeren Sinne, aber **andere Räume** im Sinne der Vorschrift, sind befriedetes Besitztum, wie Hofplätze und Gärten, sowie Räumlichkeiten, die der Verdächtige nicht zum Wohnen, sondern nur gelegentlich nutzt, ohne dass er darin seinen Lebensmittelpunkt hat, zB Lagerräume oder Büros.[71]

21 Gemeinschaftliche Unterkunftsräume von Soldaten und Polizisten,[72] mit Ausnahme des ausschließlich für persönliche Dinge genutzten Spinds, fallen nicht unter § 102. Das gilt auch für **Hafträume** von Strafgefangenen[73] und Besuchsräume in der JVA.[74] Hier liegt kein Gewahrsam der betreffenden Personen vor, so dass eine Durchsuchungsanordnung nach § 102 nicht erforderlich ist.[75] Vielmehr ist ein Herausgabeverlangen an die JVA ausreichend.

---

55 BVerfG 26.5.1993 – 1 BvR 208/93, BVerfGE 89, 1 (12) = NJW 1993, 2035 (2037); BGH 10.8.2005 – 1 StR 140/05, BGHSt 50, 206 (210 f.) = NJW 2005, 3295 (3296); Radtke/Hohmann/*Ladiges* Rn. 10.

56 BVerfG 9.2.2005 – 2 BvR 984/04 ua, NStZ-RR 2005, 203 (205); BGH 15.10.1985 – 5 StR 338/85, NStZ 1986, 84 (85); *Sommermeyer* Jura 1992, 449; Meyer-Goßner *(Schmitt)* Rn. 7.

57 BVerfG 13.10.1971 – 1 BvR 280/66, BVerfGE 32, 54 = NJW 1971, 2299; BVerfG 26.3.2007 – 2 BvR 1006/01, NVwZ 2007, 1047 (1048).

58 LG Bremen 20.4.2005 – 1 Qs 47/05, StV 2005, 318 (319).

59 Radtke/Hohmann/*Ladiges* Rn. 10; Meyer-Goßner *(Schmitt)* Rn. 7.

60 *Park* Rn. 24.

61 Radtke/Hohmann/*Ladiges* Rn. 10.

62 BGH 14.3.1997 – 1 BGs 65/97, NStZ 1998, 157.

63 BGH 15.10.1985 – 5 StR 338/85, NStZ 1986, 84.

64 BVerfG 7.2.2009 – 2 BvR 2225/08, NJW 2009, 3225 (3226).

65 *Stoffers* wistra 2009, 379 (380); aA *Nelles* StV 1991, 488 (489).

66 BGH 15.10.1985 – 5 StR 338/85, NStZ 1986, 84; Meyer-Goßner *(Schmitt)* Rn. 7; KK/*Bruns* Rn. 9.

67 LG Bremen 22.7.2005 – 11 Qs 112/05, StV 2006, 571 (572); *Werwigk* NJW 1983, 2366; aA *Jaeschke* NJW 1983, 434.

68 LG Heilbronn 16.12.2004 – 5 Ns 41 Js 26937/02, StV 2005, 380; Radtke/Hohmann/*Ladiges* Rn. 9.

69 KK/*Bruns* Rn. 8 mwN.

70 BVerfG 25.7.2007 – 2 BvR 2282/06, BeckRS 2007, 25581.

71 Zu Wohnungen zählend: KMR/*Hadamitzky* Rn. 9; HK-GS/*Hartmann* Rn. 6.

72 BGH 10.8.2005 – 1 StR 140/05, BGHSt 50, 206 (211) = NJW 2005, 3295 (3297).

73 BVerfG 30.5.1996 – 2 BvR 727/94, NStZ 1996, 511.

74 BGH 24.7.1998 – 3 StR 78/98, BGHSt 44, 138 = NJW 1998, 3284; BGH 29.4.2009 – 1 StR 701/08, BGHSt 53, 294 (300) = NJW 2009, 2463 (2464) mAnm *Hauck* NStZ 2010, 17 (18).

75 SK-StPO/*Wohlers* Rn. 10; KMR/*Hadamitzky* Rn. 10.

Der öffentliche Zugangsbereich zur Wohnung und der davor liegende Gehweg sind kein Teil der Wohnung,[76] anders aber der durch eine Hecke abgegrenzte Garten. **Kraftfahrzeuge –** mit Ausnahme von Wohnwagen oder Campingfahrzeugen – dienen nicht der Behausung des Menschen, sondern der Fortbewegung. Es sind damit keine Wohnungen iSd § 102.[77] 22

Bei Räumlichkeiten von **Unternehmen und juristischen Personen** ist wie folgt zu unterscheiden: Räumlichkeiten und Sachen, die dem Verdächtigen selbst persönlich zugeordnet werden können, sind nach § 102 zu durchsuchen.[78] Dagegen ist bei Räumen und Sachen, an denen der Verdächtige keinen Mitgewahrsam hat, § 103 anzuwenden.[79] Bei der Durchsuchung eines Büros kann der Durchsuchungsbeschluss sowohl auf § 102 und auch auf § 103 gestützt werden, jeweils differenzierend nach den Durchsuchungsobjekten innerhalb dieses Büros. 23

b) Personen und Sachen. Zur Durchsuchung von **Personen** gehört die Suche nach Sachen oder Spuren an der Kleidung oder am Körper. Abzugrenzen ist die Durchsuchung der Person des Verdächtigen von der körperlichen Untersuchung (§§ 81a ff.), die sich auf die Suche nach Gegenständen oder Spuren im Körperinneren bezieht. § 102 betrifft hingegen die Durchsuchung der am Körper getragenen Kleidungsstücke und die ohne Eingriff mit medizinischen Hilfsmitteln mögliche Einsicht in Körperöffnungen (bspw. die Mundhöhle).[80] § 81d ist bei der körperlichen Durchsuchung vor dem Hintergrund des Schutzes des Schamgefühls zu beachten.[81] Hinsichtlich der erforderlichen Anwendung von Zwang zur Durchsetzung der Personendurchsuchung besteht eine Annex-Kompetenz.[82] 24

Unter den Begriff **Sachen** fallen alle Gegenstände des Verdächtigen, die sich in seinem Besitz, Gewahrsam oder Mitgewahrsam und in seinem Einflussbereich befinden.[83] Unerheblich ist, ob sie in seinem Eigentum stehen oder ob der Gewahrsam berechtigt oder unberechtigt ausgeübt wird. Entscheidend sind die faktischen Verhältnisse.[84] Besonderheiten sind bei der Durchsuchung von Datenverarbeitungsanlagen des Verdächtigen zu beachten. Diese stellt sich meist als Durchsicht von Papieren dar (vgl. § 110). 25

Als Sachen kommen ferner **Computer** und andere EDV-Anlagen sowie Datenträger auf Mobiltelefonen in Betracht. Diese dürfen bereits vor Ort eingeschaltet und aktiviert werden, wenn es der Durchsuchungszweck erfordert.[85] Da die nach Abschluss des Übertragungsvorgangs im Herrschaftsbereich des Kommunikationsteilnehmers gespeicherten Verbindungsdaten nicht durch Art. 10 Abs. 1 GG, sondern durch das Recht auf informationelle Selbstbestimmung (Art. 2 Abs. 1 iVm Art. 1 Abs. 1 GG) und gegebenenfalls durch Art. 13 Abs. 1 GG geschützt werden, kann § 102 auch zur **Ermittlung von Kommunikationsdaten** zur Anwendung kommen.[86] 26

Die Grundsätze, die für die Beschlagnahme von Datenträgern gelten, können auf die Durchsuchung und Sicherstellung von auf dem Mailserver des Providers gespeicherten **E-Mails** sowie auf die Durchsuchung von Internet-Providern entsprechend angewendet werden. Eine solche Durchsuchung kommt in Betracht, wenn Anhaltspunkte dafür bestehen, dass der jeweilige Dienstanbieter den strafrechtlichen Inhalt bewusst in seinem Angebot bereit hält (so bei sog Content-Providern) bzw. mit dem Urheber des strafrechtlich relevanten Inhalts zusammenarbeitet. Ermöglicht jemand als sog „Presence- bzw. Host-Provider" Dritten, Inhalte im Internet zu präsentieren, indem er ihnen Speicherplatz auf einem Server zur 27

[76] BGH 29.1.1998 – 1 StR 511/97, BGHSt 44, 13 (16) = NStZ 1998, 629 (630).
[77] BGH 11.4.1997 – 1 BGs 88/97, NStZ 1998, 157.
[78] BGH 22.8.1996 – 5 StR 159/96, wistra 1997, 107 (108).
[79] SK-StPO/*Wohlers* Rn. 12; *Krekeler/Schütz* wistra 1995, 296 (297).
[80] OLG Celle 5.11.1996 – 3 Ss 140/96, NJW 1997, 2463.
[81] KK/*Bruns* Rn. 10.
[82] OLG Celle 5.11.1996 – 3 Ss 140/96, NJW 1997, 2463 (2464); → § 105 Rn. 31.
[83] BGH 21.2.2006 – 3 BGs 31/06, StV 2007, 60 (61).
[84] LG Bremen 22.7.2005 – 11 Qs 112/05, StV 2006, 571 (572).
[85] Meyer-Goßner *(Schmitt)* Rn. 10a.
[86] BVerfG 2.3.2006 – 2 BvR 2099/04, NJW 2006, 976.

Verfügung stellt, ohne jedoch Kenntnis von den Inhalten zu haben oder auf diese Einfluss zu nehmen, so richten sich die Anforderungen an die Durchsuchungsanordnung nach § 103.[87] Insbesondere bei der Beschlagnahme von E-Mails ist das Grundrecht auf Gewährleistung des Fernmeldegeheimnisses aus Art. 10 Abs. 1 GG stets zu berücksichtigen. Die spezifische Gefährdungslage und der Zweck der Freiheitsverbürgung von Art. 10 Abs. 1 GG bestehen auch dann weiter, wenn E-Mails nach Kenntnisnahme beim Provider gespeichert bleiben.[88]

28 Keine Rechtsgrundlage bildet § 102 in Verbindung mit § 110 für die Anordnung einer verdeckt über das Internet angelegten **Online-Durchsuchung** mittels spezieller „Spionage"-Software, da die Durchsuchung stets den Charakter einer offenen Ermittlungsmaßnahme hat. § 110 Abs. 3 (Online-Sichtung) scheidet ebenfalls als Rechtsgrundlage für eine verdeckte Online-Durchsuchung aus. Diese Maßnahme erstreckt lediglich die Durchsicht eines elektronischen Speichermediums bei dem von der (offenen) Durchsuchung Betroffenen auch auf hiervon räumlich getrennte Speichermedien, soweit auf sie von dem Speichermedium aus zugegriffen werden kann. Auf die §§ 100a, 100c, 100f und 161 kann die verdeckte Online-Durchsuchung ebenso nicht gestützt werden.[89]

29 **3. Verhältnismäßigkeit.** Der Verhältnismäßigkeitsgrundsatz ist sowohl bei der Anordnung und als auch bei der Durchführung der Durchsuchung zu beachten.[90] Das Übermaßverbot verbietet Grundrechtseingriffe, die ihrer Intensität nach außer Verhältnis zur Bedeutung der Sache stehen. Grundrechte und Grundrechtsbegrenzungen sind in ein angemessenes Verhältnis zu bringen.[91] In die Abwägung einzustellen sind zum einen die Intensität des Grundrechtseingriffs und zum anderen die Schwere der Tat, der Verdachtsgrad und die Erfolgsaussichten alternativer Ermittlungsmethoden.[92] Die jeweilige Maßnahme hat einen verfassungsrechtlich legitimen Zweck zu verfolgen. Insgesamt muss sie zur Erreichung des angestrebten Ziels geeignet, angemessen und erforderlich sein. Im Einzelnen:

30 **a) Geeignetheit.** Die Durchsuchung muss geeignet sein, die gesuchten Beweismittel oder Personen aufzufinden.[93] Hierbei sind die Bedeutung des potentiellen Beweismittels für das Strafverfahren sowie der Grad des auf verfahrenserhebliche Informationen bezogenen Anfangsverdachts zu berücksichtigen.[94] Je geringer die Wahrscheinlichkeit ist, dass die Durchsuchung zum Erfolg führt, umso eher ist eine Verhältnismäßigkeit zu verneinen.[95] Bei länger zurückliegenden Ereignissen ist die Auffindewahrscheinlichkeit besonders sorgfältig zu prüfen.[96] Ungeeignet ist eine Durchsuchung, wenn die Auffindungsvermutung

[87] LG Saarbrücken 23.4.2009 – 2 Qs 9/09, MMR 2010, 205; LG Stuttgart 7.5.2001 – 9 Qs 23/01, NStZ-RR 2002, 241; HK-StPO/*Gercke* Rn. 22.

[88] BVerfG 16.6.2009 – 2 BvR 902/06, NJW 2009, 2431; → § 98 Rn. 21.

[89] Vgl. insgesamt BVerfG 2.3.2006 – 2 BvR 2099/04, NJW 2006, 976 (980); BVerfG 27.2.2008 – 1 BvR 370/07, 1 BvR 595/07, NJW 2008, 822; BGH 31.1.2007 – StB 18/06, NStZ 2007, 279; ebenso *Sieber,* in: Hoeren/Sieber, HdB Multimedia-Recht, Rn. 704; *Bär* CR 1995, 489 (494); *Zöller* GA 2000, 563 (572 f.); *Böckenförde,* Die Ermittlung im Netz, 222 f.; aA *Hofmann* NStZ 2005, 121 (123 ff.); *Graf* DRiZ 1999, 281 (285). Zur Online-Durchsuchung: *Jahn/Kudlich* JR 2007, 57; *Hansen/Pfitzmann/Roßnagel* DRiZ 2007, 225; *Gercke* CR 2007, 245; *Buermeyer* HRRS 2007, 154; *Kemper* ZRP 2007, 105; *Weiß* S. 57 ff.; zu polizeilichen Ermittlungen in sozialen Netzwerken und Internetboards vgl. *Rosengarten, Römer* NJW 2012, 1764.

[90] BVerfG 5.8.1966 – 1 BvR 586/62, 610/63, 512/64, BVerfGE 20, 167 (187) = NJW 1966, 1603 (1607); BVerfG 26.5.1976 – 2 BvR 294/76, BVerfGE 42, 212 (220) = NJW 1976, 1735; BVerfGE 59, 95; BVerfG 2.3.2006 – 2 BvR 2099/04, NStZ 2006, 641; *Jahn* NStZ 2007, 255 (259); KK/*Bruns* Rn. 12.

[91] BVerfG 12.4.2005 – 2 BvR 1027/02, NJW 2005, 1917 (1921).

[92] EGMR 28.4.2005 – 41 604/98, NJW 2006, 1495; BVerfG 6.5.2008 – 2 BvR 384/07, NJW 2008, 1937; *Hartmann, Schmidt,* Strafprozessrecht, Rn. 159.

[93] *Jahn* NStZ 2007, 255 (259).

[94] BVerfG 2.3.2006 – 2 BvR 2099/04, NJW 2006, 976 (982); BVerfG 3.7.2006 – 2 BvR 299/06, NJW 2007, 1804; BVerfG 28.9.2008 – 2 BvR 1800/07, ZAP Fach 23, 797.

[95] SK-StPO/*Wohlers* Rn. 36.

[96] BVerfG 15.12.2004 – 2 BvR 1873/04, BVerfGK 5, 56; BVerfG 25.1.2005 – 2 BvR 1467/04, BVerfGK 5, 56; BVerfG 18.4.2007 – 2 BvR 2094/05, NJW 2007, 2749 (2752); LG Koblenz 17.11.2008 – 2 Qs 87/08, NStZ-RR 2009, 105 (106). Zu weitgehend LG Berlin 24.9.2002 – 508 Qs 115/02, NStZ 2004, 102, wonach auch der Erlass eines Durchsuchungsbeschlusses, der auf bekannte Verdachtsgründe gestützt wird, die mehr als 6 Monate zurückliegen, rechtswidrig sein soll.

fehlt,[97] ein nicht behebbares Verfahrenshindernis besteht oder ein Beschlagnahmeverbot bzw. sonstiges Verwertungsverbot hinsichtlich des zu beschlagnahmenden Gegenstandes vorliegt.

b) Erforderlichkeit. Nicht erforderlich ist eine Durchsuchung, wenn nahe liegende grundrechtsschonende Ermittlungsmaßnahmen im Einzelfall möglich sind.[98] Das ist gegeben, wenn der Betroffene bereit ist, die im Durchsuchungsbeschluss konkret benannten Gegenstände freiwillig herauszugeben.[99] Als milderes Mittel kommen zudem die Vernehmung von Zeugen, die Beiziehung von Akten, die Verwertung von Urkunden[100] oder die Einholung (behördlicher) Auskünfte in Betracht.[101] Eine Anfrage bei einem Internet-Provider, die die Identität eines hinter einer E-Mail-Adresse stehenden Verdächtigen betrifft, kann als Maßnahme unter Umständen vorrangig sein. Gleiches gilt für die nahe liegende Verfolgung eines per Nachnahme gezahlten Geldbetrages an den Verdächtigen per Bankanfrage.[102] 31

c) Angemessenheit. Der mit der Durchsuchung verbundene Eingriff muss angemessen sein und nicht außer Verhältnis zur Bedeutung der Sache und zur Stärke des bestehenden Tatverdachts stehen.[103] Die Geringfügigkeit der zu ermittelnden Straftat, eine schwache Beweisbedeutung der zu beschlagnahmenden Objekte sowie die Vagheit des Anfangsverdachts können im Einzelfall der Verhältnismäßigkeit entgegenstehen.[104] Auch wenn es der Verhältnismäßigkeitsgrundsatz nicht gebietet, bei der Verfolgung von Ordnungswidrigkeiten von der Durchsuchungsanordnung abzusehen, können bspw. bei Erwerb und Besitz von Cannabisprodukten in geringen Mengen zum gelegentlichen Eigenkonsum[105] oder bei Verstößen gegen die HandwO und das SchwarzArbG,[106] durchgreifende Bedenken an der Verhältnismäßigkeit des Grundrechtseingriffs bestehen.[107] Das gilt auch, wenn nur eine geringfügige Strafe zu erwarten ist.[108] 32

Die **Interessen von Dritten,** hierzu zählen Verletzte und andere Unbeteiligte, fallen bei der Abwägung mehr ins Gewicht als die des Beschuldigten, da Eingriffe in Rechte von Unverdächtigen in besonderer Weise rechtfertigungsbedürftig sind.[109] 33

Richtet sich eine strafrechtliche Ermittlungsmaßnahme gegen einen **Berufsgeheimnisträger** in der räumlichen Sphäre seiner Berufsausübung, besteht die Gefahr, dass 34

[97] BVerfG 27.5.1997 – 2 BvR 1992/92, BVerfGE 96, 44 (51) = NJW 1997, 2165 (2166); BVerfG 25.1.2005 – 2 BvR 1467/04, BVerfGK 5, 56 (59).

[98] BVerfG 29.11.2004 – 2 BvR 1034/02, NJW 2005, 1640; BVerfG 13.11.2005 – 2 BvR 728/05 + 758/05, NStZ-RR 2006, 110; LG Bremen 8.1.2009 – 7 Qs 514/08, StraFo 2009, 416; *Walther* JA 2010, 32 (35).

[99] LG Saarbrücken 2.2.2010 – 2 Qs 1/10, NStZ 2010, 534; LG Limburg 22.6.2012 – 1 Qs 72/12, juris; LG Saarbrücken 12.3.2013 – 2 Qs 15/13, NStZ-RR 2013, 183; SK-StPO/*Wohlers* Rn. 32; *Ciolek-Krepold* Rn. 144.

[100] BVerfG 11.7.2008 – 2 BvR 2016/06, NJW 2009, 281 (282); BVerfG 15.12.2005 – 2 BvR 372/05, StV 2006, 565.

[101] OLG Dresden 30.1.2007 – 1 Ws 15/07 ua, StraFo 2007, 329 (persönliche und wirtschaftliche Verhältnisse des Angeklagten); Meyer-Goßner *(Schmitt)* Rn. 15.

[102] BVerfG 13.11.2005 – 2 BvR 728/05 + 758/05, NStZ-RR 2006, 110.

[103] BVerfG 12.4.2005 – 2 BvR 1027/02, NJW 2005, 1917 (1920); BVerfG 2.3.2006 – 2 BvR 2099/04, NJW 2006, 976 (980 ff.); BVerfG 16.6.2009 – 2 BvR 902/06, NJW 2009, 2431 (2434 ff.); BVerfG 10.12.2010 – 1 BvR 2020/04, NJW 2011, 1863 (1864); BGH 23.10.2008 – StB 18/08, NStZ-RR 2009, 56; *Jahn* NStZ 2007, 255.

[104] BVerfG 13.11.2005 – 2 BvR 728/05 + 758/05, NStZ-RR 2006, 110; BVerfG 13.11.2005 – 2 BvR 728/05 + 758/05, NStZ-RR 2006, 110; BVerfG 8.4.2009 – 2 BvR 945/08, StV 2009, 452 (453 f.).

[105] OLG Hamburg 23.3.2007 – 1 Ss 5/07, StV 2008, 12 (13); LG Köln 9.8.1993 – 108 Qs 42/92, StV 1993, 574 (576); LG Kaiserslautern 2.6.2006 – 8 Qs 13/06, NStZ 2007, 424.

[106] BVerfG 24.7.2007 – 2 BvR 1545/03, NStZ 2008, 103.

[107] EGMR 28.4.2005 – 41 604/98, NJW 2006, 1495; BVerfG 24.7.2007 – 2 BvR 1545/03, NStZ 2008, 103; *Kemper* wistra 2007, 249 (252); *Jahn* NStZ 2007, 255 (260).

[108] BVerfG 6.5.2008 – 2 BvR 384/07, NJW 2008, 1937; bei OWi: BVerfG 7.9.2006 – 2 BvR 1141/05 NJW 2006, 3411.

[109] Meyer-Goßner *(Schmitt)* § 94 Rn. 18; *Ellbogen/Erfurth* CR 2008, 635 (638).

Daten von Nichtbeschuldigten, etwa von Mandanten eines Rechtsanwalts, Steuerberaters oder Notars,[110] zur Kenntnis der Ermittlungsbehörden gelangen, die die Betroffenen in der Sphäre des Berufsgeheimnisträgers sicher wähnen durften.[111] Der Schutz der Vertrauensbeziehung zwischen Anwalt und Mandant liegt im Interesse der Allgemeinheit an einer wirksamen und geordneten Rechtspflege.[112] Bei der Anwendung strafprozessualer Eingriffsermächtigungen ist ferner das Ausmaß der Beeinträchtigung der beruflichen Tätigkeit des Rechtsanwalts (Art. 12 Abs. 1 GG) besonders zu berücksichtigen.[113] Das gilt auch bei der Beschlagnahme von Akten in der Kanzlei oder der Kopie von EDV-Daten. In diesen Fällen ist der Schutzbereich des Art. 2 Abs. 1 GG und Art. 14 Abs. 1 GG eröffnet. Im Übrigen ist § 160a StPO ist zu beachten.[114] Bei Durchsuchungen in Arztpraxen sind ebenfalls besonders hohe Anforderungen an die Verhältnismäßigkeit zu stellen,[115] vor allem in Bezug auf die Wahrung des geschützten Vertrauensverhältnisses der Berufsgeheimnisträger zu ihren Patienten.[116] Entsprechendes gilt bei der Verhältnismäßigkeitsprüfung im Zusammenhang mit Maßnahmen gegen nichtbeteiligte Dritte,[117] zudem bei Kirchen, Gewerkschaften und politischen Parteien,[118] wobei das Parteienprivileg gemäß Art. 21 Abs. 2 GG diese nicht schlechthin vor Durchsuchungen schützt.[119]

35 Bei Durchsuchungen in **Presse- oder Rundfunkunternehmen** und bei ihren Mitarbeitern[120] ist der Eingriff in Art. 5 Abs. 1 S. 2 GG zu berücksichtigen.[121] Die vom Grundrecht der Presse- und Rundfunkfreiheit umfasste Vertraulichkeit der Redaktionsarbeit verwehrt es staatlichen Stellen, sich einen Einblick in die Vorgänge zu verschaffen, die zur Entstehung von Nachrichten oder Beiträgen führen. Besonders fallen Unterlagen über eigene journalistische Recherchen sowie redaktionelles Datenmaterial einschließlich der im Zuge von Recherchen hergestellten Kontakte, organisationsbezogene Unterlagen eines Presse- oder Rundfunkunternehmens, aus denen sich redaktionelle Arbeitsabläufe, Projekte oder auch die Identität der Mitarbeiter einer Redaktion ergeben, unter das Redaktionsgeheimnis. Sind bei einer Sicherstellung Unterlagen betroffen, die einen Inhalt aufweisen, der vor staatlicher Kenntnisverschaffung geschützt ist, greift auch die Anfertigung von Ablichtungen zu Zwecken des Strafverfahrens – ungeachtet einer späteren Rückgabe der Originale an den Betroffenen – in die Rundfunkfreiheit ein.[122]

36 Die einschränkenden Regelungen über die allgemeine Zeugnispflicht von Medienangehörigen nach § 53 Abs. 1 Nr. 5 sowie nach §§ 97 Abs. 5 sind bei der Anordnung der Durchsuchung mit dem Ziel der Beschlagnahme zu beachten. Aber auch dann, wenn ein Beschlagnahmeverbot nicht vorliegt, ist **Art. 5 Abs. 1 S. 2 GG** für die Anwendung und Auslegung der strafprozessualen Normen über Durchsuchungen und Beschlagnahmen,

---

[110] BVerfG 29.2.2012 – 2 BvR 1954/11, NJW 2012, 2096.

[111] BVerfG 5.5.2008 – 2 BvR 1801/06, NJW 2008, 2422; BVerfG 18.3.2009 – 2 BvR 1036/08, NJW 2009, 2518; BVerfG 5.5.2011 – 2 BvR 1011/10, NJW 2011, 2275.

[112] BVerfG 12.4.2005 – 2 BvR 1027/02, BVerfGE 113, 29 = NJW 2005, 1917.

[113] BVerfG 31.8.2010 – 2 BvR 223/10, NJOZ 2011, 781.

[114] Vgl. auch LG Bonn 10.1.2011 – 27 Qs 33/10, NJW-Spezial 2011, 378; *Burhoff* EV Rn. 1064.

[115] BVerfG 21.1.2008 – 2 BvR 1219/07, NStZ-RR 2008, 176 (177).

[116] BVerfG 7.9.2006 – 2 BvR 1219/05, NJW 2007, 1443.

[117] BVerfG 7.9.2006 – 2 BvR 1141/05, NJW 2006, 3411; BVerfG 7.9.2006 – 2 BvR 1219/05, NJW 2007, 1443; BVerfG 11.7.2008 – 2 BvR 2016/06, NJW 2009, 281 (282).

[118] SK-StPO/*Wohlers* Rn. 37.

[119] BVerfG 26.3.1984 – 2 BvR 201/84, wistra 1984, 221; Radtke/Hohmann/*Ladiges* Rn. 22; SK-StPO/*Wohlers* Rn. 37.

[120] BVerfG 10.12.2010 – 1 BvR 1739/04, NJW 2011, 1859.

[121] BVerfG 5.8.1966 – 1 BvR 586/62, 610/63, 512/64, NJW 1966, 1603; BVerfG 22.8.2000 – 1 BvR 77/96, NJW 2001, 507 (508); umfassend zu den verfassungsrechtlichen Anforderungen an die Ausgestaltung eines publizistischen Zeugnisverweigerungsrechts und Beschlagnahmeverbots sowie an eine Anordnung der Durchsuchung von Redaktionsräumen vgl. BVerfG 10.12.2010 – 1 BvR 1739/04, NJW 2011, 1859; vgl. auch *Brüning* wistra 2007, 333.

[122] BVerfG 27.2.2007 – 1 BvR 536/06 ua, BVerfGE 117, 244 = NJW 2007, 1117; BVerfG 10.12.2010 – 1 BvR 2020/04, NJW 2011, 1859 (1863).

die in Redaktionen oder bei Journalisten durchgeführt werden, einschränkend zu beachten.[123]

4. Zufallsfunde. Während einer Durchsuchung zufällig aufgefundene Beweismittel, die Anlass zu weiteren Ermittlungen geben, werden nach § 108 Abs. 1 sichergestellt.[124] Eine gezielte Suche nach Zufallsfunden ist allerdings unzulässig (→ § 108 Rn. 7).[125] Zufällig angetroffene Personen, bei denen Identifizierungsmaßnahmen nach § 163b erforderlich erscheinen, können zu diesem Zweck festgehalten werden. Wird dann jemand aufgefunden, bei dem Anhaltspunkte dafür bestehen, dass sich an seinem Körper Spuren befinden, so werden die erforderlichen Maßnahmen nach § 81c veranlasst.[126] 37

III. Verwertungsverbote, Rechtsbehelfe, Revision

→ § 105 Rn. 36 ff., 46. 38

§ 103 [Durchsuchung bei anderen Personen]

(1) [1]Bei anderen Personen sind Durchsuchungen nur zur Ergreifung des Beschuldigten oder zur Verfolgung von Spuren einer Straftat oder zur Beschlagnahme bestimmter Gegenstände und nur dann zulässig, wenn Tatsachen vorliegen, aus denen zu schließen ist, dass die gesuchte Person, Spur oder Sache sich in den zu durchsuchenden Räumen befindet. [2]Zum Zwecke der Ergreifung eines Beschuldigten, der dringend verdächtig ist, eine Straftat nach § 89a des Strafgesetzbuchs oder nach § 129a, auch in Verbindung mit § 129b Abs. 1, des Strafgesetzbuches oder eine der in dieser Vorschrift bezeichneten Straftaten begangen zu haben, ist eine Durchsuchung von Wohnungen und anderen Räumen auch zulässig, wenn diese sich in einem Gebäude befinden, von dem auf Grund von Tatsachen anzunehmen ist, dass sich der Beschuldigte in ihm aufhält.

(2) Die Beschränkungen des Absatzes 1 Satz 1 gelten nicht für Räume, in denen der Beschuldigte ergriffen worden ist oder die er während der Verfolgung betreten hat.

Schrifttum: *Eisenberg,* Zur Rechtsstellung von Kindern im polizeilichen Ermittlungsverfahren, StV 1989, 554; *Groß,* Verteidiger, Abgeordnete und Journalisten als verbotene unfreiwillige Medien zur strafprozessualen Aufklärung, StV 1996, 559; *Gusy,* Grundgesetzliche Anforderungen an Durchsuchungsbeschlüsse iSd. Art. 13 Abs. 2 GG, NStZ 2010, 353; *Herrmann, Soiné,* Durchsuchung persönlicher Datenspeicher und Grundrechtsschutz, NJW 2011, 2922; *Jarass,* Rechtsfragen der Öffentlichkeitsarbeit. Zugleich ein Beitrag zum Thema „Werbung und Recht", NJW 1981, 193; *Joecks,* Die Stellung der Kreditwirtschaft im steuerstrafrechtlichen Ermittlungsverfahren gegen Kunden, WM 1998, Sonderbeilage Nr. 1/1998 zu Heft 20; *Krekeler,* Beweisverwertungsverbote bei fehlerhaften Durchsuchungen, NStZ 1993, 263; *Kurth,* Identitätsfeststellung, Einrichtung von Kontrollstellen und Gebäudedurchsuchung nach neuem Recht, NJW 1979, 1377; *Nelles,* Strafprozessuale Eingriffe in das Hausrecht von Angehörigen, StV 1991, 488; *Park,* Durchsuchung und Beschlagnahme, 2. Auflage, 2009; *Schroeder,* Die Durchsuchung im Strafprozess, JuS 2004, 858; *Sterzinger,* Durchsuchung von Büro- und Kanzleiräumen durch die Steuerfahndung, NJOZ 2010, 1766; *Vogel,* Strafverfahrensrecht und Terrorismus – eine Bilanz, NJW 1978, 1217.

Übersicht

[123] BVerfG 10.12.2010 – 1 BvR 1739/04, NJW 2011, 1859 (1861); HK-StPO/*Gercke* Rn. 65.
[124] Meyer-Goßner *(Schmitt)* Rn. 17.
[125] *Müller/Römer* NStZ 2012, 543 (544).
[126] Meyer-Goßner *(Schmitt)* Rn. 17.

I. Überblick

1 Die Vorschrift regelt die **Durchsuchung bei Nichtverdächtigen,**[1] in deren Rechte ein Eingriff nur unter engeren Voraussetzungen als nach § 102 zulässig ist.[2] Die Durchsuchung ist nach § 103 anzuordnen, wenn konkrete Tatsachen vermuten lassen, dass sich bestimmte, als Beweismittel dienende Gegenstände in den Räumen des Nichtverdächtigen befinden. Beim Beschuldigten ist es demgegenüber bereits nach der Lebenserfahrung in einem gewissen Grade wahrscheinlich, dass bei ihm Beweisgegenstände zu finden sind, die zur Prüfung der Verdachtsannahme beitragen können. Durch die Verknüpfung des personenbezogenen Tatverdachts mit einem abstrakten Auffindeverdacht wird ein ausreichender Eingriffsanlass geschaffen. Fehlt dagegen ein gegen den von der Durchsuchung Betroffenen selbst gerichteter Verdacht der Beteiligung an der Tat, muss der Eingriffsanlass hinsichtlich des Durchsuchungsziels näher konkretisiert sein, um die staatliche Inanspruchnahme des Betroffenen zu rechtfertigen. Allein die pauschale, allgemeine Erwartung, irgendein relevantes Beweismittel zu finden, rechtfertigt einen solchen Eingriff in die Rechte eines Dritten, insbesondere in Art. 13 Abs. 1 GG,[3] nicht. Der Durchsuchungsbeschluss muss Zweck und Umfang der Durchsuchungsmaßnahme in einem ausreichenden Maße erkennen lassen und zugleich auch die Beweismittel, nach denen gesucht werden soll, hinreichend konkretisieren, so dass wegen der damit einhergehenden Umgrenzungswirkung keine Zweifel über die zu suchenden Gegenstände bestehen bleiben. Das dient der äußeren Begrenzung der Maßnahme und soll ihre Durchführung messbar und von vornherein kontrollierbar gestalten.[4] Sind im Einzelfall ausreichende Gründe dafür gegeben, dass Beweisgegenstände einer bestimmten Kategorie auch bei einem Nichtverdächtigen zu finden sind, zB Unterlagen und Datenträger bei einer Steuerberatungsgesellschaft im Rahmen eines Ermittlungsverfahrens gegen deren Mandanten, so ist es zulässig, wenn aus demselben Grunde sowohl bei einem Nichtverdächtigen als auch bei dem Beschuldigten durchsucht wird. Es kann dann in zugleich ergehenden Durchsuchungsbeschlüssen nach § 102 und § 103 eine Auffindevermutung bezüglich derselben Beweismittel zu Grunde gelegt werden.[5]

2 Wird die Durchsuchungsanordnung auf § 103 gestützt, obwohl sie **auch nach § 102** gerechtfertigt gewesen wäre, weil es sich tatsächlich um eine Durchsuchung bei einem Verdächtigen handelte, ist sie deshalb nicht rechtswidrig, denn die Duldungspflicht des Verdächtigen ist größer als die des Unverdächtigen.[6] Im Übrigen ist zu beachten, dass nach Abs. 2 die Beschränkungen des Abs. 1 S. 1 nicht für Räume gelten, deren Inhaber selbst zwar unverdächtig ist, in denen der Beschuldigte aber ergriffen oder sich während seiner Flucht aufgehalten hat.

3 Die **Anordnungsbefugnis** ist in § 105 geregelt. Vorschriften zur **Durchführung** der Durchsuchung sind in den §§ 104–107, 109, 110 normiert. § 103 ist entsprechend bei Durchsuchungen zum Auffinden von Verfalls- und Einziehungsgegenständen anzuwenden

---

[1] Vgl. zu einem iSd § 10 TMG privilegierten Host-Provider LG Saarbrücken 23.4.2009 – 2 Qs 9/09.

[2] BVerfG 9.11.2001 – 2 BvR 436/01, NStZ 2002, 212; BGH 21.11.2001 – 3 BJs 22/04-4 (9) – StB 20/01, NStZ 2002, 215; LG Limburg 15.2.2011 – 1 Qs 20/11, PStR 2011, 112; *Herrmann, Soiné* NJW 2011, 2922 (2924); *Schroeder* JuS 2004, 858 (860).

[3] Vgl. zur Grundrechtsrelevanz BVerfG 24.1.2013 – 2 BvR 376/11, StV 2013, 609.

[4] BVerfG 6.3.2002 – 2 BvR 1619/00, DStRE 2002, 1092 (1093); BVerfG 9.2.2005 – 2 BvR 984/04, NStZ-RR 2005, 203 (204); LG Limburg 15.2.2011 – 1 Qs 20/11, PStR 2011, 112.

[5] BVerfG 28.4.2003 – 2 BvR 358/03, NJW 2003, 2669.

[6] BGH 13.6.1978 – 1 BJs 93/77, StB 51/78, NJW 1978, 1815; Meyer-Goßner *(Schmitt)* Rn. 1; SK-StPO/*Wohlers* Rn. 1; aA *Krekeler* NStZ 1993, 263 (266).

(§ 111b Abs. 4). Gemäß § 46 OWiG ist § 103 auch bei der Verfolgung von Ordnungswidrigkeiten anwendbar. Hier gelten allerdings deutlich höhere Anforderungen an die Verhältnismäßigkeit.

II. Erläuterung

4 **1. Gegenstand der Durchsuchung. a) Andere Personen.** Nach Abs. 1 S. 1 gehören dazu zum einen natürliche Personen, die nicht tat- oder teilnahmeverdächtig sind oder aus sonstigen Gründen wegen Vorliegens von Straf- oder Schuldausschließungsgründen strafrechtlich nicht verfolgt werden können.[7] Erforderlich ist, dass überhaupt ein Strafverfahren gegen eine bestimmte Person durchgeführt werden kann. Daher ist eine Durchsuchung unzulässig, wenn lediglich ein Strafunmündiger als Täter in Betracht kommt.[8] Ferner zählen zu anderen Personen juristische Personen, zB Banken[9] oder Provider bezüglich eines auf dortigen Datenträgern gespeicherten, den Beschuldigten betreffenden Datenbestands.[10]

5 Ist das Organ einer **juristischen Person** selbst verdächtig, kommt eine Durchsuchung der Büroräume der betreffenden Person auch nach § 102 in Betracht, wenn diese an den Räumen Gewahrsam ausübt.[11] Nach § 103 können Rechtsanwalts- und Steuerberatungskanzleien und die Dienstgebäude und -räume von **Behörden** durchsucht werden,[12] wenn vorher – ohne Gefährdung des Ermittlungszwecks – die Herausgabe des Beweisgegenstands erfolglos versucht worden ist. Dabei sind die aus § 96 abzuleitenden Grundsätze zu beachten, die die Zulässigkeit einer Durchsuchung in behördlichen Räumen stark einengen und die durch die Durchsuchung nicht umgangen werden dürfen.[13] Vor Durchführung der Durchsicht der Behördenakten nach § 110 StPO ist eine Beschlagnahme nicht statthaft. Nicht zulässig ist die Beschlagnahme- bzw. Durchsuchungsanordnung durch das Gericht, die auf die Aufzeichnungen des **Sitzungsvertreters der Staatsanwaltschaft** abzielt.[14]

6 **b) Durchsuchungsobjekte.** Wohnungen und alle anderen vom Unverdächtigen genutzten Räume sowie seine Kraftfahrzeuge und Sachen (auch eine EDV-Anlage) können, wie bei § 102, Objekt der Durchsuchung sein. Eine körperliche Durchsuchung des Unverdächtigen ist ebenfalls zulässig. § 81c lässt die intensivere körperliche Untersuchung bei Unverdächtigen zu.[15]

7 **2. Zweck der Durchsuchung.** Die Durchsuchung kann der Ergreifung des Beschuldigten oder dem Auffinden von Spuren und Beweismitteln dienen. Im Einzelnen:

8 **a) Ergreifungsdurchsuchung.** Voraussetzung für die Ergreifungsdurchsuchung ist, dass die verdächtige Person Beschuldigter ist. Hierfür ist der Anfangsverdacht einer Straftat erforderlich. Die namentliche Identität des Beschuldigten braucht noch nicht bekannt sein.[16] Es ist ausreichend, dass die Beschuldigteneigenschaft erst mit der Anordnung der Durchsuchung entsteht.[17] Der rechtskräftig Verurteilte steht dem Beschuldigten gleich.[18] Es sind konkrete Tatsachen erforderlich, bspw. Zeugenbekundungen oder vormalige Beobachtun-

---

7 Radtke/Hohmann/*Ladiges* Rn. 3.

8 Meyer-Goßner *(Schmitt)* Rn. 1; Radtke/Hohmann/*Ladiges* Rn. 4; *Eisenberg* StV 1989, 554 (556).

9 BVerfG 1.3.2002 – 2 BvR 971/00, NStZ 2002, 373; KK/*Bruns* Rn. 1.

10 LG Saarbrücken 23.4.2009 – 2 Qs 9/09, MMR 2010, 205.

11 BGH 22.8.1996 – 5StR 159/96, wistra 1997, 107 (108); *Park* Rn. 103; KK/*Bruns* Rn. 1; *Joecks* WM 1998, Sonderbeilage Nr. 1/1998, 23; HK-GS/*Hartmann* Rn. 2.

12 KG 22.6.1989 – 4 Ws 110/89, NStZ 1989, 541; LG Saarbrücken 13.6.2002 – 8 Qs 127/02, NStZ-RR 2002, 267; zur Durchsuchung bei Behörden vgl. AK/*Löffelmann* Rn. 5.

13 OLG Jena 20.11.2000 – 1 Ws 313/00, NJW 2001, 1290 (1291); Löwe/Rosenberg/*Schäfer,* 25. Aufl. Rn. 4.

14 OLG Schleswig 20.2.2013 – 2 Ws 566/12 (8/13), BeckRS 2013, 16593).

15 Radtke/Hohmann/*Ladiges* Rn. 5; Meyer-Goßner *(Schmitt)* Rn. 2; *Schroeder* JuS 2004, 858 (860).

16 *Nelles* StV 1991, 488.

17 *Eisenberg* Beweisrecht Rn. 2424.

18 Meyer-Goßner *(Schmitt)* Rn. 5.

gen über Lebensgewohnheiten des Beschuldigten,[19] aus denen „zu schließen" ist, dass die gesuchte Person sich in den zu durchsuchenden Räumen befindet.[20] Der Durchsuchungserfolg muss wahrscheinlich sein.[21] Unzureichend ist nach allgemeiner Auffassung eine Auffindungsvermutung, die nur auf kriminalistische Erfahrung gestützt wird.[22] Die Ergreifungsdurchsuchung kann auch in den Räumen einer Anwaltskanzlei, etwa in den Büros des Verteidigers des flüchtigen Beschuldigten, erfolgen.[23]

9 **b) Auffinden von Spuren und Beschlagnahme von Beweismitteln.** Die Durchsuchung bei einer nicht tatverdächtigen Person ist nur zulässig, wenn bestimmte Tatsachen den Schluss zulassen, dass bei der Durchsuchung hinreichend individualisierte Beweismittel für die den Gegenstand des Verfahrens bildenden Straftaten aufgefunden werden.[24] Anders als bei § 102 ist die allgemeine Aussicht, irgendwelche relevanten Beweismittel zu finden, nicht ausreichend.[25] Die Beweismittel müssen im Durchsuchungsbeschluss insoweit konkretisiert werden, dass weder bei dem Betroffenen noch bei dem die Durchsuchung vollziehenden Beamten Zweifel über die zu suchenden und zu beschlagnahmenden Gegenstände entstehen können. Nicht notwendig ist, dass diese in allen Einzelheiten beschrieben werden. Sofern daher ein unmittelbarer Bezug der gesuchten Gegenstände zum Ermittlungsverfahren gegeben ist, reicht eine eingegrenzte, aber doch gattungsmäßige Beschreibung der gesuchten Unterlagen aus.[26] Soweit die Durchsuchung dem Auffinden von Gegenständen dient, die keinen unmittelbaren Bezug zum Ermittlungsverfahren aufweisen, bedarf es besonderer Gründe, aus denen sich die Bedeutung der gesuchten Gegenstände für das Ermittlungsverfahren und die Rechtfertigung für den Eingriff in die Rechte des unbeteiligten Dritten ergeben.[27]

10 Es ist grundsätzlich zulässig, Räumlichkeiten und Sachen von Personen, denen ein **Zeugnisverweigerungsrecht** nach §§ 52, 53 zusteht, zum Auffinden von Spuren und zur Beschlagnahme von Beweismitteln zu durchsuchen.[28] Die Durchsuchung darf allerdings nicht mit dem Ziel vorgenommen werden, nach § 97 **beschlagnahmefreie Gegenstände** aufzufinden.[29] Die Durchsuchung ist von vornherein unzulässig, wenn die Gegenstände erkennbar beschlagnahmefrei (§ 97, § 160a Abs. 5) sind.[30] Die Durchsicht und vorläufige Sicherstellung von Unterlagen zum Zwecke der Prüfung (§ 110) ist dagegen zulässig, wenn sich bei der Durchsuchung noch nicht sofort feststellen lässt, ob ein Gegenstand der Beschlagnahme unterliegt oder nicht.[31] Stellt sich die mangelnde Beschlagnahmefähigkeit heraus, muss der Gegenstand unverzüglich zurückgegeben werden.[32] **Im Einzel-**

[19] KG 8.9.1971 – 1 VAs 43/70, JR 1972, 297 (300).

[20] LG Saarbrücken 13.6.2002 – 8 Qs 127/02, NStZ-RR 2002, 267 (268); SK-StPO/*Wohlers* Rn. 13.

[21] OLG Düsseldorf 26.2.2008 – III 5 Ss 203/07 – 93/07 I, StraFo 2008, 238.

[22] OLG Celle 16.7.1982 – 3 VAs 18/81, StV 1982, 561 (562).

[23] BVerfG 27.2.2003 – 2 BvR 1120/02, NVwZ-RR 2003, 495; LG Saarbrücken 13.6.2002 – 8 Qs 127/02, NStZ-RR 2002, 267.

[24] BVerfG 4.3.1981 – 2 BvR 195/81, NJW 1981, 971; BVerfG 28.4.2003 – 2 BvR 358/03, NJW 2003, 2669 (2670); BGH 9.4.2009 – StB 6/09, BeckRS 2009, 11063; LG Braunschweig 11.9.2012 – 9 Qs 136/12, NdsRpfl 2013, 54.

[25] BVerfG 3.7.2006 – 2 BvR 299/06, NJW 2007, 1804; BVerfG 29.2.2012 – 2 BvR 1954/11, NJW 2012, 2096; BGH 15.10.1999 – 2 BJs 20/97 – 2 – StB 9/99, NStZ 2000, 154 (155); BGH 21.11.2001 – 3 BJs 22/04-4 (9) – StB 20/01, NStZ 2002, 215.

[26] BVerfG 28.4.2003 – 2 BvR 358/03, NJW 2003, 2669 (2670); BGH 13.1.1989 – StB 1/89; BGH 21.11.2001 – StB 20/01, NStZ 2002, 215 (216); OLG Celle 16.7.1982 – 3 VAs 18/81, StV 1982, 561 (562).

[27] BVerfG 18.3.2009 – 2 BvR 1036/08, NJW 2009, 2518.

[28] Meyer-Goßner *(Schmitt)* Rn. 7; *Sterzinger* NJOZ 2010, 1766.

[29] BVerfG 27.2.2003 – 2 BvR 1120/02, NVwZ-RR 2003, 495; OLG Frankfurt a. M. 21.6.2005 – 3 Ws 499 und 501/05, NJW 2006, 302; LG Essen 12.8.2009 – 56 Qs 7/09, NStZ-RR 2010, 150; Meyer-Goßner *(Schmitt)* Rn. 7; *Gusy* NStZ 2010, 353 (358); *Jarass* NJW 1981, 193 (197).

[30] BVerfG 29.3.2007 – 2 BvR 224/07, juris; LG Fulda 12.10.1999 – 2 Qs 51/99, NJW 2000, 1508 (1509), LG Ulm 15.1.2007 – 2 Qs 2002/07, NJW 2007, 2056; *Groß* StV 1996, 559 (563); *Gusy* NStZ 2010, 353 (358).

[31] Vgl. auch OLG Jena 20.11.2000 – 1 Ws 313/00, NJW 2001, 1290 (1292).

[32] KK/*Bruns* Rn. 7.

nen gilt: Buchhaltungsunterlagen eines Verdächtigen beim Steuerberater sind solange beschlagnahmefrei, als sie der Steuerberatung dienen, längstens bis zur Erstellung und Freigabe des jeweiligen Jahresabschlusses.[33] Des Weiteren können Gegenstände, die bei einem Verteidiger sichergestellt werden sollen, einem Beschlagnahmeverbot unterliegen, bspw. dem an das Zeugnisverweigerungsrecht des Verteidigers nach § 53 Abs. 1 Nr. 2 anknüpfenden Beschlagnahmeverbot nach § 97 Abs. 1 Nr. 3.[34] Demzufolge sind Gegenstände vor der Beschlagnahme geschützt, wenn ihr Aussagegehalt das Vertrauensverhältnis betrifft. Die Reduzierung des Anwendungsbereichs von § 97 Abs. 1 Nr. 3 nur auf solche Gegenstände, die innerhalb des Vertrauensverhältnisses entstanden sind, lässt sich weder aus dem Wortlaut noch dem Sinn und Zweck des Gesetzes entnehmen.[35] Unter das Beschlagnahmeverbot fallen auch Urkunden, die ein Dritter dem Verteidiger zum Zwecke der Verteidigung übergeben hat, da die durch diese Unterlagen zu beweisenden Tatsachen von dem Zeugnisverweigerungsrecht umfasst werden. Das gilt auch dann, wenn aus bestimmten Umständen darauf geschlossen werden kann, dass es sich um Unterlagen handelt, die der Entlastung des Verdächtigen dienen. Eine Ausnahme von der Beschlagnahmefreiheit ergibt sich allerdings, wenn die Unterlagen dem Verteidiger nicht für die Zwecke der Verteidigung übergeben worden sind. Eine weitere Ausnahme von der Beschlagnahmefreiheit kommt in Betracht, wenn der Verteidiger seine privilegierte Stellung offensichtlich missbraucht, um Akten, Schriftstücke oder andere Gegenstände dem Zugriff der Strafverfolgungsbehörden zu entziehen. Das gilt jedoch nur, wenn feststeht, dass mit dem Verteidigerprivileg ausschließlich ein von der Verfahrensordnung missbilligtes Ziel verfolgt wird und keinerlei Gesichtspunkte erkennbar sind, die eine verfahrensfremde Rechtsverwirklichung noch hinnehmbar erscheinen lassen, wobei im Zweifel eine Vermutung zu Gunsten der Zulässigkeit selbst missbräuchlicher Ausnutzung von Verfahrensrechten besteht (→ § 97 Rn. 29 ff., 64).[36]

3. Gebäudedurchsuchung (Abs. 1 S. 2). a) Einleitung. Die Gebäudedurchsuchung wurde durch das Antiterrorismusgesetz vom 14.4.1978 (BGBBl. I, 497) zwecks Erleichterung bei der Fahndung nach Terroristen eingeführt.[37] Der Verdächtigte muss dringend einer Straftat nach § 89a StGB, nach § 129a StGB (auch iVm § 129b Abs. 1 StGB) oder einer der in dieser Vorschrift bezeichneten Katalogtat verdächtig sein. Ferner ist erforderlich, dass aufgrund konkreter Tatsachen – nicht aufgrund bloßer Vermutungen – anzunehmen ist, dass sich der Beschuldigte in dem Gebäude aufhält. Bei der Durchsuchung der Wohnung eines Nichtbeschuldigten gebietet die Schutzwirkung des Art. 13 Abs. 1 GG, dass der Durchsuchungserfolg aus Sicht der Ermittlungspersonen wahrscheinlich sein muss. Danach muss mehr für als gegen den momentanen Aufenthalt des Beschuldigten in der Wohnung des anderen sprechen.[38] 11

b) Gebäude. Unter einem Gebäude ist eine räumlich abgegrenzte, selbständige bauliche Einheit zu verstehen. Es muss sich nicht um ein einzeln stehendes Haus oder um ein Gebäude mit nur einem Aufgang handeln.[39] Wenn allerdings mehrere Gebäude durch eine gemeinsame Versorgungseinrichtung oder eine Tiefgarage verbunden sind, werden sie nicht allein dadurch zu einer Einheit zusammengeschlossen. Auch eine Reihenhauszeile ist kein einheitliches Gebäude.[40] Soweit nicht ersichtlich ist, ob ein größerer Wohnblock ein oder mehrere Gebäude enthält, könnte als Abgrenzungsmerkmal dienen, ob 12

---

[33] LG Essen 12.8.2009 – 56 Qs 7/09, NStZ-RR 2010, 150.
[34] OLG Frankfurt a. M. 21.6.2005 – 3 Ws 499 und 501/05, NJW 2006, 302.
[35] KK/*Bruns* Rn. 16; Meyer-Goßner *(Schmitt)* § 97 Rn. 30.
[36] OLG Frankfurt a. M. 21.6.2005 – 3 Ws 499 und 501/05, NJW 2006, 302; Meyer-Goßner *(Schmitt)* § 97 Rn. 30, 36 ff., 39.
[37] *Vogel* NJW 1978, 1217 (1226); *Kurth* NJW 1979, 1377 (1383).
[38] OLG Düsseldorf 26.2.2008 – III-5 Ss 203/07 – 93/07 I, StraFo 2008, 238; BeckOK-StPO/*Hegmann* Rn. 14.
[39] BeckOK-StPO/*Hegmann* Rn. 12; Meyer-Goßner *(Schmitt)* Rn. 12; *Kurth* NJW 1979, 1377 (1383).
[40] Radtke/Hohmann/*Ladiges* Rn. 12; *Riegel* BayVBl. 1978, 589 (597).

der Gebäudeteil einen eigenen Eingang und eine eigene Hausnummer hat. Die Durchsuchung kann auf Teile des Gebäudes beschränkt werden, wenn eindeutig ein Teil als Aufenthaltsort des Beschuldigten ausscheidet.[41] Bestehen Hinweise, dass sich der Beschuldigte in einem von mehreren Gebäuden aufhält, darf nicht die gleichzeitige Durchsuchung aller Gebäude angeordnet werden. Vielmehr muss die Durchsuchung zunächst bei dem wahrscheinlicheren Aufenthaltsort des Gesuchten anfangen.[42] Allerdings kann zugleich für den Fall der Erfolglosigkeit eine Durchsuchungsanordnung für weitere Gebäude erlassen werden.[43]

13 Die Gebäudedurchsuchung dient allein der **Ergreifungsdurchsuchung**, nicht der Suche nach Beweismitteln oder Spuren. Besteht Grund zu der Annahme, dass sich Unterlagen finden lassen, die die Ergreifung des Beschuldigten ermöglichen, dürfen auch kleinere Behältnisse durchsucht werden.[44]

14 **4. Die Ausnahmeregelung (Abs. 2).** Abs. 2 hebt die Beschränkungen des Abs. 1 S. 1 bei der Durchsuchung von Räumen auf, in denen der entflohene Beschuldigte oder Verurteilte,[45] durch Strafverfolgungsorgane oder nach § 127 Abs. 1 durch Privatpersonen[46] ergriffen worden ist oder sich dort während seiner Flucht, wenn auch nur vorübergehend, aufgehalten hat, ohne dass er dort tatsächlich ergriffen worden ist. Die Durchsuchung dieser Räume kann dann unter den Voraussetzungen des § 102 erfolgen.[47] Die Anordnung der Durchsuchung (§ 105) ist erforderlich.

15 Es bedarf **keiner weiteren Tatsachen,** die die Ergreifung wahrscheinlicher machen. Denn kraft der gesetzlichen Vermutung liegt die Annahme nahe, dass irgendein denkbarer Durchsuchungszweck, die Ergreifung des Beschuldigten oder das Auffinden von Zeugen oder Beweismitteln, erreicht werden kann.[48]

16 **5. Verhältnismäßigkeit.** Der Richter darf die Durchsuchung nur anordnen, wenn er sich auf Grund eigenverantwortlicher Prüfung der Ermittlungen überzeugt hat, dass die Maßnahme verhältnismäßig ist.[49] Der Eingriff muss stets in einem **angemessenen Verhältnis** zu der Schwere der Straftat und der Stärke des Tatverdachts stehen. Hierbei sind auch die Bedeutung des potenziellen Beweismittels für das Strafverfahren sowie der Grad des auf verfahrenserhebliche Informationen bezogenen Auffindeverdachts zu bewerten. Im Einzelfall können die Geringfügigkeit der zu ermittelnden Straftat, eine mangelnde Beweisbedeutung sowie die Vagheit des Auffindeverdachts der Maßnahme entgegenstehen. Die Durchsuchung muss im Hinblick auf den bei der Anordnung verfolgten gesetzlichen Zweck erfolgversprechend (geeignet) sein. Zudem muss die Maßnahme zur Ermittlung und Verfolgung der Straftat erforderlich sein. Das ist nicht der Fall, wenn andere, **weniger einschneidende Mittel** zur Verfügung stehen. Der Grundsatz der Verhältnismäßigkeit gebietet, in jedem Verfahrensstadium das jeweils mildeste Mittel anzuwenden.[50] Die Durchsuchung bei einem Nichtbeschuldigten, der durch sein Verhalten keinen Anlass zu den Ermittlungsmaßnahmen gegeben hat, stellt über die allgemeinen Erwägungen hinaus erhöhte Anforderungen an die Prüfung der Verhältnismäßigkeit.[51] Deshalb ist der nichtverdächtige Betroffene vor der Vollstreckung des Durchsuchungsbeschlusses grund-

---

[41] SK-StPO/*Wohlers* Rn. 21.
[42] Radtke/Hohmann/*Ladiges* Rn. 12.
[43] SK-StPO/*Wohlers* Rn. 22.
[44] BeckOK-StPO/*Hegmann* Rn. 16; *Vogel* NJW 1978, 1217 (1226).
[45] OLG Düsseldorf 27.7.1981 – 2 Ws 289/81, NJW 1981, 2133.
[46] Meyer-Goßner *(Schmitt)* Rn. 15.
[47] SK-StPO/*Wohlers* Rn. 18.
[48] Meyer-Goßner *(Schmitt)* Rn. 15.
[49] BVerfG 27.5.1997 – 2 BvR 1992/92, BVerfGE 96, 44 (51) = NJW 1997, 2165; BVerfG 2.3.2006 – 2 BvR 2099/04, NJW 2006, 976 (982); BVerfG 5.5.2011 – 2 BvR 1011/10, NJW 2011, 2275.
[50] BVerfG 29.2.2012 – 2 BvR 1954/11, NJW 2012, 2096.
[51] BVerfG 3.7.2006 – 2 BvR 299/06, NJW 2007, 1804 (1805); BVerfG 18.3.2009 – 2 BvR 1036/08, NJW 2009, 2518 (2519).

sätzlich zur **freiwilligen Herausgabe** des Gegenstandes aufzufordern.[52] Des Weiteren kommt das Verlangen auf Einblick in die Geschäftsunterlagen, die Anforderung entsprechender Kopien oder ein Auskunftsersuchen in Betracht,[53] solange aufgrund der Eigenart des Verdachts keine Verdunkelungshandlungen, bspw. durch bislang unbekannte weitere involvierte Personen, zu befürchten sind, wenn diese durch derart eingeschränkte Ermittlungsmaßnahmen von der Einleitung eines Strafverfahrens erfahren würden.[54] Zudem ist bei der Anordnung der Durchsuchung und Beschlagnahme bspw. bei einem unverdächtigen Insolvenzverwalter äußerste Zurückhaltung geboten, da dieser als unabhängige Rechtsperson, verpflichtet ist, mit den Ermittlungsbehörden zu kooperieren. Eine Durchsuchung beim Insolvenzverwalter ist erst dann möglich, wenn gewichtige Anhaltspunkte dafür vorliegen, dass Beweismittel ohne Durchsuchung verloren gehen könnten.[55]

Als weniger eingriffsintensive Maßnahme zur Sicherung beweiserheblicher **E-Mails** unter Vermeidung der Gewinnung überschießender und vertraulicher, für das Verfahren bedeutungsloser Informationen kann die Beschlagnahme eines Teils des Datenbestands unter Eingrenzung der ermittlungsrelevanten E-Mails anhand bestimmter Sender- oder Empfängerangaben oder anhand von Suchbegriffen in Betracht kommen.[56] Auch ist zu prüfen, ob die vorläufige Sicherstellung des gesamten E-Mail-Bestands im Rahmen einer Durchsuchung beim Provider nach § 103 in Betracht zu ziehen ist, an die sich eine Durchsicht des sichergestellten Datenmaterials nach § 110 Abs. 1 und 3 zur Feststellung der Beweiserheblichkeit und -verwertbarkeit anzuschließen hat, um im Anschluss an dieses Verfahrensstadium die endgültige Entscheidung über den erforderlichen und zulässigen Umfang der Beschlagnahme treffen zu können.[57] Da es sich nicht nur bei der Durchsuchung, sondern auch bei der Sicherstellung und Beschlagnahme um **offene Ermittlungsmaßnahmen** handelt, ist deren Anordnung den Betroffenen und Verfahrensbeteiligten jeweils bekannt zu machen (§§ 33 Abs. 1, 35 Abs. 2). Der Beschuldigte ist nach Auffassung des BGH auch dann von der Beschlagnahme der in seinem elektronischen Postfach gelagerten E-Mail-Nachrichten zu unterrichten, wenn die Daten auf Grund eines Zugriffs beim Provider auf dessen Mailserver sichergestellt wurden. Eine Zurückstellung der Benachrichtigung wegen Gefährdung des Untersuchungszwecks sieht die StPO im Gegensatz zu verdeckten Ermittlungsmaßnahmen (vgl. § 101 Abs. 5) nicht vor.[58] Einer verdeckter Zugriff auf E-Mails beim Provider ist nur über § 100a zulässig (→ § 98 Rn. 21). Zum verdeckten Zugriff der Polizei im Rahmen der Gefahrenabwehr auf den Inhalt von E-Mails, die auf dem Server eines Providers gespeichert sind, vgl. OVG Rheinland-Pfalz 5.9.2013 – 7 F 10930/13 –, BeckRS 2013, 56061. 17

Richtet sich die Durchsuchung gegen einen **Berufsgeheimnisträger** in der räumlichen Sphäre seiner Berufsausübung, ist stets der Umstand zu berücksichtigen, dass Daten von Nichtbeschuldigten, insbesondere Daten von unbeteiligten Mandanten, zur Kenntnis der Ermittlungsbehörden gelangen könnten, die die Betroffenen in der Sphäre des Berufsgeheimnisträgers sicher wähnen durften.[59] Bei der Anwendung strafprozessualer Eingriffsermächtigungen ist zudem das Ausmaß der (mittelbaren) Beeinträchtigung der beruflichen Tätigkeit des Rechtsanwalts (Art. 12 Abs. 1 GG) zu bedenken. Der Schutz der Vertrauensbeziehung zwischen Anwalt und Mandant liegt im Interesse der Allgemeinheit an einer 18

[52] BVerfG 18.9.2008 – 2 BvR 683/08, wistra 2008, 463; LG Kaiserlautern 19.3.1981 – 5 Os 346/80, NStZ 1981, 438 (439); LG Mühlhausen 15.11.2006 – 6 Qs 9/06, wistra 2007, 195.

[53] LG Neubrandenburg 9.11.2009 – 8 Qs 190/09, NJW 2010, 691; LG Braunschweig 11.9.2012 – 9 Qs 136/12, Nds RPl 2013, 54; LG Limburg 22.6.2012 – 1 Qs 72/12, juris; LG Saarbrücken 12.3.2013 – 2 Qs 15/13, NStZ-RR 2013, 183.

[54] BVerfG 23.3.1994 – 2 BvR 396/94, NJW 1994, 2079 (2080 f.).

[55] LG Neubrandenburg 9.11.2009 – 8 Qs 190/09, NJW 2010, 691 (692); LG Berlin 9.4.2008 – 523 Qs 35/08, ZinsO 2008, 865 = BeckRS 2009, 06178; LG Potsdam 8.1.2007 – 25 Qs 60/06, ZIP 2008, 287 = BeckRS 2007, 16068; LG Saarbrücken 2.2.2010 – 2 Qs 1/10, NStZ 2010, 534.

[56] BGH 24.11.2009 – StB 48/09, NJW 2010, 1297.

[57] BVerfG 16.6.2009 – 2 BvR 902/06, NJW 2009, 2431 (2436 f.).

[58] BGH 24.11.2009 – StB 48/09, NJW 2010, 1297 (1298).

[59] BVerfG 18.3.2009 – 2 BvR 1036/08, NJW 2009, 2518.

wirksamen und geordneten Rechtspflege.[60] Unzulässig ist auf Grundlage von § 103 die Durchsuchung der Kanzleiräume von Rechtsanwälten, die den Beschuldigten nach Auffassung der Ermittlungsbehörde hinsichtlich bestimmter steuerrechtlicher Fragestellungen beraten haben sollen, um Unterlagen über die Beratung von Mandanten, die mit dem Ermittlungsverfahren in keinem Zusammenhang stehen, zu erhalten und um hieraus Rückschlüsse auf den Inhalt der Beratung des Beschuldigten zu ziehen. Die Suche nach Beratungsunterlagen hinsichtlich unverdächtiger Mandanten steht in einem offenkundigen Missverhältnis zu der damit verbundenen Beeinträchtigung des Grundrechts auf informationelle Selbstbestimmung (Art. 2 Abs. 1 iVm Art. 1 Abs. 1 GG) sowie der auch im Interesse der Allgemeinheit liegenden Vertrauensbeziehung zwischen Anwalt und Mandant. Eine strafprozessuale Durchsuchung einer Rechtsanwalts- oder Steuerberaterkanzlei zur flächendeckenden Aufklärung, wie dort Mandanten hinsichtlich bestimmter steuerrechtlicher Fragestellungen beraten wurden, ist nur zulässig, wenn und soweit sich das steuerstrafrechtliche Ermittlungsverfahren gegen in der Kanzlei tätige Berufsträger richtet, hinreichende tatsächliche Anhaltspunkte für eine flächendeckende Beteiligung an Straftaten der Mandanten vorliegen und auch die weiteren (verfassungs-) rechtlichen Voraussetzungen für eine Durchsuchung beim beschuldigten Berufsgeheimnisträger gegeben sind.[61]

III. Verwertungsverbote, Rechtsbehelfe, Revision

19 → § 105 Rn. 36 ff., 46.

§ 104 [Nächtliche Hausdurchsuchung]

(1) Zur Nachtzeit dürfen die Wohnung, die Geschäftsräume und das befriedete Besitztum nur bei Verfolgung auf frischer Tat oder bei Gefahr im Verzug oder dann durchsucht werden, wenn es sich um die Wiederergreifung eines entwichenen Gefangenen handelt.

(2) Diese Beschränkung gilt nicht für Räume, die zur Nachtzeit jedermann zugänglich oder die der Polizei als Herbergen oder Versammlungsorte bestrafter Personen, als Niederlagen von Sachen, die mittels Straftaten erlangt sind, oder als Schlupfwinkel des Glücksspiels, des unerlaubten Betäubungsmittel- und Waffenhandels oder der Prostitution bekannt sind.

(3) Die Nachtzeit umfasst in dem Zeitraum vom ersten April bis dreißigsten September die Stunden von neun Uhr abends bis vier Uhr morgens und in dem Zeitraum vom ersten Oktober bis einunddreißigsten März die Stunden von neun Uhr abends bis sechs Uhr morgens.

Schrifttum: *Amelung,* Probleme der Einwilligung in strafprozessuale Grundrechtsbeeinträchtigungen, StV 1985, 257; *ders.,* Grundfragen der Verwertungsverbote bei beweissichernden Haussuchungen im Strafverfahren, NJW 1991, 2533; *Eisenberg,* Aspekte der Durchsuchung (§§ 102 ff. StPO) im Verhältnis zu ethologischen Grundbedürfnissen, FS-Rolinski, 2002, S. 165; *Ransiek,* Durchsuchung, Beschlagnahme und Verwertungsverbot, StV 2002, 565; *Sommermeyer,* Die materiellen und formellen Voraussetzungen der strafprozessualen Hausdurchsuchung, Jura 1992, 449; *Walther,* Die strafprozessuale Hausdurchsuchung, JA 2010, 32.

I. Überblick

1 **Normzweck und Anwendungsbereich.** Die Norm beschränkt die Durchsuchungen von Wohnungen, Geschäftsräumen und des befriedeten Besitztums zur Nachtzeit (Abs. 1, 3). Der Wohnungsbegriff ist wie in §§ 102, 103 auszulegen,[1] daher können Personen und die ihnen gehörenden Sachen, auch der Pkw, jederzeit durchsucht werden, solange nicht

[60] BVerfG 12.4.2005 – 2 BvR 1027/02, BVerfGE 113, 29 = NJW 2005, 1917.
[61] BVerfG 18.3.2009 – 2 BvR 1036/08, NJW 2009, 2518; *Gusy* NStZ 2010, 353 (359).
[1] HK-StPO/*Gercke* Rn. 2; KK/*Bruns* Rn. 3.

zugleich auch Räumlichkeiten durchsucht werden sollen.[2] Dagegen dürfen Wohnmobile und Wohnwagen sowie die genutzte Schlafkabine eines LKWs zur Nachtzeit nur nach Maßgabe des Abs. 1 durchsucht werden.[3] Die Vorschrift wird entsprechend bei der Durchsuchung zum Auffinden von Verfalls- oder Einziehungsgegenständen angewendet (§ 111b Abs. 4). Die richterliche Anordnung der Durchsuchung kann bereits den Zusatz enthalten, dass sie zur Nachtzeit vollstreckt werden darf.[4] Wenn der Durchsuchungsbeschluss eine dahingehende Anordnung nicht enthält, entscheidet der die Anordnung vollstreckende Beamte bzw. die vollstreckenden Organe über die Zulässigkeit der nächtlichen Hausdurchsuchung.

Sind die für eine Durchsuchung zur Nachtzeit erforderlichen Voraussetzungen nach Abs. 1 nicht gegeben, kommt eine Durchsuchung nur bei **Einwilligung** des Betroffenen in Betracht. Eine wirksame Einwilligung setzt entweder beim Betroffenen die Kenntnis aller hierfür maßgeblichen Umstände[5] oder eine ausdrückliche Belehrung über die „Freiwilligkeit" der Maßnahme voraus, wobei der Betroffene darüber zu belehren ist, dass die Durchsuchung nicht ohne Weiteres durchgeführt werden kann, sofern ihr nicht zugestimmt werde.[6] Eine verweigerte Einwilligung führt nicht gleich zur Annahme von Gefahr im Verzug. 2

Die Nachtzeit ist in **Abs. 3** geregelt. Sie beginnt um 21.00 Uhr und endet im Sommer (1.4–30.9) nach 4.00 Uhr und im Winter (1.10.–31.3) nach 6.00 Uhr morgens. Hat eine Durchsuchung vor 21.00 Uhr begonnen, darf sie in die Nacht hinein fortgesetzt werden, auch wenn die Voraussetzungen des Abs. 1 oder Abs. 2 nicht vorliegen, um einen drohenden Beweismittelverlust abzuwenden.[7] Die Durchsuchung sollte jedoch so rechtzeitig beginnen, dass vor Beginn der Nachtzeit mit ihrer Beendigung gerechnet werden kann.[8] 3

§ 104 Abs. 2 wird durch § 45 Abs. 2 BPolG sowie entsprechende Einzelbefugnisnormen in den **polizeirechtlichen Regelungen** der Länder (ua § 31 PolG BW, § 21 f. Brem. PolG; Art. 23, 24 BayPAG, § 41 PolG NRW, §§ 20, 21 POG, §§ 19, 20 SPolG, § 25 SächsPolG; §§ 25, 26 PAG) ergänzt. 4

II. Erläuterung

1. Abs. 1. Die nächtliche Hausdurchsuchung ist bei der Verfolgung auf frischer Tat, bei Gefahr im Verzug oder zur Wiederergreifung eines entwichenen Gefangenen zulässig. 5

Für die **Verfolgung auf frischer Tat** ist es ausreichend, wenn unmittelbar nach der Tatentdeckung die Verfolgung aufgenommen wird. Das Ziel der Verfolgung braucht nicht die Ergreifung des Täters sein, vielmehr kann sie auch der Sicherstellung der Beute oder dem Auffinden sonstiger Beweismittel dienen.[9] 6

Gefahr im Verzug im Sinne des Abs. 1 liegt vor, falls der Aufschub der Durchsuchung bis zum Ende der Nacht ihren Erfolg gefährden würde, bspw. wenn im Falle der Freilassung des auf frischer Tat angetroffenen Beschuldigten die Gefahr eines drohenden Beweisverlustes durch die Vernichtung etwaiger in seiner Wohnung befindlicher Drogen besteht.[10] 7

Zur Wiederergreifung eines entwichenen Gefangenen: Der Begriff Gefangener umfasst gemäß § 120 Abs. 1 und Abs. 4 StGB jeden, der auf Grund behördlicher Anordnung 8

[2] Meyer-Goßner *(Schmitt)* Rn. 1; SK-StPO/*Wohlers* Rn. 1.
[3] SK-StPO/*Wohlers* Rn. 1.
[4] BGH 31.10.1963 – 3 StB 12/63, MDR 1964, 71; Meyer-Goßner *(Schmitt)* Rn. 1.
[5] LG Saarbrücken 28.4.2003 – 8 Qs 70/03, wistra 2004, 34.
[6] BVerfG 21.10.2003 – 2 BvR 1500/03, juris; LG Hamburg 30.6.2010 – 706 Ns 17/10, StV 2011, 528; *Amelung* StV 1985, 257 (262 f.); SK-StPO/*Wohlers* Rn. 2.
[7] BVerfG 24.5.1977 – 2 BvR 988/75, BVerfGE 44, 353 (369) = NJW 1977, 1489; Löwe/Rosenberg/*Schäfer*, 25. Aufl. Rn. 5; BeckOK-StPO/*Hegmann* Rn. 4.
[8] *Sommermeyer* Jura 1992, 449 (457); KMR/*Hadamitzky* Rn. 2.
[9] Meyer-Goßner *(Schmitt)* Rn. 3; HK-GS/*Hartmann* Rn. 3.
[10] OLG Hamm 18.8.2009 – 3 Ss 293/08, NJW 2009, 3109 (3111); Radtke/Hohmann/*Ladiges* Rn. 4; AK/*Löffelmann* Rn. 1.

in einer Anstalt verwahrt wird.[11] Zum Wiederergreifen gehören auch Durchsuchungsmaßnahmen, um Anhaltspunkte für seinen Verbleib zu gewinnen.[12]

9 **2. Abs. 2.** Die in Abs. 2 genannten Räume unterliegen nicht den Beschränkungen des Abs. 1. Dazu gehören alle Räume, die zur Nachtzeit jedermann zugänglich sind, unabhängig davon, ob der Zugang nur gegen Entgelt oder mit Einlasskontrolle gewährt wird,[13] bspw. Herbergen, Gaststätten, Diskotheken, Bars, Theater, Kinos, Bahnhöfe, Wartesäle und Flughäfen. Ein vorzeitiges Schließen, um gezielt die Durchsuchung zu verhindern, ist unbeachtlich.[14] Abs. 2 gilt nur für die Dauer der Öffnungszeit und nicht für Bereiche, die eindeutig von allgemein zugänglichen Bereichen abgetrennt sind. Somit fallen Clubs und Vereinsheime, zu denen von vornherein nur einem bestimmten Personenkreis Zutritt gewährt wird, nicht unter die Vorschrift, es sei denn, es handelt sich um Räume, die der Polizei als Herbergen oder Versammlungsorte bestrafter Personen, als Niederlagen von Sachen, die mittels Straftaten erlangt sind, oder als **Schlupfwinkel** des Glücksspiels, des unerlaubten Betäubungsmittel- und Waffenhandels oder der Prostitution bekannt sind. Das ist der Fall, wenn sie der Polizei jedenfalls einmal zu einem der genannten Zwecke als Schwerpunkte bestimmter krimineller und sozialschädlicher Aktivitäten aufgefallen und keine Anhaltspunkte für eine Änderung ihrer Verwendungsbestimmung ersichtlich sind.[15] Der Begriff Schlupfwinkel setzt das Merkmal der „Heimlichkeit" voraus.[16]

III. Rechtsbehelfe, Verwertungsverbote, Revision

10 Verstöße gegen § 104 können entsprechend § 98 Abs. 2 S. 2 gerügt werden.[17] Im Übrigen führt ein Verstoß gegen die Norm in der Regel nicht zu einem Verwertungsverbot hinsichtlich der gefundenen Beweismittel,[18] denn der Schutzzweck der Norm ist der erhöhte Schutz der Unverletzlichkeit der Wohnung durch Sicherung der Nachtruhe, nicht jedoch, die in der Wohnung befindlichen Beweismittel dem Zugriff der Strafverfolgungsbehörden zu entziehen.[19] Ein Verwertungsverbot kann im Ausnahmefall vorliegen, wenn der zur Fehlerhaftigkeit der Ermittlungsmaßnahme führende Verstoß schwerwiegend war oder bewusst oder willkürlich begangen wurde und kein besonderes Allgemeininteresse an der Tataufklärung besteht.[20] Im Übrigen → § 105 Rn. 36 ff., 46.

§ 105 [Anordnung; Ausführung]

(1) [1]Durchsuchungen dürfen nur durch den Richter, bei Gefahr im Verzug auch durch die Staatsanwaltschaft und ihre Ermittlungspersonen (§ 152 des Gerichtsverfassungsgesetzes) angeordnet werden. [2]Durchsuchungen nach § 103 Abs. 1 Satz 2 ordnet der Richter an; die Staatsanwaltschaft ist hierzu befugt, wenn Gefahr im Verzug ist.

(2) [1]Wenn eine Durchsuchung der Wohnung, der Geschäftsräume oder des befriedeten Besitztums ohne Beisein des Richters oder des Staatsanwalts stattfin-

---

[11] Meyer-Goßner *(Schmitt)* Rn. 5.
[12] Löwe/Rosenberg/*Schäfer,* 25. Aufl. Rn. 11; SK-StPO/*Wohlers* Rn. 10; HK-GS/*Hartmann* Rn. 3.
[13] KMR/*Hadamitzky* Rn. 4.
[14] SK-StPO/*Wohlers* Rn. 12.
[15] Löwe/Rosenberg/*Schäfer,* 25. Aufl. Rn. 14; krit. *Eisenberg,* FS-Rolinski, S. 165 (171 f.).
[16] Radtke/Hohmann/*Ladiges* Rn. 6.
[17] Löwe/Rosenberg/*Schäfer,* 25. Aufl. Rn. 15.
[18] BVerfG 24.5.1977 – 2 BvR 988/75, BVerfGE 44, 353 (369) = NJW 1977, 1489; AK/*Löffelmann* Rn. 4.
[19] *Amelung* NJW 1991, 2533 (2536); *Ransiek* StV 2002, 565 (569); *Walther* JA 2010, 32 (38).
[20] BVerfG 12.4.2005 – 2 BvR 1027/02, BVerfGE 113, 29 (61) = NJW 2005, 1917 (1923); BVerfG 16.3.2006 – 2 BvR 954/02, NJW 2006, 2684 (2686); BVerfGE 7.2.2009 – 2 BvR 2225/08, NJW 2009, 3225; BGH 18.4.2007 – 5 StR 546/06, BGHSt 51, 285 (293) = NJW 2007, 2269 (2273); LG Hamburg 30.6.2010 – 706 Ns 17/10, StV 2011, 528.

det, so sind, wenn möglich, ein Gemeindebeamter oder zwei Mitglieder der Gemeinde, in deren Bezirk die Durchsuchung erfolgt, zuzuziehen. [2]Die als Gemeindemitglieder zugezogenen Personen dürfen nicht Polizeibeamte oder Ermittlungspersonen der Staatsanwaltschaft sein.

(3) [1]Wird eine Durchsuchung in einem Dienstgebäude oder einer nicht allgemein zugänglichen Einrichtung oder Anlage der Bundeswehr erforderlich, so wird die vorgesetzte Dienststelle der Bundeswehr um ihre Durchführung ersucht. [2]Die ersuchende Stelle ist zur Mitwirkung berechtigt. [3]Des Ersuchens bedarf es nicht, wenn die Durchsuchung von Räumen vorzunehmen ist, die ausschließlich von anderen Personen als Soldaten bewohnt werden.

Schrifttum: *Ahlbrecht,* Die Europäische Ermittlungsanordnung – oder: EU-Durchsuchung leicht gemacht, StV 2013, 114; *Amelung,* Probleme der Einwilligung in strafprozessuale Grundrechtsbeeinträchtigungen, StV 1985, 257; *ders.,* Die Entscheidung des BVerfG zur Gefahr im Verzug iS des Art. 13 Abs. 2 GG, NStZ 2001, 337; *ders.,* Rechtsweg für die Überprüfung von Art und Weise des Vollzugs einer abgeschlossenen richterlich angeordneten Durchsuchung, JR 2000, 479; *Amelung/Mittag,* Beweislastumkehr bei Haussuchungen ohne richterliche Anordnung gemäß § 105 StPO, NStZ 2005, 614; *Asbrock,* Ungehorsamshaft im Berufungsverfahren, StV 2001, 322; *Beichel, Kieninger,* „Gefahr im Verzug" auf Grund Selbstausschaltung des erreichbaren, jedoch „unwilligen" Bereitschaftsrichters? NStZ 2003, 10; *Benfer,* Anordnung von Grundrechtseingriffen durch Richter und Staatsanwalt und die Verpflichtung zum Vollzug, NJW 1981, 1245; *Beukelmann,* Update: Europäisches Strafrecht, NJW Spezial 2011, 760; *Berg,* Zum Rechtsbegriff „Gefahr im Verzuge" bei Wohnungsdurchsuchungen, StraFo 2007, 74; *Bittmann,* Gefahr im Verzug, wistra 2001, 451; *Börner,* Grenzfragen der Akteneinsicht nach Zwangsmaßnahmen, NStZ 2010, 417; *ders.,* Akteneinsicht nach Durchsuchung und Beschlagnahme, NStZ 2007, 680; *Brocke, Herb,* Richtervorbehalt und Gefahr im Verzug bei Blutentnahmen gem. § 81a StPO, NStZ 2009, 671; *Brodowski,* Strafrechtsrelevante Entwicklungen in der Europäischen Union – ein Überblick, ZIS 2011, 940; *Burhoff,* Durchsuchung und Beschlagnahme, StraFo 2005, 140; *Cassardt,* Zur Gültigkeitsdauer ermittlungsrichterlicher Durchsuchungsanordnungen, NJW 1996, 554; *Ciolek-Krepold,* Durchsuchung und Beschlagnahme in Wirtschaftsstrafsachen, 2000; *Einmahl,* Gefahr im Verzug und Erreichbarkeit des Ermittlungsrichters bei Durchsuchungen und Beschlagnahmen, NJW 2001, 1393; *Fezer,* Effektiver Rechtsschutz bei Verletzung der Anordnungsvoraussetzung „Gefahr im Verzug", FS-*Rieß,* 2002, S. 93; *Fickenscher, Dingelstadt,* Richterlicher Bereitschaftsdienst „rund um die Uhr"? NJW 2009, 3473; *Gottschalk,* Kann ein Haftbefehl zur Nachtzeit in der Wohnung des Beschuldigten vollstreckt werden?, NStZ 2002, 568; *Gusy,* Zum Richtervorbehalt nach Art. 13 Abs. 2 GG, JZ 2001, 1033; *ders.,* Verfassungsfragen des Strafprozessrechts, StV 2002, 153; *ders.;* Grundgesetzliche Anforderungen an Durchsuchungsbeschlüsse iSd. Art. 13 Abs. 2 GG, NStZ 2010, 353; *Harms,* Kann ein richterlicher Durchsuchungsbeschluss auch mündlich erlassen werden?, DRiZ 2004, 25; *ders.,* Warum eine mündliche Durchsuchungsanordnung des Richters rechtswidrig ist und welche Konsequenzen eine lediglich mündliche Anordnung für das weitere Verfahren hat, StV 2006, 215; *Höfling,* Fernmündliche Durchsuchungsanordnungen durch den Richter gem. § 102 ff StPO, JR 2003, 408; *Hofmann,* Der „unwillige" Bereitschaftsrichter und Durchsuchungsanordnungen wegen Gefahr im Verzug, NStZ 2003, 230; *Jahn,* Strafprozessuale Eingriffsmaßnahmen im Lichte der aktuellen Rechtsprechung des BVerfG, NStZ 2007, 255; *Kemper,* Die Beschlagnahme von Beweisgegenständen bei fehlender Beschlagnahmeanordnung, wistra 2006, 171; *Krehl,* Richtervorbehalt und Durchsuchungen außerhalb gewöhnlicher Dienstzeiten, NStZ 2003, 461; *ders.,* Die Bindungswirkung verfassungsgerichtlicher Entscheidungen und richterlicher Bereitschaftsdienst bei Gefahr im Verzug, wistra 2002, 294; *Krekeler,* Beweisverwertungsverbote bei fehlerhaften Durchsuchungen, NStZ 1993, 263; *ders.,* Probleme der Verteidigung in Wirtschaftsstrafsachen, wistra 1983, 43; *Kruis/Wehowsky,* Verfassungsgerichtliche Leitlinien zur Wohnungsdurchsuchung, NJW 1999, 682; *Mahnkopf/Funk,* Zur Frage des Anwesenheitsrechtes von Sachverständigen bei strafprozessualen Durchsuchungsmaßnahmen im Zusammenhang mit ärztlichen Abrechnungsbetrügereien, NStZ 2001, 519; *Matthes,* Zwischen Durchsuchung und Rasterfahndung – Verdachtsbegründung und Ermittlungsmöglichkeiten der Steuerfahndung, wistra 2008, 10; *Metz,* Rangverhältnis der Staatsanwaltschaft zu ihren Ermittlungspersonen bei Gefahr im Verzug, NStZ 2012, 242; *Michalke,* Wenn der Staatsanwalt klingelt – Verhalten bei Durchsuchung und Beschlagnahme, NJW 2008, 1490; *Mosbacher,* Verwertungsverbot bei Durchsuchungsanordnung des Staatsanwalts, NJW 2007, 3686; *Müller/Trurnit,* Eilzuständigkeiten der Staatsanwaltschaft und des Polizeivollzugsdienstes in der StPO, StraFo 2008, 144; *Obenhaus,* Cloud Computing als neue Herausforderung für Strafverfolgungsbehörden und Rechtsanwaltschaft, NJW 2010, 651; *Rabe von Kühlewein,* Normative Grundlagen der Richtervorbehalte, GA 2002, 637; *Ransiek,* Durchsuchung, Beschlagnahme und Verwertungsverbot, StV 2002, 565; *Rengier,* Praktische Fragen bei Durchsuchungen, insbesondere in Wirtschaftsstrafsachen, NStZ 1981, 372; *Schmidt,* Die unzureichende Begründung ermittlungsrichterlicher Anordnungen und deren Auswirkung auf die Beweisverwertung im Strafprozessrecht, StraFo 2009, 448; *Schuhmann,* Durchsuchung und Beschlagnahme im Steuerstrafverfahren, wistra 1994, 93; *Schulz,* Letztmals: Der „unwillige" Bereitschaftsrichter und Durchsuchungsanordnungen wegen Gefahr im Verzug, NStZ 2003, 635; *Trück,* Die revisionsrechtliche Einordnung der Rüge rechtsfehlerhafter Anwendung des Richtervorbehalts bei Durchsuchung und Blutprobenentnahme, NStZ 2011, 202; *ders.*, Mündliche Entscheidung des Ermittlungsrichters ohne Akten? – Überlegungen zu Zweck und Tragweite des strafprozessualen Richtervorbehalts am Beispiel von Durchsuchung und Blutprobenentnahme, JZ 2010, 1106; *Weiler,* Beweissichernde Durchsuchung und die Folgen von Verfahrensfehlern, GS-Meurer, 2002, 395; *Werwigk,* Zur Geltung des Richtervorbehalts bei der Durchsuchung von besetzten Häusern, NJW 1983, 2366; *Wohlers,* Die Nichtbeachtung des Richtervorbehalts, StV 2008, 434.

Übersicht

I. Überblick

1 Abs. 1 regelt die Anordnung der Durchsuchung nach §§ 102, 103. Der **Richtervorbehalt** bezweckt eine vorbeugende Kontrolle der Durchsuchungsanordnungen durch eine unabhängige neutrale Instanz.[1] Als „Kontrollorgan der Strafverfolgungsbehörden" prüft das Gericht eigenverantwortlich die Voraussetzungen für den Erlass einer Durchsuchungsanordnung.[2] Bei **Gefahr im Verzug** kann die Anordnung durch die Ermittlungsbehörden, namentlich die Staatsanwaltschaft und ihre Ermittlungspersonen, getroffen werden (Ausnahme Abs. 1 S. 2).[3] Die Durchführung der Durchsuchungsmaßnahme ist in Abs. 2 (Herbeiziehung von Durchsuchungszeugen) und Abs. 3 (Durchsuchung von Dienstgebäuden, Einrichtungen oder Anlagen der Bundeswehr) geregelt. Zu **legendierten Kontrollen** → § 108 Rn. 7.

2 Einer Anordnung nach Abs. 1 bedarf es nicht, wenn der Betroffene, idR der tatsächliche Gewahrsamsinhaber, darin ausdrücklich und frei von Zwang **einwilligt.**[4] Bei (Mit-) Gewahrsam muss jeder (Mit-) Gewahrsamsinhaber die Einwilligung erteilen.[5] Die Einwilligung kann auch im Rahmen einer Stellvertretung erklärt werden. Bei juristischen Personen ist hierfür der gesetzliche Vertreter im Rahmen seiner Vertretungsmacht zuständig.[6] Ausreichend ist eine formlose Zustimmung des Betroffenen, die durch konkludentes Verhalten erteilt werden kann.[7] Eine stillschweigende Duldung reicht hingegen nicht aus, wenn sie aus der Perspektive eines objektiven Dritten ohne entsprechende Aussagekraft ist.[8] Liegen die Voraussetzungen nach § 102 nicht vor und wurde der betroffene Gewahrsamsinhaber

---

[1] BVerfG 16.6.1981 – 1 BvR 1094/80, BVerfGE 57, 346 (355) = NJW 1981, 2111; BVerfG 16.6.1987 – 1 BvR 1202/84, BVerfGE 76, 83 (91) = NJW 1987, 2499.

[2] BVerfG 20.2.2001 – 2 BvR 1444/00, BVerfGE 103, 142 (151) = NJW 2001, 1121; BVerfG 20.4.2004 – 2 BvR 2043/03 ua, NJW 2004, 3171.

[3] *Müller/Trurnit* StraFo 2008, 144.

[4] HK-StPO/*Gercke* Rn. 7; AK/*Löffelmann* Rn. 3; *Werwigk* NJW 1983, 2366.

[5] HK-GS/*Hartmann* Rn. 1; *Amelung* StV 1985, 257 (260).

[6] HK-StPO/*Gercke* Rn. 7.

[7] BayObLG 26.10.2004 – 3 ZBR 160/04, BayVBl 2005, 348; HK-GS/*Hartmann* Rn. 1.

[8] OLG Köln 27.10.2009 – 81 Ss 65/09, BeckRS 2010, 00255.

darüber (auch über den Zweck der Durchsuchung) nicht qualifiziert informiert, ist die Einwilligung unwirksam.[9] Die Einwilligung darf nicht widerrufen worden sein. Ein solcher Widerruf ist als Antrag analog § 98 Abs. 2 S. 2 auszulegen.[10]

Für die Durchsuchung der Wohnung zur Ergreifung eines Beschuldigten bzw. Verurteilten aufgrund von Haftbefehlen (§ 112, § 453c Abs. 2, § 457 Abs. 2), Hauptverhandlungshaft (§ 127b), Unterbringungsbefehlen (§ 126a), Vorführungsbefehlen nach § 134 Abs. 2, § 230 Abs. 2 § 236, § 329 Abs. 4 S. 1 bedarf es keiner weiteren Anordnung nach § 105 Abs. 1.[11] In diesen Fällen ist die Anordnung der Ergreifungsdurchsuchung zugleich konkludent mit dem Erlass des Haftbefehls erfolgt.[12] Die Befugnis zur Durchsuchung gilt in den oben genannten Fällen auch zur Nachtzeit.[13] Die Durchsuchung von **Räumen Dritter** bedarf allerdings einer gesonderten Anordnung. Die stillschweigende Anordnung der Durchsuchung der Wohnung des Verurteilten zwecks Ingewahrsamnahme des aufgrund eines Fahrverbots nach § 44 StGB herauszugebenden Führerscheins ist ebenfalls konkludent in dem Urteil oder Strafbefehl enthalten, in denen das Fahrverbot ausgesprochen wurde.[14] 3

Zulässig ist die Verbindung der Durchsuchungsanordnung mit einer **Beschlagnahmeanordnung**. Die Gegenstände, die beschlagnahmt werden sollen, sind in der Anordnung genau zu bezeichnen.[15] 4

Gemäß § 111b Abs. 4 ist die Vorschrift entsprechend bei **Verfalls- und Einziehungsgegenständen** anzuwenden. 5

II. Erläuterung

1. Anordnungskompetenz. a) Regelfall: Richterliche Anordnung. Aus Art. 13 Abs. 2 GG folgt, dass die **richterliche Anordnung** der Durchsuchung die Regel, die nichtrichterliche bei Gefahr im Verzug die Ausnahme darstellt.[16] Zuständig **im Ermittlungsverfahren** ist der Ermittlungsrichter beim zuständigen Amtsgericht (§§ 162, 169).[17] In Staatsschutzstrafsachen werden die richterlichen Befugnisse im vorbereitenden Verfahren von Ermittlungsrichtern des Oberlandesgerichts ausgeübt, die neben den Richtern beim Amtsgericht, allerdings ohne örtliche Beschränkung, zuständig sind. Führt der Generalbundesanwalt die Ermittlungen, ist der Ermittlungsrichter des Bundesgerichtshofs zuständig (§ 169).[18] Der Ermittlungsrichter entscheidet auf Antrag der Staatsanwaltschaft oder der Straf- und Bußgeldstelle der Finanzbehörde, wenn diese das Ermittlungsverfahren wegen einer Steuerstraftat selbständig führt (§ 386 AO).[19] Antragsbefugt sind auch die Kartellbehörde (§§ 36 Abs. 1 Nr. 1, 46 Abs. 2 OWiG iVm §§ 59 Abs. 3 und 4, 48 GWB), nicht jedoch Ermittlungspersonen der Staatsanwaltschaft (§ 152 GVG) oder der Steuerfahndung (§ 404 AO).[20] Deren Anträge an das Gericht können lediglich als Anregung für eine richterliche Nothandlung nach § 165 ausgelegt werden.[21] **Nach Anklageerhebung** ist das mit 6

[9] BGH 9.7.1987 – 4 StR 223/87, BGHSt 34, 397 (400), NJW 1988, 1037; OLG Hamburg 23.3.2007 – 1 Ss 5/07, StV 2008, 12.

[10] OLG Düsseldorf 18.9.1996 – 1 Ws 788/96, wistra 1997, 77.

[11] OLG Frankfurt a. M. 26.11.1963 – 3 Ws 62/63, NJW 1964, 785 (786); OLG Düsseldorf 27.7.1981 – 2 Ws 289/81, NJW 1981, 2133 (2134); Meyer-Goßner *(Schmitt)* Rn. 6; aA Radtke/Hohmann/*Ladiges* Rn. 2; HK-StPO/*Gercke* Rn. 10; SK-StPO/*Wohlers* Rn. 9; *Rabe von Kühlewein* GA 2002, 637 (651 f.).

[12] BeckOK-StPO/*Hegmann* Rn. 3; einschränkend bei Haftbefehlen, die lediglich von einer Vollstreckungsbehörde erlassen wurden vgl. HK-StPO/*Gercke* Rn. 10.

[13] *Gottschalk* NStZ 2002, 568 ff.; Meyer-Goßner *(Schmitt)* Rn. 6.

[14] Meyer-Goßner *(Schmitt)* Rn. 6; aA SK-StPO/*Wohlers* Rn. 9.

[15] Meyer-Goßner *(Schmitt)* Rn. 7; *Kemper* wistra 2006, 171.

[16] BVerfG 20.2.2001 – 2 BvR 1444/00, NStZ 2001, 382; BVerfG 9.11.2001 – 2 BvR 436/01, NStZ 2002, 212; *Amelung* NStZ 2001, 337; *Asbrock* StV 2001, 322; *Berg* StraFo 2007, 74; *Bittmann* wistra 2001, 451; *Einmahl* NJW 2001, 1393 (1394); *Gusy* JZ 2001, 1033 (1034); *ders.* StV 2002, 153 (156); *Krehl* wistra 2002, 294; *Ransiek* StV 2002, 565; HK-StPO/*Gercke* Rn. 47.

[17] BVerfG 4.3.2008 – 2 BvR 103/04, wistra 2008, 339.

[18] BeckOK-StPO/*Monka* § 169 Rn. 1.

[19] LG Essen 31.5.2012 – 35 Qs 306 AR 55/12 – 33/12, ZWH 2012, 379.

[20] LG Berlin 8.2.1988 – 514 Qs 1/88, wistra 1988, 203; *Krekeler* wistra 1983, 43 (45).

[21] LG Hildesheim 10.11.1980 – 22 Qs 3/80, BB 1981, 356.

der Sache befasste Gericht für die Durchsuchungsanordnung zuständig, die in Bezug auf die angeklagte Tat erfolgt. Ein Antrag der Staatsanwaltschaft ist in diesem Verfahrensstadium nicht erforderlich, da die Verfahrensherrschaft auf das Gericht übergangen ist.[22] Im Berufungsverfahren ist ab dem Zeitpunkt des Zugangs der Akten (§ 321) das Berufungsgericht zuständig. Im Revisionsverfahren verbleibt es bei der Zuständigkeit des letzten Tatrichters. Bei Durchsuchungsmaßnahmen **nach Rechtskraft** ist das Gericht des ersten Rechtszugs zuständig.[23]

7 **b) Gefahr im Verzug. aa) Anforderungen.** Bei Gefahr im Verzug sind die Staatsanwaltschaft und ihre Ermittlungspersonen, dazu gehören auch die Beamten der Zollfahndungsämter und der Steuerfahndung (§ 404 S. 2 AO), zur Anordnung der Durchsuchung befugt.[24] Bei Ermittlungspersonen gilt diese Befugnis in Fällen des § 103 Abs. 1 S. 2 nicht. Durchsuchungen einer Redaktion, eines Verlages, einer Druckerei oder einer Rundfunkanstalt nach Gegenständen, die nur entsprechend § 97 Abs. 5 S. 2, Abs. 2 S. 3 beschlagnahmt werden dürfen, erfordern stets eine richterliche Anordnung (§ 98 Abs. 1 S. 2 analog).[25] Zur Durchsetzung von Auskunftsverlangen nach § 127 TKG können Durchsuchungen bei Gefahr im Verzug auch durch Beauftragte der Bundesnetzagentur durchgeführt werden (§ 127 Abs. 6 S. 2 TKG iVm § 127 Abs. 5 TKG). Zur Anordnung einer Durchsuchung durch den Untersuchungsführer in einem förmlichen Disziplinarverfahren bei Gefahr im Verzug vgl. BGH 15.5.2008 – 2 ARs 452/07 (EBE/BGH 2008, BGH-Ls 621/08).

8 Wegen des Ausnahmecharakters der nichtrichterlichen Anordnung und der grundrechtssichernden Schutzfunktion des Richtervorbehalts ist der **Begriff Gefahr im Verzug eng auszulegen**, denn die Inanspruchnahme der Eilkompetenz bewirkt eine erhebliche Minderung des Schutzes aus Art. 13 Abs. 1 GG.[26] Die Voraussetzungen dafür liegen vor, wenn die **nahe liegende Möglichkeit** besteht, dass die durch vorherige Einholung der richterlichen Anordnung eintretende Verzögerung zu einer Gefährdung des Durchsuchungserfolgs führen wird.[27] Das muss sich aus **einzelfallbezogenen Tatsachen** ergeben. Reine Spekulationen, hypothetische Erwägungen oder lediglich auf kriminalistische Alltagserfahrungen gestützte, fallunabhängige Vermutungen reichen hierfür nicht aus.[28]

9 Da die Regelzuständigkeit des Richters in der Praxis effektiv bleiben muss[29] und auf eine vorbeugende Kontrolle der Maßnahme durch eine unabhängige und neutrale Instanz abzielt, haben die Strafverfolgungsbehörden grds. den Versuch zu unternehmen, zuvor eine richterliche Anordnung zu erwirken.[30] Der **Versuch einer telefonischen Kontaktaufnahme** genügt.[31] Lediglich in Ausnahmesituationen, wenn die zeitliche Verzögerung zu einem Verlust des Beweismittels führt, dürfen die Strafverfolgungsbehörden die Anordnung wegen Gefahr im Verzug selbst treffen, ohne sich zuvor um eine richterliche Entscheidung

---

[22] HK-StPO/*Gercke* Rn. 16.

[23] OLG Düsseldorf 27.7.1981 – 2 Ws 289/81, NJW 1981, 2133 (2134); HK-StPO/*Gercke* Rn. 17.

[24] BVerfG 4.2.2005 – 2 BvR 308/04, NJW 2005, 1637 (1638); BGH 19.1.2010 – 3 StR 530/09, wistra 2010, 231; OLG Köln 27.10.2009 – 81 Ss 65/09, StV 2010, 14; *Burhoff* StraFo 2005, 140.

[25] BGH 13.1.1999 – 2 Bfs 71-93-2 StB 14/98, NJW 1999, 2051.

[26] BVerfG 20.2.2001 – 2 BvR 1444/00, NStZ 2001, 382; HK-StPO/*Gercke* Rn. 48.

[27] BGH 11.8.2005 – 5 StR 200/05, NStZ 2006, 115; BGH 18.4.2007 – 5 StR 546/06, StV 2007, 337; BGH 30.8.2011 – 3 StR 210/11, NStZ 2012, 104.

[28] BVerfG 20.2.2001 – 2 BvR 1444/00, NStZ 2001, 382; BVerfG 20.4.2004 – 2 BvR 2043/03, 2 BvR 2104/03, NJW 2004, 3171; BVerfG 3.7.2006 – 2 BvR 2030/04, StraFo 2006, 369; OLG Köln 27.10.2009 – 81 Ss 65/09, StV 2010, 14 f.; OLG Hamm 19.10.2006 – 3 Ss 363/06, NStZ 2007, 356; *Ciolek-Krepold* Rn. 57 ff.

[29] BVerfG 20.2.2001 – 2 BvR 1444/00, BVerfGE 103, 142 = NJW 2001, 1121; *Jahn* NStZ 2007, 255 (259); *Gusy* NStZ 2010, 353; HK-GS/*Hartmann* Rn. 4.

[30] BVerfG 12.2.2007 – 2 BvR 273/06, NJW 2007, 1345 (1346); BGH 11.8.2005 – 5 StR 200/05, NStZ 2006, 114 (115); BGH 18.4.2007 – 5 StR 546/06, NStZ 2007, 601 (602); *Jahn* NStZ 2007, 255 (259 f.).

[31] BbgVerfG 21.11.2002 – VfGBbg 94/02, NJW 2003, 2305; LG Berlin 30.8.2007 – 506 Qs 140/07, StV 2008, 244; AG Essen 27.2.2008 – 44 Gs 1518/08, StraFo 2008, 199; AG Bremen 10.1.2012 – 75 Ls 570 Js 14531/10 (8/11), NStZ 2012, 287.

bemüht zu haben.[32] Falls der zuständige Staatsanwalt bei einer nächtlichen Durchsuchungsanordnung von der Existenz eines ermittlungsrichterlichen Bereitschaftsdienstes keine Kenntnis hat, stellt sich unter Umständen die Frage nach etwaigen **Organisationsmängeln,** die im Tätigwerden mit den Verhältnissen nicht vertrauter Behördenvertreter liegen könnten.[33] Die Polizei hat, falls eine richterliche Entscheidung nicht herbeigeführt werden kann, aufgrund der besonderen Eingriffsintensität der Durchsuchung zunächst eine staatsanwaltschaftliche Anordnung einzuholen, obwohl § 105 der Staatsanwaltschaft ausdrücklich keinen generell-abstrakten Vorrang gegenüber der Polizei einräumt.[34] Die Missachtung des Antragsrechtes der Staatsanwaltschaft sowie Zuständigkeitsverstöße im Verhältnis der Ermittlungsbehörden untereinander führen nicht zu einem Verwertungsverbot.[35] Die mit dem Richtervorbehalt bezweckte präventive Kontrolle erfolgt in diesem Fall gerade durch die Beteiligung des Richters.[36]

Bei der **Prüfung der Voraussetzungen** von Gefahr im Verzug steht es nicht im Belieben der Strafverfolgungsbehörden, wann sie eine Antragstellung in Erwägung ziehen.[37] Sie dürfen die tatsächlichen Voraussetzungen von Gefahr im Verzug nicht selbst herbeiführen,[38] indem sie so lange mit einem Antrag an den Ermittlungsrichter zuwarten, bis die Gefahr eines Beweismittelverlusts tatsächlich entstanden ist, um dann ihre Eilkompetenz anzunehmen und die Regelzuständigkeit des Richters zu unterlaufen.[39] Für die Frage, ob die Ermittlungsbehörden eine richterliche Entscheidung rechtzeitig erreichen konnten, kommt es deshalb auf den Zeitpunkt an, zu dem die Staatsanwaltschaft oder ihre Ermittlungspersonen die Durchsuchung für erforderlich hielten.[40] 10

Lehnt der Ermittlungsrichter die Durchsuchungsanordnung ab, kommt die Annahme von Gefahr im Verzug grds. nicht in Betracht, auch wenn die betreffende Ermittlungsbehörde die Ablehnung für unzutreffend hält.[41] Anders liegt der Fall, wenn der Ermittlungsrichter sich **unzulässig verweigert**, sich mit dem Antrag zu befassen, weil er der Auffassung ist, ohne Aktenkenntnis nicht (auch nicht mündlich) entscheiden zu können und der Verlust der Beweismittel zeitnah droht. Der Ermittlungsrichter darf sein Tätigwerden nicht unter Hinweis auf die fehlende Aktenkenntnis verweigern.[42] Bei dieser Sachlage fehlt es an einer eigenverantwortlichen Prüfung und Entscheidung durch das Gericht, was es der Staatsanwaltschaft verwehren würde, anstelle des Gerichts die Durchsuchung anzuordnen. Anders liegt der Fall, wenn der Ermittlungsrichter bewusst von der Staatsanwaltschaft unvollständig unterrichtet worden ist, um eine Ablehnung eines richterlichen Beschlusses zu provozieren und um dadurch die Eilkompetenz zu begründen (→ § 98 Rn. 12).[43] 11

bb) Gerichtsorganisation. Die Gewährleistung des Richtervorbehalts als Grundrechtssicherung erfordert eine möglichst weitgehende Erreichbarkeit des Ermittlungsrich- 12

---

[32] BVerfG 20.2.2001 – 2 BvR 1444/00, NStZ 2001, 382; BVerfG 4.2.2005 – 2 BvR 308/04, NJW 2005, 1637; BGH 15.5.2008 – 2 ARs 452/07, NSW StPO § 98; BayObLG 29.10.2002 – 4 St RR 104/02, NStZ-RR 2003, 142 Anm. *Krehl* JR 2003, 302, *Gusy* NStZ 2010, 353.

[33] BGH 3.5.2011 – 3 StR 277/10, StV 2012, 3.

[34] BVerfG 8.3.2006 – 2 BvR 1114/05, NJW 2006, 3267; BverfG 11.6.2010 – 2 BvR 1046/08, NStZ 2011, 289; *Metz,* NStZ 2012, 242.

[35] KK/*Griesbaum* § 165 Rn. 6 mwN.

[36] HK-StPO/*Gercke* Rn. 51; Löwe/Rosenberg/*Schäfer,* 25. Aufl. Rn. 28. Ausführlich zum Rangverhältnis der Staatsanwaltschaft zu ihren Ermittlungspersonen bei Gefahr im Verzug vgl. *Metz* NStZ 2012, 242 (247).

[37] BVerfG 30.8.2011 – 3 StR 210/11, NStZ 2012, 104.

[38] BVerfG 20.2.2001 – 2 BvR 1444/00, NStZ 2001, 382.

[39] BVerfG 3.12.2002 – 2 BvR 1845/00, NStZ 2003, 319; BVerfG 4.2.2005 – 2 BvR 308/04, NJW 2005, 1637.

[40] BGH 18.4.2007 – 5 StR 546/06, NStZ 2007, 601 (602); BGH 30.8.2011 – 3 StR 210/11, NStZ 2012, 104; AG Bremen 10.1.2012 – 75 Ls 570 Js 14531/10 (8/11), NStZ 2012, 287.

[41] HK-StPO/*Gercke* Rn. 52.

[42] *Beichel/Kieninger* NStZ 2003, 10; *Fikenscher/Dingelstadt* NJW 2009, 3473 (3475).

[43] BGH 11.8.2005 – 5 StR 200/05, NStZ 2006, 114; *Hofmann* NStZ 2003, 230 (232); *Schulz* NStZ 2003, 635 (636); *Brocke/Herb* NStZ 2009, 671 (674); *Burhoff* StraFo 2005, 140; *Höfling* JR 2003, 408 (410); *Hofmann* NStZ 2003, 230; aA LG Berlin 30.11.2009 – 522a – 2/09, NStZ 2010, 415; *Beichel/Kieninger* NStZ 2003, 10; *Mosbacher* Jus 2010, 127 (131); *Krehl* NStZ 2003, 461 (463).

ters.[44] Die Landesjustiz- und die Gerichtsverwaltungen müssen die Voraussetzungen für eine wirksame präventive richterliche Kontrolle der Wohnungsdurchsuchung schaffen, um im Rahmen des Möglichen sicherzustellen, dass in der Masse der Alltagsfälle die in der Verfassung vorgesehene Regelzuständigkeit des Richters gewahrt bleibt.[45] Es ist ein funktionierender richterlicher Not- bzw. Eildienst (§ 22c GVG) auch zur Nachtzeit einzurichten,[46] wenn hierfür ein praktischer Bedarf besteht, der über den Ausnahmefall hinausgeht.[47] Fehlt die Einrichtung eines solchen Not- bzw. Eildienstes kann dieser organisatorische Mangel im Einzelfall zur Rechtswidrigkeit einer erfolgten Durchsuchung führen und eine Nichtverwertbarkeit der dabei aufgefundenen Beweismittel nach sich ziehen (→ Rn. 38).[48]

13 **cc) Gerichtliche Überprüfbarkeit.** Die Gewährleistung effektiven Rechtsschutzes ist nur möglich, wenn bei der nachträglichen gerichtlichen Überprüfung die Voraussetzungen der Anordnung einer Durchsuchung vollständig eigenverantwortlich nachgeprüft werden können.[49] Dies gilt auch für die Überprüfung der Eilkompetenz der Ermittlungsbehörden zur Anordnung der Durchsuchung. Der Begriff Gefahr im Verzug ist ein unbestimmter Rechtsbegriff. Ein gerichtlich nicht überprüfbarer Auslegungs-, Ermessens- oder Beurteilungsspielraum besteht für die Behörden nicht.[50] Bei der Überprüfung der Rechtmäßigkeit der auf drohenden Beweismittelverlust bezogenen Prognoseentscheidung der Strafverfolgungsbehörden ist auf eine ex-ante-Sicht abzustellen. Die nachträgliche gerichtliche Überprüfung dieser Entscheidung erfolgt im Wege des Freibeweises.[51]

14 **dd) Dokumentationspflicht.** Eine wirksame gerichtliche Nachprüfung einer nichtrichterlichen Durchsuchungsanordnung wegen Gefahr im Verzug setzt voraus, dass die für den Eingriff bedeutsamen Erkenntnisse und Annahmen in den Ermittlungsakten vermerkt sind.[52] Die Ermittlungsbeamten haben die Bezeichnung des Tatverdachts, die gesuchten Beweismittel, die tatsächlichen Umstände, auf die die Gefahr des Beweismittelverlustes gestützt werden, sowie die Bemühungen, einen Ermittlungsrichter zu erreichen, in einem vor der Durchsuchung oder unverzüglich danach gefertigten Vermerk vollständig zu dokumentieren.[53] Allgemeine Formulierungen oder eine Wiederholung des abstrakten Maßstabs von Gefahr im Verzug sind nicht ausreichend.[54] Das bedeutet, dass die Bemühungen um eine richterliche Entscheidung nicht durch den bloßen Hinweis verzichtbar werden, diese sei zur maßgeblichen Zeit gewöhnlicherweise nicht mehr zu erlangen. Die Erwägung, es sei bspw. zu erwarten gewesen, dass Dritte von der Festnahme der Angeklagten erfahren und belastendes Material aus den betreffenden Wohnungen entfernen, ist dann nicht plausibel, wenn die Ermittlungsbehörden anschließend keine Anstrengungen unternommen haben, um die Durchsuchungsanordnung unverzüglich zu vollziehen.[55] Die Gerichte dürfen bei einer unterbliebenen Dokumentation eine eigene nachträgliche Einschätzung der Lage

---

[44] BVerfG 20.2.2001 – 2 BvR 1444/00, NStZ 2001, 382; BVerfG 10.12.2003 – 2 BvR 1481/00, NJW 2004, 1442.

[45] BVerfG 28.9.2006 – 2 BvR 876/06, NJW 2007, 1444.

[46] Vgl. § 22c GVG; BVerfG 20.2.2001 – 2 BvR 1444/00, NJW 2001, 1121 (1123); BVerfG 28.9.2006 – 2 BvR 876/06, NJW 2007, 1444; BVerfG 18.4.2007 – 5 StR 546/06, NStZ 2007, 601; OLG Hamm 18.8.2009 – 3 Ss 293/08, NJW 2009, 3109 (3110) mAnm *Rabe von Kühlewein* NStZ 2010, 167.

[47] BVerfG 10.12.2003 – 2 BvR 1481/00, NJW 2004, 1442; BVerfG 4.2.2005 – 2 BvR 308/04, NJW 2005, 1637 (1638); BVerfG 28.9.2006 – 2 BvR 876/06, NJW 2007, 1444; BGH 25.4.2007 – 1 StR 135/07, NStZ-RR 2007, 242 (243).

[48] → Rn. 38; vgl. BGH 19.1.2010 – 3 StR 530/09, wistra 2010, 231; BGH 30.8.2011 – 3 StR 210/11, NStZ 2012, 104.

[49] BVerfG 27.5.1997 – 2 BvR 1992/92, BVerfGE 96, 44 (52) = NJW 1997, 2165.

[50] → Rn. 42.

[51] HK-StPO/*Gercke* Rn. 56.

[52] BVerfG 20.2.2001 – 2 BvR 1444/00, NStZ 2001, 382; BVerfG 12.2.2004 – 2 BvR 1687/02, StV 2004, 634.

[53] BVerfG 8.3.2006 – 2 BvR 1114/05, NVwZ 2006, 925 (926).

[54] HK-StPO/*Gercke* Rn. 59.

[55] BGH 3.5.2011 – 3 StR 277/10, StV 2012, 3.

an die Stelle der Einschätzung des handelnden Beamten setzen.[56] Von einer schriftlichen Dokumentation der Eingriffsvoraussetzungen kann nur gänzlich abgesehen werden, wenn die Dringlichkeit der Durchsuchung evident ist.[57] Dokumentationsmängel führen nicht zur Rechtswidrigkeit der Anordnung[58] und damit auch nicht gleich zu einem Verwertungsverbot,[59] wobei jedoch zu beachten ist, dass eine objektiv willkürliche Annahme staatsanwaltschaftlicher Eilkompetenz ein Verbot der Verwertung der bei den Durchsuchungen erhobenen Beweise nach sich zöge.[60]

2. Durchsuchungsanordnung. a) Form. Aus § 34 folgt, dass für die **richterliche Durchsuchungsanordnung** eine schriftliche Begründung zwar im Grundsatz geboten ist.[61] Allerdings sieht § 105 für die richterliche Anordnung keine bestimmte Form vor.[62] Sie kann daher in Eilfällen vorab auf telefonischen Antrag der Staatsanwaltschaft mündlich ergehen,[63] wenn aus Zeitgründen, bspw. bei Gefahr eines Beweismittelverlusts,[64] eine Übermittlung der Entscheidung mittels Telefax oder E-Mail nicht möglich ist.[65] Ein solches Vorgehen ermöglicht jedenfalls eine vorbeugende richterliche Kontrolle und stellt einen effektiveren Rechtsschutz dar als die Wahrnehmung der Eilkompetenz mit nachträglicher richterlicher Bestätigung.[66] Die mündliche richterliche Anordnung ist zeitnah in den Ermittlungsakten zu vermerken. Insbesondere sind die tatsächlichen Anhaltspunkte des Durchsuchungsverdachts, die Zielrichtung der Durchsuchung, die Umstände, die den Eilfall begründeten, zu dokumentieren.[67] Das gilt auch für die Dringlichkeitsgründe, die die mündliche Durchsuchungsanordnung erforderlich machten.[68] Ein zeitnaher polizeilicher Vermerk reicht ausnahmsweise bei Evidenz des Falles aus, wenn dieser die tatsächlichen Anhaltspunkte des Durchsuchungsverdachts, die Zielrichtung der Durchsuchung sowie die Umstände, die einen Eilfall begründeten, hinreichend erkennen lässt.[69] 15

b) Inhalt. Art. 13 Abs. 1 GG iVm dem Rechtsstaatsprinzip verpflichtet das Gericht im Rahmen des Möglichen und Zumutbaren sicherzustellen, dass der Eingriff in die Grundrechte **messbar und kontrollierbar** bleibt.[70] 16

Das Gericht hat für eine **angemessene Begrenzung** der Zwangsmaßnahme Sorge zu tragen.[71] Damit die Unverletzlichkeit der Wohnung durch eine vorbeugende richterliche Kontrolle gewahrt werden kann, hat es die Durchsuchungsvoraussetzungen, insbesondere die Ver- 17

---

[56] BVerfG 20.2.2001 – 2 BvR 1444/00, BVerfGE 103, 142 (155) = NJW 2001, 1121 (1121); BVerfG 12.2.2004 – 2 BvR 1687/02, BeckRS 2004, 21090; Radtke/Hohmann/*Ladiges* Rn. 18.
[57] BVerfG 11.6.2010 – 2 BvR 1046/08, NJW 2010, 2864; *Trück* NStZ 2011, 202; Radtke/Hohmann/*Ladiges* Rn. 18.
[58] BGH 13.1.2005 – 1 StR 531/04, NStZ 2005, 392.
[59] HK-GS/*Hartmann* Rn. 6.
[60] BVerfG 2.7.2009 – 2 BvR 2225/08, NJW 2009, 3225; BGH 18.4.2007 – 5 StR 546/06, BGHSt 51, 285; BGH 3.5.2011 – 3 StR 277/10, StV 2012, 3.
[61] BVerfG 20.2.2001 – 2 BvR 1444/00, BVerfGE 103, 142 (154) = NJW 2001, 1121 (1122 f.); HK-StPO/*Gercke* Rn. 43; SK-StPO/*Wohlers* Rn. 6; *Harms* DRiZ 2004, 25 (29); *Höfling* JR 2003, 408 (409).
[62] BVerfG 13.1.2005 – 1 StR 531/04, NStZ 2005, 392; *Beichel/Kieninger* NStZ 2003, 10 (12).
[63] BVerfG 23.7.2007 – 2 BvR 2267/06, StRR 2007, 242; BGH 13.1.2005 – 1 StR 531/04, NJW 2005, 1060 (1061); BGH 18.4.2007 – 5 StR 546/06, BGHSt 51, 285 (295) = NJW 2007, 2269 (2273); LG Mühlhausen 15.11.2006 – 6 Qs 9/06, wistra 2007, 195; Meyer-Goßner *(Schmitt)* Rn. 3; Radtke/Hohmann/*Joecks* Rn. 8; SK-StPO/*Wohlers* Rn. 14; BeckOK-StPO/*Ritzert* Rn. 3; aA *Harms* StV 2006, 215 ff.; *Trück* JZ 2010, 1106.
[64] LG Tübingen 1.10.2007 – 1 Qs 38/07, NStZ 2008, 589 (591).
[65] Meyer-Goßner *(Schmitt)* Rn. 3.
[66] BVerfG 23.7.2007 – 2 BvR 2267/06, StRR 2007, 242.
[67] BVerfG 20.2.2001 – 2 BvR 1444/00, BVerfGE 103, 142 (154) = NJW 2001, 1121 (1122 f.); BVerfG 3.12.2002 – 2 BvR 1845/00, NJW 2003, 2303; BVerfG 23.7.2007 – 2 BvR 2267/06, StRR 2007, 242; BGH 18.4.2007 – 5 StR 546/06, BGHSt 51, 285 (295) = NJW 2007, 2269 (2273).
[68] LG Tübingen 1.10.2007 – 1 Qs 38/07, NStZ 2008, 589 (591).
[69] BVerfG 23.7.2007 – 2 BvR 2267/06, StRR 2007, 242.
[70] BVerfG 17.3.2009 – 2 BvR 1940/05, NJW 2009, 2516; BVerfG 5.3.2012 – 2 BvR 1345/08, NJW 2012, 328.
[71] BVerfG 3.7.2006 – 2 BvR 2030/04, NJOZ 2006, 3082 (3083).

hältnismäßigkeit der Maßnahme, nach Aktenlage **eigenverantwortlich** zu prüfen.[72] Dieses muss der Beschluss zur Erfüllung der Rechtsschutzfunktion des Richtervorbehalts nach Art. 13 Abs. 2 auch erkennen lassen.[73] Erforderlich ist eine konkret formulierte, formelhafte Wendungen vermeidende Anordnung, die zugleich den Rahmen der Durchsuchung abstecken und eine Kontrolle durch das Rechtsmittelgericht ermöglichen kann.[74] Die Verwendung von Formularen kann Anlass zu Zweifeln hinsichtlich einer eigenständigen Prüfung geben.[75] Es widerspricht jedoch nicht einer solchen Prüfung, wenn das Gericht in seinem Beschluss Passagen wörtlich aus der Antragsschrift der Staatsanwaltschaft übernimmt.[76]

18 Das Gericht entscheidet auf **Grundlage** der vollständigen und aktuellen Ermittlungsakte.[77] Eine Einschränkung dahingehend, dass der Erlass eines Durchsuchungsbeschlusses, der auf bekannte Verdachtsgründe gestützt wird, die mehr als sechs Monate zurückliegen, rechtswidrig ist,[78] ist abzulehnen. Eine solche Befristung ist dem Strafprozessrecht fremd. Sie würde auch dem Prinzip der Verfahrensherrschaft der Staatsanwaltschaft widersprechen.[79] Diese hat unter Beachtung des Verhältnismäßigkeitsgrundsatzes einen **Ermessensspielraum** hinsichtlich des Zeitpunktes und der Ausgestaltung der Durchsuchung. Um eine wirksame gerichtliche Überprüfung zu gewährleisten, muss aus der Ermittlungsakte ersichtlich sein, welche konkreten Aktenbestandteile dem Gericht zum Zeitpunkt der Entscheidung vorgelegt wurden. Das Gericht darf keine eigenen Ermittlungen vornehmen und auch keine weiteren selbständigen Ermittlungen veranlassen.[80] Es ist nur dann befugt, die Zweckmäßigkeit der Durchsuchung zu prüfen, wenn nach Anklageerhebung die Verfahrensherrschaft übergegangen ist.[81] An die Rechtsauffassung der Staatsanwaltschaft oder der Ermittlungspersonen ist das Gericht nicht gebunden.[82]

19 Der **Tatvorwurf** muss im Durchsuchungsbeschluss, soweit ohne Gefährdung des Ermittlungszwecks möglich, mittels Angaben über den tatsächlichen Lebenssachverhalt so genau wie möglich beschrieben werden,[83] damit der äußere Rahmen, innerhalb dessen die Zwangsmaßnahme durchzuführen ist, abgesteckt wird.[84] Der Betroffene ist in den Stand zu versetzen, die Durchsuchung seinerseits zu kontrollieren und etwaigen Ausuferungen im Rahmen seiner rechtlichen Möglichkeiten von vornherein entgegenzutreten.[85] Die bloße Angabe des der Maßnahme zugrundeliegenden Straftatbestandes ohne Beschreibung des Tatvorwurfs, des Tatzeitraums sowie des Bezugspunkts der strafbaren Handlungen genügen nicht den gesetzlichen Anforderungen.[86] So sind bei Steuerstraftaten Ausführungen zu den Steuerarten und Veranlagungszeiträumen notwendig.[87] Bei

---

[72] BVerfG 27.5.1997 – 2 BvR 92/92, BVerfGE 96, 51; BVerfG 7.9.2006 – 2 BvR 1219/05, StraFo 2006, 450.

[73] BVerfG 17.3.2009 – 2 BvR 1940/05, BeckRS 2009, 32489.

[74] BVerfG 26.5.1976 – 2 BvR 294/76, BVerfGE 42, 212 (220) = NJW 1976, 1735; BVerfG 27.5.1997 – 2 BvR 1992/92, BVerfGE 96, 44 (52) = NJW 1997, 2165; BVerfG 20.2.2001 – 2 BvR 1444/00, BVerfGE 103, 142 (154) = NJW 2001, 1121.

[75] BVerfG 28.9.2004 – 2 BvR 2105/03, NJW 2005, 275; LG Siegen 25.10.2010 – 10 Qs 104/09, NStZ-RR 2011, 316.

[76] BGH 11.3.2010 – StB 16/09, BeckRS 2010, 13121.

[77] HK-StPO/*Gercke* Rn. 26.

[78] LG Berlin 24.9.2002 – 508 Qs 115/02, StV 2003, 69.

[79] *Heghmann* NStZ 2004, 102.

[80] *Weiler*, GS-Meurer, 2002, 395 (406); Radtke/Hohmann/*Ladiges* Rn. 5.

[81] *Benfer* NJW 1981, 1245 (1246); HK-StPO/*Gercke* Rn. 25; SK-StPO/*Wohlers* Rn. 14; aA zur Zweckmäßigkeitsprüfung OLG Düsseldorf 12.6.1989 – OGs 13/89, NStZ 1990, 145.

[82] OLG Düsseldorf 12.6.1989 – OGs 13/89, NStZ 1990, 145.

[83] BVerfG 5.5.2000 – 2 BvR 2212/99, NStZ 2000, 601; BVerfG 8.3.2004 – 2 BvR 27/04, NJW 2004, 1517; BVerfG 17.3.2009 – 2 BvR 1940/05, NJW 2009, 2516; *Gusy* NStZ 2010, 353 (357); *Kruis/Wehowsky* NJW 1999, 682 (683).

[84] BVerfG 7.9.2007 – 2 BvR 260/03, juris; BVerfG 5.3.2012 – 2 BvR 1345/08, NJW 2012, 2097.

[85] BVerfG 5.3.2012 – 2 BvR 1345/08, NJW 2012, 2097 mAnm *Buse* AO-StB 2012, 171; *Wegner* PStR 2012, 211.

[86] BVerfG 8.4.2004 – 2 BvR 1821/03, StV 2005, 643.

[87] BVerfG 9.2.2005 – 2 BvR 984/94 ua, NStZ-RR 2005, 203 (204); BGH 5.4.2000 – 5 StR 226/99, NStZ 2000, 427 (428); *Matthes* wistra 2008, 10 (12).

einer Vielzahl von Taten ist die zusammenfassende Angabe kennzeichnender Merkmale ausreichend.[88]

Erforderlich ist die Benennung von den Tatvorwurf stützenden **Verdachtsgründen,** die über vage Anhaltspunkte und bloße Vermutungen hinausreichen. Die Angabe von **Indiztatsachen,** auf die der Verdacht gestützt wird, ist im Durchsuchungsbeschluss nicht zwingend erforderlich. Dies gilt allerdings nur, wenn diese nicht zur Begrenzung der richterlichen Durchsuchungsgestattung notwendig sind, weil sich etwa erst in der Zusammenschau mit der Umschreibung der aufzufindenden Beweismittel ergibt, worauf die mit der Durchsuchung beauftragten Beamten ihr Augenmerk zu lenken haben.[89] 20

Art und vorgestellter Inhalt derjenigen **Beweismittel,** nach denen gesucht werden soll, sollten so genau wie möglich bezeichnet werden. Nur dies führt zu einer angemessenen rechtsstaatlichen Begrenzung der Durchsuchung, falls eine fast unübersehbare Anzahl von Gegenständen als Beweismittel für den aufzuklärenden Sachverhalt in Frage kommen kann.[90, 91] Ausreichend ist, wenn die erwarteten Beweismittel wenigstens annäherungsweise beschrieben werden.[92] 21

Damit der Betroffene die Möglichkeit hat, den Umfang der Durchsuchung zu kontrollieren, ist auch das **Durchsuchungsobjekt** mit Ort, Straße und Hausnummer genau zu bezeichnen.[93] Bei der Durchsuchung großer Gebäudekomplexe ist die Anordnung auf einzelne Räume zu begrenzen, wenn aufgrund konkreter Anhaltspunkte die Möglichkeit des Auffindens von Beweismitteln in bestimmten Räumen ausgeschlossen werden kann.[94] 22

Schließlich muss der Beschluss erkennen lassen, dass sich der Richter von der Verhältnismäßigkeit der Maßnahme im engeren Sinne überzeugt hat.[95] Sie muss im konkreten Fall zur Ermittlung und Verfolgung der vorgeworfenen Tat erforderlich sein. Das ist nicht der Fall, wenn andere, **weniger einschneidende Mittel** zur Verfügung stehen. Die Maßnahme muss zudem in einem angemessenen Verhältnis zur Schwere der Straftat und der Stärke des Tatverdachts stehen.[96] Besondere Anforderungen an die Verhältnismäßigkeitsprüfung sind bei Maßnahmen gegen Berufsgeheimnisträger zu stellen.[97] 23

c) Anhörung und Bekanntgabe. Der Betroffene braucht vor der Anordnung der Durchsuchung nicht angehört zu werden (§ 33 Abs. 4).[98] Der Anordnungsbeschluss ist jedoch unmittelbar vor Vollziehung der Maßnahme dem Betroffenen zur Wahrung der Rechtsschutzmöglichkeit vollständig bekanntzugeben.[99] Die Bekanntmachung der Gründe kann nicht entsprechend § 101 Abs. 5 S. 2 zurückgestellt werden, auch wenn der Untersuchungszweck dadurch gefährdet wird, da es sich bei der Durchsuchung um eine offene Ermittlungsmaßnahme handelt. Der Beschuldigte ist daher auch dann von der Beschlagnahme der in seinem elektronischen Postfach gespeicherten E-Mail-Nachrichten zu unterrichten, wenn die Daten auf Grund eines Zugriffs beim Provider auf dessen Mailserver sichergestellt wurden. Ein verdeckter Zugriff auf solche Daten ist nur über § 100a möglich 24

---

[88] BGH 22.8.2006 – 1 StR 547/05, NStZ 2007, 213.

[89] BVerfG 7.9.2007 – 2 BvR 620/02, juris; BVerfG 18.12.2008 – StB 26/08, NStZ-RR 2009, 142; BVerfG 5.3.2012 – 2 BvR 1345/08, NJW 2012, 2097.

[90] BVerfG 4.3.2008 – 2 BvR 103/04, wistra 2008, 339.

[91] BVerfG 26.5.1976 – 2 BvR 294/76, BVerfGE 42, 212 (220), MDR 1977, 113.

[92] BVerfG 29.1.2002 – 2 BvR 1245/01, NStZ-RR 2002, 172; LG Duisburg 12.12.2012 – 34 Qs 144 Js 151/12 – 42/12, juris.

[93] HK-StPO/*Gercke* Rn. 37; *Krepold* in: Schimansky/Bunte/Lwowski, Bankrechts-Handbuch, Rn. 154.

[94] *Kruis/Wehowsky* NJW 1999, 682.

[95] BVerfG 6.5.2008 – 2 BvR 384/07, NJW 2008, 1937; BVerfG 11.7.2008 – 2 BvR 2016/06, NJW 2009, 281; BVerfG 10.12.2010 – 1 BvR 1739/04 und 1 BvR 2020/04, NJW 2011, 1863.

[96] BVerfG 11.7.2008 – 2 BvR 2016/06, NJW 2009, 281.

[97] BVerfG 12.4.2005 – 2 BvR 1027/02, NJW 2005, 1917.

[98] BVerfG 11.10.1978 – 2 BvR 1055/76, BVerfGE 49, 329 (342) = NJW 1979, 154; BVerfG 3.4.1979 – 1 BvR 994/76, BVerfGE 51, 97 (111), NJW 1979, 1539; LG Stuttgart 7.3.2013 – 6 Qs 2/13, juris. Im Grundsatz auch BVerfG 21.8.2009 – 1 BvR 2104/06, BVerfGK 16, 142.

[99] BGH 7.11.2002 – 2 BJs 27/02 – 5 StB 16/2, NStZ 2003, 273.

(→ § 98 Rn. 21). § 106 Abs. 2 S. 1 gilt (nur) in den Fällen des § 103 Abs. 1 (zur legendierten Durchsuchung vgl. → § 108 Rn. 7).

25 **3. Durchführung der Durchsuchung.** Der Vollzug der Durchsuchung ist in § 105 Abs. 2 und in den §§ 106–110 geregelt.

26 **a) Zuständigkeit.** Die richterliche Anordnung wird gemäß § 36 Abs. 2 S. 1 grds. von der Staatsanwaltschaft vollzogen.[100] Sie kann andere Ermittlungsbehörden (Polizei-, Zoll-, Steuerbehörden, § 152 GVG, § 404 AO) mit dem Vollzug der Anordnung beauftragen.[101] Nach Erhebung der Anklage entscheidet allein das Gericht über die Recht- und Zweckmäßigkeit der Durchsuchung.

27 **b) Frist.** Im Ermittlungsverfahren (anders im Zwischen- und Hauptverfahren)[102] steht es im Ermessen der Staatsanwaltschaft, ob und wann sie den von ihr beantragten Durchsuchungsbeschluss vollstreckt.[103] Art. 13 Abs. 2 GG lässt es zwar zu, von dem Vollzug einer Durchsuchungsanordnung aus ermittlungstaktischen Gründen vorläufig abzusehen. Nicht davon gedeckt ist allerdings, dass die Staatsanwaltschaft sich eine Durchsuchungsanordnung auf Vorrat besorgt oder diese vorrätig hält. Eine richterliche Ermächtigung zu einem Grundrechtseingriff, der im Zeitpunkt der Entscheidung oder Durchführung nicht erforderlich und zumutbar ist, wäre unverhältnismäßig.[104] Die Befugnis der Staatsanwaltschaft, von der einmal erteilten Durchsuchungsanordnung nach ihrem Ermessen zu einem späteren Zeitpunkt Gebrauch zu machen, ist vielmehr durch objektive Merkmale begrenzt. Wie lange eine richterliche Durchsuchungsanordnung die Durchführung einer konkreten Durchsuchungsmaßnahme trägt, richtet sich unter anderem nach der Art des Tatverdachts, der Schwierigkeit der Ermittlungen, auch nach der Anzahl der Beschuldigten und der Beweismittel sowie der sonstigen Besonderheiten des Falles. Spätestens nach **Ablauf eines halben Jahres** ist davon auszugehen, dass die richterliche Prüfung nicht mehr die rechtlichen Grundlagen einer beabsichtigten Durchsuchung gewährleistet und die richterliche Anordnung nicht mehr den Rahmen, die Grenzen und den Zweck der Durchsuchung iSe. effektiven Grundrechtsschutzes sichert. Ein Durchsuchungsbeschluss hat dann seine rechtfertigende Kraft verloren.[105] Unzulässig ist die Vollstreckung zudem, wenn sich die Ermittlungslage so geändert hat, dass sie eine Durchsuchung nicht mehr rechtfertigt, da auch im Zeitpunkt des Vollzugs die Anordnungsvoraussetzungen vorliegen müssen.[106] Auf Antrag der Staatsanwaltschaft kann der Ermittlungsrichter nach Fristende allerdings die Fortgeltung der Anordnung bestätigen.[107]

28 **c) Beendigung.** Die Anordnung berechtigt zu einer einmaligen, einheitlichen Durchsuchung, die in einem Zug, wenn auch mit Pausen, durchgeführt werden kann.[108] Das gilt auch, wenn die Durchsuchung auf Basis einer Einwilligung des Betroffenen stattgefunden hat oder die gesuchten Gegenstände freiwillig herausgegeben worden sind.[109] Für eine

---

[100] BVerfG 27.5.1997 – 2 BvR 1992/92, BVerfGE 96, 44 (52) = NJW 1997, 2165 (2166).

[101] Radtke/Hohmann/*Ladiges* Rn. 23; HK-StPO/*Gercke* Rn. 63.

[102] HK-StPO/*Gercke* Rn. 65.

[103] HK-GS/*Hartmann* Rn. 10 f.; *Benfer* NJW 1981, 1245 (1247); *Cassardt* NJW 1996, 554 (555).

[104] BVerfG 27.5.1997 – 2 BvR 1992/92, BVerfGE = NJW 1997, 2165 (2166); LG Braunschweig 21.2.2007 – 6 Qs 23/07, StraFo 2007, 288; Radtke/Hohmann/*Ladiges* Rn. 25.

[105] BVerfG 27.5.1997 – 2 BvR 1992/92, BVerfGE = NJW 1997, 2165. Unwesentliche Überschreitungen um zwei Tage sind nach Auffassung des LG Zweibrücken 23.9.2002 – Qs 103/02, NJW 2003, 156 unschädlich. Kritisch hierzu Radtke/Hohmann/*Ladiges* Rn. 26. Vgl. auch HK-GS/*Hartmann* Rn. 2; Löwe/Rosenberg/*Schäfer,* 25. Aufl. Rn. 52a.

[106] LG Osnabrück 1.10.1986 – 22 Qs 101 c/86, NStZ 1987, 522.

[107] BVerfG 9.10.2003 – 2 BvR 1785/02, juris; Radtke/Hohmann/*Ladiges* Rn. 24 ff.; HK-StPO/*Gercke* Rn. 68.

[108] LG Hamburg 5.5.2003 – 620 Qs 29/03, wistra 2004, 36; *Rengier* NStZ 1981, 372 (377); HK-GS/*Hartmann* Rn. 12.

[109] HK-StPO/*Gercke* Rn. 69; *Schuhmann* wistra 1994, 93 (95).

weitere Durchsuchung ist stets eine erneute Anordnung erforderlich.[110] Die Anordnung einer mehrmonatigen, regelmäßigen Dauerdurchsuchung ist unzulässig.[111] Die Durchsuchung endet durch ausdrückliches oder konkludentes Verhalten der Durchsuchungsbeamten, zB durch Verlassen des Durchsuchungsobjekts.[112] Eine Unterbrechung zur Nachtzeit ist unschädlich.[113] Soll die Durchsuchung unterbrochen und am nächsten Tag fortgesetzt werden, ist dieses dem Betroffenen bekannt zu geben. Ansonsten gilt die Anordnung als verbraucht.[114] Die Durchsuchung ist jedoch noch nicht beendet, solange die sichergestellten Papiere und Unterlagen nach § 110 Abs. 1 durchgesehen werden.[115]

d) Durchsuchung bei der Bundeswehr. Für die Durchsuchungen in landfesten Einrichtungen der Bundeswehr enthält Abs. 3 Sonderregelungen. Die Durchführung der Maßnahme obliegt der vorgesetzten Bundeswehrdienststelle auf Ersuchen der Strafverfolgungsbehörde. Das gilt nicht bei der Durchsuchung von Räumen, die ausschließlich von anderen Personen als Soldaten bewohnt werden.[116] 29

e) Anfertigung von Foto- und Videoaufnahmen. Die Anfertigung von Foto- und Videoaufnahmen während der Durchsuchung ist zulässig, wenn das Dokumentationsinteresse das Persönlichkeitsrecht des Betroffenen überwiegt, zB wegen der Bedeutung der Straftat und der voraussichtlichen Bedeutung der Bilder als Beweismittel für den gerichtlichen Augenschein.[117] Das Fotografieren ist als mildere Maßnahme statthaft, wenn hierdurch eine Beschlagnahme des Gegenstandes vermieden werden kann.[118] Nicht zulässig ist die fotografische Dokumentation, allein um die Rechtmäßigkeit der Art und Weise der Durchführung der Durchsuchung zu belegen. Hierfür kommt als mildere Maßnahme die Zuziehung von Zeugen in Betracht.[119] 30

f) Anwendung von unmittelbarem Zwang. Die Durchsuchungsanordnung nach Abs. 1 gestattet zur Durchsetzung einer rechtmäßigen Durchsuchungsanordnung als Annex-Kompetenz unerlässliche und zugleich verhältnismäßige Begleitmaßnahmen,[120] wie die Anwendung unmittelbaren Zwangs in Form von **körperlicher Gewalt** gegen Sachen, bspw. durch gewaltsames Öffnen von Türen oder verschlossenen Behältnissen.[121] Der Verhältnismäßigkeitsgrundsatz gebietet als mildere Maßnahme grds. die Einschaltung eines Schlüsseldienstes. Von der Durchsuchungsanordnung gedeckt ist zudem die **Absicherung** der Durchsuchungsräume durch Verschließen oder Wachen.[122] Auch die Anwendung von unmittelbarem Zwang gegenüber konkreten „Störern" kann zur Absicherung der Durchsuchung im Rahmen der Verhältnismäßigkeit zulässig sein (§ 164).[123] Maßnahmen, wie das Festhalten von Personen in den zu durchsuchenden Räumen und die zeitweise Untersagung von Telefongesprächen (außer mit dem Verteidiger) und Computerbenutzung, sind ebenfalls im Rahmen der Verhältnismäßigkeit zulässig, wenn der Erfolg der Ermittlungen kon- 31

---

[110] BVerfG 12.2.2004 – 2 BvR 1687/02, StV 2004, 634; HK-GS/*Hartmann* Rn. 12; *Fezer* StV 1989, 290 (293); *Roxin* NStZ 1989, 376 (378).
[111] LG Hamburg 5.5.2003 – 620 Qs 29/03, wistra 2004, 36.
[112] HK-GS/*Hartmann* Rn. 12.
[113] BGH 5.2.1989 – 2 StR 402/88, NStZ 1989, 375 (376).
[114] BeckOK-StPO/*Ritzert* Rn. 22; *Rengier* NStZ 1981, 372 (377).
[115] BVerfG 30.1.2002 – 2 BvR 2248/00, NStZ 2002, 377; BGH 5.2.1989 – 2 StR 402/88, NStZ 1989, 375; LG Frankfurt a.M. 4.9.1996 – 5/29 Qs 16/96, NStZ 1997, 564; Radtke/Hohmann/*Ladiges* Rn. 33.
[116] Radtke/Hohmann/*Ladiges* Rn. 35.
[117] LG Hamburg 19.3.2004 – 622 Qs 11/04, StV 2004, 368.
[118] HK-StPO/*Gercke* Rn. 80; Löwe/Rosenberg/*Schäfer,* 25. Aufl. Rn. 66.
[119] OLG Celle 11.1.1985 – 3 VAs 20/84, StV 1985, 137; HK-StPO/*Gercke* Rn. 80; Radtke/Hohmann/*Ladiges* Rn. 32.
[120] HK-StPO/*Gercke* Rn. 77.
[121] OLG Stuttgart 13.10.1983 – 3 Ss 535/83, MDR 1984, 249; zur Entschlüsselung von Datenspeichern, um sich damit Zugang zu dort gesicherten Daten zu verschaffen, vgl. *Obenhaus* NJW 2010, 651 (653).
[122] HK-GS/*Hartmann* Rn. 14.
[123] HK-StPO/*Gercke* Rn. 78.

kret gefährdet ist.[124] Die bloße durch Tatsachen gestützte Erwartung, dass es zu einer Störung kommen könnte, rechtfertigt hingegen keine Maßnahmen nach § 164. Die vorsorgliche **Einschränkung der Bewegungsfreiheit** von sämtlichen bei der Durchsuchung anwesenden Personen, allein um diese am Beiseiteschaffen von Beweismitteln und Vermögenswerten angesichts einer unmittelbar bevorstehenden Durchsuchung zu hindern (sog „Stubenarrest" oder „präventive Durchsuchungshaft"), ist mangels gesetzlicher Grundlage unzulässig.[125]

32 **g) Durchsuchungszeugen.** Bei der Durchsuchung der Wohnung, der Geschäftsräume oder des befriedeten Besitztums ohne Beisein eines Richters oder Staatsanwalts, denen der Amtsanwalt[126] oder der Vertreter der Finanzbehörden nach § 399 Abs. 1 AO gleichsteht,[127] müssen mit Beginn des Vollzugs der Durchsuchung „wenn möglich" ein Gemeindebeamter oder zwei Mitglieder der Gemeinde hinzugezogen werden (§ 105 Abs. 2).[128] Der Begriff Gemeindebeamter bezieht sich nicht auf die statusrechtliche Beamteneigenschaft, sondern erfasst auch Gemeindeangestellte.[129] Nicht zugleich Zeugen iSd Vorschrift können die Inhaber der nach § 103 durchsuchten Räume[130] sowie (ausländische) Polizeibeamte und andere mit den Ermittlungen befasste Personen (Abs. 2 S. 2) sein.[131] Diese Zeugen müssen aus Sicht des Betroffenen Gewähr für Neutralität bieten.[132] Vgl. zur Zuziehung Dritter → § 106 Rn. 9.

33 Die Vorschrift schützt die Interessen der Betroffenen, denen ein korrektes Vorgehen der Ermittlungsbeamten gewährleistet werden soll. Zudem dient sie dem **staatlichen Interesse** als vorbeugender Schutz vor unberechtigten Vorwürfen seitens Betroffener wegen der Art und Weise des Vollzugs.[133] Auch wenn diese auf die Beachtung von Abs. 2 aus Gründen des Schutzes der Privat- bzw. Geschäftssphäre verzichten können,[134] ist das Interesse des Staates vor unberechtigten Vorwürfen mit dem Interesse des Betroffenen an der Geheimhaltung der Durchsuchung abzuwägen (→ Rn. 40).[135]

34 Die Zuziehung nach Abs. 2 S. 1 ist eine **wesentliche Förmlichkeit** der Durchsuchung und steht nicht nur zur beliebigen Disposition der Ermittlungsorgane.[136] Von ihrer Beachtung hängt die Rechtmäßigkeit der Durchsuchung ab. Etwas anderes ergibt sich auch nicht aus der Einschränkung „wenn möglich" in Abs. 2. Unmöglich ist die Beiziehung von Zeugen nur dann, wenn die durch Tatsachen begründete naheliegende Möglichkeit besteht, dass die Suche nach bereiten Zeugen den Erfolg der Durchsuchung vereiteln würde.[137] Sie darf nicht aus ermittlungstaktischen Erwägungen unterbleiben, um den Tatverdächtigen über die Durchsuchung sowie die gegen ihn geführten Ermittlungen in Unkenntnis zu

[124] OLG Karlsruhe 26.6.1996 – 2 VAs 11/96, StraFo 1997, 13; *Rengier* NStZ 1981, 372 (375); *Burhoff* EV Rn. 1072.

[125] LG Frankfurt a.M. 26.2.2008 – 5/26 Qs 6/08, NJW 2008, 2201.

[126] HK-GS/*Hartmann* Rn. 16.

[127] LG Koblenz 1.3.2004 – 10 Qs 61/03, wistra 2004, 438 (440).

[128] BGH 9.5.1963 – 3 StR 6/63, NJW 1963, 1461; OLG Celle 11.11.1985 – 3 VAs 20/84, StV 1985, 137.

[129] Radtke/Hohmann/*Ladiges* Rn. 29.

[130] OLG Celle 11.1.1985 – 3 VAs 209/84, StV 1985, 137; HK-GS/*Hartmann* Rn. 16.

[131] OLG Karlsruhe 20.9.1990 – 2 VAs 1/90, NStZ 1991, 50.

[132] OLG Bremen 23.10.1998 – VAs 1/98, wistra 1999, 74 (75); LG Landshut 31.8.2011 – 6 Qs 92/11, NJW-Spezial 2012, 601; Radtke/Hohmann/*Ladiges* Rn. 29.

[133] *Eisenberg* Beweisrecht Rn. 2440; vgl. auch EGMR 9.4.2009 – 19856/04, NJW 2010, 2109.

[134] BGH 9.5.1963 – 3 StR 6/63, NJW 1963, 1461; OLG Stuttgart 13.10.1983 – 3 Ss (14) 535/83, MDR 1984, 249; OLG Celle 1.11.1985 – 3 VAs 20/84, StV 1985, 137 (139); OLG Hamm 16.1.1986 – 1 VAs 94/85, NStZ 1986, 326 (327); LG Koblenz 16.12.2003 – 1 Qs 421/03, StraFo 2004, 95; *Michalke* NJW 2008, 1490 (1491); HK-StPO/*Gercke* Rn. 75.

[135] HK-GS/*Hartmann* Rn. 16; *Rengier* NStZ 1981, 372 (374).

[136] BGH 31.1.2007 – 2 StB 18/07, BGHSt 51, 211 (213) = NJW 2007, 930; BayObLG 23.11.1979 – RReg. 5 St387/79, JZ 1980, 109; OLG Celle 1.11.1985 – 3 VAs 20/84, StV 1985, 137 (138); OLG Karlsruhe 20.9.1990 – 2 VAs 1/90, NJW 1992, 642 (645); LG München I 10.2.2009 – 4 Qs 2/09, StraFo 2009, 146; aA *Hofmann* NStZ 2005, 121 (124).

[137] BGH 15.10.1985 – 5 StR 338/85, NStZ 1986, 84.

halten.[138] Von der Zuziehung von Zeugen darf abgesehen werden, wenn geeignete Zeugen nicht zur Verfügung stehen oder mögliche Zeugen die Teilnahme verweigern oder wenn diese gefährdet würden.[139] Über ein solches Absehen hat der leitende Durchsuchungsbeamte nach pflichtgemäßem Ermessen zu entscheiden, was gerichtlich uneingeschränkt überprüfbar[140] und daher zu dokumentieren ist.[141] Irrt der gewissenhaft prüfende Durchsuchungsbeamte über die Möglichkeit der Zeugenzuziehung, führt ein Unterlassen nicht zur Rechtswidrigkeit der Durchsuchungsmaßnahme.[142] Verstößt der Beamte allerdings bewusst gegen die Vorschrift, steht dem Betroffenen ein Notwehrrecht und Widerstandsrecht zu.[143]

h) Zuziehung von Sachverständigen. Es ist nicht ausgeschlossen, dass der Durchsu- 35
chung aufgrund behördlichen Auftrags sachkundige Personen (Sachverständige und sachverständige Zeugen) beiwohnen, wenn eine Förderung der sachgerechten Erledigung der Maßnahme aufgrund ihres besonderen Sachwissens zu erwarten ist.[144] Fehlt der Staatsanwaltschaft die nötige Sachkenntnis, ist die Zuziehung von Sachverständigen zu der Durchsuchung gegenüber der Alternative einer blinden Sicherstellung aller auf den ersten Blick potentiell beweiserheblichen Gegenstände und einer sich erst anschließenden Durchsicht unter Zuhilfenahme von Sachverständigen vorzugswürdig.[145] Die Zuziehung von sachkundigen Personen bei der Durchsuchung kann allerdings rechtswidrig sein, wenn die Ermittlungsbehörden dadurch gegen das **Gebot der Unparteilichkeit** verstoßen bzw. ihr Handeln beim Bürger einen nachvollziehbaren Verdacht dahingehend entstehen lassen kann.[146] Dafür gibt es keine Anhaltspunkte bei Zuziehung eines **Betriebsprüfers**, der als Beamter der Finanzbehörde gesetzlich zur objektiven und unparteilichen Ermittlung der Besteuerungsgrundlagen verpflichtet ist.[147] Keine Bedenken bestehen zudem bei **Beamten der Steuerfahndung**[148] und **ausländischen Ermittlungsbeamten,** die über besondere Sachkunde verfügen oder aufgrund eigener Ermittlungen sachdienliche Hinweise zu Zweck und Durchführung der Durchsuchung geben können.[149] Dagegen ist die Zuziehung von Personen, die selbst ein Interesse am Ausgang des Verfahrens haben, kritisch zu beurteilen.[150] Das gilt insbesondere für solche Personen, die die dem Verfahren zugrunde liegende Strafanzeige erstattet haben. Die Zuziehung von Zeugen als Sachverständige ist abzulehnen, wenn diese Mitarbeiter einer Anzeigenerstatterin sind, die zugleich Mitbewerberin im selben Markt ist, und die bei der Durchsicht der Geschäftsunterlagen möglicherweise Geschäftsgeheimnisse wahrnehmen können.[151] Die Unparteilichkeit ist im Einzelfall nicht gewahrt bei der Teilnahme von Mitarbeitern der Gesellschaft für Urheberrechtsverletzungen.[152] Unter bestimmten Umständen kann die Zuziehung von nicht neutralen sachkundigen Personen an Durchsuchungsmaßnahmen jedoch geboten sein, bspw. wenn Diebesgut allein durch den Geschädigten und nur vor Ort identifiziert werden kann oder

---

[138] BGH 31.1.2007 – 2 StB 18/07, BGHSt 51, 211 (213) = NJW 2007, 930.
[139] OLG Stuttgart 13.10.1983 – 3 Ss (14) 535/83, Justiz 1984, 24.
[140] Radtke/Hohmann/*Ladiges* Rn. 30.
[141] LG München I 10.2.2009 – 4 Qs 2/09, StraFo 2009, 146; *Eisenberg* Beweisrecht Rn. 2440.
[142] BayOBLG 23.11.1979 – RReg. 5 St 387/79, JZ 1980, 109.
[143] HK-GS/*Hartmann* Rn. 16.
[144] OLG Bremen 23.10.1998 – VAs 1/98, wistra 1999, 74; OLG Hamm 16.1.1986 – 1 VAs 94/85, NStZ 1986, 326; LG Stuttgart 10.6.1997 – 10 Qs 36/97, wistra 1997, 279; LG Berlin 3.5.2012 – 526 Qs 10-11/12, wistra 2012, 410.
[145] LG Berlin 3.5.2012 – 526 Qs 10-11/12, wistra 2012, 410.
[146] KMR/*Hadamitzky* Rn. 33.
[147] OLG Bremen 23.10.1998 – VAs 1/98, wistra 1999, 74 (75); vgl. auch OLG Hamm 16.1.1986 – 1 VAs 94/85, NStZ 1986, 326; OLG Karlsruhe 20.9.1990 – 2 VAs 1/90, NJW 1992, 642; LG Kiel NJW 2006, 3224 (3225).
[148] OLG Hamm 16.1.1986 – 1 VAs 94/85, NStZ 1986, 326.
[149] OLG Karlsruhe 20.9.1990 – 2 VAs 1/90, NStZ 1991, 50.
[150] LG Berlin 3.5.2012 – 526 Qs 10-11/12, BeckRS 2012, 10609; LG Kiel 14.8.2006 – 37 Qs 54/06, NJW 2006, 3224.
[151] OLG Hamm 16.1.1986 – 1 VAs 94/85, NStZ 1986, 326 mAnm *Kiehl* StV 1988, 49; *Brüning* StV 2008, 103.
[152] LG Kiel 14.8.2006 – 37 Qs 54/06, NStZ 2007, 169.

bei Angestellten von Krankenkassen im Zusammenhang mit ärztlichen Abrechnungsbetrügereien.[153] Vgl. zur Zuziehung Dritter → 106 Rn. 9.

36 **4. Verwertungsverbote.** Nicht jeder Verstoß gegen Beweiserhebungsvorschriften zieht ein strafprozessuales Verwertungsverbot nach sich.[154] Die Frage des Beweisverwertungsverbots ist jeweils nach den Umständen des Einzelfalls, insbesondere nach der Art des Verbots und dem Gewicht des Verstoßes unter Abwägung der widerstreitenden Interessen zu entscheiden.[155] Ein Beweisverwertungsverbot stellt eine Ausnahme dar, die nur nach ausdrücklicher gesetzlicher Vorschrift oder aus übergeordneten wichtigen Gründen im Einzelfall anzuerkennen ist.[156] Es ist daher nur bei Eingriffen ohne Rechtsgrundlage anzunehmen, die eine so massive Beeinträchtigung enthalten, dass dadurch rechtsstaatliche Grundsätze nachhaltig geschädigt werden und folglich jede andere Lösung als ein Beweisverwertungsverbot unerträglich wäre. Zumindest bei **schwerwiegenden, bewussten oder willkürlichen Verfahrensverstößen**, bei denen die grundrechtlichen Sicherungen planmäßig oder systematisch außer acht gelassen worden sind, ist ein Beweisverwertungsverbot geboten.[157] In Fällen der bewussten Missachtung oder gleichgewichtig groben Verkennung der Voraussetzungen des für Wohnungsdurchsuchungen bestehenden Richtervorbehalts sind nach der Rechtsprechung des BGH die erlangten Beweismittel unverwertbar. Eine Verwertung würde hier gegen die Grundsätze des fairen Verfahrens verstoßen. Ein absolutes Beweisverwertungsverbot unmittelbar aus den Grundrechten ist darüber hinaus für solche Fälle anerkannt, in denen der **absolute Kernbereich privater Lebensgestaltung** berührt ist.[158] Im Einzelnen:

37 Bei der Annahme von **Gefahr im Verzug** führen nur geringfügige Versäumnisse oder Ungeschicklichkeiten von Ermittlungsbeamten nicht ohne Weiteres zu einem Beweisverwertungsverbot. Anders liegt der Fall bei einem schwerwiegenden **Verstoß gegen den Richtervorbehalt,** in denen durch bewusst gesteuertes oder grob nachlässiges polizeiliches Ermittlungsverhalten die Gefahr im Verzug gleichsam heraufbeschworen und damit der Richtervorbehalt gezielt oder leichtfertig umgangen wird.[159] Von einer groben Verkennung der Voraussetzungen des Richtervorbehalts ist auszugehen, wenn sich die einschreitenden Polizeikräfte überhaupt nicht mit der Frage des Einholens eines Durchsuchungsbeschlusses beschäftigt haben, obwohl zwischen der erstmaligen Erwägung der Wohnungsdurchsuchung und ihrer Durchführung mehrere Stunden lagen, in denen zumindest eine fernmündliche Genehmigung eines Ermittlungsrichters hätte eingeholt werden können.[160]

38 Offen gelassen wurde in der Rechtsprechung bislang die Frage, ob ein schwerwiegender Organisationsmangel und damit ein Verstoß gegen den Richtervorbehalt auch darin begründet sein kann, wenn für die Nachtzeit **kein richterlicher Bereitschaftsdienst** eingerichtet

---

[153] *Mahnkopf/Funk* NStZ 2001, 519 (521 f.).

[154] BVerfG 2.7.2009 – 2 BvR 2225/08, NJW 2009, 3225; BVerfG 20.5.2011 – 2 BvR 2072/10, NJW 2011, 2783.

[155] BVerfG 28.7.2008 – 2 BvR 784/08, NJW 2008, 3053; BGH 11.11.1998 – 3 StR 181/98, BGHSt 44, 243 = NJW 1999, 959; BGH 18.4.2007 – 5 StR 546/06, BGH 51, 285 = StV 2007, 337; OLG Frankfurt a. M. 29.7.2011 – 2 Ss-Owi 887/10, Blutalkohol 48, 360; LG Dresden 11.1.2011 – 14 KLs 201 Js 33570/09, StV 2012, 13; HK-StPO/*Gercke* Rn. 69; *Ransiek* StV 2002, 565.

[156] BGH 11.11.1998 – 3 StR 181/98, BGHSt 44, 243 = NJW 1999, 959; BGH 18.4.2007 – 5 StR 546/06, BGHSt 51, 285 = NJW 2007, 2269.

[157] BVerfG 3.3.2004 – 1 BvR 2378/98, BVerfGE 109, 279 (320); BVerfG 9.11.2010 – 2 BvR 2101/09, NJW 2011, 2417 (hierzu krit. *van Bühren* AnwBl 2012, 906; AG Frankfurt a.M. 10.12.2012 – 942 Ls 5320 Js 217998/12, StV 2013, 380.

[158] BVerfG 12.4.2005 – 2 BvR 1027/02, BVerfGE 113, 29 (61), NJW 2005, 1917; BVerfG 16.3.2006 – 2 BvR 954/02, NJW 2006, 2684 (2686); BVerfG 9.11.2010 – 2 BvR 2101/09, NJW 2011, 2417; BVerfG 20.5.2011 – 2 BvR 2072/10; BGH 25.4.2007 – 1 StR 135/07, NStZ-RR 2007, 242 (243); BGH 30.8.2011 – 3 StR 210/11, NStZ 2012, 104; OLG Frankfurt a. M. 29.7.2011 – 2 Ss-OWi 887/10; OLG Dresden 11.5.2009 – 1 Ss 90/09, NJW 2009, 2149 (2159); ausführlich *Krekeler* NStZ 1993, 263; *Trück* NStZ 2011, 202.

[159] BGH 19.1.2010 – 3 StR 530/09, wistra 2010, 231; BGH 30.8.2011 – 3 StR 210/11, NStZ 2012, 104.

[160] AG Bremen, 27.6.2011 – 75 Ls 570 Js 14531/10 (8/11), 75 Ls 8/11 –, NStZ 2012, 287.

wurde, obwohl ein solcher in einem Gerichtsbezirk in einer Großstadt in der Zeit von 21.00 Uhr bis 6.00 Uhr veranlasst gewesen wäre.[161]

Dem Aspekt eines **hypothetisch rechtmäßigen Ermittlungsverlaufs** kann bei Verkennung des Richtervorbehalts keine Bedeutung zukommen, da die Einhaltung der durch Art. 13 Abs. 2 GG, § 105 Abs. 1 S. 1 festgelegten Kompetenzregelung bei Anerkennung des hypothetisch rechtmäßigen Ersatzeingriffs als Abwägungskriterium bei der Prüfung des Vorliegens eines Beweisverwertungsverbots stets unterlaufen werden würde und der Richtervorbehalt letztlich sinnlos wäre.[162] 39

Zu keinem Verwertungsverbot führt das **Unterlassen der Zuziehung von Zeugen** nach Abs. 2.[163] Das gilt auch bei **fehlender oder unzureichender Dokumentation** der Anordnung wegen Gefahr im Verzug.[164] Die einstweilige Beschlagnahme von Gegenständen, die einem **Beschlagnahmeverbot** nach § 97 unterliegen, führt dagegen zu einem Verwertungsverbot, nicht jedoch jeder Verstoß gegen § 108. 40

5. Rechtsbehelfe. a) Gegen richterliche Durchsuchungsanordnungen. Gegen richterliche Anordnungen und ihre Ablehnung ist die Beschwerde nach § 304 statthaft. § 305 S. 2 gilt entsprechend.[165] Erforderlich ist, dass der Betroffene beschwert ist, denn jede an einen Antrag gebundene gerichtliche Entscheidung setzt ein Rechtsschutzbedürfnis voraus, abgeleitet aus dem auch im Prozessrecht geltenden Gebot von Treu und Glauben, dem Verbot des Missbrauchs prozessualer Rechte sowie dem Grundsatz der Effizienz staatlichen Handelns.[166] Auch der mittelbar Betroffene kann von der Durchsuchung beschwert sein, so der Kontoinhaber bei der Beschlagnahme von Kontounterlagen bei einer Bank.[167] Die Durchsicht von Papieren (§ 110) ist Bestandteil der noch andauernden Durchsuchung.[168] Der Betroffene kann daher wegen der Art und Weise der Vollstreckung von richterlichen oder nichtrichterlichen Durchsuchungsanordnungen Antrag auf richterliche Entscheidung entsprechend § 98 Abs. 2 S. 2 stellen.[169] Gegen die richterliche Entscheidung ist wiederum die Beschwerde zulässig (→ Rn. 44). 41

Auch wenn sich die **Durchsuchungsanordnung mit ihrem Vollzug erledigt hat** und das Ermittlungsverfahren gegen den Beschuldigten eingestellt worden ist, besteht das Rechtsschutzinteresse an einer Feststellung der Verfassungswidrigkeit der Durchsuchungsanordnung fort. Allein deshalb darf die Beschwerde nicht unter dem Gesichtspunkt prozessualer Überholung als unzulässig verworfen werden.[170] Bei Durchsuchungen von Wohn-, Geschäfts- und auch Redaktionsräumen ist schon wegen des Gewichts des Eingriffs in das Grundrecht des Art. 13 Abs. 1 sowie des Art. 5 Abs. 1 S. 2 GG ein Rechtsschutzinteresse des 41a

---

[161] BVerfG 10.12.2003 – 2 BvR1481/00, NJW 2004, 1442; BGH 19.1.2010 – 3 StR 530/09, wistra 2010, 231 (232); BGH 30.8.2011 – 3 StR 210/11, NStZ 2012, 104; von einem Verwertungsverbot ausgehend OLG Hamm 18.8.2009 – 3 Ss 293/08, NJW 2009, 3109 (3111 f.); OLG Hamm 22.12.2009 – 3 Ss 497/09, NStZ-RR 2010, 148 bejaht ein Verwertungsverbot, wenn die Nichtbeachtung des Richtervorbehalts wegen Nichteinrichtung eines richterlichen Eildienstes auf einer „groben Fehlbeurteilung oder nicht mehr vertretbaren Missachtung der Bedeutung des Richtervorbehalts" beruht; aA OLG Zweibrücken 23.9.2010 – 1 SsBs 6/10, StraFo 2010, 464; KMR/*Hadamitzky* Rn. 45.

[162] BGH 8.4.2007 – 5 StR 546/06, NJW 2007, 2269 (2273); BGH 30.8.2011 – 3 StR 210/11, NStZ 2012, 104 (105); *Ransiek* StV 2002, 565 (566); *Krehl* NStZ 2003, 461 (463 f.); *Mosbacher* NJW 2007, 3686 (3687); *Wohlers* StV 2008, 434; zur Beweislastumkehr in Fällen ohne richterliche Anordnung vgl. *Amelung/Mittag* NStZ 2005, 614.

[163] BGH 31.1.2007 – 2 StB 18/07, BGHSt 51, 211 (213) = NJW 2007, 930.

[164] BGH 13.1.2005 – 1 StR 531/04, NStZ 2005, 392.

[165] Radtke/Hohmann/*Ladiges* Rn. 36; Meyer-Goßner *(Schmitt)* Rn. 15; *Park* StRR 2008, 4 ff.

[166] BVerfG 4.3.2008 – 2 BvR 2111 und 2112/07, NStZ 2009, 166 (167); *Eisenberg* Beweisrecht Rn. 2460.

[167] KG 5.5.1999 – 2 AR 26-99 – 3 Ws 116-99, NJW 1999, 2979; vgl. auch LG Köln 25.4.1983 – 117 Qs 3/83, wonach der Beschuldigte, der Kunde der Bank ist, den Durchsuchungsbeschluss betreffend eine als Dritte angegangene Bank nicht anfechten kann.

[168] BGH 5.8.2003 – 2 BJs 11/03-5 – StB 7/03, NStZ 2003, 670.

[169] BVerfG 29.1.2002 – 2 BvR 94/01, NStZ-RR 2002, 144; BVerfG 18.3.2009 – 2 BvR 1036/08 – 2 BvR 1036/08, NJW 2009, 2518.

[170] BVerfG 18.12.2002 – 2 BvR 1660/02, NJW 2003, 1514.

Betroffenen für eine nachträgliche Beschwerdeentscheidung zu bejahen.[171] Entscheidende Kriterien für das Fortbestehen eines Rechtsschutzbedürfnisses können weiter sein, dass eine Wiederholung der angegriffenen Maßnahme zu besorgen ist oder die aufgehobene oder gegenstandslos gewordene Maßnahme den Beschwerdeführer weiterhin beeinträchtigt.[172] Das Rechtsschutzbedürfnis kann entfallen, wenn die verspätete Geltendmachung eines Anspruchs gegen Treu und Glauben verstößt, etwa weil der Berechtigte sich verspätet auf das Recht beruft und unter Verhältnissen untätig geblieben ist, unter denen vernünftigerweise etwas zur Wahrung des Rechts unternommen zu werden pflegt.[173] Der Antrag kann deshalb nicht nach Belieben hinausgezogen oder verspätet gestellt werden, ohne unzulässig zu werden, zB wenn dieser nahezu zwei Jahre nach dem Vollzug der Durchsuchung und nach dem endgültigen Abschluss des gesamten Verfahrens durch Einstellung gestellt wird.[174]

41b Die **Prüfungskompetenz des Beschwerdegerichts** wird durch die Funktion des Richtervorbehalts eingeschränkt.[175] Um der Funktion einer vorbeugenden Kontrolle der Durchsuchung durch eine unabhängige und neutrale Instanz gerecht zu werden, darf das Beschwerdegericht seine Entscheidung nicht auf Gründe stützen, die dem Ermittlungsrichter unbekannt waren und die erst durch die Durchsuchung gewonnen worden sind.[176] Prüfungsmaßstab bleibt im Beschwerdeverfahren die Sach- und Rechtslage zur Zeit des Erlasses des Durchsuchungsbeschlusses. Die Kontrollfunktion des Richtervorbehalts verbietet es, mangelhafte Umschreibungen des Tatvorwurfs oder der zu suchenden Beweismittel nachträglich zu heilen, denn beide Angaben dienen den durchsuchenden Beamten zur Begrenzung des Eingriffs auf das zur Zweckerreichung erforderliche Maß.[177] Die Heilung einer vollzogenen Durchsuchungsanordnung kommt somit nicht in Betracht, wenn diese dem mit der Begrenzungsfunktion des Durchsuchungsbeschlusses bezweckten Schutz des von der Durchsuchung Betroffenen zuwiderliefe.[178] Nicht ausgeschlossen ist jedoch, die Begründung des Beschlusses in den Grenzen zu ergänzen, die die Funktion der präventiven Kontrolle wahren. Zulässig ist auch, eine andere rechtliche Beurteilung an die damals vorliegenden tatsächlichen Erkenntnisse zu knüpfen. Lässt der Durchsuchungsbeschluss in seiner Gesamtheit in ausreichendem Maße erkennen, dass der Ermittlungsrichter die Voraussetzungen für seinen Erlass eigenständig geprüft hat, können anfängliche Mängel bei der Prüfung der Verdachtslage oder der Darstellung geheilt werden, indem das Beschwerdegericht die Konkretisierung der den Akten zu entnehmenden, den Anfangsverdacht belegenden Umstände in seiner Beschwerdeentscheidung nachholt.[179]

42 **b) Gegen nichtrichterliche Durchsuchungsanordnungen.** Gegen nichtrichterliche Anordnungen ist gerichtliche Entscheidung entsprechend § 98 Abs. 2 S. 2 zulässig.[180] Die hierauf ergehende Entscheidung kann mit der Beschwerde gemäß § 304 Abs. 1 angefochten werden.[181] Die Beschwerdeentscheidung ist nach § 310 Abs. 2 nicht anfechtbar. Auch nach

---

[171] BVerfG 24.3.1998 – 1 BvR 1935/96 ua; BVerfG 29.6.2009 – 2 BvR 1499/05, NVwZ-RR, 2009, 785.

[172] BVerfG 29.6.2009 – 2 BvR 1499/05, NVwZ-RR, 2009, 785; BVerfG 9.9.2013 – 2 BvR 533/13, WM 2013, 1990.

[173] BVerfG 4.3.2008 – 2 BvR 2111 und 2112/07, NStZ 2009, 166.

[174] BVerfG 18.12.2002 – 2 BvR 1660/02, NJW 2003, 1514; *Park* Rn. 327; KMR/*Hadamitzky* Rn. 40.

[175] Radtke/Hohmann/*Ladiges* Rn. 37; Meyer-Goßner *(Schmitt)* Rn. 15a.

[176] BVerfG 16.6.1981 – 1 BvR 1094/80, BVerfGE 57, 346 (355), NJW 1981, 2111; BVerfG 16.6.1987 – 1 BvR 1202/84, BVerfGE 76, 83 (91), NJW 1987, 2499; BVerfG 20.2.2001 – 2 BvR 1444/00, BVerfGE 103, 142 (154) = NJW 2001, 1121; BVerfG 10.9.2010 – 2 BvR 2561/08, NJW 2011, 291; *Jahn* NStZ 2007, 255 (261).

[177] BVerfG 20.4.2004 – 2 BvR 2043/03 ua, NJW 2004, 3171; BVerfG 10.9.2010 – 2 BvR 2561/08, NJW 2011, 291; LG Halle 5.5.2008 – 22 Qs 8/08, wistra 2008, 280; *Kruis/Wehowsky* NJW 1999, 682 (683); Radtke/Hohmann/*Ladiges* Rn. 38; *Schmidt* StraFo 2009, 448.

[178] BVerfG 18.3.2009 – 2 BvR 1036/08, NJW 2009, 2518 (2520).

[179] BVerfG 28.4.2003 – 2 BvR 358/03, NJW 2003, 2669; BVerfG 10.9.2010 – 2 BvR 2561/08, NJW 2011, 291; BGH 18.12.2008 – StB 26/08, NStZ-RR 2009, 142.

[180] HK-GS/*Gercke* Rn. 83.

[181] BVerfG 22.1.2002 – 2 BvR 1473/01, NJW 2002, 1333; *Asbrock* StV 2001, 322 (323).

Erledigung der Maßnahme, insbesondere in Fällen der Durchsuchung bei Gefahr im Verzug, besteht ein Rechtsschutzbedürfnis auf Feststellung der Rechtswidrigkeit (→ Rn. 41a). Ein gerichtlich nicht überprüfbarer Auslegungs-, Ermessens- oder Beurteilungsspielraum besteht für die Ermittlungsbehörden bei der Annahme von Gefahr im Verzug nicht.[182] Verneint das Gericht, dass Gefahr im Verzug vorlag, so hebt es die Durchsuchungsanordnung auf. Ist die Maßnahme noch nicht beendet, wird der Abbruch anzuordnen sein, ansonsten ist bei vollzogener Durchsuchung die Rechtswidrigkeit der Maßnahme festzustellen.[183]

c) Gegen die Art und Weise der Durchführung der Durchsuchung. Unabhängig davon, ob die Durchsuchung richterlich oder nichtrichterlich angeordnet wurde, ist, wenn die Art und Weise der abgeschlossenen Durchsuchung beanstandet wird, der Antrag auf gerichtliche Entscheidung entsprechend § 98 Abs. 2 S. 2 zulässig, die wiederum mit der Beschwerde nach § 304 Abs. 1 angefochten werden kann.[184] Das gilt auch, wenn die konkrete Ausgestaltung des Vollzugs der Durchsuchung nicht ausdrücklicher und evidenter Bestandteil der richterlichen Anordnung war, wobei Entscheidungen des Ermittlungsrichters des BGH oder eines erstinstanzlich zuständigen OLG über Einwendungen gegen die Ausführung Durchsuchung – anders als die Anordnung der Durchsuchung selbst – grds. nicht mit der Beschwerde anfechtbar sind.[185] Ist die Art und Weise des Vollzuges bereits in der richterlichen Anordnung geregelt worden, kommt nur die Beschwerde nach § 304 in Betracht.[186] Entgegen der früheren Rechtsprechung ist der subsidiäre Rechtsweg nach § 23 ff. EGGVG nicht gegeben.[187] 43

d) Akteneinsicht im Beschwerdeverfahren. Eine nachteilige gerichtliche Entscheidung im Beschwerdeverfahren darf nur auf Tatsachen und Beweismittel gestützt werden, die dem Beschuldigten durch Akteneinsicht (§ 147) bekannt sind und zu denen er sich äußern konnte.[188] Zum Anspruch auf Gehör vor Gericht gehört auch die Information über die entscheidungserheblichen Beweismittel. Die Übermittlung polizeilicher Ermittlungsberichte, die keine hinreichende Unterrichtung über die von den Gerichten für die Entscheidung herangezogenen Tatsachen und Beweismittel ermöglichen, reicht ebenso wenig aus wie eine genaue Bezeichnung oder Beschreibung der in oder bei den Ermittlungsakten verwahrten Beweisstücke in den Gründen einer im Ermittlungsverfahren ergehenden Gerichtsentscheidung.[189] Die Versagung der Akteneinsicht durch die Staatsanwaltschaft nach § 147 Abs. 2 aufgrund von Geheimhaltungsinteressen rechtfertigt es nicht, im Beschwerdeverfahren auf der Grundlage eines Akteninhalts zu entscheiden, der dem Beschuldigten nicht zugänglich ist. Ist das Beschwerdegericht nach § 147 Abs. 5 an die Entscheidung der Staatsanwaltschaft zur Versagung von Akteneinsicht gebunden, muss es die Entscheidung über die Beschwerde aufschieben. Das Geheimhaltungsinteresse kann ein sachgerechter Verzögerungsgrund sein.[190] 44

---

[182] BVerfG 20.2.2001 – 2 BvR 1444/00, BVerfGE 103, 142 (154) = NJW 2001, 1121; BVerfG 22.1.2002 – 2 BvR 1473/01, NJW 2002, 1333; HK-GS/*Hartmann* Rn. 19; Radtke/Hohmann/*Ladiges* Rn. 36; HK-StPO/*Gercke* Rn. 83; *Amelung* NStZ 2001, 337 (340).

[183] Meyer-Goßner *(Schmitt)* Rn. 16; *Fezer*, FS-Rieß, 93 ff.; HK-StPO/*Gercke* Rn. 83.

[184] BGH 7.12.1998 – 5 AR (VS) 2/98, BGHSt 44, 265, NStZ 1999, 200; BGH 13.10.1999 – StB 7, 8/99, NJW 2000, 84.

[185] BGH 25.8.1999 – 5 AR VS 1/99, NJW 1999, 3499.

[186] *Amelung* JR 2000, 479 (481); *Fezer* NStZ 1999, 151; Meyer-Goßner *(Schmitt)* Rn. 17; aA *Katholnigg* NStZ 2000, 155 (156).

[187] BGH 25.8.1999 – 5 AR VS 1/99, NJW 1999, 3499; BGH 13.10.1999 – StB 7, 8/99, NJW 2000, 84.

[188] Vgl. BVerfG v. 9.9.2013 – 2 BvR 533/13, WM 2013, 1990.

[189] BVerfG 9.11.2010 – 2 BvR 2101/09, NJW 2011, 2417; BVerfG 19.1.2006 – 2 BvR 1075/05, NStZ 2006, 459; *Börner* NStZ 417; *ders.* NStZ 2007, 680; aA LG Saarbrücken 24.8.2005 – 8 Qs 81/05, NStZ-RR 2006, 80; LG Berlin 16.12.2005 – 505 Qs 217/05, NStZ 2006, 472.

[190] BVerfG 4.12.2006 – 2 BvR 1290/05, NStZ 2007, 274; BVerfG v. 9.9.2013 – 2 BvR 533/13, juris LG Neubrandenburg 16.8.2007 – 9 Qs 107/07, NStZ 2008, 655.

III. Reformvorhaben

45 Auf europäischer Ebene wird derzeit der Entwurf einer Richtlinie über die Europäische Ermittlungsanordnung (EEA) in Strafsachen beraten.[191] Diese soll die am 18.12.2008 beschlossene Europäische Beweisanordnung (EBA) zur Erlangung von Sachen, Schriftstücken und Daten zur Verwendung in Strafsachen,[192] die am 22.7.2003 beschlossene Europäische Sicherstellungsanordnung[193] und die sonstige Rechthilfe innerhalb der Europäischen Union ersetzen und auf der Grundlage des Prinzips der gegenseitigen Anerkennung ein umfassendes System für die Gewinnung von Beweisen aller Art schaffen.[194] Kritisch wird aufgrund der bislang fehlenden Harmonisierung der Strafprozessordnungen in den Mitgliedstaaten dazu angemerkt, dass die Gefahr einer Umgehung strafverfahrensrechtlicher Schutznormen bestehe. Die EEA könne zur Folge haben, dass ein Mitgliedstaat für einen anderen Daten oder Beweismittel erhebt und diesem übermittelt, obwohl die Erhebung nach eigenem Recht, bspw. aufgrund fehlender Anordnungskompetenz oder aufgrund von Verstößen gegen in der StPO geregelte Beschlagnahmeverbote (bspw. nach § 97) oder gegen den Verhältnismäßigkeitsgrundsatz, nicht zulässig wäre.[195] Insbesondere die Ausgestaltung eines effektiven Rechtsschutzes bedarf trotz der Regelung in Art. 13 der Richtlinie des Rats der Europäischen Union zur EAA nähere Konkretisierung. Danach haben zur Wahrung des Rechtsschutzinteresses die Mitgliedstaaten dafür zu sorgen, dass die Betroffenen Rechtsbehelfe einlegen können, die denjenigen gleichwertig sind, die in einem vergleichbaren innerstaatlichen Fall zur Anfechtung der betreffenden Ermittlungsmaßnahme zur Verfügung stehen würden.[196]

IV. Revision

46 Mit der **Aufklärungsrüge** kann geltend gemacht werden, dass das erkennende Gericht eine bestimmte Durchsuchung unterlassen und bestimmte Beweismittel nicht verwertet habe. Eine Verletzung der Aufklärungspflicht nach § 244 Abs. 2 kann bspw. auch darin bestehen, wenn das Gericht den Antrag der Verteidigung, den mit dem Ermittlungsverfahren befassten Staatsanwalt zu der Behauptung zu vernehmen, ihm sei zum Zeitpunkt der von ihm angeordneten Durchsuchung die Einrichtung eines richterlichen Nachtbereitschaftsdienstes bekannt gewesen, ablehnt und keine Gründe dafür ersichtlich sind, dass allein schon die telefonische Erkundigung nach dem diensthabenden Richter und die anschließende fernmündliche Kontaktaufnahme mit diesem eine solche Verzögerung bedeutet hätte, dass der Durchsuchungserfolg gefährdet gewesen wäre.[197] Darüber hinaus kann die Revision auf die **unzulässige Verwertung von Erkenntnissen aus einer Durchsuchung** gestützt werden, bspw. aufgrund eines Verstoßes gegen den Verhältnismäßigkeitsgrundsatz oder gegen ein bestehendes Beschlagnahmeverbot. In Betracht kommt auch die willkürliche Annahme von Gefahr im Verzug (Umgehung des Richtervorbehalts).[198] Soweit die Nichtverwertbarkeit des aufgefundenen Beweismittels mit dem Umstand der fehlenden Einrichtung eines Not- bzw. Eildienstes gerügt wird, soll es unschädlich sein, wenn die Revision kein Zahlenmaterial über den tatsächlichen Anfall von Maßnahmen in dem betreffenden Landgerichtsbezirk zur Nachtzeit iSd § 104 Abs. 3

---

[191] Vgl. Rat der Europäischen Union, Ratstagung vom 9./10.6.2011, Ratsdok.-Nr: 11735/11; vgl. auch ZD-Aktuell 2012, 02840.

[192] Rahmenbeschluss 2008/978/JI des Rates vom 18.12.2008 über die Europäische Beweisanordnung zur Erlangung von Sachen, Schriftstücken und Daten zur Verwendung in Strafsachen, im Einzelnen hierzu *Eisenberg* Beweisrecht Rn. 478 ff.

[193] Rahmenbeschluss 2003/577/JI des Rates vom 22.7.2003 über die Vollstreckung von Entscheidungen zur Sicherstellung von Vermögensgegenständen und Beweismitteln in der Europäischen Union.

[194] *Beukelmann* NJW-Spezial 2011, 760; *Brodowski* ZIS 2011, 940.

[195] *Ahlbrecht* StV 2013, 114.

[196] Kritisch hierzu die Stellungnahme des DRB zur Europäischen Ermittlungsanordnung in Strafsachen vom 6.10.2011.

[197] BGH 3.5.2011 – 3 StR 277/10, StV 2012, 3.

[198] BGH 30.8.2011 – 3 StR 210/11, NStZ 2012, 104; KMR/*Hadamitzky* Rn. 47.

vorträgt. Zum notwendigen Revisionsvorbringen gehören nur solche Umstände, die dem Revisionsführer allgemein oder als Verfahrensbeteiligtem zugänglich sind.[199] Die Rüge setzt nach § 344 Abs. 2 S. 2 auch die Wiedergabe des Inhalts des Durchsuchungs- und Sicherstellungsprotokolls sowie die Angabe voraus, auf welchem Wege die Ergebnisse der Durchsuchung in die Hauptverhandlung eingeführt worden sind, welche Beweiserhebung konkret gerügt wird und ob der Verwertung rechtzeitig widersprochen worden ist.[200] Wenn sich dem angefochtenen Urteil nicht entnehmen lässt, welche der verwerteten Beweismittel aus einer vom Beschwerdeführer als rechtswidrig bezeichneten und welche aus einer von ihm nicht angegriffenen Beschlagnahme stammen, so sind im Rahmen der Verfahrensrüge, mit der die Verwertung zu Unrecht beschlagnahmter Beweismittel angegriffen wird, nicht nur die Tatsachen zur Fehlerhaftigkeit der Beschlagnahme vorzutragen, sondern auch die verwerteten Beweismittel zu bezeichnen und die fehlenden tatrichterlichen Feststellungen zu ihrer Gewinnung im Rahmen der rechtswidrigen Beschlagnahme mit der Aufklärungsrüge zu beanstanden.[201] Für einen erschöpfenden Vortrag kann unter Umständen die Angabe erforderlich sein, dass eine bestimmte Tatsache nicht geschehen ist, die der erhobenen Verfahrensrüge den Boden entziehen würde.[202] So hat die Revision den Inhalt eines polizeilichen Vermerks mitzuteilen, wenn auf diesen in den Gründen des angefochtenen Durchsuchungsbeschlusses ergänzend Bezug genommen wird, soweit es für die Frage, ob die Rechtswidrigkeit des Beschlusses ein Verwertungsverbot für die bei der Durchsuchung aufgefundenen Beweismittel nach sich zöge, auf den Inhalt dieses Vermerks ankäme.[203]

§ 106 [Zuziehung des Inhabers]

(1) [1]Der Inhaber der zu durchsuchenden Räume oder Gegenstände darf der Durchsuchung beiwohnen. [2]Ist er abwesend, so ist, wenn möglich, sein Vertreter oder ein erwachsener Angehöriger, Hausgenosse oder Nachbar zuzuziehen.

(2) [1]Dem Inhaber oder der in dessen Abwesenheit zugezogenen Person ist in den Fällen des § 103 Abs. 1 der Zweck der Durchsuchung vor deren Beginn bekanntzumachen. [2]Diese Vorschrift gilt nicht für die Inhaber der in § 104 Abs. 2 bezeichneten Räume.

Schrifttum: *Eisenberg,* Aspekte der Durchsuchung (§§ 102 ff. StPO) im Verhältnis zu ethologischen Grundbedürfnissen, FS-Rolinski, 2002, S. 165; *Hofmann,* Die Online-Durchsuchung – staatliches „Hacken" oder zulässige Ermittlungsmaßnahme?, NStZ 2005, 121; *Michalke,* Wenn der Staatsanwalt klingelt – Verhalten bei Durchsuchung und Beschlagnahme, NJW 2008, 1490; *Park,* Durchsuchung und Beschlagnahme, 2. Auflage 2009; *Rengier,* Praktische Fragen bei Durchsuchungen, insbesondere in Wirtschaftsstrafsachen, NStZ 1981, 371; *Stoffers,* Einführung eines „Krisenmanagements" bei Unternehmen im Hinblick auf mögliche Strafverfahren, wistra 2009, 379; *Sommermeyer,* Neuralgische Aspekte der Betroffenenrechte und ihres Rechtsschutzes bei strafprozessualen Hausdurchsuchungen, NStZ 1991, 257; *Taschke,* Verteidigung von Unternehmen – Die wirtschaftsstrafrechtliche Unternehmensberatung, StV 2007, 495.

Übersicht

[199] BGH 1.2.1979 – 4 StR 657/78, NJW 1979, 1052; BGH 13.12.1979 – 4 StR 632/79, NJW 1980, 951; OLG Hamm 7.11.2001 – 3 Ss 426/01, StV 2002, 474; OLG Hamm 18.8.2009 – 3 Ss 293/08, NJW 2009, 3109.

[200] BGH 16.6.2009 – 3 StR 6/09, NStZ 2009, 648; BGH 2.12.2010 – 4 StR 464/10, juris; Meyer-Goßner *(Schmitt)* § 136 Rn. 25.

[201] BayObLG 10.9.2002 – 4 St RR 70/2002, NStZ-RR 2003, 90.

[202] OLG Hamm 18.8.2009 – 3 Ss 293/08, NJW 2009, 3109.

[203] BGH 18.4.2007 – 5 StR 546/06, NJW 2007, 2269; BGH 24.1.2012 – 4 StR 493/11, BeckRS 2012, 04733.

I. Überblick

1 § 106 sieht ein Recht des Inhabers der zu durchsuchenden Räume oder Gegenstände auf Anwesenheit vor und spiegelt damit den **offenen Charakter der Durchsuchung** nach §§ 102, 103 wieder. Die Norm ist als wesentliche Förmlichkeiten zwingendes Recht und nicht lediglich eine Ordnungsvorschrift.[1] Ein Verstoß gegen diese Regelung führt allerdings nicht zu einem Beweisverwertungsverbot.[2] Gleichwohl steht ihre Befolgung nicht zur Disposition der Ermittlungsbehörden. Das kann auch nicht aus der Formulierung „wenn möglich" (Abs. 1 S. 2) geschlossen werden. Dieser Schluss würde die Frage nach den Voraussetzungen für eine rechtmäßige Durchsuchung mit der nach den Rechtsfolgen einer rechtswidrig durchgeführten Maßnahme vermischen.[3] Im Einzelfall ist allerdings zu beachten, dass bei schwerwiegenden, bewussten oder willkürlichen Verfahrensverstößen ein Beweisverwertungsverbot als Folge einer fehlerhaften Durchsuchung geboten sein kann.[4]

2 § 106 gilt entsprechend bei Durchsuchungen zur Sicherstellung von Verfalls- und Einziehungsgegenständen **(§ 111b Abs. 4).**

II. Erläuterung

3 **1. Anwesenheitsrecht (Abs. 1 S. 1).** Inhaber ist jeder, der die zu durchsuchenden Räume tatsächlich innehat oder der an den Durchsuchungsgegenständen Gewahrsam hat. Bei Mietwohnungen oder Hotelzimmern gehört dazu der tatsächliche Nutzer der Räume.[5] Auf die **Eigentumsverhältnisse** des Inhabers kommt es nicht an.[6] Bei **Mitgewahrsam** hat jeder Mitgewahrsamsinhaber ein eigenes Anwesenheitsrecht.[7] Beschuldigte, die nicht Inhaber der Durchsuchungsobjekte sind, haben keinen eigenständigen Anspruch auf Anwesenheit.[8]

4 Der Inhaber kann zudem nicht verlangen, dass mit dem Beginn der Durchsuchung solange **gewartet** wird, bis er eintrifft.[9] Wenn er jedoch sein Kommen zuvor telefonisch angekündigt hat, sollte, soweit nicht der Untersuchungszweck gefährdet ist, seine Ankunft abgewartet werden.[10] Erscheint er allerdings verspätet, so kann eine bereits begonnene Durchsuchung fortgeführt werden. Der Inhaber kann auf sein Anwesenheitsrecht **verzichten** oder Dritte (bspw. einen Rechtsanwalt) mit der Wahrnehmung seiner Interessen beauftragen.[11]

5 **Verteidiger** haben keinen originären Anspruch auf Anwesenheit bei der Durchsuchung.[12] Der Inhaber kann dem Verteidiger jedoch (auch konkludent) den Zutritt zu den Räumlichkeiten gestatten.[13] Erscheint der Verteidiger am Durchsuchungsort und kann er seine anwaltliche Mandatierung versichern, was nicht notwendigerweise schriftlich erfolgen muss, ist grds. zu vermuten, dass der Inhaber ihm die Anwesenheit tatsächlich gestattet hat.[14]

---

[1] BGH 31.1.2007 – StB 18/06, BGHSt 51, 211 (213 f.) = NJW 2007, 930; Löwe/Rosenberg/*Schäfer,* Aufl. 25. Rn. 15; aA BGH 30.3.1983 – 2 StR 173/82, NStZ 1983, 375; *Hofmann* NStZ 2005, 121 (124); Meyer-Goßner *(Schmitt)* Rn. 1.

[2] BGH 30.3.1983 – 2 StR 173/82, NStZ 1983, 375; BGH 31.1.2007 – StB 18/06, BGHSt 51, 211 (214 f.) = NJW 2007, 930 f.; *Jäger,* Beweisverwertung und Beweisverwertungsverbote im Strafprozess, 2003, S. 204; Radtke/Hohmann/*Ladiges* Rn. 2; aA AG Bremen 19.8.2008 – 91 Gs 817/08, StV 2008, 589; *Sommermeyer* NStZ 1991, 257 (264).

[3] BGH 31.1.2007 – StB 18/06, BGHSt 51, 211 (214 f.) = NJW 2007, 931.

[4] BVerfG 12.4.2005 – 2 BvR 1027/02, BVerfGE 113, 29 (61) = NJW 2005, 1917 (1923); BVerfG 16.3.2006 – 2 BvR 954/02, NJW 2006, 2684 (2686).

[5] KMR/*Hadamitzky* Rn. 3.

[6] HK-StPO/*Gercke* Rn. 2.

[7] Löwe/Rosenberg/*Schäfer,* 25. Aufl. Rn. 2.

[8] *Sommermeyer* NStZ 1991, 257 (258).

[9] *Michalke* NJW 2008, 1490 (1491); Meyer-Goßner *(Schmitt)* Rn. 2; HK-StPO/*Gercke* Rn. 3.

[10] HK-StPO/*Gercke* Rn. 3.

[11] Meyer-Goßner *(Schmitt)* Rn. 2; *Taschke* StV 2007, 495 (498); *Stoffers* wistra 2009, 379 (382).

[12] *Rengier* NStZ 1981, 371 (375); ausführlich *Burhoff* EV Rn. 1103.

[13] SK-StPO/*Wohlers* Rn. 10.

[14] HK-StPO/*Gercke* Rn. 6.

Hat der Verteidiger sein zeitnahes Kommen bereits vor der Durchsuchung angekündigt, ist sein Eintreffen abzuwarten, wenn der Untersuchungszweck dadurch nicht gefährdet wird und keine erhebliche Verzögerung dadurch eintreten wird. Dieses gebietet der Grundsatz auf ein faires Verfahren.[15]

Der Schutzbereich des Art. 13 GG umfasst nicht **Hafträume einer Justizvollzugsanstalt,**[16] deshalb ist die Norm bei einer Durchsuchung gemäß § 84 Abs. 1 S. 1 StVollzG nicht entsprechend, auch nicht bei der Durchsuchung der Zelle eines U-Haftgefangenen, anzuwenden.[17] Straf- und Untersuchungsgefangene können somit nicht beanspruchen, dass sie bei der Durchsuchung ihres Haftraumes anwesend sind.[18] Aufgrund des Hausrechts der Anstalt und der damit verbundenen Befugnis, dass Vollzugsbedienstete den Haftraum ohne Vorankündigung betreten und von ihren Überwachungs- und Eingriffsbefugnissen Gebrauch machen können,[19] sind die Straf- und Untersuchungsgefangenen nicht als Inhaber des Haftraums anzusehen.[20] Zu beachten ist, dass der Gefangene Mitgewahrsam an den Gegenständen haben kann, die in seinem Eigentum stehen oder ihm von Dritten zur Benutzung zur Verfügung gestellt worden sind.[21] Aus diesem Grund ist ein Anwesenheitsrecht zumindest bei der Durchsuchung ihm gehörender Sachen zu bejahen.[22] **Verteidiger- und Abgeordnetenpost** sowie Verteidigungsunterlagen dürfen nicht aus dem Haftraum entfernt werden.[23] Die Befugnis, den Haftraum nach § 84 StVollzG zu durchsuchen, erstreckt sich nicht auf die weder funktionell noch räumlich der Vollzugsanstalt zuzuordnende Wohnung eines im offenen Vollzug befindlichen Strafgefangenen.[24] 6

Anders als bei Hafträumen in einer Justizvollzugsanstalt verhält es sich bei **Krankenzimmern**, die unter den Schutzbereich des Art. 13 GG fallen, auch wenn diese Räumlichkeiten nur zu bestimmten Zwecken der Unterbringung vorübergehend überlassen wurden. Zwar gilt bei Krankenzimmern wie bei Geschäftsräumen nicht der volle Schutz des Art. 13 GG zu Gunsten der Wahrung der räumlichen Privatsphäre wie bei der Wohnung im engeren Sinne, weil den Krankenhausärzten und dem übrigen Krankenhauspersonal auf Grund ihres Heil- und Betreuungsauftrags Betretungs-, Überwachungs- und Kontrollbefugnisse zustehen. Diese Rechte heben jedoch den Privatcharakter des Krankenzimmers nicht auf.[25] 7

Der Inhaber kann sich während der Durchsuchung grundsätzlich frei in seinen Räumen bewegen.[26] Er darf allerdings dieses Recht nicht dazu missbrauchen, den Durchsuchungszweck zu gefährden oder zu vereiteln.[27] Stört der anwesende Inhaber die Durchsuchung, kann gegen ihn unter den Voraussetzungen des § 164 vorgegangen werden.[28] Erforderlich hierfür ist zumindest ein unmittelbares Ansetzen zu einer **störenden Handlung.**[29] Nicht ausreichend ist die Kontaktaufnahme des beschuldigten Inhabers zum Verteidiger.[30] 8

2. Zuziehung Dritter (Abs. 1 S. 2). Ist der Inhaber der zu durchsuchenden Räume oder Gegenstände abwesend, sind, „wenn möglich“, andere Personen in der von Abs. 1 S. 2 vorgegebenen Reihenfolge zuzuziehen. Diese Personen haben, im Unterschied zu Durchsu- 9

---

[15] SK-StPO/*Wohlers* Rn. 10; HK-StPO/*Gercke* Rn. 7.
[16] BVerfG 30.5.1996 – 2 BvR 727/94, NJW 1996, 2643.
[17] OLG Frankfurt a. M. 7.6.1979 – 3 Ws 390/79, MDR 1980, 80; HK-GS/*Hartmann* Rn. 1.
[18] OLG Stuttgart 27.8.1984 – 4 VAs 24/84, NStZ 1984, 574; OLG Karlsruhe 17.10.1985 – 3 Ss 127/85, StV 1986, 10 (11); aA AG Mannheim 16.1.1985 – 5 Ls 45/84, StV 1985, 276 (277); *Eisenberg*, FS-Rolinski, 2002, 165 (169); HK-StPO/*Gercke* Rn. 2.
[19] BGH 29.4.2009 – 1 StR 701/08, BGHSt 53, 294 (300) = NJW 2009, 2463 (2465).
[20] Radtke/Hohmann/*Ladiges* Rn. 3.
[21] KK/*Bruns* Rn. 1; KMR/*Hadamitzky* Rn. 3.
[22] Radtke/Hohmann/*Ladiges* Rn. 3.
[23] KG 23.5.2003 – 5 Ws 99/03, NStZ 2004, 611.
[24] LG Koblenz 10.2.2003 – 7 StVK 452/00, NStZ 2004, 231.
[25] BGH 10.8.2005 – 1 StR 140/05, BGHSt 50, 206 = NJW 2005, 3295.
[26] OLG Stuttgart 26.10.1992 – 4 VAs 5/92, wistra 1999, 120.
[27] Radtke/Hohmann/*Ladiges* Rn. 5.
[28] *Rengier* NStZ 1981, 371 (375).
[29] LG Frankfurt a.M. 26.2.2008 – NStZ 2008, 591, NJW 2008, 2201 (2202).
[30] *Rengier* NStZ 1981, 372 (375).

chungszeugen nach § 105 Abs. 2 S. 1, die Interessen des Inhabers zu vertreten.[31] Vertreter iSd Vorschrift ist derjenige, der den Inhaber aufgrund besonderer Vollmacht vertritt.[32] Darüber hinaus ist Vertreter, wer den Inhaber kraft allgemeinen Auftrags oder üblicherweise, bspw. als Ehegatte, vertritt. Verzichtet der anwesende Vertreter auf eine Teilnahme an der Durchsuchung, ist kein weiterer Vertreter hinzuzuziehen.[33] Das gilt auch, wenn der Inhaber auf die Teilnahme verzichtet. Wird der Vertreter wegen Störung aufgrund einer Anordnung nach § 164 entfernt, so ist er, wenn möglich, durch einen anderen Vertreter zu ersetzen. Diese Regelung gilt nicht, wenn der Inhaber wegen Störung entfernt worden ist, da dieser dann sein Anwesenheitsrecht verwirkt hat.[34] Auf die Hinzuziehung eines Dritten ist im Übrigen zu verzichten, wenn die Anwesenheit bei der Durchsuchung für ihn gefährlich ist.[35]

10 **Erwachsen** iSd Abs. 1 S. 2 ist jeder, der nach seiner körperlichen Entwicklung und dem äußeren Erscheinungsbild „erwachsen" ist.[36]

11 Nach den Regelungen der §§ 105 Abs. 2 S. 1, 106 Abs. 1 S. 2 ist nicht ausgeschlossen, dass der Durchsuchung aufgrund behördlichen Auftrags **sachkundige Personen** (Sachverständige und sachverständige Zeugen) beiwohnen, wenn eine Förderung der sachgerechten Erledigung der Maßnahme aufgrund ihres besonderen Sachwissens zu erwarten ist.[37]

12 Im Übrigen ergibt sich das **Anwesenheitsrecht des Richters und Staatsanwalts** bei der Vollstreckung des Durchsuchungsbeschlusses aus den Vorschriften § 105 Abs. 2 S. 1 und § 36 Abs. 2 S. 1, die die Vollstreckung der richterlichen Beschlüsse durch die Staatsanwaltschaft regeln. Die zuständige Finanzbehörde (§ 86 Abs. 1 S. 2 AO) hat gemäß § 403 Abs. 1 S. 1 AO ein eigenständiges Anwesenheitsrecht bei Durchsuchungen die Steuerstraftaten betreffen. Die Befugnisse der Zollfahndung und der Steuerfahndung richten sich nach § 404 S. 1 AO.[38]

13 **3. Bekanntmachung.** Abs. 2 sieht vor, dass in den Fällen des § 103 Abs. 1 dem Inhaber oder der nach Abs. 1 S. 2 hinzugezogenen Person vor Beginn der Durchsuchung der Zweck der Maßnahme bekannt zu geben ist. Ein schriftlicher Durchsuchungsbeschluss ist dem Betroffenen grundsätzlich durch Aushändigung einer Ausfertigung mit vollständiger Begründung bekannt zu machen, soweit dies den Erfolg der Maßnahme nicht gefährdet.[39] Ggf. sind die Gründe abgekürzt bekannt zu geben. Unabhängig davon sollte auch in den Fällen des § 102 der Durchsuchungszweck gegenüber dem Verdächtigen bekannt gegeben werden, es sei denn, der Durchsuchungszweck wird dadurch gefährdet.[40] In den Fällen einer Durchsuchung von Räumlichkeiten nach §§ 103 Abs. 2 und 104 Abs. 2 gilt die Bekanntgabepflicht nicht.[41]

III. Rechtsbehelf und Revision

14 Sowohl bei richterlichen als auch nichtrichterlichen Entscheidungen kann der Inhaber, da § 106 die Art und Weise der Durchsuchung betrifft, entsprechend **§ 98 Abs. 2 S. 2** richterliche Entscheidung beantragt werden.[42] Das gilt auch nach Beendigung der Durchsuchung.[43] Eine **Revision** bleibt bei Verletzung des § 106, auch wenn die Norm keine bloße

---

31 Löwe/Rosenberg/*Schäfer,* 25. Aufl. Rn. 7.
32 KK/*Bruns* Rn. 2; Löwe/Rosenberg/*Schäfer,* 25. Aufl. Rn. 6.
33 Meyer-Goßner *(Schmitt)* Rn. 4.
34 RG 4.5.1900 – 1155/00, RGSt 33, 251 (252); Löwe/Rosenberg/*Schäfer,* 25. Aufl. Rn. 5; Radtke/Hohmann/*Ladiges* Rn. 7.
35 Meyer-Goßner *(Schmitt)* Rn. 4; HK-StPO/*Gercke* Rn. 10; HK-GS/*Hartmann* Rn. 2.
36 → § 98 Rn. 25.
37 → § 105 Rn. 35.
38 KMR/*Hadamitzky* Rn. 9.
39 BGH 7.11.2002 – 2 BJs 27/02 – 5 – StB 16/2, NStZ 2003, 273 (274).
40 KK/*Bruns* Rn. 4; SK-StPO/*Wohlers* Rn. 25.
41 Meyer-Goßner *(Schmitt)* Rn. 5.
42 BGH 7.12.1998 – 5 AR (VS) 2/98, BGHSt 44, 265 = NJW 1999, 730; BGH 25.8.1999 – 5 AR (VS) 1/99, BGHSt 45, 183 = NJW 1999, 3499.
43 KMR/*Hadamitzky* Rn. 18.

Ordnungsvorschrift darstellt, ohne Aussicht auf Erfolg, da die Verletzung des Anwesenheitsrechts nach Abs. 1 S. 1 kein Verwertungsverbot zur Folge hat.[44]

§ 107 [Mitteilung, Verzeichnis]

[1]Dem von der Durchsuchung Betroffenen ist nach deren Beendigung auf Verlangen eine schriftliche Mitteilung zu machen, die den Grund der Durchsuchung (§§ 102, 103) sowie im Falle des § 102 die Straftat bezeichnen muss. [2]Auch ist ihm auf Verlangen ein Verzeichnis der in Verwahrung oder in Beschlag genommenen Gegenstände, falls aber nichts Verdächtiges gefunden wird, eine Bescheinigung hierüber zu geben.

Schrifttum: *Kemper,* Das Beschlagnahmeverzeichnis nach § 109 StPO in Wirtschafts- und Steuerstrafsachen, wistra 2008, 96; *Krekeler,* Probleme der Verteidigung in Wirtschaftsstrafsachen, wistra 1983, 43; *Michalke,* Wenn der Staatsanwalt klingelt – Verhalten bei Durchsuchung und Beschlagnahme, NJW 2008, 1490; *Park,* Durchsuchung und Beschlagnahme, 2. Auflage, 2009; *Rengier,* Praktische Fragen bei Durchsuchungen, insbesondere in Wirtschaftsstrafsachen, NStZ 1981, 371; *Stoffers,* Einführung eines „Krisenmanagements" bei Unternehmen im Hinblick auf mögliche Strafverfahren, wistra 2009, 379.

I. Überblick

§ 107 S. 1 normiert **Mitteilungspflichten** über den Grund der Durchsuchung, insbesondere über die Anordnung und Durchführung der Maßnahme. Zur allgemeinen Pflicht über die Bekanntmachung richterlicher Durchsuchungsanordnung vgl. auch § 35. Dem von der Durchsuchung Betroffenen ist nach deren Beendigung auf Verlangen eine schriftliche (gebührenfreie) Durchsuchungsbescheinigung zu erteilen. Das setzt voraus, dass ihm zeitnah die Kenntnis von der erfolgten Durchsuchung vermittelt wird. Entsprechende Anwendung findet die Vorschrift bei Durchsuchungen zur Sicherstellung von Einziehungs- und Verfallsgegenständen (§ 111b Abs. 4). 1

Antragsberechtigt ist jeder (Mit-)Inhaber der durchsuchten Räume oder Gegenstände. Wenn der Inhaber nicht anwesend ist, so ist jede nach § 106 zugezogene Person berechtigt, den Antrag nach § 107 S. 1 bzw. S. 2 zu stellen.[1] Im Übrigen sind die Mitteilungen dem Inhaber von Amts wegen zuzuleiten.[2] 2

§ 107 dient der **Sicherung des rechtlichen Gehörs** und der Gewährleistung, dass der Betroffene unmittelbar nach Beendigung der Maßnahme über den Grund der Durchsuchung informiert wird, um dadurch Gelegenheit zu erhalten, deren Rechtmäßigkeit zu überprüfen und ggf. nachträglich Rechtsschutz in Anspruch zu nehmen.[3] Die Erstellung eines Beschlagnahmeverzeichnisses (S. 2) dient dazu, den Verbleib der durch die Ermittlungsbehörden in Verwahrung genommenen Gegenstände festzustellen. Zudem soll der Betroffene die Gelegenheit erhalten, gegen die Beschlagnahme bezüglich einzelner Gegenstände substantiiert Einwendungen zu erheben und die Vollständigkeit bei späterer Rückgabe kontrollieren zu können. Adressat der Norm sind die Durchsuchungsbeamten sowie die Personen, die die Durchsuchung angeordnet haben.[4] Die Regelungen sind nach ihrem Wortlaut sowie nach ihrem Sinn und Zweck als wesentliche Förmlichkeiten zwingendes Recht und nicht lediglich Vorschriften, die zur beliebigen Disposition der Ermittlungsorgane stehen. Von ihrer Beachtung hängt die Rechtmäßigkeit der Durchsuchung ab.[5] 3

[44] BGH 30.3.1983 – 2 StR 173/82, NStZ 1983, 375; BGH 31.1.2007 – StB 18/06, NJW 2007, 930; aA AG Bremen 19.8.2008 – 91 Gs 817/08 (540 Js 900049/08), 91 Gs 817-08 (540 Js 900049/08), StV 2008, 589.

[1] HK-GS/*Hartmann* Rn. 1.

[2] SK-StPO/*Wohlers* Rn. 3.

[3] KMR/*Hadamitzky* Rn. 1.

[4] Meyer-Goßner *(Schmitt)* Rn. 4.

[5] BGH 31.1.2007 – StB 18/06, BGHSt 51, 211 (213) = NJW 2007, 930; KK/*Bruns* Rn. 5; aA KG 12.1.2000 – 1 AR 1264/99 – 4 VAs 41/99, juris.

Gleichwohl führt ein Verstoß gegen § 107 nicht zu einem Verwertungsverbot, zumal der Anspruch auf Mitteilung erst nach der Durchsuchung fällig wird und daher keinen Einfluss auf die zuvor durchgeführten Durchsuchungshandlungen hat.[6]

II. Erläuterung

4 **1. Bescheinigung über die Durchsuchung (S. 1).** Nach dem Wortlaut der Norm ist dem Betroffenen spätestens nach Beendigung der Durchsuchung auf Verlangen der Durchsuchungszweck mitzuteilen, wobei bereits unmittelbar vor der zwangsweisen Durchsetzung, mit Ankündigung der Maßnahme, der mit Gründen versehene **richterliche Durchsuchungsbeschluss**, in dem die zugrunde liegende Straftat konkretisiert wird, vollständig bekannt zu geben ist.[7] Dieses Erfordernis ergibt sich auch aus der Garantie effektiven Rechtsschutzes (Art. 19 Abs. 4 GG). Es reicht nicht aus, wenn lediglich die Beschlussformel übermittelt wird.[8] Die Bekanntmachung der Gründe kann in Ausnahmefällen zurückgestellt werden, wenn durch sie der Untersuchungszweck gefährdet wäre. In Fällen, in denen diese Gefährdung bereits dadurch ausgeräumt werden kann, dass in der auszuhändigenden Ausfertigung vom Abdruck einzelner Passagen der Begründung abgesehen wird, darf auch eine in den Gründen unvollständige Ausfertigung übergeben werden. In jedem Fall muss aber aus Gründen eines effektiven Rechtsschutzes und zur Vermeidung unnötiger Rechtsmittel in der dem Betroffenen überlassenen Ausfertigung auf die (vollständige oder teilweise) Weglassung der Gründe in geeigneter Form hingewiesen werden. Bei einer richterlichen Anordnung nach § 36 Abs. 1 obliegt dem Gericht die Entscheidung über die Art der Bekanntmachung. Dieses hat entsprechend § 101 Abs. 1 auch dafür Sorge zu tragen, dass dem Betroffenen eine vollständige Ausfertigung übermittelt wird, sobald das ohne Gefährdung des Untersuchungszwecks verantwortet werden kann.[9]

5 Bei der **nichtrichterlichen Durchsuchungsanordnung** ist ebenfalls der Grund und Zweck der Durchsuchung sowie in Fällen des § 102 die zugrunde liegende Straftat zumindest mündlich mitzuteilen.[10]

6 **2. Beschlagnahmeverzeichnis (S. 2).** Dem Betroffenen ist auf Verlangen ein Verzeichnis über die sichergestellten oder beschlagnahmten Gegenstände von den Durchsuchungsbeamten oder der anordnenden Behörde zu erstellen und sodann auszuhändigen. Diesen Anspruch hat der Betroffene auch, wenn keine Gegenstände in behördliche Verwahrung genommen werden. In diesem Fall ist eine sog Negativbescheinigung auszustellen.[11] Ein Strafgefangener hat keinen Anspruch auf Erteilung einer Bescheinigung über eine ergebnislose Haftraumdurchsuchung. S. 2 ist auf die Durchsuchung des Haftraums gemäß § 84 Abs. 1 S. 1 StVollzG nicht entsprechend anwendbar (→ § 106 Rn. 6).[12]

7 Ein Beschlagnahmeverzeichnis ist auch dann anzufertigen, wenn keine Originaldokumente, sondern lediglich **Kopien**[13] oder Gegenstände sichergestellt wurden, die lediglich zur **Durchsicht (§ 110)** mitgenommen wurden.[14] Die beschlagnahmten Gegenstände müssen nach Art und Zahl identifizierbar in dem Verzeichnis aufgelistet werden (§ 109).[15] Es ist nicht ausreichend, beschlagnahmte Schriftstücke lediglich als „schriftliche Unterlagen", „diverse

---

[6] OLG Stuttgart 26.10.1992 – 4 VAs 5/92, StV 1993, 235 (236); Meyer-Goßner *(Schmitt)* Rn. 1; KK/*Bruns* Rn. 5; HK-GS/*Hartmann* Rn. 1.

[7] OLG Karlsruhe 9.5.1996 – 1 Ss 120/95, NStZ-RR 1997, 37 (38); *Rengier* NStZ 1981, 371 (373 f.); weitergehend SK-StPO/*Wohlers* Rn. 6, der die Mitteilung aller Umstände verlangt, auf die die Durchsuchung nach §§ 102, 103 gegründet worden ist.

[8] BGH 3.9.1997 – StB 12/97, BGHR StPO § 105 Zustellung 1; BGH 7.11.2002 – 2 BJs 27/02 – 5 -StB 16/2, NStZ 2003, 273 (274); KK/*Bruns* Rn. 3; HK-StPO/*Gercke* Rn. 3.

[9] BGH 7.11.2002 – 2 BJs 27/02 – 5 – StB 16/2, NStZ 2003, 273 (274).

[10] Löwe/Rosenberg/*Schäfer,* Aufl. 25 Rn. 2; SK-StPO/*Wohlers* Rn. 6.

[11] HK-GS/*Hartmann* Rn. 3; *Park* Rn. 204.

[12] KG 5.9.2008 – 2 Ws 408/08, juris → § 106 Rn. 6.

[13] LG Stade 3.9.2001 – 12 Qs 3/01, 12 Qs 3/2001, wistra 2002, 319.

[14] Löwe/Rosenberg/*Schäfer,* Aufl. 25 Rn. 3, 5.

[15] *Michalke* NJW 2008, 1490 (1493); *Stoffers* wistra, 2009, 379 (383).

Schriftstücke" oder „Ordner mit Schriftstücken" zu bezeichnen.[16] Eine detaillierte Beschreibung oder eine Paginierung der schriftlichen Unterlagen ist jedoch nicht erforderlich.[17] Das Verzeichnis sollte nach Möglichkeit gleich am Durchsuchungsort angefertigt und dem Betroffenen zeitnah übergeben werden.[18] Das ergibt sich aus der Funktion der Bescheinigung nach Abs. 2. Der Betroffene soll in die Lage versetzt werden, beweisen zu können, dass bei ihm durchsucht wurde und dass bestimmte Gegenstände sichergestellt oder beschlagnahmt wurden („Quittungsfunktion"). In der Bescheinigung ist daher auch die Adresse der durchsuchten Räume sowie Datum und Uhrzeit der Durchsuchung zu vermerken.[19]

III. Rechtsbehelf und Revision

Solange die Durchsicht der bei einer Durchsuchung sichergestellten Geschäftsunterlagen noch nicht abgeschlossen ist, ist die Durchsuchungsmaßnahme nicht abschließend vollzogen (vgl. § 110). Wendet sich in diesem Verfahrensstadium der Betroffene gegen die angebliche Unvollständigkeit des ihm übergebenen Verzeichnisses, ist nicht der – subsidiäre – Rechtsweg über §§ 23 ff. EGGVG, sondern **entsprechend § 98 Abs. 2 S. 2** der Antrag auf gerichtliche Entscheidung zulässig.[20] Der Antrag nach § 23 Abs. 2 EGGVG ist statthaft, wenn sich nach der Beendigung der Durchsuchung die anordnende Behörde weigert, eine Bescheinigung nach Abs. 1 oder ein Verzeichnis nach Abs. 2 auszustellen.[21] 8

Eine Revision bleibt bei Verletzung des § 107, auch wenn die Norm keine bloße Ordnungsvorschrift darstellt, ohne Aussicht auf Erfolg, denn die Verletzung der Norm hat mangels Schwere des Verstoßes kein Verwertungsverbot zur Folge.[22] 9

§ 108 [Beschlagnahme anderer Gegenstände]

(1) [1]Werden bei Gelegenheit einer Durchsuchung Gegenstände gefunden, die zwar in keiner Beziehung zu der Untersuchung stehen, aber auf die Verübung einer anderen Straftat hindeuten, so sind sie einstweilen in Beschlag zu nehmen. [2]Der Staatsanwaltschaft ist hiervon Kenntnis zu geben. [3]Satz 1 findet keine Anwendung, soweit eine Durchsuchung nach § 103 Abs. 1 Satz 2 stattfindet.

(2) Werden bei einem Arzt Gegenstände im Sinne von Absatz 1 Satz 1 gefunden, die den Schwangerschaftsabbruch einer Patientin betreffen, ist ihre Verwertung zu Beweiszwecken in einem Strafverfahren gegen die Patientin wegen einer Straftat nach § 218 des Strafgesetzbuches unzulässig.

(3) Werden bei einer in § 53 Abs. 1 Satz 1 Nr. 5 genannten Person Gegenstände im Sinne von Absatz 1 Satz 1 gefunden, auf die sich das Zeugnisverweigerungsrecht der genannten Person erstreckt, ist die Verwertung des Gegenstandes zu Beweiszwecken in einem Strafverfahren nur insoweit zulässig, als Gegenstand dieses Strafverfahrens eine Straftat ist, die im Höchstmaß mit mindestens fünf Jahren Freiheitsstrafe bedroht ist und bei der es sich nicht um eine Straftat nach § 353b des Strafgesetzbuches handelt.

Schrifttum: *Amelung,* Grundfragen der Verwertungsverbote bei beweissichernden Haussuchungen im Strafverfahren, NJW 1991, 2533; *Bandemer,* Zufallsfunde bei Zollkontrolle – Zweifel an der Zwangslage,

---

[16] *Krekeler* wistra 1983, 43 (46).

[17] OLG Karlsruhe 26.6.1996 – 2 VAs 11/96, StraFo 1997, 13 (15); Radtke/Hohmann/*Ladiges* Rn. 6; KK/*Bruns* Rn. 4.

[18] OLG Stuttgart 26.10.1992 – 4 VAs 5/92, StV 1993, 235; *Park* Rn. 203.

[19] HK-GS/*Hartmann* Rn. 4.

[20] OLG Karlsruhe 28.9.1994 – 2 VAs 12/94, NJW 1979, 882; LG Gießen 12.8.1999 – 2 Qs 200/99, 2 Qs 201/99, wistra 2000, 76; *Kemper* wistra 2008, 96; Meyer-Goßner *(Schmitt)* Rn. 5; aA SK-StPO/*Wohlers* Rn. 9; Radtke/Hohmann/*Ladiges* Rn. 7.

[21] BGH 21.11.1978 – 1 BJs 93/77; StB 210/78, NJW 1979, 882.

[22] OLG Stuttgart 26.10.1992 – 4 VAs 5/92, StV 1993, 235; KG 12.1.2000 – 1 AR 1264/99, juris; KK/*Bruns* Rn. 5; HK-StPO/*Gercke* Rn. 9.

wistra 1988, 136; *Bilsdorfer,* Die Offenbarungsbefugnis der Finanzbehörde in Steuerstraf- und Bußgeldverfahren, wistra 1984, 8; *Janssen,* Rechtliche Grundlagen und Grenzen der Beschlagnahme, 1995; *Kalf,* Die planmäßige Suche nach Zufallsfunden, Die Polizei 1986, 413; *Krekeler,* Zufallsfunde bei Berufsgeheimnisträgern und ihre Verwertbarkeit, NStZ 1987, 199; *ders.,* Beweisverwertungsverbote bei fehlerhaften Durchsuchungen, NStZ 1993, 263; *Matzky,* Zugriff auf EDV im Strafprozess, 1999; *Müller, Römer,* Legendierte Kontrollen – Die gezielte Suche nach dem Zufallsfund, NStZ 2012, 543; *Nowrousian,* Darf der Staat aktiv täuschen, um verdeckte Ermittlungsmaßnahmen geheim zu halten?, Kriminalistik 2011, 370; *ders.,* Noch einmal zur aktiven Täuschung: Legendierte Kontrollen, Kriminalistik 2012, 174; *ders.,* Legendierte Kontrollen zum Verhältnis von Ermittlungsverfahren und Gefahrenabwehr, Kriminalistik 2013, 105; *Park,* Durchsuchung und Beschlagnahme, 2. Auflage, 2009; *Rosengarten, Römer,* Der „virtuelle verdeckte Ermittler" in sozialen Netzwerken und Internetboards, NJW 2012, 1764; *Ruhmannseder,* Die Vertrauensbeziehung zwischen Strafverteidiger und Mandant – (k)ein beschlagnahme- und beleidigungsfreier Raum? NJW 2009, 2647; *Singelnstein,* Strafprozessuale Verwendungsregelungen zwischen Zweckbindungsgrundsatz und Verwertungsverboten, ZStW 120 (2008), 854; *Soiné,* Kriminalistische List im Ermittlungsverfahren, NStZ 2010, 596; *Vogel,* Strafverfahrensrecht und Terrorismus – eine Bilanz, NJW 1978, 1217.

Übersicht

I. Überblick

1 Abs. 1 regelt die einstweilige Beschlagnahme und Verwertbarkeit von **Zufallsfunden** mit dem Ziel einer Sicherstellung für ein anderes Verfahren. Es handelt sich dabei um bei Gelegenheit am Durchsuchungsort aufgefundene Beweismittel für andere Straftaten als diejenigen, die den Anlass für die Durchsuchung gegeben haben. Die Norm umfasst die Fälle, in denen vor Ort die Beweisbedeutung der aufgefundenen Sache oder das Vorliegen von Gefahr im Verzug nicht eingeschätzt werden kann.[1] Etwaige Funde einer systematischen Suche nach Gegenständen, auf die sich die Durchsuchungsanordnung nicht bezieht, dürfen dagegen nicht ohne Weiteres beschlagnahmt werden. Insoweit kann unter Umständen ein Beweisverwertungsverbot vorliegen. Die Eingrenzungsfunktion des bestehenden Durchsuchungsbeschlusses darf faktisch nicht ausgehöhlt werden.[2]

2 Den Ermittlungsbehörden soll durch die Möglichkeit der einstweiligen Beschlagnahme von Zufallsfunden die **Gelegenheit zur Prüfung des (Anfangs-)Verdachts** bezüglich eines weiteren Ermittlungsverfahrens gegen den von der Durchsuchung Betroffenen oder einen Dritten gegeben werden. Die Vorschrift ist in einem engen Zusammenhang mit dem Legalitätsprinzip zu sehen.[3] Steht die Beweisbedeutung für eine andere Straftat bereits fest, so ist im Falle von Gefahr im Verzug die Beschlagnahme des Gegenstandes nach § 94 anzuordnen. Im Übrigen ist die einstweilige Sicherstellung in § 108 zwingend vorgeschrieben.[4] Gefahr im Verzug wird in diesem Fall gesetzlich vermutet.[5]

3 Gemäß § 111b Abs. 5 gilt § 108 auch bei Durchsuchungen, die der Auffindung von **Einziehungs- und Verfallsgegenständen** sowie der Rückgewinnungshilfe in demselben oder in einem anderen Verfahren dienen.[6] Die Vorschrift gilt zudem entsprechend für bei der **Briefkontrolle** eines Gefangenen gefundene Beweismittel in Bezug auf ein anderes Strafverfahren.[7]

---

[1] HK-GS/*Hartmann* Rn. 1.
[2] LG Berlin 15.1.2004 – 518 Qs 44/03, NStZ 2004, 571; → Rn. 7.
[3] HK-StPO/*Gercke* Rn. 1.
[4] HK-GS/*Hartmann* Rn. 1.
[5] BGH 4.8.1964 – 3 StB 12/63, BGHSt 19, 374 (376).
[6] Meyer-Goßner *(Schmitt)* Rn. 3.
[7] BVerfG 5.2.1981 – 2 BvR 646/80, BVerfGE 57, 170 (180 f.) = NJW 1981, 1943 (1944); BGH 14.3.1979 – StB 6/79, BGHSt 28, 349 (350) = NJW 1979, 1418 (1419); OLG Hamm 6.9.1984 – 1 Ws 234/

Abs. 2 und 3 normieren ausdrückliche Verwertungsverbote. Sie bleiben von § 477 Abs. 2 unberührt. 4

II. Erläuterung

1. Zuständigkeit. Für die Maßnahme nach Abs. 1 ist jeder zuständig, der die Durchführung der Durchsuchung vornimmt, somit Richter (unabhängig von § 165), Staatsanwälte und ihre Ermittlungsbeamten.[8] Gefahr im Verzug muss nicht vorliegen. Auch in Fällen, in denen der Richter ausschließlich für die Anordnung der Beschlagnahme zuständig ist (vgl. § 98 Abs. 1 S. 2, § 111n Abs. 1 S. 1), können Polizeibeamte und Staatsanwälte nach § 108 eine einstweilige Beschlagnahme vornehmen, zumal diese anschließend richterlich zu bestätigen ist.[9] Nicht erforderlich ist, dass Polizeibeamte, die die einstweilige Beschlagnahme anordnen, Ermittlungspersonen der Staatsanwaltschaft iSv § 152 GVG sind.[10] 5

2. Beschlagnahmefähige Gegenstände (Abs. 1 S. 1). Ein Gegenstand kann als Zufallsfund beschlagnahmt werden, wenn aus ihm selbst oder wegen der Umstände seines Auffindens Anhaltspunkte für eine andere Straftat herrühren. Das kann eine bisher unbekannte Straftat sein. Der Gegenstand kann aber auch in Beschlag genommen werden, wenn er in einem anderen Ermittlungsverfahren als Beweismittel oder als Einziehungsgegenstand (§ 111b Abs. 4) von Bedeutung sein kann. Ausreichend dafür ist ein ungewisser Verdacht bzw. die naheliegende Möglichkeit einer anderen Straftat. Ein Anfangsverdacht iSd § 152 muss nicht bestehen.[11] Erforderlich ist zudem, dass die Gegenstände zum Beweis der Straftat geeignet sind, auch wenn sie nicht selbst, sondern nur die Umstände verdächtig sind, unter denen sie gefunden werden.[12] Eine Beschlagnahme von Zufallsfunden ist nicht ausgeschlossen, wenn in einer Durchsuchungsanordnung die zu beschlagnahmenden Gegenstände konkret aufgeführt sind.[13] 6

Die Durchsuchung darf nicht Vorwand dafür sein, systematisch nach Gegenständen zu durchsuchen, die in der Durchsuchungsanordnung nicht genannt sind[14] oder die mit der Anlasstat nicht in einem Zusammenhang stehen.[15] Abs. 1 S. 1 erweitert lediglich die Beschlagnahmerechte der Durchsuchungsbeamten, nicht jedoch die Durchsuchungsrechte.[16] Unzulässig ist daher die **gezielte Suche nach Zufallsfunden,**[17] da diese Gegenstände nicht „bei Gelegenheit" der Durchsuchung entdeckt worden wären. Unzulässig ist auch das Vortäuschen von Zufallsfunden im Rahmen von **legendierten Kontrollen.** Darunter sind Durchsuchungen von Räumen und Personen im Rahmen eines Ermittlungsverfahrens zu verstehen, die unter einem Vorwand („legendiert") ohne Durchsuchungsanordnung durchgeführt werden, um bspw. umfangreiche verdeckte Ermittlungen nicht gegenüber den betreffenden Personen offenbaren zu müssen. Das ermittlungstaktische Bestreben der Strafverfolgungsbehörden, die Durchführung verdeck- 7

84, NStZ 1985, 93; OLG Düsseldorf 2.9.1993 – 3 Ws 466/93, NJW 1993, 3278; LG Tübingen 14.2.2007 – 1 KLs 42 Js 13000/06, NStZ 2008, 653 (655).

[8] Meyer-Goßner *(Schmitt)* Rn. 6.

[9] BGH 4.8.1964 – 3 StB 12/63, BGHSt 19, 374 (376); Radtke/Hohmann/*Ladiges* Rn. 5; SK-StPO/*Wohlers* Rn. 13; Meyer-Goßner *(Schmitt)* Rn. 6; Löwe/Rosenberg/*Schäfer,* 25. Aufl. Rn. 11.

[10] HK-GS/*Hartmann* Rn. 2.

[11] KMR/*Hadamitzky* Rn. 1.

[12] Meyer-Goßner *(Schmitt)* Rn. 2; Löwe/Rosenberg/*Schäfer,* 25. Aufl. Rn. 8; HK-GS/*Hartmann* Rn. 3; aA Radtke/Hohmann/*Ladiges* Rn. 5.

[13] Meyer-Goßner *(Schmitt)* Rn. 1; *Hentschel* NStZ 2000, 274; aA LG Freiburg 4.3.1999 – VIII Qs 17-98, NStZ 1999, 582 (583).

[14] OLG Karlsruhe 17.10.1985 – 3 Ss 127/85, StV 1986, 109; LG Berlin 15.1.2004 – 518 Qs 44/03, NStZ 2004, 571; Meyer-Goßner *(Schmitt)* Rn. 1.

[15] BGH 14.12.1999 – 2 BJs 82/98-3; CR 1999, 292 (293); LG Baden-Baden 16.5.1989 – 1 Qs 321/88, wistra 1990, 118; LG Berlin 15.1.2004 – 518 Qs 44/03, NStZ 2004, 571 (572 f.); *Janssen* Rn. 152.

[16] LG Bremen 22.7.2005 – 11 Qs 112/2005, 11 Qs 112/05, StV 2006, 571 (573); Löwe/Rosenberg/*Schäfer,* 25. Aufl. Rn. 3.

[17] LG Berlin 15.1.2004 – 518 Qs 44/03, NStZ 2004, 571; vgl. zu legendierten Kontrollen bei Drogentransporten ausführlich *Müller/Römer* NStZ 2012, 543.

ter Ermittlungsmaßnahmen weder dem Beschuldigten noch seinem Verteidiger gegenüber aufzudecken, berechtigt nicht dazu, die wahren Zusammenhänge in den Ermittlungsakten durch Darstellung unwahrer Sachverhalte zu verschleiern.[18] Da es sich bei legendierten Kontrollen nicht um offene Ermittlungsmaßnahmen handelt, können diese grds. nicht auf §§ 102, 103, 105 gestützt werden.[19] Unberührt bleiben davon zwar verdachtsunabhängige Kontrollen zur Gefahrenabwehr aufgrund von polizei- oder zollrechtlichen Ermächtigungsgrundlagen (§ 36 Abs. 5 StVO, §§ 43, 44 BPolG, § 10 ZVG). Die Grenzen bei heimlich angelegten Maßnahmen und der Anwendung von kriminalistischer List ergeben sich jedoch aus dem Recht auf ein faires Verfahren, dem Grundsatz der Selbstbelastungsfreiheit und dem Täuschungsverbot gemäß § 136a.[20] Die Durchführung von legendierten Kontrollen darf vor allem nicht der gezielten Umgehung der gesetzlichen Voraussetzungen der Durchsuchung, insbesondere des Richtervorbehalts (§ 105), dienen, was letztlich für die Annahme eines **Verwertungsverbots** spricht.[21]

8 Bei der Sicherstellung und Durchsuchung von **elektronischen Datenträgern** (vgl. auch § 110 Abs. 3) und den darauf vorhandenen Daten ist zu bedenken, dass durch die strafprozessuale Maßnahme wegen der Vielzahl verfahrensunerheblicher Daten zahlreiche Personen und Sachverhalte in den Wirkungsbereich der Maßnahme mit einbezogen werden, die in keiner Beziehung zu dem Tatvorwurf stehen und den Eingriff durch ihr Verhalten nicht veranlasst haben.[22] Hinzu kommt die besondere Schutzbedürftigkeit der von einem überschießenden Datenzugriff mitbetroffenen **Vertrauensverhältnisse.** Der eingriffsintensive Zugriff auf Datenträger – insbesondere bei **Berufsgeheimnisträgern** – bedarf daher im Einzelfall in besonderer Weise einer regulierenden Beschränkung. Es ist darauf zu achten, dass die Gewinnung überschießender, für das Verfahren bedeutungsloser und dem Beschlagnahmeverbot nach § 97 unterliegender Daten vermieden wird.[23] Eine **Recherche der Datenträger mittels spezifischer Programme und Schlüsselwörter** darf nicht einer gezielten Suche nach „Zufallsfunden" nahe kommen (→ Rn. 12). Räumt ein Provider den Ermittlungsbehörden allerdings freiwillig und ohne inhaltliche Beschränkung einen Gastzugang zum E-Mail-Account eines Beschuldigten ein und werden während dieses Gastzugangs Hinweise bezüglich noch nicht erfasster Straftaten bekannt, so handelt es sich dabei um verwertbare Zufallsfunde.[24]

9 **3. Beschlagnahmeverbote.** Für den zufällig aufgefundenen Gegenstand ergeben sich aus § 97 Beschlagnahmeverbote.[25] In einem Strafverfahren gegen einen Strafverteidiger steht weder § 97 Abs. 1 Nr. 1 noch § 148 Abs. 1 der einstweiligen Beschlagnahme nach § 108 und der anschließenden Verwertung, zB eines Schreibens des Verteidigers an seinen Mandanten, entgegen.[26]

10 Eine einstweilige Beschlagnahme ist nach **Abs. 1 S. 3** bei Gebäudedurchsuchungen (§ 103 Abs. 1 S. 2) unzulässig, da diese Vorschrift nur der Ergreifung des Beschuldigten dient.[27] Allerdings kann die Staatsanwaltschaft oder der nach § 98 Abs. 1 S. 1 dazu befugte Polizeibeamte Gegenstände, die als Beweismittel für eine andere Straftat dienen können, bei Gefahr

---

[18] BGH 11.2.2010 – 4 StR 436/09, NStZ 2010, 294.

[19] *Müller/Römer* NStZ 2012, 543; Meyer-Goßner *(Schmitt)* Rn. 1a.

[20] *Soiné* NStZ 2010, 596; vgl. zur Zulässigkeit heimlicher Ermittlungsmaßnahmen auch EGMR (III. Sektion) 18.10.2011 – 21218/09 (Prado Bugallo/Spanien), NStZ 2013, 175 sowie *Rosengarten/Römer* NJW 2012, 1764.

[21] Vgl. auch *Nowrousian* Kriminalistik 2011, 370; *ders.* Kriminalistik 2012, 174; 2013, 105.

[22] BVerfG 12.4.2005 – 2 BvR 1027/02, BVerfGE 113, 29 (54 ff.) = NJW 2005, 1917 (1920 f.); *Matzky*, S. 216 ff.

[23] BGH 24.11.2009 – StB 48/09 (a), NJW 2010, 1297 (1298); *Kalf*, S. 413; *Park* Rn. 208.

[24] LG Mannheim 12.10.2010 – 24 Qs 2/10, StV 2011, 352; hierzu krit. *Kelnhofer, Nadeborn* StV 2011, 352.

[25] BGH 24.11.2009 – StB 48/09 (a), NJW 2010, 1297 (1298); *Krekeler* NStZ 1987, 199 ff.

[26] BGH 27.3.2009 – 2 StR 302/08, BGHSt 53, 257 (262) = NStZ 2009, 517 mAnm *Gössel* NStZ 2010, 288 (289); *Ruhmannseder* NJW 2009, 2647.

[27] HK-GS/*Hartmann* Rn. 3.

im Verzug nach den allgemeinen Vorschriften (§§ 94, 98) beschlagnahmen.[28] Die Polizeibeamten sind in diesem Fall nach § 163 Abs. 2 S. 1 verpflichtet, der Staatsanwaltschaft das Auffinden und die Beschlagnahme der Zufallsfunde mitzuteilen. Abs. 1 S. 2 gilt hier nicht, da diese Regelung sich ausdrücklich nur auf die einstweilige Beschlagnahme bezieht.[29]

In einem **Zoll- oder Steuerstrafverfahren** ist § 108 uneingeschränkt anwendbar. Auch aus dem **Steuergeheimnis** (§ 30 Abs. 1 AO) begründet sich kein Beschlagnahmeverbot, wenn die Voraussetzungen des § 30 Abs. 4, 5 AO vorliegen.[30] Im Übrigen ist bei der Durchsuchung eines Kreditinstituts wegen Verdachts der Steuerhinterziehung eines Bankkunden § 108 grds. anwendbar.[31] 11

4. Verwertungsverbote. Die einstweilige Beschlagnahme von Gegenständen, die einem Beschlagnahmeverbot nach § 97 unterliegen, begründet ein Verwertungsverbot. Darüber hinaus führt nicht jeder Verstoß gegen § 108 zu einem Verwertungsverbot.[32] Die StPO stellt kein grundsätzliches Beschlagnahmeverbot für Fälle fehlerhafter Durchsuchungen auf, die zur Sicherstellung von Beweisgegenständen führen. Erst bei schwerwiegenden, bewussten oder willkürlichen Verfahrensverstößen, in denen die Beschränkung auf den Ermittlungszweck der Beschlagnahme planmäßig oder systematisch außer Acht gelassen wird und bei Abwägung aller Umstände das Interesse des Betroffenen das staatliche Strafverfolgungsinteresse überwiegt, ist ein Beweisverwertungsverbot als Folge einer fehlerhaften Durchsuchung und Beschlagnahme geboten.[33] Zufallsfunde und -erkenntnisse, die bei einer polizeilich angeordneten Wohnungsdurchsuchung wegen Gefahr im Verzug gewonnen wurden, unterliegen einem Verwertungsverbot, wenn die Durchsuchungsanordnung objektiv willkürlich war und kein besonderes Allgemeininteresse an der Tataufklärung besteht.[34] Unverwertbarkeit können Informationen aus einem bei einer Durchsuchung nach § 103 gefundenen Testament sein, wenn diese dem **Kernbereich privater Lebensgestaltung** zuzuordnen sind.[35] Zulässig ist dagegen die Verwertung von Zufallsfunden, die bspw. bei einer Überprüfung eines elektronischen Datenbestandes aufgefunden wurden, wenn die Suche mit dem Tatvorwurf in einem Zusammenhang stand. Wird dagegen im Rahmen eines Steuerstrafverfahrens der beschlagnahmte Computer des Beschuldigten gezielt mit einem Programm zum Auffinden kinderpornographischer Schriften durchsucht, ohne dass zuvor Anlass zu einem derartigen Vorgehen bestand oder ein Bezug zu der Steuerstrafsache ersichtlich war, handelt sich um ein nach § 108 **unzulässiges gezieltes Durchsuchen** im Hinblick auf weitere Straftaten, was zu einem Beweisverwertungsverbot führen kann.[36] 12

Spezielle Verwertungsverbote sind in Abs. 2 und 3 normiert. Werden bei einem Arzt Gegenstände im Sinne von Abs. 1 S. 1 gefunden, bspw. **Patientenunterlagen,** die den Schwangerschaftsabbruch einer Patientin betreffen, dürfen diese nach Abs. 2 nicht als Beweismittel in einem Strafverfahren gegen die Patientin wegen einer Straftat nach § 218 StGB verwertet werden. Abs. 2 dient dem Schutz des Vertrauensverhältnisses zwischen Arzt und Patientin.[37] Verwertbar bleiben die Gegenstände allerdings in einem Strafverfahren gegen den Arzt. Wie § 477 Abs. 2 S. 2 erfasst Abs. 2 nur die unmittelbare Verwertung zu Beweiszwecken.[38] 13

---

[28] Meyer-Goßner *(Schmitt)* Rn. 5; Kurth NJW 1979, 1377 (1384); *Vogel* NJW 1978, 1217 (1227).

[29] Radtke/Hohmann/*Ladiges* Rn. 11.

[30] *Bilsdorfer* wistra 1984, 8 (10); *Bandemer* wistra 1988, 136; Radtke/Hohmann/*Ladiges* Rn. 12; Meyer-Goßner *(Schmitt)* Rn. 4; Franzen/Gast/Joecks/*Randt*, Steuerstrafrecht, § 386 AO, 7. Aufl. 2009, Rn. 50.

[31] BVerfG 1.3.2002 – 2 BvR 972/00, NStZ 2002, 371 (372).

[32] AA *Krekeler* NStZ 1993, 263 (268).

[33] BVerfG 12.4.2005 – 2 BvR 1027/02, BVerfGE 113, 29 (54 ff.) = NJW 2005, 1917 (1920 f.); BVerfG 16.3.2006 – 2 BvR 954/02, NJW 2006, 2684; BVerfG 2.7.2009 – 2 BvR 2225/08, NJW 2009, 3225; BGH 25.4.2007 – 1 StR 135/07, NJW 2007, 2567.

[34] OLG Koblenz 6.6.2002 – 1 Ss 93/02, NStZ 2002, 660.

[35] LG Koblenz 8.4.2010 – 4 Qs 10/10, NJW 2010, 2229.

[36] LG Hamburg 6.8.2008 – 632 Qs 33/08, BeckRS 2010, 27509; *Amelung* NJW 1991, 2533 (2538).

[37] HK-StPO/*Gercke* Rn. 17.

[38] Meyer-Goßner *(Schmitt)* Rn. 9; aA *Jahn*, Gutachten für den 67. Deutschen Juristentag 2008, C 96; *Singelnstein* ZStW 120 (2008), 854 (869 f.).

14 **Abs. 3** wurde mit dem Gesetz zur Neuregelung der Telekommunikationsüberwachung und anderer verdeckter Ermittlungsmaßnahmen vom 21.12.2007 eingefügt. Die Vorschrift steht im Zusammenhang mit dem Beschlagnahmeprivileg des § 97 Abs. 5 und betrifft die einstweilige Sicherstellung von Zufallsfunden, die sich im Besitz oder Gewahrsam von **Presseangehörigen** iSd § 53 Abs. 1 S. 1 Nr. 5 befinden. Zulässig ist danach ihre Verwertung in einem anderen Strafverfahren, wenn es dort um eine Straftat mit einer Mindesthöchststrafe von fünf Jahren Freiheitsstrafe und nicht um die Verletzung des Dienstgeheimnisses nach § 353b StGB geht.[39] Die Regelung dient insgesamt der Stärkung des Informantenschutzes und der Pressefreiheit.[40] Entsprechend § 97 Abs. 5 erstreckt sich der Schutz auch auf Gegenstände, die von Presseangehörigen in Räume der Redaktion bzw. des Verlages eingebracht wurden. § 94 bleibt durch Abs. 3 allerdings unberührt.[41]

15 **5. Verfahren.** Nach der einstweiligen Beschlagnahme von Zufallsfunden ist die Staatsanwaltschaft darüber nach Abs. 1 S. 2 zu informieren. Diese hat anschließend binnen einer angemessenen Frist zu prüfen, ob sie den Gegenstand entweder freigibt oder ob dieser in einem anderen Ermittlungsverfahren nach § 94, § 98 beschlagnahmt werden soll. Die Staatsanwaltschaft hat ggf. die richterliche Beschlagnahmeanordnung zu beantragen. Die Entscheidung trifft dann der für das andere Ermittlungsverfahren zuständige Richter. Soweit die Staatsanwaltschaft innerhalb einer angemessenen Frist kein neues Ermittlungsverfahren einleitet und die endgültige Beschlagnahme beantragt, ist die einstweilige Beschlagnahme aufzuheben.[42]

III. Rechtsbehelfe

16 In entsprechender Anwendung des § 98 Abs. 2 S. 2 kann der Betroffene gegen die vorläufige Beschlagnahme richterliche Entscheidung beantragen. Zuständig hierfür ist das Gericht, das für das andere (oder neue) Ermittlungsverfahren zuständig ist.[43] Wurde binnen angemessener Frist kein neues Verfahren eingeleitet, ist der Richter zuständig, der für das Ursprungsverfahren zuständig war. Das Gericht kann die Beschlagnahme anordnen oder zunächst nur die vorläufige Maßnahme bestätigen. Gegen die richterliche Entscheidung oder die endgültige Beschlagnahme durch den zuständigen Richter ist die Beschwerde zulässig. Das gilt nicht in den Fällen des § 304 Abs. 4 und Abs. 5.[44]

IV. Revision

17 Auf eine Verletzung von § 108 kann die Revision nur dann gestützt werden, wenn der Fehler zu einem Verwertungsverbot geführt hat und der Gegenstand dennoch in der Hauptverhandlung verwertet worden ist.[45]

§ 109 [Kennzeichnung beschlagnahmter Gegenstände]

Die in Verwahrung oder in Beschlag genommenen Gegenstände sind genau zu verzeichnen und zur Verhütung von Verwechslungen durch amtliche Siegel oder in sonst geeigneter Weise kenntlich zu machen.

Schrifttum: *Graulich,* Die Sicherstellung von während einer Durchsuchung aufgefundenen Gegenständen – Beispiel Steuerstrafverfahren, wistra 2009, 299; *Kemper,* Das Beschlagnahmeverzeichnis nach § 109 StPO

[39] BVerfG 27.2.2007 – 1 BvR 538/06, NJW 2007, 1117.
[40] BT-Drs. 16/6979, 44.
[41] Meyer-Goßner *(Schmitt)* Rn. 11.
[42] BGH 4.8.1964 – 3 StB 12/63, BGHSt 19, 374 (376); BGH 14.3.1979 – 1 StE 7/78, BGHSt 28, 349 (350) = NJW 1979, 1418 (1419); BGH 11.5.1979 – StB 26/79, BGHSt 29, 15; Radtke/Hohmann/*Ladiges* Rn. 13.
[43] KK-StPO/*Bruns* Rn. 9; aA Löwe/Rosenberg/*Schäfer,* 25. Aufl. Rn. 21.
[44] BGH 14.3.1979 – StB 6/97, BGHSt 28, 349 (350) = NJW 1979, 1418 (1419).
[45] SK-StPO/*Wohlers* Rn. 20; HK-StPO/*Gercke* Rn. 21.

in Wirtschaft- und Steuerstrafverfahren, wistra 2008, 96; *Krekeler,* Beweisverwertungsverbote bei fehlerhaften Durchsuchungen, NStZ 1993, 263; *Michalke,* Wenn der Staatsanwalt klingelt – Verhalten bei Durchsuchung und Beschlagnahme, NJW 2008, 1490; *Sommermeyer,* Schutz der Wohnung gegenüber strafprozessualen Zwangsmaßnahmen, ein Phänomen?, JR 1990, 493.

I. Überblick

§ 109 ist auf alle Fälle der Sicherstellung und Beschlagnahme nach §§ 94 ff., 99, 108 und gemäß § 111b Abs. 4 auch auf Einziehungs- und Verfallsgegenstände nach § 111c anwendbar. Die Vorschrift kommt zudem bei der Mitnahme der Gegenstände zur Durchsicht nach § 110 zur Anwendung.[1] Sie gilt für bewegliche und unbewegliche Sachen, für Forderungen und andere Vermögensrechte nach § 111c Abs. 3.[2] Die Kennzeichnungspflicht gilt auch für lediglich kopierte Unterlagen.[3] Sie geht über die Mitteilungspflicht nach § 107 S. 2 hinaus. § 109 ist eine **Ordnungsvorschrift**, auf deren Durchführung der Betroffene keinen Einfluss hat und die für die Wirksamkeit der Beschlagnahme nicht von Bedeutung ist. Das Verzeichnis hat keine Beweiskraft für oder gegen jedermann.[4] 1

II. Erläuterung

Die **Anforderungen** an die Kennzeichnung, insbesondere im Hinblick auf die Identifizierbarkeit der Gegenstände, entsprechen § 107 S. 2.[5] Die Gegenstände sind in ein Verzeichnis aufzunehmen und durch ein amtliches Siegel oder in einer anderen geeigneten Weise kenntlich zu machen, bspw. durch Einschließen der Gegenstände in einem besonders bezeichneten Behältnis.[6] Bei der Sicherstellung von Datenträgern ist zwar eine Kennzeichnung einzelner Dateien kaum möglich, allerdings ist aus Gründen der Beweisführung und zur Erleichterung des Aussonderung nicht verfahrensrelevanter Daten der Speicherort und der Umfang der zu beschlagnahmenden Dateien möglichst genau zu bezeichnen.[7] Ein auf behördliche Datenträger kopierter Datenbestand ist nicht im ganzen Beweismittel, vielmehr muss eine Durchsicht der einzelnen Datensätze auf ihre Beweisbedeutung erfolgen. Die potenziell bedeutsamen Datensätze sind herauszufiltern und dann so konkret wie möglich in einem Verzeichnis zu bezeichnen, dass eine Unsicherheit über den Umfang der beantragten Beschlagnahme nicht auftreten kann.[8] Die pauschale Bezeichnung „E-Mails" bzw. „E-Mail-Accounts" genügt den Anforderungen nicht.[9] 2

Die Vorschrift **§ 9 der Aktenordnung** für die Gerichte und Staatsanwaltschaften, die in den Bundesländern weitgehend identisch normiert ist, regelt die Einzelheiten zur Kennzeichnung und listenmäßigen Erfassung. Weitere Regelungen der Bundesländer zum Umgang mit beschlagnahmten Gegenständen finden sich jeweils in Anweisungen für die Behandlung der in amtlichen Gewahrsam gelangten Gegenstände (Gewahrsamssachenanweisungen).[10] 3

III. Rechtsbehelfe und Revision

Weigert sich die Behörde, ein detailliertes Verzeichnis über die Gegenstände zu erstellen, die sie aufgrund einer richterlichen Beschlagnahmeanordnung oder mit Zustimmung des Beschuldigten in Verwahrung genommen hat, ist der Rechtsweg nach **§ 23 Abs. 1 S. 1 EGGVG** eröffnet.[11] 4

---

[1] *Graulich* wistra 2009, 299 (302).
[2] HK-GS/*Hartmann* Rn. 1.
[3] Vgl. LG Stade 3.9.2001 – 12 Qs 3/2001, wistra 2002, 319.
[4] SK-StPO/*Wohlers* Rn. 5; HK-StPO/*Gercke* Rn. 2.
[5] *Michalke* NJW 2008, 1490 (1493); § 107 Rn. 6.
[6] HK-GS/*Hartmann* Rn. 2.
[7] *Kemper* wistra 2008, 96 (99).
[8] LG Bonn 17.6.2003 – 37 Qs 20/03, wistra 2005, 76.
[9] KMR/*Hadamitzky* Rn. 2.
[10] *Kemper* wistra 2008, 96; zu den Einzelheiten vgl. auch SK-StPO/*Wohlers* Rn. 5.
[11] LG Gießen 12.8.1999 – 2 Qs 200, 201/99, wistra 2000, 76.

5 Da ein Verstoß keinen Einfluss auf die Rechtsmäßigkeit der Beschlagnahme und die Verwertbarkeit von in die Hauptverhandlung eingeführten Beweismitteln hat,[12] kann auf eine Verletzung der Norm die **Revision** nicht gestützt werden.[13] Ein Verstoß kann jedoch Schadensersatzansprüche aus öffentlich-rechtlicher Verwahrung begründen.[14]

§ 110 [Durchsicht von Papieren]

(1) Die Durchsicht der Papiere des von der Durchsuchung Betroffenen steht der Staatsanwaltschaft und auf deren Anordnung ihren Ermittlungspersonen (§ 152 des Gerichtsverfassungsgesetzes) zu.

(2) [1]Im Übrigen sind Beamte zur Durchsicht der aufgefundenen Papiere nur dann befugt, wenn der Inhaber die Durchsicht genehmigt. [2]Andernfalls haben sie die Papiere, deren Durchsicht sie für geboten erachten, in einem Umschlag, der in Gegenwart des Inhabers mit dem Amtssiegel zu verschließen ist, an die Staatsanwaltschaft abzuliefern.

(3) [1]Die Durchsicht eines elektronischen Speichermediums bei dem von der Durchsuchung Betroffenen darf auch auf hiervon räumlich getrennte Speichermedien, soweit auf sie von dem Speichermedium aus zugegriffen werden kann, erstreckt werden, wenn andernfalls der Verlust der gesuchten Daten zu besorgen ist. [2]Daten, die für die Untersuchung von Bedeutung sein können, dürfen gesichert werden; § 98 Abs. 2 gilt entsprechend.

Schrifttum: *Bär,* Telekommunikationsüberwachung und andere verdeckte Ermittlungsmaßnahmen – Gesetzliche Neuregelung zum 1.1.2008, MMR 2008, 215; *ders.,* EDV-Beweissicherung im Strafverfahren bei Computern, Handy, Internet, DRiZ 2007, 218; *ders.,* Transnationaler Zugriff auf Computerdaten, ZIS 2011, 53; *Beukelmann,* Surfen ohne strafrechtliche Grenzen, NJW 2012, 2617; *Böckenförde,* Auf dem Weg zur elektronischen Privatsphäre, JZ 2008, 925; *Braun,* Die Durchsicht elektronischer Speichermedien: Zugriff auf Speichermedien andernorts zulässig, PStR 2012, 86; *Brodowski,* Strafprozessualer Zugriff auf E-Mail-Kommunikation, JR 2009, 402; *Ciolek-Krepold,* Durchsuchung und Beschlagnahme in Wirtschaftsstrafsachen, 2000; *Gaede,* Der grundrechtliche Schutz gespeicherter E-Mails beim Provider und ihre weltweite strafprozessuale Überwachung, StV 2009, 96; *Gercke,* Zur Zulässigkeit sog. Transborder Searches – Der strafprozessuale Zugriff auf im Ausland gespeicherte Daten, StraFo 2009, 271; *Graulich,* Die Sicherstellung von während einer Durchsuchung aufgefundenen Gegenständen – Beispiel Steuerstrafverfahren, wistra 2009, 299; *Herrmann, Soiné,* Durchsuchung persönlicher Datenspeicher und Grundrechtsschutz, NJW 2011, 2922; *Kasiske,* Neues zur Beschlagnahme von Emails beim Provider, StraFo 2010, 228; *Knauer/Wolf,* Zivilprozessuale und strafprozessuale Änderungen durch das Erste Justizmodernisierungsgesetz: Teil 2: Änderungen der StPO, NJW 2004, 2932; *Knierim,* Fallrepetitorium zur Wohnraumüberwachung und anderen verdeckten Eingriffen nach neuem Recht, StV 2009, 206; *Krekeler,* Beweisverwertungsverbote bei fehlerhaften Durchsuchungen, NStZ 1993, 263; *Kudlich,* Strafverfolgung im Internet, GA 2011, 193; *ders.,* Straftaten und Strafverfolgung im Internet, StV 2012, 560; *Kunz,* Durchsuchung und Beschlagnahme in Steuerstrafverfahren, BB 2000, 438; *Kutzner,* Die Beschlagnahme von Daten bei Berufsgeheimnisträgern, NJW 2005, 2652; *Hoffmann/Wißmann,* Zur zulässigen Dauer von Durchsuchungsmaßnahmen, NStZ 1998, 443; *Hohmann,* Zur Frage, ob bei Beschlagnahme von Behördenakten zuvor die Herausgabe des Schriftgutes erfolglos versucht sein muss, zur Durchsicht nach § 110 StPO und zu den Voraussetzungen für eine Beschlagnahme, wistra 2001, 196; *Mahnkopf, Funk,* Zur Frage des Anwesenheitsrechtes von Sachverständigen bei strafprozessualen Durchsuchungsmaßnahmen im Zusammenhang mit ärztlichen Abrechnungsbetrügereien, NStZ 2001, 519; *Matzky,* Zugriff auf EDV im Strafprozess, 1999; *Meininghaus,* Der Zugriff auf E-Mails im strafrechtlichen Ermittlungsverfahren, 2007; *Mildeberger/Riveriro,* Zur Durchsicht von Papieren gem. § 110 StPO, StraFo 2004, 45; *Obenhaus,* Cloud Computing als neue Herausforderung für Strafverfolgungsbehörden und Rechtsanwaltschaft, NJW 2010, 651; *Park,* Der Anwendungsbereich des § 110 StPO bei Durchsuchungen in Wirtschafts- und Steuerstrafsachen, wistra 2000, 453; *Rau,* Beschlagnahme von elektronischen Daten bei Rechtsanwälten und Steuerberatern, WM 2006, 1281; *Sankol,* Verletzung fremdstaatlicher Souveränität durch ermittlungsbehördliche Zugriffe auf E-Mail-Postfächer, Kommunikation und Recht, 2008; *Schlegel,* „Online-Durchsuchung light" – Die Ände-

[12] Löwe/Rosenberg/*Schäfer,* 25. Aufl. Rn. 4; aA *Pelzer,* Die Vorschriften zur Form der Durchführung einer Durchsuchung im Strafprozess, 2008, S. 98; *Krekeler* NStZ 1993, 263 (268); *Sommermeyer* JR 1990, 493 (499).

[13] *Klug,* Presseschutz im Strafprozess, 1965, S. 91 ff.

[14] HK-StPO/*Gehrke* Rn. 2; SK-StPO/*Wohlers* Rn. 4.

rung des § 110 StPO durch das Gesetz zur Neuregelung der Telekommunikationsüberwachung, HRRS 2008, 23; *ders.*, Warum die Festplatte keine Wohnung ist – Art 13 GG und die „Online-Durchsuchung", GA 2007, 648; *Schuster,* Telekommunikationsüberwachung in grenzüberschreitenden Strafverfahren nach Inkrafttreten des EU-Rechtshilfeübereinkommens, NStZ 2006, 657; *Sieber,* Straftaten und Strafverfolgung im Internet, NJW-Beil. 2012, 86; *Singelnstein,* Möglichkeiten und Grenzen neuerer strafprozessualer Ermittlungsmaßnahmen – Telekommunikation, Web 2.0, Datenbeschlagnahme, polizeiliche Datenverarbeitung & Co, NStZ 2012, 593; *Sommer,* Moderne Strafverteidigung, StraFo 2004, 295; *Spatscheck,* Beschlagnahme von Computerdaten und E-Mails beim Berater, in: Festschrift für Rainer Hamm, 2008, 733; *Streck,* Erfahrungen bei der Anfechtung von Durchsuchungs- und Beschlagnahmebeschlüssen in Steuerstrafsachen, StV 1984, 348; *Wolter,* Repressive und präventive Verwertung tagebuchartiger Aufzeichnungen, StV 1990, 175.

Übersicht

I. Überblick

1 Die Durchsicht von Papieren und elektronischen Speichermedien nach § 110 ist der endgültigen Entscheidung über den Umfang der Beschlagnahme vorgelagert und **Bestandteil der Durchsuchung.**[1] Die Durchsicht bezweckt die Wahrung des Verhältnismäßigkeitsgrundsatzes,[2] insbesondere den Schutz der Persönlichkeitsrechte und der Privat- und geschäftlichen Geheimnissphäre des von der Durchsuchung Betroffenen.[3] Im Rahmen des Vertretbaren sollen lediglich diejenigen Informationen der Beschlagnahme zugeführt werden, die tatsächlich verfahrensrelevant und verwertbar sind. Der Umfang der Beschlagnahme wird durch die vorhergehende Durchsicht tatsächlich begrenzt.[4] Die Vorschrift gilt zwar nach dem Wortlaut nur für Papiere, die bei einer Durchsuchung aufgefunden wurden. Anwendbar ist sie aber auch auf Papiere, die zunächst durchgesehen werden sollen, um sie erst anschließend bei festgestellter Verfahrensrelevanz dem Inhaber gegen seinen Willen zu entziehen.[5] Entsprechend § 111b Abs. 4 gilt die Vorschrift auch bei Durchsuchungen zum Auffinden von Verfalls- und Einziehungsgegenständen.

II. Erläuterung

2 **1. Zuständigkeit.** Für die Durchsicht nach Abs. 1 sind die **Staatsanwaltschaft** und (auf deren Anordnung) ihre Ermittlungspersonen (§ 152 GVG) zuständig.[6] Der Staatsanwaltschaft steht hierbei als Herrin des Ermittlungsverfahrens die Sachleitungsbefugnis zu. Daher liegt es in ihrem Ermessen, in welchem Umfang die inhaltliche Durchsicht des unter Umständen umfangreichen und komplexen Materials notwendig ist, wie sie konkret zu gestalten und wann sie zu beenden ist.[7] Ihre Anordnung auf Durchsicht kann formlos (auch fernmündlich) und schon bereits vor der Durchsuchung erfolgen.[8] Die Beauftragung von Ermittlungsperso-

---

[1] BVerfG 18.3.2009 – 2 BvR 1036/08, NJW 2009, 2518; BVerfG 28.4.2003 – 2 BvR 358/03, NJW 2003, 2669; KMR/*Hadamitzky* Rn. 5.

[2] Radtke/Hohmann/*Ladiges* Rn. 1.

[3] HK-GS/*Hartmann* Rn. 1; HK-StPO/*Gercke* Rn. 2; *Park* wistra 2000, 453; *Burhoff* EV Rn. 1141.

[4] BVerfG 30.1.2002 – 2 BvR 2248/00, NJW 2002, 1410 (1411); BVerfG 12.4.2005 – 2 BvR 1027/02, NJW 2005, 1917 (1921 f.); OLG Jena 20.11.2000 – 1 Ws 313/00, NJW 2001, 1290 (1293); LG Bonn 17.6.2004 – 37 Qs 20/03, wistra 2005, 76 (77); *Park* wistra 2000, 453; Meyer-Goßner *(Schmitt)* Rn. 2; Radtke/Hohmann/*Ladiges* Rn. 3.

[5] HK-GS/*Hartmann* Rn. 2; Löwe/Rosenberg/*Schäfer,* 25. Aufl. Rn. 3; *Park* wistra 2000, 453 (454).

[6] BR-Drs. 378/03, 55; kritisch dazu *Knauer/Wolf* NJW 2004, 2932 (2937); HK-StPO/*Gercke* Rn. 2; *Schlegel* GA 2007, 648 (661 f.); *Sommer* StraFo 2004, 295 (296); AK/*Löffelmann* Rn. 2.

[7] BVerfG 30.1.2002 – 2 BvR 2248/00, NJW 2002, 1410 (1411); BGH 3.8.1995 – StB 33/95, NJW 1995, 3397.

[8] Radtke/Hohmann/*Ladiges* Rn. 4.

nen braucht im Einzelfall von der Staatsanwaltschaft nicht näher begründet zu werden.[9] Sie kann auf bestimmte Beamte und bestimmte Papiere beschränkt und jederzeit widerrufen werden.[10]

3 Zuständig für die Durchsicht sind neben der Staatsanwaltschaft und ihren **Ermittlungspersonen** auch der **Richter**, wenn dieser sich die Anwesenheit bei der Durchsuchung und die Durchsicht der Papiere vorbehalten hat oder wenn die Anklageschrift bei Gericht eingegangen und damit die Verfahrensherrschaft auf ihn übergegangen ist.[11] Vor Ort kann der Richter die Durchsicht gemäß § 36 Abs. 2 S. 1 auf die Staatsanwaltschaft übertragen. Diese kann anschließend die Durchsicht von ihren Ermittlungspersonen durchführen lassen.[12]

4 Die **Finanzbehörde** ist zuständig, wenn sie das Verfahren selbständig führt (§ 386 Abs. 1 S. 2, Abs. 2 AO). In Steuerstrafsachen sind gemäß §§ 399 Abs. 1, 404 S. 2 AO die Steuerfahndungs- bzw. Zollbehörden zuständig. Das gilt auch, wenn das Verfahren zugleich andere Straftatbestände zum Gegenstand hat.[13]

5 Im Übrigen sind Ermittlungsbeamte zur Durchsicht der aufgefundenen Papiere nur dann befugt, wenn der Inhaber oder sein Vertreter die Durchsicht genehmigen (Abs. 2 S. 1). Diese Genehmigung kann jederzeit widerrufen oder sachlich und persönlich beschränkt werden.[14]

6 **2. Durchsicht von Papieren (Abs. 1, 2). a) Papiere.** Der Begriff ist vor dem Hintergrund des Schutzes der Geheimsphäre weit auszulegen.[15] Er erfasst alle Gegenstände, die wegen ihres Gedankeninhalts Bedeutung haben, vor allem privates und berufliches Schriftgut, aber auch Mitteilungen und Aufzeichnungen aller Art, gleichgültig auf welchem Informationsträger sie festgehalten sind.[16] Im Einzelnen gehören dazu auf Papier geschriebene gedankliche Erklärungen, Buchhaltungsunterlagen, Tagebücher, Inventarlisten, Farbbänder einer Schreibmaschine,[17] Zeichnungen, Diagramme, Skizzen,[18] nicht aber zur massenhaften Verbreitung bestimmte Bücher und andere Druckwerke.[19] Auch Manuskripte und Druckfahnen sind Papiere iSd Vorschrift, solange sie noch nicht so vervielfältigt worden sind, dass sie Verbreitung finden können, und aus Gründen der Aktualität bis zur Veröffentlichung noch geheim gehalten werden.[20] Urkunden, die zur Vorlage bei einer Behörde bestimmt sind (zB Ausweise und Führerscheine), werden nicht vom Schutzzweck der Norm erfasst.[21] Der Anwendungsbereich der Norm erstreckt sich schließlich auch auf alle **elektronischen Datenträger und Datenspeicher,** mit denen Gedankenerklärungen und sonstige Aufzeichnungen festgehalten werden,[22] bspw. elektronische Speichermedien (vgl. auch Abs. 3), Festplatten, CDs, DVDs, Speicherkarten, USB-Sticks, Notebooks und sonstige EDV-Geräte,[23] sowie Datenspeicher in einem Mobiltelefon.[24]

---

[9] BR-Drs. 378/03, 55.

[10] HK-GS/*Hartmann* Rn. 6.

[11] OLG Jena 20.11.2000 – 1 Ws 313/00, NJW 2001, 1290 (1293); Meyer-Goßner *(Schmitt)* Rn. 3.

[12] HK-GS/*Hartmann* Rn. 6.

[13] LG Gießen 12.8.1999 – 2 Qs 200/99, 2 Qs 201/99, wistra 2000, 77; *Streck* StV 1984, 348 ff.; *Mildeberger/Riveiro* StraFo 2004, 45; krit. HK-StPO/*Gercke* Rn. 3.

[14] Radtke/Hohmann/*Ladiges* Rn. 5.

[15] HK-StPO/*Gercke* Rn. 6; Meyer-Goßner *(Schmitt)* Rn. 1.

[16] BGH 5.8.2003 – 2 BJs 11/03-5 – StB 7/03, NStZ 2003, 670.

[17] LG Berlin 9.5.1983 – 512a/512 Qs 18/83, StV 1987, 97 (98).

[18] HK-GS/*Hartmann* Rn. 3.

[19] Meyer-Goßner *(Schmitt)* Rn. 1.

[20] Löwe/Rosenberg/*Schäfer,* 25. Aufl. Rn. 4.

[21] SK-StPO/*Wohlers* Rn. 11; Radtke/Hohmann/*Ladiges* Rn. 6.

[22] BVerfG 12.4.2005 – 2 BvR 1027/02, NJW 2005, 1917; BGH 5.8.2003 – 2 BJs 11/03 – 5 – StB 7/03, NStZ 2003, 670 (671); LG Berlin 15.1.2004 – 518 Qs 44/03, NStZ 2004, 571 (573); Radtke/Hohmann/*Ladiges* Rn. 6.

[23] BVerfG 30.1.2002 – 2 BvR 2248/00, NJW 2002, 1410; BGH 23.11.1987 – 1 BJs 55/81 – 4 – 1 BGs 517/87, StV 1988, 90; BGH 14.12.1999 – 2 BJs 82/98 – 3, CR 1999, 292 (293); BGH 5.8.2003 – 2 BJs 11/03 – 5 – StB 7/03, NStZ 2003, 670 (671); *Matzky*, S. 224 ff.; *Schlegel* HRRS 2008, 23 (25); *Bär* EDV-Beweissicherung Rn. 401 ff.; *Spatscheck*, S. 733.

[24] BVerfG 2.3.2006 – 2 BvR 2099/04, NJW 2006, 976.

Die Papiere müssen nicht im Eigentum des von der Durchsuchung Betroffenen stehen.[25] Ausreichend ist, dass sie sich in seinem **Gewahrsam** befinden[26] oder in sonstiger Weise in den Gewahrsam der Strafverfolgungsbehörden gelangt sind, unabhängig davon, ob es sich um zuvor sichergestellte oder beschlagnahmte Dokumente handelt.[27] Befinden sich die Papiere allerdings im Alleingewahrsam einer **dritten Person,** ist eine Durchsicht nach § 110 ausgeschlossen.[28] 7

b) Durchführung der Durchsicht. Die Durchsicht ist das Mittel, die als Beweismittel in Betracht kommenden Papiere inhaltlich darauf zu prüfen, ob eine richterliche Beschlagnahme zu beantragen oder gegebenenfalls die Rückgabe zu veranlassen ist.[29] Sie erfolgt grds. an Ort und Stelle im Anschluss an die Durchsuchung, um sofort über die Beschlagnahme zu entscheiden. Ist wegen des Umfangs der Papiere eine abschließende Sichtung nicht sogleich möglich, so können diese zur Durchsicht mitgenommen oder in einem separaten Raum verwahrt werden.[30] Das gilt auch für EDV-Anlagen, wenn der vollständige Datenspeicher zur späteren Auswertung kopiert wird.[31] Auch bei E-Mails wird eine sorgfältige Sichtung und Trennung nach ihrer Verfahrensrelevanz am Zugriffsort nicht immer möglich sein. Sofern die Umstände des jeweiligen strafrechtlichen Vorwurfs und die (technische) Erfassbarkeit des Datenbestands eine unverzügliche Zuordnung nicht erlauben, muss die vorläufige Sicherstellung größerer Teile oder gar des gesamten E-Mail-Bestands erwogen werden, an die sich eine Durchsicht zur Feststellung der potenziellen Beweiserheblichkeit und -verwertbarkeit der E-Mails anschließt.[32] 8

Kann die Durchsicht wegen des Umfangs der Asservate vor Ort nicht abgeschlossen werden, ist, sofern der Betroffene mit der Durchsicht nicht einverstanden ist, die **richterliche Bestätigung der vorläufigen Sicherstellung** der Gegenstände zum Zwecke der Durchsicht beim Ermittlungsrichter zu beantragen. Kommen die Papiere nach Sichtung dann als Beweismittel in Betracht, so beantragt die Staatsanwaltschaft anschließend die richterliche Beschlagnahme der Gegenstände (§§ 94, 98).[33] 9

Die vom BVerfG zur zeitlichen Geltung von Durchsuchungsbeschlüssen aufgestellten Grundsätze[34] sind auf die Phase der Durchsicht von Unterlagen nach § 110 nicht entsprechend anzuwenden. **Die Durchsicht muss nicht innerhalb von 6 Monaten beendet sein.** In der Phase der Durchsicht kommt es zu keinem Eingriff in den Schutzbereich des Art. 13 GG, wenn sich die zu sichtenden Unterlagen bereits in amtlicher Verwahrung befinden. Vielmehr beschränkt sich die Eingriffswirkung auf die Fortdauer des Sachentzugs, so dass eine Gefahr, dass der Richtervorbehalt nach Art. 13 Abs. 2 GG infolge Zeitablaufs leer läuft, nicht besteht.[35] Gleichwohl folgt aus dem Grundsatz der Verhältnismäßigkeit, dass die Durchsicht **unverzüglich** durchgeführt werden muss, um abhängig von der Komplexität der Ermittlungen, von der Menge des vorläufig sichergestellten Materials sowie der Schwierigkeit seiner Auswertung (bspw. Übersetzung der Asservate, Entschlüsselung von Passwörtern)[36] in angemessener Zeit zu dem Ergebnis zu gelangen, was als potenziell beweiserheblich dem Gericht zur Beschlagnahme angetragen und was wieder herausgegeben werden kann.[37] Eine Überlas- 10

---

[25] BeckOK-StPO/*Hegmann* Rn. 4; *Park* wistra 2000, 453 (455); HK-StPO/*Gercke* Rn. 5.
[26] LG Bremen 22.7.2005 – 1 Qs 112/05, StV 2006, 571 (572); KK/*Bruns* Rn. 3.
[27] Löwe/Rosenberg/*Schäfer,* 25. Aufl. Rn. 3; SK-StPO/*Wohlers* Rn. 8; HK-StPO/*Gercke* Rn. 5.
[28] LG Saarbrücken 4.1.1988 – 5 Qs 149/87, NStZ 1988, 427; Radtke/Hohmann/*Ladiges* Rn. 7.
[29] BVerfG 16.6.2009 – 2 BvR 902/06, NJW 2009, 2431 (2438); OLG Frankfurt a. M. 23.10.1996 – 3 VAs 4/96, NStZ-RR 1997, 74; Meyer-Goßner *(Schmitt)* Rn. 2.
[30] SK-StPO/*Wohlers* Rn. 16.
[31] *Ciolek-Krepold* Rn. 150.
[32] BVerfG 16.6.2009 – 2 BvR 902/06, NJW 2009, 2431 (2436).
[33] BGH 5.8.2003 – 2 BJs 11/03-5 – StB 7/03, NStZ 2003, 670.
[34] BVerfG 27.5.1997 – 2 BvR 1992/92, NJW 1997, 2165: Vollstreckung von Durchsuchungsbeschlüssen innerhalb von 6 Monaten.
[35] BVerfG 30.1.2002 – 2 BvR 2248/00, NJW 2002, 1410; *Graulich* wistra 2009, 299 (302); aA *Hoffmann/Wissmann* NStZ 1998, 443 (444).
[36] KMR/*Hadamitzky* Rn. 8.
[37] BGH 5.8.2003 – 2 BJs 11/03-5 – StB 7/03, NStZ 2003, 670; LG Köln 17.5.2002 – 109 Qs 219/02, StV 2002, 413 (sieben Monate bei Geschäftsunterlagen); LG Mühlhausen 3.3.2002 – 6 Qs 56/03, StraFo 2003, 237; Meyer-Goßner *(Schmitt)* Rn. 2; HK-GS/*Hartmann* Rn. 10.

tung von Ermittlungsbehörden, in der Praxis bei der Polizei häufig im Bereich der EDV-Auswertung oder infolge von Personalmangel, stellt keinen Grund für eine erheblich verzögerte Durchsicht dar.[38] Auch im Weiteren ist bei der Durchsicht stets der Verhältnismäßigkeitsgrundsatz zu beachten.[39]

11 Bei der Durchsicht können **sachkundige Dritte** (bspw. Sachverständige oder sachkundige Zeugen) zu Auswertungszwecken von der Staatsanwaltschaft zugezogen werden, ua Dolmetscher, EDV-Spezialisten oder Sachverständige einer Berufskammer.[40] Die Zuziehung ist rechtswidrig, wenn die Ermittlungsbehörden dadurch gegen das Gebot der Unparteilichkeit verstoßen, zB bei Hinzuziehung eines Mitarbeiters der Gesellschaft zur Verfolgung von Urheberrechtsverletzungen e.V. (GVU) oder des geschädigten Unternehmens.[41] Den sachkundigen Dritten darf die Durchsicht nicht vollständig und eigenverantwortlich übertragen werden.[42] Die Staatsanwaltschaft muss zunächst selbst oder durch ihre Ermittlungspersonen zumindest eine Sichtung vornehmen, um die Notwendigkeit einer sachverständigen Begutachtung beurteilen zu können.[43]

12 **Verteidiger** haben kein Recht zur Einsicht in vorläufig sichergestelltes Schriftgut von Dritten und damit kein Teilnahmerecht an der Durchsicht. Den berechtigten Interessen des Inhabers des sichergestellten Schriftguts daran, dass die Kenntnisnahme von dessen Inhalt auf den vom Gesetz vorgesehenen Personenkreis beschränkt bleibt (Schutz der Geheim- und Privatsphäre des Dritten), kommt vorrangige Bedeutung zu. Bei der Durchsicht von Mandantenunterlagen steht dem Verteidiger ebenfalls kein Anwesenheitsrecht zu, da sich nach § 147 Abs. 1 die Befugnis zur Akteneinsicht darauf erstreckt, die Akten einzusehen, die dem Gericht vorliegen, sowie die amtlich verwahrten Beweisstücke zu sichten. Zu solchen Beweisstücken wird das im Rahmen der Durchsuchung vorläufig sichergestellte Schriftgut erst, wenn die Durchsicht erfolgt und eine Beschlagnahmeanordnung ergangen ist.[44]

13 **Nach § 97 beschlagnahmefreie Papiere** müssen ungelesen sofort wieder herausgegeben werden, wenn sie aufgrund äußerer Merkmale eindeutig als solche erkennbar sind.[45] Wird die Beschlagnahmefreiheit erst während der Durchsicht erkannt, ist diese unverzüglich abzubrechen.[46] Bei der Durchsicht von Daten, die auf einem Computer der Ermittlungsbehörden gespeichert wurden, erfolgt die „Herausgabe" durch Löschung der Daten.[47] Bei elektronischen Datenbeständen, die bei Berufsgeheimnisträgern sichergestellt wurden, ist zudem auf besonders geschützte Informationen Rücksicht zu nehmen. Der Zugriff auf den gesamten Datenbestand einer Rechtsanwaltssozietät oder einer Steuerberatungsgesellschaft beeinträchtigt wegen seines Umfangs in schwerwiegender Weise das für das jeweilige Mandatsverhältnis vorausgesetzte und rechtlich geschützte Vertrauensverhältnis zwischen den Mandanten und den für sie tätigen Berufsträgern. In diesen Fällen kann eine Zuordnung der Daten nach ihrer Verfahrensrelevanz unter Umständen die Verwendung geeigneter Suchbegriffe oder -programme erforderlich machen.[48] Wenn ein **verfassungsrechtliches Beschlagnahme- bzw. Verwertungsverbot** in Betracht kommt, ist „größtmögliche Zurückhaltung" gebo-

---

[38] SK-StPO/*Wohlers* Rn. 24.

[39] *Burhoff* EV Rn. 1141.

[40] LG München I 2.5.1967 – VI Qs 94/67, MDR 1967, 687; HK-GS/*Hartmann* Rn. 7; *Mahnkopf/Funk* NStZ 2001, 519 (524).

[41] OLG Bremen 23.10.1998 – VAs 1/98, wistra 1999, 74; OLG Hamm 16.1.1986 – 1 VAs 94/85, NStZ 1986, 326; LG Kiel 14.8.2006 – 37 Os 54/06, NJW 2006, 3224; KMR/*Hadamitzky* Rn. 11.

[42] KK/*Bruns* Rn. 4.

[43] LG Kiel 14.8.2006 – 37 Os 54/06, NJW 2006, 3224.

[44] OLG Jena 20.11.2000 – 1 Ws 313/00, NJW 2001, 1290; aA bei Unterlagen des Mandanten HK-StPO/*Gercke* Rn. 14; SK-StPO/*Wohlers* Rn. 26.

[45] BVerfG 30.1.2002 – 2 BvR 2248/00, NJW 2002, 1410; Meyer-Goßner *(Schmitt)* Rn. 2; SK-StPO/*Wohlers* Rn. 21.

[46] Radtke/Hohmann/*Ladiges* Rn. 10; *Welp* JZ 1972, 423 (425).

[47] *Burhoff* EV Rn. 1144.

[48] BVerfG 12.4.2005 – 2 BvR 1027/02, NJW 2005, 1917; SK-StPO/*Wohlers* Rn. 21; *Kutzner* NJW 2005, 2652; *Rau* WM 2006, 1281.

ten.[49] Es besteht allerdings im Rahmen der Strafverfolgung nicht von vornherein ein verfassungsrechtliches Hindernis, solche Schriftstücke daraufhin durchzusehen, ob sie der prozessualen Verwertung zugängliche Informationen enthalten. Besteht Anlass zu der Annahme, dass die durchgesehenen Aufzeichnungen auch über strafbare Handlungen Aufschluss geben, so bestehen keine verfassungsrechtlichen Bedenken, solche Schriftstücke im Strafverfahren zu verwerten. Bei Zweifeln, ob ein Beschlagnahmeverbot vorliegt, sollten die Papiere entsprechend Abs. 2 S. 2 versiegelt und dem Richter zur Entscheidung vorgelegt werden.[50]

Nach Abs. 2 S. 1 dürfen andere als die in Abs. 1 genannten Beamten die Papiere nur mit **Genehmigung** des Inhabers durchsehen. Nicht ausreichend ist die Genehmigung des Vertreters (§ 106 Abs. 1 S. 2).[51] Der Gewahrsamsinhaber kann die Genehmigung auf bestimmte Beamte oder bestimmte Papiere beschränken und auch vollständig oder teilweise widerrufen. Ansonsten dürfen die Papiere nur nach äußeren Kriterien (Standort, äußere Beschriftung) durchgesehen und nur solche ausgesondert werden, bei denen eine inhaltliche Prüfung durch den Staatsanwalt geboten erscheint.[52] Eine inhaltliche Grobsichtung ist unzulässig.[53] Nach Abs. 2 S. 2 sind die Papiere, deren Durchsicht der Beamte, der kein Durchsichtsrecht hat, für geboten erachtet, in einem Umschlag, der in Gegenwart des Gewahrsamsinhabers oder seines Vertreters (§ 106 Abs. 1 S. 2) mit dem **Amtssiegel** zu verschließen ist, an die Staatsanwaltschaft abzuliefern.[54] Mit dem Begriff Umschlag werden auch verschließbare Behältnisse erfasst.[55] Bei der Mitnahme von elektronischen Daten sind entsprechende Maßnahmen zu ergreifen, um die Daten vor einem unberechtigten Zugriff zu schützen.[56] Nach § 110 Abs. 3 Hs. 1 aF war dem Inhaber noch die Beidrückung eines eigenen Siegels gestattet. Dieses ist nach dem Ersten Gesetz zur Modernisierung der Justiz vom 24.8.2004 (BGBl. I, 2198) nicht mehr möglich. Die Regelung eines **Anwesenheitsrechts des Inhabers der durchzusehenden Papiere und Daten** in § 110 Abs. 3 aF wurde ersatzlos gestrichen. Zur Teilnahme und Durchsicht ist der Inhaber nicht mehr aufzufordern.[57] IRd Verhältnismäßigkeit ist es im Einzelfall jedoch geboten, den Inhaber des betreffenden Datenbestands (bspw. bei der Durchsicht sichergestellter E-Mails) in die Prüfung der Verfahrenserheblichkeit sichergestellter Daten einzubeziehen. Konkrete, nachvollziehbare und überprüfbare Angaben vor allem Nichtverdächtiger zur Datenstruktur und zur Relevanz der jeweiligen Daten können deren materielle Zuordnung vereinfachen und den Umfang der sicherzustellenden Daten reduzieren.[58] Von Verfassungs wegen ist es allerdings nicht erforderlich, in jedem Fall eine Teilnahme an der Sichtung sichergestellter E-Mails vorzusehen. Ob eine Teilnahme bei der Durchsicht somit geboten ist, ist im Einzelfall unter Berücksichtigung einer wirksamen Strafverfolgung einerseits und der Intensität des Datenzugriffs andererseits zu beurteilen.[59] 14

3. Durchsicht und Sicherung von Daten auf räumlich getrennte (elektronische) Speichermedien (Abs. 3). Durch das Gesetz zur Neuregelung der Telekommunikationsüberwachung und anderer verdeckter Ermittlungsmaßnahmen sowie zur Umsetzung der 15

[49] BVerfG 14.9.1989 – 2 BvR 1062/87, NJW 1990, 563; BVerfG 17.11.2007 – 2 BvR 518/07, FD-StrafR 2008, 249505; Meyer-Goßner *(Schmitt)* Rn. 2. Für eine Einschaltung des Ermittlungsrichters vgl. HK-GS/*Hartmann* Rn. 8; *Wolter* StV 1990, 175 (177).

[50] HK-StPO/*Gercke* Rn. 11.

[51] SK-StPO/*Wohlers* Rn. 15; Meyer-Goßner *(Schmitt)* Rn. 4; HK-StPO/*Gercke* Rn. 12; BeckOK-StPO/*Hegmann* Rn. 9.

[52] *Mildeberger, Riveiro* StraFo 2004, 46; HK-StPO/*Gerken* Rn. 12.

[53] OLG Celle 11.1.1985 – 2 VAs 20/84, StV 137 (139); aA bei Durchsicht von EDV-Daten KK/*Bruns* Rn. 7.

[54] Meyer-Goßner *(Schmitt)* Rn. 5.

[55] Radtke/Hohmann/*Ladiges* Rn. 13; *Park* wistra 2000, 453 (456).

[56] KK/*Bruns* Rn. 5.

[57] Meyer-Goßner *(Schmitt)* Rn. 5.

[58] BVerfG 12.4.2005 – 2 BvR 1027/02, NJW 2005, 1917 (1922); BeckOK-StPO/*Hegmann* Rn. 11.

[59] BVerfG 16.6.2009 – 2 BvR 902/06, NJW 2009, 2431 (2437); zu weitreichend *Burhoff* EV Rn. 1152. § 106 Abs. 1 S. 1 verlangt grundsätzlich keine Hinzuziehung des Inhabers, sondern gilt nur, wenn dieser sich bereits vor Ort befindet, vgl. auch Radtke/Hohmann/*Ladiges* Rn. 14.

Richtlinie 2006/24/EG vom 21.12.2007 (BGBl. I 3198, 3204) wurde Abs. 3 (sog Online-Sichtung) eingefügt.[60] Dadurch wurde Art. 19 Abs. 2 des Übereinkommens über Computerkriminalität (Cybercrime-Konvention) des Europarats vom 23.11.2001 umgesetzt.

16 In Erweiterung zu Abs. 1 ist nach Abs. 3 die Durchsicht eines elektronischen Speichermediums nach verfahrensrelevantem Material nicht auf Daten zu beschränken, die sich im Herrschaftsbereich des von der Durchsuchung Betroffenen befinden, vielmehr darf auch **offen** auf räumlich getrennte Speichermedien (bspw. ein Server im Intra- oder Internet), zugegriffen werden.[61] Das setzt allerdings voraus, dass der externe Speicherplatz vom durchsuchten Gerät aus zugänglich sein muss, dh dieses Computersystem muss so konfiguriert sein, dass eine Erweiterung der Durchsicht auf andere über ein Netzwerk angeschlossene Speichermedien technisch möglich ist (bspw. beim angemieteten (filehoster) Speicherplatz,[62] beim sog Cloud Computing[63] und bei E-Mail-Postfächern beim Provider).[64] Werden bei der Durchsuchung Passwörter für den Zugang zu den externen Speichermedien gefunden, ist ein Abruf der gespeicherten Informationen zulässig.[65] Eine Online-Sichtung ist abzugrenzen von einem Zugriff auf fremde Computersysteme im Rahmen der **(verdeckten) Online-Durchsuchung** durch heimliche Infiltration eines informationstechnischen Systems, mittels derer die Nutzung des Systems überwacht und Speichermedien ausgelesen werden können.[66] Die Online-Sichtung wird aber noch nicht dadurch zu einer (verdeckten) Online-Durchsuchung, wenn sie gegenüber dem Gewahrsamsinhaber der online zugänglichen Daten, also aus Sicht des Dritten, heimlich erfolgt, solange dieser Zugriff auf Grund der Konfiguration des Computersystems des Betroffenen technisch möglich ist. Den Dritten schützt insoweit Abs. 3 S. 2 Hs. 2 durch die Anwendung von § 98 Abs. 2 S. 2 analog.[67]

17 Voraussetzung für die Durchsicht ist weiter, dass vor der körperlichen Sicherstellung des externen Speichermediums mit einem **Daten- bzw. Beweismittelverlust** durch kurzfristige Löschung zu rechnen ist, weil die Sicherstellung am Ort der Datenhaltung mit zeitlichen Verzögerungen verbunden ist.[68]

18 Die Daten müssen sich zudem auf Speichermedien im **Inland** befinden.[69] In diesem Zusammenhang ist zu beachten, dass, insbesondere beim Cloud-Computing aufgrund der Verteilung der Daten eines Nutzers auf verschiedene Computer des Cloud-Storage-Anbieters, die Lokalisierung des physikalischen Speicherorts schwierig sein kann.[70] Eine Bestimmung des Standorts des Servers kann unter Umständen durch trace-routing erfolgen.[71] Wird tatsächlich festgestellt, dass sich das betreffende Speichermedium im **Ausland befindet,** ist zwischen öffentlich zugänglich gespeicherten Computerdaten (offene Quellen) und nicht frei zugänglichen Computerdaten zu unterscheiden. Ein **grenzüberschreitender Zugriff auf offene Quellen** ist nach Art. 32a der Cybercrime-Konvention bzw. nach internationalem Gewohnheitsrecht

---

[60] Zur Verfassungsmäßigkeit vgl. BVerfG 12.10.2011 – 2 BvR 236/08 ua, NJW 2012, 833; im Allgemeinen: *Schlegel* HRRS 2008, 23 ff.; *Bär* ZIS 2011, 53; *Knierim* StV 2009, 206 (211).

[61] *Singelnstein* NStZ 2012, 593 (598); *Obenhaus* NJW 2010, 651 (652); *Brodowski* JR 2009, 402 (408); *Böckenförde* JZ 2008, 925 (631); Braun PStR 2012, 86 (89); HK-StPO/*Gercke* Rn. 16.

[62] *Bär* ZIS 2011, 53 (54).

[63] *Kudlich* GA 2011, 193 (207 f.); *ders.*, StV 2012, 560 (565); *Obenhaus* NJW 2010, 651 (652).

[64] *Burhoff* EV Rn. 1159; *Obenhaus* NJW 2010, 651 (652); *Knierim* StV 2009, 206 (211).

[65] HK-StPO/*Gercke* Rn. 24; *Bär* ZIS 2011, 53 (54); *Schlegel* HRRS 2008, 23 (28); Radtke/Hohmann/*Ladiges* Rn. 17.

[66] Vgl. hierzu BVerfG 27.2.2008 – 1 BvR 370/07, 1 BvR 595/07, NJW 2008, 822; BGH 31.1.2007 – StB 18/06, NStZ 2007, 279; *Burhoff* EV Rn. 1155.

[67] HK-StPO/*Gercke* Rn. 25; *Bär* ZIS 2011, 53 (54).

[68] Meyer-Goßner *(Schmitt)* Rn. 6; AK/*Löffelmann* Rn. 4.

[69] *Bär* ZIS 2011, 53 (54).

[70] *Kudlich* StV 2012, 560 (565); Radtke/Hohmann/*Ladiges* Rn. 19.

[71] Unter Traceroute ist ein Computerprogramm zu verstehen, mit denen der Standort des Servers festgestellt werden kann, insbesondere über welche IP-Router die übermittelten Datenpakete zum Zielrechner gelangen. Das Ergebnis kann allerdings ua durch Firewalls, fehlerhafte Implementierungen des IP-Stacks und IP-Tunnel verfälscht werden, so dass der Standort des Servers nicht immer eindeutig bestimmbar ist.

ohne Genehmigung des anderen Vertragsstaates möglich.[72] Im Übrigen stellt der grenzüberschreitende Zugriff nach Abs. 3, wenn es um **zugangsgeschützte Computerdaten** geht, einen Eingriff in die Hoheitssphäre des ausländischen Staates dar (Verletzung des Territorialprinzips, vgl. Art. 25 GG).[73] Nach Art. 32b der Cybercrime-Konvention ist ein Zugriff und die Sicherung der Daten ohne Zustimmung des Vertragsstaates nur mit freiwilliger Zustimmung des Verfügungsberechtigten möglich.[74] Ansonsten fehlt es an einer Rechtsgrundlage.[75] Es bedarf dann eines förmlichen Rechtshilfeersuchens an den Vertragsstaat.[76] In der Regel besteht durch den Verweis auf den Rechtshilfeweg nicht die Gefahr eines Beweismittelverlustes, da die umgehende Sicherung der Daten nach Art. 29 der Cybercrime-Konvention bewirkt werden kann. Danach kann der Vertragsstaat ohne vorheriges förmliches Rechtshilfeersuchen um Anordnung oder anderweitige Bewirkung der umgehenden Sicherung von Daten ersucht werden (vgl. auch Art. 16 und 17 der Cybercrime-Konvention). Das Ersuchen kann formlos durch schnelle Kommunikationsmittel einschließlich Telefax oder elektronische Post (Art. 25 Abs. 3 der Cybercrime-Konvention) übermittelt werden. Nicht zulässig und aufgrund der vorgenannten Regelung auch nicht erforderlich ist die vorläufige Sicherung ohne oder erst nach anschließender Beteiligung des ausländischen Vertragsstaates.[77] Außerhalb des Anwendungsbereichs der Cybercrime-Konvention richtet sich der Zugriff auf öffentlich zugänglich gespeicherte Computerdaten nach internationalem Gewohnheitsrecht.[78] Für alle weiteren Eingriffe in die Hoheitssphäre eines ausländischen Staates, insbesondere bei zugangsgeschützten Computerdaten, ist grds. der förmliche Rechtshilfeweg erforderlich.[79] Eine vorläufige Sicherung von Daten auf Servern in EU-Mitgliedstaaten kann bspw. auf Art. 20 Abs. 4 EuRhÜbK analog gestützt werden. Darüber hinaus kommt als weitere Rechtsgrundlage auch Art. 5 des Rahmenbeschlusses 2003/ 577/JI des Rates v. 22.7.2003 über die Vollstreckung von Entscheidungen über die Sicherstellung von Vermögensgegenständen oder Beweismitteln in der Europäischen Union (ABl. 2003 L 196, 45, BGBl. 2008 I 995) in Betracht.[80]

Wird gegen das Souveränitätsrecht fremder Staaten verstoßen und das Gebot der Stellung 19
eines Rechtshilfeersuchens nicht beachtet, führt dieses allerdings nicht ohne Weiteres zu der Annahme eines strafprozessualen **Verwertungsverbots.** Ein Beweisverwertungsverbot ist von Verfassungs wegen nur bei schwerwiegenden, bewussten oder willkürlichen Verfahrensverstößen, bei denen die grundrechtlichen Sicherungen planmäßig oder systematisch außer Acht gelassen worden sind, geboten.[81] Es kommt somit nicht in Betracht, wenn sich erst im Fortgang der Ermittlungen herausstellt, dass der betreffende Server sich im Ausland befunden hat. Im Übrigen ist zu beachten, dass die Verwertbarkeit mittels Rechtshilfe eines ausländischen Staates gewonnener Beweise sich nach der Rechtsordnung des um diese **Rechtshilfe** ersuchenden Staates richtet. Beweisverwertungsverbote im Zusammenhang mit Beweisrechtshilfe können sich entweder aus der inländischen Rechtsordnung des ersuchenden Staates oder aus völkerrechtlichen Grundsätzen ergeben.[82] Ein aus der Verletzung des Völkerrechts abgeleitetes inländisches Verwertungsverbot kann sich bei unzulässigen Eingriffen in das Souveränitätsrecht eines anderen Staates ergeben,[83] insbesondere wenn der betref-

---

[72] Meyer-Goßner *(Schmitt)* Rn. 7; *Gercke* StraFo 2009, 271 (272).

[73] BeckOK-StPO/*Hegmann* Rn. 15.

[74] *Gaede* StV 2009, 96 (101); Meyer-Goßner *(Schmitt)* Rn. 7.

[75] *Bär* ZIS 2011, 53 (54).

[76] SK-StPO/*Wohlers* Rn. 9; *Gaede* StV 2009, 96 (101); *Singelnstein* NStZ 2012, 593 (598); ausführlich HK-StPO/*Gercke* Rn. 26 ff.

[77] Meyer-Goßner *(Schmitt)* Rn. 7; HK-StPO/*Gercke* Rn. 28; *Gaede* StV 2009, 96 (101); *Gercke* StraFo 2009, 271 (273); *Kasiske* StraFo 2010, 228 (234); aA Radtke/Hohmann/*Ladiges* Rn. 19.

[78] KMR/*Hadamitzky* Rn. 26; *Gercke* StraFo 2009, 271 (273).

[79] *Beukelmann* NJW 2012, 2617; *Sieber* NJW-Beil. 2012, 86; *Schuster* NStZ 2006, 657; *Sankol,* S. 279.

[80] BeckOK-StPO/*Hegmann* Rn. 15; *Bär* ZIS 2011, 53 (55).

[81] BGH 8.4.2007 – 5 StR 546/06, NJW 2007, 2269; AK/*Löffelmann* Rn. 17.

[82] BGH 4.3.1992 – 3 StR 460/91, NStZ 1992, 394; BGH 21.11.2012 – 1 StR 310/12, wistra 2013, 282; *Ambos*, Beweisverwertungsverbote, 2010, S. 81; *Gleß*, Beweisrechtsgrundsätze einer grenzüberschreitenden Strafverfolgung, 2006, S. 141 ff.

[83] BGH 8.4.1987 – 3 StR 11/87, BGHSt 34, 334 (342 f.) = NJW 1987, 2168; BGH 21.11.2012 – 1 StR 310/12, ZD 2013, 278.

fende Staat einer Verwertung der erlangten Beweismittel bereits im Vorfeld widersprochen hat.[84] Ansonsten unterliegen Beweise trotz Nichteinhaltung der maßgeblichen rechtshilferechtlichen Bestimmungen keinem Beweisverwertungsverbot, wenn die Beweise auch bei Beachtung des Rechtshilferechts durch den ersuchten und den ersuchenden Staat hätten erlangt werden können. Ein auf die Nichteinhaltung der rechtshilferechtlichen Bestimmungen über die Beweiserhebung im Ausland gestütztes Verwertungsverbot kann zudem nicht aus dem individualschützenden Charakter der entsprechenden Regelungen bzw. aus völkerrechtlichen Grundsätzen wie dem allgemeinen Fairnessgebot des Art. 6 Abs. 1 EMRK hergeleitet werden.[85]

20 Die Durchsicht der aufgefundenen Dateien unterliegt stets dem Gebot der **Verhältnismäßigkeit.** Die Ermittlung muss in einem angemessenen Verhältnis zu der Schwere der Straftat und der Stärke des Tatverdachts stehen.[86]

21 Wenn verfahrensrelevante Daten gefunden werden, die für die Untersuchung von Bedeutung sein können, dürfen diese nach **Abs. 3 S. 2** gesichert werden.[87] Abs. 3 S. 2 Hs. 2 ordnet zur Wahrung der Rechte des Dritten die entsprechende Anwendung des § 98 Abs. 2 an. Danach ist innerhalb von drei Werktagen die gerichtliche Bestätigung der Sicherung der aufgefundenen Daten zu beantragen. Dadurch soll der Inhaber des externen Speichers von der Maßnahme Kenntnis und Gelegenheit erhalten, um entsprechend § 98 Abs. 2 S. 2 seine rechtlichen Interessen wahrzunehmen.[88] Die Belehrungspflicht folgt aus § 98 Abs. 2 S. 6 analog. Wird die gerichtliche Bestätigung von dem nach § 98 Abs. 2 S. 3–5 zuständigen Gericht nicht erteilt, sind die gespeicherten Daten zu löschen, notfalls ist der Datenträger zu vernichten, um den zuvor bestandenen Zustand wiederherzustellen.[89] Das gilt auch, wenn die Daten für die Strafverfolgung nicht mehr benötigt werden.[90]

III. Rechtsbehelfe, Verwertungsverbote und Revision

22 Da die Sicherstellung von Schriftgut zum Zwecke der Durchsicht noch keine Beschlagnahme darstellt, sondern noch Teil der Durchsuchung ist,[91] kann der Betroffene wegen der Art und Weise der Vollstreckung von richterlichen oder nichtrichterlichen Durchsuchungsanordnungen Antrag auf richterliche Entscheidung **entsprechend § 98 Abs. 2 S. 2** stellen.[92] Gegen die richterliche Entscheidung ist wiederum die Beschwerde zulässig. Der Inhaber des externen Speichermediums kann nach Abs. 3 S. 2 Hs. 2 entsprechend § 98 Abs. 2 S. 2 gegen die Datensicherung gerichtliche Entscheidung beantragen.[93] Mit dem Antrag auf gerichtliche Entscheidung kann bspw. gerügt werden, dass die Durchsicht durch einen Nichtberechtigten erfolgt ist.[94] Beanstandet werden kann auch die Dauer der Durchsicht[95] oder die Mitnahme von beschlagnahmefreien Gegenständen.[96]

23 Zu berücksichtigen ist, dass der Staatsanwaltschaft bei der Gestaltung der inhaltlichen Durchsicht ein **Ermessensspielraum** zugebilligt wird,[97] der allerdings uneingeschränkt gerichtlich überprüfbar ist.[98]

---

[84] *Bär* ZIS 2011, 53 (59); BeckOK-StPO/*Hegmann* Rn. 16.
[85] Im Einzelnen BGH 21.11.2012 – 1 StR 310/12, wistra 2013, 282; vgl. auch NJW-Spezial 2013, 185.
[86] *Herrmann, Soiné* NJW 2011, 2922 (2925).
[87] Vgl. BT-Drs. 16/6979, 65 f.
[88] SK-StPO/*Wohlers* Rn. 9.
[89] BT-Drs. 16/6979, 66; *Herrmann/Soiné* NJW 2011, 2922 (2925).
[90] HK-GS/*Hartmann* Rn. 5.
[91] OLG Jena 20.11.2000 – 1 Ws 313/00, NJW 2001, 1290 (1293) mit abl. Anm. *Hohmann* wistra 2001, 196; *Herrmann, Soiné* NJW 2011, 2922 (2925).
[92] BVerfG 29.1.2002 – 2 BvR 94/01, NStZ-RR 2002, 144; BVerfG 18.3.2009 – 2 BvR 1036/08, NJW 2009, 2518.
[93] → Rn. 16.
[94] OLG Jena 20.11.2000 – 1 Ws 313/00, NJW 2001, 1290 (1294).
[95] BVerfG 29.1.2002 – 2 BvR 94/01, NStZ-RR 2002, 144 (145).
[96] SK-StPO/*Wohlers* Rn. 28.
[97] BGH 5.8.2003 – 2 BJs 11/03-5 – StB 7/03, NStZ 2003, 670.
[98] HK-StPO/*Gercke* Rn. 36.

Die **Revision** kann lediglich darauf gestützt werden, dass schwerwiegende, bewusste oder willkürliche Verfahrensverstöße zu einem Beweisverwertungsverbot als Folge einer fehlerhaften Durchsuchung und Beschlagnahme geführt haben.[99] Hierfür kommt in Betracht die Durchsicht von beschlagnahmefreien Gegenständen (bspw. nach § 97), der fehlende Anfangsverdacht,[100] wenn bei den durchgesehenen Papieren offensichtlich die potentielle Beweisbedeutung nicht vorliegt[101] oder falls die Bestellung eines Sachverständigen der Finanzbehörde für Buchungsfragen lediglich als Vorwand zur Recherche verfahrensfremder Steuerstraftaten dient.[102] Darüber hinaus kann ein Verwertungsverbot vorliegen, wenn bei der Auswahl von Sachverständigen oder Hilfskräften bewusst gegen das Neutralitätsgebot verstoßen worden ist.[103] 24

§ 110a [Verdeckter Ermittler]

(1) [1]Verdeckte Ermittler dürfen zur Aufklärung von Straftaten eingesetzt werden, wenn zureichende tatsächliche Anhaltspunkte dafür vorliegen, daß eine Straftat von erheblicher Bedeutung
1. auf dem Gebiet des unerlaubten Betäubungsmittel- oder Waffenverkehrs, der Geld- oder Wertzeichenfälschung,
2. auf dem Gebiet des Staatsschutzes (§§ 74a, 120 des Gerichtsverfassungsgesetzes),
3. gewerbs- oder gewohnheitsmäßig oder
4. von einem Bandenmitglied oder in anderer Weise organisiert
begangen worden ist. [2]Zur Aufklärung von Verbrechen dürfen Verdeckte Ermittler auch eingesetzt werden, soweit auf Grund bestimmter Tatsachen die Gefahr der Wiederholung besteht. [3]Der Einsatz ist nur zulässig, soweit die Aufklärung auf andere Weise aussichtslos oder wesentlich erschwert wäre. [4]Zur Aufklärung von Verbrechen dürfen Verdeckte Ermittler außerdem eingesetzt werden, wenn die besondere Bedeutung der Tat den Einsatz gebietet und andere Maßnahmen aussichtslos wären.

(2) [1]Verdeckte Ermittler sind Beamte des Polizeidienstes, die unter einer ihnen verliehenen, auf Dauer angelegten, veränderten Identität (Legende) ermitteln. [2]Sie dürfen unter der Legende am Rechtsverkehr teilnehmen.

(3) Soweit es für den Aufbau oder die Aufrechterhaltung der Legende unerläßlich ist, dürfen entsprechende Urkunden hergestellt, verändert und gebraucht werden.

Schrifttum: *Bernsmann/Jansen,* Heimliche Ermittlungsmethoden und ihre Kontrollen – Ein systematischer Überblick, StV 1998, 217; *Ceasar,* Das Gesetz gegen die Organisierte Kriminalität, ZRP 1991, 241; *Eisenberg,* Straf(verfahrens-)rechtliche Maßnahmen gegenüber „Organisierten Verbrechern, NJW 1993, 1033; *Erfurth,* Verdeckte Ermittlungen, 1997; *Eschelbach,* Rechtsfragen zum Einsatz von V-Leuten, StV 2000, 390; *Gercke,* Die Entwicklung des Internetstrafrechts 2009/2010, ZUM 2010, 633; *Gleß,* Zur Verwertung von Erkenntnissen aus verdeckten Ermittlungen im Ausland in ausländischen Strafverfahren, NStZ 2000, 57; *Hund,* Verdeckte Ermittlungen – ein gelöstes Problem?, StV 1993, 379; *Kaiafa-Gbandi,* Verschiedene Systeme des Einsatzes „Verdeckter Ermittler" am Beispiel des griechischen und deutschen Rechts – Gemeinsame Probleme für den Rechtsstaat, Festschrift für Bemmann 1997; *Keller/Griesbaum,* Das Phänomen der vorbeugenden Bekämpfung von Straftraten, NStZ 1990, 416; *Krey,* Rechtsprobleme des Einsatzes qualifizierter Scheinaufkäufer im Strafverfahrensrecht, 1994; *Hilger,* Neues Strafverfahrensrecht durch das OrgKG – 1. Teil, NStZ 1992, 457; *ders.,* Neues Strafverfahrensrecht durch das OrgKG – 2. Teil, NStZ 1992, 523; *Kreysel,* Der V-Mann, MDR 1996, 991; *Lammer,* Verdeckte Ermittlungen im Strafprozeß, 1992; *Möhrenschlager,* Das OrgKG – eine Übersicht nach amtlichen Materialien, wistra 1992, 594; *Quentin,* Der Verdeckte Ermittler i.S. der §§ 110a ff. StPO, JuS 1999,

[99] BVerfG 12.4.2005 – 2 BvR 1027/02, NJW 2005, 1917.
[100] AK-*Löffelmann* Rn. 6; HK-StPO/*Gercke* Rn. 35.
[101] *Krekeler* NStZ 1993, 263 (268); *Park* wistra 2000, 453 (458).
[102] LG Stuttgart 10.6.1997 – 10 Qs 36/97, NStZ-RR 1998, 54 (55); *Kunz* BB 2000, 438 (443); SK-StPO/*Wohlers* Rn. 30; HK-StPO/*Gercke* Rn. 35.
[103] SK-StPO/*Wohlers* Rn. 31; HK-StPO/*Gercke* Rn. 35; *Mahnkopf/Funk* NStZ 2001, 519 (525); *Krekeler* NStZ 1993, 263 (267); *Park* Rn. 416.

134; *Ranft,* Verdeckte Ermittler im Strafverfahren nach dem Inkrafttreten des OrgKG, Jura 1993, 449; *Rogall,* Informationseingriffe und Gesetzesvorbehalt im Strafprozess, 1992; *Safferling,* Verdeckte Ermittler im Strafverfahren – deutsche und europäische Rechtsprechung im Konflikt, NStZ 2006, 75; *Schmitz,* Rechtliche Probleme des Einsatzes Verdeckter Ermittler, 1996; *Schneider,* Ausgewählte Rechtsprobleme des Einsatzes Verdeckter Ermittler, NStZ 2004, 359; *Schwarzburg,* Einsatzbedingte Straftaten, NStZ 1995, 469; *Soiné,* Verdeckte Ermittler als Instrument zur Bekämpfung von Kinderpornographie im Internet, NStZ 2003, 225; *ders.,* Erkenntnisgewinnung von Informanten und V-Personen der Nachrichtendienste in Strafverfahren, NStZ 2007, 247.

Übersicht

A. Erläuterung

I. Regelungsinhalt

1 **Abs. 1** legt fest, unter welchen Voraussetzungen Verdeckte Ermittler eingesetzt werden dürfen und bestimmt, dass deren Einsatz nur zur Aufklärung im Einzelnen benannter Katalogstraftaten von erheblicher Bedeutung bzw. von Verbrechen zulässig ist (S. 1). Darüber hinaus muss im Falle von Vergehen die Aufklärung der Tat auf andere Weise aussichtslos oder wesentlich erschwert sein (S. 3). Zur Aufklärung von Verbrechen dürfen Verdeckte Ermittler auch eingesetzt werden, wenn die Gefahr der Wiederholung besteht (S. 2) oder die besondere Bedeutung der Tat den Einsatz gebietet und andere Maßnahmen aussichtslos wären (S. 4).

2 Die Vorschrift des **Abs. 2** S. 1 enthält eine Legaldefinition des Verdeckten Ermittlers und definiert diesen als Beamten des Polizeidienstes, der unter einer ihm auf Dauer verliehenen veränderten Identität ermittelt und der gemäß S. 2 unter dieser Legende am Rechtsverkehr teilnehmen darf.

3 **Abs. 3** gestattet schließlich, die für den Aufbau oder die Aufrechterhaltung der Legende des Verdeckten Ermittlers erforderlichen Urkunden herzustellen, zu verändern oder zu gebrauchen.

II. Gegenstand der Eingriffsbefugnis

4 In **sachlicher Hinsicht** gestattet § 110a Abs. 1 den Strafverfolgungsbehörden, Verdeckte Ermittler „zur Aufklärung von Straftaten" einzusetzen, bei denen es sich entweder um solche des in S. 1 enthaltenen Katalogs oder aber gemäß S. 2 um Verbrechen handeln muss. Hinsichtlich der konkreten Art der zulässigen Emittlungstätigkeit enthält die Vorschrift keine weitergehenden Einschränkungen. Verdeckte Ermittler dürfen unter Eingriff in das allgemeine Persönlichkeitsrecht des Art. 2 Abs. 1 iVm Art. 1 Abs. 1 GG[1] insbesondere

[1] *Lammer* S. 24 ff.; *Rogall* S. 92; *Schmitz* S. 45; *Erfurth* S. 49.

Beschuldigte (zu möglichen Beweisverwertungsverboten → Rn. 42) und Zeugen unter Verheimlichung ihrer ermittelnden Tätigkeit zur Tat befragen oder Personen und Örtlichkeiten beobachten. Der Verdeckte Ermittler, dessen Einsatz sich nach § 100b Abs. 2 Nr. 1 gegen einen bestimmten Beschuldigten richtet, darf diesen „zur Aufklärung von Straftaten" auch längerfristig iSd § 163f beobachten, ohne dass es dazu einer gesonderten Anordnung bedarf. Diese Befugnis wird von den §§ 110a, 100b Abs. 2 Nr. 1 mit umfasst. Alle übrigen heimlichen Ermittlungsmaßnahmen der §§ 98a, 99, 100a, 100c bis 100i, 163d und 163e bedürfen indes einer gesonderten Anordnung.

Eine bestimmte Tätigkeit des Verdeckten Ermittlers, nämlich das offene **Betreten der Wohnung des Beschuldigten** unter Verwendung seiner Legende, wurde wegen der Schwere des damit verbundenen Grundrechtsreingriffs gesondert in § 110c geregelt.[2] 5

Auch in **personaler Hinsicht** enthält die Vorschrift keine weitergehende Einschränkung. Verdeckte Ermittler können mithin sowohl gegen einen bestimmten Beschuldigten als auch gegen Dritte eingesetzt werden. 6

1. Zureichende tatsächliche Anhaltspunkte (Abs. 1 S. 1). Der Einsatz eines Verdeckten Ermittlers setzt dass Vorliegen „zureichender tatsächlicher Anhaltspunkte" hinsichtlich einer der im Katalog des Abs. 1 aufgeführten Straftaten voraus. Der Tatverdacht muss auf konkreten, sinnlich wahrnehmbaren Tatsachen (vgl. zu diesen § 100a Rn. 73) beruhen. Bloße Vermutungen oder eine nicht auf tatsächliche Umstände gestützte Möglichkeit reichen nicht aus.[3] Vorausgesetzt werden vielmehr tatsächliche Anhaltspunkte, die auf eine konkrete, begangene Straftat hindeuten (vgl. weiterführend § 98a Rn. 22 ff.). Es bedarf eines auf einem **„schlüssigen Tatsachenmaterial"** beruhenden qualifizierten Anfangsverdachts nach § 152 Abs. 2[4], der bereits ein bestimmtes Maß an Konkretisierung erfahren haben muss. Der Tatverdacht braucht weder hinreichend iSd § 170 Abs. 1 noch dringend iSd § 112 Abs. 1 StPO zu sein. 7

Probleme bereiten vielfach diejenigen Fälle, in denen ein Verdeckter Ermittler zunächst auf polizeilich-präventiver Grundlage und damit nach Polizeirecht im Rahmen der Gefahrenabwehr eingesetzt wurde und sich im Verlaufe dieses Einsatzes ein strafprozessualer Anfangserdacht ergeben hat **(Gemengelage).** In derartigen Fällen sind die einschlägigen straf- und strafverfahrensrechtlichen Vorschriften zu beachten und ist eine allein polizeirechtliche Beurteilung nicht mehr möglich.[5] Es greifen mithin das Legalitätsprinzip des § 152 Abs. 2 sowie die materiellen und formellen Einsatzvoraussetzungen der §§ 110a, 100b. Die Polizei hat daher unverzüglich gemäß § 163 Abs. 2 S. 1 die Staatsanwaltschaft zu unterrichten, die sodann ihrerseits zu prüfen hat, ob die gesetzlichen Einsatzvoraussetzungen vorliegen und ggf. eine gerichtliche Zustimmung nach § 100b Abs. 2 herbeizuführen ist. 8

2. Straftatenkatalog (Abs. 1 S. 1). Abs. 1 S. 1 legt die einzelnen Straftaten von erheblicher Bedeutung fest, zu deren Erforschung Verdeckte Ermittler eingesetzt werden dürfen. Es handelt sich hierbei um einen **abschließenden Katalog**, der unverändert von § 98a Abs. 1 übernommen wurde, weshalb an dieser Stelle vollumfänglich auf die entsprechenden Ausführungen zu § 98a Rn. 29 ff. verwiesen werden. 9

In jedem Einzelfall muss die unter den Katalog in S. 1 zu subsumierende Straftat eine solche von **erheblicher Bedeutung** sein. Hierbei handelt es sich um Straftaten, die mindestens der mittleren Kriminalität zuzurechnen sind, den Rechtsfrieden empfindlich stören und geeignet sind, das Gefühl der Rechtssicherheit in der Bevölkerung zu beeinträchtigen (→ § 100g Rn. 24).[6] 10

3. Aufklärung von Verbrechen (Abs. 1 S. 2). S. 2 enthält gegenüber S. 1 eine **eigenständige Eingriffsermächtigung** und berechtigt die Strafverfolgungsbehörden auch zur 11

---

[2] BT-Drs. 12/989, 43.

[3] Vgl. Löwe/Rosenberg/*Beulke* § 152 Rn. 32.

[4] BGH 23.3.1996 – 1 StR 685/95, NJW 1996, 2518 (2519).

[5] BGH 7.3.1995 – 1 StR 685/94, NJW 1995, 2237 (2239); BGH 18.11.1999 – 1 StR 221/99, NJW 2000, 1123 (1124).

[6] *Möhrenschläger* wistra 1992, 327.

Aufklärung solcher Verbrechen einen Verdeckten Ermittler einzusetzen, die von dem in S. 1 enthaltenen Katalog nicht erfasst werden. Voraussetzung hierfür ist, dass „auf Grund bestimmter Tatsachen die Gefahr der Wiederholung besteht".

12 Auch diese **Wiederholungsgefahr** muss sich aus „schlüssigem Tatsachenmaterial" ergeben (→ Rn. 7). Für die Auslegung des Begriffs kann im Wesentlichen auf den in § 112a Abs. 1 verwendeten Begriff der Wiederholungsgefahr zurückgegriffen werden.[7] Danach ist eine Wiederholungsgefahr gegeben, wenn eine so starke innere Neigung des Beschuldigten zu Straftaten vorliegt, dass die Besorgnis begründet ist, er werde in absehbarer Zeit weitere Verbrechen begehen. Anders als im Falle des § 112a wird hier nicht zu fordern sein, dass es sich um gleichartige Straftaten oder solche der in § 112a Abs. 1 genannten Art handelt. Für S. 2 reicht vielmehr eine entsprechende Besorgnis hinsichtlich jedweder Straftat aus, sofern es sich dabei nur um ein Verbrechen handelt.

13 **4. Subsidiaritätsklausel (Abs. 1 S. 3 und 4).** Abs. 1 enthält eine **differenzierende** und nur schwer verständliche Subsidiaritätsregelung. Im Falle des Vorliegens einer Katalogtat nach S. 1 ist der Einsatz eines Verdeckten Ermittlers nach S. 3 zulässig, wenn die Aufklärung auf andere Weise **aussichtslos oder wesentlich erschwert** wäre. Diese Subsidiaritätsklausel entspricht der in § 100a Abs. 1 Nr. 3 (→ § 100a Rn. 91 ff.). In den Fällen, in denen ein Verbrechen weder unter den Katalog des S. 1 zu subsumieren ist noch Wiederholungsgefahr besteht, greift die strengere Regelung des S. 4. Zur Aufklärung solcher Straftaten ist der Einsatz eines Verdeckten Ermittlers nur zulässig, wenn die besondere Bedeutung der Tat den Einsatz gebietet und andere Maßnahmen aussichtslos wären.

14 Soweit es sich in den Fällen des S. 4 ausnahmslos um solche Verbrechen handeln muss, in denen die **besondere Bedeutung** der Tat den Einsatz eines Verdeckten Ermittlers gebietet, ist eine Orientierung an dem entsprechenden Begriff in § 24 Abs. 1 Nr. 3 GVG möglich.[8] Danach liegt eine Straftat von besonderer Bedeutung vor, wenn sie sich im Vergleich mit gleichartigen Straftaten aus der Masse der durchschnittlichen Taten nach oben hervorhebt.[9]

III. Verdeckter Ermittler (Abs. 2 S. 1)

15 Der Begriff des Verdeckten Ermittlers wird in Abs. 2 S. 1 legaldefiniert als „**Beamte des Polizeidienstes,** die unter einer ihnen verliehenen, auf Dauer angelegten, veränderten Identität (Legende) ermitteln". Die Nutzung gerade der auf Dauer angelegten, veränderten Identität sollte nach dem Willen des Gesetzgebers[10] den Verdeckten Ermittler von denjenigen Polizeibeamten unterscheiden, die nur gelegentlich verdeckt ermitteln und dabei ihre Identität nicht offenlegen (sogenannter nicht offen ermittelnde Polizeibeamte, kurz NoeP, → Rn. 19). Beamte im polizeirechtlichen Sinne sind auch die Beamten des Steuer- und Zollfahndungsdienstes. Eine Beamtenstellung iSd §§ 3, 33 ff. BeamtStG hielt der Gesetzgeber bei Verdeckten Ermittlern für unabdingbar, weil nur die Bindung der Beamten an Recht und Gesetz und ihre Gehorsamspflicht die erforderliche straffe Führung sowie eine wirksame Dienstaufsicht gewährleisteten.[11]

16 Das Definitionselement der „**auf Dauer angelegten,** veränderten Identität" beschreibt nach dem insoweit eindeutigen Wortlaut der Norm nach der hier vertretenen Auffassung und abweichend von der des BGH (vgl. zu dieser Rn. 30) nicht das temporäre Moment des Einsatzes, sondern das der Legende und deren Ausrichtung dahingehend, dass alle legendenbildenden Faktoren dauerhaft, mithin über einen längeren Zeitraum und auch wiederholt Verwendung finden sollen. Legende im Sinne des Abs. 2 S. 1 ist somit nicht jede kurzfristige Veränderung der Identität, selbst wenn diese durch die Verwendung von

[7] Ebenso *Meyer-Goßner* Rn. 12; BeckOK-StPO/*Hegmann* Rn. 14.
[8] So zutreffend KK-StPO/*Bruns* Rn. 21.
[9] Vgl. *Quentin* JuS 1999, 134.
[10] BT-Drs. 12/989, 42.
[11] BT-Drs. 12/989, 42.

Tarnpapieren perpetuiert sein sollte. Eine **qualifizierte** Legende iSv Abs. 2 S. 1 liegt vielmehr erst vor, wenn – was mit einem beträchtlichen organisatorischen sowie finanziellen Aufwand verbunden ist und deshalb regelmäßig Monate in Anspruch nimmt – einem Polizeibeamten zum Zwecke seiner auf Dauer angelegten Tarnung nicht nur ein fiktiver Name mit entsprechenden Ausweispapieren wie Personalausweis, Führerschein etc zur Verfügung gestellt werden, sondern auch ein zu dieser veränderten Identität passender Lebenslauf mit den dazugehörigen Eintragungen in den entsprechenden Registern. Erforderlich sind weiter entsprechende aktuelle Lebensverhältnisse wie Wohnung, soziales Umfeld, Beruf etc mit den wiederum hierfür erforderlichen Eintragungen etwa in das Handels- oder Kraftfahrzeugregister. Selbst (Schein)Firmen mit realem Geschäftsbetrieb werden erforderlichenfalls gegründet. Qualifizierte Legenden werden in den dienstinternen Richtlinien der Polizeibehörden über den Einsatz Verdeckter Ermittler vielfach unterteilt in die so genannte **„Grundlegende"** sowie die **„anlassbezogene Legende".** Mit ersterer ist die eigentliche Legende iSd Legaldefinition, mit zweiterer die diese lediglich ergänzende und auf den konkreten Ermittlungsanlass zugeschnittene Legende gemeint.

Dass auch der Gesetzgeber in Abs. 2 S. 1 bei der Verwendung des Begriffs „Legende" **17** von Legenden dieser Art ausgegangen ist, ergibt sich aus dem Kontext der Gesetzesmaterialien. Danach soll für den Verdeckten Ermittler wesentlich sein, dass er unter „einer auf Dauer angelegten" Identität ermittelnd tätig wird. Die Materialien lassen indes nicht erkennen, dass der Gesetzgeber von der Vorstellung ausgegangen ist, der Verdeckte Ermittler müsse auch tatsächlich dauerhaft ermitteln.[12]

Zusammenfassend ist danach festzustellen, dass der Einsatz einer verdeckt ermittelnden **18** Person den Voraussetzungen der §§ 110a unterliegt, wenn kumulativ die nachfolgenden Kriterien erfüllt sind: 1. Bei der Person muss es sich um einen Beamten des **Polizeidienstes** handeln. 2. Der Beamte muss zu strafprozessualen Zwecken und damit zur Aufklärung von Straftaten tätig sein. 3. Zur Erfüllung dieses Zweckes muss ihm eine Legende verliehen worden sein. 4. Diese Legende muss auf Dauer angelegt sein (Grundlegende). 5. Der Beamte muss unter Einsatz dieser Legende ermitteln, wobei ermitteln in diesem Sinne bedeutet, dass sich die Tätigkeit des Beamten nicht auf dienstinterne Verrichtungen beschränken darf. Ob sich diese Ermittlungstätigkeit indes auf eine einzige Handlung beschränkt oder aber sich als dauerhafter und komplexer Einsatz darstellt, ist de lege lata nach der hier und auch von anderen Stimmen in der **Lit.**[13] vertretenen Auffassung unbeachtlich.

IV. Sonstige verdeckt ermittelnde Personen

Die sonstigen nur gelegentlich verdeckt ermittelnden Beamten werden, je nachdem, **19** ob man eine funktionale oder statusrechtliche Betrachtungsweise bei der Charakterisierung bevorzugt, als **Scheinaufkäufer, qualifizierter Scheinaufkäufer** oder als **Gelegenheits-VE, NOP** bzw. **NoeP** bezeichnet. Die Bezeichnungen NOP und NoeP stehen beide für „Nicht offen ermittelnder Polizeibeamter". Schließlich gibt es neben den Verdeckten Ermittlern und den nur gelegentlich verdeckt ermittelnden Beamten noch eine dritte Gruppe verdeckt agierender Personen, die sich von den beiden zuvor genannten dadurch unterscheidet, dass die Mitglieder dieser Gruppe keine Beamten des Polizeidienstes sind. Es handelt sich hierbei um sogenannte **Informanten, operative Zeugen, Augenblickshelfer** sowie **Vertrauenspersonen.** Schwierigkeiten bereitet dabei die Abgrenzung zwischen den beiden erstgenannten Personengruppen, den verdeckten Ermittlern des Abs. 2 sowie den nur gelegentlich verdeckt ermittelnden Polizeibeamten (→ Rn. 20 ff.).

1. Sonstige Polizeibeamte. a) Erscheinungsformen. (Schlichte) **Scheinaufkäufer,** **20** **qualifizierte Scheinaufkäufer, Gelegenheits-VE** sowie **NOP** bzw. **NoeP,**[14] bezeich-

[12] Vgl. BT-Drs. 12/989, 42.
[13] *Schneider* NStZ 2004, 359.
[14] Ungenau in der Terminologie *Safferling* NStZ 2006, 75, der offenbar unter den Begriff des Verdeckten Ermittlers auch private Informanten der Polizei einordnet.

nen, wobei die zuletzt genannten Begriffe den Status des Ermittelnden als Polizeibeamten hervorheben, sämtlich den operativ eingesetzten und nicht offen ermittelnden Polizeibeamten (NoeP). Diese Form verdeckter strafprozessualer Ermittlungen sollte zur Vermeidung von Unklarheiten künftig einheitlich als NoeP bezeichnet werden. Der Begriff NoeP enthält eine sachlich zutreffende Abstrahierung und hat zudem in die Gemeinsamen Richtlinien der Justizminister über den Einsatz von Vertrauenspersonen und Verdeckten Ermittlern Eingang gefunden.[15]

21 Zur **Unterscheidung zwischen schlichten und qualifizierten** Scheinaufkäufern nimmt Krey[16] in einer Studie zu den Rechtsproblemen des Einsatzes qualifizierter Scheinaufkäufer folgende funktional ausgerichtete und sich begrifflich an Kraushaar[17] orientierende Begriffsbestimmungen vor:„Schlichte Scheinaufkäufer" seien Strafverfolgungsbeamte, „die zwar verdeckt, jedoch nicht unter einer Legende (veränderte Identität) ermitteln". Sie stünden im Strafverfahren als Zeuge grundsätzlich zur Verfügung. Qualifizierte Scheinaufkäufer ermittelten hingegen unter einer Teillegende, erhielten mithin zu ihrer Sicherheit Tarnpapiere wie etwa Personalausweis und Führerschein, mit denen sie jedoch nicht am Rechtsverkehr teilnehmen. Qualifizierte Scheinaufkäufer nutzten mithin in dem Sinne eine Dauerlegende, als sie über einen längeren Zeitraum hinweg mit denselben Tarnpersonalien eingesetzt würden. Umschrieben wird damit die Handlungsweise von nicht offen ermittelnden Polizeibeamten jedenfalls in denjenigen „klassischen Fällen", in denen inkriminierte Waren wie etwa Betäubungsmittel, illegale Waffen oder unversteuerte Zigaretten aufgekauft werden, um auf diese Weise insbesondere Gegenstände, die für die Allgemeinheit gefährlich sind, in behördlichen Gewahrsam zu überführen. Zugleich sollen derartige Aufkäufe vielfach dazu dienen, das Vertrauen der Verkäufer zu gewinnen und so den weiteren Vertriebsweg dieser Waren sowie die diesen organisierenden Hintermännern feststellen und damit auch sogenannte „Strukturermittlungen" führen zu können. Derartige Käufe werden vielfach auch als „Vertrauenskäufe" bezeichnet.

22 Der Einsatzbereich eines „modernen" NoeP geht freilich über den des Scheinkaufs hinaus. Das **Internet** bringt eine Fülle neuer Formen von Straftaten[18] hervor und erfordert adäquate Ermittlungsformen. Zu diesen gehört, dass Polizeibeamte etwa „Internetstreifen" durchführen, dh anlassunabhängige Recherchen und präventiv-polizeilich einzuordnende Sichtungen des „Internets" durchführen. Polizeibeamte werden indes im Netz auch repressivtätig. Sie versuchen strafrechtlich relevante Sachverhalte weiter zu erforschen und nehmen zu diesem Zweck auch an Internetkommunikationen teil, ohne ihre wahre Identität bzw. ihre Ermittlungstätigkeit zu offenbaren.

23 Der Einsatz **ausländischer verdeckt ermittelnder Polizeibeamter** ist nicht an den Vorschriften der §§ 110a ff. zu messen. Sie sind beamtenrechtlich nicht der deutschen Rechtsordnung unterstellt. Solange es keine gesetzliche Regelung gibt, die Polizeibeamte einer ausländischen Behörde ausdrücklich Beamten gleichstellt, sind ausländische Polizeibeamte wie von der Polizei eingesetzte Vertrauenspersonen zu behandeln.[19]

24 **b) Rechtsgrundlagen.** In der Rspr. des BGH ist seit jeher anerkannt, dass Polizeibeamte zur Aufklärung schwerer Straftaten auch verdeckt ermitteln dürfen. Hieran hat sich durch die Einfügung der §§ 110a ff. bzgl. der „NoeP" nichts geändert. Auf „NoeP" sind die Vorschriften der §§ 110a ff. weder unmittelbar noch entsprechend anwendbar.[20] Für den Einsatz verdeckt ermittelnder Polizeibeamter unterhalb der Schwelle des Verdeckten Ermittlers bedarf es nach der Rspr. des BGH auch weiterhin keiner besonderen gesetzlichen

---

[15] Vgl. dort II.
[16] *Krey* S. 18.
[17] *Kraushaar* Kriminalistik 1994, 481.
[18] *Soiné* NStZ 2003, 225.
[19] BGH 20.6.2007 – 1 StR 251/07, NStZ 2007, 713; BeckOK-StPO/*Hegmann* Rn. 8; KK-StPO/*Bruns* Rn. 5; *Gleß* NStZ 2000, 57.
[20] BGH 6.2.1997 – 1 StR 527/96, NJW 1997, 1516.

Ermittlungsgrundlage. Ihr Einsatz soll auf die Aufgabengeneralklausel der **§§ 161, 163** gestützt werden können (zur Kritik → Rn. 28).[21]

2. Privatpersonen. a) Erscheinungsformen. Eine brauchbare Definition der Begriffe des „Informanten" sowie der „Vertrauensperson" enthalten die Gemeinsamen Richtlinien[22] der Justizminister/-senatoren sowie der Innenminister/-senatoren über die Inanspruchnahme von Informanten und dem Einsatz von Vertrauenspersonen und Verdeckten Ermittlern. Danach ist ein **Informant** eine Person, die im Einzelfall bereit ist, gegen die Zusicherung der Vertraulichkeit der Strafverfolgungsbehörde Informationen zu geben.[23] Eine **Vertrauensperson**[24] hingegen ist eine Person, die ohne einer Strafverfolgungsbehörde anzugehören, bereit ist, diese bei der Aufklärung von Straftaten auf längere Zeit vertraulich zu unterstützen und deren Identität grundsätzlich geheim gehalten wird.[25] 25

Neben diesen beiden Formen verdeckt ermittelnder Personen gibt es noch eine weitere, nämlich den selten eingesetzten **„operativen Zeugen"**, der auch als „Augenblickshelfer" bezeichnet wird und der sich von dem Informanten sowie der Vertrauensperson dadurch unterscheidet, dass er lediglich in (dem) einem Ermittlungsverfahren eingesetzt wird und nach Übergang in die offene Ermittlungsphase anders als Informant und Vertrauensperson, deren Identität in der Regel geheim gehalten wird, offen als Zeuge zur Verfügung steht. Der operative Zeuge wird indes ebenso wie die Vertrauensperson auf Veranlassung der Strafverfolgungshehörden tätig. Ein solcher Fall war Gegenstand der Entscheidung des GSSt vom 13.5.1996.[26] In dem entschiedenen Fall hatte die Polizei einen Zeugen, dem gegenüber der (fremdsprachige) Angeklagte die Tat eingeräumt hatte, veranlasst, erneut mit dem Angeklagten zu telefonieren. Das Telefonat ließ sie von einem Dolmetscher mithören. Dessen Bekundungen über den Inhalt des Telefonats legte das Tatgericht seinem Urteil zugrunde. Der GSSt hat festgestellt, dass die Aussagen von Zeugen in derartigen Fällen jedenfalls dann verwertet werden dürfen, wenn es um die Aufklärung einer Straftat von erheblicher Bedeutung geht und die Erforschung des Sachverhalts unter Einsatz anderer Ermittlungsmethoden erheblich weniger erfolgversprechend oder wesentlich erschwert wäre. 26

b) Rechtsgrundlagen. Die Rechtsgrundlage für den Einsatz von Informanten, Vertrauenspersonen und operativen Zeugen durch die Strafverfolgungsbehörden ist nach allgA in **Rspr.**[27] und **Lit.**[28] in der Ermittlungsgeneralklausel der §§ 163, 161 zu sehen. In der StPO befinden sich keine weiteren ihren Einsatz näher ausgestaltende Verfahrensregelungen. Für Informanten sowie Vertrauenspersonen sind Regelungen über die Voraussetzungen ihres Einsatzes und das dabei zu beachtende Verfahren indes in den Gemeinsamen Richtlinien der Justizminister/-senatoren sowie der Innenminister/-senatoren Gemeinsamen Richtlinien enthalten.[29] Danach entscheidet über die Inanspruchnahme von Informanten sowie den Einsatz von Vertrauenspersonen auf Seiten der Staatsanwaltschaft der Behördenleiter oder ein von ihm besonders zu bezeichnender Staatsanwalt. Im Bereich der Polizei trifft die Entscheidung ein Beamter „mindestens auf der Ebene des Leiters der sachbearbeitenden Organisationseinheit".[30] 27

---

[21] BGH 6.2.1997 – 1 StR 527/96, NJW 1997, 1516 (1518).

[22] Gemeinsame Richtlinien der Justizminister/-senatoren und der Innenminister/-senatoren der Länder über die Inanspruchnahme von Informanten sowie über den Einsatz von Vertrauenspersonen (V-Personen) und Verdeckten Ermittlern im Rahmen der Strafverfolgung, Anlage D RiStBV.

[23] Vgl. I. 2.1 der Richtlinien.

[24] Zu den mit dem Einsatz einhergehenden Fragestellungen vgl. *Eschelbach* StV 2000, 390; zur Problematik des V-Manns vgl. *Kreysel* MDR 1996, 991.

[25] Vgl. I 2.2 der Richtlinien.

[26] BGH GSSt 13.6.1996 – GSSt 1/96, NJW 1996, 2940.

[27] BGH GSSt 13.6.1996 – GSSt 1/96, NJW 1996, 2940 ff. BGH 22.2.1995 – 3 StR 552/94, NStZ 1995, 513.

[28] KK-StPO/*Bruns* Rn. 9; BeckOK-StPO/*Hegmann* Rn. 7; *Meyer-Goßner* Rn. 4a; krit. *Bernsmann/Jansen* StV 1998, 230; *Hund* StV 1993, 380; *Hilger* NStZ 1992, 521 (523).

[29] Vgl. I 5 der Richtlinien.

[30] Vgl. I 5.1 der Richtlinien.

28 Die hM verdient **Kritik.** Der Gesetzgeber hat es bei den Beratungen über das Gesetz zur Bekämpfung des illegalen Rauschgifthandels und anderer Erscheinungsformen organisierter Kriminalität (OrgKG) noch abgelehnt, eine spezialgesetzliche Rechtsgrundlage für den Einsatz von Vertrauenspersonen zu schaffen.[31] In seiner jüngeren Rspr.[32] hat das BVerfG jedoch deutlich gemacht, dass jedenfalls beim Übergang von der passiven Informationserlangung ohne Eingriffscharakter zur aktiven Informationsbeschaffung durch eine Vertrauensperson mittels einer gezielten Befragung eine strafprozessuale Maßnahme vorliege, die, so das BVerfG weiter, eine spezielle gesetzliche Ermächtigungsgrundlage erforderlich mache. Auch im Rahmen des Gesetzgebungsverfahrens zum Gesetz über die Neuregelung der Telekommunikationsüberwachung und anderer verdeckter Ermittlungsmaßnahmen wurde anlässlich der Expertenanhörung[33] unter Hinweis auf die Rechtsprechung des BVerfG auf das Fehlen einer den Einsatz von Vertrauenspersonen näher ausgestaltenden Vorschrift hingewiesen.[34] Zwar hat das BVerfG in einer aktuellen Entscheidung vom 12.10.2011 angemerkt, der Einsatz nicht offen ermittelnder Polizeibeamter richte sich nach den §§ 161, 163 StPO und dabei auf die gängige Kommentarlit. verwiesen.[35] Dabei handelte es sich indes um beiläufige, die Entscheidung nicht tragende Erwägungen.

29 Eine **spezialgesetzliche Ermächtigungsgrundlage ist erforderlich.** Zum einen fehlen selbst in den vorerwähnten Richtlinien über den Einsatz von Vertrauenspersonen Verfahrensvorschriften, die deren Einsatz hinreichend konkret ausgestalten. Die vorhandenen Regelungen beinhalten lediglich Ausführungen zur Notwendigkeit dieses Ermittlungsinstruments, zu seiner Definition und zu den Einsatzvoraussetzungen. Auch handelt es sich hierbei um reine Verwaltungsvorschriften. All dies hat zur Folge, dass jedenfalls über die konkrete Ausgestaltung des Einsatzes von Vertrauenspersonen häufig allein die Polizei befindet und dieses Ermittlungsinstrument somit keiner ausreichenden justiziellen Kontrolle unterliegt. So werden durch den Einsatz von Vertrauenspersonen regelmäßig eine Vielzahl strafrechtlich relevanter personenbezogener Daten erhoben, die von der Vertrauensperson ihrem polizeilichen Führungsbeamten, dem sogenannten „VP-Führer", übermittelt werden. Zwar handelt es sich bei diesem um einen dem Legalitätsprinzip des § 152 Abs. 2 verpflichteten Polizeibeamten. VP-Führer vermögen indes die sich vielfach ergebenden Konflikte zwischen dem Gebot der Strafverfolgung einerseits und dem Schutz der Vertrauenspersonen andererseits nicht zu lösen. In der Praxis werden VP-Führern immer wieder Sachverhalte bekannt, die einerseits den Anfangsverdacht selbst schwerer Straftaten begründen und andererseits von den VP-Führern nicht an die insoweit zur abschließenden Entscheidung allein berufenen Staatsanwaltschaften weitergeleitet werden, weil die VP-Führer der Auffassung sind, eine Offenlegung der gewonnenen Erkenntnisse ließe einen sicheren Rückschluss auf die Identität des Hinweisgebers zu und führe zu einer nicht vertretbaren Gefährdung für dessen Leib und Leben.

V. Abgrenzung zwischen Verdecktem Ermittler und NoeP

30 **1. Rechtsprechung des BGH.** Mit der Frage der Abgrenzung zwischen Verdecktem Ermittler und NoeP hat sich der BGH erstmals in einem Urteil des 1. Strafsenats vom 7.3.1995[36] befasst. In dieser Entscheidung hat der BGH ausgeführt, die Frage, ob der Einsatz eines verdeckt ermittelnden Polizeibeamten den strengen Regelungen der §§ 110a ff. unterliege, sei durch eine Gesamtwürdigung aller Umstände festzustellen. Dabei sei entscheidend, ob der Ermittlungsauftrag über einzelne wenige, konkret bestimmte Ermittlungshandlungen hinausgehe, ob es erforderlich sein werde, eine unbestimmte Vielzahl von Personen über die wahre Identität des verdeckt operierenden Polizeibeamten zu täuschen, und ob wegen der

---

31 BT-Drs. 12/989, 41.

32 BVerfG 1.3.2000 – 2BvR 2017/94 und 2 BvR 2039/94, NStZ 2000, 489.

33 Vgl. *Günther,* Protokoll der 74. Sitzung des Rechtsausschusses des Deutschen BTag v. 19.9.2007 s. 10.

34 BVerfG 1.3.2000 – 2 BvR 2017/94, NStZ 2000, 489 (490).

35 BVerfG 12.10.2011 – 2 BvR 236/08, 2 BvR 237/08, 2 BvR 422/08, BeckRS 2011, 56461 Abs.-Nr. 240.

36 BGH 7.3.1995 – 1 StR 685/94, NStZ 1995, 516.

Art und des Umfanges des Auftrages von vornherein abzusehen sei, dass die Identität des Beamten in künftigen Verfahren auf Dauer geheim gehalten werden müsse.[37] Der BGH orientiert sich mithin entscheidend, wie derselbe Senat in seiner weiteren Entscheidung vom 6.2.1996 hervorgehoben hat, an dem „Auftreten nach außen" und dem „Kontakt zu(m) Beschuldigten". Maßgeblich sei, so der BGH weiter, „ob er (der verdeckt ermittelnde Beamte) also unter seiner Legende über einen längeren Zeitraum mit einzelnen oder mehreren Personen z. B. über den Erwerb von Betäubungsmitteln verhandelt oder ob er unter veränderter Identität auf Dauer im Sinne einer Milieurecherche ermittelt". Auf dies **„auf Dauer eingerichtete verdeckte Tätigkeit"**, so der BGH weiter, komme es entscheidend an.[38]

2. Kritik. Diese Rechtsauffassung findet keine Stützte in der Legaldefinition des § 110a Abs. 2 S. 1. Dort wird weder auf die Dauer des Einsatzes noch auf Art und Umfang des Auftrages abgehoben. Maßstab soll vielmehr – einzig – der Umstand sein, dass der verdeckt ermittelnde Polizeibeamte unter seiner ihm verliehenen, **auf Dauer angelegten Legende** ermittelt. Die Argumentation des BGH entfernt sich, worauf in der Lit.[39] zutreffend hingewiesen wird, vom Gesetzeswortlaut. Soweit der 1. Strafsenat seine Rechtsauffassung in seiner Entscheidung vom 6.2.1996 weiter damit begründet hat, Einzelmaßnahmen würden bereits deshalb nicht unter den Anwendungsbereich der §§ 110a ff. fallen, weil gemäß § 110b der Einsatz des Verdeckten Ermittlers zu beenden sei, wenn die Maßnahme nicht binnen drei (Werk)Tagen richterlich bestätigt werde, vermag diese Argumentation nicht zu überzeugen. Dieser Fristenregelung kommt wie den entsprechenden Regelungen etwa in § 100b Abs. 1 S. 2 bzw. 100g Abs. 2 S. 1 eine grundrechtssichernde Funktion zu. Den Vorschriften liegt ebenso wie der Fristenregelung des § 110b Abs. 1 S. 2 die Erwägung zu Grunde, dass die entsprechenden Ermittlungsmaßnahmen regelmäßig länger als drei Tage andauern, freilich indes auch eher enden und sich auch auf eine einzelne Ermittlungshandlung beschränken können. 31

Die vom BGH vorgenommene Auslegung entfernt sich vom Wortlaut des § 110a Abs. 2 S. 1 und dürfte daher **die Grenzen einer zulässigen Auslegung berühren.** Sie verlangt im Ergebnis statt der Verwendung einer auf Dauer angelegten Legende eine auf Dauer eingerichtete legendierte Tätigkeit, für die es keiner sogenannten „Grundlegende" im vorstehend dargelegten Sinne bedarf (→ Rn. 16). 32

Die Rechtsauffassung des BGH führt zudem zu erheblichen **Schwierigkeiten,** weil die danach maßgeblichen Kriterien in Zweifelsfällen keine trennscharfe Abgrenzung ermöglichen. So lässt sich zu Beginn des Einsatzes eines Verdeckten Ermittlers häufig noch nicht zuverlässig abschätzen, wie lange dieser im konkreten Verfahren tätig werden muss, bevor der Tatverdacht ausreicht überprüft ist und ob, sollte ein eine Anklage rechtfertigender hinreichender Tatverdacht festgestellt werden, die Identität des Verdeckten Ermittlers in künftigen Verfahren und auf Dauer geheim gehalten werden kann.[40] Unklar bleibt weiter, wann ein Ermittlungsauftrag über einzelne wenige, konkret bestimmte Ermittlungshandlungen hinausgeht, was genau unter einer unbestimmten Vielzahl von ggf. zu täuschenden Personen zu verstehen ist bzw. wie im Kontext der unterschiedlichen Abgrenzungskriterien die auf Dauer eingerichtete verdeckte Tätigkeit letztlich zu bestimmen ist. 33

VI. Teilnahme am Rechtsverkehr (Abs. 2. S. 2)

Verdeckte Ermittler dürfen gemäß Abs. 2 S. 2 unter ihrer Legende am Rechtsverkehr teilnehmen. Sie sind mithin auch berechtigt, ihre Tätigkeit als Ermittlungsbeamte zu verschweigen.[41] Der Begriff des „Rechtsverkehrs" ist inhaltsgleich mit dem des § 267 Abs. 1 StGB.[42] Der Verdeckte Ermittler darf mithin unter seiner Legende **vertragliche Ver-** 34

---

[37] BGH 7.3.1995 – 1 StR 685/94, NStZ 1995, 516.
[38] BGH 6.2.2006 – 1 StR 544/95, NJW 1996, 2108 (2109).
[39] *Schneider* NStZ 2004, 359 (361).
[40] Ebenso *Hund* StV 1993, 379 (381).
[41] BGH 6.2.1996 – 1 StR 544/95, NStZ 1996, 450.
[42] So zutreffend KK-StPO/*Bruns* Rn. 11.

pflichtungen eingehen, mithin Kauf-, Miet oder Werkverträge abschließen und sich in öffentliche Register wie Handelsregister und Grundbuch eintragen lassen.[43] Er kann unter seiner Legende klagen und verklagt werden.

35 Hat der Verdeckte Ermittler durch seine legendierte Tätigkeit einen **Schaden verursacht,** so ist es die Aufgabe seines Dienstherrn dafür Sorge zu tragen, dass die Geschädigten keinen Nachteil erleiden.[44] Wenngleich den Gesetzesmaterialien zu entnehmen ist, dass es in der Vergangenheit insoweit zu keinen Schwierigkeiten gekommen sein soll,[45] dürfte der Geschädigte bereits Probleme haben, den richten Anspruchsgegner zu verklagen. Insoweit kann der Geschädigte eine Stufenklage erheben und zunächst auf Auskunftserteilung antragen.[46]

36 Ein **Amtshaftungsanspruch** nach § 839 BGB iVm Art. 34 GG scheidet indes wegen fehlender Rechtswidrigkeit bzw. fehlenden Verschuldens regelmäßig aus.[47] Zudem ist in diesem Zusammenhang die Entscheidung des Amtsträgers allein daraufhin zu überprüfen, ob sie vertretbar war.[48] In Frage kommt eher ein Aufopferungsanspruch bzw. ein Anspruch aus privatrechtlicher Staatshaftung gemäß §§ 89, 30, 31, 831 BGB bzw. ein vertraglicher Erfüllungsanspruch.[49]

VII. Ermächtigung zur Herstellung, Veränderung und zum Gebrauch von Urkunden (Abs. 3)

37 § 110a Abs. 3 enthält die Ermächtigung, zum Aufbau oder zur Aufrechterhaltung der Legende **Urkunden** herzustellen, zu verändern oder zu gebrauchen, soweit dies zur Legendierung des Verdeckten Ermittlers unerlässlich ist. Die Vorschrift beinhaltet weder eine weitergehende Konkretisierung hinsichtlich der Art von Urkunden, die hergestellt oder verändert werden dürfen, noch eine Benennung der hierzu berechtigten Personen. Evident hingegen ist, dass die hergestellten oder veränderten Urkunden von dem Verdeckten Ermittler jedenfalls gebraucht werden dürfen.

38 Ein Blick in die Materialen[50] führt zu keiner Klarstellung. So kurz gehalten wie die Vorschrift des Abs. 3 selbst teilen sie lediglich mit, die Regelung enthalte die Ermächtigung zur Herstellung der **„erforderlichen Urkunden".** Im Kontext der regelungsgegenständlichen Legendenbildung sind dies vorrangig Personaldokumente wie Personalausweis, Reisepass, Führerschein aber auch alle weiteren Urkunden, die geeignet sind, die Legende des Verdeckten Ermittlers in religiöser, schulischer, beruflicher, politischer oder welcher Hinsicht auch immer zu belegen.

VIII. Internationalrechtliche Grundlagen

39 Länderübergreifende Regelungen hinsichtlich des Einsatzes Verdeckter Ermittler finden sich ua in **Art. 14 EU-RhÜbk.** vom 22.7.2005.[51] Nach der allgemein gehaltenen Regelung in Art. 14 Abs. 1 EU-RhÜbk. können sich die Mitgliedsstaaten der Europäischen Union[52] einander durch verdeckt oder unter falscher Identität operierende Beamte unterstützen. Art. 14 Abs. 2 S. 2 EU-RhÜbk. sieht vor, dass die genauen Voraussetzungen des Einsatzes sowie die Rechtsstellung der betreffenden Beamten zwischen den Mitgliedsstaaten unter Beachtung innerstaatlichen Rechts vereinbart werden. Derartige bilaterale Regelungen hat

[43] Vgl. *Hilger* NStZ 1993, 523 Fn. 142.
[44] BT-Drs. 12/989, 42.
[45] BT-Drs. 12/989, 41 ff.
[46] BGH 25.9.1980 – III ZR 74/78, NJW 1981, 675.
[47] BGH 21.4.1988 – III ZR 255/86, NStZ 1988, 510.
[48] Vgl. BGH 21.4.1988 – III ZR 255/86, NStZ 1988, 510.
[49] KK-StPO/*Bruns* Rn. 12; KMR-StPO/*Bockemühl* Rn. 21.
[50] BT-Drs. 12/989, 42; zum Gesetzentwurf vgl. *Caesar* ZRP 1991, 241.
[51] BGBl. II Nr. 16 S. 650.
[52] Zum Rechtsvergleich zwischen Griechenland und der Bundesrepublik Deutschland vgl. *Kaiafa-Gbandi*, FS für Kurt Rebmann, 560 ff.

die Bundesrepublik Deutschland zwischenzeitlich mit Österreich, den Niederlanden, der Schweiz, der Tschechischen Republik, Belgien, Dänemark, Luxemburg, Polen und Frankreich geschlossen.[53] Wird ein Verdeckter Ermittler länderübergreifend eingesetzt, so richten sich dessen Befugnisse nach der Rechtsordnung des Landes, in dem er tätig wird.

Im Bereich des Zollfahndungsdienstes ermöglicht **Art. 23 des Neapel II Abkommens** zwischen den Mitgliedsstaaten der Europäischen Union den Einsatz Verdeckter Ermittler zum Zwecke der Strafverfolgung. Voraussetzung hierfür ist ua, dass ohne den Einsatz dieses Ermittlungsinstruments die Aufklärung des Sachverhalts wesentlich erschwert wäre. Der Einsatz soll zeitlich begrenzt durchgeführt werden, eine zeitliche Obergrenze sieht das Abkommen hingegen nicht vor. 40

Regelungen über den internationalen Einsatz Verdeckter Ermittler finden sich weiter in **Art. 20 UNTOC,** dem Übereinkommen der Vereinten Nationen vom 15.11.2000 gegen die grenzüberschreitende organisierte Kriminalität, welches bislang mehr als 140[54] Staaten unterzeichnet haben. Soweit keine bi- oder multilateralen Regelungen existieren, wäre eine Zusammenarbeit mit Drittstaaten auch auf **vertragsloser Grundlage** möglich. 41

B. Verwertungsverbote, Rechtsbehelfe und Revision

Der Einsatz eines NoeP bzw. eines Verdeckten Ermittlers kann nach der Rspr. des BGH insbesondere bei **Verstößen gegen gewichtige Verfahrensgrundsätze** zu einem Beweisverwertungsverbot führen. Dies gilt etwa für den Fall, dass der Beschuldigte im Rahmen der Ermittlungen zunächst verantwortlich vernommen worden war und dabei von seinem Schweigerecht Gebrauch gemacht hatte und erst danach gegen diesen ein Verdeckter Ermittler eingesetzt wurde. Drängte dieser den Beschuldigten sodann zu selbstbelastenden Äußerungen, so ist ein solches Gespräch „als funktionales Äquivalent einer staatlichen Vernehmung" anzusehen und führt die unterlassene Belehrung zu einem Beweisverwertungsverbot.[55] Im Übrigen wird zu möglichen weiteren Verwertungsverboten sowie hinsichtlich der statthaften Rechtsbehelfe auf § 110b Rn. 29 ff., 40 ff. und 42 ff. Bezug genommen. 42

§ 110b [Zustimmung der Staatsanwaltschaft, des Richters; Geheimhaltung der Identität]

(1) [1]Der Einsatz eines Verdeckten Ermittlers ist erst nach Zustimmung der Staatsanwaltschaft zulässig. [2]Besteht Gefahr im Verzug und kann die Entscheidung der Staatsanwaltschaft nicht rechtzeitig eingeholt werden, so ist sie unverzüglich herbeizuführen; die Maßnahme ist zu beenden, wenn nicht die Staatsanwaltschaft binnen drei Werktagen zustimmt. [3]Die Zustimmung ist schriftlich zu erteilen und zu befristen. [4]Eine Verlängerung ist zulässig, solange die Voraussetzungen für den Einsatz fortbestehen.

(2) [1]Einsätze,

1. die sich gegen einen bestimmten Beschuldigten richten oder
2. bei denen der Verdeckte Ermittler eine Wohnung betritt, die nicht allgemein zugänglich ist,

bedürfen der Zustimmung des Gerichts. [2]Bei Gefahr im Verzug genügt die Zustimmung der Staatsanwaltschaft. [3]Kann die Entscheidung der Staatsanwaltschaft nicht rechtzeitig eingeholt werden, so ist sie unverzüglich herbeizuführen. [4]Die Maßnahme ist zu beenden, wenn nicht das Gericht binnen drei Werktagen zustimmt. [5]Absatz 1 Satz 3 und 4 gilt entsprechend.

---

[53] Vgl. BT-Drs. 17/4333, 3, 4.
[54] So *Gercke* ZUM 2010, 633 (636).
[55] So BGH 27.1.2009 – 4 StR 296/08, NStZ 2009, 343.

(3) [1]Die Identität des Verdeckten Ermittlers kann auch nach Beendigung des Einsatzes geheim gehalten werden. [2]Die Staatsanwaltschaft und das Gericht, die für die Entscheidung über die Zustimmung zu dem Einsatz zuständig sind, können verlangen, daß die Identität ihnen gegenüber offenbart wird. [3]Im übrigen ist in einem Strafverfahren die Geheimhaltung der Identität nach Maßgabe des § 96 zulässig, insbesondere dann, wenn Anlaß zu der Besorgnis besteht, daß die Offenbarung Leben, Leib oder Freiheit des Verdeckten Ermittlers oder einer anderen Person oder die Möglichkeit der weiteren Verwendung des Verdeckten Ermittlers gefährden würde.

Schrifttum: s. bei § 110a

Übersicht

A. Erläuterung

I. Regelungsinhalt

1 Die Vorschrift des § 110b regelt das beim strafprozessualen Einsatz eines Verdeckten Ermittlers (VE) **zu beachtende Verfahren.** Wenngleich sich die Vorschrift hierzu nicht verhält, kann die Staatsanwaltschaft gegen den Willen der Polizei den Einsatz eines Verdeckten Ermittlers nicht gerichtlich anordnen lassen (→ Rn. 4).[1]

2 Hinsichtlich der Zuständigkeit für die Zustimmung zum Einsatz enthält § 110b eine differenzierende Regelung, je nachdem, ob es sich um einen „schlichten“ **(Abs. 1)** oder um einen „qualifizierten“ Einsatz **(Abs. 2).** handelt. Eine solch qualifizierte Maßnahme gemäß Abs. 2 liegt vor, wenn sich der Einsatz des Verdeckten Ermittlers gegen einen bestimmten Beschuldigten richtet oder vorsieht, dass der Verdeckte Ermittler eine nicht allgemein zugängliche Wohnung betreten soll). Schließlich enthält die Vorschrift weiter Regelungen zum Schutz des Verdeckten Ermittlers sowie zur Gewährleistung seiner weiteren Verwendung und ermöglicht deshalb die Geheimhaltung seiner Identität auch nach Beendigung des Einsatzes **(Abs. 3).**

II. Verfahren bei „Schlichteinsätzen“ (Abs. 1)

3 Richtet sich der Einsatz eines Verdeckten Ermittlers **weder gegen einen bestimmten Beschuldigten** und soll der Verdeckte Ermittler auch **keine nicht allgemein zugängli-**

[1] *Meyer-Goßner* Rn. 1.

che Wohnung betreten („Schlichteinsatz"), so bedarf es nach Abs. 1 S. 1 lediglich der Zustimmung der Staatsanwaltschaft.

1. Zustimmung der Staatsanwaltschaft (S. 1). Nach S. 1 ist für so genannte „Schlichteinsätze" eines Verdeckten Ermittlers lediglich die Zustimmung, nicht hingegen eine Anordnung der Staatsanwaltschaft erforderlich. Der Gesetzgeber hielt eine **Anordnung für entbehrlich,** weil er letztlich zutreffend davon ausging, dass der Einsatz eines Verdeckten Ermittlers niemals gegen den Willen der Polizei durchgeführt werden kann.[2] Diese Einschätzung liegt in den Besonderheiten des Ermittlungsinstruments begründet. Es handelt sich hier wie beim Einsatz eines nicht offen ermittelnden Polizeibeamten (NoeP) um ein personales Ermittlungsinstrument, dem gegenüber der Dienstherr in einer besonderen Fürsorge- und Schutzpflicht steht. Anders als beim NoeP ist der Einsatz eines Verdeckten Ermittlers indes konzeptionell stets auf Dauer ausgerichtet und bedarf deshalb hinsichtlich Legendenbildung bzw. -nutzung besonderer, zeit- und kostenintensiver Vorbereitung und Planung, für die allein die jeweilige Landes- oder Bundespolizeibehörde zuständig ist. Sie allein kann beurteilen, ob ihr im Hinblick auf die konkreten Umstände des Einzelfalls ein geeigneter Verdeckter Ermittler mit einer einsatzadäquaten Legende zur Verfügung steht bzw., wenn dies nicht der Fall sein sollte, ob es sinnvoll erscheint, sich einen solchen bei einer anderen VE-Dienststelle eines anderen Bundeslandes „auszuleihen". Schließlich kann allein die Polizei prüfen, ob der Einsatz des Verdeckten Ermittlers im Hinblick auf die damit einhergehenden Gefahren für den Verdeckten Ermittler verantwortet werden kann. 4

Die Zustimmung der Staatsanwaltschaft ist dabei stets – außer bei Gefahr im Verzug – **vor Beginn des Einsatzes** einzuholen. Die Staatsanwaltschaft als „Herrin des Ermittlungsverfahrens" hat vorrangig zu entscheiden, ob die rechtlichen Voraussetzungen für den Einsatz des Verdeckten Ermittlers nach § 110a Abs. 1 vorliegen. Sie hat ferner darüber zu wachen, dass der weitere Einsatz prozessordnungsgemäß verläuft und ist jeder Zeit befugt, den Abbruch des Einsatzes anzuordnen. 5

2. Einsatz bei Gefahr im Verzug (S. 2). a) Eilanordnungskompetenz der Polizei. Bei Gefahr im Verzug kann nach S. 2 mit dem Einsatz des Verdeckten Ermittlers auch ohne vorherige Zustimmung der Staatsanwalt begonnen werden. **Gefahr im Verzug liegt vor,** wenn der Aufklärungserfolg, den sich die Strafverfolgungsbehörden von dem Einsatz des Verdeckten Ermittlers versprechen, durch die Verzögerung, welche mit der Einholung der Zustimmung der Staatsanwaltschaft verbunden ist, gefährdet wäre. Da aufgrund der regelmäßig engen Zusammenarbeit zwischen Polizei und Staatsanwaltschaft der Einsatz eines Verdeckten Ermittlers durchweg bereits im Vorfeld gemeinsam konzipiert wird, der Verdeckte Ermittler regelmäßig erst an sein operatives Umfeld langsam herangeführt werden muss und der zuständige Staatsanwalt in Verfahren dieser Art stets auch außerhalb der üblichen Dienstzeiten zu erreichen ist, dürften Fälle von Gefahr im Verzug eher selten praktische Bedeutung erlangen. 6

Wohl deshalb hat der Gesetzgeber in Abs. 1 anders als etwa bei Maßnahmen der Beschlagnahme nach § 98 Abs. 1 bzw. der längerfristigen Observation nach § 163f eine **Eilanordnungskompetenz** der zuständigen Polizeibehörde bzw. des Verdeckten Ermittlers selbst nicht ausdrücklich vorgesehen. Indes ist eine ausdrückliche Entscheidung zum Einsatz des Verdeckten Ermittlers gleich wer sie trifft aus Gründen der Rechtssicherheit unverzichtbar. Kann die zuständige Staatsanwaltschaft sie nicht treffen, so ist die Polizei dazu berufen.[3] Soweit die RiStBV in der Anlage D unter II. Nr. 2.4 für den Regelfall der Zustimmung durch die Staatsanwaltschaft eine kumulativ zu erteilende Zustimmung auch durch die Polizei vorsehen und insoweit weiter regeln, dass Entscheidungen „über den Einsatz" eines Verdeckten Ermittlers auf einer möglichst hohen Ebene, mindestens auf der Ebene des Leiters der sachbearbeitenden Organisationseinheit zu treffen sind, findet diese Regelung nebst der in Nr. 2.7 auch 7

---

[2] BT-Drs. 12/989, 43.
[3] Ebenso KK-StPO/*Bruns* Rn. 2.

(entsprechende) Anwendung, wenn die Zustimmung der Staatsanwaltschaft nicht rechtzeitig herbeigeführt werden kann. Auch die Polizei hat mithin in Fällen dieser Art nach Möglichkeit auf Leitungsebene ihre ausdrückliche Zustimmung zum Einsatz des Verdeckten Ermittlers zu erklären und hierüber einen entsprechenden Vermerk zu fertigen.

8 **b) Nachträgliche Einholung der staatsanwaltschaftlichen Entscheidung.** Im Falle einer polizeilichen Eilanordnung hat deren zuständige Behörde nach Abs. 1 S. 2 die Entscheidung der Staatsanwaltschaft unverzüglich herbeizuführen. Dabei wird **„unverzüglich" in der Regel mit augenblicklich gleichgesetzt** werden können, da die Eilanordnung durchweg durch den Dienststellenleiter getroffen wird und dieser regelmäßig sogleich danach in der Lage sein dürfte, um die staatsanwaltschaftliche Zustimmung anzutragen.

9 Nach Abs. 1 S. 2 Hs. 2 ist die **Maßnahme zu beenden,** wenn die Staatsanwaltschaft nicht binnen drei Werktagen zustimmt. Die 3-Tages-Frist berechnet sich nach Maßgabe der § 42, 43, so dass der Tag nicht mitgerechnet wird, auf den der Zeitpunkt oder das Ereignis fällt, nach dem sich der Anfang der Frist richtet. Durch die Bezeichnung „Werktage" wird klargestellt, dass für das Fristende § 43 Abs. 2 gilt, mithin Sonntage, allgemeine Feiertage oder Sonnabende nicht mitzählen.[4]

10 Stimmt die Staatsanwaltschaft nicht zu oder wird der Einsatz des Verdeckten Ermittlers noch vor deren Zustimmung beendet, so bleiben die rechtmäßig gewonnenen Erkenntnisse gleichwohl **verwertbar.**[5] Dies deshalb, dass die Polizei bzgl. des Einsatzes eines Verdeckten Ermittlers anders als etwa für Maßnahmen der Telekommunikationsüberwachung nach § 100a anordnungsbefugt ist. Bestehen im Einzelfall Zweifel, ob die Polizei ihre Eilanordnungskompetenz zu Recht in Anspruch genommen hat bzw. ob die nachträglich erteilte Zustimmung der Staatsanwaltschaft rechtmäßig war, so entscheidet das Tatgericht. War die Maßnahme rechtswidrig, kommt für die Verwendung der erlangten Erkenntnisse ein Beweisverwertungsverbot in Betracht.[6]

III. „Qualifizierte Einsätze" (Abs. 2)

11 Einsätze eines Verdeckten Ermittlers, die sich gegen einen **bestimmten Beschuldigten** richten (Nr. 1) oder bei denen der Verdeckte Ermittler eine **nicht allgemein zugängliche Wohnung** betritt („qualifizierte Einsätze"), bedürfen nach Abs. 2 S. 1 der Zustimmung des Gerichts.

12 **1. Zuständiges Gericht.** Im Ermittlungsverfahren ist dies gemäß § 162 Abs. 1 S. 1 das **AG**, an dem die den Antrag stellende Staatsanwaltschaft bzw. deren Zweigstelle ihren Sitz hat. In Verfahren, für die gemäß § 120 GVG im ersten Rechtszug die Zuständigkeit des **OLG** gegeben ist, besteht nach § 169 Abs. 1 S. 1 eine alternative Zuständigkeit auch des Ermittlungsrichters des OLG. In Fällen dieser Art kann die Staatsanwaltschaft zwischen dem Ermittlungsrichter beim AG und dem Ermittlungsrichter beim OLG wählen. Führt in den Verfahren nach § 120 GVG der Generalbundesanwalt die Ermittlungen, so ist nach § 169 Abs. 1 S. 2 der Ermittlungsrichter beim **BGH** das für die Anordnung zuständige Gericht.

13 Bei **Gefahr im Verzug** genügt gemäß Abs. 2 S. 2 die Zustimmung der Staatsanwaltschaft. Die Zustimmung ist nach Abs. 2 S. 5 iVm Abs. 1 S. 3 schriftlich zu erteilen. Kann die Entscheidung der Staatsanwaltschaft nicht rechtzeitig eingeholt werden, so ist sie nach Abs. 2 S. 3 unverzüglich, dh ohne schuldhaftes Verzögern herbeizuführen. Schließlich ist gemäß Abs. 2 S. 5 der Einsatz zu beenden, wenn das zuständige Gericht nicht binnen drei Werktagen zugestimmt. Dies gilt in den Fällen von Abs. 2 S. 3 auch dann, wenn zwischenzeitlich die Entscheidung der Staatsanwaltschaft herbeigeführt wurde.

14 Erkenntnisse aus dem Einsatz des Verdeckten Ermittlers nach Abs. 2 S. 1 bleiben wie im Falle der Telekommunikationsüberwachung nach § 100a auch dann verwertbar, wenn die

---

[4] Eingehend zur Fristberechnung *Günther* Kriminalistik 2006, 683.
[5] BGH 7.3.1995 – 1 StR 685/94, NJW 1995, 2237.
[6] *Hilger* NStZ 1992, 457.

gerichtliche Zustimmung gemäß Abs. 2 S. 1 nicht erteilt wurde. Die Staatsanwaltschaft nimmt bei Ausübung ihrer Eilkompetenz nach Abs. 2 S. 2 neben der fortbestehenden vorrangigen Zuständigkeit des Gerichts eine ihr vom Gesetz übertragene Befugnis in eigener Zuständigkeit wahr. Sieht das Gesetz wie im Falle von Abs. 2 S. 4 ein Außerkrafttreten der Eilanordnung wegen Fehlens der gerichtlichen Zustimmung vor, so wird dadurch nicht der staatsanwaltschaftlichen Entscheidung, hier ihrer Zustimmung, sondern lediglich der Fortdauer der Maßnahme die Rechtsgrundlage entzogen.[7]

2. Bestimmter Beschuldigter (Abs. 2 S. 1 Nr. 1). Der Einsatz eines Verdeckten Ermittlers erfolgt im weiteren Sinne ausschließlich im sogenannten subjektiven, dh in einem gegen eine bestimmte Person gerichteten Verfahren. Ziel seines Einsatzes ist mithin, den Täter einer der in § 110a Abs. 1 genannten Anlasstaten zu ermitteln bzw. den Sachverhalt hinsichtlich des gegen eine bestimmte Person bestehenden Tatverdachts zu erforschen. Liegen nicht nur zureichende tatsächliche Anhaltspunkte auf eine (von einem Unbekannten begangene) Straftat vor, sondern richten sich die Ermittlungen bereits gegen einen **individualisierten Tatverdächtigen,** so bedarf der Einsatz eines Verdeckten Ermittlers nach Abs. 2 S. 1 der gerichtlichen Zustimmung. Beschuldigter in einem Strafverfahren ist nach der so genannten „subjektiven Beschuldigtentheorie" diejenige Person, gegen die aufgrund eines entsprechenden Willensaktes der Strafverfolgungsbehörden ein Ermittlungsverfahren als Beschuldigter geführt wird.[8] Dabei erlangt die Stellung als Beschuldigter auch diejenige Person, die zwar in dem Ermittlungsverfahren nicht formal als Beschuldigter geführt wird, gegen die indes faktische Maßnahmen ergriffen werden, die erkennbar darauf abzielen, gegen sie wegen des Verdachts einer Straftat vorzugehen.[9] 15

Richten sich die Ermittlungen in diesem Sinne gegen eine bestimmte Person, so ist hierfür die richterliche Zustimmung zum Einsatz eines Verdeckten Ermittlers nicht erst dann erforderlich, wenn die Peron, gegen die ermittelt wird, namentlich bekannt ist. Gegen einen „bestimmten Beschuldigten" iSv Abs. 2 S. 1 Nr. 1 richten sich die Ermittlungen vielmehr bereits dann, wenn der Beschuldigte individualisiert ist.[10] Trifft sich der Beschuldigte – einmalig – mit **zuvor nicht bestimmbaren weiteren Tatbeteiligten,** so deckt die Zustimmung zum Einsatz des Verdeckten Ermittlers gegen diesen auch die Ermittlungen gegen solche Kontaktpersonen ab. Sollen sich indes nunmehr die Ermittlungen nicht nur gegen den ursprünglichen Beschuldigten, sondern gezielt auch gegen dessen Kontaktpersonen richten, so ist eine entsprechende Zustimmung auch hinsichtlich dieser Personen herbeizuführen.[11] 16

3. Nicht allgemein zugängliche Wohnung (Abs. 2 S. 1 Nr. 2). Der Begriff der Wohnung iSv Abs. 2 S. 1 Nr. 2 ist weit auszulegen und entspricht dem von Art. 13 GG bzw. § 100c (→ § 100c Rn. 6 ff.). Die Zustimmung des Gerichts ist stets dann einzuholen, wenn der Verdeckte Ermittler nach der weiteren Einsatzkonzeption eine solche, **„nicht allgemein zugänglich(e)"** Wohnung betreten soll. Soll der Verdeckte Ermittler hingegen Räumlichkeiten betreten, die dem allgemeinen Publikumsverkehr offenstehen, so bedarf es keiner gerichtlichen Zustimmung.[12] Hierunter fallen insbesondere Restaurants, Cafes, Hotels, Bars, Spielhallen etc während der allgemeinen Öffnungs- und Geschäftszeiten.[13] 17

§ 110b Abs. 2 Nr. 2 berechtigt den Verdeckten Ermittler indes auch nach Erteilung der gerichtlichen Zustimmung nicht zum heimlichen Betreten der nicht allgemein zugänglichen Wohnung. Er ist vielmehr nur berechtigt, **die Wohnung unter seiner Legende und mit Einverständnis des Berechtigten** zu betreten. Ist der Verdeckte Ermittler auf diese einzig zulässige Art und Weise in die Wohnung gelangt, so ist er nicht berechtigt, während 18

---

[7] BGH 7.3.1995 – 1 StR 685/94, NJW 1995, 2237.
[8] BGH 28.2.1997 – StB 14/97, NJW 1997, 1591.
[9] BGH 28.2.1997 – StB 14/97, NJW 1997, 1591.
[10] BGH 12.12.1996 – 4 StR 499/96, NStZ 1997, 294; *Hilger* NStZ 1992, 523 (524).
[11] BGH 15.6.1999 – 1 StR 203/99, NStZ-RR 1999, 340.
[12] So zutreffend BeckOK-StPO/*Graf* Rn. 4.
[13] KK-StPO/*Bruns* Rn. 6.

einer vorübergehenden Abwesenheit des Beschuldigten, während derer er sich mit dessen Einwilligung weiter in der Wohnung aufhält, diese heimlich zu durchsuchen.

19 Da häufig zu Beginn des Einsatzes eines Verdeckten Ermittlers zwar vorhersehbar ist, dass dieser auch Wohnungen betreten soll, vielfach jedoch noch nicht festgelegt werden kann, um welche konkrete Wohnung es sich dabei handelt, muss diese anders als im Fall des namentlich bekannten Beschuldigten **auch nicht näher bezeichnet** werden. So darf der Verdeckte Ermittler etwa ermächtigt werden, noch nicht näher bekannte Wohnungen zu betreten.[14] Eine solche Blankettermächtigung sollte indes auf die unbedingt notwendigen Fälle beschränkt werden. Sofern möglich, sind die voraussichtlich zu betretenden Räumlichkeiten genau zu umgrenzen. Praktikabel erscheint es, diese dadurch näher zu konkretisieren, dass der Verdeckte Ermittler etwa berechtigt wird, diejenigen Wohnungen zu betreten, in denen sich der Beschuldigte bzw. dessen Kontaktpersonen aufhalten.[15]

IV. Zuständigkeit, Form und Inhalt der Zustimmung (Abs. 1 S. 3)

20 Zuständig ist gemäß §§ 162, 169 der Ermittlungsrichter beim Amtsgericht oder, sofern im ersten Rechtszug die Zuständigkeit des OLG gegeben ist, der Ermittlungsrichter beim OLG bzw. BGH (→ § 100b Rn. 2). Gemäß S. 3 ist die Zustimmung durch die Staatanwaltschaft bzw. das Gericht **schriftlich** zu erteilen und zu befristen. Der Schriftform genügt bereits die handschriftliche Niederlegung der Anordnung (zur Schriftform → § 163f Rn. 27). Nach II. Nr. 2. 4 RiStBV ist für die Zustimmung auf Seiten der Staatsanwaltschaft der Behördenleiter oder ein von ihm besonders bezeichneter Staatsanwalt zuständig.

21 Als nach § 34 anfechtbare Entscheidung bedarf die richterliche Zustimmung einer Begründung. Diese darf zwar Bezugnahmen namentlich auf entsprechende Ausführungen in polizeilichen Anregungen oder in staatsanwaltschaftlichen Anträgen enthalten. **Inhaltlich** muss die Begründung indes sämtliche materiellen und prozessualen Voraussetzungen der §§ 110a, 100b StPO einschließlich der in Bezug genommenen Vorschriften abdecken und darf sich nicht auf die Wiedergabe der Eingriffsnormen beschränken. Die Begründung ist mit einzelfallbezogen Tatsachen zu belegen und muss dadurch gleichsam korrigierend gewährleisten, dass mögliche Interessen der vorher nicht angehörten Betroffenen bedacht werden.[16] Entsprechendes gilt auch für die Zustimmung der Staatsanwaltschaft.[17]

V. Befristung und Verlängerung (Abs. 1 S. 3 und 4)

22 Nach S. 3 ist die Zustimmung der Staatsanwalt zu befristen, anders aber als etwa in den Fällen der §§ 100a, 100g sieht § 110b für den Einsatz eines Verdeckten Ermittlers **keine Höchstfrist** vor. Der Gesetzgeber wollte der strafprozessualen Praxis damit die Möglichkeit einräumen, „die Umstände des Einzelfalles angemessen zu berücksichtigen".[18] Auch würden, so der Gesetzgeber weiter, Höchstfristen der Erfahrung der Praxis widersprechen, dass es häufig erst nach längerer Einsatzzeit möglich sei, Zusammenhänge zu erkennen und zu bewerten und von den Zielpersonen aufgrund des mit der Zeit gewachsenen Vertrauens richtige und wichtige Informationen zu erhalten. Auch wirke die begrenzte Verfügbarkeit Verdeckter Ermittler einsatzbegrenzend.[19]

23 Wenngleich all diese Erwägungen zutreffend sind, vermögen sie einen Verzicht auf eine gesetzliche Höchstfrist nicht zu rechtfertigen. Die gesetzgeberischen Motive für ein Absehen von ihr treffen auch auf andere Ermittlungsmaßnahmen wie etwa die Telekommunikationsüberwachung nach § 100a zu. Weiter ist zu bedenken, dass insbesondere im Falle des § 110a Abs. 2 Nr. 2 personenbezogene Daten aufgrund von Maßnahmen in Wohnungen und

---

[14] BGH 23.3.1996 – 1 StR 685/96, NStZ 1997, 249.
[15] So zutreffend KK-StPO/*Bruns* Rn. 6.
[16] BGH 23.3.1996 – 1 StR 685/96, NStZ 1997, 249; *Hilger* JR 1990, 485.
[17] So zutreffend KK-StPO/*Bruns* Rn. 8.
[18] BT-Drs. 12/989, 42.
[19] BT-Drs. 12/989, 42.

damit im gegenständlichen Schutzbereich von Art. 13 GG erhoben werden und dabei eine sich § 100c annähernde Eingriffsintensität erreicht werden kann. Vor diesem Hintergrund dürfte der Verzicht auf eine Höchstfrist mit den Grundsätzen der Entscheidung des BVerfG zur akustischen Wohnraumüberwachung vom 3.3.2004 (→ § 100c Rn. 53 ff.) von Rechts wegen nicht mehr vereinbar sein. Maßnahmen nach §§ 110a sollten vor diesem Hintergrund sowohl im Falle von Abs. 1 als auch von Abs. 2 **auf höchstens neun Monate** befristet werden.[20]

VI. Geheimhaltung der Identität (Abs. 3)

Zum **Schutze des Verdeckten Ermittlers sowie zur Gewährleistung seiner weiteren Verwendung** sieht Abs. 3 S. 1 vor, dass die Identität des Verdeckten Ermittlers auch nach Beendigung seines Einsatzes geheim gehalten werden kann. Zwar findet in Strafverfahren § 96 analoge Anwendung, wenn Auskünfte über Namen und Anschrift eines Zeugen verlangt, die Identität der Person jedoch zur Wahrung öffentlicher Interessen geheim gehalten werden soll.[21] Diese Vorschrift wird durch Abs. 3 S. 3 für bestimmte Fälle der persönlichen Gefährdung des Verdeckten Ermittlers und ihm nahestehender Personen sowie der Gefährdung der weiteren Verwendung des Verdeckten Ermittlers dahingehend ergänzt, dass eine Geheimhaltung insbesondere dann zulässig ist, wenn Anlass zu der Besorgnis besteht, dass die Offenbarung der Identität Leben, Leib oder Freiheit des vorgenannten Personenkreises gefährden würde. 24

Die Regelung in Abs. 3 S. 2, wonach Staatsanwaltschaft und das Gericht, welches für die Entscheidung über die Zustimmung zum Einsatz des Verdeckten Ermittlers zuständig sind, die **Offenbarung der Identität** des Verdeckten Ermittlers verlangen können, ist dahingehend auszulegen, dass diese eine entsprechend Mitteilung bereits vor dessen Einsatz verlangen können.[22] Die gegen diese Regelung im Hinblick auf das mit der Mitteilung einhergehende erhöhte Sicherheitsrisiko vorgebrachte Kritik[23] ist nicht unberechtigt.[24] Je größer der Kreis derjenigen Personen, die um die wahre Identität des Beamten wissen, desto höher ist das Risiko, dass diese Identität bekannt und damit einhergehend für den Verdeckten Ermittler eine nicht mehr kontrollierbare Gefährdungslage entstehen könnte. Dieses (theoretische) Risiko ist im Hinblick auf eine effektive justizielle Kontrolle indes hinzunehmen. Staatsanwaltschaft und Gericht tragen eine Mitverantwortung für den Einsatz des Verdeckten Ermittlers. Zudem wird durch Staatsanwaltschaften und Gerichte von der Offenbarungspflicht in Abs. 3 S. 2 nur in denjenigen seltenen Ausnahmefällen tatsächlich Gebrauch gemacht, in denen diese Mitverantwortung eine Namhaftmachung geboten erscheinen lässt. 25

Soweit Abs. 3 S. 3 regelt, die Geheimhaltung der Identität des Verdeckten Ermittlers sei „nach Maßgabe des § 96 zulässig", legt er sogleich weiter fest, dass in derartigen Fällen eine **Sperrerklärung der obersten Dienstbehörde** erforderlich ist. Dies sind nicht die Justizminister, sondern im Falle eines Verdeckten Ermittlers der Landespolizei bzw. der Polizeibehörden des Bundes die jeweiligen Landes- bzw. der Bundesinnenminister, im Falle eines Verdeckten Ermittlers des Zollfahndungsdienstes der Bundesfinanzminister.[25] Die Sperrerklärung darf dabei nicht schematisch getroffen werden, sondern muss alle Umstände des konkreten Einzelfalls berücksichtigen und die gegenläufigen Interessen von Justiz (an einer offenen Einvernahme des Verdeckten Ermittlers als Zeuge) und Exekutive (an seinem Schutz und der Geheimhaltung seiner Identität zwecks weiterer Verwendung) gegeneinander abwägen.[26] 26

Die **Gründe für die Geheimhaltung** des Verdeckten Ermittlers sind dem Tatgericht mitzuteilen, damit dieses ggf. in die Lage versetzt wird, die Rechtmäßigkeit der Weigerung 27

---

[20] Ebenso KK-StPO/*Bruns* Rn. 10.
[21] Vgl. etwa BGH 1.7.1983 – 1 StR 138/83, NJW 1984, 1973; *Meyer-Goßner* § 96 Rn. 12.
[22] So zutreffen *Hilger* NStZ 1992, 523, 524.
[23] *Krüger* Kriminalistik 1992, 594, 597.
[24] AA Löwe/Rosenberg/*Schäfer* Rn. 21.
[25] Vgl. BGH 16.2.1995 – 4 StR 733/94, NStZ 1996, 287.
[26] BT-Drs. 12/989, 43.

zumindest auf offensichtliche (Abwägungs-) Fehler überprüfen und um ggf. auf die Beseitigung der einer offenen Vernehmung entgegenstehenden Umstände hinwirken zu können.[27] Das Tatgericht muss indes nicht die Rechtmäßigkeit der Sperrerklärung vollumfänglich und unter jedem rechtlichen Gesichtspunkt überprüfen. Maßstab ist vielmehr auch hier, ob die Entscheidung der obersten Dienstbehörde willkürlich oder offensichtlich fehlerhaft ist.[28]

28 Als Alternative zu einer Sperrerklärung ist regelmäßig auch die Frage zu prüfen, ob die **audiovisuelle Vernehmung** einer Gewährsperson bzw. des Verdeckten Ermittlers in Verbindung mit deren optischer und akustischer Verfremdung in Betracht kommt.[29]

VII. Verwertbarkeit

29 **1. Allgemeine Anmerkungen.** Das Fehlen der materiellen Eingriffsvoraussetzungen des § 110a oder ein Verstoß gegen die in § 110b enthaltenen Verfahrensvorschriften kann zu einem Beweisverwertungsverbot führen. Indes führt **nicht jeder Verstoß** gegen diese Vorschriften und damit jedwede materiell oder formell rechtswidrige Anordnung zu einem Beweisverwertungsverbot. Insoweit gelten dieselben Grundsätze wie etwa bei Maßnahmen der Telekommunikationsüberwachung des § 100a (→ Rn. 188 ff.).

30 Bei der Frage, ob der Einsatz des Verdeckten Ermittlers materiell oder formell rechtswidrig war, ist der **Prüfungsmaßstab** sowohl des Tatrichters als auch des Revisionsgerichts nach wohl herrschender und zutreffender Auffassung beschränkt.[30] So kommt es nicht darauf an, wie der Tatrichter oder gar das Revisionsgericht zum Zeitpunkt der Erteilung der Zustimmung die Verdachtslage sowie die Möglichkeiten einer anderweitigen Erforschung des Sachverhaltes bewertet hätten. Entscheidend ist vielmehr, ob bei einer Betrachtung ex-ante die Erteilung der Zustimmung durch die Staatsanwaltschaft bzw. durch das nach Abs. 2 S. 1 vormals zuständige Gericht als willkürlich oder grob fehlerhaft erscheinen.[31]

31 **2. Kasuistik.** Die Tatgerichte sowie der BGH hatten in den vergangenen Jahren wiederholt Gelegenheit, sich mit der Verwertungsproblematik im Zusammenhang mit den §§ 110a ff. auseinanderzusetzen. Nachfolgend sollen die für die **Praxis bedeutsamen Fälle** kurz beleuchtet werden.

32 Hat sich der Beschuldigte bereits auf sein **Schweigerecht berufen,** so darf der Verdeckte Ermittler den Beschuldigten nicht zu einer Aussage drängen bzw. diesen in einer vernehmungsähnlichen Befragung zu Äußerungen zum Tatgeschehen drängen. Eine derartige Beweisgewinnung verstößt gegen den Grundsatz, wonach niemand verpflichtet ist, sich selbst zu belasten. Eine derartige Frage ist „als funktionales Äquivalent einer staatlichen Vernehmung" anzusehen und hat regelmäßig ein Beweisverwertungsverbot zur Folge.[32]

33 Wird ein Verdeckter Ermittler aufgrund einer willkürlichen Verfahrensführung ohne staatsanwaltschaftliche oder richterliche Zustimmung tätig, führt dies regelmäßig zu einem Beweisverwertungsverbot.[33] In seinen Entscheidungen vom 5.5.1995[34] und 6.2.1997[35] hat der BGH die Frage, welche Konsequenzen sich aus dem Fehlen der nach § 110b Abs. 2 S. 1 erforderlichen **richterlichen Zustimmung** ergeben, ausdrücklich offen gelassen. Deutlich gemacht hat er in dieser Entscheidung indes, dass sich im Falle der Bejahung eines Verwertungsverbotes dieses „allenfalls" auf die Aussagen der Verdeckten Ermittler erstrecken

---

[27] *Hilger* NStZ 1992, 523, 524.

[28] BGH 31.3.1989 – 2 StR 706/88, NJW 1989, 3291 = NStZ 1989, 380.

[29] BGH 7.3.2007 – 1 StR 646/06, NStZ 2007, 477, 478 = NJW 2007, 228.

[30] So etwa KK-StPO/*Bruns* Rn. 12; *Meyer-Goßner* Rn. 11, KMR-StPO/*Bockemühl*; BeckOK-StPO/*Hegmann* Rn. 12; aA Anm. *Bernsmann* NStZ 1997, 250; Anm. *Weßlau* StV 1996, 579.

[31] BGH 23.3.1996 – 1 StR 685/95, NJW 1996, 2518 für den Einsatz eines Verdeckten Ermittlers; für Maßnahmen nach § 100a, indes auch die Regelung in 110a mit einbeziehend: BGH 16.2.1995 – 4 StR 729/94, NJW 1995, 1974 (1975).

[32] BGH 27.1.2009 – 4 StR 296/08, NStZ 2009, 343.

[33] Ebenso *Meyer-Goßner* Rn. 11; KK-StPO/*Bruns* Rn. 13.

[34] BGH 5.5.1995 – 2 StR 183/95, NStZ 1996, 48.

[35] BGH 6.2.1997 – 1 StR 527/96, NJW 1997, 1516 (1518).

würde, nicht indes auf ein Geständnis des Angeklagten, selbst wenn zwischen diesem und dem Einsatz des Verdeckten Ermittlers „eine ursächliche Verknüpfung" bestehen sollte.[36]

Wird hingegen die nach Abs. 1 erforderliche **staatsanwaltschaftliche Zustimmung** 34
entgegen der Formvorschrift in Abs. 1 S. 3 nur mündlich erteilt, so liegt darin zwar ein Rechtsverstoß, dieser begründet indes kein Verwertungsverbot.[37] Fehlte von vornherein der **Verdacht einer Katalogtat,** so führt dies nach allgM zu einem Beweisverwertungsverbot.[38] Die irrtümliche Annahme von **Gefahr im Verzug** begründet hingegen kein Beweisverwertungsverbot.[39]

VIII. Verwendungsregelungen

1. Verwendung von Zufallsfunden. Für die Verwendung von Zufallsfunden gilt § 477 35
Abs. 2 S. 2. Die durch den Einsatz des Verdeckten Ermittlers gewonnenen personenbezogenen Erkenntnisse können mithin in einem anderen Strafverfahren zu **Beweiszwecken** verwendet werden, wenn Gegenstand dieses Verfahrens eine Straftat ist, zu dessen Aufklärung ein Verdeckter Ermittler ebenfalls hätte eingesetzt werden dürfen. Dieser Vorschrift liegt somit der **Gedanke des hypothetischen Ersatzeingriffs** zugrunde.

Als **Spurenansatz,** mithin nicht zu Beweiszwecken, können Zufallsfunde bzgl. anderer 36
Strafverfahren ohne Einschränkung verwendet werden (→ § 100a Rn. 182).

2. Verwendung zu präventivpolizeilichen Zwecken. Die durch besondere strafpro- 37
zessuale Ermittlungsmaßnahmen gewonnenen personenbezogenen Daten dürfen nach Maßgabe des § 477 Abs. 2 S. 3 zu präventiven Zwecken verwendet werden, wenn die weitere Verwendung der **Abwehr einer erheblichen Gefahr** für die öffentliche Sicherheit dienen soll. Eine Verwendung der Daten zur Abwehr einer Gefahr für die öffentliche Ordnung ist hingegen nicht statthaft.[40] Die Verwendung der Daten als Spurenansatz ist auch hier ohne Einschränkung möglich.[41]

3. Verwertung von Erkenntnissen aus präventiven Maßnahmen. Außer zu repres- 38
siven, mithin zu Zwecken der Strafverfolgung, kann der Einsatz eines Verdeckten Ermittlers auch auf polizeirechtlicher Grundlage erfolgen. Sämtliche Polizeigesetze der Länder und des Bundes gestatten ebenfalls eine Datenerhebung durch den – präventiven – Einsatz eines Verdeckten Ermittlers. Die dadurch erlangten personenbezogenen Daten können nach Maßgabe des § 161 Abs. 2 **auch zu Beweiszwecken** in einem Strafverfahren verwendet werden.

4. Schutz von Berufsgeheimnisträgern. Für den Schutz von **Berufsgeheimnisträ-** 39
gern und deren Helfer gilt § 160a (→ § 100c Rn. 71 f.)

B. Rechtsbehelfe

Der Beschluss, mit welchem die gerichtliche Zustimmung gemäß Abs. 2 S. 1 erteilt 40
wird, kann durch den Betroffenen nach § 304 Abs. 2 mit der **einfachen Beschwerde** angefochten werden. Gegen die Erteilung der staatsanwaltschaftlichen Zustimmung nach Abs. 1 S. 1 bzw. Abs. 2 S. 2 im Falle von Gefahr im Verzug ist ein **Antrag auf gerichtliche Entscheidung analog § 98 Abs. 2 S. 2** statthaft. Dies gilt bis zur Beendigung der Maßnahme auch für diejenigen Fälle, in denen eine Überprüfung der Art und Weise des Vollzugs der Maßnahme begehrt wird.[42]

---

[36] BGH 5.5.1995 – 2 StR 183/95, NStZ 1996, 48.
[37] BGH 5.5.1995 – 2 StR 183/95, NStZ 1996, 48.
[38] AG Koblenz 17.5.1995 – 3113 Js 26307/94, StV 1995, 518; *Meyer-Goßner* Rn. 11; KK-StPO/*Bruns* Rn. 13.
[39] *Meyer-Goßner* Rn. 11.
[40] KK-StPO/*Bruns* Rn. 24.
[41] BT-Drs. 16/5846, 64.
[42] SK-StPO/*Rudolphi* § 98 Rn. 35 ff.

41 Gemäß § 101 Abs. 4 S. 1 Nr. 9, Abs. 7 S. 2 bis 4 können die Zielperson, die erheblich mitbetroffenen Personen sowie diejenigen Personen, deren nicht allgemein zugängliche Wohnung der Verdeckte Ermittler betreten hat, gegen die richterliche wie gegen die staatsanwaltschaftliche Zustimmung zum Einsatz eines Verdeckten Ermittlers einen **Antrag auf Überprüfung der Rechtmäßigkeit der Maßnahme sowie der Art und Weise ihres Vollzuges** stellen. Dieser Rechtsbehelf geht als abschließende Sonderregelung der Beschwerde nach § 304 vor. Andernfalls würde die gesetzliche Antragsfrist von zwei Wochen in § 101 Abs. 7 S. 2 sowie die Ausgestaltung des gegen diese Entscheidung nach § 101 Abs. 7 S. 3 statthaften Rechtsmittels als sofortige Beschwerde leerlaufen (→ § 101 Rn. 91 ff.).

C. Revision

42 Verstöße gegen § 110b können im Rahmen der Revision mit einer den Anforderungen des § 344 Abs. 2 genügenden Verfahrensrüge geltend gemacht werden. Der Beschwerdeführer hat mithin **alle den behaupteten Verfahrensverstoß begründenden Tatsachen** mitzuteilen. Wird etwa gerügt, die durch einen Verdeckten Ermittler gewonnenen Erkenntnisse dürften nicht verwertet werden, weil entgegen der Regelung in Abs. 2 S. 1 die erforderliche richterliche Zustimmung fehle, so hat der Beschwerdeführer im Falle eines gegen weitere Mitbeschuldigte geführten Verfahrens auch darzulegen, dass sich das Verfahren zum Zeitpunkt des Einsatzes der Verdeckten Ermittler auch bereits gegen ihn als „bestimmte Person" iSd § 110b Abs. 1 S. 1 Nr. 1 gerichtet hat.[43]

43 Weiter wird der Beschwerdeführer mit der Revision je nach Sachlage nur durchdringen, wenn er unter Beachtung der sogenannten Widerspruchslösung der Verwertung der entsprechenden Erkenntnisse bereits in der Hauptverhandlung bis zu dem in § 257 Abs. 1 genannten Zeitpunkt **widersprochen** hat.[44]

§ 110c [Betreten einer Wohnung]

[1]Verdeckte Ermittler dürfen unter Verwendung ihrer Legende eine Wohnung mit dem Einverständnis des Berechtigten betreten. [2]Das Einverständnis darf nicht durch ein über die Nutzung der Legende hinausgehendes Vortäuschen eines Zutrittsrechts herbeigeführt werden. [3]Im übrigen richten sich die Befugnisse des Verdeckten Ermittlers nach diesem Gesetz und anderen Rechtsvorschriften.

Schrifttum: *Amelung,* Probleme der Einwilligung in strafprozessuale Grundrechtsbeeinträchtigungen, StV 1998, 257; *Duttge,* Strafprozessualer Einsatz von V-Personen und Vorbehalt des Gesetzes, JZ 1996, 556; *Ambos/Zien,* Zur Strafbarkeit von Schulfotografen wegen Bestechung oder Vorteilsgewährung gemäß §§ 333, 334 StGB, NStZ 2008, 498; *Eisenberg, Straf(verfahrens-)rechtliche Maßnahmen gegenüber „Organisiertem Verbrechen", 1993, 1033; Frister,* Zur Frage der Vereinbarkeit verdeckter Ermittlungen in Privatwohnungen mit Art. 13 GG, StV 1993, 151; *Hilger,* FS für Hanack 1999: Verdeckte Ermittler, V-Leute; *ders.,* Neues Strafverfahrensrecht durch das OrgKG – 2. Teil; NStZ 1992, 523; *Hund,* Beteiligung Verdeckter Ermittler am unerlaubten Glücksspiel, NStZ 1993, 571; *Konnecke,* Die Strafbarkeit Verdeckter Ermittler im Hinblick auf einsatzbedingte Straftaten, 2001, *Kühne,* Strafprozessrecht, 7. Aufl. 2007; *Lammer,* Verdeckte Ermittlungen im Strafprozess 1992; *Mitsch,* Strafprozessuale Beweisverbote im Spannungsfeld zwischen Jurisprudenz und realer Gefahr; NJW 2008, 2295; *Rogall,* Selbstbelastungsfreiheit und vernehmungsähnliche Befragung durch Verdeckte Ermittler, NStZ 2008, 110; *Roxin,* Nemo tenetur: die Rechtsprechung am Scheideweg, NStZ 1995, 465; *ders.,* Zum Einschleichen polizeilicher Scheinaufkäufer in Privatwohnungen, StV 1998, 43; *Schneider,* Ausgewählte Probleme des Einsatzes verdeckter Ermittler – Eine Zwischenbilanz, NStZ 2004, 359; *Schwarzburg,* Einsatzbedingte Straftaten Verdeckter Ermittler, NStZ 1995, 469; *Zaczyk,* Prozeßsubjekte oder Störer? Die Strafprozessordnung nach dem OrgKG – dargestellt an der Regelung des Verdeckten Ermittlers, StV 1993, 490.

---

[43] BGH 12.12.1996 – 4 StR 499/96, NStZ 1997, 294.

[44] BGH 12.7.2000 – 1 StR 113/00, NStZ-RR 2001, 257;260 KK-StPO/*Bruns* Rn. 20, BeckOK-StPO/*Hegmann* Rn. 17; aA *Meyer-Goßner* Rn. 11.

Übersicht

Erläuterung

I. Regelungsinhalt des § 110c

§ 110c S. 1 gestattet einem Verdeckten Ermittler (VE) unter Verwendung seiner Legende **mit Einverständnis des Betroffenen Wohnungen zu betreten.** Dieses Einverständnis darf gemäß S. 2 nicht „durch ein über die Nutzung der Legende hinausgehendes Vortäuschen eines Zutrittsrechts herbeigeführt werden". S. 3 stellt schließlich klar, dass sich die weiteren Befugnisse des Verdeckten Ermittlers nach den allgemeinen Gesetzen und damit nach den jeweiligen Polizeigesetzen, die den Einsatz eines Verdeckten Ermittlers ebenfalls vorsehen, bzw. der StPO richten. 1

Ausweislich der Gesetzesmaterialien steht hinter der Regelung des § 110c die Erwägung, dass Verdeckten Ermittlern, die unter ihrer Legende keine Wohnung betreten dürfen, kein Einsatzwert zukomme.[1] Die Verfasser des Gesetzentwurfs wollten die Regelung des § 110c im Hinblick auf das durch Art. 13 GG geschützte Grundrecht der Unverletzlichkeit der Wohnung mithin als **Ermächtigungsgrundlage** verstanden wissen. 2

II. Gegenstand der Eingriffsbefugnis

1. Wohnungsbegriff des § 110c S. 1. S. 1 ermächtigt Verdeckte Ermittler zum Betreten von „Wohnungen". Der hier verwendete Wohnungsbegriff ist **identisch mit dem verfassungsrechtlichen Wohnungsbegriff** des Art. 13 GG sowie dem in § 100c verwendeten Wohnungsbegriff (→ § 100c Rn. 6 ff.). Er umfasst mithin jeden nicht allgemein zugänglichen, feststehenden, fahrenden oder gar schwimmenden Raum, der zur Stätte des Aufenthalts oder Wirkens von Menschen dient. Losgelöst vom umgangssprachlichen Wohnungsbegriff erstreckt er sich auch auf umzäumte oder in sonstiger Weise einer öffentlichen Nutzung entzogene Bereiche außerhalb der eigentlichen Wohnräume wie Gärten, Garagen, Schuppen, Büroräume etc.[2] 3

Träger des Grundrechts ist jeder Bewohner oder Inhaber der „Wohnung", der diese als Stätte des Aufenthalts oder Wirkens **berechtigt nutzt,** gleich auf welcher Rechtsgrundlage seine Nutzungsberechtigung im Einzelnen beruht und unabhängig davon, ob sich der in diesem Sinne Berechtigte zum Zeitpunkt des Betretens der Wohnung durch den Verdeckten Ermittler in dieser aufhält oder nicht. Den Schutz aus Art. 13 GG erfährt so etwa der 4

[1] BT-Drs. 12/989, 43.
[2] Maunz/Dürig/*Papier* Art. 13 Rn. 10.

Mieter, nicht indes der während des Vermietungszeitraums nicht (mit)nutzungsberechtigte Eigentümer. Auch sich in der Wohnung unberechtigt aufhaltende Personen sind nicht geschützt.[3] Dies gilt unbestritten jedenfalls dann, wenn Personen zur Durchführung eines Wohnungseinbruchsdiebstahls iSd § 224 Abs. 1 Nr. 3 StGB widerrechtlich in eine Wohnung eingedrungen sind, mithin die Wohnung nicht als Stätte des Wohnens und Aufenthalts nutzen wollen. Umstr. ist hingegen, ob der im Rahmen einer verbotenen Eigenmacht etwa aufgrund einer Hausbesetzung erlangte, mithin der von dem Willen einer dauerhaften Nutzung getragene Besitz an einer Wohnung den Schutz durch Art. 13 GG erfährt.[4]

5 Neben natürlichen können auch **juristische Personen** des Privatrechts Träger des Grundrechts aus Art. 13 GG sein, da diese ebenso wie natürliche Personen Rechte an Wohnungen begründen können.[5]

6 **2. Berechtigung zum Betreten der Wohnung.** § 110c berechtigt ebenso wie die Vorschriften der §§ 102 ff. nach übereinstimmender Auffassung[6] ausschließlich **zum offenen Betreten** der geschützten Räumlichkeiten und zum Verweilen zum Zwecke des bloßen Aufenthalts. Verwehrt ist es dem Verdeckten Ermittler mithin, während seines Aufenthalts die Wohnung oder sich in ihr befindliche Sachen zu den von § 102 erfassten Zwecken, mithin etwa zum Auffinden von Beweismitteln, zu durchsuchen. Dies würde über die durch § 110c eröffnete Eingriffsmöglichkeit des Verdeckten Ermittlers hinausgehen. Eine solche Handlungsweise wäre nach der zutreffenden Auslegung des § 102 durch die Rspr. des BGH[7] auch nicht durch diese Vorschrift gedeckt, weil es sich um eine heimliche Durchsuchung und damit um eine Maßnahme handeln würde, die nach der StPO nicht statthaft ist.

7 Der Regelungsgehalt des § 110c erschöpft sich mithin darin, dem Verdeckten Ermittler allein zum Zwecke der Aufrechterhaltung seiner Legende das Betreten von Wohnungen zu gestatten. Was er **gelegentlich eines solchen Aufenthalts** in der Wohnung wahrnimmt, etwa aufgrund von Gesprächen mit dem Beschuldigten bzw. sonstigen Personen, des Sich-Umschauens und Sichtens von offen in der Wohnung befindlichen Gegenständen kann hingegen – sofern man § 110c für verfassungskonform erachtet (s. unten 3.) – zu strafprozessualen Zwecken verwertet werden. Über die Inhalte derartiger Gespräche könnten sowohl der Verdeckte Ermittler (offen wie verdeckt) als auch der seinen Einsatz operativ begleitende (weitere) Polizeibeamte als Zeuge (letzterer vom Hörensagen) vernommen werden. Auf der Grundlage der Beobachtungen des Verdeckten Ermittlers könnte bei Vorliegen der weiteren Voraussetzungen auch ein (dann offen zu vollstreckender) Durchsuchungsbeschluss erwirkt werden.

8 **3. Verfassungsrechtliche Aspekte.** „Verfassungsrechtliche **Bedenken**" gegen das Betreten von Wohnungen iS v. Art. 13 GG sahen die Verfasser des Entwurfs eines Gesetzes zur Bekämpfung des illegalen Rauschgifthandels und anderer Erscheinungsformen der Organisierten Kriminalität (OrgKG) „unter Berücksichtigung des hohen Rangs der zu schützenden Rechtsgüter und wegen der Beachtung des Verhältnismäßigkeitsgrundsatzes beim Einsatz des Verdeckten Ermittlers" offenbar nicht.[8] Welche weitergehenden Erwägungen tatsächlicher oder rechtlicher Art dieser Bewertung zu Grunde lagen, ist der Begründung des Gesetzentwurfs jedenfalls nicht zu entnehmen. Über die vorstehend zitierten Erwägungen hinaus referieren die Materialien lediglich den Inhalt der durch das vorgenannte Gesetz v. 15.7.1992[9] ebenfalls eingeführten Regelungen der §§ 110a und 110b. Das OrgKG zitiert als nachkonstitutionelles Recht weder in seinem mit „Zitiergebot" überschriebenen Art. 11 – hier findet lediglich Art. 10 GG Erwähnung – noch an sonstiger Stelle das durch Art. 13 GG geschützte Recht der Unverletzlichkeit der Wohnung. Im Gesetzgebungsverfahren wurde die Frage,

---

[3] Maunz/Dürig/*Papier* Art. 13 Rn. 12.
[4] Weiterführend BeckOK-GG/*Epping*/*Hillgruber* Art. 13 Rn. 4.
[5] Maunz/Dürig/*Papier* Art. 13 Rn. 17.
[6] Vgl. statt vieler *Meyer-Goßner* Rn. 1, Löwe/Rosenberg/*Schäfer* Rn. 3.
[7] BGH 31.1.2007 – StB 18/06, NJW 2007, 930 = BGHSt 51, 211.
[8] BT-Drs. 12/989, 43.
[9] BGBl. I 1302.

inwieweit Maßnahmen nach § 110c den gegenständlichen Schutzbereich von Art. 13 GG berühren, nicht vertiefend diskutiert. Tatsächlich zitierte zunächst der Entwurf des OrgKG[10] in Art. 11 als durch dieses Gesetz eingeschränktes Grundrecht auch Art. 13 GG. Dieser Hinweis wurde jedoch wieder gestrichen, nachdem die zunächst auch für dieses Gesetz vorgesehene Regelung des so genannten kleinen Lauschangriffs fallen gelassen worden war.

a) Rechtsprechung des Bundesgerichtshofs. Auch der BGH hat die Frage, ob bzw. inwieweit die Regelungen der §§ 110b Abs. 2 S. 1 Nr. 2, 110c gegen das Zitiergebot des Art. 19 Abs. 1 S. 2 GG verstoßen und bereits deshalb verfassungswidrig sind, noch nicht entschieden. In seiner Entscheidung vom 6.2.1997[11] hat er ua ausgeführt, Anlass, einen **Grundrechtseingriff zu verneinen,** biete der Umstand, dass der Wohnungsinhaber den Eintritt freiwillig gewähre. Der BGH hat dabei im Blick gehabt, dass ein Vergleich mit der tatbestandsausschließenden Wirkung der Einwilligung des Berechtigten beim Hausfriedensbruch nach § 123 StGB nicht ohne weiteres möglich ist, da sich strafrechtlich und verfassungsrechtlich geschützte Bereiche nicht decken müssen. Weiter hat der BGH bedacht, dass der Gesetzgeber mit dem Richtervorbehalt in § 110b Abs. 2 S. 1 Nr. 2 eine dem Schrankenvorbehalt des Art. 13 Abs. 2 GG jedenfalls angenäherte Bestimmung geschaffen hat, wenngleich im OrgKG Art. 13 GG nicht als eingeschränktes Grundrecht zitiert wird.[12] 9

b) Auffassung der Literatur. Zahlreiche Stimmen in der Lit. sehen in dem Betreten einer Wohnung durch einen Verdeckten Ermittler einen Eingriff in Art. 13 GG, der von den darin enthaltenen Schranken nicht erfasst werde und deshalb verfassungswidrig sei. Zur Begründung wird ua ausgeführt, das Betreten einer Wohnung durch einen Verdeckten Ermittler werde weder von der in Art. 13 Abs. 2 GG geregelten Maßnahme der Wohnungsdurchsuchung, die als offene Ermittlungsmaßnahme ausgestaltet sei, noch von der in Art. 13 Abs. 3 GG enthaltenen Schranke erfasst. Diese erfasse ausschließlich präventive Maßnahmen, während die Vorschrift des § 110c ausschließlich repressiv ausgerichtet sei.[13] **Andere Stimmen in der Lit.** vertreten hingegen die Auffassung, der nutzungberechtigte Wohnungsinhaber disponiere durch die von ihm erteilte Zustimmung über seinen Schutz durch Art. 13 GG, sodass die hiervon erfasste Privatsphäre durch den bloßen Zutritt etwa einer Vertrauensperson jedenfalls „nicht gegen den Willen des Berechtigten" betroffen werde.[14] Es fehle deshalb bereits an einer hoheitlichen, grundrechtsbezogenen Maßnahme, sodass es insoweit keiner gesetzlichen Regelung bedürfe.[15] 10

Vermittelnd wird in der Lit. weiter die Auffassung vertreten, der Gesetzgeber habe das Betreten einer Wohnung durch den Verdeckten Ermittler nicht als hoheitliche Maßnahme angesehen und deshalb auch Art. 13 GG nicht zitiert.[16] Das bloße Mitgehen des Verdeckten Ermittlers in eine Wohnung – und mehr erlaube die Vorschrift nicht – sei noch kein hoheitlicher Eingriff, weil der Verdeckte Ermittler nicht von sich aus in seiner hoheitlichen Funktion tätig werde und auch nicht zielgerichtet das Betreten der Wohnung anstrebe, sondern lediglich einer Aufforderung oder einem Geschehen gleichsam folge.[17] § 110c ist nach dieser vermittelnden Auffassung nicht als gesetzliche Ermächtigung zum Betreten von Wohnungen zu verstehen. Vielmehr solle diese Regelung lediglich klarstellen, dass auch der unter seiner Legende operierende Verdeckte Ermittler wie jede andere Privatperson auch mit Einverständnis des Berechtigten befugt sei, Wohnungen zu betreten. Voraussetzung sei indes, um – insoweit – eine hoheitliche Handlung und damit einen Eingriff in die Unverletzlichkeit der Wohnung auszuschließen, dass der Verdeckte Ermittler nicht von sich aus den Wunsch 11

[10] BT-Drs. 12/2720, 37.
[11] BGH 6.2.1997 – 1 StR 527/96, NJW 1997, 1516 (1517).
[12] BGH 6.2.1997 – 1 StR 527/96, NJW 1997, 1516, (1517).
[13] *Roxin* StV 1998, 44; *Eisenberg* NJW 1993, 1033 (1038); *Frister* StV 1993, 151; Nitz JR 1998, 209 (211 f.).
[14] *Duttge* JZ 1996, 556 (562).
[15] *Duttge* JZ 1996, 556 (562); Kühne StPO Rn. 535.
[16] *Hilger* NStZ 1997, 448 (449).
[17] *Hilger* NStZ 1997, 448 (449 f.).

äußern dürfe, die Wohnung betreten zu wollen. Er dürfe auch nicht in anderer, subtilerer Weise auf ein Betreten der Wohnung hinwirken. Ein Verdeckter Ermittler darf nach dieser vermittelnden Auffassung weder auf ein Betreten einer Wohnung drängen noch ein solches gezielt arrangieren. Seine Tätigkeit muss sich insoweit „vielmehr auf ein bloßes Mitgehen in die Wohnung nach Einladung durch den Berechtigten" beschränken.[18]

12 Auch die **Kommentarlit.** bietet kein durchgehend einheitliches Bild. Sie hält sich überwiegend mit eigenen Bewertungen zurück[19] bzw. verweist vereinzelt – und erkennbar mit dem Gedanken sympathisierend – darauf, dass jedenfalls der (einfache) Gesetzgeber eine gesonderte Ermächtigung für entbehrlich hielt.[20] Vereinzelt verneint auch sie die Eingriffsqualität der Maßnahme.[21]

13 **c) Eigene Auffassung.** In Anbetracht des Schutzzwecks von Art. 13 GG, der ebenso wie Art. 10 GG die private Lebensgestaltung, indes darüber hinaus auch die **räumliche Integrität** der Wohnung als Manifestation der Privatsphäre schützen will,[22] dürften die besseren Argumente dafür streiten, das Betreten einer Wohnung durch einen Verdeckten Ermittler als einen Eingriff in den Schutzbereich des Art. 13 GG zu qualifizieren.[23] So enthält Art. 13 GG als anti-etatistisches Abwehrrecht[24] in seinem Kern das Verbot gegenüber Trägern öffentlicher Gewalt, gegen den Willen des Wohnungsinhabers in die geschützten Räumlichkeiten einzudringen.[25] Zutreffend wird in der Lit. darauf verwiesen, dass Art. 13 die Privatsphäre in ihrer räumlich formalisierten Form schütze und deshalb nicht erst durch das eigentliche Ausforschen, sondern bereits durch das Betreten der Wohnung der Grundrechtseingriff konkretisiert werde.[26]

14 Ein auf entsprechenden Wunsch des Verdeckten Ermittlers erklärtes **Einverständnis** des Berechtigten zum Betreten der Wohnung wäre anders als im Zusammenhang mit § 123 StGB unwirksam, weil durch die Legende erschlichen. Der Verdeckte Ermittler kann sich als staatliches Organ zur Rechtfertigung seines Handelns bzw. zum Ausschluss eines sonst gegebenen Rechtsverstoßes nicht auf die Wirksamkeit einer von ihm selbst manipulierten Einwilligung des Grundrechtsträgers berufen.[27] Die Frage nach einer möglichen Strafbarkeit und die nach der Berührung des gegenständlichen Schutzbereichs eines bestimmten Grundrechts sind dogmatisch vielmehr strikt voneinander zu trennen. Der Grundrechtsschutz würde leer laufen, wenn der Staat das Erfordernis einer Ermächtigungsgrundlage durch Täuschungen umgehen könnte.[28]

15 Die Befugnis zum Betreten von Wohnungen nach § 110c wird schließlich aus den vorstehend dargelegten Gründen (→ Rn. 13 f.) auch nicht von den in Art. 13 Abs. 2 und 3 **enthaltenen Schranken** erfasst. Auch die Erwägung, die Vorschrift des § 100c lasse sich verfassungsrechtlich durch eine in Art. 13 GG enthaltene **ungeschriebene Schranke** legitimieren, vermag nicht zu greifen. Diesen Gedanken versuchen einzelne Autoren[29] mit der weiteren Erwägungen fruchtbar zu machen, jedes Grundrecht finde seine Schranken in den Freiheitsrechten anderer bzw. auch in dem Wohl der Allgemeinheit dienenden Verfassungsgütern wie etwa der Funktionstüchtigkeit einer geordneten Strafrechtspflege. Dieser kommt nach der Rspr. des BVerfG ebenfalls Verfassungsrang zu.[30] Vorliegend ist indes zu bedenken,

---

18 So zutreffend *Hilger*, FS Hanack, 1999, 207 (217).
19 *Meyer-Goßner* Rn. 1; *Pfeiffer* Rn. 1 ff.; Löwe/Rosenberg/*Schäfer* Rn. 23; BeckOK-StPO/*Hegmann* Rn. 1.
20 KK-StPO/*Bruns* Rn. 3.
21 KMR-StPO/*Bockemühl* Rn. 7.
22 Maunz/Dürig/*Papier* Art. 13 Rn. 149.
23 Ebenso Löwe/Rosenberg/*Schäfer* Rn. 23; *Schneider* NStZ 2004, 359 (366); aA KK-StPO/*Bruns* Rn. 3; KMR-StPO/*Bockemühl* Rn. 7; offen gelassen bei *Meyer-Goßner* Rn. 1; BeckOK-StPO/*Hegmann* Rn. 1.
24 So *Schneider* NStZ 2004, 359 (366).
25 Maunz/Dürig/*Papier* Art. 13 Rn. 1.
26 *Frister* StV 1993, 151 (152).
27 Löwe/Rosenberg/*Schäfer* Rn. 17.
28 So zutreffend *Frister* StV 1993, 151 (152).
29 *Lammer* 210 ff.
30 BVerfG 26.5.1981 – 2 BvR 215/81, NJW 1981, 1719 = BVerfGE 57, 250, (283 ff.).

dass Art. 13 GG einen qualifizierten Gesetzesvorbehalt enthält, der Verfassungsgeber mithin Aspekte der Kollision gesehen und diese in der vorliegenden Art und Weise in Art. 13 geregelt hat. In Fällen dieser Art einen ungeschriebenen Gesetzvorbehalt anzuerkennen würde den in Art. 13 GG enthaltenen qualifizierten Gesetzesvorbehalt gleichsam konterkarieren.[31]

Den Stimmen in der Lit., die die Auffassung vertreten, dem legendenbasierten Betreten einer Wohnung durch einen Verdeckten Ermittler käme keine Eingriffsqualität zu, stellt sich die Frage nach Sinn und Zweck des in § 110b Abs. 2 S. 1 Nr. 2 **enthaltenen Richtervorbehalts.** Zudem müssten sie auch das Betreten von Wohnungen durch nicht offen ermittelnde Polizeibeamte bzw. durch Vertrauenspersonen zulassen.[32] 16

III. Materielle Eingriffsvoraussetzungen (S. 1)

Sofern man die Vorschrift des § 110c als verfassungskonform erachtet, gestattet sie Verdeckten Ermittlern unter den weiteren Voraussetzungen des § 110a Abs. 1 (→ Rn. 7 ff.) das Betreten von Wohnungen unter Verwendung ihrer Legende sowie mit Einverständnis des Berechtigten. 17

1. Verdeckter Ermittler. § 110c S. 1 ermächtigt seinem Wortlaut nach **lediglich Verdeckte Ermittler** (zum Begriff → § 110a Rn. 15 ff.) zum Betreten von Wohnungen. Umstr. ist, ob auch andere zur Aufklärung von Straftaten eingesetzte nicht offen ermittelnde Polizeibeamte (NoeP) in entsprechender Anwendung des § 110c ebenfalls zum Betreten von Wohnungen berechtigt sind. Der Einsatz nicht offen ermittelnder Polizeibeamter wird durch die Rspr.[33] auf die Ermittlungsgeneralklausel der §§ 161, 163 StPO gestützt. In der Lit. hingegen wird die Frage, ob diese Vorschriften als Ermächtigungsgrundlage für den Einsatz nicht offen ermittelnder Polizeibeamter herangezogen werden können, kontrovers diskutiert.[34] Entsprechendes gilt für den Einsatz von Vertrauenspersonen.[35] 18

a) Keine analoge Anwendung auf nicht offen ermittelnde Polizeibeamte. Mit der Frage einer analogen Anwendung des § 110c auf nicht offen ermittelnde Polizeibeamte war der **BGH** soweit ersichtlich erstmals 1997 und damit wenige Jahre nach Inkrafttreten dieser Vorschrift befasst.[36] Zu bewerten hatte er den Fall, dass ein „ansonsten nicht verdeckt ermittelnder" Polizeibeamter einen der Haschischabnehmer des als Verkäufer verdächtigen Beschuldigten in die Wohnung des Beschuldigten begleitete. Der Haschischabnehmer hatte sich zuvor bereit erklärt, an der Überführung des Beschuldigten mitzuwirken. Er rief diesen deshalb vor dem Kauf an und kündigte sein Erscheinen in Begleitung eines Freundes an. In der Wohnung kauften der Abnehmer sowie der Polizeibeamte gemeinsam zum Zwecke der Überführung des Beschuldigten von diesem rund 90 g Haschisch. Nach diesem Kauf wurde die Wohnung des Beschuldigten durchsucht. Dort wurden weitere Betäubungsmittel sichergestellt. Das Landgericht, welches den Beschuldigten später aufgrund des vorrätig Haltens dieser weiteren Betäubungsmittelmengen zum Zwecke des gewinnbringenden Weiterverkaufs wegen unerlaubtem Handeltreiben mit Betäubungsmitteln in nicht geringer Menge verurteilte, hat es abgelehnt, eine Verurteilung auch auf die zuvor erworbene Menge von rund 90g Haschisch zu stützen. Der Polizeibeamte, so die Auffassung des Landgerichts, habe die Wohnung des Beschuldigten entgegen § 110b Abs. 2 S. 1 Nr. 2 und § 110c und damit unberechtigt betreten. 19

Der BGH hat die hier nicht entscheidungserhebliche Frage, ob nicht offen ermittelnden Polizeibeamten mangels ausdrücklicher gesetzlicher Ermächtigung das Betreten von Woh- 20

---

31 So zutreffend *Frister* StV 1993, 151 (154).
32 So zutreffend *Schneider* NStZ 2004, 359 (366).
33 BGH 6.2.1997 – 1 StR 527/96, NStZ 1997, 448.
34 Für einen Rückgriff auf §§ 161, 163 beim Einsatz nicht offen ermittelnder Polizeibeamter KK-StPO/*Bruns* § 110a Rn. 6.
35 Vgl. Meyer Goßner § 110a Rn. 4a.
36 BGH 6.2.1997 – 1 StR 527/96, NJW 1997, 1516.

nungen „generell verwehrt" ist oder ob für bestimmte Ermittlungshandlungen „mit geringerem Gewicht" eine besondere gesetzliche Ermächtigung nicht erforderlich ist und die Maßnahme des Betretens der Wohnung durch den nicht offen ermittelnden Polizeibeamten auf § 163 gestützt werden kann,[37] noch **offen gelassen.**

21 Die Maßnahme war nach nach **hiesiger Auffassung** rechtswidrig. D**ie Vorschrift des § 110c berechtigt allein Verdeckte Ermittler** iSd § 110a Abs. 2 zum Betreten von Wohnungen. Auch wenn für die Ermittlungsinstrumentarien des Informanten, der Vertrauensperson sowie des nicht offen ermittelnder Polizeibeamter spezialgesetzliche Ermächtigungsgrundlagen fehlen, erscheint bereits methodologisch eine analoge Anwendung des § 110c auf diese Ermittlungsinstrumentarien ausgeschlossen.[38] So war sich der Gesetzgeber der Tatsache, dass die StPO keine speziellen Regelungen für den Einsatz von Informanten und Vertrauenspersonen enthält, im Rahmen der Erörterungen zum Entwurf eines Gesetzes zur Bekämpfung des illegalen Rauschgifthandels und anderer Erscheinungsformen der Organisierten Kriminalität (OrgK), durch welche ua die Vorschriften der §§ 110a–110c in die StPO eingefügt worden waren, durchaus bewusst. Er hat gleichwohl davon Abstand genommen, für den Einsatz von Informanten und Vertrauenspersonen besondere Regelungen zu schaffen.[39] Es fehlt mithin an einer planwidrigen Regelungslücke, sodass eine entsprechende Anwendung des § 110c auf Informanten und Vertrauenspersonen nicht in Betracht kommt.

22 Zwar hat sich der Gesetzgeber mit der Frage, ob bzw. inwieweit die Vorschriften der §§ 110a–110c auch auf **nicht offen ermittelnde Polizeibeamte** Anwendung finden, im Gesetzgebungsverfahren zum OrgKG soweit erkennbar nicht befasst. Indes scheidet auch insoweit nach der hier vertretenen Auffassung eine direkte bzw. analoge Anwendung des § 110c aus. Die schwierige Gratwanderung zwischen einem unzulässigen Drängen zum Betreten der Wohnung des Beschuldigten und einem zulässigen Betreten der Wohnung als schlicht situationsadäquate Handlung kann verlässlich allein ein Verdeckter Ermittler vornehmen, der regelmäßig über Monate hinweg auf seinen legendierten Einsatz vorbereitet wird und besonders geschult ist.

23 **b) Keine analoge Anwendung auf Vertrauenspersonen.** Auf **Vertrauenspersonen bzw. Informanten** (→ § 110 Rn. 25 ff.) finden die Vorschriften der §§ 110a ff. nach hA keine Anwendung.[40] Begründet wird dies mit der zutreffenden Erwägung, mit den Vorschriften der §§ 110a ff. habe der Gesetzgeber insoweit keine durch ihre analoge Anwendung auszufüllende Gesetzeslücke geschaffen. Dem ist zuzustimmen. Der Gesetzgeber hat sich im Rahmen des Gesetzgebungsverfahrens mit dieser Problematik befasst, indes bewusst davon Abstand genommen, den vorgenannten Personenkreis in die Regelung der §§ 110a ff. mit einzubeziehen.[41]

24 **2. Legendenbasierter Einsatz.** Für den Einsatz eines Verdeckten Ermittlers ist die **Verwendung einer Legende iSd § 110a Abs. 2** (→ § 110a Rn. 16 f.) **konstitutiv.** Fraglich ist jedoch, in welchen Fällen Verdeckte Ermittler „unter Verwendung ihrer Legende" tätig sind.

25 Nach der vom **BGH**[42] **vertretenen Auffassung,** nach der es für die Bewertung einer Ermittlungstätigkeit als der eines Verdeckten Ermittlers entscheidend sein soll, „ob der Ermittlungsauftrag über einzelne wenige, konkret bestimmte Ermittlungshandlungen hinausgeht, ob es erforderlich sein wird, eine unbestimmte Vielzahl von Personen über die wahre Identität des verdeckt operierenden Polizeibeamten zu täuschen und ob wegen der Art und des Umfanges des Auftrages von vornherein abzusehen ist, dass die Identität des

[37] BGH 6.2.1997 – 1 StR 527/96, NJW 1997, 1516 (1518).
[38] AA *Hilger*, FS Hanack, 1999, 207, 219.
[39] BT-Drs. 12/989, 41.
[40] BGH 22.2.1995 – 3 StR 552/94, NJW 1995, 2236; *Meyer-Goßner* § 110a Rn. 4a; aA *Nitz* JR 1009, 211.
[41] BT-Drs. 12/989, 41.
[42] BGH 6.2.1996 – 1 StR 544/95, NStZ 450.

Beamten in künftigen Verfahren auf Dauer geheimgehalten werden muss", erscheint es fraglich, ob ein als Verdeckter Ermittler bei den zuständigen Fachdienststellen der Länder- bzw. Bundespolizeibehörden geführter Beamter unter Verwendung seiner „veränderten Identität (Legende)" die Wohnung des Beschuldigten betreten darf, wenn sich sein Ermittlungsauftrag (von vornherein) auf das einmalige Betreten der Wohnung beschränken soll. In einem solchen Fall würde es bereits an einem entsprechenden, auf Dauer angelegten, über einzelne wenige Ermittlungstätigkeiten hinausgehenden Auftrag fehlen. Auch würden nur eine bzw. wenige Personen über die wahre Identität des Beamten getäuscht.

Anders nach der **hier vertretenen Auffassung**[43] würde sich auch ein solcher Einsatz als der eines Verdeckten Ermittlers darstellen. Danach kommt es für die Frage der Abgrenzung zwischen dem Einsatz eines Verdeckten Ermittlers und dem eines (sonstigen) nicht offen ermittelnden Polizeibeamten nicht auf die Anzahl der einzelnen „Außenaktivitäten" und damit auf die voraussichtliche tatsächliche Dauer des Einsatzes, sondern „auf die Dauer der Veränderung der Identität"[44] und damit darauf an, ob der Beamte beim Betreten der Wohnung seine ihm verliehene und auf Dauer angelegte Identität – selbst wenn es gegenüber diesem Beschuldigten bei einem einmaligen Einsatz bleiben sollte – benutzt. 26

3. Umfang des Betretensrechts (S. 1 und 2). Der Verdeckte Ermittler darf die Wohnung nach S. 1 nur „mit dem **Einverständnis** des Berechtigten betreten". Die Vorschrift gestattet mithin ausschließlich das offene Betreten der Wohnung mit dem „ertäuschten Willen"[45] des Berechtigten. Nach der gesetzlichen Regelung limitiert das Einverständnis damit zugleich den Umfang des Betretensrechts, gleichgültig, ob man § 110c einen Eingriffscharakter zuerkennt oder nicht. Andererseits setzt S. 1 nicht zwingend voraus, dass der Berechtigte stets zugegen ist, wenn der Verdeckte Ermittler die Wohnung betritt. So wäre es mit § 110c vereinbar, wenn der dem Verdeckten Ermittler ein solches Vertrauen entgegenbringt, dass er diesem seinen Wohnungsschlüssel übergibt und etwa für die Dauer seiner Abwesenheit bittet, in der Wohnung zu deren Unterhalt bzw. Betrieb bestimmte Verrichtungen vorzunehmen. Unter – strenger – Beachtung dieser Vorgaben dürfte der Verdeckte Ermittler die Wohnung so häufig betreten, wie es dem ausdrücklich erklärten oder verlässlich zu erschließenden mutmaßlichen Willen des Berechtigten entspräche. Der Verdeckte Ermittler darf die Wohnung indes auch nicht ein einziges Mal zu anderen Zwecken betreten. 27

S. 2 verbietet dem Verdeckten Ermittler das Einverständnis des Betroffenen durch eine **über die Nutzung der Legende hinausgehende Täuschung** herbeizuführen. Er darf sich mithin weder als „Gas- oder Wassermann", der die entsprechenden Zähler ablesen müsse, noch als Schornsteinfeger oder Angehöriger einer sonstigen Berufsgruppe ausgeben, mit deren Berufsausübung üblicherweise ein Betreten von Wohnungen einhergeht. Mit der insoweit bisher veröffentlichten Meinung[46] ist S. 2 dahingehend auszulegen, dass das dort enthaltene Verbot auch dann gilt, wenn der von dem Verdeckten Ermittler in Rahmen seiner Legende „ausgeübte Beruf" zu dem Betreten der Wohnung berechtigen würde. 28

IV. Sonstige Befugnisse des Verdeckten Ermittlers (S. 3)

S. 3 legt fest, dass sich „im Übrigen (…) die Befugnisse des Verdeckten Ermittlers nach diesem Gesetz und anderen Rechtsvorschriften" richten. Der Aussagehalt dieser Regelung erscheint auf den ersten Blick als juristische Plattitüde. Die Regelung scheint eine „Selbstverständlichkeit"[47] zum Ausdruck zu bringen. Aus diesem Grunde wurde im Gesetzgebungsverfahren versucht, S. 3 zu streichen. Die Vorschrift hat deklaratorische Bedeutung und kann einerseits als Appell des Gesetzgebers dahingehend verstanden werden, dass einem 29

[43] Ebenso *Schneider* NStZ 2004, 359 (361 ff.).
[44] *Schneider* NStZ 2004, 359 (361).
[45] Löwe/Rosenberg/*Schäfer* Rn. 3.
[46] Löwe/Rosenberg/*Schäfer* Rn. 2; *Hilger* NStZ 1992, 523 (525 Fn. 160).
[47] BT-Drs. 12/2720, 47.

Verdeckten Ermittler außer dem Betretensrecht nach S. 1 und der Befugnis nach § 110a Abs. 3 im Verhältnis zu sonstigen Beamten des Polizeidienstes keine weitergehenden Befugnisse zustehen. Andererseits soll durch S. 3 verdeutlicht werden, „dass bei strafverfolgender Tätigkeit **begleitende Maßnahmen im Rahmen der Prävention nicht ausgeschlossen** seien" und „die Einsatzbefugnisse aus dem Polizeirecht" nicht abgeschnitten werden.[48]

30 **1. Legalitätsprinzip.** Als Beamter des Polizeidienstes unterliegt auch der Verdeckte Ermittler der Strafverfolgungspflicht nach Maßgabe des § 163 Abs. 1.[49] Diese gebietet indes regelmäßig kein augenblickliches Einschreiten. Vielmehr können Strafverfolgungsmaßnahmen zurückgestellt, mithin zu einem späteren Zeitpunkt durchgeführt werden. Vorrangig zu treffende Maßnahmen, etwa bei Gefahr für Leib oder Leben, hat die Polizei und als ihr Angehöriger auch der Verdeckte Ermittler zwar zu veranlassen. Im Übrigen gilt aber auch für den Verdeckten Ermittler der **Grundsatz der freien Gestaltung des Ermittlungsverfahrens.** Nicht nur der innerdienstliche, auch der äußere Ablauf eines Ermittlungsverfahrens muss zur Gewährleistung bestmöglicher Effizienz der Ermittlungen Spielräume auch für ermittlungstaktische Erwägungen lassen.[50] Für den Verdeckten Ermittler bedeutet dies konkret, dass er ausnahmslos jedwede Erkenntnisse, die einen Anfangsverdacht gleich auf welche Straftat begründen, zu erfassen und zu gewährleisten hat, dass auch insoweit die Strafverfolgung veranlasst wird. Der Richtliniengeber hat diese Problematik in den RiStBV, Anlage D, unter Ziff. 2.6.2. aufgegriffen und – rechtlich zutreffend – ausgeführt: „Neu hinzukommenden zureichenden Anhaltspunkten für strafbare Handlungen braucht der Verdeckte Ermittler solange nicht nachzugehen, als dies ohne Gefährdung seiner Ermittlungen nicht möglich ist; dieses gilt nicht, wenn sofortige Ermittlungsmaßnahmen wegen der Schwere der neu entdeckten Taten geboten sind." Entsprechendes gilt hinsichtlich der Abwehr von Gefahren für Leib, Leben oder bedeutende Vermögenswerte.

31 **2. Maßnahmen der Strafverfolgung. a) Belehrung nach § 136 Abs. 1 S. 2. aa) Grundsätzliches.** Eine Verpflichtung des Verdeckten Ermittlers, einen noch nicht als Beschuldigten vernommenen Tatverdächtigen bei selbstbelastenden Äußerungen nach Maßgabe des § 136 Abs. 1 S. 2 iVm § 163a Abs. 1 zu belehren, besteht nicht. Zwar ist diese Belehrungspflicht eine Ausprägung des aus dem Rechtsstaatsprinzip abzuleitenden Grundsatzes, dass sich niemand selbst belasten muss (nemo-tenetur-Prinzip) und können Verstöße gegen diese Belehrungspflicht nach der Grundsatzentscheidung des 5. Strafsenats des BGH vom 27.2.1992[51] ein Verwertungsverbot begründen, wenn der Vernehmung des Beschuldigten nicht der Hinweis vorausgegangen ist, wonach es ihm freistehe, sich zu der Beschuldigung zu äußern oder nicht zur Sache auszusagen. Auf heimliche Befragungen von Beschuldigten durch Polizeibeamte sind diese Vorschriften indes nicht anwendbar. Sie gelten **nur für „offene" Vernehmungen** und sollen nach der Entscheidung des Großen Senats für Strafsachen vom 13.5.1996[52] sicherstellen, „dass der Beschuldigte vor der irrtümlichen Annahme einer Aussagepflicht bewahrt wird, zu der er möglicherweise eben durch Konfrontation mit dem amtlichen Auskunftsverlangen veranlasst werden könnte".[53] Zur irrtümlichen Annahme einer Aussagepflicht kann der Beschuldigte bei selbstbelastenden Äußerungen gegenüber dem Verdeckten Ermittler indes nicht gelangen, weil er gerade nicht um dessen Tätigkeit in amtlicher Eigenschaft weiß.

32 **bb) Kein Drängen auf Selbstbelastung nach Berufung auf Schweigerecht.** Anders verhält es sich, wenn ein Verdeckter Ermittler einen Beschuldigten unter Ausnutzung eines geschaffenen Vertrauensverhältnisses beharrlich zu selbstbelastenden Äußerungen drängt, nachdem sich dieser bereits anlässlich seiner verantwortlichen Vernehmung oder

---

48 BT-Drs. 12/2720, 47.
49 BGH 22.2.1995 – 3 StR 552/94, NJW 1995, 2236 (2237); KK-StPO/*Bruns* Rn. 7.
50 KK-StPO/*Bruns* Rn. 11, *Meyer-Goßner* § 163 Rn. 47.
51 BGH 27.2.1992 – 5 StR 190/91, NJW 1992, 1463.
52 BGH 13.5.1996 – GSSt 1/96, BGHSt 42, 139 (145).
53 BGH 13.5.1996 – GSSt 1/96, BGHSt 42, 139 (147).

aber durch ausdrückliche Erklärung außerhalb einer solchen auf sein Schweigerecht berufen hat. Der BGH hatte sich in der Vergangenheit wiederholt mit dieser Fragestellung zu befassen. In seinen Entscheidungen vom 26.7.2007[54] und 27.1.2009[55] hat er derartige selbstbelastende und erst auf Drängen der Ermittlungsbehörden erfolgte Äußerungen von Beschuldigten als unverwertbar angesehen und ausgeführt, solche Gesprächssituationen stellten sich wegen der vorausgegangenen Einwirkungen als **„funktionales Äquivalent einer staatlichen Vernehmung"** dar.[56]

Der Entscheidung aus dem Jahre 2009 **lag folgender Fall zu Grunde:** Die Beschuldigte stand im Verdacht, ihre drei Kinder getötet zu haben und hatte sich im Rahmen ihrer verantwortlichen Vernehmung auf ihr Schweigerecht berufen. Danach geführte weitere Ermittlungen verliefen ergebnislos. Schließlich wurde ein Verdeckter Ermittler eingesetzt, der zunächst das Vertrauen der Beschuldigten gewann und, als sich die Beschuldigte nicht von sich aus zu den Tatvorwürfen äußerte, dergestalt auf sie einwirkte, dass er ihr wahrheitswidrig erklärte, er habe im Alter von circa 20 Jahren seine Schwester getötet zu haben. Erst daraufhin äußerte sich die Beschuldigte überhaupt zum Tod ihrer Kinder, bezichtigte indes ihren Mann eines der Kinder getötet zu haben. Nachdem die Beschuldigte in einem Cafe von der Polizei nochmals offen in Anwesenheit des Verdeckten Ermittlers mit dem Tatverdacht gegen sie konfrontiert worden war, um dem Verdeckten Ermittler dadurch Gelegenheit zu geben, die Beschuldigte direkt auf die ihm nunmehr durch Dritte bekannt gewordenen Vorwürfe ansprechen zu können, räumte die Beschuldigte gegenüber dem (weiterhin verdeckt agierenden) Verdeckten Ermittler ein, eines der Kinder getötet zu haben. Auf Nachfrage äußerte sie sich auch zu ihrem Motiv und den weiteren Einzelheiten der Tatausführung. 33

Eine derartige Vorgehensweise verstößt nach Auffassung des BGH aus den vorstehend dargelegten Gründen (→ Rn. 31) **nicht gegen die §§ 163a, 136 Abs. 1.** Dem ist uneingeschränkt zuzustimmen. Die Belehrungspflicht des § 136 Abs. 1 berücksichtigt den Umstand, dass Menschen zur Selbstbelastung neigen, wenn sie durch die Strafverfolgungsbehörden mit dem gegen sie bestehenden Tatverdacht und den diesen begründenden Beweisen konfrontiert werden.[57] Der Hinweis auf die Aussagefreiheit, der dieses psychologische Moment weder ausgleichen kann noch soll, dient dem Zweck, dem Beschuldigten in der Situation der Vernehmung vor Augen zu führen, dass er nicht zu einer Aussage verpflichtet ist, sich mithin nicht zur Sache äußern muss, obwohl er – für ihn erkennbar – durch ein Strafverfolgungsorgan befragt wird. Es ist evident, dass derjenige Beschuldigte, dem die strafverfolgende Funktion des Verdeckten Ermittlers nicht bekannt ist, einem solchen Irrtum nicht erliegen kann. 34

Der Einsatz eines Verdeckten Ermittlers begründet auch **kein Beweisverwertungsverbot nach § 136a.**[58] Die Vorschrift schützt die Freiheit der Willensentschließung und -betätigung gegen Beeinträchtigungen ua durch Misshandlung, Ermüdung, körperliche Eingriffe, Quälerei, Täuschung oder Hypnose. Auch für sie gilt indes das zuvor bereits zu § 136 Gesagte: § 136a findet nur Anwendung, wenn „das staatliche Vernehmungsorgan als solches hervortritt und eine amtliche Anhörung des Beschuldigten durchführt".[59] Auch eine analoge Anwendung des § 136a scheidet in Fällen der vorliegenden Art aus, weil die Vorschrift die Freiheit der Willensentschließung bzw. –betätigung schützt und diese in Fällen der vorliegenden Art nicht berührt wird. Der Beschuldigte, der nicht um die strafverfolgende Funktion des Verdeckten Ermittlers weiß, ist keinem Geständnisdruck ausgesetzt.[60] 35

---

[54] BGH 26.7.2007 – 3 StR 104/07, NJW 2007, 3138 (3140).
[55] BGH 27.1.2009 – 4 StR 296/08, NStZ 2009, 343.
[56] BGH 26.7.2007 – 3 StR 104/07, NJW 2007, 3138 (3141); BGH 27.1.2009 – 4 StR 296/08, NStZ 2009, 343 (344); vgl. hierzu *Rogall* NStZ 2008, 110; *Mitsch* NJW 2008, 2295.
[57] SK-StPO/*Rogall* Vor § 133 *Rn.* 166 f.
[58] So BGHGS 13.5.1996 – GSSt 1/96, BGHt 42, 139 (149).
[59] *Roxin* NStZ 1995, 465.
[60] Ebenso *Roxin* NStZ 1995, 465 (466).

36 Nach Auffassung des BGH begründet indes das – diese Fälle charakterisierende – Drängen zur Abgabe selbstbelastender Äußerungen einen Verstoß gegen den aus Art. 1, Art. 2 Abs. 1 GG abzuleitenden Grundsatz, dass sich niemand selbst belasten muss **(„nemo-tenetur se ipsum accusare").** Dabei glaubte der BGH die umstrittene Frage nach der Auslegung dieses Grundsatzes vorliegend nicht entscheiden zu müssen. Nach bisheriger Auffassung[61] des BGH besteht der Kern dieses Grundsatzes in dem **Verbot von Zwang zur Aussage oder Mitwirkung in einem Strafverfahren,** während dieser Grundsatz vom EuGH dahingehend ausgelegt wird, dass er die prinzipielle Freiheit einer jeden Person schützt, selbst darüber zu entscheiden, ob sie bei Vernehmungen durch die Strafverfolgungsbehörden aussagen oder schweigen wolle.[62] Nach Auffassung des BGH verdichtet sich in den Fällen, in denen der Beschuldigte gegenüber den Ermittlungsbehörden erklärt hat, schweigen zu wollen, der Grundsatz der Aussagefreiheit dahingehend, „dass die Strafverfolgungsbehörden seine Entscheidung für das Schweigen grundsätzlich zu respektieren haben".[63]

37 **b) Ermittlungsmaßnahmen.** Ein Verdeckter Ermittler kann etwa bei Gefahr im Verzug und Vorliegen der weiteren formellen und materiellen Voraussetzungen als Ermittlungsperson der Staatsanwaltschaft **offene Ermittlungsmaßnahmen** wie etwa nach § 81a Abs. 2 die körperliche Untersuchung des Beschuldigten, nach § 98 Abs. 1 S. 1 die Beschlagnahme, gemäß §§ 102 ff. die Durchsuchung von Wohnungen, Personen und Sachen, nach § 127 Abs. 2 die vorläufige Festnahme eines Tatverdächtigen sowie sonstige nach der Ermittlungsgeneralklausel des § 163 Abs. 1 zulässige Maßnahmen anordnen und durchführen.

38 Gleiches gilt für **bestimmte verdeckte Ermittlungsmaßnahmen,** wie etwa den Einsatz technischer Mittel nach § 100h oder eine längerfristige Observation nach § 163 f. Er wird von der Anordnung derartiger offner bzw. verdeckter Ermittlungsmaßnahmen zum Schutze seiner Legende indes regelmäßig Abstand nehmen.

39 **c) Verbot der Begehung von Straftaten.** Verdeckte Ermittler dürfen nach allgM keine Straftaten begehen.[64] Diese Problematik ist im Rahmen des Gesetzgebungsverfahrens zum OrgKG wiederholt thematisiert worden, gleichwohl hat der Gesetzgeber keine entsprechende Ermächtigung geschaffen.[65] Dieses Verbot, welches auch unter Ziffer II. 2., 2.2 Eingang in die Richtlinien über den Einsatz Verdeckter Ermittler[66] gefunden hat, gilt **allumfassend.** Es gilt damit sowohl für so genannte milieutypische Straftaten wie Glücksspiel bzw. Zuhälterei als auch für die Beteiligung an Straftaten allein zu dem Zweck, näher an die Hintermänner einer kriminellen Organisation heranzurücken. Das Verbot der Begehung von Straftaten engt die Einsatzmöglichkeiten eines Verdeckten Ermittlers insofern ein, als es ihm auch verwehrt ist, sich zur schützenden Abdeckung seiner eigenen Person an bestimmten Straftaten, so genannten „Keuschheitsproben", zu beteiligen. Deshalb gelingt es Verdeckten Ermittlern regelmäßig nicht, in die innersten Kreise derjenigen kriminellen Organisationen einzudringen, deren Zugehörigkeit ein delinquentes Vorleben voraussetzt. Diese Tatsache ist indes im Hinblick auf den hohen Stellenwert des Legalitätsprinzips hinzunehmen.[67]

40 Verdeckte Ermittler können sich gleichwohl auch nach geltendem Recht halbwegs adäquat im kriminellen Milieu bewegen. Bereits die Tatsache, dass Verdeckte Ermittler als Angehörige der Strafverfolgungsbehörden zur Aufklärung von Straftaten tätig sind, führt vielfach zu ihrer **Straflosigkeit.** So sind sie nach § 4 BtMG als Mitglieder von Bundes- oder Landespolizeibehörden hinsichtlich des dienstlichen Umgangs mit Betäubungsmitteln

---

[61] BGH 13.5.1996 – GSSt 1/96, BGHt 42, 139 (151 f.).

[62] So EGMR 5.11.2002 – 48539/99, StV 2003, 257 (259).

[63] BGH 26.7.2007 – 3 StR 104/07, NJW 2007, 3138 (3140).

[64] KK-StPO/*Bruns* Rn. 6; *Meyer-Goßner* Rn. 4; BeckOK-StPO/*Hegmann* Rn. 7; *Eisenberg* NJW 1993, 1033 (1039).

[65] Protokoll. zur 42 Sitzung des Deutschen Bundestages vom 20.9.1991, 3487, 3508.

[66] Vgl. die Gemeinsamen Richtlinien der Justizminister/-senatoren und der Innenminister/-senatoren der Länder über die Inanspruchnahme von Informanten sowie über den Einsatz von Vertrauenspersonen (V-Personen) und Verdeckten Ermittlern im Rahmen der Strafverfolgung, Anlage D RiStBV.

[67] So zutreffend KK-StPO/*Bruns* Rn. 6.

von der Erlaubnispflicht des § 3 BtMG befreit. Auch in anderen Deliktsbereichen ist vielfach eine „sachgerechte Eingrenzung der Strafbarkeit" zu erreichen. So scheidet eine Strafbarkeit wegen Geldfälschung nach § 146 StGB aus, weil ein Verdeckter Ermittler, der dieses unter dem Vorbehalt der späteren Sicherstellung übernimmt, sich das Falschgeld nicht iSd § 146 Abs. 1 Nr. 2 StGB verschafft.[68] Auf den rechtfertigenden bzw. den entschuldigenden Notstand der §§ 34 und 35 StGB wird sich der Verdeckte Ermittler nur in besonders gelagerten und situativ nicht vorhersehbaren Einzelfällen berufen können.[69]

d) Tatprovokation. Eine Tatprovokation bzw. ein Lockspitzeleinsatz ist nach gefestigter Rspr. des BGH zulässig.[70] Sie stellen Maßnahmen der Strafverfolgung dar und sind zur Bekämpfung besonders gefährlicher und schwer aufklärbarer Kriminalität, zu der ua die Betäubungsmittelkriminalität zählt, **notwendig und zulässig.**[71] Ein solch tatprovozierendes Verhalten ist jedoch nur innerhalb der durch das Rechtsstaatsprinzip gezogenen Grenzen zulässig.[72] 41

aa) Voraussetzung für eine Tatprovokation. Indes liegt eine Tatprovokation nicht bereits dann vor, wenn eine Vertrauensperson eine andere Person darauf anspricht, ob diese ihr inkriminierte Güter wie etwa Betäubungsmittel oder erlaubnispflichtige Waffen verschaffen könne. Ebenso wenig liegt nach Auffassung des BGH eine Tatprovokation vor, wenn eine Vertrauensperson lediglich die Bereitschaft eines anderen zur Begehung von Straftaten ausnutzt.[73] Hingegen soll eine Tatprovokation durch eine Vertrauensperson gegeben sein, wenn diese über das bloße Mitmachen hinaus entweder in Richtung auf **die Weckung einer Tatbereitschaft oder aber Intensivierung der Tatplanung** mit einiger Erheblichkeit stimulierend auf den Täter einwirkt.[74] Diese Kriterien ermöglichen vielfach keine trennscharfe Abgrenzung. Ihre praktische Schwäche liegt darin begründet, dass häufig nur aufgrund äußerer Umstände Rückschlüsse auf die Tatbereitschaft bzw. Tatplanung des Angeklagten möglich sind und auch der Maßstab „mit einiger Erheblichkeit" ungenau ist. 42

bb) Zulässige Tatprovokation. Eine zulässige Tatprovokation liegt nach Auffassung des BGH nur vor, wenn die Vertrauensperson bzw. der Verdeckte Ermittler gegen Personen eingesetzt werden, gegen die bereits ein **den §§ 152 Abs. 2, 160 vergleichbarer Verdachtsgrad** besteht. Es müssen mithin zureichende tatsächliche Anhaltspunkte dafür vorliegen, dass die Zielperson an einer begangenen Straftat beteiligt war oder aber zu einer zukünftigen Straftat bereit ist. Die so verstandene Tatprovokation nimmt mithin in Kauf, dass sich die Gefahr, der das Strafrecht eigentlich entgegenwirken will, in einer nach Hoffnung der Strafverfolgungsbehörde kontrollierten Straftat der Zielperson konkretisiert.[75] 43

cc) Folgen einer Tatprovokation. Jedwede Tatprovokation, gleichgültig ob diese nach den vorstehenden Kriterien als zulässig oder aber unzulässig zu bewerten ist, muss in den Urteilsgründen festgestellt und **bei der Strafzumessung berücksichtigt** werden. Sie führt grundsätzlich zu einer Strafmilderung. Deren Maß hängt von den Umständen des Einzelfalls und dabei insbesondere vom Ausmaß der Einflussnahme ab. Erhebliche Beeinflussungen können namentlich in Fällen unzulässiger Tatprovokationen von der Verneinung eines besonders schweren Falls trotz Vorliegens benannter Regelbeispiele über die Annahme eines minder schweren Falles und das Zurückgehen auf die gesetzliche Mindeststrafe bis 44

[68] Vgl. *Schwarzburg* NStZ 1995, 469 (470); *Hund* NStZ 1993, 571 (572).
[69] Vgl. *Hilger* NStZ 1992, 523 (525 Fn. 161); *Meyer-Goßner* Rn. 4.
[70] Vgl. BGH 16.3.1995 – 4 StR 111/95, NStZ 1995 (506); BGH 30.5.2001 – 1 StR 42/01, NJW 2001, 2981.
[71] BGH 17.3.1994 – 1 StR 1/94, NStZ 1994, 335.
[72] BGH 23.5.1984 – 1 StR 148/84, NJW 1984, 2300.
[73] BGH 30.5.2001 – 1 StR 42/01, NJW 2001, 2981.
[74] BGH 18.11.1999 – 1 StR 221/99, NJW 2000, 1123 (1127).
[75] BGH 18.11.1999 – 1 StR 221/99, NJW 2000, 1123, (1127).

hin zur Einstellung des Verfahrens nach §§ 153, 153a führen. Selbst bei Verbrechen soll eine Verwarnung mit Strafvorbehalt noch möglich sein.[76]

45 In seiner Entscheidung vom 18.11.1999[77] hat der BGH im Hinblick auf den Grundsatz des fairen Verfahrens und dessen Auslegung durch den EGMR für den Fall eines konventionswidrigen Lockspitzeleinsatzes entschieden, dass ein solche Verstoß und damit ein unzulässiger Lockspitzeleinsatz kein Beweisverwertungsverbot oder gar Verfahrenshindernis nach sich zieht. Ein solcher Verstoß sei vielmehr in den Urteilsgründen als schuldunabhängiger Strafmilderungsgrund von besonderem Gewicht festzustellen und bei der Strafzumessung im Rahmen einer „Schattenstrafe" genau zu bemessen und zu kompensieren. Das Maß der Kompensation für das konventionswidrige Handeln sei dabei gesondert zum Ausdruck zu bringen **(Strafzumessungslösung).**

46 Das **BVerfG** hat in seinen Entscheidungen vom 19.10.1994[78] und 18.5.2001[79] indes zum Ausdruck gebracht, dass in Ausnahmefällen mit Blick auf die Menschenwürde des Einzelnen und das Rechtsstaatsprinzip der Einsatz eines Lockspitzels auch zu einem Verfahrenshindernis führen könne.

47 **3. Maßnahmen der Prävention.** Befugnisse aus „anderen Rechtsvorschriften" gemäß S. 3 sind insbesondere solche, die sich aus dem Recht der Gefahrenabwehr und damit maßgeblich aus den Polizeigesetzen des Bundes und der Länder ergeben. Da der Verdeckte Ermittler als Polizeibeamter repressiv wie präventiv tätig werden kann, entstehen nicht selten „doppelfunktionale Gemengelage",[80] die die schwierige Frage aufwerfen, nach welcher Vorschrift sich die Tätigkeit des Verdeckten Ermittlers in dieser Situation richtet. Zumeist wird entscheidend sein, wo der Schwerpunkt des Einsatzes liegt.[81]

§§ 110d, 110e (aufgehoben)

§ 111 [Kontrollstellen auf Straßen und Plätzen]

(1) [1]Begründen bestimmte Tatsachen den Verdacht, daß eine Straftat nach § 89a des Strafgesetzbuchs oder nach § 129a, auch in Verbindung mit § 129b Abs. 1, des Strafgesetzbuches, eine der in dieser Vorschrift bezeichneten Straftaten oder eine Straftat nach § 250 Abs. 1 Nr. 1 des Strafgesetzbuches begangen worden ist, so können auf öffentlichen Straßen und Plätzen und an anderen öffentlich zugänglichen Orten Kontrollstellen eingerichtet werden, wenn Tatsachen die Annahme rechtfertigen, daß diese Maßnahme zur Ergreifung des Täters oder zur Sicherstellung von Beweismitteln führen kann, die der Aufklärung der Straftat dienen können. [2]An einer Kontrollstelle ist jedermann verpflichtet, seine Identität feststellen und sich sowie mitgeführte Sachen durchsuchen zu lassen.

(2) Die Anordnung, eine Kontrollstelle einzurichten, trifft der Richter; die Staatsanwaltschaft und ihre Ermittlungspersonen (§ 152 des Gerichtsverfassungsgesetzes) sind hierzu befugt, wenn Gefahr im Verzug ist.

(3) Für die Durchsuchung und die Feststellung der Identität nach Absatz 1 gelten § 106 Abs. 2 Satz 1, § 107 Satz 2 erster Halbsatz, die §§ 108, 109, 110 Abs. 1 und 2 sowie die §§ 163b und 163c entsprechend.

Schrifttum: *Achenbach,* Vorläufige Festnahme; Identifizierung und Kontrollstelle im Strafprozess, JA 1981, 660; *Benfer,* Grundrechtseingriffe im Ermittlungsverfahren, 2. Aufl., 1990; *Eisenberg/Puschke/Singelstein,* Über-

[76] BGH 18.11.1999 – 1 StR 221/99, NJW 2000, 1123, (1128).
[77] BGH 18.11.1999 – 1 StR 221/99, NJW 2000, 1123.
[78] BVerfG 19.10.1994 – 2 BvR 435/87, NStZ 1999, 95.
[79] BverfG 18.5.2001 – 2 BvR 693/01, BeckRS 2001 30181629.
[80] Löwe/Rosenberg/*Schäfer* § 110a Rn. 9.
[81] Löwe/Rosenberg/*Schäfer* § 110a Rn. 9.

wachung mittels RFID-Technologie – Aspekte der Ausforschung und Kontrolle mit neuartigen Funk-Chips, ZRP 2005, 9; *Guckelberger,* Zukunftsfähigkeit landesrechtlicher Kennzeichenabgleichsnormen, NVwZ 2009, 352; *Kuhlmann,* Kontrollstellen – Probleme um § 111, DRiZ 1978, 238; *Kurth,* Identitätsfeststellung, Einrichtung von Kontrollstellen und Gebäudedurchsuchung nach neuem Recht, NJW 1979, 1377; *Riegel,* Inhalt und Bedeutung des neuen § 111, NJW 1979, 148; *Sangenstedt,* Gesetzessystematischen und verfassungsrechtliche Probleme der strafprozessualen Kontrollregelung (§ 111 StPO), StV 1985, 117; „Gehören Vorbereitungshandlungen nach § 30 StGB zum Deliktsbereich von Katalogtaten", NStZ 1990, 257; *Schröder,* Eine funktionale Analyse der strafprozessualen Zwangsmittel, JZ 1998, 1028.

Übersicht

A. Erläuterung

I. Regelungsinhalt des § 111

1 Die Vorschrift gestattet zum Zwecke der Ergreifung des Täters oder zur Sicherstellung von Beweismitteln, auf Straßen, Plätzen oder an anderen öffentlichen Orten so genannte Kontrollstellen einzurichten. Dies sind Stellen, an denen nach Abs. 1 S. 2 **jedermann, gleich ob Verdächtiger oder Unverdachtiger verpflichtet ist, seine Identität feststellen und sich sowie von ihm mitgeführte Sachen** durchsuchen zu lassen.[1] Voraussetzung für die Einrichtung derartiger Stellen ist der Verdacht der Begehung bestimmter Staatsschutzdelikte, etwa solcher nach den §§ 89a, 129a StGB.

II. Gegenstand der Eingriffsbefugnis

2 Maßnahmen gemäß § 111 greifen in das Grundrecht der **Freiheit der Person** nach Art. 2 Abs. 2 S. 2 GG ein. Dieser Artikel wird im Hinblick auf das Zitiergebot des Art. 19 Abs. 1 S. 2 GG in Art. 4 des Gesetzes zur Änderung der StPO vom 14.4.1978,[2] mit dem § 111 in die StPO eingestellt worden war, zitiert.

III. Materielle Eingriffsvoraussetzungen (Abs. 1)

3 Voraussetzung für die Einrichtung von Kontrollstellen ist, dass auf Grund **bestimmter Tatsachen** der Verdacht besteht, dass eine **Straftat der in S. 1 genannten Art** begangen wurde und weiter tatsächliche Anhaltspunkte dafür vorliegen, dass die Maßnahme entweder zur **Ergreifung des Täters** oder zur **Sicherstellung von Beweismitteln** führen wird. Als in Grundrechte Dritter eingreifende Maßnahme muss die Anordnung einer Kontrollstelle schließlich auch **verhältnismäßig** sein.

---

[1] *Achenbach* JA 1981, 660.
[2] BGBl. I 497.

4 **1. Anlasstatenkatalog (S. 1).** Zu den in S. 1 **abschließend aufgeführten Straftaten** zählen § 129a (Bildung terroristischer Vereinigungen), § 129b (kriminelle oder terroristische Vereinigungen im Ausland), eine der zahlreichen in § 129a bezeichneten Straftaten, ua Mord und Totschlag nach §§ 211, 212 StGB, Völkermord gemäß § 6 des VStGB, der erpresserische Menschenraub bzw. die Geiselnahme nach §§ 239a, 239b StGB, bestimmte gemeingefährliche Straftaten sowie der schwere Raub nach § 250 Abs. 1 Nr. 1 StGB.

5 Taugliche Anlasstat sind dabei **sämtliche von § 250 Abs. 1 Nr. 1 StGB erfassten Begehungsvarianten,** mithin auch das Mitsichführen eines Werkzeugs iSv Nr. 2 bzw. die Herbeiführung der Gefahr einer schweren Körperverletzungen für eine andere Person nach Nr. 3. In diesem Zusammenhang wird auch die Auffassung vertreten, eine Kontrollstelle dürfe im Falle des § 250 Abs. 1 Nr. 1 nur angeordnet werden, wenn der Verdacht der Verwendung einer Schusswaffe bestehe.[3] Begründet wird dies mit der Erwägung, § 250 Abs. 1 Nr. 1 StGB habe zum Zeitpunkt des Inkrafttretens des § 111 allein diese Begehungsweise erfasst, der Gesetzgeber mithin allein sie im Blick gehabt. Bei der Erweiterung des § 250 Abs. 1 Nr. 1 StGB durch das sechste Strafrechtsänderungsgesetz sei es versäumt worden, die Regelung des § 111 einschränkend anzupassen. Diese historisch orientierte Auslegung ist jedoch mit dem Wortlaut des § 111 nicht vereinbar. Er erfasst ohne Einschränkung „eine Straftat nach § 250 Abs. 1 Nr. 1" und hat mit der Erweiterung dieser Strafrechtsnorm auch eine Ausdehnung seines Anwendungsbereichs erfahren.

6 Da nach § 255 StGB der Täter einer **räuberischen Erpressung** „gleich einem Räuber zu bestrafen" ist, soll die Einrichtung einer Kontrollstelle nach abzulehnender Auffassung[4] auch bei einer räuberischen Erpressung und Verwendung einer Schusswaffe zulässig sein. Diese Auffassung ist mit dem Wortlaut der Vorschrift nicht vereinbar und deshalb abzulehnen.[5]

7 Auch der **Versuch** einer der Katalogtaten des § 111 rechtfertigt nach zutreffender allgA die Anordnung von Kontrollstellen.[6] Dies gilt nach allgM[7] allerdings nicht für den **Versuch der Beteiligung** nach § 30 StGB.[8]

8 **2. Verdacht auf Grund bestimmter Tatsachen (S. 1).** Wie andere Eingriffsnormen, etwa die der Telekommunikationsüberwachung nach § 100a Abs. 1 S. 1 bzw. das Abhören außerhalb von Wohnungen gemäß § 100f Abs. 1, verlangt auch § 111, dass „bestimmte Tatsachen" den Verdacht einer Katalogtat nach § 111 begründen. Der Tatverdacht muss dabei nach allgM[9] weder hinreichend iSd § 203 noch dringend iSd § 112 sein. Erforderlich ist indes, dass der Verdacht auf **schlüssiges Tatsachenmaterial** gestützt werden kann und damit über vage Anhaltspunkte oder bloße Vermutungen hinausgeht. Auf der Grundlage eines solchen Tatsachenmaterials kann dann freilich basierend auf kriminalistischen Erfahrung geschlossen werden, dass eine der in S. 1 genannten Anlasstaten des § 111 begangen wurde.

9 **3. Erfolgsprognose (S. 1).** Die Einrichtung einer Kontrollstelle ist nach Abs. 1 S. 1 nur zulässig – mag die Maßnahme letztlich auch erfolglos bleiben, wenn „**Tatsachen die Annahme rechtfertigen,** dass diese Maßnahme zur Ergreifung des Täters oder zur Sicherstellung von Beweismitteln führen kann". Auch die Erfolgsprognose erfordert mithin auf der Grundlage sinnlich wahrnehmbarer, konkreter Umstände die Erwartung, dass die beabsichtigte Kontrollstelle an dem vorgesehenen Ort während eines bestimmten Zeitraums zur Ergreifung des Täters oder zur Sicherstellung von Beweismitteln führen könnte. Erforderlich ist somit eine **gewisse Wahrscheinlichkeit,** dass der mit der Maßnahme beabsich-

---

[3] So Löwe/Rosenberg/*Schäfer* Rn. 8.
[4] Für eine Anwendung an in diesen Fällen: Löwe/Rosenberg/*Schäfer* Rn. 8; *Meyer-Goßner* Rn. 3.
[5] Ebenso: SK-StPO/*Rudolphi* Rn. 4; *Achenbach* JA 1981, 655; *Kurth* NJW 1979, 1382.
[6] Löwe/Rosenberg/*Schäfer* Rn. 8; *Meyer-Goßner* Rn. 3; BeckOK-StPO/*Huber* Rn. 2.
[7] Ebenso KK-StPO/*Bruns* Rn. 5; *Meyer-Goßner* Rn. 3; BeckOK-StPO/*Huber* Rn. 2; aA Löwe/Rosenberg/*Schäfer* Rn. 8.
[8] Zur Problematik grundsätzlich: *Schnarr* NStZ 1990, 257.
[9] *Meyer-Goßner* Rn. 4; Löwe/Rosenberg/*Schäfer* Rn. 10; aA *Sangenstedt* StV 1985, 117 (124).

tigte Erfolg eintritt. Diese Prognose muss sich zur Gewährleistung einer auf den Einzelfall bezogenen Prüfung zwingend ebenfalls auf **tatbezogene Umstände** stützen. So müssen Maßnahmen zum Zwecke der Ergreifung des Täters regelmäßig einen örtlichen Bezug entweder zum Tat- oder aber zum mutmaßlichen Aufenthaltsort des Täters haben. Kontrollstellen in Tatortnähe müssen darüber hinaus anders als solche in (der späteren) Aufenthaltsnähe zudem in einem engen zeitlichen Zusammenhang mit der Tat durchgeführt werden. Kontrollstellen an vermuteten Aufenthaltsorten bedürfen konkreter Anhaltspunkte dafür, dass sich die gesuchte Person tatsächlich in dieser Umgebung aufhält.

4. Zweck der Maßnahme (S. 1). Kontrollstellen dürfen einzig zur Ergreifung des Täters oder zur Sicherstellung von Beweismitteln durchgeführt werden. § 111 rechtfertigt mihin **keine allgemeinen Polizeikontrollen.**[10] 10

a) Ergreifung des Täters. „Täter" im Sinne von Abs. 1 S. 1 – wobei der Gesetzgeber hier einen wenig glücklichen Begriff verwendet – ist jeder, der im Verdacht steht, eine Anlasstat begangen zu haben. Der Begriff des Täters ist weit auszulegen und umfasst entsprechend der Dichotomie der Beteiligungsformen nach Maßgabe der §§ 25 ff. StGB Täter wie Teilnehmer, **mithin die an der Tat Beteiligten.** Dies kann unmittelbar aus Abs. 1 abgeleitet werden. So erfordert dessen S. 1 Hs. 1 den Verdacht, dass bestimmte „Straftaten (...) begangen wurden", eine weitergehende Eingrenzung auf eine bestimmte Form der Beteiligung, etwa eine täterschaftliche Begehungsweise nach § 25 StGB, hat der Gesetzgeber nicht vorgenommen. Miterfasst sind deshalb nach wohl allgM auch die Anstiftung (§ 26 StGB) und die Beihilfe (§ 27 StGB).[11] Die Ergreifung des mutmaßlichen Täters gleich in welcher der vorgenannten Formen er an der Tat beteiligt war, entspricht dem Sinn dieser Vorschrift; eine Einschränkung des Inhalts, dass die Maßnahme allein zur Ergreifung des Täters iSd § 25 StGB dienen soll, findet weder im Gesetzeswortlaut noch in den Gesetzesmaterialien eine Stütze.[12] 11

b) Sicherstellung von Beweismitteln. Nach Abs. 1 S. 1 dürfen Kontrollstellen auch zur Sicherstellung solcher Beweismittel eingerichtet werden, „die zur Aufklärung der Straftat dienen können". Diese Funktion ist freilich jedem Beweismittel immanent. Der Gesetzgeber wollte mit dieser Umschreibung vielmehr zum Ausdruck bringen, dass es sich um **besonders wichtige Beweismittel** handeln muss.[13] Soll eine Kontrollstelle einzig diesem Zweck dienen, erfordert der Grundsatz der Verhältnismäßigkeit eine besonders eingehende Prüfung. In Fällen dieser Art wird dem Verhältnismäßigkeitsgebot in noch stärkerem Maße als bei der Einrichtung von Kontrollstellen zur Ergreifung des Täters eine eingriffslimitierende Wirkung zukommen. 12

5. Verhältnismäßigkeit. Wie jede Eingriffsmaßnahme muss auch die Einrichtung einer Kontrollstelle im konkreten Einzelfall zur Zweckerreichung geeignet, erforderlich und im engeren Sinne verhältnismäßig sein. Dem Gesichtspunkt der **Erforderlichkeit**, mithin der Frage, ob im Einzelfall tatsächlich kein eignungsgleiches Mittel mit geringerer Eingriffsintensität zur Verfügung steht, ist bei Kontrollstellen schon deshalb besondere Aufmerksamkeit zu widmen, weil der Maßnahme eine erhebliche Breitenwirkung zukommt. Sie betrifft weitestgehend und im Falle ihrer Erfolgslosigkeit (mit Ausnahme des Falles, dass der kontrollierte Täter unentdeckt geblieben ist) ausschließlich unbeteiligte Dritte. Unter allen Zwangsmaßnahmen kommt ihr damit eine atypische Breitenwirkung zu.[14] Aus diesem Grund wird die Einrichtung einer Kontrollstelle allein zur Sicherstellung von Beweismitteln nur 13

---

[10] *Benfer* S. 701; gegen die Heranziehung von § 111 als Rechtsgrundlage für Maßnahmen des Kennzeichenabgleichs *Guckelberger* NVwZ 2009, 352 (355), Eisenberg/Puschke/*Singelstein* ZRP 2005, 9 (11).

[11] Ebenso BeckOK-StPO/*Huber* Rn. 4; *Meyer-Goßner* Rn. 5; *Schroeder* JZ 85, 1032; aA KMR-StPO/*Müller* Rn. 3; SK-StPO/*Rudolphi* Rn. 6.

[12] BT-Drs. 8/1482, 9 f.

[13] *Kurth* NJW 1979, 1382.

[14] *Sangenstedt* StV 1985, 117 (123).

ausnahmsweise und insbesondere in den Fällen in Betracht kommen, in denen den gesuchten Gegenständen zugleich ein Gefährdungspotential innewohnt, wie dies etwa bei Schusswaffen oder Betäubungsmitteln der Fall ist.[15]

IV. Formelle Eingriffsvoraussetzungen

14 **1. Zuständigkeit für die Anordnung (Abs. 2).** Zuständig für die Anordnung der Maßnahme ist nach Abs. 2 grundsätzlich „der Richter", dh das **Ermittlungsgericht** gemäß §§ 162, 169. Bei **Gefahr im Verzug** (zum Begriff → § 100b Rn. 5) sind auch die Staatsanwaltschaft und ihre Ermittlungspersonen (§ 152 GVG) zur Anordnung einer Kontrollstelle befugt. Wenngleich der Ermittlungsrichter nach § 162 Abs. 1 S. 1 grundsätzlich erst auf Antrag der Staatsanwaltschaft tätig wird, kann jener unter den Voraussetzungen des § 165 die Maßnahme auch ohne einen Antrag der Staatsanwaltschaft anordnen. Polizeibeamte sollten auf Grund des Umstandes, dass die Maßnahme ganz überwiegend in Grundrechte unbeteiligter Dritter eingreift und deshalb auf eine weitestgehende Justizförmigkeit des Verfahrens Bedacht zu nehmen ist, die Maßnahme nur dann anordnen, wenn weder ein Ermittlungsrichter noch ein Staatsanwalt zu erreichen ist.[16] Für Fälle dieser Art sieht Abs. 2 eine richterliche Bestätigung nicht vor. Sie ist mithin entgegen anderslautender Stimmen,[17] die sich für eine entsprechende Anwendung des § 100b Abs. 1 S. 3 aussprechen, nicht erforderlich. Auch wenn der Gesetzgeber für vergleichbare oder gar weniger eingriffsintensive Maßnahmen wie die der Beschlagnahme nach § 98 Abs. 2 S. 1 eine richterliche Bestätigung vorgesehen hat und der Verzicht auf eine solche im Falle des § 111 unverständlich erscheint, kommt eine analoge Anwendung des § 100b Abs. 1 S. 3 bereits deshalb nicht in Betracht, weil vorliegend nicht von einer planwidrigen und damit auslegungsbedürftigen Regelungslücke auszugehen ist.[18]

15 **2. Form der Anordnung.** Die richterliche Anordnung hat durch einen **schriftlichen und gemäß § 34 zu begründenden Beschluss** zu ergehen. Dies schließt nicht aus, dass der Ermittlungsrichter in eilbedürftigen Fällen die vom ihm getroffene Entscheidung der Polizei vorab mündlich (in der Regel telefonisch) übermittelt und sie erst sodann schriftlich niederlegt. Staatsanwaltschaft und Polizei können ihre Entscheidung ebenfalls mündlich treffen, sind dann freilich gehalten, Inhalt und Gründe ihrer Anordnung in den Akten zu dokumentieren.

16 **3. Inhalt der Anordnung.** Zwar enthält § 111, anders als die Vorschrift des § 100b Abs. 2 S. 2 für die Telekommunikationsüberwachung und § 100d Abs. 2 S. 2 für die akustische Wohnraumüberwachung keine Vorgaben hinsichtlich des Inhalts der Entscheidungsformel. Indes gebieten rechtsstaatliche Aspekte und hier insbesondere der Richtervorbehalt nach Auffassung des BGH,[19] dass auch in den Fällen des § 111 **„der Richter die nach Sachlage möglichen und notwendigen Begrenzungen** in dem Anordnungsbeschluss selbst festlegt". Es sei – so der BGH – mit dem Gesetzeszweck nur schwer vereinbar, wenn die Polizei ermächtigt würde, für einen längeren Zeitraum und nach ihrem Ermessen zu jeder Tages- und Nachtzeit und an allen öffentlich zugänglichen Orten der Bundesrepublik Kontrollstellen einzurichten. Es müssen mithin zumindest Lage und Dauer der Kontrollstellen präzisiert werden. Die Angabe der genauen Anzahl der einzelnen Kontrollpunkte und deren präzise geografischen Lage wird indes vielfach zum Zeitpunkt der Anordnung noch nicht möglich sein, sondern sich erst im Zuge der Umsetzung der Anordnung ergeben und kann deshalb auch nicht gefordert werden.[20]

---

15 Vgl. *Kurth* NJW 1979, 1382.

16 Ebenso Löwe/Rosenberg/*Schäfer* Rn. 17, *Meyer-Goßner* Rn. 15.

17 *Sangenstedt* StV 85, 126; SK-StPO/*Rudolphi* Rn. 18.

18 So auch Löwe/Rosenberg/*Schäfer* Rn. 19; *Meyer-Goßner* Rn. 15.

19 BGH 30.9.1988 – 1 BJs 193/84, NStZ 1989, 81 (82).

20 So zutreffend Löwe/Rosenberg/*Schäfer* Rn. 20; zu Schwierigkeiten bei der Lokalisierung vgl. *Kuhlmann* DRiZ 1978, 238 (239).

Entgegen weit verbreiteter Auffassung[21] muss die Anordnung unabdingbar eine **zeitliche Beschränkung** enthalten, weil ansonsten der Richtervorbehalt ins Leere liefe. Aus diesem Grund muss auch die Lage der Kontrollstellen **jedenfalls so genau bezeichnet** werden, dass eine eindeutige Überprüfung dahingehend vorgenommen werden kann, ob die sodann tatsächlich eingerichteten Kontrollpunkte noch von der Anordnung gedeckt sind. **17**

V. Eingriffshandlungen

§ 111 berechtigt die Strafverfolgungsbehörden, „auf öffentlichen Straßen und Plätzen und an anderen öffentlich zugänglichen Orten Kontrollstellen" einzurichten, an denen nach Maßgabe von S. 2 „jedermann verpflichtet (ist), seine **Identität feststellen** und sich sowie mitgeführte **Sachen durchsuchen** zu lassen." **18**

1. Kontrollstellen. Unter den Anwendungsbereich des § 111 fallen ausschließlich solche Kontrollstellen, an denen aufgrund einer entsprechenden Anordnung zu strafprozessualen Zwecken entweder nach dem Beschuldigten gefahndet oder nach Beweismitteln gesucht wird. Allein für diesen Fall werden den die Maßnahme vollziehenden Beamten die weitreichenden Befugnisse nach Abs. 1 S. 2 eingeräumt, wonach sie **verdächtige wie unverdächtige Personen** einer Identitätskontrolle unterziehen und sämtliche dieser Personen sowie die von ihnen mitgeführten Sachen durchsuchen dürfen. **19**

Kontrollstellen iSd § 111 dürfen ausschließlich **an öffentlich zugänglichen Orten** errichtet werden. Die in S. 1 genannten öffentlichen Straßen und Plätze sind lediglich signifikante, indes nicht abschließend aufgezählte Beispiele für solche Orte. Öffentlich zugänglich sind **alle dem öffentlichen Verkehr gewidmeten bzw. tatsächlich öffentlich zugänglichen Orte.** Dass deren Zugang im Einzelfall nach Zweck und Zeit beschränkt ist, ist unbeachtlich. Befriedetes privates Besitztum wie etwa die Verkaufsräume eines Geschäftes oder die Räume einer Gaststätte stellen hingegen keine öffentlichen Orte iS dieser Vorschrift dar.[22] **20**

2. Befugnisse an den Kontrollstellen (Abs. 1 S. 2). Rechtsgrundlage für die anlässlich einer Kontrollstelle durchgeführten **einzelnen Identitätsfeststellungen und Durchsuchungen** ist die Anordnung nach § 111. Die Verpflichtung der Betroffenen, derartige Maßnahmen zu dulden, ergibt sich unmittelbar aus Abs. 1 S. 2. Es bedarf mithin keiner weiteren richterlichen Anordnung etwa nach Maßgabe der §§ 102 bzw. 103.[23] Der aus diesen beiden Vorschriften abzuleitende Umstand, dass der Verdächtige die Durchsuchung seiner Person und seiner Sachen in einem weitergehenden Umfang hinnehmen muss als der Unverdächtige, gilt für Durchsuchungen im Rahmen einer Kontrollstelle somit nicht. Dies würde dem Sinn der Maßnahme widersprechen.[24] **21**

Da es sich um eine offene Ermittlungsmaßnahme handelt und die mit ihrem Vollzug beauftragten Polizeibeamten die ihnen zustehenden Rechte nicht ohne weitere Erklärung gegenüber den Betroffenen ausüben dürfen, sind alle betroffenen Personen über die Maßnahme als solches, den Grund ihrer Anordnung und die Person des Beschuldigten entsprechend der Regelung in § 69 Abs. 1 S. 2 **zu unterrichten.** Dies ergibt sich für den Fall der Identitätsfeststellung auf Grund des Verweises in § 163b Abs. 2 S. 1 auf jene Vorschrift. Auch wenn § 111 Abs. 3 für den Fall der Durchsuchung nicht auf § 107 S. 1 verweist, wonach den von einer Durchsuchung gemäß §§ 102, 103 Betroffenen nach Beendigung auf Verlangen eine schriftliche Mitteilung ua über den Grund der Maßnahme zu machen ist, kann ein entsprechender Anspruch auf Unterrichtung im Fall des § 111 unmittelbar aus dem allgemeinen Persönlichkeitsrecht des Art. 2 Abs. 1 GG iVm Art. 1 Abs. 1 GG abgeleitet werden. In welcher Weise die die Maßnahme vollziehenden Polizeibeamten diese Unter- **22**

---

[21] Löwe/Rosenberg/*Schäfer* Rn. 20; *Meyer-Goßner* Rn. 16.
[22] BeckOK-StPO/*Huber* Rn. 7.
[23] BT-Drs. 8/1482, 10; *Kurth* NJW 1979, 1382.
[24] Löwe/Rosenberg/*Schäfer* Rn. 25.

richtung vornehmen, ob durch Einzelhinweise oder in allgemeiner Form durch Informationsblätter, Stelltafeln oder Lautsprecherdurchsagen, bleibt den ihnen überlassen.

23 **a) Identitätsfeststellung.** Die von einer Kontrollstelle betroffenen Personen sind im Rahmen ihrer Identitätsfeststellung nicht verpflichtet, weitergehende Angaben zu machen als dies § 111 OWiG vorsieht. Sie müssen somit Angaben zu **Vor-, Familien- oder Geburtsnamen, Ort und Tag ihrer Geburt, Familienstand, Beruf, Wohnort sowie ihrer Staatsangehörigkeit** machen. Darüber hinausgehende Mitwirkungspflichten bestehen nicht. Kann ihre Identität nicht (verlässlich) oder vor Ort nur mit erheblichen Schwierigkeiten festgestellt werden, dürfen die Betroffenen nach § 163b Abs. 1 S. 2 auch vorübergehend festgehalten und nach § 163b Abs. 1 S. 3 zum Zwecke der Identitätsfeststellung durchsucht bzw. erkennungsdienstliche Maßnahmen an ihnen durchgeführt werden. Gemäß § 163c Abs. 1 S. 1 dürfen die Betroffenen dabei freilich in keinem Fall länger festgehalten werden, als dies zur Feststellung ihrer Identität unerlässlich ist. Im Falle des Festhaltens sind die Betroffenen nach § 163c Abs. 1 S. 2 unverzüglich dem Richter vorzuführen. Dies ergibt sich aus Abs. 3, wonach die Regelungen der „§§ 163b und 163c entsprechend(e) Anwendung" finden.

24 Während nach Abs. 1 S. 2 **„jedermann"**, mithin Verdächtige wie unverdächtige Personen verpflichtet sind, ihre Identität feststellen zu lassen, differenziert der gemäß Abs. 3 entsprechend anzuwendende § 163b in seinen beiden Absätzen zwischen Verdächtigen (§ 163b Abs. 1) und Nichtverdächtigen (§ 163b Abs. 2) und lässt bei den Letztgenannten eine Identitätsfeststellung nur zu, „wenn und soweit dies zur Aufklärung einer Straftat geboten ist".

25 Die **entsprechende Anwendbarkeit des § 163b** führt nach Auffassung einzelner Stimmen[25] dazu, dass die in § 163b Abs. 1 S. 2 genannten Maßnahmen nach § 111 auch gegen Unverdächtige gleichermaßen und damit losgelöst von der Beschränkung in § 163b Abs. 1 S. 1 durchgeführt werden dürfen. Demgegenüber vertreten andere Stimmen[26] die Auffassung, das Festhalten eines Unverdächtigen und dessen erkennungsdienstliche Behandlung sei vielmehr nur unter den Voraussetzungen des § 163b Abs. 2 S. 2 zulässig.

26 Dem Zweck des § 111 trägt nach der hier vertretenen Ansicht allein eine vermittelnde Position Rechnung. Auszugehen ist zunächst vom eindeutigen Wortlaut des Abs. 1 S. 2, wonach ohne weitere Einschränkung zunächst „jedermann" zur Identitätsfeststellung verpflichtet ist. Diese Regelung ist gegenüber dem für „entsprechend" anwendbar erklärten Regelungsgehalt des § 163b vorrangig. Gleichwohl erscheint bei der Anwendung des § 111 in Anbetracht der Regelung in dessen Abs. 3, der § 163b für entsprechend anwendbar erklärt, eine „gewisse" Differenzierung geboten, da ein solcher Verweis sonst überflüssig wäre. Eine Differenzierung zwischen dem Verdächtigen und dem Nichtverdächtigen im klassischen Sinne des § 163b kann nur Sinn machen, **wenn der Tatverdächtige bereits identifiziert** ist. In diesen Fällen ist beim Vollzug der Maßnahme in Anbetracht ihrer erkennbaren Anwendungsbreite und sofern keine gegenteiligen Anhaltspunkte vorliegen, bei jeder zu kontrollierenden Person zunächst davon auszugehen, dass es sich um eine nicht der Tat verdächtige Person handelt. Es liegt mithin ein § 163b Abs. 2 vergleichbarer Fall vor. Die Identität einer Person darf hier nur in dem Umfang festgestellt werden, wie dies zur Feststellung erforderlich ist, ob eine Personenidentität mit dem gesuchten Tatverdächtigen besteht. Hierfür reichen regelmäßig Vor- und Familienname sowie Geburtsdatum aus.

27 Anders liegt der Fall, wenn sich die Maßnahme gegen einen **noch unbekannten Täter richtet.** Hier ist auch eine weitergehende Identitätsfeststellung entsprechend § 163b Abs. 1 und damit in einem mit § 111 OWiG vergleichbaren Umfang zulässig,[27] wenngleich die Frage der Geeignetheit in diesen Fällen einer besonders kritischen Prüfung bedarf. In Fällen dieser Art findet § 163b Abs. 2 nur auf solche Personen entsprechende Anwendung, die evident als Täter ausgeschlossen werden können. Auf alle übrigen Personen muss hingegen

---

[25] *Meyer-Goßner* Rn. 11; *Riegel* NJW 1979, 148.
[26] Löwe/Rosenberg/*Schäfer* Rn. 29; KK-StPO/*Bruns* Rn. 14.
[27] Vgl. *Meyer-Goßner* Rn. 4.

§ 163b Abs. 1 entsprechende Anwendung finden, soll die Maßnahme nach § 111 nicht leerlaufen.

b) Durchsuchung. Mit Durchsuchung iSv Abs. 1 ist ausschließlich eine solche **zum Zwecke des Auffindens von Beweismitteln** gemeint. Dies kann bereits dem Wortlaut von Abs. 1 S. 2 entnommen werden, der die Maßnahme der Identitätsfeststellung einerseits und die der Durchsuchung der Person des Betroffenen und seiner mitgeführte Sachen andererseits einander gegenüberstellt. Auch die Gesetzesmaterialien[28] sprechen für diese Auslegung. Zudem ergibt sich das Recht der Durchsuchung zum Zwecke der Identitätsfeststellung bereits aus § 163b.[29] 28

An einer Kontrollstelle haben sich alle Personen, bei denen eine Verbindung mit den gesuchten Tätern **nicht von vornherein ausgeschlossen** werden kann, durchsuchen zu lassen.[30] Werden im Rahmen der Durchsuchung Beweismittel feststellt und nicht freiwillig herausgegeben, sind diese nach Maßgabe der §§ 94, 98 zu beschlagnahmen. 29

Vor Beginn der Durchsuchung bei der Tat nicht verdächtigen Personen ist entweder der Gewahrsamsinhaber der Sache oder eine in dessen Abwesenheit zugezogene Person auf Grund des in Abs. 3 enthaltenen Verweises auf § 106 Abs. 2 S. 1 über den Zweck der Maßnahme **zu unterrichten.** Nach § 107 S. 2 Hs. 1 ist dem von der Maßnahme Betroffenen ein Verzeichnis der beschlagnahmten Gegenstände zu übergeben, nach § 108 können Zufallsfunde in Beschlag genommen werden, gemäß § 109 müssen sämtliche beschlagnahmten Gegenstände genau bezeichnet werden und entsprechend der Regelung in § 110 Abs. 1 dürfen Papiere nur durch die Staatsanwaltschaft bzw. auf deren Anordnung von ihren Ermittlungspersonen durchgesehen werden, sofern der Inhaber der Papiere deren Durchsicht nicht genehmigt (§ 110 Abs. 2). 30

Bei der Durchsuchung von Personen ist § 81d zu beachten. Danach ist eine Durchsuchung, sofern sie das **Schamgefühl** der betroffenen Person verletzen kann, durch eine Person desselben Geschlechts durchzuführen bzw. von einem Arzt oder einer Ärztin vorzunehmen. 31

c) Speicherung personenbezogener Daten (§ 163d Abs. 1). Gemäß § 163d Abs. 1 dürfen die anlässlich einer Kontrollstelle anfallenden Daten über die Identität von Personen sowie Umstände, die für die Aufklärung der Straftat oder für die Ergreifung des Täters von Bedeutung sein können, in einer Datei gespeichert werden. Voraussetzung hierfür ist, dass Tatsachen die Annahme rechtfertigen, dass die Auswertung der Daten zur **Ergreifung des Täters oder zur Aufklärung der Strafrat** führen kann und die Maßnahme nicht außer Verhältnis zur Bedeutung der Sache steht. 32

B. Rechtsbehelfe

Gegen die **bloße Anordnung** einer Kontrolle ist mangels Beschwer kein Rechtsmittel statthaft. Die Anordnung also solche greift noch nicht in Rechte Dritter ein; sie bildet lediglich die Rechtsgrundlage für die im Rahmen ihres Vollzuges durch die Polizei zu treffenden konkreten Anordnungen zur Identitätsfeststellung bzw. zur Durchsuchung.[31] Da der StPO eine Popularklage fremd ist, ist antragsbefugt nur, wer geltend macht, von einer in Vollzug der richterlichen Anordnung nach § 111 durchgeführten (konkreten) Maßnahme in eigenen Rechten betroffen zu sein.[32] 33

Wendet sich ein Betroffener gegen die Rechtmäßigkeit derartiger in **Vollzug der Anordnung getroffener Einzelmaßnahmen,** so hat hierüber nicht das Beschwerdege- 34

[28] BT-Drs. 8/1482, 10.
[29] Ebenso Löwe/Rosenberg/*Schäfer* Rn. 30.
[30] So zutreffend *Meyer-Goßner* Rn. 12.
[31] BGH 30.11.1988 – 1 BJs 89/86, NJW 1989, 1170.
[32] BGH 30.9.1988 – 1 BJs 193/84, NStZ 1989, 81.

richt, sondern in entsprechender Anwendung des § 98 Abs. 2 S. 2 der für die Anordnung der Kontrollstelle zuständige Richter zu entscheiden.[33] Erst gegen diese Entscheidungen kann sich der Betroffene mit der Beschwerde nach § 304 wenden.

35 Gegen die **Ablehnung eines Antrages auf Erlass** einer Kontrollstelle steht der Staatsanwaltschaft das Rechtsmittel der Beschwerde gemäß § 304 zu. Mit der Beschwerde angefochten werden können nach der Regelung in § 304 Abs. 4 S. 2 Nr. 1, Abs. 5 auch diejenigen erstinstanzlich durch das OLG bzw. vom Ermittlungsrichter beim BGH angeordneten Entscheidungen, die zu einer Durchsuchung geführt haben.

36 Für die Fälle, dass eine Kontrollstelle auf Grund von Gefahr im Verzug gemäß Abs. 2 durch die Staatsanwaltschaft oder deren Ermittlungspersonen angeordnet worden war, sieht § 111 **eine richterliche Bestätigung nicht** vor.

C. Revision

37 Auf Fehler bei der Anordnung einer Kontrollstelle kann **die Revision nicht gestützt** werden. Zudem würden Fehler in diesem Zusammenhang regelmäßig nicht zu einem Beweisverwertungsverbot führen.[34]

§ 111a [Vorläufige Entziehung der Fahrerlaubnis]

(1) [1]Sind dringende Gründe für die Annahme vorhanden, daß die Fahrerlaubnis entzogen werden wird (§ 69 des Strafgesetzbuches), so kann der Richter dem Beschuldigten durch Beschluß die Fahrerlaubnis vorläufig entziehen. [2]Von der vorläufigen Entziehung können bestimmte Arten von Kraftfahrzeugen ausgenommen werden, wenn besondere Umstände die Annahme rechtfertigen, daß der Zweck der Maßnahme dadurch nicht gefährdet wird.

(2) Die vorläufige Entziehung der Fahrerlaubnis ist aufzuheben, wenn ihr Grund weggefallen ist oder wenn das Gericht im Urteil die Fahrerlaubnis nicht entzieht.

(3) [1]Die vorläufige Entziehung der Fahrerlaubnis wirkt zugleich als Anordnung oder Bestätigung der Beschlagnahme des von einer deutschen Behörde ausgestellten Führerscheins. [2]Dies gilt auch, wenn der Führerschein von einer Behörde eines Mitgliedstaates der Europäischen Union oder eines anderen Vertragsstaates des Abkommens über den Europäischen Wirtschaftsraum ausgestellt worden ist, sofern der Inhaber seinen ordentlichen Wohnsitz im Inland hat.

(4) Ist ein Führerschein beschlagnahmt, weil er nach § 69 Abs. 3 Satz 2 des Strafgesetzbuches eingezogen werden kann, und bedarf es einer richterlichen Entscheidung über die Beschlagnahme, so tritt an deren Stelle die Entscheidung über die vorläufige Entziehung der Fahrerlaubnis.

(5) [1]Ein Führerschein, der in Verwahrung genommen, sichergestellt oder beschlagnahmt ist, weil er nach § 69 Abs. 3 Satz 2 des Strafgesetzbuches eingezogen werden kann, ist dem Beschuldigten zurückzugeben, wenn der Richter die vorläufige Entziehung der Fahrerlaubnis wegen Fehlens der in Absatz 1 bezeichneten Voraussetzungen ablehnt, wenn er sie aufhebt oder wenn das Gericht im Urteil die Fahrerlaubnis nicht entzieht. [2]Wird jedoch im Urteil ein Fahrverbot nach § 44 des Strafgesetzbuches verhängt, so kann die Rückgabe des Führerscheins aufgeschoben werden, wenn der Beschuldigte nicht widerspricht.

[33] BGH 30.9.1988 – 1 BJs 193/84, NStZ 1989, 81.
[34] KK-StPO/*Bruns* Rn. 21.

(6) [1]In anderen als in Absatz 3 Satz 2 genannten ausländischen Führerscheinen ist die vorläufige Entziehung der Fahrerlaubnis zu vermerken. [2]Bis zur Eintragung dieses Vermerkes kann der Führerschein beschlagnahmt werden (§ 94 Abs. 3, § 98).

Schrifttum: *Albrecht,* Das neue Fahreignungsseminar bei Mehrfachtäter, DAR 2013, 13; *Backmann,* Ausnahmen vom Entzug der Fahrerlaubnis und vom Fahrverbot – Europarechtlicher Rahmen, SVR 2010, 281; *Busch,* Richtervorbehalt bei der Blutprobe, ZRP 2012, 79; *Buschbell,* Ausnahmen vom Entzug der Fahrerlaubnis und vom Fahrverbot, SVR 2010, 3; *Blum,* Ausländische Fahrerlaubnisse, NZV 2008, 176; *Bode,* Entziehung der Fahrerlaubnis im Strafverfahren und Besserung der Kraftfahreignung auffälliger Kraftfahrer, NZV 2004, 7; *Bouska/Laeverenz,* Fahrerlaubnisrecht – Straßenverkehrsgesetz, Fahrerlaubnis-Verordnung, Strafgesetzbuch, Strafprozessordnung, Internationale Regelungen, 3. Aufl., 2004; *Cierniak,* Beschwerde gegen die vorläufige Entziehung der Fahrerlaubnis und Revision, NZV 1999, 324; *Duttge,* Die notwendige Begrenzung der strafgerichtlichen Entziehung der Fahrerlaubnis nach § 69 Abs. 1 StGB, JZ 2006, 102; *Fickenscher/Dingelstadt,* Der Richtervorbehalt nach § 81a Abs. 2 StPO bei Trunkenheitsfahrten, NStZ 2009, 124; *Freyschmidt/Krumm,* Verteidigung in Straßenverkehrssachen, 10. Aufl., 2013; *Fromm,* Strafverteidigung in § 111a StPO-Verkehrsstrafverfahren, DV 2012, 93; *Gebhardt,* Die Nachschulung alkoholauffälliger Kraftfahrer und die gerichtliche Praxis, DAR 1981, 107; Geppert, Polizeiliche Sicherstellung von Kraftfahrzeugen im Rahmen der Verkehrsüberwachung?, DAR 1988, 12; *Gramse,* Verkehrsstraftat, Führerscheinbeschlagnahme, Wohnungsdurchsuchung, NZV 2002, 345; *Gübner/Krumm,* Verteidigungsstrategien bei drohender Fahrerlaubnisentziehung, NJW 2007, 2801; *Güntge,* Straßenverkehrsrecht – Beweisverwertungsverbote im Straf- und Ordnungswidrigkeitenverfahren, SchlHA 2011, 149; *Habetha,* Zur Anfechtbarkeit der vorläufigen Entziehung der Fahrerlaubnis nach Verurteilung durch die Strafkammer, NZV 2008, 605; *Hentschel,* Trunkenheit, Fahrerlaubnisentziehung, Fahrverbot im Straf- und Ordnungswidrigkeitenrecht, 10. Aufl., 2006; *ders.,* Ausnahme von der Fahrerlaubnissperre für Lkw und Busse?, NZV 2004, 285; *ders.,* Aufhebung der vorläufigen Entziehung der Fahrerlaubnis nach § 111a Abs. 2 StPO, DAR 1976, 9; *ders.,* Die vorläufige Entziehung der Fahrerlaubnis, DAR 1980, 168; *ders.,* Vorläufige Entziehung der Fahrerlaubnis – eine Übersicht zur Anwendung des § 111a StPO, DAR 1988, 89; *ders./Krumm,* Fahrerlaubnis und Alkohol, 5. Aufl., 2010; *Herzog,* Aus dem Verkehr ziehen – Eine Maßnahme der allgemeinen Verbrechensbekämpfung?, StV 2004, 151; *Hillmann,* Verteidigungsstrategien in Verkehrsstrafsachen im Hinblick auf die MPU, DAR 2008, 376; *Himmelreich,* Auswirkungen von Nachschulungen und Therapie bei Trunkenheitsdelikten im deutschen Strafrecht, DAR 1997, 465; *ders.,* Psychologische oder therapeutische Schulungs-Maßnahmen zwecks Reduzierung oder Aufhebung der Fahrerlaubnis-Sperre (§ 69a StGB) – ein Irrgarten für Strafrichter?, DAR 2005, 130; *ders.,* Bindungswirkung einer strafgerichtlichen Eignungs-Beurteilung gegenüber der Fahrerlaubnisbehörde bei einem Trunkenheitsdelikt mit einer BK von 1,6 ‰, NZV 2005, 337; *Himmelreich/Krumm/Staub,* „Ausnahmecharakter" der Tat oder der Person widerlegt Regelfall des Fahrerlaubnis-Entzugs gem. § 69 Abs. 2 StGB, DAR 2014, 46; *Koch,* Reformbedürftigkeit von Fahrerlaubnisentzug und Fahrverbot?, DAR 1977, 90; *Kotz,* Entschädigung für die (vorläufige) Entziehung der Fahrerlaubnis bzw. Sicherstellung oder Beschlagnahme des Führerscheins, VRR 2009, 367; *Kropp,* Zur Dauer der Ungeeignetheit im Rahmen des § 111a StPO, NStZ 1997, 471; *Krumm,* Die (Regel-) Beschränkung der vorläufigen Fahrerlaubnisentziehung auf „anlassbezogene" Kraftfahrzeugarten, NZV 2006, 234; *ders.;* Fahrverbot und Fahrerlaubnisentziehung bei langer Verfahrensdauer, NJW 2004, 1627; *ders.,* Ausnahmen vom Entzug der Fahrerlaubnis und vom Fahrverbot, ZRP 2010, 11; *ders.,* Beweisverwertungsverbot bei Anordnung der Blutentnahme durch Staatsanwaltschaft und Polizei?, SVR 2008, 297; *ders.,* Verteidigung gegen drohende Fahrerlaubnisentziehung, DAR 2013, 418; *Larsen,* Die Bedeutung der Nachschulung für die Verteidigung in Strafsachen wegen Trunkenheit im Verkehr mit hoher Blutalkoholkonzentration mit Blick auf die Vermeidung und/oder Vorbereitung auf die MPU, StraFo 1997, 298; *Meyer,* Ist das Gericht an einen Antrag der Staatsanwaltschaft auf Aufhebung der vorläufigen Entziehung der Fahrerlaubnis gebunden?, DAR 1986, 47; *Mitsch,* Fahren ohne Fahrerlaubnis und ohne Führerschein, NZV 2012, 512; *Müller/Trurnit;* Eilzuständigkeiten der Staatsanwaltschaft und des Polizeivollzugsdienstes in der StPO, StraFo 2008, 144; *Schäpe,* Ausnahmen vom Entzug der Fahrerlaubnis und vom Fahrverbot, Blutalkohol 47, 194 (2010); *Schmid,* Zur Kollision der sog „111a-Beschwerde" mit Berufung und Revision, Blutalkohol 33, 357 (1996); *Seier,* Verteidigung in Straßenverkehrssachen, 2011; *Trupp,* Widersprüchliches zur Führerscheinbeschlagnahme durch die Staatsanwaltschaft und ihre Hilfsbeamten, NZV 2004, 389; *Winkler,* Verbrechen und Vergehen gegen das Betäubungsmittelgesetz, NStZ 2006, 328; *Wittschier,* Antrag der Staatsanwaltschaft auf Aufhebung der vorläufigen Entziehung der Fahrerlaubnis im Ermittlungsverfahren, NJW 1985, 1324; *Wolffgramm,* Beschlagnahme des Führerscheins durch die Polizei, AnwBl BE 1995, 269.

Übersicht

I. Überblick

1 Die Regelung wurde durch das 1. StVSichG v. 19.12.1952 (BGBl. I 832) eingeführt und durch das 2. StVSichG v. 26.11.1964 (BGBl. I 921) geändert. Die Ausnahme nach Abs. 1 S. 2 wurde aufgrund des EGOWiG v. 24.4.1968 (BGBl. I 503) eingefügt. Zuletzt wurden Abs. 3 und 6 durch das StVGÄndG v. 28.4.1998 (BGBl. I 747) in Bezug auf die Umsetzung der Richtlinie 91/439/EWG des Rates v. 29.7.1991 geändert.[1]

2 Nach § 111a besteht die Möglichkeit, bereits vor einem rechtskräftigen Urteil die zu erwartende Entziehung der Fahrerlaubnis nach § 69 StGB (oder im Sicherungsverfahren nach § 71 Abs. 2 StGB, §§ 413 ff.) durchzusetzen. Die Maßnahme dient der Sicherung des Straßenverkehrs und stellt eine an zukünftiger Gefahr auszurichtende Maßregel der Besserung und Sicherung nach § 61 Nr. 5 StGB dar.[2] Es handelt es sich somit um eine **Präventivmaßnahme** zum Schutz der Allgemeinheit (entsprechend § 112a, § 126a, § 132a) vor gefährliche Verkehrsstraftaten durch ungeeignete Kraftfahrer.[3]

3 Die Maßnahme hat nicht den Charakter einer Nebenstrafe.[4] Nicht ausreichend ist lediglich die Erwartung, dass ein Fahrverbot nach § 44 StGB verhängt wird.[5] Der endgültige Fahrerlaubnisentzug und damit auch die vorläufige Entziehung der Fahrerlaubnis sind **ausgeschlossen,** wenn der Beschuldigte nicht mehr im Besitz einer Fahrerlaubnis ist und nur eine selbständige Sperre nach § 69a Abs. 1 S. 3 StGB in Betracht kommt.[6]

4 Gegen die Anordnung der Maßnahme nach § 111a bestehen aufgrund der besonderen Gefahren, die ansonsten durch die Teilnahme ungeeigneter Kraftfahrer am Straßenverkehr drohen, **keine durchgreifenden verfassungsrechtlichen Bedenken.**[7] Nachteile, die einem Beschuldigten in beruflicher oder in privater Hinsicht durch die vorläufige Entziehung der Fahrerlaubnis entstehen, müssen von ihm in Kauf genommen werden. Das gilt insbesondere für die damit zusammenhängende Gefahr des Arbeitsplatzverlustes.[8] Aufgrund der präventiven Zielrichtung kann sich die vorläufige Entziehung der Fahrerlaubnis auch

---

[1] Zur Entstehungsgeschichte vgl. ausführlich SK-StPO/*Wolter* Rn. 7; SSW-StPO/*Harrendorf* Rn. 1.

[2] BVerfG 7.6.2005 – 2 BvR 401/05, NStZ-RR 2005, 276; KG 1.4.2011 – 3 Ws 153/11 – 1 AR 446/11, StraFo 2011, 353; OLG München 27.7.1979 – 2 Ws 514/79, NStZ 1980, 1860; LG Kleve 21.4.2011 – 120 Qs 40/11, Blutalkohol 48, 249; Radtke/Hohmann/*Pegel* Rn. 1; Meyer-Goßner (*Schmitt*) Rn. 1; HK-StPO/*Gercke* Rn. 1; SK-StPO/*Wolter* Rn. 1; *Geppert* NStZ 2003, 288 (289); nach KK/*Bruns* Rn. 1 dient die Maßnahme auch der Strafverfolgung und späteren Strafvollstreckung. Zu den Verteidigungsstrategien vgl. *Gübner/Krumm* NJW 2007, 2801; *Fromm* DV 2012, 93; *Freyschmidt/Krumm* S. 226.

[3] BVerfG 4.9.1981 – 2 BvR 908/81, NStZ 1982, 78; BVerfG 25.9.2000 – 2 BvQ 30/00, NJW 2001, 357; BVerfG 15.3.2005 – 2 BvR 364/05, NJW 2005, 1767; OLG München 27.7.1979 – 2 Ws 514/79, NJW 1980, 1860; *Pfeiffer* Rn. 1; SSW-StPO/*Harrendorf* Rn. 2; Burmann/Heß/Jahnke/*Janker* Rn. 1; Löwe/Rosenberg/*Hauck*, 26. Aufl. Rn. 2; *Herzog* StV 2004, 151.

[4] OLG Stuttgart 20.11.2003 – 1 Ws 335/03, StraFo 2004, 27.

[5] Löwe/Rosenberg/*Hauck*, 26. Aufl. Rn. 8; SK-StPO/*Rogall* Rn. 15.

[6] KG 21.6.1999 – 1 AR 681/99 – 3 Ws 315/99, BeckRS, 16132.

[7] BVerfG 4.9.1981 – 2 BvR 908/81, NStZ 1982, 78; BVerfG 25.9.2000 – 2 BvQ 30/00, NJW 2001, 357; BVerfG 7.6.2005 – 2 BvR 401/05, NStZ-RR 2005, 276; Radtke/Hohmann/*Pegel* Rn. 1; *Buschbell* SVR 2010, 3.

[8] BVerfG 25.9.2000 – 2 BvQ 30/00, NJW 2001, 357; Thüringer OLG 31.7.2008 – 1 Ws 315/08, VRS 115, 353; unzutreffend AG Bad Homburg 3.2.1984 – 15 Js 28673/83-8 Cs; Berz/Burmann/*Hentschel*, 16. A. III 5g (→ Rn. 91a).

gegen **Schuldunfähige** richten.[9] Die Anlasstat, die im Zusammenhang mit dem Führen eines Kraftfahrzeugs erfolgt sein muss, darf nicht verjährt sein. Im Rahmen der Verhältnismäßigkeitsprüfung sind zudem das Beschleunigungsgebot[10] und die Unschuldsvermutung[11] als Ausprägung des Rechtsstaatsprinzips zu beachten (→ Rn. 17).[12]

§ 51 Abs. 1, 5 StGB regelt die Anrechnung der vorläufigen Entziehung der Fahrerlaubnis auf das Fahrverbot nach § 44 StGB (vgl. zu den Ausnahmen der Anrechnung und zur Gleichstellung bei Verwahrung, Sicherstellung oder Beschlagnahme des Führerscheins nach § 94 auch § 25 Abs. 6 StVG).[13] **§ 69a Abs. 5 S. 2 StGB** betrifft die Anrechnung auf die endgültige Entziehung. Vgl. auch § 69a Abs. 4 StGB zur Verkürzung des Mindestmaßes des Sperre um die Zeit, in der die vorläufige Entziehung wirksam war. Das Mindestmaß darf drei Monate nicht unterschreiten.[14] 5

§ 3 Abs. 3 S. 1 StVG untersagt der Fahrerlaubnisbehörde, abgesehen von den Ausnahmen des § 3 Abs. 3 S. 2 StVG, den Sachverhalt, der Gegenstand des Strafverfahrens ist, in einem Entziehungsverfahren zu berücksichtigen. Die Norm hindert die Behörde aber nicht daran, dem Inhaber während eines Strafverfahrens die Fahrerlaubnis wegen eines anderen Sachverhalts zu entziehen, für den die Sperre des § 3 Abs. 3 S. 1 StVG nicht gilt.[15] 6

II. Erläuterung

1. Voraussetzungen für die vorläufige Entziehung. Erforderlich sind nach § 111a Abs. 1 S. 1 dringende Gründe (vgl. hierzu auch §§ 111b Abs. 3 S. 1, 3, 126a Abs. 1, 132a Abs. 1 S. 1), die die Annahme rechtfertigen, dass die Fahrerlaubnis nach § 69 StGB oder nach § 71 Abs. 2 StGB endgültig entzogen wird.[16] „Dringende Gründe" sind im Sinne eines „dringenden Tatverdachts" (vgl. §§ 112 Abs. 1 S. 1, 112a Abs. 1 S. 1) zu verstehen.[17] Nach dem bisherigen Ermittlungsergebnis muss somit eine große Wahrscheinlichkeit für eine Anlasstat im Sinne des § 69 StGB bestehen (→ Rn. 8. f.).[18] Aus dieser muss sich ergeben, dass der Beschuldigte zum Führen von Kraftfahrzeugen ungeeignet ist (→ Rn. 10. ff.). Das Gericht kann sodann die Fahrerlaubnis in Ausübung pflichtgemäßen Ermessens vorläufig entziehen (§ 111a Abs. 1 S. 1), wobei der Grundsatz der Verhältnismäßigkeit unter besonderer Berücksichtigung des Normzwecks und der Eingriffstiefe zu beachten ist (→ Rn. 15. ff.). 7

a) Anlasstat. Die Entziehung der Fahrerlaubnis nach § 69 StGB erfordert, dass der Beschuldigte wegen einer **rechtswidrigen Anlasstat (§ 11 Abs. 1 Nr. 5 StGB),**[19] die er bei oder im Zusammenhang mit dem Führen eines Kraftfahrzeugs oder unter Verletzung 8

---

9 BeckOK-StPO/*Huber* Rn. 1.

10 BVerfG 7.6.2005 – 2 BvR 401/05, NStZ-RR 2005, 276; KG 1.4.2011 – 3 Ws 153/11 – 1 AR 446/11, StraFo 2011, 353.

11 BVerfG 26.3.1987 – 2 BvR 589/79, 2 BvR 740/81, 2 BvR 284/85, BVerfGE 74, 358 = NJW 1987, 2427.

12 BVerfG 7.6.2005 – 2 BvR 401/05, NStZ-RR 2005, 276.

13 Meyer-Goßner (*Schmitt*) Rn. 1.

14 Löwe/Rosenberg/*Hauck*, 26. Aufl. Rn. 4.

15 VGH Baden-Württemberg 19.2.2007 – 10 S. 3032/06, NZV 2007, 326.

16 OLG Düsseldorf 7.10.2013 – III-1 RVs 51/13, NStZ-RR 2014, 16; OLG Hamm 4.9.2012 – III – 1 Ws 464/12, NStZ-RR 2012, 376; KG 1.4.2011 – 3 Ws 153/11 – 1 AR 446/11, StraFo 2011, 353; Hentschel/*König* Rn. 3, 5; Meyer-Goßner (*Schmitt*) Rn. 2.

17 LG Stuttgart 13.3.2013 – 18 Qs 14/13, Blutalkohol 50, 140; LG Ansbach 4.3.2009 – Qs 20/2009, StraFo 2009, 331; LG Meiningen 20.8.2009 – 2 Qs 152/09, Blutalkohol 46, 428; AG Lübeck 9.12.2011 – 61 Gs 125/11, NStZ-RR 2012, 124; *Hentschel,* Trunkenheit Rn. 849; HK-StPO/*Gercke* Rn. 5; HK-GS/*Hartmann* Rn. 4.

18 BVerfG 25.4.1995 – 2 BvR 1847/94, VRS 90, 1; OLG Düsseldorf 12.11.1991 – 3 Ws 614/91, StV 1992, 219; Blutalkohol 51, 28; LG Saarbrücken 27.5.2013 – 6 Qs 61/13, ZfSch 2013, 590; LG Ansbach 4.3.2009 – Qs 20/2009, StraFo 2009, 331; LG Zweibrücken 14.2.2008 – Qs 19/08, NZV 2008, 259; *Burhoff* EV Rn. 3308.

19 Löwe/Rosenberg/*Hauck*, 26. Aufl. Rn. 2; *Duttge* JZ 2006, 102.

der Pflichten eines Kraftfahrzeugführers im Straßenverkehr[20] begangen hat, verurteilt wird, oder nur wegen erwiesener oder nicht auszuschließender Schuldunfähigkeit (vgl. §§ 20, 71 Abs. 2 StGB) nicht verurteilt werden wird.[21]

9 Der dringende Tatverdacht ist zu verneinen, wenn aufgrund von **Beweisverwertungsverboten,** etwa aufgrund eines Verstoßes gegen die aus den §§ 136 Abs. 1, 163a Abs. 4 folgende Belehrungsverpflichtung der Ermittlungspersonen über das Schweigerecht, belastende Angaben des Beschuldigten im Ergebnis unverwertbar sind.[22] Dies hat zur Folge, dass ein Beschluss über die vorläufige Entziehung der Fahrerlaubnis aufzuheben ist, sofern keine anderweitigen Anzeichen gegeben sind, aus denen auf eine alkoholbedingte Fahruntüchtigkeit des Beschuldigten zum Tatzeitpunkt geschlossen werden kann.[23] Anders ist unter Umständen die Frage des Beweisverwertungsverbots bei sog Spontanäußerungen zu beurteilen, auch nach Gebrauchmachen eines Zeugnisverweigerungsrechts.[24] Wird eine Blutprobe ohne richterliche Anordnung durchgeführt, so kann ebenfalls ein Beweisverwertungsverbot gegeben sein, wenn eine willkürliche Annahme von Gefahr im Verzug, die bewusste Umgehung oder Missachtung des Richtervorbehalts und/oder andere besonders schwer wiegende Fehler vorliegen.[25]

10 **b) Ungeeignetheit.** Aus der Anlasstat muss sich ergeben, dass der Beschuldigte mit hoher Wahrscheinlichkeit **zum Führen von Kraftfahrzeugen ungeeignet** ist.[26] Die strafgerichtliche Entziehung der Fahrerlaubnis wegen charakterlicher Ungeeignetheit bei Taten im Zusammenhang mit dem Führen eines Kraftfahrzeugs (§ 69 Abs. 1 S. 1 Variante 2 StGB) setzt voraus, dass die Anlasstat tragfähige Rückschlüsse darauf zulässt, dass der Täter bereit ist, die Sicherheit des Straßenverkehrs seinen eigenen kriminellen Interessen unterzuordnen.[27] Erforderlich ist ein verkehrsspezifischer Zusammenhang.[28]

11 Die Ungeeignetheit ist in Form einer **umfassenden Würdigung** von mutmaßlicher Tat und mutmaßlicher Täterpersönlichkeit zu beurteilen.[29] Sie liegt vor, wenn eine Würdigung der körperlichen, geistigen oder charakterlichen Voraussetzungen des Beschuldigten und der sie wesentlich bestimmenden objektiven und subjektiven Umstände ergibt, dass seine Teilnahme am Kraftfahrzeugverkehr zu einer nicht hinnehmbaren Gefährdung der Verkehrssicherheit führen würde.[30] Großzügige Maßstäbe bei der Eignungsbeurteilung sind unangebracht.[31] Erhebliche charakterliche Mängel sind regelmäßig bei Rücksichtslosigkeit oder Gleichgültigkeit gegenüber Interessen oder Rechtsgütern anderer sowie Bedenkenlosigkeit gegenüber den durch das eigene Fehlverhalten verursachten Gefährdungen anzunehmen, insbesondere wenn dieses auf verfestigten Fehleinstellungen beruht. So ist derjenige, der dazu neigt, Auseinandersetzungen im Straßenverkehr durch Anwendung von Gewalt

[20] AG Verden 3.12.2013 – 9a Gs 924 Js 43392/13 (3757/13), BeckRS 2014, 01081; vgl. im Einzelnen zur Anlasstat MüKo-StGB/*Athing* StGB § 69 Rn. 24 ff.

[21] SSW-StPO/*Harrendorf* Rn. 4; KK/*Bruns* Rn. 3a.

[22] LG Saarbrücken 27.5.2013 – 6 Qs 61/13, ZfSch 2013, 590; LG Koblenz 2.5.2002 – 1 Qs 82/02, NZV 2002, 422; LG Zweibrücken 16.2.1995 – 1 Qs 21/95, VRS 88, 436; AG Offenbach 9.10.1992 – 44 Js 76899.2/92 – 27 Gs, StV 1993, 123.

[23] LG Frankfurt 2.6.2010 – 5/9a Qs 37/10, StV 2010, 628.

[24] OLG Saarbrücken 6.2.2008 – Ss 70/07 (78/07), NStZ 2009, 287; OLG Frankfurt a. M. 13.10.1993 – 3 Ss 290/93, StV 1994, 117; aA SSW-StPO/*Harrendorf* Rn. 7.

[25] vgl. BVerfG 24.2.2011 – 2 BvR 1596/10, 2 BvR 2346/10, StraFo 2011, 145; BVerfG 11.6.2010 – 2 BvR 1046/08, NJW 2010, 2864; i.ü. OLG Schleswig 25.6.2013 – 1 Ss 60/13 (87/13), BeckRS 2014, 01426; OLG Köln 13.11.2012 – III-1 RVs 228/12, BeckRS 2013, 01693; OLG München 21.2.2011 – 4St RR 18/11, DAR 2012, 89; LG Frankfurt 2.6.2010 – 5/9a Qs 37/10, StV 2010, 628; LG Hamburg 6.5.2010 – 603 Qs 165/10, LSK 2011, 050071; vgl. zur aktuellen Entwicklung auch *Güntge* SchlHA 2011, 149; *Fickenscher/Dingelstadt* NStZ 2009, 124; *Krumm* SVR 2008, 297; *Müller/Trurnit* StraFo 2008, 144; *Busch* ZRP 2012, 79.

[26] BGH 15.5.2001 – 4 StR 306/00, NJW 2001, 3134; *Himmelreich/Krumm/Staub* DAR 2014, 46 (47); *Krumm* DAR 2013, 418 (419).

[27] BGH 27.4.2005 – GSSt 2/04, NJW 2005, 1957.

[28] AnwK-StPO/*Lohse* Rn. 4.

[29] SSW-StPO/*Harrendorf* Rn. 4 ff.; *Himmelreich/Krumm/Staub* DAR 2014, 46 (48).

[30] BGH 27.4.2005 – GSSt 2/04, NJW 2005, 1957.

[31] Thüringer OLG 31.7.2008 – 1 Ws 315/08, VRS 115, 353.

zu lösen, in der Regel als zum Führen von Kraftfahrzeugen charakterlich ungeeignet anzusehen.[32] Da die Beurteilung der Ungeeignetheit stets vor dem Hintergrund des Normzwecks zu erfolgen hat, ist bspw. allein der Transport von Betäubungsmitteln nicht ausreichend für die Annahme eines verkehrsspezifischen Zusammenhangs. Anders liegt der Fall, wenn der Fahrer unter Betäubungsmitteln das Fahrzeug führt oder Überlegungen für eine Polizeiflucht bei einer eventuellen Kontrolle angestellt hat.[33]

Für die Feststellung der Ungeeignetheit darf nur das im **Zeitpunkt der Entscheidung** 12
bereits angefallene, verwertbare Beweismaterial verwendet werden. Etwas anderes kann gelten, wenn Ermittlungen noch ausstehen und bereits erste Anhaltspunkte für das erwartete Ergebnis solcher Ermittlungen vorliegen.[34] Charaktermängel, die erst nach der Tat zu Tage getreten sind, aber in dieser selbst keinen Ausdruck gefunden haben, müssen somit außer Betracht bleiben. Eine nach der Tat aufgetretene psychische Erkrankung des Beschuldigten kann daher allenfalls der Verwaltungsbehörde Anlass bieten, ihm die Fahrerlaubnis zu entziehen.[35]

Regelentziehung: In den Fällen des **§ 69 Abs. 2 StGB** wird die Ungeeignetheit grds. 13
vermutet, wenn sich im Ausnahmefall nicht gewichtige Gegengründe aufdrängen.[36] Bei **Trunkenheit im Verkehr (§ 316 StGB)** kann eine Ausnahme von der Regelentziehung bei einer sehr kurzen Fahrstrecke,[37] bei bloßem Umparken des Wagens[38] oder bei Notstand vorliegen.[39] Bei **Gefährdung des Straßenverkehrs (§ 315c StGB)** führt nicht jede Ermüdung eines Fahrzeugführers zur Bejahung der Tatbestandsvoraussetzungen.[40] Ein Ausbrechen des Fahrzeuges bei einem leichten Kurvenverlauf und feuchter, jedoch griffiger Fahrbahnoberfläche, deutet nicht ohne Weiteres auf einen alkoholtypischen Fahrfehler hin, sofern andere Ursachen, wie eine Ermüdung des Fahrers, als mögliche und plausible Unfallgründe in Betracht kommen.[41] Unter Umständen kann nicht streichen eine Übermüdung einen geistigen oder körperlichen Mangel im Sinne der Vorschrift darstellen.[42] Das gilt auch für die Feststellung der Fahruntüchtigkeit nach dem Konsum von Drogen, wenn der Beschuldigte bei seiner ärztlichen Untersuchung vor der Blutentnahme keine Ausfallerscheinungen gezeigt hat.[43] Bei **unerlaubtem Entfernen vom Unfallort (§ 142 StGB),** soweit ein bedeutender Fremd-Sachschaden entstanden ist,[44] können besondere Umstände in der Tat oder in der Persönlichkeit des Täters vorliegen, die die Eignung nach der Tat günstig beeinflusst haben oder die den seiner generellen Natur nach schweren Verstoß in einem weniger gefährlichen Licht als den Regelfall erscheinen lassen, etwa wenn von einem einmaligen Augenblicksversagen auszugehen ist, der Bundeszentralregisterauszug des Beschuldigten keine Eintragungen aufweist und auch der Verkehrszentralregisterauszug keine ähnlich gelagerten Verstöße enthält.[45] Tätige Reue des Beschuldigten nach § 142 Abs. 4 StGB

[32] LG Berlin 16.12.2011 – 517 Qs 142/11, VRS 122, 225.
[33] AnwK-StPO/*Lohse* Rn. 4; *Winkler* NStZ 2006, 328 (331).
[34] LG Ansbach 4.3.2009 – Qs 20/2009, StraFo 2009, 331.
[35] OLG Frankfurt a. M. 3.4.1996 – 3 Ws 271/96, NStZ-RR 1996, 235.
[36] OLG Nürnberg 24.1.2007 – 2 St OLG Ss 280/06, StraFo 2007, 339; LG Meiningen 20.8.2009 – 2 Qs 152/09, Blutalkohol 46, 428; AG Lübeck 9.12.2011 – 61 Gs 125/11, NZV 2012, 256, juris; Radtke/Hohmann/*Pegel* Rn. 1; *Hentschel* DAR 1980, 168 (171); *ders.* DAR 1988, 89 (90); *ders./Krumm*, Fahrerlaubnis Rn. 770 ff.; HK-StPO/*Gercke* Rn. 5; *König/Seitz* DAR 2008, 361; *Buschbell* SVR 2010, 3 (4); *Krumm* DAR 2013, 419. Ausführlich zur Regelvermutung vgl. MüKo-StGB/*Athing* StGB § 69 Rn. 65 ff.
[37] OLG Stuttgart 7.1.1997 – 4 Ss 672/96, NZV 1997, 317.
[38] Einzelfallabhängig: vgl. OLG Stuttgart 15.10.1986 – 5 Ss 683/86, NJW 1987, 142; AG Fürstenfeldbruck 26.3.2003 – 3 Ds 57 Js 21317/02, ZfSch 2003, 470; AG Lüneburg 26.3.1996 – 13 Cs 24 Js 19862/95, StV 1996, 439; dagegen vgl. AG Westerstede 10.4.2012 – 42 Cs 32/12 (375 Js 67793/11), NZV 2012, 304.
[39] OLG Koblenz 19.12.2007 – 1 Ss 339/07, NZV 2008, 367; *Krumm* DAR 2013, 418 (420).
[40] LG Traunstein 8.7.2011 – 1 Qs 225/11, BeckRS 2011, 19317.
[41] LG Bonn 5.9.2012 – 227 Js 824/12 – 24 Qs 64/12, DAR 2013, 38, mit Anm. *Krumm* DAR 2013, 39; LG Frankfurt (Oder) 15.10.2009 – 21 Qs 152/09, BeckRS 2010/09490; LG Hamburg 13.1.2009 – 603 Qs 10/09.
[42] LG Gießen 9.12.2013 – 7 Qs 196/13, BeckRS 2014, 02446.
[43] LG Waldshut-Tiengen 4.6.2012 – 4 Qs 12/12, Blutalkohol 49, 222; LG Zweibrücken 10.3.2008 – Qs 17/08, BeckRS 2008, 16661.
[44] Hierzu eingehend *Himmelreich/Krumm/Staub* DAR 2014, 46 (47).
[45] LG Dortmund 21.9.2012 – 45 Ns 173/12, 206 Js 2293/11, BeckRS 2013, 04426; AG Bielefeld 9.10.2013 – 402 Js 3422/13 – 9 Gs 5435/13, StraFo 2013, 502.

widerlegt die gesetzliche Vermutung der Ungeeignetheit zum Führen von Kraftfahrzeugen.[46] Im Übrigen setzt § 111a voraus, dass der Beschuldigte wissen konnte, dass er bei dem Unfall einen bedeutenden Fremdschaden verursacht hat.[47]

14 Der **Einwand einer längeren unbeanstandeten Verkehrsteilnahme** steht bei Vorliegen eines Regelfalles nach § 69 Abs. 2 StGB der Anordnung nach § 111a grds. nicht entgegen. Vertrauensschutzerwägungen zu Gunsten des Beschuldigten können allein wegen des Zeitablaufs und sein seitdem unauffälliges Verhalten im Straßenverkehr nicht höher gewertet werden als das Interesse der Allgemeinheit auf Schutz vor einem ungeeigneten Fahrer.[48] Charaktermängel werden nicht allein durch Zeitablauf beseitigt. Das gilt erst recht bei Trunkenheitstätern, denen die Fahrerlaubnis schon einmal entzogen worden ist, wenn nicht auszuschließen ist, dass das tatsächliche Wohlverhalten gerade durch den Druck des Strafverfahrens beeinflusst worden ist.[49] Zu berücksichtigen ist in diesem Zusammenhang ferner, dass es wie beim Fahren im Straßenverkehr unter alkoholischer Beeinflussung auch beim Fahren unter Drogeneinfluss eine **hohe Dunkelziffer** gibt.[50] Der **bloße Zeitablauf** seit der Tat kann im Einzelfall allerdings dazu führen, dass der Eignungsmangel nicht mehr wird festgestellt werden kann, so dass die Anordnung nicht zulässig ist, wenn die endgültige Entziehung wegen Zeitablaufs unwahrscheinlich wird.[51] Das gilt grds. jedoch nicht, wenn der Beschuldigte erneut alkoholbedingt auffällig geworden ist.[52] Insgesamt ist festzuhalten, dass mit einer rein schematischen Rechtsanwendung im Abwägungsfall keine geeigneten Ergebnisse zu erzielen sind. Die Ungeeignetheit ist vielmehr aufgrund einer Gesamtabwägung nach den jeweiligen Umständen des Einzelfalls zu beurteilen.[53] Auch wenn die wirtschaftlichen Folgen einer Entziehung der Fahrerlaubnis bei der Prüfung der Ungeeignetheit grds. keine Rolle spielt, kann in besonderen Ausnahmefällen der drohende Verlust der Existenzgrundlage die Erwartung begründen, dass von dem derart beeindruckten Beschuldigten keine Gefahr für die Verkehrssicherheit mehr ausgeht.[54] Zur Berücksichtigung des **Nachtatverhaltens** bei der Frage der Ungeeignetheit, wenn der Beschuldigte erfolgversprechende **verkehrstherapeutischen Maßnahmen** in Anspruch genommen hat → Rn. 34.

15 **c) (Gebundenes) Ermessen und Verhältnismäßigkeit.** Liegen die Voraussetzungen des § 111a vor, kann das Gericht die Fahrerlaubnis vorläufig entziehen (§ 111a Abs. 1 S. 1). Die Anordnung steht im pflichtgemäßen Ermessen des Richters.[55] Aufgrund des Regelungsgrundes der Norm wird der Ermessensspielraum jedoch meist vollständig reduziert sein.[56] Insbesondere darf bei der Regelvermutung des § 69 Abs. 2 StGB nur aufgrund besonderer Umstände von der Anordnung abgesehen werden.[57]

16 Im Rahmen der Ermessensausübung ist der **Verhältnismäßigkeitsgrundsatz** zu beachten. Hierbei ist die Erforderlichkeit der Maßnahme zu prüfen. Wenn der Beschuldigte den

[46] vgl. LG Köln 20.10.2009 – 103 Qs 86/09, VRR 2010, 110 (freiwillige nachträgliche Ermöglichung von Feststellungen).

[47] LG Kaiserslautern 25.6.2012 – 5 Qs 72/12, VRR 2012, 282.

[48] BVerfG 7.6.2005 – 2 BvR 401/05, NStZ-RR 2005, 276; *Winkler* in HdB Fa Verkehrsrecht Kap. 33 Rn. 316.

[49] LG Kleve 21.4.2011 – 120 Qs 40/11, Blutalkohol 48, 249; Hentschel/*König* Rn. 5; aA unter Berufung auf den Vertrauensschutz LG Bonn 22.1.2010 – 24 Qs 112 Js 376/09 – 5/10, NZV 2010, 214; bzw. auf den Verhältnismäßigkeitsgrundsatz vgl. LG Lüneburg 7.10.2003 – 26 Qs 219/03, ZfSch 2004, 38.

[50] BVerwG 24.1.1989 – 7 B 9/89, NJW 1989, 1623; VG des Saarlandes 4.12.2013 – 6 L 1977/13, DV 2014, 66; vgl. auch *Gebhardt* DAR 1981, 107; *Koch* DAR 1977, 90.

[51] OLG Düsseldorf 7.10.2013 – III – 1 RVs 51/13, NStZ 2014, 16; OLG Hamm 4.9.2012 – III-1 Ws 464/12, NStZ-RR 2012, 376; LG Nürnberg-Fürth 13.4.2000 – 5 Qs 57/2000, DAR 2000, 374; LG Zweibrücken 17.7.2012 – Qs 73/12, NZV 2012, 499; KK/*Bruns* Rn. 3; *Tepperwien* NStZ 2009, 3 f.

[52] KG 1.4.2011 – 3 Ws 153/11 – 1 AR 446/11, StraFo 2011, 353; LG Bonn 22.12.2010 – 112 Js 376/09, 24 Qs 5/10, NZV 2010, 214; Radtke/Hohmann/*Pegel* Rn. 6; *Burhoff* EV Rn. 3321.

[53] *Krumm* NJW 2004, 1627 (1630).

[54] AnwK-StPO/*Lohse* Rn. 5.

[55] BeckOK-StPO/*Huber* Rn. 4.

[56] Thüringer OLG 31.7.2008 – 1 Ws 315/08, VRS 115, 353, juris; OLG Karlsruhe 18.3.2004 – 1 Ws 35/04, DAR 2004, 408; Burmann/Heß/Jahnke/*Janker* Rn. 6; Löwe/Rosenberg/*Hauck*, 26. Aufl. Rn. 8.

[57] SK-StPO/*Rogall* Rn. 18; SSW-StPO/*Harrendorf* Rn. 8.

Führerschein freiwillig herausgegeben oder bei der Beschlagnahme keinen Widerspruch erhoben und später auch keine richterliche Entscheidung beantragt hat, kann das Gericht im Einzelfall von der vorläufigen Entziehung der Fahrerlaubnis absehen. Die Sicherstellung des Führerscheins ist der vorläufigen Entziehung der Fahrerlaubnis weitgehend rechtlich gleichgestellt (vgl. auch § 25 Abs. 6 StVG) und führt zu einem gemäß § 21 Abs. 2 Nr. 2 StVG mit Strafe belegten Fahrverbot.[58] Die Gleichstellung besteht auch bei der Anrechnung auf das Fahrverbot (§ 51 Abs. 5 S. 2 StGB) und der Verhängung der Mindestsperre (§ 69a Abs. 6 StGB). Auf die vorläufige Entziehung der Fahrerlaubnis kann verzichtet werden, wenn tatsächliche Hindernisse wie Krankheit und Inhaftierung es dem Inhaber auf absehbare Zeit unmöglich machen, ein Kraftfahrzeug zu führen.[59] Im Vordergrund steht aber auch hier stets der Sicherungszweck der Vorschrift.[60]

Wann die Maßnahme nach längerem **Zeitablauf zwischen Anlasstat und Anordnung** aus Gründen der Verhältnismäßigkeit nicht mehr zulässig ist, wird von der Rechtsprechung nicht einheitlich beurteilt.[61] Die Ablehnung der Maßnahme kann, wie auch bei der Beurteilung der Ungeeignetheit (→ Rn. 10 ff.), nicht schematisch mit dem Überschreiten einer bestimmten Verfahrensdauer begründet werden.[62] Bei der Entscheidung gemäß § 111a Abs. 2 sind vielmehr die Sicherheitsbelange der Allgemeinheit und die weiteren Umstände des Einzelfalls, namentlich die Gründe des eingetretenen Zeitablaufs, in den Blick zu nehmen. Grds. ist die Anordnung nach § 111a in allen Verfahrensabschnitten bis zur Rechtskraft des Urteils möglich.[63] Mit zunehmender Verfahrensdauer erlangt die Frage an Bedeutung, ob der Maßregelzweck durch die vorläufige Entziehung erreicht wurde und daher ein Fortbestehen des Eignungsmangels nicht mehr anzunehmen ist (→ Rn. 14).[64] Bei der vorzunehmenden Abwägung gewinnen das **Beschleunigungsgebot** und die **Unschuldsvermutung** als Ausprägung des Rechtsstaatsprinzips an Bedeutung. Eine vollständige Übertragung der in dieser Hinsicht für den Vollzug der Untersuchungshaft geltenden gesetzlichen Bestimmungen und in der Rechtsprechung entwickelten Grundsätze kommt aufgrund des unterschiedlichen Gewichts des jeweiligen Eingriffs in die persönliche Freiheit und der Zweckbestimmung der Maßregel allerdings nicht in Betracht.[65] Die Aufrechterhaltung der einstweiligen Entziehung der Fahrerlaubnis 17

[58] AG Saalfeld 11.8.2004 – 630 Js 23230/04 – 2 Ds jug, Blutalkohol 42, 175; *Hentschel* Trunkenheit Rn. 855; *Seier* S. 83; HK-StPO/*Gercke* Rn. 6; BeckOK-StPO/*Huber* Rn. 4; Meyer-Goßner (*Schmitt*) Rn. 3; weitergehend KK/*Bruns* Rn. 9, der neben der Prävention primär die Sicherung der Strafverfolgung und späteren Strafvollstreckung als Normzweck bestimmt und daher bei tatsächlichen Hindernissen sowie freiwilliger Herausgabe nicht von der Maßnahme absieht. Umfassend zur Strafbarkeit bei Fahren ohne Fahrerlaubnis *Mitsch* NZV 2012, 512.

[59] Löwe/Rosenberg/*Hauck*, 26. Aufl. Rn. 15; KK-StPO/*Bruns* Rn. 4; HK-GS/*Hartmann* Rn. 5; Hentschel/*König* Rn. 5.

[60] BVerfG 4.9.1981 – 2 BvR 908/81, NStZ 1982, 78; BVerfG 25.9.2000 – 2 BvQ 30/00, NJW 2001, 357; BVerfG 15.3.2005 – 2 BvR 364/05, NJW 2005, 1767; OLG München 27.7.1979 – 2 Ws 514/79, NJW 1980, 1860; *Pfeiffer* Rn. 1.

[61] Vgl. BVerfG 15.3.2005 – 2 BvR 364/05, NJW 2005, 1767; Aktuelle Beispiele: KG 1.4.2011 – 3 Ws 153/11 – 1 AR 446/11, StraFo 2011, 353 (2 Jahre); OLG Hamm 4.9.2012 – III-1 Ws 464/12, NStZ-RR 2012, 376 (1 Jahr); LG Berlin 16.12.2011 – 517 Qs 142/11, NStZ-RR 2012, 219 (1 Jahr); LG Zweibrücken 17.7.2012 – Qs 73/12, NZV 2012, 499 (mehrere Monate); LG Frankfurt 23.1.2012 – 5/9a Qs 11/12 – 533 Js 16737/11, DAR 2012, 275 (mehr als 6 Monate); LG Kiel 20.7.2009 – 46 Qs 64/09, StV 2010, 300; (2 Monate); AG Montabaur 24.2.2012 – 2020 Js 12711/11 – 42 Cs, StraFo 2012, 185 (14 Monate).

[62] Vgl. auch *Fromm* DV 2012, 93.

[63] OLG Düsseldorf 7.10.2013 – III-1 RVs 51/13, NStZ-RR 2014, 16; OLG Braunschweig 13.11.2012 – Ws 321/12, NStZ-RR 2013, 95; OLG Zweibrücken 23.4.2009 – 1 Ws 102/09, Blutalkohol 46, 284; LG Berlin 16.12.2011 – 517 Qs 142/11, VRS 122, 225; HK-StPO/*Gercke* Rn. 7; Radtke/Hohmann/*Pegel* Rn. 6; SSW-StPO/*Harrendorf* Rn. 9.

[64] BVerfG 7.6.2005 – 2 BvR 401/05, NStZ-RR 2005, 276; vgl. *Hentschel*, Straßenverkehrsrecht, 38. Aufl., § 111a Rn. 9 mwN).

[65] BVerfG 15.3.2005 – 2 BvR 364/05, NJW 2005, 1767 (1768); KG 1.4.2011 – 3 Ws 153/11 – 1 AR 446/11, StraFo 2011, 353; OLG Hamm 21.3.2007 – 4 Ws 152, NJW 2007, 3299; OLG Köln 28.3.2008 – 2 Ws 136/08, OLGSt StGB § 69a Nr. 21; SSW-StPO/*Harrendorf* Rn. 2; aA OLG Hamm 7.11.2006 – 4 Ws 556/06, Blutalkohol 44, 379; LG Frankfurt am Main 30.9.2002 – 5/9 Qs 70/02, StV 2003, 69; LG Frankfurt am Main 23.1.2012 – 5/9a Qs 11/12 – 533 Js 16737/11, DAR 2012, 275; LG Würzburg 2.6.2005 – 1 Qs

ist daher nur bei **groben Pflichtverletzungen** und **erheblichen Verzögerungen** unzulässig.[66]

18 Ist in einem **Strafbefehl** die Anwendung des § 69 StGB ausdrücklich verneint worden, kann nach Einspruch das Gericht die Anordnung nur aufgrund neuer Tatsachen oder Beweismittel oder bei gleichzeitigem Entzug der Fahrerlaubnis treffen.[67] Das gilt auch für das **Berufungsgericht,** wenn die Vorinstanz die Voraussetzungen des § 69 StGB verneint hatte,[68] es sei denn, die erstinstanzliche Entscheidung weist so grobe und offensichtliche Fehler auf, dass das Absehen von der (vorläufigen) Entziehung der Fahrerlaubnis eindeutig falsch war.[69] Hat das erstinstanzliche Gericht wegen einer Anlasstat nach § 69 StGB verurteilt, aber **versehentlich** keine vorläufige Entziehung der Fahrerlaubnis nach § 111a angeordnet oder das Revisionsgericht hatte die Nichtentziehung als Rechtsfehler gewertet, dann kann die Anordnung später nachgeholt werden.[70]

19 **2. Ausnahmen für bestimmte Arten von Kraftfahrzeugen (§ 111a Abs. 1 S. 2).** Von der vorläufigen Entziehung können bestimmte Arten von Kraftfahrzeugen ausgenommen werden, wenn besondere Umstände die Annahme rechtfertigen, dass der Zweck der Maßnahme dadurch nicht gefährdet wird (vgl. hierzu die entsprechende Vorschrift § 69a Abs. 2 StGB).[71] Die Einschränkung bezieht sich nur auf **bestimmte Arten** von Kraftfahrzeugen (vgl. § 6 Abs. 1 S. 2 FeV), also solche, auf die nach § 5 Abs. 1 S. 2 StVZO die Fahrerlaubnis beschränkt werden darf,[72] nicht jedoch auf bestimmte Tageszeiten, Orten und Gebiete.[73]

20 Bei **erheblichen Charaktermängeln,** wie sie bei Fahren in fahruntüchtigem Zustand oder bei schwerwiegenden Verstößen gegen § 142 StGB zum Ausdruck kommen, ist der Täter in der Regel als ungeeignet zum Führen aller Arten von Kraftfahrzeugen anzusehen, so dass eine Ausnahme nach § 111a Abs. 1 S. 2 nur unter ganz besonderen Umständen in Betracht kommen kann.[74] Hierfür reichen allein wirtschaftliche Gründe nicht aus.[75] Vielmehr müssen weitere objektive und subjektive Momente vorliegen, die die Annahme rechtfertigen, dass sich der Charaktermangel bei der Benutzung des von der Entziehung ausgenommenen Fahrzeugs nicht in einer für die Allgemeinheit sicherheitsgefährdenden Weise auswirken wird.[76] Ungeachtet einer ansonsten langjährigen beanstandungsfreien Teilnahme am Straßenverkehr ist bei Blutalkoholwerten über 1,6‰ und auch bei Wiederholungstätern eine Ausnahmegenehmigung für den eingeschränkten Fahrerlaubnisbereich kaum denkbar.[77] Lastkraftwagen, deren Führung ein erhöhtes Verantwortungsbewusstsein erfordert, können nur in ganz besonders gelagerten Fällen von der vorläufigen Fahrerlaubnisentziehung ausgenommen werden.[78] Besondere Umstände können eine Ausnahme bei

---

150/05, StV 2005, 545; mit Einschränkung OLG Karlsruhe 9.2.2005 – 2 Ws 15/05, NStZ 2005, 402 und LG Stuttgart 13.3.2013 – 18 Qs 14/13, Blutalkohol 50, 140.

[66] OLG Köln 15.2.1991 – 2 Ws 80/91, NZV 1991, 243; OLG Köln 28.3.2008 – 2 Ws 136/08, OLGSt StGB § 69a Nr. 21; OLG Hamm 27.3.2007 – 4 Ws 152/07, NStZ-RR 2007, 351; LG Stuttgart 13.3.2013 – 18 Qs 14/13, Blutalkohol 50, 140; vgl. auch Meyer-Goßner (*Schmitt*) Rn. 10; *Seier S.* 84.

[67] AnwK-StPO/*Lohse* Rn. 6.

[68] BVerfG 24.5.1994 – 2 BvR 862/94, NJW 1995, 124.

[69] OLG Braunschweig 20.5.2003 – Ws 105/03, NdsRpfl 2003, 357; KK/*Bruns* Rn. 9.

[70] OLG Oldenburg 30.9.2009 – 1 Ws 522/09, SVR 2010, 226.

[71] OLG Koblenz 15.3.1983 – 1 Ws 160/83, Blutalkohol 20, 533; LG Berlin 3.8.2005 – 509 Qs 34/05; *Gübner/Krumm* NJW 2007, 2801 (2804); *Winkler* in HdB Fa Verkehrsrecht Kap. 33 Rn. 318; *Fischer* § 69a Rn. 29; als Ausprägung der Verhältnismäßigkeitsgrundsatzes vgl. *Hentschel* NZV 2004, 285 (288). Für eine weite Auslegung vgl. *Krumm* NZV 2006, 234; *ders.* ZRP 2010, 11.

[72] SK-StPO/*Rogall* Rn. 28; Meyer-Goßner (*Schmitt*) Rn. 4; kritisch *Krumm* ZRP 2010, 11 (13).

[73] *Burhoff* EV Rn. 3325 mwN.

[74] LG Berlin 3.8.2005 – 509 Qs 34/05, juris; LG Kaiserslautern 3.2.2004 – 5 Qs 12/04, BeckRS 2004, 08420.

[75] *Burhoff* EV Rn. 3326.

[76] LG Kaiserslautern 3.2.2004 – 5 Qs 12/04, BeckRS 2004, 08420.

[77] LG Saarbrücken 13.2.1997 – 3 Qs 22/97, ZfSch 1998, 152; OLG Koblenz 3.3.1989 – 1 Ws 112/89, Blutalkohol 26, 294.

[78] LG Osnabrück 27.3.1998 – 6 Qs 35/98, ZfSch 1998, 273.

einem langjährigen Führerscheininhaber rechtfertigen, wenn es sich bspw. um eine erstmalige Trunkenheitsfahrt eines bisher verkehrsrechtlich unbelasteten Berufskraftfahrers mit seinem Privatfahrzeug handelt, bei dem die Wahrscheinlichkeit einer Trunkenheitsfahrt mit seinem Dienstfahrzeug als äußerst gering zu veranschlagen ist.[79] Eine Ausnahme kommt in besonderen Fällen auch dann in Betracht, wenn der Arbeitgeber scharfe Kontrollen, insbesondere auf Alkoholgenuss, durchführt.[80]

§ 9 FeV, der nach § 9 Abs. 3 FeV für § 69a Abs. 2 StGB gilt, ist aufgrund des vergleichbaren Normzwecks auch auf § 111a anzuwenden, denn § 111a Abs. 1 S. 2 kann nicht weitreichender als die spätere Ausnahme von der Sperrfrist auszulegen sein.[81] Relevant wird die Ausnahmevorschrift bei vorläufiger Entziehung der FE-Klasse B in der Praxis somit allenfalls für die FE-Klassen T und L und nicht für die FE-Klassen C, C1, D, D1.[82] 20a

Der Führerschein ist im Falle einer Ausnahmeerteilung nach § 111a Abs. 1 S. 2 in **amtliche Verwahrung** zu nehmen. Die vorläufige Entziehung der Fahrerlaubnis wirkt auch bei Erteilung einer Ausnahme nach § 111a Abs. 1 S. 2 als Anordnung oder Bestätigung der Beschlagnahme des Führerscheins nach § 111a Abs. 3 S. 1. Die Fahrerlaubnis bleibt allerdings in dem Umfang bestehen, in dem die Ausnahme erfolgt.[83] Die Verwaltungsbehörde hat für die Dauer der vorläufigen Entziehung der Fahrerlaubnis einen Ersatzführerschein für die Ausnahmen auszustellen.[84] Bei endgültiger Entziehung der Fahrerlaubnis erlischt die Ausnahmeregelung. 21

3. Zuständigkeit und Verfahren. Im **Vorverfahren** ist für die Maßnahme nach Antrag der Staatsanwaltschaft (Ausnahme § 165) der Ermittlungsrichter (§ 162 Abs. 1 S. 1, 169) zuständig, in dessen Bezirk der Führerschein beschlagnahmt werden soll bzw. wo die Staatsanwaltschaft oder ihre den Antrag stellende Zweigstelle ihren Sitz hat.[85] Der fehlende Antrag der Staatsanwaltschaft kann im Beschwerdeverfahren geheilt werden.[86] Im Falle der Bestätigung der Beschlagnahme nach § 111a Abs. 3 ist nach § 98 Abs. 2 S. 3 das Gericht zuständig, in dessen Bezirk die Beschlagnahme stattgefunden hat.[87] Nach Ablehnung des Antrags ist ein neuer Antrag der Staatsanwaltschaft bei einem neuen Amtsgericht nur aufgrund neuer Tatsachen zulässig.[88] Im **Strafbefehlsverfahren** kann der Antrag auf vorläufige Entziehung der Fahrerlaubnis **unter der Bedingung** gestellt werden, dass der Beschuldigte Einspruch gegen den Strafbefehl einlegt.[89] 22

Nach Anklageerhebung ist nach § 162 Abs. 3 S. 1 das mit der Sache befasste Gericht zuständig.[90] Im gerichtlichen Verfahren kann das jeweils zuständige Gericht die Maßnahme auch von Amts wegen treffen. In der Hauptverhandlung erfolgt die Entscheidung unter Mitwirkung der Schöffen und kann als Anhangsbeschluss zusammen mit dem Urteil verkündet werden.[91] Das **Berufungsgericht** ist zur Beschlussfassung nach § 111a zuständig, wenn ihm die Akte nach § 321 S. 2 vorgelegt worden ist.[92] 23

---

[79] AG Frankfurt a.M. 25.10.2006 – 920 Cs – 213 Js 23993/06, NZV 2007, 264.
[80] LG Hamburg 13.12.1995 – 603 Qs 742/95, DAR 1996, 108; Burmann/Heß/Jahnke/*Janker* Rn. 3.
[81] Vgl. auch VG Berlin 21.6.2000 – 11 A 297.00, NZV 2001, 139.
[82] SSW-StPO/*Harrendorf* Rn. 11; Burmann/Heß/Jahnke/*Janker* Rn. 3; *Backmann* SVR 2010, 281 (283); *Schäpe* Blutalkohol 47, 194; *Hentschel* NZV 2004, 285.
[83] HK-StPO/*Gercke* Rn. 9; *Hentschel,* Trunkenheit Rn. 858.
[84] Radtke/Hohmann/*Pegel* Rn. 20; SK-StPO/*Rogall* Rn. 29; SSW-StPO/*Harrendorf* Rn. 12; Burmann/Heß/Jahnke/*Janker* Rn. 3.
[85] LG Zweibrücken 25.11.1993 – 2 AR 31/93, NZV 1994, 293; KK/*Bruns* Rn. 6a.
[86] LG Gera 27.2.1996 – 4 Qs 14/96, NStZ-RR 1996, 235.
[87] Löwe/Rosenberg/*Hauck*, 26. Aufl. Rn. 45.
[88] AnwK-StPO/*Lohse* Rn. 14.
[89] LG Stuttgart 17.3.2011 – 18 Qs 22/11, DAR 2011, 419; aA AG Montabaur 1.9.2010 – 2040 Js 30257/10 42 Cs, NZV 2011, 214.
[90] OLG Düsseldorf 26.11.1991 – 3 Ws 634/91, NZV 1991, 243; LG Zweibrücken 25.11.1993 – 2 AR 31/93.
[91] OLG Karlsruhe 1.2.1985 – 1 Ws 25/85, VRS 68 (1985), 360; SK-StPO/*Rogall* Rn. 22.
[92] OLG Sachsen-Anhalt 5.9.2002 – 1 Ws 381/02, Blutalkohol 41, 79; OLG Stuttgart 26.2.2002 – 4 Ws 38/02, DAR 2002, 279.

24 Im **Revisionsverfahren** bleibt für die Anordnung der Maßnahme nach § 111a regelmäßig der letzte Tatrichter zuständig.[93] Das Revisionsgericht ist nur dann zuständig, wenn es die Entziehung der Fahrerlaubnis durch eigene Sachentscheidung endgültig aufhebt,[94] wenn es das Verfahren endgültig einstellt oder analog § 126 Abs. 3 verfährt.[95] § 120 Abs. 3 S. 1 gilt entsprechend.[96]

25 Durchbricht die **Wiedereinsetzung die Rechtskraft** einer gerichtlichen Entscheidung (auch in Fällen des § 356a, 357) gilt § 47 Abs. 3.[97] Vormalige Anordnungen, die zum Zeitpunkt des Eintritts der Rechtskraft bestanden haben, werden wieder wirksam. Das die Wiedereinsetzung gewährende Gericht ordnet die Aufhebung der Maßnahme an, wenn die Voraussetzungen dafür nicht mehr vorliegen.

26 Die vorläufige Entziehung der Fahrerlaubnis erfolgt durch **Beschluss.** Soweit kein Antrag der Staatsanwaltschaft vorliegt, ist diese nach § 33 Abs. 2 anzuhören. Die **Anhörung** des Beschuldigten folgt aus § 33 Abs. 3. Dem ist Rechnung getragen, wenn der Beschuldigte an Ort und Stelle Gelegenheit hatte, sich zu den maßgeblichen Tatsachen vor der Polizei zu äußern, insbesondere wenn er sich mit der Einbehaltung seines Führerscheins einverstanden erklärt hat.[98, 99] Der Beschluss ist nach § 34 zu **begründen.** Ausreichend sind dafür eine knappe Mitteilung des Sachverhalts, seine strafrechtliche Würdigung, Ausführungen zum dringenden Tatverdacht und die Angabe der Umstände, aus denen sich die Ungeeignetheit zum Führen von Kraftfahrzeugen ergibt.[100] Der bloße Hinweis auf die Vorschrift des § 111a ersetzt die Begründung nicht.[101] Die Anordnung kann zugleich mit dem Urteil ergehen. Das Fehlen einer gesonderten Begründung ist dann unschädlich.[102]

27 Das Verbot, fahrerlaubnispflichtige Kraftfahrzeuge aller Art zu führen, wird erst mit der **Bekanntgabe** der Anordnung an den Beschuldigten wirksam.[103] Ausreichend für die Bekanntmachung ist die formlose Mitteilung nach § 35 Abs. 2 S. 2.[104] Diese bedarf der Schriftform, entweder durch Aushändigung einer Beschlussausfertigung bzw. einer Beschlussabschrift bzw. durch schriftliche Mitteilung des Beschlussinhalts. Wird der Beschluss nur fernmündlich oder lediglich bei einer Verkehrskontrolle durch einen Polizeibeamten (ohne entsprechenden Auftrag des Richters oder der Vollstreckungsbehörde) mündlich mitgeteilt, so wird er nicht bekanntgemacht und damit nicht wirksam.[105] Der Beschluss sollte jedoch bereits deshalb förmlich bekannt gegeben werden, da der Beschuldigte sich bei einem Verstoß gegen das Verbot nach § 21 Abs. 1 Nr. 1 StVG strafbar macht.[106] Zudem verliert er den Versicherungsschutz (§ 2b Abs. 1c AKB).[107] Das gilt auch bei einer Zuwiderhandlung gegen eine Beschränkung nach § 111a Abs. 1 S. 2.[108] Sein

[93] BGH 25.11.1977 – 3 StR 442/77, NJW 1978, 384; OLG Koblenz 19.12.2007 – 1 Ss 339/07, NZV 2008, 367; *Schwarzer* NZV 1995, 239; BeckOK-StPO/*Huber* Rn. 11.

[94] BayObLG 6.4.1993 – 1St RR 59/93, NZV 1993, 239.

[95] Meyer-Goßner (*Schmitt*) Rn. 14; Hentschel/*König* Rn. 6; *Habetha* NZV 2008, 605.

[96] Löwe/Rosenberg/*Hauck*, 26. Aufl. Rn. 49; AnwK-StPO/*Lohse* Rn. 14.

[97] SK-StPO/*Rogall* Rn. 25.

[98] LG Mainz 26.5.1967 – 2 Qs 111/67, NJW 1968, 414; *Dahs* NJW 1968, 415; Meyer-Goßner (*Schmitt*) Rn. 6; *Hentschel* DAR 1980, 168 (170); SK-StPO/*Rogall* Rn. 24; aA Löwe/Rosenberg/*Hauck*, 26. Aufl. Rn. 58.

[99] SSW-StPO/*Harrendorf* Rn. 13; *Hentschel* DAR 1988, 89 (90).

[100] KK/*Bruns* Rn. 6.

[101] LG Zweibrücken 17.9.2010 – Qs 94/10, Blutalkohol 48, 182 (2011); Löwe/Rosenberg/*Hauck*, 26. Aufl. Rn. 49; Meyer-Goßner (*Schmitt*) Rn. 6; HK-StPO/*Gercke* Rn. 10; KK/*Bruns* Rn. 6.

[102] OLG Koblenz 18.2.1986 – 1 Ws 120/86, VRS 71, 39.

[103] *Freyschmidt/Krumm* Rn. 618.

[104] HK-StPO/*Gercke* Rn. 10; *Hentschel* DAR 1988, 89 (91).

[105] LG Hildesheim 21.4.1987 – 13 Qs 83/87, ZfSch 1989, 215; OLG Hamm 5.12.1978 – 6 Ss 1137/78, VRS 57, 125.

[106] BGH 24.9.1962 – II ZR 84/62, NJW 1962, 2104; BGH 26.7.2001 – 4 StR 170/00, NJW 2001, 3347; OLG Stuttgart 22.3.1990 – 1 Ss 135/90, Justiz 1990, 369; LG Meiningen 20.8.2009 – 2 Qs 152/09, Blutalkohol 46, 428.

[107] Löwe/Rosenberg/*Hauck*, 26. Aufl. Rn. 61.

[108] HK-StPO/*Gercke* Rn. 3.

Fahrzeug kann nach § 21 Abs. 3 Nr. 1 StVG eingezogen werden. Der Beschluss ist grds. nach § 36 Abs. 2 S. 1 über die Staatsanwaltschaft zu vollstrecken.[109] Vollstreckungsmaßnahmen der Staatsanwaltschaft sind bei bereits erfolgter Sicherstellung des Führerscheins nicht erforderlich. Gleichwohl verbleibt es bei den **Mitteilungspflichten** nach §§ 12 ff. EGGVG iVm MiStra Nr. 45 Abs. 1 Nr. 1, Abs. 3, Abs. 4.

4. Wirkungen der Anordnung. Im Falle der vorläufigen Entziehung der Fahrerlaubnis ist der Betroffene nicht im Besitz einer gültigen Berechtigung zum Führen eines Kraftfahrzeuges.[110] Die Verwaltungsbehörde darf daher keine neue Fahrerlaubnis erteilen oder die bestehende beschränken.[111] Die Fahrerlaubnis selbst bleibt bis zur Rechtskraft der endgültigen Entscheidung bestehen (§ 69 Abs. 3 S. 1 StGB).[112] 28

Die Anordnung nach § 111a **unterbricht die Verjährung** nach § 78a Abs. 1 Nr. 4 StGB, da sie gleichzeitig als Anordnung oder Bestätigung der Beschlagnahme des von einer deutschen Behörde erteilten Führerscheins wirkt (§ 111a Abs. 3).[113] Dies gilt auch, wenn der Führerschein von einer Behörde eines Mitgliedstaates der Europäischen Union oder eines anderen Vertragsstaates des Abkommens über den Europäischen Wirtschaftsraum ausgestellt worden ist, sofern der Inhaber seinen ordentlichen Wohnsitz im Inland hat. 29

Nach § 28 Abs. 3 Nr. 2, 9 StVG, § 59 Abs. 1 Nr. 4 FeV wird die vorläufige Entziehung der Fahrerlaubnis nach § 111a Abs. 1, 4 im **Verkehrszentralregister** eingetragen.[114] Bei Dienstfahrzeugen der Bundeswehr gilt § 62 StVG. 30

5. Aufhebung der Anordnung (§ 111a Abs. 2). a) Zuständigkeit und Verfahren. Für die Aufhebung ist im Vorverfahren das anordnende Gericht zuständig, später dann das mit der Sache befasste Tatgericht.[115] § 120 Abs. 3 S. 1 ist nach hM im Ermittlungsverfahren aufgrund der Verfahrensherrschaft der Staatsanwaltschaft entsprechend anwendbar. Vor Anklageerhebung ist das Gericht daher an einen Aufhebungsantrag der Staatsanwaltschaft gebunden.[116] Im Berufungsverfahren ist das Berufungsgericht für die Aufhebung der Maßnahme zuständig.[117] Der letzte Tatrichter bleibt für die Aufhebung auch nach Einlegung der Revision grds. zuständig (→ Rn. 24).[118] § 126 Abs. 2 normiert den allgemeinen Grundsatz, dass dem Revisionsgericht eine tatrichterliche Würdigung versagt ist.[119] Nur dann, wenn das Revisionsgericht die angefochtene Entziehung der Fahrerlaubnis endgültig aufhebt,[120] weil die Voraussetzungen der Maßregel gemäß § 69 StGB nicht vorliegen, kann das Revisionsgericht selbst entsprechend dem Grundgedanken des § 126 Abs. 3 iVm § 120 Abs. 1 auch den Beschluss des Amtsgerichts nach § 111a Abs. 2 aufheben.[121] 31

Es ergeht **keine Entscheidung über Kosten und notwendige Auslagen nach § 464,** da die Aufhebung der Maßnahme keinen Verfahrensabschnitt endgültig beendet.[122] 32

---

[109] KK/*Bruns* Rn. 6b.
[110] *Bouska/Laeverenz* S. 110.
[111] HK-StPO/*Gercke* Rn. 12.
[112] SSW-StPO/*Harrendorf* Rn. 14.
[113] Löwe/Rosenberg/*Hauck*, 26. Aufl. Rn. 5.
[114] Radtke/Hohmann/*Pegel* Rn. 5; Meyer-Goßner (*Schmitt*) Rn. 1.
[115] OLG Düsseldorf 18.2.1987 – Ws 86/87, VRS 72, 370, 40; Radtke/Hohmann/*Pegel* Rn. 18.
[116] Löwe/Rosenberg/*Hauck*, 26. Aufl. Rn. 49; auch *Meyer* DAR 1986, 47; *Wittschier* NJW 1985, 1324; KK/*Bruns* Rn. 7; aA Hentschel/*König* Rn. 9; Meyer-Goßner (*Schmitt*) Rn. 14; AG Münster 8.3.1971 – 23 Gs 158/71, MDR 1972, 166; § 120 Abs. 3 S. 1 gilt nicht entsprechend.
[117] OLG Karlsruhe 8.10.1973 – 2 Ws 204/73, MDR 1974, 159; LG Zweibrücken 19.6.1992 – 1 Qs 98/92 –, NZV 1992, 499.
[118] BGH 25.11.1977 – 3 StR 442/77, NJW 1978, 384; OLG Koblenz 8.11.1982 – 1 Ws 882/82, VRS 64, 262.
[119] Löwe/Rosenberg/*Hauck*, 26. Aufl. Rn. 48.
[120] Hentschel/*König* Rn. 6.
[121] OLG Koblenz 19.12.2007 – 1 Ss 339/07, NZV 2008, 367; Bayerisches Oberstes Landesgericht 6.4.1993 – 1St RR 59/93, NZV 1993, 239; Radtke/Hohmann/*Pegel* Rn. 18; *Pfeiffer* Rn. 3; KK/*Bruns* Rn. 13.
[122] OLG Frankfurt a. M. 7.9.1981 – 2 Ws 189/80, MDR 1982, 954; OLG Hamburg 29.10.1990 – 2 Ws 385/90, 2 Ws 386/90, NStZ 1991, 100.

33 **b) Aufhebungsgründe.** Nach **§ 111 Abs. 2** ist die vorläufige Entziehung der Fahrerlaubnis aufzuheben, wenn das **Gericht im Urteil die Fahrerlaubnis nicht entzieht.**[123] Bei einer rechtskräftigen Entscheidung dient die aufhebende Entscheidung lediglich der Klarstellung.[124] Bei nicht rechtskräftigen Urteilen ist die Aufhebung durch Beschluss auszusprechen.[125] Durch die Einlegung eines Rechtsmittels, auch zuungunsten des Beschuldigten, darf die Aufhebung der Maßnahme nicht aufgehalten werden (§ 120 Abs. 2 entsprechend).[126] Bei Verfahrensbeendigung durch Beschluss (§§ 206a, 206b) wird die Aufhebung selbst im Beschluss verfügt.[127]

34 Die Maßnahme ist zudem von Amts wegen aufzuheben, wenn der **Grund der Anordnung weggefallen** ist, insbesondere wenn keine dringenden Gründe für die Annahme vorhanden sind, dass die Fahrerlaubnis endgültig entzogen werden wird. Es besteht eine fortdauernde Pflicht des Gerichts und der Staatsanwaltschaft zur Überwachung der Anordnungsvoraussetzungen.[128] Die Vermutung der Ungeeignetheit kann in den Fällen des § 69 Abs. 2 StGB durch die Teilnahme an anerkannten Aufbauseminaren (vgl. § 2b Abs. 2 S. 2; § 4 Abs. 8 S. 3 StVG) bzw. Schulungen für alkoholauffällige Fahrer oder Verkehrstherapien nur im besonderen Ausnahmefall, bei greifbaren Anhaltspunkten für die gewandelte Einstellung des Beschuldigten, beseitigt werden.[129] Ein Fahrer, der im Straßenverkehr ein Fahrzeug mit einer Blutalkoholkonzentration von 1,6 ‰ oder mehr führt, kann erst wieder als zum Führen von Kraftfahrzeugen geeignet angesehen werden kann, wenn er durch ein nach den Grundsätzen der Begutachtungsrichtlinien erstelltes medizinisch-psychologisches Gutachten nachweist, dass er seinen Alkoholmissbrauch beendet hat und die Änderung des Trinkverhaltens gefestigt ist (§ 13 Nr. 2c FeV iVm Anlage 4 FeV Ziff. 8 „Alkohol").[130] Dieser Nachweis kann auch nicht durch bloßen Zeitablauf, der grds. keinen Indizwert für eine Veränderung des Alkoholkonsums hat, und die Teilnahme an Aufbaukursen ersetzt werden. Das gilt besonders, wenn der Täter ohne deutlich erkennbare starke Ausfallerscheinungen eine Blutalkoholkonzentration von über 2 ‰ erreicht hat, was nicht nur eine hohe Alkoholgewöhnung beweist, sondern bereits einen Hang zum übermäßigen Alkoholkonsum nahelegt.[131]

35 Der **zwischenzeitliche Zeitablauf der erstinstanzlich angeordneten Sperrfrist** während des Berufungsverfahrens und auch des Revisionsverfahrens rechtfertigt als solcher nicht die Annahme, die endgültige Entziehung der Fahrerlaubnis werde nicht mehr angeordnet werden.[132] Wer gegen ein Urteil, in dem die Entziehung der Fahrerlaubnis mit einer Sperrfrist für deren Neuerteilung angeordnet worden ist, Rechtsmittel einlegt, muss

---

[123] OLG Nürnberg 27.9.2010 – 1 Ws 514/10, StraFo 2011, 91; OLG Stuttgart 19.4.2011 – 2 Ss 14/11, StV 2012, 23.

[124] BGH 25.2.2003 – 4 StR 515/02, BeckRS 2003, 02873; KK/*Bruns* Rn. 8.

[125] BVerfG 24.5.1994 – 2 BvR 862/94, NJW 1995, 124.

[126] Vgl. 120 Abs. 2; HK-GS/*Hartmann* Rn. 11; KK/*Bruns* Rn. 8.

[127] Meyer-Goßner (*Schmitt*) Rn. 13.

[128] LG Bückeburg 30.6.1987 – Qs 73/87, NdsRpfl 1987, 200; HK-GS/*Hartmann* Rn. 11; *Staub* DAR 2014, 422 (423).

[129] BVerfG 20.6.2006 – 2 BvR 1082/06, Blutalkohol 44, 242; OLG des Landes Sachsen-Anhalt 6.9.2000 – 2 Ss 272/00, DAR 2001, 379; OLG Karlsruhe 4.8.2004 – 1 Ss 79/04, NStZ-RR 2004, 371; *Hentschel*, Trunkenheit Rn. 635; *Larsen* StraFo 1997, 298; *Himmelreich*, DAR 1997, 465; *ders.* DAR 2005, 130; *ders.* NZV 2005, 337; *Gübner/Krumm* NJW 2007, 2801; *Bode* NZV 2004, 7 (9); *Hillmann* DAR 2008, 376.

[130] OLG Köln 1.3.2013 – III-1 RVs 36/13, DAR 2013, 393 mit Anm. *Staub* DAR 2014, 422; OLG Köln 4.9.2012 – III-1 RVs 154/12, DAR 2012, 649.

[131] OLG des Landes Sachsen-Anhalt 6.9.2000 – 2 Ss 272/00, ZfSch 2000, 554; vgl. OLG Köln 31.3.1981 – 1 Ss 1085/80-96, ZfSch 1981, 189. Vgl. zur aktuellen Entwicklung bzgl. Fahreignungsseminar auch *Albrecht* DAR 2013, 13.

[132] OLG Düsseldorf 7.10.2013 – III-1 RVs 51/13, NStZ-RR 2014, 16; OLG Hamm 4.9.2012 – III-1 Ws 464/12, NStZ-RR 2012, 376; LG Zweibrücken 17.7.2012 – Qs 73/12, NZV 2012, 499; aA bezogen auf das Revisionsverfahren: vgl. SSW-StPO/*Harrendorf* Rn. 17; SK-StPO/*Rogall* Rn. 42 mit der Begründung, dass mit Ablauf dieser Frist der Zweck dem Maßnahme erreicht ist. Vgl. auch OLG Köln 22.4.2003 – 1 Ws 9/03 (→ Rn. 8), Blutalkohol 41, 530.

damit rechnen, dass die Entziehung der Fahrerlaubnis länger als die Sperrfrist dauert, die das Amtsgericht festgesetzt hat.[133] Der Strafrichter trifft keine Entscheidung darüber, dass der Beschuldigte nach Ablauf der Sperrfrist wieder als geeignet zum Führen eines Fahrzeugs anzusehen ist.[134] Die Entziehung der Fahrerlaubnis und die Festsetzung einer Sperre bewirken vielmehr, den Verurteilten für eine bestimmte Zeit vom Führen von Kraftfahrzeugen auszuschließen und ihn dazu erst wieder zuzulassen, wenn nach Rechtskraft des Urteils die Verwaltungsbehörde nach eigener Prüfung seine Eignung dazu bejaht hat.[135] Mit dieser Zielsetzung wäre es unvereinbar, wenn der Angeklagte, der im Strafverfahren als unzuverlässig beurteilt werden musste, wieder als Fahrzeugführer am Straßenverkehr teilnehmen dürfte, bevor er sich den dafür vorgesehenen Kontrollen unterzogen hat. Nur wenn durch schwerwiegende **Verstöße gegen das Beschleunigungsgebot** (grobe Pflichtverletzungen) eine erhebliche Verzögerung des Verfahrens eintritt, ist die Maßnahme selbst dann aufzuheben, wenn nicht nur der dringende Tatverdacht, sondern auch der – trotz der seit der angeklagten Tat verstrichenen Zeit – Eignungsmangel nach § 69 StGB und damit ein dringender Grund für eine Maßnahme nach § 111a fortbesteht.[136]

Es stellt **keinen Verstoß gegen das Verschlechterungsgebot** dar, wenn das Berufungsgericht die Entscheidung über die endgültige Entziehung der Fahrerlaubnis und die vom Amtsgericht verhängte Sperrfrist bestätigt.[137] Die Sperre beginnt erst mit der Rechtskraft des Urteils. In die Frist wird die Zeit einer wegen der Tat angeordneten vorläufigen Entziehung eingerechnet, soweit sie nach Verkündung des Urteils verstrichen ist, in dem die der Maßregel zugrunde liegenden tatsächlichen Feststellungen letztmals geprüft werden konnten (§ 69a Abs. 5 StGB). 36

6. Sicherstellung des Führerscheins (§ 111a Abs. 3 bis 5). Nach § 69 Abs. 3 S. 2 StGB wird ein von einer deutschen Behörde ausgestellter Führerschein im Urteil eingezogen, wenn die Fahrerlaubnis rechtskräftig entzogen worden ist. Das Revisionsgericht kann nach § 354 Abs. 1 StGB die Einziehung nachholen.[138] § 111a Abs. 3 bezweckt die Sicherstellung der späteren Einziehung.[139] Danach wirkt die vorläufige Entziehung der Fahrerlaubnis zugleich als Anordnung oder Bestätigung der Beschlagnahme des von einer inländischen Behörde ausgestellten Führerscheins (§ 111a Abs. 3 S. 1). Dies gilt auch, wenn der Führerschein von einer Behörde eines Mitgliedstaates der Europäischen Union oder eines anderen Vertragsstaates des Abkommens über den Europäischen Wirtschaftsraum ausgestellt worden ist, sofern der Inhaber seinen ordentlichen Wohnsitz im Inland hat (§ 111a Abs. 3 S. 2). Die Beschlagnahmeanordnung wird von der Staatsanwaltschaft vollstreckt. Der Führerschein wird in amtlichen Gewahrsam genommen. 37

Bei **Gefahr im Verzug** können Staatsanwaltschaft und Polizei einen Führerschein nach § 94 Abs. 3, § 98 Abs. 1 beschlagnahmen oder sicherstellen (wenn dieser freiwillig herausgegeben wird), sofern die Voraussetzungen des § 111a Abs. 1 gegeben sind.[140] Die Beschlagnahme des Führerscheins eines bei einer Trunkenheitsfahrt betroffenen Kraftfahrers ist danach zulässig, wenn die Gefahr besteht, er werde ohne die Abnahme des Führerscheins weitere Trunkenheitsfahrten unternehmen oder sonst Verkehrsvorschriften in schwerwiegender Weise 38

---

[133] OLG Hamm 4.9.2012 – III-1 Ws 464/12, DAR 2013, 160; OLG Köln 28.3.2008 – 2 Ws 136/08, OLGSt StGB § 69a Nr. 21; OLG Hamm 27.3.2007 – 4 Ws 152/07, NStZ-RR 2007, 351; OLG Düsseldorf 18.3.1999 – 1 Ws 191/99, NZV 1999, 246; *Hentschel* DAR 1976, 9; *ders.* DAR 1988, 89 (91); Meyer-Goßner (*Schmitt*) Rn. 11 mwN.; *Hentschel*, Trunkenheit Rn. 866, 867.

[134] BVerfG 18.11.1966 – 1 BvR 173/63, NJW 1967, 29; OLG Hamm 27.3.2007 – 4 Ws 152/07, NStZ-RR 2007, 351.

[135] Radtke/Hohmann/*Pegel* Rn. 14.

[136] OLG Düsseldorf 7.10.2013 – III-1 RVs 51/13, NStZ-RR 2014, 16 („konventionswidriger Verstoß"); KG 1.4.2011 –3 Ws 153/11 – 1 AR 446/11, StraFo 2011, 353; OLG Hamm 27.3.2007 – 4 Ws 152/07, NStZ-RR 2007, 351; OLG Nürnberg 14.2.2006 – 1 Ws 119/06, StV 2006, 685.

[137] KK/*Bruns* Rn. 11; BeckOK-StPO/*Huber* Rn. 9.

[138] KK/*Bruns* Rn. 14.

[139] HK-StPO/*Gercke* Rn. 19.

[140] OLG Stuttgart 11.12.1968 – 1 Ss 666/68, NJW 1969, 760; eingehend *Gramse* NZV 2002, 345.

verletzen, so dass zur Sicherung der Allgemeinheit die Wegnahme des Führerscheins erforderlich ist.[141] Die Beschlagnahme wegen Gefahr im Verzug ist auch in Fällen möglich, in denen ohne die Beschlagnahme der Verlust des Führerscheins als Beweismittel oder die Vereitelung seiner späteren Einziehung durch Vernichtung oder Beiseiteschaffung zu befürchten wäre. Der Beschlagnahme steht nicht die Annahme entgegen, der Richter werde später die Ausnahmeregelung des § 111a Abs. 1 S. 2 anwenden, soweit bis zu dieser Entscheidung die Gefahr besteht, der Beschuldigte werde die ihm unbeschränkt erteilte Fahrerlaubnis nutzen.[142] Die **Durchsuchung** der Wohnung des Beschuldigten nach § 102 zur Auffindung seines nach § 111a Abs. 3 Satz 1 beschlagnahmten Führerscheins ist zulässig.[143] Bei einer **freiwilligen Herausgabe** des Führerscheins bedarf es keiner förmlichen Beschlagnahme.[144] Die von der Staatsanwaltschaft oder der Polizei angeordnete Beschlagnahme ist auf Antrag des Beschuldigten gemäß § 98 Abs. 2 S. 1 richterlich zu bestätigen. Auch kann der Beschuldigte nach § 98 Abs. 2 S. 2 die richterliche Entscheidung über die Beschlagnahme beantragen. Ist ein Führerschein beschlagnahmt, weil er nach § 69 Abs. 3 S. 2 StGB eingezogen werden kann, so entscheidet das Gericht nicht über die Zulässigkeit der Beschlagnahme, sondern über die vorläufige Entziehung der Fahrerlaubnis (§ 111a Abs. 4). Es ist zu beachten, dass sich der Beschuldigte im Falle der Beschlagnahme bzw. Sicherstellung des Führerscheins nach § 21 Abs. 2 Nr. 2 StVG strafbar macht, falls er dennoch ein Kraftfahrzeug führt.

39 In Ausnahmefällen kann die Polizei zur unmittelbaren Gefahrenabwehr den Führerschein auch nach den **Polizei- und Ordnungsgesetzen der Länder** beschlagnahmen.[145] Die Wegnahme des Zündschlüssels kann unter Umständen als mildere Maßnahme ausreichend sein.[146]

40 **7. Rückgabe des Führerscheins (§ 111a Abs. 5).** Ein Führerschein, der in Verwahrung genommen, sichergestellt oder beschlagnahmt worden ist, ist nach § 111a Abs. 5 zurückzugeben, wenn der Richter die vorläufige Entziehung der Fahrerlaubnis wegen Fehlens der in § 111a Abs. 1 bezeichneten Voraussetzungen ablehnt, wenn er sie aufhebt oder wenn das Gericht im Urteil die Fahrerlaubnis nicht entzieht. Bis zur Erhebung der Anklage ist die Staatsanwaltschaft für die Rückgabe zuständig.[147] Danach ist das mit der Sache befasste Gericht und nach Rechtskraft des Urteils die Vollstreckungsbehörde zuständig.[148] § 36 Abs. 2 S. 1 gilt nicht, da die Rückgabe keine Vollstreckung ist.[149]

41 Wird im Urteil lediglich ein Fahrverbot nach **§ 44 StGB** verhängt, kann die Rückgabe des Führerscheins aufgeschoben werden (§ 111a Abs. 5 S. 2), wenn der Beschuldigte nicht widerspricht. Das hat zur Folge, dass die Zeit bis zur rechtskräftigen Anordnung des Fahrverbots unverkürzt angerechnet wird (§ 450 Abs. 2).[150]

42 **8. Ausländische Führerscheine (§ 111a Abs. 6).** Eine Gleichstellung mit Inhabern deutscher Fahrerlaubnisse erfolgt nach § 111a Abs. 3 S. 2, wenn der Führerschein von einer Behörde eines Mitgliedstaates der Europäischen Union oder eines anderen Vertragsstaates des Abkommens über den Europäischen Wirtschaftsraum ausgestellt worden ist, sofern der Inhaber seinen ordentlichen Wohnsitz im Inland hat (vgl. § 2 Abs. 2 StVG).

---

[141] BGH 23.5.1969 – 4 StR 585/68, NJW 1969, 1308; SSW-StPO/*Harrendorf* Rn. 21; HK-StPO/*Gercke* Rn. 19; AnwK-StPO/*Lohse* Rn. 16.
[142] KK/*Bruns* Rn. 16.
[143] OLG Oldenburg 26.1.2009 – 1 Ws 56/09, Blutalkohol 46, 223; ausführlich *Gramse* NZV 2002, 345.
[144] AnwK-StPO/*Lohse* Rn. 16.
[145] Vgl. auch BGH 27.10.1960 – III ZR 149/59, NJW 1961, 264; OLG Köln 9.1.1968 – 1 Ss 534/67, NJW 1968, 666; *Trupp* NZV 2004, 389; HK-StPO/*Gercke* Rn. 21.
[146] HK-StPO/*Gercke* Rn. 21; AnwK-StPO/*Lohse* Rn. 16; Meyer-Goßner (*Schmitt*) Rn. 16; KK/*Bruns* Rn. 15.
[147] HK-GS/*Hartmann* Rn. 14.
[148] HK-StPO/*Gercke* Rn. 24.
[149] Meyer-Goßner (*Schmitt*) Rn. 17.
[150] Bayerisches Oberstes Landesgericht 29.12.1986 – RReg 1 St 313/86, JR 1987, 511; *Hentschel*, Trunkenheit Rn. 878.

Für alle anderen ausländischen Führerscheine gilt § 111a Abs. 6 S. 1 (vgl. zu den Rechtsfolgen der endgültigen Entziehung der Fahrerlaubnis im Urteil bei ausländischen Führerscheinen auch § 69b Abs. 2 S. 2 StGB).[151] Die vorläufige Entziehung der Fahrerlaubnis ist in diesen Führerscheinen zu vermerken. Der Vermerk bewirkt eine Aberkennung des Rechts von der Fahrerlaubnis im Inland Gebrauch zu machen.[152] Der Führerschein ist anschließend unverzüglich zurückzugeben. Die Vollstreckung der Entscheidung erfolgt durch die Staatsanwaltschaft.[153] Bis zur Eintragung des Vermerks kann der Führerschein nach § 94 Abs. 3, § 98 kurzfristig beschlagnahmt werden (§ 111a Abs. 6 S. 2). Ist aufgrund der Beschaffenheit des Führerscheins die Eintragung eines solchen Vermerks nicht möglich, ist dieser gesondert zu erstellen und mit dem Führerschein fest zu verbinden (§ 56 Abs. 2 S. 4 StVollstrO).[154] Gemäß Art. 9 Abs. 6b des Zusatzabkommens gilt das vorgenannte auch für Personen, die dem **NATO-Truppenstatus** unterfallen. Danach ist die Entziehung der Fahrerlaubnis auf dem Führerschein, der dem Inhaber zu belassen ist, zu vermerken. 43

9. Immunität. Die Maßnahme nach § 111a sowie die Beschlagnahme des Führerscheins nach § 94 Abs. 3 setzt, auch wenn der Abgeordnete auf frischer Tat betroffen wurde, die Aufhebung der Immunität voraus (Art. 46 GG; § 18 ff. GVG; RiStBV Nr. 192 ff.).[155] Der Deutsche Bundestag sowie die gesetzgebenden Körperschaften der Länder pflegen regelmäßig zu Beginn einer neuen Wahlperiode eine allgemeine Genehmigung zur Durchführung von Ermittlungsverfahren gegen Abgeordnete zu erteilen. Diese umfasst die vorläufige Entziehung der Fahrerlaubnis (RiStBV Nr. 192a Abs. 2e S. 2). Sie wird im Einzelfall erst wirksam, nachdem dem Präsidenten der gesetzgebenden Körperschaft eine Mitteilung nach RiStBV Nr. 192a Abs. 3 zugegangen ist. Es ist zulässig, wenn die Polizei den Abgeordneten fragt, ob dieser seinen Führerschein freiwillig in amtliche Verwahrung geben will. Zur Gefahrenabwehr bleibt nach Polizeirecht eine Beschlagnahme des Führerscheins, Fahrzeugs oder Fahrzeugschlüssels möglich.[156] 44

10. Rechtsbehelfe. Gegen die vorläufige Entziehung ist die Beschwerde (§ 304 Abs. 1, § 305) zulässig. Beschwerdeberechtigt ist die Staatsanwaltschaft, wenn der Antrag auf Anordnung der vorläufigen Entziehung der Fahrerlaubnis abgelehnt worden ist.[157] Der Beschuldigte ist auch beschwerdebefugt, bspw. wenn er geltend macht, dass „dringende Gründe" nicht gegeben oder zwischenzeitlich weggefallen sind.[158] Bei Entscheidungen des Oberlandesgerichts im ersten Rechtszug ist ebenfalls die Beschwerde statthaft (§ 304 Abs. 4 S. 2 Nr. 1, Abs. 5).[159] Eine Aussetzung der Vollziehung gemäß § 307 Abs. 2[160] sowie eine weitere Beschwerde nach § 310 Abs. 2 sind ausgeschlossen.[161] 45

Hat der Ermittlungsrichter die Maßnahme angeordnet, entscheidet über die gegen den Beschluss eingelegte Beschwerde **nach Anklageerhebung,** wenn über die Beschwerde noch nicht entschieden worden ist, nicht die Strafkammer, sondern in der Regel zunächst der nunmehr zuständige Strafrichter. Die Beschwerde ist in einen Antrag auf Aufhebung des Beschlusses umzudeuten. Die sodann ergehende Entscheidung des Strafrichters unterliegt der Anfechtung.[162] Unerledigte Beschwerden gegen erstinstanzliche Entscheidungen 46

---

151 Vgl. auch *Blum* NZV 2008, 176.

152 *Ludovisy* DAR 1997, 80; *Dauer* NJW 2010, 1830; *Backmann* SVR 2010, 281; HK-GS/*Hartmann* Rn. 9.

153 KK/*Bruns* Rn. 21a.

154 HK-StPO/*Gercke* Rn. 27.

155 Meyer-Goßner (*Schmitt*) Rn. 20.

156 BGH 27.10.1960 – III ZR 149/59, NJW 1961, 264; HK-GS/*Hartmann* Rn. 7; *Geppert* DAR 1988, 12; *Wolffgramm* AnwBl BE 1995, 269.

157 LG Zweibrücken 23.10.1997 – Qs 134/97, NStZ-RR 1998, 249.

158 HK-StPO/*Gercke* Rn. 28.

159 Meyer-Goßner (*Schmitt*) Rn. 19; HK-GS/*Hartmann* Rn. 15.

160 LG Köln 27.7.1983 – 105 Qs 706/83, ZfSch 1984, 29.
HK-StPO/*Gercke* Rn. 29; *Hentschel* DAR 1988, 89 (92); Burmann/Heß/Jahnke/*Janker* Rn. 9.

161 Radtke/Hohmann/*Pegel* Rn. 24; Meyer-Goßner (*Schmitt*) Rn. 19.

162 OLG Düsseldorf 18.2.1987 – 3 Ws 534/91, NZV 1992, 202; OLG Celle 10.5.2000 – 3 ARs 9/00, StraFo 2001, 134; LG Berlin 12.5.2009 – 510 Qs 51/09, BeckRS 2009, 87733; LG Arnsberg 3.11.2009 – 2

sind nach Vorlage der Akten gemäß § 321 S. 2 an das Berufungsgericht als Antrag auf Aufhebung der Maßnahme zu behandeln.[163] Gegen die Entscheidung des Berufungsgerichts ist dann die Beschwerde statthaft.[164]

47 Umstritten ist, ob im **Revisionsverfahren** der Beschluss nach § 111a gesondert angefochten werden kann.[165] Teilweise wird vertreten, dass eine solche isolierte Beschwerde grds. unzulässig ist. Danach soll im Rahmen des Beschwerdeverfahrens keine Vorabentscheidung über die Rechtmäßigkeit der Maßregel nach § 69 StGB getroffen werden, die unter Umständen zu divergierenden Entscheidungen zwischen Beschwerde- und Revisionsverfahren führt.[166] Nach hM ist die isolierte Beschwerde unter Berücksichtigung einer beschränkten Prüfungskompetenz statthaft.[167] Denn nach § 304 Abs. 1 ist die Beschwerde gegen alle von den Gerichten im ersten Rechtszug oder im Berufungsverfahren erlassenen Beschlüsse zulässig, soweit sie das Gesetz nicht ausdrücklich einer Anfechtung entzieht. Letzteres ist für eine gegen die vorläufige Entziehung der Fahrerlaubnis gerichtete Beschwerde – von dem Fall ihrer prozessualen Überholung abgesehen – nicht der Fall. In diesem Zusammenhang ist zu berücksichtigen, dass die Prüfungskompetenz des Beschwerdegerichts grds. dort endet, wo diejenige des Revisionsgerichts beginnt.[168] Mit der Beschwerde gegen die Anordnung der vorläufigen Entziehung der Fahrerlaubnis nach § 111a kann keine inzidente Vorentscheidung über die gegen das Berufungsurteil eingelegte Revision erreicht werden.[169] Das Beschwerdegericht darf also nur prüfen, ob die materiellrechtlichen Voraussetzungen des § 69 StGB vorliegen und die Strafkammer von dem ihr im Rahmen der Entscheidung nach § 111a zustehenden Ermessen rechtsfehlerfrei Gebrauch gemacht hat.[170] Die Einschränkung der Prüfungsbefugnis des Beschwerdegerichts folgt daraus, dass die Frage, ob dringende Gründe im Sinne des § 111a vorliegen, ob also eine hohe Wahrscheinlichkeit der Verurteilung besteht, nur davon abhängt, ob die Entscheidung über die Entziehung der Fahrerlaubnis nach § 69 StGB unter revisionsrechtlichen Gesichtspunkten vor dem Revisionsgericht Bestand hat, wobei neue Tatsachen und Beweismittel oder eine vom Tatgericht abweichende Tatsachenbeurteilung durch den Revisionsführer außer Betracht zu bleiben haben. Die Prüfung der Geeignetheit zum Führen von Kraftfahrzeugen ist dem Beschwerdegericht daher entzogen.[171] Worauf sich die Überprüfung durch das Beschwerdegericht in diesem Rahmen erstrecken muss, bedarf allerdings keiner Entscheidung, wenn eine hohe Wahrscheinlichkeit dafür besteht, dass das tatgerichtliche Urteil in der Revision Bestand haben wird.[172]

48 **11. Entschädigung.** Die vorläufige Entziehung der Fahrerlaubnis ist eine **entschädigungsfähige Maßnahme gem. § 2 Abs. 2 Nr. 5 StrEG,** soweit eine endgültige Einziehung der Fahrerlaubnis unterbleibt, bspw. weil der Beschuldigte freigesprochen oder das

---

Qs 150 Js 424/09 – 87/09, NZV 2010, 367; LG Darmstadt 31.1.2011 – 3 Qs 66/11 – 1100 Js 95011/10, NStZ-RR 2011, 217; LG Kiel 10.10.2010 – 38 Qs 49/10, VRR 2011, 112; SSW-StPO/*Harrendorf* Rn. 25.

163 OLG Stuttgart 26.2.2002 – 4 Ws 38/02, Justiz 2002, 248; HK-StPO/*Gercke* Rn. 29.

164 Meyer-Goßner (*Schmitt*) Rn. 19.

165 Vgl. *Schmid* Blutalkohol 33, 357; *Schwarzer* NZV 1995, 239.

166 OLG Düsseldorf 9.8.1995 – 3 Ws 436/95, StraFo 1995, 119; Brandenburgisches OLG 25.1.1996 – 2 Ws 249/95, NSTZ-RR 1996, 170; *Cierniak* NZV 1999, 324; BeckOK/*Huber* Rn. 16.

167 BVerfG 11.9.2002 – 2 BvR 1369/02, NStZ-RR 2002, 377; KG 11.4.2001 – 1 AR 371/01 – 3 Ws 198/01, DAR 2001, 374; KG 14.3.2006 – 1 AR 231/06 – 3 Ws 101/06, NJ 2006, 421; Thüringer OLG 31.7.2008 – 1 Ws 315/08, VRS 115, 353; OLG Hamm 4.9.2012 – III-1 Ws 464/12, NStZ-RR 2012, 376; OLG Hamburg 8.3.2007 – 2 Ws 43/07, ZfSch 2007, 409; eingehend *Habetha NZV 2008, 605;* SSW-StPO/*Harrendorf* Rn. 25; AnwK-StPO/*Lohse* Rn. 20; SK-StPO/*Rogall* Rn. 60 f.; Meyer-Goßner (*Schmitt*) Rn. 19.

168 KG 11.4.2001 – 1 AR 371/01 – 3 Ws 198/01, DAR 2001, 374; vgl. hierzu auch *BVerfG* 11.9.2002 – 2 BvR 1369/02, NStZ 2002, 377; eingehend *Habetha* NZV 2008, 605.

169 OLG Hamm 4.9.2012 – III-1 Ws 464/12, NStZ-RR 2012, 376; OLG Hamburg 8.3.2007 – 2 Ws 43/07, ZfSch 2007, 409.

170 OLG Karlsruhe 18.3.2004 – 1 Ws 35/04, DAR 2004, 408; Thüringer OLG 31.7.2008 – 1 Ws 315/08.

171 AnwK-StPO/*Lohse* Rn. 20.

172 KG 14.3.2006 – 1 AR 231/06 – 3 Ws 101/06, NJ 2006, 421.

Verfahren eingestellt wurde.[173] Das gilt auch, wenn das Gericht die Eröffnung des Hauptverfahrens gegen den Beschuldigten ablehnt (§ 2 Abs. 1 StrEG) oder wenn die Entschädigung der Billigkeit entspricht (§§ 3, 4 StrEG).[174] Nach § 5 Abs. 1 Nr. 3 StrEG ist eine Entschädigung für die vorläufige Entziehung der Fahrerlaubnis ausgeschlossen, wenn von der endgültigen Anordnung der Entziehung der Fahrerlaubnis nur deshalb abgesehen worden ist, weil ihre Voraussetzungen nicht mehr vorlagen.[175] Ein Entschädigungsanspruch wegen der vorläufigen Entziehung der Fahrerlaubnis ist gemäß § 5 Abs. 2 Satz 1 StrEG ausgeschlossen, wenn der Angeklagte diese Strafverfolgungsmaßnahme grob fahrlässig verursacht hat.[176] Eine solche grobe Fahrlässigkeit liegt grds. vor bei nicht unerheblichem Alkohol- oder Drogenkonsum, bei sonstigem unbesonnenen Verhalten, das den Verdacht einer Straftat heraufbeschwört und bei Nachtrunk.[177]

Vor §§ 111b–111p

Schrifttum: *Achenbach,* Hans, Verfahrenssichernde und vollstreckungssichernde Beschlagnahme im Strafprozeß, NJW 1976, 1068 ff.; *ders.,* Obligatorische Zurückgewinnungshilfe?, NStZ 2001, 401 ff.; *ders.*, Die 8. GWB-Novelle und das Wirtschaftsstrafrecht, wistra 2013, 369 ff.; Achenbach, Hans/Andreas *Ransiek*/Alexander *Retemeyer,* Handbuch Wirtschaftsstrafrecht, 3. Auflage, Heidelberg u. a., 2012, Teil 14, S. 1621 ff.; *Artkämper,* Heiko, Präventive Gewinnabschöpfung bei Beschuldigten – Möglichkeiten und Grenzen, Die Kriminalpolizei 1/2013, 24 ff.; *Bach,* Florian, Verhältnis von strafprozessualem dinglichem Arrest und steuerrechtlichem dinglichem Arrest im Steuerstrafverfahren iSv. § 386 Abs. 2 AO, JR 2010, 286 ff.; *Barreto da Rosa,* Steffen, Gesamtschuldnerische Haftung bei der Vermögensabschöpfung, NJW 2009, 1702 ff.; *ders.,* Staatliche Einziehung versus Opferschutz – Bereicherung des Staates auf Kosten Verletzter?, NStZ 2012, 419 ff.; Beck'scher Online Kommentar Strafprozessordnung, herausgegeben von Jürgen Peter Graf, Edition 17, Stand: 30.9.2013, Bearbeiter: *Huber,* Matthias; *Bittmann,* Folker, Bedeutung des § 111g StPO für die Rückgewinnungshilfe – Wirkung, Voraussetzung, Rang, wistra 2013, 218 ff.; *ders.,* Insolvenzrecht und Rückgewinnungshilfe, ZWH 2014, 135 ff.; *Bittmann,* Folker/Markus *Kühn,* Der Arrestgrund beim strafprozessualen dinglichen Arrest, wistra 2002, 248 ff.; *Bohne,* Steffen/Heiner *Boxleitner,* Eins vor und zwei zurück – Wie das deutsche Recht Straftätern weiterhin die Tatbeute belässt – Anmerkung zum Gesetz zur Stärkung der Rückgewinnungshilfe und Vermögensabschöpfung bei Straftaten, NStZ 2007, 552 ff.; *Brauch,* Philip, Die außergerichtliche Einziehung von Vermögenswerten im Strafverfahren, NStZ 2013, 503 ff.; *Brockhaus,* Matthias, Besprechung von OLG Frankfurt v. 2.3.2011–19 W 10/11, StRR 2011, 309 f.; *Buhlert,* Steffen, Die strafprozessuale Adhäsion als Instrument im Insolvenzverfahren, DZWIR 2011, 443 ff.; *Eschelbach,* Ralf, in: Wirtschafts- und Steuerstrafrecht, herausgegeben von Jürgen Peter Graf/Markus Jäger/Petra Wittig, München 2011; *Faust,* Annett, Das strafprozessuale Abschöpfungsrecht – Die Sicherstellung von Vermögenswerten zugunsten des Verfalls, des Wertersatzverfalls und der Verletzten, Baden-Baden 2008 (Dissertation Halle/Saale 2007); *Frank,* Michael, Schrott und Recyclingbranche: Der dingliche Arrest in der Steuerfahndungspraxis, PStR 2012, 21 ff.; *Frohn,* Peter, Die Beschlagnahme von Forderungen zugunsten des Verletzten im Strafverfahren und der Vollstreckungszugriff, RPfleger 2001, 10 ff.; *von Gleichenstein,* Hans, Die Rückgewinnungshilfe gemäß §§ 111b ff. StPO in der Insolvenz des Täters, ZIP 2008, 1151 ff.; *Greier,* Gunnar, Zum Spannungsverhältnis zwischen Insolvenzrecht und strafprozessualer Vermögenssbschöpfung, ZIP 2007, 953 ff.; *Groß,* Rolf, Sicherstellung von Druckwerken, NStZ 1999, 334 ff.; *Hansen,* Hauke, Die Rückgewinnungshilfe – Die Vermögensabschöpfung gemäß §§ 111b ff. StPO zugunsten der Geschädigten unter besonderer Berücksichtigung des Spannungsverhältnisses zwischen Strafprozeß- und Insolvenzrecht in der Insolvenz des Täters, Baden-Baden 2013 (Dissertation Halle/Saale 2010); *Hansen,* Hauke/Gunnar *Greier,* Besprechung von OLG Frankfurt v. 9.6.2006 – 3 Ws 508/06, NStZ 2007, 587 ff.; *Hees,* Volker, Beschlagnahmte und arretierte Vermögenswerte in der Insolvenz des Schuldners, ZIP 2004, 298 ff.; *ders.*/Nadja *Albeck,* Der Zulassungsbeschluss nach § 111g Abs. 2 StPO, ZIP 2000, 871 ff.; *Hellerbrand,* Christoph, Der dingliche Arrest zur Sicherung des Verfalls von Wertersatz im Ermittlungsverfahren, wistra 2003, 201 ff.; *Huber,* Karl, Die Vermögensabschöpfung – Beschlagnahme, dinglicher Arrest und vorrangiges Befriedigungsrecht nach §§ 111g, 111h StPO, RPfleger 2002, 285 ff.; *ders.,* Strafrechtlicher Verfall und Rückgewinnungshilfe bei der Insolvenz des Täters, Freiburg i.Br. 2011 (Dissertation München 2010); *Hunsicker,* Ernst, Präventive Gewinnabschöpfung (PräGe), StV 2010, 212 ff.; *ders.,* Präventive Gewinnabschöpfung – Definition, Etablierung und Bezeichnung unter Einbeziehung verfassungsgerichtlicher Entscheidungen und kritischer Bewertungen, Die Kriminalpolizei 4/2012, 13 ff.; *Janssen,* Gerhard, Gewinnabschöpfung im Strafverfahren, Heidelberg u. a. 2008; *Kempf,* Eberhard/Hellen *Schilling,* Ver-

[173] Bayerischer VGH 15.7.2008 – Vf. 91-VI-07, BayVBl. 2008, 693; OLG Schleswig 25.4.1996 – 11 U 46/95, VersR 1997, 841; LG Aachen 30.1.2012 – 71 Ns – 507 Js 513/10 – 227/10, Blutalkohol 49, 112; *Kotz* VRR 2009, 367; Meyer-Goßner (*Schmitt*) Rn. 1; HK-GS/*Hartmann* Rn. 3; HK-StPO/*Gercke* Rn. 2.

[174] KK/*Bruns* Rn. 3.

[175] OLG Düsseldorf 26.9.2000 – 1 Ws 514/00, DAR 2001, 38, juris.

[176] LG Aachen 30.1.2012 – 507 Js 513/10 – 227/10, BeckRS 2012, 18247, Blutalkohol 49, 112.

[177] Vgl. mwN Burmann/Heß/Jahnke/*Janker* Rn. 16.

mögensabschöpfung, Bonn 2007; *Krumm*, Carsten, Gewinnabschöpfung durch Geldbuße, NJW 2011, 196 f.; *Leutner,* Gerd/ Maximilian *Hacker,* Zu Unrecht verschmäht: Der vollstreckbare Anwaltsvergleich, NJW 2012, 1318 ff.; *Lohse,* Kai, Ermessen, Gesamtschuld und Härteklausel beim staatlichen Auffangrechtserwerb, JR 2011, 242 ff.; *Madaus,* Norbert, Vermögensabschöpfung im Steuerstrafverfahren – Verhältnis von StPO-Arrest und AO-Arrest, NZWiSt 2013, 128 ff.; *Malitz,* Kirsten, Die Berücksichtigung privater Interessen bei vorläufigen strafprozessualen Maßnahmen gemäß § 111b ff. StPO, NStZ 2002, 337 ff.; *dies.*, Beendigung von Zwangsmaßnahmen und Freigabe von Vermögenswerten, NStZ 2003, 61 ff.; *Markgraf,* Jochen, Der Grundsatz der par conditio creditorum im Spannungsverhältnis zu der strafprozessualen Vermögensabschöpfung, Hamburg 2008 (Dissertation Köln 2007/2008); *Metz,* Jochen, Rangverhältnis der Staatsanwaltschaft zu ihren Ermittlungspersonen bei Gefahr im Verzug, NStZ 2012, 242 ff.; *Moldenhauer,* Gerwin/Carsten *Momsen,* Beschlagnahme in die Insolvenzmasse?, wistra 2001, 456 ff.; *Mosbacher,* Andreas/Susanne *Claus,* Auffangrechtserwerb in Altfällen?, wistra 2008, 1 ff.; Münchener Kommentar-Insolvenzordnung/Rolf *Stürner,* 3. Auflage, München 2013; *Musielak,* Hans-Joachim/Michael *Huber,* Zivilprozessordnung mit Gerichtsverfassungsgesetz-Kommentar, 11. Aufl. München 2014; *Podolsky,* Johann/Tobias *Brenner,* Vermögensabschöpfung im Straf- und Ordnungswidrigkeitenverfahren, 5. Auflage, Stuttgart u. a., 2012; *Reichhart,* Hans, Die Vermögensabschöpfung im Strafverfahren, Frankfurt am Main, 2008 (Dissertation Passau 2007); *Rönnau,* Thomas, Die Vermögensabschöpfung in der Praxis, München 2003; *ders.* Zum Konkurrenzverhältnis von strafprozessualer Vermögens- und insolvenzrechtlicher Massesicherung, ZInsO 2012, 509 ff.; *ders.*/Kristian *Hohn,* Wertverlust sichergestellter Gegenstände, wistra 2002, 445 ff.; *ders.* in: Volk, Klaus, Verteidigung in Wirtschafts- und Steuerstrafsachen, Münchener Anwaltshandbuch (MAH), 2. Aufl., München 2014; *Roth,* David, Der StPO-Arrest im Steuerstrafverfahren – Ausschluss des Steuerfiskus von der Rückgewinnungshilfe nach § 111b Abs. 2 und 5 StPO?, wistra 2010, 335 ff.; *Schilling,* Hellen, Aktuelles zur Vermögensabschöpfung oder: Der Verfall hat die Wirklichkeit des Strafverfahrens erreicht, StraFo 2011, 128 ff.; *Schilling,* Hellen/Gerwin *Janke*, Strafprozessuale Rückgewinnungshilfe, in: Internal Investigations – Ermittlungen im Unternehmen, herausgegeben von Thomas C. Knierim/Markus Rübenstahl/Michael Tsambikakis, Heidelberg u.a. 2013, Teil 16; *Schlachetzki,* Nikolas, Das Ermessen bei der Zurückgewinnungshilfe, wistra 2011, 41 ff.; *Schmid,* Wolfgang/Michael *Winter,* Vermögensabschöpfung in Wirtschaftsstrafverfahren – Rechtsfragen und praktische Erfahrungen, NStZ 2002, 8 ff.; *Schmidt,* Heiner Christian, Möglichkeiten und Grenzen der Vermögensabschöpfung bei Bestechlichkeit im geschäftlichen Verkehr (§ 299 Abs. 1 StGB), wistra 2011, 321 ff.; *Schmidt,* Wilhelm, Gewinnabschöpfung im Straf- und Bußgeldverfahren, München 2006; *Spillecke,* Karin, Besprechung von BGH v. 27.4.2010 – 3 StR 112/10, NStZ 2010, 569; *Theile,* Hans, Art. 14 GG und der strafprozessuale dingliche Arrest, StV 2009, 161 ff.; *Thiée,* Philipp, „Präventive Gewinnabschöpfung": Wenn Polizeibeamte Winkeladvokaten spielen, StV 2009, 102 ff.; *ders.,* Polizeiliche Sicherstellung nach Freigabe gem. § 98 StPO – Erwiderung auf die Erwiderung, StV 2010, 215 ff.; *Uhlenbruck,* Wilhelm, Insolvenzordnung, 13. Aufl., München 2010; *Wabnitz*, Heinz-Bernd/Thomas *Janovsky* (Hrsg.), Handbuch des Wirtschafts- und Steuerstrafrechts, 4. Aufl., München 2014; *Wehnert,* Anne/Marcus *Mosiek,* Untiefen der Vermögensabschöpfung in Wirtschaftsstrafsachen aus Sicht des Strafverteidigers, StV 2005, 568 ff.; *Wilk,* Hanno/Tobias *Stewen,* Rückgewinnungshilfe in der staatsanwaltschaftlichen Praxis, wistra 2013, 409 ff.; *Willsch,* Natalie, Die Zulassung der privilegierten Zwangsvollstreckung gemäß § 111g Abs. 2 StPO nach Anwendung der §§ 154, 154a StPO, wistra 2013, 9 ff.

Übersicht

I. Bedeutung und Zweck vollstreckungssichernder Maßnahmen; Entwicklung des Gesetzes

1 Die §§ 111b–111i und 111l–111n (Ausnahme: § 111i Abs. 2, 5 und 6) umschreiben den rechtlichen Rahmen **einstweiliger vollstreckungssichernder Maßnahmen** zwecks **tatsächlicher Durchsetzung später rechtskräftig** angeordneter **Vermögensabschöpfung,** von *Burghart*[1] anschaulich *System der Vollstreckungssicherung durch Sicherungsvollstreckung* bezeichnet, sei es zum Wohle des **Fiskus,** sei es zugunsten des **Opfers.** Prinzipiell kommen vollstreckungssichernde Maßnahmen in **jedem Verfahrensstadium** (Ermittlungs-, Zwischen- und Hauptverfahren bis zum Eintritt der Verjährung,[2] § 78 Abs. 1 S. 1 StGB; Ausnahme S. 2: Einziehung gefährlicher Gegenstände, §§ 76a Abs. 2 S. 1 Nr. 1, 74 Abs. 2 Nr. 2,

[1] SSW § 111b Rn. 2.
[2] *Hansen* S. 94.

Abs. 3, 74d StGB) oder Rechtskraft,[3] auch im selbständigen und Sicherungsverfahren, selbst nach Straftaten von Kindern[4] und in jeder Verfahrensart in Betracht.[5] Praktische Bedeutung erlangen sie aber im Privatklage-, Sicherungs-, beschleunigten und Strafbefehlsverfahren nur ausnahmsweise. Sie gestatten bereits vor Eintritt der Rechtskraft der (meist sogar noch ausstehenden) Entscheidung Vorkehrungen zu treffen (oder treffen zu lassen) zur Sicherung des Erfolgs der zu erwartenden späteren Vollstreckung in das Vermögen des (dann rechtskräftig) **Verurteilten** oder des **sonstigen Betroffenen.**[6] Sie erinnern damit an die Vorschriften über **einstweilige Anordnungen** gemäß § 123 Abs. 1 S. 1 VwGO und den **einstweiligen Zivilrechtsschutz** gemäß §§ 916 ff. ZPO. Daher verweist die StPO nicht zufällig auf die Regelungen der ZPO über den **dinglichen Arrest**. Die §§ 111b ff. befassen sich demgemäß nicht mit der Vollstreckung rechtskräftiger Entscheidungen. Für die Vollstreckung von Geldstrafe und Kosten gelten die §§ 459 ff., für Einziehung und Verfall § 459g, welche jeweils auf die JBeitrO und die EBAO verweisen. Die isolierte Vollstreckung von Kosten obliegt hingegen der Gerichtskasse.[7]

Die §§ 111b ff. **korrespondieren** mit den materiellrechtlichen Vorschriften über **Verfall,** § 73 ff. StGB, und **Einziehung**, § 74 ff. StGB. § 111k befasst sich mit der **Rückgabe** beweis- (§ 94) und/oder vollstreckungssichernd (§ 111c Abs. 1) beschlagnahmter beweglicher Sachen. Die §§ 111m und 111n enthalten ergänzende Regelungen für die Beschlagnahme von Druckwerken und korrespondieren mit § 74d StGB. Die gegenstandslosen §§ 111o und 111p beziehen sich auf die verfassungswidrige[8] Vermögensstrafe. § 111b Abs. 5 erweitert den Anwendungsbereich über das materielle Strafrecht hinaus um die **Rückgewinnungshilfe.** § 73 Abs. 1 S. 2 StGB will zwar die **doppelte Inanspruchnahme** des Betroffenen **verhindern.**[9] Das Sicherungsbedürfnis im Hinblick auf den jedenfalls bestehenden **einen** Anspruch unterscheidet sich aber nicht danach, ob er dem Opfer **oder** dem Staat zusteht. Während § 111b Abs. 5 die **verfahrensrechtliche Sicherung** von Ansprüchen 2

[3] Und darüber hinaus, sowohl in den Fällen des § 111i als auch bei danach noch möglichem selbständigen Verfahren, LR/*Johann* § 111d Rn. 27; Meyer-Goßner/*Schmitt* § 111d Rn. 3, nicht bedacht in § 111e Rn. 19.

[4] Radtke/Hohmann/*Pegel* § 111b Rn. 1.

[5] *Hansen* S. 23; *Rönnau* Rn. 31. Ist mit einer Abschöpfungsentscheidung nicht mehr zu rechnen (zB bei gemäß § 154 von der Strafverfolgung ausgenommenen Taten, OLG Hamm 10.10.2013 – III-1 Ws 390/13, wistra 2014, 73 f.), so ist für vollstreckungssichernde Maßnahmen nur dann weiterhin Raum, wenn entweder das objektive Verfahren gemäß § 76a Abs. 3 StGB geführt oder aufgrund desselben tatsächlichen Geschehens noch mindestens eine weitere Person verfolgt wird, hinsichtlich derer das (oder ein eigenes) Verfahren also nicht (vorläufig) eingestellt ist und es zumindest Gründe für die Annahme gibt, sie habe (ebenfalls) etwas aus der Tat erlangt, *Wilk/Stewen*, wistra 2013, 409 ff., 416. → § 111g Rn. 3 aE mN. Zu §§ 154a, 111i Abs. 2 vgl. BGH 15.11.2012 – 2 StR 190/12 Rn. 15, wistra 2013, 141 ff., → § 111i Rn. 9. Es stellt sich u.a. deswegen die Frage nach einem eigenständigen abschöpfungsrechtlichen Tatbegriff, vgl. LR/*Johann* § 111b Rn. 52; zur Frage, ob das Erlangte physisch aus der Tat stammen muss oder ob es genügt, dass die Tat als geschichtlicher Vorgang den erlangten wirtschaftlichen Zufluss generierte vgl. BGH 19.10.2011 – 1 StR 336/11, wistra 2012, 69 ff., Rn. 14 f.; 20.2.2013 – 5 StR 306/12, wistra 2013, 225 ff. (dazu *Bittmann* wistra 2013, 309 f.); OLG Hamm 26.2.2013 – 1 Ws 534/12, ZWH 2013, 329 f. m Anm. *Bittmann*, ZWH 2013, 330 ff.; OLG Rostock 13.5.2013 – Ws 61/13, ZWH 2014, 24 f. m Anm. *Bittmann* ZWH 2014, 25 f. Förmliches Vorgehen ist bei außergerichtlicher Einziehung entbehrlich, zu Letzterem *Brauch* NStZ 2013, 503 ff.; *Huber* S. 105 ff. und 127 f.; Volk/*Rönnau* MAH Rn. 13/425–430, auch 433, je m.N.

[6] Die Zielrichtung ist dieselbe wie der Schutz von Einziehung und Verfall durch § 258 StGB. Diese Strafvorschrift erfasst vollstreckungssichernde Maßnahmen nicht per se, sondern nur, soweit sie Anordnung oder Vollstreckung von Einziehung und Verfall tatsächlich ermöglichen, BGH 17.6.2010 – 5 StR 114/10 Rn. 8 ff., NStZ-RR 2011, 42 f.

[7] BeckOK/*Huber* § 111f Rn. 6; SK/*Rogall* § 111f Rn. 12 (beide unter Hinweis darauf, dass für die Beitreibung [nur] der Kosten des BGH das Bundesamt für Justiz zuständig ist); HK/*Gercke* § 111f Rn. 6; KK/*Spillecke* § 111f Rn. 3; Meyer-Goßner/*Schmitt* § 111f Rn. 9. Das gilt auch für die Vollziehung dinglichen Arrests, wenn er nur zur Sicherung der Verfahrenskosten ausgebracht wurde, Radtke/Hohmann/*Kiethe* § 111f Rn. 5.

[8] BVerfG 20.3.2002 – 2 BvR 794/95, BVerfGE 105, 135 ff.

[9] Der unmittelbare Anwendungsbereich beschränkt sich auf den Ausschluss des (Wertsersatz-)Verfalls aus der bzw. einer verfahrensgegenständlichen Tat. Der Rechtsgedanke ist allerdings verallgemeinerungsfähig, lässt sich in anderen Konstellationen aber nicht, jedenfalls nicht ohne weiteres mit sonstigen Regelungen vereinbaren, zur Spiegelbildlichkeit zwischen Korruptionszahlung und Untreuenachteil bzw. Betrugsschaden vgl. BGH 20.3.2014 – 3 StR 28/14, Rn. 4 f.; *Fischer* § 73 StGB Rn. 22 mN; zur vergleichbaren Lage zwischen Geldwäsche und Vortat mit individuellem Verletzten BGH 25.3.2010 – 5 StR 518/09, wistra 2010,

Verletzter über das materielle Strafrecht hinausgehend gestattet, gehört **§ 111i Abs. 2 iVm Abs. 5 StPO funktionell** zum **materiellen Strafrecht** und ergänzt es im Wege der Einschränkung des Anwendungsbereichs des § 73 Abs. 1 S. 2 StGB. Letztere Bestimmung enthält eine verpflichtende Ausnahme vom gemäß § 73 Abs. 1 S. 1 StGB zwingend anzuordnenden Verfall. Diese Ausnahme schränkt § 111i Abs. 2 iVm Abs. 5 ein und stellt damit insoweit, wenn auch etwas modifiziert, die Rechtsfolgeanordnung des § 73 Abs. 1 S. 1 StGB partiell, dabei § 73 Abs. 1 S. 2 StGB überwindend, wieder her. § 111i Abs. 2 iVm Abs. 5 erlaubt die dem § 73 Abs. 1 StGB selbst unbekannte Anordnung **aufschiebend bedingten Verfalls:** Das erkennende Gericht kann – und zwar **völlig unabhängig** davon, **ob** bereits **Vermögenswerte einstweilen gesichert** wurden oder nicht – im Urteil das Erlangte **feststellen,** § 111i Abs. 2. Unter der Bedingung, dass der Verletzte zivilrechtlich nicht befriedigt wird, **erwirbt** der Staat 3 Jahre nach Rechtskraft in **vollstreckbarer Weise** entweder das **Erlangte** selbst oder einen **Zahlungsanspruch** in Höhe von dessen Wert, § 111i Abs. 5 = **Auffangrechtserwerb**, deklaratorisch festzustellen in einem Beschluss nach § 111i Abs. 6. Daher ist in **jedem Verfahren,** in dem ein Beschuldigter etwas erlangt hat (und der Abschöpfungsaspekt nicht gemäß §§ 430, 442 Abs. 1 von der Strafverfolgung ausgenommen wurde), über das Schicksal des Erlangten oder dessen Wert eine **Entscheidung** zu **treffen.** Sie kann lauten auf Anordnung des unbedingten oder des aufschiebend bedingten Verfalls (bzw. kann letzterenfalls nach Ermessen von der Anordnung abgesehen werden, aber nur ausdrücklich).

3 Die nicht durchweg anwenderfreundlichen §§ 111b ff. folgen einer **inneren Logik** und passen sich meist in das systematische Gefüge der Bestimmungen über den zivilprozessualen Arrest, des Insolvenzrechts und der Vorschriften über Verfall und Einziehung im StGB ein.[10] Der Kern der Bestimmungen über vollstreckungssichernde Maßnahmen beruht auf dem EGStGB vom 2.3.1974,[11] ergänzt durch Gesetz vom 25.7.1975[12] mit Einfügung der §§ 111m und 111n. Das Gesetz vom 28.2.1992[13] schrieb fest, dass die §§ 111b ff. auch zwecks Sicherung der Ansprüche auf Verfall oder Einziehung des Wertersatzes anwendbar sind. Gemäß Gesetz vom 15.7.1992[14] ist auch der erweiterte Verfall, § 73d StGB, sicherungsfähig. Änderungen hinsichtlich Intensität der Prognosewahrscheinlichkeit und der dafür maßgeblichen Zeiträume brachte das Gesetz vom 4.5.1998[15] mit sich. Den Auffangrechtserwerb gemäß § 111i schuf das Gesetz vom 24.10.2006 mit Wirkung vom 1.1.2007.[16] Es bedarf deshalb der genauen Prüfung, auf welchen Rechtszustand sich Literatur und Rechtsprechung jeweils beziehen und ob ihre Aussagen nicht inzwischen **überholt** sind.[17]

II. Verfassungsrechtliche Relevanz

4 In den Fällen des **dinglichen Arrests** wird regelmäßig **legales Vermögen** belastet.[18] Alle vollstreckungssichernden Maßnahmen treffen zunächst **noch nicht** rechtskräftig **Verurteilte.** Zugunsten des Beschuldigten, reflexartig auch für sonstige Betroffene, strei-

264 f.; zum Verhältnis zwischen Umweltdelikt und zivil- bzw. öfentlich-rechtlichem Beseitigungspflichtigen BGH 20.2.2013 – 5 StR 306/12, ZWH 2013, 189 f. mAnm *Mahler;* dazu auch *Bittmann* wistra 2013, 309 f.; verallgemeinernd *Barreto da Rosa* NStZ 2012, 419 ff.

[10] LR/*Johann* vor §§ 111b ff. Rn. 3; *Rönnau* Rn. 330; *Schmid/Winter* NStZ 2002, 8 ff., 8; SK/*Rogall* vor §§ 111b ff. Rn. 58 ff. *Kempf/Schilling* Rn. 266 ff., 463 f., sprechen hingegen in bezug auf den dinglichen Arrest von ‚Unsystem'. Ihre Kritik richtet sich jedoch weniger gegen die behauptlich fehlende Systematik, sondern zielt auf eine inhaltliche Stärkung der Rechte des Betroffenen.

[11] BGBl. I 469 ff.

[12] BGBl. I 1973 ff.

[13] BGBl. I 375 ff.

[14] BGBl. I 1302 ff.

[15] BGBl. I 845 ff.

[16] BGBl. I 2350 ff.

[17] Ebenso *Markgraf* S. 20 und 47.

[18] *Rönnau* Rn. 326.

tet daher mit Art. 6 Abs. 2 EMRK die **Unschuldsvermutung.** Beachtung verlangen auch die **Grundrechte** aus Art. 2 Abs. 1 iVm Art. 20 Abs. 3, 5 Abs. 1 S. 2, 12 und 14 GG.[19] Es gilt der strikte **Vorbehalt des Gesetzes.**[20] Die sehr detailreiche Rechtslage ist zwar verfassungsgemäß, konkreten Eingriffen und ihrem Fortbestand setzt aber das **Übermaßverbot** Grenzen.[21] Die verfassungsrechtlichen Anforderungen sind im wesentlichen tatbestands- und fallspezifisch. Die Voraussetzungen sind vom Gericht selbst (ohne Bindung an die Einschätzung der Staatsanwaltschaft) einzelfallbezogen zu prüfen und im Wesentlichen im anordnenden oder aufrechterhaltenden Beschluss selbst, zumindest aber in der Akte, zu dokumentieren. Zu berücksichtigen sind insbesondere etwaige trotz möglicher Ersatzansprüche nach dem StrEG irreversible Folgen für persönlichen Ruf, Vermögen und (bei Unternehmen) wirtschaftlichen Bestand.[22] Je höher der **Prozentsatz** liegt, zu dem das **Gesamtvermögen** arrestiert ist, und je länger die Maßnahme aufrechterhalten wird, desto höher steigen die Anforderungen an die Angemessenheit.[23] Bloße **Vermutungen genügen nie.** Der erforderliche Grad der Gewissheit der für die Abschöpfung sprechenden Tatsachen steigt proportional zu den Folgen der vorläufigen Maßnahmen für den Betroffenen.[24]

III. Verhältnis zur Beweissicherung

Derselbe Vermögensgegenstand kann im konkreten Ermittlungs- oder Strafverfahren (ähnlich zivilrechtlicher Anspruchskonkurrenz) **sowohl Beweiszwecken** (insoweit ggf. auch nach formloser Sicherstellung) **als auch** der **Vollstreckungssicherung** (nur nach förmlicher Beschlagnahme[25]) dienen. Verkörpert das sichergestellte Beweismittel einen wirtschaftlichen Wert, so entspricht es, weil es die **Belastung** des Betroffenen **mindert,** dem Übermaßverbot, wenn es **zugleich** der (ebenfalls vorgesehenen) Vollstreckungssicherung dienlich gemacht wird.[26] **Rechtmäßigkeit und Wirksamkeit** sind nach den jeweils einschlägigen, durchaus unterschiedlichen[27] und im Bedarfsfall sämtlich[28] zu wahrenden Regeln **unabhängig** voneinander zu **beurteilen.**[29] Ein wegen seiner Beweiserheblichkeit beschlagnahmter Gegenstand kann auch der Sicherung der Vermögensabschöpfung dienen. 5

[19] BVerfG 14.6.2004 – 2 BvR 1136/03 Rn. 40 ff., wistra 2004, 378 ff.; 7.6.2005 – 2 BvR 1822/04 Rn. 36 ff., StraFo 2005, 338 ff.; 3.5.2005 – 2 BvR 1378/04 Rn. 17 ff., NJW 2005, 3630 f.; 29.5.2006 – 2 BvR 820/06 Rn. 19 ff., NStZ 2006, 639 ff.; 17.7.2008 – 2 BvR 2182/06 Rn. 12, WM 2008, 1588 f.; *Schilling* StraFo 2011, 128 ff., 130 f. mwN; SK/*Rogall* vor §§ 111b ff. Rn. 25; SSW/*Burghart* § 111d Rn. 4 ff. und § 111e Rn. 3; *Theile* StV 2009, 161 ff., 164 f.

[20] BVerfG 17.7.2008 – 2 BvR 2182/06, WM 2008, 1588 f.: Nur das ‚Erlangte' ist maßgeblich (ca. 13 T EUR), nicht die zivilrechtliche Haftung (fast 1,3 Mio. EUR).

[21] *Hansen* S. 29, 32 ff.; LR/*Johann* § 111b Rn. 37; SK/*Rogall* vor §§ 111b Rn. 25 f.; ausführlich *Reichhart* S. 31 ff.

[22] *Wehnert/Mosiek* StV 2005, 568 ff., 569. Auflistung der Abwägungsparameter bei *Faust* S. 149 (durch die mögliche Straftat entstandener Schaden; Quote gesichertes zu frei bleibendem Vermögen; Nutzung des Vermögens, zB zu produktiven Zwecken; potentielle Ersatzfähigkeit; immaterielle Folgen, Vorleben des Betroffenen und Kosten der Maßnahme). Beispiel bei Achenbach/Ransiek/*Retemeyer* Teil 14, Rn. 70 (Einstellung der Belieferung aufgrund Zweifel an Werthaltigkeit gestellter Sicherung).

[23] *Faust* S. 162. Zur Vollziehungsfrist → § 111d Rn. 14.

[24] Zum Ganzen ausführlich *Faust* S. 56 ff., 136 ff., 159 ff. und 228 ff.

[25] AllgM, zB *Schmidt* Rn. 548, 590. Auch konkludentes Handeln kann die Form wahren, zB die nach den Umständen zu Sicherungszwecken erfolgende Inverwahrnahme beweglicher Sachen, BGH 25.2.1985 – 1 StE 4/85, NStZ 1985, 262 f., 262; OLG Frankfurt a. M. 17.7.1996 – 3 Ws 541/96, NStZ-RR 1996, 301 f., 302; *Janssen* Rn. 60; KK/*Spillecke* § 111b Rn. 14; LR/*Johann* § 111e Rn. 4 f.; Meyer-Goßner/*Schmitt* § 111e Rn. 4; verkannt von LG Flensburg 15.4.2004 – I Qs 26/04, StV 2004, 644 mAnm *Jung*.

[26] *Reichhart* S. 108.

[27] *Achenbach* NJW 1976, 1068 ff.; LR/*Menges* § 94 Rn. 7 f.; SK/*Rogall* vor §§ 111b ff. Rn. 27. Nach Volk/*Rönnau* (MAH Rn. 13/321) erstreckt sich das Akteneinsichtsrecht des Verteidigers gemäß § 147 nur auf zu Beweiszwecken sichergestellte Gegenstände, während sich das berechtigte Interesse, § 406e, des Opferanwalts auch auf die Einsicht in Gegenstände bezieht, die zur Vollstreckungssicherung amtlich verwahrt werden.

[28] LR/*Menges* § 94 Rn. 8.

[29] *Achenbach* NJW 1976, 1068 ff.; *Faust* S. 104 ff.; *Hansen* S. 36 f.; *Reichhart* S. 108 ff.; *Rönnau* Rn. 476; Volk/*Rönnau* MAH Rn. 13/319 ff.; *Schmidt* Rn. 522 f.; SK/*Rogall* vor §§ 111b ff. Rn. 28.

Weil die Beschlagnahme zu Beweiszwecken aber nur Auswirkungen auf den Besitz zeitigt, die rechtlichen Verhältnisse am Gegenstand jedoch unberührt bleiben, schützt sie nicht vor Verwertung (Verkauf seitens des mittelbar besitzenden Eigentümers[30] und Belastung mit dinglichen Rechten, soweit dies keinen unmittelbaren Besitz voraussetzt). Die Sicherung gegen rechtliche Zugriffe ist nur mit einer **Beschränkung der Verfügungsbefugnis**[31] möglich und erfordert[32] deshalb die, ggf. **erneute Beschlagnahme** gemäß den §§ 111b ff.[33] **Arrest** in amtliche Verwahrung überführte **Geldscheine oder Münzen** (zB zu Beweiszwecken[34] sichergestelltes Bargeld) wird (wie bei überwiesener Kaution) durch **Pfändung des Rückzahlungsanspruchs** vollzogen. Die mit einer Beschlagnahme oder Arrestierung von Bargeld eingetretene Verstrickung und mit ihr die Sicherungsfunktion setzt sich im Fall der Einzahlung (zB) bei der Staatskasse am Surrogat, dem Auszahlungsanspruch, fort.[35] **Zwangsvollstreckung** und **zivil**prozessualer **Arrest**, ebenso **straf**prozessuale **vollstreckungssichernde Maßnahmen** (Beschlagnahme, Arrest) können in bereits **sichergestellte bewegliche Sachen** im Wege der **Pfändung** oder **Beschlagnahme** des **Gegenstands** selbst vollzogen werden.[36] Die Pfändung des Herausgabeanspruchs, §§ 111c Abs. 3 iVm § 847 Abs. 1 ZPO, genügt, vermag aber nicht rangwahrend vor direkt in den Gegenstand vollzogenen Maßnahmen Dritter zu schützen. Ein zur Vollstreckungssicherung beschlagnahmter Gegenstand dient hingegen selbst ohne nochmalige Beschlagnahme auch Beweiszwecken.[37] Entfällt aber der Zweck der Vollstreckungssicherung (durch Aufhebung[38]), so bedarf es zu Beweiszwecken (spätestens) jetzt der Beschlagnahme nach § 94, wenn der Betroffene nicht mit der (weiteren) Sicherstellung einverstanden ist. Bei doppelter Beschlagnahme genießt die **Beweissicherung Vorrang,**[39] so dass zB eine Austauschpfändung schon deshalb nicht in Betracht kommt.

IV. Vollstreckungssicherung jenseits der StPO

6 Vollstreckungssichernde Maßnahmen kommen auch dann in Betracht, wenn sie im Ausland vollzogen werden müssen. Einzuhalten sind dabei die länderspezifischen Regeln des **Internationalen Rechtshilfeverkehrs in Strafsachen**. Das gilt auch im umgekehrten Fall:[40] Deutschland darf also für ein ausländisches Strafverfahren Vermögenswerte einstweilen sichern. §§ 111b ff. gelten auch in **Ordnungswidrigkeitenverfahren**, § 46 Abs. 1 OWiG.[41] Jenseits der dem Strafprozessrecht zuzurechnenden Materie kann eine Sicherung

---

[30] KMR/*Mayer* vor §§ 111b Rn. 2.

[31] LG Flensburg 15.4.2004 – I Qs 26/04, StV 2004, 644 mAnm *Jung*; *Janssen* Rn. 31; LR/*Menges* § 94 Rn. 7; LR/*Johann* § 111b Rn. 21.

[32] Meyer-Goßner/*Schmitt* § 111c Rn. 1 (unzutreffend § 111b Rn. 11: ‚darf nur'; ebenso LR/*Johann* § 111b Rn. 21; aA Radtke/Hohmann/*Pegel* § 111b Rn. 6 (‚empfiehlt sich'), wie hier aber Rn. 7.

[33] LR/*Menges* § 94 Rn. 8; *Rönnau* Rn. 476; SK/*Rogall* § 111c Rn. 1.

[34] Auch dann bleibt der Zahlungsanspruch zivilrechtlich eine Wertsummenschuld, so dass (insoweit) kein Unterschied zu den Fällen der Einzahlung auf ein Konto besteht, → § 111b Rn. 6 und § 111k Rn. 4.

[35] Weil es dazu keine feste Rspr. gibt, ist allerdings ein Rechtschutzbedürfnis auch für die ergänzende Sicherung des Rückzahlungsanspruchs (regelm. per dinglichem Arrest und dessen Vollziehung) zu bejahen.

[36] OLG Frankfurt a. M. 18.1.2005 – 3 Ws 1095/04, NStZ-RR 2005, 144 f., 145; KMR/*Mayer* § 111b Rn. 12 und § 111c Rn. 9; LR/*Johann* § 111d Rn. 34; Meyer-Goßner/*Schmitt* § 111d Rn. 12a; Radtke/Hohmann/*Kiethe* § 111c Rn. 5; *Schmidt* Rn. 787; SK/*Rogall* § 111c Rn. 8.

[37] Meyer-Goßner/*Schmitt* § 94 Rn. 2; aA *Reichhart* S. 108 ff.

[38] Radtke/Hohmann/*Kiethe* § 111g Rn. 5 aE hält die Aufhebung nicht für erforderlich.

[39] *Achenbach* NJW 1976, 1068 ff., 1070; *Schmidt* Rn. 521; SK/*Rogall* vor §§ 111b ff. Rn. 27; Volk/*Rönnau* MAH Rn. 13/321.

[40] Vgl. zum Thema LG Frankfurt am Main – 29.5.2012 – 5/28 Qs 15/12, NJW-Spezial 2012, 410; HK/*Gercke* vor §§ 111b ff. Rn. 9; *Kempf/Schilling* Rn. 451 ff.; *Rönnau* Rn. 488 ff.; *Schmid/Winter* NStZ 2002, 8 ff., 15 f.; SK/*Rogall* vor §§ 111b ff. Rn. 30 ff. und § 111c Rn. 10; Volk/*Rönnau* MAH Rn. 13/328 ff.

[41] *Krumm* NJW 2011, 196 f. Zu den Anwendungsmöglichkeiten hat die Behörde für Justiz und Gleichstellung der freien und Hansestadt Hamburg im Juni 2013 einen ausführlichen Bericht vorgelegt. – Für Ordnungswidrigkeiten wird die Anwendbarkeit der Vorschriften über die Rückgewinnungshilfe, namentlich im Hinblick auf § 111i bestritten, weil § 29a OWiG den Verfall nicht wie § 73 Abs. 1 S. 2 StGB für den Fall des Bestehens von Ansprüchen Verletzter ausschließt, KK/*Spillecke* § 111i Rn. 2; LR/*Johann* § 111i Rn. 1 a.E.;

auch aus **präventiv-polizeilichen Gründen** erfolgen, soweit das jeweilige Landesrecht das zulässt.[42] Ggf. ist auf diese Weise sogar während eines Ermittlungs- oder Strafverfahrens eine Sicherung zulässig, welche die StPO (noch) nicht gestattet.

V. Verhältnis zum Insolvenzrecht

Auch das Verhältnis zum Insolvenzrecht ist inzwischen weitgehend geklärt,[43] wenngleich die Kenntnis davon angesichts des gesetzlich nicht ausdrücklich geregelten komplexen Zusammenwirkens verschiedener Rechtsgebiete kaum jemals zum Allgemeinwissen eines jeden Juristen zählen wird. Es erleichtert das Verständnis der Materie allerdings deutlich, nimmt man Abschied vom hier (weitgehend) sachwidrigen Gegensatzpaar zulässig/unzulässig zugunsten der jeweils auch im Hinblick auf Rangfragen (grundsätzlich) stimmigen Prüfung der (Un-)Wirksamkeit. Dies eröffnet die Möglichkeit relativer (Un-)Wirksamkeit und zeitlich abgestufter Lösungen.[44] Das **über die InsO hinausgehende Sicherungsbedürfnis** ist (insbesondere bei der Rückgewinnungshilfe) **gering.** Das Insolvenzrecht genießt aber keinen uneingeschränkten Vorrang,[45] Raum für strafprozessuales Eingreifen ist jedoch nur dort, wo das Insolvenzrecht[46] dies vorsieht, zulässt (zB vor der Eröffnung des Insolvenzverfahrens,[47] **dh** auch noch nach Insolvenzantrag, aber vor Ergehen der Entscheidung darüber; oder kein Gesamtschaden vorliegt, der gemäß § 92 S. 1 InsO nur vom Verwalter verfolgt werden kann[48]), nicht (außerhalb des den Umfang des Insolvenzbeschlags bestimmenden § 35 InsO;[49] oder im Verhältnis zu anderen als Insolvenzgläubigern) oder nicht mehr gilt (zB nach Abweisung mangels Masse[50]). Ggf. können überlagerte, also relativ zum 7

---

auch *Eschelbach* Nr. 20, § 111i Rn. 16. Will man aber, nur das ist schlüssig, nicht mit dem Ordnungswidrigkeitenrecht das vom Strafrecht gemäß § 73 Abs. 1 S. 2 StGB privilegierte Opfer der naheliegenden Gefahr des Vorrangs staatlicher Vermögensabschöpfung aussetzen, so lässt sich jedenfalls der Bedarf nach einem Ausgleichsverlangen wie in § 111i Abs. 7 nicht verneinen.

[42] VG Augsburg 6.12.2013 – Au 1 S 13.1306; Achenbach/Ransiek/*Retemeyer* Teil 14, Rn. 146 f.; *Artkämper* Die Kriminalpolizei 1/2013, 24 ff.; *Hunsicker* Die Kriminalpolizei 1/2012, 13 ff.; *ders.* StV 2010, 212 ff. (gegen *Thiée* StV 2009, 102 ff. und 2010, 215 ff.); SK/*Rogall* vor §§ 111b ff. Rn. 38 ff.; krit. HK/*Gercke* vor §§ 111b ff. Rn. 10.

[43] Übersicht über die Rechtsprechung bei *Hansen* S. 199 ff.

[44] *Hansen* S. 223 ff., 274 ff., zu Einzelfällen S. 310 ff.

[45] Zutr. *Rönnau* ZInsO 2012, 509 ff., 510, auch 515; Volk/*Rönnau* MAH Rn. 13/326; *Markgraf* S. 84 f. und 182. Für den Vorrang der §§ 111b ff. aber *Janssen* Rn. 90 ff.; für den Vorrang des Insolvenzrechts HK/*Gercke* § 111c Rn. 13; Meyer-Goßner/*Schmitt* § 111c Rn. 12a; *Moldenhauer/Momsen* wistra 2001, 456 ff.; verbal ebenso, inhaltlich aber eher wie hier *von Gleichenstein* ZIP 2008, 1151 ff., 1155 ff., deutlich S. 1158; *Malitz* NStZ 2002, 337 ff., 341 f.; *Wilk/Stewen* wistra 2013, 409 ff., 417 (mit dem Hinweis, dass die Staatsanwaltschaft die Eröffnung des Insolvenzverfahrens nicht selbst beantragen könne – anders evtl. nach Erwerb des Zahlungsanspruchs gemäß § 111i Abs. 5 S. 1, → § 111i Rn. 12); aA *Hellerbrand* wistra 2003, 201 ff., 208; *Reichhart* S. 145. Zum Verhältnis zwischen Herausgabe, ua gemäß § 111k, bzw. Notveräußerung, § 111l, und dem Insolvenzrecht ausführlich *Huber* S. 90 ff. bzw. S. 107 ff., zu den Folgen freiwilligen Verzichts bzw. Übereignung an das Bundesland des zuständigen Gerichts S. 105 ff. und 127 f.

[46] Das gilt unabhängig davon, ob man den Staat zu dieser Zeit bereits als oder (etwa unter Heranziehung des Rechtsgedankens des § 41 Abs. 1 InsO, Fiktion der Fälligkeit, allerdings beschränkt auf schon begründete Forderungen, während hier der Rechtserwerb selbst noch aussteht) lediglich wie einen ‚Insolvenzgläubiger' betrachtet, erwirbt er doch erst durch das rechtskräftige Strafurteil Eigentum, §§ 73e Abs. 1, 74e Abs. 1 StGB, bzw. die Forderung, §§ 73a, 74c StGB (‚Anordnung des Gerichts' im Urteil), vgl. KG 6.7.2005 – 2 AR 85/05 – 5 Ws 299-307 und 334/05 ua, NJW 2005, 3734 f.; *Markgraf* S. 93; *Rönnau* ZInsO 2012, 509 ff., 510 und 512 sowie → Rn. 10 und 12.

[47] LR/*Schäfer*, 25. Aufl. § 111b Rn. 50d.

[48] Vorinsolvenzlich begangene betrügerische Schädigungen einer Vielzahl von Anlegern stellen Einzelschäden und keinen Gesamtschaden dar, anders wäre es beim ungetreulichen Entzug von Gesellschaftsvermögen, OLG Bamberg 19.3.2012 – 4 U 145/11 Rn. 20 (in ZWH 2012, 340 mAnm *Gehrmann/Mahler* nicht abgedruckt). Zum Adhäsionsverfahren wegen mit der Insolvenz zusammenhängender Einzelschäden vgl. *Buhlert*, DZWIR 2011, 443 ff.

[49] *Rönnau* ZInsO 2012, 509 ff., 510; Volk/*Rönnau* MAH Rn. 13/325. Pfändbar und damit dem Insolvenzbeschlag unterliegend ist sogar das aus unpfändbarem Einkommen Angesparte, BGH 26.9.2013 – IX ZB 247/11, Rn. 7, ZIP 2013, 2112 f. Vorinsolvenzlich soll es kein insolvenzfreies Vermögen geben, OLG Zweibrücken 17.5.2013 – 2 U 86/92, Rn. 6, wistra 2013, 403 ff.

[50] *Rönnau* Rn. 487.

Insolvenzverfahren unwirksame vollstreckungssichernde Anordnungen oder Maßnahmen nach Aufhebung des Insolvenzverfahrens wieder wirksam aufleben.

8 §§ 73 ff. und §§ 74 ff. StGB werden mit **Eröffnung des Insolvenzverfahrens** über das Vermögen des Betroffenen[51] **nicht unanwendbar**.[52] **Verfall** oder **Einziehung** (des Wertersatzes) dürfen deshalb im Strafurteil **nicht nur** für verbotene oder per se gefährliche, also sowieso wegen Nichtigkeit gemäß § 134 BGB sich darauf beziehender Rechtsgeschäfte verkehrsunfähige[53] und damit in der Insolvenz **nicht liquidierbare Gegenstände**[54] angeordnet werden. Die Wirkungen einer solchen Anordnung[55] unterscheiden sich jenseits der Fälle des § 74 Abs. 2 Nr. 2 StGB allerdings von denjenigen, die eintreten, wenn kein Insolvenzverfahren über das Vermögen des Betroffenen eröffnet ist. Im Verhältnis zum Insolvenzverfahren wirken die Anordnungen nur mit Nachrang. Ist ein Aufrücken zwar wegen **Aufhebung des Insolvenzverfahrens** theoretisch möglich, so ist jedoch regelmäßig das gesamte (pfändbare), auch das durch Straftaten erlangte oder zu ihrer Begehung eingesetzte Vermögen auf die Gläubiger verteilt, so dass der **Betroffene entreichert** ist, vgl. § 73c Abs. 1 S. 2 StGB. Wertmäßig durchweg begrenzte **Ausnahmen** sind jedoch denkbar bei Masselosigkeit, § 208 InsO, Entfallen des Eröffnungsgrunds, § 212 InsO, und bei Zustimmung der Gläubiger, § 213 InsO. Bedeutsamer ist, dass zunächst unbekanntes, zB erfolgreich beiseitegeschafftes oder verheimlichtes Vermögen, nachträglich auftauchen kann. Es könnte erst nach gerichtlicher (Wieder-)Anordnung eines Verfahrens mit insolvenzrechtlichen Mitteln gesichert werden. Unbeschadet eines etwaigen Zugriffsrechts in einem neuerlichen Insolvenzverfahren können deshalb in solchen Fällen die fortwirkenden vermögensabschöpfenden Anordnungen zunächst strafprozessual vollstreckt werden. Die Beispiele zeigen, dass die Eröffnung des Insolvenzverfahrens nicht automatisch mit Entreicherung gleichgesetzt werden darf. Von der Anwendung des § 73c Abs. 1 S. 2 StGB ist bei ungeklärtem Verbleib von Vermögen abzusehen. Das ist auch konsequent, denn nicht nur die Geldstrafe und die Verfahrenskosten, sondern auch Verfall und Einziehung (jeweils einschließlich Wertersatz) sind von der Restschuldbefreiung ausgenommen.[56] Das Gesetz steht also auf dem Standpunkt, dass derartige Maßnahmen nachinsolvenzlich beigetrieben werden können (und sollen). Das wäre aber bei einem Verzicht auf ihre Anordnung nicht möglich.[57] Etwaige Härten aufgrund tatsächlicher (ganz oder teilweiser) Entreicherung lassen sich gemäß §§ 459g Abs. 2, 459d Abs. 1 ausgleichen.

9 Da die Einzelzwangsvollstreckung während des **Insolvenzverfahrens** ausgeschlossen ist, § 89 Abs. 1 InsO, **scheidet** jedenfalls der **Vollzug**[58] von **Beschlagnahme** und **dingli-**

[51] Maßgeblich ist § 11 InsO. Bei Eröffnung zB über das Vermögen einer BGB-Gesellschaft ist nur diese insolvent, § 11 Abs. 2 Nr. 1 InsO, während das nicht gesellschaftlich gebundene Vermögen der einzelnen Gesellschafter von der Insolvenz der Gesellschaft nicht betroffen ist. Ohne gesondertes Insolvenzverfahren über das Vermögen des einzelnen Gesellschafters können zu dessen Lasten vollstreckungssichernde Maßnahmen ohne rechtliche Einschränkung ergriffen werden, OLG Saarbrücken 29.7.2009 – 1 Ws 118/09, ZInsO 2009, 1704 ff., Leitsatz 4, als Bestätigung von LG Saarbrücken 22.4.2009 – 2 Qs 8/09 Rn. 30, ZIP 2009, 1638 ff.

[52] BGH 2.12.2005 – 5 StR 119/05 Rn. 23, BGHSt 50, 299 ff.; 30.5.2008 – 1 StR 166/07 Rn. 114, BGHSt 52, 227 ff.; 13.2.2014 – 1 StR 336/13, Rn. 10 und 18 (Härteklausel, § 73c Abs. 1 S. 2. 1. Alt. StGB – erst – anwendbar, wenn vorrangige Forderungen nicht befriedigt werden können); *Greier* ZIP 2007, 953 ff., 955; aA SK/*Rogall* § 111b Rn. 19 mit Fn. 50 und Rn. 24, je mwN; für den Verfall von Wertersatz wie hier auch *Markgraf* S. 125, anders jedoch für den Verfall, S. 123 ff., ebenso differenzierend Volk/*Rönnau* MAH Rn. 13/373. Ein dingliches Sicherungsrecht kann aber gerade auch in der Insolvenz verwertet werden, ohne dass dies gegen § 91 Abs. 1 InsO verstieße. Unstreitig ist hingegen, dass eine vorinsolvenzlich rechtskräftig angeordnete Verfall- bzw. Einziehungsentscheidung zum Übergang des Eigentums auf den Staat führt, §§ 73e Abs. 1 und 74e Abs. 1 StGB, und dies ggf. ein Aussonderungsrecht in der Insolvenz des Betroffenen begründet, *Huber* S. 133 ff.

[53] Vgl. SK/*Rogall* § 111c Rn. 19.

[54] Solche sind vom Insolvenzverwalter an die Justiz herauszugeben, KMR/*Mayer* § 111c Rn. 21.

[55] Ausführlich (wenngleich die erhaltenbleibende nachrangige Wirkung verneinend) *Huber* S. 180 ff.

[56] *Markgraf* S. 139 ff.

[57] Das verkennt, wer die Anordnungsfähigkeit nach Eröffnung des Insolvenzverfahrens verneint, s. dazu eingangs dieser Rn.

[58] *Markgraf* S. 148 ff.; *Rönnau* ZInsO 2012, 509 ff., 510 f.; iE auch *Hansen* S. 269 f.; SK/*Rogall* vor §§ 111b ff. Rn. 44 und 48 sowie § 111b Rn. 19 und 24; *Smid* jurisPR-InsR 1/2006, Anm. 5; vgl. auch *Greier*

chem Arrest in Gegenstände, die dem Insolvenzbeschlag unterliegen, in den Fällen des § 111b Abs. 1 und 2 (auch iVm Abs. 5) **aus**. Maßnahmen der **Rückgewinnungshilfe** sind jedoch insoweit zulässig, wie sie zu **keiner** zusätzlichen **Beeinträchtigung** der Interessen der übrigen Insolvenzgläubiger führen. Zwischen Verletztem (= Gläubiger) und Beschuldigtem (= Schuldner) gilt allgemeines Zivilrecht und damit auch das Insolvenzrecht unmittelbar. Es kennt keinen allgemeinen Vorrang eines durch eine Straftat Verletzten vor anderen Insolvenzgläubigern. Ist der **Verletzte** jedoch Inhaber eines **vorinsolvenzlich** begründeten **Aussonderungs**-, §§ 47 f. InsO, oder eines **Rechts auf abgesonderte Befriedigung,** §§ 49 ff. InsO (beruhe es auf Entziehung per Diebstahl, Vertrag oder sei es zivilprozessual erstritten,[59] im Rang ggf. unterstützt durch strafprozessuale vollstreckungssichernde Maßnahmen), also Eigentümer oder Inhaber eines sonstigen dinglichen Rechts, so ist die **Anordnung** der **Beschlagnahme** zu seinen Gunsten zulässig und **wirksam**: Damit ist noch keine Masseschmälerung und Benachteiligung der übrigen Insolvenzgläubiger verbunden.[60] **Wegnahme** und **Verwertung** bedingen hingegen die (ggf. einzuklagende) **Freigabe** seitens des Insolvenzverwalters. Dieser darf entscheiden, ob er von seiner beim Bestehen eines Rechts zu abgesonderter Befriedigung vorhandenen Befugnis, die Verwertung selbst zu betreiben, §§ 165 ff. InsO, Gebrauch macht. Für die Anordnung eines dinglichen Arrests zugunsten des Inhabers eines Rechts an einer Sache oder einem Gegenstand besteht hingegen kein Bedürfnis, weil er sein dingliches Recht selbst verfolgen kann.

Die **Eröffnung** eines Insolvenzverfahrens **wirkt** auf bereits ergriffene vollstreckungssi- 10
chernde strafprozessuale Maßnahmen **unterschiedlich.** Die **Beschlagnahme** hat gemäß § 111c Abs. 5 (nur[61]) die Wirkung eines (behördlichen) Veräußerungsverbots gemäß § 136 BGB und schützt damit nur denjenigen, der sie erwirkt hat (oder für den sie erwirkt wurde), § 135 Abs. 1 BGB. Ein solch **relatives Veräußerungsverbot** zeitigt im Insolvenzverfahren (selbst bei Vorliegen einer Zulassung gemäß § 111g Abs. 3[62]) **keine Wirkung,** § 80 Abs. 2 S. 1 InsO.[63] Ob sich daran jedoch die **Herausgabepflicht** an den **Insolvenzverwalter** anschließt,[64] hängt von den zivilrechtlichen Verhältnissen ab. Eigentum des **Verletzten** gebührt diesem, so dass ein in dessen Eigentum stehender Gegenstand daher regelmäßig nicht an den Insolvenzverwalter über das Vermögen des Betroffenen herauszugeben ist.[65] Die Kraftlosigkeit des Veräußerungsverbots tritt von Gesetzes wegen ohne besondere Anordnung ein. Bis zur Insolvenzeröffnung ist die Beschlagnahme hingegen wirksam.[66] Die Wirksamkeit tritt jedoch automatisch und rückwirkend außer Kraft, soweit die **Rückschlagsperre** gemäß § 88 InsO greift (einen Monat vor Eröffnungsantrag).[67] Eine Arrestan-

---

ZIP 2007, 955. *Huber* S. 220 verlangt Aufhebung; BeckOK/*Huber* § 111d, Rn. 12a, und LR/*Johann* § 111b Rn. 57 lehnen (zu pauschal) jegliche Anordnung von Beschlagnahme oder dinglichem Arrest während der Dauer des Insolvenzverfahrens ab. – Nach Insolvenzeröffnung ist eine Leistungsbestimmung des Schuldners unwirksam, BGH 13.3.2014 – IX ZR 147/11, Rn. 20 f., ZInsO 2014, 1011 ff.; zust. *Wessels* jurisPR-BGH ZivilR 10/2014 Anm. 1.

[59] Dessen Entstehungszeitpunkt ist für die Insolvenzfestigkeit maßgeblich, *von Gleichenstein* ZIP 2008, 1151 ff., 1160. Zum Ganzen Volk/*Rönnau* MAH Rn. 13/325.

[60] *Rönnau* Rn. 485; e contrario auch KMR/*Mayer* § 111c Rn. 21.

[61] OLG Nürnberg 15.3.2013 – 2 Ws 561 und 590/12, Rn. 43 ff., ZInsO 2013, 882 ff.; *Hansen* S. 43 ff., 264; KMR/*Mayer* § 111c Rn. 14; ausführlich *Huber* S. 47 ff. mwN in Fn. 167; *ders.* RPfleger 2002, 285 ff., 287; *Markgraf* S. 70. Die gegenteilige Auffassung des BGH 6.4.2000 – IX ZR 442/98, BGHZ 144, 185, 188 (auch staatliches Pfändungspfandrecht, zust. *Rönnau* Rn. 435), ist überholt und ausdrücklich aufgegeben, BGH 24.5.2007 – IX ZR 41/05 Rn. 23, NJW 2007, 3350 ff.

[62] Ausführlich *Huber* S. 202 ff. mN.

[63] BGH 24.5.2007 – IX ZR 41/05 Rn. 23, NJW 2007, 3350 ff.; *Hansen* S. 327 ff.; *Markgraf* S. 102 ff.; *Rönnau* ZInsO 2012, 509 ff., 515 f.; *Schmidt* Rn. 532 ff., auch 1180; aA LR/*Schäfer*, 25. Aufl. § 111b Rn. 50d.

[64] So KMR/*Mayer* § 111c Rn. 21; vgl. *Greier* ZIP 2007, 953 ff., 956 (jedoch nicht durchweg überzeugend).

[65] *Rönnau* ZInso 2012, 509 ff., 510.

[66] Deshalb sind zu Abschöpfungszwecken gesicherte Gegenstände an einen vorläufigen Verwalter nicht herauszugeben, sondern er ist darüber lediglich in Kenntnis zu setzen, vgl. *Greier* ZIP 2007, 953 ff., 955; *Janssen* Rn. 99; *Malitz* NStZ 2002, 337 ff., 342; *Rönnau* Rn. 487; *ders.* ZInsO 2012, 509 ff., 510; *Schmidt* Rn. 536.

[67] BGH 24.5.2007 – IX ZR 41/05 Rn. 5 ff., NJW 2007, 3350 ff.; LR/*Schäfer*, 25. Aufl. § 111b Rn. 50e; *Rönnau* ZInsO 2012, 509 ff., 511 f., auch bei Rückgewinnungshilfe, 513 f.; aA *Markgraf* S. 92 ff., aber nur

ordnung darf zwar nach Eröffnung des Insolvenzverfahrens nicht weiter vollzogen werden,[68] auch nicht nach einer Aufrechterhaltungsentscheidung gemäß § 111i Abs. 3.[69] Eine bis dahin wirksam vollzogene Arrestanordnung schuf jedoch ein **Arrestpfandrecht** bzw. eine **Sicherungshypothek.** Bei Vollziehung früher als einen Monat vor dem Insolvenzantrag (später: § 88 InsO) wirken beide im **Insolvenzverfahren** (jedenfalls zunächst) **fort,** § 80 Abs. 2 S. 2 InsO, und gestatten die abgesonderte Befriedigung.[70] § 50 Abs. 1 InsO erfasst auch das Arrestpfandrecht gemäß § 930 Abs. 1 S. 2 ZPO.[71] **Insolvenzanfechtung** bleibt allerdings bei bis zu 3 Monaten vor Eröffnungsantrag begründeten Sicherungsrechten wegen Inkongruenz, insbesondere nach § 131 Abs. 1 Nr. 2 InsO, **möglich.**[72] Zudem besteht[73] ohne Bindung an Anfechtungsfristen die Möglichkeit, die trotz Eröffnung des Insolvenzverfahrens (zunächst) fortbestehende Wirkung des Arrestpfandrechts bzw. der Sicherungshypothek mit der **Einrede mangelnder Valutierung** zu beseitigen.[74] Die Insolvenzfestigkeit

---

bezüglich Beschlagnahme (dabei nicht bedenkend, dass vor Rechtskraft das Bedürfnis nach Nichtverhinderung des Eigentumsübergangs wie ein Anspruch [vgl. dazu *Huber* S. 26, 150 ff. und 223 ff., der jedoch den Anspruch im Kern mit Begehen der Straftat als bereits entstanden ansieht, was wohl zu weit gehen dürfte, weil § 73c StGB dazu führen kann, dass der Verfallanspruch nie vollwirksam entsteht; in den Fällen der Rückgewinnungshilfe, §§ 111b Abs. 5 sowie 111g–i kann als staatliches Recht, wenn überhaupt, nur der Auffangrechtserwerb, § 111i Abs. 5, gesichert werden] wirkt, deshalb gesichert werden kann und dies zumindest die analoge Anwendung von § 88 InsO verlangt), während er bezüglich dinglichen Arrests der hM folgt, S. 113 ff.; ihm in beidem folgend SK/*Rogall* vor §§ 111b ff. Rn. 46 f. Dieselbe Wirkung entfalten vom Insolvenzgericht im Eröffnungsverfahren gemäß § 21 Abs. 2 Nr. 3 InsO, erlassene Vollstreckungsverbote (zur zivilrechtlichen Wirkung der Anordnung von Verfügungsbeschränkungen gemäß §§ 21 Abs. 2 Nr. 2, 24 Abs. 1 InsO einerseits und § 81 Abs. 1 S. 1 InsO andererseits vgl. BGH 26.4.2012 – IX ZR 136/11 Rn. 10 ff., ZInsO 2012, 1123 ff.). Dies wirkt sich aber aufgrund der weiterreichenden Wirkung des § 88 InsO bei nachfolgend eröffnetem Insolvenzverfahren nicht aus, *Hees/Albeck* ZIP 2000, 871 ff., 875. Bejaht man die Wirksamkeit trotz entgegenstehender insolvenzrechtlicher Regelungen zuvor oder danach angeordneter strafprozessualer Sicherungsmaßnahmen, wenngleich mit nur nachrangiger Wirkung (gegen Nachrang im Insolvenzeröffnungsverfahren *Huber* S. 128 ff. und 222), so entfalten die während der Zeit der Wirksamkeit einer Anordnung gemäß § 21 Abs. 2 Nr. 3 InsO ergriffenen strafprozessualen Maßnahmen ihre Wirkung mit dem bei Nichteröffnung Entfallen der Anordnungen im Insolvenzeröffnungsverfahren. Angesichts des diesseits des Insolvenzverfahrens maßgeblichen Prioritätsprinzips richtet sich der Rang nach dem Zeitpunkt, zu dem die strafprozessuale Maßnahme mit Nachrang wirksam wurde.

[68] KG 6.7.2005 – 2 AR 85/05 – 5 Ws 299-307 und 334/05 ua, NJW 2005, 3734 f.

[69] KG 10.6.2013 – 2 Ws 190/13 – 141 AR 168/13, wistra 2013, 445 ff., 446; *Hansen* S. 331 f.

[70] KG 6.7.2005 – 2 AR 85/05 – 5 Ws 299-307 und 334/05 ua, NJW 2005, 3734 f., 3735 mN; 10.6.2013 – 2 Ws 190/13 – 141 AR 168/13, wistra 2013, 445 ff.; OLG Nürnberg 15.3.2013 – 2 Ws 561 und 590/12, Rn. 47, ZInsO 2013, 882 ff.; KMR/*Mayer* § 111d Rn. 28; *Markgraf* S. 162 ff., Volk/*Rönnau* MAH Rn. 13/326; grundsätzlich auch *Huber* S. 48 und 227 ff. mN in Fn. 1011, aber gänzlich ablehnend für die seiner (einsamen und über die tendentiell in dieselbe Richtung weisende, nicht aber bereits erreichte dingliche Sicherungen erfassende Ansicht *von Gleichensteins* ZIP 2008, 1151 ff. weit hinausgehenden, ihr Ziel der Stärkung der Gleichbehandlung aber schon aufgrund des Fortbestands des gegenüber den ungesicherten Insolvenzgläubigern weiterhin wirksamen, vorrangige Befriedigung gestattenden Arrestpfandrechts bzw. der Arrestsicherungshypothek bereits im Ansatz verfehlenden) Meinung nach mit Insolvenzeröffnung endende (und ggf. zur Rückabwicklung ergriffener Vollzugsmaßnahmen zwingende [trotzdem aber Raum für für den Fortbestand einer Aufrechterhaltungsentscheidung gemäß § 111i Abs. 2–7 lassende, S. 244]) Rückgewinnungshilfe, S. 230 f.

[71] KG 11.7.2008 – 3 Ws 137/08, 1 AR 129/08, StraFo 2008, 511 f.; OLG Brandenburg 10.7.2013 – 7 U 90/12, Rn. 22, MDR 2013, 1249 f.; OLG Nürnberg 15.3.2013 – 2 Ws 561 und 590/12, Rn. 47, ZInsO 2013, 882 ff.; ebenso für die Sicherungshypothek OLG Hamm 20.6.2013 – III-2 WS 80/13, Rn. 21, ZInsO 2013, 1790 ff.; *Hansen* S. 272 ff. und 323 ff.; *Hees* ZIP 2004, 298 ff., 299; *Markgraf* S. 116 und 162; Uhlenbruck/*Brinkmann* InsO § 50 Rn. 42; *Schmidt* Rn. 531; unklar, aber wohl anders SK/*Rogall* § 111b Rn. 39; im Ergebnis abweichend auch *Rönnau* Rn. 486.

[72] *Markgraf* S. 99 ff. und zur Rückgewinnungshilfe S. 161 f.; *Rönnau* ZInsO 2012, 509 ff., 512, auch bei Rückgewinnungshilfe, 514 und 515. Die erweiterte Anfechtbarkeit wegen unentgeltlicher Leistung gemäß § 134 Abs. 1 InsO scheitert jedenfalls daran, dass sie eine Handlung des Schuldners voraussetzt, die Beschlagnahme ihm aber aufgezwingen wird, *Markgraf* S. 100.

[73] Jedenfalls für den Insolvenzverwalter; gleiches wird man aber auch den nur nachrangig gesicherten und vielleicht sogar jedem einzelnen Insolvenzgläubiger zuzugestehen haben.

[74] *Von Gleichenstein* ZIP 2008, 1151 ff., 1156 f., 1158 ff. (im Hinblick auf den staatlichen Auffangrechtserwerb gemäß § 111i Abs. 5); allgemein *Rönnau* ZInsO 2012, 509 ff., 516 ff. und Volk/*Rönnau* MAH Rn. 13/326, jeweils auch nach Aufrechterhaltung gemäß § 111i, S. 518 f.; iE ebenso Radtke/Hohmann/*Pegel* § 111b Rn. 15; Sympathie hegend SK/*Rogall* vor §§ 111b Rn. 47 und § 111b Rn. 24; ablehnend für die Zeit nach dem Aufrecht

erstreckt sich zwar auch auf die gemäß § 39 Abs. 1 Nr. 3 InsO nachrangigen staatlichen Zahlungsansprüche (Wertersatz, Geldstrafe, Verfahrenskosten).[75] Das besagt aber nichts darüber, ob das staatliche Sicherungsrecht nicht aus **anderen** als insolvenzrechtlichen **Gründen** seinen **Bestand** doch wieder **einzubüßen** vermag. Zur Anerkennung der Möglichkeit der Einrede mangelnder Valutierung zwingen zwar weder der Rechtsgedanke des § 73 Abs. 1 S. 2 StGB, welcher lediglich Verletzte, nicht aber sonstige Gläubiger des Beschuldigten privilegiert, noch der grundsätzliche Vorrang des Insolvenzrechts, das ja das Pfändungspfandrecht gerade respektiert. Die Ablehnung dieser Einrede könnte aber, abhängig von der jeweiligen Sachverhaltskonstellation, dazu führen, dass der staatliche Auffangrechtserwerb wirtschaftlich von den Gläubigern des Beschuldigten zu tragen wäre. Die Belastung Dritter ist jedoch weder Zweck noch Aufgabe staatlicher Vermögensabschöpfung. Dies gilt erst recht in Ansehung der Rechtsprechung des BGH zu den sog. Erfüllungsfällen: wessen rechtmäßiger Anspruch aus Erlösen von Straftaten erfüllt wurde, ist nicht Drittempfänger iS von § 73 Abs. 3 StGB. Der gutgläubige Dritte hat demgemäß keinen staatlichen Zugriff auf das Erhaltene zu befürchten.[76] Die Einrede mangelnder Valutierung führt zudem zum Gleichklang mit den aufgrund Insolvenzeröffnung bei Beschlagnahme eintretenden Folgen. Gegenüber erwirkten Sicherungsmaßnahmen des Verletzten scheidet sie allerdings von vorn herein aus, ist sein Anspruch doch nicht nachrangig (und existiert bereits aufgrund der Tat, entsteht also nicht erst nach Ergreifen vollstreckungssichernder Rückgewinnungshilfemaßnahmen).[77] Im Ergebnis bedeutet das, dass vollstreckungssichernde Maßnahmen zugunsten des **Staates** entweder von vorn herein nicht **insolvenzfest** sind oder ihre Wirkung im Insolvenzverfahren zumindest beseitigt werden kann. Den **Verletzten** kann hingegen nicht nur in den Fällen der Beschlagnahme sein auf **Eigentum** gründendes **Aussonderungsrecht** (oder das aus anderen dinglichen Berechtigungen folgende Recht auf **abgesonderte Befriedigung**), sondern auch ein rechtzeitig erlangtes **Arrest-** oder **Vollstreckungspfandrecht**[78] **schützen**: dauerhaft bei Wirksamwerden drei Monate (und früher) vor dem Insolvenzantrag, mit dem Risiko erfolgreicher Insolvenzanfechtung behaftet beim Entstehen im zweiten und dritten Monat vor diesem Antrag. Die Unterstützung mittels Rückgewinnungshilfe kann zwar für den Rang ausschlaggebend sein, ist aber selbst dafür ein ungewisses, weil kompliziertes, manchmal langwieriges und von vielen unkalkulierbaren Geschehnissen abhängiges Unterfangen. Weil der Erfolg selbst bei schnellem und sachgerechten Handeln nur allzu oft ausbleiben wird, sind Enttäuschungen (auch aufgrund Auseinanderfallens von Aufwand und Ertrag) vorprogrammiert.[79] Der wesentliche Grund liegt in der Gleichbe-

---

erhaltungsbeschluss gemäß § 111 Abs. 3 KG 10.6.2013 – 2 Ws 190/13 – 141 AR 168/13, wistra 2013, 445 ff. Weil keiner von den in Höhe von 7,4 Mio Euro Geschädigten Forderungen im Insolvenzverfahren angemeldet hatte, die übrigen Gläubiger nur 90.090 Euro geltend machten, wollte das KG den Rückfall der arrestierten Werte von mehr als 4,8 Mio Euro vermeiden. Seiner Sympathie für den Vorrang der Insolvenzgläubiger, S. 447, hätte es bei Annahme des Nachrangs der strafprozessualen Sicherung (→ Rn. 7) folgen können.

[75] Vgl. BGH 17.7.2008 – IX ZR 132/07, Rn. 15, NJW 2008, 3064 ff. (zum Absonderungsrecht und wohl auch für § 39 Abs. 1 Nr. 3 InsO geltend). Überdies entstehen diese Ansprüche erst mit Rechtskraft, *Markgraf* S. 126 ff., und damit in ihrer endgültigen Form häufig erst nach Eröffnung des Insolvenzverfahrens.

[76] BGH 19.10.1999 – 5 StR 336/99, Rn. 46–50, BGHSt 45, 235 ff. (als Grundfall der seitdem ständigen Rechtsprechung zur Unterscheidung von Vertretungs-, Verschiebungs- und Erfüllungsfällen); zum Primat des materiellen Rechts gegenüber dem formell wirksamen Pfändungspfandrecht ausführlich und überzeugend *Markgraf* S. 132 ff. (Arrestpfandrecht) und S. 142 ff. (Sicherungshypothek); aA KG 10.6.2013 – 2 Ws 190/13–141 AR 168/13, wistra 2013, 445 ff., 446; auch OLG Hamm 20.6.2013 – III-2 Ws 80/13, Rn. 17 ff.; insbes. Rn. 23, ZInsO 2013, 1790 ff. (→ Rn. 12); ebenso *Huber* S. 165 f. und 227 ff. (unter Verweis auf einige insolvenzrechtliche Bestimmungen zu Nebenforderungen wie Zinsen, aber nicht auf den mit der Hochstufung aufgrund Sicherung verbundenen Wertungswiderspruch eingehend); zum Thema ferner SK/*Rogall* § 111b Rn. 24 mN in Fn. 83.

[77] *Rönnau* ZInsO 2012, 509 ff., 518; iE auch *Markgraf* S. 162 ff.

[78] *Hees* ZIP 2004, 298 ff., 301.

[79] Achenbach/Ransiek/*Retemeyer* Teil 14, Rn. 126 ff.; *Huber* S. 204 (mit seiner Auffassung von der Beendigung der Rückgewinnungshilfe im Fall der Insolvenz, S. 230 f., aber gegenüber der hM noch weitergehende Restriktionen für Verletzte befürwortend!). Diese in ihren Anmerkungen von *Köllner*, NZI 2013, 560; *Mahler/Tekin*, ZWH 2013, 227 f. und *Rathgeber*, NZWiSt 2013, 306 f. einhellig beklagten, vom OLG Nürnberg (v.

handlung auch der Deliktsgläubiger. Diese beruht jedoch auf einer bewussten Entscheidung des (Zivil-)Gesetzgebers (der Insolvenzordnung) und ist strafrechtlich und strafprozessual hinzunehmen.

11 Für den **Verletzten** als Insolvenzgläubiger gelten die §§ 80 Abs. 2 S. 1, 88 und 129 ff. InsO unmittelbar. **Rechtsveränderungen zu seinen Gunsten** sind zu **Lasten** der (übrigen) **Insolvenzgläubiger** nach Eröffnung des Insolvenzverfahrens über das Vermögen des Betroffenen **nicht** mehr **möglich.** Darüber besteht Einigkeit, nicht aber hinsichtlich der Folgen für rangbeeinflussende Entscheidungen. Der vorinsolvenzlich zugelassene gesicherte Verletzte soll zwar die Eintragung des Rangtauschs im Grundbuch in den Fällen des § 111h auch noch während des Insolvenzverfahrens wirksam vornehmen lassen können.[80] Die hM gestattet aber nach Insolvenzeröffnung keine **Zulassung**sentscheidung gemäß §§ 111g Abs. 2 S. 1 bzw. 111h Abs. 2 S. 1 mehr.[81] Dem **Gesetz** ist diese Konsequenz allerdings **nicht zu entnehmen**: § 89 Abs. 1 InsO hindert die Zulassung nicht, weil diese nicht Teil der Zwangsvollstreckung ist.[82] Weil sie selbst auch kein Recht an einem Gegenstand begründet, steht der Zulassung auch § 91 Abs. 1 InsO nicht entgegen.[83] Sie wäre (möglicherweise) gleichwohl mit insolvenzrechtlichen Grundregeln, insbesondere dem Grundsatz der par conditio creditorum,[84] unvereinbar,[85] zeitigte sie **Wirkungen** zu **Lasten** der **Insolvenzgläubiger.** Das ist indes nicht der Fall. Ergeht die Zulassung nach Eröffnung des Insolvenzverfahrens, so bewirkt dies in den **Beschlagnahme**fällen des § 111g Abs. 2 S. 1 **kein Aufrücken,**[86] weil das relative **Veräußerungsverbot** mit Eröffnung des Insolvenzverfahrens zuvor **unwirksam** geworden ist. Nachrangig gesicherte Verletzte können daher keinerlei Vorteile mehr erlangen. Gleiches gilt erst recht für ungesicherte Verletzte, die wegen § 89 InsO schon gar kein wirksames Recht am beschlagnahmten Gegenstand mehr erlangen können. Beim **Arrest** hingegen **wirkt** sich ein relativer, § 111g Abs. 2 S. 1, oder absoluter, § 111h Abs. 2 S. 1, **Rangtausch**[87] **nicht** zum **Nachteil** von ***Insolvenz*gläubigern aus.**[88] Hinsichtlich der Einzelheiten der Begründung ist sowohl nach dem gesicherten Anspruch (einerseits Rückgewinnungshilfe, andererseits Geldstrafe und Kosten) als auch zwischen Arrestpfandrecht und Sicherungshypothek zu unterscheiden. Im gemeinsamen Ausgangspunkt gilt, dass (anders als das aufgrund Beschlagnahme entstandene relative Veräußerungsverbot) ein vor der Insolvenz erlangtes **Pfändungspfandrecht** und eine **Arrest(sicherungs)hypothek** für den Verletzten solange **wirksam** bleiben,[89]

15.3.2013 – 2 Ws 561 und 590/12, Rn. 73, ZInsO 2013, 882 ff.) allerdings ohne erforderliche Differenzierung zwischen Rückschlagsperre und Anfechtung ausgesprochenen Konsequenzen können selbst dann nicht dem Gericht angelastet werden, widerspricht man ihm in Ergebnis und Begründung seiner konkreten Entscheidung.

[80] *Hansen* S. 332 ff.; *Hees* ZIP 2004, 298 ff., 299 f.; *Huber* S. 217 ff.; *Markgraf* S. 171 f.; SK/*Rogall* vor §§ 111b ff. Rn. 44 und § 111h Rn. 24 f.

[81] *Markgraf* S. 155 ff.; *Reichhart* S. 145 ff. und 149 ff.; SK/*Rogall* vor §§ 111b ff. Rn. 44, § 111g Rn. 26 und § 111h Rn. 25.

[82] BGH 6.4.2000 – IX ZR 442/98 Rn. 11, BGHZ 144, 185 ff.; aA SK/*Rogall*, Rn. 26 zu § 111g Rn. 26 mN.

[83] AA *Rönnau* ZInsO 2012, 509 ff., 513.

[84] *Markgraf* S. 23 ff.; ausführlich zum Insolvenzrecht MüKo-InsO/*Stürner*, 3. Aufl. 2013, Einl. Rn. 62 f.

[85] Vgl. *von Gleichenstein* ZIP 2008, 1151 ff., 1157.

[86] *Greier* ZIP 2007, 953 ff., 957, Fn. 28; *Huber* S. 202; *Schmidt* Rn. 539; aA LR/*Schäfer*, 25. Aufl. § 111b Rn. 50g.

[87] Nur wenn man mit Insolvenzeröffnung die Aufhebung der oder den Verzicht auf die Rückgewinnungshilfe verlangt, so aber einzig und ohne überzeugende Begründung *Huber* S. 230 f., schiede ein Rangtausch aus, weil dann das staatliche Sicherungsrecht gänzlich entfiele. Damit könnte in den Fällen des § 111h das Aufrücken in den Rang vor die mit Verzicht ranggleich aus der Sicherungshypothek kraft Gesetzes entstandene und damit in die Masse fallende Eigentümergrundschuld zu einer unzulässigen Beeinträchtigung der Insolvenzgläubiger führen, so das Beispiel von *Huber* S. 235 ff. Mit Entfallen des von *Huber* verlangten Verzichts auf die Rückgewinnungshilfe scheidet hingegen jegliche Möglichkeit der Benachteiligung der Insolvenzgläubiger aus.

[88] Gleiches gölte für die Beschlagnahme, *Huber* S. 204 f. Wegen des Entfallens der Wirksamkeit des relativen Veräußerungsverbots gemäß § 111c Abs. 5 mit Eröffnung des Insolvenzverfahrens treten aber in den Beschlagnahmefällen von vorn herein keine derartigen Rangfragen auf.

[89] Vgl. KMR/*Mayer* § 111c Rn. 21; aA *Rönnau* Rn. 486.

wie sie nicht **insolvenzrechtlich** (durch Rückschlagsperre[90] oder Anfechtung) **beseitigt** werden. Bestand hat auch eine **vorinsolvenzliche Zulassung.**[91] Diese bestimmt zusammen[92] mit dem Sicherungsrecht zudem die Rangfolge der Absonderungsrechte im Insolvenzverfahren.[93] Vorinsolvenzlich können gesicherte Verletzte den **Vorrang** vor der staatlichen Sicherung **unbeschadet** des Inhalts des gesicherten **Arrestanspruchs** erreichen, also auch dann, wenn der Staat seinen Arrest zur Sicherung von Geldstrafe und Verfahrenskosten hat ausbringen lassen.[94] Das gilt sowohl in den Fällen des § 111g Abs. 2 S. 1 als auch in denen des 111h Abs. 2 S. 1. Nur die übrigen Wirkungen sind bei Arrestpfandrecht und Arrest(sicherungs)hypothek unterschiedlich. Soweit Arrestpfandrecht und Sicherungshypothek der **Rückgewinnungshilfe dienen,** sichern beide kein eigenes Recht des Staates, sondern **entfalten** in erster Linie **„Platzhalterfunktion".**[95] Diese läuft solange leer, wie kein Verletzter eine Zulassung gemäß §§ 111g oder erwirkt hat. Nach Eröffnung des Insolvenzverfahrens über das Vermögen des Betroffenen ändert sich daran in Bezug auf dinglich noch gänzlich ungesicherte Verletzte nichts, weil sie keine Rechte an Vermögensgegenständen des Schuldners mehr erwerben können. Es berührt aber die **Vermögensinteressen** der ***Insolvenz*gläubiger** – das sind nur diejenigen, die nicht dinglich gesichert sind, §§ 38, 52 InsO[96] – das Vorrücken eines bereits nachrangig gesicherten Verletzten **nicht**, weil ihnen gegenüber, die ja dinglich überhaupt nicht gesichert sind, **selbst schon das nachrangige dingliche Sicherungsrecht vorgeht,** die den Insolvenzgläubigern zur Verfügung stehende **Haftungsmasse** folglich **gleich** bleibt.[97] Vom Vorrücken **betroffen** sind jedoch die **„Zwischengläubiger", dh** diejenigen Gläubiger, deren dingliches (Sicherungs-)Recht gegenüber demjenigen des Staates zwar nur nachrangig ist, gegenüber einem nicht zugelassenen Verletzten aber den Vorrang genießt. Das Leerlaufen der Platzhalterfunktion bietet ihnen die Chance, im wirtschaftlichen Ergebnis ohne Rücksicht auf das (nicht valutierte) staatliche Sicherungsrecht zu eigenen Gunsten verwerten zu können. Mit dem Vorrücken aufgrund Zulassung eines Verletzten verlieren sie diese Chance.[98] Das kann im Insolvenzverfahren dazu führen, dass

[90] Nur daran scheiterte der Verletzte im Fall BGH 24.5.2007 – IX ZR 41/05, NJW 2007, 3350 ff. (mit nicht durchweg zutreffender Begründung: der Verletzte war vorinsolvenzlich sowohl Inhaber eines Pfändungspfandrechts an der Briefgrundschuld als auch gemäß § 111g Abs. 2 S. 1 zur Zwangsvollstreckung zugelassen worden, die Frage der Rückwirkung stellte sich nicht; zudem handelte es sich um dinglichen Arrest, nicht um Beschlagnahme; so zutr. auch *Hansen* S. 210).

[91] *Hansen* S. 327.

[92] Kumulativ, → Rn. 9 zu § 111g.

[93] *Hees/Albeck* ZIP 2000, 871 ff., 876 f.; *Hees* ZIP 2004, 298 ff., 301 f.; *Markgraf* S. 164 ff.

[94] BeckOK/*Huber* § 111h Rn. 3; SK/*Rogall* § 111h Rn. 2 (mN auch zur Gegenauffassung); Gleichstellung auch in § 39 Abs. 1 Nr. 3 InsO.

[95] *Hees* ZIP 2004, 298 ff., 299 f. (für die Sicherungshypothek); *Markgraf* S. 169. Verbal ebenso, Bedeutung und Reichweite aber verkennend OLG Nürnberg v. 15.3.2013 – 2 Ws 561 und 590/12, Rn. 80 ff., auch 14 und 17, ZInsO 2013, 882 ff.; bestätigend 8.11.2013 – 2 Ws 508/13, wistra 2014, 116 ff.; KG 10.6.2013 – 2 Ws 190/13 – 141 AR 168/13, wistra 2013, 445 ff., 445, verweist (abstrakt zutreffend) auch auf die Sicherung des Auffangrechtserwerbs. S.a. OLG Karlsruhe 27.11.2013 – 3 Ws 327/13, NZI, 2014, 430 f., dagegen *Weyand* ZInsO 2014, 610 f.; *Bittmann* ZWH 2014, 238 ff.

[96] BGH 11.10.2012 – IX ZB 230/09 Rn. 10, NZI 2012, 892 ff.: „Ein Absonderungsberechtigter … nimmt … am Insolvenzverfahren nicht teil."; s.a. BGH 11.10.2012 – IX ZR 30/10 Rn. 17, NZI 2012, 883 ff.; 20.3.2014 – IX ZB 67/13, Rn. 7, ZInsO 2014, 777 f. (zust. Wessels jurisPR-BGH ZivilR 10, 2014 Anm. 3); zum Pfandgläubiger BGH v. 11.4.2013 – IX ZR 176/11, Rn. 20, NZI 2013, 596 ff. Näher Uhlenbruck/*Sinz* InsO § 38 Rn. 5. Allein Insolvenzgläubiger können gemäß § 87 InsO ihre Forderungen nur nach Maßgabe der InsO verfolgen, nur sie trifft das Verbot der Einzelzwangsvollstreckung, § 89 Abs. 1 InsO.

[97] Zutreffend *Markgraf* S. 164 ff., übersehen aber S. 155 f., weil er verkennt, dass die relative (ursprüngliche) Unwirksamkeit der gegenüber der vollstreckungssichernden Maßnahme des Staates nachfolgende Sicherung des Verletzten nur zum Nachrang gegenüber dem staatlichen Recht führt, sie aber gegenüber ungesicherten und ihre Sicherung erst später erreichenden Gläubigern von Anfang an wirksam ist, der Gegenstand also diesen Gläubigern als Haftungsobjekt schon vor der Zulassung entweder ganz entzogen war oder wie danach nur nachrangig zur Verfügung stand und weiterhin steht. *Hansen* S. 334 ff. stellt iE zutreffend, aber ohne nähere Begründung allein darauf ab, dass die Zulassung zu keiner Gläubigerbenachteiligung führe.

[98] Die ursprüngliche Chance erklärt sich aus dem anfänglichen Vorrang der Zwischengläubiger vor den aufgrund Zulassung aufrückenden Verletzten. Weil die ungesicherten Insolvenzgläubiger gegenüber jedem gesicherten Gläubiger bestenfalls nachrangig von der Verwertung profitieren können, berührt sie weder die

sie trotz Sicherung nur in Höhe der Quote der Insolvenzgläubiger (oder wie häufig: überhaupt nicht) befriedigt werden. Diese Folge kann die Zwischengläubiger aber auch treffen, wenn ein gesicherter Verletzter bereits vorinsolvenzlich zugelassen wurde. Es handelt sich demnach nicht um eine insolvenzspezifische und damit gerade nicht gegen das Insolvenzrecht (oder dessen Grundprinzipien) verstoßende Folge. Überdies **trifft** sie die **Zwischengläubiger** als solche, sie also **nicht** etwa in ihrer Rolle **als Insolvenzgläubiger.** Demgemäß gehören sie von vorn herein **nicht** zu dem **vom Insolvenzrecht erfassten Personenkreis** und werden von ihm demnach auch nicht **geschützt.**[99] Ihre Belastung aufgrund des Zurücktretens gegenüber dem bereits, wenngleich zunächst nur nachrangig gesicherten Verletzten, ist eine direkte Folge der Entscheidung des Gesetzgebers zugunsten des Opferschutzes:[100] die Privilegierung des Verletzten tritt eben lediglich **im** Insolvenzverfahren selbst und das auch nur **zugunsten** der **Gleichbehandlung allein** der **Insolvenzgläubige**r zurück, § 89 Abs. 1 InsO. Mit dem Aufrücken ist die Platzhalterfunktion des **staatlichen Sicherungsrechts** erfüllt, so dass es mangels Valutierung und sonstiger Bedeutung (ggf. auf Einrede) nicht mehr zum Nachteil der übrigen Gläubiger wirkt und (mag sein: nur zu Klarstellungszwecken) **aufzuheben** ist.[101] Das ist hingegen **anders,** wenn **Geldstrafe** und **Verfahrenskosten** im Wege des **Arrests gesichert** wurden. In den Fällen des § 111g Abs. 2 S. 1 tritt das **Arrestpfandrecht** des Staates **nur** hinter den Rang des Arrest- oder Pfändungspfandrecht des Verletzten zurück, bleibt aber mit **Wirkung gegenüber** den **Inhabern** der **Zwischenrechte** erhalten. Diese sind aber auch insoweit nicht als Insolvenzgläubiger betroffen, so dass sie den (wiederum unabhängig vom Insolvenzverfahren eintretenden) Vorrang der Arrestpfandrechte sowohl des Verletzten als auch des Staates hinzunehmen haben. Sie stehen sich mit **(Arrest-)Sicherungshypotheken** insoweit (etwas) besser, als es in den Fällen des § 111h zu einem vollständigen **Rangtausch** kommt, die staatliche Sicherungshypothek **komplett** den ursprünglichen Nachrang der Sicherungshypothek des Verletzten einnimmt, also auch im Verhältnis zu den Zwischengläubigern zurücktritt. Zum Rangtausch kommt es aber nur im Umfang der Deckungsgleichheit von staatlichem Sicherungsrecht und Anspruch des Verletzten. Wurde also zB die vollstreckungssichernde Maßnahme zwecks Rückgewinnungshilfe und Geldstrafe nebst Kosten erwirkt, so bleibt die staatliche Sicherungshypothek mit Vorrang vor den Zwischengläubigern bestehen, soweit der gesicherte Wert über die Höhe des Anspruchs des Verletzten hinausgeht. Da von der **Zulassung** und ihren Folgen die **Insolvenzgläubiger** also **nie** (als solche) **betroffen** werden, sich der Schutz des Insolvenzrechts aber von vorn herein nicht auf die Inhaber dinglicher (Zwischen-)Rechte erstreckt, diese also auch nicht vor nachteiligen Folgen strafprozessualer vollstreckungssichernder Maßnahmen zu bewahren vermag, **hindert** die **Eröffnung des Insolvenzverfahrens** über das Vermögen des Betroffenen folglich **in keinem Fall** das **Ergehen** einer **Zulassung** gemäß §§ 111g Abs. 2 S. 1 bzw. 111h Abs. 2 S. 1 **mit** ihren (unterschiedlich weit reichenden) **Privilegierungen** für den **Verletzten.**[102]

Reihenfolge der Befriedigung ihnen vorgehender Gläubiger noch wird ihr Vorrücken getrübt, wenn ein gesicherter Gläubiger (der Staat nach Einrede mangelnder Valutierung) entfällt und sich nur die Reihenfolge der Befriedigung ihnen sowieso vorrangiger dinglich gesicherter Gläubiger ändert.

[99] Vgl. zB BGH 26.4.2012 – IX ZR 73/11 Rn. 3, ZInsO 2012, 971 f.; *Markgraf* S. 165. Das stellt auch *Huber* S. 230 ff., ebenso S. 204 f. nicht in Frage.

[100] *Markgraf* S. 166.

[101] Vgl. OLG Frankfurt a. M. 3.6.2009 – 3 Ws 214/09 Rn. 14, ZInsO 2009, 1446 ff.: insoweit zutreffend, als es Aufhebung mangels gesicherter und aufgrund Insolvenzeröffnung auch nicht mehr sicherungsfähiger Verletzter für geboten hält; ebenso *Greier* ZIP 2007, 953 ff.; 955, s.a. 957 f. [nicht durchweg zutreffend]; SK/*Rogall* § 111h Rn. 25 aE.

[102] Verkannt von OLG Nürnberg 15.3.2013 – 2 Ws 561 und 590/12, z. B. Rn. 77, ZInsO 2013, 882 ff., ob ein Rechtschutzbedürfnis besteht, dazu Rn. 112, auch 16 und 18, ist eine andere Frage; iE hingegen wie hier *Greier* ZIP 2007, 953 ff., 958; *Hansen* S. 334 ff.; inzident für die Zulässigkeit auch *Rönnau* ZInsO 2012, 509 ff., 511, aber ohne privilegierende Wirkung, 513. *Von Gleichenstein* ZIP 2008, 1151 ff., 1158, auch 1160, ist zwar ebenfalls der Auffassung, dass die Zulassung insolvenzrechtlich unbeachtlich ist und ihre Wirkung außerhalb des Insolvenzverfahrens fortbesteht. Gleichwohl verneint er die Privilegierungswirkung einer nach Eröffnung des Insolvenzverfahrens ergangenen Zulassungsentscheidung im Verhältnis zu den Zwischengläubigern. Das ist aufgrund seiner aus systematischen Gründen hergeleiteten Befürwortung der Beschränkung von

Weil **vollstreckungssichernde strafprozessuale Maßnahmen** einerseits aufgrund des dargelegten Vorrangs des Insolvenzrechts das Agieren des Insolvenzverwalters nicht hindern, andererseits insolvenzfeste Sicherungsrechte seinem Handeln ohnehin Grenzen setzen, dürfen sie **nach Eröffnung des Insolvenzverfahrens** über das Vermögen des Betroffenen sowohl **angeordnet** als auch, nicht nur, aber zB gemäß § 111i Abs. 3 S. 1[103] (befristet), **aufrechterhalten** werden. Derartige Anordnungen können möglicherweise verborgene Vermögensgegenstände des Betroffenen (zunächst nur: juristisch, bei etwaigem Auftauchen im Wege der Vollziehung auch tatsächlich) sichern und damit die Durchsetzung **sowohl** des Anspruchs des **Verletzten**, der auch nach Beendigung des (Privat-)Insolvenzverfahrens unter den Voraussetzungen des § 302 Nr. 1 InsO vollstreckbar bleibt,[104] als auch (nachrangig[105]) des staatlichen **Auffangrechtserwerbs** gemäß § 111i Abs. 5, vgl. §§ 225 Abs. 3 und 302 Nr. 2 InsO, erst ermöglichen. Letzterer ist nach Beendigung des Insolvenzverfahrens de jure ohne weiteres möglich. Während des laufenden Insolvenzverfahrens verhindert die auf Aufhebung der aufgrund der angeordneten strafprozessualen Sicherungsmaßnahme(n) ergriffenen Vollziehungsakte zielende Einrede mangelnder Valutierung den Auffangrechtserwerb des Staates gemäß § 111i Abs. 5.[106] Die **Anordnung** einer vollstreckungssichernden strafprozessualen Maßnahme selbst muss demnach **keineswegs** allein aufgrund der Eröffnung des Insolvenzverfahrens über das Vermögen des Beschuldigten **aufgehoben** werden.[107] Wenn der Insolvenzverwalter jedoch einen strafprozessual gesicherten Gegenstand **verwerten** will, so verfügt er entweder bereits nach materiellem Zivilrecht aus § 242 BGB[108] oder jedenfalls mit der Einrede mangelnder Valutierung über das (ggf gerichtlich durchsetzbare) Recht, die **Aufgabe** auch eines noch nicht kraft Gesetzes wie dem relativen Veräußerungsverbot, § 135 BGB, erloschenen, in Vollziehung der strafprozessualen vollstreckungssichernden Maßnahmen entstandenen Sicherungsrechts bzw. die **Freigabe** eines Gegenstands (z.B. des Erlöses einer bereits erfolgten Verwertung) zu verlangen. Im Fall einer **Versteigerung erlöschen** die strafprozessualen Sicherungsrechte am betroffenen Gegenstand zwar **kraft Gesetzes**, **setzen** sich allerdings im Umfang der Insolvenzfestigkeit des ursprünglichen Sicherungsrechts **am Erlös fort.** 12

Das Verhältnis strafprozessualer Sicherungen zum Insolvenzrecht verkannten zwei Oberlandesgerichte, obwohl sie ihren Entscheidungen gegensätzliche Obersätze zugrundelegten.[109] 13

Anordnungen nach §§ 111b ff. und deren Vollziehung auf die *Zeit* vor Insolvenzeröffnung in sich schlüssig. Erst recht muss *Huber* S. 230 f., 238 ff. und 242 die Privilegierung ablehnen, verlangt er doch sogar die Beendigung der Rückgewinnungshilfe nebst Aufhebung aller (selbst an sich sogar insolvenzfester!) Vollziehungsmaßnahmen. Verneint man hingegen zutreffend die Wirkungen der §§ 111b ff. lediglich *im* Insolvenzverfahren, so bleiben sie im Verhältnis zu Nichtinsolvenzgläubigern wie den Inhabern der Zwischenrechte erhalten.

[103] AA *Huber* S. 208 f.

[104] OLG Hamm 20.6.2013 – III-2 Ws 80/13, Rn. 31 f., ZInsO 2013, 1790 ff.; *Huber* S. 167 ff.

[105] Wenn der Verletzte seine begonnene Rechtsverfolgung nicht fortsetzt. Nach HK/*Gercke* § 111i Rn. 11 ist die Sicherung des Auffangrechtserwerbs gar vorrangig.

[106] Mit abweichender Begründung, aber iE ebenso Achenbach/Ransiek/*Retemeyer* Teil 14, Rn. 123 (Freigabe aufgrund Nachrangs gemäß § 39 Abs. 1 Nr. 3 InsO); SK/*Rogall* § 111i Rn. 40 (unwirksam wegen § 91 Abs. 1 InsO, dagegen OLG Nürnberg v. 15.3.2013 – 2 Ws 531 und 590/12, Rn. 88, ZInsO 2013, 882 ff.). Da *Huber* S. 209 f. nicht zwischen den weitergehenden Wirkungen der Anordnung und den begrenzteren eines Vollzug unterscheidet, sieht er lediglich Raum für die Anmeldung der (bedingten) Forderung auf Auffangrechtserwerb als Insolvenzforderung, das insolvenzfeste Arrestpfandrecht soll hingegen bestehen bleiben, S. 244.

[107] OLG Hamm 20.6.2013 – III-2 Ws 80/13, Rn. 15 ff., ZInsO 2013, 1790 ff. (einschränkend jedoch Rn. 18); aA OLG Nürnberg 15.3.2013 – 2 Ws 561 und 590/12, Rn. 40, 51 und 65 ff., ZInsO 2013, 882 ff.; 8.11.2013 – 2 Ws 508/13, wistra 2014, 116 ff.; BeckOK/*Huber* § 111d Rn. 12a; *Huber* S. 89; *Markgraf* S. 113 (Beschlagnahme) und S. 131 f. (dinglicher Arrest), auch S. 145; Radtke/Hohmann/*Kiethe* § 111d Rn. 9 mN; SK/*Rogall* zB § 111b Rn. 39.

[108] OLG Nürnberg 19.11.2013 – 4 U 994/13, NZI 2014, 158 ff. m. Anm. *Lange*

[109] OLG Nürnberg 15.3.2013 – 2 Ws 561 und 590/12, Rn. 34, ZInsO 2013, 882 ff.; bestätigend 8.11.2013 – 2 Ws 508/13, wistra 2014, 116 ff.; dagegen OLG Hamm 20.6.2013 – III-2 Ws 80/13, ZInsO 2013, 1790 ff. Im Gegensatz dazu weitgehend zutreffend KG 10.6.2013 – 2 Ws 190/13 – 141 AR 168/13, wistra 2013, 445 ff. Ausfürhlich zu allen vier Entscheidungen *Bittmann* ZWH 2014, 135 ff. – Auch das OLG Karlsruhe 27.11.2013 – 3 Ws 327/13, NZI 2014, 430 f. (dagegen *Weyand* ZInsO 2014, 610 f.; *Bittmann* ZWH 2014, 238 ff.) verkannte das Verhältnis von strafprozessualem Abschöpfungs- und Insolvenzrecht, → vor §§ 111b–111p Rn. 11 und → § 111g Rn. 2.

Im Fall des OLG Nürnberg wirkte die Aufhebung der Anordnung der strafprozessualen Maßnahmen wie eine Einladung zum Beseiteschaffen: Dem Insolvenzverwalter war es noch nicht gelungen, aus Straftaten stammendes Auslandsvermögen zur Masse zu ziehen. Vor dem Zugriff des Beschuldigten darauf schützte einzig die strafprozessuale Sicherung. Diese beseitigte der Senat ebenfalls noch – gegen den Widerstand auch und gerade des Insolvenzverwalters mit der ebenso verqueren wie paternalistischen Logik, die strafprozessuale Sicherung belaste ihn, so dass sein Rechtsmittel gegen die vorinstanzliche Aufhebung mangels Beschwer unzulässig sei! Der Senat behandelte den Insolvenzverwalter damit ungewollt, aber der Sache nach als eine Art Rechts- und Interessennachfolger des insolventen Beschuldigten (vulgo: Kumpan) und blendete damit dessen gläubigerschützende Funktion völlig aus. Dem widersprach gut 3 Monate später das OLG Hamm vehement, verkannte jedoch die Unterschiedlichkeit beider Sachverhalte und korrigierte damit im Ergebnis materielles bürgerliches und Insolvenzrecht – eine Funktion, die vom strafprozessualen Abschöpfungsrecht zumindest nicht in diesem Maße intendiert ist und ihm daher in diesem Umfang nicht zukommt. Im Insolvenzverfahren über das Vermögen des Verurteilten war ein Grundstück versteigert worden, auf welchem eine zu Zwecken der Rückgewinnungshilfe erwirkte staatliche Sicherungshypothek von 50.000 Euro lastete. Unter Anerkennung der Fortsetzung des Pfändungspfandrechts am Erlös begehrte der Insolvenzverwalter im Wege der Beschwerde gegen den Aufrechtserhaltungsbeschluss gemäß § 111i Abs. 3 dessen Aufhebung. Diese verweigerte ihm das OLG Hamm mit sehr tiefgehenden und in sich schlüssigen Ausführungen zur potentiellen Bedeutung des Pfändungspfandrechts am Erlös für die (unbekannten) Verletzten. Der Bestand des Pfändungspfandrechts war aber gerade nicht Gegenstand des Aufrechterhaltungsbeschlusses und damit auch nicht des Beschwerdeverfahrens. Die Aufrechterhaltung der Anordnung des dinglichen Arrests war (wäre?) demnach zutreffend. Allerdings hätte der Insolvenzverwalter nicht den dinglichen Arrest angreifen sollen. Seinem Begehren wäre ein Antrag auf Freigabe des Erlöses (bei Fortbestand der im Insolvenzverfahren nur nachrangig wirkenden Anordnung des dinglichen Arrests) gerecht geworden. Einem solchen Antrag hätte das Gericht stattgeben müssen, weil kein Verletzter auf den Erlös zugegriffen hatte, dies während des Insolvenzverfahrens aus Rechtsgründen nicht nachgeholt werden kann und die Verteilung des Vermögens ohne die erlösten 50.000 Euro dem strafprozessual anzuerkennenden insolvenzrechtlichen Grundsatz der Gleichheit der Gläubiger widerspricht. Sie hätten demnach weder für Verletzte reserviert werden dürfen, die nachinsolvenzlich ihr Recht möglicherweise noch verfolgen könnten, noch nachrangig für den staatlichen Auffangrechtserwerb.

§ 111b [Sicherstellung von Gegenständen]

(1) [1]Gegenstände können durch Beschlagnahme nach § 111c sichergestellt werden, wenn Gründe für die Annahme vorhanden sind, daß die Voraussetzungen für ihren Verfall oder ihre Einziehung vorliegen. [2]§ 94 Abs. 3 bleibt unberührt.

(2) Sind Gründe für die Annahme vorhanden, daß die Voraussetzungen des Verfalls von Wertersatz oder der Einziehung von Wertersatz vorliegen, kann zu deren Sicherung nach § 111d der dingliche Arrest angeordnet werden.

(3) [1]Liegen dringende Gründe nicht vor, so hebt das Gericht die Anordnung der in Absatz 1 Satz 1 und Absatz 2 genannten Maßnahmen spätestens nach sechs Monaten auf. [2]Begründen bestimmte Tatsachen den Tatverdacht und reicht die in Satz 1 bezeichnete Frist wegen der besonderen Schwierigkeit oder des besonderen Umfangs der Ermittlungen oder wegen eines anderen wichtigen Grundes nicht aus, so kann das Gericht auf Antrag der Staatsanwaltschaft die Maßnahme verlängern, wenn die genannten Gründe ihre Fortdauer rechtfertigen. [3]Ohne Vorliegen dringender Gründe darf die Maßnahme über zwölf Monate hinaus nicht aufrechterhalten werden.

(4) Die §§ 102 bis 110 gelten entsprechend.

(5) Die Absätze 1 bis 4 gelten entsprechend, soweit der Verfall nur deshalb nicht angeordnet werden kann, weil die Voraussetzungen des § 73 Abs. 1 Satz 2 des Strafgesetzbuches vorliegen.

Übersicht

I. Grundnorm, Anwendungsbereich

1 § 111b ist nicht nur die **Ausgangsnorm** der Regelungen vollstreckungssichernder Maßnahmen, sondern dient auch als eine Art **Wegweiser:** Die Bestimmung enthält systematische Hinweise für die Anwendung ihr nachfolgender Vorschriften und stellt die Weichen für die **dualistische Aufteilung** in **Beschlagnahme,** § 111c, und **dinglichen Arrest,** § 111d.[1] Sie eliminiert ferner einzuziehende Führerscheine ausdrücklich aus dem Anwendungsbereich der §§ 111b ff. Auch ohne Hinweis in § 111b gelten für Presseerzeugnisse ergänzend §§ 111m und 111n. Die Zuständigkeitsregeln für Anordnung und Vollziehung finden sich in den §§ 111e und 111 f.

2 Der von einer vollstreckungssichernden Maßnahme in seinen Rechten (wirklich oder nur behauptlich) Berührte heißt **Betroffener.** Er kann personengleich mit dem Beschuldigten (ggf. Angeklagten oder gar Verurteilten) sein. Einziehung und Verfall können aber auch gegen einen Dritten angeordnet werden. Die Wirksamkeit einer vollstreckungssichernden Maßnahme ist vom Eigentum (oder einer sonstigen dinglichen Berechtigung) unabhängig. Es kann daher mehrere Betroffene geben. Dann ist jeder für sich **rechtschutzbefugt. Betroffensein** als Zulässigkeitsvoraussetzung ist aber **nicht gleichbedeutend** mit **Verletztsein.**

3 Gemäß § 111b Abs. 1 S. 2 bleibt § 94 Abs. 3 unberührt. **Führerscheine** unterliegen zwar der **Einziehung** im Urteil. Sie müssen aber nicht nach §§ 111b ff. beschlagnahmt werden. Anwendung finden vielmehr die einfacheren **Regeln über die Beweissicherung.** Im Fall des **Einverständnisses** mit der Sicherstellung kann folglich auf eine **förmliche Beschlagnahme verzichtet** werden. Bei Widerspruch entscheidet das Gericht über die vorläufige Entziehung der Fahrerlaubnis, § 111a Abs. 4. Eine derartige Anordnung wirkt im Hinblick auf den Führerschein zugleich als Beschlagnahmebestätigung, § 111a Abs. 3. Die Erleichterung erklärt sich aus der Tatsache, dass der Führerschein (im Gegensatz zur Fahrerlaubnis!) keinen (legalen) Wert repräsentiert, seine Verkehrsfähigkeit folglich nicht erst verhindert werden muss.[2] Die Funktion, die Berechtigung zum Führen bestimmter Kraftfahrzeuge zu beweisen, ist jedoch bereits mit der Überführung in amtliche Verwahrung aufgehoben.

4 Zwecks Sicherstellung eines **bestimmten,** der Einziehung, §§ 74, 74a oder 74d StGB,[3] oder dem (ggf. erweiterten) Verfall, §§ 73, 73d StGB unterliegenden **Gegenstands,**[4] auch

---

[1] Volk/*Rönnau* MAH Rn. 13/161 ff.

[2] SK/*Rogall* § 111b Rn. 21.

[3] Erfasst sind sämtliche den Einziehungsvorschriften unterliegenden Gegenstände, deren Rechtsträgerschaft im Fall der Anordnung der Maßnahme gemäß § 74e StGB auf den Staat übergeht, LR/*Schäfer*, 25. Aufl. § 111b Rn. 26. Bei der Einziehung einer Mehrzahl von Gegenständen mit jeweils derselben strafrechtlichen Relevanz kommt, soweit eine abstrakte, etwa gattungsmäßige Bezeichnung möglich ist, eine allgemeine Beschlagnahme in Betracht, BeckOK/*Huber* § 111b Rn. 13; Radtke/Hohmann/*Pegel* § 111b Rn. 7. Gesetzlich geregelt ist dies nur für die Pressebeschlagnahme, § 111m. Deren nicht pressesepezifische Regeln wird man in vergleichbaren Konstellationen analog anwenden können.

[4] → Rn. 6.

eines Surrogats, § 73 Abs. 2 S. 2 StGB,[5] verweist § 111b Abs. 1 S. 1 auf § 111c. Alle die davon betroffenen Gegenstände weisen einen **Bezug zur Straftat** auf,[6] einen unmittelbaren bei Erlangtem aus der oder für die Tat (§ 264[7]) bzw. bei Einsatz zur Begehung der Tat oder aus ihr Hervorgebrachtem, §§ 73 und 74, 74a StGB, hingegen einen mittelbaren bei Surrogaten und beim erweiterten Verfall, § 73d StGB.[8] Es handelt sich demnach um Sicherungsmaßnahmen an **Gegenständen,** die in irgendeiner Weise **selbst bemakelt** sind. Kann hingegen **Verfall oder Einziehung** wegen der Beschaffenheit des Erlangten (Geldforderung,[9] ersparte Aufwendungen,[10] Verbindung, Vermischung [§§ 946, 947, 950 BGB];[11] Nutzungen, auch Urlaubsreise[12]) oder aus sonstigen Gründen[13] (Veräußerung des als Tatwerkzeug benutzten Kraftfahrzeugs) **nicht** angeordnet werden, so tritt an die Stelle des bemakelten Gegenstands dessen Wert. **Verfall bzw. Einziehung des Wertersatzes,** §§ 73a und 73d Abs. 2 bzw. 74c StGB, kann ebenfalls **vorläufig gesichert** werden und zwar gemäß § 111b Abs. 2 nach näherer Maßgabe des § 111d im Wege **dinglichen Arrests.** Im Gegensatz zur Beschlagnahme besteht dabei **kein** (notwendiger) **Bezug zwischen Tat und in Anspruch genommenem** vermögenswertem **Gegenstand.** Die Anordnung besagt lediglich, dass in Höhe der zu benennenden Arrestsumme Sicherungsmaßnahmen getroffen werden dürfen. Die Auswahl der betroffenen Gegenstände geschieht hier erst beim **Vollzug.** Dafür steht das **gesamte Vermögen** des Betroffenen zur Verfügung, also auch das **legale.** Die Herkunft ist demnach beim Arrestvollzug irrelevant. Ist (zB in einem frühen Verfahrensstadium) zweifelhaft, ob ein Gegenstand aus einer Straftat stammt, so ist eine **Alternativentscheidung**, möglich und sachgerecht.[14] Dabei sind **sowohl** die Voraussetzungen der vermögenssichernden Beschlagnahme als auch diejenigen des dinglichen Arrests zu wahren. Stellt sich erst im Nachhinein heraus, dass zB anstatt der gewählten Beschlagnahme ein dinglicher Arrest in Betracht kommt, so kann ein **rangwahrender Änderungsbeschluss** ergehen.[15]

II. Anordnungsvoraussetzungen

5 **1. Ermessen.** Es steht nicht im **Ermessen** des erkennenden Gerichts, ob es im Urteil auf Verfall oder Einziehung (ggf. des Wertersatzes) erkennt: Liegen die Voraussetzungen vor, so muss es die Nebenfolge anordnen. Ob zuvor vollstreckungssichernde Maßnahmen ergriffen werden, liegt hingegen im pflichtgemäßen[16] Ermessen der Stelle (Staatsanwaltschaft bzw. Gericht), welche die Verfahrensherrschaft ausübt. Selbst wenn für die Staatsanwaltschaft allgemeine Verwaltungsanweisungen seitens des Generalstaatsanwalts oder des Ministeriums bestehen, ändert das nichts an der Notwendigkeit pflichtgemäßen Ermessens und damit an sachlichen Gesichtspunkten orientierter Entscheidung in jedem Einzelfall. Die

---

[5] BGH 4.7.2001 – 2 StR 513/00 Rn. 36, BGHSt 47, 68 ff. (soweit es der 2. Senat für möglich hält, auch Wertersatz gemäß § 111b zu sichern, kann ihm nicht gefolgt werden); Radtke/Hohmann/*Pegel* § 111b Rn. 3.

[6] *Kempf/Schilling* Rn. 231; *Podolsky/Brenner* III 4.1; *Rönnau* Rn. 325.

[7] *Rönnau* Rn. 396 (zu § 111b Abs. 5).

[8] Auf dabei zu beachtende Besonderheiten verweist Volk/*Rönnau* MAH Rn. 13/142 ff.

[9] SSW/*Burghart* § 111b Rn. 4.

[10] BGH 23.10.2013 – 5 StR 505/12, Rn. 46 m.w.N., NStZ 2014, 89 ff.; *Faust* S. 204.

[11] *Janssen* Rn. 142 mit Fn. 238.

[12] SK/*Rogall* § 111b Rn. 9.

[13] Bei Veränderungen des Gegenstands kommt es auf die Wahrung der ursprünglichen Identität an, KMR/*Mayer* § 111b Rn. 15 und § 111c Rn. 6; LR/*Johann* § 111b Rn. 11 stellt dazu auf die Verkehrsanschauung ab, s.a. → § 111k Rn. 11 aE Bei Verbindung und Vermischung fehlt es an der Identität, vgl. Radtke/Hohmann/*Kiethe* § 111k Rn. 5.

[14] *Faust* S. 207 f.

[15] KMR/*Mayer* § 111c Rn. 7; LR/*Johann* § 111c Rn. 17 sowie § 111e Rn. 14 (fehlende Formalien für die zutreffende Maßnahme sind nachzuholen). → Rn. 17 sowie § 111c Rn. 11.

[16] *Hansen* S. 28; LR/*Johann* § 111b Rn. 24; SK/*Rogall* § 111b Rn. 20, auch Rn. 23, sämtlich die Bedeutung des Legalitätsprinzips betonend. Umfassend, aber zT zweifelhaft *Greier* ZIP 2007, 953 954 ff. – der Rat, S. 956, zur Vermeidung der Auslösung der Insolvenz auf vollstreckungssichernde Maßnahmen zu verzichten und stattdessen später aus dem rechtskräftigen Urteil zu vollstrecken, setzt ein Vertrauen in Beschuldigte voraus, welches sachlich nicht immer gerechtfertigt sein dürfte.

maßgeblichen Kriterien sollten angesichts ihrer Grundrechtsrelevanz und zwecks gerichtlicher Überprüfbarkeit in den **Akten vermerkt** werden. In den Fällen der Rückgewinnungshilfe[17] ist die Dokumentation faktisch unverzichtbar. Neben die tatbestandlichen Voraussetzungen (Sicherungsanspruch und -bedürfnis[18]) tritt hinsichtlich der Rechtsfolgen bezüglich des „Ob" ein Entschließungs-, im Hinblick auf das „Wie" ein Auswahlermessen.[19] Sowohl auf der Tatbestands- als auch auf der Rechtsfolgenseite stellen sich (weitgehend gleiche[20]) Fragen des **Übermaßverbots.**

2. Gegenstände. Bezüglich der für die Beschlagnahme in Betracht kommenden **Gegenstände**[21] verweist § 111b Abs. 1 S. 1 auf Verfall und Einziehung. Beidem unterliegen **bewegliche**[22] und **unbewegliche Sachen**, § 90 BGB, sowie prinzipiell sämtliche **dinglichen**[23] wie **obligatorischen**[24] **Rechte**, insbesondere Ansprüche, § 194 Abs. 1 BGB, auch Immaterialgüterrechte.[25] Zu den beweglichen Sachen gehören auch alle **Wertpapiere,** welche durch Indossament übertragen werden, also auch Wechsel.[26] Weil **Daten** auf irgendeinem Trägermedium gespeichert sein müssen und das Kopieren mehr oder weniger große Risiken der Datenveränderung birgt, dürfen die Trägermedien als bewegliche Sachen (mit-) beschlagnahmt werden.[27] Tiere, § 90a BGB, sind beweglichen Sachen gleichgestellt.[28] **Geld** (als Summenschuld) kann ohne Rücksicht auf die Identität der Scheine oder Münzen beschlagnahmt werden.[29] Verfall und Einziehung, §§ 73 und 73d StGB bzw. §§ 74, 74a und 74d StGB, stehen gemäß § 442 Abs. 1 Vernichtung, Unbrauchbarmachung und Beseitigung eines rechtswidrigen Zustands, §§ 74d Abs. 1 S. 2 StGB, 43 KUG und 144 Abs. 4 MarkenG, gleich, aber auch die Abführung des Mehrerlöses gemäß §§ 8 ff. WiStG.[30] Regelmäßig betroffen ist das **Vermögen** des **Beschuldigten.** Nimmt das materielle Recht aber das Vermögen eines Dritten in Bezug (Einziehung von für die Tat eingesetzten Gegenständen eines **Nichtbeschuldigten,** § 74a StGB; Drittbegünstigung, §§ 73 Abs. 3 und 75 StGB), so richtet sich die Maßnahme gegen dieses. Auch der dingliche Arrest kann das Vermögen eines Dritten betreffend angeordnet werden. Voraussetzung für das Ergreifen einer vollstreckungssichernden Maßnahme ist das Vorliegen eines **Sicherungsbedürfnis-** 6

[17] Näheres → Rn. 17 ff.

[18] Das Problem der Übersicherung stellt sich bei der Beschlagnahme nicht, weil sie sich auf den erhaltenen Gegenstand selbst bezieht, *Faust* S. 150 f.; zum dinglichen Arrest → § 111d Rn. 13.

[19] *Faust* S. 92 (ausführlich S. 91 ff.); KMR/*Mayer* § 111b Rn. 27, hält (etwas pauschal) Sicherungsmaßnahmen angesichts des Legalitätsprinzips bei einer positiven Wahrscheinlichkeitsprognose und Vorliegen eines Sicherungsbedürfnisses ohne weitere Verhältnismäßigkeitsprüfung für zwingend.

[20] *Faust* S. 150.

[21] LR/*Johann* § 111b Rn. 21 und § 111c Rn. 3; SK/*Rogall* § 111b Rn. 8. SSW/*Burghart* § 111b Rn. 3 verweist zutreffend darauf, daß der Begriff *Gegenstände* hier umfassender als in § 94 verwandt wird.

[22] LR/*Johann* § 111c Rn. 3. Laut SSW/*Burghart* (§ 111c Rn. 4) kann Zubehör (§ 97 BGB) anders als gemäß § 865 Abs. 2 S. 1 ZPO auch dann als bewegliche Sache beschlagnahmt werden, wenn es gemäß § 1120 BGB einem Grundpfandgläubiger haftet.

[23] KMR/*Mayer* § 111b Rn. 5.

[24] *Faust* S. 43.

[25] *Markgraf* S. 66.

[26] *Schmidt* Rn. 624; SK/*Rogall* § 111c Rn. 5.

[27] *Schmidt* Rn. 625. Daten selbst sind aber keine Gegenstände, LG Hamburg 2.9.2013 – 629 Qs 34/13, II 1 b, NJW 2013, 3458 ff. mAnm *Busch*; → § 111m Rn. 2.

[28] *Janssen* Rn. 32; *Schmidt* Rn. 624.

[29] Es bedarf keines ‚Umwegs' über den dinglichen Arrest, hM, vgl. BGH 14.7.1993 – 3 StR 251/93 Rn. 7, NStZ 1993, 538; LR/*Schäfer*, 25. Aufl. § 111b Rn. 31; Meyer-Goßner/*Schmitt* § 111b Rn. 6 (arg.: § 73 Abs. 2 S. 2 StGB); aA KMR/*Mayer* § 111b Rn. 15; LR/*Johann* § 111b Rn. 20; offengelassen von VG Augsburg 6.12.2013 – Au 1 S 13.1306, Rn. 26 f. und 33. Verfall verlangt allerdings den Nachweis des unmittelbaren Erlangens der Banknoten und Münzen, BGH 21.10.2008 – 4 StR 437/08 Rn. 8, NStZ 2010, 85 f. Steht zwar der Zufluss, nicht aber die erforderliche Identität fest, so ist Verfall des Wertersatzes anzuordnen, OLG Hamm 28.2.2012 – III-3 RVs 7/12 Rn. 11 f., NZWiSt 2013, 307 f. m. umfänglicher Besprechung *Nestler.* Beschlagnahmt werden kann als Surrogat auch das mit dem erlangten Geld Beschaffte, BeckOK/*Huber* § 111b Rn. 6 unter Bezugnahme auf BGH 19.11.1985 – 1 StR 522/85, NStZ 1986, 165. → vor §§ 111b ff. Rn. 5.

[30] LR/*Schäfer*, 25. Aufl. § 111b Rn. 30; SK/*Rogall* § 111b Rn. 13.

ses.[31] § 111d Abs. 2 normiert dies für den dinglichen Arrest mit der Verweisung auf § 917 ZPO ausdrücklich,[32] Für die Beschlagnahme gilt aber nichts grundsätzlich anderes.[33] Die Hürden liegen aber aufgrund des Tatbezugs deutlich niedriger, vor allem bei der Rückgewinnungshilfe. Steht eine Einziehung eines gefährlichen Gegenstands iSd § 74 Abs. 2 Nr. 2 StGB in Rede, so kommt es zudem nicht allein darauf an, ob die spätere Einziehung gefährdet erscheint. Da das materielle Recht die Einziehung bereits für den Fall erlaubt, dass anzunehmen ist, der Gegenstand werde (in Zukunft) zu weiteren strafbaren Handlungen genutzt, begründet eine solche **Wiederholungsgefahr** vor der rechtskräftigen Entscheidung das Sicherstellungsbedürfnis schon allein für sich.[34] Es wäre widersprüchlich, die Gefährdung ohne rechtliche Konsequenz bis zur Rechtskraft hinnehmen zu müssen.

7 **3. Verdacht. a) Anordnung.** Für die Anordnung genügen zunächst **Gründe.** Damit reicht anfangs **einfacher Verdacht** aus.[35] Dieser Grad entspricht demjenigen, welcher erforderlich, aber auch ausreichend ist, um förmliche Ermittlungen aufzunehmen, also dem **Anfangsverdacht** iSd § 152 Abs. 2. Damit scheiden bloße Vermutungen zwar aus. Aber jede auf irgendwelche Tatsachen[36] gestützte Annahme, es werde zur Anordnung von Verfall oder Einziehung kommen, genügt. Die Beobachtung *Podolsky/Brenners*,[37] die **Praxis** mache die Beschlagnahme vom Vorliegen **dringender Gründe** abhängig, dürfte zumindest weitgehend zutreffen. Obwohl der Wortlaut des Gesetzes allein auf die Voraussetzungen für eine derartige Entscheidung abstellt, ist eine **Prognose** für das zu erwartende Urteil oder für eine Abschöpfungsentscheidung im objektiven Verfahren, § 76a StGB, zu erstellen. Es müssen dafür nach dem jeweiligen Erkenntnisstand, nach „Lage der Akten", nicht nur die **rechtlichen Voraussetzungen** einer Nebenentscheidung vorliegen, sondern es muss also **auch** eine solche Anordnung zu **erwarten** sein. Diese Prognose hat sich sowohl auf den Tatverdacht als auch auf das Vorliegen der übrigen Voraussetzungen zu erstrecken,[38] zB auf das Erlangthaben aus der oder für die Tat. Das gilt nicht in den Fällen des erweiterten Verfalls, § 73d StGB, in welchen sich die Prognose stattdessen auf das Vorliegen einer Katalogtat[39] und die (allgemein[40]) deliktische Herkunft der gesicherten

---

[31] Umfassend dazu *Faust* S. 131 ff.; SK/*Rogall* § 111b Rn. 16. Es besteht immer nur in Höhe des erlangtes ‚Etwas' iS. von § 73 Abs. 1 S. 1 StGB, LG Münster 9.3.2011 – 9 Qs 6/11, StV 2012, 157.

[32] → § 111d Rn. 4 ff.

[33] KMR/*Mayer* § 111b Rn. 23; SSW/*Burghart* § 111b Rn. 15.

[34] Beispiel: Beharrliches Fahren ohne Fahrerlaubnis mit dem eigenen Kraftfahrzeug, ggf. kombiniert mit Verzögerung des Verfahrens aufgrund von Krankheit mit Zweifeln an Verhandlungs- und Haftfähigkeit.

[35] OLG Celle 11.2.2008 – 1 Ws 50/08, NStZ-RR 2008, 203 ff., 204; 13.2.2013 – 1 Ws 54/13, Rn. 8, ZWH 2013, 374 f.; LR/*Johann* § 111b Rn. 22 f.; *Rönnau* Rn. 35, 49, 110; *Schmidt* Rn. 559, 721; SK/*Rogall* § 111b Rn. 12. Kritik an der niedrigen Schwelle üben *Kempf/Schilling* Rn. 236 ff., 271; auch *Rönnau* Rn. 85 ff., 107. *Reichhart* S. 34 ff., verlangt gar in verfassungskonformer Auslegung, aber systemwidrig, das Vorliegen hinreichenden Tatverdachts, und verkennt dabei, dass dieser keine rein quantitative Steigerung des einfachen Verdachts darstellt, sondern mit der (für die Anklageerhebung erforderlichen) ganzen Breite strafrechtlicher Gesichtspunkte ganz andere tatsächliche Anknüpfungspunkte in Bezug nimmt als der einfache (=Anfangs-) und der dringende Tatverdacht.

[36] Die von BVerfG 7.6.2005 – 2 BvR 1822/04 Rn. 55 ff., StraFo 2005, 338 ff., und von *Faust* S. 128 ff., verlangten schärferen Voraussetzungen fußen auf dem Rechtszustand vor dem 1.1.2007: § 111b III 2 jetziger Fassung steht jedoch ihrer Übertragung auf das nunmehr geltende Recht entgegen.

[37] III 5.1; ebenso *Hansen* S. 27; krit. gegen die Maßgeblichkeit verschiedener Verdachtsstufen und der Sache nach für eine Prüfung anhand des Übermaßverbots plädierend SSW/*Burghart* § 111b Rn. 7 ff, insbes. bei der Arrestvollziehung, § 111d Rn. 4 ff.

[38] OLG Celle 11.2.2008 – 1 Ws 50/08, NStZ-RR 2008, 203 ff., 204; OLG Köln 23.11.2009 – 2 Ws 559 und 560/09, (dazu *Tierel* jurisPR-StrafR 10/2010, Anm. 1); LG Münster 9.3.2011 – 9 Qs 6/11, StV 2012, 157 f.; *Janssen* Rn. 39; SK/*Rogall* § 111b Rn. 13 f.; SSW/*Burghart* § 111b Rn. 6; Radtke/Hohmann/*Pegel* § 111b Rn. 4 nennt 3 Bezugspunkte: Tatverdacht, Abschöpfungsvoraussetzungen und Ermessen – OLG Celle 13.2.2013 – 1 Ws 54/13, III 2 b, Rn. 9, wistra 2013, 243 ff., dazu *Rathgeber* FD-StrafR 2013, 344218, fügt als 4. Aspekt noch die Härteklausel hinzu.

[39] Nach Volk/*Rönnau* MAH Rn. 13/13 ist es noch nicht einmal nötig, daß Ermittlungen bereits wegen einer Katalogtat geführt werden.

[40] Sie müssen nicht aus Taten stammen, die nach einem auf § 73d StGB verweisenden Gesetz strafbar sind, *Fischer* § 73 StGB Rn. 11; Volk/*Rönnau* MAH Rn. 13/13 und 419. Hinsichtlich der Herkunftstat kann bereits Verfolgungsverjährung eingetreten sein, Volk/*Rönnau* MAH Rn. 13/14.

Gegenstände beziehen muss. In Fällen vorhandenen **Ermessens** muss sie sich zB darauf beziehen, wie von diesem vermutlich Gebrauch gemacht werden wird. Dabei sind nicht individuelle Vorstellungen bestimmter Richter, sondern die Grundsätze maßgeblich, die sich in der Rechtsprechung allgemein herausgebildet haben. Endet der Rechtszug voraussichtlich beim Oberlandesgericht, so ist es zulässig, nur dessen Rechtsprechung zugrunde zu legen. Nach den Umständen des Einzelfalls sind verfahrensrechtlich auch die **Sachurteilsvoraussetzungen** einzubeziehen. Materiellrechtlich ist die Schuld[41] nur dort prognoserelevant, wo ihr Fehlen das Treffen der Maßnahme im Urteil hindert, so zB im Fall des § 74 Abs. 2 Nr. 1, Abs. 3 StGB. Soweit es für die Anwendung des materiellen Rechts auf die Wahrung des **Übermaßverbots** ankommt, ist dessen Beachtung ebenfalls prognoserelevant. In solcher Lage hat demnach eine **doppelte Prüfung der Verhältnismäßigkeit** zu erfolgen:[42] Zum einen ist zu prüfen, ob die **endgültige** Anordnung im Urteil verhältnismäßig wäre, insbesondere, ob sie den Grundsatz der Angemessenheit wahren würde. Zum anderen ist zusätzlich zu prüfen, ob die **Sicherungsmaßnahme** als solche angesichts des konkreten Verfahrensstands dem Übermaßverbot gerecht würde. Dies bildet ein gewisses **Korrelat** dafür, dass sich das Gesetz mit einer außerordentlich niedrigen Anfangshürde begnügt. Das Interesse des Betroffenen ist gegenüber den Erfordernissen einer effizienten rechtstaatlichen Strafverfolgung **abzuwägen.** Dabei ist auf die jeweiligen Besonderheiten umfassend eingehen und eine innerhalb des Rahmens der Vertretbarkeit liegende plausible Entscheidungen zu treffen. Die Hürde **wächst** im späteren Verlauf des Verfahrens und zwar mit fortschreitender Zeit in zunehmendem Maße. Damit konkretisiert das Gesetz selbst das verfassungsrechtliche Übermaßverbot. Erkennt das Gericht im Urteil nicht auf vermögensabschöpfende Maßnahmen, so ist die Prognose regelmäßig – anders zB bei nachfolgendem objektiven Verfahren, § 76a StGB – widerlegt mit der Folge der Aufhebung sichernder Anordnungen.[43]

Die **Freigabe** ist von der das Verfahren führenden Stelle **stets zu prüfen.**[44] Im Ermitt- 8
lungsverfahren ist das die wie das Gericht an Recht und Gesetz gebundene Staatsanwaltschaft. Die Anordnungskompetenz des Ermittlungsrichters schließt zwar die Befugnis zur Befristung und damit ein eigenes, sinnvollerweise nur bei besonderem Anlass (zB hoher Wert; ungewisse Prognosebasis) wahrzunehmendes nachwirkendes Prüfungsrecht, aber keine -pflicht, ein.[45] Das gereicht dem Betroffenen nicht zum Nachteil, weil er selbst in der Lage ist, jederzeit eine gerichtliche Überprüfung zu veranlassen. Gegen eine Entscheidung des Ermittlungsrichters ist die Beschwerde statthaft, im Fall der Anordnung dinglichen Arrests über einen Betrag von mehr als 20 T EUR gemäß § 310 Abs. 1 Nr. 3 auch weitere Beschwerde. Mit Anklageerhebung wechselt die Pflicht zur amtswegigen Prüfung von der Staatsanwaltschaft auf das angerufene Gericht.

b) Verfahrensfortgang. Schlichte Gründe rechtfertigen die Maßnahme ohne weiteres 9
nur für **höchstens**[46] **6 Monate** seit der Anordnung (nicht seit der Vollziehung, arg. § 111b Abs. 3 S. 1).[47] Prüfungsmaßstab bei **Verfahrensfortgang** ist danach zunächst das fortbestehende Vorliegen der Voraussetzungen für die Erstanordnung, nicht notwendig aufgrund derselben Tatsachen. Stets ist die Verhältnismäßigkeit und damit im Auge zu behalten, dass das Interesse des Betroffenen an der Freigabe umso schwerer wiegt, je größer die Einbußen sind, die er zu ertragen hat, und dass es mit fortschreitendem Zeitablauf an Gewicht zunimmt.

---

[41] *Hansen* S. 25 f.

[42] SK/*Rogall* § 111b Rn. 15.

[43] OLG Hamburg 5.9.2012 – 1 Ws 110/12, wistra 2013, 37 ff. (im Hinblick auf dringende Gründe).

[44] LR/*Johann* § 111e Rn. 26.

[45] Weitergehend SK/*Rogall* § 111b Rn. 34.

[46] OLG Hamburg 27.11.2008 – 2 Ws 197/08, StV 2009, 122 ff.: Aufhebung nach 2 Monaten mangels Ermittlungsfortschritts; dies verallgemeinernd HK/*Gercke* § 111b Rn. 8.

[47] OLG Celle 11.2.2008 – 1 Ws 50/08, NStZ-RR 2008, 203 ff., 204; aA LR/*Johann* § 111b Rn. 38; SSW/*Burghart* § 111b Rn. 11.

10 Eine vollstreckungssichernde Maßnahme tritt nach Ablauf von 6 Monaten[48] nicht etwa automatisch außer Kraft. Sie ist vielmehr ohne das Vorliegen **dringender Gründe**[49] regelmäßig aufzuheben, § 111b Abs. 3 S. 1. Das Gericht kann aber auf Antrag der Staatsanwaltschaft die Maßnahme auch ohne das Vorliegen dringender Gründe **verlängern**, § 111b Abs. 3 S. 2. Antrag und Entscheidung sind auch noch nach Ablauf der 6 Monate zulässig.[50] Die Vorschrift stellt **inhaltlich** zunächst im Gegensatz zu § 111b Abs. 1 und 2 nur darauf ab, ob bestimmte Tatsachen den Tatverdacht begründen. Letzteren betrachtet das Gesetz damit als in gegenüber den weiteren Voraussetzungen stärkerem Maße vom jeweiligen Erkenntnisstand abhängig. Für den Fortbestand der Maßnahme kommt es gleichwohl auf die **Prognose insgesamt**[51] und nicht nur auf den aktuellen Grad des Tatverdachts an. Auch das Abstellen auf das Vorliegen bestimmter Tatsachen ist missverständlich: bereits der einfache Tatverdacht kann nur auf Tatsachen im Gegensatz zu bloßen Vermutungen beruhen.[52] Dem systematischen Zusammenhang ist allerdings zu entnehmen, dass sich das Gesetz für die Zeit **nach Ablauf von 6 Monaten nicht mehr mit dem einfachen (Anfangs-)Verdacht begnügt.** Die Differenzierung kann nach dem Vorbild der Unterschiedlichkeit der Auffindevermutung in den Fällen §§ 102 und 103 Abs. 1 S. 1 vorgenommen werden. Ergänzend ist eine Orientierung am Maßstab der §§ 100a Abs. 1 Nr. 1[53] und 112 Abs. 2 möglich. Danach genügen in den ersten 6 Monaten auch solche tatsächlichen Anhaltspunkte, die noch der Überprüfung bedürfen. Nach Ablauf von 6 Monaten muss zwar weder hinreichender noch dringender Tatverdacht vorliegen, wohl aber bedarf es **von Beweisen gestützter tatsächlicher Annahmen.**[54] Genügt zB beim Verdacht des Anlagebetrugs anfangs die Geschäftseinstellung zum „Einfrieren" der noch vorhandenen Einlagen, so wird man spätestens nach 6 Monaten die Kenntnis darüber verlangen müssen, ob und wie Versprechungen und Handlungen auseinanderfielen, so dass sich das Vorliegen von Täuschung, Irrtum und Vermögensverfügung als ausreichend sicher abzeichnen. Damit kann die Maßnahme selbst dann aufrechterhalten bleiben, wenn die Einzelheiten der (schwierigen) Schadensberechnung noch unter sachverständiger Hilfe geklärt werden müssen. Allerdings muss sich der Tatverdacht je mehr dem dringenden annähern, desto kürzer die Spanne bis zum Eintritt der 12-Monats-Grenze des **§ 111b Abs. 3 S. 3** wird, ab welcher die Sicherung **ausnahmslos** nur bei Vorliegen dringender Gründe aufrechterhalten werden darf.[55]

11 **Verfahrensrechtlich** orientiert sich dieser **Filter** am **Vorbild** des für die **Haftfortdauer** maßgeblichen § 121 Abs. 1.[56] § 111b Abs. 3 S. 2 verlangt dazu, dass die Frist des § 111b

---

[48] Ausschlaggebend ist die Gesamtdauer, so dass nach Aufhebung und erneuter Anordnung eine Addition der Sicherungszeiten vorzunehmen ist, OLG Jena 27.7.2004 – 1 Ws 234-235/04, wistra 2005, 114 ff., 116 f.; *Faust* S. 196 f. Maßgeblich ist aber nur die Dauer der vollstreckungssichernden Maßnahme; Zeiten vorangegangener Sicherstellung oder Beschlagnahme zu Beweiszwecken rechnen nicht mit, BGH 12.7.2007 – StB 5/07 Rn. 5, NStZ 2008, 419 f.; aA SSW/*Burghart* § 111b Rn. 12. Sein Bedenken, die vollstreckungssichernde Anordnung könne sachwidrig hinausgezögert werden, greift aufgrund der gesondert erforderlichen Verhältnismäßigkeitsprüfung nicht durch, → Rn. 13; die Neuregelung gilt auch für vor dem 1.1.2007 beendete Taten, OLG Rostock – 19.12.2013 – Ws 320/13, Rn. 31 ff.

[49] OLG Rostock 19.12.2013 – Ws 320/13, Rn. 37; s.a. OLG Saarbrücken 29.7.2009 – 1 Ws 118/09 Rn. 7, ZInsO 2009, 1704 ff. Der Ablauf der 6 Monate hindert nicht die Aussetzung gemäß § 307 Abs. 2, BGH 16.6.2009 – StB 19/09 Rn. 6, NStZ 2010, 343 f. Dringlichkeit muss nicht binnen der Fristen von 6 bzw. 12 Monaten neu ent-, sondern kann von Anfang an bestehen, vgl. *Faust* 192 f. mN. Sie können entfallen bei unsicher gewordener Rechtslage, OLG Koblenz 20.1.2014 – 2 Ws 759/13 (unter Bezugnahme auf den Vorlagesbeschluss an den EuGH, BGH 28.5.2013 – 3 StR 437/12, StraFo 2013, 327 ff., § 95 Abs. 1 Nr. 1 AMG betreffend.

[50] Ohne Angabe eines inhaltlichen Grundes aA OLG Celle 13.2.2013 – 1 Ws 54/13, wistra 2013, 243 ff. Die Verlängerung kann auch das Gericht der weiteren Beschwerde anordnen, OLG Rostock 19.10.2012 – 1 Ws 254/12 Rn. 9, wistra 2013, 76 ff.

[51] Bezogen auf Tat und Maßnahme (sowohl rechtlich möglich als auch tatsächlich zu erwarten, zu prüfen einschließlich Verhältnismäßigkeit und Härteklausel), LR/*Johann* § 111b Rn. 39.

[52] Zutr. *Schilling* StraFo 2011, 128 ff., 130; SK/*Rogall* § 111b Rn. 28; SSW/*Burghart* § 111b Rn. 10.

[53] KMR/*Mayer* § 111b Rn. 20 unter Berufung auf BT-Drs. 16/700, 11.

[54] Ebenso Volk/*Rönnau* MAH Rn. 13/15.

[55] OLG Rostock 19.10.2012 – 1 Ws 254/12 Rn. 11, wistra 2013, 76 ff.

[56] LR/*Johann* § 111b Rn. 42. Der Antrag muss vor Ablauf der Frist von 6 Monaten gestellt werden, OLG Celle 13.2.2013 – 1 Ws 54/13, Rn. 13, ZWH 2013, 374 f. Die Versäumung dieser Frist führt aber nur dann

Abs. 2 S. 1, 6 Monate, nicht ausreicht. Wozu sie ausreichen soll, ist dem Wortlaut des Gesetzes nicht zu entnehmen. Auf die Erhebung der Anklage, die Eröffnung des Hauptverfahrens oder das Fällen eines Urteils kann es nicht ankommen, weil die Frist unabhängig vom erreichten Verfahrensstand gilt. **Abzustellen** ist stattdessen alternativ auf das **fehlende Hochstufen des Verdachts** zu einem **dringenden,** § 111b Abs. 3 S. 1 und 3, oder auf die **Gründe für den ausstehenden Eintritt der Rechtskraft** (der in Rede stehenden Nebenfolge). Als Gründe dafür erkennt das Gesetz nur **besondere Schwierigkeiten der Ermittlungen,** deren **besonderen Umfang** oder **andere wichtige Gründe** an,[57] das aber auch nur dann, wenn mindestens einer der genannten Umstände für sich oder im Zusammenwirken mit einem oder beiden anderen für die Verzögerung kausal[58] geworden ist und ein solches **Gewicht** erreicht, dass es die Fortdauer der Maßnahme auch ohne Vorliegen dringender Gründe rechtfertigt. Weil das weiter gestiegene Gewicht der Belange des Betroffenen im Rahmen der **zusätzlich** gebotenen allgemeinen Prüfung der **Verhältnismäßigkeit**[59] zu berücksichtigen ist, reicht für die neuerliche Abwägung die **Faustregel,** dass das Vorliegen eines der aufgeführten Aspekte die Fortdauer rechtfertigt, es sei denn, es liegen Umstände vor, welche deren Bedeutung signifikant mindern (zögerliche Ermittlungen; unnötiger Aufwand; hoher Wert). Das Gericht kann frei entscheiden, für welche Zeit es die Maßnahme verlängert, solange es die Höchstdauer von 12 Monaten nicht erreicht, § 111b Abs. 3 S. 3.

Zwar kann **nur** das **Gericht** die **Verlängerungsentscheidung** gemäß § 111b Abs. 3 S. 2 treffen. Anders aber als nach sechsmonatiger Untersuchungshaft ist eine vom Verfahrensstand unabhängige **gerichtliche Prüfung** hier **nicht vorgeschrieben**. Bejaht die Staatsanwaltschaft das Vorliegen **dringender Gründe,** so bedarf es daher **keiner gerichtlichen Entscheidung** – und zwar unabhängig davon, ob bereits ursprünglich dringende Gründe vorlagen oder diese erst nachträglich entstanden sind.[60] Gleiches gilt, wenn 12 Monate vergangen sind und die Staatsanwaltschaft nun vom Vorhandensein dringender Gründe überzeugt ist (weiterhin oder aufgrund der Entwicklung nach Verlängerungsentscheidung). Es ist also nicht vorgeschrieben, dass die Staatsanwaltschaft zu **irgendeinem Zeitpunkt** die **gerichtliche Anordnung** des Fortbestands beantragt, obwohl sie das Vorliegen **dringender Gründe** bejaht.[61] Das folgt auch aus der gesetzlichen Systematik, sieht doch § 111b Abs. 3 eine amtswegige gerichtliche Befassung nur für die ersten 12 Monate vor (und das nur unterhalb der Schwelle dringender Gründe). Es überlässt damit die Verantwortung für die Fortdauer nach Ablauf dieser Frist im Ermittlungsverfahren allein der Staatsanwaltschaft. Weil jedoch die Belange des Betroffenen mit zunehmender Verfahrensdauer an Gewicht gewinnen, wäre es widersinnig, gerichtliche Pflichtprüfungen **nur** für die ersten 12 Monate vorzuschreiben. Dem Betroffenen gereicht auch das nicht zum Nachteil, weil er jederzeit selbst Rechtschutz suchen kann. Diese Zuständigkeitsfrage stellt sich nach Anklageerhebung nicht mehr, weil danach das erkennende Gericht auch über den Fortbestand vollstreckungssichernder Maßnahmen zu befinden hat. 12

Trotz Fehlens gesetzlicher Befristung steht der prinzipiell bis zur Rechtskraft des Urteils und in den Fällen des § 111i sogar noch darüber hinaus mögliche Fortbestand immer unter 13

zur Aufhebung der Sicherungsanordnungen, wenn keine dringenden Gründe für die Abschöpfungsprognose sprechen, → Rn. 12. Zur Möglichkeit der Umdeutung von Rechtsbehelfen OLG Braunschweig 5.5.2014 – 1 Ws 103/14, Rn. 11 ff.

[57] SK/*Rogall* § 111b Rn. 29 ff. Aufzählung bei Radtke/Hohmann/*Pegel* § 111b Rn. 5 (Art, Zahl, Umfang der Taten, Umfang der Ermittlungen, Anzahl von Beschuldigten, Zeugen und deren Erreichbarkeit, Notwendigkeit von Gutachten, Verteidigungsverhalten, Belastung des Spruchkörpers, Gesundheit Beteiligter, Verfügbarkeit des Verteidigers).

[58] OLG Rostock 19.10.2012 – 1 Ws 254/12 Rn. 16, wistra 2013, 76 ff.

[59] → vor §§ 111b ff. Rn. 4 und → Rn. 13.

[60] OLG Rostock 19.12.2013 – Ws 320/13, Rn. 36; *Rönnau* Rn. 108; beschränkt auf bereits ursprünglich vorliegende dringender Gründe auch *Hansen* S. 60; LR/*Johann* § 111b Rn. 46; Volk/*Rönnau* MAH Rn. 13/17; SSW/*Burghart* § 111b Rn. 14.

[61] *Faust* S. 193; SK/*Rogall* § 111b Rn. 25 und 34; aA KMR/*Mayer,* § 111b Rn. 21 f.

dem **Vorbehalt** weiterhin gewahrter **Verhältnismäßigkeit.**[62] Obwohl der Maßstab der Angemessenheit hier sicherlich gröber ist als bei angeordneter Freiheitsentziehung und stattdessen auf den bei Führerscheinmaßnahmen geltenden abzustellen ist, darf die wirtschaftliche Bewegungsfreiheit des Betroffenen nur bei zügigen und sachgerechten Ermittlungen über längere Zeit hinweg (noch dazu wesentlich) eingeschränkt werden. Zur Minderung anderweit drohender wirtschaftlicher Einbußen[63] kann bereits anfangs, erst recht im weiteren Verlauf des Verfahrens, eine **Regelung** geboten sein, welche es dem Betroffenen ermöglicht, Transaktionen (nur, aber immerhin) mit (ggf. partiell-generell erklärtem, zB Kontoverfügungen nur in bestimmter Höhe oder an bestimmte Empfänger) Einvernehmen der Staatsanwaltschaft (bzw. nach Anklageerhebung des Gerichts bei vorheriger Anhörung der Staatsanwaltschaft) vorzunehmen.[64] An die Stelle der Justiz kann hier eine Art (am besten: branchenkundiger) **Sachwalter** treten. Dieser könnte zB betriebsnotwendige Gegenstände weiter bewirtschaften und dafür die Sachkunde selbst des beschuldigten Verantwortlichen nutzen.[65] Dazu gibt es keine gesetzlichen Vorgaben, sondern es ist der **Phantasie** freier Lauf belassen. Nötig ist die **flexible Kooperationsbereitschaft** der Beteiligten (Verteidigung und Justiz, meist Staatsanwaltschaft, ggf. Dritter, zB Verletzter oder Drittberechtigter wie Sicherungseigentümer, Leasinggeber etc). Es bedarf für den konkreten Einzelfall genauer Festlegungen. Genügen derart flexible Maßnahmen nicht, so kann zur Wahrung des Übermaßverbots eine Beschränkung oder gar vollständige Aufhebung der Maßnahme erforderlich sein.

14 **4. Vollzug.** Über den **Vollzug** vollstreckungssichernder Maßnahmen treffen die §§ 111b ff. keine abschließende Regelung. Während sie **annexartig** die Anwendung der üblicherweise mit dem Vollzug verbundenen **Zwangsmittel** (zB Brechen von Widerstand; Wegnahme von Schlüsseln, auch Kfz-Brief und -Schein;[66] Öffnen von Verpackungen etc) gestatten,[67] erklärt § 111b Abs. 4 die §§ 102–110 für Eingriffe in **Art. 13 GG** für entsprechend anwendbar. Diese Zwangsmaßnahmen sind auch bei der **Rückgewinnungshilfe** zulässig.[68] Bei einem Beschuldigten darf unter den erleichterten Voraussetzungen des § 102 durchsucht werden. Das ist zwecks Beschlagnahmevollzugs unstreitig. Für den Arrestvollzug gelten aber (bei Zuständigkeit des Richters in Strafsachen) die Bestimmungen der ZPO.[69] Diesen gehen jedoch im Konfliktfall ausdrückliche Regelungen der §§ 102–110 vor, weil § 111b nicht nur für die Beschlagnahme auf diese Vorschriften verweist. Das bedeutet auch,

---

[62] OLG Koblenz 15.1.2014 – 2 Ws 609/13, Rn. 11 ff., NStZ-RR 2014, 114 (L); OLG Köln 10.2.2004 – 2 Ws 704/03 Rn. 13 ff., NStZ 2005, 400 f.; 2.9.2013 – 2 Ws 311/13, wistra 2014, 118 ff.: jahrelanger Stillstand aufgrund Überlastung der Strafkammer (maßgeblich ist wegen § 111g Abs. 3 S. 5 und § 111h Abs. 1 S. 2 allerdings nicht die Überlastung der Strafjustiz, sondern die Prognose, wann der Verletzte eine zivilprozessuale Sicherung erwirkt haben wird); OLG Saarbrücken 29.7.2009 – 1 Ws 118/09, ZInsO 2009, 1704 ff.; s.a. OLG Jena 27.7.2004 – 1 Ws 234-236/04, wistra 2005, 114 ff.: Kein Arrest bei Taten, die 9 – 12 Jahre zurückliegen und dessen Vollzug die wirtschaftliche Existenz des Beschuldigten gefährden würde; ohne wenn und aber nach über 10 Jahren: OLG Naumburg 31.5.2010 – 1 Ws 3/10; Meyer-Goßner/*Schmitt* § 111b Rn. 8; SSW/*Burghart* § 111d Rn. 4 ff. Ohne Ermittlungsfortschritte kann daher die Aufhebung bereits weit vor der 6-Monats-Grenze des § 111b Abs. 3 S. 1 geboten sein, OLG Hamburg 27.11.2008 – 2 Ws 197/08 Rn. 26, StV 2009, 122 ff. (2 Monate). Eine feste Frist, ein Automatismus, besteht auch nicht in Anlehnung an die 3-Jahres-Frist des § 111i Abs. 3 S. 1, OLG Rostock 19.12.2013 – Ws 320/13, Rn. 45 f., so dass allein eine Verfahrensphobie nicht zur Aufhebung führt.

[63] Vgl. BGH 8.3.2012 – IX ZR 78/11, ZIP 2012, 779 ff. zur Haftung des Insolvenzverwalters für Nutzung und Wertminderung von der Aussonderung oder der abgesonderten Befriedigung unterliegenden Gegenständen; → Rn. 5 zu § 111c.

[64] Achenbach/Ransiek/*Retemeyer* Teil 14, Rn. 106; *Hansen* S. 23.

[65] Vgl. *Janssen* Rn. 81, auch 84; *Kempf/Schilling* Rn. 287; *Wehnert/Mosiek* StV 2005, 568 ff., 571 (beide in bezug auf das Sicherstellungsbedürfnis).

[66] *Schmidt* Rn. 626.

[67] *Faust* S. 167 ff.

[68] OLG Zweibrücken 27.8.2002 – 1 Ws 407/02 Rn. 10, NStZ 2003, 446 f.; LR/*Johann* § 111b Rn. 48; *Schmidt* Rn. 1046.

[69] KMR/*Mayer* § 111b Rn. 30; aA (bei gleichem Ergebnis) OLG Zweibrücken 27.8.2002 – 1 Ws 407/02 Rn. 10, NStZ 2003, 446 f. Demgegenüber leugnet SSW/*Burghart* (§ 111b Rn. 16) die Geltung der Regelungen der StPO für den Vollzug des dinglichen Arrests in toto.

dass (bei Vorliegen der übrigen Voraussetzungen) bereits durchsucht werden darf, bevor der Arrest angeordnet wurde.[70] Jedenfalls bedarf es (neben[71] der Beschlagnahmeanordnung) regelmäßig einer richterlichen Durchsuchungsanordnung, sei es gemäß §§ 111b Abs. 4, 105,[72] sei es gemäß § 111d iVm §§ 928, 958 f. ZPO.

Die **Auffindevermutung** muss sich hier nicht auf Beweismittel, sondern entweder auf das **Vorfinden von Vermögenswerten** zum Zwecke des Ergreifens vollstreckungssichernder Maßnahmen oder auf Mittel zu deren Durchführung beziehen.[73] In den Fällen der §§ 111b Abs. 4, 102[74] genügt die Erwartung, dass in der Wohnung des Beschuldigten geeignete Vermögenswerte, Hinweise auf deren Verbleib oder über die Rechte an diesen Gegenständen[75] (Kaufvertrag; Grundbuchauszug; Kontounterlagen) vorhanden sein werden. Die Erwartung muss noch nicht konkretisiert sein und es muss auch noch keine tatsächlichen Anhaltspunkte für deren Existenz (zB Auszüge eines Nummernkontos oder Quittung für den Kauf eines neuen Flachbildschirmfernsehgeräts) geben. Im Fall der Durchsuchung bei einem **Dritten,** §§ 111b Abs. 4, 103 Abs. 1 S. 1,[76] bedarf es hingegen einer durch (bestimmte) **Tatsachen gestützten** Auffindevermutung. Ein Unternehmen in der Rechtsform einer juristischen Person darf auch dann, wenn es möglicherweise drittbegünstigt iSd § 73 Abs. 3 StGB ist, nur unter den Voraussetzungen des § 103 durchsucht werden. Eine Durchsuchung gemäß §§ 111b Abs. 4, 103 bei einer natürlichen Person kommt zB bei einem aus früheren Fällen bekannten Hehler in Betracht oder wenn Hinweise darauf bestehen, dass der auf den Beschuldigten zugelassene Oldtimer in der Garage eines Familienmitglieds abgestellt ist. Durchsuchungen zur Nachtzeit, §§ 111b Abs. 4, 104, sind bei Erkenntnissen über begonnene bzw. unmittelbar bevorstehende Verschiebungen denkbar, oder wenn eine Durchsuchung Hinweise auf andernorts Verborgenes erbrachte, auf das sogleich zugegriffen werden muss, damit der Beschuldigte nicht schneller ist und es beiseiteschafft. 15

§§ 111b Abs. 4, 108[77] spielen für Vermögensgegenstände des von der Durchsuchung Betroffenen keine Rolle, da auf diese ohnehin, also auch ohne § 108, zugegriffen werden darf. Der Verweis erlaubt es aber, bei einer vollstreckungssichernden Durchsuchung sowohl aufgefundene Beweismittel vorläufig sicherzustellen, als auch Gegenstände, die nur in einem anderen Verfahren abgeschöpft werden können, zB bei Eigentum eines Dritten zum Zwecke der Rückgewinnungshilfe, § 111b Abs. 5,[78] oder wenn ihre Sicherstellung bei ihrem Eigentümer gescheitert war. §§ 111b Abs. 4, 110[79] erlauben die Sichtung von Kontounterlagen und (selten praktisch) die Suche nach Wertpapieren wie Barschecks, vor allem aber die Prüfung von Unterlagen nach Hinweisen auf das Vorhandensein andernorts zu sichernder Vermögenswerte (zuvor unbekannte Kontoverbindungen im Ausland, die Bezeichnung des Kontoinhabers, zB einer Stiftung ohne namentlichen Hinweis auf den Beschuldigten, und eventuell auch Passwörter oder Codenummern). 16

III. Rückgewinnungshilfe

1. Systematik. Die Sicherung vermögensabschöpfender Nebenfolgen **scheitert nicht** am sog „Totengräber des Verfalls", also an § 73 Abs. 1 S. 2 StGB, weil § 111b Abs. 5 anord- 17

[70] LR/*Johann* § 111b Rn. 48.
[71] KK/*Spillecke* § 111b Rn. 15.
[72] *Schmidt* Rn. 1059 ff.; SSW/*Burghart* § 111b Rn. 16.
[73] *Schmidt* Rn. 1046. Laut *Janssen* Rn. 55, ebenso KMR/*Mayer* § 111b Rn. 28; wohl auch Meyer-Goßner/*Schmitt* § 111b Rn. 1, müssen die besonderen Zulässigkeitsvoraussetzungen des § 111b dabei nicht vorliegen. Das trifft auf den Verdachtsgrad gewiß zu. Kann aber nicht damit gerechnet werden, dass im Urteil Vermögen abgeschöpft werden wird, so entfällt die Erforderlichkeit und damit auch die Rechtmäßigkeit.
[74] *Schmidt* Rn. 1050 ff.
[75] KMR/*Mayer* § 111b Rn. 29; LR/*Johann* § 111b Rn. 48.
[76] *Schmidt* Rn. 1053 ff.
[77] *Hansen* S. 35; KK/*Spillecke* § 111b Rn. 15; *Schmidt* Rn. 1071 ff.
[78] LR/*Johann* § 111d Rn. 9; SK/*Rogall* § 111b Rn. 35.
[79] *Schmidt* Rn. 1075 ff. (der später eingefügte § 110 Abs. 3 konnte von ihm noch nicht berücksichtigt werden).

net, dass § 111b Abs. 1–4 **entsprechend gelten,**[80] soweit der Verfall, auch der des Wertersatzes,[81] wegen entgegenstehender **zivilrechtlicher** Ansprüche ausscheidet. Damit eröffnet er die Möglichkeit[82] der sog **Rückgewinnungshilfe**[83] zum Zwecke der Schadloshaltung des (ggf. sogar noch unbekannten[84]) **Verletzten**[85] (und wie bei § 73 Abs. 1 S. 2 StGB, aber anders als bei § 111g,[86] auch seines **Rechtsnachfolgers,**[87] nicht aber im Fall des Rückgriffs eines Gesamtschuldners gemäß § 426 Abs. 2 BGB[88]) für dessen Ansprüche **aus** der Tat.[89] Verletzte können sein natürliche Personen, Personengemeinschaften, juristische Personen und Institutionen der öffentlichen Hand.[90] Auch der **Steuerfiskus** kann **„Verletzter"** sein,[91] obwohl der Steueranspruch – ebenso wie ein „weggeschwindelter" bürgerlich-rechtlicher Anspruch – vor Tatbegehung entstanden ist.[92] Unter dem Aspekt ersparter Aufwen-

[80] Auch im Verhältnis zu Drittbegünstigten, § 73 Abs. 3 StGB, Meyer-Goßner/*Schmitt* § 111d Rn. 4 mN.

[81] Diese Alternative ist zwar nicht ausdrücklich erwähnt. Dass sie miterfasst ist, folgt aber aus der Verweisung auch auf § 111b Abs. 2, der sich mit dem Wertersatz befasst. S. dazu *Faust* S. 45.

[82] Die bloße Tatsache, Verletzter zu sein, erst recht nicht lediglich diese Möglichkeit, führt deshalb für sich gesehen nicht zur Verfahrensbeteiligung, OLG Oldenburg 14.4.2011 – 1 Ws 109/11, NStZ 2012, 348 f.

[83] Volk/*Rönnau* MAH Rn. 13/219 ff.; *Schmidt* Rn. 1149 ff.

[84] *Janssen* Rn. 182; *Willsch* wistra 2013, 9 ff., 12 f.

[85] Der Begriff ist hier deckungsgleich mit dem in § 73 Abs. 1 S. 2 StGB verwandten, vgl. *Rönnau* Rn. 386 ff.; Volk/*Rönnau* MAH Rn. 13/228 ff.; *Schmidt* Rn. 78 ff. Im Fall der Insolvenz über das von der Tat begünstigte Vermögen kann im Hinblick auf eine Schmälerung der Masse (§§ 283 Abs. 1 Nr. 1 oder 266 StGB) auf die Ansprüche des Insolvenzverwalters auf Rückgewähr an die Masse abgestellt werden, OLG Saarbrücken 29.7.2009 – 1 Ws 118/09, ZInsO 2009, 1704 ff., zustimmend Meyer-Goßner/*Schmitt* § 111b Rn. 5. Im Umfang des Werts der Masseschmälerung besteht Deckungsgleichheit mit einem (nach Insolvenzeröffnung vom Insolvenzverwalter geltend zu machenden) Anspruch des Inhabers des Vermögens als Verletztem einer (anderen) Straftat vor Insolvenzeröffnung, zB einem Betrug, wenn nur der Betroffene ‚etwas' iS des § 73 Abs. 1 S. 1 StGB aus dem jetzt zur Masse gewordenem Vermögern erlangt hatte. Die Innenverwaltung ist nicht ‚Verletzte' im Hinblick auf die Rückgewähr von aus öffentlichen Mitteln finanziertem Kaufgeld beim fingierten Rauschgifthandel, so dass Verfall (von Wertersatz) angeordnet und zuvor gesichert werden kann, BGH 4.2.2009 – 2 StR 504/08, NStZ 2009, 499 f.; insoweit zustimmend *Rönnau* JZ 2009, 1125 ff. Endgültige Entscheidungen zur Abschöpfung darf ein erkennendes Gericht nur im Umfang des bei ihm anhängigen Verfahrensstoffs (Anklage oder Antrag im objektiven Verfahren) fällen, vorläufige, insbesondere sicherstellende Maßnahmen sind darüber hinausgehend zulässig, sofern und soweit eine positive Abschöpfungsvermutung besteht, vgl. dazu *Willsch* wistra 2013, 9 ff.

[86] → § 111g Rn. 2.

[87] Achenbach/Ransiek/*Retemeyer* Teil 14, Rn. 78; LR/*Johann* § 111b Rn. 9; *Rönnau* Rn. 391 ff.; Volk/*Rönnau* MAH Rn. 13/233 f.; aA *Hansen* S. 77 ff.; KMR/*Mayer* § 111b Rn. 35.

[88] OLG Karlsruhe 13.8.2004 – 3 Ws 159/04, NJW 2005, 1815 f.; *Lohse* JR 2011, 242 ff., 246; aA OLG Celle 25.9.2012 – 2 Ws 214/12 Rn. 13, wistra 2013, 39 f.; verbal ebenfalls aA *Barreto da Rosa* NJW 2009, 1702, 1704 und 1705 f. Inhaltlich lehnt er Vollstreckungshilfemaßnahmen zugunsten des Regreßanspruchs des leistenden Mittäters ausdrücklich ab, S. 1706. Das Ziel, doppelte Inanspruchnahme zu vermeiden, verlangt aber keine partielle Anwendung des § 73 Abs. 1 S. 2 StGB zugunsten des leistenden Mittäters, weil auch er im Fall der Gesamtschuldnerschaft bereits aufgrund (ggf. partieller) Erfüllungswirkung der Leistung eines Dritten von seiner eigenen Leistungspflicht im gleichen Maße befreit wird: Mit Befriedigung des Verletzten seitens eines Einzeltäters besteht dessen Ersatzanspruch nicht mehr. Es ist aber noch niemand auf die Idee gekommen, *deswegen* § 73 Abs. 1 S. 2 StGB nicht mehr für einschlägig zu halten und nun das Erlangte beim Einzeltäter (nochmals) abzuschöpfen. Bei Gesamtschuldnerschaft mehrerer Verantwortlicher gilt nichts Abweichendes.

[89] Zum Begriff LR/*Johann* § 111b Rn. 52. Bei Erlangtem für die Tat scheidet Rückgewinnungshilfe aus, weil Verfall anzuordnen ist, vgl. BGH 9.11.2010 – 4 StR 447/10, NStZ 2011, 229; 19.10.2011 – 1 StR 336/11 Rn. 11 ff., NStZ-RR 2012, 81 f.; 13.3.2013 – 2 StR 275/12, Rn. 23, wistra 2013, 347 ff.; 5.9.2013 – 1 StR 162/13, Rn. 74 f., wistra 2014, 57 ff.; 6.2.2014 – 1 StR 577/13, Rn. 53; 6.2.2014 – 1 StR 578/13, Rn. 31.

[90] Behörden und andere Stellen öffentlicher Verwaltung sind allerdings nicht 'Verletzte', wenn sich die Tat (wie zB ein Umweltdelikt) gegen ein lediglich die Allgemeinheit schützendes Rechtsgut richtet, aA BGH 20.2.2013 – 5 StR 306/12, NJW 2013, 950 ff. (dazu *Bittmann* wistra 2013, 309 f.). Die Abschöpfung ersparter Aufwendungen hat im Urteil demnach durch Anordnung des Verfalls von Wertersatz zu erfolgen, zuvor zu sichern nicht im Wege der Rückgewinnungshilfe (für die Kosten der Ersatzvornahme), sondern per dinglichem Arrest zu Gunsten des Justizfiskus. Hat der Beschuldigte die Kosten für die Ersatzvornahme allerdings tatsächlich ersetzt, so wird Entreicherung anzunehmen, ein ausgebrachter Arrest aufzuheben sein. Ob der Verurteilte im Fall verwaltungsrechtlicher Insanspruchnahme nach vollstrecktem Verfall die Kosten nochmals aufbringen muss oder ob die Verwaltungsbehörde einen Ersatzanspruch gegen den Justizfiskus hat, regelt sich nach den verwaltungsrechtlichen Bestimmungen.

[91] BGH 28.11.2000 – 5 StR 371/00, NJW 2001, 693 f.; 6.2.2014 – 1 StR 577/13, Rn. 53; 6.2.2014 – 1 StR 578/13, Rn. 31; BFH 8.10.2013 – XR 3/10, Rn. 20, ZWH 2014, 113 f. m. Anm. *Stahl*; *Hansen* S. 75 ff.; Volk/*Rönnau* MAH Rn. 13/232.

[92] Dazu ausführlich *Hansen* S. 104 ff.

dungen kommt jedoch (allein[93]) Rückgewinnungshilfe in Betracht. Sie scheidet trotz der Befugnis der Steuerbehörden, gemäß § 324 AO selbst einen dinglichen Arrest auszubringen, nicht aus.[94] Zum einen ermöglicht § 324 AO keine Verfügungsbeschränkung,[95] zum anderen ist bei Vorliegen der Voraussetzungen des § 111b Abs. 5 ggf. ein sofortiges Handeln geboten, welches die von den Steuerbehörden zu überwindenden Hürden gerade nicht ermöglichen.[96] Zudem kann nur ein strafprozessualer dinglicher Arrest auch im Ausland vollstreckt werden. In rechtlicher Hinsicht kann für unterschiedliche Verletzte (zB Landesfiskus, Gemeinde [bei der Gewerbesteuer] und ggf. verschiedene Einzugsstellen der Sozialversicherungsträger) ein einheitlicher Arrest nur strafprozessual erwirkt werden. Gläubiger der vollstreckungssichernden Maßnahme ist auch in den Fällen der Rückgewinnungshilfe der Staat.[97] Dieser übt allerdings **keine stellvertretende Rechtsverfolgung** aus.[98] Der **Verletzte** kann vielmehr seine Ansprüche wie auch sonst nur **selbst aktiv** verfolgen. Er kann jedoch Informationen über ihm unbekannte Vermögensgegenstände, den Ort ihrer Verwahrung oder den Aggregatszustand, in welchem sie sich befinden (zB als Forderung gegenüber einem Geldinstitut) erhalten. Überdies lässt sich das Beiseiteschaffen von Vermögensgegenständen verhindern und sie bleiben auf diese Weise dem Opfer als werthaltige Vollstreckungsobjekte erhalten oder können (zB aufgrund Eigentums[99]) herausverlangt werden. Vor anderen Gläubigern können Verletzte gemäß §§ 111g und 111h den Vorrang ihrer Arrest- oder Zwangsvollstreckungsmaßnahmen eingeräumt bekommen. Für die Strafjustiz bedeutet § 111b Abs. 5, dass sie ggf. äußerst schwierige und zu diesem Zeitpunkt auch noch nicht immer endgültig feststehende[100] zivilrechtliche Fragen nicht in einem frühen Stadium

---

[93] Wurde das aus der Steuerhinterziehung Erlangte hingegen in das Vermögen eines Dritten verschoben, gegen welchen der Fiskus keinen Anspruch innehat, so gilt in diesem Verhältnis § 73 Abs. 1 S. 2 StGB nicht, BGH 13.7.2010 – 1 StR 239/10, wistra 2010, 406. Die Sicherung der gemäß §§ 73 Abs. 3, 73a möglichen Abschöpfung erfolgt dann nicht im Wege der Rückgewinnungshilfe; § 324 AO ist insoweit nicht anwendbar. Von vorn herein ersparte Aufwendungen meint OLG Hamm v. 26.2.2013 – 1 Ws 534/12, ZWH 2013, 329 f., nur beim Steuerschuldner abschöpfen und damit auch nur dort sichern zu können, dagegen *Bittmann* ZWH 2013, 330 ff.; zu einem ähnlich strukturierten Fall des Subventionsbetrugs vgl. OLG Rostock v. 13.5.2013 – 1 Ws 61/13, ZWH 2014, 24 f. m. abl. Anm. *Bittmann.*

[94] HM (wenngleich mit unterschiedlichen Akzentuierungen), vgl. Achenbach/Ransiek/*Retemeyer* Teil 14, Rn. 101 f.; *Bach* JR 2010, 286 ff.; *Frank* PStR 2012, 21 ff.; LR/*Johann* vor §§ 111b ff. Rn. 12; *Madaus* NZWiSt 2013, 128 ff.; Meyer-Goßner/*Schmitt* § 111b Rn. 1 und 13 mN; *Roth* wistra 2010, 335 ff.; *Schmid/Winter* NStZ 2002, 8 ff., 12; SK/*Rogall* § 111b Rn. 37; enger Volk/*Rönnau* MAH Rn. 13/259; *Wehnert/Mosiek* StV 2005, 568, 572; noch weiter beschränkend *Theile* StV 2009, 161 ff., 162 ff.

[95] *Schmidt* Rn. 526.

[96] OLG Nürnberg 22.9.2010 – 1 Ws 504/10, wistra 2011, 40. Überzeugend *Madaus* NZWiSt 2013, 128 ff.; *Reichhart* S. 103 ff.; *Schmidt* Rn. 1154 (aE). *Theile* StV 2009, 161 ff., 165, zieht daraus den Gegenschluss, mit § 111b Abs. 5 dürfe die dem Steuerpflichtigen günstigere Regelung des § 324 AO nicht unterlaufen werden, und verkennt dabei, dass der abgabenrechtliche Arrest gerade keinen Straftatverdacht voraussetzt und *insoweit*, aber eben darauf beschränkt, großzügigere Voraussetzungen verständlich sind.

[97] *Podolsky/Brenner* III 5.8 und III 7.1.; aA *Frohn* RPfleger 2001, 10 ff., 10.

[98] *Bülte* ZWH 2012, 453 ff.; *Janssen* Rn. 207; LR/*Johann* § 111b Rn. 49 und 53 a.E.; *Malitz* NStZ 2002, 337 ff., 339; *Podolsky/Brenner* III 5.8.2, III 7.1.2 (Beispiele: III 7.1.6); *Rönnau* Rn. 421 ff.

[99] AA KMR/*Mayer* § 111b Rn. 36 und § 111k Rn. 2: Im Fall des Eigentums, selbst des anfechtbar verlorenen, gölte nur § 111k, weil bereits die Sicherstellung zu Beweiszwecken genüge, um faktische und rechtliche Verfügungsmöglichkeiten zu verhindern. Ein den Verletzten belastendes Veräußerungsverbot, wie es § 111c Abs. 5 vorsieht, ist aber nur dann überflüssig, wenn seine Berechtigung sowohl unstreitig ist als auch die Sache tatsächlich zu Beweiszwecken in amtliche Verwahrung genommen wurde. In solchen Fällen sieht die Praxis regelmäßig und zu Recht von einer zusätzlichen vollstreckungssichernden Beschlagnahme ab. Der Verletzte hat aber keinen Anspruch auf amtliche Inverwahrnahme. Die bloße Kennzeichnung (→ § 111c Rn. 2) eröffnet hingegen den Zugang zu § 111k nicht, aA KMR/*Mayer* § 111k Rn. 5.

[100] § 73 Abs. 1 S. 2 StGB sperrt den Verfall nur im Umfang der Ansprüche des Verletzten aus der Tat. Erlangte der Täter darüber hinaus noch etwas, so unterliegt dies dem Verfall, *Wilk/Stewen* wistra 2013, 409 ff., 410. Gleiches gilt im Fall eines etwaigen zivilrechtl. Vergleichs im Umfang der Differenz zum Erlangten. Verletzt können auch ganz unterschiedl. Vermögensträger sein, zB bei gewerbsmäßiger Produktpiraterie neben dem Markenrechtsinhaber auch der Fiskus im Hinblick auf nicht abgeführte Steuern. Aufgrund des Vorliegens verschiedener Taten auch im prozessualen Sinn ist in Anträgen und Gerichtsentscheidungen eindeutig festzuhalten, weswegen die Anordnung ergehen soll bzw. getroffen wird. Bei Zahlung mit Falschgeld trifft das Fälschungsdelikt mit Betrug tateinheitlich zusammen, so dass Rückgewinnungshilfe den Vorrang genießt.

des Verfahrens verlässlich zu klären versuchen muss,[101] sie vielmehr Maßnahmen ohne Angst vor etwaiger Haftung ergreifen darf. Das enthebt sie natürlich nicht der Notwendigkeit zu sorgfältiger Arbeit. Bei **Zweifeln,** ob es sich um Rückgewinnungshilfe oder um (zB) Verfall handelt, muss sie theoretisch die übrigen Voraussetzungen **beider Alternativen** wahren,[102] d.h. es muss zwar eine (endgültige) Abschöpfung zu erwarten sein, es darf aber noch offen sein, ob sie zugunsten des Staates oder des Verletzten vorgenommen werden wird. Praktisch genügt es hingegen, auf Verfall abzustellen,[103] weil dann, wenn sich im weiteren Verlauf des Verfahrens zeigen sollte, dass stattdessen Rückgewinnungshilfe in Betracht kommt, ebenso wie im umgekehrten Fall, keine Aufhebung nötig, sondern eine **rangwahrende Umwandlung** des anordnenden Beschlusses möglich ist.[104]

18 **2. Übermaßverbot, Ermessen.** Auch im Rahmen der Rückgewinnungshilfe ist neben den ausdrücklichen Bestimmungen des § 111b Abs. 1–4 das **Übermaßverbot** in doppelter Hinsicht (bezüglich endgültiger wie vorläufiger Maßnahme) zu wahren.[105] Allerdings ist das Ziel verändert: Rückgewinnungshilfe dient nicht nur der Abschöpfung, sondern auch dem Ausgleichsinteresse des Verletzten. Es wiegt deshalb im Rahmen der Verhältnismäßigkeitsprüfung deutlich schwerer. Das bipolare Verhältnis zwischen Justiz und Beschuldigtem ist hier zu einem multipolaren Geflecht erweitert, in welchem die Interessen des oder der (wahrscheinlich) Verletzten sachgerechte Beachtung verlangen. Das verständlicherweise drängende Opfer hat Einschränkungen aufgrund der Unschuldsvermutung hinzunehmen. Diese werden allerdings geringer, sobald es einen eigenen (insbesondere: rechtskräftigen) Vollstreckungstitel erstritten hat. Umgekehrt hat der Beschuldigte Einschränkungen seiner (ggf. reflexartig auch: Verteidigungs-)Interessen aufgrund gebotener Rücksichtnahme auf den Verletzten zu akzeptieren.

19 Bei ihrer auch insoweit gebotenen **Ermessen**sentscheidung hat die Staatsanwaltschaft, nach Anklageerhebung das Gericht, auch das berechtigte Interesse des bzw. der Verletzten (zB wirtschaftliche Leistungsfähigkeit; Informationsstand; [Un-]Möglichkeit, Rechte selbst zu wahren) sachgerecht zu berücksichtigen.[106] Jeder Verletzte hat einen subjektiv-rechtlichen **Anspruch auf pflichtgemäße Ermessensausübung.**[107] Im Einzelfall, zB schon

---

[101] *Hansen* S. 62 f.; Radtke/Hohmann/*Pegel* § 111b Rn. 14.

[102] *Faust* S. 226; LR/*Johann* § 111b Rn. 49 (hingegen für die Möglichkeit des Offenlassens der Rechtsgrundlage Rn. 21); Radtke/Hohmann/*Pegel* § 111b Rn. 9; *Rönnau* Rn. 379, auch Volk/*Rönnau* MAH Rn. 13/221; *Schmid/Winter* NStZ 2002, 8 ff., 10. Für die Möglichkeit des Offenlassens bzw. einer Alternativentscheidung, die sich in den Begründungssträngen, aber wohl kaum im Ergebnis unterscheiden, OLG Frankfurt a. M. 21.1.2005 – 3 Ws 42/05, NStZ-RR 2005, 111 f.; OLG Stuttgart 21.1.2008 – 2 Ws 328/07 Rn. 17, NJW 2008, 1605 ff.; BeckOK/*Huber* § 111d Rn. 3; *Frohn* RPfleger 2001, 10 ff., 10 f.; *Hellerbrand* wistra 2003, 201 ff., 204; KMR/*Mayer* § 111b Rn. 34; KK/*Spillecke* § 111b Rn. 20; LR/*Johann* § 111b Rn. 18, 21 und § 111d Rn. 8; Meyer-Goßner/*Schmitt* § 111b Rn. 5 und 7; *Schmidt* Rn. 576; SK/*Rogall* § 111b Rn. 36, enger Rn. 40; *Theile* StV 2009, 161 ff., 163. HK/*Gercke* § 111b Rn. 21 und § 111d Rn. 4 verlangt eine Entscheidung, ohne sich allerdings über die möglichen Folgen eines Irrtums zu äußern – auch in § 111e Rn. 12 ist nur davon die Rede, dass ein Beschluss angepasst werden könne. Auf Unterschiede im Hinblick auf die bei Rückgewinnungshilfe nicht gebotene Beachtung der Härteklauseln des § 73c StGB weisen *Wilk/Stewen* wistra 2013, 409 ff., 411 und 413 hin. Dessen Hauptanwendungsbereich ist allerdings das Urteil; im Fall der Verarmung scheiterte allerdings bereits der Vollzug der vollstreckungssichernden Anordnung; etwaige Härten lassen sich im Rahmen der aus Gründen des Übermaßverbots nötigen, → Rn. 13, Kooperation vermeiden.

[103] SSW/*Burghart* § 111b Rn. 6 und § 111g, h Rn. 10 und 15.

[104] *Faust* S. 227 f.; *Janssen* Rn. 70; LR/*Johann* § 111e Rn. 14 (mit dem Hinweis, dass noch Vollziehungshandlungen erforderlich sein können, z. B. Pfändung nach Übergang von Beschlagnahme zu dinglichem Arrest); Meyer-Goßner/*Schmitt* § 111e Rn. 19; *Rönnau* Rn. 380, 512; Volk/*Rönnau* MAH Rn. 13/222 und 338; *Schmidt* Rn. 593, 599; SK/*Rogall* § 111c Rn. 15 und § 111e Rn. 22. Rn. 4 sowie § 111c Rn. 11.

[105] → vor §§ 111b ff. Rn. 4; OLG Saarbrücken 29.7.2009 – 1 Ws 118/09 Rn. 24, ZInsO 2009, 1704 ff.; *Faust* S. 228 ff.

[106] *Hansen* S. 69 ff.; KK/*Spillecke* § 111b Rn. 18; Meyer-Goßner/*Schmitt* § 111d Rn. 4 mN; *Schlachetzki* wistra 2011, 41 ff.; *Wilk/Stewen* wistra 2013, 409 ff., 411; einseitig die Interessen des Beschuldigten betonend *Theile* StV 2009, 161 ff., 164 f. Soweit unfreiwillig an Zuhälter geflossener Lohn für Prostitution zurückgefordert und deswegen per Rückgewinnungshilfe gesichert werden kann, spricht die etwaige Gefahr erzwungenen Rückflusses an die Zuhälter zwar gegen die Durchführung von Rückgewinnungshilfemaßnahmen, hindert sie aber nicht, da keineswegs sicher ist, dass diese Gefahr im Verlauf des Verfahrens bestehen bleibt.

[107] LR/*Johann* § 111b Rn. 54; Volk/*Rönnau* MAH Rn. 13/239 ff.; aA *Schlachetzki* wistra 2011, 41 ff., 46.

aufgrund eines schwerwiegenden Arrestgrundes, etwa, wenn dringende Gründe dafür sprechen, dass das Opfer seine berechtigten Ansprüche andernfalls nicht würde durchsetzen können,[108] kann sich eine **Ermessensreduzierung auf Null** ergeben. Ein **Automatismus**, demzufolge ein Sicherstellungsbedürfnis, beim dinglichen Arrest also ein Arrestgrund, ohne weiteres Maßnahmen zur Rückgewinnungshilfe erfordert, besteht allerdings **nicht**.[109] Bei Ausübung des Ermessens dürfen auch Gründe der **Prozessökonomie** berücksichtigt werden.[110] Der Aufwand, der zur Durchführung von der Rückgewinnung dienenden Maßnahmen erforderlich ist, ist zum Ausgleich kleinerer Schäden[111] selten, jedenfalls nicht ohne weiteres, gerechtfertigt. Der Verletzte kann zwar nicht selbst das Strafgericht anrufen, um die Staatsanwaltschaft zur Vornahme von Sicherungsmaßnahmen verpflichten zu lassen.[112] Eine fehlerhafte Ermessensentscheidung[113] kann aber **Amtshaftungsansprüche** begründen.[114] Das Richterspruchprivileg, § 839 Abs. 2 S. 1 BGB, gilt für das Gericht nicht.[115] Hier zeigt sich die Notwendigkeit ausreichender Dokumentation. Nicht nur die Entscheidung, die Anordnung vollstreckungssichernder Maßnahmen zu beantragen, steht im pflichtgemäßen Ermessen der Staatsanwaltschaft, sondern auch, ob sie gerichtlich ergangene Anordnungen vollzieht.[116]

3. Opferaktivitäten. Auch das eigene **Engagement** des **Opfers** ist bedeutsam. Verhält es sich im Wesentlichen passiv, so **muss** die Justiz nicht eine Art Prozessstandschaft übernehmen. Bis zum 31.12.2006 hing die Zulässigkeit der Rückgewinnungshilfe noch in weitaus stärkerem Maße vom Verhalten des Verletzten als nach dem nunmehr geltenden Recht ab. Dessen Passivität führte spätestens nach 1–2 Jahren zur Verneinung entweder des Fortbestehens des Arrestgrundes oder der Verhältnismäßigkeit.[117] Aufgrund der Möglichkeit des Auffangrechtserwerbs gemäß § 111i Abs. 5 steht jetzt aber **hinter jedem Restitutionsinteresse** des bzw. der Verletzten das **allgemeine Interesse an der Vermögensabschöp-** 20

[108] Bereits vor Einführung des Auffangrechtserwerbs unter Betonung des Legalitätsprinzips des materiellen Abschöpfungsrechts noch weitergehend *Achenbach* NStZ 2001, 401 ff.

[109] Keine generelle Ermessensreduzierung auf Null (von *Wilk/Stewen* wistra 2013, 409 ff., 411 f., unter Hinweis auf immer vorhandene gegenläufige Abwägungsparameter gänzlich in Frage gestellt, aber auch das öffentliche Interesse an der Rückgewinnungshilfe zur Verdeutlichung der Unverbrüchlichkeit des Rechts – BVerfG 14.1.2004 – 2 BvR 564/95, Rn. 103, BVerfGE 110, 1 ff. – betonend), also keine ausnahmslose Vornahmepflicht, Achenbach/Ransiek/*Retemeyer* Teil 14, Rn. 65 ff.; *Greier* ZIP 2007, 953 ff., 956 ff.; *Hellerbrand* wistra 2003, 201, 204; KMR/*Mayer* § 111b Rn. 37; LR/*Johann* § 111b Rn. 53 sowie § 111d Rn. 9; *Malitz* NStZ 2002, 337 ff., 339; Radtke/Hohmann/*Pegel* § 111b Rn. 14; *Reichhart* S. 81 ff.; *Rönnau* Rn. 39, noch enger (ähnlich wie nachfolgend *Schmidt*, beide für den Rechtszustand vor dem 1.1.2007) Rn. 400 ff.; *Schlachetzki* wistra 2011, 41 ff., 45; SK/*Rogall* § 111b Rn. 38; *Theile* StV 2009, 161 ff., 164 f.; aA *Faust* 231 ff.; tendentiell auch *Eschelbach* Nr. 20, § 111i Rn. 7; Meyer-Goßner/*Schmitt* § 111b Rn. 6 und 13 sowie § 111i Rn. 8; noch weitergehend *Janssen* Rn. 51 (auch außerhalb der Rückgewinnungshilfe). Umgekehrt plädiert *Schmidt* Rn. 1154 (unter dem alten Rechtszustand) für im Verhältnis zu sonstigen Maßnahmen der Vermögensabschöpfung größere Zurückhaltung in den Fällen des § 111b Abs. 5. *Wehnert/Mosiek* StV 2005, 568, 571, warnen (zum früheren Rechtszustand) vor ‚aufgedrängtrer Rückgewinnungshilfe“: Dass das Unterlassen der Inregreßnahme von Mitarbeitern allerdings wirklich nur auf ‚überlegenem Wissen‘ der Unternehmensleitung gegenüber den Ermittlungsbehörden beruht, ist angesichts der Anlässe für den massiven Aufbau von Compliance-Abteilungen als widerlegt zu betrachten. Erwägungen für Rückgewinnungshilfe zu Gunsten geschädigter Unternehmen finden sich bei *Schilling/Janke*, Rn. 8.

[110] *Schlachetzki* wistra 2011, 41 ff., 43, 45 und 47.

[111] Zur Konkretisierung → § 111d Rn. 1.

[112] OLG Celle 25.9.2012 – 2 Ws 214/12 Rn. 8, wistra 2013, 39 f. *Wilk/Stewen* wistra 2013, 409 ff., 412 (das Anrufen des Oberlandesgerichts gemäß § 23 EGGVG für statthaft, aber regelmäßig unbegründet haltend); a.A. (wohl nicht nur de lege ferenda) LR/*Johann* § 111b Rn. 54.

[113] *Schmidt* Rn. 562.

[114] Und zwar sowohl bei zu Unrecht veranlaßtem oder aufrechterhaltenem Arrest als auch bei fehlerhaft unterlassenem, *Theile* StV 2009, 161 ff., 164; vgl. dazu und zu anderen Haftungsgrundlagen umfassend *Kempf/Schilling* Rn. 417 ff.; *Reichhart* S. 171 ff.; *Rönnau* Rn. 644 f.

[115] *Schlachetzki* wistra 2011, 41 ff., 46, Fn. 46.

[116] *Schlachetzki* wistra 2011, 41 ff., 46 f.

[117] Dazu zB *Faust* S. 250 ff.; *Hansen* S. 30 f., 55 f., 63, auch 71; *Janssen* Rn. 207 f.; *Schmidt* Rn. 1154 f., je mN zum Stand der Rspr. zum früheren Recht.

fung.[118] Dieses hat zwar nur **nachrangige**[119] Bedeutung, führt aber dazu, dass mit dem Rückgewinnungsinteresse nicht mehr jegliches Sicherungsbedürfnis entfällt.[120] Vielmehr wächst **umgekehrt proportional** (wie bei kommunizierenden Röhren) das Interesse am Auffangrechtserwerb. Dieses ist allerdings (etwas) **geringer**[121] zu gewichten als sowohl das vom Verletzten verfolgte Rückgewinnungsinteresse als auch der allgemeine Grundsatz, „Verbrechen darf sich nicht lohnen“ bei Straftaten ohne individuellen Verletzten. Dieser **Wertungswiderspruch** des Gesetzes folgt aus der Fortgeltung des § 73 Abs. 1 S. 2 StGB und der Tatsache, dass eine Aufrechterhaltungsentscheidung im Ermessen des erkennenden Gerichts[122] steht. Das **Gewicht** tendiert aber keineswegs gegen Null, sondern liegt nur **knapp unter** dem allgemeinen öffentlichen Abschöpfungsinteresse, da es in der Regel **pflichtgemäßem Ermessen** entspricht, zumindest **größere Beträge** unbeschadet des Handelns Verletzter zu sichern und die Sicherung aufrechtzuerhalten.[123] Gleichwohl steigt in jedem Fall, also selbst bei einem Millionenbetrug, bei fehlendem Engagement des Opfers, vor allem des Fiskus,[124] die (relative) Bedeutung der Interessen des Betroffenen. Passivität des Verletzten spielt bei der Erstanordnung regelmäßig aber noch keine Rolle, sondern führt erst mit zunehmender Verfahrensdauer zu einem minderen Gewicht seiner Interessen. Die Verhältnismäßigkeit des Fortbestehens der Maßnahme kann dann jedoch trotzdem aufgrund wesentlicher Opferbelange (Alter oder Traumatisierung), aber auch bedeutsamen öffentlichen Interessen (Höhe des Schadens) zu bejahen sein.

§ 111c [Sicherstellung durch Beschlagnahme]

(1) Die Beschlagnahme einer beweglichen Sache wird in den Fällen des § 111b dadurch bewirkt, daß die Sache in Gewahrsam genommen oder die Beschlagnahme durch Siegel oder in anderer Weise kenntlich gemacht wird.

(2) [1]Die Beschlagnahme eines Grundstückes oder eines Rechtes, das den Vorschriften über die Zwangsvollstreckung in das unbewegliche Vermögen unterliegt, wird dadurch bewirkt, daß ein Vermerk über die Beschlagnahme in das Grundbuch eingetragen wird. [2]Die Vorschriften des Gesetzes über die Zwangsversteigerung und die Zwangsverwaltung über den Umfang der Beschlagnahme bei der Zwangsversteigerung gelten entsprechend.

(3) [1]Die Beschlagnahme einer Forderung oder eines anderen Vermögensrechtes, das nicht den Vorschriften über die Zwangsvollstreckung in das unbewegliche Vermögen unterliegt, wird durch Pfändung bewirkt. [2]Die Vorschriften der Zivilprozeßordnung über die Zwangsvollstreckung in Forderungen und andere Vermögensrechte sind insoweit sinngemäß anzuwenden. [3]Mit der Beschlagnahme ist die Aufforderung zur Abgabe der in § 840 Abs. 1 der Zivilprozeßordnung bezeichneten Erklärungen zu verbinden.

---

[118] *Lohse* JR 2011, 242 ff., 243; LR/*Johann* § 111b Rn. 53; *Wilk/Stewen* wistra 2013, 409 ff., 412; er-, aber in seiner Bedeutung verkannt von *Schlachetzki* wistra 2011, 41 ff.; ebenso von *Theile* StV 2009, 161 ff., 164 f. (beim Arrest zugunsten des Steuerfiskus). Volk/*Rönnau* MAH Rn. 13/256 ff. lehnt eine derartige Vorwirkung in Gänze ab.

[119] AA HK/*Gercke* § 111i Rn. 11.

[120] Verkannt von *H. Ch. Schmidt* wistra 2011, 321, 327.

[121] Für Gleichgewichtigkeit OLG Rostock 19.12.2013 – Ws 320/13, Rn. 46 f.; SSW/*Burghart* § 111b Rn. 6 und 15, auch § 111d Rn. 8; verbal ebenso *Wilk/Stewen* wistra 2013, 409 ff., 412, die aber ein zusätzliches Interesse von Geschädigten für möglich halten. Nach altem Recht maß das BVerfG (7.6.2005 – 2 BvR 1822/04, EuGRZ 2005, 430, 434 f.; 7.6.2006 – 2 BvR 583/06, Rn. 6) dem zu erwartenden – dauerhaften – Verfall des Wertersatzes ein höheres Gewicht zu als – vorübergehender – Rückgewinnungshilfe. Das ist seit dem 1.1.2007 jedenfalls überholt.

[122] → § 111i Rn. 9.

[123] → § 111i Rn. 9.

[124] Insoweit enthalten die den Interessen des Beschuldigten gewogenen Ausführungen von *Theile* StV 2009, 161 ff., 164 f., einen im Hinblick auf Steueransprüche durchaus zutreffenden Aspekt.

(4) [1]Die Beschlagnahme von Schiffen, Schiffsbauwerken und Luftfahrzeugen wird nach Absatz 1 bewirkt. [2]Bei solchen Schiffen, Schiffsbauwerken und Luftfahrzeugen, die im Schiffsregister, Schiffsbauregister oder Register für Pfandrechte an Luftfahrzeugen eingetragen sind, ist die Beschlagnahme im Register einzutragen. [3]Nicht eingetragene, aber eintragungsfähige Schiffsbauwerke oder Luftfahrzeuge können zu diesem Zweck zur Eintragung angemeldet werden; die Vorschriften, die bei der Anmeldung durch eine Person, die auf Grund eines vollstreckbaren Titels eine Eintragung in das Register verlangen kann, anzuwenden sind, gelten hierbei entsprechend.

(5) Die Beschlagnahme eines Gegenstandes nach den Absätzen 1 bis 4 hat die Wirkung eines Veräußerungsverbotes im Sinne des § 136 des Bürgerlichen Gesetzbuches; das Verbot umfaßt auch andere Verfügungen als Veräußerungen.

(6) [1]Eine beschlagnahmte bewegliche Sache kann dem Betroffenen
1. gegen sofortige Erlegung des Wertes zurückgegeben oder
2. unter dem Vorbehalt jederzeitigen Widerrufs zur vorläufigen weiteren Benutzung bis zum Abschluß des Verfahrens überlassen

werden. [2]Der nach Satz 1 Nr. 1 erlegte Betrag tritt an die Stelle der Sache. [3]Die Maßnahme nach Satz 1 Nr. 2 kann davon abhängig gemacht werden, daß der Betroffene Sicherheit leistet oder bestimmte Auflagen erfüllt.

Übersicht

I. Regelungsgegenstand

1 § 111c regelt **Einzelheiten** der vollstreckungssichernden **Beschlagnahme**, bezieht sich also auf Gegenstände, die dem Verfall oder der Einziehung unterliegen, weil sie **mit** einer **Straftat** in **Zusammenhang** stehen.[1] Ergänzend kann auf die **Parallelvorschriften** der ZPO (zB §§ 808 f.) zurückgegriffen werden.[2] Die **Sicherung des Wertersatzes** geschieht nicht über § 111c, sondern im Wege **dinglichen Arrests,** § 111d. Allgemeine, wenngleich ungeschriebene Voraussetzung für die Beschlagnahme ist ein **Sicherungsbedürfnis.**[3] Zwar gilt Vergleichbares wie zum Arrestgrund.[4] Das Abschöpfungsinteresse wiegt hier aber aufgrund der Bemakelung des Gegenstands selbst deutlich schwerer. Die Anordnung der Beschlagnahme verlangt die genaue Bezeichnung der betroffenen Gegenstände. Diesem **Gebot der Bestimmtheit** würde zB weder die Beschlagnahme „aller" auf den Beschuldigten zugelassener Kraftfahrzeuge noch „des Inhalts des Lagers"[5] gerecht. Zu unbestimmte Anordnungen sind nicht etwa rechtswidrig, sondern schlicht unwirksam.[6] Der Beschlagnahme gemäß § 111b unterliegen ihrer Natur nach **unterschiedliche Gegenstände.**[7] Dementsprechend weichen auch die Vorschriften, nach welchen die Beschlagnahme zu bewirken ist, voneinander ab.

---

[1] → § 111b Rn. 4.
[2] SK/*Rogall* § 111c Rn. 4. Einzelheiten bei *Schmidt* Rn. 785 ff. (zum dinglichen Arrest).
[3] *Hansen* S. 38 f.; *Reichhart* S. 64; SK/*Rogall* § 111b Rn. 16.
[4] → § 111b Rn. 6 und → § 111d Rn. 4 ff.
[5] LR/*Johann* § 111c Rn. 5; *Schmidt* Rn. 630; SK/*Rogall* § 111c Rn. 4. Zulässig ist die Sicherung eines Raumes, insbesondere eines Lagers, allerdings durchaus, zB wenn sich darin gefährliche oder (nahezu) unbewegliche Gegenstände befinden, Radtke/Hohmann/*Kiethe* § 111c Rn. 3. Diese müssen aber zusätzlich im Wege der Kenntlichmachung gesichert werden.
[6] Unzutreffend *Schmidt* Rn. 522: rechtswidrig.
[7] *Hansen* S. 38.

II. Zu sichernde Gegenstände

2 **1. Bewegliche Sachen.** § 111c Abs. 1 befasst sich mit der Beschlagnahme **beweglicher** = iSv § 808 Abs. 1 ZPO körperlicher[8] **Sachen.**[9] Sie werden durch **Pfändung** beschlagnahmt und zwar im Wege der **Ingewahrsamnahme** oder der **Kennzeichnung** als **symbolische Besitzergreifung.**[10] Für Letzteres nennt das Gesetz zwei Varianten, das Anbringen eines **Siegels** oder das **Markieren** in anderer Weise (zB Plombierung; Ausbau funktionsnotwendiger Teile nebst Kennzeichnung[11]). Die Ingewahrsamnahme ist nur bei Geld, Kostbarkeiten und Wertpapieren zwingend, vgl. § 808 Abs. 1 und 2 ZPO. Andere Sachen sind zivilprozessual regelmäßig im Gewahrsam des Schuldners zu belassen, dort aber als beschlagnahmt kenntlich zu machen. Strafprozessual wird hingegen zwecks Begegnung der **höheren Gefahr des Beiseiteschaffens** häufiger eine Besitzentziehung geboten sein: Eine Pfändung im Wege der Markierung ist nur zulässig, wenn die Befriedigung des Verfalls- oder Einziehungsanspruchs des Staates bzw. des Restitutionsanspruchs des Verletzten dadurch nicht als gefährdet erscheint. Strafprozessual wird daher die **Ingewahrsamnahme** den **faktischen Regelfall** bilden.[12]

3 Von der Ingewahrsamnahme ist die **tatsächliche Aufbewahrung** zu unterscheiden. Der gebotene amtliche Gewahrsam kann auch im Wege der Aufbewahrung seitens behördlich eingeschalteter Dritter ausgeübt werden. So kann zB ein **Gutachter** den von ihm zu untersuchenden Gegenstand (zB zur Frage, ob es sich um einen echten Pelz oder um ein minderwertiges Imitat, oder bei Verdacht der Verletzung des Urheberrechts um eine lizenzierte oder eine Raubkopie handelt) mit in seine Räumlichkeiten nehmen. Die Ermittlungsbehörden dürfen zur Aufbewahrung sperrigen Sicherungsguts (zB eines Kraftfahrzeugs) einen **Lagerhalter** einschalten.[13] Zulässig ist auch die **Amtshilfe** seitens einer anderen Behörde.[14]

4 Bei **Durchführung** der Beschlagnahme gemäß § 111b Abs. 1 Nr. 1 oder § 111c Abs. 1 (ggf. iVm § 111b Abs. 5) können nicht nur tatsächliche, sondern auch **rechtliche Schwierigkeiten** auftreten. In der Beschlagnahmeanordnung (rechtlicher Normalfall: gerichtlicher Beschlagnahmebeschluss) wird regelmäßig der zu beschlagnahmende **Gegenstand** ebenso bezeichnet wie der angenommene **Gewahrsamsinhaber.** Wird bei Letzterem aufgrund eines gerichtlichen Beschlusses durchsucht und der Gegenstand gefunden, so ist dessen Beschlagnahme, die Pfändung, rechtlich unproblematisch. Das ist anders, wird der Gegenstand nicht aufgefunden, wohl aber bekannt, dass er sich im **Gewahrsam eines Dritten** befindet. **Zivilprozessual** ist die Beschlagnahme beim Dritten nur im Falle von dessen Herausgabebereitschaft zulässig, § 809 **Alt. 2** ZPO. Weigert sich der Dritte, so bleibt dem Gläubiger nur der Weg über die Pfändung des Herausgabeanspruchs. Das ist **strafprozessual anders,**[15] weil § 111b Abs. 4 iVm § 103 eine eigenständige Rechtsgrundlage für die Durchsuchung beim Dritten bietet – eine Vorschrift ohne Entsprechung in der ZPO. Falls nicht Änderungen der zivilrechtlichen Berechtigung die Zulässigkeit der Beschlagnahmeanordnung selbst in Frage stellen, kann sie daher **auch beim Dritten vollzogen** werden.

---

[8] *Markgraf* S. 68; SK/*Rogall* § 111c Rn. 4.

[9] Zu den ‚Gegenständen' iS. von § 111b → § 111b Rn. 6.

[10] Sie dient nicht dem Interesse des Betroffenen am Besitz, dafür gilt (wie Austauschpfändung und Lösungssumme beim dinglichen Arrest) nur § 111c Abs. 6, LR/*Johann* § 111c Rn. 5.

[11] Meyer-Goßner/*Schmitt* § 111c Rn. 6; *Schmidt* Rn. 633.

[12] Ähnlich *Podolsky/Brenner* III 5.4.1; LR/*Menges* § 94 Rn. 49; SK/*Rogall* § 111c Rn. 5 f.; *Schmidt* Rn. 632.

[13] LR/*Johann* § 111c Rn. 4; KK/*Spillecke* § 111c Rn. 2; SK/*Rogall* § 111c Rn. 5; SSW/*Burghart* § 111c Rn. 4.

[14] Meyer-Goßner/*Schmitt* § 111c Rn. 4; SK/*Rogall* § 111c Rn. 5.

[15] *Schmidt* Rn. 627; mittelbar auch *Podolsky/Brenner* III 5.1 (beide allerdings bezogen auf eine Beschlagnahmeanordnung); aA *Kempf/Schilling* Rn. 316; KMR/*Mayer* § 111c Rn. 9; LR/*Johann* § 111c Rn. 3; SK/*Rogall* § 111c Rn. 4. Da es sich bei dem zu beschlagnahmenden Gegenstand aber um ein erlangtes *Etwas* handelt, geht der Pfändung des Herausgabeanspruchs die Beschlagnahme und damit die Sachpfändung vor. Zudem führt nur sie in den Fällen des § 111g zu einem Pfändungspfandrecht des Verletzten an der Sache selbst (und nicht nur am Herausgabeanspruch) im Rang der staatlichen Sicherung.

Erforderlich ist bei fehlendem Einverständnis allerdings eine **eigenständige,** sich gegen den Dritten richtende **Durchsuchungsanordnung** (seitens des Gerichts, bei Gefahr im Verzug seitens der Staatsanwaltschaft oder ihrer Ermittlungspersonen). Das gilt erst recht und von vorn herein in den Fällen des Drittverfalls und der Dritteinziehung, §§ 73 Abs. 3 und 4 bzw. 74 Abs. 1 Nr. 2 und 74a StGB, aber auch, wenngleich auf der Basis von § 102, wenn der Dritte eines Anschlussdelikts (§§ 257, 259 f., 261 StGB) verdächtig ist oder es sich um einen sog. Verschiebungsfall[16] handelt. Ein Fall des § 809 **Alt. 1** ZPO liegt vor, wenn sich der Verletzte in den Besitz der zu pfändenden Sache gebracht hat und seine Berechtigung vom Beschuldigten oder von Dritten angezweifelt wird.

2. Grundstücke. § 111c Abs. 2 S. 1 enthält eine Pauschalverweisung auf die zivilrechtlichen Bestimmungen zur Beschlagnahme eines **Grundstücks** und diesen insoweit gemäß § 864 Abs. 1 ZPO gleichgestellter Rechte[17] In systematischer Hinsicht begrenzt dieser Absatz daher zugleich die Anwendbarkeit der Bestimmungen über die Forderungspfändung, § 111c Abs. 3. Eine Überschneidung mit den Fällen des § 111c Abs. 1 und Abs. 4 dürfte von vorn herein ausscheiden. Hinsichtlich der betroffenen Rechte handelt es sich um eine **Rechtsgrundverweisung.** Für den Umfang der Beschlagnahme verweist § 111c Abs. 2 S. 2 in ebensolcher Weise auf die §§ 20 Abs. 2 und 21 ZVG.[18] 5

Soweit die Vorschriften über die Beschlagnahme von Grundstücken Anwendung finden, ist selbige mittels eines im **Grundbuch** einzutragenden **Vermerks** zu bewirken, § 111c Abs. 2 S. 1. Hs. 2. Damit wird der rechtliche Schutz des guten Glaubens an die Verfügungsbefugnis des Eigentümers beseitigt.[19] Dies kann mangels eigenen Zugangs der Strafjustiz nicht seitens der Staatsanwaltschaft oder des Gerichts, also *im* Ermittlungs- oder Strafverfahren, bewirkt werden. Es bedarf vielmehr *aufgrund* einer im Ermittlungs- oder Strafverfahren getroffenen Anordnung der Beschlagnahme des Grundstücks (oder eines diesem diesbezüglich gleichstehenden Rechts) eines Antrags (der Staatsanwaltschaft oder des Gerichts, § 111f Abs. 2 S. 1) an das zuständige Grundbuchamt auf Eintragung eines Beschlagnahmevermerks im Grundbuch. Mangels abweichender strafprozessualer Bestimmungen ist das Grundbuchamt gehalten, einen solchen Antrag nach den allgemeinen Regeln der GBO zu bearbeiten, § 38 GBO. Der Antrag bedarf der Form des § 29 Abs. 3 GBO, muss also unterschrieben und mit einem Siegel oder Stempel versehen sein. Das Grundbuchamt ist gehalten, im Fall mehrerer Anträge die **chronologische Reihenfolge** nach Maßgabe des § 45 GBO zu wahren. Das bedeutet auch, daß es die Eintragung des Beschlagnahmevermerks nicht vorziehen darf.[20] 6

3. Forderungen und Rechte. Gegenstand des § 111c Abs. 3 ist die **Forderungspfändung.**[21] Das gilt allerdings nur insoweit, als nicht § 111c Abs. 2 und § 111c Abs. 4 Sonderregelungen enthalten. Diese gehen der allgemeinen Bestimmung des § 111c Abs. 3 vor. § 111c Abs. 3 S. 1 führt neben **Forderungen** auch alle sonstigen **Vermögensrechte** auf, welche nicht den Vorschriften über die Zwangsvollstreckung in das unbewegliche Vermögen unterliegen. Damit sind Ansprüche auf **Herausgabe** von Gegenständen gemeint, §§ 846–849 ZPO, ggf. iVm § 857 Abs. 1 ZPO. Letztgenannte Bestimmung enthält allerdings auch nur eine (inhalts-, allerdings nicht wortgleiche) negative Abgrenzung wie § 111c Abs. 3 S. 1 7

---

[16] BGH 19.10.1999 – 5 StR 336/99, BGHSt 45, 235 ff., 246 f.; 23.10.2013 – 5 StR 505/12 Rn. 56 ff., NStZ 2014, 89 ff.; *Fischer* StGB § 73 Rn. 35.

[17] HK/*Gercke* § 111c Rn. 6 (Erbbaurecht, Wohnrecht, Bergwerkseigentum, Fischerei- und Realgemeinderechte); LR/*Johann* § 111c Rn. 6; *Schmidt* Rn. 653 ff., 676, (für Hypothekenforderungen: Rn. 698 ff.).

[18] LR/*Johann* § 111c Rn. 6; *Rönnau* Rn. 353; *Schmidt* Rn. 659 ff. Überblick bei SSW/*Burghart* § 111c Rn. 6 mit dem Hinweis, dass auch § 22 Abs. 2 ZVG Anwendung finden müsse. Die Vorschriften des ZVG sollen die Justiz auch zu Reparaturen zwingen können, *Janssen* Rn. 84; auf Freigabe sichergestellter Vermögenswerte beschränkt auch LR/*Johann* vor § 111b ff. Rn. 12 und § 111c Rn. 6; allg. OLG München 20.8.2002 – 2 Ws 677/02, StV 2003, 151 f.; zum öffentlich-rechtlichen Verwahrverhältnis → Rn. 11 aE.

[19] Vgl. *Huber* S. 53.

[20] SSW/*Burghart* § 111c Rn. 6.

[21] *Frohn* RPfleger 2001, 10 ff.; *Schmidt* Rn. 674 ff.

selbst. Erfasst sind zB **Anwartschaftsrechte,** Ansprüche auf **Rückübertragung** und **Miteigentumsanteile.** Für die **Durchführung** der Pfändung von Forderungen und sonstigen Rechten, § 111c Abs. 3 S. 2, enthält die StPO keine eigenen Bestimmungen. Weil bloße vollstreckungssichernde Maßnahmen keine Verwertung erlauben (Ausnahme: Notveräußerung, § 111l) verweist § 111c Abs. 3 S. 2 auch nicht pauschal auf die **ZPO,** sondern ordnet lediglich an, dass deren Vorschriften über die Zwangsvollstreckung in Forderungen und andere Vermögensrechte **sinngemäß** anzuwenden sind. Einschlägig sind demnach die §§ 829 ff.,[22] 846 ff. und 857 ff. ZPO, soweit sie auf Sicherung abzielen. Diese Bestimmungen der ZPO konkretisieren folglich lediglich, **wie** die gemäß § 111c Abs. 3 S. 1 gestattete **Pfändung** in Forderungen und gleichgestellte Vermögensrechte **vorzunehmen** ist.[23] Die **Überweisung** der Forderung zur Einziehung oder an Zahlungs statt, § 835 ZPO, wie bei originärer Anwendung der Regelungen über die Forderungspfändung im zivilistischen Zwangsvollstreckungsverfahren, **findet** im Rahmen des § 111c Abs. 3 hingegen **nicht statt**. **Ebensowenig** entsteht ein **Pfändungspfandrecht**.[24] Das allerdings folgt aus der Sonderregelung in § 111c Abs. 5. Eine Vorpfändung gemäß § 845 ZPO ist im Rahmen des § 111c nicht möglich,[25] aber mangels Auseinanderfallens von Titel und Pfändung auch nicht nötig.[26]

8 § 829 Abs. 1 ZPO verlangt, dem Drittschuldner ein **Zahlungsverbot,** S. 1, und zugleich dem Schuldner, nach der strafprozessualen Terminologie also dem Betroffenen, ein **Verfügungsverbot**, S. 2, zu erteilen. Die Zuständigkeitsregeln des § 829 Abs. 2 ZPO treten hinter § 111f zurück. Es gilt jedoch § 829 Abs. 3 ZPO mit der Folge, dass mit der Zustellung die Pfändung als bewirkt anzusehen ist. Die im Zwangsvollstreckungsrecht der ZPO für Sonderfälle wie zB die Pfändung einer Hypothekenforderung, § 830 ZPO,[27] getroffenen ergänzenden Vorschriften sind auch im Rahmen des § 111c Abs. 3 S. 2 zu beachten.

9 § 111c Abs. 3 S. 3 schreibt ausdrücklich (sei es klarstellend, sei es konstitutiv[28]) vor, dass mit der Beschlagnahme, also der Pfändung durch Zustellung der entsprechenden Anordnung an den **Drittschuldner,** die **Aufforderung** an diesen zu verbinden ist, die **Erklärungen** gemäß § 840 Abs. 1 ZPO abzugeben.[29] Dies ist jedenfalls wie bei § 840 Abs. 2 S. 1 ZPO zwingend. Der Drittschuldner muss demgemäß **binnen zwei Wochen** erklären, ob und wieweit er die gepfändete Forderung anerkennt und zu zahlen bereit ist, ob Dritte Ansprüche erheben, ggf. welche, und ob die Forderung bereits anderweit gepfändet ist. Im Fall der **Kontopfändung** kommen noch weitere Angaben gemäß § 840 Abs. 1 Nr. 4 und 5 ZPO hinzu. Mit der Begründung, die §§ 73 ff. StGB enthielten eine abschließende Regelung über die Rechtspflichten des Dritten, kann eine Haftung des Drittschuldners gemäß § 840 Abs. 2 S. 2 ZPO nicht verneint werden.[30] Weder sind beide Personenkreise deckungsgleich, noch befassen sich die §§ 73 ff. mit der Haftung des Drittschuldners. Gibt der Drittschuldner keine Erklärung ab, so kann er dazu zwar nicht gezwungen werden, riskiert aber, Schadensersatz leisten zu müssen.[31]

10 **4. Andere Register.** Schiffe,[32] Schiffsbauwerke[33] und Luftfahrzeuge[34] sind bewegliche Sachen und deshalb gemäß § 111c Abs. 4 S. 1 nach § 111c Abs. 1 zu beschlagnahmen. Im

---

[22] *Schmidt* Rn. 678 ff.
[23] SK/*Rogall* § 111c Rn. 8.
[24] SK/*Rogall* § 111c Rn. 8; (wohl) aA *Schmidt* Rn. 683.
[25] SK/*Rogall* § 111c Rn. 8.
[26] SSW/*Burghart* § 111c Rn. 10.
[27] *Schmidt* Rn. 698 ff., 858 ff. (Grundschulden: Rn. 867 ff.).
[28] Für Letzteres SSW/*Burghart* § 111c Rn. 9.
[29] *Schmidt* Rn. 687 ff. Diese Aufforderung kann Teil der (regelmäßig: gerichtlichen) Anordnung sein oder mit ihr, dann seitens der Staatsanwaltschaft verbunden werden, LR/*Johann* § 111c Rn. 9 und 12.
[30] So aber KMR/*Mayer* § 111c Rn. 18 (anders für die Arrestvollziehung, § 111d Rn. 25); SK/*Rogall* § 111c Rn. 9.
[31] SSW/*Burghart* § 111c Rn. 9.
[32] *Schmidt* Rn. 635, 640 ff.
[33] *Schmidt* Rn. 636, 644.
[34] *Schmidt* Rn. 637 f.

Fall einer Eintragung in einem einschlägigen **Register** ist dort auch die bereits wirksam[35] durch Ingewahrsamnahme oder Markierung erfolgte **Beschlagnahme** zum Ausschluss des lastenfreien gutgläubigen Erwerbs **zu vermerken,** § 111c Abs. 4 S. 2. Bei fehlender Eintragung, aber Eintragungsfähigkeit von Schiffsbauwerken und Luftfahrzeugen, kann die Anmeldung zum Zweck der Eintragung der Beschlagnahme nachgeholt werden.[36] Auch hier sind wiederum wie beim Grundbuchamt in den Fällen des § 111c Abs. 2 Anträge (von der Staatsanwaltschaft oder dem Gericht, § 111f Abs. 2) an die registerführende Stelle zu richten. § 111c Abs. 4 S. 3 Hs. 2 führt dazu, dass die für diese Stellen im Fall der zivilistischen Zwangsvollstreckung bindenden Vorschriften auch für die strafprozessuale Maßnahme gelten.

III. Rechtsfolgen

Die Folgen einer **Beschlagnahme**[37] nach den Abs. 1–4 regelt § 111c Abs. 5 dahingehend, dass (nur[38]) die Wirkung eines **Veräußerungsverbotes** iSv § 136 BGB eintritt.[39] 11
Das bedeutet, dass die Wirkung nur **relativ** ist, § 135 Abs. 1 BGB.[40] Bis zu einer gemäß §§ 111g und 111h möglichen Hochstufung eines vom Verletzten erwirkten Sicherungsrechts wirkt es lediglich zugunsten des Staates. Es **verhindert** (vorbehaltlich **gutgläubigen Erwerbs,** § 135 Abs. 2 BGB[41]) nicht nur die Veräußerung, sondern gemäß § 111c Abs. 5 Hs. 2 auch sonstige **vermögensmindernde Verfügungen** (wie unentgeltliche Verfügungen und Belastungen mit dinglichen Rechten[42]). Aufgrund von § 135 Abs. 1 S. 2 BGB sind auch nachfolgende **Zwangsvollstreckungs-** und **Maßnahmen zwecks Arrestvollziehung (relativ) unwirksam.**[43] Das Verfügungsverbot tritt in Kraft, wenn die Beschlagnahme **wirksam** wird.[44] Das geschieht in den Fällen des § 111c Abs. 1 und 4 bei Ingewahrsamnahme oder Markierung, bei § 111c Abs. 3 mit Zustellung an den Drittschuldner und bei § 111c Abs. 2 mit Eintragung im Grundbuch. Mit Verkündung des Urteils gelten die Veräußerungsverbote gemäß §§ 73e Abs. 2 bzw. 74 Abs. 3 StGB. Sie treten jedoch nicht an die Stelle eines Veräußerungsverbots gemäß § 111c Abs. 5.[45] Letzteres erhält vielmehr eine weitere Rechtsgrundlage. Das folgt aus § 111i Abs. 3: Das Gericht kann gemäß § 111i Abs. 3 S. 1 die einstweilige Sicherung für drei Jahre aufrechterhalten. Diese Frist beginnt mit Eintritt der Rechtskraft, § 111i Abs. 3 S. 2. Das Gericht könnte aber für die Zeit ab Rechtskraft nichts aufrechterhalten, was zuvor mit Verkündung außer Kraft getreten wäre. Die **Beschlagnahme** führt zu einem **öffentlich-rechtlichen Verwahrungsverhältnis.**[46]

---

[35] KMR/*Mayer* § 111c Rn. 19; SK/*Rogall* § 111c Rn. 11; SSW/*Burghart* § 111c Rn. 5.

[36] *Schmidt* Rn. 646 ff.; SK/*Rogall* § 111c Rn. 13.

[37] Nicht bereits der Anordnung, sondern erst der Durchführung, z. B. Pfändung, SSW/*Burghart* § 111c Rn. 12.

[38] → vor § 111b ff. Rn. 10.

[39] *Hansen* S. 264; KK/*Spillecke* § 111c Rn. 6 mN.

[40] AA die von Radtke/Hohmann/*Kiethe*, § 111c Rn. 7 mN in Fn. 19 angeführte absolute Mindermeinung.

[41] BGH 25.2.1985 – 1 StE 4/85, NStZ 1985, 262 (mit Bezug auf RGZ 90, 335 ff., 338); umfassend die verschiedenen tatsächlichen Konstellationen und Vorschriften betrachtend *Huber* S. 52 ff.; *Kempf/Schilling* Rn. 257; *Schmidt* Rn. 595; SK/*Rogall* § 111c Rn. 17.

[42] Beispiel: OLG Schleswig 21.9.1993 – 1 Ws 283/93, NStZ 1994, 99 f.: Werkunternehmerpfandrecht an mit geraubtem Geld erworbenen Kraftfahrzeug.

[43] KMR/*Mayer* § 111c Rn. 20 (mit dem Hinweis, dass sich die Rechtsfolge bereits aus § 135 Abs. 1 S. 2 BGB ergibt, so dass § 111c Abs. 5 Hs. 2 nur deklaratorisch wirkt); *Rönnau* Rn. 350 f.; *Schmidt* Rn. 591; SK/*Rogall* § 111c Rn. 14 f.

[44] KK/*Spillecke* § 111c Rn. 6; LR/*Johann* § 111c Rn. 16; SK/*Rogall* § 111c Rn. 16.

[45] KMR/*Mayer* § 111c Rn. 28 (selbständige Bedeutung erlangen §§ 73e Abs. 2 und 74 Abs. 3 StGB nur, wenn zuvor keine Vollstreckungssicherung erfolgte; zu § 111g Abs. 5 S. 1 vgl. KMR/*Mayer* § 111g Rn. 2, ferner → § 111g Rn. 10); aA SK/*Rogall* § 111c Rn. 16. Wird anstatt des ursprünglich erwarteten gegenständlichen Verfalls der Verfall von Wertersatz angeordnet, so wahrt nur der Fortbestand der Beschlagnahmeanordnung deren Rang, vgl. *Faust* S. 190 f. Zum rangwahrenden Wechsel des Sicherungsmittels im Vorfeld des Urteils → Rn. 4 und § 111b Rn. 17.

[46] BGH 3.2.2005 – III ZR 271/04, NJW 2005, 988 f., 988; ausführlich *Reichhart* S. 161 ff.; zur Pflicht des Staates, den Wert zu erhalten vgl. Achenbach/Ransiek/*Retemeyer* Teil 14, Rn. 106 und 110; *Hansen* S. 23; LR/*Johann* vor § 111b ff. Rn. 12; für Grundstücke bereits → Rn. 5 aE.

Ein **Besitzmittlungsverhältnis** entsteht weder zum Eigentümer noch zum letzten Besitzer, weil die Behörde für sich besitzt.[47] Ein von ihr eingeschalteter Fremdverwahrer vermittelt ihr allerdings den Besitz.[48]

12 Ausfluss des Übermaßverbots sind die Bestimmungen des § 111c Abs. 6. Sie gestatten es, nach pflichtgemäßem Ermessen eine gemäß § 111c beschlagnahmte bewegliche Sache an den Betroffenen, auch wenn er der Beschuldigte ist,[49] gegen sofortige[50] „Erlegung" ihres Wertes **zurückzugeben**. Dies scheidet aus, soweit die Sache zu Beweiszwecken benötigt wird – dann ist sie erforderlichenfalls gemäß §§ 94 ff. zu beschlagnahmen[51] – oder nicht verkehrsfähig ist, vgl. § 74 Abs. 2 Nr. 2 StGB. § 111c Abs. 6 S. 1 Nr. 1 iVm S. 2[52] ermöglicht eine Art **Austauschpfändung** (vgl. § 811a ZPO). Der Wert tritt in Geld oder – wertbeständigen – geldwerten Papieren Zug-um-Zug an die Stelle der Sache. Dieser Weg verlangt **Einvernehmen**.[53] Er kann anstelle einer Notveräußerung oder aus anderen Gründen beschritten werden. Die ursprünglich beschlagnahmte Sache wird mit der Folge der Entstrickung und Außerkrafttreten des Veräußerungsverbots zurückgegeben. Im Wege **dinglicher Surrogation** tritt an die Stelle der Sache die Ablösesumme, § 111c Abs. 6 S. 2,[54] und ist Objekt der Entscheidung über Verfall oder Einziehung.[55] Dieser Wechsel des Sicherungsguts ist nicht nur vorübergehender Natur. Das ist im Fall des § 111c Abs. 6 Nr. 2[56] anders. Hier **bleibt** die bewegliche Sache **beschlagnahmt** und es wird ihr **unmittelbarer Besitz** nur **vorläufig** zur weiteren Benutzung bis zum Abschluss des Verfahrens **überlassen.** Damit entsteht ein Risiko[57] ihres Untergangs, spürbarer Wertminderung und des Verkaufs mit der Folge gutgläubigen Erwerbs seitens des Käufers. Zwecks Ausgleichs oder Minderung dieses Risikos kann die vorläufige Besitzüberlassung von einer **Sicherheitsleistung** oder der Erfüllung bestimmter, also: zu bestimmender, **Auflagen** abhängig gemacht werden, § 111c Abs. 6 S. 3. Diesen Weg zu beschreiten kann nicht nur dann sinnvoll sein, wenn eine vorbehaltene Einziehung gemäß § 74b Abs. 2 StGB ausreichend erscheint – dann können die Auflagen bereits vor Urteilsverkündung erteilt werden – sondern auch dann, wenn mit der beweglichen Sache geldwerte Gebrauchsvorteile in nennenswertem Umfang verbunden sind und/oder mit der Aufbewahrung ein Werteverfall (unterhalb der Schwelle des § 111l) verbunden wäre. Das trifft zB für Kraftfahrzeuge zu.

13 Die Rückgabe ist nur **zugunsten des Betroffenen** und damit jedenfalls desjenigen gestattet, bei dem die Sache beschlagnahmt wurde. Es kann aber auch ein Bedürfnis für die einstweilige Rückgabe an den Verletzten als in seinen Rechten Betroffenen geben. Vorrangig sind insoweit allerdings § 111k. Wenn daneben überhaupt noch Raum für die einstweilige Rückgabe analog § 111c Abs. 6 Nr. 2 an den **Verletzten** vorhanden sein sollte, dann nur bei zivilrechtlich schwer zu entscheidendem Sachverhalt (möglicherweise bei Streit über den Wertausgleich für Aufbereitungsmaßnahmen an einem evtl. in hehlerischer Weise erworbenen Oldtimer). Soweit dieser Weg aufgrund des dieserhalb bestehenden Risikos einer fehlerhaften Entscheidung nicht deshalb doch als ungeeignet ausscheidet, sollte er nur

---

[47] KK/*Spillecke* § 111c Rn. 2; KMR/*Mayer* § 111c Rn. 10 und 20 (anders für eine Beschlagnahme gemäß § 94, § 111b Rn. 2); Volk/*Rönnau* MAH Rn. 13/187; *Schmidt* Rn. 634; SK/*Rogall* § 111c Rn. 18.

[48] Zu Umfang und Grenzen der Insolvenzfestigkeit → vor §§ 111b ff. Rn. 7 ff.

[49] LR/*Johann* § 111c Rn. 19; SK/*Rogall* § 111c Rn. 20. Auf ein gewisses Spannungsverhältnis zum Zweck von Einziehung und Verfall weist SSW/*Burghart* (§ 111c Rn. 13) hin.

[50] Dieses Erfordernis verlangt kein Handeln im unmittelbaren Anschluss an die Beschlagnahme, sondern schließt lediglich Stundungen, Ratenzahlungen und Sicherheitsleistungen aus, LR/*Johann* § 111c Rn. 20.

[51] KMR/*Mayer* § 111c Rn. 24; SK/*Rogall* § 111c Rn. 20.

[52] *Schmidt* Rn. 1142 f.; SK/*Rogall* § 111c Rn. 20.

[53] LR/*Johann* § 111c Rn. 20.

[54] Zur Herausgabe → § 111k Rn. 4.

[55] LR/*Johann* § 111c Rn. 20 (s.a. Rn. 22 zum Verfall von Wertersatz im Fall des § 111b Abs. 6 Nr. 2 nach Beiseiteschaffen). Zur Parallele bei der Notveräußerung → § 111l Rn. 3.

[56] *Schmidt* Rn. 1144 ff.

[57] Sollte es ausnahmsweise fehlen, so scheidet nicht die Rückgabe aus, sondern nur eine solche gegen Sicherheitsleistung. Mangels Sicherungsbedürfnisses wird dann die Beschlagnahme insgesamt aufzuheben sein, SSW/*Burghart* § 111c Rn. 13.

dann beschritten werden, wenn der Verletzte im Hinblick auf etwaige Ausgleichsansprüche des letzten Gewahrsamsinhabers (entsprechend § 111c Abs. 6 S. 3) ausreichend **Sicherheit** leistet.

§ 111d [Sicherstellung durch dinglichen Arrest]

(1) [1]Wegen des Verfalls oder der Einziehung von Wertersatz, wegen einer Geldstrafe oder der voraussichtlich entstehenden Kosten des Strafverfahrens kann der dingliche Arrest angeordnet werden. [2]Wegen einer Geldstrafe und der voraussichtlich entstehenden Kosten darf der Arrest erst angeordnet werden, wenn gegen den Beschuldigten ein auf Strafe lautendes Urteil ergangen ist. [3]Zur Sicherung der Vollstreckungskosten sowie geringfügiger Beträge ergeht kein Arrest.

(2) Die §§ 917 und 920 Abs. 1 sowie die §§ 923, 928, 930 bis 932 und 934 Abs. 1 der Zivilprozeßordnung gelten sinngemäß.

(3) Ist der Arrest wegen einer Geldstrafe oder der voraussichtlich entstehenden Kosten angeordnet worden, so ist eine Vollziehungsmaßnahme auf Antrag des Beschuldigten aufzuheben, soweit der Beschuldigte den Pfandgegenstand zur Aufbringung der Kosten seiner Verteidigung, seines Unterhalts oder des Unterhalts seiner Familie benötigt.

Übersicht

I. Regelungsgegenstand

1 § 111d befasst sich näher mit der Sicherung[1] mittels **dinglichen Arrests.** Ein solcher kann ausgebracht werden sowohl für alle **Zahlungsansprüche,** die der **Staat** aufgrund eines rechtskräftigen Strafurteils erwirbt, als auch im Rahmen der **Rückgewinnungshilfe.**[2] Betroffener muss nicht der Beschuldigte sein; im Fall des § 73 Abs. 3 StGB ist es der Drittempfänger.[3] Die Vorschrift beschränkt sich daher nicht darauf, an § 111b Abs. 2, Verfall und Einziehung (jeweils) von Wertersatz, anzuknüpfen, sondern gestattet **erweiternd** auch die Sicherung von Geldstrafe und Verfahrenskosten, § 111d Abs. 1 S. 1 und 2 sowie Abs. 3.[4] Hingegen bestimmt § 111d Abs. 1 S. 3 **einschränkend,** dass wegen geringfügiger Beträge[5] (zu orientieren am Verwaltungsaufwand,[6] daher nicht einheitlich bestimmbar:[7] zB bei sofortigem Zugriff wie bei BtM-Erlösen: ca. 20 EUR; mehr als 750 EUR ist aber nie geringfügig, arg. § 866 Abs. 3 S. 1 ZPO) und (unabhängig vom Betrag) zur Sicherung der Vollstreckungskosten kein Arrest ergeht, gemeint: ergehen darf (auch nicht in unmittelbarer Anwendung der §§ 916 ff. ZPO[8]), ebensowenig wegen sonstiger Ansprüche. § 111d trägt

---

1 *Schmidt* Rn. 717 f.

2 LR/*Johann* § 111d Rn. 1, 2 und 8; SK/*Rogall* § 111d Rn. 6 f.

3 KK/*Spillecke* § 111d Rn. 4.

4 *Schmidt* Rn. 730 f.

5 De jure: *Janssen* Rn. 149; KK/*Spillecke* § 111d Rn. 5 LR/*Johann* § 111d Rn. 16; *Schmidt* Rn. 738 (je: ca. 100 – 150 EUR); Meyer-Goßner/*Schmitt* § 111d Rn. 7: 125 EUR; KMR/*Mayer* § 111d Rn. 2: 200 EUR; HK/*Gercke* § 111d Rn. 7: 1.000 EUR. De facto: *Faust* S. 147 (Mindestens 1.000 EUR; auch zur Beschlagnahme, S. 209).

6 BeckOK/*Huber* § 111d Rn. 6; KK/*Spillecke* § 111d Rn. 5; Radtke/Hohmann/*Kiethe* § 111d Rn. 3.

7 SK/*Rogall* § 111d Rn. 10.

8 LR/*Johann* § 111d Rn. 4 (damit scheidet ein persönlicher Sicherheitsarrest gemäß § 918 ZPO aus); SK/*Rogall* § 111d Rn. 4. Das gilt aber nur für das staatliche Vorgehen, während dem Verletzten der Zivilrechtsweg

abschließenden Charakter.[9] Für Anordnung und Vollziehung des dinglichen Arrests enthält sich die StPO eigener Regelungen und **verweist** dafür stattdessen in § 111d Abs. 2 auf die einschlägigen Bestimmungen der **ZPO**. Diese gelten wie § 111c Abs. 3 S. 2 nicht „entsprechend", sondern (lediglich) „sinngemäß". Damit kann zum einen den Besonderheiten des Strafprozesses Rechnung getragen werden. Zum anderen ist dem Rechtsanwender aber auch durchweg die Pflicht auferlegt zu prüfen, ob in concreto überhaupt und wenn ja, inwieweit diese zivilprozessualen Vorschriften gelten.

2 Zum Zwecke der Sicherung der **Geldstrafe**[10] und der (auch im Wege der Schätzung erst noch zu erwartenden[11]) **Verfahrenskosten**[12] darf der (nach Eintritt der Vollstreckbarkeit der Kosten insoweit wieder aufzuhebende[13]) Arrest nur[14] gegen den Beschuldigten (als Betroffenem) und erst angeordnet werden, wenn ein auf Strafe lautendes **Urteil** ergangen ist, § 111d Abs. 1 S. 2. Es genügt dafür ein erstinstanzl. Urteil und (entgg. der hM[15]) – wenn schon ein Bußgeldbescheid einer Verwaltungsbehörde, so auch – ein **Strafbefehl.** Dafür sprechen sowohl der verwendete (wenngleich nicht eindeutige, vgl. § 157) Begriff des „Beschuldigten" als auch die gemäß § 410 Abs. 3 mit Rechtskraft eintretende Gleichstellung von Strafbefehl und Urteil. Damit kann, besteht Grund zu der Annahme, ein Beschuldigter werde versuchen, sich der Vollstreckung der Geldstrafe (nebst Kosten) zu entziehen, die Einbringlichkeit durch Verbindung von Zustellung des Strafbefehls und Ausbringung des Arrests gesichert und damit evtl. Verschleierungsmaßnahmen des Verurteilten wirksam vorgebeugt werden.

II. Verweis auf die ZPO

3 **1. Voraussetzungen.** § 111d Abs. 2 verweist nicht auf § 916 ZPO, weil § 111d Abs. 1 eine **eigene Regelung** darüber enthält, wegen welcher (nicht selbst in § 111d Abs. 1 ihren Rechtsgrund findender) **Geldforderungen** ein strafprozessualer Arrest ausgebracht werden darf.[16] Demgemäß ist die erste Bezugsnorm § 917 ZPO. Danach setzt die Anordnung eines Arrestes (Ausnahme: § 917 Abs. 2 S. 2 ZPO bei Zwangsvollstreckung in ein Schiff) einen **Arrestgrund** voraus. Er liegt bei zu erwartender **Auslandsvollstreckung** vor, § 917 Abs. 2 ZPO,[17] aber nur bei nicht verbürgter Gegenseitigkeit.[18] Diese negative Voraussetzung fehlt nicht nur im Rahmen der EU, sondern (vorbehaltlich bilateraler Besonderheiten) durchweg bei allen Ländern, für welche die Europaratsübereinkommen oder vergleichbare völkerrechtliche Vereinbarungen gelten.

4 **a) Arrestgrund**. Von wesentlich größerer praktischer Bedeutung ist die Antwort auf die Frage nach den allgemeinen Voraussetzungen für das Vorliegen eines Arrestgrundes.[19]

uneingeschränkt offensteht, er ggf. aus Zeitgründen einen zivilprozessualen dinglichen Arrest sogar anstreben muss, vgl. HK/*Gercke* § 111d Rn. 6 mN.

[9] Meyer-Goßner/*Schmitt* § 111d Rn. 1.

[10] Das Sicherungsbedürfnis bedarf aufgrund der Möglichkeit der Anordnung von Ersatzfreiheitsstrafe des Vorliegens besonderer Umstände, LR/*Johann* § 111d Rn. 11. Seit dem 30.6.2013 kann mit Erlass des Bußgeldbescheids auch die Vollstreckung der Geldbuße gesichert werden, § 30 Abs. 6 OWiG iVm § 111d Abs. 1 S. 2, dazu *Achenbach* wistra 2013, 369 ff., 373.

[11] LR/*Johann* § 111d Rn. 13–15; Meyer-Goßner/*Schmitt* § 111d Rn. 6; SK/*Rogall* § 111d Rn. 9.

[12] Eine Verurteilung ist nicht erforderlich, zB im Sicherungsverfahren oder bei Freispruch unter Anordnung einer Maßregel gemäß §§ 63 oder 64 StGB, LR/*Johann* § 111d Rn. 28.

[13] Meyer-Goßner/*Schmitt* § 111d Rn. 6; SK/*Rogall* § 111d Rn. 9.

[14] Nicht gegen Privat- und Nebenkläger, gesetzliche Vertreter sowie Verfalls- und Einziehungsbeteiligte, LR/*Schäfer*, 25. Aufl. § 111d Rn. 11, aA LR/*Johann* § 111d Rn. 13.

[15] KK/*Spillecke* § 111d Rn. 5; KMR/*Mayer* § 111d Rn. 14; LR/*Johann* § 111d Rn. 28; Meyer-Goßner/*Schmitt* § 111d Rn. 5; SK/*Rogall* § 111d Rn. 8.

[16] SK/*Rogall* § 111d Rn. 6.

[17] Meyer-Goßner/*Schmitt* § 111d Rn. 8; aA KMR/*Mayer* § 111b Rn. 24 (aber ohne Differenzen im Ergebnis).

[18] KK/*Spillecke* § 111d Rn. 6; *Kempf/Schilling* Rn. 282; *Podolsky/Brenner* III 6.4; *Schmidt* Rn. 733; verkannt von *Reichhart* S. 78; aA LR/*Johann* § 111d Rn. 22 (trotz Abstellens auf Gegenseitigkeit unter Hinweis auf rechtliche und faktische Schwierigkeiten).

[19] Ausführlich Volk/*Rönnau* MAH Rn. 13/200 ff.

Sie fallen durchaus gegensätzlich aus, in der Literatur nicht selten deckungsgleich mit den Interessen der Berufsgruppenzugehörigkeit des jeweiligen Autors. Ausgangspunkt ist der Gesetzeswortlaut. Danach ist zunächst zu unterscheiden zwischen dem **Arrestanspruch** und dem **Arrestgrund.** Daraus folgt, dass beides **nicht gleichgesetzt** werden darf und mit der Bejahung eines Arrestanspruchs, § 111d Abs. 1, nicht zugleich auch das Vorhandensein eines Arrestgrundes feststeht. § 917 Abs. 1 ZPO stellt darauf ab, ob zu **besorgen** ist, dass die **Vollstreckung** des Urteils, im Strafprozess also von Geldstrafen, Nebenfolgen und Kosten, bei Rückgewinnungshilfe: der Ansprüche des oder der Opfer, **vereitelt** oder **wesentlich erschwert** werden würde. Weil § 917 ZPO Schutz nur gegen Schlechterstellung bietet, nicht aber eine Besserstellung intendiert,[20] reicht eine zu befürchtende bloße **Gläubigerkonkurrenz nicht** aus.[21] Eine Gefährdung der Vollstreckung kann lediglich aufgrund der **Umstände des jeweiligen Einzelfalls** angenommen werden.[22] Das verlangt das Vorhandensein entsprechender **tatsächlicher Anhaltspunkte.** Welcher Art (konkret?[23] positiv?[24]) und welchen Ausmaßes diese Tatsachen sein und welchen Grad an Gewissheit sie erfüllen müssen, lässt sich nicht verallgemeinernd beschreiben. Neben etwaigen **fallspezifischen** Erkenntnissen dürfen jedoch auch **generelle** Überlegungen der Entscheidung mit zugrunde gelegt werden.[25] Das **Übermaßverbot** ist zu wahren. Das gilt nicht nur in Bezug auf das **Ob,** sondern auch betreffend die Frage, in welcher **Höhe**[26] ein Sicherungsbedürfnis besteht und damit ein Arrestgrund vorliegt. Soweit sich absehen lässt, dass eine der Härtefallklauseln des § 73c StGB zur Anwendung gelangen dürfte (zB aufgrund Entreicherung), mindert dies den Umfang des zu Sichernden.[27]

Es besteht eine Korrelation zwischen Tatverdacht und der Höhe des in Rede stehenden Erlangten einerseits und der Person sowie deren Vermögens- und sonstigen Lebensverhältnissen andererseits. Jedoch begründen weder gute noch schlechte Vermögensverhältnisse für sich allein einen Arrestgrund.[28] Eine auf Beiseiteschaffen oder auf sonstige illegale (tatsächliche oder scheinbare) Vermögensminderung gerichtete Handlung[29] ist ebensowenig Voraussetzung für das Vorliegen eines Arrestgrundes wie in subjektiver Hinsicht eine **Vereitelungsabsicht.**[30] **Kooperatives Verhalten** spricht fraglos tendenziell gegen das Vorliegen eines Arrestgrundes,[31] aber nicht prinzipiell, da die Kooperationsbereitschaft vorgetäuscht sein kann. Es ist sehr genau darauf zu achten, ob verbales und reales Verhalten deckungsgleich sind und sich die nachtatlich bekundete Rechtstreue zB in Wiedergutmachungsleis- 5

---

[20] *Rönnau* Rn. 343; Volk/*Rönnau* MAH Rn. 13/205; SK/*Rogall* § 111d Rn. 15. Zum Zivilrecht → § 111g Rn. 1 mN.

[21] OLG Bamberg 12.11.2012 – 4 U 168/12, Rn. 59, WM 2013, 649 ff.; OLG Frankfurt a. M. 13.3.2014 – 4 W 12/14, Rn. 15; OLG Zweibrücken 8.4.2009 – 1 Ws 339/08, wistra 2009, 484 ff., 486; LR/*Johann* § 111d Rn. 21; *Podolsky/Brenner* III 6.4; SK/*Rogall* § 111d Rn. 12. Zur gesetzlichen Ausnahme bei §§ 111g und h → § 111e Rn. 14 und → § 111g Rn. 1 mN; → § 111i Rn. 12.

[22] *Kempf/Schilling* Rn. 283; *Rönnau* Rn. 341 ff., 415, 417 ff.; SK/*Rogall* § 111d Rn. 12 f. mit Beispielen Rn. 16. Vgl. auch Meyer-Goßner/*Schmitt* § 111d Rn. 8 mN. Beispiele bei Achenbach/Ransiek/*Retemeyer* Teil 14, Rn. 99.

[23] LR/*Johann* § 111d Rn. 20; SK/*Rogall* § 111d Rn. 12.

[24] *Kempf/Schilling* Rn. 283.

[25] Der Sache nach ebenso LR/*Johann* § 111d Rn. 20; sehr großzügig SSW/*Burghart* § 111b Rn. 15.

[26] LG Münster 9.3.2011 – 9 Qs 6/11, StV 2012, 157 f. (und kann bei deutlich geminderter Höhe des Arrestanspruchs, ca. 20 T EUR anstatt ca. 1,3 Mio. EUR) zum Entfallen des Arrestgrunds führen; sehr restriktiv *Wehnert/Mosiek* StV 2005, 568, 573. Zur Bedeutung von Wertschwankungen → Rn. 13. Zur Berücksichtigung der Beteiligung mehrerer → § 111i Rn. 9.

[27] Vgl. dazu *Kempf/Schilling* Rn. 408; *Lohse* JR 2011, 242 ff., 244; *Reichhart* S. 116 ff.; *Rönnau* Rn. 213 ff.; zur Übersicherung → Rn. 13.

[28] KK/*Spillecke* § 111d Rn. 6; KMR/*Mayer* § 111b Rn. 24; LR/*Johann* § 111d Rn. 21; Meyer-Goßner/*Schmitt* § 111d Rn. 8; *Rönnau* Rn. 417; *Schmidt* Rn. 735; SK/*Rogall* § 111d Rn. 14 f.; SSW/*Burghart* § 111d Rn. 8; *Wehnert/Mosiek* StV 2005, 568 ff., 570; unzutreffend *Greier* ZIP 2007, 953 ff., 955.

[29] *Kempf/Schilling* Rn. 282.

[30] Daher vermögen auch das zu befürchtende Verhalten Dritter oder sonstige Gründe (zB Witterungseinflüsse) einen Arrestgrund zu begründen, LR/*Johann* § 111d Rn. 19; SK/*Rogall* § 111d Rn. 12.

[31] OLG Bamberg 12.11.2012 – 4 U 168/12, Rn. 57, WM 2013, 649 ff.; SK/*Rogall* § 111d Rn. 14: Transparenz als Gegenspieler eines Arrestgrundes.

tungen manifestiert. Jeweils erforderlich ist eine **Prognose**[32] über das nach Erfahrungswerten **wahrscheinlichste zukünftige Verhalten** des (potentiell) Betroffenen und das **sonstige Geschehen.** Anleihen beim **Haftrecht** sind durchaus sachgerecht.[33] Feststellbare Hinweise auf Flucht, Beiseiteschaffen, Auslandstransfer oder sonstiges Verschleiern,[34] wirtschaftswidriges Verschleudern von Vermögenswerten oder deren dingliche Belastung zugunsten Nahestehender, ebenso deren Bevorzugung bei der Schuldentilgung, erst recht die Verwirklichung eines dieser Umstände stellen danach regelmäßig Arrestgründe dar, wenn deswegen (oder aus anderen Gründen) **weitere** Handlungen zu **erwarten** sind, welche die Vollstreckung wesentlich erschweren oder gar vereiteln könnten.[35]

6 Die Frage nach der **Bedeutung der in Rede stehenden Tat** wird innerhalb der breiten Palette von Gleichsetzung[36] bis unbeachtlich[37] beantwortet. Beide Extreme überzeugen nicht. Es gibt allerdings keinen Grund, Umstände, welche den Verdacht der konkret in Rede stehenden Straftat begründen, im Sinne eines gesetzlich nicht angeordneten Doppelverwertungsverbots für die Entscheidung über das Vorliegen eines Arrestgrundes per se unberücksichtigt zu lassen. Wird einem Beschuldigten eine auf mangelnder Transparenz beruhende, gar eine auf Verschleierung zielende Straftat vorgeworfen, so wäre die Annahme doch geradezu abwegig, er werde sein (legal oder illegal erworbenes) Vermögen ohne weiteres für die Abschöpfung seitens der Strafjustiz und/oder des Verletzten bereithalten. Demnach begründet zwar nicht jeder Verdacht einer verschleiernden Vermögensstraftat automatisch einen Arrestgrund. Ein solcher **kann** aber aus **denselben Umständen** folgen, welche auch den Tatverdacht begründen. Das ist verfassungsrechtlich unbedenklich,[38] bedarf allerdings der Prüfung, Feststellung und Darlegung in jedem Einzelfall.[39]

7 **2. Arrestgesuch.** Gemäß § 920 Abs. 1 ZPO als nächster Bezugsnorm heißt der auf entsprechende gerichtliche Entscheidung gerichtete Antrag **Arrestgesuch.**[40] Ein solches ist entbehrlich, wenn die Stelle, welche die Verfahrensherrschaft innehat, den Arrest selbst

---

[32] *Kempf/Schilling* Rn. 282; SK/*Rogall* § 111d Rn. 12.

[33] *Bittmann/Kühn* wistra 2002, 248 ff., 249; *Kempf/Schilling* Rn. 283; LR/*Johann* § 111d Rn. 19; SK/*Rogall* § 111d Rn. 12; weitere Beispiele bei *Hellerbrand* wistra 2003, 201 ff., 202 f., und bei *Reichhart* S. 80.

[34] OLG Frankfurt a. M. 18.1.2005 – 3 Ws 1095/04, NStZ-RR 2005, 144 f., 145.

[35] LR/*Johann* § 111d Rn. 19; *Schmidt* Rn. 734; SK/*Rogall* § 111d Rn. 17.

[36] OLG Frankfurt a. M. 21.1.2005 – 3 Ws 42/05, NStZ-RR 2005, 111 f.; OLG Stuttgart 21.1.2008 – 2 Ws 328/07 Rn. 19, NJW 2008, 1605 ff.; *Podolsky/Brenner* III 6.4; *Schmidt* Rn. 733.

[37] *Brockhaus* StRR 2011, 309 f.; *Hansen* S. 49 ff.; *Kempf/Schilling* Rn. 284; *Rönnau* Rn. 343 ff., 417; *Rönnau/Hohn* wistra 2002, 445 ff., 451 (immerhin aber anerkennend, dass Besonderheiten der Tat auch den Arrestgrund zu begründen vermögen). Zusammenstellung bei *Burhoff* StRR 2010, 266.

[38] BVerfG 7.6.2005 – 2 BvR 1822/04 Rn. 49, StraFo 2005, 338 ff.

[39] OLG Bamberg 12.11.2012 – 4 U 168//12, Rn. 52 ff., WM 2013, 649 ff.; zustimmend *Bülte* ZWH 2013, 293 f.; KG 20.12.2013 – 25 W 39/13, ZWH 2014, 165 f.; dazu *Bülte* ZWH 2014, 166 ff.; OLG Braunschweig 5.5.2014 – 1 Ws 103/14, Rn. 46 („widerlegliche Vermutung"); OLG Karlsruhe 19.2.2014 – 13 U 108/13; OLG Nürnberg v. 16.4.2013 – 2 Ws 533/12, 2 Ws 10 und 11/13, Rn. 53 ff. mit umfänglichen Nachweisen, wistra 2013, 327 (L); OLG Rostock 19.12.2013 – Ws 320/13, Rn. 28; LG Kiel 16.7.2004 – 37 Qs 44/04, wistra 2004, 440; wohl auch OLG Köln 6.1.2010 – III-2 Ws 636 und 642/09, StV 2011, 145 f.; KMR/*Mayer* § 111b Rn. 24; LR/*Johann* § 111d Rn. 20; *Schlachetzki* wistra 2011, 41 ff., 45; SK/*Rogall* § 111d Rn. 13 f., 17. OLG Hamburg 27.11.2008 – 2 Ws 197/08 Rn. 33, StV 2009, 122, spricht von Indizwirkung. Möglicherweise nur verbal abweichend *Faust* S. 135 f.; *Janssen* Rn. 155. Obwohl *Reichhart* S. 65 ff. die Relevanz von Tatumständen für den Arrestgrund grundsätzlich ablehnt, greift er in dem Maße auf sie zurück, in dem sie entsprechende Schlussfolgerungen zulassen (organisierte Kriminalität, Terrorismus, rücksichtsloses Gewinnstreben), S. 78 f. Volk/*Rönnau* (MAH Rn. 13/207) lehnt es lediglich (zu Recht) ab, den Arrestgrund allein auf die Vermutungswirkung eines verfahrensgegenständlichen Vermögensdelikts zu stützen. Im Fall schwerer Taten zum Nachteil von Unternehmen (Veruntreuen von Firmengeldern; Täuschung und Annahme von Schmiergeld) bejahen *Schilling/Janke* Rn. 72, das Vorliegen eines Arrestgrunds „als Regel".

[40] Zu den Konkretisierungserfordernissen, denen ein Verletzter bei zivilprozessualem Arrest- und Pfändungsgesuch gerecht werden muss, vgl. ausführlich und instruktiv OLG Bamberg 19.3.2012 – 4 U 145/11 (in ZWH 2012, 340 f. mAnm *Gehrmann/Mahler* nur auszugsweise abgedruckt); *Schmid/Winter* NStZ 2002, 8 ff., 15. LR/*Johann* § 111d Rn. 23 hält auch den Nebenkläger für antragsbefugt (nur nach Anklageerhebung denkbar, §§ 395, 396 Abs. 1 S. 1).

anordnet[41] (wegen Gefahr im Verzug die Staatsanwaltschaft, § 111e Abs. 1 S. 1, oder ihre Ermittlungspersonen, § 111e Abs. 1 S. 2, nach Anklageerhebung das Gericht). Das Gesuch muss den **Arrestanspruch,** § 111d Abs. 1, **in Geld oder Wert** (vollständig oder bis zur gewünschten Höhe der Sicherung; ggf. unter Angabe von Schätzungsgrundlagen) und den **Arrestgrund** (nebst tatsachengestützter Begründung) aufführen.[42] Schwierigkeiten kann dabei (nur) die Bewertung bereiten. Im Bedarfsfall muss zumindest die Größenordnung des Wertes des Erlangten oder sonst zu Sichernden **geschätzt** werden, ggf. bereits in diesem Verfahrensstadium unter Einschaltung eines Sachverständigen – angesichts der Vorläufigkeit und dazu nicht passender aufwendiger Ermittlungen[43] unter Beschränkung im Wesentlichen auf Angaben auf der Basis von Erfahrungswissen. Es ist (zur Vermeidung übermäßiger Belastung) möglich, bereits das Gesuch auf die Vollziehung in bestimmte Gegenstände oder unter Ausschluss anderer, zB des Betriebsvermögens, zu beschränken.[44]

§ 111d Abs. 2 verweist **nicht** auch auf § 920 Abs. 2 ZPO. Voraussetzung für die Zulässig- 8
keit eines strafprozessualen Arrestgesuchs ist demnach nicht, dass die Staatsanwaltschaft Arrestanspruch und -grund **glaubhaft** macht. Das bedeutet aber nur, dass auf einen derartigen, im Zivilprozess wegen des Beibringungsgrundsatzes systemgerechten und daher dort erforderlichen Formalakt verzichtet wird. **Inhaltliche Abstriche** sind damit hingegen **nicht** verbunden. Die materiellen Voraussetzungen bleiben unberührt und das Gericht steht vor der Notwendigkeit, sich eine ausreichende **Überzeugung** für das Vorliegen von Arrestanspruch und -grund zu verschaffen.[45] Dazu kann es sowohl auf den gesamten Akteninhalt zurückgreifen als auch selbst weitere Recherchen anstellen. Trotz der Nichtanwendbarkeit von § 920 Abs. 2 ZPO tut die Staatsanwaltschaft daher gut daran, die für das Vorliegen beider Voraussetzungen maßgeblichen Gründe (einschließlich etwaiger dagegen sprechender Umstände) in der Begründung ihres Arrestgesuchs aufzuführen, um auf diese Weise dem Gericht einen zügigen Zugang zum Verfahrensstoff zu ermöglichen.[46]

Das **Gericht** ist aber bereits aus verfassungsrechtlichen Gründen **nicht** an den Antrag 9
der Staatsanwaltschaft **gebunden**, sondern vielmehr gehalten, **selbst** zu prüfen,[47] zu begründen[48] und zu entscheiden. Die in **Schriftform** ergehende Entscheidung des Gerichts heißt bei Stattgabe **Arrestbefehl**, § 923 ZPO, und ist dann zuzustellen.[49] Nach der Rechtsprechung des BVerfG folgt aus der gerichtlichen Prüfungskompetenz zugleicht eine Prüfungspflicht in eben diesem Umfang. Im Arrestbefehl hat das Gericht zu dokumentieren, dass es dieser Prüfungspflicht nachgekommen ist. Es unterliegt hohen, allerdings nach den Umständen des Einzelfalles variablen Anforderungen an die **Begründung** seiner Entscheidung, § 34.[50] Pauschalierende und allgemeine Floskeln genügen keinesfalls. Im Tenor sind das betroffene Vermögen, eventuelle Beschränkungen, der Arrestanspruch nebst Höhe und die Lösungssumme anzugeben.[51] Die weiteren für das Gesuch vorgeschriebenen Angaben (auch zum Arrestgrund[52]) müssen in den Gründen des Arrestbefehls wiederkehren.[53] Sie müssen zudem erkennen lassen, dass das Gericht die maßgeblichen Umstände zur Kenntnis genommen, selbständig bewertet, gegeneinander abgewogen und die Angemessenheit des Arrests eigenständig bejaht hat. Je belastender die Maßnahme sich auswirken kann, desto eingehender muss die schriftliche Begründung ausfallen.

---

[41] LR/*Johann* § 111d Rn. 23.
[42] LR/*Johann* § 111d Rn. 25.
[43] SK/*Rogall* § 111d Rn. 23.
[44] LR/*Johann* § 111d Rn. 25 aE.
[45] *Faust* S. 86; SK/*Rogall* § 111d Rn. 20.
[46] *Schmidt* Rn. 746 ff. hält dies für eine Zulässigkeitsvoraussetzung.
[47] *Hellerbrand* wistra 2003, 201 ff., 202. Zum Umfang *Kempf/Schilling* Rn. 306 ff. mN.
[48] Zu den Anforderungen im Einzelnen *Kempf/Schilling* Rn. 289 ff. mN.
[49] SSW/*Burghart* § 111d Rn. 11.
[50] Nicht nur bei Auslandsvollstreckung wie bei § 922 Abs. 1 S. 2 ZPO, SSW/*Burghart* § 111d Rn. 9.
[51] LR/*Johann* § 111d Rn. 31.
[52] LR/*Johann* § 111d Rn. 31.
[53] SSW/*Burghart* § 111d Rn. 9.

10 **3. Lösungssumme.** Gemäß § 923 ZPO muss der Arrestbefehl mit der Angabe einer **Lösungssumme** verbunden werden. Diese bildet die Grundlage für die Befugnis des Arrestbetroffenen, die **Vollziehung** des angeordneten Arrests **abzuwenden** und entspricht regelmäßig der Summe der zu sichernden Beträge.[54] Diese markiert die Höchstgrenze[55] und darf nur kraft unter den Voraussetzungen des § 111d Abs. 1 S 2 zulässiger spezieller Anordnung auch die Kosten umfassen.[56] Ergeht der Arrest zur Sicherung der Durchsetzung von Geldstrafe, Nebenfolge[57] und Kosten, so ergibt deren Addition die Lösungssumme. Die Abwendung geschieht unterschiedlich, je nachdem, wie weit das Arrestverfahren vorangeschritten ist, ob der Arrestbefehl bereits zumindest teilweise vollzogen wurde. Ist das nicht der Fall, so hemmt die Hinterlegung der Lösungssumme in Geld, gleichgestellt[58] sind analog § 108 ZPO Wertpapiere und eine selbstschuldnerische Bankbürgschaft, die Vollziehung des Arrestbefehls. Ist er hingegen bereits vollzogen, so hat das Gericht nach Hinterlegung der Lösungssumme auf Antrag des Arrestbetroffenen die Vollziehungsmaßnahmen,[59] nicht den Arrestbefehl selbst, aufzuheben, § 934 S. 1 ZPO. Bei teilweiser Vollziehung ist eine Kombination von beidem möglich. Allerdings führt nur die Hinterlegung der gesamten Lösungssumme zur vollständigen Aufhebung, weil andernfalls gerade keine ausreichende Sicherung bestünde.

11 **4. Vollzug.** Die weiteren Normen der ZPO, auf welche § 111d Abs. 2 verweist, befassen sich nicht mehr mit der Arrestanordnung, sondern mit dem **Vollzug des angeordneten Arrests.** Die Einzelheiten des Arrestvollzugs beschreibt allerdings auch die **ZPO** an den in Bezug genommenen Stellen nicht abschließend. § 928 ZPO verweist seinerseits auf die Vorschriften über die Zwangsvollstreckung, soweit die ihm nachfolgenden Paragraphen keine abweichenden Bestimmungen treffen, also Vorrang genießen. Die Verweisung auf die dem § 928 ZPO folgenden Vorschriften schränkt § 111d Abs. 2 dahingehend ein, dass strafprozessual nur die §§ 930–932 und 934 Abs. 1 ZPO einschlägig sind. Obwohl der dies zulassende § 929 Abs. 3 S. 1 ZPO nicht mit in Bezug genommen ist, darf mit der Vollziehung des Arrests bereits vor der Zustellung des Arrestbefehls begonnen werden.[60]

12 **a) Zwangsvollstreckung.** Bereits der **Kettenverweis** in § 928 ZPO bereitet Anwendungsschwierigkeiten:[61] Danach gelten die Bestimmungen über die Zwangsvollstreckung aufgrund des bloßen Sicherungscharakters des Arrests lediglich entsprechend. Hinzu kommt, dass strafprozessual § 928 ZPO selbst nur sinngemäß gilt, § 111d Abs. 2. § 928 ZPO nimmt zB die Vorschriften über die Arten der Zwangsvollstreckung in Bezug, etwa die §§ 803 ff. ZPO,[62] gestattet damit jedoch **lediglich** die **Pfändung, nicht** aber die **Verwertung,** bei der Forderungspfändung also nicht die Überweisung der gepfändeten Forderung, §§ 835 f. ZPO. Die Verweisung in § 928 ZPO erstreckt sich zivilprozessual auch auf die §§ 806a, 806b und 807 ZPO, die aber strafprozessual aufgrund ihrer bloß sinngemäßen Geltung bestenfalls insoweit anwendbar sind, wie sie nicht zur Selbstbelastung zwingen.[63]

13 Sinngemäß zu Gunsten des Betroffenen gelten auch die **Pfändungsschutzbestimmungen.**[64] Bei ihrer Anwendung ist aber immer zu beachten, dass es auch einschlägige **strafpro-**

---

[54] SK/*Rogall* § 111d Rn. 24.

[55] KMR/*Mayer* § 111d Rn. 5.

[56] SSW/*Burghart* § 111d Rn. 10.

[57] Zu Bewertungsfragen → Rn. 7.

[58] LR/*Johann* § 111d Rn. 31; SK/*Rogall* § 111d Rn. 24.

[59] LR/*Johann* § 111d Rn. 38; Musielak/Michael *Huber*, ZPO, 11. Aufl. 2014, ZPO § 934 Rn. 1.

[60] SSW/*Burghart* § 111d Rn. 12.

[61] *Kempf/Schilling* Rn. 310 ff.

[62] SSW/*Burghart* (§ 111c Rn. 4) weist darauf hin, daß Früchte auf dem Halm, § 810 ZPO, zwar zum Zwecke der Vollstreckung einer Geldforderung und damit auch im Zuge eines dinglichen Arrests wie bewegliche Sachen gepfändet, nicht aber als solche gemäß § 111c beschlagnahmt werden können, sondern letzteres nur als wesentliche Bestandteile zusammen mit einem Grundstück.

[63] *Kempf/Schilling* Rn. 318 f.; SK/*Rogall* § 111d Rn. 26.

[64] OLG Celle 25.9.2012 – 2 Ws 214/12 Rn. 16, wistra 2013, 39 f.: §§ 928, 765a ZPO; in concreto aber verneint, trotz Pfändung des Vermögens mit der Folge der Abhängigkeit von Arbeitslosengeld II.

zessuale und damit **vorrangige Schutzbestimmungen** gibt.[65] So darf Arrest wegen Geldstrafe und Kosten gar nicht erst in gemäß § 111d Abs. 3 geschützte Gegenstände vollzogen werden, wenn Tatsachen bekannt sind, welche (auf Antrag) zur Aufhebung dieser Vollziehungsmaßnahme zwingen würden.[66] Im Übrigen gelten die **Schuldnerschutzbestimmungen** der §§ 811 ff. ZPO,[67] auch die §§ 850 ff. für **Arbeitseinkommen.**[68] Die Reichweite des allgemeinen Verbots der **Übersicherung,** § 803 Abs. 1 S. 2 ZPO ist noch nicht geklärt.[69] Ihm ist zumindest dadurch Rechnung zu tragen, dass bei der Auswahl des Vermögensgegenstands, in welche der Arrest vollzogen wird, auf eine angemessene Korrelation zwischen dessen Wert und der Arrestsumme geachtet wird. Die Zulassung gemäß § 111g lässt zwar das Veräußerungsverbot zugunsten des Staates bestehen. Beides zusammen führt jedoch nicht per se zur Übersicherung.[70] Allerdings kann das staatliche Sicherungsbedürfnis entfallen sein, so dass deswegen die Aufhebung der staatlichen Maßnahme geboten sein kann. Weil es auf den Wert des Erlangten ankommt, trägt das **Risiko von Wertschwankungen** der **Betroffene.**[71] Das ist aus zwei Gründen akzeptabel: Zum einen hat er den Grund für die vollstreckungssichernde Maßnahme, also auch für das Sicherstellungsbedürfnis, gesetzt. Zum anderen können etwaige Härten im Urteil über § 73c StGB aufgefangen werden.

b) Vollziehungsfrist. § 111d Abs. 2 verweist **nicht** auf § 929 ZPO. Damit gelten straf- 14
prozessual nicht nur dessen allein einen zivilprozessualen Regelungsgegenstand aufweisende Abs. 1 und 3 nicht, sondern ebensowenig die Vollziehungsfrist des § 929 Abs. 2 ZPO von einem Monat. Obwohl die StPO keine abweichende Regelung enthält, darf aber auch ein **strafprozessualer Arrest zeitlich nicht unbeschränkt vollzogen** (iSv vollstreckt) werden.[72] Zu denken ist an die Übertragung der verfassungsgebotenen Höchstfrist der Vollstreckung eines zu Beweiszwecken ergangenen Durchsuchungs- und ggf. auch Beschlagnahmebeschlusses von 6 Monaten seit seinem Ergehen.[73] Das hätte zwar den Vor-

---

[65] Wohl für Nebeneinander OLG Celle 25.9.2012 – 2 Ws 214/12 Rn. 18, wistra 2013, 39 f.: § 73c StGB in der Vorwirkung auf die Sicherstellungsbefugnis im Rahmen der Prüfung der Verhältnismäßigkeit (in concreto Unbilligkeit verneint).

[66] KMR/*Mayer* § 111d Rn. 18. Unzutreffend KK/*Spillecke* § 111d Rn. 6 (s. aber zutr. Rn. 13); LR/*Johann* § 111d Rn. 43; SK/*Rogall* § 111d Rn. 22, die unter den Voraussetzungen des § 111d Abs. 3 bereits das Ergehen des Arrestbefehls selbst für unzulässig halten; einschränkend *Schmidt* Rn. 739 (Anordnung selbst zulässig, aber nur bei Vorhandensein mehrerer Vollziehungsobjekte).

[67] *Schmidt* Rn. 803 ff.; SK/*Rogall* § 111d Rn. 27.

[68] *Faust* S. 213 f.; *Kempf/Schilling* Rn. 410 ff.; *Schmidt* Rn. 932 ff. Dabei ist jeweils besonders zu prüfen, ob die Ausführungen auch noch auf die aktuellen Bestimmungen dieser häufigen Änderungen unterliegenden Materie zutreffen.

[69] *Faust* S. 204, 212 f.; SK/*Rogall* § 111d Rn. 27. *Reichhart* S. 112 ff., verweist darauf, dass aufgrund des bei Zwangsverwertung zu erwartenden Mindererlöses zivilprozessual der doppelte Wert gesichert werden darf (so tendentiell LR/*Schäfer*, 25. Aufl. § 111b Rn. 4b auch für das Strafverfahren), bei Verfall und Einziehung aber lediglich der Zeitwert entzogen werden dürfe. Daher gölte der Spielraum des § 803 Abs. 1 S. 2 ZPO nur bei der Rückgewinnungshilfe. Unter Berufung auf die das Problemfeld absteckenden Ausführungen von *Rönnau* Rn. 219 ff. (s.a. Volk/*Rönnau* MAH Rn. 13/75 ff), verlangt *Janssen* Rn. 158, aus Gründen der Verhältnismäßigkeit aufgrund der mit jedem Arrest verbundenen Nachteile sogar noch einen weiteren ‚Abschlag', der eine Sicherung nur unterhalb des Wertes des Erlangten zulasse. Dem ist zumindest in seiner Pauschalität zu widersprechen. Es genügt, finanzielle Nachteile bei Prüfung der Entreicherung (→ Rn. 4 aE) zu berücksichtigen. Bei Gesamtschuldnerschaft mehrerer Betroffener kann nicht allein auf den Wert des Erlangten abgestellt werden, so aber SK/*Rogall* § 111b Rn. 23, weil zB im Fall des Vollzugs einer vollstreckungssichernden Maßnahme nur gegenüber einem Beschuldigten die übrigen die Möglichkeit des Beiseiteschaffens hätten und dadurch die Anordnung im Fall des Freispruchs (nur) des Betroffenen möglicherweise gar nicht mehr vollstreckt werden könnte, Achenbach/Ransiek/*Retemeyer* Teil 14, Rn. 104. Das gilt bei der Rückgewinnungshilfe in Anerkennung der Schutzwirkung der Gesamtschuldnerschaft für den Verletzten erst recht, *Lohse* JR 2011, 242 ff., 243 f.

[70] BVerfG 17.11.2007 – 2 BvR 2231/07, BeckRS. 2007, 28265.

[71] BGH 29.6.2010 – 1 StR 245/09 Rn. 50, NStZ 2011, 83 ff.; LR/*Johann* § 111l Rn. 8; *Reichhart* S. 128 ff.; *Rönnau/Hohn* wistra 2002, 445 ff., 449 ff. (aber einschränkend bzgl. § 111c); → § 111i Rn. 16.

[72] BVerfG 7.6.2005 – 2 BvR 1822/04 Rn. 53 ff., StraFo 2005, 338 ff.; aA BeckOK/*Huber* § 111d Rn. 11.

[73] Bejahend *Faust* S. 177 ff., 210; *Kempf/Schilling* Rn. 296 ff.; SK/*Rogall* § 111d Rn. 28. Für eine Vollziehungsfrist von 3 Monaten plädiert *Reichhart* S. 96 ff.

teil der Anwendungsparallelität und würde die Praxis belastende Differenzierungen vermeiden, aber den vorhandenen strukturellen Unterschieden nicht ausreichend Rechnung tragen: Im Hinblick auf den dynamischen, tatsächlichen strafprozessualen Entwicklungen ausgesetzten Sicherungszweck erscheint eine pauschale Frist von 6 Monaten von vorn herein als zu lang. Überdies weist der strafprozessuale Arrest eine stärkere Grundrechtsrelevanz auf als der zivilprozessuale. Zudem mindert der Nichtvollzug das Sicherungsbedürfnis[74] zumindest dann, wenn der Betroffene Kenntnis vom Verfahren hat. Das legt eine verfassungskonforme analoge Anwendung der zivilprozessualen **Vollziehungsfrist von einem Monat** nahe. Bei der Übertragung ist allerdings zu berücksichtigen, dass die Vorbereitungen für die Vollziehung nicht isoliert getroffen werden können, sondern es vielmehr notwendig ist, den gesamten Umständen des jeweiligen Verfahrens (zB einerseits Haft, andererseits nicht offen führbare weitere Ermittlungen) Rechnung zu tragen. Nicht selten ist es im Zuge einer Durchsuchung lediglich möglich, den Arrestbefehl nur in Höhe einer Teilsumme zu vollziehen. Zudem eröffnet oft erst die Auswertung zu Beweiszwecken sichergestellter Gegenstände Kenntnis und Zugang zu weiteren Vermögenswerten, in welche der Arrestbefehl hinsichtlich des noch ungesicherten Betrags erst nach Ablauf eines Monats vollzogen werden kann. Muss man also einerseits zum Schutz der Grundrechte des Betroffenen auch die Vollziehbarkeit eines strafprozessualen Arrests auf einen Monat begrenzen, so verlangen andererseits die Ermittlungsbelange, dass mit dem **Vollzug binnen Monatsfrist lediglich zu beginnen versucht,** der Vollzug aber nicht in dieser Zeit auch abgeschlossen worden sein muss. Für eine darüber hinausgehende zeitliche Beschränkung der Zulässigkeit des weiteren Arrestvollzugs besteht kein Bedarf: Der Betroffene ist aufgrund des begonnenen Vollzugs bzw. dessen Versuchs informiert und kann jederzeit eigeninitiativ Rechtschutz suchen. Überdies ist der Arrestbefehl von Amts wegen aufzuheben bzw. aufheben zu lassen, wenn der Sicherungszweck entfällt. Das bedeutet: Es muss zumindest versucht worden sein, mit dem Arrestvollzug binnen Monatsfrist nach seinem Ergehen zu beginnen.[75] Ist dies jedoch geschehen, so bleibt er (im Übrigen) weiterhin vollziehbar, bis die Voraussetzungen für seine Aufhebung eintreten oder er aus anderen Gründen wie im Zuge des Eintritts der Rechtskraft[76] seine Wirksamkeit verliert.

15 **c) Pfändung.** Weil § 111d Abs. 2 auf § 930 ZPO verweist (einschließlich der Haftungsregelung, § 840 Abs. 2 S. 2 ZPO[77]), wird der Arrest in bewegliches (gegenständliches) Vermögen[78] und in Forderungen[79] (wie die Beschlagnahme) durch **Pfändung** (auch im Wege der Vorpfändung[80]) bewirkt, § 930 Abs. 1 ZPO. Dabei ist darauf zu achten, im Wege der **Hilfspfändung** auch Legitimationspapiere und sonstige dokumentierende Urkunden (Kraftfahrzeugbrief und -schein, Sparbücher, Hypothekenbriefe, Versicherungspolicen etc, bei Computern ggf. auch Softwarelizenzen) mit zu sichern. Möglich und zulässig ist auch die Pfändung **offener Kreditlinien.**[81] Gepfändetes Geld ist gemäß § 930 Abs. 2 ZPO zu hinterlegen. Die Arrestpfändung hat gemäß § 930 Abs. 1 S. 2, Satzteil 1 nach denselben Vorschriften zu geschehen wie jede andere Pfändung auch. Darin liegt ein (strafprozessual: Ketten-)Verweis auf die §§ 803 ff. ZPO für die Mobiliarzwangsvollstreckung. Die Forderungspfändung richtet sich nach den §§ 829–834 ZPO.[82] Dem Drittschuldner ist zu verbie-

[74] OLG Zweibrücken 8.4.2009 – 1 Ws 339/08, wistra 2009, 484 ff., 486.

[75] Zustimmend Volk/*Rönnau* MAH Rn. 13/212; auch *Faust* S. 181 stellt allein auf den Beginn der Vollziehung ab.

[76] → § 111e Rn. 16.

[77] KMR/*Mayer* § 111d Rn. 25.

[78] Einzelheiten bei *Schmidt* Rn. 785 ff.

[79] SK/*Rogall* § 111d Rn. 30. Einzelheiten bei *Schmidt* Rn. 830 ff.; Beispiele bei *Rönnau* Rn. 374 (Lebensversicherung, Wertpapierdepot, Konto, Darlehensansprüche, Gesellschaftsanteile, Bausparguthaben, Lohnansprüche und solche aus Vermietung oder Verpachtung).

[80] KMR/*Mayer* § 111d Rn. 26.

[81] Achenbach/Ransiek/*Retemeyer* Teil 14, Rn. 115.

[82] Einzelheiten bei *Podolsky/Brenner* III 6.6.3, zur Pfändung von Gesellschaftsanteilen III 6.6.4 [auch *Schmidt* Rn. 985 ff.], des Anwartschaftsrechts III 6.6.5 [auch *Schmidt* Rn. 1006 ff.]; *Schmidt* Rn. 919 ff. zur Pfändung von Herausgabeansprüchen, § 847 ZPO – das Bestimmtheitserfordernis verlangt nach OLG Frankfurt a. M.

ten, an den Schuldner zu zahlen, § 929 Abs. 1 S. 1 ZPO, und Letzterem zu gebieten, sich jeglicher Verfügung, insbesondere der Einziehung, zu enthalten, § 929 Abs. 1 S. 2 ZPO. Die Pfändungsverfügung ist dem **Drittschuldner zuzustellen,** §§ 930 Abs. 1 S. 2, 829 Abs. 2 S. 1 ZPO. Ist zB im Fall einer Kaution oder nach Sicherstellung oder Beschlagnahme beweglicher Sachen die Staatsanwaltschaft Drittschuldner, so hat der pfändende Rechtspfleger die Zustellung nicht an die Staatsanwaltschaft als Strafverfolgungsbehörde zu richten, sondern an diese als Verwaltungsbehörde, vertreten durch den Leiter (oder den sonstigen vom Landesrecht bestimmten Repräsentanten). Die mit Pfändung eintretende **Verstrickung** begründet ein **relatives Veräußerungsverbot** gemäß §§ 136, 135 BGB.[83] § 930 Abs. 1 S. 2, Satzteil 2 bestimmt, dass beim Arrestvollzug auch ein **Pfändungspfandrecht** mit den in § 804 ZPO bestimmten Folgen begründet wird.[84] Es **erstarkt** mit *Rechtskraft* der Entscheidung über den Arrestanspruch kraft Gesetzes zu einem **Vollstreckungspfandrecht.** Dieses gestattet dem Gläubiger die **Verwertung**. Die Zuständigkeitsbestimmung in § 930 Abs. 1 S. 3 ZPO wird von der lediglich sinngemäßen Verweisung seitens § 111d Abs. 2 nicht erfasst.

Ein dinglicher Arrest wird nach den Bestimmungen über die Arrestvollziehung in bewegliche Sachen, also im Wege der Pfändung, grundsätzlich auch in ein (im Hafen liegendes, nicht auf Reise befindliches, §§ 870a Abs. 1 S. 2, 930 Abs. 4, 931 Abs. 7 ZPO) Schiff oder Schiffsbauwerk vollzogen.[85] Ist ein solches jedoch in ein **Register** eingetragen, so gelten auch, allerdings nicht als Wirksamkeitsvoraussetzung,[86] die ergänzenden Sonderbestimmungen des § 931 ZPO. Das **Pfändungspfandrecht** hat dann die Wirkung einer **Schiffshypothek,** § 931 Abs. 2 ZPO. Sie ist eintragungs-, § 931 Abs. 6 ZPO, und vormerkungsfähig, § 931 Abs. 3 ZPO. Damit wird dem gutgläubigen Erwerb vorgebeugt. Zusätzlich hat der **Gerichtsvollzieher** das Schiff oder Schiffsbauwerk in Bewachung und Verwahrung zu nehmen, § 931 Abs. 4 ZPO. Ergänzend verweist § 931 Abs. 6 S. 2 ZPO auf die für die Zwangsvollstreckung maßgeblichen Bestimmungen des § 867 Abs. 1 und 2 sowie auf § 870a ZPO, während sich § 931 Abs. 5 auf Rangfragen bezieht. Diese Bestimmungen gelten im Wesentlichen analog für Pfändung von Luftfahrzeugen.[87] 16

Für die Arrestvollziehung in **unbewegliches Vermögen** (Grundstücke oder diesen vollstreckungsrechtlich gleichgestellte Rechte, auch Eigentümergrundschuld nach Tilgung der Hypothekenforderung[88]) verweist § 111d Abs. 2 auf die Sonderbestimmungen des § 932 ZPO.[89] In das Grundbuch ist eine **Höchstbetragssicherungshypothek** einzutragen, welche auf mehr als 750 EUR lauten muss, §§ 932 Abs. 2, 866 Abs. 3 S. 1 ZPO, und welche weder vor der Valutierung zur Umwandlung in eine Eigentümergrundschuld führt[90] noch danach die Löschungsfolgen der §§ 1179a und b BGB auslöst, § 932 Abs. 1 S. 2 ZPO. Der beim Grundbuchamt eingehende Antrag gilt als Arrestvollziehung, § 932 Abs. 3 ZPO. Einschlägig sind auch die von § 932 Abs. 2 ZPO ebenfalls in Bezug genomme- 17

18.1.2005 – 3 Ws 1095/04, NStZ-RR 2005, 144 f., 145, die Bezeichnung der einzelnen Gegenstände, der Verweis auf eine Liste (mit den herauszugebenden Überführungsstücken) reiche nicht aus, zw. Wertpapiere können zwar wie bewegliche Sachen gepfändet werden – bei Girosammelverwahrung steht dem wirtschaftlichen Inhaber jedoch lediglich ein ideeller Anteil zu, welcher gemäß §§ 857, 829 ff. ZPO nur als Recht gepfändet werden kann, *Rönnau/Höhn* wistra 2001, 445 ff., 447 f. Beispiel für eine Vollziehung eines dinglichen Arrests eines Allgemeingläubigers in den (bedingten) Herausgabeanspruch des Beschuldigten gegen die Staatsanwaltschaft nach vollstreckungssichernder Beschlagnahme: VG Augsburg 6.12.2013 – Au 1 S 13.1306, Rn. 8.

[83] *Faust* S. 215.

[84] *Rönnau* Rn. 371; *Schmidt* Rn. 1030 ff.; SK/*Rogall* § 111d Rn. 29.

[85] *Schmidt* Rn. 1018 ff.

[86] KMR/*Mayer* § 111d Rn. 27.

[87] KMR/*Mayer* § 111d Rn. 27; *Schmidt* Rn. 1022; SK/*Rogall* § 111d Rn. 32.

[88] Im Fall einer Grundschuld besteht hingegen lediglich ein schuldrechtlicher Rückübertragungsanspruch, der im Wege der Forderungspfändung arrestiert werden kann.

[89] Einzelheiten bei *Podolsky/Brenner* III 6.6.2; *Schmidt* Rn. 1011 ff., zur Pfändung von Hypothekenforderungen, Rn. 858 ff., und von Grundschulden, Rn. 867 ff.

[90] Volk/*Rönnau* MAH Rn. 13/214; SK/*Rogall* § 111d Rn. 33.

nen Bestimmungen der § 867 Abs. 1 und 2 ZPO im Hinblick auf Eintragungen in Grundbuch und auf dem Arrestbefehl sowie § 868 ZPO zum Erwerb der Arresthypothek seitens des Eigentümers in bestimmten Fällen der Aufhebung des Arrests. Die rechtskräftige Zuerkennung der Arrestforderung führt zur Umwandlung der Arrest- in eine Zwangshypothek. Diese berechtigt den Gläubiger zur Einleitung der **Zwangsversteigerung,** § 867 Abs. 3 ZPO.[91]

III. Beendigung

18 Als letztes verweist § 111d Abs. 2 auf den mit § 923 korrespondierenden § 934 Abs. 1 ZPO.[92] Hinterlegt der Betroffene die **Lösungssumme** oder ein zulässiges Surrogat,[93] so wird zwar nicht die Anordnung des Arrests, wohl aber werden alle Vollziehungsmaßnahmen **aufgehoben,**[94] weil das Land ein Pfandrecht am Hinterlegten erwirbt, § 233 BGB. Der Arrest selbst ist aufzuheben, sobald eine notwendige Anordnungsvoraussetzung entfällt. Die Bestimmung des § 945 ZPO über die Schadenersatzpflicht bei zu Unrecht ergangenem Arrest gilt nicht. Insoweit ist strafprozessual allein das StrEG anwendbar.[95] Ohne ausdrückliche Aufhebung bleibt ein Arrestbefehl wirksam jedenfalls bis zum Eintritt der Rechtskraft derjenigen Entscheidung, deren Vollstreckung seine Anordnung sichert, zumindest[96] in den Fällen des § 111i Abs. 3 auch über den Eintritt der Rechtskraft des Strafurteils und des gleichgestellten Strafbefehls hinaus.

19 Mit Aufhebung befasst sich auch § 111d Abs. 3. Während im Hinblick auf die Sicherung der Vollstreckung der Nebenfolgen (Verfall von Wertersatz bzw. dessen Einziehung) lediglich die allgemeinen Vollstreckungsschutzbestimmungen (§§ 803 Abs. 1 S. 1, 811 ff., 850 ff. ZPO) einschlägig sind, gelten **weitere** zwingende[97] **Beschränkungen** beim Arrest[98] zwecks Sicherung der Vollstreckung einer Geldstrafe und/oder der Verfahrenskosten. Danach hat der Betroffene zwar nicht die Möglichkeit, die Aufhebung des Arrests als solchen zu beantragen. Er kann aber aufgrund Glaubhaftmachung der Voraussetzungen, § 294 ZPO,[99] die **Aufhebung einer Vollziehungsmaßnahme** erwirken. Bestehen mehrere und bedarf es nicht der Aufhebung aller, so wählt das Gericht aus, welche es aufhebt.[100] Angesichts des allgemeinen Vollstreckungsschutzniveaus[101] reduziert sich die Bedeutung dieser Bestimmung im Wesentlichen auf die Sicherung der – nicht nur iSv § 464a Abs. 2 Nr. 2 iVm § 91 Abs. 2 ZPO notwendigen[102] – Kosten des eigenen Wahlverteidigers. Ein

---

[91] *Rönnau* Rn. 372; SK/*Rogall* § 111d Rn. 34.

[92] *Schmidt* Rn. 1041 ff., 1147.

[93] → Rn. 10.

[94] → Rn. 10.

[95] LR/*Johann* § 111d Rn. 46; SK/*Rogall* § 111d Rn. 26. Rechtspolitische Kritik bei *Schilling* StraFo 2011, 128 ff., 130. Die Entschädigung kann auch eingetretenen Wertverlust umfassen, dem Betroffenen aber nicht das Spekulationsrisiko abnehmen, *Rönnau/Hohn* wistra 2002, 445 ff., 448 f. Für die Fälle eines steuerlichen Arrests neigt BGH 13.9.2012 – III ZR 249/11 Rn. 3 ff., wistra 2013, 36 f., zur Anwendung von § 945 ZPO, der aber keine Kursverluste nach Eintritt der Vollziehbarkeit von Steuerbescheiden erfasst, selbst wenn ein dinglicher Arrest vorausgegangen ist.

[96] → § 111e Rn. 15; zur weitergehenden Auffassung des 5. Strafsenats des BGH → § 111e Rn. 14 mN.

[97] LR/*Johann* § 111d Rn. 42.

[98] Für eine Ausweitung auf jeglichen Arrest SSW/*Burghart* § 111d Rn. 14. Ein Bedürfnis für analoge Anwendung auf die Beschlagnahme konstatieren *Kempf/Schilling* Rn. 409; *Reichhart* S. 118 ff., befürwortet sie, verkennt aber, dass hierbei der gesicherte Gegenstand selbst einen Bezug zur Straftat aufweist, → § 111b Rn. 1. Der rechtliche Schutz einer Finanzierung der Wahlverteidigung aus Verbrechenserlösen diskriminierte den Täter, der sich nicht (auch) das dazu erforderliche Geld auf strafrechtlich relevante Weise verschaffte. Überdies wird eine Beschränkung häufig an der mangelnden Teilbarkeit des beschlagnahmten Gegenstands scheitern.

[99] KK/*Spillecke* § 111d Rn. 14.

[100] LR/*Johann* § 111d Rn. 39; SK/*Rogall* § 111d Rn. 37.

[101] Dieses hält das Gesetz für die Fälle des Wertersatzes und der Rückgewinnungshilfe für ausreichend, erstreckt sich § 111d Abs. 3 doch nicht auf diese Varianten. § 73c StGB, SK/*Rogall* § 111d Rn. 37, hilft jedenfalls in den Fällen des § 111b Abs. 5 nicht.

[102] HK/*Gercke* § 111d Rn. 22; KMR/*Mayer* § 111d Rn. 16; LR/*Johann* § 111d Rn. 40; Meyer-Goßner/*Schmitt* § 111d Rn. 19; SK/*Rogall* § 111d Rn. 38.

Arrest allein zwecks Sicherung der Vollstreckung von Geldstrafe und/oder Kosten ist sehr selten. Meist lohnt sich entweder der Aufwand nicht, weil die Ansprüche niedrig und der Angeklagte (relativ) arm ist, oder es sind umgekehrt auch noch andere Ansprüche zu sichern. Ergeht jedoch ein isolierter Arrestbefehl (zB wegen hoher Geldstrafe und/oder üppiger Verfahrenskosten bei drohenden Vermögensverschiebungen), so ist aber bei dessen Vollzug darauf zu achten, dass der Angeklagte als Betroffener auch die (etwaigen!) über die Kosten der Pflichtverteidigung hinausgehenden Gebühren seines Wahlverteidigers begleichen kann. Die dafür **erforderlichen Mittel** müssen aber **keineswegs sofort freigegeben,** dem Angeklagten gar zur freien Verfügung gestellt werden. Es reicht vielmehr aus, sie **an den Wahlverteidiger auszukehren,** nachdem der Betroffene diesem seinen Frei- und Herausgabeanspruch **abgetreten** hat. **Kein Freigabeanspruch** besteht, wenn der Angeklagte durch Verdunkelungshandlungen seine **Finanzknappheit selbst verursacht** hat. Dafür darf er nicht auch noch quasi prämiert werden. Erfasst der Arrest nicht nur Geldstrafe und/oder Kosten, so kann der Freigabeanspruch erst nach ausreichender tatsächlicher Sicherung der übrigen Ansprüche wirksam werden.

§ 111e [Anordnung der Beschlagnahme oder des Arrestes]

(1) [1]Zu der Anordnung der Beschlagnahme (§ 111c) und des Arrestes (§ 111d) ist nur das Gericht, bei Gefahr im Verzuge auch die Staatsanwaltschaft befugt. [2]Zur Anordnung der Beschlagnahme einer beweglichen Sache (§ 111c Abs. 1) sind bei Gefahr im Verzuge auch die Ermittlungspersonen der Staatsanwaltschaft (§ 152 des Gerichtsverfassungsgesetzes) befugt.

(2) [1]Hat die Staatsanwaltschaft die Beschlagnahme oder den Arrest angeordnet, so beantragt sie innerhalb einer Woche die gerichtliche Bestätigung der Anordnung. [2]Dies gilt nicht, wenn die Beschlagnahme einer beweglichen Sache angeordnet ist. [3]Der Betroffene kann in allen Fällen jederzeit die Entscheidung des Gerichts beantragen.

(3) Der Vollzug der Beschlagnahme und des Arrestes ist dem durch die Tat Verletzten, soweit er bekannt ist oder im Verlauf des Verfahrens bekannt wird, unverzüglich durch die Staatsanwaltschaft mitzuteilen.

(4) [1]Die Mitteilung kann durch einmalige Bekanntmachung im Bundesanzeiger erfolgen, wenn eine Mitteilung gegenüber jedem Einzelnen Verletzten mit unverhältnismäßigem Aufwand verbunden wäre oder wenn zu vermuten ist, dass noch unbekannten Verletzten aus der Tat Ansprüche erwachsen sind. [2]Zusätzlich kann die Mitteilung auch in anderer geeigneter Weise veröffentlicht werden. [3]Personendaten dürfen nur veröffentlicht werden, soweit ihre Angabe unerlässlich ist, um den Verletzten zur Durchsetzung ihrer Ansprüche den Zugriff auf die gesicherten Vermögenswerte zu ermöglichen. [4]Nach Beendigung der Sicherungsmaßnahmen veranlasst die Staatsanwaltschaft die Löschung der im Bundesanzeiger vorgenommenen Veröffentlichung.

Übersicht

I. Regelungsgegenstand

1 § 111e (Besonderheiten für Druckwerke in § 111n) befasst sich mit Fragen der **Zuständigkeit** für die **Anordnung** von Beschlagnahme, § 111c, und dinglichem Arrest, § 111d, welche wie Vollstreckungstitel wirken.[1] Wer hingegen für die Vollziehung der angeordneten Beschlagnahme und des angeordneten Arrests zuständig ist, ist nicht Regelungsinhalt des § 111e, sondern Gegenstand von § 111 f.

II. Anordnungskompetenz

2 **1. Richter.** Die **Regelkompetenz** für die Anordnung von Beschlagnahme, § 111c, und dinglichem Arrest, § 111d, liegt beim **Gericht,** § 111e Abs. 1 S. 1. Welches Gericht sachlich zuständig ist, hängt vom Verfahrensstadium ab, in welchem die Anordnung ergehen soll. Im Ermittlungsverfahren ist der Ermittlungsrichter, §§ 162 Abs. 1, 169, zuständig. Er entscheidet (abgesehen von den Fällen des Eingreifens als Notstaatsanwalt gemäß § 165) nur auf **Antrag** der Staatsanwaltschaft. Er **prüft** die Begründetheit des Antrags ohne Bindung an die Auffassung der Staatsanwaltschaft, also **selbständig,** allerdings nur in rechtlicher Hinsicht. Über die reine Zweckmäßigkeit (innerhalb des gerichtlich kontrollierbaren Rechtsrahmens) entscheidet im Ermittlungsverfahren allein die Staatsanwaltschaft.[2] Ist die Verfahrensherrschaft mit Anklageerhebung auf das erkennende Gericht übergegangen, so entscheidet dieses (im Zwischen- oder Hauptverfahren), § 162 Abs. 3 S. 1. Es kann dann sowohl aufgrund eines staatsanwaltschaftlichen Antrags, als auch aus eigener Zuständigkeit heraus tätig werden. Während im Revisionsverfahren der iudex a quo zuständig bleibt, § 162 Abs. 3 S. 2, entscheidet mit Akteneingang beim Berufungsgericht dieses, bis dahin das Amtsgericht.

3 **2. Nicht richterliche Ermittlungsorgane.** Eine allgemeine **Eilzuständigkeit** sieht das Gesetz für die **Staatsanwaltschaft** vor, § 111e Abs. 1 S. 1. Sie ist folglich bei **Gefahr im Verzug** im gleichen Umfang anordnungsbefugt wie das Gericht. Für die Fälle des § 111c Abs. 1 (nicht auch des Abs. 3, Schiffe etc.),[3] der Anordnung der Beschlagnahme einer **beweglichen Sache, erweitert** § 111e Abs. 1 S. 2 die Eilkompetenz auf die **Ermittlungspersonen**[4] der Staatsanwaltschaft iSd § 152 GVG. Das betrifft va Kriminalpolizisten. Sie dürfen ihre Eilanordnungen im selben Maße sogleich selbst vollstrecken.[5] Diese Befugnis erstreckt sich aber nicht auf die Beschlagnahme unbeweglicher Sachen und Forderungen, § 111c Abs. 2 und 3, und gilt für den Arrest, § 111d, überhaupt nicht.[6]

4 Gefahr ist nur dann im Verzug, wenn das aufgrund der Einschaltung des Richters absehbare (ggf. weitere) Zuwarten den **Erfolg** der Maßnahme **gefährden** würde. Dafür müssen **konkrete, aktenkundig**[7] (aufgrund der möglichen Rechtsfolgen, zB im Fall einer Abtretung, sinnvollerweise ebenso der genaue Zeitpunkt[8]) zu machende **Umstände** und nicht nur fallbezogene oder gar lediglich allgemeine Vermutungen sprechen. Angesichts der Verweisung in § 111b Abs. 4 auch auf § 105 spricht nichts für eine Abweichung von den für

---

[1] Wabnitz/Janovsky/*Podolsky*, Rn. 28/82 und 118.

[2] *Hellerbrand* wistra 2003, 201 ff., 204; str., vgl. *Faust* S. 113 mN zum Streitstand in Fn. 551, auch S. 154 ff. Demgegenüber ist die selbständige rechtliche Prüfung seitens der Gerichte verfassungsrechtlich geboten, BVerfG 14.6.2004 – 2 BvR 1136/03 Rn. 47, wistra 2004, 378 ff.; 7.6.2005 – 2 BvR 1822/04 Rn. 43, StraFo 2005, 338 ff.; 3.5.2005 – 2 BvR 1378/04 Rn. 18, NJW 2005, 3630 f.; 29.5.2006 – 2 BvR 820/06 Rn. 21, NStZ 2006, 639 ff.; Radtke/Hohmann/*Pegel* § 111b Rn. 11; s.a. SK/*Rogall* § 111d Rn. 23 und § 111e Rn. 6 f.

[3] SSW/*Burghart* § 111e Rn. 4.

[4] SK/*Rogall* § 111e Rn. 11. Ermittlungspersonen sind zwar an Vorgaben der Staatsanwaltschaft gebunden und haben den Vorrang des anwesenden Staatsanwalts zu berücksichtigen, sind aber auch bei Erreichbarkeit eines Staatsanwalts anordnungsbefugt, weil der abwesende Staatsanwalt (regelmäßig) sowieso nur auf der Basis der Angaben der Ermittlungsperson entscheiden könnte, vgl. dazu allgemein *Metz* NStZ 2012, 242 ff.; aA LR/*Johann* § 111e Rn. 3 und § 111l Rn. 15; Volk/*Rönnau* MAH Rn. 13/173; SSW/*Burghart* § 111e Rn. 5.

[5] *Schmid*/*Winter* NStZ 2002, 8 ff., 8 f.

[6] KMR/*Mayer* § 111e Rn. 5.

[7] KMR/*Mayer* § 111c Rn. 2; Meyer-Goßner/*Schmitt* § 111d Rn. 9.

[8] *Schmidt* Rn. 522.

die beweissichernde Durchsuchung geltenden Regeln.[9] Dabei ist jedoch zu berücksichtigen, dass Gefahr im Verzug für **jede** einzelne **Maßnahme gesondert** zu prüfen und festzustellen ist. Die Entscheidung kann daher für die Durchsuchung anders ausfallen als zB für die Beschlagnahme: Mag für die Anordnung einer Durchsuchung durchaus Zeit genug vorhanden sein, um eine richterliche Entscheidung herbeizuführen, so kann es gleichwohl nötig werden, während der Durchsuchung aufgefundene Vermögensgegenstände sofort zu beschlagnahmen.

Im Hinblick auf alle denkbaren vollstreckungssichernden Maßnahmen kann beim sog 5
„**ersten Zugriff**" Gefahr auch dann im Verzug sein, wenn ein Richter prinzipiell zur allgemeinen Dienstzeit oder außerhalb dieser im Rahmen des Bereitschaftsdienstes erreichbar ist.[10] Selbst in einer solchen Lage ist jedoch auf der Basis des zwar keineswegs zwingenden,[11] aber vom BVerfG vorgegebenen höchst **restriktiven** Verständnisses der Eilkompetenz, welchem die Rechtsprechung und die hM in der Literatur folgt, Vorsicht und Zurückhaltung geboten.[12] Im Hinblick auf die Durchsuchung wird Gefahr kaum über den Fall hinaus in Verzug sein, dass Hinweise darauf vorliegen, eingeweihte Mitbewohner oder andere Tatbeteiligte würden bei verspäteter Rückkehr des (bei einer Verfolgungsbehörde weilenden) Betroffenen Vereitelungshandlungen vornehmen. Darf ausnahmsweise ohne richterlicher Anordnung durchsucht werden, so erstreckt sich aber die Eilkompetenz auf die Beschlagnahme nur dann, wenn deren Vornahme ebenfalls sowohl sofort nötig als auch möglich ist. Agiert die Polizei allein, so ist wohl kaum ein praktischer Fall denkbar, in dem ein dinglicher Arrest bei prinzipieller Erreichbarkeit des Richters wegen Gefahr im Verzug vom Staatsanwalt angeordnet werden darf: Da die Ermittlungspersonen nicht selbst anordnungsbefugt sind, ist das Vergehen der Zeit bis zum Erreichen eines Staatsanwalts unvermeidbar. Nur wenn gleichwohl nicht weiter auf das Ergehen der richterlichen Anordnung gewartet werden könnte, und wann ist das wirklich einmal so, erlaubte das Vorliegen von Gefahr im Verzug die staatsanwaltschaftliche Arrestanordnung.

III. Rechtsform, Richtervorlage

1. Form. Die richterliche Entscheidung ergeht im Normalfall durch **schriftlichen** 6
Beschluss. Sein Inhalt hat sich bei der Beschlagnahme an den Anforderungen an einen **Arrestbefehl** zu orientieren.[13] Die Anforderungen an die (notwendige, § 34) **Begründung** sind abhängig vom Sachverhalt.[14] Sie muss ausweisen, dass sich der Richter der Schwere des Eingriffs und dessen Folgen sowie der Verfassungsrelevanz beider bewusst war. Die unterschiedlichen und zumindest teilweise gegensätzlichen Positionen und Interessen müssen herausgearbeitet und konkret gegeneinander **abgewogen** werden. Das ist aufgrund der

[9] *Hansen* S. 40; *Rönnau* Rn. 335 ff.; im wesentlichen ebenso SK/*Rogall* § 111e Rn. 9 f., aber erweiternd bezüglich Mobilien, auch Forderungen aus (Bank-)Konten: angesichts ihrer Flüchtigkeit sei insoweit prinzipiell Gefahr im Verzug.

[10] Ebenso SK/*Rogall* § 111e Rn. 8 und 11.

[11] Es ließe sich zB danach differenzieren, ob ein verfassungs- oder nur ein einfach-rechtlicher Richtervorbehalt besteht (zB Wohnungsdurchsuchung einerseits sowie Beschlagnahme und dinglicher Arrest andererseits, vgl. SSW/*Burghart* § 111e Rn. 3, selbst aber nicht differenzierend), ob einer Maßnahme (zB Beschlagnahme) eine richterliche Anordnung (zB Durchsuchung) vorausging. Thematisieren lässt sich zudem, welchen zusätzlichen Grundrechtsschutz es tatsächlich bietet, wenn ein Richter nicht auf der Basis des ihm vorliegenden gesamten Akteninhalts entscheiden und sich die ihm dafür erforderlich erscheinende Zeit nehmen kann, sondern allein auf der Basis der ihm fernmündlich vom Staatsanwalt vorgetragenen Informationen sofort seine Entscheidung treffen muss. Selbst wenn man der Auffassung ist, dass im Lichte der Existenz verfassungsrechtlicher Richtervorbehalte einer richterlichen Entscheidung immer eine höhere Qualität als einer nichtrichterlichen zukomme, bliebe es während der Durchsuchung unmöglich, eine nicht von der Exekutive wesentlich beeinflusste richterliche Entscheidung herbeizuführen.

[12] Dafür aus eigener Überzeugung Volk/*Rönnau* MAH Rn. 13/174 ff.

[13] SK/*Rogall* § 111e Rn. 12; SSW/*Burghart* § 111e Rn. 3; → § 111d Rn. 9. Zu verfassungsrechtlichen Erfordernissen BVerfG 14.6.2004 – 2 BvR 1136/03 Rn. 47, wistra 2004, 378 ff.; 7.6.2005 – 2 BvR 1822/04 Rn. 43, StraFo 2005, 338 ff.; 3.5.2005 – 2 BvR 1378/04 Rn. 18, NJW 2005, 3630 f.; 29.5.2006 – 2 BvR 820/06 Rn. 21, NStZ 2006, 639 ff.; zu weiteren Einzelheiten *Faust* S. 121 ff.

[14] *Hellerbrand* wistra 2003, 201 ff., 205.

Rechtschutzgarantie des Art. 19 Abs. 4 GG selbst dann erforderlich, wenn die Rechtstellung nicht im Einzelnen verfassungsrechtlich geschützt ist. Auf das **Sicherstellungsbedürfnis** ist ebenfalls einzugehen. Kommen in den Fällen der **Rückgewinnungshilfe mehrere** Verletzte als **Prätendenten** in Betracht, so ist das Sicherstellungsbedürfnis **aller** zu berücksichtigen. Der Beschluss hat erkennen zu lassen, dass sich das Gericht bewusst war, eine in seinem **Ermessen** stehende Entscheidung zu treffen. Die Begründungsanforderungen für eine Entscheidung, welche die Maßnahmen fortbestehen lässt, steigen mit zunehmender Verfahrensdauer. Der Beschluss **wirkt** kraft Gesetzes **zugunsten aller,** auch unbekannter **Verletzter,** auch wenn das nicht, was empfehlenswert ist,[15] ausdrücklich im Tenor oder den Gründen zum Ausdruck gebracht wird.

7 In Eilfällen[16] kann der Beschluss auch **mündlich** oder – praxisnäher – **fernmündlich** erlassen werden. Das befreit im Hinblick auf die Wirksamkeitsvoraussetzungen aber nur von der Schriftform. **Keine Abstriche** sind hingegen gestattet im Hinblick auf den Zweck der Maßnahme (Vollstreckungssicherung), ihren konkreten Umfang und ihre Reichweite, die die Vollstreckung gefährdenden Gründe und die Ausübung erforderlichen Ermessens. Obwohl der Richter dadurch die Umgrenzungsfunktion nicht mehr sichern kann, muss er im Fall der (fern-)mündlichen Anordnung, bei Ablehnung zumindest dann, wenn ein Rechtsmittel angekündigt oder zu erwarten ist, seinen Begründungsanforderungen nachträglich in abgewandelter Weise dergestalt nachkommen, dass er die Gründe für die Entscheidung, ggf. den Umfang der Anordnung, das Gebot unverzüglicher Entscheidung und, falls bekannt, auch sonstige Besonderheiten (zB bei der Durchführung) in **Vermerkform** (zumindest knapp) aktenkundig macht.[17] Angesichts der zeitlichen Umstände, also aus tatsächlichen Gründen, kann ein (fern-)mündlich erlassener Beschluss nicht wie für das Ermittlungsverfahren von § 36 Abs. 2 S. 1 an sich vorgesehen der Staatsanwaltschaft zwecks Vollstreckung übergeben werden. In diesen Fällen tritt die **(fern-)mündliche Unterrichtung an die Stelle der Übergabe.** Der nachträglich schriftlich abgefasste Beschluss nebst Begründung und ggf. ergänzendem Vermerk über die Eilbedürftigkeit sind anschließend auf dem Bürowege der Staatsanwaltschaft als aktenführender Stelle zuzuleiten. Für **nichtrichterliche Anordnungen** gelten im Wesentlichen die Regeln für richterliche Eilentscheidungen entsprechend.[18] Allerdings kann sich der Anordnungszweck aus den Umständen ergeben.[19] Die Anordnungen selbst werden in der Regel (fern-)mündlich erteilt und übermittelt. Die zu Beginn entbehrliche Schriftform ist unverzüglich nach Durchführung der Maßnahme nachzuholen.[20]

8 **2. Rechtliches Gehör.** Die vorherige Anhörung des Betroffenen vor der richterlichen Entscheidung ist zwar nicht aus Rechtsgründen ausgeschlossen,[21] kommt aber aufgrund der tatsächlichen Umstände regelmäßig nicht in Betracht,[22] weil sie den Zweck der Anordnung gefährden würde, § 33 Abs. 4 S. 1. Das gilt erst recht in Eilfällen und damit bei (fern-)mündlicher Anordnung. Ausnahmen sind zB denkbar, wenn der Betroffene in amtlicher Verwahrung ist und auch keine Möglichkeit hat, Dritte zu kontaktieren.[23] Ohne vorherige Anhörung ergangene gerichtliche Beschlüsse sind dem Betroffenen von der Staatsanwaltschaft im Rahmen der **Vollstreckung** der Entscheidung **zuzustellen,** § 36 Abs. 2 S. 1. Damit ist er faktisch in die Lage versetzt, **Beschwerde** einzulegen.[24]

---

[15] *Wilk/Stewen* wistra 2013, 409 ff., 414. *Schmid/Winter* NStZ 2002, 8 ff., 14, halten das für notwendig.
[16] → Rn. 3 ff.
[17] KMR/*Mayer* § 111c Rn. 2; SK/*Rogall* § 111e Rn. 12.
[18] SK/*Rogall* § 111e Rn. 13.
[19] → vor §§ 111b ff. Rn. 5.
[20] LR/*Johann* § 111e Rn. 4; Meyer-Goßner/*Schmitt* § 111e Rn. 4.
[21] *Reichhart* S. 93 f.; *Schmidt* Rn. 1140 f.
[22] KK/*Spillecke* § 111d Rn. 10; *Huber* RPfleger 2002, 285 ff., 290; KMR/*Mayer* § 111d Rn. 7; LR/*Johann* § 111d Rn. 30 sowie § 111e Rn. 16; Meyer-Goßner/*Schmitt* § 111d Rn. 9; SK/*Rogall* § 111e Rn. 12. Das ist verfassungsgemäß, BVerfG 5.5.2004 – 2 BvR 1012/02 Rn. 24, NJW 2004, 2443 f.
[23] *Hansen* S. 40; SSW/*Burghart* § 111e Rn. 11. IE nicht abweichend *Faust* S. 124 ff., die allerdings dogmatisch zutreffend betont, dass das Entfallen der vorherigen Anhörung juristisch den Ausnahmefall bildet.
[24] → Rn. 18.

Vor Eilanordnungen nichtrichterlicher Organe kommt die vorherige Gewährung mündlichen rechtlichen Gehörs bereits aus tatsächlichen Gründen selten, aber immerhin in den Fällen in Betracht, in welchen sich ein Anordnungsbefugter am Maßnahmeort befindet und der Betroffene zugegen ist. Demgegenüber ist dem Betroffenen vor einer Entscheidung des Gerichts über den Bestätigungsantrag nach staatsanwaltschaftlicher Anordnung, § 111e Abs. 2 S. 1, rechtliches Gehör zu gewähren,[25] es sei denn, der Vollzug steht noch aus.[26] 9

3. Belehrung? Anders als im Fall der Beschlagnahme zu Beweiszwecken enthält das Gesetz für die Sicherungsvollstreckung keine dem § 98 Abs. 2 S. 5 entsprechende Vorschrift, welche vorschreiben würde, den Betroffenen insbesondere über sein Recht, gemäß § 111e Abs. 2 S. 3 das Gericht anzurufen, zu belehren. Gegen eine Analogie spricht zwar, dass der Gesetzgeber selbst bei Einführung der Pflicht zur Erteilung einer Rechtsbehelfsbelehrung im Zivilprozess keine Parallelvorschrift zu § 98 Abs. 2 S. 5 geschaffen hat. Doch stünde die Ablehnung von dessen entsprechender Anwendbarkeit beim unverteidigten bzw. nicht anwaltlich vertretenen Betroffenen wertungsmäßig im Widerspruch zum neuen § 232 ZPO. Mit der bereits zuvor h.M. ist daher seit dem 1.1.2013[27] eine **Belehrungspflicht** des von einer vollstreckungssichernden Beschlagnahme Betroffenen analog § 98 Abs. 2 S. 5 **zu bejahen** – und zwar aus Praktikabilitätsgründen in allen Fällen, also auch dann, wenn dem Betroffenen ein Rechtskundiger beisteht. 10

4. Richtervorlage. Bei einer Eilanordnung hat die Staatsanwaltschaft (ohne die für Anordnungen zu Beweiszwecken maßgeblichen Einschränkungen des § 98 Abs. 2 S. 1) binnen Wochenfrist, § 43, die **gerichtliche Bestätigung** zu beantragen, §§ 111e Abs. 2 S. 1, **es sei denn,** die Eilanordnung der Staatsanwaltschaft oder einer ihrer Ermittlungspersonen bezieht sich auf eine **bewegliche Sache,** § 111e Abs. 2 S. 2. In letztgenannten Fällen bedarf es selbst im Fall des Widerspruchs des Betroffenen[28] der Vorlage an das Gericht nur dann und unter den dafür bestehenden Voraussetzungen, wenn die Beschlagnahme zugleich Beweiszwecken dienen soll. Entscheidet aber das Gerichts einen Fall des § 111e Abs. 2 S. 2, so ist das weder rechtswidrig noch unwirksam, weil es nach Anrufung seitens des dazu jederzeit befugten Betroffenen, § 111e Abs. 3 S. 2, auch insoweit über die Entscheidungskompetenz verfügt.[29] 11

Die Wochenfrist, § 43, **beginnt** dem Wortlaut gemäß bereits mit der **Anordnung** der Maßnahme zu laufen und nicht erst mit deren Vollzug.[30] Das ist insoweit konsequent, als eine nicht unverzüglich vollzogene Anordnung die Eilkompetenz gar nicht erst zu begründen vermag.[31] Die Frist bezieht sich allein auf die Einschaltung des Gerichts und nicht auch auf den Zeitpunkt der richterlichen Entscheidung. Die Frist ist einerseits zwingend, ihre Wahrung aber andererseits mangels einer Regelung wie zB § 110b Abs. 1 S. 2 Hs. 2 nicht Voraussetzung für die fortdauernde Wirksamkeit im Fall ihrer Versäumnis. Deren Rechtsfolge ist demnach nicht iS einer auflösenden Bedingung das automatische Außerkrafttreten der Maßnahme.[32] 12

Zuständig ist das Gericht, welches für den **Regelfall anordnungsbefugt** gewesen wäre.[33] Bei Bindung an die von der Staatsanwaltschaft bejahte Zweckmäßigkeit[34] **überprüft** es die **Anordnung, nicht** hingegen auch etwaige zu ihrem **Vollzug** ergriffene 13

---

[25] LR/*Johann* § 111e Rn. 15.
[26] Zu den Folgen → Rn. 13 aE.
[27] BGBl. I 2012, 2418 ff. Zum Thema *Faust* S. 157; *Janssen* Rn. 62; KK/*Spillecke* § 111e Rn. 4 und 9; KMR/*Mayer* § 111e Rn. 8; LR/*Johann* § 111e Rn. 11; Meyer-Goßner/*Schmitt* § 111e Rn. 8; *Rönnau* Rn. 514; *Schmidt* Rn. 583, 761; SK/*Rogall* § 111e Rn. 13; Volk/*Rönnau* MAH Rn. 13/340.
[28] *Janssen* Rn. 64; LR/*Johann* § 111e Rn. 9.
[29] SK/*Rogall* § 111e Rn. 15.
[30] *Faust* S. 114; *Janssen* Rn. 64 f.; SK/*Rogall* § 111e Rn. 16.
[31] Ähnlich *Faust* S. 114.
[32] HK/*Gercke* § 111e Rn. 6; KK/*Spillecke* § 111e Rn. 6; KMR/*Mayer* § 111e Rn. 3; LR/*Johann* § 111e Rn. 10; Meyer-Goßner/*Schmitt* § 111e Rn. 7 zu § 111e; Volk/*Rönnau* MAH Rn. 13/180; *Schmidt* Rn. 584; SK/*Rogall* § 111e Rn. 16; *Wilk/Stewen* wistra 2013, 409 ff., 411; aA SSW/*Burghart* § 111e Rn. 6 und 8.
[33] Die funktionelle Zuständigkeit regelt § 162, OLG Düsseldorf 30.9.2013 – III-2 Ws 434/13, Rn. 7 – ausweislich Leitsatz 1 auch für die Arrestanordnung NStZ-RR 2014, 85 (L); SK/*Rogall* § 111e Rn. 17.
[34] → Rn. 2.

Maßnahmen,[35] umfassend auf ihre Rechtmäßigkeit. Hinsichtlich des (Rechtsfolge-)**Ermessens** hat das Gericht zu prüfen, ob der Staatsanwaltschaft bewusst war, einen in ihrem Ermessen stehenden Antrag zu stellen und ob sie hinsichtlich Entschließung und Auswahl die ihr gesetzten Grenzen zulässiger Ermessenentscheidungen gewahrt hat.[36] Die Prüfung erstreckt sich auch auf die Frage, ob die **Eilkompetenz zu Recht in Anspruch** genommen[37] und der **schriftliche Vermerk** nachträglich korrekt aktenkundig gemacht wurde. Ist das nicht der Fall, ist die Anordnung nicht bestimmt genug oder leidet sie an einem sonstigen Rechtsfehler, so darf sie der Richter jedenfalls nicht ohne weiteres oder lediglich bestätigen. **Welche Entscheidung** er zu **treffen** hat, **hängt vom Rechtsverstoß** ab. Wurde Gefahr im Verzug zu Unrecht angenommen, so stellt das Gericht die Rechtswidrigkeit der Anordnung fest. Hat ein prinzipiell zuständiges Organ gehandelt, so führt eine rechtswidrige Beschlagnahmeanordnung nicht zur Unwirksamkeit der durchgeführten Beschlagnahme.[38] Bei Rangstreitigkeiten bleibt demnach der Zeitpunkt der Eilanordnung bzw. deren Vollzugs maßgeblich. Demgemäß hat der Richter bei dieser Konstellation neben und **trotz** der Feststellung der (ggf. zu zivilrechtlicher Amts- oder innerdienstlicher Schadenersatz- oder Regresshaftung führenden) **Rechtswidrigkeit** des Handelns des nichtrichterlichen Organs die Maßnahme selbst gleichwohl zu **bestätigen.**[39] Er führt damit ihre Rechtmäßigkeit herbei. Gleiches gilt, wenn allein ein (ausreichender) nachträglicher Vermerk fehlt. Haftungsfolgen ergeben sich daraus hingegen nicht. Wurde die Umgrenzungsfunktion nicht gewahrt, so hat das Gericht nach den eingetretenen Folgen zu differenzieren: Wurden zB unnötig viele Räumlichkeiten oder Gegenstände durchsucht, so ist eine Beschlagnahme schlicht richterlich zu **bestätigen.** Die **Feststellung der Rechtswidrigkeit** der Art und Weise der Durchführung der Durchsuchung oder der Missachtung sonstiger bei der Beschlagnahme zu beachtender Umstände erfolgt nur dann, wenn sich ein Rechtsmittel auch dagegen wendet, nicht also bei bloßer Richtervorlage zur Bestätigung nichtrichterlicher Beschlagnahme. Wurde hingegen etwa von der Pfändung eines werthaltigen Goldbarrens abgesehen und der Arrest stattdessen mit größerer Lästigkeitsfolge in eine Mehrzahl von Gebrauchsgegenständen vollzogen, so ist die Anordnung selbst betroffen und es kommt eine Bestätigung nur mit der Maßgabe einer rangwahrenden **Austauschpfändung** nach den Rechtsgedanken der §§ 811a ZPO und 111c Abs. 6 S. 1 Nr. 1 in Betracht. Ist die Anordnung hingegen zu unbestimmt oder von einem funktionell unzuständigen Organ getroffen worden, so hat das angerufene Gericht sich einer Entscheidung über die Rechtmäßigkeit zu enthalten und schlicht die **Unwirksamkeit**[40] der Anordnung **festzustellen.** Damit darf es sich aber in solchen Fällen ebensowenig begnügen, wie wenn der **Vollzug noch aussteht** und damit die Annahme von Gefahr im Verzug widerlegt,[41] daher die Rechtswidrigkeit der Eilanordnung auszusprechen ist. Vielmehr muss der Richter in beiden Fällen zusätzlich prüfen, ob die Voraussetzungen für eine Anordnung nunmehr gegeben sind. Bejahendenfalls[42] hat er die **Anordnung,** ggf. mit nachteiligen Rangfolgen, **nachzuholen.** Liegen die Anordnungsvoraussetzungen hingegen nicht vor, so ist dies festzustellen.

[35] *Schmidt* Rn. 587.

[36] Weitergehend *Faust* S. 151, 154 ff.

[37] LR/*Johann* § 111e Rn. 13; SK/*Rogall* § 111e Rn. 17; aA BeckOK/*Huber* § 111e Rn. 5.

[38] Volk/*Rönnau* MAH Rn. 13/340. Wohl aber fehlt es an der Wirksamkeit, wurde eine (abstrakt) unzuständige Stelle tätig, KMR/*Mayer* § 111e Rn. 4. Die Frage nach einem Verwertungsverbot, SK/*Rogall* § 111e Rn. 5, kann sich nur stellen, wenn die Anordnung entweder vor der Hauptverhandlung nicht angefochten wurde oder das erkennende Gericht von einer im Ermittlungsverfahren getroffenen gerichtlichen Entscheidung abweichen will. Ein Verwendungsverbot besteht nicht.

[39] OLG Rostock – 19.12.2013 – Ws 320/13, Rn. 17 (maßgeblich ist die Sach- und Rechtslage zum Entscheidungszeitpunkt); a.A. SSW/*Burghart* § 111e Rn. 8: Aufhebung und Neuerlass (ggf. mit Folgen für den Rang).

[40] KK/*Spillecke* § 111e Rn. 2; unzutreffend *Schmidt* Rn. 522: Rechtswidrigkeit.

[41] LR/*Johann* § 111e Rn. 10.

[42] SK/*Rogall* § 111e Rn. 17, auch Rn. 32 (zur Entscheidung nach Anrufung gemäß § 111e Abs. 2 S. 3). Um dem Betroffenen keine Instanz zu nehmen, darf das Beschwerdegericht aber nicht den Beschlagnahmegrund auswechseln (zB §§ 94 ff. anstatt §§ 111b ff.), *Schmidt* Rn. 522.

IV. Aufhebungsentscheidungen

Vollstreckungssichernde Maßnahmen sind vom Gericht **aufzuheben,**[43] wenn eine 14
ursprünglich vorhandene notwendige Voraussetzungen für ihre Anordnung ohne gleichwertigen Ersatz entfällt, zB das Sicherungsbedürfnis. Das ist bei der Rückgewinnungshilfe allerdings wegen der (bis zur Rechtskraft, in den Fällen des § 111i auch darüber hinaus bestehenden[44]) Möglichkeit des Aufrückens im Rang, § 111g und h, nicht bereits mit Erstreiten eines Titels seitens des Opfers der Fall.[45] Selbst ein Freispruch oder eine Verurteilung ohne Anordnung der Vermögensabschöpfung führt, solange dies die Staatsanwaltschaft anfechten werden, nicht zwingend (zB soweit zulässig nach Überleitung in das objektive Verfahren) zur Aufhebung,[46] wohl aber mangels positiver Abschöpfungsprognose doch regelmäßig.[47] Tritt in solchen Fällen Rechtskraft ein, so ist bei fehlendem Fortwirkungsbedürfnis die Aufhebung vollstreckungssichernder Anordnungen immer dann geboten, wenn ihre Wirksamkeit nicht bereits (wie bei der Beschlagnahme[48]) kraft Gesetzes endet.[49] Im Ermittlungsverfahren ist das Gericht analog § 120 Abs. 3 S. 1 an einen Aufhebungsantrag der Staatsanwaltschaft gebunden,[50] bewegliche Sachen kann die Staatsanwaltschaft im Ermittlungsverfahren gemäß § 111k herausgeben. Vorbehaltlich einer Aufrechterhaltungsentscheidung gemäß § 111i (oder, eher theoretisch, einer gerichtlichen Wiedereinsetzung, § 47 Abs. 3 S. 1) sind nach Aufhebung die vollstreckungssichernden Maßnahmen **rückabzuwickeln,** soweit sie vollzogen wurden.[51] Diese Aufgabe obliegt der Staatsanwaltschaft.[52]

Keine Rückabwicklung erfolgt im Fall der **Zweckerreichung.** Der Eintritt der 15
Rechtskraft zeitigt für das Schicksal vollstreckungssichernder Maßnahmen allerdings **unterschiedliche Folgen.** Sie treten grundsätzlich[53] mit Eigentumsübergang aufgrund einer Anordnung von Verfall oder Einziehung (auch in der Fällen der Erweiterung) von Gesetzes wegen außer Kraft.[54] Eine gerichtliche Aufhebungsentscheidung hätte nur deklaratorische Wirkung. Sie ist demnach nicht geboten, aber aus Gründen der Rechts-

---

[43] *Faust* S. 199, 215 f.; *Janssen* Rn. 72; LR/*Johann* § 111e Rn. 26 und 30, auch § 111d Rn. 37; KMR/*Mayer* § 111c Rn. 5; *Rönnau* Rn. 512, unklar Rn. 510; Volk/*Rönnau* MAH Rn. 13/338; SK/*Rogall* § 111e Rn. 22; *Willsch* wistra 2013, 9 ff., 12;. Die Aufhebung ist konstitutiv, wirkt daher nicht auf den Zeitpunkt zurück, zu dem sie hätten aufgehoben werden können oder gar müssen, LR/*Johann* § 111c Rn. 16 a.E.

[44] LR/*Johann* § 111g Rn. 3.

[45] AA LR/*Johann* § 111d Rn. 37. Für dessen Ansicht spricht zwar, dass Gläubigerkonkurrenz keinen Arrestgrund zu begründen vermag, → § 111d Rn. 4. Insbesondere § 111g Abs. 3 S. 5 bzw. § 111h Abs. 1 S. 2 zeigen aber, dass das Gesetz dem Opfer das Veräußerungsverbot bzw. den besseren Rang seiner Sicherungshypothek sichern will. Erst nach Erreichen dieses Zieles ist dessen (verbesserte) Stellung nicht mehr von der staatlichen vollstreckungssichernden Maßnahme abhängig, so dass diese (erst jetzt!) als entbehrlich aufgehoben werden kann und damit muss, LR/*Johann* § 111h Rn. 5. Diese Regelungen stellen daher zwar nicht für die Anordnung, wohl aber für den Fortbestand gesetzliche Ausnahmen von der Bedeutungslosigkeit der Gläubigerkonkurrenz dar.

[46] LR/*Johann* § 111e Rn. 26; aA BeckOK/*Huber* § 111e Rn. 10 (von Gesetzes wegen), Rn. 11 (Aufhebung); KK/*Spillecke* § 111e Rn. 12 (gegenstandslos) und Rn. 16 (Aufhebung geboten) mit der Möglichkeit der Neuanordnung seitens des Berufungsgerichts, Rn. 17; SSW/*Burghart* § 111e Rn. 19; *Willsch* wistra 2013, 9 ff., 11.

[47] → § 111b Rn. 7.

[48] Radtke/Hohmann/*Pegel* § 111b Rn. 8 und Radtke/Hohmann/*Kiethe* § 111e Rn. 6; für die Notwendigkeit einer Aufhebung SK/*Rogall* § 111e Rn. 20; SSW/*Burghart* § 111e Rn. 17.

[49] Obiter für Fortdauer einer Arrestanordnung analog §§ 916 ZPO BGH 20.2.2013 – 5 StR 306/12 Rn. 19, ZWH 2013, 189 f. m. abl. Anm. *Mahler*, zweifelnd auch *Bittmann* wistra 2013, 309; abl. LR/*Johann* § 111e Rn. 30 und § 111i Rn. 27. → aber § 111i Rn. 8.

[50] SK/*Rogall* § 111e Rn. 22; *Janssen* Rn. 72.

[51] LR/*Johann* § 111e Rn. 26 und 28; SK/*Rogall* § 111e Rn. 20.

[52] *Faust* S. 200; *Rönnau* Rn. 510. Näheres → § 111k Rn. 3.

[53] Zu Ausnahmen → Rn. 16.

[54] KMR/*Mayer* § 111c Rn. 4; LR/*Johann* § 111e Rn. 25; Meyer-Goßner/*Schmitt* § 111e Rn. 18; *Podolsky*/*Brenner* III 5.7 und III 7; *Rönnau* Rn. 509; Volk/*Rönnau* MAH Rn. 13/335; aA BeckOK/*Huber* § 111d Rn. 12 (für dinglichen Arrest, wie hier aber § 111e Rn. 10 bezüglich Beschlagnahme); SSW/*Burghart* § 111e Rn. 18 (für dinglichen Arrest); SK/*Rogall* § 111d Rn. 25: Aufhebung, wie hier aber § 111e Rn. 19.

klarheit durchaus sachgerecht.[55] Bei die Rechtskraft durchbrechenden Entscheidungen leben die Sicherungsmaßnahmen allerdings gemäß § 47 Abs. 3 S. 1 wieder auf.[56] In den Fällen der Rückgewinnungshilfe sind die Maßnahmen dann (mit Ausnahme der Behandlung als Fundsache: rück)abzuwickeln, wenn das Gericht sie nicht gemäß § 111i Abs. 3 aufrechterhält.[57] Bei rechtskräftiger Anordnung des Verfalls von Wertersatz (evtl. auch bei Einziehung zB eines Grundstücks) ist zunächst zu prüfen, ob Sicherungsmaßnahmen aufrechtzuerhalten oder gar neu zu ergreifen sind. Ist das nicht der Fall, zB wenn der angeordnete Wertersatz der hinterlegten Lösungssumme entspricht, so bedarf es neben der Vollstreckbarkeit der rechtskräftigen Entscheidung keiner gesonderten Sicherungsmaßnahmen mehr. Sie treten deshalb hier ebenfalls von Gesetzes wegen außer Kraft.[58]

16 Aufrechterhaltungsbedarf kann hingegen bestehen in Fällen der **Notwendigkeit von Vollstreckungs- und/oder Verwertungshandlungen.** Gesetzliche Regeln[59] bestehen nur rudimentär. Die StPO kennt jedenfalls keine Vorschrift, der zufolge vollstreckungssichernde Maßnahmen sämtlich automatisch mit dem Eintritt der Rechtskraft ihre Wirkung verlören oder zwingend aufzuheben seien.[60] Abzustellen ist auf das Vorhandensein eines Sicherungsbedürfnisses. Es kann **über die Rechtskraft hinaus bestehen,** im Hinblick auf die **Vollstreckung,** falls sich der betroffene Vermögensgegenstand noch nicht in amtlicher Verwahrung befindet, die **Verwertung** betreffend, soweit sie nicht aufgrund spezieller Rechtsgrundlagen quasi automatisch erfolgt (zB Erstarken des Arrest- zu einem die Verwertung gestattenden Pfändungspfandrechts[61]). Soweit geboten, bleiben deswegen die ergriffenen Maßnahmen zur Vollstreckungssicherung solange wirksam, bis ihr Zweck erfüllt ist.[62] Sie treten hier also nicht notwendig in einem einzigen Akt, sondern ggf. schrittweise außer Kraft, spätestens mit Ablauf der Frist von 3 Jahren gemäß § 111i Abs. 3 S. 1 bzw. dem Eintritt des Auffangrechtserwerbs gemäß § 111i Abs. 5.

V. Anfechtung

17 Gemäß § 111e Abs. 2 S. 3 kann der Betroffene (Besitzer, Eigentümer, sonstiger Befugter; Beschuldigtenstatus hindert nicht[63]) **jederzeit gerichtliche Entscheidung** gegen sämtliche Anordnungen **nichtrichterlicher Organe** beantragen und zwar unabhängig davon, ob diese selbst verpflichtet sind, um gerichtliche Bestätigung nachzusuchen, § 111e Abs. 2 S. 1, oder dies im Fall der Beschlagnahme einer beweglichen Sache nicht notwendig ist, § 111e Abs. 2 S. 2. Dieser **Rechtsbehelf** ist ein **ausschließlicher,** verstellt folglich den Weg zu den Zivilgerichten, und ist nicht fristgebunden.[64] Er ist auch gegen eine

[55] *Schmidt* Rn. 601; Volk/*Rönnau* MAH Rn. 13/336. Allerdings ergeben sich Unterschiede im Zeitpunkt: Ohne Aufhebungsbeschluss tritt die vollstreckungssichernde Maßnahme erst mit Rechtskraft des Urteils außer Kraft, KMR/*Mayer* § 111c Rn. 5.

[56] Meyer-Goßner/*Schmitt* § 111e Rn. 18 mN; SK/*Rogall* § 111e Rn. 20; aA BeckOK/*Huber* § 111e Rn. 10; Radtke/Hohmann/*Kiethe* § 111e Rn. 6.

[57] Zur weitergehenden Auffassung des 5. Strafsenats des BGH → Rn. 14.

[58] AA LR/*Johann* § 111e Rn. 30: beim dinglichen Arrest bedürfe es der Aufhebung.

[59] § 111g Abs. 3 S. 5 gilt nur im Rahmen der Rückgewinnungshilfe; § 459g befasst sich mit der Vollstreckung von Nebenfolgen, nicht aber mit der Frage, wie sie gesichert werden kann.

[60] *Malitz* NStZ 2003, 61 ff., 61 f. Für Differenzierung auch SK/*Rogall* § 111e Rn. 18; aA *Willsch* wistra 2013, 9 ff., 11.

[61] Vgl. OLG Frankfurt a. M. 5.1.1996 – 3 Ws 92/96, NStZ-RR 1996, 255 f.; KMR/*Mayer* § 111d Rn. 10; LR/*Johann* § 111e Rn. 30; *Rönnau* Rn. 511; Volk/*Rönnau* MAH Rn. 13/337; s. dazu auch bereits → § 111d Rn. 16, 17 und 18.

[62] KK/*Spillecke* § 111e Rn. 14 (für den dinglichen Arrest; anders Rn. 13 und 15); KMR/*Mayer* § 111d Rn. 8 mN; *Schmidt* Rn. 767 (anders Rn. 603 f.); verkannt von KG 15.1.2010 – 3 Ws 6/10, 1 AR 2077/09, StraFo 2010, 292 f.; LR/*Johann* § 111e Rn. 30; aA *Malitz* NStZ 2003, 61 ff., 61 f. (für Beschlagnahme); Meyer-Goßner/*Schmitt* § 111d Rn. 15; *Schmid/Winter* NStZ 2002, 8 ff., 9 (für Beschlagnahme), wie hier aber für den dinglichen Arrest, 9 f.; SK/*Rogall* § 111e Rn. 21 (außer für Verfahrenskosten). Darin könnte der zutreffende Kern der verallgemeinernden Bemerkung des BGH 20.2.2013 – 5 StR 306/12 Rn. 19, ZWH 2013, 189 f., 190, mAnm *Mahler*, liegen.

[63] LR/*Johann* § 111e Rn. 33; SK/*Rogall* § 111e Rn. 34 (zur Beschwerdebefugnis).

[64] Amtsermittlung im Freibeweisverfahren gilt auch für zivilrechtliche Vorfragen, OLG Düsseldorf 10.11.2008 – III-4 Ws 590/08, insbesondere Rn. 19, wistra 2009, 207 f.; KMR/*Mayer* § 111c Rn. 25 und

bereits erledigte Maßnahme statthaft, weil diese einen **schwerwiegenden Grundrechtseingriff** iSd Rechtsprechung des BVerfG darstellt, welcher aus Rehabilitierungsgründen ein Fortsetzungsfeststellungsinteresse begründet.[65] Die gerichtliche Entscheidung erwächst nicht in materielle Rechtskraft. Der Betroffene kann vielmehr auch nach einer gerichtlichen Bestätigungsentscheidung das Gericht erneut anrufen. Ziel ist dann die nunmehrige Aufhebung. Dafür hat er allerdings neue Tatsachen vorzubringen.[66] Die schlichte Wiederholung eines bereits beschiedenen Rechtschutzantrags ist folglich unzulässig.

Entscheidungen des **Ermittlungsrichters** unterliegen hingegen der **einfachen** 18
Beschwerde, § 304.[67] Das gilt sowohl für dessen ursprüngliche, ggf. bereits erledigte Anordnung als auch für Entscheidungen nach Bestätigungs- bzw. Aufhebungsanträgen. Die Beschwerde ist beim anordnenden Gericht einzulegen. Dieses hat gemäß §§ 306 Abs. 2 S. 1, 310 Abs. 2 S. 2 die Möglichkeit der Abhilfe. Sieht es dafür keinen Grund, so legt es die Akten dem Beschwerdegericht[68] vor. Jedenfalls nach Eingang der Beschwerde ist dem Verteidiger oder dem Rechtsvertreter eines Betroffenen auch im Ermittlungsverfahren **Akteneinsicht** zumindest in dem Umfang zu gewähren, wie es das konkrete Rechtsschutzinteresse verlangt.[69] Das kann zwecks Prüfung des Tatverdachts und der Wahrung des Übermaßverbots sehr weit reichen. Ausgenommen werden können allerdings solche Aktenteile, die Hinweise auf bevorstehende weitere Ermittlungsmaßnahmen enthalten. Die Einzelheiten sind streitig.[70] Die weitere Beschwerde ist nur bei einer Arrestanordnung oder -ablehnung von mehr als 20.000 EUR statthaft, § 310 Abs. 1 Nr. 3.[71] Mit Eintritt der Rechtkraft werden noch nicht beschiedene, sich auf vollstreckungssichernde und nicht fortwirkende Maßnahmen beziehende Anträge aufgrund prozessualer Überholung unzulässig.[72] Ob verfassungsrechtlich anerkannte Rehabilitationsgründe auch nach Eintritt der Rechtskraft ein fortwirkendes Feststellungsinteresse zu begründen vermögen, ist zweifelhaft, weil zuvor wirksame Rechtschutzmöglichkeiten bestanden. Die Aufhebung der Anordnung beendet nicht automatisch die Wirksamkeit von Vollziehungsmaßnahmen.[73]

---

§ 111d Rn. 31; Meyer-Goßner/*Schmitt* § 111f Rn. 15. → § 111f Rn. 5. Zur Möglichkeit der Umdeutung von Rechtsbehelfen OLG Braunschweig 5.5.2014 – 1 Ws 103/14, Rn. 11 ff.

[65] Grundlegend: BVerfG 30.4.1997 – 2 BvR 817/90, 728/92, 802/95 und 1065/95, BVerfGE 96, 27 ff.; *Schmidt*, Rn. 1522; SK/*Rogall* § 111e Rn. 33 und Rn. 34 (einschränkend zur Beschwerde, das aber ist zweifelhaft, weil sich der Zeitraum, vor Aufhebung Rechtschutz zu suchen, für Anrufung des Gerichts und Beschwerde wohl kaum grundlegend unterscheidet); zweifelnd *Rönnau* Rn. 522 f.; wie hier Volk/*Rönnau* MAH Rn. 13/348.

[66] *Huber* RPfleger 2002, 285 ff., 290; KK/*Spillecke* § 111e Rn. 4; SK/*Rogall* § 111e Rn. 31.

[67] Allg. Volk/*Rönnau* MAH Rn. 13/341–343. Das gilt auch für erstinstanzliche Entscheidungen eines Oberlandesgerichts und des Ermittlungsrichters am BGH: Unter den Begriff der Beschlagnahme in § 304 Abs. 4 und 5 fällt auch der dingliche Arrest, aaO, Rn. 341 m.N. Der Vollzug kann gemäß § 307 Abs. 2 auch vom Beschwerdegericht ausgesetzt werden; § 120 Abs. 2 ist nicht analog anwendbar, BGH 16.6.2009 – StB 19/09, NStZ 2010, 343 f. Bloße Verletzte sind am Verfahren nicht zu beteiligen, OLG Oldenburg 14.4.2011 – 1 Ws 109/11, StraFo 2011, 224. Die Staatsanwaltschaft ist auch nach Anklageerhebung beschwerdebefugt, LR/*Johann* § 111e Rn. 36.

[68] Für den Fall rangwahrenden Wechsels der Rechtsgrundlage sieht LR/*Johann* § 111e Rn. 34 die Entscheidung des auf Beschwerde entscheidenden Gerichts als Erstanordnung an, die ihrerseits beschwerdefähig sei.

[69] BVerfG 5.5.2004 – 2 BvR 1012/02 Rn. 25 ff., NJW 2004, 2443 f; SSW/*Burghart* § 111e Rn. 13. Ist dies aus Ermittlungsgründen nicht möglich, so findet kein „in-camera-Verfahren" statt, sondern ist die Beschwerdeentscheidung zurückzustellen, BVerfG 9.9.2013 – 2 BvR 533/13, NStZ-RR 2013, 379 f.

[70] → Rn. 24 ff. zu § 147.

[71] Letzteres ist str., Übersicht bei BeckOK/*Huber* § 111e Rn. 14, vgl. OLG Braunschweig 5.5.2014 – 1 Ws 103/14, Rn. 19 ff.; OLG Celle 20.5.2008 – 2 Ws 155/08, wistra 2008, 359 f.; KG 16.4.2010 – 1 Ws 171/09 – 2 AR 103/09, NStZ 2011, 175 f.; OLG Jena 15.4.2011 – 1 Ws 129/11, NStZ-RR 2011, 278 f.; LR/*Johann* § 111e Rn. 35; *Roth* wistra 2010, 335 ff., 338 f.; aA OLG Oldenburg 17.5.2011 – 1 Ws 227/11, NStZ-RR 2011, 282 f.; Meyer-Goßner/*Schmitt* § 111e Rn. 20; SK/*Rogall* § 111e Rn. 35; SSW/*Burghart* § 111e Rn. 14; *Theile* StV 2009, 161 ff., 161 f.; Volk/*Rönnau* MAH Rn. 13/343. Lt. OLG Hamm 9.1.2014 – 1 Ws 579/13, NStZ-RR 2014, 154, ist bei erheblichem neuen Vorbringen und Zeitablaufs von (konkret) zwei Jahren eine Ausgangsentscheidung durch das Vordergericht veranlasst.

[72] Meyer-Goßner/*Schmitt* § 111e Rn. 18; SK/*Rogall* § 111e Rn. 30.

[73] → § 111f Rn. 5.

VI. Mitteilungspflichten

19 §§ 111e Abs. 3 ordnet ohne Einschränkung, aber nicht als Wirksamkeitsvoraussetzung,[74] an, dass der (ganz oder teilweise erfolgreiche, demnach nicht auch der vergeblich versuchte[75]) **Vollzug** einer vollstreckungssichernden Beschlagnahme oder eines Arrests dem bekannten oder bekanntwerdenden Verletzten (eine Pflicht, ihn zu ermitteln, besteht danach nicht[76]) **unverzüglich mitzuteilen** ist. Der Wortlaut ist zu weit gefasst und der Anwendungsbereich der Vorschrift daher teleologisch zu reduzieren.[77] Die Mitteilung soll den Verletzten in die Lage versetzen, das zur Wahrung seiner Rechte zivilprozessual Erforderliche in die Wege zu leiten. Das ist aber nur möglich, soweit es sich um eine Maßnahme der **Rückgewinnungshilfe** handelt. Dient die einstweilige Maßnahme hingegen der Sicherung einer Vollstreckung nur zugunsten des Staates, so wird es regelmäßig sowieso keinen ersatzberechtigten Verletzten geben (und wenn doch, so nützte ihm die Information nichts). Bei allein intendierter Sicherung der zu erwartenden Anordnung von Verfall, Einziehung einschließlich der Erweiterungs- und Wertersatzfälle sowie von Geldstrafe und Verfahrenskosten bedarf es daher keiner Benachrichtigung gemäß § 111e Abs. 3. Dem Gesetzeswortlaut gemäß ist für die Benachrichtigung unabhängig vom Verfahrensstadium **immer** die **Staatsanwaltschaft** zuständig. Nach Anklageerhebung muss demnach das eine einschlägige Information erhaltende Gericht die Staatsanwaltschaft in die Lage versetzen, ihrer Benachrichtigungspflicht nachzukommen.

20 Das Gesetz enthält sich näherer Bestimmungen über Inhalt und Form der Benachrichtigung. Während demgemäß **Formfreiheit** besteht, hat sich der **Inhalt am Zweck zu orientieren.**[78] Demnach sind anzugeben die Tat, der Beschuldigte, ggf. der davon zu unterscheidende Betroffene, die Sicherstellungsmaßnahme und der genau zu bezeichnende, in concreto sichergestellte Gegenstand[79] (zB Beschlagnahme des gestohlenen Kraftfahrzeugs; Arrestierung von x EUR auf dem Konto Nr. 123 bei der ABC-Bank in Y-Stadt). Auf diese Weise sind aufwendige Akteneinsichtsgesuche zum Zwecke der Konkretisierbarkeit der zivilprozessual gebotenen Anträge entbehrlich. Sie sind bei **Allgemeinmitteilungen** gemäß § 111e Abs. 4 S. 1 und 2,[80] die (etwa aus Gründen gebotener **Diskretion**) nicht immer so konkret ausfallen können wie Individualmitteilungen, häufiger zu erwarten. Es bietet sich an, derartige Akteneinsichtsgesuche im Wege eines Auszugs aus einer elektronischen Doppelakte zu erfüllen. Eine **Belehrung** in rechtlicher Hinsicht (zB §§ 111g und 111h Abs. 1 S. 1) ist nur in Nr. 173 RiStBV im Hinblick auf das Adhäsionsverfahren vorgesehen. Zur Vermeidung etwaiger Haftungsrisiken (gegenüber dem Betroffenen, vor allem aber gegenüber Konkurrenzgläubigern) sind derartige Belehrungen zu unterlassen.[81]

21 Die Mitteilung hat **unverzüglich** zu erfolgen. Das gilt auch bei einer Vielzahl von Verletzten. Sind sie nicht sämtlich bekannt, so darf die Benachrichtigung der übrigen nicht deswegen zurückgestellt werden. Das Gesetz räumt hier dem Prioritätsprinzip den Vorrang vor dem Gleichbehandlungsgrundsatz ein. Dieser ist allerdings insoweit zu wahren, als die Staatsanwaltschaft bekannte Verletzte nicht zu unterschiedlichen Zeiten, also erst nacheinan-

---

[74] KMR/*Mayer* § 111e Rn. 9.

[75] *Janssen* Rn. 212; *Wilk/Stewen*, wistra 2013, 409 ff., 415; aA BeckOK/*Huber* § 111e Rn. 6; KK/*Spillecke* § 111e Rn. 10; (unter Berufung auf die Gesetzgebungsmaterialien:) *Kempf/Schilling* Rn. 342; LR/*Johann* § 111e Rn. 18 (beschränkt auf den dinglichen Arrest); Meyer-Goßner/*Schmitt* § 111e Rn. 11; SK/*Rogall* § 111e Rn. 24 (was aber soll dann „vollzogen" sein?).

[76] SK/*Rogall* § 111e Rn. 23.

[77] HK/*Gercke* § 111e Rn. 9; KMR/*Mayer* § 111e Rn. 9; Meyer-Goßner/*Schmitt* § 111e Rn. 11 (allerdings im Hinblick auf §§ 111g, h zu weitgehend); SK/*Rogall* § 111e Rn. 23; aA SSW/*Burghart* § 111e Rn. 20.

[78] SK/*Rogall* § 111e Rn. 24. Pfiffig *Wilk/Stewen* wistra 2013, 409 ff., 415: auf Internetpräsenz des schädigenden Unternehmens geschalteter Hinweis.

[79] Achenbach/Ransiek/*Retemeyer* Teil 14, Rn. 121; KMR/*Mayer* § 111e Rn. 9 und 10; *Schmid/Winter* NStZ 2002, 8 ff., 13 f.

[80] → Rn. 22.

[81] Distanziert auch Meyer-Goßner/*Schmitt* § 111e Rn. 12; aA Radtke/Hohmann/*Kiethe* § 111e Rn. 4; SK/*Rogall* § 111e Rn. 24.

der, in Kenntnis setzen darf.[82] Erwägungen über die Durchsetzbarkeit des Anspruchs eines Verletzten gebühren der Staatsanwaltschaft nicht.[83] Mangelnde Aussichten suspendieren dementsprechend die Informationspflicht nicht. Unverzüglich ist nicht gleichbedeutend mit sofort. Die Staatsanwaltschaft darf deshalb vorrangige Pflichten vor der Mitteilung erfüllen (zB Haft- oder sonstige an das Gericht zu stellende verfahrenssichernde Anträge stellen). Dem Zweck der Mitteilungspflicht entsprechend darf sie auch den bei ihr zu erwartenden Eingang der Information über den Erfolg einer Vollzugsmaßnahme, etwa den Eingang der Drittschuldnererklärung, abwarten.[84] Bei einer Vielzahl von Verletzten wird auch der zeitliche Aufwand für die Vorbereitung aller gebotenen Mitteilungen anzuerkennen sein. Auf unterschiedliche Postlaufzeiten braucht die Staatsanwaltschaft keine Rücksicht zu nehmen und zwar schon deshalb nicht, weil diese nicht kalkulierbar sind (man denke etwa an Benachrichtigungen an im Ausland wohnende Verletzte). Verzögerungen ohne sachlichen Grund sind hingegen zu vermeiden und können Haftungsansprüche auslösen.

Die Pflicht zur Vornahme der Mitteilung im Fall nur unbekannter Verletzter[85] oder an mehrere Verletzte darf auf **einfachere Weise** als durch individuelle Benachrichtigung erfüllt werden, § 111e Abs. 4 S. 1 und 2. Es genügt eine einmalige Bekanntgabe im **elektronischen Bundesanzeiger**, § 111e Abs. 4 S. 1, ggf. ergänzt, also nur **zusätzlich** zur Bekanntgabe im elektronischen Bundesanzeiger, nicht an deren Stelle, durch eine nicht näher spezifizierte Veröffentlichung **in anderer geeigneter Weise,** § 111e Abs. 4 S. 2. Insoweit ist auf die Besonderheiten des Einzelfalles abzustellen. Denkbar sind überörtliche Pressemitteilungen oder Anzeigen, die Information auf der behördeneigenen Homepage, aber auch örtlich begrenzte Aktivitäten (Presse, Aushänge, Plakate oder Handzettel). Diese Erleichterungen sind unter zwei alternativen Voraussetzungen eingeräumt. Sie sind zum einen zulässig, wenn zu vermuten ist, dass es neben den bekannten auch noch unbekannte Verletzte gibt. Eine solche Vermutung kann sich auf Informationen aus den Akten oder auf kriminalistische Erfahrung stützen. Die Erleichterungen greifen zum anderen Platz, wenn der Aufwand für Individualbenachrichtigungen unverhältnismäßig groß wäre. Unter welchen Umständen das der Fall ist, lässt sich nicht generalisierend beschreiben. Es ist eine Entscheidung nach pflichtgemäßem Ermessen zu treffen. Je höher der Verwaltungsaufwand wäre, desto eher kann er als unverhältnismäßig angesehen werden. Die technischen Möglichkeiten zum Versenden von Serienbriefen, noch dazu, wenn die Adressen der Verletzten sowieso gespeichert sind, mindern hingegen den Aufwand. Es ist sicherlich auch die Korrelation zwischen Versandkosten und gesichertem Wert zu berücksichtigen. Die konkreten Umstände sind festzustellen und gegeneinander abzuwägen. Sie sind zumindest in Kurzform als Vermerk aktenkundig zu machen. Der für die Veröffentlichung in allgemeiner Form gemäß § 111e Abs. 4 S. 1 und 2 erforderliche Aufwand ist hingegen nie unverhältnismäßig.[86] Das folgt daraus, dass ein Verzicht auf die Allgemeininformation nicht zur Folge hätte, dass jegliche Benachrichtigung unterbleiben dürfte, sondern dass die mit noch größerem Aufwand verbundenen Individualmitteilungen an bekannte Verletzte zu veranlassen wären. Bei Allgemeinmitteilungen dürfen iSv § 5 Abs. 1 Nr. 1 BZRG **personenbezogene Daten** nur in **unerlässlichem Umfang** veröffentlicht werden, § 111e Abs. 4 S. 3. Diese Bestimmung hat außer der Banalität, dass Bloßstellungen unzulässig sind, keinen (nennenswerten) Regelungsgehalt, weil zu den erforderlichen Informationen[87] unvermeidlich auch personenbezogene Daten gehören. Nach vollständiger Aufhebung einer einstweiligen Sicherungsmaßnahme hat die Staatsanwaltschaft für die **Löschung** der von ihr im elektronischen Bundesanzeiger veranlassten Veröffentlichung zu sorgen, § 111e Abs. 4 S. 4. Diese Bestimmung ist unvollständig. Aus Gründen notwendiger Rehabilitierung muss die Staatsanwalt- 22

---

[82] Achenbach/Ransiek/*Retemeyer* Teil 14, Rn. 120.
[83] Volk/*Rönnau* MAH Rn. 13/245.
[84] KK/*Spillecke* § 111e Rn. 10; *Schmid/Winter* NStZ 2002, 8 ff., 13; SK/*Rogall* § 111e Rn. 25.
[85] LR/*Johann* § 111e Rn. 20.
[86] AA wohl SK/*Rogall* § 111e Rn. 28 f.
[87] → Rn. 20.

schaft vielmehr die Aufhebung der Anordnung **ebenfalls** (und zwar in vergleichbarer Weise) bekanntgeben, wenn sie den Vollzug ursprünglich auch gemäß § 111e Abs. 4 S. 2 veröffentlicht hatte.

§ 111f [Zuständigkeit für Durchführung der Beschlagnahme und Vollziehung des Arrestes]

(1) [1]Die Durchführung der Beschlagnahme (§ 111c) obliegt der Staatsanwaltschaft, bei beweglichen Sachen (§ 111c Abs. 1) auch deren Ermittlungspersonen. [2]§ 98 Abs. 4 gilt entsprechend.

(2) [1]Die erforderlichen Eintragungen in das Grundbuch sowie in die in § 111c Abs. 4 genannten Register werden auf Ersuchen der Staatsanwaltschaft oder des Gerichts bewirkt, welches die Beschlagnahme angeordnet hat. [2]Entsprechendes gilt für die in § 111c Abs. 4 erwähnten Anmeldungen.

(3) [1]Soweit ein Arrest nach den Vorschriften über die Pfändung in bewegliche Sachen zu vollziehen ist, kann dies durch die in § 2 der Justizbeitreibungsordnung bezeichnete Behörde, den Gerichtsvollzieher, die Staatsanwaltschaft oder durch deren Ermittlungspersonen (§ 152 des Gerichtsverfassungsgesetzes) bewirkt werden. [2]Absatz 2 gilt entsprechend. [3]Für die Anordnung der Pfändung eines eingetragenen Schiffes oder Schiffsbauwerkes sowie für die Pfändung einer Forderung aufgrund des Arrestes gemäß § 111d ist die Staatsanwaltschaft oder auf deren Antrag das Gericht, das den Arrest angeordnet hat, zuständig.

(4) Für die Zustellung gilt § 37 Abs. 1 mit der Maßgabe, dass auch die Ermittlungspersonen der Staatsanwaltschaft (§ 152 des Gerichtsverfassungsgesetzes) mit der Ausführung beauftragt werden können.

(5) Gegen Maßnahmen, die in Vollziehung der Beschlagnahme oder des Arrestes getroffen werden, kann der Betroffene jederzeit die Entscheidung des Gerichts beantragen.

I. Regelungsgegenstand

1 Während sich § 111e mit der Zuständigkeit für die Anordnung einstweiliger Maßnahmen befasst, regelt § 111f die Zuständigkeit für die Vollziehung. § 111f Abs. 1 und 2 befassen sich mit der **Durchführung** der **Beschlagnahme,** § 111f Abs. 3 mit der **Arrestvollziehung.** Soweit eine gerichtliche oder staatsanwaltschaftliche Zuständigkeit für die Durchführung besteht, sind die Geschäfte weitgehend auf den Rechtspfleger übertragen, §§ 22 Nr. 2 bzw. 31 Abs. 1 Nr. 1 und 2 RPflG.[1] Es besteht aber kein Automatismus dahingehend, dass eine gerichtlich angeordnete vollstreckungssichernde Maßnahme tatsächlich vollzogen werden muss. Eine solche Entscheidung trägt lediglich Gestattungscharakter. Daher entscheidet über die Vollziehung im Ermittlungsverfahren der sachbearbeitende Staatsanwalt nach seinem pflichtgemäßen Ermessen.[2]

II. Zuständigkeiten

2 Die **Regelzuständigkeit** zum Veranlassen der Durchführung der **Beschlagnahme** beweglicher Sachen, Forderungen und anderer Vermögensrechte liegt bei der **Staatsanwaltschaft,** § 111f Abs. 1 S. 1 Hs. 1,[3] für **bewegliche Sachen** auch bei ihren **Ermittlungspersonen** (§ 152 GVG), § 111f Abs. 1 S. 1 Hs. 2.[4] Die erforderlichen Realakte darf

[1] *Janssen* Rn. 76.
[2] *Schlachetzki* wistra 2011, 41 ff., 46 f.
[3] SK/*Rogall* § 111f Rn. 5 – 9. Entgegen der i.ü. allgM leugnet SSW/*Burghart* (§ 111f Rn. 2) die Zuständigkeit des Rechtspflegers; wie hier Volk/*Rönnau* MAH Rn. 13/183.
[4] Praktisch bedeutsam für die Vornahme eigener Eilanordnungen, *Schmid/Winter* NStZ 2002, 8 ff., 8 f.

unter Aufsicht oder auf Anordnung des Staatsanwalts auch ein Dritter[5] vornehmen. In einem Dienstgebäude der Bundeswehr führt die für dieses zuständige Dienststelle[6] unter fakultativer Beteiligung der ersuchenden Dienststelle die Beschlagnahme durch, weil die Sonderregel des § 98 Abs. 4 entsprechend gilt, § 111e Abs. 1 S. 2. **Registereintragungen** werden von den registerführenden Stellen auf Ersuchen des Gerichts[7] oder der Staatsanwaltschaft[8] bewirkt, § 111f Abs. 2 S. 1 und 2.[9] Soweit die Eintragung allein nicht genügt (bei Schiffen, Schiffsbauwerken und Luftfahrzeugen) ist die Staatsanwaltschaft für die Vornahme der erforderlichen Handlungen gemäß § 111f Abs. 1 zuständig, weil § 111f Abs. 1 S. 1 nur auf § 111c Abs. 1 verweist.[10]

Die **Zuständigkeitsregelung** für die **Arrestvollziehung,** § 111f Abs. 3,[11] gleicht im Kern derjenigen für die Durchführung der Beschlagnahme. Finden die Vorschriften über die Pfändung in bewegliche Sachen Anwendung, so liegt eine Parallelzuständigkeit nicht nur für die Staatsanwaltschaft[12] und ihre Ermittlungspersonen, sondern auch für den Gerichtsvollzieher[13] vor und für die aufgrund von Weiterverweisungen im Einzelnen nicht immer eindeutige und deshalb in der Praxis weitgehend irrelevante, in § 2 JBeitrO bezeichnete Behörde,[14] § 111f Abs. 3 S. 1. Die Auswahl obliegt allein[15] der Staatsanwaltschaft.[16] § 111f Abs. 3 S. 2 verweist für die Registereintragungen ausdrücklich auf § 111f Abs. 2. Schiffe, Schiffsbauwerke, aber auch Luftfahrzeuge,[17] sowie Forderungen aufgrund dinglichen Arrests gemäß § 111d pfändet die Staatsanwaltschaft oder auf deren Antrag das Arrestgericht, § 111f Abs. 3 S. 3. 3

§ 111f Abs. 4 verweist für notwendige Zustellungen auf § 37 Abs. 1, dieser auf die ZPO und damit auf die Vorschriften über die Zustellung sowohl im Amts-, §§ 166 ff. ZPO, als auch im Parteibetrieb, §§ 191 ff. ZPO.[18] Der Verweis gilt aber nur mit der Maßgabe einer (anders als gemäß § 168 Abs. 2 ZPO) voraussetzungslosen ergänzenden Zuständigkeit auch der Ermittlungspersonen. Auf diese Weise kann die Zustellung von den auch mit der Vollziehung der Maßnahme betrauten Personen und damit beides gleichzeitig vorgenommen werden. 4

III. Rechtsschutz

§ 111f Abs. 5 ordnet für den **Rechtschutz** gegen Vollziehungsmaßnahmen (auch solchen des Gerichts[19]) die **ausschließliche Zuständigkeit der Strafjustiz** an.[20] Die Zuständig- 5

[5] KMR/*Mayer* § 111f Rn. 3; LR/*Johann* § 111f Rn. 2; und Meyer-Goßner/*Schmitt* § 111f Rn. 2 schränken dies auf Beamte ein.

[6] Meyer-Goßner/*Schmitt* § 98 Rn. 27.

[7] Es muss entweder mit der Sache befasst sein (Anordnung, Bestätigung), LR/*Johann* § 111f Rn. 5, 8-10, für die Anmeldung der Beschlagnahme beim Grundbuch auf Eilfälle beschränkend, Rn. 3 – daran hat sich nach der Gesetzesänderung zum 1.1.2007 nichts geändert – oder es wird (neu) in Arrestfällen auf Antrag der Staatsanwaltschaft tätig, § 111f Abs. 3 S. 3.

[8] Diese muss die richterliche Bestätigung ihrer Eilanordnungen nicht abwarten, LR/*Johann* § 111f Rn. 3.

[9] *Podolsky/Brenner* III 6.5.2.

[10] *Janssen* Rn. 172; SSW/*Burghart* § 111f Rn. 2.

[11] SK/*Rogall* § 111f Rn. 11 – 18.

[12] Auch insoweit sieht SSW/*Burghart* (§ 111f Rn. 6) nicht den Rechtspfleger als berufen an.

[13] Zur ungenügenden Anerkennung von dessen finanziellen Interessen vgl. Achenbach/Ransiek/*Retemeyer* Teil 14, Rn. 108.

[14] Einzelheiten bei KMR/*Mayer* § 111f Rn. 7; SK/*Rogall* § 111f Rn. 12; SSW/*Burghart* § 111f Rn. 6 (Gerichtskasse).

[15] KMR/*Mayer* § 111f Rn. 8; SK/*Rogall* § 111f Rn. 14, so dass Ermittlungspersonen zB einen Gerichtsvollzieher nicht wirksam beauftragen können.

[16] SK/*Rogall* § 111f Rn. 11; Volk/*Rönnau* MAH Rn. 13/209; SSW/*Burghart* § 111f Rn. 5. KMR/*Mayer* § 111f Rn. 2 hält auch den Richter für zuständig.

[17] SK/*Rogall* § 111f Rn. 17.

[18] KK/*Spillecke* § 111f Rn. 6; KMR/*Mayer* § 111d Rn. 24 (anders für die Beschlagnahme, § 111c Rn. 17); LR/*Johann* § 111f Rn. 11 (mit dem Hinweis, dass über § 404 S. 1 AO auch Steuerfahnder mit der Zustellung betraut werden können); Meyer-Goßner/*Schmitt* § 111f Rn. 14; SK/*Rogall* § 111f Rn. 19.

[19] Meyer-Goßner/*Schmitt* § 111f Rn. 15.

[20] OLG Bamberg 17.7.2012 – 1 Ws 448/12, wistra 2013, 120 (auch für Dritte iS. einer Quasi-Drittwiderspruchsklage); LR/*Johann* § 111f Rn. 12; SK/*Rogall* § 111f Rn. 4 und 20 ff.; SSW/*Burghart* § 111f Rn. 10.

keit (auch nach Rechtskraft) richtet sich nach § 162.[21] Die Aufhebung der Anordnung der Beschlagnahme oder des dinglichen Arrests nimmt den ergriffenen Vollziehungsmaßnahmen nicht ihre Wirkung.[22] Sie sind danach aber regelmäßig[23] aufzuheben. Vollziehungsmaßnahmen sind zudem selbständig angreifbar. Gegen eine Entscheidung des Rechtspflegers des Gerichts ist mangels abweichender Bestimmung in der StPO die einfache Beschwerde gemäß § 304 statthaft.[24] Dafür spricht auch die allgemeine Regelung in § 11 Abs. 1 RPflG, so dass der Auffangrechtsbehelf der Erinnerung gemäß § 11 Abs. 2–4 RPflG nicht gegeben ist. Entscheidungen nicht nur des Staatsanwalts, § 111f Abs. 5, sondern auch[25] des Rechtspflegers[26] der Staatsanwaltschaft, § 31 Abs. 6 S. 1 und 2 RPflG, sind mit dem Antrag auf gerichtliche Entscheidung anfechtbar. Über Einwände gegen die Art und Weise der Durchführung seitens eines nichtgerichtlichen Organs entscheidet ebenfalls das Gericht.[27] Die ursprüngliche oder nach Anrufung getroffene gerichtliche Entscheidung unterliegt der einfachen Beschwerde gemäß § 304.[28] Erweist sich die vorgenommene Vollziehung als nicht rechtmäßig, so hat der Ermittlungsrichter oder die Beschwerdekammer die Vollstreckung

---

Aus der Sicht des Insolvenzrechts sieht *Huber* S. 117 ff. gleichwohl noch einen breiten Raum für Entscheidungen des Insolvenzgerichts. Für die Strafjustiz ist der Grundsatz der Amtsermittlung maßgeblich, Volk/*Rönnau* MAH Rn. 13/344; → § 111e Rn. 17. *Podolsky/Brenner* III 8.4, verweisen darauf, dass mit der Zuständigkeit der Strafgerichte Nachteile für den Beschuldigten aufgrund der Verwertbarkeit seiner Angaben in einem Zivilverfahren vermieden würden. Diesen Vorteil wird der Beschuldigte aber nur mit Schweigen im Rechtschutzverfahren vor den Strafgerichten und damit einem möglichen Verzicht auf zivilrechtlich hilfreiche, aber strafrechtlich belastende Angaben erreichen können. Das war aber auch bei der früheren Zuständigkeit der Zivilgerichte nicht anders.

[21] OLG Hamburg 11.1.2011 – 2 Ws 189/10 Rn. 10 ff., NStZ 2012, 51 ff.; OLG Düsseldorf 30.9.2013 – III-2 Ws 434/13, Rn. 7 ff., NStZ-RR 2014, 85 (L); BeckOK/*Huber* § 111f Rn. 13 mN. (anders aber Rn. 16). Dagegen halten OLG Düsseldorf 10.11.2008 – II – 4 Ws 590/08 Rn. 10 ff., wistra 2009, 207 f. und OLG Frankfurt a. M. 3.9.2010 – 3 Ws 813/10 Rn. 7, NStZ-RR 2010, 379 ff. nach rechtskräftigem Abschluss des gesamten Verfahrens die Zivilgerichte wieder für zuständig. Das dürfte weder mit § 162 noch mit Art. 101 GG vereinbar und auch nicht praktikabel sein, wie hier neben OLG Hamburg aaO auch OLG Celle 6.7.2010 – 2 Ws 236/10 Rn. 7, StV 2011, 147 f.; 10.1.2012 – 1 Ws 7/12 Rn. 3, NStZ-RR 2012, 176 (L); LG Frankfurt (Oder) 14.6.2011 – 6a T 38/11, NStZ-RR 2012, 176 f.; HK/*Gercke* § 111f Rn. 11; KK/*Spillecke* § 111f Rn. 7; LR/*Johann* § 111f Rn. 13; Meyer-Goßner/*Schmitt* § 111f Rn. 15. Richtet sich das Rechtschutzbegehren gegen eine erst nach Rechtskraft vorgenommene Maßnahme oder werden Eigentumsansprüche erst nach diesem Zeitpunkt verfolgt, so wird damit nicht die (ursprüngliche) vollstreckungssichernde Maßnahme angegriffen, sondern die Vollstreckung. Zuständig ist dann zwar ebenfalls die Strafjustiz, dort aber das Gericht des ersten Rechtszugs, §§ 459g, 459h, 462a Abs. 2 S. 1, SSW/*Burghart* § 111f Rn. 12. Bei einer gegen das Land, dessen Justiz handelte, gerichteten, auf Eigentum gestützten Wertersatzklage nach rechtskräftiger Anordnung von Verfall gegen eine vom Kläger verschiedene Person handelt es sich hingegen nicht um einen Fall des § 111f. OLG Schleswig 22.5.2012 – 11 W 20/12, NStZ-RR 2013, 283, hält insoweit (auch?) die Zivilgerichte für zuständig.

[22] OLG Bamberg 19.3.2012 – 4 U 145/11 Rn. 17(in ZWH 2012, 340 f. mAnm *Gehrmann/Mahler* nicht abgedruckt); *Hellerbrand* wistra 2003, 201 ff., 207; KMR/*Mayer* § 111d Rn. 10; LR/*Johann* § 111d Rn. 44; aA KK/*Spillecke* § 111d Rn. 14; Meyer-Goßner/*Schmitt* § 111i Rn. 1.

[23] OLG Nürnberg v. 16.4.2013 – 2 Ws 533/12, 2 Ws 10 und 11/13, Rn. 67 und 73, wistra 2013, 327 (L); anderes gilt, aber aufgrund eigenständiger Rechtsgrundlage, in den Fällen der §§ 111g Abs. 3 S. 5 bzw. 111h Abs. 1 S. 2.

[24] LR/*Johann* § 111f Rn. 12; *Rönnau* Rn. 519; Volk/*Rönnau* MAH Rn. 13/345; *Schmidt* Rn. 1520; aA BeckOK/*Hüber* § 111f Rn. 14.

[25] KK/*Spillecke*, § 111f Rn. 7; LR/*Johann* § 111f Rn. 13; SK/*Rogall* § 111f Rn. 21; teilweise abweichend *Schmidt* Rn. 1516 und 1518. *Faust* S. 186, und *Rönnau* Rn. 519, verlangen zuvor die Entscheidung des Staatsanwalts, obwohl § 31 Abs. 6 S. 2 RPflG das nur vorschreibt, wenn gegen die Entscheidung des Rechtspflegers kein allgemeines Rechtsmittel statthaft ist. Unklarheiten gehen wegen § 300 allerdings nicht zu Lasten des Rechtsmittelführers. Gegen Maßnahmen der Ermittlungspersonen ist aufgrund der Verfahrensherrschaft der Staatsanwaltschaft zunächst diese entscheidungs-, zumindest abhilfebefugt, KK/Spillecke, § 111f Rn. 7 unter Verweis auf § 111l Rn. 7; aA LR/*Johann* § 111f Rn. 13; SK/*Rogall* § 111f Rn. 21.

[26] Das Strafgericht kann angerufen werden gegen Maßnahmen des Gerichtsvollziehers oder des sonstigen Vollziehungsbeamtens der Staatsanwaltschaft, §§ 20 Nr. 17 RPflG, 764 ZPO, LR/*Johann* § 111f Rn. 12 f.; Volk/*Rönnau* MAH Rn. 13/345, sowie mit der Grundbuchbeschwerde gemäß §§ 71 ff. GBO, KK/*Spillecke* § 111f Rn. 7; LR/*Johann* § 111f Rn. 12.

[27] LR/*Johann* § 111f Rn. 12 f.; weitergehend SK/*Rogall* § 111f Rn. 22 (auch gegengerichtliche Maßnahmen zur Durchführung); zum Thema auch *Janssen* Rn. 118; ferner → § 111e Rn. 13.

[28] OLG Bamberg 17.7.2012 – 1 Ws 448/12, wistra 2013, 120; SSW/*Burghart* § 111f Rn. 11; Volk/*Rönnau* MAH Rn. 13/344–346.

gemäß § 775 Nr. 1 oder 3 ZPO einzuschränken (nicht etwa einzustellen, weil Verfahrensgegenstand hier nicht die Vollziehbarkeit als solche, sondern nur die Zulässigkeit einer bestimmten Vollziehungsmaßnahme ist[29]) und die Maßnahmen nach § 776 S. 1 ZPO aufzuheben. Rechtschutz gegen erledigte Maßnahmen ist bei verfassungsrechtlich geschütztem Fortsetzungsfeststellungsinteresse[30] zulässig.[31] Die weitere Beschwerde ist auch bei Vollziehungsmaßnahmen im Wert von über 20.000 EUR nicht statthaft, weil § 310 Abs. 1 Nr. 3 sie nur gegen die Anordnung des dinglichen Arrests vorsieht.[32]

§ 111g [Vorrangige Befriedigung von Ansprüchen des Verletzten]

(1) Die Beschlagnahme eines Gegenstandes nach § 111c und die Vollziehung des Arrestes nach § 111d wirken nicht gegen eine Verfügung des Verletzten, die auf Grund eines aus der Straftat erwachsenen Anspruches im Wege der Zwangsvollstreckung oder der Arrestvollziehung erfolgt.

(2) [1]Die Zwangsvollstreckung oder Arrestvollziehung nach Absatz 1 bedarf der Zulassung durch das Gericht, das für die Anordnung der Beschlagnahme (§ 111c) oder des Arrestes (§ 111d) zuständig ist. [2]Die Entscheidung ergeht durch Beschluß, der von der Staatsanwaltschaft, dem Beschuldigten und dem Verletzten mit sofortiger Beschwerde angefochten werden kann. [3]Die Zulassung ist zu versagen, wenn der Verletzte nicht glaubhaft macht, daß der Anspruch aus der Straftat erwachsen ist. [4]§ 294 der Zivilprozeßordnung ist anzuwenden.

(3) [1]Das Veräußerungsverbot nach § 111c Abs. 5 gilt vom Zeitpunkt der Beschlagnahme an auch zugunsten von Verletzten, die während der Dauer der Beschlagnahme in den beschlagnahmten Gegenstand die Zwangsvollstreckung betreiben oder den Arrest vollziehen. [2]Die Eintragung des Veräußerungsverbotes im Grundbuch zugunsten des Staates gilt für die Anwendung des § 892 Abs. 1 Satz 2 des Bürgerlichen Gesetzbuches auch als Eintragung zugunsten solcher Verletzter, die während der Dauer der Beschlagnahme als Begünstigte aus dem Veräußerungsverbot in das Grundbuch eingetragen werden. [3]Der Nachweis, daß der Anspruch aus der Straftat erwachsen ist, kann gegenüber dem Grundbuchamt durch Vorlage des Zulassungsbeschlusses geführt werden. [4]Die Sätze 2 und 3 gelten sinngemäß für das Veräußerungsverbot bei den in § 111c Abs. 4 genannten Schiffen, Schiffsbauwerken und Luftfahrzeugen. [5]Die Wirksamkeit des Veräußerungsverbotes zugunsten des Verletzten wird durch die Aufhebung der Beschlagnahme nicht berührt. [6]Die Sätze 1 und 5 gelten entsprechend für die Wirkung des Pfandrechts, das durch die Vollziehung eines Arrestes (§ 111d) in das bewegliche Vermögen entstanden ist.

---

[29] Offengelassen von OLG Celle 25.9.2012 – 2 Ws 214/12 Rn. 12, wistra 2013, 39 f.; aA LR/*Johann* § 111f Rn. 16 (Zwangsvollstreckung sei einzustellen).

[30] → § 111e Rn. 17. § 111f Abs. 5 bezieht sich allein auf die Vollziehungsmaßnahme, so dass das Fortsetzungsfeststellungsinteresse also diesbezüglich bestehen muss. Dessen Bejahung allein für die Anordnung genügt dafür nicht, LR/*Johann* § 111f Rn. 13 a.E.

[31] Das Verfahren nach § 111f Abs. 5 ist (außer bei Fortsetzungsfeststellungsinteresse) wegen prozessualer Überholung für erledigt zu erklären, tritt Rechtskraft der Verfallsentscheidung ein, bevor es abgeschlossen wurde, OLG Düsseldorf 10.11.2008 – III-4 Ws 590/08, wistra 2009, 207 f.; OLG Nürnberg 22.3.2010 – 1 Ws 141/10, StV 2011, 148; aA OLG Celle 6.7.2010 – 2 Ws 236/10, StV 2011, 147 f.; Meyer-Goßner/*Schmitt* § 111f Rn. 15. In der Kontroverse wird aber nicht immer auseinandergehalten, ob Verfahrensgegenstand die vollstreckungssichernde (dann: regelmäßig prozessuale Überholung) oder die im Urteil rechtskräftig angeordnete (endgültige) Maßnahme ist (zur weiteren Zuständigkeit der Strafgerichte vgl. oben eingangs dieser Rn.).

[32] OLG Köln 26.4.2011 – 2 Ws 223/11, StV 2011, 613 (L); OLG Rostock 19.12.2013 – Ws 320/13, Rn. 49; KMR/*Mayer* § 111d Rn. 33 mN; SK/*Rogall* § 111f Rn. 24; OLG Hamm 20.6.2013 – III-2 Ws 80/93, ZInsO 2013, 1790 ff., verkannte, dass eine Maßnahme der Arrestvollziehung in Rede stand, es also gar nicht zuständig war, dazu *Bittmann* ZWH 2014, 135 ff., 139; unklar OLG Köln 11.10.2013 – III-2 Ws 522/13, Rn. 4 für den Fall des Angriffs auf den Arrest selbst und auf ergriffene Vollziehungsmaßnahmen.

(4) Unterliegt der Gegenstand, der beschlagnahmt oder aufgrund des Arrestes gepfändet worden ist, aus anderen als den in § 73 Abs. 1 Satz 2 des Strafgesetzbuches bezeichneten Gründen nicht dem Verfall oder ist die Zulassung zu Unrecht erfolgt, so ist der Verletzte Dritten zum Ersatz des Schadens verpflichtet, der ihnen dadurch entsteht, daß das Veräußerungsverbot nach Absatz 3 zu seinen Gunsten gilt.

(5) [1]Die Absätze 1 bis 4 gelten entsprechend, wenn der Verfall eines Gegenstandes angeordnet, die Anordnung aber noch nicht rechtskräftig ist. [2]Sie gelten nicht, wenn der Gegenstand der Einziehung unterliegt.

I. Regelungsgegenstand

1 § 73 Abs. 1 S. 2 StGB sowie die §§ 111g und 111h beruhen auf demselben Grundgedanken: dem **Vorrang** der **Interessen** des **Verletzten** einer Straftat.[1] Der Verfall ist im Kollisionsfall materiellrechtlich ausgeschlossen, um dem Verletzten die Befriedigung seiner Ansprüche[2] aus dem vom Täter Erlangten zu erleichtern. Strafprozessual wird der Anspruch des Verletzten über die Rückgewinnungshilfe, § 111b Abs. 5, abgesichert, und dessen[3] Vorrang mit §§ 111g und 111h über das Erlangte hinaus erweitert: Andere, selbst in legal erworbene Vermögensgegenstände des Betroffenen vollzogene, auf die Sicherung des Verfalls oder der Rückgewinnungshilfe, einer Geldstrafe oder der voraussichtlichen Kosten des Verfahrens[4] (nicht auch der überwiegend öffentlichen Interessen dienenden Einziehung, § 111g Abs. 5 S. 2[5]), zielende **Maßnahmen treten** ebenso wie von nicht zugelassenen Gläubigern erwirkte **Zwischenrechte gegenüber** während (nicht auch danach[6]) der Geltungsdauer der Beschlagnahme bzw. des dinglichen Arrests angeordneten, § 111g Abs. 3 S. 1 (beim Arrest iVm S. 6), auch selbst nur vorläufigen **Verfügungen** des **Verletzten** (wurzeln sie in Zwangsvollstreckung oder Arrestvollziehung[7]) **zurück,** § 111g Abs. 1. Ent-

[1] *Huber* RPfleger 2002, 285 ff., 291 (unter Hinweis auf die Gesetzgebungsmaterialien, BT-Drs. 7/550, 294), 293; *Rönnau* Rn. 45; SK/*Rogall* § 111g Rn. 1 und 3, SSW/*Burghart* § 111g, h Rn. 1.

[2] Eine Beschränkung auf Ansprüche, die allein dem Ausgleich der Vermögensverschiebung dienen, ist dem Gesetz weder vom Wortlaut noch von seinem systematischen Regelungszweck her zu entnehmen, (wohl) wie hier Volk/*Rönnau* MAH Rn. 13/238; KK/*Spillecke* § 111g Rn. 2; aA *Hansen* S. 95 ff. mN (‚auf Kosten', zB Schmerzensgeld oder Aufwendungen für Heilbehandlung, Beseitigung bzw. Rechtsverfolgung, genügten nicht; erfasst seien nur Ansprüche als Kehrseite des Erlangten). Privilegiert vollstreckt werden kann zwar nur in das *Erlangte* iS des § 73 StGB (und das auch nur, soweit Sicherungsmaßnahmen erfolgreich ergriffen wurden). Sowohl § 73 Abs. 1 S. 2 StGB als auch §§ 111g Abs. 1 bzw. 111h Abs. 1 S. 1 nehmen hingegen (alle) Ansprüche in Bezug, welche dem Verletzten aus der Straftat erwachsen sind und gehen auf diese Weise über das Bereicherungsrecht des BGB hinaus. Das führt allerdings zu einer Verstärkung der Wirkungen des Prioritätsprinzips – im Verhältnis zu Nicht-Verletzten durchaus in sich systemgerecht, im Verhältnis mehrerer Verletzter untereinander hingegen durchaus nicht über jeden Zweifel erhaben, vgl. dazu *Bittmann* wistra 2013, 218 ff., 221 f.

[3] HK/*Gercke* § 111g Rn. 4.

[4] Die Anwendungsbereiche von § 111g und § 111h unterscheiden sich nach der Erstreckung des § 111g auch auf den dinglichen Arrest entgegen SK/*Rogall* § 111h Rn. 2 nur noch im Hinblick auf die der Einziehung unterliegenden Gegenstände, die gemäß § 111g Abs. 5 S. 2 nur dieser Bestimmung nicht unterfallen, wohl aber § 111h, während aufgrund der im Übrigen vollständigen Verweisung auf § 111d auch wegen Geldstrafen und voraussichtlicher Verfahrenskosten ergangene, auf strafprozessualer Grundlage beruhende Sicherungsrechte im Bedarfsfall gegenüber denjenigen Verletzter zurücktreten müssen.

[5] *Janssen* Rn. 222, 224; SK/*Rogall* § 111g Rn. 35; rechtspolitische Kritik übt SSW/*Burghart* § 111g, h Rn. 14.

[6] SSW/*Burghart* § 111g, h Rn. 14, während der Zeit der Aufrechterhaltung der Maßnahmen in den Fällen des § 111i bleibt das Vorrücken gemäß §§ 111g und h möglich, § 111i Rn. 11.

[7] SK/*Rogall* § 111g Rn. 12 f. Zivilprozessual ist umstritten, ob eine strafprozessuale Sicherung den für einen zivilprozessualen dinglichen Arrest erforderlichen Arrestgrund entfallen lässt. Dafür könnte sprechen, dass angesichts des ‚Einfrierens' nur der Vorrang vor anderen Gläubigern erstrebt werde, dies aber gerade keinen Arrestgrund darstellt, → § 111d Rn. 4, so in der Tat OLG Frankfurt 13.3.2014 – 4 W 12/14, Rn. 7 ff. Da aber der Verletzte keinen unmittelbaren Einfluss auf den Fortbestand der strafprozessualen Sicherung hat, darf ihm der (angesichts der Systematik und des Charakters des Rechts der Rückgewinnungshilfe als Unterstützung und nicht Erschwernis seiner Rechtsverfolgung: naheliegende) einstweilige zivilprozessuale Rechtschutz nicht versagt werden, so iE zutreffend OLG Bamberg 8.10.2009 – 8 W 84/

gegen der nichtamtlichen, aber noch immer verbreiteten Überschrift enthält § 111g seit 2007 Regelungen **auch** für den **dinglichen Arrest,** § 111g Abs. 1, Abs. 2 S. 1, Abs. 3 S. 6 iVm Abs. 3 S. 1 und 5 (S. 2–4 kommen aufgrund ihres Regelungsgehalts für den dinglichen Arrest ohnehin nicht in Betracht) und Abs. 4 (und zwar selbst dann, wenn der Drittschuldner von seinem Recht zur Hinterlegung Gebrauch gemacht hat[8]). §§ 111g und h beziehen sich auch bei der Beschlagnahme allein auf Rangfragen, setzen also eine **Geldforderung** voraus,[9] und **erleichtern** dem Verletzten die Durchsetzung seiner Rechte[10] **nur** bei dessen eigener **Zwangsvollstreckung** bzw. **Arrestvollziehung.**[11] Erst eine dabei erzielte Verfügung bildet die Basis für die im weiteren Verlauf mögliche Privilegierung. Der Verletzte hat genau darauf zu achten, gegen wen er wie vorzugehen hat. So privilegiert zB ein Titel gegen eine juristische Person (als Vertragspartnerin) nicht, wenn der Verletzte in bei deren Organ(-mitglied) gesicherte Vermögensgegenstände vollstrecken will.[12] Wurden letztere hingegen bei der juristischen Person gesichert, so bedarf es (nur, aber jedenfalls) eines Titels gegen diese. Besonderheiten im Fall des Vorgehens gemäß § 30 OWiG gegen eine juristische Person bestehen zumindest dann nicht, wenn im selben Verfahren auch ihre Verantwortlichen verfolgt werden.

2 Nach dem Gesetzeswortlaut beschränkt sich die Privilegierung auf **Verletzte,** die aufgrund eines aus der Straftat erwachsenen Anspruchs die Zwangsvollstreckung oder die Arrestvollziehung betreiben, also auf vom Verletzten **selbst** erwirkte Verfügungen. Das schließt Individual- wie Universalrechtsnachfolger aus[13] (zB Zessionare, Versicherer trotz § 86 Abs. 1 VVG, den vorleistenden Gesamtschuldner beim Ausgleichsanspruch gemäß § 426 Abs. 2 S. 1 BGB,[14] Erben), ebenso Insolvenzverwalter (des Verletzten).[15] Der Anwen-

---

09, NStZ 2010, 348 f.; 19.3.2012 – 4 U 145/11 Rn. 25 teilweise abgedruckt ZWH 2012, 340 f. mAnm *Gehrmann/Mahler*; KG 7.1.2010 – 23 W 1/10, NStZ-RR 2010, 179 f.; OLG Frankfurt a. M. 20.2.2012 – 8 W 14/12, auszugsweise ZWH 2012, 470; dazu und inhaltlich wie hier *Bülte* ZWH 2012, 453 ff.; *Madaus* NZWiSt 2013, 128 ff., 130 f.; Meyer-Goßner/*Schmitt* § 111d Rn. 1; ebenso OLG Köln 2.9.2013 – 2 Ws 311/13, wistra 2014, 118 ff.; OLG Nürnberg 15.3.2013 – 2 Ws 561 und 590/12, Rn. 72, ZInsO 2013, 882 ff. Die strafprozessuale Sicherung begründet damit nicht selbst den zivilprozessualen Arrestgrund, sondern es führen dieselben Tatsachen straf- und zivilprozessual zur Annahme eines Arrestgrunds. Die strafprozessuale Sicherung ist zivilprozessual lediglich irrelevant. Dass sich die Lage mit Ergehen einer Aufrechterhaltungsentscheidung gemäß § 111i Abs. 3 ändert, weil die Sicherung dann über eine kalkulierbare Zeit Bestand hat und nun der Aspekt durchschlägt, dass Gläubigerkonkurrenz keinen zivilprozessualen Arrestgrund bildet, so OLG Bamberg 12.11.2012 – 4 U 168/12, Rn. 70 ff., WM 2013, 649 ff. → § 111d Rn. 4, → § 111e Rn. 14, bestreitet *Bülte* ZWH 2013, 293 ff., 294 f., mit überzeugendem Hinweis auf die damit drohende Benachteiligung gegenüber Gläubigern, die nicht Verletzte und damit nicht von einer Aufrechterhaltungsentscheidung nach § 111i Abs. 3 geschützt sind. Das gilt jedoch nur solange, wie man nicht auch für diese Gläubiger einen Arrestgrund verneint.

[8] OLG Hamm 15.4.1999 – 15 VA 6/98, NJW-RR 2000, 286 ff.; LR/*Johann* § 111g Rn. 23.

[9] HK/*Gercke* § 111g Rn. 4; KMR/*Mayer* § 111g Rn. 5.

[10] Vgl. dazu allgemein → § 111b Rn. 17.

[11] Ein privatschriftlicher Vergleich genügt nicht, LR/*Johann* § 111g Rn. 8; ebensowenig die bloße Zustimmung des Verletzten, wohl aber jeder Vollstreckungstitel, auch der vollstreckbare Anwaltsvergleich, §§ 794 Abs. 1 Nr. 4 lit. b, 796a – c ZPO, LR/*Johann* § 111g Rn. 8; allgemein *Leutner/Hacker* NJW 2012, 1318 ff. Erfasst ist nicht nur der Anspruch auf Rückgewähr des Erlangten, LR/*Johann* § 111g Rn. 9. Privilegiert ist jeder aus der Tat erwachsene Anspruch. Als Titel genügen daher auch auf Rechtsverfolgung wegen der Tat fußende Kostenfestsetzungsbeschlüsse, KK/*Spillecke* § 111g Rn. 2; SK/*Rogall* § 111g Rn. 13; SSW/*Burghart* § 111g, h Rn. 5, je mN; aA *Hansen* S. 98 ff.

[12] BGH 23.10.2013 – 5 StR 505/12, Rn. 47, NStZ 2014, 89 ff.; 13.2.2014 – 1 StR 336/13, Rn. 75 f., ZInsO 2014, 1058 ff.; Achenbach/Ransiek/*Retemeyer* Teil 14, Rn. 130.

[13] *Hansen* S. 77 ff.; HK/*Gercke* § 111g Rn. 3; KMR/*Mayer* § 111g Rn. 4 mN; Meyer-Goßner/*Schmitt* § 111g Rn. 2 (aA aber für den Versicherer; ebenso OLG Köln 23.8.2011 – III-2 Ws 519/11, ua Rn. 8, StV 2012, 9 <L>; *Frohn* RPfleger 2001, 10 ff., 11; KK/*Spillecke* § 111g Rn. 2; LR/*Johann* § 111g Rn. 9 a.E.; SK/*Rogall* § 111g Rn. 11); *Schmid/Winter* NStZ 2002, 8 ff., 13; a. A. SSW/*Burghart* § 111g, h Rn. 6.

[14] OLG Karlsruhe 13.8.2004 – 3 Ws 159/04, NJW 2005, 1815 f. (zu §§ 111b ff. allgemein); SK/*Rogall* § 111g Rn. 11 (speziell zu § 111g).

[15] OLG Frankfurt a. M. 9.6.2006 – 3 Ws 508/06, NStZ-RR 2006, 342 f.; *Hansen/Greier* NStZ 2007, 587 ff.; HK/*Gercke* § 111g Rn. 3; KK/*Nack* § 111g Rn. 2 (6. Aufl.); KMR/*Mayer,* § 111g Rn. 4; Meyer-Goßner/*Schmitt* § 111g Rn. 2; SK/*Rogall* § 111g Rn. 11; aA OLG Celle 8.10.2007 – 2 Ws 296/07, NJW 2007, 3795 f.; KK/*Spillecke* § 111g Rn. 2 (7. Aufl.); Radtke/Hohmann/*Kiethe* § 111g Rn. 2; Volk/*Rönnau* MAH Rn. 13/235; SSW/*Burghart* § 111g, h Rn. 6. Privilegiert ist auch nicht der Insolvenzverwalter des

dungsbereich des § 111g ist also enger als der des § 111b Abs. 5[16] – wenig praxisfreundlich, aber dem einschränkenden Wortlaut geschuldet. Verletzt sein können auch Behörden[17] (Steuerfiskus; Dienstherr bei auf seine Kosten refinanziertem Schmiergeld[18]).

II. Zulassung

3 Die **Privilegierung** einer vom Verletzten erwirkten Verfügung tritt **nicht kraft Gesetzes** ein. Vielmehr bedarf es dazu aus Gründen der Rechtssicherheit einer zusätzlichen rechtsgestaltenden gerichtlichen Entscheidung, von § 111g Abs. 2 S. 1 **missverständlich *Zulassung*** genannt. Dem Verletzten wird damit jedoch nur bescheinigt, zum Kreis der Personen zu gehören, denen aus der Straftat ein Anspruch erwachsen ist,[19] also nicht etwa erst mit der Zulassung gestattet, die Zwangsvollstreckung oder Arrestvollziehung überhaupt zu betreiben. Dies kann er wie jedermann aus eigenem Recht.[20] Die Zulassung gemäß § 111g Abs. 2 S. 1, deren Rechtswirkungen sich je nach Vorliegen oder Fehlen der übrigen vollstreckungsrechtlichen Voraussetzungen unterscheiden,[21] vermag vielmehr **lediglich** die **Rechtstellung** des **Verletzten** zu **stärken**[22] und zwar in **zweierlei Hinsicht:**[23] Zum einen **stehen Vollzugsmaßnahmen** aufgrund vollstreckungssichernder Beschlagnahme, § 111c einschließlich Rückgewinnungshilfe, § 111c Abs. 5, und dinglichem Arrests, § 111d (relatives Veräußerungsverbot, Arrestpfandrecht; für die Sicherungshypothek gilt § 111h) zwar von Dritten, **nicht** aber vom zugelassenen Verletzten selbst nachträglich erzielten Verfügungen in denselben Vermögensgegenstand **entgegen,** § 111g Abs. 1.[24] Die Zulassung beseitigt folglich die zuvor bestehende relative Unwirksamkeit der Maßnahme des Verletzten im Verhältnis zur staatlichen Sicherung.[25] Eine beweissichernde Beschlagnahme hindert oder beschränkt zwar Verfügungen Dritter (Verletzter oder sonstiger) nicht, bleibt von solchen[26] aber in ihren Folgen unberührt. Zum zweiten **steigen** die Sicherungsrechte

---

Beschuldigten (oder sonstigen Betroffenen), insoweit zutr. OLG Karlsruhe 27.11.2013 – 3 Ws 327/13, NZI 2014, 430 f.

[16] → § 111b Rn. 17; aA LR/*Johann* § 111g Rn. 7.

[17] Zum scheinbaren BtM-Kauf seitens der Polizei → § 111b Rn. 17 mN.

[18] BGH 14.2.2007 – 5 StR 323/06, NStZ-RR 2008, 13 ff., 14 f.

[19] BVerfG 17.11.2007 – 2 BvR 2231/07, BeckRS. 2007, 28265; BGH 6.4.2000 – IX ZR 442/98 Rn. 13, BGHZ 144, 185 ff.; OLG Stuttgart 15.10.2013 – 1 Ws 178/13, Rn. 10, wistra 2014, 74 ff.; *Hees/Albeck* ZIP 2000, 871 ff., 872; KK/*Spillecke* § 111g Rn. 3; *Kempf/Schilling* Rn. 366; KMR/*Mayer* § 111g Rn. 6; LR/*Johann* § 111g Rn. 2 und 11; Meyer-Goßner/*Schmitt* § 111g Rn. 3; *Rönnau* Rn. 424, 428; Volk/*Rönnau* MAH Rn. 13/263 und 268; *Schmidt*, Rn. 1167 ff.; SK/*Rogall* § 111g Rn. 3 und 16; SSW/*Burghart* § 111g, h Rn. 1.

[20] BVerfG 17.11.2007 – 2 BvR 2231/07, BeckRS. 2007, 28265; BGH 6.4.2000 – IX ZR 442/98 Rn. 15 f., BGHZ 144, 185 ff.; OLG Nürnberg v. 15.3.2013 – 2 Ws 561 und 590/12, Rn. 70, ZInsO 2013, 882 ff.; auch v. 16.4.2013 – 2 Ws 533/12, 2 Ws 10 und 11/13, Rn. 75, wistra 2013, 327 (L); *von Gleichenstein* ZIP 2008, 1151 ff., 1151 f.; *Hansen* S. 123 ff.; *Huber* RPfleger 2002, 285 ff., 291 f.; Volk/*Rönnau* MAH Rn. 13/278; KK/*Spillecke* § 111g Rn. 3; LR/*Johann* § 111g Rn. 11; Meyer-Goßner/*Schmitt* § 111d Rn. 1 und § 111g Rn. 5; *Schmid/Winter* NStZ 2002, 8 ff., 10; SK/*Rogall* § 111g Rn. 14, abweichend aber Rn. 24; unklar *Hees/Albeck* ZIP 2000, 871 ff.; mißverständlich *Janssen* Rn. 227 (‚ins Leere gehend' kann zwar die faktische Folge der Zwangsvollstreckung eines nicht zugelassenen Verletzten sein, in rechtlicher Hinsicht mag die Verwertung unzulässig sein, im Übrigen geht es im vorliegenden Zusammenhang aber lediglich um Rangfragen); verkannt von OLG Frankfurt a. M. 17.7.1996 – 3 Ws 541/96, NStZ-RR 1996, 301 f., 302. Beispiel eines vollstreckenden Allgemeingläubigers VG Augsburg 6.12.2013 – Au 1 S 13.1306, Rn. 8; ein solcher kann auch ein Insolvenzverwalter sein, verkannt von OLG Karlsruhe 27.11.2013 – 3 Ws 327/13, NZI 2014, 430 f., dagegen *Weyand* ZInsO 2014, 610 f.; *Bittmann* ZWH 2014, 238 ff.

[21] Dazu *Reichhart* S. 139 ff.; *Schmidt* Rn. 1178 ff.

[22] *Huber* S. 197 ff., insbesondere S. 198; *Janssen* Rn. 225 mN in Fn. 428; LR/*Johann* § 111g Rn. 11; *Rönnau* Rn. 436.

[23] Volk/*Rönnau* MAH Rn. 13/273 ff.; SK/*Rogall* § 111g Rn. 27 f.

[24] KK/*Spillecke* § 111g Rn. 8; LR/*Johann* § 111g Rn. 2 und 12; SK/*Rogall* § 111g Rn. 15. Ein nachträglich erworbenes Pfändungspfandrecht des Verletzten rückt ohne Zulassung nach allgemeinem Zivilrecht nur bei Aufhebung der strafprozessualen vollstreckungssichernden Maßnahme auf, KMR/*Mayer* § 111g Rn. 6.

[25] *Malitz* NStZ 2002, 337 ff., 340; *Schmid/Winter* NStZ 2002, 8 ff., 10.

[26] *Hansen* S. 113. *Rönnau* Rn. 430 (inzident anders aber Rn. 436, 441, 443), hält Vollstreckungsmaßnahmen Außenstehender in zu Beweiszwecken beschlagnahmte Gegenstände gar nicht, solche Verletzter immerhin, aber nur mit klarstellendem Hinweis auf den Fortbestand der Beschlagnahme für möglich; zu Letzterem ebenso KK/*Spillecke* § 111g Rn. 7; KMR/*Mayer* § 111g Rn. 16; Volk/*Rönnau* MAH Rn. 13/270; LR/*Johann*

des Verletzten gemäß § 111g Abs. 3 auch im **Verhältnis** zu **anderen,** nicht zu den (zugelassenen) Verletzten gehörenden, den zugelassenen Verletzten gegenüber ursprünglich den Vorrang einnehmenden **Gläubigern** in den **besseren Rang** einer vollstreckungssichernden strafprozessualen Maßnahme **auf.**[27] Dieser (dann auch gar nicht eintretenden) Wirkung bedarf es nicht, soweit ein Dritter einen besseren Rang genießt als die staatliche Maßnahme. Privilegiert ist nur, wer **Verletzter** ist. Diese Eigenschaft bildet die notwendige **Verbindung zwischen** einem (Delikts-)**Gläubiger** und dem **Geschehen,** mit dem sich die Justiz befasst. In welcher prozessualen Form dies geschieht, ist (bei Vorliegen der übrigen Voraussetzungen) solange bedeutungslos, wie mit einer Entscheidung zur Abschöpfung (oder einem Surrogat wie in den Fällen des § 111i) zu rechnen ist. Maßgeblich dafür sind zunächst die anhängigen **Taten im prozessualen Sinne,** § 264.[28] Noch nicht umfassend geklärt ist allerdings, was bei **Tatserien** gilt. Dabei gilt es zu **differenzieren** zwischen der lediglich auf Glaubhaftmachung[29] basierenden und deshalb nach einem gröberen Maßstab zu gewährenden **Zulassung** und dem auf der Basis umfassender Rechtsprüfung zu klärenden Eintritt **ihrer Folgen.** Letztere treten bei Vermischung des Erlangten (zB nur ein Erlöskonto oder jedenfalls ein nicht nur von einem Verletzten genutztes;[30] Herrühren des Arrestierten aus verschiedene Taten) für diejenigen (zugelassenen) Verletzten ein, die durch eine der einschlägigen Taten eine Einbuße an einem vom einschlägigen Strafgesetz geschützten Rechtsgut unmittelbar[31] erlitten haben. Ist hingegen eine **Zuordnung des Erlangten** zu zB einer von mehreren verfahrensgegenständlichen materiellrechtlichen oder prozessualen Taten möglich, so kann nur das Opfer dieser Tat aufrücken.[32] Die Zulassung anderer Verletzter wirkt gegen das konkrete Opfer ebensowenig wie jede Zulassung gegen eine bereits vor der Tat bestehende dingliche Berechtigung eines Dritten. Es können aber Verletzte unterschiedlicher Taten zur Zwangsvollstreckung in dasselbe sichergestellte Erlangte wirksam zugelassen werden. Solange eine **positive Abschöpfungsvermutung** besteht, kann auch nach einer Beschränkung der Strafverfolgung gemäß **§ 154a** die Zulassung eines davon betroffenen Verletzten ergehen. Nach Einstellung gemäß **§ 154** ist dies hingegen nur dann möglich, wenn ein **selbständiges Verfahren** geführt (oder zumindest vorbereitet) wird.[33] Soweit Maßnahmen die Vollstreckung **erweiterten Verfall**s zugunsten Verletzter sichern, §§ 73d Abs. 1 S. 3, 73 Abs. 1 S. 2 StGB, nutzt Letzteren § 111g nichts: Dessen Anwendung hängt von der Kenntnis *der* Straftat ab – ist die Herkunftstat jedoch bekannt, so scheidet umgekehrt § 73d StGB gerade aus.[34] Zeichnet sich hingegen im späteren Verlauf des

§ 111g Rn. 17; Meyer-Goßner/*Schmitt* § 111g Rn. 5 aE; SK/*Rogall* § 111g Rn. 6. Ein solcher Hinweis kann aber nur deklaratorische Wirkung haben, ist doch auch eine rechtsgeschäftliche Verfügung möglich und wirksam. Ein Hinweis der fraglichen Art scheidet hier aber bei formfreien Verfügungen von vorn herein aus und ist selbst bei formgebundenen (zB Grundstücks-)Geschäften weder vorgeschrieben noch erforderlich.

[27] LR/*Johann* § 111g Rn. 2, 20 und 25; KMR/*Mayer* § 111g Rn. 7.

[28] OLG Hamm 25.2.1999 – 4 Ws 727-98, NStZ 1999, 583 f.; OLG Karlsruhe 8.11.2007 – 1 Ws 160/07, (auszugsweise wiedergegeben von *Podolsky/Brenner* III 7.1.4); LR/*Johann* § 111g Rn. 9; Meyer-Goßner/*Schmitt* § 111g Rn. 2; *Rönnau* Rn. 396, 428; SK/*Rogall* § 111g Rn. 10.

[29] → Rn. 4.

[30] OLG Hamm 25.2.1999 – 4 Ws 727-98, NStZ 1999, 583 f.

[31] ZB nicht erst aufgrund entgangenen Geschäftsabschlusses während seines Krankenhausaufenthalts; auch nicht bezüglich der gezahlten Belohnung, KMR/*Mayer* § 111g Rn. 5; oder sonstiger nachträglicher Absprachen, Meyer-Goßner/*Schmitt* § 111g Rn. 2.

[32] ZB bei sichergestelltem Erlös des Verkaufs bestimmter Beute. Für die Fälle der Tateinheit aA LR/*Johann* § 111g Rn. 9; SSW/*Burghart* § 111g, h Rn. 3. Im Gegensatz dazu scheiden *Wilk/Stewen* wistra 2013, 409 ff., 414 f., die Opfer einer Tatserie aus, deren Vermögen nicht sicher Teil des Arrestierten ist, es sei denn, der Arrest wurde erweitert (das würde zu Rangnachteilen führen).

[33] KG 15.1.2010 – 3 Ws 6/10, 1 AR 2077/09, StraFo 2010, 292 f.; OLG Köln 23.8.2011 – 2 Ws 519/11 Rn. 19 f., StV 2012, 9 (L); *Hansen* S. 93 f.; *Willsch* wistra 2013, 9 ff., 11, 13 ff.; aA *Wilk/Stewen* wistra 2013 409 ff., 416; s.a. LR/*Johann* § 111g Rn. 24. → vor §§ 111b ff. Rn. 1; zu §§ 154a, 111i Abs. 2 vgl. BGH v. 15.11.2012 – 2 StR 190/12, Rn. 15, wistra 2013, 141 ff., → § 111i Rn. 9. Dagegen will Volk/*Rönnau* (MAH Rn. 13/272) die Vermögensabschöpfung nicht an §§ 154, 154a scheitern lassen, so dass auch vollstreckungssichernde Maßnahmen zulässig bleiben. Eine positive Abschöpfungsvermutung kann sich auch auf die (Weiter-)Verfolgung eines Dritten stützen, *Wilk/Stewen* wistra 2013 409 ff., 416.

[34] BGH 4.4.2013 – 3 StR 529/12 Rn. 7 f. unter Hinweis auf die Ausführungen des GBA, wistra 2013, 267 f.; NK/*Saliger*, StGB § 76a Rn. 7 und 14a (das gölte selbst bei Anwendung der Exclusivitätsthese).

Erkenntnisprozesses die Verbindung Tat/Täter und Verletzter ausreichend sicher ab, so kann mit oder nach Umwidmung des Sicherungszwecks der Verletzte nach § 111g zugelassen werden.

4 Die Zulassungsentscheidung trifft gemäß § 111g Abs. 2 S. 1 das für die Anordnung der Beschlagnahme oder des Arrests zuständige **Strafgericht,** vgl. § 111e Abs. 1. Diesem gegenüber muss der Verletzte nicht beweisen, sondern (mit den Mitteln des § 294 ZPO[35] [nur präsente Beweismittel, zB bereits der erforderliche[36] zivilprozessuale Vollstreckungstitel, wenn er den Anspruchsgrund ausweist;[37] nach gerichtlicher Gestattung auch eigene eidesstattlicher Versicherung; anwesende Zeugen; vorliegende Urkunden, auch die Aufstellungen der Verletzten in den Strafakten;[38] es genügt für die Glaubhaftmachung, nicht aber für den Eintritt der Wirkung des Aufrückens, dazu bedarf es eines Vollstreckungstitels,[39] selbst die formlose Bestätigung des Beschuldigten, auch etwa dessen Bewilligung einer Vormerkung], § 111g Abs. 2 S. 4) lediglich **glaubhaft** machen, dass ihm der verfolgte Anspruch aus der Tat erwachsen ist, § 111g Abs. 2 S. 3.[40] Ob die strafprozessuale Sicherung noch besteht oder ob der Verletzte in das tatsächlich sichergestellte Vermögen vollstrecken kann, ist keine Frage der – und damit keine Voraussetzung für die Zulassung.[41] Das Gesetz verlangt keine weiteren Voraussetzungen für die Zulassung.[42] Ob die Straftat als solche wirklich und wenn ja, ob sie vom Betroffenen begangen wurde, spielt für die Zulassungsentscheidung keine Rolle,[43] ebensowenig, ob der Titel formell oder materiell zu Recht besteht.[44] Der Zeitpunkt der Zulassung[45] und die zeitliche Abfolge im Verhältnis zu vollstreckungssichernden strafprozessualen und Maßnahmen des Verletzten spielen grundsätzlich keine Rolle[46] und können nur ausnahmsweise Bedeutung erlangen. So bedarf es einer Zulassung nicht und mangelt es demzufolge einem darauf abzielenden Antrag am Rechtschutzbedürfnis, wenn und soweit der Verletzte bereits ein gegenüber den strafprozessualen Maßnahmen höherrangiges Sicherungsrecht erwirkt hat.[47] Gelingt ihm dies (zB als Anzeigeerstatter etwa mit Hilfe einer Vormerkung) zwar erst nach der Zulassung, aber vor Vollzug einer strafprozessualen Sicherungsmaßnahme, so bleibt die Zulassung, wenngleich mit gegensätzlicher Konsequenz, ebenso folgenlos, wie wenn das Insolvenzverfahren über das Vermögen des Betroffenen eröffnet wurde,[48] bevor der Verletzte eine eigene insolvenzfeste

---

[35] KK/*Spillecke* § 111g Rn. 4; SK/*Rogall* § 111g Rn. 18; vgl. für das zivilprozessuale Arrestverfahren OLG Bamberg 19.3.2012 – 4 U 145/11 Rn. 22, ZWH 2012, 340 f.: Anklageschrift.

[36] OLG Frankfurt a. M. 13.3.2014 – 4 W 12/14, Rn. 12. § 111g betrifft nur Rangfragen eines sichernden Rechts des Verletzten, das seinerseits ohne Titel nicht erwirkt werden kann, vgl. KMR/*Mayer* Rn. 15 zu § 111g.

[37] OLG Frankfurt a. M. 17.7.1996 – 3 Ws 541/96, NStZ-RR 1996, 301 f., 302.

[38] LR/*Schäfer*, 25. Aufl. § 111g Rn. 9.

[39] → Rn. 1.

[40] → Rn. 3 aE. Im objektiven Verfahren hat die Glaubhaftmachung dort stattzufinden.

[41] AA OLG Karlsruhe 5.7.2013 – 3 Ws 248/13; *Willsch* wistra 2013, 9 ff., 11 mN.

[42] Gemeinhin wird jedoch (unter Bezugnahme auf *Rönnau* Rn. 423) die Vorlage des Vollstreckungstitels verlangt. Sie ist sicherlich zweckmäßig, angesichts der Glaubhaftmachung aber nicht zwingend notwendig, zumal da die Zulassungsentscheidung den für die Zwangsvollstreckung erforderlichen Titel nicht ersetzt. Der Antrag kann vom Beginn der Ermittlungen bis zur Rechtskraft gestellt werden, in den Fällen des § 111i Abs. 2 und 3 auch darüber hinaus, LR/*Johann* § 111g Rn. 3 und 16.

[43] OLG Frankfurt a. M. 17.7.1996 – 3 Ws 541/96, NStZ-RR 1996, 301 f., 302; *Hansen* S. 111; LR/*Johann* § 111g Rn. 15; SK/*Rogall* § 111g Rn. 17.

[44] *Hansen*, S. 112 f.; SSW/*Burghart* § 111g, h Rn. 5.

[45] Sie muss nicht innerhalb der Vollziehungsfrist des § 929 Abs. 2 ZPO beantragt werden und ergehen, BGH 6.4.2000 – IX ZR 442/98 Rn. 18, BGHZ 144, 185 ff.; *Hansen* S. 129 f.; KK/*Spillecke* § 111g Rn. 3; LR/*Johann* § 111g Rn. 11. Im Stadium des § 111i Abs. 2–4 hält OLG Stuttgart 15.10.2013 1 Ws 178/13, wistra 2014, 74 ff. aus praktischen Gründen das erkennende Gericht für zuständig, über Zulassungsanträge gemäß § 111g zu entscheiden, aA OLG Hamburg 11.1.2011 – 2 Ws 189/10, NStZ 2012, 51 ff. (Ermittlungsrichter).

[46] Volk/*Rönnau* MAH Rn. 13/278; SSW/*Burghart* § 111g, h Rn. 10 und 19.

[47] Ein solches bleibt selbstverständlich wirksam, LR/*Johann* § 111g Rn. 11–13.

[48] → vor §§ 111b ff. Rn. 11. Ob ein Insolvenzverfahren vorliegt, muss das Gericht aber nicht von Amts wegen prüfen.

Rechtsposition (Arrestpfandrecht oder Sicherungshypothek, jeweils noch unter Vorbehalt von Rückschlagsperre und Anfechtung) erlangt hat. Ungewissheiten ergeben sich auch aus der Möglichkeit nachträglicher spezifizierter Zuordnung des gesicherten Gegenstands.[49] Zum Zeitpunkt der Entscheidung muss also noch gar **nicht feststehen,** ob mit der Zulassung **überhaupt rechtliche Folgen verbunden** sind.[50] Für den Verletzten kann die Zulassung ihren Wert daher, wenn überhaupt, nur erreichen, wenn er eigene Sicherungsverfügungen erst nach Vollzug der vollstreckungssichernden strafprozessualen Maßnahmen durchsetzen konnte oder dies noch vorhat.

Gemäß § 111g Abs. 2 S. 2 entscheidet das Gericht per **Beschluss.**[51] Er bedarf der **Begründung,** § 34, und ihm ist eine **Rechtsmittelbelehrung** anzufügen, § 35a. Mündliche Verhandlung ist nicht vorgeschrieben und regelmäßig entbehrlich, wohl aber sind die Beteiligten (Staatsanwaltschaft, Beschuldigte [falls von der Zulassung betroffen], bereits Zugelassene,[52] evtl. Drittbegünstigte, § 73 Abs. 3 StGB,[53] auch Zwischengläubiger,[54] aber nur, wenn ihnen ausnahmsweise Rangnachteile drohen) zuvor anzuhören, § 33 Abs. 2 und 3.[55] Mit Ausnahme von Entscheidungen des Oberlandesgerichts und des Ermittlungsrichters beim BGH, § 304 Abs. 2 S. 2, Abs. 5, kann der Beschluss von der Staatsanwaltschaft immer[56] mit sofortiger Beschwerde[57] angefochten werden, § 111g Abs. 2 S. 2, von Beschuldigten, Verletzten, Zwischengläubigern und Verfallbeteiligten hingegen nur, soweit sie beschwert sind.[58] Weil das statthafte Rechtsmittel fristgebunden ist, muss der Beschluss zustellt werden, § 35 Abs. 2. 5

III. Rangfragen

Gemäß § 111g Abs. 3 S. 1, für die Vollstreckung eines dinglichen Arrests in das bewegliche Vermögen iVm S. 6, führt die **Zulassung** nach § 111g Abs. 2 S. 1 dazu, dass ein bereits aufgrund **Beschlagnahme**[59] entstandenes **relatives Veräußerungsverbot,** § 111c Abs. 5, bzw. ein bei Vollziehung eines **dinglichen Arrests** entstandenes **Pfandrecht**, § 111d, **auch zugunsten des Verletzten gilt,**[60] soweit dieser im Wege privatrechtlicher Rechtsverfolgung sein Sicherungsrecht während der Geltungsdauer der strafprozessualen vollstre- 6

---

[49] → Rn. 3.

[50] Der Bestand der Anordnung von Beschlagnahme oder dinglichem Arrest (im Wege der Rückgewinnungshilfe) bleibt selbst bei einer Versagung der Zulassung unberührt, LR/*Johann* § 111g Rn. 11 a.E. Allerdings wird dann oft Veranlassung bestehen, deren Aufhebung zu prüfen.

[51] Er ist nur dann wirksam, wenn bei seinem Ergehen die Sicherungsmaßnahme noch besteht, weil andernfalls ein Aufrücken im Rang nicht mehr möglich ist, daran ändern auch die (durchaus verständlichen) Billigkeitserwägungen *Hansens*, S. 140 ff., nichts.

[52] *Frohn* RPfleger 2001, 10 ff., 11.

[53] *Hansen* S. 114; *Scharf/Kropp* wistra 2005, 77 f.; aA LR/*Johann* § 111g Rn. 17 und 22 (nur Schadenersatz gem. § 111g Abs. 4). Im Fall der Handlungsunfähigkeit (zB einer jur. Person) bedarf es ggf. der Bestellung eines Not-Liquidators, OLG Jena 2.4.2004 – 1 Ws 11 und 12/04, wistra 2005, 77.

[54] A.A. SSW/*Burghart* § 111g, h Rn. 9.

[55] Ggf. ebenso mündlich wie präsente Zeugen.

[56] AA OLG Nürnberg v. 15.3.2013 – 2 Ws 561 und 590/12, Leitsatz und Rn. 111 m.N. auch zur hier vertretenen Ansicht, ZInsO 2013, 882 ff.; aufrechterhalten 16.4.2013 – 2 Ws 533/12, 2 Ws 10 und 11/13, Leitsatz und Rn. 69, wistra 2013, 327 (L); KK/*Spillecke* § 111g Rn. 6; Meyer-Goßner/*Schmitt* § 111g Rn. 4.

[57] LR/*Johann* § 111g Rn. 18 (nicht auch mit weiterer Beschwerde, Rn. 19); *Schmidt* Rn. 1539; SK/*Rogall* § 111g Rn. 21; SSW/*Burghart* § 111g, h Rn. 12.

[58] SK/*Rogall* § 111g Rn. 22; SSW/*Burghart* § 111g, h Rn. 12.

[59] Aufrücken des *Verletzten* ist unabhängig davon möglich, ob die Beschlagnahme zugunsten des Staates oder im Wege der Rückgewinnungshilfe erfolgte, Beschlagnahme zu Beweiszwecken genügt jedoch nicht, LR/*Johann* § 111g Rn. 6.

[60] LR/*Johann* § 111g Rn. 25. Die frühere Diskussion über die Bedeutung der nicht für die Zwangsvollstreckung insgesamt angeordneten Rückwirkung der Maßnahmen des Verletzten auf den Zeitpunkt des Wirksamwerdens der strafprozessualen vollstreckungssichernden Maßnahme ist überholt: Weil bei der Beschlagnahme kein Pfändungspfandrecht entsteht, wohl aber ein relatives Veräußerungsverbot, → § 111b Rn. 10 und → § 111c Rn. 11, die Rückwirkung des Arrestpfandrechts aber von § 111g Abs. 3 S. 6 ausdrücklich angeordnet wird, gelten sämtliche strafprozessualen Folgen zugunsten des zugelassenen Verletzten mit Rückwirkung; vgl. LR/*Johann* § 111g Rn. 25 und 28.

ckungssichernden Maßnahme erlangt.[61] Mit der Zulassung **rückt** der **Verletzte**, ohne dass es einer gesonderten Entscheidung über das Schicksal der strafprozessualen Maßnahme bedürfte, **in deren höheren, Rang auf** (erforderlichenfalls gemäß §§ 772, 771 ZPO durchsetzbar) – und zwar **rückwirkend** auf den Zeitpunkt, zu dem Letztere wirksam wurde[62] und genießt damit den **Vorrang** im Verhältnis zu den nicht zu den Verletzten gehörenden Inhabern dinglicher Sicherungsrechte, soweit diese keinen besseren Rang als die strafprozessuale Maßnahme einnehmen. Die als Veräußerungsverbot zugunsten des Staates wirkende Beschlagnahme entfällt zwar (anders als die Sicherungshypothek bei § 111h) nicht, wirkt aber bereits gemäß § 111g Abs. 1 nicht gegen die Verfügung des Verletzten.[63] Da die Beschlagnahme den gesamten Gegenstand erfasst, wirkt in diesen Fällen der Vorrang zugunsten der gesamten Forderung des Verletzten. Im Gegensatz dazu kann sich der Vorrang in den Fällen dinglichen Arrests nur in Höhe des geltend gemachten Arrestanspruchs auswirken. Die Gesamtforderung des Verletzten kann, muss aber nicht höher liegen.

7 Das Aufrücken bleibt selbst dann **wirksam,** wenn die strafprozessuale Maßnahme, Beschlagnahme oder dinglicher Arrest, **aufgehoben** wird, § 111g Abs. 3 S. 5 (beim Arrest iVm S. 6) – und zwar völlig unabhängig davon, aus welchem Grund dies geschieht.[64] Hätte sie schon gar nicht ergriffen werden dürfen (Verfall aus anderen Gründen als denen des § 73 Abs. 1 S. 2 StGB unzulässig; Zulassung gem. § 111g Abs. 2 wäre zu versagen gewesen) so geschieht der **Ausgleich** allein auf **schuldrechtlicher Ebene** in der Begründung eines (§ 945 ZPO entsprechenden und im Streitfall zivilgerichtlich zu verfolgenden[65]) Schadenersatzanspruchs, § 111g Abs. 4.[66]

8 § 111g enthält **keine allumfassende Regelung** über den **Rang** von Sicherungsrechten am selben Gegenstand. Die Vorschrift ermöglicht es dem Verletzten, dass von ihm erwirkte Sicherungsrechte den Vorrang genießen sowohl vor solchen (a) strafprozessualer Natur zu Gunsten des Staates, (b) anderer Gläubiger, die nicht zu den Verletzten zählen, und (c) anderer Verletzter, die keinen Zulassungsbeschluss zu ihren Gunsten erwirkt haben.[67] Über das **Rangverhältnis** der von **verschiedenen Verletzten nebst Zulassungsbeschluss** erwirkten **Sicherungsrechte verhält** sich § 111g **nicht.**[68] Maßgeblich ist daher das der Zwangsvollstreckung nach der ZPO zugrundeliegende **Prioritätsprinzip,** § 804 Abs. 3 ZPO.[69] Das bedeutet, dass Sicherungsrechte, die bereits bestanden, sei es zugunsten eines Verletzten, sei es zugunsten eines anderen Gläubigers, als die vollstreckungssichernde strafprozessuale Maßnahme erwirkt wurde, ihren Vorrang behalten.[70] Hat ein Verletzter ein solches vorrangiges Sicherungsrecht erworben, so bleibt dessen Vorrang also auch ohne Zulassungsentscheidung erhalten.

9 Damit ist aber noch nicht entschieden, welchen Rang zugelassene Verletzte einnehmen, wenn ihr Sicherungsrecht zeitlich erst nach dem auf strafprozessualer Grundlage erwirkten entstanden ist. Der IX. Zivilsenat des BGH ließ das offen, neigt aber dazu, für die Priorität

---

[61] KMR/*Mayer* § 111g Rn. 8 zu § 111g; *Rönnau* Rn. 441 ff.; Zur Bedeutung in der Insolvenz → vor §§ 111b ff. Rn. 9 ff.

[62] OLG Oldenburg 23.2.2012 – 1 U 39/11, ZInsO 2012, 1271 ff. insbes. Rn. 44; *Janssen* Rn. 227.

[63] SSW/*Burghart* § 111g, h Rn. 16.

[64] *Janssen* Rn. 228; LR/*Johann* § 111g Rn. 25 und 29. Zulassung und damit Aufrücken sind aber nach Entfallen oder Aufhebung des Arrests gar nicht erst möglich, vgl. KG 15.1.2010 – 3 Ws 6/10, 1 AR 2077/09, StraFo 2010, 292 f.; OLG Köln 23.8.2011 – 2 Ws 519/11, StV 2012, 9 (L): je für einen Fall der Einstellung gemäß § 154 Abs. 2.

[65] KK/*Spillecke* § 111g Rn. 12; LR/*Johann* § 111g Rn. 29; SK/*Rogall* § 111g Rn. 33.

[66] KMR/*Mayer* § 111g Rn. 17 f., wobei der Fiskus im Fall eines zu Unrecht angenommenen Anspruchs des Verletzten iS von § 73 Abs. 1 S. 2 StGB kein anspruchsberechtigter Verletzter ist, § 111h Rn. 8; *Rönnau* Rn. 452 ff.; *Schmidt* Rn. 1189 f. Demgegenüber stellt § 111h Abs. 3 nur auf die zu Unrecht getroffene Zulassungsentscheidung ab, LR/*Johann* § 111g Rn. 29 und § 111h Rn. 8.

[67] *Rönnau* Rn. 436.

[68] BGH 6.4.2000 – IX ZR 442/98 Rn. 21, BGHZ 144, 185 ff.; LR/*Johann* § 111g Rn. 21.

[69] OLG Bamberg 12.11.2012 – 4 U 168/12, Rn. 59, 67, WM 2013, 649 ff.; *Willsch* wistra 2013, 9 ff., 15.

[70] *Frohn* RPfleger 2001, 10 ff., 12.

auf den **Zeitpunkt** abzustellen, zu dem das **Pfändungspfandrecht**[71] als solches **entstanden** ist und **nicht** auf den der **Zulassungsentscheidung.**[72] Dafür spricht zwar, dass die Zulassung selbst keine unmittelbare dingliche Wirkung hat.[73] Das Abstellen allein auf den Entstehungszeitpunkt des Pfändungspfandrechts zeitigte gleichwohl dingliche Folgen, wenn auch nur mittelbare, aber durchaus problematische: der mit der Zulassungsentscheidung erreichte Rang des Pfändungspfandrechts eines von mehreren Verletzten wäre nur vorläufiger Natur und stünde quasi unter dem Vorbehalt etwaiger nachträglicher Zulassungsentscheidungen solcher Verletzter, die ihr Pfändungspfandrecht früher erwirkt hätten.[74] Eine solche Zulassung würde die Rangfolge auch noch nach der Verwertung beeinflussen und könnte (sogar noch nach dessen Auskehrung) zum Streit darüber führen, wem der Erlös gebührt. Für die Gegenauffassung, die Maßgeblichkeit der Zulassungsentscheidung, könnte sprechen, dass damit dem Rechtsgedanken des § 111g Abs. 3 S. 1, der Rückwirkung des Veräußerungsverbots nach § 111c Abs. 5 zugunsten aller Verletzter, Rechnung getragen würde. Die Rückwirkung ist allerdings nicht für die Vollstreckungsmaßnahme selbst und damit auch nicht für das aus ihr entstehende Pfändungspfandrecht angeordnet.[75] Offen bliebe ferner, ob das nur für gleichzeitige Zulassungsentscheidungen gölte, ob also nachträgliche Zulassungen zum selben Rang oder zur Nachrangigkeit führten. Eine **logisch zwingende** Lösung gibt es **nicht.** Da die Zulassungsentscheidung sowohl vor als auch nach Erwirken des Pfändungspfandrechts getroffen werden kann, wird man dem **Prioritätsprinzip** aber wohl **am besten** dadurch gerecht, dass man in erster Linie darauf abstellt, welcher Verletzte **als erster beide Voraussetzungen erfüllt.**[76] Gelingt es mehreren Verletzten, zur selben Zeit auch die jeweilige zweite Voraussetzung zu erfüllen, so genießt im Verhältnis dieser Verletzter untereinander derjenige den Vorrang, der die jeweils andere, also zeitlich **erste** Voraussetzung **früher** erwirkt hatte. Das Pfändungspfandrecht solcher zugelassener Verletzter, in deren Person erst später beide Voraussetzungen eintreten, ist gegenüber dem- bzw. denjenigen Sicherungsrecht(en) solcher Verletzter nachrangig, die zuvor bereits beide Voraussetzungen erfüllt hatten. Rechtsvertreter von Verletzten müssen demnach parallel sowohl das Pfändungspfandrecht als auch die Zulassungsentscheidung, beides aber mit höchstem Nachdruck, zu erzielen trachten.[77]

Betrifft die vollstreckungssichernde Maßnahme ein Grundstück, so ist der Beschlagnahmevermerk im **Grundbuch** als zugunsten des Staates wirkendes **Veräußerungsverbot einzutragen.** Damit wird der **gute Glaube** des Grundbuchs **zerstört**, § 892 Abs. 1 S. 2 BGB.[78] Das kommt auch den eingetragenen Verletzten zugute, § 111g Abs. 3 S. 2. Der Nachweis, zu den Verletzten zu gehören, kann dem Grundbuchamt gegenüber durch Vorlage des Zulassungsbeschlusses geführt werden, § 111g Abs. 3 S. 3.[79] Diese Bestimmungen gelten sinngemäß auch für registrierte Schiffe, Schiffsbauwerke und Luftfahrzeuge, § 111g Abs. 3 S. 4. Nach § 111g Abs. 5 S. 1 gilt § 111g Abs. 1–4 auch für die Zeit 10

[71] Dessen Entstehung ist für die Insolvenzfestigkeit als solche maßgeblich, *von Gleichenstein* ZIP 2008, 1151 ff., 1160; → vor §§ 111b ff. Rn. 9, auch → 11.

[72] BGH 6.4.2000 – IX ZR 442/98 Rn. 23, BGHZ 144, 185 ff.; OLG Nürnberg v. 15.3.2013 – 2 Ws 561 und 590/12, Rn. 73, ZInsO 2013, 882 ff.; *Hansen* S. 130 ff.; *Huber* S. 200 f.; *ders.* RPfleger 2002, 285 ff., 292; KK/*Spillecke* § 111g Rn. 8; KMR/*Mayer* § 111g Rn. 10; LR/*Johann* § 111g Rn. 21; *Malitz* NStZ 2002, 337 ff., 340; *Reichhart* S. 141; Volk/*Rönnau* MAH Rn. 13/278 ff.; *Schmid/Winter* NStZ 2002, 8 ff., 10; SK/*Rogall* § 111g Rn. 29 und 32; *Willsch* wistra 2013, 9 ff., 16; referierend *Kempf/Schilling* Rn. 371; *Podolsky/Brenner* III 5.8.3 und III 7.1.3; *Rönnau* Rn. 444 ff.; *Schmidt* Rn. 1185. *Frohn* RPfleger 2001, 10 ff., 11 f., und SSW/*Burghart* § 111g, h Rn. 20, befürworten hingegen die Gleichberechtigung aller Zugelassener im Rang des staatlichen Sicherungsrechts.

[73] *Huber* RPfleger 2002, 285 ff., 292.

[74] Vgl. dazu *Schmidt* Rn. 1187.

[75] OLG Oldenburg 23.2.2012 – 1 U 39/11 Rn. 40 ff., ZInsO 2012, 1271 ff.; SK/*Rogall* § 111g Rn. 29.

[76] *Bittmann* wistra 2013, 218, 221 f.; so iE auch *Hees/Albeck* ZIP 2000, 871 ff., 874 f.; dafür auch Meyer-Goßner/*Schmitt* § 111g Rn. 6; skeptische Sympathie bei Volk/*Rönnau* MAH Rn. 13/285.

[77] *Rönnau* Rn. 408, 443, 450 f.

[78] *Janssen* Rn. 229 f.; LR/*Johann* § 111g Rn. 26; SK/*Rogall* § 111g Rn. 30.

[79] Einer zusätzlichen Bewilligung gemäß §§ 19 und 29 Abs. 1, 3 GBO bedarf es allein für den Nachweis der Verletzteneigenschaft nicht, aA KMR/*Mayer* § 111g Rn. 12 und § 111h Rn. 4.

bis zur Rechtskraft eines auf Verfall lautenden Urteils. Diese Bestimmung ist weitgehend deklaratorisch, wenn man annimmt, dass § 73e Abs. 2 nicht an die Stelle der zuvor erwirkten vollstreckungssichernden Maßnahme tritt, sondern ergänzend neben sie.[80] § 111g Abs. 5 S. 2 nimmt Einziehungsgegenstände vom Anwendungsbereich des § 111g insgesamt aus.[81]

§ 111h [Vorrangige Befriedigung von Ansprüchen des Verletzten bei Arrest]

(1) [1]Betreibt der Verletzte wegen eines aus der Straftat erwachsenen Anspruches die Zwangsvollstreckung oder vollzieht er einen Arrest in ein Grundstück, in welches ein Arrest nach § 111d vollzogen ist, so kann er verlangen, daß die durch den Vollzug dieses Arrestes begründete Sicherungshypothek hinter seinem Recht im Rang zurücktritt. [2]Der dem vortretenden Recht eingeräumte Rang geht nicht dadurch verloren, daß der Arrest aufgehoben wird. [3]Die Zustimmung des Eigentümers zur Rangänderung ist nicht erforderlich. [4]Im Übrigen ist § 880 des Bürgerlichen Gesetzbuches sinngemäß anzuwenden.

(2) [1]Die Rangänderung bedarf der Zulassung durch den Richter, der für den Arrest (§ 111d) zuständig ist. [2]§ 111g Abs. 2 Satz 2 bis 4 und Abs. 3 Satz 3 ist entsprechend anzuwenden.

(3) Ist die Zulassung zu Unrecht erfolgt, so ist der Verletzte Dritten zum Ersatz des Schadens verpflichtet, der ihnen durch die Rangänderung entsteht.

(4) Die Absätze 1 bis 3 gelten entsprechend, wenn der Arrest nach § 111d in ein Schiff, Schiffsbauwerk oder Luftfahrzeug im Sinne des § 111c Abs. 4 Satz 2 vollzogen ist.

1 Den **Vorrang** des zwangsvollstreckenden oder den Arrestvollzug betreibenden **Verletzten**[1] sichert § 111h auch für den Fall des in ein **Grundstück** bzw. grundstücksgleiches Recht[2] sowie die gemäß § 111h Abs. 4 gleichgestellten **registrierten** Schiffe, Schiffsbauwerke und Luftfahrzeuge, **vollzogenen strafprozessualen dinglichen Arrests** gemäß § 111d (einschließlich der Fälle des § 111d Abs. 1 S. 2, Geldstrafe und Kosten[3]), und zwar mangels einer dem § 111g Abs. 5 S. 2 entsprechenden Einschränkung auch für die Fälle der Einziehung von Wertersatz.[4] Gemäß § 111h Abs. 1 S. 1 hat der **Verletzte** einen Anspruch auf **Rangtausch**, kann also **verlangen,** dass die strafprozessual erwirkte **Sicherungshypothek hinter seinem Recht zurücktritt,**[5] allerdings erst, wenn die Rangänderung gemäß § 111h Abs. 2 S. 1 von dem Gericht **zugelassen** wurde, das für die Anordnung des strafprozessalen Arrests zuständig war. Letzteres hat in gleicher Weise wie in den Fällen des § 111g Abs. 2 S. 2–4 zu entscheiden, § 111h Abs. 2 S. 2.[6] Der Verletzte hat damit einen Anspruch (gegen den [nach Landesrecht meist] von der Staatsanwaltschaft vertretenden Justizfiskus) auf Abgabe aller zur Rangänderung erforderlichen sowohl materiell-zivilrechtlichen (Rangrücktrittsvereinbarung) als auch formal grundbuchrechtlichen Erklärungen.[7] Die Nachweiserleichterung gemäß § 111g Abs. 3 S. 3 gegenüber dem

---

[80] → § 111c Rn. 11; LR/*Johann* § 111g Rn. 30.

[81] bereits → Rn. 1.

[1] Der begünstigte Personenkreis deckt sich mit dem des § 111g, HK/*Gercke* § 111h Rn. 2; KMR/*Mayer* § 111h Rn. 1; aA KK/*Spillecke* § 111h Rn. 1, die anders als bei § 111g sämtliche Verletzten als begünstigt betrachtet, selbst wenn kein Fall des § 73 Abs. 1 S. 2 StGB vorliegt.

[2] *Huber* RPfleger 2002, 285 ff., 294.

[3] LR/*Johann* § 111h Rn. 2 a.E.; → vor §§ 111b ff. Rn. 11.

[4] *Hansen* S. 151 ff.; *Janssen* Rn. 232; LR/*Johann* § 111h Rn. 2.

[5] LR/*Johann* § 111h Rn. 1–3; *Schmidt* Rn. 1197 f.

[6] Vgl. zu möglichen Auswirkungen *Huber* RPfleger 2002, 285 ff., 293 f.

[7] LR/*Johann* § 111h Rn. 5 und 7; SK/*Rogall* § 111h Rn. 5, 10, 12 und 19; zur Erforderlichkeit OLG Celle 17.10.2013 – 4 W 185/13, Rn. 5, Rpfleger 2014, 74 f.

Grundbuch gilt auch hier. § 111h Abs. 1 S. 2 entspricht § 111g Abs. 3 S. 5, so dass die Aufhebung des Arrests (allerdings erst nach Eintragung der Rangänderung[8]) auch insoweit keine Bedeutung für den zugelassenen Verletzten hat. Er hat allerdings in Anlehnung an § 111g Abs. 4 schuldrechtlichen Schadenersatz zu leisten, wenn die Zulassung zu Unrecht erfolgt war, § 111h Abs. 3. Die Rangänderung bedarf nicht der Zustimmung des **Eigentümers,** § 111h Abs. 1 S. 3, weil dessen **rechtliche** und **wirtschaftliche Interessen** davon **nicht berührt** werden.[9] Für die Vornahme der Rangänderung gilt im Übrigen sinngemäß § 880 BGB, § 111h Abs. 1 S. 4.[10] Sie bedarf folglich der Eintragung im Grundbuch.[11] Zwischenrechte bleiben unberührt, § 880 Abs. 5 BGB.

Übersteigt der Anspruch des Verletzten den strafprozessual gesicherten Betrag, so beschränkt sich die Wirkung des Rangtauschs im Verhältnis zu den Inhabern der Zwischenrechte auf letztgenannten Betrag.[12] Die Zwangs- oder Sicherungshypothek des Verletzten genießt im Verhältnis zum staatlichen Sicherungsrecht allerdings in voller Höhe den Vorrang.[13] Im Verhältnis mehrerer Verletzter gilt schon deshalb das **Prioritätsprinzip,** weil die strafprozessuale Sicherungshypothek (anders als die Sicherungsrechte in den Fällen des § 111g) nicht mit dem ursprünglichen Rang bestehen bleibt.[14] Ihre Rechtsverfolgung nachfolgend betreibende Verletzte können daher in den Rang des strafprozessualen Sicherungsrechts nur insoweit eintreten, als es wertmäßig von einer vorrangigen Zwangsvollstreckung oder einem zuvor betriebenen Arrestvollzug seitens eines anderen Verletzten nicht ausgeschöpft ist. Maßgeblich ist dafür und damit auch für die Rangfolge der Sicherungshypotheken die Eintragung der Rangänderung im Grundbuch. Damit ist der Zeitpunkt der Entstehung der Sicherungshypothek ebensowenig wie in den Fällen des § 111g derjenige des Entstehens des Pfändungspfandrechts allein maßgeblich für die Rangfolge der Verletzten untereinander.[15] Hat der Verletzte eine Sicherungshypothek erwirkt und wurde (kumulativ) auch zur Rangänderung zugelassen, so ist er vorbehaltlich Anfechtung oder Rückschlagsperre im erwirkten Rang insolvenzfest gesichert.[16] 2

§ 111i [Aufrechterhaltung der Beschlagnahme für befristeten Zeitraum]

(1) Das Gericht kann anordnen, dass die Beschlagnahme nach § 111c oder der Arrest nach § 111d für die Dauer von höchstens drei Monaten aufrechterhalten wird, soweit das Verfahren nach den §§ 430 und 442 Abs. 1 auf die anderen Rechtsfolgen beschränkt worden ist und die sofortige Aufhebung gegenüber dem Verletzten unbillig wäre.

---

8 *Hansen* S. 159.

9 Die bloße wirtschaftliche Betroffenheit allein genügt nicht, BGH 20.2.2014 – V ZB 179/13, Rn. 9. – Zulässig ist auch die Zahlung des Insolvenzverwalters an einen nachrangigen Gläubiger, um dessen Löschungsbewilligung zu erlangen (Lästigkeitsprämie – vermeidbar aufgrund eines aus § 242 BGB abgeleiteten Löschungsanspruchs, OLG Nürnberg 19.11.2013 – 4 U 994/13, NZI 2014, 158 ff. m. Anm. *Lange*), aber nur, wenn dies ausschließlich zu Lasten des damit einverstandenen vorrangigen Grundpfandgläubigers geschieht, BGH 20.3.2014 – IX ZB 80/13, ZInsO 2014, 1009 ff.

10 OLG Celle 17.10.2013 – 4 W 185/13, Rn. 5, Rpfleger 2014, 74 f.; Rechtsgrundverweisung, *Huber* RPfleger 2002, 285 ff., 293; SK/*Rogall* § 111h Rn. 11, allerdings nur ‚sinngemäße'.

11 Zum Grundsatz der Voreintragung s. OLG Jena 25.1.2013 – 9 W 581/12.

12 KMR/*Mayer* § 111h Rn. 5; LR/*Johann* § 111h Rn. 7.

13 LR/*Johann* § 111h Rn. 7; SK/*Rogall* § 111h Rn. 14.

14 KMR/*Mayer* § 111h Rn. 5; SK/*Rogall* § 111h Rn. 15 f.

15 → § 111g Rn. 9. Auch *Hansen*, S. 155 ff., insbes. S. 166 ff., gelangt zu einem Gleichlauf bei der Anwendung des Prioritätsprinzips in den Fällen der §§ 111g und h – allerdings anders als hier jeweils abgestellt auf den ursprünglichen Entstehungszeitpunkt des Sicherungsrechts des Verletzten. Für die Fälle des § 111h muss er zu diesem Zweck die Differenz zwischen Grundbuchstand und für zutreffend erachtetem Ergebnis überwinden. Dies erreicht *Hansen* dadurch, dass er den Grundbuchstand für unrichtig, weil im Gegensatz zur materiellen Rechtslage stehend betrachtet und dem Verletzten, dessen Sicherungshypothek früher eingetragen worden war, einen Grundbuchberichtigungsanspruch zubilligt.

16 → vor § 111b ff. Rn. 11.

(2) [1]Hat das Gericht lediglich deshalb nicht auf Verfall erkannt, weil Ansprüche eines Verletzten im Sinne des § 73 Abs. 1 Satz 2 des Strafgesetzbuchs entgegenstehen, kann es dies im Urteil feststellen. [2]In diesem Fall hat es das Erlangte zu bezeichnen. [3]Liegen insoweit die Voraussetzungen des § 73a des Strafgesetzbuchs vor, stellt es im Urteil den Geldbetrag fest, der dem Wert des Erlangten entspricht. [4]Soweit

1. der Verletzte bereits im Wege der Zwangsvollstreckung oder der Arrestvollziehung verfügt hat,
2. der Verletzte nachweislich aus Vermögen befriedigt wurde, das nicht beschlagnahmt oder im Wege der Arrestvollziehung gepfändet worden ist, oder
3. dem Verletzten die erlangte Sache nach § 111 k herausgegeben worden ist,

ist dies im Rahmen der nach den Sätzen 2 und 3 zu treffenden Feststellungen in Abzug zu bringen.

(3) [1]Soweit das Gericht nach Absatz 2 verfährt, hält es die Beschlagnahme (§ 111c) des im Sinne des Absatzes 2 Satz 2 und 4 Erlangten sowie den dinglichen Arrest (§ 111d) bis zur Höhe des nach Absatz 2 Satz 3 und 4 festgestellten Betrages durch Beschluss für drei Jahre aufrecht. [2]Die Frist beginnt mit Rechtskraft des Urteils. [3]Sichergestellte Vermögenswerte soll es bezeichnen. [4]§ 917 der Zivilprozessordnung ist nicht anzuwenden. [5]Soweit der Verletzte innerhalb der Frist nachweislich aus Vermögen befriedigt wird, das nicht beschlagnahmt oder im Wege der Arrestvollziehung gepfändet worden ist, hebt das Gericht die Beschlagnahme (§ 111c) oder den dinglichen Arrest (§ 111d) auf Antrag des Betroffenen auf.

(4) [1]Die Anordnung nach Absatz 3 sowie der Eintritt der Rechtskraft sind dem durch die Tat Verletzten unverzüglich durch das Gericht mitzuteilen. [2]Die Mitteilung ist zu verbinden mit dem Hinweis auf die in Absatz 5 genannten Folgen und auf die Möglichkeit, Ansprüche im Wege der Zwangsvollstreckung oder Arrestvollziehung durchzusetzen. [3]§ 111e Abs. 4 Satz 1 bis 3 gilt entsprechend.

(5) [1]Mit Ablauf der in Absatz 3 genannten Frist erwirbt der Staat die nach Absatz 2 bezeichneten Vermögenswerte entsprechend § 73e Abs. 1 des Strafgesetzbuchs sowie einen Zahlungsanspruch in Höhe des nach Absatz 2 festgestellten Betrages, soweit nicht

1. der Verletzte zwischenzeitlich wegen seiner Ansprüche im Wege der Zwangsvollstreckung oder der Arrestvollziehung verfügt hat,
2. der Verletzte nachweislich aus Vermögen befriedigt worden ist, das nicht beschlagnahmt oder im Wege der Arrestvollziehung gepfändet worden war,
3. zwischenzeitlich Sachen nach § 111k an den Verletzten herausgegeben oder hinterlegt worden sind oder
4. Sachen nach § 111k an den Verletzten herauszugeben gewesen wären und dieser die Herausgabe vor Ablauf der in Absatz 3 genannten Frist beantragt hat.

[2]Zugleich kann der Staat das durch die Vollziehung des dinglichen Arrestes begründete Pfandrecht nach den Vorschriften des Achten Buches der Zivilprozessordnung verwerten. [3]Der Erlös sowie hinterlegtes Geld fallen dem Staat zu. [4]Mit der Verwertung erlischt der nach Satz 1 entstandene Zahlungsanspruch auch insoweit, als der Verwertungserlös hinter der Höhe des Anspruchs zurückbleibt.

(6) [1]Das Gericht des ersten Rechtszugs stellt den Eintritt und den Umfang des staatlichen Rechtserwerbs nach Absatz 5 Satz 1 durch Beschluss fest. [2]§ 111l Abs. 4 gilt entsprechend. [3]Der Beschluss kann mit der sofortigen Beschwerde angefochten werden. [4]Nach Rechtskraft des Beschlusses veranlasst das Gericht die Löschung der im Bundesanzeiger nach Absatz 4 vorgenommenen Veröffentlichungen.

(7) [1]Soweit der Verurteilte oder der von der Beschlagnahme oder dem dinglichen Arrest Betroffene die hierdurch gesicherten Ansprüche des Verletzten nach

Ablauf der in Absatz 3 genannten Frist befriedigt, kann er bis zur Höhe des dem Staat zugeflossenen Verwertungserlöses Ausgleich verlangen. [2]Der Ausgleich ist ausgeschlossen,

1. **soweit der Zahlungsanspruch des Staates nach Absatz 5 Satz 1 unter Anrechnung des vom Staat vereinnahmten Erlöses entgegensteht oder**
2. **wenn seit dem Ablauf der in Absatz 3 genannten Frist drei Jahre verstrichen sind.**

(8) In den Fällen des § 76a Abs. 1 oder 3 des Strafgesetzbuchs sind die Absätze 2 bis 7 auf das Verfahren nach den §§ 440 und 441 in Verbindung mit § 442 Abs. 1 entsprechend anzuwenden.

Übersicht

I. Regelungsgegenstand

1 Anordnungen gemäß § 111i knüpfen an § 73 Abs. 1 S. 2 StGB an und erleichtern die **Rückgewinnungshilfe** durch die Möglichkeit, **Vollstreckungssicherungen** in **zwei** unterschiedlichen Konstellationen **aufrechtzuerhalten**:[1] Der wenig bedeutsame § 111i Abs. 1[2] erlaubt dies, wenn (endgültige) vermögensabschöpfende Maßnahmen gemäß §§ 430 und 442 Abs. 1 ausgeschieden werden, während sich die Abs. 2–7 auf im Urteil bzw. in den Fällen des Abs. 8 im objektiven Verfahren getroffene Nebenentscheidungen nebst ihren Folgen beziehen. Unter den Voraussetzungen des § 111i müssen **einstweilen gesicherte Vermögensgegenstände,** Abs. 1 vorübergehend, Abs. 3–8 gar **nicht** an den Angeklagten bzw. Verurteilten **zurückgegeben werden.** § 111i bezweckt, dem Täter (oder Drittbegünstigten) die *aus*[3] der Tat erlangten Vorteile nicht allein deshalb zu belassen, weil Opfergläubiger zwar nicht auf ihre Ansprüche verzichten, sie diese aber tatsächlich nicht bzw. in

---

[1] Eine Aufrechterhaltungsentscheidung wirkt, selbst wenn sie in einem Verfahren ergeht, in welchem sich die vollstreckungssichernde Maßnahme nicht gegen den Angeklagten richtet, gegenüber jedem Betroffenen, in den Fällen des § 73 Abs. 3 StGB also (ggf.: auch) gegenüber dem Dritten, KK/*Spillecke* § 111i Rn. 7; LR/*Johann* § 111i Rn. 6; zur umgekehrten Situation BGH 22.5.2014 – 4 StR 430/13, Rn. 1 und 33.

[2] Zur Auffangfunktion bei aus Beschleunigungsgründen ausscheidendem Vorgehen nach § 111i Abs. 2–8 vgl. KK/*Spillecke* § 111i Rn. 3.

[3] Nicht jedoch bei Erlangtem *für* die Tat, BGH 9.11.2010 – 4 StR 447/10, Rn. 9, wistra 2011, 100 f.; 13.3.2013 – 2 StR 275/12, Rn. 23, wistra 2013, 347 ff.; 6.2.2014 – 1 StR 577/13, Rn. 53 ff.; 6.2.2014 – 1 StR 578/13, Rn. 31 ff. (jeweils mit zweifelhafter Annahme der Geltung des Verschlechterungsverbots im Hinblick auf den Verfall, der richtigerweise anzuordnen gewesen wäre: wenn nicht die Abschöpfung selbst in Frage steht, dann wäre der Verfall, verknüpft mit der aufschiebenden Bedingung wie bei § 111i Abs. 2 und 5 möglich gewesen, ohne den Angeklagten schlechter zu stellen; s. a. LR/*Johann* § 111i Rn. 25. Bei unzutreffender Verfallentscheidung in Bezug auf die Höhe der folgenden Feststellung gemäß § 111i Abs. 2, BGH 10.11.2009 – 4 StR 443/09, Rn. 10, NStZ 2010, 693 f., und im Hinblick auf eine bereits erstinstanzlich getroffene Feststellungsentscheidung gem. § 111i Abs. 2 gilt das Verschlechterungsverbot jedoch ohne diese Zweifel im Rechtsmittelzug und damit auch nach Zurückverweisung, BGH 17.9.2013 – 5 StR 258/13, Rn. 8, wistra 2013, 474 f.); 5.9.2013 – 1 StR 162/13, Rn. 74 f., 78 und 86, NStZ 2014, 149 ff. (Erlöse aus – versuchtem – Betrug, die vom Geschädigten oder über ein Konto des Täters auf ein Konto eines Anwalts fließen, erlangt Letzterer „aus" der Tat); 13.2.2014 – 1 StR 336/13, Rn. 72 (mittels Bestechung erhaltene Aufträge führen zu Erlangtem „aus" der Tat, Rn. 73 ff.), ZInsO 2014, 1058 ff.; 6.2.2014 – 1 StR 577/13, Rn. 54, sowie 6.2.2014 – 1 StR 578/13, Rn. 32 (jeweils: unabhängig vom Taterfolg gezahlte, aus Steuerhinterziehungen erwirtschaftete Vergütung erhielten Strohleute *für* ihre Taten – trotz damit verbundenen eigenen Steuerhinterziehungen); KK/*Spillecke* § 111i Rn. 14. → § 111b Rn. 17. Rechtspolitische Kritik an der fehlenden Erstreckung auf das *für* die Tat Erlangte übt aus Opfersicht SSW/*Burghart* § 111i Rn. 2. → Rn. 8 sowie → § 111g Rn. 1 a.E.

den Fällen des Abs. 1 nicht rechtzeitig verfolgen. Dieses Ziel würde jedoch mit der bloßen Nichtrückgabe bereits einstweilen gesicherter Vermögensbestandteile nur unvollständig erreicht. Deshalb gestattet es § 111i Abs. 2 dem Gericht, die **Grundlage für die** (spätere und bis dahin wegen § 73 Abs. 1 S. 2 StGB unzulässige) **Abschöpfung** des Erlangten oder von dessen Wert **zu schaffen** – und zwar gänzlich **unabhängig** davon, ob vorhergehende sichernde Schritte nach den §§ 111b ff. unternommen worden waren oder nicht. Die nachträgliche Abschöpfung geschieht unter den Voraussetzungen des § 111i Abs. 5 – neben der Strafvollstreckung. In solchem Fall ist außer Freiheits- oder Geldstrafe auch noch der **Wert des Erlangten in Geld staatlich beizutreiben.**

II. § 111i Abs. 1

2 § 430 beruht auf demselben Rechtsgedanken wie § 154a und ermöglicht es unter vergleichbaren Voraussetzungen, das Ermittlungs- oder Strafverfahren auf die gegenüber der **Einziehung** anderen **Rechtsfolgen** zu **beschränken.** Diese Möglichkeit erweitert § 442 Abs. 1 auch auf den **Verfall,** die **Unbrauchbarmachung** und die **Beseitigung eines gesetzwidrigen Zustands.** Nach einer solchen Entscheidung darf eine vollstreckungssichernde Maßnahme nur noch als dinglicher Arrest zur Sicherung einer Geldstrafe und/oder der voraussichtlichen Kosten des Strafverfahrens unter den Voraussetzungen des § 111d Abs. 1 ergriffen werden. Soll dennoch Einziehung oder eine gemäß § 442 Abs. 1 gleichgestellte Maßnahme angeordnet und dies vorläufig gesichert werden, so bedarf es der (konkludent möglichen) Aufhebung der Beschränkungsverfügung. Dies ist an keine einschränkenden Voraussetzungen geknüpft.

3 Wurden vor einer Beschränkungsverfügung vollstreckungssichernde Maßnahmen ergriffen, so erkennt das Gesetz ein **Bedürfnis** des **Verletzten** nach ihrer **Aufrechterhaltung** unter den Voraussetzungen des § 111i Abs. 1 unabhängig vom Stand des Vollzugs[4] an. Die Regelung ist allerdings **erklärungsbedürftig,** dienen **doch** Einziehung, Verfall und die gleichgestellten Maßnahmen von vorn herein **nicht dem Verletzten**, schließt im Gegenteil ein Anspruch des Verletzten die Anordnung von Verfall aus, § 73 Abs. 1 S. 2 StGB. Der Anwendungsbereich ist aber auch im Hinblick auf den Verfall bzw. dessen Wertersatz nicht auf die Fälle beschränkt, in denen die vollstreckungssichernde Anordnung entweder zu Unrecht nicht auf Rückgewinnungshilfe, § 111b Abs. 5, gestützt worden war[5] oder neben den Verdacht der Erfüllung eines nicht individualschützenden Tatbestands (zB nach dem WpHG) ein solcher tateinheitlicher Verwirklichung einer dem Schutz einer (natürlichen oder juristischen) Person dienenden Strafvorschrift (zB § 263 oder § 266 StGB) getreten ist. Sie ist vielmehr auch dann einschlägig, wenn die Maßnahmen **von Anfang** an die **Rückgewinnungshilfe bezweckten, § 111b Abs. 5.**[6] Sie kann es dem Verletzten ermöglichen, nachträglich den dinglichen Arrest in einen beschlagnahmten Gegenstand zu vollziehen[7] und eine rangwahrende Zulassungsentscheidung gemäß §§ 111g oder h zu erwirken.[8] Die Vorschrift gestattet es zudem, **erstmals** zum Zeitpunkt der Beschränkungsverfügung vollstreckungssichernde Maßnahmen zu ergreifen, insbesondere also dinglichen Arrest anzuordnen und ihn für höchstens 3 Monate aufrechterhalten. Während die Beschränkungsverfügung getroffen werden kann, ohne dass geklärt wird, ob die Voraussetzungen für die Anordnung von Verfall oder ihm gleichgestellter Maßnahmen bzw. der Rückgewinnungshilfe überhaupt vorliegen, verlangt die Entscheidung gemäß § 111i Abs. 1 über die Aufrechterhaltung daher, vor ihrem Ergehen zu prüfen, ob es aus der Tat zumindest einen Verletzten gibt, dessen Anspruch sicherungsbedürftig ist. Ist das der Fall, so darf die Sicherungsmaß-

[4] SK/*Rogall* § 111i Rn. 9.

[5] Diese Konstellation hebt Meyer-Goßner/*Schmitt* § 111i Rn. 1 hervor.

[6] KMR/*Mayer* § 111i Rn. 3. LR/*Johann*, § 111i Rn. 4 f., gelangt zum selben Ergebnis mit dem Implementieren des Eingangserfordernisses des § 111i Abs. 2 in Abs. 1: Keine Unbilligkeit der Aufhebung, wenn der Verletzte ohnehin nicht privilegiert vollstrecken könnte.

[7] Meyer-Goßner/*Schmitt* § 111i Rn. 1.

[8] LR/*Johann* § 111i Rn. 11.

nahme **aufrechterhalten** werden, aber nur in der Weise, dass sie ihre Rechtsgrundlage allein, erforderlichenfalls nach Umstellung, in den Bestimmungen über die **Rückgewinnungshilfe** findet.[9] Eine weitergehende Prüfung ist weder in Bezug auf das Erlangte noch hinsichtlich des (genauen Inhalts des) Anspruchs des Verletzten erforderlich.[10]

Materielle Voraussetzung ist die **Unbilligkeit** sofortiger Aufhebung gegenüber dem Ver- 4
letzten.[11] Das ist ohne **Fortbestehen** des **Sicherungsbedürfnisses** nicht möglich.[12] Die Bejahung der Unbilligkeit ist dann relativ einfach, wenn sich der Verletzte zuvor bereits intensiv um die Verfolgung seiner Rechte gekümmert hat, es ihm aber aus (im Wesentlichen außerhalb seiner Einflusssphäre) liegenden Gründen noch nicht gelungen ist, eine eigenständige Sicherung zu erlangen. Unbilligkeit liegt aber auch dann vor, wenn unbekannte Verletzte sich noch gar nicht um die Wahrung ihrer Rechte kümmern konnten.[13] In beiden Fällen setzt die Aufrechterhaltung jedoch zusätzlich den **Ausschluss der Negativprognose** voraus, der Verletzte werde selbst binnen drei Monaten keine Sicherung erlangen.[14] Die Frage nach dem Vorgehen im Fall mehrerer Verletzter ist mangels Stellens nicht beantwortet. Aufgrund des dem Gericht eingeräumten Ermessens erscheint es **nicht** als **erforderlich,** im Hinblick auf **alle Verletzten einheitlich** zu entscheiden. Demgemäß kann die Wirkung der Aufrechterhaltungsentscheidung auf solche Verletzten beschränkt werden, hinsichtlich derer die sofortige Aufhebung unbillig wäre. Bei einer Vielzahl von Verletzten wird das Gericht sich auf die Herausnahme solcher Verletzter beschränken dürfen, hinsichtlich derer ihm die fehlende Unbilligkeit bereits bekannt ist. Zusätzliche Ermittlungen muss es dafür nicht anstellen.

Für die Verlängerungsfrist gilt § 43. Sie knüpft nicht an die Beschränkungsverfügung 5
an,[15] sondern beginnt mit der **Anordnung der Aufrechterhaltung,** nicht erst mit deren Bekanntmachung oder der Rechtskraft.[16] Ihrer Bemessung hat eine pflichtgemäße Abwägung zwischen den Verfügbarkeitsinteressen des Betroffenen und den Sicherungsinteressen des Verletzten zugrundezuliegen. Eine Verlängerung oder erstmaliges Nachholen bis zur Höchstfrist ist möglich.[17]

Nur das **Gericht** ist befugt, die Maßnahmen aufrechtzuerhalten. Das ist im gerichtlichen 6
Verfahren das für die Eröffnungsentscheidung bzw. das Hauptverfahren zuständige Gericht. Es kann ohne Probleme die Beschränkungsverfügung mit der Aufrechterhaltungsanordnung kombinieren. Trifft hingegen erst das Revisionsgericht die Beschränkungsentscheidung, so muss es das Verfahren zum Nachholen der etwaigen Verlängerungsentscheidung an das Tatgericht zurückverweisen.[18] Im **Vorverfahren** entscheidet die **Staatsanwaltschaft** über die etwaige **Beschränkung.**[19] Bis zur Entscheidung des Ermittlungsrichters vergeht deshalb regelmäßig eine gewisse Zeit. Das ist allerdings erträglich, weil die Maßnahmen nicht automatisch mit der Beschränkungsverfügung außer Kraft treten. Die Pflicht zum Abwickeln wird man bis zur Aufrechterhaltungsentscheidung als ruhend betrachten können, wenn die Staatsanwaltschaft den Antrag unverzüglich stellt oder die Abwicklung bei Eingang

---

[9] SK/*Rogall* § 111i Rn. 10.
[10] SK/*Rogall* § 111i Rn. 10.
[11] *Faust* S. 243 f.
[12] KMR/*Mayer* § 111i Rn. 4 f.
[13] LR/*Johann* § 111i Rn. 5, zweifelnd Volk/*Rönnau* MAH Rn. 13/294.
[14] Vgl. KMR/*Mayer* § 111i Rn. 4; Volk/*Rönnau* MAH Rn. 13/294 (je unter dem Gesichtspunkt des Sicherungsbedürfnisses); LR/*Johann* § 111i Rn. 5; Meyer-Goßner/*Schmitt* § 111i Rn. 3. Für SSW/*Burghart* (§ 111i Rn. 4) ist dies das einzige Entscheidungskriterium.
[15] So aber SSW/*Burghart* § 111i Rn. 5; KK/*Nack* § 111i Rn. 10 (6. Aufl.); LR/*Johann* § 111i Rn. 6 und 9; wie hier KK/*Spillecke* § 111i Rn. 10; KMR/*Mayer* § 111i Rn. 6; LR/*Schäfer*, 25. Aufl. § 111i Rn. 4; Meyer-Goßner/*Schmitt*, § 111i Rn. 4; SK/*Rogall* § 111i Rn. 12.
[16] SK/*Rogall* § 111i Rn. 12.
[17] KK/*Spillecke* § 111i Rn. 10; KMR/*Mayer* § 111i Rn. 6 f.; LR/*Johann* § 111i Rn. 6 (Nachholung – nur – bei dinglichem Arrest auch nach Rechtskraft möglich, Rn. 9); Meyer-Goßner/*Schmitt* § 111i Rn. 4.
[18] Vgl. BGH 11.5.2006 – 1 StR 23/06, NStZ 2006, 621; BGH 31.7.2006 – 1 StR 70/06, NStZ-RR 2006, 346 (die Rückverweisung erging aber in concreto jeweils auch zur Prüfung etwaigen Verzichts Verletzter). Rechtspolitisch (?) für Zuständigkeit des Revisionsgerichts KK/*Spillecke* § 111i Rn. 9.
[19] Zur Zuständigkeitsverteilung allgemein und zum Splitting im Vorfahren LR/*Johann* § 111i Rn. 4 und 6 f.

eines Antrags des Verletzten noch nicht geschehen ist. Nach fruchtlosem Fristablauf sind erforderliche Aufhebungsentscheidungen zu treffen und die Maßnahme abzuwickeln.[20]

7 Die Entscheidung, vor welcher auch den (bekannten) Verfahrensbeteiligten rechtliches Gehör zu gewähren ist, die den Antrag nicht gestellt haben,[21] ergeht durch begründeten, der Anfechtung durch die einfache Beschwerde gemäß § 304 unterliegenden **Beschluss.**[22] Nur in der Hauptverhandlung ist er zu verkünden, § 35 Abs. 1 S. 1, ggf. im zeitlichen Zusammenhang mit dem Urteil. Andernfalls ist er formlos bekanntzumachen.

III. Aufrechterhaltung in Urteil bzw. selbständigem Verfahren

8 Weil **Verfall** (auch des **Wertersatzes**) gemäß § 73 Abs. 1 S. 2 StGB beim Bestehen zivilrechtlicher Ausgleichsansprüche des oder der Verletzten **ausscheidet,** aber **nicht sicher** ist, dass diese **Ansprüche verfolgt** und **durchgesetzt** werden, selbst nicht nach Ergreifen staatlicher Rückgewinnungshilfemaßnahmen, war es vor Inkrafttreten des § 111i Abs. 2–8 bereits **juristisch unmöglich**, durchweg **sicherzustellen**, dass sich **„Verbrechen nicht lohnt“.** Zwar konnten beschlagnahmte bewegliche Sachen als Fundsachen versteigert werden,[23] wenn feststand, dass der Verurteilte nicht Eigentümer oder berechtigter Besitzer war und sich der Berechtigte entweder nicht feststellen ließ oder er sich nicht um die Herausgabe an ihn kümmerte. War aber ein Arrest ausgebracht und in (legales!) Vermögen vollzogen worden, so musste er in den Fällen des § 73 Abs. 1 S. 2 StGB aufgehoben und das Arretierte freigegeben werden. Taterlöse konnte der Verurteilte auch dann genießen, wenn von vorn herein keine vollstreckungssichernden Maßnahmen ergriffen worden waren. Das ist **nunmehr anders**. Obwohl § 73 Abs. 1 S. 2 StGB unverändert blieb und nun auch für den erweiterten Verfall gilt, § 73d Abs. 1 S. 3 StGB, ist **trotz Bestehens von Ansprüchen Verletzter** eine **„aufschiebend bedingte Verfallanordnung zu Gunsten des Staates“**[24] möglich. Dies geschieht in **zwei Schritten,** zunächst einer **Feststellungsentscheidung** gemäß § 111i Abs. 2, welche anschließend **nach Ablauf von 3 Jahren** unter den Voraussetzungen des § 111i Abs. 5 zum **Auffangrechtserwerb** des Staates führt. § 111i Abs. 2 befasst sich demnach gerade nicht mit einstweiligen Sicherungen. Es handelt sich vielmehr um eine § 73 Abs. 1 S. 2 StGB einschränkende Bestimmung, die, obwohl Bestandteil der StPO, zumindest auch einen materiellrechtlichen Regelungsgehalt aufweist und weder für sich vollstreckbar ist noch selbst Ansprüche von Geschädigten oder des Staates begründet. Die Tenorierung im Urteil setzt sich aus zwei Elementen zusammen: der Bezeichnung des Erlangten nebst, ist es nicht mehr vorhanden, der Bezifferung seines Wertes – jeweils als Basis für den Auffangrechtserwerb einerseits und des Absehens von einer Verfall- oder Wertersatzverfallentscheidung wegen entgegenstehender Ansprüche Dritter andererseits.[25] Aufgrund ihres den Täter belastenden Charakters ist sie deshalb nur für Taten anwendbar, die **nach** dem **31.12.2006 beendet** wurden, § 2 Abs. 5 iVm Abs. 3 StGB.[26] Das geltende Recht schränkt weder den **Vorrang der Ansprüche Verletzter** ein noch

---

[20] LR/*Johann* § 111i Rn. 6 a.E.; Meyer-Goßner/*Schmitt* § 111i Rn. 4.

[21] KK/*Spillecke* § 111i Rn. 12; LR/*Johann* § 111g Rn. 8.

[22] LR/*Johann* § 111i Rn. 10.

[23] Zum Fortbestehen dieser Möglichkeit → § 111k Rn. 6.

[24] BGH 7.2.2008 – 4 StR 502/07, Rn. 15, NJW 2008, 1093 f.; v. 10.4.2013 – 1 StR 22/13, Rn. 6, NStZ-RR 2013, 254 f. *Bohne/Boxleitner* NStZ 2007, 552 ff., kritisieren zwar zu Recht die Kompliziertheit der Neuregelung, loten aber nicht aus, welche (ggf.: neuen) Handlungsmöglichkeiten nunmehr bestehen.

[25] Zum Ganzen BGH 5.9.2013 – 1 StR 162/13, NStZ 2014, 149 ff.: Rn. 96–98 und 103 zur fehlenden Begründung von Ansprüchen Geschädigter und damit zusammenhängender fehlender Beschwer des Betroffenen vom Element des Absehens von einer (Wertersatz-)Verfallentscheidung; Rn. 100–104 zur Tenorierung. Das Erlangte ist nur in der Höhe anzugeben, die nach dem etwaigen Absetzen aufgrund von Minderungen gemäß § 111i Abs. 2 S. 4 und aufgrund der Härteklausel, § 73c StGB, übrigbleibt, → Rn. 9 m.N.

[26] AllgM, zB BGH 7.2.2008 – 4 StR 502/07 Rn. 14 ff., NJW 2008, 1093 f.; BGH 10.11.2011 – 3 StR 314/11 Rn. 12, ZWH 2012, 474 ff. mAnm *Kudlich*; 25.4.2012 – 1 StR 566/11 Rn. 3, NStZ-RR 2012, 254 f.; 20.11.2013 – 4 StR 338/13, Rn. 10; 4.12.2013 – 1 StR 106/13, Rn. 49, ZIP 2014, 916 ff.; 20.3.2014 – 3 StR 28/14, Rn. 6; s.a. OLG Rostock 19.12.2013 – Ws 320/13, Rn. 32 ff. (mit zutreffendem Hinweis, dass dies nur für § 111i gelte, nicht aber für die gleichzeitig geänderten Fristen des § 111b mit ausschließlich

nimmt es Abstand vom Ziel der **Vermeidung doppelter Inanspruchnahme des Täters.**[27] Dafür hält es verschiedene Bestimmungen bereit. So erkennt es bereits erfüllte Ansprüche eines Verletzten an,[28] § 111i Abs. 2 S. 4, trifft Vorkehrungen zur Anrechnung zukünftiger Leistungen an den Verletzten, § 111i Abs. 5 S. 1, und schafft dafür einen ggf. erforderlichen Ausgleichsanspruch, § 111i Abs. 7. Als erstes hat sich das Gericht aber **in jedem Fall,** in welchem ein Angeklagter **aus der Tat etwas erlangt** hat, mit § 111i Abs. 2 zu befassen und **muss entscheiden**, ob es von dessen Möglichkeit zur **Feststellung des Erlangten** Gebrauch machen will. Das darf es, wenn der Betroffene aus einer (vom Gericht festgestellten[29]) Tat **etwas erlangt** hat oder es sich um ein Delikt handelt, welches die Anwendbarkeit des § 73d StGB auslöst, und einer Entscheidung über den (ggf. erweiterten[30]) Verfall (oder dessen Wertersatzes) lediglich § 73 Abs. 1 S. 2 StGB entgegensteht. Weiterer Voraussetzungen bedarf es nicht. Insbesondere müssen zuvor keine vorläufigen Sicherungen nach den § 111b ff. ergriffen worden sein. War das aber der Fall, so **muss** das erkennende, eine Feststellungsentscheidung nach § 111i Abs. 2 treffende Gericht **Beschlagnahme und dinglichen Arrest** über den **Zeitpunkt** des **Eintritts** der **Rechtskraft** hinaus **aufrechterhalten,** § 111i Abs. 3. Immer dann, wenn der Angeklagte aus der Tat etwas erlangt hat (oder hatte), muss das Gericht daher im Urteil nicht nur über die Anordnung der endgültigen Maßnahmen, Verfall und/oder Einziehung, befinden, seien sie zwingend geboten (zB § 73 Abs. 1 S. 1 und Abs. 3, § 73a sowie § 74 Abs. 4 und § 74c StGB) oder steht ihre Anordnung im Ermessen (zB § 73 Abs. 2 S. 2 und § 74 Abs. 1 StGB), sondern **hat** im Hinblick auf in Betracht kommende **Rückgewinnungshilfe** zusätzlich eine Auswahl zwischen folgenden **Varianten** zu treffen:

a) Beschränkungsverfügung, §§ 430, 442 Abs. 1
b) Beschränkungsverfügung, §§ 430, 442 Abs. 1 nebst Aufrechterhaltungsentscheidung, § 111i Abs. 1
c) Feststellung des Erlangten, § 111i Abs. 2
d) Feststellung des Erlangten, § 111i Abs. 2 nebst Aufrechterhaltungsentscheidung, § 111i Abs. 3
e) Feststellung des Erlangten, § 111i Abs. 2, erstmalige Anordnung einer vorläufigen Sicherung, §§ 111b Abs. 5 i.V.m. 111c und 111d, nebst Aufrechterhaltungsentscheidung, § 111i Abs. 3.

Während die Alternativen a–d direkt aus dem Gesetz abzulesen sind, erschließt sich die Zulässigkeit der Gestaltung gemäß e und damit die Möglichkeit, erstmals mit Urteilsverkündung vollstreckungssichernde Anordnungen zu treffen,[31] erst aus der Systematik der §§ 111b ff.: Es liegt in der **Logik der Rückgewinnungshilfe**, dass sie dem **Verletzten** möglichst **so lange geleistet werden kann,** bis er **zivilprozessual gesichert** (oder gar befriedigt) ist.[32] Demnach

---

prozessualen Auswirkungen); KMR/*Mayer* § 111i Rn. 22; Meyer-Goßner/*Schmitt* 111i Rn. 20, beide mN; *Mosbacher/Claus* wistra 2008, 1 ff.

[27] *Schlachetzki* wistra 2011, 41 ff., 43.

[28] SK/*Rogall* § 111i Rn. 18.

[29] BGH 1.2.2011 – 4 StR 698/10, Rn. 4. Zur Anwendung des Zweifelssatzes BGH 12.12.2013 – 3 StR 267/13, Rn. 27. Zur Zuständigkeit für Entscheidungen nach §§ 111g und 111h → § 111g Rn. 4; in der zeitlichen Beschränkung unzutreffend OLG Stuttgart 15.10.2013 – 1 Ws 178/13, Rn. 16, wistra 2014, 74 ff., dazu sogleich.

[30] KK/*Spillecke* § 111i Rn. 4. Unterliegt Erlangtes aus einer nach § 154 von der Verfolgung ausgenommenen Tat dem erweiterten Verfall, so kann auch insoweit eine Aufrechterhaltungsentscheidung ergehen, BGH 19.10.2011 – 1 StR 336/11, Rn. 19 f., NStZ-RR 2012, 81 f. Lässt sich hingegen das (im entschiedenen Fall sogar sichergestellte) Erlangte einer noch anhängigen (oder bereits abgeurteilten) Tat zuordnen, so kommt nur die Anordnung von Verfall in Betracht, nicht aber die von erweitertem Verfall, BGH 4.4.2013 – 3 StR 529/12, Rn. 7 f. unter Bezugnahme auf die Ausführungen des GBA, wistra 2013, 267 f.

[31] Zutr. insoweit OLG Stuttgart 15.10.2013 – 1 Ws 178/13, Rn. 16, wistra 2014, 74 ff.; Volk/*Rönnau* MAH Rn. 13/299; verkannt von *Greier* ZIP 2007, 953 ff., 959 ff.; unerwähnt auch von *Mosbacher/Claus* wistra 2008, 1 ff., 2. BGH 5.9.2013 – 1 StR 162/13, Rn. 96 f., NStZ 2014, 149 ff., führt – ohne abschließenden Charakter – lediglich als Beispiel tatsächliche vorherige Sicherungsmaßnahmen an.

[32] Verkannt von *Lohse* JR 2011, 242 ff., 246, Fn. 36: Die Aufrechterhaltungsentscheidung gemäß § 111i Abs. 3 ist für sich weder vollstreckbar noch führt sie selbst zu einem Rechtserwerb (anders als bei Anordnung

stellt weder ein **Urteil** noch der **Eintritt** der **Rechtskraft** eine **Zäsur** dar.[33] Es gibt weder in der StPO noch in den Verweisungsnormen der ZPO eine Bestimmung, auf welche sich das Gegenteil stützen ließe. Verhält sich das verkündete Urteil nicht zum Erlangten, so ist das Verfahren insoweit noch anhängig. Die Entscheidung muss daher (vorbehaltlich etwaiger Vertrauensschutzgesichtspunkte) nachgeholt werden.[34] Auch die nachträgliche Feststellung gemäß § 111i Abs. 2 bedarf kraft darin getroffener ausdrücklicher gesetzlicher Anordnung der Urteilsform. Trifft das Urteil entweder nur eine Feststellungsentscheidung, ohne sich über vorläufige Sicherungen und deren Vollziehung auszulassen, oder verhält es sich zu § 111i Abs. 2 überhaupt nicht, so zeitigt es erst recht keine Wirkungen auf **Beschlagnahme** oder **dinglichen Arrest**. Die Zuständigkeit des erkennenden Gerichts für derartige Entscheidungen endet (spätestens) mit Eintritt der Rechtskraft und wechselt danach auf den Ermittlungsrichter zurück, § 162 Abs. 3 S. 3. **Sämtliche** nicht aufgehobenen und noch nicht (vollständig) vollzogenen **vollstreckungssichernden Anordnungen** sind auch nach dem Ergehen eines erstinstanzlichen **Urteils vollziehbar**[35] und bleiben es im Fall einer Feststellungsentscheidung gemäß § 111i Abs. 2 **auch nach Eintritt der Rechtskraft**[36] bis zum Wirksamwerden des Auffangrechtserwerbs gemäß § 111i Abs. 5 – und zwar völlig unabhängig davon, ob sie vor, mit oder gar erst, was uneingeschränkt zulässig ist, **nach** einem Urteil, das im konkreten Verfahren gefällt wurde, ergangen sind. Die Zuständigkeit für die Vollziehung richtet sich in allen Verfahrensstadien nach § 111f. Urteil mit Feststellung des Erlangten, § 111i Abs. 2, und Aufrechterhaltungsbeschluss, § 111i Abs. 3, ergehen sinnvollerweise gleichzeitig; der Beschluss kann allerdings wirksam nachgeholt werden. Hat das Gericht im Urteil hingegen nicht gemäß § 111i Abs. 2 das Erlangte festgestellt, so scheidet ein (gleichzeitiger oder nachfolgender) Aufrechterhaltungsbeschluss aus, weil ihn § 111i Abs. 3 an die Feststellung im Urteil gemäß § 111i Abs. 2 **bindet**. Gleichwohl dürfen bis zum Eintritt der Rechtskraft unter den Voraussetzungen des § 111b Abs. 5 vollstreckungssichernde Maßnahme auch ohne im Urteil enthaltene Feststellungen gemäß § 111i Abs. 2 **angeordnet** und **vollzogen** werden – dann jedoch **ohne Aussicht auf Aufrechterhaltung** gemäß § 111i Abs. 2–7. Der Verletzte profitiert davon nur, sollte es ihm gelingen, bis zum Eintritt der Rechtskraft selbst in die gesicherten Gegenstände zu vollstrecken.

9 **1. Feststellung, Urteilsformel.** Das Gericht entscheidet nach seinem **pflichtgemäßen Ermessen,**[37] ob es eine Feststellungsentscheidung nach § 111i Abs. 2 trifft oder nicht. Dabei hat es zumindest folgende Aspekte zu berücksichtigen: die Möglichkeit der Aufrechterhaltung bis zu drei Monaten gemäß § 111i Abs. 1,[38] die Höhe des Schadens, die Folgen für die Resozialisierung des Angeklagten[39] (auch wenn der Abschöpfungsbetrag unterhalb des tatbestandlichen Schadens liegen sollte), dessen Art der Beteiligung[40] (untergeordnet oder maßgebend), den für die Entscheidung anstehenden Aufwand, das Beschleunigungsgebot[41] und die gesetzgeberische Grundentscheidung für die Abschöpfung alles

---

von Verfall, Einziehung oder des jeweiligen Wertersatzes); LR/*Johann* § 111i Rn. 16 (anders aber Rn. 27 – wie Lohse); zu § 111i Abs. 2 s. BGH 5.9.2013 – 1 StR 162/13, Rn. 96 ff. und 103, NStZ 2014, 149 ff., sowie → Rn. 8.

[33] BGH 17.9.2013 – 5 StR 258/13, Rn. 9, wistra 2013, 474; a.A. Volk/*Rönnau* MAH Rn. 13/297; SK/*Rogall* § 111i Rn. 20; wie hier, aber nur bis zur Rechtskraft LR/*Johann* § 111i Rn. 27.

[34] BGH 17.9.2013 – 5 StR 258/13, Rn. 9, wistra 2013, 474.

[35] HK/*Gercke* § 111i Rn. 10; *Lohse* JR 2011, 242 ff., 246; Meyer-Goßner/*Schmitt*, § 111i Rn. 10 a.E. Zur Beendigung → § 111e Rn. 14 – 16.

[36] A.A. OLG Stuttgart 15.10.2013 – 1 Ws 178/13, Rn. 16, wistra 2014, 74 ff., unter Berufung auf die Gesetzgebungsmaterialien, BT-Drs 16/700, S. 16 – wohl zu Unrecht, denn die zitierte Stelle befasst sich weder mit den intendierten Folgen der Neuregelung noch mit der Vollziehbarkeit nach eingetretener Rechtskraft, sondern legt lediglich dar, dass die Vollziehbarkeit bis zur Rechtskraft bereits aus anderen Normen folgt (und dies schon vor Inkrafttreten der Novelle so war); ebenso LR/*Johann* § 111i Rn. 27; zum Thema auch Volk/*Rönnau* MAH Rn. 13/299 (allerdings ohne inhaltliche Festlegung).

[37] → §§ 111b Rn. 19 und 20.

[38] Allerdings zu Recht einschränkend Lohse, JR 2011, 242 ff., 244, weil den Belangen der Opfer mit einer Entscheidung nach § 111i Abs. 1 meist nicht ausreichend Rechnung getragen wird.

[39] BGH 14.4.2011 – 4 StR 571/10, Rn. 26, NStZ 2011, 590 f

[40] BGH 27.10.2011 – 5 StR 14/11, Rn. 3 und 12, NJW 2012, 92 f.

[41] *Schlachetzki* wistra 2011, 41 ff., 43 f.

aus einer Tat Erlangten[42] nicht nur zugunsten des Staates, sondern auch als Rückgewinnungshilfe. Letzteres macht das Absehen von der Feststellung juristisch zur begründungsbedürftigen Ausnahme. Revisionsrechtlich ist die Entscheidung des Tatgerichts jedoch bis zur äußersten Grenze der Vertretbarkeit hinzunehmen.[43] Entschließt sich das Gericht, eine **Feststellung gemäß § 111i Abs. 2** zu treffen, so hat es diese in den **Tenor**[44] (des Urteils bzw. Strafbefehls, § 409 Abs. 1 S. 3) **aufzunehmen,** § 111i Abs. 2 S. 1. Nur dort hat es ferner und unabhängig davon, ob es **daneben** noch eine Sicherung zwecks Verfalls von Wertersatz aufrecht erhält,[45] das **Erlangte**[46] zu **bezeichnen**, § 111i Abs. 2 S. 2, aber **nur** in (ggf. geringerer) **Höhe** und **Umfang,** die Grundlage für den **Auffangrechtserwerb** (mehrere Empfänger[47] des Erlangten haften dafür, soweit sie selbst zu irgendeinem Zeitpunkt eigene oder Mitverfügungsgewalt innehatten, gesamtschuldnerisch[48]) werden

[42] *Lohse* JR 2011, 242 ff., 243; nachdrücklich LR/*Johann* § 111i Rn. 17; enger *Mosbacher/Claus* wistra 2008, 1 ff., 2.

[43] BGH 27.10.2011 – 5 StR 14/11, Rn. 9, NJW 2012, 92 f.; KK/*Spillecke* § 111i Rn. 17.

[44] BGH 17.2.2010 – 2 StR 524/09, Rn. 8, BGHSt 55, 62 ff.; 28.10.2010 – 4 StR 215/10, Rn. 8, BGHSt 56, 39 ff.; 22.2.2012 – 1 StR 378/11, Rn. 63, NStZ 2013, 120 f.; 10.4.2013 – 1 StR 22/13, Rn. 8, NStZ-RR 2013, 254 f.; 11.4.2013 – 4 StR 39/13, Rn. 5, StV 2013, 610, mit klarstellendem Hinweis, dass die Aufrechterhaltungsanordnung selbst einen Beschluss gemäß § 111i Abs. 3 verlangt; LR/*Johann* § 111i Rn. 20. Rechtsmittel: Revision, LR/*Johann* § 111i Rn. 25.

[45] BGH 18.12.2008 – 3 StR 460/08 Rn. 7, wistra 2009, 241 f.; auch 27.10.2011 – 5 StR 14/11 Rn. 12, NJW 2012, 92 f.; 21.9.2011 – 4 StR 172/11 Rn. 4, wistra 2012, 69. Deswegen haben Ausführungen zu durchgeführten einstweiligen vollstreckungssichernden Maßnahmen im Urteil nichts zu suchen – weder im Tenor, noch in den Gründen, BGH 28.10.2010 – 4 StR 215/10, Rn. 36, BGHSt 56, 39 ff. m.N., Beispiele: BGH 11.12.2013 – 3 StR 302/13, Rn. 1, ZWH 2014, 184 ff.; 11.3.2014 – 4 StR 479/13, Rn. 10, StraFo 2014, 216 f.

[46] Deckungsgleich mit § 73 Abs. 1 S. 1 bzw. § 73a S. 1 StGB, BGH 28.10.2010 – 4 StR 215/10 Rn. 10, BGHSt 56, 39 ff.; 8.12.2010 – 2 StR 372/10 Rn. 3, wistra 2011, 113; 9.2.2010 – 3 StR 17/10 Rn. 10, NStZ 2010, 390 f.; LR/*Johann* § 111i Rn. 18; Meyer-Goßner/*Schmitt* § 111i Rn. 7. Der Tatbestand muss weder vollendet sein, BGH 29.6.2010 – 1 StR 245/09, Rn. 31, NStZ 2011, 83 ff.: versuchter Betrug, noch muss es sich um ein Vermögensdelikt handeln, BGH 5.9.2013 – 1 StR 162/13, Rn. 90, NStZ 2014, 149 ff.: versuchte Nötigung (und zwar selbst dann, wenn die Verurteilung wegen tateinheitlich versuchten Betrugs am Nachweis des auch darauf gerichtet gewesenen Vorsatzes scheitert, Rn. 91 ff.

[47] Mittäterschaft allein genügt nicht, BGH 30.5.2008 – 1 StR 166/07 Rn. 126, BGHSt 52, 227 ff.; 9.2.2010 – 3 StR 17/10 Rn. 10, NStZ 2010, 390 f.; 27.4.2010 – 3 StR 112/10, NStZ 2010, 568 f.; 8.12.2010 – 2 StR 372/10 Rn. 3, wistra 2011, 113; v. 10.4.2013 – 1 StR 22/13, Rn. 9, NStZ-RR 2013, 254 f.; v. 10.4.2013 – 2 StR 19/13, Rn. 19, StraFo 2013, 299; v. 24.4.2013 – 5 StR 648/12 (weitergehend LR/*Schäfer*, 25. Aufl. § 111b Rn. 4a; wie hier LR/*Johann* § 111b Rn. 5 und § 111i Rn. 19). Erforderlich ist vielmehr zumindest Mit-Verfügungsgewalt, aber nicht nur beim Transport oder lediglich aus anderen Gründen kurzfristig, BGH v. 27.10.2011 – 5 StR 14/11, Rn. 10 und 12, NJW 2012, 92 f.; v. 8.8.2013 – 3 StR 179/13, Rn. 2, NStZ-RR 2014, 44 f.; s.a. 5.9.2013 – 1 StR 162/13, Rn. 81, NStZ 2014, 149 ff. Das ist an sich bereits zuvor bei der Höhe des zu sichernden Werts zu prüfen, spätestens an dieser Stelle aber verbindlich zu entscheiden. Zur Sicherung der Vollstreckungsmöglichkeit des bzw. der Verletzten bildet aber die Höhe von dessen Ersatzanspruch keine absolute Grenze aller zulässigen Sicherungsmaßnahmen, aA *Barreto da Rosa* NJW 2009, 1702 ff., 1703 f. (für Sicherungsmaßnahmen zu Gunsten des Staates, modifizierend jedoch für Handels- und Hehlerketten, S. 1704) und S. 1704 f. für die Rückgewinnungshilfe; Härten für den Verurteilten sind über § 73c StGB zu berücksichtigen, *Lohse* JR 2011, 242 ff., 243 f. Das ist auch noch im Verlauf der drei Jahre Aufrechterhaltungsdauer durch Anpassung des Beschlusses gemäß § 111i Abs. 3 möglich. Mit zunehmender Zeitdauer verringert sich die Notwendigkeit, Belange von Verletzten zu berücksichtigen, *Lohse* JR 2011, 242 ff., 245.

[48] BGH 28.10.2010 – 4 StR 215/10 Rn. 8, 18 ff. und 27 mN, BGHSt 56, 39 ff.; 13.7.2011 – 1 StR 42/11 Rn. 2, NStZ-RR 2011, 343; 27.10.2011 – 5 StR 14/11 Rn. 10 f, NJW 2012, 92 f.; 23.11.2011 – 4 StR 516/11, Rn. 5, wistra 2012, 147; 31.7.2012 – 5 StR 135/12 Rn. 2, NStZ-RR 2012, 357; 10.4.2013 – 1 StR 22/13, Rn. 9, NStZ-RR 2013, 254 f.; 17.9.2013 – 5 StR 258/13, Rn. 8, wistra 2013, 474 f.; 20.11.2013 – 4 StR 338/13, Rn. 11; LR/*Johann* § 111i Rn. 20; *Wilk/Stewen* wistra 2013, 409 ff. Die Gesamtschuldnerschaft muß zwingend im vollstreckbaren Beschluss nach § 111i Abs. 6 tenoriert werden. Da dessen Grundlage die Feststellungsentscheidung gemäß § 111i Abs. 2 bildet, muß bereits in ihr die gesamtschuldnerische Haftung zum Ausdruck kommen, aber nicht notwendig im Tenor, wie es bei unbedingter und deshalb sogleich vollstreckbarer Anordnung von Wertersatzverfall gemäß § 73a StGB notwendig ist, BGH 23.11.2011 – 4 StR 516/11 Rn. 5, wistra 2012, 147. Ob man überhaupt von ‚Gesamtschuldnerschaft' spricht (ablehnend *Spillecke* NStZ 2010, 569 mN; offenlassend *dies.* im KK § 111i Rn. 14a), ist solange eine rein terminologische Frage, wie zwei inhaltliche Aspekte anerkannt werden: a) Beschränkung auf das von den betroffenen Beteiligten gemeinsam Erlangte, und b) Minderung für alle aufgrund Zahlung seitens eines Beteiligten; inhaltlich wohl ebenso HK/*Gercke* § 111i Rn. 9; LR/*Johann* § 111i Rn. 19; Meyer-Goßner/*Schmitt* § 111i Rn. 9a und allge-

soll.[49] Das bedeutet, dass etwaige, von § 111i Abs. 2 S. 4 erfasste Leistungen an den (oder die) Verletzten[50] vom ursprünglich Erlangten ebenso **abzuziehen** sind wie zumindest tatsächlich abgeführte Steuern.[51] Bei Beschlagnahme oder Arrestierung eines unteilbaren Gegenstandes (zB eines Ringes aus reinem Gold) ist ein Wertausgleich entweder im Rahmen einer Austauschpfändung oder erst nach Verwertung möglich. Da die Aufrechterhaltung nur insoweit möglich ist, wie „lediglich" aufgrund von Ansprüchen Dritter, § 73 Abs. 1 S. 2 StGB, von der Anordnung des Verfalls bzw. dessen Wertersatzes abgesehen wurde, bedarf es bereits an dieser Stelle auch der Prüfung eines möglichen und Abzugs eines bejahten **Härteausgleichs,** § 73c StGB.[52] Das danach Verbleibende darf (zur Wahrung der Interessen des Verletzten) in seiner Größenordnung nicht mehr gekürzt oder beschränkt werden.[53] Das Erlangte ist (ebenso wie das Abzuziehende) gemäß dem vollstreckungsrechtlichen Bestimmtheitsgebot so genau wie möglich zu bezeichnen.[54] Ist das **Erlangte noch vorhanden,** so hat es mit der Bezeichnung gemäß § 111i Abs. 2 S. 2 jedenfalls dann sein Bewenden, wenn es gesichert ist.[55] Steht hingegen die **Leistung von Wertersatz** in Rede, so muss das Gericht, und zwar **nur dann**, den **Wert** des durch die Tat **Erlangten in Geld** feststellen, § 111i Abs. 2 S. 3. Auch hier hat es wie beim Verfall eine **Minderung um** die **Abzugsbeträge** gemäß § 111i Abs. 2 S. 4 vorzunehmen. Das gilt über § 111i Abs. 2 S. 4 Nr. 3 hinaus auch dann, wenn die erlangte Sache noch nicht nach § 111k herausgegeben wurde, sondern noch beschlagnahmt ist. Ist der Wert des Beschlagnahmten geringer als der Wert des Erlangten, so ist **neben** der Bezeichnung alles Erlangten nach § 111i Abs. 2 S. 2 auch noch eine **Wertfeststellung** gemäß § 111i Abs. 2 S. 3 erforderlich, nunmehr allerdings **unter Abzug des Werts des Beschlagnahmten.**[56] Die Quantifizie-

---

mein *Barreto da Rosa* NJW 2009, 1702 ff., 1702 f. Demgegenüber plädiert Volk/*Rönnau* (MAH Rn. 13/86 ff., insbes. Rn. 92, offenlassend Rn. 298) nachdrücklich für eine Beschränkung auf den individuellen Beuteanteil des jeweiligen Beschuldigten. Abzuschöpfen ist aber alles, was der Betroffene zu irgendeinem Zeitpunkt aus der Tat erlangt hatte. Daher belastet Gesamtschuldnerschaft den Betroffenen weniger als Alleinhaftung auf den vollen Betrag (wie bei lediglich alleiniger Verfügungsgewalt über die Beute oder Teilen davon).

[49] BGH 28.10.2010 – 4 StR 215/10 Rn. 8 und 11 f., BGHSt 56, 39 ff.; 1.3.2011 – 4 StR 30/11 Rn. 8, StraFo 2011, 521; 29.6.2011 – 4 StR 56/11 Rn. 11, BGHR StPO § 111i Feststellung 2 (Gründe); 19.10.2011 – 1 StR 336/11 Rn. 21, NStZ-RR 2012, 81 f.; Meyer-Goßner/*Schmitt* § 111i Rn. 9a; Volk/*Rönnau* MAH Rn. 13/298; SSW/*Burghart* § 111i Rn. 8.

[50] BGH 22.6.2011 – 5 StR 109/11 Rn. 1, wistra 2011, 430 f.: kein Ermessen insoweit. Zu einem Fall der Rückgabe gem. § 111k S. 1, also des § 111i Abs. 2 S. 4 Nr. 3 BGH v. 10.4.2013 – 2 StR 19/13, Rn. 20, StraFo 2013, 299. Neben der Bezeichnung des Erlangten ist für die Anordnung der Einziehung des Wertersatzes gem. § 73a StGB selbstverständlich bereits wegen § 73 Abs. 1 S. 2 StGB kein Platz, Rn. 21. Die fälschliche Anordnung des Wertersatzverfalls kann ohne Verstoß gegen das Verschlechterungsverbot durch eine Feststellung gem. § 111i Abs. 2 ersetzt werden, BGH v. 8.5.2013 – 4 StR 152/13, Rn. 2; der Sache nach bereits ebenso BGH v. 10.11.2009 – 4 StR 443/09, Rn. 9 ff., NStZ 2010, 693 f., unklar BGH 17.9.2013 – 5 StR 258/13, Rn. 8, wistra 2013, 474 f. Verletzter ist auch das Opfer eines nach § 154a ausgeschiedenen Tatteils, so daß auch insoweit ein Ausspruch nach § 111i Abs. 2 in Betracht kommt, BGH v. 15.11.2012 – 2 StR 190/12, Rn. 15, wistra 2013, 141 ff.; aA LR/*Johann* § 111i Rn. 13; *Wilk/Stewen* wistra 2013, 409 ff., 416; → vor §§ 111b ff. Rn. 1 und § 111g Rn. 3. § 111i Abs. 2 S. 4 Nr. 1 gilt auch bei nicht werthaltiger Opfermaßnahme; ggf. kann Verzicht des Staates auf sein vorrangiges Sicherungsrecht helfen, LR/*Johann* § 111i Rn. 22. Unter § 111i Abs. 2 S. 4 Nr. 2 fallen nur Ersatzleistungen ohne Forderungsübergang, LR/*Johann* § 111i Rn. 23, 31 und 51

[51] BGH 27.10.2011 – 5 StR 14/11 Rn. 15 f., NJW 2012, 92 f.; unzutreffend LR/*Johann* § 111i Rn. 18 a.E.

[52] BGH 18.12.2008 – 3 StR 460/08 Rn. 5, wistra 2009, 241 f.; 28.10.2010 – 4 StR 215/10 Rn. 8, 14 f. und 30, BGHSt 56, 39 ff.; 14.4.2011 – 4 StR 571/10 Rn. 26 und 37, NStZ 2011, 590 f.; 29.6.2011 – 4 StR 56/11 Rn. 11, BGHR StPO § 111i Feststellung 2 (Gründe); 29.2.2012 – 2 StR 639/11 Rn. 9, wistra 2012, 264 f.; 11.4.2013 – 4 StR 39/13, Rn. 2 f., StV 2013, 610; 17.7.2013 – 4 StR 208/13, Rn. 2, wistra 2013, 386 f.; 8.8.2013 – 3 StR 179/13, Rn. 2, NStZ-RR 2014, 44 f.; 17.9.2013 – 5 StR 258/13, Rn. 6, wistra 2013, 474 f.; 12.12.2013 – 3 StR 267/13, Rn. 28; 27.2.2014 – 4 StR 498/13, Rn. 6; KK/*Spillecke* § 111i Rn. 14, 14a, auch 17; *Lohse* JR 2011, 242 ff., 244 und 245; LR/*Johann* § 111i Rn. 15; aA KMR/*Mayer* § 111i Rn. 10.

[53] HK/*Gercke* § 111i Rn. 8; *Lohse* JR 2011, 242 ff., 245; Meyer-Goßner/*Schmitt* § 111i Rn. 8.

[54] Bei einer Vielzahl beschlagnahmter Gegenstände will KK/*Spillecke* § 111i Rn. 14b zur Vermeidung der Überfrachtung der Urteilsformel eine Auflistung in den Urteilsgründen genügen lassen.

[55] Zur Lage bei fehlender Sicherung sogleich.

[56] BGH 18.12.2008 – 3 StR 460/08 Rn. 7, wistra 2009, 241 f.; 21.9.2011 – 4 StR 172/11 Rn. 4, wistra 2012, 69; 27.10.2011 – 5 StR 14/11, Rn. 12, NJW 2012, 92 f.; KK/*Spillecke* § 111i Rn. 14b; LR/*Johann* § 111i Rn. 18.

rung ist einfach, wenn Geld als Beute beschlagnahmt wurde. Sachwerte müssen hingegen erforderlichenfalls geschätzt werden.[57] Ist aus tatsächlichen Gründen zweifelhaft, ob es möglich sein wird, das nicht gesicherte Erlangte dem Betroffenen noch zu entziehen, so bietet es sich an, die Wertfeststellung nach § 111i Abs. 2 S. 3 hilfsweise zu treffen, so dass bei fehlschagendem Versuch des Erwerbs von Eigentum, § 111i Abs. 5 S. 1, 1. Alt. iVm § 73e Abs. 1 StGB, an dessen Stelle der Zahlungsanspruch, § 111i Abs. 5 S. 1, 2. Alt. tritt. Aufgrund des Forderungsübergangs gemäß § 86 VVG[58] sind Versicherungsleistungen an den Verletzten nicht abzuziehen, der Wert gemäß § 111k[59] zurückgegebener beweglicher Sachen aber auch dann, wenn über deren rechtliche Verhältnisse weiterhin Streit herrscht.[60] In den Fällen der Beschlagnahme wird häufig sowohl das Erlangte als auch das bereits zum Zwecke der teilweisen[61] Sicherung oder Befriedigung Geleistete zu bezeichnen sein. Auch im Übrigen, vor allem beim dinglichen Arrest, empfiehlt es sich aus Gründen der Übersichtlichkeit, von einer **saldierenden Feststellung Abstand** zu **nehmen.** Die Ansprüche des bzw. der Verletzten finden keinen Eingang in den Tenor,[62] sind aber in den Gründen des Urteils (an geeigneter Stelle auch im Strafbefehl) darzulegen.

2. Aufrechterhaltungsbeschluss, Mitteilung. Entscheidet sich das Gericht für eine 10
Feststellung gemäß § 111i Abs. 2, so hat es sowohl im Fall bereits ergriffener vollstreckungssichernder Maßnahmen als auch, wenn es solche erstmals im Zusammenhang mit dem Urteil anordnet, zusätzlich noch die Pflichten aus § 111i Abs. 3 und 4 einzuhalten. Es hat dann entweder die **Beschlagnahme,** § 111c, des gemäß § 111i Abs. 2 S. 2 (ggf. nach Abzug nach § 111i Abs. 2 S. 4) festgestellten Erlangten oder den **dinglichen Arrest,** § 111d, bis zur Höhe des gemäß § 111i Abs. 2 S. 3 und 4 festgestellten Betrags **aufrechtzuerhalten.** Dies hat jedoch nicht im Urteil, sondern in einem gesonderten und gemäß § 34 (zumindest kurz) zu **begründenden Beschluss** zu geschehen und zwar für (zwingend[63]) **3 Jahre,** § 111i Abs. 3 S. 1, ab **Rechtskraft,** S. 2, ohne dass es dabei auf das Bestehen eines Sicherungsbedürfnisses eines Verletzten ankommt, schließt S. 4 doch insoweit die Anwendung des § 917 ZPO aus.[64] Bleibt der gemäß § 111i Abs. 2 S. 3 festgestellte Geldbetrag aufgrund von Abzugsbeträgen nach § 111i Abs. 2 S. 4 hinter dem Wert des Erlangten zurück, so hat das Gericht zugleich zu prüfen, ob es die Lösungssumme, § 923 ZPO, herabzusetzen hat.[65] In dem Beschluss soll das Gericht die bereits **sichergestellten Vermögenswerte** (im Umfang der Deckungsgleichheit mit dem Erlangten: in Wiederholung der Urteilsfeststellungen nach § 111i Abs. 2 S. 2) **bezeichnen,** S. 3. Liegt deren Wert unterhalb dessen, was aus der Tat erlangt wurde, so dürfen bis zur Höhe der aufrechterhaltenen Anordnungen (ggf.:) weitere einstweilige Sicherungsmaßnahmen innerhalb der 3-Jahres-Frist ergriffen werden.[66]

---

[57] BGH 10.11.2009 – 4 StR 443/09 Rn. 12, NStZ 2010, 693 f. (mit Hinweis auf § 73b StGB); vgl. auch 1.3.2011 Rn. 7, StraFo 2011, 521. → Rn. 17 a.E. LR/*Johann* § 111i Rn. 21 verweist auf das Freibeweisverfahren, zumal da die Leistungen an die Verletzten verbindlich erst im Beschluss gemäß § 111i Abs. 6 S. 1 festgestellt werden → Rn. 17.

[58] BGH 10.11.2009 – 4 StR 443/09 Rn. 12, NStZ 2010, 693 f.; KK/*Spillecke* § 111i Rn. 15; Meyer-Goßner/*Schmitt* § 111i Rn. 9b; *Podolsky/Brenner* III 5.9.2. Zum Gesamtschuldnerausgleich → vor § 111b Rn. 17.

[59] Beispiel: BGH 23.2.2010 – 4 StR 599/09 Rn. 11, NStZ 2010, 530 f.

[60] SK/*Rogall* § 111i Rn. 44 (dort zu Abs. 5 S. 1 Nr. 3).

[61] Schon bei vollständiger Sicherung und nicht notwendig erst Befriedigung ist mangels Schutzbedürfnisses von Aufrechterhaltungsmaßnahmen ganz abzusehen.

[62] BGH 28.10.2010 – 4 StR 215/10 Rn. 35, BGHSt 56, 39 ff.; 22.6.2011 – 5 StR 109/11 Rn. 2, wistra 2011, 430 f.; HK/*Gercke* § 111i Rn. 9 aE; KMR/*Mayer* § 111i Rn. 11; Meyer-Goßner/*Schmitt* § 111i Rn. 9.

[63] KMR/*Mayer* § 111i Rn. 12; LR/*Johann* § 111i Rn. 32; aA Radtke/Hohmann/*Kiethe* § 111i Rn. 6 (‚maximal'). Der Aufrechterhaltungsbeschluss selbst ist nur zwingend, wenn spätestens im Urteil eine Sichrungsanordnung getroffen wird, LR/*Johann* § 111i Rn. 27 (missverständlich hingegen Rn. 26).

[64] *Podolsky/Brenner* III 7.2.3. Das gilt aber nicht zugleich auch für das Zivilrecht. Vielmehr kann insoweit der Aufrechterhaltungsbeschluss gerade umgekehrt zum Fehlen eines Arrestgrunds führen, → § 111e Rn. 1 mN und → § 111g Rn. 1.

[65] Meyer-Goßner/*Schmitt* § 111i Rn. 10.

[66] Für eine Beschränkung auf den Zeitraum bis zum Eintritt der Rechtskraft (KK/*Spillecke* § 111i Rn. 16 mN; *Podolsky/Brenner* III 5.9.3; SK/*Rogall* § 111i Rn. 29) ist im Gesetz kein Anhaltspunkt zu finden und

Der Beschluss nach § 111i Abs. 3 ist mit der **Beschwerde** anfechtbar.[67] Das Beschwerdegericht ist jedoch an das Urteil und damit auch an die Feststellungen gemäß § 111i Abs. 2 gebunden. Der Aufrechterhaltungsbeschluss ist im Umfang nachträglicher Befriedigung (nicht schon: Sicherung) Verletzter **anzupassen,** S. 5. Das geschieht jedoch nicht von Amts wegen, sondern setzt einen **Antrag** des Betroffenen voraus.

11 § 111i Abs. 4 normiert die Pflicht zur **Information des Verletzten.** Eine bestimmte Form ist nicht vorgeschrieben. Der Verweis in § 111i Abs. 4 S. 3 auf § 111e Abs. 4 S. 1–3 und damit auf die Möglichkeit des Einrückens in den elektronischen Bundesanzeiger legt allerdings das Gebot ausreichender Dokumentation nahe. Nach § 111i Abs. 4 S. 1 sind dem Verletzten die gemäß § 111i Abs. 3 getroffene Aufrechterhaltungsanordnung (möglich: im Wege der Übermittlung des Beschlusstextes), die der Verurteilung zugrundeliegende(n) Tat(en)[68] sowie der Eintritt der Rechtskraft (das kann sich nur auf die Feststellung gemäß § 111i Abs. 2 im Urteil beziehen), sofern nicht bereits durch Übermittlung des Beschlusses geschehen, ferner das (aus der Tat zum Nachteil des Mitteilungsempfängers herrührende[69] oder ihm auf andere Weise potentiell dienliche) Sichergestellte, mitzuteilen und dies mit den Hinweisen gemäß § 111i Abs. 4 S. 2 zu verbingen. Lässt S. 1 damit noch offen, ob zwei[70] **Mitteilungen** (nach **Entscheidung** und nach deren **Rechtskraft**) erforderlich sind oder **nur eine**[71] nach **kumulativem Vorliegen beider Voraussetzungen,** so spricht § 111i Abs. 4 S. 2 für Letzteres, nimmt S. 2 doch lediglich „die Mitteilung" im Singular in Bezug. Nur dann besteht auch ein (angesichts der Mitteilungen gemäß § 111e Abs. 3 und 4: neuerliches) Informationsbedürfnis, weil der Auffangrechtserwerb gemäß § 111i Abs. 5,[72] auf den der Verletzte ebenso wie auf seine eigenen Möglichkeiten zur Zwangsvollstreckung oder Arrestvollziehung (erg.: in die einstweilen im Wege der Rückgewinnungshilfe gesicherten Vermögenswerte) hinzuweisen ist, erst nach Eintritt der Rechtskraft (und nach Ablauf der dreijährigen Frist) droht.

12 **3. Auffangrechtserwerb, Zahlungsanspruch. a) Anordnung.** Während in den Bestimmungen des § 111i Abs. 1–4 der Schutz des Opfers wenn nicht dominiert, so doch eine wesentliche Rolle spielt, sichern § 111i Abs. 5 und 6 die Abschöpfung im Fall (zu) passiven Opfers und gibt § 111 Abs. 7 dem Betroffenen die Möglichkeit, seine doppelte Inanspruchnahme auszugleichen (oder sogar zu vermeiden). Den **Auffangrechtserwerb** regelt § 111i Abs. 5. Er vollzieht sich kraft Gesetzes (unabhängig von der Erfüllung der Mitteilungspflichten gemäß § 111i Abs. 4[73]) mit Ablauf der Frist des § 111i Abs. 3, also 3 Jahre nach Rechtskraft, aber **nicht einheitlich.** Auch insoweit ist nämlich zwischen **Beschlagnahme,** § 111c, und **dinglichem Arrest**, § 111d, zu unterscheiden. Beschlagnahmte Vermögensgegenstände erwirbt der Staat entsprechend § 73e StGB.[74] Er wird damit **Eigentümer** der **beschlagnahmten (beweglichen) Sache.** Ein beschlagnahmtes **Recht** fällt dem Staat zu, so dass er zB Forderungsinhaber wird, Pfandgläubiger oder ihm die Sicherungshypothek am beschlagnahmten Grundstück zusteht. Der Rechtsverlust trifft oft

---

auch sonst kein inhaltlich überzeugender Grund ersichtlich, vgl. dazu näher → Rn. 8. Zur Funktion der Bezeichnungspflicht LR/*Johann* § 111i Rn. 29, auch 31.

[67] KK/*Spillecke* § 111i Rn. 18; aA BeckOK/*Huber* § 111i Rn. 9 (wie hier aber Rn. 18); differenzierend LR/*Johann* § 111i Rn. 32.

[68] Zur Abhängigkeit der Rechtsverfolgung des Verletzten davon vgl. Meyer-Goßner/*Schmitt* § 111i Rn. 13; sowie → § 111g Rn. 2. Verstöße sind nicht anfechtbar, lösen aber ggf. Amtshaftungsansprüche aus, LR/*Johann* § 111i Rn. 35 a.E.

[69] KK/*Spillecke* § 111i Rn. 19; weitergehend LR/*Johann* § 111i Rn. 35 (auch bei erweitertem Verfall).

[70] So OLG Stuttgart 15.10.2013 – 1 Ws 178/13, Rn. 18, wistra 2014, 74 ff., für den Fall eingelegten Rechtsmittels; ebenso Volk/*Rönnau* MAH Rn. 13/300 (unter Hinweis auf die mögliche große zeitliche Diskrepanz zwischen beiden Umständen); KK/*Spillecke* § 111i Rn. 19; LR/*Johann* § 111i Rn. 34.

[71] So HK/*Gercke* § 111i Rn. 12.

[72] SSW/*Bürghart* § 111i Rn. 10.

[73] OLG Celle 16.8.2011 – 1 Ws 322/11, wistra 2011, 438 f.

[74] Weil § 73e StGB auf Rechte (auch an Sachen), § 111i Abs. 5 aber auf Vermögensgegenstände selbst abstellt, nimmt SSW/*Burghart* (§ 111i Rn. 14) an, diese Verweisung führe ins Leere, so dass kein Auffangrechtserwerb des Staates zustande komme, Alternative: § 983 BGB, → § 111k Rn. 6.

nicht wie in den Fällen des (daher nur entsprechend anwendbaren[75]) § 73e StGB den Täter oder Drittbetroffenen (so aber auch hier zB im Fall eines mit Eigentumserwerb verbundenen Betrugs), sondern den Verletzten (zB eines Diebstahls).[76] Ggf. im Wege der Arrestvollziehung oder Zwangsvollstreckung vor der Beschlagnahme, aber auch erst danach, aber vor Eintritt des Auffangrechtserwerbs begründete dingliche Rechte[77] bleiben bestehen, § 73e Abs. 1 S. 2 StGB, danach entstandene sind relativ unwirksam, § 111c Abs. 5 (der von § 111i Abs. 5 S. 1 zutreffend nicht zitierte § 73e Abs. 2 kann tatbestandlich nicht vorliegen). Im Fall des **dinglichen Arrests** erwirbt der Staat hingegen **nicht** unmittelbar ein **dingliches Recht** an dem Vermögensgegenstand, in welchen die Sicherung, also der Arrest, vollzogen wurde, sondern zunächst einmal einen **schuldrechtlichen Zahlungsanspruch** in Höhe des nach § 111i Abs. 2 festgestellten und um etwaige in der Zwischenzeit eingetretene weitere Sicherungen oder Befriedigungen des oder der Verletzten (wie zuvor gemäß § 111i Abs. 2 S. 4 Nr. 1–3, aber ergänzt sowohl um die Hinterlegung in den Fällen der Nr. 3 als auch um gemäß § 111k an den Verletzten herausgabepflichtige[78] Sachen, sofern deren Herausgabe vor Fristablauf beantragt wurde, § 111i Abs. 5 S. 1 Nr. 1–4) geminderten Betrags.[79] Über den Schuldner schweigt das Gesetz. Es kann aber nur der Betroffene, muss also nicht notwendig der Verurteilte sein.[80] Der **Zahlungsanspruch** weist einige Besonderheiten auf. Zunächst erfüllt er eine **Hilfsfunktion** für die Zwecke des § 111i Abs. 5–7, ggf. i.V.m. § 111i Abs. 8. Insoweit bietet er die materiellrechtliche Grundlage für die Zulässigkeit der Verwertung der arretierten Vermögensgegenstände. Der Zahlungsanspruch ist überdies jedoch grundsätzlich auch selbständig vollstreckbar. Allerdings erlischt[81] er nicht nur mit Erfüllung, sondern gemäß § 111i Abs. 5 S. 4 bereits mit Verwertung des Arrestpfandrechts – in toto, also auch dann, wenn der Erlös die Höhe des Zahlungsanspruchs nicht erreicht. Dieser Bestimmung kommt jedoch keine **Vorwirkung** zu, die dem Zahlungsanspruch die selbständige Vollstreckbarkeit versagte. Eine derartige Konsequenz stünde nämlich im Widerspruch zu § 111i Abs. 6 S. 1. Der dieser Bestimmung gemäß zu treffende Beschluss stellt z.B. den Umfang des Zahlungsanspruchs gemäß § 111i Abs. 5 S. 1 fest. Dessen bedürfte es allein für die Verwertung des Arrestpfandrechts nicht.[82] Dieses Verständ-

---

[75] KK/*Spillecke* § 111i Rn. 20; LR/*Johann* § 111i Rn. 39 (aber zu undifferenziert im Fall des Eigentumserwerbs des Täters); *Podolsky/Brenner* III 5.9.5; SK/*Rogall* § 111i Rn. 40.

[76] Allein schon aus diesem Grunde äußerst kritisch SSW/*Burghart* § 111i Rn. 14.

[77] Ein gegen den Betroffenen erwirkter Vollstreckungstitel und selbst ein erteilter Vollstreckungsauftrag genügen solange nicht, wie kein zivilrechtlicher Vollstreckungszugriff des Verletzten auf (nach Aufrechtserhaltungsentscheidung) weiter beschlagnahmte Gegenstände erfolgte, OLG Celle 16.8.2011 – 1 Ws 322/11, Rn. 14, wistra 2011, 438 f. Die beim Betroffenen beschlagnahmten Gegenstände unterlagen nicht dem Insolvenzbeschlag im Insolvenzverfahren über das Vermögen des Verletzten. Der drohende Fristablauf soll zivilprozessual einen Verfügungs- oder Arrestgrund bilden, LR/*Johann* § 111i Rn. 40 und 52 unter Berufung auf die Gesetzgebungsmaterialien. Ob das damit vereinbar ist, dass Gläubigerkonkurrenz keinen Arrestgrund darstellt, → § 111d Rn. 4, ist zw.

[78] Wurden dem Verletzten die bewegl. Sachen aber tatsächl. nicht herausgegeben, so nutzt ihm das Anrufen des Gerichts gemäß §§ 111k S. 2, 111f Abs. 5 dagegen nur, wenn sie noch in amtl. Verwahrung ist. Eine Rechtsverfolgung gemäß § 111i Abs. 6 S. 2 und 3 wäre ebenfalls vergeblich, weil die Anrechnung dem Gesetz entspricht, aA Meyer-Goßner/*Schmitt* § 111i Rn. 16. Amtshaftungsansprüche bleiben hingegen unberührt.

[79] LR/*Johann* § 111i Rn. 40. *Von Gleichenstein* ZIP 2008, 1151 ff., 1159, stellt dem wegen des damit verbundenen Ausschlusses sowohl der Einzelzwangsvollstreckung als auch des Rechtserwerbs die Eröffnung des Insolvenzverfahrens gleich. Das überzeugt konstruktiv jedoch nicht, weil der Erlös bei abgesonderter Befriedigung selbstverständlich auch (und das ist ja die wesentliche Folge) im Insolvenzverfahren in das Eigentum des Absonderungsberechtigten fällt.

[80] BGH 22.5.2014 – 4 StR 430/13, Rn. 1 und 33 (jP als Drittbetroffene, § 73 Abs. 3 StGB, ohne dass die Angeklagten davon betroffen waren); inzident ebenso SK/*Rogall* § 111i Rn. 46. Auch der (allerdings verfehlte, → Rn. 16) Wortlaut des § 111i Abs. 7 S. 2 Nr. 1 spricht dafür.

[81] Zur vom üblichen Verständnis abweichenden Bedeutung des Begriffs → Rn. 14.

[82] Wie hier SK/*Rogall* § 111i Rn. 47 mit Fn. 119; wohl auch Meyer-Goßner/*Schmitt* § 111i Rn 17 m.N.; a.A. *von Gleichenstein* ZIP 2008, 1151 ff., 1159 f. („bloße Sicherungsfunktion"). BGH 23.11.2011 – 4 StR 516/11, Rn. 5, wistra 2012, 147, stellt den gemäß § 459g Abs. 2 vollstreckbaren Zahlungsanspruch aufgrund einer Anordnung von Wertersatzverfall nur in Gegensatz zu einer fraglos nicht vollstreckbaren Entscheidung nach § 111i Abs. 2 (zutreffend: Abs. 3), enthält also überhaupt keine Aussage über die (mit Eintritt der Rechtskraft zulässige) Vollstreckbarkeit des gemäß § 111i Abs. 6 festgestellten Zahlungsanspruchs gemäß § 111i

nis steht im Einklang mit den Intentionen des Gesetzgebers[83] und ist zudem interessengerecht, sperrte doch andernfalls ein in einen silbernen Löffel im Wert von vielleicht 150 Euro vollzogener Arrest die Verfolgung selbst eines Zahlungsanspruchs in Millionenhöhe. Das bedeutet, dass der **Zahlungsanspruch bis zur erfolgten Verwertung aller Arrestpfandrechte in voller Höhe wirksam und vollstreckbar ist.** Die Vollstreckungsbehörde kann daher vor der Verwertung der Arrestpfandrechte noch den Versuch unternehmen, den Zahlungsanspruch (ganz oder wenigstens teilweise) unmittelbar und unbeschadet etwaiger zuvor getroffener Sicherungsmaßnahmen zu vollstrecken. Auch dies ist konsequent, weil Beschlagnahme und dinglicher Arrest noch bis zum Eintritt des Auffangrechtserwerbs angeordnet und vollzogen werden dürfen, sofern das bis dahin Gesicherte hinter dem Wert des Erlangten in Höhe der Feststellung gemäß § 111i Abs. 2 zurückbleibt. Es dürfte regelmäßig pflichtgemäßem Ermessen entsprechen, unverzüglich nach Eintritt des Auffangrechtserwerbs und vor der Verwertung der Arrestpfandrechte, die dem Gesetzeswortlaut zufolge verwertet werden dürfen, aber eben nicht sogleich verwertet werden müssen, einen Vollstreckungsversuch, § 459g Abs. 2, zu unternehmen um zu prüfen, ob der Zahlungspflichtige inzwischen über weiteres vollstreckbares Vermögen verfügt. Ist das allerdings nicht der Fall, so soll der Betroffene (handelt es sich um den Verurteilten: im Interesse seiner Resozialisierung) mehr als 3 Jahre nach Rechtskraft des Urteils keinen zusätzlichen abschöpfenden Belastungen mehr ausgesetzt sein. § 111i Abs. 5 S. 4 steht damit zwar der Vollstreckbarkeit des Zahlungsanspruchs nicht entgegen. Wurde aber das ursprüngliche Arrest- und nunmehrigen Vollstreckungspfandrecht verwertet, so hat es damit sein Bewenden. Im Fall nachfolgender zivilrechtlicher Befriedigung des Verletzten kann dem Betroffenen jedoch der Ausgleichsanspruchs gemäß § 111i Abs. 7 zustehen. Von all dem unberührt bleibt die nicht zwingend bereits abgeschlossene Vollstreckung der ausgeurteilten Strafe.

13 **b) Verwertung.** Während der Erwerb von Eigentum (ggf. auch beschränkter dinglicher Rechte) an für verfallen erklärten oder eingezogenen Gegenständen auch deren Versilberung einschließt, ordnet § 111i Abs. 5 S. 2 für die Fälle des dinglichen Arrests konstitutiv an, dass der Staat mit **Fristablauf** das (in ein Pfändungspfandrecht verwandelte) **Arrestpfandrecht** nunmehr **verwerten** darf.[84] Dies geschieht nach dem 8. Buch der ZPO mit seinen Differenzierungen nach der Art des gepfändeten Gegenstandes (zB Versteigerung von Sachen, § 814 ZPO, Überweisung einer Geldforderung, § 835 ZPO, oder Eintragung einer Sicherungshypothek im Grundbuch, §§ 866 Abs. 1, 867 ZPO, Zwangsversteigerung oder Zwangsverwaltung). **Erst** an dem **Erlös** erwirbt der **Staat** (ebenso wie an hinterlegtem Geld) eine **dingliche Berechtigung** (Eigentum oder eigener Zahlungsanspruch gegen das kontoführende Geldinstitut), § 111i Abs. 5 S. 3.

14 **c) Folgen für Zahlungsanspruch.** Die **erfolgte Verwertung,** nicht bereits die bloße Berechtigung dazu, hat Auswirkungen auf den gemäß § 111i Abs. 5 S. 1 entstandenen **Zahlungsanspruch.** § 111i Abs. 5 S. 4 Hs. 1 spricht vom **Erlöschen**. Das deckt sich in Höhe des Verwertungserlöses bzw. des hinterlegten Geldes, ggf. der Summe beider, mit der zivilrechtlichen Begrifflichkeit. Die Wirkung der Verwertung ergreift jedoch den gesamten Zahlungsanspruch gemäß S. 1, erfasst ihn also auch insoweit, als er im Wert **höher** ist **als** das **Erlöste,** § 111 Abs. 5 S. 4 Hs. 2. Hinsichtlich dieser **offengebliebenen Differenz** bleiben jedoch bestimmte **Rechtswirkungen aufrechterhalten,** so dass insoweit **keine**

Abs. 5 S. 1. Nach *Wilk/Stewen*, wistra 2013, 409 ff., 417, befähigt der Arrest den Justizfiskus nicht zum Stellen eines Insolvenzantrags über das Vermögen des Anspruchsgegners: Im Gegensatz dazu handelt es sich bei § 111i Abs. 5 S. 1 jedoch um einen Zahlungsanspruch.

[83] BT-Drs 16/700, S. 18; wie hier LR/*Johann* § 111i Rn. 39 nebst Hinweis, die Verwertung liege im staatlichen Ermessen, Rn. 41.

[84] KMR/*Mayer* § 111i Rn. 17; LR/*Johann* § 111i Rn. 41 f. und 47 (allerdings bedarf es einer faktischen Sicherung nach Eigentumsübergang auf den Staat dann, wenn er noch nicht im Besitz des noch vorhandenen Erlangten ist; Vergleichbares gilt, wenn sonstige Rechte, z.B. Forderungen, geltend zu machen sind); SSW/*Burghart* § 111i Rn. 15.

vollständige „Restschuldbefreiung" eintritt,[85] sondern die Folgen an das Institut der Verjährung erinnern, nur, dass es sich nicht um eine vom Betroffenen geltend zu machende Einrede handelt, sondern der Anspruch selbst einwendungsartig beschränkt wird, allerdings gemäß § 111i Abs. 7 S. 2 Nr. 1 unter Wahrung einer ebenfalls von Gesetzes wegen eintretenden **aufrechnungsartigen** Kraft (Zahlungsanspruch: 100, Erlös 70: kein Zahlungsanspruch mehr, auch nicht in Höhe von 30, wohl aber in dieser Höhe Ausschluss des Ausgleichsanspruchs des Betroffenen gemäß § 111i Abs. 7 S. 2 Nr. 1). Das **„Erlöschen"** des gemäß § 111i Abs. 5 S. 1 entstandenen Zahlungsanspruchs hat auf die **Rechte des Verletzten** gegen den Täter und gegen den (ggf. personenverschiedenen) Rechtsträger des aus der Straftat Erlangten **keinerlei Einfluss.** Er verliert seine zivilrechtlichen Ansprüche nicht, auch nicht teilweise, erwirbt aber auch keine Ansprüche gegen den „bereicherten" Staat. Letzterer ist lediglich dem **Ausgleichsanspruch** des **Betroffenen** gemäß § 111i Abs. 7 ausgesetzt, mit welchem der Verurteilte oder sonstige Empfänger des Erlangten eine bereits eingetretene doppelte Belastung wieder rückgängig machen und damit eine endgültige doppelte Inanspruchnahme vermeiden kann.

d) Ausgleichsanspruch. Sicherungsmaßnahmen und Befriedigungsleistungen zu Gunsten Verletzter können (vorbehaltlich insolvenzrechtlicher Einschränkungen) in jedem Stadium eines Ermittlungs- oder Strafverfahrens zu verzeichnen sein. Ist dem zivilrechtlichen Interesse aller Verletzten Genüge geleistet, so ist für Rückgewinnungshilfe kein Raum (mehr). Schritte zur teilweisen Wiedergutmachung vor dem Urteil erfasst § 111i Abs. 2. Wird dies versäumt oder werden sie erst in der Zeit danach bis 3 Jahre nach Eintritt der Rechtskraft unternommen, so finden sie gemäß § 111i Abs. 5 Berücksichtigung. Leistungen an Verletzte, die erst **nach** Eintritt des staatlichen **Auffangrechtserwerbs** erbracht werden, haben zwar **keinerlei Einfluss** auf den dem Staat erwachsenen **Zahlungsanspruch** nach § 111i Abs. 5 S. 1. Wird aber ein Verletzter nach Eintritt des Auffangrechtserwerbs vom Betroffenen weiter oder erstmalig, ganz oder teilweise befriedigt, also nicht nur gesichert, so erwirbt Letzterer damit zugleich (grundsätzlich in Höhe der geleisteten Befriedigung) einen (erforderlichenfalls vor den Zivilgerichten einzuklagenden) **Ausgleichsanspruch** gegen den „bereicherten" Staat, § 111i Abs. 7 S. 1. Konsequenterweise ist er der **Höhe** nach **auf** den dem Staat zugeflossenen **Verwertungserlös beschränkt.**[86] Dem Wortlaut nach entsteht dieser Ausgleichsanspruch zwar **nur** in den Fällen des **dinglichen Arrests,** weil es nur dort zu einem Verwertungserlös kommen kann. Dem Zweck der Regelung gemäß, der Vermeidung endgültiger doppelter Inanspruchnahme, muss er jedoch auch beim der **Beschlagnahme** folgenden Rechtsübergang auf den Staat **entsprechend** § 73e StGB in den Fällen des § 111i Abs. 5 S. 1 Alt. 1 (ggf. kumuliert) entstehen[87] (zumindest bei Eigentumsübergang vom Verletzten oder Verurteilten; bei Inanspruchnahme Dritter, zB bei § 73 Abs. 3 StGB, ist die materiellrechtliche Berücksichtigung gemäß § 73c StGB zumindest vorrangig, denn es ist weder selbstverständlich, dass Leistungen des Dritten dem Verurteilten zugute zu halten sind, noch umgekehrt, dass der Dritte von Leistungen des Verurteilten profitiert). Bei Hinterlegung gilt nichts Abweichendes. 15

Der Ausgleichsanspruch nach § 111i Abs. 7 S. 1 ist zum einen (an die Verjährungsfrist gemäß § 195 BGB erinnernd) **3 Jahre** nach Eintritt des Auffangrechtserwerbs **ausgeschlossen,** § 111i Abs. 7 S. 2 Nr. 2, und zum anderen, **soweit** der gemäß § 111i Abs. 5 S. 1 Alt. 2 entstandene **Zahlungsanspruch** unter Anrechnung des Erlöses (nebst hinterlegtem Geld) **„entgegensteht"**, § 111i Abs. 7 S. 2 Nr. 1. Dieser **Ausschlusstatbestand** belegt deutlich, dass das Gesetz in diesem Verfahrensstadium strafprozessual auf das **Opfer keine Rücksicht** 16

[85] So die von SK/*Rogall* § 111i Rn. 46 ohne Differenz in der Sache verwandte Terminologie. Die Rechtswirkungen, die aufrechterhalten bleiben und auf die er in Rn. 17 hinweist, übersieht SSW/*Burghart* § 111i Rn. 15 bei seiner Kritik.

[86] Zur Konstruktion LR/*Johann* § 111i Rn. 50; zur nachtraglichen Berücksichtigung von Leistungen an den Verletzten → Rn. 17.

[87] Ebenso Meyer-Goßner/*Schmitt* § 111i Rn. 18; Volk/*Rönnau* MAH Rn. 13/304; aA HK/*Gercke* § 111i Rn. 17.

mehr nimmt.[88] Dem Betroffenen kann nämlich ein **Ausgleichsanspruch** selbst dann erwachsen, **wenn und soweit noch Ansprüche Verletzter offenstehen** (Zahlungsanspruch: 100, Erlös: 70, nachträgliche Wiedergutmachung: 80, Ausgleichsanspruch: 70, verbleibende Deckungslücke beim Opfer: 20). Die Deckelung des Ausgleichsanspruchs auf den Erlös verhindert allein, dass das **Risiko des Mindererlöses**[89] auf den **Staat übergeht.** Einen aus Opferschutzgründen denkbaren **Vorrang** der Ansprüche des **Verletzten** oder gar eine cessio legis in Höhe von dessen noch unbefriedigten Forderungen enthält das Gesetz **nicht**. Rechtsberater des Opfers können deshalb nur **allein** und mit **zivilrechtlichen Mitteln,** begrenzt durch die Regeln über die Verjährung, versuchen, diesem auch noch nach erfolgtem Auffangrechtserwerb zu helfen. Dazu sind sie nicht gezwungen, die Erfüllung des Ausgleichsanspruchs abzuwarten, um anschließend zu versuchen, per Zwangsvollstreckung auf das (Bar- oder Giral-)Geld beim Betroffenen zuzugreifen (ob das erfolgreich wäre, ist aufgrund der Verfügungsbefugnis des Empfängers, aber auch aufgrund möglicher Gläubigerkonkurrenz unsicher). Ein – aus der Sicht des Verletzten: wünschenswerter – vorhergehender Zugriff kann allerdings auf Schwierigkeiten stoßen, **entsteht** der **Ausgleichsanspruch** doch erst **mit erfolgter Befriedigungsleistung.** Freilich ist auch ein erst künftiger (bedingter oder befristeter) Anspruch abtretbar und pfändbar. Das allein hilft dem Verletzten als Gläubiger aber nichts, weil der künftige Anspruch erst aufgrund einer Zahlung des Betroffenen an ihn, den Verletzten, **valutiert:** Dann ist er befriedigt und benötigt den abgetretenen Anspruch nicht mehr.[90] Zur Zahlung wird der Betroffene aber häufig mangels Finanzkraft gar nicht in der Lage sein. Denkbar ist jedoch eine **Kreditaufnahme** mit **Direktzahlung** an den **Verletzten** unter **Sicherungsabtretung** des mit der Auszahlung entstehenden Ausgleichsanspruchs an den Kreditgeber. Vor Auszahlung bedarf es lediglich der Klärung, dass der Ausgleichsanspruch nicht einer vorrangigen Abtretung oder Pfändung unterliegt. Andernfalls böte die Abtretung keine vollwertige Sicherheit. Einvernehmlich lässt sich dasselbe Ergebnis (und ohne die zusätzlichen Fremdkosten für den Kredit) durch eine zivilrechtliche Vereinbarung zwischen Betroffenem und Verletzten erzielen, der zufolge die **Abtretung** des **künftigen Ausgleichsanspruchs** unter der auflösenden Bedingung seiner Werthaltigkeit **an Erfüllungs statt** geleistet wird: Mit derartiger Abtretung ist der Verletzte (ganz oder teilweise, jedenfalls) wirksam befriedigt, so dass der Ausgleichsanspruch entsteht und nur an ihn ausgezahlt werden darf. Im angeführten Beispielsfall scheidet allerdings eine solche Möglichkeit aus (und kann der Verletzte nur versuchen, beim Betroffenen zu vollstrecken): Aufgrund des bereits erschöpften Ausgleichsanspruchs steht dieser zu Befriedigungszwecken des Verletzten nicht mehr zur Verfügung, nicht einmal teilweise. Auch hat der Betroffene keinerlei strafprozessual gefördertes Interesse mehr an der Wiedergutmachung in Höhe der noch offenen Restzahlung. Der Verletzte kann allerdings versuchen, gar nicht erst in eine solche Situation zu kommen, **muss** er doch **keine Teilleistungen annehmen** (§ 266 BGB). Dass deren Zurückweisung angesichts der Person des Schuldners und der rechtlichen Ungewissheiten wirtschaftlich sinnvoll ist, kann allerdings zumindest nicht generell bejaht werden, dürfte aber für Teilleistungen nach Eintritt des Auffangrechtserwerbs bei Aussicht auf eine Abtretung des Ausgleichsanspruchs an Erfüllungs statt ernsthaft zu prüfen sein. **Keine** derartigen **Brüche** gibt es (aus unterschiedlichen Gründen) bei eigenständiger vollständiger Befriedigung des Verletzten seitens des Betroffenen (Zahlungsanspruch: 100, Erlös: 70, nachträglich vollständige Wiedergutmachung: 100, Ausgleichsanspruch: 70, keine beim Verletzten verbliebene Deckungslücke) und bei Erfüllungsleistungen bis zur Höhe der Differenz zwischen Zahlungsanspruch und Erlös (Zahlungsanspruch: 100, Erlös: 70, nachträgliche Wiedergutmachung: 30, kein Ausgleichsanspruch, Deckungslücke beim Verletzten unverändert). Ersteres ist aufgrund vollständiger Schadenswiedergutmachung gewiss akzeptabel, verlangt aber wie bei Letzterem

[88] Zu weiteren Aspekten vgl. LR/*Johann* § 111i Rn. 52.

[89] Es kommt auf den Erlös, nicht auf einen (angeblich) objektiven Wert an, LR/*Johann* § 111i Rn. 51. Vgl. zum Risiko der Wertminderung bereits → § 111d Rn. 13.

[90] Verkannt von LR/*Johann* § 111i Rn. 51.

eine (alles andere als selbstverständliche) **altruistische Bereitschaft** des Betroffenen zur Befriedigung des Verletzten in Höhe der Differenz zwischen Zahlungsanspruch und Erlös, ersterenfalls in Höhe der letzten 30 %, letzterenfalls in Höhe der ersten 30 %. Dass damit dem Interesse des Verletzten nicht bestmöglich Rechnung getragen wird, ist jedoch insofern konsequent, als ihm die Rückgewinnungshilfe die eigene Rechtsverfolgung nicht abnehmen will, sondern nur erleichtern kann und er die aufgezeigten Nachteile aufgrund jahrelanger Passivität selbst mitzuverantworten hat.

e) Verfahrensfragen. Verfahrensrechtlich ist zu beachten, dass das Gericht (hier:) des ersten Rechtszugs **Eintritt** und **Umfang** des staatlichen **Auffangrechtserwerbs** durch **Beschluss festzustellen** hat, § 111i Abs. 6 S. 1. Dies kann frühestens 3 Jahre nach Rechtskraft des Urteils, § 111i Abs. 2, geschehen. Bis wann der Beschluss gefasst sein muss oder höchstens ergehen darf, ist dem Gesetz nicht zu entnehmen. Obwohl er nur deklaratorische Wirkung hat,[91] weil der Rechtserwerb gemäß § 111i Abs. 5 S. 1 kraft Gesetzes eintritt, und ihm als Vollstreckungstitel nur Bedeutung zukommt, wenn es im Zeitpunkt des Auffangrechtserwerbs an einem ausreichend werthaltigen Arrestpfandrecht als Grundlage für die Umwandlung in ein Pfändungspfandrecht in den Fällen des § 111i Abs. 5 S. 2 fehlt,[92] sollte der der Rechtsklarheit dienende Beschluss alsbald nach Ablauf der Frist von 3 Jahren nach Rechtskraft ergehen. Nach Ablauf von 6 Jahren besteht dafür jedoch angesichts der den Ausgleichsanspruch ausschließenden Frist des § 111i Abs. 7 S. 2 Nr. 2 (wohl) kein Bedürfnis mehr. In dem Beschluss ist **an** die zum Zeitpunkt des Urteils ergangene **Aufrechterhaltungsentscheidung anzuknüpfen.** Es bietet sich an, auf die im vorangegangenen Beschluss gemäß § 111i Abs. 3 enthaltene Bezeichnung der sichergestellten Vermögenswerte Bezug zu nehmen und etwaige Minderungen aufgrund von in § 111i Abs. 5 S. 1 Nr. 1–4 aufgeführten (oder zuvor unberücksichtigt gebliebenen[93]) Sicherungen oder Befriedigungen anzugeben und abzuziehen. Soweit sowohl möglich als auch aus Rechtsgründen nötig ist eine **Quantifizierung** vorzunehmen. Das ist zwar beim nach Beschlagnahme erfolgenden Eigentumserwerb gemäß § 111i Abs. 5 S. 1 iVm § 73e Abs. 1 StGB dann nicht zwingend, wenn keine Ersatzleistungen iS § 111i Abs. 5 S. 1 Nr. 1–4 erfolgten.[94] Aber selbst in solcher Lage ist es hilfreich, weil es der (Erleichterung der) Durchführung des (auch nach Beschlagnahme möglichen[95]) Ausgleichsverfahrens gemäß § 111i Abs. 7 dient. Die Quantifizierung kann zwar nachgeholt werden. Allerdings ist dies mit fortschreitendem Zeitablaufs gewiss nicht einfacher oder verlässlicher. Da der nach dinglichem Arrest des dem Staat aus § 111i Abs. 5 S. 1 erwachsende **Zahlungsanspruch zwingend zu quantifizieren** ist,[96] und seine Höhe von zwischenzeitlichen Sicherungen und Befriedigungen beeinflusst wird, müssen auch diese in Geld festgestellt werden. Weil es sich bei der Rückgewinnungshilfe um die Unterstützung einer originär zivilrechtlichen Streitigkeit handelt, kommen auch dem gemäß § 111i zuständigen Strafgericht die Erleichterungen des § 287 ZPO zu Gute, die Zulässigkeit von **Schätzungen.** 17

Wenngleich nur feststellende, so hat der Beschluss doch (zumindest aufgrund des Ausschlusses weiterer Rechtsverfolgung: faktische) Auswirkungen auf das materiell zivilrechtliche Rechtsverhältnis zwischen Staat und Betroffenem. Deshalb ist zum einen im Wege des Verweises auf § 111l Abs. 4 (gemeint ist nur dessen S. 1) vorgesehen, dass vor seinem Ergehen der Beschuldigte, in diesem Stadium also der Verurteilte, der Eigentümer und andere dinglich Berechtigte gehört werden sollen, § 111i Abs. 6 S. 2. Zum anderen erwächst der Beschluss in **materielle Rechtskraft,** wie seine Anfechtbarkeit mit der lediglich sofortigen Beschwerde, § 111i Abs. 6 S. 3, ebenso wie der Wortlaut von § 111i Abs. 6 S. 4 zeigt. 18

[91] BGH 7.2.2008 – 4 StR 502/07 Rn. 15, NJW 2008, 1093 f. Rn. 15; OLG Celle 16.8.2011 – 1 Ws 322/11 Rn. 12, wistra 2011, 438 f.; KK/*Spillecke* § 111i Rn. 23; LR/*Johann* § 111i Rn. 43 und 47.

[92] Meyer-Goßner/*Schmitt* § 111i Rn. 17.

[93] BGH 22.6.2011 – 5 StR 109/11 Rn. 3, wistra 2011, 430 f.; LR/*Johann* § 111i Rn. 40.

[94] Vgl. dazu *Huber* S. 214.

[95] → Rn. 16.

[96] LR/*Johann* § 111i Rn. 49; Meyer-Goßner/*Schmitt* § 111i Rn. 17.

Der Beschluss ist deshalb allen davon rechtlich Betroffenen zuzustellen, § 35 Abs. 2 S. 1, also den Beschwerdebefugten. Dabei handelt es sich um diejenigen, denen rechtliches Gehör zu gewähren war[97] und die Staatsanwaltschaft,[98] ggf. den Insolvenzverwalter, der die Verletzung von § 91 InsO durch die Feststellung des Auffangrechtserwerbs geltend machen kann.[99] Aufgrund der Bindung an die Urteilsfeststellungen wird Prüfungsgegenstand wohl nur der durch nachfolgende Entwicklungen beeinflusste Eintritt und/oder Umfang des Auffangrechtserwerbs sein können.[100] Erst nach Eintritt der Rechtskraft des Beschlusses gemäß § 111i Abs. 6 hat das Gericht zu veranlassen, dass **Veröffentlichungen** im elektronischen Bundesanzeiger, wenn solche gemäß § 111i Abs. 4 S. 3 iVm § 111e Abs. 4 S. 1 dort vorgenommen worden waren, **gelöscht** werden, § 111i Abs. 6 S. 4.[101]

IV. Selbständiges Verfahren

19 Das **Verständnis** des § 111i Abs. 8 ist ähnlich **erschwert** wie dasjenige des § 111i Abs. 1.[102] In Bezug genommen ist § 76a Abs. 1 und 3 StGB. Diese Bestimmung ist zwar für den Verfall, wegen § 73 Abs. 1 S. 2 StGB aber gerade **nicht** auch **für** die Fälle der **Rückgewinnungshilfe einschlägig.**[103] Man wird daher zum einen konstatieren müssen, dass § 111i Abs. 8 in einem fälschlicherweise auf Verfall gerichteten Verfahren den „Umstieg" auf die Rückgewinnungshilfe und zwar hier im vollen Umfang des § 111i Abs. 2–7 (und nicht etwa nur[104] im eingeschränkten Rahmen des § 111i Abs. 1) ermöglicht. Der mit der Schaffung des § 111i Abs. 8 zum Ausdruck gebrachten gesetzgeberischen Intention ist jedoch darüberhinausgehend zu entnehmen, dass auch die Einleitung eines **originären, dh** von vorn herein **auf Rückgewinnungshilfe** und die **Aufrechterhaltung** der Sicherungen einschließlich Auffangrechtserwerbs gerichteten **objektiven Verfahrens** möglich sein soll. Dem Gesetz kann dies aber wohl nur im Wege einer methodologisch zweifelhaften „willensgeltungsverschaffenden Extension"[105] entnommen werden. § 111i Abs. 8 müsste danach wie folgt gelesen werden: *Könnte das Verfahren nach § 76a Abs. 1 oder 3 StGB lediglich deshalb nicht geführt werden, weil einer Verfallentscheidung Ansprüche des Verletzten iSd § 73 Abs. 1 S. 2 StGB entgegenstehen, so darf es auch zum Zwecke der Rückgewinnungshilfe im Umfang des Abs. 1 und/oder der Abs. 2–7 dennoch nach Maßgabe der §§ 440 und 441 iVm § 442 Abs. 1 eingeleitet werden.* Bejaht man ein derartiges Verständnis,[106] so wird der verfahrenseinleitende **Antrag** darauf zu richten sein, die Feststellungen gemäß § 111i Abs. 2 und 3 zu treffen.[107] Antragsbefugt ist die **Staatsanwaltschaft,** § 440 Abs. 1. Ein Bedürfnis, auch dem Verletzten die Antragsbefugnis einzuräumen (iS „Verletzter" = Privatkläger iSd § 440 Abs. 1) besteht nur im Fall des Abs. 1, ist das Verfahren gemäß § 111i Abs. 2–7 doch vor allem auf den unbekannten oder inaktiven Verletzten zugeschnitten. Will der Verletzte hingegen aktiv werden, kann er aber dem Betroffenen, der etwas erlangt hat, nichts zustellen (lassen), so scheitert die zivile Rechtsverfolgung angesichts der Möglichkeit öffentlicher Zustellung nicht, so dass er der Einleitung des Aufrechterhaltungsverfahrens gemäß § 111i

---

[97] KK/*Spillecke* § 111i Rn. 24; LR/*Johann* § 111i Rn. 45.

[98] LR/*Johann* § 111i Rn. 45. Die von Meyer-Goßner/*Schmitt* § 111i Rn. 22 befürwortete Einschränkung der Rechtsmittelbefugnis der Staatsanwaltschaft auf das Unterbleiben einer Aufrechterhaltungsentscheidung ist dem zitierten Urteil des BGH 17.6.2009 – 2 StR 195/09, nicht zu entnehmen und ist mit der Rolle der Staatsanwaltschaft als Wächterin des Gesetzes auch nicht zu vereinbaren.

[99] LR/*Johann* § 111i Rn. 45; Volk/*Rönnau* MAH Rn. 13/353. Der Insolvenzverwalter kann aber nicht ohne weiteres sogleich auch die Freigabe zu seinen Gunsten verlangen, → vor §§ 111b ff. Rn. 12; aA SK/*Rogall* § 111i Rn. 50.

[100] KK/*Spillecke* § 111i Rn. 24.

[101] LR/*Johann* § 111i Rn. 48.

[102] → Rn. 3.

[103] *Podolsky/Brenner* III 5.9.8 und III 7.2.8; SSW/*Burghart* StGB § 76a Rn. 2; Volk/*Rönnau* MAH Rn. 13/306.

[104] Aber eben auch, KK/*Spillecke* § 111i Rn. 4; LR/*Johann* § 111i Rn. 9.

[105] Vgl. dazu *Bittmann* NJW 2011, 3048 f.

[106] *Podolsky/Brenner* III 8.5.

[107] Abweichend LR/*Johann* § 111i Rn. 55: Ziel: unmittelbarer staatlicher Auffangrechtserwerb.

Abs. 2–7 nicht ohne weiteres bedarf. Sollte dies doch der Fall sein, so wird das Entschließungsermessen der Staatsanwaltschaft regelmäßig auf Null reduziert sein und wird diese den Antrag stellen.

§ 111k [Rückgabe beweglicher Sachen an den Verletzten]

[1]Wird eine bewegliche Sache, die nach § 94 beschlagnahmt oder sonst sichergestellt oder nach § 111c Abs. 1 beschlagnahmt worden ist, für Zwecke des Strafverfahrens nicht mehr benötigt, so soll sie dem Verletzten, dem sie durch die Straftat entzogen worden ist, herausgegeben werden, wenn er bekannt ist und Ansprüche Dritter nicht entgegenstehen. [2]§ 111f Abs. 5 ist anzuwenden. [3]Die Staatsanwaltschaft kann die Entscheidung des Gerichts herbeiführen, wenn das Recht des Verletzten nicht offenkundig ist.

I. Regelungsgegenstand

Im Gegensatz zu den übrigen Vorschriften der §§ 111b ff. ist § 111k nicht nur für die Fälle **vollstreckungssichernder** Maßnahmen einschlägig, sondern gilt auch für die Abwicklung nach Sicherstellung zu **Beweiszwecken** (sei es formlos, sei es förmlich im Wege der Beschlagnahme gemäß § 94, aber nicht bei Sicherstellungen aus anderen Gründen).[1] Sie trifft aber Regelungen ausschließlich für **bewegliche Sachen.** Die Pflicht zur Herausgabe solcher entsteht nicht allein aufgrund Entfallens des Anlasses der Sicherstellung,[2] sondern nur dann, wenn die Sache für Zwecke des (Ermittlungs- oder) Strafverfahrens, in dem die Sicherstellung erfolgte (freilich kann auf sie ggf. in einem anderen Verfahren nach allgemeinen Regeln zugegriffen werden), insgesamt nicht mehr benötigt wird. Das ermöglicht das **Auswechseln des Sicherstellunggrundes** (Vollstreckungssicherung statt Beweiszweck und umgekehrt).[3] Zugleich bedeutet die Regelung, dass die Herausgabe so schnell wie möglich zu erfolgen hat.[4] Herausgeben setzt Innehaben voraus. Demgemäß gilt § 111k weder für nicht in amtliche Verwahrung genommene, sondern nur gekennzeichnete[5] bewegliche Sachen[6] noch nach deren Hinterlegung[7] oder tatsächlicher Herausgabe,[8] selbst wenn diese zu Unrecht veranlasst worden sein sollte. Der Anwendungsbereich des § 111k ist jedoch unabhängig davon eröffnet, ob das Verfahren zu einer Verurteilung, einem Freispruch oder einer Einstellung nach irgendeiner der dafür einschlägigen Vorschrift führte,[9] selbst bei unrechtmäßiger Sicherung.[10] Eine **Einschränkung** dahingehend, dass § 111k den zu irgendeinem Zeitpunkt vorhanden gewesenen **früheren Besitz** des Beschuldigten oder eines sonstigen strafrechtlich Beteiligten, zB des Hehlers, voraussetzt, oder die Justiz nur von diesem Personenkreis den Besitz erlangt haben darf,[11] ist dem Gesetzestext **nicht** zu entnehmen und wäre mit dessen Systematik 1

[1] LR/*Johann* § 111k Rn. 1–3 und 6; Meyer-Goßner/*Schmitt* § 111k Rn. 3; *Schmidt* Rn. 1221.
[2] So aber KK/*Spillecke* § 111k Rn. 3.
[3] *Rönnau* Rn. 469.
[4] *Janssen* Rn. 240; LR/*Johann* § 111k Rn. 14.
[5] → § 111c Rn. 2; für Anwendung auch in diesen Fällen KMR/*Mayer* § 111k Rn. 5; LR/*Johann* § 111k Rn. 7 und 16.
[6] → § 111b Rn. 17.
[7] Meyer-Goßner/*Schmitt* § 111k Rn. 3.
[8] KMR/*Mayer* § 111k Rn. 5; *Schmidt* Rn. 1223, zur Entschädigungspflicht Rn. 1233 – dazu auch OLG Jena 6.1.2005 – 1 Ws 4/05, NStZ-RR 2005, 125 ff. (StrEG einschlägig, aber in concreto kein Schaden).
[9] OLG Hamm 2.9.2008 – 5 Ws 275/08 Rn. 5, NStZ-RR 2009, 376 f.; LG Saarbrücken 27.10.2009 – 2 KLs 2/09 – 33 Js 518/08, StraFo 2009, 510 ff.; *Schmidt* Rn. 1226; zum Teil abweichend KMR/*Mayer* § 111k Rn. 8; LR/*Johann* § 111k Rn. 10 f. (aber LR/*Schäfer*, 25. Aufl. Rn. 7: analoge Anwendung in den Fällen des § 154); Meyer-Goßner/*Schmitt* § 111k Rn. 6; SK/*Rogall* § 111k Rn. 13 f.: keine Anwendung ohne Nachweis einer Tat zum Nachteil des Anspruchstellers – maßgeblich kann aber nur die Offenkundigkeit der Berechtigung des (Schein-)Verletzten sein.
[10] KMR/*Mayer* § 111k Rn. 4.
[11] *Janssen* Rn. 237; HK/*Gercke* § 111k Rn. 3. Für die Besitzerlangung wie hier KK/*Spillecke* § 111k Rn. 4.

nicht vereinbar.[12] Auch **Personenidentität** von Beschuldigtem/Angeklagtem einerseits und Entziehenden andererseits ist **nicht erforderlich.**[13]

II. § 111k S. 1 und 3

2 **1. Verhältnis zum Zivilrecht.** § 111k befasst sich **nicht** mit dem **Eigentum** oder **beschränkten dinglichen Rechten,** sondern enthält sich jeglicher Aussage über die die sichergestellte Sache betreffenden Rechtsverhältnisse zwischen der Strafjustiz, dem Beschuldigten, dem davon möglicherweise abweichenden Betroffenen, dem Verletzten und sonstigen Dritten.[14] In nicht ganz konsistenter Weise mit den Anrechnungsregeln des § 111i Abs. 2 S. 4 Nr. 3 und Abs. 5 S. 1 Nr. 3 und 4 hat die Vorschrift des § 111k (als vorläufige Besitzstandsregelung[15]) **nur** den **Gewahrsam** im Blick,[16] enthält aber selbst dafür **keine abschließenden** Bestimmungen, sondern **modifiziert** in seinem Anwendungsbereich lediglich Teile des Besitzrechts des **BGB** – und das auch nur **geringfügig.** Es gibt **keine** allgemeine **Regelung,** der zufolge der **frühere Zustand** (mittels actus contrarius) **wiederherzustellen** sei.[17] Vielmehr hat ein herausgabepflichtiger Besitzer auch nach BGB, also jenseits des Anwendungsbereichs von § 111k, den Besitz an dem Gegenstand demjenigen zu übertragen, der das **höchste Recht zum Besitz** vorweisen kann.[18] Für den (auch: Vor-)Besitzer (und damit selbst für den Beschuldigten, bei dem die Sache vorgefunden wurde) stellt § 1006 BGB die (eingeschränkte) **Vermutung** bestehenden Eigentums und damit zugleich eines Rechts zum Besitz auf. Dem steht das **Gebot** gegenüber, den Täter von seiner Tat nicht profitieren zu lassen,[19] so dass er entzogene Vermögensgegenstände im Einklang von Zivilrecht und Strafrecht **wieder zurückzugeben** hat (vgl. insbesondere § 73 Abs. 1 S. 2 StGB). Selbst wenn die Verletzteneigenschaft strafprozessual rechtskräftig feststeht, hat das Opfer gleichwohl nicht quasi automatisch einen zu eigener Zwangsvollstreckung berechtigenden Titel. § 111k S. 1 ordnet deshalb an, was auch sonst aufgrund der wegen Offenkundigkeit widerlegten Vermutung des § 1006 BGB gölte (und der Staat mit der Wiederherstellung einer rechtswidrigen Besitzlage missachtete[20]): die **Rückgabe an das Opfer** aufgrund dinglichen oder besitzrechtlichen (hier selbst bei inzwischen, zB betrügerisch, erlangtem **Eigentum** des Beschuldigten[21]), nicht aber sonstigen obligatorischen[22] Herausgabeanspruchs des Verletzten.

---

[12] IE ebenso OLG Hamm 2.9.2008 – 5 Ws 275/08 Rn. 11 ff., NStZ-RR 2009, 376 f.; LR/*Johann* § 111k Rn. 6; *Rönnau* Rn. 464; Volk/*Rönnau* MAH Rn. 13/309; *Schmidt* Rn. 1225 (gegen Rn. 1223); SK/*Rogall* § 111k Rn. 9; aA *Hansen* S. 175 ff.; KMR/*Mayer* § 111k Rn. 6; Meyer-Goßner/*Schmitt* § 111k Rn. 3.

[13] OLG Hamm 2.9.2008 – 5 Ws 275/08, NStZ-RR 2009, 376 f.

[14] Beispiele bei *Rönnau* Rn. 463.

[15] *Rönnau* Rn. 462.

[16] *Reichhart* S. 143; ausführlich LR/*Johann* § 111k Rn. 3, zum insoweit bestehenden Vorrang der Strafgerichte Rn. 29.

[17] Zutr. OLG Celle 10.1.2012 – 1 Ws 7/12 Rn. 6, NStZ-RR 2012, 176 (L); aA aber Nr. 75 Abs. 2 S. 1 RiStBV; BGH 9.11.1978 – III ZR 116/77, BGHZ 72, 302 ff., 304 (BGH 13.7.2000 – IX ZR 131/09, NJW 2000, 3218 f. spricht zu Recht vorsichtiger von ‚in der Regel'); LG Frankfurt (Oder) 14.6.2011 – 6a T 38/11, NStZ-RR 2012, 176 f.; *Huber* S. 90; *Janssen* Rn. 236; KK/*Spillecke* § 111k Rn. 1; KMR/*Mayer* § 111k Rn. 1; LR/*Johann* § 111k Rn. 2, 15, 19 und 24 ff.; insbes. 27 und 29 (aber – tendenziell zutreffend – auf früheren *rechtmäßigen* Vor-Besitz beschränkend); *Malitz* NStZ 2003, 61 ff., 63 (die aber gleichwohl das Rückführungsinteresse dadurch berücksichtigt wissen will, dass die Rückgabe herausgezögert werden müsse, um dem Verletzten zu ermöglichen, wirksamen Rechtsschutz auf dem Zivilrechtsweg zu erlangen); Meyer-Goßner/*Schmitt* § 111i Rn. 1 und § 111k Rn. 1, einschränkend § 94 Rn. 22; *Rönnau* Rn. 462; Volk/*Rönnau* MAH Rn. 13/307 (aber unklar); SSW/*Burghart* § 111k Rn. 1.

[18] SK/*Rogall* § 111k Rn. 1, 17 und 35; inhaltlich (wohl) ebenso *Huber* S. 90 ff.; beschränkt auf die Fälle des § 111k auch *Rönnau* Rn. 43, aA KMR/*Mayer* § 111k Rn. 11 und 13; inhaltlich wie hier, trotz verbaler Anerkennung der angeblichen Wiederherstellungsnotwendigkeit, LG Saarbrücken 27.10.2009 – 2 KLs 2/09 – 33 Js 518/08, StraFo 2009, 510 ff.

[19] BGH 28.10.2010 – 4 StR 215/10 Rn. 25, BGHSt 56, 39 ff., unter Bezugnahme auf BVerfG 14.1.2004 – 2 BvR 564/95, dort insbesondere Rn. 64, 70, 72 und 75, BVerfGE 110, 1 ff.

[20] LG Saarbrücken 27.10.2009 – 2 KLs 2/09 – 33 Js 518/08, StraFo 2009, 510 ff. § 111k ist also alles andere als eine Ausnahmeregelung, aA BeckOK/*Huber* § 111k Rn. 1.

[21] Meyer-Goßner/*Schmitt* § 111k Rn. 7; Radtke/Hohmann/*Kiethe* § 111k Rn. 5; SK/*Rogall* § 111k Rn. 6.

[22] KMR/*Mayer* § 111k Rn. 3 und 10; evtl. weitergehend BeckOK/*Huber* § 111k Rn. 7.

2. Offenkundigkeit. Nicht nur, wenn es **Streit** gibt, sondern bereits bei **Zweifeln** über die **Empfangszuständigkeit**[23] (vgl. § 111k S. 1 aE), also über das Bestehen mehrerer möglicher dinglicher oder obligatorischer[24] Berechtigungen und/oder über deren Rangfolge, ist es **nicht Sache** der während des Ermittlungsverfahrens und nach Eintritt der Rechtskraft[25] ausnahmslos[26] für die Entscheidung über die Herausgabe zuständigen **Staatsanwaltschaft,**[27] darüber eine verbindliche Entscheidung zu treffen. Sie soll lediglich ihre Herausgabeentscheidung und das auch nur bei **Offenkundigkeit** (§ 111k S. 3; Nr. 75 Abs. 3 S. 1, Abs. 4 RiStBV) am materiellen Zivilrecht orientieren, die **Entscheidung** darüber hinausgehender Streitigkeiten[28] aber den **Gerichten** überlassen. Ob die Berechtigung des Verletzten offenkundig ist, hat die Staatsanwaltschaft inhaltlich ebenso zu prüfen wie etwaige Rechte Dritter (einschließlich sowohl des Betroffenen als auch des Beschuldigten[29]). Ist sie das, zB weil die Sache dem Verletzten oder dem Dritten abhandengekommen war, § 935 Abs. 1 BGB, so ist sie selbst dann an ihn herauszugeben, wenn der letzte Gewahrsamsinhaber nicht an der Tat beteiligt und **gutgläubig** war.[30] Bei mehreren gleichrangigen Herausgabeberechtigten gilt unabhängig vom Rechtsgrund § 432 Abs. 1 BGB: die bewegliche Sache[31] ist im Streitfall entweder zu hinterlegen oder an einen gerichtlich bestellten Verwahrer abzuliefern. Bei **fehlender Offenkundigkeit** findet keine „Beweisaufnahme" statt,[32] sondern es ist zu differenzieren: Auch im gerichtlichen Verfahren nach § 111k S. 3 ist vom **Strafgericht nur** über die **Herausgabe** zu befinden.[33] Maßgeblich für die Richter 3

[23] OLG Hamm 2.9.2008 – 5 Ws 275/08 Rn. 16, NStZ-RR 2009, 376 f.; *Janssen* Rn. 241 (der allerdings Dritte von vorn herein nicht als im Verfahren nach § 111k Empangsberechtigte ansieht, Rn. 242); KMR/*Mayer* § 111k Rn. 10; Meyer-Goßner/*Schmitt* § 111k Rn. 8; möglicherweise noch enger LR/*Johann* § 111k Rn. 15 und 29.

[24] *Janssen* Rn. 241; KK/*Spillecke* § 111k Rn. 6; KMR/*Mayer* § 111k Rn. 10.

[25] KK/*Spillecke* § 111k Rn. 8.

[26] Während der Anhängigkeit des Verfahrens bei Gericht (auch noch nach *vorläufiger* Einstellung gemäß § 154 Abs. 2 im Hinblick auf im selben Verfahren verfolgte weitere Tatvorwürfe, LG Saarbrücken 27.10.2009 – 2 KLs 2/09 – 33 Js 518/08, StraFo 2009, 510 ff.) hat dieses allfällige Herausgabeentscheidungen zu treffen, davor aber die Staatsanwaltschaft anzuhören, KMR/*Mayer* § 111k Rn. 13–15; SK/*Rogall* § 111k Rn. 26. Zu abweichenden Vorstellungen über die Zuständigkeit vgl. Meyer-Goßner/*Schmitt* § 111k Rn. 10 mN.

[27] Zu dem angesichts der geltenden Fassung kaum mehr verständlichen Streit über die Zuständigkeit vgl. LR/*Johann* § 111k Rn. 19 f.; SK/*Rogall* § 111k Rn. 20 – 25, 33; krit. KMR/*Mayer* § 111k Rn. 13, s.a. Volk/*Rönnau* MAH Rn. 13/315. Übersicht bei SSW/*Burghart* § 111k Rn. 6. Dem Kann-Charakter von § 111k S. 3 entnimmt LR/*Johann* § 111k Rn. 23, 28 und 35 eine staatsanwaltschaftliche Entscheidungsbefugnis selbst bei fehlender Offensichtlichkeit.

[28] Die Staatsanwaltschaft darf das Gericht auch einschalten bei Zweifeln an der Berechtigung Dritter, weil diese nur die Kehrseite der im Wortlaut des Gesetzes angesprochenen fehlenden Offenkundigkeit der Berechtigung des Verletzten bildet, aA HK/*Gercke* § 111k Rn. 11; LR/*Johann*, § 111k Rn. 35; Meyer-Goßner/*Schmitt* § 111k Rn. 11; Radtke/Hohmann/*Kiethe* § 111k Rn. 7. Das Gericht muß bei Anrufung entscheiden, LR/*Johann* § 111k Rn. 35; Volk/*Rönnau* MAH Rn. 13/316, über possessorische Ansprüche unabhängig davon, ob die Tat begangen wurde oder nicht. Der Streit über die Tatbegehung ist dem gerichtlichen Verfahren nach § 111k S. 3 (wie auch nach S. 2) entzogen, LR/*Johann* § 111k Rn. 35; Meyer-Goßner/*Schmitt* § 111k Rn. 11; Volk/*Rönnau* MAH Rn. 13/316, aber nur, weil er für die Besitzschutzansprüche irrelevant ist (und nicht etwa, wie die Genannten meinen, weil dafür der Zivilrechtsweg gegeben sei).

[29] Vgl. *Janssen* Rn. 242; LR/*Johann* § 111k Rn. 29 und 35; Meyer-Goßner/*Schmitt* § 111k Rn. 8; SK/*Rogall* § 111k Rn. 17 mN Betroffener und Beschuldigter sind dann Dritte, wenn sie nach der Tat legal Eigentum (oder eine sonstige zum Besitz berechtigende dingliche Berechtigung) erworben haben. Für die Beteiligung am Verfahren genügt die Behauptung legalen Erwerbs. Rechte Dritter müssen nur beachtet werden, soweit es Anhaltspunkte für ihr etwaiges Bestehen gibt. In der Regel kann ein Verletzter kein Dritter sein. Behauptet allerdings ein anderer durch die Tat Verletzter ein Besitzrecht, so ist er ‚Dritter', zB der Eigentümer (der mangels Besitzes nicht iS. des § 111k S. 1 der Verletzte ist, dem die Sache entzogen wurde, → Rn. 5) des beim Mieter gestohlenen Mietwagens nach Ablauf der Mietzeit.

[30] LR/*Johann* § 111b Rn. 3 a.E., auch § 111d Rn. 3 und 7, sowie v.a. § 111k Rn. 6; aA *Rönnau* Rn. 464, 468.

[31] In anderen Fällen gilt nichts Abweichendes, SK/*Rogall* § 111k Rn. 40.

[32] *Janssen* Rn. 241; LR/*Johann* § 111k Rn. 15.

[33] LG Frankfurt (Oder) 14.6.2011 – 6a T 38/11, NStZ-RR 2012, 176 f.; KMR/*Mayer* § 111k Rn. 13 f. und 18 mN (den Umfang aber einschränkend, Rn. 16: Als Streit aus einem Verwahrverhältnis sei das Herausgabeverlangen vor den Zivilgerichten zu verfolgen); LR/*Johann* § 111k Rn. 15, auch 28 f.; SSW/*Burghart* § 111k Rn. 8.

ist dabei (ebenso wie während der Gerichtshängigkeit des gesamten Verfahrens) allein ihre **Überzeugung,** sie sind also im Gegensatz zur Staatsanwaltschaft nicht auf Offenkundigkeit beschränkt.[34] Über die **sonstigen** die bewegliche Sache betreffenden **rechtlichen Verhältnisse** haben im Prätendentenstreit, ggf. nach Hinterlegung,[35] die **Zivilgerichte** zu entscheiden.[36] Die Staatsanwaltschaft, Nr. 75 Abs. 3 S. 2 und 3 RiStBV, aber auch das nach § 111k S. 3 angerufene Strafgericht,[37] kann[38] die Sache hinterlegen oder als Berechtigte in Betracht kommenden Dritten eine **Frist** zu eigener Rechtsverfolgung setzen.[39] Verstreicht sie fruchtlos, so ist die Sache jedoch **nicht zwingend** entweder an den Verletzten[40] oder an den letzten Gewahrsamsinhaber herauszugeben.

4 **3. Umfang.** Erfasst sind **nur bewegliche Sachen,**[41] also weder Immobilien noch Rechte wie zB Forderungen,[42] **Ausnahme:** sofort erlegter (und auf ein Konto [meist: Landeskasse] eingezahlter) Betrag des Werts einer beschlagnahmten beweglichen Sache, § 111c Abs. 6 S. 2, ebenso Erlös nach Notveräußerung, § 111l Abs. 1 S. 3.[43] Weitere Surrogate sind nicht privilegiert,[44] soweit sie nicht bereits als solche gemäß § 73 Abs. 2 S. 2 StGB sichergestellt wurden. **Bargeld** ist jedoch nicht nur bei Sicherstellung zu Beweiszwecken erfasst. In sonstigen Fällen sind Scheine und Münzen von der Staatsanwaltschaft zwar nicht körperlich aufzubewahren, sondern (meist bei der Landeskasse) einzuzahlen ist. Angesichts des Charakters als Wertsummenschuld[45] ist dies jedoch lediglich eine besondere Form der Aufbewahrung, die trotz des Wandels des Aggregatszustands von der Körperlichkeit zur **Forderung** nicht wie ein Surrogat, sondern **wie eine bewegliche Sache** zu behandeln ist.[46] Die damit einhergehende ausnahmsweise Anwendung des § 111k auf eine Forderung ist (wie zu §§ 111c Abs. 6 S. 2[47] und 111l Abs. 1 S. 3 gezeigt) nicht gesetzesfremd.

5 Ohne eine Aussage über sonstige Berechtigte zu treffen,[48] begünstigt § 111k selbst nur den **Verletzten**, welchem die **Sache durch** die (verfahrensgegenständliche,[49] etwaige oder

---

[34] Die äußerst diffizilen Fragen, die im Insolvenzfall auftreten können, erörtert ausführlich *Huber* S. 90 ff.

[35] KMR/*Mayer* § 111k Rn. 11; Meyer-Goßner/*Schmitt* § 111k Rn. 8; *Rönnau* Rn. 464. Soweit eine Sache nicht hinterlegungsfähig ist, bedarf es ihrer Versteigerung. Hinterlegt wird dann der Erlös (nach Abzug der Kosten), § 383 BGB; LR/*Johann* § 111k Rn. 30. → § 111k Rn. 6.

[36] OLG München 18.3.2013 – 19 U 4878/10, Rn. 33, KuR 2013, 77 ff.; LG Frankfurt (Oder) 14.6.2011 – 6a T 38/11, NStZ-RR 2012, 176 f.; LR/*Johann* § 111k Rn. 3 und 28; *Rönnau* Rn. 468; Volk/*Rönnau* MAH Rn. 13/308 (mit Beispielen); *Schmidt* Rn. 1228 f.; SK/*Rogall* § 111k Rn. 17.

[37] KMR/*Mayer* § 111k Rn. 11 und 13 f.

[38] *Hansen* S. 178 ff. und *Janssen* Rn. 242 nehmen – auf der Basis ihrer Dritte als Empfangszuständige verneinenden Rechtsauffassung: konsequent – eine Pflicht dazu an.

[39] Meyer-Goßner/*Schmitt* § 111k Rn. 7 und 8; s.a. HK/*Gercke* § 111k Rn. 8. Die Frist sollte allen Interessenten gesetzt werden, Radtke/Hohmann/*Kiethe* § 111k Rn. 6; gänzlich den Weg über Fristsetzung ablehnend LR/*Johann* § 111k Rn. 27 ff., insbes. Rn. 29.

[40] So Radtke/Hohmann/*Kiethe* § 111k Rn. 2, auch 6; für Rückgabe an den letzten rechtmäßigen Besitzer LR/*Johann* § 111k Rn. 29 a.E. Zum Vorgehen → Rn. 6.

[41] Zur Freigabe im Übrigen SK/*Rogall* § 111k Rn. 35 – 40.

[42] BGH 24.5.2007 – IX ZR 97/04, NJW 2007, 3352 ff. Der Senat lehnte auch die analoge Anwendung ab. Die Entscheidung erging allerdings in einem Altfall und stützt sich auf die für die Fälle des § 111i Abs. 2 nicht mehr vorhandene Befristung von 3 Monaten. Analogie dürfte aber bereits mangels staatlichen Besitzes und damit mangels Vergleichbarkeit, folglich auch unter dem geltenden Recht ausscheiden. IE ebenso Meyer-Goßner/*Schmitt* § 111k Rn. 3. Nach BeckOK/*Huber* § 111k Rn. 3 kann die Anordnung, den Nennwert einer beschlagnahmten Forderung gegenüber dem Verletzten auszuzahlen, gleichwohl wirksam sein, zw., da das Strafgericht dafür auch nach allgemeinen Regeln gerade nicht befugt ist, eine solche Anordnung zu treffen.

[43] LR/*Johann* § 111k Rn. 11.

[44] *Janssen* Rn. 238; KMR/*Mayer* § 111c Rn. 8; LR/*Johann* § 111k Rn. 11 (mit Beispielen); Meyer-Goßner/*Schmitt* § 111k Rn. 7 zu § 111k; *Rönnau* Rn. 467; Volk/*Rönnau* MAH Rn. 13/312.

[45] → § 111b Rn. 6.

[46] OLG Brandenburg 10.7.2013 – 7 U 90/12, MDR 2013, 1249 f., gelangte im Wege der Auslegung zum selben Ergebnis; aA HK/*Gercke* § 111k Rn. 4; KMR/*Mayer* § 111k Rn. 3 und 8; LR/*Johann* § 111k Rn. 11 (wie hier aber Rn. 16); Meyer-Goßner/*Schmitt* § 111k Rn. 7; *Schmidt* Rn. 1237; SK/*Rogall* § 111k Rn. 15 f.

[47] LR/*Johann* § 111c Rn. 20.

[48] *Rönnau* Rn. 462.

[49] *Janssen* Rn. 238; SSW/*Burghart* § 111k Rn. 2 und 4. Stammt der Gegenstand aus einer anderen Tat, so kann er zwar nicht gemäß § 111k, so jedoch LR/*Johann* § 111k Rn. 10, wohl aber aufgrund allgemeinen

tatsächliche[50]) **Tat** entzogen worden war, der also zur Zeit der Tatbegehung den **Gewahrsam** innehatte. Deshalb kommt es auf eine **dingliche Berechtigung** (Eigentum oder zB Pfandrecht) nicht an, so dass **obligatorische** Rechte[51] (zB nach Übergabe zur Aufbewahrung) genügen. Der bloße Besitzverschaffungsanspruch (zB aus § 433 BGB) genügt hingegen nicht. Maßgeblich ist **sowohl** (früherer) **Gewahrsam** als auch das Bestehen von **Besitzschutzrechten.** Daher begünstigt § 111k nicht den Eigentümer nach Entzug des mittelbaren Eigenbesitzes[52] (zB Diebstahl beim Mieter[53]), ebensowenig den Erben[54] (trotz § 857 BGB) und den Versicherer (trotz § 86 Abs. 1 S. 1 VVG[55]). Insoweit gilt jedoch **allgemeines Zivilrecht,**[56] so dass deswegen bei Offenkundigkeit die Rückgabe an diesen Personenkreis (zB den Leasinggeber[57]) ebenso erfolgen darf und muss wie an den Insolvenzverwalter,[58] der zwar weder selbst Verletzter noch dessen Rechtsnachfolger ist, wohl aber das zur Insolvenzmasse gehörende Vermögen des Schuldners als vormaligem Gewahrsamsinhaber zu verwalten hat, § 80 Abs. 1 InsO.

§ 111k findet nur auf die Rückgabe an den **bekannten Verletzten** Anwendung, unabhängig davon, ob man der Auffassung ist, diese Beschränkung wohne der Bestimmung von vorn herein inne,[59] oder annimmt, es entspräche dem aufgrund des „Soll-Charakters" eingeräumten pflichtgemäßen Ermessen,[60] auf derartige Ermittlungen zu verzichten und von § 111k S. 1 keinen Gebrauch zu machen, müsste ein Beschuldigter erst ermittelt werden.[61] **Fehlt** es an einem **empfangsbereiten Verletzten** oder **Drittem**, steht aber fest, dass die Sache dem Beschuldigten oder Betroffenen nicht gebührt, so ist eine Herausgabeentscheidung zugunsten des später vielleicht bekanntwerdenden, aber derzeit noch unbekannten Berechtigten nicht möglich.[62] Die Gegenstände sind vielmehr als **Fundsache** zu behandeln.[63] Das gilt auch über Nr. 75 Abs. 4 RiStBV hinaus, eventuell sogar 6

Zivilrechts gleichwohl an den durch die andere Tat Verletzten herauszugeben sein, so iE auch KMR/*Mayer* § 111k Rn. 8; aA SK/*Rogall* § 111k Rn. 13, je mN, wohl auch Meyer-Goßner/*Schmitt* § 111k Rn. 6 und 7. In einem Fall internationalen Schmuggels antiker Kulturgüter betrachtete das LG Freiburg (12.12.2013 – 8 Qs 7/13) diese – auch – als aus der Hinterziehung deutscher Einfuhrumsatzsteuer stammend. Seine Annahme einer einheitlichen Tat mit der im Ausland begangenen Unterschlagung oder Hehlerei geht über das anerkannte Verständnis des Tatbegriffs des § 264 StPO hinaus.

[50] → Rn. 1.

[51] Meyer-Goßner/*Schmitt* § 111k Rn. 8; LR/*Johann* § 111k Rn. 15.

[52] Volk/*Rönnau* MAH Rn. 13/310.

[53] *Janssen* Rn. 243; Meyer-Goßner/*Schmitt* § 111k Rn. 5; aA LR/*Johann* § 111k Rn. 12.

[54] AA KMR/*Mayer* § 111k Rn. 8; *Schmidt* Rn. 1227.

[55] AA OLG Schleswig 21.9.1993 – 1 Ws 283/93, NStZ 1994, 99 f.; distanziert referierend LR/*Johann* § 111k Rn. 12.

[56] LR/*Johann* § 111k Rn. 28, aA LR/*Schäfer*, 25. Aufl. § 111k Rn. 18, der deswegen die Ermächtigung in Nr. 75 RiStBV für rechtswidrig erachtet; SSW/*Burghart* § 111k Rn. 9; abwägend Volk/*Rönnau* MAH Rn. 13/313.

[57] OLG Hamm 2.9.2008 – 5 Ws 275/08, Rn. 11, NStZ-RR 2009, 376 f., stellt auch dafür auf § 111k ab; zust. LR/*Johann* § 111k Rn. 12. Zwar ist der damit verbundene Verzicht auf das Erfordernis früheren Gewahrsams mit dem Wortlaut des Gesetzes („entzogen") vereinbar. Es bezweckt aber nur die Wiederherstellung des status quo ante und nicht mit dem Verschaffen unmittelbaren Besitzes das Herstellen einer (gegenüber dem zuvor mittelbaren Besitz) verstärkten Rechtsstellung.

[58] HK/*Gercke* § 111k Rn. 9; Meyer-Goßner/*Schmitt* § 111k Rn. 5, beide unter Hinweis auf das Übernahmegebot gemäß § 148 InsO; *Malitz* NStZ 2003, 61 ff., 66 f.; *Schmidt* Rn. 537 f.; aA LR/*Schäfer*, 25. Aufl. § 111k Rn. 11.

[59] *Janssen* Rn. 243; KK/*Spillecke* § 111k Rn. 5.

[60] SK/*Rogall* § 111k Rn. 18; aA KMR/*Mayer* § 111k Rn. 9.

[61] LR/*Johann* § 111k Rn. 13 und 26; Meyer-Goßner/*Schmitt* § 111k Rn. 5 (und passim); *Schmidt* Rn. 1227.

[62] LR/*Schäfer* § 111k Rn. 13 und 26.

[63] Instruktiv OLG Celle 10.1.2012 – 1 Ws 7/12 Rn. 6, NStZ-RR 2012, 176 (L): trotz möglicher, vom erkennenden Gericht aber unterlassener Verfallentscheidung keine Herausgabe an ersichtlich materiell nicht Berechtigten Gewahrsamsinhaber; *Janssen* Rn. 244 will die Verwertung als Fundsache erst nach fruchtlosem Ablauf des Verfahrens gemäß § 111i Abs. 2 zulassen (zumindest Notveräußerung muss zuvor möglich sein). Vgl. auch Achenbach/Ransiek/*Retemeyer* Teil 14, Rn. 143 ff.; BeckOK/*Huber* § 111i Rn. 3, § 111k Rn. 5; *Hansen* S. 180 f.; HK/*Gercke* § 111k Rn. 9; KK/*Spillecke* § 111i Rn. 6 und 11 sowie § 111k Rn. 5; KMR/*Mayer* § 111k Rn. 9; LR/*Johann* § 111k Rn. 10, 13 und 26 (mit Vorrang von § 111i, § 111i Rn. 1 und 11); *Podolsky/Brenner* III 5.10 (ausführlich); *Schmidt* Rn. 1239 f.; SK/*Rogall* § 111k Rn. 17, 35 und 38 f.; zweifelnd

entgegen Nr. 75 Abs. 3 S. 3 RiStBV: Im Fall der nach allgemeiner Auffassung *alternativ*[64] zulässigen Hinterlegung erhielte sie der Beschuldigte oder letzte Gewahrsamsinhaber mangels Berechtigung ebensowenig, vgl. zB Art. 19 Abs. 2 Nr. 3 und 26 BayHintG, mit der Folge des Verfalls zugunsten des Landes. **Gefährliche Sachen** dürfen nur Umgangsbefugten überlassen werden. Gegebenenfalls ist es der zuständigen Verwaltungsbehörde zu ermöglichen, das aus ihrer Sicht Erforderliche zu veranlassen.[65]

7 **4. Zeitpunkt. Vollstreckungssicherung** kann auch **nach** Eintritt der **Rechtskraft** erforderlich sein, jedenfalls dann, wenn eine Aufrechterhaltungsentscheidung gemäß § 111i getroffen wurde. Im Übrigen ist in solchen Fällen für das weitere **Schicksal** der sichergestellten beweglichen Sache der Inhalt des **Urteils maßgeblich.**[66] Nur wenn es keine vermögensabschöpfende Entscheidung trifft, hat Herausgabe zu erfolgen. Nach ursprünglicher Beschlagnahme oder Sicherstellung (nur oder auch[67]) zu **Beweiszwecken** sind zur Vollstreckungssicherung ebenfalls nicht mehr benötigte Sachen dann herauszugeben, wenn der Beweiszweck entfällt, oft schon im Ermittlungsverfahren oder bei Erhebung der Anklage, aber spätestens mit Eintritt der Rechtskraft. Vorsorge für ein evtl. Wiederaufnahmeverfahren muss nur dann getroffen werden, wenn es sich konkret abzeichnet.

8 **5. Ort der Rückgabe.** Die **Rückgabe hat am Ort der Verwahrung,** also (abhängig vom Verfahrensstand) in den Asservatenräumen der Staatsanwaltschaft oder des Gerichts[68] zu erfolgen, § 697 BGB, str.[69] Das ist für den zum Tragen der Kosten verpflichteten Verurteilten konsequent, aber bei Freispruch oder Rückgabe an einen nicht im Lager des Beschuldigten stehenden Dritten zweifelhaft. Soweit die Sicherstellung rechtmäßig war, können jedoch allgemeine Gerechtigkeitserwägungen (jenseits etwa einer denkbaren teleologischen Reduktion) keine Ausnahme vom Gesetz begründen. Allerdings ist ein Dritter unter den Voraussetzungen des § 23 Abs. 2 JVEG wie ein Zeuge zu entschädigen. Jedoch gilt das nur bei freiwilliger Herausgabe, also nicht bei förmlicher Vollziehung der Beschlagnahme. Ob die Entschädigungspflicht auch für die Kosten bei Rückgabe gilt, mag man bezweifeln.[70] Zumindest in solchen Fällen ist aber Raum für die Vereinbarung einer flexiblen Regelung zwischen Justiz und empfangsberechtigtem Dritten.

III. § 111k S. 2

9 § 111k S. 2 bestimmt sprachlich verunglückt, dass § 111f Abs. 5 anzuwenden ist. Das ist er aber sowieso, genauso wie jede beliebige andere gültige Vorschrift (egal ob Art. 73 Abs. 1 Nr. 9a GG, § 52 BeurkG, § 4a UKlaG oder § 2 WiLGZustV LSA). Gemeint ist hingegen ersichtlich, dass der **Betroffene** ebenso wie in den Fällen des § 111f Abs. 5 gegen Herausga-

---

Rönnau Rn. 384, 459 ff., 462 (auch Volk/*Rönnau* MAH Rn. 13/225, 289 und 295, 311), ablehnend Rn. 466; auf das Vorliegen der übrigen Voraussetzungen des § 111k beschränkt Meyer-Goßner/*Schmitt* § 111k Rn. 5; (nur?) für das objektive Verfahren, § 76a StGB, gemäß § 111i Abs. 8 *Eschelbach* Nr. 20, § 111i Rn. 4. Zum Stand vor dem 1.1.2007 LR/*Schäfer*, 25. Aufl. § 111b Rn. 48b sowie § 111k Rn. 9 und 15 f. Für SSW/*Burghart* (§ 111i Rn. 14) ersetzt § 983 BGB den von § 111i Abs. 5 vorgesehenen, aber leerlaufenden Auffangrechtserwerb, → § 111i Rn. 12.

[64] KMR/*Mayer* § 111k Rn. 11; zwar für Vorrang vor Fristsetzung, LR/*Johann*, § 111k Rn. 30, aber für Nachrang gegenüber § 111k, Rn. 25. → Rn. 3.

[65] KMR/*Mayer* § 111k Rn. 12; LR/*Johann* § 111k Rn. 23.

[66] → § 111e Rn. 14 ff.

[67] Volk/*Rönnau* MAH Rn. 13/314.

[68] SK/*Rogall* § 111k Rn. 27. Ihm kann jedoch nicht gefolgt werden, soweit er die Abwicklungszuständigkeit der Staatsanwaltschaft auch bei Aufbewahrung der beweglichen Sache im Gericht bejaht. § 36 Abs. 2 S. 1 gilt nicht, weil die Herausgabe nicht ‚Vollstreckung', sondern in dieser Konstellation vom Gericht selbst zu bewirkender Realakt ist. Ein unnötiger und ggf. sehr kostenträchtiger Transport vom Gericht zur Staatsanwaltschaft entfällt.

[69] BGH 3.2.2005 – III ZR 271/04, NJW 2005, 988 f.; KK/*Spillecke* § 111k Rn. 1; KMR/*Mayer* § 111k Rn. 1; Volk/*Rönnau* MAH Rn. 13/307; zu Recht zweifelnd und differenzierend LR/*Johann* § 111k Rn. 17 f.

[70] Dafür SK/*Rogall* § 111k Rn. 11; gegen die Anwendung des StrEG beim Beschuldigten LR/*Johann* § 111k Rn. 18.

beentscheidungen **jederzeit** die **Entscheidung des Strafgerichts** beantragen kann.[71] Das bedeutet zum einen, dass § 111k S. 2 nur für staatsanwaltschaftliche Entscheidungen gilt, und zum anderen, dass er keine abschließende Regelung trifft, ist doch gegen Entscheidungen des Gerichts die Beschwerde statthaft, § 304 Abs. 1, auch Abs. 5, und zwar sowohl dann, wenn es in der Zeit der Gerichtshängigkeit die Herausgabeentscheidung selbst getroffen hat, als auch, wenn der Ermittlungsrichter gemäß § 111k S. 2 iVm § 111f Abs. 5 entschieden hat.[72]

§ 111l [Notveräußerung beschlagnahmter oder gepfändeter Gegenstände]

(1) [1]Vermögenswerte, die nach § 111c beschlagnahmt oder aufgrund eines Arrestes (111 d) gepfändet worden sind, dürfen vor der Rechtskraft des Urteils veräußert werden, wenn ihr Verderb oder eine wesentliche Minderung ihres Wertes droht oder ihre Aufbewahrung, Pflege oder Erhaltung mit unverhältnismäßigen Kosten oder Schwierigkeiten verbunden ist. [2]In den Fällen des § 111i Abs. 2 können Vermögenswerte, die aufgrund eines Arrestes (§ 111 d) gepfändet worden sind, nach Rechtskraft des Urteils veräußert werden, wenn dies zweckmäßig erscheint. [3]Der Erlös tritt an deren Stelle.

(2) [1]Im vorbereitenden Verfahren und nach Rechtskraft des Urteils wird die Notveräußerung durch die Staatsanwaltschaft angeordnet. [2]Ihren Ermittlungspersonen (§ 152 des Gerichtsverfassungsgesetzes) steht diese Befugnis zu, wenn der Gegenstand zu verderben droht, bevor die Entscheidung der Staatsanwaltschaft herbeigeführt werden kann.

(3) [1]Nach Erhebung der öffentlichen Klage trifft die Anordnung das mit der Hauptsache befaßte Gericht. [2]Der Staatsanwaltschaft steht diese Befugnis zu, wenn der Gegenstand zu verderben droht, bevor die Entscheidung des Gerichts herbeigeführt werden kann; Absatz 2 Satz 2 gilt entsprechend.

(4) [1]Der Beschuldigte, der Eigentümer und andere, denen Rechte an der Sache zustehen, sollen vor der Anordnung gehört werden. [2]Die Anordnung sowie Zeit und Ort der Veräußerung sind ihnen, soweit dies ausführbar erscheint, mitzuteilen.

(5) [1]Die Notveräußerung wird nach den Vorschriften der Zivilprozeßordnung über die Verwertung einer gepfändeten Sache durchgeführt. [2]An die Stelle des Vollstreckungsgerichts (§ 764 der Zivilprozeßordnung) tritt in den Fällen der Absätze 2 und 3 Satz 2 die Staatsanwaltschaft, in den Fällen des Absatzes 3 Satz 1 das mit der Hauptsache befaßte Gericht. [3]Die nach § 825 der Zivilprozeßordnung zulässige Verwertung kann von Amts wegen oder auf Antrag der in Absatz 4 genannten Personen, im Falle des Absatzes 3 Satz 1 auch auf Antrag der Staatsanwaltschaft, gleichzeitig mit der Notveräußerung oder nachträglich angeordnet werden. [4]Wenn dies zweckmäßig erscheint, kann die Notveräußerung auf andere Weise und durch eine andere Person als den Gerichtsvollzieher erfolgen.

(6) [1]Gegen Anordnungen der Staatsanwaltschaft oder ihrer Ermittlungspersonen kann der Betroffene gerichtliche Entscheidung durch das nach § 162 zuständige Gericht beantragen. [2]Die §§ 297 bis 300, 302, 306 bis 309, 311a und 473a gelten entsprechend. [3]Das Gericht, in dringenden Fällen der Vorsitzende, kann die Aussetzung der Veräußerung anordnen.

---

[71] LR/*Johann* § 111k Rn. 33. Betroffener kann sein der Beschuldigte, der letzte Gewahrsamsinhaber oder ein Dritter, Meyer-Goßner/*Schmitt* § 111k Rn. 13. Zu § 111f Abs. 5 → § 111f Rn. 5.

[72] LR/*Johann* § 111k Rn. 32 und 34–36; Meyer-Goßner/*Schmitt* § 111k Rn. 13; Volk/*Rönnau* MAH Rn. 13/318.

I. Regelungsgegenstand

1 **Notveräußerung** kann sich **nur** an **vollstreckungssichernde Maßnahmen** verkehrsfähiger[1] Vermögensgegenstände **anschließen,** § 111l Abs. 1. Die Vorschrift gilt konsequenterweise **nicht,** solange sichergestellte Vermögenswerte (nur oder auch) **Beweisbedeutung** haben.[2] Für die Zeit **vor Rechtskraft** gilt § 111l Abs. 1 S. 1. Diese Bestimmung ist für die Fälle der **Beschlagnahme,** § 111c, **auch danach** anwendbar, während § 111l Abs. 1 S. 2 für die Fälle **dinglichen Arrests Erleichterungen ab Rechtskraft** vorsieht.[3] Letzterenfalls kann ein Bedürfnis für eine Notveräußerung nur nach einer Aufrechterhaltungsentscheidung gemäß § 111i Abs. 2 bestehen. Weil damit der Verlust für den Betroffenen bereits rechtskräftig feststeht, ist die Notveräußerung in den Fällen dinglichen Arrests, § 111d, nicht aber (unter dem Gesichtspunkt der Gleichbehandlung: bedenklich[4]) der Beschlagnahme, § 111c, schon aus reinen **Zweckmäßigkeitserwägungen** heraus, also ohne weitere inhaltliche Restriktionen, zulässig. **Vor Eintritt der Rechtskraft** gelten **engere Zulässigkeitsvoraussetzungen,** § 111l Abs. 1 S. 1: **Droht** (egal weshalb) **Verderb** oder **wesentliche Wertminderung,** § 111l Abs. 1 S. 1 Alt. 1,[5] so liegt die schnelle Versilberung im Interesse sowohl der Justiz als auch des (wirtschaftlich denkenden[6]) Betroffenen. Sie kann eine (andernfalls möglicherweise naheliegende) nachträgliche Erweiterung der vollstreckungssichernden Maßnahmen entbehrlich machen. Im (wie auch immer gearteten) **Kostenminderungsinteresse** ist Notveräußerung aber auch darüber hinausgehend selbst bei widerstreitendem Interesse des Betroffenen oder eines sonstigen Berechtigten zulässig, wenngleich nur unter einschränkenden Voraussetzungen, § 111l Abs. 1 S. 1 Alt. 2. Auf die Vornahme einer Notveräußerung hat der Betroffene selbst im eigenen Werterhaltungsinteresse[7] zwar **keinen** originären **Anspruch,** wohl aber in allen Fällen einen solchen auf Ausübung pflichtgemäßen, ggf. auf Null reduzierten Ermessens,[8] widrigenfalls Schadenersatzpflicht[9] eintritt und Kosten nur reduziert angesetzt werden dürfen.[10] Herausgabe, auch über § 111k hinaus, und die Anwendung von § 111c Abs. 6 gehen einer Notveräußerung vor,[11] auch aufgrund eines drohenden, bei einer Notveräußerung selbst bei grundsätzlichem Verwertungsinteresse des Betroffenen nie von vorn herein auszuschließenden Mindererlöses.[12]

2 § 111l Abs. 1 lässt die Notveräußerung **nicht nur beweglicher Sachen** zu, sondern erfasst prinzipiell alle Vermögenswerte, die nach § 111c beschlagnahmt oder aufgrund dingli-

---

[1] HK/*Gercke* § 111l Rn. 3; KMR/*Mayer* § 111l Rn. 2: Verkehrsunfähige Gegenstände können erforderlichenfalls vernichtet werden, ebenso KK/*Spillecke* § 111l Rn. 3 mit dem zusätzlichen Hinweis, daß bei einem Vermarktungsverbot (artgeschützter Tiere) auch eine unentgeltliche Abgabe an eine geeignete Institution in Betracht komme.

[2] Zum Thema vgl. BeckOK/*Huber* § 111l Rn. 1; KK/*Spillecke* § 111l Rn. 1; KMR/*Mayer* § 111l Rn. 1, LR/*Johann* § 111l Rn. 3; Meyer-Goßner/*Schmitt* § 111l Rn. 1; *Schmidt* Rn. 1089. Nur zu Beweiszwecken sichergestellte, dafür aber nicht mehr benötigte bewegliche Sachen sind freizugeben. Ist jedoch die Empfangszuständigkeit unklar, so kann (ebenso wie bei ursprünglicher Sicherung zu Beweis- und zu Abschöpfungszwecken) im Fall der Verderblichkeit, wiewohl in § 111l nicht vorgesehen, durchaus ein Bedürfnis für eine Notveräußerung bestehen.

[3] *Janssen* Rn. 109 f. Für Erweiterung auf Fälle der Beschlagnahme SSW/*Burghart* § 111l Rn. 3; begrenzt auf die Voraussetzungen des Abs. 1 auch KMR/*Mayer* § 111l Rn. 3, 7.

[4] AA LR/*Johann* § 111l Rn. 9. Distanziert die Gesetzesbegründung referierend HK/*Gercke* § 111l Rn. 6.

[5] KMR/*Mayer* § 111l Rn. 4 f.; LR/*Johann* § 111l Rn. 5 f. (ab 10%, spätestens 30%), je mit Beispielen; *Schmidt* Rn. 1094 ff.

[6] *Janssen* Rn. 108; KK/*Spillecke* § 111l Rn. 4; LR/*Johann* § 111l Rn. 1 und 8; Meyer-Goßner/*Schmitt* Rn. 2 zu § 111l.

[7] Vgl. zum Risiko von Wertschwankungen → § 111d Rn. 13.

[8] LR/*Johann* § 111l Rn. 8 und 11; SK/*Rogall* § 111l Rn. 10; nach *Rönnau* Rn. 358 ist das Interesse des Betroffenen nicht intendiert. Für die Fälle unterbliebener Notveräußerung trotz Ermessensreduzierung auf Null befürwortet er nunmehr aber einen Amtshaftungsanspruch, Volk/*Rönnau* MAH Rn. 13/194; ebenso LR/*Johann* § 111l Rn. 1, 8 und 12.

[9] Vgl. dazu *Reichhart* S. 168 ff., der Ersatz allerdings nur beschränkt auf die Fälle der Ermessensreduktion bejaht. Für generelle Pflicht: KMR/*Mayer*, § 111l Rn. 6.

[10] SK/*Rogall* § 111l Rn. 19.

[11] LR/*Johann* § 111l Rn. 1 und 11; *Schmidt* Rn. 1090, 1138; SK/*Rogall* § 111l Rn. 13.

[12] HK/*Gercke* § 111l Rn. 5; *Janssen* Rn. 108.

chen Arrests, § 111c, gepfändet wurden.[13] Daher ist zB neben Wertpapieren[14] auch die Veräußerung nichtgegenständlicher Rechte an Sammeldepots gestattet.[15] Bemerkenswerterweise **fehlt** es insoweit aber nicht nur an strafprozessualen Vollstreckungsregelungen, sondern auch an einer Verweisung auf die für solche Fälle einschlägigen zwangsvollstreckungsrechtlichen Bestimmungen der ZPO. Daraus den Schluss zu ziehen, dass nur bewegliche Sachen notveräußert werden dürfen,[16] schöpft aber § 111l Abs. 1 nicht aus. Insoweit ist es daher geboten, die sachlich vergleichbaren Bestimmungen der **ZPO analog** (und zwar sinngemäß) anzuwenden.[17]

II. Anordnung

Die **Anordnungskompetenz** regelt § 111l Abs. 2 und 3 entsprechend der **Verfahrensherrschaft** mit Eilkompetenz der Ermittlungspersonen (§ 152 GVG), dazu des Staatsanwalts bei Gerichtshängigkeit, Abs. 2 und 3. Regelhaft anordnungsbefugt ist der Rechtspfleger der Staatsanwaltschaft, § 31 Abs. 1 Nr. 2 RPflG, per Verfügung, bzw. des Gerichts, § 22 Nr. 2 RPflG, per Beschluss.[18] In der Praxis wird kaum einmal Raum für Eilanordnungen seitens des Staatsanwalts oder Richters sein. Vor der Anordnung sollen der Beschuldigte, der Eigentümer und andere dinglich an der Sache (oder dem sonstigen Vermögensgegenstand) Berechtigte, aber auch nur einen schuldrechtlichen Anspruch Erhebende[19] (zB das Betrugsopfer verderblicher Lebensmittel) und tunlichst der letzte Gewahrsamsinhaber[20] **angehört** werden, § 111l Abs. 4 S. 1. Dem Beschuldigten ist ein vorheriger **Hinweis** auf § 111c Abs. 6 zu erteilen.[21] Grundsätzlich sind die Anhörungsberechtigten zudem über Zeit und Ort der Veräußerung zu **informieren**, § 111l Abs. 4 S. 2,[22] auch, um die Nachricht an ihnen bekannte potentielle Erwerbsinteressenten weiterleiten zu können.[23] Das Einhalten der Pflichten aus § 111l Abs. 4 ist allerdings keine Wirksamkeitsvoraussetzung der Notveräußerung.[24] 3

III. Durchführung

§ 111l Abs. 5 S. 1 verweist für die **Durchführung** der Notveräußerung nur[25] auf die Bestimmungen über die **Verwertung gepfändeter Sachen**, §§ 814–825 ZPO.[26] Sie erfolgt als öffentliche oder Internetversteigerung, § 814 ZPO, unter Beachtung der Sonderbestimmungen für bestimmte Gegenstände (Geld, § 815 ZPO; Wertpapiere, §§ 821–823 ZPO; Früchte auf dem Halm, § 824 ZPO). § 111l Abs. 5 S. 1 ist eine flexibel modifizierende Rechtsgrundverweisung. An die Stelle des Vollstreckungsgerichts tritt die Justizbehörde, bei welcher das Verfahren anhängig ist, § 111l Abs. 5 S. 2. Zugleich kann von Amts wegen, auf Antrag des Beschuldigten, dinglich Berechtigter, zu erweitern auf Personen, die einen schuldrechtlichen Anspruch erheben, und in den Fällen gerichtlicher Anhängigkeit auch der Staatsanwaltschaft, nicht nur, wie es § 825 ZPO[27] ermöglicht, eine **andere** als die 4

[13] *Janssen* Rn. 107.
[14] SK/*Rogall* § 111l Rn. 12.
[15] SK/*Rogall* § 111l Rn. 11; → § 111d Rn. 15.
[16] LR/*Johann* § 111l Rn. 29; SK/*Rogall* § 111l Rn. 11.
[17] KK/*Spillecke* § 111l Rn. 2; *Reichhart* S. 154 ff. i.E. auch Volk/*Rönnau* MAH Rn. 13/193; anders LR/*Johann* § 111l Rn. 29: individuelle Vereinbarungen zwischen den Beteiligten nötig.
[18] Meyer-Goßner/*Schmitt* § 111l Rn. 6 f.; SK/*Rogall* § 111l Rn. 24 zu § 111l. Entgegen LR/*Johann* § 111l Rn. 14 und 16 kommt es für die Inanspruchnahme einer Eilkompetenz nur auf das Vorliegen eines Eilfalls an. Ermittlungspersonen müssen daher nicht erst den Rechtspfleger und dann den Staatsanwalt zu erreichen versuchen.
[19] LR/*Johann* § 111l Rn. 18.
[20] LR/*Johann* § 111l Rn. 18.
[21] LR/*Johann* § 111l Rn. 11; *Schmidt* Rn. 1102 f.; SK/*Rogall* § 111l Rn. 27.
[22] LR/*Johann* § 111l Rn. 20; *Schmidt* Rn. 1104 f.
[23] HK/*Gercke* § 111l Rn. 11; LK/*Johann* § 111l Rn. 20.
[24] Unbestritten, vgl. *Janssen* Rn. 111, Meyer-Goßner/*Schmitt* § 111l Rn. 8.
[25] Bereits → Rn. 2.
[26] LR/*Johann* § 111l Rn. 28; *Schmidt* Rn. 1106 ff.
[27] KMR/*Mayer* § 111l Rn. 13; LR/*Johann* § 111l Rn. 31; *Schmidt* Rn. 1128 ff.

Regelverwertungsart zugelassen werden, § 111l Abs. 5 S. 3, sondern die Verwertung darf allein schon aus reinen **Zweckmäßigkeitserwägungen** heraus nahezu völlig **frei** erfolgen, § 111l Abs. 5 S. 4. Angesichts der Rechtsfolgen ist eine zumindest kurze aktenmäßige **Dokumentation** der Gründe für die Abweichung von der Regelverwertung nötig. Der **Erlös**[28] **tritt** (aufschiebend durch das Ausbleiben einer Einziehungs- oder Verfallentscheidung bedingt und mit nur **schuldrechtlicher** Wirkung, **dinglich** nur im Fall der **Auskehrung,**[29]) **an** die **Stelle** der **notveräußerten Gegenstände,** § 111l Abs. 1 S. 3,[30] und ist **Objekt** einer gerichtlichen Einziehungs- oder Verfallentscheidung.[31]

IV. Anfechtung

5 Gegen **gerichtliche** Entscheidungen des **Rechtspflegers**[32] und des **Richters** (§ 111l Abs. 6) ist die **Beschwerde** gemäß §§ 304 statthaft.[33] Anordnungen[34] der **Staatsanwaltschaft** oder ihrer Ermittlungspersonen[35] können vom Betroffenen (= in § 111l Abs. 4 aufgeführter Personenkreis[36]) durch **Anrufung** des nach § 162 zuständigen **Gerichts** (Ermittlungsrichter bzw. mit der Hauptsache befasstes Gericht) angegriffen werden, § 111l Abs. 6.[37] § 111l Abs. 6 S. 2 ordnet dazu die entsprechende Anwendung verschiedener Vorschriften an (für Rechtsmittel allgemein und für die Beschwerde geltende sowie § 473a im Hinblick auf die Kosten). Der Antrag auf gerichtliche Entscheidung ist danach in allen Fällen bei der Staatsanwaltschaft anzubringen. Hilft der Rechtspfleger (nach notwendiger Anhörung der Beteiligten[38]) nicht ab, so hat er die Akten nicht dem Staatsanwalt,[39] sondern wegen §§ 111l Abs. 6 S. 2, 306 Abs. 2 sogleich dem Gericht zuzuleiten. Es kann (vor der eigenen Entscheidung, und trotz Nichtabhilfe seitens der Staatsanwaltschaft) wegen §§ 111l Abs. 6 S. 2, 307 Abs. 2 nach pflichtgemäßem Ermessen die Vollziehung aussetzen. Dazu ist (bei Anhängigkeit des Strafverfahrens beim Landgericht) in dringenden, also Eilfällen, auch der Vorsitzende allein, befugt, § 111l Abs. 6 S. 3. In analoger Anwendung dürfen auch Regelungen in Bezug auf andere Vollziehungsmaßnahmen getroffen werden.[40] Im Fall schwerwiegender Grundrechtseingriffe besteht das Rechtschutzbedürfnis auch nach Durchführung fort.[41]

---

[28] Aufwendungen für die Verwertung sollen als Kosten des Verfahrens nicht abzuziehen sein, LG Bonn 9.6.2010 – 21 KLs 25/09 – 333 Js 70/09, StraFo 2010, 380.

[29] *Janssen* Rn. 114; Meyer-Goßner/*Schmitt* § 111l Rn. 4; SK/*Rogall* § 111l Rn. 20. Für Fortsetzung von Beschlagnahme bzw. Arrestpfandrecht am Anspruch des Betroffenen auf Auskehr des Erlöses KMR/*Mayer* § 111l Rn. 8.

[30] KK/*Spillecke* § 111l Rn. 10; LR/*Johann* § 111l Rn. 10; *Schmidt* Rn. 1136.

[31] KK/*Spillecke* § 111l Rn. 10; LR/*Johann* § 111l Rn. 10; *Schmidt* Rn. 1137. Zur Parallele bei § 111c Abs. 6 → § 111c Rn. 12.

[32] Str., wie hier LR/*Johann* § 111l Rn. 26; Meyer-Goßner/*Schmitt* § 111l Rn. 16; Radtke/Hohmann/*Kiethe* § 111l Rn. 8; SK/*Rogall* § 111l Rn. 46–49; aA befristete Erinnerung, §§ 11 Abs. 2 RPflG, 311 Abs. 2 *Schmidt* Rn. 1528; unbefristete Erinnerung *Janssen* Rn. 116; *Rönnau* Rn. 529 (alle drei jedoch zum Rechtszustand vor dem 1.10.2009 – 2. OpferrechtsreformG. Der Rechtsmittelführer ist (zumindest bei Fristwahrung) durch § 300 geschützt.

[33] KMR/*Mayer* § 111l Rn. 16 f., LR/*Johann* § 111l Rn. 22 und 25; SSW/*Burghart* § 111l Rn. 10. Zur Neufassung aufgrund des 2. Opferrechtsreformgesetzes Radtke/Hohmann/*Kiethe* § 111l Rn. 8.

[34] Ablehnungen stehen gleich, da die Notveräußerung auch im Interesse des Berechtigten liegen kann, LR/*Johann* § 111l Rn. 22 und 24; → Rn. 1 aE.

[35] Deren Anordnungen prüft dann zunächst der Staatsanwalt, der abhilfebefugt ist, HK/*Gercke* § 111l Rn. 13; *Janssen* Rn. 115; LR/*Johann* § 111l Rn. 25.

[36] LR/*Johann* § 111l Rn. 24; *Schmidt* Rn. 1535.

[37] OLG Hamburg 12.7.2011 – 3 Ws 80/11, StraFo 2011, 354 f.; OLG Köln 19.8.2011 – III-2 Ws 501/11, StraFo 2011, 392 f. für die Drittwiderspruchsklage (auf § 111f Abs. 5 gestützt); *Janssen* Rn. 119 (mit der zutreffenden Verallgemeinerung, dass die Strafgerichte auch zuständig sind, wenn es sich der Sache nach um zwangsvollstreckungsrechtliche Rechtsbehelfe handelt); HK/*Gercke* § 111l Rn. 15; Meyer-Goßner/*Schmitt* § 111l Rn. 13; SSW/*Burghart* § 111l Rn. 9.

[38] SK/*Rogall* § 111l Rn. 41.

[39] So aber KMR/*Mayer* § 111l Rn. 15; wie hier LR/*Johann* § 111l Rn. 25.

[40] LR/*Johann* § 111l Rn. 27.

[41] *Janssen* Rn. 120; KMR/*Mayer* § 111l Rn. 15; LR/*Johann* § 111l Rn. 27; Volk/*Rönnau* MAH Rn. 13/357.

§ 111m [Beschlagnahme eines Druckwerks oder einer sonstigen Schrift]

(1) Die Beschlagnahme eines Druckwerks, einer sonstigen Schrift oder eines Gegenstandes im Sinne des § 74d des Strafgesetzbuches darf nach § 111b Abs. 1 nicht angeordnet werden, wenn ihre nachteiligen Folgen, insbesondere die Gefährdung des öffentlichen Interesses an unverzögerter Verbreitung offenbar außer Verhältnis zu der Bedeutung der Sache stehen.

(2) [1]Ausscheidbare Teile der Schrift, die nichts Strafbares enthalten, sind von der Beschlagnahme auszuschließen. [2]Die Beschlagnahme kann in der Anordnung weiter beschränkt werden.

(3) In der Anordnung der Beschlagnahme sind die Stellen der Schrift, die zur Beschlagnahme Anlaß geben, zu bezeichnen.

(4) Die Beschlagnahme kann dadurch abgewendet werden, daß der Betroffene den Teil der Schrift, der zur Beschlagnahme Anlaß gibt, von der Vervielfältigung oder der Verbreitung ausschließt.

I. Regelungsgegenstand

Die Bestimmung schränkt für die – idealtypischerweise einziehungssichernde – **allgemeine Beschlagnahme**[1] aufgrund der Bedeutung der **Pressefreiheit**, Art. 5 Abs. 1 S. 2 GG, den Anwendungsbereich der §§ 111b Abs. 1 und 111c in Bezug auf das in § 111m Abs. 1 aufgeführte geronnene **Gedankengut** ein. Die einstweilige Maßnahme der allgemeinen Beschlagnahme von Presseerzeugnissen (einschließlich der zu ihrer Herstellung gebrauchten oder bestimmten Gegenstände, § 74d Abs. 1 S. 2 StGB),[2] kommt danach nur unter nochmals verengten Voraussetzungen in Betracht. Es bedarf der doppelten Prüfung der Verhältnismäßigkeit,[3] zum einen materiellrechtlich betreffs (der nicht Straf-, sondern Sicherungszwecken dienenden[4]) **Einziehung** oder **Unbrauchbarmachung,** §§ 74d Abs. 5 iVm 74b Abs. 2 und 3 StGB,[5] zum anderen in prozessualer Hinsicht (strukturiert anhand der in § 111m aufgeführten Kriterien). Bereits hier sind daher bezüglich der Urteilsprognose auch die Beschränkungen der materiellrechtlichen Bestimmungen zu berücksichtigen. Obwohl die Vorschrift aus dem Zeitalter vor Beginn des weltweiten digitalen Nachrichtenaustauschs stammt, ist sie aufgrund ihrer abstrakten Fassung auch auf die **neuen Medien** anwendbar.[6] Smartphone, Laptop und iPad lassen sich zur Herstellung von Informationen nutzen. Zumindest bei zum Zwecke der Verbreitung (z.B. über Twitter, Facebook, E-Mail an ggf. üppigen Verteiler) gespeicherten Daten handelt es sich um Schriften i.S. des § 11 Abs. 3 StGB und zwar unabhängig davon, ob der Handelnde Journalist ist oder nicht. Die Eintziehung ist daher unter den Voraussetzungen des § 74d StGB zulässig. Dementsprechend richtet sich die Vollstreckungssicherung nach den §§ 111b, c, m und n StPO. 1

Die Beschreibung des Anwendungsbereichs in § 111m Abs. 1 ist in ihrer epischen Breite unnötig. Erfasst sind **alle** sinnlich wahrnehmbaren **verkörperten** oder **elektronisch**[7] 2

---

[1] BeckOK/*Huber* § 111b Rn. 13 hält auch die allgemeine Beschlagnahme anderer ihrer Gattung nach abgrenzbarer Sachen für zulässig.

[2] Aufzählung bei LR/*Johann* § 111m Rn. 9 ff. (neben auch nach allgemeinem Sprachgebrauch Presseorganen Schallplatten, Filmstreifen, Photographien [zw. im Hinblick auf Gedankengut], Videobänder; CDs, DVDs, Disketten, Sticks, Festplatten, Manuskripte; Platten, Formen, Drucksätze, Druckstöcke, Negative, Matrizen; nicht Druckmaschinen und Computer-Hardware). S.a. KK/*Spillecke* § 111m Rn. 1 mN.

[3] LR/*Johann* § 111m Rn. 14.

[4] LR/*Johann* § 111m Rn. 19.

[5] Zum Verfall → Rn. 2.

[6] KK/*Spillecke* § 111m Rn. 1 unter Hinweis auf die Verantwortlichkeit gemäß §§ 7 ff. TMG.

[7] Zu den Speichermedien gehören auch Server und im Internet zugängliche web-Seiten, KK/*Spillecke* § 111m Rn. 1; LR/*Johann* § 111c Rn. 3 und § 111m Rn. 11; Radtke/Hohmann/*Kiethe* § 111m Rn. 2. Welche Schwierigkeiten sich dabei stellen, zeigte sich im Fall des LG Hamburg 2.9.2013 – 629 Qs 34/13, NJW 2013, 3458 ff. mAnm *Busch*, der möglicherweise im Ergebnis, wohl aber nicht in der Begründung zutreffend entschieden worden sein dürfte. Der Anwalt des seinerzeit noch untergebrachten *Gustl Mollath* hatte verschie

gespeicherten **Gedanken**, **dh Schriften** und alles, was diesen iSv § 11 Abs. 3 StGB **gleichgestellt** ist. **Druckwerke** sind ein **Teil** davon.[8] § 111m ist **nicht auf Periodika beschränkt,** gilt aber **nur** für **Presseinhaltsdelikte,**[9] also für Straftaten des **Verbreitens** verbotener Inhalte, § 74d Abs. 1 S. 1 oder Abs. 3 StGB. Die **Restriktionen** des § 111m gelten deshalb nur bei **Verbreitung(-sgefahr).** Der Kreis der (potentiell) **begünstigten** Betroffenen beschränkt sich daher auf an der **Verbreitung** oder deren **Vorbereitung beteiligte Personen,** § 74d Abs. 2 StGB (dazu gehören die **Endempfänger** von Presseerzeugnissen **nicht**[10]) und ist noch weitergehend auf **Täter** und **täternahe** Personen eingeschränkt, wenn die Strafbarkeit davon abhängt, dass zum geistigen Inhalt **weitere Umstände** hinzutreten (wie Eignung oder Vertriebsweg, §§ 126, 130a Abs. 1 und 2 Nr. 1, 184 Abs. 1 und 2 StGB), § 74d Abs. 3 S. 2 StGB. Obwohl § 111m **idealtypisch** auf die **Einziehung** zugeschnitten ist, **erfasst** die Verweisung auf § 111b Abs. 1 auch die Fälle des (zumindest bei schneller Beschlagnahme allerdings seltenen[11]) **Verfalls,**[12] **nicht** aber der Sicherstellung zu **Beweiszwecken,** §§ 94 ff.[13] Auch wenn § 111m nach hM[14] nicht auf § 111b Abs. 5 verweist, die Einschränkungen des § 111m insoweit also nicht gelten sollen, führt dies aufgrund des auch insoweit einschlägigen Grundsatzes der Verhältnismäßigkeit für die Fälle der **Rückgewinnungshilfe** zu praktisch nichts Abweichendem.

II. Restriktionen

3 Liegen die zunächst festzustellenden **allgemeinen Voraussetzungen** der §§ 111b und c vor, so **schließt** sich die **Prüfung** der **besonderen Voraussetzungen** des § 111m Abs. 1 und 2 **an.** Dabei ist sehr genau zu **unterscheiden** zwischen den Vorwürfen, deren strafrechtliche Relevanz **allein** aus dem zur **Verbreitung** bestimmten **Inhalt** folgen soll, und solchen, bei denen (neben den genannten) erst das Hinzutreten noch **weiterer Umstände** die Strafbarkeit begründen kann. Zwar kommt in **beiden Varianten** eine **allgemeine Pressebeschlagnahme** in Betracht, in den **zuletzt** genannten **Fällen** aber nur unter weiteren, aufgrund nicht allgemeiner Strafbarkeit noch einmal deutlich **engeren** Voraussetzungen, nämlich nur dann, wenn sich feststellen und abstrakt-generell beschreiben lässt, dass die bzw. welche Teile der Presseerzeugnisse zur Verbreitung unter den strafrechtlich relevanten Umständen vorgesehen sind (zB in Fällen verbotenen Vertriebswegs bei einem reinen Versandhändler). Eines völligen Ausschlusses der allgemeinen Pressebeschlagnahme bedarf es für diese Fälle nicht,[15] zumal da die Vollstreckung nur unter

---

dene Prozessdokumente online gestellt. Nach Verneinen der Voraussetzungen des § 74 StGB zur Sicherstellung des ihm weder gehörenden noch an sich gefährlichen Servers seines Providers, auf dem die Daten gespeichert waren, sah die Kammer zudem die Daten selbst nicht als „Gegenstände" i.S. der §§ 74 StGB und 111b Abs. 1 S. 1 an. Folgerichtig gelangte sie zu § 74d StGB. Da das Verbreiten nicht schlechthin, sondern nur unter den in § 353d Nr. 3 StGB normierten Voraussetzungen verboten ist, war § 74d Abs. 3 StGB einschlägig. Die Kammer verneinte (auch) die letzte Alternative des § 74d Abs. 3 Nr. 1 StGB und begründete damit die Ablehnung der Beschlagnahme. Sie sah den Provider als nicht zur Verbreitung bestimmt an – wohl zu Unrecht, da das öffentliche Zugänglichmachen gemäß § 74d Abs. 4 StGB dem Verbreiten gleichsteht und diese Bestimmung den an der Verbreitung in nicht strafbarer Weise Beteiligten erfasst, SSW/*Burghart* § 74d StGB Rn. 5 (der besitzende strafbare Teilnehmer ist dem Täter bereits im vorhergehenden Satzteil gleichgestellt). Hätte danach die Einziehung nicht an diesem Umstand scheitern dürfen, so wäre zudem gemäß § 74d Abs. 5 iVm § 74b Abs. 2 S. 2 StGB eine weniger einschneidende Maßnahme wie z.B. die Löschung in Betracht gekommen, BGH 8.2.2012 – 4 StR 657/11, Rn. 7, NStZ 2012, 319; 10.1.2012 – 4 StR 612/11, Rn. 5; Matt/Renzikowski/*Altenhain* § 74b StGB Rn. 6; als vorläufige Maßnahme zumindest das Sperren, evtl. ähnlich *Busch*, NJW 2013, 3461 f., 3462.

[8] KK/*Spillecke* § 111m Rn. 1; LR/*Johann* § 111m Rn. 10; SK/*Rogall* § 111m Rn. 7.

[9] *Janssen* Rn. 122; LR/*Johann* § 111m Rn. 1; SK/*Rogall* § 111m Rn. 1.

[10] Allgemeine Meinung, vgl. LR/*Johann* § 111m Rn. 13.

[11] Meyer-Goßner/*Schmitt* § 111m Rn. 1.

[12] AA *Janssen* Rn. 122; KK/*Spillecke* § 111m Rn. 3; LR/*Johann* § 111m Rn. 3, die aber sämtlich §§ 111m und n auf den Verfall analog anwenden wollen.

[13] LR/*Johann* § 111m Rn. 5; Meyer-Goßner/*Schmitt* § 111m Rn. 1.

[14] KMR/*Mayer* § 111n Rn. 3; LR/*Johann* § 111m Rn. 5; Meyer-Goßner/*Schmitt* § 111m Rn. 1; SK/*Rogall* § 111m Rn. 3.

[15] AA KMR/*Mayer* § 111m Rn. 8.

Einhaltung der dafür allgemein geltenden Regeln zulässig ist, es also **zusätzlich** einer auf die Durchsuchungsobjekte und die diesbezüglich berechtigten Personen abgestellten, zu dem Beschluss allgemeiner Pressebeschlagnahme hinzutretenden (regelmäßig: gerichtlichen) **Anordnung** bedarf.[16]

1. Beschränkungen. Bezüglich der verfahrensrechtlichen Restriktionen des § 111m selbst ist aus systematischen Gründen **vorrangig** zu klären, ob **Beschränkungen** gemäß § 111m Abs. 2 überhaupt denkmöglich in Betracht kommen.[17] Ist das nicht der Fall, so ist § 111m Abs. 2 nicht einschlägig mit der Folge einer verstärkten Berücksichtigung der Interessen der Verbreitungsbeteiligten im Rahmen der Prüfung des Angemessenheit.[18] Können hingegen die Teile, die keinerlei Anlass für eine Beschlagnahme bieten, von den inkriminierten Passagen in tatsächlicher Hinsicht getrennt werden (zB Beilagen; Unbeanstandetes auf Internetseiten), so sind sie von der Beschlagnahme **auszunehmen.** Weitere **Einschränkungen,** aber keine Gestaltungsanweisungen,[19] können getroffen werden, § 111m Abs. 2 S. 2, und sind daher zugleich verfassungsrechtlich geboten,[20] wenn der Rechtsgüterschutz dies erlaubt, zB im Hinblick auf die **Verbreitungsform** (etwa: unzulässig nur im Internet, nicht aber auf Flugzetteln). Auch die Ortsnähe ist ein Kriterium, so dass zB eine ortsferne Verbreitung von der sichernden Maßnahme ausgenommen werden kann.[21] Eine Ausnahme für Archive und Abonnenten kann gestattet, allgemein der Kreis der Adressaten begrenzt werden. Er ist prinzipiell unbeschränkt und nur anhand der Kriterien des § 74d Abs. 1 und 2 StGB bzw. § 74d Abs. 3 konkretisierbar. Ohne Beschränkung ist bei Periodika die **gesamte Auflage**[22] **deutschlandweit**[23] erfasst. Bei Zeitschriften mit überregionalem und regionalem Teil kommt es darauf an, welcher berührt ist. Nur[24] ersterenfalls sind sämtliche Ausgaben erfasst. 4

2. Angemessenheit. Die **anstehende** (vollständige oder nach § 111m Abs. 2 eingeschränkte) **Beschlagnahme** ist dahingehend zu überprüfen, ob sie iSv § 111m Abs. 1 in **offenbarem,**[25] nicht aber notwendigerweise auch krassem[26] **Missverhältnis zur Straftat** stünde. Wäre das der Fall, so muss auf die Pressebeschlagnahme verzichtet werden, selbst wenn die Tat als erwiesen angesehen werden kann und die übrigen Voraussetzungen für eine Beschlagnahme vorliegen.[27] Eine **inhaltliche Bewertung** der Information **scheidet** dabei von vorn herein **aus.**[28] Die **Pressefreiheit,** Art. 5 GG, streitet prinzipiell 5

---

16 → § 111n Rn. 1.

17 *Janssen* Rn. 127; KK/*Spillecke* § 111m Rn. 6; KMR/*Mayer* § 111m Rn. 13.

18 → Rn. 5. LR/*Johann* § 111m Rn. 23 weist zudem darauf hin, dass bei Beschränkungen sowohl das technisch als auch das wirtschaftlich Mögliche zu berücksichtigen ist.

19 KMR/*Mayer* § 111m Rn. 13.

20 Vgl. LR/*Johann* § 111m Rn. 24; SSW/*Burghart* § 111m,n Rn. 1.

21 KMR/*Mayer* § 111m Rn. 14, wobei der Ortsferne angesichts der Verbreitungsschnelligkeit des Internets, wenn überhaupt, dann nur noch deutlich geringere Bedeutung als früher zukommt.

22 SK/*Rogall* § 111n Rn. 13. Bei Sicherstellung zu Beweiszwecken genügt hingegen evtl. nur ein Exemplar, KMR/*Mayer* § 111m Rn. 3. Inhaltlich veränderte Neuauflagen sind fraglos nicht erfasst. Warum das nach hM, zB *Janssen* Rn. 134; KK/*Spillecke* § 111n Rn. 3; LR/*Johann* § 111n Rn. 16, auch für unveränderte Abdrucke (Neuauflagen oder Nachdrucke) gelten soll, ist nicht verständlich, knüpft die Vorschrift doch nicht an Art. 14 GG an, sondern an Art. 5 GG. Soweit bei *Groß* NStZ 1999, 334 ff., 338, zust. Meyer-Goßner/*Schmitt* § 111n Rn. 5 Bedenken gegen die Bundeskompetrenz durchklingen, sprechen diese auch bereits gegen die Erstbeschlagnahme.

23 *Janssen* Rn. 134; LR/*Johann* § 111n Rn. 16; Meyer-Goßner/*Schmitt* § 111n Rn. 5.

24 Unklar HK/*Gercke* § 111n Rn. 5; Meyer-Goßner/*Schmitt* § 111n Rn. 5, welche beide Identität verlangen, die bei sog ‚Kopfblättern' aber gerade nur teilweise besteht.

25 Ermittlungen dazu bedarf es nicht, LR/*Johann* § 111m Rn. 18.

26 *Janssen* Rn. 126; KK/*Spillecke* § 111m Rn. 5; LR/*Johann* § 111m Rn. 18; Meyer-Goßner/*Schmitt* § 111m Rn. 4; SK/*Rogall* § 111m Rn. 10.

27 LR/*Johann* § 111m Rn. 14 und 15.

28 LR/*Johann* § 111m Rn. 15 (aber mit dem differenzierenden Hinweis, das Gewicht des geschützten Interesses bemesse sich nach dem Inhalt); Meyer-Goßner/*Schmitt* § 111m Rn. 5; SK/*Rogall* § 111m Rn. 11.

gegen die Beschlagnahme und zwar auch im öffentlichen Interesse,[29] also sowohl aus Sicht des Beschuldigten als auch aus derjenigen der (potentiellen) Empfänger der Information. Schon allgemein, nicht erst aufgrund pressespezifischer Aspekte, aber auch an dieser Stelle zu berücksichtigen ist ferner des Presseunternehmens sowie sonstiger Beteiligter (Herausgeber, Händler, Drucker, Inserenten, Abonnenten[30]) **Erwerbsinteresse**. Es gelten jedoch Einschränkungen in zweierlei Hinsicht: Zum einen erstreckt sich der Schutzumfang nicht auf das Begehen einer Straftat. Die Bedeutung dieses für die Beschlagnahme sprechenden Aspekts ist jedoch begrenzt, weil das Vorliegen einer strafbaren Handlung in diesem Stadium noch nicht verbindlich feststeht. Maßgeblich ist deshalb weder **nur** auf das Interesse am Verbreiten des **legalen** noch umgekehrt dasjenige am (potentiell) **illegalen Teil** des Erzeugnisses, sondern es **muss** auf den **Gesamtinhalt** abgestellt werden.[31] Das **Gewicht** des Interesses an der Verbreitung des beanstandeten Teils **mindert** sich dabei jedoch sowohl in dem Maße, in welchem sich der **Tatverdacht verdichtet,** als auch mit zunehmender **Bedeutung** der in Rede stehenden **Straftat** und deren absehbarer **Folgen**, so dass auch präventive Erwägungen[32] zu beachten sind: Die mit dem Aufruf zu ihrem Einsatz verbundene Anleitung zum Bau von Bomben oder der Landesverrat sind ersichtlich völlig anders als zB eine üble Nachrede zu gewichten.[33] Aufrufe zur Selbstjustiz (wie nach einem Sexualmord an einem Kind, unabhängig von der Täterschaft eines Festgenommenen) auf Facebook oder per Twitter erfüllen zwar das Schwerekriterium – Ermittlungsbehörden sind aber aus technischen Gründen meist nicht zum Einschreiten in angemessener Zeit in der Lage. Zum zweiten privilegiert § 111m Abs. 1 im Hinblick auf den Zeitfaktor[34] nur das Interesse an **unverzögerter Verbreitung.**[35] Das kann sich sowohl zu Gunsten (etwa bei zeitgebundener Information: Aufruf zu einer rechtlich zweifelhaften Demonstration) als auch zu Lasten (zB bei bereits eingetretener Verzögerung) des Beschuldigten auswirken Die Bedeutung dieses Abwägungsparameters verändert sich mit dem **Grad des Bekanntwerdens** der in Rede stehenden Information: Zwar marginalisiert die Möglichkeit zu alsbaldiger Information aus anderen Quellen das Interesse des Betroffenen an der Verbreitung (auch) durch ihn nicht, weil dies aufgrund bloßen (und ggf. unlauter beeinflussbaren) Zeitablaufs zum Leerlaufen der Restriktionen führen würde.[36] Das ursprünglich hohe Interesse an sofortiger Verbreitung sinkt jedoch gleichwohl, wenn die Nachricht (anderweit) bekannt (gemacht) wird, zB im Internet. Es wird dadurch aber keineswegs völlig beseitigt, und kann zB für ebenfalls auf Aktualität angewiesene (reflektierende) Hintergrundberichterstattung in nur wenig gemindertem Maße fortbestehen. Sogar unverändert bleibt es (nur) im Fall einer (ergänzenden) Exklusivinformation. Umgekehrt mindert es das Beschlagnahmeinteresse nicht, wenn die beanstandete Information der Öffentlichkeit **bereits bekannt ist** (sei es durch Dritte, sei es aufgrund Auslieferung eines Teils eines [Massen-]Mediums).[37] Scheitert die allgemeine Beschlagnahme nicht bereits an der Hürde des offenbaren Missverhältnisses, so ist abschließend unter dem Gesichtspunkt der Verhältnismäßigkeit im engeren Sinne noch zu prüfen, ob dem Betroffenen durch die Beschlagnahme Folgen drohen würden, die ihm nicht zuzumuten wären.[38]

---

[29] BeckOK/*Huber* § 111m Rn. 2; *Janssen* Rn. 125; LR/*Johann* § 111m Rn. 15; SSW/*Burghart* § 111m,n Rn. 1.

[30] *Janssen* Rn. 125; LR/*Johann* § 111m Rn. 16; KMR/*Mayer* § 111m Rn. 11.

[31] *Janssen* Rn. 125; LR/*Johann* § 111m Rn. 15; Meyer-Goßner/*Schmitt* § 111m Rn. 5; Radtke/Hohmann/*Kiethe* § 111m Rn. 5.

[32] KMR/*Mayer* § 111m Rn. 12.

[33] Vgl. *Janssen* Rn. 124; LR/*Johann* § 111m Rn. 19.

[34] Auf diese Weise die Befassung mit Aktuellem privilegierend, HK/*Gercke* § 111m Rn. 4.

[35] Meyer-Goßner/*Schmitt* § 111m Rn. 5. Nach LR/*Johann* § 111m Rn. 15 kann es im Fall kunsthistorischen oder religiösen Inhalts fehlen – Letzteres wird bei potenziell aktuellem Einfluss auf das politische Geschehen seltener zu bejahen sein.

[36] Vgl. *Janssen* Rn. 125; KK/*Spillecke* § 111m Rn. 5; KMR/*Mayer* § 111m Rn. 11; LR/*Johann* § 111m Rn. 15; Meyer-Goßner/*Schmitt* § 111m Rn. 5; SK/*Rogall* § 111m Rn. 11.

[37] LR/*Johann* § 111m Rn. 20.

[38] *Janssen* Rn. 123; iE auch Meyer-Goßner/*Schmitt* § 111m Rn. 6.

3. Formelles. § 111m Abs. 3 verlangt, wenngleich nicht als Wirksamkeitsvoraussetzung,[39] die genaue[40] **Kennzeichnung**[41] der Stellen, die den Anlass zur Beschlagnahme bieten unter **Aufführen** der einschlägigen **Strafnormen.**[42] Das erleichtert dem Betroffenen (Eigentümer, Verleger, Redakteur, auch Händler als Besitzer[43]) die von § 111m Abs. 4 intendierte **Abwendung** der Anordnung des Vollzugs der angeordneten Beschlagnahme[44] (sowohl im Hinblick auf das Erzeugnis selbst als auch auf dessen Herstellungsmittel iSv § 74d Abs. 1 S. 2 StGB[45]) durch entweder **eigeninitiativen** Ausschluss des bezeichneten Teils von der Vervielfältigung bzw. Verbreitung, Schwärzen oder nach eigener Wahl sonstigem Unkenntlichmachen[46] wie etwa Beschränkungen beim Zugriff auf Daten, Löschen oder Sperren von Internetseiten.[47] Auf diese Befugnis ist der Betroffene **hinzuweisen** und ihm ist die Gelegenheit einzuräumen, die Beschlagnahme auch tatsächlich durch geeignete Mittel abzuwenden. Die Beschlagnahme, sei es die Anordnung, sei es deren Vornahme, ist[48] entsprechend **anzupassen**, ggf. **aufzuheben,**[49] sobald die erfolgte (vollständige oder teilweise) Abwendung den zuständigen Justizbehörden bekannt wird. Eines förmlichen Antrags[50] bedarf es dazu ebensowenig wie umgekehrt gezielter amtswegiger Ermittlungen. 6

§ 111n [Anordnung und Aufhebung der Beschlagnahme eines Druckwerks]

(1) [1]Die Beschlagnahme eines periodischen Druckwerks oder eines ihm gleichstehenden Gegenstandes im Sinne des § 74d des Strafgesetzbuches darf nur durch den Richter angeordnet werden. [2]Die Beschlagnahme eines anderen Druckwerks oder eines sonstigen Gegenstandes im Sinne des § 74d des Strafgesetzbuches kann bei Gefahr im Verzug auch durch die Staatsanwaltschaft angeordnet werden. [3]Die Anordnung der Staatsanwaltschaft tritt außer Kraft, wenn sie nicht binnen drei Tagen von dem Richter bestätigt wird.

(2) [1]Die Beschlagnahme ist aufzuheben, wenn nicht binnen zwei Monaten die öffentliche Klage erhoben oder die selbständige Einziehung beantragt ist. [2]Reicht die in Satz 1 bezeichnete Frist wegen des besonderen Umfanges der Ermittlungen nicht aus, so kann das Gericht auf Antrag der Staatsanwaltschaft die Frist um weitere zwei Monate verlängern. [3]Der Antrag kann einmal wiederholt werden.

(3) Solange weder die öffentliche Klage erhoben noch die selbständige Einziehung beantragt worden ist, ist die Beschlagnahme aufzuheben, wenn die Staatsanwaltschaft es beantragt.

---

[39] *Janssen* Rn. 129; KK/*Spillecke* § 111m Rn. 8; KMR/*Mayer* § 111m Rn. 15; LR/*Johann* § 111m Rn. 27 (mit dem klarstellenden Bemerken, dass dies nicht zur Relativierung des Bestimmtheitserfordernisses führe); Meyer-Goßner/*Schmitt* § 111m Rn. 9; SK/*Rogall* § 111m Rn. 16.

[40] Einzelheiten bei LR/*Johann* § 111m Rn. 23 aE, 25 f.; und bei Meyer-Goßner/*Schmitt* § 111m Rn. 9.

[41] *Janssen* Rn. 129, 134. Das verlangt nicht die wörtliche Wiedergabe, so aber LR/*Johann* § 111m Rn. 26 (eingeschränkt auch HK/*Gercke* § 111m Rn. 10). Sie kann aber durchaus der Kennzeichnung dienen, wenngleich nur bei kleinen Schriften (zB Flugblättern) genügen, während bei größeren Schriften (Bücher, Zeitungen, websites etc.) auch die Auffindbarkeit (Seitenzahl, web-adresse) anzugeben ist.

[42] Zumindest in den Gründen, LR/*Johann* § 111m Rn. 26.

[43] LR/*Johann* § 111m Rn. 29.

[44] Faktischer Regelfall, Meyer-Goßner/*Schmitt* § 111m Rn. 10. Besteht zu den Verantwortlichen bereits zuvor Kontakt, so können freiwillige Beschränkungen bereits bei der Anordnung berücksichtigt werden oder diese gar überflüssig werden lassen, vgl. dazu *Janssen* Rn. 129 f.; KK/*Spillecke* § 111m Rn. 6 und 9.

[45] SK/*Rogall* § 111m Rn. 18.

[46] LR/*Johann* § 111m Rn. 31. Überkleben, *Janssen* Rn. 130.

[47] KK/*Spillecke* § 111m Rn. 9.

[48] LR/*Johann* § 111m Rn. 32.

[49] KK/*Spillecke* § 111m Rn. 9.

[50] LR/*Johann* § 111m Rn. 32; zweifelnd Meyer-Goßner/*Schmitt* § 111m Rn. 10; dessen Bedeutung betonend HK/*Gercke* § 111m Rn. 11.

I. Regelungsgegenstand

1 § 111n befasst sich mit der **Zuständigkeit** für die **Anordnung** der **Presse**beschlagnahme und modifiziert die Regelungen des § 111e für die von § 74d StGB erfassten Erzeugnisse, erstreckt sich also wie § 111m **nicht** auf die Sicherstellung zu **Beweiszwecken.**[1] Trotz der im Text **nur** aufgeführten **Druckwerke deckt** sich der **Anwendungsbereich** des § 111n (bis auf die ausdrückliche Ausnahme der Beschränkung in Abs. 1 auf Periodika) mit dem des § 111m.[2] Dieses Verständnis wird dem Grundrechtsschutz der Presse und dem Gleichheitssatz am besten gerecht. Es lässt sich (methodisch am überzeugendsten) durch die analoge Anwendung der Bestimmungen des § 111n auf die nicht (ausdrücklich) erwähnten Schriften und diesen gemäß § 11 Abs. 3 StGB gleichgestellten Medien erreichen. Verfassungsrechtlich wirft das keine Probleme auf, weil sich die Analogie nur zu Gunsten des Beschuldigten auswirkt.

II. Erstanordnung, Durchführung

2 Ausschließlich die allgemeine (Auflagen-)Beschlagnahme eines **Periodikums,** aber auch der zu dessen **Vervielfältigung** dienenden, in § 74d Abs. 1 S. 2 StGB aufgeführten **Mittel,** darf nur und zwar **ohne Ausnahme** ein **Richter** (§ 162) anordnen, § 111n Abs. 1 S. 1.[3] Periodika sind Veröffentlichungen, welche in einem selbst festgelegten (festen oder flexiblen) Rhythmus erscheinen,[4] wie Tageszeitungen, Zeitschriften und Verbandsorgane, selbst Kurszettel, Preisverzeichnisse und Wetterberichte,[5] sofern die Anzahl der Ausgaben unbegrenzt ist.[6] Nicht erfasst sind hingegen Plakate,[7] Flugblätter, Wahlkampfzeitungen,[8] Nachlieferungen von Loseblattsammlungen und bloße Taschenbuchreihen.[9] Der strenge Richtervorbehalt gilt nicht für die Beschlagnahme der **übrigen Presseerzeugnisse** (nebst Herstellungsgegenständen).[10] Zwar liegt die **Regelzuständigkeit** hier ebenfalls beim **Richter** (§ 162). Anders als in den Fällen des § 111n Abs. 1 S. 1 räumt das Gesetz für Nicht-Periodika allerdings der **Staatsanwaltschaft,** nicht jedoch ihren Ermittlungspersonen, bei Gefahr im Verzug eine **Eilzuständigkeit** ein, § 111n Abs. 1 S. 2.[11] Diese tritt allerdings nicht nur im Fall einer gerichtlichen Aufhebung außer Kraft, sondern (sogar kraft Gesetzes, dh automatisch) bereits dann, wenn sie nicht binnen 3 Tagen (§§ 42, 43 Abs. 2,[12] der Tag

---

[1] *Janssen* Rn. 131; KK/*Spillecke* § 111n Rn. 1.

[2] Str, auch in der Begründung, iE wie hier HK/*Gercke* § 111n Rn. 2; *Janssen* Rn. 131; KK/*Spillecke* § 111n Rn. 2; (ausführlich) SK/*Rogall* § 111n Rn. 1 – 7; aA LR/*Johann* § 111n Rn. 1 aE. – Die Attribute „gleichgestellt", § 111n Abs. 1 S. 1, und „sonstigen", § 111n Abs. 1 S. 2, verwendet das Gesetz vor „Gegenstandes" synonym, LR/*Johann* § 111n Rn. 3.

[3] Die Form unterscheidet sich nicht von sonstigen Durchsuchungs- und Beschlagnahmebeschlüssen, → § 111e Rn. 6 – 9. Aufgrund der auch auf der Basis der aktuellen Fassung der §§ 7 Abs. 2, 162 Abs. 1 S. 1 vorhandenen Mehrzahl von Gerichtsständen kann es zu unterschiedlichen Entscheidungen kommen. Die Ablehnung der Pressebeschlagnahme seitens eines Gerichts entfaltet keine Sperrwirkung, LR/*Schäfer*, 25. Aufl. § 111n Rn. 16 aE, während die Aufhebung der Beschlagnahme eine begrenzte Bindungswirkung entfaltet. LR/*Johann* § 111n Rn. 25 verlangt für eine erneute Beschlagnahme generell andere Gründe. Dies wird man aber erst nach Ablauf der Fristen des § 111n Abs. 2 verlangen müssen.

[4] Keinen Ansatz enthält das Gesetz für eine Begrenzung auf einen 6-Monats-Rhythmus, wie zumeist unter Bezugnahme auf einige Landespressegesetze angenommen, so von HK/*Gercke* § 111n Rn. 3; *Janssen* Rn. 132; KK/*Spillecke* § 111n Rn. 3; KMR/*Mayer* § 111n Rn. 2; LR/*Johann* § 111n Rn. 5; Meyer-Goßner/*Schmitt* § 111n Rn. 2.

[5] LR/*Johann* § 111n Rn. 5.

[6] *Janssen* Rn. 132.

[7] Insoweit aA LR/*Johann* § 111n Rn. 5; Meyer-Goßner/*Schmitt* § 111n Rn. 2.

[8] Es sei denn, sie sind für die Zeit des Wahlkampfs auf periodische Wiederkehr angelegt (XY-Partei-Zeitung am Sonntag), vgl. LR/*Johann* § 111n Rn. 6.

[9] KK/*Spillecke* § 111n Rn. 3; LR/*Johann* § 111n Rn. 5; SK/*Rogall* § 111n Rn. 9.

[10] Der abweichende Wortlaut bei Periodika einerseits und sonstigen Presseerzeugnissen andererseits führt nicht zu einem unterschiedlichen Verständnis der Herstellungsgegenstände, LR/*Johann* § 111n Rn. 3, 7 und 10.

[11] Meyer-Goßner/*Schmitt* § 111n Rn. 3 verlangt auch dafür (aus nicht ersichtlichen und mit der Eilbedürftigkeit nicht durchweg vereinbaren Gründen) Schriftform.

[12] LR/*Johann* § 111n Rn. 13; Meyer-Goßner/*Schmitt* § 111n Rn. 4; aA KMR/*Mayer* § 111n Rn. 3 f.

der Beschlagnahme zählt nicht mit) nach der Anordnung (nicht maßgeblich: Durchführung)[13] vom **Gericht bestätigt,** § 111n Abs. 1 S. 3, **und** nach hM[14] dies der Staatsanwaltschaft bekanntgegeben wird. Angesichts des Standes der Rechtsprechung des BVerfG hat das Gericht sowohl zu prüfen, ob die Eilbeschlagnahme zu Recht erfolgte,[15] als auch, ob sie weiterhin aufrechtzuerhalten ist. War die ursprüngliche Beschlagnahme nicht rechtens oder kann die richterliche Bestätigung nicht fristgerecht erfolgen, bejaht das **Gericht** aber (binnen der Zweimonatsfrist des § 111n Abs. 2 S. 1) nunmehr die Voraussetzungen der Pressebeschlagnahme, so **ordnet** es diese **selbst** und damit richterlich an,[16] und lehnt zugleich, wenn dafür ein Rechtschutzbedürfnis besteht, die Bestätigung ab oder stellt gar die Rechtswidrigkeit der Eilmaßnahme fest. Die **Durchführung** der Beschlagnahme obliegt auch in den Fällen des § 111n der **Staatsanwaltschaft** (einschließlich ihrer Ermittlungspersonen und unter zulässiger Beteiligung sonstiger Polizeibeamter), §§ 111f Abs. 1 S. 1, 111b Abs. 4.[17] Soweit die Vollziehung nur unter Einsatz **prozessualer Zwangsmaßnahmen** möglich ist, bedarf es der **Wahrung** auch der **dafür** gesetzlich **vorgesehenen Voraussetzungen.** Alle Durchsuchungen zum Zwecke der Vornahme der Pressebeschlagnahme bedürfen demnach gemäß § 105 jeweils einer zusätzlichen (meist: **richterlichen) Anordnung** nach den §§ 102 oder 103. Sie darf in den Fällen des § 74d Abs. 3 StGB nur ergehen, wenn auch die erforderliche, über die Voraussetzungen des § 74d Abs. 1 und 2 StGB hinausgehende **Tatnähe** vorliegt.[18] Bei **bundesweitem Vertrieb** ist der logistische **Ermittlungsaufwand immens.**[19] Zwar können über die Landeskriminalämter sämtliche Polizeidienststellen in kürzester Zeit per e-Mail informiert werden. Die Verkaufsstellen können möglicherweise über die Großvertriebe ebenfalls noch recht schnell und umfassend ermittelt werden. Grundsätzlich zum Zwecke zwangsweiser Durchsetzung auch insoweit erforderliche **richterliche Anordnungen** können angesichts der besonderen Eilbedürftigkeit aber jedenfalls nicht auf der Basis umfassender Prüfung erwirkt werden. Will man selbst in dieser Lage keine Gefahr im Verzug sehen, so bedarf es insbesondere in Großstädten intensiven Kontakts zum Ermittlungsrichter. Dieser kann sich entweder zur Einsatzleitung begeben oder sich fernmündlich beteiligen. Der gemäß § 162 Abs. 1 S. 1 zuständige Ermittlungsrichter am Sitz der Staatsanwaltschaft kann Durchsuchungsbeschlüsse fassen, die außerhalb seines Bezirks – **bundesweit** – zu vollstrecken sind. Dazu wird er aber faktisch kaum in der Lage sein. Dann sind die für den **jeweiligen Durchsuchungsort** zuständigen Ermittlungsrichter gemäß § 21 einzuschalten. Da es sich jeweils um Durchsuchungen gemäß § 103 handelt, bietet es sich an, zuvor (ggf. über die Grossisten) die Einzelhändler zur **freiwilligen Herausgabe** der allgemein beschlagnahmten Presseerzeugnisse zu veranlassen.

III. Verfahrensbeschleunigung

Geht wegen derselben Tat[20] **binnen zwei Monaten,** § 43 Abs. 1 und 2, nach Anordnung der Beschlagnahme[21] keine auch die Einziehung erstrebende **Anklage** oder ein **selbständiger Einziehungsantrag,** § 440, beim örtlich zuständigen Gericht ein, so ist die gemäß § 111n Abs. 1 erfolgte Pressebeschlagnahme (vorbehaltlich § 111n Abs. 2 und 3) **aufzuheben,** § 111n Abs. 2 S. 1, und zwar auch dann, wenn sie bei verspätetem Eingang 3

[13] *Janssen* Rn. 133.

[14] LR/*Johann* § 111n Rn. 13; Meyer-Goßner/*Schmitt* § 111n Rn. 4; SK/*Rogall* § 111n Rn. 11. Eine Begründung dafür ist aber weder dem Gesetz zu entnehmen noch sonst ersichtlich.

[15] *Janssen* Rn. 133; LR/*Johann* § 111n Rn. 14; aA BeckOK/*Huber* § 111n Rn. 2; Meyer-Goßner/*Schmitt* § 111n Rn. 4.

[16] LR/*Johann* § 111n Rn. 13 und 14; Meyer-Goßner/*Schmitt* § 111n Rn. 4.

[17] *Janssen* Rn. 134; LR/*Johann* § 111n Rn. 17; Meyer-Goßner/*Schmitt* § 111n Rn. 6.

[18] Bereits → Rn. 2, → § 111m Rn. 4.

[19] Vgl. LR/*Johann* § 111n Rn. 18 und 19.

[20] Abweichende rechtliche Würdigung ist unschädlich, *Janssen* Rn. 135; LR/*Johann* § 111n Rn. 22; Meyer-Goßner/*Schmitt* § 111n Rn. 8.

[21] *Janssen* Rn. 135; LR/*Johann* § 111n Rn. 23; Meyer-Goßner/*Schmitt* § 111n Rn. 9.

von Anklage oder Einziehungs- bzw. Verlängerungsantrag, § 111n Abs. 2 S. 2,[22] noch fortbesteht.[23] Die Beschlagnahme verliert also nicht kraft Gesetzes mit Fristablauf ihre Wirkung.[24] Der Aufhebung bedarf es bei Anrufung eines örtlich unzuständigen Gericht dann ebensowenig wie bei Rücknahme,[25] wenn die Staatsanwaltschaft die Anklage noch fristgemäß an einem Ort mit vorhandenem Gerichtsstand erheben oder dort den Einziehungsantrag stellen kann.[26] Ein Antrag beim sachlich unzuständigen Gericht wahrt wegen § 209 Abs. 1 oder Abs. 2 die Frist.[27] Im Fall der Aufhebung darf die Pressebeschlagnahme erneut angeordnet werden, aber (außer bei Entscheidung des Beschwerdegerichts) nur aus anderen Gründen als sie der vorangegangenen Beschlagnahme zugrunde lagen.[28]

4 Nur auf **vor**[29] ihrem **Ablauf** gestellten **Antrag** der Staatsanwaltschaft kann die Frist von 2 Monaten (auch nach ihrem Ablauf, aber sich an die ursprüngliche Frist anschließend[30]) um weitere 2 Monate verlängert werden, § 111n Abs. 2 S. 2. Aus Gründen des Übermaßverbots ist eine kürzere Verlängerungsfrist zulässig. Der Verlängerungsantrag kann nur **einmal wiederholt** werden, § 111n Abs. 2 S. 3. Im Ermittlungsverfahren kann daher die Beschlagnahme für **maximal 6 Monate** aufrechterhalten bleiben. Bei kürzeren Verlängerungsentscheidungen gemäß § 111n Abs. 2 S. 2 und 3 verkürzt sich die Höchstfrist entsprechend. Materielle Voraussetzung für die Zulässigkeit der Fristverlängerung ist **ausschließlich** der **Umfang** der **Ermittlungen,** § 111n Abs. 2 S. 2. **Anders** als in den Fällen der §§ 111b Abs. 3 S. 2 und 121 Abs. 1 genügen weder **besondere Schwierigkeiten** der Ermittlungen noch **sonstige wichtige Gründe.** Gleichwohl dürfte der **Unterschied,** wenn überhaupt, nur **marginal** sein, weil es sich um **Unteraspekte** des Oberbegriffs **besonderer Komplexität** handelt und die nur in den anderen Bestimmungen aufgeführten Gründe die Fortdauer des jeweiligen Eingriffs auch nur dann rechtfertigen, wenn sie zu einem besonderen Umfang der Ermittlungen führen und diese wiederum den Grund für die noch nicht erfolgte Abschlussverfügung bilden.[31] Daher führt auch die **besondere Dauer einzelner Ermittlungen** (ihrer selbst, nicht die Entschließung, sie vornehmen zu lassen) zu deren **besonderen Umfang.**[32] Die engere Wortfassung verlangt daher lediglich eine **noch restriktivere** Anerkennung möglicher Verlängerungsgründe als in den Fällen der Parallelbestimmungen. Bei Wahrung der Frist (und fortbestehendem Antrag) kann die Beschlagnahme nur noch aus den auch sonst für die Fälle des § 111e maßgeblichen Gründen aufgehoben werden[33] Das Gesetz kennt **keine** nach Abschluss des Ermittlungsverfahrens, also vom **erkennenden Gericht zu wahrenden Fristen.**

5 Der Betroffene kann gegen ihn belastende Maßnahmen der Staatsanwaltschaft **Antrag auf richterliche Entscheidung** stellen, § 111e Abs. 2 S. 3.[34] Dies hat aufgrund der Frist

[22] LR/*Johann* § 111n Rn. 26.

[23] KMR/*Mayer* § 111n Rn. 4; LR/*Johann* § 111n Rn. 24; Meyer-Goßner/*Schmitt* § 111n Rn. 11; SK/*Rogall* § 111n Rn. 15.

[24] LR/*Johann* § 111n Rn. 24.

[25] Für letztere aA Radtke/Hohmann/*Kiethe* § 111n Rn. 7.

[26] *Janssen* Rn. 135; LR/*Johann* § 111n Rn. 22; Meyer-Goßner/*Schmitt* § 111n Rn. 9.

[27] KK/*Spillecke* § 111n Rn. 6; LR/*Johann* § 111n Rn. 22; Meyer-Goßner/*Schmitt* § 111n Rn. 9; SK/*Rogall* § 111n Rn. 15.

[28] *Janssen* Rn. 137; Meyer-Goßner/*Schmitt* § 111n Rn. 13 (denkbar bei nachträglich entdecktem Geheimcode oder einem personenverschiedenen Verletzten aufgrund einer anderen Stelle des Presseerzeugnisses). Aufgrund der abweichenden Gründe sind in die Fristen des § 111n Abs. 2 früher verstrichene Zeiten der Beschlagnahme nicht einzurechnen.

[29] *Janssen* Rn. 136; LR/*Johann* § 111n Rn. 26; Meyer-Goßner/*Schmitt* § 111n Rn. 10.

[30] KK/*Spillecke* § 111n Rn. 7; KMR/*Mayer* § 111n Rn. 5; Meyer-Goßner/*Schmitt* § 111n Rn. 10.

[31] Zumindest ähnlich KK/*Spillecke* § 111n Rn. 8; LR/*Johann* § 111n Rn. 27.

[32] AA *Janssen* Rn. 136; KMR/*Mayer* § 111n Rn. 5; Meyer-Goßner/*Schmitt* § 111n Rn. 10; SK/*Rogall* § 111n Rn. 16.

[33] → § 111e Rn. 14–16; theoretisch zB wegen fehlender dringender Gründe nach Ablauf von 6 bzw. 12 Monaten, § 111b Abs. 3, KMR/*Mayer* § 111n Rn. 6. In Betracht wird das aufgrund der für die Pressebeschlagnahme errichteten hohen Hürden aber wohl nur aufgrund nachträglicher Umstände kommen, etwa einem vom BGH noch nicht bestätigten Freispruch in einer Parallelsache nach Verwendung eines dem in Rede stehenden ähnlichen Zeichens.

[34] *Janssen* Rn. 139; aA BeckOK/*Huber* § 111n Rn. 10.

des § 111n Abs. 1 S. 3 von 3 Tagen zumeist aber nur die Bedeutung rechtlichen Gehörs vor der Entscheidung des Richters über den Antrag der Staatsanwaltschaft auf Bestätigung der Beschlagnahme. Gegen richterliche Entscheidungen ist die **Beschwerde** statthaft. Aufgrund der besonderen Grundrechtsrelevanz ist nach Aufhebung das Fortsetzungsfeststellungsinteresse zu bejahen.[35] Bevor die Anklage erhoben oder ein Antrag auf selbständige Einziehung gestellt wurde, ist das Gericht an einen Antrag auf Aufhebung der Beschlagnahme gebunden, § 111n Abs. 3. Deswegen darf die Staatsanwaltschaft (wie in den Fällen des § 120 Abs. 3 S. 2[36]), solange keine gerichtliche Anhängigkeit besteht,[37] die **Gegenstände** bereits vor der gerichtlichen Entscheidung freigeben[38] Dazu ist sie bei gerichtlicher Aufhebung verpflichtet, es sei denn, sie erwirkt einen Beschluss gemäß § 307 Abs. 2, mit welchem die Vollziehung zunächst ausgesetzt wird.[39]

§ 111o und § 111p: Gegenstandslos aufgrund der Verfassungswidrigkeit der Vermögensstrafe, BVerfGE 105, 135 ff.

[35] LR/*Johann* § 111n Rn. 33.
[36] Bei der Einzelbeschlagnahme ist sie das bereits gemäß § 111k.
[37] *Janssen* Rn. 138.
[38] LR/*Johann* § 111n Rn. 30.
[39] KK/*Spillecke* § 111n Rn. 10; LR/*Johann* § 111n Rn. 25 und 31.

Neunter Abschnitt. Verhaftung und vorläufige Festnahme

§ 112 [Voraussetzungen der Untersuchungshaft; Haftgründe]

(1) [1]Die Untersuchungshaft darf gegen den Beschuldigten angeordnet werden, wenn er der Tat dringend verdächtig ist und ein Haftgrund besteht. [2]Sie darf nicht angeordnet werden, wenn sie zu der Bedeutung der Sache und der zu erwartenden Strafe oder Maßregel der Besserung und Sicherung außer Verhältnis steht.

(2) Ein Haftgrund besteht, wenn auf Grund bestimmter Tatsachen
1. festgestellt wird, daß der Beschuldigte flüchtig ist oder sich verborgen hält,
2. bei Würdigung der Umstände des Einzelfalles die Gefahr besteht, daß der Beschuldigte sich dem Strafverfahren entziehen werde (Fluchtgefahr), oder
3. das Verhalten des Beschuldigten den dringenden Verdacht begründet, er werde
   a) Beweismittel vernichten, verändern, beiseite schaffen, unterdrücken oder fälschen oder
   b) auf Mitbeschuldigte, Zeugen oder Sachverständige in unlauterer Weise einwirken oder
   c) andere zu solchem Verhalten veranlassen,
   und wenn deshalb die Gefahr droht, daß die Ermittlung der Wahrheit erschwert werde (Verdunkelungsgefahr).

(3) Gegen den Beschuldigten, der einer Straftat nach § 6 Abs. 1 Nr. 1 des Völkerstrafgesetzbuches oder § 129a Abs. 1 oder Abs. 2, auch in Verbindung mit § 129b Abs. 1, oder nach den §§ 211, 212, 226, 306b oder 306c des Strafgesetzbuches oder, soweit durch die Tat Leib oder Leben eines anderen gefährdet worden ist, nach § 308 Abs. 1 bis 3 des Strafgesetzbuches dringend verdächtig ist, darf die Untersuchungshaft auch angeordnet werden, wenn ein Haftgrund nach Absatz 2 nicht besteht.

Schrifttum: *Böhm, Klaus Michael,* Auswirkungen des Zusammenwachsen der Völker in der Europäischen Gemeinschaft auf die Haftgründe des § 112 Abs. 2 StPO, NStZ 2001, 633; *ders.* Das neue europäische Haftbefehlsgesetz, NJW 2006, 2592; *ders.* Der Europäische Haftbefehl im Lichte des Grundsatzes der gegenseitigen Anerkennung und die praktische Umsetzung im nationalen Auslieferungsrecht, StraFo 2013 177; *Broß, Siegfried,* Der Einfluss des Verfassungsrechts auf strafprozessuale Eingriffsmaßnahme, StraFo 2009, 12; *Dahs, Hans/Riedel, Claudia,* Ausländereigenschaft als Haftgrund? Zur Problematik eines Haftbefehls gegen im Ausland lebende ausländische Staatsbürger, StV 2003, 416; *Deckers, Rüdiger,* Straferwartung und Fluchtgefahr, StV 2001, 116; *Deckers, Rüdiger/Lederer, Jenny,* Überprüfung von Haftentscheidungen während einer Hauptverhandlung, StV 2009, 139; *Dessecker, Axel,* Die Begrenzung langer Untersuchungshaft: eine Rechtsprechungsanalyse, HRRS 2007, 112; *Eisenberg,* Zur Frage der Aufrechterhaltung eines Tatverdachts bzw. Haftfortdauerbeschluss im Zusammenhang mit dem Verhältnismäßigkeitsgrundsatz, StraFo 2010, 421.; *Gallandi, Volker,* Das nicht vollständige Geständnis als Haftgrund der Verdunkelungsgefahr, StV 1987, 87. *Gerke, Bjorn,* Der Haftgrund der Fluchtgefahr bei EU-Ausländern, StV 2004, 675; *Glatzweiler, Dr. Cliff,* Die neuen EU-Richtlinien zur Stärkung der Verfahrensrechte (Mindestmaß) des Beschuldigten oder Angeklagten in Strafsachen, StraFo 2011, 293; *Graf, Pia-Franziska,* Die Untersuchungshaft, JA 2012, 262; *Grau, Nadine,* Der Haftgrund der Fluchtgefahr bei Beschuldigten mit ausländischem Wohnsitz, NStZ 2007, 10; *Haberstroh, Dieter,* Voraussetzungen und Vollzug der Untersuchungshaft, JURA 1984, 225; *Hagmann, Daniel,* Gewährung von Akteneinsicht zwecks Verteidigung bei Untersuchungshaft des Beschuldigten, StV 2008. 483; *Hamm, Rainer,* Zur Prognosegenauigkeit der Haftentscheidung, StV 1986, 499; *Humberg, Andreas,* Psychische Flucht und Suizidgefahr als Fluchtgefahr gem. § 112 Abs. 2 Nr. 2 StPO?, JUS 2003, 758; *Jarass,* Strafrechtliche Grundrechte im Unionsrecht, NStZ 2012, 611; *Lagodny, Otto,* Haftgrund der Fluchtgefahr, StV 1999, 35; *Leipold, Klaus,* Verdunkelungsgefahr bei eigenen Ermittlungen des Verteidigers, NJW-Spezial 2008, 728; *Lemme, Dirk,* Apokryphe Haftgründe im Wirtschaftsrecht?, wistra 2004, 288; *Meyer, Jen,* Haftgrund der Verdunkelungsgefahr, StV 2000, 373; *ders.,* Haftgrund der Fluchtgefahr, StV 2002, 491; *Münchhalffen, Gaby,* Untersuchungshaft und Suizidgefahr, StraFo 1998, 102; *Naujok, Volker,* Kann eine (hohe) Straferwartung zur Begründung der Fluchtgefahr iSd. § 112 Abs. 2 Nr. 2 StPO beitragen?, StraFo 2000, 79; *Peters, Sebastian,* Immer häufiger Untersuchungshaft bei § 370 AO?, ZWH 2014, 1 ff. und 48 ff. *Pohlreich, Erol,* Die Rechtsprechung des EGMR zum Vollzug von Straf- und Untersuchungshaft, NStZ 2011, 560; *Nobis, Frank,* „U-Haft schafft

Fakten" – Verteidigung gegen Untersuchungshaft, StraFo 2012, 45; *Paeffgen, Hans-Ullrich,* NJW 1990, 537; *ders.,* Zur historischen Entwicklung des Beschleunigungsgebots im Strafrecht, GA 2014, 275; *Peroth, Bodo/Hartmann, Bernd,* Das verfassungsrechtliche Beschleunigungsgebot in Haftsachen, StV 2008, 276; *Schlothauer/Weider,* Untersuchungshaft, 4. Aufl. 2010; *Schultheis, Ulrich,* Übersicht über die Rechtsprechung in Untersuchungshaftsachen, NStZ 2013, 87; *Schünemann, Bernd,* GA 2008, 332 (Fußfessel); *Weider, Hans-Joachim,* Zum Prüfungsumfang des Beschwerdegerichts bei Beschwerden gegen Haftentscheidungen während einer laufenden Hauptverhandlung und zur Aufhebung eines Haftbefehls trotz noch nicht beendeter Beweisaufnahme, StV 1991, 525.

Übersicht

I. Allgemeines

Freiheitsgrundrecht. Die Untersuchungshaft stellt einen schweren und erheblichen Eingriff in das Freiheitsgrundrecht dar (Art. 2 Abs. 2 S. 2 GG und Art. 104 GG). Sie darf deshalb nur in streng begrenzten Ausnahmefällen und dann angeordnet werden, wenn überwiegende Interessen des Gemeinwohls – wie die Bedürfnisse einer wirksamen Strafrechtspflege – dies zwingend gebieten werden.[1] Bei der insoweit notwendigen Abwägung zwischen dem Freiheitsgrundrecht des Beschuldigten und dem Interesses des Staates an einer wirksamen Strafverfolgung[2] sind auch weitere allgemeine Rechtsprinzipien zu beachten, wie etwa der Grundsatz der Verhältnismäßigkeit (→ Rn. 3),[3] die Unschuldsvermutung (→ Rn. 4), das Beschleunigungsgebot (→ Rn. 5),[4] internationale Grundsätze und Konventionen (→ Rn. 16 ff.) und das Recht auf ein faires Verfahren (→ Rn. 9).[5] Obwohl die Beachtung dieser Grundsätze vom Bundesverfassungsgericht in einer Vielzahl von Entscheidungen ständig eingefordert wird,[6] ordnen die Gerichte trotz eines Rückgangs der Anzahl der Untersuchungsgefangenen[7] in Deutschland viel zu häufig **Untersuchungshaft** an, halten diese zu lang aufrecht und machen von der Möglichkeit haftvermeidender Maßnahmen zu wenig Gebrauch.[8] Auch sollte und muss sorgfältig darauf geachtet werden, ob **Untersu-** 1

[1] BVerfG 6.12.1980 – 2 BvR 1070/79, BVerfGE 53, 152 (158) = NJW 1980, 1448; BVerfG 29.11.2005 – 2 BvR 1737/05, NJW 2006, 668; BVerfG 8.12.2011 – 2 BvR 2181/11, NJW 2012, 513.

[2] BVerfG 6.12.1980 – 2 BvR 1070/79, BVerfGE 53, 152 (158) = NJW 1980, 1448.

[3] BVerfG 29.11.2005 – 2 BvR 1737/05, NJW 2006, 668.

[4] BVerfG 12.12.1973 – 2 BVR 558/73, BVerfGE 36, 264 (273) = NJW 1974, 307; BVerfG 16.3.2006 – 2 BvR 170/06, BVerfGK 7, 421 (427).

[5] BVerfG 7.3.2012 – 2 BvR 988/10, NJW 2012, 2790.

[6] *Nobis* StraFo 2010, 45; *Paeffgen* NJW 1990, 537; *Schlothauer/Weider* Rn. 6.

[7] Statistisches Bundesamt, Rechtspflege – Bestand der Gefangenen und Verwahrten in deutschen Vollzugsanstalten, 2011, S. 5; *Münchhalfen/Glatzweiler* Rn. 4; *Schlothauer/Weider* Rn. 6.

[8] *Schünemann* GA 2008, 332 (Fußfessel).

chungshaft zur Sicherung des Verfahrens, insbesondere zur Vermeidung einer Flucht (→ Rn. 41 ff.) oder von Verdunkelungshandlungen (→ Rn. 62 ff.), beantragt und angeordnet wird oder damit – auch – andere Ziele verfolgt werden sollen, etwa durch die Inhaftierung Einfluss auf das Aussageverhalten des Beschuldigten zu nehmen,[9] sog apokryphe Haftgründe.[10]

II. Normzweck und allgemeine Grundsätze

2 **1. Durchsetzung des staatlichen Strafanspruchs.** Die **Untersuchungshaft** soll die Durchführung des staatlichen Strafverfahrens gewährleisten und die spätere Vollstreckung eines auf **Freiheitsstrafe** oder eine freiheitsentziehende Maßregel lautenden Urteils sichern.[11] Dabei geht es aber nicht nur um die Sicherstellung der Anwesenheit des Beschuldigten im Strafverfahren (§ 112 Abs. 1 Nr. 1 und Nr. 2), sondern auch um die Verhinderung von Störungen der Tatsachenermittlung und Beweisvereitelungen oder Beweiserschwerungen (§ 112 Abs. 1 Nr. 3). Ist sie zu diesen Zwecken aber nicht mehr nötig, ist sie unverhältnismäßig und es ist daher grundsätzlich unzulässig, sie anzuordnen, aufrecht zu erhalten und weiter zu vollziehen.[12] Auch stellt die **Untersuchungshaft** keine vorweggenommene Strafe dar und darf nicht dazu verwendet werden, den Beschuldigten zu einem Geständnis zu veranlassen oder die Ermittlungen zu erleichtern.[13] Bestehen hierfür Anhaltspunkte ist die Anordnung der **Untersuchungshaft** unzulässig. Im Gegensatz zum **Haftgrund** der Flucht, der Fluchtgefahr oder der Verdunkelungsgefahr kommt dem Haftgrund der Wiederholungsgefahr in § 112a StPO keine verfahrenssichernde Bedeutung bei, vielmehr hat diese den Schutz der Allgemeinheit vor weiteren Straftaten in Auge (Böhm § 112a Rn. 3 f.).

3 **2. Verhältnismäßigkeit.** Begrenzt wird die **Untersuchungshaft** durch den Grundsatz der Verhältnismäßigkeit. Dieser ist nicht nur für die Anordnung (§ 112 Abs. 1 S. 2 StPO, → Rn. 32 ff.), sondern auch für die Dauer (§ 120 StPO)[14] und den Vollzug (§ 116 StPO)[15] der Untersuchungshaft von Bedeutung. Er verlangt, dass die Untersuchungshaft nicht außer Verhältnis zur erwarteten Strafe steht, und setzt ihr auch unabhängig von der Straferwartung Grenzen.[16] Den vom Standpunkt der Strafverfolgung aus erforderlich und zweckmäßig erscheinenden Freiheitsbeschränkungen muss dabei der Freiheitsanspruch (Art. 2 Abs. 2 S. 2 GG) des Beschuldigten im Rahmen einer zu treffenden Abwägung ständig als Korrektiv gegenübergestellt werden. Ist die Haft deshalb zur Sicherung der Haftzwecke nicht oder nicht mehr notwendig, ist deren Anordnung, deren Fortdauer oder deren Vollzug unverhältnismäßig. Daher ist grundsätzlich zu fragen, ob der legitime Anspruch der staatlichen Gemeinschaft auf vollständige Aufklärung der Tat und rasche Bestrafung des Täters nicht anders gesichert werden kann als durch vorläufige Inhaftierung des Täters.[17]

4 **3. Unschuldsvermutung.** Die **Untersuchungshaft** greift auch in die aus dem Rechtsstaatsprinzip abgeleitete und daher mit Verfassungsrang ausgestattete und in Art. 6 Abs. 2 MRK[18] in Form eines einfachen Gesetzes normierte Unschuldsvermutung ein. Dabei muss den vom Standpunkt der Strafverfolgung aus erforderlich und zweckmäßig erscheinenden

---

[9] *Meyer-Goßner* Rn. 4; *Paeffgen* NJW 1990, 537.

[10] *Nobis* StraFo 2012, 45; *Lemme* wistra 2004, 288.

[11] BVerfG 13.10.1971 – 2 BvR 233/71, BVerfGE 32, 87.

[12] *Meyer-Goßner* Rn. 4; *Broß* StraFo 2009, 12.

[13] BGH 28.4.1987 – 5 StR 666/86, BGHSt 34, 363 = NJW 1987, 2525; OLG Düsseldorf. 21.9.1987 – 3 Ws 437/87, StV 1988, 390; OLG Frankfurt a. M. 18.8.1992 – 1 Ws 144/92, StV 1992, 583; KK-*Graf* Vor § 112 Rn. 12.

[14] *Böhm* § 120 Rn. 11.

[15] *Böhm* § 116 Rn. 1 ff., 39.

[16] BVerfG 3.5.1966 – 1 BvR 58/66, BVerfGE 20, 45 (49); BVerfG 19.12.2005 – 2 BvR 2057/05, StV 2006, 81 (87); OLG Karlsruhe 26.1.2000 – 3HEs 14/2000, NStZ 2001, 79. (Außervollzusetzung: 13 Monate Haft bei nicht absehbarem Beginn der Hauptverhandlung).

[17] BVerfG 27.7.1966 – 1 BvR 296/66, BVerfGE 20, 144 (147).

[18] Vgl. hierzu näher *Meyer-Goßner* MRK Art. 6 Rn. 12 ff.

Freiheitsbeschränkungen der Freiheitsanspruch des noch nicht rechtskräftig verurteilten Beschuldigten als Korrektiv gegenübergestellt werden, wobei dem Grundsatz der Verhältnismäßigkeit eine maßgebliche Bedeutung zukommt.[19] Vor einer rechtskräftigen Verurteilung dürfen danach gegen den Beschuldigten keine Strafen oder Maßregeln verhängt werden, welche ihrer Wirkung einer **Freiheitsstrafe** gleichkommen.[20] Eine zeitliche Beschränkung der **Untersuchungshaft** besteht jedoch nicht, so dass diese die am Ende zu erwartende Strafe grundsätzlich auch erreichen bzw. sogar übersteigen darf.[21]

4. Beschleunigungsgebot. Eine besondere wesentliche Begrenzung der Dauer der **Untersuchungshaft** stellt das aus Art. 2 Abs. 2 S. 2 GG abgeleitete Beschleunigungsgebot dar (→ Rn. 5 f.).[22] Danach müssen Strafverfolgungsbehörden und Gerichte alle zumutbaren Maßnahmen ergreifen, um die Ermittlungen so schnell wie möglich abzuschließen und eine gerichtliche Entscheidung über die dem Beschuldigten zur Last liegenden Taten herbeizuführen.[23] Dabei steigen einerseits die Anforderungen an die Zügigkeit der Arbeit in einer Haftsache mit der Dauer der Untersuchungshaft an, zum anderen nehmen auch die Anforderungen an den die Haftfortdauer rechtfertigenden Grund zu.[24] Dieser Grundsatz ist nicht nur in § 121 gesetzlich ausdrücklich normiert und vom Oberlandesgericht im Rahmen der „Sechs-Monats-Haftprüfung" zu prüfen,[25] sondern findet auch unabhängig hiervon über den Grundsatz der Verhältnismäßigkeit Anwendung und ist deshalb auch von Staatsanwaltschaft und dem Haftgericht stets zu beachten,[26] dh erhebliche und vor allem bei dem Staat zurechenbaren und vermeidbare schweren Verfahrensverzögerungen können auch vor der ersten besonderen Haftprüfung nach § 121 die Aufhebung eines Haftbefehls etwa im Rahmen einer Haftbeschwerde (§ 304)[27] bedingen.[28] 5

Je länger das Verfahren andauert und sich der Beschuldigte in Haft befindet, je strenger sind die Anforderungen an die Aufrechterhaltung der **Untersuchungshaft.** Vor diesem Hintergrund ist im Rahmen der **Abwägung** zwischen dem Freiheitsanspruch und dem Strafverfolgungsinteresse in erster Linie auf die durch objektive Kriterien bestimmte Angemessenheit der Verfahrensdauer abzustellen, die etwa von der Komplexität der Rechtssache, der Vielzahl der beteiligten Personen oder dem Verhalten der Verteidigung abhängig sein kann. Dies bedingt eine auf den Einzelfall bezogene Analyse des Verfahrensablaufs, in welche auch das Recht des Angeklagten, in der durch den **Verteidiger** seiner Wahl vertreten zu sein, mit einzubeziehen ist.[29] Das Beschleunigungsgebot gilt daher auch, wenn auch nicht in einem derart strikten Maß, dann, wenn der **Vollzug eines Haftbefehls** nach § 116 6

[19] BVerfG 4.6.2012 – 2 BvR 644/12, BVerfGK 13, 428; grundlegend dass. 15.12.1965 – 1 BvR 513/65, BVerfGE 19, 342 (347) = NJW 1966, 243.

[20] BVerfG 16.5.1973 – 2 BvR 590/1, BVerfGE 35, 311 (320) = NJW 1974, 26 (Verstoß gegen Anstaltsordnung), *Böhm/Werner* § 119 Rn. 1.

[21] KG 24.9.2001 – 1 AR 1177/01 – 3 Ws 495/01; dass. 1.3.2000 – 1 AR 1576/96 – 5 Ws 138/00; zu gleichwohl von der Rechtsprechung entwickelten Bearbeitungsfristen vgl. *Böhm* § 121 Rn. 85 ff. und → Rn. 7.

[22] Vgl. in tatsächlicher Hinsicht die Untersuchung von *Dessecker* HRSS 2007, 112; zur bisherigen Entwicklung *Paeffgen* GA 2014, 274.

[23] BVerfG 13.9.2001 – 2 BvR 1316/01, NJW 2002, 207.

[24] BVerfG 29.12.2005 – 2 BvR 2057/05, StV 2006, 81.

[25] *Böhm* § 121 Rn. 3 ff.

[26] OLG Hamm 1.3.2012 – III Ws 37/12 (Haftbeschwerde), StV 2013, 165; KG 15.11.2010 – 2 Ws 619/10, Strafo 2011, 91 (über Haftbeschwerde fünf Monate nicht entschieden); Oberlandesgericht des Landes Sachsen Anhalt 21.7.2010 – 1 Ws 398/10, NStZ-RR 2011, 123 (Nichteinhaltung der 3-tägigen Vorlagefrist nach § 306 Abs. 2); OLG Celle 7.9.2009 – 1 Ws 465/09, StraFo 2009, 515 (7 Monate zwischen Eingang der Akten beim Berufungsgericht und dem Beginn der Hauptverhandlung); OLG Köln 12.8.2008 – 2 Ws 398/08, NStZ-RR 2009, 87 (fehlerhafte Sachbehandlung bei der Vollstreckung eines erlassenen Haftbefehls).

[27] Böhm/Werner § 117 Rn. 35, *Böhm* § 120 Rn. 4.

[28] OLG Hamm 19.2.2009 – 2 Ws 41/09 (Gericht trifft keine Maßnahmen zur Terminierung der Hauptverhandlung); OLG Köln 18.1.2006 – 2 Ws 617/05, StV 2006, 143 (weiträumige Terminierung wegen Terminschwierigkeiten des Verteidigers eines nichtinhaftierten Mitangeklagten).

[29] OLG Hamm 4.5.2006 – 2 Ws 111/06, NJW 2006, 2788 (zur Verfahrensbeschleunigung notwendige Bestellung eines anderen Pflichtverteidigers); *Böhm* § 121 Rn. 6.

StPO **ausgesetzt,**[30] nur **Überhaft** vermerkt ist[31] oder sich der Beschuldigte zunächst in **Auslieferungshaft**[32] befand.[33] Auch im Falle eines nicht vollzogenen Haftbefehls ist der Beschuldigte nämlich in seinem Freiheitsgrundrecht einschränkenden Beschränkungen ausgesetzt, sei es aufgrund von Auflagen und Weisungen nach § 116 StPO, sei es aufgrund[34] während der Strafhaft ansonsten nicht bestehender Postkontrolle oder Besuchsüberwachung.

7 Bei erheblichen, vermeidbaren und dem **Staat zurechenbaren Verfahrensverzögerungen** kann allein die Schwere der Tat und die sich hieraus ergebende Straferwartung eine fortdauernde Inhaftierung hingegen nicht mehr rechtfertigen.[35] Dies wirkt sich in der Praxis derart aus, dass etwa **Untersuchungshaft** von mehr als einem Jahr bis zum Beginn der Hauptverhandlung (sog kritische Grenze) nur ausnahmsweise zulässig ist,[36] die Zeit bis zur Anklageerhebung,[37] die Fristen zwischen dem Eingang der Anklage und dem Zeitpunkt der Eröffnung des Hauptverfahrens[38] bzw. auch zwischen dieser und dem Beginn der Hauptverhandlung[39] nicht allzu lange andauern darf und nicht nur in umfangreichen[40] Verfahren die Hauptverhandlung zügig und effizient durchgeführt werden muss.[41]

8 Der Grundsatz der Verhältnismäßigkeit und das Beschleunigungsgebot haben auch **verfahrensrechtliche Auswirkungen**. Beide verlangen, dass die Gerichte in der zu treffenden Haftentscheidung zunächst zwischen dem staatlichen Strafverfolgungs- und Freiheitsanspruch des Beschuldigten abwägen und nicht nur floskelhaft begründen,[42] weshalb jedenfalls Haftfortdauerentscheidungen eine notwendige **Begründungstiefe** (→ Rn. 34) aufweisen müssen.[43] Auch ist es notwendig, dass das Fachgericht ggf. die relevanten Gesichtspunkte, die für eine lange Verfahrensdauer verantwortlich sind, hinreichend analysiert und sich damit auseinandergesetzt. Fehlt es hieran, so mangelt es der Entscheidung über die Haftfortdauer ebenfalls an einer hinreichenden Begründungstiefe.[44]

9 **5. Rechtliches Gehör.** Auch der Anspruch auf Wahrung rechtlichen Gehörs und der Grundsatz des fairen Verfahrens, speziell auf Waffengleichheit,[45] hat Auswirkungen auf

[30] Vgl. BVerfG 29.11.2005 – 2 BvR 1737/05, BVerfGK 6, 384 (391); OLG Hamm 27.12.2011 – III – 3 Ws 424/11, NStZ-RR 2012, 125; *Böhm* § 116 Rn. 12.

[31] BVerfG 13.9.2002 – 2 BvR 1375/02, NStZ 2004, 82; OLG Düsseldorf 3.5.1991 – 2 Ws 191/91, NJW 1991, 2302; OLG Koblenz 9.12.2010 – 1 Ws 569/10; KG 20.10.2006 – 5 Ws 569/06, StraFo 2007, 27; dass. 7.3.2014 – 4 Ws 21/14; OLG Oldenburg 22.11.2000 – 1 Ws 504/00, StV 2001, 520.

[32] OLG Dresden 26.7.2001 – 3 AK 56/01, StV 2001, 519 mAnm Hügel (Verzögerungen im Auslieferungsverfahren).

[33] OLG Karlsruhe 1.3.2004 – 3 Ws 44/04, StV 2005, 33.

[34] Zur Überhaft vgl. *Böhm/Werner* § 119 Rn. 92 f., 45 ff.

[35] BVerfG 24.8.2010 – 2 BvR 1113/10, EuGRZ 2010, 674; *Böhm* § 121 Rn. 44 ff.

[36] BVerfG 23.1.2008 – 2 BvR 2652/04, StV 2008, 198 (200); dass. 29.12.2005 – 2 BvR 2057/05, StV 2006, 81 (87); dass. 30.9.1999 – 2 BvR 1775/99, NStZ 2000, 153; KG 23.9.2009 – 4 Ws 102/09, StraFo 2010, 26; *Böhm* § 121 Rn. 50 und § 120 Rn. 12.

[37] OLG Koblenz 14.6.2007 – 1 Ws 301/07 (unterlassene Anklagerhebung trotz Anklagereife bei außer Vollzug gesetztem Haftbefehl); Oberlandesgericht des Landes Sachsen-Anhalt 19.3.2007 – 1 Ws 132/07, NStZ-RR 2008, 156 (trotz Geständnisses keine Verfahrensförderung über drei Monate lang); Böhm § 121 Rn. 69.

[38] Oberlandesgericht des Landes Sachsen Anhalt 21.7.2010 – 1 Ws 398/10, NStZ-RR 2011, 123 (drei Monate), *Böhm* § 121 Rn. 81 ff., 85.

[39] BVerfG 5.12.2005 – 2 BvR 1964/05, NJW 2006, 672 (drei Monate), *Böhm* § 121 Rn. 88.

[40] siehe hierzu Hanseatisches Oberlandesgericht 29.6.2006 – 3 Ws 100/06, NJW 2006, 2792; *Böhm* § 121 Rn. 39 ff.

[41] EGMR 29.7.2004 – 49746/99, NJW 2005, 3125; BVerfG 23.1.2008 – 2 BvR 2652/04, StV 2008, 198 (200) (mehr als ein Verhandlungstag die Woche); OLG Hamm 27.12.2011 – III – 3 Ws 424/11, NStZ-RR 2012, 125; OLG Celle 20.2.2008 – 2 Ws 77/08; OLG Hamm. 5.1.2006 – 2 Ws 2/06, StV 2006, 191 (durchschnittliche Hauptverhandlungsdauer bei 16 Sitzungstagen: 3 h 15 Min); Oberlandesgericht des Landes Sachsen Anhalt 12.4.2012 – 12.4.2012 – 1 Ws 142/12, StraFo 2012, 266; *Pieroth* StV 2008, 276; *Böhm* § 121 Rn. 81, 89 ff.

[42] BVerfG 4.6.2012 – 2 BvR 644/12, 8, 104. *Böhm/Werner* § 117 Rn. 21, 30.

[43] Vgl. hierzu BVerfG 17.1.2013 – 2 BvR 2098/12, StraFo 2013, 160; *Böhm* § 121 Rn. 1 Ws 142/12.

[44] BVerfG 23.1.2008 – 2 BvR 2652/04, StV 2008, 198(200); BVerfG 16.3.2006 – 2 BvR 170/06, BVerfGK 7, 421 (429).

[45] EGMR 9.7.2009 – 11364/03, StR 2010, 490; dass. 13.12.2007 – 11364/03, StV 2008, 475; dass. 13.2.2011 – 25116/04, NJW 2002, 2015.

die **Untersuchungshaft. So darf ein Haftbefehl nicht auf Umstände, insbesondere Schriftstücke gestützt werden, zu welchem dem Verteidiger** keine Akteneinsicht gewährt werden kann[46] oder zu Unrecht nicht gewährt worden ist.[47] Auch muss sich ein Gericht mit dem Kern des Vorbringens von Beschuldigten befassen.[48] Ein Verstoß gegen Artikel 5 Abs. 4 MRK (Waffengleichheit) ist festzustellen, wenn dem Verteidiger im Haftprüfungsverfahren die Akteneinsicht in Dokumente aus der Ermittlungsakte versagt wird, die wesentlich sind, um die Rechtmäßigkeit der Haft anzugreifen.[49] Das Gericht darf Akteneinsicht und/oder die Überlassung bestimmter Aktenteile (hier: Zeugenaussagen) deshalb nicht ohne weiteres mit der Begründung versagen, die Einsicht in die Unterlagen würde den Ermittlungszweck gefährden. Dies gilt jedenfalls dann, wenn im Haftbefehl zwar auf bestimmte Beweismittel Bezug genommen wurde aber keine weiteren Einzelheiten über den konkreten Inhalt der in Bezug genommenen Beweise mitgeteilt wurden.[50] Die nur mündliche Unterrichtung über den Akteninhalt genügt nicht,[51] vielmehr steht dem Beschuldigten jetzt auch in eingeschränktem Umfang ein Recht auf Übersetzung von Unterlagen zu (§§ 114a, 114b).[52]

6. Anwendungsbereich – Abgrenzung zu anderen Haftarten. Das deutsche Recht kennt eine Vielzahl von anderen Haftarten oder Freiheitsbeschränkungen,[53] welche sich vom Untersuchungshaftbefehl nach § 112 unterscheiden. Zu nennen sind vor allem die **Ungehorsamshaft** zur Erzwingung der Anwesenheit des Angeklagten in der Hauptverhandlung nach §§ 230 Abs. 2, 236, 329 Abs. 4 S. 1, 412 Abs. 1, die **Hauptverhandlungshaft** nach § 127b, die **Sicherungshaft** nach §§ 112a, 453c oder nach § 275a, **die Vollstreckungshaft** nach § 457 Abs. 2 und die sog nur vorübergehend zulässige **Organisationshaft.**[54] Bei schuldunfähigen oder vermindert schuldfähigen Beschuldigten wird der Haftbefehl durch die **einstweilige Unterbringung** nach § 126a StPO ersetzt, wenn deren Unterbringung nach §§ 63, 64 StGB zu erwarten ist. Im Auslieferungsverfahren ist vor sowohl der Erlass eines **vorläufigen** – (§ 16 IRG) als auch eines **eigentlichen Auslieferungshaftbefehls** (§ 15 IRG) möglich. Der **Europäische Haftbefehl** ist hingegen kein eigentlicher Haftbefehl, sondern nur ein modernes Fahndungsmittel,[55] er bedarf zur innerstaatlichen Umsetzung des Erlasses eines – vorläufigen – Auslieferungshaftbefehls (§§ 15, 16 IRG) oder einer Festnahmeanordnung (§ 19 IRG).[56] 10

7. Verfahrensrechtliche Fragen. Angeordnet wird die **Untersuchungshaft** durch schriftlichen Haftbefehl (§ 114). Eine zeitliche Obergrenze besteht nicht, jedoch darf sie nach sechs Monaten Dauer nur auf besondere Anordnung des Oberlandesgerichts weiter vollzogen werden (§ 121). Ein Haftbefehl ist grundsätzlich immer dem aktuellen Verfahrensstand anzupassen, also zu erweitern, wenn neue Tatvorwürfe bekannt werden, welche einen dringenden Tatverdacht begründen können. Deshalb können auch nur Taten die **Untersuchungshaft** rechtfertigen, wenn sie Gegenstand des Haftbefehls sind.[57] Dass gegen den Beschuldigten weitere Ermittlungsverfahrens anhängig sind oder er uU sogar die Bege- 11

---

[46] Oberlandesgericht des Landes Sachsen-Anhalt 21.1.2011 – 1 Ws 52/11, NStZ 2011, 599 (600) (Akteneinsicht an Pflichtverteidiger reicht aus).
[47] KG 15.11.2010 – 2 Ws 619/10, StraFo 2011, 92.
[48] BVerfG 19.5.1992 – 1 BVR 986/91, BVerfGE 86, 133; *Böhm* § 121 Rn. 8.
[49] EGMR 2.6.2009 – 29705/05, EuGRZ 2009, 472; dass. 11.3.2008 – 41077/04, NStZ 2009, 164 (Elektronische Speichermedien); *Böhm/Werner* § 117 Rn. 7 f.; § 115 Rn. 39.
[50] EGMR 13.2.2001 – 24479/94, NJW 2002, 2013.
[51] EGMR 13.12.2007 – 11364/03, StV 2008, 475; *Böhm/Werner* § 115 Rn. 39.
[52] *Böhm/Werner* § 114a Rn. 6; § 114b Rn. 21.
[53] Vgl. hierzu näher die Aufstellung bei *Meyer-Goßner* Vor § 112 Rn. 5 ff. und KK/*Graf* Vor § 112 Rn. 2.
[54] BVerfG 18.6.1997 – 2 BvR 2422/96, NStZ 1998, 77; dass. 26.9.2005 – 2 BvR 1019/01, NJW 2006, 427 (Zeitraum zwischen der Beendigung der Untersuchungshaft und der Aufnahme in den Maßregelvollzug); Böhm/Werner § 126a Rn. 54.
[55] *Böhm* Srafo 2013, 177.
[56] *Böhm* NJW 2006, 2592; *Böhm/Rosenthal* Internationales Strafrecht in der Praxis, Rn. 756.
[57] OLG Hamm 14.11.2007 – 2 Ws 342/07, OLGSt StPO § 112 Nr. 13; *Böhm* § 122 Rn. 11.

hung weiterer Delikte eingeräumt hat, rechtfertigt die Anordnung der **Untersuchungshaft** nicht[58] und kann auch deren Fortdauer nicht rechtfertigen.[59] Nicht zulässig sind auch mehrere Haftbefehle in gleicher Sache, anders jedoch, wenn gegen den Beschuldigten mehrere Strafverfahren bei unterschiedlichen Behörden anhängig sind. Diese sind dann hintereinander zu vollstrecken,[60] gleichwohl kann die Haftgrundlage auch bei bestehender „Überhaft" angegriffen werden.[61] Häufig wird die **Untersuchungshaft** unterbrochen, weil Strafhaft[62] oder ein freiheitsentziehende Maßregel der Besserung und Sicherung zu vollstrecken ist (§§ 116b, 119 Abs. 6). Solche Unterbrechungen sind grundsätzlich zulässig, werden vom Haftrichter angeordnet und sind mangels Beschwer im Falle der Anordnung nicht mit der Beschwerde angreifbar,[63] anders jedoch bei Ablehnung der Unterbrechung.[64]

12 **Gegenstandslos wird der Haftbefehl** mit Eintritt der Rechtskraft des Urteils, da sein Zweck der Verfahrenssicherung erreicht ist.[65] Einer ausdrücklichen Aufhebung bedarf es nicht. Mit Eintritt der Rechtskraft geht die Untersuchungshaft unmittelbar – ohne dass es noch der förmlichen Einleitung der Strafvollstreckung durch die Staatsanwaltschaft bedürfte – in Strafhaft über.[66] Der Haftbefehl lebt auch nicht wieder auf, wenn dem Angeklagten Wiedereinsetzung in den vorigen Stand gewährt und die Rechtskraft so durchbrochen wird, vielmehr muss ein neuer Haftbefehl erlassen werden.[67] Ist der Haftbefehl jedoch nur außer Vollzug gesetzt, so wird er bei Eintritt der Rechtskraft nicht gegenstandslos, vielmehr kommt ihm weiter die Vollstreckung sichernde Bedeutung bei.[68]

13 Eine Besonderheit stellt der **Haftfortdauerbeschluss** des § 268b dar. Eine solcher muss gefasst werden, wenn in einer Haftsache ein Haftbefehl nach durchgeführter Hauptverhandlung aufrechterhalten wird. Grundsätzlich muss ein solcher nicht begründet werden. Anders jedoch, wenn die Verurteilung deutlich von den Vorwürfen des ursprünglichen Haftbefehls abweicht. In diesem Fall ist anzuführen, welcher Taten der Angeklagte nunmehr dringend verdächtig ist und worauf die richterliche Überzeugungsbildung beruht.[69] Es ist jedoch zulässig, dass auch in diesen Fällen das Gericht in der Hauptverhandlung zunächst nur auf das verkündete Urteil verweist und die Anpassung der Haftgrundlage später vornimmt,[70] etwa nach Einlegung einer Haftbeschwerde durch den Angeklagten (→ Rn. 27). Keinesfalls besteht eine Verpflichtung des Gerichts zur ständigen Anpassung der Haftgrundlage während noch laufender Hauptverhandlung.[71]

14 **8. Haftunfähigkeit.** Diese schließt den Erlass eines Haftbefehls nicht aus, sondern hindert nur seinen Vollzug. In entsprechender Anwendung der in § 455 Abs. 4 aufgestellten Grundsätze ist der Vollzug der Untersuchungshaft nicht zulässig, wenn er wahrscheinlich zu einer konkreten Lebensgefährdung oder zu erheblichen physischen oder psychischen Beeinträchtigungen bei dem Untersuchungsgefangenen führen kann. Soweit sich eine

---

[58] Oberlandesgericht des Landes Sachsen-Anhalt 19.3.2007 – 1 Ws 132/07, NStZ-RR 2008, 156.

[59] *Böhm* § 120 Rn. 9, § 121 Rn. 75 ff.

[60] OLG München 13.1.1983 – 1 Ws 1162/82, NStZ 1983, 236 Ls.

[61] KK/*Graf* Vor § 112 Rn. 17.

[62] OLG Nürnberg 12.3.2009 – 1 Ws 119/09, (zuständig für die Unterbrechung der Strafhaft zur Vollstreckung von Untersuchungshaft ist die Staatsanwaltschaft als Vollstreckungsbehörde).

[63] OLG Oldenburg 5.10.1978 – 2 Ws 460/78, MDR 1979, 78; OLG Düsseldorf 18.1.1984 – 1 Ws 33/84, NStZ 1984, 236; Thüringer Oberlandesgericht 17.6.1997 – 1 Ws 123/97, NStZ 1997, 510; anders OLG Hamm 11.2.1999 – 2 Ws 606/98, StV 1999, 332 (Erzwingungshaft); KK-*Graf* Vor § 112 Rn. 18.

[64] Hanseatisches Oberlandesgericht Hamburg 12.12.1991 – 1 Ws 371/91, NStZ 1992, 206.

[65] Hanseatisches Oberlandesgericht Hamburg 8.4.1976 – 1 Ws 183/76, NJW 1977, 210.

[66] BGH 28.8.1991 – 2 ARs 366/91, BGHSt 38, 63 = NJW 1992, 518; OLG Hamm 6.11.2001 – 2 Ws 271/01, StV 2002, 209; *Meyer-Goßner* § 120 Rn. 15; *Wankel* in KMR-StPO § 120 Rn. 10; differenzierend OLG Düsseldorf 25.7.1986 – 1 Ws 614/86, StV 1988, 110 und dass. 22.5.1981 – 1 Ws 237/81, NStZ 1981, 366 (bis zur Einleitung der Strafvollstreckung zunächst Vollstreckungshaft).

[67] BVerfG 18.8.2005 – 2 BvR 1357/05, NJW 2005, 699.

[68] KG 17.6.2011 – 2 Ws 219/11, NStZ 2012, 230; OLG Stuttgart 30.1.1984 – 1 Ws 397/83, Die Justiz 1984, 213, *Böhm* § 120 Rn. 31 f.

[69] OLG Hamm 5.7.2012 – III – 3 Ws 159/12, NJW-Spezial 2012, 537.

[70] OLG Karlsruhe 26.9.2000 – 3 Ws 196/00, StV 2001, 87; vgl. auch näher *Böhm/Werner* § 117 Rn. 6.

[71] OLG Köln 15.11.2011 – 2 Ws 650/11, NStZ-RR 2012, 125.

medizinische Betreuung als notwendig erweist, kann diese in der Haft erfolgen. Es bedarf im Einzelfall einer Abwägung zwischen den Belangen des Beschuldigten sowie den staatlichen Interessen, wie sie in den jeweiligen Haftgründen ihren Ausdruck finden.[72]

9. Anrechnung und Entschädigung. Da die **Untersuchungshaft** einen Eingriff in das Freiheitsgrundrecht darstellt, ist die Haftzeit im Falle seiner späteren Verurteilung auf die Strafe anzurechnen (§ 51 StGB). Wird der Beschuldigte hingegen nicht verurteilt, so ist er im Regelfalle nach § 2 Abs. 1 StrEG zu entschädigen. Nicht erfasst hiervon sind jedoch Schmerzensgeldansprüche.[73] Einen solchen unmittelbaren und auch ein Schmerzensgeld erfassenden Entschädigungsanspruch gegen den Staat begründet indes Art. 5 Abs. 5 MRK, welcher gegen die öffentlich rechtliche Körperschaft im Zivilrechtsweg geltend zu machen ist, in deren Bereich die Verhaftung erfolgte.[74] 15

10. Internationalrechtliche Grundlagen und Einflüsse. Beeinflusst wird die **Untersuchungshaft** nach § 112 vor allem durch die **Garantie der persönlichen Freiheit in Art. 5 MRK,**[75] welche in etwa Art. 9 des Internationalen Pakts vom 19.12.1996 über bürgerliche und politische Rechte – IPBPR[76] vergleichbar ist.[77] Allerdings beeinflusst diese Vorschrift die Anordnung der Untersuchungshaft zumeist nicht unmittelbar, sondern hat vor allem Auswirkungen auf verfahrensrechtliche Fragen in Zusammenhang mit der Untersuchungshaft. So liegt ist etwa ein Verstoß gegen Artikel 5 Abs. 4 MRK (Waffengleichheit) dann anzunehmen, wenn dem Verteidiger im Haftprüfungsverfahren die Einsicht in Akten[78] (→ Rn. 9) oder in andere elektronische Speichermedien[79] versagt wird, wobei es grundsätzlich der Überlassung der Unterlagen bedarf und eine mündliche Information hierüber nicht ausreicht.[80] Deshalb darf das Gericht oder die Staatsanwaltschaft Akteneinsicht und/oder die Überlassung bestimmter Aktenteile (hier: Zeugenaussagen) nicht ohne weiteres mit der Begründung versagen, die Einsicht in die Unterlagen würde den Ermittlungszweck gefährden. Dies gilt jedenfalls dann, wenn im Haftbefehl zwar auf bestimmte Beweismittel Bezug genommen wurde aber keine weiteren Einzelheiten über den konkreten Inhalt der in Bezug genommenen Beweise mitgeteilt wurden.[81] Der Beschuldigte bzw. sein Verteidiger müssen zu allen Dokumenten Zugang haben, welche wesentlich sind, um die Rechtmäßigkeit der Haft angreifen können.[82] 16

Beeinflusst wird das Recht der Untersuchungshaft **bezüglich deren Vollzugs** auch durch die Rechtsprechung des EGMR,[83] insbesondere im Hinblick auf die Anforderungen an die Unterbringung von Häftlingen, wobei Beanstandungen bezüglich der Haftbedingungen in der Bundesrepublik Deutschland eher selten sind.[84] 17

Inwieweit die im Jahre 2009 in Kraft getretene **„Charta der Grundrechte der Europäischen Union“**[85] Auswirkungen auf das nationale Haftrecht und eine darauf aufbauende Rechtsprechung des EuGH haben wird, lässt sich derzeit noch nicht abschließend beurteilen. Naheliegen könnte dies nach Art. 48 Abs. 2 GRCh bezüglich der dort gewährleisteten 18

---

[72] OLG Nürnberg 13.12.2005 – 1 Ws 1348/05, StV 2006, 314.
[73] BGH 29.4.1993 – III ZR 3/92, BGHZ 122, 268 = NJW 1993, 2927.
[74] *Meyer-Goßner* MRK Art. 5 Rn. 14.
[75] *Ambos/Ruegenberg* NStZ-RR 1998, 161; *Trechsel* EuGRZ 1980, 514.
[76] BGBl. 1973 II 1534.
[77] KK-*Graf* Vor § 112 Rn. 10; *Nowak* EuGrZ 1980, 532.
[78] EGMR 2.6.2009 – 29705/05, EuGRZ 2009, 472; vgl. hierzu weiter: *Böhm/Werner* § 114 Rn. 38; § 117 Rn. 7, 24; *Böhm* § 121 Rn. 65 ff.
[79] EGMR 11.3.2008 – 41077/04, NStZ 2009, 164.
[80] EGMR 13.12.2007 – 11364/03, StV 2008, 475.
[81] EGMR 13.2.2001 – 24479/94, StV 2001, 201.
[82] EGMR 13.2.2001 – 23541/04, NJW 2002, 2018.
[83] Pohlreich NStZ 2011, 560.
[84] EGMR 7.7.2011 – 20999/05, NJW 2012, 2173; (Heilig/Deutschland) (Verstoß gegen Art. 3 EMRK aufgrund Vorenthaltens von Kleidung während der Unterbringung des Häftlings in einem gesicherten Haftraum); EGMR 29.6.2006, 54934/00, NJW 2007, 1433 (Weber und Saravia/Deutschland) (Postkontrolle Art. 8 MRK).
[85] Vgl. hierzu *Jarass* NStZ 2012, 611.

Verteidigungsrechte insoweit als der Angeklagte gem. Art. 6 Abs. 3a MRK über die gegen ihn erhobenen Beschuldigungen in einer ihm verständlichen Sprache unterrichtet werden muss, wobei zunächst innerstattlich zu klären sein wird, ob ihm insoweit auch ein Recht auf die Aushändigung vollständiger übersetzter Unterlagen zusteht oder auch ein Information durch einen Dolmetscher oder aber seinen Verteidiger ausreicht (vgl. hierzu nunmehr auch die Regelung in §§ 114a, 114b).[86]

19 Rein praktische Auswirkungen auf das nationale Haftrecht hat auch der **Europäische Haftbefehl.**[87] Dieser hat nämlich als erster von bislang zehn auf dem Grundsatz der gegenseitigen Anerkennung justizieller Entscheidungen beruhenden Rahmenbeschlüssen zu einer erheblichen Beschleunigung des Auslieferungsverfahrens beigetragen, da nunmehr zeitnah mit einer Überstellung des Beschuldigten aus eine Mitgliedstaat gerechnet werden kann. Ziel des Rahmenbeschlusses ist es nämlich, in Übereinstimmung mit den Schlussfolgerungen des europäischen Rates von Tampere aus dem Jahr 1999, einen Raum der Freiheit, der Sicherheit und des Rechts zu entwickeln.[88] Durch den dort angeführten Grundsatz der gegenseitigen Anerkennung,[89] welcher nach Inkrafttreten des Vertrages von Lissabon nunmehr auch in den Ausführungsvertrag zum Vertrag über die Europäische Union überführt worden ist (Art. 82, 83 AEUV),[90] sollte erstmals die Angleichung bestimmter Strafrechts- und Strafverfahrensvorschriften der Mitgliedstaaten verwirklicht werden.[91] Wie sich vor allem aus Art. 1 Abs. 1 und 2 sowie den Erwägungsgründen 5 und 7 RB-EuHb ergibt, soll hierdurch das multilaterale System der Auslieferung zwischen den Mitgliedstaaten durch ein System der Übergabe zwischen Justizbehörden von verurteilten oder verdächtigen Personen zur Vollstreckung strafrechtlicher Urteile oder zur Strafverfolgung auf der Grundlage der Insoweit ist festzuhalten, dass der Europäische Haftbefehl aus Sicht der Praxis als Erfolg bezeichnet werden muss. Durch die Ersetzung des traditionellen zumeist ministeriell geleiteten Auslieferungsverfahrens durch ein System der Übergabe zwischen den unmittelbar beteiligten Justizbehörden hat sich die durchschnittliche Dauer derselben erheblich verkürzt und liegt mit Stand 2009 bei 48,6 Tagen und bei 16 Tagen, wenn der Verfolgte seiner vereinfachten Auslieferung zustimmt.[92]

III. Erläuterung

20 Voraussetzung eines Haftbefehls nach § 112 sind der dringende Tatverdacht (→ Rn. 21 ff.), die Einhaltung des Grundsatz der Verhältnismäßigkeit (→ Rn. 32 ff.) und, abgesehen von Abs. 3, das Vorliegen eines Haftgrundes (→ Rn. 35 ff., 41 ff., 62 ff.), wobei die in den Vorschriften der §§ 112, 112a StPO enumerativ aufgezählten Haftgründe abschließend sind.

21 **1. Dringender Tatverdacht.** Der dringende Tatverdacht erfordert **zwei** von dem zuständigen Haftgericht (§§ 125, 126) zu prüfende **Elemente.** Einerseits bedarf es einer sachlich begründeten Beurteilung der **Täterwahrscheinlichkeit des Beschuldigten**,[93] (→ Rn. 22) andererseits einer Prognose der **Verurteilungswahrscheinlichkeit** (→ Rn. 24).

22 **a) Täterwahrscheinlichkeit.** Der Gesetzgeber hat diesen Verdachtsgrad selbst nicht näher erläutert. Die von der Rechtsprechung aber auch der Literatur gefestigte Definition

---

[86] Vgl. hierzu auch die Richtlinie 2010/64 EU über das Recht auf Dolmetscher- und Übersetzungsleistungen im Strafverfahren sowie *Böhm/Werner* § 114a Rn. 6; § 114b Rn. 21.

[87] Vgl. hierzu *Böhm* StraFo 2013, 177.

[88] RB-EuHb 2002, 584/JI – Erwägungsgrund 5.

[89] Zur historischen Entwicklung, vgl. *Braum* GA 2005, 681 sowie *Gleß* ZStW 116 (2004), 353; *Müller-Graf* ZVglrWiss 111 (2012) 73; krit. Otto StudZR 2005, 557 ff., 575.

[90] *Brodowski* ZIS 2010, 376 ff.; *Zimmermann* Jura 2009, 844.

[91] *Globke* GA 2011, 412.

[92] Bericht der Kommission an das Europäische Parlament und den Rat vom 11.4.2011, KOM(2011) 175 end., Seite 1.

[93] Vgl. BVerfG 12.9.1995 – 2 BvR 2475/94, NJW 1996, 1049; KK/*Graf* § 112 Rn. 3.

umschreibt den dringenden Tatverdacht als **große oder hohe Wahrscheinlichkeit**,[94] dass der Beschuldigte Täter oder Teilnehmer einer verfolgbaren Straftat ist. Erfordert die Prüfung des Verdachtsgrades im Zwischenverfahren zur Eröffnung des Hauptverfahrens (§ 203) noch einen hinreichenden Tatverdacht, muss sich der dringende Verdacht als intensiver erweisen. Die Verteidigungshaltung des Beschuldigten richtet sich hier primär gegen Sachverhaltsfeststellungen und erst in zweiter Linie gegen rechtliche Anforderungen. Auf der ersten Stufe der gerichtlichen Prüfung setzt dies die hohe Wahrscheinlichkeit voraus, dass der Beschuldigte zum gegenwärtigen Ermittlungsstand der Täter oder Teilnehmer einer Straftat ist und alle Voraussetzungen der Strafbarkeit und Verfolgbarkeit vorliegen. Es müssen daher Umstände vorliegen, die nach der Lebenserfahrung, auch der kriminalistischen Erfahrung, in erheblichem Maße darauf hindeuten, dass jemand als Täter oder Teilnehmer eine Straftat begangen hat. Erforderlich ist, dass der Verdacht durch schlüssiges Tatsachenmaterial bereits ein gewisses Maß an Konkretisierung und Verdichtung erreicht hat.[95] Die hohe Wahrscheinlichkeit des Eingreifens von Rechtfertigungs-, Schuld- bzw. Strafausschließungsgründen beseitigt demzufolge den dringenden Tatverdacht. Bei der vergleichenden Betrachtung der unterschiedlichen gesetzlichen Eingriffsschwellen des einfachen Anfangsverdachts (§ 102) und des hinreichenden Verdachtsgrades (§ 203) muss der hohe Grad des dringenden Tatverdachts von einer **ausreichenden Tatsachengrundlage** getragen werden, die sich auf die Ermittlungsakten[96] stützt.[97]

Bloße Vermutungen,[98] seien sie auch aufgrund forensischer und kriminalistischer 23
Erfahrung nahe liegend, **genügen indes nicht.** Ein solcher Tatverdacht muss sich aus bereits belegbaren Tatsachen ergeben und darf nicht aus künftigen möglichen Ermittlungsergebnissen hergeleitet werden.[99] Hierzu gehört es auch, dass Tatvorwürfe überhaupt konkretisierbar sind. Hieran fehlt es beim Vorwurf der Geldwäsche etwa dann, wenn die entsprechende Vortat, an welche die Tathandlung jeweils anknüpft, nicht hinreichend konkretisiert festgestellt werden kann.[100] Erforderlich ist es, jedes gesetzliche Tatbestandsmerkmal mit aus den Akten sich ergebenden Tatsachen zu belegen.[101]

b) Verurteilungswahrscheinlichkeit. Neben den darzustellenden aussagekräftigen 24
Indizien bedarf es einer **prognostischen Bewertung** der Verurteilungswahrscheinlichkeit.[102] In Abgrenzung zu der im Zwischenverfahren notwendigen Eröffnungsentscheidung liegt in der Annahme eines hinreichenden Tatverdachts und der Zulassung der Anklage (§ 203) nur eine vorläufige Tatbewertung, die sich auf Grund der Hauptverhandlung als unzulänglich oder unzutreffend erweisen kann.[103] Dies bedingt einen gewissen Beurteilungsspielraum, innerhalb dessen das schlichte Überwiegen der Verurteilungswahrscheinlichkeit für ausreichend erachtet wird.[104] An eine solche Annahme sind jedoch **strengere Anforderungen** zu stellen. Die Haftentscheidung ist anhand der zwischenzeitlich angefallenen Ermittlungsergebnisse nach dem aktuellen Verfahrensstand zu treffen. Dem Grade nach ist dieser Verdacht stärker als der hinreichende, mithin sind auch nach der Eröffnung des Hauptverfahrens an diesen weiterhin höhere Anforderungen zu stel-

[94] BGH 18.10.2007 – StB 34/07, StV 2008, 84; KK-Graf § 112 Rn. 6.
[95] BGH 11.3.2010 – StB 16/09, NStZ 2010, 711.
[96] Zur Verwertbarkeit ausländischer Erkenntnisse, vgl. OLG Köln 14.3.2002 – 2 Ws 113/02, StraFo 2002, 243.
[97] BGH 18.10.2007 – StB 34/07, StV 2008, 84.
[98] KG 24.3.2010 – 4 Ws 37/10, StRR 2010, 354.
[99] BVerfG 18.4.2007 – 2 BvR 2094/05, NJW 2007, 2749.
[100] OLG Karlsruhe 28.9.2004 – 2 Ws 195/05, StraFo 2004, 417.
[101] OLG Köln 27.4.1999 – HEs 59/99, StraFo 1999, 214.
[102] OLG Koblenz 19.11.1993 – 2 Ws 654/03, StV 1994, 316 (Keine Verurteilung nach durchgeführter Beweisaufnahme, sondern Aussetzung des Verfahrens).
[103] BGH 22.7.1970 – 3 StR 237/69, BGHSt 23, 304; BGH NStZ 2004, 276; OLG Karlsruhe 3.7.2003 – 3 Ws 72/03, wistra 2005, 72.
[104] KK/*Schneider* § 203 Rn. 4.

len.[105] Spricht etwa alles dafür, dass der/die Geschädigte in der Hauptverhandlung von seinem/ihrem Zeugnisverweigerungsrecht Gebrauch machen und deshalb das Beweisverbot des § 252 greifen wird, kann der Inhalt seiner/ihrer Vernehmungen vor der Polizei und vor dem Ermittlungsrichter nicht zur Begründung eines dringenden Tatverdachts herangezogen werden (Rn. 29).[106]

25 In der Praxis ist hier der Fallkonstellation **Aussage gegen Aussage** besondere Aufmerksamkeit zu widmen, da diese zusätzliche Beweiswürdigungsprobleme aufwirft, die in der Haftentscheidung der Erörterung bedürfen. Werden in dieser Fallkonstellation Angaben des einzigen Belastungszeugen zum Kerngeschehen oder auch nur zum bedeutsamen Randgeschehen im Verlauf der Ermittlungen teilweise widerlegt, vermögen seine übrigen Angaben den dringenden Verdacht nur dann noch zu tragen, wenn außerhalb der Aussage Gründe von Gewicht für deren Glaubhaftigkeit sprechen.[107] Unterbleibt diese Erörterung, kann der Mangel im Beschwerdeverfahren zur Aufhebung führen,[108] wenn im Beschwerdeverfahren der Mangel nicht geheilt werden kann.

26 Schwierigkeiten zur Begründung des hinreichenden Tatverdachts bestehen auch beim **bloßen Indizienbeweis.** Ergeben sich etwa nach Aktenlage Unstimmigkeiten in den Zeugenaussagen und ist zu erwarten ist, dass erst in der Hauptverhandlung die Gesamtwürdigung aller Indizien zur Feststellung der Täterschaft des Beschuldigten führen kann, wird sich die Annahme eines dringenden Tatverdachts im Regelfall nicht begründen lassen.[109]

27 Maßgeblich ist der aktuelle **Stand der Ermittlungen zum Zeitpunkt der Haftentscheidung**, wobei der Haftrichter den Tatverdacht im Freibeweisverfahren auf der Grundlage gerichtsverwertbarer Beweise zu prüfen hat.[110] Grundsätzlich erfordert demgegenüber die anlässlich der Urteilsverkündung ergehende Entscheidung über die Fortdauer der Untersuchungshaft (§ 268b) keine gesonderte Begründung des dringenden Tatverdachts, da dieser in aller Regel bereits durch das verurteilende Erkenntnis hinreichend belegt wird (→ Rn. 13).[111] Dies gilt jedoch zunächst dann nicht, wenn der Angeklagte abweichend vom Tatvorwurf des Haftbefehls verurteilt wird. Aber auch dann, wenn der Angeklagte entsprechend dem Haftbefehl verurteilt wird und er die Haftfortdauerentscheidung mit der Beschwerde auch oder gerade hinsichtlich des dringenden Tatverdachts angreift und noch keine schriftlichen Urteilsgründe vorliegen, muss das erkennende Gericht in der Nichtabhilfeentscheidung zumindest knapp darlegen, weshalb die Hauptverhandlung den dringenden Tatverdacht bestätigt hat.[112]

28 Besonderheiten bezüglich der Bewertung des dringenden Tatverdachts bestehen im Rahmen einer Haftbeschwerde **während laufender Hauptverhandlung** oder aber **nach Vorliegen eines Urteils.** Insoweit gilt, dass allein das Gericht, vor dem die Beweisaufnahme stattfindet, in der Lage ist, deren Ergebnis aus eigener Anschauung festzustellen und zu würdigen, sowie auf dieser Grundlage zu bewerten, ob der dringende Tatverdacht nach dem erreichten Verfahrensstand noch fortbesteht oder dies nicht der Fall ist.[113] Das Beschwerdegericht hat demgegenüber keine eigenen unmittelbaren Kenntnisse über den Verlauf der Beweisaufnahme.[114] Die **Nachprüfung durch das Beschwerdegericht ist deshalb darauf beschränkt,** ob das vom Haftgericht gewonnene Ergebnis auf Tatsachen gestützt ist, die im Zeitpunkt der Entscheidung zur Verfügung standen, sowie darauf, ob das

---

[105] *Graf/Krauß StPO* § 112 Rn. 4.

[106] OLG Dresden 16.2.2012 – 2 AK 2/12, StraFo 2012, 185.

[107] BVerfG 30.4.2003 – 2 BvR 2045/02, NJW 2003, 2444; BGH 29.7.1998 – 1 StR 94/98, BGHSt 44, 153 = NJW 1998, 3788; KG 11.12.2009 – (2)1 Ss 364/09, NStZ 2010, 533.

[108] Thüringer Oberlandesgericht 31.5.2005 – 1 Ws 185/05, StV 2005, 559.

[109] ebenso LG Berlin 28.1.1999 – 531 – 11 /98, StV 1999, 322.

[110] SK/*Paeffgen* Rn. 8.

[111] BGH 8.1.2004 – StP 20/03, NStZ 2004, 276.

[112] OLG Karlsruhe 26.9.2000 – 2 Ws 196/00, StV 2001, 118.

[113] BGH 8.1.2004 – StP 20/03, NStZ 2004, 276 mwN.

[114] BGH 8.1.2004 – StP 20/03, NStZ 2004, 276; OLG Stuttgart 6.3.2003 – 2 Ws 33/03, Die Justiz 2003, 457.

mitgeteilte Ergebnis auf einer vertretbaren Bewertung dieser für und gegen den dringenden Tatverdacht sprechenden Umstände beruht (→ Rn. 41, 86).[115] Verfahrensrechtlich setzt dies aber voraus, dass sich das Haftgericht im Haftfortdauerbeschluss mit dem Merkmal des dringenden Tatverdachts auch auseinandersetzt. Ist dies nicht der Fall, führt dieser Mangel im Beschwerdeverfahren zur Aufhebung des betreffenden Beschlusses, wobei auch eine Rückgabe der Akten zur Nachbesserung rechtlich möglich ist. Der Verfahrensmangel zieht jedoch dann die zwingende und unmittelbare Aufhebung des Haftbefehls nach sich, wenn ohne Rücksicht auf das bisherige Ergebnis der Hauptverhandlung ein dringender Tatverdacht eindeutig zu verneinen wäre.[116] Liegt hingegen ein schriftliches ein Urteil bereits vor, so ist der dringende Tatverdacht durch dieses Erkenntnis in der Regel hinreichend belegt,[117] es sei denn durchgreifende Revisionsgründe liegen auf der Hand.

Verfahrensrechtlich hat der Haftrichter dabei den dringenden Tatverdacht im **Freibeweisverfahren** zu würdigen, wobei es unumgänglich ist, dass er auch insoweit schon die Qualität der Beweismittel würdigt,[118] insbesondere hat er auch schon bestehende Beweisverwertungsverbote zu beachten (→ Rn. 24).[119] Spricht etwa alles dafür, dass die/der Geschädigte in der Hauptverhandlung von seinem/ihrem Zeugnisverweigerungsrecht Gebrauch machen wird und deshalb das Beweisverbot des § 252 greifen wird, kann der Inhalt seiner/ihrer Vernehmungen vor der Polizei und vor dem Ermittlungsrichter nicht zur Begründung eines dringenden Tatverdachts herangezogen werden.[120] Auch kann eine die Tat einräumende spontane Äußerung des Angeklagten gegenüber einem Kriminalbeamten verwertbar sein, wenn sie außerhalb einer Vernehmung ohne entsprechende Nachfrage aus freien Stücken und in Kenntnis seines Schweigerechts erfolgte.[121] Hingegen kann es an einem dringenden Tatverdacht fehlen, wenn ein Zeuge zunächst in einer Vernehmung eine Täterbeschreibung abgegeben hat, die mit dem tatsächlichen Aussehen und Erscheinungsbild des Beschuldigten in Widerspruch steht, und er bei einer späteren Nachvernehmung den Beschuldigten aufgrund einer Einzellichtbildvorlage identifiziert,[122] wenn keine anderen Beweismittel den Verdacht seiner Täterschaft stützen. Auch sonstige Verfahrensfehler können im Einzelfall schon den dringenden Tatverdacht entfallen lassen, etwa wenn dem Gericht nur eine unvollständige Akte vorgelegt wird und widersprüchliche Aussagen einer gesperrten VP zurückgehalten werden.[123] 29

Formal ist im Haftbefehl der Tatvorwurf in einer dem Anklagesatz angenäherten Weise anzugeben. Der **historische Vorgang,** der die Tat im verfahrensrechtlichen Sinne (§ 264) beschreiben soll, ist so genau **darzustellen, dass der Beschuldigte den gegen ihn erhobenen Vorwurf nach Umfang und Tragweite eindeutig erkennen kann.**[124] Die Schilderung muss so genau sein, dass für jedes Tatbestandsmerkmal einer Strafvorschrift erkennbar ist, durch welchen Teil des Sachverhalts es ausgefüllt wird. Wenn ein gesetzliches Merkmal nicht mit Tatsachen belegt werden kann, fehlt es am dringenden Tatverdacht (→ Rn. 21 ff.).[125] 30

Grundsätzlich nicht erforderlich ist jedoch, dass der Haftrichter **alle denkbaren Beweismittel** auch im Haftbefehl oder einer anderen Haftentscheidung im Sinne einer umfassenden Beweiswürdigung darlegt, vielmehr reicht die Benennung der tragenden Gesichtspunkte aus. Auch sind ihm zur Überzeugungsbildung bezüglich des Vorliegens eines dringenden Tatverdachts die Vornahme eigener Ermittlungen gestattet.[126] 31

---

[115] *Böhm/Werner* § 117 Rn. 29, 59; *Böhm* § 120 Rn. 38; 116 Rn. 45 f.
[116] Thüringer Oberlandesgericht 31.5.2005 – 1 Ws 185/05, StV 2005, 559.
[117] Hanseatisches OLG 21.3.2013 – 2 Ws 45/13; OLG Koblenz 2.1.2014 – 2 Ws 742/13.
[118] Ebenso KK-*Graf* Rn. 8.
[119] KG 28.1.2002 – 1 AR 67/02.
[120] OLG Dresden 16.2.2012 – 2 AK 2/12, StraFo 2012, 185.
[121] OLG Düsseldorf 17.9.2007 – III – 3 Ws 349/07.
[122] LG Essen 24.6.1999 – 26 Qs 29/99, StV 2000, 32.
[123] In diesem Sinne LG Frankfurt 27.11.1997 – 5/30 KLs 88 Js 20791, StV 1998, 271.
[124] Zu den Formerfordernissen vgl. näher *Böhm/Werner* § 117 Rn. 18 ff.
[125] OLG Köln 22.12.1998 – HEs 233/98 – 275, StV 1999, 156.
[126] KK-*Graf* § 112 Rn. 8.

32 **2. Verhältnismäßigkeit iSd § 112 Abs. 1 S. 2.** Der in § 112 Abs. 1 S. 2 ausdrücklich normierte Grundsatz der Verhältnismäßigkeit ist nur gewahrt, wenn die Erreichung des Haftzwecks nicht anderweitig gesichert werden kann (→ Rn. 3).[127] Bei der Anordnung und Aufrechterhaltung der Untersuchungshaft ist das Spannungsverhältnis zwischen dem in Art. 2 Abs. 2 S. 2 GG gewährleisteten Recht des Einzelnen auf persönliche Freiheit und den unabweisbaren Bedürfnissen einer wirksamen Strafverfolgung zu beachten. Den vom Standpunkt der Strafverfolgung aus erforderlich und zweckmäßig erscheinenden Freiheitsbeschränkungen muss ständig der Freiheitsanspruch des noch nicht rechtskräftig verurteilten Beschuldigten als Korrektiv entgegengehalten werden, wobei dem Grundsatz der Verhältnismäßigkeit eine maßgebliche Bedeutung zukommt.[128] Haft- und Verhandlungsunfähigkeit führen in der Regel zur Unverhältnismäßigkeit der Untersuchungshaftanordnung.[129] In dem Strafverfahren gegen den früheren DDR-Staats- und Parteichef Erich Honecker entschied der Berliner Verfassungsgerichtshof,[130] dass eine schwere und unheilbare Krankheit, die mit Sicherheit vor Abschluss der Hauptverhandlung zum Ableben des Beschuldigten führen würde, angesichts der Achtung der Menschenwürde sowie aus Gründen der Verhältnismäßigkeit, eine Haftanordnung verbietet. Demgegenüber lehnt die überwiegende Literatur die Kreation eines besonderen „Moribundenprivilegs" ab.[131] Die Haftanordnung ist im Hinblick auf den Gesundheitszustand des Beschuldigten nur bei Feststellung der Verhandlungsunfähigkeit abzulehnen, oder wenn nach fachmedizinischer Einschätzung gerade die Durchführung des Verfahrens selbst die maßgebliche Ursache für irreversible Schäden oder gar den Tod setzt.[132] Ferner darf die Untersuchungshaft nur dann angeordnet werden, wenn sie zur Bedeutung der Sache und der zu erwartenden Strafe oder Maßregel der Besserung und Sicherung nicht außer Verhältnis steht. Entsprechendes gilt für den weiteren Vollzug der Untersuchungshaft. Bei der insoweit erforderlichen Abwägung müssen alle Umstände des Einzelfalles berücksichtigt werden, wie zB die Schwere des Eingriffs in den Lebensbereich des Beschuldigten, die Bedeutung der Strafsache und die zu erwartenden Rechtsfolgen.[133]

33 Maßgebliche Bedeutung erlangt hier auch die bisherige und **künftige Verfahrensdauer unter besonderer Berücksichtigung des Beschleunigungsgrundsatzes** (Art. 5 Abs. 3 S. 2 MRK), der alle Haftsachen beherrscht (→ Rn. 5 f.).[134] Neben der Schwere des Tatvorwurfs ist in die Abwägung einzustellen, ob in Anbetracht der bereits vollzogenen und grundsätzlich anzurechnenden Untersuchungshaft (§ 450 Abs. 1) ein Strafrest nach § 57 StGB auszusetzen wäre[135] (→ Rn. 53) oder bei einem Vergehen ein Strafbefehlsverfahren (§ 407 ff.) ausreichend erscheint. Insgesamt verbieten sich schematische Lösungen, mithin kann ebenso bei Anordnung von Untersuchungshaft die Bedeutung der Sache und die zu erwartende Strafe außer Verhältnis stehen, wenn die Tat des bisher Unbestraften geringe Erfolgsaussichten besaß und sich der Schaden nicht realisiert hat.[136] Andererseits gibt es aber auch keinen Rechtssatz, dass die Untersuchungshaft nicht bis zur Höhe der erkannten Freiheitsstrafe vollzogen werden darf, wenn das notwendig ist, um die drohende Vollstreckung der Strafe zu sichern.[137]

---

[127] BVerfG 27.7.1966 – 1 BvR 296/66, BVerfGE 20, 144 (147).

[128] Grundlegend BVerfG 15.12.1965 – 1 BvR 513/65, BVerfGE 19, 342 = NJW 1966, 243; zuletzt BVerfG 24.8.2010 – 2 BvR 1113/10, StV 2011, 31; OLG Hamm 24.3.1998 – 2 Ws 101/98, NStZ-RR 1998, 307.

[129] OLG Düsseldorf 16.11.1992 – 2 Ws 445-447/92, NStZ 1993, 554.

[130] BerVerfGH 12.1.1993 – 55/92, NJW 1993, 515.

[131] Statt aller *Meyer-Goßner* Rn. 11a mwN.

[132] Vgl. auch OLG Düsseldorf 16.11.1992 – 2 Ws 445-447/92, NStZ 1993, 554.; OLG Nürnberg 13.12.2005 – 1 Ws 1348/05, StV 2006, 314.

[133] OLG Hamm 5.1.2006 – 2 Ws 2/06, StV 2006, 191 (195); OLG Dresden 31.3.2004 – 1 Ws 53/04, StV 2004, 495.

[134] EGMR 29.7.2004 – 49746/99, NJW 2005, 3125; BVerfG 29.11.2005 – 2 BvR 1737/05, NJW 2006, 668.

[135] OLG Hamm 23.9.2003 – 3 Ws 395/03, NStZ-RR 2004, 152.

[136] OLG Rostock 17.8.2005 – 1 Ws 297/05, StV 2006, 311.

[137] KG 21.8.2007 – 1 AR 1207/07 – Ws 146/07, NStZ-RR 2008. 157.

Mit der **fortschreitenden Dauer der Untersuchungshaft** gehen **erhöhte Anforderungen** an die **Begründungstiefe** (→ Rn. 8) von Haftfortdauerentscheidungen einher.[138] Indes bedeutet dies nicht, dass in der Praxis schwierige und zeitaufwändige Ermittlungen und Beweiserhebungen unterbleiben müssen. Vielmehr muss der erforderliche Zeitaufwand im Rahmen einer Gesamtbetrachtung, insbesondere in einem angemessenen Verhältnis zur Schwere der Straftaten und der Straferwartung stehen.[139] 34

3. Haftgrund der Flucht. § 112 Abs. 1 Nr. 1 unterscheidet zwei Alternativen, die der **Flucht** und des sich **Verborgenhaltens.** Beide können zusammentreffen. 35

Flüchtig ist derjenige Beschuldigte, der sich mit dem **Ziel und der Wirkung ins Ausland absetzt,** für Ermittlungsbehörden und Gerichte dauernd oder zumindest für längere Zeit unerreichbar und ihrem Zugriff auch wegen der zu erwartenden Strafvollstreckung entzogen zu sein. Ein solcher Auslandsbezug ist zur Abgrenzung vom Merkmal des Verborgenhaltens geboten.[140] Der Begriff der Flucht setzt daher ein **finales Verhalten** voraus, mithin einen inneren Zusammenhang zwischen der Absatzbewegung des Beschuldigten und der Straftat bzw. der Kenntnis des Beschuldigten hiervon voraus. Es kommt also darauf an, ob sein Verhalten vom Willen getragen ist, sich dem Verfahren dauerhaft zu entziehen.[141] Wer nur an seinen Wohnort im Ausland zurückkehrt,[142] ist danach nicht flüchtig, wenn keine Anhaltspunkte vorliegen, dass er sich dem Verfahren entziehen wollte,[143] selbst wenn er dort für die deutschen Justizbehörden unerreichbar ist, weil sein Heimatland eigene Staatsangehörige nicht ausliefert.[144] Besteht jedoch ein derartiger Finalzusammenhang ist es unerheblich, dass der Beschuldigte im Ausland postalisch erreichbar ist. Allein der Wohnsitz oder der Aufenthalt eines Beschuldigten im Ausland rechtfertigt daher nicht die Annahme des Haftgrundes der Flucht.[145] Auch der Umstand, dass der Aufenthalt des Beschuldigten den Ermittlungsbehörden nicht bekannt ist, rechtfertigt – auch wenn dies der Rechtswirklichkeit entspricht – wegen fehlender Finalität für sich gesehen danach nicht den Erlass eines Haftbefehls, vielmehr sind mildere Maßnahmen, wie eine Aufenthaltsermittlung zu ergreifen.[146] Soweit daher Haftbefehle allein wegen des fehlenden Inlandsaufenthalts des Verfolgten ohne Nachweis eines Finalzusammenhangs erlassen werden, kann ihre Rechtsfertigung aus dem Haftgrund der Flucht nicht begründet werden. 36

Der Haftgrund der Flucht liegt deshalb auch bei einem Beschuldigten nicht vor, der nur seinen **Lebensmittelpunkt ins Ausland verlegt** und nicht aus verfahrensrechtlichen Gründen übersiedelt.[147] Ein Fluchtwillen kann hieraus nicht abgeleitet werden.[148] Begibt sich ein **Deutscher ins Ausland** und will nicht mehr in die Bundesrepublik Deutschland zurückkehren, kommt es darauf an, ob seine Übersiedlung „final" schon im Hinblick auf eine von ihm begangene Straftat erfolgt ist. Ist dies nicht der Fall, liegt keine Flucht vor.[149] Auch vor Begehung der Tat, etwa zur Verhinderung einer Einberufung, ist eine Flucht 37

---

[138] BVerfG 24.8.2010 – 2 BvR 1113/10, StraFo 2010, 461.
[139] Vgl. auch *Graf,* BGH-Rechtsprechung 2010, Rn. 349.
[140] AA *Meyer-Goßner* Rn. 13; KK/*Graf* Rn. 10 (Absetzen vom räumlichen Lebensmittelpunkt).
[141] KG 1.3.2013 – 4 Ws 14/13, StV 2013, 516; vgl. hier auch *Böhm* NStZ 2001, 633.
[142] Saarländisches Oberlandesgericht 26.1.2000 – 1 Ws 3/00, NStZ 2000, 74; OLG Frankfurt a. M. 16.6.1994 – 1 Ws 131/04, StV 1994, 581.
[143] OLG Karlsruhe 1.3.2004 – 3 Ws 44/04, StV 2005, 33 mAnm *Hilger* (Bereitschaft sich dem Verfahren zu stellen).
[144] KG 1.3.2013 – 4 Ws 14/13, StV 2013, 516.
[145] OLG Köln 13.3.1998 – 2 Ws 115/98, StV 1998, 269.
[146] Vgl. *Schlothauer/Weider* Rn. 499.
[147] Thüringer Oberlandesgericht 4.9.2009 – 1 Ws 381/08, StRR 2008, 543 (Abmeldung beim Einwohnermeldeamt nach Spanien); Hansatisches Oberlandesgericht Hamburg 12.6.1997 – Ws 42/97, NStZ-RR 1997, 334 (Vorliegen von Anhaltspunkten).
[148] KG 24.3.2010 – 4 Ws 37/10, StRR 2010, 354 (EU-Ausland); OLG Karlsruhe 15.10.1998 – 2 Ws 222/09, StV 1999, 36; aA OLG Celle 20.3.2009 – 1 Ws 141/09, StraFo 2009, 204 (unklar: Erreichbarkeit notwendig).
[149] HM OLG Frankfurt a. M. v. 9.6.197 – 1 Ws 98/74, NJW 1974, 1835.

deshalb nicht möglich,[150] jedoch kann aus einem Vortatverhalten auf den Haftgrund geschlossen werden.[151]

38 Der **bloße Ungehorsam** gegen Vorladungen oder schlichtes Untätigsein rechtfertigt die Annahme der Flucht nicht, ebenso wenig, wenn nur der Aufenthaltsort unbekannt ist oder eine schlechte Erreichbarkeit besteht.[152]

39 **Verborgen** hält sich derjenige Beschuldigte, der unangemeldet, unter falschem Namen oder an einem unbekannten Ort lebt, um sich dem Strafverfahren zu entziehen.[153] Notwendig ist daher – auch im Inland – ein Verschleiern des Aufenthalts, um für Behörden unauffindbar zu sein. Auch insoweit ist ein finales Verhalten erforderlich, weshalb sich etwa ein für Behörden oder sonstige Anlaufstellen nicht erreichbarer Nichtsesshafter nicht iSd der Nr. 1 verborgen hält.[154]

40 Der Haftgrund der Flucht entfällt, wenn der Beschuldigte aufgrund des **Haftbefehls ergriffen** wird. Erfolgt die Festnahme im Ausland, dann ist der Haftbefehl auf den Haftgrund der Fluchtgefahr – wegen der ansonsten im Auslieferungsverfahren auftretenden Schwierigkeiten aber erst nach seiner Überstellung in die Bundesrepublik Deutschland – umzustellen.

41 **4. Haftgrund der Fluchtgefahr. a) Fluchtgefahr.** Fluchtgefahr nach § 112 Abs. 2 Nr. 2 besteht, wenn **bei Würdigung aller Umstände des Einzelfalles eine höhere**[155] **oder überwiegende**[156] **Wahrscheinlichkeit**[157] **für die Annahme** spricht, der Beschuldigte werde sich – zumindest für eine gewisse Zeit – dem Strafverfahren entziehen, als für die Erwartung, er werde sich dem Verfahren zur Verfügung halten.[158] Diese Befürchtung kann sich sowohl aus dem Absetzen ins Ausland als auch dem Untertauchen im Inland ergeben (→ Rn. 35 ff.).[159] Dabei darf die Annahme der Fluchtgefahr nur aus bestimmten Tatsachen hergeleitet werden, bloße Mutmaßungen oder Befürchtungen genügen nicht.[160] Die Tatsachen brauchen nicht zu vollen Überzeugung festzustehen, es genügt ein hoher Wahrscheinlichkeitsgrad.[161] Die in dem Strafverfahren zu erwartenden Rechtsfolgen sind jedoch zu berücksichtigen. Der Annahme des Haftgrundes der Fluchtgefahr steht im Regelfalle nicht entgegen, dass sich der Angeklagte zur Zeit in anderer Sache in Untersuchungshaft[162] oder Strafhaft[163] befindet, denn diese ist immer aus der Sicht des anhängigen Verfahrens ohne Rücksicht darauf zu prüfen, ob sich der Angeklagte in anderer Sache in Haft befindet, zumal die Entwicklung in jenem Verfahren sich zumeist nicht zweifelsfrei prognostizieren lässt. Besonderheiten bestehen bei der Überprüfung von Haftentscheidungen während laufender Hauptverhandlung oder nach Urteilserlass. Insoweit gelten die Einschränkungen bei der Bewertung des dringenden Tatverdachts entsprechend (→ Rn. 28 und 86)

42 Die Frage des Bestehens des Haftgrundes der Fluchtgefahr ist an sich davon zu unterscheiden, ob die **Untersuchungshaft** vollstreckt wird oder einer Aussetzung derselben gegen Weisungen und Auflagen (§ 116) möglich ist.[164] In beiden Fällen besteht Fluchtgefahr.

---

150 So OLG Karlsruhe 8.8.1972 – 2 Ws 145/02, NJW 1972, 2098; aA OLG Frankfurt a. M. 9.6.1974 – 1 Ws 98/04, NJW 1974, 1835; Löwe/Rosenberg/*Hilger* Rn. 29.

151 OLG Koblenz 11.7.1984 – 2 Ws 470/84, NStZ 1985, 88.

152 Löwe/Rosenberg/*Hilger* Rn. 29.

153 AA *Meyer-Goßner* Rn. 13.

154 AA LG Zweibrücken 4.3.2004 – Qs 25/04, NJW 2004, 1679 (Haft unverhältnismäßig).

155 KG 3.11.2011 – 4 Ws 96/11, StV 2012, 350; OLG Köln 20.1.2006 – 1 Ws 3–4/06, StV 2006, 313.

156 OLG Karlsruhe 16.2.2010 – 2 Ws 60/10, StraFo 2010, 206.

157 Zur Prognoseungenauigkeit bei Haftentscheidungen: *Hamm* StV 1986, 499; *Happel* StV 1986, 501.

158 OLG Karlsruhe 21.1.2013 – 1 Ws 1/13; KK/*Boujong* Rn. 15; *Meyer-Goßner* Rn. 17; *Böhm* NStZ 2011, 633 (635).

159 KK-*Boujong* Rn. 18.

160 OLG Koblenz 21.1.2009 – 1 Ws 9/09.

161 *Meyer-Goßner* Rn. 22 (hM), aA *Krekeler* wistra 1982, 8 (voller Beweis).

162 KG 30.6.2000 – 1 AR 660/00 – 4 Ws 121/00.

163 KG 22.3.2000 – 1AR 336700 – 3 Ws 133/00, (Unterbrechungen der Strafhaft oder deren Beendigung möglich); OLG Köln 15.5.1991 – 2 Ws 145/91, NStZ 1991, 605 m. krit. Anm. *Möller*.

164 Vgl. hierzu *Böhm* § 116 Rn. 210 ff.

Auch wenn eine „höhere" oder „überwiegende" Wahrscheinlichkeit oftmals nicht sicher als vorliegend beurteilt werden kann, neigt die **forensische Praxis** in solchen Fällen contra legem eher dazu, die vorhandenen auch fluchthindernden Faktoren (→ Rn. 50 ff.) nur insoweit zu berücksichtigen, als sie eine **Haftverschonung** ermöglichen. Bei der Bewertung kann oftmals auch der Grundsatz der Verhältnismäßigkeit eine Rolle spielen und zu einer Haftverschonung führen, etwa wenn der Beginn der Hauptverhandlung nicht abzusehen ist (→ Rn. 32 ff.).[165]

b) Begriff des Entziehens. Der Haftgrund setzt voraus, dass bei Würdigung der Umstände des Einzelfalles die Gefahr besteht, dass sich der Beschuldigte dem Strafverfahren entziehen werde. Hierunter ist das Verhalten des Beschuldigten zu verstehen, **den Fortgang des Strafverfahrens durch die fehlende Bereitschaft, für Ladungen und** Vollstreckungsmaßnahmen zur Verfügung zu stehen, zu verhindern.[166] Erforderlich dabei ein **aktives Tun,** bloße Passivität genügt schon nach dem Wortlaut nicht.[167] Ausgehend von dieser Definition kann die bloße Weigerung zum Erscheinen in der Hauptverhandlung oder das bloße Verbleiben am Wohnort nicht einem Sichentziehen gleichgesetzt werden,[168] zumal ein Beschuldigter nicht verpflichtet ist, seine Strafverfolgung zu erleichtern.[169] Auch legitimes Verteidigungsverhalten genügt nicht, denn die Wahrnehmung verfassungsrechtlich zustehender Recht kann nicht zur Begründung eines Haftgrundes herangezogen werden.[170] 43

Erscheint ein Beschuldigter auf eine **Ladung** zu einem gerichtlich oder staatsanwaltschaftlich angeordneten Termin nicht, so liegt nur in Ausnahmefällen ein Entziehen vor, vielmehr ist zunächst seine Vorführung (zB § 230) anzuordnen. Nur wenn zu befürchten steht, er werde auch eine solche unmöglich machen, etwa weil er seinen tatsächlichen Aufenthalt verschleiert, liegt ein Entziehen vor. 44

Auch wenn beim Merkmal des Entziehens zunächst nur an Flucht oder Verbergen gedacht wird, kann ein Entziehen auch darin liegen dass sich der Täter durch **Einwirkungen auf seinen Körper** seine Verhandlungsunfähigkeit herbeiführt.[171] So entzieht sich auch der Beschuldigte, der sich bewusst durch Manipulationen tatsächlicher Art (zB durch Vorlage erschlichener bzw. falscher ärztlicher Atteste) in einen Zustand der Verhandlungs- bzw. Vollstreckungsunfähigkeit versetzt oder diese vortäuscht, dem Verfahren,[172] so dass ein Haftbefehl wegen Fluchtgefahr gegen ihn ergehen kann. **Bloße Selbstmordgefahr** rechtfertigt diese Annahme jedoch nicht, weil der Beschuldigte sich nicht dem Verfahren entziehen, sondern dieses durch seinen Freitod dauerhaft beenden will (str.).[173] 45

Verfügt der Beschuldigte im **Ausland über einen festen Wohnsitz,** wird in der obergerichtlichen Rechtsprechung **unterschiedlich beurteilt,** ob und unter welchen Voraussetzungen von einem Sichentziehen ausgegangen werden kann. Ein lediglich passives Verhalten[174] eines bereits im Ausland lebenden ausländischen Beschuldigten fällt jedenfalls dann nicht hierunter, wenn ansonsten keine Hinweise vorliegen, dass er sich dem deutschen 46

---

[165] OLG Karlsruhe 26.1.2000 – 3 HEs 14/2000, NStZ 2001, 79.
[166] BGH 4.11.1970 – 4 ARs 43/70, BGHSt 23, 380; *Meyer-Goßner* Rn. 18; *Böhm* NStZ 2001, 633.
[167] OLG Karlsruhe 15.10.1998 – 2 Ws 222/98, StV 1999, 37.
[168] Brandenburgisches Oberlandesgericht 17.1.1996 – 2 Ws 183/95, StV 1996, 381.
[169] OLG Karlsruhe 15.10.1998 – 2 Ws 222/09, StV 1999, 36.
[170] *Böhm* NStZ 2001, 633 (636); aA KG 9.5.1997 – 5 Ws 218/97, (intensive Bemühung um Verhinderung der Auslieferung).
[171] OLG Oldenburg 11.5.1989 – 1 Ws 78/89, NStZ 1990, 431 (hohe Blutdruckwerte durch Nichteinnahme von Medikamenten) mit zust. Anm. *Wendisch* in StV 1990, 166.
[172] OLG Hamm 22.2.2011 – 4 Ws 54/11.
[173] OLG Köln 19.12.1997 – 2 Ws 704/97, StraFo 1998, 102 mAnm *Münchhalffen*; *Meyer-Goßner* Rn. 18; *Humberg* Jus 2003, 758; aA Hanseatisches Oberlandesgericht 27.8.1993 – 2 Ws 429/93, StV 1994, 142.
[174] Vgl. beispielsweise OLG Karlsruhe 15.10.1998 – 2 Ws 222/09, StV 1999, 36, dass 1.3.2004 – 3 Ws 44/04, StV 2005, 33; OLG Frankfurt a. M. 16.6.1994 – 1 Ws 131/94, StV 1994, 581; OLG Saarbrücken 27.2.1991 – 1 Ws 46/91, StV 1991, 265; aA: OLG Hamm 15.4.2004 – 2 Ws 111/04, NStZ-RR 2004, 278; OLG Stuttgart 11.3.1998 – 1 Ws 28/98, NStZ 1998, 427 (weite Auslegung des Begriffs des Sicht-Entziehens).

Strafverfahren nicht stellen will.[175] Anders aber, wenn er den Auslandswohnsitz zweckgerichtet dazu nutzen will, den Fortgang des Verfahrens dadurch zu verhindern, dass er für Ladungs- oder Vollstreckungsmaßnahmen nicht mehr erreichbar ist.[176] In diesem Fall wird teilweise auch ein rein passives Verhalten als ausreichend angesehen, wenn feststeht, dass der Beschuldigte von seinem Heimatland nicht ausgeliefert werden wird (zw.).[177]

47 Hier ist jedoch zu **unterscheiden,** ob sich der Beschuldigte schon im Ausland aufhält oder noch im Inland weilt. Begibt sich ein Angeklagter mit oder ohne Fluchtwillen ins Ausland und bestehen hinreichende Anhaltspunkte, dass er sich dem Verfahren nicht stellen will, besteht Fluchtgefahr.[178] Notwendig ist jedoch immer ein finales und zweckgerichtetes Verhalten. Bloßer Ungehorsam reicht jedoch hierfür nicht aus, denn der Beschuldigte ist nicht verpflichtet, seine Strafverfolgung zu erleichtern.[179] Auch die Absicht, nicht mehr in die Bundesrepublik Deutschland zurückzukehren, reicht für sich gesehen nicht aus.[180] Nicht dem Verfahren sondern einer „fehlerhaften Inhaftierung" will sich hingegen derjenige entziehen, der zum Erscheinen in der Hauptverhandlung nur nach vorheriger Zusicherung einer Strafaussetzung zur Bewährung[181] oder freien Geleits bereit ist.

48 Insoweit besteht hier eine dringend zu schließende **Gesetzeslücke,**[182] da die Bundesrepublik Deutschland im Ausland nicht die gleichen Strafverfolgungsmöglichkeiten besitzt, über welche sie im Inland verfügt. So ist etwa eine polizeiliche Vorführung nach §§ 163a, 164 nicht möglich, wenn ein Beschuldigter nicht auf eine Ladung erscheint. Lebt der Beschuldigte aber im Ausland, muss seine Auslieferung betrieben werden, was jedoch das Vorliegen eines Haftbefehls und damit eines Haftgrundes voraussetzt. Da ein solcher nicht besteht, ergibt sich hieraus eine Strafverfolgungslücke. Die zur Vermeidung einer solchen von der Rechtsprechung entwickelten Lösungsansätze vermögen nicht zu überzeugen. So kommt ein Haftbefehl nach § 230 unabhängig von der Staatsangehörigkeit gegen eine Person mit dauerndem Wohnsitz im Ausland nicht in Betracht, denn die dafür erforderliche ordnungsgemäße Ladung, welche nach § 216 StPO die Androhung von Zwangsmitteln für den Fall des unentschuldigten Ausbleibens vorsieht,[183] scheidet aus, da der Bundesrepublik keine Ausübung hoheitlicher Gewalt auf dem Gebiet eines fremden Staates[184] möglich ist.[185] Eine vom OLG Stuttgart[186] eingeforderte Erklärung des Beschuldigten, sich dem Verfahren in der Bundesrepublik Deutschland nicht stellen zu wollen, mithin also ein aktives Tun, mag zwar im Einzelfall ausreichen, übersieht jedoch, dass ein Beschuldigter zur Abgabe einer solchen Erklärung nicht verpflichtet ist. Auch ist eine Abgrenzung „Aktivität-Passivität" oftmals kaum möglich und bietet einem geschickten Beschuldigten die Möglichkeit, sich eine „Oase der Straflosigkeit" zu verschaffen.[187] Zur Schließung der Gesetzeslücke ist daher die zusätzliche Einführung eines **Haftgrundes der „Auslieferungsermöglichung" durch den Gesetzgeber geboten.**[188]

---

175 OLG Köln 18.3.2005 – 2 Ws 32/05; OLG Karlsruhe 1.3.2004 – 3 Ws 44/04, StV 2005, 33.

176 OLG Köln 16.7.2004 – 2 Ws 351/04, StV 2005, 393.

177 OLG Köln 7.8.2003 – 2 Ws 358/02, NStZ 2003, 219 (zweifelhaft).

178 OLG Celle 20.3.2009 – 1 Ws 141/09, StraFo 2009, 204; OLG Karlsruhe 1.3.2004 – 3 Ws 44/04, StV 2005, 33; OLG Köln 18.10.2005 – 2 Ws 488/05, NStZ-RR 2006, 22; OLG Hamm 15.4.2004 – 2 Ws 111/04, StV 2005, 35.

179 OLG Karlsruhe 15.10.1998 – 2 Ws 222/98, StV 1999, 36.

180 OLG Karlsruhe 15.10.1998 – 2 Ws 222/09, StV 1999, 36 (37); *Böhm* NStZ 2011, 633 (635).

181 OLG Oldenburg 31.1.2011 – 1 Ws 24/11, StV 2011, 419.

182 Vgl. hierzu *Böhm* NStZ 2011, 633 (636).

183 Zur Möglichkeit der Androhung der Festnahme nur im Inland, vgl. OLG Karlsruhe 23.4.2014, 1 Ws 55/14; KG 15.4.2013 – (1) 3 StE 6/11, StraFo 2013, 425 m.w.N; KK/*Gmel* § 216 Rn. 5.

184 OLG Hamm 15.4.2004 – 2 Ws 111/04, StV 2004, 154 (Gestellungspflicht besteht jedenfalls innerhalb der Europäischen Union).

185 OLG Köln 18.10.2005 – 2 Ws 488/05, NStZ-RR 2006, 22; ebenso OLG Frankfurt a. M. 21.1.1998 – 1 Ws 189/97, NStZ-RR 1999, 18; aA OLG Karlsruhe 1.9.2003 – 1 Ws 235/03, StV 2004, 325 und OLG Oldenburg 21.2.2005 – 1 Ws 73/05, StV 2005, 432.

186 OLG Stuttgart 11.3.1998 – 1 Ws 28/98, NStZ 1998, 427.

187 *Grau* NStZ 2007, 10 (11) nach *Weigend* Jus 2000, 105 (106).

188 *Böhm* NStZ 2011, 633 (637); zust. *Grau* NStZ 2007, 10 (14).

c) Beurteilung der Fluchtgefahr. Im nachfolgenden werden die in der forensischen Praxis maßgeblichen Gesichtspunkte bei der Bewertung des Vorliegens von Fluchtgefahr dargestellt. Notwendig ist insoweit grundsätzlich eine Gesamtabwägung der Umstände des Einzelfalles, wobei in der forensischen Praxis[189] den unten (→ Rn. 52–61) dargestellten Umständen maßgebliche Bedeutung beigemessen werden kann: 49

aa) Einzelfallbetrachtung und Abwägung. Entgegen der vielfach praktizierten forensischen Praxis verbieten sich insoweit schematische Beurteilungen, vielmehr kommt es immer auf den Einzelfall an. Auf Grundlage des konkreten Sachverhalts sind danach die auf eine Flucht hindeutenden Umstände gegen diejenigen Tatsachen abzuwägen, die einer solchen entgegenstehen. Je höher die konkrete Straferwartung ist, umso gewichtiger müssen die den Fluchtanreiz mindernden Gesichtspunkte sein. Bei der vorzunehmenden Gesamtwürdigung sind zudem zu berücksichtigen die Persönlichkeit, die persönlichen Verhältnisse[190] und das Vorleben des Beschuldigten, die Art und Schwere der ihm vorgeworfenen Tat, das Verhalten des Beschuldigten im bisherigen Ermittlungsverfahren[191] wie auch in früheren Strafverfahren, drohende negative finanzielle[192] oder soziale Folgen der vorgeworfenen Tat, aber auch allgemeine kriminalistische Erfahrungen und die Natur des verfahrensgegenständlichen Tatvorwurfs, soweit diese Rückschlüsse auf das Verhalten des Beschuldigten nahe legt, etwa bei Taten, bei denen im Regelfall Auslandskontakte vorliegen, oder in Fällen organisierter Kriminalität.[193] Auch die Erwartungen des Beschuldigten über den möglichen Verfahrensausgang sind zu berücksichtigen.[194] Hält sich dieser für unschuldig und erwartet einen „Freispruch" wird vieles dafür sprechen, dass er sich dem Verfahren stellt, um sich dort verteidigen zu können. Von Belang ist bei der Abwägung auch das Stadium des Verfahrens. So wird Fluchtgefahr eher zu verneinen sein, wenn die Ermittlungen etwa in einer Steuerstrafsache noch am Anfang stehen und deren Abschluss nicht absehbar ist.[195] 50

Grundsätzlich gilt, dass weder ein hohe Straferwartung[196] allein den Haftgrund der Fluchtgefahr begründen kann, dh dass weder bei einer Straferwartung in bestimmter Höhe stets Fluchtgefahr besteht noch bei einer (noch) zu verbüßenden Freiheitsstrafe von bis zu zwei Jahren[197] ein ausreichender Fluchtanreiz grundsätzlich ausgeschlossen werden kann.[198] Gleiches gilt für das Bestehen eines Auslandswohnsitzes (→ Rn. 46). Selbst bei einer in concreto drohenden **Freiheitsstrafe** ist in die Bewertung mit einzustellen, ob der Angeklagte mit einer vorzeitigen Entlassung oder einer Strafverbüßung im offenen Vollzug rechnen kann.[199] Stets ist, was in der forensischen Praxis häufig nicht bedacht wird, auch zu fragen, ob ein Beschuldigter überhaupt in der Lage ist, die mit einer Flucht oder einem Untertauchen zu bewältigenden Hindernisse zu bewältigen.[200] 51

bb) Straferwartung. Maßgeblicher Ausgangspunkt für die Bewertung des Vorliegens von Fluchtgefahr ist die mutmaßliche oder tatsächliche Straferwartung. Jedoch wird die vor 52

---

[189] Siehe hierzu auch OLG Karlsruhe 21.1.2013 – 1 Ws 1/13.

[190] OLG Hamm 15.1.2008 – 4 Ws 576/07, (unsicherer Status als Asylbewerber); Schleswig-Holsteinisches Oberlandesgericht 2.11.2006 – 2 Ws 451706, SchlHA 2007, 284 (zwingende Ausweisung eines Ausländers).

[191] OLG Karlsruhe 26.6.2009 – 2 Ws 229/09, wistra 2009, 486 (Anforderungen an einen Haftbefehl durch das Berufungsgericht bei bisheriger Befolgungen von Ladungen etc); KG 14.1.2000 – (4) 1 HEs 286/99/156/99, (Ergreifung nach Flucht).

[192] OLG Stuttgart 12.9.2007 – 4 Ws 305/07.

[193] KG 3.11.2011 – 4 Ws 96/11, StV 2012, 350; dass. 16.5.2000 – 2 AR 21/00 – 4 Ws 96/00, (länderübergreifend tätige Organisation); KK/*Graf* Rn. 16; *Meyer-Goßner* Rn. 20.

[194] OLG Koblenz 21.1.2009 – 1 Ws 9/09.

[195] OLG Karlsruhe 11.4.2005 – 3 Ws 114/05, wistra 2005. 316.

[196] OLG Karlsruhe 20.10.2009 – 2 Ws 385/09, StraFo 2010, 25; OLG Köln 15.8.2000 – 2 Ws 419/00, StV 2000, 628.

[197] OLG Celle 22.10.2009 – 1 Ws 534/09.

[198] Ebenso OLG Hamm 5.7.2012 – III – 3 Ws 159/12, VfW-Spezial 2012, 537.

[199] KG 3.11.2011 – 4 Ws 96/11; OLG Köln 20.1.2006 – 1 Ws 3-4/06, StV 2006, 313.

[200] *Naujok* StraFo 2000, 79. StV 2012, 350, OLG Karlsruhe 21.1.2013, 1 Ws 2013.

allem in Haftbefehlen vorzufindende weit verbreitete forensische Praxis,[201] die Haftanordnung allein mit der Höhe der Straferwartung zu begründen, dem Begriff der Fluchtgefahr nicht gerecht.[202] Diese kann nämlich allein den Haftgrund nicht begründen, sondern ist vielmehr nur **Ausgangspunkt für die Erwägung,** ob der in ihr liegende Anreiz zur Flucht unter Berücksichtigung aller sonstigen Umstände so erheblich ist, dass er die Annahme rechtfertigt, der Beschuldigte werde ihm nachgeben und wahrscheinlich flüchten.[203] Liegt bereits ein Urteil vor, so konkretisiert sich die Straferwartung auf das dort festgelegte Strafmaß, wobei hiervon die bereits verbüßte Untersuchungshaft und eine wahrscheinliche Reststrafenaussetzung (→ Rn. 53) in Abzug zu bringen sind, so dass auch eine Reststrafenerwartung von drei Jahren für sich gesehen nicht zur Begründung von Fluchtgefahr ausreicht.[204] Entscheidend ist vielmehr, ob **bestimmte Tatsachen** – nicht allgemeine Vermutungen – vorliegen, die den Schluss rechtfertigen, ein Beschuldigter werde dem in der hohen Straferwartung liegenden Fluchtanreiz nachgeben.[205] Je höher allerdings die Straferwartung ist, desto weniger Gewicht ist auf diese weiteren Umstände zu legen.[206] Besteht eine **erhebliche Straferwartung,** so wird dem Umstand, dass der Beschuldigte im Inland über soziale Bindungen verfügt, zumeist keine ausschlaggebende Bedeutung beikommen.[207] Gleichwohl kann der Ansicht, bei einer besonders hohen Straferwartung, brauche seitens des Gerichts nur noch geprüft werden, ob Umstände vorhanden sind, welche die hieraus abzuleitende Fluchtgefahr ausräumen können,[208] nicht gefolgt werden,[209] vielmehr muss die Fluchtgefahr stets sogfältig geprüft und aus den individuellen Umständen des Einzelfalles konkret abgeleitet werden.[210] Bei der Prognose darf der Haftrichter sich dabei nicht allein auf die – ggf. auch rechtsfehlerhaften – subjektiven Vorstellungen des Beschuldigten stützen, sondern maßgeblich ist sein Erwartungshorizont, in welchen er allerdings die subjektiven Vorstellungen des Beschuldigten mit einzustellen hat.[211]

53 **cc) Reststrafenaussetzung.** Lange Zeit war streitig, ob in die mutmaßliche Straferwartung mit einbezogen werden muss, ob der Beschuldigte im Falle einer Verurteilung mit einer vorzeitigen Entlassung aus der Strafhaft zum Zweidrittelzeitpunkt nach § 57 Abs. 1 Nr. 1 StGB rechnen kann. Dagegen sprach vor allen, dass hierüber zumeist die Strafvollstreckungskammer und damit ein andere Spruchkörper zu entscheiden hat und der Ausgang einer solchen zukünftigen Entscheidung – auch wegen des noch unklaren Vollzugsverhaltens – nicht wirklich vorhersehbar ist. Insoweit ist die Frage nunmehr durch die Rechtsprechung des Bundesverfassungsgerichts im Sinne einer Berücksichtigung geklärt.[212] Unklar ist jedoch noch, mit welcher Sicherheit von der Aussetzung zum 2/3-Zeitpunkt ausgegangen werden muss.[213] Insoweit ist erforderlich, dass eine **vorzeitige Entlassung als wahr-**

---

201 Tatsächlich wird jedenfalls bei einer Straferwartung ab vier Jahren regelmäßig von Fluchtgefahr ausgegangen; vgl. OLG Düsseldorf 6.2.2009 – III – 1 Ws 65/09, (3 Jahre 6 Monate); OLG Hamm 14.11.2007 – 2 Ws 342/07, OLGSt StPO § 112 Nr. 13 (Anrechnung von Untersuchungshaft etc bei Straferwartung unter 4 Jahren); OLG Köln 11.3.2003 – 2 Ws 116/03 (Notwendigkeit besonderer fluchthemmender Faktoren ab einer Freiheitsstrafe von 5 Jahren); KG 30.6.2000 – 1 AR 660/00 (Erstverbüßer).

202 OLG Karlsruhe 20.10.2009 – 2 Ws 385/09, StraFo 2010, 25.

203 KG 13.6.2005 – 1 Ws 401/05; dass. 14.2.2006 – 1 AR 141/05 – 5 Ws 65/05 (drohende Unterbringung nach § 63 StGB).

204 OLG Karlsruhe 21.1.2013 – 1 Ws 1/13.

205 OLG Köln 12.5.1995 – 2 Ws 174/95, StV 1995, 419.

206 OLG Hamm 14.1.2010 – 2 Ws 347/09, *Meyer-Goßner* Rn. 24; *Böhm* NStZ 2001, 633 (635).

207 OLG Stuttgart 27.6.2007 – 2 Ws 164/07, StRR 2007, 43.

208 So aber KG 16.11.2011 – 3 Ws 577/11, StraFo 2012, 62; siehe auch *Schultheis* NStZ 2013, 87 f.

209 *Meyer-Goßner* Rn. 24.

210 Ebenso *Naujok* StraFo 2000, 79.

211 KG 3.11.2011 – 4 Ws 96/11, StV 2012, 350.

212 BVerfG 4.4.2006 – 2 BvR 523/06, StV 2006, 251; dass. 4.6.2012 – 2 BvR 644/12, BVerfGK 19, 428.

213 OLG Hamm 28.4.2009 – 2 Ws 119/09, NStZ-RR 2010, 158 (hohe Sicherheit); dass. 31.7.2008 – 2 Ws 217/08, NStZ-RR 2009, 125 (im Zweifel zu erwarten); KG 10.8.1995 – 5 Ws 287/95, StV 1996, 383 (Erwartung) mit. krit. Anm. *Wattenberg;* OLG Köln 17.6.2002 – HEs 107/02 – 116, StV 2002, 553(möglich); KG 11.2.2005 – 1 AR 55/05 – 5 Ws 44/05, (ablehnend, da keine Prognose möglich).

scheinlich erscheint,[214] wobei man dem Tatrichter aufgrund seines Eindrucks in der Hauptverhandlung von dem Angeklagten einen Beurteilungsspielraum einräumen müssen.

dd) Weitere Verfahrensfolgen. Zwar beschränkt sich die Prüfung des dringenden Tatverdachts auf die in dem **Haftbefehl aufgeführte Tat.** Bei der Beurteilung der Fluchtgefahr müssen hingegen aber alle Umstände berücksichtigt werden, die für den Angeklagten aus seiner subjektiven Sicht geeignet sein können, den Fluchtanreiz zu mindern oder zu erhöhen. Den Fluchtanreiz erhöhend sind etwaige Konsequenzen dieses Verfahrens auf andere Verfahren, so etwa der im Falle einer Verurteilung drohende Widerruf der Strafaussetzung zur Bewährung[215] und der Verdacht weiterer Straftaten in anhängigen Verfahren. Dies gilt aber nur dann, wenn insoweit auch ein **dringender Tatverdacht** besteht,[216] wobei es nicht darauf ankommt, ob eine Gesamtfreiheitsstrafe zu bilden ist oder nicht.[217] 54

ee) Persönlichkeit, persönlichen Verhältnisse, Vorleben, soziale Bindungen. Die persönlichen Lebensumstände stellen **wichtige fluchthindernde oder -reduzierende Faktoren** dar, welche gegenüber der mutmaßlichen Straferwartung oftmals zu wenig Berücksichtigung finden. Verfügt ein im Inland lebender Beschuldigter über keinen festen Wohnsitz, so wird im Regelfalle allerdings unabhängig von der Straferwartung zu Recht Fluchtgefahr anzunehmen sein. Anderseits schließt das Vorhandensein eines solchen den Haftgrund bei hoher Straferwartung nicht aus, lediglich bei geringen oder mittelschweren Straftaten kommt diesem Umstand wirklich forensisches Gewicht bei. Gleiches gilt bei Alter und schlechtem Gesundheitszustand. Wegen der sich daraus ergebenden Instabilität wird der Haftgrund auch oftmals angenommen, wenn der Beschuldigte nicht über eine Arbeitsstelle verfügt. Andererseits dürfen soziale Kontakte nicht unberücksichtigt bleiben. Leben im Inland die wesentlichen Bezugspersonen, spricht dies deutlich gegen die Annahme von Fluchtgefahr,[218] insbesondere dann, wenn diesen im Falle der Flucht des Beschuldigten erhebliche Nachteile drohen.[219] Auch bei einem ausländischen Mitbürger kommt es daher darauf an, ob er in Deutschland über gefestigte soziale Bindungen verfügt.[220] Fehlen hingegen solche, wird Fluchtgefahr auch bei einer relativ geringen Straferwartung zu begründen sein.[221] 55

Auch **sonstige Umstände**[222] sind berücksichtigbar. So kann etwa die ernsthafte Bereitschaft des Beschuldigten, sich einer Drogentherapie zu unterziehen, gegen die Annahme sprechen, er werde in die Illegalität untertauchen.[223] Andererseits dürfte der Umstand, dass der Beschuldigte während einer früheren Inhaftierung einen Ausgang zur Flucht benutzt hat, gegen seine Verlässlichkeit sprechen.[224] Zuzustimmen ist auch der bemerkenswerten Entscheidung des OLG Koblenz vom 22.4.2004,[225] wonach der Haftgrund abgelehnt wurde, weil es Polizei und Staatsanwaltschaft trotz monatelanger verdeckter Ermittlungen versäumt hatten, die hierfür bedeutsamen Feststellungen zu den Lebensumständen des Beschuldigten zu treffen. 56

---

[214] Ähnlich OLG Karlsruhe 21.1.2013 – 1 Ws 1/13, („Es kann nach Maßgabe der Bewertung des Landgerichts nicht ohne weiteres davon ausgegangen werden, dass eine vorzeitige Entlassung möglich ist"); KG 3.11.2011 – 1 4 Ws 96/11, StV 2012, 350 (voraussichtlich); KG 7.3.2014 – 4 Ws 21/14 (wahrscheinlich bzw. konkret zu erwarten); OLG Frankfurt 3.1.2014 – 1 Ws 206/13, StraFo 2014, 73 (Netto-Straferwartung).
[215] KG 29.11.2000 – 1 AR 1358/00 – 4 Ws 219/00.
[216] AA OLG Düsseldorf 2.2.2005 (Anhängigkeit weiterer Verfahren); KG 15.6.2001, (5) 1 HEs 100/01, (Weitere Anklage anhängig).
[217] KG 14.2.2005 – 1 AR 141/05 – 5 Ws 65/05.
[218] OLG Düsseldorf 10.3.2004 – III – 1 Ws 80/04.
[219] OLG Frankfurt a. M. 31.3.2000 – 1 Ws 44/00, StV 2000, 372.
[220] OLG Hamm 13.3.2002 – 2 Ws 60/02, StV 2002, 492.
[221] KG 7.6.2000 – 1 AR 585/00 – 3 Ws 585/00 (1 Jahr Restverbüßungsdauer).
[222] OLG Hamm 15.1.2008 – 4 Ws 576/07 (unsichere Status als Asylbewerber); Schleswig-Holsteinisches Oberlandesgericht 2.11.2006 – 2 Ws 451706, SchlHA 2007, 284 (zwingende Ausweisung eines Ausländers).
[223] OLG Koblenz 13.6.2005 – 1 Ws 401/05.
[224] KG 18.2.2002 – 1 AR 200/02 – 5 Ws 102/02.
[225] OLG Koblenz 22.4.2004 – (1) Ws 4420 BL – III 17/04, StV 2004, 491.

57 **ff) Auslandskontakte.** Erhebliche praktische Bedeutung kommt bei der Abwägung zum Merkmal der Fluchtgefahr der Frage bei, ob der Beschuldigte über Auslandskontakte verfügt, welche ihm im Falle eines Absetzens einen auch längerfristigen Aufenthalt dort ermöglichen oder erleichtern würden. Liegen solche vor,[226] etwa Verwandtschaft, Lebenspartner/in[227] oder Besitz von Immobilien[228] in außereuropäischen Ausland, wird der Haftgrund eher anzunehmen sein, als wenn der Beschuldigte weder über solche Kontakte noch über die nennenswerte Finanzmittel verfügt, welchen ihm einen längerfristigen Aufenthalt ermöglichen könnten. Selbst wenn ein Beschuldigter aus diesen Gründen theoretisch aber ohne weiteres in der Lage wäre, einen neuen Lebensmittelpunkt im Ausland aufzubauen, kann **Fluchtgefahr im Regelfalle nicht angenommen werden, wenn keinerlei konkrete Anzeichen** dafür bestehen, dass er eine Flucht ins Ausland plant und Vorbereitungen hierzu trifft.[229] Auch reicht allein die Ausländereigenschaft unabhängig von der Höhe der Straferwartung nicht zur Begründung aus.[230] Insoweit sind die forensischen Bewertungen oftmals rechtsfehlerhaft, weil sie sich zumeist nur auf aktenmäßig erfasste Auslandskontakte stützen, ohne diese tatsächlich dahin nachzuprüfen, ob diese Beziehungen tatsächlich bestehen und dem Beschuldigten die Möglichkeit der Aufnahme bieten.

58 **gg) Auslandswohnsitz.** Der Umstand, dass der Beschuldigte seinen Lebensmittelpunkt im Ausland hat, rechtfertigt die Annahme des Vorliegens des Haftgrundes der Fluchtgefahr nicht, wenn seine Anschrift den Strafverfolgungsbehörden und dem Gericht bekannt ist.[231] Jedenfalls gilt dies im Bereich der Europäischen Union, da der Beschuldigte aufgrund des Rahmenbeschlusses des Rates vom 13.6.2002 über den Europäischen Haftbefehl und die Übergabeverfahren zwischen den Mitgliedstaaten jederzeit mit seiner Auslieferung rechnen muss.[232] Insoweit gilt, dass die soziale Integration in einem Mitgliedstaat der Europäischen Union der sozialen Integration im Inland gleichsteht.[233] Zu fragen ist daher, ob zu befürchten steht, der Beschuldigte werde sich **außereuropäische Ausland flüchten oder innerhalb der Europäischen Union untertauchen.**[234] Allerdings wird dem Zusammenwachsen der Völker innerhalb der Europäischen Union und die erleichterten Möglichkeiten der Erwirkung eines Europäischen Haftbefehls in der forensischen Praxis nicht immer die ausreichende Bedeutung beigemessen, weshalb der frühzeitigen und durch Tatsachen zu belegende Darlegung dieser fluchthindernden Umstände durch die Verteidigung besonderes Gewicht beikommt.

59 Anders zu beurteilen ist allerdings die Frage, wenn der Beschuldigten in ein **Land außerhalb der Europäischen Union,** dessen Staatsangehöriger er ist, zurückkehren will. Da insoweit seine Auslieferung nicht in Betracht kommt, muss eine hohe Wahrscheinlichkeit dafür sprechen, dass er sich im Verfahren in der Bundesrepublik Deutschland gleichwohl stellen wird.[235]

60 **hh) Gestellungsbereitschaft.** Viel zu wenig Berücksichtigung findet der Umstand, ob sich Beschuldigte dem Verfahren zur Verfügung hält und/oder sich gegen den ihn erhobe-

---

[226] KG 12.7.2001 – 1 AR 680/01 – 5 Ws 315/01 (Ausländer – Erwartung mehrjähriger Freiheitsstrafe).
[227] KG 10.10.2011 – 1 AR 1195/01 – 4 Ws 163/01 (Venezuela).
[228] Vgl. aber Saarländisches Oberlandesgericht 3.6.2002 – 1 Ws 109/02, StV 2002, 489 (Allein Auslandsvermögen reicht nicht aus).
[229] OLG Köln 18.3.2005 – 2 Ws 32/05, StV 2006, 25.
[230] OLG Köln 31.3.2000 – 2 Ws 163/00, StV 2000, 508 (in der BRD verwurzelt).
[231] OLG Dresden 24.2.2005 – 1 Ws 29/05, StraFo 2005, 224; LG Hamburg 1.3.2002 – 620 Qs 19/02, StV 2002, 205 (Lebensmittelpunkt Brasilien).
[232] OLG Karlsruhe 31.7.2012 – 1 Ws 149/12; OLG Oldenburg 25.6.2009 – 1 Ws 349/09, StV 2010, 29; OLG Köln 27.1.2003 – 2 Ws 22/02, StV 2003, 510 (Zweitwohnsitz auf Mallorca); *Meyer-Goßner* Rn. 17a.
[233] OLG Düsseldorf 6.10.2005 – III – 4 Ws 461-462/05, StraFo 2006, 24; KG 24.3.2010 – 4 Ws 37/10, StRR 2010, 354; *Gercke* StV 2004, 675.
[234] OLG Karlsruhe 31.7.2012 – 1 Ws 149/12; Brandenburgisches Oberlandesgericht 17.1.1996 – 2 Ws 183/05, StV 1996, 381.
[235] Ebenso OLG Köln 16.7.2004 – 2 Ws 351/04, StV 2005. 393; dass. 7.8.2002 – 2 Ws 358/02, NStZ 2003, 219 (keine Erreichbarkeit mangels Auslieferungsmöglichkeit); *Dahs ua* StV 2003, 416.

nen Vorwurf verteidigen will. Hat sich der Beschuldigte in Kenntnis der gegen ihn erhobenen Vorwürfe bislang trotz bestehender Möglichkeit hierzu dem Verfahren nicht durch Flucht entzogen, sondern sich diesem zur Verfügung gehalten, so spricht dies deutlich gegen die Annahme von Fluchtgefahr.[236] Gleiches gilt, wenn er sich schon in früheren gegen ihn anhängigen Verfahren als verlässlich erwiesen hat.[237] Im Falle einer Außervollzugsetzung des Haftbefehls ist dieser Rechtsgedanke zudem in § 116 Abs. 4 normiert. Allein die Erhebung der Anklage[238] oder der hierauf ergehende Eröffnungsbeschluss[239] rechtfertigt nicht die Annahme, der Beschuldigte erkenne nun den Ernst der Lage und werde flüchten. Problemtisch und nur in Ausnahmefällen begründbar ist die Ansicht, durch das Urteil könne sich auch für den zur Hauptverhandlung erschienenen Angeklagte die Straferwartung derart konkretisieren, dass er sich nunmehr entziehe, weil er mit einem Freispruch[240] oder einer geringeren Strafe gerechnet habe.[241] In vielen Fällen wird auch deutlich, dass sich der Beschuldigte gegen den ihn erhobenen Vorwurf verteidigen, sich schon deshalb dem Verfahren nicht entziehen und dort seine „Unschuld" beweisen will.[242] Ähnlich zu behandeln sind die Fälle, in welchen der Beschuldigte durch Abgabe eines umfassenden Geständnisses „reinen Tisch" macht.[243]

ii) Jugendstrafrecht. Besonderheiten bestehen im Jugendstrafrecht. Dort gilt das Prinzip der Subsidiarität. Insoweit gelten zunächst die Einschränkungen des § 72 Abs. 2 JGG, wonach ein Haftbefehl wegen Fluchtgefahr nur ergehen darf, wenn er sich dem Verfahren bereits entzogen hat, Anstalten zur Flucht getroffen oder im Inland keinen festen Wohnsitz oder Aufenthalt hat.[244] Bei einem Jugendlichen ist der Haftgrund der Fluchtgefahr darüber hinaus nur begründbar, wenn als Tatsache feststeht, dass soziale oder andere Bindungen nicht oder nur in so geringem Maße bestehen, dass ihnen fluchthinderndes Gewicht nicht zugesprochen werden kann. Daher darf nach § 72 Abs. 1 JGG gegen einen Jugendlichen aus Gründen der Verhältnismäßigkeit Untersuchungshaft nur verhängt oder vollstreckt werden, wenn ihr Zweck nicht durch eine vorläufige Anordnung über die Erziehung oder durch andere Maßnahmen erreicht werden kann. Wird Untersuchungshaft verhängt, sind im Haftbefehl die Gründe anzuführen, aus denen sich ergibt, dass andere Maßnahmen nicht ausreichen und die Untersuchungshaft nicht unverhältnismäßig ist.[245] Erforderlich ist jedoch stets die Gewissheit, dass ein Heim der Jugendhilfe iSd vergleichbar fluchtsicher wie eine Jugendstrafanstalt ist.[246] Die Anordnung der Untersuchungshaft kann bei Jugendlichen aber auch dann in Betracht kommen, wenn die nach dem JGG vorgesehenen anderen Maßnahmen nicht mehr ausreichen.[247] 61

5. Der Haftgrund der Verdunkelungsgefahr (§ 112 Abs. 2 Nr. 3). Im Gegensatz zu den der Sicherung der Anwesenheit des Beschuldigten dienenden Haftgründen der Flucht und der Fluchtgefahr soll der Haftgrund der **Verdunkelungsgefahr** nach § 112 Abs. 2 Nr. 3 ein unlauteres Einwirken des Beschuldigten auf die zur Wahrheitsermittlung vorhandenen Beweismittel verhindern. 62

---

[236] OLG Hamm 28.2.2008 – 2 Ws 48/08, StV 2008, 257; dass 27.1.2003 – 2 Ws 19/03, StV 2003, 509 (Selbststeller); dass. 3.9.2001 – 2 BL 148/01, StV 2001, 685 (Betrugsschaden in Millionenhöhe); OLG Karlsruhe 25.10.2005 – 2 Ws 278/05, StV 2006, 312.

[237] OLG Karlsruhe 21.1.2013 – 1Ws 17/13.

[238] LG München 13.7.2001 – 5 KLs 313 Js 36100/09, StV 2001, 686.

[239] OLG Hamm 28.2.2000 – 2 Ws 55/2000, wistra 2000, 239.

[240] KG 31.5.2001 – 1 AR 645/01 – 4 Ws 91/01.

[241] Ebenso OLG Karlsruhe 18.5.2000 – 2 Ws 137/00, StV 2000, 508; aA Schleswig-Holsteinisches Oberlandesgericht 30.11.1999 – 1 Ws 497/00, SchlHA 2000, 128.

[242] KG 2.2.2012 – 4 Ws 10/12, StV 2012, 609; OLG Karlsruhe 20.10.2009 – 2 Ws 385/09, StraFo 2010, 25.

[243] OLG Koblenz 24.9.2022 – (2) 4420 BL – III – 94/02, StV 2003, 171.

[244] KG 11.5.2005 – Ws 222/05, (Unanwendbarkeit des § 72 Abs. 2 JGG mit Erreichen des 16. Lebensjahres).

[245] OLG Karlsruhe 26.2.2010 – 2 Ws 60/10, StraFo 2010, 206.

[246] KG 15.9.2009 – 4 Ws 103/09, NStZ-RR 2010, 156 (Ls.).

[247] OLG Köln 10.5.2007 – 2 Ws 226/07, OLGSt StGB § 226 Nr. 1.

63 **a) Verdunkelungsgefahr.** Eine solche Gefahr besteht aber nur dann, wenn das **konkrete aktuelle Verhalten des Beschuldigten** den dringenden Verdacht begründet, dass er, auf freiem Fuß befindlich, durch bestimmte in § 112 Abs. 2 Nr. 3 lit. a–b näher beschriebene Handlungen auf sachliche oder persönliche Beweismittel einwirkt und dadurch die Ermittlung der Wahrheit erschwert wird.[248] Die mehr oder weniger häufig gegebene abstrakte Gefahr möglicher Verdunkelungshandlungen reicht für diese Annahme nicht aus.[249] Verdunkelungsgefahr besteht daher nur dann, wenn aufgrund bestimmter Tatsachen das Verhalten des Beschuldigten **den dringenden Verdacht** begründet, er werde in unlauterer Weise auf sachliche und persönliche Beweismittel einwirken, und wenn deswegen die Gefahr droht, dass die Ermittlung der Wahrheit erschwert werde. Dabei muss das Einwirken des Beschuldigten grundsätzlich aktiv erfolgen, das bloße Bestreiten oder das Verweigern einer Einlassung reicht nicht aus.[250] Die auf eine aktive Einwirkung hindeutenden Tatsachen müssen hinreichend belegt sein, bloße Vermutungen genügen nicht (→ Rn. 67).

64 Voraussetzung dafür ist, dass für den Fall der Nichtinhaftierung des Beschuldigten mit **großer Wahrscheinlichkeit Verdunkelungshandlungen zu erwarten** sind. Die bloße Möglichkeit, der Vornahme solcher Handlungen reicht nicht aus.[251] Hat der Beschuldigte in einem früheren Stadium des Verfahrens bereits Verdunkelungshandlungen nachweislich vorgenommen (→ Rn. 84), so reicht auch die bloße Fortwirkung derselben für die Annahme einer aktuell, ohne Vollziehung der Untersuchungshaft noch bestehender Gefahr zukünftiger Verdunkelungsmaßnahmen nicht aus,[252] auch wenn dieses Umständen im Rahmen einer Gesamtwürdigung Indizwirkung im Sinne eines Beweisanzeichens beikommt.[253]

65 Nicht selten bietet gerade der Haftgrund der Verdunkelungsgefahr der **Verteidigung Ansatzpunkte,** nicht nur auf tatsächlicher sondern auch auf rechtlicher Ebene.

66 In **tatsächlicher Hinsicht** muss sich der Haftbefehl intensiv mit den vorliegenden Tatsachen auseinandersetzen, wenn die Kataloghandlungen auf § 112 Abs. 2 Nr. 3 lit. a–c fußen. In geeigneten Fällen wird der Verteidiger nach der notwendigen Akteneinsicht zu beurteilen haben, in wieweit eine Kooperation mit den Ermittlungsbehörden zur Aufklärung beitragen kann, um die Verdunkelungsgefahr zu entkräften oder zumindest zu minimieren. Indes verbieten sich vorschnelle Lösungen, die zwar die den Beschuldigten beschwerende Haftsituation akut gegebenenfalls auflösen können, jedoch die Gefahr erheblicher Nachteile im weiteren Verfahren in sich bergen.

67 In **rechtlicher Hinsicht** müssen zwar die bestimmten Tatsachen, auf die sich der dringende Verdacht der Verdunkelungshandlung beziehen muss, nicht zur vollen Überzeugung des Gerichts feststehen, gleichwohl bedarf es nach herrschender Auffassung insoweit einer die **hohen Wahrscheinlichkeit** des Vorliegens, wie dies beim dringenden Tatverdacht erforderlich ist.[254] Eine auf einen Einzelfall bezogene Würdigung setzt aber eine ausreichende Tatsachengrundlage voraus. Der Schluss auf eine Verdunkelungsabsicht nach dem Bekanntwerden einer Tat kann nur bei ausreichender tatsächlichen Feststellungen gezogen werden. Neben einer nach kriminalistischer Erfahrung günstigen Ausgangslage für Verdunkelungshandlungen muss die tatsachengestützte Mutmaßung nämlich bedingen, dass der Beschuldigte die Gelegenheit in Freiheit auch tatsächlich nutzen wird.[255] Dabei bezieht sich der Haftgrund der Verdunkelungsgefahr stets nur auf die Taten, die dem Haftbefehl zugrunde liegen.[256]

---

[248] Statt aller *Meyer-Goßner* Rn. 26; OLG Karlsruhe 26.9.2000 – 3 Ws 196/00, Die Justiz 2001, 87.
[249] OLG Köln 2.10.1991 – 2 Ws 448)1, StV 1992, 383.
[250] OLG Hamm 12.1.2004 – 2 Ws 326/03, StraFo 2004, 134.
[251] OLG Köln 26.1.1999 – 2 Ws 29/99, StV 1999, 323.
[252] OLG Naumburg 2.12.2009 – 1 W s 789/09, StraFo 2010, 112.
[253] KG 6.2.2001 – 1 AR 95/01 – 5 Ws 46/01.
[254] *Meyer-Goßner,* Rn. 27 f., Graf, Rn. 20.
[255] OLG München 25.1.1996 – 2 Ws 37/96, NJW 1996, 941.
[256] OLG Stuttgart 21.10.1986 – StV 1987, 110; OLG Karlsruhe 31.8.2001 – 2 Ws 219/01, StV 2001, 686.

aa) Einwirken auf Beweismittel § 112 Abs. 2 Nr. 3 lit. a. Die Verdunkelungshandlung nach § 112 Abs. 2 Nr. 3 lit. a bezieht sich auf sämtliche sächliche Beweismittel, unabhängig von der Besitzberechtigung des Beschuldigten.[257] **Beiseiteschaffen** eines Beweismittels ist auch das bloße Erschweren oder Verhindern des jederzeitigen und unveränderten Zugriffs der Ermittlungsbehörden. **Fälschen** ist jede Veränderung des Beweiswertes. Dies kann auch durch die Herstellung eines neuen Beweismittels geschehen. Es genügt, wenn der Beschuldigte zwar kein sich unmittelbar auf die Tat – die Gegenstand des Haftbefehls ist – beziehendes Beweismittel verändert, sondern zu seiner Entlastung dem Gericht ein neues Beweismittel vorgelegt, welches aufgrund seines manipulierten Inhalts geeignet ist, den Vorwurf zu widerlegen und somit eine neue Beweislage zu schaffen, wodurch die Ermittlung der Wahrheit zumindest erschwert wird. Unerheblich ist dabei der Zeitpunkt der Fälschung, ebenso wie der Zeitpunkt der Vorlage im Verfahren. Es genügt, dass durch die Manipulation auf das Verfahren eingewirkt wird mit dem Ziel, durch Änderung der Beweislage die Ermittlung der Wahrheit zu verhindern oder zu erschweren.[258] 68

Indes muss daneben die Gefahr bestehen, der **Beschuldigte werde (auch) künftig** auf Beweisvereitelung zielende Handlungen vornehmen, und dass dementsprechend für die Zukunft die Gefahr droht, dass hierdurch die Ermittlung der Wahrheit erschwert wird. Dafür genügt nicht schon, dass eine Verdunkelungshandlung festgestellt ist und lediglich die Möglichkeit weiterer Verdunkelungshandlungen besteht.[259] Auch wenn ein Beschuldigter etwa Zeugen früher beeinflusst hat, darf deshalb die Untersuchungshaft nicht aufrechterhalten werden, wenn künftige Verdunkelungshandlungen nicht mehr zu besorgen sind. Das gilt selbst dann, wenn die früheren Verdunkelungshandlungen fortwirken.[260] 69

bb) Einwirken auf Beweispersonen § 112 Abs. 2 Nr. 3 lit. b. Nicht jedes Einwirken auf Beweispersonen rechtfertigt die Annahme einer Verdunkelungshandlung. Vielmehr muss diese Einwirkung als unlauter zu qualifizieren sein, mithin durch unlautere Mittel oder zu unlauteren Zwecken geschehen. Diese setzt eine unmittelbare oder zumindest mittelbare psychische Beeinflussung voraus, durch die die Beweislage zuungunsten der Wahrheit verändert werden soll.[261] 70

Die **bloße Kontaktaufnahme,** beispielhaft mittels eines in der Untersuchungshaft verbotenen Mobiltelefons oder die Weitergabe von Briefen unter Umgehung der Postkontrolle an Mitbeschuldigte, Zeugen oder Sachverständige als solche genügt nicht. Vielmehr ist neben der von dem Beschuldigten gewollten, unkontrollierten Kontaktaufnahme nach seiner Zielrichtung auch das **Ausnutzen dieses Kontaktes zur Beweismanipulation** mit konkreten Hinweisen zu belegen.[262] So stellt auch die – wenn auch nicht immer unbedenkliche – Kontaktaufnahme der Verteidigung mit Zeugen zum Zweck der Sachverhaltsaufklärung oder Feststellung deren Wissens keine Verdunkelungshandlung, sondern einen Aufklärungsbeitrag dar. Die Grenze zur unlauteren Einflussnahme mittels suggestiver Fragestellungen ist aber fließend und daher wird die Notwendigkeit derartiger Kontaktaufnahmen von Seiten der Verteidigung kritisch zu prüfen sein, um schon den bösen Schein zu vermeiden. Auch die Bitte an einen Mitbeschuldigten zu schweigen, ist nicht schon per se unlauter im Sinne dieser Vorschrift,[263] wenn sich hierin keine Aufforderung zur Verwendung unlauterer Mittel findet, wie etwa wie Täuschung oder Drohung. Auch die an Angehörige gerichtete Bitte, von ihrem Zeugnisverweigerungsrecht tatsächlich Gebrauch zu machen, ist noch nicht als unlauter zu qualifizieren, wenn dem Zeugen ein nachhaltiger Entscheidungsspielraum verbleibt. Eine solche Entscheidungsfreiheit fehlt aber, wenn der Beschuldigte ein besonderes Abhängigkeitsverhältnis ausnutzt, gerade gegenüber Minder- 71

[257] *Graf,* Rn. 23.
[258] OLG Zweibrücken 10.6.1992 – 1 Ws 312/92, StV 1992, 476.
[259] OLG Hamm 8.1.1985 – 4 Ws 8/85, StV 1985, 114.
[260] OLG Oldenburg 31.1.2005 – 1 Ws 47/05, StV 2005, 111.
[261] OLG Karlsruhe 31.8.2001 – 2 Ws 219/01, StV 2001, 395.
[262] KG 6.10.2008 – 4 Ws 89/08, StV 2009, 534.
[263] OLG Frankfurt a. M. 7.5.2010 – 1 HEs 30/10, StV 2010, 583.

jährigen,[264] geschweige denn bei dem Einsatz von Drohung oder psychischer sowie physischer Gewalt. Deshalb ist der Umstand, dass der Beschuldigte Familienangehörige und Mitarbeiter als Entlastungszeugen benennt, sein gutes Recht und kann eine Verdunkelungsgefahr selbst dann nicht begründen, wenn es sich bei den benannten Zeugen um wirtschaftlich von ihm abhängige Personen handelt.[265]

72 Der Haftgrund der **Verdunkelungsgefahr entfällt** danach, wenn die potentielle Verdunkelungshandlung objektiv nicht mehr geeignet ist, die Ermittlung der Wahrheit zu erschweren. Daran fehlt es vor allem, wenn die **Beweise in einer Weise gesichert** sind, dass der Angeklagte die Wahrheitsermittlung nicht mehr mit Erfolg behindern könnte (→ Rn. 83). Dies kann etwa bei einem: vom Gericht für glaubhaft erachtetes richterliches Geständnis sowie dann der Fall sein, wenn die Aussage des Geschädigten richterlich protokolliert ist und für glaubhaft anzusehen ist.[266] Der Haftgrund entfällt auch dann, wenn der Angeklagte ein umfassendes und glaubhaftes gerichtliches Geständnis ablegt und die Berufung auf den Rechtsfolgenausspruch beschränkt.[267]

73 **cc) Anstiftung Dritter zu Verdunkelungshandlungen § 112 Abs. 2 Nr. 3 lit. c.** Die Veranlassung der unter lit. a und b genannten Handlungen durch dritte Personen steht dem eigenen Verhalten gleich. Dabei kann der Dritte als doloses Werkzeug eingesetzt werden.[268]

74 **b) Einzelfallbetrachtung und Abwägung.** Folgende Umstände können in der forensischen Praxis für oder gegen die Annahme von Verdunkelungsgefahr herangezogen werden:

75 **aa) Geständnis.** Nicht selten ist in der Praxis zu beobachten, dass der Haftgrund der Verdunkelungsgefahr als Druckmittel genutzt wird, um die Geständnisbereitschaft des Beschuldigten zu fördern. Indes ist das bloße Bestreiten des Tatvorwurfs oder das Gebrauchmachen vom Schweigerecht, auch in den Fällen, in denen der Unschuldige gemeinhin zur Aussage bereit ist, kein tragfähiger Verdunkelungsgrund.[269] Ebenso wenig kann sonstiges prozessordnungsgemäßes Verhalten, wie Schweigen,[270] oder trotz des eigenen Geständnisses die mangelnde Benennung von offensichtlich weiteren Tatbeteiligten[271] diesen Haftgrund rechtfertigen.

76 **bb) Lebensumstände des Beschuldigten.** Neben dem Verhalten des Beschuldigten können auch seine Lebensumstände oder familiäre und persönliche Verhältnisse als Prognosebasis – jedoch nur auf feststehender Tatsachengrundlage – die Annahme einer großen Wahrscheinlichkeit von Verdunkelungsmaßnahmen rechtfertigen.[272] Ein wesentliches Indiz ist eine auf Verdeckung ausgerichtete Lebensführung, wie die Begehung der Taten unter falschem Namen und dem Anmieten einer Wohnung unter Aliaspersonalien. Die mangelnde Benennung von offensichtlich weiteren Tatbeteiligten[273] kann jedoch diesen Haftgrund für sich gesehen nicht rechtfertigen. Auch bei einem Betrüger kann der Haftgrund naheliegen, wenn seine gesamte bisherige Lebensführung und Berufsausübung auf Verheimlichung und Täuschung, ggf. auch Gewaltanwendung und Drohung ausgerichtet ist.[274]

---

[264] OLG Karlsruhe 26.9.2000 – 3 Ws 196/00, StraFo 2000, 423.
[265] Saarländisches Oberlandesgericht 3.6.2002 – 1 Ws 109/02, StV 2002, 489.
[266] KG 11.7.2012 – 4 Ws 73/12.
[267] OLG Stuttgart 4.1.2005 – 4 Ws 367/2004, StV 2005, 225.
[268] Vgl. *Meyer-Goßner,* Rn. 34; *Graf,* Rn. 25.
[269] Gallandi StV 1987, 87.
[270] OLG Hamm 8.1.1985 – 4 Ws 8/85, StV 1985, 114; OLG Köln 2.10.1991 – 2 Ws 448/91, StV 1992, 383.
[271] *Graf,* Rn. 20 mwN.
[272] OLG München 25.1.1996 – 2 Ws 37/96, NJW 1996, 941.
[273] *Graf,* Rn. 20 mwN.
[274] OLG Köln 19.12.2002 – 2 Ws 603/02.

cc) Früheres Täterverhalten. Gerade früheres Verhalten des Beschuldigten – auch außerhalb des konkreten Ermittlungsverfahrens – kann insoweit Hinweise auf das Vorliegen des Haftgrundes vermitteln. Solche können ohne weiteres berücksichtigt werden, da die Frage der Verdunkelungsgefahr **Prognosecharakter** hat und sich insoweit das frühere Täterveralten auf die Prognose seines künftigen Verhaltens auswirkt.[275] Insoweit kann auch Täterverhalten berücksichtigt werden, wenn dies in einem anderen Verfahren erfolgt ist.[276] 77

dd) Deliktscharakter. Bestimmte Tatvorwürfe, die ihrem **Wesen nach auf eine Verdunkelung** angelegt sind, können typischerweise für eine systematische Verheimlichung und Täuschung gegenüber den Ermittlungsbehörden sprechen. Bei bestimmten Straftaten lässt sich aber nur unter besonderen Umständen aus dem Deliktscharakter auf den Haftgrund der Verdunkelungsgefahr schließen.[277] Das Delikt, um das es bei dem Tatvorwurf geht, ist nämlich keine „bestimmte Tatsache" in diesem Sinn, sondern nur der Vorwurf, der sich erst noch im Laufe des Verfahrens als zutreffend erweisen kann.[278] Es ist jedoch keineswegs erforderlich, dass der Beschuldigte oder ein Mitglied der Gruppierung in dem anhängigen Verfahren oder einem früheren Strafverfahren bereits Verdunkelungshandlungen vorbereitet oder unternommen haben. Es kann vielmehr ausreichen, dass andere Anzeichen für eine Verdunkelung gegeben sind. Derartiges kann sich im Einzelfall aus den Umständen der verfolgten Tat ergeben, so etwa, wenn die Taten nach Planung und Ausführung die Verdunkelung vor und nach der Begehung konkret voraussetzen.[279] Es müssen sich aber konkrete Anhaltspunkte dafür finden lassen, dass auch die vorliegende Organisationsstruktur, ihrer Arbeitsweise nach, ihre Taten auf Verschleierung, sowohl vor als auch nach der Tatbegehung, angelegt hat. Dies setzt beispielsweise voraus, dass der Beschuldigte derart in ein System eingebettet ist, dass Planung und Ausführung der konkreten Tat Ähnlichkeiten mit der Vorgehensweise von **Wirtschaftskriminellen** aufweisen.[280] Gleiches gilt bei der Mitgliedschaft in einer kriminellen oder terroristischen Vereinigung nach §§ 129, 129a StGB[281] sowie dem Vorwurf einer geheimdienstlichen Agententätigkeit nach § 99 StGB.[282] 78

Die Verdunklungsgefahr lässt sich in der Regel aber nicht allein aus der **Eigenart des dem Beschuldigten vorgeworfenen Delikts** ableiten. Dies würde häufig zu einer nicht hinnehmbaren gesetzlichen Vermutung führen. Das Delikt, um das es bei dem Tatvorwurf geht, ist keine „bestimmte Tatsache" im Sinne des § 112 Abs. 2 Hs. 1. So lässt sich etwa der sich aus der Eigenart des dem Beschuldigten vorgeworfenen Delikts der Steuerhinterziehung eine solche Befürchtung nicht ableiten.[283] Für die Annahme von Verdunklungsgefahr müssen vielmehr **noch weitere Umstände hinzukommen**, aus denen auf die Gefahr der verdunkelnden Einflussnahme zusätzlich geschlossen werden kann. Dazu sind alle Umstände des Einzelfalles zu prüfen. 79

Oftmals haben auch bestimmte **Berufs- und Bandenverbrecher** ihre gesamte Lebensführung schon derart auf systematische Verheimlichung, Täuschung, Drohung und Gewaltanwendung ausgerichtet, dass eine Verdunkelungsgefahr auf der Hand liegt.[284] Der bloße kriminalistische Erfahrungssatz, dass bestimmte Deliktsarten, insbesondere die bandenmäßige Begehung, für Verschleierung- und Täuschungsabsicht zeugen, kann den Haftgrund der Verdunkelungsgefahr nach der gesetzlichen Regelung allein indes nicht bedingen. Vielmehr müssen auch hier für dessen Annahme weitere Umstände hinzukommen, aus denen auf die Gefahr der negativen, nämlich verdunkelnden – unlauteren – Einflussnahme 79a

---

[275] OLG Hamm 17.6.2004 – 2 Ws 141/04, wistra 2004, 358.
[276] AA OLG Nürnberg 29.11.2002 – Ws 1485/02, StraFo 2003, 89.
[277] OLG Frankfurt a. M. 26.10.2006 – 1 Ws 87/06.
[278] OLG Hamm 14.1.2010 – 2 Ws 347/09.
[279] KG 29.12.1999 – (5) 1 HEs 244/99.
[280] OLG Frankfurt a. M. 30.8.1996 – 1 HEs 191/96, NStZ 1997, 200.
[281] BGH 28.11.2007 – StB 43/07, BGHSt 52, 98.
[282] BGH 11.5.2012 – AK 10 und 11/12, NStZ-RR 2012, 244; 18.7.2006 – StB 14/06, NStZ-RR 2006, 303.
[283] OLG Hamm 6.2.2002 – 2 Ws 27/02, StV 2002, 205 (für den Vorwurf der Steuerhinterziehung).
[284] OLG Köln 8.5.1998 – 2 Ws 229/98, StV 1999, 37; *Böhm* NStZ 2001, 634.

geschlossen werden kann. Bei einer bandenmäßigen Begehungsweise des unerlaubten Handeltreibens mit Betäubungsmitteln wäre dies etwa dann der Fall, wenn sich der Beschuldigte als Teil einer arbeitsteilig organisierten Bande versteht und betätigt, die im Drogenmilieu bewusst eine Struktur der Verdeckung und Täuschung nutzt, welche für die Strafverfolgungsbehörden nur schwer zu durchschauen ist.[285] Ebenso wenn der Beschuldigte als Mitglied einer Bande, die sich nach außen als Motorrad-Club geriert und sich durch systematisches Eintreiben von Schutzgeldern eine ständige Einnahmequelle verschafft und die Arbeitsweise auf Verschleierung ihres Tuns angelegt ist.[286] Ein Automatismus, von dem dringenden Tatverdacht eines Bandendelikts oder auch nur deren Mitgliedschaft auf die Verdunkelungsgefahr zu schließen, widerspricht jedoch der gesetzlichen Regelung, nach der der Erlass eines Haftbefehls eben nicht nur vom Vorliegen des dringenden Tatverdachts abhängt, sondern als weitere Voraussetzung das Vorliegen eines Haftgrundes als eigenständige Voraussetzung geprüft und bejaht werden muss.[287] Insoweit ist also eine sorgfältige Prüfung geboten.

80 Bezüglich des Merkmals des Deliktscharakters kommt es auch maßgeblich auf den **Stand der Ermittlungen** an. Während bei Vorliegen einer gefestigten Bandenstruktur zu Beginn des Ermittlungsverfahrens eine solche Annahme leichter zu rechtfertigen sein kann, verbietet sich diese jedoch, wenn die Ermittlungen bereits fortgeschritten sind und der Lebensführung des Beschuldigten keine konkreten Anhaltspunkte für eine Erschwerung der Ermittlungen zu entnehmen ist.

81 **ee) Verschweigen der Beute.** Das Verschweigen **des Aufbewahrungsorts der Beute** rechtfertigt die Annahme der Verdunkelungsgefahr an sich nicht, denn die Untersuchungshaft ist keine Beugehaft und der Beschuldigte ist auch nicht verpflichtet, sich zur Sache einzulassen.[288] Etwas anderes mag allerdings dann gelten, wenn noch weitere Tatbeteiligte vorhanden sind und die konkrete Gefahr besteht, der Beschuldigte könne das Versteck an diese mitteilen und dadurch die Ermittlungen erschweren.

82 **ff) Persönliche Beziehungen.** Auch **persönliche Beziehungen zwischen dem Beschuldigten und dem Opfer** können den Haftgrund der Fluchtgefahr rechtfertigen. Zwar kann im Rahmen einer ehelichen oder auch nichtehelichen Lebensgemeinschaft nicht bereits dann eine Verdunkelungsgefahr angenommen werden, wenn der Täter auf seinen Partner einwirkt, da dies von der Motivation zur Aufrechterhaltung oder Neubegründung der Beziehung getragen sein kann. Etwas anderes gilt jedoch, wenn die Beeinflussung unter Anwendung von Gewalt oder Drohungen oder aber unter Ausnutzung eines bestehenden Abhängigkeitsverhältnisses erfolgt.[289] Insoweit kommt auch gerade bei dem Tatbestand der Nachstellung (§ 238 StGB) die Annahme des Haftgrundes in Betracht. So besteht dieser bereits dann, wenn konkret befürchtet werden muss, der Angeschuldigte beabsichtige, die Zeugin der Nachstellung an einer Aussage zu hindern und zudem eine hohe Wahrscheinlichkeit besteht, dass sich deren Angst vor dem Angeschuldigten im Falle weiterer Kontaktaufnahmen bei einer Hauptverhandlung auf ihr dortiges Aussageverhalten auswirken wird.[290]

83 **c) Gefahrenmaßstab.** Ferner muss nicht nur die Verdunkelungsabsicht des Beschuldigten vorliegen, sondern auch **eine konkrete Gefahr für die Wahrheitsermittlung tatsächlich bestehen** (→Rn. 72). Der Haftgrund der Verdunkelungsgefahr ist nicht mehr gegeben, wenn der Sachverhalt in vollem Umfang aufgeklärt ist und die Beweise so gesichert

---

[285] OLG Düsseldorf 11.12.2002 – 2 Ws 280-281/02, NStZ-RR 2003, 126; KG 15.8.1997 – 1 AR 986/97.

[286] KG 13.6.1997 – 1 AR 104/97.

[287] Vgl. auch KG 19.2.2002 – (5) 1 HEs 34/02.

[288] OLG Frankfurt a. M. 26.6.2009 – 1 Ws 58/09, StV 2009, 652; KK-*Graf* StPO § 112 Rn. 39 mwN; LR-*Hilger* StPO § 112 *Rn.* 42 mwN.

[289] OLG Karlsruhe 2.9.2000 – 3 Ws 196/00, StV 2001, 118.

[290] LG Lübeck 14.2.2008 – 2 b Qs 18/08, SchlHA 2008, 213.

sind, dass der Beschuldigte die Wahrheitsermittlungen nicht mehr mit Aussicht auf Erfolg behindern kann. Dies liegt bei einem umfassenden Geständnis nahe,[291] wobei auch ein Widerruf zu einem späteren Zeitpunkt in die Abwägung einzustellen ist. Ferner kann dies der Fall sein, wenn richterlich protokollierte Aussagen von zum Zeitpunkt der richterlichen Vernehmung unbeeinflussten Zeugen und Mitbeschuldigten vorliegen.[292] Indes entfällt der Haftgrund der Verdunkelungsgefahr auch bei richterlich protokollierten Aussagen nur dann nicht, wenn deren Aussagen dadurch so hinreichend gesichert sind, dass der Beschuldigte mit seinen Verdunkelungshandlungen die Wahrheitsfindung nicht mehr behindern kann. Versucht der Angeklagte nach einer erstinstanzlichen Verurteilung -, nach der dortigen richterlichen Vernehmung des Zeugen – diesen nicht einfach zu einer Abänderung seiner Aussage unlauter zu veranlassen, sondern dazu, dass der Zeuge nunmehr behauptet, er sei zu dieser – im richterlichen Protokoll richtig wiedergegebenen – Aussage von der Polizei oder Dritten gezwungen worden, besteht die konkrete Gefahr einer Verdunkelung, weil bereits eine umfangreiche Beweisaufnahme in der Berufungsinstanz zur Frage der möglichen Beeinflussung durch die Polizei oder Dritte notwendig würde.[293]

Mit **fortschreitendem Verfahrensgang** steigen die Anforderungen an die Annahme 84
einer solchen Gefahr, da nach vollständiger Aufklärung des Sachverhalts und bestehender Beweissicherung eine nachhaltige Behinderung der Wahrheitsfindung in der Regel nicht mehr zu befürchten ist. Danach entfällt der Haftgrund, wenn die Beweise derart gesichert sind, dass der Beschuldigte die Wahrheitsfindung nicht mehr behindern kann.[294] Die ist etwa bei einem uneingeschränkt glaubhaften richterlichen Geständnis des Angeklagten oder der richterlich protokollierten Aussage der Geschädigten.[295] der Fall. Die auf bestimmte Tatsachen begründete Gefahr muss sich auf zukünftige Verdunkelungshandlungen beziehen. Hat der Beschuldigte in einem früheren Stadium des Verfahrens beispielhaft vor einer unmittelbar bevorstehenden Durchsuchungsmaßnahme Beweismittel beiseite geschafft, so kann dies als ein Indiz in die Gesamtabwägung eingestellt werden – reicht aber allein als bloße Fortwirkung für die Annahme einer noch bestehenden Verdunkelungsgefahr aber nicht aus (→ Rn. 64).[296] Ebenso wenig kann dieser Gefahrbegriff angenommen werden, wenn der Beschuldigte nur das Versteck seiner Tatbeute nicht preisgibt (→ Rn. 81).[297] Nach Ergehen eines erst- oder zweitinstanzlichen Urteils des Landgerichts wird sich die Annahmen von Verdunkelungsgefahr nicht mehr begründen lassen.

Mildere Maßnahmen nach § 116 StPO. Häufig wird übersehen, dass auch noch 85
bestehende Verdunkelungsgefahr durch ein Kontaktverbot und die Stellung einer Kaution, mithin durch weniger einschneidende Maßnahmen als den Vollzug der Untersuchungshaft, erheblich und ausreichend gemindert werden.[298]

Verfahrensrechtlich gilt darüber hinaus wie beim Merkmal des dringenden Tatver- 86
dachts (→ Rn. 28) und dem Haftgrund der Fluchtgefahr (→ Rn. 41), dass im Beschwerdeverfahren die Beurteilung des dringenden Verdachts für eine derartige Verdunkelungshandlung durch das Beschwerdegericht dann nur einer eingeschränkten Überprüfung unterliegt, wenn sie sich aus der laufenden Hauptverhandlung ergibt.[299] Denn ebenso wie bei der Beurteilung des dringenden Tatverdachts iSv § 112 Abs. 1 StPO während der laufenden Hauptverhandlung[300] ist auch bei der Beurteilung der Haftgründe während der laufenden Hauptverhandlung allein das erkennende Gericht, vor dem die entsprechende Beweisauf-

[291] OLG Stuttgart 4.1.2005 – 4 Ws 367/2004, StV 2005, 225; OLG Düsseldorf 15.2.1994 – 1 Ws 141/84, StV 1984, 339.
[292] Vgl. OLG Karlsruhe 2.11.1992 – 3Ws 201/92, NJW 1993, 1148; *Meyer-Goßner,* Rn. 35.
[293] Vgl. auch OLG Karlsruhe 20.7.2005 – 3 Ws 267/05.
[294] LG Hamburg 12.2.2000 – 614 Qs 5/00, StV 2000, 373 mAnm *Meyer.*
[295] KG 11.7.2012 – 4 Ws 73/12.
[296] Oberlandesgericht des Landes Sachsen-Anhalt 2.12.2009 – 1 Ws 789/09, StraFo 2010, 112.
[297] OLG Frankfurt a. M. 26.6.2009 – 1 Ws 58/09, StV 2009, 652.
[298] OLG Nürnberg 29.11.2002 – Ws 1485/02, StraFo 2003, 89; *Böhm* § 116 Rn. 31 ff.
[299] OLG Hamm 8.2.2006 – 2 Ws 37/06, wistra 2006, 278.
[300] BGH 8.1.2004 – StB 20/03, StV 2004, 142; BGH 16.8.1991 – StB 16/91, StV 1991, 525.

nahme stattfindet, in der Lage, deren Ergebnis aus eigener Anschauung festzustellen und für diese Frage zu würdigen. Insoweit hat das Beschwerdegericht demgegenüber keine eigene unmittelbare Kenntnis über den Verlauf der Beweisaufnahme. Folglich kommt es allein darauf an, ob die Entscheidung des Tatgerichts auf einer vertretbaren und plausiblen Wertung der maßgeblichen Umstände beruht.[301]

87 **6. Haftgrund der Schwerkriminalität nach § 112 Abs. 3.** In Abs. 3 findet sich dem Wortlaut nach eine atypische Ermächtigung zur Anordnung der Untersuchungshaft in den dort abschließend aufgeführten Fällen von Katalogtaten der **Schwerkriminalität** ohne Hinzutreten eines Haftgrundes iSv § 112 Abs. 2. Das Gesetz zur Änderung der Strafprozessordnung und des Gerichtsverfassungsgesetzes vom 19.12.1964 hat damals in § 112 Abs. 4 diesen besonderen Haftgrund bei dem Verdacht eines Kapitaldeliktes mit einer gewissen „gesetzlichen Automatik" versehen.[302]

88 Erforderlich ist danach, dass der Beschuldigte dringend verdächtig ist der **Begehung eines der enumerativ aufgezählten Kapitaldelikte**[303] des Mordes (§ 211 StGB), des Totschlags (§ 212 StGB), des Völkermordes im Tötungsfalles (§ 6 Abs. 1 Nr. 1 Völkerstrafgesetzbuch), der schweren Körperverletzung (§ 226 StGB), der besonders schweren Brandstiftung (§ 306b StGB), der Brandstiftung mit Todesfolge (§ 306c StGB), der Herbeiführung einer Sprengstoffexplosion (§§ 308 Abs. 1–3 StGB) oder aber der Bildung einer inländischen oder ausländischen terroristischen Vereinigung (§§ 129a Abs. 1 oder Abs. 2, 129b StGB).[304] Insoweit greift die Vorschrift nicht nur bei Vollendung der Tat durch einen Einzeltäter ein, sondern auch bei Versuch (§ 22 StGB),[305] Anstiftung (§ 26 SGB), Beihilfe (§ 27 StGB) und Versuch der Beteiligung (§ 30 StGB).[306] Keine Anwendung findet sie wegen der enumerativen Aufzählungen hingegen dann, wenn die Normen nicht ausdrücklich in Abs. 3 aufgeführt sind, wie etwa bei §§ 213 StGB,[307] 216 StGB,[308] §§ 257, 258 StGB in Bezug auf eine Katalogtat[309] oder im Falle des Vorliegens einer Rauschtat (§ 323a StGB), wenn eine in Abs. 3 aufgeführte Katalogtat in diesem Zustand begangen wurde.[310]

89 Erhebliche Probleme bereitet in der Praxis der Umstand, dass der Beschuldigte der **Begehung des Kapitaldelikts auch dringend verdächtig** sein muss und von dieser Bewertung auch die **Zuständigkeit des zur Entscheidung berufenen Spruchkörpers** abhängt. So ist nach § 74 Abs. 2 S. 1 GVG etwa für die Verbrechen des Mordes und des Totschlags ausschließlich eine Strafkammer des Landgerichts als Schwurgericht zuständig. Gerade bei Körperverletzungsdelikten lässt sich aber die Bewertung des Vorliegens auch eines Tötungsvorsatzes im Rahmen eines Versuchsdelikts letztendlich oftmals nur in der Hauptverhandlung treffen, weshalb der Haftgrund in solchen Fällen auch dann häufig zur Anwendung kommt, wenn sich ohne Verdacht eines Tötungsdelikts das Vorliegen vor allem des Haftgrundes der Fluchtgefahr nicht begründen ließe. In vielen Entscheidungen findet sich andererseits auch der Hinweis, dass neben dem Haftgrund der Schwerkriminalität auch derjenige der Flucht- oder Verdunkelungsgefahr nach §§ 112 Abs. 2 und 3 StPO besteht.[311]

90 Diese bloße **Schwere des Tatverdachts als Haftgrund** aber hat indes das **Bundesverfassungsgericht** bereits mit dem *Wencker-Beschluss* vom 15.12.1965 einer restriktiven Auslegungsformel zugeführt.[312] Auch der Haftgrund der Schwerkriminalität ist danach in

301 BGH 16.8.1991 – StB 16/91, StV 1991, 525.
302 SK/*Paeffgen* Rn. 41.
303 Siehe hierzu auch KK-*Graf* StPO § 112 Rn. 41.
304 BGH 17.6.2010 – AK 3/10, BGHSt 55, 157.
305 BGH 16.3.1979 – 1 BJs 176/78, BGHSt 28, 355.
306 KK-*Graf* StPO § 112 Rn. 41; LR-*Hilger* StPO § 112 Rn. 52.
307 OLG Frankfurt a. M. 11.6.2001 – 1 Ws 44/01, StV 2001, 687; aA OLG Hamm 26.7.1982 – 3 Ws 365/82, NJW 1982, 2786.
308 OLG Köln 1.4.1996 – 2 Ws 122/96, StV 1996, 382.
309 KK-*Graf* StPO § 112 Rn. 41.
310 ebenso *Meyer-Goßner* § 112 Rn. 36.
311 BGH 17.6.2010 – AK 3/10, BGHSt 55, 157.
312 BVerfG 15.12.1965 – 1 BvR 513/65, BVerfGE 19, 342 = NJW 1966, 243.

Zusammenschau mit den Haftgründen des Absatzes 2, der Flucht- und Verdunkelungsgefahr zu sehen. Weder die Schwere der Verbrechenstat als solche noch die Schwere der – noch nicht festgestellten – Schuld rechtfertige für sich allein die Anordnung der Untersuchungshaft. Noch weniger sei – so das Bundesverfassungsgericht – die Rücksicht auf eine mehr oder minder deutlich feststellbare „Erregung der Bevölkerung“ ausreichend, die es unerträglich finde, wenn sich ein „Mörder“ auf freiem Fuß befinde.

Nur an den **Grad der Prognosesicherheit** werden bei dem Haftgrund der Schwerkriminalität danach geringe Anforderungen gestellt. Es müssen aber auch hier stets Umstände vorliegen, die die Gefahr begründen, dass ohne Festnahme des Beschuldigten die alsbaldige Aufklärung und Ahndung der Tat gefährdet sein könnte.[313] Der zwar nicht mit **„bestimmten Tatsachen“ belegbare, aber nach den Umständen des Falles doch nicht auszuschließende Flucht- oder Verdunkelungsverdacht** reicht danach aus. Ebenso kann die ernstliche Befürchtung, dass der Beschuldigte weitere Verbrechen ähnlicher Art begehe, für den Erlass eines Haftbefehls genügen (→ Rn. 92).[314] Diese teleologische Reduktion, letztlich contra legem, hat in der Literatur in Anbetracht der nunmehr verschwommenen Voraussetzungen berechtigte Kritik erfahren.[315] 91

Der Haftgrund des Abs. 3 kann allerdings nicht nur dann angenommen werden, wenn mindestens eine nach den Fallumständen **nicht ausschließbare Flucht- oder Verdunkelungsgefahr** anzunehmen ist, sondern auch dann, wenn die ernstliche Befürchtung besteht, der Beschuldigte werde weitere Verbrechen ähnlicher Art begehen. So ist der Haftgrund auch in einem Fall angenommen worden, in welchem die Angeschuldigten dringend verdächtig waren, im Abstand von 15 Tagen Leitpfosten von einer Brücke auf die Autobahn geworfen und dabei den Tod von Insassen dort fahrender Fahrzeuge mindestens billigend in Kauf genommen zu haben, und nicht ausgeschlossen werden konnte, dass diese gleichartige Taten erneut begehen.[316] 92

Insoweit ist festzuhalten, dass nach der restriktiven Auslegung durch das Bundesverfassungsgericht die Begründungsanforderungen in der Praxis bei dem dringenden Verdacht einer Katalogtat nicht so hoch sind wie bei den Haftgründen der §§ 112 Abs. 2 Nr. 2 und 3. Es genügt im Regelfalle danach, **wenn Flucht- bzw. Verdunkelungsgefahr nicht auszuschließen ist**,[317] wovon bei einem Kapitaldelikt zumeist auszugehen sein dürfte. Danach besteht der Zweck der Norm in der teilweisen Befreiung des Haftgerichts von den strengen Maßstäben des § 112 Abs. 2, um der Gefahr zu begegnen, dass sich in dem Spannungsverhältnis zwischen dem unabweisbaren Bedürfnissen einer wirksamen Strafverfolgung und dem Freiheitsgrundrecht des Beschuldigten ein besonders gefährlicher Täter der Bestrafung entzieht. 93

Auch der Vollzug eines wegen Mordverdachts ergangenen und nur auf den Haftgrund der Tatschwere nach Abs. 3 gestützten Haftbefehls kann unter Auflagen in entsprechender Anwendung von **§ 116 StPO** ausgesetzt werden.[318] Die Vorschrift lässt nämlich eine Aussetzung dann zu, wenn weniger einschneidenden Maßnahmen die Erwartung hinreichend begründen, dass der Zweck der Untersuchungshaft auch durch sie erreicht werden kann. Denn nach der vom BVerfG[319] gebotenen verfassungskonformen Auslegung wäre die Vorschrift ansonsten wegen eines darin enthaltenen offensichtlichen Verstoßes gegen den Verhältnismäßigkeitsgrundsatz verfassungswidrig.[320] 94

---

[313] BGH 10.3.2011 – AK 5/11, NStZ-RR 2011, 176.

[314] BVerfG 15.12.1965 – 1 BvR 513/65, BVerfGE 19, 342 = NJW 1966, 243.

[315] SK/*Paeffgen*, Rn. 43a.

[316] OLG Oldenburg 11.3.2010 – 1 Ws 115/10, StRR 2010, 163; aA OLG Karlsruhe 18.5.2009 – 2 Ws 180/09, StV 2010, 30 (nur Haftgründe nach § 112 Abs. 2 StPO).

[317] BVerfG 1.2.2006 – 2 BvR 2056/05, StV 2006, 139; OLG Karlsruhe 18.5.2009 – 2 Ws 180/09, StV 2010, 30; OLG Oldenburg 11.3.2010 – 1 Ws 115/10, StRR 2010, 163.

[318] *Böhm* § 116 Rn. 38 ff.

[319] BVerfG 15.12.1965 – 1 BvR 513/65, BVerfGE 19, 342 = NJW 1966, 243.

[320] OLG Oldenburg 28.11.2007 – 1 Ws 639/07, StV 2008, 84.

95 **Zusammenfassend** darf im Fall eines Kapitaldeliktes nach dem Katalog des § 112 Abs. 3,[321] auch wenn es sich nur um einen Versuch handelt,[322] die Untersuchungshaft angeordnet werden, auch wenn ein konkreter Haftgrund nach Abs. 2 nicht besteht. Jedoch gilt das nach der verfassungskonformen Auslegung des Bundesverfassungsgerichts nur dann, wenn Umstände vorliegen, die die Gefahr begründen, dass ohne Festnahme des Beschuldigten die alsbaldige Aufklärung und Ahndung der Tat gefährdet sein könnte.[323] Obwohl vom Wortlaut der Norm nicht verlangt, muss für die Annahme der abstrakten Haftgründe nach § 112 Abs. 3 **die Flucht- oder Verdunkelungsgefahr (abstrakt) zumindest möglich,** dh sie darf nicht gänzlich auszuschließen sein. Danach wird dem Gericht zwar die Feststellung erlassen, dass bestimmte Tatsachen Flucht- oder Verdunkelungsgefahr begründen, jedoch ist die Feststellung erforderlich, dass eine verhältnismäßig geringe oder entfernte Gefahr dieser Art besteht oder dass sie jedenfalls nicht auszuschließen ist.[324] In der Praxis kann daher der Erlass eines Haftbefehls typischerweise bei Beziehungstaten mangels Wiederholungsgefahr und einer gänzlich fernliegenden Fluchtgefahr verfehlt sein.[325] Auch bei einem noch jugendlichen und in Familie eingebundenen Täter kann sich der Haftgrund nicht begründen lassen.[326]

IV. Rechtsbehelfe

96 Die Anordnung der **Untersuchungshaft** ergeht durch Beschluss des Haftrichters – in Jugendsachen entscheidet der Jugendrichter –, gegen welchen der Antrag auf Haftprüfung (§ 117) und die Haftbeschwerde (§ 304) zulässig sind.[327]

§ 112a [Weitere Haftgründe]

(1) [1]Ein Haftgrund besteht auch, wenn der Beschuldigte dringend verdächtig ist,

1. eine Straftat nach den §§ 174, 174a, 176 bis 179 oder nach § 238 Abs. 2 und 3 des Strafgesetzbuches oder

2. wiederholt oder fortgesetzt eine die Rechtsordnung schwerwiegend beeinträchtigende Straftat nach § 89a, nach § 125a, nach den §§ 224 bis 227, nach den §§ 243, 244, 249 bis 255, 260, nach § 263, nach den §§ 306 bis 306c oder § 316a des Strafgesetzbuches oder nach § 29 Abs. 1 Nr. 1, 4, 10 oder Abs. 3, § 29a Abs. 1, § 30 Abs. 1, § 30a Abs. 1 des Betäubungsmittelgesetzes

begangen zu haben, und bestimmte Tatsachen die Gefahr begründen, daß er vor rechtskräftiger Aburteilung weitere erhebliche Straftaten gleicher Art begehen oder die Straftat fortsetzen werde, die Haft zur Abwendung der drohenden Gefahr erforderlich und in den Fällen der Nummer 2 eine Freiheitsstrafe von mehr als einem Jahr zu erwarten ist. [2]In die Beurteilung des dringenden Verdachts einer Tatbegehung im Sinne des Satzes 1 Nummer 2 sind auch solche Taten einzubeziehen, die Gegenstand anderer, auch rechtskräftig abgeschlossener, Verfahren sind oder waren.

(2) Absatz 1 findet keine Anwendung, wenn die Voraussetzungen für den Erlaß eines Haftbefehls nach § 112 vorliegen und die Voraussetzungen für die Aussetzung des Vollzugs des Haftbefehls nach § 116 Abs. 1, 2 nicht gegeben sind.

---

[321] Der Umfang der Katalogtaten wurde durch das VerbrechensbekämpfungsG 28.12.1994 nochmals erweitert.

[322] BGH 16.3.1979 – 1 BJs 176/78, AK 5/79, BGHSt 28, 355 = NJW 1979, 1419.

[323] Vgl. auch BGH 10.3.2011 – AK 5/11, NStZ-RR 2011, 176 (zu der Katalogtat der Mitgliedschaft in einer terroristischen Vereinigung – Mitglied von „Al Qaida").

[324] OLG Düsseldorf 3.11.1999 – 1 Ws 869/99, StraFo 2000, 67.

[325] Vgl. OLG Köln 16.1.1996 – HEs 266/95, NJW 1996, 1686 (Haft verfehlt wegen Lebensalters, der Schwerbinderung des Beschuldigten und der persönlichkeitsfremden Konflikttat).

[326] OLG Köln 4.10.2011 – III 2 Ws 602/11.

[327] Vgl. hierzu *Böhm/Werner* § 117 Rn. 6 ff., 24 ff.

Schrifttum: *Baumann,* Neue Haftgründe, JZ 1962 649; *Baumann,* Wird die Untersuchungshaft umfunktioniert? JZ 1969 134; *Becker,* Neues Haftrecht in der Bundesrepublik, MDR 1973 22; *Diemer-Nicolaus,* Das geänderte Haftrecht, NJW 1972 1693; *Behm,* Rechtsprechung zu dem Tatbestand des § 112a Abs. 1 Nr. 1 StPO, StraF0 2008, 73; *Böhm, Klaus Michael,* Opferschutz – Präventionsprinzip – Sicherungsverwahrung, Bleibt die Polizei der Lückenbüßer der Rechtspolitik?, Kriminalistik 2011, 14; *Böhm/Boetticher,* Unzureichende Begutachtung gefährlicher Gewalt- und Sexualstraftäter im Strafverfahren, ZRP 2009, 134; *Dietrich,* Wiederholungsgefahr bei Sittlichkeitsverbrechen. Der Haftgrund des § 112 Abs. 3 StPO in historischer, rechtsdogmatischer und kriminologischer Sicht (1970); *Egg,* Zur Rückfälligkeit von Sexualstraftätern, Kriminalistik 1999 267; *Ender,* Zur erneuten Reform des Haftrechts – insbesondere zur Vorbeugungshaft, NJW 1969 867; *Fölsch,* Strafrechtlicher Schutz vor beharrlichen Nachstellungen, SchlHA 2008, 304; *Gazeas,* „Stalking" als Straftatbestand, KJ 2006 247; *Gnam,* Die Wiederholungsgefahr als Grund für die Anordnung von Untersuchungshaft, Entwicklung und rechtsdogmatische Grundlagen, Diss. Nürnberg 1972; *Graf,* Die Untersuchungshaft, JA 2012, 265; *Herzler,* Der Haftgrund der Wiederholungsgefahr (§112 a StPO), NJ 2001 409; *Hohmann,* Zur verfassungsmäßig gebotenen restriktiven Auslegung von StPO § 112a Abs. 1 Nr. 2, StV 1997, 310; *Hohmann/Matt,* Tatfrequenz und Wiederholungsgefahr i.S. des § 112a I Nr. 2 StPO, NStZ 1989 211; *Humberg,* Der Haftgrund der Wiederholungsgefahr gem. §112a StPO, Jura 2005 376; *Klug,* Rechtsstaatswidrige Vorbeugehaft, ZRP 1969 1; *Knauer,* Zur Erweiterung der Untersuchungshaftgründe gemäß § 112 a Abs.1 Nr.1 StPO durch das Gesetz zur Strafbarkeit beharrlicher Nachstellungen, StV 2008, 377; *Krüger,* Zur Deeskalationshaft in Fällen von Stalking, NJ 2008, 153; *Krümpelmann,* Probleme der Untersuchungshaft im deutschen und ausländischen Recht, ZStW 82 (1970) 1052; *Kühne/Esser,* Die Rechtsprechung des Europäischen Gerichtshofs für Menschenrechte (EGMR) zur Untersuchungshaft, StV 2002, 385; *Müller/Pieroth,* Verfassungsmäßigkeit des Haftgrundes der Wiederholungsgefahr, in: *Kunert/Bernsmann,* Neue Sicherheitsgesetze – mehr Rechtssicherheit? NSTZ 1989, 449; *Hoffmann-Riem,* Sozialwissenschaften im Öffentlichen Recht (1981) 228; *v. Nerée,* Zur Zulässigkeit der Sicherungshaft gemäß § 112 a StPO, insbesondere bei Anwendung von Jugendstrafrecht, StV 1993 212; *Renzikowski,* Die nachträgliche Sicherungsverwahrung und die Europäische Menschenrechtskonvention, JR 2004, 273; *Schlothauer/Weider,* Untersuchungshaft, 4. Auflage 2010; *Schlüchter,* Das neue Haftrecht: Bedeutung und Auslegung für die Praxis, MDR 1973 96; *Schmitt,* Strafprozessuale Präventivmaßnahmen, JZ 1965 193; *Schultheis,* Übersicht über die Rechtsprechung in Untersuchungshaftsachen, NStZ 2013, 87; *Tsambikakis,* Anmerkung zu einer Entscheidung des OLG Jena, Beschluss vom 29.11.2010 (1 Ws 457/10; StV 2011, 735) – Zur Wiederholungsgefahr bei der Untersuchungshaft, StV 2011, 738.

Übersicht

I. Allgemeines

Während § 112 die Inhaftierung des Beschuldigten zur Sicherung des Verfahrens im Blick hat,[1] ist § 112a präventiv-polizeilicher Natur und erlaubt eine vorbeugende Haft zum Schutz der Allgemeinheit vor weiteren erheblichen Straftaten besonders gefährlicher Täter. Sie ist subsidiär (Abs. 2), wird aber von der forensischen Praxis zunehmend – häufig auch zu Unrecht – neben Flucht- und Verdunkelungsgefahr als weiterer zusätzlicher Haftgrund in Haftbefehlen angeführt (→ Rn. 56). Die sprachliche Fassung der Norm ist wenig gelungen, da sich das „wenn" des ersten Nebensatzes auf insgesamt drei weitere Nebensätze bezieht. Die Norm ist daher nach ihrer textlichen Fassung schwer verständlich, was in der forensischen Praxis zu nicht unerheblichen Problemen in der Anwendung führt. 1

[1] Vgl. hierzu *Böhm/Werner* § 112 Rn. 2.

II. Normzweck und allgemeine Grundsätze

2 **1. Entstehungsgeschichte.** Die durch Gesetz zur Änderung der Strafprozessordnung vom 7.8.1972[2] eingefügte Vorschrift wurde wiederholt geändert und in ihrem Anwendungsbereich gegenüber der ursprünglichen Fassung ausgedehnt. Ihre jetzige Fassung hat sie im Wesentlichen durch Art. 3 Nr. 3 des Vierten Gesetzes zur Reform des Strafrechts vom 23.11.1973[3] erhalten. Wesentliche Änderungen[4] erfolgten insoweit durch das Gesetz vom 9.6.1989 (Einfügung von § 125a StGB in Abs. 1 Nr. 2),[5] durch das OrgKG vom 15.7.1992 (Einfügung der §§ 29a, 30a BtmG in Abs. 1 Nr. 2)[6] und das 6. StrG vom 26.1.1998 (Ersetzung von §§ 223a–226 StGB durch §§ 224–227 StGB und von §§ 306–308 StGB durch 306 – 306c StGB).[7]

3 **2. Normzweck.** Die wegen Wiederholungsgefahr angeordnete Untersuchungshaft dient nicht, wie § 112, der Verfahrenssicherung, sondern stellt – als Ausnahme im System der Strafprozessordnung – eine **vorbeugende Maßnahme** zum Schutz der Rechtsgemeinschaft dar (→ Rn. 5).[8] Die Norm ist mit dem Grundgesetz vereinbar[9] und steht mit Art. 5 Abs. 1 Satz lit. c MRK im Einklang,[10] welcher ein derartiges Festnahmerecht bei Wiederholungsgefahr jedenfalls bei strafrechtlichen Untersuchungen[11] ausdrücklich normiert.[12] Während das Bundesverfassungsgericht ursprünglich die Rechtfertigung des Haftgrundes im Hinblick auf Straftaten gegen die sexuelle Selbstbestimmung damit begründete, dass ein besonders schutzbedürftiger Personenkreis vor ihm drohenden schweren Straftaten bewahrt werden müsse, hat das Gericht später bei der Beurteilung eines besonders schweren Falls des Diebstahls auf einen erheblichen, in der Höhe der Strafandrohung zum Ausdruck kommenden Unrechtsgehalt abgestellt und eine empfindliche Störung des Rechtsfriedens als Charakteristikum der „Anlasstat" gefordert.[13]

4 Da die Vorschrift wegen ihres präventiven Charakters in besonderem Maße Grundrechte tangiert, ist sie eng auszulegen.[14] Insbesondere sind strenge Anforderungen an die Voraussetzungen zu stellen, die in materieller Hinsicht zur Annahme einer Wiederholungsgefahr berechtigen (→ Rn. 43 ff.).[15]

III. Erläuterung

5 **1. Allgemeines.** Die wegen Wiederholungsgefahr angeordnete Untersuchungshaft stellt – anders als die in § 112 StPO genannten Haftgründe – kein Mittel der Verfahrenssicherung, sondern eine vorbeugende Maßnahme zum Schutze der Rechtsgemeinschaft vor weiteren erheblichen Straftaten dar; sie ist präventiv-polizeilicher Natur (→ Rn. 3).[16] Tatsächlich handelt es sich insoweit in Wahrheit nicht um Untersuchungshaft, sondern um

---

[2] BGBl. I 1361.
[3] BGBl. I 1725.
[4] Zu den weiteren Änderungen, vgl. LR-*Hilger* § 112a Rn. 1.
[5] BGBl. I 1059.
[6] BGBl. I 1302.
[7] BGBl. I 164.
[8] Zu den verfassungsrechtlichen Bedenken siehe LR-*Hilger* § 112a Rn. 11.
[9] BVerfG 15.12.1965 – 1 BvR 513/65, BVerfGE 19, 349 = NJW 1966, 243; BVerfG 30.5.1973 – 2 BvL 4/73, BVerfGE 35, 185; *Meyer-Goßner* § 112a Rn. 1.
[10] EGMR 1.12.2011 – 8080/08 ua, EuGRZ 12, 141, EGMR 17.12.2009 – 19359/04, StV 2010, 181; *Renzikowski* JR 2004, 273; *Kühne/Esser* StV **2002,** 385.
[11] EGMR 24.3.2005 – 77989/01, NVwZ 2006, 797; EGMR 13.1.2011 – Nr. 17792/07, NJW 2011, 3427; *Meyer-Goßner* MRK Art. 5 Rn. 4.
[12] Art. 5 Abs. 1 lit. c MRK (auszugsweise): .... wenn begründeter Anlass zur Annahme besteht, dass es notwendig ist, sie an der Begehung einer Straftat .... zu hindern.
[13] BVerfG 30.5.1973 – 2 BvL 4/73, BVerfGE 35, 192; LR-Hilger § 112a Rn. 10.
[14] BVerfG 15.12.1965 – 1 BvR 513/65, BVerfGE 19, 349 = NJW 1966, 243.
[15] vgl. KK-Graf § 112a Rn. 16.
[16] BVerfG 15.12.1965 – 1 BvR 513/65, BVerfGE 19, 342; OLG Karlsruhe 10.2.2010 – 2 Ws 35/10, StraFo 2010, 198; KK-Graf § 112a Rn. 16.

Sicherungshaft, was jedoch aus der Formulierung des Gesetzgebers, der in Nr. 1 nur auf die entsprechende Anwendung eines Haftgrundes hinweist, nicht deutlich wird. Aus verfassungsrechtlichen Gründen sind deshalb besonders strenge Anforderungen an den Haftgrund der Wiederholungsgefahr zu stellen.[17]

Danach muss der Angeklagte zunächst dringend verdächtig sein, wiederholt Straftaten nach dem enumerativen und nicht auf andere Fallgestaltungen ausdehnbaren Katalog des § 112a Abs. 1 StPO begangen und bei den Fallgruppen des Abs. 1 Nr. 2 die Rechtsordnung unter besonderer Berücksichtigung der Opferperspektive schwerwiegend beeinträchtigt zu haben. Zudem muss bei den Fallgruppen des Abs. 1 Nr. 2 eine Freiheitsentziehung von mehr als einem Jahr zu erwarten sein.[18] Zu berücksichtigen sind dabei auch gerade frühere Taten des Beschuldigten (vgl. weiter → Rn. 41). 6

Aufbaumäßig hat die Norm neben dem Bestehen eines dringenden Tatverdachts (→ Rn. 8) daher drei zu prüfende Voraussetzungen. Zum einen rechtfertigt in formeller Hinsicht nicht jede Tatbestandsverwirklichung die Annahme des Haftgrundes, sondern es muss sich um eine der enumerativ aufgeführten Anlasstaten handeln (→ Rn. 9 ff.). Zum anderen muss in materieller Hinsicht insoweit Wiederholungsgefahr bestehen (→ Rn. 43 ff.). Schließlich muss die Anordnung der Haft auch erforderlich (→ Rn. 54) und verhältnismäßig (→ Rn. 55) sein. 7

2. Dringender Tatverdacht der Begehung von Anlasstaten. Auch der Haftgrund der Wiederholungsgefahr setzt ebenso wie die Haftgründe des § 112 StPO[19] das **Bestehen eines dringenden Tatverdachts** voraus[20] und zwar speziell bezüglich der Begehung der in Abs. 1 Nr. 1 und Nr. 2 bezeichneten Anlasstaten. Ausreichend ist dabei jedoch schon der dringende Tatverdachts des Versuchs der Tat (§§ 23, 23 StGB), der Teilnahme (§ 25 ff. StGB)[21] oder des Versuchs der Beteiligung (§ 30 StGB).[22] Gleiches gilt, wenn der dringende Tatverdacht der Begehung der Anlasstat (Nr. 1) bzw. der Anlasstaten (Nr. 2) im Vollrausch besteht (§ 323a StGB, str.).[23] Außerhalb des Sonderfalls der Rauschtat ist aber immer die Verwirklichung des Gesamtstraftatbestandes notwendig. Eine zwar rechtswidrige, aber nicht schuldhaft begangene Straftat kann keine Anlasstat iSd § 112a sein.[24] Minderschwere Fälle fallen zwar grundsätzlich auch Normenkatalog des Nr. 2, bei ihnen wird es jedoch zumeist an dem nach Nr. 2 notwendigen überdurchschnittlichen Schweregrad und Unrechtsgehalt fehlen (/→ Rn. 36, 39 ff.). 8

3. Katalog der Anlasstaten (Abs. 1 Satz 1). Insoweit ist zunächst zu beachten, dass sich die Anwendungsvoraussetzungen der Anlasstaten nach Nr. 1 und Nr. 2 insoweit erheblich **voneinander unterscheiden** als bei Nr. 2 noch zusätzliche Voraussetzungen vorliegen müssen. Danach müssen bei Nr. 2 die Anlasstaten zusätzlich wiederholt und fortgesetzt begangen worden sein (→ Rn. 32 ff.), sie müssen die Rechtsordnung schwerwiegend beeinträchtigt haben (→ Rn. 39 ff.) und es muss die Erwartung einer Freiheitsstrafe von mindestens einem Jahr bestehen (→ Rn. 41). 9

a) Anlasstaten nach Abs. 1 Nr. 1. Allgemeines. Es handelt sich insoweit um Taten gegen die sexuellen Selbstbestimmung (→ Rn. 13) sowie um solche der qualifizierten Form der Nachstellung (→ Rn. 14 f.). 10

Beiden Varianten ist gemein, dass diese – anders als bei den Anlasstaten nach Abs. 1 Nr. 2 – **nicht** wiederholt oder fortgesetzt begangen (→ Rn. 32 ff.) und von überdurch- 11

---

[17] Thüringer Oberlandesgericht 21.10.2008 – 1 Ws 459/08, StraFo 2009, 21; KG 28.2.2012 – 4 Ws 18/12, OLGSt StPO § 112a Nr. 4; KK-*Graf* § 112a Rn. 16:

[18] KG 28.2.2012 – 4 Ws 18/12, OLGSt StPO § 112a Nr. 4.

[19] Vgl. *Böhm/Werner* § 117 Rn. 21 ff.

[20] Dies ergibt sich aus der Formulierung „Ein Haftgrund besteht **auch**, wenn..“

[21] AA *Schlothauer/Weider* für Beihilfe und Versuch der Beteiligung, aaO, Rn. 648.

[22] So auch *Meyer-Goßner* § 112a Rn. 3.

[23] OLG Hamm 30.4.1974 – 2 Ws 108/74, NJW 1974, 1667; KK-*Graf* § 112a Rn. 15; krit. LR-*Hilger* § 112a Rn. 24.

[24] LR-*Hilger* § 112a Rn. 16.

schnittlicher Schwere sein müssen (→ Rn. 39 ff.). Auch muss keine Mindestsanktionserwartung bestehen (vgl. hierzu unten Rn. 41). Es reicht daher **formell schon die erstmalige Verfehlung aus.** Gleichwohl muss der Beschuldigte auch insoweit der Begehung einer „erhebliche" Straftat verdächtig sein, denn nach dem Wortlaut der Norm ist in materieller Hinsicht erforderlich, dass die Gefahr begründet ist, dass der Täter **„erhebliche Straftaten gleicher Art begehen wird".** Aus diesem Grund scheiden also auch bei der Fallgruppe der Nr. 1 in formeller Hinsicht als Anlasstaten nicht erhebliche Übergriffe aus.

12 Der Grund der Einschränkung dieser in Nr. 2 vorgesehenen Anwendungsvoraussetzung liegt darin, dass in Nr. 1 ein **besonders schutzwürdiger Kreis der Bevölkerung** vor mit hoher Wahrscheinlichkeit drohenden Übergriffen bewahrt werden soll.[25] Der Katalog des Abs. 1 Nr. 1 ist mit den sich dem Tatablauf ergebenden Besonderheiten (zu den Fallgruppen, → Rn. 13 f.) abschließend, Analogien sind nicht möglich.[26]

13 **aa) Sexualstraftaten (§§ 174, 174a, 176 bis 179 StGB).** Die Sittlichkeitsdelikte der Nr. 1 stellen den Kern der Vorschrift dar, denn in diesem Bereich ist der Haftgrund der Wiederholungsgefahr zur Bewahrung eines besonders schutzwürdigen Kreis der Bevölkerung im besonderen Maße verfassungsrechtlich anerkannt und auch notwendig.[27] Hauptanwendungsbereich des Abs. 1 Nr. 1 sind dabei vor allem Taten des sexuellen Kindesmissbrauchs. Denn bei solchen Übergriffen kann schon die erstmalige und einzige Verfehlung – jedenfalls bei erwachsenen Straftätern – in materieller Hinsicht auf solche Persönlichkeitsmängel hindeuten, die weitere Taten ähnlicher Art befürchten lassen.[28] Gleichwohl kann in materieller Hinsicht (→ Rn. 48) nicht automatisch von der erstmaligen Begehung auch von Straftaten nach Nr. 1 auf das Bestehen von Wiederholungsgefahr geschlossen werden, vielmehr wird, wenn nicht der Beschuldigte schon früher einschlägig aufgefallen ist, im Regelfall eine sachverständige Expertise notwendig und angezeigt sein (→ Rn. 45).

14 **bb) Nachstellung (§ 238 Abs. 2 und 3).** Durch Gesetz vom 22.3.2007[29] wurde die sog **Deeskalationshaft**[30] bei Straftaten nach §§ 238 Abs. 2 und 3 StGB in Abs. 1 Nr. 1 mit aufgenommen, welche dem – auch präventiven[31] – Opferschutz dienen soll.[32] Danach ist Voraussetzung einer Haftanordnung, dass der Täter das Opfer, einen Angehörigen des Opfers oder eine andere dem Opfer nahestehende Person durch die Tat in die Gefahr des Todes oder einer schweren Gesundheitsbeschädigung gebracht hat (§ 238 Abs. 2 StGB) oder eine solche Folge schon eingetreten ist (§ 238 Abs. 3 StGB).

15 In **tatsächlicher Hinsicht** kann sich die Gefahr der Wiederholung (→ Rn. 43) naheliegend dann daraus ergeben, dass der Beschuldigte entweder gegen ein gerichtlich angeordnetes Kontaktverbot oder gegen Auflagen in einem Außervollzugsetzungsbeschluss verstoßen hat.

16 **b) Anlasstaten nach Nr. 2. aa) Allgemeines.** Bei den Anlasstaten im Sinne von Abs. 1 Nr. 2 muss es sich um wiederholt begangene (→ Rn. 32 ff.) und die **Rechtsordnung schwerwiegend beeinträchtigende Taten** handeln. Hierbei muss es sich, da die Katalogtaten ohnehin schon schwerwiegender Natur sind, um solche handeln, die einen **über-**

[25] BVerfGE 15.12.1965 – 1 BvR 513/65, BVerfGE 19, 349 = NJW 1966, 243; OLG Karlsruhe 10.2.2010 – 2 Ws 35/10, StraFo 2010, 198; OLG Bremen 25.8.2010 – Ws 104/00, NStZ-RR 2001, 220.

[26] *Schlothauer/Weider* Rn. 648.

[27] BVerfG 30.5.1973 – 2 BvL 4/73, BVerfGE 35, 189; Verfassungsgerichtshof des Freistaates Sachsen 20.4.2006 – Vf. 38-IV-06.

[28] *Meyer-Goßner* § 112a Rn. 6; *Diemer-Nicolaus* NJW 1972, 1694; zur Gefahrprognose vgl. auch OLG Karlsruhe 10.2.2010 – 2 Ws 35/10, StraFo 2010, 198.

[29] BGBl. I 354.

[30] Vgl. *Meyer-Goßner* § 112a Rn. 6.

[31] Zum präventiven Opferschutz vgl. *Böhm* Kriminalistik 2011, 14; *Böhm/Boetticher* ZRP 2009, 134.

[32] *Mitsch* NJW 2007, 1241; *Peters* NStZ 2009, 242; krit. *Krüger* NJ 2008, 150; *Knauer/Rheinbacher* StV 2008, 377 (verfassungskonforme Auslegung notwendig).

durchschnittlichen Schweregrad aufweisen (→ Rn. 39). Beurteilungsmaßstab hierfür ist insbesondere der Unrechtsgehalt der Tat, welcher sich anhand der Kriterien, die auch bei der Strafzumessung eine Rolle spielen, festgestellt werden kann.[33]

Insoweit ist aber zu beachten, dass es sich von wenigen Besonderheiten (→ Rn. 8 und 19) abgesehen grundsätzlich um die **gleichen Anlasstaten** handeln und insoweit auch jeweils dringender Tatverdacht der Begehung bestehen muss. Ist der Beschuldigte etwa der Begehung eines Raubes dringend verdächtig, so reichen früher begangene gefährliche Körperverletzungen als Anlasstaten nicht aus.[34] Dies ergibt sich vorliegend aus dem Gesetzestext. **17**

Während in formeller Hinsicht bei Nr. 2 daher erforderlich ist, dass der Täter **zweimal durch verschiedene Taten den Tatbestand desselben Strafgesetzes** verwirklicht, reicht es in materieller Hinsicht aus, dass die **Gefahr der Begehung weiterer erheblicher Straftaten gleicher Art** droht (→ Rn. 43 ff.).[35] **18**

Ausnahmen. Diese **einschränkende Auslegung** der formellen Anforderungen wird jedoch insoweit **durchbrochen** als die Begehung der Qualifikation dem Grunddelikt gleichzustellen ist, gleich in welcher Reihenfolge diese begangen worden sind.[36] Ausreichend sind auch der Versuch, die Teilnahme und der Versuch der Beteiligung (→ Rn. 8). **19**

Danach müssen folgende **formelle Voraussetzungen** für die Annahme des Haftgrundes des Abs. 1 Nr. 2 vorliegen und zwar **20**
– das Vorliegen einer generell geeigneten Anlasstat (→ Rn. 21 ff.),
– von überdurchschnittlicher Schwere (→ Rn. 39 ff.),
– deren fortgesetzte und wiederholte Begehung (→ Rn. 32 ff.) und schließlich
– das Vorliegen einer Straferwartung von mehr als einem Jahr (→ Rn. 41).

bb) Katalog der Anlasstaten und Besonderheiten. Insoweit zählt das Gesetz folgende Vorschriften auf: **21**

Vorbereitung einer schweren staatsgefährdenden Gewaltstraftat (§ 89a StGB). Der tatsächliche Anwendungsbereich dieser Norm ist gering, der Sache nach ist deren Aufnahme aber gerechtfertigt, weil bei bereits auffällig gewordenen politisch motivierten Gewalt-straftätern die Gefahr der Wiederholung naheliegt. **22**

Besonders schwerer Fall des Landfriedensbruchs (§ 125a StGB). Die Einfügung der Vorschrift in den Kreis der Anlasstaten trägt dem Umstand Rechnung, dass diese unter kriminologischen Gesichtspunkten zu den „Wiederholungstaten" gezählt werden müssen.[37] Ihre Aufnahme ist auch erforderlich, da man etwa die Kriminalität reisender Straftäter nicht immer über die ebenfalls in Abs. 1 Nr. 2 enumerativ aufgezählten Tatbestände der § 224 ff. StGB und § 306 ff. StGB erfassen kann.[38] **23**

Körperverletzungsdelikte (§§ 224–227 StGB). Außer dem Grundtatbestand des § 223 sind in Nr. 2 alle schweren Folgen aufgenommen worden. Jedoch bedarf es des Vorliegens zweier Anlasstaten, die jede für sich als besonders schwerwiegend angesehen werden kann (→ Rn. 39 f.). Dabei ist auf den Unrechtsgehalt der Tat abzustellen und danach zu fragen, ob diese in ihrer **konkreten Ausgestaltung** die Rechtsordnung schwerwiegend beeinträchtigt haben.[39] Dabei ist nicht nur auf das mutmaßlich zu erwartende Strafmaß abzustellen, sondern auch die **Opferperspektive** zu berücksichtigen. Es ist zu klären, welche Auswirkungen die Tat auf das Opfer hatte.[40] Auch bei erheblichen Verletzungen des Opfers kann es jedoch am Vorliegen des notwendigen überdurchschnittlichen Schweregrades dann **24**

---

[33] OLG Hamm 20.11.2012 – 1 Ws 604/12, NStZ-RR 2013, 86.
[34] LG Osnabrück 7.8.2012 – 18 Qs 28/12.
[35] ebenso LR-*Hilger* § 112a Rn. 26 und 42.
[36] LR-*Hilger* § 112a Rn. 27.
[37] LR-Hilger § 112a Rn. 12.
[38] So aber etwa *Kunert/Bernsmann* NStZ 1989, 449.
[39] Thüringer Oberlandesgericht 10.11.2005 – 1 Ws 404/05.
[40] OLG Karlsruhe 21.4.2006 – 1 Ws 79/06, NStZ-RR 2006, 210; Thüringer Oberlandesgericht 10.11.2005 – 1 Ws 404/05.

fehlen, wenn aus sonstigen Gründen von einem minder schweren Fall ausgegangen werden müsste (→ Rn. 39).[41] Ist der Beschuldigte im laufenden Strafverfahren einer gefährlichen Körperverletzung dringend verdächtig, so kann auch ein früher vom Beschuldigten begangener und bereits abgeurteilter Totschlag in materieller Hinsicht Wiederholungsgefahr begründen, wenn eine gefährliche Körperverletzung Durchgangsstadium zum Tötungsdelikt war.

25 **Diebstahls- und Vermögensdelikte (§§ 243, 244, 249 bis 255, 260, 263 StGB).** Auch bei dieser Fallgruppe sind zunächst bezüglich der Eigentumsdelikte nur die schwereren Fälle im Nr. 2 aufgeführt, weshalb etwa der Diebstahl nach § 242 StGB, die Erpressung nach § 253 StGB oder die Hehlerei nach § 259 StGB nicht erfasst sind. Nicht ausdrücklich benannte Qualifizierungen, wie etwa § 244a StGB, werden aber über die Grundnormen, etwa § 244, erfasst.

26 Bei dieser Deliktgruppe, insbesondere beim Diebstahl in besonders schweren Fall, ist in besonderem Maße auf die bestehenden Wertgrenzen zu achten (→ Rn. 39 f.), wonach bei der jeweiligen Einzeltat ein Schaden von derzeit **mindestens 2.000 Euro** erreicht sein muss. Eine Bemessung der besonderen Tatschwere nach dem **Gesamtschaden ist nicht zulässig**,[42] weil durch leichtere Übergriffe in der Regel keine schwerwiegende Beeinträchtigung der Rechtsordnung im Sinne der Störung des allgemeinen Rechtsfriedens eintritt.[43] Überdies darf auch eine Straftat nach § 243 nur bei **überdurchschnittlichem Schweregrad** als Anlasstat eingestuft werden,[44] wobei im Einzelfall – allerdings wegen der aus verfassungsrechtlichen Gründen gebotenen restriktiven Auslegung der Norm (→ Rn. 4) und dem Wegfall der Rechtsfigur der fortgesetzten Handlung (→ Rn. 35)[45] nur sehr eingeschränkt – berücksichtigbar ist, dass die Art und Weise der Begehung aller Taten auch auf die Bewertung des Unrechtsgehalts der einzelnen Tat durchschlagen kann.[46] Insoweit hat Gesetzgeber aus rechtspolitischen Gründen Grenzen gesetzt, welche auch in Zweifelsfällen, etwa bei Serienstraftaten Jugendlicher,[47] einzuhalten sind.

27 Die Aufnahme auch von **Gewaltdelikten** nach §§ 249–255 StGB in den Katalog der Nr. 2 zeigt, dass auch bei diesen trotz der dort ohnehin schon erhöhten tatbestandlichen Strafdrohung **ein besonderer Schweregrad** erreicht sein muss und jedenfalls Taten, welche sich am untersten Rand des Strafrahmens bewegen, hierfür nicht ausreichen.[48]

28 Auch **Betrugsstraftaten** können erst dann als ausreichende Anlasstaten angesehen werden, wenn sie in ihrem Schweregrad etwa dem besonders schweren Fall des Diebstahls nach § 243 StGB entsprechen. Die **gewerbsmäßige Begehungsweise** ist dabei als besonders schwerer Fall schon mit einbezogen und rechtfertigt für sich gesehen nicht eine überdurchschnittliche Schwere der Tat.[49] Auch insoweit besteht eine Wertgrenze. So können **Vermögensschäden von derzeit zwischen 500 und 2.000 Euro den erforderlichen Schweregrad** nicht begründen.[50] Diese aus verfassungsrechtlichen Gründen (→ Rn. 4) gebotene restriktive Auslegung hat zur Folge, dass der Haftgrund auch bei **Serienstraftaten** aus dem Bereich der geringen- und mittleren Kriminalität

[41] Thüringer Oberlandesgericht 10.11.2005 – 1 Ws 404/05.
[42] OLG Frankfurt a. M. 12.1.2000 – 1 Ws 161/99, StV 2000, 209; Thüringer Oberlandesgericht 14.10.2008 – 1 Ws 448/08, NStZ-RR 2009, 143.
[43] Thüringer Oberlandesgericht 23.1.2008 – 1 Ws 29/08; LG Duisburg 27.10.2011 – 34 Qs 143 Js 183/10.
[44] Thüringer Oberlandesgericht 14.10.2008 – 1 Ws 448/08, NStZ-RR 2009, 143.
[45] Siehe hierzu instruktiv OLG Frankfurt a. M. 12.1.2000 – 1 Ws 161/99, NStZ 2001, 75.
[46] OLG Frankfurt a. M. 12.1.2000 – 1 Ws 161/99, StV 2000, 209.
[47] Zweifelhaft: Hanseatisches Oberlandesgericht Bremen 1.3.2013 – Ws 5/13, NJW-Spezial 2013, 218.
[48] LG Bremen 31.10.2009 – 3 Qs 372/09, StV 2010, 141.
[49] Thüringer Oberlandesgericht 23.1.2008 – 1 Ws 29/08.
[50] Oberlandesgericht des Landes Sachsen-Anhalt 26.7.2011 – 1 Ws 615/11, NStZ-RR 2013, 49; OLG Hamm 1.4.2010 – 3 Ws 161/10, StV 2011, 291; OLG Frankfurt a. M. 24.11.2009 – 1 Ws 126/09, StV 2010, 141.

schon mangels Vorliegens der formellen Voraussetzungen keine Anwendung finden kann. Die Ansicht (→ Rn. 26, 35), dass die Art und Weise der Begehung aller Taten auf die Bewertung des Unrechtsgehalt der Einzeltaten durchschlagen kann,[51] ist daher ebenso abzulehnen wie die Tatschwere nach dem Gesamtschaden aller Taten zu bemessen.[52]

Gemeingefährliche Straftaten (§ 306 bis § 306c, 316a StGB). Hier hat der Gesetzgeber Normen (Brandstiftung, räuberischer Angriff auf Kraftfahrer) in den Katalog des Nr. 2 mit aufgenommen, bei denen nach kriminalpolitischer Erfahrung mit einer Wiederholung zu rechnen ist und welche ohnehin mit hohen Strafandrohungen versehen sind.[53] 29

Betäubungsmitteldelikte (§§ 29 Abs. 1 Nr. 1, 4, 10 oder Abs. 3, 29a Abs. 1, 30 Abs. 1, 30a Abs. 1 BtmG). Der Gesetzgeber hat auch bei dieser Fallgruppe nur die gefährlichsten Delikte aufgeführt.[54] Erfasst werden das illegale Handeltreiben, die illegale Herstellung, Einfuhr und Veräußerung von Betäubungsmitteln, das Verschaffen einer Gelegenheit zum unerlaubten Erwerb oder die öffentliche oder eigennützige Mitteilung von Gelegenheiten, Betäubungsmittel illegal zu genießen, zu erwerben und abzugeben; außerdem auch die besonders schweren und durch Regelbeispiele gekennzeichneten Fälle des illegalen Betäubungsmittelverkehrs sowie die Verbrechenstatbestände der §§ 29a Abs. 1, 30 Abs. 1, 30a Abs. 1 BtMG. 30

Hinsichtlich des Vorliegens einer **Wiederholungstat** (→ Rn. 32 ff.) ist bei dieser Deliktgruppe besonders genau und sorgfältig zu prüfen, ob tatsächlich auch eine „Wiederholungstat" vorliegt, woran es etwa bei der rechtlichen Einstufung als **Bewertungseinheit** fehlt, da dann nur eine Tat im Rechtssinne gegeben ist.[55] Das Vorliegen einer materiellen Wiederholunggefahr (→ Rn. 43 ff.) kann zudem in besonderem Maße deliktbezogen davon abhängig sein, ob serienmäßig die Fortsetzung droht. Bei Bestehen eigener Drogenabhängigkeit muss deshalb die dringende Befürchtung bestehen, dass auch künftig zur Finanzierung derselben schwerwiegende Straftaten – wie Handeltreiben oder Einfuhr nicht geringer Mengen von Betäubungsmittel – begangen werden.[56] Liegt dem Beschuldigten etwa der Vorwurf der Begehung einer Anlasstat nach §§ 30a BtMG zur Last, kann es an der Gefahr der Wiederholung schwerwiegender Taten fehlen, wenn keine hinreichenden Anhaltspunkte vorhanden sind, dass die Angeschuldigte zur bloßen Suchtfinanzierung schwerwiegende Straftaten – wie Handeltreiben oder Einfuhr von Betäubungsmitteln in nicht geringer Menge – begehen wird, zumal wenn sich die weiteren Mitglieder der Bande in Untersuchungshaft befinden.[57] 31

cc) Wiederholte und fortgesetzte Begehung von Anlasstaten. Insoweit gelten folgende Voraussetzungen: 32

Allgemeines (§ 112 Abs. 1 Satz 2). Eine wiederholte Begehung liegt vor, wenn der Beschuldigte **mindestens zweimal** durch **rechtlich selbständige Handlungen** (§ 53 StGB) **dasselbe Strafgesetz** verletzt hat.[58] Nach der Einfügung von Abs. 1 Satz 2 durch das am 1.10.2009 in Kraft getretene Zweite Opferrechtsreformgesetz ist die bis dahin kontrovers diskutierte Frage[59] durch den Gesetzgeber klargestellt, dass **zur Annahme zweier Anlasstaten** ausreicht, dass sich **diese aus dem dem Haftbefehl zu Grunde liegenden Verfahren und anderen Verfahren** ergeben können, auch soweit diese schon rechtskräftig abgeurteilt sind (→ Rn. 42). 33

---

[51] Vgl. in diesem Sinne LG Berlin 22.7.2009 – 517 Qs 109/09, StV 2009, 652.
[52] Thüringer Oberlandesgericht 23.1.2008 – 1 Ws 29/08.
[53] LR-*Hilger* § 112a Rn. 20.
[54] LR-*Hilger* § 112a Rn. 21.
[55] OLG Hamm 25.2.2010 – III 2 Ws 18/10, NStZ-RR 2010, 292.
[56] OLG Düsseldorf 25.2.2010 – III – 4 Ws 80/10, StV 2010, 585.
[57] OLG Düsseldorf 25.2.2010 – III – 4 80/10, StV 2010, 585.
[58] OLG Hamm 20.11.2012 – 1 Ws 604/12, NStZ-RR 2013, 86.
[59] Vgl. zu dieser kontrovers diskutierten Frage, vgl. die instruktive Rechtsprechungsübersicht in: Schleswig-Holsteinisches Oberlandesgericht 19.12.2001 – 1 Ws 452/01, NStZ 2002, 276 sowie → Rn. 59.

34 Die Klarstellung durch den Gesetzgeber in Abs. 1 Satz 2 ist zu begrüßen. Danach ist nunmehr, was zeitweise streitig war (→ Rn. 33), nicht mehr erforderlich, dass beide Taten in demselben dem Gericht vorliegenden Verfahren begangen worden sein müssen.[60] Denn eine solche Auslegung hätte dem Gesetzeszweck widersprochen,[61] welcher den Schutz der Allgemeinheit vor weiteren erheblichen Straftaten besonders gefährlicher Täter beabsichtigt. Hierbei kann es nicht darauf ankommen, ob die Gefährlichkeitsprognose sich allein aus den im Haftbefehl angeführten oder auch aus anderen Anlasstaten ergibt. Dies würde nämlich zu einer Privilegierung von Mehrfachtätern führen und darauf hinauslaufen, dass bei Ergreifen eines einschlägig vorbestraften Täters nach erneuter Begehung einer Katalogtat trotz bereits jetzt zutage getretener fortbestehender Tatgeneigtheit erst die Begehung einer weiteren Anlasstat und deren Aufnahme in den Haftbefehl abgewartet werden müsste.

35 Mit **„fortgesetzt"** in Abs. 1 Nr. 2 StPO hatte der Gesetzgeber die **fortgesetzte Handlung im Sinne des materiellen Strafrechts** im Blick gehabt. Sie steht zwar als mögliche Form der Anlasstat noch im Gesetz, doch läuft die Vorschrift seit der Abschaffung der fortgesetzten Handlung durch den BGH leer. Der Große Senat hat in seinem Beschluss vom 3.5.1994[62] zwar den Regelungszusammenhang mit § 112a Abs. 1 Nr. 2 zur Kenntnis genommen, indem er darauf hinweis, § 112a Abs. 1 Nr. 2 sei keine gesetzliche Verankerung der von der Rechtsprechung entwickelten Rechtsfigur der fortgesetzten Handlung. Durch die Gleichstellung der fortgesetzten Tat mit der wiederholten Tat in Nr. 2 sollte eine Privilegierung desjenigen Beschuldigten vermieden werden, dessen wiederholte Tatbestandsverwirklichungen durch den Fortsetzungszusammenhang zu einer einzigen Handlung verbunden wurden. Diesen Grund hat der BGH aber durch die Änderung der Rechtsprechung zum Fortsetzungszusammenhang entfallen lassen. Damit ist in Abs. 1 Nr. 2 jedoch eine aus verfassungsrechtlichen Gründen hinzunehmende Lücke für diejenigen Fälle entstanden, in denen zwar der Unrechtsgehalt aller Taten und die Höhe des Gesamtschadens, nicht aber die Bewertung der Einzeltat die Einordnung als schwerwiegende Beeinträchtigung der Rechtsordnung rechtfertigt (→ Rn. 26, 28).[63]

36 Trotz der enumerativen Aufzählungen in Abs. 1 Nr. 2 ist anerkannt, dass **geringfügige Abweichungen in der rechtlichen Beurteilung** ohne Bedeutung sind.[64] So ist etwa eine Qualifikation dem in Abs. 1 Nr. 2 aufgeführten Grunddelikt gleichzustellen.[65] Gleiches gilt, wenn das in Nr. 2 aufgeführte Delikt Durchgangsstadium einer ggf. abgeurteilten Tat darstellt. Ist der Beschuldigte etwa im laufenden Strafverfahren einer gefährlichen Körperverletzung dringend verdächtig, so kann auch ein früher begangener (und ggf. bereits abgeurteilter) Totschlag die Wiederholungsgefahr begründen, wenn eine gefährliche Körperverletzung Durchgangsstadium zum Tötungsdelikt war.[66] Gleiches gilt, wenn Einbruchsdiebstahl (§§ 243, 244 StGB) aus Konkurrenzgründen hinter einen im Anschluss begangenen Raub (§ 249 StGB) zurücktritt.[67] Die wiederholte Verurteilung wegen gefährlicher Körper-

---

[60] Zu den verschiedenen Ansichten, vgl. zurückblickend: OLG Karlsruhe 21.4.2006 – 1 Ws 79/06, NStZ-RR 2006, 210, OLG Stuttgart 12.2.1988 – 1 Ws 43/88, NStZ 1988, 326; Schleswig Holsteinisches OLG Schleswig 19.12.2001 – 1 Ws 452/01, NStZ 2002, 276 f.; OLG Hamm 11.3.1996 – 2 Ws 94/96, StV 1997, 310 mAnm *Hohmann*; KK-*Graf* 2002, § 112a Rn. 12; aA OLG Frankfurt a. M. 18.11.1983 – 1 Ws 310/83, StV 1984, 159; *Meyer-Goßner* § 112a Rn. 8; zu Besonderheiten bei Sexualstraftaten an Kindern vgl. Hanseatisches Oberlandegericht Hamburg 25.8.2000 – Ws 104/00, NStZ-RR 2001, 220; OLG Köln 4.10.2002 – Hes 190/02, StV 2003, 169 f.

[61] OLG Karlsruhe 21.4.2006 – 1 Ws 79/06, NStZ-RR 2006, 210.

[62] BGH 3.5.1994 – GSSt 2/92, NJW 1994, 1664.

[63] OLG Frankfurt a. M. 12.1.2000 – 1 Ws 161/99, StV 2000, 209.

[64] OLG Hamm 25.2.2010 – III 2 Ws 18/10, NStZ-RR 2010, 292.

[65] LR-*Hilger* § 112a Rn. 27.

[66] OLG Hamm 20.11.2012 – 1 Ws 604/12, NStZ-RR 2013, 86., ebenso OLG Schleswig 19.12.2001 – 1 Ws 452/01, NStZ 2002, 276.

[67] Hanseatisches Oberlandesgericht Bremen 1.3.2013 – Ws 5/13, NJW-Spezial 2013, 218; aA LR-*Hilger* § 112a Rn. 30).

verletzung rechtfertigt jedoch nicht die Annahme einer Wiederholungsgefahr, wenn der Beschuldigte nunmehr eines versuchten Raubes dringend verdächtig ist und eine Körperverletzung nicht im Raume steht.[68]

Weitere Voraussetzung ist, dass **neben der gegenständlichen Tat** auch für zumindest ein weiteres gleichartiges Delikt **dringender Tatverdacht** besteht. Dies ist zunächst dann der Fall, wenn dem Beschuldigten schon im Haftbefehl die Begehung mehrerer gleichartiger Delikte vorgeworfen wird. Liegt dem Verfahren allerdings nur eine Tat zugrunde, so kann sich das Vorliegen weiterer Taten auch aus anderen Verfahren (→ Rn. 33 f.) ergeben. Entweder liegt bereits eine Verurteilung vor oder aber es ist ein weiteres Verfahren gegen den Beschuldigte anhängig.[69] In jedem Fall ist aber das Bestehen des dringenden Tatverdachts bzgl. einer wiederholten Begehung von Straftaten vom Haftrichter eigenverantwortlich zu prüfen (→ Rn. 38).[70] 37

Tatrichterliche Feststellung der Wiederholungstat. Grundsätzlich hat das zu Entscheidung berufene Gericht das Vorliegen der Ersttat, aber auch der Wiederholungstat, wenn diese verfahrensfremd ist, eigenverantwortlich zu prüfen. Es darf daher den dringenden Tatverdacht nicht allein deshalb ablehnen, weil ein anderes Gericht einen solchen bislang nicht bejaht hat.[71] Es reicht jedoch aus, wenn der Beschuldigte mindestens wegen einer weiteren Tat rechtskräftig verurteilt worden ist, ohne dass es insoweit einer ergänzenden Nachprüfung bedürfte.[72] Gleiches hat zu gelten, wenn gegen den Beschuldigten wegen der Wiederholungstat in anderer Sache ein Haftbefehl ergangen ist. Liegt die Wiederholungstat schon Jahre zurück, ist zwar das formelle Kriterium der wiederholten Tatbegehung erfüllt, in materieller Hinsicht ist jedoch sorgfältig zu prüfen (→ Rn. 47), ob hieraus auch eine Wiederholungsgefahr abgeleitet werden kann. 38

dd) Schwerwiegende Straftaten. Als Anlasstaten nach § 112a Abs. 1 Nr. 2 StPO kommen nur solche Taten mit **überdurchschnittlichem Schweregrad und Unrechtsgehalt bzw. solche in Betracht, die mindestens in der oberen Hälfte der mittelschweren Straftaten** liegen.[73] Maßgeblich für die Beurteilung im Rahmen des konkreten Erscheinungsbildes der Tat sind insbesondere Art und Umfang des jeweils angerichteten **Einzelschadens.** Eine Bemessung der Tatschwere nach dem Gesamtschaden ist nicht zulässig. Dabei ist auch immer die **Opferperspektive** (→ Rn. 24) konkret zu berücksichtigen, dh es kommt nicht darauf an, ob der Tatverdächtige abstrakt gegen eine erhebliche strafbewehrte Vorschrift verstoßen hat, sondern ob hierdurch auch die Strafvorschrift konkret in überdurchschnittlicher Weise verletzt worden ist. Hieran kann es etwa fehlen, wenn das – abgeurteilte – Delikt etwa als minder schwerer Fall der gefährlichen Körperverletzung bewertet wurde[74] oder aber zu bewerten wäre. Verneint wurde das Vorliegen einer schwerwiegenden Tat auch bei mehreren Kfz-Aufbrüchen von Jugendlichen,[75] Einbruchsdiebstählen mit Schadenshöhe von lediglich DM 500 bis DM 1.000[76] (vgl. zur Schadenshöhe → Rn. 26) oder leichteren Betäubungsmitteldelikten nach § 29 Abs. 1 Satz 1 Nr. 1 BtMG.[77] 39

---

[68] LG Osnabrück 7.8.2012 – 18 Qs 28/12; siehe hierzu aber auch: OLG Köln 10.5.2007 – 2 Ws 227/07, OLGSt StGB § 226 Nr. 1 (Raub mit Körperverletzung und schwere Körperverletzung nach § 224 als gleichartige Anlasstaten, zweifelhaft).

[69] OLG Karlsruhe 21.4.2006 – 1 Ws 79/06, NStZ-RR 2006, 210; LR-*Hilger* § 112a Rn. 30; *Graf-Krauß* § 112a Rn. 3.

[70] OLG Hamm 20.11.2012 – 1 Ws 604/12, NStZ-RR 2013, 86.

[71] OLG Hamm 20.11.2012 – 1 Ws 604/12, NStZ-RR 2013, 86.

[72] KG 28.2.2012 – 4 Ws 18/12, OLGSt StPO § 112a Nr. 4.; BGH 28.10.2005 – StB 15/05, NStZ 2006, 297.

[73] OLG Karlsruhe 21.4.2006 – 1 Ws 79/06, NStZ-RR 2006, 210; OLG Frankfurt a. M. 12.1.2000 – 1 Ws 161/99, StV 2000, 209.

[74] OLG Karlsruhe 21.4.2006 – 1 Ws 79/06, NStZ-RR 2006, 210.

[75] OLG Frankfurt a. M. 12.1.2000 – 1 Ws 161/99, StV 2000, 209.

[76] OLG Köln 9.1.1996 – 1 Ws 1/96, StV 1996, 158; LG Köln 31.1.1996 – 109-11/95, StV 1996, 386.

[77] LG Gera 13.3.2000 – 1 Qs 7/2000, StV 2000, 320.

40 Dem Merkmal der **schwerwiegenden Beeinträchtigung** kommt daher eine nicht unerhebliche und in der Praxis zu Abgrenzungsproblemen führende **Einschränkung des Anwendungsbereichs der Norm** zu. So darf sich bei tatmehrheitlicher Begehung mehrere Straftaten die erforderliche schwerwiegende Beeinträchtigung der Rechtsordnung **nicht auf das Gesamtunrecht beziehen, sondern muss bezüglich der jeweiligen Einzeltat vorliegen.**[78] Um einen überdurchschnittlichen Schweregrad und Unrechtsgehaltes aufzuweisen, muss die Tat **mindestens in die obere Hälfte der mittelschweren Straftaten** einzuordnen sein.[79] Hieran fehlt es etwa, wenn der Täter gewerbsmäßig Fahrraddiebstähle begeht, selbst wenn es sich um eine Vielzahl von Fällen handelt und solche weiter drohen, denn dies Taten sind weder von besonderem Gewicht. Im Übrigen würde hierfür auch nicht für jede Einzeltat eine Strafe von mehr als einem Jahr drohen (→ Rn. 41).[80] Bei der Beurteilung sind in objektiver Hinsicht auch die allgemeinen Strafzumessungskriterien heranzuziehen.[81] Für die Annahme einer schwerwiegenden Beeinträchtigung reicht es jedoch nicht aus, dass der Beschuldigte wegen gleichartiger Straftaten unter Bewährung steht[82] oder die Taten als Jugendlicher ohne Ahndung durch eine Jugendstrafe[83] verübt hat.

41 **ee) Straferwartung.** Eine Katalogtat nach Abs. 1 Nr. 2 scheidet zudem nach dem Wortlaut der Norm als Anlasstat aus, wenn ihr als **Einzeltat** nicht mindestens eine **Straferwartung von mehr einem Jahr** zukommt. Ist bereits in erster Instanz ein Urteil ergangen, ist auf das dort erkannte Strafmaß abzustellen.[84] Es kommt also nicht darauf an, dass der Beschuldigte für alle ihm vorgeworfenen Taten eine Gesamtfreiheitsstrafe von mehr als einem Jahr erhält, sondern maßgeblich ist die **Höhe der Einzelstrafe(n).**[85] Diese Regelung gilt auch im Jugendrecht mit der Maßgabe, dass insgesamt eine Jugendstrafe von mehr als einem Jahr zu erwarten sein muss und zwar **ohne die Einbeziehung** weiterer Vorverurteilungen oder Nichtkatalogtaten, dann wegen der im Jugendstrafrecht geltenden Prinzips der Einheitsstrafe ansonsten das vom Gesetzgeber vorausgesetzte Gewicht der Anlasstat unterlaufen werden würde.[86] Die Ahndung von Vortaten mit einem Arrest reicht nicht aus.[87]

42 **Einbeziehung von verfahrensfremden Anlasstaten (Abs. 1 Satz 2).** Nach der Einfügung von Abs. 1 Satz 2 durch das am 1.10.2009 in Kraft getretene Zweite Opferrechtsreformgesetz ist die bis dahin kontrovers diskutierte Frage[88] durch den Gesetzgeber klargestellt, dass **zur Annahme zweier Anlasstaten** ausreicht, dass sich **diese aus dem dem Haftbefehl zu Grunde liegenden Verfahren und anderen Verfahren** ergeben können, auch soweit diese schon rechtskräftig abgeurteilt sind (siehe → Rn. 34 f.).

43 **4. Vorliegen von Wiederholungsgefahr. a) Allgemeines. Wiederholungsgefahr** nach Abs. 1 besteht, wenn zum dringenden Tatverdacht einer der in dort genannten Anlasstaten bestimmte **Tatsachen** hinzutreten, welche die Gefahr begründen, dass der Beschuldigte vor rechtskräftiger Aburteilung weitere **erhebliche Taten gleicher Art** begehen wird, und die Haft zur Abwendung dieser Gefahr erforderlich ist. Die Begehung von

---

78 OLG Frankfurt a. M. 12.1.2000 – 1 Ws 161/99; OLG Karlsruhe 6.4.2001, NStZ 2001, 75 – 3 Ws 31/01, StraFo 2002, 25.

79 OLG Frankfurt a. M. 12.1.2000 – 1 Ws 161/99, NStZ 2001, 75; *Meyer-Goßner* § 112a Rn. 9.

80 Ebenso OLG Braunschweig 7.11.2011 – Ws 316/11, StV 2012, 352.

81 OLG Hamm 20.11.2012 – 1 Ws 604/12, NStZ-RR 2013, 86.

82 OLG Hamm 1.4.2010 – 3 Ws 161/10, StV 2011, 291.

83 OLG Oldenburg 27.3.2012 – 1 Ws 159/12, StraFo 2012, 186.

84 OLG Braunschweig 29.5.2008 – Ws 188/08, StraFo 2008, 330.

85 *Meyer-Goßner* § 112a Rn. 10; aA OLG Hamm 1.4.2010 – 3 Ws 161/00, StV 2011, 291.

86 OLG Braunschweig 29.5.2008 – Ws 188/08, StraFo 2008, 330.

87 OLG Oldenburg 10.12.2009 – 1 Ws 679/09, NStZ-RR 2010, 159; aA jetzt Hanseatisches Oberlandesgericht Bremen 1.3.2013 – Ws 5/13, NJW-Spezial 2013, 218 (notwendiger Schutz der Bevölkerung vor heranwachsenden Serienstraftätern, zweifelhaft).

88 Vgl. zu dieser kontrovers diskutierten Frage die Rechtsprechungsübersicht in: Schleswig-Holsteinisches Oberlandesgericht 19.12.2001 – 1 Ws 452/01, NStZ 2002, 276.

Straftaten gleicher Art steht dabei im Gegensatz zu der Wiederholung derselben Tat (→ Rn. 32 ff., 51). Zur gleichen Tat gehören Straftaten, die in den jeweils mit dem Wort „nach“ gebildeten Gruppen des Absatzes 1 Satz 1 zusammengefasst sind.[89]

b) Tatsachenbezug. Die Wiederholungsgefahr muss durch bestimmte Tatsachen begründet sein, die eine so **starke innere Neigung des Beschuldigten zu einschlägigen Straftaten** erkennen lassen, dass die Gefahr besteht, er werde gleichartige Taten wie die Anlasstaten bis zur rechtskräftigen Verurteilung in der den Gegenstand des Ermittlungsverfahrens bildenden Sache begehen.[90] Erforderlich ist eine innere Neigung oder wenigstens Bereitschaft der Begehung von Straftaten, auf welche vor allem aus äußeren Tatsachen geschlossen werden kann.[91] Insoweit sind auch Indiztatsachen zu berücksichtigen und zu würdigen, wie etwa die Vorstrafen des Beschuldigten und die zeitlichen Abstände (→ Rn. 47) zwischen ihnen sowie die Persönlichkeitsstruktur und die aktuellen Lebensumstände des Beschuldigten.[92] 44

Sachverständigengutachten. Insoweit kann auch das Vorliegen eines Sachverständigengutachtens hilfreich oder die – ergänzende – Einholung eines solchen geboten sein, etwa wenn der Verdacht besteht, der Beschuldigte leide an einer Pädophilie mit einer krankheitswertigen sexuellen Deviation. Gleiches gilt wenn der Beschuldigte an einer schweren Persönlichkeitsstörung leidet und sich hierauf die Gefahr begründet, er könne auch in Zukunft seine Aggressionen nicht kontrollieren und deshalb erneut schwere Straftaten im Sinne der Anlasstaten begehen.[93] 45

Keine Vorstrafen. Besondere Anforderungen an die Annahme des Haftgrundes der Wiederholungsgefahr bestehen dann, wenn der Beschuldigte bislang nicht wegen – einer – einschlägigen Straftat/en strafrechtlich in Erscheinung getreten und dafür vorbestraft ist. Liegt dem Beschuldigten in der Haftanordnung etwa die Begehung von 16 tatmehrheitlichen begangenen Verstößen gegen das Betäubungsmittelgesetz zur Last, kann dies zwar in formeller Hinsicht die Annahme des Vorliegens mindestens zweier schwerwiegender Straftaten rechtfertigen (→ Rn. 39 f.), gleichwohl ist fraglich, ob eine solche Serie für sich gesehen eine Wiederholung mit **sehr hoher Wahrscheinlichkeit** erwarten lässt. Hiervon wird in der Regel **nicht** auszugehen sein, vielmehr ist bei einer solchen Gefahrprognose bei einem „Ersttäter“ große Zurückhaltung geboten.[94] 46

Zeitablauf. Zwar besteht **keine feste zeitliche Grenze**, welche die auch bei Vorliegen einer Wiederholungstat (Abs. 1 Nr. 2) materiell zwingend notwendige Wiederholungsgefahr zwingend entfallen ließe.[95] So kann es ausreichen, wenn seit früheren Taten mehr als sechs Jahre vergangen sind.[96] Jedoch wird sich die für die Wiederholungsgefahr geforderte **hohe Wahrscheinlichkeit erneuter Taten** in solchen Fällen nicht oder nur sehr schwer zu begründen sein, wenn ein Beschuldigter mehrere Jahre vor der aktuellen Tat strafrechtlich nicht mehr einschlägig in Erscheinung getreten ist.[97] Dabei ist aber immer auf den Einzelfall abzustellen. So spricht ein Zeitraum von sieben Jahren nicht gegen das Vorliegen einer Wiederholungsgefahr, wenn der Beschuldigte davon mehr als Hälfte in Untersuchungs- und Strafhaft zugebracht hat.[98] Andererseits kann es an einer solchen Annahme 47

[89] Oberlandesgericht Bremen 1.3.2013 – Ws 5/13, NJW-Spezial 2013, 218 L/R-*Hilger* § 112a Rn. 43, KK-*Graf* § 112a Rn. 17.

[90] Thüringer Oberlandesgericht 21.10.2008 – 1 Ws 459/08, StraFo 2009, 21; OLG Rostock 12.12.2002 – 1 Ws 532/02.

[91] LR-*Hilger* § 112a Rn. 36.

[92] OLG Karlsruhe 10.2.2010 – 2 Ws 35/10, StraFo 2010, 198.§ 112a Rn. 14; LR-*Hilger*, § 112a. Rn. 36; KK-Graf Rn. 19.

[93] OLG Köln 7.9.2004 – 2 Ws 410/04, StV 2006, 534.

[94] OLG Dresden 3.4.2006 – 1 Ws 56/06; LR-*Hilger* § 112a Rn. 37; KK-*Graf* 112a Rn. 23.

[95] OLG Hamm 20.11.2012 – III 1 Ws 604/12, NStZ-RR 2013, 86.

[96] OLG Hamm 20.11.2012 – III 1 Ws 604/12, NStZ-RR 2013, 86.

[97] Thüringer Oberlandesgericht 21.10.2008 – 1 Ws 459/08, StraFo 2009, 21 (acht Jahre); OLG Frankfurt a. M. 3.2.2010 – 1 HEs 8/10, (zehn Jahre).

[98] So aber OLG Karlsruhe 10.2.2010 – 2 Ws 35/10, StraFo 2010, 198.

fehlen, wenn der Beschuldigte die Ersttat noch als Jugendlicher mehr als zehn Jahre zurückliegend begangen hat.[99] Immer kommt es aber darauf an, ob auch die früheren Straftaten als schwerwiegend einzustufen sind.[100] Auch kann der Haftgrund der Wiederholungsgefahr regelmäßig nicht allein darauf gestützt werden, der Beschuldigte habe in Kenntnis der Anklagevorwürfe eine weitere einschlägige Straftat begangen, wenn seit der letzten angeklagten Tat mehrere Jahre verstrichen sind.[101]

48 **Sexueller Missbrauch.** Besonders beim Vorwurf des sexuellen Kindesmissbrauchs (§ 176 StGB) ist immer eine sorgfältige Prüfung veranlasst. So reicht die nur allgemeine Befürchtung, es könne möglicherweise in einem unbestimmten Zeitraum zu gleichartigen sexuellen Übergriffen kommen, nicht aus. Vielmehr ist erforderlich, dass Tatsachen festgestellt werden können, aus denen eine so **starke innere Tatneigung des Beschuldigten** folgt, dass sich hieraus die Gefahr ergibt, er werde mit **hoher Wahrscheinlichkeit** gleichartige Taten wie die Anlasstat begehen und zwar in zeitlicher Hinsicht bis zu dem vorliegend in absehbarer Zeit zu erwartenden rechtskräftigen Verfahrensabschluss. Hingegen ist, auch wenn dies die Prognose wesentlich erleichtert,[102] nicht erforderlich, dass der Beschuldigte schon früher mit Sittlichkeitsdelikten aufgefallen ist und sich hieraus quasi ein progredientes Verhalten abzeichnet,[103] vielmehr kann sich die hohe Wahrscheinlichkeit einer Tatwiederholung vor Abschluss des Verfahrens auch Indiztatsachen[104] oder aber einer aktuellen Expertise eines Sachverständigen ergeben (→ Rn. 45).

49 **Heranwachsende und Jugendliche.** Besondere Vorsicht ist auch bei der Annahme des Haftgrundes bei Straftaten von heranwachsenden oder jugendlichen Tätern angezeigt. Auch bei diesen kommt eine Annahme des Haftgrundes in Betracht, wenn Straftaten aus dem enumerativen Katalog des § 112a konkret in überdurchschnittlicher Weise begangen worden sind. Dabei sind auch frühere Taten mit zu berücksichtigen, wobei gerade die Begehung von Serienstraftaten auch eine jugendtypische Besonderheit darstellt. Notwendig ist daher, dass insgesamt ein **verfestigtes kriminelles Handlungsmuster** ersichtlich wird. Dabei sind neben den weiteren Tatumständen auch die konkreten Lebensverhältnisse des Täters zu berücksichtigen, ua auch seine Bindung zum Elternhaus und seine beruflichen Perspektiven.[105]

50 **c) Gefahrengrad.** Notwendig ist eine **hohe Wahrscheinlichkeit**[106] der Fortsetzung des strafbaren Verhaltens vor rechtskräftigem Abschluss des Verfahrens, welche im Freibeweis festgestellt werden muss. Erforderlich ist danach die durch Tatsachen begründete hohe Wahrscheinlichkeit des Bestehens einer **starken inneren Neigung des Beschuldigten zur Begehung einschlägigen Straftaten.** Dabei reicht es nicht aus, dass überhaupt strafbares Fehlverhalten droht, sondern es muss die Gefahr der Begehung erheblicher Straftaten **der gleichen Art** (→ Rn. 51) drohen.

51 **d) Drohung der Begehung gleichartige Straftaten.** Die nach dem Wortlaut der Norm drohende Begehung von Straftaten gleicher Art steht sprachlich und inhaltlich im Gegensatz zu der in Nr. 2 formell notwendigen Wiederholung derselben Tat (→ Rn. 32 ff.). Es reicht in materieller Hinsicht insoweit aus, wenn Straftaten drohen, welche in den jeweils mit dem Wort „nach" gebildeten **Gruppen** des Absatzes 1 Satz 1 **zusammengefasst** sind. Es genügt die **rechtsethische und psychologische Vergleichbarkeit.** Die Anlasstaten und die befürchtete Straftat müssen sich dabei gleichsam als eine „in sich gleichartige Serie" darstellen.[107]

---

[99] KG 30.3.2010 – 4 Ws 38/10, NStZ-RR 2010, 291.
[100] OLG Oldenburg 10.6.2005 – 1 Ws 297/05, StV 2005, 618.
[101] OLG Oldenburg 27.11.2009 – 1 Ws 631/09, StV 2010, 140.
[102] OLG Bremen 25.8.2000 – Ws 104/00, NStZ-RR 2001, 220.
[103] So aber *Schlothauer/Weider* Rn. 651.
[104] Vgl. hierzu OLG Bremen 10.2.2010 – 2 Ws 35/10, StraFo 2010, 198.
[105] KG 27.5.2008 – 4 Ws 49/08, StV 2009, 83.
[106] BT-Drs. VI/3248, 7.
[107] KK-*Graf* § 112a Rn. 2; *Meyer-Goßner* § 112a Rn. 13 (Übereinstimmung im Erscheinungsbild).

e) Erheblichkeit der zu erwartenden Straftaten. Auch im Hinblick auf die Art der Bedrohung muss es sich um Straftaten handeln, die sich **über die Masse erheben. Da jedoch das Wort schwerwiegend im Gesetzestext nicht wiederholt wird,** muss es sich zwar auch um erhebliche Straftaten handeln, nicht erforderlich ist jedoch, dass sie so schwer sind, wie es die Anlasstat nach Nr. 1 ist oder die beiden Anlasstaten nach Nr. 2 sein müssen. Erfasst ist daher der ganze Bereich der mittleren Kriminalität.[108] 52

Keine konkrete Straferwartung. Während bei den – schon begangenen – Anlasstaten nach Nr. 2 in formeller Hinsicht eine Straferwartung von einem Jahr bestehen muss, ist eine solche zu erwartende Strafdrohung bei der Beurteilung der Frage, welche Straftaten der Beschuldigte zu begehen droht, hingegen nicht vorgesehen, zumal eine solche konkrete Prognose gar nicht möglich wäre, da die Begehung der Tat ja erst in der Zukunft droht. Es reicht also die mit hoher Wahrscheinlichkeit bestehende Gefahr der Begehung von **gleichartigen erheblichen Straftaten** aus. 53

5. Erforderlichkeit. Die Anordnung der Sicherungshaft muss auch im Sinne des im Haftrecht allgemein geltenden Verhältnismäßigkeitsgrundsatzes als **ultima ratio,** wie in Gesetzestext des § 112a ausdrücklich aufgenommen, auch erforderlich sein. Bestehen andere Möglichkeit zur Gefahrenabwehr, etwa die Aufnahme des Täters in eine Drogentherapie,[109] ist die Sicherungshaft nicht zulässig. 54

6. Verhältnismäßigkeit. Wie bei jeder Untersuchungshaftanordnung muss auch beim Haftgrund der Wiederholungsgefahr über die ausdrücklich vorgesehene Prüfung der Erforderlichkeit hinaus (→ Rn. 54) zudem untersucht werden, ob überhaupt die Anordnung der Haft verhältnismäßig ist. Diese Prüfung ist auch dann notwendig ist, wenn der Haftbefehl bereits außer Vollzug gesetzt wurde.[110] Schließlich muss auch ein auf Wiederholungsgefahr gestützter Haftbefehl aufgehoben werden, wenn die weitere Untersuchungshaft zur Bedeutung der Sache und der zu erwartenden Strafe außer Verhältnis stehen würde (§ 120).[111] 55

7. Subsidiarität (Abs. 2). Aus Abs. 2 ergibt sich die Subsidiarität der Sicherungshaft. Sie kommt nur dann zur Anwendung, wenn die Voraussetzungen einer Haftanordnung nach § 112 entweder nicht besteht oder aber eine solche außer Vollzug gesetzt werden kann (§ 116).[112] Erst dann darf eigentlich Haftgrund der Wiederholungsgefahr überhaupt gerichtlich geprüft werden.[113] Gleichwohl besteht ein unabwendbares Bedürfnis der Praxis, den Haftgrund schon in einen auf § 112 StPO gestützten Haftbefehl hilfsweise mit aufzunehmen, um damit der Gefahr der Vernachlässigung der Sicherungshaft zu begegnen. Ein ausdrücklicher Hinweis auf die Subsidiarität dieses Haftgrundes ist jedoch im Haftbefehl zwingend erforderlich. Fallen in einem solchen Fall etwa die Haftgründe des § 112 weg, so ist eine erneute Anhörung des Beschuldigten zum Haftgrund des § 112a entbehrlich.[114] 56

8. Mildere Maßnahmen nach § 116 Abs. 3. Auch ein auf den Haftgrund der Wiederholungsgefahr gestützter Haftbefehl kann außer Vollzug gesetzt werden, wobei dies oftmals nur in besonderen Ausnahmefällen zu verantworten sein wird.[115] So etwa bei wesentlichen Veränderungen in den Lebensverhältnissen des Beschuldigten oder der auch zukünftig vermeintlichen Opfer,[116] etwa bei sexuellen Übergriffen auf Kinder dann, wenn zukünftige Kontakte des Täters zu Kindern nicht mehr möglich sind oder solchen durch Auflagen und Weisungen wirksam entgegengewirkt werden kann. Erklärt sich der Beschuldigte beim Vorwurf 57

---

[108] LR-*Hilger* § 112a Rn. 41.
[109] OLG Frankfurt a. M. 13.4.1992 – 1 Ws 577/92, StV 1992, 425.
[110] OLG Köln 7.9.2004 – 2 Ws 410/04, StV 2006, 534.
[111] Oberlandesgericht des Landes Sachsen-Anhalt 8.7.2005 – 1 Ws 374/05.
[112] Thüringer Oberlandesgericht 29.11.2010 – 1 Ws 457/10, StV 2011, 735.
[113] *Meyer-Goßner* § 112a Rn. 17.
[114] AA OLG Hamm 5.2.2009 – 3 Ws 39/09; vgl. auch OLG Karlsruhe 26.9.2000 – 3 Ws 196/00, StraFo 2000, 422.
[115] KG 28.2.2012 – 4 Ws 18/12, OLGSt StPO § 112a Nr. 4.
[116] Vgl. hierzu die Beispiele bei *Schlothauer/Weider* Rn. 651 und *Böhm* § 116 Rn. 34 ff.

der Begehung eines Sexualdelikts zur Durchführung einer psychotherapeutischen Behandlung bereit, muss sich der Tatrichter nicht nur versichern, dass eine solche Motivation im Sinne eines ernsthaften Willen zur Auseinandersetzung mit den Ursachen seiner Straftaten auch wirklich besteht,[117] sondern eine solche Behandlung muss auch erfolgsversprechend sein.

58 **9. Schwerwiegende Verfahrensverzögerung und besondere Haftprüfung.** Soweit vertreten wird, bei Vorliegen von schweren Verfahrensfehlern, welche zur Aufhebung eines Haftbefehls nach § 112 führen, könne die Haftfortdauer bis zur Sechsmonatsgrenze des § 121 noch auf Haftgrund der Wiederholungsgefahr nach § 112a gestützt werden,[118] kann dieser Ansicht nicht gefolgt werden.[119] Zwar bezweckt der Haftgrund nach § 112a den Schutz der Allgemeinheit vor weiteren Straftaten des Beschuldigten, so dass grundsätzlich eine Abwägung nach Verhältnismäßigkeitsgründen zwischen diesem und dem Grundrecht des Angeschuldigten auf Freiheit seiner Person möglich wäre. Hierzu hätte es aber, wie bei § 126a StPO erfolgt, einer ausdrücklichen Entscheidung des Gesetzgebers bedurft.[120]

§ 113 [Voraussetzungen bei leichteren Taten]

(1) Ist die Tat nur mit Freiheitsstrafe bis zu sechs Monaten oder mit Geldstrafe bis zu einhundertachtzig Tagessätzen bedroht, so darf die Untersuchungshaft wegen Verdunkelungsgefahr nicht angeordnet werden.

(2) In diesen Fällen darf die Untersuchungshaft wegen Fluchtgefahr nur angeordnet werden, wenn der Beschuldigte

1. sich dem Verfahren bereits einmal entzogen hatte oder Anstalten zur Flucht getroffen hat,

2. im Geltungsbereich dieses Gesetzes keinen festen Wohnsitz oder Aufenthalt hat oder

3. sich über seine Person nicht ausweisen kann.

Schrifttum: *Hartenbach, Alfred,* Einführung der Hauptverhandlungshaft, ZRP 1997, 227; *Setzen, Uwe,* Zur Verhältnismäßigkeit der Untersuchungshaft, NJW 1973, 2001; *Wagner, Joachim,* Zur Anordnung von Untersuchungshaft in Ladendiebstahlsverfahren, NJW 1978, 2002.

I. Allgemeines, Normzweck und Anwendungsbereich

1 **1. Allgemeines und Normzweck.** Die Vorschrift enthält eine gesetzliche Konkretisierung und Ausprägung des Grundsatzes der **Verhältnismäßigkeit** (§ 112 Abs. 1 Satz 2, 120 Abs. 1 Satz 1) und schränkt für den Bereich der **kleinen Kriminalität** die Anordnung der Untersuchungshaft ein.[1] Andererseits ergibt sich aber auch aus ihr, dass die Verhängung von Untersuchungshaft nicht grundsätzlich dann verwehrt ist, wenn an sich nur eine Geldstrafe zu erwarten ist,[2] denn Abs. 1 stellt nur auf den abstrakten Strafrahmen bzw. die Höchststrafe ab. Gleichwohl ist selbst bei Vorliegen der Anwendungsvoraussetzungen der Norm zu prüfen, ob wegen der besonderen Umstände des Einzelfalles der in § 120 Abs. 1 Satz 2 normierte Grundsatz der Verhältnismäßigkeit einer Inhaftierung entgegensteht.[3]

2 **2. Anwendungsbereich.** Zum **Bereich der kleineren Kriminalität** gehören die Taten, welche mit einer Freiheitsstrafe bis zu sechs Monaten oder mit Geldstrafe von 180

[117] OLG Köln 10.12.2003 – 2 Ws 671/03.

[118] So Thüringer Oberlandesgericht 29.11.2010 – 1 Ws 457/10, StV 2011, 735.

[119] Oberlandesgericht des Landes Sachen-Anhalt 8.7.2005 – 1 Ws 374/05, StV 2011, 735; wohl auch OLG Stuttgart 21.4.2011 – 2 HEs 37-39/11, NStZ-RR 2012, 62; KG 27.5.2008 – 4 Ws 49/08, StV 2009, 83; vgl. hierzu auch die Anmerkung von *Tsambikakis* StV 2011, 738.

[120] *Böhm/Werner* § 44; § 120 Rn. 19, § 126a Rn. 44.

[1] KK-*Graf* § 113 Rn. 1.

[2] OLG Düsseldorf 19.2.1997 – 1 Ws 127/97, NJW 1997, 2965; *Meyer-Goßner* § 113 Rn. 1.; LR-Hilger § 113 Rn. 1.

[3] KK-*Graf* § 113 Rn. 1; *Böhm* § 120 Rn. 11 ff.

Tagessätzen bedroht sind. Maßgeblich ist allein der gesetzliche Strafrahmen, auf die konkret drohende Sanktion kommt es nicht an. Solche Tatbestände sind im Strafgesetzbuch selten, so dass der Vorschrift insoweit kaum praktische Relevanz beikommt. Freiheitsstrafe im Sinne von Abs. 1 ist aber auch der Strafarrest nach §§ 9, 12 WStG, nicht aber der als Zuchtmittel eingestufte Jugendarrest (§§ 16, 13 Abs. 2, 3 und Abs. 3 JGG).

Da die Strafrahmen des JGG für **Jugendliche** nicht gelten (§ 18 Abs. 1 Satz 2 JGG), findet die Vorschrift im Jugendrecht keine Anwendung. Gleiches gilt für die **Ungehorsamshaft** (§§ 230 Abs. 2 236, 329 Abs. 4 Satz 1).[4] 3

II. Haftgrund der Verdunklungsgefahr (Abs. 1)

Liegen die Voraussetzungen des Abs. 1 vor, darf Untersuchungshaft wegen Verdunkelungsgefahr (§ 112 Abs. 2 Nr. 3)[5] nicht angeordnet werden. 4

III. Haftgrund der Flucht

Da der Haftgrund der Flucht (§ 112 Abs. 1 Nr. 1)[6] in der Vorschrift nicht genannt ist, gelten die in § 113 vorgesehenen Einschränkungen nicht.[7] 5

IV. Haftgrund der Fluchtgefahr

Auf den Haftgrund der Fluchtgefahr (§ 112 Abs. 2 Nr. 2)[8] kann der Erlass eines Haftbefehls im Bereich der kleinen Kriminalität (→ Rn. 2) nur dann gestützt werden, wenn die in Abs. 2 Nr. 1–3 genannten Gründe alternativ vorliegen. 6

1. Frühere Flucht oder Fluchtvorbereitungen (Nr. 1). Zunächst nennt Abs. 2 den Fall, dass sich der Beschuldigte bereits früher dem Verfahren entzogen oder Anstalten zur Flucht getroffen hat. Insoweit reicht es nicht aus, dass der Beschuldigte bereits in einem anderen Verfahren einmal geflüchtet ist, vielmehr kommt es auf das konkret anhängige Verfahren an. Anstalten zur Flucht trifft etwa derjenige, welcher sich einen Reisepass ausstellen lässt, eine größere Reise ohne konkreten Anlass plant und/oder in größerem Umfang inländische Vermögenswerte veräußert.[9] 7

2. Keinen festen Wohnsitz oder Aufenthalt (Nr. 2). Für die Frage des Bestehens eines Wohnsitzes ist nicht auf die polizeiliche Anmeldung des Beschuldigten, sondern auf die auf eine gewisse Dauer angelegte tatsächliche Niederlassung abzustellen.[10] Auch der Aufenthalt muss ein „fester" sein. Dazu ist es notwendig, dass der Beschuldigte auch für eine gewisse Dauer oder für eine bestimmte Zeit an diesem Ort wirklich verweilt.[11] 8

3. Keine Ausweispapiere (Nr. 3). Zumeist wird auch bei einem Bagatelldelikt eine Inhaftierung notwendig sein, wenn sich der Beschuldigte mangels Personalausweis oder Reisepass nicht ausweisen kann oder – was ebenfalls ausreicht – nicht ausweisen will oder falsche Personalien angibt.[12] Dies gilt jedoch nicht, wenn der Beschuldigte dem Polizeibeamten persönlich bekannt ist.[13] 9

V. Weitere Verfahrensanforderungen

Wird ein Haftbefehl nach § 113 erlassen, so besteht erhöhter Anlass zur beschleunigten Bearbeitung des Verfahrens, etwa durch Ahndung der Tat im Strafbefehls- (§ 407) oder im 10

---

[4] LR-*Hilger* § 113 Rn. 3.
[5] *Böhm/Werner* § 112 Rn. 62 ff.
[6] *Böhm/Werner* § 112 Rn. 35 ff.
[7] SK-*Paeffgen* § 113 Rn. 4.; *Meyer-Goßner* § 113 Rn. 3.
[8] *Böhm/Werner* § 112 Rn. 41 ff.
[9] KK-*Graf* § 113 Rn. 6.
[10] LR-*Hilger* § 113 Rn. 9.
[11] KK-*Graf* § 113 Rn. 6.
[12] KK-*Graf* § 113 Rn. 6.
[13] *Meyer-Goßner* § 113 Rn. 7.

beschleunigten Verfahren (§ 417).[14] Insoweit ist auch zu beachten, dass bei bloßer Geldstrafenerwartung die Dauer der Untersuchungshaft die voraussichtliche Ersatzfreiheitsstrafe nicht übersteigen darf.[15]

§ 114 [Haftbefehl]

(1) Die Untersuchungshaft wird durch schriftlichen Haftbefehl des Richters angeordnet.

(2) In dem Haftbefehl sind anzuführen
1. der Beschuldigte,
2. die Tat, deren er dringend verdächtig ist, Zeit und Ort ihrer Begehung, die gesetzlichen Merkmale der Straftat und die anzuwendenden Strafvorschriften,
3. der Haftgrund sowie
4. die Tatsachen, aus denen sich der dringende Tatverdacht und der Haftgrund ergibt, soweit nicht dadurch die Staatssicherheit gefährdet wird.

(3) Wenn die Anwendung des § 112 Abs. 1 Satz 2 naheliegt oder der Beschuldigte sich auf diese Vorschrift beruft, sind die Gründe dafür anzugeben, daß sie nicht angewandt wurde.

Schrifttum: *Bittmann, Folker,* Änderungen im Untersuchungshaftrecht, Jus 2010, 510; *Böhm, Klaus,* Der Europäische Haftbefehl im Lichte des Grundsatzes der gegenseitigen Anerkennung und die praktische Umsetzung im nationalen Auslieferungsrecht – zugleich eine Besprechung des Urteils des EuGH vom 29.1.2013, C 391/11 (Fall Radu), StraFo 2013, 177; *Böhm, Klaus/Rosenthal, Michael,* Internatinales Strafrecht in der Praxis, 2010; *Broddowski, Dominik,* Grundfälle zu den Justizgrundrechten Art. 104 GG – Freiheit der Person, Folterverbot, Benachrichtigungsgebot, JUS 2012, 980; *Börner, Rene,* Anmerkung zur Entscheidung des KG Berlin vom 6.7.2011 (4 Ws 57/11; StV 2012, 358) – Zur Frage des Anspruchs auf Akteneinsicht bei noch nicht vollstrecktem Haftbefehl, StV 2012, 361; *Brocke, Holger/Heller, Frank Michael,* Das neue Untersuchungshaftrecht aus Sicht der Praxis – Zwischenbilanz nach einem Jahr, StraFo 2011, 1; *Eisenberg, Ulrich,* IQ 37 – Verwertungsverbot polizeilicher Vernehmung ohne Verteidiger?, dargestellt anhand eines Einzelfalls, JA 2012, 452; *Esser, Robert,* Rechtsfolgen eines Verstoßes gegen die Belehrungspflicht aus Artikel 36 WÜK; zugleich Anmerkung zum Urteil des BGH v. 20.12.2007 – 3 StR 318/07, JR 2008, 77; *Firchau, Lars,* Das fachgerichtliche Rechtsbehelfssystem der Untersuchungshaft sowie die Regelung des Vollzug, Würzburger Schriften zur Kriminalwissenschaft, Diss., 2013; *Gaede, Karsten,* Schlechtverteidigung – Tabus und Präklusionen zum Schutz vor dem Recht auf wirksame Verteidigung? Zugleich Besprechung zu BGH 1 StR 341/07, Beschluss vom 15.08.07 (HRRS 2007 Nr. 967 – Rügen unwirksamer Verteidigung) und BGH 1 StR 273/07, Beschluss vom 11.9.2007 (HRRS 2007 Nr. 900 – verschärfte Widerspruchslösung bei unterlassener Belehrung über das Recht auf konsularischen Beistand), HRRS 2007, 405; *Gless, Sabine/Peters, Anne,* Verwertungsverbot bei Verletzung der Pflicht zur Belehrung nach Art. 36 WÜK; *Paulus, Andreas, Müller, Jörn,* Konsularische Information vor deutschen Gerichten – Never Ending Story oder Happy End? StV 2009, 495; *Pauly, Jürgen,* Gewährung von Akteneinsicht zwecks Verteidigung bei Untersuchungshaft des Beschuldigten, StV 208, 484; *Kintzi, Heinrich,* Die Tätigkeit des Ermittlungsrichters im Ermittlungsverfahren und Richtervorbehalt, DRiZ 2004, 83; *König, Stefan,* Untersuchungsgefangene bekommen mehr Rechte, AnwBl 2010, 50; *Kotz, Peter,* Anspruch auf Dolmetsch- und Übersetzungsleistungen im Strafverfahren – Anregungen zur Umsetzung der Richtlinie 2010/64/EU des Europäischen Parlaments und des Rates vom 20.10.2010 über das Recht auf Dolmetscherleistungen und Übersetzungen in Strafverfahren (Abl. L Nr. 280, S. 1), StV 2012, 626; *Kreß, Claus,* Die verfassungrechtliche Pflicht der deutschen Strafverfolgungsbehörden zur Berücksichtigung des Wiener Konsularrechtsübereinkommens; *Marberth-Kubicki, Annette,* Die Akteneinsicht in der Praxis, StraFo 2003, 366; *Michalke,* Reform der Untersuchungshaft – Chance vertan? NJW 2010, 17; *Paeffgen, Hans-Ulrich,* § 119 StPO soll reformiert werden!? Anmerkung zum U-HaftRÄG-Entwurf BT-Drs. 16/11644, GA 2009, 454–468; *Pohlreich, Erol,* Die Rechtsprechung des EGMR zum Vollzug von Straf- und Untersuchungshaft, NStZ 2011, 560; *Rudophi, Hans-Joachim,* Ist in Haftanordnungen eine Beweiswürdigung vorzunehmen? StV 1988, 534; *Schiemann, Anja,* Macht des Opfers – Ohnmacht des Beschuldigten, Vom Ungleichgewicht der Rechte und Pflichten im deutschen Strafverfahren, KritV 2012, 161; *Schlothauer, Reinhold,* Die Bedeutung des materiellen Strafrechts für die Verteidigung in Untersuchungshaftfällen, StV 1996, 391; *ders.* Dürfen in der Begründung von Haftentscheidungen die maßgebenden Beweismittel verschwiegen werden, wenn anderenfalls eine Gefährdung der Ermittlungen zu befürchten wäre? StV 1991, 522; *Schlothauer, Reinhold/Weider, Hans-Joachim,* Untersuchungshaft, 4. Aufl. 2010; *Schultheis, Ulrich,* Übersicht über die Rechtsprechung in Untersuchungshaftsachen 2009/2010 – Teil 1,

---

[14] *Seetzen* NJW 1973, 2001.
[15] OLG Frankfurt a. M. 2.6.1993 – 1 Ws 96/93, StV 1993, 594; *Wagner* NJW 1978, 2002.

NStZ 2011, 621; *Staudinger, Ilka,* Dolmetscherzuziehung und/oder Verteidigerbeiordnung bei ausländischen Beschuldigten – zugleich eine Anmerkung zu BGH, Beschluss vom 26.10.2000 – 3 StR 6/00 = StV 2001,1, StV 2002, 327; *Michael Tsambikakis,* Moderne Einwirkungen auf die Strafprozessordnung – Beispiel: Untersuchungshaft, ZIS 2009, 503; *Walter, Tonio,* Der deutsche Strafprozess und das Völkerrecht, JR 2007, 99–104; *Wiesneth, Christian,* Die Untersuchungshaft, 2010; *Weider, Hans-Joachin,* Zur erforderlichen Konkretisierung des Tatvorwurfs im Haftbefehl und zum Erlass eines Haftbefehls durch das Beschwerdegericht, StV 1996, 441; *ders.* Das Gesetz zur Änderung des Untersuchungshaftrechts, StV 2010, 102; *Wohlers, Wolfgang,* Zum Akteneinsichtsrecht bei nicht vollstrecktem Haftbefehl, StV 2009, 539.

Übersicht

I. Allgemeines, Normzweck und Anwendungsbereich

1. Allgemeines. Die Vorschrift stellt entsprechend den **Vorgaben des Grundgesetzes eine zentrale Grundlage** des Haftrechts nach § 112 ff. dar und schreibt im Wesentlichen vor, dass ein Untersuchungshaftbefehl nur durch einen Richter (Art. 104 Abs. 2 Satz 1 GG) angeordnet werden kann und der Schriftform bedarf (Art. 104 Abs. 3 Satz 2 GG). 1

2. Normzweck. Die Vorschrift regelt daher mit weiteren Normen (→ Rn. 41) die **formellen Voraussetzungen** für den Erlass eines Haftbefehls, wohingegen die materiellen Anforderungen in §§ 112, 112a, 113, 127b enthalten sind. Die in Abs. 2 vorgeschriebene Begründung des Haftbefehls dient vor allem der Unterrichtung des Beschuldigten darüber, auf welcher rechtlichen und tatsächlichen Grundlage in sein Freiheitsrecht eingegriffen wird.[1] Deshalb ist auf die Begründung des Haftbefehls besondere Sorgfalt zu verwenden (→ Rn. 32 f.).[2] 2

Grundsätzlich bedarf es daher nach § 114 Abs. 2 daher neben der genauen Bezeichnung der Person des Beschuldigten (→ Rn. 17) im Haftbefehl der Taten, derer er dringend verdächtig ist (→ Rn. 18f). Ferner sind die den dringenden Tatverdacht begründenden Tatsachen anzuführen (→ Rn. 33). Dies ist Ausfluss des allgemeinen Begründungszwangs nach § 34 und konkretisiert zugleich den Anspruch des Beschuldigten auf **rechtliches Gehör** gleich zu Beginn seiner Festnahme.[3] Schließlich sind die Haftgründe zu benennen (→ Rn. 36). 3

3. Anwendungsbereich. Die in § 114 aufgestellten Anforderungen an den Erlass eines Haftbefehls gelten nicht nur für Untersuchungshaftbefehle nach § 112 ff., sondern finden auch auf **andere Haftbefehlsarten** entsprechende Anwendung. 4

[1] KMR/*Wankel* § 114 Rn. 3.
[2] OLG Hamm 5.8.2002 – 2 Ws 335/02, NStZ-RR 2002, 335.
[3] Firchau, Das fachgerichtliche Rechtssystem der U-Haft, S. 53.

5 So muss auch ein **Haftbefehl nach § 230 Abs. 2** insbesondere auch den Anforderungen des Abs. 2 Nr. 2 entsprechen. Zwar kann ein solcher schon ergehen, wenn der Angeklagte zur Hauptverhandlung nicht erschienen und sein Ausbleiben nicht entschuldigt ist,[4] ein solcher Ungehorsamshaftbefehl muss jedoch auch die Tat angeben, derentwegen der Angeklagte verdächtig ist. Denn auch dieser muss dem Angeklagten bei der Inhaftierung bekanntgemacht werden muss (§ 114a), so dass nur bei einer Mitteilung des Tatvorwurfs sowohl der zuständigen Richter (§ 115) als auch der Richter des nächsten Amtsgerichts (§ 115a) überhaupt in der Lage, den Angeklagten auf die ihn belastenden Umstände hinzuweisen und ihn hierzu zu vernehmen (§ 115 Abs. 3).[5] Nicht notwendig ist jedoch bei einem Haftbefehl nach § 230 Abs. 2 das Bestehen des dringenden Tatverdachts,[6] weshalb Angaben zu Abs. 2 Nr. 4 im Haftbefehl entbehrlich sind. Der Begründungszwang des Abs. 2 gilt des Weiteren auch für Haftbefehle nach §§ 236, 329 Abs. 4 Satz 1 und 453c.[7]

6 Anders ist die Rechtslage zu beurteilen bei einem **Haftfortdauerbeschluss nach § 268b,** welcher im Zusammenhang mit der Urteilsfällung ergeht. Der in der Praxis übliche Verweis[8] auf den ursprünglichen Haftbefehl reicht nicht aus, wenn die Verurteilung deutlich von den dort aufgeführten Tatvorwürfen abweicht. In einem solchen Fall bedarf auch ein Haftfortdauerbeschluss nach § 268b der Begründung, aus welcher hervorgeht, welcher Taten der Angeklagte dringend verdächtig ist und worauf die richterliche Überzeugungsbildung beruht.[9] Unabhängig davon ist ein Haftfortdauerbeschluss zumindest in einer Nichtabhilfeentscheidung ergänzend zu begründen, wenn gegen diesen Beschwerde eingelegt wird. Fehlt es hieran, hat das Beschwerdegericht die Sache zur Heilung des Mangels und zur Nachholung der Begründung an das Ausgangsgerichts zurückzugeben.[10] Hiervon kann nur abgesehen werden, wenn trotz der Begründungsmängel eine Überprüfung durch das Beschwerdegericht möglich ist.[11]

7 Auch wenn sich die **Einhaltung der Formerfordernisse** der Vorschrift in erster Linie an den **Richter** richten, sind in der Praxis zumeist die **Staatsanwaltschaften** zu deren Beachtung berufen. Denn insoweit besteht die weitgehende Übung, dass seitens der Ermittlungsbehörde dem Haftrichter bereits ein vorformulierter Antrag vorgelegt wird, über welchen dieser entscheiden soll. Auch wenn für diesen jederzeit die Möglichkeit der Abänderung der Vorlage besteht, sind die Möglichkeiten in tatsächlicher Hinsicht oftmals beschränkt.

8 Ein Haftbefehl ergeht im Regelfall (§§ 125, 128) nur auf **Antrag der Staatsanwaltschaft.** Dabei ist zu beachten, dass weder das Ausgangsgericht noch das Beschwerdegericht befugt sind, grundlegende Mängel des Antrages der Staatsanwaltschaft durch eigene Ermittlungen und Inhaltsänderungen ordnungsgemäß zu fassen. Vielmehr ist der Antrag dann abzulehnen.[12]

II. Zuständigkeit und Form (Abs. 1)

9 Abs. 1 regelt die Zuständigkeit zum Erlass eines Haftbefehls und die Form desselben.

10 **1. Zuständigkeit zum Erlass.** Hinsichtlich der Zuständigkeit zum Erlass eines Haftbefehls ist danach zu unterscheiden, ob der **Haftbefehl vor oder nach der polizeilichen Festnahme** des Beschuldigten ergeht.

---

[4] *Meyer-Goßner* § 230 Rn. 21.

[5] OLG Frankfurt a. M. 2.12.1994 – 1 Ws 245/94, StV 1995, 237; KK-*Graf* § 114 Rn. 1; aA LG Chemnitz 11.8.1995 – 1 Qs 173/95, StV 1996, 255.

[6] Hanseatisches Oberlandesgericht Hamburg 16.1.2012 – 2 Ws 13712, StraFo 2012, 60.

[7] KK-*Graf* § 114 Rn. 4.

[8] Vgl. hierzu OLG Stuttgart 25.1.2007 – 1 Ws 24/07, Die Justiz 2007, 238.

[9] OLG Hamm 29.12.2008 – 3 Ws 515/08, NStZ 2010, 55; dass 17.1.2012 – III – 3 ws 14/12, NStZ-RR 2012, 221; *Böhm/Werner* § 112 Rn. 13.

[10] OLG Karlsruhe 26.9.2000 – 3 Ws 196/00, StraFo 2000, 422.

[11] OLG Hamm 3.11.2009 – 3 Ws 412/09.

[12] OLG Brandenburg 8.1.1997 – 2 Ws 396/97, StV 1997, 140.

Nach der gesetzlichen Wertung sollte im **Regelfall die richterliche Entscheidung über die Anordnung der Untersuchungshaft schon vor der Festnahme** des Beschuldigten durch das Gericht erfolgen. Insoweit sieht § 125 Abs. 1 vor, dass vor Erhebung der öffentlichen Klage für den Erlass des Haftbefehls der Richter zuständig ist, in dessen Bezirk ein Gerichtsstand begründet ist oder der Beschuldigten sich aufhält. Liegt keine Gefahr im Verzug vor, bedarf es insoweit eines Antrags der Staatsanwaltschaft. Nach Erhebung der öffentlichen Klage ist nach § 125 Abs. 2 Satz 2 das Gericht zuständig, dass mit der Sache befasst ist. Für die Eröffnung des Haftbefehls nach erfolgter Festnahme gelten dann die §§ 115, 115a.[13] **11**

Zumeist erfolgt die Festnahme von Beschuldigten aber durch die **Polizei,** wenn sie Täter entweder auf frischer Tat betrifft oder aber verfolgt (§ 127 Abs. 1) oder die Voraussetzungen eines Haft- oder Unterbringungsbefehls vorliegen (§ 127 Abs. 2). In diesen Fällen ist zum Erlass des Haftbefehls der Richter beim Amtsgericht zuständig, in dessen Bezirk der Beschuldigte festgenommen worden ist (§ 128 Abs. 2 Satz 2). Diesem ist er unverzüglich, spätestens am Tag nach der Festnahme vorzuführen (§ 128 Abs. 1 Satz 1).[14] **12**

Nicht der Haftrichter, sondern der **Jugendrichter** ist allerdings zum Erlass des Haftbefehls zuständig (§ 39 JGG), wenn der Beschuldigte bei der Begehung der ihm im Haftbefehl vorgeworfenen Straftat noch Heranwachsender war. Auf die Beschwerde ist der vom unzuständigen Haftrichter erlassene Haftbefehl aufzuheben und an den Jugendrichter zurückzugeben.[15] Bezüglich eines Jugendlichen ist darüber hinaus inhaltlich zu beachten, dass dieser auch Ausführungen zur Frage enthalten muss, warum die Untersuchungshaft nicht unverhältnismäßig ist und andere Formen der Unterbringung nicht möglich sind (§§ 72 Abs. 1 Satz 3, 72a JGG).[16] **13**

2. Schriftform. Abs. 1 schreibt die Schriftform vor, dh zumindest das **Original des Haftbefehls muss durch den Richter handschriftlich unterzeichnet** sein. Soweit früher eine Ausnahme bei einer Vielzahl von Beschuldigten und ähnlichen Handlungsmustern angenommen wurde,[17] ist eine solche in Anbetracht der modernen computerunterstützten Datenverwaltung heute nicht mehr angezeigt. Es ist jedoch zulässig, einen Haftbefehl zunächst mündlich zu verkünden und danach unverzüglich schriftlich abzufassen.[18] Die Schriftform dient insoweit der Selbstkontrolle des Haftrichters und der Überprüfbarkeit im Rahmen von Beschwerdeverfahren.[19] **14**

Bei der Verkündung eines Haftbefehls in der Hauptverhandlung (§§ 271 ff.) oder einem anderen Gerichtstermin (§ 168 ff.) kann bei Anwesenheit des Beschuldigten dem Schriftformerfordernis auch durch die **Aufnahme des Haftbefehls in das Protokoll** zunächst Genüge getan werden.[20] Aber auch dann müssen die Förmlichkeiten des § 114 Abs. 2 eingehalten werden, weil allein ein formell ordnungsgemäßer Haftbefehl rechtmäßige Grundlage des mit der Inhaftierung verbundenen Eingriffs in das Freiheitsrecht des Angeklagten ist. Folglich ist die förmliche Abfassung unverzüglich nachzuholen. In der Praxis ist diese Vorgehensweise nicht angezeigt. Vielmehr muss dem Beschuldigten ohnehin nach § 114a eine Abschrift des Haftbefehls ausgehändigt werden, mithin sollte der Haftbefehl sogleich entsprechend dem amtlichen Vordruck erstellt werden. **15**

---

[13] Vgl. hierzu näher *Böhm/Werner* § 125 Rn. 7 ff., 17 ff.

[14] Vgl. hierzu näher *Böhm/Werner* § 128 Rn. 9.

[15] LG Lübeck 21.3.2003 – 4 Qs 42/03, StraFo 2004, 21.

[16] OLG Hamm 17.3.2009 – 3 Ws 86/09, NStZ 2010, 281; zum Ermittlungsverfahren gegen Jugendliche/Heranwachsende allgemein, vgl. *Böhm/Werner* § 125 Rn. 12.

[17] BVerfG 16.10.1981 – 2 BvR 344/81, NJW 1982, 29; Bay. VerfGH 9.3.1984 – Vf. 68-VI/81, NJW 1984, 1874; LR-Hilger § 114 Rn. 3.

[18] LR-*Hilger* § 114 Rn. 3; KK-Graf § 114 Rn. 2.

[19] *Pfeiffer* StPO § 114 Rn. 1.

[20] OLG Oldenburg 21.4.2006 – 1 Ws 233/06, StV 2006, 282; OLG Celle 17.3.1998 – 1 Ws 56/98, StV 1998, 385; KK-*Graf* § 114 Rn. 2.

III. Inhalt des Haftbefehls (Abs. 2)

16 Der Begründungszwang des Abs. 2 gilt nicht nur für Haftbefehle nach § 112 ff., sondern auch für andere Haftbefehlsarten (→ Rn. 4 f.). Auch wenn ein **außereuropäischer Staat** keine besonderen Anforderungen an einen Haftbefehl stellt, muss dieser im Falle der Einlieferung des Beschuldigten ebenfalls den inhaltlichen Erfordernissen der StPO § 114 entsprechen, insbesondere muss er die Tatsachen angegeben, aus denen sich der dringende Tatverdacht sowie der Haftgrund ergibt.[21] Enthält ein Haftbefehl diese Angaben indes nicht, ist er zwar rechtsfehlerhaft, aber nicht zwingend unwirksam (→ Rn. 50 ff.). Unerlässlich sind danach folgende Angaben:

17 **1. Angaben zur Person (Abs. 2 Nr. 1).** Der Beschuldigte ist grundsätzlich so genau zu bezeichnen, dass an seiner **Identität keine Zweifel** bestehen können. Notwendig ist zunächst die Angabe des Vor- und Familiennamens, sowie aller Aliasnamen. Auch der Geburtstag und der Geburtsort sind zu bezeichnen, ebenso die – letzte bekannte – Wohnanschrift. Bei Ausländern empfiehlt sich die Angabe der Staatsangehörigkeit.[22] Hingegen ist eine Personenbeschreibung (§ 131 Abs. 4) im Haftbefehl nicht veranlasst. Eine solche kann im Regelfalle heute auch durch begleitende polizeiliche Fahndungsmaßnahmen, etwa durch Beifügung von Fingerabdrücken in der polizeilichen Ausschreibung, sichergestellt werden.[23] Insoweit bedarf es auch in der Urkunde einer Bezugnahme auf ein in der Akte befindliches Lichtbild nicht.[24]

18 **2. Bezeichnung der Tat und der Strafvorschriften (Abs. 2 Nr. 2).** Die zentrale Anforderung an einen Haftbefehl ist eine aus sich heraus **verständliche Beschreibung** des Tatvorwurfs.

19 **a) Bezeichnung der Tat.** Der Haftbefehl hat danach aufgrund seiner **Informations- und Umgrenzungsfunktion** zunächst den Tatvorwurf so genau darzustellen, dass der Beschuldigte dessen Umfang und Tragweite eindeutig erkennen kann.[25] Allerding sind zu Beginn eines Ermittlungsverfahrens oftmals das Ausmaß und Einzelheiten der Tat nicht bekannt, weshalb zunächst nur eine **rudimentäre Beschreibung** abgegeben werden kann.[26] Diese muss dann im Laufe des **Verfahrens der Ermittlungslage angepasst** werden (→ Rn. 21 ff.; 28, 47 ff.). Die Anforderungen an die Konkretisierung des Sachverhaltes steigen deshalb mit fortschreitender Dauer des Bestehens des Haftbefehls an.[27]

20 Anzustreben ist, den Tatvorwurf im Haftbefehl in einer dem **Anklagesatz** (§ 200 Abs. 1 Satz 1) **angenäherten Weise** anzugeben.[28] Hierin ist zunächst die dem Beschuldigten zur Last gelegte Tat im verfahrensrechtlichen Sinne zu umschreiben. Der historische Vorgang der Tat muss dabei so genau geschildert werden, dass für jedes Tatbestandsmerkmal der Strafvorschrift erkennbar ist, durch welchen Teil des Sachverhalts er ausgefüllt wird.[29] Wird ein gesetzliches Merkmal insoweit nicht beschrieben, kann es am dringenden Tatverdacht fehlen.[30] Gleiches gilt für Qualifizierungen, Teilnahmeformen oder den Versuch eines Delikts.

21 Grundsätzlich gilt, dass die **Schilderung umso konkreter** sein muss, je größer die Möglichkeit ist, dass der Beschuldigte verwechselbare weitere Straftaten gleicher Art verübt hat.[31] In umfangreichen Wirtschafts- und Steuerstrafverfahren können von diesem Erfor-

---

[21] OLG Karlsruhe 28.11.1985 – 3 Ws 252/85, NStZ 1986, 134.
[22] KK-*Graf* § 114 Rn. 5, Meyer-Goßner § 114 Rn. 5.
[23] AA noch *Creifelds* NJW 1965, 946; KMR-Wankel § 114 Rn. 2.
[24] AA *Senge*, NStZ 1997, 348.
[25] OLG Karlsruhe 6.4.2001 – 3 Ws 31/01, Justiz 2002, 133.
[26] OLG Frankfurt a. M. 26.10.2006 – 1 Ws 87/06, – Steuerstrafverfahren.
[27] OLG Karlsruhe 6.4.2001 – 3 Ws 31/01, StV 2002, 147.
[28] *Wiesneth*, Die Untersuchungshaft, Rn. 35.
[29] KK-*Graf* § 114 Rn. 6.
[30] OLG Köln 22.12.1998 – HEs 233/98 – 275, StV 1999, 156.
[31] BGH 24.1.2012 – 1 StR 412/11, BGHSt 57, 88–94.

dernis jedoch besonders im Anfangsstadium der Ermittlungen gewisse Abstriche gemacht werden.[32] Die Anforderungen an die Konkretisierung des Sachverhaltes steigen mit fortschreitender Dauer des Bestehens des – wenn auch nicht vollzogenen – Haftbefehls an (→ Rn. 19). Sechs Monate nach Erlass eines Haftbefehls müsste die Tat so weit aufgeklärt sein, dass dargestellt werden kann, welche konkreten Handlungen eines Beschuldigten die Tatbestandsmerkmale einer Strafvorschrift ausfüllen. Lässt das Ermittlungsergebnis dies nicht zu, kann der dringende Tatverdacht entfallen.[33]

Indes wird gerade in einem **frühen Stadium der Ermittlungen** nicht in jedem Fall verlangt werden können, dass der Vorwurf in einer Weise dargestellt wird, die der Anklageschrift entspricht. Denn die abschließende Konkretisierung des bereits dringenden Tatverdachts kann sich erst im Laufe der Ermittlungen ergeben. Demgegenüber muss sich der Beschuldigte gegen einen als strafbar erachteten, konkret dargestellten Lebenssachverhalt und nicht gegen Mutmaßungen und vage Angaben verteidigen können. Die begangene konkrete Tat muss durch bestimmte Tatumstände so genau bezeichnet werden, dass keine Unklarheit darüber möglich ist, welche Handlungen dem Beschuldigten zur Last gelegt werden. 22

Im Rahmen einer **klassischen Subsumtion** müssen sich sämtliche – gerade auch die subjektiven – Tatbestandsmerkmale in der Sachverhaltsdarstellung wiederfinden. Erforderlich ist eine gestraffte Darstellung der wesentlichen, die Verdachtsmomente enthaltenden Ermittlungsergebnisse, welche im Zeitpunkt der Haftentscheidung vorliegen. Dabei muss die Darstellung aus sich heraus verständlich sein. Neben dem Ort der Tat oder Taten und den Zeitangaben müssen auch die die Verjährung hemmenden oder unterbrechenden Handlungen angegeben werden, wenn diese widrigenfalls eingetreten ist. 23

Sehr häufig liegt einem Beschuldigten die **Begehung gleichartiger Serienstraftaten** zur Last. Hier reicht zu Beginn eine zusammenfassende Darstellung der Arbeitsweisen des Täters aus und danach die Aufführung der Einzeltaten nach Tatzeit, Tatort und einzelnen Besonderheiten (Geschädigter, Schadenshöhe etc).[34] Auch tabellarische Aufstellungen sind insoweit möglich. Stehen Tatzeit und Tatort noch nicht fest, so genügen ungefähre und eine Überprüfung der Verjährung ermöglichende Angaben.[35] Gleichwohl genügt es nicht, wenn ein Haftbefehl anstatt einer durchaus möglichen Konkretisierung von Tathandlungen nur eine allgemein gehaltene pauschale und generalisierende Beschreibung in zeitlicher und gegenständlicher Hinsicht enthält.[36] 24

Nicht zulässig ist zur Beschreibung des Tatvorwurfs im Haftbefehl eine **Bezugnahme auf die Akten**, insbesondre dort befindliche Urkunden.[37] Dies gilt auch im Falle einer Verurteilung.[38] Auch insoweit darf nicht auf die Gründe des Urteils verwiesen werden.[39] Daher ist auch der bloße Hinweis auf die bisherigen polizeilichen Ermittlungen, verbunden mit der namentlichen Benennung von mehreren Sachverständigen und eines Zeugen ohne nähere inhaltliche Ausführungen, nicht zur Konkretisierung ausreichend.[40] 25

Unterschiedlich beantwortet wird die Frage, ob im **Haftbefehl stets alle Taten aufgeführt** werden müssen, welcher der Beschuldigte dringend verdächtig ist.[41] Grundsätzlich kann es ermittlungsmäßig zweckmäßig sein, die Tatvorwürfe im Haftbefehl aufs sichere Fälle zu beschränken; jedoch dürfen hierdurch nicht die Verteidigungsmöglichkeiten des Beschuldigten beschränkt und sein Recht auf ein faires Verfahren verletzt werden.[42] Eine 26

32 OLG Frankfurt a. M. 26.10.2006 – 1 Ws 87/06.
33 OLG Koblenz 21.12.2005 – BL 51/05.
34 LG Gera 23.3.2000 – 1 Qs 9/00, NStZ-RR 2000, 211 (gleichartige sexuelle Übergriffe an Kindern).
35 *Meyer-Goßner* § 114 Rn. 7.
36 OLG Düsseldorf 23.4.1996 – 3 Ws 246/96, NStZ-RR 1996, 267.
37 OLG Stuttgart 29.1.1982 – 5 Ws 1782, NJW 1982, 1296.
38 OLG Celle 17.3.1998 – 1 Ws 56/98, StraFo 1998, 171; OLG Jena 4.9.2006 – 1 Ws 304/06, StV 2007, 588; aA KG 13.4.2005 – 1 AR 403/05 (für ein Haftfortdauerbeschluss nach § 268b).
39 Thüringer Oberlandesgericht 4.9.2006 – 1 Ws 304/06, StV 2007, 588.
40 OLG Koblenz 21.1.2009 – 1 Ws 9/09.
41 Bejahend: SK-*Paeffgen* § 114 Rn. 7; Verneinend: LR-*Hilger* § 114 Rn. 10; HK-*Posthoff*, § 114, Rn. 12.
42 KK-*Graf* § 114 Rn. 9.

etwaige Verletzung kann jedoch durch die Gewährung von Akteneinsicht für den Verteidiger ausgleichen werden.[43]

27 **b) Bezeichnung der Strafvorschriften.** Insoweit muss nicht jede anzuwendende Vorschrift angeführt werden. Notwendig ist jedoch vor allem eine **Bezeichnung der Art der Teilnahme, des Konkurrenzverhältnisses und der jeweiligen Begehungsweise,** wenn die Vorschrift mehrere Begehungsarten kennt,[44] wie etwa beim Verstoß gegen das Betäubungsmittelgesetz.

28 **c) Anpassung der Tatbeschreibung.** Die Änderung des Haftbefehls ist im Hinblick auf die Beschreibung des Tatvorwurfs ist nicht nur notwendig, wenn im Laufe des Verfahrens ein oder mehrere Tatvorwürfe entfallen oder neu hinzutreten, sondern allgemein immer dann, wenn sich die **Haftgrundlage wesentlich ändert.** In solchen Fällen sollte, auch wenn ein Ergänzungsbeschluss möglich ist, der alte Haftbefehl durch einen neuen ersetzt werden, zumal ein solcher dem Beschuldigten auch zu eröffnen ist (§ 115).[45] Insoweit besteht eine Ausnahme allerdings bei laufender Hauptverhandlung.

29 **d) Exkurs: Der Europäische Haftbefehl (§ 83a IRG).** Der in § 83a IRG aufgeführte Europäische Haftbefehl wird zwar in der Bundesrepublik Deutschland durch einen Richter ausgestellt, er beruht jedoch auf einem nationalen Haftbefehl und ist daher an sich kein Haftbefehl, sondern ein modernes Fahndungsinstrument.[46] Grundlage des Europäischen Haftbefehls ist Rahmenbeschluss über den Europäischen Haftbefehls vom 13.6.2002.[47] Nachdem das Bundesverfassungsgericht das erste EuHb-Gesetz vom 21.7.2004 mit Urteil vom 18.7.2005[48] für verfassungswidrig erklärt hatte, ist am 2.6.2006 in Deutschland das zweite Europäische Haftbefehlsgesetz in Kraft getreten.[49] Ziel des Rahmenbeschlusses ist es, in Übereinstimmung mit den Schlussfolgerungen des europäischen Rates von Tampere aus dem Jahr 1999 einen Raum der Freiheit, der Sicherheit und des Rechts zu entwickeln.[50] Durch den dort angeführten Grundsatz der gegenseitigen Anerkennung,[51] welcher nach Inkrafttreten des Vertrages von Lissabon nunmehr auch in den Ausführungsvertrag zum Vertrag über die Europäische Union überführt worden ist (Art. 82, 83 AEUV),[52] sollte erstmals die Angleichung bestimmter Strafrechts- und Strafverfahrensvorschriften der Mitgliedstaaten verwirklicht werden.[53] Wie sich vor allem aus Art. 1 Abs. 1 und 2 sowie den Erwägungsgründen 5 und 7 RB-EuHb ergibt, soll hierdurch das multilaterale System der Auslieferung zwischen den Mitgliedstaaten durch ein System der Übergabe zwischen Justizbehörden von verurteilten oder verdächtigen Personen zur Vollstreckung strafrechtlicher Urteile oder zur Strafverfolgung auf der Grundlage der gegenseitigen Anerkennung ersetzt werden.[54] Der Europäische Haftbefehl muss aus Sicht der Praxis als Erfolg bezeichnet werden.[55] Durch die Ersetzung des traditionellen zumeist ministeriell geleiteten Auslieferungs-verfahrens durch ein System der Übergabe zwischen den unmittelbar beteiligten Justizbehörden hat sich die durchschnittliche Dauer derselben erheblich verkürzt und liegt

[43] LR-*Hilger* § 114 Rn. 17.
[44] *Meyer-Goßner* § 114 Rn. 10.
[45] Vgl. *Böhm/Werner* § 115 Rn. 5.
[46] *Böhm/Rosenthal* Internationales Strafrecht in der Praxis, Rn. 742 ff.; *Böhm* StraFo 2013, 177.
[47] RB-EuHb 2002, 584/JI, ABL. L. 190 18.7.2002 S. 1.
[48] BVerfG 18.7.2005 – 2 BvR 2236/04, wistra 2005, 375.
[49] Vgl. hierzu *Rosenthal* ZRP 2006, 105; Böhm NJW 2006, 2592.
[50] RB-EuHb 2002, 584/JI – Erwägungsgrund 5.
[51] Zur historischen Entwicklung, vgl. *Braum* GA 2005, 681 sowie *Gleß* ZStW 116 (2004), 353; *Müller-Graf* ZVglrWiss 111 (2012) 73; krit. *Otto* StudZR 2005, 557 ff., 575.
[52] *Brodowski* ZIS 2010, 376; *Zimmermann* Jura 2009, 844.
[53] *Globke* GA 2011, 412.
[54] So auch EuGH 3.5.2007 – C-303/05, NJW 2007, 2237 – Advocaten voor de Wereld; ders. 17.7.2008 – C-66/08, NJW 2008, 3201 mit Anm. *Böhm* NJW 2008, 3183 ff. – Kozłowski und 16.11.2010 – C-261/09, NJW 2011, 933 – Mantello.
[55] Vgl. hierzu *Böhm* StraFo 2013, 177.

mit Stand 2009 bei 48,6 Tagen und bei 16 Tagen, wenn der Verfolgte seiner vereinfachten Auslieferung zustimmt.[56]

3. Darstellung des Haftgrundes (§ 114 Abs. 2 Nr. 3). Die gesetzlich normierten **Haftgründe** der Flucht, Fluchtgefahr, Verdunkelungsgefahr und Wiederholungsgefahr sind im Haftbefehl zu bezeichnen. Im Wege der verfassungskonformen Auslegung des § 112 Abs. 3 müssen auch die Umstände, die den Haftgrund der Schwerkriminaliät tragen, angeführt werden.[57] 30

Mehrere Haftgründe müssen nach einer **verbreiteten Literaturmeinung** nicht nebeneinander verwendet werden.[58] Dies ist aber in Bezug auf die gesetzlich nunmehr intendierte Stärkung der Verfahrensrechte des Beschuldigten unmittelbar bei seiner Verhaftung und der ersten Konfrontation mit den Haftgründen nicht stichhaltig zu begründen. Der Beschuldigte hat vielmehr bereits in einem früheren Stadium der Ermittlungen im Hinblick auf sein Freiheitsgrundrecht ein berechtigtes Interesse, zu erfahren, auf welche Haftgründe oder auch eine Kombination verschiedener Haftgründe der Untersuchungshaftbefehl fußt. Hier kann es für ihn wegen der Aussichten auf Aufhebung des Haftbefehls oder auf Aussetzung dessen Vollzugs oder wegen Art und Umfang von Beschränkungen nach § 119 von Bedeutung sein, ob Flucht- oder Verdunkelungsgefahr oder beide Haftgründe vorliegen.[59] Zudem kann eine Art „Reservehaltung" von Tatvorwürfen und Haftgründen spätestens im Rahmen der Sechs-Monats-Haftprüfung durch den zuständigen Senat des Oberlandesgerichts als unzulässig bewertet werden.[60] Eine effektive und sachgerechte Verteidigung ist nur bei vollständiger Kenntnis der Haftgründe möglich, so dass die Strafverfolgungsbehörden spätestens beim Übergang zur Inhaftierung eines Beschuldigten mit „offenem Visier" zu agieren haben. 31

4. Begründung des Tatverdachts und des Haftgrundes (§ 114 Abs. 2 Nr. 4). Ein besonders wichtiger Ausfluss des Rechts des Beschuldigten auf ein faires Verfahren ist die in Nr. 4 vorgesehene **Darstellung der verdachts- und haftbegründenden Umstände.** 32

a) Begründung des Tatverdachts. Insoweit bedarf es einer zumindest kurzen bzw. **gestrafften Darstellung der Verdachtsmomente,** welche sich aus den bislang vorliegenden Ermittlungsergebnissen zum Zeitpunkt der Haftentscheidung ergeben.[61] Der bloße Hinweis auf das Ergebnis der polizeilichen Ermittlungen genügt nicht.[62] Gründen sich die Verdachtsmomente auf Indizien sind auch diese mitzuteilen.[63] 33

Die Pflicht zur Aufführung der tatbegründenden Umstände beinhaltet auch eine **Bezeichnung der Beweismittel,** denn ohne eine solche wird eine sachgerechte Verteidigung nicht möglich sein.[64] Eine Ausnahme bestellt indes an, wenn durch die Angabe des Beweismittels die weiteren Ermittlungen gefährdet werden könnten.[65] 34

Nicht notwendig ist im Regelfall jedoch die **Aufnahme einer Beweiswürdigung** in den Haftbefehl, allerdings kann eine solche im Einzelfall durchaus geboten und veranlasst sein, insbesondere bei Vorliegen widersprüchlichen Zeugenaussagen.[66] 35

---

[56] Bericht der Kommission an das Europäische Parlament und den Rat vom 11.4.2011, KOM(2011) 175 end., Seite 1.
[57] BVerfG 15.12.1965 – 1 BvR 513/65, BVerfGE 19, 342 – Wencker-Beschluss.
[58] *Graf/Krauß* § 114 Rn. 6; teilweise *Meyer-Goßner* § 114 Rn. 14.
[59] Vgl. auch BGH 19.3.1986 – StB 2/86, BGHSt 34, 34-36; *Meyer-Goßner* § 114 Rn. 14; SK-StPO/*Paeffgen* § 114 Rn. 8.
[60] → *Böhm* § 121 Rn. 25 ff. (Begriff derselben Tat).
[61] KK-*Graf* § 114 Rn. 13.
[62] OLG Koblenz 21.1.2009 – 1 Ws 9/09.
[63] OLG Hamm 5.8.2002 – 2 Ws 335/02, NStZ-RR 2002, 335.
[64] OLG Düsseldorf 23.7.1991 – 1 Ws 588/91, StV 1991, 521; KK-*Graf* § 114 Rn. 13.
[65] Hanseatisches Oberlandesgericht Hamburg 23.3.1992 – 2 Ws 124/92, MDR 1992, 693; OLG Düsseldorf 23.7.1991 – 1 Ws 588/91, StV 1991, 521; aA *Rudophi* StV 1988, 534.
[66] Ebenso KK-*Graf* § 114 Rn. 13.

36 **b) Begründung des Haftgrundes.** Auch jeder **verwendete Haftgrund** ist in tatsächlicher Hinsicht zu **begründen und zwar unter Verwendung der Tatsachen,** aus denen er sich ergibt. Bei erstmaligen Erlass eines Haftbefehls wird sich dieser oftmals nur auf eher allgemeine Erwägungen stützen, was nur in beschränktem Umfang als zulässig angesehen werden kann (→ Rn. 21). Auch zu Beginn eines Haftverfahrens müssen nämlich die haftbegründenden Umstände deutlich erkennbar sein und etwa die überwiegende Wahrscheinlichkeit begründen können, dass sich der Beschuldigte dem Verfahren eher entziehen wird als sich diesem zur Verfügung zu halten.[67]

37 **c) Sonderfall: Gefährdung der Staatssicherheit.** Der nach Nr. 4 grundsätzlich bestehende **Begründungszwang** ist nach dem Wortlaut der Norm **gelockert,** soweit hierdurch die Staatssicherheit gefährdet würde. Wird aus diesen Gründen vor allem bei Staatsschutzsachen von einer Begründung abgesehen, muss dies im Haftbefehl zum Ausdruck kommen.[68]

38 **d) Exkurs: Das Recht auf Akteneinsicht.** Im Hinblick auf die teilweise nur eingeschränkt mögliche Darstellung der haft- und verdachtbegründenden Umstände folgt zur Wahrung des Rechts des inhaftierten Beschuldigten auf ein faires, rechtsstaatliches Verfahren und seines Anspruchs auf rechtliches Gehör ein Anspruch auf Einsicht seines Verteidigers in die Akten, wenn und soweit er die sich darin befindenden Informationen benötigt, um auf die gerichtliche Haftentscheidung effektiv einwirken zu können, und eine mündliche Mitteilung der Tatsachen und Beweismittel, die das Gericht seiner Entscheidung zugrunde zu legen gedenkt, nicht ausreichend ist.[69] Der Verteidiger muss mit der Akteneinsicht für seinen Mandanten in die Lage versetzt werden, die Verwertbarkeit der belastenden Beweismittel bereits in diesem Verfahrensstadium auf seine Verwertbarkeit zu prüfen. Die gebotene Waffengleichheit in dem Haftprüfungs- bzw. Anordnungsverfahren ist nicht gewährleistet, wenn dem Verteidiger der Zugang zu denjenigen Schriftstücken in der Ermittlungsakte versagt wird, mit denen sich die Verteidigung für eine wirksame Anfechtung der Untersuchungshaft auseinandersetzen muss.[70] Diesem Informationsinteresse ist grundsätzlich bereits bei der Schilderung der Tat und der Verdachtsmomente Rechnung zu tragen.[71]

IV. Verhältnismäßigkeitsgrundsatz (§ 114 Abs. 3)

39 Nach § 112 Abs. 1 Satz 2 darf die Untersuchungshaft nicht angeordnet werden, wenn sie zu der Bedeutung der Sache und zu der zu erwartenden Strafe oder Maßregel der Besserung und Sicherung außer Verhältnis steht. § 114 Abs. 3 fordert in zwei Sachverhaltskonstellationen eine ausdrückliche inhaltliche Befassung mit dem Verhältnismäßigkeitsgrundsatz. Nämlich wenn die Anwendung in dem jeweiligen Einzelfall nahe liegt oder sich der Beschuldigte auf eine mangelnde Verhältnismäßigkeit der Haftanordnung beruft.[72]

40 Auch die den Haftbefehl in Praxis regelmäßig vorformulierende **Staatsanwaltschaft** hat dem Verhältnismäßigkeitsgrundsatz in diesen Fällen nach Nr. 46 Abs. 2 RiStBV bei der Antragstellung besonders Rechnung zu tragen (→ Rn. 7). Trägt der Beschuldigte Anknüpfungstatsachen in diesem Sinne erst nach seiner Verhaftung vor, ist der Haftbefehl zwar nicht zu ergänzen, jedoch muss sich das Haftgericht mit diesem Vortrag in dem Fortdauerbeschluss auseinandersetzen.[73]

---

[67] *Böhm/Werner* § 112 Rn. 41 ff.
[68] KK-*Graf* § 114 Rn. 15; *Meyer-Goßner* § 114 Rn. 12.
[69] BVerfG 11.7.1994 – 2 BvR 777/94, NStZ 1994, 551–553; vgl. hierzu auch *Böhm/Werner* § 112 Rn. 9, 16; § 115 Rn. 39; *Böhm* § 121 Rn. 65.
[70] EGMR 9.7.2009 – 11364/03, StV 2010, 490.
[71] LR-*Hilger* § 114 Rn. 17 f.
[72] *Soine* StPO § 114 Rn. 7.
[73] *Graf/Krauß* § 114 Rn. 9.

V. Das Haftverfahren

Ein Haftbefehl ergeht in formeller Hinsicht im Regelfall (§§ 125, 128) nur auf Antrag der Staatsanwaltschaft. Eine vorherige Anhörung des Beschuldigten sieht das Gesetz nicht vor (§ 33 Abs. 4). Seine Bekanntmachung regelt § 114a durch Aushändigung der Urkunde. Auch bestehen eine Vielzahl von Amts wegen nach MiStra zu beachtende Mitteilungspflichten.[74] Wird der Erlass eines Haftbefehls abgelehnt, ist dies in Form eines Beschlusses zu begründen (§ 34). 41

In materieller Hinsicht darf ein Haftbefehl nur ergehen, wenn alle gesetzlichen Voraussetzungen hierfür vorliegen. Dies muss bereits zum Zeitpunkt der beantragten Entscheidung der Fall sein. Ein **zeitlich befristeter Haftbefehl** ist grundsätzlich nicht zulässig, auch wenn zu vermuten steht, dass zeitnah weiteres Belastungsmaterial wird vorgelegt werden können.[75] 42

Als Entscheidungsgrundlage kann der Richter im Regelfall nur auf die **Akten zurückgreifen und die Angaben des Beschuldigten.** Wird dem Verteidiger Einsicht in Aktenbestandteile verweigert (§ 147 Abs. 2), kann der Haftbefehl auf diese Erkenntnisse der Haftbefehl nicht gestützt werden (→ Rn. 38).[76] 43

Die Vollstreckung des Haftbefehls obliegt der Staatsanwaltschaft (§ 36 Abs. 2 Satz 2), die sich hierzu Ermittlungspersonen (§ 152 GVG) oder der Polizei (§ 161) bedient. Bei Jugendlichen gilt § 72 Abs. 2 JGG. Der von einem Richter ausgestellte Haftbefehl erlaubt die Durchsuchung der Wohnung des Beschuldigten nach seiner Person, ohne dass es dazu einer weiteren Durchsuchungsanordnung bedarf. Dies gilt jedoch nicht für die Wohnräume dritter Personen.[77] 44

Vollzogen wird die Untersuchungshaft in einer **Justizvollzugsanstalt.** Insoweit regelt § 119 die dort zulässigen Beschränkungen der Untersuchungshaft.[78] 45

VI. Der formal fehlerhafte Haftbefehl

Insoweit sind **zwei Fallgruppen** zu unterscheiden. Einmal handelt sich um Haftbefehle, welche ursprünglich formgerecht ergangen sind, welche jedoch nicht der Ermittlungslage angepasst wurden (→ Rn. 47). Zum anderen handelt es sich um Haftanordnungen mit schwerwiegenden formalen Mängeln (→ Rn. 50). 46

1. Der nicht der Ermittlungslage angepasste Haftbefehl. Der ursprüngliche Haftbefehl muss immer dann der neuen Ermittlungslage angepasst werden, wenn die ursprünglich angenommene Tat rechtlich oder tatsächlich anders zu bewerten ist, die den dringenden Tatverdacht begründenden Tatsachen sich wesentlich geändert haben oder neue, für die Haftfrage bedeutsame Taten bekannt geworden sind.[79] 47

Einer solche Anpassung des Haftbefehls an die Ermittlungslage kommt insbesondere dann besondere Bedeutung bei, wenn eine **besondere Haftprüfung nach § 121, 122** zeitnah ansteht, denn das Oberlandesgericht kann seine Prüfung nur auf die im Haftbefehl aufgeführten Taten erstrecken.[80] Durch eine in der Nichtanpassung liegende fehlerhafte Sachbehandlung wird der Haftbefehl jedoch nicht unwirksam, sondern er muss vom Oberlandesgericht der besonderen Haftprüfung zugrunde gelegt werden, welches, wenn sich die prozessuale Tat nicht ändert, vor allem den Tatverdacht und die Haftgründe aufgrund der 48

---

[74] Vgl. hierzu *Meyer-Goßner* § 114 Rn. 19.
[75] KK-*Graf* § 115 Rn. 18.
[76] *Böhm/Werner* § 112 Rn. 9.
[77] *Meyer-Goßner* § 114 Rn. 20.
[78] Vgl. hierzu *Böhm/Werner* § 119 Rn. 1 ff. auch zur Abgrenzung der Zuständigkeiten für die Anordnung zwischen Bund und Land.
[79] OLG Koblenz 6.11.2006 – 1 Ws 675/06, OLGSt StPO § 117 Nr. 4; OLG Dresden 14.3.2006 – 3 Ws 12/06, StV 006, 700 (Wegfall einer Tat).
[80] *Böhm* § 121 Rn. 32 ff.; § 122 Rn. 18.

vorgelegten Akten prüfen und seiner Entscheidung zugrunde legen kann.[81] Gegenstand der besonderen Haftprüfung ist aber allein die im **Haftbefehl aufgeführte/n Tat/en,**[82] weshalb die unter Umständen in einer Anklageschrift zwischenzeitlich zusätzlich erhobenen Tatvorwürfe unberücksichtigt bleiben.[83]

49 **Ändert der Haftrichter** den **Haftbefehl inhaltlich wesentlich ab,** gelten die Vorschriften der §§ 114a, 115 Abs. 2 und 3 entsprechend, dh der Richter muss den Haftfortdauerbeschluss bzw. den neuen Haftbefehl verkünden (§ 118a Abs. 4 Satz 1) und den Beschuldigten über seine weiteren Rechte belehren.[84] Dies gilt auch dann, wenn der Haftrichter den Haftgrund auswechselt und einen bislang noch nicht im Haftbefehl Angeführten annimmt.[85]

50 **2. Der formwidrige Haftbefehl.** Grundsätzlich gilt, dass auch ein **fehlerhafter Haftbefehl bis zur Beseitigung des Mangels eine tragfähige Grundlage** für die Freiheitsentziehung darstellt. Ein solche ist auch nicht zwangsläufig unrechtmäßig im Sinne von Art. 5 Abs. 1 MRK.[86] Anders jedoch, wenn der **Haftbefehl gravierende und offensichtliche Mängel** aufweist. Dann ist er nichtig und damit unwirksam. Eine solche Form der Nichtigkeit eines Haftbefehls kann nur in Ausnahmefällen in Betracht gezogen werden.[87] Dies ist der Fall, wenn der Makel der gravierenden Fehlerhaftigkeit der Haftentscheidung bildlich auf die Stirn geschrieben ist.

51 Bestimmte Formmängel und Fälle einer unzureichenden Darstellung der die dringende Verdachtslage begründenden Umstände können hingegen durch Aufhebung des fehlerhaften Haftbefehls oder durch Erlass eines neuen Haftbefehls vom **Haftgericht selbst oder durch das Beschwerdegericht** (§ 309 Abs. 2) **geheilt** werden.[88] Gegebenenfalls kann das Beschwerdegericht die Haftsache auch an das erstinstanzliche Gericht zurückverweisen, wenn ein Verfahrensmangel vorliegt, dem das Beschwerdegericht nicht angemessen selbst abhelfen kann.[89] Dies kommt insbesondere in Betracht, wenn der Haftbefehl das Erfordernis, Verdachtsgründe aufzuführen, überhaupt nicht oder nur unzureichend[90] erfüllt. Ferner, wenn das Ausgangsgericht die Entscheidung der Staatsanwaltschaft, dem Verteidiger die Akteneinsicht im Ermittlungsverfahren zu verweigern, ohne eigene Prüfung hinnimmt. Weiterhin kann der in Haft befindliche Beschuldigte im Ermittlungsverfahren bis zum formalen Abschluss der Ermittlungen die gerichtliche Prüfung der die Akteneinsicht versagenden Staatsanwaltschaft nur nach § 147 Abs. 5 Satz 2 StPO beantragen.

52 **Problematisch** und unterschiedlich beantwortet wird die Frage, ob und in welchen Fällen eine **Rückgabe der Akten auch im Rahmen des besonderen Haftprüfungsverfahren** nach § 121 durch das Oberlandesgericht auch dann möglich ist, wenn der Haftbefehl gravierende Mängel aufweist.[91] Grundsätzlich gilt aber, dass ein Haftbefehl durch das Oberlandesgericht aufgehoben werden muss, wenn dieser den Anforderungen des § 114 Abs. 2 in gravierender Weise nicht genügt, denn eine Rückgabe sieht das Gesetz nicht vor, weshalb

---

81 AA wohl OLG Celle 1.6.2005 – 22 Hes 3/05, StV 2005, 513 (Aufhebung wegen unzureichender Sachdarstellung).

82 OLG Dresden 14.7.2003 – 1 AK 45/03; OLG Zweibrücken 4.7.2007 – 1 HPL 24/07.

83 *Böhm/Werner* § 112 Rn. 11.

84 OLG Koblenz 4.4.2011 – 1 Ws 183/11; *Meyer-Goßner* § 115 Rn. 12; *Böhm/Werner* § 115a Rn. 5.

85 Schleswig-Holsteinisches Oberlandesgericht 18.2.2004 – 1 Ws 52/04, SchlHA 2005, 262.

86 EGMR 9.7.2009 – 11364/03, StV 2010, 490.

87 BGH 16.10.1980 – 1 BJs 80/78, NJW 1981, 133; dass. 24.1.1978 – 1 StR 874/83, NStZ 1984, 279.

88 OLG Karlsruhe 26.9.2000 – 3 Ws 196/00, StV 2001, 118.

89 OLG Brandenburg 17.4.1996 – 2 Ws 50/96, NStZ 1996, 406; OLG Düsseldorf 18.6.2002 – 4 Ws 222/02, NJW 2002, 2964.

90 KG 5.10.1993 – 5 Ws 344/93, StV 1994, 318.

91 Vgl., hierzu OLG Karlsruhe 6.2.2013 – 1 Ws 20/13; ebenso für eine ähnlich gelagerte Fallkonstellation der unzureichende Konkretisierung des Tatvorwurfs im Haftbefehl: OLG Karlsruhe 24.1.2013 – 2 Ws 7/13-HEs 1/13; siehe auch OLG Stuttgart 24.1.2002 – 5 HEs 20/2002, Justiz 2002, 248; aA – Aufhebung des Haftbefehls – OLG Celle 1.6.2005 – 22 HEs 3/05, StV 2005, 513; vgl. auch *Meyer-Goßner* § 122 Rn. 13.

eine solche an sich auch nicht möglich ist.[92] So kann ein Haftbefehl, welcher Ort und Zeit der Begehung nicht angibt, keine Grundlage für die Untersuchungshaft darstellen und im besonderen Haftprüfungsverfahren auch nicht durch Rückgabe der Akten geheilt werden.[93] Gleiches gilt, wenn ein Haftbefehl grundlegend neu gefasst, aber dem Beschuldigten nicht gemäß § 115 eröffnet wurde.[94]

VII. Rechtsmittel

Gegen einen erlassenen Haftbefehl hat der inhaftierte Beschuldigte grundsätzlich zwei Rechtsmittel. Ihm steht entweder der **Antrag auf Haftprüfung** (§§ 117 ff.) oder aber das Rechtsmittel der **Beschwerde** (§ 304) offen. Letzteres Recht steht auch der Staatsanwaltschaft zu, wenn ihr Antrag auf Erlass oder Erweiterung eines Haftbefehls abgelehnt wurde. 53

Das **Beschwerdegericht** kann bei unzureichend begründender Vorlage selbst eine **eigene Haftentscheidung** treffen, wenn die bereits vorliegenden schriftlichen Urteilsgründe ihm hierzu eine ausreichende Tatsachengrundlage vermitteln;[95] ansonsten muss es die Akten zur Anpassung zurückgeben. Wird der Haftbefehl jedoch nicht vollzogen, kann das Beschwerdegericht die Ersetzung eines den inhaltlichen Anforderungen des § 114 Abs. 2 Nr. 2 nicht genügenden Haftbefehls durch einen ordnungsgemäßen Haftbefehl immer dem nach §§ 125, 126 zuständigen Gericht überlassen.[96] 54

Bei einer Aufhebung oder Außervollzugsetzung eines Haftbefehls nach § 116 Abs. 4 StPO ist allerdings auch das **Beschwerdegericht in seiner Entscheidung** beschränkt.[97] 55

§ 114a [Aushändigung des Haftbefehls]

[1]Dem Beschuldigten ist bei der Verhaftung eine Abschrift des Haftbefehls auszuhändigen; beherrscht er die deutsche Sprache nicht hinreichend, erhält er zudem eine Übersetzung in einer für ihn verständlichen Sprache. [2]Ist die Aushändigung einer Abschrift und einer etwaigen Übersetzung nicht möglich, ist ihm unverzüglich in einer für ihn verständlichen Sprache mitzuteilen, welches die Gründe für die Verhaftung sind und welche Beschuldigungen gegen ihn erhoben werden. [3]In diesem Fall ist die Aushändigung der Abschrift des Haftbefehls sowie einer etwaigen Übersetzung unverzüglich nachzuholen.

Schrifttum: siehe § 114

Übersicht

[92] OLG Celle 1.6.2005 – 22 HEs 3/05, StV 2005, 513; OLG Koblenz 23.1.2006 – (1) 4420 BL – III 51/05, OLGSt StPO § 121 Nr. 33; dass. 21.12.2005 – BL 51/05, (1) 4420 BL – III – 51/05 (Keine Nachbesserung möglich); OLG Hamm 17.3.2009 – 3 Ws 86/09, NStZ 2010, 235 (Jugendlicher); vgl. hierzu auch *Böhm* § 121 Rn. 11 ff.

[93] OLG Oldenburg 2.2.2005 – Hes 1/05, NStZ 2005, 342.

[94] OLG Zweibrücken 4.7.2007 – 1 HPL 24/07; OLG Braunschweig 23.1.2007 – Hes 9-11-/06, NdsRpfl. 2007, 164.

[95] OLG Hamm 17.1.2012 – III 3 Ws 14/12, NStZ-RR 2012, 221 (Haftfortdauerbeschluss nach § 268b).

[96] OLG Karlsruhe 6.4.2001 – 3 Ws 31/01, StV 2002, 147.

[97] Vgl. hierzu *Böhm* § 116 Rn. 41 ff.; OLG Nürnberg 20.3.2013 – 2 Ws 127/13, StV 2013, 519 (Revisionsgericht).

I. Allgemeines, Normzweck und Anwendungsbereich

1 **1. Allgemeines.** Die durch Gesetz zur Änderung des Untersuchungshaftrechts vom 29.7.2009[1] neu gefasste Vorschrift hat die Informationsverpflichtungen gegenüber dem Beschuldigten erheblich erweitert.[2] Während ihm nach der vorhergehenden Fassung nur der Haftbefehl bekannt zu geben war, hat er nunmehr auch Anspruch darauf zu erfahren, welches die Gründe für seine Festnahme waren und welche Beschuldigungen konkret gegen ihn erhoben werden.[3]

2 **2. Normzweck.** Die Vorschrift steht in engen Zusammenhang mit § 35 und §§ 115, 115a StGB. Während § 35 die eigentliche Bekanntgabe der Entscheidung vorsieht, ist in §§ 115, 115a zusätzlich die unverzüglich Vorführung vor den Richter vorgesehen. Im Haftrecht besteht insoweit die Besonderheit, dass gerichtliche Entscheidung über die Inhaftierung des Beschuldigten diesem vor der Vollstreckung weder bekannt gemacht werden können noch ihm zuvor rechtliches Gehör gewährt werden kann,[4] weil hierdurch der Untersuchungserfolg gefährdet wäre (§ 33 Abs. 3 und 4). Die Vorschrift sieht deshalb vor, dass dem Beschuldigte deshalb schon bei seiner Verhaftung der schriftliche Haftbefehl auszuhändigen ist.

3 Hierdurch und durch die spätere richterliche Anhörung (§ 115, 115a) wird ihm – verfassungsrechtlich unbedenklich[5] – nachträgliches rechtliches Gehör gewährt. Vor dem Hintergrund der hohen Bedeutung des Grundrechts auf persönliche Freiheit (Art. 2 Abs. 2 Satz 2 GG) und der Notwendigkeit einer gerichtlichen Entscheidung bei einer Freiheitsentziehung (Art. 104 Abs. 2, Abs. 3 GG) stellen diese Vorschriften eine qualifizierte Form des allgemeinen Anspruchs auf rechtliches Gehör (Art. 103 Abs. 1 GG, § 33 Abs. 3 StPO) dar.[6] Sinn und Zweck dieser Vorschriften ist es damit, dem Betroffenen möglichst frühzeitig die Gelegenheit zu geben, sich zu den für die Haftanordnung maßgeblichen Umständen mündlich vor dem zuständigen Richter zu äußern und ihm zu ermöglichen, die Verdachts- und Haftgründe zu entkräften sowie entlastende Tatsachen vorzutragen.[7]

4 Die Bekanntgabe eines Haftbefehls im Rahmen eines gerichtlichen Termins in Anwesenheit des Beschuldigten ist in § 35 Abs. 1 Satz 1 geregelt und erfolgt durch Verkündung. Bei Erlass des Haftbefehls in Abwesenheit des Beschuldigten genügt mangels einer zu wahrenden Frist die formlose Mitteilung des Haftbefehls nach § 35 Abs. 2. Ergeht der Haftbefehl in der Hauptverhandlung oder in einem Vorführungstermin, ist dieser Anforderung genügt, wenn er vollständig protokolliert und verkündet wird.[8] Den bei Erweiterung eines Haftbefehls auf zusätzliche Taten zu beachtenden besonderen Bekanntmachungs- und Anhörungsvorschriften (§ 115) ist grundsätzlich ausnahmsweise auch genügt, wenn ein in der Haftprüfung beispielsweise nach § 207 Abs. 4 bei der Eröffnung des Hauptverfahrens ergangener Erweiterungsbeschluss dem Angeklagten durch Zustellung bekannt gemacht und zeitnah eine mündliche Haftprüfung durchgeführt wird.[9] Indes erfordert § 114a als ergänzende Bekanntmachungsvorschrift zu der Regelung des § 35 eine unverzügliche Übergabe einer Abschrift des Haftbefehls. Schließlich regelt die Norm auch die Bekanntgabe gegenüber Sprachunkundigen.

5 **3. Anwendungsbereich.** Die Vorschrift gilt nicht nur für Haftbefehle nach § 112 ff., sondern auch für solche nach §§ 230 Abs. 2, 236, 329 Abs. 4 und 412.[10] Aufgrund ausdrück-

---

[1] BGBl. I. 2274.
[2] Vgl. hierzu auch BR Drucksache 829/08, Seite 17 f.
[3] KK-*Graf* § 114 Rn. 1.
[4] *Pfeiffer* StPO § 114a Rn. 1; *Meyer-Goßner* § 114a Rn. 1.
[5] BVerfG 8.1.1955 – 1 BvR 396/55, BVerfGE 9, 89.
[6] BVerfG 11.7.1994 – 2 BvR 777/94, NStZ 1994, 551.
[7] OLG Hamburg 24.6.2003 – 2 Ws 164/03, NStZ 2003, 346.
[8] OLG Hamburg 15.4.2003 – 2 Ws 114/03, OLGSt StPO § 114 Nr. 3.
[9] OLG Hamburg 24.6.2003 – 2 Ws 164/03, OLG StPO § 114a Nr. 1.
[10] *Graf/Krauß* § 114a Rn. 1; *Meyer-Goßner* § 114a Rn. 6.

licher gesetzlicher Verweisung ist die Vorschrift auch auf vorläufige Festnahmen nach §§ 127, 127b sowie auf das Festhalten von Personen zur Identitätsfeststellung nach §§ 163b, 163c anzuwenden.[11] Dies bedeutet, dass den hiervon betroffenen Personen der Grund der angeordneten Maßnahme bzw. zumindest der Grund der Inhaftierung mitgeteilt werden muss (§ 114a Satz 2). Für die Ordnungshaft nach §§ 177, 178 GVG und die Beugehaft (§ 70) gilt die Vorschrift allerdings nicht entsprechend.[12]

II. Aushändigung des Haftbefehls (Satz 1)

Nach Satz 1 ist eine Anschrift des vom Richter erlassenen schriftlichen Haftbefehls (§ 114 Abs. 1) dem Beschuldigten auszuhändigen. Ist er der deutschen Sprache mächtig, kann er schon hieraus den Tatvorwurf entnehmen. Beherrscht er diese nicht, so ist dem Sprachunkundigen (Art. 5 Abs. 2 MRK) schon bei der Verhaftung (→ Rn. 7) eine Übersetzung in einer für ihn verständlichen Sprache zu übergeben, andernfalls sind ihm die Gründe zu erläutern und die Anfertigung einer Übersetzung nachzuholen (→ Rn. 8). 6

Die Aushändigung hat schon bei Verhaftung des Beschuldigten, also entweder bei seiner Ergreifung,[13] oder im Falle einer zuvor erfolgten vorläufigen Festnahme (§ 128 Abs. 1) nach dessen Erlass zu erfolgen. Liegt im erstgenannten Fall der Haftbefehl vor, muss dieser sogleich ausgehändigt werden. Es ist nicht zulässig, hiermit bis zur Ankunft auf der Polizeidienststelle oder gar beim Gericht zu zuzuwarten.[14] Möglich ist ausnahmsweise aber auch, dass der Haftbefehl in einem Gerichtstermin verkündet und später in Schriftform ausgehändigt wird.[15] 7

III. Scheitern der Aushändigung des Haftbefehls (Satz 2)

Oftmals kann die Aushändigung des schriftlichen Haftbefehls (§ 114) nicht sogleich bei der Verhaftung erfolgen, etwa weil die Festnahme aufgrund einer Ausschreibung im Fahndungsbuch erfolgt und der Haftbefehl im Wortlaut als Textdokument nicht vorliegt oder aber eine Aushändigung im Einzelfall untunlich ist. In einem solchen Fall muss ihm aber durch den festnehmenden Beamten der Grund der Festnahme unverzüglich mitgeteilt werden. 8

Gleiches gilt, wenn der Beschuldigte der deutschen Sprache nicht mächtig ist und ein bereits übersetzter Haftbefehl noch nicht vorliegt. Auch dann muss nach Satz 2 dem Beschuldigten zumindest mündlich in einer für ihn verständlichen Sprache der Grund der Verhaftung und die Tatvorwürfe mitgeteilt werden. 9

Insoweit muss Satz 2 in Zusammenschau mit § 114b gelesen werden. Ebenso wie dort die bloße Aushändigung eines Merkblattes über die Verteidigungsrechte im Einzelfall nicht ausreichend sein kann, müssen die Strafverfolgungsorgane über die Übergabe der Abschrift eines Haftbefehls hinaus gegebenenfalls mit mündlichen Erläuterungen dafür Sorge tragen, dass sich dem regelmäßig in einer psychischen Ausnahmesituation befindlichen Beschuldigten auch kognitiv die Bedeutung des Tatvorwurfs erschließen kann.[16] 10

IV. Nachholung der Aushändigung (Satz 3)

Kann dem Beschuldigten der Haftbefehl oder die hiervon angefertigte Übersetzung nicht ausgehändigt werden (Satz 2), ist dies unverzüglich nachzuholen (Satz 3). Spätestens hat dies bei der Eröffnung des Haftbefehls zu erfolgen (§§ 115, 115a).[17] 11

---

[11] BT-Drs. 16/11644, 16; KK-*Graf* § 114a Rn. 2.
[12] *Meyer-Goßner* § 114a Rn. 6; krit. *Michalke* NJW 2010, 17.
[13] *Böhm/Werner* § 115 Rn. 9.
[14] *Weider* StV 2010, 102; KK-*Graf* § 114a Rn. 3.
[15] OLG Hamburg 24.6.2003 – 2 Ws 164/03, OLG StPO § 114a Nr. 1.
[16] Vgl. hierzu auch *Böhm/Werner* § 114b Rn. 7.
[17] *Meyer-Goßner* § 114a Rn. 5.

V. Sonstiges

12 Der Beschuldigte kann auf die Aushändigung einer Abschrift des Haftbefehls verzichten, was jedoch in den Akten vermerkt werden wollte. Ist der Beschuldigte flüchtig, muss jedenfalls im Beschwerdeverfahren eine Abschrift des Haftbefehls dem Verteidiger zur Wahrung des Anspruchs auf rechtliches Gehör mitgeteilt werden (str.).[18]

§ 114b [Belehrungspflicht]

(1) [1]Der verhaftete Beschuldigte ist unverzüglich und schriftlich in einer für ihn verständlichen Sprache über seine Rechte zu belehren. [2]Ist eine schriftliche Belehrung erkennbar nicht ausreichend, hat zudem eine mündliche Belehrung zu erfolgen. [3]Entsprechend ist zu verfahren, wenn eine schriftliche Belehrung nicht möglich ist; sie soll jedoch nachgeholt werden, sofern dies in zumutbarer Weise möglich ist. [4]Der Beschuldigte soll schriftlich bestätigen, dass er belehrt wurde; falls er sich weigert, ist dies zu dokumentieren.

(2) [1]In der Belehrung nach Absatz 1 ist der Beschuldigte darauf hinzuweisen, dass er

1. unverzüglich, spätestens am Tag nach der Ergreifung, dem Gericht vorzuführen ist, das ihn zu vernehmen und über seine weitere Inhaftierung zu entscheiden hat,
2. das Recht hat, sich zur Beschuldigung zu äußern oder nicht zur Sache auszusagen,
3. zu seiner Entlastung einzelne Beweiserhebungen beantragen kann,
4. jederzeit, auch schon vor seiner Vernehmung, einen von ihm zu wählenden Verteidiger befragen kann,
4a. in den Fällen des § 140 Absatz 1 und 2 die Bestellung eines Verteidigers nach Maßgabe des § 141 Absatz 1 und 3 beanspruchen kann,
5. das Recht hat, die Untersuchung durch einen Arzt oder eine Ärztin seiner Wahl zu verlangen,
6. einen Angehörigen oder eine Person seines Vertrauens benachrichtigen kann, soweit der Zweck der Untersuchung dadurch nicht gefährdet wird,
7. nach Maßgabe des § 147 Absatz 7 beantragen kann, Auskünfte und Abschriften aus den Akten zu erhalten, soweit er keinen Verteidiger hat, und
8. bei Aufrechterhaltung der Untersuchungshaft nach Vorführung vor den zuständigen Richter
   a) eine Beschwerde gegen den Haftbefehl einlegen oder eine Haftprüfung (§ 117 Absatz 1 und 2) und eine mündliche Verhandlung (§ 118 Absatz 1 und 2) beantragen kann,
   b) bei Unstatthaftigkeit der Beschwerde eine gerichtliche Entscheidung nach § 119 Absatz 5 beantragen kann und
   c) gegen behördliche Entscheidungen und Maßnahmen im Untersuchungshaftvollzug eine gerichtliche Entscheidung nach § 119a Absatz 1 beantragen kann.

[2]Der Beschuldigte ist auf das Akteneinsichtsrecht des Verteidigers nach § 147 hinzuweisen. [3]Ein Beschuldigter, der der deutschen Sprache nicht hinreichend mächtig ist oder der hör- oder sprachbehindert ist, ist in einer ihm verständlichen Sprache darauf hinzuweisen, dass er nach Maßgabe des § 187 Absatz 1 bis 3 des Gerichtsverfassungsgesetzes für das gesamte Strafverfahren die unentgeltliche Hinzuziehung eines Dolmetschers oder Übersetzers beanspruchen kann. [4]Ein ausländischer Staatsangehöriger ist darüber zu belehren, dass er die Unterrichtung der

---

[18] OLG Stuttgart 19.1.1990 – 3 Ws 248/89, NStZ 1990, 347.

konsularischen Vertretung seines Heimatstaates verlangen und dieser Mitteilungen zukommen lassen kann.

Schrifttum: siehe § 114

Übersicht

I. Allgemeines, Normzweck und Anwendungsbereich

1. Allgemeines. Die zur **Änderung des Untersuchungshaftrechts** vom 29.7.2009[1] neu gefasste Vorschrift dient der Umsetzung der Richtlinie 2010/64/EU des Europäischen Parlaments und des Rates vom 20.10.2010 über das Recht auf Dolmetscherleistungen und Übersetzungen in Strafverfahren[2] sowie gerade im Hinblick auf die weiteren Änderungen des § 114b der Richtlinie 2012/13/EU des Europäischen Parlaments und des Rates vom 22.5.2012 über das Recht auf Belehrung und Unterrichtung in Strafverfahren.[3] Ziel ist die EU-weite Gewährleistung von Mindestverfahrensrechten des Beschuldigten in Strafverfahren hinsichtlich des Rechts auf Belehrung und Unterrichtung bezüglich der gegen ihn erhobenen Tatvorwürfe. Durch das Gesetz zur Stärkung der Verfahrensrechte von Beschuldigten in Strafverfahren vom 2.7.2013 ist die aktuelle Fassung des § 114b zum 6.7.2013 in Kraft getreten. 1

2. Normzweck. Insoweit verfolgt die völlig neu gefasste Vorschrift den Zweck sicherzustellen, dass der verhaftete Beschuldigte so früh wie möglich über alle ihm zustehenden Rechte belehrt wird.[4] Mit dem Gesetz zur Stärkung der Verfahrensrechte von Beschuldigten in Strafverfahren wurde zudem § 187 GVG neu gefasst und hierdurch die Belehrungspflichten und das Recht des Beschuldigten, im Strafverfahren, Dolmetscherleistungen in Anspruch zu nehmen, ausdrücklich zu normiert. Mit der gesetzlichen Neuregelung wird nunmehr klargestellt, dass bereits die unmittelbar die Festnahme durchführenden Beamten den Beschuldigten danach sofort nach Aushändigung des Haftbefehls (§ 114a) umfangreich 2

[1] BGBl. I. 2274.
[2] Vgl. Amtsblatt der EU 26.10.2010, L 280/1.
[3] Vgl. Amtsblatt der EU 1.6.2012, L 142/1.
[4] BT-Drs. 16/11644, 16.

über die in Abs. 2 im einzeln aufgeführten Rechte schriftlich und gegebenenfalls in übersetzter Form zu belehren haben.

3 **3. Anwendungsbereich.** Die Belehrungspflichten gelten sowohl bei der polizeilichen Festnahme aufgrund eines schon bestehenden Haftbefehls (§ 114) als auch bei der vorläufigen Festnahme durch die Polizei (§ 127 Abs. 4, 127b Abs. 1 Satz 2). Darüber hinaus hat die Belehrung auch zu erfolgen bei Festnahmen aufgrund von Haftbefehlen nach § 230 Abs. 2, 236, 329 Abs. 4 und 412. Die Belehrungspflichten gelten auch für die Festhaltung zur Identitätsfeststellung nach §§ 163, 163c.[5]

II. Art und Weise der Belehrung (Abs. 1)

4 Diese hat unverzüglich, schriftlich (Satz 1), verständlich (Satz 2 und 3) und nachvollziehbar dokumentiert (Satz 4) zu erfolgen.

5 **1. Unverzügliche Belehrung (Satz 1).** Vor der Einführung des Abs. 1 bestand keine gesetzliche Pflicht, den Beschuldigten sofort nach seiner Festnahme über die ihm zustehenden Rechtsbehelfe zu belehren. Ausdrücklich vorgesehen war die Belehrung danach erst durch den Richter bei der Vorführung vor dem für ihn zuständigen Gericht (§ 115 Abs. 4) bzw. des nächsten Amtsgerichts (§§ 115a Abs. 3, 115 Abs. 4). Nunmehr hat eine sehr umfangreiche Belehrung unverzüglich, dh ohne schuldhaftes Zögern, nach der Festnahme schon durch die Polizei[6] zu erfolgen und zwar in einer für den Beschuldigten verständlichen Sprache, ggf. muss ein Dolmetscher beigezogen werden (→ Rn. 20)

6 **2. Schriftliche Belehrung (Satz 1).** Diese hat grundsätzlich schriftlich zu erfolgen, damit der Beschuldigte in der Lage ist, die ihm erteilten Hinweise später in Ruhe nach zu lesen. In der Praxis erfolgt die Belehrung regelmäßig durch Aushändigung eines bundeseinheitlichen in verschiedenen Sprachen aufgelegten Vordrucks. Solche Belehrungsformulare hat das Bundesjustizministerium bereits nach der Reform des Untersuchungshaftrechts im Jahr 2010 für eine Vielzahl von Fremdsprachen auf der Homepage bmj.de[7] veröffentlicht und zum Download bereitgestellt.

7 **3. Ergänzende mündliche Belehrung (Satz 2).** Mit Blick auf die gesetzliche Zielsetzung, den Beschuldigten unverzüglich in einen Informationsstand zu versetzen, aus dem heraus er seine Rechte qualifiziert wahrnehmen kann, ist in der Praxis die bloße Übergabe eines schriftlichen Belehrungsformulars oftmals nicht ausreichend. Der sich oftmals in einem psychischen Ausnahmezustand befindliche Festgenommene bedarf je nach Bildungsstand und konkreter Verfassung einer mündlichen Erläuterung seiner Verteidigungsmöglichkeiten. Ist die schriftliche Belehrung im Einzelfall, zB bei einem unter Analphabetismus leidenden Beschuldigten, untunlich, ist eine zusätzliche mündliche Belehrung ohnehin nach § 114b Abs. 1 Satz 2 erforderlich.

8 **4. Ersetzende mündliche Belehrung (Satz 3).** Ist eine schriftliche Belehrung im Einzelfall nicht möglich, beispielsweise weil der Beschuldigte eine außergewöhnliche Sprache spricht, entsprechende Vordrucke nicht vorhanden sind und ist eine schriftliche Übersetzung kurzfristig nicht herstellbar ist, hat zunächst eine mündliche Belehrung in einer für den Beschuldigten verständlichen Sprache zu erfolgen, jedoch muss eine schriftliche Fassung herstellt werden, sobald dies in zumutbares Weise möglich ist. Eine mündliche Belehrung ist auch immer dann notwendig, wenn der Beschuldigte weder lesen noch schreiben kann.[8]

9 **5. Dokumentation der Belehrung (Satz 4).** Die Erfüllung der Belehrungspflicht ist zur Vermeidung von späteren Unsicherheiten durch den Beschuldigten schriftlich zu bestä-

---

[5] KK-*Graf* § 114b Rn. 3.
[6] HK-*Posthoff* § 114b Rn. 11.
[7] Unter bmj.de/Service/Fachinformationen/Belehrungsformulare für Festgenommene/Stand 2010
[8] KK-*Graf* § 114b Rn. 7.

tigen. Verweigert er die Abgabe einer solchen Erklärung, ist sein Verhalten aktenkundig zu machen.

III. Inhalt der Belehrung (Abs. 2 Satz 1)

In Abs. 2 Satz 1 führt der Gesetzgeber nun sämtliche Rechte auf, über welche der Beschuldigte unverzüglich, schriftlich und verständlich (→ Rn. 4 ff.) aufgeklärt werden muss.[9] Im Einzelnen beinhaltet die Belehrung die nachfolgend aufgeführten Hinweise: 10

1. Vorführung vor einen Richter (§ 114b Abs. 2 Satz 1 Nr. 1). Für den Beschuldigten ist zunächst wichtig zu erfahren, zu welchem Zeitpunkt er nach seiner Festnahme durch die Polizei einem Richter vorgeführt werden muss. Insoweit wird er zunächst über sich in §§ 115, 115a, 128 niedergelegten Bestimmungen zur unverzüglichen, spätestens am nächsten Tage, zu erfolgenden Vorführung vor einen Richter unterrichtet, welcher ihn zu vernehmen und über seine weiter Inhaftierung zu entscheiden hat. 11

2. Hinweis auf das Schweigerecht (§ 114b Abs. 2 Satz 1 Nr. 2). Um dem Beschuldigten die Möglichkeit der Vorbereitung auf diesen Einvernahme zu ermöglichen, ist er schon vor dieser ersten Vernehmung in Vorwegnahme der Vorschriften der §§ 136 Abs. 1 Satz 2, 163a Abs. 4 Satz 2 über sein Recht zu belehren, entweder zu Sache auszusagen oder aber zu schweigen. 12

3. Hinweis auf Beweisantragsrecht (§ 114b Abs. 2 Satz 1 Nr. 3). Ebenso ist er darüber zu informieren, dass er zur Entlastung einzelne Beweiserhebungen beantragen kann. 13

4. Recht auf Verteidigerkonsultation (§ 114b Abs. 2 Satz 1 Nr. 4–4a). Auch die bisherige Regelung zu § 114b Ziffer 4 sah schon die schriftliche Belehrung über das Recht auf Verteidigerkonsultation vor. Durch die gesetzliche Neuregelung wurde dies mit dem Verweis auf § 141 Abs. 1 und 3 um die Belehrungspflicht ergänzt, dass dem Beschuldigten das Recht auf Bestellung eines Pflichtverteidigers, insbesondere im Fall der Vollstreckung der Untersuchungshaft, zusteht. Der Bundesgerichtshof hat bereits zur früheren Rechtslage festgestellt, dass es angezeigt sei, den Beschuldigten nach seiner Verhaftung dahingehend zu belehren, dass ihm auch im Hinblick auf eine später zu erwartende Pflichtverteidigerbestellung Gelegenheit gegeben werden könne, bei einem Rechtsanwalt seines Vertrauens bzw. beim anwaltlichen Notdienst anzurufen, auch wenn er selbst nicht die Mittel zur Bezahlung des Verteidigers hat.[10] Ausweislich der Gesetzesbegründung[11] soll mit der Formulierung „beanspruchen kann" nur klargestellt werden, dass sowohl Fälle der notwendigen Verteidigung (§ 140 Abs. 1) als auch die sonstige Pflichtverteidigerbestellung von Amts wegen nach § 140 Abs. 2 erfasst werden sollen. Demgegenüber soll sich hieraus keine Änderung in der Auslegung oder Anwendung des § 141 Abs. 3 ergeben. 14

5. Recht auf ärztliche Untersuchung (§ 114b Abs. 2 Satz 1 Nr. 5). Die Belehrungspflicht über den freien Zugang des Beschuldigten zur Konsultation mit einem Arzt entspricht einer Forderung des Europäischen Komitees zur Verhütung von Folter und unmenschlicher oder erniedrigender Behandlung (CPT).[12] Danach hat der Beschuldigte aus der vorliegenden Bestimmung nunmehr das Recht, unmittelbar nach seiner Festnahme eine Untersuchung durch einen Arzt oder eine Ärztin seiner Wahl zu verlangen. Nicht geklärt sind insoweit jedoch die Kosten, weil die Vorschrift nur das Recht auf Konsultation einräumt, aber nicht die Übernahme derselben regelt.[13] Wünscht der Beschuldigten insoweit einen Arzt seiner Wahl und erklärt sich mit einer Untersuchung durch einen von der Polizei zugezogenen Amtsarzt nicht einverstanden, muss er für dessen Kosten aufkommen. 15

---

[9] *Meyer-Goßner* § 114b Rn. 3.
[10] BGH 18.10.2005 – 1 StR 114/05, NStZ 2006, 236; siehe hierzu auch *Schlothauer/Weider* Rn. 337.
[11] Vgl. BT-Drs. 17/12578.
[12] Vgl. Bericht vom 3.12.2000, http://cpt.coe.int/documents/deu//2003-20-inf-eng.pdf
[13] *Meyer-Goßner* § 114b Rn. 6; KK-*Graf* § 114b Rn. 12.

16 **6. Recht auf Benachrichtigung von Angehörigen (§ 114b Abs. 2 Satz 1 Nr. 6).** Die Benachrichtigungsrechte des Beschuldigten von Angehörigen und Vertrauten ist nunmehr umfassend in § 114c geregelt. § 114b erweitert diese Benachrichtigungspflichten nicht, sondern legt nur fest, dass der Beschuldigte hierüber frühzeitig unterrichtet werden muss.

17 **7. Recht auf Akteneinsicht (§ 114b Abs. 2 Satz 1 Nr. 7).** Nach der Neureglung der Nr. 7 ist der Beschuldigte nunmehr darauf hinzuweisen, dass er nach § 147 Absatz 7 beantragen kann, Auskünfte und Abschriften aus den Akten zu erhalten, soweit er keinen Verteidiger hat. Da § 140 Abs. 1 Nr. 4 StPO im Bereich der Untersuchungshaft nunmehr die zwingende Beiordnung eines Rechtsanwalts vorsieht, kommt der Vorschrift nur für andere Haftarten (→ Rn. 3) Bedeutung bei.

18 **8. Belehrung über Rechtsbehelfe (§ 114b Abs. 2 Satz 1 Nr. 8).** Die nunmehr in Nr. 8 angeordnete Belehrung des Beschuldigten über seine späteren Rechtsbehelfe im Rahmen des Vollzugs der Untersuchungshaft ist bereits in § 115 Abs. 4 vorgesehen. Jedoch erfolgt die Belehrung erst im Rahmen der Vorführung des Beschuldigten vor den zuständigen Richter. Um den **Gewährleistungen der EU-Richtlinie** in vollem Umfang gerecht zu werden, wurde der Zeitpunkt dieser Belehrung vom Gesetzgeber durch die Ergänzung auf den Zeitpunkt der Festnahme vorverlegt. Der Beschuldigte ist nunmehr bereits bei seiner Festnahme unverzüglich über sein Recht auf Beschwerde bzw. auf Haftprüfung (§ 117 Abs. 1, Abs. 2), das Recht auf mündliche Verhandlung (§ 118 Abs. 1, Abs. 2), den Antrag nach § 119 Abs. 5 bei Unstatthaftigkeit der Beschwerde und den Antrag nach § 119a Abs. 1 gegen behördliche Entscheidungen und Maßnahmen im Untersuchungshaftvollzug zu unterrichten. Die Belehrungspflicht bei Festnahme besteht dabei unabhängig davon, ob der Beschuldigte einen Antrag auf Vorführung vor den zuständigen Richter nach § 115a Abs. 3 StPO stellt oder nicht.[14]

19 **9. Belehrung über Akteneinsichtsrecht des Verteidigers (§ 114b Abs. 2 Satz 2).** In Übereinstimmung mit der aktuellen Rechtslage ist der Beschuldigte – neben der Möglichkeit, unmittelbar auch selbst Auskünfte und Abschriften aus den Akten zu erhalten – auch über das nach § 147 Abs. 1 bestehende Akteneinsichtsrecht des noch zu bestellenden Verteidigers zu belehren. Dabei soll gerade auch der anfangs noch nicht verteidigte Beschuldigte darüber in Kenntnis gesetzt werden, dass ein von ihm zu wählender Verteidiger ein Recht auf Akteneinsicht geltend machen kann.[15]

20 **10. Belehrung über Recht auf Zuziehung eines Dolmetschers und Übersetzers (§ 114b Abs. 2 Satz 3).** Im Hinblick auf die grundlegende Neuregelung zu Übersetzungsleistungen in § 187 GVG ist der Beschuldigte, welcher der deutschen Sprache nicht hinreichend mächtig oder hör- oder sprachbehindert ist, schriftlich auf sein Recht hinzuweisen, Dolmetscher- und Übersetzungsleistungen unentgeltlich für das gesamte Strafverfahren erhalten zu können. Dieses Recht folgt aus Art. 6 Abs. 3 lit. 2 MRK,[16] wonach Beschuldigte, welche die Verhandlungssprache des Gerichts nicht verstehen, ein Recht auf unentgeltliche Unterstützung durch einen Dolmetscher während des ganzen Strafverfahrens haben.[17] Hierzu gehören alle verfahrensbezogenen Gespräche einschließlich der Besprechungen mit dem Verteidiger.[18]

21 **Nicht abschließend derzeit geklärt** ist die derzeit noch die Frage, inwieweit die **Belehrung über die Beiziehung eines Übersetzers auch tatsächlich zu einem Anspruch auf Übersetzung von Akteninhalten** führt. Erfasst hiervon ist zunächst die Übersetzung früherer ausländischer Urteile und maßgeblicher Urkunden, soweit sie für das Verfahren eine Rolle spielen. Die Übersetzung darf der Beschuldigte (bzw. sein Verteidi-

---

[14] Vgl. auch BT-Drs. 17/12578.
[15] Vgl. auch BT-Drs. 17/12578.
[16] *Meyer-Goßner* MRK § 6 Rn. 23 ff.
[17] BVerfG 19.6.2006 – 2 BvR 2115/01, NJW 2007, 499.
[18] KK-*Graf* § 114b Rn. 14; BT-Drs. 16/11644, 17.

ger), sofern dies nicht als unsachgemäß erscheint, selbst veranlassen; die hierfür anfallenden Übersetzungskosten sind von der Staatskasse auszulegen bzw. zu erstatten.[19] Weiter hierher gehören nach Art. 3 Abs. 2 der Richtlinie 2010/64 EU Übersetzungen aller freiheitsentziehenden Maßnahmen, der Anklageschrift[20] und des Urteils (Nr. 181 Abs. 2 RiStBV) (str.).[21] Ein Anspruch auf Übersetzung der gesamten Verfahrensakte besteht hingegen nicht.[22]

11. Belehrung über Recht auf Benachrichtigung des Konsulats (§ 114b Abs. 2 Satz 4). Die Belehrungspflicht über die Benachrichtigung des Konsulats des jeweiligen Heimatstaates eines Beschuldigten nach Art. 36 Abs. 1 Buchst. b Satz 3 des **Wiener Übereinkommens über konsularische Beziehungen (WÜK)** entsteht bereits in dem Augenblick, in welchem dem ausländischen Betroffenen die Freiheit entzogen worden ist, sofern die zuständige Behörde Kenntnis von dessen Staatsangehörigkeit hat oder sich Anhaltspunkte dafür ergeben, dass es sich bei dem Betroffenen wahrscheinlich um einen Ausländer handelt.[23] Zur Belehrung nach dem WÜK ist daher nicht erst der Richter verpflichtet, vielmehr obliegt diese Pflicht schon allen zuvor befassten zuständigen Strafverfolgungsorganen des Empfangsstaates, einschließlich der festnehmenden Polizeibeamten. Die Benachrichtigungspflicht ist unabhängig davon gegeben, ob der Betroffene die Hilfe seines Staates in Anspruch nehmen will.[24] Nach diesen schon früher von der Rechtsprechung aufgestellten Grundsätzen wurde nunmehr die Belehrungspflicht im Gesetz normiert. 22

IV. Rechtsfolgen eines Verfahrensverstoßes gegen die Belehrungspflicht

Die Vorschrift selbst sieht bei einem Verstoß gegen die Belehrungspflichten **keine Sanktion** vor. Insoweit wird es zumeist auch an einem Beruhen (§ 337) fehlen, weil der Beschuldigte bei seiner ersten richterlichen Belehrung (§§ 115, 115a, 128, 136) erneut zu belehren ist und dadurch frühere Verstöße geheilt werden.[25] Anders kann es bei einem Verstoß gegen die Pflicht zur Belehrung auf Beiziehung eines Verteidigers sein (Abs. 2 Satz 1 Nr. 4). Äußert sich nämlich der Beschuldigte noch vor seiner Vorführung bei einem Polizeibeamten zur Sache, so können hierauf durchgeführte Ermittlungen durchaus zu seinem Nachteil führen und ein Verwertungsverbot begründen.[26] 23

Zur innerstaatlichen Konsequenz eines **Verfahrensverstoßes gegen die Belehrungs- und Benachrichtigungspflicht gemäß Art. 36 WÜK** hat das Bundesverfassungsgericht unter teilweiser Aufhebung der bisherigen Rechtsprechung des Bundesgerichtshofs einen revisiblen Verfahrensverstoß in Form der Verletzung des fair trial Grundsatzes (Art. 2 Abs. 1 GG) unter Berücksichtigung der Rechtsprechung des Internationalen Gerichtshofs (IGH) angenommen.[27] Nach der Feststellung des IGH muss es in der Folge eines Verfahrensverstoßes gegen Art. 36 Abs. 1 Buchst. b S. 3 WÜK im innerstaatlichen Verfahren möglich sein, die strafrechtliche Verurteilung im Hinblick auf die Verletzung des WÜK einer Überprüfung und Neubewertung zu unterziehen. Es müsse im Einzelfall geprüft werden, ob sich durch den Verfahrensverstoß der unterbliebenen Belehrung des Beschuldigten seine verfahrensrechtliche Stellung tatsächlich verschlechtert hat.[28] Ein Verwertungsverbot besteht aber 24

[19] OLG Dresden 19.4.2011 – 2 Ws 96/11, NStZ-RR 2012, 64.
[20] *Meyer-Goßner* MRK Art. 6 Rn. 26.
[21] Vgl. hierzu näher *Meyer-Goßner* m.z.w.N. (nur in Abwesenheit ergangene Urteile).
[22] EGMR ÖJZ 1990, 412; OLG Dresden 19.4.2011 – 2 Ws 96/11, NStZ-RR 2012, 64; OLG Dresden 19.4.2011 – 2 Ws 96/11, NStZ-RR 2012, 64; *Staudinger* StV 2002, 327; *Meyer-Goßner* MRK Art. 6 Rn. 26.
[23] BVerfG 8.7.2010 – 2 BvR 2485/07, NJW 2011, 207; BVerfG 19.9.2006 – 2 BvR 2115/01, NJW 2007, 499-504, unter Berufung auf das „Avena"-Urteil des Internationalen Gerichtshofs [IGH] vom 31.3.2004 –, ILM 43 [2004], 581, 602 f.; BGH 20.12.2007 – 3 StR 318/07, BGHSt 52, 110.
[24] IGH 27.6.2001, EuGRZ 2001, 287 [nicht amtliche Übersetzung]; BGH 20.12.2007 – 3 StR 318/07, BGHSt 52, 110.
[25] Ebenso KK-*Graf* § 114b Rn. 16.
[26] Ebenso KK-*Graf* § 114b Rn. 17; *Schlothauer/Weider* Rn. 335.
[27] BVerfG 8.7.2010 – 2 BvR 2485/07, NJW 2011, 207 – „Treaty-override-Regelung".
[28] *Gless/Peters* StV 2011, 369.

nicht, wenn feststeht, dass der Beschuldigte bei rechtzeitiger Unterrichtung auf die Benachrichtigung des Konsulats verzichtet hätte.[29]

25 Die **Ablehnung eines grundsätzlichen Beweisverwertungsverbotes** als Rechtsfolge des Verfahrensverstoßes bei mangelnder Belehrung korrespondiert mit der gesetzlichen Regelung in § 163a Abs. 4 Satz 2, 136, wonach der Beschuldigte bei der ersten förmlichen Vernehmung ohnehin erneut zu belehren ist und erst hier festgestellte Verfahrensfehler Beweisverwertungsverbote nur im Einzelfall nach sich ziehen können,[30] insbesondere wenn der Beschuldigte in Unkenntnis seines Schweigerechts ohne die gebotene Belehrung eine Einlassung zu Sache abgegeben hat.[31]

26 Bei der **Bewertung des Einzelfalls** zur Feststellung eines möglichen Beweisverwertungsverbotes darf aber jedoch in der Praxis nicht aus dem Blick verloren werden, dass etwa der Kontakt zu Mitarbeitern des Konsulats für den Beschuldigten häufig schon vor der Hintergrund bedeutsam sein kann, dass diese ihm einen seiner Muttersprache mächtigen Verteidiger benennen können, der das Mandat ohne die Sprachbarriere im Sinne der gesetzlich beabsichtigten Stärkung der Verfahrensrechte ausüben kann. Die Annahme eines grundsätzlichen Beweisverwertungsverbotes bei Missachtung dieser Informations- und Belehrungspflichten würde aber einen gesetzlich auch mit der Neuregelung nicht normierten, letztlich stets durchgreifenden revisiblen Verfahrensfehler schaffen.[32] Eine derart weitreichende Konsequenz jeder unzureichenden oder unterbliebenen Belehrung hätte allenfalls die einfache Handhabung für das Gericht im Hauptsacheverfahren für sich, da jede Form der Einzelfallbetrachtung entfallen würde. Eine solch grundlegende Abkehr von der bewährten Beweisverbotsdoktrin in der gefestigten Rechtsprechung des Bundesgerichtshofs fordert aber auch zuletzt mit Beschluss vom 8.10.2010 das Bundesverfassungsgericht nachvollziehbar nicht.[33] Verfassungsrechtlich ebenso wenig zu beanstanden ist auch die bisherige Rechtsprechung des Bundesgerichtshofs, wonach der Rechtskreis eines Mitangeklagten durch die Verletzung von Art. 36 WÜK nicht berührt wird, da die individuelle Anknüpfung für diesen Verfahrensverstoß die Staatsangehörigkeit und Festnahmesituation jedes einzelnen Beschuldigten ist.

§ 114c [Benachrichtigung von Angehörigen]

(1) Einem verhafteten Beschuldigten ist unverzüglich Gelegenheit zu geben, einen Angehörigen oder eine Person seines Vertrauens zu benachrichtigen, sofern der Zweck der Untersuchung dadurch nicht gefährdet wird.

(2) [1]Wird gegen einen verhafteten Beschuldigten nach der Vorführung vor das Gericht Haft vollzogen, hat das Gericht die unverzügliche Benachrichtigung eines seiner Angehörigen oder einer Person seines Vertrauens anzuordnen. [2]Die gleiche Pflicht besteht bei jeder weiteren Entscheidung über die Fortdauer der Haft.

Schrifttum: siehe zu § 114

Übersicht

[29] BGH 20.12.2007 – 3 StR 318/07, BGHSt 52, 110; KK-Graf § 114b Rn. 15.

[30] Vgl., auch *Tsambikakis* ZIS 2009, 503; *Kreß* GA 2007, 296; *Walter* JR 2007, 99.

[31] BGH 27.2.1992 – 5 StR 190/91, BGHSt 38, 214-231 unter Aufgabe der Rechtsp. BGH 7.6.1983 – 5 StR 409/81, BGHSt 31, 395.

[32] Für eine grundsätzliches Beweisverwertungsverbot: *Schlothauer/Weider* Rn. 139; ebenso *Gless/Peters* Fn. 9.

[33] BVerfG 8.7.2010 – 2 BvR 2485/07; NJW 2011, 207.

I. Allgemeines, Normzweck und Anwendungsbereich

1. Allgemeines. Durch das Gesetz zur Änderung des Untersuchungshaftrechts vom 29.7.2009[1] ist die aktuelle Fassung des § 114c zum 1.1.2010 in Kraft getreten. Auch diese gesetzliche Änderung soll wie die Neuregelungen zu §§ 114a[2] und § 114b[3] dem Grundgedanken einer **möglichst frühzeitigen Belehrung des Beschuldigten über seine Verfahrensrechte Rechnung** tragen. Auch beruht die Neuregelung auf einem Bericht des Europäischen Ausschusses zur Verhütung von Folter und unmenschlicher oder erniedrigender Behandlung oder Strafe (CPT), welcher eine klarstellende fehlende gesetzliche Regelung zum Benachrichtigungsrecht des gerade in Haft genommenen Beschuldigten in der Bundesrepublik Deutschland beanstandet hat.[4] 1

2. Normzweck. Die Norm dient neben der frühzeitigen Unterrichtung des Beschuldigten über seine Verfahrensrechte (→ Rn. 1) als Ausformung von Art. 104 Abs. 4 GG auch dem **Schutz des Vertrauens der Öffentlichkeit in den Rechtsstaat.** Im Gegensatz zu Maßnahmen in Diktaturen, insbesondere der gängigen Praxis in der Zeit des Nationalsozialismus, soll das heimliche Verschwinden von Menschen aus der Öffentlichkeit hierdurch unterbunden werden. Insoweit handelt es sich um ein subjektives öffentliches Recht, dessen Einhaltung ein Beschuldigter mit der Verfassungsbeschwerde verfolgen kann.[5] In Abweichung zur früheren Fassung steht vorliegend auch sprachlich nun nicht mehr die Benachrichtigungspflicht des Staates, sondern das Benachrichtigungsrecht des Beschuldigten im Vordergrund.[6] 2

3. Anwendungsbereich. Die Vorschrift gilt nicht nur für die Verhaftung des Beschuldigten im Rahmen der Untersuchungshaft, sondern auch für Verhaftungen nach den §§ 230 Abs. 2, 236, 329 Abs. 4 und 412. Ferner ist die Vorschrift entsprechend anzuwenden auf vorläufige Festnahmen des Beschuldigten nach §§ 127 Abs. 4, 127b Abs. 1 Satz 2 sowie Festhalteanordnungen zur Identitätsfeststellung nach §§ 163b, 163c[7] sowie aufgrund gesetzlicher Verweisung für die Sicherungshaft nach § 453c Abs. 2 Satz 2. Für eine Ergreifung aufgrund eines Vollstreckungshaftbefehls nach § 457 Abs. 2 gilt die Vorschrift indes nicht.[8] 3

II. Benachrichtigungsrecht des Verhafteten (Abs. 1 Hs. 1)

Nach Abs. 1 hat der in Haft genommene Beschuldigte das Recht, unverzüglich einen **Angehörigen oder eine Vertrauensperson von seiner Verhaftung zu benachrichtigen** und muss hiermit nicht bis zu seiner richterlichen Vorführung zuwarten. Dies Recht stellt auch ein Äquivalent für den Überraschungseffekt der für den Beschuldigten häufig plötzlichen Verhaftung und der damit oft einhergehenden persönlichen Überforderung dar. Dies Recht ist unabhängig von der Verpflichtung des Staates, ebenfalls eine solche Unterrichtung nach Abs. 2 vorzunehmen (→ Rn. 9).[9] 4

---

[1] Vgl. BGBl. I. 2274.
[2] Vgl. hierzu *Böhm/Werner* § 114a Rn. 2.
[3] Vgl. hierzu *Böhm/Werner* § 114b Rn. 2.
[4] Vgl. CPT Bericht vom 3.12.2000, http://cpt.coe.int/documents/deu//2003-20-inf-eng.pdf
[5] BVerfG 14.5.1963 – 2 BvR 516/62, BVerfGE 16, 119; dass. 2.7.1974 – 2 BvR 648/73, BVerfGE 38, 32.
[6] KK-*Graf* § 114c Rn. 1.
[7] Vgl. auch *Graf/Krauß* § 114c Rn. 1; *Meyer-Goßner* § 114c Rn. 7.
[8] HK-*Posthoff* § 114c Rn. 1; SK-*Paeffgen* § 114c Rn. 1.
[9] KK-*Graf* § 114c Rn. 3.

5 Das Recht ist **unverzüglich, also ohne schuldhaftes Zögern zu gewähren,**[10] nach der Festnahme schon durch die Polizei und nicht, wie in der früheren Fassung des § 114c vorgesehen, erst im Rahmen der Vorführung vor den Richter. Ein Zuwarten um einen Tag bis zur Vorführung vor das Gericht ist daher nicht zulässig.[11]

6 Der Begriff des **Angehörigen ist in einem weiteren Sinn auszulegen als die Legaldefinition in § 11 Abs. 1 Nr. 1 StGB.** Auch entfernte Verwandte und eingetragene Lebenspartner werden erfasst. Ebenso weit auszulegen ist der **Begriff der Vertrauensperson.** Dieser umfasst beispielsweise Freunde, Arbeitskollegen und Seelsorger. Maßgebliche Sicht des Vertrauensverhältnisses ist mangels entgegenstehender Anhaltspunkte insoweit allein die subjektive Bewertung des Beschuldigten, welcher selbst bestimmen kann, wer für ihn eine Vertrauensperson darstellt. Auch der vom Beschuldigten benannte Wahlverteidiger ist als Vertrauensperson zu qualifizieren; der Pflichtverteidiger hingegen nur, wenn er vom Beschuldigten selbst benannt wurde.[12]

7 Aus dem Gesetz ergibt sich nicht, in welcher **Form die Benachrichtigung** erfolgen kann. Die Fertigung eines sog „Zugangsbriefes" ist heute nicht mehr zeitgemäß. Zwar muss dem Beschuldigten insoweit Briefpapier und dem Mittelosen auch eine Briefmarke zur Verfügung gestellt werden,[13] jedoch dauert eine solche Unterrichtung zu lange. Deshalb kommt heute auch eine Unterrichtung durch Telefax und E-Mail in Betracht.[14] Auch eine fernmündliche Benachrichtigung muss man als zulässig ansehen,[15] wenn eine solche den Zweck der Untersuchung nicht gefährdet.

III. Unterbleiben der Benachrichtigung (Abs. 1 Hs. 2)

8 Eine solche kann nur Unterbleiben im Hinblick auf eine näher zu begründende Gefahr für den Untersuchungszweck. Insoweit muss man sehen, dass nach einer Festnahme nicht selten noch Ermittlungsmaßnahmen vorzunehmen sind, welche gefährdet werden könnten.[16] Daher scheidet die Unterrichtung von möglichen **Mittätern, Teilnehmern oder Hintermännern** aus.[17] Diese erfordert stets eine Einzelfallabwägung der Strafverfolgungsbehörden, welche mit einem **begründeten Aktenvermerk** dokumentiert werden muss, um der der verfassungsrechtlichen Bedeutung (Art. 104 Abs. 4 GG) des Rechts des Beschuldigten gerecht zu werden.[18] Auch ist es als Einschränkung zu verstehen, dass die Art und Weise der Mitteilung bestimmt und der Empfängerkreis insoweit auch begrenzt werden kann.[19]

IV. Benachrichtigung durch das Gericht (Abs. 2 Satz 1 und 2)

9 Aus § 114c Abs. 2 Satz 1 ergibt sich eine ausdrückliche und früher in § 114b Abs. 1 a. F. schon vorgesehene Benachrichtigungspflicht des die Haftvollziehung erstmals anordnenden Gerichts. Diese gründet auf Art. 104 Abs. 4 GG. Beide Normen fordern die unverzügliche Benachrichtigung eines Angehörigen des Festgehaltenen oder einer Person seines Vertrauens von jeder richterlichen Entscheidung (vgl., → Rn. 12) über die Anordnung oder Fortdauer einer Freiheitsentziehung. Abs. 2 Satz 1 stellt aber nunmehr klar, dass eine Benachrichtigungsplicht nur dann besteht, wenn der Beschuldigte nach seiner Vorführung auch in Haft genommen wird, nicht jedoch, wenn der Haftbefehl außer Vollzug gesetzt, aufgehoben oder gar nicht erlassen wird.[20]

---

10 EGMR 4.4.2006 – 42596/98 und 42603/09; *Pohlreich* NStZ 2011, 560.
11 KK-*Graf* § 114 Rn. 4, HK-*Posthoff* § 114c Rn. 3; SK-Paffgen § 114c Rn. 7.
12 BVerfG 2.7.1974 – 2 BVR 648/73, BVerfGE 38, 32; B 14.5.1963 – 2 BvR 516/62, BVerfGE 16, 119.
13 EGMR 24.2.2009 – 63258/00; *Pohlreich* NStZ 2011, 560.
14 *Michalke* NJW 2010, 19.
15 Siehe hierzu auch *Meyer-Goßner* § 114c Rn. 5; KK-*Graf* § 114c Rn. 7; HK-*Posthoff* § 114c Rn. 10.
16 BT-Drs. 16/11644, 18.
17 HK-*Posthoff* § 114c Rn. 4.
18 SK-*Paeffgen* § 114c Rn. 7.
19 LR-*Hilger* § 114b a. F. Rn. 32.
20 KK-*Graf* § 114c Rn. 10.

Aus Abs. 2 Satz 2 ergibt sich die gleiche **Verpflichtung zur Unterrichtung auch bei jeder weiteren Entscheidung über die Fortdauer der Haft**. Insoweit gilt, dass im **Falle der Überhaft** die Benachrichtigungspflicht erst dann entsteht, wenn diese auch vollzogen wird.[21] Im Übrigen werden von Satz 2 alle Haftentscheidung erfasst, mit welchen die Untersuchungshaft aufrecht erhalten wird, also solche nach §§ 115 Abs. 4, 117, 207 Abs. 4, 268 oder im Haftbeschwerdeverfahren nach § 304[22] oder im besonderen Haftprüfungsverfahren nach §§ 121, 122.[23] 10

Als **Adressat der Benachrichtigung** kommen zunächst die vom Beschuldigten im Rahmen seiner Anhörung angeführten Personen in Betracht, also **Angehörige und Vertrauenspersonen** (→ Rn. 6). Insoweit sieht das Gesetz aber eine Einschränkung vor, weil insoweit nur die Benachrichtigung einer Person als gesetzlich verpflichtend bestimmt ist. Werden mehrere Personen benannt, hat der Richter die Wahl und hat die Benachrichtigung mindestens einer Person ermessenfehlerfrei zu veranlassen. Kann der Beschuldigte keine Person benennen und sind solche auch nach Aktenlage nicht ersichtlich, sind indes keine weiteren Nachforschungen geboten (str.).[24] 11

Die **Pflicht zur Benachrichtigung** gilt wegen ihres öffentlich rechtlichen Gehalts (Art. 104 Abs. 4 GG) **ohne Ausnahme,** auf einen Widerspruch des Beschuldigten kommt es nicht an.[25] Grundsätzlich besteht hier auch das einschränkende Kriterium einer Gefahr für den Untersuchungszweck nach Abs. 1 nicht, da das Gesetz eine solche nicht als Versagungsgrund aufführt. Gleichwohl kann es in der Praxis durchaus Sachverhaltskonstellationen geben, die ein Absehen von der Benachrichtigung rechtfertigen können, so etwa bei der Annahme einer erheblichen Gesundheitsgefahr für den allein in Betracht kommenden Angehörigen, notstandsähnlichen Situationen oder eine Gefahr für die Staatssicherheit. In solchen Ausnahmefällen kann im Einzelfall von einer Benachrichtigung abgesehen werden.[26] 12

Die **Benachrichtigung muss unverzüglich** durch den Richter veranlasst werden, er darf sich nicht darauf verlassen, dass der Beschluss über die Verhaftung schon auf dem üblichem Geschäftsweg zu dem zu Benachrichtigenden gelangen wird.[27] Mangels Formvorschrift kann die Benachrichtigung auch mündlich erfolgen. Um die auch verfassungsrechtlich normierte Pflicht aber in der Praxis nicht auszuhöhlen, ist die Benachrichtigung in der Akte zu dokumentieren. Entsprechend dem Beschleunigungsgebot („unverzüglich") und dem Sinn und Zweck der Norm, nämlich eine zügige Information des Angehörigen oder der Vertrauensperson dem Beschuldigten zu ermöglichen, muss ein schneller Übertragungsweg regelmäßig fernmündlich oder per E-Mail gewählt werden. 13

Die **Pflicht zur Benachrichtigung entfällt nicht** deshalb, weil sich aus den Akten schon ergibt, dass die Polizei nach Abs. 1 einen Angehörigen oder eine Vertrauensperson vor der Inhaftnahme informiert hat, denn das Gesetz ist insoweit eindeutig und sieht keine Ausnahme vor(str.).[28] Auch muss man sehen, dass der richterlichen Benachrichtigung auch inhaltlich ein anderer Gehalt zukommt, weil diese im Regelfalle auch eine Sachentscheidung über die Fortdauer der Haft beinhaltet. Selbst wenn die Staatsanwaltschaft schon eine Unterrichtung vorgenommen hat, ist eine erneute gerichtliche Information nämlich bei jeder neuen Haftentscheidung (zB § 115 Abs. 4) zwingend vorgesehen (§ 114c Abs. 2 Satz 2). 14

---

[21] KK-*Graf* § 114c Rn. 11.
[22] BVerfG 14.5.1963 – 2 BvR 516/62, BVerfGE 16, 119; KK-*Graf* § 114c Rn. 12.
[23] BVerfG 2.7.1974 – 2 BVR 648/73, BVerfGE 38, 32; KK-*Graf* § 114c Rn. 12.
[24] Ebenso *Meyer-Goßner* § 114c Rn. 4; aA SK-*Paeffgen* § 114c Rn. 9; HK-Posthoff § 114c Rn. 9.
[25] *Meyer-Goßner* § 114c Rn. 6, HK-*Posthoff* § 114c Rn. 12.
[26] Vgl. auch *Graf* § 114c Rn. 5; KK-Graf § 114b Rn. 5; LR-*Hilger* § 114b Rn. 14; aA SK-*Paeffgen* § 114b Rn. 4. (nur für notstandsähnliche Fallkonstellationen).
[27] BVerfgE 38, 32.
[28] HK-*Posthoff* § 114c Rn. 14; SK-*Paffgen* § 114c Rn. 8; aA KK-*Graf* § 114 Rn. 16, *Meyer-Goßner* § 114c Rn. 8.

V. Rechtsbehelfe

15 Hat das Gericht von einer Benachrichtigung abgesehen oder nach Auffassung des Beschwerdeführers eine ungeeignete Person benachrichtigt, steht dem Beschuldigten und der Staatsanwaltschaft das allgemeine Beschwerderecht nach § 304 zu. Eine weitere Beschwerde ist nach § 310 Abs. 2 ausgeschlossen.[29] Dem Angehörigen oder der Vertrauensperson steht kein eigenes Beschwerderecht zu, da sie nicht in eigenen Rechten verletzt würden. Umstritten ist, ob das Beschwerderecht erlischt, wenn der Beschuldigte die Benachrichtigung nach Abs. 1 selbst erfolgreich veranlasst hat.[30] Hier muss nach verfassungskonformer Auslegung im Einzelfall geprüft werden, ob trotz der eingetreten prozessualen Überholung – nach Kenntnisnahme durch die gewünschte Person – der Grundrechtseingriff derart schwer wiegt, dass ein schützenswertes Interesse des Beschuldigten an der nachträglichen Feststellung der Rechtswidrigkeit besteht. Das dürfte aber allenfalls bei einer zunächst gänzlich unterlassenen Benachrichtigung in Betracht kommen.

§ 114d [Der Vollzugsanstalt mitzuteilende Tatsachen]

(1) [1]Das Gericht übermittelt der für den Beschuldigten zuständigen Vollzugsanstalt mit dem Aufnahmeersuchen eine Abschrift des Haftbefehls. [2]Darüber hinaus teilt es ihr mit

1. **die das Verfahren führende Staatsanwaltschaft und das nach § 126 zuständige Gericht,**
2. **die Personen, die nach § 114c benachrichtigt worden sind,**
3. **Entscheidungen und sonstige Maßnahmen nach § 119 Abs. 1 und 2,**
4. **weitere im Verfahren ergehende Entscheidungen, soweit dies für die Erfüllung der Aufgaben der Vollzugsanstalt erforderlich ist,**
5. **Hauptverhandlungstermine und sich aus ihnen ergebende Erkenntnisse, die für die Erfüllung der Aufgaben der Vollzugsanstalt erforderlich sind,**
6. **den Zeitpunkt der Rechtskraft des Urteils sowie**
7. **andere Daten zur Person des Beschuldigten, die für die Erfüllung der Aufgaben der Vollzugsanstalt erforderlich sind, insbesondere solche über seine Persönlichkeit und weitere relevante Strafverfahren.**

[3]Die Sätze 1 und 2 gelten bei Änderungen der mitgeteilten Tatsachen entsprechend. [4]Mitteilungen unterbleiben, soweit die Tatsachen der Vollzugsanstalt bereits anderweitig bekannt geworden sind.

(2) [1]Die Staatsanwaltschaft unterstützt das Gericht bei der Erfüllung seiner Aufgaben nach Absatz 1 und teilt der Vollzugsanstalt von Amts wegen insbesondere Daten nach Absatz 1 Satz 2 Nr. 7 sowie von ihr getroffene Entscheidungen und sonstige Maßnahmen nach § 119 Abs. 1 und 2 mit. [2]Zudem übermittelt die Staatsanwaltschaft der Vollzugsanstalt eine Ausfertigung der Anklageschrift und teilt dem nach § 126 Abs. 1 zuständigen Gericht die Anklageerhebung mit.

Schrifttum: siehe zu § 114

Übersicht

[29] KK-*Graf* § 114b Rn. 5; einschränkend SK-*Paeffgen* § 114c Rn. 15; LR-*Hilger* § 114b Rn. 34.
[30] KK-*Graf* § 114b Rn. 11; LR-*Hilger* § 114b Rn. 34; SK-*Paeffgen* § 114c Rn. 15.

I. Allgemeines, Normzweck und Anwendungsbereich

1. Allgemeines. Durch das Gesetz zur Änderung des Untersuchungshaftrechts vom 29.7.2009[1] wurde die Vorschrift neu geschaffen. Sie ist zum 1.1.2010 in Kraft getreten. Die Norm statuiert einen Katalog von Mitteilungspflicht des Gerichts in Abs. 1 und der Staatsanwaltschaft in Abs. 2 gegenüber der die Untersuchungshaft vollziehenden Anstalt. Aufgrund der Föderalismusreform besteht die Bundesgesetzgebungskompetenz nur noch für „das gerichtliche Verfahren". Mit dem Erlass diverser Landesvollzugsgesetze sind die früheren Verwaltungsvorschriften der Untersuchungshaftvollzugsordnung (UVollzO) in Wegfall geraten. Der ganz überwiegende Inhalt der UVollzO, der die Aufgaben und Befugnisse der Vollzugsanstalt betrifft, ist nunmehr in Landesgesetzen geregelt. 1

Demnach sind nur noch diejenigen Teile, die zB Informationspflichten des Haftgerichts betreffen, in der Strafprozessordnung zu verankern, weil sie ein unmittelbarer Ausfluss der gerichtlichen Entscheidungen (insbesondere über den Erlass des Haftbefehls und die Anordnung von Beschränkungen) sind und sie deshalb noch dem gerichtlichen Verfahren als solchem und nicht dem Untersuchungshaftvollzug zuzurechnen sind.[2] Die gegenüber der Vollzugsanstalt bestehenden gerichtlichen Mitteilungspflichten werden daher in § 114d nunmehr einer Regelung zugeführt. 2

2. Normzweck. Die Norm dient der frühzeitigen Unterrichtung der Vollzugsanstalt über gerichtliche Haftentscheidungen. 3

3. Anwendungsbereich. Die Vorschrift gilt nicht nur für die Verhaftung des Beschuldigten im Rahmen der Untersuchungshaft, sondern auch für Verhaftungen nach den §§ 230 Abs. 2, 236, 329 Abs. 4 und 412. Ferner ist die Vorschrift entsprechend anzuwenden auf vorläufige Festnahmen des Beschuldigten nach §§ 127 Abs. 4, 127b Abs. 1 Satz 2 sowie Festhalteanordnungen zur Identitätsfeststellung nach §§ 163b, 163c[3] sowie aufgrund gesetzlicher Verweisung für die Sicherungshaft nach § 453c Abs. 2 Satz 2. Für eine Ergreifung aufgrund eines Vollstreckungshaftbefehls nach § 457 Abs. 2 gilt die Vorschrift indes nicht.[4] 4

II. Mitteilungspflichten nach § 114d Abs. 1

Die Vorschrift hat die früheren Regelungen in der Untersuchungshaftvollzugsordnung nach dem Übergang der Gesetzgebungskompetenz auf die Landesgesetzgeber übernommen und verlangt zunächst mit dem Aufnahmeersuchen eine Übermittlung des Haftbefehls als Grundlage der Vollstreckung. Ferner enthält die Vorschrift einzelne Mitteilungspflichten gegenüber der Vollzugsanstalt. 5

---

[1] BGBl. I. 2274.
[2] Vgl. BR-Drs. 829/08, 22 ff.
[3] Vgl. auch *Graf/Krauß* § 114c Rn. 1; *Meyer-Goßner* § 114c Rn. 7.
[4] HK-*Posthoff* § 114c Rn. 1; SK-*Paeffgen* § 114c Rn. 1.

6 **1. Mitteilungspflichten nach § 114d Abs. 1 Satz 2 Nr. 1.** Da § 114e die Vollzugsanstalt verpflichtet, Erkenntnisse, die den Untersuchungshaftgefangenen betreffen, dem Gericht und der zuständigen Staatsanwaltschaft mitzuteilen, müssen diese der Anstalt zuvor vom Haftgericht auch benannt werden.

7 **2. Mitteilungspflichten nach § 114d Abs. 1 Satz 2 Nr. 2.** Der Vollzugsanstalt müssen die nach § 114c benachrichtigten Angehörigen oder Vertrauenspersonen mitgeteilt werden, dass diese im Bedarfsfall auch von der Anstalt direkt benachrichtigt werden können. Die Bestimmung entspricht Nummer 15 Abs. 2 Satz 2 UVollzO.

8 **3. Mitteilungspflichten nach § 114d Abs. 1 Satz 2 Nr. 3.** Die nach § 119 vom Gericht angeordneten Beschränkungen und die Übertragung der Ausführung auf die Staatsanwaltschaft (§ 119 Abs. 2 Satz 2) sind der Vollzugsanstalt ebenfalls mitzuteilen, da die Anstalt neben der Ausführung auch in eigener Zuständigkeit zu prüfen hat, ob weitere Beschränkungen auf Grundlage der Landesuntersuchungshaftvollzugsgesetze geboten sind.[5]

9 **4. Mitteilungspflichten nach § 114d Abs. 1 Satz 4.** Ferner sind der Anstalt sämtliche Entscheidungen in dem gerichtlichen Verfahren mitzuteilen, die zur Erfüllung ihrer Aufgaben erforderlich sind. Das Gericht hat im Einzelfall zu prüfen, welche Entscheidung für die Vollzuganstalt bedeutsam ist.

10 **5. Mitteilungspflichten nach § 114d Abs. 1 Satz 2 Nr. 5.** § 114d Abs. 1 Satz 2 Nr. 5 übernimmt den Inhalt von Nummer 7 Abs. 2 UVollzO, nach dem das Gericht der Vollzugsanstalt „den" Termin der Hauptverhandlung und deren Ergebnis mitzuteilen hat. Abgesehen davon, dass die Vollzugsanstalt die Vorführung der Beschuldigten einplanen muss, kann die Tatsache und insbesondere das Ergebnis einer Hauptverhandlung Auswirkungen auf die Beschuldigten und ihr Verhalten im Vollzug haben. Ein aus Sicht des Beschuldigten negativer Verlauf der Hauptverhandlung kann zB zu depressiven oder aggressiven Verstimmungen führen. Die Vollzugsanstalt muss sich auch darauf einstellen können, so dass ihr solche Erkenntnisse mitzuteilen sind, die für die Erfüllung ihrer Aufgaben erforderlich sind. Die Verwendung des Begriffs „Termine" statt „Termin", wie bisher in der Untersuchungshaftvollzugsordnung, stellt lediglich eine sprachliche Klarstellung dar. Eine Hauptverhandlung, gerade in Haftsachen, wird sich häufig auf mehrere Termine erstrecken.[6]

11 **6. Mitteilungspflichten nach § 114d Abs. 1 Satz 2 Nr. 6.** Da mit der Rechtskraft des Urteils die Untersuchungshaft – auch ohne formale Einleitung der Vollstreckung durch die Staatsanwaltschaft – in die Strafhaft oder Sicherungsmaßregel übergeht,[7] muss dies der Vollzugsanstalt.

12 **7. Mitteilungspflichten nach § 114d Abs. 1 Satz 2 Nr. 7.** Die Vollzugsanstalt bedarf zu ihrer Aufgabenerfüllung einer Vielzahl denkbarer Erkenntnisse, die dem Gericht oder der Staatsanwaltschaft bekannt sind oder im Laufe des Verfahrens bekannt werden. Die Vorschrift nennt nur beispielhaft – aber nicht abschließend – nach dem dortigen Satz 2 „Überhaft, Vorstrafen und weitere schwebende Strafverfahren". So ergibt sich schon, ergänzend aus Nummer 7 Abs. 1 Satz 4 und 5 UVollzO, eine Unterrichtung über „Umstände, die auf besonderen Fluchtverdacht, auf die Gefahr gewalttätigen Verhaltens, des Selbstmordes oder der Selbstbeschädigung, auf gleichgeschlechtliche Neigungen oder auf seelische oder geistige Abartigkeiten hindeuten" sowie ansteckende Krankheiten. Grund dafür ist, dass eine Aufzählung in Anbetracht dessen, dass Informationen verschiedenster Art für die Arbeit der Vollzugsanstalt von Bedeutung sein können, ohnehin nie vollständig sein kann. So ist für deren Arbeit über die von Nummer 7 UVollzO erwähnten Fälle hinaus zB auch von Bedeutung, ob dem Gefangenen von anderen Personen, insbesondere Mitgefangenen, Racheakte oder Erpressungsversuche drohen. Zu übermitteln sind die für die Erfüllung der

[5] *Böhm/Werner* § 119 Rn. 6 ff.
[6] Vgl. BR-Drs. 829/08, 24.
[7] BGH 28.8.1991 – 2 ARs 366/91, BGHSt 38, 63.

Aufgaben der Vollzugsanstalt „erforderlichen" Daten. Hierzu bedarf es, wie bereits erläutert, einer Einzelfallabwägung des Gerichts. Der Richter muss sich also vor der Mitteilung spiegelbildlich fragen, ob die Vollzugsanstalt ihre Aufgaben ohne die Information nicht oder nicht rechtzeitig oder sachgerecht ausüben kann. Zumindest muss die Aufgabenerfüllung durch die Mitteilung hinreichend gefördert werden. In Betracht kommt insoweit auch die Übermittlung von früheren Berichten der Führungsaufsichtsstelle und der Bewährungshilfe, sowie in Vorverfahren erhobene Sachverständigengutachten.[8]

8. Mitteilungspflichten nach § 114d Abs. 1 Satz 2 Nr. 8. Bei Veränderungen der Umstände, wie die Änderung des Inhalts des Haftbefehls oder das Entfallen von einzelnen Beschränkungen, bedarf es ebenfalls einer Mitteilung an die Vollzugsanstalt. Sind die Tatsachen dort bereits bekannt, bedarf es keiner Mitteilung. 13

III. Mitteilungspflichten der Staatsanwaltschaft (§ 114d Abs. 2)

1. Allgemeine Mitteilungspflichten (§ 114d Abs. 2 Satz 1). Da die ermittelnde Staatsanwaltschaft – entgegen dem Haftrichter – häufig schneller oder über weitere vollzugsrelevante Informationen verfügt, die der Anstalt ohne zeitliche Verzögerung durch Zwischenschaltung des Gerichts zugehen sollen, statuiert Abs. 2 (im Gegensatz zu Nr. 7 UVollzO) ausdrücklich eine eigene Übermittlungspflicht. Ferner ist die Vollzugsanstalt auch über von der Staatsanwaltschaft in Ausübung der Eilkompetenz nach § 119 Abs. 1 Satz 4 selbst angeordnete Beschränkungen.zu informieren. 14

2. Besondere Mitteilungspflichten (§ 114d Abs. 2 Satz 2). Die Staatsanwaltschaft muss der Vollzugsanstalt mit der Abschlussverfügung eine Ausfertigung der Anklageschrift übersenden. Die Regelung entspricht Nummer 7 Abs. 2 UVollzO. Mit der Anklageerhebung ist häufig eine Veränderung der gerichtlichen Zuständigkeit für die weiteren Entscheidungen im Zusammenhang mit der Untersuchungshaft verbunden (§ 126). Hinzu kommt, dass die tatsächliche und rechtliche Würdigung in der Anklageschrift von jener im Haftbefehl abweichen kann. Das ist auch für den Untersuchungshaftvollzug von Bedeutung. Außerdem ist dem Ermittlungsrichter die Anklageerhebung mitzuteilen. Damit wird die bisherige Praxis festgeschrieben. Mit der Erhebung der öffentlichen Klage geht die Zuständigkeit gemäß § 126 StPO vom Ermittlungsrichter auf das mit der Sache befasste Gericht über. Es ist daher sinnvoll, den Ermittlungsrichter über die Anklageerhebung zu informieren.[9] 15

§ 114e [Übermittlung von Kenntnissen durch die Vollzugsanstalt]

[1]Die Vollzugsanstalt übermittelt dem Gericht und der Staatsanwaltschaft von Amts wegen beim Vollzug der Untersuchungshaft erlangte Erkenntnisse, soweit diese aus Sicht der Vollzugsanstalt für die Erfüllung der Aufgaben der Empfänger von Bedeutung sind und diesen nicht bereits anderweitig bekannt geworden sind. [2]Sonstige Befugnisse der Vollzugsanstalt, dem Gericht und der Staatsanwaltschaft Erkenntnisse mitzuteilen, bleiben unberührt.

Schrifttum: siehe zu § 114

I. Allgemeines, Normzweck und Anwendungsbereich

1. Allgemeines. Durch das Gesetz zur Änderung des Untersuchungshaftrechts vom 29.7.2009[1] ist die aktuelle Fassung des § 114e zum 1.1.2010 in Kraft getreten. Entsprechend 1

[8] Vgl. BR-Drs. 829/08, 24 f.
[9] Vgl. auch BR-Drs. 829/08, 26.
[1] BGBl. I 2274.

den gesetzlich normierten Mitteilungspflichten nach § 114d verpflichtet diese Norm ihrerseits die Vollzugsanstalt, dem Gericht und der Staatsanwaltschaft bestimmte Erkenntnisse mitzuteilen. Auch unter Berücksichtigung der Gesetzgebungskompetenz der einzelnen Länder kann der Bundesgesetzgeber weiterhin Mitteilungspflichten betreffend die Frage der strafrechtlichen Schuld des Beschuldigten oder der damit untrennbar verbundenen Umstände, statuieren.[2]

2 **2. Normzweck.** Die Vorschrift korrespondiert mit der ebenfalls neugeschaffenen Regelungen des § 114d, in welcher die Mitteilungspflichten des Gerichts und der Staatsanwaltschaft an die Justizvollzugsanstalt geregelt sind. Sie soll umgekehrt gewährleisten, dass auch Gericht und Staatsanwaltschaft über die Erkenntnisse der Justizvollzugsanstalt informiert werden.

3 **3. Anwendungsbereich.** Die Vorschrift gilt nicht nur für die Inhaftierung des Beschuldigten im Rahmen der Untersuchungshaft, sondern auch solche nach den §§ 230 Abs. 2, 236, 329 Abs. 4 und 412.

II. Allgemeine Mitteilungspflichten (§ 114e Satz 1)

4 Die Regelung entspricht weitgehend der Fassung der Nummer 8 UVollzO. Um Forderungen aus der Praxis Rechnung zu tragen, soll die Anstalt nunmehr sowohl das Gericht als auch die Staatsanwaltschaft informieren, um so sicherzustellen, dass die jeweilige Information ohne zeitliche Verzögerung mit großer Sicherheit an die richtige Stelle gelangt.

5 Der in der Vorschrift verwendete Begriff der Erkenntnisse ist weit zu verstehen und umfasst die in der Untersuchungshaftvollzugsordnung bislang aufgezählten „Maßnahmen, Wahrnehmungen und anderen wichtigen Umstände", allerdings nur, soweit ihre Kenntnis aus Sicht der Vollzugsanstalt für die Erfüllung der Aufgaben der Empfänger, dh für die Durchführung des anhängigen Strafverfahrens, von Bedeutung ist. Um eine für die Justizbediensteten im Vollzugsalltag einfach handhabbare Regelung zu schaffen, wurde auf die zunächst entsprechend geplante Einschränkung mit dem Kriterium der Erforderlichkeit (§ 114d Abs. 1) verzichtet. Die Vorschrift stellt also auf die subjektive Einschätzung der Vollzugsanstalt bezüglich der Bedeutsamkeit der Erkenntnisse für die Empfänger ab.[3]

6 Um vermeidbare Eingriffe in das informationelle Selbstbestimmungsrecht und überflüssigen Aufwand zu vermeiden, wird klargestellt, dass den Gerichten und Staatsanwaltschaften nur diesen bislang nicht bekannte Erkenntnisse mitzuteilen sind.

III. Mitteilung sonstiger Erkenntnisse (§ 114e Satz 2)

7 Die Vorschrift stellt insoweit lediglich klar, dass anderweitige Mitteilungspflichten der Vollzugsanstalt beispielsweise nach dem jeweiligen Landesuntersuchungshaftvollzugsgesetz gesondert bestehen.

§ 115 [Vorführung vor den zuständigen Richter]

(1) Wird der Beschuldigte auf Grund des Haftbefehls ergriffen, so ist er unverzüglich dem zuständigen Gericht vorzuführen.

(2) Das Gericht hat den Beschuldigten unverzüglich nach der Vorführung, spätestens am nächsten Tage, über den Gegenstand der Beschuldigung zu vernehmen.

(3) [1]Bei der Vernehmung ist der Beschuldigte auf die ihn belastenden Umstände und sein Recht hinzuweisen, sich zur Beschuldigung zu äußern oder nicht zur

[2] Vgl. auch *Böhm/Werner* § 119 Rn. 3 ff.
[3] *Paeffgen* GA 2009, 454-468; *Tsambikakis* ZIS 2009, 503-510.

Sache auszusagen. [2]Ihm ist Gelegenheit zu geben, die Verdachts- und Haftgründe zu entkräften und die Tatsachen geltend zu machen, die zu seinen Gunsten sprechen.

(4) [1]Wird die Haft aufrechterhalten, so ist der Beschuldigte über das Recht der Beschwerde und die anderen Rechtsbehelfe (§ 117 Abs. 1, 2, § 118 Abs. 1, 2, § 119 Abs. 5, § 119a Abs. 1) zu belehren. [2]§ 304 Abs. 4 und 5 bleibt unberührt.

Schrifttum: *Börner, Rene,* Anmerkung zur Entscheidung des KG Berlin vom 6.7.2011 (4 Ws 57/11; StV 2012, 358) – Zur Frage des Anspruchs auf Akteneinsicht bei noch nicht vollstrecktem Haftbefehl, StV 2012, 361; *Bohnert, Joachim,* Untersuchungshaft, Akteneinsicht und Verfassungsrecht GA 1995, 468; *Buckow, Frank,* Der Einsatz „neuer Medien" im Dezernat des Ermittlungsrichters, ZIS 2012, 551; *Burhoff, Detlef,* Die (Vernehmungs-)Terminsgebühr nach Nr. 4102, 4103 VV RVG, RVGreport 2010, 282; *Decker, Rüdiger,* Verteidigung beim ersten Zugriff der Polizei, NJW 1991, 1151; *Diehm, Dirk,* Die begrenzten Kompetenzen des nächsten Richters – partiell eine Verletzung der EMRK, StraFo 2007, 231; *Fezer, G.,* Zur Auslegung von StPO § 127 Abs. 2 und § 128 Abs. 1, JR 1991 85; *Hagmann, Daniel,* Haftfortdauerentscheidung bei erweitertem Haftbefehl, StV 2002, 693; *Herrmann, David,* Anmerkung zum Beschluss des OLG Düsseldorf vom 16.3.2011 (4 Ws 127/11; NJW 2011, 1618) – Zur Frage der Beiordnung eines Pflichtverteidigers bei einem Beschuldigten in Untersuchungshaft, StV 2011, 652; *ders.* Aktuelles zur Pflichtverteidigung, StraFo 2011, 133; *Heinrich, Manfred,* Die Entscheidungsbefugnis des „nächsten Amtsrichters" nach § 115a, StV 1995, 660; *Huber, Michael,* Aus der Praxis: Der Richter des nächsten Amtsgerichts oder: Ostern hinter Gittern, JuS 2006, 322; *Firchau, Lars,* Das fachgerichtliche Rechtsbehelfssystem der Untersuchungshaft sowie die Regelung des Vollzuges; *Fischer, Frank,* Zur Zuständigkeitsverteilung zwischen „nächstem" und „zuständigem" Richter nach §§ 115, 115a StPO und zu der für die Vorführung vor dem Richter zu wählenden Transportart, NStZ 1994, 321; *Kazele, Norbert,* Änderungen im Recht der Untersuchungshaft NJ 2010, 1; *Koch Karsten,* Noch einmal – Zuständigkeitsverteilung und Transportart nach den §§ 115, 115a StPO NStZ 1995, 71; *Krehl, Christoph,* Zur Rechtsbeugung bei verfahrensfehlerhafter Haftentscheidung, NStZ 1998, 409; *Kropp, Christian,* Zur Haftbefehlszuständigkeit der Amtsgerichte nach §§ 115,115 a StPO; ders. Gesetzliche Fesseln des Richters bei der Haftentscheidung, ZRP 1999, 444; *Maier, Hans-Christian,* Was darf der „nächste" Richter nach § 115a StPO? NStZ 1989, 59; *Marbert-Kubicki, Annette,* Die Akteneinsicht in der Praxis, StraFo 2003, 366; *Moß, Andreas,* Realität und Rechtswidrigkeit der gegenwärtigen Transporthaft, StV 2008, 611; *Nelles, Ursula,* Ein kleines U-Haft-Recht für Polizei und Staatsanwaltschaft, StV 1992, 385-391; *Nibbeling, Joachim,* Gesetzliche Fesseln des Richters bei der Haftentscheidung – Zu einer Reform des § 115 a, ZRP 1998, 342; *Peglau, Jens,* Keine Aufhebung des noch nicht vollzogenen Haftbefehls (allein) wegen verweigerter Akteneinsicht, jurisPR-StrafR 18/2012 Anm. 4 = jurisPR extra 2012, 257-259; *Rößler, Tobias,* Verteidigung in Untersuchungshaftfällen, ZAP Fach 22, 505; *Schäfer, Hans Christoph,* Zur Rechtzeitigkeit der haftrichterlichen Vernehmung, NJW 2000, 1996; *Schlothauer, Reinhold,* Zur Bekanntgabe der Verdachtsgründe an den Beschuldigten durch das Gericht im Rahmen einer Entscheidung über Untersuchungshaft bei Versagen der Akteneinsicht für den Verteidiger durch die Staatsanwaltschaft, StV 1994, 320; *Schlothauer, Reinhold/Weider, Hans-Joachim,* Untersuchungshaft, 4. Aufl. 2010; *Spendel, Günther,* Unzulässiger richterlicher Eingriff in eine Haftsache JZ 1998, 85; *Schmitz, Monika,* Der verhaftete Beschuldigte und sein erster Richter (§§ 115, 115a StPO), NStZ 1998, 165; *Schramm, W./Bernsmann, K.* Haftrichter ohne Akten – rechtswidrige Zustände im Eildienst (§ 115 StPO)? StV 2006, 442; *Schröder, Claus,* Zur Kompetenz des Richters beim nächsten Amtsgericht, NJW 1981, 1425; *Schröder, Christian,* Freiheitsentzug entgegen richterlicher Erkenntnis? § 115 a Abs. 2 StPO und die Kompetenz des nächsten Richters, StV 2005, 241; *Schultheis, Ulrich,* Übersicht über die Rechtsprechung in Untersuchungshaftsachen 2009/2010 – Teil 1, NStZ 2011, 621; *Wiesneth, Christian,* Die Untersuchungshaft, 2010; ders. Der amtsgerichtliche Bereitschaftsdienst – Neuerungen, DRIZ 2010, 46; *Senge, Lothar,* Verspätete Belehrung eines ausländischen Beschuldigten über Recht auf Unterrichtung seiner konsularischen Vertretung, jurisPR-StrafR 10/2008 Anm. 5 = jurisPR extra 2008, 137; *Sommermeyer, Jörg,* Recht der Untersuchungshaft (Kritischer Überblick und Tendenzen), NJ 1992, 340; *Theisen, Wilhelm,* Zum Akteneinsichtsrecht und zum Anwesenheitsrecht bei der Vernehmung von Mitbeschuldigten, JR 1996, 436; *Tonio, Walter,* Der deutsche Strafprozess und das Völkerrecht – Eine Besprechung der Entscheidung einer Kammer des Bundesverfassungsgerichts vom 19.9.2006 (2 BvR 2115/01) zur Revisibilität eines Verstoßes gegen die Pflicht, ausländische Festgenommene über ihre Rechte nach Art. 36 WÜK zu belehren; JR 2007, 99; *Wohlers, Wolfgang,* Zum Akteneinsichtsrecht bei nicht vollstrecktem Haftbefehl, StV 2009, 539; *Ziegert, Ulrich,* Der Richter des nächsten Amtsgerichts – Richter oder Urkundsbeamter? StV 1997, 439.

Übersicht

I. Allgemeines, Normzweck, Anwendungsbereich und Begriffsbestimmungen

1 **1. Allgemeines.** Die Vorschrift steht in engen **Zusammenhang mit § 115a und § 128.** Die Normen bestimmen die unverzügliche Vorführung des Festgenommen vor einen Richter bzw. vor ein Gericht (→ Rn. 2). Während § 115 als Regelfall dabei vorsieht, dass der aufgrund eines bestehenden Haftbefehls Festgenommene dem Gericht vorzuführen ist, welches den Haftbefehl erlassen hat, sieht § 115a hierfür das nächste Amtsgerichts vor, wenn eine Vorführung vor dem an sich zuständigen Gericht nicht möglich ist. Hingegen regelt § 128 das Verfahren nach vorläufiger Festnahme (§ 127) eines Beschuldigten durch die Polizei.

2 Durch das **Gesetz zur Änderung des Untersuchungshaftrechts** vom 29.7.2009[1] ist die aktuelle Fassung des § 115 zum 1.1.2010 in Kraft getreten, mit welcher vor allem weitere Belehrungspflichten mit aufgenommen worden sind. Auch wurde zum Umsetzung einer geschlechtsneutralen Gesetzessprache das Wort „Richter“ durch „Gericht“ ersetzt.

3 **2. Normzweck.** Das in § 115 enthaltene Gebot, den Beschuldigten nach Ergreifung auf Grund eines Haftbefehls von dem zuständigen Gericht vor der Entscheidung über die Aufrechterhaltung des Haftbefehls vernehmen zu lassen, gehört zu den **bedeutsamen Verfahrensgarantien,** deren Beachtung Art. 104 Abs. 1 Satz 1 GG fordert und mit grundrechtlichem Schutz versieht.[2] Als verfahrensrechtliche Vorschrift trägt die Norm dem Freiheitsgrundrecht des Grundgesetzes (Art. 2 Abs. 2 GG) sowie der Konvention zum Schutz der Menschenrechte und Grundfreiheiten vom 4.11.1950 (Art. 5 Abs. 2 MRK) Rechnung. Sinn der Vorschrift ist es, den Beschuldigten schnellstmöglich über die Grundlagen des Haftbefehls zu unterrichten und ihm Gelegenheit zu geben, sich zu verteidigen. Hierfür steht ihm auch das Recht auf Beiziehung eines Verteidigers zu (§ 136 Abs. 1 Satz 2), welcher ihm nunmehr zwingend und unmittelbar zu bestellen ist (§§ 137 Abs. 1, 140 Abs. 1 Nr. 4).[3] Da das Gesetz bei Erlass eines Haftbefehls eine vorherige Anhörung des Beschuldigten nicht vorsieht (§ 33 Abs. 4), wird dem Beschuldigten durch die Vorführung hierdurch auch nachträglich rechtliches Gehör gewährt.[4]

4 **3. Anwendungsbereich.** Die Vorschrift des § 115 gilt nicht nur für die Untersuchungshaft aufgrund eines nach den §§ 112, 112a erlassenen Haftbefehls,[5] sondern auch für die Hauptverhandlungshaft nach § 127b sowie für die Haft aufgrund von Haftbefehlen nach §§ 230 Abs. 2,[6] 236, 239 Abs. 4 und § 412 Satz 1. Ferner ergibt sich für die vorläufige Unterbringung die Anwendbarkeit aus § 126a Abs. 2 Satz 1 und für die Sicherungshaft aus

---

[1] BGBl. I 2274.

[2] BVerfG 20.9.2001 – 2 BvR 1144/01, NStZ 2002, 157; Verfassungsgerichtshof Rheinland-Pfalz 11.5.2006 – VGH B 6/06, NJW 2006, 3341.

[3] KK-*Graf* § 115 Rn. 1a.

[4] BVerfG 11.7.1994 – 2 BvR 777/94, NStZ 1994, 551.

[5] Vgl. Hierzu auch *Meyer-Goßner* § 115 Rn. 1;KK-*Graf* § 115 Rn. 3.

[6] OLG Stuttgart 3.8.1989 – 3 Ws 178/89, MDR 1990, 75.

§ 453c Abs. 2 Satz 2[7] und letztlich für die Haft bei zu erwartender Unterbringung in der Sicherungsverwahrung aus § 275a Abs. 6 Satz 4. Dagegen ist beim Vollstreckungshaftbefehl nach § 457 nicht nach §§ 115, 115a zu verfahren.[8] Auch wenn der Beschuldigte geflohen war und erneut ergriffen wurde, muss er dem Richter nicht vorgeführt werden.

Über ihren Wortlaut hinaus ist die Vorschrift auch auf den schon in Untersuchungshaft befindlichen Beschuldigten entsprechend anwendbar, wenn ein **bestehender Haftbefehl geändert, erweitert oder durch einen anderen Haftbefehl ersetzt** wird.[9] Dieser ist daher nach Abs. 2 zu eröffnen und zu verkünden, eine bloße Übersendung einer Ausfertigung genügt nicht.[10] Dabei ist aber stets zu beachten, dass auch die Erweiterung oder Abänderung der Formvorschrift des § 114 genügen muss.[11] **Ausnahmen** von der nach Abs. 2 notwendigen Eröffnung sind im eingeschränkten Umfang allerdings dann möglich,[12] wenn die **Haftgrundlage nicht wesentlich geändert** wurde,[13] der Schuldspruch schon in Rechtskraft erwachsen ist,[14] im Rahmen des § 207 Abs. 4 zeitnah ein Termin zur mündlichen Haftprüfung nach §§ 117, 118, 118a bestimmt wird[15] oder aber der Erweiterungsbeschluss im Rahmen der besonderen Haftprüfung nach § 268b ergeht.[16] Eine ausdrückliche Eröffnung nach Abs. 2 ist jedoch auch dann notwendig, wenn der ursprüngliche Haftbefehl lediglich durch einen ergänzenden Beschluss geändert wird,[17] wobei die Vorführungsfristen des Abs. 1 insoweit nicht gelten, da der schon in Haft Befindliche nicht ergriffen wird. Auch beim Widerruf einer Haftverschonung (§ 116 Abs. 4) muss der diese anordnende Beschluss eröffnet werden, ebenso wie bei einem Neuerlass nach zuvor erfolgter Aufhebung. Insoweit gilt im Einzelnen: 5

Wird auf eine **Haftbeschwerde des Beschuldigten hin der Haftgrund** durch das **Beschwerdegericht ausgetauscht,** so bedarf es der vorherigen persönlichen Vernehmung des Beschuldigten entsprechend § 115.[18] Wesentliche Änderungen oder gar Erweiterungen des bestehenden Haftbefehls lösen grundsätzlich eine erneute Anhörungspflicht des Beschuldigten aus. Die in § 115 Abs. 2 angeordnete persönliche Vernehmung zwingt das zur Entscheidung über die Aufrechterhaltung berufene Ausgangsgericht, sich einen unmittelbaren Eindruck vom Beschuldigten zu verschaffen, der seinerseits die Gelegenheit erhalten soll, unmittelbar und persönlich mit dem zuständigen Gericht die Verdachts- und Haftgründe zu erörtern und die ihn entlastenden Tatsachen vorzutragen. Eine maßgebliche Änderung der Haftgrundlage löst demnach eine entsprechende Vorführungs- und Anhörungspflicht aus. Die wesentliche Änderung eines Haftbefehls ist mithin wie ein neuer Haftbefehl zu behandeln. Das gilt unabhängig davon, ob der Ursprungshaftbefehl lediglich durch einen ergänzenden Beschluss geändert oder ob der alte Haftbefehl aufgehoben und durch einen neuen Haftbefehl ersetzt wird.[19] 6

Ebenso notwendig ist die persönliche Anhörung iSv § 115 Abs. 2 bei der Annahme eines anderen Haftgrundes im Rahmen einer **Haftfortdauerentscheidung.**[20] Solange es an 7

[7] OLG Hamm 6.11.2001 – 2 Ws 271/01, StV 2002, 209.
[8] KK-*Graf* § 115 Rn. 3.
[9] BVerfG 20.9.2001 – 2 BvR 1144/01, NStZ 2002, 157; Hanseatisches Oberlandesgericht Hamburg 24.6.2003 – 2 Ws 164/03, OLGSt StPO § 114a Nr. 1; OLG Hamm 21.4.1998 – 2 BL 62/98, StV 1998, 555; OLG Jena 27.6.2008 – 1 Ws 240/08.
[10] OLG Hamm 22.1.1998 – 2 BL 2/98, StV 1998, 273.
[11] OLG Braunschweig 23.1.2007 – HEs 9-11/06, NdsRpfl. 2007, 164; OLG Frankfurt a. M. 2.12.1994 – 1 Ws 245/94, StV 1995, 237 (für Haftbefehl nach § 230).
[12] Vgl. OLG Hamm 13.9.2012 – III 1 Ws 469/12, Verzicht des Beschuldigten auf Eröffnung; aA OLG Koblenz 4.4.2011 – 1 Ws 183/11.
[13] OLG Köln 4.2.2003 –HES 7-8/03 – 9 – 10/03.
[14] Thüringer Oberlandesgericht 26.9.2007 – 1 Ws 365/07.
[15] Hanseatisches Oberlandesgericht Hamburg 24.6.2003 – 2 Ws 164/03, NStZ-RR 2003, 346.
[16] Hanseatisches Oberlandesgericht Hamburg 15.4.2003 – 2 Ws 114/03, OLGSt StPO § 114 Nr. 3.
[17] OLG Koblenz 4.4.2011 – 1 Ws 183/11, NStZ-RR 2012, 93.
[18] OLG Hamm 5.2.2009 – 3 Ws 39/09, (fraglich).
[19] OLG Koblenz 4.4.2011 – 1 Ws 183/11, NStZ-RR 2012, 93.
[20] Thüringen Oberlandesgericht 27.6.2008 – 1 Ws 240/08; OLG Braunschweig 23.1.2007 – HEs 9-11/06, NdsRpfl 2007, 164.

einer ordnungsgemäßen Verkündung der Erweiterung eines Haftbefehls mangelt, darf dieser Haftbefehl im Umfang seiner Erweiterung der Sechs-Monats-Haftprüfung durch den Senat des Oberlandesgerichts nicht zu Grunde gelegt werden.[21]

8 **4. Begriffsbestimmungen.** Die Vorschrift verwendet verschiedene Begriffe, die wie folgt zu verstehen sind:

9 **a) Ergreifung.** Unter Ergreifung ist die **tatsächliche Festnahme des Beschuldigten** idR durch die Polizei aufgrund eines bestehenden Haftbefehls zu verstehen. Die erneute Festnahme des Beschuldigten nach zuvor erfolgter Flucht fällt hierunter jedoch nicht. Auch liegt keine Ergreifung vor, wenn sich der Beschuldigte schon in dieser oder in anderer Sache in Haft befindet.

10 **b) Vorführung.** Der Begriff ist **nicht** wörtlich in dem Sinne zu verstehen, dass der Beschuldigte dem Richter persönlich gegenübergestellt werden muss. Dies ergibt sich schon aus Abs. 2, welcher eine zeitliche Distanz zwischen „Vorführung" und „Vernehmung" vorsieht und diese spätestens auf den Folgetag bestimmt. Danach ist der Beschuldigten dem zuständigen Gericht bereits dann vorgeführt, wenn er von der **Polizei in** dessen **„Machtbereich" verbracht** wird. Dies ist nicht nur bei einer Verbringung in das Gerichtsgebäude anzunehmen, sondern auch dann, wenn der Beschuldigte unter Mitteilung an das Gericht[22] in die für diese zuständige oder nahegelegene Justizvollzugsanstalt eingeliefert wird,[23] denn diesem wird hierdurch die Möglichkeit eröffnet, sich den Beschuldigten jederzeit zur Vernehmung bringen zu lassen.[24]

11 Deshalb ist der Beschuldigte auch schon dann vorgeführt, wenn die Polizei die Akten in den Nachtbriefkasten des Gerichts wirft. Die Übermittlung der Akten ist auch für den Fall der sog **„symbolischen Vorführung"** maßgeblich. Von einer solchen ist immer dann auszugehen, wenn der vorläufig Festgenommene gar nicht in den „Machtbereich" des Richters verbracht werden kann, etwa weil er sich im Krankenhaus befindet. In einem solchen Fall muss der Richter den Beschuldigten dort zur Vernehmung aufsuchen.[25]

12 Dem Wortlaut nach erfasst § 115 Abs. 1 zunächst die Vorführung des in Vollstreckung eines bereits erlassenen Haftbefehls tatsächlich ergriffenen Beschuldigten. Hierfür reicht die **Verbringung in die für das Gericht zuständige Untersuchungsvollzugsanstalt** aus (→ Rn. 10). Da Abs. 2 aber die ebenso unverzügliche persönliche Vernehmung durch das Gericht anordnet, und zwar spätestens am Ende des der Verhaftung nachfolgenden Tages, wird der Beschuldigte in der Regel nur kurzzeitig – allenfalls eine Nacht – im ortsnahen Polizeigewahrsam gehalten und nicht sogleich in die zuständige Untersuchungshaftvollzugsanstalt eingeliefert. Dies erfolgt auch vor dem Hintergrund, dass die Vollzugsanstalt diverser Informationen (§ 114d) bedarf, die sich in der Regel erst im Rahmen der Vernehmung und Entscheidung des Haftrichters ergeben.

13 Zur Vorführung gehört auch die **Vorlage der Akten,** denn ohne diese kann den Richter nicht über den Erlass eines Haftbefehls entscheiden. Daher ist die Staatsanwaltschaft auch zur Vorlage der Akten verpflichtet.[26] Insoweit kann ein Problem auftauchen, wenn zwar der Beschuldigte dem Richter vorgeführt wird, diesem aber keine Akten vorgelegt werden. Erfolgt eine Übermittlung der Akten auch nicht in der Frist des Abs. 2, muss der Verfolgte freigelassen werden.[27]

14 **c) Vernehmung.** Hierunter versteht man die innerhalb der Frist des Abs. 2 vorzunehmende **tatsächliche Anhörung des Beschuldigten** durch den Richter, wobei der Ablauf

[21] BVerfG 20.9.2001 – 2 BvR 1144/01, NStZ 2002, 157-158; OLG Stuttgart 14.7.2005 – 4 HEs 59/2005, NStZ 2006, 588; *Böhm* § 121 Rn. 11.
[22] Vgl. *Meyer-Goßner* § 115 Rn. 3, SK-*Paeffgen* § 115 Rn. 4; aA zB *Dürig* in Maunz Art. 104 Rn. 42.
[23] *Koch* NStZ 1995, 71.
[24] LR-*Hilger* § 115 Rn. 3.
[25] LR-*Hilger* § 115 Rn. 7, 13.
[26] *Schramm/Bernsmann* StV 2006, 442.
[27] AA *Meyer-Goßner* § 115 Rn. 4.

der Vernehmung in Abs. 3 geregelt ist (→ Rn. 31 ff.) und sich deren Form nach §§ 168, 168a richtet (→ Rn. 29 ff.).

II. Vorführung des Beschuldigten (Abs. 1)

15 Nach seiner Ergreifung ist der Beschuldigte unverzüglich dem Gericht vorzuführen (zum Begriff → Rn. 10 ff.), welches zuvor den Haftbefehl erlassen hat. Die Vorführungsfristen des Abs. 1 (→ Rn. 16) gelten indes nicht, wenn sich der der Beschuldigte schon in Haft befindet, da er dann nicht ergriffen wird (→ Rn. 9).

16 **1. Unverzügliche Vorführung.** Unverzüglich bedeutet dabei **„ohne jede vermeidbare Verzögerung“.**[28] Eine Legaldefinition zur gesetzlichen Forderung der „Unverzüglichkeit“ findet sich etwa in § 121 Abs. 1 Satz 1 BGB und ordnet ein Handeln ohne schuldhaftes Zögern an. Dabei muss allerdings auf die mit der Sache befassten Behörden, insbesondere die Polizei, Rücksicht genommen werden, welche Zeit für eine ordnungsgemäße Sachbehandlung eingeräumt werden muss. Hierzu darf neben einer Identitätsprüfung auch ein Festnahmebericht gefertigt werden. Diese Fristen dürfen aber nicht ohne jeden begründeten Anlass ausgeschöpft werden.[29] Im Rahmen des § 115 ist deshalb anders als bei Vorführung nach vorläufiger Festnahme[30] grundsätzlich die Vornahme einer weiteren Beschuldigtenvernehmung[31] nicht zulässig, geschweige denn die Hinauszögerung der Vorführung aufgrund laufender oder neu anzustellender Ermittlungen.[32]

17 Zwar sieht Abs. 1 vor, dass der Beschuldigte **spätestens am Tag nach der Ergreifung** dem Gericht vorzuführen ist, dies ist aber nur zulässig, wenn eine **frühere Vorführung** nicht möglich ist.[33] Spätestens am Folgetag muss die Vorführung aber erfolgen, auch wenn dies ein Samstag, Sonntag oder Feiertag ist und zwar im Regelfall vor dem nach Abs. 1 zuständigen Gericht.[34] Dafür müssen bei Gericht Bereitschaftsdienste eingerichtet werden (→ Rn. 25). Wegen der grundrechtssichernden Funktion der §§ 115, 115a kann der Beschuldigte auf die Einhaltung der Frist nicht verzichten.

18 **Unterschiedlich beantwortet** wird die Frage, welche Rechtsfolgen einer Überschreitung der Frist des Abs. 1 hat. Nicht zu einer Freilassung führt eine solche dann, wenn einer fristgerechten Vorführung **„höhere Gewalt“** entgegensteht und es sich nur um eine geringfügige Überschreitung handelt.[35] Wegen des damit zusammenhängenden Verstoßes gegen Art. 104 Abs. 3 Satz 1 GG muss in allen anderen Fällen jedenfalls dann die Freilassung[36] des Beschuldigten verfügt werden, wenn auch die Höchstfrist des Abs. 2 überschritten ist.

19 **2. Zuständigkeit des Gerichts.** Die Zuständigkeit des Gerichts ergibt sich aus § 125.[37] Die Vorführung eines Festgenommen ohne bereits erlassenen Haftbefehl richtet sich hingegen ohnehin nach § 128 (→ Rn. 1). Zuständiger Haftrichter ist nach Anklageerhebung das mit der Sache befasste Gericht (§ 125 Abs. 2 Satz 1 StPO; § 126 Abs. 2 Satz 1).

III. Vernehmung des Beschuldigten (Abs. 2)

20 Nach Abs. 2 hat das Gericht den Beschuldigten unverzüglich, spätestens am Tag nach der Vorführung zu vernehmen.

---

[28] KMR-*Wankel* § 115 Rn. 8; *Meyer-Goßner* § 115 Rn. 4.
[29] *Graf/Krauß* § 115 Rn. 3.
[30] Vgl. *Böhm/Werner* § 125 Rn. 13.
[31] BGH 9.2.1995 – 5 StR 547/94, StV 1995, 283; KK-*Graf* § 115 Rn. 4.
[32] BGH 17.11.1989 – 2 StR 418/89, NJW 1990, 1188; *Meyer-Goßner* § 115 Rn. 4; siehe hierzu auch *Fezer* JR 1991 85; *Nelles* StV 1992, 388.
[33] KK-*Graf* § 115 Rn. 5.
[34] OLG Celle 13.5.2005 – 1 AR 26/05, NdsRpfl 2005, 287.
[35] KK-*Graf* § 115 Rn. 5 (72 Stunden).
[36] Bejahend: LR-*Hilger* § 115 Rn. 9–10; SK-*Paeffgen* § 115 Rn. 7; *Sommermeyer* NJ 1992, 340; aA *Meyer-Goßner* § 115 Rn. 5.
[37] Vgl. *Böhm/Werner* § 125 Rn. 7 ff., 17 ff.

21 **1. Zuständiges Gericht.** Zur Vernehmung berufen ist das Gericht, das den Haftbefehl erlassen hat (§ 126 Abs. 1). Nach Anklagerhebung das Gericht ist das Gericht berufen, welches nunmehr mit der Sache befasst ist (§ 126 Abs. 2). Die Stellung eines **Ersuchens um Vernehmung des Beschuldigten an ein auswärtiges Gericht** ist deshalb **nicht zulässig.**[38] Der nunmehr Angeschuldigte soll sich nämlich zu den Tatvorwürfen und der Untersuchungshaft sachgerecht äußern können, was in bei Vernehmung durch ein nicht mit der Sache befasstes Gericht im Regelfall nicht gewährleistet ist. Anders aber, wenn das für die Haftfrage zuständige Gericht eines seiner Mitglieder mit der Verkündung des Haftbefehls beauftragt und nach dessen Vortrag dann als Kollegialgericht entscheidet, ob es die Untersuchungshaft aufrechterhält oder nicht. Der Verkündungstermin dient insoweit der Vorbereitung der vom Kollegialgericht später zu treffenden Entscheidung. Zwar sieht § 115 die Verkündung des Haftbefehls durch einen **beauftragten Richter** nicht ausdrücklich vor, jedoch kennt die Strafprozessordnung eine solche Tätigkeit eines beauftragten Richters zur Vorbereitung von Entscheidungen durchaus (vgl. §§ 173 Abs. 3, 223 Abs. 1, 233 Abs. 2, 369 Abs. 1). Eine solche Beauftragung eines Mitglieds der Kammer ist daher zulässig, in vielen Fällen wird aber eine Anhörung durch den ganzen Spruchkörper sinnvoll und geboten sein.[39] Die Entscheidung über die Aufrechterhaltung der Untersuchungshaft hat aber stets das Kollegialgericht selbst zu treffen.

22 **2. Zeitpunkt der Vernehmung.** Neben der Pflicht des Gerichts zur unverzüglichen Vernehmung bestimmt Abs. 2 sogleich eine Höchstfrist, nämlich bis zum Ablauf des der Festnahme folgenden Tages und nicht, wie gelegentlich zu lesen, innerhalb von 24 Stunden. Die Vernehmung des Beschuldigten aufgrund eines zum Zeitpunkt der Ergreifung bereits bestehenden Haftbefehls darf nicht zugunsten von weiteren polizeilichen Vernehmungen, insbesondere zu umfangreichen kriminalpolizeilichen Verhören, zurückgestellt werden.[40] In dieser Konstellation eines von den Strafverfolgungsorganen nur zu vollstreckenden Haftbefehls gibt das Gesetz keinen Raum für polizeiliche Vernehmungen (→ Rn. 16), da die Entscheidung unverzüglich dem Gericht obliegt, welches den Haftbefehl erlassen hat.[41]

23 Insoweit **unterscheidet sich die Regelung von der vorläufigen Festnahme der einer bestimmten Straftat verdächtigen Person,** denn insoweit besteht ein **anderer Gesetzeszweck.**[42] Während es bei § 115 um die unverzügliche Vorstellung vor den zu Entscheidung berufenen Richter zur Eröffnung des Haftbefehls und der Gewährung richterlichen rechtlichen Gehörs geht, steht bei der vorläufigen Festnahme durch die Polizei nach § 127 Abs. 2, 128 Abs. 1 die Aufklärung des Sachverhalts mit im Vordergrund. Nach erfolgter vorläufiger Festnahme müssen die Ermittlungsbehörden dem Beschuldigten nämlich zunächst Gelegenheit zur Beseitigung vorliegender Verdachtsgründe geben; sie haben insoweit zu prüfen, ob der vorläufig Festgenommene unverzüglich wieder freizulassen oder dem Ermittlungsrichter vorzuführen ist; im letzteren Fall müssen sie dem Richter eine möglichst umfassende Grundlage für seine Entscheidung unterbreiten (vgl. §§ 163 Abs. 1, 163a Abs. 4 iVm § 136 Abs. 2, 128 Abs. 1). Diese Regelung zeigt, dass die Ermittlungsbehörde, je nach Sachlage, auch im Stadium zwischen vorläufiger Festnahme des Beschuldigten und seiner Vorführung vor den Richter Ermittlungsbefugnisse und -pflichten hat. Dementsprechend räumt § 128 Abs. 1 der Staatsanwaltschaft und den Beamten des Polizeidienstes eine äußerste Frist zur Vorführung vor den Richter bis zum Ablauf des auf die Festnahme folgenden Tages ein.[43]

---

[38] OLG Stuttgart 14.7.2005 – 4 HEs 59/2005, NStZ 2006, 588-589; *Meyer-Goßner* § 115 Rn. 1; aA OLG Karlsruhe 10.5.1996 – 1 AR 27/96, Justiz 1997, 140.

[39] OLG Köln 29.6.2007 – 2 Ws 308/07, OLGSt StPO § 115 Nr. 2; *Meyer-Goßner* § 115 Rn. 9; aA KMR *Wankel* § 115 Rn. 12.

[40] *Meyer-Goßner* § 115 Rn. 4.

[41] Vgl. auch *Nelles* StV 1992, 385; *Fezer* JR 1991, 85.

[42] Vgl. hierzu auch *Böhm/Werner* § 128 Rn. 13.

[43] BGH 17.11.1989 – 2 StR 418/89, NJW 1990, 1188.

Ein **Verfahrensverstoß** aufgrund eines in den Fällen des § 115 unzulässigen, wenn auch nur kurzzeitigen Freiheitsentzuges, führt aber **nicht zwingend zu einem Beweisverwertungsverbot** hinsichtlich der Aussage des Beschuldigten während einer solchen polizeilichen Vernehmung. Diese Folge tritt nur dann ein, wenn der Zwang, gegebenenfalls also die Freiheitsentziehung, gezielt zur Herbeiführung einer Aussage angewendet wird, wenn er „auf das ‚Ob' oder ‚Wie' einer Aussage gerichtet ist", da die Vorschrift „allein die Willensfreiheit einer Aussage schützen" will.[44] Ein Verwertungsverbot ist jedenfalls im Fall der §§ 115, 115a auch nicht dann anzunehmen, wenn die Vernehmung noch vor Fristablauf des Abs. 2 begonnen und dann nach Fristablauf, ggf. noch infolge einer Unterbrechung, noch fortgesetzt wird.[45] 24

Ebenso wie die Vorführungsfrist des Abs. 1 kann die **Vernehmungsfrist des Abs. 2 nicht verlängert** werden. Vielmehr ist die Justiz zur Einrichtung von **richterlichen Bereitschaftsdiensten** gehalten (→ Rn. 17).[46] Es gehört nämlich zur Ausgestaltung des verfassungsmäßigen Grundrechts des Festgenommenen auf Freiheit der Person, dass er eine Freiheitsentziehung nur nach Entscheidung eines Richters hinnehmen muss. Deshalb ist auch im richterlichen Bereitschaftsdienst die unverzügliche Vernehmung des Festgenommenen zur Person und zur Sache zu gewährleisten und im Anschluss daran die verfassungsrechtlich garantierte richterliche Entscheidung zu treffen. Eine Verletzung dieser Pflicht kann zu einer disziplinarrechtlichen Ahndung führen.[47] Eine solche Verletzung kann etwa darin liegen, dass der Richter nicht unverzüglich die Vorführung eines Festgenommenen zu dessen Vernehmung veranlasst, sondern anordnet, dass der Festgenommene über Nacht im Polizeigewahrsam verbleiben soll, damit er dem Richter vorgeführt wird, der am anderen Tag Bereitschaftsdienst hat.[48] 25

Eine zu **späte Vorführung und Vernehmung kann auch zur Rechtswidrigkeit der Inhaftierung** führen und deren nachträgliche Feststellung rechtfertigen.[49] So ist etwa bei einer Festnahme vor 14 Uhr der Betroffene noch an demselben Tage dem Haftrichter zur Vernehmung vorzuführen. So wäre etwa die Stellung des Haftantrages im Falle einer Abschiebehaft erst am Vormittag des Folgetages verspätet mit der Folge, dass die Freiheitsentziehung ab dem Zeitpunkt der Festnahme bis zu der richterlichen Entscheidung rechtswidrig ist.[50] 26

Ausnahmsweise **ruht aber die Vernehmungsfrist des Abs. 2,** wenn eine solche gar nicht durchführbar ist, etwa weil der Beschuldigte sich im Krankenhaus befindet und gerade operiert wird oder einen Selbstmordversuch unternommen hat.[51] Dauert die Vernehmungsunfähigkeit länger an, bedarf es einer amtsärztlichen Untersuchung. Ist der Beschuldigte wieder vernehmungsfähig, muss diese unverzüglich nachgeholt werden. 27

3. Form der Vernehmung. Insoweit gelten die §§ 168, 168a. Grundsätzlich ist zu der Vernehmung ein Urkundsbeamter beizuziehen, wenn das Gericht hiervon nicht ausdrücklich absieht (§ 168 Abs. 1 Satz 2 Hs. 2). Auch ist ein Protokoll zu fertigen, welches entweder vom Beschuldigten zu unterschreiben oder darin ist anzugeben ist, weshalb die Unterschrift unterblieben ist.[52] Die Zuziehung eines Dolmetschers richtet sich nach §§ 185, 186 GVG. Ein solcher ist beizuziehen, wenn der Verfolgte der deutschen Sprache nicht hinreichend mächtig ist.[53] 28

---

[44] BGH 30.4.1987 – 4 StR 30/87, BGHSt 34, 365; BGH 27.9.1988 – 1 StR 187/88, BGHR StPO § 136a Abs. 1 Zwang 2 (Aussage eines Mithäftlings); ders. 21.7.1995 – 2 StR 758/94, BGHR StPO § 136a Abs. 1 Zwang 3 (Angaben in der Untersuchungshaft); SK-*Rogall* § 136a Rn. 27.
[45] Vgl. hierzu auch OLG Karlsruhe 18.11.2013, 1 AK 127/13 (zu § 41 IRG).
[46] BVerfG 10.12.2003 – 2 BvR 1481/12, NJW 2004, 1442 (Durchsuchung).
[47] Dienstgerichtshof des Landes Brandenburg 20.4.2012 – DGH Bbg. 2.12, DGH Bbg. 2/12.
[48] Richterdienstgericht Saarbrücken 4.6.2008 – DG 1/07, DRiZ 2009, 193.
[49] Vgl. hierzu etwa BVerfG 20.9.2001 – 2 BvR 1144/01, NStZ 2002, 157.
[50] OLG Hamm 22.12.2004 – 16 W 155/04, InfAuslR 2005, 111 (Abschiebehaft).
[51] LR-*Hilger* § 115 Rn. 13.
[52] LR-Hilger § 115 Rn. 14.
[53] BVerfG 17.5.1983 – 2 BvR 731/80, BVerfGE 64, 135.

29 Das **Anwesenheitsrecht** der Staatsanwaltschaft und des Verteidigers bei der Vernehmung folgt aus § 168c,[54] welche über den Termin zu unterrichten sind (§ 168c Abs. 5 Satz 1). Ggf. muss der Richter auf das Erscheinen des Verteidigers warten oder den Termin trotz § 168c Abs. 5 Satz 3 verlegen, wobei die Höchstfrist des Abs. 2 allerdings nicht überschritten werden darf. Hingegen steht weder dem Mitbeschuldigten[55] noch dem Nebenkläger ein Anwesenheitsrecht zu.

30 Eine bloße **Verletzung der Formvorschriften der Vernehmung** (§§ 168, 168a) berührt die Wirksamkeit der Haftentscheidung nicht,[56] es sei denn, hierdurch wurde das rechtliche Gehör des Beschuldigten verletzt (→ Rn. 24).[57] Auch kann die Verletzung von Formvorschriften zur Unverwertbarkeit der Angaben des Beschuldigten in der Hauptverhandlung führen, etwa wenn der Verteidiger vom Termin nicht unterrichtet wurde oder diesem eine Besprechung mit seinem Mandanten versagt wurde.[58] Auch die Verweigerung von Akteneinsicht kann eine solche Folge bedingen.[59]

IV. Ablauf der Vernehmung (Abs. 3)

31 Nach Abs. 3 Satz 1 ist der Beschuldigte zunächst auf die ihn belastenden Umstände (→ Rn. 32) und sein Recht hinzuweisen, sich zur Beschuldigung zu äußern oder nicht zu Sache auszusagen (→ Rn. 33). Ihm ist nach Abs. 3 Satz 2 danach Gelegenheit zu geben, die Verdachts- und Haftgründe zu entkräften und die Tatsachen geltend zu machen, die zu seinen Gunsten sprechen (→ Rn. 32, 40).

32 **1. Hinweis auf den Tatvorwurf.** Der Beschuldigten ist im Rahmen der Vernehmung zunächst durch Verkündung des Haftbefehls unverzüglich über den Gegenstand der Beschuldigung durch einen Richter zu unterrichten und hierbei auf die ihn belastenden Umstände hinzuweisen. Dies setzt eine hinreichend substantiierte Bekanntgabe des Vorwurfs und der gegen den Beschuldigten sprechenden Gründe voraus, die ihm die Gelegenheit eröffnet, die Verdachts- und Haftgründe zu entkräften und die Tatsachen geltend zu machen, die zu seinen Gunsten sprechen (§ 115 Abs. 3 Satz 2 StPO).[60] Grundsätzlich muss dem Beschuldigten bereits unmittelbar nach seiner Festnahme gem. § 114a Satz 1 der Haftbefehl in schriftlicher Form ausgehändigt werden und durch die Polizeibeamten eine Belehrung über die Beschuldigtenrechte nach § 114b erfolgt sein. Der Haftrichter hat zu überprüfen, ob diese Vorschriften hinreichend beachteten wurden und sollte den Beschuldigten rein fürsorglich nochmals entsprechend belehren, da die Belehrungspflichten des § 114b ohnehin weiter reichen als die nach § 115 Abs. 3.[61]

33 **2. Hinweis auf das Recht, sich zu äußern oder zu schweigen.** Entsprechend § 136 Abs. 1 Satz 2 ist der Beschuldigte sodann auf sein Recht hinzuweisen, entweder sich zur Beschuldigung zu äußern oder nicht zu Sache auszusagen. Diese Verpflichtung besteht auch dann, wenn der Beschuldigte schon zuvor von der Polizei entsprechend belehrt worden ist.[62]

34 **3. Hinweis auf das Recht der Zuziehung eines Verteidigers.** Auch ist der Beschuldigte jedenfalls bei der ersten richterlichen Vernehmung über sein Recht auf Hinzuziehung eines Verteidigers zu belehren. Insoweit gelten §§ 136 Abs. 1 Satz 2, 137 entsprechend. Fordert der Beschuldigte nach entsprechender Belehrung, vor der Vernehmung einen Ver-

---

54 BGH 23.9.1988 – 2 StR 409/88, NStZ 1989, 282; *Meyer-Goßner* § 115 Rn. 9.
55 OLG Karlsruhe 9.11.1995 – 2 VAs 18/95, StV 1996, 302.
56 *Meyer-Goßner* § 115 Rn. 4.
57 KG 5.10.1993 – 5 Ws 344/93, StV 1994, 318; LR-*Hilger* § 115 Rn. 16.
58 BGH 2.3.1989 – 2 StR 590/88, NStZ 1989, 282; ders. 29.10.1993 – 4 StR 126/9, NJW 1993, 338; LR-Hilger § 115 Rn. 16.
59 *Deckers* NJW 1994, 2261.
60 BVerfG 27.5.1993 – 2 BvR 744/93, NJW 1994, 573.
61 *Schlothauer/Weider* Rn. 339.
62 LR-*Hilger* § 115 Rn. 18.

teidiger zu sprechen, so ist die Vernehmung deshalb zu diesem Zweck sogleich zu unterbrechen.[63] Anderenfalls sind Angaben des Beschuldigten nicht verwertbar.[64] Dadurch wird sichergestellt, dass der Beschuldigte nicht nur Objekt des Strafverfahrens ist, sondern zur Wahrung seiner Rechte auf den Gang und das Ergebnis des Strafverfahrens Einfluss nehmen kann.[65]

Problematisch aber ist der in der Praxis nicht seltene Fall, dass der von dem Beschuldigten nach ordnungsgemäßer Belehrung benannte Verteidiger vom Gericht im Rahmen der kurzzeitigen notwendigen Unterbrechung der Vernehmung nicht erreicht werden kann. Grundsätzlich darf der Beschuldigte nicht bedrängt werden, auch ohne seinen Verteidiger Angaben zur Sache zu machen.[66] Stimmt dieser aber in Kenntnis der mangelnden kurzfristigen Erreichbarkeit des von ihm nach der umfassenden Belehrung benannten Verteidigers einer weiteren Vernehmung zu, kann diese vom Haftgericht grundsätzlich fortgesetzt werden.[67] Die Zustimmung des Beschuldigten kann auch in einem schlüssigen Verhalten gesehen werden, etwa wenn sich der Beschuldigte nach Bekanntgabe der mangelnden Verteidigerkonsultation doch noch spontan zur Sache einlässt.[68] Insoweit besteht aber ein *schmaler Grat* zu einer unzulässigen, verfahrensfehlerhaften Fortsetzung der Vernehmung. Im Einzelfall ist insoweit zu prüfen, ob die Verwertbarkeit einer Spontanäußerung des Beschuldigten mit dem hohen Gut des Schweigerechts vereinbar ist. Maßgeblich ist im Rahmen der Abwägung, ob die in Frage stehende Verteidigerkonsultation auch der Klärung dienen soll, ob vom Schweigerecht Gebrauch gemacht wird. Die bloße Entgegennahme weiterer Äußerungen des Beschuldigten ohne konkrete Nachfrage des Gerichts ist regelmäßig unbedenklich, solange keine Anhaltspunkte für eine gezielte Umgehung der Beschuldigtenrechte bestehen.[69] Der hohe Rang der Selbstbelastungsfreiheit gebietet es aber, solche Spontanäußerungen nicht nur zum Kerngeschehen, sondern auch nur zum Randgeschehen, nicht zum Anlass für sachaufklärende Nachfragen von Seiten des Gerichts zu nehmen, was im Einzelfall zu einem Beweisverwertungsverbot führen kann.[70] 35

Hat der **Beschuldigte zum Zeitpunkt der Vorführung noch keinen Verteidiger,** ist ihm ein solcher **unverzüglich zu bestellen.** Dies gilt auch für den Fall, dass der festgenommene Beschuldigte sich im Rahmen der Vernehmung nach Abs. 2 sogleich mit der Durchführung der Hauptverhandlung einverstanden erklärt.[71] Zuvor ist er allerdings ggf. unter Aushändigung einer Verteidigerliste zu befragen, ob er einen beizuordnenden Verteidiger benennen will.[72] 36

In der **Praxis** können hier **Probleme** auftauchen, weil einerseits dem Beschuldigten nach § 142 Abs. 1 Satz 1 eine **Überlegungsfrist** eingeräumt werden muss, andererseits die **Vernehmungsfrist** des Abs. 2 weder verlängert noch der Beschuldigte auf ihre Einhaltung verzichten kann.[73] Insoweit bleibt nur die Möglichkeit, die Überlegungsfrist des § 142 Abs. 1 Satz 1 sehr kurz zu bemessen[74] und soweit noch möglich und von Abs. 2 vorgesehen, die Vernehmung auf den Tag nach der Vorführung zu verlegen. Benennt der Beschuldigte innerhalb der Frist keinen Verteidiger, ist ihm von Amts wegen einer zu bestimmen, da ansonsten die Angaben des Beschuldigten wegen der Notwendigkeit der Verteidigung (§ 140 Abs. 1 Nr. 4) einem Verwertungsverbot unterliegen.[75] 37

---

[63] BGH 12.1.1996 – 5 StR 756/94, BGHSt 42, 15.
[64] BGH 29.10.1992 – 4 StR 126/92, BGHSt 38, 372.
[65] Vgl. Verfassungsgerichtshof Rheinland-Pfalz 11.5.2006 – VGH B 6/06, NJW 2006, 3341-3343; Verfassungsgerichtshof des Landes Brandenburg 19.12.2002 – 104/02, StV 2003, 511-512.
[66] BGH 18.12.2003 – 1 StR 380/03, NStZ 2004, 450; 10.1.2006 – 5 StR 341/05, NJW 2006, 1008.
[67] BGH 21.5.1996 – 1 StR 154/96, BGHSt 42, 170.
[68] BGH 12.1.1996 – 5 StR 756/94, BGHSt 42, 15.
[69] BGH 9.6.2009 – 4 StR 170/09, NJW 2009, 3589.
[70] BGH 27.6.2013 – 3 StR 435/12, NStZ 2013, 604.
[71] OLG Düsseldorf 22.12.2011 – III 1 Ws 406/11, StraFo 2012, 105.
[72] *Schlothauer/Weider* Rn. 340.
[73] *Meyer-Goßner* § 115 Rn. 5; LR-*Hilger* § 115 Rn. 9.
[74] *Schlothauer/Weider* Rn. 341.
[75] *Schlothauer/Weider* Rn. 320 ff.

38 Für den dann bestellten **Pflichtverteidiger kann auch bei Wahrnehmung eines sog Vorführungstermins** die Gebühr des Nr. 4102 Nr. 3 RVG-VV entstehen, sofern über die Frage der Untersuchungshaft verhandelt wird.[76] Ein solches Verhandeln liegt aber nicht vor, wenn der inhaftierte Beschuldigte dem zuständigen Richter lediglich zur Bekanntgabe des Untersuchungshaftbefehls vorgeführt wird mit der bloßen Möglichkeit, sich zur Sache und zur Haftfrage zu äußern, und er von dieser Möglichkeit auf Anraten seines Verteidigers keinen Gebrauch macht.[77] Allerdings kann dann das Verhandeln darin gesehen werden, dass der Verteidiger auf seinen Antrag als Pflichtverteidiger beigeordnet wird.[78] Allein das Stellen eines Antrags auf Akteneinsicht und die Übergabe von Akten stellen indes noch kein Verhandeln im Sinne der Nr. 4102 Nr. 3 RVG-VV dar.[79]

39 **4. Exkurs: Recht auf Akteneinsicht.** Dem Verteidiger ist vor der Vernehmung nach Abs. 2 Einsicht in die Akten zu gewähren. Dies ist Ausfluss des in § 115 Abs. 2 Satz 1 normierten Informationsrechts des Beschuldigten bezüglich der den dringenden Tatverdacht tragenden Umstände. Aufgrund der Rechtsprechung des Europäischen Gerichtshofs für Menschenrechte[80] ist eine restriktive Behandlung des Akteneinsichtsrecht mit dem **Gebot der Waffengleichheit** heute nicht mehr vereinbar. Dem Verteidiger muss im Haftprüfungsverfahren zumindest der Zugang zu denjenigen Schriftstücken in der Ermittlungsakte gewährt werden, die für die wirksame Anfechtung der Rechtmäßigkeit der Freiheitsentziehung seines Mandanten wesentlich sind. Es reicht nicht aus, den Verteidiger lediglich mündlich über die in der Akte enthaltenen Tatsachen und Beweismittel zu informieren. In Umsetzung dieser Rechtsprechung wurde mit der umfassenden Änderung des Untersuchungshaftrechts vom 29.7.2009 die mögliche Einschränkung des Akteneinsichts-rechts des Verteidigers vor Abschluss der Ermittlungen in § 147 Abs. 2 Satz 2 mit einer weiteren Ausnahme versehen. Diese räumt dem Verteidiger des in Untersuchungshaft befindlichen Beschuldigten das Recht ein, die für die Freiheitsentziehungen wesentlichen Informationen einzusehen, wobei ihm in der Regel insoweit Akteneinsicht zu gewähren ist.[81]

40 **5. Entgegennahme der Äußerung des Beschuldigten (§ 115 Abs. 3 Satz 2).** Entschließt sich der Beschuldigte zur Abgabe einer Erklärung, ist das Gericht zur Protokollierung derselben gehalten. Bezüglich der Förmlichkeiten gelten die §§ 168, 168a (→ Rn. 28 ff.).

V. Entscheidung (§ 115 Abs. 4)

41 Abs. 4 Satz 1 zählt die Möglichkeiten der Entscheidung des Haftrichters nicht abschließend auf, sondern normiert vorrangig die im Falle der Aufrechterhaltung des Haftbefehls bestehenden Belehrungspflichten.

42 **1. Entscheidungsmöglichkeiten.** Das zuständige Gericht entscheidet nach der Vernehmung des Beschuldigten, ob der Haftbefehl aufrechterhalten, nach § 120 Abs. 1 aufgehoben oder gemäß § 116 außer Vollzug gesetzt wird. Er hat dabei in vollem Umfang das Vorliegen der Haftvoraussetzungen zu überprüfen und davon seine Entscheidung abhängig zu machen.

43 Eine **Verletzung der für die Vernehmung geltenden Formvorschriften,** insbesondere der §§ 168, 168a beeinflusst allenfalls die Verwertbarkeit des Protokolls, lässt die Wirksamkeit der Haftentscheidung aber grundsätzlich unberührt (vgl. → Rn. 30).[82] Nur soweit

[76] KG 23.6.2006 – 4 Ws 62/06, AGS 2007, 241.
[77] AA LG Bielefeld 3.3.2005 – 1 Ks L 1/04 X, StV 2006, 198.
[78] OLG Hamm 27.11.2006 – 2 (s) Sbd IX – 117/06, 2 (s) Sbd 9 – 117/06, AGS 2007, 241.
[79] OLG Hamm 28.4.2006 – 2 (s) Sbd IX – 31/06, 2 (s) Sbd 9 – 31/06, JurBüro 2006, 641.
[80] EGMR 13.12.2007 – 11364/03, StV 2008, 475.; ders 9.7.2009 – 11364/03, StV 2010, 490.
[81] *Böhm/Werner* § 112 Rn. 9; vgl. allgemein HK-*Posthoff* § 147 Rn. 5 ff.
[82] OLG Düsseldorf 15.6.1993 – 1 Ws 508/93, VRS 95, 430 f.

in einer Verletzung der Vorschriften über die Vernehmung zugleich eine Versagung des rechtlichen Gehörs Art. 103 Abs. 1 GG liegt, kommt eine Fehlerhaftigkeit der darauf beruhenden Haftanordnung in Betracht (→ Rn. 30).[83] Beginnt der Haftrichter beispielweise rechtzeitig innerhalb der gesetzlichen Frist des § 115 Abs. 2 mit der Vernehmung und trifft unverzüglich innerhalb derselben die Haftentscheidung, ohne aber die Vernehmung zu beenden, kann dies zumindest der Verwertbarkeit der Einlassung des Beschuldigten entgegenstehen.

Eine **Frist zur Entscheidung** sieht Abs. 4 Satz 1 nicht ausdrücklich vor. Diese ist grundsätzlich jedoch am Ende der Sitzung zu fassen, unter entsprechender Anwendung des § 118a Abs. 5 Satz 2 spätestens innerhalb einer Woche nach der Vernehmung des Beschuldigten. 44

2. Erteilung einer Rechtsmittelbelehrung (§ 115 Abs. 4 Satz 1). Wird der Haftbefehl aufrechterhalten, statuiert Abs. 4 eine umfassende Belehrungspflicht des Gerichts. Neben der Belehrung über die klassische Haftbeschwerde ist der inhaftierte Beschuldigte auch über die Rechtsbehelfe der Haftprüfung (§ 117 Abs. 1) sowie der mündlichen Verhandlung im Haftprüfungsverfahren (§ 118 Abs. 1) und im Beschwerdeverfahren (§ 118 Abs. 2) zu belehren (Absatz 4) und darauf hinzuweisen, dass durch den Antrag auf Haftprüfung die Beschwerde ausgeschlossen wird (§ 117 Abs. 2). Ferner erstrecken sich die erweiterten Belehrungspflichten auf das Recht zur Beschwerde gem. § 304 gegen gerichtliche Entscheidungen nach § 119 Abs. 1 und 2, sowie im Falle der Unstatthaftigkeit der Beschwerde, eine gerichtliche Entscheidung nach § 119 Abs. 5 beantragen zu können.[84] 45

VI. Rechtsmittel (Abs. 4)

Die möglichen Rechtsmittel gegen die Entscheidung des Haftrichters ergeben sich bereits aus der erteilen Belehrung (→ Rn. 45). Im wesentlichen sind dies der Antrag auf schriftliche (§ 117 Abs. 1) oder mündliche (§§ 118, 118a) Haftprüfung sowie die Haftbeschwerde (§ 304).[85] Bezüglich letzterer weist Abs. 4 Satz 2 auf die Einschränkungen der Haftbeschwerde bei Entscheidungen des Bundesgerichtshofs und der Oberlandesgerichte (§§ 304 Abs. 4 und 5). 46

§ 115a [Vorführung vor den Richter des nächsten Amtsgerichts]

(1) Kann der Beschuldigte nicht spätestens am Tag nach der Ergreifung dem zuständigen Gericht vorgeführt werden, so ist er unverzüglich, spätestens am Tage nach der Ergreifung, dem nächsten Amtsgericht vorzuführen.

(2) [1]Das Gericht hat den Beschuldigten unverzüglich nach der Vorführung, spätestens am nächsten Tage, zu vernehmen. [2]Bei der Vernehmung wird, soweit möglich, § 115 Abs. 3 angewandt. [3]Ergibt sich bei der Vernehmung, dass der Haftbefehl aufgehoben, seine Aufhebung durch die Staatsanwaltschaft beantragt (§ 120 Abs. 3) oder der Ergriffene nicht die in dem Haftbefehl bezeichnete Person ist, so ist der Ergriffene freizulassen. [4]Erhebt dieser sonst gegen den Haftbefehl oder dessen Vollzug Einwendungen, die nicht offensichtlich unbegründet sind, oder hat das Gericht Bedenken gegen die Aufrechterhaltung der Haft, so teilt es diese dem zuständigen Gericht und der zuständigen Staatsanwaltschaft unverzüglich und auf dem nach den Umständen angezeigten schnellsten Wege mit; das zuständige Gericht prüft unverzüglich, ob der Haftbefehl aufzuheben oder außer Vollzug zu setzen ist.

[83] BVerfG 20.9.2001 – 2 BvR 1144/01, StV 2001, 691–693.
[84] *Wiesneth* aaO Rn. 90.
[85] Vgl. hierzu ausführlich *Böhm/Werner* § 117 Rn. 24 ff.

(3) [1]Wird der Beschuldigte nicht freigelassen, so ist er auf sein Verlangen dem zuständigen Gericht zur Vernehmung nach § 115 vorzuführen. [2]Der Beschuldigte ist auf dieses Recht hinzuweisen und gemäß § 115 Abs. 4 zu belehren.

Schrifttum: Siehe hierzu bei § 115

Übersicht

I. Allgemeines, Normzweck und Anwendungsbereich

1 **1. Allgemeines.** Die Norm regelt in Ergänzung zu § 115 die Zuständigkeit des örtlichen „nächsten" Amtsgerichts, für den Fall einer nicht möglichen Vorführung des Beschuldigten vor dem nach § 126 an sich zuständigem Gericht. Insoweit hat die Norm nur subsidiäre Bedeutung.[1]

2 Gleichwohl gehört sie zu **umstrittensten Vorschriften des Haftrechts.** Dies liegt darin begründet, dass das Gesetz in Abs. 2 Satz 3 dem Richter des nächsten Amtsgericht keine sachliche Entscheidungskompetenz einräumt, sondern er lediglich neben einer Identität- und Formalprüfung als Art **„Protokollbeamter"** die Erklärungen des Beschuldigten entgegen zu nehmen hat (→ Rn. 17 ff.).

3 Durch das Gesetz zur Änderung des Untersuchungshaftrechts vom 29.7.2009[2] ist die aktuelle Fassung des § 115 zum 1.1.2010 in Kraft getreten, mit welcher vor allem auch in Umsetzung einer geschlechtsneutralen Gesetzessprache das Wort „Richter" durch „Gericht" ersetzt wurde.

4 **2. Normzweck.** Die Vorschrift soll sicherstellen, dass der Beschuldigte auch dann unverzüglich einem Gericht vorgeführt wird und von diesem vernommen werden kann, wenn er zumeist aus Entfernungsgründen dem für ihn zuständigen Gericht nicht vorgeführt werden kann (→ Rn. 9).

5 **3. Anwendungsbereich.** Die Vorführung vor dem **Gericht, welches den Haftbefehl erlassen hat, hat stets Vorrang,** wenn sie rechtzeitig durchgeführt werden kann, also spätestens am Tage nach der Ergreifung (§ 115 Abs. 1).[3] Ist die zeitgerechte Vorführung vor das zuständige Gericht grundsätzlich möglich, darf der Beschuldigte nicht aus „Vereinfachungsgründen"[4] dem nächsten Amtsgericht vorgeführt werden, etwa weil für einen Transport kein Personal vorhanden ist (vgl. hierzu im Weiteren → Rn. 10).[5] Die Vorführung nach § 115a stellt daher einen gesetzlich geregelten Ausnahmefall dar.[6] Der Grund dieser

[1] OLG Celle 13.5.2005 – 1 ARs 26/05, NdsRpfl. 2005, 287; OLG Frankfurt a. M. 23.6.1988 – 3 Ws 757/88, NStZ 1988, 471; KK-*Graf* § 115a Rn. 1.
[2] BGBl. I 2274.
[3] *Böhm/Werner* § 115 Rn. 16.
[4] KK-*Graf* § 115a Rn. 1a.
[5] *Schlothauer/Weider* Rn. 349.
[6] OLG Celle 13.5.2005 – 1 Ars 26/05, NdsRPfl. 2005, 287.

gesetzlichen Regelung liegt darin, dass nur der nach § 126 zuständige Richter das Verfahren kennt und auch sachgerechte Haftentscheidungen treffen kann, wohingegen dem Richter des nächsten Amtsgerichts kraft Gesetzes keine eigene Entscheidungsbefugnis eingeräumt wird (→ Rn. 2 und 17), so dass eine solche Vorführung jedenfalls in Grenzfällen durchaus zur Verlängerung der Inhaftierung des Beschuldigten führen kann.

II. Vorführung vor das nächste Amtsgericht (Abs. 1)

1. Zuständiges Gericht. Das nächste Amtsgericht im Sinne der Vorschrift ist das 6 Gericht, in dessen Bezirk der Beschuldigte von der Polizei festgenommen wurde oder aber dasjenige Gericht, welches verkehrstechnisch am schnellsten erreicht werden kann.[7]

Sind die Haftsachen nach § 58 GVG aus mehreren Amtsgerichtsbezirken bei einem 7 konzentriert, ist dieses das nächste Amtsgericht im Sinne des Abs. 1.[8] Gleichwohl kann der Beschuldigte auch dem Haftrichter eines nach § 58 GVG unzuständigem Gerichts vorgeführt werden, wenn ansonsten die Einhaltung der Frist des Abs. 1 nicht möglich wäre.[9]

Allerdings muss stets geprüft werden, ob der **Haftbefehl auch tatsächlich vollzogen** 8 **wird.** Besteht etwa auch ein weiterer Vollstreckungshaftbefehl und wäre deshalb lediglich für die Untersuchungshaft Überhaft zu notieren, gelten die Vorführungsvorschriften der §§ 115, 115a erst, wenn die Überhaft auch vollstreckt wird.[10]

2. Unmöglichkeit der Vorführung vor das zuständige Gericht. Der aufgrund eines 9 Haftbefehls ergriffene Beschuldigte ist immer **vorrangig dem nach § 126 zuständigen sachnäheren bzw. sachkundigen Gericht** vorzuführen,[11] das den Haftbefehl erlassen hat. Eine Vorführung vor den nächsten Richter im Sinne des § 115a kommt nur in Betracht, wenn der Beschuldigte nicht spätestens am Tage nach der Ergreifung dem zuständigen Richter vorgeführt werden kann. Dies ist namentlich dann der Fall, wenn eine Vorführung vor den zuständigen Richter etwa aufgrund großer Entfernung oder aber auch wegen Erkrankung nicht rechtzeitig möglich ist.

Die Vorführung vor den zuständigen Richter gemäß § 115 hat danach stets Vorrang vor 10 dem Verfahren nach § 115a.[12] Der Beschuldigte darf deshalb durch die Polizei nicht aus **Vereinfachungsgründen oder Personalmangel** vor den Richter des nächsten Amtsgerichts gebracht werden (→ Rn. 5).[13] Gegebenenfalls ist auch zu prüfen, ob der an sich zuständige Richter sich an den Verwahrort des Beschuldigten begeben kann,[14] bei einem Kollegialgericht kann hiermit ein Kammermitglied beauftragt (sog beauftragter Richter) werden.[15]

3. Vorführungsfrist. Ist eine Vorführung vor dem an sich nach § 126 zuständigen 11 Gericht nach § 115 Abs. 1 nicht möglich (→ Rn. 9), ist der Beschuldigte **unverzüglich, spätestens am Tag nach der Ergreifung**[16] dem nächsten Amtsgericht vorzuführen. Eine geringe Fristüberschreitung macht die Aussage des Beschuldigten nicht unverwertbar.[17] Gelegentlich kann es vorkommen, dass gegen den Beschuldigten mehrere Haftbefehle bestehen, so ist der Beschuldigte einem Richter, entweder – vorrangig – einem nach § 126 Abs. 1 zuständigen oder der Richter des nächsten Amtsgerichts vorzuführen, welcher dann alle Haftbefehle zu eröffnen und den Beschuldigten hierzu zu vernehmen hat.[18]

---

[7] Ebenso *Meyer-Goßner* § 115a Rn. 2; aA SK-*Paeffgen* § 115a Rn. 2; KK-*Graf* § 115a Rn. 1; HK-*Posthoff* § 115a Rn. 2 (nur das am schnellsten erreichbare Gericht).

[8] LR-*Hilger* § 115a Rn. 1.

[9] *Meyer-Goßner* § 115a Rn. 2.

[10] OLG Hamm 22.2.1988 – 2 W s. 80/88.

[11] Zum Begriff der Vorführung vgl. *Böhm/Werner* § 115 Rn. 16.

[12] *Schlothauer/Weider* Untersuchungshaft Rn. 349.

[13] OLG Celle 13.5.2005 – 1 ARs 26/05, NdsRpfl. 2005, 287.

[14] KK-*Graf* § 115 Rn. 8.

[15] Vgl. *Böhm/Werner* § 115 Rn. 21.

[16] Zum Begriff vgl. *Böhm/Werner* § 115 Rn. 9.

[17] BGH 9.2.1995 – 5 StR 547/94, StV 1995, 283; KK-*Graf* § 115a Rn. 2; *Meyer-Goßner* § 115a Rn. 3.

[18] LR-*Hilger* § 115a Rn. 3.

III. Vernehmung des Beschuldigten (Abs. 2)

12 **1. Vernehmungsfrist (Abs. 2 Satz 1).** Zeitlich hat das nächste Amtsgericht unverzüglich[19] nach der Vorführung, ebenfalls spätestens am nächsten Tage, die Vernehmung des Beschuldigten entsprechend § 115 Abs. 3 durchzuführen.

13 **2. Inhalt der Vernehmung (Abs. 2 Satz 2).** Insoweit gilt das zu § 115 Abs. 3 Ausgeführte[20] entsprechend, insbesondere im Hinblick auf die Mitteilung der Tatvorwürfe, das Recht des Beschuldigten sich zu äußern oder aber zu Schweigen sowie das Recht auf Hinzuziehung eines Verteidigers.

14 Im Hinblick auf die **Zuziehung eines Verteidigers kann es zu Problemen kommen,** wenn der Beschuldigte noch keinen nach § 168c zu unterrichtenden Verteidiger hat und ihm wegen § 140 Abs. 1 Nr. 4 kurzfristig einer solcher bestellt werden muss.[21]

15 Hinzu kommt, dass dem Richter des nächsten Amtsgericht nicht die Kompetenz zur Bestellung eines Verteidigers beikommt, sondern diese dem eigentlichen Haftgericht obliegt. Insoweit muss es zur Wahrung der Verteidigungsrechte des Beschuldigten in Eilfällen als möglich und rechtlich zulässig angesehen werden, dass der Richter des nächsten Amtsgerichts eine speziell auf die Vorführung nach § 115a Abs. 1–3 ausgerichtete **befristete Beiordnung ausspricht**,[22] zumal ansonsten die Angaben des Beschuldigten einem Verwertungsverbot unterliegen würden.[23]

16 Bei der Vernehmung durch den Richter des nächsten Amtsgerichts besteht im Regelfalle die Besonderheit, dass eine **sachgerechte Vernehmung** durch ihn zumeist nur eingeschränkt möglich sein dürfte, weil diesem die Tatvorwürfe nicht bekannt sind und auch die Akten nicht vorliegen. Insoweit besteht für den Richter des nächsten Amtsgerichts auch unabhängig von Abs. 3 Satz 4 die Möglichkeit zur Kontaktaufnahme mit dem zuständigen Richter.

17 **3. Eingeschränkte Entscheidungskompetenz (Abs. 3 Satz 2).** Die Entscheidungskompetenz des Richters des nächsten Amtsgerichts ist nach Abs. 2 Satz 3 materiell beschränkt. Nach § 115a Abs. 2 Satz 3 kann das Gericht den Haftbefehl nur unter der Voraussetzung aufheben und den Beschuldigten freilassen, wenn seine Prüfung im Rahmen der Haftbefehlseröffnung ergibt, dass der Beschuldigte **nicht die im Haftbefehl bezeichnete Person** ist oder der Haftbefehl nicht mehr besteht.[24] Keine Entscheidungskompetenz steht ihm jedoch in sachlicher Hinsicht zu, so dass er mangels Aktenkenntnis von sich auch die Freilassung des Beschuldigten durch Aufhebung oder Außer Vollzugsetzung des Haftbefehls selbst dann nicht verfügen dürfte, wenn entgegen der Annahme im Haftbefehl nach seiner Ansicht ersichtlich kein Haftgrund bestehen würde. Das Gesetz verpflichtet in diesen „Konfliktfällen" in Abs. 2 Satz 4 den Richter des nächsten Amtsgerichts zur Kontaktaufnahme mit dem zuständigen Gericht (→ Rn. 18). Selbst wenn etwa am Wochenende niemand erreichbar ist, ist eine Aufhebung oder Außervollzugsetzung nach der klaren gesetzlichen Regelung nicht zulässig.[25] Eine Ausnahme wird allerdings für den Fall anerkannt, dass der Richter des nächsten Amtsgerichts selbst die krankheitsbedingte Haftunfähigkeit des Beschuldigten feststellt.[26] Diese Ausnahme ist nicht systemwidrig, weil der Bestand des Haftbefehls hierdurch nicht in Frage gestellt wird.

18 Der **Umfang der Prüfungskompetenz des „nächsten" Richters ist höchst umstritten** (→ Rn. 2). Nach herrschender Meinung ist die Kompetenz des „nächsten

---

19 Vgl. hierzu *Böhm/Werner* § 115 Rn. 22.
20 *Böhm/Werner* § 115 Rn. 31 ff.
21 Vgl. hierzu umfassend *Schlothauer/Weider* Rn. 352 ff.
22 Ebenso *Schlothauer/Weider* Rn. 359.
23 *Böhm/Werner* § 115 Rn. 24.
24 *Meyer-Goßner* § 115a Rn. 5.
25 AA *Meyer-Goßner* § 115a Rn. 6 (für den Fall der Unvertretbarkeit der Haftanordnung).
26 LG Frankfurt 25.3.1985 – 5/5 Qs 14/85, StV 1985, 464; KK-*Graf* § 115a Rn. 4; HK-*Posthoff* § 115a Rn. 4.

Richters" **nicht über den Wortlaut der Vorschrift** hinaus auszudehnen.[27] Auch vor der umfassenden Änderung des Untersuchungshaftrechts wurde die Auffassung vertreten, dass der am Aufenthaltsort zuständige Haftrichter bei offensichtlich schweren Mängeln den Haftbefehl eigenständig aufheben könne.[28] Eine solche Entscheidungsbefugnis wird in der Rechtsprechung auch bei erkennbarer Verfolgungsverjährung oder einer Haftunfähigkeit des Beschuldigten vertreten.[29] In Kenntnis dessen hat der Gesetzgeber im Jahr 2009 aber keine Veranlassung gesehen, die Kompetenz dieses Richters umfassender zu regeln. Diese eingeschränkte Prüfungskompetenz hat zuletzt auch der Europäische Gerichtshof für Menschenrechte nicht beanstandet.[30] In Anbetracht der heute bestehenden modernen Kommunikationsmittel erscheint die Regelung zur eingeschränkten Prüfungskompetenz durchaus sachgerecht,[31] zumal ein Haftbefehl grundsätzlich nur nach eingehender Prüfung der Verdachts und Haftfrage ergehen darf und eben diese dem Richter des nächsten Amtsgerichts nicht bekannt ist.

Anders ist die Rechtslage im **internationalen Strafrecht** zu beurteilen, da der Inhaftierung des Beschuldigten dort Fahndungsausschreibungen anderer Staaten zugrunde liegen.[32] Entsprechend hat dort auch das Bundesverfassungsgericht für den Bereich des Auslieferungsrechts im Rahmen der dem § 115a vergleichbaren Regelung des § 22 IRG im Auslieferungsrecht entschieden. In verfassungskonformer und erweiternden Auslegung des § 22 Abs. 3 Satz 2 IRG hat der Richter insoweit zumindest in Evidenzfällen in summarischer Weise auch die Haftvoraussetzungen der §§ 15, 15 IRG in seine Prüfung mit einzubeziehen und darf widrigenfalls auch selbst die Freilassung des Verfolgten verfügen.[33] 19

4. Informationspflichten bei Einwendungen und Bedenken (§ 115a Abs. 2 Satz 4). Hält der Richter des nächsten Amtsgerichts die Einwendungen des Beschuldigten nicht für offensichtlich unbegründet oder hat er selbst Bedenken gegen die Aufrechterhaltung der Haft, hat er diese gemäß § 115a Abs. 2 Satz 4 dem zuständigen Richter sowie der Staatsanwaltschaft unverzüglich und auf dem nach den Umständen angezeigten schnellsten Wege mitzuteilen. Die Information der Staatsanwaltschaft als Herrin des Ermittlungsverfahrens ist sinnvoll, da sich die Akten und die aktuellen Informationen in dieser Phase in der Regel dort und nicht beim Haftgericht befinden werden. In der Praxis ist regelmäßig der fernmündliche Weg angezeigt, zwischenzeitlich auch der mittels E-Mail. Außerhalb der Dienstzeiten ist die Mitteilung an den richterlichen Bereitschaftsdienst zu richten, der in der Regel über örtliche Dienststellen beim 24-Stunden erreichbaren Polizeiführer vom Dienst (PvD) erfragt werden kann. Dieser trifft dann die Entscheidung und lässt seine Anordnung durch den „nächsten Richter" ausführen.[34] In Zusammenschau mit den modernen elektronischen Kommunikationsmitteln besteht deshalb kein hinreichendes Bedürfnis, über den Wortlaut des Gesetzestextes hinaus eine erweiterte Prüfungskompetenz zu statuieren (→ Rn. 18). 20

IV. Fortdauer der Haft (§ 115a Abs. 3)

Falls der Beschuldigte nicht freigelassen wird, muss er nach Abs. 3 Satz 1 **auf sein Verlangen dem zuständigen Haftrichter vorgeführt** werden. Einer Begründung hierfür bedarf es nicht. Allerdings ist das **Gesetz insoweit lückenhaft, weil es für die Vorführung vor dem nach § 126 zuständigen Gericht keine Frist** vorsieht. Jedoch erfordert es das in 21

[27] BGH 5.12.1996 – 1 StR 376/96, BGHSt 42, 343; KK-*Graf* § 115a Rn. 4; *Diehm* StraFo 2007, 231.

[28] *Enzian* NJW 1956, 1786; 1973, 838; *Seetzen* NJW 1972, 1889; *Schröder* NJW 1981, 1425; *Maier* NStZ 1989, 59; *Heinrich* StV 1995, 660.

[29] LG Frankfurt 25.3.1985 – 5/5 Qs 14/85, StV 1985, 464.

[30] EGMR 3.10.2006 – 543/03, NJW 2007, 3699; aA HK-*Posthoff* § 115a Rn. 5; KMR-*Wankel* § 115a Rn. 4.

[31] Ebenso *Meyer-Goßner* § 115a Rn. 5.

[32] Vgl. hierzu *Böhm* in Grützner/Pötz/Kress, Internatinale Rechtshilfe in Strafsachen, IRG § 22 Rn. 16 ff.

[33] BVerfG 16.9.2010 – 2 BvR 1608/07, StraFo 2010, 495.

[34] LR-*Hilger* § 115a Rn. 13; *Meyer-Goßner* § 115a Rn. 6; KK-*Graf* § 115a Rn. 4b.

Haftsachen grundsätzlich geltende Beschleunigungsgebot,[35] dass dies unverzüglich geschieht,[36] so dass in einem solchen Fall ein Einzeltransport durchgeführt werden muss;[37] eine Sammelverschubung ist mit den Grundrechten des Verfolgten (Art. 104 Abs. 3 Satz 2 GG) nicht vereinbar. Auf das Recht zur Vorführung und damit auch zur Vorsprache vor dem für ihn zuständigen Gericht ist der Beschuldigte nach Abs. 3 Satz 2 ausdrücklich hinzuweisen.

22 Daneben ist der **Beschuldigte auch nach § 115 Abs. 4 zu belehren.**[38] Neben der Belehrung über die klassische Haftbeschwerde ist der inhaftierte Beschuldigte – entsprechend dem Verweis auf § 115 Abs. 4 – über die Rechtsbehelfe der Haftprüfung (§ 117 Abs. 1) sowie der mündlichen Verhandlung im Haftprüfungsverfahren (§ 118 Abs. 1) und im Beschwerdeverfahren (§ 118 Abs. 2) zu belehren (Absatz 4) und darauf hinzuweisen, dass durch den Antrag auf Haftprüfung die Beschwerde ausgeschlossen wird (§ 117 Abs. 2).

V. Rechtsmittel

23 Insoweit wird auf die Ausführungen zu § 115 verwiesen.[39] Es besteht jedoch diesbezüglich die Besonderheit, dass der Antrag auf Vorführung vor das zuständige Gericht nach Abs. 3 Satz 1 einer Haftprüfung gleichzusetzen ist, weshalb eine gleichzeitige Beschwerde gegen den Haftbefehl nicht zulässig wäre.[40]

24 Setzt im Falle des § 115a Abs. 3 Satz 4 der **zuständige Haftrichter den Haftbefehl außer Vollzug,** ist die für den Haftrichter zuständige Staatsanwaltschaft beschwerdebefugt und über die Beschwerde entscheidet das übergeordnete Landgericht.[41] Trifft der Richter des nächsten Amtsgerichts indes selbstständig eine Entscheidung, so bestimmt sich der Instanzenzug nach diesem Gericht.[42] Gleiches muss gelten, wenn er diese Entscheidung nach vorheriger Abstimmung durch eigenen Beschluss trifft.

25 Insoweit besteht auch noch die weitere Besonderheit, dass im Falle der Aufrechterhaltung der Haft der Richter des nächsten Amtsgerichts auch eine **Haftfortdauerentscheidung** zu treffen hat, welche an sich auch beschwerdefähig wäre. Sind aber danach an sich zwei Beschwerderechtszüge eröffnet, gebietet vor dem Hintergrund der nur eingeschränkten Prüfungskompetenz des dem „nächsten Richter" übergeordneten Beschwerdegerichts die Effektivität des Grundrechtsschutzes des Beschuldigten den Vorrang desjenigen Beschwerderechtsschutzes, der am sachnächsten und umfassend ist. Dies ist grundsätzlich der Beschwerderechtszug zu dem nach § 126 zuständigen Gericht. Dessen an den Voraussetzungen des § 112 orientierte Entscheidung wird die auf die eingeschränkteren Voraussetzungen des § 115a beschränkte Entscheidung des Richters am nächsten Amtsgericht **prozessual überholen und deswegen auch überflüssig** machen. Das Beschleunigungsgebot in Haftsachen gebietet es daher zwingend, dass in solchen Fällen das Beschwerdegericht entscheidet, welches die umfassende und sachnahe Prüfungskompetenz hat.[43]

§ 116 [Aussetzung des Vollzugs des Haftbefehls]

(1) [1]Der Richter setzt den Vollzug eines Haftbefehls, der lediglich wegen Fluchtgefahr gerechtfertigt ist, aus, wenn weniger einschneidende Maßnahmen die Erwartung hinreichend begründen, daß der Zweck der Untersuchungshaft auch durch sie erreicht werden kann. [2]In Betracht kommen namentlich

[35] *Böhm/Werner* § 112 Rn. 5.
[36] *Koch* NStZ 1995, 71; KK-*Graf* § 115a Rn. 5.
[37] *Meyer-Goßner* § 115a Rn. 8.
[38] Vgl. *Böhm/Werner* § 115 Rn. 45.
[39] *Böhm/Werner* § 115 Rn. 46.
[40] Hanseatisches Oberlandesgericht 13.2.2002 – 2 Ws 38/02, NStZ-RR 2002, 381.
[41] KG 7.1.1976 – 2 Ws 372/75, JR 1976, 253; Meyer-Goßner § 115a Rn. 7.
[42] LG Frankfurt 25.3.1985 – 5/5 Qs 14/85, StV 1985, 464.
[43] OLG München 19.4.2010 – 6 Ws 2/10, StV 2010, 203.

1. die Anweisung, sich zu bestimmten Zeiten bei dem Richter, der Strafverfolgungsbehörde oder einer von ihnen bestimmten Dienststelle zu melden,
2. die Anweisung, den Wohn- oder Aufenthaltsort oder einen bestimmten Bereich nicht ohne Erlaubnis des Richters oder der Strafverfolgungsbehörde zu verlassen,
3. die Anweisung, die Wohnung nur unter Aufsicht einer bestimmten Person zu verlassen,
4. die Leistung einer angemessenen Sicherheit durch den Beschuldigten oder einen anderen.

(2) [1]Der Richter kann auch den Vollzug eines Haftbefehls, der wegen Verdunkelungsgefahr gerechtfertigt ist, aussetzen, wenn weniger einschneidende Maßnahmen die Erwartung hinreichend begründen, daß sie die Verdunkelungsgefahr erheblich vermindern werden. [2]In Betracht kommt namentlich die Anweisung, mit Mitbeschuldigten, Zeugen oder Sachverständigen keine Verbindung aufzunehmen.

(3) Der Richter kann den Vollzug eines Haftbefehls, der nach § 112a erlassen worden ist, aussetzen, wenn die Erwartung hinreichend begründet ist, daß der Beschuldigte bestimmte Anweisungen befolgen und daß dadurch der Zweck der Haft erreicht wird.

(4) Der Richter ordnet in den Fällen der Absätze 1 bis 3 den Vollzug des Haftbefehls an, wenn
1. der Beschuldigte den ihm auferlegten Pflichten oder Beschränkungen gröblich zuwiderhandelt,
2. der Beschuldigte Anstalten zur Flucht trifft, auf ordnungsgemäße Ladung ohne genügende Entschuldigung ausbleibt oder sich auf andere Weise zeigt, daß das in ihn gesetzte Vertrauen nicht gerechtfertigt war, oder
3. neu hervorgetretene Umstände die Verhaftung erforderlich machen.

Schrifttum: *Böhm, Klaus/Bötticher, Axel,* Unzureichende Begutachtung gefährlicher Gewalt- und Sexualstraftäter im Strafverfahren, ZRP 2009, 134; *Fehn, Bernd Josef,* Aufhebung eines Haftverschonungsbeschlusses wegen neu hervorgetretener Umstände im Sinne von § 116 Abs. 4 Nr. 3 StPO, Kriminalistik 2008, 257; *Hagmann, Daniel,* Erneuter Vollzug eines außer Vollzug gesetzten Haftbefehls, StV 2000, 212; *Herrmann, David,* Neue Umstände i.S.v. § 116 Abs. 4 Nr. 3 StPO, StRR 2013, 12; *Neuhaus, Ralf,* Haftverschonungsauflagen und ihre Kontrolle, StV 1999, 340; *Ostendorf, Herbert,* Die „elektronische Fessel" – Wunderwaffe im „Kampf" gegen die Kriminalität, ZRP 1998, 192; *Püschel, Cristof,* Vermeidung von Untersuchungshaft, StraFo 2009, 134; *Schlothauer, Reinhold,* Zur Haftverschonung, StraFo 2009, 104; *Schlothauer, Reinhold/Weider, Hans-Joachim,* Untersuchungshaft, 4. Aufl. 2010; *Schultheis, Ulrich,* Übersicht über die Rechtsprechung in Untersuchungshaftsachen 2009/2010 – Teil 1, NStZ 2011, 621; *Schweckendieck, H.,* § 116 StPO und Rechtskraft, NStZ 2011, 10; *Wüllrich, Claudia,* Zur Außervollzugsetzung eines Haftbefehls, StraFo 1998, 210;

Übersicht

I. Allgemeines

1 **1. Normzweck.** Die Vorschrift beinhaltet in besonderer Weise eine Ausprägung des **Grundsatzes der Verhältnismäßigkeit.** Nach der Rechtsprechung des Bundesverfassungsgerichts hat der Grundsatz der Verhältnismäßigkeit Verfassungsrang. Er ergibt sich aus dem Rechtsstaatsprinzip, im Grunde bereits aus dem Wesen der Grundrechte selbst, die als Ausdruck des allgemeinen Freiheitsanspruchs des Bürgers gegenüber dem Staat von der öffentlichen Gewalt jeweils nur so weit beschränkt werden dürfen, als es zum Schutz öffentlicher Interessen unerlässlich ist. Für das Grundrecht der persönlichen Freiheit folgt dies auch aus der besonderen Bedeutung, die gerade diesem Grundrecht als der Basis der allgemeinen Rechtsstellung und Entfaltungsmöglichkeit des Bürgers zukommt und die das Grundgesetz dadurch anerkennt, dass es in Art. 2 Abs. 2 GG die Freiheit der Person als „unverletzlich" bezeichnet.[1] Die Außervollzugsetzung eines Haftbefehls ermöglicht es in Umsetzung dieser verfassungsrechtlichen Vorgaben insoweit, den Beschuldigten in eine **kontrollierte Freiheit** zu entlassen.

2 Dem Grundsatz der Verhältnismäßigkeit trägt **die forensische Praxis** vor allem bei der Prüfung der Außervollzugsetzung eines auf den Haftgrund der Fluchtgefahr gestützten Haftbefehls nur **unzureichend Rechnung.**[2] Dies hat seine Ursache nicht nur in einer seit Jahren verfestigten Rechtsprechungspraxis, sondern beruht letztendlich auf die dem Richter auch in § 116 zugebilligten weiten Bewertungsspielräume.[3] Ob weniger einschneidende Maßnahmen die Erwartung begründen können, dass der Zweck der Untersuchungshaft auch durch diese erreicht werden kann, lässt sich für den Richter oftmals nicht wirklich zweifelsfrei feststellen, so dass der Sicherung des Verfahrens zumeist der Vorrang eingeräumt und der Vollzug der Haft angeordnet wird. Diese Unwägbarkeit kommt aber auch darin zum Ausdruck, dass im Hinblick auf die Verfahrenssicherung eine Außervollzugsetzung des Haftbefehls oftmals auch dann beschlossen wird, wenn ein Haftgrund nicht wirklich besteht und der Erlass eines Haftbefehls entweder ganz abzulehnen oder später aufzuheben gewesen wäre.[4] Es muss daher Aufgabe des Gesetzgebers sein, dem Freiheitsgrundrecht des Beschuldigten durch eine Neufassung der Vorschrift unter Verwendung eindeutig gefasster Aussetzungskriterien Rechnung zu tragen. Allein durch Postulate des Bundesverfassungsgerichts kann einem ausreichenden Grundrechtsschutz nicht wirklich Genüge getan werden.[5]

3 Eine derart entsprechend **strikte gesetzliche Regelung enthält insoweit bereits Abs. 4,** nach welchem ein einmal außer Vollzug gesetzter Haftbefehl nur in ganz engen Grenzen und in Abs. 4 Nr. 1–3 enumerativ aufgeführten Grenzen wieder in Vollzug

[1] BVerfG 15.12.1965 – 1 BvR 513/65, BVerfGE 19, 342 = NJW 1966, 243 (sog Wecker-Beschluss); *Böhm/Werner* § 112 Rn. 5.
[2] Siehe hierzu auch LR-*Hilger* § 116 Rn. 2.
[3] Vgl. hierzu jüngst die Kritik von *Nobis* StraFo 2013, 318.
[4] Siehe hierzu auch LR-*Hilger* § 116 Rn. 3.
[5] Vgl. *Böhm/Werner* § 112 Rn. 1.

gesetzt werden darf, vor allem wenn der Beschuldigte entweder gegen auferlegte Pflichten und Weisungen gröblich zuwider handelt, Anstalten zur Flucht trifft, auf Ladung ausbleibt, ein Vertrauensverlust vorliegt oder neu hervorgetreten Umstände die Verhaftung erforderlich machen (→ Rn. 47 ff.). Die teilweise selbst in der forensischen Praxis in **ihrer Reichweite verkannte Norm** trägt der Umstand Rechnung, dass dem tatsächlichen Verhalten des Beschuldigten weitaus höheres Gewicht beikommt als allgemeine prognostische Erwägungen. Daher kann eine lediglich andere Beurteilung eines unverändert gebliebenen Sachverhalts einen Widerruf einer Außervollzugsetzung grundsätzlich nicht rechtfertigen. Gleiches gilt, auch bei einen Neuerlass nach zuvor erfolgter Aufhebung des Haftbefehls (→ Rn. 51).[6] Die Regelung gehört damit zu den bedeutsamsten Verfahrensgarantien, deren Beachtung Art. 104 Abs. 1 Satz 1 GG fordert und mit grundrechtlichem Schutz versieht.[7] Auch im Bereich der Anordnung der Untersuchungshaft (§ 112) selbst wäre de lege ferenda zu bedenken, schon im Gesetz die Aussetzung (§ 116) derselben bei Vorliegen bestimmter Voraussetzungen (ua fester Wohnsitz, feste Arbeitsstelle, soziale Integration, Gestellung einer Kaution) für den Regelfall vorzuschreiben und die Vollziehung der Untersuchungshaft trotz Vorliegen dieser Voraussetzungen vom Vorliegen besonderer Umstände anhängig zu machen.

2. Anwendungsbereich. Die Frage, ob ein Haftbefehlt außer Vollzug gesetzt werden 4
muss, ist während des gesamten Verfahrens zu prüfen und zwar von Amts wegen, ohne dass es eines Antrags des Beschuldigten oder seines Verteidigers bedarf. Insbesondere wird sich die Frage aber stellen beim Erlass des Haftbefehls (§ 128),[8] bei jeder Haftbeschwerde (§ 304) oder Haftprüfung (§ 117) zunächst durch den Haftrichter selbst, aber auch durch das Oberlandesgericht im Verfahren nach § 121 (vgl. § 122 Abs. 5). Grundsätzlich ist eine Außervollzugsetzung in rechtlicher Hinsicht nicht von der Zustimmung oder dem Willen des Beschuldigten abhängig, in der Praxis kommt es jedoch durchaus darauf an, insbesondere dann, wenn dessen Mitwirkung erforderlich ist, wie etwa bei einer Meldeauflage (→ Rn. 22) oder aber Stellung einer Kaution (→ Rn. 25).

3. Haftgrund. Eine Außervollzugsetzung ist zunächst bei allen Haftgründen nach 5
§§ 112, 112a[9] (→ Rn. 20 ff., 31 ff., 34 ff., 38 ff.) möglich mit Ausnahme des Haftgrundes der Flucht (str.).[10] Ist der bislang flüchtige Beschuldigte zum Erscheinen bereit, muss der Haftgrund der Flucht in den Haftgrund der Fluchtgefahr umgewandelt werden, dessen Außervollzugsetzung dann möglich ist.[11]

Darüber hinaus kommt aber eine Anwendung des § 116 auch in Betracht beim Haftgrund 6
der Hauptverhandlungshaft nach § 127b, der Ungehorsamshaft nach §§ 230 Abs. 2, 236, 329 Abs. 4 Satz 1, der Abschiebehaft nach § 62 AufenthG,[12] nicht aber für die Fälle der Ordnungshaft nach §§ 177, 178 GVG[13] und der Sicherungshaft nach § 453c Abs. 2 Satz 2. Auch beim Unterbringungsbefehl nach § 126a ist – wie vom Gesetzgeber in § 126a Abs. 2 klargestellt – eine Außervollzugsetzung möglich. Anders aber bei § 275a, weil der dortige Abs. 4 Satz 4 nicht auf § 116 verweist. Die Außervollzugsetzung eines Auslieferungshaftbefehls ist gesondert gesetzlich geregelt (§ 25 IRG).[14]

---

[6] BVerfG 1.2.2006 – 2 BvR 2056/05, StV 2006, 139; OLG Nürnberg 20.3.2013 – 2 Ws 127/13, StV 2013, 519.

[7] BVerfG 15.8.2007 – 2 BvR 1485/07, NStZ-RR 2007, 379.

[8] *Böhm/Werner* § 128 Rn. 20.

[9] Vgl. hierzu auch BVerfG 15.12.1965 – 1 BvR 513/65, BVerfGE 19, 342 = NJW 1966, 243 (sog Wecker-Beschluss).

[10] KK-*Graf* Rn. 3; SK-*Paeffgen* Rn. 5; aA LR-*Hilger* Rn. 2.

[11] *Schlothauer-Weider* Rn.

[12] AG Bremen 1.10.2009 – 92 XIV 71/09, InfAuslR 2009, 461.

[13] KK-*Graf* § 116 Rn. 3.

[14] Vgl. hierzu *Böhm* in Grützner/Pötz/Kress, Internationale Rechtshilfe in Strafsachen, 3. Auflage, 29. Lieferung 2012, IRG § 25 Rn. 1 ff.

7 **4. Kann- oder Muss-Vorschrift.** Ein lediglich sprachlicher Unterschied besteht darin, dass die Norm in Abs. 1 beim Haftgrund der Fluchtgefahr eine Aussetzung bei Vorliegen milderer Mittel für obligatorisch ansieht, wohingegen beim Haftgrund der Verdunkelungs- (Abs. 2) und der Wiederholungsgefahr (Abs. 3) ein Ermessen bestehen soll (Kann-Vorschrift). Insoweit besteht jedoch Einigkeit, dass dem Richter insoweit kein Spielraum zusteht, sondern der Grundsatz der Verhältnismäßigkeit eine Aussetzung zwingend gebietet, wenn der Zweck der Untersuchungshaft durch weniger einschneidende Mittel erreicht werden kann.[15] Daher hat das Gericht bei jeder Haftentscheidung auch zu prüfen, ob mildere Mittel nach § 116 zur Sicherung der Haftzwecke geeignet sind. Während allerdings nach § 120 Abs. 3 StPO eine Pflicht zur Aufhebung des Haftbefehls besteht, wenn dies die Staatsanwaltschaft beantragt, ist das Gericht an einen entsprechenden Antrag auf Außervollzugsetzung nicht gebunden (str.).[16]

8 **5. Notwendigkeit von Auflagen.** Es ist nicht zulässig, einen Haftbefehl ohne jede Sicherheitsauflage außer Vollzug zu setzen.[17] Bedarf es einer solchen nicht ist, ist sein Erlass abzulehnen oder ein bereits erlassener Haftbefehl aufzuheben. Ohne Bestand eines Haftbefehls können andererseits aber rechtlich verpflichtend auch keine Auflagen und Weisungen erteilt werden. Jedoch hält es die herrschende Ansicht für zulässig, dass sich der Beschuldigte freiwillig etwa gegenüber der Polizei bestimmten Beschränkungen und Verpflichtungen unterwirft, um so dem Erlass eines Haftbefehls zu entgehen.[18] Diese Praxis ist rechtlich bedenklich, unter anderem auch deshalb, weil selbst beim Bestehen von Haftgründen von der Polizei für notwendig angesehenen Auflagen nicht zwingend vom Haftrichter auch angeordnet werden müssen. Jedenfalls stellt der bloße Verstoß gegen solche polizeilichen Vorgaben, wie etwa die Stadt nicht zu verlassen, für sich gesehen keinen Grund zum Erlass eines Haftbefehls dar.

9 **6. Keine Befristung.** Nicht zulässig ist es einen Haftbefehl oder den Zeitraum seiner Aussetzung zeitlich zu befristen oder diesen von einem zukünftigen Ereignis abhängig zu machen.[19] Es gibt daher weder eine Beurlaubung von der Untersuchungshaft noch eine zeitweise Aussetzung des Haftbefehls. Vielmehr kann die Entscheidung, ob weniger einschneidende Maßnahmen den Zweck der Untersuchungshaft rechtfertigen können, nur einheitlich getroffen werden. Die Frage ist aber bislang nicht abschließend obergerichtlich geklärt.[20] Begehrt der Beschuldigte Haftverschonung, weil er etwa an einer Beerdigung eines nahen Angehörigen teilnehmen will, so muss er seitens der Vollzugsanstalt hierzu ausgeführt werden Eine „Beurlaubung durch Gewährung einer Haftverschonung" ist rechtlich nicht möglich, selbst bei Ergehen besonderer Sicherungsauflagen.[21]

10 **7. Fortbestehende Haftvoraussetzungen.** Häufig wird übersehen, dass auch bei einer Außervollzugsetzung eines Haftbefehls die allgemeinen Haftvoraussetzungen gegeben sein müssen. Besteht jedoch aktuell kein dringender Tatverdacht und liegt auch kein Haftgrund (mehr) vor, kommt eine Außervollzugsetzung nicht in Betracht, vielmehr darf entweder kein Haftbefehl erlassen werden oder ein solcher ist aufzuheben (§ 120 Abs. 1 Satz 1).[22] Daher hat der Richter im letztgenannten Fall auch im Rahmen einer Haftprüfung oder einer Haftbeschwerde grundsätzlich zunächst zu prüfen, ob der Haftbefehl aufzuheben ist.

---

[15] KK-*Graf* § 112 Rn. 4.

[16] AA BGH 30.11.1999 – 2 BGs 335/99, NJW 2000, 967; LG Arnberg 2.9.2010 – 12 Qs 78/10 ua, StV 2011, 420.

[17] *Meyer-Goßner* § 116 Rn. 5; aA *Deckers* AK § 116 Rn. 2.

[18] KK-*Graf* § 116 Rn. 5.

[19] Schleswig-Holsteinisches Oberlandesgericht 15.1.1971 – 1 Ws 545/70, SchlHA 71, 69; OLG Stuttgart 10.1.1980 – 3 Ws 8/80, MDR 1980, 42; *Meyer-Goßner* § 116 Rn. 2; aA LR-*Hilger* § 116 Rn. 9.

[20] Offen gelassen in BGH 22.12.1978 – 6 StE 2/78 – StB 245/78, zit. nach KK-*Graf* § 116 Rn. 6.

[21] *Meyer-Goßner* § 116 Rn. 2; aA LG Köln v. 30.4.1984 – Ns 108 – 32/84, StV 1984, 342 (Vorstellungsgespräch zur Drogentherapie); LG Verden 11.4.1996 – 1 – 36/95, StV 1995, 387 (schwere Erkrankung eines Familienmitglieds).

[22] *Böhm* § 120 Rn. 11 ff.

Nur wenn er das Vorliegen der allgemeinen Haftvoraussetzungen (dringender Tatverdacht, Haftgründe, Verhältnismäßigkeit[23]) bejaht, schließt sich daran die Prüfung an, ob zur Sicherung der Haftzwecke eine Außervollzugsetzung in Betracht kommt.

Verfahrensrechtlich bedeutet dies, dass sich die mit Haftsachen betrauten Gerichte bei der zu treffenden Entscheidung über die Anordnung und Fortdauer der Untersuchungshaft mit deren Voraussetzungen eingehend auseinander zu setzen und diese entsprechend zu begründen haben, sog Begründungstiefe von Haftentscheidungen.[24] Daher muss ein auch ein Haftverschonungsbeschluss grundsätzlich Ausführungen zum Fortbestand der Haftgründe enthalten.[25] Auch ein Haftverschonungsbeschluss oder eine Abänderung eines solchen hält nämlich den ursprünglichen Haftbefehl aufrecht.[26] Das bedeutet, dass auch bei einem Rechtsmittel der Staatsanwaltschaft gegen einen Haftverschonungsbeschluss die Voraussetzungen der Anordnung der Untersuchungshaft stets mit zu prüfen sind.[27] 11

8. Beschleunigungsgebot. Das Beschleunigungsgebot[28] findet grundsätzlich ungeachtet der geringeren Eingriffswirkung auch dann Anwendung, wenn der Vollzug eines Haftbefehls nach § 116 StPO ausgesetzt wurde (→ Rn. 44)[29] oder wenn ein Haftbefehl wegen Strafhaft in anderer Sache nicht vollzogen[30] wird und lediglich Überhaft notiert ist.[31] Auch die Überhaft ist auf das sachlich vertretbare Mindestmaß zu beschränken; sie stellt einen Grundrechtseingriff für den Betroffenen dar, weil sich für diesen aus Gründen des Haftrechts Einschränkungen ergeben, wenn neben Strafhaft Untersuchungshaft angeordnet wird.[32] So unterliegt der Beschuldigte einerseits aufgrund der Überhaftnotierung denjenigen Freiheitsbeschränkungen, die der Zweck der Untersuchungshaft erfordert, andererseits kann er mögliche Vollzugslockerungen nicht erhalten.[33] 12

9. Verfahrensverzögerungen. Haftsachen sind grundsätzlich beschleunigt zu bearbeiten. Kommt es zu von dem Beschuldigten nicht zu vertretenden, sachlich nicht zu rechtfertigenden und vermeidbaren Verzögerungen, weil die Strafverfolgungsbehörden und Gerichte nicht alle möglichen und zumutbaren Maßnahmen getroffen haben, um das Strafverfahren mit der gebotenen Schnelligkeit abzuschließen, steht dies der Aufrechterhaltung der Untersuchungshaft regelmäßig entgegen. Diese kann nicht mehr als notwendig zur Durchführung eines Strafverfahrens und zur späteren Strafvollstreckung angesehen werden, wenn ihre Fortdauer durch vermeidbare Verfahrensverzögerungen verursacht wurde.[34] Solche Dilationen werden regelmäßig zur Aufhebung des Haftbefehls führen,[35] bei weniger schwerwiegenden Verstößen ist jedoch auch eine Außervollzugsetzung des Haftbefehls möglich.[36] 13

Verfahrensdauer. Auch unabhängig von dem Staat zurechenbaren Verfahrensverzögerungen kann die bloße Verfahrensdauer zumindest eine Außervollzugsetzung eines Haftbefehls bedingen. Denn nach ständiger Rechtsprechung des Bundesverfassungsgerichts nimmt das Gewicht des Freiheitsanspruchs der Untersuchungsgefangenen gegenüber dem Strafverfolgungsinteresse des Staates mit zunehmender Dauer der Untersuchungshaft zu, so dass 14

---

[23] Vgl. hierzu *Böhm/Werner* § 112 Rn. 3, 21, 41 ff.

[24] BVerfG 4.4.2006 – 2 BvR 523/06, StV 2006, 251; siehe auch BVerfG 16.3.2006 – 2 BvR 170/06, NJW 2006, 1336; zur Begründungstiefe, vgl. *Böhm/Werner* § 112 Rn. 8; *Böhm* § 121 Rn. 8.

[25] Ebenso KK-*Graf* § 116 Rn. 7.

[26] BGH 26.5.1993 – 5 StR 190/93, BGHSt 39, 233.

[27] BGH 18.10.2007 – StB 34/07, StV 2008, 84 mit Anm. *Winkler* jurisPR-StrafR 1/2008 Anm. 1.

[28] Vgl. hierzu *Böhm/Werner* § 112 Rn. 1, 5 ff.; *Böhm* § 120 Rn. 4.

[29] BVerfG 6.2.1980 – 2 BvR 1070/79, BVerfGE 53, 152; dass. 29.11.2005 – 2 BvR 1737/05, BVerfGK 6, 384; KG 18.8.2003 – 3 Ws 370/03, StV 2003, 627; OLG Stuttgart 20.8.2002 – 2 HEs 147/02, NStZ-RR 2003, 29.

[30] Schleswig Holsteinisches Oberlandesgericht 10.11.1999 – 15 Ws 153/99, NStZ 2001, 77.

[31] Vgl. *Böhm/Werner* § 112 Rn. 6.

[32] BVerfG 30.8.2008 – 2 BvR 671/08, StV 2003, 30; OLG Koblenz 9.12.2010 – 1 Ws 569/10.

[33] KK-*Boujong* § 119 Rn. 18; *Böhm/Werner* § 119 Rn. 92 ff.

[34] BVerfG 3.5.1966 – 1 BvR 58/66, BVerfGE 20, 45; sowie BVerfG 27.7.1966 – 1 BvR 296/66, BVerfGE 20, 144; BVerfG 16.3.2006 – 2 BvR 170/06, BVerfGK 7, 421.

[35] OLG Koblenz 9.12.2010 – 1 Ws 569/10, *Böhm* § 120 Rn. 15.

[36] LG München 28.4.2008 – 2 KLs 318 Js 31548/06, StV 2009, 253.

mit zunehmendem Freiheitsentzug die Belange des Untersuchungsgefangenen stärkeres Gewicht erlangen.[37]

II. Außervollzugsetzung

15 Die Absätze 1 und 2 zählen für den Haftgrund der Fluchtgefahr (Abs. 1, → Rn. 20 ff.) und den Haftgrund der Verdunkelungsgefahr (Abs. 2, → Rn. 31 ff.), nicht aber für den Haftgrund der Wiederholungsgefahr (Abs. 3, → Rn. 34 ff.), Beispiele für weniger einschneidenden Maßnahmen auf. Die dort aufgeführten Beispiele sind nicht abschließend. In der Regel wird eine Kombination mehrerer Maßnahmen notwendig sein. In formeller Hinsicht müssen die Auflagen und Weisungen im Haftverschonungsbeschluss genau bzw. konkret umschrieben sein, damit der Beschuldigte weiß, wie er sich zu verhalten hat. Fehlt es hieran, wird ein Widerruf (Abs. 4) nicht in Betracht kommen (→ Rn. 47 ff.). Für alle Maßnahmen gilt unabhängig vom Haftgrund zunächst übergreifend:

16 **Anforderungen an Auflagen.** Grundsätzlich kommen dabei nur solche Haftsurrogate in Betracht, die gegenüber dem Vollzug der Untersuchungshaft einen weniger belastenden Eingriff in die persönliche Freiheit und die allgemeine Handlungsfreiheit darstellen.[38] Sie müssen ihrer Art nach als Ersatzmittel für die Untersuchungshaft geeignet sein. Sie dürfen keinen Sühnecharakter[39] haben und dem Beschuldigten keine Beschränkungen auferlegen oder Weisungen erteilen, die durch den gegebenen Haftgrund nicht gerechtfertigt sind (→ Rn. 48).[40] So ist etwa die Weisung zu einem bestimmten Aussageverhalten unzulässig.[41] Gleiches gilt für die Weisung, sich einer gefährlichen Herzoperation zu unterziehen, da hierdurch in das allein dem Beschuldigten zustehende Freiheitsrecht auf Wahrung seiner körperlichen Unversehrtheit eingegriffen würde.[42] Die Auflage, Ladungen eines ärztlichen Sachverständigen Folge zu leisten, ist ebenfalls nicht statthaft, weil hiermit ein vom Zweck der Untersuchungshaft – Sicherung vor Fluchtgefahr – nicht umfasstes Ziel verfolgt wird.[43] Gleiches gilt die beim Haftgrund der Fluchtgefahr erteilte Auflage an einen Steuerberater, sich dieser beruflichen Tätigkeit zukünftig zu enthalten.[44] Auch dürfen Auflagen und Weisungen keine unzumutbaren Verhaltensanforderungen an den Beschuldigten stellen,[45] nicht im Übermaß in seine Grundrechte eingreifen[46] und müssen mit der Menschenwürde[47] vereinbar sein. Jedoch sind Grundrechtseinschränkungen, welche sich faktisch als zwangsläufige Folge einer in § 116 Abs. 1 Satz 2 Nr. 1–4 vorgesehenen Auflagen ergeben, rechtmäßig.

17 **Erwartungsprognose.** Die Gewährung einer Haftverschonung setzt die hinreichend begründete Erwartung voraus, dass der Haftgrund aufgrund der verhängten Sicherungsauflagen entfällt oder in seiner Intensität so abgeschwächt wird, dass die Freilassung des Beschuldigten verantwortet werden kann. Dies ist der Fall, wenn mit großer bzw. hoher Wahrscheinlichkeit anzunehmen ist, der Beschuldigte werde sich dem Strafverfahren nicht entziehen (Abs. 1)[48] bzw. nicht in unlauterer Weise auf Beweismittel einwirken (Abs. 2).[49] Wie bei jeder Prognose verbleibt insoweit ein „Restrisiko", welches hinzunehmen ist.[50]

---

37 Vgl. nur BVerfG v. NStZ 2005, 456, 457 mwN; vgl. auch OLG Hamm 24.3.1998 – 2 Ws 101/98, NStZ-RR 1998, 307.

38 KK-*Graf* § 116 Rn. 8.

39 *Neuhaus* StV 1999, 340.

40 LG München 8.11.2002 – 4 Qs 25/02, StraFo 2003, 92.

41 OLG Frankfurt a. M. 18.8.1992 – 1 Ws 144/92, StV 1992, 583.

42 OLG Koblenz 28.11.2000 – 2 Ws 729/00.

43 OLG Celle 29.2.1988 – 3 Ws 61/88, StV 1988, 207; ähnlich LG Dortmund 6.8.1997 – 14 (V) Qs 46/97, StV 1999, 607 (Auflage zur Befolgung polizeilicher Ladungen).

44 OLG Hamm 11.3.2002 – 2 Ws 58/02, StV 2002, 315.

45 OLG Saarbrücken 12.9.1977 – Ws 345/77, NJW 1978, 2460.

46 *Kleinknecht* MDR 1965, 781.

47 LR-*Hilger* § 116 Rn. 16.

48 OLG Karlsruhe 23.9.1996 – 3 Ws 261/96, StraFo 1997, 91; *Meyer-Goßner* § 116 Rn. 4.

49 LR-*Hilger* § 116 Rn. 12.

50 KK-*Graf* § 116 Rn. 10.

Insoweit muss – wie beim Haftgrund selbst[51] – auch ebenfalls eine Abwägung erfolgen und zwar zwischen den den Vollzug des Haftbefehls begründenden Umständen und den jeweiligen Haftgrund abschwächenden Wirkungen der in Betracht kommenden Ersatzmaßnahmen (→ Rn. 21 ff.).

Mehrere Haftgründe. Stützt sich der Haftbefehl auf mehrere Haftgründe, so müssen für jeden weniger einschneidende Maßnahmen vorliegen, mit welchen der Zweck der Untersuchungshaft erreicht werden kann. Das gilt auch für den subsidiären Haftgrund der Wiederholungsgefahr (§ 112a) (→ Rn. 34 ff.), auch wenn dieser im Haftbefehl bislang nicht aufgeführt ist.[52] Auch wenn danach ein auf den Haftgrund der Fluchtgefahr gestützter Haftbefehl nach § 116 außer Vollzug gesetzt werden könnte, ist die Haft daher weiter zu vollziehen, wenn der Haftgrund der Wiederholungsgefahr nach § 112a Abs. 1 StPO dies gebietet.[53] 18

Auflagen zu nicht aufgeführten Haftgründen. Häufig finden sich in Haftverschonungsbeschlüssen Auflagen, welche sich auf einen Haftgrund beziehen, welcher gar nicht im Haftbefehl aufgeführt ist. Insoweit ist zu prüfen, ob damit ein vom Haftgrund nicht gedecktes Ziel verfolgt wird (→ Rn. 16). Wird etwa im Rahmen der Aussetzung eines auf den Haftgrund der Fluchtgefahr (Abs. 1) gestützten Haftbefehls auch ein Kontaktverbot zu Mitbeschuldigten und Zeugen (Abs. 2) ausgesprochen, so bedarf es zumindest einer näheren Begründung, warum ein solches auch zur Reduzierung der Fluchtgefahr angezeigt ist. Daneben soll es nach Ansicht des BGH auch ohne förmliche Anpassung der Haftgrundlage ausreichen, dass auch der weitere Haftgrund in Betracht kommt (zweifelhaft).[54] Liegt ein solcher jedoch nicht vor, ist die Auflage in rechtlich nicht zulässiger Weise festgesetzt worden und ein Widerruf (Abs. 4) kann hierauf nicht gestützt werden (→ Rn. 48). 19

III. Aussetzung bei Fluchtgefahr (Abs. 1)

Allgemeines. Einen auf den Haftgrund der Fluchtgefahr[55] gestützten Haftbefehl hat der Richter nach Abs. 1 auszusetzen, wenn weniger einschneidende Maßnahmen die Erwartung hinreichend begründen, dass der Zweck der Untersuchungshaft auch durch sie erreicht werden kann (zu den allgemeinen Abwägungskriterien, → Rn. 17). Wie bei der Beurteilung des Vorliegens des Haftgrundes der Fluchtgefahr in § 112[56] ist auch bei der Außervollzugsetzung eines auf den Haftgrund der Fluchtgefahr gestützten Haftbefehls die Straferwartung das in der forensischen Praxis maßgebliche Kriterium. Besteht insoweit kein sonderlich massiver Fluchtanreiz und verfügt der Beschuldigte über familiäre Bindungen kann es im Zusammenwirken mit nach § 116 aufzuerlegenden Weisungen durchaus als überwiegend wahrscheinlich anzusehen sein, dass sich ein Beschuldigter im Falle seiner Freilassung dem weiteren Verfahren zur Verfügung halten wird.[57] Eine Außervollzugsetzung wird ohne Hinzutreten fluchtbegründender weiterer Umstände danach vor allem in Betracht kommen können, wenn – unter Anrechnung von bereits vollzogener Untersuchungshaft – die Verbüßung weiterer Strafhaft von nicht mehr als drei Jahren droht.[58] Die Außervollzugsetzung eines auf Fluchtgefahr gestützten Haftbefehls kommt jedoch auch dann in Betracht, wenn der Angeklagte ein umfassendes Geständnis abgelegt hat und dies auf sein Bemühen schließen lässt, nunmehr „reinen Tisch zu machen" und sich dem Strafverfahren zu stellen. Dies gilt selbst dann, wenn er nicht mehr mit der Verhängung einer noch bewährungsfähigen Strafe rechnet, aber seine Hoffnung auf die Ermöglichung eines künftigen offenen Vollzugs setzt.[59] 20

---

[51] Vgl. etwa zum Haftgrund der Fluchtgefahr *Böhm/Werner* § 112 Rn. 50.
[52] *Böhm* § 112a Rn. 56.
[53] Thüringer Oberlandesgericht 10.11.2005 – 1 Ws 404/05.
[54] BGH 4.10.1991 – StB 22/91, BGHR StGB § 99 Agent 2; KK-*Graf* § 116 Rn. 11.
[55] *Böhm/Werner* § 112 Rn. 41 ff.
[56] *Böhm* § 112 Rn. 52.
[57] OLG Frankfurt a. M. 3.2.2010 – 1 HEs 8/10.
[58] OLG Hamm 14.11.2007 – 2 Ws 342/07, OLGSt StPO § 112 Nr. 13.
[59] OLG Koblenz 24.9.2002 – (2) 4420 BL – III – 94/02, NStZ 2004, 80.

21 **Beispielskatalog des Abs. 1 Satz 2.** Für die Fälle der Fluchtgefahr enthält Abs. 1 Satz 1 eine nicht abschließende Aufzählung (→ Rn. 22 ff.) von Verschonungsauflagen, welche in eingeschränktem Umfang auch bei anderen Haftgründen zur Anwendung kommen können. Dies sind:

22 **a) Meldeauflage (Abs. 1 Satz 2 Nr. 1).** Sinn einer Meldeauflage ist es, den Beschuldigten einer engmaschigen zeitlichen Überwachung zu unterwerfen. Dazu kann dem Beschuldigten auferlegt werden, sich zu bestimmten Zeiten bei dem Richter, der Strafverfolgungsbehörde oder einer von ihnen bestimmten Dienststelle zu melden. In der Regel beinhaltet dies eine Meldepflicht bei einer Polizeibehörde. Die turnusgemäßen Meldezeiten und die Meldestelle sind konkret zu bestimmen, wobei es ausreicht, dem Beschuldigten aufzuerlegen, sich einmal oder zweimal wöchentlich bei der ihm nächst gelegenen Polizeidienststelle zu melden. Eine Bestimmung der jeweiligen Tage empfiehlt sich, ist aber nicht zwingend erforderlich. Eine vollständige Übertragung der Vorstellungspflicht auf die Meldebehörde genügt dem Bestimmtheitsgebot hingegen ebenso wenig wie die Festlegung einer zu geringen Vorstellungsfrequenz. So ist eine zureichende Überwachung nicht gewährleistet, wenn dem Beschuldigten lediglich auferlegt wird, sich einmal monatlich zu melden.[60] Auch die Auferlegung einer Meldepflicht bei einer privaten Stelle, zB dem Arbeitgeber, ist zulässig, setzt aber das Einverständnis derselben und deren Verschwiegenheit voraus.[61] Eine zeitweilige Aussetzung der Meldeauflage ist zulässig.[62]

23 **b) Aufenthaltsbeschränkungen (Abs. 1 Satz 2 Nr. 2).** Die Weisung einen bestimmten Aufenthaltsort nicht zu verlassen, ist zwar schwer kontrollierbar, macht jedoch in Zusammenhang mit anderen Anordnungen durchaus Sinn,[63] etwa der Abgabe des Reisepasses. Stets muss sie jedoch in Zusammenhang mit dem Haftgrund stehen. So kann die Weisung zur Wohnsitznahme bei den Eltern oder einer dritten aufnahmebereiten Person verhindern, dass der Beschuldigte in die Illegalität abtaucht.[64] Zulässig ist auch das Verbot des Verlassens des Wohnortes oder eines anderen konkret umschriebenen Aufenthaltsbereichs. Die Weisung wird nicht deshalb unzulässig, weil bei einer Überprüfung durch die Polizei die abstrakte Gefahr der Bloßstellung droht,[65] anders aber wenn konkret nicht unerhebliche Beeinträchtigung der Persönlichkeitsrechte des Beschuldigten zu erwarten sind. Von dieser in anderen europäischen Staaten zur Vermeidung von Haft weit verbreiteten Form des **„Hausarrestes"** wird in Deutschland kaum Gebrauch gemacht, zumal eine solche Auflage im Rahmen des Haftrechts nur in Kombination mit einer „elektronischen Fessel" wirklich effektiv überwacht werden kann (→ Rn. 30).

24 **c) Weisung, die Wohnung nicht ohne Aufsicht zu verlassen (Abs. 1 Satz 2 Nr. 3).** Die Anweisung kommt vor allem bei Jugendlichen in Betracht, wenn geeignete Aufsichtspersonen zur Verfügung stehen, welche bereit zur Übernahme der Kontrolle sind und die die Gewähr bieten, ihre Aufgabe zuverlässig zu erfüllen, wozu auch die Meldung von Zuwiderhandlungen gehört. Es bedarf keine ständiger Aufsicht, es reicht aus, wenn die Aufsichtsperson den Beschuldigten auf dem Weg zur Schule oder Arbeitsstelle und zurück begleitet.[66]

25 **d) Sicherheitsleistung (Abs. 1 Satz 2 Nr. 4).** Diese durchaus praxisrelevante Auflage wird in vorliegender Kommentierung im Rahmen des § 116a behandelt, weshalb hierauf verwiesen wird. Von der Möglichkeit der Haftverschonung durch Gestellung einer Kaution wird in der forensischen Praxis allerdings viel zu wenig Gebrauch gemacht. Dies kann

[60] OLG Köln 26.8.2003 – 2 Ws 499/03.
[61] KK-*Graf* § 116 Rn. 15.
[62] OLG Hamm 17.9.1998 – 2 Ws 402/98, StraFo 1998, 423.
[63] Ebenso KK-*Graf* § 116 Rn. 16; aA LR-*Hilger* § 116 Rn. 17.
[64] Vgl. hierzu auch OLG Celle 3.5.1991 – 1 Ws 109/91, StV 1991, 473.
[65] So aber *Meyer-Goßner* § 116 Rn. 8; diff. LR-*Hilger* § 116 Rn. 20 (im Einzelfall unzulässig).
[66] *Meyer-Goßner* § 116 Rn. 9.

vor allem dann ein zusätzlich stabilisierendes Moment darstellen und die Fluchtgefahr in erheblicher Weise mindern, wenn die gerichtlich festgelegte Sicherheitsleistung ganz oder teilweise von Familienangehörigen aufgebracht wird.[67]

e) Weitere Sicherungsauflagen. Als sonstige Weisungen kommen alle Maßnahmen in Betracht, welche geeignet sind, durch Reduzierung der Fluchtgefahr als Ersatz für den Vollzug eines Haftbefehls zu dienen. 26

Abgabe der Personalpapiere. Regelmäßig in Haftverschonungsbeschlüssen angeordnet wird die Pflicht zur Hinterlegung der Personalpapiere (Reisepass und Personalausweis).[68] Auch wenn aufgrund der freien Grenzen in der Europäischen Union nicht wirklich verhindert werden kann, dass sich der Beschuldigte in ein Nachbarland absetzt, ist die psychologische Wirkung einer solchen Anordnung nicht zu unterschätzen. Die für die Erteilung des Personalausweises zuständige Behörde ist über die amtliche Verwahrung des Personalausweises zu unterrichten, welche dem Beschuldigten sodann nach § 1 Abs. 1 Satz 2 PersAuswG als Ersatzausweis eine amtliche Bescheinigung ausstellt. Auch der Reisepass eines Ausländers kann unter Ausstellung einer Ersatzbescheinigung einbehalten werden.[69] Hat der Beschuldigte die Personalpapiere nicht bei sich und werden diese auch nicht bei seinen Effekten in der Justizvollzugsanstalt verwahrt, so wird es aber vielfach ausreichen, dem Beschuldigten aufzuerlegen, diese nach seiner Entlassung über seinen Verteidiger oder eine andere Person zu den Akten zu reichen. 27

Führerschein. Wenig praktiziert, aber sehr effizient kann das Verbot des Führens von Kraftfahrzeugen[70] und die begleitend hierzu anzuordnende Hinterlegung des Führerscheins sein, wenn diese Mittel zur Reduzierung der jeweils haftbegründenden Umstände geeignet sind.[71] Auch hierüber ist die zuständige Behörde zu unterrichten, damit er von dieser keinen „Ersatzführerschein" ausbestellt erhält. 28

Sperrung von Konten. Verfügt der Beschuldigte über Vermögenswerte auf Sparbüchern und Konten, so ist es, wenn auch in der Praxis selten durchgeführt, als rechtlich zulässig anzusehen, eine Haftverschonung davon abhängig zu machen, dass dieser gegenüber den Banken unwiderruflich erklärt, Verfügungen hierüber nur mit Zustimmung des Gerichts zu treffen.[72] 29

Elektronische Hand- oder Fußfessel. Grundsätzlich zulässig ist auch die Auflage der ständigen Benutzung eines solchen „Bewegungsmelders", welcher einer aufsichtsführenden Stelle signalisiert, wo sich der Beschuldigte gerade aufhält.[73] Ob eine solche Auflage im Rahmen eines Haftverschonungsbeschlusses umsetzbar ist, hängt jedoch in tatsächlicher Hinsicht davon ab, ob vor Ort die technischen Möglichkeiten zur Überwachung überhaupt bestehen. 30

IV. Außervollzugsetzung bei Verdunkelungsgefahr (Abs. 2)

Auch beim Haftgrund der Verdunkelungsgefahr[74] können weniger einschneidende Maßnahmen die Erwartung begründen, dass die Gefahr der Einflussnahme durch eine Beweismittelbeeinträchtigung vermindert wird. Als Auflagen kommen dabei vor allem ein Kontaktverbot[75] und die Stellung einer Kaution in Betracht.[76] Das Gesetz gibt als Beispiel (Abs. 2 Satz 1) die Anweisung vor, keine Verbindung mit Mitbeschuldigten, Zeugen oder 31

---

[67] OLG Zweibrücken 4.10.2010 – 1 Ws 238/10, StV 2011, 164.
[68] KK-*Graf* § 116 Rn. 13.
[69] OLG Saarbrücken 12.9.1977 – Ws 345/77, NJW 1978, 2460.
[70] OLG Köln 4.8.2009 – 4 HEs 18/09, StV 2010, 29.
[71] zweifelnd bezgl. der Wirkung: KK-*Graf* § 116 Rn. 12.
[72] Ebenso KK-*Graf* § 116 Rn. 12.
[73] Vgl. hierzu *Püschel* StraFo 2009, 134; *Ostendorf* ZRP 1998, 192; zur spezialpräventiven Funktion vgl. jüngst: BGH 16.1.2014 – 4 StR 496/13, NStZ-RR 2014, 172 m.w.N.
[74] Vgl. hierzu *Böhm/Werner* § 112 Rn. 62 ff.
[75] OLG Nürnberg 29.11.2002 – Ws 1485/02, StraFo 2003, 89.
[76] Vgl. hierzu *Böhm* § 116a Rn. 13.

Sachverständigen aufzunehmen. Da eine wirksame Kontrolle einer solchen Weisung vielfach nicht möglich ist, wird die Gewährung einer Haftverschonung im Ergebnis von der Beurteilung der Verlässlichkeit des Beschuldigten durch den Haftrichter abhängen.

32 Erfasst vom Verbot der Verbindungsaufnahme werden alle Formen der Kommunikation, nicht nur durch Briefe, sondern auch durch elektronische Medien. Sie erstreckt sich aber auch auf Mittelsmänner. Fraglich ist, ob sich das Verbot auch auf Personen erstreckt, welche noch gar nicht als Mitbeschuldigte oder Zeugen bekannt sind.[77] Wegen der notwendigen Bestimmtheit wird man dies nur bejahen können, wenn eine solches Verbot im Aussetzungsbeschluss ausdrücklich aufgeführt ist.[78] Rechtlich nicht zulässig ist die Verhängung eines Kontaktverbots, wenn die Beweisperson mit dem Beschuldigten in Haugemeinschaft lebt,[79] denn die Einhaltung einer solchen Weisung wäre unzumutbar und würde einem „Hausverbot" gleichkommen. Auch der Verkehr mit dem Verteidiger kann nicht verboten werden. Ist dieser ebenfalls tatverdächtig, muss dieser von der Verteidigung zunächst ausgeschlossen werden (§ 138a). Stützt sich der Haftbefehl allein auf Verdunkelungsgefahr kann auch keine Meldeauflage verhängt werden, weil eine solche nicht zur Reduzierung dieses Haftgrundes geeignet ist (→ Rn. 16).

33 Problematisch ist ein Kontaktverbot aber, wenn es sich an sich um legitimes Verteidigungsverhalten handelt, etwa wenn der Beschuldigte keine Beeinflussung vornehmen, sondern nur seine Rechte wahren will. So ist es unter Berücksichtigung der Umstände des Einzelfalles noch als sachgerecht und somit noch als noch zulässige Strafverteidigertätigkeit angesehen worden, wenn der Verteidiger eines in Untersuchungshaft befindlichen Angeklagten dessen ihm mitgeteilte und noch nicht zu den Akten gelangte Einlassung zur Sache dem Verteidiger des ebenfalls in Untersuchungshaft befindlichen Mitangeklagten übermittelt mit der Bitte, die Einlassung dessen Mandanten zur Kenntnis zu geben und mit diesem zu erörtern.[80] Solche dem Verteidiger des Beschuldigten zustehenden Befugnisse, können jedoch nicht ohne weiteres auf diesen selbst übertragen werden. Deshalb wurde zu Recht die in einem Außervollzugsetzungsbeschluss enthaltene Auflage des Verbots der Weitergabe des „Haftbefehls, von Vernehmungsprotokollen oder der sonstige Aktenstücke an Dritte, ohne vorherige Zustimmung der Staatsanwaltschaft" als rechtmäßig ergangen angesehen, da sie weder vom Wortlaut noch vom Sinn und Zweck darauf abzielte, rechtmäßiges Verteidigungshandeln zu unterbinden.[81]

V. Außervollzugsetzung bei Wiederholungsgefahr (Abs. 3)

34 Beim Haftgrund der Wiederholungsgefahr[82] wird eine Aussetzung nur in Ausnahmefällen in Betracht kommen, wobei sämtliche bei Abs. 1 (→ Rn. 20 ff.) und Abs. 2 (→ Rn. 31 ff.) aufgeführten Ersatzmaßnahmen im Einzelfall zur Reduzierung einer erneuten Tatbegehung geeignet erscheinen können. Nahe liegt insoweit die Weisung, keine Kontakte zu dem „Opfer" der Straftat aufzunehmen, „andernorts Wohnung zu nehmen" oder „sich in ärztliche oder therapeutische Behandlung" (→ Rn. 36) zu begeben.

35 Besonders strenge Anforderungen sind zu stellen bei der Außervollzugsetzung eines auf Wiederholungsgefahr gestützten Haftbefehls, wenn diesem der Vorwurf des **sexuellen Missbrauchs von Kindern** zugrunde liegt. Gleichwohl kann eine Haftverschonung in Betracht kommen, wenn erwartet werden kann, dass der Beschuldigte zur Erreichung des Zwecks der Untersuchungshaft geeignete Weisungen befolgen wird. Dies ist bei der Anweisung, Kontakt zu Kindern oder Jugendlichen zu vermeiden und eine begonnene Therapie unmittelbar nach der Haftentlassung fortzusetzen, der Fall, wenn der Beschuldigte Einsicht in sein Fehlverhalten zeigt, in seinem Umfeld die Möglichkeit der Kontaktauf-

---

[77] So *Meyer-Goßner* § 112 Rn. 15.
[78] Ebenso LR-*Hilger* § 116 Rn. 26.
[79] *Meyer-Goßner* § 116 Rn. 15; KK-*Graf* § 116 Rn. 21.
[80] OLG Frankfurt a. M. 20.11.1980 – (2) Ws 800/80, NStZ 1981, 144; *Wüllrich* StraFo 1998, 210.
[81] LG München 25.2.1998 – 4 Qs 75/97, StraFo 1998, 209.
[82] *Böhm/Werner* § 112a Rn. 5 ff., 43 ff.

nahme zu jungen Mädchen äußerst gering ist und durch familiäre Beziehungen eine gewisse Kontrolle über sein Verhalten besteht.[83] Ein Haftbefehl wegen Wiederholungsgefahr kann auch unter solchen Auflagen außer Vollzug gesetzt werden, die in der Sache einem vorläufigen Berufsverbot gleichkommen.[84] Vielfach wird sich hier auch die Erteilung einer zeitlich näher festgelegten „Ausgangssperre" anbieten, um zu verhindern, dass der Beschuldigte bestimmte Orte, zB Diskotheken, aufsucht, wenn solche zur Ausräumung der Wiederholungsgefahr geeignet sind.[85]

Außervollzugsetzung und Therapieauflage. Oftmals kann durch eine psychotherapeutische Behandlung die Wiederholungsgefahr derart reduziert werden, dass der Haftbefehl außer Vollzug gesetzt werden kann. Erforderlich hierfür ist nicht nur die allgemeine Bereitschaft des Beschuldigten, sich einer therapeutischen zu unterziehen, sondern auch das Bestehen einer gewissen Erfolgsaussicht. Zur Beurteilung einer solchen wird aber zumeist die Durchführung zumindest probatorischer Sitzungen notwendig sein. Richtet sich die Tat gegen Minderjährige, so ist eine solche Behandlung auch innerhalb der Haftanstalt zur Vorbereitung der zwischenzeitlich nach § 246a Abs. 2 durchzuführenden Begutachtung sachdienlich.[86] 36

Auch wenn eine solche therapeutische Behandlung als Ersatzmaßnahme iSd § 116 Abs. 3 geeignet erscheint, stellt sich im Falle der Behandlung durch einen externen Therapeuten die Frage der **Kostentragung.** Insoweit ist nach einer Haftentlassung sowohl im Falle des Eintritts der Führungsaufsicht[87] als auch bei Strafaussetzung zu Bewährung[88] zwischenzeitlich weitgehend gerichtlich anerkannt, dass die Kosten der Behandlung durch die Staatskasse jedenfalls in einer Forensischen Ambulanz (§ 68 Abs. 1 Nr. 11 StGB) zu tragen sind, soweit kein anderer Kostenträger dafür aufkommt.[89] Kann durch eine solche Behandlung eine weitere Inhaftierung vermieden werden, sprechen gute Gründe dafür, diese Grundsätze auch auf die Untersuchungshaft zu übertragen, so dass der Staat die letztendlich im Falle einer Verurteilung die vom Beschuldigten zu tragenden Behandlungskosten in Vorleistung als „Auslagen in Rechtssachen" zu übernehmen hat. 37

VI. Außervollzugsetzung beim Haftgrund der Schwerkriminalität

Auch beim Haftgrund der Schwerkriminalität[90] nach § 112 Abs. 3 ist eine Haftverschonung nach § 116 grundsätzlich möglich.[91] Das ergibt sich zwar nicht dem Wortlaut der Norm, ist aber zwingende Folge des Verfassungsgebots der Verhältnismäßigkeit und entspricht der Rechtsprechung des Bundesverfassungsgerichts.[92] An eine Aussetzung sind jedoch strengen Anforderungen zu stellen, so dass letztendlich eine Haftverschonung aus Sicht der Praxis die seltene Ausnahme darstellt. Eine solche kommt jedoch in Betracht, wenn nach den Umständen des Falles Fluchtgefahr (oder ggf. das Vorliegen eines anderen Haftgrundes) ausgeschlossen werden kann.[93] Nicht erforderlich ist jedoch die Belegbarkeit mit „bestimmten Tatsachen". Danach kommt eine Außervollzugsetzung zunächst in 38

---

[83] OLG Köln 1.12.2003 – 2 Ws 616/03.

[84] OLG Köln 10.10.2003 – HES 117/03 – 150 –. AA OLG Hamm 11.3.2002 – ZWS 58/02, StV 2002, 315.

[85] OLG Köln 4.8.2009 – 41 HEs 18/09, StV 2010, 29.

[86] Vgl. hierzu *Böhm/Boetticher* ZRP 2009, 134.

[87] Hanseatisches Oberlandesgericht Bremen 17.9.2010 – Ws 96/10, NStZ 2011, 216; OLG Karlsruhe 5.8.2010 – 1 Ws 107/10, NStZ-RR 2011, 30; OLG Nürnberg 23.3.2009 – 1 Ws 94/09, OLGSt StPO § 453 Nr. 11; Thüringer OLG 16.5.2011 – 1 Ws 74/11, NStZ-RR 2011, 296.

[88] OLG Stuttgart 13.8.2012 – 4a Ws 33/12, NStZ 2013, 346; OLG Karlsruhe 27.9.2013 – 3 Ws 277/13, NStZ-RR 2014, 62.

[89] Vgl. hierzu auch BVerfG 27.6.2006 – 2 BvR 1392/02, BVerfGK 8, 285.

[90] *Böhm/Werner* § 112 Rn. 87 ff.

[91] OLG Frankfurt a. M. 18.1.2000 – 1 Ws 3/2000, StV 2000, 374; OLG Köln 16.1.1996 – HEs 266/95, NJW 1996, 1686.

[92] BVerfG 15.12.1965 – 1 BvR 513/65, BVerfGE 19, 342 = NJW 1966, 243 (sog Wecker-Beschluss).

[93] OLG Rostock 7.3.2003 – 1 Ws 84/03.

Betracht, wenn durch Auflagen erreicht werden kann, dass der Beschuldigte sich dem Verfahren nicht entzieht.[94]

39 Der Grundsatz der Verhältnismäßigkeit verlangt jedoch zudem, dass der Zweck der Untersuchungshaft beachtet wird. Insoweit rechtfertigen weder die Schwere der Verbrechen wider das Leben noch die Schwere der (noch nicht festgestellten) Schuld für sich allein die weitere Inhaftierung; noch weniger ist die Rücksicht auf eine mehr oder minder deutlich feststellbare „Erregung der Bevölkerung" ausreichend, die es unerträglich findet, wenn ein „Mörder" frei umhergeht. Vielmehr müssen Umstände vorliegen, die die Gefahr begründen, dass ohne Festnahme des Beschuldigten bzw. hier die weitere Fortdauer der Haft die alsbaldige Aufklärung und Ahndung der Tat gefährdet sein könnte. Daher muss durch die dem Beschuldigten bei der Haftverschonung gemachten Auflagen zusätzlich auch hinreichend sicher ausgeschlossen werden können, dass er keine gleichartigen Taten mehr begehen wird.[95]

40 Als Haftverschonungsauflagen kommen grundsätzlich alle in § 116 Abs. 1–3 möglichen Ersatzmaßnahmen in Betracht, je nachdem, ob sich der Haftbefehl auf die sonst nicht ausräumbare Flucht-, Verdunkelungs- oder Wiederholungsgefahr gründet.

VII. Verfahrensfragen

41 **Zuständiges Gericht.** Zur Entscheidung über eine Aussetzung des Haftbefehls berufen ist zunächst das nach § 126 zuständige Gericht und zwar auf Antrag des Beschuldigten oder der Staatsanwaltschaft. Zumeist wird eine solche Prüfung im Rahmen eines Antrag auf Durchführung einer mündlichen Haftprüfung (§§ 117, 118)[96] oder einer eingelegten Haftbeschwerde[97] im Rahmen der Abhilfeprüfung (§ 304) veranlasst sein. Möglich ist eine Außervollzugsetzung des Haftbefehls aber auch sogleich mit seinem Erlass. Das Gericht kann aber auch von Amts wegen entscheiden. In diesem Falle sind die Beteiligten zu hören (§ 33 Abs. 2), ggf. muss eine Mitwirkungsbereitschaft des Beschuldigten geklärt werden. Jedoch ist eine Aussetzung nicht von einer vorherigen Zustimmung des Beschuldigten oder seiner Mitwirkungsbereitschaft abhängig. Anders als bei § 120 Abs. 3 Satz 1 ist das Gericht zur Aussetzung nicht verpflichtet, wenn eine solche von der Staatsanwaltschaft beantragt wird.[98] Möglich ist die Anordnung einer Haftverschonung jedoch auch im Beschwerdeverfahren, etwa durch das Landgericht, und im besonderen Haftprüfungsverfahren durch das Oberlandesgericht (§ 121 Abs. 5 StPO).

42 In formaler Hinsicht ergeht die Entscheidung durch Beschluss, welcher zu begründen ist (§ 34, → Rn. 11: Begründungstiefe). Hierin müssen die Haftverschonungsmaßnahmen so eindeutig umschrieben werden, dass der Beschuldigte weiß, wie er sich zu verhalten hat, um sich die Haftvorteile zu sichern. Ansonsten ist die Auflage rechtswidrig und ein Widerruf (Abs. 4) kann auf einen Verstoß nicht gestützt werden (→ Rn. 16, 48) Der Aussetzungsbeschluss wird, wenn er nicht in einer mündlichen Verhandlung verkündet wird, den Beteiligten zugestellt (§ 35 Abs. 2 Satz 1), da hiergegen das Rechtsmittel der Beschwerde eröffnet ist (§ 304). Ist der Beschluss unanfechtbar, wie etwa bei einer Außervollzugsetzung durch das Oberlandesgericht (§ 304 Abs. 4 Satz 1 und 2), besteht jedoch keine Beschwerdemöglichkeit und es genügt die formlose Übersendung. Anders aber, wenn das Oberlandesgericht ausnahmsweise im ersten Rechtszug entschieden hat (§ 304 Abs. 3 Satz 2 Hs. 2 Nr. 1–5). Zu beachten ist auch, dass der Beschluss mit Eintritt der Rechtskraft eines Urteils – anders als beim Vollzug der Untersuchungshaft[99] – nicht gegenstandslos wird, sondern weiterhin Grundlage für die die Vollstreckung sichernden Haftverschonungsauflagen bleibt.[100]

---

[94] OLG Oldenburg 28.11.2007 – 1 Ws 639/07, StraFo 2008, 27.

[95] OLG Oldenburg 11.3.2010 – 1 Ws 115/10, StRR 2010, 163 (Werfen von Gegenständen auf die Autobahn).

[96] Vgl. *Böhm/Werner* § 117 Rn. 6 ff., § 118 Rn. 3 ff.

[97] Vgl. *Böhm/Werner* § 117 Rn. 24 ff.

[98] Vgl. hierzu *Böhm* § 120 Rn. 29 m.w.N.

[99] Vgl. *Böhm/Werner* § 120 Rn. 31 f.

[100] KG 17.6.2011 – 2 Ws 219/11, NStZ 2012, 230; *Böhm/Werner* § 123 Rn. 4.

Beschwerdeverfahren. Wird eine – beantragte – Haftverschonung abgelehnt, kann der Beschuldigte und die Staatsanwaltschaft hiergegen nicht fristgebunden Beschwerde (§ 304) einlegen. Grundsätzlich kann er aber nur die letzte Entscheidung angreifen, eine Beschwerde gegen früher Haftentscheidungen ist aufgrund prozessualer Überholung nicht zulässig.[101] Der Begrenzung des Beschwerderechts auf die jeweils letzte Haftentscheidung liegt die Erwägung zugrunde, dass es einem vernünftigen Verfahrensablauf widersprechen würde, wenn ein Beschwerdeführer in beliebiger Art und Weise auf frühere, möglicherweise in ihrer Begründung bereits überholte Haftentscheidungen zurückgreifen und es hierdurch im Ergebnis zu einander widersprechenden Entscheidungen verschiedener mit der Sache befasster Gerichte kommen könnte. Dies soll nach Ansicht des Hanseatischen Oberlandesgerichts aber nur gelten, wenn die spätere Entscheidung auch den Bestand des Haftbefehls betrifft, was nicht der Fall sein soll, wenn in der späteren Beschlussfassung nur über die Abänderung von Auflagen zu befinden gewesen war.[102] Dieser Ansicht kann jedoch nicht gefolgt werden, da der Bestand des Haftbefehls bei jeder Entscheidung grundsätzlich mit zu prüfen ist.[103] Die Beschwerde gegen eine Haftentscheidung ist jedoch prozessual überholt und deswegen für erledigt zu erklären, wenn gegen den Betroffenen in derselben Sache mittlerweile Strafhaft vollstreckt wird.[104] 43

Anfechtbarkeit. Wird Haftverschonung gewährt, so ist die Entscheidung von der Staatsanwaltschaft, nicht aber vom Nebenkläger anfechtbar.[105] Der Beschuldigte ist durch die Gewährung einer Haftverschonung zunächst nicht unmittelbar beschwert, er kann jedoch Auflagen, welche er als rechtswidrig und belastend ansieht, mit der Beschwerde angreifen. Unbenommen bleibt ihm auch das Recht gegen den Haftbefehl mit dem Ziel der Aufhebung Beschwerde einzulegen.[106] Insoweit muss beachtet werden, dass das Beschleunigungsgebot auch gilt, wenn der Haftbefehl außer Vollzug gesetzt ist (→ Rn. 12) und deshalb allein schon erhebliche Verfahrensverzögerungen die Aufhebung bedingen können.[107] Schließlich betrifft die Anordnung, Abänderung oder Aufhebung von Auflagen nicht die Grundlagen der Inhaftierung des Beschuldigten, sondern allein die Ausgestaltung seines Lebens in Freiheit. Eine Entscheidung hierüber ist keine die Verhaftung betreffende Entscheidung iSd § 310 Abs. 1 StPO und der weiteren Beschwerde ebenso entzogen[108] wie die Anfechtbarkeit von Entscheidung des Ermittlungsrichters beim BGH oder eines erstinstanzlich Entscheidung des Oberlandesgerichts (§ 302 Abs. 2).[109] Die nachträgliche Änderung von Auflagen ist nur unter den Voraussetzungen des Abs. 4 zulässig (→ Rn. 67). 44

Laufende Hauptverhandlung. Besonderheiten für das Beschwerdeverfahren gelten, wenn eine Entscheidung nach § 116 vom Gericht während laufender oder im Anschluss an eine Hauptverhandlung getroffen wird.[110] Hier besteht nur eine eingeschränkte Überprüfungskompetenz dahin, ob das mitgeteilte Beweisergebnis auf einer **vertretbaren Bewertung** der zurzeit für und gegen das Vorliegen eines Haftgrundes sprechenden Umstände beruht.[111] 45

---

[101] Vgl. hierzu auch *Böhm/Werner* § 117 Rn. 33, 51 ff.

[102] Hanseatisches Oberlandesgericht 22.2.1994 – 1 Ws 40/04, StV 1994, 323; ebenso BGH 25.1.1973 – StB 76/72, BGHSt 25, 120; ders 1.2.1980 – StB 3/80, BGHSt 29, 200; ders. 19.3.1986 – StB 2/86, BGHSt 34, 34; KK-*Graf* § 116 Rn. 26.

[103] Ebenso LR-*Hilger* § 116 Rn. 38.

[104] OLG Celle 8.11.2011 – 2 Ws 311/11, NdsRpfl. 2012, 75.

[105] OLG Karlsruhe 20.11.1973 – 1 Ws 379/73, NJW 1974, 658.

[106] KK-*Graf* § 116 Rn. 25.

[107] OLG Stuttgart 20.8.2002 – 2 HEs 147/02, NStZ-RR 2003, 29; KG 18.8.2003 – 3 Ws 370/03, StV 2003, 627.

[108] Hanseatisches Oberlandesgericht Hamburg 22.2.1994 – 1 Ws 40/94, StV 1994, 323; OLG Frankfurt a. M. 7.11.1988 – 1Ws 192/88, StV 1989, 113; KK-*Graf* § 116 Rn. 27.

[109] OLG Celle 15.3.2006 – 1 Ws 131/06, NStZ-RR 2006, 222; KK-*Graf* § 116 Rn. 26.

[110] Vgl. hierzu auch *Böhm/Werner* § 117 Rn. 29, § 112 Rn. 28, 41, 86.

[111] BGH 16.8.1991 – StB 16/91, StV 1991, 525; BGH 19.12.2003 – StB 21/03, StV 2004, 143; OLG Koblenz 19.11.1993 – 2 Ws 654/93, StV 1994, 316; OLG Karlsruhe 6.12.1996 – 3 Ws 321/96, StV 1997, 312; Schleswig Holsteinisches Oberlandesgericht 17.12.2002 – 1 Ws 443/02, SchlHA 2003, 188; Thüringer Oberlandesgericht 31.5.2005 – 1 Ws 185/05, StV 2005, 559; KG 3.4.2006 – 1 AR 631/04; OLG Hamm 14.11.2007 – 2 Ws 342/07; OLGSt StPO § 112 Nr. 13.

Dem Beschwerdegericht ist daher eine „Richtigkeitsprüfung"[112] etwa im Hinblick auf die Beurteilung des Vorliegens einer durch die Straferwartung möglichen Fluchtgefahr[113] ebenso wenig möglich wie die Beurteilung des Vorliegen von den Haftgrund der Verdunkelungsgefahr[114] indizierenden Umständen.

46 In formeller Hinsicht bedeutet dies aber, dass die in der Hauptverhandlung gewonnene Bewertung in einem Umfang darlegen ist, der es dem Beschwerdegericht ermöglicht, seine – eingeschränkte – Prüfungskompetenz auszuüben. In welchem Umfang die angefochtene Entscheidung das bisherige Beweisergebnis darlegen muss, hängt dabei von dem Zweck ab, es dem Beschwerdegericht zu ermöglichen, diese zu überprüfen. Haben sich etwa nach dem Verständnis des Tatrichters die in der Anklageschrift zusammengetragenen Beweisannahmen bestätigt, kann es genügen, mitzuteilen, dass die Hauptverhandlung zu keiner Änderung der bislang angenommenen Beweislage geführt hat und auf welchen Beweismitteln diese Erkenntnis beruht. Enthält der in der Hauptverhandlung gefasste Aussetzungsbeschluss keine Begründung, verstößt dies nicht nur gegen § 34, sondern ist auch mit der wertsetzenden Bedeutung des Freiheitsgrundrechts nicht vereinbar. In einem solchen Fall hat das Beschwerdegericht entweder die Akten – ggf. auch unter Aufhebung desselben zur Ergänzung des Nichtabhilfebeschlusses zurückzugeben.[115] Im Falle des Widerrufs einer Aussetzungsentscheidung sind die Voraussetzungen des Abs. 4 (→ Rn. 47 ff.) jedoch durch das Beschwerdegericht uneingeschränkt zu überprüfen.

VIII. Widerruf der Haftverschonung (Abs. 4)

47 **1. Allgemeines.** Die Aussetzung des Haftvollzugs kann nach Abs. 4 bei unveränderter Sachlage **grundsätzlich nicht widerrufen** werden. Vielmehr ist ein solcher nur unter den eingeschränkten Voraussetzungen der Nr. 1–3 möglich. So kann etwa eine lediglich andere Beurteilung der Sach- und Rechtslage bei im Übrigen gleich bleibenden Umständen einen Widerruf nicht begründen.[116] Die in ihrer Reichweite selbst in der forensischen Praxis teilweise verkannte[117] Norm (→ Rn. 3) enthält eine der bedeutsamsten strafverfahrensrechtlichen Verfahrensgarantien.[118] Sie stellt ein der zentralen Bestimmungen des Haftrechts dar und erzeugt eine im Haftverfahren zu beachtende Sperrwirkung (→ Rn. 50).

48 Liegen die Vorrausetzungen des Abs. 4 allerdings vor, ist der Haftbefehl wieder – und zwar unverzüglich[119] – in Vollzug zu setzen. Zwar besteht insoweit kein Ermessen,[120] allerdings steht dem Haftrichter bei der Beurteilung der einzelnen Tatbestandsmerkmale (zB „gröblich", „Anstalten zur Flucht", „genügende Entschuldigung", „Vertrauen", „nicht gerechtfertigt" und „Verhaftung erforderlich") ein **Beurteilungsspielraum** zu.[121] Eine Invollzugsetzung ist aber nur möglich, wenn zum Zeitpunkt der Entscheidung auch die sonstigen Haftvoraussetzungen – weiterhin – vorliegen, was durch den Haftrichter mit zu prüfen ist. Ist der dringende Tatverdacht entfallen oder besteht der Haftgrund nicht weiter fort, kann auch das Vorliegen einer der Widerrufsgründe des Abs. 4 Nr. 1–3 die Wiederinvollzugsetzung nicht bedingen, vielmehr ist der Haftbefehl insgesamt aufzuheben. Auch muss stets sorgfältig geprüft, ob überhaupt eine rechtliche zulässige Auflage ausgesprochen und das hierin dem Verfolgten auferlegte Verhalten auch derart konkret bezeichnet wurde, dass dieser um seine konkreten Handlungspflichten wusste (→ Rn. 16, 42). Schließlich muss eine Inhaftierung ausscheiden, wenn im Verfahren nicht unerhebliche Verzögerungen

---

112 KG 19.6.2001 – 1 AR 526/01, StV 2001, 689.
113 OLG Karlsruhe 6.12.1996 – 3 Ws 321/96, StV 1997, 312. OLG Celle 6.1.2009 – 1 Ws 629/08.
114 KG 3.4.2006 – 1 AR 631/04; OLG Celle 6.1.2009 – 1 Ws 629/08.
115 OLG Celle 6.1.2009 – 1 Ws 629/08.
116 BVerfG 15.8.2007 – 2 BvR 1485/07, NStZ-RR 2007, 379.
117 Vgl. hierzu jüngst BVerfG 11.6.2012 – 2 BvR 720/12, StV 2013, 94; BVerfG 11.7.2012 – 2 BvR 1092/12, wistra 2012, 429.
118 BVerfG 15.8.2007 – 2 BvR 1485/07, NStZ-RR 2007, 379.
119 OLG Stuttgart 24.7.1981 – 3 Ws 208/81, Justiz 1981, 445.
120 KK-*Graf* § 116 Rn. 28.
121 LR-*Hilger* § 116 Rn. 45.

aufgetreten sind,[122] da das Beschleunigungsgebot auch bei einem außer Vollzug gesetzten Haftbefehl gilt (→ Rn. 12).

Die in Abs. 4 aufgeführten Voraussetzungen sind auch im **Beschwerdeverfahren** zu 49 beachten, wenn sich die Staatsanwaltschaft mit ihrem Rechtsmittel gegen einen Außervollzugsetzungsbeschluss wendet, der bereits durch zuvor erfolgte Freilassung des Beschuldigten umgesetzt worden ist.[123] Eine vom Beschwerdegericht zu beachtenden Vertrauensgrundlage ist in einem solchen Fall schon dann geschaffen, wenn die Staatsanwaltschaft von ihren prozessualen Möglichkeiten zur Sicherung einer Inhaftierung keinen Gebrauch macht und von der Stellung eines Antrags auf Aussetzung der Vollziehung nach § 307 Abs. 2 absieht. Ist der Beschuldigte in einem solchen Fall auf freien Fuß gesetzt worden und hat sich etwa im Falle des Haftgrundes der Fluchtgefahr unter Einhaltung der ihm auferlegten Beschränkungen dem Verfahren nicht entzogen, so ist ein Widerruf selbst dann nur unter den Voraussetzungen des Abs. 4 möglich, wenn er sich nur wenige Tage auf freiem Fuß befunden hat. Hingegen fehlt es an einer solchen Vertrauensgrundlage, wenn der Haftrichter dem sogleich gestellten Antrag auf Aussetzung der Vollziehung des Haftverschonungsbeschlusses (§ 307 Abs. 2) nicht stattgegeben hat,[124] denn in einem solchen Fall kann sich der Beschuldigte auf einen Bestand der Haftverschonung nicht verlassen. Hat nur der Beschuldigte gegen einen Haftverschonungsbeschluss Beschwerde eingelegt, so ist das Beschwerdegericht zu einer Abänderung zu seinen Lasten – auch im Hinblick auf die Wahrung der Grundsätze eines fairen Verfahrens – ebenfalls nur berechtigt, wenn die Voraussetzungen des Abs. 4 vorliegen.[125]

Sperrwirkung. Wenig erörtert ist die Frage, wie sich ein nach Nr. 1–3 zu beurteilender 50 früher erfolgter „rechtswidriger" Widerruf einer Haftverschonung auf spätere zu treffende Haftentscheidungen auswirkt, etwa im besonderen Haftprüfungsverfahren nach § 121. Solche Fälle sind allem dann keineswegs selten, wenn sich der Beschuldigte gegen die erneut angeordnete Inhaftierung nicht mit einem Rechtsmittel zur Wehr setzt. Hätte der Widerruf aber aus Rechtsgründen vormals nicht erfolgen dürfen, so muss dies auch im späteren Verfahren im Sinne einer Sperrwirkung berücksichtigt werden[126] und zumindest eine erneute Außervollzugsetzung bedingen. Anders ist dies nur dann zu beurteilen, wenn aufgrund veränderter Umstände nunmehr die Voraussetzungen der Nr. 1–3 vorliegen.

Aufhebung des Haftbefehls. Abs. 4 findet entsprechende Anwendung, wenn der 51 ursprüngliche Haftbefehl nicht außer Vollzug gesetzt, sondern ganz aufgehoben worden ist.[127] Auch bei der Aufhebung eines außer Vollzug gesetzten Haftbefehls und dem gleichzeitigen Erlasses einer neu zu vollziehenden Haftanordnung handelt es sich der Sache nach um den Widerruf einer Haftverschonung, welche nur unter den Voraussetzungen des § 116 Abs. 4 zulässig ist.[128] Auch nach Zurückverweisung durch das Revisionsgericht ist der Erlass eines Haftbefehls daher unzulässig, wenn sich die tatsächlichen Umstände im Vergleich zur Beurteilungsgrundlage zur Zeit der Aufhebung/Außervollzugsetzung nicht verändert haben. Eine bloße andere Beurteilung des unverändert gebliebenen Sachverhalts kann danach einen Widerruf der Aufhebungsentscheidung nicht rechtfertigen[129] und zwar selbst dann nicht, wenn der Beschuldigte zunächst vom Vorwurf des Mordes freigesprochen wurde und das Urteil durch den BGH im Revisionsverfahren aufgehoben worden ist.[130]

---

[122] OLG Köln 18.3.1988 – 2 Ws 125/88, StV 1988, 345; *Schlothauer/Weider* Rn. 1265.

[123] OLG Rostock 17.9.2009 – 1 Ws 269/09; KG 30.3.2010 – 4 Ws 38/10, NStZ-RR 2010, 291.

[124] KG 16.11.2011 – 3 Ws 577/11, StraFo 2012, 62.

[125] BVerfG 26.10.2005 – 2 BvR 1618/05, StV 2006, 26.

[126] Ebenso KG 5.1.2007 – 4 Ws 228/06, StRR 2007, 197 und dass. 30.3.2010 – 4 Ws 38/10, NStZ-RR 2010, 291.

[127] OLG Dresden 3.2.2009 – 2 Ws 84/09, NStZ-RR 2009, 292; OLG Düsseldorf 26.7.1982 – 1 Ws 590/82, MDR 1983, 70.

[128] OLG Karlsruhe 11.4.2005 – 3 Ws 114/05, wistra 2005, 361; OLG Nürnberg 20.3.2013 – 2 Ws 127/13, StV 2013, 519; OLG Celle 8.11.2011 – 2 Ws 311/11, NdsRpfl. 2012, 75.

[129] BVerfG 1.2.2006 – 2 BvR 2056/05, StV 2006, 139.

[130] OLG Nürnberg 20.3.2013 – 2 Ws 127/13, StV 2013, 519.

52 **2. Grober Pflichtenverstoß (Abs. 3 Nr. 1).** Ein Widerrufsgrund liegt zunächst vor, wenn der Beschuldigte den ihm erteilten Pflichten oder Beschränkungen gröblich zu wider handelt. Voraussetzung einer solchen Sanktion ist jedoch zunächst, dass es sich um eine überhaupt rechtliche zulässig und auf den Haftgrund bezogene[131] Beschränkung handelt, was der Haftrichter von Amts wegen zu prüfen hat (→ Rn. 16). Ist dies der Fall, kommt es darauf an, ob der Beschuldigte durch sein Verhalten die Sicherungswirkung der Auflagen abschwächt bzw. beseitigt und sich dadurch die den Haftgrund bildende Gefahrenlage wieder aktualisiert hat. Eine gröbliche Zuwiderhandlung gegen eine Auflage des Haftverschonungsbeschlusses liegt daher nur vor, wenn durch die Zuwiderhandlung der Haftgrund, etwa der Fluchtgefahr, verstärkt hat.[132] Auch ist dies anzunehmen, wenn der Beschuldigte durch wiederholte Anrufe bei der Geschädigten gegen die Auflage verstößt, mit dieser jeden telekommunikativen Kontakt zu vermeiden.[133] Jedoch rechtfertigt nicht jeder Verstoß eine Wiederinvollzugsetzung. Bloße Nachlässigkeiten oder Versehen genügen nicht, können jedoch bei mehrfacher Wiederholung ein zureichendes Gewicht erlangen.[134] Schuldloses und nicht als Pflichtwidrigkeit vorwerfbares Verhalten reicht ebenfalls nicht aus,[135] vielmehr muss der Haftverschonungsbeschluss angepasst werden.

53 **3. Anstalten zur Flucht (Abs. 4 Nr. 2 Alt. 1).** Der Beschuldigte trifft Anstalten zur Flucht, wenn er eine Veränderung seiner Umstände in die Wege leitet, die es den Strafverfolgungsbehörden unmöglich machen soll, seiner habhaft zu werden.[136] Notwendig ist allerdings, dass der Haftbefehl bislang auch auf den Haftgrund der Fluchtgefahr gestützt worden ist. Ansonsten muss dieser bei Vorliegen der Voraussetzungen des § 112 Abs. 2 Nr. 2 neu erlassen werden. Über den Wortlaut der Norm hinaus ist eine Invollzugsetzung auch dann möglich, wenn der Beschuldigte sich bereits durch Flucht ins Ausland oder durch Untertauchen im Inland dem Verfahren entzogen hat. In tatsächlicher Hinsicht darf der Haftrichter im Freibeweisverfahren seine Überzeugung auf alle zulässigen Beweismittel erstrecken, auch bei erforderlicher kritischer Beurteilung auf die Aussagen von Vertrauenspersonen.[137]

54 **4. Ausbleiben auf Ladung (Abs. 4 Nr. 2 Alt. 2).** Hierunter sind solche Termine zu verstehen, zu welchen der Beschuldigte ohne ausreichende Entschuldigung ausgeblieben ist, etwa nach §§ 133, 163a Abs. 3, 230 Abs. 2 oder § 236. Kurzfristige Verspätungen reichen nicht aus.[138] Der Beschuldigte muss zum Erscheinen verpflichtet sein, weshalb es nicht ausreicht, wenn er einer polizeilichen Vorladung keine Folge leistet.[139] Die Ladung an einen Zustellungsbevollmächtigten reicht dabei aus. Kommt der Beschuldigte seinen Meldeauflagen und Ladungen nach, rechtfertigt der Umstand, dass er unter seiner Wohnanschrift nicht mehr angetroffen werden kann, nicht die Wiederinkraftsetzung des Haftbefehls, wenn er sich ersichtlich nicht dem Verfahren, sondern nur seiner erneuten, von ihm für ungerechtfertigt gehaltenen Inhaftierung entziehen will.[140]

55 **Genügend entschuldigt** ist das Ausbleiben, wenn objektiv hinreichende Gründe für sein Ausbleiben gegeben sind. Ob der Beschuldigte solche auch hinreichend substantiiert dargetan hat, ist hingegen nicht von Belang.[141] Problematisch sind bei diesem Merkmal vor allem die Fälle, in welchen der Verdacht besteht, der Beschuldigte wolle sich durch

---

131 OLG Köln 5.1.2004 – 2 Ws 710/03.

132 OLG Frankfurt a. M. 13.7.1995 – 5 Ws 1/95, StV 1995, 476.

133 OLG Karlsruhe 14.5.2008 – 2 Ws 142/08, StRR 2008, 243.

134 KK-*Graf* § 116 Rn. 29.

135 BGH 1.4.2004 – StB 1/04, BGHR StPO § 116 Abs. 4 Umstände, neue (auflagenwidrige Abmeldung vom Schulbesuch wegen Überforderung).

136 LR-*Hilger* § 116 Rn. 49.

137 KG 5.1.2007 – 4 Ws 228/06, StRR 2007, 197.

138 KG 9.9.2002 – 1 AR 1077/02, NStZ 2004, 80.

139 KK-*Graf* § 116 Rn. 26.

140 OLG Karlsruhe 6.5.1999 – 3 Ws 95/99, StV 1999, 607.

141 *Meyer-Goßner* § 329 Rn. 18.

sein Prozessverhalten dem Verfahren entziehen. Grundsätzlich kann einem Beschuldigten aber ein rechtlich zulässiges Handeln nicht zum Nachteil angelastet werden,[142] weshalb ein „Missbrauch" nachgewiesen werden muss. Auch das Vorspiegeln einer Krankheit oder das Vortäuschen des Todes fällt unter diese Fallgruppe.[143] Ist ein Strafverfahren wegen vorübergehender Verhandlungsunfähigkeit des schwer herzkranken Angeklagten vorläufig eingestellt und ein Untersuchungshaftbefehl ua unter der Auflage außer Vollzug gesetzt worden, dass sich der Angeklagte unverzüglich in ärztliche Behandlung (Herzoperation) zu begeben habe, rechtfertigt die – nach ärztlicher Aufklärung über die Risiken der beabsichtigten Herzklappenoperation erfolgte – Weigerung des Angeklagten, sich der im Haftverschonungsbeschluss auferlegten Durchführung der Herzoperation zu unterziehen, die Wiederinvollzugsetzung des Haftbefehls nicht (→ Rn. 16).[144] Eine Aussetzung kann auch nicht widerrufen werden können, wenn der von seinem Schweigerecht Gebrauch machende Beschuldigte auf Ladung vor der Staatsanwaltschaft oder der Polizei nicht erscheint oder sich dort – wenn auch unerwartet- auf sein Aussageveweigerungsrecht beruft,[145] weil er insoweit nur eine ihm gesetzlich zustehende Rechtsposition wahrnimmt und daher nicht „rechtswidrig" handelt.

5. Vertrauensverlust (Abs. 4 Nr. 2 Alt. 3). Ein Verlust der Vertrauensgrundlage liegt 56 nach dieser allgemeinen Regelung vor, wenn sich aufgrund alter oder neu bekannt gewordenen Umstände herausstellt, dass die ursprüngliche Annahme, der Beschuldigte werde Pflichten und Beschränkungen erfüllen und sich dem Verfahren stellen, ein Irrtum war.[146] Auch insoweit ist eine Erschütterung der Vertrauensbasis erforderlich, so etwa wenn der Beschuldigte die ihm erteilten Anweisungen formal befolgt, sie jedoch durch ihm nicht ausdrücklich verbotene Handlungen unterläuft.[147]

6. Neu hervorgetretene Umstände (Abs. 4 Nr. 3. Alt. 3). Abs. 3 enthält eine **Generalklausel,** welche die beiden vorherigen Nummern 1 und 2 mit umfasst. Danach ist die 57 Haftverschonung zurück zu nehmen, wenn neu hervorgetretene Umstände die Verhaftung erforderlich machen. Hierzu gehören auch Tatsachen, welche bei Erlass des Aussetzungsbeschlusses schon vorlagen, aber erst später bekannt geworden sind. Erforderlich ist aber das Vorliegen von **„nova"**, eine lediglich andere Beurteilung bereits bekannter Umstände aufgrund eines unverändert gebliebenen Sachverhalts genügt nicht. An seine frühere Beurteilung der Risikolage ist das Gericht gebunden.[148] Zudem ist die Schwelle für einen Widerruf sehr hoch anzusetzen.[149] Erforderlich ist, dass die Vertrauensgrundlage der Aussetzungsentscheidung infolge der neuen Umstände entfallen bzw. in einem wesentlichen Punkt erschüttert ist (→ Rn. 58).

a) Allgemeines. „Neu" sind danach nachträglich eingetretene oder nach Erlass der 58 Aufhebung/Außervollzugsetzung des früheren Haftbefehls bekannt gewordene Umstände nur dann, wenn sie die Grundlage des Aufhebungsbeschlusses in einem so wesentlichen Punkt erschüttern, dass eine Aufhebung nicht erfolgt wäre, wenn sie bei der Entscheidung bereits bekannt gewesen wären. Notwendig ist eine Erschütterung in einem wesentlichen Punkt, so dass sie den Richter dazu bewogen hätten, keine Aussetzung zu bewilligen, wenn er diese gekannt hätte.[150] Ob die Vertrauensgrundlage der Aufhebungs- oder Aussetzungs-

[142] OLG Hamm 8.5.2007 – 4 Ws 201/07, StV 2008, 29.
[143] OLG Köln 15.11.2005 – 2 Ws 525-527/05.
[144] OLG Koblenz 28.11.2000 – 2 Ws 729/00.
[145] OLG Frankfurt a. M. 18.8.1992 – 1 Ws 144/92, StV 1992, 583 mAnm *Paeffgen* NStZ 1993, 533.
[146] *Meyer-Goßner* § 116 Rn. 27, LR-*Hilger* § 116 Rn. 49.
[147] KK-*Graf* § 116 Rn. 31.
[148] BVerfG 1.2.2006 – 2 BvR 2056/11, StraFo 2006, 108.
[149] KG 27.3.1998 – 1 AR 301/98; OLG Frankfurt a. M. 3.6.2004 – 1 Ws 46/04, StV 2004, 493; BVerfG 1.2.2006 – 2 BvR 2056/11, StraFo 2006, 108.
[150] OLG Düsseldorf 8.11.2001 – 5 Ws 544/01, StV 2002, 207, OLG München 27.7.1977 – 1 Ws 852/77, NJW 1978, 771; OLG Nürnberg 20.3.2013 – 2 Ws 127/13, StV 2013, 519; OLG Frankfurt a. M. 24.3.2010 – 1 Ws 38/10, StV 2010, 586; OLG Stuttgart 25.8.2008 – 1 Ws 254/08, StraFo 2009, 104; *Schlothauer/Weider* Rn. 1257.

entscheidung wesentlich erschüttert ist,[151] erfordert vor dem Hintergrund der wertsetzenden Bedeutung des Grundrechts der persönlichen Freiheit eine Beurteilung sämtlicher Umstände des Einzelfalles.[152] In der Forensischen Praxis lassen sich hierzu folgende Fallgestaltungen unterscheiden:

59 **b) Weitere Taten.** Der in der Praxis wohl häufigste Fall einer Wiederinvollzugsetzung liegt vor, wenn im Laufe des Ermittlungsverfahrens weitere Taten des Beschuldigten bekannt werden oder aber sich der Tatverdacht im Nachhinein wegen schon bekannter Vorwürfe verdichtet.[153] Immer kommt es aber darauf an, ob durch die neuen Taten die Fluchtgefahr wesentlich erhöht ist.[154] Insoweit ist zunächst aber erforderlich, dass insoweit auch ein dringender Tatverdacht besteht und die neuen Tatvorwürfe auch in den Haftbefehl mit aufgenommen werden. Hier ist aber zu beachten, dass auch in einem solchen Fall der „verfahrensbezogenen Anpassung eines Haftbefehls" die Sperrwirkung des Abs. 4 gilt, also auch eine vollständige Neufassung des Haftbefehls unter Aufhebung der vormaligen Haftgrundlage einer „Anpassung" gleichgestellt (→ Rn. 51).[155] Zu vorliegender Gruppe gehören auch die Fallgestaltungen, in welchem dem Beschuldigten eine weitere Verurteilung oder aber – wie so oft – der Widerruf einer früher gewährten Strafaussetzung droht. Auch insoweit ist eine Verhaftung nicht erforderlich, wenn sich auch unter Berücksichtigung einer möglichen Gesamtstrafenbildung die Straferwartung nicht wesentlich erhöht.[156]

60 **c) Tatverdacht.** Neu hervorgetretene Umstände können sich dagegen nicht auf den (dringenden) Tatverdacht beziehen. Dieser ist bereits Grundvoraussetzung für Erlass und Aufrechterhaltung jeden Haftbefehls. Demgemäß ist ohne Bedeutung, dass sich der dem Haftbefehl oder der Anklage zugrunde gelegte dringende Tatverdacht auf Grund der Beweisaufnahme in der Hauptverhandlung bestätigt hat und damit noch „dringender" geworden ist.[157] Wurde ein bereits vollzogener Haftbefehl mangels dringendem Tatverdacht aufgehoben und tauchen nun weitere Beweismittel zu seiner Begründung auf, so tritt die Sperrwirkung jedenfalls dann ein, wenn der Beschuldigten hiermit rechnen musste und sich gleichwohl dem Verfahren unter Einhaltung der erteilten Beschränkungen nicht entzogen hat.

61 **d) Weiterer Haftgrund.** Für einen Wideruf in Betracht kommen vor allem Fälle, in denen ein weiterer Haftgrund zu dem im Haftbefehl aufgeführten hinzutritt oder diesen ersetzt[158] oder sich der dem Haftbefehl zugrundeliegende Haftgrund verschärft.[159] So kann sich etwa der Haftgrund der Fluchtgefahr dadurch verschärfen, dass soziale Bindungen wegfallen.

62 **e) Anklageerhebung.** Die Anklageerhebung stellt für sich gesehen grundsätzlich keinen neuen Umstand dar und zwar auch dann nicht, wenn der Beschuldigte mit der Erhebung nicht gerechnet hat.[160] Gleiches gilt für sich gesehen für den Schlussantrag der Staatsanwaltschaft (→ Rn. 63 ff.).[161]

63 **f) Ergangenes Urteil.** Ein nach der Haftverschonung ergangenes (nicht rechtskräftiges) Urteil oder ein hoher Strafantrag der Staatsanwaltschaft können zwar durchaus geeignet

[151] OLG Nürnberg 20.3.2013 – 2 Ws 127/13, StV 2013, 519.

[152] BVerfG 1.2.2006 – 2 BvR 2056/11, StraFo 2006, 108.

[153] Schleswig-Holsteinisches Oberlandesgericht 29.3.2006 – 2 Ws 127/06, SchlHA 2007, 284; aA OLG Karlsruhe 11.4.2005 – 3 Ws 114/05, wistra 2005, 316 (enger Zusammenhang der Taten).

[154] OLG Stuttgart 15.1.1998 – 1 Ws 10/98, StV 1998, 553; KK-*Graf* § 116 Rn. 33.

[155] OLG Celle 8.11.2011 – 2 Ws 311/11, NdsRpfl. 2012, 75; siehe hierzu auch *Herrmann* StRR 2013, 12 ff.

[156] KG 30.9.1998 – 1 AR 1122/98.

[157] OLG München 27.7.1977 – 1 Ws 852/77, NJW 1978, 771; OLG Frankfurt a. M. 6.11.2000 – 1 Ws 139/00, StraFo 2001, 144; OLG Zweibrücken 23.8.2006 – 1 Ws 321/06.

[158] OLG Köln 25.11.2003 – 2 Ws 629/03 – Fluchtgefahr anstatt Verdunkelungsgefahr.

[159] KK-*Graf* § 116 Rn. 33; *Schlothauer/Weider* Rn. 1095.

[160] OLG Karlsruhe 6.5.1999 – 3 Ws 95/99, StV 1999, 607.

[161] OLG Hamm 27.5.1980 – 2 Ws 132/80.

sein, den Widerruf einer Haftverschonung und die Invollzugsetzung eines Haftbefehls zu rechtfertigen. Dies setzt jedoch voraus, dass von der Prognose des Haftrichters bezüglich der Straferwartung der Rechtsfolgenausspruch des Tatrichters oder die von der Staatsanwaltschaft beantragte Strafe **erheblich zum Nachteil des Angeklagten abweicht** und sich die Fluchtgefahr dadurch ganz wesentlich erhöht.[162] Ob dies der Fall ist, ist durch Abwägung und Beurteilung sämtlicher Umstände des Einzelfalls zu ermitteln.[163] War daher zum Zeitpunkt der Außervollzugsetzung des Haftbefehls mit der später ausgesprochenen – auch höheren – Strafe zu rechnen[164] und hat der Beschuldigte die ihm erteilten Auflagen gleichwohl korrekt befolgt, so liegt kein zum Widerruf berechtigender Fall des Abs. 4 vor.[165] Selbst der Umstand, dass der um ein günstigeres Ergebnis bemühte Angeklagte infolge des Schlussantrags der Staatsanwaltschaft oder gar durch das Urteil selbst die Vergeblichkeit seiner Hoffnungen erkennen muss, kann einen Widerruf der Haftverschonung nicht rechtfertigen, sofern ihm die Möglichkeit eines für ihn ungünstigen Ausgangs während der Außervollzugsetzung des Haftbefehls stets vor Augen stand und er gleichwohl allen Auflagen beanstandungsfrei nachgekommen ist.[166]

Der vom Beschuldigten auf Grundlage des Verschonungsbeschlusses gesetzte Vertrauens- 64
tatbestand setzt sich hier als Ausprägung der wertsetzenden Bedeutung des Grundrechts der persönlichen Freiheit (Art. 2 Abs. 2 Satz 2 GG) im Rahmen der vorzunehmenden Abwägung durch. Insoweit kommt dem tatsächlichen Verhalten des Beschuldigten erhebliche Bedeutung bei.[167] Hat etwa schon die Staatsanwaltschat in ihrem Schlussvortrag die Verhängung einer hohen Strafe beantragt und erscheint er gleichwohl zur Urteilsverkündung, so wird eine Invollzugsetzung zumeist nicht in Betracht kommen.[168]

Möglich ist ein Widerruf jedoch auch dann, wenn es zu einer **deutlich höheren**[169] und 65
die Fluchtgefahr deutlich erhöhenden[170] Strafe kommt als vom Haftrichter – und damit auch vom Beschuldigten – bei der Verschonung erwartet Dies wird sich regelmäßig aber nicht feststellen lassen, wenn in Haftverschonungsbeschluss lediglich unsubstantiiert davon die Rede ist, der Beschuldigte müsse mit einer „erheblichen Freiheitsstrafe" rechnen.[171] **Verfahrensrechtlich** bedeutet dies für die Abfassung[172] der Haftentscheidung, dass das Gericht nachvollziehbare Feststellungen dazu treffen muss, von welcher Straferwartung das Gericht bzw. der Beschuldigte im Zeitpunkt der Außervollzugsetzung des Haftbefehls ausgegangen ist.[173] Insoweit bedarf es konkreter Feststellungen, bloße Mutmaßungen genügen nicht.[174]

g) Sonstige Fallgestaltungen. Neue Umstände können sich auch dadurch ergeben, 66
dass die fluchthindernde Wirkung einer Sicherheit durch entstandene Differenzen zwischen dem Beschuldigten und dem Bürgen entfällt oder wesentlich abgeschwächt wird,[175] soziale

[162] BVerfG 11.6.2012 – 2 BvR 720/12, StV 2013, 94; KG 27.3.1998 – 1 AR 301/98; OLG Frankfurt a. M. 6.11.2000 – 1 Ws 139/00-, StraFo 2001, 144; dass. 3.6.2004 – 1 Ws 46/04, StV 2004, 493; OLG Düsseldorf 8.11.2001 – 4 Ws 544/01, StV 2002, 207.

[163] OLG Hamm 27.12.2002 – 2 Ws 474/02, StV 2003, 512.

[164] OLG Nürnberg 8.4.2011 – 2 Ws 148/11, StraFo 2011, 224; OLG Zweibrücken 23.8.2006 – 1 Ws 321/06; OLG Bamberg 10.8.2005 – Ws 597/05, StraFo 2005, 421.

[165] BVerfG 1.2.2006 – 2 BvR 2056/11, StraFo 2006, 108; BGH 16.9.2004 – 4 StR 84/04, NStZ 2005, 279.

[166] *Schlothauer/Weider* Rn. 1095; OLG Hamm 27.12.2002 – 2 Ws 474/02, StV 2003, 512.

[167] KG 3.5.2007 – 4 Ws 56-58/07, StRR 2007, 237.

[168] OLG Hamm 27.12.2002 – 2 Ws 474/02, StV 2003, 512.

[169] BGH 28.10.2005 – StB 15/05, NStZ 2006, 297.

[170] BVerfG 15.8.2007 – 2 BvR 1485/07, NStZ-RR 2007, 379; OLG Hamm 7.8.2012 – III – 2 Ws 252/12, PStR 2012, 269.

[171] OLG Koblenz 21.8.2008 – 1 Ws 421/08, NStZ-RR 2009, 189.

[172] BVerfG 15.8.2007 – 2 BvR 1485/07, NStZ-RR 2007, 379; BVerfG 11.6.2012 – 2 BvR 720/12, StV 2013, 94.

[173] BVerfG 1.2.2006 – 2 BvR 2056/11, StraFo 2006, 108; OLG Koblenz 30.6.1999 – 2 Ws 392/99, StraFo 1999, 322.

[174] OLG Düsseldorf 27.9.1999 – 4 Ws 250/99, StV 2000, 211.

[175] KK- *Graf* § 116 Rn. 33.

Bindungen mit fluchthindernder Wirkung entfallen,[176] finanzielle Verhältnisse sich verändern[177] oder der Beschuldigte in einem anderen Verfahren massive Bedrohungen gegen Zeugen ausspricht.[178] Anders wenn der Beschuldigte nur auf für das vorliegende Verfahren bedeutungslose Zeugen einwirkt,[179] dieser eine bei Gericht hinterlegte Barkaution an seinen Verteidiger abtritt[180] oder ein in gleicher Sache Mitbeschuldigter zwischenzeitlich verurteilt wird.[181] Auch wenn ein Widerrufsgrund vorliegt, ist ein solcher verwehrt, wenn es zu einer wesentlichen Verletzung des Beschleunigungsgebots gekommen ist.[182]

67 **h) Verschärfung von Haftverschonungsauflagen.** Auch solche sind grundsätzlich nur bei Vorliegen der Voraussetzungen des Abs. 4 zulässig und können nicht hiervon unabhängig angeordnet werden.[183] Daher kann auch eine Sicherheitsleistung nicht ohne weiteres nachträglich angeordnet oder erhöht werden.[184] Andererseits muss vor jeder an sich rechtlich zulässigen Widerrufsentscheidung geprüft werden, ob nicht eine Auflagenverschärfung als milderes Mittel der Verfahrenssicherung in Betracht kommt.[185]

68 **7. Verfahrensfragen.** Die Anordnung des Vollzugs des Haftbefehls erfolgt auf Antrag der Staatsanwaltschaft oder von Amts wegen durch begründeten Beschluss (§ 34) und vorherige Anhörung des Beschuldigten (§ 33 Abs. 4). Nach erfolgter Festnahme ist der Beschuldigte dann erneut dem nach §§ 115, 115a zuständigen Richter vorzuführen.[186] Bei Gefahr im Verzug ist es zulässig, dass die Beamten des Polizeidienstes den Beschuldigten auch vor einer Widerufsentscheidung vorläufig festnehmen und dem Richter vorführen, wenn eine wesentliche Veränderung der Verhältnisse eingetreten ist.[187] Anfechtbar ist der Beschluss mit der Beschwerde (§ 304), auch gegenüber dem erkennenden Gericht (§ 305 Satz 2), wobei auch das Rechtsmittel der weiteren Beschwerde statthaft ist (§ 310). Auch im Falle einer laufenden Hauptverhandlung (→ Rn. 45 f.) sind die Voraussetzungen des Abs. 4 zur Wahrung der Rechtsstaatlichkeit des Verfahrens durch das Beschwerdegericht in vollem Umfang zu überprüfen. Im Übrigen wird hinsichtlich Verfahrensfragen auf Rn. 41 ff. verwiesen.

§ 116a [Aussetzung gegen Sicherheitsleistung]

(1) [1]Die Sicherheit ist durch Hinterlegung in barem Geld, in Wertpapieren, durch Pfandbestellung oder durch Bürgschaft geeigneter Personen zu leisten. [2]Davon abweichende Regelungen in einer auf Grund des Gesetzes über den Zahlungsverkehr mit Gerichten und Justizbehörden erlassenen Rechtsverordnung bleiben unberührt.

(2) Der Richter setzt Höhe und Art der Sicherheit nach freiem Ermessen fest.

(3) Der Beschuldigte, der die Aussetzung des Vollzugs des Haftbefehls gegen Sicherheitsleistung beantragt und nicht im Geltungsbereich dieses Gesetzes wohnt, ist verpflichtet, eine im Bezirk des zuständigen Gerichts wohnende Person zum Empfang von Zustellungen zu bevollmächtigen.

---

176 BGH 1.4.1004 – StB 1/04, BGHR StPO § 116 Rn. 4 Umstände, neue 1.

177 OLG Zweibrücken 23.8.2006 – 1 Ws 321/06.

178 OLG Hamm 3.9.1998 – 2 Ws 375/98, NStZ-RR 1998, 53.

179 OLG Düsseldorf 15.2.1984 – 1 Ws 141/84, StV 1984, 339 (vorliegendes Geständnis); aM OLG Hamm 3.9.1998 – 2 Ws 375/98, NStZ-RR 1999, 23.

180 LG Hagen 1.8.2001 – 46 Qs 118/01, StV 2001, 688; *Schlothauer/Weider* Rn. 1260.

181 LG Hagen 1.8.2001 – 46 Qs 118/01, StV 2001, 688.

182 OLG Köln 18.3.1988 – 2 Ws 125/88, StV 1988, 345; *Schlothauer/Weider* Rn. 1265.

183 BVerfG 27.9.2012 – 2 BvR 1874/12, StV 2013, 96.

184 OLG Frankfurt a. M. 24.3.2010 – 1 Ws 38/10, StV 2010, 586.

185 BVerfG 11.6.2012 – 2 BvR 720/12, StV 2013, 94.

186 Vgl. hierzu *Böhm/Werner* § 115 Rn. 5.

187 KK-*Graf* § 116 Rn. 35; *Meyer-Goßner* § 116 Rn. 30.

Schrifttum: *Amelung, Martin,* Die Sicherheitsleistung nach §116 StPO, StraFo 1997, 300; *Büttner, Holger,* Zustellungsbevollmächtigte – Zeitbomben im Strafverfahren?, DriZ 2007, 188; *Eckstein, Frank,* Zur Zulässigkeit einer Verrechnungsauflage bei einer Kaution im Rahmen einer Außervollzugsetzung einer Untersuchungshaft, StV 1998, 554; *Herzog, Felix/Hoch, Temba/Warius, Silke,* Die Sicherheitsleistung als Vehikel der Rückgewinnungshilfe – Rückgewinnungshilfe contra konkrete und wirkliche Strafverteidigung?, StV 2007, 542; *Hohlweg, Martin,* Sicherheitsleistung bei Verdunkelungsgefahr, NStZ 1998, 600; *Huber, Michael,* Aus der Praxis: Der Richter des nächsten Amtsgerichts oder: Ostern hinter Gittern, JuS 2006, 322; *Kummer, Joachim,* Zu den Rechtsbeziehungen zwischen dem Strafverteidiger und dem Dritten, der dem Beschuldigten einen Betrag zwecks Verwendung als Kaution zur Verfügung stellt, JurisPR-BGHZivilR 37/2004 Anm. 6; *Park, Tido,* Der Haftgrund der Verdunkelungsgefahr in Wirtschafts- oder Steuerstrafsachen, wistra 2001 247; *Rixen, Stephan,* Kaution durch die Kommune? – § 116 I 2 Nr. 4 StPO und das Kommunalrecht, NStZ 1999, 329; *Rückhelm, Antje,* Aufhebung der Hinterlegungsordnung, Rpfleger 2010, 1; *Sättele, Alexander,* Unabtretbarkeit einer Kaution, StV 2000, 510; *Schweckendieck, H.,* § 116 StPO und Rechtskraft, NStZ 2011, 10; *Seebode, Manfred,* Zur Rechtsbeugung bei Verfahrensverstößen im Zusammenhang mit einer Haftverschonung, JR 1997, 474.

Übersicht

I. Allgemeines

Die Vorschrift regelt abschließend die Möglichkeiten, in welcher Form die in § 116 Abs. 1 Nr. 4 vorgesehene Sicherheitsleistung durch den Beschuldigten oder einen anderen erbracht werden kann (→ Rn. 18–24) Ob eine Aussetzung der Untersuchungshaft gegen Sicherheitsleistung jedoch überhaupt in Frage kommt, bestimmt sich jedoch weitgehend nach § 116 Abs. 1 Nr. 4, welcher in vorliegendem Rahmen besprochen werden soll (→ Rn. 2–17).[1] 1

II. Grundlagen der Aussetzung des Vollzugs (§ 116 Abs. 1 Nr. 4)

1. Allgemeines. Nach § 116 Abs. 1 Nr. 4 muss der Richter den Vollzug eines Haftbefehls wegen Fluchtgefahr aussetzen, wenn weniger einschneidende Maßnahmen die Erwartung hinreichend begründen, dass die Haftzwecke auch hierdurch erreicht werden können. Von der in Abs. 1 Nr. 4 vorgesehenen Möglichkeit der Gestellung einer Sicherheitsleistung oder Kaution wird in der forensischen Praxis allerdings viel zu wenig Gebrauch gemacht, obwohl eine solche vor allem dann ein zusätzlich stabilisierendes Moment darstellt und die Fluchtgefahr in erheblicher Weise mindert, wenn die gerichtlich festgelegte Sicherheitsleistung ganz oder teilweise von Familienangehörigen aufgebracht wird (→ Rn. 9).[2] Während die sonstigen in § 116 Abs. 1 vorgesehenen Maßnahmen vor allem dem Zweck dienen, die Anwesenheit des Beschuldigten über die Dauer des Verfahrens zu sichern, soll durch eine Sicherheitsleistung 2

[1] Vgl. hierzu aber auch *Böhm* § 116 Rn. 25, 31.

[2] OLG Zweibrücken 4.10.2010 – 1 Ws 238/10, StV 2011, 164; *Böhm* § 116 Rn. 25.

darüber hinaus auch der Antritt einer erkannten Freiheitsstrafe oder einer freiheitsentziehenden Maßregel der Besserung und Sicherung sichergestellt werden,[3] weil auch in einem solchen Fall die Sicherheitsleistung verfällt (§ 124 Abs. 1).[4] Eine solche Folge tritt jedoch nicht ein, wenn der später Verurteilte eine Geldstrafe nicht bezahlt, für die Kosten des Verfahrens nicht aufkommt oder eine Ersatzfreiheitsstrafe nicht antritt, denn die Sicherung solcher weiterer Folgen ist nicht Zweck der nach Abs. 1 Nr. 4 auferlegten Sicherheitsleistung,[5] weshalb auch eine Aufrechnung der Gerichtskosten gegen den Herausgabeanspruch des Beschuldigten ausscheidet.[6] Für solche Ansprüche kommt jedoch § 127a Abs. 1 Nr. 1 als Rechtsgrundlage im Hinblick auf die Gestellung einer Sicherheitsleistung in Betracht.[7]

3 Eine § 116 Abs. 1 Nr. 4 entsprechende Regelung enthält **§ 5 Abs. 3 Satz 2 MRK,** wonach die Entlassung eines Beschuldigten von der Leistung einer Sicherheit für das Erscheinen vor Gericht abhängig gemacht werden kann. Auch wenn diese Vorschrift nach ihrem Wortlaut lediglich die Möglichkeit der Leistung einer Kaution zur Sicherung des „Erscheinens bei Gericht" vorsieht, kann ihr eine Einschränkung des Regelungsbereichs der §§ 116 Abs. 1 Satz 2 Nr. 4, 124, nach welche die Leistung einer Kaution nicht nur zur Sicherung des Verfahrens, sondern auch der Strafvollstreckung dient (→ Rn. 2), nicht entnommen werden.[8] Im Übrigen wäre es aber auch nicht mit Art. 5 Abs. 3 S. 3 EMRK vereinbar, die Höhe der für eine bedingte Haftentlassung zu erbringenden Sicherheit ausschließlich entsprechend dem Schaden festzusetzen, der dem Betroffenen angelastet wird. Die Sicherheitsleistung dient nicht der Wiedergutmachung des entstandenen Schadens, sie soll vielmehr das Erscheinen des Betroffenen in der Hauptverhandlung garantieren (→ Rn. 2). Daher ist deren Höhe in erster Linie in Bezug auf den Betroffenen zu bemessen.[9]

4 Die Leistung einer angemessenen Sicherheit stellt **keine Strafe oder strafähnliche Sanktion** dar und beinhaltet auch kein sozialethisches Unwerturteil.[10] Nicht der Ungehorsam des Beschuldigten gegenüber einem staatlichen Ge- oder Verbot begründet den Verfall der Sicherheit. Dieser ist vielmehr ausschließlich eine Folge des Sicherungszwecks. Dementsprechend lassen die §§ 116 Abs. 1 Satz 2 Nr. 4, 116a Abs. 1 StPO auch die Sicherheitsleistung durch einen Dritten zu. Diese und ein etwaiger Verfall folgen daher in ihrer Bewertung nicht den Grundsätzen, die für strafähnliche Sanktionen, wie etwa die Ordnungsmittel nach § 890 ZPO gelten und setzen keine strafrechtliche Vorwerfbarkeit, also strafrechtliche Schuld iSv §§ 20, 21 StGB voraus. Aus dem Sicherungszweck folgt, dass die Auflegung einer Sicherheitsleistung und ggf. auch deren möglicher Verfall weder eine Verletzung der Menschenwürde (Art. 1 Abs. 1 GG), eine unzulässige Beschränkung der allgemeinen Betätigungsfreiheit (Art. 2 Abs. 1 GG) noch eine Verletzung der Eigentumsgarantie (Art. 14 GG) darstellt.[11]

5 Auch der **Gleichheitsgrundsatz** wird nicht verletzt, obwohl die Erbringung einer Sicherheit im Regelfall und nach der forensischen Praxis nur dem Wohlhabenden möglich ist und ihm deshalb leichter zur Entlassung aus der Haft verhelfen kann,[12] denn das Grundgesetz geht von der bestehenden Wirtschaftsordnung aus, das wirtschaftliche Ungleichheiten kennt. Daher muss die Rechtsordnung die Ausübung von Rechten von der Wirtschaftslage unabhängig stellen, kann aber dem Vermögenden nicht deshalb Rechte versagen, weil sich der Vermögenslose diesen nicht bedienen kann.[13] Hinzu kommt, dass die Höhe der aufzuerlegenden Sicherheit den Einkommens- und Vermögensverhältnissen des jeweiligen

---

[3] OLG München 18.5.2000 – 2 Ws 137/00, StV 2000, 509.
[4] LR-*Hilger* § 116a Rn. 1; *Böhm/Werner* § 124 Rn. 7 und § 123 Rn. 4, 12.
[5] LG München 3.8.1998 – 5 Os 5/98, StV 1998, 554; *Eckstein* StV 1998, 554; *Böhm* § 124 Rn. 7.
[6] OLG Frankfurt a. M. 3.2.2000 – 20 W 409/99, StV 2000, 509 (Nur Pfändung möglich).
[7] *Meyer-Goßner* § 116 Rn. 10.
[8] Vgl. allg. auch *Meyer-Goßner* Rn. 5 vor Art. 1. MRK.
[9] EGMR 27.6.1968 – 1936/63, EGMR- E 1, 62.
[10] BVerfG 28.8.1990 – 2 BvR 375/90, NStZ 1991, 142; dass. 27.9.2012 – 2 BvR 1874/12, StV 2013, 96; KK-*Graf* § 116 Rn. 18; 116a Rn. 4.
[11] BVerfG 28.8.1990 – 2 BvR 375/90, NStZ 1991, 142.
[12] OLG Bamberg 6.6.1958 – Ws 193/58, MDR 1958, 788; *Meyer-Goßner* § 116 Rn. 10.
[13] LR-*Hilger* § 116a Rn. 2.

Beschuldigten angepasst werden muss, so dass auch der Minderbemittelte – an sich – gegen eine Kaution freigelassen werden kann.[14]

2. Erfüllung des Sicherungszwecks. Voraussetzung der Auferlegung einer Sicherheitsleistung ist, dass eine solche überhaupt zur Sicherung des Verfahrens geeignet ist. Dies ist etwa bei einem Agenten zu verneinen, wenn davon auszugehen ist, dass letztendlich der Auftraggeber die Sicherheitsleistung erbringen wird.[15] Insoweit sind aber auch andere Fallgestaltungen denkbar. So wird etwa im Bereich der organisierten - oder der Wirtschaftskriminalität eine Außervollzugsetzung gegen Sicherheitsleistung schon dann ausscheiden, wenn der naheliegende Verdacht besteht, dass diese durch einen finanziell hiervon nicht abhängigen Dritten erbracht wird. Kautionen einer Gemeinde sind unzulässig.[16] Bezüglich der Bemessung der Höhe der Sicherheit ist von folgendem auszugehen: 6

a) Leistung der Sicherheit durch den Beschuldigten. Die Anordnung einer Sicherheitsleistung ist nur dann sinnvoll, wenn zu erwarten ist, dass ein Beschuldigter lieber die Durchführung des gegen ihn gerichteten Strafverfahrens und die ihm drohende Sanktion als den Verlust der Vermögenswerte hinnimmt. Dies setzt voraus, dass die Sicherheit der Höhe nach (vgl. Abs. 2 und → Rn. 25) so bemessen wird, dass sie nach Art und Höhe auf den Beschuldigten einen psychischen Zwang ausübt, sich dem Verfahren zu stellen. Bei der Bemessung der Sicherheit ist dabei den Einkommens- und Vermögensverhältnissen des Beschuldigten Rechnung zu tragen, wobei keine unzumutbaren Anforderungen an ihn gestellt werden dürfen[17] und die maßgeblichen vermögensbildenden Umstände auch berücksichtigt werden müssen.[18] Grundsätzlich sollte die Bemessung aber so erfolgen, dass ein Verlust empfindlich wäre.[19] Immer ist jedoch die Bemessung der Kaution von der individuellen Fallgestaltung abhängig, wobei neben den fluchtbegründenden und fluchthindernden Umständen auch das Gewicht der vorgeworfenen Straftat zu berücksichtigen ist.[20] 7

Auch kann es geboten sein, dem Beschuldigten im Falle der Hinterlegung einer Barkaution zu verbieten, die Forderung auf Kautionsrückzahlung vor Verfahrensabschluss abzutreten und hierzu eine entsprechende Verpflichtungserklärung abzugeben.[21] Insoweit ist bei der Bestimmung der Leistung der Sicherheit durch den Beschuldigten selbst zu beachten, dass schon eine gerichtliche Anordnung dahin, dass eine Sicherheitsleistung durch denjenigen, gegen den sich das Verfahren richtet, als Eigenhinterleger zu erbringen ist, bereits ohne Weiteres zur Folge hat, dass der in Bezug auf die hinterlegte Sicherheit bestehende bedingte Rückforderungsanspruch von Gesetzes wegen nicht abgetreten werden kann.[22] 8

b) Leistung der Sicherheit durch einen Dritten. Eine solche wird nur zuzulassen sein, wenn nach der Persönlichkeit des Beschuldigten und seinen Beziehungen zu dem Dritten zu erwarten ist, er werde diesen nicht durch den Verlust der Sicherheit zu Schaden kommen lassen.[23] Hiervon kann gerade bei der Leistung der Kaution durch Familienangehörige oftmals ausgegangen werden.[24] Damit der Dritte die Leistung der Kaution nicht als „Freundschaftsgeschenk"[25] ansehen kann, darf die Sicherheitsleistung nicht nur nach dem 9

---

[14] KK-*Graf* § 116 Rn. 18.

[15] BGH 15.3.1979 – 7 Bjs 15/79 und 18.1.1991 – StB 1/91; *Schmidt* MDR 1992, 548.

[16] *Rixen* NStZ 1999, 329.

[17] KG 5.11.1999 – 2 AR 158/99 – 4 Ws 274/99.

[18] BVerfG 27.9.2012 – 2 BvR 1874/12, StV 2013, 96 (Folgen der Privatinsolvenz des Beschuldigten nicht berücksichtigt).

[19] LR-*Hilger* § 116a Rn. 9.

[20] OLG Karlsruhe 14.1.2002 – 3 HEs 277/01.

[21] AG Hamburg 7.12.1999 – 141a 343/99, StV 2000, 512; OLG München 5.8.1997 – 25 U 2527/97, NJW-RR 1998, 1372; *Sättele* StV 2000, 510.

[22] OLG Hamm 9.9.2009 – 1 Ws 595/08, StRR 2009, 271; vgl. auch *Böhm/Werner* § 123 Rn. 23 f.

[23] OLG Hamm 9.9.2009 – 1 Ws 595/08, StRR 2009, 271; LR-*Hilger* § 116a Rn. 10.

[24] OLG Hamm 17.6.2002 – 2 Ws 228/02, StraFo 2002, 338; OLG Köln 22.11.1996 – HEs 210/96, StraFo 1997, 93; OLG Karlsruhe 14.1.2002 – 3 HEs 277/01.

[25] LR-*Hilger* § 116a Rd. 10.

Vermögen des Beschuldigten, sondern muss auch nach dem Vermögen des Dritten bemessen werden.[26] Eine andere Beurteilung kann aber dann angezeigt sein, wenn – auch – die Ehre des Beschuldigten bei der Gewährung der Sicherheit durch einen Dritten eine Rolle spielt. Durch die Höhe des festzusetzenden Betrages ist jedoch unter Beachtung des Grundsatzes der Verhältnismäßigkeit[27] sicherzustellen, dass sich der Beschuldigte eher dem Strafverfahren und einer etwaigen Sanktion stellt, als sich diesem mit der Folge zu erwartender Konflikte mit dem Sicherungsgeber zu entziehen.[28]

10 Die Leistung der Sicherheit aus eigenen Mitteln des **Verteidigers** ist rechtlich nicht unzulässig, dürfte aber im Regelfall dem Sicherungszweck nicht genügen und stellt darüber hinaus die anwaltliche Unabhängigkeit in Frage.[29] Auch sollte ein Strafverteidiger beachten, dass er sich wegen Geldwäsche, Begünstigung, Beihilfe zum Vereiteln der Zwangsvollstreckung und Betrug strafbar machen kann, wenn er etwa die aus einer Katalogtat im Sinne von § 261 Abs. 1 S. 2 StGB stammende Kautionszahlung über ein Privatkonto leitet und im eigenen Namen hinterlegt.[30]

11 Hält der Haftrichter die nach § 116a zulässige Leistung einer Sicherheit durch einen Dritten für ausreichend, muss er dies im **Anordnungsbeschluss** ausdrücklich zum Ausdruck bringen (→ Rn. 22).[31] Enthält der Beschluss keine gegenteilige Anordnung kann der Beschuldigte die Sicherheit auch mit Mitteln erbringen, welche ihm von Dritten zur Verfügung gestellt werden.[32] Anders aber bei der Gestellung einer Bürgschaft (→ Rn. 21). Wird eine solche nicht – wie im Anordnungsbeschluss vorgesehen – vom Beschuldigten selbst, sondern von einem Dritten gestellt und dies vom Gericht als ausreichend zur Gewährung der Haftverschonung angesehen, kann eine mögliche Pfändung nach § 111c Abs. 3 ins Leere laufen.[33]

12 **3. Kein Antrags- oder Zustimmungserfordernis.** Die Außervollzugsetzung eines Haftbefehls gegen Sicherheitsleistung ist grundsätzlich nicht von einem Antrag des Beschuldigten oder von dessen Zustimmung abhängig, vielmehr kann der Haftrichter eine solche Entscheidung auch von Amts wegen treffen (→ Rn. 25),[34] denn gegenüber dem Vollzug eines Haftbefehls stellt die Außervollzugsetzung gegen Auflagen auch dann das mildere Mittel dar, wenn der Beschuldigte hiermit nicht ausdrücklich einverstanden ist. Der Beschuldigte kann allerdings nicht zur Leistung der Sicherheit gezwungen werden. Kann er diese trotz seiner Bemühungen nicht erbringen oder will er dies nicht, weil er den Zugriff von Gläubigern auf sein Vermögen befürchtet,[35] bleibt er in Haft bleibt. In der Praxis erfolgt aber die Anordnung einer Sicherheitsleistung zumeist aber auf Antrag des Beschuldigten bzw. seines Verteidigers und nach zuvor erfolgter Abklärung der Einkommens- und Vermögensverhältnisse des Beschuldigten.

13 **4. Sicherheitsleistung bei anderen Haftgründen.** Auch wenn die Auferlegung einer Sicherheitsleistung in Abs. 1 Nr. 4 beim Haftgrund der Fluchtgefahr aufgeführt ist, kommt eine solche auch beim Haftgrund der Verdunkelungsgefahr (§ 116 Abs. 2),[36] der Wiederholungsgefahr (§ 116 Abs. 3)[37] und der Schwerkriminalität[38] in Betracht. So kann auch ein

[26] Schleswig-Holsteinisches Oberlandesgericht 24.6.1994 – 3 Ws 225/94, OLGSt StPO § 116a Rn. 2.
[27] BVerfG 27.9.2012 – 2 BvR 1874/12, StV 2013, 96.
[28] OLG Karlsruhe 14.1.2002 – 3 HEs 277/01.
[29] *Schlothauer/Weider* Rn. 610.
[30] OLG Frankfurt a. M. 10.3.2005 – 2 Ws 66/04, NJW 2005, 1727 mAnm *Herzog ua* StV 2007, 542; siehe hierzu auch *Kummer* JurisPR-BGHZivilR 37/2004 Anm. 6.
[31] OLG Karlsruhe 14.1.2002 – 3 HEs 277/01.
[32] KK-*Graf* § 116a Rn. 3.
[33] OLG Karlsruhe 11.8.2000 – 3 Ws 44/00, NStZ-RR 2000, 375; LG Gießen 29.5.2006 – 2 Kls 502 Js 23635/05, StV 2006, 643.
[34] OLG Karlsruhe 14.1.2002 – 3 HEs 277/01; *Meyer-Goßner* § 116 Rn. 10.
[35] OLG Frankfurt a. M. 3.2.2000 – 20 W 409/99, StV 2000, 509; OLG Karlsruhe 14.1.2002 – 3 HEs 277/01.
[36] *Böhm* § 116 Rn. 25.
[37] *Böhm* § 116 Rd. 34.
[38] *Böhm* § 116 Rn. 38.

wegen Verdunkelungsgefahr erlassener Haftbefehl im Hinblick darauf, dass die Beweise weitgehend gesichert sind und die Anklage inzwischen erhoben ist, gegen Kaution außer Vollzug gesetzt werden, wenn ein Kontaktverbot mit Zeugen und Mitbeschuldigten angeordnet wird und die Kaution auch der Sicherung dieses Verbots dient (str).[39] Davon zu unterscheiden ist aber die Frage, ob und unter welchen Voraussetzungen neben einem Widerruf der Haftverschonung nach § 116 Abs. 4[40] auch ein Verfall der geleisteten Sicherheit eintreten kann.[41] Die Aussetzung eines Sicherungshaftbefehls nach § 453c Abs. 2 Satz 2 gegen Sicherheitsleistung ist nicht möglich.[42]

5. Wirkung der Sicherheit. Diese tritt erst ein, wenn die Sicherheitsleistung in der vom Gericht angeordneter Form auch tatsächlich erbracht ist, etwa durch eine Mitteilung der Hinterlegungsstelle oder durch Vorlage der entsprechenden Bürgschaftsurkunde beim Haftrichter. Möglich ist aber zur Beschleunigung des Verfahrens auch die Vorlage einer mit dem Aktenzeichen der Hinterlegungsstelle versehenen Einzahlungsbestätigung der Justizkasse.[43] Notwendig ist dann aber noch die ausdrückliche Anordnung der Freilassung des Beschuldigten in Form einer gerichtlichen Freilassungsweisung. 14

6. Änderung der Sicherheit. Ändern sich die Verhältnisse in tatsächlicher Hinsicht, kann dies auch zu einer Anpassung der Sicherheitsleistung nötigen, allerdings nur nach Maßgabe und unter den Voraussetzungen des § 116 Abs. 4.[44] Ohne eine solche Veränderung in tatsächlicher Hinsicht ist eine etwa eine Erhöhung der Sicherheitsleistung rechtlich unzulässig.[45] Jedoch kann etwa der Tod des Bürgen oder eine Erschütterung des auf „Ehre" basierenden Vertrauensverhältnisses zwischen diesem und dem Beschuldigten zu einer Anpassung, ggf. auch zur Invollzugsetzung des Haftverschonungsbeschlusses führen.[46] Insoweit ist zu beachten, dass es auch bei einer Invollzugsetzung stets einer Entscheidung des Gerichts bedarf (§§ 123 Abs. 2 und 3, 124 Abs. 1), ob die Sicherheit freigeworden oder verfallen ist. 15

Allein das Ergehen eines Urteils und dessen Rechtskraft zwingen nicht zur Abänderung des Haftverschonungsbeschlusses und zur Freigabe der Sicherheit, da der nicht vollzogene Haftbefehl mit dem Eintritt der Rechtskraft des Urteils nicht gegenstandslos wird, sondern nach wie vor die Grundlage für die die Vollstreckung sichernden Haftverschonungsauflagen bildet.[47] Anders ist die Rechtslage aber zu beurteilen, wenn schon aus tatsächlichen Gründen keine Besorgnis mehr besteht, dass sich der rechtskräftig zu einer Freiheitsstrafe verurteilte Angeklagten der Strafvollstreckung entziehen wird.[48] 16

7. Verfall der Sicherheit. Auf den Verfall der Sicherheit findet § 124 entsprechende Anwendung. Insoweit ist es notwendig, dass schon im Aussetzungsbeschluss genau umschrieben wird, unter welchen Voraussetzungen die gestellte Kaution verfällt.[49] Nach § 124 rechtlich möglich ist dies aber nur bei Vorliegen der tatbestandlichen Voraussetzungen des § 124 Abs. 1, mithin also <u>nur</u> einem „Sichentziehen des Beschuldigten"[50] und nicht etwa bei anderen Verstößen, etwa im Haftverschonungsbeschluss verwehrten Verdunkelungshandlungen.[51] 17

---

39 OLG Hamm 3.9.2001 – 2 BL 152/01, StV 2001, 688; Hanseatisches Oberlandesgericht Hamburg 6.3.1974 – 1 Ws 96/74, MDR 1974, 595; *Hohlweck* NStZ 1998, 600; *Park* wistra 2001, 247; LR-Hilger § 116 Rn. 19; aA OLG Frankfurt a. M. 4.7.1977 – 3 Ws 218/77, NJW 1978, 838; KG 23.6.1989 – 4 Ws 57/89, JR 1990, 34.

40 Vgl. hierzu *Böhm* § 116 Rn. 57 ff.

41 Vgl. Hierzu *Böhm/Werner* § 124 Rn. 12 f.

42 KG 22.11.2000 – 3 Ws 568/00.

43 Vgl. hierzu *Schlothauer/Weider* Rn. 612 ff.

44 OLG Frankfurt a. M. 24.3.2010 – 1 Ws 38/10, StV 2010, 586; *Böhm* § 116 Rn. 67.

45 BVerfG 27.9.2012 – 2 BvR 1874/12, StV 2013, 96.

46 LR-*Hilger* § 116a Rn. 19.

47 KG 17.6.2011 – 2 Ws 219/11, NStZ 2012, 230; *Schweckendieck* NStZ 2011, 10; *Böhm/Werner* § 123 Rn. 10.

48 OLG Nürnberg 9.12.1982 – Ws 990/82, OLGSt StPO § 116 Nr. 1.

49 KK-*Graf* § 116 Rn. 20.

50 Vgl. zum Begriff vgl. *Böhm/Werner* § 124 Rn. 9.

51 *Böhm/Werner* § 124 Rn. 12.

III. Möglichkeiten der Sicherheitsleitung

18 **1. Allgemeines.** Die Arten der Sicherheitsleistung sind in Abs. 1 abschließend geregelt durch Hinterlegung in barem Geld oder Wertpapieren (→ Rn. 19), durch Pfandbestellung (→ Rn. 20) oder durch Bürgschaft geeigneter Personen (→ Rn. 21–24). Es handelt sich nicht nur um eine Ordnungsvorschrift.[52] Die Annahme eines Verrechnungsschecks unter Freilassung des Beschuldigten vor werthaltiger Einlösung desselben ist daher nicht zulässig.

19 **2. Hinterlegung von barem Geld oder Wertpapieren (Abs. 1 Satz 1).** Insoweit galt bis zum 31.10.2010 die Hinterlegungsordnung vom 10.3.1937,[53] welche nunmehr in Landesrecht übergeführt wurde[54] und weitgehend inhaltlich noch Anwendung findet.[55] Danach ist die Aufgabe der Hinterlegungsstelle des Amtsgerichts übertragen (§ 1 HinterlegungsO). Einer ausdrücklichen Annahmeerklärung der Staatsanwaltschaft bedarf es insoweit nicht.[56] Da der Beschuldigte sich in Haft befindet, ist ihm eine Einzahlung bei der Hinterlegungsstelle selbst nicht möglich. Üblicherweise erfolgt dies durch den Verteidiger, welcher als Vertreter des Beschuldigten auftritt,[57] und die Gelder nicht anderweitig verwenden darf.[58] Aus Sicht der Hinterlegungsstelle kommt es dabei nicht darauf an, ob die Mittel aus dem Vermögen des Beschuldigten oder einem Dritten stammen. Im formellen Sinne ist jedoch stets der Beschuldigte Hinterleger, wenn dies im Beschluss so festgelegt ist, weshalb eine Pfändung des Rückzahlungsanspruch durch einen Dritten grundsätzlich auch dann möglich ist, wenn die Gelder in Wahrheit von einem Dritten stammen und dem Beschuldigten von diesem zur Verfügung gestellt wurden.[59] Auch stehen dem Dritten keine unmittelbaren Rechte auf Freigabe der Sicherheit nach § 123 Abs. 3 zu.[60]

20 **3. Pfandbestellung (Abs. 1 Satz 1).** Der Begriff der Pfandbestellung in § 116a ist nicht im rechtstechnischen engen Sinne des BGB zu verstehen, vielmehr werden auch die Sicherungsübereignung, die Sicherungsabtretung und die Bestellung von Grundschulden erfasst. Auch die Abtretung einer gepfändeten Forderung ist möglich.[61] In der Praxis eröffnet gerade die Bestellung einer Grundschuld die Möglichkeit der Gewährung einer Haftverschonung. Eine solche Bestellung kann auch in Betracht kommen, wenn das Grundstück bereits durch andere vorhergehende Sicherheiten belastet und insoweit auch übersichert ist, wenn schon die bloße Möglichkeiten einer drohenden Zwangsversteigerung der Immobilie den Beschuldigten von der Flucht abhalten würde.[62]

21 **4. Bürgschaft (Abs. 1 Satz 1).** Bei der Bürgschaft handelt es sich der Sache nach um ein abstraktes Schuldversprechen eines Dritten gegenüber dem Staat und nicht um eine nach bürgerlichem Recht zu beurteilende Form der Bürgschaft, weil es schon an einer nach § 765 BGB zu sichernden Schuld, mithin einer einklagbaren Verbindlichkeit[63]

---

[52] *Meyer-Goßner* § 116a Rn. 1; KK-*Graf* § 116a Rn. 1; aA wohl BGH 5.12.1996 – 1 StR 376/96, BGHSt 42, 343; vgl. hierzu auch *Seebode* JR 1997, 474.

[53] RGBl. I 285; BGBl. III 300-15; letztes Änderungsgesetz 23.11.2007 – BGBl. I 2614, 2616; siehe *Meyer-Goßner* § 116a Rn. 2.

[54] Zweites Gesetz über die Bereinigung von Bundesrecht im Zuständigkeitsbereich des Bundesministeriums der Justiz (BMJBerG 2), BGBl. 2007 I 2614–2630.

[55] *Rückhelm* Rpfleger 2010, 1.

[56] OLG Hamm 3.12.1990 – 3 Ws 546/90, NJW 1991, 2717.

[57] *Schlothauer/Weider* Rn. 606.

[58] BGH 8.1.2009 – IX ZR 229/07, NJW 2009, 840.

[59] BGH 22.7.2004 – IX ZR 132/03, NJW 2004, 3630; vgl. auch *Böhm/Werner* § 123 Rn. 25.

[60] OLG Karlsruhe 11.8.2000 – 3 Ws 44/00, NStZ-RR 2000, 460.

[61] OLG Karlsruhe 26.7.1991 – 3 Ws 119/91, NStZ 1992, 204.

[62] Ebenso *Schlothauer/Weider* Rn. 607.

[63] Habersack in Münchner Kommentar zum Bürgerlichen Gesetzbuch, 3. Auflage 1997, § 765 Rn. 63 mwN; Palandt-*Sprau*, BGB, 59. Auflage 2000, § 765 Anm. 17; vgl. hierzu auch OLG Hamm 22.9.1992 – 4 Ws 325/92.

fehlt.[64] Die in § 116 Abs. 1 Satz 2 Nr. 4 erwähnte Form der „Bürgschaft" wird in rechtlicher Hinsicht daher auch als aufschiebend bedingtes Zahlungsversprechen eines Dritten,[65] als auflösend bedingtes Schuldversprechen iSd § 780 BGB[66] bzw. als Zahlungsverpflichtung eines Dritten als Alleinschuldner[67] angesehen, wobei auch die Abgabe einer solchen Erklärung durch eine Bank zwischenzeitlich als zulässig angesehen wird.[68] Eine solche Bürgschaft eines Dritten darf – soweit diese eine ausreichende Sicherheit darstellt – auch angenommen werden, wenn sich der Beschuldigte hiermit nicht einverstanden erklärt.[69]

Im Falle der Leistung einer Bürgschaft durch eine Dritten kommt es nicht lediglich darauf an, wer als „Hinterleger" bei der Hinterlegungsstelle aufgetreten ist, sondern bei der Auslegung ist dem haftrichterlichen Beschluss über die Aussetzung des Haftbefehls maßgebliche Bedeutung beizumessen.[70] Dies findet seine Rechtfertigung darin, dass das Gericht und nicht der Beschuldigte bestimmt, von wem und in welcher Form die Sicherheit zu erbringen ist. Hält das Gericht es daher nach § 116a Abs. 1 für ausreichend, dass die Sicherheit auch durch „Bürgschaft geeigneter Personen" erbracht werden kann, so bedarf dies einer ausdrücklichen Anordnung im Haftverschonungsbeschluss (→ Rn. 11).[71] In diesem Fall wird der Dritte Beteiligter des Hinterlegungsverhältnisses.[72] 22

Liegt eine solche ausdrückliche gerichtliche Bestimmung bzgl. der Leistung der Bürgschaft vor, so kann der Dritte die „Bürgschaft" zunächst erbringen durch Hinterlegung von Geld oder Wertpapieren in eigenem Namen. Möglich und in der Praxis die Regel ist aber die Vorlage einer „Bürgschaft" einer Bank,[73] wobei im Beschluss ausgesprochen werden sollte, dass er sich hierbei um ein in der Europäischen Union als Zoll und Steuerbürge zugelassenes Kreditinstitut (Großbank) zu handeln hat, welches ein **selbstschuldnerisches, unbedingtes, unbefristetes und unwiderrufliches Zahlungsversprechen iSd § 116a Abs. 1** zu erbringen hat.[74] Möglich ist es aber auch, dass der Dritte Geld oder Wertpapiere bei einer Bank hinterlegt und den Staat unwiderruflich ermächtigt, von der Bank die Herausgabe zu verlangen, wobei der Staat dieses Recht nur im Falle des Vorliegens der Voraussetzungen des Verfalls der Sicherheit (§ 124) geltend machen darf.[75] Die Einrede der Vorausklage ist ausgeschlossen. Auch wenn kein Formzwang nach § 766 BGB besteht, empfiehlt sich aus Beweisgründen gleichwohl die Einhaltung der Schriftform.[76] 23

5. Unbare Sicherheitsleistung (Abs. 1 Satz 2). Die Möglichkeit der Sicherheit auch durch EC-Karte oder durch Kreditkarte zu erbringen, wurde durch das Gesetz über den Zahlungsverkehr mit Gerichten und Justizbehörden (ZahlVGJG) vom 22.12.2006 eingeführt,[77] wobei das nähere durch eine Rechtsverordnung zu bestimmen ist. Wenn danach am Ort des Gerichts ein Kreditinstitut aufgrund besonderer Ermächtigung kostenlos Zahlungsmittel für das Gericht oder die Justizbehörde gegen Quittung annimmt, steht diese Möglichkeit der Barzahlung gleich.[78] 24

---

[64] OLG Karlsruhe 11.8.2000 – 3 Ws 44/00, NStZ-RR 2000, 460.
[65] LR-*Hilger* § 116a Rn. 6.
[66] *Schlothauer/Weider* Rn. 608.
[67] OLG Düsseldorf 5.9.1989 – 1 Ws 788/89, NStZ 1990, 97.
[68] *Retemeyer,* Sicherheitsleistung durch Bankbürgschaft, Osnabrück 1994, Seite 88; *Amelung* StraFo 1997, 300.
[69] LR-*Hilger* § 116a Rn. 7.
[70] OLG Karlsruhe 11.8.2000 – 3 Ws 44/00, NStZ-RR 2000, 460; OLG Stuttgart 20.4.1988 – 1 Ws 49/88, Die Justiz 1988, 373; siehe auch OLG Düsseldorf 5.9.1989 – 1Ws 788/89, NStZ 1990, 97; dass. 21.2.1986 – 1 Ws 78/86, Rpfleger 1986, 275; LR-*Hilger* § 124 Rn. 32.
[71] OLG Düsseldorf v. NStZ 1990, 97; *Meyer-Goßner* § 116a Rn. 4.
[72] *Böhm/Werner* § 124 Rn. 18 f.
[73] *Rixen* NStZ 1999, 329; *Meyer-Goßner* § 116a Rn. 4.
[74] Vgl. hierzu auch LR-*Hilger* § 116a Rn. 7; *Schlothauer/Weider* Rn. 608.
[75] LR-*Hilger* § 116a Rn. 6.
[76] KK-*Graf* § 116a Rn. 1.
[77] BGBl. I 3416.
[78] *Meyer-Goßner* § 116a Rn. 4a, KK-*Graf* § 116a Rn. 2.

IV. Entscheidungskriterien (Abs. 2)

25 Der Haftrichter entscheidet über die Art und Höhe der Kaution nach freiem Ermessen (vgl. hierzu aber → Rn. 7 ff.). Er kann auch mehrere Sicherheiten verlangen, auch solche vom Beschuldigten und einem Dritten. An die Vorschläge des Beschuldigten ist er nicht gebunden. Ist die Sicherheit geleistet, kann sie der Beschuldigten oder der Dritte nur dadurch auslösen, dass es sich in Haft begibt.[79] Auch der Haftrichter ist nachträglich nur in eingeschränktem Umfang eine Abänderung der von ihm bestimmten Sicherheitsleistung möglich (→ Rn. 15).

V. Zustellungsbevollmächtigter (Abs. 3)

26 Hat der Beschuldigte in Deutschland keinen festen Wohnsitz, so kommt nach Abs. 3 eine Außervollzugsetzung gegen Sicherheitsleistung nur in Betracht, wenn er – zur Vermeidung der mit Auslandszustellungen verbundenen Schwierigkeiten – einen Zustellungsbevollmächtigten benennt. Nach dem eindeutigen Wortlaut der Norm ist es notwendig, dass der Beschuldigten einen im Bezirk des zuständigen Gerichts wohnhaften Zustellungsbevollmächtigten benennt,[80] das Gericht kann aber – ohne dass ein Anspruch hierauf besteht – auch einen außerhalb Wohnhaften ausdrücklich zulassen, da nur der Beschuldigte an die Beschränkung des Abs. 3 gebunden ist.[81]

27 **Die Auswahl des Zustellungsbevollmächtigten** trifft der Beschuldigte, wobei eine wirksame Bestellung dessen Einverständnis voraussetzt.[82] Dieses hat der Beschuldigte nachzuweisen.[83] Die wirksame Bestellung eines Zustellungsbevollmächtigten setzt weiterhin voraus, dass ein bestimmter Bevollmächtigter genannt wird. Diesem Erfordernis wird nicht entsprochen, wenn nur allgemein der „zuständige Geschäftsstellenbeamte" des Gerichts bevollmächtigt wird. Eine ausreichende Bestimmbarkeit des Zustellungsbevollmächtigten ist jedoch dann anzunehmen, wenn sich aus dem Geschäftsverteilungsplan eines Gerichts (oder einer Staatsanwaltschaft) ergibt, welcher namentlich aufgeführte Bedienstete der iSv Nr. 60 Abs. 1 Satz 2 der RISTBV zur Entgegennahme von Zustellungen bereite Beamte ist.[84] Häufig wird seitens des Beschuldigten auch der Verteidiger des Beschuldigten benannt und dieser auch zugelassen, wenn er nicht innerhalb des Gerichtsbezirks wohnt.[85]

28 **Wirkung der Bevollmächtigung.** Die Bevollmächtigung ist wirksam, bis die Sicherheit frei wird (§ 123 Abs. 2), verfällt (§ 124) oder das Verfahren durch den Tod des Beschuldigten endet. Bis dahin können alle an den Beschuldigten bestimmten Zustellungen rechtswirksam an den Zustellungsbevollmächtigten bewirkt werden, der insoweit an dessen Stelle tritt.[86] Insoweit kommt es auch nicht auf die Art des mitzuteilenden Dokument an, weshalb auch insoweit Ladungen und Urteile wirksam zugestellt werden können.[87]

VI. Verfahrensfragen

29 **Zuständiges Gericht.** Zuständig zur Entscheidung über eine Haftverschonung und auch die Bemessung einer Sicherheit ist das nach § 126 zuständige Gericht und nicht der den Haftbefehl eröffnende Richter des nächsten Amtsgerichts (§ 115a).[88] Gegen die Ent-

---

[79] *Böhm* § 123 Rn. 11.

[80] *Büttner* DRiZ 2007, 188; *Meyer-Goßner* § 116 Rn. 5; aA OLG Düsseldorf 18.7.1986 – 5 Ss (OWi) 273/86, MDR 1987, 164.

[81] KK-*Graf* § 116 Rn. 6; LR-*Hilger* § 116a Rn. 15.

[82] LG Baden-Baden 1.12.1999 – 1 Qs 188/99, NStZ-RR 2000, 372.

[83] OLG Köln 24.10.2000 – Ss 329/00, StraF0, 2001, 200.

[84] LG Baden-Baden 1.12.1999 – 1 Qs 188/99, NStZ-RR 2000, 372.

[85] *Schlothauer/Weider* Rn. 616.

[86] BGH 21.12.1956 – 1 StR 417/56, BGHSt 10, 62; OLG Düsseldorf 18.7.1986 – 5 Ss (OWi) 273/86, MDR 1987, 164; OLG Koblenz 1.6.2004 – 1 Ss 311/03, NStZ-RR 2004, 373.

[87] LR-*Hilger* § 116a Rn. 16.

[88] BGH 5.12.1996 – 1 StR 376/96, BGHSt 42, 343.

scheidung nach §§ 116, 116a ist das Rechtsmittel der Beschwerde eröffnet (§ 304),[89] nicht aber die weitere Beschwerde, da unter den Begriff der Verhaftung in § 310 Abs. 1 nicht die Änderung oder die Aufhebung von Auflagen, einschließlich dem Verfall der Kaution (§ 124), fällt.[90]

Haftfortdauerentscheidung des Oberlandesgerichts. Setzt das Oberlandesgericht den Haftbefehl im besonderen Haftprüfungsverfahren nach § 122 Abs. 5 gegen Auferlegung einer Sicherheitsleistung außer Vollzug und kann der Beschuldigte diese nicht sogleich erbringen, so ordnet es nach §§ 121 Abs. 1, 122 Abs. 3 Satz 1 die Fortdauer der Untersuchungshaft bis zur Erfüllung der Auflage an. Die Überwachung derselben und ggf. die Anordnung der Freilassung des Beschuldigten kann dem nach § 126 zuständigen Gericht übertragen werden (§ 122 Abs. 3 Satz 3).[91] **30**

§ 116b [Vorrang der Vollstreckung der Untersuchungshaft]

[1]Die Vollstreckung der Untersuchungshaft geht der Vollstreckung der Auslieferungshaft, der vorläufigen Auslieferungshaft, der Abschiebungshaft und der Zurückweisungshaft vor. [2]Die Vollstreckung anderer freiheitsentziehender Maßnahmen geht der Vollstreckung von Untersuchungshaft vor, es sei denn, das Gericht trifft eine abweichende Entscheidung, weil der Zweck der Untersuchungshaft dies erfordert.

Schrifttum: *Harms, Swen,* Der Entwurf für ein Gesetz zur Änderung des Untersuchungshaftrechts, FS 2009, 13; *Schultheis, Ulrich,* Übersicht über die Rechtsprechung in Untersuchungshaftsachen 2012/2013 – Teil 1, NStZ 2014, 73.

Übersicht

I. Allgemeines, Normzweck und Anwendungsbereich

1. Allgemeines. Die **neben einer Untersuchungshaft angeordneten freiheitsentziehenden Maßnahmen** waren bis zur Reform des Untersuchungshaftrechts 2009 in der bunderechtlichen Regelung des § 122 StVollzG nur rudimentär gesetzlich geregelt. Durch das Gesetz zur Änderung des Untersuchungshaftrechts vom 29.7.2009[1] ist die aktuelle Fassung des § 116b zum 1.1.2010 in Kraft getreten, mit welcher ein **normierter Vorrang der Untersuchungshaft** vor bestimmten anderen freiheitsentziehenden Maßnahmen geregelt wurde. **1**

2. Normzweck. Die Vorschrift soll insbesondere im Hinblick auf die Unschuldsvermutung[2] sicherstellen, dass die Untersuchungshaft nur vollstreckt wird, wenn dies zwingend geboten ist. **2**

---

[89] *Böhm* § 116 Rn. 44.
[90] OLG Köln 23.8.2004 – 2 Ws 402/04.
[91] OLG Karlsruhe 14.1.2002 – 3 HEs 277/01.
[1] BGBl. I 2274.
[2] Vgl. hierzu *Böhm/Werner* § 112 Rn. 4.

3 **3. Anwendungsbereich.** Die Vorschrift gilt nicht nur für Haftbefehle nach § 112 ff., sondern auch für solche nach §§ 230 Abs. 2, 236, 329 Abs. 4 und 412.[3]

II. Gesetzliche Vorrangregelung (§ 116b Satz 1)

4 Die Untersuchungshaft geht nur den in § 116b Satz 1 im Einzelnen normierten freiheitsentziehenden Maßnahmen, nämlich der Vollstreckung der **Auslieferungshaft** und der **vorläufigen Auslieferungshaft** (§§ 15, 16 IRG), der **Abschiebungshaft** (§ 62 AufenthG) sowie der **Zurückweisungshaft** (§ 15 Abs. 5 AufenthG), vor. Insoweit dient die Regelung der Sicherung des innerstaatlichen Strafverfolgungsanspruchs.

III. Verhältnis zu anderen freiheitsentziehenden Maßnahmen (§ 116b Satz 2)

5 Demgegenüber tritt wegen der **Unschuldsvermutung** die Vollstreckung der Untersuchungshaft gegenüber „anderen" freiheitsentziehenden Maßnahmen nach § 116b Satz 2 zurück. Diese Vorrangstellung gilt nach der gesetzlichen Neuregelung unabhängig von der Feststellung, ob die andere freiheitsentziehende Maßnahme bei Vollstreckung der Untersuchungshaft ihrerseits bereits angeordnet war oder erst im Laufe des Untersuchungshaftvollzuges angeordnet wird.

6 Als andere **freiheitsentziehende Maßnahmen** im Sinne dieser Vorschrift kommen insbesondere in Betracht,[4] **Freiheitsstrafe** (§ 38 StGB), **Ersatzfreiheitsstrafe** (§ 43 StGB), Jugendstrafe (§ 17 JGG), **Jugendarrest** (§ 16 JGG), **Unterbringung in einem psychiatrischen Krankenhaus** (§ 63 StGB), **Unterbringung in einer Entziehungsanstalt** (§ 64 StGB), **Unterbringung in der Sicherungsverwahrung** (§ 66 StGB), **Ordnungshaft** (zB §§ 51 Abs. 1 Satz 2, 70 Abs. 1 Satz 2, 177, 178 GVG), **Erzwingungshaft** (zB § 70 Abs. 2 StPO, § 96 OWiG), § 901 ZPO), **zivilrechtliche Sicherungshaft** (zB § 918 ZPO), **strafrechtliche Sicherungshaft** (§ 453c StPO), **Unterbringung zur Beobachtung** (§ 81 StPO), **einstweilige Unterbringung** (§ 126a StPO), **Unterbringung bei zu erwartender Sicherungsverwahrung** (§ 275a Abs. 5 StPO) und **Haft aufgrund einer Anordnung nach § 4 ÜAG.**[5]

7 Dem **Vorrang der Strafhaft** kommt in der Praxis die größte Bedeutung bei. Dieser tritt bei einem bereits in Untersuchungshaft befindlichen Verurteilten nicht erst mit dem Eingang des Aufnahmeersuchens in der Justizvollzugsanstalt ein, sondern bereits dann, wenn die Staatsanwaltschaft – etwa durch den Erlass eines Vollstreckungshaftbefehls – unmissverständlich zum Ausdruck bringt, dass die Vollstreckung einer Freiheitsstrafe nunmehr ansteht.[6]

8 Wird Strafhaft vollzogen, so können aufgrund eines bestehenden Haftbefehls nach § 112 ff. **Haftbeschränkungen angeordnet werden, welche auch zur Einschränkung der Rechte des Beschulidgten in der Strafhaft** führen. Diese setzen jedoch eine konkrete Gefährdung des Haftzwecks voraus. Es muss insoweit die durch die Inhaftierung des Beschuldigten veränderte Situation berücksichtigt und geprüft werden, ob die abzuwehrende Gefahr trotz des Vollzugs der Untersuchungshaft besteht und den Erlass einer Anordnung nach § 119 Abs. 1 erforderlich macht.[7] Es ist allerdings zulässig, zur Begründung der Beschränkungsanordnung auch auf die im Haftbefehl nicht herangezogenen Haftgründe zurückzugreifen, insbesondere sind Maßnahmen zur Vermeidung von Verdunkelungsgefahr auch zulässig, wenn der Haftbefehl nur auf Fluchtgefahr gestützt ist.[8]

---

3 *Meyer-Goßner* § 116b Rn. 2.
4 KK-*Graf* § 116b Rn. 9; Bt-Drs. 16/11644, 22.
5 Vgl. BT-Drs. 16/11644, 22; BR-Drs. 829/08, 29.
6 KG 11.11.2010 – 2 Ws 504/10, StraFo 2011, 108.
7 OLG Köln 18.12.2012 – III-2 Ws 896/12, StV 2013, 525; *Böhm/Werner* § 119 Rn. 20 ff.
8 OLG Hamm 25.2.2010 – III-2 Ws 18/10, NStZ-RR 2010, 292.

IV. Ausnahmeregelung (§ 116b Satz 2 Halbsatz 2)

Abweichend von dem grundsätzlichen Vorrang anderer freiheitsentziehender Maßnahmen kann das **Gericht die Vollstreckungsreihenfolge ändern,** soweit es der Zweck der Untersuchungshaft erfordert. Ausnahmen von dem Grundsatz des Vorrangs anderer freiheitsentziehender Maßnahmen vor der Vollstreckung der Untersuchungshaft sind in Anbetracht der für Beschuldigte mit einer Vollstreckung der Untersuchungshaft möglicherweise verbundenen schwerwiegenden Folge, dass ihnen in einem Verfahren die Freiheit entzogen wird, in dem es nicht zu einer rechtskräftigen freiheitsentziehenden Verurteilung gegen sie kommt, nur dann zulässig, wenn die Abwehr der die **Anordnung der Untersuchungshaft begründenden Gefahren im Regelvollzug mit angemessenen Mitteln nicht zu gewährleisten** ist.[9] Allerdings ist vor der Anordnung der Vollstreckung der Untersuchungshaft als milderes Mittel zu prüfen, ob nicht auch die Möglichkeit der Vollstreckung der anderen freiheitsentziehenden Maßnahme in einer Untersuchungshaftanstalt besteht.[10] 9

V. Zuständigkeit

Vor dem Hintergrund der Unschuldsvermutung ist für die Entscheidung über die Abweichung von der gesetzlichen Vollstreckungsreihenfolge das **Haftgericht nach § 126** zuständig. Da sich das Haftgericht ohnehin für die mögliche Anordnung von Beschränkungen nach § 119 mit dem Zweck der Untersuchungshaft in dem jeweiligen Einzelfall auseinandersetzen muss, ist es sachgerecht, auch eine solche Entscheidung nach § 116b dem Haftgericht zuzuweisen. Aus dieser Regelung ergibt sich auch, dass **§ 116b im Verhältnis zu § 455a StPO lex specialis** ist und daher die Unterbrechung der Vollstreckung einer Freiheitsstrafe zum Zwecke der Vollstreckung von Untersuchungshaft immer eine richterliche Anordnung voraussetzt.[11] 10

VI. Rechtsmittel

Nur die Unterbrechung der Vollstreckung der Freiheitsstrafe zugunsten der Untersuchungshaft, in Abweichung von der gesetzlich normierten Vorrangregelung setzt immer eine richterliche Anordnung voraus. Diese richterliche Anordnung kann der Beschuldigte – auch im Zusammenhang mit Haftbeschränkungen nach § 119 Abs. 1 – mittels eine Antrags auf gerichtliche Entscheidung nach § 119 Abs. 5, § 119a anfechten,[12] wie sich aus § 119 Abs. 6 Satz 1 ausdrücklich ergibt. 11

Insoweit ist zu beachten, dass die Anordnung des gesetzlichen Regelfalls bei bereits vollstreckter Untersuchungshaft zugunsten der Vollstreckung anderer freiheitsentziehender Maßnahmen – typischerweise eine anderweitige Strafhaft – durch das Haftgericht nicht die erforderliche Beschwer enthält. Die richterliche Entscheidung, durch die die Unterbrechung der Vollstreckung einer Freiheitsstrafe zu Gunsten der Untersuchungshaft abgelehnt wird, kann von dem Angeklagten daher mangels Beschwer nicht angefochten werden. Eine rechtlich erhebliche, nachteilige Wirkung tritt durch die Strafvollstreckung für den Angeklagten nicht ein. Für die Beurteilung, ob der Betroffene beschwert ist, kommt es allein darauf an, ob nach objektiver Betrachtung durch die begehrte Entscheidung eine Besserstellung des Betroffenen herbeigeführt würde. Unerheblich ist, ob der Angeklagte selbst der Ansicht ist, sein Begehren sei auf eine für ihn günstigere Entscheidung gerichtet.[13] Der Verurteilte hat mithin auch keinen Anspruch darauf, vor Einleitung der Vollstreckung einer rechtskräftig verhängten Freiheitsstrafe angehört zu werden. § 116 Satz 2 schreibt nur 12

[9] KK-*Graf* § 116b Rn. 11.
[10] Knauß-*Graf* § 116b Rn. 6.
[11] KK-*Graf* § 116b Rn. 12.
[12] Vgl. auch OLG Köln 28.12.2012 – III 2 Ws 896/12, StV 2013, 525.
[13] KG 29.8.2012 – 4 Ws 79/12, NStZ-RR 2013, 159.

gesetzlich fest, dass die Vollstreckung einer rechtskräftig verhängten Freiheitsstrafe von Gesetzes wegen der Vollstreckung von Untersuchungshaft vorgeht. Diese Folge tritt ohnehin automatisch mit dem Eingang des Aufnahmeersuchens in der Justizvollzugsanstalt ein.[14]

§ 117 [Haftprüfung]

(1) Solange der Beschuldigte in Untersuchungshaft ist, kann er jederzeit die gerichtliche Prüfung beantragen, ob der Haftbefehl aufzuheben oder dessen Vollzug nach § 116 auszusetzen ist (Haftprüfung).

(2) [1]Neben dem Antrag auf Haftprüfung ist die Beschwerde unzulässig. [2]Das Recht der Beschwerde gegen die Entscheidung, die auf den Antrag ergeht, wird dadurch nicht berührt.

(3) Der Richter kann einzelne Ermittlungen anordnen, die für die künftige Entscheidung über die Aufrechterhaltung der Untersuchungshaft von Bedeutung sind, und nach Durchführung dieser Ermittlungen eine neue Prüfung vornehmen.

Schrifttum: *Beulke, Werner/Witzigmann, Tobias,* Das Akteneinsichtsrecht des Strafverteidigers in Fällen der Untersuchungshaft, NStZ 2011, 254; *Buckow, Frank,* Der Einsatz „neuer Medien" im Dezernat des Ermittlungsrichters ZIS 2012, 551; *Burhoff,* Die (Vernehmungs-)Terminsgebühr nach Nr. 4102, 4103 VV RVG, RVGreport 2010, 282-286; *Deckers, Rüdiger/Lederer, Jenny,* Überprüfung von Haftentscheidungen während einer Hauptverhandlung StV 2009, 139; *Deutscher, Felix,* Notwendige Verteidigung auch bei Vollzug der U-Haft in anderem Verfahren, jurisPR-StrafR 24/2010 Anm. 1; *Fischer,* NStZ 1990, 52; *Gaede, Karsten,* Grundzüge der Verteidigung im Steuerstrafverfahren – Teil II: Verteidigungsschwerpunkte aus dem Steuerstrafverfahrensrecht, JA 2009, 633; *Gebauer, Michael,* Die Rechtswirklichkeit der Untersuchungshaft in der Bundesrepublik Deutschland; eine empirische Untersuchung zur Praxis der Haftanordnung und des Haftverfahrens, München 1987; *Hagmann, Daniel,* Gewährung von Akteneinsicht zwecks Verteidigung bei Untersuchungshaft des Beschuldigten, StV 2008, 483; *Hohmann,* NJW 1990, 1649; *Kröpil, Karl,* Zur Bestellung eines Pflichtverteidigers im Ermittlungsverfahren Jura 2010, 765; *Kühne, Hans-Heiner,* Fristüberschreitung bei Antrag auf mündliche Haftprüfung – Anmerkung zu OLG Köln, Beschluss vom 28.1.2009 – 2 Ws 31/09 –, StV 2009, 654; *Kruse, Konstantin,* Rechtsschutz im Haftverfahren aus anwaltlicher Sicht, JA 2009, 219; *Latz, Johannes,* Eine effektive Hilfestellung, DRiZ 2010, 16; *Matt, Holger,* Zu Problemen der Haftbeschwerde und des Haftungsantrags, JA 1991, 85; *Meyer-Lohkamp, Jens,* Haftverschonung bei Undurchführbarkeit eines Haftprüfungstermins aus organisatorischen Gründen, StV 2005, 395; *Müller, Egon/Schmidt, Jens,* Aus der Rechtsprechung zum Recht der Strafverteidigung 2012 NStZ 2013, 328; *Rößler, Tobias,* Verteidigung in Untersuchungshaftfällen, ZAP Fach 22, 505-514; *Pauly, Jürgen,* Gewährung von Akteneinsicht zwecks Verteidigung bei Untersuchungshaft des Beschuldigten, StV 2008, 484; *Rieß, Peter,* Hat der Beschuldigte einen Anspruch auf Anwesenheit bei Vernehmungen von Mitbeschuldigten und besitzt sein Verteidiger das Recht auf Einsicht in bei solchen Vernehmungen entstandene Niederschriften? StV 1996, 304; *Schäfer, Herbert,* Das Verhältnis von Haftprüfungsantrag und Haftbeschwerde, ZAP Fach 22, 281-288; *Scharf/Kropp,* Zeitliche Schranken beim Haftbefehl nach § 230 StPO, NStZ 2000, 297; *Schlothauer/Weider,* Untersuchungshaft, 4. Auflage 2010; *Sowoda, Christoph,* Zur Problematik der Mitwirkung von Schöffen bei Haftentscheidungen während laufender Hauptverhandlung – Anmerkung zu OLG Koblenz, Beschl. v. 17.3.2009 – 1 Ws 120/09, StV 2010, 37; *Schröder, Christian,* Die jederzeitige Haftprüfung von Amts wegen, NStZ 1998, 68; *Schulz, Uwe,* Die analoge Anwendung des § 168c II StPO auf die Vernehmung des Mitbeschuldigten, StraFo 1997, 294; *Theisen, Wilhelm,* Zum Akteneinsichtsrecht und zum Anwesenheitsrecht bei der Vernehmung von Mitbeschuldigten, JR 1996, 436.

Übersicht

[14] KG 1.11.2010 – 2 Ws 551/10, NStZ-RR 2011, 189.

I. Allgemeines, Nomzweck und Anwendungsbereich

1. Allgemeines. Die Vorschriften der § 117 bis § 118b regeln das **förmliche Haftprüfungsverfahren vor dem in der Sache zuständigen Haftrichter** (§ 126). Daneben besteht für ihn auch die Alternative der Einlegung einer Haftbeschwerde (§ 304 StGB) (→ Rn. 24 ff.) gegen den ursprünglichen Haftbefehl. Dies zweigleisige System wird ergänzt durch § 120 Abs. 1, welcher einen gesetzlich normierten Appel zur ständigen Haftkorntolle beinhaltet.[1] Von der Haftprüfung nach § 117 zu unterscheiden ist die zunächst nach sechs Monaten Haftdauer durchzuführende besondere Haftprüfung nach § 121, zu welcher das OLG berufen ist.[2] Daneben besteht noch die Möglichkeit der Einlegung einer Verfassungsbeschwerde (→ Rn. 61). 1

Schließlich hat auch die **Staatsanwaltschaft,** verbindlich nach Nr. 54 Abs. 1 RiStBV, stets darauf zu achten, ob die Voraussetzungen der Untersuchungshaft noch vorliegen und insbesondere auch zu prüfen, ob deren Zweck nicht auch durch weniger einschneidende Maßnahmen erreicht werden kann. Auch sollen Haftprüfungen den Fortgang der Ermittlungen durch die Staatsanwaltschaft nicht aufhalten (Nr. 54 Abs. 3 RiStBV). Bezüglich der Prüfungspflicht der Staatsanwaltschaft besteht jedoch die Besonderheit, dass diese nicht aktenkundig gemacht wird, wohingegen das Verfahren nach § 117 ff. zu einer ausdrücklichen Entscheidung führt.[3] 2

2. Normzweck. Sinn dieser verfahrensrechtlichen Regelungen ist es, dem Beschuldigten **jederzeit die Möglichkeit einzuräumen, die Rechtsmäßigkeit seiner Inhaftierung durch einen Richter nachprüfen** zu lassen. Im Rahmen des Haftprüfungsverfahrens hat der zuständige Richter dann zu prüfen (§ 126), ob der Haftbefehl aufzuheben (§ 120),[4] außer Vollzug zu setzen (§ 116, 116a)[5] oder die Haftfortdauer zu beschließen ist. Auch kann er die Vornahme von Ermittlungen anordnen (Abs. 3) oder selbst vornehmen. 3

3. Anwendungsbereich. Für das Verfahren nach § 117 ist anders als bei der Haftbeschwerde (→ Rn. 25 ff.) stets erforderlich, dass sich der **Beschuldigte in Untersuchungshaft befindet**. Im Gegensatz zur Haftbeschwerde ist eine Haftprüfung daher nur zulässig, wenn der Haftbefehl vollzogen wird und insoweit über die Aufrechterhaltung oder Außervollzugsetzung entschieden werden soll.[6] Für den Fall einer Unterbrechung der bereits vollzogenen Untersuchungshaft zur Vollstreckung anderweitiger freiheitsentziehender Maßnahmen (§ 116b) kommt eine Haftprüfung hinsichtlich der vermerkten Überhaft nur 4

---

1 *Böhm* § 120 Rn. 3.
2 Vgl. hierzu *Böhm* § 121 Rn. 3.
3 *Meyer-Goßner* § 117 Rn. 2.
4 *Böhm* § 120 Rn. 3.
5 *Böhm* § 116 Rn. 4 ff.
6 Zur Zulässigkeit einer Verfassungsbeschwerde nach der Ergreifung: BVerfG 25.11.1991 – 2 BvR 1588/91, StV 1992, 235.

ausnahmsweise in Betracht, wenn deren Ende unmittelbar bevorsteht.[7] Nicht anwendbar ist § 117 daher im Regelfall, wenn dem Beschuldigten Haftverschonung gewährt wurde[8] oder er sich in anderer Sache in Untersuchungshaft[9] bzw. in Strafhaft[10] befindet. Gleiches gilt, wenn der Beschuldigte flüchtig ist.[11] Ein gleichwohl gestellter Haftprüfungsantrag ist unzulässig, jedoch hat der Haftrichter stets zu prüfen, ob er in eine zulässige Haftbeschwerde (§ 304) umgedeutet werden kann.[12]

5 Ein Haftprüfungsverfahren nach § 117 ff. findet nicht nur bei Haftbefehlen nach §§ 112, 112a im Rahmen der Untersuchungshaft statt, sondern findet auch Anwendung bei Haftbefehlen nach § 230 Abs. 2[13] und § 236, nicht jedoch beim Sicherungshaftbefehl nach § 453c Abs. 2 Satz 2.[14] Gleiches gilt für das Auslieferungsverfahren, in welchem das Haftprüfungsverfahren nach § 117 ebenfalls keine Anwendung findet.[15]

II. Antragsverfahren (Abs. 1)

6 **1. Antragserfordernis.** Eine Haftprüfung findet grundsätzlich nur auf Antrag des Beschuldigten statt. Es handelt sich um ein jederzeit und **beliebig wiederholbares Recht des Beschuldigten,** über die der nach § 126 zuständige Haftrichter förmlich zu entscheiden hat. Demgegenüber kann der Haftrichter nicht von Amts wegen ein (mündliches) Haftprüfungsverfahren einleiten, da der Beschuldigte mit seinen Verteidigungsmitteln hierzu gegebenenfalls noch nicht hinreichend bereit ist. Das Antragsrecht steht auch weder der Staatsanwaltschaft noch einem Nebenkläger zu.[16] Besonderheiten bestehen insoweit bei zwischenzeitlich erfolgter Anklageerhebung (→ Rn. 39) oder bei einer gleichzeitig eingelegten Haftbeschwerde (→ Rn. 44 ff.).

7 Vor der Stellung eines Haftprüfungsantrags sollte der Verteidiger umfassende **Akteneinsicht** nehmen. Dabei sind ihm alle Aktenteile zugänglich zu machen, die die Haftentscheidung tragen.[17] Die Grundsätze des rechtlichen Gehörs gemäß Art. 103 Abs. 1 GG und der Waffengleichheit nach Art. 5 Abs. 4 EMRK begründen insoweit einen Anspruch des Untersuchungsgefangenen bzw. seines Verteidigers auf Einsicht in die Ermittlungsakte, soweit er sie benötigt, um sich über die der Haftentscheidung zugrunde liegenden Tatsachen und Beweismittel zu informieren.[18] Hierzu gehören auch elektronische Speichermedien, wenn diese Bestandteile erhalten, welche für die Frage der Haftfortdauer erheblich sind.[19] Allerdings reicht es aus, wenn einem von mehreren Verteidigern Akteneinsicht gewährt wird. Den durch die Akteneinsicht seines Pflichtverteidigers gewonnenen Erkenntnisstand hat sich der Beschwerdeführer zurechnen zu lassen. Es ist daher unter dem Gesichtspunkt der „Waffengleichheit"[20] auch ausreichend, den Wahlverteidiger darüber zu informieren, dass der Pflichtverteidiger des Beschuldigten bereits Akteneinsicht erhalten hat.[21]

8 Auf Informationen, die für die Beurteilung der Rechtmäßigkeit einer Freiheitsentziehung wesentlich und dem Beschuldigten nicht zugänglich gemacht worden sind, darf eine Haftprü-

---

[7] OLG Stuttgart. 23.12.1976 – 3 Ws 411/76, MDR 1977, 335.
[8] OLG Frankfurt a. M. 28.6.1996 – 3 Ws 535/96, NStZ-RR 1996, 302.
[9] Hanseatisches Oberlandesgericht Bremen 13.11.1950 – 2 Ws 74/50, NJW 1951, 45.
[10] Hanseatisches Oberlandesgericht Hamburg 5.7.1974 – 1 Ws 329/74, MDR 1974, 861; OLG Stuttgart 23.12.1976 – 3 Ws 411/76, Justiz 1977, 103; OLG Karlsruhe 3.8.1989 – 3 Ws 192/89, Justiz 1989, 437.
[11] *Schlothauer/Weider* Rn. 736.
[12] vgl. *auch Hohmann* NJW 1990, 1649.
[13] OLG Stuttgart 3.8.1989 – 3 Ws 178/89, MDR 1990, 75.
[14] LG Freiburg 10.1.1989 – VI Qs 64/88, NStZ 1989, 387.
[15] *Böhm* in Grützner/Pötz/Kress, Internationale Rechtshilfe in Strafsachen IRG § 23 Rn. 3, § 26 Rn. 4.
[16] OLG Koblenz 28.11.1983 – 2 Ws 752/83, OLGSt StPO § 117 Nr. 1.
[17] EGMR 3.7.2012 – 6492/11, OstEuR 2012, 116; dass. 11.3.2008 – 41077/04, NStZ 2009, 164; BVerfG 11.7.1994 – 2 BvR 777/94, NStZ 1994, 551, OLG Hamm 13.2.2002 – 2 BL 7/02, NStZ 2004, 83; *Böhm/Werner* § 112 Rn. 9.
[18] OLG Koblenz 6.11.2006 – 1 Ws 675/06, OLGSt StPO § 117 Nr. 4; *Böhm/Werner* § 112 Rn. 16.
[19] EGMR 11.3.2008 – 41077/04, NStZ 2009, 164.
[20] EGMR 9.7.2009 – 11364/03, StV 2010, 490.
[21] Oberlandesgericht des Landes Sachsen-Anhalt 21.1.2011 – 1 Ws 52/11, NStZ 2011, 599.

fungsentscheidung daher nicht gestützt werden, da dies nicht nur gegen sein Recht auf **Wahrung eines faires und rechtsstaatliches Verfahren** verstoßen sowie seinem Anspruch auf **rechtliches Gehör** verletzen,[22] sondern dies auch einen Verstoß gegen den Grundsatz der **„Waffengleichheit"** beinhalten würde. Dies gilt jedenfalls dann, wenn dem Beschuldigten auf seinen **ausdrücklichen Antrag** hin die Einsicht in die Akten versagt worden ist.[23] In einem solchen Fall darf das Gericht auf Tatsachen und Beweismittel, die nicht zur Kenntnis des Beschuldigten gelangt sind, seine Entscheidung nicht stützen.[24] Notfalls muss es den Haftbefehl aufheben.[25] Nicht gefolgt werden kann der Ansicht, dass bei unterbliebener Akteneinsicht ein Verwertungsverbot dann nicht angenommen werden könne, wenn im Einzelfall eine mündliche Mitteilung der entscheidungserheblichen Tatsachen und Beweismittel ausreiche,[26] denn eine bloße Information kann ein Studium der Akten nicht ersetzen.[27]

Zur Vorbereitung eines Haftprüfungsantrages erscheint es in der **Praxis durchaus angezeigt,** von Seiten der Verteidigung mit der ermittlungsführenden Staatsanwaltschaft Kontakt aufzunehmen, um beispielhaft Fragen der Haftverschonung näher zu erörtern, da sich das Haftgericht den Anträgen der Staatsanwaltschaft in der Regel nicht verschließen wird (vgl. auch § 120 Abs. 3 Satz 1). Über die Möglichkeit der Durchführung einer Haftprüfung ist der Beschuldigte bei der Eröffnung eines Haftbefehls zu belehren (§§ 115 Abs. 4, 115a Abs. 4). 9

2. Form und Frist. Der Haftprüfungsantrag ist grundsätzlich **formfrei.** Er kann auch mündlich, beispielsweise im Rahmen einer richterlichen Anhörung in einer anderen Sache, oder zu Protokoll der Geschäftsstelle sowie schriftlich über jedwede Kommunikationsmittel beim zuständigen Gericht gestellt werden. Der Antrag ist ebenso wenig an eine Frist gebunden. Der nicht auf freiem Fuß befindliche Beschuldigte kann seine Anträge auch zu Protokoll bei dem Amtsgericht stellen, in dessen örtlichem Zuständigkeitsgebiet er verwahrt wird (§ 299 Abs. 1). 10

Ein Haftprüfungsantrag kann auch in der **Hauptverhandlung** gestellt werden. Allerdings muss ein solcher Antrag vom Vorsitzenden nicht sogleich entgegen genommen und beschieden werden. Zwar ergibt sich aus Abs. 1, dass ein solcher Antrag in jedem Verfahrensstadium gestellt werden kann, dies schränkt die Befugnis des Vorsitzenden zur sachgerechten Leitung der Hauptverhandlung aber nicht ein.[28] 11

3. Umdeutung. Ein Irrtum in der Bezeichnung des Rechtsmittels ist unschädlich (§§ 118b, 300), vielmehr ist der **wahre Wille des Beschuldigten zu erforschen** und sein Antrag umzudeuten. Nach erfolglos durchgeführtem Beschwerdeverfahren ist daher eine erneute „Haftbeschwerde" als Haftprüfungsantrag umzudeuten, über den das nach § 126 erstinstanzlich zuständige Gericht zu entscheiden hat.[29] Gleiches gilt, wenn der Haftbefehl nicht mehr vollzogen wird.[30] 12

III. Entscheidungsverfahren

1. Allgemeines. Geht ein Antrag auf Durchführung einer Haftprüfung bei Gericht ein, ist zur Entscheidung hierüber das nach § 126 StPO zuständige Gericht berufen. Dies gilt auch dann, wenn das Oberlandesgericht bereits eine Haftprüfung nach §§ 121, 122 Abs. 1 durchgeführt, die Haftfortdauer angeordnet und – wie üblich – die Haftprüfung gemäß 13

[22] BVerfG 11.7.1997 – 2 BvR 777/94, NStZ 1994, 551.
[23] *Böhm/Werner* § 112 Rn. 9, § 114 Rn. 38.
[24] EGMR 2.6.2009 – 29705/05, EuGRZ 2009, 472; dass. 13.12.2007 – 11364/03, StV 2008, 475.
[25] BVerfG 27.5.1993 – 2 BvR 744/93, StV 1994, 1; *Böhm* § 121 Rn. 66.
[26] So aber KG 17.3.1999 – 1 AR 240/99.
[27] EGMR 9.7.2009 – 11364/03, StV 2010, 490.
[28] BGH 24.1.2006 – 3 StR 460/05, NStZ 2006, 463.
[29] Thüringer Oberlandesgericht 29.11.2006 – 1 Ws 397/06; OLG Karlsruhe 2.1.1976 – 1 Ws 405/75, Die Justiz 1976, 83; KK-*Graf* § 117 Rn. 5).
[30] OLG Karlsruhe 3.8.1989 – 3 Ws 192/89, Justiz 1989, 437.

§ 122 Abs. 3 Satz 3 befristet dem nach den allgemeinen Vorschriften zuständigen Gericht übertragen hat. Zusätzlich obliegt dem allgemein zuständigen Gericht die laufende Prüfung der Haftfrage von Amts wegen (zumindest) nach §§ 120 Abs. 1 Satz 1, 116 Abs. 1–3. Diese Kompetenz endet jedoch mit dem Eingang des Antrags der Staatsanwaltschaft, die Akten dem Oberlandesgericht zur Durchführung der besonderen Haftprüfung nach §§ 121, 122 Abs. 4 StPO vorzulegen.[31]

14 **2. Durchführung eines schriftlichen Verfahrens.** Das Verfahren nach § 117 Abs. erfolgt **grundsätzlich schriftlich.**[32] Zunächst ist bei einen bei Gericht eingehenden Haftprüfungsantrag die ermittlungsführende Staatsanwaltschaft nach § 33 Abs. 2 zu hören. Folglich sollte der Verteidiger zur Beschleunigung der Staatsanwaltschaft stets eine Ablichtung seines Antrages übersenden und zugleich darum ersuchen, eine eventuelle dortige Stellungnahme auf demselben Weg zu erhalten. Neben der einer Entscheidung im schriftlichen Verfahren hat das Gericht aber auch die Möglichkeit auch unabhängig von einem Antrag des Beschuldigten die Durchführung einer mündlichen Verhandlung anzuordnen.

15 **3. Durchführung einer mündlichen Anhörung.** Während das Verfahren nach § 117 Abs. 1 schriftlich durchgeführt wird, hat der Richter – von den Ausnahmen der §§ 118 Abs. 3 und 4 abgesehen[33] – eine mündliche Verhandlung anzuberaumen, wenn der **Beschuldigte dies beantragt** (§ 118 Abs. 1) oder das **Haftgericht eine solche persönliche Anhörung nach seinem Ermessen für geboten** erachtet. Diese ist unverzüglich durchzuführen und darf ohne Zustimmung des Beschuldigten nicht über zwei Wochen nach dem Eingang des Antrags anberaumt werden (§ 118 Abs. 5). Das weitere Verfahren der Haftprüfung nach § 117 ist in § 118 ff. geregelt, weshalb insoweit im Wesentlichen auf die dortige Kommentierung verwiesen wird.

16 **4. Eigene Ermittlungen.** Der Haftrichter ist nicht daran gehindert, eigene Ermittlungen anzustellen, wenn damit keine erheblichen zeitlichen Verzögerungen verbunden sind.[34] Zu deren Ergebnis ist dem Beschuldigten danach aber rechtliches Gehör zu gewähren (§ 33 Abs. 3).

IV. Entscheidung

17 Diese ergeht im **schriftlichen Verfahren nach Aktenlage durch Beschluss und ist grundsätzlich mit Gründen** zu versehen (§ 34). Insoweit trifft der Richter eine neue Haftentscheidung, in welche er das Bestehen des Tatverdachts, der Haftgründe und der Verhältnismäßigkeit (§ 112 Abs. 1 Satz 2) erneut zu prüfen und zu bewerten hat.[35] Diese hat unter Beachtung des Beschleunigungsgebots zeitnah nach Eingang des Antrags zu ergehen.

18 Anders als bei der besonderen Haftprüfung[36] **beschränkt sich dabei die Prüfungskompetenz des Haftrichters** nicht auf die im Haftbefehl aufgeführten Straftaten, sondern er kann unter Berücksichtigung der neu angefallenen Ermittlungsergebnisse auch weitere Taten einbeziehen und in den Haftbefahl mit aufnehmen, allerdings im Ermittlungsverfahren nur auf Antrag der Staatsanwaltschaft hin (§ 125 Abs. 2).[37] Im Rahmen der schriftlichen Haftprüfung ist daher stets zu prüfen, ob der ursprüngliche **Haftbefehl der neuen Ermittlungslage angepasst** werden muss. Dies wird regelmäßig dann erforderlich sein, wenn die ursprünglich angenommene Tat rechtlich oder tatsächlich anders zu bewerten ist, die den dringenden Tatverdacht begründenden Tatsachen sich wesentlich geändert haben oder neue, für die Haftfrage bedeutsame Taten bekannt geworden sind.[38] Einer solche Anpassung

[31] *Böhm* § 122 Rn. 7; aA KG 6.3.2012 – (2) 131 HEs 1/11.
[32] KMR/*Wankel* § 117 Rn. 7.
[33] *Böhm/Werner* § 118 Rn. 9 ff., 13 ff.
[34] KK-*Graf* § 117 Rn. 10.
[35] Thüringer Oberlandesgericht 4.9.2006 – 1 Ws 354/06, StV 2007, 588.
[36] Vgl. hierzu *Böhm* § 121 Rn. 32 ff.
[37] KK-*Graf* § 125 Rn. 6.
[38] OLG Koblenz 6.11.2006 – 1 Ws 675/06, OLGSt StPO § 117 Nr. 4.

des Haftbefehls an die Ermittlungslage kommt insbesondere dann besondere Bedeutung bei, wenn eine besondere Haftprüfung nach § 121, 122 StPO zeitnah ansteht, denn das Oberlandesgericht kann seine Prüfung nur auf die im Haftbefehl aufgeführten Taten erstrecken.[39]

Ändert der Haftrichter den Haftbefehl inhaltlich ab, gelten die Vorschriften der §§ 114a, 115 Abs. 2 und 3 entsprechend, dh der Richter muss den Haftfortdauerbeschluss bzw. den neuen Haftbefehl verkünden (§ 118a Abs. 4 Satz 1) und den Beschuldigten über seine weiteren Rechte belehren.[40] **19**

Allerdings besteht bei einem **geänderten bzw. erweiterten Haftbefehl** diese Pflicht nur dann, wenn dieser gegenüber dem bisherigen **Haftbefehl eine zusätzliche Beschwer enthält bzw. wesentlich geändert wurde**,[41] zB weil der Haftgrund geändert wird, sich die rechtliche Bewertung ändert oder sich die tatsächlichen Grundlagen[42] geändert haben. Dies folgt daraus, dass das in § 115 StPO enthaltene Gebot, den Beschuldigten nach Ergreifung aufgrund eines Haftbefehls von dem zuständigen Richter vor der Entscheidung über die Aufrechterhaltung des Haftbefehls vernehmen zu lassen, zu den bedeutsamen Verfahrensgarantien, deren Beachtung Art. 104 Abs. 1 S. 1 GG fordert, gehört und deswegen nicht nur auf den gerade erst ergriffenen, sondern – entsprechend – auch auf den schon in Untersuchungshaft befindlichen Beschuldigten anwendbar ist.[43] Allerdings besteht die Möglichkeit, dass der Beschuldigte auf die mündliche Verkündung des Haftfortdauerbeschlusses verzichtet.[44] **20**

Inhaltlich hat sich der Tatrichter in seinem Beschluss nicht nur mit dem Vorliegen des Tatverdachts und dem Bestehen von Haftgründen auseinander zu setzen, sondern es bedarf auch einer umfassenden **Abwägung zwischen dem Freiheitsrecht des Betroffenen und dem Strafverfolgungsinteresse sowie zur Verhältnismäßigkeit der Fortdauer der Untersuchungshaft.** Seine Entscheidung hat, wie vom Verfassungsgericht gefordert, insoweit eine **Begründungstiefe** aufzuweisen.[45] Hat sich jedoch die Sachlage nicht verändert, kann insoweit auch bzw. jedenfalls teilweise auf die Gründe des Haftbefehls bzw. auf frühere Haftentscheidungen Bezug genommen werden. **21**

Eine Begründung bedarf es auch, wenn der Richter den Haftbefehls aufhebt (§ 120) oder außer Vollzug setzt (§ 116 Abs. 1). Eine solche Aufhebung ist auch dann veranlasst, wenn dem Haftrichter trotz mehrfacher Aufforderung an die Staatsanwaltschaft die Ermittlungsakte nicht zum Haftprüfungstermin vorgelegt wird, so dass die Voraussetzungen für die Haftfortdauer nicht festgestellt werden können.[46] **22**

Eine Kostenentscheidung nach § 464 Abs. 1 ist nicht veranlasst, da kein selbstständiger Verfahrensabschnitt beendet wurde. **23**

V. Exkurs: Die Haftbeschwerde

1. Allgemeines. Nach § 304 ist gegen den Haftbefehl, auch wenn er aktuell als Überhaftnotierung nicht vollzogen oder überhaupt nicht vollstreckt wird, die **unbefristete Haftbeschwerde** zulässig. Sie kann mehrfach eingelegt werden, wenn beispielsweise zwischenzeitlich eine neue Haftentscheidung ergangen ist. **24**

Im Rahmen des schriftlichen (§ 306) Beschwerdeantrages wird der Verteidiger sinnvollerweise die ins Auge gefassten Beschwerdeziele darlegen und gegebenenfalls unter Hinweis **25**

---

[39] *Böhm* § 121 Rn. 32 ff.

[40] OLG Koblenz 4.4.2011 – 1 Ws 183/11, NStZ-RR 2012, 93; *Meyer-Goßner* § 115 Rn. 12.

[41] OLG Hamm 5.2.2009 – 3 Ws 39/09; OLG Koblenz 4.4.2011 – 1 W 183/11, NStZ-RR 2012, 93; Hanseatisches Oberlandesgericht Hamburg 24.6.2003 – 2 Ws 164/03, NStZ-RR 2003, 346.

[42] Thüringer Oberlandesgericht 26.9.2007 – 1 Ws 365/07 (Neue Taten in Rechtskraft infolge Berufungsbeschränkung).

[43] BVerfG 20.9.2001 – 2 BvR 1144/01, NStZ 2002, 157.

[44] OLG Hamm 13.9.2012 – III – 1 Ws 469/12; aA zu § 115: Meyer-Goßner § 115 Rn. 1.

[45] BVerfG 17.1.2013 – 2 BvR 2098/12, StraFo 2013, 160 mwN; vgl. auch *Böhm/Werner* § 112 Rn. 8; *Böhm* § 121 Rn. 8, 104.

[46] AG Kamen 13.7.1995 – 4 Gs 126/95, StV 1995, 476.

auf die Rechtsprechung des EGMR[47] und des BVerfG[48] monieren, dass ihm noch keine **ausreichende Akteneinsicht** gewährt wurde. Jedoch kann der Umfang der Akteneinsicht gegenüber dem Verteidiger bei einem noch nicht vollzogenem Haftbefehl und einem auf der Flucht befindlichem Beschuldigten verfassungsrechtlich unbedenklich nach § 147 Abs. 2 eingeschränkt oder versagt werden.[49] Im Hinblick auf den rechtsstaatlichen Auftrag zur möglichst umfassenden Wahrheitsermittlung ist es insoweit nicht zu beanstanden, wenn die ermittelnde Staatsanwaltschaft während der **Flucht des Beschuldigten einen Informationsvorsprung** aus taktischen Gründen wahren will.[50]

26 Bei sich abzeichnenden, umfangreichen und zeitintensiven Ermittlungen bietet es sich aber von Seiten der Verteidigung an, die **Beachtung des Beschleunigungsgrundsatzes**[51] einzufordern, um spätestens im Rahmen der Sechs-Monats- Haftprüfung durch den Senat des zuständigen Oberlandesgerichts die Möglichkeit zu schaffen, intensiver zu prüfen, ob dies in der Folgezeit hinreichend beachtet wurde. Daneben kann ein Hinweis auf die in der Praxis häufig missachtete Vorlagepflicht des § 306 Abs. 2 Hs. 2 innerhalb von drei Tagen an das Beschwerdegericht, im Falle einer Nichtabhilfeentscheidung, geeignet sein, einen Verstoß gegen das Freiheitsgrundrecht des Beschuldigten zumindest zu befördern.[52]

27 Dem auf der **Flucht befindlichen Beschuldigten** muss der Haftbefehl auch noch nicht bekannt sein. Vielmehr kann der Verteidiger bereits nach Erlass und Fahndungsausschreibung gegen den Haftbefehl – entgegen einem unzulässigen Haftprüfungsantrag – zulässig den Beschwerdeweg beschreiten.[53]

28 Die Entscheidung ergeht durch das Beschwerdegericht (§ 309) in der Regel **ohne mündliche Anhörung des Beschuldigten**[54] nach Aktenlage, wobei eine solche auf Antrag des Beschuldigten erfolgen kann (§ 118 Abs. 2). Neben der mündlichen Haftprüfung durch das jeweils nach dem Verfahrensgang zuständige Gericht (§ 126) steht dem Beschuldigten, respektive der Verteidigung, als Rechtsbefehl die (weitere) Haftbeschwerde offen. Indes muss die Wahl des jeweils zu wählenden Rechtsbefehls wohl bedacht sein. Sollen neue Tatsachen oder Beweismittel vorgebracht oder dem nunmehr zuständigen Gericht ein persönlicher Eindruck des Beschuldigten vermittelt werden, bietet sich die Haftprüfung als vorrangig an. Sollen hingegen an Hand des bestehenden Tatsachenmaterials Rechtsfragen einer anderweitigen Beurteilung zugeführt werden, ist es naheliegend, die Beschwerdeinstanz mit der Haftfrage zu befassen. Dabei sollte aber stets bedacht werden, dass nach einer erfolglosen Haftprüfung der Beschwerdeweg immer noch offen steht. Zudem darf nicht übersehen werden, dass eine frühe Haftfortdauerentscheidung des nächst höheren Beschwerdegerichts in der Praxis nicht selten dazu führen kann, dass der Ermittlungsrichter und die Staatsanwaltschaft ihre Auffassung als vollumfänglich bestätigt ansehen und eine Bereitschaft zum Umdenken während des weiteren Verfahrenslaufes selten zu erreichen sein wird. Schließlich darf nicht übersehen werden, dass dem Beschwerdegericht eine umfassende Prüfungskompetenz obliegt, innerhalb deren es sowohl den Haftgrund als auch den Straftatbestand auswechseln kann,[55] sich die Beschwerde also auch als äußerst kontraproduktiv für die Verteidigung erweisen kann. Negativer Effekt einer erfolglosen Haftprüfung ist demgegenüber allenfalls der zeitliche Ausschluss nach § 118 Abs. 3.[56]

29 Besonderheiten bestehen bezüglich der **Einlegung einer Haftbeschwerde während laufender Hauptverhandlung.** Eine solche ist zwar grundsätzlich zulässig (§ 305 Satz 2). Jedoch unterliegt die Beurteilung des dringenden Tatverdachts während einer laufenden

---

47 Vgl. die Nachweise bei *Böhm/Werner* § 112 Rn. 16.
48 Vgl. die Nachweise bei *Böhm/Werner* § 112 Rn. 9.
49 KG 6.7.2011 – 4 Ws 57/1, NStZ 2012, 588.
50 BVerfG 14.9.1989 – 2 BvR 1062/87, NJW 1990, 563.
51 *Böhm/Werner* § 112 Rn. 5; *Böhm* § 121 Rn. 1 ff.
52 OLG Hamm 13.3.2002 – 2 Ws 60/02, StraFo 2002, 177.
53 OLG Hamm 30.1.2001 – 1 Ws 438/00, NStZ-RR 2001, 254.
54 Vgl. hierzu auch *Böhm/Werner* § 118 Rn. 8.
55 OLG Düsseldorf 23.4.1996 – 3 Ws 246/96, StV 1996, 440.
56 *Böhm/Werner* § 118 Rn. 10.

Hauptverhandlung im Haftbeschwerdeverfahren nur in eingeschränktem Umfang der Nachprüfung durch das Beschwerdegericht. Allein das Gericht, vor dem die Beweisaufnahme stattfindet, ist nämlich in der Lage, deren Ergebnisse aus eigener Anschauung festzustellen und zu würdigen sowie auf dieser Grundlage zu bewerten, ob der dringende Tatverdacht nach dem erreichten Verfahrensstand noch fortbesteht oder dies nicht der Fall ist. Dessen vorläufige Bewertung des bisherigen Ergebnisses der Beweisaufnahme kann vom Beschwerdegericht nicht auf ihre Richtigkeit überprüft werden, weil es an der Hauptverhandlung nicht teilgenommen hat. Die Überprüfung beschränkt sich daher darauf, ob der Inhalt der angefochtenen Haftentscheidung auf einer vertretbaren Bewertung der zurzeit für und gegen den dringenden Tatverdacht sprechenden Umstände beruht.[57] **Diese Grundsätze gelten nicht nur für die Prüfung des dringenden Tatverdachts,** sondern gleichermaßen für die Nachprüfung einer von dem erkennenden Gericht aus dem **Inbegriff der Hauptverhandlung zu beurteilenden Flucht- oder Verdunklungsgefahr.**[58]

Insoweit muss das Ausgangsgericht zwar seine **Entscheidung begründen,** jedoch dürfen hieran **keine überspannten Anforderungen** gestellt werden. Das Beschwerdegericht muss allerdings in die Lage versetzt werden, seine Entscheidung über das Rechtsmittel des Angeklagten auf einer hinreichend tragfähigen tatsächlichen Grundlage zu treffen, damit den erhöhten Anforderungen Genüge getan werden kann, die nach ständiger Rechtsprechung des Bundesverfassungsgerichts an die **Begründungstiefe**[59] **von Haftfortdauerentscheidungen** zu stellen sind. Jedoch besteht keine Verpflichtung des Tatgerichts, seine (vorläufige) Würdigung des gesamten Beweisergebnisses schon im Haftbeschwerdeverfahren in einer geschlossenen schriftlichen Darstellung – nach Art eines Urteils – darzulegen.[60] 30

Der **Prüfungsmaßstab im Beschwerdeverfahren** verengt sich auch, wenn bereits ein **Urteil ergangen** ist. Insoweit wird das Bestehen des dringenden Tatverdachts bereits durch das verurteilende Erkenntnis belegt.[61] Insoweit reicht es, falls ein schriftliches Urteil noch nicht vorliegt aus, wenn das erkennende Gericht nachvollziehbar darlegt, dass das Ergebnis der Hauptverhandlung den dringenden Tatverdacht nicht in Frage gestellt hat.[62] 31

Im Haftbeschwerdeverfahren bedarf es vor einer Entscheidung des Beschwerdegerichts keiner vorherigen **Anhörung des Nebenklägers,** da durch die zu erlassene Haftentscheidung betreffend den Angeklagten seine Rechtsstellung als Nebenkläger nicht verletzt wird und er deshalb in seinen rechtlichen Interessen auch keinen Nachteil erleiden kann.[63] 32

Auch mit einer Haftbeschwerde nach § 304 Abs. 1 StPO kann **wegen prozessualer Überholung** (→ Rn. 51)[64] nur und ausschließlich **die letzte den Bestand des Haftbefehls betreffende Haftentscheidung** angefochten werden (→ Rn. 51). Ein Fortsetzungsfeststellungsinteresse an der Feststellung der Rechtswidrigkeit einer prozessual überholten Haftentscheidung kommt nur in Betracht, wenn die Untersuchungshaft beendet ist und der Angeklagte ohne dessen Zuerkennung mangels Beschwer eine Überprüfung der freiheitsentziehenden Maßnahme nicht mehr erreichen könnte.[65] 33

Besonderheiten bestehen auch bezüglich der **Haftbeschwerde und dem besonderen Haftprüfungsverfahren nach § 121.** Ist Haftbeschwerde eingelegt und steht gleichzeitig das besondere Haftprüfungsverfahren nach § 121, 122 an, kommt diesem grundsätzlich der 34

---

[57] Thüringer Oberlandesgericht 28.9.2009 – 1 Ws 373/09, OLGSt GVG § 76 Nr. 3; KG 29.7.2013 – 4 Ws 32/13, OLGSt StPO § 112 Nr. 17; OLG Dresden 24.8.2011 – 2 Ws 418/11.

[58] Thüringer Oberlandesgericht 28.9.2009 – 1 Ws 373/09, OLGSt GVG § 76 Nr. 3; vgl. hierzu *Böhm/Werner* § 112 Rn. 28, 41, 86.

[59] BVerfG 24.8.2010 – 2 BvR 1113/10, StraFo 2010, 46; dass. 14.11.2012 – 2 BvR 1164/12, BFH/NV 2013, 492; *Böhm/Werner* § 112 Rn. 8, 34.

[60] OLG Frankfurt a. M. 25.7.1995 – 1 Ws 123-125/95, StV 1995, 593.

[61] BGH 8.1.2004 – StB 20/03, StV 2004, 142.; KMR-*Voll* § 268b Rn. 5.

[62] BGH 22.10.2012 – StB 12/12, NJW 2013, 247; dass. 14.11.2012 – StB 13/12, NStZ-RR 2013, 86; Hanseatisches Oberlandesgericht Hamburg 21.3.2013 – 2 Ws 45/13.

[63] OLG Hamm 16.10.2007 – 3 Ws 588/07, NStZ-RR 2008, 219.

[64] Vgl. hierzu auch *Böhm/Werner* § 115a Rn. 25; *Böhm* § 116 Rn. 43.

[65] OLG Hamm 6.6.2013 – III-5 Ws 202/13.

Vorrang zu, denn es führt zu einer umfassenden und vor allem vertieften Überprüfung der Frage der Haftfortdauer. Durch die Entscheidung im Haftprüfungsverfahren nach § 121, 122 erledigt sich eine Haftbeschwerde deshalb grundsätzlich von selbst; **sie wird gegenstandslos.** Etwas anderes muss jedoch gelten, soweit die Entscheidung im Haftprüfungsverfahren nicht zu dem Erfolg führen kann, der dem Beschuldigten im Falle einer Beschwerdeentscheidung beschieden wäre. **Dies ist der Fall, wenn das Gericht den zu überprüfenden Haftbefehl abändern oder neu fassen will,** denn im Haftprüfungsverfahren ist die Entscheidung des Gerichts darauf beschränkt, die Fortdauer der Untersuchungshaft auf der Grundlage des bestehenden Haftbefehls, die Haftverschonung oder die Aufhebung des Haftbefehls anzuordnen.[66]

35 Eine Verletzung des **Beschleunigungsgebots kann auch im Haftbeschwerdeverfahren** und nicht nur bei der besonderen Haftprüfung nach § 121 ff.[67] zur Aufhebung des Haftbefehls führen.[68] Dies gilt auch dann, wenn der Haftbefehl außer Vollzug gesetzt ist oder wegen Bestehens von Überhaft nicht vollzogen[69] wird. Insoweit ist auch die weitere Beschwerde nach § 310 zulässig, denn auch ein außer Vollzug gesetzter Haftbefehl beinhaltet eine schwerwiegende Beeinträchtigung der Freiheitssphäre.[70] Solche Verfahrensverzögerungen können im Haftbeschwerdeverfahren können schon dadurch verursacht werden, dass die Beschwerde nicht in der Dreitagesfrist des § 306 Abs. 2 dem Beschwerdegericht vorgelegt und dort auch noch verfahrensverzögerlich behandelt wird.[71]

36 In formaler Hinsicht sind Beschwerdeentscheidung im Haftverfahren gemäß § 464 Abs. 2 nicht mit einer **Auslagenentscheidung** zu versehen. Insoweit wird die Tätigkeit des Verteidigers in einem Beschwerdeverfahren grundsätzlich durch die **Gebühren** der jeweiligen Instanz mit abgegolten.[72]

37 Die Entscheidung ergeht durch **Beschluss,** welcher zu begründen ist (§ 34). Der Ansicht, dass es vor einem Austausch des Haftgrundes stets einer persönlichen Vernehmung des Beschuldigten entsprechend § 115 bedarf, kann nicht gefolgt werden,[73] jedoch ist dem Beschuldigten der neu erlassene Haftbefehl zu eröffnen (§§ 114a, 115).

38 **2. Zuständigkeitswechsel in der Beschwerdeinstanz.** Häufig tritt in der forensischen Praxis der Fall auf, dass während des Laufs eines Haftprüfungsantrages ein Wechsel in der gerichtlichen Zuständigkeit eintritt. Insoweit gilt folgendes:

39 Wird eine **Haftbeschwerde** eingelegt und ergibt sich entweder durch Anklageerhebung (§ 126 Abs. 2 Satz 1) oder durch eine Zuleitung der Akten an das Berufungsgericht nach erstinstanzlicher Verurteilung und Fortdauerentscheidung (§ 268b) ein gerichtlicher Zuständigkeitswechsel,[74] wird in der Rechtsprechung, sowohl für den Fall einer einfachen[75] Haftbeschwerde[76] als auch einer weiteren Beschwerde[77] stets eine **Umdeutung in eine Haftprüfung nach § 117** vorgenommen.[78] Dies gilt auch für den Sonderfall, dass die gleiche Strafkammer, welche nunmehr über den umgedeuteten Haftprüfungsantrag zu befinden

---

66 BGH 14.6.2012 – AK 18/12, StB 7/12, NStZ-RR 2012, 285; *Böhm* § 121 Rn. 34.

67 Vgl. *Böhm* § 120 Rn. 3; *ders.* § 116 Rn. 13.

68 OLG Koblenz 26.8.2010 – 2 Ws 383/10, StV 2011, 167.

69 OLG Hamm 25.6.2009 – 3 Ws 219/09; dass. 1.3.2012 – III-3 Ws 37/12 – 3 Ws 37/12, StV 2013, 165; dass. 1.3.2012 – III 3 Ws 37/12, 3 Ws 37/12, StV 2013, 165.

70 BVerfG 6.2.1980 – 2 BvR 1070/79, BVerfGE 53, 152; OLG Karlsruhe 29.9.2010 – 1 Ws 190/10, StRR 2011, 74.

71 Oberlandesgericht des Landes Sachsen-Anhalt 21.7.2010 – 1 Ws 398/10, NStZ-RR 2011, 123 (1 Monat). KG 15.11.2010 – 2 Ws 619/10, StraFo 2011, 91.

72 KG 27.11.2011 – 1 Ws 80/11, StRR 2011, 447.

73 OLG Hamm 5.2.2009 – 3 Ws 39/09.

74 OLG Karlsruhe 15.8.1994 – 2 Ws 172/94, Justiz 1995, 22; OLG Stuttgart 16.10.2003 – 1 Ws 281/03, Justiz 2004, 166.

75 Thüringer Oberlandesgericht 26.9.2007 – 1 Ws 365/07.

76 OLG Hamm 5.1.2012 – III-3 Ws 435/11; OLG Frankfurt a. M. 5.10.2009 – 1 Ws 107/09, StV 2010, 33.

77 OLG Frankfurt a. M. 5.10.2009 – 1 Ws 107/09, StV 2010, 33.

78 OLG Stuttgart 4.11.2003 – 1 Ws 281/03.

hätte, zuvor die Beschwerdeentscheidung getroffen hat.[79] Ebenso ist der eine Beschwerde gegen einen mit Urteilserlass wieder in Vollzug gesetzten Haftbefehl (§ 116 Abs. 4) als Haftprüfungsantrag zu behandeln, wenn hierüber bis zum Eingang der Akten bei dem Berufungsgericht nicht entschieden war.[80]

Dieser **Zuständigkeitswechsel** folgt aus dem der Regelung des § 126 Abs. 2 Satz 1 zugrundeliegenden Gedanken, dass eine **sachgerechte Haftentscheidung** vor allem von jeweils mit der **Hauptsache befassten Gericht** zu erwarten ist. Dieses Gericht soll demnach zunächst über das die Haftfrage betreffende Begehren des Angeklagten entscheiden. Erst gegen diese Entscheidung ist dann die Beschwerde eröffnet (§ 117 Abs. 2 Satz 2). Demnach ist beispielhaft eine nach Anklageerhebung erhobene Haftbeschwerde gegen einen vom Ermittlungsrichter erlassenen Haftbefehl in einen an das nunmehr für Haftentscheidungen nach § 126 Abs. 2 zuständigen Gericht gerichteten Haftprüfungsantrag umzudeuten. Eine dies verkennende Beschwerdeentscheidung ist gegenstandslos.[81] 40

Dies gilt auch dann, wenn der **Haftbefehl außer Vollzug** gesetzt ist. So ist etwa nach Einlegung einer Berufung gegen ein Urteil des Amtsgerichts und Vorlage der Akten nicht mehr die Beschwerdekammer des Landgerichts, sondern die dortige Berufungskammer zuständig, welche die **Beschwerde als Antrag auf Haftprüfung** umzudeuten hat.[82] 41

Auch eine **Entscheidung des Oberlandesgerichts** über eine noch unerledigte weitere Haftbeschwerde ist nach einem Zuständigkeitswechsel in der Hauptsache durch Zuleitung der Akten an das Berufungsgericht nicht (mehr) veranlasst.[83] Dies gilt nicht nur dann, wenn sich der Beschwerdeführer aufgrund der angefochtenen Haftentscheidung in Untersuchungshaft befindet, sondern auch dann, wenn er sich in anderer Sache in Strafhaft inhaftiert und aufgrund des Haftbefehls lediglich Überhaft notiert ist. Im letztgenannten Fall kann die unerledigte weitere Haftbeschwerde allerdings nicht als Haftprüfungsantrag im Sinne des § 117 Abs. 1 behandelt werden, weil diese Norm das (förmliche) Haftprüfungsverfahren nur dann eröffnet, wenn sich der Antragsteller tatsächlich in Untersuchungshaft befindet. Die unerledigte weitere Haftbeschwerde ist dann aber als – durch § 117 Abs. 1 nicht ausgeschlossener – „einfacher" Antrag an das Berufungsgericht auf Aufhebung des Haftbefehls zu behandeln.[84] 42

Gegenstand des Beschwerdeverfahrens kann nicht nur der Bestand eines Haftbefehls an sich sein, sondern auch die **Zulässigkeit seines Vollzugs** sein. So schließt etwa die Gewährung sicheres bzw. freies Geleit den Erlass eines Haftbefehls nicht aus. Er darf lediglich nicht vollzogen werden.[85] Dies kann im Beschwerdeverfahren geltend gemacht werden.[86] 43

VI. Konkurrenzverhältnis zur Haftprüfung – Haftbeschwerde (§ 117 Abs. 2 Satz 1)

Abs. 2 Satz 1 regelt das Konkurrenzverhältnis zwischen Haftprüfung und Haftbeschwerde. Insoweit gilt: 44

1. Vorrang der Haftprüfung. Hat der Beschuldigte den Weg der Haftprüfung beim **judex a quo** gewählt, ist daneben die Einlegung einer Haftbeschwerde ebenso unzulässig wie eine weitere Haftbeschwerde (§ 310). Dies folgt ebenfalls aus dem gesetzlichen Grundgedanken (vgl. auch § 126 Abs. 2 Satz 1), dass zunächst das **sachnähere Haftgericht oder das bereits mit der Hauptsache befasste Tatgericht** die Entscheidung treffen soll. Dies gilt grundsätzlich auch für den Antrag des Beschuldigten auf Vorführung vor dem nach 45

---

[79] Thüringer Oberlandesgericht 1.9.2005 – 1 Ws 336/05; aA OLG Köln 11.11.2003 – 2 Ws 599/03 (unmittelbarer zeitlicher Zusammenhang).
[80] OLG Düsseldorf 8.11.2001 – 4 Ws 544/01, StraFo 2002, 142.
[81] OLG Hamm 19.3.2013 – III-2 Ws 93/13.
[82] OLG Frankfurt a. M. 28.6.1996 – 3 Ws 535/96, NStZ-RR 1996, 302.
[83] OLG Hamm 16.10.2007 – 3 Ws 593/07.
[84] OLG Hamm 5.1.2012 – III-3 Ws 435/11.
[85] OLG Köln 8.2.2007 – 2 Ws 67/07, NStZ-RR 2007, 243.
[86] LG Regensburg 24.5.2012 – 1 Qs 38/12, StV 2013, 167.

§ 115 zuständigen Richter nach Eröffnung des Haftbefehls durch ein auswärtiges Gericht.[87] Dem folgend bedingt ein konsequenter Ausschluss eines Nebeneinander der Haftprüfung und Haftbeschwerde nicht nur das Verbot der Anbringung einer solchen Beschwerde während einer laufenden Haftprüfung, sondern eine Präklusion der zunächst zulässig eingelegten Haftbeschwerde für den Fall, dass sich der Beschuldigte während der Beschwerdeprüfung nunmehr entschließt, auch eine Haftprüfung beim zuständigen Gericht (§ 126) zu beantragen.[88]

46 Ist ein **zulässiger Antrag auf Haftprüfung** gestellt, ist die gleichzeitig vor oder nach diesem Antrag eingelegte (weitere) Haftbeschwerde unzulässig, sofern mit der Beschwerde nur ebenfalls die Aufhebung des bestehenden Haftbefehls oder die Aussetzung seiner Vollziehung erstrebt wird. Bei dieser, sich aus der Sperrwirkung des § 117 Abs. 2 Satz 1 ergebenden Rechtsfolge bleibt es auch dann, wenn der Haftprüfungsantrag später zurückgenommen wird.[89] Die durch die Stellung des Haftprüfungsantrages einmal bewirkte Unzulässigkeit eines Beschwerdeverfahrens kann nicht durch dessen Rücknahme wieder beseitigt werden.[90]

47 Die **Reichweite** einer solchen **Sperrwirkung** des § 117 Abs. 2 Satz 1 hin zu einer absoluten Bedingungsfeindlichkeit auch für den Fall eines bedingten Haftprüfungsantrages kann allerdings nicht ohne Weiteres überzeugen.[91] Die gesetzliche Regelung will zunächst ein Nebeneinander der sachnäheren Haftprüfung und der Haftbeschwerde vermeiden. Der hilfsweise lediglich für den Fall der Erfolglosigkeit der Beschwerde gestellte Haftprüfungsantrag kann nämlich nicht von vornherein als unzulässig bewertet werden. Entsprechend der Möglichkeit, mit Hilfsbeweisanträgen eigene prozessuale Taktiken zu verfolgen, muss auch außerhalb der Hauptverhandlung dem Beschuldigten die Möglichkeit eines Verteidigungsspielraumes gegeben werden.[92]

48 **2. Antragsbefugnis. Diese steht sowohl dem Angeklagten selbst als auch seinem Verteidiger zu.** Insoweit ist es auch als zulässig anzusehen, dass der Verteidiger durch Einreichung eines Haftprüfungsantrages der vom Beschuldigten selbst eingelegten Haftbeschwerde den Boden entzieht. Beide sind gleichberechtigt. Steht jedoch der ausdrückliche erklärte Wille des Beschuldigten entgegen, fehlt es insoweit an der Vertretungsbefugnis. Nimmt der Beschuldigte oder sein Verteidiger – wie in der Praxis sehr häufig der Fall – den Haftprüfungsantrag zurück, lebt die zuvor eingelegte Beschwerde indes nicht wieder auf,[93] vielmehr muss diese neu eingereicht werden.

49 **3. Ausnahmefälle.** Fraglich ist, ob neben der Haftprüfung (Abs. 1) eine Haftbeschwerde zulässig ist, mit welcher ein anderes Ziel verfolgt wird.[94] Zu denken dabei etwa an die äußerst seltenen Fälle, mit welchen nicht die Aufhebung des Haftbefehls angestrebt wird, sondern lediglich einzelne Tatvorwürfe oder Haftgründe in Abrede werden sollen. Ist dem Beschwerdegericht der Haftprüfungsantrag bei seiner Entscheidung nicht bekannt, ist die Entscheidung mangels Vorliegens einen Nichtigkeitsgrundes wirksam, jedoch anfechtbar und – soweit möglich – in der nächsten Instanz aufzuheben.[95]

---

[87] OLG Stuttgart. 3.8.1989 – 3 Ws 178/89, MDR 1990, 75.
[88] OLG Karlsruhe 13.10.1993 – 3 Ws 197/93, StV 1994, 324.
[89] OLG Düsseldorf 18.4.1991 – 2 Ws 157/91, StV 1991, 526.
[90] OLG Stuttgart 23.2.2005 – 1 Ws 51/05, Justiz 2005, 334; dass. 22.3.1994 – 3 Ws 41/94, NStZ 1994, 401.
[91] KK-*Graf* § 117 Rn. 8.
[92] Vgl. auch *Meyer-Goßner* § 117 Rn. 14; offen gelassen: Saarländisches Oberlandesgericht 27.11.1995 – 1 Ws162/95, wistra 1996, 80.
[93] OLG Karlsruhe 13.10.1993 – 3 Ws 197/93, StV 1994, 324; OLG Stuttgart 22.3.1994 – 3 Ws 41/94, NStZ 1994, 401; OLG Düsseldorf 18.4.1991 – 2 Ws 157/91, StV 1991; 526; KK-*Graf* § 117 Rn. 7.
[94] OLG Stuttgart 18.4.1991 – 2 Ws 157/91, NStZ 1994, 401; OLG Karlsruhe 13.10.1993 – 3 Ws 1997/93, StV 1994, 324; KK-*Graf* § 117 Rn. 19.
[95] Schleswig Holsteinisches Oberlandesgericht 29.12.1987 zit. nach *Lorenzen*/GörlSchlHA 1988, 109; KK-*Graf* § 117 Rn. 9.

VII. Rechtsmittel – Zulässigkeit der Haftbeschwerde (§ 117 Abs. 2 Satz 2)

1. Allgemeines. Gegen die Entscheidung im anhängigen Haftprüfungsverfahren ist die Beschwerde (§ 304) zulässig. Zu Entscheidung berufen ist bei Beschwerden gegen Entscheidungen des Amtsgerichts das übergeordnete Landgericht oder, wenn dessen Haftprüfungsentscheidung angefochten wird, das Oberlandesgericht. Eine Befristung besteht nicht, jedoch kann sich in der Praxis ein Ausschluss aus dem Gesichtspunkt der prozessualen Überholung ergeben (→ Rn. 51). 50

2. Prozessuale Überholung. Aus § 117 Abs. 2 ergibt sich der allgemeine Grundsatz, dass der Beschuldigte immer nur die zuletzt gegen ihn ergangene Haftentscheidung anfechten kann (→ Rn. 33).[96] Daher kann sich dieser mit der **Haftbeschwerde immer nur gegen die zuletzt ergangene Haftentscheidung zu Wehr** setzen und diese angreifen.[97] Denn es widerspräche einem sinnvollen Verfahrensablauf, wenn der Beschwerdeführer beliebig auf frühere, denselben Sachvorgang betreffende Haftentscheidungen zurückgreifen könnte, obwohl deren Begründung möglicherweise bereits überholt ist.[98] 51

Die Annahme einer prozessualen Überholung kann in der Praxis durchaus zu nicht **unerheblichen zeitlichen Verzögerungen** führen, wenn das Obergericht die Akten erst wieder an den eigentlich zuständigen Haftrichter ohne Sachentscheidung zurückleitet. Der Verteidiger wird also zu prüfen und zu bedenken haben, ob zunächst ein von dem Beschuldigten selbst gestellter Vorführungs- oder Haftprüfungsantrag zurückzunehmen ist, freilich nur mit dessen ausdrücklicher Ermächtigung (§ 118b, § 302 Abs. 2), um mit der solange unzulässigen Haftbeschwerde nicht eine weitere zeitliche Verzögerung der Entscheidung zu bedingen. 52

Etwas anderes gilt auch nicht dann, wenn dies lediglich zu einer sachlich nicht gebotenen **kurzfristigen erneuten Haftentscheidung desselben Spruchkörpers** führen und die erstrebte Anrufung des Beschwerdegerichts dadurch ohne sachlich zwingende Gründe verzögert würde, weil derselbe Spruchkörper erst kurz zuvor eine ausreichend begründete Haftentscheidung als Beschwerdegericht getroffen hat.[99] Daher ist prozessualer Überholung auch dann eingetreten, wenn sich der Beschuldigte gegen eine ausführliche Haftprüfungsentscheidung wendet und der Spruchkörper danach im Rahmen der Eröffnung des Hauptverfahrens nur die Fortdauer der Untersuchungshaft anordnet.[100] 53

Der § 117 Abs. 2 zu entnehmende allgemeine Grundsatz, dass allein die jeweils zuletzt ergangene Haftentscheidung angefochten werden kann, greift auch dann ein, wenn der **Antrag sich nicht gegen den Bestand des Haftbefehls richtet, sondern lediglich über den Inhalt von Weisungen** entschieden werden soll, denn auch insoweit hat das entscheidende Gericht grundsätzlich den Bestand des Haftbefehls mit zu prüfen (str).[101] Eine prozessuale Überholung ist schließlich auch dann anzunehmen, wenn während des Haftbeschwerdeverfahrens ein Urteil in Rechtskraft erwächst.[102] 54

VIII. Vorbereitung künftiger Entscheidungen (§ 117 Abs. 3)

Nach dieser in der **Praxis selten angewandten gesetzlichen Regelung** kann der Richter in der Haftprüfungsentscheidung einzelne Ermittlungen, die – ohne Beschränkung auf die Frage des dringenden Tatverdachts – für die künftige Entscheidung über die Auf- 55

[96] KK-Graf § 117 Rn. 3.
[97] OLG Düsseldorf. 28.2.1992 – 1 Ws 888/92, StV 1993, 592; OLG Hamburg 22.2.1994 – 1 Ws 40/94, StV 1994, 323; Schleswig-Holsteinisches Oberlandesgericht 30.5.2000 – 2 Ws 261/00, SchlHA 2001, 135.
[98] KG 28.1.2013 – 4 Ws 12-13/13; Oberlandesgericht des Landes Sachsen – Anhalt 5.7.2005 – 1 Ws 367/05.
[99] OLG Karlsruhe 23.8.1977 – 1 Ws 236/77; KG 12.8.1999 – 2 AR 119/99 und 4 Ws 201/99, Justiz 1977, 433.
[100] So aber OLG Hamm 29.6.2010 – III 2 Ws 149/10, NStZ-RR 2010, 358.
[101] *Böhm* § 116 Rn. 10; aA Hanseatisches Oberlandesgericht Hamburg 31.8.1983 – 2 Ws 428/83, MDR 1984, 72; dass 22.2.1994 – 1 Ws 40/94, StV 1994, 323.
[102] KG 7.2.1997 – 5 W 667/96.

rechterhaltung der Untersuchungshaft von Bedeutung sind, anordnen und nach Durchführung dieser Ermittlungen eine neue Haftprüfung vornehmen. Die Ermittlungen werden also nicht angeordnet, um auf ihrer Grundlage die im gegenwärtigen Haftprüfungsverfahren anstehende Entscheidung treffen zu können. Sie sind vielmehr veranlasst, wenn einerseits ihrem Ergebnis für die jetzige Entscheidung voraussichtlich keine wesentliche Bedeutung zukommt und andererseits wegen des in Untersuchungshaftsachen geltenden besonderen Beschleunigungsgebotes eine Zurückstellung der Entscheidung nicht vertretbar erscheint.[103]

56 Diese Norm regelt daher eine **Anordnungskompetenz,** wenn eine alsbaldige Entscheidung ohne Zuwarten auf nachrangige Ermittlungen veranlasst ist, um dem Gebot der besonderen Beschleunigung in Haftsachen zu genügen. Das gilt vorrangig dann, wenn der Beschuldigte andere Haftvoraussetzungen als die von den Nachermittlungen betroffenen angreift und an einer kurzfristigen Entscheidung interessiert ist, um erstere alsbald im Wege der (weiteren) Beschwerde durch die nächsthöhere Instanz überprüfen zu lassen.

57 Die Anordnungskompetenz hat auch das **Beschwerdegericht,** wobei die Durchführung der auf die Ermittlungen zu treffenden Folgeentscheidungen wieder beim Haftgericht liegt. Eine solche durchgängige Anordnungskompetenz scheidet indes bei der entsprechenden Anwendung des § 117 Abs. 3 auf das Beschwerdeverfahren aus. Ihr kann insbesondere das Ordnungsprinzip zum Verhältnis von Haftrichter und Haftbeschwerdegericht entgegenstehen. Mit der Haftbeschwerde anfechtbar ist immer nur die zuletzt ergangene, den Bestand des Haftbefehls betreffende Entscheidung. Nach der (ersten) Entscheidung des Beschwerdegerichtes sind regelmäßig die Akten schon wegen des besonderen Beschleunigungsgebotes an das Haftgericht bzw. an die Ermittlungsbehörden zurückzugeben, ohne das Ergebnis der angeordneten weiteren Ermittlungen abzuwarten. Eine Entscheidung allein über das Ergebnis der Nachermittlungen, als ein temporaler Annex des früheren Beschwerdeverfahrens, würde dem Grundsatz der Nachprüfung nur der jeweils letzten Haftentscheidung widersprechen. Jedenfalls dann, wenn sich eine längere Dauer der Nachermittlungen abzeichnet, ist es zur Lösung des genannten Spannungsverhältnisses sachgerecht, die neue Entscheidung dem Haftrichter zuzuweisen.[104]

IX. Sonstiges

58 **1. Verteidiger.** § 140 Abs. 1 Nr. 4 StPO findet nicht nur in dem Verfahren, in welchem die Untersuchungshaft vollzogen wird, sondern auch in allen anderen gegen den Beschuldigten gerichteten Verfahren Anwendung.[105]

59 **2. Laufende Hauptverhandlung.** Besonderheiten bestehen sowohl bei der **Haftprüfung als auch bei der Haftbeschwerde** (→ Rn. 29), wenn über diese während laufender Hauptverhandlung entschieden wird. Insoweit ist neben den im Zeitpunkt der Haftentscheidung vorliegenden und in den Akten ausgewiesenen gerichtsverwertbaren Ermittlungsergebnissen insbesondere das Ergebnis der bisherigen Beweisaufnahme zu berücksichtigen. Setzt sich die während einer laufenden Hauptverhandlung ergangene Haftentscheidung nicht mit der unverzichtbaren Voraussetzung des dringenden Tatverdachts auseinander, so führt dieser Mangel im Beschwerdeverfahren zunächst zur Aufhebung des betreffenden Beschlusses.[106] Der Verfahrensmangel zieht jedoch nur dann die Aufhebung des Haftbefehls nach sich, wenn ohne Rücksicht auf das bisherige Ergebnis der Hauptverhandlung ein dringender Tatverdacht eindeutig zu verneinen wäre.[107]

60 **3. Verhältnis zur Sechs-Monats-Haftprüfung nach §§ 121 ff.** Hat das Oberlandesgericht bereits eine Haftprüfung nach §§ 121, 122 Abs. 1 durchgeführt, die Haftfortdauer

[103] Hanseatisches Oberlandesgericht Hamburg 25.1.2002 – 2 Ws 22/02, StV 2002, 317; SK-*Paeffgen* § 117 Rn. 11.

[104] Hanseatisches Oberlandesgericht Hamburg 25.1.2002 – 2 Ws 22/02, wistra 2002, 275.

[105] OLG Frankfurt a. M. 22.4.2010 – 3 Ws 251/10, NStZ-RR 2011, 19.

[106] OLG Celle 6.1.2009 – 1 Ws 628/09.

[107] Thüringer Oberlandesgericht 31.5.2005 – 1 Ws 185/05, StV 2005, 559.

angeordnet und – wie üblich – die Haftprüfung gemäß § 122 Abs. 3 Satz 3 befristet dem nach den allgemeinen Vorschriften zuständigen Gericht übertragen, so ist dieses bis zum Ende des Übertragungszeitraums für die antragsgebundene Haftprüfung nach § 117 Abs. 1 zuständig. Zusätzlich obliegt dem allgemein zuständigen Gericht die laufende Prüfung der Haftfrage von Amts wegen (zumindest) nach §§ 120 Abs. 1 Satz 1, 116 Abs. 1–3. Diese Kompetenz endet jedoch mit dem Eingang des Antrags der Staatsanwaltschaft, die Akten dem Oberlandesgericht zur Durchführung der besonderen Haftprüfung nach §§ 121, 122 Abs. 4 StPO vorzulegen.[108]

4. Verfassungbeschwerde. Hat der Beschuldigte die Rechtsmittel der Haftprüfung 61
und Haftbeschwerde ausgeschöpft, besteht die Möglichkeit der Verfassungsbeschwerde und zwar auch dann, wenn der Beschuldigte aktuell vom weiteren Vollzug der Untersuchungshaft verschont ist.[109]

5. Fortsetzungsfeststellungsinteresse. Ein Fortsetzungsfeststellungsinteresse für eine 62
prozessual überholte Haftbeschwerde kommt nur dann in Betracht, wenn die Untersuchungshaft beendet ist und der Untersuchungsgefangene ohne Zuerkennung eines solchen Interesses mangels Beschwer eine gerichtliche Überprüfung der freiheitsentziehenden Maßnahme nicht mehr erreichen könnte.[110] Das ist nicht der Fall, wenn die Untersuchungshaft weiter auf neuer Grundlage vollzogen wird, die der Angeklagte wiederum vollumfänglich angreifen kann.[111]

6. Umdeutung. Nach erfolglos durchgeführtem Beschwerdeverfahren gegen einen 63
wegen der Verbüßung von Strafhaft in andere Sache nicht vollzogenen Haftbefehl ist die erneute „Haftbeschwerde" als Antrag auf Aufhebung des Haftbefehls umzudeuten, über den das nach § 126 erstinstanzlich zuständige Gericht zu entscheiden hat.[112]

§ 118 [Mündliche Haftprüfung]

(1) Bei der Haftprüfung wird auf Antrag des Beschuldigten oder nach dem Ermessen des Gerichts von Amts wegen nach mündlicher Verhandlung entschieden.

(2) Ist gegen den Haftbefehl Beschwerde eingelegt, so kann auch im Beschwerdeverfahren auf Antrag des Beschuldigten oder von Amts wegen nach mündlicher Verhandlung entschieden werden.

(3) Ist die Untersuchungshaft nach mündlicher Verhandlung aufrechterhalten worden, so hat der Beschuldigte einen Anspruch auf eine weitere mündliche Verhandlung nur, wenn die Untersuchungshaft mindestens drei Monate und seit der letzten mündlichen Verhandlung mindestens zwei Monate gedauert hat.

(4) Ein Anspruch auf mündliche Verhandlung besteht nicht, solange die Hauptverhandlung andauert oder wenn ein Urteil ergangen ist, das auf eine Freiheitsstrafe oder eine freiheitsentziehende Maßregel der Besserung und Sicherung erkennt.

(5) Die mündliche Verhandlung ist unverzüglich durchzuführen; sie darf ohne Zustimmung des Beschuldigten nicht über zwei Wochen nach dem Eingang des Antrags anberaumt werden.

Schrifttum: Siehe hierzu § 117

---

[108] *Böhm* § 122 Rn. 9; aA KG 6.3.2012 – (2) 131 HEs 1/11.
[109] BVerfG zuletzt 17.1.2013 – 2 BvR 2098/12, StV 2013, 640 (zur Begründungstiefe von Haftfortdauerentscheidungen); dass. 14.11.2012 – 2 BvR 1164/12, StV 2014, 35.
[110] *Meyer-Goßner* vor § 296 Rn. 18 mwN.
[111] OLG Koblenz 6.11.2006 – 1 Ws 675/06, OLGSt StPO § 117 Nr. 4.
[112] OLG Karlsruhe 3.8.1989 – 3 Ws 192/89, Justiz 1989, 437.

Übersicht

I. Allgemeines

1 Die Vorschrift steht in engem Zusammenhang mit §§ 117, 118a und § 118b und regelt den Anspruch des Beschuldigten auf Durchführung eines mündlichen Haftprüfungsverfahrens nach § 117 Abs. 1. Die Norm stellt ein **Kernstück der Rechte des inhaftierten Beschuldigten** dar und gibt ihm die Möglichkeit, sich unmittelbar vor dem Haftrichter zu den Tatvorwürfen und zu den Haftgründen zu äußern und hierdurch auch die Möglichkeit zur Abkürzung der Untersuchungshaft erhalten.[1] Insoweit handelt es sich um häufigsten Rechtsbehelf gegen die Vollziehung der Untersuchungshaft,[2] welcher zudem die größten Erfolgsaussichten aufweist.[3]

2 Neben der Durchführung eines **förmlichen Haftprüfungsverfahrens** nach Abs. 1 besteht für den Richter zur Vermeidung der Ausschlussfristen des Abs. 1 (→ Rn. 9) und des Abs. 4 (→ Rn. 13) stets die Möglichkeit, auch außerhalb dieses Verfahrens mündlich zu verhandeln, insbesondere kann er die Vernehmung nach § 115 Abs. 2 in eine mündliche Verhandlung kleiden und die Staatsanwaltschaft hiervon benachrichtigen.[4]

II. Antrag auf mündliche Haftprüfung (Abs. 1)

3 Beantragt der Beschuldigte eine solche, gewährt ihm Abs. 1, von den Ausnahmefällen nach Abs. 3 (→ Rn. 9) und 4 (→ Rn. 13) abgesehen, einen Anspruch auf Durchführung einer persönlichen Anhörung durch das Gericht. Antragsberechtigt sind insoweit auch der Verteidiger und der gesetzliche Vertreter des Beschuldigten (§§ 118, 297, 298), der Verteidiger jedoch nicht gegen den ausdrückliche Willen des Beschuldigten.[5] Erst nach dieser persönlichen Anhörung ist das Gericht zur Entscheidung über die Fortdauer der Haft befugt.

4 Im Hinblick auf das Recht des Beschuldigten, eine Haftentscheidung des Gerichts erst nach seiner persönlichen Anhörung zu erwirken, sollte der **Verteidiger bedenken,** dass unmittelbar nach Eröffnung eines Haftbefehls und ohne vorherige Akteneinsicht ein Antrag auf erneute mündliche Anhörung vor dem Haftrichter zumeist wenig sinnvoll sein dürfte. Vielmehr wird es sich empfehlen, dass der Verteidiger erst nach Akteneinsicht und gegebenenfalls Kontakt mit der Staatsanwaltschaft[6] inhaltlich den mündlichen Haftprüfungsantrag stellt und dies zielgerichtet entweder zur Ausräumung des dringenden Tatverdachts oder gegen die Annahme von Haftgründen, um so die Aufhebung des Haftbefehls oder aber Maßnahmen der Haftverschonung zu erreichen.

5 Der Haftrichter kann jedoch auch **ohne ausdrücklichen Antrag** bei einem vom Beschuldigten oder seinem Verteidiger gestellten Haftprüfungsantrag (§ 117) von Amts wegen eine mündliche Verhandlung durchführen, wenn er eine solche nach seinem **Ermes-**

---

[1] LR-*Hilger* § 118 Rn. 1.
[2] *Schlothauer/Weider* Rn. 755.
[3] *Gebauer* Die Rechtswirklichkeit der Untersuchungshaft, S. 280 ff.
[4] LR-*Hilger* § 118a Rn. 6.
[5] KK-*Graf* § 118 Rn. 1.
[6] *Böhm/Werner* § 117 Rn. 2.

sen für notwendig erachtet.[7] Die Staatsanwaltschaft ist zwar nicht antragsbefugt, ein „Antrag auf Durchführung einer mündlichen Haftprüfung" ist jedoch als Anregung an das Gericht zu verstehen. Zu beachten ist aber, dass die Durchführung eines **Haftprüfungsverfahrens nach § 117 von einem Antrag des Beschuldigten** selbst abhängt. Diese liegt allein in seiner Hand, so dass ohne einen solchen selbst auf Anregung der Staatsanwaltschaft auch keine mündliche Haftprüfung nach Abs. 1 durchgeführt werden kann (aber → Rn. 8).[8]

Ausnahmsweise kann nach der Rechtsprechung eine mündliche Haftprüfung auch von Amts wegen dann durchgeführt werden, wenn das Gericht im Rahmen der **Eröffnung des Hauptverfahrens** nach § 207 Abs. 4 den Haftbefehl auf weitere Taten erweitert. In einem solchen Fall ist den Bekanntmachungs- und Anhörungspflichten der §§ 114a, 115 Abs. 2 nach der Rechtsprechung genügt, wenn das Gericht zunächst den erweiterten Haftbefehl dem Angeklagten zustellt und dann zeitnah eine mündliche Verhandlung nach §§ 117 Abs. 1, 118 durchführt.[9] 6

Soweit früher § 117 Abs. 5 a. F. eine von Amts wegen durchzuführenden mündliche Haftprüfung nach Ablauf von drei Monaten Haftfortdauer vorsah, wenn noch keine Haftprüfung durchgeführt worden war und der Beschuldigte keinen Verteidiger hatte, ist diese Regelung durch das Gesetz zur Änderung des Untersuchungshaftrechts entfallen.[10] Die Regelung war entbehrlich, da nach dem neuen Recht dem inhaftierten Beschuldigten unverzüglich nach Beginn der Vollstreckung ein Verteidiger beigeordnet werden muss (§§ 141 Abs. 3 Satz 2, 140 Abs. 1 Nr. 4). 7

III. Mündliche Verhandlung im Haftbeschwerdeverfahren (Abs. 2)

Während über eine Haftprüfung auf Antrag des Beschuldigten stets mündlich verhandelt werden muss, ist dies bei einer von ihm eingelegten Haftbeschwerde[11] von Gesetzes wegen nicht erforderlich. Insoweit ist die Durchführung einer mündlichen Verhandlung abweichend von § 309 Abs. 2 aber möglich, steht jedoch im Ermessen des Gerichts, welche eine solche aber von Amts wegen oder auf Antrag durchführen kann. Eine solche persönliche Anhörung wird sich für das Beschwerdegericht etwa anbieten, wenn bei zweifelhafter Sachlage erwartet werden kann, dass sich bei mündlicher Erörterung ggf. auch in Anwesenheit von zuvor einvernommenen Zeugen Unklarheiten werden beseitigen lassen und der Tatverdacht sowie die Haftgründe sich sicherer als im schriftlichen Verfahren beurteilen lassen können.[12] Zur Anwendung kommt Abs. 2 jedoch nur auf Beschwerde des Beschuldigten, nicht jedoch bei einer sich gegen die Ablehnung eines Haftbefehlsantrags richtenden Beschwerde der Staatsanwaltschaft.[13] 8

IV. Zeitliche Beschränkungen des Anspruchs auf mündliche Verhandlung (Abs. 3)

Während der Beschuldigte ohne jede zeitliche und zahlenmäßige Begrenzung die Durchführung von – schriftlichen – Haftprüfungen beantragen kann, steht ihm bzw. den weiteren Antragsberechtigten (§ 118b) ein **Anspruch auf mündliche Verhandlung** nur eingeschränkt zu. Diese Beschränkung ist notwendig, um zu verhindern, dass der Beschuldigten das Gericht zwingen kann, ständig über seien Fall mündlich zu verhandeln. 9

Ist nach einer mündlichen Haftprüfung die Untersuchungshaft insoweit aufrechterhalten worden, so sieht Abs. 3 eine **zeitliche Einschränkung in zweierlei Hinsicht** vor. Zum 10

[7] *Böhm/Werner* § 117 Rn. 15.
[8] *Böhm/Werner* § 117 Rn. 48.
[9] Vgl. etwa Hanseatisches Oberlandesgericht Hamburg 24.6.2003 – 2 Ws 164/03, NStZ-RR 2003, 346.
[10] BGGL. I, 2009, 2274 ff.
[11] Vgl. hierzu *Böhm/Werner* § 117 Rn. 24 ff., 28.
[12] LR-*Hilger* § 118 Rn. 3.
[13] KK-*Graf* § 118 Rn. 2, SK-*Paffgen* § 118 Rn. 3.

einen muss vor einer weiteren Haftprüfung die Untersuchungshafthaft mindestens drei Monate gedauert haben, zum anderen müssen seit der ersten mündlichen Haftprüfung mindestens zwei Monate vergangen sein. Dabei ist es unerheblich, ob die erste mündliche Haftprüfung auf Antrag des Beschuldigten oder von Amts wegen durchgeführt wurde.[14] Das Gericht ist aber nicht gehindert, auch in einem solchen Fall eine mündliche Verhandlung durchzuführen, wenn es dieses als geboten ansieht.[15]

11 Nach dem Wortlaut von Abs. 3 kommt es nicht darauf an, ob der Haftbefehl, sondern ob die **Untersuchungshaft aufrechterhalten** worden ist. Daher wird die Ausschlussfrist durch die Verkündung eines abgeänderten Haftbefehls neu in Gang gesetzt[16] und zwar unabhängig von der Frage, ob der Prüfungstermin auf Antrag des Beschuldigten erfolgte oder von Amts wegen die Anpassung des Haftbefehls erfolgt ist. Dies gilt auch dann, wenn der Richter, wie in der Praxis häufig der Fall, schon zu Beginn der vom Beschuldigten beantragten mündlichen Verhandlung auf Antrag der Staatsanwaltschaft einen neuen Haftbefehl verkündet und der Beschuldigte daraufhin seinen Antrag auf Haftprüfung zurück nimmt.[17]

12 Keine Anwendung findet Abs. 3 danach aber, wenn der Haftbefehl aufgehoben oder außer Vollzug gesetzt worden ist und später ein **neuer Haftbefehl erlassen oder ein früherer wieder in Vollzug** gesetzt wird. Dann sind die § 114 ff. anzuwenden. Wird die nach mündlicher Verhandlung beschlossene Aussetzung der Vollziehung eines Haftbefehls nach § 116 Abs. 4 widerrufen, findet Abs. 3 ebenfalls keine Anwendung.

V. Verfahrensmäßig bedingte Beschränkungen des Anspruchs auf mündliche Verhandlung (Abs. 4)

13 Während einer laufenden Hauptverhandlung und nach Erlass eines auf Freiheitsentzug oder eine freiheitsentziehende Maßregel der Besserung und Sicherung lautenden erstinstanzlichen Urteils (sowie während der Berufungshauptverhandlung)[18] besteht kein Anspruch auf Durchführung einer mündlichen Anhörung. Grund dieser Regelung ist die gesetzliche Annahme, dass das die Hauptsache verhandelnde Gericht über eine bessere Erkenntnisgrundlage verfügt als dies eine mündliche Verhandlung vermitteln könnte.

14 Bei einer **längeren Unterbrechung der Hauptverhandlung** iSv § 229 Abs. 2 dauert hingegen diese nicht mehr im Sinne von § 118 Abs. 4 an.[19] Der Ansicht, es müsse insoweit auf den Einzelfall abgestellt und nach der zeitlichen Nähe von Hauptverhandlung und dem Haftprüfungsantrag sowie nach dem voraussichtlichen Inhalt des Haftprüfungsantrages im Vergleich zum Sachstand der Hauptverhandlung differenziert werden,[20] vermag nicht zu überzeugen, zumal aus Gründen der Rechtssicherheit eine klare und nachvollziehbare Regelung, wie dies der Verweis auf § 229 Abs. 2 darstellt geboten ist.

15 Ein Anspruch auf Durchführung einer mündlichen Verhandlung besteht auch nicht, wenn gegen den **Angeklagten ein Urteil** ergangen ist, in welchem gegen den Verhafteten auf Freiheitsstrafe oder auf eine freiheitsentziehende Maßregel der Besserung und Sicherung erkannt worden ist. Hintergrund dieser gesetzlichen Regelung ist die gesetzgeberische Annahme, dass bereits in der Hauptverhandlung über den dringenden Tatverdacht entschieden wurde und eine mündliche Verhandlung nach § 118 deshalb keine zusätzlichen Erkenntnisgewinn mehr erbringen kann. Auch werden sich die Haftgründe nach der Hauptverhandlung, an deren Ende von Amts wegen immer über die Fortdauer der Haft entschieden werden muss (§ 268b), im Regelfall nicht mehr ändern, so dass kein zwingendes Bedürfnis zur Durchführung einer mündlichen Verhandlung besteht.[21]

---

[14] OLG Köln 23.1.2007 – 2 Ws 46/06, NStZ 2007, 608.
[15] *Meyer-Goßner* § 118 Rn. 2.
[16] OLG Köln 23.1.2007 – 2 Ws 46/06, NStZ 2007, 608.
[17] OLG Köln 23.1.2007 – 2 Ws 46/06, NStZ 2007, 698.
[18] Vgl. zu diesen beiden Fallkonstellationen nur *Böhm/Werner* § 117 Rn. 28, 29, 41, 86.
[19] *Meyer-Goßner* § 118 Rn. 3.
[20] OLG Celle 7.9.1995 – 3 StE 15/93, NStZ-RR 1996, 171.
[21] Ebenso LR-*Hilger* § 118 Rn. 15.

Maßgeblich ist insoweit deshalb allein das Ergehen eines Urteils. Es kommt hingegen nicht darauf ankommt, ob dieses letztlich auch Bestand hat. Deshalb lebt der Anspruch auf Durchführung einer mündlichen Verhandlung auch dann nicht wieder aus, wenn das Urteil in der **Revisionsinstanz** aufgehoben und an das Ausgangsgericht zurückverwiesen wird. 16

Gleichwohl bleibt es dem Haftrichter unbenommen, auch während des Andauerns einer Hauptverhandlung oder nach Ergehen eines Urteils eine mündliche Haftprüfung durchzuführen. Seine diesbezügliche ablehnende Entscheidung ist **nicht** mit dem **Rechtsmittel der Beschwerde** anfechtbar.[22] 17

VI. Frist zur Verhandlung (§ 118 Abs. 5 Hs. 1)

Die mündliche Verhandlung ist **unverzüglich, dh ohne vermeidbare Verzögerungen,** durchzuführen, wobei als Höchstfrist eine solche von zwei Wochen im Gesetz normiert ist. Die Frist beginnt mit dem Eingang des Antrages bei Gericht. Insoweit reicht gem. § 299 Abs. 2 auch die Stellung des Antrages zu Protokoll der Geschäftsstelle des zuständigen Amtsgerichts am Verwahrungsort aus. Die Fristberechnung richtet sich nach § 43. 18

Jedoch kann mit der **Zustimmung des Beschuldigten die Frist verlängert** werden, um zunächst weitere Ermittlungen durchzuführen. Dabei ist zu beachten, dass sich die Zustimmung nicht nur auf die Überschreitung überhaupt, sondern auch auf deren Dauer beziehen muss.[23] Erklärt sich der Verteidiger mit einer Verlängerung einverstanden, so muss der Beschuldigte nicht ebenfalls zustimmen.[24] Einer ausdrücklichen Ermächtigung im Sinne des § 302 Abs. 2 bedarf der Verteidiger nicht.[25] 19

Im Hinblick auf diese **Fristenregelung** ist es aber sinnvoll, wenn der Verteidiger seinen Antrag direkt an den Haftrichter sendet und der ermittelnden Staatsanwaltschaft lediglich zeitgleich eine Ablichtung mit der Bitte um unverzügliche Vorlage der Akten an den Haftrichter zukommen lässt. 20

Eine Überschreitung der Höchstfrist des Abs. 5 Hs. 2 führt – es handelt sich insoweit um eine bloße Ordnungsvorschrift – nicht zu einer Haftentlassung,[26] kann aber unter Umständen die Annahme der Besorgnis der Befangenheit des Richters rechtfertigen.[27] Auch unter Beachtung der Unschuldsvermutung würde eine Entlassungsautomatik bei bloßer Fristüberschreitung den Grundsätzen einer funktionstüchtigen Strafrechtspflege zuwiderlaufen. Der Beschuldigte wird insoweit hinreichend durch die Möglichkeit der Erhebung einer **Untätigkeitsbeschwerde** geschützt,[28] welche zum Schutz des Inhaftierten bereits nach Ablauf der Zweiwochenfrist als zulässig angesehen werden muss.[29] 21

VII. Entscheidung (§ 118 Abs. 5 Hs. 2)

Zuständig zur durch Durchführung der mündlichen Verhandlung ist das nach § 126 zuständige Gericht. Wird während einer laufenden Hauptverhandlung eine Haftprüfung durchgeführt, entscheidet das Gericht ohne Mitwirkung der Schöffen in der Besetzung außerhalb der Hauptverhandlung.[30] Gleiches gilt, wenn die Hauptverhandlung unterbro- 22

---

[22] KG 7.7.1999 – 1 AR 786/99 – 3 Ws 369/99.

[23] LR-*Hilger* § 118 Rn. 18.

[24] *Meyer-Goßner* § 118 Rn. 4.

[25] AA LR-*Hilger* § 118 Rn. 19.

[26] KG 20.7.2009 – 4 Ws 72/09; OLG Köln 28.1.2009 – 2 Ws 31/09, StraFo 2009, 205; OLG Hamm 31.8.2006 – 3 Ws 381/05, NStZ-RR 2006, 17; krit. *Päeffgen* NStZ 2010, 206 Fn. 31.

[27] BGH 4.12.1976 – 1 BjS 20/75 – AK 67/76; OLG Hamm 31.8.2005 – 3 WS 381/05, NStZ-RR 2006, 17; KK-*Graf* § 118 Rn. 6.

[28] OLG Hamm 31.8.2006 – 3 Ws 381/05, NStZ 2006, 17; OLG Köln 28.1.2009 – 2 Ws 31/09, BeckRS 2009, 09231.

[29] OLG Braunschweig 19.11.2004 – Ws 271/04, StV 2005, 39.

[30] OLG München 21.6.2010 – 2 Ws 503/10, StraFo 2010, 383; dass. 18.4.2007 – 2 Ws 347/07, StRR 2007, 83; OLG des Landes Sachsen-Anhalt 21.6.2001 – 1 Ws 239/01, NStZ 2003, 81; *Böhm/Werner* § 126 Rn. 29.

chen ist.[31] Lehnt das Gericht die Durchführung einer mündlichen Verhandlung ab, kann hiergegen Beschwerde eingelegt werden.[32]

23 Notwendig zur Durchführung einer mündlichen Verhandlung und einer Entscheidung über die Haftfortdauer ist das **Vorliegen der Akten.** Werden diese dem Haftrichter von der Staatsanwaltschaft nicht innerhalb der Zweiwochenfrist des § 118 Abs. 5 vorgelegt, so kann eine sachgerechte Verhandlung nicht durchgeführt und der Haftbefehl muss aufgehoben werden.[33]

§ 118a [Durchführung der mündlichen Haftprüfung]

(1) Von Ort und Zeit der mündlichen Verhandlung sind die Staatsanwaltschaft sowie der Beschuldigte und der Verteidiger zu benachrichtigen.

(2) [1]Der Beschuldigte ist zu der Verhandlung vorzuführen, es sei denn, dass er auf die Anwesenheit in der Verhandlung verzichtet hat oder dass der Vorführung weite Entfernung oder Krankheit des Beschuldigten oder andere nicht zu beseitigende Hindernisse entgegenstehen. [2]Das Gericht kann anordnen, dass unter den Voraussetzungen des Satzes 1 die mündliche Verhandlung in der Weise erfolgt, dass sich der Beschuldigte an einem anderen Ort als das Gericht aufhält und die Verhandlung zeitgleich in Bild und Ton an den Ort, an dem sich der Beshuldigte aufhält, und in das Sitzungszimmer übertragen wird. [3]Wird der Beschuldigte zur mündlichen Verhandlung nicht vorgeführt und nicht nach Satz 2 verfahren, so muss ein Verteidiger seine Rechte in der Verhandlung wahrnehmen. [4]In diesem Falle ist ihm für die mündliche Verhandlung ein Verteidiger zu bestellen, wenn er noch keinen Verteidiger hat. [5]Die §§ 142, 143 und 145 gelten entsprechend.

(3) [1]In der mündlichen Verhandlung sind die anwesenden Beteiligten zu hören. [2]Art und Umfang der Beweisaufnahme bestimmt das Gericht. [3]Über die Verhandlung ist eine Niederschrift aufzunehmen; die §§ 271 bis 273 gelten entsprechend.

(4) [1]Die Entscheidung ist am Schluß der mündlichen Verhandlung zu verkünden. [2]Ist dies nicht möglich, so ist die Entscheidung spätestens binnen einer Woche zu erlassen.

Schrifttum: Siehe § 117

Übersicht

I. Allgemeines

1 Die Vorschrift steht in engen Zusammenhang mit den Regelungen der §§ 117, 118 und 118b. Während § 117 allgemein dem Inhaftierten auf seinen Antrag hin das Recht auf Durchführung auch einer Haftprüfung gewährt, normiert § 118 die näheren Voraussetzungen des Anspruchs auf eine mündliche Haftprüfung, wohingegen in **§ 118a die Art der**

[31] Oberlandesgericht des Landes Sachsen- Anhalt 21.6.2001 – 1 Ws 239/01, NStZ-RR 2001, 347.
[32] *Schlothauer/Weider* Rn. 761.
[33] AG Frankfurt 18.9.1992 – 932 Gs 85 Js 196729/92, StV 1993, 33.

Durchführung derselben geregelt ist. Die mündliche Verhandlung stellt insoweit den wesentlichen Teil des förmlichen Haftprüfungsverfahrens nach § 118 dar.

II. Benachrichtigung über den Ort der Verhandlung (Abs. 1)

Von der nach § 118 Abs. 5 nach Eingang eines Antrags unverzüglich, spätestens nach zwei Wochen, anzuberaumendem mündlichen Haftprüfungstermin sind die Staatsanwaltschaft sowie der Beschuldigte und der Verteidiger (§§ 140 Abs. 1 Nr. 4) zu benachrichtigen. Hat der Beschuldigte sowohl einen Wahl- als auch einen Pflichtverteidiger sind beide zu informieren. Bei jugendlichen Beschuldigten ist auch der gesetzliche Vertreter (§§ 118b, 298) sowie der Erziehungsberechtigte (§ 67 Abs. 2 JGG) zu unterrichten. 2

Keine Mitteilung über den Verhandlungstermin erhält der im gleichen Verfahren **Mitbeschuldigte**[1] **sowie dessen Verteidiger**. Diese haben auch kein Anwesenheitsrecht.[2] Auch der **Nebenkläger bzw. dessen Vertreter** sind am Verfahren nicht beteiligt und erhalten keine Benachrichtigung.[3] 3

Die Benachrichtigung kann **formlos mittels einfachem Brief** erfolgen. In eilbedürftigen Fällen gegebenenfalls ist jedoch eine Information telefonisch oder per E-Mail veranlasst (§ 41a),[4] da die Terminsnachricht ohnehin nicht zustellungsbedürftig ist. Im Kollegialgericht erfolgt die Anordnung der Benachrichtigung im Regelfall durch den Vorsitzenden, sie ist jedoch nicht deshalb unwirksam, weil sie vom Berichterstatter vorgenommen wird. 4

III. Vorführung des Beschuldigten (Abs. 2)

Der Beschuldigte ist zu der Verhandlung vorzuführen, es sei denn, dass er auf die Anwesenheit in der Verhandlung verzichtet hat. Allerdings ist das Gericht an einen solchen Verzicht nicht gebunden und kann gleichwohl die Vorführung anordnen.[5] Auch wenn der Beschuldigte an dem Haftprüfungstermin nicht teilnimmt, kann die Durchführung eines solchen sinnvoll sein, weil er dem Verteidiger die Möglichkeit zu einer persönlichen Vorsprache ermöglicht (→ Rn. 7). Auch kann der Beschuldigte seinen Verzicht widerrufen.[6] Dieser ist beachtlich, wenn er noch vor der Verhandlung bei Gericht eingeht und kann eine Verlegung des Termins bedingen, um ihm die Möglichkeit der Gewährung unmittelbaren rechtlichen Gehörs nicht zu versagen.[7] 5

Von der Vorführung kann weiter abgesehen werden, wenn dieser **weite Entfernung, Krankheit** des Beschuldigten oder **andere nicht zu beseitigende Hindernisse** entgegenstehen. Die Ausnahmen sind jedoch eng auszulegen. Insoweit muss der Haftrichter prüfen, ob die mündliche Haftprüfung etwa in der Justizvollzugsanstalt stattfinden kann. 6

Kann der Beschuldigten ausnahmsweise nicht vorgeführt werden, muss ein **Verteidiger seine Rechte im der Verhandlung wahrnehmen** (Abs. 2 Satz 2). Ist der Verteidiger an der Teilnahme verhindert, so muss ihm speziell für die mündliche Haftprüfung ein anderer Verteidiger bestellt werden (Abs. 2 Satz 3), wobei diesem dann auch außerhalb der Verhandlung zur Vorbereitung alle Rechte eines Verteidigers zustehen, etwa das Recht auf Akteneinsicht (§ 147) und Verkehr mit dem Beschuldigten (§ 148).[8] 7

Das Recht eines Beschuldigten, im Rahmen seiner Vorführung vor den zuständigen Richter einen Verteidiger hinzuzuziehen, zählt zu den **wesentlichen Verfahrensgaran-** 8

---

[1] OLG Karlsruhe 9.11.1995 – 2 VAs 18/95, StV 1996, 302; aA *Schulz* StraFo 1997, 294.

[2] BGH 20.2.1997 – 4 StR 598/96, NJW 1997, 1790;, Justiz 1996, 142; OLG Köln 10.6.2011 – 2 Ws 313+315/11, NStZ 2012, 174.

[3] KK-*Graf* § 118 Rn. 1; *Meyer-Goßner* § 118 Rn. 1; OLG Hamm 16.10.2007 – 3 Ws 588/07, NStZ-RR 2008, 219 (Haftbeschwerde); LG Freiburg 21.12.2006 – 3 Qs 29/06, zit. nach KK-*Graf* § 118a Rn. 4; aA SK-*Paeffgen* § 118 Rn. 2.

[4] *Meyer-Goßner* Rn. 1 mwN.

[5] AK-*Krause* § 118a Rn. 3; KK-*Graf* § 118a Rn. 2; KMR/Wankel § 118a Rn. 2.

[6] *Meyer-Goßner* § 118a Rn. 2.

[7] AA KK-*Graf* § 118a Rn. 2.

[8] LR-*Hilger* § 118a Rn. 17.

tien. Dem Verteidiger ist daher seine Anwesenheit im Rahmen der Haftprüfung unbedingt zu ermöglichen. Es entspricht unter diesen Umständen darüber hinaus der Fürsorgepflicht gegenüber dem Beschuldigten, den Terminbeginn in angemessenem Umfang hinauszuschieben. Gerade für den Fall, wenn nur eine unwesentliche Verzögerung des Ablaufs bis zum Eintreffen des Verteidigers zu besorgen ist, bedingt sich von Verfassungs wegen die Anwesenheit des Verteidigers zu ermöglichen und den Termin nicht aufzuheben.

9 Unabhängig davon ist die **Anwesenheit eines Verteidigers immer notwendig** und zwar auch dann, wenn der Beschuldigte vorgeführt wird, jedoch sein gewählter oder bestellter Verteidiger verhindert ist.[9] Diese ergibt sich auch § 118a Abs. 2 Satz 4, welcher § 145 für anwendbar erklärt. Auch eine Hauptverhandlung kann bei notwendiger Verteidigung nämlich nicht ohne den Beistand des Beschuldigten durchgeführt werden. Insoweit muss der Haftrichter, wenn es sich nicht um eine kurzfristige zeitliche Verspätung des Verteidigers handelt, den Termin entweder verlegen oder dem Beschuldigten eigens für die mündliche Haftprüfung einen Verteidiger bestellen.

10 Die Fälle, in welchen der Beschuldigte zur mündlichen Haftprüfung noch keinen Verteidiger hat, werden allerdings im **Gegensatz zur früheren Rechtslage** eher selten sein. Dort musste bei anzuberaumenden mündlichen Haftprüfungen ohne die persönliche Anwesenheit des Beschuldigten diesem nach Abs. 2 Satz 3 ein Pflichtverteidiger bestellt werden, soweit er nicht bereits durch einen Wahlverteidiger in der Haftprüfung vertreten wird. In der seit 1.1.2010 geltenden Fassung ist dem Beschuldigten aber nunmehr ohnehin nach § 140 Abs. 1 Nr. 4 iVm § 141 Abs. 3 Satz 4 von Beginn der Vollstreckung der Untersuchungshaft an von Amts wegen ein Verteidiger zu bestellen.

IV. Durchführung der mündlichen Verhandlung (Abs. 3)

11 Abs. 3 regelt die Form der Beweisaufnahme im Rahmen der mündlichen Verhandlungen nur teilweise, weshalb insoweit auf allgemeine Regeln der richterlichen Vernehmung zurückgegriffen werden muss (→ Rn. 13)

12 **1. Zuständiges Gericht.** Zuständig ist das nach § 126 hierzu berufene Gericht. Handelt es sich um ein Kollegialgericht (Strafkammer, Schöffengericht, Strafsenat) verhandelt dieses in der Beschlussbesetzung ohne Mitwirkung der Schöffen.[10] Eine Delegation der mündlichen Verhandlung auf einen ersuchten oder beauftragten Richter ist ebenso wenig zulässig wie eine solche auf ein auswärtiges Rechtshilfegericht.[11, 12] Möglich ist die Durchführung einer mündlichen Verhandlung – obwohl der Angeklagte keinen Anspruch hierauf hat (§ 118 Abs. 4) – während einer laufenden Hauptverhandlung, allerdings als erkennendes Gericht dann in Spruchbesetzung (§ 76 Abs. 2).[13] Der Erlass des Haftbefehls führt nicht zu einem Ausschluss des früher entscheidenden Richters an der Mitwirkung.[14]

13 **2. Anwesenheitsrechte.** Die Verhandlung ist nichtöffentlich. Neben dem Beschuldigten und seinem Verteidiger (→ Rn. 9) können hieran – allerdings nicht zwingend[15] – der Staatsanwalt und der Urkundsbeamte teilnehmen, wenn der Richter dessen Anwesenheit für erforderlich ansieht (§ 168 Abs. 1 Satz 2)(str.).[16] Im Hinblick auf die Erstellung eines Protokolls gelten nach Abs. 3 Satz 2 Hs. 2 die § 271–273, wobei diesem mangels gesetzlichem Verweis nicht die Beweiskraft des § 274 zukommt. Mitbeschuldigte und Nebenkläger

---

[9] Ebenso LR-*Hilger* § 118a Rn. 17; KK-*Graf* § 118a Rn. 3; aA *Meyer-Goßner* § 118a Rn. 3.
[10] KK-*Graf* § 118a Rn. 4.
[11] OLG München 8.8.1957 – Ws 684/57, MDR 1958, 181; KG 8.4.1964 – 4 Ws 32/64, JR 1964, 267.
[12] KK-*Graf* § 118a Rn. 4.
[13] LR-*Hilger* § 118a Rn. 20.
[14] Vgl. auch RG 25.9.1908 – IV 795/08, RGSt 41, 114.
[15] KK-*Graf* § 118a Rn. 4.
[16] AA LR-*Hilger* § 118a Rn. 23 (§ 168 wegen Verweisung in § 118a Abs. 3 Satz 2 auf § 271 nicht anwendbar.

sowie deren Vertreter haben kein Anwesenheitsrecht (→ Rn. 3).[17] Allerdings kann eine mündliche Haftprüfung nach Ermessen des Gerichts auch gegen mehrere Beschuldigte gleichzeitig durchgeführt werden.[18]

3. Ablauf der Verhandlung. Abs. 3 Satz 1 sieht lediglich vor, dass die anwesenden Beteiligten zu hören sind. Dies gilt zunächst für den Beschuldigten, welcher – wie bei jeder richterlichen Vernehmung – darüber aufzuklären ist, welche Tat ihm zu Last gelegt wird und der insoweit auch auf die ihn belastenden Umstände und die Möglichkeit hinzuweisen ist, die Verdachts- und Haftgründe zu entkräften (§§ 115 Abs. 3, 136 Abs. 1 Satz 1). Auch ist er darüber zu belehren, dass es im nach dem Gesetz frei steht, sich zu der Beschuldigung zu äußern oder nicht zur Sache auszusagen (§§ 136 Abs. 1 Satz 2, 115 Abs. 3 Satz 1). Ist der Beschuldigte nicht anwesend, ist für ihn sein Verteidiger zu hören.[19] Wenn diese anwesend sind, sind auch die anderen Beteiligten, namentlich der Staatsanwalt oder die Erziehungsberechtigten (→ Rn. 2), zu hören. 14

4. Art und Umfang der Beweisaufnahme. Grundsätzlich bestimmt das Gericht die Art der Durchführung der mündlichen Haftprüfung nach seinem **Ermessen.** Im Freibeweisverfahren können Beweise erhoben werden.[20] Dabei sind Beweisanträge der Beteiligten nur Anregungen, für welche die förmlichen Anforderungen nach § 244 Abs. 3–6 StPO nicht gelten und die insbesondere auch nicht förmlich beschieden werden müssen.[21] Der Beschuldigte kann zwar Zeugen laden oder präsente Zeugen stellen; ihre Vernehmung steht aber im Ermessen des Gerichts.[22] 15

Das Gericht ist im Hinblick auf die Regelung in Abs. 3 Satz 2 grundsätzlich nicht verpflichtet, vom Beschuldigten selbst gestellte oder geladene, erschienene Zeugen auch zu vernehmen. Denn die **Staatsanwaltschaft ist die Herrin des Ermittlungsverfahrens** und hat auch die entlastenden Umstände zu ermitteln (§ 160 Abs. 2). Insoweit kann auch aus § 166 keine Ermessensreduzierung auf Null hergeleitet werden. Diese Vorschrift gilt auch im Rahmen eines Haftprüfungsverfahrens.[23] Danach hat der Richter einzelne Beweise zur Entlastung des Beschuldigten zu erheben, wenn der Verlust der Beweise zu besorgen ist oder die Beweiserhebung die Freilassung des Beschuldigten begründen kann. Gemeinsame Voraussetzung ist insoweit aber, dass der Richter die Beweise für erheblich erachtet. Dagegen ist der Haftrichter weder verpflichtet noch befugt, zur Entlastung des Beschuldigten umfangreiche Beweise zu erheben oder gar den gesamten Sachverhalt zu erforschen, weil sonst die Staatsanwaltschaft von der Leitung und Gestaltung des Ermittlungsverfahrens ausgeschlossen würde.[24] 16

Zu beachten hat der Richter auch **bestehende Beweisverbote,** namentlich findet § 252 entsprechende Anwendung. Auch braucht das Gericht von ihm einvernommene Zeugen nicht zu vereidigen, vielmehr ist eine solche nur zulässig bei Gefahr im Verzug oder wenn diese am Erscheinen in der Hauptverhandlung verhindert sein werden (§ 62), wobei zusätzlich noch die die Vereidigung weiter einschränken Voraussetzungen beachtet werden müssen (§ 59).[25] 17

V. Verkündung der Entscheidung (Abs. 4)

Die in Beschlussform (§ 34) zu treffende und mit Gründen zu versehende Entscheidung ergeht grundsätzlich am Ende der mündlichen Haftprüfung (Abs. 4 Satz 1). Durch sie wird 18

---

[17] OLG Köln 10.6.2011 – III – 2 Ws 313/11, NStZ 2012, 174; vgl. hierzu auch *Müller/Schmid* NStZ 2013, 328.

[18] LR-*Hilger* § 118a Rn. 21.

[19] LR-*Hilger* § 118a Rn. 24.

[20] So schon BGH 24.8.1978 – 2 Ars 245/78, BGHSt 28, 116.

[21] KG 17.4.1997 – 1 AR 476/97, BeckRS 1997, 14938; *Meyer-Goßner* Rn. 4.

[22] *Meyer-Goßner* § 118a Rn. 4.

[23] OLG Köln 22.8.2008 – 2 Ws 411/08, BeckRS 2008, 25643.

[24] KK-*Wache* § 166 Rn. 6; aA *Schlothauer* StV 1995, 158.

[25] KK-*Graf* § 118a Rn. 5.

der Haftbefehl aufrechterhalten, aufgehoben, abgeändert oder außer Vollzug gesetzt. Wird der Haftbefehl der Sache nach aufrecht erhalten, kann dies, was in der Praxis allerdings äußerst selten der Fall ist, sogleich mit einem Aufklärungsbeschluss nach § 117 Abs. 3 verbunden werden.

19 Der **Erlass kann um eine Woche hinausgeschoben** werden (Abs. 4 Satz 2). In diesem Fall muss der Beschluss dem Beschuldigten, dem Verteidiger und ggf. dem gesetzlichen Vertreter formlos mitgeteilt werden (§ 35 Abs. 2 Satz 2). Wird der Haftbefehl jedoch durch Einbeziehung weiterer Taten wesentlich geändert, ist nicht nur der alte Haftbefehl aufzuheben und durch einen neuen zu ersetzen, sondern dieser muss dem Beschuldigten auch bekannt gemacht und eröffnet werden (§ 115).[26]

VI. Rechtsmittel

20 Gegen eine Haftfortdauerentscheidung steht dem Beschuldigten das Rechtsmittel der **Beschwerde** zu, es sein denn diese ist durch einen Strafsenat erlassen worden (§ 304 Abs. 4). Die Beschwerde ist zulässig, selbst wenn sie von einem erkennenden Gericht getroffen wurde (§ 305 Satz 2). Hat die Beschwerdeentscheidung das Landgericht oder im Sonderfall der § 120 Abs. 3 GVG das Oberlandesgericht getroffen, ist auch die weitere Beschwerde zulässig (§ 310).

21 **Beschwerdeberechtigt sind die Teilnahmeberechtigten,** die Staatsanwaltschaft immer, die anderen nur, soweit sie beschwert sind. Dem nicht zur Teilnahme berechtigen Nebenkläger steht schon mangels Beschwer kein Rechtsmittel zu.

22 Zulässig ist es auch, dass der Beschuldigte mit seinem **Rechtsmittel die Nichteinhaltung der Formvorschriften** beanstandet. Hat etwa die mündliche Haftprüfung ohne den Verteidiger stattgefunden, dann kann das Beschwerdegericht in der Sache nicht selbst entscheiden, sondern muss die Sache zurückgeben, es sei denn, es führt selbst eine mündliche Verhandlung durch.[27] Unzulässig ist ein Rechtsmittel aber dann, wenn es sich gegen eine vom Gericht nach Abs. 3 abgelehnte Beweiserhebung richtet.[28]

23 Trifft der Richter entgegen Abs. 4 nach durchgeführter mündlichen Haftprüfung seine Entscheidung nicht oder – wie nach Fristablauf zu befürchten – weiter verzögerlich, so besteht für den Beschuldigten die Möglichkeit der Erhebung einer **Untätigkeitsbeschwerde.**[29] Da es hier nicht nur um die Frage einer rechtsstaatswidrigen Verfahrensverzögerung, sondern um das Freiheitsrecht des Beschuldigten geht, wird diese auch durch die Neuregelung des § 198 GVG, nach welcher nunmehr bei Verfahrensverzögerungen Entschädigungsansprüche bestehen, nicht zwingend ausgeschlossen, sondern eine Entscheidung über die Haftfortdauer ist jedenfalls bei Entscheidungsverzögerung geboten.[30]

§ 118b [Antragsberechtigte]

Für den Antrag auf Haftprüfung (§ 117 Abs. 1) und den Antrag auf mündliche Verhandlung gelten die §§ 297 bis 300 und 302 Abs. 2 entsprechend.

Schrifttum: Siehe hierzu bei § 117.

[26] *Meyer-Goßner* § 114 Rn. 18; vgl. hierzu auch Hanseatisches Oberlandesgericht Hamburg 26.6.2003 – 2 Ws 164/03, NStZ-RR 203, 346; OLG Stuttgart 14.7.2005 – 4 HEs 59/2005, NStZ 2006, 588; *Böhm/Werner* § 115 Rn. 5.

[27] *Meyer-Goßner* § 118a Rn. 7; LR-*Hilger* § 118a Rn. 33.

[28] LG Zweibrücken 22.8.2007 – Qs 106/07, VRS 113, 236; *Meyer-Goßner* § 118a Rn. 7.

[29] OLG Braunschweig 19.11.2004 – Ws 271/04, StV 2005, 39; LR-*Hilger* § 118a Rn. 33.

[30] Vgl. aber *Meyer-Goßner* § 198 GVG Rn. 1 (Geltung für das gesamte Strafverfahren); OLG München 15.3.2013 – 4 VAs 8/13; RPfleger 2013, 473; OLG Rostock 25.7.2012 – 1 Ws 176/12; NJW-Spezial 2012, 601.

I. Allgemeines

Die Vorschrift steht in engen Zusammenhang mit den §§ 117, 118, 118a und regelt zunächst die jeweilige **Berechtigung zur Stellung eines Haftprüfungsantrages.** Insoweit verweist die Norm für beiden Arten des Haftprüfungsantrages, nämlich den Antrag auf schriftliche Haftprüfung (§ 117 Abs. 1) und den auf Durchführung einer mündlichen Verhandlung (§ 118 Abs. 1) sowie auf die wesentlichen Vorschriften über Anbringung eines Rechtsmittels. 1

Demnach kann zunächst auch der **Verteidiger** den Antrag stellen, aber nicht gegen den ausdrücklichen Willen des Beschuldigten (§ 297). Anders aber der gesetzliche Vertreter (§ 298). 2

Aus dem Verweis auf § 299 ergibt sich, dass der Beschuldigte den Haftprüfungsantrag auch zu **Protokoll der Geschäftsstelle des Amtsgerichts** abgegeben kann, in dessen die Anstalt liegt, in welcher er auf gerichtliche Anordnung verwahrt wird. 3

Bedeutung kommt auch dem Verweis auf die Vorschrift des § 302 Abs. 2 zu. Danach bedarf der **Verteidiger zur Zurücknahme eines Haftprüfungsantrages einer ausdrücklichen Ermächtigung.** Die bei Übernahme des Mandats dem Verteidiger allgemein erteilte Prozessvollmacht reicht hierfür nicht aus.[1] Für die nach § 118 Abs. 5 mögliche Verlängerung der Frist zur Durchführung der mündlichen Verhandlung ist die Vorschrift des § 302 Abs. 2 nicht anzuwenden (str).[2] 4

§ 119 [Vollzug der Untersuchungshaft]

(1) [1]Soweit dies zur Abwehr einer Flucht-, Verdunkelungs- oder Wiederholungsgefahr (§§ 112, 112a) erforderlich ist, können einem inhaftierten Beschuldigten Beschränkungen auferlegt werden. [2]Insbesondere kann angeordnet werden, dass

1. der Empfang von Besuchen und die Telekommunikation der Erlaubnis bedürfen,
2. Besuche, Telekommunikation sowie der Schrift- und Paketverkehr zu überwachen sind,
3. die Übergabe von Gegenständen bei Besuchen der Erlaubnis bedarf,
4. der Beschuldigte von einzelnen oder allen anderen Inhaftierten getrennt wird,
5. die gemeinsame Unterbringung und der gemeinsame Aufenthalt mit anderen Inhaftierten eingeschränkt oder ausgeschlossen werden.

[3]Die Anordnungen trifft das Gericht. [4]Kann dessen Anordnung nicht rechtzeitig herbeigeführt werden, kann die Staatsanwaltschaft oder die Vollzugsanstalt eine vorläufige Anordnung treffen. [5]Die Anordnung ist dem Gericht binnen drei Werktagen zur Genehmigung vorzulegen, es sei denn, sie hat sich zwischenzeitlich erledigt. [6]Der Beschuldigte ist über Anordnungen in Kenntnis zu setzen. [7]Die Anordnung nach Satz 2 Nr. 2 schließt die Ermächtigung ein, Besuche und Telekommunikation abzubrechen sowie Schreiben und Pakete anzuhalten.

(2) [1]Die Ausführung der Anordnungen obliegt der anordnenden Stelle. [2]Das Gericht kann die Ausführung von Anordnungen widerruflich auf die Staatsanwaltschaft übertragen, die sich bei der Ausführung der Hilfe durch ihre Ermittlungspersonen und die Vollzugsanstalt bedienen kann. [3]Die Übertragung ist unanfechtbar.

(3) [1]Ist die Überwachung der Telekommunikation nach Absatz 1 Satz 2 Nr. 2 angeordnet, ist die beabsichtigte Überwachung den Gesprächspartnern des Beschuldigten unmittelbar nach Herstellung der Verbindung mitzuteilen. [2]Die Mitteilung kann durch den Beschuldigten selbst erfolgen. [3]Der Beschuldigte ist

---

[1] *Meyer-Goßner* § 302 Rn. 32.
[2] KK-*Graf* § 118b Rn. 1; *Meyer-Goßner* § 118 Rn. 4; aA LR-*Hilger* § 118 Rn. 19; SK-*Paeffgen* § 118b Rn. 2; AK-*Krause* § 118b Rn. 2.

rechtzeitig vor Beginn der Telekommunikation über die Mitteilungspflicht zu unterrichten.

(4) [1]Die §§ 148, 148a bleiben unberührt. [2]Sie gelten entsprechend für den Verkehr des Beschuldigten mit

1. **der für ihn zuständigen Bewährungshilfe,**
2. **der für ihn zuständigen Führungsaufsichtsstelle,**
3. **der für ihn zuständigen Gerichtshilfe,**
4. **den Volksvertretungen des Bundes und der Länder,**
5. **dem Bundesverfassungsgericht und dem für ihn zuständigen Landesverfassungsgericht,**
6. **dem für ihn zuständigen Bürgerbeauftragten eines Landes,**
7. **dem Bundesbeauftragten für den Datenschutz und die Informationsfreiheit, den für die Kontrolle der Einhaltung der Vorschriften über den Datenschutz in den Ländern zuständigen Stellen der Länder und den Aufsichtsbehörden nach § 38 des Bundesdatenschutzgesetzes,**
8. **dem Europäischen Parlament,**
9. **dem Europäischen Gerichtshof für Menschenrechte,**
10. **dem Europäischen Gerichtshof,**
11. **dem Europäischen Datenschutzbeauftragten,**
12. **dem Europäischen Bürgerbeauftragten,**
13. **dem Europäischen Ausschuss zur Verhütung von Folter und unmenschlicher oder erniedrigender Behandlung oder Strafe,**
14. **der Europäischen Kommission gegen Rassismus und Intoleranz,**
15. **dem Menschenrechtsausschuss der Vereinten Nationen,**
16. **den Ausschüssen der Vereinten Nationen für die Beseitigung der Rassendiskriminierung und für die Beseitigung der Diskriminierung der Frau,**
17. **dem Ausschuss der Vereinten Nationen gegen Folter, dem zugehörigen Unterausschuss zur Verhütung von Folter und den entsprechenden Nationalen Präventionsmechanismen,**
18. **den in § 53 Abs. 1 Satz 1 Nr. 1 und 4 genannten Personen in Bezug auf die dort bezeichneten Inhalte,**
19. **soweit das Gericht nichts anderes anordnet,**
    a) den Beiräten bei den Justizvollzugsanstalten und
    b) der konsularischen Vertretung seines Heimatstaates.

[3]Die Maßnahmen, die erforderlich sind, um das Vorliegen der Voraussetzungen nach den Sätzen 1 und 2 festzustellen, trifft die nach Absatz 2 zuständige Stelle.

(5) [1]Gegen nach dieser Vorschrift ergangene Entscheidungen oder sonstige Maßnahmen kann gerichtliche Entscheidung beantragt werden, soweit nicht das Rechtsmittel der Beschwerde statthaft ist. [2]Der Antrag hat keine aufschiebende Wirkung. [3]Das Gericht kann jedoch vorläufige Anordnungen treffen.

(6) [1]Die Absätze 1 bis 5 gelten auch, wenn gegen einen Beschuldigten, gegen den Untersuchungshaft angeordnet ist, eine andere freiheitsentziehende Maßnahme vollstreckt wird (§ 116b). [2]Die Zuständigkeit des Gerichts bestimmt sich auch in diesem Fall nach § 126.

Schrifttum: *Bittmann, Folker,* Untersuchungshaft; Neuregelung, NStZ 2010, 13; *Brocke, Holger/Heller, Frank Michael,* Das neue Untersuchungshaftrecht aus Sicht der Praxis – Zwischenbilanz nach einem Jahr, StraFo 2011, 1; *Bung, Jochen,* Anmerkung zu einer Entscheidung des OLG Hamm vom 29.12.2009 (3 Ws 504/09) – Besuchserlaubnis für Rechtsanwälte bei Beauftragung durch Dritte, StV 2010, 587; *Callies, Rolf Peter,* Die Durchsuchung des Strafverteidigers bei Betreten der Justizvollzugsanstalt, Zum Problem der Rechtsstellung des Verteidigers, StV 2002, 676; *Engelstätter, Tobias,* Erste Rechtsprechung zum Vollzug der Untersuchungshaft gem. § 119 StPO neuer Fassung – neue praktische Anforderungen für (Haft-)Richter und Staatsanwälte?, SchlHA 2011, 365; *Grube, Andreas,* Gerichtlicher Rechtsschutz gegen Maßnahmen im Untersuchungshaftvollzug, StV 2013, 534; *Harms,* Der Entwurf für ein Gesetz zur Änderung des Untersuchungshaftrechts, ZfstrVo 2009, 13; *Hoffmann, Volker/*

Wißmann, Anke, Zur Fesselung von Untersuchungsgefangenen oder – Wann dürfen die Handschellen tatsächlich klicken? StV 2001, 706; *Kazele, Norbert,* Zur Geltung des § 119 für die Untersuchungshaft, Anmerkung zu dem Beschluss des OLG Celle v. 9.2.2010 – 1 Ws 37/10, StV 2010, 258; *ders.* Änderungen im Recht der Untersuchungshaft, NJ 2010, 1; *Kirschke/Brune,* Der gemeinsame Gesetzentwurf der länderübergreifenden Arbeitsgruppe zum Untersuchungshaftvollzugsgesetz, ZfStrVo 2009, 18; *Köhne, Michael,* Die gesetzlichen Regelungen des Untersuchungshaftvollzugs, JR 2011, 198; *König, Stefan,* Zur Neuregelung der haftrichterlichen Zuständigkeiten in § 119 StPO, NStZ 2010, 185; *ders.* Der Zugang des (noch) nicht mandatierten Verteidigers zum inhaftierten Beschuldigten, StV 2011, 704; *Kühne, Hans-Heiner,* Zum Umfang unentgeltlicher Gestellung eines Dolmetschers in der Untersuchungshaft; StV 1997, 430; *Kühlewein, Malte von Rabe,* Zum Rechtsschutz gegen erledigte strafprozessuale Maßnahmen, NStZ 2007, 414; *Lammer, Dirk,* Neuerungen im Recht der Untersuchungshaft – eine erste Bilanz, Auswirkungen und praktische Probleme aus Sicht der Strafverteidigung, AnwBl. 2013, 325; *Lampe, Joachim,* Erforderlichkeit von Überwachungsanordnungen nach § 119 Abs. 1 StPO in der Untersuchungshaft, JurisPR-StrafR 4/2011 Anm. 1; *Lüderssen, Klaus,* Telefongespräche von U-Gefangenen mit Verteidigern, StV 1999, 499; *Michalke,* Reform der Untersuchungshaft – Chance vertan?, NJW 2010, 17; *Morgenstern, Christian,* Verfassungs- und europarechtliche Vorgaben für den Untersuchungshaftvollzug – zugleich Anmerkung zu BVerfG, Beschl. v. 17.10.2012, 2 BvR 736/11, StV 2013, 529; *Münchhalfen, Gaby,* Behinderung der Verteidigung bei Untersuchungshaft, StraFo 2003, 150; *Nestler, Nina,* Zum „Recht des Untersuchungshaftvollzugs i.S.v. Art. 74 Abs. 1 Nr. 1 GG, HRRS 2010, 546; *Oppenborn/Schäferskeüper,* Das „Recht des Untersuchungshaftvollzugs" in Niedersachsen, ZFStrVo 2009, 21; *Ostendorf, Heribert,* Untersuchungshaft und Abschiebehaft, NomosPraxis 2011; *Paeffgen* StV 2009, 46; *ders.,* Zur Verhältnismäßigkeit von Untersuchungshaft-beschränkungen aufgrund Verdunkelungsgefahr, StV 1998, 37; *Pohlreich, Erol,* Die Rechtsprechung des EGMR zum Vollzug von Straf- und Untersuchungshaft, NStZ 2011, 560; *Rottländer, Ingo,* Zuständigkeit des Vorsitzenden bei Maßnahmen gegen Inhaftierte, DRiZ 2014, 180; *Schneider,* Überlegungen zu einem bayerischen Untersuchungshaftvollzugsgesetz, ZfStrVo 2009, 24; *Seebode,* ZfStrV0 2009, 7; *Seebode, Manfred,* Das Recht des Untersuchungshaftvollzugs im Sinne des Art. 74 GG – Zugleich eine Besprechung zu OLG Oldenburg HRRS 2008 Nr. 468, HRRS 2008, 236; *Weider, Hans-Joachim,* Das Gesetz zur Änderung des Untersuchungshaftrechts, StV 2010, 102; *Wiesneth, Christian,* Der amtsgerichtliche Bereitschaftsdienst – Neuerungen, DRiZ 2010, 46; *Zuck, Rüdiger,* Faires Verfahren und der Nemo tenetur-Grundsatz bei der Besuchsüberwachung in der Untersuchungshaft – zugleich Anmerkung zu BGH, Urt. v. 29.4.2009 – 1 StR 701/08; JR 2010, 17.

Übersicht

I. Allgemeines, Gesetzgebungskompetenz, Anwendungsbereich

1 **1. Allgemeines.** Die Vorschrift regelt die **Durchführung der Untersuchungshaft.** Insoweit bedingt die **Unschuldsvermutung,** den Untersuchungsgefangenen nur solchen Einschränkungen zu unterwerfen, die der Zweck der dieser Freiheitsentziehungsmaßnahme (Sicherung der Durchführung des Strafprozesses und der möglichen späteren Strafvollstreckung) oder die Sicherheit und Ordnung in der jeweiligen Vollzugsanstalt erfordern. Ein Beschränkungsbeschluss nach § 119 darf grundsätzlich nur auf der Abwehr von Flucht-, Verdunkelungs- oder Wiederholungsgefahr beruhen.

2 Diesen Anforderungen wird die **forensische Praxis nicht immer gerecht,** weil oftmals die zu Beginn der Haft auch **formularmäßig** als notwendig angesehenen **Haftbeschränkungen** nicht frühzeitig auf ihre weitere Notwendigkeit überprüft werden wird (→ Rn. 22 ff.). Insoweit sind vor allem die dem Beschuldigten sogleich nach Inhaftierung bestellten Pflichtverteidiger zur Überprüfung gehalten, ob angeordnete Beschränkungen der Untersuchungshaft wirklich notwendig sind. Seit der Änderung des Gesetzgebungszuständigkeit sind die doch sehr engen Voraussetzungen der Anordnung von Haftbeschränkungen jedoch zunehmend Gegenstand obergerichtlicher Entscheidungen geworden (→ Rn. 18 ff.), so dass diese Rechtsprechung für die gerichtliche Haftpraxis nicht ohne Einfluss bleiben kann.

3 **2. Gesetzgebungskompetenz.** Bis zum Inkrafttreten der **Föderalismusreform**[1] stand die Gesetzgebungskompetenz nach Art. 74 Abs. 1 Nr. 1 GG allein dem Bund zu. Mit Inkrafttreten der Reform zum 1.9.2006 wurde die Gesetzgebungskompetenz für die Regelung des Untersuchungshaftvollzuges von der konkurrierenden in die ausschließliche Gesetzgebungskompetenz der Bundesländer verschoben. Die Gesetzgebungskompetenz des Bundes besteht seitdem nur noch für das „gerichtliche Verfahren" (Art. 74 Abs. 1 Nr. 1 GG). Es ist seither zu unterscheiden zwischen dem **Untersuchungshaftvollzugsrecht der Länder** und dem in **der Gesetzgebungskompetenz des Bundes** als Teil des gerichtlichen Verfahrens verbliebenen Untersuchungshaftrecht. Zu letzterem Bereich gehört die Regelung der Untersuchungshaft selbst, einschließlich der Voraussetzungen, unter denen sie erfolgen kann und ihrer Dauer.

4 Allerdings bestehen insoweit **divergierende Ansicht über den Begriff des Untersuchungshaftvollzugs in Art. 74 Abs. 1 Nr. 1 GG,** was auch Auswirkungen auf die gerichtliche Zuständigkeit hat.[2] Nach einer weiten Auslegung sollen die Länder für sämtliche Entscheidungen und sonstige Maßnahmen im Untersuchungshaftvollzug ausschließlich zuständig sein, die nicht die Entscheidung über die Zulässigkeit und Fortdauer der Untersuchungshaft an sich, sondern das „Wie" der Untersuchungshaft betreffen.[3] Nach anderen Auffassung soll eine strafprozessuale Kompetenz nur zur Abwehr solcher verfahrensrelevanter Gefahren bestehen, die sich ausschließlich außerhalb der Anstalt realisieren können oder ohne Einfluss auf die Sicherheit und Ordnung der Anstalt seien.[4] Nach überwiegender und auch vorliegend vertretener Ansicht steht dem Bundesgesetzgeber dagegen die Befugnis zu, Regelungen zu treffen, die der Zweck der Untersuchungshaft erfordert, die mithin der Abwehr von Flucht-, Verdunkelungs- und Wiederholungsgefahr dienen.[5]

5 Der **Bund** kann daher nach wie vor insbesondere die **Gründe für die Anordnung der Untersuchungshaft und die Rechtsbehelfe** regeln. Die entsprechenden Bestimmungen in § 112 ff. der Strafprozessordnung bleiben folglich von den Auswirkungen der Födera-

---

[1] Vgl. 52. Gesetz zur Änderung des Grundgesetzes 22.8.2006, BGBl. I 2034.

[2] Siehe hierzu KK-*Schultheis* § 119 Rn. 2.

[3] OLG Celle 9.2.2010 – 1 Ws 37/10, StV 2010, 194; dass. 14.3.2012 – 1 Ws 127/12, StV 2012, 417; *Seebode* ZfStrV0 2009, 7; *Oppenborn/Schäferskuper* ZFStrVo 2009, 21; *Schneider* ZfStrVo 2009, 24.

[4] *König* NStZ 2010, 185.

[5] BGH Ermittlungsrichter 9.3.2012 – 3 BGs 82/12, NJW 2012, 1158; OLG Köln 12.8.2010 – 2 Ws 498/10, NStZ 2011, 55; OLG Rostock 25.1.2010 – 1 Ws 385/09, NStZ 2010, 350; OLG Frankfurt a. M. 11.2.2010 – 3 Ws 127/10, NStZ-RR 2010, 294; KG 29.3.2010 – 4 Ws 14/10, StV 2010, 370; Beck-OK-*Krauß* § 119 Rn. 1; *Harms* ZfstrVo 2009, 13; *Kirschke/Brune* ZfStrVo 2009, 18; *Michalke* NJW 2010, 17; *Bittmann* NStZ 2010, 13; *Paeffgen* StV 2009, 46.

lismusreform unberührt.[6] Die bundesrechtliche Regelungskompetenz umfasst dabei aber alle Bestimmungen mit dem Ziel, die ordnungsgemäße Durchführung eines Strafverfahrens sicherzustellen. Maßnahmen, die den Zweck der Untersuchungshaft betreffen, obliegen daher der Bundeskompetenz, mithin solche, die der Abwehr von Flucht-, Verdunkelungs- und Wiederholungsgefahr dienen.

Die **Art und Weise der Durchführung der Untersuchungshaft** obliegt dagegen den einzelnen **Bundesländern.** Indes lässt sich die grundlegende Frage der Anordnung von Untersuchungshaft nicht von der Intensität und der Reichweite des Grundrechtseingriffs trennen, mithin bedingen die ineinander verwobenen Schnittmengen von Anordnung und Untersuchungshaftvollzug eine Regelungskompetenz des Haftgerichts für solche Maßnahmen, die von Untersuchungshaftzwecken nicht zu trennen sind. Nachdem zunächst Niedersachsen als erstes Bundesland bereits zum 1.1.2008 ein eigenes Landesuntersuchungshaftvollzugsgesetz in Kraft gesetzt hatte, haben zwischenzeitlich sämtliche Bundesländer eigene Untersuchungshaftgesetze erlassen, wobei durchaus unterschiedliche Schwerpunkte in den Ländern gesetzt wurden.[7] Dies machte letztlich eine Neufassung des § 119 StPO erforderlich, weil der Bund nur noch die legislative Zuständigkeit für Bereiche innehat, die den Zweck der Untersuchungshaft betreffen. Die Gesetzesänderung ist mit dem Gesetz zur Änderung des Untersuchungshaftrechts vom 29.7.2009 zum 1.1.2010 in Kraft getreten.[8] 6

Die einzelnen Beschränkungen, den Vollzug der Untersuchungshaft betreffend, können sowohl Gegenstand der Strafprozessordnung als auch von Landesgesetzen über den Vollzug von Untersuchungshaft sein. In der **Strafprozessordnung** sind die Voraussetzungen für die Anordnung von Beschränkungen **aus strafverfahrensrechtlichen Gründen** festzulegen und in den Landesgesetzen die Voraussetzungen für die Anordnung von Beschränkungen aus vollzuglichen Gründen. Eine gewisse Überschneidung der Regelung in den Landesgesetzen über den Vollzug der Untersuchungshaft in Randbereichen ist dabei unvermeidbare Konsequenz der durch die Föderalismusreform in Artikel 74 GG getroffenen Kompetenzzuweisung.[9] 7

Eine wichtige Abgrenzung kann zunächst mit den Oberbegriffen **„Verfahrenssicherung"** und **„Anstaltsordnung"** getroffen werden. Während die „Verfahrenssicherung" noch leicht mit den gesetzlichen Tatbestandsmerkmalen der Flucht-, Verdunkelungs-, und Wiederholungsgefahr näher ausgefüllt werden kann, ist der Oberbegriff „Anstaltsordnung" weit diffiziler. Der in den jeweiligen Landesgesetzen näher ausgestaltete Untersuchungshaftvollzug ist zunächst abgrenzbar in den der Regelungsgegenstand des innervollzuglichen Tagesgeschäftes, beispielhaft der Aufnahmeablauf jedes Beschuldigten, die Unterbringung und Versorgung, die Arbeitsmöglichkeiten sowie Angebote der Freizeitgestaltung und Religionsausübung. Der Untersuchungshaftvollzug umfasst neben Sicherheitsüberlegungen die grundsätzliche Vermeidung unzumutbarer Einschränkungen des einzelnen Untersuchungsgefangenen, ebenso die erforderliche Gleichbehandlung aller Untersuchungsgefangenen. All dies ist letztlich mit den notwendigen Einschränkungen in Einklang zu bringen, die sich vorrangig aus den Kapazitäten und der Personalsituation in der Vollzugsanstalt ergeben. 8

Klar divergent ist hingegen das gerichtliche Verfahren im Rahmen der Untersuchungshaft ins Verhältnis gesetzt zum **Untersuchungshaftvollzug,** aber nur soweit eine Maßnahme diesen rein vollzuglichen Bereich betrifft, wenn sie zB die Sicherheit und Ordnung der Anstalt tangiert oder eben die Ausgestaltung des vollzuglichen Alltags. Zwar hat vor der Gesetzesänderung eine ausdrückliche Unterscheidung zwischen Beschränkungen, die den Zweck der Verfahrenssicherung erfordern, gegenüber denjenigen Beschränkungen, die allein den Vollzug der Untersuchungshaft betreffen, nicht stattgefunden. Indes erfordert die Verschiebung der Gesetzgebungskompetenz zumindest, im juristischen Sprachgebrauch, eine Abgrenzung der Kompetenz des Ermittlungsrichters, respektive des Gerichts nach 9

[6] Vgl. auch BT-Drs. 16/11644, 12.
[7] Vgl. hierzu die Aufstellung bei KK-*Schultheis* § 119 Rn. 5; *Ostendorf* Seite 262.
[8] BGBl. 2009 I 2274.
[9] vgl. auch BT-Drs. 16/11644, 23.

§ 126, vorrangig für das „Ob" der Maßnahme, orientiert am Haftzweck in Abgrenzung zu dem „Wie" des Vollzuges.[10] Die gesetzliche Neuregelung, hin zur einer Stärkung der Landesgesetzgeber, beabsichtigte keinesfalls, den Untersuchungsgefangenen nunmehr einer möglichen Ungleichbehandlung durch divergierende landesrechtliche Regelungen auszusetzen.[11]

10 Entscheidend ist danach bei der Anwendung im konkreten Einzelfall, ob die Maßnahme nach ihrem jeweiligen Zweck **schwerpunktmäßig einen verfahrenssichernden Charakter** aufweist (§ 119: Abwendung einer Haftgrundes) oder **rein vollzugliche Belange** tangiert. Bei unvermeidlichen Schnittmengen genügt für eine Anordnung nach § 119 der – stets zu begründende – gerichtliche Verfahrensbezug (→ Rn. 25 ff.). Verfahrenssichernde Anordnungen, die in die Kompetenz des Haftrichters oder des nach § 126 zuständigen Gerichts fallen, müssen regelmäßig auf die Abwehr von verfahrensrelevanten Gefahren gerichtet sein, die sich typischerweise nur außerhalb der Haftanstalt realisieren können. Das gesetzliche Kompetenzmodell kann also im Einzelfall nicht unerhebliche Abgrenzungsschwierigkeiten aufwerfen.

11 Einzelne Bundesländer haben beispielsweise **Regeln über die Fesselung** zur Verhinderung einer Flucht des Beschuldigten aus der Untersuchungshaftanstalt getroffen.[12] Derartige Vorschriften der Länder rechtfertigen sich aus der Aufgabe des Untersuchungshaftvollzuges. Zugleich ist durch eine drohende Entweichung des Beschuldigten, aber auch der Untersuchungshaftgrund „Fluchtgefahr" und damit die Gesetzgebungskompetenz des Bundes berührt. Demnach kann eine Fesselungsanordnung auch seitens des nach § 126 StPO zuständigen Gerichts bestimmt werden. Hat das Haftgericht eine solche Fesselung als Beschränkung nach § 119 Abs. 1 Satz 1 angeordnet, muss die Vollzugsanstalt die Maßnahme beachten. Besteht hingegen keine solche gerichtliche Beschränkung, kann die Vollzugsanstalt, unter Voraussetzung der jeweiligen landesrechtlichen Bestimmungen, in den Untersuchungshaftvollzugsgesetzen eine solche Maßnahme selbst anordnen. Auch in einem solchen Fall liegt während der Hauptverhandlung im Gerichtssaal die sitzungspolizeiliche Hoheit beim Vorsitzenden, der anordnen kann, dass der Angeklagte während der Hauptverhandlung von Hand- und/oder Fußfesseln zu befreien ist.[13]

12 Soweit einzelne Landesgesetze vorsehen, dass auch Beschränkungen, die der Zweck der Untersuchungshaft erfolgen, dem Anstaltsleiter obliegen,[14] sind diese im Hinblick auf die **Sperrwirkung des Art. 72 GG** unwirksam.[15]

13 **Zusammenfassend ergeben sich in der Praxis unweigerlich Schnittmengen** zwischen **verfahrenssichernden Anordnungen** respektive Beschränkungen und **Eingriffen in die Rechtsstellung des Untersuchungsgefangenen vollzuglicher Art.** Letztlich zeigt sich dies bereits in dem gesetzlich normierten Anwendungsbereich der Untersuchungshaftvollzugsgesetze der Länder.[16] Beispielhaft sieht § 2 Abs. 2 des Justizvollzugsgesetzbuch Baden-Württemberg Buch I die Aufgabe des Landesuntersuchungshaftvollzuges wie folgt: *„Der Vollzug der Untersuchungshaft dient dem Zweck, durch sichere Unterbringung der Untersuchungsgefangenen die Durchführung eines geordneten Strafverfahrens zu gewährleisten und eine spätere*

[10] BGH 9.2.2012 – 3 BGs 82/12, NJW 2012, 416; aA OLG Celle 14.3.2012 – 1 Ws 127/12, StV 2012, 417 (Der Senat des OLG Celle hält auch nach der Entscheidung des Ermittlungsrichters des Bundesgerichtshofs vom 9.2.2012 an seiner Rechtsprechung fest, dass durch die Änderung des Art. 74 Abs. 1 Nr. GG die ausschließliche Gesetzgebungskompetenz für das Recht des Untersuchungshaftvollzugs uneingeschränkt auf die Länder übertragen worden ist und dass deshalb § 119 StPO in Niedersachsen nicht mehr für den Bereich der Untersuchungshaft Anwendung findet, weil er den Untersuchungshaftvollzug regelt und insoweit das Land Niedersachsen durch das Niedersächsische Justizvollzugsgesetz von seiner Gesetzgebungskompetenz Gebrauch gemacht hat).

[11] Vgl. auch *Nestler* HRRS 2010, 546; *Kazele* StV 2010, 258; *Schultheis* NStZ 2011, 621.

[12] Vgl. zB Baden-Württemberg: § 49 Justizvollzugsgesetzbuch (JVollzGB).

[13] Vgl. § 176 GVG.

[14] Vgl. etwa OLG Celle 14.3.2012 – 1 Ws 127/12, StV 2012, 417.

[15] OLG Oldenburg 20.6.2013 – 1 Ws 362/13, StraFo 2013, 337; vgl. hierzu auch BGH Ermittlungsrichter 9.2.2012 – 3 BGs 82/12, NJW 2012, 1158.

[16] Vgl. Musterentwurf § 2 UVollzG-ME.

Strafvollstreckung sicherzustellen". Indes regelt § 1 Abs. 2 JVollzGB Buch I ausdrücklich: *„Die Regelungen der Strafprozessordnung zur Vollziehung der Untersuchungshaft, namentlich zur Abwehr einer Flucht-, Verdunkelungs- oder Wiederholungsgefahr (§ 119 StPO), sowie die Vorschriften über die Kontaktsperre (§§ 31 bis 38 a des Einführungsgesetzes zum Gerichtsverfassungsgesetz) bleiben unberührt."* Indes löst diese allein die Zuständigkeitskomplikationen zwischen Haftrichter bzw. dem Gericht (§ 126) und der Vollzugsanstalt nicht. Eine klare Demarkationslinie kann nur in den Fällen gezogenen werden in denen der Eingriff in die Rechte des Untersuchungsgefangenen sicher ohne Verfahrensbezug rein vollzuglicher Art sind. Im Übrigen muss der bundesrechtlichen Regelung und damit der Anordnungskompetenz des Haftrichters im Zweifel bei jedwedem Verfahrensbezug der Vorrang eingeräumt werden soweit die Anordnungen den Haftzwecken dienen. Dieser Lösungsansatz entspricht auch dem Willen des Bundesgesetzgebers Einschränkungen der „Kommunikationsfreiheit" und damit den Kontakt des Untersuchungsgefangen als Unschuldiger mit der Außenwelt mit der gesetzlichen Änderung in § 119 zu 1.1.2010 nunmehr einer ausdrücklichen quasi „präventiven" gerichtlichen Kontrolle bereits bei der Beschränkungsanordnung zu unterziehen.[17]

3. Anwendungsbereich. Die Vorschrift des § 119 gilt nicht nur für die Untersuchungshaft aufgrund eines nach den §§ 112, 112a erlassenen Haftbefehls, sondern auch für die **Hauptverhandlungshaft** nach § 127b sowie für die Haft aufgrund von **Haftbefehlen nach §§ 230 Abs. 2**, 236, 239 Abs. 4 und § 412 Satz 1. Ferner ergibt sich für die vorläufige Unterbringung die Anwendbarkeit aus **§ 126a Abs. 2 Satz 1** und für die Sicherungshaft aus § 453c Abs. 2 Satz 2 und letztlich für die Haft bei zu erwartender Unterbringung in der Sicherungsverwahrung aus § 275a Abs. 5 Satz 4. Im Falle der Flucht des Beschuldigten kann bereits vor seiner Ergreifung und tatsächlichen Inhaftierung ein Bedürfnis bestehen, einen Beschränkungsbeschluss nach § 119 Abs. 1 Satz 2 zu erlassen.[18] Bezüglich Jugendlichen und Heranwachsenden gelten ergänzend zu § 119 die §§ 89c, 110 Abs. 2 JGG.[19] **14**

Aufgrund der gesetzlich normierten Verweisung in § 27 Abs. 1 IRG auf unterschiedliche Rechtsnormen stellt sich stellt sich bezüglich der **Auslieferungshaft** die Frage der **Abgrenzung** dahin, ob Landesrecht (Vorschriften über den Vollzug der Untersuchungshaft) oder Bundesrecht (§ 119 StPO) zur Anwendung kommt. Der mit der Föderalismusreform intendierte Vorrang des Landesrechts gilt dabei jedoch nur, soweit es die Gestaltung des Vollzugs der – vorläufigen – Auslieferungshaft betrifft, mithin also Fragen der Organisation des Haftvollzugs innerhalb der Haftanstalt betroffen sind. Soweit es um Fragen der Sicherheit des Vollzugs der Auslieferungshaft geht, findet Landesrecht keine Anwendung, vielmehr gilt § 119 StPO.[20] **15**

Die Vorschrift des § 119 StPO geht daher bezüglich der **Auslieferungshaft** den landesrechtlichen Regelungen vor, soweit es sich um Beschränkungen handelt, die den **Zweck der Haft** selbst betreffen. Bei Beschränkungen, welche zur Abwehr von Flucht- bzw. Verdunkelungsgefahr (§ 15 Abs. 2) erforderlich sind, besteht die bisherige Regelungskompetenz des Bundes fort. Daher kommt aufgrund der Verweisung in § 27 Abs. 1 IRG als Rechtsgrundlage für solche Beschränkungen innerhalb der Haft allein § 119 StPO in Betracht. Hingegen ist Landesrecht anzuwenden, wenn die Beschränkungen zur **Aufrechterhaltung der Ordnung** innerhalb der Anstalt erfolgen sollen, mithin also es um rein vollzugliche Erwägungen geht.[21] **16**

§ 119 gilt auch für die Beschränkungen im Rahmen einer **Unterbringung nach § 126a** gilt, wie sich aus der Verweisung in § 126a Abs. 2 Satz 1 zweifelsfrei ergibt.[22] **17**

---

[17] BVerfG 31.8.1993 – 2 BvR 1479/93, NStZ 1994, 52.

[18] OLG Köln 6.10.2010 – 2 Ws 615/10, NStZ 2011, 359.

[19] KK-*Schultheis* § 119 Rn. 6.

[20] OLG Celle 19.10.2011 – 1 Ausl. 31/11, NStZ 2012, 649; *Böhm* in Grützner/Pötz/Kress, Internationale Rechtshilfe in Strafsachen, IRG § 27 Rn. 2.

[21] *Böhm* in Grützner/Pötz/Kress, Internationale Rechtshilfe in Strafsachen, IRG § 27 Rn. 2.

[22] AA Oberlandesgericht des Landes Thüringen 3.1.2012 – 1 Ws 575/11, RuP 2012, 170; siehe hierzu auch den Entwurf eines Gesetzes zur Änderung des Untersuchungshaftrechts, BT Drucks 16/11644 S. 33.

II. Einzelne Beschränkungen (§ 119 Abs. 1)

18 **1. Allgemeines.** Der Zweck der Untersuchungshaft, nämlich die **Abwehr von Flucht-, Verdunkelungs- oder Wiederholungsgefahr** muss die Beschränkungen, die über die reine Freiheitsentziehung hinausgehen, rechtfertigen, wobei der Katalog in Abs. 1 Ziffer 1 bis 5 diese näher präzisiert. Insoweit gilt das **Prinzip der Einzelanordnung,** dh Beschränkungen müssen ausdrücklich nach zuvor erfolgter Einzelfallprüfung angeordnet werden.[23] In der gerichtlichen Praxis oftmals bereits vorformulierte und allgemein gehaltene Begründungen sind zwar dem Erfordernis der Praxis geschuldet, werden aber dieser Prüfungspflicht nicht gerecht.[24]

19 **a) Zweck der Untersuchungshaft.** Entsprechend jeder gesetzlichen Norm, die die Grundrechte eines Menschen, hier eines inhaftierten Beschuldigten, einschränkt, ist auch § 119 Abs. 1 in seiner Auslegung an den durch sie eingeschränkten Grundrechten zu messen. Dies hat bei einem Untersuchungsgefangenen im Lichte der Unschuldsvermutung zu geschehen, wobei der **Verhältnismäßigkeitsgrundsatz nur unvermeidbare Beschränkungen** gebietet.[25]

20 Die Anordnungen sind daher nur **zulässig, wenn aufgrund konkreter Anhaltspunkte eine reale Gefahr für die in dieser Norm genannten Haftzwecke besteht.**[26] Zudem muss die durch die Inhaftierung des Beschuldigten veränderte Situation berücksichtigt und geprüft werden, ob die abzuwehrende Gefahr trotz des Vollzugs der Untersuchungshaft besteht und den Erlass einer Anordnung nach Abs. 1 erforderlich macht.[27] Ferner ist ein Beschränkungsbeschluss nach § 119 Abs. 1 nur zulässig, um der erforderlich Gefahrenabwehr zu dienen, die Inhaftierung des Beschuldigten als solche nicht ausreichend erscheint. Die **bloße Möglichkeit,** dass ein Untersuchungsgefangener seine Freiheiten missbraucht, genügt dagegen für die Anordnung von Haftbeschränkungen nicht.[28] Auch kann die Erforderlichkeit von Überwachungsanordnungen gemäß Abs. 1 nicht ausschließlich aus den Umständen abgeleitet werden, die der Anordnung der Untersuchungshaft zugrunde liegen.[29] Auch ist für alle Beschränkungen immer der **Grundsatz der Verhältnismäßigkeit** zu beachten, wobei internationale Standards mit Menschenrechtsbezug Indizwirkung haben können.[30] Immer ist bei der Abwägung zu bedenken, dass ein Untersuchungsgefangener – noch nicht – rechtskräftig verurteilt und darf deshalb nur unvermeidbaren Beschränkungen unterworfen werden darf.[31]

21 Die Anordnung der Beschränkungen muss sich dabei nicht ausschließlich auf die im vorliegenden Untersuchungshaftbefehl genannten Haftgründe beziehen, sondern kann auf **sämtliche Gefahren** gestützt werden, mit denen durch die **Anordnung der Untersuchungshaft** begegnet werden soll.[32] Folglich kann beispielsweise bei einem auf Fluchtgefahr gestützten Haftbefehl auch eine mögliche Verdunkelungsgefahr in der Anordnungsbegründung Berücksichtigung finden, wenn **konkrete Hinweise** dafür vorliegen, dass zwischen dem Untersuchungsgefangenen und seinen Gesprächspartnern Absprachen über Verdunkelungshandlungen getroffen werden könnten (→ Rn. 29).[33]

---

[23] KK-*Schultheis* § 119 Rn. 7; HK-*Posthoff* § 119 Rn. 7; *Harms* ZfstrVo 2009, 13; *Kirschke/Brune* ZfStrVo 2009, 18; *Michalke* NJW 2010, 17; *Bittmann* NStZ 2010, 13; *Paeffgen* StV 2009, 46; vgl. auch BT-Drs. 16/11644, 24.

[24] Siehe hierzu auch HK-*Posthoff* § 119 Rn. 7.

[25] BVerfG 31.8.1993 – 2 BvR 1479/93, NStZ 1994, 52; vgl. allgemein *Böhm/Werner* § 112 Rn. 3.

[26] Vgl. auch VerfGH Bln 16.11.2010 – 115/10, NStZ-RR 2011, 94; OLG Düsseldorf 22.8.2011 – III 4 Ws 473/11, NStZ-RR 2012, 92.

[27] OLG Köln 28.12.2012 – III-2 Ws 896/12, StraFo 2013, 71.

[28] OLG Hamm 13.11.2012 – III – 5 Ws 329/12, StV 2014, 28.

[29] OLG Köln 26.4.2011 – III-2 Ws 217/11, StV 2011, 743.

[30] BVerfG 17.10.2012 – 2 BvR 736/12, StV 2013, 521; dass. BVerfG 31.5.2006 – 2 BvR 1673/04, BVerfGE 116, 69; *Böhm/Werner* § 112 Rn. 17.

[31] KG 29.3.2010 – 4 Ws 14/10, StV 2010, 370.

[32] Vgl. auch BT-Drs. 16/11644, 24; HK-*Posthoff* § 119 Rn. 6; KK-*Schultheis* § 119 Rn. 8; *Meyer-Goßner* § 119 Rn. 5.

[33] KG 7.2.2012 – 4 Ws 11/12.

b) Erforderlichkeit der Beschränkung. Um der Unschuldsvermutung Rechnung zu tragen, soll jede Beschränkung mit Begründungszwang von dem zuständigen Gericht (§ 34) auf ihre **konkrete Erforderlichkeit geprüft** werden. Die gesetzliche Neuregelung zum 1.1.2010 hat hinsichtlich der Anordnung von einzelnen Beschränkungen die frühere Praxis derselben auf Grundlage der früheren Untersuchungshaftvollzugsordnung, in Form eines Regel-Ausnahmeverhältnisses, schlicht umgekehrt.[34] Im Lichte der Unschuldsvermutung muss sich das Haftgericht also stets über die Notwendigkeit und Erforderlichkeit der Beschränkung, gerade im Hinblick auf die nunmehr anstehende Inhaftierungssituation des Beschuldigten, Gedanken machen und sich schriftlich bei ihrer Anordnung erklären. Demnach sind standardisierte Begründungsanordnungen nicht vorgesehen (→ Rn. 2).[35] 22

Hier wird sich in der Praxis oftmals bereits ein **Ansatzpunkt für die Verteidigung** finden, da Beschränkungsbeschlüsse häufig, unterstützt durch elektronische Fachanwendungen, mittels Bausteinen ohne nähere Begründung des Einzelfalls gefasst werden. Indes gebietet die nunmehr getroffene gesetzliche Regelung eine **zumindest kurze Begründung** (§ 34),[36] um im konkreten Einzelfall die Beziehung der getroffenen Einschränkung zur Abwehr der vermeintlichen Gefahr für die Haftzwecke erkennen zu können. Dies schließt aber die Verwendung von Formularen und Textbausteinen bei der Abfassung der richterlichen Beschlüsse, angesichts des wiederkehrenden Kreises von Beschränkungen, nicht von vornherein aus.[37] Häufig wird den Beschränkungen nach § 119 Abs. 1 auch von Verteidigerseite nur wenig Beachtung geschenkt, weil im Termin zur Verkündung des Haftbefehls regelmäßig andere Angelegenheiten mit dem Mandanten zu erörtern sind, obwohl der Entfall von unbegründeten Anordnungen meist erhebliche Erleichterungen für den inhaftierten Mandanten bedingt. Dabei ist das nach der obergerichtlichen Rechtsprechung hervorgehobene Erfordernis von konkreten Anhaltspunkten und nicht nur theoretischen Möglichkeiten der Gefährdung der Haftzwecke, in Anbetracht der Praxis der Haftgerichte, ein aussichtsreicher Verteidigungsgesichtspunkt. 23

Im Hinblick auf die in der Praxis regelmäßig getroffene Anordnung mehrerer Beschränkungen mittels **Textbausteinen,** ohne nähere Begründung, kann die Verteidigung durch einen Antrag auf gerichtliche Entscheidung eine Einzelfallabwägung und gegebenenfalls ein Entfallen zumindest einzelner beschwerender Anordnungen durch den Ermittlungsrichter erreichen, mithin eine Art Abhilfeentscheidung herbeiführen, ähnlich dem Beschwerdeweg nach § 306 Abs. 2 Satz 1 Hs. 1. 24

Die **Einschränkungen müssen dabei jeweils in Beziehung** zur **abzuwehrenden Gefahr für den Untersuchungshaftzweck** gesetzt werden. Beschränkungen der Grundrechte eines Untersuchungsgefangenen sind nur dann zulässig, wenn sie erforderlich sind, um im konkreten Fall eine reale Gefahr für die Untersuchungshaftzwecke abzuwehren, und dies nicht mit weniger einschneidenden Mitteln ebenso gut erreicht werden kann.[38] Beschränkungen nach § 119 Abs. 1 sind demnach nur zulässig, wenn aufgrund konkreter Anhaltspunkte eine Gefahr für die darin genannten Haftzwecke, also der Flucht-, Verdunkelungs- oder Wiederholungsgefahr besteht.[39] Indes reicht die bloße Möglichkeit, dass der Untersuchungsgefangene seine Freiheit missbrauchen könnte, nicht aus.[40] 25

Dabei ist auch dem **Aspekt der Verfahrenssicherung** Rechnung zu tragen, um eine gewisse Abgrenzung zu bloßen vollzuglichen Aspekten zu erreichen. Konflikte zwischen den Rechten des Beschuldigten und dem Verfassungsgebot des strafrechtlichen Rechts- 26

---

[34] Das frühere Regel-Ausnahmeverhältnis sollte durch den Referentenentwurf des BMJ 9.7.2008 noch fortgeschrieben werden.
[35] Vgl. auch BT-Drs. 16/11644, 24.
[36] Siehe hierzu auch KK-*Schultheis* § 119 Rn. 9.
[37] Vgl. auch *Ostendorf* Seite 275.
[38] So schon BVerfG 16.5.1973 – 2 BvR 590/71, NJW 1974, 26.
[39] OLG Düsseldorf 22.8.2011 – III-4 Ws 473/11, StV 2011, 746.
[40] BVerfG 4.2.2009 – 2 BvR 455/08, StV 2009, 253.

güterschutzes und seiner Durchsetzung im Verfahren sind durch Abwägung aufzulösen.[41] Lässt sich ein Ausgleich nicht herstellen, so ist unter Berücksichtigung der besonderen Umstände des Einzelfalls zu entscheiden, welches Interesse zurückzutreten hat. Allerdings kann die Erforderlichkeit von Überwachungsanordnungen nicht allein auf die Würdigung der Umstände gestützt werden, die der Anordnung der Untersuchungshaft selbst zugrunde liegen. Sonst wären Beschränkungen stets ohne Hinzutreten weiterer Erwägungen zulässig. Bei der Abwägung sind die Untersuchungshaftgründe aber nicht verbraucht. Vielmehr bedarf es einer auch praxisorientierten, zumindest knappen Begründung, die die veränderte Inhaftierungssituation berücksichtigt.[42]

27 Grundsätzlich muss auch dem in Haft befindlichen Beschuldigten – nach der Änderung zum Gebot der **unverzüglichen Pflichtverteidigerbestellung** – regelmäßig über den Verteidiger die Möglichkeit eingeräumt werden, sich zu einer Stellungnahme der Vollzugsanstalt und/oder Staatsanwaltschaft zu äußern, da widrigenfalls ein Gehörsverstoß nach Art. 103 Abs. 1 GG droht.[43] Zu beachten ist, dass sich ein Grundrechtsverstoß in diesem Bereich auch aus einer unzureichenden Sachaufklärung ergeben kann.[44]

28 **c) Zusammenfassung.** Zusammenfassend müssen zur Anordnung einer Beschränkung nach Abs. 1 **konkrete Anhaltpunkte** dafür vorliegen, dass der **Zweck der Untersuchungshaft** – die Sicherstellung der ordnungsgemäßen Durchführung des Verfahrens und der Vollstreckung des auf Freiheitsentziehung lautenden Urteils – **ohne die anzuordnenden Beschränkungen gefährdet** wäre. Derartige Anhaltspunkte folgen nicht automatisch aus dem der Anordnung der Untersuchungshaft oder ihrer Fortdauer zugrunde liegenden Haftgrund. Vielmehr ist die aktuelle Inhaftierungssituation in die Abwägung einzustellen. In der **Praxis bedarf es einer einzelfallbezogenen, zumindest kurzen Begründung,** wobei die bloße **Bezugnahme auf den Haftbefehl** je nach Verfahrensstand als nicht ausreichend zu qualifizieren ist.[45]

29 Dabei ist mit fortschreitendem Verfahrensgang gerade der Fallkonstellation besondere Aufmerksamkeit zu widmen, in der beispielhaft der Angeklagte **erstinstanzlich durch ein nicht rechtskräftiges Urteil** zu einer Haftstrafe verurteilt wurde, und mit dem Haftfortdauerbeschluss nach § 268b einer der Haftgründe typischerweise, nämlich die **Verdunkelungsgefahr in Wegfall** gekommen ist. Hier bedarf es bei einem erneuten Beschränkungsbeschluss einer einzelfallbezogenen Begründung, die diesem Umstand Rechnung trägt. Zwar kann grundsätzlich auch ein Haftgrund, auf den der Haftbefehl nicht (mehr) gestützt ist, die Anordnung von Beschränkungen nach § 119 Abs. 1 rechtfertigen (→ Rn. 21), allerdings müssen insoweit konkrete (neue) Anhaltspunkte für eine reale Gefährdung des Haftzwecks durch Verdunkelungshandlungen des inhaftierten Beschuldigten bestehen.[46]

30 **2. Katalog der Beschränkungen nach § 119 Abs. 1 Satz 2.** § 119 Satz 2 enthät einen Katalog der häufiger in Betracht kommenden Beschränkungen, der allerdings in Anbetracht der Vielfältigkeit der **denkbaren Einzelfallgestaltungen nicht abschließend** ist. In der Praxis kommen hier vor allem noch folgende Beschränkungen in Betracht, welche allerdings zumeist allerdings eher der Sicherheit und Ordnung der Anstalt betreffen und **deshalb der Anordnungsbefugnis des Anstaltseiters unterliegen.** Der Umfang richtet sich dabei grundsätzlich nach dem Risiko für den Haftzweck.[47] Hinzuweisen ist insoweit vor allem auf folgende Beschränkungen:

---

[41] *König* NStZ 2010, 185.
[42] OLG Köln 26.4.2011 – III 2 Ws 217/11, StV 2011, 743.
[43] BVerfG 15.11.2010 – 2 BvR 1183/09.
[44] BVerfG 28.10.2012 – 2 BvR 737/11, NJW 2013, 1941 m.w.N.
[45] KK-*Schultheis* § 119 Rn. 9.
[46] KG 13.9.2012 – 4 Ws 97/12, OLGSt StPO § 119 Nr. 40.
[47] Vgl. hierzu die Auflistung bei KK-*Schultheis* § 119 Rn. 43–54.

- Erlaubnisvorbehalt bei Ausführungen und Ausantwortungen,[48]
- Fesselung,[49]
- Durchsuchungen,[50]
- Beschränkungen des Bezugs von Druckerzeugnissen und Waren,[51]
- Versagung der Benutzung bestimmter Gegenstände (Rundfunk- und Fernsehgeräte,[52] Schreibmaschinen,[53] Computer,[54] etc),
- Versagung eines Interviews,[55]
- Verschärfte Haftbedingen und besondere Beschränkungsmaßnahmen,[56] wie etwa Einzelhaft und Arrest,[57]
- Gestattung von Arbeit,[58]
- sonstige Disziplinarverstöße,[59]
- allgemeine Haftbestimmungen.[60]

a) Erlaubnis für Besuche und Telekommunikation (§ 119 Abs. 1 Satz 2 Nr. 1). 31
Insoweit ist zwischen Einschränkungen bei Besuchen und der Telekommunikation zu unterscheiden:

aa) Besuche. Mit dieser Beschränkung kann angeordnet werden, dass der Empfang von 32
Besuchen einer Erlaubnis bedürfen. Eine Beeinträchtigung kann dabei durch bestimmte Personen oder auch generell gegeben sein. Da es verfassungsrechtlich vor dem Hintergrund der Unschuldsvermutung gilt, dem Gefangenen seine Kontaktmöglichkeiten zu erhalten, ist die Versagung gerade der Besuchsgenehmigung die Ausnahme.

Vielfach aber wird ein solcher **Erlaubnisvorbehalt zur Erreichung der Untersu-** 33
chungshaftzwecke geboten sein. Dies ergibt sich insbesondere daraus, dass es aus Kapazitätsgründen nicht möglich ist, in unbegrenztem Maße Außenkontakte in Form von Telekommunikation und Besuchen hinreichend zu überwachen. Jedoch dürfen Besuche nur dann von einer richterlichen Erlaubnis nach dieser Vorschrift abhängig gemacht werden, wenn und solange konkrete Anhaltspunkte dafür bestehen, dass von ihnen eine Gefährdung der Haftzwecke ausgeht. Häufig wird die Untersuchungshaft mit dem **Haftgrund der Fluchtgefahr** und hier in Zusammenschau mit der prognostizierten hohen Straferwartung und mangelnden sozialen Bindungen begründet. Gerade in einer solchen Konstellation bedarf es bei der Beschränkung von Besuchen einer näheren Darlegung, warum diese Gefahr durch bestimmte Personen sich zumindest verfestigen könnte.

---

[48] KG 29.3.2010 – 4 Ws 14/10, StV 2010, 370; OLG Düsseldorf 27.6.1990 – 1 Ws 521/90, NJW 1990, 3160; OLG Stuttgart 9.4.1981 – 1 Ws 90/81, MDR 1981, 780; OLG Frankfurt a. M. 20.2.1991 – 3 Ws 576/90, NStZ 1991, 405.

[49] BVerfGK 19, 25; BVerfG 3.8.2011 – 2 BvR 1739/10; OLG Dresden 15.2.2006 – 1 Ws 25/06, NStZ 2007, 479; OLG Hamm. 16.6.2011 – III-1 Vollz (Ws) 216/11, NStZ-RR 2011, 291; *Pohlreich* NStZ 2011, 560: *Hoffmann/Wißmann* StV 2001, 706; zur Fesselung in der Hauptverhandlung vgl. OLG Hamm 9.1.2014 – 5 RVs 134/13.

[50] BVerfG 30.5.1996 – 2 BvR 727/94, NJW 1996, 2643; BGH 29.4.2009 – 1 StR 701/08, StV 2010, 458; *Pohlreich* NStZ 2011, 706.

[51] BVerfG 14.3.1973 – 2 BvR 621/72 ua, BVerfGE 34, 384; dass 17.12.1981 – 2 BvR 1366/81, NStZ 1982, 132; dass. 2.12.1993 – 2 BvR 1368/93, NStZ 1994, 145.

[52] OLG Hamm 3.2.2009 – 2 Ws 360/08, NStZ 2009, 578.

[53] BVerfGE 27.3.1973 – 2 BvR 664/72, BVerfGE 35, 5; dass. 25.7.1994 – 2 BvR 806/94, NStZ 1994, 604.

[54] OLG Stuttgart 12.8.2003 – 1 Ws 195/03, NStZ-RR 2003, 347; KG 28.6.2002 – 1 AR 610/02 – 5 Ws 301/02, ZfStrVo 2003, 117; OLG Düsseldorf 23.12.1998 – 2 Ws 616/98, NStZ 1999, 271; OLG Hamm 13.6.1996 – 3 Ws 227/96, StV 1997, 197; dass. 10.6.1997 – 1 Ws 173/97, NStZ 1997, 566.

[55] BGH Ermittlungsrichter 14.9.1995 – 1 BGs 894/95, NStZ 1998, 205; OLG Celle 3.12.1997 – 2 StE 4/97, StV 1998, 494; LR-*Hilger* § 119 Rn. 126 f.; KMR-*Wankel* § 119 Rn. 14.

[56] BGH 22.6.1977 – 1 BJs 133/76, BGHSt 37, 380.

[57] BVerfG 17.10.2012 – 2 BvR 736/11, StV 2013, 521.

[58] KG 12.8.2013 – 4 Ws 102 – 103/13, StV 2014, 229.

[59] OLG Rostock 16.3.2010 – 1 Ws 92/10.

[60] BVerfG 28.10.2012 – 2 BVR 737/11, NJW 2013, 1941 (Unterbringung mit anderem Mitgefangenen).

34 Aber auch bei dem **Haftgrund der Verdunkelungsgefahr** müssen Besuche einzelner Personen, gegen die kein Verdacht einer Mitwirkung im Raum steht, nicht stets dem richterlichen Erlaubnisvorbehalt unterliegen. Im Rahmen des Haftgrundes der Wiederholungsgefahr bedarf es bei der Versagung der Besuchserlaubnis der konkreten Befürchtung, dass der Besucher dem Untersuchungsgefangenen zu Aufrechterhaltung eines Kontakts dient, aus dem heraus Wiederholungshandlungen zu befürchten sind.[61]

35 Jedoch dürfen grundsätzlich die **räumliche und personelle Ausstattung der jeweiligen Justizvollzugsanstalt** und die sich hieraus ergebenden Grenzen für die Besuchsabwicklung berücksichtigt werden.[62] Daher steht dem Beschuldigten zumeist nur ein zeitlich beschränktes „Besuchskontingent" zu und für ihn besteht die Möglichkeit gegenüber der JVA zu erklären, welche Besucher er insoweit akzeptieren will.

36 Eine generelle Besuchssperre ist grundsätzlich unzulässig.[63] Die Ablehnung der Besuchserlaubnis für **Familienangehörige** eines Untersuchungshäftlings ist nur unter besonders strengen Voraussetzungen zulässig. Allein die beabsichtigte spätere Vernehmung dieser Familienangehörigen als Zeugen in der bevorstehenden Hauptverhandlung reicht insoweit als Ablehnungsgrund nicht aus.[64] Vielmehr ist dem besonderen Schutz von Art. 6 Abs. 1 GG Rechnung zu tragen.[65] Demnach hat das für die Haftausgestaltung zuständige Gericht zur Vermeidung einer tiefgreifenden Entfremdung von Familienangehörigen, Besuchsgelegenheiten für Ehegatten und Kinder in dem Umfang zu schaffen, der ohne Beeinträchtigung der Ordnung der Anstalt möglich ist. Dies hat bei Eheleuten auch dann Bedeutung, wenn sich beide in Untersuchungshaft befinden, zumindest soweit keine Verdunkelungsgefahr besteht.[66] Teilweise wird dies in der Rechtsprechung auch bei bestehender Verdunkelungsgefahr vertreten.[67] Dem kann unter der Prämisse der Verhältnismäßigkeit zugestimmt werden, wenn eine Besuchsüberwachung beispielsweise mittels einer Beschränkung des Gesprächsthemas, einer Vorgabe der zu verwendenden Sprache und einer Abbruchklausel genügt, um dem Haftzweck in Ausgleich zum Grundrecht Rechnung zu tragen.[68] Die Frage, ob Intimkontakte zwischen Besuchern und Beschuldigten zulässig sind, ist typischerweise keine Entscheidung, die die Verfahrenssicherung tangiert, sondern nur rein vollzugliche Interessen betreffen kann.

37 Auch der **Besuch von Untersuchungsgefangenen untereinander** richtet sich ebenfalls nach Nr. 1.[69] Einem gemeinsamen unüberwachten Gespräch von mehreren in Untersuchungshaft befindlichen Beschuldigten mit ihren Verteidigern steht der Zweck der Untersuchungshaft grundsätzlich nicht entgegen, wenn anzunehmen ist, dass diese in Anwesenheit ihrer Verteidiger als Organe der Rechtspflege weder Fluchtabsprachen treffen noch unzulässige Verdunkelungshandlungen vorbereiten.[70]

38 Der Besuchskontakt des Beschuldigten zu seinem **Verteidiger** richtet sich gem. § 119 Abs. 4 Satz 1 allein nach §§ 148, 148a (→ Rn. 43, 73).

38a Eine Besuchserlaubnis wird vornehmlich als **Einzelerlaubnis** erteilt, Dauererlaubnisse sind jedoch bei nahen Angehörigen möglich. Zu **versagen ist eine Besuchserlaubnis,** wenn konkrete Anhaltspunkte dafür vorliegen, dass der Besuch zum unzulässigen Austausch von verdeckten Informationen oder aber von Fluchtvorbereitungen missbraucht werden

---

[61] Vgl. auch *König* NStZ 2010, 185.

[62] BVerfG 6.4.1976 – 2 BvR 61/76, BVerfGE 42, 95; dass. 13.8.1993 – 2 BvR 1469/93, NJW 1993, 3059; KK-*Schultheis* § 119 Rn. 14.

[63] OLG Düsseldorf 2.9.1993 – 3 Ws 492/93, StV 1994, 324; OLG Hamm 21.11.1996 – 1 Ws 308/96, StV 1997, 260.

[64] OLG Hamm 22.2.1996 – 3 Ws 68/96, StV 1996, 325.

[65] BVerfG 23.10.2006 – 2 BvR 1797/06, StV 2008, 30; dass. 13.8.1993 – 2 BvR 1469/93, NJW 1993, 3059.

[66] OLG Bremen 4.9.1995 – Ws 134/95, StV 1995, 645; OLG Stuttgart 7.2.2003 – 2 Ws 17/2003, StV 2003, 628.

[67] OLG Bremen 1.1.1997 – Ws 88/97, StV 1998, 33.

[68] Vgl. auch OLG Hamburg 26.8.1997 – 2 Ws 193/97, StV 1998, 34.

[69] Vgl. auch OLG Koblenz 25.10.1990 – 1 Ws 480/90, StV 1991, 168.

[70] Vgl. auch LG Gießen 7.11.2011 – 7 KLs 304 Js 4721/11, StV 2012, 363.

soll und diese Gefahr mit den Mitteln der Besuchsüberwachung nicht ausreichend sicher ausgeräumt werden kann.[71] Eine abstrakte Missbrauchsgefahr reicht nicht aus,[72] jedoch erscheint in solchen Fällen die Teilnahme eines mit den Ermittlungen vertrauten Beamten sachgerecht.

bb) Telekommunikation. Die unüberwachte Führung von Telefonaten des Untersuchungsgefangen mit Personen außerhalb der Anstalt läuft dem Zweck der Untersuchungshaft regelmäßig zuwider. Zu den nach § 119 Abs. 1 erforderlichen und damit unvermeidlichen Beschränkungen gehören zwangsläufig auch alle diejenigen Begrenzungen der persönlichen Freiheit, die sich im Hinblick auf die vollzugstechnischen Gegebenheiten mit den Erfordernissen der Wahrung der Sicherheit und Ordnung der Justizvollzugsanstalt ergeben. Ferngespräche mit Personen außerhalb der Justizvollzugsanstalt stellen wegen des damit verbundenen organisatorischen Aufwandes regelmäßig einen erheblichen Eingriff in den üblichen Ablauf des Vollzugsdienstes dar, so dass die beliebige Nutzung des Anstaltstelefons durch den Gefangenen zu Gesprächen, den Vollzugsdienst organisatorisch und personell überfordert. Da bei der Anordnung einer Beschränkung nach § 119 Abs. 1 jedoch die Haftzwecke im Vordergrund stehen müssen, kann dies regelmäßig nur dann begründet werden, wenn die vollzuglichen Gegebenheiten zugleich auf den Haftzweck durchschlagen.[73] 39

Nur wenn **konkrete Anhaltspunkte** dafür vorliegen, der Untersuchungsgefangene werde fernmündlich Fluchtvorbereitungen außerhalb der Anstalt treffen oder auf diese Weise Verdunkelungshandlungen initiieren, können Telefonate von der richterlichen Erlaubnis abhängig gemacht werden. Es lässt sich dabei nicht allgemein bestimmen, ab welchem Umfang von Telefonaten der Untersuchungsgefangene, in Anbetracht der dort jeweils gegeben technischen Möglichkeiten, zu einer unvertretbaren Belastung für den Vollzugsablauf wird und dadurch die Gefahr besteht, dass ohne die Anordnung der Beschränkungen der Vollzugsablauf dem Haftzweck konkret widerspricht. Grundsätzlich dürfen technische oder personelle Begrenzungen der Vollzugsanstalt bei der am Haftzweck auszurichtenden richterlichen Entscheidung keine dominierende Rolle spielen. Der Eingriff in den Vollzugsablauf würde auch durch eine nur optische Überwachung nicht wesentlich minimiert. 40

Bei einer durch das Haftgericht angeordnete Beschränkung der **Anzahl und Dauer der Gespräche** nur vor dem Hintergrund der organisatorischen Belastung – im Rahmen einer gerichtlichen Anordnung von anderweitig aufgrund des Zwecks der Untersuchungshaft erforderlichen Beschränkungen – dürfte im **Einzelfall die originäre Zuständigkeit des Haftgerichts** fehlen. Soweit hier Telefongespräche eines Inhaftierten mit Personen außerhalb der Justizvollzugsanstalt wegen des damit verbundenen organisatorischen Aufwandes einen erheblichen Eingriff in den üblichen Ablauf des Vollzugsdienstes darstellen und die beliebige Ausnutzung des Anstaltstelefons durch den Gefangenen den Vollzugsdienst organisatorisch und personell überfordern, war nach der bis 31.12.2009 geltenden Rechtslage gemäß 119 Abs. 3 StPO a. F. für etwaige Beschränkungen auch der Haftrichter zuständig.[74] Nach Inkrafttreten des Gesetzes zur Änderung des Untersuchungshaftrechts zum 1.1.2010 und der jeweiligen Landesuntersuchungshaftvollzugsgesetze[75] ist nunmehr der **Anstaltsleiter** befugt, Telefongespräche zu untersagen oder aber als mildere Maßnahme zu beschränken, wenn die Sicherheit und Ordnung der Justizvollzugsanstalt gefährdet würde.[76] Hierbei handelt es sich um rein vollzugliche Fragen, für die die Anstalt nach der jeweiligen landesgesetzlichen Regelung zuständig ist; gegen deren Maßnahmen und Anordnungen der Unter- 41

---

[71] Hanseatisches Oberlandesgericht Hamburg 26.8.1997 – 2 Ws 193/97, StV 1998, 34; OLG Celle 24.11.2009 – 2 Ws 276/09, NStZ-RR 2010, 159.
[72] KK-*Schultheis* § 119 Rn. 16.
[73] Vgl. auch OLG Karlsruhe 24.11.2000 – 3 Ws 238/00, Justiz 2002, 176.
[74] OLG Karlsruhe 24.11.2000 – 3 Ws 238/00, StraFo 2002, 28.
[75] Vgl. zB für Baden-Württemberg §§ 13, 20 Abs. 1, Abs. 2 Satz 1 JVollzGB Buch II.
[76] OLG Karlsruhe 3.8.2012 – 3 Ws 314/12, StV 2013, 164.

suchungsgefangene zusätzlich nach § 119a StPO einen Antrag auf gerichtliche Entscheidung beim Haftgericht stellen kann.

42 Bei einem besonderen, berechtigten Interesse können Telefonate vorrangig mit **Familienangehörigen** erlaubt werden, wobei im Einzelfall Vorgaben, beispielhaft die Anweisung zum Gesprächsthema, ohne verfahrensrelevante Äußerungen getroffen werden können.[77] Dieses berechtigte Interesse ist aber unter der verfassungsrechtlich unbedenklichen Berücksichtigung[78] vollzuglicher Gegebenheiten auf familiäre Notlagen zu beschränken.

43 Ein vollständiger Ausschluss eines Untersuchungsgefangenen vom fernmündlichen Kontakt mit seinem **bevollmächtigten Verteidiger** (→ Rn. 38) ist auch dann unverhältnismäßig, wenn die Telefonate von einem Dienstzimmer oder einer Geschäftsstelle der Vollzugsanstalt geführt werden müssen. Bei dem Vorliegen wichtiger Gründe müssen derartige Telefonate gegebenen falls in Anwesenheit eines Bediensteten und notfalls eines Dolmetschers gewährleistet werden.[79] Das Recht des Beschuldigten auf ein faires Verfahren wird durch § 148 Abs. 1 dahingehend konkretisiert, dass auch dem inhaftierten Beschuldigten schriftlicher aber auch mündlicher Verkehr mit dem Verteidiger gestattet ist. Jedenfalls für die Fälle, die nicht von der – eng auszulegenden – Ausnahmevorschrift des Teilnahmeverdachts nach § 148 Abs. 2 erfasst sind, ist eine Überwachung von Telefonaten zwischen dem Beschuldigten und seinem Verteidiger ausgeschlossen. An diesem Grundsatz hat sich zweifelsohne auch mit der Neufassung des § 119 nichts geändert.[80] Die bloße Annahme, dass nicht hinreichend sicherzustellen sei, dass es sich bei dem Gesprächspartner tatsächlich um den legitimierten Verteidiger handle, kann keinen Ausschluss des fernmündlichen Kontaktes bedingen, sondern ist regelmäßig zur Effektivität des Rechts auf angemessene Verteidigung hinzunehmen.[81]

44 Bezüglich von Telefonaten wird zumeist nur eine **Einzelerlaubnis** erteilt, jedoch können auch Dauergenehmigungen seitens des Gerichts erteilt werden, wenn die Haftzwecke nicht entgegenstehen. Insoweit werden aber zumeist **organisatorische Erfordernisse** der JVA gleichwohl **Beschränkungen nach Anzahl und Dauer durch den hierfür zuständigen Anstaltsleiter** erfordern.[82] Der Beschuldigte hat die Kosten für die Ferngespräche selbst zu tragen, jedoch kann die JVA diese übernehmen, wenn der Beschuldigte zur Kostentragung nicht in der Lage ist.[83]

45 **b) Überwachung von Besuchen, Telekommunikation und des Schrift- und Paketverkehrs (§ 119 Abs. 1 Nr. 2). aa) Allgemeines.** Die Überwachung der in dieser Norm genannten Außenkontakte, namentlich der Besuche, der Telekommunikation und des Schrift- sowie Paketverkehrs zur **Abwehr von Flucht-, Verdunkelungs- und Wiederholungsgefahr** wird häufiger geboten sein. Dem Beschuldigten soll die Möglichkeit genommen werden, sich dem Verfahren durch Flucht zu entziehen, Verdunkelungshandlungen vorzubereiten oder vorzunehmen oder auch erneut Straftaten vorzubereiten und zu begehen.[84]

46 **bb) Besuche.** Besuchen können sowohl **optisch wie akustisch** überwacht werden. Der Umfang richtet sich dabei grundsätzlich nach dem Risiko für den Haftzweck. Dabei greift eine akustische Überwachung intensiver in die Rechtsstellung ein, weshalb im Einzelfall eine solche zu begründen ist.[85] Insoweit muss bei einer inhaltlichen Überwachung dem besonderen Schutz des persönlichen durch Art. 2 GG geschützten Lebensbereiches sowohl

---

77 OLG Stuttgart 21.9.1994 – 1 Ws 197/94, StV 1995, 260.

78 BVerfG 14.3.1973 – 2 BvR 768/71, BVerfGE 34, 369.

79 BGH 15.7.1998 – 2 BGs 185/98, StV 1999, 39.

80 BVerfG 7.3.2012 – 2 BvR 988/10, StraFo 2012, 129.

81 BVerfG 16.5.1973 – 2 BvR 590/71, NJW 1974, 26.

82 OLG Karlsruhe 3.8.2012 – 3 Ws 314/12, StV 2013, 164.

83 KK-*Schultheis* § 119 Rn. 19.

84 KMR-*Wankel* § 119 Rn. 20.

85 OLG Hamm 9.2.2010 – 3 Ws 45/10, NStZ-RR 2010, 221; dass. 15.7.2008 – 1 Ws 469/08, NStZ-RR 2009, 124 (Vorbereitung und Förderung von Fluchtplänen).

des Gefangenen als auch des Besuchers Rechnung besonders getragen werden.[86] Daher ist stets zu prüfen, ob im Einzelfall konkrete Anhaltspunkte für eine Gefährdung des Haftzwecks durch den unkontrollierten Kontakt des Untersuchungsgefangenen mit eben diesem Besucher vorliegen. Maßgebend ist hier die Prüfung an Hand der jeweiligen Haftgründe des Einzelfalls.[87] Entscheidungsgrundlage bilden dabei nicht nur die im Haftbefehl konkret angenommenen Haftgründe, sondern auch weitere verfahrensbezogene Haftgründe (→ Rn. 21, 29).[88] Die Überwachung eines Besuchs bedarf der Einzelfallprüfung unter besonderer Berücksichtigung der Unschuldsvermutung und der Grundrechte des kontaktierenden Dritten.[89]

Dies gilt insbesondere für die Überwachung der Besuche von **Familienangehörigen.**[90] 47
Während der Untersuchungshaft darf für den Besuch eines Angehörigen nur dann eine Einschränkung durch eine Trennscheibe angeordnet werden, wenn Anhaltspunkte für eine konkrete Gefahr vorliegen. Bei einem betäubungsmittelabhängigen Häftling liegen solche Anhaltspunkte nicht vor, wenn die bisherigen Besuche unauffällig verliefen und keine Nachweise für den Konsum von Betäubungsmitteln während der Haft vorhanden sind.[91] Die heimliche akustische Überwachung eines Ehegattengesprächs im Besucherraum einer U-Haftanstalt kann sich als Verletzung des Rechts auf ein faires Verfahren mit der Folge eines Beweisverwertungsverbots darstellen.[92]

In Fällen, in denen eine Besuchsüberwachung unter Hinzuziehung eines **Dolmetschers** 48
zur Sicherung des Zwecks der Untersuchungshaft erforderlich ist und Gründe für eine Versagung der Besuchserlaubnis als solche nicht vorliegen, hat das Gericht die Hinzuziehung des Dolmetschers anzuordnen. In diesem Falle ist die Entschädigung des Dolmetschers nach Nr. 1904 des Kostenverzeichnisses zum GKG ein Teil der gerichtlichen Auslagen und damit ein Teil der Gerichtskosten. Da nach § 68 Abs. 3 GKG eine Vorschusspflicht in Strafsachen nicht besteht, kann ein Vorschuss für die Dolmetscherkosten nicht gefordert werden.[93]

Gibt die Verteidigung ein eigenes psychiatrisches **Sachverständigengutachten** zur 49
Frage der Schuldfähigkeit in Auftrag, ist dem Sachverständigen regelmäßig eine unüberwachte Dauerbesuchserlaubnis auch dann zu erteilen, wenn sich der Beschuldigte zuvor einer Exploration durch den gerichtlich bestellten Sachverständigen verweigert hat. Denn die allein aus den gesetzlichen Haftgründen vollzogene Untersuchungshaft darf das Recht des Angeklagten auf die Stellung präsenter Beweismittel nicht unterlaufen.[94] Ein Besuch darf auch nicht überwacht werden, wenn seitens eines Gerichts in vorliegender oder in einer anderen Strafsache eine psychotherapeutische Behandlung angeordnet wurde, insbesondere wenn hiermit eine Forensische Ambulanz beauftragt wurde (§ 68b Abs. 1 Nr. 11 StGB).

Eine **körperliche Untersuchung** der Besucher auf Waffen und Ausbruchswerkzeuge 50
kann bei entsprechenden Anhaltspunkten durch das Gericht angeordnet werden,[95] selbst beim Verteidiger.[96] Auch kann bestimmt werden, dass Privatbesuche nur in einem mit einer **Trennscheibe** versehenen Raum stattfinden dürfen, selbst wenn der Haftbefehl nicht auf § 129a StGB gestützt ist.[97] Anders jedoch bei bevollmächtigten Verteidigern.[98]

---

[86] BVerfG 31.8.1993 – 2 BvR 1479/93, StV 1993, 592.
[87] OLG Hamm 22.1.2008 – 3 Ws 23/08, NJW-Spezial 2008, 377.
[88] KG 29.3.2010 – 4 Ws 14/10, StV 2010, 370.
[89] OLG Hamm 9.2.2010 – 3 Ws 45/10, StRR 2010, 194; OLG Düsseldorf 31.1.2014 – III-3 Ws 16–17/14.
[90] OLG Karlsruhe 23.6.2006 – 3 Ws 223/06, StraFo 2006, 377.
[91] OLG Zweibrücken 26.8.2004 – 1 Ws 332/04, StraFo 2004, 380.
[92] BGH 29.4.2009 – 1 StR 701/08, BGHSt 53, 294.
[93] BVerfG 7.10.2003 – 2 BvR 2118/01, NJW 2004, 1095; OLG Frankfurt a. M. 15.11.1983 – 3 Ws 142/83, StV 1984, 427; LG Berlin 25.8.1997, 524 – 23/96, www.strafverteidiger-berlin.de
[94] OLG Frankfurt a. M. 8.8.2006 – 3 Ws 730/06, StV 2006, 701.
[95] BGH 18.7.1993 – StB 29/73, NJW 1973, 1656; KK-*Schultheis* § 119 Rn. 26.
[96] BVerfG 2.7.1974 – 2 BvR 805/72, BverfGE 38, 26.
[97] OLG Celle 11.12.1980 – 3 Ws 502/80, NStZ 1981, 196.
[98] KK-*Schultheis* § 119 Rn. 26 (Begrenzung auf Fälle des § 148 Abs. 2 Satz 3).

51 **cc) Telekommunikation.** Eine **Aufzeichnung der Telekommunikation** ist nach dieser Vorschrift nicht zulässig. Eine solche kann nur nach Maßgabe der einschlägigen Vorschriften etwa nach §§ 100a, 100b angeordnet werden. Rechtlich zulässig ist allein eine **Überwachung, welche dem Gesprächspartner des inhaftierten Beschuldigten unverzüglich nach Herstellung der Verbindung mitzuteilen ist,** wobei dies auch durch den Beschuldigten selbst geschehen kann (§ 119 Abs. 3 Satz 1 und 2). Hierüber ist der Beschuldigte zuvor zu belehren (§ 119 Abs. 3 Satz 3). Im Übrigen gelten die oben aufgeführten Grundsätze (→ Rn. 39). Ausweislich der Mitteilungspflichten (§ 119 Abs. 1 Satz 6) ist diese Vorschrift keine Befugnisnorm für die Anordnung verdeckter Überwachungen des inhaftierten Beschuldigten. Die Überprüfung der Notwendigkeit einer Gesprächsüberwachung hat sich auf alle Umstände des Einzelfalls zu erstrecken und neben der Person des Verhafteten, seinem sozialen Umfeld, der Art der ihm vorgeworfenen Straftaten, dem jeweiligen Verfahrensstand und dem Ausmaß der Haftgründe auch die Person des Gesprächspartners in Betracht zu ziehen.

52 Bei Gesprächen mit **Familienangehörigen** gebietet die **verfassungskonforme Auslegung im Hinblick auf Art. 6 GG** unter Berücksichtigung der bereits erlittenen Dauer der Untersuchungshaft eine am Kriterium der Zumutbarkeit orientierte Prüfung, ob eine solche Beschränkung unverzichtbar vom Zweck der Untersuchungshaft gefordert wird, wobei der bloße Missbrauchsverdacht ohne konkrete Anhaltspunkte für eine Inhaltskontrolle nicht ausreicht.[99] Insbesondere kann das in der Praxis nicht selten gebrauchte Argument eine Überwachung auch der Telefonate mit Angehörigen sei geböten, da grundsätzlich anders nicht ausgeschlossen werden könne, dass nur die genehmigten Gesprächspartner das Telefonat führen, nicht verfangen. Denn eine solche Begründung als die Beschränkung als tragend anzusehen, würde eine vollständige Überwachung verfassungsinkonform stets erforderlich machen. Fehlen konkrete Anhaltspunkte, dass beispielhaft ein bereits über ein Jahr inhaftierter Angeklagter nicht überwachte Gespräche mit nahen Angehörigen – die unter keinem Beteiligungsverdacht stehen – zur Verfolgung von Fluchtplänen nutzen würde, kann eine nur stichprobenartige Überwachung im Gegensatz zu einer vollständigen ständigen Überwachung als das mildere Mittel ausreichend sein.[100]

53 Ist für die Überwachung des Gesprächs ein **Dolmetscher** erforderlich, ist dem Beschuldigten und auch dem Gesprächspartner zu Beginn des Gesprächs mitzuteilen, dass dieses durch einen Dolmetscher überwacht wird. Ein heimliches Überwachen ist nicht zulässig.[101] Die **Kosten für den Dolmetscher** einer solchen angeordneten Überwachung trägt in entsprechender Anwendung des JVEG die **Staatskasse,** weil es sich um eine vom Gericht bzw. der Justizvollzugsanstalt zwar nicht unmittelbar iSd § 1 JVEG „angeordnete", so doch gerichtlich veranlasste Hinzuziehung des Dolmetschers handelt.[102]

54 Eine **Überwachung von Gesprächen** des **Beschuldigten mit seinem Verteidiger** mit dem Telefon ist nicht erlaubt. Das Recht des Beschuldigten auf ein faires Verfahren wird insoweit durch § 148 dahingehend konkretisiert, dass auch dem inhaftierten Beschuldigten schriftlicher und mündlicher Verkehr mit dem Verteidiger gestattet ist. Jedenfalls für die Fälle, die nicht von der – eng auszulegenden – Ausnahmevorschrift des § 148 Abs. 2 erfasst sind, ist eine Überwachung von Telefonaten zwischen einem Beschuldigten und seinem nicht selbst tat- oder teilnahmeverdächtigen Verteidiger ausgeschlossen.[103]

55 **dd) Schriftverkehr und Paketempfang.** Unter dem Schutz von Art. 2 Abs. 2 GG kann der Untersuchungsgefangene grundsätzlich frei in Schriftform korrespondieren. Auch hier ist eine Beschränkung nur möglich, wenn konkrete Anhaltspunkte für eine Gefährdung einer der Haftzwecke vorliegen, wobei die Postkontrolle auch auf Stichproben beschränkt

---

[99] KG 26.9.2005 – 1 AR 1147/05, StV 2008, 32.

[100] OLG Karlsruhe 3.8.2013 – 3 Ws 314/12, StV 2013, 164.

[101] KK-*Schultheis* § 119 Rn. 28.

[102] LG Düsseldorf 2.3.2011 – 7 Qs 12/11, StV 2012, 357.

[103] BVerfG 7.3.2012 – BvR 988/10, NJW 2012, 2790; so schon BGH 5.11.1985 – 2 StR 279/85, BGHSt 33, 347; LG Dresden 6.9.2011 – 5 Qs 110/11, StraFo 2011, 393.

werden kann.[104] Der unkontrollierte Schrift- und Paketverkehr eines Gefangenen birgt aber regelmäßig die Gefahr von Absprachen zur Aufklärungsvereitelung und Vorbereitungen zur Flucht, der typischerweise nur mit der inhaltlichen Kontrolle wirkungsvoll begegnet werden kann, da mildere Maßnahmen als das Lesen des Schriftverkehrs kaum denkbar sind. Ergibt sich aufgrund der richterlichen Postkontrolle oder, nach einer zulässigen Delegation auf nach § 119 Abs. 2 beauftragte Personen, aus dem Inhalt eine Gefahr für den Haftzweck, kann das Schriftstück angehalten (Abs. 1 Satz 7) und die Beförderung ausgeschlossen werden.

Ist ein Schreiben ohne zwingenden Grund in einer **Fremdsprache** abgefasst, stellt sich die Frage nach einem **Anhalten oder einer kostenträchtigen Übersetzung.** Da der Besuchsverkehr bereits aus Gründen der Anstaltssicherheit und -ordnung stark reglementiert ist, dürfen die mangelnden Sprachkenntnisse des Inhaftierten nicht zu einer noch weiter gehenden Einschränkung der Grundrechte führen. Die Übersetzungskosten sind von der Staatskasse zu tragen.[105] Dies gilt auch in gleicher Weise für Briefe des inhaftierten Beschuldigten. Unverhältnismäßig hohe oder objektiv überflüssige Übersetzungskosten in Bezug auf den Briefverkehr sind jedoch nicht hinzunehmen.[106] Die pauschale Anordnung der Übersetzung ist mithin grundsätzlich nicht zulässig. Die Entscheidung dieser Frage ist Sache des jeweiligen Einzelfalls. Hierbei spielen mehrere Gründe eine Rolle, wie etwa der konkrete Haftgrund und der Adressat des Briefes. 56

Bei völlig **unleserlichen oder unverständlichen Passagen** sowie in einer Art Geheimschrift abgefassten Schreiben besteht in der Regel die konkrete Gefahr verschlüsselter Botschaften, die den Haftzwecken zuwiderlaufen können. Solche Schriftstücke sind nicht weiter zu befördern. 57

Ein **angehaltenes und von der Beförderung ausgeschlossenes Schriftstück** ist grundsätzlich an den Absender zurückzusenden, falls der Untersuchungszweck dadurch nicht gefährdet wird. Wird das Schriftstück hingegen als Beweismittel nach § 94, 98 beschlagnahmt, was oftmals dann veranlasst ist, wenn sich der Beschuldigte mit dem Tatvorwurf darin auseinandersetzt, wird die Beschlagnahme einer Ablichtung und Beförderung des Originals an den Empfänger ausreichen.[107] Bei einer solchen Beschlagnahme als Beweismittel ist aber zu bedenken, dass im Gegensatz zu einer Beschränkung nach § 119, die im Falle eines Kollegialgerichts zunächst der Vorsitzende anordnet (→ Rn. 61 ff.),[108] das Gericht in seiner vorgesehenen Besetzung außerhalb der Hauptverhandlung (§ 98 Abs. 1 Satz 1) über die Beschlagnahme zu befinden hat und nicht der Vorsitzende allein (→ Rn. 80 ff.).[109] Die Überwachung des Paketverkehrs hingegen kann regelmäßig ausschließlich vollzugliche Belange tangieren. 58

c) Übergabe von Gegenständen (§ 119 Abs. 1 Nr. 3). Auch hinsichtlich des Erlaubnisvorbehalts für die Übergabe von Gegenständen müssen die allgemeinen Grundsätze für die Anordnung von Beschränkungen hinsichtlich der Haftzwecke Beachtung finden (→ Rn. 18 ff.). Demnach kann die Übergabe von Gegenständen unterbunden werden, die der Flucht oder der Vornahme von Verdunkelungshandlungen sowie der Begehung weiterer Straftaten dienen könnten. 59

d) Trennung und Verbot gemeinsamer Unterbringung (§ 119 Abs. 1 Nr. 4 und Nr. 5). Die Trennung des Beschuldigten von anderen Gefangenen sowie das Verbot der gemeinsamen Unterbringung kommen im Hinblick auf dem auch hier maßgeblichen Haftzweck, vorrangig zur Abwendung der **Verdunkelungsgefahr,** in Betracht.[110] 60

---

[104] BVerfG 7.10.2003 – 2 BvR 2118/01, NJW 2004, 1095.
[105] BT-Drs. 16/11644, 24.
[106] Oberlandesgericht des Landes Brandenburg 19.9.1996 – 2 Ws 219/96, NStZ-RR 1997, 74.
[107] BGH 11.4.1978 – 1 BJs 23/77 StB 100/78; dass. 14.3.1979 – 1 StE 7/78, BGHSt 28, 349.
[108] BGBl. 2009 I 2274.
[109] Oberlandesgericht des Landes Thüringen 9.3.2011 – 1 Ws 122/11, NStZ-RR 2012, 28.
[110] Vgl. auch *Pohlreich* NStZ 2011, 563.

III. Anordnungskompetenz (§ 119 Abs. 1 Satz 3–6)

61 **1. Zuständigkeit des Gerichts.** Die **Anordnungskompetenz liegt beim nach dem jeweiligen Verfahrensstand zuständigen Gericht** (§ 126). Die Anordnung kann von Amts wegen erfolgen, auf Antrag der Staatsanwaltschaft oder aber auch des Beschuldigten selbst. Schriftform ist nicht notwendig, aber wegen der Anfechtbarkeit der Anordnung geboten.[111] Die Anordnung ergeht nach vorheriger Anhörung, insbesondere ist auch dem Verhafteten, wenn möglich, zuvor rechtliches Gehör zu gewähren.

62 Einzelne Maßnahmen ordnet in Abweichung zu § 119a[112] nach Anklageerhebung nach der **ausdrücklichen Regelung in § 126 Abs. 2 Satz 3 der Vorsitzende** und nicht das Kollegialgericht in Besetzung außerhalb der Hauptverhandlung an. Dies gilt auch für die **Aufhebung von Entscheidungen.**[113] Eine Übertragung auf ein anderes Mitglied des Kollegialgerichts ist im Gesetz nicht vorgesehen und damit rechtswidrig.[114] Im Hinblick auf den Ausschluss eines Briefes von der Weitebeförderung ist der Vorsitzende allein zuständig (§ 126 Abs. 2 Satz 3), wohingegen für die Beschlagnahme desselben das Gericht einschließlich der Beisitzer zuständig ist.[115]

63 Während einer **laufenden oder unterbrochenen Hauptverhandlung** hingegen ist die funktionelle Zuständigkeit umstritten.[116] Auch hier hat sich die Mitwirkung der Schöffen an § 30 GVG zu orientieren. Jedoch gebietet der Beschleunigungsgrundsatz in Haftsachen, bei einer nur kurzfristigen Unterbrechung der Hauptverhandlung, eine Entscheidung des Kollegialgerichts, ohne Mitwirkung der Schöffen.[117] Denn gerade bei Entscheidungen außerhalb der Hauptverhandlung sind die beteiligten Schöffen oftmals nicht erreichbar und können im Gegensatz zu den Berufsrichtern, nicht vertreten werden, so dass in solchen Fällen die Gefahr erheblicher Verzögerungen bei beschleunigt zu treffenden Haftentscheidungen bestünde. Daher ist über Haftfragen auch während einer laufenden Hauptverhandlung eines Amts- oder Landgerichts immer in der Besetzung der Strafkammer außerhalb der Hauptverhandlung zu entscheiden.[118] Vor einer Entscheidung des Haftrichters ist die Staatsanwaltschaft nach § 33 Abs. 2 zu hören.

64 **Unterschiedliche Auffassungen** werden zur Frage vertreten, welche **Folgen es hat, wenn statt des Vorsitzenden das Kollegialgericht entscheidet.** Insoweit wird teilweise vertreten, dies sei unschädlich[119] bzw. rechtlich unbedenklich, da sich der Vorsitzende bei Entscheidung durch das Kollegium seiner Entscheidungsmöglichkeit nicht begebe.[120] Nach richtiger und herrschender Führt die Entscheidung des unzuständigen Kollegialgerichts im Fall der Einlegung einer Beschwerde zur Aufhebung des angefochtenen Beschlusses bei gleichzeitiger eigener Sachentscheidung des Beschwerdegerichts gemäß § 309 Abs. 2 (→ Rn. 74).[121]

65 **2. Notkompetenz der Staatsanwaltschaft und der Vollzugsanstalt (Abs. 1 Satz 4).** Satz 4 enthält eine Notkompetenz der Staatsanwaltschaft und der Vollzugsanstalt in Eilfällen, die der nachträglichen gerichtlichen Zustimmung innerhalb von drei Werktagen bedarf (Satz 5). Eine solche kommt aber allenfalls in Betracht, wenn die Maßnahme trotz heute eingerichteter richterlicher Bereitschaftsdienste nicht ohne Gefahr für den Haftzweck, die Anstaltsordnung oder für den Gefangenen selbst aufgeschoben werden kann.

---

111 BVerfG 24.1.2008 – 2 BvR 1661/06.
112 *Böhm/Werner* § 119a Rn. 15 ff.
113 OLG Hamm 10.12.2013 – II – 1 Ws 562/13, dass. 18.3.2014 – III-1 Ws 77/14.
114 OLG Hamm 25.2.2010 – III-2 Ws 18/10, NStZ-RR 2010, 292; HK-*Posthoff* § 119 Rn. 30.
115 Oberlandesgericht des Landes Thüringen 9.3.2011 – 1 Ws 122/11, NStZ-RR 2012, 28; *Meyer-Goßner* § 98 Rn. 5.
116 Vgl. *Meyer-Goßner* § 126 Rn. 8.
117 BGH 11.1.2011 – 1 StR 648/10, NStZ 2011, 356.
118 Vgl. auch *Graf* BGH-Rechtsprechung 2011, Rn. 372.
119 OLG Düsseldorf 16.1.1985 – 1 Ws 38/85, MDR 1985, 603.
120 OLG Köln 10.2.2010 – 2 Ws 77/10.
121 OLG Hamm 10.12.2013 – II – 1 Ws 562/13; *Meyer-Goßner* § 126 Rn. 10 mN, KK-*Schultheis* § 126 Rn. 12.

3. Einholung der gerichtlichen Zustimmung im Falle der Anordnung in Notkompetenz (Abs. 1 Satz 5). Nach Satz 5 ist die in Notkompetenz getroffene Anordnung der Staatsanwaltschaft oder der Justizvollvollzugsanstalt dem Gericht binnen drei Werktagen zur Genehmigung vorzulegen, wenn sich diese nicht zwischenzeitlich erledigt hat. 66

4. Information des Beschuldigten (Abs. 1 Satz 6). Nach Satz 6 ist der Beschuldigten über die nach Abs. 1 getroffenen Anordnungen in Kenntnis zu setzen. 67

5. Reichweite der Anordnung (Abs. 1 Satz 7). Nach Satz 7 schließt die Anordnung der Überwachung der Besuche, der Telekommunikation sowie des Schrift- und Paketverkehrs die Ermächtigung ein, Besuche und Telekommunikation abzubrechen sowie Schreiben und Pakten anzuhalten. 68

IV. Ausführung der Anordnung (§ 119 Abs. 2)

Grundsätzlich obliegt die Ausführung der gerichtlichen Anordnungen dem Gericht selbst als anordnende Stelle (Satz 1). 69

Allerdings wird insbesondere in der Phase vor der Anklageerhebung die **Staatsanwaltschaft als „Herrin des Ermittlungsverfahrens"** häufig über das größere Wissen zu dem einzelnen Verfahren verfügen, um etwa über das Anhalten eines Briefs oder die Erteilung einer Besuchserlaubnis sachgerecht entscheiden zu können. Auch in der Zeit nach der Anklageerhebung kann es sinnvoll sein, die Ausführung der Anordnungen der Staatsanwaltschaft zu überlassen. So kann bei der Staatsanwaltschaft vor allem in komplexen Großverfahren ein Hintergrundwissen über Zusammenhänge vorhanden sein, die sich aus den dem Gericht mit der Anklageschrift übersandten Ermittlungsakten nicht stets ergeben. Deshalb kann das Gericht nach § 119 Abs. 2 Satz 2 die Ausführung der Anordnungen jederzeit ganz oder teilweise auf die Staatsanwaltschaft übertragen. 70

Die **Übertragung ist widerruflich,** so dass etwa das nach Anklageerhebung zuständige Gericht die Ausführung ganz oder teilweise wieder an sich ziehen kann, wenn der Ermittlungsrichter die Ausführung zuvor auf die Staatsanwaltschaft übertragen hatte.[122] Die Anordnungskompetenz verbleibt aber grundsätzlich bei Gericht. Für die Ausführung der beschränkenden Maßnahme ist derselbe Prüfungsmaßstab wie für deren Anordnung anzuwenden. Die Übertragung ist nicht anfechtbar (Satz 3). 71

V. Mitteilungspflichten (§ 119 Abs. 3)

Grundsätzlich sind dem Beschuldigten alle Anordnungen des Gerichts, aber auch der Staatsanwaltschaft und der JVA, mitzuteilen. Abs. 3 regelt darüber hinaus, dass im Falle der Überwachung der Telekommunikation diese auch dem Gesprächspartner mitzuteilen ist und zwar unmittelbar nach Herstellung der Verbindung (→ Rn. 51). Dies gilt grundsätzlich auch für die Telekommunikation durch E-Mails und mittels SMS.[123] 72

VI. Schutz der Verteidigerkommunikation (§ 119 Abs. 4 Satz 1)

Die Vorschrift normiert nochmals den Grundsatz, dass die Beschränkungen des § 119 Abs. 1 keine Wirkung entfalten, soweit sie den durch § 148 Abs. 1 garantierten freien Verkehr des Gefangenen mit seinem Verteidiger einschränken würden. Allerdings muss auch ein wirksames Verteidigungsverhältnis bestehen.[124] Briefe zur Anbahnung eines solche sind hingegen durchaus der Kontrolle unterworfen.[125] Ausnahmen hiervon kommen nach § 148 Abs. 2 nur bei dem dringenden Verdacht einer Straftat nach §§ 129a, 129b StGB in Betracht. 73

---

[122] Vgl. auch BT-Drs. 16/11644, 27.
[123] *Bittmann* NStZ 2010, 16; *Meyer-Goßner* § 119 Rn. 27.
[124] KK-*Schultheis* § 119 Rn. 65.
[125] *Meyer-Goßner* § 119 Rn. § 148 Rn. 4.

VII. Gleichstellung bestimmter Personen und Institutionen (§ 119 Abs. 4 Satz 2)

74 Unter Fortgeltung der Verteidigerprivilegien stellt § 119 Abs. 4 Satz 2 den Verkehr des Gefangenen mit bestimmten Personen und Einrichtungen der durch die §§ 148, 148a StPO besonders geschützten Kommunikation mit dem Verteidiger gleich. Folglich bleibt grundsätzlich bis auf einen Teilnahmeverdacht nach § 148 Abs. 2 entsprechend, der Verkehr mit folgenden Stellen unüberwacht:

1. der für ihn zuständigen Bewährungshilfe,
2. der für ihn zuständigen Führungsaufsichtsstelle,
3. der für ihn zuständigen Gerichtshilfe,
4. den Volksvertretungen des Bundes und der Länder,
5. dem Bundesverfassungsgericht und dem für ihn zuständigen Landesverfassungsgericht,
6. dem für ihn zuständigen Bürgerbeauftragten eines Landes,
7. dem Bundesbeauftragten für den Datenschutz und die Informationsfreiheit, den für die Kontrolle der Einhaltung der Vorschriften über den Datenschutz in den Ländern zuständigen Stellen der Länder und den Aufsichtsbehörden nach § 38 des Bundesdatenschutzgesetzes,
8. dem Europäischen Parlament,
9. dem Europäischen Gerichtshof für Menschenrechte,
10. dem Europäischen Gerichtshof,
11. dem Europäischen Datenschutzbeauftragten,
12. dem Europäischen Bürgerbeauftragten,
13. dem Europäischen Ausschuss zur Verhütung von Folter und unmenschlicher oder erniedrigender Behandlung oder Strafe,
14. der Europäischen Kommission gegen Rassismus und Intoleranz,
15. dem Menschenrechtsausschuss der Vereinten Nationen,
16. den Ausschüssen der Vereinten Nationen für die Beseitigung der Rassendiskriminierung und für die Beseitigung der Diskriminierung der Frau,
17. dem Ausschuss der Vereinten Nationen gegen Folter, dem zugehörigen Unterausschuss zur Verhütung von Folter und den entsprechenden Nationalen Präventionsmechanismen,
18. den in § 53 Abs. 1 Satz 1 Nr. 1 und 4 genannten Personen in Bezug auf die dort bezeichneten Inhalte,
19. soweit das Gericht nichts anderes anordnet,
    a) den Beiräten bei den Justizvollzugsanstalten und
    b) der konsularischen Vertretung seines Heimatstaates.

VIII. Antrag auf gerichtliche Entscheidung (§ 119 Abs. 5)

75 **1. Allgemeines.** Nach Satz 1 kann gegen die nach § 119 getroffene Entscheidungen oder sonstige Maßnahmen gerichtliche Entscheidung betragt werden, soweit nicht das Rechtsmittel der Beschwerde statthaft ist. Die Vorschrift betrifft aber nur **Entscheidungen,** welche vom Haftrichter nach Abs. 1 und 2 zur der **Durchsetzung der Zwecke der Untersuchungshaft** getroffen worden sind. Liegt der Beschränkung eine Anordnung zum Zwecke der Sicherung und Ordnung der Haftanstalt zugrunde, bestimmt sich der Rechtsweg nach § 119a.[126] Es gelten aber weiterhin allgemeine Grundsätze. Geht also z. B. mit Antragserhebung die Zuständigkeit vom Ermittlungsrichter auf das Haftgericht über, so ist eine „Beschwerde" in einen Antrag auf Aufhebung der Beschränkung umzudeuten.[127]

76 **2. Verhältnis zur Beschwerde (§ 304 StPO).** Sinn der Norm ist es, dem Beschuldigten auch dann eine Überprüfungsmöglichkeit einzuräumen, wenn an sich ein **Rechtsweg, wie etwa bei Entscheidungen des BGH oder eines OLG, nicht besteht.** Dies folgt

---

[126] *Böhm/Werner* § 119a Rn. 15.
[127] OLG Frankfurt 17.2.2014 – 3 Ws 122/14.

hier aus der Rechtsweggarantie des Art. 19 Abs. 4, welcher dem inhaftierten Beschuldigten auch für beschwerende Entscheidungen der vorliegenden Art eine Überprüfungsmöglichkeit einräumen will. Deshalb sieht Abs. 5 vor, dass der Beschuldigte bei allen ihn beschwerenden Entscheidungen oder (faktischen) sonstigen Maßnahmen der genannten Stellen einen Antrag auf gerichtliche Entscheidung stellen kann. Der Gefangene muss dabei jeweils behaupten und gegebenen falls darlegen, dass eine bestimmte Beschränkung nicht hätte ergehen dürfen (Notwendigkeitsprüfung) oder dass eine solche Beschränkung im konkreten Fall nicht oder nun nicht mehr erforderlich (Erforderlichkeitsprüfung) ist.

Damit wird gewährleistet, dass dem **Gericht** letztlich in allen Fragen, welche die aus den 77
Zwecken der Untersuchungshaft erforderlichen Beschränkungen betreffen, die maßgebliche **Entscheidungsbefugnis** verbleibt. Durch die gewählte Formulierung wird aber auch sichergestellt, dass dann, wenn ein Oberlandesgericht oder der Ermittlungsrichter beim Bundesgerichtshof Entscheidungen nach § 119 Abs. 1 und 2 getroffen haben, gerichtliche Entscheidung beantragt werden kann. In diesen Fällen ist das Rechtsmittel der Beschwerde nach § 304 ff. unzulässig, weil der **Begriff „Verhaftung"** in § 304 Abs. 4 Satz 2 Nr. 1, Abs. 5 Beschränkungen des Beschuldigten in der Haft über die Haftanordnung hinaus nicht erfasst.[128] Insbesondere haben die Beschränkungen eben nicht die Verhaftung als solche zum Gegenstand, da diese nur diejenigen Beschlüsse betreffen, mit denen unmittelbar entschieden wird, ob der Beschuldigte in Haft zu nehmen oder zu halten ist.[129]

Abgesehen von den Fällen nicht beschwerdefähiger Entscheidungen nach Abs. und 2 78
durch ein Oberlandesgericht oder den Ermittlungsrichter beim Bundesgerichtshofkommt ein Antrag auf gerichtliche Entscheidung nach dieser Vorschrift auch dann in Betracht, wenn Staatsanwaltschaft oder Vollzugsanstalt eine vorläufige Anordnung nach Abs. 1 Satz 4 getroffen haben, diese aber wegen Erledigung dem zuständigen Gericht nicht mehr zur Genehmigung vorlegen mussten (Abs. 1 Satz 5) In diesen Fällen kann der Untersuchungsgefangene eine gerichtliche Überprüfung der Rechtmäßigkeit der erledigten Maßnahme nur über den Antrag nach Abs. 5 Satz 1 erreichen.

Gegen **Entscheidungen der Amts- und Landgerichte** in Anwendung von § 119 79
Abs. 1 und 2 kann dagegen im Regelfall Beschwerde nach § 304 ff. eingelegt werden, auch wenn es sich um Entscheidungen des erkennenden Gerichts im Sinne von § 305 handelt. Denn der Begriff „Verhaftung" in § 305 Satz 2 StPO wird weitergehend verstanden als in § 304 Abs. 4 Satz 2 Nr. 1, Abs. 5.[130] Nach der nunmehr in Abs. 5 angeordneten Regelung ist der Antrag auf gerichtliche Entscheidung gegen Entscheidungen der Amts- und Landgerichte durch die gegebene Beschwerdemöglichkeit nach § 304 ff. StPO folglich ausgeschlossen.

§ 119 Abs. 5 eröffnet danach den **Antrag auf gerichtliche Entscheidung** gegen Anord- 80
nungen nach § 119 Abs. 1 daher nur insoweit als nicht ohnehin schon das Rechtsmittel der Beschwerde statthaft ist. Bereits nach dem Gesetzeswortlaut soll damit nicht ein von der nächsten Instanz zu bescheidendes neues Rechtsmittel eingeführt, sondern die Möglichkeit gegeben werden, eine weitere Überprüfung durch das nach § 126 zuständige Gericht zu veranlassen. Dies entspricht auch der Intention des Gesetzgebers, der sicherstellen wollte, dass Beschuldigte im Falle fehlender Beschwerdemöglichkeit nicht auf eine von Amts wegen zu veranlassende Aufhebung einer Beschränkung angewiesen sind, sondern diese auch selbst initiieren können.[131]

Die **Zuständigkeit des Gerichts,** das über den Antrag zu entscheiden hat, folgt aus 81
§ 126. Damit ist regelmäßig das Gericht zuständig, das auch berechtigt ist, dem inhaftierten Beschränkungen aufzuerlegen. Über einen Rechtsbehelf gegen Beschränkungen, angeordnet durch den Ermittlungsrichter des Bundesgerichtshofs, entscheidet mithin vor Anklageerhebung nicht der Beschwerdesenat, sondern der Ermittlungsrichter selbst.[132]

---

[128] So schon BGH 28.1.1976 – 5 StE 1/75, BGHSt 26, 270.
[129] BGH 12.1.2012 – StB 19/11, StV 2012, 419.
[130] OLG Karlsruhe 6.12.1996 – 3 Ws 321/96, StraFo 1997, 89.
[131] BT-Druck. 16 /11644 S. 30.
[132] BGH 9.2.2012 – 3 BGs 82/12, NStZ 2012, 705.

82 **Unterschiedlich beurteilt** wird die Frage, ob bei einem Kollegialgericht der Vorsitzende oder der ganze Spruchkörper[133] zuständig ist. Insoweit ergibt sich aus § 126 Abs. 2 Satz 3 **eine Annexkompetenz des Vorsitzenden**[134] für die Bescheidung von Anträgen auf gerichtliche Entscheidung nach Abs. 5 Satz 1.[135] Dies gilt insbesondere in dem theoretisch ebenfalls denkbaren Fall, dass der Untersuchungsgefangene durch einen Antrag nach § 119 Abs. 5 Satz 1 der Vorlage nach § 119 Abs. 1 Satz 5 zuvorkommen will.[136] Abgesehen von den Fällen nicht beschwerdefähiger Entscheidungen nach § 119 Abs. 1 und 2 StPO durch ein Oberlandesgericht oder den Ermittlungsrichter beim Bundesgerichtshof kommt ein Antrag auf gerichtliche Entscheidung nach § 119 Abs. 5 vor allem dann in Betracht, wenn Staatsanwaltschaft oder Vollzugsanstalt eine vorläufige Anordnung nach § 119 Abs. 1 Satz 4 StPO getroffen haben, diese aber wegen Erledigung dem zuständigen Gericht nicht mehr zur Genehmigung vorlegen mussten (§ 119 Abs. 1 Satz 5). In diesen Fällen kann der Untersuchungsgefangene eine gerichtliche Überprüfung der Rechtmäßigkeit der erledigten Maßnahme nur über den Antrag nach § 119 Abs. 5 Satz 1 erreichen. Unter Berücksichtigung des Umstandes, dass die gerichtliche Anordnung der Maßnahmen nach § 119 Abs. 1 und 2 dem Vorsitzenden durch § 126 Abs. 2 Satz 3 ausdrücklich zugewiesen wird,[137] wäre es widersprüchlich, die Überprüfung der von Staatsanwaltschaft oder Vollzugsanstalt an seiner Stelle getroffenen vorläufigen Anordnungen dem Kollegialgericht zu übertragen.

83 Soweit die **Gegenansicht**, nach welcher bei einem Antrag nach Abs. 5 das Kollegialgericht und nicht der Vorsitzende zuständig sei, dies damit begründet, dass es sich hierbei nicht um eine „einzelne Maßnahme" im Sinne des Abs. 2 Satz 3 handeln sollte, bleibt unklar, wo der sachliche Unterschied zu einer Entscheidung nach § 119 Abs. 1 Satz 3 liegen soll, für welche der Vorsitzende nach § 126 Abs. 2 Satz 3 ausdrücklich für zuständig erklärt wird. Allein der Umstand, dass der Rechtsbehelf nach der Gesetzesbegründung[138] der Beschwerde (§ 304) gleichgestellt sein solle,[139] reicht hierfür in Anbetracht der vergleichbaren Ausgangslage nicht aus, zumal dieser auch anders ausgestaltet ist (→ Rn. 82).[140]

84 Schließlich kommt dem Antrag auf gerichtliche **Entscheidung kein Devolutiveffekt** zu, der zur Nachprüfung durch ein Gericht höherer Ordnung führt.[141] Dies zeigt eine gewisse Parallele zu dem außerordentlichen Rechtsbehelf der Gegenvorstellung.

85 Gegen **Beschränkungen und generelle Organisationsregelungen,** angeordnet durch die Leitung der Vollzugsanstalt, ist hingegen das Recht eines Antrages nach § 23 Abs. 1 EGGVG statthaft,[142] abweichend hiervon bei entsprechenden landesrechtlichen Regelungen in den jeweiligen Untersuchungshaftvollzugsgesetzen.[143]

86 Soweit teilweise die Ansicht vertreten wird, dass ein Antrag auf gerichtliche Entscheidung nach Abs. 5 Satz 1, der weder ausdrücklich noch durch seine Begründung eine Rechtsverletzung substantiiert geltend macht, nach dem allgemeinen Rechtsgedanken des § 24 EGVG als unzulässig verworfen werden kann,[144] **widerspricht dies den Grundsätzen des Beschwerdeverfahrens.** Eine weitere Beschwerde ist gem. § 310 Abs. 1 Nr. 1 grundsätz-

---

133 So KG 23.10.2013 – (1) 2 StE 3/12 – 7 (2/12).

134 Vgl. hierzu KG 2.1.2013 – 4 Ws 138/12, NStZ-RR 2013, 284.

135 *Böhm/Werner* § 126 Rn. 30 f.; aA KG 23.10.2013 – (1) 2 StE 3/12, NStZ-RR 2014, 50, vgl. hierzu auch *Rottländer* DRiZ 2014, 180; KK-*Schultheis* § 119 Rn. 78.

136 Vgl. KG 2.1.2013 – 4 Ws 138/12, NStZ-RR 2013, 284.

137 KG 13.9.2012 – 4 Ws 97/12, OLGSt StPO § 119 Nr. 40.

138 BT-Drs. 16/11644, 30.

139 KMR-*Wankel* § 126 Rn. 16; AnwK-*König § 126* Rn. *10*; *Wiesneth* Untersuchungshaft, Rn. 394.

140 SK-*Paeffgen* § 119a Rn. 10.

141 BGH 12.1.2012 – StB 19/11, StV 2012, 419; aA *Graf* StPO Rn. 51.

142 OLG Karlsruhe 25.4.1997 – 2 VAs 8/97, NStZ 1997, 407; vgl. zB für den Fall einer abstrakt-generellen Besuchsbeschränkung betr. den Verteidiger: OLG Hamm 4.10.2011 – III-1 VAs 42/11, NStZ-RR 2012, 62.

143 Vgl. zB für Sachsen § 65 u. § 100 UvollzG; Oberlandesgericht des Landes Sachsen-Anhalt 17.8.2010 – 2 AR 7/10.

144 KG 23.10.2013 – (1) 2 StE 3/12 – 7 (2/12), NStZ-RR 2014, 50.

lich nicht statthaft, wenn der Beschwerdegegenstand nicht die Haftanordnung als solche betrifft, sondern die Gestaltung der Haftverhältnisse mittels Beschränkungen nach § 119 Abs. 1.[145]

3. Antragsberechtigung. Antragsberechtigt sind neben dem **Untersuchungsgefangenen die von der Beschränkung konkret betroffenen Personen.** Demgegenüber sind weder der Anstaltsleiter noch ein eventueller Nebenkläger beschwerdeberechtigt. Für einen gegen Beschränkungen nach § 119 gerichteten Antrag auf gerichtliche Entscheidung kann auch nach deren Erledigung – beispielsweise nach dem Übergang der Untersuchungshaft in die Strafhaft – ein Rechtsschutzbedürfnis auf nachträgliche Feststellung der Rechtswidrigkeit der Anordnung bestehen.[146] 87

4. Inhaltliche Prüfung des Antrages auf gerichtliche Entscheidung. Der Inhalt der Prüfung des Antrags auf gerichtliche Entscheidung nach § 119 Abs. 5 einerseits und der Beschwerde nach § 304 ff. andererseits unterscheiden sich nicht voneinander. In beiden Fällen kann nicht nur geltend gemacht werden, dass für eine bestimmte Beschränkung oder ihre konkrete Ausführung von Anfang an die gesetzlichen Voraussetzungen (nach § 119 Abs. 1 und 2) nicht vorgelegen hätten. Vielmehr kann auch eingewandt werden, dass eine bestimmte Beschränkung nicht mehr erforderlich sei, zB weil die angenommene Verdunkelungsgefahr durch ein Geständnis des Beschuldigten entfallen ist. Insbesondere darin liegt die gesetzliche Rechtfertigung, den Antrag auf gerichtliche Entscheidung wegen der insoweit ausgeschlossenen Beschwerde auch gegen Entscheidungen der Oberlandesgerichte bzw. des Ermittlungsrichters beim Bundesgerichtshof nach § 119 Abs. 1 und 2 zuzulassen.[147] 88

Der **Antrag auf gerichtliche Entscheidung hat keine aufschiebende Wirkung** (Abs. 5 Satz 2), das Gericht kann jedoch vorläufige Anordnungen treffen (Abs. 5 Satz 3). Dies entspricht der Gesetzesfassung in § 114 Abs. 1 und 2 StVollzG sowie bei § 307 Abs. 1 und 2 im Rahmen der Beschwerde. 89

Statthaftes Rechtsmittel gegen eine Entscheidung, welche aufgrund eines Antrags nach Abs. 5 ergeht, ist die **Beschwerde** (§ 304),[148] wenn nicht diese vom Ermittlungsrichter des BGH oder einem OLG getroffen wurde.[149] Das Verbot der Schlechterstellung gilt nicht.[150] Dem Anstaltsleiter steht anders als bei § 119a[151] – eine Beschwerdemöglichkeit nicht zu. **Entscheidet statt des Vorsitzenden das Kollegialgericht,** so hat das Beschwerdegericht den angefochtenen Beschlusses aufzuheben und in der Sache selbst entscheiden (→ Rn. 64).[152] Beschwerdeberechtigt ist dabei auch derjenige, welcher durch eine gerichtliche Anordnung in seinen Rechten betroffen wird, etwa nachdem ihm eine Besuchserlaubnis versagt wurde.[153] Hat das Amtsgericht oder Landgericht als Haftgericht die Anordnung nach § 119 Abs. 1 ohne nähere Begründung unter **Verwendung von Textbausteinen** (→ Rn. 2) getroffenen, kann das Beschwerdegericht die Anordnung aufheben und an das Haftgericht zur erneuten Entscheidung zurückverweisen oder eine eigene Entscheidung in der Sache treffen. 90

Hier stellt sich in der Praxis sehr oft das Problem **der prozessuale Überholung,** da sich Eingriffsakt oftmals schon vor der gerichtlichen Entscheidung erledigt hat, etwa wenn der Beschuldigte aus der Untersuchungshaft entlassen oder das Urteil rechtskräftig 91

---

[145] OLG Köln 12.1.2011 – III 2 Ws 32/11, NStZ-RR 2012, 93 (für den Fall einer Telefon- und Dauerbesuchserlaubnis für die schwangere Lebensgefährtin des Beschuldigten).

[146] KG 24.2.2012 – 4 Ws 53/10, StRR 2012, 203.

[147] Vgl. BT-Drs. 16/11644, 30.

[148] LG Bonn 3.6.2011 – 22 Qs 47/11, StV 2011, 745.

[149] KK-*Schultheis* § 119.

[150] *Meyer-Goßner* § 119 Rn. 36 und Rn. 5 vor § 304.

[151] *Böhm/Werner* § 119a Rn. 19.

[152] OLG Hamm 10.12.2013 – II – 1 Ws 562/13; *Meyer-Goßner* § 126 Rn. 10 mN, KK-*Schultheis* § 126 Rn. 12.

[153] OLG Düsseldorf 25.11.2013 – III-3 Ws 343–344/13, StV 2014, 229.

wird.[154] Solche Rechtsbehelfe sind grundsätzlich unzulässig,[155] wenn der Untersuchungsgefangene nicht ausnahmsweise ein berechtigtes Interesse an der Feststellung der Rechtswidrigkeit der angefochtenen Maßnahme hat. Neben dem Gesichtspunkt der Wiederholungsgefahr besteht ein solches bei **besonders tiefgreifenden, tatsächlich jedoch nicht mehr fortwirkenden Grundrechtseingriffen, wenn sich die Belastung nach dem typischem Verfahrensablauf auf eine Zeitspanne beschränkt**, **in welcher der Betroffene eine gerichtliche Entscheidung im Rechtsbehelfsverfahren kaum erlangen kann.**[156] Gleiches gilt, wenn mit dem Rechtsbehelf einer Wiederholungsgefahr begegnet werden soll oder die Beinträchtigung weiter fortwirkt.[157] Zusätzlich kann sich ein Rechtschutzinteresse auch daraus ergeben, wenn sich die ursprüngliche Entscheidung durch eine verzögerliche oder eine verfahrensfehlerhafte Sachbehandlung verhindert wurde oder dadurch der Grundsatz des fairen Verfahrens verletzt wurde.[158] Jedoch soll der Beschuldigte sein Recht auf nachträgliche Feststellung verwirken können, wenn er dies nicht binnen Jahresfrist ab dem Zeitpunkt der Kenntniserlangung geltend macht.[159]

IX. Überhaftfälle (§ 119 Abs. 6)

92 Durch § 119 Abs. 6 wird der wesentliche Regelungsgehalt des früheren § 122 Abs. 1 StVollzG in die Strafprozessordnung übernommen. Er enthält eine Regelung zur **Überhaft.** Im Unterschied zu der früheren Gesetzeslage aber wird nunmehr gemäß § 116b Satz 2 bereits mit dem Beginn der Vollstreckung einer anderen freiheitsentziehenden Maßnahme kraft Gesetzes die Untersuchungshaft unterbrochen. Im Zuge der bereits angeführten Föderalismusreform ist das Recht des Strafvollzugs auf die Länder übergegangen, so dass zumindest der überwiegende Teil des Strafvollzugsgesetzes nach dem zwischenzeitlichen Erlass der entsprechenden Landesgesetze weggefallen ist. Anders als bei der überwiegenden Zahl der Vorschriften des Strafvollzugsgesetzes handelte es sich bei § 122 StVollzG seinem Rechtsgrund nach jedoch um keine (straf-)vollzugsrechtliche Norm, sondern um eine solche, die die Geltung der nach der Strafprozessordnung angeordneten Beschränkungen im Strafvollzug betroffen hat und die daher, ebenso wie diese Beschränkungen selbst, ihre Rechtfertigung aus dem gerichtlichen Verfahren bezogen hat. Somit besteht für diese Vorschrift auch nach der Föderalismusreform eine Gesetzgebungskompetenz des Bundes aus Artikel 74 Abs. 1 Nr. 1 GG.

93 Die Regelung in Absatz 6 bezieht sich auf die in § 116b ausdrücklich geregelten Fallkonstellationen, in denen die Vollstreckung einer anderen freiheitsentziehenden Maßnahme derjenigen der Untersuchungshaft vorgeht und insoweit eine **Überhaftnotierung** besteht. In solchen Fällen der Subsidiariät der Untersuchungshaft kann es dennoch, ebenso wie beim Vollzug der Untersuchungshaft, zur Abwehr der Gefahren, die zum Erlass des Untersuchungshaftbefehls geführt haben, erforderlich sein, etwa im Strafvollzugsrecht nicht vorgesehene Beschränkungen anzuordnen. Ohne dass der Wortlaut dies erkennen lässt, gilt dies auch, wenn mehrere Haftbefehle mittels Überhaftnotierung erlassen worden sind.[160]

---

[154] *Meyer-Goßner* § 119 Rn. 36; aA OLG Hamm 25.2.2010 – III-2 Ws 18/10, NStZ –RR 2010, 292 (Haftbefehl außer Vollzug gesetzt).

[155] OLG Karlsruhe 29.8.1983 – 3 Ws 150/83, NStZ 1984, 183; KK-*Schultheis* § 119 Rn. 84.

[156] BVerfG 17.10.2012 – 2 BvR 736/11, StV 2013, 521; dass. 24.1.2008 – 2 BvR 1661/06; dass. 14.11.2012 – 2 BvR 1164/12, StV 2014, 35; dass. 31.5.2006 – 2 BvR 1673/04, NJW 2006, 2093; dass. 5.12.2001 – 2 BvR 527/99, NJW 2002, 2456; KG 24.2.2012 – 4 Ws 53710. StV 2012, 612; OLG Hamm 13.1.2009 – 2 Ws 388/08, NStZ-RR 2009, 293; *Kühlewein* NStZ 2007, 414.

[157] BVerfG 31.5.2006 – 2 BvR 1673/04, NJW 2006, 2093.

[158] BVerfGE NStZ 2007, 413; KK-Schultheis § 119 Rn. 82.

[159] OLG Karlsruhe 9.2.2004 – 2 VAs 24/04, NStZ-RR 2005, 191; OLG Frankfurt a. M. 28.10.2003 – 3 Ws 957/03 (StVollz), NStZ-RR 2004, 29.

[160] *Ostendorf*, Seite 280.

X. Verfassungsbeschwerde

Will der Beschuldigte seine Haftbedingungen mit der Verfassungsbeschwerde anfechten, so muss er zunächst den Rechtsweg erschöpfen. Vor Einlegung einer Verfassungsbeschwerde muss der Betroffene nämlich alle zumutbaren prozessualen Möglichkeiten ergreifen, um die vermeintliche Grundrechtsverletzung abzuwenden. Für die Anordnung von Beschränkungen im Vollzug der Untersuchungshaft ist der der Haftrichter zuständig (Abs. 3). Da solche Beschränkungen im Vollzug der Untersuchungshaft weder der formellen noch der materiellen Rechtskraft zugänglich sind, kann der zuständige Richter jederzeit auf Antrag oder von Amts wegen über die Beschränkung neu entscheiden, weshalb es – jedenfalls bei länger zurückliegenden Belastungen notwendig – ist, vor Einlegung der Verfassungsbeschwerde Beschwerde einzulegen oder einen Antrag nach Abs. 5 zu stellen.[161] 94

§ 119a [Gerichtliche Entscheidung im Untersuchungshaftvollzug]

(1) [1]Gegen eine behördliche Entscheidung oder Maßnahme im Untersuchungshaftvollzug kann gerichtliche Entscheidung beantragt werden. [2]Eine gerichtliche Entscheidung kann zudem beantragt werden, wenn eine im Untersuchungshaftvollzug beantragte behördliche Entscheidung nicht innerhalb von drei Wochen ergangen ist.

(2) [1]Der Antrag auf gerichtliche Entscheidung hat keine aufschiebende Wirkung. [2]Das Gericht kann jedoch vorläufige Anordnungen treffen.

(3) Gegen die Entscheidung des Gerichts kann auch die für die vollzugliche Entscheidung oder Maßnahme zuständige Stelle Beschwerde erheben.

Schrifttum: siehe § 119

Übersicht

I. Allgemeines Gesetzgebungkompetenz, Anwendungsbereich

1. Allgemeines. Die Vorschrift steht in **engen Zusammenhang mit § 119.** In Zusammenhang und in Abgrenzung zu dieser Norm betrifft sie den Rechtsweg gegen Beschränkungen der Rechte des Beschuldigten bei Vollzug der Untersuchungshaft und zwar insoweit als diese dem Beschuldigen aufgrund der Untersuchungshaftvollzuggesetze der Länder aus Zwecken der Sicherheit und Ordnung der Anstalt auferlegt worden sind. 1

2. Gesetzgebungskompetenz. Aufgrund der **Föderalismusreform**[1] ist mit dem Gesetz zur Änderung Untersuchungshaftrecht vom 29.7.2009 zum 1.1.2010 eine Änderung der Rechtsgrundlage für die Anordnung von Beschränkungen eingetreten, die dem Untersuchungsgefangenen aus Zwecken der Sicherheit und Ordnung in der Vollzugsanstalt aufer- 2

[161] BVerfG 8.2.2010 – 2 BvR 2550/09.

[1] Vgl. 52. Gesetz zur Änderung des Grundgesetzes 22.8.2006, BGBl. I 2034.

legt werden.[2] Die den Länder insoweit übertragene ausschließliche Zuständigkeit betrifft jedoch nicht das gerichtliche Verfahren. Dies verblieb über die konkurrierende Gesetzgebungskompetenz nach Art. 74 Abs. 1 Nr. 1 GG auch insoweit beim Bund, als die Länder hierdurch befugt wurden, die materiellen Regeln zur Aufrechterhaltung der Sicherheit und Ordnung in der Anstalt zu treffen.[3]

3 **Anwendungsbereich.** Nachdem durch Bundesrecht in § 119 die vor allem die Beschränkungen geregelt werden, welche zur **Sicherung des Verfahrens** dienen, findet die Vorschrift nur insoweit Anwendung als die Beschränkungen dem Beschuldigten aus **Gründen der Sicherheit oder Ordnung der Anstalt** auferlegt werden und zwar insoweit nicht durch das Gericht, sondern durch die jeweilige Haftanstalt bzw. deren Leiter.[4]

4 Die ausdrückliche der in Abs. 1 vorgesehenen Möglichkeit eines Antrags auf gerichtliche Entscheidung war auch deshalb notwendig, weil ansonsten über die Rechtsmäßigkeit von Entscheidungen der Justizvollzugsanstalt als **„Justizverwaltungsakte" nach §§ 23 Abs. 1 Satz 2, 25 Abs. 1 GVG** eine Strafsenat des Oberlandesgerichts zu entscheiden gehabt hätte, was zur Bedeutung der Sache in keinem Verhältnis gestanden hätte (vgl. aber → Rn. 10).[5] Soweit das niedersächsische Justizvollzugsgesetz gegen vollzugsbehördliche Maßnahme, ihre Ablehnung und Unterlassung, abweichend von §§ 119a, 126 nach §§ 167, 134a Abs. 1 NJVollzG die Stellung eines Antrags auf gerichtliche Entscheidung zum „Vollzugsgericht" vorsieht, ist diese Regelung wegen der Sperrwirkung des Art. 72 Abs. 1 GG unwirksam.[6]

5 Insoweit ist aber zu beachten, dass § 119a nur die gerichtliche Zuständigkeit regelt. Für die Frage der **Rechtmäßigkeit der Beschränkung** ist auf das **jeweilige Landesrecht** abzustellen.[7]

6 Die Vorschrift des § 119 gilt nicht nur für die Untersuchungshaft aufgrund eines nach den §§ 112, 112a erlassenen Haftbefehls, sondern auch für die **Hauptverhandlungshaft** nach § 127b sowie für die Haft aufgrund von **Haftbefehlen nach §§ 230 Abs. 2, 236, 239 Abs. 4 und § 412 Satz 1.** Ferner ergibt sich für die vorläufige Unterbringung die Anwendbarkeit aus **§ 126a Abs. 2 Satz 1** und **für die Sicherungshaft aus § 453c Abs. 2 Satz 2** und letztlich für die Haft bei zu erwartender Unterbringung in der Sicherungsverwahrung aus § 275a Abs. 5 Satz 4.[8]

II. Art des Rechtsmittels (Abs. 1)

7 **1. Allgemeines.** Nach Abs. 1 kann gegen behördliche Entscheidungen und Maßnahmen im **Untersuchungshaftvollzug** gerichtliche Entscheidung beantragt werden. In der Regel werden solche Beschränkungen, soweit sich nicht eine Kompetenz des Haftgerichts nach § 119 ergibt,[9] nach den Untersuchungshaftvollzugsgesetzen der Länder im Regelfalle vom Anstaltsleiter angeordnet. Gegen Maßnahmen eines Bediensteten, der nicht zur Vertretung des Anstaltsleiters befugt ist, muss zunächst immer erst dessen Entscheidung herbeigeführt werden.

8 **2. Behördliche Entscheidungen und Maßnahmen.** Der Begriff ist weit und erfasst nicht nur Anordnungen und Verfügungen, sondern auch Realakte, die sich zur Vollzugssicherung gegen einen bestimmten Betroffenen konkret richten, wie etwa[10] Disziplinarmaß-

---

[2] *Böhm/Werner* § 119 Rn. 1.

[3] BT-Drs. 16/11644, 31; KK-*Schultheis* § 119a Rn. 1; *Schulte* StV 2013, 534.

[4] OLG Rostock 25.1.2010 – I Ws 385/09, NStZ 2010, 197; OLG Karlsruhe 3.8.2012 – 3 Ws 314/12, StV 2013, 164.

[5] *Meyer-Goßner* § 119a Rn. 1.

[6] OLG Oldenburg 20.6.2013 – 1 Ws 362/13, StraFo 2013, 337; vgl. hierzu auch BGH Ermittlungsrichter 9.2.2012 – 3 BGs 82/12, NJW 2012, 1158; *Böhm/Werner* § 119 Rn. 12; KK-*Schultheis* § 119a Rn. 2.

[7] Oberlandesgericht des Landes Thüringen 23.8.2010 – 1 Ws 296/10, StV 2011, 36. (Ausstattung des Haftraumes).

[8] KK-*Schultheis* § 119a Rn. 2.

[9] Vgl. hierzu ausführlich *Böhm/Werner* § 119 Rn. 4.

[10] Vgl. hierzu die Aufstellung bei *Böhm/Werner* § 119 Rn. 30.

nahmen,[11] Fesselung, Einschränkungen beim Zeitungsbezug, Rundfunk- und Fernsehbenutzung, Ausstattung des Haftraumes[12] oder etwa die Versorgung mit Medikamenten.[13]

Unterschiedlich beantwortet wird die Frage, ob auch abstrakt **generelle Regelungen der allgemeinen Vollzugsorganisation,** insbesondere auch Allgemeinverfügungen, wie etwa die Anstaltsverpflegung, Hygienevorschriften, Besuchszeitregelungen usw. auch der Norm unterfallen[14] oder insoweit doch der Rechtsweg nach § 23 GVG eröffnet ist. Letzterer Ansicht[15] ist zu folgen.[16] 9

Danach ist bei einer von dem Untersuchungsgefangenen beanstandeten **abstrakt-generellen Beschränkung weiterhin der Rechtsweg nach § 23 ff. EGGVG** eröffnet, wenn es sich um eine allgemeine Regelung mit unmittelbarer Wirkung handelt, die wegen ihres generellen Organisationscharakters über den individuellen Interessenbereich einzelner Inhaftierter hinausgeht und die Gesamtverhältnisse in der Justizvollzugsanstalt zur Gestaltung der Untersuchungshaft betrifft. Insoweit handelt es sich nämlich nicht um eine Angelegenheit des Vollzugs von Untersuchungshaft, in die auf der Grundlage vorrangiger Zuständigkeiten und Kompetenzen nach den §§ 119, 119a eingegriffen werden kann. Zur Überprüfung der behaupteten Organisationsregelung wäre daher der Rechtsweg nach den § 23 EGGVG eröffnet.[17] Dies wurde etwa für eine abstrakt-generelle Beschränkung des Besuchs von Verteidiger angenommen.[18] 10

Abs. 1 eröffnet hingegen ein **Rechtsmittel gegen Entscheidungen der Justizvollzugsanstalt,** die sich auf die **individuelle Gestaltung des Untersuchungshaftvollzugs** bezieht oder die zur Gewährleistung von Sicherheit und Ordnung der Justizvollzugsanstalt getroffen wird. Es bestimmt sich insoweit nicht nach äußeren Umständen wie der Bezeichnung der angefochtenen Entscheidung, sondern nach deren sachlichem Gehalt. Maßgebend ist daher, welches Rechtsmittel das Verfahrensrecht für die Entscheidung vorsieht.[19] 11

3. Antragsberechtigung. Antragsberechtigt nach Abs. 1, wer durch eine behördliche Maßnahme oder sonstige Maßnahme beispielhaft auch faktische Handlungen im Untersuchungshaftvollzug beschwert ist. **Der Antragsteller muss demnach materiell oder zumindest formell negativ in seinen Rechten betroffen** sein. Häufig wir es sich um Maßnahmen gegen den Untersuchungsgefangenen handeln. Es kommen aber auch Dritte als Beschwerdeberechtigte in Betracht, wenn sie selbst beschwert sind.[20] 12

III. Untätigkeit (Abs. 1 Satz 2)

Wird ein Antrag auf behördliche Entscheidung nicht innerhalb von drei Wochen verbeschieden, eröffnet Abs. 1 Satz 2 ebenfalls die Möglichkeit eines sofortigen Antrages auf gerichtliche Entscheidung. Diese Rechtschutzmöglichkeit stellt eine **wichtige Ergänzung** dar, weil ohne eine Entscheidung der Justizvollzugsanstalt der Rechtsweg nach Abs. 1 nicht eröffnet wäre. Die Festlegung einer sehr kurzen Frist von drei Wochen ist unter besonderer Berücksichtigung der Unschuldsvermutung geboten, wohingegen für Untätigkeitsverfahren 13

---

[11] Vgl. hierzu etwa LG Bremen – 1 KLs 331 Js 47631/12 (6/12), 1 KLs 6/12, StraFo 2013, 21 (Disziplinarmaßnahmen der getrennten Unterbringung, Ausschluss von der Arbeit, Verbot der Teilnahme an Freizeitveranstaltungen).

[12] Oberlandesgericht des Landes Thüringen 23.8.2010 – 1 Ws 296/10, StV 2011, 36.

[13] Oberlandesgericht des Landes Sachsen-Anhalt 17.8.2010 – 2 ARs 7/10.

[14] So KK-*Schultheis* § 119a Rn. 3; Schultheis NStZ 2013, 91.

[15] OLG Hamm 4.10.2012 – III-1 VAs 42/11, 1 VAs 42/11, NStZ-RR 2012, 62; *Meyer-Goßner* § 119a Rn. 4.

[16] Vgl. auch KG NStZ-RR 2011, 388.

[17] OLG Karlsruhe 25.4.1997 – 2 VAs 8/97, Justiz 1997, 479 (Keine Besuche durch Verteidiger an Freitagen).

[18] OLG Hamm 4.10.2012 – III-1 VAs 42/11, 1 VAs 42/11, NStZ-RR 2012, 62.

[19] BGH 1.7.2005 – 2 StR 9/05, BGHSt 50, 180; OLG Stuttgart 14.2.2011 – 4 Ws 10/2011, Justiz 2011, 184.

[20] OLG Frankfurt 25.11.2013 – III-3 Ws 343–344/13, StV 2014, 229; KK-*Schultheis* § 119a Rn. 3.

im Strafvollzug der Länder teilweise deutlich längere Frist vorgesehen sind, wie zB die in § 113 Abs. 1 StVollzG geregelte drei Monatsfrist.[21]

14 Allerdings kann sich ein solcher Untätigkeitsantrag zur Vermeidung untunlicher Wiederholungen aufgrund des fehlenden **Rechtsschutzbedürfnisses** dann als unzulässig erweisen, wenn die Vollzuganstalt zuvor bereits in derselben Sache bestandskräftig entschieden und sich die Sachlage zwischenzeitlich nicht hinreichend verändert hat.[22]

IV. Zuständiges Gericht

15 **Nach** § 126 Abs. 1 Satz 1 ist zur Entscheidung über den Antrag der **Haftrichter oder des aktuell befassten Strafgerichts**[23] berufen.[24] Nach Anklageerhebung ist nicht der Vorsitzende, sondern der Spruchkörper in der Besetzung außerhalb der Hauptverhandlung berufen.[25] Insoweit besteht ein Unterschied zu § 119,[26] da die Vorschrift des § 126 Abs. 2 Satz 3, nach welcher die Befugnis zur Anordnung einzelner Maßnahmen ausdrücklich auf den Vorsitzenden übertragen ist, **nur auf § 119, nicht aber auch auf § 119a verweist.**

16 Das Gericht hat nach dem **Amtsermittlungsgrundsatz** die Sach- und Rechtslage in vollem Umfang ohne Bindung an die Feststellungen der Vollzugsanstalt nachzugehen. Es gilt das Freibeweisverfahren.[27] Eine Beteiligung der Staatsanwaltschaft ist nicht vorgesehen, da es nicht um verfahrenssichernde Maßnahmen geht.[28]

17 Diese unmittelbare Anbindung an den Amtsermittlungsgrundsatz sichert die **Rechtsstellung der Untersuchungsgefangen,** da diese oftmals selbst nicht zur Darlegung ihrer Rechte in der Lage sind. Insoweit bestehen keine besonderen Begründungsanforderungen, es reicht aus, dass das Anliegen des Beschuldigten nachvollziehbar deutlich wird. Ein Antrag auf gerichtliche Entscheidungen ist selbst dann nicht unzulässig, dass sich der Antragsteller von missbilligenswerten Beweggründen leiten lässt und lediglich Schaden stiften oder in der Justizvollzugsanstalt Ungelegenheiten bereiten will.[29] Da insoweit noch keine rechtskräftige Verurteilung vorliegt, dürfen insoweit keine besonderen Darlegungs- oder Begründungsanforderungen gestellt werden, wie dies bei § 109 Abs. 2 StVollzG der Fall ist, wonach ein Antrag auf gerichtliche Entscheidung nur zulässig ist, wenn der Antragsteller gelten macht, durch Maßnahme oder ihre Ablehnung in seinen Rechten verletzt zu sein.[30]

V. Vorläufige Anordnung (§ 119a Abs. 2)

18 Der Antrag hat **keinen** Suspensiveffekt (Satz 1), jedoch kann das Gericht vorläufige Anordnungen treffen (Satz 2), beispielsweise mildere Maßnahmen anordnen, wenn die notwendige Aufklärung des Sachverhalts im Hinblick auf die derzeit eingetretene Beschwer unverhältnismäßig wäre.

VI. Rechtsmittel (§ 119a Abs. 3)

19 Gegen die Entscheidung des Haftgerichts besteht das **allgemeine Beschwerderecht** nach **§ 304 ff.** soweit es sich nicht um Entscheidungen des Oberlandesgerichts oder des

---

[21] Vgl. hierzu aber die Neuregelung des § 198 GVG und *Böhm/Werner* § 118a Rn. 22 m.w.N.

[22] AA *Meyer-Goßner* § 119a Rn. 6 (Der Antrag sei in diesen Fällen nicht unzulässig, sondern unbegründet).

[23] VG Augsburg 28.5.2013 – Au 4 E 13.512 (Keine Zuständigkeit des Verwaltungsgerichts).

[24] OLG des Landes Sachsen-Anhalt 17.8.2010 – 2 Ars 7/10; vgl. aber zur einstweiligen Unterbringung nach § 126a Oberlandesgericht des Landes Thüringen 3.1.2012 – 1 Ws 575/11.

[25] KG 2.1.2013 – 4 Ws 183/12, NStZ-RR 2013, 284.

[26] OLG Hamm 18.3.2014 – III-1 Ws 77/14; vgl. hierzu weiter *Böhm/Werner* § 119 Rn. 61 ff., 64, 79.

[27] KK-*Schultheis* § 119a Rn. 7.

[28] *Wiesneth* aaO Seite 396.

[29] OLG Köln 8.4.2013 – III-2 Ws 181/13, NStZ-RR 2013, 285 (Ablehnung der Aufstellung einer Pflanze im Haftraum).

[30] Vgl. hierzu *Calliss/Müller-Dietz* StVollzG Rn. 19.

Ermittlungsrichters am Bundesgerichtshof handelt.[31] Ferner hebt Abs. 3 hervor, dass in Abweichung von § 119 auch die vollzugliche Stelle beschwerdeberechtigt ist. Die einfache Beschwerde (und nicht die Rechtsbeschwerde) ist auch das richtige Rechtsmittel, wenn anstatt des Haftgerichts die Strafvollstreckungskammer entschieden hat.[32]

Nach Erledigung der Maßnahme vor einer gerichtlichen Entscheidung kann ein **berechtigtes Interesse an der Feststellung der Rechtswidrigkeit** derselben bestehen.[33] Bei einem zwischenzeitlichen Übergang der Untersuchungshaft in Strafhaft und dem Fortbestand der Entscheidung geht die erstinstanzliche Zuständigkeit aber auf die Strafvollstreckungskammer nach §§ 78a, 78b GVG, § 109 StVollzG über. 20

VII. Schadensersatzfragen

Will der Beschuldigte Amtshaftungs- oder Schademsersatzansprüche wegen der Art und Weise seiner Unterbringung geltend machen, so können diese nach § 839 Abs. 3 BGB, Art. 5 Abs. 5 MRK ausgeschlossen sein, wenn er die Maßnahmen nicht zuvor bei dem nach § 126 zuständigen Gericht beanstandet hat.[34] 21

§ 120 [Aufhebung des Haftbefehls]

(1) ¹Der Haftbefehl ist aufzuheben, sobald die Voraussetzungen der Untersuchungshaft nicht mehr vorliegen oder sich ergibt, daß die weitere Untersuchungshaft zu der Bedeutung der Sache und der zu erwartenden Strafe oder Maßregel der Besserung und Sicherung außer Verhältnis stehen würde. ²Er ist namentlich aufzuheben, wenn der Beschuldigte freigesprochen oder die Eröffnung des Hauptverfahrens abgelehnt oder das Verfahren nicht bloß vorläufig eingestellt wird.

(2) Durch die Einlegung eines Rechtsmittels darf die Freilassung des Beschuldigten nicht aufgehalten werden.

(3) ¹Der Haftbefehl ist auch aufzuheben, wenn die Staatsanwaltschaft es vor Erhebung der öffentlichen Klage beantragt. ²Gleichzeitig mit dem Antrag kann die Staatsanwaltschaft die Freilassung des Beschuldigten anordnen.

Schrifttum: *Deckers, Rüdiger,* Zur Aufhebung eines Haftbefehls wegen Unverhältnismäßigkeit in Hinblick auf den Zeitraum der vollzogenen Untersuchungshaft und die Straferwartung sowie die voraussichtliche Dauer des weiteren Verfahrensablaufs, StV 1994, 588; *Geppert, Klaus,* Vorläufige Festnahme, Verhaftung, Vorführung und andere Festnahmearten, Jura 1991, 269; *Dessecker, Axel,* Die Begrenzung langer Untersuchungshaft: eine Rechtsprechungsanalyse; HRRS 2007, 112; *Eidam, Lutz,* Zur Selbstverständlichkeit von Rechtsbrüchen beim Vollzug von Untersuchungshaft, HRRS 2008, 241; *Fahl, Christian,* Zur Reservehaltung von Tatvorwürfen zum Erlass eines erneuten Haftbefehls, ZIS 2009, 452; *Fröhlich, Jörg,* Haftbefehl durch örtlich unzuständiges AG, NStZ 1999, 585; *Hagmann, Daniel,* Haftfortdauer nach nicht rechtskräftigem ersten Urteil und Beschleunigungsgebot Anmerkung zum Beschluss des BVerfG vom 13.5.2009 – 2 BvR 388/09, StV 2009, 592; *Herrmann, David,* Anmerkung zu den Beschlüssen des BVerfG vom 17.1.2013 und vom 13.3.2013 (2 BvR 2089/12; StRR 2013, 228/229) – Zur Frage des Verhältnismäßigkeitsgrundsatzes und des Beschleunigungsverbots in Haftsachen, StRR 2013, 229; *Jahn, Matthias,* Stürmt Karlsruhe die Bastille? – Das Bundesverfassungsgericht und die überlange Untersuchungshaft? NJW 2006, 652; *ders.* Strafprozessuale Eingriffsmaßnahmen im Lichte der aktuellen Rechtsprechung des BVerfG, NStZ 2007, 255; *Keller, Christian/Meyer-Mews, Hans,* Anforderungen an das Beschleunigungsgebot in Haftsachen während der Hauptverhandlung und nach dem Urteil, StraFo 2005, 353; *Knauer, Christoph,* Untersuchungshaft und Beschleunigungsgrundsatz, StraFo 2007, 309; *Meyer, Dieter,* Ist das Gericht an einen Antrag der Staatsanwaltschaft auf Aufhebung der vorläufigen Entziehung der Fahrerlaubnis gebunden? DAR 1986, 47; *Pieroth, Bodo/Hartmann, Bernd,* Das verfassungsrechtliche Beschleunigungsgebot in Haftsachen, StV 2008, 276; *Pollähne, Helmut/Ernst, Carsten,* Einstweilige Unterbringung und Beschleunigungsgebot, StV 2009, 705; *Rinio, Carsten,* Bindung an Antrag der Staatsanwaltschaft auf Aussetzung des Vollzugs; NStZ 2000, 547; *Rößler, Tobias,* Verteidigung in Untersuchungshaftfällen, ZAP Fach 22, 505; *Scheinfeld, Jörg,*

[31] BGH 12.1.2012 – StB 19/11, StV 2012, 419; BVerfGE 96, 27.
[32] OLG Stuttgart 14.2.2011 – 4 Ws 10/2011, Justiz 2011, 184.
[33] Vgl. OLG Frankfurt a. M. 18.12.2003 – 3 VAs 4/03, NStZ-RR 2004, 184.
[34] Oberlandesgericht des Landes Sachsen-Anhalt 30.1.2006 – 2 W 25/05, OLGR Naumburg 2006, 973 Unterbringung in einem Haftraum mit anteilig vier Quadratmetern bei Gemeinschaftsunterbringung).

Haftfortdauerentscheidungen und Rechtsbeugung, GA 2010, 684; *Schlothauer, Reinhold,* Haftverschonung auf Antrag der StA im Ermittlungsverfahren StV 2001, 463; *Schlothauer, Reinhold/Weider, Hans-Joachim,* Untersuchungshaft, 4. Aufl. 2010; *Trurnit, Christoph/Schroth, Marvin,* Das Beschleunigungsgebot und die Konsequenzen einer überlangen Verfahrensdauer im Strafprozess, StraFo 2005, 358; *Tsambikakis, Michael,* Anmerkung zu einer Entscheidung des OLG Jena, Beschluss vom 29.11.2010 (1 Ws 457/10; StV 2011, 735) – Zur Wiederholungsgefahr bei der Untersuchungshaft, StV 2011, 738; *Wendisch, Günther,* Beendet die Aufhebung eines Freispruches durch das Revisionsgericht die Sperrwirkung für einen Haftbefehl? StV 1985, 376.

Übersicht

I. Allgemeines, Normzweck und Anwendungsbereich

1 **1. Allgemeines.** Die Norm führt als eine der **zentralen Vorschriften des Haftrechts** die Gründe für die Aufhebung des Haftbefehls auf. Insoweit wird sie ergänzt durch die Vorschriften der §§ 121 Abs. 2, 122a, welche die Aufhebung des **Haftbefehls im Rahmen der Sechstmonatshaftprüfung durch das Oberlandesgericht** zusätzlich und ausdrücklich dann vorsehen, wenn weder die besondere Schwierigkeit oder der besondere Umfang der Ermittlungen noch ein anderer wichtiger Grund dessen Aufrechterhaltung rechtfertigen.[1] Die Aufhebung des Haftbefehls ist aber dann nicht veranlasst, wenn die Haftvoraussetzungen nicht wegefallen sind, sondern sich diese nur geändert haben. In einem solchen Fall ist der Haftbefehl anzupassen.[2]

2 Die Vorschrift zählt zwar eigenständige Gründe für die auch von Amts wegen durch den jeweils zuständigen Haftrichter (§§ 125, 126) vorzunehmende Aufhebung des Haftbefehls auf, insbesondere den Wegfall der Haftvoraussetzungen (→ Rn. 7 ff.) und das Entfallen der Verhältnismäßigkeit der weiteren Haftfortdauer (→ Rn. 11 ff.), gleichwohl wird sich ihre Anwendung zumeist bei **Anträgen auf Haftprüfung** (§ 117 ff.), **Haftbeschwerden** (§ 304 Abs. 1) oder nach mit **Urteilserlass** stellen (§ 268b).

3 **2. Normzweck.** Durch das Wort ***sobald*** in Satz 1 bringt die Vorschrift zum Ausdruck, dass sowohl Staatsanwaltschaft als auch das Gericht von Amts wegen und unabhängig von einem Antrag auf Haftprüfung (§ 117) oder einer Haftbeschwerde (§ 304) **ständig zu prüfen** haben, ob die **Voraussetzungen der Untersuchungshaft** noch vorliegen.[3] Insoweit werden in Abs. 1 die beiden zentralen Aufhebungsvoraussetzungen aufgeführt, nämlich den Wegfall der Haftvoraussetzungen (dringender Tatverdacht und Haftgrund) sowie der Grundsatz der Verhältnismäßigkeit. Über den letztgenannten Grundsatz sind die besonderen Haftvoraussetzungen des § 121 – was häufig übersehen wird[4] – auch schon vor Ablauf der Sechsmonatsfrist des § 121 Abs. 1 der Sache nach – wenn auch nicht mit gleicher Intensität –

[1] *Böhm* § 121 Rn. 37 ff.
[2] KK-*Schultheis* § 120 Rn. 3.
[3] BGH 16.8.1991 – StB 16/91, StV 1991, 525.
[4] Vgl. hierzu auch *Böhm* § 121 Rn. 6.

zu berücksichtigen, so dass ein nicht zureichend gefördertes Verfahren auch schon vor der Vorlage der Akten an das Oberlandesgericht der Aufhebung unterliegt, sei es von Amts wegen oder in einem vom Beschuldigten veranlassten Haftprüfungs- oder Haftbeschwerdeverfahren.[5]

Zu beachten ist, dass das **Beschleunigungsgebot** (→ Rn. 15 ff.) **uch nach Beginn der Hauptverhandlung** (→ Rn. 20 ff.) und **nach deren Beendigung** (→ Rn. 23 ff.) gilt, so dass die Freilassung eines Angeklagten jedenfalls nach langer Haftdauer zu veranlassen ist, wenn die **Hauptverhandlung nicht zügig durchgeführt oder das Urteil nicht zeitnah abgesetzt** wird.[6] 4

3. Anwendungsbereich. Die Vorschrift findet nicht nur im Rahmen der Untersuchungshaft nach § 112 ff. Anwendung, sondern auch **Haftbefehle nach § 230 Abs. 2, 236, 329 Abs. 4** sind insbesondere dann aufzuheben, wenn ihre Voraussetzungen nicht mehr vorliegen. Daneben darf ein Haftbefehl auch dann nicht grundlos aufrecht erhalten, wenn **Überhaft**[7] notiert oder der **Haftbefehl außer Vollzug** (§ 116)[8] gesetzt ist. Auch wenn sich der Beschuldigte in **Auslieferungshaft** befindet, gilt das Beschleunigungsgebot und der Haftbefehl unterliegt der Aufhebung, wenn das Verfahren in dieser Zeit nicht zureichend gefördert worden ist.[9] 5

II. Aufhebung des Haftbefehls von Amts wegen (Abs. 1 Satz 1)

Die **Gründe,** welche im Einzelnen zur Aufhebung eines Haftbefehls führen können, sind **vielfältig**. Satz 1 führt insoweit die beiden wesentlichen Fallgruppen auf, nämlich den Wegfall der Haftvoraussetzungen (→ Rn. 7 ff.) sowie die Unverhältnismäßigkeit einer weiteren Inhaftierung (→ Rn. 11 ff.). 6

1. Wegfall der Haftvoraussetzungen. Neben der hier gesondert zu prüfenden Verhältnismäßigkeit setzt ein Haftbefehl nach § 112, 112a stets das Vorliegen eines **dringenden Tatverdachts sowie eines Haftgrundes** voraus. 7

Bezüglich des **dringenden Tatverdachts** ist insoweit zu sehen, dass sich dieser im Laufe eines Ermittlungsverfahrens oftmals ändert. Entfällt im Laufe des Verfahrens die **hohe Wahrscheinlichkeit,** dass es sich beim Beschuldigten um den Täter handelt oder er deshalb verurteilt werden könnte,[10] so ist seine Freilassung unverzüglich zu veranlassen. Dabei ist mit Fortschreiten der Ermittlungen der Tatverdacht grundsätzlich immer kritischer zu hinterfragen, so dass etwa noch zu Beginn des Verfahrens ausreichende Indizien einen Tatverdacht nicht mehr begründen können, wenn sich herausstellt, dass die Indizienkette nicht geschlossen werden kann.[11] Auch ist der Haftbefehl aufzuheben, wenn sich im Laufe der Ermittlungen ergibt, dass wegen eines einzelnen Tatbestandsmerkmals ein Nachweis nicht wird geführt werden können.[12] 8

Nicht zulässig und von der strafrechtlichen Praxis häufig missachtet ist die Aufrechterhaltung der **Haft zur Aufklärung weiterer und nicht im Haftbefehl aufgeführter Taten.**[13] Besteht auch wegen dieser Taten dringender Tatverdacht, so obliegt es der Staats- 9

[5] Vgl. hierzu *Böhm/Werner* § 112 Rn. 5 ff., § 117 Rn. 35; *Böhm* § 121 Rn. 3 ff.

[6] BVerfG 29.2.2005 – 2 BvR 2057/05, StV 2006, 81; dass. 17.1.2013 – 2 BvR 2098/12, StraFo 2013, 160.

[7] OLG Karlsruhe 28.1.2002 – 3 Ws 15/02, StV 2002, 317; KG 2.12.1999 – 1 AR 1405/99 – 4 Ws 291/99; OLG Koblenz 9.10.2010 – 1 Ws 569/10; OLG Hamm 29.3.2007 – 2 Ws 88/07, StV 2007, 363.

[8] BVerfG 13.9.2002 – 2 BvR 1375/02, NStZ 2004, 82; OLG Karlsruhe 28.1.2003 – 3 Ws 15/02, StV 2002, 317; HK-*Posthoff* § 120 Rn. 7.

[9] OLG Karlsruhe 1.9.2003 – 1 Ws 235/03, wistra 2004, 276; *Böhm* in Grützner/Pötz/Kress Internationale Rechtshilfe in Strafsachen, 3. Auflage, IRG § 25.

[10] *Böhm/Werner* § 112 Rn. 21 ff.

[11] LR-*Hilger* § 120 Rn. 5.

[12] KK-*Schultheis* § 120 Rn. 4.

[13] OLG Oldenburg 8.8.2008 – 1 Ws 487/08, StV 2009, 258; *Böhm* § 121 Rn. 75 f.

anwaltschaft, die zeitnahe Beantragung der Anpassung der Haftgrundlage bei dem nach § 126 zuständigen Gericht zu beantragen.

10 Auch die **Haftgründe**[14] ändern sich im Laufe des Verfahrens. So nimmt bezüglich des Haftgrundes der **Fluchtgefahr** (§ 112 Abs. 2 Nr. 2) der Fluchtanreiz ab, je länger sich der Beschuldigte in Untersuchungshaft befindet, zumal die Dauer der Haft auf eine zu verhängende Haftstrafe angerechnet werden muss (§ 51 Abs. 1 Satz 1 StGB).[15] Der Haftgrund der **Verdunkelungsgefahr** (§ 112 Abs. 1 Nr. 3) wird im Laufe des Ermittlungsverfahrens mit der Sicherung der Beweise abnehmen[16] und zumeist nach durchgeführter Hauptverhandlung in letzter Tatsacheninstanz vollständig in Wegfall geraten.[17]

11 **2. Unverhältnismäßigkeit einer weiteren Inhaftierung.** Für die **Dauer der Untersuchungshaft** ist der Verhältnismäßigkeitsgrundsatz von erheblicher Bedeutung. Nach der gesetzlichen Wertung ist die Fortdauer der Haft dann als unverhältnismäßig anzusehen, wenn deren weiterer Vollzug zur Bedeutung der Sache und den zu erwartenden Rechtsfolge außer Verhältnis steht. Ob die Haft aufgrund ihrer Dauer unverhältnismäßig wird, lässt sich immer nur im **Einzelfall** beurteilen.[18] Jedenfalls verlangt der Grundsatz der Verhältnismäßigkeit, dass die **Dauer der Untersuchungshaft nicht außer Verhältnis zur erwarteten Strafe** steht, und setzt ihr auch **unabhängig von der Straferwartung Grenzen.**[19] Mit zunehmender Dauer der Untersuchungshaft steigen deshalb einerseits die Anforderungen an die Zügigkeit der Arbeit in einer Haftsache. Zum anderen nehmen auch die Anforderungen an den Grund zu, der die Haftfortdauer rechtfertigen soll.[20] Hinsichtlich der **Abwägung** ist dabei das Grundrecht des Beschuldigten auf persönliche Freiheit gegen das aus dem Legalitätsprinzip resultierende Interesse des Staates an der Verfolgung und Ahndung von Straftaten gegeneinander aufzuwiegen. Liegt etwa der Haftgrund der Fluchtgefahr trotz einer nach Anrechnung der bereits erlittenen Untersuchungshaft nicht mehr sehr hohen Straferwartung vor, ist der weitere Vollzug der Untersuchungshaft deshalb nur dann **unverhältnismäßig,** wenn die bisherige Dauer in einem krassen Missverhältnis zur Straferwartung steht, nicht aber schon dann, wenn die Untersuchungshaft an die zu erwartende Strafe heranreicht.[21]

12 Als eine Art durch die Rechtsprechung gebildeten **zeitlichen Obergrenze** zu beachten ist, dass der Vollzug von **Untersuchungshaft von mehr als einem Jahr Dauer** bis zum Beginn der Hauptverhandlung oder dem Erlass eines Urteils nur in **ganz besonderen Ausnahmefällen** gerechtfertigt werden kann.[22]

13 Dabei wird Unverhältnismäßigkeit einer weiteren Inhaftierung häufig anzunehmen sein, wenn die Dauer der Untersuchungshaft die zu **erwartende Freiheitsstrafe annähernd erreicht** oder sogar übersteigt.[23] Andererseits gibt es aber keinen Rechtssatz, dass die Untersuchungshaft nicht bis zur Höhe der erkannten Freiheitsstrafe vollzogen werden darf, wenn dies notwendig ist, um die drohende Vollstreckung der Strafe zu sichern.[24] Bei der im Einzelfall gebotenen Abwägung ist ebenso wie beim Haftgrund der Fluchtgefahr zu berücksichtigen, dass die Dauer der Untersuchungshaft auf die Strafe anzurechnen (§ 51 StGB) und eine zu erwartenden Strafaussetzung zur Bewährung zu berücksichtigen ist, sei es im anhängigen Verfahren nach § 56 StGB oder nach teilweiser Strafverbüßung gemäß § 57 StGB.[25]

---

[14] *Böhm/Werner* § 126 Rn. 4 f., 11 ff.
[15] LR-*Hilger* § 112 Rn. 7; vgl. auch *Böhm/Werner* § 112 Rn. 52 ff.
[16] KG 11.7.2012 – 4 Ws 367/04, OLG Stuttgart 4.1.2005 – 4 Ws 367/04, StV 2005, 225; *Böhm/Werner* § 112 Rn. 72.
[17] KK-*Schultheis* § 112 Rn. 5.
[18] KK-*Schultheis* § 120 Rn. 6; zu der notwendigen Erwartungsprognose vgl. *Böhm* § 116 Rn. 17.
[19] So schon BVerfG 3.5.1966 – 1 BvR 58/66, BVerfGE 20, 45.
[20] BVerfG 13.5.2009 – 2 BvR 388/09, StV 2009, 479.
[21] OLG Köln 31.3.2006 – 40 HEs 7 – 10/06, JMBl. NW 2006, 262.
[22] BVerfG 23.1.2008 – 2 BvR 2652/07, StV 2008, 198; dass. 29.12.2005 – 2 BvR 2057/05, BVerfGK 7/140, Böhm § 121 Rn. 50 (sog kritische Grenze); *Böhm/Werner* § 112 Rn. 7.
[23] KK-*Schultheis* § 112 Rn. 6.
[24] KG 31.8.2007 – 1 AR 1207/07 – 1 Ws 146/07, NStZ-RR 2008, 157.
[25] Vgl. hierzu *Böhm/Werner* § 112 Rn. 53.

Liegt bereits eine – wenn auch nicht rechtskräftige – **Verurteilung** vor, ist bei der Frage, welche Strafe zu erwarten ist, der Strafausspruch des Urteils zu Grunde zu legen. Nach der forensischen Praxis ist vielfach davon auszugehen, dass bei einer – noch ausstehenden – Strafe bzw. **Straferwartung von mehr als vier Jahren** die naheliegende Gefahr begründet ist, dass der Angeklagte sich dem Strafverfahren oder der anschließenden Vollstreckung durch Flucht oder Untertauchen zu entziehen sucht, wenn er auf freien Fuß kommt. Dies gilt insbesondere dann, wenn der Angeklagte über keine tragfähigen sozialen Bindungen im Inland verfügt, die dem Fluchtanreiz in dem erforderlichen Maße entgegenwirken könnten.[26] 14

3. Sonderfall: Unverhältnismäßigkeit wegen Verfahrensverzögerung. Bezüglich des Vorliegens von **Verfahrensverzögerungen** ist auch vom **Haftrichter**[27] im Rahmen des § 120 unabhängig von der besonderen und dem Oberlandesgericht obliegende Haftprüfung nach § 121[28] ständig zu prüfen und zu beachten, ob das Verfahren mit der in Haftsachen gebotenen Beschleunigung durchgeführt wurde und zukünftig auch weiter werden wird. Dabei können allein die Schwere der Tat und die sich daraus ergebende Straferwartung bei **erheblichen, vermeidbaren und dem Staat zuzurechnenden Verfahrensverzögerungen** nicht zur Rechtfertigung einer ohnehin schon lang andauernden Untersuchungshaft herangezogen werden.[29] Für die Bejahung einer signifikanten Verfahrensverzögerung ist dabei nicht entscheidend, ob eine einzelne verzögert durchgeführte Verfahrenshandlung ein wesentliches Ausmaß einnimmt, sondern ob die **vorliegenden Verfahrensverzögerungen in** ihrer **Gesamtheit eine Schwelle** erreichen, die im Rahmen der Abwägung die Anordnung einer weiteren Fortdauer der Untersuchungshaft nicht mehr erlaubt.[30] Dabei ist eine einzelfallbezogene Analyse des Verfahrensablaufs durchzuführen.[31] 15

Bei der Prüfung des Vorliegens einer relevanten Verzögerung ist dabei zu beachten, dass die Bearbeitung von Haftsachen sowohl bei Staatsanwaltschaft und Gericht **Vorrang vor der von Nichthaftsachen** hat.[32] Grundsätzlich können und müssen **wesentliche und schwere Verfahrensverzögerungen,** welche im nach Vorlage der Akten zur besonderen Haftprüfung nach §§ 121 ff. an das Oberlandesgericht zur Aufhebung des Haftbefehls führen, auch im Rahmen der Prüfung der Verhältnismäßigkeit beachtet werden und nötigen – auch wenn dies von der forensischen Praxis zumeist nicht umgesetzt wird – zur Aufhebung des Haftbefehls. 16

a) Vor Beginn der Hauptverhandlung. Da die Anforderungen an die Verhältnismäßigkeit der Untersuchungshaft mit der Dauer des Verfahrens ansteigen, werden sich oftmals im Verfahren eingetretene **Verzögerungen vor Vorlage der Akten an das Oberlandesgericht** jedoch noch nicht in der **Erheblichkeit auswirken,** dass die Aufhebung des Haftbefehls durch den Haftrichter geboten sein wird. Grundsätzlich kann aber die Verletzung des Beschleunigungsgebots schon vor Ablauf der Sechs-Monats-Frist des § 121 Abs. 1 die Aufhebung des Haftbefehls gebieten, wenn es auf Grund **vermeidbarer Fehler der Justizorgane zu einer erheblichen Verzögerung** kommt.[33] Insoweit kann vorliegend auf die im Rahmen der besonderen Haftprüfung (§ 121 ff.) **dargestellten Verzögerungsgründe verwiesen werden, welche auch für den Haftrichter beachtlich** sind.[34] 17

---

[26] OLG Düsseldorf 6.2.2009 – III-1 Ws 65/09, (Straferwartung drei Jahre sechs Monate); vgl. hierzu näher *Böhm/Werner* § 112 Rn. 52.

[27] Brandenburgisches Oberlandesgericht 18.1.2007 – 2 Ws 12/07, StV 2007, 363; OLG Hamm 5.1.2006 – 2 Ws 2/06, StV 2006, 191; OLG Koblenz 26.9.2006 – 1 WS 601/06, StraFo 2006, 496; *Meyer-Goßner* § 120 Rn. 3 m.z.w.N.

[28] OLG Koblenz 11.2.2004 – 2 Ws 71/04, OLGSt StPO § 121 Nr. 30.

[29] BVerfG 23.1.2008 – 2 BvR 2652/07, StV 2008, 198.

[30] BBerfG 13.5.2009 – 2 BvR 388/09, StV 2009, 479.

[31] BVerfG 4.5.2011 – 2 BvR 2781/10, StRR 2011, 246; HK-*Posthoff* § 120 Rn. 7.

[32] OLG Hamm 5.1.2006 – 2 Ws 2/06, StV 2006, 191; dass. 19.2.2009 – 2 Ws 41/09; *Böhm* § 121 Rn. 82.

[33] BVerfG 4.4.2006 – 2 BvR 523/06, StV 2006, 251.

[34] Vgl. hierzu weiter *Böhm* § 121 Rn. 37 ff., 43, 44 ff., 58; ebenso *Tsambikakis* StV 2011, 738.

18 Die Aufhebung eines Haftbefehls kann danach auch im Zwischenverfahren (§ 199 ff.) geboten sein, wenn noch **keine Verfahrensverzögerung** eingetreten ist, sich aber eine solche abzeichnet, etwa weil ein **Termin zur Hauptverhandlung nicht zeitnah** bestimmt werden kann.[35] Eine solche Fallgestaltung kann etwa eintreten, wenn der erkennende Richter keine Maßnahmen trifft, um eine alsbaldige Hauptverhandlung zu ermöglichen.[36] Selbst wenn ein strafrechtliches Verfahren angesichts der Komplexität der einem Beschuldigten zur Last gelegten Straftaten und der Vielzahl der beteiligten Personen eine überdurchschnittliche Schwierigkeit aufweist, rechtfertigt dies allein nicht, im Zwischenverfahren anstehende Entscheidungen nicht mit der gebotenen Beschleunigung zu treffen.[37] Stets bedarf es insoweit einer **vorausschauenden Planung** des mit der Haftsache befassten Gerichts.[38]

19 Nicht gefolgt werden kann allerdings der Ansicht, dass beim Vorliegen des **Haftgrundes der Wiederholungsgefahr** ein Haftbefehl jedenfalls vor Ablauf der Sechsmonatsfrist auch ein Vorliegen erheblicher Verfahrensverzögerungen aufrechterhalten werden kann,[39] denn für eine solche Annahme hätte es, wie bei § 126a,[40] einer ausdrücklichen Entscheidung des Gesetzgebers bedurft hätte.

20 **b) Nach Beginn der Hauptverhandlung.** Auch im Gerichtsverfahren ist grundsätzlich eine **straffe Terminplanung** notwendig, weshalb im Regelfalle die Durchführung von mehr als einen Verhandlungstag pro Woche erforderlich ist.[41] Sind Verfahrenshandlungen notwendig, müssen diese zügig veranlasst werden und es dürfen sich keine wochenlangen Verzögerungen ergeben.[42] Notwendig ist eine **effektive Verhandlungsführung**. Das Gericht ist gehalten, Zeugen auf eine effiziente Art zu laden und einen straffen Verhandlungsplan festzulegen.[43] So kann im Einzelfall sogar eine durch Verhinderung des Verteidigers erforderlich gewordene Verlegung des Hauptverhandlungstermins dann keinen anzuerkennenden Verzögerungsgrund in einer Haftsache darstellen, wenn der Haupt-Verhandlungstermin ohne Abstimmung mit der Verteidigung angesetzt worden ist.[44]

21 Vielfach sind aber **Verzögerungen** des Verfahrens dem **Gericht nicht zurechenbar** und können eine Aufhebung nicht begründen. Stellt etwa die Verteidigung sukzessiv immer neue Beweisanträge, nachdem das Gericht sein Beweisprogramm schon abgeschlossen hat, führen die durch die sachgerechte Bearbeitung der Anträge auftretenden, der Justiz grundsätzlich nicht zuzurechnenden Verfahrensverzögerungen auch bei einer längeren Zeitdauer nicht zur Unverhältnismäßigkeit der Untersuchungshaft.[45]

22 Für die Beachtung des besonderen Beschleunigungsgebots in Haftsachen kommt es auf eine wie auch immer geartete **Vorwerfbarkeit oder ein Verschulden** der staatlichen Organe nicht an. Steht jedoch der bestmöglichen Verfahrensförderung die **vorhandene unzureichende Ausstattung der Justiz mit personellen und sächlichen Mitteln entgegen, darf sich dies nicht zu Lasten des Angeklagten auswirken.**[46] Die verfassungs-

---

[35] OLG Stuttgart 21.4.2011 – 2 HEs 37 – 39/11, NStZ-RR 2012, 62; KK-*Schultheis* § 120 Rn. 8.
[36] OLG Hamm 19.2.2009 – 2 Ws 41/09.
[37] BVerfG 14.11.2012 – 2 BvR 1164/12, BFH/NV 2013, 492.
[38] BVerfG 10.9.2007 – 2 BvR 1847/07, EuGRZ 2007, 591; *Böhm* § 121 Rn. 81.
[39] So aber Thüringer Oberlandesgericht 29.11.2010 – 1 Ws 457/10, StV 2011, 735.
[40] Böhm/Werner § 112a Rn. 58; § 126a Rn. 44.
[41] BGH 14.11.2012 – StB 13/12, NStZ-RR 2013, 86; OLG Düsseldorf 9.8.2011 – III-1 Ws 260/11, 1 Ws 260/11, StV 2012, 420; dass 16.11.2006 – III-1 Ws 437/06, 1 Ws 437/06, StV 2007, 92; OLG Koblenz 26.8.2010 – 2 Ws 383/10, StV 2011, 167; Oberlandesgericht des Landes Sachsen-Anhalt 18.7.2008 – 1 Ws 420/08, StV 2008, 589; *Meyer-Goßner* § 120 Rn. 1a.
[42] BVerfG 16.3.2006 – 2 BvR 170/06, NJW 2006, 1336; OLG Dresden 6.6.2011 – 1 Ws 67/11, StRR 2011, 356.
[43] OLG Hamm 5.1.2006 – 2 Ws 2/06, StV 2006, 191.
[44] OLG Oldenburg 19.9.2002 – HEs 36/37/02, NdsRpfl 2002, 371.
[45] KG 6.10.2008 – 4 Ws 89/08, StraFo 2009, 21; zum Missbrauch von Verteidigungsrechten siehe auch BVerfG 23.1.2008 – 2 BvR 2652/07, StV 2008, 198; BGH 25.1.2005 – 3 StR 445/04, NStZ 2005, 341.
[46] KG 29.7.2013 – 4 Ws 92/13, OLGSt StPO § 112 Nr. 17; OLG Stuttgart 19.12.2013 – 1 HEs 152-156/13; dass. 4.11.2013 – 4a HEs 154-159/13; *Böhm* § 121 Rn. 92.

rechtliche Pflicht zur beschleunigten Durchführung einer Hauptverhandlung in Haftsachen steht der Unterbrechung des Verfahrens für eine angemessene Zeit zum Zwecke des Erholungsurlaubs der Verfahrensbeteiligten oder auch zum Zweck des Antritts einer Kur nicht grundsätzlich entgegen. Das Beschleunigungsgebot ist jedoch dann nicht mehr gewahrt, wenn auch außerhalb dieser sich in einem angemessenen Rahmen zu haltenden Unterbrechungszeiten die in Haftsachen gebotene Terminierungsdichte nicht annähernd eingehalten wird, ohne dass hierfür zwingende, nicht der Justiz anzulastende Gründe erkennbar sind.[47]

c) Nach Erlass eines Urteils. Auch nach Erlass des erstinstanzlichen Urteils verliert das **Beschleunigungsgebot** nicht seine **Bedeutung,** sondern ist auch im Rechtsmittelverfahren bei der Prüfung der Anordnung der Fortdauer von Untersuchungshaft zu beachten.[48] Auch können Verzögerung bei der Absetzung des Urteils und der Vorlage der Akten an das Berufungs- oder Revisionsgericht zur Aufhebung führen. Vergehen etwa zwischen der schriftlichen Absetzung eines Urteils bis zum Beginn der Berufungshauptverhandlung mehrere Monate, stellt dies eine vermeidbare Verfahrensverzögerung dar, die zur Aufhebung des Haftbefehls führen kann.[49] Auch ist mit dem verfassungsrechtlichen Beschleunigungsgebot in Haftsachen eine Vorgehensweise nicht vereinbar, die die Urteilserstellung von vornherein auf das zeitlich fixierte Ende der Frist von § 275 Abs. 1 ausrichtet.[50] 23

Gleiches gilt etwa, wenn es in der Zeit **nach Verkündung** des mit einer Revision angefochtenen Urteils zu **schwerwiegenden Verzögerungen** kommt, die im gerichtlichen Bereich ihre Ursache haben und insgesamt dazu führen, dass die Akten mehrere Monate nach der Urteilsverkündung noch nicht dem Revisionsgericht zugeleitet wurden.[51] Gehen die Akten beim Berufungsgericht ein, muss dort zeitnah Termin zur Hauptverhandlung bestimmt werden,[52] notfalls sind Zweitakten anzulegen.[53] 24

Wird ein **Urteil im Revisionsverfahren aufgehoben,** wird sich auch oftmals die Frage stellen, ob die **Untersuchungshaft noch fortzudauern** hat. Dies kann nicht für alle Fälle gleich beurteilt werden. Dabei ist zunächst einerseits zu sehen, dass die infolge des Revisionsverfahrens verstrichene Zeit bei der Beurteilung der Verhältnismäßigkeit der Verfahrensdauer nicht berücksichtigt wird, denn diese ist Ausgestaltung des rechtsstaatlichen Rechtsmittelsystems.[54] Auch vergrößert sich mit einem Strafurteil auch schon vor Eintritt der Rechtskraft das Gewicht des staatlichen Strafanspruchs. Jedoch ist davon dann eine Ausnahme zu machen, wenn das betreffende Urteil aufgrund eines **Verfahrensfehlers** aufgehoben werden muss, da das Revisionsverfahren in diesem Fall ausschließlich der Korrektur des von der Justiz zu vertretenden Fehlers gedient hat. Es kommt insoweit darauf an, ob es sich um einen offensichtlichen und schwerwiegenden Verfahrensfehler gehandelt hat.[55] Die Fortdauer der Untersuchungshaft kann dann bei Vorhandensein eines solchen Fehlers mit der Folge der Aufhebung des Haftbefehls nicht mehr als verhältnismäßig angesehen werden, wenn die Haft schon lange angedauert hat.[56] Insoweit bedarf es aber immer einer Betrachtung des konkreten 25

---

[47] BVerfG 23.1.2008 – 2 BvR 2652/07, StV 2008, 198.

[48] BVerfG 13.5.2009 – 2 BvR 388/09, StV 2009, 479; dass. 11.6.2008 – 2 BvR 806/88, EuGRZ 2008, 621; OLG Koblenz 19.1.2004 – 2 Ws 32/04, StV 2004, 329.

[49] Oberlandesgericht des Landes Sachsen-Anhalt 19.3.2009 – 1 Ws 171/09, StV 2009, 482 (vier Monate); OLG Dresden – 13.10.2006 – 1 Ws 2007/06, StV 2007, 93 (4 ½ Monate).

[50] BVerfG 29.12.2005 – 2 BvR 2057/05, StV 2006, 81 (zweifelhaft); BGH 30.10.1991 – 4 StR 463/91, NStZ 1992, 398: „Höchstfristen sind keine Regelfristen".

[51] OLG Oldenburg 1.2.2008 – 1Ws 62/08, StraFo 2008, 118 (acht Monate); KG 10.9.2007 – 3 Ws 465/07, StV 2007, 644 (sechs Monate); Saarländisches Oberlandesgericht 16.2.2007 – 1 Ws 31/07, StV 2007, 365 (sieben Monate); Oberlandesgericht des Landes Sachsen-Anhalt 7.11.2006 – 1 Ws 533/06, StV 2007, 253 (sechs Monate).

[52] OLG Frankfurt a. M. 2.5.2007 – 1 Ws 9/07, StV 2007, 249 (fünf Monate Dilation); dass. 25.1.2006 – 1 Ws 142/05, StV 2006, 195 (sechs Monate Dilation).

[53] OLG Frankfurt a. M. 19.7.2006 – 1 Ws 72/06, StV 2006, 648.

[54] BVerfG 5.12.2005 – 2 BvR 1964/05, StV 2006, 73.

[55] Ebenso OLG München 4.4.2006 – 2 Ws 289/06; OLG Köln 22.4.2005 – 2 Ws 151/05; KK-*Schultheis* § 120 Rn. 8; aA *Gaede* HRRS 2005, 409; siehe hierzu auch *Schmidt* NStZ 2006, 313.

[56] OLG Celle 24.1.2011 – 1 Ws 463/11, StV 2013, 644 (4 ½ Jahre).

Verfahrensablaufs. Haben Verfahrensbeteiligte durch ihr Prozessverhalten Verzögerungen im Hinblick auf das Beschleunigungsgebot bewirkt, so kann es widersprüchlich sein, dies dem Gericht vorzuwerfen.[57] Auch wird eine Aufhebung dann nahe liegen, wenn bei einer schon länger andauernden Inhaftierung es voraussichtlich zu weiteren der Justiz zuzurechnenden Verzögerungen kommen wird,[58] wozu es stets einer genauen Analyse des Verfahrensablaufs **bedarf.**[59] Auch die unberechtigte Verweigerung von Akteneinsicht kann im Einzelfall die Aufhebung des Haftbefehls bedingen, jedenfalls dann, wenn die in Frage stehenden Aktenteile für die Anordnung der Fortdauer maßgeblich sind.[60]

III. Gesetzlich angeführte Sonderfälle (Abs. 1 Satz 2)

26 Nach Abs. 1 Satz 2 ist der Haftbefehl namentlich aufzuheben, wenn der Beschuldigte freigesprochen oder die Eröffnung des Hauptverfahrens abgelehnt oder das Verfahren nicht bloß vorläufig eingestellt wird. Es handelt sich insoweit um eine **gesetzliche Vermutung,** welche auch schon vor Rechtskraft der Grundentscheidung gilt und zwar selbst dann, wenn diesen offensichtliche fehlerhaft oder der Tatrichter weiß, dass seine Entscheidung aufgrund der Bewertung der Rechtsmittelinstanz keinen Bestand haben wird.[61] Hieran kann auch ein von der Staatsanwaltschaft eingelegtes Rechtsmittel kurzfristig nichts ändern (→ Rn. 28). Mit der Aufhebung wird auch eine geleistete Sicherheit frei (§ 123 Abs. 1 Nr. 1, Abs. 2).[62]

27 **Endgültig eingestellt** im Sinne von Satz 2 ist ein Verfahren insbesondere dann, wenn die Eröffnung des Hauptverfahrens abgelehnt wird (§ 204), sich nach der Eröffnung (§ 206a) oder bei Urteilserlass (§ 260 Abs. 3) ein Verfahrenshindernis herausstellt, im Falle der Auslieferung oder Ausweisung (§ 154b Abs. 4 Satz 1) und bei einer Verfahrenseinstellung im Hinblick auf anderweitig anhängige Verfahren (§ 154 Abs. 2).[63] Nicht der Aufhebung unterliegt der Haftbefehl hingegen vor allem bei vorläufiger Einstellung des Verfahrens aufgrund der Abwesenheit des Beschuldigten (§ 205 Abs. 1). Stellt die Staatsanwaltschaft das Ermittlungsverfahren mangels Tatverdachts (§ 170 Abs. 2) ein, handelt es sich zwar nicht um eine endgültige Einstellung, da das Verfahren wird aufgenommen werden kann, gleichwohl ist der Haftbefehl nach Stellung eines Antrags nach Abs. 3 Satz 1 durch das Gericht aufzuheben (→ Rn. 29).

IV. Wirkung eines Rechtsmittels (Abs. 2)

28 Aus Abs. 2 ergibt sich, dass ein Rechtsmittel gegen einen gerichtlichen Aufhebungsbeschluss keine aufschiebende Wirkung hat. Eine Anordnung nach § 307 Abs. 2 ist deshalb nicht möglich.[64]

V. Wirkung eines Antrags der Staatsanwaltschaft (Abs. 3 Satz 1)

29 Da der Staatsanwaltschaft als Herrin des Ermittlungsverfahrens vor Anklageerhebung in diesem Verfahrensstadium besondere Kompetenz zukommt, ist der Haftrichter an ihren Antrag auf Aufhebung des Haftbefehls gebunden (Satz 1).[65] Hingegen muss der Richter einem Antrag der Staatsanwaltschaft auf Aufhebung des Haftbefehls dann keine Folge leisten, wenn dieser gleichzeitig mit der Anklageerhebung gestellt wird.[66] Strittig ist hingegen, ob eine solche Bindung auch dann besteht, wenn die Staatsanwaltschaft nicht die Aufhebung,

[57] KG 7.3.2014 – 4 WS 21/14.
[58] OLG Koblenz 11.9.2006 – 1 Ws 472/07, StV 2006, 645.
[59] OLG Hamm 3.4.2014 – III 1 WS 317/14 (Überlastung der Rückläufer-Strafkammer).
[60] *Böhm/Werner* § 112 Rn. 9, 16; § 114 Rn. 51; § 115 Rn. 39; *Böhm* § 121 Rn. 65.
[61] OLG Düsseldorf 14.1.1974 – 3 Ws 450/73, MDR 1974, 68; *Meyer-Goßner* § 120 Rn. 8.
[62] *Böhm* § 123 Rn. 7.
[63] Vgl. hierzu auch *Schlothauer/Weider* Rn. 974.
[64] KK-*Schultheis* § 120 Rn. 11; *Meyer-Goßner* § 120 Rn. 12.
[65] LG Amberg 2.9.2010 – 12 Qs 78/10, StV 2010, 420.
[66] KMR-*Wankel* § 120 Rn. 7.

sondern die Außervollzugsetzung des Haftbefehls beantragt. Eine derartige Bindung ist jedoch aufgrund der eindeutigen gesetzlichen Regelung abzulehnen, welche eine solche nur bei einem Aufhebungsantrag vorsieht.[67]

VI. Pflicht zur Anordnung der Freilassung (Abs. 3 Satz 2)

Stellt die Staatsanwaltschaft im Ermittlungsverfahren einen Antrag auf Aufhebung des Haftbefehls, hat sie entgegen dem Wortlaut der Vorschrift sogleich die Freilassung des Beschuldigten zu veranlassen. Entgegen dem Wortlaut der Norm steht ihr insoweit kein Ermessen zu.[68] 30

VII. Sonderfall: Übergang in Strafhaft

Befindet sich der Angeklagte bis zum Eintritt der Rechtskraft des Urteils in Untersuchungshaft, so bedarf es einer Aufhebung des Haftbefehls ausnahmsweise nicht, vielmehr geht die **Untersuchungshaft automatisch in Strafhaft** über[69] und zwar auch ohne Rücksicht auf die förmliche Einleitung der Strafvollstreckung.[70] Es tritt sog **Organisationshaft** ein (str.).[71] 31

Anders ist dies jedoch, wenn der **Haftbefehl nicht vollzogen** wird. Dann wird dieser wird mit dem Eintritt der Rechtskraft des Urteils nicht gegenstandslos, vielmehr stellt er bei einem außer Vollzug gesetzten Haftbefehl nach wie vor die Grundlage für die die Vollstreckung sichernden Haftverschonungsauflagen dar.[72] 32

VIII. Verfahrensrechtliche Fragen

Gegen den Aufhebungsbeschluss steht der Staatsanwaltschaft die Beschwerde (§ 304 Abs. 1) und die weitere Beschwerde (§ 310) zu. Eine aufschiebende Wirkung besteht nicht, da die Sonderregelung des § 120 Abs. 2 dem § 307 Abs. 2 vorgeht (→ Rn. 28).[73] 33

Vollzogen wird ein Haftaufhebungsbeschluss durch die **Anordnung der Freilassung,** sofern sich der Beschuldigte nicht anderweitig in Haft bzw. Überhaft befindet. Es ist nicht zulässig, den Beschuldigten wieder in die Haftanstalt zurück zu bringen, falls in einer gerichtlichen Verhandlung seine Freilassung angeordnet wurde.[74] 34

Ein Haftfortdauerbeschluss nach § 268b, mit dem auf einen früher ergangenen Haftbefehl Bezug genommen wird, kann nur dann die Grundlage der Verhältnismäßigkeitsprüfung im Sinne des § 120 Abs. 1 Satz 1 bilden, wenn sich der Umfang der Tatvorwürfe und der **Haftgrund** in diesem Haftbefehl durch die Hauptverhandlung oder durch das vorangegangene Verfahren **nicht wesentlich verändert** haben. Ist dies jedoch der Fall, ist der Haftbefehl mit der Urteilsverkündung,[75] spätestens jedoch bei Einlegung einer Haftbeschwerde dem Verfahrensstand anzupassen.[76] 35

---

[67] Ebenso OLG Düsseldorf 27.9.2000 – 2 Ws 237/00, NStZ-RR 2001, 122; *Meyer-Goßner* § 120 Rn. 13; HK-*Posthoff* § 120 Rn. 25; LR-*Hilger* § 120 Rn. 13; AG Stuttgart 5.3.2002 – 28 Gs 11582/02, NStZ 2002, 391. aA BGH (ER) 30.11.1999 – 2 BGs 335/99, NJW 2000, 967; *Rinio* NStZ 2000, 547; vgl. auch *Böhm* § 116 Rn. 41.

[68] LR-*Hilger* § 120 Rn. 46; *Meyer-Goßner* § 120 Rn. 14.

[69] BGH 28.8.1991 – 2 ARs 366/91, BGHSt 38, 63.

[70] BGH 4.9.1999 – 2 ARs 323/99, NStZ 1999, 638; OLG Hamm 2.4.2009 – 3 Ws 104/09, NStZ 2009, 655; dass. 6.11.2001 – 2 Ws 271/01, StV 2002, 209; OLG Düsseldorf 2.3.2007 – 4 Ws 84/07, VRs 112, 475; KG 21.10.1997 – 5 Ws 640/97, StV 2002, 209; OLG Schleswig 14.8.1990 – 2 Ws 397/90, SchlHA 1991, 124; OLG Zweibrücken 11.9.2003 – 1 Ws 407/03; Beck-*Graf* § 112 Rn. 58.

[71] BVerfG 26.9.2005 – 2 BvR 1019/01, NJW 2006, 427; *Meyer-Goßner* § 120 Rn. 15; zu den unterschiedlichen Rechtsauffassungen hierzu, vgl. *Schlothauer/Weider* Rn. 980 ff.

[72] KG 17.6.2011 – 2 Ws 219/11, NStZ 2012, 230.

[73] LR-*Hilger* § 120 Rn. 30; KK-*Schultheis* § 120 Rn. 19.

[74] LG Berlin 10.10.2001 – 512 Qs 100/01, StV 2001, 690; dass. 27.2.2002 – 530 Qs 15/02, StraFo 2002, 273; *Schlothauer/Weider* § 120 Rn. 977.

[75] OLG Stuttgart 25.1.2007 – 1 Ws 24/07, Justiz 2007, 238; *Meyer-Goßner* § 268b Rn. 2.

[76] *Böhm/Werner* § 114 Rn. 6; § 112 Rn. 13.

36 Die dilatorische Behandlung von Haftsachen kann auch dann zur Aufhebung des Haftbefehls nötigen, wenn über eine gegen einen Haftbefehl eingelegte **Beschwerde nicht zeitnah entschieden** wird. Vergehen etwa zwischen dem Erlass eines Haftbefehls mit der darauf folgenden Haftbeschwerde des Angeschuldigten und der Entscheidung über die Aussetzung der Vollziehung mehrere Monate, entspricht diese Vorgehensweise nicht dem Beschleunigungsgebot in Haftsachen. Ein Haftbefehl ist schon deshalb aufzuheben und zwar auch dann, wenn der Haftbefehl außer Vollzug gesetzt ist.[77]

37 Häufig wird in der **forensischen Praxis nicht beachtet,** dass nach Aufhebung eines Haftbefehls nach § 120 ein **Neuerlass** oftmals **bei unveränderter Sachlage nicht möglich** ist.[78] Der verfassungsrechtlich zu beachtende Maßstab für die Wiederinvollzugsetzung eines ausgesetzten Haftbefehls nach § 116 Abs. 4 Nr. 3 StPO wegen veränderter Sachlage gilt erst recht, wenn der frühere Haftbefehl nicht nur außer Vollzug gesetzt, sondern gerade wegen Nichtvorliegens des nunmehr erneut angenommenen Haftgrundes sogar aufgehoben worden war.[79] Das gilt auch bei schwersten Straftaten. Erfolgt etwa die Aufhebung nach **einem erstinstanzlichem Freispruch vom Vorwurf des Mordes,** ist ebenso wie bei einer Außervollzugsetzung[80] der spätere Erlass eines neuen Haftbefehls nach Zurückverweisung durch das Revisionsgericht unzulässig, wenn sich die Umstände im Vergleich zur Beurteilungsgrundlage zur Zeit der Aufhebung/ Außervollzugsetzung nicht verändert haben. Eine lediglich andere Beurteilung des unverändert gebliebenen Sachverhalts kann einen Widerruf der Aufhebungsentscheidung nicht rechtfertigen.[81]

38 Auch ist zu beachten, dass während **laufender Hauptverhandlung**[82] eine Nachprüfung der Haftfrage durch ein **Beschwerdegericht nur eingeschränkt** möglich ist. So unterliegt die Beurteilung des dringenden Tatverdachts, die das erkennende Gericht während laufender Hauptverhandlung vornimmt, im Haftbeschwerdeverfahren nur in eingeschränktem Maße der Nachprüfung durch das Beschwerdegericht. Allein das erkennende Gericht, vor dem die Beweisaufnahme stattfindet, ist nämlich in der Lage, deren Ergebnisse aus eigener Anschauung festzustellen und zu würdigen sowie auf dieser Grundlage zu bewerten, ob der dringende Tatverdacht nach dem erreichten Verfahrensstand noch fortbesteht. Das Beschwerdegericht muss allerdings in die Lage versetzt werden, seine Entscheidung über das Rechtsmittel des Angeklagten auf einer hinreichend tragfähigen tatsächlichen Grundlage zu treffen, damit den erhöhten Anforderungen, die nach ständiger Rechtsprechung des Bundesverfassungsgerichts an die Begründungstiefe[83] von Haftfortdauerentscheidungen zu stellen sind, ausreichend Rechnung getragen werden kann.[84] Auch bezüglich des **Vorliegens von Flucht- und Verdunkelungsgefahr** ist dem Beschwerdegericht nur eine eingeschränkte Überprüfung möglich und daher auch nur zulässig.[85] Weiter verengt sich die Prüfungskompetenz im Hinblick auf den Tatverdacht sogar noch, wenn bereits ein Urteil vorliegt. Ist hiergegen nur das Rechtsmittel der Revision statthaft, kann das Urteil nur auf in der Revisionsinstanz nur auf Rechtsfehler überprüft werden, so dass es für eine Neubewertung des Tatverdachts in diesem Verfahrensabschnitt sogar nicht ausreichen würde, wenn neue Beweismittel bekannt würden.[86] Schließlich ist dem Beschwerdegericht neben dem Revisionsgericht auch eine eigene Prognose der Erfolgsaussichten einer staatsan-

[77] KG 15.11.2010 – 2 Ws 619/10, StraFo 2011, 91.
[78] KK-*Schultheis* § 120 Rn. 27.
[79] OLG Dresden 3.3.2009 – 2 Ws 84/09, NStZ-RR 2009, 292; OLG Hamm 8.5.2007 – 4 Ws 201/07, StV 2008, 29.
[80] Siehe zu der Sonderregelung des § 116 Abs. 4: *Böhm* § 116 Rn. 47 ff., 51.
[81] BVerfG 1.2.2006 – 2 BvR 2056/05, StV 2006, 139; OLG Nürnberg 20.3.2013 – 2 Ws 127/13, StV 2013, 519.
[82] Zu allem vgl. *Böhm/Werner* § 112 Rn. 28, 41, 86; § 117 Rn. 29 ff., 55.
[83] BVerfG 24.8.2010 – 2 BvR 1113/10, StraFo 2010, 461; vgl. auch *Böhm/Werner* § 112 Rn. 8, 34.
[84] BGH 22.10.2012 – StB 12/12, (NJW 2013, 247; ders. 8.10.2012 – StB 9/ 12, NStZ-RR 2013, 16; ders. 19.12.2003 – StB 21/03, StV 2004, 143.
[85] Oberlandesgericht des Landes Thüringen 28.9.2009 – 1 Ws 373/09, OLGSt GVG § 76 Nr. 3.
[86] BGH 8.1.2004 – StV 20/03, NStZ 2004, 276; Hanseatisches Oberlandesgericht Hamburg 21.3.2013 – 2 Ws 45/13.

waltschaftlichen Revision gegen das im Verfahren nach ergangenem Urteil auch im Hinblick auf tatsächliche oder vermeintliche „offensichtliche Revisionsfehler“ verwehrt.[87]

§ 121 [Untersuchungshaft über 6 Monate]

(1) Solange kein Urteil ergangen ist, das auf Freiheitsstrafe oder eine freiheitsentziehende Maßregel der Besserung und Sicherung erkennt, darf der Vollzug der Untersuchungshaft wegen derselben Tat über sechs Monate hinaus nur aufrechterhalten werden, wenn die besondere Schwierigkeit oder der besondere Umfang der Ermittlungen oder ein anderer wichtiger Grund das Urteil noch nicht zulassen und die Fortdauer der Haft rechtfertigen.

(2) In den Fällen des Absatzes 1 ist der Haftbefehl nach Ablauf der sechs Monate aufzuheben, wenn nicht der Vollzug des Haftbefehls nach § 116 ausgesetzt wird oder das Oberlandesgericht die Fortdauer der Untersuchungshaft anordnet.

(3) [1]Werden die Akten dem Oberlandesgericht vor Ablauf der in Absatz 2 bezeichneten Frist vorgelegt, so ruht der Fristenlauf bis zu dessen Entscheidung. [2]Hat die Hauptverhandlung begonnen, bevor die Frist abgelaufen ist, so ruht der Fristenlauf auch bis zur Verkündung des Urteils. [3]Wird die Hauptverhandlung ausgesetzt und werden die Akten unverzüglich nach der Aussetzung dem Oberlandesgericht vorgelegt, so ruht der Fristenlauf ebenfalls bis zu dessen Entscheidung.

(4) [1]In den Sachen, in denen eine Strafkammer nach § 74a des Gerichtsverfassungsgesetzes zuständig ist, entscheidet das nach § 120 des Gerichtsverfassungsgesetzes zuständige Oberlandesgericht. [2]In den Sachen, in denen ein Oberlandesgericht nach § 120 des Gerichtsverfassungsgesetzes zuständig ist, tritt an dessen Stelle der Bundesgerichtshof.

Schrifttum: *Böhm, Klaus Michael,* Auswirkungen des Zusammenwachsen der Völker in der Europäischen Gemeinschaft auf die Haftgründe des § 112 Abs. 2 StPO, NStZ 2001, 633; *ders.* Das neue europäische Haftbefehlsgesetz, NJW 2006, 2592; *Brinker, Verena u.a.* Aus der Praxis: Berechnung der Sechsmonatsfrist gemäß § 121 I StPO, JuS 2012, 36; *Fahl, Christian,* Zur Reservehaltung von Tatvorwürfen zum Erlass eines erneuten Haftbefehls, ZIS 2009, 452; *Hagmann, Daniel,* Haftfortdauerentscheidung bei erweitertem Haftbefehl, StV 2002, 693; *Herrmann, David,* Zur Sechsmonatsfrist nach § 121 StPO bei mehreren Straftaten, StRR 2012, 77; *Hoffmann, Thomas-Michael,* Beurteilungsspielräume der Staatsanwaltschaft als prozessuales Prinzip – eine Schranke auch bei der Haftprüfung nach den §§ 121 ff. StPO, NStZ 2002, 566; *Kintzi, Heinrich,* Der Zwang einen Mörder laufen zu lassen – Anmerkungen zur Reform der §§ 121, 122 StPO, DRiZ 2004, 348; *Knauer, Christoph,* Untersuchungshaft und Beschleunigungsgrundsatz, StraFo 2007, 309; *Klein, Christoph,* Die Zuständigkeit im weiteren Verfahren nach § 122 Abs. 4 StPO, HRSS 2006, 71; *Peroth, Bodo/Hartmann, Bernd,* Das verfassungsrechtliche Beschleunigungsgebot in Haftsachen, StV 2008, 276; *Rieß, Peter,* Die besondere Haftkontrolle der Oberlandesgerichte nach den §§ 121, 122 StPO – Funktionen und Konsequenzen, StraFo 1999, 397; *Scheinfeld, Jörg,* Haftfortdauerentscheidung und Rechtsbeugung, GA 2010, 684; *Schlothauer, Reinhold,* Heranziehung von Tatvorwürfen, die bereits bei einem vorausgegangenen Haftbefehl bekannt waren, StV 2009, 364; *ders.,* Voraussetzungen der besonderen Haftprüfung durch das OLG, StV 1999, 330; *Summa, Hermann,* Der erweiterte Tatbegriff i.S. des § 121 StPO, NStZ 2002, 69; *Temming u. a.,* Die Haftprüfung nach §§ 121, 122 StPO – Armutszeugnis für die Justiz, BStZ 1998, 62; *Wilhelm, Endrik,* Haftprüfung durch das OLG auch nach Beginn der Hauptverhandlung, NStZ 2004, 645.

Übersicht

[87] OLG Bamberg 31.3.2011 – 1 Ws 167/11, StRR 2011, 166 (zu § 275a).

I. Überblick

1 **1. Normzweck. a) Allgemeines.** Die durch Art. 1 StPÄG 1964 in die StPO eingefügte Vorschrift stellt eine zentrale Norm im Haftrecht dar und begrenzt die **Dauer der Untersuchungshaft.** Zwar kennt das deutsche Recht keine absolute zeitliche Begrenzung im Sinn einer Höchstdauer, Zweck der Norm ist es jedoch, die Strafverfolgungsorgane anzuhalten, die Ermittlungen und das sich anschließende Gerichtsverfahren beschleunigt durchzuführen. Die Bestimmung lehnt sich an Art. 5 Abs. 3 MRK an, wonach der Beschuldigte „Anspruch auf Aburteilung innerhalb einer angemessenen Frist oder auf Haftentlassung während des Verfahrens" hat.[1] Letztendlich ist die Norm aber eine besondere Ausformung des Grundsatzes der Verhältnismäßigkeit[2] und setzt der Haftdauer auch unabhängig von der zu erwartenden Strafe Grenzen.

2 **b) Inhalt.** Diese Zwecke (→ Rn. 1) erreicht die Vorschrift zum einen dadurch, dass sie – solange kein Urteil ergangen ist – die Haftfortdauer grundsätzlich auf **sechs Monate** begrenzt und nur in den in Abs. 1 vorgesehenen Ausnahmefällen bei Vorliegen der allgemeinen Haftgründe (Tatverdacht, Haftgründe, Verhältnismäßigkeit) eine zeitliche Ausdehnung zulässt, zum anderen dadurch, dass sie ein besonderes Haftprüfungsverfahren durch das **Oberlandesgericht als „besonders qualifizierten Haftrichter"** vorsieht.[3]

3 **c) Bundesverfassungsgericht.** Gleichwohl ist gerade das Haftrecht und insbesondere auch das besondere Haftprüfungsverfahren nach § 121 ff. im besonderen Maße beeinflusst von Vorgaben des Bundesverfassungsgerichts, welches immer wieder Haftfortdauerentscheidungen der Senate der Oberlandesgerichte beanstandet, nachdem diese trotz fehlerhafter Sachbehandlungen der Instanzgerichte oder dort aufgetretener zeitlicher Verzögerungen der Haft diese für fortdauernd erklären. Ihren Grund hat diese immer wieder **auftretende Divergenz** darin, dass es für die Strafjustiz nur schwer nachvollziehbar ist, etwa einen Schwerverbrecher trotz bestehender Haftgründe und diesem drohender langjähriger Inhaftierung freilassen zu müssen, weil es im Verfahren zu schweren und vermeidbaren Fehlern und Säumnissen gekommen ist.

4 Da eine solche Entlassung für die **Öffentlichkeit** oftmals unverständlich wäre und zu heftigen Reaktion der Medien führen kann, hat dies aber dazu geführt, dass jedenfalls den Haftsachen im Ermittlungsverfahren vor allem bei den Staatsanwaltschaften immer größere Bedeutung zukommt und auf deren vorrangige Bearbeitung zunehmend Wert gelegt wird. Soweit im gerichtlichen Verfahren noch Defizite bestehen, liegt dies – von Säumnissen im Einzelfall einmal abgesehen – allerdings nicht nur in der **teilweise unzureichenden personellen Ausstattung** der Strafgerichte durch die Ministerialverwaltun-

[1] Vgl. BT-Drs. IV/178, 25; KK/*Schultheis* Rn. 1; *Böhm/Werner* § 112 Rn. 16.

[2] Vgl. hierzu auch *Böhm/Werner* § 112 Rn. 3, 32 ff.; § 114 Rn. 33; § 117 Rn. 21; *Böhm* § 112a Rn. 55; § 116 Rn. 1, 33; § 120 Rn. 11.

[3] BVerfG 12.12.1973 – 2 BvR 558/73, BVerfGE 36, 264, 278 = NJW 1974, 307, 309; KK/*Schultheis* Rn. 2.

gen (→ Rn. 92 ff.),[4] sondern auch in der Handhabung der für die Geschäftsverteilung innerhalb der Gerichte verantwortlichen Präsidien, welche nicht immer den besonderen Anforderungen der Strafjustiz an eine zügige Bearbeitung von Haftsachen Rechnung tragen.

Verfassungsrechtliche Vorgaben. Grundsätzlich gilt, dass der sich aus Art. 2 Abs. 2 S. 2 GG ergebende Freiheitsanspruch des noch nicht verurteilten Beschuldigten ständig den vom Standpunkt der Strafverfolgung aus erforderlichen und zweckmäßigen Freiheitsbeschränkungen als Korrektiv entgegenzuhalten ist, wobei das **Gewicht des Freiheitsanspruchs sich gegenüber dem Strafverfolgungsinteresse mit zunehmender Dauer der Untersuchungshaft vergrößert.**[5] Dabei setzt der Grundsatz der Verhältnismäßigkeit der Haftfortdauer unabhängig von der zu erwartenden Strafe Grenzen.[6] Hinzu kommt, dass der der weitere Vollzug von Untersuchungshaft jedenfalls dann gegen Art. 2 Abs. 2 S. 2 GG verstößt, wenn die Strafverfolgungsbehörden und die Gerichte nicht alle möglichen und zumutbaren Maßnahmen ergriffen haben, um die notwendigen Ermittlungen mit der gebotenen Schnelligkeit abzuschließen. So kann die Durchführung eines geordneten Strafverfahrens und einer Sicherstellung der späteren Strafvollstreckung die Untersuchungshaft nicht weiter rechtfertigen, wenn ihre Fortdauer durch erhebliche und vermeidbare Verfahrensverzögerungen verursacht ist.[7] 5

Auch **vor Erreichen der in § 121 Abs. 1 bestimmten Sechs-Monats-Frist** haben die Strafverfolgungsbehörden und Strafgerichte daher alle möglichen und zumutbaren Maßnahmen zu ergreifen, um die notwendigen Ermittlungen mit der gebotenen Schnelligkeit abzuschließen und eine gerichtliche Entscheidung über die einem Beschuldigten vorgeworfenen Taten herbeizuführen.[8] Dabei können entsprechend dem Gewicht der zu ahndenden Straftat zwar kleinere Verfahrensverzögerungen die Fortdauer der Untersuchungshaft rechtfertigen, jedoch kann allein die Schwere der Tat und die sich daraus ergebende Straferwartung bei erheblichen, vermeidbaren und dem Staat zuzurechnenden Verfahrensverzögerungen nicht zur Rechtfertigung einer ohnehin schon lang andauernden Untersuchungshaft dienen.[9] Dabei darf nicht auf eine individuelle Vorwerfbarkeit des handelnden Justizorgans abgestellt werden,[10] vielmehr ist allein maßgeblich, ob es zu **vermeidbaren und dem Staat zuzurechnenden Verfahrensverzögerungen** gekommen ist und deshalb der weitere Vollzug der Untersuchungshaft die in Abs. 1 bestimmte Frist in einem ungewöhnlichen Maße überschreitet.[11] Dabei kommt es auch auf die durch objektive Kriterien bestimmte Angemessenheit der Verfahrensdauer an, die etwa von der Komplexität der Rechtssache, der Vielzahl der beteiligten Personen oder dem Verhalten der Verteidigung abhängig sein kann. Dies macht eine auf den **Einzelfall bezogene Prüfung des Verfahrensablaufs** erforderlich. An dessen zügigen Fortgang sind dabei umso strengere Anforderungen zu stellen, je länger die Untersuchungshaft andauert.[12] 6

Normauslegung. Diese verfassungsrechtlichen Vorgaben wirken sich vor allem auf die **Auslegung** der in Abs. 1 vorhandenen Rechtsbegriffe der **„besondere Schwierigkeit"** (→ Rn. 39 ff., 43), des **„besonderen Umfang der Ermittlungen"** (→ Rn. 40 ff.) oder des **„anderen wichtigen Grundes"** (→ Rn. 44 ff.) aus, welche als Ausnahmetatbestände eng auszulegen sind.[13] Zwar obliegt die Auslegung dieser Normen dem allgemein dafür zuständigen Gericht – das Bundesverfassungsgericht überprüft jedoch, ob die Auslegung 7

---

[4] Vgl. hierzu BVerfG 6.5.2003 – 2 BvR 530/03, NJW 2003, 2895.
[5] BVerfG 6.2.1980 – 2 BvR 1070/79, BVerfGE 53, 152, 158.
[6] BVerfG 3.5.1966 – 1 BvR 58/66, BVerfGE 20, 45, 49.
[7] BVerfG 30.9.1999 – 2 BvR 1775/99, NStZ 2000, 153.
[8] BVerfG 12.12.1973 – 2 BvR 558/73, BVerfGE 36, 264, 273= NJW 1974, 307; *Böhm* § 120 Rn. 15 ff.
[9] BVerfG 16.3.2006 – 2 BvR 170/06, BVerfGK 7, 421, 428.
[10] BVerfG 15.2.2005 – 2 BvR 1964/05, NJW 2006, 672.
[11] BVerfG 20.10.2006 – 2 BvR 1742/06 ua, StV 2006, 703.
[12] BVerfG 4.5.2011 – 2 BvR 2781/10, StRR 2011, 246.
[13] BVerfG 6.2.1980 – 2 BvR 1070/79, BVerfGE 53, 152, 159 = NJW 1980, 1449; BVerfG 12.12.1973 – 2 BvR 558/73, BVerfGE 36, 264, 271= NJW 1974, 307.

dieses Begriffs durch die Gerichte nicht auf einer grundsätzlich unrichtigen Anschauung von Bedeutung und Tragweite des Grundrechts der persönlichen Freiheit beruht und der Vorschrift unter Vernachlässigung anderer Auslegungsmöglichkeiten einen verfassungswidrigen Sinn beilegt.[14]

8 **Formale Begründungsanforderungen.** Entscheidungen über die Haft bedürfen zudem einer **qualifizierten Begründung.** In der Regel sind deshalb in jedem Beschluss über die Anordnung der Fortdauer der Untersuchungshaft aktuelle Ausführungen zu dem weiteren Vorliegen ihrer Voraussetzungen, zur Abwägung zwischen dem Freiheitsgrundrecht des Beschuldigten, dem Strafverfolgungsinteresse der Allgemeinheit sowie zur Frage der Verhältnismäßigkeit geboten.[15] Dieses Begründungsgebot soll nicht nur das Bundesverfassungsgericht zur Überprüfung der angefochtenen Entscheidung in die Lage versetzen, sondern ist auch Ausfluss des Rechts des Beschuldigten auf ein faires Verfahren.[16] Unterlässt ein Fachgericht deshalb eine hinreichende Analyse der konkreten Verfahrensabläufe und berücksichtigt die relevanten Gesichtspunkte, die für eine lange Verfahrensdauer verantwortlich sind, nur unzureichend, so mangelt es der Entscheidung über die Haftfortdauer an einer hinreichenden **Begründungstiefe.**[17] Begründet etwa das Oberlandesgericht im Haftprüfungsverfahren die Haftfortdauer daher maßgeblich mit der bloßen Wiedergabe des Gesetzeswortlauts, ohne dass eine Subsumtion unter die Tatbestandsvoraussetzungen des Abs. 1 überhaupt erkennbar wird, so hat dies regelmäßig eine Verletzung des Art. 2 Abs. 2 S. 2 GG zur Folge.[18] Auch muss das Oberlandesgericht die Grundsätze des rechtlichen Gehörs beachten. So ist es gehalten, auf den wesentlichen Kern des Vorbringens eines Beteiligten einzugehen und sich mit diesem auseinander zu setzen. Fehlt es hieran, so könnte dies auf die die Nichtberücksichtigung des Vortrages schließen lassen und zu einer Aufhebung durch das Bundesverfassungsgericht schon aus formalen Gründen führen.[19]

II. Anwendungsbereich

9 **1. Sechsmonatsfrist (Abs. 1).** Nach Abs. 1 darf der Vollzug der Untersuchungshaft wegen derselben Tat über sechs Monate hinaus nur aufrechterhalten werden, wenn die besondere Schwierigkeit oder der besondere Umfang der Ermittlungen oder ein anderer wichtiger Grund ein Urteil noch nicht zugelassen haben und die Fortdauer der Haft rechtfertigen. Klärungsbedürftig ist insoweit zunächst der sachliche Anwendungsbereich der Norm (→ Rn. 10 ff.), der zeitliche. Anwendungsbereich im Hinblick auf die Berechnung der Sechsmonatsfrist (→ Rn. 16 ff.), der heftig umstrittene Begriff „derselben Tat" (→ Rn. 25 ff.) sowie Entscheidungsumfang und Entscheidungsbefugnis (→ Rn. 32 ff.).

10 **a) Sachlicher Anwendungsbereich.** Die Vorschriften der §§ 121 ff. gelten grundsätzlich nur für die Untersuchungshaft. Auf die Auslieferungshaft (§§ 15, 16 IRG) und die Sicherungshaft (§§ 453c Abs. 2 S. 2, 230 Abs. 2, 329 Abs. 4 S. 1) finden sie keine Anwendung. Nach § 126a Abs. 2 S. 2 gelten sie für die einstweilige Unterbringung mit der Maßgabe entsprechend, dass das Oberlandesgericht prüft, ob die Voraussetzungen der einstweiligen Unterbringung weiter vorliegen. Durch diese Einschränkung wird klargestellt, dass im Unterschied zu Abs. 1 der Beschuldigte nicht nur deshalb automatisch entlassen werden muss, weil es an einem wichtigen Grund fehlt oder das Verfahren nicht zügig betrieben wurde, sondern diese Gesichtspunkte im Rahmen der Verhältnismäßigkeit im Einzelfall zu prüfen und abzuwägen sind. Der Grund des zum Haftbefehls nach § 112 unterschiedlichen Prüfungsmaßstabs liegt darin, dass nach dem Willen des Gesetzgebers bei der Unterbringung

[14] BVerfG 6.5.2003 – 2 BvR 530/03, NJW 2003, 2895.

[15] BVerfG 29.3.2007 – 2 BvR 489/07, NStZ-RR 2008, 18; dass. 7.8.1998 – 2 BvR 962/98, StV 1999, 40.

[16] BVerfG 29.3.2007 – 2 BvR 489/07, NStZ-RR 2008, 18.

[17] BVerfG 16.3.2006 – 2 BvR 170/06, BVerfGK 7, 421, 428; *Böhm/Werner* § 112 Rn. 8, § 117 Rn. 21.

[18] BVerfG 7.8.1998 – 2 BvR 962/98, StV 1999, 40; dass. 16.3.2006 – 2 BvR 170/06, StV 2006, 248.

[19] BVerfG 19.5.1992 – 1 BvR 986/91, BVerfGE 86, 133, 146; dass. 15.2.2007 – 2 BvR 2563/06, NStZ-RR 2007, 311.

der Schutz der Allgemeinheit im Vordergrund steht, während die Untersuchungshaft nach § 112 StGB[20] in erster Linie der Verfahrenssicherung dient.[21]

aa) Ordnungsgemäße Haftgrundlage. Unstreitig ist, dass Gegenstand der besonderen Haftprüfung nur ein ordnungsgemäß verkündeter Haftbefehl sein kann.[22] Fehlt es etwa bei einer erfolgten Erweiterung der Haftgrundlage durch den Haftrichter an einer ordnungsgemäßen Verkündung der neuen Haftgrundlage nach § 115,[23] so darf das Oberlandesgericht nur den ursprünglichen Haftbefehl seiner Entscheidung zu Grunde legen, da der Beschuldigte nicht die Möglichkeit gehabt hat, sich zu den neuen Tatvorwürfen zu äußern. Gleiches gilt, wenn die Eröffnung des erweiterten Haftbefehls nicht durch den für das Verfahren nach § 115 Abs. 3 zuständigen Richter erfolgt ist, sondern die Vernehmung einem ersuchten Richter übertragen wurde (str.).[24] 11

bb) Wirksame Haftgrundlage. Wenig erörtert ist jedoch die Frage, wie das Oberlandesgericht zu verfahren hat, wenn es überhaupt an einer wirksamen Haftgrundlage fehlt. Ein solcher Fall kann etwa eintreten, wenn die dem Beschuldigten zur Last gelegte/n Tat/Taten nicht hinreichend deutlich iSd § 114 im Haftbefehl umschrieben sind, so dass es an einer wirksamen Haftgrundlage überhaupt fehlt.[25] Da dem Oberlandesgericht im Haftprüfungsverfahren anders als im Beschwerdeverfahren selbst eine Anpassung der Haftgrundlage verwehrt ist,[26] bleibt nur die Möglichkeit der Aufhebung[27] oder der Rückgabe[28] an das zuständige Gericht zur Neufassung. Dies gilt jedenfalls dann, wenn der Tatvorwurf im Laufe des Verfahrens vollständig ausgetauscht wird[29] 12

cc) Fehlende Anpassung der Haftgrundlage. Davon zu unterscheiden ist jedoch die in der Praxis ständig auftauchende Fallgestaltung, dass der Haftbefehl zwar zum Zeitpunkt seines Erlasses den formalen Anforderungen des § 114 genügt, er jedoch im Laufe des Verfahrens nicht – wie geboten – dem aktuellen Ermittlungsstand angepasst wird. Durch diese fehlerhafte Sachbehandlung wird der Haftbefehl jedoch nicht unwirksam, sondern er muss vom Oberlandesgericht der besonderen Haftprüfung zugrunde gelegt werden, welches, wenn sich die prozessuale Tat nicht ändert, vor allem den Tatverdacht und die Haftgründe aufgrund der vorgelegten Akten prüfen und seiner Entscheidung zugrunde legen kann.[30] Gegenstand der besonderen Haftprüfung ist aber allein die im Haftbefehl aufgeführte/n Tat/en,[31] weshalb die unter Umständen in einer Anklageschrift zwischenzeitlich zusätzlich erhobenen Tatvorwürfe unberücksichtigt bleiben (→ Rn. 32).[32] 13

Problematisch sind jedoch insoweit wieder die Fälle insoweit jedoch wiederum die die Fälle, in welchen der Haftbefehl vom Tatrichter nicht angepasst wird, die der Bewertung des dringenden Tatverdachts zugrunde liegenden Taten jedoch nicht mehr verfahrensiden- 14

---

[20] Zur anderen Bewertung beim Haftgrund der Wiederholungsgefahr nach § 112a vgl. *Böhm* § 112a Rn. 3 ff., 5.

[21] Vgl. hierzu näher *Böhm/Werner* § 126a Rn. 41; KK *Schultheis* § 126a Rn. 5.

[22] BVerfG 20.9.2001 – 2 BvR 1144/01–, NStZ 2002, 158 (Aufhebung der Haft wegen Perpetuierung des Verstoßes durch das OLG); vgl. hierzu *Böhm/Werner* § 114 Rn. 50 ff.

[23] OLG Oldenburg 2.2.2005 – HEs 1/05, NStZ 2005, 342.

[24] OLG Stuttgart 14.7.2005 – 4 Hes 59/2005 ua, NStZ 2006, 588; aA noch OLG Karlsruhe 10.5.1996 – 1 AR 27/96, Justiz 1997, 140.

[25] Siehe hierzu *Böhm/Werner* § 114 Rn. 50 ff.

[26] OLG Oldenburg 2.2.2005 – -Wes 1/05, NStZ 2005, 342; OLG Hamm 17.3.2009 – 3 Ws 86/09, NStZ 2010, 235.

[27] So OLG Koblenz 21.12.2005 – (1) 4420 BL – III 51/05, NStZ-RR 2006, 143; OLG Celle 1.6.2005 – 22 Hes 3/05, StV 2005, 513.

[28] So OLG Stuttgart 24.1.2002 – 5 Hes 20/2002 ua, Justiz 2002, 248.

[29] OLG Koblenz 12.11.2007 – (1) 4420 BL – III 29/07, NStZ-RR 2008/92 (Ls.); OLG Hamm 17.3.2009 – 3 Ws 86/09, NStZ 2010, 281.

[30] AA wohl OLG Celle 1.6.2005 – 22 Hes 3/05, StV 2005, 513 (Aufhebung wegen unzureichender Sachdarstellung).

[31] OLG Dresden 14.7.2003 – 1 AK 45/03; OLG Zweibrücken 4.7.2007 – 1 HPL 24/07 ua.

[32] Vgl. auch *Böhm/Werner* § 114 Rn. 47.

tisch sind. Wird etwa dem Beschuldigten im Haftbefehl mehrfacher gewerbsmäßiger Diebstahl zu Last gelegt und ihm sodann in der Anklageschrift vorgeworfen, Teile des Diebesgut zu ganz anderen Tatzeiten als Hehler gewerbsmäßig angekauft zu haben, so handelt es sich um unterschiedliche Tatvorwürfe. Da der nach wie vor vollzogene und derzeit als Haftgrundlage allein maßgebliche Haftbefehl insoweit auf einer tatsächlichen und rechtlichen Grundlage fußt, die der sich aus der zwischenzeitlich erhobenen Anklage ergebenden Erkenntnis- und Verdachtslage nicht mehr entspricht, und der Haftbefehl damit seiner Funktion, in tatsächlicher und rechtlicher Hinsicht verlässlich Auskunft über den Grund der Untersuchungshaft zu geben, nicht mehr gerecht wird, kommt eine Haftfortdaueranordnung durch das OLG nicht in Betracht. In einem solchen Fall können jedoch Akten zur verantwortlichen Prüfung der aktuellen Verdachtslage und zur Neufassung des Haftbefehls an das insoweit nach §§ 125, 126 zuständige Gericht zurückgegeben werden (str.).[33]

15 **dd) Vollzug des Haftbefehls.** Weitere Voraussetzung ist, dass der Haftbefehl überhaupt vollzogen wird, was nicht der Fall ist, wenn Überhaft notiert oder dieser außer Vollzug gesetzt ist. Auch insoweit gilt das Beschleunigungsgebot, welches über den Grundsatz der Verhältnismäßigkeit etwa im Rahmen einer Haftbeschwerde zu beachten ist.[34]

16 **b) Zeitlicher Anwendungsbereich – Berechnung der Sechsmonatsfrist.** Zu unterscheiden ist dabei zwischen dem Beginn und dem Ende der Frist sowie den Zeiten der Unterbrechung bei deren Berechnung.

17 **aa) Fristbeginn.** Die Sechsmonatsfrist beginnt nicht schon mit der vorläufigen Festnahme des Täters,[35] sondern nach ganz hM erst mit dem Datum des Erlasses des Haftbefehls. War schon vorher ein Haftbefehl erlassen, beginnt die Frist mit dem Tag der Festnahme. Unterschiedlich beantwortet wird indes die Frage, ob – wie zutreffend und der forensischen Praxis weitgehend entsprechend – der Tag des Beginns der Untersuchungshaft bei der Sechs-Monats-Frist mitgerechnet wird[36] oder der Fristbeginn nach § 43 berechnet wird und damit erst mit Ablauf des Tages des sechsten Monats endet,[37] der durch seine Zahl dem Tag entspricht, an dem die Untersuchungshaft begonnen hat.

18 **bb) Fristende.** Grundsätzlich kommt Abs. 1 zur Anwendung, solange kein Urteil ergangen ist, das auf eine Freiheitsstrafe oder eine freiheitentziehende Maßregel der Besserung und Sicherung erkannt hat. Nach Abs. 3 S. 2 ruht jedoch im Falle des Beginns der Hauptverhandlung der Fristablauf bis zur Verkündung des Urteils. Hat daher der Tatrichter Termin zur Hauptverhandlung innerhalb der Sechsmonatsfrist bestimmt und das Verfahren durch Urteil abgeschlossen, findet eine besondere Haftprüfung nicht statt, die Vorlage der Akten ist entbehrlich.[38] Dies gilt auch dann, wenn die erstinstanzliche Entscheidung im Berufungs- oder Revisionsverfahren aufgehoben worden ist.[39] Hat die Hauptverhandlung begonnen oder ist ein Urteil ergangen, ist zwar die Durchführung einer Haftprüfung nach § 121 nicht mehr möglich, jedoch ist die Überprüfung der Einhaltung des Beschleunigungsgrundsatzes auch im Haftbeschwerdeverfahren möglich.[40]

19 **Fristende bei Aussetzung der Hauptverhandlung.** Eine Vorlage der Akten an das Oberlandesgericht ist aber dann nachzuholen, wenn der Richter die Hauptverhandlung

---

[33] OLG Karlsruhe 6.2.2013 – 1 Ws 20/13; ebenso für eine ähnlich gelagerte Fallkonstellation der unzureichende Konkretisierung des Tatvorwurfs im Haftbefehl: OLG Karlsruhe 24.1.2013 – 2 Ws 7/13-HEs 1/13; siehe auch OLG Stuttgart 24.1.2002 – 5 HEs 20/2002, Justiz 2002, 248; aA – Aufhebung des Haftbefehls – OLG Celle 1.6.2005 – 22 HEs 3/05, StV 2005, 513; vgl. auch *Meyer-Goßner* § 122 Rn. 13.

[34] Vgl. hierzu *Böhm/Werner* § 112 Rn. 5; *Böhm* § 116 Rn. 12.

[35] AA *Schlothauer/Weider* Rn. 903.

[36] *Meyer-Goßner* Rn. 4; *LR/Hilger* Rn. 13.

[37] So OLG Hamm 21.8.2007 – 3 Ws 429/07, NJW 2007, 3220 (zu § 126a), KK *Schultheis* Rn. 6; *Brinker* ua JUS 2012, 36.

[38] OLG Dresden 4.9.2003 – 2 Ws 477/03, NStZ 2004, 644.

[39] OLG Zweibrücken 6.4.2010 – 1 HEs 2/10, NStZ-RR 2010, 325.

[40] Vgl. hierzu *Böhm/Werner* § 117 Rn. 26, 35; *Böhm* § 120 Rn. 15 ff.

nicht durch Urteil abschließen kann, sondern diese aussetzen muss. Mit Beginn der Hauptverhandlung ruht generell die Frist und läuft vom Zeitpunkt der Aussetzung auch dann weiter, wenn es nicht zu einem Urteil kommt.[41] Wird also eine begonnene Hauptverhandlung mit der Folge ausgesetzt, dass sie später neu durchgeführt werden muss, läuft die Frist des Abs. 1 bei einem weiterhin inhaftierten Angeklagten erst von der Aussetzung an weiter.[42] Allerdings müssen die Akten unverzüglich dem Oberlandesgericht vorgelegt werden (§ 121 Abs. 3 S. 3).[43]

Problematisch sind die Fälle, in welchen der Tatrichter die Hauptverhandlung – kurz – nach Ablauf der Sechsmonatsfrist terminiert, die Akten auch innerhalb der Frist, welche mit Eingang ruht (§ 122 Abs. 3 S. 1), dem Oberlandesgerichts vorlegt, dieses jedoch vor Beginn der Hauptverhandlung nicht mehr entscheiden kann, etwa weil noch Stellungnahmefristen für die Verteidiger laufen. Auch in diesem Fall endet die Prüfungskompetenz des Oberlandesgerichts mit Beginn der Hauptverhandlung.[44] Der Beschuldigte ist in diesem Falle nicht rechtlos gestellt. Seinem Anspruch auf Durchführung der Hauptverhandlung ist genügt und auch in deren Rahmen können etwa im Haftprüfungs- oder Haftbeschwerdeverfahren die Voraussetzungen für die Fortdauer der Untersuchungshaft einschließlich im Rahmen der Verhältnismäßigkeit etwa aufgetretener Verfahrensverzögerungen[45] überprüft werden. 20

Verspätete Aktenvorlage. Allein die verspätete Vorlage der Akten zur Durchführung der Haftprüfung an das Oberlandesgericht hat keinen Einfluss auf den Lauf der Frist. Eine solche führt nicht von sich aus zur Aufhebung des Haftbefehls. Sind jedoch die Akten dem Senat verspätet vorgelegt wurden, sind erhöhte materielle Anforderungen an die Fortdauer der Untersuchungshaft zu stellen.[46] 21

cc) Fristberechnung. Befand sich der Beschuldigte zeitweise aufgrund einer anderen Rechtsgrundlage nicht auf freiem Fuß, so ist je nach der Rechtsgrundlage unterschiedlich zu beurteilen, ob diese Zeitspanne in die Sechs-Monats-Frist ein zu rechnen ist oder nicht. 22

dd) Berücksichtigungsfähige Fristen. Die **einstweilige Unterbringung nach § 126a StPO** ist nach hA anzurechnen, wenn der Unterbringungsbefehl aufgrund zweifelhaft gewordener Voraussetzungen durch einen Haftbefehl ersetzt werden muss und sich die Haft unmittelbar an die vorläufige Unterbringung anschließt.[47] Auch die **Zeit der Unterbringung des Beschuldigten gemäß § 81a** ist bei der Berechnung der Sechs-Monats-Frist jedenfalls dann zu berücksichtigen, wenn die Untersuchungshaft zeitweise unterbrochen wurde, da diese dann nicht nur dem begrenzten Zweck der Sicherung der Begutachtung, sondern darüber hinaus dem den Haftbefehl rechtfertigenden Sicherungszweck dient.[48] 23

Nicht berücksichtigungsfähige Fristen. Hierzu gehört vor allem die **Auslieferungshaft**, weil diese auf ausländischem Recht und auf einer Anordnung im Ausland zuständiger Stellen beruht.[49] Auch wenn etwa die Auslieferungshaft nicht in die Berechnung der Sechs-Monatsfrist nicht mit einbezogen wird, bleibt sie gleichwohl nicht unberücksichtigt und zwingt das Gericht aus Gründen der Verhältnismäßigkeit zu einer beschleunigten Bearbei- 24

---

[41] BGH 21.5.1986 – AK 8/86, NStZ 1986, 422 mAnm *Paeffgen* NStZ 1989, 518.

[42] OLG Rostock 16.9.2009 – 2 HEs 6/09, NStZ-RR 2009, 20.

[43] Vgl. aber OLG Rostock 16.9.2008 – HES 4/08, NStZ-RR 2009, 20.

[44] OLG Hamm 10.7.2012 – III – 1 Ws 336/12; OLG Düsseldorf 6.5.1992 – 3 Ws 206/02, NStZ 1992, 402; KG 8.11.2006 – 1 HEs 59/05, NStZ-RR 2007, 207.

[45] OLG Koblenz 11.2.2004 – 2 Ws 71/04, OLGSt StPO § 121 Rn. 30; *Böhm/Werner* § 117 Rn. 24 ff., 26, 35.

[46] OLG Hamm 21.8.2007 – 3 OBL 86/07, NJW 2007, 3220 (zu § 126a); *Meyer-Goßner* Rn. 28; aA *Schlothauer/Weider* Rn. 901.

[47] OLG Düsseldorf 5.7.1993 – 2 Ws 212/93, MDR 1994, 192; dass. 29.10.2007 – III – 3 Ws 357/07, NJW 2008, 867; OLG Nürnberg 27.1.2007 – Ws 61/97, StV 1997, 537 (Ls.); *Meyer-Goßner* Rn. 6; aA OLG München 1.8.2003 – 2 Ws 744/03, NStZ–RR 2003, 366; OLG Schleswig 6.8.2001 – 2 HEs 50/01, NStZ 2002, 220 (Ls.).

[48] OLG Dresden 19.10.2001 – 1 AK 132/01, NStZ-RR 2002, 60; KG 30.10.1996 – (4) 1 HEs 158/96, NStZ 1997, 148; aA *Meyer-Goßner* Rn. 5.; KK/*Schultheis* Rn. 6.

[49] *Meyer-Goßner* § 121 Rn. 7.

tung. Befindet sich ein Angeklagter insoweit bereits über sechs Monate in Haft, gebietet es das Beschleunigungsgebot in Haftsachen alle zumutbaren Terminierungsmöglichkeiten auszuschöpfen, um möglichst schnell zu einer Entscheidung über den Anklagevorwurf zu kommen.[50] Nicht eingerechnet wird – anders als bei einer nur dem Sicherungszweck dienenden Unterbringung nach §§ 72 Abs. 4 S. 1 JGG[51] – auch die Dauer der **Unterbringung eines Jugendlichen** in einem Erziehungsheim nach § 71 Abs. 2 JGG selbst dann nicht, wenn der Unterbringungsbefehl durch einen Haftbefehl ersetzt wird.[52]

25 **c) Begriff derselben Tat.** Zu den meist **umstrittenen Problemen** im Haftrecht gehört der Begriff derselben Tat. Die Frage stellt sich insbesondere im Hinblick auf den Lauf der Sechsmonatsfrist, wenn während des Ermittlungsverfahrens neue Taten bekannt werden. Hintergrund des Streits ist die Vermeidung der „Reservehaltung" von Haftbefehlen, um mit diesen zu ermöglichen, den Beschuldigten auch nach Fristablauf aufgrund einer neuen Rechtsgrundlage in Haft halten zu können.

26 **Einigkeit der Bewertung.** Was unter „derselben Tat" im Sinne des Abs. 1 zu verstehen ist, hat das Gesetz nicht definiert. Es besteht jedoch heute Einigkeit dahin, dass dieser nicht mit dem Tatbegriff des § 264[53] gleichgesetzt werden kann und eine **weite Auslegung** geboten ist, um eine „Reservehaltung" von Tatvorwürfen zu verhindern.[54] Abs. 1 sichert nämlich den Anspruch eines Beschuldigten, binnen angemessener Frist abgeurteilt oder aber aus der Untersuchungshaft entlassen zu werden. Dieses auch verfassungsrechtlich gewährleistete Recht würde umgangen werden, könnte sich die Ermittlungsbehörde ihr schon bekannte Tatvorwürfe für einen späteren Zeitpunkt, sei es durch Ausdehnung eines bestehenden oder Erlass eines weiteren Haftbefehls, aufsparen, um erst einmal die Sechs-Monats-Frist der zunächst ergangenen Haftanordnung auszunutzen.

27 Das **Bestehen verschiedener Haftbefehle** der gleichen Behörde (Staatsanwaltschaft oder Gericht) bedeutet daher nicht, dass diese ohne Beachtung der in Abs. 1 normierten besonderen Anforderungen „nacheinander" vollstreckt werden könnten (→ Rn. 31).[55] Sind daher beim Erlass eines vollzogenen Haftbefehls schon weitere Tatvorwürfe unter Bestehen eines dringenden Tatverdachts bekannt, welche aber trotz Möglichkeit[56] einer Verbindung der Verfahren[57] nicht einbezogen wurden, so beginnt mit dem Erlass eines zweiten oder eines erweiterten Haftbefehls keine neue Sechsmonatsfrist zu laufen.

28 **Uneinigkeit in der Bewertung.** Uneinigkeit besteht aber vor allem darin, zu **welchem Zeitpunkt** die Frist zu laufen, wenn erst **während des Laufs des Sechsmonatsfrist neue Taten des Beschuldigten bekannt** werden, für welche dringender Tatverdacht besteht.[58] Im Wesentlichen werden hierzu zwei Ansichten vertreten:

---

[50] OLG Braunschweig 28.4.2005 – HEs 10/05, NdsRPfl 2005, 228.

[51] OLG Dresden 23.12.1993 – 2 AK 136/93, JR 1994, 377; OLG Karlsruhe 14.3.1997 – 3 HEs 91/97, NStZ 1997, 452.

[52] KG 5.12.1989 – (4) 1 HEs 111789, JR 1990, 216; KK/*Schultheis* Rn. 7; vgl. auch OLG Köln 13.10.2010 – 43 Hes 8/10, NStZ-RR 2011, 121 (nicht berücksichtigungsfähige Unterbringung eines Heranwachsenden in einem Heim der Jugendhilfe nach § 72 Abs. 4 JGG).

[53] OLG München 4.7.2011 – 2 Ws 568/11, StraFo 2011, 394 (keine neuer Fristbeginn bei derselben prozessuale Tat).

[54] OLG Koblenz 3.1.2001 (1) 4420 BL – III – 71/00, NStZ-RR 2001, 152; OLG Karlsruhe 18.5.2010 – 3 HEs 112/00, StV 2000, 513; Thüringer Oberlandesgericht 22.3.1999 – 1 HEs 12/99, StV 1999, 329; OLG Zweibrücken 26.1.1998 – 1 BL 4/98, NStZ-RR 1998, 182; OLG Hamm 21.4.1998 – 2 BL 62/98, StV 1998, 555; OLG Köln 5.8.1997 – HES 177/97, NStZ-RR 1998, 181; Hanseatisches Oberlandesgericht Bremen 7.8.1997 – BL 159/97, StV 1998, 140; Brandenburgisches Oberlandesgericht 3.3.1997 – 2 (3) HEs 16/97, StV 1997, 536; OLG Frankfurt a. M. 2.3.1990 – 1 HEs 259/88, NJW 1990, 2144; OLG Celle 31.10.1988 – HEs 66/88, StV 1989, 255; vgl. hierzu auch *Herrmann* StRR 2012, 77; *Fahl* ZIS 2009, 452; *Schlothauer* StV 2009, 464; *Summa* NStZ 2002, 69.

[55] OLG Karlsruhe 18.5.2010 – 3 HEs 112/00, StV 2000, 513.

[56] Vgl. zu einer sachwidrigen Verfahrenstrennung jüngst: KG 15.8.2013 – 4 WS 108/13, StraFO 2013, 507.

[57] OLG Celle 3.1.2007 – 21 HEs 706, NdsRpfl. 2007, 123; Hanseatisches Oberlandesgericht 7.7.2005 – 2 Ws 147/05, OLGSt StPO § 121 Nr. 32.

[58] Vgl. zu allen Ansichten OLG Düsseldorf 16.12.2003 – III 3 Ws 460/03, NStZ-RR 2004, 125.

Herrschende Ansicht. Nach herrschender Ansicht beginnt für einen neuen oder nur um weitere Taten erweiterten Haftbefehl **die Sechsmonatsfrist zu dem Zeitpunkt neu zu laufen, in welchem ein neuer Haftbefehl hätte erlassen** oder aber der ursprüngliche erste Haftbefehl hätte erweitert werden können. Dies ist dann der Fall, wenn bezüglich der neuen Tatvorwürfe ein dringender Tatverdacht hätte bejaht und die neuen Tatvorwürfe in den Haftbefehl mit hätten aufgenommen werden können,[59] mithin **„Haftbefehlsreife"**[60] besteht, und zwar unabhängig davon, ob die Taten – unter teilweiser Ausklammerung von „Serienstraftaten"[61] – Gegenstand desselben oder getrennter Verfahren sind,[62] wobei für den regelmäßigen Fristbeginn teilweise auf den Tag der neuen Haftentscheidung abgestellt wird.[63] Zur Begründung dieser Ansicht wird unter anderem angeführt, hierdurch würden unbillige Ergebnisse für den Fall vermieden, dass während des Ermittlungsverfahrens neue schwerwiegende Straftaten des Beschuldigten bekannt würden, jedoch eine Fortdauer der Untersuchungshaft aber deshalb ausscheide, weil das Verfahren wegen der ursprünglichen Tatvorwürfe nicht hinreichend gefördert worden sei.[64] 29

Mindermeinung. Nach der Gegenansicht wird auch dann **keine neue Sechsmonatsfrist in Lauf gesetzt, wenn nach Erlass des Haftbefehls weitere Taten des Beschuldigten ermittelt werden,** hinsichtlich derer sich zu einem jeweils späteren Zeitpunkt dringender Tatverdacht ergibt.[65] Begründet wird dies damit, dass auch nach Erweiterung eines Haftbefehls auf weitere Vorwürfe die ursprünglichen Tatvorwürfe ein Teil der „Taten" iSv Abs. 1 bleiben, wegen der sich der Beschuldigte in Untersuchungshaft befindet. **Dieser Ansicht ist zuzustimmen,** denn die herrschende Ansicht, wonach bei einer Erweiterung des Haftbefehls die Frist des Abs. 1 zu dem Zeitpunkt beginnt, ab welchem wegen der neuen Tatvorwürfe erstmals die Voraussetzungen für den Erlass oder die Erweiterung des Haftbefehls vorgelegen haben, führt zu erheblichen und mit dem Sinn und Zweck des Haftprüfungsverfahren nicht vereinbaren Unsicherheiten in der Bewertung des Zeitpunktes der Aktenvorlage. So wird sich vielmals kaum sicher bewerten lassen, zu welchem Zeitpunkt ein dringender Tatverdacht eigentlich eingetreten ist.[66] Insoweit sind unterschiedliche Bewertungen auch im Hinblick auf die Frist zur Aktenvorlage an das Oberlandesgericht möglich, was im Haftprüfungsverfahren nach § 121 tunlichst zu vermeiden ist. Hat etwa bereits ein weiterer Tatverdächtiger Angaben zu neuen Taten des Beschuldigten gemacht, so kann sich schon hieraus die Annahme des dringenden Tatverdachts rechtfertigen, ohne dass es weiterer Ermittlungen der Staatsanwaltschaft bedarf. Wenn aber bereits zu diesem Zeitpunkt das Vorliegen eines dringenden Tatverdachts zu bejahen gewesen wäre, so wäre bereits am nächsten Tag und ggf. nicht Wochen danach der Haftbefehl anzupassen und die Frist würde zu laufen beginnen.[67] Auch wäre ggf. zu fragen, ob die Taten mit der gebotenen Beschleunigung ermittelt wurden und nicht schon viel früher hätten bekannt sein müssen.[68] Hieraus wird deutlich, dass auch nicht auf das Datum des Erlasses eines neuen oder erweiterten Haftbefehls abgestellt werden darf, weil das Ergehen einer solchen neuen Haftgrundlage von einer Antragstellung der Staatsanwaltschaft abhängig ist und Anklagebehörde entgegen Sinn und Zweck des Abs. 1 damit doch den Lauf der 30

---

[59] OLG Düsseldorf 16.12.2003 – III – 3 Ws 460/03, NStZ-RR 2004, 125; OLG Koblenz 30.7.2009 – 2 HES 8/09, OLGST StPO § 121 Nr. 37; OLG Stuttgart 6.6.2007 – 4 HEs 86/07, StV 2008 85; KK/*Schultheis* Rn. 10 mwN.

[60] OLG Dresden 31.3.2009 – 2 AK 6/09, NJW 2010, 952.

[61] KG 12.9.2005 – (3) 1 HEs 147/05 (dieselbe Tat auch bei zusammengehörendem Tatkomplex); siehe hierzu auch KK/*Schultheis* Rn. 11.

[62] Oberlandesgerichts des Landes Sachsen-Anhalt 2.12.2008 – 1 Ws 674/08, StV 2009, 536.

[63] OLG Koblenz 3.1.2001 – (1) 4420 BL – III – 71/00, NStZ-RR 2001, 152.

[64] Vgl. hierzu die Nachweise bei KK/*Schultheis* Rn. 11.

[65] OLG Karlsruhe 14.2.2003 – 1 HEs 41/03, StV 2003, 513.

[66] So aber Oberlandesgericht des Landes Sachsen-Anhalt 2.12.2008 – 1 Ws 674/08, StraFo 2009, 148.

[67] Siehe hierzu das Fallbeispiel bei OLG Karlsruhe 28.9.2010 – 1 Ws 202-204/10, StV 2011, 293.

[68] So Thüringer Oberlandesgericht 16.11.2010 – 1 Ws 446/10, StV 2011, 748 (gebotene Beschleunigung); OLG Celle 9.2.2012 – 32 HEs 1/12, StV 2012, 421 (ordnungsgemäße Ermittlungstätigkeit).

Sechsmonatsfrist bestimmen und ggf. manipulieren könnte.[69] Gegen die herrschende Ansicht spricht auch, dass für eine erneute Inlaufsetzung der Sechsmonatsfrist keine wirkliches Bedürfnis besteht. Selbst wenn das Verfahren bezüglich der ursprünglichen Tatvorwürfe nicht zureichend gefördert worden wäre, müsste dies nicht zwingend zur Aufhebung des Haftbefehls führen, wenn die neuen Tatvorwürfe für sich gesehen die Anordnung der Fortdauer der Untersuchungshaft rechtfertigen können.

31 **Sonderfälle.** Dieselbe Tat im Sinne des Abs. 1 liegt aber dann nicht vor, wenn der Beschuldigte erst **nach Beendigung des Vollzugs von Untersuchungshaft**, sei es infolge Aufhebung oder Außervollzugsetzung der ursprünglichen Haftgrundlage, neue Straftaten begangen hat oder solche bekannt werden, denn diese Taten hätten gar nicht Gegenstand eines früheren Haftbefehls werden können.[70] Dies gilt auch dann, wenn die zunächst geführten Ermittlungsverfahren später verbunden und die Tatvorwürfe in einem neuen Haftbefehl zusammengefasst wurden.[71] War der Erlass eines einheitlichen Haftbefehls zu keinem Zeitpunkt möglich, etwa weil die Ermittlungsverfahren bei unterschiedlichen Staatsanwaltschaften geführt wurden,[72] so kann ebenfalls nicht vom Vorliegen „derselben Tat" ausgegangen werden, was sich schon daraus ergibt, dass für den Erlass von Haftbefehlen unterschiedliche Gerichte zuständig sind. Sind jedoch die Verfahren bei der gleichen Behörde zumindest zeitweise gemeinsam anhängig gewesen, so ist es unerheblich, dass die Tatvorwürfe in verschiedenen Verfahren geführt wurden (→ Rn. 27).[73] Dieselbe Tat liegt auch dann nicht vor, wenn bezüglich einzelner Tatkomplexe bereits ein rechtskräftiges Urteil vorliegt.[74]

32 **d) Prüfungsbefugnis.** Erhebliche Bedeutung kommt in der Praxis der Frage zu, in welchem Umfang das Oberlandesgericht zur Überprüfung der vorgelegten Akten befugt und auch verpflichtet ist. Zunächst ist **Prüfungsgegenstand allein die im Haftbefehl aufgeführte Tat bzw. die dort aufgeführten Taten** (→ Rn. 13).[75] Dies gilt auch dann, wenn die Staatsanwaltschaft gegen den Beschuldigten zwischenzeitlich weitere Tatvorwürfe in einer Anklageschrift erhoben und die Anpassung des Haftbefehls beantragt hat. Eine Rückgabe der Akten an das nach § 126 zuständige Haftgericht ist nur eingeschränkt zulässig, wenn dieses ohne die an sich gebotene Entscheidung über den Antrag die Akten sogleich dem Oberlandesgerichts vorgelegt werden (→ Rn. 14).

33 Diese zumeist **fehlerhafte Sachbehandlung** (→ Rn. 32) kann im besonderen Haftprüfungsverfahren vor allem dann **Bedeutung** erlangen, wenn die bislang in Haftbefehl aufgeführten Taten die Anordnung der Fortdauer der Untersuchungshaft nicht mehr rechtfertigen können oder Ermittlungen wegen Taten geführt wurden, die nicht Gegenstand des Haftbefehls waren und sind (→ Rn. 75).[76] In solchen Fällen wird zumeist die Aufhebung des Haftbefehls und die Freilassung des Beschuldigten geboten sein.

34 **Vorrang des Haftprüfungsverfahrens.** Ist eine Haftbeschwerde eingelegt und steht gleichzeitig das besondere Haftprüfungsverfahren nach Abs. 1 an, so kommt diesem grundsätzlich der Vorrang zu, denn es führt zu einer umfassenderen Überprüfung der Frage der Haftfortdauer. Durch die Entscheidung im Haftprüfungsverfahren erledigt sich eine

---

69 So auch KG 28.2.2005 – (5) 1 HEs 11/05, (Serienstraftat).

70 OLG Celle 19.1.2005 – 21 HEs 1/05; Oberlandesgericht des Landes Sachsen-Anhalt 22.3.2005 – 1 HEs 7705, NStZ 2005, 585.

71 OLG Köln 14.11.2000 – HEs 196/00, NStZ-RR 2001, 123; OLG Celle 22.5.2001 – 32 HEs 4/01, NdsRpfl. 2001, 318.

72 OLG Karlsruhe 14.2.2003 – 1 HEs 41/03, StV 2003, 513; aA OLG Hamm 21.1.2002 – 2 Ws 11/02, NStZ-RR 2002, 382 mwN.

73 So noch OLG Koblenz 4.12.2000 – (2) 4420 BL – III 97/00, NStZ-RR 2001, 124; Hanseatisches Oberlandesgericht 7.8.1997 – BL 159/97, StV 1998, 140.

74 Siehe hierzu KK/*Schultheis* Rn. 11 mwN.

75 OLG Koblenz 21.12.2005 – (1) 4420 BL – III 51/05, NStZ-RR 2006, 143.

76 Zur Berücksichtigbarkeit auch außerhalb des besonderen Haftprüfungsverfahrens vgl. auch *Böhm* § 120 Rn. 3.

Haftbeschwerde deshalb grundsätzlich von selbst, sie wird gegenstandslos.[77] Etwas anderes muss jedoch gelten, soweit die Entscheidung im Haftprüfungsverfahren nicht zu dem Erfolg führen kann, der dem Beschuldigten im Falle einer Beschwerdeentscheidung beschieden wäre, weshalb in diesem Falle ausnahmsweise auch eine Neufassung des Haftbefehls durch das Oberlandesgericht möglich wäre.[78]

Prüfungsumfang. Gerade in umfangreichen Verfahren stellt sich auch immer wieder die Frage, ob das Oberlandesgericht bezüglich aller im Haftbefehl aufgeführten Taten das Vorliegen **eines dringenden Tatverdachts** nachprüfen muss. Eine solche im Rahmen der zeitnah zu treffenden Haftentscheidung oftmals nur eingeschränkt mögliche Überprüfung ist jedenfalls dann ausnahmsweise entbehrlich, wenn bereits unter Berücksichtigung einzelner Taten oder Tatkomplexe positiv beantwortet werden, dass insoweit die allgemeinen und besonderen Haftvoraussetzungen vorliegen.[79] 35

Entscheidungsumfang. Grundlage der besonderen Haftprüfung sind zunächst die **allgemeinen (Tatverdacht, Haftgründe, Verhältnismäßigkeit) und dann die besonderen Haftvoraussetzungen.** Liegen bereits die allgemeinen Haftvoraussetzungen nicht mehr vor, ist der Haftbefehl aufzuheben (§ 120), ohne dass Oberlandesgericht noch auf das Vorliegen von Verlängerungsgründen eingehen müsste. Eine solche Befassung ist auch dann entbehrlich, wenn das Oberlandesgericht den Haftbefehl außer Vollzug setzt.[80] Anders zu beurteilen ist dies allerdings dann, wenn das Oberlandesgericht den Haftbefehl nicht sofort, sondern erst gegen noch zu erbringende Auflagen, wie eine Sicherheitsleistung, außer Vollzug setzt.[81] In einem solchen Fall muss das Oberlandesgericht in seinen Entscheidungsgründen auch auf das Vorliegen der besonderen Haftvoraussetzungen eingehen. 36

III. Verlängerungsgründe

Neben diesen formalen Fragen erfordert § 121 Abs. 1 StPO eine **doppelte Sachprüfung.** Zum einen müssen Feststellungen darüber getroffen werden, ob die besondere Schwierigkeit oder der besondere Umfang der Ermittlungen oder andere wichtige Gründe ein Urteil bislang noch nicht zugelassen haben (erste Stufe) (→ Rn. 39 ff., 43, 44 ff.). Nach der Rechtsprechung des Bundesverfassungsgerichts handelt es sich bei allen Verlängerungsgründen um **eng begrenzte** Ausnahmetatbestände.[82] Liegen derartige Gründe vor, ist zum anderen erforderlich, dass sie die Fortdauer der Untersuchungshaft rechtfertigen (zweite Stufe)(→ Rn. 96).[83] Auch wenn das Gesetz drei Verlängerungsgründe aufzählt, lässt sich in der Praxis zwischen diesen nicht immer differenzieren, da sie sich diese – dies gilt insbesondere für die ersten beiden – oftmals überschneiden. 37

Insoweit treffen die Ausführungen zum **„anderen wichtigen Grund"** (→ Rn. 44 ff.) sinngemäß auch auf die beiden anderen Verlängerungsgründe (→ Rn. 39–43) zu. 38

1. Besondere Schwierigkeit und besonderer Umfang der Ermittlungen. Zu ermitteln sind diese – oftmals zusammenfallenden und gemeinsam geprüften – beiden Voraussetzungen durch einen Vergleich mit anderen Verfahren, welche üblicherweise unter Beachtung des Beschleunigungsgebots innerhalb von sechs Monaten abgeschlossen werden können. Auch wenn dieser Verlängerungsgrund vorliegt, ist weiter erforderlich ist, dass das Verfahren mit der in Haftsachen gebotenen Beschleunigung betrieben wurde. Allein der besondere Umfang oder die besondere Schwierigkeit der Ermittlungen rechtfertigt keine dilatorische Behandlung. 39

---

[77] OLG Düsseldorf 12.11.1991 – 1 Ws 912/91, VRS 1992, 189, 193; *Meyer-Goßner* § 122 Rn. 18.

[78] BGH 14.6.2012 – AK 18/12, NStZ-RR 2012, 285.

[79] OLG Koblenz 23.1.2006 – (1) 4420 BL – III 51/05, OLGSt StPO § 121 Nr. 33.

[80] OLG Köln 19.6.2002 – HEs 27-28/02 – 119-120.

[81] OLG Hamm 3.9.2001 – 2 BL 152/01, StV 2001, 688; offengelassen in OLG Karlsruhe 26.1.2000 – 3 Hes 14/2000, NStZ 2001, 79; aA OLG Hamm 26.9.2000 – 2 BL 165/04, wistra 2001, 35 (Grund: Vollzug nach Widerruf nach § 116 Abs. 4).

[82] BVerfG 22.1.2014 – 2 BvR 2248/13; dass. 14.5.2011 – 2 BvR 2781/10, StRR 2011, 246.

[83] BVerfG 15.2.2007 – 2 BvR 2563/06, NStZ-RR 2007, 152.

40 **Besonderer Umfang der Ermittlungen.** Auf dieses Merkmal wird sich oftmals allein aus dem Umfang der Akten und der Anzahl der Beschuldigten schließen lassen, weil die **Bearbeitung von „Großverfahren"** sich erfahrungsgemäß zeitaufwändig gestaltet. Gleichwohl ist im Haftprüfungsverfahren sorgfältig zu untersuchen und darzustellen,[84] ob in dieser Strafsache umfangreiche Ermittlungen durchgeführt werden mussten, wie etwa die Vernehmung zahlreicher Zeugen, Einholung von Gutachten oder Auswertung von Telefonüberwachungsmaßnahmen. Ein besonderer Ermittlungsumfang wird sich vielfach auch dann ergeben, wenn es sich um Taten aus dem Bereich der **„Wirtschaftskriminalität"**[85] oder der **„organisierten Kriminalität"**[86] handelt und neben der Aufklärung von Einzeltaten auch die „Bandenstrukturen" zu untersuchen sind. Solche Strukturermittlungen sind insbesondere dann – jedenfalls in zeitlich beschränkten Umfang (→ Rn. 74) – veranlasst, wenn sich allein aufgrund der Aburteilung festgestellter Einzeltaten der Unrechtsgehalt der Taten nicht erfassen lässt.[87]

41 Maßgeblich beeinflusst wird der Umfang der Ermittlungen auch vom **Einlassungsverhalten des Beschuldigten**. Macht dieser von seinem Schweigerecht nach § 136 Abs. 1 S. 2 Gebrauch, so ist die Durchführung der zur Beurteilung der Verdachtslage notwendigen Ermittlungen unumgänglich. Anders aber bei einer frühzeitigen geständigen Einlassung (→ Rn. 52). Hier liegt eine häufige Fehleranfälligkeit von Aktenvorlagen, weil die Ermittlungsbehörden gleichwohl noch umfangreiche Umfeldermittlungen vornehmen, ohne zu prüfen, ob diese tatsächlich noch zwingend veranlasst sind oder, falls diese den Tatverdacht nicht beeinflussen, nach erfolgten Anklageerhebung nachgereicht werden können.

42 In umfangreichen Verfahren kommt es jedoch häufig zu **unterschiedlichen Aussageverhalten der Täter**. In einem solchen Fall kann allein der Verfahrensumfang die Fortdauer der Untersuchungshaft nicht rechtfertigen, sondern es ist genau zu untersuchen, ob sämtliche durchgeführten Ermittlungen zwingend notwendig waren oder unter Umständen auch eine Abtrennung gegen einzelne Tatbeteiligte möglich und veranlasst gewesen wäre. Ein immer wieder auftauchendes Problem in der Praxis besteht auch darin, dass in umfangreichen Verfahren der Abschluss im Hinblick auf noch nicht ausermittelte Verfahrensteile hinausgezögert wird. Selbst wenn diese bereits Gegenstand des Haftbefehls sind (→ Rn. 75 ff.) ist ein Zuwarten nur in zeitlich beschränktem Umfang zulässig, ggf. muss Teilanklage erhoben werden. Auch ein Zuwarten im Hinblick auf die Verbindung mit anderen Verfahren ist nicht zulässig.[88]

43 **2. Besondere Schwierigkeit der Ermittlungen.** Ermittlungen zeichnen sich zumeist nicht nur durch ihren Umfang, sondern auch durch besondere Schwierigkeit aus, etwa wenn diese im Ausland geführt, durch Rechtshilfeersuchen vorbereitet oder aber Zeugen aus dem Ausland geladen werden müssen.[89] Nicht hierunter fällt jedoch die durchaus häufige Fallgestaltung, dass sich nicht die Ermittlungen schwierig gestalten, sondern sich das Verfahren durch „sonstige Schwierigkeiten", etwa zahlreiche Beschwerden des Beschuldigten, verzögert (→ Rn. 45, 53).[90]

44 **3. Anderer wichtiger Grund.** Die in der Praxis häufigste **Verlängerungsmöglichkeit** der Haftfortdauer über sechs Monaten hinaus stellt in Form einer eng auszulegenden Generalklausel[91] das Vorliegen eines „anderen wichtigen Grundes" dar. Bereits aus dem Wortlaut ergibt sich, dass hierunter nur Umstände fallen können, die in ihrer Bedeutung

---

[84] BVerfG 10.12.1998 – 2 BvR 1998/98, StV 1999, 162.

[85] OLG Nürnberg 15.10.2001 – Ws 51/99 H, OLGSt StPO § 121 Nr. 27.

[86] KG 30.8.2000 – (4) 2 HEs 3/00 ua, – gewerbsmäßiger Schmuggel; dass 27.6.2001 – (4) HEs 122/01 ua, – Handeltreiben mit Betäubungsmitteln.

[87] KG 20.4.2004 – (5) HEs 54/04, NStZ 2006, 524 – Jugendlicher Intensivtäter; ebenso KK/*Schultheis* Rn. 15.

[88] OLG Hamm 1.3.2012 – III – 3 Ws 37/12, StV 2013 165.

[89] KG 19.2.2002 – (5) Hes 34/02 ua, (betrügerische Kfz-Verschiebungen ins Ausland).

[90] LR/*Hilger* Rn. 27.

[91] OLG Düsseldorf 16.8.1990 – 1 Ws 683/90, StV 1990, 503.

den beiden anderen Verlängerungsgründen gleich zu achten sind.[92] Sie brauchen ihnen aber der Art nach nicht ähnlich und können sogar vom Prozessstoff unabhängig sein.[93] Der **wichtige Grund für die Verlängerung der Untersuchungshaft** muss aber ein solches **Gewicht** besitzen, dass es gerechtfertigt ist, den Freiheitsanspruch des Beschuldigten und dessen Beschleunigungsinteresse hinter das unabweisbare Bedürfnis einer wirksamen Strafverfolgung zurücktreten zu lassen.[94] Anders als bei der Beurteilung der Verhältnismäßigkeit nach Art. 2 Abs. 2 S. 2 GG oder der Abwägung nach § 120 Abs. 1 Hs. 2 darf das Vorliegen des Merkmals des wichtigen Grundes nicht durch eine allgemeine Abwägung zwischen dem Strafverfolgungsinteresses des Staates und dem Freiheitsanspruch des inhaftierten Beschuldigten, sondern muss hiervon unabhängig ermittelt werden, wobei dabei insbesondere die Schwere der Tat[95] und die konkrete Straferwartung ohne Bedeutung sind.[96]

Zurechenbarkeit. Zu untersuchen ist auch immer, ob es sich um einen **Grund handelt, welcher den Strafverfolgungsorganen** zurechenbar ist oder ob es sich etwa um **objektiv unvermeidbare oder dem Beschuldigten zurechenbare Sachzwänge** handelt.[97] Entscheidend ist im Ergebnis, ob **die Strafverfolgungsorgane alle möglichen und zumutbaren Maßnahmen getroffen haben, um die Ermittlungen so schnell wie möglich abzuschließen und ein Urteil herbeizuführen.** 45

Sind die Verzögerungen dem Bereich des Staates zuzurechnen, kommt es auf ein **„Verschulden" der für diesen handelnden Organe,** zB des Staatsanwalts oder Richters, **nicht** an.[98] Allgemein kann man davon ausgehen, dass Verfahrensverzögerungen durch Ermittlungsorgane und Richter dann zur Aufhebung des Haftbefehls führen, wenn sie auf **groben Fehlern und Versäumnissen** beruhen, was im Vergleich mit der Arbeitsweise und dem Leistungsvermögen eines durchschnittlichen Beamten oder Richters zur beurteilen ist. Außerdem muss hierdurch stets auch ein erheblicher Zeitverlust eingetreten sein.[99] Für die Bejahung einer derart signifikanten Verfahrensverzögerung ist jedoch nicht entscheidend, ob eine einzelne verzögert durchgeführte Verfahrenshandlung ein wesentliches Ausmaß einnimmt, sondern ob die vorliegenden **Verfahrensverzögerungen in ihrer Gesamtheit** eine Schwelle erreichet haben die im Rahmen der Abwägung die Anordnung einer weiteren Fortdauer der Untersuchungshaft nicht mehr erlaubt.[100] Daher stehen – entsprechend dem Gewicht der zu ahndenden Straftat – **zeitlich geringere Verfahrensverzögerungen** der Fortdauer der Untersuchungshaft nicht zwangsläufig entgegen, wenn bei einer Gesamtschau des Verfahrensablaufs dem Erfordernis der bestmöglichen Verfahrensförderung noch Genüge getan ist.[101] 46

Aufbau. Im Folgenden sollen nunmehr die in der forensischen Praxis wichtigsten Fragestellungen bei der Beurteilung des Vorliegens eines „anderen wichtigen Grundes" erörtert werden, wobei unter Inkaufnahme von Überschneidungen zwischen allgemeinen und übergreifenden Fragestellungen (unten a, Rn. 48-67), dem Verfahren bei der Staatsanwaltschaft (unten b, Rn. 69-79) und dem gerichtlichen Verfahren (unten c, Rn. 80-94) unterschieden wird. 47

a) Übergreifende Fragestellungen. Dabei kommen den nachfolgenden Punkten sowohl dem Verfahren bei der Staatsanwaltschaft als auch dem gerichtlichen Verfahren Bedeutung bei: 48

---

92 KK/*Schultheis* Rn. 15.
93 BVerfG 20.10.2006 – 2 BvR 1742/06, StV 2006, 703.
94 BVerfG 12.12.1973 – 2 BvR 558/73, BVerfGE 36, 264, 278 = NJW 1974, 307; KK/*Schultheis* Rn. 15.
95 Thüringer Oberlandesgericht 26.3.2004 – 1 HEs 9/04, StV 2004, 664.
96 BVerfG 29.3.2007 – 2 BvR 489/07, NStZ-RR 2008, 18; *Meyer-Goßner* Rn. 20.
97 LR/*Hilger* Rn. 28.
98 BVerfG 20.10.2006 – 2 BvR 1742/06, StV 2006, 703.
99 So auch KG 7.5.2001 – (4) 1 Hes 83/01.
100 BVerfG 22.2.2005 – 2 BvR 109/05, BVerfGK 5, 109; dass. 13.5.2009 – 2 BvR 388/09, StV 2009, 479; ebenso OLG München 4.4.2006 – 2 Ws 289/06, – Gesamtwürdigung.
101 OLG Dresden 6.6.2011 – 1 Ws 67/11, StRR 2011, 356; KG 23.9.2009 – 4 Ws 102/09, StraFo 2010, 26.

49 **aa) Dauer des Verfahrens.** Die Frage der Anordnung der Fortdauer der Untersuchungshaft wird maßgeblich von deren Dauer bestimmt, da dem Freiheitsgrundrecht des Verfolgten mit zunehmender Dauer des Verfahrens größeres Gewicht gegenüber dem Strafverfolgungsinteresse zukommt.[102] Hieraus folgt auch, dass mit zunehmender Dauer der Untersuchungshaft die Anforderungen vor allem an das Vorliegen eines wichtigen Grundes steigen. Gleichwohl ist die vom Kammergericht in ständiger Rechtsprechung verwandte Formulierung, „an die die Zügigkeit der Bearbeitung von Haftsachen zu stellenden Anforderungen seien bei der ersten Haftprüfung nach § 121 Abs. 1 weniger streng als bei späteren Prüfungen nach § 121 Abs. 4"[103] als zumindest missverständlich abzulehnen, da sie die Gefahr einer Reduzierung des Prüfungsmaßstabs in sich birgt.

50 **Kritische Grenze.** Auch wenn das Gesetz keine Höchstgrenze der Untersuchungshaft vorsieht, ist eine solche von mehr als einem Jahr bis zum Beginn der Hauptverhandlung (sog kritische Grenze) nur ausnahmsweise zulässig.[104] In einem solchen Falle kann schon eine eher kurzfristige Verzögerung von einem Monat oder sechs Wochen zu einer Verletzung des Beschleunigungsgebots führen, ohne dass diese wirklich auf einem groben Fehler oder Versäumnis beruhen müsste.[105]

51 **bb) Ausgleich durch „besonders" beschleunigte Bearbeitung.** Leidet das Verfahren nicht an einem besonders schweren Fehler, so besteht die Möglichkeit, eine eingetretene Verfahrensverzögerung durch eine besonders beschleunigte Bearbeitung auszugleichen.[106] Haben sich etwa die Ermittlungen bei der Staatsanwaltschaft verzögert, so kann die sich hieraus ergebende Dilation durch eine sehr zeitnahe Terminierung des Verfahrens durch das Gericht kompensiert werden.[107] Anders jedoch, wenn das Verfahren – ohne dass dies für sich gesehen nach Abs. 1 zu beanstanden wäre – auch dort nicht besonders vorrangig und mit der in Haftsachen gebotenen Beschleunigung geführt wird.[108]

51a **cc) Prognostische Verzögerung.** Das Oberlandesgericht hat im Rahmen der besonderen Haftprüfung das Verfahren nicht nur rückblickend, sondern auch **vorausschauend** zu beleuchten.[109] Zeigt sich insoweit, dass erhebliche Verfahrensverzögerungen bevorstehen, so hat der Senat diesen entgegenzuwirken. Allerdings muss dies nicht zwingend durch sofortige Aufhebung des Haftbefehls erfolgen,[110] sondern, nach Möglichkeit sollte der Senat zunächst beim Tatrichter auf eine zügigere Sachbehandlung hinwirken, wobei die Möglichkeit besteht, die Umsetzung im Haftfortdauerbeschluss erteilten Vorgaben durch eine Verkürzung der regelmäßigen Wiedervorlagefrist von drei Monaten zu überprüfen (§ 122 Abs. 3 S. 3). Auch wird in einem solchen Falle die Möglichkeit einer Außervollzugsetzung des Haftbefehls zu prüfen und zu erwägen sein.[111]

52 **dd) Geständnis.** Im Haftprüfungsverfahren hochproblematisch sind die Fälle, in welchen der Beschuldigte die ihm im **Haftbefehl zur Last** gelegte Tat bzw. Taten **sogleich nach seiner Festnahme** oder jedenfalls kurz danach **eingestanden** hat, denn es fragt

[102] BVerfG 4.2.2000 – 2 BvR 453/99, NJW 2000, 1401.
[103] KG 12.1.2005 – (5) 1 HEs 195/04; dass. 29.8.2001 – (3) 1 HEs 147/01; *Meyer-Goßner* Rn. 20.
[104] BVerfG 23.1.2008 – 2 BvR 2652/04, StV 2008, 198 (200); dass. 29.12.2005 – 2 BvR 2057/05, StV 2006, 81 (87); dass. 30.9.1999 – 2 BvR 1775/99, NStZ 2000, 153; KG 23.9.2009 – 4 Ws 102/09, StraFo 2010, 26; Saarländisches Oberlandesgericht 12.10.2006 – 1 Ws. 217/06, wistra 2007, 198; *Böhm/Werner* § 112 Rn. 7.
[105] BVerfG 20.10.2006 – 2 BvR 1742/06, StV 2006, 703 (offen gelassen, da erhebliche Pflichtwidrigkeit angenommen).
[106] AA OLG Hamm 5.1.2006, – 2 Ws 2/06, StV 2006, 191; LR/*Hilger* § 121 Rn. 21; offen gelassen OLG Koblenz 21.6.2001 – (1) 4420 BL – III – 51/01, StraFo 2001, 398
[107] OLG Köln 23.12.2003 – Hes 96/03 – 162; dass. 25.4.2003 – HEs 39/03 – 50; Brandenburgisches Oberlandesgericht 8.3.2007 – 2 Ws (HEs) 58/07, StraFo 2007, 199.
[108] OLG Düsseldorf 14.1.2003 – 1 Ws 491/02, StraFo 2003, 93; KG 15.8.2013 – 4 Ws 108/13, StraFo 2013, 507 (beschleunigte Bearbeitung beim Spruchkörper noch möglich).
[109] BVerfG 19.9.2007 – 2 BvR 1847/07; EuG RZ 2007, 591.
[110] OLG Stuttgart 21.4.2011 – 2 Hes 37-39/11, NStZ-RR 2012, 62.
[111] So OLG Karlsruhe 26.1.2000 – 3 Hes 14/2000, NStZ 2001, 79.

sich, aus welchem Grund nicht sogleich nach Abschlussreife der Ermittlungen die Erhebung einer Anklage möglich gewesen war und das Verfahren zeitnah durch Urteil abgeschlossen werden konnte. In einem solchen Falle liegt die Annahme eines wichtigen Grundes fern,[112] wenn nicht besondere Umstände ein Zuwarten gebieten. Solche können sich in beschränktem zeitlichem Umfang daraus ergeben, dass sich das Verfahren auch gegen weitere Tatbeteiligte richtet und eine getrennte Verfahrensbehandlung nicht sachgemäß wäre (→ Rn. 55).

ee) Beurteilung nach Verantwortungsbereichen – Wahrnehmung prozessualer Rechte. Im besonderen Haftprüfungsverfahren durch das Oberlandesgericht stets zu untersuchen und in den Entscheidungsgründen darzustellen[113] ist die Frage, aus **welchen Umständen sich eingetretene Verfahrensverzögerungen** ergeben haben.[114] Kündigt etwa der Beschuldigte eine Einlassung zur Sache an, so haben Staatsanwaltschaft und Gericht diese zunächst abzuwarten und bei nicht fristgemäßen Eingang anzumahnen, denn auch der inhaftierte Beschuldigte hat ein Recht auf Wahrnehmung der ihm zustehenden prozessualen Rechte. Die Verzögerungsursache verlagert sich jedoch aus dem Verantwortungsbereich des Beschuldigten in den der Justiz, wenn diese auf die vom Beschuldigten zu verantwortende Verzögerung nicht sachgerecht reagiert.[115] 53

Verteidiger. In den Verantwortungsbereich des Beschuldigten fällt es auch, wenn sich die Verfahrensverzögerung aus dem Verhalten des Verteidigers ergibt.[116] Auch insoweit bestehen jedoch vor allem zeitliche Grenzen.[117] So kann es gerade im gerichtlichen Verfahren zu Verzögerungen bei der Terminierung kommen, wenn sich der Verteidiger auf Terminkollisionen beruft.[118] Insoweit gilt, dass solche die Justiz nicht grundsätzlich von dem Vorwurf einer ihr zurechenbaren Verfahrensverzögerung entlasten. Denn zum einen können derartige Terminkollisionen bei einer vorausschauenden, weit in die Zukunft reichenden Terminplanung weitgehend vermieden werden. Zum anderen darf die Strafkammer nicht ausnahmslos auf Terminkollisionen der Verteidiger Rücksicht nehmen.[119] Vielmehr stellt sich dann die Frage, ob andere Pflichtverteidiger zu bestellen sein werden oder inwieweit die Verteidiger mit Blick auf das Beschleunigungsgebot verpflichtet werden können, andere – weniger dringliche – Termine zu verschieben, um eine Beschleunigung eines bereits lang dauernden Verfahrens zu erreichen.[120] 54

Mehrere Beschuldigte. Richtet sich das Verfahren gegen mehrere Beschuldigte (→ Rn. 78), so sind Verzögerungen, welche sich nur aus der Verantwortungssphäre eines dieser Beschuldigten ergeben, ebenfalls nur in zeitlich begrenztem Umfang hinnehmbar (→ Rn. 71), ggf. muss das Verfahren abgetrennt und werden.[121] 55

Verzögerung durch Einholung gerichtlicher Entscheidungen. Keinen wichtigen Grund im Sinne des Abs. 1 stellt eine Verfahrensverzögerung dar, welche sich daraus ergibt, 56

---

[112] So OLG Oldenburg 15.2.2010 – Hes 3/10, StraFo 2010, 198; Thüringer Oberlandesgericht 25.8.1997 – 1 HEs 63/07, NStZ-RR 1997, 364.

[113] BVerfG 23.1.2008 – 2 BvR 2652/07, StV 2008, 198.

[114] OLG Hamm 17.4.2008 – 4 Ws 77/08 (Krankheit des Angeklagten).

[115] BVerfG 10.12.1998 – 2 BvR 1998/98, StV 1999, 162; dass. 29.12.2005 – 2 BvR 2057/05, StV 2006, 87; BGH 25.1.2005 – 3 StR 445/04, NStZ 2005, 341; OLG Nürnberg 12.9.2011 – 1 Ws 2011, 478, wistra 2011, 478.

[116] KG 29.8.2001 – (3) 1 Hes 147/01 (Verteidiger gibt Akten nicht zurück).

[117] BVerfG 23.1.2008 – 2 BvR 2652/07, StV 2008, 198.

[118] OLG Hamm 19.1.2009 – 4 Ws 74/09 (Pflichtverteidiger steht aus triftigen Gründen nicht zur Verfügung).

[119] OLG Köln 18.1.2006 – 2 Ws 617/05, StV 2006, 143.

[120] BVerfG 17.7.2006 – 2 BvR 1190/06, StV 2006, 645; OLG Hamm 19.12.2001 – 2 BL 221/01, NStZ-RR 2002, 124 (Verzögerung von mehreren Monaten); OLG Köln 3.11.2008 – 43 HEs 25/08, StraFo 2009, 384 (Bestellung eines anderen Pflichtverteidigers nach Erkrankung des bisherigen Pflichtverteidigers bei einfachgelagertem Verfahren).

[121] KG 5.8.2009 – (4) 1 HES 28/09, StraFo 2009, 514; dass. 11.2.1998 – (4) 1 HES 117/97; dass. 12.11.1997 – (5) 1 HES 243/97; abl. OLG Oldenburg 23.7.2001 – HES 49/01, Nds Rpfl. 2001, 467 (Warten auf Abgabe von bei anderen Staatsanwaltschaften anhängigen Verfahren).

dass die Akten zur Durchführung von gerichtlichen Entscheidungen versandt wurden, denn dieser Verzögerung hätte durch die Anlage von Zweitakten begegnet werden können.[122]

57 **ff) Gutachten.** Eine **häufige Fehlerquelle stellen Verzögerungen bei der Beauftragung, Erstellung oder Erstattung von Gutachten dar.** Zunächst steht außer Frage, dass in vielen Fällen ein Tat- oder Schuldnachweise ohne Erhebung einer sachverständigen Expertise mangels Fachkenntnis des Staatsanwalts oder des Gerichts nicht möglich ist.[123] und die Erstellung einer solchen Zeit beansprucht, so dass die hiermit verbundenen Verzögerungen einen wichtigen Grund iSd Abs. 1 darstellen.[124]

58 **Notwendigkeit einer Begutachtung.** Allerdings ist das Zuwarten auf das Ergebnis einer Begutachtung nicht immer veranlasst. Steht etwa außer Frage, dass der Abschluss des Verfahrens hierdurch nicht beeinflusst werden kann, so darf der Staatsanwalt dieses nicht abwarten, sondern hat den Abschluss der Ermittlungen zu verfügen und die schriftliche Expertise nachzureichen.[125] Gleiches gilt für die anstehende gerichtliche Entscheidung über die Eröffnung des Hauptverfahrens oder die Bestimmung des Hauptverhandlungstermins.

59 **Beauftragungszeitpunkt.** Besondere Beachtung ist im Haftprüfungsverfahren darauf zu legen, zu welchem Zeitpunkt sich die Notwendigkeit der Einholung einer solchen Expertise ergibt. Steht bereits zum Zeitpunkt des Erlasses des Haftbefehls fest, dass ein Gutachten – etwa zur Schuldfähigkeit des Betroffenen – eingeholt werden muss, ist das Verfahren regelmäßig nicht ausreichend gefördert, wenn der Gutachtensauftrag erst mehrere Monate nach der Festnahme erteilt wurde.[126] Anders kann die Sachlage zu beurteilen sein, wenn zur Durchführung einer sachgerechten Untersuchung noch Anknüpfungstatsachen zu ermitteln sind.[127] Sieht etwa der Staatsanwalt deshalb von der frühzeitigen Einholung einer Expertise ab, so sollte er seine Erwägungen sorgfältig in den Akten dokumentieren.

60 **Verspätete Beauftragung.** Erfolgt die Beauftragung indes verspätet, so führt dies allerdings nicht in jedem Fall zur Ablehnung der Annahme eines wichtigen Grundes, vielmehr ist dies nur dann der Fall, wenn die Säumnis für eine Verfahrensverzögerung auch wirklich ursächlich geworden ist. Ergibt sich etwa, dass das Verfahren auch bei zeitgerechter Beauftragung nicht wesentlich früher hätte abgeschlossen werden können, so wirkt sich die fehlerhafte Sachbehandlung nicht aus. Hat etwa der Staatsanwalt die Erhebung einer solchen Begutachtung verfahrenswidrig unterlassen und wurde diese Säumnis erst im Gerichtsverfahren nach nachgeholt, so fehlt es an der Kausalität, wenn die Hauptverhandlung unabhängig davon auch nicht früher hätte durchgeführt werden können, etwa wegen terminlicher Verhinderung der Verteidigers.

61 **Absprachen und Überwachung.** Bei der Einholung eines Gutachtens ist es zur gebotenen Förderung des Verfahrens unerlässlich, auf eine zeitnahe Erstellung des Gutachtens hinzuwirken. Es sind deshalb mit dem Gutachter Absprachen darüber zu treffen, innerhalb welches Zeitraums er zur Erstellung des Gutachtens in der Lage ist. Ggf. muss geprüft werden, ob eine zeitnähere Gutachtenerstellung durch einen anderen Sachverständigen zu erreichen ist.[128] So hat schon die Staatsanwaltschaft aber auch später das Gericht[129] den

---

[122] BVerfG 10.12.1998 – 2 BvR 1998/98, StV 1999, 162; Saarländisches Oberlandesgericht 12.10.2006 – Ws 217/06, wistra 2007, 198.

[123] Oberlandesgericht des Landes Thüringen 12.1.1998 – 1 HEs 2/98, StV 1998, 560.

[124] BVerfG 6.6.2007 – 2 BvR 971/07, StV 2007, 644 (Schuldfähigkeit).

[125] OLG Celle 17.11.2000 – 32 Hes 10/00, NdsRpfl. 2001, 60 (Wirkstoffgutachten); OLG Oldenburg 30.1.2006 – Hes 3/06, NdsRpfl. 2006, 133 (Kriminaltechnisches Gutachten nur für einen von 16 Fällen relevant).

[126] BVerfG 6.6.2007 – 2 BvR 971/07, StV 2007, 644; OLG Oldenburg 11.7.1990 – 1 Hes 31/90, StV 1990, 556; Oberlandesgericht des Landes Thüringen 26.3.2004 – 1 HES 9/04, StV 2004, 664.

[127] OLG Nürnberg 4.8.2009 – 1 Ws 398/09, OLGSt StPO § 121 Nr. 26 (Affekttat); OLG Hamm 17.5.2011 – 1 Ws 218/11 (fehlende Bereitschaft des Beschuldigten zur Mitwirkung).

[128] OLG Düsseldorf 1.7.2009 – III – 1 Ws 337/09, NStZ-RR 2010, 19; OLG Koblenz 29.6.2006 – (1) 4420 BL –III 23/06, StV 2007, 256; Thüringer Oberlandesgerichts 17.11.2004 – 1 HEs 39/04.

[129] OLG Hamm 17.8.2006 – 1 OBL 75/06 (Auswahl eines überlasteten Gutachters und fehlenden Anmahnung der Gutachtenserstellung).

Gutachter ständig auf die bestehende Haftsituation hinzuweisen, die zügige Gutachtenerstellung fortwährend zu kontrollieren und erforderlichenfalls gemäß § 77 Abs. 2 StPO Ordnungsmittel gegen den Sachverständigen anzudrohen und festzusetzen.[130] Bloße mündliche Mahnungen, das Gutachten vorzulegen, genügen nicht,[131] vielmehr sollten diese nicht nur schriftlich verfasst, sondern auch alle fernmündlichen Absprachen in den Akten sorgfältig dokumentiert werden.[132] Allenfalls dann, wenn eingetretene Verzögerungen dem Einflussbereich der Ermittlungsbehörden gänzlich entzogen sind, stehen diese der Anordnung der Haftfortdauer nicht entgegen,[133] etwa wenn nur ein einziger Gutachter über die entsprechenden Fachkenntnisse verfügt.[134] Die Verzögerung muss auch ausnahmsweise hingenommen werden, wenn die gebotene Überprüfung ergibt, dass der ursprünglich bestellte Gutachter dasselbe wegen zuvor nicht erkennbarer Arbeitsüberlastung nicht erstellen kann und deshalb ein anderer Sachverständiger beauftragt werden muss.[135]

Begutachtung und Aussetzung der Hauptverhandlung. Setzt das Gericht die Hauptverhandlung zur Einholung einer sachverständigen Beurteilung aus, so ist im besondere Haftprüfungsverfahren nicht nur zu klären (zur Frist → Rn. 19), ob eine solche nicht schon früher veranlasst gewesen wäre, sondern auch, ob die Begutachtung nicht auch im Rahmen einer bloße Unterbrechung der Hauptverhandlung hätte durchgeführt werden können.[136] Letzteres muss auch bedacht werden, wenn in der Hauptverhandlung dem Antrag der Verteidigung auf Einholung eines weiteren psychiatrischen Sachverständigengutachtens stattgegebenen wird.[137] 62

gg) Krankheit und Urlaub. Häufig finden sich in Vorlageberichten Darlegungen, dass das Verfahren wegen Krankheit oder Urlaub des sachbearbeitenden Staatsanwalts oder Richters nicht sachgerecht gefördert werden konnte. Auch solche Verzögerungen können nur in zeitlich eng begrenztem Umfang und nur aufgrund einer nachvollziehbaren Begründung die Haftfortdauer rechtfertigen, ansonsten müssen die Haftsachen in Vertretung bearbeitet werden.[138] Maßgeblich ist jedoch immer der Einzelfall.[139] Gleiches gilt bei Erkrankung des Verteidigers.[140] 63

hh) Ursachenbündel. Das Vorliegen eines wichtigen Grundes ergibt sich oftmals daraus, dass sich aus den Vorlageberichten mehrere aktenmäßig nachvollziehbare Umstände ergeben, welche im Zusammenwirken zu einer nicht unerheblichen zeitlichen Verzögerung geführt haben.[141] Auch wenn kein Umstand für sich gesehen die Annahme einer der Justiz zurechenbaren und vermeidbaren groben Fehlers und Versäumnisses rechtfertigt, kann die Verfahrensverzögerungen in ihrer Gesamtheit eine Schwelle erreichen, die im Rahmen der Abwägung die Anordnung einer weiteren Fortdauer der Untersuchungshaft nicht mehr erlaubt.[142] 64

---

[130] OLG Hamm 18.8.2000 – 2 BL 140/2000, StV 2000, 629; OLG Zweibrücken 29.11.1993 – 1 BL 117/93, NStZ 1994, 202.

[131] So auch jüngst OLG Stuttgart 22.2.2010 – 2 Hes 16/10 (Verzögerung von mehreren Monaten).

[132] OLG Stuttgart 5.4.2004 – 4 Hes 146/2003, StV 2004, 498.

[133] OLG Koblenz 29.9.2006 – (1) 4420 BL – III 23/06, StV 2007, 256.

[134] Thüringer Oberlandesgericht 17.11.2004 – 1 Hes 39/04 (besonders kompetenter Gutachter).

[135] KG 27.12.1999 – (3) 1 Hes 275/99.

[136] OLG Celle 6.9.2000 – 33 HEs 33/00, NdsRpfl. 2000, 367 (Beschuldigter ist beim Gutachter bekannt); OLG Oldenburg 24.1.2002 – HES 62/01, Nds Rpfl. 2002, 202 (Einholung eines Zweitgutachtens ohne nachvollziehbare Begründung).

[137] Vgl. aber KG 19.6.2001 – (4) 1 Hes 30/01.

[138] KG 29.8.2001 – (3) 1 Hes 147/01, (Urlaub der Staatsanwältin); OLG Celle 1.3.2002 – 22 Hes 4/02, NdsRpfl. 2002, 201 (Terminierung und Durchführung der Hauptverhandlung während des Urlaubs des Vorsitzenden).

[139] BGH 17.3.2009 – AK 2-4/09, BGHR StPO § 121 Grund 3 (Verschiebung des Prozessbeginns um einen Monat wegen Erkrankung des Vorsitzenden Richters).

[140] OLG Köln 3.11.2008 – 43 HEs 25/08, StraFo 2009, 384 (Bestellung eines anderen Pflichtverteidigers bei einfach gelagertem Sachverhalt).

[141] Vgl. hierzu die ausführliche Fehlerauflistung in BVerfG 14.11.2012 – 2 BvR 1164/12, StV 2014, 35.

[142] BVerfG 22.2.2005 – 2 BvR 109/05, BVerfGK 5, 109; dass. 13.5.2009 – 2 BvR 388/09, StV 2009, 479; ebenso OLG München 4.4.2006 – 2 Ws 289/06 (Gesamtwürdigung).

65 **ii) Akteneinsicht.** Probleme im Haftprüfungsverfahren können sich auch daraus ergeben, dass dem Verteidiger bislang keine Einsicht in die Akten gewährt wurde und er dies nunmehr beanstandet. Auch insoweit sind die Gründe zu untersuchen. Wurde das Akteneinsichtsgesuch einfach nicht beachtet, so kann eine sich hieraus ergebende längerfristige Verzögerung des Verfahrens zur Aufhebung des Haftbefehls führen, insbesondere wenn es sich nicht um ein nicht besonders schwieriges und umfangreiches Verfahren handelt.[143] Als wichtiger Grund iSd Abs. 1 kann es auch anzusehen sein, wenn ein Angeklagter häufig den Verteidiger wechselt und das Gericht vor der Entscheidung über eine auch für den Angeklagten wichtigen Frage dem jeweiligen Verteidiger Akteneinsicht und rechtliches Gehör gewährt.[144]

66 **Verweigerung der Akteneinsicht.** Wird dem Verteidiger in bestimmte Aktenteile die Einsicht verweigert, besteht auch im Verfahren der besonderen Haftprüfung durch das Oberlandesgericht hinsichtlich dieser Aktenteile ein verfassungsrechtliches Verwertungsverbot.[145] Dieses bezieht sich auch auf die wichtigen Gründe im Sinne des Abs. 1, welche die Voraussetzung für die Haftfortdauer sind (str.).[146] Hat jedoch die Staatsanwaltschaft den Abschluss der Ermittlungen vermerkt, so besteht ein solches nicht, wenn der Verteidiger es unterlässt, eine gerichtliche Entscheidung über die Verweigerung der Akteneinsicht herbeizuführen.[147]

67 **Zweitakten.** Das in Haftsachen zu beachtende Beschleunigungsgebot ist dann nicht gewahrt, wenn es zu einer nicht nur kurzfristigen Verfahrensverzögerung gekommen ist, weil dem Gericht wegen Akteneinsicht durch die Verteidiger die Verfahrensakten nicht zur Verfügung standen und es versäumt hatte, frühzeitig Aktendoppel anzulegen.[148] Gleiches gilt bei einer auf die nicht erfolgte Anlegung von Zweitakten beruhenden Verzögerung der Anklageerhebung. Insoweit gilt grundsätzlich, dass Verfahrensverzögerungen, die sich durch die Anlage von Zweitakten hätten vermeiden lassen, keinen wichtigen Grund darstellen und die Fortdauer der Untersuchungshaft über sechs Monate hinaus nicht rechtfertigen können.[149]

68 **jj) Jugendliche.** Besondere Anforderungen hinsichtlich beschleunigten Bearbeitung bestehen im Verfahren gegen Jugendliche, die im besonderen Maße beschleunigt durchzuführen sind, § 72 Abs. 5 JGG.[150]

69 **b) Verfahren bei der Staatsanwaltschaft.** Das in Haftsachen aus Art. 2 Abs. 2 S. 2 GG und Art. 5 Abs. 3 S. 2 MRK herzuleitende Beschleunigungsgebot verlangt auch und gerade von der Staatsanwaltschaft als Strafverfolgungsbehörde, alle zumutbaren Maßnahmen zu treffen, um die Ermittlungen so schnell wie möglich abzuschließen und ein Urteil herbeizuführen.[151] Kommt es insoweit zu vermeidbaren Fehlern und einer erheblichen Verfahrensverzögerung, liegt kein wichtiger Grund iSd Abs. 1 vor.

70 **aa) Organisationsfragen.** Deshalb sind auch die für die Besetzung der Abteilungen der Staatsanwaltschaft zuständigen Gremien verpflichtet, die mit schwierigen und zeitraubenden Haftsachen befassten Abteilungen personell so auszustatten, dass dem Beschleunigungsgebot in diesen Verfahren ausreichend Rechnung getragen werden kann. Ist dies nicht in dem erforderlichen Maße geschehen, liegt ein die Haftfortdauer rechtfertigender wichtiger Grund nicht vor und der Beschuldigte muss ungeachtet des Gewichts der ihm zur Last

---

143 OLG Koblenz 19.12.2002 – 1 Ws 973/02, StV 2003, 519 (zeitnahe Eröffnung des Hauptverfahrens nicht möglich).

144 OLG Hamm 10.10.1995 – 2 BL 385/95, StV 1996, 497.

145 *Böhm/Werner* § 112 Rn. 16, § 114 Rn. 38, 43.

146 OLG Hamm 13.2.2002 – 2 BL 7/02, NStZ 2003, 386; aA dass. 20.12.2007 – 3 Ws 676/07, wistra 2008, 195; *Schlothauer* StV 2001, 193; vgl. auch *Böhm/Werner* § 112 Rn. 9 ff.

147 OLG Hamm 20.12.2007 – 3 Ws 676/07, wistra 2008, 195.

148 OLG Düsseldorf 25.7.2001 – 4 Ws 346/01, StV 2001, 695; KG 7.5.2001 – (4) 1 Hes 83/01.

149 OLG Köln 17.9.1991 – Hes 119/91, StV 1992, 20.

150 OLG Hamm 20.8.2004 – 3 OBL 69/04, ZJJ 2004, 435.

151 KG 5.10.1999 – (5) 1 Hes 327/98 (Auslandsermittlungen).

gelegten Tat aus der Haft entlassen werden.[152] Dies gilt auch dann, wenn sich der Geschäftsanfall bei der Anklagebehörde trotz aller organisatorischen Mittel nicht bewältigen lässt.[153]

bb) Gestaltungsspielraum. Die Durchführung der Ermittlungen obliegt der Staatsanwaltschaft als „Herrin des Ermittlungsverfahrens". Insoweit steht ihr im Rahmen ihrer Pflicht zu Sachaufklärung und Verfahrensförderung ein Gestaltungsspielraum zu, weshalb von ihr als für geboten erachtete, wenigstens vertretbar erscheinende Verfahrensdispositionen, wichtige Gründe für eine hierdurch eingetretene Verfahrensverzögerung darstellen können, auch wenn es sich insoweit **nicht** um eine gerichtlich nur beschränkt überprüfbare Einschätzungsprärogative handelt.[154] Jedoch darf die von der Staatsanwaltschaft für geboten erachtete Verfahrensdisposition nicht zu einer erheblichen Verzögerung des Verfahrens führen, was bereits bei einem Zeitraum ab einem Monat zu bejahen wäre. Eine derartige Überschreitung des Gestaltungsspielraums ist etwa anzunehmen, wenn für die Aufklärung der Tat wesentlichen Zeugen, deren Identität schon zu Beginn des Verfahrens bekannt waren, ohne zureichenden Grund erst in einem späten Stadium des Verfahrens von der Polizei einvernommen werden und sich deshalb die Erhebung der Anklage verzögert.[155] Auch ist das immer wieder vorzufindende Bestreben, allen Ermittlungsansätzen in einem einzigen Ermittlungsverfahren nachzugehen, um sämtliche Vorwürfe einer gemeinsamen Anklageerhebung zuzuführen, mit dem Beschleunigungsgebot in Haftsachen dann nicht zu vereinbaren, wenn eine Abtrennung einzelner Straftatenkomplexe ohne weiteres möglich gewesen wäre.[156] Auch bezüglich der Frage, ob Anklage gegen einen oder mehrere Tatbeteiligte erhoben werden soll, besteht nur ein eingeschränkter Gestaltungsspielraum (→ Rn. 55). Ist der Beschuldigte geständig, so kann oftmals sogleich Anklage erhoben werden, ohne dass die Akten an die Polizei zur Fertigung eines Schlussberichts übersandt[157] oder weitere tatferne Zeugen einvernommen[158] werden müssen (→ Rn. 52). 71

cc) Dokumentation. Lassen die Akten nicht von sich aus auf Ermittlungshandlungen durch die Staatsanwaltschaft oder Polizei oder auf deren Gründe schließen, ist die Dokumentation von gleichwohl durchgeführten verfahrensfördernden Untersuchungshandlungen von erheblicher Bedeutung.[159] Die bloße unsubstantiierte Behauptung, es seien überhaupt Ermittlungsbemühungen unternommen worden, reicht für sich nicht aus.[160] Auch sollte der Staatsanwaltschaft ihre Beweggründe für Ermittlungshandlungen, welche den Abschluss des Verfahrens verzögern, in den Akten vermerken und diese nicht kommentarlos dem Oberlandesgericht zur besonderen Haftprüfung vorlegen. 72

dd) Anleitung der Polizei. Das Beschleunigungsgebot in Haftsachen umfasst das gesamte Strafverfahren und gilt daher auch bereits im Ermittlungsverfahren. Es verpflichtet nicht nur die Gerichte, sondern alle für die Strafverfolgung zuständigen Stellen, namentlich die Polizeibehörden und die Staatsanwaltschaft, gleichermaßen. Nach Nr. 5 Abs. 4 S. 1 RiStBV sind die Ermittlungen in Haftsachen sogar besonders zu beschleunigen. Gegebenenfalls sind den Behörden und Beamten des Polizeidienstes rechtzeitig konkrete Ermittlungsanweisungen zu erteilen, um baldmöglichst Anklagereife herstellen zu können.[161] Eine Verletzung des Beschleunigungsgebots kann daher auch schon **vor Ablauf der Sechs-Monats-Frist** des Abs. 1 die Aufhebung des Haftbefehls gebieten, wenn es aufgrund ver- 73

[152] KG 3.7.2001 – (5) 1 Hes 119/01.
[153] KG 30.6.1999 –(3) 1 Hes 299/98, NStZ 2001, 77.
[154] BVerfG 6.6.2007 – 2 BvR 971/05, StV 2007, 644; OLG Celle 29.1.2010 – 1 Hes 2/10, StraFo 2010, 196; aA *Hoffmann* NStZ 2002, 566 (Zubilligung eines nur beschränkt überprüfbaren Beurteilungsspielraums).
[155] OLG Celle 29.1.2010 – 1 Hes 2/10, StraFo 2010, 196.
[156] KG 13.11.2006 – (3) 1 Hes 168/06, StraFo 2007, 27.
[157] OLG Hamm 17.7.2006 – 4 Ws 337-339/06, StraFo 2006, 409.
[158] Thüringer Oberlandesgericht 25.8.1997 – 1 HEs 63/07, NStZ-RR 1997, 364.
[159] OLG Düsseldorf 12.2.2009 – III – 3 Ws 30/09.
[160] OLG Hamm 26.9.2000 – 2 Bl 165/00, wistra 2001, 35 (zweieinhalb Monate).
[161] BVerfG 6.6.2007 – 2 BvR 971/07, StV 2007, 644; Hanseatisches Oberlandesgericht Bremen 5.3.2012 – BL 248/91, StV 1992, 426.

meidbarer Fehler der Justizorgane zu einer erheblichen Verfahrensverzögerung kommt.[162] Eine Ausnahme kann auch dann nicht angenommen werden, wenn zusätzlich auch der Haftgrund der Wiederholungsgefahr nach § 112a besteht.[163] Die Anleitung der Polizei und die Überwachung derer Ermittlungstätigkeit gehört daher zu wichtigsten Aufgaben der Staatsanwaltschaft in Haftverfahren, zumal davon auszugehen ist, dass der ermittelnde Beamte nicht über die verfassungsrechtlichen Anforderungen der Bearbeitung von Haftsachen informiert ist. Daher muss die Staatsanwaltschaft die Ermittlungsarbeit der Polizei begleitend kontrollieren und zielführend strukturieren.[164] Vor allem darf sie nicht bis zur Vorlage des polizeilichen Schlussberichts untätig bleiben, sondern hat aktiv auf dessen Erstellung hinzuwirken.[165]

74 **ee) Strukturermittlungen.** Eine solche Anleitungspflicht besteht auch und gerade im Hinblick auf den Umfang der Ermittlungen, welche in Haftsachen zielführend auf deren Abschluss ausgerichtet sein müssen. Gerade in umfangreicheren Verfahren neigen die Polizeibehörden jedoch dazu, auch das Umfeld der Tat/en zu beleuchten und Strukturen aufzuklären. Ermittlungsmaßnahmen, die sich allenfalls am Rande auf das verfahrensgegenständliche Tatgeschehen beziehen und es lediglich abrunden, ohne darüber hinaus Wesentliches zur Aufklärung des Tatvorwurfs beizutragen, rechtfertigen es jedoch nicht, die Erhebung der Anklage erheblich zu verzögern. Solche Ermittlungsergebnisse können vielmehr nach Anklageerhebung nachgereicht werden.[166] Im Bereich der organisierten Kriminalität können indes solche Strukturermittlungen – jedenfalls in zeitlich beschränkten Umfang – dann veranlasst sein, wenn sich allein aufgrund der Aburteilung festgestellter Einzeltaten der Unrechtsgehalt der Taten nicht erfassen lässt (→ Rn. 40).[167] Zu prüfen ist aber immer, ob diese Ermittlungen wirklich verfahrensfördernd waren.[168]

75 **ff) Ermittlungen in anderer Sache.** Auch in Serienstraftaten ist die Staatsanwaltschaft zur Anleitung der Polizei vielfach dringend gehalten, denn diese neigen dazu, der Anklagebehörde einen vollständig ermittelten Sachverhalt vorzulegen. Hier verbirgt sich jedoch eine häufige Fehlerquelle im Rahmen der besonderen Haftprüfung. Untersuchungshaft darf jedoch nur angeordnet und aufrechterhalten werden für Taten, für die ein dringender Tatverdacht besteht. Dementsprechend kann sich die besondere Schwierigkeit oder der besondere Umfang der Ermittlungen oder ein sonstiger wichtiger Grund im Sinne des Abs. 1 grundsätzlich nur auf die **Taten beziehen, die im Haftbefehl aufgeführt sind** und deretwegen die Untersuchungshaft vollzogen wird.

76 Die aus Sicht der Ermittlungsbehörden bestehende **Notwendigkeit der Aufklärung weiterer, im Haftbefehl nicht aufgeführter Straftaten** stellt daher **keinen wichtigen Grund** im Sinne des Abs. 1 dar und kann die Fortdauer der Untersuchungshaft nicht rechtfertigen.[169] Dies gilt nicht nur dann, wenn die Polizei die Bejahung weiterer Straftaten durch den Beschuldigten vermutet,[170] sondern auch dann, wenn dieser deren Begehung sogar eingestanden hat.[171] Besonders problematisch sind die Fälle, in welchen der Beschuldigte die ihm im Haftbefehl zur Last gelegte Tat frühzeitig eingeräumt hat (→ Rn. 52), jedoch die Begehung weiterer Delikte im Raume steht. Lässt sich bezüglich diesem nicht

---

162 BVerfG 4.4.2006 – 2 BvR 523/06, StV 2006, 251; *Böhm* § 120 Rn. 15 ff.

163 Vgl. *Böhm* § 112a Rn. 58; aA Thüringer Oberlandesgericht 29.11.2000 – 1 Ws 457/10, StV 2011, 735.

164 Saarländisches Oberlandesgericht 12.10.2006 – 1 Ws 217/06, wistra 2007, 198.

165 OLG Oldenburg 15.2.2010 – HEs 3/10, StraFo 2010, 198.

166 Brandenburgisches Oberlandesgericht 20.7.1999 – 2 (3) Hes 28/99, StV 2000, 37.

167 OLG Düsseldorf 30.10.2001 – 4 Ws 508–516/01, StraFo 2002, 104 (Ermittlungen zu rechtlichen Bewertung der organisierten Drogenkriminalität notwendig); KG 20.4.2004 – (5) HEs 54/04, NStZ 2006, 524 (Jugendlicher Intensivtäter); ebenso KK/*Schultheis* Rn. 15.

168 OLG Celle 14.8.2001 – 32 Hes 10/01, NdsRpfl 2001, 413.

169 BVerfG 13.9.2001 – 2 BvR 1286/01, StV 2001, 694.

170 OLG Oldenburg 13.6.2002 – Hes 25/02, StraFo 2002, 275.

171 OLG Bamberg 4.7.2002 – Ws 293/02, NStZ 2004, 83.

spätestens binnen Monatsfrist Anklagereife erzielen, muss zunächst Teilanklage erhoben werden.

Aufnahme in den Haftbefehl. Gegenstand der besonderen Haftprüfung ist nur der vollzogene Haftbefehl, weshalb nur wegen Taten ermittelt werden darf, die Gegenstand einer den dringenden Tatverdacht feststellenden Haftentscheidung geworden sind (→ Rn. 75 f.).[172] Die **Formulierung des Bundesverfassungsgerichts,** ein „Beschuldigter dürfe nicht deshalb in Untersuchungshaft verbleiben, damit die Aufklärung weiterer Straftaten gesichert wird, wenn für diese weder ein dringender Tatverdacht noch ein Haftbefehl besteht,[173] ist daher derart zu verstehen, dass **Taten bzw. hierfür durchgeführte Ermittlungen dann berücksichtigungsfähig** sind, wenn für diese bereits ein dringender Tatverdacht besteht und sie jedenfalls zum Zeitpunkt der besondere Haftprüfung durch die gebotenen Anpassung der Haftgrundlage in den Haftbefehl mit aufgenommen worden sind.[174] Die Vornahme von Ermittlungen in anderer Sache können deshalb dann – und nur dann – einen wichtigen Grund darstellen, wenn diese Tatvorwürfe noch vor Vorlage an das Oberlandesgericht in den Haftbefehl mit aufgenommen werden. 77

gg) Mitbeschuldigte. Eine immer wieder in der Praxis auftretende Problematik besteht auch bei Verfahren gegen mehrere Tatbeteiligte (→ Rn. 55).[175] Ist gegen einen von diesen das Verfahren abschlussreif, so darf nur in zeitlich beschränkten Umfang auf die Abschlussreife bezüglich der anderen vermeintlichen Tatbeteiligten zugewartet werden. Ist abzusehen, dass Abschlussreife binnen Monatsfrist nicht hergestellt werden kann, muss das Verfahren abgetrennt und gesondert Anklage erhoben werden (→ Rn. 71).[176] 78

hh) Anklage beim falschen Gericht. Ein **grober Fehler** der Staatsanwaltschaft liegt regelmäßig dann vor, wenn die Anklage aus nicht vertretbaren Erwägungen bei einem unzuständigen Gericht erhoben wird. Anders jedoch, wenn die Erhebung der Anklage auf noch vertretbaren Erwägungen beruht.[177] Zu prüfen ist jedoch auch bei fehlerhafter Annahme einer gerichtlichen Zuständigkeit immer, ob es hierdurch überhaupt zu einer erheblichen Verfahrensverzögerung gekommen ist. Eine solche kann sich auch daraus ergeben, dass über einen Antrag des angerufenen Gerichts nach § 209 Abs. 2 auf Übernahme des Verfahren durch das nächst höhere Gericht nicht zeitnah entschieden wird,[178] die Verneinung der Zuständigkeit auf einem groben Fehler des Gerichts beruht[179] oder aber eine unzulässige Verweisung nach § 270 Abs. 1 vorliegt.[180] 79

c) Gerichtliches Verfahren. Auch im gerichtlichen Verfahren liegt ein zur Anordnung der Fortdauer der Untersuchungshaft rechtfertigender wichtiger Grund nur dann vor, wenn es nicht dort durch vermeidbare grobe Fehler und Säumnisse[181] zu einer nicht unerheblichen Verzögerung gekommen ist. Bei Kompetenzkonflikten zwischen Gerichten kann ein wichtiger Grund dann nicht angenommen werden, wenn dieser durch eine grob fehlerhafte Sachbearbeitung ausgelöst wurde und dadurch erhebliche vermeidbare Verzögerungen ent- 80

---

[172] OLG Dresden 14.7.2003 – 1 AK 45/03; OLG Köln 21.12.2006 – 43 Hes 31/06, StV 2007, 371; OLG Oldenburg 13.6.2002 – Hes 25/02, StraFo 2002, 275.

[173] BVerfG 28.1.1992 – 2 BvR 1754/91, NJW 1992, 1749; OLG Düsseldorf 30.10.2001 – 4 Ws 508-516, StraFo 2002, 104; OLG Karlsruhe 10.4.1984 – 3 HEs 70/84, MDR 1984, 688; OLG Hamm 2.12.1987 – 2 BL 298/87, StV 1988, 212; OLG Frankfurt a. M. 8.5.1995 – 1 HEs 87/95, StV 1995, 424.

[174] Insoweit unklar BVerfG 13.9.2001 – 2 BvR 1286/01, StV 2001, 694 aE; wohl weiter OLG Karlsruhe 8.10.2004 – 2 Hes 151/04, NJW 2004, 3725 (zu keinem Zeitpunkt dringender Tatverdacht).

[175] OLG Oldenburg 23.7.2001 – HES 49/01, NdsRpfl. 2001, 467 (Warten auf eine Übernahmenachricht).

[176] OLG Oldenburg 15.2.2010 – HEs 3/10, StraFo 2010, 198.

[177] OLG Hamm 15.1.2008 – 4 OBL 154/07.

[178] OLG München 6.9.2007 – 3 Ws 507/07, StraFo 2007, 465.

[179] Thüringer Oberlandesgericht 7.6.2006 – 1 Ws 190-191/06, StV 2007, 647.

[180] Schleswig-Holsteinisches Oberlandesgericht 16.5.2007 – 2 Hes 5/07, StV 2007, 592.

[181] OLG München 6.3.2009 – 3 Ws 167/09, NStZ-RR 2011, 124 (Neubesetzung der Richterstelle und Urlaub); OLG München 11.5.2007 – 2 Ws 224/07, StV 2007, 591 (Aufhebung wegen zu später Verbindung von Verfahren); OLG Stuttgart 3.2.2011 – 1 HEs 147-150/10, Justiz 2011, 217 (Jeweils sachliche Erwägungen bei gemeinsamer Anklage und späteren Abtrennung von Verfahren gegen Erwachsene und Jugendliche).

standen sind.[182] Auch besteht im gerichtlichen Verfahren die Besonderheit, dass Verzögerungen im Ermittlungsverfahren sich noch auswirken, insbesondere dann, wenn Sie dort nicht durch eine beschleunigte Bearbeitung ausgeglichen werden können (→ Rn. 51).[183]

81 **aa) Vorausschauende Planung.** Im Vordergrund der Bearbeitung von Haftsachen im Gerichtsverfahren steht der Gesichtspunkt der vorrauschauenden Planung, dem nicht nur für das konkret anhängige und dem Oberlandesgericht zur besonderen Haftprüfung vorgelegte, sondern für alle beim **Spruchkörper anhängigen Verfahren Bedeutung** zukommt. So sollte das Gericht etwa davon absehen, eingehenden Verfahren lediglich nach Eingang zu terminieren, sondern im Einzelfall eine Abwägung nach Eilbedürftigkeit vorzunehmen. Lässt sich aus den eingehenden Akten erkennen, dass es im Ermittlungsverfahren zu nicht unerheblichen Verzögerungen gekommen ist (→ Rn. 51), sollte das Gericht diese auch zur Vermeidung der Aufhebung der Untersuchungshaft durch eine zügige Terminierung auffangen.[184] Auch kann es das Beschleunigungsgebot in Haftsachen – je nach Dauer der Untersuchungshaft und Komplexität des Verfahrens – gebieten, alle zumutbaren Terminierungsmöglichkeiten auszuschöpfen, um möglichst schnell zu einer Entscheidung über den Anklagevorwurf zu kommen.[185] Insoweit gilt das Erfordernis einer bestmöglichen Verfahrensförderung.[186] Reichen etwa die ordentlichen Sitzungstage nicht aus, sind ggf. außerordentliche Terminstage einzuschieben, im Notfall kann es in Ausnahmefällen auch geboten sein, eine andere nicht derart vorrangige Haftsache aufzuheben, wenn sonst kein anderer Termin gefunden werden kann. Im Haftprüfungsverfahren kann es insoweit notwendig werden, dass sich das Oberlandesgericht nicht nur auf die Ausführungen des Vorsitzenden im Vorlagebericht verlässt, sondern durch Vorlage **Einblick in die Terminierungsliste** nimmt.[187]

82 **bb) Nichthaftsachen.** Grundsätzlich gilt insoweit, dass Haftsachen den Nichthaftsachen vorgehen und mit größtmöglicher Beschleunigung zu betreiben sind.[188] Hat das Gericht an den ihm innerhalb der Sechsmonatsfrist des Abs. 1 zur Verfügung stehenden Gerichtstagen bereits andere Sachen terminiert, bei den es sich allerdings nicht um Haftsachen handelt, kann es das Beschleunigungsgebot verletzen, wenn es nicht eines der bereits terminierten Verfahren wieder aufhebt und statt dessen in der Haftsache Termin zur Hauptverhandlung bestimmt. Das erkennende Gericht ist es insoweit gehalten, anderweitig bereits terminierte Hauptverhandlungstermine wieder aufzuheben.[189]

83 **cc) Besonders einfache Verfahren.** Auch in besonders einfach gelagerten Haftsachen sollte das Gericht kurzfristig über die Zulassung der Anklage entscheiden und die Hauptverhandlung zeitnah, ggf. durch Einfügung eines Sondertermins, durchzuführen.[190] So darf etwa die Sechs-Monats-Frist des Abs. 1 auch nicht annähernd ausgeschöpft werden, wenn die Anklage wenige Tage nach der Festnahme des Beschuldigten erhoben ist und die Sache in weniger als einem halben Tag verhandelt werden kann.[191]

---

182 BVerfG 4.2.2000 – 2 BvR 453/99, NJW 2000, 1401; dass. 7.9.1992 – 2 BvR 1305/92, StV 1992, 522; OLG Hamm 15.1.2008 – 4 OBL 154/07 (Aufrechterhaltung bei unvermeidbarem Kompetenzkonflikt); OLG Braunschweig 23.1.2007 – HEs 9-11/06, NdsRpfl. 2007, 164 (Aufhebung wegen fehlerhafter Verweisung); Thüringer Oberlandesgericht 7.6.2006 – 1 Ws 190-191/06, StV 2007, 647 (Aufrechterhaltung bei nicht grobfehlerhafter Unzuständigkeitserklärung).

183 Brandenburgisches Oberlandesgericht 8.3.2007 – 2 Ws (HEs) 58/07, StraFo 2007, 199.

184 OLG Celle 23.3.2001 – 32 Hes 1/01, NdsRpfl. 2001, 196.

185 Ebenso OLG Braunschweig 28.4.2005 – Hes 10/05, NdsRPfl. 2005, 228.

186 KG 23.9.2009 – 4 Ws 102/99, StraFo 2010, 26.

187 So etwa OLG Hamm 19.10.2000 – 2 Bl. 186/2000, NStZ-RR 2001, 61.

188 BVerfG 23.9.2005 – 2 BvR 1315/05, NJW 2005, 3485; dass. 4.4.2006 – 2 BvR 523/06, StV 2006, 251, dass 15.2.2007 – 2 BvR 2563/06, StV 2007, 366.

189 KG 18.2.2002 – (4) 1 Hes 33/02; OLG Braunschweig 28.4.2005 – Hes 10/05, NdsRPfl. 2005, 228; OLG Hamm 19.10.2000 – 2 BL 186/2000, NStZ-RR 2001, 61; dass. 20.10.2005 – 2 OBL 57/05, StraFo 2006, 25; OLG Karlsruhe 28.7.1983 – 3 HEs 192/83, Die Justiz 1986, 28.

190 OLG Oldenburg 7.8.2006 – Hes 10/06, StraFo 2006, 410 (kein Zuwarten auf weitere Anklage).

191 OLG Köln 8.7.2009 – 2 Ws 303/09, OLGSt StPO § 121 Nr. 35.

dd) Abstimmung der Verfahrensgestaltung. Gerade in umfangreichen und besonders eilbedürftigen Fällen kann es auch geboten sein, dass der Vorsitzende die Verfahrensabläufe, insbesondere die Hauptverhandlungstermine, mit den Verfahrensbeteiligten abstimmt. Wird dies unterlassen und kommt es deshalb zu einer erheblichen Verfahrensverzögerung, kann es am Vorliegen eines wichtigen Grundes iSd Abs. 1 fehlen.[192] Es ist auch rechtlich zulässig, Terminabsprachen schon **vor** Eröffnung des Hauptverfahrens für den Fall einer solchen vorzunehmen, zumal hierdurch ein erheblicher Beschleunigungseffekt gerade in Verfahren mit mehreren Angeklagten erreicht werden kann. Wird jedoch eine gebotene Verfahrensabsprache vorgenommen und erfolgt hierauf die Terminsbestimmung, liegt im Regelfall ein wichtiger Grund auch dann vor, wenn eine frühere Terminierung an sich möglich gewesen wäre, es sei denn, es kommt hierdurch zu einer deutlichen und nicht mehr hinnehmbaren Verlängerung der Untersuchungshaft.[193] 84

ee) Bearbeitungsfristen. Zwar sieht das Gesetz keine Höchstfrist vor, welche zwischen dem Eingang der Anklage und dem Beginn der Hauptverhandlung liegen darf, gleichwohl hat sich zwischenzeitlich eine obergerichtliche Rechtsprechung heraus gebildet, nach welcher im Regelfalle in einer nicht umfangreichen und nicht schwierigen Haftsache diese **Zeitspanne nicht mehr als drei, höchstens vier Monate** betragen darf.[194] Liegen zwischen Anklageerhebung und Beginn der Hauptverhandlung jedoch etwa fünf Monate, ist der Beschleunigungsgrundsatz nur dann nicht verletzt, wenn alle zumutbaren Anstrengungen unternommen worden sind und wichtige Gründe einer früheren Terminierung entgegenstanden.[195] Ausnahmsweise kann sich ein wichtiger Grund auch aus nur kurzfristen Überlastung des Spruchkörpers ergeben (→ Rn. 93).[196] 85

Eröffnungsreife. Auch beansprucht der Beschleunigungsgrundsatz schon im **Zwischenverfahren** nach §§ 199 f. **Geltung**. Auch in diesem Stadium muss das Verfahren mit der gebotenen Zügigkeit gefördert werden, um eine Entscheidung über die Zulassung der Anklage zur Hauptverhandlung herbeizuführen. Werden etwa innerhalb der Stellungnahmefrist Einwendungen gegen die Eröffnung des Hauptverfahrens nicht erhoben und die Erhebung von Beweisen weder beantragt noch von der Strafkammer für erforderlich erachtet, wird oftmals kein tragfähiger Grund dafür erkennbar sein, warum das Gericht – unter Zubilligung eines je nach Komplexität zu beurteilenden Prüfungszeitraums – nicht gleichwohl zeitnah über die Eröffnung des Hauptverfahrens entscheidet. Mit Eintritt der Entscheidungsreife gebietet der Beschleunigungsgrundsatz im Regelfall auch die Fassung des Eröffnungsbeschlusses.[197] Ist nach den Umständen des Einzelfalles vom Vorliegen dieser Eröffnungsreife bereits vor Erlass des Eröffnungsbeschlusses auszugehen, ist bei der Prüfung, ob das Beschleunigungsgebot in Haftsachen beachtet wurde, auf den Zeitpunkt des Eintritts der Eröffnungsreife und nicht auf den Zeitpunkt des tatsächlichen Erlasses des Eröffnungsbeschlusses abzustellen.[198] 86

Durchführung eines Erörterungstermins. Der Eröffnungsbeschluss kann jedoch dann nach Eintritt der Entscheidungsreife gefasst werden, wenn sich das die Eröffnung erwägende Gericht dazu entscheidet, mit den Beteiligten in eine Erörterung nach § 202a 87

---

[192] OLG Karlsruhe 11.8.1999 – 2 Hes 220/99, NStZ 2001, 78; OLG Düsseldorf 2.7.2008 – III – 1 Ws 200-202/08, StRR 2008, 403; OLG Oldenburg 19.12.2002 – HEs 48/02, NdsRpfl. 2003, 285.

[193] OLG Köln 29.12.2005 – 40 HEs 37-41/05, StV 2006, 145.

[194] OLG Oldenburg 30.7.2004 – HES 20/04, NdsRpfl. 2004, 298; KG 1.2.2002 (5) HEs 28/02 (5 Monate in einer Schwurgerichtssache noch hinnehmbar).

[195] Thüringer Oberlandesgericht 12.6.2002 – 1 Hes 21-22/2, StV 2002, 555; OLG Hamm 16.5.2000 – 5 BL 71/00, StV 2000, 515 (sieben Monate).

[196] OLG Hamm 14.9.2006 – 4 Ws 413/06 (fünf Monate zwischen Eingang der Akten und Beginn der Hauptverhandlung).

[197] BVerfG 4.5.2011 – 2 BvR 2781/10, StRR 2011, 246; OLG Nürnberg 11.2.2009 – 1 Ws 28/09, StV 2009, 367; OLG Zweibrücken 30.11.2001 – 1 HPL 77/01, StV 2002, 152 (Hinauszögern des Eröffnungsbeschlusses).

[198] OLG Nürnberg 11.2.2009 – 1 Ws 28-30/09, StV 2009, 367; dass. 26.8.2000 – 1 Ws 462/10, StV 2011, 39 (Eröffnungsreife durch gründliche Vorbefassung durch prozessleitende Verfügung).

Satz 1 Hs. 2 einzutreten, um hierdurch eine **Verfahrensförderung** herbeiführen zu können.[199] Hierin liegt auch dann kein Verstoß gegen den Beschleunigungsgrundsatz, wenn es nicht zu einer verfahrensfördernden Absprache kommt. Jedoch muss im Anschluss an einen solchen Besprechungstermin umgehend über die Eröffnung entschieden und die Hauptverhandlung anberaumt werden.

88 **Bestimmung Hauptverhandlungstermin – Drei-Monatsfrist.** Hat das Gericht zum Zeitpunkt der Eröffnungsreife oder des hierfür anzusetzenden Zeitpunkts (→ Rn. 86) die Anklage zugelassen, hat es im Regelfall zugleich zeitnahen Termin zum Beginn der Hauptverhandlung zu bestimmen. Dabei wird man davon ausgehen können, dass – sofern nicht „besondere Umstände" eine andere Bewertung rechtfertigen – dem Beschleunigungsgebot nur dann genüge getan ist, wenn innerhalb von drei Monaten nach Eröffnung des Hauptverfahrens mit der Hauptverhandlung begonnen wird,[200] wobei eine nicht nur kurzfristige Überlastung des Spruchkörpers (→ Rn. 93) keinen solchen besonderen Umstand darstellt.

89 **ff) Durchführung der Hauptverhandlung.** Das Beschleunigungsgebot in Haftsachen kann sich auch auf die **gerichtliche Verhandlungsplanung** auswirken. Im besonderen Haftprüfungsverfahren wird dies zumeist dann relevant werden, wenn die Hauptverhandlung ausgesetzt und die Akten dem Oberlandesgericht vorgelegt werden müssen (→ Rn. 19). Grundsätzlich sind anberaumte und durchgeführte Hauptverhandlungstermine mit Stringenz vorzubereiten und durchzuführen.[201] Nicht nur bei absehbar umfangreichen Haftsachen fordert das Beschleunigungsgebot in Haftsachen stets eine vorausschauende, auch größere Zeiträume umgreifende Hauptverhandlungsplanung (→ Rn. 81) mit mehr als nur einem durchschnittlichen Hauptverhandlungstag pro Woche[202] und einer durchschnittlichen ausreichenden Stundenanzahl pro Sitzungstag. Ist eine Durchführung der Hauptverhandlung mit einer solchen Stringenz nicht möglich, so kann dies auch an der Überlastung des Spruchkörpers liegen (→ Rn. 92).

90 **Aussetzung der Hauptverhandlung.** Besonders heikel im Bezug auf das Vorliegen eines wichtigen Grundes ist die Aussetzung der Hauptverhandlung (→ Rn. 19). Seinen Grund hat dies darin, dass nach Abs. 3 S. 3 die Akten in diesem Fall dem Oberlandesgericht unverzüglich vorzulegen sind und dieses nunmehr eine umfassende Überprüfung durchführt. Dabei kommt die Anordnung der Fortdauer der Untersuchungshaft nur in Betracht, wenn die Aussetzung der Hauptverhandlung aus sachlichen Gründen zwingend geboten bzw. unumgänglich war, woran es auch fehlt, wenn die Aussetzung durch Fehler und/oder Versäumnisse im bisherigen Verfahren verursacht worden ist.[203] Solche vermeidbaren Fehler können sich etwa daraus ergeben, dass dem Verteidiger vor der Hauptverhandlung wichtige Aktenteile zur Einsicht[204] oder die Unterlagen über die Gerichtsbesetzung trotz Anforderung[205] nicht zugänglich gemacht worden sind, ein Antrag auf Ablösung des Sitzungsvertreters der Staatsanwaltschaft gestellt wurde[206] oder die Hauptverhandlung wegen urlaubsbedingter Verhinderung einer Richterin innerhalb der Unterbrechungsfristen nicht fortgesetzt werden kann.[207] Gleiches gilt, wenn das Verfahren gegen einen Angeklagten nach Abtrennung ausgesetzt wird, weil er sich im Gegensatz zu anderen Mitangeklagten sich nicht geständig eingelassen hat.[208] Problematisch ist es auch, ein Verfahren gegen einen Angeklagten nur deshalb abzutrennen, um den ursprünglichen Mitangeklagten nach Rechtskraft des

---

[199] OLG Nürnberg 26.4.2011 – 1 Ws 125-126/11, StV 2011, 750.

[200] BVerfG 15.2.2007 – BvR 2563/06, StV 2007, 366; dass. 11.6.2008 – 2 BvR 806/08, StV 2008, 421; OLG Nürnberg 9.9.2008 – 2 Ws 329/08, StraFo 2008, 469; OLG Düsseldorf 16.9.2009 – III – 3 Ws 362/09.

[201] OLG Dresden 6.6.2011 – 1 Ws 67/11, StRR 2011, 356 (verfahrensverkürzende Absprache).

[202] BVerfG 23.1.2008 – 2 BvR 2652/07; OLG Celle 23.3.2001 – 32 HEs 1/01, NdsRpfl. 2001, 196.

[203] OLG Hamm 9.9.2002 – 2 BL 9ß/2002, NStZ 2004, 84 (Gutachten nicht eingeholt).

[204] OLG Koblenz 13.6.2002 – (1) 4420 BL – III – 27/03, StV 2003, 519.

[205] Oberlandesgericht des Landes Sachsen-Anhalt 30.11.2000 – 1 HEs 34/00.

[206] OLG Zweibrücken 6.6.2000 – 1 HPL 27/00, NStZ-RR 2000, 348.

[207] Hanseatisches Oberlandesgericht Hamburg 18.5.2010 – 2 Ws 80-82/10 H, StraFo 2010, 381.

[208] OLG Karlsruhe 11.11.1999 – 3 HEs 267/99, NStZ 2001, 79.

Verfahrens als aussagepflichtigen Zeugen zur Verfügung zu haben.[209] Andererseits kann sich ein wichtiger Grund daraus ergeben, wenn zwar das Verfahren mit der in Haftsachen gebotenen Beschleunigung geführt, dessen Aussetzung aber wegen Erkrankung des Richters[210] oder aber eingetretener Verhinderung des Verteidigers[211] unumgänglich war.

Aufhebung oder Verlegung von Terminen. Auch bei ansonsten nicht sorgfältiger Durchführung oder Vorbereitung der Hauptverhandlung kann es am Vorliegen eines wichtigen Grundes fehlen, etwa wenn ein Hauptverhandlungstermin aufgehoben und ein neuer Termin auf einen Zeitpunkt nach Ablauf der Sechsmonatsfrist anberaumt werden muss, weil der Verteidiger des Angeklagten wenige Tage vor dem ursprünglichen Hauptverhandlungstermin Vernehmung und Ladung eines Zeugen beantragt hat, der schon aufgrund der gerichtlichen Amtsaufklärungspflicht gemäß § 244 Abs. 2 an sich hätte geladen werden müssen.[212] Gleiches gilt, wenn die gebotene Übersetzung der Anklageschrift nicht veranlasst oder deren Fehlen nicht bemerkt wurde.[213] 91

gg) Gerichtsorganisation – Überlastung. Grundsätzlich stellt die Überlastung eines Gerichts vor allem mit anderen gleichrangigen Haftsachen **keinen wichtigen Grund** iSd Abs. 1 dar. Im Falle einer solchen Überlastung kann und muss nämlich durch **geeignete Maßnahmen der Gerichtsorganisation** dafür Sorge getragen werden, dass den Erfordernissen des Beschleunigungsgebots entsprochen werden kann, etwa durch Einrichtung einer **Auffangstrafkammer**. Art. 2 Abs. 2 S. 2 GG ist daher verletzt, wenn sich das Verfahren infolge solcher vermeidbarer gerichtsorganisatorischer Fehler oder Versäumnisse erheblich verzögert. Eine solche – nicht nur kurzfristige Überlastung (→ Rn. 93) – rechtfertigt die Fortdauer der Untersuchungshaft selbst dann nicht, wenn sie auf einem Geschäftsanfall beruht, der sich trotz Ausschöpfung aller gerichtsorganisatorischen Mittel und Möglichkeiten nicht mehr innerhalb angemessener Fristen bewältigen lässt. Der Beschuldigte hat es nämlich nicht zu vertreten, wenn seine Haftsache nicht binnen angemessener Zeit zur Verhandlung gelangt, weil dem Gericht auch unter Hinzuziehung von Richtern von Spruchkörpern außerhalb der Strafgerichtsbarkeit die personellen oder sächlichen Mittel fehlen, die zur ordnungsgemäßen Bewältigung des Geschäftsanfalls erforderlich wären.[214] Auch die Art und die Schwere des Delikts rechtfertigen insoweit keine andere Beurteilung, denn es ist Pflicht des Staates, seine Gerichte personell derart auszustatten, dass anstehende Verfahren in einer dem Freiheitsanspruch des Angeklagten Rechnung tragenden Frist abgeschlossen werden können.[215] 92

Kurzfristige Überlastung. Anders zu beurteilen ist das Vorliegen eines wichtigen Grundes aber, wenn es sich nur um eine kurzfristige Überlastung des Spruchkörpers handelt,[216] denn solche **kurzfristige Engpässe sind in Haftsachen weder vorhersehbar noch vermeidbar**.[217] Über welchen Zeitraum eine solche nur kurzfristige Überlastung andauern darf, obliegt der Entscheidung im Einzelfall.[218] Jedenfalls gehört es zur voraus- 93

---

[209] OLG Köln 11.2.2003 – HEs 14/03.

[210] KG 24.2.2009 – 1 Ws 25-27/09; BGH 17.3.2009 – AK 2-4/09, BGHR StPO § 121 Grund 3 (Verschiebung des Prozessbeginns wegen Erkrankung des Vorsitzenden Richters).

[211] KG 29.6.1999 – (5) HEs 128/99.

[212] OLG München 27.4.2001 – 3 Ws 286/01, StV 2001, 466.

[213] Brandenburgisches Oberlandesgericht 5.9.2008 – 1 Ws (HEs) 174/08.

[214] BVerfG 12.12.1973 – 2 BvR 558/73, BVerfGE 36, 264, 273 = NJW 1974, 264; dass. 29.11.2005 – 2 BvR 1737/05, BVerfGK 6, 384, 392; dass 4.5.2011 – 2 BvR 2781/10, StRR 2011, 246; OLG Nürnberg 9.9.2008 – 2 Ws 329/08, StraFo 2008, 469; OLG Köln 27.5.2008 – 43 HEs 12/08; OLG München 11.5.2007 – 2 Ws 224/07, StV 2007, 591; OLG Hamm 29.6.2006 – 4 Ws 301/06; OLG Celle 10.12.2001 – 32 HEs 18/01, StV 2002, 150; Thüringer Oberlandesgericht 25.8.1997 – 1 HEs 63/97, NStZ-RR 1997, 364.

[215] OLG Hamm 29.6.2006 – 4 Ws 301/06.

[216] Siehe etwa OLG Hamm 14.9.2006 – 4 Ws 413/06 (fünf Monate zwischen Eingang der Akten und Beginn der Hauptverhandlung).

[217] LR/*Hilger* Rn. 42.

[218] OLG Celle 5.9.2002 – 21 HEs 17/02, NdsRpfl. 2002, 369 (Keine Erledigung innerhalb von sechs Monaten nach Anklageeingang mehr möglich).

schauenden Planung (→ Rn. 81) des Vorsitzenden dann eine Überlastungsanzeige zu fertigen,[219] wenn er erkennt, dass sich diese, etwa aufgrund des Eingangs von Großverfahren oder zu erwartender weiterer Anklagen in Haftsachen, nicht binnen weniger Monate beheben lässt. Zeichnet sich im Haftprüfungsverfahren für das Oberlandesgericht ab, dass sich eine derzeitig noch vorliegende kurzfristige Überlastung nicht zeitnah wird überwinden lassen, so hat der Senat im Haftfortdauerbeschluss hierauf hinzuweisen und auf die Durchführung gerichtsorganisatorischer Maßnahmen hinzuwirken.[220]

94 Ist jedoch bereits **im Haftprüfungsverfahren absehbar** ist, dass das Verfahren ggf. trotz eingeleiteter gerichtsorganisatorischer Maßnahmen nicht mit der in Haftsachen gebotenen Beschleunigung weiterbetrieben werden kann, ist die Fortdauer der Untersuchungshaft auch dann nicht weiter gerechtfertigt, wenn bisher noch keine Verfahrensverzögerungen eingetreten sind.

95 **d) Verfahren nach Urteil.** Ist gegen den Angeklagten ein auf Freiheitsstrafe erkennendes Urteil erster Instanz ergangen, so findet eine besondere Haftprüfung durch das Oberlandesgericht nicht mehr statt. Dies gilt selbst dann, wenn die erstinstanzliche Entscheidung durch das Berufungsgericht wegen fehlender örtlicher Zuständigkeit aufgehoben und die Sache an das zuständige Gericht zurückverwiesen worden ist.[221] Gleichwohl sind aufgetretene Verfahrensverzögerungen im Rahmen der Haftbeschwerde zu berücksichtigen und können zur Aufhebung des Haftbefehls führen.[222]

IV. Rechtfertigung der Fortdauer der Untersuchungshaft

96 Nach Abs. 1 müssen die Verlängerungsgründe des Abs. 1 (Schwierigkeit und Umfang der Ermittlungen, anderer wichtiger Grund) auch die Fortdauer der Untersuchungshaft rechtfertigen. Unter besonderer Berücksichtigung der Rechtsprechung des Bundesverfassungsgerichts muss danach stets eine weiter erforderliche Abwägung zwischen dem Freiheitsgrundrecht des Beschuldigten und dem Strafverfolgungsinteresse der Allgemeinheit sowie der Frage der Verhältnismäßigkeit ergeben, dass die Fortdauer der Untersuchungshaft weiterhin notwendig ist.[223] Der sich aus GG Art. 2 Abs. 2 S. 2 ergebende Freiheitsanspruch des noch nicht verurteilten Beschuldigten ist nämlich den vom Standpunkt der Strafverfolgung aus erforderlich und zweckmäßig erscheinenden Freiheitsbeschränkungen ständig als Korrektiv entgegenzuhalten, wobei dem Grundsatz der Verhältnismäßigkeit eine maßgebliche Bedeutung zukommt.[224]

97 **Darstellung im Haftfortdauerbeschluss.** Insoweit bedarf es einer konkreten Analyse des bisherigen Verfahrensablaufs, einschließlich der im Falle einer Verurteilung bestehenden konkreten Straferwartung sowie der mutmaßlichen Gesamtdauer des Verfahrens. Zwar müssen sich die hierfür notwendigen Abwägungsvorgänge aus dem Haftfortdauerbeschluss ergeben, es ist jedoch nicht zu beanstanden, wenn diese Überlegungen nicht in einem einheitlichen Prüfungsabschnitt, sondern bei den einzelnen Tatbestandsvoraussetzungen erörtert und dargestellt werden. Die mit Haftsachen betrauten Gerichte haben sich nach der Rechtsprechung des Bundesverfassungsgerichts deshalb bei der zu treffenden Entscheidung über die Fortdauer der Untersuchungshaft mit deren Voraussetzungen eingehend auseinander zu setzen und diese mit der gebotenen Begründungstiefe (→ Rn. 8)[225] neu zu begründen. In

[219] Siehe hierzu OLG Köln 18.3.2008 – 43 Hes 8/08, StraFo 2008, 241 (keine gerichtsorganisatorische Maßnahmen unternommen); OLG Celle 28.1.2002 – 22 HEs 1/02, NdsRpfl. 2002, 200 (keine gerichtsorganisatorischen Maßnahmen unternommen); OLG Düsseldorf 14.1.2003 – 1 Ws 491/02, StraFo 2003, 93 (keine Terminierung innerhalb von drei Monaten möglich bei schon vorliegender Verzögerung).

[220] KG 22.5.2000 – (5) 1 HEs 76/00 (Strafkammer stellt noch keinen Hauptverhandlungstermin in Aussicht).

[221] OLG Zweibrücken 6.4.2010 – 1 HEs 2/10, NStZ-RR 2010, 325.

[222] *Böhm* § 120 Rn. 15 ff.; *Böhm/Werner* § 117 Rn. 35.

[223] BVerfG 16.3.2006 – 2 BvR 170/06, NJW 2006, 1336; dass 5.10.2006 – 2 BvR 1815/06, StV 2007, 254; KK/*Schultheis* Rn. 27.

[224] BVerfG 6.2.1980 – 2 BvR 1070/79, BVerfGE 53, 152, 158; *Böhm/Werner* § 117 Rn. 3.

[225] *Böhm/Werner* § 112 Rn. 8, § 117 Rn. 21.

der Regel sind in jedem Beschluss über die Anordnung der Fortdauer der Untersuchungshaft aktuelle Ausführungen zu dem weiteren Vorliegen ihrer Voraussetzungen, zur Abwägung zwischen dem Freiheitsgrundrecht des Beschuldigten und dem Strafverfolgungsinteresse der Allgemeinheit sowie zur Frage der Verhältnismäßigkeit geboten.[226]

V. Entscheidung (Abs. 2)

Nach Abs. 2 ist in den Fällen des Abs. 1 der Haftbefehl nach Ablauf von sechs Monaten aufzuheben, wenn nicht der Vollzug des Haftbefehls nach § 116 Abs. 1 ausgesetzt wird oder das Oberlandesgericht die Fortdauer der Haft anordnet. Abs. 2 beschreibt damit die Möglichkeiten einer Sachentscheidung des Oberlandesgerichts im Haftprüfungsverfahren nach § 122, nämlich Freilassung, Außervollzugsetzung oder Anordnung der Fortdauer der Untersuchungshaft. Nur ausnahmsweise möglich ist die Rückgabe der Akten an das Tatgericht zur Nachbesserung bzw. Anpassung der Haftgrundlage (→ Rn. 12 ff.). **98**

1. Voraussetzung einer Sachentscheidung. Eine solche setzt zunächst voraus, dass das Verfahren überhaupt zur Sechs-Monats-Haftprüfung ansteht. Hieran kann es etwa bei einer vorfristigen Vorlage der Akten fehlen, etwa wenn in die Frist nicht berücksichtigungsfähige Fristen eingerechnet wurden (→ Rn. 24) oder aber die Frist erst zu einem späteren Zeitpunkt zu laufen beginnt, weil Gegenstand des aktuellen Haftbefehl durch Aufnahme weiterer Tatvorwürfe eine andere Tat iSd Abs. 1 geworden ist (→ Rn. 25 ff.). In einem solchen Fall gibt das Oberlandesgericht unter Hinweis darauf, dass eine besondere Haftprüfung derzeit nicht ansteht, die Akten an das vorlegende Gericht zurück, wobei insoweit eine formelle Beschlussfassung erforderlich ist und eine bloße Rückgabeverfügung des Vorsitzenden nicht ausreicht. **99**

Weiterer Vollzug der Untersuchungshaft. Weitere Voraussetzungen einer Sachentscheidung durch das Oberlandesgericht ist es, dass sich der Beschuldigte zum Zeitpunkt der Entscheidung noch in Untersuchungshaft befindet. Es kommt in der Praxis nicht selten vor, dass nach Vorlage der Akten zwischenzeitlich bezüglich einer anderweitigen Verurteilung des Beschuldigten Rechtskraft eingetreten ist und die Untersuchungshaft zur Strafvollstreckung unterbrochen wurde. Auch findet keine besondere Haftprüfung statt, wenn schon der Tatrichter den Haftbefehl aufgehoben oder außer Vollzug gesetzt hat und der Beschuldigte sich wieder in Freiheit befindet.[227] **100**

2. Aufhebung des Haftbefehls. Das Oberlandesgericht hebt den Haftbefehl auf, wenn die allgemeinen oder besonderen Haftvoraussetzungen nicht oder (§ 120 Abs. 1) nicht mehr vorliegen. Zwar werden im Regelfall die allgemeinen Haftvoraussetzungen, wie das Vorliegen eines formgültigen Haftbefehls (§ 114), dessen ordnungsgemäße Verkündung (§ 115, 115a), des dringenden Tatverdachts (§ 112 Abs. 1), des Vorliegens eines Haftgrundes (§ 112 Abs. 2, 3) und der fortdauernden Verhältnismäßigkeit der Untersuchungshaft (§ 112 Abs. 1 S. 2) vor den besonderen Haftvoraussetzungen des Abs. 1 geprüft und im Beschluss dargestellt, dem Oberlandesgericht ist es jedoch nicht verwehrt, ohne nähere Befassung mit diesen den Haftbefehl sogleich deshalb aufzuheben, weil weder die besondere Schwierigkeit der Ermittlungen oder der Umfang der Akten oder ein anderer wichtiger Grund das Ergehen eine Urteils noch nicht zugelassen haben. **101**

3. Außervollzugsetzung des Haftbefehls. Aus der Prüfungsreihenfolge der allgemeinen vor den besonderen Haftvoraussetzungen ergibt sich aber, dass das Oberlandesgericht den Haftbefehl auch außer Vollzug setzen kann (§ 122 Abs. 5) und zwar unabhängig davon, ob die besonderen Haftvoraussetzungen des Abs. 1 vorliegen oder nicht. Wird der Haftbefehl durch den Haftrichter später wieder in Vollzug gesetzt (§ 116 Abs. 4), sind die Akten **102**

---

[226] BVerfG 7.8.1998 – 2 BvR 962/98, StV 1999, 40; dass. 10.12.1998 – 2 BvR 1998/98, StV 1999, 162; dass 13.9.2001 – 2 BvR 1316/01, NJW 2002, 207.

[227] *Böhm* § 122 Rn. 2; vgl. aA OLG Karlsruhe 18.9.1978 – 1 HES 109/78, Die Justiz 1978, 475 (Sonderfall der anstehenden Invollzugsetzung des Haftbefehls).

jedoch unverzüglich dem Oberlandesgericht vorzulegen. Anders ist dies jedoch zu verfahren, wenn das Oberlandesgericht die besonderen Haftvoraussetzungen des Abs. 1 geprüft und bejaht hat. In diesem Fall gilt die Frist des § 112 Abs. 4 S. 2.[228]

103 **4. Anordnung der Fortdauer der Untersuchungshaft.** Hebt das Oberlandesgericht den Haftbefehl weder auf (§ 120 Abs. 1) noch setzt es diesen außer Vollzug, so ordnet es durch begründeten Beschluss (§§ 122 Abs. Abs. 3 S. 1, 114 Abs. 2 Nr. 4) die Fortdauer der Untersuchungshaft an. Diese Entscheidung bedarf einer Begründung, an welche nach der Rechtsprechung des Bundesverfassungsgericht erhöhte Anforderungen zu stellen sind (→ Rn. 8, 97).

104 **Grundrechtsschutz durch Verfahren.** Bezüglich der **sog Begründungstiefe** von Haftentscheidungen ist nämlich zu sehen, dass der Grundrechtsschutz auch durch die Verfahrensgestaltung zu bewirken ist und dass die Grundrechte demgemäß nicht nur das gesamte materielle, sondern auch das Verfahrensrecht beeinflussen, soweit dieses für einen effektiven Grundrechtsschutz von Bedeutung ist. Das Verfahren der Haftprüfung muss deshalb so ausgestaltet sein, dass nicht die Gefahr einer Entwertung der materiellen Grundrechtsposition besteht. Dem ist vor allem durch erhöhte Anforderungen an die sog Begründungstiefe von Haftfortdauerentscheidungen Rechnung zu tragen. Deshalb haben die mit Haftsachen betrauten Gerichte sich bei der zu treffenden Entscheidung über die Fortdauer der Untersuchungshaft mit deren Voraussetzungen eingehend auseinanderzusetzen und diese entsprechend zu begründen. In der Regel sind in jedem Beschluss über die Anordnung der Fortdauer der Untersuchungshaft aktuelle Ausführungen zu dem weiteren Vorliegen ihrer Voraussetzungen, zur Abwägung zwischen dem Freiheitsgrundrecht des Beschuldigten und dem Strafverfolgungsinteresse der Allgemeinheit sowie zur Frage der Verhältnismäßigkeit geboten, weil sich die dafür maßgeblichen Umstände, vor allem angesichts der seit der letzten Entscheidung verstrichenen Zeit, in ihrer Gewichtigkeit verschieben können. Die zugehörigen Ausführungen müssen in Inhalt und Umfang eine Überprüfung des Abwägungsergebnisses am Grundsatz der Verhältnismäßigkeit nicht nur für den Betroffenen selbst, sondern auch für das die Anordnung treffende Fachgericht im Rahmen einer Eigenkontrolle gewährleisten und in sich schlüssig und nachvollziehbar sein.[229]

105 **Zeitpunkt der Entscheidung.** Dem Oberlandesgericht muss grundsätzlich Gelegenheit gegeben werden, den Haftbefehl unmittelbar nach Ablauf der **Sechs-Monatsfrist** aufzuheben. Häufig werden die Akten dem Oberlandesgericht schon recht frühzeitig vorgelegt. In diesen Fällen muss der Senat nicht zuwarten, zumal die Frist nach Abs. 3 S. 1 ruht, vielmehr kann auch „vorfristig" entschieden werden (→ Rn. 109).

106 **Fortbestehendes Rechtschutzbedürfnis.** Auch wenn ein Haftbefehl aufgehoben ist und ein Beschuldigter durch den Vollzug der Haft nicht mehr gegenwärtig beschwert ist, besteht wegen des mit einer Freiheitsentziehung als schwerwiegendem Grundrechtseingriff verbundenen Rehabilitierungsinteresses weiter ein Rechtsschutzbedürfnis für die – auch nachträgliche – Feststellung der Rechts- oder Verfassungswidrigkeit fort.[230]

VI. Ruhen der Sechsmonatsfrist (Abs. 3)

107 Abs. 3 S. 1 regelt zunächst, dass der Fristenlauf ruht, wenn die Akten dem Oberlandesgericht vor Ablauf von sechs Monaten vorgelegt werden. Maßgeblich ist dabei der Eingang der Akten beim Oberlandesgericht und nicht die Vorlageverfügung des Haftrichters.[231] Dabei muss es sich aber entweder um die Originalakten oder zumindest um einen Haftband handeln, welcher eine Haftprüfung überhaupt ermöglicht.[232] Die bloße Übersendung eines

---

[228] *KK/Schultheis* Rn. 26.

[229] Vgl. nur BVerfG 13.5.2009 – 2 BvR 388/09, StV 2009, 41; *Böhm/Werner* § 112 Rn. 8, 34; § 117 Rn. 21.

[230] BVerfG 5.12.2011 – 2 BvR 527/99, BVerfGE 104, 220; BVerfG 4.5.2011 – 2 BvR 2781/10, StRR 2011, 246; dass. 14.11.2012 – 2 BvR 1164/12, StV 2014, 35.

[231] *KK/Schultheis* Rn. 29.

[232] *Meyer-Goßner* § 112 Rn. 30.

elektronischen Speichermediums (DVD) reicht nach derzeitiger Rechtslage nicht aus, da hierdurch nicht gewährleistet ist, dass das OLG vom gesamten Verfahrensablauf zureichende Kenntnis erhält. Im Übrigen ergibt sich aus § 121 Abs. 3 Satz 1, § 122 Abs. 1, dass dem OLG die „Akten" vorzulegen sind. Mit dem Beginn der Hauptverhandlung ruht die Frist ebenfalls bis zur Verkündung eines Urteils. Dies gilt nach dem Wortlaut der Norm allerdings nur dann, wenn die Hauptverhandlung vor Ablauf der Sechs-Monats-Frist begonnen hat. Gleichwohl endet die Prüfungskompetenz des Oberlandesgerichts mit Beginn der Hauptverhandlung jedenfalls dann, wenn die Akten dem Senat rechtzeitig vorgelegt wurde, denn während der Hauptverhandlung obliegt es dem Tatrichter die Voraussetzungen für die Fortdauer der Untersuchungshaft unter besonderer Berücksichtigung des Grundsatzes der Verhältnis-mäßigkeit zu prüfen.[233] Dazu gehören auch die Fälle, in welchen die Akten dem Oberlandesgericht rechtzeitig vorgelegt wurden, diesem jedoch – vor Beginn der Hauptverhandlung – eine Entscheidung wegen laufender Stellungnahmefristen nicht mehr möglich ist.[234]

Fortdauer der Prüfungskompetenz. Die Prüfungskompetenz des Oberlandesgericht dauert jedoch trotz Beginn der Hauptverhandlung über diese dann ausnahmsweise fort, wenn der Haftrichter die Akten dem Senat **nicht innerhalb der Sechs-Monatsfrist vorgelegt**, insbesondere schon – eigenmächtig – mit der Hauptverhandlung begonnen hat, denn ohne eine solche von Amts wegen bestehende Entscheidungskompetenz des Senats könnte in diesem Falle die Frist des Abs. 1 durch den Haftrichter einfach unterlaufen werden (str.).[235] 108

Vorfristige Entscheidung. Sehr häufig sind die Fälle, in welchem dem Senat die Akten so frühzeitig vorgelegt werden, dass eine Beschlussfassung auch schon vor Ablauf der Sechs-Monats-Frist ergehen kann (→ Rn. 105). Eine solche ist zulässig, wenn ausgeschlossen werden kann, dass bei fristgemäßer Befassung eine andere Entscheidung möglich wäre. Es kann nämlich nicht angehen, eine Haftsache ohne jegliche Sachbearbeitung nur im Hinblick auf eine abzuwartende Frist liegen zu lassen. Mit Vorlage der Akten erhält das Oberlandesgericht die vollständige Entscheidungskompetenz, so dass es auch schon vor Ablauf der Sechsmonatsfrist zur Aufhebung des Haftbefehlsbefugt ist.[236] 109

Aussetzung der Hauptverhandlung. Forensisch erhebliche Bedeutung erlangt das Ruhen der Frist insbesondere in den Fällen, in welchen die Hauptverhandlung ausgesetzt werden muss (→ Rn. 19, 90). Abs. 3 S. 3 regelt insoweit, dass die Frist ebenfalls bis zur Entscheidung ruht, wenn die Akten in diesem Falle unverzüglich dem Oberlandesgericht vorgelegt werden. Ansonsten läuft die Frist ab dem Zeitpunkt der Aussetzung weiter, sie entfällt nicht rückwirkend.[237] Von der Aussetzung zu entscheiden ist die bloße Unterbrechung der Hauptverhandlung (§ 229), bei welcher keine Frist zu laufen beginnt. 110

VII. Bindungswirkung

Eine solche besteht, wenn das Oberlandesgericht einen Haftbefehl wegen Fehlern der besonderen Haftvoraussetzungen des Abs. 1 (Schwierigkeit und Umfang der Ermittlungen, anderer wichtiger Grund, Notwendigkeit der Haftfortdauer) aufgehoben hat. In einem solchen Fall kann weder der Haftrichter noch das Oberlandesgericht selbst diese Entscheidung abändern, auch wenn sich zwischenzeitlich die Sach- und Rechtslage geändert hat. Diese Sperrwirkung entfällt erst mit Ergehen eines Urteils. Ab diesem Zeitpunkt kann etwa ein Haftbefehl wegen Fluchtgefahr erlassen werden.[238] Eine Haftanordnung nach § 230 111

[233] OLG Hamm 10.7.2012 – III – 1 Ws 336/12; OLG Düsseldorf 6.5.1992 – 3 Ws 206/92, NStZ 1992, 402; KG 8.11.2006 – (4) 1 HEs 59/05, NStZ-RR 2007, 207; OLG Dresden 4.9.2003 – 2 Ws 477/03, NStZ 2004, 644; Kraus in: Graf StPO § 121 Rn. 17; *Meyer-Goßner* § 122 *Rn.* 31.
[234] OLG Hamm 10.7.2012 – III – 1 Ws 336/12.
[235] Offen gelassen in OLG Hamm 10.7.2012 – III – 1 Ws 336/12.
[236] KK/*Boujong* Rn. 27 (kurz vor Ablauf der Frist); aA LR/*Hilger* § 122 Rn. 30.
[237] BGH 21.5.1986 – AK 8/86, NStZ 1986, 422.
[238] OLG Düsseldorf 27.9.1993 – 2 Ws 265/93, StV 1994, 147.

Abs. 2 ist aber schon zuvor möglich, wenn der Angeklagte nicht zur Hauptverhandlung erscheint, da die Voraussetzungen dieser Norm von denen der Untersuchungshaft unabhängig sind.[239]

112 **Keine Bindungswirkung** besteht hingegen, wenn das Oberlandesgericht entweder den Haftbefehl außer Vollzug gesetzt oder deshalb aufgehoben, weil es die allgemeinen Haftvoraussetzungen (dringender Tatverdacht, Haftgründe, Verhältnismäßigkeit) verneint hat. Hier ist jedoch § 116 Abs. 4 StPO zu beachten. Bei insoweit veränderter Sach- und Erkenntnislage ist es der Erlass eines neuen Haftbefehl dem nach §§ 125, 126 zuständigen Haftrichter nicht verwehrt.[240]

113 **Staatsschutzsachen (Abs. 4).** In Staatschutzsachen nach § 120 GVG entscheidet nach Abs. 4 S. 1 das zuständige Oberlandesgericht über die Haftfortdauer, wenn die Sache zur Staatsschutzkammer des Landgerichts gehört, der Bundesgerichtshof nach Abs. 4 S. 2 jedoch dann, wenn das Oberlandesgericht im ersten Rechtszug zuständig ist. Maßgeblich ist insoweit nicht, ob der Haftbefehl auf einer der in § 74a Abs. 1 GVG bezeichneten Taten gestützt ist, sondern darauf, ob das Verfahren eine solche Straftat zum Gegenstand hat.[241]

§ 122 [Besondere Haftprüfung durch das OLG]

(1) In den Fällen des § 121 legt das zuständige Gericht die Akten durch Vermittlung der Staatsanwaltschaft dem Oberlandesgericht zur Entscheidung vor, wenn es die Fortdauer der Untersuchungshaft für erforderlich hält oder die Staatsanwaltschaft es beantragt.

(2) [1]Vor der Entscheidung sind der Beschuldigte und der Verteidiger zu hören. [2]Das Oberlandesgericht kann über die Fortdauer der Untersuchungshaft nach mündlicher Verhandlung entscheiden; geschieht dies, so gilt § 118a entsprechend.

(3) [1]Ordnet das Oberlandesgericht die Fortdauer der Untersuchungshaft an, so gilt § 114 Abs. 2 Nr. 4 entsprechend. [2]Für die weitere Haftprüfung (§ 117 Abs. 1) ist das Oberlandesgericht zuständig, bis ein Urteil ergeht, das auf Freiheitsstrafe oder eine freiheitsentziehende Maßregel der Besserung und Sicherung erkennt. [3]Es kann die Haftprüfung dem Gericht, das nach den allgemeinen Vorschriften dafür zuständig ist, für die Zeit von jeweils höchstens drei Monaten übertragen. [4]In den Fällen des § 118 Abs. 1 entscheidet das Oberlandesgericht über einen Antrag auf mündliche Verhandlung nach seinem Ermessen.

(4) [1]Die Prüfung der Voraussetzungen nach § 121 Abs. 1 ist auch im weiteren Verfahren dem Oberlandesgericht vorbehalten. [2]Die Prüfung muß jeweils spätestens nach drei Monaten wiederholt werden.

(5) Das Oberlandesgericht kann den Vollzug des Haftbefehls nach § 116 aussetzen.

(6) Sind in derselben Sache mehrere Beschuldigte in Untersuchungshaft, so kann das Oberlandesgericht über die Fortdauer der Untersuchungshaft auch solcher Beschuldigter entscheiden, für die es nach § 121 und den vorstehenden Vorschriften noch nicht zuständig wäre.

(7) Ist der Bundesgerichtshof zur Entscheidung zuständig, so tritt dieser an die Stelle des Oberlandesgerichts.

Schrifttum: *Beckmann, Albert,* Zur Verfassungsbeschwerde gegen Untersuchungshaftbeschlüsse, NJW 1995, 2192; siehe hierzu im Weiteren das Schrifttum zu § 121

[239] *KK/Schultheis* Rn. 31.
[240] *KK/Schultheis* Rn. 31; *Böhm* § 116 Rn. 47 ff., 63.
[241] *Meyer-Goßner* Rn. 33.

Übersicht

I. Normzweck und Anwendungsbereich

1. Normzweck. Die Vorschrift steht in engen Zusammenhang mit § 121 und regelt im Wesentlichen die verfahrensmäßige Ausgestaltung der in § 121 geregelten besonderen Haftprüfung durch das Oberlandesgericht. Wegen des engen Zusammenhangs der beiden Vorschriften wird teilweise auf die Kommentierung zu § 121 verwiesen.[1] 1

2. Anwendungsbereich. Das Haftprüfungsverfahren nach §§ 121, 122 findet grundsätzlich nur statt, wenn sich der Verfolgte zum Zeitpunkt der Entscheidung des Oberlandesgericht in Untersuchungshaft befindet und eine Haftprüfung auch ansteht. Ist der Haftbefehl außer Vollzug gesetzt und ist der Beschuldigte bereits auf freien Fuß, kommt das Verfahren nicht in Betracht. Gleiches gilt, wenn die Untersuchungshaft zum Zwecke der Durchführung von Strafhaft unterbrochen oder nach § 72 Abs. 1 JGG von der Vollstreckung des Haftbefehls abgesehen wird. Hiervon sind nur wenige Ausnahmen möglich, etwa wenn der Haftbefehl noch gegen zu erbringende Auflagen außer Vollzug gesetzt ist[2] oder aber im Rahmen einer Haftbeschwerde der Staatsanwaltschaft die Voraussetzungen des § 121 mit berücksichtigt werden müssen.[3] 2

II. Vorlageverfahren (Abs. 1)

1. Allgemeines. Nach Abs. 1 legt das zuständige Gericht dem Oberlandesgericht die Akten durch Vermittlung der Staatsanwaltschaft beim Oberlandesgericht vor, wenn es die Fortdauer der Untersuchungshaft für erforderlich hält oder aber die Staatsanwaltschaft es beantragt. 3

Die Vorlage hat zur Folge, dass mit Eingang der Akten die Sechs-Monatsfrist ruht (§ 121 Abs. 3 Satz 1). Liegen die Akten oder zumindest zur Verfahrensbeschleunigung angelegte vollständige Zweit- oder ausnahmsweise jedenfalls bei sehr umfangreichen Verfahren auch 4

[1] Vgl. zu den formellen Anforderungen insbesondere *Böhm* § 121 Rn. 9–36, 98–113.
[2] Vgl. *Böhm* § 121 Rn. 36.
[3] Schleswig-Holsteinisches Oberlandesgericht 13.8.1982 – 1 HEs 59/81, SchlHA 1982, 154.

jederzeit auf Anforderung ergänzbare Teilakten[4] dem Oberlandesgericht nicht vor, ist eine Entscheidung nicht möglich und das Ruhen der Frist tritt auch nicht ein. Hieraus kann jedoch nicht gefolgert werden, dass dem Oberlandesgericht eine eigenständige Anforderung der Akten bei Anlass hierfür grundsätzlich verwehrt sei,[5] etwa wenn der Verteidiger sich an den Senat wendet. Von Amts wegen ist eine Entscheidung nach § 121 jedoch nicht möglich.

5 **2. Zuständiges Gericht.** Das zur Vorlage berufene Gericht ergibt sich aus 126, berufen ist daher grundsätzlich der Haftrichter. Dies ist im vorbereitenden Verfahren der Richter beim Amtsgericht, nach Anklageerhebung das mit der Sache befasste Gericht. Überträgt der an sich zuständige Richter in dem seltenen Ausnahmefall des § 126 Abs. 1 Satz 3 seine Zuständigkeit auf das Amtsgericht, an dessen Ort das vorbereitende Verfahren geführt oder die Untersuchungshaft vollzogen wird, so ist dieser für die Vorlage an das für diesen Haftrichter dann auch übergeordnete Oberlandesgericht zuständig.[6]

6 **Zuständigkeit des Beschwerdegerichts.** Wenig praxisrelevant ist insoweit die streitige Frage, ob die Zuständigkeit zur Aktenvorlage des Haftrichters auf das Beschwerdegericht[7] übergeht, wenn sich die Akten dort im Rahmen einer Haftbeschwerde befinden.[8] Steht die besondere Haftprüfung nach § 121 nämlich an, so ist diese gegenüber dem Beschwerdeverfahren vorrangig,[9] so dass entweder der Haftrichter trotz eingelegter Beschwerde die Akten sogleich dem Oberlandesgericht vorlegt oder aber das Landgericht die Akten an das Amtsgericht ohne Sachentscheidung zurückgibt, wenn zu befürchten steht, dass ansonsten die Akten nicht mehr fristgerecht vor Ablauf der Sechsmonatsfrist vorgelegt werden können. Zwar wird die Haftbeschwerde erst mit der Entscheidung des Oberlandesgerichts gegenstandslos, gleichwohl ist das Haftprüfungsverfahren und damit die gebotene Vorlage durch das nach § 126 zuständige Gericht zu betreiben. Hinzu kommt, dass eine formelle Vorlage der Akten durch das zuständige Gericht auch keine zwingende Voraussetzung für die Durchführung des Haftprüfungsverfahrens ist, da diese nach Abs. 1 durch einen Antrag der Staatsanwaltschaft ersetzt werden kann. So kann das Oberlandesgericht auch ohne Vorlageverfügung des an sich zuständigen Gerichts entscheiden, wenn es etwa im Rahmen einer – weiteren – Haftbeschwerde mit der Sache befasst wird und die Staatsanwaltschaft auf Anordnung der Fortdauer der Untersuchungshaft anträgt.

7 **3. Vorschaltprüfung durch den Haftrichter.** Der Aktenvorlage durch den Haftrichter ist die Prüfung vorgeschaltet, ob der Haftbefehl aufzuheben (§ 120) oder außer Vollzug (§ 116 Abs. 1–3) zu setzen ist. Bei einer solchen Beschlussfassung erübrigt sich die Vorlage.[10] Diese Entscheidungsbefugnis des Haftrichters endet aber mit erfolgter Vorlage der Akten an das Oberlandesgericht, denn mit Eingang der Akten ist allein noch das Oberlandesgericht zur Entscheidung über die Fortdauer der Untersuchungshaft befugt.[11]

8 **Gegenstand der Vorschaltprüfung.** Dies ist zunächst die Frage, ob die allgemeinen Haftvoraussetzungen (dringender Tatverdacht, Haftgrund, Verhältnismäßigkeit) vorliegen. Verneint der Haftrichter diese, hat er den Haftbefehl aufzuheben bzw. außer Vollzug zu setzen. Soweit die Ansicht vertreten wird, dass sich wegen der ausschließlichen Zuständigkeit des Oberlandesgerichts die Prüfung des Haftrichters nicht darauf erstrecken dürfe, ob auch die besonderen Haftvoraussetzungen des § 121 Abs. 1 (besondere Schwierigkeit, Umfang der Ermittlungen oder anderer wichtiger Grund) vorliegen, trifft dies wegen der dem Oberlandesgericht durch den Gesetzgeber hierfür zugewiesenen Kompetenz formal

[4] Ebenso *Meyer-Goßner* Rn. 4 (ein Aktenband) aA LR/*Hilger* Rn. 11 (unvollständige Akten reichen nicht aus).

[5] AA LR/*Hilger* Rn. 3.

[6] LR/*Hilger* Rn. 4.

[7] Zur Zuständigkeit des Revisionsgerichts, vgl. LR-*Hilger* § 122 Rn. 7.

[8] Bejahend LR/*Hilger* Rn. 6; ablehnend *Meyer-Goßner* Rn. 3.

[9] Böhm § 121 Rn. 34.

[10] Vgl. aber OLG Karlsruhe 18.9.1978 – 1 HEs 109/78, Die Justiz 1978, 475.

[11] KK/*Schultheis* Rn. 2; *Meyer-Goßner* Rn. 6; aA SK *Paeffgen* Rn. 3.

zwar grundsätzlich zu, der Sache nach wird aber übersehen, dass auch der Haftrichter eingetretene Verfahrensverzögerungen grundsätzlich bei der Frage der Verhältnismäßigkeit der weiteren Haftfortdauer mit zu berücksichtigen hat,[12] so dass auch dieser bei erheblichen Dilationen den Haftbefehl aufzuheben hätte. Daneben darf der Haftrichter aber von einer Vorlage absehen, wenn er in Übereinstimmung mit der Staatsanwaltschaft der Auffassung ist, dass zwar die Fortdauer der Untersuchungshaft erforderlich sei, deren Voraussetzungen aber nach § 121 nicht vorliegen.[13] Schließlich hinaus kann die Staatsanwaltschaft im vorbereitenden Verfahren einen Antrag nach § 120 Abs. 3 Satz 1 stellen, so dass der Haftbefehl aufgehoben werden muss.

4. Antrag der Staatsanwaltschaft. Keine solche Vorprüfungsbefugnis steht dem Haftrichter allerdings nach dem letzten Halbsatz des Abs. 1 für den Fall zu, dass die Staatsanwaltschaft die Vorlage der Akten an das Oberlandesgericht beantragt, vielmehr hat er die Akten selbst dann vorzulegen, wenn er die allgemeinen Haftvoraussetzungen nicht für gegeben ansieht. Neben der hiermit verbundenen Bindungswirkung kommt der Antragsbefugnis der Staatsanwaltschaft auch insoweit Bedeutung bei, als eine solche die formelle Vorlage der Akten durch das zuständige Gericht ersetzt, etwa wenn sich die Akten nicht dort befinden, aber wegen Eilbedürftigkeit sogleich dem Oberlandesgericht vorgelegt werden müssen.[14] In der Praxis kommt, was nicht selten der Fall ist, einem solchen Antrag insbesondere bei Aktenvorlagen durch das Landgericht Bedeutung bei, wenn die Vorlageverfügung des Vorsitzenden keinen Haftfortdauerbeschluss des an sich zuständigen Kollegialgerichts enthält. 9

5. Vorlageverfahren. Nach Abs. 1 legt das zuständige Gericht die Akten[15] durch Vermittlung der Staatsanwaltschaft dem Oberlandesgericht vor. Diese hat zuvor zu prüfen, ob sie die Aufhebung des Haftbefehls (§ 120 Abs. 3 Satz 1) oder die Vorlage der Akten an das Oberlandesgericht für notwendig erachtet. Im letzten Fall werden die Akten durch Vermittlung der Staatsanwaltschaft beim Oberlandesgericht vorgelegt, welcher die gleichen Antragsrechte wie der örtlichen Staatsanwaltschaft zustehen. Handelt es sich um eine eilbedürftige Vorlage, kann das zuständige Gericht die Akten auch sogleich an das Oberlandesgericht senden, welche dann die Staatsanwaltschaft beim Oberlandesgericht anhört.[16] Gehen während der Aktenvorlage weitere Dokumente die der Staatsanwaltschaft oder dem Haftgericht ein, sind diese nachzureichen.[17] 10

Anpassung der Haftgrundlage. Es ist jedenfalls im Ermittlungsverfahren **maßgebliche Aufgabe der örtlichen Staatsanwaltschaft** darauf zu achten, dass der Haftbefehl vor der Vorlage der Akten dem **jeweiligen Ermittlungsstand angepasst** wird. Eine solche Anpassung ist immer dann geboten, wenn sich die Haftgrundlage im Laufe des Ermittlungsverfahrens wesentlich ändert. Solche Fallgestaltungen kommen in der Praxis sehr häufig vor, weil der zunächst erlassene Haftbefehl zumeist nur auf einer summarischen Zusammenfassung der ersten Ermittlungsergebnisse beruht. Eine Neufassung der Haftgrundlage wird vor allem aber dann notwendig sein, wenn sich im Laufe des Ermittlungsverfahrens weitere Tatvorwürfe ergeben haben, die zwar zwar dringenden Tatverdacht begründen, die aber bislang nicht in den Haftbefehl mit aufgenommen worden sind, denn Gegenstand der besonderen Haftprüfung sind nur die im Haftbefehl aufgeführten Taten, weshalb etwa Ermittlungen bezüglich anderer Tatvorwürfe für sich gesehen die Fortdauer der Untersuchungshaft nicht rechtfertigen können.[18] In eine solchen Falle **muss der Staatsanwaltschaft rechtzeitig vor der notwendigen Vorlage der Akten** die hierzu notwendige 11

---

[12] Vgl. *Böhm* § 121 Rn. 6; § 120 Rn. 15; KK-*Schultheis* § 121 Rn. 5.
[13] LK/*Hilger* Rn. 14.
[14] LR/*Hilger* Rn. 17.
[15] Die Übersendung einer DVD reicht nicht, vgl. *Böhm* § 121 Rn. 107.
[16] Ebenso KK/*Schultheis* § 122 Rn. 5.
[17] Ebenso LR-Hilger § 122 Rn. 11.
[18] Vgl. *Böhm* § 121 Rn. 75 ff.

Anpassung des Haftbefehls beantragen, was in der Praxis dadurch erfolgt, dass dem zuständigen Haftrichter ein Entwurf eines neuen angepassten Haftbefehls übermittelt wird. In zeitlicher Hinsicht sollte die Anpassung aus verfahrenstechnischen Gründen nach einer Haftdauer von spätestens fünf Monaten beantragt werden, da der neu erlassene Haftbefehl dem Beschuldigten zu seiner Wirksamkeit noch eröffnet werden muss.[19]

12 **Vorlagezeitpunkt.** Zunächst muss das Verfahren so ausgestaltet sein, dass die Akten rechtzeitig vor Ablauf der sechs Monate, also **spätestens am letzten Tag der Frist** beim Oberlandesgericht eingehen. Ideal wäre eine nicht so frühe, aber so rechtzeitige Vorlage, dass das Oberlandesgericht unter Einschluss der für die Anhörung benötigten Zeit (§ 122 Abs. 2) unmittelbar vor[20] oder jedenfalls mit Eintritt der sechsmonatigen Haftfortdauer entscheiden kann. In der Regel werden die Akten aber erst wenige Tage vor Fristablauf vorgelegt. Die Beachtung der Frist obliegt dem Haftrichter, aber auch der Staatsanwaltschaft, welche diese ebenfalls zu überwachen hat.

13 **Anhörung.** Für das Vorlageverfahren selbst sieht Abs. 1 keine Anhörungsrechte des Beschuldigten oder seines Verteidigers vor, sondern erst nach Abs. 2 für das Verfahren vor dem Oberlandesgericht selbst (→ Rn. 14). Vielfach besteht jedoch die nicht zu beanstandende und der Beschleunigung des Verfahrens dienende Praxis vieler Gerichte, dem Verteidiger den Haftfortdauerbeschluss nebst Vorlageverfügung zukommen zu lassen und sogleich eine Äußerungsfrist von einer Woche zu setzen.[21] Reicht diese nicht aus, besteht für den Beschuldigten bzw. seinen Verteidiger jederzeit die Möglichkeit beim Oberlandesgericht auf Verlängerung anzutragen, welche regelmäßig gewährt werden dürfte.

III. Verfahren vor dem Oberlandesgericht (Abs. 2)

14 **1. Rechtliches Gehör (Abs. 2 Satz 1).** Vor der Entscheidung sind nach Abs. 2 Satz 1 sind der Beschuldigte und sein Verteidiger zu hören. Diese Gewährung rechtlichen Gehörs bezieht sich nicht nur auf die Haftfortdauerentscheidung des Haftrichters, sondern auch auf die Vorlageverfügung der Staatsanwaltschaft und die Antragsschrift der Staatsanwaltschaft beim Oberlandesgericht, selbst wenn diese keine weitere sachliche Begründung enthält. Den Verfahrensbeteiligten muss nämlich grundsätzlich Gelegenheit gewährt werden, sich zu Stellungnahmen der Gegenseite in tatsächlicher und rechtlicher Hinsicht zu äußern, und zwar unabhängig davon, ob unter den gegebenen Umständen von der Möglichkeit auszugehen ist, dass eine etwaige Gegenstellungnahme Einfluss auf das Entscheidungsergebnis gewinnt, oder nicht, denn der grundrechtliche Anspruch auf rechtliches Gehör dient nicht nur der Gewährleistung sachrichtiger Entscheidungen, sondern auch der Wahrung der Subjektstellung der Beteiligten im gerichtlichen Verfahren.[22] In der Praxis bedeutet dies, dass nach Eingang der Akten der Vorsitzende des Strafsenats jedenfalls dem Verteidiger (aber → Rn. 13) die Anträge und Vorlageberichte zur Frage der Haftfortdauer, von welchen bislang keine Kenntnis gewährt wurde, zur Stellungnahme zu übersenden hat. Dabei muss wegen des in Haftsachen geltenden Beschleunigungsgebots die Gewährung einer Frist von drei Tagen als notwendig, aber im Regelfalle auch als ausreichend angesehen werden.

15 **Anhörung des Beschuldigten und des Verteidigers.** Zwar sieht Abs. 2 Satz 1 ausdrücklich vor, dass der Beschuldigte und der Verteidiger zu hören sind, gleichwohl wird man davon ausgehen dürfen, dass ein erfolgte Stellungnahme des Verteidigers zugleich als die des Beschuldigten zu werten ist. Dies enthebt aber das Gericht nicht davon, den Beschuldigten auf die anstehende Haftprüfung ebenfalls hinzuweisen und ihm eine eigenständige Frist für

---

[19] BVerfG 20.9.2001 – 2 BvR 1144/01, NStZ 2002, 158 (Aufhebung der Haft wegen Perpetuierung des Verstoßes durch das OLG); *Böhm* § 121 Rn. 11.

[20] OLG Celle 26.7.1988 – HEs 40/88, NStZ 1988, 517; LR/*Hilger* Rn. 11.

[21] Ebenso LR/*Hilger* Rn. 22; aA *Meyer-Goßner* Rn. 9 (nicht zulässig).

[22] BVerfG 21.3.2011 – 2 BvR 301/11; dass. 30.4.2003 – 1 PBvU 1/02, BVerfG 12.3.2003 – 1 BvR 330/96, BVerfGE 107, 299, 305 = NJW 2003, 1924; EGMR 21.2.2002, Appl. no. 33499/96, Rn. 38 – Ziegler v. Switzerland; ders. v. 19.5.2005, Appl. no. 63151/00, Rn. 57 – Steck-Risch et al. v. Liechtenstein; aA KK/*Schultheis* Rn. 7.

eine eventuelle Stellungnahme einzuräumen.[23] Die Erfahrung zeigt, dass Beschuldigte durchaus das ihnen insoweit gesetzlich ausdrücklich eingeräumte Recht nutzen und sich vor dem Oberlandesgericht äußern. Insoweit reicht es jedoch aus, wenn bereits der Haftrichter dem Beschuldigten im Rahmen der Übermittlung einer Haftfortdauerentscheidung auf die anstehende Haftprüfung hinweist und eine Äußerungsfrist setzt (→ Rn. 13). Sollte der Beschuldigte trotz Vorliegens einer notwendigen Verteidigung nach § 140 Abs. 1 Nr. 4 zum Zeitpunkt der Vorlageentscheidung keinen Verteidiger haben, etwa weil dieser sein Mandat kurzfristig niedergelegt hat, so ist ihm ein solcher durch den Haftrichter zu bestellen.

2. Mündliche Verhandlung (Abs. 2 Satz 2). Die im Ermessen des Oberlandesgerichts stehende Durchführung einer mündlichen Verhandlung stellt die absolute Ausnahme dar. Eine Pflicht zur Durchführung einer solchen besteht nicht, auch wenn Staatsanwaltschaft, Verteidiger oder Beschuldigter eine solche begehren sollte. Wird indes eine solche anberaumt gilt § 118a entsprechend. Im Regelfall ergeht die Entscheidung im schriftlichen Verfahren durch Beschluss. 16

3. Ermittlungen des Oberlandesgerichts. Häufig sind vor einer Entscheidung des Oberlandesgerichts noch Ermittlungen im Hinblick auf das Vorliegen der allgemeinen oder besonderen Haftvoraussetzungen notwendig. Diese können vom Senat im Freibeweisverfahren selbst ohne Einschaltung der Generalstaatsanwaltschaft beim Oberlandesgericht durchgeführt werden.[24] Zumeist werden diese Untersuchungen auf die Klärung gerichtet sein, aus welchem Grunde ein Urteil noch nicht ergangen ist. Ist etwa die Vorlageverfügung des vorlegenden Gerichts insoweit nicht aussagekräftig, so kann es notwendig werden, dieses um Darlegung der Termine der im Spruchkörper anhängigen Haftsachen zu bitten, um zu klären, ob die Hauptverhandlung nicht früher hätte durchgeführt werden können oder müssen. Zulässig ist auch eine Nachfrage bei der Polizei oder der Staatsanwaltschaft zu den dort durchgeführten Ermittlungen, wenn sich Fragen nach Aktenlage aufdrängen. Gehen hierauf Auskünfte ein, ist der Staatsanwaltschaft, dem Beschuldigten und seinem Verteidiger vor einer Entscheidung hierzu rechtliches Gehör zu gewähren. 17

Prüfungsumfang. Erhebliche Bedeutung kommt in der Praxis der Frage zu, in welchem Umfang das Oberlandesgericht zur Überprüfung der vorgelegten Akten befugt und auch verpflichtet ist. Zunächst ist Prüfungsgegenstand allein die im Haftbefehl aufgeführte Tat bzw. die dort aufgeführten Taten.[25] Dies gilt auch dann, wenn die Staatsanwaltschaft gegen den Beschuldigten zwischenzeitlich weitere Tatvorwürfe in einer Anklageschrift erhoben und eine Anpassung der Haftgrundlage durch den Haftrichter trotz ausdrücklichen Antrags der Staatsanwaltschaft nicht erfolgt ist. Können die im Haftbefehl aufgeführten Taten die Anordnung der Fortdauer der Untersuchungshaft nicht mehr rechtfertigen, ist der Haftbefehl zwingend aufzuheben, auch wenn gegen den Verfolgten weitere Tatvorwürfe bestehen.[26] Eine Rückgabe der Akten zur Anpassung der Haftgrundlage ist in einem solchen Falle nicht zulässig. 18

Gerade in umfangreichen Verfahren stellt sich auch immer wieder die Frage, ob das Oberlandesgericht bezüglich aller im Haftbefehl aufgeführter Taten das Vorliegen eines dringenden Tatverdachts nachprüfen muss. Eine solche im Rahmen der zeitnah zu treffenden Haftentscheidung oftmals nur eingeschränkt mögliche Überprüfung ist jedenfalls dann ausnahmsweise entbehrlich, wenn bereits unter Berücksichtigung einzelner Taten oder Tatkomplexe positiv beantwortet werden kann, dass insoweit die allgemeinen und besonderen Haftvoraussetzungen vorliegen.[27] Besonders sorgfältig sind die Haftvoraussetzungen aber dann zu prüfen, wenn das Haftgericht die Akten dem Senat verspätet vorgelegt hat.[28] 19

---

[23] AA LR/*Hilger* Rn. 21 (Umstände des Einzelfalles).

[24] Ebenso *Meyer-Goßner* Rn. 11.

[25] OLG Koblenz 21.12.2005 – (1) 4420 BL – III 51/05, NStZ-RR 2006, 143 Ls.

[26] Vgl. auch *Böhm* § 121 Rn. 13.

[27] OLG Koblenz 23.1.2006 – (1) 4420 BL – III 51/05, OLGSt StPO § 121 Nr. 33; vgl. auch *Böhm* § 121 Rn. 35.

[28] OLG Karlsruhe 11.5.1973 – 2 HEs 69/73, NJW 1973, 1659; vgl. auch *Böhm* § 121 Rn. 21.

IV. Entscheidung des Oberlandesgerichts (Abs. 3)

20 Die Entscheidung des Oberlandesgerichts ergeht durch schriftlichen Beschluss. Insoweit bestehen mehrere sich aus §§ 121, 122 ergebende Entscheidungsmöglichkeiten. Nach § 121 Abs. 2 ist in den Fällen des Abs. 1 der Haftbefehl nach Ablauf von sechs Monaten aufzuheben, wenn nicht der Vollzug des Haftbefehls nach § 116 Abs. 1 ausgesetzt wird oder das Oberlandesgericht die Fortdauer der Haft anordnet.

21 **1. Entscheidungsmöglichkeiten.** Die Möglichkeiten einer Sachentscheidung sind daher: Freilassung (§ 121 Abs. 2), Außervollzugsetzung (Abs. 5, § 121 Abs. 2) oder Anordnung der Fortdauer der Untersuchungshaft (Abs. 3). Eine Abänderung der Haftgrundlage durch Erstreckung auf weitere Tatvorwürfe ist dem Oberlandesgericht verwehrt,[29] wohl aber eine Reduzierung. So kann das Oberlandesgericht durch im Tenor ausdrücklich aufzuführende Entscheidung auch bei Anordnung der Haftfortdauer Tatvorwürfe oder Haftgründe aus dem Haftbefehl ausscheiden, für welche kein dringender Tatverdacht besteht. Nicht möglich ist die jedoch die Rückgabe der Akten an das Tatgericht zur Nachbesserung bzw. Anpassung der Haftgrundlage. Eine Ausnahme kann sich jedoch dann ausnahmsweise ergeben, wenn sich die Tatsachengrundlage der an sich schon im Haftbefehl aufgeführten Tat wesentlich geändert hat und der Haftbefehl insoweit seine Funktion verloren hat, in tatsächlicher und rechtlicher Hinsicht verlässlich Auskunft über den Grund der Untersuchungshaft zu geben. In einem solchen Fall können dann die Akten zur verantwortlichen Prüfung der aktuellen Verdachtslage und zur Neufassung des Haftbefehls an das insoweit nach §§ 125, 126 zuständige Gericht zurückgegeben werden (str.).[30]

22 **2. Aufhebung oder Außer Vollzugsetzung des Haftbefehls.** Mit Vorlage der Akten wird das Oberlandesgericht mit vollständiger Entscheidungskompetenz zuständig. Die Ansicht, eine Aufhebung des Haftbefehls sei erst einige Tage vor Ablauf der Sechsmonatsfrist,[31] nicht aber schon Wochen vorher[32] zulässig, ist mit dem Freiheitsgrundrecht aus Art. 2 GG nicht vereinbar, denn fehlt es etwa ersichtlich an einer zur Aufhebung des Haftbefehls führenden besonderen Haftvoraussetzung, so kann es nicht angehen, den Beschuldigten allein aus formalen Gründen noch weiter in Haft zu halten.

23 **3. Anordnung der Haftfortdauer (Abs. 3 Satz 1).** Aus dem Verweis auf § 114 Abs. 2 Nr. 4 ergibt sich, dass die Haftfortdauerentscheidung zu begründen ist. Hierfür bestehen auch aus verfassungsrechtlichen Gründen nicht unerhebliche formelle Anforderungen. In der Regel sind in jedem Beschluss aktuelle Ausführungen zu dem weiteren Vorliegen ihrer Voraussetzungen, zur Abwägung zwischen dem Freiheitsgrundrecht des Beschuldigten, dem Strafverfolgungsinteresse der Allgemeinheit sowie zur Frage der Verhältnismäßigkeit geboten.[33] Dieses Begründungsgebot soll nicht nur das Bundesverfassungsgericht zur Überprüfung der angefochtenen Entscheidung in die Lage versetzen, sondern ist auch Ausfluss des **Rechts des Beschuldigten auf ein faires Verfahren.**[34] Unterlässt ein Fachgericht deshalb eine hinreichende Analyse der konkreten Verfahrensabläufe und berücksichtigt die relevanten Gesichtspunkte, die für eine lange Verfahrensdauer verantwortlich sind, nur unzureichend, so mangelt es der Entscheidung über die Haftfortdauer an einer hinreichenden Begründungstiefe.[35] Rechtfertigt das Oberlandesgericht die Haftfortdauer daher maßgeblich

---

[29] Vgl. hierzu Böhm § 121 Rn. 75 ff.

[30] OLG Karlsruhe 6.2.2013 – 1 Ws 20/13; ebenso für eine ähnlich gelagerte Fallkonstellation der unzureichenden Konkretisierung des Tatvorwurfs im Haftbefehl: OLG Karlsruhe 24.1.2013 – 2 Ws 7/13-HEs 1/13; siehe auch OLG Stuttgart 24.1.2002 – 5 HEs 20/2002, Justiz 2002, 248; aA – Aufhebung des Haftbefehls – OLG Celle 1.6.2005 – 22 HEs 3/05, StV 2005, 513; vgl. auch *Meyer-Goßner*,§ 122 Rn. 13; *Böhm* § 121 Rn. 12–14; str.

[31] KG 25.11.2005 – (5) 1 HEs 187/05, StV 2006, 254.

[32] OLG Celle 26.7.1988 – HEs 40/88, NStZ 1988, 517; LR/*Hilger* Rn. 29.

[33] BVerfG 29.3.2007 – 2 BvR 489/07, NStZ-RR 2008, 18; dass. 7.8.1998 – 2 BvR 962/98, StV 1999, 40.

[34] BVerfG 29.3.2007 – 2 BvR 489/07, NStZ-RR 2008, 18.

[35] BVerfG 16.3.2006 – 2 BvR 170/06, BVerfGK 7, 421, 428; siehe hierzu auch *Böhm* § 121 Rn. 8, 104.

mit der bloßen Wiedergabe des Gesetzeswortlauts, ohne dass eine Subsumtion unter die Tatbestandsvoraussetzungen des Abs. 1 überhaupt erkennbar wird, so hat dies regelmäßig eine Verletzung des Art. 2 Abs. 2 Satz 2 GG zur Folge.[36] Auch sind die Grundsätze des rechtlichen Gehörs beachten. So ist der Senat gehalten, auf den wesentlichen Kern des Vorbringens eines Beteiligten einzugehen und sich mit diesem auseinandersetzen. Fehlt es hieran, so deutet dies auf die Nichtberücksichtigung des Vortrages hin und kann zu einer Aufhebung durch das Bundesverfassungsgericht im Rahmen einer Verfassungsbeschwerde schon aus formalen Gründen führen.[37]

4. Verhältnis zur Haftbeschwerde. Ist eine Haftbeschwerde eingelegt und steht gleichzeitig das besondere Haftprüfungsverfahren nach Abs. 1 an, kommt diesem grundsätzlich der Vorrang zu, denn es führt zu einer umfassenderen Überprüfung der Frage der Haftfortdauer. Durch die Entscheidung im Haftprüfungsverfahren erledigt sich eine Haftbeschwerde deshalb grundsätzlich von selbst; sie wird gegenstandslos.[38] Etwas anderes muss jedoch ausnahmsweise dann gelten, wenn und soweit die Entscheidung im Haftprüfungsverfahren nicht zu dem Erfolg führen kann, der dem Beschuldigten im Falle einer Beschwerdeentscheidung beschieden wäre, weshalb in diesem Falle ausnahmsweise auch eine Neufassung des Haftbefehls durch das Oberlandesgericht möglich wäre.[39] 24

5. Zuständigkeit für die weitere Haftprüfung (Abs. 3 Satz 2). Ordnet das Oberlandesgericht die weitere Fortdauer der Untersuchungshaft an, so ist es nach Abs. 3 Satz 2 für die weitere Haftprüfung (§ 117 Abs. 1) solange zuständig, bis ein Urteil ergeht, das auf Freiheitsstrafe oder eine freiheitsentziehende Maßregel der Besserung und Sicherung erkennt. Insoweit finden die Regeln für die Haftprüfung nach §§ 117 Abs. 1–4, 118, 118a Anwendung, wobei auch insoweit die Durchführung einer mündlichen Verhandlung nach Abs. 3 Satz 4 ausdrücklich im Ermessen des Oberlandesgerichts steht.[40] 25

6. Übertragung auf den Haftrichter (Abs. 3 Satz 3 und 4). Im Regelfall behält das Oberlandesgericht jedoch die Zuständigkeit zur Durchführung einer solchen antragsgebundenen Haftprüfung nach § 117 nicht bei sich, sondern macht von der Möglichkeit des Abs. 3 Satz 3 Gebrauch und überträgt diese für die Dauer von höchstens drei Monaten auf den zuständigen Richter. Mit Ablauf der Frist endet die übertragene Zuständigkeit des Haftrichters.[41] Insoweit besteht der Unterschied darin, dass dieser nur die allgemeinen (dringender Tatverdacht, Haftgründe, Verhältnismäßigkeit) und nicht die besonderen Haftvoraussetzungen (besonderer Schwierigkeit, Umfang der Ermittlungen, anderer wichtiger Grund) zu prüfen hat und auch prüfen darf,[42] wohingegen die Kontrolle des Bestehens der besonderen Haftvoraussetzungen weiterhin dem Oberlandesgericht vorbehalten bleibt. Bei dieser Abgrenzung darf man aber nicht übersehen, dass auch für den der Haftrichter neu eintretende etwaige Verfahrensverzögerungen nicht unerheblich sind. So kann der Grundsatz der Verhältnismäßigkeit die Aufhebung des Haftbefehls nicht nur bei Eintritt von erheblichen Verfahrensverzögerungen gebieten, sondern auch schon dann, wenn mit einem zeitnahen Abschluss des Verfahrens nicht mehr gerechnet werden kann.[43] Hat das Oberlandesgericht die weitere Haftprüfung auf das nach § 126 StPO zuständige Gericht übertragen, so ist es trotz der Übertragung aber nicht gehindert, das Vorliegen der besonderen Haftvoraussetzungen zu überprüfen, wenn ihm etwa die Akten im Rahmen einer Haftbeschwerde vorgelegt werden.[44] 26

[36] BVerfG 7.8.1998 – 2 BvR 962/98, StV 1999, 40; dass. 16.3.2006 – 2 BvR 170/06, StV 2006, 248.
[37] BVerfG 19.5.1992 – 1 BvR 986/91, BVerfGE 86, 133, 146; *Böhm/Werner* § 112 Rn. 9.
[38] OLG Düsseldorf 12.11.1991 – 1 Ws 912/91, VRS 1992, 189, 193; *Meyer-Goßner* Rn. 18.
[39] BGH 14.6.2012 – AK 18/12, NStZ-RR 2012, 285; *Böhm/Werner* § 117 Rn. 34.
[40] Ebenso KK/*Schultheis* Rn. 12.
[41] OLG Düsseldorf 9.7.1990 – 2 Ws 350/90, MDR 1991, 79.
[42] KK/*Schultheis* Rn. 12.
[43] Vgl. *Böhm* § 120 Rn. 15 ff.
[44] OLG Düsseldorf 16.1.1991 – 2 Ws 669/90, StV 1991, 222.

V. Weitere besondere Haftprüfung (Abs. 4)

27 Nach Abs. 4 Satz 1 ist auch im weiteren Verfahren die weitere besondere Haftprüfung dem Oberlandesgericht vorbehalten. Nach Abs. 4 Satz 2 muss die Prüfung **spätestens nach drei Monaten** wiederholt werden. Hierzu kann das Oberlandesgericht einen Termin konkret bestimmen,[45] andernfalls beginnt die Dreimonatsfrist mit Beschlussdatum zu laufen.[46] Die Vorschrift gibt dem Senat die Möglichkeit, durch Hinweise zur Beschleunigung des Verfahrens auf die weitere Verfahrensgestaltung Einfluss zu nehmen. Von dieser Möglichkeit sollte immer dann Gebrauch gemacht werden, wenn sich abzeichnet, dass das bislang sachgerecht geführte Verfahren nicht innerhalb der Frist von drei Monaten zur erneuten Vorlage der Akten zur besonderen Haftprüfung durch Urteil abgeschlossen werden kann,[47] denn die Anordnung der Untersuchungshaft von mehr als einem Jahr ist nur unter besonderen Voraussetzungen zulässig.[48] Bestehen Zweifel, ob das Gericht diesen Hinweisen wird nachkommen können, sollte eine Abkürzung der Regelfrist erwogen werden.

28 Hat die Hauptverhandlung begonnen, endet zunächst die Zuständigkeit des Oberlandesgerichts für die besondere Haftprüfung (§ 121 Abs. 3 Satz 2). Da jedoch deren Aussetzung jederzeit und damit auch ein Wiederaufleben der Haftprüfungskompetenz des OLG möglich ist (§ 121 Abs. 3 Satz 3) gelten die Beschränkungen der Untersuchungshaft aus § 121 Abs. 1 zunächst weiter. Sie enden aber – ungeachtet der fehlenden Rechtskraft des Urteils – mit Erlass eines Urteils.[49]

29 **Verfahrensablauf (Abs. 4 Satz 2).** Auf die wiederholte Haftprüfung sind die für die erste Haftprüfung geltenden Regelungen anzuwenden, insbesondere ruht auch hier die Frist während der Hauptverhandlung nach § 121 Abs. 3 Satz 2.[50] Auch werden Zeiten der Unterbrechung durch Vollstreckung von Strafhaft in diese nicht in diese eingerechnet.[51] Der Prüfungstermin wird ohne Notwendigkeit einer formellen Aufhebung gegenstandslos, wenn der Haftrichter den Haftbefehl aufhebt oder außer Vollzug setzt.[52] Auch wird eine wiederholte Haftprüfung mit Beginn der Hauptverhandlung unzulässig, jedenfalls dann wenn die Vorlage der Akten rechtzeitig erfolgt ist.[53] Schon vor Ablauf der weiteren Prüfungsfrist des § 122 Abs. 4 S. 2 StPO ist das Oberlandesgericht auch befugt, einen Haftbefehl wegen Verstoßes gegen das Beschleunigungsgebot aufzuheben, wenn die Voraussetzungen des § 121 Abs. 1 StPO nicht mehr gegeben sind (str., → Rn. 22).[54]

VI. Aussetzung des Haftbefehls (Abs. 5)

30 Der Absatz regelt eine Selbstverständlichkeit, nämlich das Recht des Oberlandesgerichts, den Haftbefehl selbst durch Beschluss nach § 116 außer Vollzug setzen zu können.[55] Es ist jedoch auch zulässig und kann in Ausnahmefällen angezeigt sein, dass das Oberlandesgericht zwar selbst die Bedingungen einer Außervollzugsetzung trifft, die Überprüfung deren Vorliegens und die Anordnung der Freilassung auf den Haftrichter überträgt, etwa wenn eine angeordnete Sicherheitsleistung nicht sogleich durch den Beschuldigten erbracht werden kann.[56]

---

[45] Siehe etwa Thüringer Oberlandesgericht 16.11.2010 – 1 Ws 446/10, StV 2011, 748.
[46] *Meyer-Goßner* Rn. 23.
[47] Siehe etwa KG 1.2.2002 – (5) 1 HEs 28/02 (Erwartung, dass eine weitere Vorlage entbehrlich bleibt).
[48] *Böhm* § 121 Rn. 50, 85 ff.; siehe auch OLG Karlsruhe 25.4.1991 – 2 HEs 19/91, NJW 1991, 3106.
[49] OLG Hamm 6.6.2013 – III – 5 202/13; *Böhm* § 121 Rn. 18.
[50] OLG Düsseldorf 6.5.1992 – 3 Ws 206/92, NStZ 1992, 402; dass 6.4.1995 – 1 Ws 209-211/95, VRS 89, 207; KG 11.2.2002 – (5) 1 HEs 198/01.
[51] OLG Zweibrücken 6.7.1977 – HEs 13/77, MDR 1978, 245; KK/*Schultheis* Rn. 13.
[52] OLG Zweibrücken 6.7.1977 – HEs 13/77, MDR 1978, 245.
[53] OLG Celle 30.7.1996 – HEs 22/96, NdsRpfl. 1997, 34; vgl. hierzu *Böhm* § 121 Rn. 20, 108.
[54] OLG Nürnberg 21.10.2010 – 1 Ws 579/10 H, StV 2010, 294; OLG Düsseldorf 16.1.1991 – 2 Ws 669/90, StV 1991, 222; aA LR/*Hilger* Rn. 30.
[55] OLG Karlsruhe 14.1.2002 – 3 HEs 277/01.
[56] OLG Karlsruhe 14.1.2002 – 3 HEs 277/01, *Böhm* § 116a Rn. 30.

VII. Mehrere Beschuldigte (Abs. 6)

Recht häufig sind in der forensischen Praxis auch die Fälle, in welchen sich das Verfahren zwar gegen mehrere sich in Untersuchungshaft befindliche Personen richtet, jedoch insoweit unterschiedliche Fristen nach Abs. 1 laufen, sei es weil die Festnahme der Beschuldigten zu unterschiedlichen Zeiten erfolgt ist, sei es, weil bei einzelnen Beschuldigten die Untersuchungshaft zur Vollstreckung von Strafhaft unterbrochen war. Abs. 6 bietet hier die Möglichkeit einer einheitlichen Entscheidung, jedenfalls dann, wenn keine erheblichen zeitlichen Abstände bestehen.[57] Solche Entscheidungen werden immer dann geboten sein, wenn die Gefahr besteht, dass wegen der Bearbeitung des Verfahrens vor dem Oberlandesgericht die Frist zur Vorlage der Akten bezüglich eines weiteren Beschuldigten nicht eingehalten werden kann oder ansonsten durch Mehrfachvorlagen ein erheblicher Zeitverlust droht. 31

In formeller Hinsicht notwendig ist aber, dass der Haftrichter das Verfahren auch bezüglich aller zu prüfenden Beschuldigten vorgelegt oder aber insoweit zumindest ein Antrag der Staatsanwaltschaft auf Anordnung der Haftfortdauer gestellt wird (§ 122 Abs. 1). Ist dies der Fall, so ruht bezüglich aller vom Haftrichter benannter Beschuldigter mit Eingang der Akten der Lauf der Frist (§ 121 Abs. 3 Satz 1). Mit Vorlage der Akten wird der Senat zur Entscheidung vollumfänglich zuständig und ist bei Verneinung der allgemeinen oder besonderen Haftvoraussetzungen auch zur Aufhebung des Haftbefehls bezüglich eines vorfristig zu prüfenden Beschuldigten befugt.[58] Möglich ist eine solche gemeinsame Entscheidung aber nur, wenn schon jetzt beurteilt werden kann, ob die Voraussetzungen des § 121 bei Fristablauf vorliegen, was aber bei verbundenen Verfahren gegen mehrere Beschuldigte regelmäßig angenommen werden kann. 32

VIII. Zuständigkeit des Bundesgerichtshofs (Abs. 7)

Der BGH entscheidet über die Haftfortdauer nur dann, wenn für die Sache nach § 120 GVG ein Oberlandesgericht im ersten Rechtszug zuständig ist (§ 121 Abs. 4 Satz 2). Eine Beschwerde gegen eine Haftfortdauerentscheidung eines Oberlandesgerichts ist nicht zulässig (§ 304 Abs. 4 Satz 2). 33

IX. Abänderung der Entscheidung

Das Oberlandesgericht kann eine einmal getroffene Entscheidung im Nachhinein nicht mehr abändern. Hat das Oberlandesgericht den Haftbefehl wegen Fehlens der besonderen Haftvoraussetzungen des § 121 Abs. 1 aufgehoben, so darf die Untersuchungshaft vor Urteilserlass[59] weder durch den Haftrichter noch durch den Senat selbst erneut angeordnet werden.[60] Anders aber, wenn die Aufhebung des Haftbefehls wegen Fehlens der allgemeinen Haftvoraussetzungen erfolgt ist. In diesem Fall darf bei geänderter Sach- und Rechtslage ein neuer Haftbefehl erlassen werden (str.).[61] Möglich ist jedoch immer der Erlass eines Haftbefehls nach § 230 Abs. 2, wenn der Angeklagte in der Hauptverhandlung nicht erscheint. Allerdings kann das Oberlandesgericht seine Entscheidung im Nachverfahren dann ändern, wenn es das rechtliche Gehör eines Beteiligten in entscheidungserheblicher Weise verletzt hat (§ 33a). 34

X. Rechtsmittel

Ein Rechtsmittel gegen Entscheidungen des Oberlandesgerichts besteht nicht (§ 304 Abs. 4 Satz 2). Auch eine Gehörsrüge nach § 33a scheidet wegen prozessualer Überholung 35

---

57 KG 29.1.1997 – (4) 1 HEs 14/97 (30 Tage); ebenso LR/*Hilger* Rn. 42 (drei Wochen).

58 AA *Meyer Goßner* Rn. 24; LR/*Hilger* Rn. 43 f.

59 LR/*Hilger* Rn. 40 (Hinweis auf Art. 5 Abs. Satz 2 MRK).

60 OLG Celle 7.5.2002 – 2 Ws 114/02, NStZ 2002, 556; OLG Düsseldorf 29.3.1993 – 2 Ws 93/93, StV 1993, 376; *Meyer-Goßner* Rn. 18; LR/*Hilger* Rn. 38; vgl. *Böhm* § 121 Rn. 111 f.

61 OLG Celle 18.8.1972 – 3 Ws 255/72, NJW 1973, 1988; OLG Frankfurt a. M. 21.12.1984 – 1 HEs 33984, StV 1985, 196; aA *Meyer-Goßner* Rn. 19; LR/*Hilger* Rn. 39.

aus, wenn der Beschuldigte zwischenzeitlich aus der Haft entlassen ist.[62] Möglich ist nur die Einlegung einer Verfassungseschwerde.[63] Für die Begründung gelten die Vorschriften der §§ 93-93c BVerfGG. Danach muss der Beschuldigte geltend machen, dass er in seinem Freiheitsgrundrecht unmittelbar verletzt ist und diese Beanstandung bereits im Ausgangsverfahren erfolglos erhoben hat. Sie ist schriftlich oder telegrafisch innerhalb eines Monats nach Zustellung oder Bekanntgabe der Entscheidung unter deren Beifügung einzulegen und zu begründen. Im Rahmen der Begründung muss das der Sachverhalt so ausführlich dargestellt werden, dass das Bundesverfassungsgerichts anhand der Begründung ohne Heranziehung weitere Unterlagen beurteilen kann, ob eine Verletzung des in § 90 Abs. 1 BVerfGG bezeichneten verfassungsmäßigen Rechte des Beschwerdeführers in Betracht kommt,[64] wobei die Bezugnahme auf beigefügte Schriftstücke, nicht aber auf die Akten zulässig ist.[65]

XI. Feststellungsinteresse

36 Auch nach erfolgter Aufhebung des Haftbefehls und der Entlassung des Beschwerdeführers aus der Untersuchungshaft kann eine Verfassungsbeschwerde zulässig und begründet sein, wenn trotz fehlender Beschwer ein Rechtsschutzbedürfnis jedenfalls für die Feststellung der Verfassungswidrigkeit des angegriffenen Hoheitsaktes besteht. Ein solches Feststellungsinteresse kann insbesondere bei schwer wiegenden Grundrechtseingriffen fortbestehen, vor allem bei Eingriffen in das Freiheitsgrundrecht des Beschuldigten.[66] Dieses kommt aber nur in Betracht, wenn die (Untersuchungs-)Haft beendet ist und der Angeklagte ohne dessen Zuerkennung mangels Beschwer eine Überprüfung der freiheitsentziehenden Maßnahme nicht mehr erreichen könnte.[67]

§ 122a [Untersuchungshaft über ein Jahr]

In den Fällen des § 121 Abs. 1 darf der Vollzug der Haft nicht länger als ein Jahr aufrechterhalten werden, wenn sie auf den Haftgrund des § 112a gestützt ist.

Schrifttum: *Krauth*, Ruht der Fristenlauf des § 122a StPO während der Hauptverhandlung? DRiZ 1978, 337; siehe hierzu im Weiteren das Schrifttum zu § 121 StPO.

I. Normzweck und Inhalt

1 **1. Normzweck.** Die Vorschrift steht in engen Zusammenhang mit § 121 und regelt im Wesentlichen die verfahrensmäßige Ausgestaltung der in § 121 geregelten besonderen Haftprüfung durch das Oberlandesgericht. Wegen des engen Zusammenhangs der beiden Vorschriften wird teilweise auf die Kommentierung zu § 121 verwiesen.[1]

2 **2. Inhalt.** Die Vorschrift **begrenzt die Dauer der Untersuchungshaft** bei auf den Haftgrund der Widerholungsgefahr (§ 112a) gestützten Haftbefehlen auf ein Jahr. Durch die Verwendung des Begriffs „Haft" stellt der Gesetzgeber hier deutlich, dass es sich hier in Wahrheit um **Sicherungshaft** handelt, denn der „Haftgrund der Wiederholungsgefahr" dient anders als § 112 nicht der Verfahrenssicherung, sondern soll als vorbeugende Maßnahme dem Schutz der Rechtsgemeinschaft dienen.[2] Während die in § 121 vorgesehene Sechs-Monats-Frist bei besonderer Schwierigkeit oder Umfang der Ermittlungen

---

[62] OLG Bamberg 3.6.2014 – 1 Ws 101/14.
[63] BVerfG 4.2.2000 – 2 BvR 453/99, NJW 2000, 1401; *Meyer-Goßner* Rn. 17; *Bleckmann* NJW 1995, 2192.
[64] BVerfG 1.3.2000 – 2 BvR 2017/94, StV 2000, 233; *Meyer-Goßner* Einf. Rn. 236.
[65] BVerfG 18.3.1970 – 1 BvR 498/66, BVerfGE 28, 104 = NJW 1970, 1176.
[66] Böhm § 121 Rn. 106 mwN.
[67] OLG Hamm 6.6.2013 – III – 5 Ws 202/13.
[1] Vgl. zu den formellen Anforderungen insbesondere *Böhm* § 121 Rn. 9-24, 98-113.
[2] *Böhm* § 112a Rn. 3, 5.

oder bei Vorliegen eines wichtigen Grundes verlängert werden kann und insoweit keine zwingend einzuhaltende Höchstfrist besteht,[3] ist der Gesetzgeber hiervon bei Haftgrund der Wiederholungsgefahr abgewichen und hat eine solche ausdrücklich normiert. Die Begründung des Gesetzgebers stellt insoweit darauf ab, dass beim Haftgrund der Wiederholungsgefahr so schnell wie möglich gerichtlich geklärt werden müsse, ob der die Haft auslösende Tatverdacht zu Recht besteht, weshalb es nicht gerechtfertigt sei, die Haft nach § 112a länger als ein Jahr auszudehnen.[4] Die Begrenzung trägt dem Umstand Rechnung, dass bei der „Sicherungshaft" des § 112a die Grundrechte des Beschuldigten in besondere Weise betroffen sind und insoweit ohnehin eine enge und restriktive Auslegung geboten ist.[5] Insoweit kommt dem Grundsatz der Verhältnismäßigkeit besondere Bedeutung bei.[6]

II. Anwendungsbereich

1. Haftbefehl auf Widerholungsgefahr gestützt. Voraussetzung der Anwendung der Norm ist, dass der Haftbefehl überhaupt auf den Haftgrund der Wiederholungsgefahr (§ 112a) gestützt ist. Dies ist nicht der Fall, wenn der schriftliche Haftbefehl (§ 117) die Haftgründe des § 112 nennt und den Haftgrund der Wiederholungsgefahr nur ergänzend und subsidiär aufführt.[7] Etwas anderes gilt allerdings dann, wenn die Haftgründe des § 112 der Flucht- oder Verdunkelungsgefahr im Laufe des Verfahrens entweder vollkommen wegfallen oder aber insoweit eine Aussetzung des Vollzugs des Haftbefehls (§ 116) angezeigt ist. In einem solchen Fall beginnt die Jahresfrist erst mit Wirksamwerden des Haftgrundes zu laufen. 3

2. Zeitliche Begrenzung der Sicherungshaft. Ist der Haftbefehl auf § 122a gestützt (→ Rn. 3), darf der Vollzug der Haft nicht länger als ein Jahr dauern. Die Höchstgrenze führt auch dazu, dass schon das Oberlandesgericht, wenn es im Rahmen der wiederholten Haftvorlage (§ 114 Abs. 4 Satz 2) erkennt, dass der Haftbefehl aufhebungsreif wird, den Zeitpunkt der Haftentlassung festsetzt. Der Haftbefehl muss nach Ablauf durch das Haftgericht aufgehoben werden, eine bloße Außervollzugsetzung genügt nicht.[8] Maßnahme nach § 71 JGG bleiben aber zulässig.[9] 4

3. Ausnahmen von der zeitlichen Begrenzung. Die **Begrenzung gilt, wie bei § 121, auch dann nicht,** wenn die Untersuchungshaft zeitweise unterbrochen[10] ist, dieser auf neue Taten[11] oder einen anderen Haftgrund[12] gestützt wird. In Fällen der Unterbrechung sind die auf den Haftgrund des § 112a gestützten Haftzeiten zusammen zurechnen.[13] 5

Nicht wirklich abschließend geklärt ist die Frage, ob es sich bei dieser Höchstfrist um eine **absolute Grenze** handelt oder eine Verlängerung der Frist dann in Betracht kommt, wenn die Ruhenstatbestände des § 121 Abs. 3 eingreifen. Danach würde die Jahresfrist unterbrochen, sobald die Akten dem Oberlandesgericht zur Durchführung der besonderen Haftprüfung vorgelegt werden (§ 121 Abs. 3 Satz 1)[14] oder mit der Hauptverhandlung begonnen wird.[15] Für eine derartige Interpretation spricht, dass sich insoweit die Vor- 6

[3] *Böhm* § 121 Rn. 1.
[4] Vgl. BT-Drs. VI 3561, 4; LR-*Hilger* § 122a Rn. 5.
[5] Böhm § 112a Rn. 4.
[6] OLG Stuttgart 21.4.2011 – 2 HEs 37-39/11, NStZ-RR 2012, 62.
[7] Zur umstrittenen Zulässigkeit, vgl. *Böhm* § 112a Rn. 56; *Meyer-Goßner* § 122a Rn. 1; KK-*Schultheis* § 122a Rn. 2.
[8] *Meyer-Goßner* § 122a Rn. 1.
[9] *Meyer- Goßner* § 122a Rn. 1.
[10] Zur Fristberechnung vgl. *Böhm* § 121 Rn. 16 ff.
[11] Zum Tatbegriff, vgl. *Böhm* Rn. 25 ff.; siehe auch LR-*Hilger* § 122a Rn. 11.
[12] *Meyer-Goßner* § 122a Rn. 1.
[13] LR-*Hilger* § 122a Rn. 10.
[14] So OLG Frankfurt a. M. 28.7.1989 – 1 HEs 82/89, NStE Nr. 1 zu § 122a StPO.
[15] So *Knauer* DRiZ 1978, 337.

schrift in das Regelungssystem der §§ 121, 122[16] einpasst[17] und die eine derartige Auslegung auch ein kriminalpolitisches Bedürfnis besteht. Soll nämlich die Sicherungshaft dem Schutz der Rechtsgemeinschaft dienen, so wäre es grotesk, den Angeklagten etwa während der Hauptverhandlung auf freien Fuß setzen zu müssen und so auch das potentielle Opfer, etwa bei Straftaten nach § 238 Abs. 2 StGB,[18] erneut in Gefahr zu bringen. Andererseits muss man sehen, dass sich damit der Anwendungsbereich der Vorschrift des § 122a sich damit letztendlich auf wenige krasse Ausnahmefälle beschränkt und das eigentliche gesetzgeberische Anliegen der der zeitlichen Begrenzung der Sicherungshaft so konterkariert wird. Insoweit erscheint es aus verfassungsrechtlichen Gründen angezeigt, im Hinblick auf zu berücksichtigende Unterbrechungen der Hafthöchstfrist nicht auf die Ruhensvorschriften des § 121 Abs. 3 Satz 1 und 2, sondern auf die mit Erlass des ersten tatrichterlichen Urteils eintretende[19] Beendigung der Zuständigkeit des Oberlandesgerichts abzustellen. Denn der Abschluss eines Strafverfahrens durch Urteil binnen Jahresfrist ist durchaus möglich, jedenfalls dann der Haftbefehl auf den Haftgrund des § 112a StPO gestützt ist. Dies wird bezüglich sehr umfangreicher Verfahren kaum der Fall sein, weil insoweit bereits die Höhe der Straferwartung den Haftgrund der Fluchtgefahr indiziert.[20]

7 **4. Anwendbares Verfahren.** Das anzuwendende Verfahren ist – auch im Hinblick auf die erforderliche Aktenvorlage – in § 121 bzw. § 122 geregelt, weshalb auf die Kommentierung hierzu verwiesen wird.[21] Zum Problem der Anwendbarkeit der Ruhensfristen des § 121 Abs. 3 Satz 1 und 2 → Rn. 6.

§ 123 [Aufhebung von schonenden Maßnahmen]

(1) Eine Maßnahme, die der Aussetzung des Haftvollzugs dient (§ 116), ist aufzuheben, wenn
1. der Haftbefehl aufgehoben wird oder
2. die Untersuchungshaft oder die erkannte Freiheitsstrafe oder freiheitsentziehende Maßregel der Besserung und Sicherung vollzogen wird.

(2) Unter denselben Voraussetzungen wird eine noch nicht verfallene Sicherheit frei.

(3) Wer für den Beschuldigten Sicherheit geleistet hat, kann deren Freigabe dadurch erlangen, daß er entweder binnen einer vom Gericht zu bestimmenden Frist die Gestellung des Beschuldigten bewirkt oder die Tatsachen, die den Verdacht einer vom Beschuldigten beabsichtigten Flucht begründen, so rechtzeitig mitteilt, daß der Beschuldigte verhaftet werden kann.

Schrifttum: *Amelung, Martin,* Die Sicherheitsleistung nach §116 StPO, StraFo 1997, 300; *Büttner, Holger,* Zustellungsbevollmächtigte – Zeitbomben im Strafverfahren?, DriZ 2007, 188; *Eckstein, Frank,* Zur Zulässigkeit einer Verrechnungsauflage bei einer Kaution im Rahmen einer Außervollzugsetzung einer Untersuchungshaft, StV 1998, 554; *Herzog, Felix/Hoch, Temba/Warius, Silke,* Die Sicherheitsleistung als Vehikel der Rückgewinnungshilfe – Rückgewinnungshilfe contra konkrete und wirkliche Strafverteidigung?, StV 2007, 542; *Kummer, Joachim,* Zu den Rechtsbeziehungen zwischen dem Strafverteidiger und dem Dritten, der dem Beschuldigten einen Betrag zwecks Verwendung als Kaution zur Verfügung stellt, JurisPR-BGHZivilR 37/2004 Anm. 6; *Rückhelm, Antje,* Aufhebung der Hinterlegungsordnung, Rpfleger 2010, 1; *Sättele, Alexander,* Unabtretbarkeit einer Kaution, StV 2000, 510; *Schweckendieck, H.,* § 116 StPO und Rechtskraft, NStZ 2011, 10.

---

[16] Vgl. hierzu *Böhm* § 121 Rn. 35-98.
[17] LR-*Hilger* § 122a Rn. 10.
[18] Siehe hierzu *Böhm* § 112a Rn. 14 f.
[19] Siehe hierzu OLG Hamm 6.6.2013 – III – 5 Ws 202/13.
[20] *Böhm/Werner* § 112 Rn. 52.
[21] *Böhm* § 121 Rn. 11 ff. und § 122 Rn. 2 ff.

Übersicht

I. Allgemeines

1 Die Vorschrift steht in engen Zusammenhang mit §§ 116 Abs. 1, 116a und 124 und regelt, unter welchen Voraussetzungen die vom Gericht nach § 116 angeordneten haftverschonenden Maßnahmen aufgehoben werden müssen. Dabei ist zu sehen, dass die der Außervollzugsetzung des Untersuchungshaftbefehls dienenden Begleitmaßnahmen (§ 116 Abs. 1–3) weder gegenstandslos werden noch automatisch entfallen,[1] vielmehr es im Regelfall (zu den Ausnahmen, → Rn. 15) einer ausdrücklichen Aufhebung des Haftbefehls durch das Gericht bedarf, auch wenn die Haftverschonungsmaßnahmen in rechtlicher Hinsicht zumeist keine nachteiligen Wirkungen, sondern nur Unannehmlichkeiten durch die Polizei, etwa bei Nichteinhalten an sich aufzuhebender Meldeauflagen, bewirken können.[2]

2 Die als Ersatz dienenden Maßnahmen nach § 116 Abs. 1 setzen insoweit denknotwendig voraus, dass der Haftbefehl in seinem Bestand nicht berührt wird.[3] Es besteht ein Abhängigkeitsverhältnis, was sich auch in dem Verbot von Haftverschonungsmaßnahmen zu dem Zeitpunkt eines bereits unzulässigen Haftbefehls zeigt.[4] Folglich ist nach Abs. 1 Nr. 1 auch der isolierte Fortbestand von Haftverschonungsmaßnahmen gesetzlich nicht vorgesehen, so dass auch eine noch nicht verfallene Sicherheit wird frei (Abs. 1 Satz 2). Die Abhängigkeit der Sicherungsmaßnahmen vom Bestand des Haftbefehls zeigt sich aber auch im umgekehrten Fall. So wird die Sicherheit auch dann frei, wenn der Haftbefehl irrtümlich aufgehoben worden ist,[5] nicht aber, wenn er an sich hätte aufgehoben werden müssen (→ Rn. 9).

3 Allerdings wird eine Sicherheit (Abs. 2) nur dann frei, wenn diese nicht zuvor verfallen ist (§ 124 Abs. 1), was das Gericht vor einer Aufhebung zunächst zu prüfen hat (→ Rn. 18).

4 Die bloße Rechtskraft eines Urteils führt nicht zu einer Aufhebung des Haftbefehls, wenn dieser Außervollzug gesetzt ist, da der Haftbefehl und die dort vorgesehenen Beschränkungen auch zur Sicherung der Strafvollstreckung dienen (→ Rn. 10).[6] Eine Aufhebung kommt erst in Betracht, wenn der Haftbefehl aufgrund der im rechtskräftigen

---

[1] KG 17.6.2011 – 2 Ws 219/11, NStZ 2012, 230; Hanseatisches Oberlandesgericht Hamburg 9.5.1977 – 1 Ws 196/77, MDR 1977, 949; OLG Frankfurt a. M. 28.8.1978 – 4 Ws 142/78, NJW 1978, 665.

[2] *Schlothauer/Weider* Rn. 1273.

[3] KG 17.6.2011 – 2 Ws 219/11, NStZ 2012, 230; *Schweckendieck* NStZ 2011, 10-13.

[4] OLG Düsseldorf 29.7.1999 – 2 Ws 227/99, NStZ 1999, 585; KK *Graf* § 116 Rn. 7.

[5] KK-Graf § 123 Rn. 2.

[6] Hanseatisches Oberlandesgericht Hamburg 9.5.1977 – 1 Ws 196/77, MDR 1977, 949.; OLG Frankfurt a. M. 28.8.1978 – 4 Ws 142/78, NJW 1978, 665; OLG Karlsruhe 4.2.1980 – 2 Ws 227/79, MDR 1980, 598; OLG Nürnberg 9.12.1982 – Ws 990/82, OLGSt StPO § 116 Nr. 1; KG 17.6.2011 – 2 Ws 219/11, NStZ 2012, 230; vgl. hierzu auch *Böhm* § 116a Rn. 1.

Urteil festgesetzten Freiheitsstrafe oder Maßregel der Besserung und Sicherung tatsächlich vollzogen wird.

5 Der Tod des Beschuldigten beendet das Verfahren jedoch automatisch. Der Haftbefehl wird gegenstandslos, einer förmlichen Aufhebung bedarf es nicht.[7] Allerdings darf zu diesem Zeitpunkt eine Sicherheit nicht verfallen sein (→ Rn. 16 ff.).

II. Wegfall der Haftbeschränkungen (§ 123 Abs. 1 Satz 1 Nr. 1)

6 **1. Allgemeines.** Die zur Aufhebung der Haftbeschränkungen führenden Gründe sind in Abs. 1 aufgeführt. Dieser unterscheidet insoweit zwischen der Aufhebung des Haftbefehls (→ Rn. 7) und dem Vollzug von Haft, sei es von Untersuchungshaft (→ Rn. 11), Strafhaft (→ Rn. 12) oder einer Maßregel der Besserung und Sicherung (→ Rn. 14).

7 **2. Aufhebung des Haftbefehls (§ 123 Abs. 1 Nr. 1).** Wird der Haftbefehl aufgehoben, entfallen auch die Ersatzmaßnahmen, also etwa die Meldepflicht (§ 116 Abs. 1 Satz 2 Nr. 1), die Aufenthaltsbeschränkung (§ 116 Abs. 1 Satz 2 Nr. 2), die Weisung, die Wohnung nicht zu verlassen (§ 116 Abs. 1 Satz 2 Nr. 3) sowie die weiter vom Gericht anordenbaren Weisungen und Auflagen, wie etwa die Abgabe der Personalpapiere oder des Führerscheins, die Sperrung von Konten oder die Anordnung des Tragens einer elektronischen Hand- oder Fußfessel.[8] Spricht das Gericht den Angeklagten frei, vergisst aber die zwingende Beschlussfassung über die Aufhebung des Haftbefehls (§ 120 Abs. 1 Satz 2), erhält der Angeklagte seine hinterlegten Ausweisdokumente erst mit dessen Aufhebung zurück. Auch ist dem Beschuldigten bis zur ausdrücklichen Aufhebung des Haftbefehls Haftentschädigung zu gewähren.[9]

8 Die Gründe, welche zwingend zur Aufhebung des Haftbefehls führen, sind in § 123 nicht aufgeführt, sondern ergeben sich entweder aus Vorschriften oder allgemeinen Regeln. Zu denken ist etwa zunächst an alle Umstände, welche zur Einstellung des Verfahrens führen, wie etwa der Eintritt der Verjährung oder die Zurücknahme des Strafantrages. Sondergesetzlich ist die Aufhebung des Haftbefehls in § 120 geregelt beim Freispruch des Angeklagten (Abs. 1 Satz 2)[10] und im Falle eines Antrags der Staatsanwaltschaft (Abs. 3 Satz 2).[11] Auch sind unabhängig vom Bestand des Haftbefehls selbst die in diesem vorgesehenen Beschränkungen aufzuheben, wenn die diese nicht mehr zwingend notwendig sind oder aber die Staatsanwaltschaft zum Ausdruck bringt, dass sie diese nicht mehr für erforderlich erachtet.[12]

9 Streitig ist, ob eine Sicherheitsleistung auch dann frei wird, wenn ein Haftbefehl an sich aus prozessualen Gründen hätte aufgehoben werden müssen, jedoch tatsächlich noch in Kraft geblieben ist. Solche Fälle sind keineswegs selten, da gerade Verfahren, in welchem der Haftbefehl außer Vollzug gesetzt ist, oftmals nicht mehr mit in Haftsachen gebotenen Beschleunigung[13] betrieben werden. Insoweit ergibt sich aus Abs. 1 aber, dass eine Sicherheit eben nicht ohne weiteres frei wird, sondern es stets der gerichtlichen Entscheidung über die Aufhebung des Haftbefehls bedarf.[14]

10 **3. Vollzug der Haft (§ 123 Abs. 1 Satz 1 Nr. 2).** Die Regelung bringt den gesetzlichen Willen zum Ausdruck, dass die angeordneten Maßnahmen des Haftverschonungsbeschlusses nicht schon mit der Rechtskraft eines auf Freiheitsstrafe oder Maßregel der Besse-

---

[7] KK-Graf § 123 Rn. 4.

[8] Vgl. hierzu *Böhm* § 116 Rn. 26 ff.

[9] OLG Düsseldorf 29.7.1999 – 2 Ws 227/99, NStZ 1999, 357.

[10] OLG Düsseldorf 29.7.1999 – 2 Ws 227/99, NStZ 1999, 357.

[11] Vgl. hierzu *Böhm* § 120 Rn. 29.

[12] Hanseatisches Oberlandesgericht Hamburg 9.5.1977 – 1 Ws 196/77, MDR 1977, 949.

[13] Vgl. hierzu *Böhm/Werner* § 112 Rn. 6; *Böhm* § 116 Rn. 12 ff.; § 120 Rn. 5.

[14] OLG Frankfurt a. M. 9.7.2001 – 3 Ws 352/01, NStZ-RR 2001, 381; KK-*Schultheis* § 123 Rn. 3; aA OLG Hamm 28.5.1996 – 2 Ws 190/96, NStZ 1996, 270; LG Lüneburg 6.11.1986 – 15 Qs 82/86, StV 1987, 111.

rung und Sicherung lautenden Urteils per se entfallen (→ Rn. 4). Denn Zweck der Untersuchungshaft ist es, nicht nur die Durchführung eines geordneten Strafverfahrens zu gewährleisten, sondern auch die spätere Vollstreckung eines auf Freiheitsentziehung lautenden Urteils sicherzustellen.[15] Folglich kann dem gesetzlichen Zweck aber nur in ausreichender Form gedient werden, wenn die Begleitmaßnahmen auch für den Zeitraum zwischen der Rechtskraft und dem tatsächlichen Beginn der Vollstreckung mit der Aufnahme des Verurteilten in die Vollstreckungsanstalt in ihrer Wirkung bestehen bleiben.[16]

a) Vollzug der Untersuchungshaft. Diese wird zunächst vollzogen, sobald der Beschuldigten etwa nach Widerruf der Haftverschonung in die zuständige Haftanstalt aufgenommen worden ist. Die bloße Verhaftung durch die Polizei reicht nicht aus (str.).[17] Gleiches gilt, wenn der Beschuldigte in anderer Sache in Untersuchungshaft kommt, denn im Falle einer Flucht aus der Haft könnte er sich dem Verfahren, in welchem Sicherheit geleistet wurde, durchaus noch entziehen. Im Falle des Vollzugs der Untersuchungshaft sind die haftbeschränkenden Maßnahmen nach Abs. 1 (zB Meldeauflage) aufzuheben und zwar auch dann, wenn der Beschuldigte zunächst noch in die für ihn zuständige Haftanstalt überführt werden muss (str.).[18] Eine Sicherheit nach Abs. 2 wird aber nur dann frei, wenn sie nicht zuvor verfallen ist (→ Rn. 16). Der Beschuldigte kann die Aufhebung der Beschränkungen aber auch dadurch bewirken, dass er sich freiwillig in Haft begibt. 11

b) Vollzug der Strafhaft. Die Aufhebung von Ersatzmaßnahmen nach § 116 zwingt bei Vollzug von Freiheitsstrafe nach dem ausdrücklichen Gesetzeswortlaut nur dann zur Aufhebung des Haftbefehls, wenn diese auch in derselben Sache vollzogen wird.[19] Jedoch werden jedenfalls die Haftverschonungsmaßnahmen wegen Sinnwidrigkeit aufzuheben sein, wenn sich abzeichnet, dass der Beschuldigten in dem anderen Verfahren noch längerfristig inhaftiert sein wird und keine Besorgnis mehr besteht, der Verurteilte könne sich der gegen ihn erkannten Strafe entziehen.[20] 12

Unter dem Begriff der Freiheitsstrafe fällt neben der allgemeinen Freiheitsstrafe (§§ 38, 39 StGB) die Jugendstrafe (§ 17 JGG) und der Strafarrest (§ 9 WStG), nicht aber der Jugendarrest (§§ 16 JGG) oder die Geldstrafe (§ 40 StGB). Wird gegen den Angeklagten eine Geldstrafe ausgesprochen, ist der außer Vollzug gesetzte Haftbefehl in der Regel mit Urteil aufzuheben. Eine Sicherheit (Abs. 2) wird frei, darf weder auf die Geldstrafe noch auf die Verfahrenskosten verrechnet werden und verfällt (§ 124 Abs. 1) auch nicht dann, wenn sich der Beschuldigte der gegen ihn verhängten Ersatzfreiheitsstrafe entzieht.[21] 13

c) Vollzug der Maßregel der Besserung und Sicherung. Dem Vollzug der Freiheitsstrafe hat der Gesetzgeber den der Maßregel der Besserung und Sicherung (§ 61 StGB) gleichgestellt, wobei insoweit nur die Unterbringung in einem Psychiatrischen Krankenhaus (§ 63 StGB) und einer Entziehungsanstalt (§ 64 StGB) erfasst sind, da Sicherungsverwahrung nur nach einer Freiheitsstrafe vollzogen werden kann (§§ 66, 67a Abs. 1 StGB). 14

4. Sonderfälle. Ist hingegen die Vollstreckung des nunmehr rechtskräftigen Strafer- 15
kenntnisses gesichert, da sich der Verurteilte in der vorliegenden Sache bereits in staatlichem Gewahrsam befindet, bedarf es einer förmlichen Aufhebung des Haftbefehls nicht. Nur in

[15] BVerfG 15.12.1965 – 1 BvR 513/65, BVerfGE 19, 342 – Wencker-Beschluss; Hanseatisches Oberlandesgericht Hamburg 9.5.1977 – 1 Ws 196/77, MDR 1977, 949.

[16] KK-*Schultheis* § 123 Rn. 5; SK-*Paeffgen* Rn. 7; *Meyer-Goßner* § 123 Rn. 4.

[17] LR-*Hilger* § 123 Rn. 9; aA vgl. auch Thüringer OLG 13.2.2009 – 1 Ws 531/08, wistra 2009, 324; KMR-*Wanckel* StPO § 123 Rn. 4.

[18] LR-*Hilger* § 123 Rn. 9.

[19] Hanseatisches Oberlandesgericht Hamburg 9.5.1977 – 1 Ws 196/77, MDR 1977, 949; LR-*Hilger* § 116 Rn. 13.

[20] OLG Nürnberg 9.12.1982 – Ws 990/82, OLGSt StPO § 116 Nr. 1 (zeitweilige Vollzugsuntauglichkeit nach § 455 Abs. 2).

[21] BGH 24.6.1985 – III ZR 219/82, BGHZ 95, 109 = NJW 1985, 2820; OLG Frankfurt a. M. 26.8.1982 – 3 Ws 564/82, NJW 1983, 295; *Böhm/Werner* § 124 Rn. 7.

diesem Fall erledigt sich der Haftbefehl von selbst, er wird gegenstandslos.[22] Denn hier geht die vollzogene Untersuchungshaft mit der Rechtskraft des Urteils ohne weiteres in Strafhaft über.[23] Korrespondierend hierzu beginnt nahtlos mit dem Übergang von der Untersuchungshaft in die Strafhaft, die Zuständigkeit der Strafvollstreckungskammer gemäß § 462a Abs. 1 Satz 1 am Verwahrort, und zwar auch ohne Eingang der Akten.[24] Wurde der Verurteilte bis zum Eintritt der Rechtskraft nicht vom Vollzug der Untersuchungshaft verschont, bedarf der Sicherungszweck der Haftverschonungsmaßnahmen keiner Aufrechterhaltung. Indes kann bei dem entscheidenden Unterschied einer nahtlosen Inhaftierung die Rechtsprechung zur Erledigung des Haftbefehls nicht übertragen werden.[25]

III. Freiwerden der Sicherheit (§ 123 Abs. 2)

16 Als bedeutendste Regelung der Norm bestimmt deren Abs. 2, dass unter den Voraussetzungen des Abs. 1 auch eine noch nicht verfallene Sicherheit (§§ 116 Abs. 1 Satz 2 Nr. 4, 116a) frei wird.

17 **1. Gerichtliche Feststellung.** Ob eine Sicherheit aber frei wird oder für verfallen zu erklären ist (§ 124 Abs. 1),[26] muss zunächst durch das Gericht geprüft werden und bedarf einer ausdrücklichen gerichtlichen Feststellung. Die das Freiwerden der Sicherheit feststellende gerichtliche Entscheidung hat jedoch nur deklaratorischen Charakter,[27] ist aber für die Auszahlung und die Entscheidung der Hinterlegungsstelle, an wen die Sicherheit geleistet werden soll, notwendig (→ Rn. 19).

18 Eine Sicherheit kann aber nur frei werden, wenn sie zuvor nicht verfallen ist.[28] Insoweit besteht eine Wechselwirkung zwischen § 123 Abs. 2 und § 124 Abs. 1. So wird etwa eine Sicherheit dann nicht frei, wenn zwar zum Zeitpunkt der gerichtlichen Entscheidung ein Verfahrenshindernis besteht, dies aber zum Zeitpunkt des Verfalls der Sicherheit noch nicht vorlag. Andererseits kann eine Sicherheit nicht mehr verfallen, wenn sie schon zuvor frei geworden ist.[29] Dieses Fall tritt etwa ein, wenn sich der Beschuldigte freiwillig in Untersuchungshaft begeben hat und danach aus dieser geflohen ist. Gleiches gilt, wenn der Haftbefehl irrtümlich aufgehoben wurde oder die Staatsanwaltschaft den schon ergangenen Aufhebungsbeschluss mit der Beschwerde anficht.[30]

19 Erst diese gerichtliche Entscheidung löst die amtliche Verstrickung[31] und ermöglicht es[32] dem Sicherungsgeber, den Auskehranspruch gegen die Hinterlegungsstelle nach den Vorschriften der Hinterlegungsordnung geltend zu machen.[33] Eine Sicherheitsleistung wird nämlich nicht schon dadurch frei, dass der außer Vollzug gesetzte Haftbefehl aus prozessualen Gründen bereits hätte aufgehoben werden müssen, tatsächlich aber weiterhin in Kraft war.[34] Vielmehr bedarf es einer gerichtlichen Feststellung, dass „die Sicherheit frei geworden ist". Aufgrund des Beschlusses erlangt dann der Hinterleger einen Anspruch gegen die Hinterlegungsstelle (→ Rn. 18) auf Herausgabe der Sicherheit.

---

[22] OLG Karlsruhe 4.2.1980 – 2 Ws 227/79, MDR 1980, 598; vgl. BVerfG 18.8.2005 – 2 BvR 1357/05, NJW 2005, 3131; OLG Hamm 6.11.2001 – 2 Ws 271/01; KG 21.10.1997 – 5 Ws 640/97, StraFo 2002, 100; dass. 17.6.2011 – 2 Ws 219/11, NStZ 2012, 230.

[23] BGH 28.8.1991 – 2 ARs 366/91, BGHSt 38, 63.

[24] BGH 21.7.2006 – 2 Ars 302/06, NStZ-RR 2006, 66; OLG Karlsruhe 19.4.2007 – 3 Ws 136/07 u. 137/07; aA *Schweckendieck* NStZ 2011, 10 (Fortbestehen der Zuständigkeit des Prozessgerichts bis zur förmlichen Einleitung der Strafvollstreckung durch die Staatsanwaltschaft).

[25] BVerfG 18.8.2005 – BvR 1357/05, NJW 2005, 3131.

[26] *Böhm/Werner* § 124 Rn. 5.

[27] OLG Karlsruhe 26.7.1991 – 3 Ws 119/91, NStZ 1992, 204.

[28] OLG Stuttgart 5.8.1983 – 3 Ws 219/83, MDR 1984, 164.

[29] *Böhm/Werner* § 124 Rn. 5.

[30] Ebenso *Schlothauer/Weider* Rn. 1275.

[31] KK-*Schultheis* § 123 Rn. 7.

[32] OLG Stuttgart 5.8.1983 – 3 Ws 219/83, MDR 1984, 164.

[33] OLG Celle 25.2.1987 – 1 Ws 41/87 – 1 Ws 41/87, NdsRpfl. 1987, 136; LG Berlin 3.12.2001 – 517 Qs 107/01, NStZ 2002, 278.

[34] OLG Frankfurt a. M. 9.7.2001 – 3 Ws 352/01, NStZ 2001, 381.

2. Entscheidungszuständigkeit über Auszahlungsempfänger. An wen die Sicherheit herauszugeben ist oder auszubezahlen ist, entscheidet allerdings dann nicht das nach § 126 zuständige Gericht, sondern die Hinterlegungsstelle in eigener Zuständigkeit nach den § 12 ff. HinterlO.[35] bzw. das insoweit geltende Landesrecht. Sie hat dabei entgegenstehende Rechte Dritter zu beachten. Grundsätzlich ist die Sicherheit an denjenigen herauszugeben, welcher sie bestellt hat. Insoweit bestehen aber zahlreiche Besonderheiten: 20

3. Sonderfall Pfändung. Auch wenn der Beschuldigte die Sicherheit in bar selbst oder durch einen Vertreter geleistet hat, kann dessen zukünftiger Rückzahlungsanspruch nämlich durch einen Dritten gepfändet (§ 851 Abs. 2 ZPO) werden.[36] Auch kann dieser schon vor der Freigabe der Herausgabeanspruchs in Vollziehung eines dinglichen Arrestes nach § 111d gepfändet werden.[37] Wird die Sicherheit erst mit Rechtskraft des Urteils frei, so kann in sie vollstreckt werden, ohne dass zuvor ein dinglicher Arrest ausgebracht werden muss.[38] 21

4. Sonderfall Aufrechnung. Hingegen ist die bloße Aufrechnung mit einer Steuerforderung durch das Finanzamt ebenso wenig möglich[39] wie eine solche durch den Justizfiskus mit Gerichtskosten.[40] 22

5. Sonderfall Abtretung. Eine Abtretung des Rückzahlungsanspruchs ist grundsätzlich möglich, jedoch nicht dann, wenn ein Haftbefehl mit der Maßgabe außer Vollzug gesetzt wird, dass der Beschuldigte die Sicherheitsleistung als Eigenhinterleger zu leisten hat, denn hierdurch könnte der Beschuldigte eigenmächtig ohne Kenntnis des Gerichts den Wert der Sicherheit abmindern, weil durch die Abtretung in Wahrheit ein anderer haftet.[41] Die Auflage, die Sicherheit selbst zu erbringen, beinhaltet daher ein Zessionsverbot kraft Leistungsinhalts für den Rückzahlungsanspruch (§ 399 BGB) bis zu einer Freigabe der Sicherheit nach Abs. 2.[42] 23

Eine rechtswirksame Abtretung kommt jedoch in Betracht, wenn die Kaution **entgegen der Vorgabe des Verschonungsbeschlusses** und mit stillschweigender Duldung des Gerichts nicht vom Beschuldigten selbst aus Eigenmitteln, sondern von einem Dritten erkennbar im eigenen Namen hinterlegt worden ist und der Auskehrungsanspruch noch vor einer Pfändung nach § 111c StPO wirksam an den Dritten abtreten worden ist.[43] Weder § 116a StPO noch die auf dieser Vorschrift beruhende Eigenmittelanordnung im Außervollzugsetzungsbeschluss enthalten in solchen Fällen ein ausdrückliches Abtretungsverbot. 24

IV. Freigabe der durch einen Dritten geleisteten Sicherheit (§ 123 Abs. 3)

1. Allgemeines. Hat der Drittsicherungsgeber als Bürge nach § 116a Abs. 1 im eigenen Namen eine Sicherheit für den Beschuldigten geleistet, kann er die Freigabe mit den in Abs. 3 beschriebenen Handlungen (→ Rn. 26+27) erreichen. Die Vorschrift gilt aber nicht für den Sicherungsgeber, der die Sicherungsmittel verdeckt direkt dem Beschuldigten oder einen Dritten überlassen hat.[44] Daher können sich nur die Personen auf Abs. 3 berufen, welche im eigenen Namen aufgetreten sind.[45] 25

---

[35] OLG Frankfurt a. M. 26.8.1982 – 3 Ws 564/82, NJW 1983, 295; OLG Celle 25.2.1987 – 1 Ws 41/87, NdsRpfl. 1987, 136.

[36] OLG Frankfurt a. M. 3.2.1990 – 20 W 409/99, StV 2000, 509; *Böhm* § 116a Rn. 5.

[37] OLG Frankfurt a. M. 10.3.2005 – 2 Ws 66/04, NJW 2005, 1727 mit krit. Anmerkung v. *Herzog ua* StV 2007, 542; OLG Frankfurt a. M. 26.8.1982 – 3 Ws 564/82, NJW 1983, 295.

[38] *Meyer-Goßner* § 123 Rn. 5 und § 111d Rn. 5.

[39] BGH 24.6.1985 – III ZR 219/82, BGHZ 95, 109 = NJW 1985, 2820.

[40] OLG Frankfurt a. M. 3.2.1990 – 20 W 409/99, StV 2000, 509.

[41] OLG Hamm 9.9.2008 – 1 Ws 595/08, StRR 2009, 271; OLG München 5.8.1997 – 25 U 2527/97, StV 2000, 509.

[42] OLG München 5.8.1997 – 25 U 2527/97, StV 2000, 509; *Böhm* § 116a Rn. 8.

[43] LG Gießen 29.5.2006 – 2 KLS 502 Js 23635/05, StraFo 2006, 324.

[44] OLG Stuttgart 20.4.1988 – 1 Ws 49/88, Justiz 1988, 373.

[45] OLG Köln 2.10.2009 – 2 Ws 462/09; LR-*Hilger* § 123 Rn. 8.

26 **2. Bewirken der Gestellung des Beschuldigten.** Der Sicherungsgeber kann die Freigabe der Sicherheit bewirken, wenn er innerhalb der gerichtlich bestimmen Frist den Beschuldigten veranlasst, sich zur Vollstreckung des Haftbefehls zu stellen. Da dem Sicherungsgeber kein eigenes Festnahmerecht (§ 127) hierfür zusteht, darf er dafür aber keine Gewalt gegen den Beschuldigten ausüben.[46] Die Sicherheit wird auch frei, wenn diese an sich schon nach § 124 Abs. 1 verfallen ist.[47]

27 **3. Fluchtanzeige durch den Sicherungsgeber.** Erstattet der Sicherungsgeber rechtzeitig Anzeige über Umstände, die eine Flucht des Beschuldigten wahrscheinlich machen, kann er auch bei einem erfolgreichen Untertauchen die Freigabe verlangen, wenn die beteiligten Behörden bei einem sachgerechten und unverzüglichen Einschreiten dies hätten verhindern können.[48]

V. Verfahrensfragen

28 Zuständig zur Entscheidung auch über das Freiwerden der Sicherheit ist der letzte Tatrichter, auch wenn diese keine Sachentscheidung getroffen hat, wie im Falle einer Verwerfungsurteils nach § 329 Abs. 1.[49]

VI. Rechtsmittel

29 Statthaftes Rechtsmittel der Staatsanwaltschaft gegen einen gerichtlichen Aufhebungs- oder Freigabebeschluss ist die einfache Beschwerde nach § 304 Abs. 1.[50] Entsprechend steht dem Beschuldigten und dem Drittsicherungsgeber (nach Abs. 3) das Beschwerderecht im Fall der Ablehnung zu. Da diese Entscheidungen nicht die Verhaftung oder Freiheitsentziehung des Beschuldigten betreffen, ist eine weitere Beschwerde (§ 310 Abs. 1) ausgeschlossen.[51]

§ 124 [Verfall der Sicherheit]

(1) Eine noch nicht frei gewordene Sicherheit verfällt der Staatskasse, wenn der Beschuldigte sich der Untersuchung oder dem Antritt der erkannten Freiheitsstrafe oder freiheitsentziehenden Maßregel der Besserung und Sicherung entzieht.

(2) [1]Vor der Entscheidung sind der Beschuldigte sowie derjenige, welcher für den Beschuldigten Sicherheit geleistet hat, zu einer Erklärung aufzufordern. [2]Gegen die Entscheidung steht ihnen nur die sofortige Beschwerde zu. [3]Vor der Entscheidung über die Beschwerde ist ihnen und der Staatsanwaltschaft Gelegenheit zur mündlichen Begründung ihrer Anträge sowie zur Erörterung über durchgeführte Ermittlungen zu geben.

(3) Die den Verfall aussprechende Entscheidung hat gegen denjenigen, welcher für den Beschuldigten Sicherheit geleistet hat, die Wirkungen eines von dem Zivilrichter erlassenen, für vorläufig vollstreckbar erklärten Endurteils und nach Ablauf der Beschwerdefrist die Wirkungen eines rechtskräftigen Zivilendurteils.

Schrifttum: siehe zu § 123 StGB.

[46] LR-*Hilger* § 123 Rn. 18.
[47] OLG Hamm 21.1.1972 – 3 Ws 150/71, NJW 1972, 783; LR-*Hilger* § 123 Rn. 9.
[48] OLG Düsseldorf 26.6.1984 – 1 Ws 47/84, NStZ 1985, 38.
[49] OLG Stuttgart 30.1.1984 – 1 Ws 397/83,Die Justiz 1984, 213; *Schlothauer/Weider* Rn. 1273.
[50] OLG Celle 17.9.1998 – 3 Ws 200/98, NStZ-RR 1999, 178.
[51] Vgl. auch KK-*Schultheis*,§ 123 Rn. 12; *Meyer-Goßner* Rn. 11; aA SK-*Paeffgen* Rn. 13.

Übersicht

I. Allgemeines

Die Vorschrift steht in engen Zusammenhang mit §§ 116 Abs. 1 Satz 2 Nr. 4, 116a, 123 und regelt, unter welchen Voraussetzung eine zur Gewährung einer Haftverschonung geleistete Sicherheit zugunsten der Staatskasse verfällt. Während sich nach § 116 bestimmt, unter welchen Voraussetzungen eine Haftverschonung gegen Gestellung einer Sicherheitsleistung möglich ist,[1] sind die hierfür in Betracht kommende Möglichkeiten (Geld, Pfandbestellung, Bürgschaft geeigneter Personen) in § 116a Abs. 1 Satz 1 abschließend aufgeführt.[2] 1

Die Vorschrift ist verfassungsrechtlich unbedenklich.[3] Da der Verfall ausschließlich eine Folge des Sicherungszwecks ohne strafähnlichen Charakter ist, bedingt die Vorschrift weder eine Verletzung der Menschenwürde (Art. 1 Abs. 1 GG), noch eine unzulässige Beschränkung der allgemeinen Handlungsfreiheit (Art. 2 Abs. 1 GG) oder eine Verletzung der Eigentumsgarantie (Art. 14 GG).[4] 2

II. Voraussetzungen des Verfalls der Sicherheit (Abs. 1)

1. Allgemeines. Eine nicht bereits nach § 123 Abs. 2 frei gewordene Sicherheit verfällt zugunsten der Staatskasse, wenn sich der Beschuldigte der Untersuchung oder dem Antritt der erkannten Freiheitsstrafe Antritt der vollstreckbaren Freiheitsstrafe oder der Maßregel entzieht. 3

2. Wirksame Bestellung. Ein Verfall der Sicherheit zugunsten der Staatskasse ist grundsätzlich nur möglich, wenn eine solche überhaupt wirksam bestellt worden ist, was vor allem bei der Leistung einer Bürgschaft sorgfältig geprüft werden muss.[5] Fehlt es an einer wirksamen Bestellung, besteht auch aus sonstigen Rechtsgründen keine Zahlungsverpflichtung des Beschuldigten.[6] 4

3. Kein vorheriges Freiwerden der Sicherheit. Eine Sicherheit kann nur verfallen, wenn sie nicht zuvor frei geworden ist (§ 123 Abs. 2). Ist dies aber eingetreten, kann sie selbst dann nicht mehr verfallen, wenn nachträglich die Voraussetzungen des Abs. 1 vorliegen, etwa der schon inhaftierte Beschuldigte aus der Haft entflieht.[7] Insoweit kommt es 5

---

[1] *Böhm* § 116 Rn. 25 und § 116a Rn. 6 ff.
[2] *Böhm* § 116a Rn. 18 ff.
[3] BVerfG 28.8.1990 – 2 BvR 375/90, NJW 1991, 1043; dass. 9.7.1997 – 2 BvR 3041/95.
[4] BVerfG 9.7.1997 – 2 BvR 3041/95; BVerfG 28.8.1990 – 2 BvR 375/90, NJW 1991, 1043.
[5] OLG Karlsruhe 11.8.2000 – 3 Ws 44/00; NStZ-RR 2000, 375; *Böhm* § 116a Rn. 11.
[6] OLG Hamm 22.9.1992 – 4 Ws 325/92.
[7] KK-*Graf* § 124 Rn. 1; *Böhm/Werner* § 123 Rn. 18.

darauf an, welches Ereignis (Freigabe – Verfall) zuerst eingetreten ist.[8] Gleiches gilt, wenn sich der Beschuldigte dem Verfahren oder der Strafvollstreckung nach einer früheren Flucht zu einem späteren Zeitpunkt selbst stellt. Dies berührt die Verfallsentscheidung nicht. Das Gericht hat daher zu prüfen, welche Beendigungstatbestände zuerst eingetreten sind, da eine bereits frei gewordene Sicherheit (§ 123) nicht noch verfallen kann. Ungeachtet des Umstandes, dass eine Sicherheitsleistung bei dem Eintritt der gesetzlichen Voraussetzungen frei wird, bedarf es grundsätzlich einer gerichtlichen Feststellung im Beschlussweg.[9]

6 **4. Untersuchung.** Der Begriff der Untersuchung ist weit gefasst und umfasst das gesamte Strafverfahren nach § 112 Abs. 2 Nr. 2. Dieses beginnt mit der Einleitung des strafrechtlichen Ermittlungsverfahrens und dauert bis zur förmlichen Beendigung des Strafverfahrens an.[10] In der Regel beenden Verfahrenseinstellungen den Untersuchungszeitraum. Sind diese Einstellungsgründe aber nur vorläufiger Art, beispielsweise bei behebbaren Verfahrenshindernissen, ist das Verfahren und damit die Untersuchung noch nicht endgültig beendet.[11] Das rechtskräftige Urteil beendet jedoch die Untersuchung.

7 **5. Freiheitsstrafe.** Die Sicherheit verfällt aber auch dann, wenn sich der Beschuldigte der gegen ihn erkannten Freiheitsstrafe entzieht. Hierunter fällt auch die Jugendstrafe (§ 17 JGG) und der Strafarrest (§ 9 WStG), nicht aber der Jugendarrest (§§ 16 JGG), die Ersatzfreiheitsstrafe (§ 43 StGB) oder Geldstrafen.[12] Die Sicherheit haftet auch nicht für die Gerichtskosten, weil die Sicherung solcher Folgen nicht der Zweck der Haftverschonung nach § 116 Abs. 1 Satz 2 ist.[13]

8 **6. Freiheitsentziehende Maßregeln der Besserung und Sicherung.** In Betracht kommen hier vor allem die Unterbringung in einer einem psychiatrischen Krankenhaus (§ 63 StGB) und in Entziehungsanstalt (§ 64 StGB), nicht aber der Sicherungsverwahrung (§ 66 StGB), weil dies nur neben einer Freiheitsstrafe verhängt werden kann (§§ 66, 67a Abs. 1).

9 **7. Begriff des Entziehens. a) Allgemeines.** Der Beschuldigte entzieht sich der Untersuchung iSv § 124 Abs. 1, wenn er subjektiv darauf abzielt oder jedenfalls bewusst in Kauf nimmt, den Fortgang des Strafverfahrens zu verhindern, und sein Verhalten objektiv zumindest zeitweise den Erfolg hat, dass er für erforderliche gerichtliche oder staatsanwaltschaftliche Verfahrensakte nicht zur Verfügung steht.[14] Der Begriff ist wegen des unterschiedlichen Sicherungscharakters nicht vollständig deckungsgleich mit dem des „Entziehens" in § 112 Abs. 2 Nr. 1.[15] Das Entziehen enthält insoweit eine objektive und subjektive Komponente, wobei eine Schuld im materiellen Sinne nicht erforderlich ist.[16] Für die Verhinderung des Verfahrensfortgangs ist zumindest dolus eventualis erforderlich.[17] Insoweit kann es auch ausreichen, dass sich der Beschuldigte von seiner Wohnung ohne Hinterlassung einer Anschrift entfernt oder dass er die Vollstreckungsbehörden durch Täuschung davon abhält, Vollstreckungsmaßnahmen gegen ihn einzuleiten oder durchzuführen,[18] etwa durch Vortäuschen seines Todes.[19] Unerheblich ist dabei, ob der Beschuldigte während seiner Abwe-

[8] LR-*Hilger* § 124 Rn. 2.
[9] OLG Stuttgart 5.8.1983 – 3 Ws 219/83, OLGSt Band 5, § 123 Nr. 1; *Böhm/Werner* § 123 Rn. 17 ff.
[10] OLG Köln 6.1.2010 – 2 Ws 613/09.
[11] OLG Köln 15.11.2005 – 2 Ws 525-527/05.
[12] KK-*Schultheis* § 124 Rd. 2; LR-Hilger § 116a Rn. 13.
[13] Vgl. hierzu *Böhm* § 116a Rn. 2.
[14] OLG Karlsruhe 26.7.1991 – 3 Ws 119/91, NStZ 1992, 204.
[15] Vgl. hierzu *Böhm/Werner* § 112 Rn. 43 ff.
[16] KG 2.1.1998 – 1 AR 1579/97; OLG München 29.1.1990 – 1 Ws 1019/89, NStZ 1990, 249; OLG Bamberg 29.9.1988 – Ws 125/88, OLGSt Band 5, StPO § 124 Nr. 5; OLG Düsseldorf 5.9.1989 – 1 Ws 788/89, NStZ 1990, 97.
[17] OLG Düsseldorf 7.11.1986 – 1 Ws 928/86, StV 1987, 110.
[18] OLG Köln 14.6.2004 – 2 Ws 294/04, JMBL NW 2005, 22; OLG Düsseldorf 2.6.1978 – V – 13/77 (13), NJW 1978, 1932.
[19] OLG Köln 15.11.2005 – 2 Ws 525-527/05.

senheit in der Sache selbst „benötigt" wird.[20] Vielmehr reicht es aus, dass infolge seines Verhaltens neue Verfolgungsmaßnahmen eingeleitet werden müssen.[21] Auch kommt es nicht darauf, an ob die Strafverfolgungsbehörden wirklich alles unternommen haben, dass sich der Beschuldigte dem Verfahren nicht entziehen kann.[22]

b) Bloßer Ungehorsam ua. Ein bloßer Ungehorsam oder ein Verstoß gegen die Haftverschonungsauflagen ist nicht ausreichend, um den Verfall eintreten zu lassen.[23] Das bloße Unterlassen einer Mitwirkung[24] kann nach dem Grundsatz „nemo tenetur se ipsum accusare", ebenso wie der bloße Ungehorsam unter Verstoß gegen Haftverschonungsauflagen nicht für eine Verfallsanordnung ausreichen.[25] Reagiert der Beschuldigte daher auf eine Ladung nicht oder leistet einer Ladung zum Strafantritt keine Folge,[26] ist es aber möglich, ihn vorzuführen, so liegt ebenso wenig ein Entziehen vor, als wenn der Beschuldigte einer Meldeauflage nicht nachkommt, sein Anschrift jedoch bekannt ist.[27] Insoweit ist es notwendig, dass sich der Beschuldigte zumindest vorübergehend der Verfügungsgewalt des Richters in einer Weise entzieht, dass notwendige Verfahrensakte nicht jederzeit ungehindert, notfalls durch zwangsweise Gestellung, durchgeführt werden können.[28] Deshalb reichen auch bloße Fluchtvorbereitungen nicht aus, auch wenn diese ohne weiteres eine Invollzugsetzung des Haftbefehls ermöglichen.[29] 10

c) Auslandsbezug. Wer in Kenntnis des gegen ihn laufenden Strafverfahrens und unter Nichtbeachtung der bestehenden gerichtlichen Mitteilungs- und Meldeauflagen – aus welcher Motivation auch immer – auf unbestimmte Dauer ins Ausland reist, nimmt jedenfalls bewusst in Kauf, den Fortgang des Strafverfahrens zu verhindern.[30] Dies gilt auch dann, wenn gegen den Beschuldigten mit ausländischer Staatsangehörigkeit ein Ausweisungsverfahren eingeleitet wurde, bestandskräftige ausländerrechtliche Vollstreckungsmaßnahmen aber noch nicht vorliegen.[31] 11

8. Verfall bei anderen Verstößen. Heftig umstritten ist die Frage, ob ein Verfall der Sicherheitsleistung nach § 124 Abs. 1 auch eintreten kann, wenn der auf den Haftgrund der Verdunkelungsgefahr gestützte Haftbefehl gegen Sicherheitsleistung außer Vollzug gesetzt worden ist.[32] Hiervon ist die Frage zu unterscheiden, ob eine solche Aussetzung überhaupt rechtlich zulässig ist. Während für die Zulässigkeit der Anordnung einer solchen Auflage auch beim Haftgrund der Verdunkelungsgefahr gute Gründe angeführt werden können, insbesondere zu sehen ist, dass die in § 116 Abs. 2 gennannten Beschränkungen keineswegs als abschließend anzusehen sind und auch der Grundsatz der Verhältnismäßigkeit eine Aussetzung gebietet, wenn hierdurch der Haftgrund herabgemindert werden kann,[33] ist zu sehen, dass § 124 Abs. 2 den Verfall der Sicherheit aber nur für den Fall eintreten lässt, dass sich der Beschuldigte der Untersuchung oder dem Antritt einer **Freiheitsstrafe** entzieht 12

---

[20] OLG Hamm 28.5.1996 – 2 Ws 190/96, StV 1996, 498.
[21] OLG Köln 2.10.2009 – 2 Ws 462/09.
[22] Hanseatisches Oberlandesgericht Hamburg 28.9.1979 – 1 Ws 296/79, MDR 1980, 74.
[23] OLG Frankfurt a. M. 6.3.2003 – 3 Ws 15/03, NStZ-RR 2003, 143.
[24] OLG Karlsruhe 30.1.1985 – 1 Ws 13/85, Justiz 1985, 147
[25] OLG Frankfurt a. M. 9.7.2001 – 3 Ws 352/01, NStZ-RR 2001, 381; LG Köln 8.7.1999 – 102 Qs 36/99, StV 1999, 609.
[26] OLG Düsseldorf 8.12.1995 – 1 Ws 921/95, NStZ 1996, 404.
[27] KK-*Graf* § 124 Rn. 3.
[28] OLG Frankfurt a. M. 6.3.2003 – 3 Ws 15/03, NStZ-RR 2003, 143.
[29] OLG Frankfurt a. M. 9.7.2001 – 3 Ws 352/01, NStZ-RR 2001, 381.
[30] OLG Karlsruhe 30.1.1985 – 1 Ws 13/85, MDR 1985, 694.
[31] OLG Hamm 21.12.1995 – 2 Ws 638/95, NJW 1996, 736; vgl. auch LG Freiburg 6.7.1988 – III Qs 30/88, NStZ 1988, 472.
[32] Bejahend: OLG Hamm 3.9.2001 – 2 BL 152/01, StV 2001, 688; Hanseatisches Oberlandesgericht Hamburg 6.3.1974 – 1 Ws 96/74, MDR 1974, 595; *Hohlweck* NStZ 1998, 600; *Park* wistra 2001, 247; LR-*Hilger* § 116 Rn. 19; ablehnend:. OLG Frankfurt a. M. 4.7.1977 – 3 Ws 218/77, NJW 1978, 838; KG 23.6.1989 – 4 Ws 57/89, JR 1990, 34; *Tiedemann* NJW 1977. 1977.
[33] *Park* wistra 2001, 247 ff., 251.

(→ Rn. 9 ff.). Dies ist aber schon von der Wortlautgrenze[34] bei bloßen Verdunkelungshandlungen des Angeklagten etwa auf Zeugen nicht anzunehmen, denn der Angeklagte erschwert zwar die Wahrheitsfindung, hält sich dem Verfahren aber weiter zur Verfügung.

13 Da im Hinblick auf den massiven Grundrechtseingriff eine analogen Anwendung des §§ 124 Abs. 1 ausscheidet,[35] kommt ein Verfall der geleisteten Sicherheit nur dann in Betracht, wenn der Haftverschonungsbeschluss selbst im Sinne einer „Vertragsstrafenvereinbarung“[36] die Rechtsgrundlage hierfür darstellen könnte. Dies wird man aber nur annehmen können, wenn neben einer klaren und eindeutigen Bezeichnung der die Vertragsstrafe auslösenden Verdunkelungshandlungen auch ein eindeutiger Hinweis im Haftverschonungsbeschluss auf die eintretenden Folge bei Verstößen enthalten ist, nämlich den Einbehalt der geleisteten Sicherheit aufgrund der getroffenen Vereinbarung. Auch bedarf es entweder der Aufnahme des Einverständnisses des Angeklagten mit der getroffenen Regelung in Haftrichterprotokoll oder aber einer rechtsverbindlichen Erklärung seines Verteidigers.

14 **9. Rechtswirkungen.** Ist der Verfallstatbestand nach Abs. 1 verwirklicht, tritt die Folge kraft Gesetzes ein. Die nach Abs. 2 Satz 1 vorgesehene gerichtliche Entscheidung ist nur deklaratorisch.[37] Mit dem Verfall geht das Eigentum an den zur Sicherheit geleisteten Gegenständen auf den Fiskus über, er wird Gläubiger einer verpfändeten Forderung und eine geleistete Bürgschaft wird zur Zahlung fällig. Ist der Verfall eingetreten, ist es auch dem Nebenkläger nicht möglich, eine Auszahlung der Kaution zur Durchsetzung einer titulierten Forderung zu bewirken.[38]

III. Verfahrensgang (§ 124 Abs. 2)

15 **1. Allgemeines.** Abs. 2 beschreibt den gesetzlichen Verfahrensgang vor dem nach § 126 zuständigen Gericht. Nach Rechtskraft ist das mit der Sache zuletzt befasste Tatgericht zuständig.[39] Dieses entscheidet nur über die Frage des Verfalls der Sicherheit und nicht über deren ordnungsgemäße Erhebung. Indes hat das Gericht zu prüfen, ob die Sicherheit ursprünglich wirksam bestellt wurde (→ Rn. 4).[40] Es trifft seine Entscheidung ohne mündliche Verhandlung durch einen zu begründenden und förmlich zuzustellenden Gerichtsbeschluss.

16 **2. Anhörung (Abs. 2 Satz 1).** Vor der Entscheidung des Gerichts sind der Beschuldigte und derjenige, welcher für ihn Sicherheit geleistet hat anzuhören, ggf. bedarf es einer öffentlichen Zustellung.[41]

17 **3. Weitere Beteiligtenrechte.** Neben der Staatsanwaltschaft (§ 296 StPO) und dem Beschuldigten ist derjenige verfahrensbeteiligt, welcher für diesen Sicherheit geleistet hat. Bei der Hinterlegung von Bargeld oder Wertpapieren wird angenommen, dass derjenige, der dem Beschuldigten Vermögenswerte zur Verfügung stellt, keine Rechte auf Freigabe nach § 123 Abs. 3 geltend machen kann, auch wenn er wirtschaftlich als Sicherungsgeber anzusehen ist.[42]

18 Im Falle der Hinterlegung einer Bürgschaftsurkunde kommt es nicht lediglich darauf an, wer als „Hinterleger“ bei der Hinterlegungsstelle aufgetreten ist. Vielmehr ist der Auslegung des haftrichterlichen Beschlusses über die Aussetzung des Haftbefehls maßgebliche Bedeutung beizumessen.[43] Dies findet seine Rechtfertigung darin, dass das Gericht und nicht der

---

[34] KG 23.6.1989 – 4 Ws 57/89, JR 1990, 34 (eindeutiger Wortlaut).
[35] Wohl ebenso *Tiedemann* Anm. zu OLG Frankfurt a. M. 14.3.1977 – 3 Ws 43/77, NJW 1997, 1975 ff.
[36] Siehe hierzu *Hohlweck* NStZ 1998, 600.
[37] KK-*Schultheis* § 124 Rn. 6.
[38] OLG Köln 31.8.2011 – II – 2 Ws 547/11, StraFo 2011, 528.
[39] OLG Düsseldorf 19.10.1983 – 1 Ws 937/83, StV 1984, 234; vgl. auch *Meyer-Goßner* § 124 Rn. 6 mwN.
[40] OLG Karlsruhe 11.8.2000 – 3 Ws 44/00, NStZ-RR 2000, 375.
[41] Vgl. OLG Hamm 6.7.1995 – 2 Ws 331/95, StV 1995, 594.
[42] OLG Stuttgart 20.4.1988 – 1 Ws 49/88, OLGSt Band 5, StPO § 124 Nr. 4; *Böhm/Werner* § 123 Rn. 25.
[43] OLG Düsseldorf 5.9.1989 – 1 Ws 788/89, NStZ 1990, 97; *Böhm* § 116a Rn. 11.

Beschuldigte bestimmt, von wem und in welcher Form die Sicherheit zu erbringen ist. Hält das Gericht es daher nach § 116a Abs. 1 für ausreichend, dass die Sicherheit auch durch „Bürgschaft geeigneter Personen" erbracht werden kann, so bedarf dies einer ausdrücklichen Anordnung im Haftverschonungsbeschluss.[44] Leistet allerdings ein Dritter im eigenen Namen – abweichend vom Haftverschonungsbeschluss – die Kaution und lässt das Gericht, indem es bei Erteilung der Freilassungsweisung de facto eine Änderung seiner Entscheidung vornimmt, die Sicherheitsleistung durch den Dritten genügen, so ist er als Sicherungsgeber Beteiligter im Sinne dieser Vorschrift.[45]

Die Beteiligteneigenschaft kann aber darüber hinaus auch demjenigen nicht versagt werden, der als Dritter, entgegen dem Wortlaut des gerichtlichen Beschlusses, dem Gericht die Sicherheit unterbreitet und aufgrund des Verhaltens des Gerichts – Nichtzurückweisung der Sicherheit, Freilassung des Beschuldigten – annehmen muss, das Gericht bringe damit eine den ursprünglichen Beschluss abändernde Erklärung zum Ausdruck. Denn nur im Vertrauen auf diesen äußeren Erklärungswert des gerichtlichen Vorgehens, weil er also irrig annimmt, das Gericht lasse die angebotene Sicherheit genügen und sei mir ihr einverstanden, wird der Dritte davon Abstand nehmen, die Rückgewähr der unterbreiteten Sicherheit zu verlangen. Demjenigen aber, der auf die Akzeptanz seiner angebotenen Sicherheit durch das Gericht vertrauen darf, muss in gleicher Weise, wie einem berechtigten Sicherungsgeber, das Recht der Beteiligung und die Beschwerdebefugnis zustehen. Demgegenüber ist derjenige kein Sicherungsgeber iSv § 124 Abs. 2 und – beim Verfall der Sicherheit – kein Verfahrensbeteiligter, wer lediglich wirtschaftlich hinter der von einer Bank zu leistenden Bürgschaft steht und die Bürgschaftsurkunde bei der Hinterlegungsstelle übergibt.[46] Anders aber, wenn der Dritte als Vertreter für den Beschuldigten für diesen offiziell Sicherheit geleistet hat.[47] 19

4. Weitere Verfahrensfragen. Hat das Gericht aber die Sicherheit ohne die Durchführung eines Verfahrens nach § 124 Abs. 2 Satz 1 bereits mit der Urteilsverkündung durch Beschluss freigegeben, handelt es sich nicht um eine Freigabeentscheidung nach § 124 Abs. 2, sondern um die Feststellung des Freiwerdens der Sicherheit nach § 123 Abs. 1 Nr. 2.[48] Hiergegen ist die einfache, unbefristete Beschwerde statthaft. 20

5. Sofortige Beschwerde (Abs. 2 Satz 2). Nach § 124 Abs. 2 Satz 2 steht nur denjenigen Personen gegen die Entscheidung das Rechtsmittel der **sofortigen Beschwerde** zu, die nach der gesetzlichen Regelung vor der Entscheidung zu hören sind (→ Rn. 15 ff.). Bei der Hinterlegung eines Bargeldbetrages ist dies neben dem Beschuldigten nicht nur derjenige, der den Betrag hinterlegt hat, sondern auch derjenige, in dessen Namen die Hinterlegung erfolgt ist.[49] Bei Versäumung der Frist aufgrund Anwaltsverschuldens ist die Gewährung von Wiedereinsetzung in den vorigen Stand möglich.[50] 21

Die nach § 124 Abs. 2 Satz 1 unterlassene Anhörung vor der Entscheidung über den Verfall zwingt im Beschwerdeverfahren dann nicht zur Aufhebung der Entscheidung und zur Zurückverweisung der Sache, wenn die Anhörung in der Beschwerdeinstanz nachgeholt wird und ausgeschlossen werden kann, dass das Erstgericht unter Berücksichtigung der Stellungnahme des Hinterlegers eine für ihn günstigere Entscheidung getroffen hätte.[51] Ist die Aufforderung zur Klärung nach Abs. 1 Satz 1 unterblieben, so wird das Beschwerdegericht allerdings zumeist nicht nach § 309 Abs. 2 selbst entscheiden, sondern die Sache an das Erstgericht zurückverweisen.[52] 22

---

[44] OLG Karlsruhe 11.8.2000 – 3 Ws 44/00, NStZ-RR 2000, 375.

[45] OLG Karlsruhe 11.8.2000 – 3 Ws 44/00, NStZ-RR 2000, 375.

[46] OLG Stuttgart 20.4.1988 – 1 Ws 49/88, Justiz 1988, 373.

[47] OLG Hamm 8.7.1983 – 1 Ws 305/82.

[48] OLG Celle 17.9.1998 – 3 Ws 200/98, NStZ-RR 1999, 178

[49] OLG Düsseldorf 21.2.1986 – 1Ws 78/86, Rpflger 1986, 275.

[50] OLG Stuttgart 4.2.1980 – 1 Ws 444/79, Justiz 1980, 285.

[51] OLG Frankfurt a. M. 31.7.1996 – 3 Ws 575/96, NStZ-RR 1997, 272.

[52] OLG Hamm 6.7.1995 – 2 Ws 331/95, StV 1995, 594; OLG Düsseldorf 19.10.1983 – 1 Ws 937/83, OLGSt StPO § 124 Nr. 1; OLG Celle 17.9.1998 – 3 Ws 200/98, NStZ-RR 1999, 178;ebenso *Meyer-Goßner* § 124 Rn. 9.

23 Die sofortige Beschwerde gegen die haftrichterliche Entscheidung über den Verfall einer Sicherheit wird nicht dadurch überholt, dass sich die Zuständigkeit des Haftrichters infolge der Anklageerhebung oder infolge eines Wechsels des mit der Sache befassten Prozessgerichts ändert, zumal der neue Haftrichter über die bereits entschiedene Frage des Verfalls der Sicherheit nicht für den seiner Zuständigkeit unterstehenden Verfahrensabschnitt erneut befindet. Während über die auf Dauer gerichtete U-Haft in jedem Verfahrensabschnitt bis zur Rechtskraft des Urteils von neuem entschieden werden muss, bedeutet ein Beschluss nach § 124 die endgültige Regelung eines Lebenssachverhaltes. Über die sofortige Beschwerde hat daher das dem Haftrichter übergeordnete Gericht zu entscheiden.[53] Wird nach der Entscheidung über den Verfall der Sicherheitsleistung der Tod des Beschuldigten bekannt, so ist die Entscheidung in entsprechender Anwendung von § 33a aufzuheben.[54]

24 **6. Mündliche Begründung der Anträge (Abs. 2 Satz 3).** Den im Beschwerdeverfahren zu hörenden Beteiligten und der Staatsanwaltschaft ist Gelegenheit zur mündlichen Begründung ihrer Anträge zu geben. Zweck der ungewöhnlichen gesetzlichen Regelung soll es sein, die Beteiligten und die Staatsanwaltschaft gemeinsam vorzuladen, damit diese dort die Sach- und Rechtslage, auch das Ergebnis etwaiger Ermittlungen, erörtern können.[55] Insoweit ist aber eine Anhörung entbehrlich, wenn ein begründender Antrag überhaupt nicht gestellt wurde.[56]

25 **7. Weitere Beschwerde.** Gegen die Entscheidung des Beschwerdegerichts ist eine **weitere Beschwerde** nicht statthaft, da unter den Begriff der Verhaftung in § 310 Abs. 1 nicht die Änderung oder die Aufhebung von Auflagen, einschließlich dem Verfall der Kaution, fällt.[57]

IV. Wirkung der gerichtlichen Entscheidung nach § 124 Abs. 3

26 Der den Verfall einer Sicherheit aussprechende Gerichtsbeschluss ist materieller Rechtskraft fähig.[58] Diese Norm regelt die Wirkung der strafgerichtlichen Entscheidung im Fall ihrer Bestandskraft, entsprechend einem rechtskräftigen zivilrechtlichen Endurteil. Folglich ist demjenigen der Zivilrechtsweg verschlossen, der die Sicherheit im eigenen Namen geleistet hat. Dies gilt aber nur im Verhältnis zur jeweiligen staatlichen Organisationseinheit, nicht aber im Verhältnis zwischen dem dritten Sicherungsgeber und dem Beschuldigten für einen zivilrechtlichen Regressprozess.[59]

§ 125 [Zuständigkeit für Erlass des Haftbefehls]

(1) Vor Erhebung der öffentlichen Klage erläßt der Richter bei dem Amtsgericht, in dessen Bezirk ein Gerichtsstand begründet ist oder der Beschuldigte sich aufhält, auf Antrag der Staatsanwaltschaft oder, wenn ein Staatsanwalt nicht erreichbar und Gefahr im Verzug ist, von Amts wegen den Haftbefehl.

(2) [1]Nach Erhebung der öffentlichen Klage erläßt den Haftbefehl das Gericht, das mit der Sache befaßt ist, und, wenn Revision eingelegt ist, das Gericht, dessen Urteil angefochten ist. [2]In dringenden Fällen kann auch der Vorsitzende den Haftbefehl erlassen.

Schrifttum: Siehe § 126

[53] OLG Hamm 3.9.1992 – 2 Ws 225/92, NStE Nr. 7 zu § 124 StPO.
[54] BGH 8.6.1999 – 4 StR 595/97, BGHSt 45, 108; Brandenburgisches OLG 22.1.1998 – 2 Ws 305/97, StraFo 1998, 212.
[55] LR-*Hilger* § 124 Rn. 41 mit Hinweisen zum Verfahrensablauf.
[56] OLG Stuttgart 24.4.1987 – 1 Ws 106/85, MDR 1987, 867.
[57] OLG Köln 23.8.2004 – 2 Ws 402/04.
[58] OLG Stuttgart 2.11.1981 – 3 Ws 150/81, Justiz 1982, 59.
[59] LR-*Hilger* § 124 Rn. 49.

Übersicht

I. Allgemeines, Normzweck und Anwendungsbereich

1. Allgemeines. Die Vorschrift regelt die **Zuständigkeit zum Erlass eines Haftbefehls.** Sie bestimmt, welches Gericht über den Erlass eines Haftbefehls zu entscheiden hat. Insoweit macht sie die Zuständigkeit vor allem auch vom Zeitpunkt der Anklageerhebung abhängig und trennt insoweit zwischen der Zuständigkeit vor (Abs. 1) und nach (Abs. 2) der Anklageerhebung. 1

2. Normzweck. Sinn der Vorschrift eine Festlegung, welches Gericht über den Antrag der Staatsanwaltschaft auf Erlass eines Haftbefehls zu entscheiden hat. Sie dient daher der Wahrung des Rechts auf den **gesetzlichen Richter**, auch wenn aufgrund der Vorschrift des § 162 Abs. 1 Satz 2 insoweit eine wahlweise Doppelzuständigkeit besteht.[1] 2

3. Anwendungsbereich. Die Vorschrift steht in engem Zusammenhang mit der **allgemeinen Zuständigkeitsvorschrift des § 162 Abs. 1 Satz 1** für gerichtliche Untersuchungshandlungen und regelt abweichend hiervon eine spezielle Zuständigkeit nur für den Erlass des Haftbefehls sowie zur Ablehnung eines Antrages auf Erlass desselben. Allerdings bleibt daneben auch die **Zuständigkeitskonzentration gemäß § 162 Abs. 1 Satz 2** bestehen (→ Rn. 10).[2] Insoweit bildet die besondere Zuständigkeitsregelung für den Erlass von Haftbefehlen lediglich eine Ausnahme von der allgemeinen Vorschrift des § 162 Abs. 1 Satz 1 und wird von der Konzentrationsregelung des § 162 Abs. 1 Satz 2 StPO durchbrochen,[3] nach welcher die Staatsanwaltschaft ihren Haftantrag auch an dem Amtsgericht ihres Sitzes stellen kann, wenn sie daneben auch weitere – mindestens eine – Untersuchungsanträge für erforderlich erachtet.[4] Sinn und Zweck der insoweit vorrangigen Regelung des § 162 Abs. 1 Satz ist es, einer Zersplitterung der Beurteilungsmaßstäbe vorbeugen.[5] 3

Liegt ein Haftbefehl bereits vor, ergibt sich die Zuständigkeit des Richters, dem der Beschuldigte nach Festnahme vorzuführen ist, aus den §§ 115,[6] 115a.[7] Hinsichtlich des **vorläufig Festgenommenen** ergibt sich das zuständige Gerichts aus §§ 128,[8] 129.[9] Abzu- 4

[1] Siehe hierzu OLG Düsseldorf 18.6.2007 – III-3 Ws 206 – 207/07, JMBl. NW 2008, 65.
[2] OLG Hamm 14.1.2010 – 2 Ws 347/09.
[3] OLG Düsseldorf 18.6.2007 – III-3 Ws 206 – 207/07, JMBl. NW 2008, 65.
[4] *Meyer-Goßner* § 162 Rn. 10.
[5] OLG Düsseldorf 18.6.2007 – III-3 Ws 206 – 207/07, JMBl. NW 2008, 65.
[6] Siehe hierzu *Böhm/Werner* § 115 Rn. 21.
[7] Siehe hierzu *Böhm/Werner* § 115a Rn. 6 ff.
[8] Siehe hierzu *Böhm/Werner* § 128 Rn. 6.
[9] Siehe hierzu *Böhm/Werner* § 129 Rn. 3.

grenzen ist die Vorschrift auch von § 183 GVG, welcher dem Gericht bei Straftaten in der Sitzung zwar eine Recht auf vorläufige Festnahmen, im Regelfall aber nicht auch auf Erlass eines Haftbefehls einräumt.[10] Eine Ausnahme besteht nur dann, wenn die Straftat in einer Sitzung beim Amtsgericht begangen wurde und der Strafrichter nach der Geschäftsverteilung zugleich als Ermittlungsrichter ausgewiesen ist.[11]

5 Im Hinblick auf die gerichtliche Zuständigkeit zum Erlass eines Haftbefehls ist vor allem die **Konzentrationsbestimmung des § 58 Abs. 1 Satz 1 GVG** zu beachten. Danach kann durch eine landesrechtliche Rechtsverordnung die Zuständigkeit in Haftsachen für mehrere Amtsgerichtsbezirke auf ein Amtsgericht konzentriert werden.[12] Weitere Zuständigkeitskonzentrationen enthalten § 391 AO,[13] § 13 Abs. 1 WiStG 1954, § 38 Abs. 1 AWG und § 38 Abs. 1 MOG.[14] Jedoch tritt durch die Übertragung von Wirtschaftsstrafsachen für die Bezirke mehrerer Landgerichte auf ein Landgericht gemäß § 74c Abs. 3 GVG keine Änderung der Zuständigkeit für den Erlass eines Haftbefehls durch das nach Abs. 1 zuständige Amtsgericht ein.[15]

6 Abzugrenzen ist die Norm auch von **§ 126**, aus welche sich das zuständige Gerichts **für alle weiteren Haftentscheidungen** bestimmt, mögen sie nun den Bestand des Haftbefehls, den Vollzug oder seine Modalitäten betreffen.[16] Dies gilt auch für die Aussetzung des Haftvollzugs. Sie ist zwar, wie sich aus § 126 Abs. 2 Satz 4 ergibt, keine Maßnahme im Sinne des § 119, fällt aber unter § 126, auch dann, wenn sie mit dem Erlass des Haftbefehls verbunden ist.

II. Zuständigkeit im Ermittlungsverfahren (§ 125 Abs. 1)

7 **1. Allgemeines.** Zum Erlass eines Haftbefehls ist nach Abs. 1 vor Erhebung der öffentlichen Klage (§ 170 Abs. 1) **der Ermittlungsrichters bei dem Amtsgericht** zuständig, in dessen Bezirk ein Gerichtsstand begründet ist oder der **Beschuldigte sich aufhält.** Insoweit weicht die Vorschrift von der allgemeinen Regelung ab, wonach die Staatsanwaltschaft vor Erhebung der öffentlichen Klage eine richterliche Untersuchungshandlung immer bei dem Gericht stellt, in welchem sie ihren Sitz hat (§ 162 Abs. 1 Satz 1).

8 Im Hinblick auf die örtliche Zuständigkeit ist ein **Gerichtsstand begründet,** wenn sich ein solcher aus § 7–13a, 15 ergibt, vor allem ist dies der Gerichtsstand des Tatorts (§ 7). Insoweit reicht es auch aus, wenn die sachliche Zuständigkeit eines Gerichts höherer Ordnung begründet ist und das Amtsgericht in dessen Bezirk liegt.[17]

9 Ferner zuständig für den Erlass eines Haftbefehls ist nach dem Wortlaut von Abs. 1 auch der **Richter beim Amtsgericht**, in dessen Bezirk sich der Beschuldigte zum Zeitpunkt des Erlasses des **Haftbefehls aufhält,** auch wenn es sich nur um einen kurzfristigen Aufenthalt handelt, wie etwa bei einer Durchreise.[18] Dieser Aufenthaltsort braucht auch nicht freiwillig zu sein, bei einem in anderer Sache Inhaftierten ist dies der Sitz der jeweiligen Haftanstalt.[19] Die Zuständigkeit für weitere Haftentscheidungen bestimmt sich aber auch in diesem Fall nach § 126. Unterschiedlich beantwortet wird insoweit die Frage, ob das Amtsgericht dadurch zuständig wird, falls der Beschuldigte nach erfolgter Festnahme nicht – wie dies § 128 vorsieht[20] – dem Richter des Amtsgericht vorgeführt wird, in dessen Bezirk

[10] KK-*Schultheis* § 125 Rn. 2.
[11] BGH 7.7.2010 – 5 StR 555/09, NJW 2010, 3045.
[12] BGH 14.9.1988 – 2 ARs 436/88, NStZ 1989, 81; OLG Nürnberg 24.4.1986 – 3 AR 280/86, NStZ 1987, 37.
[13] Vgl. hierzu OLG Stuttgart 4.2.1991 – 3 Ws 21/91, NStZ 1991, 291; OLG Hamm 14.3.1983 – 3 Ws 138/83, MDR 1983, 688.
[14] KK-*Schultheis* § 125 Rn. 1.
[15] OLG Nürnberg 30.11.1998 – Ws 1348/99, NStZ 2001, 80.
[16] LR-*Hilger* § 125 Rn. 4.
[17] *Meyer-Goßner* § 125 Rn. 4.
[18] KK-*Schultheis* § 125 Rn. 2; LR-*Hilger* § 125 Rn. 7.
[19] SK-*Paeffgen* § 125 Rn. § 125 Rn. 3.
[20] Vgl. Böhm/Werner § 128 Rn. 6.

die Festnahme erfolgte, sondern einem an sich nicht zuständigen Gericht. Zwar wird hierdurch dieser Bezirk zum Aufenthaltsort, gleichwohl würde durch eine solche Handhabung[21] die Regelung des gesetzlichen Richters durchbrochen und so den Ermittlungsbehörden ermöglicht, sich ihren Richter auszusuchen.[22] In solchen Fälle hat das Beschwerdegericht den Haftbefehl aufzuheben und diesen an das zuständige Gericht zu verweisen. Auch kann ein unzuständiger Richter nicht dadurch zuständig werden, dass der Beschuldigte infolge seiner Haftanordnung in seinen Gerichtsbezirk verbracht wird.[23]

2. Sonderzuständigkeit nach § 162 Abs. 1 Satz 2. Unbeschadet von Abs. 1 kann die Staatsanwaltschaft aber nach ihrem **pflichtgemäßen Ermessen auch einen Antrag bei dem nach § 162 Abs. 1 Satz 2 zuständigen Gericht stellen.**[24] Im Falle verschiedener Gerichtsstände können daher auch mehrere Richter unterschiedlicher örtlich zuständiger Amtsgerichte zuständig sein, sofern deren Verhältnis nicht durch eine Zuständigkeitskonzentration nach § 58 GVG geregelt worden ist. Die besondere Zuständigkeitsregelung des § 125 für den Erlass von Haftbefehlen bildet lediglich eine Ausnahme von der allgemeinen Vorschrift des § 162 Abs. 1 Satz 1 und wird von der Konzentrationsregelung des § 162 Abs. 1 Satz 2 durchbrochen. Ist die ursprünglich zuständige Staatsanwaltschaft nach § 145 GVG durch eine andere ersetzt worden, so tritt die Zuständigkeitskonzentration bei dem Amtsgericht ein, in dessen Bezirk diese andere Staatsanwaltschaft ihren Sitz hat und begründet dort auch die örtliche Zuständigkeit für die Entscheidung über den Erlass eines Haftbefehls.[25] 10

3. Ermittlungsrichter. Demgegenüber bestimmt § 125 Abs. 1 nicht eine gleichrangige Zuständigkeit jedes Richters des nach Abs. 1 bestimmten Amtsgerichts, welches ohnehin mit Art. 101 Abs. 1 Satz 2 GG unvereinbar wäre. Vielmehr wird im Einzelfall der konkret nach § 125 zuständige Ermittlungsrichter durch den vom Gerichtspräsidium erstellten Geschäftsverteilungsplan festgelegt.[26] Auf diese Weise wird gewährleistet, dass der einzelne konkret zuständige Richter generell vorbestimmt ist, und verhindert, dass er ad hoc und ad personam bestimmt wird.[27] Dieser Ermittlungsrichter ist funktionell für sämtliche amtsgerichtliche Entscheidungen im Verfahren zur Vorbereitung der öffentlichen Klage und damit auch für die Anordnung der Untersuchungshaft nach § 125 StPO zuständig, sofern keine abweichende Regelung im Geschäftsverteilungsplan getroffen worden ist.[28] 11

4. Ermittlungsverfahren gegen Jugendliche. Für Strafverfahren gegen Jugendliche legt **§ 34 JGG** fest, dass die Aufgaben, die im Bereich des Erwachsenenstrafrechts dem Richter beim Amtsgericht zukommen, dem **Jugendrichter** obliegen. Nach **§ 107 ff. JGG** ist der Jugendrichter auch für Verfehlungen von Heranwachsenden zuständig. Damit ist nur der Jugendrichter für den Erlass von Haftbefehlen gegen Jugendliche/Heranwachsende sowie für weitere richterliche Untersuchungshandlungen zuständig. Ausweislich § 37 JGG sollen Jugendrichter über spezifische Befähigung und Erfahrung in der Erziehung von Jugendlichen verfügen. Ausgehend von dem jugendstrafrechtlichen Grundgedanken der Verfahrenskonzentration wird teilweise in der Literatur die Auffassung vertreten, § 37 JGG schließe eine gerichtliche Geschäftsverteilung aus, bei der einem Richter ausschließlich jugendrichterliche Geschäfte im Ermittlungsverfahren übertragen werden, er folglich als 12

[21] In diesem Sinne BayObLG, JW 1939, 2971; OLG Celle NdsRpfl. 1956, 39; *Meyer-Goßner* § 125 Rn. 5; KK-*Schultheis* § 125 Rn. 2.

[22] Im Ergebnis ebenso: KMR-*Wankel* § 125 Rn. 3; LR-*Hilger* § 125 Rn. 7; SK-*Paeffgen* § 125 Rn. 3.

[23] OLG Hamm 1968, 343; KK-*Schultheis* § 125 Rn. 2.

[24] LR-*Hilger* § 125 Rn. 1; *Meyer-Goßner* § 125 Rn. 1; aA LG Zweibrücken 16.2.2004 – Qs 6/04, NStZ-RR 2004, 277.

[25] OLG Düsseldorf 18.6.2007 – III-3 Ws 206 – 207/07, JMBl. NW 2008, 65; aA LG Zweibrücken 16.2.2004 – Qs 6/04, NStZ-RR 2004, 304.

[26] BVerfG 16.4.1969 – 2 BvR 115/69, BVerfGE 25, 336.

[27] BVerfG 18.5.1965 – 2 BvR, BVerfGE 19, 52; dass. 25.10.1966 – 2 BvR 291/64, BVerfGE 20, 336; dass. 16.4.1969 – 2 BvR 115/69, BVerfGE 25, 336.

[28] BGH 7.7.2010 – 5 StR 555/09, NJW 2010, 3045.

„Jugendermittlungsrichter" tätig wird.[29] Diese Frage hat das Bundesverfassungsgericht zuletzt offen gelassen, jedoch eine solche Geschäftsverteilung, ohne Bezug auf die der Verfassungsbeschwerde zugrundeliegende konkrete Strafsache, nicht als willkürlich bewertet.[30] Die im Jugendstrafrecht gesetzlich vorgesehene besondere Befähigung der mit den Verfahren befassten Richter bedingt aber keine gesetzliche Zuständigkeitsregelung, nach der in den Geschäftsverteilungsplänen stets ein- und derselbe Jugendrichter im gesamten Verfahren tätig sein muss.[31]

13 **5. Staatsschutzsachen.** In Staatsschutzsachen ist auch der Ermittlungsrichter am **Oberlandesgericht oder am Bundesgerichtshof** zuständig (§ 120 Abs. 1 und 2 GVG). Dessen Zuständigkeit ist zwar vorrangig, hebt die nach Abs. 1 wegen der Eilbedürftigkeit von Haftentscheidungen weiter notwendige ergänzende Zuständigkeit des jeweils zuständigen Amtsgerichts nicht auf.[32]

14 **6. Beschwerde.** Auf die Beschwerde der Staatsanwaltschaft kann auch das **Beschwerdegericht den Haftbefehl** in eigener Zuständigkeit erlassen (§ 309 Abs. 2). Auch kann das Beschwerdegericht einen fehlerhaften Haftbefehl in einer formgerechten umwandeln, wenn der Beschuldigte ansonsten zu entlassen, aber alsbald aufgrund einer formgerechten Haftanordnung des an sich mit der Sache befassten Gerichts wieder festgenommen werden müsste.[33] Jedoch kann das Beschwerdegericht die Ersetzung eines den inhaltlichen Anforderungen des § 114 Abs. 2 Nr. 2 nicht genügenden Haftbefehls durch einen ordnungsgemäßen Haftbefehl jedenfalls dann dem nach Abs. 1 zuständigen Gericht überlassen, wenn der (rechtsfehlerhafte) Haftbefehl nicht vollzogen wird.[34] Nicht möglich ist es jedoch, dass das Beschwerdegericht einen nach § 230 Abs. 2 erlassenen Haftbefehl in einen solche nach § 112 umwandelt.[35] Auch kann eine Senat des Oberlandesgerichts im Rahmen der besonderen Haftprüfung nach §§ 121 ff. den Haftbefehl nicht auf weitere, ursprünglich nicht von diesem erfasste Straftaten erweitern oder gar einen neuen Haftbefehl erlassen.[36] Bei Straftaten im Rahmen der Hauptverhandlung vor dem Landgericht oder Oberlandesgericht darf das Gericht nicht selbst den Haftbefehl erlassen.[37] Hingegen besteht eine solche Zuständigkeit eines Richters am Amtsgericht, der als Strafrichter verhandelt und zugleich in der Geschäftsverteilung als „Ermittlungsrichter" ausgewiesen ist (→ Rn. 11, 79).

15 **7. Antrag der Staatsanwaltschaft.** Nach Abs. 1 setzt der der Erlass eines Haftbefehls im Regelfall einen Antrag der Staatanwaltschaft als Herrin des Ermittlungsverfahrens voraus, kann aber bei Gefahr im Verzug,[38] wenn ein Staatsanwalt nicht zu erreichen ist, auch von Amts wegen erlassen werden. Auch ist es im Ermittlungsverfahren nicht zulässig, dass das Amtsgericht ohne Antrag der Staatsanwaltschaft den Haftbefehl von sich aus auf weitere Taten erstreckt,[39] jedoch ist er in der Beurteilung der Haftgründe frei und kann diese auch auswechseln.[40] Dem Antragserfordernis ist auch genügt, wenn dieser von einer nicht ortsansässigen Staatsanwaltschaft gestellt wird.[41]

---

[29] *Schatz – Diemer/Schoreit/Sonnen* JGG § 34 Rn. 9; *Eisenberg* JGG § 34 Rn. 5; *Ostendorf* § 34 Rn. 2.
[30] BVerfG 12.5.2005 – 2 BvR 332/05, NStZ-RR 2005, 279.
[31] Vgl. auch LG Berlin 19.12.2005 – 509 AR 10/05, NStZ 2006, 525.
[32] BGH 6.12.1972 – AK 27/72, NJW 1973, 475; KK-*Schultheis* § 125 Rn. 4; LR-*Hilger* § 125 Rn. 6.
[33] OLG Karlsruhe 26.9.2000 – 3 Ws 196/00, StV 2001, 118; OLG Dresden 14.3.2006 – 3 Ws 12/06, StV 2006, 701; OLG Düsseldorf 23.4.1996 – 3 Ws 246/96, StV 1996, 440; KK-*Schultheis* § 125 Rn. 5.
[34] OLG Karlsruhe 6.4.2001 – 3 Ws 31/01, wistra 2002, 79.
[35] OLG Karlsruhe 25.4.1980 – 3 Ws 98/80, MDR 1980, 868; OLG Köln 18.10.2005 – 2 Ws 488/05, NStZ-RR 2006, 22; OLG Hamm 14.10.2008 – 3 Ws 357/08, NStZ-RR 2009, 89; KK-*Gmel* § 230 Rn. 18.
[36] OLG Koblenz 12.11.2007 – (1) 4420 BL – III – 29/07, NStZ-RR 2008, 92 Ls.; dass. 23.1.2006 – (1) 4420 BL – III – 51/05, OLGSt StPO § 121 Nr. 33; OLG Hamm 25.10.1999 – 2 Ws 314/99, StV 2000, 30; *Böhm* § 121 Rn. 12 ff.
[37] Krauß-*Graf* § 125 Rn. 519.
[38] Zum Begriff vgl. *Böhm/Werner* § 127 Rn. 22; LR-*Hilger* § 125 Rn. 11.
[39] OLG Frankfurt a. M. 8.5.1995 – 1 HEs 87/95, StV 1995, 424.
[40] KK-*Schultheis* § 125 Rn. 6.
[41] KK-*Schultheis* § 125 Rn. 6; AnwK-*König* § 125 Rn. 1.

8. Erlass durch örtlich unzuständiges Gericht. Hat ein örtlich unzuständiges Gericht einen Untersuchungshaftbefehl erlassen, muss das Beschwerdegericht jedenfalls dann, wenn das örtlich zuständige Gericht nicht zu seinem Bezirk gehört, den Haftbefehl aufheben und eine Sachentscheidung ablehnen. Eine Verweisung an das zuständige Gericht kommt nicht in Betracht.[42] 16

III. Zuständigkeit nach Erhebung der öffentlichen Klage (§ 125 Abs. 2)

1. Allgemeines. Der Übergang der Zuständigkeit auf das erkennende Gericht durch eine Anklageerhebung (§ 170 Abs. 1) beendet den bisherigen Instanzenzug und den Verfahrensgang. Mit Anklageerhebung geht die Zuständigkeit auf das **Gericht über, dass nunmehr mit der Sache befasst** ist, bei welchem also Anklage erhoben worden ist (Abs. 2 Satz 1). Dies gilt natürlich auch für den Fall, dass dieses Gericht noch nicht in der Lage ist, über die Eröffnung des Hauptverfahrens zu entscheiden.[43] 17

Unter den **Begriff der Anklageerhebung** fällt auch die Nachtragsanklage (§ 266 Abs. 2), der Antrag auf Erlass eines Strafbefehls (§§ 408 Abs. 1 Satz 1, 400 AO) und im Falle eines beschleunigten Verfahrens (§ 418 Abs. 3) die Einreichung einer Anklageschrift oder einer mündlichen Erhebung. Die Antragsschrift im Sicherungsverfahren steht der Anklagerhebung gleich (§ 414 Abs. 2 Satz 1). 18

2. Kein Antragserfordernis. Da die Verfahrensherrschaft mit der Anklageerhebung auf das Gericht übergegangen ist, bedarf es zum Erlass eines Haftbefehls nicht mehr eines Antrags der Staatsanwaltschaft.[44] Dies ist jedoch nach allgemeinen Vorschriften – wenn möglich – zuvor zu hören. 19

3. Zuständigkeitsfragen im Zusammenhang mit der Anklageerhebung. Häufig stellt sich in der forensischen Praxis die Frage, mit wie zu verfahren ist, wenn die Staatsanwaltschaft die Anklage noch während der Anhängigkeit eines gerichtlichen Antrags- oder Beschwerdeverfahrens erhebt. Insoweit gilt: 20

a) Beschwerdegericht. Mit der Anklagerhebung erlischt nicht nur die Zuständigkeit des Ermittlungsrichters, sondern auch die des Beschwerdegerichts. Wird etwa Anklage zum Landgericht erhoben, bevor über die Beschwerde eines inhaftierten Beschuldigten gegen die vom Ermittlungsrichter angeordnete Untersuchungshaft entschieden ist, ist das Rechtsmittel als Antrag auf Aufhebung der Maßnahme anzusehen, über den dann das erkennende Gericht zu entscheiden hat.[45] Dies gilt auch bei der Erhebung einer Anklage zum Strafrichter.[46] 21

Ist das Verfahren beim **Oberlandesgericht** als weitere Haftbeschwerde anhängig (§ 310 Abs. 2), ist diese nach Anklageerhebung als ein jederzeit zulässiger Antrag auf Haftprüfung oder Antrag auf Aufhebung des Haftbefehls aufzufassen und dementsprechend zu behandeln. Die Entscheidung darüber obliegt daher nunmehr zunächst dem Gericht, bei dem die Anklage erhoben worden ist.[47] Insoweit kann allerdings die Besonderheit bestehen, dass nach Anklageerhebung die nunmehr zuständige Strafkammer identisch mit der Beschwerdekammer ist, welche das Verfahren vorgelegt hat, und diese erst kurz zuvor in der Sache entschieden hat. Insoweit bedarf es ausnahmsweise einer Abgabe durch das Oberlandesgericht nicht und der Senat kann unmittelbar erkennen.[48] 22

---

[42] KG 3.12.1997 – 1 AR 1480/97 – 4 Ws 257/97, StV 1998, 384.
[43] OLG Celle 7.6.1994 – 1 Ws 143/94, NdsRpfl 1995, 111.
[44] LR-*Hilger* § 125 Rn. 13.
[45] Vgl. auch OLG Karlsruhe 20.11.1997 – 2 Ws 174/97, Justiz 1998, 130; dass. 15.8.1994 – 2 Ws 172/94, Justiz 1995, 22.
[46] Oberlandesgericht des Landes Sachsen-Anhalt – 1 Ws 334/98, NStZ-RR 1997, 307.
[47] OLG Düsseldorf 5.3.1992 – 1 Ws 175/92, NStE Nr. 3 zu § 125 StPO; dass. 24.2.1999 – 1 Ws 154/99, wistra 1999, 318; OLG Koblenz 25.3.2013 – 2 Ws 134/13; OLG Nürnberg 31.8.1998 – Ws 1001/98.
[48] OLG Koblenz 25.3.2013 – 2 Ws 134/13.

23 **b) Berufungsgericht.** Das Berufungsgericht wird erst mit **Übersendung der Akte** nach § 321 für die Haftentscheidungen zuständig, also mit Eingang. Allein die Einlegung des Rechtsmittels führt den Zuständigkeitswechsel damit noch nicht herbei.[49] Mit der der Aktenvorlage an das Berufungsgericht ist auch eine weitere Beschwerde gegen eine Haftbeschwerdeentscheidung des Landgerichts prozessual überholt und diese ist als Antrag auf Haftprüfung durch das Berufungsgericht zu behandeln.[50]

24 **c) Revisionsgericht.** Bereits der gesetzlichen Regelung in § 126 Abs. 3 ist zu entnehmen, dass das Revisionsgericht **grundsätzlich keine Haftentscheidung** trifft, sondern diese bei dem Tatgericht verbleibt. Danach kann das Revisionsgericht den Haftbefehl nur dann aufheben, wenn es zugleich das angefochtene Urteil aufhebt und sich bei dieser Entscheidung ohne weiteres ergibt, dass die Voraussetzungen für die Anordnung der Untersuchungshaft nicht mehr vorliegen oder die Fortdauer der Untersuchungshaft nicht mehr verhältnismäßig wäre (§ 120 Abs. 1). Nur für den Fall, dass sich die Notwendigkeit der Haftentlassung ausnahmsweise vor einer Revisionshauptverhandlung, infolge eines Verfahrenshindernisses ergibt, hat der Bundesgerichtshof es für zulässig erachtet, eine Entscheidung nach § 126 Abs. 3 schon vor Aufhebung des angefochtenen Urteils zu treffen.[51]

25 **d) Zuständigkeit im Falle der Urteilsaufhebung.** Im Fall der Aufhebung und Zurückverweisung des Urteils durch die Revisionsinstanz an ein anderes Gericht oder eine andere Strafkammer ist diese als das nunmehr mit der Sache befasste Gericht für die weiteren Entscheidungen zuständig und zwar schon mit Erlass der Revisionsentscheidung.[52]

26 **e) Besetzung der mit der Sache befassten Spruchkörper.** Ist nach Anklageerhebung das Schöffengericht oder das Landgericht zuständig, so ist streitig, ob das Gericht in der Besetzung außerhalb der Hauptverhandlung, also ohne Schöffen, oder mit diesen zu entscheiden hat. Insoweit wird auf die Kommentierung zu § 126 verwiesen.[53]

27 **f) Notzuständigkeit des Vorsitzenden (§ 125 Abs. 2 Satz 2).** Satz 2 bestimmt ausdrücklich, dass in dringenden Fällen auch der Vorsitzende eines Kollegialgerichts zum Erlass eines Haftbefehls zuständig ist. Hiervon ist auszugehen, wenn der Erlass zu spät käme, falls bis zum Zusammentreffen des Kollegiums abgewartet würde, was der Vorsitzende nach pflichtgemäßem Ermessen zu beurteilen hat.[54] Zwar bedarf der durch den Vorsitzenden erlassene Haftbefehl keiner Bestätigung durch den ans sich zuständigen Spruchkörper, gleichwohl kann der Angeklagte eine Entscheidung dieses Gremiums herbeiführen, indem er Beschwerde einlegt und so das Gericht zu einer „Abhilfe- oder Nichtabhilfeentscheidung“ zwingt (§ 306 Abs. 2). Zu einer Ablehnung des Haftbefehlsantrags berechtigt die Notzuständigkeit jedoch nicht.[55] Auch kann die Sonderregelung des Abs. 2 Satz 2 nicht auf andere gerichtliche Untersuchungshandlungen, etwa die Beschlagnahme von Gegenständen, übertragen werden.[56]

§ 126 [Zuständigkeit für die weiteren Entscheidungen]

(1) [1]Vor Erhebung der öffentlichen Klage ist für die weiteren gerichtlichen Entscheidungen und Maßnahmen, die sich auf die Untersuchungshaft, die Aussetzung ihres Vollzugs (§ 116), ihre Vollstreckung (§ 116b) sowie auf Anträge nach § 119a beziehen, das Gericht zuständig, das den Haftbefehl erlassen hat.

[49] LR-*Hilger* § 125 Rn. 15.
[50] OLG Hamm 16.10.2007 – 3 Ws 593/07.
[51] BGH 12.12.1996 – 1 StR 543/96, NStZ 1997, 145.
[52] BGH 21.5.1996 – 1 StR 51/96, NJW 1996, 2665; KG 17.1.2000 – 1 AR 1614/99, NStZ 2000, 444.
[53] *Böhm/Werner* § 126 Rn. 29.
[54] LR-*Hilger* § 125 Rn. 17; KK-*Schultheis* § 125 Rn. 9.
[55] KK-*Schultheis* § 125 Rn. 9; AnwK-*König* § 125 Rn. 9.
[56] Oberlandesgericht des Landes Schleswig-Holstein 3.1.2000 – 2 Ws 541/99, SchlHA 2001, 136.

[2]Hat das Beschwerdegericht den Haftbefehl erlassen, so ist das Gericht zuständig, das die vorangegangene Entscheidung getroffen hat. [3]Wird das vorbereitende Verfahren an einem anderen Ort geführt oder die Untersuchungshaft an einem anderen Ort vollzogen, so kann das Gericht seine Zuständigkeit auf Antrag der Staatsanwaltschaft auf das für diesen Ort zuständige Amtsgericht übertragen. [4]Ist der Ort in mehrere Gerichtsbezirke geteilt, so bestimmt die Landesregierung durch Rechtsverordnung das zuständige Amtsgericht. [5]Die Landesregierung kann diese Ermächtigung auf die Landesjustizverwaltung übertragen.

(2) [1]Nach Erhebung der öffentlichen Klage ist das Gericht zuständig, das mit der Sache befaßt ist. [2]Während des Revisionsverfahrens ist das Gericht zuständig, dessen Urteil angefochten ist. [3]Einzelne Maßnahmen, insbesondere nach § 119, ordnet der Vorsitzende an. [4]In dringenden Fällen kann er auch den Haftbefehl aufheben oder den Vollzug aussetzen (§ 116), wenn die Staatsanwaltschaft zustimmt; andernfalls ist unverzüglich die Entscheidung des Gerichts herbeizuführen.

(3) Das Revisionsgericht kann den Haftbefehl aufheben, wenn es das angefochtene Urteil aufhebt und sich bei dieser Entscheidung ohne weiteres ergibt, daß die Voraussetzungen des § 120 Abs. 1 vorliegen.

(4) Die §§ 121 und 122 bleiben unberührt.

Schrifttum: *Engelstätter, Tobias,* Erste Rechtsprechung zum Vollzug der Untersuchungshaft gem. § 119 StPO neuer Fassung – neue praktische Anforderungen für (Haft-)Richter und Staatsanwälte? SchlHA 2011, 365; *Firchau, Lars,* Das fachgerichtliche Rechtsbehelfssystem der Untersuchungshaft sowie die Regelung des Vollzug, Würzburger Schriften zur Kriminalwissenschaft, Diss., 2013; *Grube, Andreas,* Gerichtlicher Rechtsschutz gegen Maßnahmen im Untersuchungshaftvollzug, StV 2013, 534; *Herrman, David,* Aktuelles zur Pflichtverteidigung, StraFo 2011, 133; *Kazele, Norbert,* Anmerkung zu dem Beschl. Des OLG Celle v. 9.2.2010 – 1 Ws 37/10, StV 2010, 258; *König, Stefan,* Zur Neuregelung der haftrichterlichen Zuständigkeiten in § 119 StPO, NStZ 2010, 185; *Krüger, Mathias,* Beteiligung von Schöffen bei Haftentscheidungen während der Hauptverhandlung – Anmerkung zu OLG Köln, Beschluss vom 7.1.2009, 2 Ws 640-641/08, NStZ 2009, 590; *Martin, Sigmund,* Besetzung bei Entscheidungen außerhalb der Hauptverhandlung, JuS 1998, 86; *Metz, Jochen,* Rangverhältnis der Staatsanwaltschaft zu ihren Ermittlungspersonen bei Gefahr im Verzug, NStZ 2012, 242; *Nestler, Nina,* Zum „Recht des Untersuchungshaftvollzugs i.S.v. Art. 74 Abs. 1 Nr. 1 GG, HRRS 2010, 546; *Ostendorf, Heribert,* Untersuchungshaft und Abschiebehaft, NomosPraxis 2011; *Pohlreich, Erol,* Die Rechtsprechung des EGMR zum Vollzug von Straf- und Untersuchungshaft, NStZ 2011, 560; *Rosteck, Holger,* Die aufgedrängte Haftprüfung, StV 2002, 225; *Schlothauer, Reiner,* Zur Besetzung des Gerichts bei Haftprüfungsentscheidungen, StV 1998, 144; *Schlothauer/Weider,* Untersuchungshaft, 4. Aufl. 2010; *Schramm W./Bernsmann. K.,* Haftrichter ohne Akten – rechtswidrige Zustände im Eildienst (§ 115 StPO)?, StV 2006, 442; *Sowoda, Christoph,* Zur Problematik der Mitwirkung von Schöffen bei Haftentscheidungen während laufender Hauptverhandlung – Anmerkung zu OLG Koblenz, Beschl. v. 17.3.2009 – 1 Ws 120/09, StV 2010, 37; *Steinmetz, Jan,* Welcher Ermittlungsrichter ist im Fall des § 145 I GVG örtlich zuständig? SchlHA 2005, 147; *Wiesneth, Christian,* Die Untersuchungshaft, 2010.

Übersicht

I. Allgemeines, Normzweck und Anwendungsbereich

1 **1. Allgemeines.** Die Vorschrift regelt die gerichtliche Zuständigkeit nach Erlass des Haftbefehls für **weitere Entscheidungen und Maßnahmen** (→ Rn. 3), wohingegen sich die richterliche Zuständigkeit für den Erlass eines Haftbefehls selbst bzw. für dessen Ablehnung aus § 125 ergibt, falls nicht insoweit eine Sonderzuständigkeit besteht.[1] Wie § 125 unterscheidet die Vorschrift in der Zuständigkeit in den Zeitpunkt vor (Abs. 1) und den Zeitpunkt nach (Abs. 2) Erhebung der Anklage. Die Vorschrift bringt insoweit im Grundsatz zum Ausdruck, dass derjenige Richter, welcher die Untersuchungshaft angeordnet hat (§ 125), auch für alle weiteren Haftentscheidungen zuständig sin soll, während mit der Anklageerhebung die Zuständigkeit dann auf das mit der Sache endgültig befasste Gericht übergeht.

2 **2. Normzweck und Bedeutung.** Sinn der mehrere Einzelregelungen umfassenden Vorschrift ist die Festlegung, welches Gericht über die weiteren gerichtlichen Entscheidungen und Maßnahmen, welche die Untersuchungshaft betreffen, zu entscheiden hat. Wie § 125 dient sie daher der Wahrung des **Rechts auf den gesetzlichen Richter.**[2] Aufgrund der zahlreichen praxis-relevanten Zuständigkeitsregelungen kommt ihr im Rahmen des Haftrechts eine wichtige Bedeutung bei.

3 **3. Anwendungsbereich.** Die Vorschrift regelt mit dem Begriff **„weitere gerichtliche Entscheidungen und Maßnahmen"** die gerichtliche Zuständigkeit zunächst für alle gerichtlichen Entscheidungen und Maßnahmen, welche die **Untersuchungshaft selbst betreffen,**[3] wie etwa die Aufhebung von Ersatzmaßnahmen (§ 123),[4] den Verfall der Sicherheit (§ 124),[5] die Aufhebung des Haftbefehls (§ 120),[6] Beschränkungen beim Vollzug der Untersuchungshaft (§ 119),[7] das eigentliche Haftprüfungsverfahren (§§ 117, 118, 118a),[8] die Benachrichtigung von Angehörigen (§ 114c),[9] die Vernehmung des Beschuldigten nach seiner Ergreifung (§ 115),[10] die Ausschreibung zur Festnahme (§ 131), die Aktenvorlage an das OLG (§ 122 Abs. 1)[11] und die Bestellung von Pflichtverteidigern (§ 141 Abs. 4). Darüber hinaus werden in Abs. 1 Satz 1 alle Entscheidungen über die Aussetzung des Haftbefehls (§ 116),[12] seiner Vollstreckung (§ 116b)[13] sowie von Beschränkungen der Untersuchung im

---

[1] *Böhm/Werner* § 125 Rn. 3, 10 (Sonderzuständigkeit nach § 162 Abs. 1 Satz 2).
[2] Siehe hierzu auch OLG Düsseldorf 18.6.2007 – III-3 Ws 206 – 207/07, JMBl. NW 2008, 65.
[3] KK-*Schultheis* § 126 Rn. 1; HK-*Posthoff* § 126 Rn. 1.
[4] Zum gerichtlichen Entscheidungsumfang, vgl. weiter *Böhm/Werner* § 123 Rn. 17.
[5] Zum gerichtlichen Entscheidungsumfang, vgl. weiter *Böhm/Werner* § 124 Rn. 15 ff.
[6] Zum gerichtlichen Entscheidungsumfang, vgl. weiter *Böhm* § 120 Rn. 2.
[7] Zum gerichtlichen Entscheidungsumfang, vgl. weiter *Böhm/Werner* § 119 Rn. 61 ff., 75 ff.
[8] Zum gerichtlichen Entscheidungsumfang, vgl. weiter *Böhm/Werner* § 117 Rn. 6 ff., § 118 Rn. 22, § 118a Rn. 12 ff.
[9] Zum gerichtlichen Entscheidungsumfang, vgl. weiter *Böhm/Werner* § 114c Rn. 9.
[10] Zum gerichtlichen Entscheidungsumfang, vgl. weiter *Böhm/Werner* § 115 Rn. 21.
[11] Zum gerichtlichen Entscheidungsumfang, vgl. weiter *Böhm* § 122 Rn. 5 ff.
[12] Zum gerichtlichen Entscheidungsumfang, vgl. weiter *Böhm* § 116 Rn. 41.
[13] Die Regelung wurde durch das U-HaftRÄG vom 29.7.2009 (BGBl. I 2274) eingeführt.

Rahmen des Untersuchungshaftvollzugs (§ 119a)[14] ausdrücklich genannt. Nicht erfasst von der Zuständigkeitsbestimmung der Norm ist das besondere Haftprüfungsverfahren, welches dem OLG zugewiesen ist (§ 121 Abs. 1, 122 Abs. 1). Die Vorschrift gilt auch für Ungehorsamshaft (§ 230 Abs. 2, 236).[15]

II. Zuständigkeit vor Erhebung der Anklage (Abs. 1)

1. Allgemeines (Abs. 1 Satz 1). Satz 1 enthält den Grundsatz, wonach vor Erhebung 4 der Anklage das **Gericht zuständig ist, welches den Haftbefehl** erlassen hat. Das ist das nach § 125 Abs. 1 zuständige Gericht. Allerdings muss dies nicht unbedingt auch der gleiche Richter oder Spruchkörper sein, da die Geschäftsverteilung auch die Zuständigkeit eines anderen Richters vorsehen kann.[16] In Staatsschutzsachen (§ 169 GVG) ist dies der Ermittlungsrichter des OLG oder des BGH.[17]

2. Zuständigkeit des Beschwerdegerichts (Abs. 1 Satz 2). Wurde der Haftbefehl 5 erst durch eine **Beschwerdeentscheidung** erlassen bzw. unter Neufassung abgeändert,[18] trifft die Vorschrift insoweit eine Abweichung, als sie für die weiteren Entscheidungen und Maßnahmen den Richter für zuständig erklärt, der die ursprünglich angefochtene Entscheidung getroffen hatte.

3. Zuständigkeitswechsel im Ermittlungsverfahren (Abs. 1 Satz 3). Um den 6 Übergang der Zuständigkeit für Haftentscheidungen im vorbereitenden Verfahren zu ermöglichen, kann, auf Antrag der Staatsanwaltschaft, das Haftgericht in den Fällen des § 126 Abs. 1 Satz 3, also bei der **Abgabe des Ermittlungsverfahrens** an eine andere Staatsanwaltschaft oder bei Vollziehung der Untersuchungshaft an einem anderen Ort, die **Zuständigkeit an das örtliche Amtsgericht übertragen.** Insoweit besteht noch, wie dem Wortlaut der Norm zu entnehmen, die Besonderheit, dass die Zuständigkeit nur auf Antrag der Staatsanwaltschaft übertragen werden darf. Insoweit obliegt es der Staatsanwaltschaft zu entscheiden, ob die Zuständigkeit des Haftrichters am bisherigen Gericht verbleiben soll, was insbesondere dann sinnvoll und gängige Praxis ist, wenn nur die Untersuchungshaft an einem anderen Ort vollzogen wird. Die Abgabe ist für das übernehmende Gericht bis auf willkürliche Abgabeentscheidungen bindend. Die vorherige Abgabe des Ermittlungsverfahrens an eine andere Staatsanwaltschaft allein bewirkt aber keinen haftgerichtlichen Zuständigkeitswechsel.

Ist in diesem Fall gegen die Entscheidung des **Haftrichters Beschwerde** eingelegt 7 worden, ist nach erfolgter bindender Abgabe zur Entscheidung über die Haftbeschwerde nunmehr das dem zuständigen Haftgericht übergeordnete Beschwerdegericht berufen. Insoweit ändert sich auch der Instanzenzug.[19] Das gilt auch dann, wenn die Beschwerde bereits eingelegt war, bevor die haftrichterliche Zuständigkeit übertragen wurde.[20] Sind die Akten dem Beschwerdegericht jedoch noch nicht vorgelegt worden, hat der neue Haftrichter zunächst zu prüfen, ob er der Beschwerde abhilft.[21]

Der **Ermittlungsrichter des Bundesgerichtshofs** kann nach Abgabe einer Sache 8 durch den Generalbundesanwalt an die **Landesstaatsanwaltschaft** gemäß § 142a Abs. 4 GVG die Zuständigkeit für die weiteren Haftentscheidungen entsprechend § 126 Abs. 1 S. 3 auf das Amtsgericht des Ermittlungs- oder Haftorts übertragen. Auf Antrag der Staatsanwaltschaft kann der Amtsrichter sogar auch ohne eine solche ausdrückliche Übertragung

---

[14] Die Regelung wurde durch das U-HaftRÄG vom 29.7.2009 (BGBl. I 2274) eingeführt.
[15] LR-*Hilger* § 126 Rn. 5.
[16] *Schramm/Bernsmann* StV 2006, 442; HK-*Posthoff* § 126 Rn. 4.
[17] KK-*Schultheis* § 126 Rn. 2.
[18] OLG Dresden 14.3.2006 – 3 Ws 12/06, StV 2006, 700.
[19] BGH 25.3.1960 – 2 ARs 30/60, BGHSt 14, 179; OLG Koblenz 18.4.2005 – 1 Ws 245/05.
[20] LR-*Hilger* § 126 Rn. 14; zweifelnd SK-Paeffgen § 126 Rn. 4.
[21] KK-*Schultheis* § 126 Rn. 7.

die weiteren Haftentscheidungen in entsprechender Anwendung des § 125 Abs. 1 übernehmen.[22]

9 Zu einer solchen **Übertragung** ist auch der in Haftsachen anstatt des Haftrichters zuständige **Jugendrichter**[23] befugt, welche nach § 72 Abs. 6 JGG sogar die richterlichen Entscheidungen, welche die Untersuchungshaft betreffen aus wichtigen Grund ganz oder teilweise einem anderen Jugendrichter übertragen kann.[24]

10 **4. Zuständigkeitsbestimmung durch den Landesgesetzgeber (Abs. 1 Satz 4 und 5).** Ist der Ort in mehrere Gerichtsbezirke geteilt, so bestimmt die Landesregierung durch Rechtsverordnung das zuständige Gericht (Satz 4), wobei die Landesregierung diese Ermächtigung auch auf die Justizverwaltung übertragen kann (Satz 5).

III. Zuständigkeit nach Erhebung der Anklage (Abs. 2)

11 **1. Allgemeines (Abs. 1 Satz 1).** Nach **Erhebung der öffentlichen Klage (§ 170 Abs. 1) wird das mit der Sache befasste Tatgericht** zuständig. Befindet sich der Angeschuldigte zu diesem Zeitpunkt schon in Untersuchungshaft tritt ein Zuständigkeitswechsel für sämtliche Haftentscheidungen ein und das **Tatgericht wird nunmehr „erstinstanzlich" zuständig.** Nach Erhebung einer Teilanklage, die sich auf einen der im Haftbefehl enthaltenen Tatkomplexe beschränkt, verbleibt die Haftzuständigkeit, soweit es die Tatkomplexe betrifft, die nicht von der Teilanklage umfasst sind, allerdings bei dem ursprünglich zuständigen Gericht.[25]

12 **2. Berufungsverfahren.** War das Amtsgericht in erster Instanz zuständig, geht im Falle der Einlegung einer Berufung mit der Zuleitung der Akten an den Vorsitzenden des **Berufungsgerichtes** (§ 321 Satz 2) auch die Zuständigkeit der Haftkontrolle auf das Berufungsgericht über.

13 **3. Revisionsverfahren (§ 126 Abs. 2 Satz 2).** Grundsätzlich bleibt während des andauernden **Revisionsverfahrens** für die Haftentscheidungen das Gericht zuständig, dessen Urteil angefochten wird. Wegen dieser Regelung kann es sogar zu der Besonderheit kommen, dass die Zuständigkeit vom Berufungsgericht wieder auf das Ausgangsgericht übergeht, nämlich dann, wenn der Angeklagte noch während der Berufungsbegründungsfrist vom Rechtsmittel der Berufung auf das der Sprung-Revision übergeht.[26] Das Revisionsgericht kann den Haftbefehl aber gemäß § 126 Abs. 3 ausnahmsweise selbst aufheben, wenn es das angefochtene Urteil auf die Revision aufhebt und sich bei dieser Entscheidung ohne weiteres ergibt, dass die Voraussetzungen einer zwingenden Aufhebung des Haftbefehls nach § 120 vorliegen, etwa wenn es den Angeklagten frei spricht (→ Rn. 22).

14 **4. Anordnungskompetenz des Vorsitzenden (§ 126 Abs. 2 Satz 3).** Die Anordnungskompetenz des Vorsitzenden beschränkt sich nach § 126 Abs. 2 Satz 3 **zunächst auf einzelne Maßnahmen.** Solche Anordnungen trifft gemäß § 126 Abs. 2 Satz 3 der Vorsitzende, mithin bei einem Kollegialgericht nicht die Kammer oder der Senat.[27] Zur Entscheidung des Kollegialgerichts anstatt des Vorsitzenden[28] s. u. Eine Übertragung der Anordnungskompetenz auf den Berichterstatter oder den beauftragten Richter ist unzulässig.[29]

15 Als **einzelne Maßnahmen bezeichnet das Gesetz ausdrücklich** solche nach **§ 119.** Danach können dem Beschuldigten innerhalb des Haftvollzugs Beschränkungen auferlegt werden, soweit dies zur Abwehr einer Flucht, Verdunkelungs- oder Wiederholungsgefahr

---

22 BGH 6.12.1972 – AK 27/72, NJW 1973, *Graf* § 126 Rn. 4.
23 *Böhm/Werner* § 125 Rn. 12.
24 HK-*Posthoff* § 126 Rn. 5.
25 LG Mannheim 14.7.2005 – 25 Qs 14/05, NStZ 2006, 592.
26 KG 6.9.2010 – 3 Ws 447/10.
27 KG 13.9.2012 – 4 Ws 97/12, NStZ-RR 2013, 215.
28 Vgl. → Rn. 20.
29 OLG Hamm 25.2.2010 – III-2 Ws 18/10, NStZ-RR 2010, 292.

erforderlich ist.[30] Weitere einzelne Maßnahmen nach Abs. 2 Satz 3 kommen die Änderung von Verschonungsauflagen (§§ 116, 116a), die Benachrichtigung von Angehörigen (§ 114c), die Einleitung oder Aufhebung von Fahndungsmaßnahmen (§ 131), die Vollstreckungsunterbrechung (§ 116b) und die Vornahme von Beschränkungen in Überhaftfällen (§ 119 Abs. 6) in Betracht.[31]

Zuständig für die **Anordnung der Unterbrechung** der Strafhaft zur Vollstreckung von Untersuchungshaft ist ausschließlich die jeweilige **Vollstreckungsbehörde.**[32] 16

Die **Anordnungskompetenz des Vorsitzenden** reicht aber in Abgrenzung zu der funktionellen Zuständigkeit des Gerichts nur, **soweit § 119 eine haftrechtliche Entscheidung ermöglicht.** Beispielsweise kann, wie in der Praxis häufig, nach § 119 Abs. 1 Satz 2 Nr. 2 die Überwachung des Paket- und Schriftverkehrs durch den Vorsitzenden angeordnet werden, wobei diese Anordnung die Ermächtigung einschließt, Schreiben und Pakete anzuhalten. Eine solche Maßnahme umfasst aber nur die Zuständigkeit des Vorsitzenden, ein Weiterleiten der Postsendung aus haftrechtlichen Gründen zu unterbinden. Für eine **Beschlagnahme** einer Postsendung aus Gründen der Beweismittelsicherung hingegen ist nach § 98 Abs. 1 Satz 1 **das Gericht in seiner Besetzung außerhalb der Hauptverhandlung** funktionell zuständig und nicht allein der Vorsitzende. Denn die über den Beförderungsausschluss hinausgehende Beschlagnahme des nicht beförderten Briefes, der nicht an den Verfasser zurückgegeben wird, dient der Sachaufklärung im anhängigen Verfahren, da die Beschlagnahme sich auf Gegenstände bezieht, die als Beweismittel für die Untersuchung von Bedeutung sein können. Dementsprechend ist für eine solche Entscheidung beispielsweise die Strafkammer in ihrer für Entscheidungen außerhalb der Hauptverhandlung vorgesehenen vollen Besetzung zuständig.[33] 17

Grundsätzlich kann gegen die **haftrechtliche Einzelentscheidung** – sogenannte Verfügungen **– des Vorsitzenden das Rechtsmittel der einfachen Beschwerde nach § 304** eingelegt werden. Nach § 304 Abs. 5 ist eine Beschwerde gegen Verfügungen des Ermittlungsrichters des Bundesgerichtshofs hingegen nur zulässig, wenn sie die Verhaftung, einstweilige Unterbringung, Beschlagnahme, Durchsuchung oder die in § 101 Abs. 1 bezeichneten Maßnahmen betreffen. Mit einer solchen Beschwerde sind Beschränkungen durch den Ermittlungsrichter des Bundesgerichtshofs, die dem Untersuchungsgefangenen im Hinblick auf den Zweck der Untersuchungshaft nach § 119 Abs. 1 auferlegt werden und die sich lediglich auf die Art und Weise des Vollzugs erstrecken, aber nicht angreifbar. Auch eine Umdeutung der Beschwerde in einen Antrag auf gerichtliche Entscheidung gemäß § 119 Abs. 5 Satz 1 führt zu keinem statthaften Rechtsmittel. Einem Antrag auf gerichtliche Entscheidung kommt kein Devolutiveffekt zu, der zur Nachprüfung durch ein Gericht höherer Ordnung führt.[34] 18

Das grundsätzliche Beschwerderecht (§ 304) darf aber **nicht umgangen** werden, indem das Beschwerdegericht beispielsweise Anordnungen des Vorsitzenden einer Strafkammer nach § 119 Abs. 1 als Antrag auf Entscheidung des Kollegialgerichts nach § 238 Abs. 2 ausgelegt.[35] 19

Hat anstelle des **zuständigen Vorsitzenden über die Anordnungen nach § 119 das unzuständige Kollegialgericht** entschieden, hat etwa das angerufene Oberlandesgericht im Falle der Einlegung einer Beschwerde den angefochtenen Beschluss aufzuheben und selbst in der Sache zu entscheiden (§ 309 Abs. 2).[36] Eine Ausnahme vom Grundsatz der eigenen Sachentscheidung des Beschwerdegerichts dürfte hier zumeist nicht vorliegen. Eine 20

---

30 *Böhm/Werner* § 119 Rn. 18 ff.

31 KK-*Schultheis* § 126 Rn. 12; *Meyer-Goßner* § 126 Rn. 10.

32 OLG Nürnberg 12.3.2009 – 1 Ws 119/09.

33 Oberlandesgericht des Landes Thüringen 122/11, NStZ-RR 2012, 28; Hanseatisches Oberlandesgericht Hamburg 28.4.2009 – 2Ws 85-86/09, OLGSt StPO § 98 Nr. 3.

34 BGH 12.1.2012 – StB 19/11, StV 2012, 419.

35 BVerfG 26.8.2008 – 2 BvR 1198/08.

36 OLG Hamm 10.12.2013 – III – 1 Ws 562/13; OLG Rostock 19.4.2005 – I Ws 158/05, aA OLG Köln 10.2.2010 – 2 Ws 77/10 (Entscheidung des Kollegialgerichts ist unschädlich).

Rückgabe des Verfahrens wäre insoweit dann möglich, wenn der angefochtenen Entscheidung ersichtlich Willkür oder anderes grobes prozessuales Unrecht zu Grunde liegt oder dem Beschwerdeführer durch die eigene Sachentscheidung des Beschwerdegerichts in rechtlich bedenklicher Weise eine zusätzliche Instanz genommen wird.[37]

21 **5. Eilkompetenz des Vorsitzenden (Abs. 2 Satz 5).** In dringenden Fällen kann der Vorsitzende den Haftbefehl aufheben oder den Vollzug aussetzen, wenn die Staatsanwaltschaft zustimmt. Wird diese Zustimmung versagt, hat er unverzüglich die Entscheidung des Gerichts herbeizuführen. Ein solcher dringender Fall ist anzunehmen, wenn die Haftentlassung hinausgeschoben würde, falls der gesamte Spruchkörper zusammentreten müsste.[38]

IV. Entscheidungsbefugnis des Revisionsgerichts (Abs. 3)

22 Grundsätzlich ist während des andauernden **Revisionsverfahrens** gemäß § 126 Abs. 2 Satz 2 für die Haftentscheidungen das Gericht zuständig, dessen Urteil angefochten wird. Das Revisionsgericht kann den Haftbefehl aber gemäß § 126 Abs. 3 selbst aufheben, wenn es das angefochtene Urteil auf die Revision aufhebt und sich bei dieser Entscheidung ohne weiteres ergibt, dass die Voraussetzungen einer zwingenden Aufhebung des Haftbefehls nach § 120 vorliegen, etwa bei einem Freispruch (→ Rn. 13).

23 Nach einer Zurückverweisung durch das Revisionsgericht ist das **nunmehr zuständige Tatgericht** auch für die alle weiteren Haftentscheidungen zuständig. Das Revisionsgericht ist nach der Entscheidung über die Revision für eine Aufhebung des Haftbefehls nicht mehr zuständig. Eine derartige Entscheidung müsste spätestens zugleich mit der Urteilsaufhebung erfolgen. Nach Erlass einer die angefochtene Entscheidung aufhebenden Revisionsentscheidung ist für sämtliche Entscheidungen hinsichtlich der Untersuchungshaft nur noch das Gericht zuständig, an das die Sache zurückverwiesen worden ist.[39] Diese Zuständigkeit wird bereits mit dem Erlass der Revisionsentscheidung begründet, und nicht erst mit dem Rücklauf der Akten.[40]

V. Verhältnis zur besonderen Haftprüfung (Abs. 4)

24 Liegen die Akten dem OLG zur besonderen Haftprüfung (§§ 121, 122) vor, ist allein dieses zur Entscheidung berufen, ob die besondere Schwierigkeit oder der besondere Umfang der Ermittlungen oder ein anderer wichtiger Grund die Durchführung der Hauptverhandlung noch nicht zugelassen hat. Allerdings kann der Haftrichter durchaus im Rahmen der ihm zustehenden **Prüfung der Verhältnismäßigkeit** den Haftbefehl vor der Vorlage der Akten aufheben, wenn er diese Voraussetzungen für nicht gegeben ansieht.[41] Diese Vorprüfungsbefugnis endet aber, wenn die Staatsanwaltschaft die Vorlage der Akten an das Oberlandesgericht beantragt (§ 122 Abs. 1).[42]

VI. Weitere Zuständigkeitsfragen

25 **1. Allgemeines.** Eine nicht unerhebliche Bedeutung kommt in der Praxis der Frage zu, welche weiteren Folgen die Anklageerhebung für die gerichtliche Zuständigkeit hat.

26 **2. Gerichtliche Zuständigkeit für Haftbeschwerdeentscheidungen nach Anklageerhebung.** Eine **vor der Erhebung der öffentlichen Klage eingelegte Haftbeschwerde,** die vom Ermittlungsrichter noch nicht verbeschieden wurde, ist nach dem Zuständigkeitswechsel gemäß § 126 Abs. 2 in einen **Haftprüfungsantrag** bei dem nun-

---

[37] *Meyer-Goßner* § 309 Rn. 7 ff.
[38] KK-*Schultheis* § 126 Rn. 14.
[39] BGH 21.5.1996 – 1 StR 51/96, BGHR StPO § 126 Haftbefehl 1.
[40] OLG Zweibrücken 9.10.1996 – 2 Ws 71/96, StV 1988, 70.
[41] *Böhm* § 122 Rn. 8.
[42] *Böhm* § 122 Rn. 9.

mehr zuständigen Tatgericht **umzudeuten.**[43] Gleiches gilt für eine nach Anklageerhebung erhobene Haftbeschwerde gegen einen vom Ermittlungsrichter erlassenen Haftbefehl.[44] Auch dieser ist in einen an das nunmehr für Haftentscheidungen nach § 126 Abs. 2 zuständige Gericht gerichteten Haftprüfungsantrag nach § 117 Abs. 1 umzudeuten.[45] Entscheidet das Tatgericht in einem solchen Fall gleichwohl als Beschwerdegericht, ist diese Entscheidung gegenstandslos.[46] In diesem Sinne wird nach Einlegung der **Berufung** gegen ein Urteils des Amtsrichters die Berufungskammer des Landgerichts anstatt der dortigen Beschwerdekammer zuständig und entscheidet erstinstanzlich.[47] Auch eine weitere Beschwerde ist überholt, weshalb die Akten durch das Oberlandesgericht an das Berufungsgericht zu übersenden sind.[48]

Im Fall der **weiteren Haftbeschwerde** tritt eine Zuständigkeitsänderung nach Anklageerhebung allerdings ausnahmsweise dann nicht ein, wenn die Anklage zur Strafkammer erhoben worden ist, die erst kurz zuvor als Beschwerdekammer über das Rechtsmittel mit eingehender Begründung entschieden hat. Ist aber aufgrund der richterlichen Geschäftsverteilung sichergestellt, dass nicht derselbe Spruchkörper eine erneute Haftentscheidung zu treffen hat, verbleibt es dabei, dass mit Anklageerhebung die Zuständigkeit für Entscheidungen, die sich auf die Untersuchungshaft beziehen, auf das mit der Sache befasste Gericht übergeht.[49] 27

Eine Entscheidung des Beschwerdegerichts über eine unerledigte weitere Haftbeschwerde ist nach einem Zuständigkeitswechsel in der Hauptsache durch Zuleitung der Akten an das Berufungsgericht, nicht (mehr) veranlasst. Dies gilt nicht nur dann, wenn sich der Beschwerdeführer aufgrund der angefochtenen Haftentscheidung in Untersuchungshaft befindet, sondern auch dann, wenn er sich in anderer Sache in Strafhaft befindet und aufgrund des Haftbefehls lediglich Überhaft notiert ist. Im letztgenannten Fall kann die unerledigte weitere Haftbeschwerde nicht als Haftprüfungsantrag im Sinne des § 117 Abs. 1 behandelt werden, weil § 117 Abs. 1 das (förmliche) Haftprüfungsverfahren nur dann eröffnet, wenn sich der Antragsteller tatsächlich in Untersuchungshaft befindet. Die unerledigte weitere Haftbeschwerde ist dann aber als – durch § 117 Abs. 1 nicht ausgeschlossener – „einfacher" Antrag an das Berufungsgericht auf Aufhebung des Haftbefehls zu behandeln.[50] 28

3. Besetzungsfragen bei Haftentscheidungen – Mitwirkung von Schöffen. Umstritten ist die Frage, in welcher Besetzung das Gericht im Hinblick auf die Mitwirkung der Schöffen **während der laufenden Hauptverhandlung** über die Haftentscheidungen zu befinden hat. Nach der Rechtsprechung des Bundesgerichtshofs, die auch vom Bundesverfassungsgericht[51] nicht beanstandet wurde, ist auch während der laufenden Hauptverhandlung eines Amts- oder Landgerichts **immer in der Besetzung außerhalb der Hauptverhandlung** über die Haftfrage zu entscheiden.[52] Diese Ansicht hat den Wortlaut des § 30 GVG für sich. Nach einer anderen Auffassung erscheint es allein sachgerecht, den Spruchkörper mit der Haftfrage zu befassen, der die bisherige Beweisaufnahme durchgeführt 29

---

43 OLG Koblenz 25.3.2013 – 2 Ws 134/13; OLG Frankfurt a. M. 5.10.2009 – 1 Ws 107/09, StV 2010, 33; Oberlandesgericht des Landes Schleswig-Holstein 26.4.2006 – 2 Ws 165/06 (118/06), SchlHA 2007, 285 (Jugendrichter).

44 OLG Hamm 19.3.2013 – III-2 Ws 93/13.

45 KK-*Graf* § 126 Rn. 8; LR-*Hilger* § 114 Rn. 45; *Meyer-Goßner* § 126 Rn. 7; krit. *Schlothauer-Weider* Rn. 796 und 814; OLG Frankfurt a. M. 5.10.2009 – 1 Ws 107/09, StV 2010, 33; OLG Düsseldorf – 30.7.1992 – 3 Ws 449/92, StV 1993, 482; OLG Hamm 4.6.2013 – III-5 Ws 200/13; OLG Karlsruhe 15.8.1994 – 2 Ws 172/94, Justiz 1995, 22.

46 OLG Hamm 4.6.2013 – III-5 Ws 200/13.

47 OLG Frankfurt a. M. 28.6.1996 – 3 Ws 535/96, NStZ-RR 1996, 302.

48 OLG Hamm 16.10.2007 – 3 Ws 593/07.

49 OLG Hamm 4.6.2013 – III-5 Ws 200/13.

50 OLG Hamm 5.1.2012 – III-3 Ws 435/11; OLG Karlsruhe 27.12.1985 – 1 Ws 275/85, Justiz 1986, 144.

51 BVerfG 28.3.1998 – 2 BvR 2037/97, NJW 1998, 2962.

52 BGH 11.1.2011 – 1 StR 648/10, NStZ 2011, 356; vgl. auch OLG München 21.6.2010 – 2 Ws 503/10, StraFo 2010, 383; dass. 18.4.2007 – 2Ws 347/07, StRR 2007, 83.

hat.[53] Ferner wird vertreten, dass die Besetzung nach dem Zeitpunkt der Beschlussfassung auszurichten ist, mithin während der Hauptverhandlung unter Beteiligung der Laienrichter und außerhalb derselben ohne die Schöffen.[54] Die Rechtsauffassung des Bundesgerichtshofs hat nicht nur den Wortlaut des § 30 GVG für sich, sondern auch den maßgeblichen Grundsatz der Rechtssicherheit zum Zeitpunkt der Antragstellung. Bei der Zuständigkeitsausrichtung zum Zeitpunkt der Beschlussfassung würde es von bloßen Zufälligkeiten abhängen, welche Gerichtsbesetzung zu entscheiden hätte. Darüber hinaus würde dann auch die Gefahr unterschiedlicher Mehrheitsverhältnisse für die Entscheidung ein- und derselben Haftfrage bestehen. Die hierdurch herbeigeführte Abhängigkeit vom Zeitpunkt der Antragstellung würde deshalb auch dem Gebot des gesetzlichen Richters zuwiderlaufen.

30 **4. Eilmaßnahmen der Staatsanwaltschaft oder Vollzugsanstalt (§ 119 Abs. 1 Satz 4).** Abgesehen von den Fällen nicht beschwerdefähiger Entscheidungen nach § 119 Abs. 1 und 2 StPO durch ein Oberlandesgericht oder den Ermittlungsrichter beim Bundesgerichtshof kommt ein **Antrag auf gerichtliche Entscheidung** nach § 119 Abs. 5 dann in Betracht, wenn Staatsanwaltschaft oder Vollzugsanstalt eine vorläufige Anordnung nach § 119 Abs. 1 Satz 4 StPO getroffen haben, diese aber wegen Erledigung dem zuständigen Gericht nicht mehr zur Genehmigung vorlegen mussten (§ 119 Abs. 1 Satz 5). In diesen Fällen kann der Untersuchungsgefangene eine gerichtliche Überprüfung der Rechtmäßigkeit der erledigten Maßnahme nur über den an sich nachrangigen Antrag nach § 119 Abs. 5 Satz 1 erreichen. Unter Berücksichtigung des Umstandes, dass die gerichtliche Anordnung der Maßnahmen nach **§ 119 Abs. 1 und 2 dem Vorsitzenden durch § 126 Abs. 2 Satz 3** ausdrücklich zugewiesen wird,[55] **wäre es widersprüchlich,** die Überprüfung der von Staatsanwaltschaft oder Vollzugsanstalt an seiner Stelle getroffenen vorläufigen Anordnungen dem Kollegialgericht zu übertragen.

31 Insoweit ergibt sich aus § 126 Abs. 2 Satz 3 eine **Annexkompetenz des Vorsitzenden** für die Bescheidung von Anträgen auf gerichtliche Entscheidung nach § 119 Abs. 5 Satz 1.[56] Dies gilt insbesondere in dem theoretisch ebenfalls denkbaren Fall, dass der Untersuchungsgefangene durch einen Antrag nach § 119 Abs. 5 Satz 1 der Vorlage nach § 119 Abs. 1 Satz 5 zuvorkommen will.[57] Soweit die Gegenansicht, nach welcher bei einem Antrag nach Abs. 5 das Kollegialgericht und nicht der Vorsitzende zuständig sei, dies damit begründet, dass es sich hierbei nicht um eine „einzelne Maßnahme" im Sinne des Abs. 2 Satz 3 StPO handeln sollte, bleibt unklar, wo der sachliche Unterschied zu einer Entscheidung nach § 119 Abs. 1 Satz 3 liegt, für welche der Vorsitzende nach § 126 Abs. 2 Satz 3 ausdrücklich für zuständig erklärt wird. Allein der Umstand, dass der Rechtsbehelf nach der Gesetzesbegründung[58] der Beschwerde (§ 304) gleichgestellt werden sollte,[59] reicht in Anbetracht der vergleichbaren Ausgangslage hierfür nicht aus.[60]

32 **5. Zuständigkeit bei Anträgen auf gerichtliche Entscheidung nach § 119a.** Die Zuständigkeit für die Bescheidung eines **Antrags auf gerichtliche Entscheidung** nach § 119a Abs. 1 ergibt sich ebenfalls aus § 126. Danach ist für Anträge nach § 119a zunächst dasjenige Gericht zuständig, das den Haftbefehl erlassen hat. Mit Anklageerhebung geht die Zuständigkeit auf das mit der Sache befasste Gericht über. Ist dieses Gericht ein Kollegialgericht, besteht ein Unterschied zu § 119, da **§ 126 Abs. 2 Satz 3 nur auf § 119 und nicht auch auf § 119a verweist.** Danach hat der **gesamte Spruchkörper** in der für Entscheidungen außerhalb der Hauptverhandlung vorgesehenen Besetzung über Beschränkungen

---

[53] OLG Koblenz 17.3.2009 – 1 Ws 120/09, StV 2010, 37; dass. 20.1.2009 – 2 Ws 2/09, StV 2010, 36; OLG Düsseldorf 28.11.1983 – 2 Ws 643/83, StV 1984, 159.

[54] OLG des Landes Sachsen-Anhalt 21.6.2001 – 1 Ws 239/01, NStZ-RR 2001, 347.

[55] KG 13.9.2012 – 4 Ws 97/12, OLGSt StPO § 119 Nr. 40.

[56] *Böhm/Werner* § 119 Rn. 81; aA KG 23.10.2013 – (1) 2 StE 3/12; KK-*Schultheis* § 119 Rn. 78.

[57] Vgl. KG 2.1.2013 – 4 Ws 138/12, NStZ-RR 2013, 284.

[58] BT-Drs. 16/11644, 30.

[59] KMR-*Wankel* § 126 Rn. 16; AnwK-*König* § 126 Rn. 10; *Wiesneth* Untersuchungshaft, Rn. 394.

[60] SK-*Paeffgen* § 119a Rn. 10.

der Haft zur Aufrechterhaltung der Sicherung und Ordnung in der Haftanstalt zu entscheiden.[61] Die sich aus § 126 Abs. 2 Satz 3 ergebende Sonderzuständigkeit des Vorsitzenden für einzelne Anordnungen gilt für Anträge nach § 119a Abs. 1 nicht.

Die **funktionelle Zuständigkeit des Vorsitzenden oder des Kollegialgerichts** wird in der Praxis unterschiedlich beurteilt. Zum Teil werden Anträge auf gerichtliche Entscheidung gegen Entscheidungen der Vollzugsanstalt durch den Spruchkörper beschieden, zum Teil entsprechend § 126 Abs. 2 Satz 3 durch den Vorsitzenden. Soweit Oberlandesgerichte mit Beschwerden im Verfahren nach § 119a befasst waren, haben sie häufig ohne Erörterung der Zuständigkeitsfrage in der Sache entschieden.[62] Auch in der Literatur wird grundsätzlich auf die Zuständigkeit des Haftrichters nach § 126 ohne nähere Ausführungen zur funktionellen Zuständigkeit verwiesen.[63] 33

Bis zum Inkrafttreten der **Föderalismusreform**[64] stand die Gesetzgebungskompetenz nach Art. 74 Abs. 1 Nr. 1 GG allein dem Bund zu. Mit Inkrafttreten der Reform zum 1.9.2006 wurde die Gesetzgebungskompetenz für die Regelung des Untersuchungshaftvollzuges von der konkurrierenden in die ausschließliche Gesetzgebungskompetenz der Bundesländer verschoben. Die Gesetzgebungskompetenz des Bundes besteht seitdem nur noch für das „gerichtliche Verfahren" (Art. 74 Abs. 1 Nr. 1 GG). Es ist seither zu unterscheiden zwischen dem Untersuchungshaftvollzugsrecht der Länder und dem in der Gesetzgebungskompetenz des Bundes als Teil des gerichtlichen Verfahrens verbliebenen Untersuchungshaftrecht.[65] Zu letzterem Bereich gehört die Regelung der Untersuchungshaft selbst, einschließlich der Voraussetzungen, unter denen sie erfolgen kann und ihrer Dauer. Der Bund kann daher nach wie vor insbesondere die Gründe für die Anordnung der Untersuchungshaft und die Rechtsbehelfe regeln. Davon hat der Bund mit der Regelung in § 119a Gebrauch gemacht. Die gerichtliche Zuständigkeit für das Verfahren nach § 119a StPO hat der Bundesgesetzgeber in der Neufassung von § 126 Abs. 1 Satz 1 StPO geregelt. Nach der eindeutigen Wortlautgrenze hat „das Gericht" in dem Verfahren nach § 119a fremde Entscheidungen und Maßnahmen, nämlich regelmäßig die der Vollzugsanstalt, die aus Zwecken der Sicherheit und Ordnung in der Haftanstalt getroffen wurden, aufgrund eines Antrages auf gerichtliche Entscheidung zu prüfen. Hingegen betrifft die **funktionale Sonderzuständigkeit** des Vorsitzenden nach § 126 Abs. 2 Satz 3 typischerweise eigene, einzelne Anordnungen und Maßnahmen des Haftgerichts. 34

6. Zuständigkeit für die Bestellung des Pflichtverteidigers. Zur Entscheidung über die Bestellung eines Pflichtverteidigers bei Vorliegen der Voraussetzungen des § 140 Abs. 1 Nr. 4 ist gemäß § 141 Abs. 4 Hs. 2 das nach § 126 zuständige Gericht, im **Vorverfahren der Haftrichter** berufen: Das gilt auch für die Aufhebung der Bestellung.[66] 35

Mit **Eingang der Anklage** kommt es dabei grundsätzlich zu einem Zuständigkeitswechsel in der Form nach § 126 Abs. 2, so dass nunmehr nur noch der Vorsitzende des Gerichts für die Entscheidung über die Beiordnung zuständig ist. Eine bis zur Anklageerhebung nicht beschiedene Beschwerde, über welche der **ganze Spruchkörper** des Landgerichts oder des Oberlandesgericht zu entscheiden hätte, gegen die Versagung einer Beiordnung durch den nach §§ 141 Abs. 4 Halbsatz 2 iVm § 126 Abs. 1 zuständigen Richter ist daher nach Anklageerhebung als **Antrag auf Beiordnung** zu behandeln, über den nunmehr der **Vorsitzende** des erkennenden Gerichts zu befinden hat.[67] 36

---

[61] *Böhm/Werner* § 119a Rn. 15.

[62] OLG Jena 23.8.2010 – 1 Ws 296/10, StV 2011, 36 (Anordnung des Vorsitzenden); dass. 3.1.2012 – 1 Ws 575/11, RuP 2012, 170 – Kammerbeschluss; KG 2.1.2013 – 4 Ws 138/12, NStZ-RR 2013, 284 (zur funktionellen Zuständigkeit des Kollegialgerichts).

[63] Graf-*Krauß* § 119a Rn. 4; *Meyer-Goßner* § 119a Rn. 2; *Schlothauer/Weider* Rn. 1026; aber für die funktionelle Zuständigkeit des Kollegialgerichts ausdrücklich: *Wiesneth* Untersuchungshaft, Rn. 394; hingegen für die funktionelle Zuständigkeit des Vorsitzenden: SK-*Paeffgen* § 119a Rn. 10a.

[64] Gesetz zur Änderung des Grundgesetzes v. 22.8.2006, BGBl. I 2034.

[65] Vgl. *Böhm/Werner* § 119 Rn. 1 ff.

[66] KG 2.10.2013 – 4 Ws 126 – 128/13.

[67] OLG Stuttgart 9.7.2007 – 4 Ws 223/07, Justiz 2007, 357; OLG Celle 19.8.2010 – 1 Ws 419/10, NStZ-RR 2010, 381.

37 **7. Schadensersatzfragen.** Will der Beschuldigte Amtshaftungs- oder Schademsersatzansprüche wegen der Art und Weise seiner Unterbringung geltend machen, so können diese nach § 839 Abs. 3 BGB, Art. 5 Abs. 5 MRK ausgeschlossen sein, wenn er die Maßnahmen nicht zuvor bei dem nach § 126 zuständigen Gericht beanstandet hat.[68]

§ 126a [Einstweilige Unterbringung]

(1) Sind dringende Gründe für die Annahme vorhanden, daß jemand eine rechtswidrige Tat im Zustand der Schuldunfähigkeit oder verminderten Schuldfähigkeit (§§ 20, 21 des Strafgesetzbuches) begangen hat und daß seine Unterbringung in einem psychiatrischen Krankenhaus oder einer Entziehungsanstalt angeordnet werden wird, so kann das Gericht durch Unterbringungsbefehl die einstweilige Unterbringung in einer dieser Anstalten anordnen, wenn die öffentliche Sicherheit es erfordert.

(2) [1]Für die einstweilige Unterbringung gelten die §§ 114 bis 115a, 116 Abs. 3 und 4, §§ 117 bis 119a, 123, 125 und 126 entsprechend. [2]Die §§ 121, 122 gelten entsprechend mit der Maßgabe, dass das Oberlandesgericht prüft, ob die Voraussetzungen der einstweiligen Unterbringung weiterhin vorliegen.

(3) [1]Der Unterbringungsbefehl ist aufzuheben, wenn die Voraussetzungen der einstweiligen Unterbringung nicht mehr vorliegen oder wenn das Gericht im Urteil die Unterbringung in einem psychiatrischen Krankenhaus oder einer Entziehungsanstalt nicht anordnet. [2]Durch die Einlegung eines Rechtsmittels darf die Freilassung nicht aufgehalten werden. [3]§ 120 Abs. 3 gilt entsprechend.

(4) Hat der Untergebrachte einen gesetzlichen Vertreter oder einen Bevollmächtigten im Sinne des § 1906 Abs. 5 des Bürgerlichen Gesetzbuches, so sind Entscheidungen nach Absatz 1 bis 3 auch diesem bekannt zu geben.

Schrifttum: Siehe §§ 112, 121, 122 und ergänzend:

Baumann, Jürgen, Fehlende Rechtsgrundlage bei ärztlicher Zwangsbehandlung Untergebrachter; NJW 1980, 1878; *Bohnert, Joachim,* Untersuchungshaft und einstweilige Unterbringung, JR 2001 402; *Bosch, Nikolaus,* Entbindung des Arztes von der Schweigepflicht, StV 2002, 633; *Jung, Thomas,* Die Reihenfolge der Vollstreckung von Strafe und Maßregel bei Ausländern, StV 2009, 212; *Hammel, Manfred,* Taschengeld als sozialhilferechtlich anzuerkennendes Bedürfnis des täglichen Lebens im Falle einer einstweiligen Unterbringung nach § 126a, ASR 2012, 202; *Laugwitz, Christian,* „Sind dringende Gründe für die Annahme vorhanden „ – Eine Untersuchung zur Anordnungspraxis des § 126a StPO, RuP 2005, 67; *Mansdörfer, Marco,* Das Recht des Beschuldigten auf ein unverzögertes Ermittlungsverfahren, GA 2010, 153-168; *Nestler, Nina,* Zum „Recht des Untersuchungshaftvollzugs i.S.v. Art. 74 Abs. 1 Nr. 1 GG, HRRS 2010, 546; *Ostendorf, Heribert,* Untersuchungshaft und Abschiebehaft, NomosPraxis 2011; *Müller, Susanne,* Der Fall Mollath und die Strafjustiz – Anmerkungen aus der Praxis, Betrifft Justiz 2013, 176.; *Peglau, Jens,* Entlassung aus der einstweiligen Unterbringung wegen Verfahrensverzögerung, Anmerkung zu OLG Karlsruhe 2. Strafsenat, Beschluss vom 18. Januar 2010, 2 Ws 451/09 HEs 226/09, jurisPR-StrafR 5/2010 Anm. 3; *Pohlreich, Erol,* Die Rechtsprechung des EGMR zum Vollzug von Straf- und Untersuchungshaft, NStZ 2011, 560; *Pollähne, Helmut,* Die einstweilige Unterbringung des § 126a StPO im Recht, Recht & Psychiatrie 2002, 229, 2003, 57; sowie Die einstweilige Unterbringung (§ 126a StPO), Recht & Psychiatrie 2011, 140–151; *Pollähne, Helmut und Ernst, Carsten,* Einstweilige Unterbringung und Beschleunigungsgebot, StV 2009, 705–708; *Schäfer, Herbert,* Unzureichender Schutz des Beschuldigten im einstweiligen Unterbringungsverfahren nach § 126a StPO, ZRP 1989, 129; *Scheffler, Uwe,* Unterbringung gemäß § 126a außerhalb der Einrichtungen des Maßregelvollzugs? RUP 1998, 97; *Schultheis, Ulrich,* Übersicht über die Rechtsprechung in Untersuchungshaftsachen, NStZ 2011, 682-688 und NStZ 2013, 87–97; *Schneider, Ursula,* Die Reform des Maßregelrechts, NStZ 2008, 68); *Schlothauer/Weider,* Untersuchungshaft, 4. Aufl. 2010; Intern. Rechtshilfeverkehr, B; *Spieß, Kerstin,* Das Gesetz zur Sicherung der Unterbringung in einem psychiatrischen Krankenhaus und in einer Entziehungsanstalt, StV 2008, 160; *Tsambikakis, Michael,* Anmerkung zu dem Beschluss des OLG Thüringen vom 29.11.2010 – 1 Ws 457/10 – Zur Wiederholungsgefahr bei der Untersuchungshaft; *Volkart, Bernd,* Reform des § 126 a StPO ist überfällig, RuP 1990, 72; *Westhof, Jörn,* Verfahren, Voraussetzungen und Zuständigkeiten einer

[68] Oberlandesgericht des Landes Sachsen-Anhalt 30.1.2006 – 2 W 25/05, OLGR Naumburg 2006, 973 (Unterbringung in einem Haftraum mit anteilig vier Quadratmetern bei Gemeinschaftsunterbringung).

Unterbringung nach § 126a StPO, §§ 63, 64 StGB, JA 1997, 50; *Wiesneth, Christian*, Die Untersuchungshaft, 2010 sowie der amtsgerichtliche Bereitschaftsdienst – Neuerungen, DRiZ 2010, 46–51.

Übersicht

I. Allgemeines, Normzweck und Anwendungsbereich

1. Allgemeines. Die Norm ergänzt die Vorschriften der §§ 112, 112a, welche die Haftgrundlage für die Inhaftierung voll schuldfähiger Tatverdächtiger darstellen insoweit als sie die **Rechtsgrundlage für die Ingewahrsamnahme schuldunfähiger (§ 20 StGB) oder eingeschränkt schuldfähiger Straftäter** (§ 21 StGB) darstellt. Die jetzige Fassung der Vorschrift ist durch das Gesetz zur Sicherung der Unterbringung in einem psychiatrischen Krankenhaus und einer Entziehungsanstalt vom 16.7.2007 (Unterbringungssicherungsgesetz)[1] eingeführt worden und hatte das Ziel, die als sachlich nicht gerechtfertigte Schlechterstellung des vorläufig Untergebrachten gegenüber dem Untersuchungsgefangenen durch das Fehlen einer nach sechs Monaten durchzuführenden Prüfung des weiteren Vorliegens der Unterbringungsvoraussetzungen zu beseitigen,[2] was jedenfalls teilweise auch gelungen ist (→ Rn. 40 ff.). 1

2. Normzweck. Ziel der Norm ist nicht, wie dies bei § 112 der Fall ist, die Sicherung des Verfahrens, sondern es handelt sich um eine **rein präventive polizeiliche Vorschrift,** welche ausschließlich der Gefahrenabwehr dient und eine spätere Unterbringung nach §§ 63, 64 StGB ermöglichen soll. Daher dient die Vorschrift dem **Schutz der Allgemeinheit** vor weiteren erheblichen Straftaten psychisch kranker Rechtsbrecher.[3] Ähnliche vor- 2

---

[1] BGBL I. 1327.
[2] BT-Drs. 16/1110, 27; HK-*Posthoff* § 126a Rn. 1.
[3] LK-Hilger § 126a Rn. 1; HK-*Posthoff* § 126a Rn. 1.

beugende Maßnahmen sind auch in §§ 111a, 112a, 132a enthalten. Gleichwohl hat die Vorschrift jedenfalls mittelbar auch verfahrenssichernden Charakter.[4]

3 **3. Anwendungsbereich.** Bei nur vermindert schuldfähigen Straftätern (§ 21 StGB) stellt sich die Frage der Abgrenzung zur Untersuchungshaft (§ 112). Grundsätzlich wird diese nicht dadurch ausgeschlossen, dass mit einer Unterbringung des Täters in einem psychiatrischen Krankenhaus (§ 63 StGB) oder in einer Entziehungsanstalt (§ 64 StGB) zu rechnen ist. Insoweit kommt es darauf an, ob die **einstweilige Unterbringung die angemessenere Maßnahme** darstellt, was im Einzelfall beurteilt werden muss. Dies wird in der Regel dann anzunehmen sein, wenn sie die Möglichkeit einer ärztlichen Behandlung bietet[5] (→ Rn. 57) und eine solche auch nach vorläufiger Beurteilung des Haftrichters geboten ist und rechtlich auch zulässig durchgeführt werden kann (→ Rn. 31).[6] Allerdings kann nur eine der beiden Maßnahmen angeordnet und vollzogen werden.[7] Dabei kann und muss auch die Unterbringung so ausgestaltet werden, dass neben der Flucht- vor allem der Verdunkelungsgefahr entgegengewirkt wird.[8] Ist mit einer endgültigen Unterbringung nicht zu rechnen, kommt allein die Anordnung der Untersuchungshaft in Betracht, andererseits wird zumeist eine einstweilige Unterbringung durch den Haftrichter anzuordnen sein, wenn die Schuldunfähigkeit des Tatverdächtigen feststeht oder aber mit hoher Wahrscheinlichkeit zu erwarten ist.[9]

4 Die einstweilige Unterbringung kann nicht nur gegen erwachsene Rechtsbrecher angeordnet, sondern auch gegen **Jugendliche und Heranwachsende.**[10] Dies gilt auch dann, wenn zu der krankhaften Störung auch eine entwicklungsbedingte Störung zusammen trifft, mithin es auch an einer Verantwortlichkeit des Jugendlichen nach § 3 JGG fehlt.[11] Allerdings ist in solchen Fällen immer sehr genau zu prüfen, ob eine Unterbringung wirklich erforderlich ist, denn das vom Erziehungsgedanken geprägte Jugendstrafrecht kann einer solchen doch sehr tief in die Lebensführungen vor allem eines jugendlichen Straftäters eingreifenden Maßnahme entgegenstehen.[12] Zuständig für den Erlass des Unterbringungsbefehls ist nicht der Ermittlungsrichter, sondern nach §§ 126a Abs. 2 Satz 1, 125 Abs. 1, 34 Abs. 1 JGG der Jugendrichter beim Amtsgericht.

5 Nach einer in **Literatur und Rechtsprechung** diesbezüglich vertretenen, den dogmatischen Vorrang des § 3 JGG betonenden abweichenden Ansicht ist die strafrechtliche Unterbringung eines nach § 3 Satz 1 JGG nicht verantwortlichen und zugleich iSd §§ 20, 21 StGB schuldunfähigen oder vermindert schuldfähigen Jugendlichen hingegen ausgeschlossen.[13] Nach dieser Auffassung käme in den vorliegenden Fällen als Maßnahme nach § 3 Satz 2 JGG nur eine Unterbringung in einem psychiatrischen Krankenhaus in Betracht durch eine Genehmigung des Familiengerichts als zivilrechtliche Unterbringung nach § 1631b BGB oder einer vom Vormundschaftsgericht anzuordnenden öffentlich-rechtlichen Unterbringung nach dem jeweiligen Landesrecht in Betracht.[14] Nach zutreffender anderer Ansicht hingegen geht auch bei einem Zusammentreffen von fehlender strafrechtlicher Verantwortlichkeit iSd § 3 Satz 1 JGG und Schuldunfähigkeit oder verminderter Schuldfähigkeit iSd §§ 20, 21 StGB letztere vor mit der Folge, dass in solchen Fällen einer strafrechtlichen

---

4 LR-*Hilger* § 126a Rn. 1; KK-*Schultheis* § 126a Rn. 1.

5 KG 9.3.1989 – 4 Ws 47/89, JR 1989, 476.

6 *Schneider* NStZ 2008, 68.

7 SK-*Paeffgen* § 126 Rn. 3; aA *Bohnert* JR 2001, 402 (Anwendung der Regeln der Überhaft).

8 LR-*Hilger* § 126a Rn. 4; KK-*Schultheis* § 126a Rn. 2.

9 Ebenso HK-*Posthoff* § 126a Rn. 2.

10 OLG Düsseldorf 20.1.1984 – 2 Ws 21/84, MDR 1984, 603; *Meyer-Goßner* § 126a Rn. 1; KK-*Schultheis* § 126a Rn. 1b.

11 Thüringer Oberlandesgericht 29.1.2007 – 1 Ws 16/07, NStZ-RR 2007, 217.

12 Ebenso HK-*Posthoff* § 126a Rn. 1.

13 *Eisenberg* JGG § 3 Rn. 35-39; Ostendorf JGG § 3 Rn. 4; OLG Karlsruhe 28.2.2000 – 2 Ss 225/99, Justiz 2000, 150.

14 Vgl. auch Oberlandesgericht des Landes Thüringen 29.1.2007 – 1 Ws 16/07, NStZ-RR 2007, 217-219; dass. 20.1.2007 – 1 Ws 44/07.

Unterbringung grundsätzlich nichts entgegensteht.[15] Die Unterbringung nach § 63 gehört, wie der Regelung in §§ 5 Abs. 3, 7 JGG zu entnehmen ist, zu den grundsätzlich auch gegen Jugendliche statthaften Maßregeln. Eine Ausschlussklausel ist diesen Normen nicht zu entnehmen.[16] Ferner ist eine krankheitsbedingt geminderte Schuldfähigkeit nach § 63 dem krankheitsbedingten Ausschluss der Schuldfähigkeit, bei dem eine Bestrafung immer auszuscheiden hat, sachlich uneingeschränkt gleichgestellt. Erschwerend kommt hinzu, dass bei einem Jugendlichen, der iSv § 20 StGB krankheitsbedingt jegliche strafrechtliche Verantwortlichkeit vermissen lässt, die Frage der mangelnden Entwicklungsreife als bedeutungslos in den Hintergrund treten lässt. Zudem erfordert der mit § 126a bezweckte Schutz der Allgemeinheit die Anwendbarkeit der hierfür geschaffenen bundeseinheitlichen Normen.

Abzugrenzen ist die Unterbringung nach § 126a auch von der **landesrechtlichen Unterbringung psychisch Kranker.** Diese ist grundsätzlich subsidiär. Zum einen verfolgt diese einen anderen Schutzzweck, zum anderen sind auch die tatbestandlichen Anforderungen an eine landesrechtliche Unterbringung größer, da teilweise (vgl. zB § 11 PsychKG NW) eine gegenwärtige Gefahr erforderlich ist.[17] Auch hat das Haftgericht keinerlei Einfluss darauf, in welchem Umfang die Freiheitsentziehung weiter vollzogen wird. Insoweit besteht auch die Besonderheit, dass untergebrachten Patienten, sei es nach § 126a, sei es nach Landesrecht, oftmals Gewaltdelikte an Personal oder sonstigen Insassen begehen. Solche Delikte hindern grundsätzlich die Anwendung des § 63 StGB und damit auch des § 126a nicht. Hat ein Beschuldigter krankheitstypische und krankheitsbedingte Anlasstaten jedoch im Rahmen einer bereits aus anderen Gründen angeordneten Unterbringung begangen und gehören die Tatopfer zum ihn betreuenden Pflegepersonal, bleibt in der Regel für die Maßnahme nach § 63 StGB als Rechtsfolge kein Raum.[18] 6

Steht nicht das allgemeine Sicherheitsbedürfnis in Rede (→ Rn. 16 f.), sondern nur die **Sicherung der Anwesenheit** des der **Hauptverhandlung** unentschuldigt ferngebliebenen Beschuldigten, darf kein vorläufiger Unterbringungsbefehl ergehen, sondern auch im Sicherungsverfahren (§ 414 ff.) muss eine Vorführungsanordnung oder sogleich ein Haftbefehl nach § 230 Abs. 2 erlassen werden.[19] 7

II. Voraussetzungen der einstweiligen Unterbringung (Abs. 1)

1. Allgemeines. Das nach § 126 zuständige Gericht kann durch einen **Unterbringungsbefehl** die einstweilige Unterbringung des Beschuldigten in einem psychiatrischen Krankenhaus (§ 63 StGB) oder einer Entziehungsanstalt (§ 64 StGB) anordnen, wenn dringende Gründe für die Annahme vorhanden sind, dass jemand eine rechtswidrige Tat (§ 11 Abs. 1 Nr. 5 StGB) im Zustand der Schuldunfähigkeit (§ 20 StGB) oder der verminderten Schuldfähigkeit (§ 21 StGB) begangen hat und dass seine Unterbringung in einer dieser Anstalten angeordnet werden wird, wenn die öffentliche Sicherheit es erfordert. Insoweit braucht zum Zeitpunkt der Anordnung noch nicht feststehen, ob die Voraussetzungen des § 20 StGB oder des § 21 StGB vorliegen.[20] 8

2. Dringende Gründe. Begriff der dringenden Gründen entspricht der Sache nach dem des **dringenden Tatverdachts in § 112.**[21] Erforderlich sind solche dringenden Gründe in zweierlei Hinsicht. Zum einen muss die Aktenlage die Annahme begründen, dass jemand eine rechtswidrige Tat im Zustand der Schuldunfähigkeit oder verminderten Schuldfähigkeit (§§ 20, 21 StGB) begangen hat, zum anderen, dass deshalb seine Unterbrin- 9

[15] BGH 29.1.1975 – 2 StR 579/75, BGHSt 26, 67; *Diemer/Schoreit/Sonnen-Diemer* JGG § 3 Rn. 28; *Brunner/Dölling* JGG § 3 Rn. 10; OLG Düsseldorf 20.1.1984 – 2 Ws 21/84, MDR 1984, 603.

[16] Vgl. auch *Meier/Rössner/Wulf* NomosKom., 2011, *Remschmidt/Rössner* § 126a Rn. 48-50.

[17] OLG Hamm 20.5.2008 – 3 Ws 198/08.

[18] BGH 22.1.1998 – 4 StR 354/97, NStZ 1998, 405; ders. 22.2.2011 – 4 StR 635/10, NStZ-RR 2011, 202; Thüringer Oberlandesgericht 20.1.2007 – 1 Ws 44/07.

[19] Hanseatisches Oberlandesgericht Hamburg 7.3.2012 – 2 Ws 36/12, StraFo 2012, 266.

[20] *Meyer-Goßner* § 126a Rn. 4.

[21] LK-*Hilger* § 126a Rn. 6.

gung in einem psychiatrischen Krankenhaus (§ 63) oder einer Entziehungsanstalt (§ 64) angeordnet werden wird. Der Gesetzgeber hat diesen Verdachtsgrad selbst nicht näher erläutert. Der Begriff der dringenden Gründe nach § 126a Abs. 1, die in Bezug auf die Tatbegehung und die endgültige Unterbringung nach § 63 verlangt werden, entspricht dem des dringenden Tatverdachts des § 112 Abs. 1 Satz 1.[22] Erforderlich sind insoweit **drei** von dem zuständigen Gericht (§§ 125, 126) zu prüfenden **Elemente.** Einerseits bedarf es einer sachlich begründeten Beurteilung der **Täterwahrscheinlichkeit des Beschuldigten** (→ Rn. 10),[23] andererseits einer **Prognose der vollständigen oder eingeschränkten Schuldunfähigkeit** (→ Rn. 11 f.) sowie der **Anordnung der endgültigen Unterbringung** in einem psychiatrischen Krankenhaus oder einer Entziehungsanstalt nach §§ 63, 64 StGB (→ Rn. 13 f.).

10 **a) Täterwahrscheinlichkeit.** Die von der Rechtsprechung und der Literatur gefestigte Definition umschreibt den dringenden Tatverdacht zunächst als **große oder hohe Wahrscheinlichkeit,**[24] dass der Beschuldigte Täter oder Teilnehmer einer verfolgbaren Straftat ist. Insoweit unterscheidet sich die Vorschrift nicht von § 112.

11 **b) Vollständige oder eingeschränkte Schuldunfähigkeitswahrscheinlichkeit.** Auch bezüglich des Vorliegens der §§ 20, 21 StGB müssen dringenden Gründe, mithin eine **große oder hohe Wahrscheinlichkeit** vorliegen,[25] dass die Schuldfähigkeit des Täter bei der Tat entweder vollkommen oder zumindest teilweise eingeschränkt war. Insoweit kann allerdings offen bleiben, ob später § 20 StGB oder § 21 StGB zur Anwendung kommt, wenn nur zum Zeitpunkt der jeweiligen Unterbringungsentscheidung die Voraussetzungen einer der beiden Normen mit hoher Wahrscheinlichkeit anzunehmen ist.[26]

12 **Gerade zu Beginn eines Ermittlungsverfahrens** lässt sich oftmals nicht sicher feststellen, ob ein Tatverdächtiger an einer seine Schuldfähigkeit tangierenden psychiatrischen oder psychischen Störung leidet. Ansatzpunkte für eine solche Beeinträchtigung kann oftmals der Tatablauf geben oder aber, was sehr oft der Fall ist, frühere Aufenthalte des Beschuldigten in einer psychiatrischen Klinik. In solchen Fällen ist zeitnah schon durch die **Staatsanwaltschaft ein Sachverständiger zu bestellen.** Ergibt sich erst im Laufe des Verfahrens, dass die Voraussetzungen der §§ 20, 21 StGB vorliegen, so ist zu prüfen, ob ein bis dahin bestehender Untersuchungshaftbefehl umgewandelt werden muss (aber → Rn. 57).

13 **c) Unterbringungswahrscheinlichkeit.** Zur Prognose zur – eingeschränkten – Schuldunfähigkeit muss hinzu kommen, dass mit **hoher Wahrscheinlichkeit** mit einer Unterbringung (§§ 63, 64 StGB) des Beschuldigten zu rechnen ist. Dabei muss sich die Prognose auf den **Zeitpunkt der späteren Urteilsfeststellung** beziehen und hierauf auch abstellen.[27] Eine solche Unterbringung ist nach §§ 63 ff. StGB anzuordnen, wenn vom Täter infolge seines Zustandes oder seines Hanges erhebliche rechtswidrige Taten zu erwarten sind und er zudem im Falle des § 63 StGB (Unterbringung in einer psychiatrischen Krankenhaus) für die Allgemeinheit gefährlich ist. In Fällen des § 64 StGB ist insoweit Vorsicht geboten, weil eine Anordnung der Maßregel auch möglich ist, wenn die Schuldunfähigkeit nicht auszuschließen ist, so dass trotz eines Hanges, alkoholische Getränke oder berauschende Mittel im Übermaß zu sich zu nehmen, nur eine Haftbefehl nach § 112 in Betracht kommen kann.[28]

14 In der Praxis von besonderer Bedeutung ist die **Maßregelanordnung nach § 63 StGB.** Eine solche setzt zunächst die positive Feststellung eines länger andauernden, nicht nur

---

[22] OLG Bremen 6.2.2008 –BL 12/08, NStZ 2008, 650; KG 18.8.1999 – 1 AR 1657/96; vgl. hierzu *Böhm/Werner* § 112 Rn. 21 ff.

[23] Vgl. BVerfG 12.9.1995 – 2 BvR 2475/94, NJW 1996, 1049; *Böhm/Werner* § 112 Rn. 22; KK-*Graf* § 112 Rn. 3.

[24] BGH 18.10.2007 – StB 34/07, StV 2008, 84; *Böhm/Werner* § 112 Rn. 21; KK-*Graf* § 112 Rn. 6.

[25] KK-*Schultheis* § 126a Rn. 3.

[26] KK-*Schultheis* § 126a Rn. 3.

[27] LK-*Hilger* § 126a Rn. 7.

[28] LK-*Hilger* § 126a Rn. 7; HK-*Posthoff* § 126a Rn. 4; SK-*Paeffgen* § 126a Rn. 5a.

vorübergehenden Defekts voraus, der zumindest eine erhebliche Einschränkung der Schuldfähigkeit im Sinne des § 21 StGB sicher begründet.[29] Weiter bedarf es der Feststellung eines Zusammenhanges zwischen der vorliegenden psychischen Störung und der Anlasstat.[30] Infolge seines Zustandes müssen danach von dem Betroffenen weitere Taten zu erwarten sein, was – da die Maßregel ihn in hohem Maße beschwert – nur zur Anordnung der Unterbringung führt, wenn nicht nur die einfache Möglichkeit, sondern eine Wahrscheinlichkeit höheren Grades für neuerliche schwere Störungen des Rechtsfriedens besteht.[31] In Anbetracht der Schwere des Eingriffs in die persönliche Freiheit rechtfertigen nur schwere Störungen des Rechtsfriedens, die zumindest in den Bereich der mittleren Kriminalität hineinragen, eine Unterbringung nach § 63 StGB und eine entsprechende einstweilige Unterbringung nach § 126a StPO.[32] Bei geringfügigerer Anlasstat bedarf die Gefährlichkeitsprognose besonderer Prüfung.[33] Eine solche kann etwa fehlen, wenn dem Beschuldigten lediglich vorgeworfen wird, einen anderen durch die Äußerung „Dich mach ich als nächsten fertig“ bedroht zu haben.[34] Jedoch kann durchaus ausreichen, dass der Beschuldigte nur gegenüber einer Einzelperson gefährlich ist.[35]

Zur Beurteilung der Schuldfähigkeits- und der Unterbringungsprognose ist nach dem 15
Gebot der **bestmöglichen Sachaufklärung,** welches auch für das Verfahren der Überprüfung der Unterbringung Beachtung finden muss, in solchen Fällen zeitnah ein erfahrener Sachverständiger hinzuzuziehen.[36] Mit zunehmender Dauer des Freiheitsentzuges steigen die dabei die Anforderungen an eine solche Sachverhaltsaufklärung und die Begründungstiefe gerichtlicher Entscheidungen.[37] Insbesondere mit fortschreitender Dauer der vorläufigen Unterbringung ist es im Hinblick auf die erforderliche Gefahrenprognose, wie in der Praxis häufig zu beobachten, nicht ausreichend, die Ansicht des medizinischen Gutachters zu der fortbestehenden Gefährlichkeit zu replizieren, sondern in einer späteren Haftfortdauerentscheidung sind zumindest auch die Anknüpfungs- und Befundtatsachen, die zum Verständnis der gutachterlichen Äußerungen und ihrer Plausibilität erforderlich sind, darzustellen.

3. Öffentliche Sicherheit. Weiterhin muss die öffentliche Sicherheit die vorläufige 16
Unterbringung des Beschuldigten im Zeitpunkt der Anordnung des Beschlusses gebieten. Nicht nur die verfahrenssichernde Untersuchungshaft (§ 112 ff.), sondern auch eine Freiheitsentziehung in Form der vorläufigen Unterbringung darf nämlich nur dann angeordnet und aufrechterhalten werden, wenn **überwiegende Gemeinwohlbelange,** wie beispielsweise eine wirksame Strafrechtspflege, dies zwingend gebieten.[38]

Die öffentliche Sicherheit gebietet die vorläufige Unterbringung aber nur dann, wenn 17
eine **Wahrscheinlichkeit höheren Grades** und nicht nur die einfache Möglichkeit schwerer Störungen des Rechtsfriedens besteht.[39] Es muss sich um Taten von solcher Schwere handeln, dass der Schutz der Allgemeinheit die einstweilige Unterbringung gebietet.[40] Geboten ist danach eine mit aller Sorgfalt vorzunehmende Gesamtwürdigung von Täter

[29] BGH 17.3.2006 – 3 StR 52, 06, NStZ-RR 2007, 74; BGH 8.4.2003 – 3 StR 79/03, NStZ-RR 2003, 232.

[30] BGH 8.4.2003 – 3 StR 79/03, NStZ-RR 2003, 232; BGH 17.3.2006 – 3 StR 52, 06, NStZ-RR 2007, 74.

[31] BGH 22.6.2006 – 3 StR 89/06, NStZ-RR 2006, 265; BGH 11.7.1986 – 3 StR 274/86, NStZ 1986, 572; *Fischer* StGB, 55. Aufl., § 63 Rn. 13.

[32] BGH 29.11.1994 – 1 StR 689/94, NStZ 1995, 228; BGH 6.11.1996 – 5 Ars 59/96, NStZ-RR 1997, 166; BGH 24.11.2004 – 1 StR 493/04, NStZ-RR 2005, 72.

[33] BGH 14.7.2005 – 4 StR 135/05, NStZ-RR 2005, 303; *Fischer* Rn. 14.

[34] OLG Frankfurt a. M. 30.4.2008 – 1 Ws 48/08.

[35] Oberlandesgericht des Landes Thüringen 4.9.2007 – 1 Ws 331/07, OLGSt StPO § 126a Nr. 7.

[36] BVerfG 26.3.2009 – 2 BvR 2543/08, NStZ-RR 2010, 122.

[37] BVerfG 14.1.2005 – 2 BvR 983/04, EuGRZ 2005, 181; *Böhm/Werner* § 112 Rn. 8, 34.

[38] BVerfG 8.12.2011 – 2 BvR 2181/11, NJW 2012, 513; dass. 6.2.1980 – 2 BvR 1070/79, BVerfGE 53, 152.

[39] SK-*Paeffgen* § 126 Rn. 5; aA HK-*Posthoff* § 126a Rn. 6 (Hohe Wahrscheinlichkeit nicht erforderlich).

[40] KK-*Schultheis* § 126a Rn. 3.

und Tat unter Berücksichtigung des Grundsatzes der Verhältnismäßigkeit (§ 126a iVm § 62 StGB)(→ Rn. 18) und eine Prognose, dass von dem Täter infolge seines Zustandes erhebliche rechtswidrige Taten zu erwarten sind und er deshalb für die Allgemeinheit gefährlich ist.[41] Hierfür bedarf es einer negativen Gefährlichkeitsprognose.[42] Mit einer Wahrscheinlichkeit hohen Grades muss danach anzunehmen sein, dass der Täter infolge seines fortdauernden Zustands in Zukunft erhebliche rechtswidrige Taten begehen werde und daher für die Allgemeinheit gefährlich sei.[43]

18 **4. Grundsatz der Verhältnismäßigkeit.** Wie sich auch aus § 62 StGB ergibt, ist der Grundsatz der Verhältnismäßigkeit auch bei der einstweiligen Unterbringung zu beachten[44] und kann auf **mehreren Stufen entscheidungsrelevant** sein. Neben der Notwendigkeit dringender Gründe für die Erwartung einer endgültigen Unterbringung nach §§ 63, 64 StGB (→ Rn. 14) beinhaltet auch das Erfordernis einer einstweiligen Unterbringung im Interesse öffentlicher Sicherheit ein Element des Übermaßverbotes.[45] Beachtung findet er aber auch bei der Frage der Außervollzugsetzung eines Unterbringungsbefehls (→ Rn. 36 ff.) und vor allem im Rahmen der besonderen Haftprüfung (vgl. unten 41 ff.).

19 An Erfordernis der Verhältnismäßigkeit fehlt es, wenn **weniger einschneidende Maßnahmen** auf anderer Rechtsgrundlage genügen, etwa die Aufnahme des Beschuldigten in einer therapeutischen Wohngruppe.[46] Eine bereits angeordnete und vollzogene oder auch nur in Betracht kommende **Unterbringung** des Beschuldigten **nach dem jeweiligen Landesrecht** steht der vorläufigen Unterbringung im Hinblick auf den anderweitigen Schutzzweck jedoch nicht entgegen (→ Rn. 6).[47] Teilweise unterliegen die landesrechtlichen Regelungen erhöhten Anforderungen an die Gefährdungsprognose.[48] Ferner hat das Haftgericht keinerlei Kontroll- oder Einflussmöglichkeit inwieweit die Unterbringung auf landesrechtlicher Grundlage weiter vollzogen wird. Gleichwohl hat sich das Haftgericht im Rahmen der umfassenden Verhältnismäßigkeitsprüfung stets zu prüfen und sich zu äußern, ob eine bereits vollzogene Unterbringung nach dem jeweiligen Landesrecht den Beschuldigten weniger beschwert und diese ebenso geeignet ist, die von ihm ausgehende Gefahr für die Allgemeinheit zu minimieren.[49]

20 Bei insoweit zu entscheidenden Frage, ob die öffentliche Sicherheit die einstweilige Unterbringung gebietet, ist der **Zeitpunkt der Haftentscheidung** zu Grunde zu legen, wohingegen bezüglich der Prognose der endgültigen Unterbringung nach §§ 63, 64 StGB auf den Zeitpunkt der Urteilsfällung abzustellen ist (→ Rn. 13).[50]

21 Das Haftgericht muss also das Erfordernis, dass die öffentliche Sicherheit die einstweilige Unterbringung des Angeklagten bedingen muss, in die **Gesamtabwägung** – im Vergleich zu einer verfahrenssichernden Untersuchungshaft – stets einstellen und in den Entscheidungsgründen zum Ausdruck bringen. Das allgemeine Sicherungsbedürfnis ist dann ausreichend tangiert, wenn ein Beschuldigter mit Wahrscheinlichkeit weitere rechtswidrige Taten von solcher Schwere begehen wird, dass der von § 126a bezweckte Schutz der Allgemeinheit die Anordnung gebietet und weniger einschneidende Maßnahmen nicht ausreichen.[51]

---

[41] BGH 2.3.2011 – 2 StR 550/10, NStZ-RR 2011, 240, dass. 17.2.2009 – 3 StR 27/09, NStZ-RR 2009, 169.

[42] Vgl. OLG Düsseldorf 5.1.2000 – 1 Ws 976/99, OLGSt 2000, StPO § 126a Nr. 3 (Zu der einstweiligen Unterbringung eines Exhibitionisten bei der Gefahr sexueller Handlungen an Kindern); OLG Frankfurt a. M. 30.4.2008 – 1 Ws 48/08 (Zu den Anforderungen an die Gefährlichkeitsprognose bei geringfügiger Anlasstat).

[43] BGH 2.7.2002 – 1 StR 194/02, NStZ 2002, 590; KG 12.11.2001 – 5 Ws 691/01.

[44] BVerfG 8.12.2011 – 2 BvR 2181/11, NJW 2012, 513; OLG Hamm 20.5.2008 – 3 Ws 198/08; HK-*Posthoff* § 126a Rn. 7.

[45] LR-*Hilger* § 126a Rn. 11.

[46] HK-*Posthoff* § 126a Rn. 7.

[47] OLG Düsseldorf 15.6.1983 – 1 Ws 506/83, MDR 1984, 71; *Meyer-Goßner* § 126a Rn. 5.

[48] Vgl. zB § 11 PsychKG NW (Erforderlichkeit einer gegenwärtigen Gefahr).

[49] OLG Hamm 20.5.2008 – 3 Ws 198/08; LG Kleve 7.7.2011 – 120 Qs 65/11, FamRZ 2011, 1825.

[50] LK-*Hilger* § 126a Rn. 8.

[51] KG 29.1.1997 – 1 AR 56/97.

Ein in der Praxis ständig auftauchendes Problem sind sog **gemeinlästige Taten,** wie etwa Beleidigungen, von leichterem Gewicht,[52] leichte Übergriffe bzw. Bedrohungen oder aber bloße Selbstgefährdungen, welche im Regelfall nach dem Übermaßverbot unabhängig von den fehlenden Voraussetzungen der §§ 63, 64 StGB schon die öffentliche Sicherheit nicht tangieren können (→ Rn. 14). 22

III. Vorläufiger Unterbringungsbefehl – Verfahrensablauf (§ 126a Abs. 2 Satz 1)

1. Allgemeines. Für die nähere Ausgestaltung des Verfahrensablaufs bei der Anordnung eines vorläufigen Unterbringungsbefehls nimmt § 126a Abs. 2 Satz 1 ausdrücklich Bezug auf wesentliche Normen, welche die **Untersuchungshaft** regeln. Dies sind vorrangig die Regelungen über die Bekanntgabe an den vorläufig festgenommen Beschuldigten (§ 114a), Belehrungsvorschriften (§ 114b) und Benachrichtigungspflichten (§ 114c) sowie die verschiedenen Mitteilungspflichten an und durch die Anstalt (§§ 114d, 114e). Ferner finden die Vorführungsvorschriften vor den zuständigen Richter entsprechend Anwendung (§§ 115, 115a). Ebenso sind die Vorschriften über die Außervollzugssetzung (§ 116 Abs. 3 und 4, § 123) und die der Haftprüfung (§ 117 bis 118b) zu beachten. Auch die Vorschriften über die Beschränkungen in der Vollziehung der Haft (§§ 119, 119a) sind anzuwenden. Insoweit wird auf die Kommentierung in diesem Werk verwiesen. Im Übrigen besteht zu folgenden Ergänzungen Anlass: (→ Rn. 24–39a) 23

2. Gerichtliche Zuständigkeit. Für die Anordnung der vorläufigen Unterbringung ist nach dem gesetzlichen Verweis das in **§§ 125, 126 bestimmte Gericht** zuständig.[53] Für die einstweilige Unterbringung ist das Amtsgericht, in dessen Bezirk sich der Beschuldigte aufhält, jedenfalls dann zuständig, wenn sich in seinem Bezirk ein psychiatrisches Landeskrankenhaus befindet.[54] 24

3. Inhalt des Unterbringungsbefehls. Nach dem gesetzlichen Verweis auf § 114 entsprechen die inhaltlichen Anforderungen des Unterbringungsbefehls denen des Untersuchungshaftbefehls. Die in § 114 aufgestellten Anforderungen an den Erlass eines Haftbefehls gelten nicht nur für Untersuchungshaftbefehle nach § 112 ff., sondern finden auch auf andere Haftbefehlsarten entsprechende Anwendung.[55] Insoweit besteht jedoch die Besonderheit, dass die **Art der Anstalt** – psychiatrischen Krankenhaus oder Entziehungsanstalt – im **Unterbringungsbefehl anzugeben** ist, wohingegen sich die konkrete Einrichtung nach an sich dem jeweiligen Einweisungsplan richtet (→ Rn. 26).[56] Kommen jedoch mehrere Einrichtungen in Betracht, hat diese der Richter auszuwählen und zu bestimmen. 25

4. Vollzug des Unterbringungsbefehls. In dem Unterbringungsbefehl ist daher zunächst jedenfalls die Art der Anstalt, in der die Unterbringung vollzogen werden soll, anzugeben.[57] Grundsätzlich ist die Unterbringung in einem öffentlichen psychiatrischen Krankenhaus oder einer öffentlichen Entziehungsanstalt. zu vollziehen. Aufgrund eines **richterlichen Aufnahmeersuchens** wird der Vollzug gem. § 36 Abs. 2 Satz 1 von der antragstellenden Staatsanwaltschaft veranlasst.[58] Die konkrete Anstalt bestimmt sich nach dem Einweisungsplan des jeweiligen Bundeslandes. Die dauerhafte Unterbringung in einer Haftanstalt ist, auch wenn diese über eine psychiatrisch-neurologische Abteilung verfügt, unzulässig.[59] 26

Eine kurzfristige, höchstens **24 Stunden andauernde Überstellung in eine Justizvollzugsanstalt** ist nur zulässig, wenn die Überführung in das eigentlich zuständige psychiatri- 27

[52] BGH 22.2.2011 – 4 StR 635/10, NStZ-RR 2011, 202.
[53] Vgl. *Böhm/Werner* § 125 Rn. 3 ff., 7 f., 17 ff.
[54] OLG Karlsruhe 26.11.1981 – 4 Ws 104/81, Justiz 1982, 22.
[55] *Böhm/Werner* § 114 Rn. 5; § 112 Rn. 10.
[56] KK-*Schultheis* § 126a Rn. 5.
[57] *Pfeiffer* § 126a Rn. 4; KK-*Graf* § 126a Rn. 5.
[58] Vgl. auch Nr. 15 UVollzG, Nr. 90 UVollzO.
[59] HK-*Posthoff* § 126a Rn. 10.

sche Krankenhaus oder die öffentliche Entziehungsanstalt nicht möglich ist.[60] Diese entspricht der einheitlichen bundesrechtlichen Regelung in Nr. 89 UVollzO und einer Vielzahl heute maßgeblichen landesrechtlichen Landesuntersuchungshaftvollzugsordnungen.

28 Die Anordnung des Vorsitzenden der für die Hauptverhandlung zuständigen Strafkammer, den Beschuldigten zu den **Hauptverhandlungsterminen im Wege des Sammeltransportes** vorzuführen, und seine Überstellung in eine ortsnahe Justizvollzugsanstalt für die Dauer der Hauptverhandlung, ist gegen den Willen des Beschuldigten grundsätzlich **unzulässig,** da eine solche auf eine längere Dauer angelegte Unterbringung geeignet ist, den Beschuldigten nicht nur in seinem allgemeinen Persönlichkeitsrecht (Art. 2 Abs. 1 iVm Art. 1 Abs. 1 GG), sondern auch in seinem Recht auf körperliche Unversehrtheit (Art. 2 Abs. 2 GG) zu beeinträchtigen. Denn der Beschuldigte kann während dieser Zeit nicht der erforderlichen medizinischen Betreuung und auch – jedenfalls im Falle seines Einverständnisses – Behandlung zugeführt werden.[61] Das bedeutet aber nicht, dass nicht im Ausnahmefall aus besonderem Grund Abweichungen vom Regelvollzug in einem öffentlichen psychiatrischen Krankenhaus angeordnet werden dürfen. Insbesondere die Notwendigkeit der ordnungsgemäßen Durchführung einer Hauptverhandlung kann im Ausnahmefall die kurzzeitige Überstellung eines vorläufig Untergebrachten in eine Justizvollzugsanstalt erfordern. Dabei ist jedoch die Wertung des jeweiligen landesrechtlichen Verordnungsgebers zu beachten.[62]

29 **Strafhaft in anderer Sache** steht der Anordnung der vorläufigen Unterbringung nach § 126a StPO nicht entgegen. Ebenso wie bei der Untersuchungshaft ist – unabhängig von weiteren Verfahren – zu prüfen, ob die öffentliche Sicherheit die vorläufige Unterbringung erfordert. Dies folgt auch daraus, dass sich die Frage, ob und in welchem Umfang die weiteren verhängten Freiheitsstrafen zu vollstrecken sind, der Einflussmöglichkeit des Haftgerichts entzieht, wie zB die vorzeitige Entlassung nach § 57 StGB oder ein Gnadenerweis durch die zuständige Gnadenbehörde.[63] Trifft eine einstweilige Unterbringung nach § 126a mit dem Vollzug einer freiheitsentziehenden Maßregel nach § 64 StGB zusammen, so unterliegt der Betroffene beim Vollzug der Maßregel auch denjenigen Beschränkungen, die der Zweck der einstweiligen Unterbringung erfordert.[64]

30 **5. Verteidiger.** Auch dem einstweilig Untergebrachten ist wie dem Untersuchungsgefangenen nach § 140 Abs. 1 Nr. 4 sogleich ein Pflichtverteidiger zu bestellen.[65]

31 **6. Zwangsbehandlung während der Unterbringung.** Im Rahmen einer einstweilen Unterbringung auf der Grundlage des § 126a StPO ist die von der Krankenhausanstalt von dem Haftgericht erbetene Genehmigung für eine zwangsweise medikamentöse Behandlung des Untergebrachten ohne eine **verfassungsmäßig ergangene gesetzlichen Grundlage** unzulässig.[66] Eine Zwangsbehandlung zur Erreichung des Vollzugsziels ist nach der jüngsten **Rechtsprechung des Bundesverfassungsgerichts** nur zulässig, wenn der Untergebrachte krankheitsbedingt zur Einsicht in die Behandlungsbedürftigkeit oder zum Handeln gemäß dieser Einsicht nicht fähig ist. Maßnahmen der Zwangsbehandlung dürfen nur als letztes Mittel und nur dann eingesetzt werden, wenn sie im Hinblick auf das Behandlungsziel, das ihren Einsatz rechtfertigt, Erfolg versprechen und für den Betroffenen nicht mit Belastungen verbunden sind, die außer Verhältnis zu dem erwartbaren Nutzen stehen. Zum Schutz der Grundrechte des Untergebrachten sind besondere verfahrensmäßige Sicherungen geboten. Die wesentlichen Voraussetzungen für die Zulässigkeit einer Zwangsbehandlung bedürfen klarer und bestimmter gesetzlicher Regelungen. Dies gilt auch für die Anforderun-

---

[60] *Meyer-Goßner* § 126a Rn. 9.
[61] OLG Hamm 15.3.2005 – 4 Ws 41/05, StV 2005, 446.
[62] Vgl. auch OLG Hamm 3.11.2005 – 2 Ws 282/05, NStZ-RR 2006, 29.
[63] Oberlandesgericht des Landes Thüringen 12.10.2006 – 1 Ws 334/06.
[64] OLG Frankfurt a. M. 18.2.1985 – 3 VAs 78/84, NStZ 1985, 284.
[65] KK-*Schultheis* § 126a Rn. 4.
[66] BVerfG 23.3.2011 – 2 BvR 882/09, BVerfGE 128, 282-322.

gen an das Verfahren. Das Bundesverfassungsgericht hat mehrere landesrechtliche Eingriffsermächtigungen als den in dem Beschluss des BVerfG 23.3.2011 konkretisierten verfassungsrechtlichen Maßstäben nicht genügend angesehen.[67] Da das Bundesverfassungsgericht jeweils das Fehlen einer verfassungsgemäßen materiellen Eingriffsnorm und grundrechtssichernder Verfahrensgestaltungen vor dem weitreichenden Eingriff einer Zwangsbehandlung bemängelt hat, nicht aber das grundsätzliche Bedürfnis einer Zwangsbehandlung während der Dauer einer Unterbringung, haben mehrere Bundesländer zwischenzeitlich Neufassungen der landesrechtlichen Unterbringungsgesetze kodifiziert.[68] Ohne eine solche verfassungskonforme gesetzliche Grundlage ist eine Zwangsbehandlung des Betroffenen während einer vorläufigen Unterbringung jedoch nicht zulässig.[69]

7. Einzelmaßnahmen und Beschränkungen während der vorläufigen Unterbringung gem. § 126 Abs. 2 Satz 1 iVm § 119. Beschränkungen während der vorläufigen Unterbringung sind mit dem gesetzlichen Verweis in Abs. 2 Satz 1 durch eine entsprechende Anwendung von § 119, 119a geregelt. Da der Bund seit 2006 nur noch die legislative Zuständigkeit für Bereiche innehat, die den Zweck der Untersuchungshaft betreffen, hat das zum 1.1.2010 in Kraft getretene Untersuchungshaftrecht eine seither zu beachtende Regelungssystematik geschaffen.[70] Obwohl der Vollzug der einstweiligen Unterbringung nach § 126a, anders als der Vollzug der Untersuchungshaft im **Zuge der Föderalismusreform,** nicht ausdrücklich von der konkurrierenden Gesetzgebungszuständigkeit des Bundes ausgenommen worden ist (vgl. Art. 74 Abs. 1 Nr. 1 GG), besteht nach der Neufassung des § 119 durch das Gesetz zur Änderung des Untersuchungshaftrechts vom 29.7.2009 derzeit keine bundesrechtliche Grundlage für Anordnungen und Maßnahmen, die – wie hier – der Sicherheit und Ordnung in der Unterbringungseinrichtung während des Vollzugs der einstweiligen Unterbringung dienen. Im Gesetzgebungsverfahren ging man davon aus, dass die Normierung des Vollzugs der einstweiligen Unterbringung den Bundesländern überlassen werden solle.[71] 32

Die einzelnen Beschränkungen, den Vollzug der Untersuchungshaft betreffend, können sowohl **Gegenstand der Strafprozessordnung als auch von Landesgesetzen über den Vollzug von Untersuchungshaft** sein. In der Strafprozessordnung sind die Voraussetzungen für die Anordnung von Beschränkungen aus strafverfahrensrechtlichen Gründen festzulegen und in den Landesgesetzen die Voraussetzungen für die Anordnung von Beschränkungen aus vollzuglichen Gründen. Eine gewisse Überschneidung der Regelung in den Landesgesetzen über den Vollzug der Untersuchungshaft in Randbereichen ist dabei unvermeidbare Konsequenz der durch die Föderalismusreform in Artikel 74 GG getroffenen Kompetenzzuweisung.[72] Eine wichtige Abgrenzung kann zunächst mit den Oberbegriffen „Verfahrenssicherung" und „Anstaltsordnung" getroffen werden. 33

Dieser Regelungsinhalt ist mit dem gesetzlichen **Verweis auf die vorläufige Unterbringung** zu übertragen. Demnach ist **§ 119** nur Rechtsgrundlage für Beschränkungen, die zur **Gewährleistung der Unterbringungszwecke** dienen. Vorrangig dürfen dem Beschuldigten also nur Beschränkungen auferlegt werden, die zur Abwehr einer Gefährdung der öffentlichen Sicherheit bestimmt sind.[73] Als Annexkompetenz können darüber hinaus aber auch verfahrenssichernde Anordnungen zur Abwendung einer Flucht-, Verdunkelungs- oder Wiederholungsgefahr getroffenen werden.[74] 34

---

[67] Vgl. zB zu § 8 Abs. 2 Satz 2 UBG i.F.v. 2.12.1991: BVerfG 12.10.2011 – 2 BvR 633/11, BVerfGE 129, 269.

[68] Vgl. zB Unterbringungsgesetz Baden-Württemberg (UBG) i.F.v. 2.7.2013; sowie Gesetzentwurf der Landesregierung BW vom 23.4.2013 (LT-Drs. 15/3408).

[69] OLG Köln 7.9.2012 – III 2 Ws 644/12, StraFo 2012, 406.

[70] Vgl. ausführlich *Böhm/Werner* § 119 Rn. 3 ff., 8 ff.

[71] Vgl. BT Drucks 16/11644, 33; *Pollähne* R&P 2011, 140.

[72] vgl. auch BT-Drs. 16/11644, 23.

[73] *Pfeiffer* § 126a Rn. 5 ff.

[74] *Graf* § 126a Rn. 6; kritisch hierzu AK U-Haft/*Pollähne* § 126a Rn. 26.

35 Demgegenüber bedürfen **Beschränkungen aufgrund der Ordnung und Sicherheit** der Anstalt, in der die Unterbringung konkret vollzogen wird, grundsätzlich einer landesrechtlichen Ermächtigungsgrundlage. Teilweise haben die Bundesländer von ihrer Gesetzgebungskompetenz über den Vollzug der einstweiligen Unterbringung überhaupt noch keinen Gebrauch gemacht. Die einzelnen Regelungen in den jeweiligen Bundesländern sind teilweise mit erheblichen Unterschieden versehen.[75] Insoweit erscheint es vertretbar, für eine Übergangszeit die jeweiligen landesrechtlichen Regelungen über die Unterbringung psychisch kranker Menschen entsprechend anzuwenden, da diese den Vollzug der Maßregeln nach § 61 Nr. 1 und Nr. 2, § 63, § 64 StGB ausgestalten und die vorläufige Unterbringung eine solche impliziert.[76]

36 **8. Außervollzugsetzung des Unterbringungsbefehls.** Mit dem ausdrücklichen gesetzlichen Verweis auf § 116 Abs. 3 und 4 hat der Gesetzgeber (bereits mit der früheren Gesetzesfassung vom 16.7.2007) entgegen früher vertretener Literaturauffassungen klargestellt, dass die Vorschriften über die **Außervollzugsetzung eines Untersuchungshaftbefehls entsprechende Anwendung auf den Unterbringungsbefehl** finden. Nur zur Klarstellung hat der Rechtsauschuss des Bundestages mit der Beschlussempfehlung vom 25.4.2007 betont, dass die entsprechende Anwendung des § 116 Abs. 3 vom Vorliegen der Voraussetzungen des dort in Bezug genommenen § 112a unabhängig ist.[77] § 116 Abs. 1 und 2 können nachvollziehbar keine Anwendung finden, weil diese vorrangig der Verfahrenssicherung und nicht dem allgemeinen Sicherungsinteresse dienen.

37 Schon aufgrund des verfassungsrechtlichen **Gebots der Verhältnismäßigkeit** kann zumindest in begründeten Fällen ein Unterbringungsbefehl außer Vollzug gesetzt werden, wenn weniger einschneidende Maßnahmen ausreichend erscheinen, den Sicherungszweck herbeizuführen. Demnach kommen aber als zu prüfende Weisungen sämtliche Rechtsgedanken der in § 116 Abs. 1 aufgeführten Weisungen in Betracht, die als weniger einschneidende Maßnahmen auch dem Verhältnismäßigkeitsgrundsatz Rechnung tragen.[78] Im Wesentlichen aber wird sich das Gericht mit sämtlichen möglichen milderen Weisungen, ob auf freiwilliger Basis, wie beispielsweise einer medikamentösen oder psychotherapeutischen Behandlung oder einer Entziehungskur, gegebenenfalls kombiniert mit den Weisungen, keine der Erkrankung zugrundenliegenden Suchtmittel zu konsumieren, auseinandersetzen müssen. Zudem ist eine bereits vollzogene zwangsweise Unterbringung aufgrund jeweiliger landesrechtlicher Vorschriften im Rahmen der Verhältnismäßigkeitsprüfung zu gewichten.[79] Auch die Vorschrift des § 116 Abs. 4 findet entsprechende Anwendung, so dass eine einmal erfolgte Außervollzugsetzung des Unterbringungsbefehls nur aus besonderen Gründen widerrufen werden kann.[80]

38 In der Praxis stellt sich insoweit oftmals die Frage, ob durch eine **medikamentöse Behandlung** nicht nur die Frage der Unterbringung in einem psychiatrischen Krankenhaus (§ 63 StGB) entfällt, sondern auch die Gefahr, dass der Beschuldigte bis zu einer Entscheidung des Gerichts mit hoher Wahrscheinlichkeit Straftaten begeht, durch welche der Rechtsfrieden schwer gestört werden würde (→ Rn. 16 f.). Während zu Beginn eines Ermittlungsverfahrens dies oftmals zu verneinen ist, kann sich im Laufe des Verfahrens durchaus eine andere Beurteilung ergeben, wenn der Beschuldigte im Rahmen der vorläufigen Unterbringung medikamentös eingestellt wurde und eine gewisse Verlässlichkeit besteht, dass dieser die Medikamente auch außerhalb der Einrichtung regelmäßig einnimmt. Insoweit kann sich eine entsprechende Auflage zur Einnahme der Medikamente unter Aufsuchung einer Fachklinik durchaus zur Vermeidung einer weiteren Unterbringung anbieten.[81]

---

[75] Vgl. einen Überblick bei *Pollähne* R&P 2011, 142.
[76] Oberlandesgericht des Landes Thüringen 3.1.2012 – 1 Ws 575/11, RuP 2012, 170.
[77] Vgl. Beschlussempfehlung und Bericht vom 25.4.2007, BT-Drs. 16/5137, 11 zu Art. 2 Nummer 1.
[78] Vgl. hierzu *Böhm* § 116 Rn. 1 ff., 5 ff.
[79] BVerfG 8.12.2011 – 2 BvR 2181/11, StV 2012, 291.
[80] Vgl. hierzu *Böhm* § 116 Rn. 47. ff.
[81] OLG Karlsruhe 6.11.2013 – 1 Ws 222/13.

Da das Haftgericht im Rahmen der beschleunigt zu bearbeitenden erstmaligen Anordnung der vorläufigen Unterbringung in der Praxis ohne konkrete Anhaltspunkte keine Veranlassung sehen wird, nach den milderen Weisungsmöglichkeiten selbst zu suchen, ist es gerade im Hinblick auf den Krankheitszustand des Beschuldigten **Aufgabe des unverzüglich zu bestellenden Verteidigers** (§ 140 Abs. 1 Nr. 4), die Weisungsalternativen unter Bezugnahme auf den Verhältnismäßigkeitsgrundsatz konkret vorzutragen. **39**

9. Haftprüfung im Rahmen der vorläufigen Unterbringung. Die Fortdauer der vorläufig angeordneten Unterbringung und die dem Beschuldigten insoweit zustehenden Rechtsbehelfe richtet sich ohne Besonderheiten im Vergleich zum Untersuchungshaftrecht verfahrensrechtlich mit dem gesetzlichen Verweis nach den Vorschriften der §§ 117 bis § 118b.[82] **39a**

IV. Besondere Haftprüfung durch das Oberlandesgericht (§ 126a Abs. 2 Satz 2 iVm §§ 121, 122)

1. Allgemeines. Bereits mit der Gesetzesfassung vom 16.7.2007 hat der Gesetzgeber in § 126a Abs. 2 Satz 2 geregelt, dass die Vorschriften über die **besondere Haftprüfung** durch den Senat des Oberlandesgerichts erstmals nach sechs Monaten entsprechend anzuwenden sind. Dabei wird bei der Prüfung der Unterbringung durch das Oberlandesgericht die Zeit einer vorangegangenen Untersuchungshaft in gleicher Sache bei der Fristberechnung der Dauer der Unterbringung hinzugerechnet.[83] Hingegen ist die Zeit, in der ein Beschuldigter sich auf Grund eines Unterbringungsbefehls nach § 275a Abs. 5 in der Justizvollzugsanstalt befunden hat, nicht auf die Sechsmonatsfrist des § 121 Abs. 1 anzurechnen, wenn es sich in beiden Verfahren nicht um dieselbe Tat handelt, das Verfahren zur Anordnung der nachträglichen Sicherungsverwahrung vielmehr auf einer früher begangenen Straftat beruht, während der Unterbringungsbefehl nach § 126a der Vorbereitung der Unterbringung wegen einer neuen Tat dient.[84] **40**

2. Besonderer Prüfungsmaßstab. Grundsätzlich ist vor allem im Hinblick auf mögliche Verzögerungsründe auf die umfassenden Ausführungen zu § 121 und § 122 und die dort aufgeführten Fallgruppen zu verweisen.[85] In Abweichung vom dortigen Prüfungsmaßstab hat das Oberlandesgericht nach **Wortlaut der gesetzlichen Regelung** aber nur zu prüfen, ob **„die Voraussetzungen der einstweiligen Unterbringung weiterhin vorliegen".** Damit soll nach dem Willen des Gesetzgebers – anders als im Rahmen der besonderen Haftprüfung eines Untersuchungshaftbefehls – nicht schon jede nicht unerhebliche vermeidbare Verfahrensverzögerung zum Automatismus der Aufhebung eines Unterbringungsbefehls führen,[86] vielmehr kommt der Verfahrensdauer nicht die gleiche Bedeutung wie im Untersuchungshafthaftrecht zu.[87] Es wird zwar daher nicht ausdrücklich geprüft, ob die besondere Schwierigkeit oder der besondere Umfang der Sache oder aber ein anderer wichtiger Grund das Urteil noch nicht zugelassen haben,[88] gleichwohl bietet dieser Maßstab überhaupt erst den Hinweis, ob es überhaupt zu einer schuldhaften und vorwerfbaren Dilation gekommen ist. **41**

Im Ergebnis bedeutet der abweichende Prüfungsmaßstab in Abs. 3 Satz 2, dass im Rahmen der besonderen Haftprüfung nach Abs. 3 Satz 2 ein **Unterbringungsbefehl trotz einer erheblichen und schuldhaften Verfahrensverzögerung auch aufrecht erhalten werden kann,** wenn eine Abwägung zwischen der vom Beschuldigten ausgehenden Gefahr **42**

[82] Vgl. hierzu *Böhm/Werner* § 117 Rn. 6 ff., § 118 Rn. 3 ff.
[83] OLG Hamm 6.9.2007 – 3 Ws 521/07, StRR 2007, 282; OLG Düsseldorf 29.10.2007 – III 3 Ws 357/07, NJW 2008, 867.
[84] OLG Köln 26.11.2010 – 2 Ws 742/10.
[85] *Böhm* § 121 Rn. 44 ff., 69 ff., 80 ff.
[86] Vgl. auch BT-Drs. 16/1110, 18.
[87] OLG Köln 21.8.2007 – 42 HEs 18/07, NJW 2007, 3590.
[88] OLG Celle 23.8.2007 – 31 HEs 14/07, StraFo 2007, 372.

für die Allgemeinheit und dem Umfang und der Schwere der Dilation dies gebietet (→ Rn. 47 f.), insbesondere wenn höchste Rechtsgüter ansonsten gefährdet wären.[89] Im Rahmen der Abwägung ist, was bei § 121 rechtlich nicht zulässig wäre, auch ein Außervollzugsetzung eines Unterbringungsbefehls möglich.[90]

43 Der sich aus dem Freiheitsgrundrecht in Verbindung mit dem Rechtsstaatsprinzip ergebende **Anspruch auf Beschleunigung eines Strafverfahrens** steht jedoch grundsätzlich auch einem Beschuldigten zu, der im dringenden Verdacht steht, eine Straftat in einem die Schuldfähigkeit erheblich beeinträchtigenden psychischen Ausnahmezustand begangen zu haben und wegen seiner psychischen Störung gemeingefährlich zu sein. Unverhältnismäßige Verfahrensverzögerungen sind oftmals entsprechende Unterfälle unverhältnismäßiger vorläufiger Unterbringungsanordnungen.[91] Der Grundsatz, dass Haftsachen besonders beschleunigt bearbeitet werden müssen, damit der Schwebezustand des Freiheitsentzugs ohne rechtskräftiges Urteil so schnell wie möglich beendet wird, **„gilt für die einstweilige Unterbringung und die Untersuchungshaft gleichermaßen“.**[92]

44 Das Untersuchungshaftrecht und insbesondere auch das besondere Haftprüfungsverfahren nach § 121 ff. ist im besonderen Maße beeinflusst von den **Vorgaben des Bundesverfassungsgerichts,** welches immer wieder Haftfortdauerentscheidungen der Senate der Oberlandesgerichte beanstandet, nachdem diese trotz im Verfahren erfolgter fehlerhafter Sachbehandlungen oder aufgetretener zeitlicher Verzögerungen die Haft für fortdauernd erklärt haben.[93] Ihren Grund hat diese insoweit immer wieder auftretende Divergenz darin, dass für die Strafjustiz nur schwer eingängig ist, etwa einen Schwerverbrecher trotz bestehender Haftgründe freilassen zu müssen, weil es im Verfahren zu schweren und vermeidbaren Fehlern und Säumnissen gekommen ist. Folglich bezweckt der Gesetzgeber mit der einschränkenden Verweisung in § 126a Abs. 2 Satz 2 vor dem Hintergrund des maßgeblichen Schutzzwecks der einstweiligen Unterbringung, die Allgemeinheit vor krankheitsbedingten gefährlichen Straftätern zu schützen, einen unterschiedlichen Prüfungsmaßstab von Seiten des Oberlandesgerichts.

45 Neben formalen Fragen erfordert § 121 Abs. 1 StPO im Untersuchungshaftrecht eine **doppelte Prüfung.** Zum einen müssen Feststellungen darüber getroffen werden, ob die besondere Schwierigkeit oder der besondere Umfang der Ermittlungen oder andere wichtige Gründe ein Urteil bislang noch nicht zugelassen haben (erste Stufe). Liegen derartige Gründe vor, ist zum anderen erforderlich, dass sie die Fortdauer der Untersuchungshaft rechtfertigen (zweite Stufe).[94]

46 Der **modifizierte Prüfungsmaßstab** der besonderen Haftprüfung im Rahmen der einstweiligen Unterbringung führt demgegenüber zur Beachtung des **Beschleunigungsgrundsatzes** auf der **Stufe der Verhältnismäßigkeitsprüfung.**[95] Nach einhelliger Rechtsprechung eröffnet die bei freiheitsentziehenden Maßnahmen stets gebotene Prüfung des Verhältnismäßigkeitsgrundsatzes im Einzelfall eine Abwägung zwischen den Belangen des Freiheitsgrundrechts – und hiermit der Verfahrensbeschleunigung – einerseits, sowie dem Interesse der Allgemeinheit an dem Schutz vor gefährlichen Straftätern andererseits.[96]

---

[89] Hanseatisches Oberlandesgericht Hamburg 6.2.2008 – BL 12/08, NStZ 2008, 650.

[90] OLG Karlsruhe 6.11.2013 – 1 Ws 222/13.

[91] *Tsambikakis* StV 2011, 738.

[92] OLG Koblenz 8.6.2006 – 1 Ws 247/06, StV 2006, 653.

[93] Vgl. hierzu *Böhm* § 121 Rn. 3 ff.

[94] Vgl. *Böhm* § 121 Rn. 37.

[95] OLG Hamm 21.8.2007 – 3 OBL 86/07, NJW 2007, 3220; vgl. auch *Schultheis* NStZ 2013, 87; ders. NStZ 2011, 682.

[96] OLG Koblenz 8.5.2006 – 1 Ws 247/06, StV 2006, 653(bereits zu § 126a a. F.); OLG Hamm 21.8.2007 – 3 Ws 486/07, NJW 2007, 3220; OLG Köln 21.8.2007 – 42 HEs 18/07, NJW 2007, 3590; OLG Celle 23.8.2007 – 31 HEs 14/07, StV 2007, 701; Oberlandesgericht des Landes Thüringen 4.9.2007 – 1 Ws 331/07, OLGSt StPO § 126a Nr. 7; OLG Düsseldorf 29.10.2007 – 3 Ws 357/07, StV 2009, 702; OLG Bremen 6.2.2008 – BL 12/08, NStZ 2008, 650; KG 15.9.2009 – (4) 1 HEs 34/09, StV 2010, 372; OLG Karlsruhe 18.1.2010 – 2 Ws 451/09, Justiz 2011, 71.

Hiernach kann bei **besonders gefährlichen Straftätern** trotz erkennbarer Verfahrensverzögerungen die Fortdauer einer einstweiligen Unterbringung zum Schutz der Allgemeinheit im Einzelfall verhältnismäßig sein (→ Rn. 18). Im Rahmen dieser Abwägung kommt dem Beschleunigungsgebot als Ausfluss des Freiheitsgrundrechts ein hoher Stellenwert zu.[97] EGMR und Bundesverfassungsgericht haben bereits angedeutet, das ein Strafverfahren nicht länger als ein Jahr pro Instanzenzug andauern sollte.[98] Letztlich führt dieser Prüfungsmaßstab in der Praxis häufig zu ähnlich strengen Maßstäben des Untersuchungshaftrechts, da die Senate der Oberlandesgerichte zwischenzeitlich ihre auch vom Bundesverfassungsgericht gebilligten Maßstäbe entsprechend anwenden. Grundsätzlich steigen die Anforderungen an die Verhältnismäßigkeitsprüfung mit der Länge der Fortdauer der Unterbringung.[99] Eine besondere Beschleunigung ist auch und gerade dann geboten, wenn – wie so oft in Unterbringungssachen – dem Verfahren ein relativ einfach gelagerter und nicht besonders schwerer Tatvorwurf zugrunde liegt. In einem solchen Fall kann allein der Zweck der einstweiligen Unterbringung, nämlich die Allgemeinheit vor einem mutmaßlich gemeingefährlichen Täter zu schützen, die Fortdauer vorläufiger Freiheitsentziehung ebenso wenig rechtfertigen wie der Umstand, dass die im Raum stehende Unterbringung nach § 63 StGB unbefristet ist.[100] 47

So verlangen die Oberlandesgerichte, beispielsweise entsprechend den Anforderungen im Untersuchungshaftrecht, auch bei der Unterbringung nach Abs. 1 eine sorgsame Beachtung des Beschleunigungsgrundsatzes vor allem hinsichtlich der das Verfahren in der Praxis häufig zeitlich mitbestimmenden **Beauftragung und Überwachung des Sachverständigen.** Gerichte und Staatsanwälte müssen den Sachverständigen unter Beachtung des Beschleunigungsgebotes zur Erstellung des Gutachtens veranlassen. Bloße mündliche Anmahnungen gegenüber dem Sachverständigen sind mit fortschreitender Dauer nicht ausreichend.[101] Es ist eine Frist zur Erstellung des Gutachtens mit dem Sachverständigen zu vereinbaren (vgl. § 73 Abs. 1 Satz 2), deren Einhaltung durch Androhung, gegebenenfalls auch Festsetzung von Ordnungsgeldern (§ 77 Abs. 2 Satz 1) kontrolliert werden muss.[102] 48

Daneben gelten für die besondere Haftprüfung nach Abs. 3 Satz 2 im Hinblick auf die **Begründungstiefe** von Entscheidungen des Oberlandesgericht die gleichen strengen Anforderungen wir bei §§ 121, 122.[103] So wird es sogar als notwendig angesehen, dass sich der Senat mit Widersprüchen im Hinblick auf ärztliche Stellungnahmen ausdrücklich auseinandersetzt.[104] 49

V. Beendigung der vorläufigen Unterbringung (§ 126a Abs. 3)

1. Aufhebung auf Antrag der Staatsanwaltschaft, § 126a Abs. 3 Satz 3. Die Bestimmung ordnet die Aufhebung des Unterbringungsbefehls mit dem Verweis auf § 120 Abs. 3 an, wenn die **Staatsanwaltschaft** als Herrin der Verfahren vor Erhebung der Anklage oder Stellung des Unterbringungsantrages im Sicherungsverfahren (§ 413 ff.) einen Aufhebungsantrag stellt.[105] 50

2. Aufhebung im Hauptsacheverfahren. Ebenso zwingend folgt die Aufhebung des Unterbringungsbefehls, wenn die das Gericht mit dem **Urteil von einer Unterbringung** 51

---

[97] *Pollähne/Ernst* StV 2009, 707.

[98] EGMR 8.2.2005, Nr. 45100/98 Nr. 117 – Fall Panchenko/Russland; BVerfG 29.11.2005 – 2 BvR 1737/05, StV 2006, 87-90; ausführlich hierzu *Mansdörfer* GA 2010, 159.

[99] Zuletzt BVerfG 8.12.2011 – 2 BvR 2181/11, StV 2012, 291.

[100] OLG Koblenz 12.2.2007 – 1 Ws 30/07, NStZ-RR 2007, 207.

[101] OLG Stuttgart 22.2.2010 – 2 Hes 16/10; OLG Düsseldorf 1.7.2009 – 1 Ws 337/09, NStZ-RR 2010, 19; *Böhm* § 121 Rn. 57 ff.

[102] KG 15.9.2009 – (4) 1 HEs 34/09, StV 2010, 372; OLG Karlsruhe 18.1.2010 – 2 Ws 451/09, Justiz 2011, 71; Oberlandesgericht des Landes Thüringen 4.9.2007 – 1 Ws 331/07, OLGSt StPO § 126a Nr. 7.

[103] *Böhm* § 121 Rn. 8.

[104] BVerfG 30.5.2013 – 2 BvR 885/13.

[105] *Böhm* § 120 Rn. 29.

in einem psychiatrischen Krankenhaus (§ 63 StGB) oder einer Entziehungsanstalt (§ 64 StGB) **absieht.** Durch die Einlegung eines Rechtsmittels insbesondere von Seiten der Staatsanwaltschaft darf gemäß § 126a Abs. 3 Satz 2 die Freilassung nicht aufgehalten werden.

52 Wird der Unterbringungsbefehl aufgehoben, weil der Beschuldigte im Hauptsachverfahren freigesprochen wird, kann sich die Frage stellen, ob die **bislang erlittene Zeit der Unterbringung** auf andere, ggf. auch **noch ausstehende Strafen angerechnet** werden muss. Nach einer neueren Rechtsprechung muss auch die für andere Strafverfahren verbüßte Untersuchungshaft sowie eine vorläufige Unterbringung in einem psychiatrischen Krankenhaus in entsprechender Anwendung des § 51 Abs. 1 Satz 1 StGB auf die Strafhaft in einem aktuellen Strafverfahren angerechnet werden, da eine potentielle Gesamtstrafenfähigkeit besteht.[106]

53 **3. Rechtskraft der Unterbringung nach §§ 63, 64 StGB.** Im Übrigen endet die einstweilige Unterbringung eines Angeklagten (§ 126a) mit dem Eintritt der **Rechtskraft** des auf die Unterbringung in einem psychiatrischen Krankenhaus (§ 63 StGB) oder in einer Entziehungsanstalt (§ 64 StGB) lautenden Urteils, ohne dass es hierfür auf den Zeitpunkt der förmlichen Einleitung der Vollstreckung des Urteils ankommt.[107] Der anschließende Vollzug stellt die Unterbringung im Sinn von §§ 63, 64, 67 StGB dar.

54 **4. Organisationshaft.** Mit dem gesetzlich nicht vorgesehenen Begriff **„Organisationshaft"** wird das Problem umschrieben, dass sich der bei Eintritt der Rechtskraft in Untersuchungshaft befindende Gefangene, gegen den ausschließlich oder neben einer anschließend zu vollziehenden Freiheitsstrafe auf eine Maßregel erkannt worden ist, selbst bei guter Organisation und freien Kapazitäten, zwangsläufig, entgegen dem richterlichen Erkenntnis, zunächst mindesten einige Tage oder Wochen Strafhaft verbüßt. Diese Wirkung lässt sich von vornherein vermeiden, indem der Tatrichter, der auf eine Maßregel nach §§ 63, 64 StGB erkennt, nicht den Haftbefehl nach § 112 aufrechterhält, sondern ihn in einen Unterbringungsbefehl nach § 126a umwandelt, wenn die gesetzlichen Voraussetzungen dafür vorliegen.[108]

55 **5. Entfallen der Anordnungsvoraussetzungen.** Schließlich ist der vorläufige Unterbringungsbefehl nach § 126a Abs. 3 Satz 1 zwingend aufzuheben, wenn die Anordnungsvoraussetzungen nicht mehr vorliegen. Dies ist insbesondere der Fall, wenn im Rahmen der Verhältnismäßigkeitsprüfung mit fortschreitender Dauer der Unterbringung festzustellen ist, dass das Beschleunigungsgebot in einem solchen Maße verletzt worden ist, dass auch unter Würdigung der Sicherheitsinteressen der Allgemeinheit (→ Rn. 18) und unabhängig von der besonderen Unterbringungsprüfung nach Abs. 2 Satz 2 (→ Rn. 40 ff.) eine weitere Aufrechterhaltung des Freiheitsentzuges unvertretbar ist.[109]

56 **6. Verhältnis zu einem erfolglosen Antrag auf nachträgliche Sicherungsverwahrung.** Ist der Antrag der Staatsanwaltschaft auf nachträgliche Anordnung der Sicherungsverwahrung im Verfahren nach § 275a Abs. 1 durch die Strafkammer abgelehnt worden, steht dem Erlass eines von der Staatsanwaltschaft – gegebenenfalls zeitgleich mit der Revision – beantragten (neuen) Unterbringungsbefehls nach § 275a Abs. 6 Satz 1 die auch für das Beschwerdegericht bindende gesetzliche Vermutung der §§ 126a Abs. 3 Satz 1 iVm 275a Abs. 6 Satz 4 entgegen. Dem Beschwerdegericht ist neben dem Revisionsgericht eine eigene Prognose der Erfolgsaussichten einer staatsanwaltschaftlichen Revision gegen das im Verfahren nach § 275a Abs. 1 ergangene Urteil auch im Hinblick auf tatsächliche oder vermeintliche „offensichtliche Revisionsfehler" verwehrt.[110]

---

[106] OLG Frankfurt a. M. 26.6.2013 – 3 W 476/13; OLG Naumburg 11.10.2012 – 2 Ws 198/12, StraFo 2013, 32.
[107] OLG Hamm 30.5.1978 – 6 Ws 265/78, OLGSt zu § 67c StGB Nr. 1.
[108] KG 16.7.2001 – 5 Ws 199/01.
[109] Vgl. hierzu auch *Böhm* § 120 Rn. 15 ff.
[110] OLG Bamberg 31.3.2011 – 1 Ws 167/11, StRR 2011, 166.

7. Umwandlung des Unterbringungsbefehls in einen Haftbefehl. Stellt sich während der Verfahren heraus, beispielweise aufgrund der vorliegenden Beurteilung des hinzugezogenen Sachverständigen nach der Exploration des Beschuldigten, dass zwar die Voraussetzungen der vorläufigen Unterbringung nicht mehr bestehen, jedoch nunmehr die Voraussetzung der Anordnung der Untersuchungshaft nach § 112, § 112a vorliegen, ist eine Umwandlung des Unterbringungsbefehls in einen Haftbefehl zulässig.[111] Entsprechend ist auch eine chronologisch umgekehrte Reihenfolge unbedenklich. Liegen die Voraussetzungen sowohl für einen Haft- als auch für einen Unterbringungsbefehl vor, so ist im Regelfall die einstweilige Unterbringung vorzuziehen, weil sie die bessere ärztliche Betreuung des Beschuldigten ermöglicht.[112] (→ Rn. 3) Verfahrensrechtlich aber sind zuvor der Beschuldigte und die Staatsanwaltschaft zu hören.[113] 57

Ferner kann auch das **Beschwerdegericht** eine solche Umwandlung vornehmen. Die Bestimmung des § 126a Abs. 3 S. 1, nach der ein Unterbringungsbefehl aufzuheben ist, wenn das Gericht im Urteil die Unterbringung in einem psychiatrischen Krankenhaus nicht anordnet, steht der Umwandlung des Haftbefehls in einen Unterbringungsbefehl nicht entgegen. Die Bestimmung schafft im Wesentlichen die Angleichung der vorläufigen Unterbringung an die Untersuchungshaft und hindert die Umstellung eines Haftbefehls auf einen Unterbringungsbefehl aufgrund anderer rechtlicher Bewertung durch das Beschwerdegericht nicht.[114] 58

Ebenso wäre eine Umwandlung im Rahmen der 6-Monatshaftprüfung durch das **Oberlandesgericht** möglich, jedenfalls dann, wenn zugleich dem Senat auch eine Beschwerde gegen die Unterbringungsanordnung vorliegt. Kommt der Senat des zuständigen Oberlandesgerichtes gemäß §§ 126a Abs. 2 Satz 2, 121, 122 zu der Auffassung, dass einerseits die Voraussetzungen für die Fortdauer der einstweiligen Unterbringung gemäß § 126a nicht (mehr) vorliegen, andererseits aber die Voraussetzungen für den Erlass und den (weiteren) Vollzug eines Haftbefehls gemäß §§ 112, 112a gegeben sind, kann das im Prüfungsverfahren nach §§ 121, 122 mit der Sache befasste Oberlandesgericht in einem solchen Fall den Unterbringungsbefehl in einen Haftbefehl umwandeln bzw. unter Aufhebung des Unterbringungsbefehls einen Haftbefehl erlassen.[115] 59

8. Rechtsbehelfe. Der Unterbringungsbefehl unterliegt gemäß dem gesetzlichen Verweis in § 126a Abs. 2 Satz 1 auf § 117 dem Rechtsbehelf der **Haftprüfung** und insbesondere der **Haftbeschwerde** nach § 304 und der weiteren Beschwerde (§ 310 Abs. 1 Nr. 2).[116] Mit der Beschwerde kann der Beschuldigte auch die Umwandlung in einen Haftbefehl begehren.[117] Der Beschuldigte kann sich entsprechend den Ausführungen zu § 117 nur gegen die zuletzt ergangene Entscheidung über die Fortdauer der einstweiligen Unterbringung mit der Beschwerde wehren.[118] Ist die zuletzt ergangene Entscheidung eine Entscheidung der Strafkammer über die Fortdauer der einstweiligen Unterbringung, so ist eine gegen den Unterbringungsbefehl des Amtsgerichts gerichtete Beschwerde durch sie prozessual überholt.[119] Ebenso gegenstandslos und damit erledigt, wird eine weitere Beschwerde des Beschuldigten gegen die Verwerfung seiner Beschwerde gegen die ursprünglich vom Amtsgericht im Ermittlungsverfahren ergangene und vom Landgericht als erstinstanzliche Beschwerdeinstanz bestätigte einstweilige Unterbringungsanordnung, wenn das Landgericht zwischenzeitlich zugleich mit der Eröffnung des Hauptverfahrens die Fortdauer der Unter- 60

---

[111] Graf-*Krauß* § 126a Rn. 6; *Meyer-Goßner* § 126a Rn. 12; aA *Bohnert* JR 2001, 402.

[112] KG 9.3.1989 – 4 Ws 47/89, JR 1989, 476.

[113] Vgl. auch BVerfG 30.5.2013 – 2 BvR 885/13 (Anforderungen an die Gewährung rechtlichen Gehörs im fachgerichtlichen Verfahren).

[114] OLG Köln 12.4.2010 – 2 Ws 149/2010, RuP 2010, 170; OLG Bremen 30.3.1951 – Ws 25/51, JZ 1951, 465 – Tenor; KG 9.3.1989 – 4 Ws 47/89, JR 1989, 476.

[115] Weitergehend wohl Thüringer Oberlandesgericht 18.2.2013 – 1 Ws 56/13, vgl. *Böhm* § 121 Rn. 34.

[116] Zum Verhältnis der Haftprüfung und Haftbeschwerde vgl. *Böhm/Werner* § 117 Rn. 44 ff.

[117] KMR-*Wankel* § 126a Rn. 8.

[118] Vgl. *Böhm/Werner* § 117 Rn. 33 ff.

[119] OLG Düsseldorf 13.4.1995 – 1 Ws 275/95, MDR 1995, 950.

bringung in dieser Sache angeordnet hat.[120] Die unerledigte weitere Beschwerde ist dann aber als – durch § 117 Abs. 1 nicht ausgeschlossener – „einfacher" Antrag an das Landgericht – Große Strafkammer – auf Aufhebung des Haftbefehls zu behandeln.[121]

61 Bei einer durch das **Revisionsgericht angeordneten Aufhebung und Zurückverweisung** des Verfahrens an ein neues Tatgericht darf sich dieses bei der Fortdauerentscheidung zur Begründung des weiteren Freiheitsentzuges nicht mit den Hinweis begnügen, der Bundesgerichtshof habe nicht zugleich von der Möglichkeit Gebrauch gemacht, auch den Unterbringungsbefehl nach §§ 126a Abs. 2 und 3, § 120 Abs. 1 aufzuheben,[122] vielmehr bedarf es einer fallbezogenen eigenen Abwägung.

62 Entsprechend obigen Ausführungen (→ Rn. 32 ff.) ist bezüglich der Rechtsbehelfe, die einzelne **Beschränkungen** und **Maßnahmen** während des Unterbringungsvollzuges betreffen auf die Ausführungen zu § 119 Abs. 5 und § 119a zu verweisen.[123] Bei Beschränkungen, betreffend den Zweck der Unterbringung (Sicherungsinteresse) und gegen verfahrenssichernde Maßnahmen ist eine Beschwerde, respektive ein Antrag auf gerichtliche Entscheidung nach § 126a Abs. 2 Satz 1 iVm § 119 Abs. 5 Satz 1,[124] das statthafte Rechtsmittel. Werden dem Betroffen hingegen Beschränkungen nach den jeweiligen landesrechtlichen Normen aus den Zwecken der Sicherheit und Ordnung der Anstalt auferlegt, steht diesem ein Antrag auf gerichtliche Entscheidung als Rechtsbehelfs nach § 126a Abs. 2 Satz 1 iVm § 119a Abs. 1 zu.[125]

VI. Bekanntgabe an gesetzlichen Vertreter (§ 126a Abs. 4)

63 Der Unterbringungsbefehl ist neben den sich aus § 114c ergebenden Benachrichtigungspflichten[126] auch dem gesetzlichen des Untergebrachten oder auch dem iSd § 1906 Abs. 5 BGB Bevollmächtigten bekannt zu geben. Dadurch wird die Wahrung der Interessen des Beschuldigten über das Ermittlungsverfahren hinaus sichergestellt.[127]

§ 127 [Vorläufige Festnahme]

(1) [1]Wird jemand auf frischer Tat betroffen oder verfolgt, so ist, wenn er der Flucht verdächtig ist oder seine Identität nicht sofort festgestellt werden kann, jedermann befugt, ihn auch ohne richterliche Anordnung vorläufig festzunehmen. [2]Die Feststellung der Identität einer Person durch die Staatsanwaltschaft oder die Beamten des Polizeidienstes bestimmt sich nach § 163b Abs. 1.

(2) Die Staatsanwaltschaft und die Beamten des Polizeidienstes sind bei Gefahr im Verzug auch dann zur vorläufigen Festnahme befugt, wenn die Voraussetzungen eines Haftbefehls oder eines Unterbringungsbefehls vorliegen.

(3) [1]Ist eine Straftat nur auf Antrag verfolgbar, so ist die vorläufige Festnahme auch dann zulässig, wenn ein Antrag noch nicht gestellt ist. [2]Dies gilt entsprechend, wenn eine Straftat nur mit Ermächtigung oder auf Strafverlangen verfolgbar ist.

(4) Für die vorläufige Festnahme durch die Staatsanwaltschaft und die Beamten des Polizeidienstes gelten die §§ 114a bis 114c entsprechend.

Schrifttum: Vgl. auch die Nachweise bei §§ 112, 121

[120] Schleswig-Holsteinisches Oberlandesgericht 10.8.2001 – 2 Ws 319/01, SchlHA 2002, 150.
[121] OLG Hamm 5.1.2012 – III-3 Ws 435/11; OLG Karlsruhe 27.12.1985 – 1 Ws 275/85, Justiz 1986, 144.
[122] BVerfG 8.12.2011 – 2 BvR 2181/11, NJW 2012, 513.
[123] Vgl. *Böhm/Werner* § 119 Rn. 18 ff. und § 119a Rn. 3.
[124] *Böhm/Werner* § 119 Rn. 75 ff.
[125] *Böhm/Werner* § 119a Rn. 12 ff.
[126] *Böhm/Werner* § 114c Rn. 4.
[127] BT-Drs. 16/1110, 13; KK-*Schultheis* § 126a Rn. 4.

Achenbach, Hans, Vorläufige Festnahme, Identifizierung und Kontrollstelle im Strafprozess JA 1981, 660; *Benfer, Jost,* Die „Jedermann-Bestimmung" des § 127 I StPO – Erwiderung auf Kramer, MDR 1993, 11 ff, MDR 1993, 828; *Blum, Heribert,* Neue Fragen zum Richtervorbehalt bei der Entnahme einer Blutprobe, StV 2009, 172; *Bülte, Jens,* § 127 Abs. 1 S 1 StPO als Eingriffsbefugnis für den Bürger und als Rechtfertigungsgrund, ZStW 121, 377; *Dittmer,* Die vorläufige Festnahme nach § 127 Abs.2 StPO, Diss. 2003; *Gasa, Kjell und Schwarzer, Thorsten,* Festnahmerecht für Jedermann – Voraussetzungen und Grenzen des § 127 Abs. 1 S. 1 StPO, in Schutz privater Rechte 2011, S. 38–62; *Geerds, Friedrich,* Festnahme und Untersuchungshaft bei Antrags- und Privatklagedelikten, GA 1982, 237; *Kargl, Walter,* Inhalt und Begründung der Festnahmebefugnis nach § 127 I StPO, NStZ 2000, 8–15; *Kramer, Bernhard,* „Jedermann" nach § 127 Abs. 1 StPO – Staatsanwälte und Polizeibeamte? MDR 1993, 111; *Krüger, Matthias,* rund und Grenzen der Festnahmebefugnis des Betreibers einer SB-Tankstelle gegenüber zahlungsunwilligen und/oder -unfähigen Kunden, NZV 2003, 218; *Naucke, Wolfgang,* Das Strafprozeßänderungsgesetz und die vorläufige Verhaftung (§ 127 StPO), NJW 1968 1225; *Nelles,* Ein „kleines U-Haft-Recht" für Polizei und Staatsanwaltschaft? StV 1992 385; *Meyer-Mews, Hans,* Das Festnahmerecht – Ein Überblick, JA 2006, 206; *Otto, Harro,* Probleme der vorläufigen Festnahme, § 127 StPO, Jura 2003, 685; *Pewesdorf, Adrian,* Die Berufung des Amtsträgers auf die Jedermannrechte, JA 2009, 43; *Rüber, Kerstin,* Entschädigung für Strafverfolgungsmaßnahmen: Entschädigungsfähigkeit der Zuführung zur Identitätsfeststellung, jurisPR-StrafR 7/2013 Anm. 1; *Rogall, Klaus,* Das Notwehrrecht des Polizeibeamten – BayObLGSt 1991, 141 – Jus 1992, 551; *Satzger, Helmut,* Das Jedermann-Festnahmerecht nach § 127 I 1 StPO als Rechtfertigungsgrund, JURA 2009, 107; *Schauer, Michael/Wittig, Oliver,* Rechtfertigung des Fahrausweisprüfers nach § 127 I 1 StPO oder § 229 BGB? JuS 2004, 107; *Schlothauer/Weider,* Untersuchungshaft, 4. Aufl. 2010; *Schmidbauer, Wilhelm,* Polizeiliches Einschreiten bei häuslicher Gewalt, Kriminalistik 2002, 524; *Schmitt, Andreas/Schöne, Thomas,* Zwangsmitteleinsatz im Rahmen des § 127 II StPO; NStZ 1994, 218; *Schröder, Christian,* Das Festnahmerecht Privater und die Teilrechtfertigung unerlaubter Festnahmehandlungen (§ 127 Abs. 1 S 1 StPO), JURA 1999, 10; *Sickor, Jens Andreas,* Das Festnahmerecht nach § 127 I 1 StPO im System der Rechtfertigungsgründe, Jus 2012, 1074–1079; *Vahle, Jürgen,* Rechtsfragen beim Einsatz von (Privat-)Detektiven, Befugnisse privater Ermittler und Grenzen ihrer Tätigkeit, DVP 2007, 138; *Wagner, Markus,* Das allgemeine Festnahmerecht gem. § 127 Abs. 1 S. 1 StPO als Rechtfertigungsgrund, ZJS (Zeitschrift für das jur. Studium-online) 2011, 465–478; *Wiesneth, Christian,* Die Untersuchungshaft, 2010.

Übersicht

I. Allgemeines, Normzweck und Anwendungsbereich

1. Allgemeines. Eine **wirksame Strafverfolgung** erfordert oftmals die sofortige Festnahme des Beschuldigten schon zu einem Zeitpunkt, an dem ein schriftlicher Haftbefehls des Gerichts (§ 114) nicht ergangen sein kann. Insoweit beinhaltet die Vorschrift sowohl für Privatpersonen (Abs. 1) als vor allem für Polizeibeamte und Staatsanwälte die **Befugnis zur Festnahme auch ohne richterlichen Anordnung.**[1] 1

2. Normzweck und Bedeutung. Der Vorschrift kommt in der Praxis durchaus **erhebliche Bedeutung** bei, da sie einen **Rechtfertigungsgrund** zur Festnahme nicht 2

[1] KK-*Schultheis* § 127 Rn. 1.

nur durch die Polizeibeamten und die Staatsanwaltschaft, sondern auch durch jedermann begründet[2] Sie überträgt damit auch dem Bürger eine öffentliche Aufgabe, ohne insoweit eine Rechtspflicht zu begründen.[3] Auch dürfte in der Praxis der vorherige Erlass eines Haftbefehls eher die Ausnahme darstellen, so dass in den überwiegenden Fällen, in welchen Gerichte Haftbefehle nach §§ 112, 112a erlassen, diesen eine vorläufige Festnahme vor allem nach Abs. 2 vorausgegangen ist.[4] Liegen die Voraussetzungen des § 127 vor, handelt der Festnehmende rechtmäßig, dem Verdächtigen steht kein Notwehrrecht zu.[5] Allerdings besteht das Festnahmeerecht aus § 127 nur zum Zwecke der Strafverfolgung, die Vorschrift beinhaltet hingegen keine Eingriffsnorm zu präventiv-polizeilichen Zwecken.[6]

3 **3. Anwendungsbereich.** Die Vorschrift unterscheidet verschiedene Möglichkeiten der vorläufigen Festnahme. In personeller Hinsicht zu unterscheiden ist das auch dem Privatmann zustehende Festnahmerecht zur Verhinderung der Flucht oder zur Identitätsfeststellung (Abs. 1 Satz 2) sowie die weitergehende Befugnis der Staatsanwaltschaft und der Beamten des Polizeidienstes zur vorläufigen Festnahme bei Vorliegen der Voraussetzungen eines Haftbefehls (Abs. 2), aber auch nur zur Identitätsfeststellung (Abs. 1 Satz 2). Die Vorschrift steht insoweit in engem Zusammenhang mit § 128, welcher das weitere Verfahren nach erfolgter vorläufiger Festnahme regelt.[7] Ist der Haftbefehl bereits ergangen und erfolgt die Festnahme auf dieser Grundlage, richtet sich das weitere Verfahren jedoch nicht nach § 128, sondern nach § 114a (Aushändigung des Haftbefehls), 114b (Belehrungspflichten), § 114c (Benachrichtigung von Angehörigen), § 114d (Mitteilung an Vollzugsanstalt) sowie §§ 115 ff. (Vorführung vor den zuständigen Richter ua).

4 Die Vorschrift ist **abzugrenzen von anderen Normen,** welche ebenfalls strafprozessuale oder präventiv-polizeiliche Festnahmebefugnisse begründen können. Weitere Fälle der vorläufigen Festnahme regeln **§ 127b** (Hauptverhandlungshaft), **§ 164** (Störung von Amtstätigkeiten), **§ 183 GVG** (Straftaten in der Sitzung), **§§ 399 Abs. 1, 402 Abs. 1, 404 Satz 1 AO** (Befugnis der Finanz- und Zollbehörden im Steuerstrafverfahren) sowie **§ 229 BGB** (Sicherung zivilrechtlicher Ansprüche).[8] Eine bloße Ausschreibung der Staatsanwaltschaft zur Aufenthaltsermittlungen (§ 131c) rechtfertigt keine längere Festhalten des Beschuldigten.[9] Auch stellt die Vorschrift keine Rechtsgrundlage für den Fall dar, dass der Beschuldigte nur deshalb festgehalten werden soll, damit er während einer Durchsuchung keine Beweismittel und/oder Vermögenswerte beiseiteschafft.[10] Schließlich kann durch Abs. 1 nicht gerechtfertigt werden, dass bei der Verfolgung eines anderen Fahrzeuges eine erhebliche Geschwindigkeitsüberschreitung durch eine Privatperson begangen wurde.[11] Im Übrigen bleiben präventiv-polizeiliche Befugnisse nach Landesrecht unberührt,[12] auf diese dürfen keine strafprozessualen Festnahmen gestützt werden.[13] Allerdings wird es als zulässig angesehen, eine aus präventiv-polizeilichen Gründen erfolgte Festnahme eines Störers dahingehend auszunutzen, um den Beschuldigten sogleich dem Richter zur Durchführung einer Verhandlung im beschleunigten Verfahren (§ 418) vorzuführen.[14]

---

[2] OLG Stuttgart 2.3.1984 – 3 Ss (14) 75/84, NJW 1984, 1694; *Wagner* ZJS 2011, 465.

[3] *Meyer-Goßner* § 127 Rn. 1; KK-*Schultheis* § 127 Rn. 6.

[4] Ebenso *Schlothauer/Weider* Rn. 126.

[5] So schon RG 2.12.1890 – 2950/90, RGSt 21, 190; dass 5.1.1901 – 1959/01, RGSt 34, 443; dass 19.12.1919 – IV 708/19, RGSt 54, 197.

[6] AnwaltsKommentar Krekeler/Löffelmann/Sommer-*Lammer*, § 127. Rn. 1.

[7] *Böhm/Werner* § 128 Rn. 3 ff.

[8] OLG Düsseldorf 24.7.1991 – 2 Ss 223/91, NJW 1991, 2716.

[9] OLG München 29.11.2012 – 4 VAs 55/12, StRR 2013, 265.

[10] LG Frankfurt 26.2.2008 – 5/26 Qs 6/08, NJW 2008, 2201.

[11] Oberlandesgericht des Landes Thüringen 9.7.1997 – 1 Ss 294/96, VRS 94, 459 (zweifelhaft).

[12] *Hilger* § 127 Rn. 5; SK-*Paeffgen* § 127 Rn. 4; AK-*Krause* § 127 Rn. 2.

[13] LR-*Hilger* § 127 Rn. 5; *Achenbach* JA 1981, 660.

[14] Ebenso LR-*Hilger* § 127 Rn. 5.

II. Vorläufige Festnahme durch Jedermann (§ 127 Abs. 1)

1. Allgemeines. Nach § 127 Abs. 1 Satz 1 hat jedermann das Recht eine andere Person vorläufig festzunehmen, wenn der Täter durch ihn **„auf frischer Tat"** (→ Rn. 12) betroffen oder „verfolgt" (→ Rn. 13) wird, wobei die Festnahme durch einen Privatmann aber zum Zweck der Anwesenheitssicherung (→ Rn. 14) oder der Identitätssicherung (→ Rn. 15) erfolgen muss. Die Regelung des Abs. 1 Satz 1 kommt vor allem auch für Polizeibeamte in Betracht, wenn sie für die Amtshandlung nicht zuständig sind.[15] 5

2. Tatbegriff. Tat im Sinne dieser Norm ist jedes strafrechtlich relevante Verhalten eines anderen, welches den Tatbestand einer Strafvorschrift zumindest **rechtswidrig** iSv § 11 Abs. 1 Nr. 5 StGB verwirklicht.[16] Schuldfähigkeit ist hingegen nicht erforderlich.[17] Eine in das Versuchsstadium gelangte solche Straftat reicht aus.[18] Straflose Vorbereitungshandlungen oder Ordnungswidrigkeiten begründen nach § 127 Abs. 1 kein Festnahmerecht durch jedermann. Das Festnahmerecht gilt unabhängig von der Gewichtigkeit der Tat und vom Wert der Beute bei allen Verbrechen oder Vergehen.[19] 6

3. Vorläufige Festnahme strafunmündiger Kinder. Strafunmündige Kinder (§ 19 StGB) dürfen nach überwiegender Auffassung in der Literatur auch zum Zweck der Identitätsfeststellung nicht vorläufig festgenommen werden, da ihre Taten nicht in eine Strafverfolgung münden können.[20] Dies wird zu Recht als unbefriedigend empfunden, da die mangelnde Festnahmemöglichkeit eines unmittelbar bei der Tat begehen festgestellten Kindes dem Rechtsempfinden der Bevölkerung zu widerlaufen kann, jedoch hat der Gesetzgeber in Betracht kommende Jugendhilfemaßnahmen neben der Strafverfolgung nicht als Regelungszweck erfasst. Unterliegt der Festnehmende ohne Fahrlässigkeit hingegen der irrigen Annahme, dass der auf frischer Tat betroffene jugendliche Täter das 14. Lebensjahr bereits vollendet hat, besteht das Festnahmerecht nach § 127 Abs. 1 Satz 1.[21] Eine Privatperson kann aber ein Kindes, das eine Straftat begangen hat, zur Identitätsfeststellung zumindest kurzzeitig nach § 229 BGB festnehmen, um mögliche Schadenersatzansprüche realisieren zu können.[22] 7

4. Verdachtsgrad. Streitig ist, ob die ob eine **Straftat wirklich begangen** sein muss oder ob insoweit der **dringender Tatverdacht** der Begehung ausreicht. Nach hA muss die rechtswidrige Tat iSv § 127 Abs. 1 nach den äußeren Umständen einen dringenden oder höheren Verdachtsgrad für den Festnehmenden begründen.[23] Für den Festnehmenden darf bei objektiver Würdigung sämtlicher erkennbarer Umstände zum Zeitpunkt der beabsichtigten Festnahmehandlung kein begründeter Zweifel an der Begehung einer Straftat durch den Betroffenen bestehen.[24] Da bei der vorläufigen Festnahme nicht der gesamte Sachverhalt übersehen werden kann, handelt es sich um eine Augenblicksentscheidung, an welche keine überspannten Anforderungen gestellt werden dürfen.[25] 8

---

[15] OLG Koblenz 5.5.2008 – 1 Ss 31/08, VR 2009, 32.
[16] Vgl. auch *Sickor* JuS 2012, 1074.
[17] KK-*Schultheis* § 127 Rn. 7.
[18] OLG Hamm 24.11.1976 – 4 Ss 263/76, NJW 1977, 590; *Gasa/Schwarzer* in Schutz privater Rechte 2011, 38–62.
[19] BGH 10.2.2000 – 4 StR 558/99, BGHSt 45, 378.
[20] *Meyer-Goßner* § 127 Rn. 3.
[21] Vgl. auch BGH 18.11.1980 – VI ZR 151/78, NJW 1981, 745.
[22] KK-*Schultheis* § 127 Rn. 8.
[23] BGH 10.5.2000 – 4 StR 558/99, BGHSt 45, 378; OLG Hamm 8.1.1998 – 2 Ss 1526/97, NStZ 1998, 570; OLG Zweibrücken 13.3.1981 – 1 Ss 35/80, NJW 1981, 2016; OLG Düsseldorf 24.7.1991 – 2 Ss 223/91, NStZ 1991, 599; BayObLG 30.5.1986 – RReg 5 StR 43/86, MDR 1986, 956; KK-*Schultheis* § 127 Rn. 9; LR-*Hilger* § 127 Rn. 10.
[24] OLG Koblenz 5.5.2008 – 1 Ss 31/08, VR 2009, 32.
[25] So *Schlothauer/Weider* Rn. 123.

9 **Nach anderer Auffassung** muss die Tat **wirklich** begangen worden sein.[26] Lediglich nicht erkennbare Rechtfertigungs- und Schuldausschließungsgründe lassen danach das Festnahmerecht unberührt. Begründet wird die Ansicht damit, dass der Eingriff nach Abs. 1 in eine Freiheitsrechte eines anderen letztendlich dem Bürger nur gestattet werden dürfe, wenn dieser sicher sei, dass der andere aller Merkmale einer Straftat verwirklich habe.[27] Andernfalls müsse er auf das Festnahmerecht verzichten und diesen den staatlichen Behörden überlassen, zumal dem Betroffenen auch das Notwehrrecht genommen würde.

10 **Dieser Ansicht kann nicht gefolgt werden,** da sie zu einseitig die Interessen des Tatverdächtigen in den Vordergrund stellt.[28] Das Irrtumsrisiko würde danach selbst bei einer objektiv aus der Sicht des Festnahmenden nicht gegebenen Erkennbarkeit der Geschehenslage allein der Festnehmende tragen. Der Schutzzweck der Norm würde konterkariert, wenn sich nach der Lebenserfahrung einem objektiven Betrachter zum Festnahmezeitpunkt die unmittelbar begangene Straftat geradezu aufdrängt. Außerdem würde mit der Anforderung einer tatsächlich begangenen Straftat der Zweck des § 127, die Sicherung der Strafverfolgung, unvertretbar eingeschränkt werden.[29]

11 Besonderheiten bestehen insoweit bei **Verkehrsstraftaten.** Hier werden die Voraussetzungen des Abs. 1 nur selten vorliegen, da die Feststellungen der Fahruntüchtigkeit eines Kraftfahrers einer Privatperson zumeist nicht möglich ist. Nur wenn schwere Ausfallerscheinungen offensichtlich sind, kann die Feststellung der Fahruntüchtigkeit auch von einer Privatperson mit der zureichenden Sicherheit[30] getroffen werden.[31]

12 **5. Betreffen der Person auf frischer Tat.** Auf frischer Tat wird betroffen, wer zumindest bei Überschreiten der Versuchsschwelle zu einer rechtswidrigen Tat (§ 11 Abs. 1 Nr. 5 StGB) vor Ort oder in der unmittelbaren Nähe gestellt wird. Die Beobachtungen des Festnehmenden müssen sich auch nicht auf den gesamten Tathergang erstrecken, jedoch müssen die erkennbaren äußeren Umstände einen dringen Tatverdacht vermitteln. Auf frischer Tat iSv § 127 betroffen wird der Täter auch nach der Vollendung der Tat, sofern ein enger zeitlich-örtlicher Zusammenhang mit dieser Tat besteht.[32] Kann nicht sicher festgestellt werden, ob eine rechtswidrige Tat vorliegt, besteht kein Rechtfertigungsgrund. So hat die Rechtsprechung allein aus der Tatsache, dass eine Person es an Vortagen versucht hatte, Kinder durch Versprechungen dazu zu bewegen, in ihren Pkw einzusteigen, keinen Tatverdacht angenommen, als dieser am Folgetag erneut an den Kindern in seinem Pkw langsam Vorbei fuhr.[33]

13 **6. Verfolgung der Person auf frischer Tat.** Die Verfolgung der Person muss in erkennbarem Zusammenhang mit einer gerade erst begangenen Straftat stehen. Hat sich der Täter bereits vom Tatort entfernt, ohne dabei beobachtet worden zu sein, müssen sichere Indizien, wie beispielsweise Spuren, unverzüglich eine Verfolgungsmöglichkeit bieten, die sogleich bis zu seiner Ergreifung genutzt werden.[34]

14 **7. Festnahmegrund Fluchtverdacht.** Als Festnahmegrund erfordert § 127 Abs. 1 einen Fluchtverdacht gegen den Beschuldigten in der konkreten Tatsituation. Der Verdachtsgrad muss **nicht die Qualität des Fluchtverdachts** nach § 112 Abs. 2 Nr. 2 erfüllen.[35] Vielmehr ist ausreichend, dass nach der Lebenserfahrung, nach den erkennbaren

[26] Vgl. OLG Hamm 1.8.1972 – 3 Ss 224/72, NJW 1972, 1826; *Meyer-Goßner* § 127 Rn. 4; vgl. zu dem Meinungsstreit auch *Kargl* NStZ 2000, 8-15; *Bülte* ZStW 121, 386.

[27] Vgl. hierzu *Meyer-Goßner* § 127 Rn. 4.

[28] Siehe hierzu auch LR-*Hilger* § 127 Rn. 11.

[29] OLG Stuttgart 19.2.1990 – 1 Ws 30/90, OLGSt StPO § 127 Nr. 3.

[30] OLG Zweibrücken 13.3.1981 – 1 Ss 35/80, NJW 1981, 2016; LR-*Hilger* § 127 Rn. 31.

[31] OLG München 8.12.2008 – 5 St RR 233/08 (zu den notwendigen Urteilsfeststellungen bei der Festnahme durch Polizeibeamte zu Identitätsfeststellung im Straßenverkehr).

[32] Vgl. auch *Bülte* ZStW 121, 401.

[33] OLG Düsseldorf 29.10.1993 – 22 U 78/93, OLGR Düsseldorf 1994, 162 (zweifelhaft).

[34] Graf-*Krauß* § 127 Rn. 5.

[35] LR-*Hilger* § 127 Rn. 21; aA *Naucke* NJW 1968, 1125.

Umständen, die Annahme ex ante gerechtfertigt scheint, der Beschuldigte werde sich alsbald ohne ein Festhalten seiner Person vom Tatort entfernen, um sich der Strafverfolgung zu entziehen.[36] Das ist nicht bereits dann der Fall, wenn sich der Täter lediglich ohne Fluchtabsicht vom Tatort entfernt und in unmittelbarer Nähe seine Wohnung oder seinen Arbeitsplatz aufsucht.[37] Ist der Täter bekannt, sind die Voraussetzungen des Abs. 1 nur dann gegeben, wenn nach den Umständen des Falles vernünftigerweise die Annahme gerechtfertigt ist, er werde sich dem Strafverfahren durch Flucht entziehen. Das ist nicht bereits dann der Fall, wenn sich der Täter lediglich vom Tatort entfernt.[38]

8. Festnahmegrund Identitätsfeststellung. Kann die Identität des Täters vor Ort 15
nicht hinreichend sicher festgestellt werden, da er die notwendigen Angaben zu seiner Person verweigert oder keine gültigen Ausweispapiere bei sich führt, darf auch der Privatmann zumindest bis zum Eintreffen der Polizeibeamten den Täter zur Identitätsfeststellung festhalten.[39] Dies kann auch der Fall sein, wenn der Täter lediglich einen Führerschein oder einen nicht amtlichen Ausweis mit sich führt, aus denen keine sichere Identifizierung nebst aktueller Wohnanschrift ergibt.[40] Benutzt der Täter ein amtlich zugelassenes Kraftfahrzeug muss sich der Festnehmende nicht auf die unsichere Zuordnung und Ermittlung des oftmals personenverschiedenen Halters verlassen.[41] Ebenso wenn der Verdacht besteht, dass die Ausweispapiere in Anbetracht des Lichtbildes oder sonstiger Umstände falsch oder nicht in deutscher Sprache lesbar sind. Die Feststellung der Identität durch Polizeibeamte wird hingegen, auch wenn sie nicht zuständig sind,[42] gem. § 127 Abs. 1 Satz 2 durch § 163b geregelt.

9. Festnahmehandlung. Bei der Frage der konkreten Festnahmemittel kommt dem 16
Grundsatz der Verhältnismäßigkeit besondere Bedeutung zu. Die Befugnis zur vorläufigen Festnahme schließt notwendigerweise das Recht zur Vornahme von Handlungen ein, die tatbestandsmäßig als Freiheitsberaubung und Nötigung anzusehen sind, wobei ebenso als Folge der Verwirklichung des Festnahmerechts ein nach Lage der Sache erforderliches festes Anfassen oder Anpacken zur Verhinderung eines Entweichens des zu identifizierenden Täters gerechtfertigt sind und keine strafbare Körperverletzung darstellen. Insoweit ist beachten, dass trotz Vorliegens der Festnahmevoraussetzungen die Anwendung körperlicher Gewalt nur insoweit erlaubt ist, soweit sie zu dem Festnahmezweck in einem angemessenen Verhältnis steht. Ist dies der Fall, dann ist eine etwaige Freiheitsberaubung, Nötigung und Körperverletzung gerechtfertigt[43] Zulässig ist nach der weiterhin notwendigen Bekanntgabe der Festnahme und der Gründe an den Betroffenen ein tatsächliches Festhalten oder eine sonstige Verhinderung der Flucht auch durch situationsangemessene physische Gewalt bis zum Eintreffen der unverzüglich zu verständigenden Polizei.[44] Entsteht etwa zwischen einem Taxifahrer und einem Fahrgast bei Erreichen des vereinbarten Zielortes Streit über den zu entrichtenden Fahrpreis und entfernt sich der Fahrgast ohne Bezahlung des vom Taxameter angezeigten Fahrpreises und ohne Preisgabe seiner Personalien, so ist der Taxifahrer nach Abs. 1 Satz 1 jedenfalls berechtigt, den Fahrgast auch unter Anwendung körperlicher Gewalt bis zum Eintreffen der Polizei festzuhalten.[45] Ebenso kann der Beschuldigte selbst zur nächsten Polizeidienststelle verbracht werden.[46]

---

[36] BayOLG 25.7.2002 – SSt RR 209/02, NStZ-RR 2002, 336; *Meyer-Goßner* § 127 Rn. 10.
[37] BGH 1.6.1991 – 1 StR 242/91, BGHR StGB § 32 Abs. 2 Verteidigung 8.
[38] BGH 11.6.1991 – 1 StR 242/91, BGHR StGB § 32 Abs. 2 Verteidigung 8 (Gründe).
[39] BayObLG 3.7.1997 – 3 StR 53/97.
[40] BayOLG 25.7.2002 – SSt RR 209/02, NStZ-RR 2002, 336.
[41] OLG Schleswig 3.2.1984 – 1 Ss 623/83, DAR 1984, 229.
[42] OLG Koblenz 5.5.2008 – 1 Ss 31/08, VR 2009, 32.
[43] BGH 10.2.2000 – 4 StR 558/99, BGHSt 45, 378; OLG Koblenz 5.5.2008 – 1 Ss 31/08, VR 2009, 32.
[44] BGH 10.2.2000 – 4 StR 558/99, BGHSt 45, 378; OLG Karlsruhe 18.12.1973 – 2 Ws 200/73, NJW 1974, 806.
[45] AG Grevenbroich 26.9.2000 – 5 Ds 6 Js 136/00, NJW 2002, 1060.
[46] BGH 12.11.1969 – 4 StR 325/69, VRS 38, 115.

17 Die Festnahmehandlung darf auch im Hinblick auf die Schwere der Straftat gerade bei Bagatelldelikten nicht in ein **eklatantes Missverhältnis zum Maß der Fluchtverhinderungshandlung** geraten. So sind unmittelbar lebensgefährliche Festnahmehandlungen, wie ein Würgen des sich nicht wehrenden Täters oder Schüsse auf diesen mittels einer Waffe in der Regel unzulässig.[47] Denn das auch in diesem Zusammenhang geltende Verhältnismäßigkeitsprinzip verbietet es regelmäßig, jedenfalls bei Straftaten von geringem Gewicht, zur Fluchtverhinderung Handlungen vorzunehmen, die zu einer ernsthaften Gesundheitsschädigung oder zu einer unmittelbaren Lebensgefährdung führen.[48] So hat es der BGH wegen Bestehens eines krassen Missverhältnisses als nicht gerechtfertigt angesehen, wenn ein Wachmann einer privaten Wach- und Schließgesellschaft um jugendliche Autodiebe zu „stellen" und sie der Polizei zu übergeben mit seiner Selbstladepistole gezielte Schüsse „auf die Reifen" des gestohlenen Fluchtfahrzeuges abgibt und dabei einen auf der Rückbank sitzenden Fahrzeuginsassen tödlich trifft.[49] Eine Gefährdung anderer Straßenverkehrsteilnehmer ist auch bei Verkehrsdelikten nicht vom Festnahmerecht gedeckt.[50]

18 **10. Notwehrhandlungen.** Demgegenüber bleiben die sonstigen zivilrechtlichen und strafrechtlichen Vorschriften der Notwehr und des Notstandes unberührt. Der Betroffene darf gegenüber dem Festnehmenden selbst keine Notwehr iSv § 32 StGB ausüben. Nach der Rechtsprechung des Bundesgerichtshofs[51] besteht das Festnahmerecht auch dann, wenn eine Privatperson die Voraussetzungen des § 127 Abs. 1 Satz 1 ohne Fahrlässigkeit nach den äußeren Umständen irrig annimmt. Dem entgegen wird in der Literatur[52] teilweise ein Festnahmerecht abgelehnt, jedoch dem Festnehmenden nach den Umständen des Einzelfalls ein vorsatzausschließender Erlaubnistatbestandsirrtum zugebilligt. Die Streitfrage wird relevant, wenn sich der Festgenommene, der nach der Rechtsprechung des Bundesgerichtshofs kein Notwehrrecht hat, wehrt und insoweit selbst einem Erlaubnistatbestandsirrtum unterliegt.

III. Festnahme durch Staatsanwaltschaft und Polizei zur Identitätsfeststellung (§ 127 Abs. 1 Satz 2)

19 Die Vorschrift enthält lediglich eine gesetzliche Klarstellung, dass sich die Rechtsgrundlage zur Feststellung der Identität einer Person durch Staatsanwaltschaft und Polizei sich nicht nach Abs. 1 Satz 1 oder 2 richtet, sondern hierfür § 163b Abs. 1 gilt. Steht die Identität der Person fest und werden keine Ermittlungen eingeleitet, ist deren weiteres Festhalten, um möglicherweise die Ermittlungen hinsichtlich eines anderen Tatverdächtigen nicht zu gefährden, nicht gerechtfertigt.[53] Gleiches gilt, wenn der Betroffene angeboten hat, seine Papiere aus dem Nachbarhaus zu holen.[54] Weiter ist zu beachten, dass zwar eine unberechtigte vorläufige Festnahme nach Abs. 2 eine Entschädigungspflicht nach § 2 Abs. 2 Nr. 2 StrEG begründen kann, nicht jedoch eine auf § 163b iVm Abs. 1 Satz 2 beruhende Zuführung zur Identitätsfestellung.[55]

IV. Vorläufige Festnahme durch Polizei und Staatsanwaltschaft (§ 127 Abs. 2)

20 **1. Allgemeines.** Grundsätzlich können sich auch Polizeibeamte bereits auf das allgemeine Festnahmerecht nach Abs. 1 berufen, wobei hier noch keine Sonderbefugnisse grei-

[47] Vgl. auch BGH 25.3.1999 – 1 StR 26/99, JR 2000, 297; BGH 18.11.1980 – VI ZR 151/78, NJW 1981, 745.
[48] BGH 3.7.2007 – 5 StR 37/07, NStZ-RR 2007, 303.
[49] BGH 11.9.1997 – 4 StR 296/97, NStZ-RR 11998, 50.
[50] OLG Hamm 29.8.1958 – 1 Ss 874/58, VRS 16, 136; dass. 30.3.1962 – 3 Ss 1638/61, VRS 23, 453 (bloße Belästigung); Oberlandesgericht des Landes Thüringen 9.7.1997 – 1 Ss 294/96, VRS 94, 459 (Verfolgungsjagd).
[51] BGH 18.11.1980 – VI ZR 151/78, NJW 1981, 745.
[52] SS-*Lenckner/Sternberg-Lieben* Vor § 32 Rn. 81.
[53] AG Hannover 17.10.2005 – 314 AR 12/05, StV 2006, 321.
[54] BVerfG 29.1.1991 – 1 BvR 7/90, NJW 1991, 3023.
[55] KG 9.11.2012 – 4 Ws 120/12, StRR 2013, 236.

fen. Diese können sich aber aus den allgemeinen Polizeigesetzen der Länder, beispielsweise zur Anwendung unmittelbaren Zwangs, ergeben. Nicht der Vorschrift des Abs. 2 unterfällt die Beschränkung der Bewegungsfreiheit des Beschuldigten zum Vollzug einer Anordnung der körperlichen Untersuchung (§ 81a) oder der Durchführung einer erkennungsdienstlichen Behandlung (§ 81b).[56]

2. Festnahmevoraussetzungen. Abs. 2 räumt den Beamten der Polizei und Staatsanwaltschaft bei zusätzlich das Festnahmerecht ein, wenn die **Voraussetzungen eines Haftbefehls oder Unterbringungsbefehls** (§§ 112, 112a, 126) vorliegen. Allerdings obliegt diese polizeiliche Eilkompetenz aus auch verfassungsrechtlicher Hinsicht Einschränkungen (→ Rn. 22 ff.), welche die Praxis nicht immer gerecht wird 21

Erforderlich ist insoweit, dass **„Gefahr im Verzug“** besteht. Die ist nach herrschender Ansicht der Fall, wenn die Festnahme des Beschuldigten bei einer vorausgehenden Hinzuziehung der Staatsanwaltschaft und des richterlichen Bereitschaftsdienstes gefährdet wäre.[57] Insoweit kommt es darauf an, ob es aufgrund des Zeitverlustes, welcher mit der Erwirkung einer gerichtlichen Haftanordnung verbunden ist, zu einer Gefährdung der Festnahme kommen würde.[58] Nicht erforderlich ist insoweit, dass aus objektiver Sicht tatsächlich eine solche Gefährdung besteht. Vielmehr reicht aus, dass der handelnde Beamte aus seiner ex ante Sicht bei Würdigung der konkreten Umstände des Einzelfalls nachvollziehbar eine Gefährdung der Festnahme tatsächlich angenommen hat und auch annehmen durfte. Maßgeblich ist danach die Beurteilung des Beamten aufgrund pflichtgemäßer Prüfung der Umstände des Einzelfalles, soweit sie ihm zum Zeitpunkt seines Einschreitens erkennbar sind.[59] Insoweit ist nach hA auch unerheblich, ob der Beamte die Gefahr durch frühere Fehler oder Pflichtwidrigkeiten letztendlich mit verursacht hat (str.).[60] Entsprechend der in der Praxis gebräuchlichen Dienstanweisungen der Polizei sollte eine Dokumentation der „Gefahr im Verzug“ zu deren gerichtlichen Nachprüfbarkeit vorgenommen werden. 22

Daneben müssen aber – was häufig übersehen wird – vor allem auch die **Haftgründe der Flucht, der Fluchtgefahr-**[61] **oder der Verdunkelungsgefahr**[62] objektiv vorliegen. So ist eine ohne richterlichen Beschluss vorgenommene vorläufige Festnahme durch einen Polizeibeamten rechtswidrig, wenn weder die Voraussetzungen des Abs. 1 noch die Haftgründe der Verdunkelungs- oder Fluchtgefahr vorlagen. Wegen Missachtung des verfassungsrechtlich geschützten Richtervorbehalts sind infolge auch die im Anschluss an die vorläufige Festnahme durchgeführte Durchsuchung und Beschlagnahme rechtwidrig und die Beweismittel damit nicht verwertbar.[63] 23

Da es sich bei einer vorläufigen Festnahme nach Abs. 2 um einen scherwiegenden Grundrechtseingriff[64] handelt, darf der **Richtervorbehalt nicht durch eine zu großzügige Auslegung des Merkmals der Gefahr im Verzug** unterlaufen werden. Insoweit muss jedenfalls in den Fällen, in welchen der Täter nicht auf frischer Tat ergriffen wird, sondern den Ermittlungsbehörden schon bekannt ist, die die „Eilkompetenz“ die Ausnahme bleiben. Für die Auslegung des Merkmals der Gefahr im Verzug bedeutet dies, dass es sich insoweit um einen unbestimmten Rechtsbegriff handelt, welcher zwar aus Sicht des Beamten zu beurteilen ist, diesem jedoch keinen Beurteilungsspielraum einräumt.[65] 24

Für die Praxis bedeutet dies, dass aus verfassungsrechtlichen Gründen ein **effektiver richterlicher Bereitschaftsdienst** eingerichtet werden muss. Insoweit hat der Beamte 25

---

[56] KK-*Schultheis* § 127 Rn. 34.
[57] Vgl. auch Graf-*Krauß* § 127 Rn. 12.
[58] KK-*Schultheis* § 127 Rn. 35.
[59] BGH 9.10.1952 – 5 StR 362/52, BGHSt 3, 241; *Meyer-Goßner* § 127 Rn. 19.
[60] KK-*Schultheis* § 127 Rn. 35.
[61] *Böhm/Werner* § 112 Rn. 43 ff.
[62] *Böhm/Werner* § 112 Rn. 63 ff.
[63] AG Tiergarten – 17.7.2006 – 353 Gs 2794/06, wistra 2007, 199.
[64] Vgl. auch BVerfG 4.2.2005 – 2 BvR 308/04, StraFo 2005, 156; dass. 20.2.2001 – 2 BvR 1444/00, StraFo 2001, 154.
[65] Ebenso LR-*Hilger* § 127 Rn. 36.

im Rahmen der Beurteilung des Merkmals der „Gefahr im Verzug" zu prüfen, ob eine Haftanordnung zeitnah und ohne Gefährdung des Festnahmeerfolgs erwirkt werden kann. Jedenfalls darf die Regelkompetenz nicht unterlaufen werden.

26 So ist eine Eilkompetenz zu verneinen, wenn die Verzugslage von den Ermittlungsbehörden schuldhaft verursacht wurde. Ein solcher Fall kann etwa dann anzunehmen sein, wenn die Voraussetzungen für eine Haftbefehl bereits vorliegen, der Beamten den Beschuldigten aber, ohne einen solchen zuvor erwirkt zu haben, vernimmt und sich dadurch die ohnehin schon bestehende Flucht- oder Verdunkelungsgefahr noch weiter verstärkt.[66] Insoweit führen Fehler der Ermittlungsbehörden jedenfalls dann zu einer Einschränkung der Eilkompetenz, wenn die Zuständigkeit objektiv missbräuchlich willkürlich angenommen wird[67] oder es sich um besonders schwerwiegende Verstöße handelt.[68]

27 Ist die **Festnahme im Rahmen der „Eilkompetenz" zu Unrecht** angeordnet worden, stellt sich die Frage, ob dies Auswirkungen auf die Haftfrage hat oder andere Folgen zeitigt. Will der Betroffene die fortdauernde Festnahme beanstanden, entscheidet hierüber das Haftgericht (§ 128). Wurde die vorläufige Festnahme beendet und befindet sich der Beschuldigte ohne Vorführung vor den zuständigen Richter wieder auf freiem Fuß, entscheidet über die Rechtmäßigkeit der vorläufigen Festnahme entsprechend § 98 Abs. 2 das mit der Sache befasste Gericht.[69] Gleiches gilt, wenn es um die Art und Weise des Vollzugs geht.[70] Gegen die Entscheidung des Gerichts ist die Beschwerde (§ 304), nicht aber die weitere Beschwerde (§ 310) zulässig, da es sich nicht um eine Verhaftung iSd § 310 handelt.[71] Nicht abschließend geklärt ist die Frage, ob die Feststellung der Rechtswidrigkeit der vorläufigen Festnahme auch dann möglich ist, wenn der Beschuldigte dem Haftrichter vorgeführt wird und dieser eine Haft- oder Unterbringungsanordnung erlässt. Insoweit besteht weder ein Grund zur Freilassung noch rechtfertigt sich die Annahme eines Verwertungsverbots[72] im Hinblick auf die Angaben des Beschuldigten vor Polizei und Haftrichter. Obwohl prozessuale Überholung eingetreten ist, besteht jedoch ein Feststellungsinteresse, weile es sich bei der Anordnung der Festnahme durch ein an im konkreten Fall unzuständiges Organ um einen schwerwiegenden Grundrechtseingriff handelt, welcher die Feststellung der Rechtswidrigkeit der Amtshandlung nicht nur zulässt, sondern auch erfordert (→ Rn. 34). Ein solches Bedürfnis besteht auch deshalb, weil die Erfahrungen der Praxis durchaus zeigen, dass die Entscheidung des Haftrichters von seitens der Polizei oder Staatsanwaltschaft erzeugten Fakten durchaus abhängen können.[73]

28 Hatte das nach §§ 125, 126 zuständige **Gericht** schon zuvor in derselben Strafsache einen von der Staatsanwaltschaft beantragten **Haftbefehl abgelehnt,** ist die vorläufige Festnahme des Beschuldigten nach Abs. 2 anlässlich weiterer anderer strafprozessualer Maßnahmen wegen derselben Straftat nur dann möglich und zulässig, wenn die früheren Ablehnungsgründe durch neue Umstände ausgeräumt sind.[74] Ferner sind die nach dem jeweiligen Landesrecht vorgesehenen Vorschriften über die Anwendung unmittelbaren Zwangs zu beachten.

---

[66] Ähnlich LR-*Hilger* § 127 Rn. 36.

[67] Weiter LR-Hilger § 127 Rn. 36 (alle Fehler oder Pflichtwidrigkeiten).

[68] BVerfG 12.4.2005 – 2 BvR 1027/02, NJW 2005, 1917; AG Tiergarten 17.7.2006 – 353 Gs 2794/06, wistra 2007, 199; SK-*Paeffgen* § 127 Rn. 26.

[69] BGH 5.8.1998 – 5 ARs (VS) 1/97, BGHSt 44, 171; *Meyer-Goßner* § 127 Rn. 23.; KK-*Schultheis* § 127 Rn. 48; aA *Dittmer* aaO Seite 167 (§ 23 EGGVG).

[70] *Meyer-Goßner* § 127 Rn. 23; aA noch BVerwG 3.12.1974 -I C 11/73, BVerwGE 47, 255.

[71] OLG Frankfurt a. M. 6.8.2009 – 3 Ws 687/09, NStZ-RR 2010, 22.

[72] Zur Rechtsprechung zu § 81a vgl.: BVerfG 24.2.2011 – 2 BvR 1596/10, StraFo 2011, 196; dass. 28.7.2008 – 2 BvR 784/08, NJW 2008, 3053; BGH 11.11.1998 – 3 StR 181/98, BGHSt 44, 243; ders. 18.4.2007 – 5 StR 546/06, BGHSt 51, 285; OLG Naumburg 7.2.2011 – 1 Ss 38/10, OLGSt StPO § 81a Nr. 15.

[73] Vgl. hierzu auch *Böhm* in: Grützner/Pötz/Kress Internationale Rechtshilfe in Strafsachen, 3 Aufl. IRG § 19 Rn. 7.

[74] *Meyer-Goßner* § 127 Rn. 19; LG Frankfurt 26.2.2008 – 5/26 Qs 6/08, NStZ 2008, 591.

Das **Festnahmerecht** nach Abs. 2 steht der **Staatsanwaltschaft** und den Beamten des **Polizeidienstes** zu. Der Begriff der Staatsanwaltschaft erfasst auch die Amtsanwälte (§ 142 Abs. 1 Nr. 3 GVG) und Referendare im Rahmen des ihnen nach § 142 Abs. 3 GVG übertragenen Aufgabekreises.[75] Darüber hinaus steht das Festnahmerecht den Beamten des Polizeidienstes zu, welche nicht Ermittlungspersonen der Staatsanwaltschaft (§ 152 GVG) sein müssen.[76] 29

Die Rechtmäßigkeit der Festnahme hängt nicht davon ab, dass dem Beschuldigten zuvor angekündigt worden ist.[77] Die **Anwendung von Gewalt** ist grundsätzlich zulässig (→ Rn. 17), wobei die Grenzen der Festnahme- und Zwangsmittel – mangels Regelung in der StPO – durch das Polizeirecht des Bundes oder der Länder bestimmt werden.[78] Dort sind auch die Voraussetzungen des Schusswaffengeberauchs geregelt.[79] Danach dürfen – bei Beachtung der einschlägigen polizeirechtlichen Regelungen – Schusswaffen gegen einzelne Personen eingesetzt werden, um eine Person, die sich der Festnahme oder der Feststellung ihrer Person durch die Flucht zu entziehen sucht, anzuhalten, wenn sie bei einer rechtwidrigen Tat betroffen wird, die sich nach den Umständen als ein Verbrechen darstellt, oder sie eines Verbrechens dringend verdächtig ist. Dabei darf auch bei Vorliegen sämtlichen Zulassungsvoraussetzungen von der Schusswaffe allein in einer Weise Gebrauch gemacht werden, die den Flüchtenden – nur – fluchtunfähig macht, so dass vor allem gezielte Schüsse in den Beinbereich vom Festnahmerecht gedeckt sind.[80] Geht der Schuss aber fehl, wird dessen Abgabe nicht unzulässig, weil der Schusswaffengebrauch immer mit einem solchen Risiko behaftet ist. Anders aber bei gezielten Schüssen in zentrale Bereiche des Menschen. Solche sind vom Festnahmerecht des Abs. 2 nicht gedeckt und rechtswidrig.[81] Zu beachten ist jedoch, dass insoweit vor allem dem **Polizeibeamten aber die allgemeinen strafrechtlichen Rechtfertigungsgründe zur Seite stehen** können.[82] Gleiches gilt für die Irrtumsproblematik. Nimmt etwa der Polizeibeamte irrig die tatsächlichen Voraussetzungen der Notwehr an, ist Putativnotwehr und damit ein vorsatzausschließender Erlaubnistatbestandirrtum gegeben. Ein solcher den Vorsatz ausschließender Tatsachenirrtum kommt insbesondere in Betracht, wenn eine nicht im Nahbereich eingesetzte Schreckschusswaffe den Anschein einer scharfen Schusswaffe erweckt.[83] Auch darf die Wohnung des Beschuldigten durchsucht werden, wenn konkrete Anhaltspunkte dafür bestehen, dass er sich dort aufhält. Einer gesonderten Durchsuchungsordnung der Wohnung (§ 102) bedarf es in einem solchen Fall nicht.[84] 30

V. Strafantrag/Ermächtigung/Strafverlangen (§ 127 Abs. 3)

Bei Antragsdelikten und Straftaten, die nur mit einer Ermächtigung oder einem Strafverlangen verfolgt werden können (§ 77e StGB), darf die Festnahme auch ohne das Vorliegen der Voraussetzungen zum Festnahmezeitpunkt erfolgen. Wenn jedoch bereits zu diesem Zeitpunkt sicher anzunehmen ist, dass diese formalen Anforderungen auch im weiteren Verlauf des Ermittlungsverfahrens nicht eintreten werden, muss von der Festnahme abgesehen werden.[85] Während andauernder Immunität ist die vorläufige Verhaf- 31

[75] KK-*Schultheis* § 127 Rn. 38.

[76] LR-*Hilger* § 127 Rn. 41; KK-*Schultheis* § 127 Rn. 39.

[77] OLG München 8.12.2008 – 5 StRR 233/08, KK-*Schultheis* § 127 Rn. 40.

[78] BayOblG 5.5.1998 -RReg 1 St 3/88, NStZ 1988, 519; OLG Karlsruhe 18.12.1973 – 2 Ws 200/73, NJW 1974, 806; *Schmidt/Schöne* NStZ 1994, 218; *Meyer-Goßner* § 127 Rn. 19 aA *Borchert* JA 1982, 346.

[79] BGH 20.3.1995 – 4 StR 7/75, BGHSt 26, 99; ders. 25.3.1999 – 1 StR 26/99, NJW 1999, 2533; ders. 25.10.1988 – 3 StR 199/98, BGHSt 35, 379.

[80] BGH 25.3.1999 – 1 StR 26/99, NJW 1999, 2533; KK-*Schultheis* § 127 Rn. 40.

[81] BGH 25.3.1999 – 1 StR 26/99, NJW 1999, 2533; OLG Karlsruhe 10.2.2011 – 2 Ws 181/10, Die Justiz 2011, 221.

[82] BGH 10.2.2000 – 4 StR 558/99, BGHSt 45, 378; *Meyer-Goßner* § 127 Rn. 17.

[83] OLG Karlsruhe 10.2.2011 – 2 Ws 181/10, Die Justiz 2011, 221.

[84] Ebenso *Kaiser* NJW 1980, 876.

[85] Vgl. auch *Geerds* GA 1982, 237.

tung eines Abgeordneten nach Art. 46 Abs. 2 GG gänzlich unzulässig, es sei denn, er wird bei der Begehung der Tat oder nach Verfolgung auf frischer Tat im Laufe des folgenden Tages festgenommen.

VI. Benachrichtigungs- und Informationspflichten (§ 127 Abs. 4)

32 Bereits bei der vorläufigen Festnahme durch die Staatsanwaltschaft und Polizei sind gemäß Abs. 4 sämtliche Informationsrechte- und Pflichten sowie Benachrichtigungspflichten und Belehrungspflichten mit dem gesetzlichen Verweis auf § 114a bis § 114c zu beachten. Durch das Gesetz zur Stärkung der Verfahrensrechte von Beschuldigten in Strafverfahren vom 2.7.2013 ist die aktuelle Fassung des § 114b zum 6.7.2013 in Kraft getreten.[86] Insoweit verfolgt die völlig neu gefasste Vorschrift den Zweck sicherzustellen, dass der verhaftete Beschuldigte so früh wie möglich über die alle ihm zustehenden Rechte belehrt wird.[87] Mit dem Gesetz zur Stärkung der Verfahrensrechte von Beschuldigten in Strafverfahren wurde zudem § 187 GVG neu gefasst, um hierdurch die Belehrungspflichten und das Recht des Beschuldigten, im Strafverfahren Dolmetscherleistungen in Anspruch zu nehmen, ausdrücklich zu normieren. Mit der gesetzlichen Neuregelung wird nunmehr klargestellt, dass bereits die unmittelbar die Festnahme durchführenden Beamten den Beschuldigten danach sofort nach Aushändigung des Haftbefehls (§ 114a), umfangreich über die in Abs. 2 im Einzelnen aufgeführten Rechte schriftlich und gegebenenfalls in übersetzter Form belehren müssen.

VII. Rechtsbehelf

33 Wird der Beschuldigte nach seiner vorläufigen Festnahme nicht freigelassen, schließt sich das Verfahren seiner richterlichen Vorführung nach § 128 an. Wird der vorläufig Festgenommene ohne Vorführung vor den Haftrichter hingegen auf freien Fuß gesetzt, ist nicht der Rechtsweg nach § 23 ff. EGGVG eröffnet, wenn dieser beantragt die Rechtswidrigkeit der Verfolgungsmaßnahme festzustellen. Vielmehr kann der Antragsteller in entsprechender Anwendung des § 98 Abs. 2 Satz 2 StPO die richterliche Überprüfung der Rechtmäßigkeit seiner vorläufigen Festnahme beantragen.[88] Gegen die Entscheidung des Gericht ist die Beschwerde (§ 304), nicht aber die weitere Beschwerde (§ 310) zulässig, da es sich nicht um eine Verhaftung iSd § 310 handelt.[89]

34 Ein **Rechtsbehelf** besteht auch dann, wenn sich die **vorläufige Festnahme erledigt** hat (→ Rn. 27). Nachzwischenzeitlich herrschender Ansicht hat jeder Betroffene – zur Gewährleistung seines in Art. 19 Abs. 4 Satz 1 und 2 GG verankerten Grundrechts auf effektiven und möglichst lückenlosen richterlichen Rechtsschutz gegen Akte der öffentlichen Gewalt – prinzipiell die Möglichkeit, auch schon erledigte Zwangsmaßnahmen der Staatsanwaltschaft und ihrer Ermittlungspersonen entsprechend § 98 Abs. 2 Satz 2 einschließlich der Art und Weise der Durchführung[90] nachträglich vom Gericht überprüfen zu lassen.[91] Dies gilt speziell für die Rechtmäßigkeit einer erledigten vorläufigen Festnahme nach Abs. 2.[92] Sachlich und funktionell zuständig ist in Fällen der vorliegenden Art jeweils

---

86 Vgl. hierzu ausführlich *Böhm/Werner* § 114b Rn. 1 ff.

87 BT-Drs. 16/11644, 16.

88 BGH 5.8.1998 – 5 ARs (VS) 1/97, BGHSt 44, 171; *Meyer-Goßner* § 127 Rn. 23; KK-*Schultheis* § 127 Rn. 8; Pfeiffer-*Fischer* § 127 Rn. 12; KMR-*Müller* § 127 Rn. 25; Graf-*Krauß* § 127 Rn. 14.

89 OLG Frankfurt a. M. 6.8.2009 – 3 Ws 687/09, NStZ-RR 2010.

90 KG 22.9.1999 – 1 AR 913/99; dass. 5.7.1999 – 4 VAs 36/99.

91 Vgl. hierzu insbes. BVerfG 5.12.2001 – 2 BvR 527/99, 2 BvR 1337/00 und 2 BvR 1777/00, NJW 2002, 2456, dass. 31.10.2005 – 2 BvR 2233/04, StraFo 2006, 20; BGH 5.8.1998 – 5 ARs (VS) 1/97, BGHSt 44, 171; *Meyer-Goßner* § 127 Rn. 23; Pfeiffer-*Fischer* § 127 Rn. 12; KMR-Müller § 127 Rn. 25; AK-Krause § 127 Rn. 22; *Peters* JR 1972, 297; *Roxin* Strafverfahrensrecht 24. Aufl. § 29 Rn. 12, 14; *Rieß/Thym* GA 1981, 189;, 206; *Greiner* MDR 1981, 547 aA SK-*Paeffgen* § 127 Rn. 36; *Flieger* MDR 1981, 17.

92 BGH 5.8.1998 – 5 ARs (VS) 1/97, BGHSt 44, 171; VGH Kassel 9.11.2007 – 8 TP 2192/07, ESVGH 58, 137.

der Ermittlungsrichter beim Amtsgericht (§ 162 Abs. 1 Satz 1 iVm § 98 Abs. 2 Satz 3).[93] Dieses Gericht ist auch für einen möglichen Antrag auf Gewährung von Prozesskostenhilfe zuständig, falls eine solche gewährt werden kann.[94] Eine unberechtigte vorläufige Festnahme nach Abs. 2 kann eine Entschädigungspflicht nach § 2 Abs. 2 Nr. 2 StrEG begründen, nicht jedoch eine auf § 163b iVm Abs. 1 Satz 2 beruhende Zuführung zur Identitätsfestellung.[95]

§ 127a [Absehen von der Anordnung oder Aufrechterhaltung der Festnahme]

(1) Hat der Beschuldigte im Geltungsbereich dieses Gesetzes keinen festen Wohnsitz oder Aufenthalt und liegen die Voraussetzungen eines Haftbefehls nur wegen Fluchtgefahr vor, so kann davon abgesehen werden, seine Festnahme anzuordnen oder aufrechtzuerhalten, wenn
1. **nicht damit zu rechnen ist, daß wegen der Tat eine Freiheitsstrafe verhängt oder eine freiheitsentziehende Maßregel der Besserung und Sicherung angeordnet wird und**
2. **der Beschuldigte eine angemessene Sicherheit für die zu erwartende Geldstrafe und die Kosten des Verfahrens leistet.**

(2) § 116a Abs. 1 und 3 gilt entsprechend.

Schrifttum: *Dünnebier, Hanns,* Sicherstellung der Strafvollstreckung durch Sicherheitsleistung, *NJW 1968, 1752; Büttner, Holger,* Zustellungsbevollmächtigte – Zeitbomben im Strafverfahren, DRiZ 2007, 188.

I. Allgemeines, Normzweck und Anwendungsbereich

1 **1. Allgemeines.** Die Norm beinhaltet eine gesetzlich normierte **Ausprägung des Verhältnismäßigkeitsgrundsatzes.**[1] Ohne richterliche Mitwirkung können Polizeibeamte von einer Vorführung des Beschuldigten nach § 128 vor den zuständigen Richter gegen eine Sicherheitsleistung unter bestimmten Voraussetzungen absehen. Insoweit enthält die Vorschrift eine Ergänzung zu § 127 Abs. 2, erfährt ihrerseits aber durch § 132 eine Ergänzung, welcher nähere Regelungen zur Ausgestaltung einer insoweit auferlegten Sicherheitsleitung und einer Zustellungsvollmacht enthält.

2 **2. Normzweck und Anwendungsbereich.** Die Norm ermöglicht vorrangig den Polizeibeamten in einem einfach gelagerten Ermittlungsverfahren regelmäßig bei **Bagatelldelikten** einen wohnsitzlosen oder im Ausland wohnhaften Beschuldigten nicht mit einem Freiheitsentzug zu belasten, wenn eine Sicherheitsleistung die zu erwartende Geldstrafe und die Verfahrenskosten deckt. Da die Vorschrift auch das Absehen von der Aufrechterhaltung einer bereits erfolgten Festnahme erfasst, kann auch der zuständige Ermittlungsrichter § 127a entsprechend anwenden.[2] In der Praxis wird diese Vorschrift häufig bei **Verkehrsdelikten** von auf der Durchreise befindlichen ausländischen Staatsangehörigen genutzt. Hier wird von den Polizeibeamten oftmals nach fernmündlicher Rücksprache mit dem staatsanwaltschaftlichen oder richterlichen Bereitschaftsdienst eine solche Sicherheitsleistung festgelegt. Um dem Normzweck – dem Verhältnismäßigkeitsgrundsatz – hinreichend Rechnung zu tragen, ist Anwendungsbeschränkung auf ausländische Staatsangehörige nicht geboten.[3]

---

[93] Hessischer Verwaltungsgerichtshof 9.11.2007 – 8 TP 2192/07, ESVGH 58, 137; BeckOK-*Patzak* § 162 Rn. 7; KK-*Griesbaum* § 162 Rn. 8.
[94] Ablehnend Hessischer Verwaltungsgerichtshof 9.11.2007 – 8 TP 2192/07, ESVGH 58, 137; vgl. auch Oberlandesgericht des Landes Brandenburg 6.3.2013 – 11 W 40/12.
[95] KG 9.11.2012 – 4 Ws 120/12, StRR 2013, 236.
[1] Vgl. hierzu *Böhm/Werner* § 112 Rn. 3 ff., 32 ff.
[2] Graf-*Krauß* § 127a Rn. 1; LR-*Hilger* § 127a Rn. 11.
[3] Vgl. auch Graf-*Krauß* § 127a Rn. 2 KK-*Schultheis* § 127 Rn. 2; aA *Meyer-Goßner* § 127a Rn. 2; LR-*Hilger* § 127a Rn. 3.

II. Tatbestandsvoraussetzungen

3 **1. Allgemeines.** Hat der Beschuldigte keinen festen Wohnsitz oder Aufenthalt im Inland und liegen die Voraussetzungen eines Untersuchungshaftbefehls nur wegen des Haftgrundes der Fluchtgefahr vor, kann von der vorläufigen Festnahme gänzlich absehen oder der Haftbefehl wieder aufgehoben werden, wenn keine Freiheitsstrafe oder freiheitsentziehende Maßregel droht und der Beschuldigte eine angemessene Sicherheitsleistung für die zu erwartende Geldstrafe und die Kosten des Verfahren erbringt.

4 **2. Ohne festen Wohnsitz.** Ein Wohnsitz im Inland setzt eine auf eine gewisse Dauer angelegte, tatsächliche Niederlassung an einem Ort (§ 7 Abs. 1 BGB) voraus.[4] Die Fassung erklärt sich daraus, dass der Gesetzgeber die frühere DDR zwar rechtlich weitgehend wie Ausland behandelt hat, aber nach dem Grundgesetz nicht als Ausland anerkennen konnte, deshalb auch nicht vom Inland, sondern vom Geltungsbereich des Gesetzes spricht.[5] Für die Begründung eines Wohnsitzes ist lediglich entscheidend, ob eine Niederlassung tatsächlich vorliegt. Der erforderliche Willensentschluss braucht sich nicht auf den Rechtserfolg des Wohnsitzes, sondern nur auf die Niederlassung zu erstrecken.[6]

5 **3. Haftgrund der Fluchtgefahr.** § 127a findet nur beim Haftgrund der Fluchtgefahr Anwendung. Insoweit ist auf die umfassenden Ausführungen zur Fluchtgefahr nach § 112 Abs. 1 iVm Abs. 2 Nr. 2 zu verweisen.[7] Bei der Verdunkelungsgefahr ist hingegen bei leichteren Taten[8] die Einschränkung des § 113 zu beachten.

6 **4. Prognose zur Freiheitsstrafe oder Maßregel (§ 127a Nr. 1).** Gemäß § 127a Nr. 1 darf die Vorschrift nicht zur Anwendung gelangen, wenn mit einer Freiheitsstrafe oder einer freiheitsentziehenden Maßregel der Besserung und Sicherung zu rechnen ist. Drohender Jugendarrest iSv § 16 JGG ist keine Freiheitsstrafe, sondern ein Zuchtmittel gemäß § 13 Abs. 2 Nr. 3 JGG. Die in der Literatur gegen den Wortlaut vertretene Auffassung, aufgrund des mit dem Erziehungsmittel des Jugendarrestes verbundenen Freiheitsentzuges sei eine Anwendung der Vorschrift bei zu erwartendem Jugendarrest unzulässig, kann im Ergebnis nicht überzeugen. Andere Nebenstrafen, wie eine drohendes Fahrverbot (§ 44 StGB) oder sonstige vermögensabschöpfende Maßnahmen, wie der Verfall oder Einziehung (§ 73 ff. StGB), hindern ein Absehen von der Festnahme nicht.

7 **5. Angemessene Sicherheitsleistung (§ 127a Nr. 2).** Die Höhe der Sicherheitsleistung ist von den Polizeibeamten so zu bemessen, dass nicht nur die zu erwartende Geldstrafe oder die Geldauflage (§ 153a) sondern auch die Kosten des Verfahrens (§ 464a) gedeckt werden. Die Polizeibeamten werden in der Praxis oftmals nach Rücksprache mit der Staatsanwaltschaft, entsprechend Nr. 60 RiStBV, die bei einschlägigen Straftaten erfahrungsgemäß festgesetzten Beträge für Geldstrafen und Kosten mittels einer Schätzung zugrunde legen.[9]

8 **6. Art der Sicherheitsleitung (§ 127a Abs. 2).** Hinsichtlich der Art der Sicherheitsleistung verweist § 127a Abs. 2 auf § 116 Abs. 1 und 3.[10] Gem. § 116a Abs. 1 Satz 1 erfolgt die Sicherheitsleistung durch Hinterlegung gemäß den Voraussetzungen der jeweiligen landesrechtlichen Hinterlegungsgesetze.[11] Einer Annahme[12] der Hinterlegung durch den

---

[4] Vgl. auch § 8; LG Frankfurt 8.2.1988 – 5/6 Qs 69/87, StV 1988, 381 (zu einer gescheiterten Wohnsitzaufgabe).
[5] LR-*Hilger* § 127a Rn. 2.
[6] BVerfG 10.7.1958 – 1 BvR 532/56, BVerfGE 8, 81 (zum Beziehen eines Hotelzimmers).
[7] *Böhm/Werner* § 112 Rn. 41 ff.
[8] *Böhm/Werner* § 112 Rn. 1.
[9] Vgl. auch *Dünnebier* NJW 1968, 1752.
[10] Vgl. *Böhm* § 116 Rn. 25.
[11] Vgl. *Böhm* § 116a Rn. 18 ff.
[12] Beispielsweise gemäß § 7 HintG in Baden-Württemberg.

zuständigen Leitenden Oberstaatsanwalt bedarf es als Voraussetzung für die Wirksamkeit der Hinterlegung nicht.[13]

Gemäß § 116a Abs. 3 ist der Beschuldigte als Wirksamkeitsvoraussetzung verpflichtet 9 schriftlich einen **Zustellungsbevollmächtigten** aus dem Bezirk des zuständigen Gerichts zu bestellen.[14] Nach Rechtsprechung und Literatur wird auch die Bestellung eines solchen Bevollmächtigten aus einem anderen Gerichtsbezirk im Inland für zulässig erachtet.[15] Der Zustellungsbevollmächtigte muss mit seiner Rolle einverstanden sei, was der Beschuldigte auf Aufforderung auch nachweisen muss. Mangels gesetzlicher Einschränkung kommen als Zustellungsbevollmächtigte neben im Inland wohnenden Rechtsanwälten, Verwandten, Freunden, Arbeitgeber, auch der namentlich in einem Vordruck der Polizei benannte Geschäftsstellenbeamte des zuständigen Amtsgerichts in Frage.[16] Im Übrigen ist auf die Ausführungen zu § 116a zu verweisen.[17]

§ 127b [Hauptverhandlungshaft]

(1) [1]Die Staatsanwaltschaft und die Beamten des Polizeidienstes sind zur vorläufigen Festnahme eines auf frischer Tat Betroffenen oder Verfolgten auch dann befugt, wenn

1. eine unverzügliche Entscheidung im beschleunigten Verfahren wahrscheinlich ist und

2. auf Grund bestimmter Tatsachen zu befürchten ist, daß der Festgenommene der Hauptverhandlung fernbleiben wird.

[2]Die §§ 114a bis 114c gelten entsprechend.

(2) [1]Ein Haftbefehl (§ 128 Abs. 2 Satz 2) darf aus den Gründen des Absatzes 1 gegen den der Tat dringend Verdächtigen nur ergehen, wenn die Durchführung der Hauptverhandlung binnen einer Woche nach der Festnahme zu erwarten ist. [2]Der Haftbefehl ist auf höchstens eine Woche ab dem Tage der Festnahme zu befristen.

(3) Über den Erlaß des Haftbefehls soll der für die Durchführung des beschleunigten Verfahrens zuständige Richter entscheiden.

Schrifttum: *Grasberger, Ulrike,* Verfassungsrechtliche Probleme der Hauptverhandlungshaft, GA 1998, 530; *Grau, Nadine,* Der Haftgrund der Fluchtgefahr bei Beschuldigten mit ausländischem Wohnsitz, NStZ 2007, 10; *Hellmann, Uwe,* Die Hauptverhandlungshaft gem. § 127b StPO, NJW 1997, 2145; *Keller, Christoph,* Die Hauptverhandlungshaft – Oder – Kommt das beschleunigte Verfahren jetzt in Schwung? Kriminalistik 1988, 677; *Leuze, Dieter,* „Ziehen Sie Ihre Robe aus", VR 2013, 15; *Meyer-Goßner, Lutz,* Theorie ohne Praxis und Praxis ohne Theorie im Strafverfahren, ZRP 2000, 345; *Meyer-Mews, Hans,* Das Festnahmerecht – Ein Überblick, JA 2006, 206; *Stintzing, Heike/Hecker, Bernd,* Abschreckung durch Hauptverhandlungshaft? – Der neue Haftgrund des „vermuteten Ungehorsams" NStZ 1997, 569; *Wenske, Marc,* 10 Jahre Hauptverhandlungshaft, NStZ 2009, 63.

Übersicht

[13] OLG Hamm 13.12.1990 – 3 Ws 546/90, NJW 1991, 2717.

[14] Vgl. *Böhm* § 116a Rn. 26 ff.

[15] OLG Düsseldorf VRS 71, 370; LR-*Hilger* § 127a Rn. 10; aA *Meyer-Goßner* § 127a Rn. 6.

[16] *Böhm* § 116a Rn. 27; aA LG Trier 22.1.1980 – I Qs 381/79, DAR 1980, 280 (ohne konkrete namentliche Benennung des Beamten); siehe. auch Nr. 60 Satz 2 RiStBV „ein hierzu bereiter Beamter der Geschäftsstelle.

[17] Vgl. hierzu auch ausführlich *Büttner* DRiZ 2007, 188.

I. Allgemeines, Normzweck und Anwendungsbereich

1 Die in der ersten Fassung vom 17.7.1997 in die Strafprozessordnung im Jahr 1997 eingefügte Norm des § 127b sollte insbesondere im Hinblick auf **grenzüberschreitende Tätergruppen** eine stärkere Nutzung des beschleunigten Verfahrens nach §§ 417 ff. StPO mit der Festnahmebefugnis über § 127 hinaus bewirken.[1] Der Verweis in § 127b Abs. 1 Satz 2 auf die Informations- und Belehrungsvorschriften der §§ 114a–114c wurde durch das zum 1.1.2010 in Kraft getretene Gesetz zur Änderung des Untersuchungshaftrechts eingefügt.

II. Vorläufige Festnahme (§ 127b Abs. 1)

2 **1. Allgemeines.** In Erweiterung der allgemeinen Festnahmebefugnis dürfen Polizeibeamte und die Staatsanwaltschaft einen auf frischer Tat Betroffenen oder Verfolgten auch ohne die Festnahmegründe nach § 127 Abs. 1 und 2 vorläufig festnehmen, wenn eine unverzügliche Entscheidung im beschleunigten Verfahren wahrscheinlich ist und auf Grund bestimmter Tatsachen zu befürchten ist, das der Festgenommene der Hauptverhandlung fernbleiben wird.

3 **2. Festnahmegründe.** Entsprechend den Ausführungen zu § 127 muss der Beschuldigte zunächst der Begehung einer Straftat nach den erkennbaren Anknüpfungstatsachen dringend verdächtig sein.[2]

4 **3. Wahrscheinlichkeit des beschleunigten Strafverfahrens.** Daneben muss die Durchführung der Hauptverhandlung im beschleunigten Verfahren muss innerhalb von einer Woche nach der Festnahme aus der Sicht der festnehmenden Beamten naheliegen. Dabei muss der Ermittlungsbeamte gem. § 417 prüfen, ob die Sache auf Grund eines einfachen Sachverhalts oder klarer Beweislage zur sofortigen Verhandlung überhaupt geeignet erscheint. Dem Beamten steht hier ein gewisser Beurteilungsspielraum zu.

5 **Besondere Verfahrensvoraussetzung** im beschleunigten Verfahren ist ein mündlicher oder schriftlicher Antrag der Staatsanwaltschaft auf Entscheidung in dieser Verfahrensart. Hinzutreten muss die allgemeine Verfahrensvoraussetzung der Anklage, die entweder schriftlich eingereicht oder, in Abweichung zum Normalverfahren, mündlich bei Beginn der Hauptverhandlung erhoben wird (§ 418 Abs. 3 S. 2). Indes muss die Anklage in jedem Fall den Anforderungen des § 200 Abs. 1 S. 1 genügen.

6 Nach dem eindeutigen Wortlaut des § 418 wird die Hauptverhandlung „sofort oder in kurzer Frist durchgeführt". Der Beachtung des Zeitraums von (mindestens) 24 Stunden bedarf es im Übrigen nach § 418 Abs. 2 Satz 3 nur dann, wenn der Beschuldigte gemäß Abs. 2 Satz 2 dieser Vorschrift zur Hauptverhandlung zu laden ist. Das ist aber gerade nicht der Fall, wenn der Angeklagte gemäß § 418 Abs. 2 Satz 1 vorgeführt wird. Der Gesetzgeber hat, wie sich aus diesen Regelungen ergibt, eine möglichst schnelle Durchführung der Hauptverhandlung – ausdrücklich auch für vorläufig festgenommene Beschuldigte – angestrebt, sofern die Sache überhaupt für das Verfahren nach den §§ 417 ff. geeignet ist.

7 Die Vorschrift diente 1997 vorrangig der Bekämpfung ausländischer reisender Tätergruppen. Die praktische Relevanz ist aber aufgrund der durch das **Gesetz zur Stärkung der Verfahrensrechte von Beschuldigten in Strafverfahren** vom 2.7.2013 (in der aktuellen

[1] Vgl. auch BT-Drs. 13/ 2576, 3.; *Meyer-Goßner* ZRP 2000, 345.
[2] Vgl. *Böhm/Werner* § 127 Rn. 6 (Tatbegriff) und Rn. 8-13 (Verdachtsgrad).

Fassung insbesondere des § 114b, zum 6.7.2013 in Kraft getreten) erheblich gesunken. Mit dem Gesetz zur Stärkung der Verfahrensrechte von Beschuldigten in Strafverfahren wurde zudem § 187 GVG neu gefasst, um hierdurch die Belehrungspflichten und das Recht des Beschuldigten, im Strafverfahren Dolmetscherleistungen in Anspruch zu nehmen, ausdrücklich zu normieren. Mit der gesetzlichen Neuregelung wird nunmehr klargestellt, dass bereits die unmittelbar die Festnahme durchführenden Beamten den Beschuldigten sofort nach Aushändigung des Haftbefehls (§ 114a) umfangreich über die in Abs. 2 im Einzelnen aufgeführten Rechte schriftlich und gegebenenfalls in übersetzter Form belehren müssen. Im Hinblick auf die grundlegende Neuregelung zu Übersetzungsleistungen in § 187 GVG ist der Beschuldigte, welcher der deutschen Sprache nicht hinreichend mächtig oder hör- oder sprachbehindert ist, schriftlich auf sein Recht hinzuweisen, Dolmetscher- und Übersetzungsleistungen unentgeltlich für das gesamte Strafverfahren erhalten zu können. Dieses Recht folgt aus Art. 6 Abs. 3 lit. 2 MRK,[3] wonach Beschuldigte, welche die Verhandlungssprache des Gerichts nicht verstehen, ein Recht auf unentgeltliche Unterstützung durch einen Dolmetscher während des ganzen Strafverfahrens haben.[4] Weiter hierher gehören nach Art. 3 Abs. 2 der Richtlinie 2010/64 EU Übersetzungen aller freiheitsentziehenden Maßnahmen, der Anklageschrift[5] und des Urteils (Nr. 181 Abs. 2 RiStBV) (str.).[6] Insoweit muss also auch im beschleunigten Verfahren eine Übersetzung der Anklageschrift vorliegen. Wird im beschleunigten Verfahren gegen einen der deutschen Sprache nicht mächtigen Beschuldigten keine Anklageschrift eingereicht, reicht eine vor Beginn der Hauptverhandlung erfolgte Übersetzung der Antragsschrift iSd § 417 StPO nicht aus.

Diese gesteigerten Anforderungen aufgrund des **Gesetzes zur Stärkung der Verfahrensrechte von Beschuldigten in Strafverfahren** vom 2.7.2013 werden Ermittlungsbeamte bei der Einschätzung, ob ein beschleunigtes Verfahren innerhalb von nur einer Woche durchzuführen ist, künftig zu berücksichtigen haben. Der Beurteilungsspielraum engt sich insoweit ein. Letztlich hat die Vorschrift ihre Wirkung in der Praxis verfehlt.[7] 8

4. Befürchtung des Fernbleibens in der Hauptverhandlung. Kumulativ zu der Wahrscheinlichkeit der Entscheidung im beschleunigten Verfahren muss nach § 127b Abs. 1 Nr. 2 die Befürchtung treten, dass sich der Beschuldigte der Hauptverhandlung nicht freiwillig stellen wird. Diese Annahme muss aufgrund bestimmter Tatsachen gerechtfertigt sein. Die gesetzliche Regelung einer „Befürchtung" erfordert allerdings nicht den Grad an Wahrscheinlichkeit, den die Fluchtgefahr iSv § 112 Abs. 2 Nr. 2 verlangt.[8] Vielmehr müssen die Umstände des Einzelfalls eine solche Erwartung rechtfertigen. Dies kann sich beispielsweise aus dem Fernbleiben in anderweitigen Strafsachen oder der mangelnden Zustellungsmöglichkeit sowie aus Aufenthaltsermittlungsersuchen im Bundeszentralregisterauszug ergeben.[9] Ein aktives Verhalten des Beschuldigten, mit dem er den Fortgang der Ermittlungen zumindest erschweren will, ist hierfür aber nicht erforderlich. 9

III. Erlass eines Haftbefehls (§ 127b Abs. 2)

1. Formelle Voraussetzungen. Die **formellen Voraussetzungen** des Hauptverhandlungshaftbefehls nach § 127 Abs. 2 sind dieselben wie die des Untersuchungshaftbefehls nach § 112, mithin der **dringende Tatverdacht, die Einhaltung des Grundsatz der Verhältnismäßigkeit**[10] und, abgesehen von § 112 Abs. 3, das Vorliegen eines **Haftgrundes**. Insoweit ist auf die Ausführungen zu § 112[11] zu verweisen. 10

---

[3] *Meyer-Goßner* MRK § 6 Rn. 23 ff.
[4] BVerfG 19.6.2006 – 2 BvR 2115/01, NJW 2007, 499.
[5] *Meyer-Goßner* MRK Art. 6 Rn. 26.
[6] Vgl. hierzu näher *Böhm/Werner* § 114c Rn. 20 f.
[7] Vgl. auch *Wenske* NStZ 2009, 63.
[8] Vgl. auch *Böhm/Werner* § 112 Rn. 41-61.
[9] KK-*Schultheis* § 127 Rn. 11.
[10] Dem besondere Bedeutung beizumessen ist, vgl. auch *Leuze* VR 2013, 15.
[11] *Böhm/Werner* § 112 Rn. 20 ff.

11 **2. Besonderer Haftgrund (§ 127b Abs. 2 Satz 1).** Die Durchführung der Hauptverhandlung im beschleunigten Verfahren muss **innerhalb von einer Woche** (Satz 1) seit der Festnahme und nicht dem Erlass des Haftbefehls zu erwarten sein. In die nach § 43 zu berechnende Wochenfrist ist der Tag der Festnahme nicht miteinzuberechnen.[12] § 43 Abs. 2 ist nicht anwendbar. Bei einer Festnahme am Sonntag läuft die Frist auch am nächsten Sonntag ab.[13] Die Anordnung kommt auch dann nicht Betracht, wenn der Beschuldigte nach einer Festnahme aus dem polizeilichen Gewahrsam entlassen wurde und bei erneuter Festnahme in derselben Strafsache mehr als zwei Wochen verstrichen sind.[14]

12 **3. Befristung (§ 127b Abs. 2 Satz 2).** Zur wirksamen Durchsetzung der Wochenfrist nach Satz 1 ist der Haftbefehl nach Satz 2 zeitlich **ebenfalls auf eine Woche zu befristen.** Wird bereits mit dem Erlass ein Termin zur Hauptverhandlung bestimmt, ist zugleich der Hauptverhandlungshaftbefehl auf diesen Zeitpunkt zu befristen. Wird die Hauptverhandlung nach § 228 Abs. 1 ausgesetzt oder über den Befristungstermin hinaus fortgesetzt, ist der Beschuldigte freizulassen.[15] Mit Fristablauf bedarf es einer förmlichen Aufhebung nicht.[16]

13 Auch der Hauptverhandlungshaftbefehl kann in entsprechender Anwendung von **§ 116 außer Vollzug** gesetzt werden, wenn durch geeignete Maßnahmen und Weisungen die Anwesenheit des Beschuldigten innerhalb der weiterhin innerhalb der Wochenfrist durchzuführen Hauptverhandlung gesichert werden kann.

IV. Rechtsbehelfe

Insoweit kommen verschiedene Rechtsbehelfe in Betracht:

14 **1. Festnahme.** Soll die Festnahme beanstandet werden, ist der weiter in polizeilichem Gewahrsam befindliche Beschuldigte zunächst dem Gericht nach § 128 vorzuführen, welches über die Fortdauer zu entscheiden hat.

15 **2. Erledigte Festnahme.** Nach der Rechtsprechung des Bundesverfassungsgerichts[17] und nachfolgend des Bundesgerichtshofs[18] hat die Überprüfung einer durch Freilassung erledigten Festnahme vor einer richterlichen Vorführung gem. § 98 Abs. 1 Satz 2 durch das Gericht zu erfolgen.

16 **3. Vollzogener Haftbefehl.** Auch gegen den Hauptverhandlungshaftbefehl sind sämtliche Rechtsbehelfe die gegen einen Untersuchungshaftbefehl in Betracht kommen, ebenso statthaft, mithin vorrangig die Haftprüfung (§ 117) und die Haftbeschwerde (§ 304).[19] In Anbetracht der Befristung des Hauptverhandlungshaftbefehls von maximal einer Woche ist zwar auf den ersten Blick für ein Beschwerde Eile geboten, dass die Haftbeschwerde nicht aufgrund Fristablaufs gegenstandslos wird. Unabhängig davon ist aber eine **entsprechende Anwendung von § 98 Abs. 1 Satz 2** auch nach **prozessualer Überholung** geboten, da der Betroffene in der Kürze der Wochenfrist regelmäßig keinen ausreichenden Rechtschutz erzielen kann (→ Rn. 16).

§ 128 [Vorführung vor dem Richter bei dem Amtsgericht]

(1) [1]Der Festgenommene ist, sofern er nicht wieder in Freiheit gesetzt wird, unverzüglich, spätestens am Tage nach der Festnahme, dem Richter bei dem

---

12 *Meyer-Goßner* § 127b Rn. 18; aA SK-*Paeffgen* § 127b Rn. 18; LR-*Hilger* § 127b Rn. 11.
13 AA *Schlothauer/Weider* Rn. 205 ff.
14 Vgl. auch AG Erfurt 29.10.1999 – 970 Js 33403/99 – 46 Ds, NStZ-RR 2000, 46.
15 *Meyer-Goßner* § 127b Rn. 18.
16 AA KK-*Schultheis* § 127b Rn. 18 (deklaratorische Aufhebung).
17 BVerfG 30.4.1997 – 2 BvR 817/90, BVerfGE 96, 27.
18 BGH 5.8.1998 – 5 ARs (VS) 1/97, BGHSt 44, 171.
19 Vgl. zum Verhältnis Haftprüfung und Haftbeschwerde ausführlich *Böhm/Werner* § 117 Rn. 44 ff.

Amtsgericht, in dessen Bezirk er festgenommen worden ist, vorzuführen. [2]Der Richter vernimmt den Vorgeführten gemäß § 115 Abs. 3.

(2) [1]Hält der Richter die Festnahme nicht für gerechtfertigt oder ihre Gründe für beseitigt, so ordnet er die Freilassung an. [2]Andernfalls erläßt er auf Antrag der Staatsanwaltschaft oder, wenn ein Staatsanwalt nicht erreichbar ist, von Amts wegen einen Haftbefehl oder einen Unterbringungsbefehl. [3]§ 115 Abs. 4 gilt entsprechend.

Schrifttum: *Deckers, Rüdiger,* Verteidigung in Haftsachen, NJW 1994, 2261; *Fezer, Gerhard,* Anmerkung zum Urteil des BGH v. 17.11.1989 – 2 StR 418/89, JR 1991, 85; *Fikenscher, Guido/Dingelstadt, Andreas,* Richterlicher Bereitschaftsdienst „rund um die Uhr"?, NJW 2009, 3473; *Glatzeiler, Chris,* Die neuen EU-Richtlinien zur Stärkung der Verfahrensrechte (Mindestmaß) des Beschuldigten oder Angeklagten in Strafsachen, StraFo 2011, 293; *Kavelowski, Frank,* Der Strafverteidiger im Ermittlungsverfahren, Kriminalistik 2004, 255; *Leipold, Klaus,* Der Richtervorbehalt in der Praxis, NJW-Spezial 2010, 504; *Fickenscher, Guido,* Richtervorbehalt und Blutentnahme, ZRP 2014, 33; *Metz, Jochen,* Rangverhältnis der Staatsanwaltschaft zu ihren Ermittlungspersonen bei Gefahr im Verzug, NStZ 2012, 242; *König, Josef,* Richtervorbehalt im Strafverfahrens- und Polizeirecht – und die Eilkompetenz der Polizei, Kriminalistik 2003, 513; *Nelles, Ursula,* Ein kleines U-Haft-Recht für Polizei und Staatsanwaltschaft, StV 1992, 385; *Meyer-Mews,* Das Festnahmerecht – Ein Überblick,, JA 2006, 206; *ders.* Zivilrechtliche Entschädigungs-ansprüche des Beschuldigten im Strafverfahren, MDR 2004, 218; *Schäfer, Hans-Christoph,* Zur Rechtzeitigkeit der haftrichterlichen Vernehmung, NJW 2000, 1996; *Weider, Hans-Joachim,* Das Gesetz zur Änderung des Untersuchungshaftrechts, StV 2010, 102; *Wiesneth, Christian,* Die Untersuchungshaft, 2010; *ders.* Der Richterliche Bereitschaftsdienst, DRiZ 2010, 46.

Übersicht

I. Allgemeines, Normzweck und Anwendungsbereich

1 **1. Allgemeines.** Die Vorschrift steht in **engem Zusammenhang mit § 115 und § 115a.** Sämtliche Normen bestimmen die **unverzügliche Vorführung des Festgenommen vor einen Richter** bzw. vor ein Gericht.[1] Während § 115 als Regelfall dabei vorsieht, dass schon ein Haftbefehl besteht und der Festgenommene infolge diese Haftanordnung auch dem Gericht vorzuführen ist, welches den Haftbefehl erlassen hat, trifft § 128 den Fall, dass zum Zeitpunkt der Festnahme noch kein Haftbefehl besteht. Insoweit regelt § 128 das Verfahren nach vorläufiger Festnahme (§ 127) eines Beschuldigten durch die Polizei, ohne das bereits eine Haftanordnung besteht.

2 Durch das **Gesetz zur Änderung des Untersuchungshaftrechts** vom 29.7.2009[2] ist die aktuelle Fassung des § 115 zum 1.1.2010 in Kraft getreten, mit welcher vor allem weitere

[1] *Böhm/Werner* §§ 115 Rn. 16, 115a Rn. 6 ff.
[2] BGBl. I 2274.

Belehrungspflichten mit aufgenommen worden sind. Auch wurde zur Umsetzung einer geschlechtsneutralen Gesetzessprache das Wort **„Richter" durch „Gericht" ersetzt.** Da § 128 für den Ablauf der Vernehmung und die Belehrungspflichten ohnehin auf § 115 Abs. 3 und Abs. 4 verweist, war eine Neufassung des seit dem 1.4.1987 gültigen § 128 nicht geboten.

3 **2. Normzweck.** Das in § 128 enthaltene Gebot, den Beschuldigten nach seiner vorläufigen Festnahme unverzüglich dem zuständigen Gericht vorzuführen, gehört zu den bedeutsamen Verfahrensgarantien, deren Beachtung Art. 104 Abs. 1 Satz 1 GG fordert und mit grundrechtlichem Schutz versieht.[3] Als verfahrensrechtliche Vorschrift trägt die Norm dem Freiheitsgrundrecht des Grundgesetzes (Art. 2 Abs. 2 GG) sowie der Konvention zum Schutz der Menschenrechte und Grundfreiheiten vom 4.11.1950 (Art. 5 Abs. 2 MRK) Rechnung.[4]

4 **3. Anwendungsbereich.** Die Vorschrift regelt das weitere Verfahren nach einer vorläufigen Festnahme nach § 127 Abs. 1 und Abs. 2. Sie steht insoweit auch in Zusammenhang[5] mit § 129.

II. Vorführung vor den Richter (§ 128 Abs. 1 Satz 1)

5 **1. Allgemeines.** Hat die Staatsanwaltschaft und die Polizei entschieden den nach § 127 Abs. 1 oder 2 vorläufig festgenommenen Beschuldigten nicht auf freien Fuß zu setzen und nicht nach § 127a zu verschonen, ist der Festgenommene unverzüglich dem Richter vorzuführen. Die Antragsbefugnis liegt als „Herrin des Ermittlungsverfahrens" grundsätzlich bei der Staatsanwaltschaft.[6]

6 **2. Zuständigkeit.** Der Festgenommene ist nach § 128 Abs. 1 Satz 1 dem örtlich für den Festnahmeort **zuständigen Amtsgericht** vorzuführen. Auch eine Vorführung sogleich vor das nach § 125 zuständige Haftgericht ist zulässig.[7] In Staatsschutzsachen nach § 120 Abs. 1 und 2 GVG ist der Ermittlungsrichter am Bundesgerichtshof oder Oberlandesgericht (§ 169) zuständig. Jugendliche und Heranwachsende können auch dem Jugendrichter am Amtsgericht (§ 34 JGG) vorgeführt werden. Ein unzuständiges Gericht wird aber nicht dadurch zuständig, dass der Beschuldigte einem an sich nicht zuständigen Richter vorgeführt wird.[8]

7 **3. Vorführung.** Nach seiner **Ergreifung ist der Beschuldigte unverzüglich** dem Gericht vorzuführen. Der Begriff der Vorführung ist nicht wörtlich in dem Sinne zu verstehen, dass der Beschuldigte dem Richter persönlich gegenübergestellt werden muss. Der Beschuldigte ist dem zuständigen Gericht bereits dann vorgeführt, wenn er von der Polizei in dessen „Machtbereich" verbracht wird.[9]

8 Wird der Festgenommene zunächst zur Sachverhaltsaufklärung und Vernehmung auf ein Polizeirevier verbracht, muss der dortige **Revierleiter die fristgemäße Vorführung** sicherstellen. In besonders gelagerten Ausnahmefällen kann der vorläufig Festgenommene auch auf Grund einer von der Polizeibehörde ausgestellten und unterschriebenen Einlieferungsanzeige vorläufig aufgenommen werden. Dem Anstaltsleiter ist jeder vorläufig Aufgenommene unverzüglich zu melden (Nr. 86 Abs. 1 UVollzO). Entsprechend hat der Anstaltsleiter die Vorführung rechtzeitig nach Nr. 86 Abs. 2 UVollzO zu veranlassen, wobei dies

[3] BVerfG 20.9.2001 – 2 BvR 1144/01, NStZ 2002, 157; Verfassungsgerichtshof Rheinland-Pfalz 11.5.2006 – VGH B 6/06, NJW 2006, 3341.
[4] *Böhm/Werner* § 112 Rn. 16 ff.
[5] *Böhm/Werner* § 129 Rn. 1 ff.
[6] Vgl. auch *Metz* NStZ 2012, 242.
[7] OLG Celle 3.1.1956 – 2 Ws 419/55, JZ 1956, 125.
[8] Vgl. hierzu *Böhm/Werner* § 125 Rn. 9 m.w.W.
[9] Vgl. auch *Böhm/Werner* § 115 Rn. 10 (wobei § 128 ausdrücklich nicht auf § 115 Abs. 2 verweist).

in der Praxis bei einem vorläufig Festgenommen – im Gegensatz zu einer Ergreifung aufgrund eines bestehenden Haftbefehls (§ 115) – nur selten vorkommen wird.

4. Vorführungsfrist. Unverzüglich bedeutet dabei **„ohne jede vermeidbare Verzögerung".**[10] Eine Legaldefinition zur gesetzlichen Forderung der „Unverzüglichkeit" findet sich beispielhaft in § 121 Abs. 1 Satz 1 BGB und ordnet ein **Handeln ohne schuldhaftes Zögern** an. Dabei muss allerdings auf die mit der Sache befassten Behörden, insbesondere die Polizei, Rücksicht genommen werden, welche Zeit für eine ordnungsgemäße Sachbehandlung eingeräumt werden muss. „Unverzüglich" ist dahingehend auszulegen, dass die richterliche Entscheidung ohne jede Verzögerung, die sich nicht aus sachlichen Gründen rechtfertigen lässt, nachgeholt werden muss.[11] Diese Fristen dürfen aber nicht ohne jeden begründeten Anlass ausgeschöpft werden.[12] Sie darf nicht zur Regel gemacht werden.[13] Nicht vermeidbar sind zB die Verzögerungen, die durch die Länge des Weges, Schwierigkeiten beim Transport, die notwendige Registrierung und Protokollierung, ein renitentes Verhalten des Festgenommenen oder vergleichbare Umstände bedingt sind.[14] Ist eine polizeiliche Vernehmung innerhalb der Frist nicht möglich, muss der Beschuldigte auch ohne eine solche vorgeführt werden.[15] 9

Die Dauer einer **anderweitigen Freiheitsentziehung** aufgrund desselben Sachverhalts, auch fürsorgerischer Art bei Eigen- oder Fremdgefährdung, nach landesrechtlichen Ermächtigungsgrundlagen, ohne richterliche Entscheidung ist nach Art. 104 Abs. 2 GG in die Vorführungsfrist hier des § 128 Abs. 1 einzurechnen.[16] 10

Zwar sieht § 128 Abs. 1 vor, dass der Beschuldigte spätestens am Tag nach der Festnahme dem Richter vorzuführen ist, dies ist aber nur zulässig, wenn eine **frühere Vorführung nicht möglich** ist.[17] **Spätestens am Folgetag** muss die Vorführung aber erfolgen, auch wenn dies ein Samstag, Sonntag oder Feiertag ist, und zwar im Regelfall vor dem nach Abs. 1 zuständigen Gericht.[18] Die fehlende Möglichkeit, einen Richter zu erreichen, kann nicht ohne Weiteres als unvermeidbares Hindernis für die unverzügliche Nachholung der richterlichen Entscheidung gelten.[19] Dafür müssen bei Gericht **Bereitschaftsdienste**[20] eingerichtet werden. Ein **Amtsrichter verletzt schuldhaft seine Dienstpflicht** aus § 128 Abs. 1, wenn er als zuständiger Bereitschaftsrichter nicht unverzüglich über einen gestellten Haftantrag der Staatsanwaltschaft, der einen vorläufig festgenommenen Beschuldigten betrifft, entscheidet, weil er der Ansicht ist, die in § 128 Abs. 1 S. 1 bzw. in Art. 104 Abs. 2 S. 3, Abs. 3 S. 1 GG angeführten absoluten zeitlichen Grenzen ausschöpfen zu dürfen.[21] 11

Wegen der **grundrechtssichernden Funktion** der §§ 128, 115 kann der Festgenommene auf die Einhaltung der Frist nicht verzichten. Zur Rechtsfolge bei einem Überschreiten der Frist, welche auch zu einem Entschädigungsanspruch nach § 2 Abs. 1 StrEG führen kann,[22] wird auf die Kommentierung zu § 115 verwiesen.[23] 12

---

[10] *Meyer-Goßner* § 128 Rn. 2.
[11] BVerfG 4.9.2009 – 2 BvR 2520/07, NJW-Spezial 2010, 24.
[12] *Graf/Krauß* § 127 Rn. 2.
[13] Vgl. auch LG Hamburg 9.3.2009 – 604 Qs 3/09, StraFo 2009, 283.
[14] BVerfG 15.5.2002 – 2 BvR 2292, BVerfGE 105, 239; *Meyer-Goßner* § 127 Rn. 2.
[15] BGH 9.2.1995 – 5 StR 547/94, NStE Nr. 3 zu § 128 StPO.
[16] BGH 30.4.1987 – 4 StR 30/87, BGHSt 34, 365.
[17] KK-*Graf* § 115 Rn. 5.
[18] OLG Celle 13.5.2005 – 1 AR 26/05, NdsRpfl 2005, 287.
[19] BVerfG 15.5.2002 – 2 BvR 2292, BVerfGE 105, 239; LG Hamburg 9.3.2009 – 604 Qs 3/09, StraFo 2009, 283.
[20] Vgl. hierzu auch *Böhm/Werner* § 115 Rn. 17, 25; *Fikentscher/Dingelstadt* NJW 2009, 3473; *Wiesneth* DRiZ 2010, 46.
[21] Dienstgerichtshof des Landes Brandenburg v. 20.4.2012 – DGH Bbg. 2.12, DGH Bbg. 2/12; BVerfG 4.9.2009 – 2 BvR 2520/07, NJW-Spezial 2010, 24.
[22] Vgl. hierzu OLG Frankfurt a. M. 30.9.2004 – 3 Ws 1028/04, NStZ-RR 2005, 96 (zu § 230 Abs. 2 StPO).
[23] *Böhm/Werner* § 115 Rn. 18.

13 **5. Verhältnis zur Fristenregelung des § 115.** Anders als bei der ebenfalls mit dem Gebot der unverzüglichen Vorführung versehenen Regelung in § 115 dürfen Polizei und Staatsanwaltschaft bei einem nach § 127 vorläufig Festgenommenen innerhalb der Höchstfrist des der Verhaftung folgenden Tages **sämtliche notwendige Ermittlungsmaßnahmen durchführen,** die zum Zweck einer möglichst umfassenden Entscheidungsgrundlage für den nach § 128 zuständigen Richter, ob dieser einen Haftbefehl erlässt oder nicht, geboten erscheinen.[24] Zwar ist es im Rahmen des § 115 grundsätzlich nicht zulässig, die Vornahme einer weiteren Beschuldigtenvernehmung,[25] geschweige denn die Hinauszögerung der Vorführung, aufgrund laufender oder neu anzustellender Ermittlungen[26] zu bewirken. Die Normen regeln jedoch unterschiedliche Sachverhalte. § 115 betrifft den Fall der Festnahme auf Grund eines bestehenden Haftbefehls durch Beamte, die häufig keine Sachverhaltskenntnis und keinerlei Entscheidungsbefugnis haben. Sie haben den Festgenommenen „unverzüglich" dem Richter vorzuführen. Hier ist allein der Richter zur Entscheidung über die Aufrechterhaltung oder Aufhebung des Haftbefehls berufen, wobei ihm für diese Entscheidung die (äußerste) Frist bis zum Tag nach der Festnahme eingeräumt ist. Die Vorschriften des § 127 Abs. 2 und des § 128 Abs. 1 StPO regeln hingegen das Vorgehen der mit der Aufklärung des Sachverhalts betrauten Behörde. Sie muss insbesondere durch eine „erste" Beschuldigtenvernehmung versuchen, den bisherigen Sachverhalt mit der Einlassung abzugleichen und zu ermitteln, ob der vorläufig Festgenommene wieder freizulassen oder dem Ermittlungsrichter vorzuführen ist.[27]

III. Vernehmung des Festgenommenen (§ 128 Abs. 1 Satz 2 iVm § 115 Abs. 3)

14 **1. Allgemeines.** Die richterliche Vernehmung des Festgenommenen ist nach dem gesetzlichen Verweis entsprechend § 115 Abs. 3 durchzuführen. Insoweit gilt:[28]

15 **2. Frist zur Vernehmung.** Neben der Pflicht des Richters zur unverzüglichen Vernehmung bestimmt § 128 Abs. 1 sogleich eine Höchstfrist, nämlich bis zum Ablauf des der Festnahme folgenden Tages und nicht, wie gelegentlich zu lesen, innerhalb von 24 Stunden. Diese Frist ist nicht verlängerbar.[29] In der Regel müssen die Polizeibeamten dem Beschuldigten Gelegenheit zur Beseitigung vorliegender Verdachtsgründe geben; sie haben zu prüfen, ob der vorläufig Festgenommene wieder freizulassen oder dem Ermittlungsrichter vorzuführen ist; im letzteren Fall müssen sie dem Richter eine möglichst umfassende Grundlage für seine Entscheidung unterbreiten (vgl. § 163 Abs. 1, § 163a Abs. 4 iVm § 136 Abs. 2, § 128 Abs. 1).

16 **3. Form der Vernehmung.** Insoweit gelten die §§ 168, 168a. Grundsätzlich ist zu der Vernehmung ein Urkundsbeamter beizuziehen, wenn das Gericht hiervon nicht ausdrücklich absieht (§ 168 Abs. 1 Satz 2 Hs. 2). Auch ist ein Protokoll zu fertigen, welches entweder vom Beschuldigten zu unterschreiben oder darin anzugeben ist, weshalb die Unterschrift unterblieben ist.[30] Die Zuziehung des Dolmetschers richtet sich nach §§ 185, 186 GVG. Ein solcher ist beizuziehen, wenn der Verfolgte der deutschen Sprache nicht hinreichend mächtig ist.[31]

17 Das **Anwesenheitsrecht der Staatsanwaltschaft und des Verteidigers** folgt aus § 168c,[32] welche über den Termin zu unterrichten sind (§ 168c Abs. 5 Satz 1). Gegebenen-

---

24 BGH 17.11.1989 – 2 StR 418/89, NStZ 1990, 195.

25 BGH 9.2.1995 – 5 StR 547/94 StV 1995, 283; KK-*Graf* § 127 Rn. 2.

26 BGH 17.11.1989 – 2 StR 418/89, NJW 1990, 1188; *Meyer-Goßner* § 115 Rn. 4; siehe hierzu auch Anmerkung *Fezer* JR 1991 85; *Nelles* StV 1992, 388.

27 Graf-*Krauß* § 128 Rn. 2; *Böhm/Werner* § 115 Rn. 23 ff.

28 Vgl. hierzu allgemein: *Böhm/Werner* § 115 Rn. 20 ff.

29 *Böhm/Werner* § 115 Rn. 25.

30 LR-*Hilger* § 115 Rn. 14.

31 BVerfG 17.5.1983 – 2 BvR 731/80, BVerfGE 64, 135.

32 BGH 23.9.1988 – 2 StR 409/88, NStZ 1989, 282; *Meyer-Goßner* § 115 Rn. 9.

falls muss der Richter auf das **Erscheinen des Verteidigers** warten oder den Termin trotz § 168c Abs. 5 Satz 3 verlegen, wobei die Höchstfrist des Abs. 2 allerdings nicht überschritten werden darf.

Eine bloße **Verletzung der Formvorschriften** der Vernehmung (§§ 168, 168a) berührt die Wirksamkeit der Haftentscheidung und die Verwertbarkeit der gefertigten Vernehmungsprotokolle in der Regel hingegen nicht[33] (→ Rn. 24), es sei denn, hierdurch wurde das **rechtliche Gehör des Beschuldigten** verletzt.[34] Auch kann die Verletzung von Formvorschriften zur Unverwertbarkeit der Angaben des Beschuldigten in der Hauptverhandlung führen, etwa wenn der Verteidiger vom Termin nicht unterrichtet wurde oder diesem eine Besprechung mit seinem Mandanten versagt wurde.[35] Auch die Verweigerung von Akteneinsicht kann eine solche Folge bedingen.[36] 18

4. Ablauf der Vernehmung. Nach § 115 Abs. 3 Satz 1 ist der Beschuldigte zunächst auf die ihn belastenden Umstände und sein Recht hinzuweisen, sich zur Beschuldigung zu äußern oder nicht zur Sache auszusagen. Ihm ist nach § 115 Abs. 3 Satz 2 danach Gelegenheit zu geben, die Verdachts- und Haftgründe zu entkräften und die Tatsachen geltend zu machen, die zu seinen Gunsten sprechen. Insoweit ist auf die Kommentierung zu § 115 zu verweisen.[37] 19

IV. Entscheidung des Richters (§ 128 Abs. 2 Satz 1)

1. Allgemeines. Abs. 2 eröffnet dem Richter nun zwei Möglichkeiten, er kann den Haftbefehl ablehnen und die Freilassung des Beschuldigten anordnen (Abs. 2 Satz 1) oder aber einen Haftbefehl erlassen (Abs. 2 Satz 2), wobei der Erlass nicht zwingend zur Inhaftierung führt, sondern der Haftbefehl auch Außer Vollzug gesetzt werden kann.[38] 20

2. Entscheidungsfrist. Obwohl § 128 selbst keine Entscheidungsfrist regelt, ergibt sich aus der Zusammenschau mit § 129 Halbsatz 2, dass der Richter **innerhalb der Höchstfrist, mithin spätestens am Tage nach der vorläufigen Festnahme,** nicht nur die Vernehmung durchzuführen hat, sondern auch eine Entscheidung über die Freilassung, über eine Haftverschonung nach § 127a oder eben über die Anordnung der Untersuchungshaft/einstweiligen Unterbringung zu treffen hat.[39] Gelegentlich kommt es vor, dass der Haftrichter rechtzeitig innerhalb der gesetzlichen Frist des § 128 Abs. 1 mit der Vernehmung beginnt und eine Haftentscheidung trifft, ohne aber die Vernehmung zu beenden. In solchen Fällen ist es fraglich, ob dies der Verwertbarkeit der Einlassung des Beschuldigten entgegenstehen was im Falle der vorherigen Verkündung einer Haftentscheidung zu verneinen wäre (→ Rn. 24).[40] 21

3. Entscheidungsform. Der Erlass eines Untersuchungshaftbefehls, respektive eines Unterbringungsbefehls ist gem. § 128 Abs. 2 Satz 2 nur auf Antrag der Staatsanwaltschaft möglich. Nur im Fall der in der Praxis regelmäßig, in Anbetracht der flächendeckend eingerichteten Bereitschaftsdienste auszuschließenden Unerreichbarkeit der Staatsanwaltschaft, kann der Erlass auch von Amts wegen erfolgen. 22

---

[33] OLG Düsseldorf 5.6.1993 – 15 Ws 508/93; VRS 85, 430.
[34] KG 5.10.1993 – 5 Ws 344/93, StV 1994, 318; LR-*Hilger* § 115 Rn. 16; *Böhm/Werner* § 115 Rn. 30.
[35] BGH 2.3.1989 – 2 StR 590/88, NStZ 1989, 282; ders. 29.10.1993 – 4 StR 126/9, NJW 1993, 338; siehe hierzu auch Verfassungsgericht des Landes Brandenburg 19.12.2002 – 104/02, NJW 2003, 2009; LR-*Hilger* § 115 Rn. 16.
[36] *Deckers* NJW 1994, 2261.
[37] *Böhm/Werner* § 115 Rn. 31 ff.
[38] *Böhm* § 116 Rn. 4.
[39] Graf-*Krauß* § 128 Rn. 4; *Meyer-Goßner* § 128 Rn. 13; OLG Frankfurt a. M. 15.2000 – 3 Ws 144/00, NStZ 2001, 80-81 (zur Frage der Rechtsbeugung bei einer Überschreitung der Höchstfrist.).
[40] OLG Karlsruhe 18.11.2013 – 1 AK 127/13 (zu § 22 IRG).

23 Die Entscheidung ergeht durch **Beschluss** (§ 34). Nach herrschender Auffassung kann die schriftliche Abfassung des Haftbefehls nachgeholt werden, wenn diese akut nicht möglich war.[41] Es verbleibt aber bei den Benachrichtigungspflichten des § 114c.

24 Eine Verletzung der für die **Vernehmung geltenden Formvorschriften,** insbesondere der §§ 168, 168a beeinflusst allenfalls die Verwertbarkeit des Protokolls (→ Rn. 24), lässt die Wirksamkeit der Haftentscheidung aber grundsätzlich unberührt.[42] Nur soweit in einer Verletzung der Vorschriften über die Vernehmung zugleich eine Versagung des rechtlichen Gehörs (Art. 103 Abs. 1 GG liegt, kommt eine Fehlerhaftigkeit der darauf beruhenden Haftanordnung in Betracht.[43]

V. Belehrungspflichten (§ 128 Abs. 2 Satz 3 iVm § 115 Abs. 4)

25 Insoweit verweist Abs. 2 Satz 3 auf § 115 Abs. 4, der die Möglichkeiten der Entscheidung des Haftrichters nicht abschließend aufzählt, sondern vorrangig die im Falle der Anordnung der Untersuchungshaft bestehenden Belehrungspflichten normiert. Insoweit ist auf die Kommentierung zu § 115 Abs. 4 zu verweisen.[44]

26 Wird der Haftbefehl erlassen, statuiert § 115 Abs. 4 eine **umfassende Belehrungspflicht** des Richters. Neben der Belehrung über die klassische Haftbeschwerde ist der inhaftierte Beschuldigte auch über die Rechtsbehelfe der Haftprüfung (§ 117 Abs. 1) sowie der mündlichen Verhandlung im Haftprüfungsverfahren (§ 118 Abs. 1) und im Beschwerdeverfahren (§ 118 Abs. 2) zu belehren (Absatz 4) und darauf hinzuweisen, dass durch den Antrag auf Haftprüfung die Beschwerde ausgeschlossen wird (§ 117 Abs. 2). Ferner erstrecken sich die erweiterten Belehrungspflichten auf das Recht zur Beschwerde (§ 304) gegen gerichtliche Entscheidungen nach § 119 Abs. 1 und 2, sowie im Falle der Unstatthaftigkeit der Beschwerde, eine gerichtliche Entscheidung nach § 119 Abs. 5 beantragen zu können.[45]

VI. Verteidiger

27 Ist bereits ein Verteidiger bestellt (§ 140 Abs. 1 Nr. 4) entsteht für diesen die **Vernehmungsterminsgebühr** nach Nr. 4102 Nr. 3 VV-RVG auch für die Teilnahme an einem Vorführungstermin des Ermittlungsrichters nach § 128, sofern dort über den Erlass eines Haftbefehls verhandelt wird.[46] Entgegen der bislang noch herrschenden Ansicht gilt dies auch dann, wenn es ich um eine Vorführung im Rahmen des **Auslieferungsverfahrens** nach § 22 IRG nach zuvor erfolgter vorläufiger Festnahme handelt (§ 19 IRG), da der Haftrichter nach der Entscheidung des Bundesverfassungsgerichts vom 16.9.2010[47] nunmehr von Amts wegen auch zu prüfen hat, ob ein sog „Evidenzfall" vorliegt und deshalb die Haftvorrausetzungen der §§ 15, 16 IRG gegeben sind, ggf. hat er die Freilassung des Verfolgten anzuordnen.[48]

VII. Ersatzansprüche

28 Eine unberechtigte Festnahme sowie auch eine Überschreitung der Fristen des § 128 (→ Rn. 11) kann nicht nur im Falle der Erledigung der Maßnahme zu einem Anspruch auf **Feststellung der Rechtswidrigkeit** derselben sowie einem **Verwertungsverbot** von Aussagen des Beschuldigten,[49] sondern auch zu **Entschädigungsansprüchen nach dem**

---

41 KK-*Schultheis* § 128 Rn. 7 mwN.
42 OLG Düsseldorf 15.6.1993 – 1 Ws 508/93, VRS 95, 430.
43 BVerfG 20.9.2001 – 2 BvR 1144/01, StV 2001, 691.
44 *Böhm/Werner* § 115 Rn. 41 ff.
45 Vgl. hierzu *Böhm/Werner* § 115 Rn. 45.
46 KG 22.6.2006 – 5 Ws 283/06, StraFo 2006, 472.
47 BVerfG 16.9.2010 – 2 BvR 1608/07, StV 2011, 170.
48 Vgl. hierzu *Böhm* in: Grützner/Pötz/Kreß Internationaler Rechtshilfeverkehr in Strafsachen, 3. Aufl., IRG § 22 Rn. 6, 17 ff., 39. 82.
49 BGH 9.2.1995 – 5 StR 547/94, NStE Nr. 3 zu § 128 StPO; diff. BGH 17.11.1989 – 2 StR 489/89, NJW 1990, 1188.

StrEG führen,[50] eine nicht fristgerecht erfolgte Vernehmung durch den Haftrichter soll jedoch jedenfalls bei umfangreichen Akten den Vorwurf der Rechtsbeugung und der Freiheitsberaubung nicht begründen können.[51]

§ 129 [Vorführung nach Klageerhebung]

Ist gegen den Festgenommenen bereits die öffentliche Klage erhoben, so ist er entweder sofort oder auf Verfügung des Richters, dem er zunächst vorgeführt worden ist, dem zuständigen Gericht vorzuführen; dieses hat spätestens am Tage nach der Festnahme über Freilassung, Verhaftung oder einstweilige Unterbringung des Festgenommenen zu entscheiden.

Schrifttum: Siehe § 128

I. Allgemeines, Normzweck und Anwendungsbereich

1 Die Vorschrift steht in **engem Zusammenhang mit § 128** und regelt ergänzend das Verfahren nach der vorläufigen Festnahme (§ 127) wegen einer prozessualen Tat, die bereits zur Anklageerhebung geführt hat. Sämtliche Normen bestimmen die unverzügliche Vorführung des Festgenommenen vor einen Richter bzw. vor ein Gericht.[1] Während § 115 als Regelfall dabei vorsieht, dass der aufgrund eines bestehenden Haftbefehls Festgenommene dem Gericht vorzuführen ist, welches den Haftbefehl erlassen hat,[2] regelt hingegen § 128 das Verfahren nach vorläufiger Festnahme (§ 127) eines Beschuldigten durch die Polizei.[3] Demgegenüber weist die Vorschrift des § 129 mit der vorläufigen Festnahme des auf freiem Fuß befindlichen Angeschuldigten zu einem Zeitpunkt, in dem das der Tat zugrundeliegende Strafverfahren bereits mindestens in das Zwischenverfahren gelangt ist, die prozessuale Tat also vollständig ausermittelt ist, ohne das Vorliegen eines schriftlichen Haftbefehls nahezu keine praktische Relevanz auf.

2 Soll dem Haftbefehl eine **andere prozessuale Tat** zugrunde gelegt werden, richtet sich das Verfahren nach § 128.[4] Erlässt das zuständige Tatgericht erstmals nach Anklageerhebung mit Zulassung der Anlage gemäß § 207 Abs. 4 sogleich eine Haftanordnung richtet sich das Vorführungsverfahren und die Haftbefehlseröffnung nach § 115.

II. Verfahren nach § 129

3 Der vorläufig Festgenommene ist dem mit der Strafsache befassten Gericht „sofort“, mithin unmittelbar innerhalb der Höchstfrist des § 128, spätestens am Tage nach der Festnahme, vorzuführen.[5] Nur hilfsweise ist er dem Ermittlungsrichter am Amtsgericht des Festnahmebezirks oder dem nach § 125 zuständigen Gericht vorzuführen.[6]

III. Entscheidung des Richters nach § 129

4 Diese hat spätestens am Tag nach der Festnahme zu erfolgen.[7] Auch die hilfsweise zuständigen Richter, also Richter, welche nicht mit der Sache befasst sind,[8] sind befugt

---

[50] Vgl. hierzu *Böhm/Werner* § 127 Rn. 34; siehe auch OLG Frankfurt a. M. 12.5.2003 – 3 Ws 498/03, NStZ-RR 2003, 329 (zu einem Fall nach § 231 Abs. 1 Satz 2).
[51] OLG Frankfurt a. M. 15.2.2000 – 3 Ws 144/00, NJW 2000, 2037.
[1] → § 115 Rn. 1 ff.
[2] *Böhm/Werner* § 115 Rn. 21.
[3] *Böhm/Werner* § 128 Rn. 1, 14.
[4] KK-*Schultheis* § 129 Rn. 1.
[5] LR-*Hilger* § 129 Rn. 3.
[6] Vgl. auch *Meyer-Goßner* § 129 Rn. 1.
[7] *Böhm/Werner* § 128 Rn. 12.
[8] *Meyer-Goßner* § 129 Rn. 4.

den Beschuldigten freizulassen, wenn sie zur Auffassung gelangen, dass die Voraussetzungen eines Haftbefehls nicht gegeben sind.[9]

5 Erachtet der nicht mit der Strafsache befasste Richter die Voraussetzungen einer Haftanordnung für gegeben, ist umstritten, ob er diese selbst treffen kann. Teilweise wird in der Literatur vertreten, dass der Richter den Schwebezustand der vorläufigen Festnahme aufrechterhalten und die Vorführung vor das mit der Sache befasste Gericht anordnen muss.[10] Im Hinblick auf die nachhaltige unverzügliche Durchsetzung des Freiheitsgrundrechtes (Art. 2 Abs. 2 GG) des Festgenommen, sowie der Konvention zum Schutz der Menschenrechte und Grundfreiheiten vom 4.11.1950 (Art. 5 Abs. 2 MRK), ist für eine weitere Verzögerung kein Raum. Der zunächst befasste Richter hat jedenfalls im Fall einer nicht möglichen Vorführung und Entscheidung durch das mit der Strafsache bereits befasste Gericht noch innerhalb der kurzen Frist des § 129, mithin regelmäßig noch am selben Tage, ebenfalls die Kompetenz, die Haftanordnung selbst zu erlassen.[11]

6 Wird der Haftbefehl erlassen, statuiert § 115 Abs. 4 eine **umfassende Belehrungspflicht** des Richters. Insoweit ist auf die Ausführungen zu § 115 Abs. 4 zu verweisen.[12]

§ 130 [Haftbefehl bei Antragsstraftaten]

[1]Wird wegen Verdachts einer Straftat, die nur auf Antrag verfolgbar ist, ein Haftbefehl erlassen, bevor der Antrag gestellt ist, so ist der Antragsberechtigte, von mehreren wenigstens einer, sofort von dem Erlaß des Haftbefehls in Kenntnis zu setzen und davon zu unterrichten, daß der Haftbefehl aufgehoben werden wird, wenn der Antrag nicht innerhalb einer vom Richter zu bestimmenden Frist, die eine Woche nicht überschreiten soll, gestellt wird. [2]Wird innerhalb der Frist Strafantrag nicht gestellt, so ist der Haftbefehl aufzuheben. [3]Dies gilt entsprechend, wenn eine Straftat nur mit Ermächtigung oder auf Strafverlangen verfolgbar ist. [4]§ 120 Abs. 3 ist anzuwenden.

Schrifttum: Siehe § 127 und § 128
Geerds, Friedrich, Festnahme und Untersuchungshaft bei Antrags- und Privatklagedelikten, GA 1982 237; *Mietsch, Wolfgang,* Strafantragsdelikte, JA 2014, 1.

I. Allgemeines, Normzweck und Anwendungsbereich

1 Die Vorschrift ist in Zusammenschau mit § 127 Abs. 3 zu lesen,[1] wonach bei Antragsdelikten und Straftaten, die nur mit einer Ermächtigung oder einem Strafverlangen verfolgt werden können (§ 77e StGB), die Festnahme **auch ohne das Vorliegen dieser Voraussetzungen zum Festnahmezeitpunkt** erfolgen darf. Ergänzend hierzu bestimmt § 130, dass ein Haftbefehl ebenfalls ohne die behebbaren Verfahrenshindernisse vom Richter erlassen werden kann. Die Norm regelt insoweit den weiteren Verfahrensgang.

II. Verfahren bei Antragsstraftaten

2 **1. Allgemeines.** Die Vorschrift geht davon aus, dass die **Verfahrenshindernisse** alsbald behoben werden können. Steht aber bereits zum Zeitpunkt der Vorführung des Festgenommenen, beispielsweise aufgrund von Angaben der Antragsberechtigten in der Akte[2] fest, dass mit großer Wahrscheinlichkeit kein Strafantrag gestellt wird, ist der Erlass eines Haftbefehls

---

[9] Graf-*Krauß* § 129 Rn. 2.
[10] *Meyer-Goßner* § 129 Rn. 4.
[11] Vgl. auch KK-*Schultheis* § 129 Rn. 4; Graf-*Krauß* § 129 Rn. 2.
[12] *Böhm/Werner* § 115 Rn. 45.
[1] *Böhm/Werner* § 127 Rn. 31.
[2] Wenn zB der Strafantragsberechtigte in Kenntnis aller Umstände nur einen Strafantragsvorbehalt gegenüber der Polizei erklärt hat.

unzulässig.[3] Der in der Vorschrift zum Ausdruck kommende Grundsatz der **Verhältnismäßigkeit** bei „Strafantragsdelikten" kann auch auf andere Eingriffsmaßnahmen, wie etwa eine Durchsuchung,[4] übertragen werden.

2. Benachrichtigung der Antragsberechtigten (Satz 1). Der **Schwebezustand** ist nach § 130 Satz 1 möglichst schnell zu beenden, indem sofort nach Erlass der Haftanordnung wenigstens einer der Antragsberechtigten iSv § 77 StGB und § 77a StGB (Dienstvorgesetzte) von dem Richter von dem Erlass eines Haftbefehls unterrichtet wird, dessen Bestand von einem notwendigen förmlichen Strafantrag des Berechtigten abhängt.[5] 3

Der **Informationsumfang** hat sich an § 114 Abs. 2 Nr. 1 und Nr. 2 zu orientieren. Außerdem ist er davon zu unterrichten, dass der Haftbefehl aufgehoben werden wird, wenn der Antrag nicht von einer vom Richter zu bestimmenden Frist, welche eine Woche nicht überschreiten darf, gestellt wird (Satz 1). Neben der erforderlichen Schriftform (§ 158 Abs. 2) sind die zuständigen Empfangsstellen zu benennen, wobei in Anbetracht der Bedeutung und Eilbedürftigkeit das Gericht als Empfänger zu bezeichnen ist. Ferner muss der Richter dem Antragsberechtigten zugleich eine Erklärungsfrist setzten, die eine Woche nicht überschreiten soll. Diese Frist kann aber im Einzelfall, wenn sich der Empfänger nachweislich im Ausland oder auf einer Reise befindet, angemessen verlängert werden.[6] 4

Treffen ein **Offizialdelikt und ein Antragsdelikt zusammen,** liegt es nahe den Haftbefehl nur auf das Offizialdelikt zu stützen. Wird dennoch der Haftbefehl wegen beider Taten erlassen, ist das Verfahren nach § 130 zu beachten.[7] 5

III. Ermächtigung und Strafverlangen (§ 130 Satz 3)

Entsprechend § 127 Abs. 3 Satz 2 ist ebenso in den Fällen einer fehlenden Ermächtigung und des fehlenden Strafverlangens (§ 77e StGB) zu verfahren. 6

IV. Aufhebung des Haftbefehl nach Fristablauf (§ 130 Satz 2)

Geht der Strafantrag nicht fristgemäß ein, ist der **Haftbefehl gem. § 130 Satz 2 aufzuheben.** Da aber die richterliche Frist nach § 130 Satz 1 die gesetzliche Antragsfrist von drei Monaten nicht verkürzen kann, wäre auch ein nach Fristablauf eingegangen Strafantrag zu berücksichtigen und der Haftbefehl aufrechtzuerhalten.[8] 7

V. Aufhebung auf Antrag der Staatsanwaltschaft (§ 130 Satz 4)

Durch den Verweis wird klargestellt, dass eine Inhaftierung im Vorverfahren nur mit Willen der Staatsanwaltschaft möglich ist.[9] 8

---

[3] KK-*Schultheis* § 130 Rn. 2.
[4] LG Stuttgart 12.4.1999 – 10 Qs 26/99, StraFo 1999, 383.
[5] *Geerds* GA 1982, 237.
[6] LR-*Hilger* § 130 Rn. 4; HK-*Posthoff* § 130 Rn. 6; Graf-*Krauß* § 127 Rn. 2.
[7] *Meyer-Goßner* § 130 Rn. 6.
[8] AK-*Krause* § 130 Rn. 5.
[9] *Böhm* § 120 Rn. 29 ff.

9a. Abschnitt. Weitere Maßnahmen zur Sicherstellung der Strafverfolgung und Strafvollstreckung

§ 131 [Ausschreibung zur Festnahme]

(1) Auf Grund eines Haftbefehls oder eines Unterbringungsbefehls können der Richter oder die Staatsanwaltschaft und, wenn Gefahr im Verzug ist, ihre Ermittlungspersonen (§ 152 des Gerichtsverfassungsgesetzes) die Ausschreibung zur Festnahme veranlassen.

(2) [1]Liegen die Voraussetzungen eines Haftbefehls oder Unterbringungsbefehls vor, dessen Erlass nicht ohne Gefährdung des Fahndungserfolges abgewartet werden kann, so können die Staatsanwaltschaft und ihre Ermittlungspersonen (§ 152 des Gerichtsverfassungsgesetzes) Maßnahmen nach Absatz 1 veranlassen, wenn dies zur vorläufigen Festnahme erforderlich ist. [2]Die Entscheidung über den Erlass des Haft- oder Unterbringungsbefehls ist unverzüglich, spätestens binnen einer Woche herbeizuführen.

(3) [1]Bei einer Straftat von erheblicher Bedeutung können in den Fällen der Absätze 1 und 2 der Richter und die Staatsanwaltschaft auch Öffentlichkeitsfahndungen veranlassen, wenn andere Formen der Aufenthaltsermittlung erheblich weniger Erfolg versprechend oder wesentlich erschwert wären. [2]Unter den gleichen Voraussetzungen steht diese Befugnis bei Gefahr im Verzug und wenn der Richter oder die Staatsanwaltschaft nicht rechtzeitig erreichbar ist auch den Ermittlungspersonen der Staatsanwaltschaft (§ 152 des Gerichtsverfassungsgesetzes) zu. [3]In den Fällen des Satzes 2 ist die Entscheidung der Staatsanwaltschaft unverzüglich herbeizuführen. [4]Die Anordnung tritt außer Kraft, wenn diese Bestätigung nicht binnen 24 Stunden erfolgt.

(4) [1]Der Beschuldigte ist möglichst genau zu bezeichnen und soweit erforderlich zu beschreiben; eine Abbildung darf beigefügt werden. [2]Die Tat, derer er verdächtig ist, Ort und Zeit ihrer Begehung sowie Umstände, die für die Ergreifung von Bedeutung sein können, können angegeben werden.

(5) Die §§ 115 und 115a gelten entsprechend.

Schrifttum für die §§ 131–131c: *Albrecht*, Vom Unheil der Reformbemühungen im Strafverfahren, StV 2001, 416; *Bottke*, Strafprozessuale Rechtsprobleme massenmedialer Fahndung, ZStW 93 (1981), 425; *Brodersen*, Das Strafverfahrensänderungsgesetz 1999, NJW 2000, 2536; *Gerhold*, Wehret den Anfängen! Gegen die Abschaffung des Richtervorbehalts in § 81a Abs. 2 StPO/§ 46 Abs. 4 OWiG bei zwangsweiser Entnahme von Blutproben im Zusammenhang mit Verkehrsordnungswidrigkeiten und Verkehrsstraftaten, NK 2001, 4; *Hawellek/Heinemeyer*, Polizei Hannover setzt Personen-Fahndung wegen datenschutzrechtlicher Bedenken aus, ZD-Aktuell 2012, Nr. 02730; *Hilger*, Zum Strafverfahrensrechtsänderungsgesetz 1999 (StVÄG 1999) – 1. Teil, NStZ 2000, 561; *ders.*, Das Strafverfahrensrechtsänderungsgesetz 1999 (StVÄG 1999), StraFo 2001, 109; *ders.*, StVÄG 1999 und Verteidigung, FS Rieß, 2002, S. 171; *Irlbauer*, Gehört der Facebook-Fahndung die Zukunft?, Kriminalistik 2012, 764; *Kolmey*, Facebook: Plattform für Fahndung der Zukunft?, DRiZ 2013, 242; *Metz*, Rangverhältnis der Staatsanwaltschaft zu ihren Ermittlungspersonen bei Gefahr im Verzug, NStZ 2012, 242; *Pätzel*, Probleme des Datenschutzes bei Staatsanwaltschaft und Gericht in Gegenwart und Zukunft, DRiZ 2001, 24; *Ranft*, Fahndung nach Beschuldigten und Zeugen gemäß dem StVÄG 1999, StV 2002, 38; *Rieß*, Die „Straftat von erheblicher Bedeutung" als Eingriffsvoraussetzung – Versuch einer Inhaltsbestimmung, GA 2004, 623; *Schroeder*, Die Ermittlung des Aufenthaltsortes des Beschuldigten als Anwendungsvoraussetzung strafprozessualer Zwangsmaßnahmen, GA 2005, 73; *Soiné*, Strafverfahrensänderungsgesetz 1999 – Teil 1, Kriminalistik 2001, 173; *ders.*, Die Fahndungsvorschriften nach dem Strafverfahrensänderungsgesetz 1999, JR 2002, 137.

Übersicht

I. Überblick

1 Die Ausschreibung des Beschuldigten zur Festnahme und die Öffentlichkeitsfahndung iS des § 131 dienen der **Durchsetzung eines (ggf. noch zu erlassenden) Haft- oder Unterbringungsbefehls,** weshalb die Vorschrift samt den weiteren Regeln zur Sicherstellung der Strafverfolgung und Strafvollstreckung im unmittelbaren Anschluss an den 9. Abschnitt des 1. Buches eingefügt worden ist.[1] Ziel der Neufassung durch das StVÄG 1999[2] war es, der bis dahin nur rudimentär in § 131 und den Nrn. 39–43 RiStBV geregelten Fahndung „klare Rechtsgrundlagen" zu geben.[3] Auch die **internationale Fahndung,** beispielsweise durch eine Ausschreibung im Schengener Informationssystem, wird daher heute von § 131 erfasst.[4] Durch die Wahl der Überschrift des Abschnitts 9a sollte darüber hinaus klargestellt werden, dass die in den §§ 131–132 genannten Maßnahmen **nicht abschließend** sind und insbes. die informatorische Zeugenbefragung auch weiterhin zulässig bleibt.[5] Der Begriff „weitere" bezieht sich also insbes. auf die Ermittlungsgeneralklausel sowie die Spezialermächtigungen des 8. Abschnitts (zB die Rasterfahndung nach § 98a), aber auch auf die Schleppnetzfahndung nach § 163d ua.[6] Eingriffe außerhalb des Anwendungsbereichs der §§ 131 ff. oder unterhalb der in diesen Paragraphen vorausgesetzten Eingriffsschwelle sind auf allgemeine Normen der StPO oder ggf. das Polizeirecht zu stützen.[7] Die Vorschriften des Abschnitts 9a hindern als „andere gesetzliche Vorschriften" iS der §§ 161 Abs. 1 S. 1 und 163 Abs. 1 S. 2 also beispielsweise nicht die Veröffentlichung von Lichtbildern eines Getöteten, um dessen Identität festzustellen.[8]

2 Die Rechtmäßigkeit der Ausschreibung soll sich nach hM stets nach dem **Rechtszustand im Zeitpunkt der Anordnung** richten.[9] Eine laufende Überprüfung sei unpraktikabel.[10] Der je nach Umständen des Einzelfalls ggf. sogar erhebliche und fortdauernde Eingriff in das allgemeine Persönlichkeitsrecht und das aus diesem abzuleitende Recht auf informa-

[1] BT-Drs. 14/1484, 19; BR-Drs. 65/99, 38.

[2] Gesetz zur Änderung und Ergänzung des Strafverfahrensrechts – Strafverfahrensänderungsgesetz 1999 – vom 2.8.2000, BGBl. I 1253.

[3] BT-Drs. 14/1484, 17; BR-Drs. 65/99, 32; vertiefend zur Entstehungsgeschichte SK-StPO/*Paeffgen* Rn. 1; *Hilger* NStZ 2000, 561 (561 f.).

[4] OLG Celle 16.4.2009 – 2 VAs 3/09, NStZ 2010, 534; HK-StPO/*Ahlbrecht* Rn. 2.

[5] BT-Drs. 14/1484, 19; BR-Drs. 65/99, 37; AnwK/*Walther* Vor §§ 131–132 Rn. 4.

[6] SK-StPO/*Paeffgen* Rn. 2; Meyer-Goßner/*Schmitt* Vor §§ 131 ff. Rn. 1; vertiefend zu sonstigen der Fahndung dienenden Ermächtigungsgrundlagen Löwe/Rosenberg/*Hilger* Vor § 131 Rn. 10.

[7] SK-StPO/*Paeffgen* Rn. 2; KMR/*Wankel* Rn. 2; kritisch Radtke/Hohmann/*Kretschmer* Rn. 2.

[8] So eines der Beispiele bei SK-StPO/*Paeffgen* Rn. 2; weitere Beispiele finden sich auch bei KMR/*Wankel* Rn. 2.

[9] In diesem Sinne AnwK/*Walther* Vor §§ 131–132 Rn. 3; KMR/*Wankel* Rn. 1; einschränkend SK-StPO/*Paeffgen* Rn. 3a.

[10] AnwK/*Walther* Vor §§ 131–132 Rn. 3; aA Löwe/Rosenberg/*Hilger* Vor § 131 Rn. 9, der sich mit Recht für Überprüfungsfristen ausspricht.

tionelle Selbstbestimmung erfordern eine solche **Überprüfung** jedoch und bezüglich der Fahndung im Internet wird sie auch im Abschn. 3.2 der Anlage B zur RiStBV vorgeschrieben. Entfallen die Voraussetzungen für die Ausschreibung aus tatsächlichen oder rechtlichen Gründen oder wird ihr Ziel erreicht, sind die Ausschreibung sowie alle auf ihrer Grundlage veranlassten Fahndungsmaßnahmen **umgehend zu beenden.**[11] Es ist entsprechend dem Fall zu verfahren, dass im Rahmen des Abs. 2 der Haft- oder Unterbringungsbefehl nicht rechtzeitig erlassen worden ist.[12] Bis zum Wegfall der Voraussetzungen bzw. der Gesetzesänderung war die Maßnahme samt dem ggf. erzielten Fahndungserfolg selbstverständlich rechtmäßig und bleibt es auch im Nachhinein (Rechtswidrigkeit ex nunc). Die Beurteilung orientiert sich daher eng an der Behandlung von Dauerverwaltungsakten im Verwaltungsrecht, für die bei wesentlicher Änderung der Sach- oder Rechtslage zwischen den Zeiträumen vor und nach der Änderung differenziert wird.[13]

II. Erläuterung

1. Die Ausschreibung zur Festnahme auf Grund eines Haft- oder Unterbringungsbefehls nach Abs. 1. § 131 Abs. 1 regelt die **Ausschreibung des Beschuldigten** (vgl. Abs. 4) zur Festnahme auf Grund eines Haftbefehls im Sinne der §§ 114, 230 Abs. 2, 236, 329 Abs. 4, 453c Abs. 1, 456a Abs. 2 S. 3 oder 457 Abs. 2 bzw. auf Grund eines Unterbringungsbefehls im Sinne des § 126a. Die **richterliche Anordnung der Verhaftung oder Unterbringung** des flüchtigen oder sich verborgen haltenden Beschuldigten oder ggf. Verurteilten ist daher stets Voraussetzung.[14] Sie kann zeitgleich mit der Anordnung der Ausschreibung ergehen.[15] Ein Haftbefehl nach § 127b Abs. 2 (sog Hauptverhandlungshaft) kann in der Regel nicht Grundlage einer Ausschreibung sein, da diese Norm voraussetzt, dass die Strafverfolgungsbehörden des Beschuldigten habhaft sind, für eine Ausschreibung aber gerade Voraussetzung ist, dass sich der Beschuldigte der Strafverfolgung oder Strafvollstreckung entzogen hat.[16] Ausnahmsweise kommt eine Ausschreibung auf Grund des § 127b Abs. 2 jedoch in Betracht, wenn der Verhaftete entflieht.[17] Haftbefehle nach den §§ 51 und 70 können nie Grundlage der Ausschreibung nach § 131 sein, da die Normen die Verhaftung eines Zeugen regeln.[18] 3

Der Begriff der Ausschreibung umfasst jede **amtliche Aufforderung, zu einem bestimmten Zweck nach einer konkreten Person zu fahnden,**[19] und kann auf vielfältige Weisen umgesetzt werden. Ziel der Neufassung im Jahr 2000 war es insbesondere, **weniger einschneidende Maßnahmen als die Steckbrieffahndung** zu ermöglichen.[20] Diese richtete sich ausschließlich an eine unbestimmte Zahl von Behörden, Stellen und Personen und schloss mildere Maßnahmen wie beispielsweise die Ausschreibung in den verschiedenen Zentralregistern aus.[21] Von der Öffentlichkeitsfahndung im Sinne des Abs. 3 unterscheidet sich die Ausschreibung im Sinne der Abs. 1 und 2 dadurch, dass die persönlichen Daten des Gesuchten, mit denen die Fahndung betrieben wird, nur bestimmten oder zumindest bestimmbaren Angehörigen des öffentlichen Dienstes zur Verfügung gestellt werden.[22] Es handelt sich damit um eine im weiteren Sinne behördeninterne Maßnahme.[23] 4

---

[11] So für tatsächliche Änderungen, beispielsweise das Aufdecken einer Personenverwechselung, auch SK-StPO/*Paeffgen* Rn. 3a; für die Zielerreichung Löwe/Rosenberg/*Hilger* Vor § 131 Rn. 10.

[12] Vgl. BT-Drs. 14/1484, 20; BR-Drs. 65/99, 39.

[13] Vgl. BeckOK-VwGO/*Decker* VwGO § 113 Rn. 22.1 – „Dauerverwaltungsakt".

[14] BT-Drs. 14/1484, 19; BR-Drs. 65/99, 38.

[15] KMR/*Wankel* Rn. 6.

[16] AnwK/*Walther* Rn. 3; KMR/*Wankel* Rn. 10.

[17] Löwe/Rosenberg/*Hilger* Rn. 2.

[18] BeckOK-StPO/*Niesler* Rn. 2; vertiefend Löwe/Rosenberg/*Hilger* Rn. 4.

[19] Radtke/Hohmann/*Kretschmer* Rn. 4.

[20] BT-Drs. 14/1484, 19; BR-Drs. 65/99, 38; vgl. auch HK-StPO/*Ahlbrecht* Rn. 4.

[21] Vgl. HK-StPO/*Ahlbrecht* Rn. 4. Weitere Beispiele für gegenüber dem Steckbrief weniger grundrechtsintensive Maßnahmen finden sich bei SK-StPO/*Paeffgen* Rn. 3a.

[22] Vgl. KK/*Schultheis* Rn. 15; KMR/*Wankel* Rn. 7.

[23] Vgl. Radtke/Hohmann/*Kretschmer* Rn. 6.

Bei der Öffentlichkeitsfahndung werden die Daten demgegenüber einem offenen, potentiell unbegrenzten Personenkreis zugänglich gemacht.[24] Auf die konkrete Anzahl der Betrachter kommt es nicht an.[25] Die Ausschreibung zur Festnahme iS des § 131 Abs. 1 wird daher konsequent definiert als die dienstliche, in einem Informationssystem verbreitete und an bestimmte Strafverfolgungsbehörden gerichtete Aufforderung, eine konkrete Person festzunehmen.[26] Sie kann beispielsweise durch die Eintragung eines Suchvermerks in das Bundeszentralregister oder die Einstellung eines Lichtbildes in das Intranet der Polizei umgesetzt werden.[27] Um eine Umgehung der §§ 131 ff. zu verhindern, ist auch die **Fahndung nach Gegenständen** (zumindest in analoger Anwendung) auf die entsprechenden Vorschriften zu stützen, soweit die Gegenstände Rückschlüsse auf den Beschuldigten zulassen und die Ausschreibung dem jeweiligen Normzweck dient.[28] Es macht für den zu schützenden Betroffenen keinen Unterschied, ob nach einer unbekannten Person gefahndet wird, die allein anhand auffälliger Kleidungsstücke beschrieben wird, oder unmittelbar nach diesen Kleidungsstücken.[29] Prozessuale Rechte, zB ein Recht zur Festnahme durch Private, verleiht die Ausschreibung dem Angesprochenen nicht.[30]

5 Ob eine Ausschreibung zur Festnahme durchgeführt wird, ist in das **Ermessen der zuständigen Entscheidungsträger** gestellt. Die Ausschreibung zur Fahndung muss also insbes. erforderlich und verhältnismäßig sein, um den Eingriff in das allgemeine Persönlichkeitsrecht des Bürgers und sein Recht auf informationelle Selbstbestimmung rechtfertigen zu können.[31] Die nicht mehr ausdrücklich im Wortlaut enthaltene Voraussetzung, dass der Beschuldigte **flüchtig ist oder sich verborgen hält,** ist also im Rahmen einer ordnungsgemäßen Ermessensausübung weiter zu berücksichtigen.[32] Hält sich der Beschuldigte nicht verborgen und ist er auch nicht flüchtig, ist seine Ausschreibung zur Festnahme nie erforderlich. Für die ausschließliche Abwendung einer Verdunkelungs- oder Wiederholungsgefahr gilt dasselbe.[33]

6 Die Anordnungskompetenz zur Ausschreibung des Beschuldigten nach § 131 steht sowohl dem nach den §§ 125, 126 und 162 zuständigen Richter als auch der Staatsanwaltschaft zu. Beide sind nach dem Willen des Gesetzgebers „in Abweichung von § 36 Abs. 2 S. 1 **gleichermaßen zuständig**".[34] Vor Anklageerhebung liegt die Anordnungskompetenz also bei der Staatsanwaltschaft und dem Haftrichter iS des § 126 Abs. 1, dem Ermittlungsrichter iS des § 162 Abs. 1 bzw. dem Jugendrichter nach § 34 JGG.[35] Nach Anklageerhebung sind die Staatsanwaltschaft und das mit der Sache befasste Gericht zuständig (§§ 126 Abs. 2 S. 1, 162 Abs. 3 S. 1).[36] Erblickt man in der Ausschreibung zur Festnahme eine Maßnahme iS des § 126 Abs. 2 S. 3, wofür die Überschrift des Abschnitts 9a „Weitere Maßnahmen" spricht, entscheidet der Vorsitzende des Kollegialgerichts im Rahmen des § 126 alleine.[37] Innerhalb der Hauptverhandlung entscheidet das Gericht stets als Spruchkörper (vgl. §§ 30

[24] LG Berlin 17.12.2008 – 501 Qs 208/08, BeckRS 2009 Nr. 06741.

[25] LG Berlin 17.12.2008 – 501 Qs 208/08, BeckRS 2009 Nr. 06741.

[26] AnwK/*Walther* Rn. 2.

[27] LG Berlin 17.12.2008 – 501 Qs 208/08, BeckRS 2009 Nr. 06741; vgl. auch die Aufzählung möglicher Fahndungshilfsmittel in Nr. 40 RiStBV.

[28] Vgl. BeckOK-StPO/*Niesler* Rn. 4; umfassend – auch zu den Ausnahmen – Löwe/Rosenberg/*Hilger* Vor § 131 Rn. 15 f. und *ders.*, FS Rieß, 2002, 172.

[29] So das Beispiel bei Löwe/Rosenberg/*Hilger* Vor § 131 Rn. 15; vgl. auch das Beispiel *Hilgers*, FS Rieß, 2002, 172.

[30] Radtke/Hohmann/*Kretschmer* Rn. 5; *Soiné* Kriminalistik 2001, 173 (175); *ders.* JR 2002, 137 (138).

[31] Vgl. BT-Drs. 14/1484, 19 f.; BR-Drs. 65/99, 38.

[32] HK-StPO/*Ahlbrecht* Rn. 3; Löwe/Rosenberg/*Hilger* Rn. 3; in diesem Sinne wohl auch *Soiné* JR 2002, 137 (137).

[33] Vgl. SK-StPO/*Paeffgen* Rn. 3.

[34] BT-Drs. 14/1484, 20; BR-Drs. 65/99, 39 (Hervorhebung nur hier).

[35] SK-StPO/*Paeffgen* Rn. 11; KMR/*Wankel* Rn. 3 und 11.

[36] KMR/*Wankel* Rn. 11 hält die Staatsanwaltschaft nach Anklageerhebung demgegenüber für nicht mehr zuständig.

[37] SK-StPO/*Paeffgen* Rn. 11; Meyer-Goßner/*Schmitt* § 131 Rn. 4; KMR/*Wankel* Rn. 11.

Abs. 2, 76 Abs. 1 S. 1 GVG).[38] Unter dem Begriff der Staatsanwaltschaft sind alle Beamten mit staatsanwaltlichen Befugnissen zu verstehen, also neben den Staatsanwälten auch Amtsanwälte gem. §§ 142 Abs. 1 Nr. 3, 145 Abs. 2 und im Vollstreckungsverfahren ggf. der Rechtspfleger gem. §§ 451 Abs. 1 S. 1, 31 Abs. 2 S. 1 RPflG, es sei denn, der Jugendrichter ist nach § 82 JGG zuständig.[39] Subsidiär sind bei **Gefahr im Verzug** auch stets die Ermittlungspersonen der Staatsanwaltschaft iS des § 152 GVG anordnungsbefugt, um den Bedürfnissen der Praxis zu entsprechen.[40] Im Gesetzgebungsverfahren hatte man den Fall vor Augen, dass der Polizei Anhaltspunkte für Fluchtvorbereitungen eines mit Haftbefehl gesuchten Beschuldigten bekannt werden und Sofortmaßnahmen zu ergreifen sind.[41] Rechtspolitisch ist die Eilkompetenz der Ermittlungspersonen immer wieder Gegenstand von Diskussionen.[42] Um das Regel-Ausnahme-Verhältnis nicht umzukehren, muss ihre Inanspruchnahme auf **besondere Ausnahmefälle** beschränkt bleiben und es sind richterliche bzw. staatsanwaltliche Eil- und Notdienste erforderlich.[43] Sollten die Ermittlungspersonen der Staatsanwaltschaft die Anordnung der Maßnahme daher soweit aufschieben, bis kein Richter oder Staatsanwalt mehr zu erreichen ist, steht dieses rechtsmissbräuchliche Verhalten der Berufung auf die Eilkompetenz entgegen.[44] Verweigern die Landesjustizverwaltungen die Einrichtung von Eil- und Notdiensten trotz entsprechenden Bedarfs, wird der Rechtsmissbrauch je nach Umständen des Einzelfalles lediglich auf eine höhere Ebene verlagert, so dass die Folge dieselbe sein muss. Die Forderung des BVerfG, insbes. für Durchsuchungen außerhalb der üblichen Dienstzeiten richterliche Notdienste einzurichten,[45] darf nicht dadurch ausgehebelt werden, dass im Falle ihres Fehlens eine Eilkompetenz bejaht wird. Berufen sich die Ermittlungspersonen der Staatsanwaltschaft berechtigterweise auf ihre Eilzuständigkeit, bedarf ihre Entscheidung keiner nachträglichen Bestätigung mehr, was sich im Umkehrschluss aus § 131 Abs. 3 S. 3 und 4 ergibt.[46]

2. Die Ausschreibung zur Festnahme im Rahmen der Eilermächtigung nach Abs. 2. § 131 Abs. 2 ermöglicht **in besonders gelagerten Eilfällen** auch Ausschreibungen zur Festnahme vor Erlass eines Haft- oder Unterbringungsbefehls. Der Gesetzgeber wollte mit dieser Vorschrift einem praktischen Bedürfnis Rechnung tragen, da bei plötzlicher Flucht eines Tatverdächtigen angesichts der Verknüpfung und Schnelligkeit moderner Verkehrsverbindungen zum Teil unverzüglich überörtliche Fahndungsmaßnahmen ergriffen werden müssen und nicht abgewartet werden kann, bis ein Haftrichter erreicht worden ist.[47] Mit der Öffnung der Grenzen in Westeuropa ist es in der Tat ein Leichtes, ins Ausland zu fliehen.[48] Im Hinblick auf die Dringlichkeit der Maßnahme sind die **Ermittlungspersonen der Staatsanwaltschaft** dann neben dieser anordnungsbefugt. Einer staatsanwaltlichen Bestätigung ihrer Entscheidung bedarf es nicht.[49] Dennoch ist die Eilkompetenz der Staatsanwaltschaft und ihrer Ermittlungspersonen **nicht gleichrangig.**[50] Die Staatsanwaltschaft ist als Justizorgan besser geeignet, die Voraussetzungen der Maßnahme zu prüfen, und sie 7

---

[38] SK-StPO/*Paeffgen* Rn. 11; KMR/*Wankel* Rn. 3.
[39] SK-StPO/*Paeffgen* Rn. 12; KMR/*Walter* Rn. 3.
[40] BT-Drs. 14/1484, 20; BR-Drs. 65/99, 39.
[41] Vgl. BT-Drs. 14/1484, 20; BR-Drs. 65/99, 39.
[42] Vgl. SK-StPO/*Paeffgen* Rn. 4 und 12; AnwK/*Walther* § 131c Rn. 1; *Ranft* StV 2002, 38 (41).
[43] Löwe/Rosenberg/*Hilger* Rn. 10; SK-StPO/*Paeffgen* Rn. 3; vgl. zur Erforderlichkeit von Eil- und Notdiensten auch *Gerhold* NK 2011, 4.
[44] Vgl. BVerfG 20.2.2001 – 2 BvR 1444/00, BVerfGE 103, 142 (155) = NJW 2001, 1121 (1123); Löwe/Rosenberg/*Hilger* Rn. 10; Meyer-Goßner/*Schmitt* § 98 Rn. 6.
[45] Vgl. nur BVerfG 20.2.2001 – 2 BvR 1444/00, BVerfGE 103, 142 (155 f.) = NJW 2001, 1121 (1123); BVerfG 28.9.2006 – 2 BvR 876/06, NJW 2007, 1444.
[46] So SK-StPO/*Paeffgen* Rn. 3; KMR/*Wankel* Rn. 6 und 13.
[47] BT-Drs. 14/1484, 20; BR-Drs. 65/99, 39.
[48] In diesem Sinne SK-StPO/*Paeffgen* Rn. 4.
[49] HK-StPO/*Ahlbrecht* Rn. 8.
[50] Ständige Rspr. des BVerfG, vgl. 12.2.2007 – 2 BvR 273/06, NJW 2007, 1345 (1346); 28.7.2008 – 2 BvR 784/08, NJW 2008, 3053 (3054); 11.6.2011 – 2 BvR 1046/08, NStZ 2011, 289 (290); konkret zu § 131 ebenso HK-StPO/*Ahlbrecht* Rn. 8; SK-StPO/*Paeffgen* Rn. 4.

übt die Verfahrenshoheit aus.[51] Die Ermittlungspersonen der Staatsanwaltschaft haben daher grundsätzlich die Entscheidung der Staatsanwaltschaft einzuholen, so dass sich ihre originäre Anordnungskompetenz auf Fälle beschränkt, die keinerlei Aufschub dulden.[52] Als Eilmaßnahme, die unverzüglich eine richterliche Reaktion herausfordert, muss die Entscheidung der staatsanwaltlichen Ermittlungspersonen dann jedoch nicht mehr zusätzlich durch die Staatsanwaltschaft bestätigt werden.[53] Etwas anderes gilt erst nach Erlass des Haftbefehls, da sich das weitere Verfahren ab diesem Zeitpunkt nach Abs. 1 richtet, Gefahr im Verzug aber nicht mehr angenommen werden kann.

8 **a) Die Voraussetzungen der Ausschreibung nach Abs. 2 S. 1.** Die Anordnung erfordert die **Voraussetzungen eines Haft- oder Unterbringungsbefehls** und daher regelmäßig Flucht, Fluchtgefahr oder das Sich-Verborgen-Halten eines dringend tatverdächtigen Beschuldigten sowie die Verhältnismäßigkeit seiner Inhaftierung.[54] Die Haftentscheidung muss jedoch noch nicht unmittelbar bevorstehen, da sonst dem Sinn und Zweck des Abs. 2, der unmittelbaren Reaktion auf einen Eilfall, nicht entsprochen würde.[55] Über das Vorliegen der Haft- oder Unterbringungsvoraussetzungen hinaus darf der Erlass des Haft- oder Unterbringungsbefehls nicht ohne **Gefährdung des Fahndungserfolges** abgewartet werden können, wobei die Gefährdung eine gewisse Erheblichkeit aufweisen muss.[56]

9 Klarstellend wird in S. 1 aE die Erforderlichkeit und damit die **Verhältnismäßigkeit der Maßnahme** zum Zwecke der vorläufigen Festnahme betont.[57] Mildere Mittel sind insbes. Nachforschungen im persönlichen Umfeld des Gesuchten, bei Nachbarn oder Behörden.[58] Ob die Ausschreibung zur Aufenthaltsermittlung ein **gleich geeignetes milderes Mittel** darstellt, ist umstritten.[59] Häufig wird die gleiche Eignung der Ausschreibung zur Aufenthaltsermittlung jedoch verneint werden müssen, da die Feststellung der ladungsfähigen Adresse des Gesuchten nicht mit seiner Ingewahrsamnahme gleichgesetzt werden kann.[60] Es kommt daher immer auf die Umstände des Einzelfalles an.

10 **b) Die erforderliche richterliche Entscheidung nach Abs. 2 S. 2.** Die richterliche Entscheidung über den Haft- oder Unterbringungsbefehl ist gem. Abs. 2 S. 2 unverzüglich, dh **ohne schuldhaftes Zögern,** und spätestens binnen einer Woche ab der Anordnung der Ausschreibung herbeizuführen.[61] Wird die Entscheidung nicht rechtzeitig herbeigeführt, entfallen die Voraussetzungen für die Ausschreibung zur Festnahme, die **Anordnung tritt außer Kraft** und die Ausschreibung sowie alle auf ihrer Grundlage veranlassten Fahndungsmaßnahmen sind umgehend zu beenden.[62] Ergeht demgegenüber ein Haft- oder Unterbringungsbefehl, ist ab diesem Zeitpunkt § 131 Abs. 1 die einschlägige Ermächtigungsgrundlage.[63] Eine Maßnahme nach Abs. 2 ist daher auf die **maximale Dauer von einer Woche** beschränkt.[64] Sofern Ermittlungspersonen der Staatsanwaltschaft die Anordnung nach Abs. 2 erlassen hatten, muss die Fortsetzung der Maßnahme nach Abs. 1 durch die

---

[51] Vgl. SK-StPO/*Paeffgen* Rn. 4 sowie zur rechtspolitischen Kritik an der polizeilichen Eilkompetenz *Ranft* StV 2001, 38 (41); eine umfassende, wenn auch kritische Auseinandersetzung mit dem Problem des Rangverhältnisses findet sich bei *Metz* NStZ 2012, 242 (245).

[52] HK-StPO/*Ahlbrecht* Rn. 8; Löwe/Rosenberg/*Hilger* Rn. 15.

[53] Meyer-Goßner/*Schmitt* Rn. 3; KK/*Schultheis* Rn. 12.

[54] BT-Drs. 14/1484, 20; BR-Drs. 65/99, 39.

[55] AnwK/*Walther* Rn. 6; aA KMR/*Wankel* Rn. 12.

[56] KK/*Schultheis* Rn. 11; KMR/*Wankel* Rn. 12.

[57] BT-Drs. 14/1484, 20; BR-Drs. 65/99, 39.

[58] So BT-Drs. 14/1484, 20; BR-Drs. 65/99, 40; AnwK/*Walther* Rn. 7.

[59] Die gleiche Eignung bejahend BT-Drs. 14/1484, 20; BR-Drs. 65/99, 40; die gleiche Eignung verneinend AnwK/*Walther* Rn. 7.

[60] In diesem Sinne AnwK/*Walther* Rn. 7.

[61] HK-StPO/*Ahlbrecht* Rn. 9; KK/*Schultheis* Rn. 13.

[62] BT-Drs. 14/1484, 20; BR-Drs. 65/99, 39; AnwK/*Walther* Rn. 9.

[63] BT-Drs. 14/1484, 20; BR-Drs. 65/99, 39; HK-StPO/*Ahlbrecht* Rn. 9.

[64] BT-Drs. 14/1484, 20; BR-Drs. 65/99, 40; KK/*Schultheis* Rn. 13.

Staatsanwaltschaft oder den Richter bestätigt werden.[65] Gefahr im Verzug kann nicht mehr bestehen, wenn es möglich war, einen Haft- oder Unterbringungsbefehl zu erwirken, und die Maßnahme dient nicht mehr der bloß vorläufigen Festnahme des Beschuldigten. Eine entsprechende richterliche Bestätigung soll nach dem Willen des Gesetzgebers bereits im Erlass dieses Haft- oder Unterbringungsbefehls zu sehen sein.[66] Richtigerweise muss die Bestätigung jedoch **ausdrücklich** erfolgen. Es kann ein Haftgrund gegeben sein, ohne dass eine Ausschreibung erforderlich wäre. Hat sich die Eilmaßnahme schon vor Ablauf der Wochenfrist erledigt, bedarf es keiner nachträglichen Bestätigung mehr.[67]

3. Die Öffentlichkeitsfahndung nach Abs. 3. a) Die möglichen Maßnahmen der Öffentlichkeitsfahndung. § 131 Abs. 3 normiert die Voraussetzungen, unter denen die Fahndungsdaten der Öffentlichkeit, also einem **offenen, potentiell unbegrenzten Kreis von Personen**, bekanntgegeben werden dürfen.[68] Hauptanwendungsfall des Abs. 3 ist die Veröffentlichung der Fahndung in den Medien, insbes. Printmedien, Rundfunk, Fernsehen und Internet.[69] Daneben kommt ua die Fahndung mittels Plakatanschlägen, nichtperiodischer Druckwerke, Lautsprecherdurchsagen oder auch durch das Zugänglichmachen der Stimme des Gesuchten über eine abrufbare Bandansage in Betracht.[70] Ob auch innerhalb **sozialer Netzwerke wie Facebook** gefahndet werden darf, ist umstritten.[71] Der niedersächsische Landesdatenschutzbeauftragte geht davon aus, dass § 131 Abs. 3 nicht dazu berechtige, Daten in ein Netzwerk einzustellen, dessen Server in Amerika stünden und dort vom Betreiber der Seite oder von den amerikanischen Sicherheitsbehörden ausgewertet werden könnten.[72] Da es jedoch dem **Wesen der Öffentlichkeitsfahndung im Internet** entspricht, dass jede Person weltweit auf die entsprechenden Informationen zugreifen kann, eignet sich der letzte Teil der Argumentation schon einmal nicht zur Differenzierung.[73] Die Gefahren der Internetfahndung, die bei der Fahndung in sozialen Netzwerken noch größer sind, müssen vielmehr in die Verhältnismäßigkeitsprüfung eingestellt werden. Abschn. 1.2 der Anlage B zur RiStBV enthält entsprechende Vorgaben. Die anderen Bedenken im Hinblick auf das internationale Recht und den Datenschutz können durch das schlichte **Einstellen eines Links anstelle des originären Datensatzes** ausgeräumt werden.[74] Ob es sich bei einer Internetfahndung um eine Inlandsfahndung (Nr. 39 ff. RiStBV) oder eine internationale Fahndung (Nr. 85 RiVASt, Nr. 43 RiStBV) handelt, ist davon abhängig, wo der Server steht, über den die Daten in das Internet eingespeist werden, bzw. von wo aus die Fahndung initiiert wird.[75] Wirken ausländische Behörden an der Fahndung also nicht mit, ist es irrelevant, dass die Daten im Internet ebenso wie bei Ausstrahlungen im Fernsehen über Satellit auch im Ausland abgerufen bzw. empfangen werden können.[76] 11

Sofern sich die Strafverfolgungsbehörden zur Fahndung einer **Fernsehsendung** bedienen, sind sie selbstverständlich an die §§ 131 ff. gebunden. Dies gilt auch, wenn sie den privaten Sendern lediglich Informationen zu Fahndungszwecken überlassen.[77] Private unterliegen den Vorschriften der StPO demgegenüber nicht.[78] Es scheint jedoch angemessen, die Wertung der §§ 131 ff. im Rahmen der Prüfung von zivilrechtlichen Ansprüchen 12

[65] In diesem Sinne BT-Drs. 14/1484, 20, und BR-Drs. 65/99, 40.
[66] Vgl. BT-Drs. 14/1484, 20; BR-Drs. 65/99, 40.
[67] SK-StPO/*Paeffgen* Rn. 5.
[68] Vgl. BT-Drs. 14/1484, 20; BR-Drs. 65/99, 38.
[69] Vgl. AnwK/*Walther* Rn. 10.
[70] So die Beispiele bei AnwK/*Walther* Rn. 10.
[71] Vgl. *Hawellek/Heinemeyer* ZD-Aktuell 2012 Nr. 02730; umfassend zur Facebookfahndung *Kolmey* DRiZ 2013, 242 (242 ff.).
[72] So *Hawellek/Heinemeyer* ZD-Aktuell 2012 Nr. 02730 unter Berufung auf die HAZ vom 20.1.2012.
[73] Vgl. *Hawellek/Heinemeyer* ZD-Aktuell 2012 Nr. 02730.
[74] Vertiefend *Kolmey* DRiZ 2013, 242 (244).
[75] Vertiefend KMR/*Wankel* § 131a Rn. 4.
[76] KMR/*Wankel* § 131a Rn. 4.
[77] Löwe/Rosenberg/*Hilger* Vor § 131 Rn. 20.
[78] Radtke/Hohmann/*Kretschmer* Rn. 8.

wegen einer möglichen **Verletzung des allgemeinen Persönlichkeitsrechts** zu berücksichtigen.[79] Für ausgesetzte Belohnungen gelten die §§ 657 ff. BGB.[80]

13 **b) Die Voraussetzungen der Öffentlichkeitsfahndung. Voraussetzung der Öffentlichkeitsfahndung** ist, dass bei einer Straftat von erheblicher Bedeutung ein Haft- oder Unterbringungsbefehl erlassen worden ist (vgl. Abs. 1) oder in Fällen besonderer Eilbedürftigkeit erlassen werden könnte (vgl. Abs. 2) und andere Formen der Aufenthaltsermittlung erheblich weniger Erfolg versprechen oder wesentlich erschwert wären. Im Übrigen hat der Entscheidungsträger sein Ermessen ordnungsgemäß auszuüben.

14 Eine **Straftat von erheblicher Bedeutung** muss mindestens dem Bereich der mittleren Kriminalität zuzurechnen sein.[81] Das Gewicht der Straftat ist **im Einzelfall zu bestimmen** und gegen die durch die öffentliche Bloßstellung beeinträchtigten Interessen des Betroffenen abzuwägen.[82] Auf die Festlegung eines verbindlichen Straftatenkataloges hat der Gesetzgeber verzichtet, weshalb der Deliktstypus, die Art der Ausführung und die Schuldschwere besondere Bedeutung bei der Bewertung erlangen.[83] Eine **erhöhte Mindeststrafdrohung des betreffenden Delikts ist nicht erforderlich.**[84] Generalpräventive Erwägungen können die Bedeutung einer Straftat ebenfalls beeinflussen.[85]

15 Der **Grundsatz der Subsidiarität** gilt für die Öffentlichkeitsfahndung in verschärftem Maße, da andere Formen der Aufenthaltsermittlung erheblich weniger Erfolg versprechen oder wesentlich erschwert sein müssen.[86] Damit sind mildere Maßnahmen nicht erst zu ergreifen, wenn sie gleich geeignet sind, sondern auch wenn sie weniger, jedoch nicht erheblich weniger, Erfolg versprechen oder die Aufenthaltsermittlung etwas, aber nicht erheblich erschweren.[87] Daneben ist der **allgemeine Verhältnismäßigkeitsgrundsatz** für die Frage entscheidend, welche der vielfältigen Maßnahmen zur Fahndung in der Öffentlichkeit zu ergreifen sind.[88] Eine entsprechende Klarstellung wird rechtspolitisch gefordert.[89] So macht es für die Erheblichkeit des Grundrechtseingriffs einen wesentlichen Unterschied, ob regional oder national gefahndet wird, in den Medien oder lediglich über Aushänge.[90] Auch Dritte, insbes. Familienangehörige, können durch die Fahndung in ihren Grundrechten verletzt werden.[91] Bei der **Fahndung im Internet** oder mittels Facebook bzw. anderer sozialer Netzwerke ist im Rahmen der Verhältnismäßigkeitsprüfung zudem zu berücksichtigen, dass der Zugriff auf die veröffentlichten Daten weder zeitlich noch räumlich effektiv begrenzt werden kann.[92] Der Bundesbeauftragte für Datenschutz und Informationsfreiheit betont daher, dass die Daten selbst bei Löschung des Primärdatensatzes auf beliebigen anderen Internetservern gespiegelt sein könnten.[93] Das Internet vergesse nicht. Die Datensätze sollten daher im Rahmen der Internetfahndung **nicht selbst verbreitet werden,** sondern auf einem von der Polizei betriebenen Server gespeichert bleiben, und es sollte lediglich ein Link versendet werden.[94] Der

---

[79] SK-StPO/*Paeffgen* Rn. 9 will entsprechende Fernsehsendungen „den gleichen Anforderungen" unterwerfen wie staatliche Fahndungsaufrufe. Umfassend zu Fahndungssendungen, wenn auch zur alten Rechtslage, *Bottke* ZStW 93 (1981), 425 (insbes. 434 ff.).

[80] Radtke/Hohmann/*Kretschmer* Rn. 9; für eine analoge Anwendung *Soiné* Kriminalistik 2001, 173 (175).

[81] AnwK/*Walther* Rn. 11; umfassend zum Begriff *Rieß* GA 2004, 623 (627 ff.).

[82] HK-StPO/*Ahlbrecht* Rn. 11.

[83] BeckOK-StPO/*Niesler* Rn. 6.

[84] LG Saarbrücken 8.4.2004 – 8 Qs 56/04, wistra 2004, 279.

[85] KMR/*Wankel* § 131b Rn. 2.

[86] Umfassend zur Subsidiaritätsklausel *Schroeder* GA 2005, 73 (74 ff.).

[87] Vgl. HK-StPO/*Ahlbrecht* Rn. 11.

[88] BT-Drs. 14/2595, 27.

[89] Vgl. Löwe/Rosenberg/*Hilger* Rn. 20; SK-StPO/*Paeffgen* Rn. 6.

[90] Vgl. zur hohen Eingriffsintensität der Öffentlichkeitsfahndung BT-Drs. 14/2595, 27.

[91] Vgl. SK-StPO/*Paeffgen* Rn. 6.

[92] So der BfDI, zitiert nach ZD-Aktuell 2012 Nr. 02705; ähnlich schon *Pätzel* DRiZ 2001, 24 (31).

[93] So der BfDI, zitiert nach ZD-Aktuell 2012 Nr. 02705.

[94] So der überzeugende Vorschlag des BfDI, zitiert nach ZD-Aktuell 2012 Nr. 03277. Vgl. zu den technischen Möglichkeiten auch *Irlbauer* Kriminalistik 2012, 764 (765), sowie zur Praxis in Niedersachsen *Kolmey* DRiZ 2013, 242 (244).

Hinweis, dass Informationen zum Beschuldigten oder zum Täter nicht ihrerseits veröffentlicht werden sollen, sondern direkt an die Polizei weiterzuleiten sind, ist stets anzugeben.[95] Die Möglichkeit, Personen auf der Fahndungsseite zu verlinken, ist auszuschließen.[96] Das dennoch im Vergleich mit anderen Fahndungsmethoden deutlich erhöhte Gewicht des Eingriffs in das Recht auf informationelle Selbstbestimmung ist bei der Abwägung zu berücksichtigen. Regelmäßig kommt die Onlinefahndung also nur im Bereich der Schwerstkriminalität in Betracht.[97]

c) Die Zuständigkeit für die Anordnung der Öffentlichkeitsfahndung. Zuständig für die Anordnung der Öffentlichkeitsfahndung sind erneut **Richter und Staatsanwaltschaft nebeneinander.** Das „Und" in Abs. 3 ist daher entsprechend Abs. 1 als „Oder" zu lesen.[98] 16

Ist noch kein Haft- oder Unterbringungsbefehl erlassen, findet Abs. 2 S. 2, die **Pflicht, unverzüglich eine Entscheidung über den Erlass des Haft- oder Unterbringungsbefehls herbeizuführen,** auf Anordnungen nach Abs. 3 ebenso Anwendung wie in den Fällen der Ausschreibung ohne Haft- und Unterbringungsbefehl nach Abs. 2 S. 1, da sonst für die eingriffsintensivere Öffentlichkeitsfahndung niedrigere Anforderungen gelten würden als bei unmittelbarer Anwendung des Abs. 2; ein Wertungswiderspruch, der sich nicht begründen ließe.[99] Bei Gefahr im Verzug und wenn der Richter und die Staatsanwaltschaft nicht rechtzeitig zu erreichen sind, begründet Abs. 3 S. 2 zudem eine **subsidiäre Anordnungskompetenz der Ermittlungspersonen der Staatsanwaltschaft.** Der Zusatz „und wenn der Richter oder die Staatsanwaltschaft nicht rechtzeitig erreichbar ist" hat dabei jedoch keine über das übliche Maß hinausreichende Begrenzungsfunktion, da der Begriff „Gefahr im Verzug" auch ohne ihn entsprechend auszulegen ist.[100] Als Besonderheit des Abs. 3 ist jedoch hervorzuheben, dass die Ermittlungspersonen der Staatsanwaltschaft wegen der erhöhten Grundrechtsrelevanz der Öffentlichkeitsfahndung gem. S. 3 unverzüglich eine staatsanwaltliche Entscheidung herbeizuführen haben, wenn sie von ihrer Eilkompetenz Gebrauch machen. Erfolgt die staatsanwaltliche Bestätigung nicht **binnen 24 Stunden,** tritt die Anordnung nach S. 4 außer Kraft. Fahndungsfotos sind umgehend aus dem Internet oder aus den Presseorganen zugänglichen Dateien zu löschen.[101] Der Erlass des Haft- oder Unterbringungsbefehls ersetzt die ausdrückliche Bestätigung der Staatsanwaltschaft oder ggf. auch des Richters, der die Anordnung auch selbst erlassen könnte, nicht.[102] Im Regelfall wird jedoch schon vor der Anordnung ein Staatsanwalt erreichbar sein.[103] Maßnahmen, die sich bereits erledigt haben, müssen nicht mehr bestätigt werden.[104] 17

4. Der Inhalt der Fahndungsausschreibung nach Abs. 4. § 131 Abs. 4 bestimmt den notwendigen und darüber hinaus den zulässigen **Inhalt einer Fahndungsausschreibung.** Eine möglichst genaue Bezeichnung des Gesuchten ist unabdingbar, um Verwechselungen und die damit verbundenen Eingriffe in Rechte Nichtbeschuldigter auszuschließen.[105] Sie muss zumindest diejenigen Personalien umfassen, die auch in den Haft- oder Unterbringungsbefehl aufzunehmen sind.[106] Eine **Beschreibung des Gesuchten,** zB 18

---

95 So *Hawellek/Heinemeyer* ZD-Aktuell 2012 Nr. 02730 mit Hinweis auf die verbleibenden Risiken. Weitere Möglichkeiten, diese Risiken zu mindern, nennt *Kolmey* DRiZ 2013, 242 (244 f.).
96 Vgl. *Hawellek/Heinemeyer* ZD-Aktuell 2012 Nr. 02730.
97 Vgl. SK-StPO/*Paeffgen* Rn. 6.
98 KMR/*Wankel* Rn. 15.
99 AnwK/*Walther* Rn. 14.
100 SK-StPO/*Paeffgen* Rn. 6; KMR/*Wankel* Rn. 15.
101 Vgl. KMR/*Wankel* § 131c Rn. 5.
102 So aber KMR/*Wankel* Rn. 13; kritisch wohl auch *Hilger* NStZ 2000, 561 (562), der lediglich davon spricht, dass der richterliche Beschluss eine Bestätigung enthalten könne.
103 So BT-Drs. 14/2595, 27.
104 KMR/*Wankel* Rn. 5; *Brodersen* NJW 2000, 2536 (2538).
105 BT-Drs. 14/1484, 20; BR-Drs. 65/99, 40.
106 Löwe/Rosenberg/*Hilger* Rn. 27.

durch Hinweise auf besondere optische Merkmale oder die zuletzt getragene Kleidung, ist ebenfalls zulässig, wenn die Personenangaben für sich genommen noch nicht ausreichen, Verwechselungen vorzubeugen, und wenn die Beschreibung zur Ergreifung erforderlich ist. Auch **Abbildungen** dürfen unter denselben Voraussetzungen beigefügt werden. Hierunter ist sämtliches für die Fahndung geeignetes Bildmaterial zu fassen, einschließlich Phantombilder.[107] Nach nun hM sind trotz des Wortlautes „eine Abbildung" auch kurze **Video- oder Filmausschnitte** vom Begriff der Abbildung erfasst.[108] Eine Korrektur erfolgt im Rahmen der Verhältnismäßigkeitsprüfung. Die Tat, derer die gesuchte Person verdächtig ist, Ort und Zeit ihrer Begehung sowie alle Umstände, die für die Ergreifung des Beschuldigten von Bedeutung sein können, dürfen angegeben werden, wenn sie den Fahndungserfolg unterstützen.[109] Dabei empfiehlt es sich insbes. bei **Fahndungen vor Erlass eines Haft- oder Unterbringungsbefehls** iS des Abs. 2, den Tatvorwurf möglichst detailliert zu schildern, um es dem Richter im Rahmen der durch Abs. 5 vorgeschriebenen Vorführung zu ermöglichen, fristgerecht über den Erlass des Haft- oder Unterbringungsbefehls zu entscheiden.[110] Typische Beispiele für weitere genannte Umstände sind auffällige Verhaltensweisen des Beschuldigten oder ein Hinweis auf dessen Gefährlichkeit.[111] Der Haftgrund selbst ist nicht anzugeben, da er nicht geeignet ist, den Fahndungserfolg zu fördern.[112]

19 **5. Die Pflicht zur Vorführung des Ergriffenen nach Abs. 5.** Wird der Beschuldigte im Falle des Abs. 1 auf Grund eines bestehenden Haft- oder Unterbringungsbefehls festgenommen, gelten die §§ 115, 115a unmittelbar und der Beschuldigte ist **unverzüglich dem Richter vorzuführen.**[113] Dasselbe gilt, wenn der Beschuldigte im Rahmen der Ausschreibung nach Abs. 2 festgenommen wurde, aber noch vor seiner Vorführung ein Haft- oder Unterbringungsbefehl erlassen worden ist. Eigenständige Bedeutung erhält der Verweis daher nur in den sonstigen Fällen des Abs. 2, ggf. iVm Abs. 3. Wird der Beschuldigte also im Rahmen der Fahndung festgenommen, ohne dass ein Haft- oder Unterbringungsbefehl gegen ihn vorlag, und ist ein solcher auch nicht zwischenzeitlich erlassen worden, ist er **entsprechend der §§ 115, 115a** so zu behandeln, als wäre die Freiheitsentziehung bereits richterlich angeordnet.[114] Der noch ausstehende Haft- oder Unterbringungsbefehl ist dann gem. Abs. 2 S. 2 und Art. 104 Abs. 3 S. 2 GG unverzüglich zu erlassen. Die Zuständigkeit für den Erlass richtet sich nach § 125. § 115a enthält auch iVm § 131 Abs. 1 **keine Ermächtigung für den Erlass eines Haft- oder Unterbringungsbefehls,** sondern lediglich eine beschränkte Entlassungsbefugnis.[115] Wird der Beschuldigte also nicht im Bezirk des zuständigen Richters festgenommen, hat der erreichbare Richter dem Beschuldigten die Ausschreibung zur Festnahme zu eröffnen und den für den Erlass des Haft- oder Unterbringungsbefehls zuständigen Richter zu informieren, der dann seinerseits den Haft- oder Unterbringungsbefehl erlässt und umgehend per Fax oder eingescannt per Email übermitteln sollte.[116] Wird die Haftentscheidung nicht spätestens am Tag nach der Festnahme (Art. 104 Abs. 2 S. 3 GG) bzw. in Fällen des Abs. 2 kumulativ binnen Wochenfrist getroffen, **ist der Beschuldigte zu entlassen.** Ist die Wochenfrist des Abs. 2 S. 2 im Zeitpunkt der möglichen Vorführung bereits verstrichen, kann nach § 127 Abs. 2 verfahren werden, sofern die Frist des Art. 104 Abs. 2 S. 3 GG noch nicht verstrichen ist.[117] Die

---

107 BT-Drs. 14/1484, 20; BR-Drs. 65/99, 40; vgl. zum Phantombild auch AG Torgau 10.2.2004 – 5 Gs 13/04.

108 Löwe/Rosenberg/*Hilger* Rn. 27; SK-StPO/*Paeffgen* Rn. 8.

109 BT-Drs. 14/1484, 20; BR-Drs. 65/99, 40.

110 AnwK/*Walther* Rn. 19; KMR/*Wankel* Rn. 17.

111 Vgl. SK-StPO/*Paeffgen* Rn. 8.

112 SK-StPO/*Paeffgen* Rn. 8.

113 HK-StPO/*Ahlbrecht* Rn. 15; SK-StPO/*Paeffgen* Rn. 10.

114 HK-StPO/*Ahlbrecht* Rn. 15; KMR/*Wankel* Rn. 18.

115 AnwK/*Walther* Rn. 20.

116 So SK-StGB/*Paeffgen* Rn. 10a; KMR/*Wankel* Rn. 18.

117 SK-StPO/*Paeffgen* Rn. 10a; KMR/*Wankel* Rn. 18; aA AnwK/*Walther* Rn. 16, sofortige Entlassung durch die Beamten des Polizeidienstes.

§§ 128, 129 werden von dem Verweis des Abs. 5 nicht erfasst und finden daher unter keinem Aspekt Anwendung.[118]

Wird ein Verurteilter auf Grundlage der §§ 131, 457 festgenommen, kommt eine Vorführung vor einem Haftrichter **mangels Zuständigkeit nicht in Betracht.**[119] Der Verurteilte ist daher nach allgM der Haftanstalt zuzuführen, aus der er entwichen ist.[120] 20

III. Rechtsbehelfe und Revision

Gegen gerichtliche Entscheidungen ist die Beschwerde gem. § 304 Abs. 1 statthaft.[121] 21 Entscheidungen der Staatsanwaltschaft und ihrer Ermittlungspersonen können nach hM mit einem Antrag **analog § 98 Abs. 2** der gerichtlichen Überprüfung zugeführt werden.[122] Dies gilt für tiefgreifende Grundrechtseingriffe wie die Öffentlichkeitsfahndung in den Medien **auch nach Erledigung.**[123] Der Richter hat im Rahmen der Überprüfung sämtliche Voraussetzungen der Ausschreibung eigenständig zu würdigen, wobei er jedoch einen **Beurteilungsspielraum der Strafverfolgungsbehörden** zu beachten hat.[124] Da Verstöße gegen die §§ 131 ff. kaum geeignet sind, ein Beweisverwertungsverbot zu begründen, spielen sie im Rahmen der Revision regelmäßig keine Rolle.[125] Im Einzelfall kann jedoch auch ein **schwerwiegender Fehler** gegeben sein, der dann in letzter Konsequenz zu einem Verwertungsverbot und in der Folge ggf. zu einer Haftverschonung führen kann.[126]

§ 131a [Ausschreibung zur Aufenthaltsermittlung]

(1) Die Ausschreibung zur Aufenthaltsermittlung eines Beschuldigten oder eines Zeugen darf angeordnet werden, wenn sein Aufenthalt nicht bekannt ist.

(2) Absatz 1 gilt auch für Ausschreibungen des Beschuldigten, soweit sie zur Sicherstellung eines Führerscheins, zur erkennungsdienstlichen Behandlung, zur Anfertigung einer DNA-Analyse oder zur Feststellung seiner Identität erforderlich sind.

(3) Auf Grund einer Ausschreibung zur Aufenthaltsermittlung eines Beschuldigten oder Zeugen darf bei einer Straftat von erheblicher Bedeutung auch eine Öffentlichkeitsfahndung angeordnet werden, wenn der Beschuldigte der Begehung der Straftat dringend verdächtig ist und die Aufenthaltsermittlung auf andere Weise erheblich weniger Erfolg versprechend oder wesentlich erschwert wäre.

(4) [1]§ 131 Abs. 4 gilt entsprechend. [2]Bei der Aufenthaltsermittlung eines Zeugen ist erkennbar zu machen, dass die gesuchte Person nicht Beschuldigter ist. [3]Die Öffentlichkeitsfahndung nach einem Zeugen unterbleibt, wenn überwiegende schutzwürdige Interessen des Zeugen entgegenstehen. [4]Abbildungen des Zeugen dürfen nur erfolgen, soweit die Aufenthaltsermittlung auf andere Weise aussichtslos oder wesentlich erschwert wäre.

(5) Ausschreibungen nach den Absätzen 1 und 2 dürfen in allen Fahndungshilfsmitteln der Strafverfolgungsbehörden vorgenommen werden.

---

118 HK-StPO/*Ahlbrecht* Rn. 15; SK-StPO/*Paeffgen* Rn. 10 f.
119 AnwK/*Walther* Rn. 16; KMR/*Wankel* Rn. 18.
120 SK-StPO/*Paeffgen* Rn. 10a; AnwK/*Walther* Rn. 16; KMR/*Wankel* Rn. 18.
121 HK-StPO/*Ahlbrecht* Rn. 16; AnwK/*Walther* Vor §§ 131–132 Rn. 5.
122 OLG Celle 16.4.2009 – 2 VAs 3/09, NStZ 2010, 534; HK-StPO/*Ahlbrecht* Rn. 16; AnwK/*Walther* Vor §§ 131–132 Rn. 5; mit beachtlichen Argumenten für eine Anwendung der §§ 23 ff. EGGVG SK-StPO/*Paeffgen* Rn. 14 ff.
123 Löwe/Rosenberg/*Hilger* Rn. 30.
124 Löwe/Rosenberg/*Hilger* Rn. 30.
125 Vgl. Meyer-Goßner/*Schmitt* Rn. 7, der davon ausgeht, dass kein rügbares Verwertungsverbot bejaht werden kann. Ebenso *Pfeiffer* Rn. 7.
126 Löwe/Rosenberg/*Hilger* Vor § 131 Rn. 17 und § 131 Rn. 30; Radtke/Hohmann/*Kretschmer* Rn. 13; vertiefend zu diesem Problemkreis *Hilger*, FS Rieß, 2002, 173 ff.

Schrifttum: Siehe § 131.

Übersicht

I. Überblick

1 § 131a normiert die Voraussetzungen der nationalen (Nr. 41 f. RiStBV) und internationalen (Nr. 43 RiStBV) Ausschreibung eines Beschuldigten oder Zeugen zur Aufenthaltsermittlung sowie der Ausschreibung eines Beschuldigten zur Sicherstellung des Führerscheins (§§ 94 Abs. 3, 111a, 463b), zur erkennungsdienstlichen Behandlung (§ 81b), zur Anfertigung einer DNA-Analyse (§ 81e und g) oder zur Feststellung seiner Identität (§ 163b) sowie die Voraussetzungen einer Öffentlichkeitsfahndung zur Aufenthaltsermittlung bezüglich Beschuldigter und Zeugen. Im Hinblick auf die **geringere Eingriffsintensität** stellt die Ausschreibung zur Aufenthaltsermittlung dann ein vorrangig anzuwendendes milderes Mittel im Vergleich mit der Ausschreibung zur Festnahme dar, wenn sie im Einzelfall zur Zielerreichung gleich geeignet ist.[1]

II. Erläuterung

2 **1. Die Ausschreibung zur Aufenthaltsermittlung nach Abs. 1.** § 131a Abs. 1 knüpft die Zulässigkeit einer Ausschreibung zur Aufenthaltsermittlung – abgesehen von der Pflicht zur ordnungsgemäßen Ermessensausübung – allein daran, dass den Strafverfolgungsbehörden der Aufenthaltsort des Beschuldigten oder Zeugen nicht bekannt ist. Der Aufenthalt einer Person ist unbekannt, wenn er bis zum Zeitpunkt der Ausschreibung nicht ermittelt werden konnte.[2] Einziges über dieses Merkmal hinausgehendes Korrektiv ist die **Verhältnismäßigkeitsprüfung,** die daher mit großer Sorgfalt durchzuführen ist. Schon die Gesetzesbegründung stellte insofern klar, dass stets im Einzelfall zu prüfen sei, ob das Ziel, den Aufenthalt eines Beschuldigten oder Zeugen zu ermitteln, nicht auch mit weniger belastenden Maßnahmen wie der Nachfrage bei den Meldebehörden oder sonstigen auf die §§ 160 ff. gestützten Erkundigungen erreicht werden könne.[3] Auch schlichte Internetrecherchen können Erfolg versprechend sein.[4] Ob eine Nachfrage in der Nachbarschaft oder bei Arbeitskollegen den Interessen des Beschuldigten im Verhältnis zur Ausschreibung besser dient, lässt sich nur im Einzelfall beantworten, da sie eine **Bloßstellung der betroffenen Person in deren sozialem Umfeld** zur Folge haben kann.[5] Abzuwägen sind stets das öffentliche Strafverfolgungsinteresse, das sich an der Schwere der Straftat zu orientieren hat, sowie die Bedeutung der Zeugenaussage für das Verfahren auf der einen Seite gegen die Interessen des von der Ausschreibung Betroffenen auf der anderen Seite. Eine mögliche Ausschreibung erfolgt nach Maßgabe des Abs. 5 in den Fahndungshilfsmitteln der Polizei.

3 Da es sich bei der Ausschreibung zur Aufenthaltsermittlung der Sache nach um ein **Amtshilfeersuchen** handelt, sind Fehler wie ein Verstoß gegen das Beschleunigungsgebot

---

[1] Ähnlich SK-StPO/*Paeffgen* Rn. 3.
[2] HK-StPO/*Ahlbrecht* Rn. 2; SK-StPO/*Paeffgen* Rn. 3.
[3] BT-Drs. 14/1484, 21; BR-Drs. 65/99, 41.
[4] HK-StPO/*Ahlbrecht* Rn. 5.
[5] Vgl. BT-Drs. 14/1484, 21; BR-Drs. 65/99, 41.

des Art. 6 Abs. 1 S. 1 EMRK den Justizbehörden zuzurechnen.[6] Die hilfeleistende Behörde wird in die Strafverfolgung einbezogen.[7]

Im Ordnungswidrigkeitenverfahren gilt Abs. 1 anders als Abs. 2 und § 131 gem. **§ 46 OWiG** entsprechend.[8] § 131 ist demgegenüber nach Maßgabe des § 46 Abs. 3 OWiG unanwendbar, da die Verhaftung und die vorläufige Festnahme im Ordnungswidrigkeitenverfahren unzulässig sind, Abs. 2, da eine Ordnungswidrigkeit nie das Gewicht einer Straftat von erheblicher Bedeutung erlangen kann.[9] Zur Anordnung ermächtigt § 131c Abs. 1 S. 2 die Staatsanwaltschaft und bei Gefahr im Verzug deren Ermittlungspersonen. 4

2. Die Ausschreibung zur Sicherstellung eines Führerscheins, zur erkennungsdienstlichen Behandlung, zur Anfertigung einer DNA-Analyse oder zur Feststellung der Identität nach Abs. 2. § 131a Abs. 2 regelt die Ausschreibung eines Beschuldigten zur **Sicherstellung seines Führerscheins** (§§ 111a, 94 Abs. 3), zu seiner **erkennungsdienstlichen Behandlung** (§ 81b), zur **Anfertigung einer DNA-Analyse** (§ 81e und g) oder zur **Feststellung seiner Identität** (§ 163b). Auch insofern muss der Aufenthaltsort des Beschuldigten unbekannt sein und die Maßnahme steht im Ermessen der Behörde. Mildere Maßnahmen sind vorrangig zu ergreifen und die Voraussetzungen der jeweiligen Norm, deren Durchsetzung die Ausschreibung dienen soll, müssen vorliegen. Abs. 5 bestimmt, dass die Ausschreibung in den Fahndungshilfsmitteln der Polizei zu erfolgen hat. 5

Zeugen werden nach dem eindeutigen Wortlaut der Vorschrift nicht erfasst. Das ist inhaltlich konsequent, da die abschließend aufgezählten Maßnahmen, deren Durchsetzung die Ausschreibung dient, **nur gegen Beschuldigte** angeordnet werden können.[10] Zur Anordnung der Ausschreibung ermächtigt § 131c Abs. 1 S. 2 entsprechend Abs. 1 die Staatsanwaltschaft und bei Gefahr im Verzug deren Ermittlungspersonen. 6

3. Die Öffentlichkeitsfahndung zur Aufenthaltsermittlung nach Abs. 3. Die Möglichkeit einer **Öffentlichkeitsfahndung zur Ermittlung des Aufenthaltsortes eines Beschuldigten oder Zeugen** ist in § 131a Abs. 3 an enge Voraussetzungen geknüpft und gegenüber anderen Maßnahmen, auch unwesentlich weniger geeigneten, subsidiär. Voraussetzung ist zunächst die **erfolgte Ausschreibung nach Abs. 1 oder 2.** Darüber hinaus muss der Beschuldigte der Begehung einer **Straftat von erheblicher Bedeutung** dringend verdächtig sein. Bezüglich der **strengen Subsidiaritätsklausel** gilt das zu § 131 Abs. 3 Ausgeführte entsprechend. Auch wenn nach einem Zeugen gefahndet werden soll, werden die Straftat von erheblicher Bedeutung und dringender Tatverdacht gegen den Beschuldigten vorausgesetzt. Die Fahndung nach einem Zeugen hat zudem nach Abs. 4 S. 3 zu unterbleiben, wenn überwiegende schutzwürdige Interessen des Zeugen entgegenstehen. Seiner Stigmatisierung soll durch die hohen Hürden entgegengetreten werden.[11] Im Übrigen haben die Amtswalter ihr Ermessen fehlerfrei auszuüben. 7

Bei Internetfahndungen, die – durch § 131c Abs. 2 S. 1 klargestellt – ebenfalls von Abs. 3 erfasst werden, ist der **Verhältnismäßigkeitsgrundsatz** in besonderer Weise zu beachten.[12] Dies gilt erst Recht für die Fahndung nach Zeugen im Internet.[13] *Paeffgen* fordert noch weitergehend für jede Öffentlichkeitsfahndung iS des Abs. 3 eine erdrückende Verdachtslage oder einen regelrechten Ermittlungsnotstand, da diese ein erhebliches Irrtumsrisiko berge und die Folgen einer zB fehlerhaften Personenbeschreibung für das Irrtumsopfer 8

[6] BGH 4.8.2009 – 5 StR 253/09, NStZ 2010, 230; HK-StPO/*Ahlbrecht* Rn. 3.
[7] BGH 4.8.2009 – 5 StR 253/09, NStZ 2010, 230.
[8] KMR/*Wankel* Rn. 1.
[9] LG Bonn 14.1.2005 – 32 Qs 5/05, NStZ 2005, 528; KMR/*Wankel* Rn. 1; im Ergebnis auch *Brodersen* NJW 2000, 2536 (2537).
[10] AnwK/*Walther* Rn. 4.
[11] Vgl. SK-StPO/*Paeffgen* Rn. 7; kritisch zur schützenden Funktion der Tatbestandsvoraussetzungen *Albrecht* StV 2001, 416 (419).
[12] BT-Drs. 14/1484, 21; BR-Drs. 65/99, 41; KK/*Schultheis* Rn. 4; *Pätzel* DRiZ 2001, 24 (31).
[13] So der BfDI, zitiert nach ZD-Aktuell 2012 Nr. 02705, und *Pätzel* DRiZ 2001, 24 (31); vgl. auch BT-Drs. 14/2595, 28, nach der Zeugen „in besonderem Maße schützenswert" seien.

nachhaltig und kaum reparabel sein könnten.[14] Die Anordnungskompetenz für die Öffentlichkeitsfahndung nach Abs. 3 – und zwar die des Richters, nur subsidiär bei Gefahr im Verzug auch die der Staatsanwaltschaft und ihrer Ermittlungspersonen – ergibt sich aus § 131c Abs. 1 S. 1.

9 Der Strafverteidiger ist bei seiner Suche nach **Entlastungszeugen** nicht an die Voraussetzungen des § 131a Abs. 3 gebunden.[15] Er muss jedoch von seiner Schweigepflicht entbunden sein.[16]

10 **4. Der Inhalt der Fahndungsausschreibung nach Abs. 4.** Nach § 131a Abs. 4 gelten die inhaltlichen Vorgaben für die Ausschreibung zur Festnahme auch für Ausschreibungen zur Aufenthaltsermittlung. Besonderheiten gelten bei der Aufenthaltsermittlung eines Zeugen. § 131a Abs. 4 S. 2 bestimmt, dass erkennbar sein muss, dass es sich bei der gesuchten Person nicht um den Beschuldigten handelt. Die **Zeugenrolle der Zielperson** ist deutlich zu machen.[17] Das stets verbleibende Restrisiko, dass der Zeuge vom Publikum in einen gar nicht existenten Zusammenhang mit der Straftat gebracht wird, beispielsweise als vermeintlicher Tatverdächtiger wahrgenommen wird, ist im Rahmen der Verhältnismäßigkeitsprüfung zu berücksichtigen.[18] Des Weiteren hat die Öffentlichkeitsfahndung iS des Abs. 3 nach Abs. 4 S. 3 zu unterbleiben, wenn **überwiegende schutzwürdige Interessen des Zeugen** entgegenstehen, und S. 4 ordnet an, dass Abbildungen des Zeugen nur erfolgen dürfen, wenn die Aufenthaltsermittlung auf andere Weise **aussichtslos oder wesentlich erschwert** wäre. Systematisch wäre der S. 3 des Abs. 4 also eher dem Abs. 3 zuzuordnen gewesen, da er eine materiellrechtliche Regelung über die Zulässigkeit der Öffentlichkeitsfahndung enthält und nicht lediglich den Inhalt der Fahndungsausschreibung konkretisiert.[19] S. 4 gilt sowohl für die öffentliche als auch für die nichtöffentliche Fahndung.[20] Die der Abwägung zugrundeliegenden Umstände und Aspekte sind **aktenkundig** zu machen.[21] Die vom Gesetzgeber gewollte Verschärfung der Subsidiaritätsklausel „aussichtslos oder wesentlich erschwert" statt „erheblich weniger Erfolg versprechend oder wesentlich erschwert" darf nicht durch einen großzügigen Rückgriff auf die in beiden Fällen gleichlautende 2. Var. umgangen werden.[22]

11 **5. Die zulässigen Verbreitungsmöglichkeiten nach Abs. 5.** Im Gesetzgebungsverfahren sollte § 131a Abs. 5 Ausschreibungen zur Aufenthaltsermittlung nach den Abs. 1 und 2 zunächst auf die **Verbreitung in Fahndungshilfsmitteln der Strafverfolgungsbehörden** beschränken, wenn nicht die Voraussetzungen der Öffentlichkeitsfahndung nach Abs. 3 vorlägen.[23] Die Norm zielte durch die Einschränkung der Verbreitungsmöglichkeiten – gekennzeichnet durch das kleine Wort „nur" – auf den Schutz des allgemeinen Persönlichkeitsrechts der von Fahndungsmaßnahmen betroffenen Personen.[24] Im Vermittlungsausschuss wurde dieses „Nur" dann jedoch mit unklarer Folge gestrichen.[25] Abs. 5 spricht nämlich noch immer ausschließlich von Fahndungshilfsmitteln der Strafverfolgungsbehörden und eine strafverfolgungsbehördeninterne Ausschreibung außerhalb der Fahndungshilfsmittel ist auch schwer vorstellbar, jedenfalls wenn die Ausschreibung ein Eingriffsgewicht erreicht, das einem Rückgriff auf die Ermittlungsgeneralklausel entgegensteht.[26] Was Fahndungshilfsmittel sind, wird

14 SK-StPO/*Paeffgen* Rn. 7.
15 Vertiefend Radtke/Hohmann/*Kretschmer* Rn. 3.
16 Radtke/Hohmann/*Kretschmer* Rn. 3.
17 So AnwK/*Walther* Rn. 6.
18 BT-Drs. 14/2595, 28; vgl. zu Bedenken im Hinblick darauf, dass der Zeuge im Rahmen der Öffentlichkeitsfahndung in die Nähe des Tatverdächtigen gerückt wird, und den daraus erwachsenden Konsequenzen für die Verhältnismäßigkeitsprüfung auch SK-StPO/*Paeffgen* Rn. 7 f.
19 Vgl. AnwK/*Walther* Rn. 6. Ebenso Löwe/Rosenberg/*Hilger* Rn. 9.
20 HK-StPO/*Ahlbrecht* Rn. 7.
21 SK-StPO/*Paeffgen* Rn. 9.
22 Vgl. auch SK-StPO/*Paeffgen* Rn. 9.
23 BT-Drs. 14/1484, 21; BR-Drs. 65/99, 41.
24 BT-Drs. 14/1484, 21; BR-Drs. 65/99, 41.
25 Vgl. SK-StPO/*Paeffgen* Rn. 5.
26 Vgl. *Hilger* NStZ 2000, 561 (562).

in der StPO zudem nicht näher erläutert, weshalb auch die frühere Einschränkung keine enge Bindungswirkung entfaltet hätte. Eine **nicht abschließende Aufzählung** findet sich allein in Nr. 40 Abs. 1 RiStBV. Als bedeutendste Fahndungshilfsmittel sind daher das Bundeszentralregister (BZR), das Verkehrszentralregister (VZR), das Ausländerzentralregister (AZR), das EDV-Fahndungssystem der Polizei (INPOL) und das Schengener Informationssystem (SIS) zu nennen.[27] Verallgemeinert umfasst der Begriff alle Informationsquellen, die dem nicht notwendigerweise ausschließlichen Zugriff der Strafverfolgungsbehörden unterliegen und auf die zu Zwecken der Strafverfolgung lesend und schreibend zugegriffen werden kann.[28] Die Ausschreibung selbst erfolgt dann durch Eingabe entsprechender Datensätze.[29] Ob es sich bei Abs. 5 also noch immer um eine Einschränkung handelt, so dass die Ausschreibung nur in den Fahndungshilfsmitteln der Strafverfolgungsbehörden erfolgen darf,[30] oder um eine Klarstellung, dass alle Fahndungshilfsmittel der Strafverfolgungsbehörden zum Zwecke der Ausschreibung verwendet werden dürfen,[31] spielt faktisch wohl keine Rolle. Die Ausschreibung wird so oder so in diesen erfolgen.

III. Rechtsbehelfe und Revision

Entsprechend der Anordnungen nach § 131 können Entscheidungen der Staatsanwaltschaft und ihrer Ermittlungspersonen nach hM mit einem **Antrag analog § 98 Abs. 2** der gerichtlichen Überprüfung zugeführt werden.[32] Dies gilt auch nach Erledigung. Zuständig ist der Ermittlungsrichter.[33] Durch die einheitliche Anwendung des § 98 Abs. 2 wird der ansonsten bestehende Wertungswiderspruch vermieden, dass die eingriffsintensivere Öffentlichkeitsfahndung nach § 131a Abs. 3 gem. § 131c Abs. 2 S. 1 vom Ermittlungsrichter bestätigt werden kann, wenn die Staatsanwaltschaft oder ihre Ermittlungspersonen sie angeordnet haben, die fehlerhafte Anordnung der Ausschreibung jedoch vor dem OLG gerügt werden müsste.[34] Gegen gerichtliche Entscheidungen ist die **Beschwerde gem. § 304 Abs. 1** statthaft.[35] Darüber hinaus sind die Bestätigungspflichten des § 131c Abs. 2 zu beachten. In der Revision spielen Verstöße gegen § 131a keine Rolle.[36] Fehler bei der Zeugenfahndung berühren schon nicht den Rechtskreis des Beschuldigten, so dass allein ein Amtshaftungsanspruch des Zeugen in Betracht kommt.[37] Fehler bei der Beschuldigtenfahndung begründen zwar die Rechtswidrigkeit der Fahndungsmaßnahme, stehen aber der Verwertung des Fahndungserfolges im Regelfall nicht entgegen, da sie nicht das erforderliche Gewicht erreichen.[38] Ggf. ist an zivil- und öffentlich-rechtliche Folgenbeseitigungsansprüche zu denken, die dann auf Richtigstellung oder Wiedergutmachung zielen.[39] 12

§ 131b [Veröffentlichung von Abbildungen]

(1) Die Veröffentlichung von Abbildungen eines Beschuldigten, der einer Straftat von erheblicher Bedeutung verdächtig ist, ist auch zulässig, wenn die Aufklä-

---

[27] Vgl. AnwK/*Walther* Rn. 7.
[28] So die Definition bei AnwK/*Walther* Rn. 7.
[29] SK-StPO/*Paeffgen* Rn. 5.
[30] So *Soiné* Kriminalistik 2001, 173 (176); *ders.* JR 2002, 137 (140).
[31] So Löwe/Rosenberg/*Hilger* Rn. 11; *ders.* NStZ 2000, 561 (563); SK-StPO/*Paeffgen* Rn. 5; *Brodersen* NJW 2000, 2536 (2537).
[32] OLG Brandenburg 14.9.2006 – 2 VAs 3/06, NStZ 2007, 54; AnwK/*Walther* Vor §§ 131–132 Rn. 5; *Hilger* StraFo 2001, 109 (111); aA SK-StPO/*Paeffgen* § 131 Rn. 14 ff. und § 131c Rn. 6 Fn. 11, der für eine Anwendung der §§ 23 ff. EGGVG votiert.
[33] OLG Brandenburg 14.9.2006 – 2 VAs 3/06, NStZ 2007, 54.
[34] Vertiefend OLG Brandenburg 14.9.2006 – 2 VAs 3/06, NStZ 2007, 54.
[35] AnwK/*Walther* Vor §§ 131–132 Rn. 5.
[36] AnwK/*Walther* Rn. 8.
[37] SK-StPO/*Paeffgen* Rn. 13.
[38] Vgl. SK-StPO/*Paeffgen* Rn. 13; KMR/*Wankel* § 131 Rn. 8.
[39] SK-StPO/*Paeffgen* Rn. 6.

rung einer Straftat, insbesondere die Feststellung der Identität eines unbekannten Täters auf andere Weise erheblich weniger Erfolg versprechend oder wesentlich erschwert wäre.

(2) [1]Die Veröffentlichung von Abbildungen eines Zeugen und Hinweise auf das der Veröffentlichung zugrunde liegende Strafverfahren sind auch zulässig, wenn die Aufklärung einer Straftat von erheblicher Bedeutung, insbesondere die Feststellung der Identität des Zeugen, auf andere Weise aussichtslos oder wesentlich erschwert wäre. [2]Die Veröffentlichung muss erkennbar machen, dass die abgebildete Person nicht Beschuldigter ist.

(3) § 131 Abs. 4 Satz 1 erster Halbsatz und Satz 2 gilt entsprechend.

Schrifttum: Siehe § 131.

I. Überblick

1 § 131b ermöglicht die **Veröffentlichung von Abbildungen des Beschuldigten oder eines Zeugen zur Aufklärung von Straftaten.** Der Anwendungsbereich der Vorschrift geht insofern über den der §§ 131 Abs. 4 S. 1 und 131a Abs. 4 hinaus. Die sogenannte **Aufklärungsfahndung** bzw. die sogenannte **Identitäts(-feststellungs-)fahndung**[1] zielt weder auf die Ermittlung des Aufenthaltsortes einer bestimmten Person, insofern wäre § 131a anwendbar, noch auf ihre Festnahme, insofern wäre § 131 einschlägig, sondern allgemein auf die Erlangung verfahrensrelevanter Erkenntnisse. Im Umkehrschluss kann die Aufklärungsfahndung daher auch bei bekanntem Aufenthaltsort der gesuchten Person angeordnet werden.[2]

II. Erläuterung

2 **1. Die Veröffentlichung von Abbildungen des Beschuldigten nach Abs. 1.** § 131b Abs. 1 erlaubt die Veröffentlichung[3] von Abbildungen eines Beschuldigten, der einer Straftat von erheblicher Bedeutung verdächtig ist, wenn die Aufklärung dieser Straftat (Aufklärungsfahndung) und insbes. die Feststellung der Identität des Beschuldigten oder eines von diesem verschiedenen unbekannten (Mit-)Täters (Identitätsfahndung) auf andere Weise erheblich weniger Erfolg verspricht oder wesentlich erschwert wird. Der Begriff der Abbildung umfasst dabei wie auch schon im Rahmen des § 131 Abs. 4 sämtliches zur Öffentlichkeitsfahndung geeignetes Bildmaterial einschließlich eines Phantombildes.[4] Da § 131b Abs. 1 von Abbildungen eines Beschuldigten spricht, ist umstritten, wie zu verfahren ist, wenn **Abbildungen in einem Verfahren gegen Unbekannt** veröffentlicht werden sollen und daher dem Wortlaut nach der sachliche Anwendungsbereich des § 131b nicht eröffnet ist.[5] Das AG Torgau vertritt, dass die Strafverfolgungsbehörden außerhalb des sachlichen Anwendungsbereichs der §§ 131 ff. auf Grundlage der Ermittlungsgeneralklausel des § 161 Abs. 1 S. 1 ggf. iVm § 163 Abs. 1 S. 2 selbst befugt sind, die Veröffentlichung von Abbildungen zu veranlassen.[6] Damit würde der **Schutzzweck des § 131b,** der die grundrechtsintensive Maßnahme der Öffentlichkeitsfahndung unter Richtervorbehalt stellt, jedoch umgangen, so dass die Vorschrift zumindest analog angewendet werden sollte.[7] Das Gesetz scheint sogar davon auszugehen, dass mit der Veröffentlichung einer Abbildung stets

---

[1] Vgl. zur Terminologie BT-Drs. 14/1484, 21; BR-Drs. 65/99, 42.

[2] KK/*Schultheis* Rn. 1; AnwK/*Walther* Rn. 2.

[3] Vgl. zum Begriff der Öffentlichkeit § 131 Rn. 4 und 11. Das Einstellen eines Lichtbildes in das polizeiliche Intranet ist daher keine Veröffentlichung desselben, so zutreffend LG Berlin 17.12.2008 – 501 Qs 208/08, BeckRS 2009 Nr. 06741.

[4] BT-Drs. 14/1484, 21; BR-Drs. 65/99, 42.

[5] Vgl. AG Torgau 10.2.2004 – 5 Gs 13/04; SK-StPO/*Paeffgen* Rn. 3 Fn. 1.

[6] So AG Torgau 29.1.2003 – 5 Gs 4/03, NStZ-RR 2003, 112, und 10.2.2004 – 5 Gs 13/04; wohl zustimmend AnwK/*Walther* Rn. 9.

[7] Vgl. zu den Argumenten gegen eine unmittelbare Anwendung AG Torgau 10.2.2004 – 5 Gs 13/04.

die gezeigte Person beschuldigt wird, die Veröffentlichung also als beschuldigtenstatusbegründender Inkulpationsakt anzusehen ist. Könnte nämlich nur der namentlich bekannte Täter Beschuldigter iS des Abs. 1 sein, müsste seine Identität nicht mehr festgestellt werden und die Norm liefe partiell leer. Darüber hinaus führt eine schrankenlose Anwendung der §§ 161, 163 jedenfalls zu **Wertungswidersprüchen,** da die hohen Schwellen des § 131b keine Berücksichtigung finden würden und somit auch Abbildungen zur Aufklärung von Bagatellstraftaten veröffentlicht werden könnten. Der Grad der Persönlichkeitsrechtsverletzung ist jedenfalls nicht davon abhängig, ob die Person den Strafverfolgungsbehörden namentlich bekannt ist. Jede Veröffentlichung einer Abbildung zur Aufklärung einer Straftat – auch die eines Phantombildes – ist daher an Abs. 1 zu messen.[8] In Anlage B zur RiStBV, Abschn. 1.1, heißt es hierzu seit dem Jahr 2005 klarstellend, die Einschaltung von Publikationsorganen sowie die Nutzung der öffentlich zugänglichen elektronischen Kommunikationsmittel zu Fahndungszwecken würden stets eine Öffentlichkeitsfahndung darstellen, die nur bei Vorliegen der gesetzlichen Voraussetzungen in Betracht komme. Verwiesen wird unter Voranstellung des Zusatzes „insbesondere“ auf die §§ 131 Abs. 3, 131a Abs. 3, 131b und 131c Abs. 1 Satz 1 sowie Abs. 2. Wörtlich heißt es dann in Abschn. 2.2:

> *„Auch bei der Fahndung nach einem unbekannten Tatverdächtigen kann die Öffentlichkeitsfahndung veranlasst sein. In diesen Fällen gilt § 131 StPO nicht. Es ist daher – wenn nicht Gefahr im Verzug vorliegt – stets eine richterliche Entscheidung herbeizuführen (§ 131c Abs. 1 S. 1 StPO). Die gesetzlichen Voraussetzungen des § 131b Abs. 1 StPO sind zu beachten. § 131b Abs. 1 StPO gilt auch für Phantombilder.“*

Dem ist nichts mehr hinzuzufügen.

Ob eine Straftat von erheblicher Bedeutung vorliegt, ist erneut im Einzelfall zu bestimmen.[9] Dabei ist der mit der Maßnahme verbundene Grundrechtseingriff gegen die Schwere und Bedeutung der aufzuklärenden Straftat und das mit dieser verbundene staatliche Strafverfolgungsinteresse abzuwägen.[10] Eine **Ordnungswidrigkeit** entspricht nie einer Straftat von erheblicher Bedeutung.[11] Ein besonderer Verdachtsgrad wird nicht vorausgesetzt, da die Veröffentlichung nicht auf die Festnahme des Beschuldigten zielt, so dass einfacher Tatverdacht ausreichend ist.[12] Die erstrebte Aufklärung muss sich immer **auf die Straftat von erheblicher Bedeutung beziehen.**[13] Anderenfalls wäre die Maßnahme unverhältnismäßig. Bezüglich Straftaten Dritter ist auch ein in anderem Verfahren Beschuldigter lediglich Zeuge. Im Übrigen gilt der bereits aus den §§ 131 Abs. 3 S. 1 und 131a Abs. 3 bekannte **strenge Subsidiäritätsgrundsatz.** Mit der unter den eben genannten engen Voraussetzungen zulässigen Veröffentlichung von Suchaufrufen auf Facebook haben die Polizeibehörden einige Erfolge erzielt.[14] Die Anordnungskompetenz des Richters – subsidiär bei Gefahr im Verzug auch die der Staatsanwaltschaft und ihrer Ermittlungspersonen – ergibt sich aus § 131c Abs. 1 S. 1. 3

2. Die Veröffentlichung von Abbildungen eines Zeugen nach Abs. 2. § 131b Abs. 2 gestattet die Aufklärungs- und Identitätsfeststellungsfahndung mittels Abbildungen bezogen auf Zeugen, wenn die Aufklärung einer Straftat von erheblicher Bedeutung auf andere Weise **aussichtslos oder wesentlich erschwert** wäre. Die Voraussetzungen sollten gegenüber Abs. 1 noch einmal (deutlich) erhöht werden.[15] Dieses gesetzgeberische Ziel darf keinesfalls durch eine zu großzügige Anwendung der 2. Var. „oder wesentlich 4

[8] So auch KK/*Schultheis* Rn. 2.
[9] KMR/*Wankel* Rn. 2.
[10] LG Saarbrücken 8.4.2004 – 8 Qs 56/04, wistra 2004, 279.
[11] LG Bonn 14.1.2005 – 32 Qs 5/05, NStZ 2005, 528; vgl. auch *Brodersen* NJW 2000, 2536 (2537).
[12] AnwK/*Walther* Rn. 3.
[13] *Hilger* NStZ 2000, 561 (563); BeckOK-StPO/*Niesler* Rn. 3; KK/*Schultheis* Rn. 1; aA KMR/*Wankel* Rn. 3.
[14] Vgl. *Irlbauer* Kriminalistik 2012, 764 (764 ff.).
[15] Vgl. BT-Drs. 14/1484, 21; BT-Drs. 14/2595, 28.

erschwert wäre" umgangen werden.[16] Die 2. Var. ist vielmehr als „Notventil für nicht vorhersehbare Fälle" zu behandeln.[17] Nach Abs. 2 S. 2 muss aus Gründen des **Persönlichkeitsschutzes** zudem erkennbar gemacht werden, dass die abgebildete Person nicht beschuldigt wird. Hinweise auf das der Veröffentlichung zugrunde liegende Strafverfahren können gegeben werden. Bei systematischer Betrachtung hätte S. 2 eigentlich in Abs. 3 verortet werden müssen.[18] Trotz unterbliebenen Verweises auf § 131a Abs. 4 S. 3 ist die Veröffentlichung von Abbildungen eines Zeugen unverhältnismäßig, wenn **überwiegende schutzwürdige Interessen des Zeugen** entgegenstehen.[19] Dies ist insbes. anzunehmen, wenn die persönliche Integrität des Zeugen beispielsweise durch einen hergestellten Zusammenhang zur organisierten Kriminalität gefährdet wird.[20] Zuständig für die Anordnung ist nach § 131c Abs. 1 S. 1 primär der Richter und subsidiär bei Gefahr im Verzug auch die Staatsanwaltschaft und ihre Ermittlungspersonen.

5 **3. Der mögliche Inhalt der Veröffentlichung nach Abs. 3.** Bezüglich des **Inhalts der Veröffentlichung** verweist § 131b Abs. 3 auf § 131 Abs. 4 S. 1 Hs. 1 und S. 2. Die abgebildete Person ist also auch im Rahmen des § 131b möglichst genau zu bezeichnen und, soweit erforderlich, zu beschreiben. Die Angabe des Namens hilft, Verwechselungen vorzubeugen.[21] Die Tat, derer der Beschuldigte verdächtig ist, Ort und Zeit ihrer Begehung sowie ihre näheren Umstände dürfen angegeben werden, soweit dies für die Aufklärung des Falles oder die Feststellung der Identität eines Beschuldigten oder Zeugen von Bedeutung sein kann. Auf § 131 Abs. 4 S. 1 Hs. 2 wird konsequenterweise nicht verwiesen, da der entsprechende Hs. die Veröffentlichung von Abbildungen im Rahmen der Fahndung zu Festnahmezwecken gestattet und § 131b die Veröffentlichung von Abbildungen zu Aufklärungszwecken an engere Voraussetzungen knüpft.[22] Materiell ist auch Abs. 2 S. 2 zu den inhaltlichen Vorgaben des Abs. 3 zu rechnen.

III. Rechtsbehelfe und Revision

6 Anordnungen der Staatsanwaltschaft und ihrer Ermittlungspersonen können **analog § 98 Abs. 2** überprüft werden. Richterliche Beschlüsse sind mit der **Beschwerde gem. § 304 Abs. 1** angreifbar. Die Bestätigungspflicht des § 131c Abs. 2 führt ebenfalls zu einer inzidenten Kontrolle.

§ 131c [Anordnung und Bestätigung von Fahndungsmaßnahmen]

(1) [1]Fahndungen nach § 131a Abs. 3 und § 131b dürfen nur durch den Richter, bei Gefahr im Verzug auch durch die Staatsanwaltschaft und ihre Ermittlungspersonen (§ 152 des Gerichtsverfassungsgesetzes) angeordnet werden. [2]Fahndungen nach § 131a Abs. 1 und 2 bedürfen der Anordnung durch die Staatsanwaltschaft; bei Gefahr im Verzug dürfen sie auch durch ihre Ermittlungspersonen (§ 152 des Gerichtsverfassungsgesetzes) angeordnet werden.

(2) [1]In Fällen andauernder Veröffentlichung in elektronischen Medien sowie bei wiederholter Veröffentlichung im Fernsehen oder in periodischen Druckwerken tritt die Anordnung der Staatsanwaltschaft und ihrer Ermittlungspersonen (§ 152 des Gerichtsverfassungsgesetzes) nach Absatz 1 Satz 1 außer Kraft, wenn sie nicht binnen einer Woche von dem Richter bestätigt wird. [2]Im Übrigen treten Fahn-

[16] Vgl. SK-StPO/*Paeffgen* § 131a Rn. 9.
[17] So die Formulierung bei SK-StPO/*Paeffgen* § 131a Rn. 9.
[18] Vgl. § 131a Abs. 4 S. 2 sowie AnwK/*Walther* Rn. 5.
[19] Vgl. auch SK-StPO/*Paeffgen* Rn. 5; *Ranft* StV 2001, 38 (42 f.).
[20] SK-StPO/*Paeffgen* Rn. 5; weitere Beispiele finden sich bei *Ranft* StV 2001, 38 (42 f.), der auch zutreffend auf die möglichen Gefahren für die Zeugen aufmerksam macht.
[21] *Soiné* Kriminalistik 2001, 173 (177); *ders.* JR 2002, 137 (140).
[22] AnwK/*Walther* Rn. 5.

dungsanordnungen der Ermittlungspersonen der Staatsanwaltschaft (§ 152 des Gerichtsverfassungsgesetzes) außer Kraft, wenn sie nicht binnen einer Woche von der Staatsanwaltschaft bestätigt werden.

Schrifttum: Siehe § 131.

I. Überblick

1 Der 2004 neugefasste § 131c regelt die **Anordnungskompetenz für Maßnahmen nach den §§ 131a und b** differenzierend nach der Schwere des Grundrechtseingriffs und folgt damit auch an dieser Stelle dem **Grundsatz abgestufter Verantwortlichkeit.**[1] Die Anordnung der Öffentlichkeitsfahndung nach § 131a Abs. 3 und 131b ist daher grundsätzlich dem Richter vorbehalten, und nur bei Gefahr im Verzug besteht subsidiär eine Eilkompetenz der Staatsanwaltschaft und ihrer Ermittlungspersonen. Der Eingriff in das allgemeine Persönlichkeitsrecht betroffener Personen ist bei der Öffentlichkeitsfahndung deutlich größer als bei der Ausschreibung, da die Veröffentlichung persönlicher Daten in zB Printmedien oder dem Internet langfristig negative Folgen für den Abgebildeten hat.[2] In der Öffentlichkeit wird nämlich eine Verbindung zwischen dem Abgebildeten und der Straftat hergestellt.[3] Eine bloße behördeninterne Ausschreibung weist demgegenüber ein geringeres Eingriffsgewicht auf, da diejenigen Personen, die Zugang zu den Daten erhalten, zahlenmäßig bestimmbar und zur Verschwiegenheit verpflichtet sind.[4] Fahndungsanordnungen nach § 131a Abs. 1 und 2 sind daher von der Staatsanwaltschaft zu erlassen, wobei ihren Ermittlungspersonen erneut eine Eilkompetenz eingeräumt worden ist. Auf § 131 findet die Vorschrift keine Anwendung, da § 131 die Kompetenzen selbständig regelt.

II. Erläuterung

2 **1. Die Anordnungskompetenz für Maßnahmen gem. der §§ 131a und 131b nach Abs. 1.** § 131c Abs. 1 S. 1 normiert einen **Richtervorbehalt für die Öffentlichkeitsfahndung** nach § 131a Abs. 3 und § 131b. Eine Ausnahme von diesem Grundsatz ist bei **Gefahr im Verzug** vorgesehen. In diesem Fall sind auch die Staatsanwaltschaft und ihre Ermittlungspersonen anordnungsbefugt. Ggf. muss die Anordnung jedoch nach Abs. 2 S. 1 binnen Wochenfrist richterlich bestätigt werden.

3 Für einfache Ausschreibungen ohne Öffentlichkeitsbezug (§ 131a Abs. 1 und 2) bestimmt Abs. 1 S. 2 eine **originäre Anordnungskompetenz der Staatsanwaltschaft.** Subsidiär können entsprechende Ausschreibungen auch bei **Gefahr im Verzug** durch Ermittlungspersonen der Staatsanwaltschaft angeordnet werden.

4 **2. Die ergänzenden Regelungen des Abs. 2.** Abs. 2 S. 1 regelt die Frage, wie lange Eilanordnungen aufrechterhalten werden dürfen. Die Norm bestimmt, dass in den Fällen des Abs. 1 S. 1 (Öffentlichkeitsfahndungen nach den §§ 131a Abs. 3 und 131b) bei **andauernder Veröffentlichung in elektronischen Medien,** insbes. dem Internet, sowie bei **wiederholter Veröffentlichung im Fernsehen oder in periodischen Druckwerken** eine Eilanordnung der Staatsanwaltschaft oder ihrer Ermittlungspersonen außer Kraft tritt, wenn sie nicht binnen einer Woche richterlich bestätigt wird. Auf diese Weise begrenzt sie die Wirkung der Ausnahmezuständigkeit in Eilfällen und **stärkt den Richtervorbehalt** für Maßnahmen, die durch ihre zeitliche Komponente eine erhöhte Grundrechtsrelevanz aufweisen.[5] Eine andauernde Veröffentlichung ist nach Sinn und Zweck der Vorschrift also eine solche, die über einen nicht nur begrenzten und überschaubaren Zeitraum über

[1] Vgl. BT-Drs. 14/2595, 27 f.; KMR/*Wankel* § 131 Rn. 4.
[2] So LG Berlin 17.12.2008 – 501 Qs 208/08, BeckRS 2009 Nr. 06741.
[3] LG Berlin 17.12.2008 – 501 Qs 208/08, BeckRS 2009 Nr. 06741.
[4] LG Berlin 17.12.2008 – 501 Qs 208/08, BeckRS 2009 Nr. 06741.
[5] HK-StPO/*Ahlbrecht* Rn. 2.

elektronische Medien abrufbar ist.[6] Vorübergehende Unterbrechungen schaden nicht, so dass auch eine wiederholte Einstellung der Dateien in das Internet über jeweils einen längeren Zeitraum eine andauernde Veröffentlichung begründen kann.[7] Als Grenzwert für die erforderliche Dauer sind mehr als zwei Tagen zu fordern.[8] Eine wiederholte Veröffentlichung im Fernsehen oder in periodischen Medien ist ab der zweiten Veröffentlichung gegeben. Die einmalige Veröffentlichung ist zum Zeitpunkt der möglichen Bestätigung bereits erledigt und weist die erforderliche Dauerkomponente nicht auf.[9] Da Abbildungen, auf deren das Persönlichkeitsrecht besonders beeinträchtigende Wirkung Abs. 2 S. 1 zielt, nicht akustisch im Rundfunk veröffentlicht werden können, wird dieser nicht erwähnt.[10]

5 Andere Fahndungsanordnungen der staatsanwaltlichen Ermittlungspersonen iS der §§ 131a und b als die in Abs. 2 S. 1 bezeichneten müssen binnen **Wochenfrist** von der Staatsanwaltschaft bestätigt werden. Anderenfalls treten die Anordnungen außer Kraft und auf sie gestützte Maßnahmen sind umgehend zu beenden. Abs. 2 S. 2 umfasst daher insbes. von den Ermittlungspersonen der Staatsanwaltschaft veranlasste Ausschreibungen iS des § 131a Abs. 1 und 2 sowie einmalige Veröffentlichungen nach den §§ 131a Abs. 3 und 131b in Internet, Fernsehen oder periodischen Druckwerken.[11] Mit dieser Bestätigungspflicht wollte der Gesetzgeber der **verfahrensleitenden Stellung der Staatsanwaltschaft** Rechnung tragen, ohne ermittlungstaktische Nachteile in Kauf nehmen zu müssen.[12] Die Vorschrift des § 131c gilt nicht für § 131, der eigene Regeln über die Zuständigkeit enthält.[13] Erledigte Maßnahmen bedürfen keiner Bestätigung.[14]

III. Rechtsbehelfe und Revision

6 Vgl. zu Rechtsbehelfen und Revision → **§ 131a Rn. 12 und § 131b Rn. 6.**

§ 132 [Sonstige Maßnahmen]

(1) [1]Hat der Beschuldigte, der einer Straftat dringend verdächtig ist, im Geltungsbereich dieses Gesetzes keinen festen Wohnsitz oder Aufenthalt, liegen aber die Voraussetzungen eines Haftbefehls nicht vor, so kann, um die Durchführung des Strafverfahrens sicherzustellen, angeordnet werden, daß der Beschuldigte

1. eine angemessene Sicherheit für die zu erwartende Geldstrafe und die Kosten des Verfahrens leistet und

2. eine im Bezirk des zuständigen Gerichts wohnende Person zum Empfang von Zustellungen bevollmächtigt.

[2]§ 116a Abs. 1 gilt entsprechend.

(2) Die Anordnung dürfen nur der Richter, bei Gefahr im Verzuge auch die Staatsanwaltschaft und ihre Ermittlungspersonen (§ 152 des Gerichtsverfassungsgesetzes) treffen.

(3) [1]Befolgt der Beschuldigte die Anordnung nicht, so können Beförderungsmittel und andere Sachen, die der Beschuldigte mit sich führt und die ihm gehören, beschlagnahmt werden. [2]Die §§ 94 und 98 gelten entsprechend.

---

[6] AnwK/*Walther* Rn. 5.
[7] HK-StPO/*Ahlbrecht* Rn. 2; SK-StPO/*Paeffgen* Rn. 5.
[8] So KMR/*Wankel* Rn. 3, der diese Frist aus einem Vergleich mit der belastenden Wirkung einer Fahndung in der Presse herleitet, die regelmäßig am Veröffentlichungstag sowie am Folgetag zu spüren sein soll.
[9] Vgl. HK-StPO/*Ahlbrecht* Rn. 2.
[10] AnwK/*Walther* Rn. 5; KMR/*Wankel* Rn. 3.
[11] SK-StPO/*Paeffgen* Rn. 5.
[12] BT-Drs. 14/2595, 28.
[13] AnwK/*Walther* Rn. 4.
[14] KMR/*Wankel* § 131 Rn. 5; *Brodersen* NJW 2000, 2536 (2538).

Schrifttum: *Büttner*, Zustellungsbevollmächtigte – Zeitbomben im Strafverfahren?, DRiZ 2007, 188; *Dünnebier*, Sicherstellung der Strafvollstreckung durch Sicherheitsleistung (§§ 127a, 132 StPO), NJW 1968, 1752; *Geppert*, Die Ahndung von Verkehrsverstößen durchreisender ausländischer Kraftfahrer, GA 1979, 281; *Greßmann*, Strafbefehlsverfahren mit Auslandsberührung, NStZ 1991, 216; *Jakoby*, Zulässigkeit von Anordnungen gem. § 132 Abs. 1 StPO gegen im Ausland befindliche Beschuldigte, StV 1993, 448; *Müllenbach*, Die Zulässigkeit einer Anordnung nach § 132 StPO gegen den ausgereisten Beschuldigten, NStZ 2001, 637; *Weiß*, Bedienstete der Ermittlungsbehörden als Zustellungsbevollmächtigte i.S.v. § 132 I 1 Nr. 2 StPO? – zugleich Besprechung von LG Berlin, Beschluss vom 3.11.2011 – 526 Qs 22/11, NStZ 2012, 305.

Übersicht

I. Überblick

§ 132 dient wie auch die §§ 131 ff. der **Sicherstellung der Strafverfolgung und Strafvollstreckung.** Er findet Anwendung, wenn der einer Straftat dringend verdächtige Beschuldigte im Geltungsbereich der StPO keinen festen Wohnsitz oder Aufenthalt hat und wenn die über den dringenden Tatverdacht hinausgehenden Voraussetzungen eines Haftbefehls nicht vorliegen. Insofern ergänzt § 132 den § 127a, der anzuwenden ist, wenn der Beschuldigte im Geltungsbereich der StPO keinen festen Wohnsitz oder Aufenthalt hat, aber die Voraussetzungen eines Haftbefehls wegen Fluchtgefahr vorliegen.[1] 1

Praktische Bedeutung erlangt die Norm vor allem im Zusammenhang mit **durchreisenden ausländischen Kraftfahrern,** aber auch **deutsche Staatsangehörige ohne festen Wohnsitz oder Aufenthalt im Inland** unterfallen ihrem Anwendungsbereich.[2] Ob die jeweilige Person einen festen Wohnsitz oder Aufenthalt im Ausland hat, ist irrelevant.[3] Wie sich aus der Regelung des Abs. 3 ergibt, muss sich die beschuldigte Person im Zeitpunkt der Anordnung regelmäßig in Deutschland aufhalten.[4] Anderenfalls wäre die Anordnung nicht durchsetzbar und würde lediglich auf Vorrat ergehen, was deren Unzweckmäßigkeit und Unverhältnismäßigkeit zur Folge hätte.[5] Eine Ausnahme von diesem Grundsatz ist jedoch zu machen, wenn auf Grund konkreter Anhaltspunkte mit einer **baldigen Wiedereinreise** des sich im Ausland aufhaltenden Beschuldigten zu rechnen ist, so dass der Beschluss zeitnah umgesetzt werden kann.[6] Der Wortlaut steht einer solchen Auslegung nicht entgegen, da er **keine territoriale Einschränkung** enthält und auch Sinn und Zweck gebieten eine einschränkende Auslegung nicht.[7] 2

II. Erläuterung

1. Die Maßnahmen zur Sicherstellung des Strafverfahrens nach Abs. 1. Abs. 1 S. 1 ermöglicht es im Rahmen der Nr. 1, den Beschuldigten zu verpflichten, eine **angemessene Sicherheit** für die zu erwartende Geldstrafe und die Verfahrenskosten zu leisten, und 3

---

[1] Vgl. HK-StPO/*Ahlbrecht* Rn. 1; SK-StPO/*Paeffgen* Rn. 2.

[2] Vgl. AnwK/*Walther* Rn. 1.

[3] AnwK/*Walther* Rn. 1.

[4] LG Hamburg 14.3.2005 – 622 Qs 8/05, NStZ 2006, 719 (720); HK-StPO/*Ahlbrecht* Rn. 1; enger *Jakoby* StV 1993, 448 (459), der eine Anordnung gegen im Ausland befindliche Beschuldigte gänzlich ausschließen will; weiter *Müllenbach* NStZ 2001, 637 (638 f.), der Anordnungen gegen sich im Ausland befindliche Beschuldigte ausnahmslos zulassen will.

[5] LG Hamburg 14.3.2005 – 622 Qs 8/05, NStZ 2006, 719 (720).

[6] LG Hamburg 14.3.2005 – 622 Qs 8/05, NStZ 2006, 719 (720); Löwe/Rosenberg/*Hilger* Rn. 1; BeckOK-StPO/*Niesler* Rn. 3; KMR/*Wankel* Rn. 2.

[7] Vgl. KMR/*Wankel* Rn. 2.

im Rahmen der Nr. 2, einen Zustellungsbevollmächtigten zu benennen. Die Möglichkeit, die Anordnung zwangsweise durchzusetzen, sieht das Gesetz nicht vor.[8] Sie wird durch die Zulässigkeit der Beschlagnahme nach Abs. 3 zumindest teilweise kompensiert.[9]

4 **a) Die Anordnungsvoraussetzungen im Einzelnen.** Voraussetzung der Anordnung ist zunächst, dass der Beschuldigte dringend tatverdächtig ist, ohne dass ein Haftgrund iS der §§ 112 f. vorliegt oder ohne dass der Erlass eines Haftbefehls verhältnismäßig wäre. Als weitere ungeschriebene Voraussetzung erfordert § 132, dass die Straftat aller Wahrscheinlichkeit nach mit einer **Geldstrafe als Hauptstrafe** geahndet wird.[10] Die Strafverfolgungsbehörden haben insoweit eine Prognose vorzunehmen.[11] Zur Sicherung der Durchsetzbarkeit anderer Sanktionen ist § 132 ungeeignet. Zudem spricht das Gesetz in Nr. 1 ausdrücklich von der zu erwartenden Geldstrafe.[12] Neben der Geldstrafe drohende Sanktionen wie die Verhängung eines Fahrverbotes stehen der Anwendung des § 132 allerdings nicht entgegen.[13]

5 Des Weiteren darf der Beschuldigte im Geltungsbereich des StPO keinen festen Wohnsitz oder Aufenthalt haben. Der Inhalt des Begriffs **Wohnsitz** richtet sich dabei nach den §§ 7 ff. BGB.[14] Ein Wohnsitz ist dadurch gekennzeichnet, dass sich eine Person an einem Ort ständig niederlässt. Er wird nach § 7 Abs. 3 BGB dadurch aufgehoben, dass die Niederlassung mit dem entsprechenden Willen aufgegeben wird. Der Begriff des (gewöhnlichen) **Aufenthalts** wird in den §§ 30 Abs. 3 S. 2 SGB I und 9 S. 1 AO übereinstimmend definiert als der Ort, an dem sich eine Person unter solchen Umständen aufhält, die erkennen lassen, dass sie an diesem Ort oder in diesem Gebiet nicht nur vorübergehend verweilt. Er beschreibt daher das rein tatsächliche Verhältnis einer Person zu einem bestimmten Ort oder einer Region.[15] Im Rahmen des Abs. 1 genügt nun allerdings nicht irgendein Aufenthalt, sondern es muss sich um einen **festen Aufenthalt** handeln, damit das Strafverfahren, dem Sinn und Zweck des § 132 entsprechend, zuverlässig durchgeführt werden kann.[16] Der Aufenthalt muss sich daher auf einen längeren Zeitraum und einen hinreichend bestimmten Ort erstrecken. Eine durch das Staatsgebiet vagabundierende Person hat daher zwar irgendeinen Aufenthalt in der Bundesrepublik, jedoch keinen festen Aufenthaltsort, weshalb Maßnahmen nach § 132 zulässig sind.[17] Ein fester Aufenthaltsort im Geltungsbereich der StPO ist also nicht erst dann zu verneinen, wenn eine Person „ausschließlich einen Wohnsitz oder Aufenthalt im Ausland" hat.[18] Hat eine Person jedoch einen festen Wohnsitz oder Aufenthalt in der Bundesrepublik und ist dieser lediglich unbekannt, ist § 132 unanwendbar.[19] Die Person ist vielmehr zur Aufenthaltsermittlung iS des § 131a auszuschreiben.

6 Die Anordnung der Maßnahmen steht im Ermessen der Strafverfolgungsbehörden, wobei es sich nach überwiegender Meinung um einen Fall des **intendierten Ermessens** handelt.[20] Im Regelfall ist daher bei Vorliegen der Voraussetzungen des § 132 auch eine entsprechende Anordnung zu erlassen. Eine Ausnahme ist aus Verhältnismäßigkeitsgründen zu machen, wenn als **milderes Mittel** die Durchführung des beschleunigten Verfahrens iS der §§ 417 ff.

---

[8] KK/*Schultheis* Rn. 10.

[9] Vgl. HK-StPO/*Ahlbrecht* Rn. 10.

[10] BeckOK-StPO/*Niesler* Rn. 6; SK-StPO/*Paeffgen* Rn. 3.

[11] AnwK/*Walther* Rn. 3.

[12] HK-StPO/*Ahlbrecht* Rn. 5.

[13] SK-StPO/*Paeffgen* Rn. 3; AnwK/*Walther* Rn. 3.

[14] LG Magdeburg 30.1.2007 – 26 Qs 14/07, NStZ 2007, 544; Meyer-Goßner/*Schmitt* § 8 Rn. 1; *Dünnebier* NJW 1968, 1752 (1752 f.).

[15] LG Magdeburg 30.1.2007 – 26 Qs 14/07, NStZ 2007, 544.

[16] In diesem Sinne auch AnwK/*Walther* Rn. 1 Fn. 3.

[17] Anders wollen das LG Magdeburg 30.1.2007 – 26 Qs 14/07, NStZ 2007, 544, Löwe/Rosenberg/*Hilger* Rn. 1 und SK-StPO/*Paeffgen* Rn. 3 jeden Aufenthalt in der Bundesrepublik ausreichen lassen bzw. den festen Aufenthalt in der Bundesrepublik rein zeitlich verstehen.

[18] So aber LG Magdeburg 30.1.2007 – 26 Qs 14/07, NStZ 2007, 544, und SK-StPO/*Paeffgen* Rn. 3.

[19] HK-StPO/*Ahlbrecht* Rn. 3.

[20] Vgl. BeckOK-StPO/*Niesler* Rn. 10; KK/*Schultheis* Rn. 5; AnwK/*Walther* Rn. 9; vertiefend *Geppert* GA 1979, 281 (299 ff.).

in Betracht kommt oder das Verfahren mit einiger Wahrscheinlichkeit nach § 153 eingestellt wird.[21] Kommt eine Einstellung nach § 153a in Betracht, soll nach verbreiteter Auffassung eine analoge Anwendung des § 132 in Betracht kommen, wenn der Beschuldigte sich im Voraus mit der Verrechnung der Sicherheit und der **zu leistenden Geldauflage** einverstanden erklärt.[22] Die schlichte Zustimmung eines Beschuldigten kann jedoch nie Grundlage einer staatlichen Sanktion sein.[23] Verweigert er sein Einverständnis, ist die Verrechnung mit der Sicherheitsleistung nach allen Auffassungen unzulässig.[24]

b) Einzelheiten zur Rechtsfolge. Nach Abs. 1 S. 1 kann der Beschuldigte zur Sicher- 7
heitsleistung und zur Benennung eines Zustellungsbevollmächtigten verpflichtet werden. Umstritten ist in diesem Zusammenhang, ob die Pflicht zur Benennung eines Zustellungsbevollmächtigten zwingend mit der Forderung einer Sicherheitsleistung einhergeht. Die hM geht diesbezüglich davon aus, dass es sich um eine **zwingend zweiaktige Anordnung** handelt. Hierfür spricht zum einen der Wortlaut, da die Nrn. 1 und 2 mit einem „Und" verknüpft sind, und der mit § 127a Abs. 1 vergleichbare Aufbau des Absatzes. Dies vorausgesetzt, dürfte die Benennung eines Zustellungsbevollmächtigten dann aber nicht verlangt werden, wenn dem Beschuldigten die Sicherheitsleistung unmöglich und ihre Anordnung daher unverhältnismäßig wäre.[25] In der Folge müsste das Strafverfahren ggf. gem. § 205 vorläufig eingestellt werden und eine Ausschreibung zur Aufenthaltsermittlung nach § 131a erfolgen. Bis zum Ende der Verfolgungsverjährung hätte der Beschuldigte im Bundesgebiet Strafverfolgungsmaßnahmen zu befürchten.[26] Sowohl den Interessen des Beschuldigten als auch den Interessen des Staates ist daher besser gedient, wenn die Anordnung, einen Zustellungsbevollmächtigten zu bestellen, auch **unabhängig von der Sicherheitsleistung** erlassen werden darf.[27] In diesem Fall wäre die Erreichbarkeit des Beschuldigten sichergestellt und ein Strafbefehl oder eine Einstellungsverfügung könnten zugestellt werden.[28]

Die Angemessenheit der Sicherheit richtet sich nach der **prognostizierten Höhe der** 8
Geldstrafe, den voraussichtlichen Verfahrenskosten und den Verwaltungskosten für die Entgegennahme und Verwahrung der Sicherheit.[29] § 116a gilt für die Art der Sicherheitsleistung entsprechend.

Auch wenn der Wortlaut der Nr. 2 von der **Bevollmächtigung einer im Bezirk des** 9
zuständigen Gerichts wohnenden Person spricht, genügt nach dem Telos des § 132, die Strafverfolgung sicherzustellen, im Regelfall die Bevollmächtigung irgendeiner Person im Inland, so dass das Gericht diese **anerkennen** sollte.[30] Die Wirksamkeit der Bevollmächtigung und damit die Wirksamkeit entsprechender Zustellungen hängt jedenfalls nicht davon ab, ob die Person im Bezirk des zuständigen Gerichts wohnt. Nur dieser Umstand ist aber entscheidend. Besonders geeignet sind nach hM zudem Angehörige der sachbearbeitenden Polizeidienststelle oder des zuständigen Gerichts, die sich mit ihrer Bevollmächtigung einverstanden erklärt haben.[31] Auf sie sollte jedoch nur zurückgegriffen werden, wenn der

---

[21] HK-StPO/*Ahlbrecht* Rn. 6; AnwK/*Walther* Rn. 1 und 9.

[22] HK-StPO/*Ahlbrecht* Rn. 6; BeckOK-StPO/*Niesler* Rn. 7; KK/*Schultheis* Rn. 5; KMR/*Wankel* Rn. 2; aA SK-StPO/*Paeffgen* Rn. 4.

[23] In diesem Sinne SK-StPO/*Paeffgen* Rn. 4; ebenfalls kritisch *Geppert* GA 1979, 281 (287).

[24] BeckOK-StPO/*Niesler* Rn. 7.

[25] Vgl. AnwK/*Walther* Rn. 5.

[26] Vgl. AnwK/*Walther* Rn. 5.

[27] In diesem Sinne auch AnwK/*Walther* Rn. 5.

[28] Insges. vertiefend AnwK/*Walther* Rn. 5.

[29] AnwK/*Walther* Rn. 18; vertiefend *Geppert* GA 1979, 281 (296 f.).

[30] Vgl. zur Möglichkeit der Anerkennung OLG Düsseldorf 18.7.1986 – 5 Ss (OWi) 273/86, VRS 71 (1986), 369 (370); Löwe/Rosenberg/*Hilger* Rn. 15; AnwK/*Walther* Rn. 8; *Greßmann* NStZ 1991, 216 (217). *Geppert* GA 1979, 281 (295), fordert darüber hinaus und ganz zu Recht auch die gesetzliche Anerkennung von Vertrauenspersonen außerhalb des jeweiligen Gerichtsbezirkes. Gegen eine Anerkennung von Personen außerhalb des Gerichtsbezirkes Meyer-Goßner/*Schmitt* § 116a Rn. 5; kritisch auch *Büttner* DRiZ 2007, 188 (189 f.).

[31] Vgl. BeckOK-StPO/*Niesler* Rn. 12; Meyer-Goßner/*Schmitt* Rn. 9; AnwK/*Walther* Rn. 19; umfassend *Weiß* NStZ 2012, 305 (306 ff.); aA LG Berlin 3.11.2011 – 526 Qs 22/11, NStZ 2012, 334, mit Bedenken gegen die Bevollmächtigung irgendeiner Person, die dem Lager der Ermittlungsbehörden zuzurechnen ist, also auch einer solchen, die nicht selbst an dem Verfahren mitwirkt.

Beschuldigte überhaupt keinen Zustellungsbevollmächtigten benennen kann, dem er **persönliches Vertrauen** entgegen bringt. Nicht als Zustellungsbevollmächtigten kommen solche Beamten in Betracht, die selbst oder deren Angehörige durch die verfolgte Tat verletzt worden sind.[32] Stets darauf zu achten ist, dass der Bevollmächtigte mit der Entgegennahme von Zustellungen einverstanden ist und dies aktenkundig gemacht wird.[33] Die Vollmacht muss schriftlich erteilt werden.[34]

10 **2. Die Zuständigkeitsregelung des Abs. 2.** Nach Abs. 2 steht die **Anordnungskompetenz** dem Richter zu. Gemeint ist der Amtsrichter, in dessen Bezirk die Handlung vorzunehmen ist (§ 162 Abs. 1) oder der Beschuldigte sich aufhält (analog § 125 Abs. 1).[35] Er hat vor seiner Entscheidung die Staatsanwaltschaft und den Beschuldigten zu hören (§ 33 Abs. 2 und 3, eine Ausnahme sieht § 33 Abs. 4 vor) und entscheidet durch Beschluss. Nur bei **Gefahr im Verzug** steht die Anordnungskompetenz auch der Staatsanwaltschaft und ihren Ermittlungspersonen zu, sonstigen Beamten des Polizeidienstes nicht.[36] Gefahr im Verzug ist anzunehmen, wenn die Anrufung des Richters die Abforderung der Sicherheit bzw. die Beschlagnahme mitgeführter Gegenstände gefährden würde.[37] Praktisch ist Gefahr im Verzug häufig gegeben, da der Beschuldigte nicht länger festgehalten werden darf, als es die Durchführung der Maßnahme unbedingt erfordert.[38] Das **Regel-Ausnahmeverhältnis** wird somit faktisch umgekehrt, falls kein richterlicher Bereitschaftsdienst eingerichtet ist.[39] Die Entscheidung der Staatsanwaltschaft und ihrer Ermittlungspersonen kann mündlich ergehen, wobei sie zu Beweiszwecken und besseren Überprüfbarkeit stets schriftlich bestätigt werden sollte.[40]

11 **3. Die Beschlagnahmeermächtigung nach Abs. 3.** Befolgt der Beschuldigte die Anordnung nicht, können Beförderungsmittel und andere Sachen, die der Beschuldigte mit sich führt und die ihm gehören, beschlagnahmt werden. Sie dienen als **Surrogat für die Sicherheitsleistung.** Ihr Wert abzüglich der Verwertungskosten darf die Höhe der verlangten Sicherheit folglich nicht übersteigen.[41] Die Gegenstände müssen zudem im **Alleineigentum des Beschuldigten** stehen und sich in seinem Gewahrsam befinden.[42] Besonders zur Beschlagnahme geeignet ist Bargeld, wobei zu berücksichtigen ist, dass dem Beschuldigten ein ausreichender Betrag zur vorübergehenden Bestreitung der Lebensführung, insbes. zur Fortsetzung der uU geplanten Ausreise, verbleiben muss.[43] **Pässe und Führerscheine** dürfen nicht beschlagnahmt werden, weil sie unabhängig von der Eigentumslage nicht zur Vollstreckung der Geldstrafe verwertet werden können.[44] Befolgt der Beschuldigte die Anordnung in vollem Umfang, ist eine Beschlagnahme ausgeschlossen und er kann sich anschließend frei in der Bundesrepublik Deutschland bewegen oder diese nach seinen Wünschen verlassen.[45] Das Verfahren wird regelmäßig im Wege des Strafbefehlsverfahren gem. der §§ 407 ff. oder gem. § 232 in Abwesenheit des Beschuldigten beendet.[46]

---

[32] *Weiß* NStZ 2012, 305 (308); ebenfalls sollten keine Personen bevollmächtigt werden, die unmittelbar mit dem Verfahren betraut sind, um Interessenkonflikten vorzubeugen, vgl. die Nachweise bei *Weiß* NStZ 2012, 305 (306), sowie *Greßmann* NStZ 1991, 216 (217).

[33] OLG Karlsruhe 11.1.2007 – 1 Ws 274/06, StV 2007, 571; HK-StPO/*Ahlbrecht* Rn. 6.

[34] BeckOK-StPO/*Niesler* Rn. 12.

[35] HK-StPO/*Ahlbrecht* Rn. 7; SK-StPO/*Paeffgen* Rn. 6; KK/*Schultheis* Rn. 7.

[36] HK-StPO/*Ahlbrecht* Rn. 7; SK-StPO/*Paeffgen* Rn. 6.

[37] HK-StPO/*Ahlbrecht* Rn. 7.

[38] AnwK/*Walther* Rn. 10; *Geppert* GA 1979, 281 (294).

[39] HK-StPO/*Ahlbrecht* Rn. 7; vgl. zur Kompetenz des Richters im Falle des bestehenden Bereitschaftsdienstes LG Frankfurt 28.10.2008 – 5/30 Qs 57/08, 5/30 Qs 58/08, StraFo 2009, 22.

[40] Vgl. SK-StPO/*Paeffgen* Rn. 7; KMR/*Wankel* Rn. 4.

[41] AnwK/*Walther* Rn. 12.

[42] AA KMR/*Wankel* Rn. 5, der wirtschaftliches Eigentum ausreichen lassen will.

[43] BeckOK-StPO/*Niesler* Rn. 14; AnwK/*Walther* Rn. 12.

[44] LG Offenburg 26.4.1999 – Qs 31-99, NJW 1999, 3502 (3503); KMR/*Wankel* Rn. 5.

[45] HK-StPO/*Ahlbrecht* Rn. 9.

[46] HK-StPO/*Ahlbrecht* Rn. 9; SK-StPO/*Paeffgen* Rn. 8.

Leistet der Beschuldigte ausreichende Sicherheit und bestellt lediglich keinen Zustellungsbevollmächtigten, geht die hM dem Wortlaut entsprechend davon aus, dass ebenfalls eine **Beschlagnahme** erfolgen darf.[47] Der Zweck der Beschlagnahme im konkreten Fall ist dann zwingend kenntlich zu machen, da die Zeitpunkte, in denen die jeweilige Maßnahme zu beenden ist, nicht identisch sind.[48] **12**

Dieser Auffassung ist jedoch entgegenzuhalten, dass § 132 Abs. 3 **keine Sanktion** darstellen soll, sondern seinerseits der Sicherung der ordnungsgemäßen Verfahrensdurchführung zu dienen bestimmt ist. Die Beschlagnahme von Gegenständen ermöglicht die spätere Zustellung jedoch nicht. Auch zur Ausübung eines Entscheidungszwanges ist die Beschlagnahme ungeeignet, da mit dem staatlichen Gewahrsam selbst kein weitergehender Zweck verfolgt wird. Hält der Beschuldigte dem Zwang also stand und benennt er weiterhin keinen Zustellungsbevollmächtigten, würden die Gegenstände für das weitere Verfahren nicht mehr benötigt und müssten nach den allgemeinen Regeln wieder **herausgegeben** werden.[49] Damit taugt die Beschlagnahme aber nicht einmal mehr als Drohkulisse. Eine Beschlagnahme ist daher nur statthaft, wenn trotz Anordnung keine Sicherheit geleistet wird. **13**

Wenn der Beschuldigte zu einem späteren Zeitpunkt Sicherheit leistet und seine Sachen aus diesem Grund nicht mehr benötigt werden, ist die Beschlagnahme durch das Gericht aufzuheben und die **Sachen sind herauszugeben.**[50] Gleiches gilt, wenn das Verfahren mit Freispruch oder einer Einstellung endet und die Sicherheit aus diesem Grund nicht mehr benötigt wird.[51] Wird er demgegenüber rechtskräftig verurteilt, kann wegen der Verfahrenskosten und der Geldstrafe entsprechend der **Verwertung gepfändeter Sachen** vollstreckt werden.[52] Beschlagnahmtes Geld wird entsprechend der nicht geleisteten Sicherheit verrechnet.[53] **14**

Als **Annexkompetenz** ermächtigt Abs. 3 S. 1 auch dazu, den Beschuldigten und die von ihm mitgeführten Gegenstände nach pfändbaren Sachen zu **durchsuchen.**[54] Der Verhältnismäßigkeitsgrundsatz ist dabei in besonderer Weise zu beachten, da Maßnahmen nach § 132 vorwiegend den Bereich leichter und ggf. noch mittlerer Kriminalität betreffen. **15**

Die §§ 94 und 98 gelten nach Maßgabe des Abs. 3 S. 2 entsprechend. Zuständig für die Anordnung ist daher primär der Richter, bei Gefahr im Verzug auch die Staatsanwaltschaft und ihre Ermittlungspersonen. Dem Beschuldigten steht das Recht zu, jederzeit die gerichtliche Entscheidung zu beantragen, worüber er nach Maßgabe des § 98 Abs. 2 S. 5 zu **belehren** ist. Der Umstand, dass eine Sache auch als Beweismittel in Betracht kommt und daher unmittelbar nach § 94 beschlagnahmt werden könnte, steht der Beschlagnahme nach § 132 Abs. 3 nicht entgegen.[55] **16**

III. Rechtsbehelfe und Revision

Die richterliche Anordnung von Maßnahmen nach Abs. 1 ergeht durch Beschluss und ist mit der Beschwerde iS der §§ 304 ff. anfechtbar. **§ 305 S. 2 ist analog anzuwenden,** wenn die Maßnahme ausnahmsweise durch das erkennende Gericht angeordnet worden **17**

---

[47] So HK-StPO/*Ahlbrecht* Rn. 10; Löwe/Rosenberg/*Hilger* Rn. 15; BeckOK-StPO/*Niesler* Rn. 15; Meyer-Goßner/*Schmitt* Rn. 15; KK/*Schultheis* Rn. 10; *Greßmann* NStZ 1991, 216 (216); aA AnwK/*Walther* Rn. 13.

[48] HK-StPO/*Ahlbrecht* Rn. 10; BeckOK-StPO/*Niesler* Rn. 15.

[49] Vertiefend AnwK/*Walther* Rn. 13.

[50] HK-StPO/*Ahlbrecht* Rn. 12; SK-StPO/*Paeffgen* Rn. 9.

[51] AnwK/*Walther* Rn. 14.

[52] AnwK/*Walther* Rn. 14.

[53] HK-StPO/*Ahlbrecht* Rn. 12.

[54] HK-StPO/*Ahlbrecht* Rn. 10; BeckOK-StPO/*Niesler* Rn. 17; AnwK/*Walther* Rn. 15; aA SK-StPO/*Paeffgen* Rn. 11.

[55] HK-StPO/*Ahlbrecht* Rn. 10; aA BeckOK-StPO/*Niesler* Rn. 13.

ist.[56] Auch wenn eine Belehrung nach § 35a Abs. 1 S. 1 nicht zwingend vorgeschrieben ist, sollte sie unter Fürsorgegesichtspunkten gleichfalls erteilt werden.[57] Eilanordnungen der Staatsanwaltschaft und ihrer Ermittlungspersonen iS des Abs. 1 können nach hM **analog § 98 Abs. 2 S. 2** der richterlichen Überprüfung zugeführt werden.[58] Für Beschlagnahmeanordnungen der Staatsanwaltschaft und ihrer Ermittlungspersonen gilt § 98 über den **Verweis in Abs. 3 S. 2.** Wie bereits ausgeführt, ist der Betroffene auch hierüber, in diesem Fall gem. § 98 Abs. 2 S. 5, zu belehren. Für die richterliche Überprüfung der Beschlagnahmeanordnung gilt § 305 S. 2 unmittelbar.[59]

[56] So wohl auch SK-StPO/*Paeffgen* Rn. 7 und 12; aA Löwe/Rosenberg/*Hilger* Rn. 13; KK/*Schultheis* Rn. 8.

[57] SK-StPO/*Paeffgen* Rn. 7.

[58] Für eine Anwendung der §§ 23 ff. EGGVG SK-StPO/*Paeffgen* Rn. 7. Vgl. auch OLG München 29.11.2012 – 4 VAs 55/12, BeckRS 2012 Nr. 24681.

[59] KK/*Schultheis* Rn. 13.

9b. Abschnitt. Vorläufiges Berufsverbot

§ 132a [Vorläufiges Berufsverbot]

(1) [1]Sind dringende Gründe für die Annahme vorhanden, daß ein Berufsverbot angeordnet werden wird (§ 70 des Strafgesetzbuches), so kann der Richter dem Beschuldigten durch Beschluß die Ausübung des Berufs, Berufszweiges, Gewerbes oder Gewerbezweiges vorläufig verbieten. [2]§ 70 Abs. 3 des Strafgesetzbuches gilt entsprechend.

(2) Das vorläufige Berufsverbot ist aufzuheben, wenn sein Grund weggefallen ist oder wenn das Gericht im Urteil das Berufsverbot nicht anordnet.

Schrifttum: *Dencker*, Besprechung von Aufsätzen und Anmerkungen zum Strafrecht und Strafprozessrecht – Auswahl wichtiger Beiträge aus dem 2. Halbjahr 1981, NStZ 1982, 458; *Gollner*, Verschlechterungsverbot bei vorläufiger und endgültiger Entziehung der Fahrerlaubnis, GA 1975, 129; *ders.*, Zum Verschlechterungsverbot bei Entziehung der Fahrerlaubnis und beim Berufsverbot – Zugleich Anmerkung zum Urteil 1 Ss 765/77 v. 4.11.77 OLG Hamm, JZ 1978, 637; *Kretschmer*, Die Reichweite des strafrechtlichen Berufsverbotes für Rechtsanwälte, NStZ 2002, 576; *Mehle*, Zeitpunkt und Umfang notwendiger Verteidigung im Ermittlungsverfahren, 2006; *ders.*, Zeitpunkt und Umfang der Pflichtverteidigerbestellung, NJW 2007, 969; *Mollenkott*, Bemessung der Führerscheinsperrfrist in der Berufungsinstanz, NJW 1977, 425; *Möller*, Vorläufige Maßregeln, Diss. Bonn 1982; *M. Schmid*, Kein Berufsverbot für Rechtsanwälte durch den Strafrichter?, ZRP 1975, 79; *Eb. Schmidt*, Repression und Prävention im Strafprozess, JR 1970, 204; *R. Schmitt*, Strafprozessuale Präventivmaßnahmen, JZ 1965, 193; *Wolter*, Untersuchungshaft, Vorbeugungshaft und vorläufige Sanktionen, ZStW 93 (1981), 452.

Übersicht

I. Überblick

Nach **ständiger Rechtsprechung des BVerfG** ist ein Berufsverbot nicht als bloße Einschränkung der Berufsausübung, sondern als erheblicher **Eingriff in die durch Art. 12 Abs. 1 S. 1 GG gewährleistete Berufswahlfreiheit** zu charakterisieren.[1] Die Berufswahlfreiheit schütze nicht nur die Entscheidung über den Eintritt in einen Beruf, sondern auch die Entscheidung, ob und wie lange jemand die Berufsausübung fortsetze. Diese Entscheidungsfreiheit werde dem Betroffenen durch ein Berufsverbot genommen.[2] **Nichts anderes gilt für ein vorläufiges Berufsverbot,** dessen Verhängung § 132a[3] ermöglicht, wenn dringende Gründe für die Annahme sprechen, dass in der Hauptsache ein endgültiges Berufsverbot nach § 70 StGB angeordnet 1

---

[1] Vgl. BVerfG 25.9.2003 – 2 BvR 1580/03, BeckRS 2003 Nr. 24274 zu § 132a sowie die zu § 150 BRAO ergangenen Entscheidungen: BVerfG 2.3.1977 – 1 BvR 124/76, BVerfGE 44, 105 (117) = NJW 1977, 892 (893); 30.5.1978 – 1 BvR 352/78, BVerfGE 48, 292 (296) = NJW 1978, 1479 (1479). Allein in seinem Beschl. v. 15.12.2005 – 2 BvR 673/05, MedR 2007, 43 (44 f.), spricht das BVerfG von einem Eingriff in die Berufsausübungsfreiheit iS des Art. 12 Abs. 1 S. 2 GG.

[2] So BVerfG 2.3.1977 – 1 BvR 124/76, BVerfGE 44, 105 (117) = NJW 1977, 892 (893).

[3] Eingefügt in die StPO mit Wirkung zum 1.1.1975 durch Art. 21 Nr. 39 des Einführungsgesetzes zum Strafgesetzbuch (EGStGB) vom 2.3.1974, BGBl. I 469 (502, 507 f.).

wird.[4] Bereits der Verstoß gegen dieses vorläufige Berufsverbot ist in § 145c StGB mit Strafe bedroht.[5]

2 Zu rechtfertigen ist ein solch erheblicher Eingriff in die (subjektive) Berufswahlfreiheit „nur unter strengen Voraussetzungen zum Schutz wichtiger Gemeinschaftsgüter und unter strikter Beachtung des Grundsatzes der Verhältnismäßigkeit", weshalb das BVerfG in verschiedenen Entscheidungen die **Pflicht zur verfassungskonform-restriktiven Auslegung der Verbotsnormen** betont hat.[6] Auf diesem Wege wirkt es zugleich den generellen Bedenken gegen vorläufige Regelungen und deren Vollziehung entgegen, die für ihre Dauer faktisch die endgültige Entscheidung vorwegnehmen und insoweit irreparabel sind.[7] Art. 12 Abs. 1 S. 1 GG ist folglich **bei der Interpretation aller Tatbestandsmerkmale des § 132a zu berücksichtigen** und das vorläufige Eingreifen, das vom BVerfG als „unerlässlich für das Funktionieren eines gedeihlichen Zusammenlebens in der Rechtsordnung" bezeichnet wird, muss durch „ein überwiegendes Interesse gefordert" werden.[8] Hieraus folgt insbes., dass die Präventivmaßnahme des § 132a „schon vor Rechtskraft des Hauptverfahrens" „zur Abwehr konkreter Gefahren für wichtige Gemeinschaftsgüter erforderlich" sein muss.[9]

3 Wenn ein Berufsverbot im Raum steht bzw. das Verfahren nach dem Gesetzeswortlaut „zu einem solchen führen kann",[10] liegt darüber hinaus ein **Fall der notwendigen Verteidigung nach § 140 Abs. 1 Nr. 3** vor. Der Verteidiger ist bereits in dem Moment zu bestellen, in dem ausreichende tatsächliche Anhaltspunkte für ein Berufsverbot zutage treten und daher ein vorläufiges Berufsverbot ernsthaft in Betracht zu ziehen ist.[11] Schon gegen dieses vorläufige Berufsverbot muss sich der Beschuldigte adäquat verteidigen können.[12]

II. Erläuterung

4 **1. Die Verhängung eines vorläufigen Berufsverbotes nach Abs. 1.** § 132a gestattet entsprechend § 111a, dem die Norm nachgebildet ist,[13] und § 126a den **Vorgriff auf eine in der Hauptsache zu erwartende Entscheidung** über die Verhängung einer Maßregel der Besserung und Sicherung iS des § 61 StGB, um speziellen sofort abzuwendenden Gefahren entgegenzuwirken; im Falle des § 132a der Gefahr, dass der Beschuldigte unter Missbrauch seines Berufs oder Gewerbes schon vor Rechtskraft der Entscheidung in der Hauptsache weitere erhebliche rechtswidrige Taten begehen wird. Die Norm hat daher klar **präventiv-polizeilichen Charakter** und ergänzt den durch die §§ 70 und 71 Abs. 2 StGB ab Rechtskraft gewährten Schutz.[14]

5 Inhaltlich knüpft § 132a Abs. 1 S. 1 die Ermessensentscheidung über das vorläufige Berufsverbot allein daran, dass **dringende Gründe für die Annahme vorhanden sind,**

---

[4] Vgl. zur im Verhältnis zum endgültigen Verbot gleichen Eingriffsschwere des vorläufigen Verbotes auch SK-StPO/*Paeffgen* Rn. 4.

[5] Vertiefend *Kretschmer* NStZ 2002, 576 (576 ff.).

[6] Vgl. die zu § 150 BRAO ergangenen Entscheidungen: BVerfG 2.3.1977 – 1 BvR 124/76, BVerfGE 44, 105 (117) = NJW 1977, 892 (893); 30.5.1978 – 1 BvR 352/78, BVerfGE 48, 292 (296) = NJW 1978, 1479 (1479 f.).

[7] Vgl. BVerfG 2.3.1977 – 1 BvR 124/76, BVerfGE 44, 105 (115) = NJW 1977, 892 (892); OLG Nürnberg 26.7.2011 – 1 Ws 310/11, NStZ-RR 2011, 346 (346); ein Verstoß gegen die Unschuldsvermutung ist jedoch zu verneinen, vertiefend *Wolter* ZStW 93 (1981), 452 (488 f.).

[8] BVerfG 2.3.1977 – 1 BvR 124/76, BVerfGE 44, 105 (115 f.) = NJW 1977, 892 (892), mwN.

[9] BVerfG 2.3.1977 – 1 BvR 124/76, BVerfGE 44, 105 (118) = NJW 1977, 892 (893).

[10] Vgl. § 140 Abs. 1 Nr. 3.

[11] SK-StPO/*Paeffgen* Rn. 11 („sobald sich im Verfahren ein vorläufiges Berufsverbot abzeichnet"); *Mehle*, Zeitpunkt und Umfang notwendiger Verteidigung, 2006, S. 275 f.; *ders.* NJW 2007, 969 (972 f.); vgl. auch Löwe/Rosenberg/*Gleß* Rn. 15 und *Möller*, Vorläufige Maßregeln, 1982, S. 122.

[12] Dies gilt auch im Ermittlungsverfahren, vgl. § 141 Abs. 3.

[13] Vgl. BT-Drs. 7/550, 296; zu einer Zusammenfassung aller Regelungen, die die vorläufige Anordnung von Maßregel der Besserung und Sicherung betreffen, in nur einem Abschnitt konnte sich der Gesetzgeber bislang nicht durchringen, vertiefend zur Kritik Löwe/Rosenberg/*Gleß* Vor § 132a.

[14] HK-StPO/*Ahlbrecht* Rn. 1; SK-StPO/*Paeffgen* Rn. 3; KK/*Schultheis* Rn. 1; vgl. zum Präventionsaspekt im Strafrecht auch *Eb. Schmidt* JR 1970, 204 (205 f.).

ein Berufsverbot iS des § 70 StGB werde in der endgültigen Entscheidung angeordnet. § 70 Abs. 1 StGB stellt für die Anordnung eines Berufsverbotes neben dem ordnungsgemäß auszuübenden Ermessen seinerseits zwei Voraussetzungen auf, zum einen, dass der Beschuldigte wegen einer rechtswidrigen Tat iS des § 11 Abs. 1 Nr. 5 StGB, die er unter Missbrauch seines Berufs oder Gewerbes oder unter grober Verletzung der mit ihnen verbundenen Pflichten begangen hat, verurteilt worden ist – gleichgestellt ist die Nichtverurteilung wegen Schuldunfähigkeit bzw. nicht erwiesener Schuldfähigkeit –, zum anderen, dass eine Gesamtwürdigung von Tat und Täter die Gefahr erkennen lässt, dass der Beschuldigte bei weiterer Ausübung des Berufs erhebliche rechtswidrige Taten der bezeichneten Art begehen wird.

a) Die Voraussetzungen des vorläufigen Berufsverbotes nach Abs. 1 S. 1. aa) Die Prognose bezüglich der Voraussetzungen des § 70 StGB. Der Begriff der dringenden Gründe entspricht inhaltlich dem des dringenden Tatverdachtes iS der §§ 112 Abs. 1 S. 1, 112a Abs. 1 S. 1, so dass nach dem **jeweiligen Ermittlungsstand** die **hohe Wahrscheinlichkeit** zu fordern ist, das Instanzgericht werde ein Berufsverbot aussprechen.[15] Die unterschiedliche Terminologie ist schlicht darauf zurückzuführen, dass sich die vorläufige Anordnung einer Maßregel der Besserung und Sicherung auch gegen einen Schuldunfähigen richten kann.[16] 6

Dringende Gründe für die Annahme der Anordnung eines Berufsverbotes liegen damit vor, wenn die hohe Wahrscheinlichkeit besteht, dass das Instanzgericht die Voraussetzungen des § 70 Abs. 1 StGB bejahen wird, also eine **Anlasstat** für gegeben hält und die **Gefahr weiterer Straftaten** sieht. Ob die endgültige Anordnung eines Berufsverbotes iS des § 62 StGB **verhältnismäßig** sein wird, ist ebenfalls in die Prognoseentscheidung einzustellen. 7

Ein **Missbrauch des Berufs oder Gewerbes** ist anzunehmen, wenn der Beschuldigte seine Tätigkeit bewusst und planmäßig ausnutzt, um Straftaten zu begehen.[17] Es ist ein innerer Zusammenhang mit der Berufsausübung zu fordern, so dass sich die strafbare Handlung als Ausfluss der beruflichen Tätigkeit darstellt.[18] Die Begehung von Taten nur anlässlich der Berufsausübung genügt den Anforderungen nicht.[19] Ebenso wenig genügt die betrügerische Anmaßung eines bestimmten Berufs oder Gewerbes.[20] Ob eine **grobe Pflichtverletzung** anzunehmen ist, hängt vom Grad der Pflichtwidrigkeit und der Bedeutung der verletzten Pflicht ab.[21] Darüber hinaus bedarf es konkreter tatsächlicher Anhaltspunkte dafür, dass die **Gefahr** besteht, der Beschuldigte werde bei weiterer Ausübung eines bestimmten Berufs oder Gewerbes auch weiterhin entsprechende erhebliche Straftaten begehen. Sofern der Beschuldigte erstmalig einer Anlasstat beschuldigt wird, sind die Anforderungen besonders streng.[22] Es ist zu begründen, warum nicht davon ausgegangen werden kann, dass das Ermittlungsverfahren und die Verurteilung als solche geeignet sind, den Täter von weiteren Straftaten abzuhalten.[23] Die zu erwartenden Wirkungen der schon verstrichenen Dauer eines ggf. verhängten vorläufigen Verbotes sind ebenfalls zu berücksichtigen. In die Prognose zur **Verhältnismäßigkeitsprüfung** sind des Weiteren das Gewicht der Anlasstat, die Wahrscheinlichkeit weiterer Straftaten, deren Gewicht sowie das Alter des Beschuldigten 8

---

[15] Löwe/Rosenberg/*Gleß* Rn. 5; *Pfeiffer* Rn. 1; KK/*Schultheis* Rn. 3; AnwK/*Walther* Rn. 4.

[16] Vgl. KK/*Nack* § 111a Rn. 3. Der Begriff wird daher auch in den §§ 111a Abs. 1 S. 1, 111b Abs. 3, 126a Abs. 1 oder 275a Abs. 6 S. 1 verwendet.

[17] BGH 10.12.1991 – 5 StR 523/91, NStZ 1992, 477 (480); OLG Frankfurt a. M. 25.10.2002 – 3 Ws 593/02, NStZ-RR 2002, 113 (114); Löwe/Rosenberg/*Gleß* Rn. 4; *Pfeiffer* Rn. 1.

[18] BGH 10.12.1991 – 5 StR 523/91, NStZ 1992, 477 (480).

[19] BGH 10.12.1991 – 5 StR 523/91, NStZ 1992, 477 (480); OLG Frankfurt a. M. 25.10.2002 – 3 Ws 593/02, NStZ-RR 2002, 113 (114); *Pfeiffer* Rn. 1.

[20] BGH 2.6.1998 – 1 StR 168/98, NStZ 1998, 567.

[21] BeckOK-StGB/*Stoll* StGB § 70 Rn. 5 mit Beispielen.

[22] OLG Frankfurt a. M. 25.10.2002 – 3 Ws 593/02, NStZ-RR 2002, 113 (114); HK-StPO/*Ahlbrecht* Rn. 3; SK-StPO/*Paeffgen* Rn. 7; KK/*Schultheis* Rn. 3.

[23] OLG Frankfurt a. M. 25.10.2002 – 3 Ws 593/02, NStZ-RR 2002, 113 (114); HK-StPO/*Ahlbrecht* Rn. 3; SK-StPO/*Paeffgen* Rn. 7; KK/*Schultheis* Rn. 3.

und die Zumutbarkeit eines Berufswechsels einzustellen.[24] Verboten werden darf nur der Beruf, mit dem die Anlasstat sowie die zu erwartenden künftigen Taten in Zusammenhang stehen.[25]

9 Dass der Beschuldigte seinen **Beruf gewechselt oder aufgegeben** hat, vermag die Erforderlichkeit eines gerichtlichen Verbotes nach hM ebenso wenig auszuschließen, wie der Umstand, dass die **Verwaltungsbehörde** ein Berufsverbot verhängt oder das Ruhen der Approbation anordnet, da diese jederzeit änderbaren Entscheidungen nicht das erforderliche Maß an Sicherheit gewährleisten würden.[26] Zudem sei ein Verstoß gegen das verwaltungsbehördliche Verbot anders als ein Verstoß gegen das gerichtliche Verbot nicht gem. § 145c StGB mit Strafe bedroht, so dass letzteres erforderlich bleibe.[27] Auch der Umstand, dass der Täter durch ein **berufs- oder ehrengerichtliches Verfahren** aus dem Berufsstand ausgeschlossen werden kann oder ausgeschlossen wurde, hindere die gerichtliche Verhängung eines Berufsverbotes nicht.[28] Selbiges gelte für **verhängte Untersuchungshaft.**[29] Richtiger dürfte es jedoch sein, vorsichtiger zu formulieren, die vorstehenden Maßnahmen oder Umstände ließen die Erforderlichkeit des vorläufigen Berufsverbotes nur regelmäßig, aber **nicht zwingend** unberührt. Im Einzelfall kann es durchaus vorkommen, dass ein Nebeneinander verschiedener Maßnahmen nicht erforderlich ist, um die Gefahren von der Allgemeinheit abzuwenden.[30]

10 **bb) Die Anforderungen an die Ermessensentscheidung.** Die Anordnung des vorläufigen Berufsverbotes steht im Ermessen des jeweiligen Richters, wobei es sich nach überwiegender Meinung um einen Fall des intendierten Ermessens handelt.[31] Im Regelfall soll daher bei Vorliegen der Voraussetzungen des § 132a auch eine entsprechende Anordnung zu erlassen sein. Diese Auffassung trägt jedoch der **eigenständigen Bedeutung der Ermessensprüfung** im Hinblick auf die Erforderlichkeit schon des vorläufigen Verbotes nur unzureichend Rechnung. Das **besondere Eilbedürfnis der Anordnung** muss stets begründet werden und wird nicht durch die sonstigen Voraussetzungen des § 132a indiziert.[32] Erfordert das vorläufige Berufsverbot doch bekanntermaßen neben den geschriebenen Voraussetzungen des Abs. 1 S. 1 in Bezug auf die **überragende Bedeutung der Berufswahlfreiheit und der Intensität der Eingriffs,** „dass das Berufsverbot schon vor Rechtskraft des Hauptverfahrens als Präventivmaßnahme zur Abwehr konkreter Gefahren für wichtige Gemeinschaftsgüter erforderlich" ist.[33] Hierbei ist die Funktionsfähigkeit der Rechtspflege als wichtiges Gemeinschaftsgut anerkannt.[34]

11 Ob die Verhältnismäßigkeit zu bejahen ist, hängt daher von einer **Gesamtwürdigung aller Umstände des Einzelfalls** ab.[35] **Art und Schwere der vorgeworfenen Taten** können als Indiz für die konkrete Gefahr weiterer erheblicher Rechtsverletzungen herangezogen werden,

---

[24] So Löwe/Rosenberg/*Gleß* Rn. 10.

[25] KK/*Schultheis* Rn. 6; KMR/*Wankel* Rn. 1.

[26] Vgl. BGH 13.5.1954 – 4 StR 807/52, MDR 1954, 529; 5.8.1975 – 1 StR 356/75, NJW 1975, 2249 (2249); *Pfeiffer* Rn. 2; Meyer-Goßner/*Schmitt* Rn. 4.

[27] Vgl. BGH 5.8.1975 – 1 StR 356/75, NJW 1975, 2249 (2250).

[28] BGH 12.5.1975 – AnwSt (R) 8/74, NJW 1975, 1712; BeckOK-StPO/*Niesler* Rn. 3; KK/*Schultheis* Rn. 6; kritisch SK-StPO/*Paeffgen* Rn. 8. Vertiefend zum Verhältnis des strafgerichtlichen Berufsverbotes zum ehrengerichtlichen Berufsverbot *M. Schmid* ZRP 1975, 79 (79 ff.).

[29] BGH 2.8.1978 – StB 171/78, BGHSt 28, 84 (86); HK-StPO/*Ahlbrecht* Rn. 3; BeckOK-StPO/*Niesler* Rn. 3; KK/*Schultheis* Rn. 6.

[30] In diesem Sinne auch Löwe/Rosenberg/*Gleß* Rn. 10; SK-StPO/*Paeffgen* Rn. 8.

[31] Vgl. BeckOK-StPO/*Niesler* Rn. 4; *Pfeiffer* Rn. 1; KK/*Schultheis* Rn. 4; KMR/*Wankel* Rn. 1. Kritisch zu diesem „stark eingeengten Sanktions-Zumessungsspielraum" SK-StPO/*Paeffgen* Rn. 7.

[32] Vgl. OLG Düsseldorf 23.2.1984 – 1 Ws 159/84, NStZ 1984, 379. Dass die Entscheidung keinen Aufschub bis zur Rechtskraft des Urteils in der Hauptsache duldet, ist keine Selbstverständlichkeit.

[33] BVerfG 30.5.1978 – 1 BvR 352/78, BVerfGE 48, 292 (296) = NJW 1978, 1479 (1479); ebenso BVerfG 2.3.1977 – 1 BvR 124/76, BVerfGE 44, 105 (118) = NJW 1977, 892 (893); OLG Nürnberg 26.7.2011 – 1 Ws 310/11, NStZ-RR 2011, 346 (347); OLG Düsseldorf 23.2.1984 – 1 Ws 159/84, NStZ 1984, 379; BeckOK-StPO/*Niesler* Rn. 2; Meyer-Goßner/*Schmitt* Rn. 3.

[34] Ausdrücklich entschieden durch BVerfG 25.9.2003 – 2 BvR 1580/03, BeckRS 2003 Nr. 24274.

[35] BVerfG 2.3.1977 – 1 BvR 124/76, BVerfGE 44, 105 (119 ff.) = NJW 1977, 892 (893 f.).

wenn nicht ein zu großer **Zeitraum zwischen der letzten Tat und der möglichen Verhängung des vorläufigen Berufsverbotes** liegt, in dem sich der Beschuldigte nichts mehr hat zu Schulden kommen lassen.[36] Wenn das sofortige Wirksamwerden des Verbotes für den Beschuldigten oder seine Angehörigen eine erhebliche, außerhalb seines Zweckes liegende, durch späteres Wirksamwerden **vermeidbare Härte iS des § 456c Abs. 1 S. 1** bedeutet, kann die vorläufige Anordnung ebenfalls unangemessen sein.[37] Eine Anordnung mit aufschiebender Wirkung ist nach Sinn und Zweck des § 132a ausgeschlossen.[38]

Auch im Rahmen der hM muss jedoch in atypischen Fällen im Hinblick auf das Verhält- 12 nismäßigkeitsprinzip eine Ausnahme von der Regelverpflichtung zugelassen werden und die Erforderlichkeit schon des vorläufigen Verbotes wird zu prüfen sein.[39] Bei genauem Hinsehen werden also ebenfalls die Gefahren für die Allgemeinheit und die Bedeutung der Anlasstat gegen die Folgen der sofortigen Berufsuntersagung für den Betroffenen abgewogen und das nicht nur in atypischen Fällen.[40] Als **milderes Mittel** kommt zudem die **Beschränkung des (vorläufigen) Verbotes auf bestimmte Tätigkeiten** im Rahmen der Berufsausübung in Betracht.[41] Das geläufigste Beispiel ist, einem Friseurmeister, der wegen sexuellen Missbrauchs Schutzbefohlener verurteilt worden ist, lediglich die Ausbildung weiblicher Jugendlicher zu verbieten.[42] Auch wenn der Tatbestand des § 132a lediglich von einem vorläufigen Verbot des Berufes insgesamt spricht, muss er bei **verfassungskonformer Auslegung** bzw. a maiore ad minus auch das Verbot einzelner berufsbezogener Handlungen oder Tätigkeiten erfassen.

cc) Der Inhalt des Beschlusses. Nicht zuletzt in Bezug auf den erheblichen Grund- 13 rechtseingriff und die im Raum stehende Strafdrohung des § 145c StGB muss im Beschluss so exakt wie möglich angegeben werden, die Ausübung welchen Berufs oder Berufszweiges bzw. welchen Gewerbes oder Gewerbezweiges dem Beschuldigten vorläufig verboten wird.[43] Eine **ungenaue Bezeichnung** führt selbst bei Rechtskraft zur **Unwirksamkeit der Anordnung,** so dass eine mögliche Strafbarkeit nach § 145c StGB von vorneherein entfällt.[44] Dem Beschuldigten muss den **Anforderungen des Art. 103 Abs. 2 GG** entsprechend erkennbar sein, „welches Verhalten im Einzelnen ihm zukünftig verboten und mit Kriminalstrafe bedroht sein soll".[45] § 260 Abs. 2 gilt daher im Ergebnis entsprechend. Formulierungen wie „oder ähnliche Tätigkeiten" sind unzulässig.[46] Das Verbot „jedweder selbständigen Gewerbetätigkeit" ist ebenfalls zu unbestimmt, wenn eigentlich spezielle Tätigkeiten gemeint sind, sonst aber unverhältnismäßig.[47] Das Verbot jedweder Tätigkeit „im kaufmännischen Bereich" kann unter Umständen Bestand haben.[48] Voraussetzung eines solchen Verbotes ist jedoch, dass „Eingrenzungen, die sich aus der vom Angeklagten ausgeübten Tätigkeit oder dem Grundsatz der Verhältnismäßigkeit ergeben können, wegen

---

[36] OLG Nürnberg 26.7.2011 – 1 Ws 310/11, NStZ-RR 2011, 346 (347); HK-StPO/*Ahlbrecht* Rn. 3; BeckOK-StPO/*Niesler* Rn. 2.

[37] Vgl. BT-Drs. 7/550, 296, wo ausdrücklich klargestellt wird, dass die Umstände, die gem. § 456c Abs. 1 S. 1 bei Erlass des Urteils zu einem Aufschub des Berufsverbotes führen könnten, im Rahmen der Ermessensausübung bei der Anordnung eines vorläufigen Verbotes zu berücksichtigen seien. Vgl. auch HK-StPO/*Ahlbrecht* Rn. 4; Meyer-Goßner/*Schmitt* Rn. 3.

[38] Meyer-Goßner/*Schmitt* Rn. 3; SK-StPO/*Paeffgen* Rn. 7; KK/*Schultheis* Rn. 4.

[39] HK-StPO/*Ahlbrecht* Rn. 4; Meyer-Goßner/*Schmitt* Rn. 3.

[40] Vgl. KK/*Schultheis* Rn. 4; AnwK/*Walther* Rn. 5.

[41] HK-StPO/*Ahlbrecht* Rn. 4; SK-StPO/*Paeffgen* Rn. 7a; *Pfeiffer* Rn. 1; AnwK/*Walther* Rn. 5.

[42] So SK-StPO/*Paeffgen* Rn. 7a; *Pfeiffer* Rn. 1; KK/*Schultheis* Rn. 5. Das Beispiel ist angelehnt an BGH 13.5.1954 – 4 StR 807/52, MDR 1954, 529.

[43] BeckOK-StPO/*Niesler* Rn. 4; *Pfeiffer* Rn. 3; KK/*Schultheis* Rn. 9.

[44] OLG Karlsruhe 19.1.1995 – 2 Ss 177/94, NStZ 1995, 446 (446 f.); BeckOK-StPO/*Niesler* Rn. 4; *Pfeiffer* Rn. 3.

[45] So OLG Karlsruhe 19.1.1995 – 2 Ss 177/94, NStZ 1995, 446 (447).

[46] BGH 25.2.1981 – 3 StR 496/80, BeckRS 1981 Nr. 05202; KK/*Schultheis* Rn. 9.

[47] Vgl. BGH 16.7.1980 – 3 StR 229/80, BeckRS 1980 Nr. 02999; OLG Karlsruhe 19.1.1995 – 2 Ss 177/94, NStZ 1995, 446 (446 f.); KK/*Schultheis* Rn. 9.

[48] Vgl. BGH 16.7.1980 – 3 StR 229/80, BeckRS 1980 Nr. 02999; KK/*Schultheis* Rn. 9.

der zu befürchtenden Gefährdung für die Allgemeinheit nicht möglich sind".[49] Ob dies der Fall ist, hat der Tatrichter näher darzulegen.[50]

14 Einer **Befristung** bedarf das vorläufige Verbot im Hinblick auf Abs. 2 nicht.[51]

15 **dd) Besonderheiten bei der Anordnung eines vorläufigen Berufsverbotes gegen Abgeordnete.** Hinsichtlich **Abgeordneter des Bundestages** ist zu beachten, dass diese gem. Art. 46 Abs. 2 GG nur mit Genehmigung des Bundestages strafrechtlich verfolgt werden können. Die Anordnung eines vorläufigen Berufsverbotes wird jedoch nicht von der allgemeinen Genehmigung zur Durchführung von Ermittlungsverfahren iS der Nr. 192a RiStBV erfasst. Vielmehr ist der Antrag auf Verhängung eines vorläufigen Berufsverbotes nach § 132a durch **Nr. 192a Abs. 2 lit. e RiStBV** ausdrücklich von der allgemeinen Genehmigung ausgenommen. Es muss also im Einzelfall eine spezielle **Genehmigung des Parlaments** zur Strafverfolgung eingeholt werden, die die Verhängung des vorläufigen Berufsverbotes einschließt.[52] Für **Landtagsabgeordnete** gilt Entsprechendes.

16 **b) Die Folgen des vorläufigen Verbotes nach Abs. 1 S. 2.** § 132a Abs. 1 S. 2 erklärt § 70 Abs. 3 StGB für entsprechend anwendbar, so dass der Beschuldigte den verbotenen Beruf für die Dauer des Verbotes **weder selbst ausüben** darf, was die Ausübung für eine andere Person einschließt, noch durch eine von seinen Weisungen abhängige dritte Person **für sich ausüben lassen** darf. Durch den Verweis auf § 70 Abs. 3 StGB sollen **Umgehungen** auch des vorläufigen Verbotes ausgeschlossen werden.[53] Bei der **Bestimmung der Dauer des endgültigen Verbotes** sind zudem die § 70 Abs. 2 und 4 S. 2 StGB zu beachten, wenn ein vorläufiges Berufsverbot angeordnet worden war. Nach § 70 Abs. 2 StGB verkürzt sich das **Mindestmaß** der Verbotsfrist bis zur Dauer von drei Monaten um die Zeit, in der das vorläufige Verbot wirksam war. Nach § 70 Abs. 4 S. 2 StGB wird die Dauer des vorläufigen Verbotes insofern auf die Dauer des endgültigen Verbotes **angerechnet,** als die Zeit des vorläufigen Verbotes nach Verkündung des Urteils der letzten Tatsacheninstanz verstrichen ist.[54] Die Verhängung eines vorläufigen Berufsverbotes sowie dessen Aufhebung ist gem. Nr. 23, 24 und 26 MiStra **mitteilungspflichtig.**

17 **c) Die Zuständigkeit für Anordnungen nach Abs. 1.** Sachlich zuständig für die Anordnung des vorläufigen Berufsverbotes ist **vor Anklageerhebung** der Ermittlungsrichter iS der §§ 162 Abs. 1, 169.[55] Örtlich zuständig ist jedes Gericht, bei dem gem. der §§ 7 ff. ein Gerichtsstand besteht.[56]

18 **Nach Anklageerhebung** ist grundsätzlich das Gericht zuständig, bei dem die Sache anhängig ist, dh das Instanzgericht oder nach Übersendung der Akten iS des § 321 S. 2 das Berufungsgericht.[57] **Im Revisionsverfahren** bleibt gem. § 162 Abs. 3 S. 2 der Richter der letzten Tatsacheninstanz zuständig.[58] Voraussetzung dafür, dass im Revisionsrechtszug noch ein vorläufiges Berufsverbot verhängt werden kann, ist allerdings, dass der Tatrichter in seinem Urteil bereits ein gem. § 70 Abs. 4 S. 1 StGB noch nicht wirksames Berufsverbot verhängt hat.[59] Hebt das Revisionsgericht das Urteil auf und verweist es die Sache zurück, wird der neue Tatrichter zuständig.[60]

---

[49] So BGH 16.7.1980 – 3 StR 229/80, BeckRS 1980 Nr. 02999.
[50] So BGH 16.7.1980 – 3 StR 229/80, BeckRS 1980 Nr. 02999.
[51] BVerfG 25.9.2003 – 2 BvR 1580/03, BeckRS 2003 Nr. 24274.
[52] *Pfeiffer* Rn. 6.
[53] KK/*Schultheis* Rn. 10.
[54] Meyer-Goßner/*Schmitt* Rn. 1.
[55] AK-StPO/*Krause* Rn. 5; Radtke/Hohmann/*Kretschmer* Rn. 4; *Pfeiffer* Rn. 3; KK/*Schultheis* Rn. 7.
[56] HK-StPO/*Ahlbrecht* Rn. 5; *Pfeiffer* Rn. 3; aA *Möller*, Vorläufige Maßregeln, 1982, S. 105, der § 162 Abs. 1 S. 2 und 3 analog anwenden will.
[57] SK-StPO/*Paeffgen* Rn. 9; Meyer-Goßner/*Schmitt* Rn. 6.
[58] *Pfeiffer* Rn. 3; KK/*Schultheis* Rn. 7.
[59] SK-StPO/*Paeffgen* Rn. 9; KK/*Schultheis* Rn. 7.
[60] HK-StPO/*Ahlbrecht* Rn. 5; KK/*Schultheis* Rn. 7.

Die Entscheidung ergeht gem. der §§ 33 und 34 nach Erklärung der Staatsanwaltschaft und Anhörung des Beschuldigten durch **begründeten Beschluss** nach Aktenlage. Weitere Ermittlungen stellt das Gericht nicht an.[61] Da die Entscheidung erst mit ihrer **Bekanntgabe** gegenüber dem Betroffenen wirksam wird, sollte sie **förmlich zugestellt** werden.[62] *Schmitt* geht sogar von einer Zustellungspflicht aus.[63] Unter Fürsorgegesichtspunkten sollte zudem ein **Hinweis auf die §§ 70 Abs. 3 und 145c StGB** erteilt werden.[64] Eilkompetenzen für die Staatsanwaltschaft oder ihre Ermittlungspersonen bestehen im Hinblick auf den erheblichen Grundrechtseingriff nicht.[65] Liegt kein Antrag der Staatsanwaltschaft vor und wurde der Beschuldigte auch nicht angehört, begründet die Verhängung eines vorläufigen Berufsverbotes regelmäßig die Besorgnis der Befangenheit.[66] 19

2. Die Pflicht zur Aufhebung eines vorläufigen Berufsverbotes nach Abs. 2. 20
a) Die Aufhebungsgründe des Abs. 2. § 132a Abs. 2 bestimmt, dass das vorläufige Berufsverbot **zwingend aufzuheben** ist, wenn sein Grund wegfällt oder wenn das Gericht im Urteil das Berufsverbot nicht anordnet. Ob der Anordnungsgrund noch besteht, ist zu jedem Zeitpunkt **von Amts wegen** zu prüfen.[67] Ein Wegfall ist anzunehmen, wenn die hohe Wahrscheinlichkeit, dass ein Berufsverbot gem. § 70 StGB angeordnet werden wird, nicht mehr besteht.[68] Das ist zB der Fall, wenn das Verfahren (auch noch nicht rechtskräftig) eingestellt worden ist, oder wenn neu bekanntgewordene Tatsachen der Prognoseentscheidung ihre Grundlage entziehen.[69] Auch ein erheblicher Verstoß gegen das Beschleunigungsgebot kann die Aufrechterhaltung des vorläufigen Berufsverbotes unverhältnismäßig werden lassen und aus diesem Grund zur Aufhebung zwingen.[70]

Umstritten ist allerdings, wie es sich verhält, wenn die im erstinstanzlichen Urteil festgesetzte Verbotsfrist im Rechtsmittelverfahren, das allein zu Gunsten des Angeklagten betrieben wird, verstreicht.[71] Die wohl hM hält den **Zeitablauf** nicht für einen zwingenden Grund, das vorläufige Verbot aufzuheben.[72] § 358 Abs. 2 hindere den neuen Tatrichter nicht, das Berufsverbot nach Zurückverweisung mit gleicher Länge und in gleichem Umfang erneut zu verhängen.[73] Lediglich die Verhängung einer längeren Verbotsfrist oder eines umfänglicheren Verbotes sei untersagt. Für § 331 gilt dann Entsprechendes. Dem ist jedoch entgegenzuhalten, dass der Beschuldigte durch ein **zu seinen Gunsten eingelegtes Rechtmittel** nicht schlechter gestellt werden darf, als er ohne das Rechtsmittel stünde. Dies gilt erst Recht, wenn er erst durch den Erfolg des eingelegten Rechtsmittels schlechter gestellt wird. Hätte er nämlich kein Rechtsmittel eingelegt oder wäre der Revision der Erfolg versagt geblieben, dürfte er seinen Beruf mit Fristablauf bzw. spätestens mit der ablehnenden Entscheidung wieder ausüben, da die Dauer des vorläufigen Verbotes gem. § 70 Abs. 4 S. 2 StGB angerechnet würde. Erzwingt er jedoch eine neue 21

---

61 Löwe/Rosenberg/*Gleß* Rn. 12.
62 *Pfeiffer* Rn. 3; KK/*Schultheis* Rn. 8.
63 Meyer-Goßner/*Schmitt* Rn. 8; ebenso Löwe/Rosenberg/*Gleß* Rn. 16.
64 Löwe/Rosenberg/*Gleß* Rn. 16; KK/*Schultheis* Rn. 8; Meyer-Goßner/*Schmitt* Rn. 8.
65 In diesem Sinne auch Löwe/Rosenberg/*Gleß* Rn. 11.
66 So OLG Frankfurt a. M. 3.2.1999 – 2 Ws 12/99, StV 2001, 496 (496 f.); zustimmend KMR/*Wankel* Rn. 7.
67 HK-StPO/*Ahlbrecht* Rn. 10; BeckOK-StPO/*Niesler* Rn. 8; Meyer-Goßner/*Schmitt* Rn. 11; KK/*Schultheis* Rn. 12.
68 *Pfeiffer* Rn. 4.
69 Vgl. auch Löwe/Rosenberg/*Gleß* Rn. 22.
70 OLG Bremen 31.7.1996 – Ws 77-78/96, StV 1997, 9; KK/*Schultheis* Rn. 11.
71 Umfassend zu diesem Streit AK-StPO/*Krause* Rn. 11. Umgehen könnte man die gesamte Problematik, wenn es das Gesetz zuließe, einen bestimmten Zeitpunkt in der Zukunft festzulegen, zu dem das Berufsverbot endet, und den Richter nicht dazu zwingen würde, die erforderliche Dauer in Jahren zu bemessen, obwohl er den Zeitpunkt in dem das Verbot wirksam wird, nämlich den der Rechtskraft, gar nicht kennt, vgl. hierzu auch *Gollner* JZ 1978, 637 (637 f.).
72 HK-StPO/*Ahlbrecht* Rn. 10; Meyer-Goßner/*Schmitt* Rn. 12; KK/*Schultheis* Rn. 12; aA AK-StPO/*Krause* Rn. 11; *Gollner* GA 1975, 129 (141 ff.); *ders.* JZ 1978, 637 (638 ff.).
73 HK-StPO/*Ahlbrecht* Rn. 10; KK/*Schultheis* Rn. 12.

Tatsacheninstanz, darf nichts anderes gelten. Sofern vermeidbar darf eine vorläufige Maßnahme keinen größeren Eingriff rechtfertigen, als es die endgültige Maßnahme könnte.[74] Dies wäre ein klarer **Verstoß gegen das Verhältnismäßigkeitsprinzip.** Nicht die zufällige Länge des Strafverfahrens, sondern die erforderliche Dauer der Sicherung muss die Länge der Verbotslaufzeit bestimmen.[75] Der Beschuldigte darf dem Gedanken des Verbotes der **reformatio in peius** entsprechend nicht davon abgehalten werden, ein Rechtsmittel einzulegen.[76] Für den Fristablauf während des **Revisionsrechtszugs** lässt sich diese Aufhebungspflicht dann auch leicht begründen. Da für die Aufhebung des vorläufigen Berufsverbotes der letzte Tatrichter zuständig bleibt, der die Länge des Berufsverbotes auf Grund der von ihm geleiteten Hauptverhandlung und aller bekannter Tatsachen selbst zugemessen hat, bleibt er an diese Beurteilung gebunden und muss das Verbot konsequent aufheben, wenn die von ihm festgesetzte Frist verstrichen ist.[77] Im **Berufungsprozess** zu Gunsten des Beschuldigten kann jedoch nichts anderes gelten. Teilt das Berufungsgericht die Auffassung des Amtsgerichts über die erforderliche Länge des Berufsverbotes, ist diese Dauer verstrichen und das Verbot aufzuheben. Eine erneute Verhängung des Verbotes gleicher Länge wäre zwar vom Wortlaut des § 331 gedeckt, käme jedoch inhaltlich einer Verschlechterung gleich, weshalb die Dauer des vorläufigen Verbotes unabhängig von § 70 Abs. 4 S. 2 aus allgemeinen Verhältnismäßigkeitserwägungen entsprechend zu reduzieren ist.[78] Rechtlich begründen lässt sich das Ergebnis durch eine **teleologische Interpretation der §§ 331, 358.**[79] Ein Entschädigungsanspruch nach § 4 Abs. 1 Nr. 2 StrEG ist nicht zu gewähren.

22 Ordnet das Gericht die Anordnung des Berufsverbotes nicht an, ist das vorläufige Berufsverbot auch dann aufzuheben, wenn die Staatsanwaltschaft **Rechtsmittel zu Lasten des Beschuldigten** einlegt.[80] Der Wortlaut des Abs. 2 ist insoweit eindeutig.[81] Umstritten ist in diesem Zusammenhang jedoch, ob das vorläufige Berufsverbot vor Abschluss des Verfahrens erneut verhängt werden darf, wenn aufgrund neuer Tatsachen oder Beweise mit einer Aufhebung der Entscheidung und Verhängung des endgültigen Berufsverbotes im Berufungsverfahren oder nach Rückverweisung gerechnet werden muss. Die hM geht davon aus, dass dies stets möglich sei.[82] *Gleß* differenziert zwischen Berufung und Revision.[83] Im Revisionsverfahren müsse man dem **Urteil der letzten Tatsacheninstanz** gegenüber dem Beschlussverfahren die Vermutung der größeren Richtigkeit einräumen. Wenn sich das Bedürfnis eines Berufsverbotes in der Hauptverhandlung nicht habe erweisen lassen, dürfe man dieses Ergebnis nicht durch eine erneute Prognose auf unsicherer Tatsachengrundlage umgehen. Dem Berufungsgericht, dem seinerseits Tatsachen in mündlicher Hauptverhandlung bekannt werden, müsse jedoch das Recht zustehen, auf Grund dieser neuen Tatsachen auch erneut ein vorläufiges Berufsverbot zu erlassen.[84] Dem ist zuzustimmen.

---

[74] So AK-StPO/*Krause* Rn. 11; *R. Schmitt* JZ 1965, 193 (197); vertiefend *Dencker* NStZ 1982, 458 (461).

[75] AK-StPO/*Krause* Rn. 11; ebenso Löwe/Rosenberg/*Gleß* Rn. 21 für das Revisionsverfahren.

[76] In diesem Sinne auch AK-StPO/*Krause* Rn. 11; ebenso Löwe/Rosenberg/*Gleß* Rn. 21 für das Revisionsverfahren; vertiefend *Gollner* GA 1975, 129 (130 und 142); *Mollenkott* NJW 1977, 425 (426).

[77] So die überzeugende Argumentation von Löwe/Rosenberg/*Gleß* Rn. 21. Zeiten, in denen der Beschuldigte auf behördliche Anordnung in einer Anstalt verwahrt worden ist, sind gem. § 70 Abs. 4 S. 3 StGB nicht zu berücksichtigen. Ebenso SK-StPO/*Paeffgen* Rn. 16.

[78] Anderenfalls würde die Maßregel wie eine Strafe behandelt und nicht mehr am Aspekt der erforderlichen Dauer ausgerichtet, umfassend *Gollner* GA 1975, 129 (144); *ders.* JZ 1978, 637 (638 ff.). Auch wenn die Prognose der erforderlichen Verbotsdauer verlängert wird, liegt ein Verstoß gegen das Verschlechterungsverbot vor. SK-StPO/*Paeffgen* Rn. 16 will die Aufrechterhaltung der Verbotslaufzeit im Berufungsurteil zulassen, verlangt jedoch, dass das vorläufige Verbot vom Berufungsgericht erneuert wird, um klarzustellen, dass es sich um eine Neueinschätzung handelt.

[79] Umfassend *Gollner* GA 1975, 129 (141 ff.); *ders.* JZ 1978, 637 (638 ff.).

[80] HK-StPO/*Ahlbrecht* Rn. 10; Meyer-Goßner/*Schmitt* Rn. 11; KK/*Schultheis* Rn. 13.

[81] HK-StPO/*Ahlbrecht* Rn. 11.

[82] Vgl. HK-StPO/*Ahlbrecht* Rn. 11; AK-StPO/*Krause* Rn. 12; Meyer-Goßner/*Schmitt* Rn. 11; KK/*Schultheis* Rn. 13; AnwK/*Walther* Rn. 10.

[83] Löwe/Rosenberg/*Gleß* Rn. 22; ebenso SK-StPO/*Paeffgen* Rn. 17.

[84] Löwe/Rosenberg/*Gleß* Rn. 22.

23 **b) Die Zuständigkeit für die Aufhebungsentscheidung nach Abs. 2.** Die jeweilige Aufhebungsentscheidung hat das Gericht zu treffen, das im jeweiligen Zeitpunkt auch **für den Erlass der Anordnung zuständig** wäre. Das **Revisionsgericht** kann die Anordnung jedoch dann **selbst aufheben,** wenn es das im Urteil angeordnete Berufsverbot endgültig aufhebt oder das Verfahren einstellt.[85] An einen **Aufhebungsantrag der Staatsanwaltschaft** ist das Gericht nicht gebunden, da anders als in § 126a Abs. 3 S. 3 in § 132a Abs. 2 ein Verweis auf § 120 Abs. 3 S. 1 fehlt.[86] Ab dem Zeitpunkt der Aufhebung darf der Beschuldigte seinen Beruf bzw. sein Gewerbe **ohne weitere Prüfung** unmittelbar wieder aufnehmen. Dies gilt auch, wenn ihm die Entscheidung noch gar nicht bekannt gemacht worden ist.[87]

24 Wird das endgültige Berufsverbot im Urteil rechtskräftig angeordnet, tritt das vorläufige Berufsverbot außer Kraft, ohne dass es eines **formellen Aufhebungsaktes** bedarf.[88] Dies wird vom Gesetz als selbstverständlich vorausgesetzt.[89]

III. Rechtsbehelf

25 Gegen die gerichtliche Entscheidung ist die **Beschwerde** gem. § 304 Abs. 1 statthaft.[90] Dies gilt gem. § 305 S. 2 auch für die Entscheidung des erkennenden Gerichts. Nicht mit der Beschwerde anfechtbar sind daher allein die Entscheidungen des OLG im Hinblick auf § 304 Abs. 4 S. 2 und die Entscheidungen der Ermittlungsrichter des BGH oder des jeweiligen OLG im Hinblick auf § 304 Abs. 5.[91] Die **weitere Beschwerde** ist gem. § 310 Abs. 2 ausgeschlossen.[92] **Aufschiebende Wirkung** hat die Beschwerde gem. § 307 Abs. 1 nicht. Es kommt jedoch bis zur Entscheidung über die Beschwerde eine **Aussetzung der Vollziehung** nach § 307 Abs. 2 in Betracht.[93]

26 Der **Prüfungsmaßstab** des Beschwerdegerichts ist nach hM auch im Rahmen der Überprüfung eines vorläufigen Berufsverbotes, das das erkennende Gericht während der laufenden Hauptverhandlung und nach durchgeführter Beweisaufnahme getroffen hat, eingeschränkt, da auch in diesem Fall das Beschwerdegericht „keine eigenen unmittelbaren Kenntnisse über den Verlauf und das Ergebnis der Beweisaufnahme hat".[94] Eine Aufhebung kommt daher nur in Betracht, „wenn der Inhalt der angefochtenen Haftentscheidung grob fehlerhaft ist und der dringende Tatverdacht aus Gründen bejaht wird, die in tatsächlicher oder rechtlicher Hinsicht nicht vertretbar sind".[95] Dies entspricht der **Rechtsprechung zur Überprüfung des dringenden Tatverdachts** im Rahmen der Haftprüfung.[96]

27 Wird der Beschuldigte freigesprochen, das Verfahren gegen ihn aus obligatorischen Gründen eingestellt oder lehnt das Gericht die Eröffnung des Hauptverfahrens gegen ihn ab, steht ihm gem. § 2 Abs. 2 Nr. 6 StrEG grundsätzlich eine **Entschädigung** zu. Die weiteren Voraussetzungen des Entschädigungsanspruches – insbes. nach den §§ 5 Abs. 1

---

85 BGH 30.10.2003 – 3 StR 276/03, NStZ-RR 2004, 54 (55); BeckOK-StPO/*Niesler* Rn. 10; Meyer-Goßner/*Schmitt* Rn. 13.

86 Löwe/Rosenberg/*Gleß* Rn. 23; AK-StPO/*Krause* Rn. 9.

87 AK-StPO/*Krause* Rn. 9.

88 HK-StPO/*Ahlbrecht* Rn. 9; Löwe/Rosenberg/*Gleß* Rn. 18; KK/*Schultheis* Rn. 11; kritisch SK-StPO/*Paeffgen* Rn. 14.

89 So Löwe/Rosenberg/*Gleß* Rn. 18.

90 HK-StPO/*Ahlbrecht* Rn. 13; BeckOK-StPO/*Niesler* Rn. 11; *Pfeiffer* Rn. 5.

91 *Pfeiffer* Rn. 5; Meyer-Goßner/*Schmitt* Rn. 14; dies ist um Hinblick auf den erheblichen Grundrechtseingriff kritisch zu sehen. SK-StPO/*Paeffgen* Rn. 19 geht daher sogar von der Verfassungswidrigkeit des § 304 Abs. 4 S. 2 und Abs. 5 aus.

92 Kritik rechtspolitischer Art findet sich bei SK-StPO/*Paeffgen* Rn. 19.

93 AK-StPO/*Krause* Rn. 14.

94 So OLG Nürnberg 26.7.2011 – 1 Ws 310/11, NStZ-RR 2011, 346 (346); zustimmend Meyer-Goßner/*Schmitt* Rn. 14.

95 So OLG Nürnberg 26.7.2011 – 1 Ws 310/11, NStZ-RR 2011, 346 (346); zustimmend Meyer-Goßner/*Schmitt* Rn. 14.

96 Vgl. OLG Nürnberg 26.7.2011 – 1 Ws 310/11, NStZ-RR 2011, 346 (346); Meyer-Goßner/*Schmitt* Rn. 14.

Nr. 3 und 6 StrEG – sind zu beachten. Wird das Verfahren unter Opportunitätsgesichtspunkten eingestellt, kann gem. § 3 StrEG eine Entschädigung gewährt werden, soweit dies nach den Umständen des Einzelfalles der **Billigkeit** entspricht. Gleiches gilt nach § 4 Abs. 1 Nr. 2 StrEG, wenn die Dauer des nach § 70 Abs. 1 StGB festgesetzten Verbotes die anrechenbare Dauer des vorläufigen Verbotes nicht erreicht, sondern zeitlich hinter Letztgenanntem zurückbleibt.[97] Im Hinblick auf den möglichen Entschädigungsanspruch und den schweren Grundrechtseingriff gilt das Beschleunigungsgebot mit derselben Dringlichkeit wie in Haftsachen.[98]

[97] Vgl. auch HK-StPO/*Ahlbrecht* Rn. 2 und KK/*Schultheis* Rn. 1.
[98] SK-StPO/*Paeffgen* Rn. 4; Meyer-Goßner/*Schmitt* Rn. 1; AnwK/*Walther* Rn. 1.

Zehnter Abschnitt. Vernehmung des Beschuldigten

Vorbemerkung zu den §§ 133 ff.

Schrifttum: *Amelung,* Informationsbeherrschungsrechte im Strafprozeß – dogmatische Grundlagen individualrechtlicher Beweisverbote, 1990; *Amelung,* Grundfragen der Verwertungsverbote bei beweissichernden Haussuchungen im Strafverfahren, NJW 1991, 2533; *Amelung,* Zum Streit über die Grundlagen der Lehre von den Beweisverwertungsverboten, FS C. Roxin I, 2001, S. 1259; *Amelung,* Prinzipien der strafprozessualen Verwertungsverbote, GS Schlüchter, 2002, S. 417; *Amelung,* Prinzipien strafprozessualer Beweisverwertungsverbote, 2011; *v. Arnim,* Die Verwertbarkeit widerrechtlich erlangter Beweismittel in Fällen der Verletzung der Selbstbelastungsfreiheit („nemo tenetur se ipsum accusare") nach deutschem Recht und nach der Europäischen Menschenrechtskonvention, GS Blumenwitz, 2008, S. 265; *Artkämper,* Wahrheitsfindung im Strafverfahren mit gängigen und innovativen Methoden, Kriminalistik 2009, 417 (2. Teil); *Arzt,* Schutz juristischer Personen gegen Selbstbelastung, JZ 2003, 456; *K. Bader,* Zum neuen § 136a StPO, JZ 1951, 123; *M. Bader,* Das Verwendungsverbot des § 97 I 3 InsO, NZI 2009, 416; *Bärlein/Pananis/Rehmsmeier,* Spannungsverhältnis zwischen der Aussagefreiheit im Strafverfahren und den Mitwirkungspflichten im Verwaltungsverfahren, NJW 2002, 1825; *Beckemper,* Durchsetzbarkeit des Verteidigerkonsultationsrechts und die Eigenverantwortlichkeit des Beschuldigten, 2002; Beulke, Die Vernehmung des Beschuldigten – einige Anmerkungen aus der Sicht der Prozeßrechtswissenschaft, StV 1990, 180; *Beulke,* Hypothetische Kausalverläufe im Strafverfahren bei rechtswidrigem Vorgehen von Ermittlungsorganen, ZStW 103 (1991), 657; *Beulke,* Beweiserhebungs- und Beweisverwertungsverbote im Spannungsfeld zwischen den Garantien des Rechtsstaates und der effektiven Bekämpfung von Kriminalität und Terrorismus, Jura 2008, 653; *Beulke,* Rechtliche Probleme der Entbindung von Rechtsbeiständen juristischer Personen von der Schweigepflicht (§ 53 Abs. 2 S. 1 StPO) bei personellem Wechsel innerhalb der Vertretungsorgane, FS Achenbach, 2011, S. 39; *Beulke,* Reden ist Silber, Schweigen ist Gold? – Zum eigenständigen Schweigerecht des Strafverteidigers, FS Im. Roxin, 2012, 555; *Bittmann/Molkenbur,* Private Ermittlungen, arbeitsrechtliche Aussagepflicht und strafprozessuales Schweigerecht, wistra 2009, 373; *Bittmann/Rudolph,* Das Verwendungsverbot gemäß § 97 Abs 1 Satz 3 InsO, wistra 2001, 81; *Bloom,* Inevitable Discovery: An Exception beyond the Fruits, American Journal of Criminal Law (Am. J. Crim. L.) 20 (Herbst 1992), 79; *Bosch,* Aspekte des nemo-tenetur-Prinzips aus verfassungsrechtlicher und strafprozessualer Sicht – ein Beitrag zur funktionsorientierten Auslegung des Grundsatzes „nemo tenetur seipsum accusare", 1998; *Böse,* Die verfassungsrechtlichen Grundlagen des Satzes „Nemo tenetur se ipsum accusare", GA 2002, 98; *Böse,* Wirtschaftsaufsicht und Strafverfolgung – die verfahrensübergreifende Verwendung von Informationen und die Grund- und Verfahrensrechte des Einzelnen, 2005; *Bottke,* Fairness im Strafverfahren gegen Bekannt, FS C. Roxin I, 2001, S. 1243; *Brunhöber,* Privatisierung des Ermittlungsverfahrens im Strafprozess, GA 2010, 571; *Cierniak/Herb,* Pflicht zur Belehrung über die Freiwilligkeit der Teilnahme an einer Atemalkoholmessung?, NZV 2012, 409; *Dahs/Langkeit,* Das Schweigerecht des Beschuldigten und seine Auskunftsverweigerung als „verdächtiger Zeuge" – zugl. Anm. zu BGH 5 StR 122/92, NStZ 1993, 213; *Dallmeyer,* Verletzt der zwangsweise Brechmitteleinsatz gegen Beschuldigte deren Persönlichkeitsrechte?, StV 1997, 606; *Dann/Schmidt,* Im Würgegriff der SEC? – Mitarbeiterbefragungen und die Selbstbelastungsfreiheit, NJW 2009, 1851; *Degener,* § 136a StPO und die Aussagefreiheit des Beschuldigten, GA 1992, 443; *Dencker,* Verwertungsverbote im Strafprozeß – ein Beitrag zur Lehre von den Beweisverboten, 1977; *Dencker,* Zum Geständnis im Straf- und Strafprozeßrecht, ZStW 102 (1990), 51; *Dencker,* Über Heimlichkeit, Offenheit und Täuschung bei der Beweisgewinnung im Strafverfahren, StV 1994, 667; *Dingeldey,* Der Schutz der strafprozessualen Aussagefreiheit durch Verwertungsverbote bei außerstrafrechtlichen Aussage- und Mitwirkungspflichten, NStZ 1984, 529; *Dingeldey,* Das Prinzip der Aussagefreiheit im Strafprozeßrecht, JA 1984, 407; *Diversy,* Eigene Angaben des Insolvenzschuldners gegenüber dem Insolvenzgericht als Erkenntnisquelle der Staatsanwaltschaft?, ZInsO 2005, 180; *Döpfer,* „Schweigen ist das am schwersten zu widerlegende Argument" – Anmerkungen zur Bedeutung des Anspruchs auf rechtliches Gehör für die Verteidigung im Steuerstrafverfahren, FS Streck, 2011, S. 485; *Drope,* Strafprozessuale Probleme bei der Einführung einer Verbandsstrafe, 2002; *Eidam,* Einschränkende Auslegung des Verwendungsverbotes aus § 393 II 1 AO im Fall einer Selbstanzeige gem. § 371 AO? – eine Anm. zu BGH 5 StR 548/03, wistra 2004, 412; *Eidam,* Neuere Entwicklungen um den Grundsatz der Selbstbelastungsfreiheit und das Rechtsinstitut der Selbstanzeige im Steuerstrafverfahren – eine Anm. zu BGH 5 StR 118/05, wistra 2006, 11; *Eidam,* Die strafprozessuale Selbstbelastungsfreiheit am Beginn des 21. Jahrhunderts, 2007; *Eisenberg,* Vernehmung und Aussage (insbesondere) im Strafverfahren aus empirischer Sicht, JZ 1984, 912 (1. Teil), 961 (2. Teil); *Eisenberg,* Zur Rechtsstellung von Kindern im polizeilichen Ermittlungsverfahren, StV 1989, 554; *Eisenberg,* Anwendungsmodifizierung bzw. Sperrung von Normen der StPO durch Grundsätze des JGG, NStZ 1999, 281; *Eisenberg/Pincus,* Sachäußerungen des schweigenden Angeklagten in der Hauptverhandlung, JZ 2003, 397; Eisenhardt, Das nemo tenetur-Prinzip: Grenze körperlicher Untersuchungen beim Beschuldigten – Am Bsp. des § 81a StPO, 2007; *Engelhardt,* Wahrheitsfindung und Verwertungsverbote im Spannungsverhältnis zwischen Steuerstrafverfahren und Besteuerungsverfahren (§ 393 AO), in: AG StrafR DAV, II. Strafverteidiger-Frühjahrssymposium 1988, Wahrheitsfindung und ihre Schranken, 1989, S. 40; *Engländer,* Das nemo-tenetur-Prinzip als Schranke verdeckter Ermittlungen – eine Bespr. von BGH 3 StR 104/07, ZIS 2008, 163; *Eser,* Aussagefreiheit und Beistand des Verteidigers im Ermittlungsverfahren, ZStW 79 (1967), 565; *Eser,* Der Schutz vor Selbstbezichtigung im deutschen Strafprozeßrecht, Beiheft zur ZStW 1974, S. 136; *Esser*, Grenzen für verdeckte Ermittlungen gegen inhaftierte Beschuldigte aus dem europäischen nemo-tenetur-Grundsatz, JR 2004, 98; *Fincke*, Die Pflicht des Sachverständigen zur Belehrung des Beschuldigten, ZStW 86 (1974), 656; *Fincke*, Zum Begriff des Beschuldigten und den Verdachtsgraden, ZStW 95 (1983), 918; *Frehsee*, „Strafverfolgung" von strafunmündigen Kindern, ZStW 100 (1988), 290; *v. Freier*, Selbstbelastungsfreiheit für Verbandspersonen?, ZStW 122 (2010), 117; *Frisch*, Faszinierendes, Berechtigtes und Problematisches in der Lehre von der objektiven Zurechnung des Erfolges, FS C. Roxin I, 2001, S. 213; *St. Frommel/Füger*, Das Auskunftsverweigerungsrecht im Steuerverfahren und die Rechtsprechung des europäischen Gerichtshofs für Menschenrechte, StuW 1995, 58; *Fündling/Rathgeber*, Ärztliche Fehleroffenbarung im Spannungsfeld zwischen Zivil- und Strafrecht, ZGMR 2012, 88; *Gaede*, Fairness als Teilhabe – das Recht auf konkrete und wirksame Teilhabe durch Verteidigung gemäß Art. 6 EMRK, 2007; *Geerds*, Auskunftsverweigerungsrecht oder Schweigebefugnis? – zur Problematik der §§ 55, 56 StPO, FS Stock, 1966, S. 171; *Geerds*, Vernehmungstechnik, in: Die Psychologie des 20. Jahrhunderts, Bd. XIV (Auswirkungen auf die Kriminologie, Hrsg.: H. J. Schneider), 1981, S. 747; *Geerds*, Psychologie des Strafverfahrens, in: Die Psychologie des 20. Jahrhunderts, Bd. XIV (Auswirkungen auf die Kriminologie, Hrsg.: H. J. Schneider), 1981, S. 763; *Geppert*, Notwendigkeit und rechtliche Grenzen der „informatorischen Befragung" im Strafverfahren, FS Oehler, 1985, S. 323; *Geppert*, Nochmals, doch immer wieder: Zum Beginn der „Beschuldigten"-Eigenschaft, FS Schroeder, 2006, S. 675; *v. Gerlach*, Die Begründung der Beschuldigteneigenschaft im Ermittlungsverfahren, NJW 1969, 776; *Gerst*, Unternehmensinteresse und Beschuldigtenrechte bei Internal Investigations – Problemskizze und praktische Lösungswege, CCZ 2012, 1; *Glatzel*, Die Ermittlungsvernehmung aus psychologisch-psychopathologischer Sicht, StV 1982, 283; *Grosjean*, Der Beginn der Beschuldigteneigenschaft, 1999; *Grünwald*, Zur Ankündigung von Strafmilderung für den Fall eines Geständnisses, NJW 1960, 1941; *Grünwald*, Beweisverbote und Verwertungsverbote im Strafverfahren, JZ 1966, 489; *H.-L. Günther*, Die Schweigebefugnis des Tatverdächtigen im Straf- und Bußgeldverfahren aus verfassungsrechtlicher Sicht, GA 1978, 193; *G. Haas*, Vorermittlungen und Anfangsverdacht, 2003; *D. Hammerstein*, Das Geständnis und sein Wert – Lippenbekenntnisse in der Strafzumessung, StV 2007, 48; *G. Hammerstein*, Sachaufklärung durch inquisitorische Vernehmung des Angeklagten, FS Middendorff, 1986, S. 111; *Hardwig*, Die Persönlichkeit des Beschuldigten im Strafprozeß, ZStW 66 (1954), 236; *Hassemer*, Person, Welt und Verantwortlichkeit – Prolegomena einer Lehre von der Zurechnung im Strafrecht, in: Lüderssen (Hrsg.), Aufgeklärte Kriminalpolitik oder Kampf gegen das Böse?, Bd. I, 1998, S. 350; *Haubrich*, Informatorische Befragung von Beschuldigten und Zeugen, NJW 1981, 803; *Hefendehl*, Beweisermittlungs- und Beweisverwertungsverbote bei Auskunfts- und Mitwirkungspflichten – das sog. Verwendungsverbot nach § 97 Abs. 1 S. 3 InsO, wistra 2003, 1; *Hellmann*, Anfangsverdacht und Begründung der Beschuldigteneigenschaft, FS Kühne, 2013, S. 235; *Hengstenberg*, Die Frühwirkung der Verwertungsverbote – eine Untersuchung der Bedeutung der Beweisverwertungsverbote für die strafprozessualen Verdachtsbeurteilungen, 2007; *Herdegen*, Schuld und Willensfreiheit, FS Richter II, 2006, S. 233; *Heubel*, Der „fair trial" – ein Grundsatz des Strafverfahrens? – zugl. ein Beitrag zum Problem der „verfassungskonformen" Rechtsfortbildung im Strafprozeß, 1981; *v. Heydebreck*, Die Begründung der Beschuldigteneigenschaft im Strafverfahren, 1974; *L. Hoffmann*, Kommunikation vor Gericht, 1983; *V. Hoffmann/Mildeberger*, Die Vernehmung eines ausländischen Beschuldigten in englischer Sprache, StraFo 2004, 412; *Hohnel*, Selbstbelastungsfreiheit in der Insolvenz, NZI 2005, 152; *Honig*, Kausalität und objektive Zurechnung, FS Frank, 1930, Bd. 1 S. 174; *Hruschka*, Verhaltensregeln und Zurechnungsregeln, Rechtstheorie 22 (1991), 449; *Jäger*, Beweisverwertung und Beweisverwertungsverbote im Strafprozess, 2003; *Jäger*, Beweiserhebungs- und Beweisverwertungsverbote als prozessuale Regelungsinstrumente im strafverfolgenden Rechtsstaat [zum 67. DJT], GA 2008, 473; *Jahn*, Eine revisionsbedürftige Revision, JuS 2000, 383; *Jahn*, Zurück in die Zukunft – die Diskurstheoie des Rechts als Paradigma des neuen konsensualen Strafverfahrens, GA 2004, 272; *Jahn/Dallmeyer*, Zum heutigen Stand der beweisrechtlichen Berücksichtigung hypothetischer Ermittlungsverläufe im deutschen Strafverfahrensrecht, NStZ 2005, 297; *Jahn*, Strafprozessrecht als geronnenes Verfassungsrecht – Hauptprobleme und Streitfragen des § 136a StPO, JuS 2005, 1057; *Jahn*, Beweiserhebungs- und Beweisverwertungsverbote im Spannungsfeld zwischen den Garantien des Rechtsstaates und der effektiven Bekämpfung von Kriminalität und Terrorismus, 67. DJT Erfurt 2008, Gutachten C, 2008; *Jahn*, Ermittlungen in Sachen Siemens/SEC, StV 2009, 41; *Jahn*, Grundfragen und aktuelle Probleme der Beweisverwertung im Straf- und Steuerstrafverfahren – zugl. ein Beitrag zur Fortentwicklung der Beweisbefugnislehre nach dem „Fall Liechtenstein", FS Stöckel 2010, S. 259; *Jahn*, Die verfassungskonforme Auslegung des § 97 Abs. 1 Nr. 3 StPO, ZIS 2011, 453; *Jahn*, Strafverfolgung um jeden Preis? – die Verwertbarkeit rechtswidrig erlangter Beweismittel, StraFo 2011, 117; *Jakobs*, System der strafrechtlichen Zurechnung, 2012; *Jansen*, Zeuge und Aussagepsychologie, 2. Aufl. 2012; *Joerden*, Verbotene Vernehmungsmethoden – Grundfragen des § 136a StPO, JuS 1993, 927; *Kant*, Grundlegung zur Metaphysik der Sitten, 1786; *Kant*, Metaphysik der Sitten, 1797; *Kapp/Schlump*, Ist die Vernichtung von (kartellrechtlich relevanten) Unternehmensunterlagen zulässig?, BB 2008, 2478; *Kelnhofer*, Hypothetische Ermittlungsverläufe im System der Beweisverbote, 1994; *Kleinknecht*, Die Beweisverbote im Strafprozeß – Gedanken zu einem Thema des 46. DJT, NJW 1966, 1537; *Knauer/Buhlmann*, Unternehmensinterne (Vor-)Ermittlungen – was bleibt von nemo-tenetur und fair-trail? – Grenzen der strafprozessualen Verwertbarkeit unternehmensinterner Ermittlungen, AnwBl 2010, 387; *Knauer/Gaul*, Internal Investigations und fair trial – Überlegungen zu einer Anwendung des Fairnessgedankens, NStZ 2013, 192; *Kohlhaas*, Die neuen wissenschaftlichen Methoden der Verbrechensaufklärung und der Schutz der Rechte des Beschuldigten, JR 1960, 246; *Kohlhaas*, Vom ersten Zugriff zum Schlußgehör, NJW 1965, 1254; *Kölbel*, Selbstbelastungsfreiheiten – der nemo-tenetur-Satz im materiellen Strafrecht, 2006; *König*, Das Geständnis im postmodernen, konsensualen Strafprozess, NJW 2012,

1915; *Koriath,* Grundlagen strafrechtlicher Zurechnung, 1994; *Krack,* Der Normzweck des § 136a StPO, NStZ 2002, 120; *Kudlich,* Strafprozeß und allgemeines Mißbrauchsverbot – Anwendbarkeit und Konsequenzen eines ungeschriebenen Mißbrauchsverbots für die Ausübung strafprozessualer Verteidigungsbefugnisse, 1998; *Kudlich,* Die Lehre von der objektiven Zurechnung als Vorbild für die Argumentationslastverteilung bei der Entstehung unselbständiger Beweisverwertungsverbote, FS Wolter, 2013, S. 995; *Kühne,* Strafprozessuale Beweisverbote und Art. 1 I Grundgesetz, 1970; *Kühne,* Strafverfahrensrecht als Kommunikationsproblem, 1978; *Lenckner,* Mitbeschuldigter und Zeuge, FS Peters, 1974, S. 333; *Lesch,* Inquisition und rechtliches Gehör in der Beschuldigtenvernehmung, ZStW 111 (1999), 624; *Lesch,* Spannungsverhältnis zwischen dem Zwangsmittelverbot (nemo tenetur se ipsum accusare) und den Mitwirkungspflichten des Betroffenen (Anm. zu BGH 5 StR 191/04), JR 2005, 302; *Löffelmann,* Die normativen Grenzen der Wahrheitserforschung im Strafverfahren – Ideen zu einer Kritik der Funktionsfähigkeit der Strafrechtspflege, 2008; *Löffelmann,* Die Lehre von den Verwertungsverboten oder die Freude am Hindernislauf auf Umwegen, JR 2009, 10; *Mahlstedt,* Die verdeckte Befragung des Beschuldigten im Auftrag der Polizei – informelle Informationserhebung und Selbstbelastungsfreiheit, 2011; *Maisch,* Forensisch-psychologische Aspekte von Verstößen gegen § 136a StPO im Ermittlungsverfahren – ein empirischer Beitrag, StV 1990, 314; *Malek,* Abschied von der Wahrheitssuche, StV 2011, 559; *Matt,* Nemo tenetur se ipsum accusare – europäische Perspektiven, GA 2006, 323; *Mayer,* Die Vernehmung von Kindern als Beschuldigte im Rechtshilfeverfahren nach dem Europäischen Übereinkommen über die Rechtshilfe in Strafsachen, GA 1990, 508; *Metz,* Aufklärungspflicht des Versicherungsnehmers über unentdeckte Straftaten – versicherungs- und strafrechtliche Aspekte, VersR 2010, 1265; *Meurer,* Informelle Ausforschung, FS C. Roxin I, 2001, S. 1281; *Meyer,* Die Aussagefreiheit und das Prinzip der gegenseitigen Anerkennung, GA 2007, 15; *Meyer-Mews,* Reden ist Silber – Schweigen strafbar?, DStR 2013, 161; *Minoggio,* Das Schweigerecht der juristischen Person als Nebenbeteiligte im Strafverfahren, wistra 2003, 121; *Mitsch,* Strafprozessuale Beweisverbote im Spannungsfeld zwischen Jurisprudenz und realer Gefahr, NJW 2008, 2295; *Mittelsdorf,* Unternehmensstrafrecht im Kontext, 2007; *H. Möller,* Verfassungsrechtliche Überlegungen zum „nemo-tenetur"-Grundsatz und zur strafmildernden Berücksichtigung von Geständnissen, JR 2005, 314; *Momsen,* Internal Investigations zwischen arbeitsrechtlicher Mitwirkungspflicht und strafprozessualer Selbstbelastungsfreiheit, ZIS 2011, 508; *Momsen/Grützner,* Verfahrensregeln für interne Ermittlungen – kritische Würdigung der Thesen der BRAK zum Unternehmensanwalt im Strafrecht, DB 2011, 1792; *Montenbruck,* „Entlassung aus der Zeugenrolle" – Versuch einer Fortentwicklung der materiellen Beschuldigtentheorie, ZStW 89 (1977), 878; *Montiel,* Unternehmerische „Selbstreinigung": Compliance-Programme, interne Untersuchungen und Neutralisierung strafrechtlicher Risiken, in: Kudlich/Kuhlen/Ortiz de Urbina, Compliance und Strafrecht, 2012, S. 185; *Müller,* Neue Ermittlungsmethoden und das Verbot des Zwanges zur Selbstbelastung, EuGRZ 2002, 546; *Müller-Dietz,* Die Stellung des Beschuldigten im Strafprozeß, ZStW 93 (1981), 1177; *Müssig,* Beweisverbote im Legitimationszusammenhang von Strafrechtstheorie und Strafverfahren, GA 1999, 119; *Müssig,* Grenzen der Beweisverwertung beim Einsatz „Verdeckter Ermittler" gegen den Verdächtigen, GA 2004, 87; *Naucke,* Die Erzeugung prozessualer Gewalt durch die Auslegung materiellen Rechts, FS Hamm, 2008, S. 497; *Nehm,* Umfang der Bindung des Ermittlungsrichters an Anträge der Staatsanwaltschaft, FS Meyer-Goßner, 2001, S. 277; *B. Neuhaus,* Kommunikation im kontradiktorischen Strafverfahren, StraFo 2003, 121; *R. Neuhaus,* Zur Fernwirkung von Beweisverwertungsverboten, NJW 1990, 1221; *Neumann,* Mitwirkungs- und Duldungspflichten des Beschuldigten bei körperlichen Eingriffen im Strafverfahren, FS Wolff, 1998, S. 373; *Niese,* Narkoanalyse als doppelfunktionelle Prozeßhandlung, ZStW 63 (1951), 199; *Nothhelfer,* Die Freiheit von Selbstbezichtigungszwang – verfassungsrechtliche Grundlagen und einfachgesetzliche Ausformungen, 1989; *Ostendorf,* Kommunikation und Interaktion im Strafrechtssystem, DRiZ 1999, 63; *Ostendorf,* Der Wandel vom klassischen zum ökonomischen Strafprozess, ZIS 2013, 172; *Otto,* Grenzen und Tragweite der Beweisverbote im Strafverfahren, GA 1970, 289; *Paeffgen,* Kompetenz zur (präventiven und repressiven) Datenübermittlung, FS Hilger, 2003, S. 153; *Pawlik,* Verdeckte Ermittlungen und das Schweigerecht des Beschuldigten – zu den Anwendungsgrenzen der §§ 136 Abs. 1 S. 2 und 136a StPO, GA 1998, 378; *Pawlik,* Das Unrecht des Bürgers, 2012; *Peters,* Beweisverbote im deutschen Strafverfahren, Verhandlungen des 46. DJT Essen 1966, Bd. I (Gutachten), 1966, Teil 3 A S. 91; *Petry,* Beweisverbote im Strafprozeß, 1971; *Pieth,* Strafverfahren gegen das Unternehmen, FS Eser, 2005, S. 599; *Prittwitz,* Der Mitbeschuldigte im Strafprozeß, 1984; *Queck,* Die Geltung des nemo-tenetur-Grundsatzes zugunsten von Unternehmen, 2005; *Radbruch,* Grenzen der Kriminalpolizei, FS Sauer, 1949, S. 121; *Ranft,* Bemerkungen zu den Beweisverboten im Strafprozeß, FS Spendel, 1992, S. 719; *Ransiek,* Die Rechte des Beschuldigten in der Polizeivernehmung, 1990; *Raum,* Die Verwertung unternehmensinterner Ermittlungen, StraFo 2012, 395, 397; *Reeb,* Internal Investigations – neue Tendenzen privater Ermittlungen, 2011; *Reiß,* Gesetzliche Auskunftsverweigerungsrechte bei Gefahr der Strafverfolgung in öffentlich-rechtlichen Verfahren, NJW 1982, 2540; *Reiter,* „Nemo tenetur se ipsum prodere" und Steuerklärungspflicht – zur Strafbarkeit der wiederholenden Hinterziehung periodischer Veranlagungs- und Fälligkeitssteuern im anhängigen Steuerstrafverfahren, 2007; *Renzikowski,* Die förmliche Vernehmung des Beschuldigten und ihre Umgehung, JZ 1997, 710; *Richter,* Auskunfts- und Mitteilungspflichten nach §§ 20, 97 Abs 1 ff. InsO, wistra 2000, 1; *Rieß,* Die Vernehmung des Beschuldigten im Strafprozeß, JA 1980, 293; *Rogall,* Der Beschuldigte als Beweismittel gegen sich selbst – ein Beitrag zur Geltung des Satzes „Nemo tenetur seipsum prodere" im Strafprozeß, 1977; *Rogall,* Zur Verwertbarkeit der Aussage einer noch nicht beschuldigten Person, MDR 1977, 978; *Rogall,* Gegenwärtiger Stand und Entwicklungstendezen der Lehre von den strafprozessualen Beweisverboten, ZStW 91 (1979), 1; *Rogall,* Beweisverbote im System des deutschen und des amerikanischen Strafverfahrensrechts, Rudolphi-Symposium (Zur Theorie und Systematik des Strafprozeßrechts), 1995, S. 113; *Rogall,* Zur Lehre von den

Beweisverboten – Anmerkungen zum gegenwärtigen Diskussionsstand, FS Grünwald, 1999, S. 523; *Rogall,* Das Verwendungsverbot des § 393 II AO, FS Kohlmann, 2003, S. 465; *Rogall,* Beweiserhebungs- und Beweisverwertungsverbote im Spannungsfeld zwischen den Garantien des Rechtsstaates und der effektiven Bekämpfung von Kriminalität und Terrorismus, JZ 2008, 818; *Rogall,* Zur Zulässigkeit einer heimlichen akustischen Überwachung von Ehegattengesprächen in der Untersuchungshaft – zugl. Bespr. von BGHSt 53, 294, HRRS 2010, 289; *Rogall,* Die Beschuldigtenstellung im Strafverfahren – Objektivismus und Subjektivismus bei der Statusbegründung, FS Frisch, 2013, S. 1199; *Roxin,* Unfallflucht eines verfolgten Diebes, NJW 1969, 2038; *Roxin,* Nemo tenetur: die Rechtsprechung am Scheideweg, NStZ 1995, 465; *Roxin,* Zum Hörfallen-Beschluß des Großen Senats für Strafsachen, NStZ 1997, 18; *Roxin,* Beschuldigtenstatus und qualifizierte Belehrung – zugl. eine Bespr. von BGH 1 StR 3/07, JR 2008, 16; *Roxin,* Für ein Beweisverwertungsverbot bei unterlassener qualifizierter Belehrung (Anm. zu BGH 4 StR 455/08), HRRS 2009, 186; *Roxin,* Zur Beschuldigteneigenschaft im Strafprozess, FS Schöch, 2010, S. 823; *Rübenstahl,* Internal Investigations (Unternehmensinterne Ermittlungen) – status quo, WiJ 2012, 17 (1. Teil); *Rübenstahl/Skoupil,* Internal Investigations, Status Quo – Pflicht zur Strafanzeige?, WiJ 2012, 177 ff; *Rudolphi,* Die Revisibilität von Verfahrensmängeln im Strafprozeß, MDR 1970, 93; *Rüping,* Zur Mitwirkungspflicht des Beschuldigten und Angeklagten, JR 1974, 135; *Rüping/Kopp,* Steuerrechtliche Mitwirkungspflichten und strafrechtlicher Schutz vor Selbstbelastung, NStZ 1997, 530; *Rzepka,* Zur Fairneß im deutschen Strafverfahren, 2000; *Safferling,* Die zwangsweise Verabreichung von Brechmittel: Die StPO auf dem menschenrechtlichen Prüfstand, Jura 2008, 100; *Safferling/Hartwig,* Das Recht zu schweigen und seine Konsequenzen – Entwicklungen in nationalen und internationalen Strafverfahren, ZIS 2009, 784; *Salditt,* Kommunikation, StV 2007, 275; *Salger,* Das Schweigerecht des Beschuldigten – Vergleich zwischen deutschem und US-amerikanischem Strafverfahrensrecht, 1998; *Satzger,* DNA-Massentests – kriminalistische Wunderwaffe oder ungesetzliche Ermittlungsmethode?, JZ 2001, 643; *Schaefer,* Selbstbelastungsschutz außerhalb des Strafverfahrens, NJW-Spezial 2010, 120; *K. Schäfer,* Einige Bemerkungen zu dem Satz „nemo tenetur se ipsum accusare", FS Dünnebier, 1982, S. 11; *Schaffstein,* Die Allgemeinen Lehren vom Verbrechen – in ihrer Entwicklung durch die Wissenschaft des gemeinen Strafrechts, 1930; *Scheller,* Das verdrängte Entsetzen – zur Aktualität einer 400 Jahre alten Streitschrift wider den Hexenwahn in der Folterdebatte, NJW 2009, 705; *Schilling,* Illegale Beweise – eine Untersuchung zum Beweisverfahren im Strafprozeß, 2004; *Schipholt,* Der Umgang mit einem zweischneidigen Schwert – zu den Aufgaben der Bewährungshilfe, NStZ 1993, 470; *Schlauri,* Das Verbot des Selbstbelastungszwangs im Strafverfahren – Konkretisierung eines Grundrechts durch Rechtsvergleichung, 2003; *Schlothauer,* Strafprozessuale Verwertung selbstbelastender Angaben im Verwaltungsverfahren, FS Fezer, 2008, S. 267; *Schlüter,* Die Strafbarkeit von Unternehmen in einer strafprozessualen Betrachtung nach dem geltenden Strafprozeßrecht, 2000; *Schmidt-Recla,* Beweisverwertungsverbote und der Richter in Weiß, NJW 1998, 800; *H. Schneider,* Grund und Grenzen des strafrechtlichen Selbstbegünstigungsprinzips – auf der Basis eines generalpräventiv-funktionalen Schuldmodells, 1991; *Schöneborn,* Das Problem der Rollenvertauschung und des Zeugnisverweigerungsrechts bei mehreren Mitbeschuldigten in vergleichender Betrachtung, ZStW 86 (1974), 921; *Schmoller,* Verwertungsverbot infolge fehlerhafter Vernehmung – der österreichische Weg, FS Kühne, 2013, S. 345; *Schröder,* Beweisverwertungsverbote und die Hypothese rechtmäßiger Beweiserlangung im Strafprozeß, 1992; *Schuhr,* Brechmitteleinsatz als unmenschliche und erniedrigende Behandlung, NJW 2006, 3538; *Schuhr,* Strafrecht und Verfassung [zum 2. Symposium Junger Strafrechtlerinnen und Strafrechtler], RW 2012, 234; *Schuhr,* Analogie und Verhaltensnorm im Computerstrafrecht, ZIS 2012, 441; *Schuler,* Zur Diskussion um ein Aussageverweigerungsrecht juristischer Personen, JR 2003, 265; *A. Schumann,* BGHSt 10, 8 und der Willensakt der Strafverfolgungsbehörde zur Begründung der Beschuldigteneigenschaft – Karriere einer Entscheidung, GA 2010, 699; *K. Schumann,* „Brechmitteleinsatz ist Folter?" – die Rechtsprechung des EGMR zum Brechmitteleinsatz im Strafverfahren, StV 2006, 661; *Schünemann,* Der deutsche Strafprozeß im Spannungsfeld von Zeugenschutz und materieller Wahrheit – kritische Anmerkungen zum Thema des 62. DJT 1998, StV 1998, 391; *H.-W. Schünemann,* „Dienstliche Äußerungen" von Polizeibeamten im Strafverfahren, DRiZ 1979, 101; *Seebode,* Über die Freiheit, die eigene Strafverfolgung zu unterstützen – zugl. eine Bespr. der Beschl. des OLG Celle vom 14.6.1977 und des BayObLG vom 15.2.1979, JA 1980, 493; *Seiler,* Beweismethodenverbote im österreichischen Strafprozess, FS Peters, 1974, S. 447; *Sidhu/v. Saucken/Ruhmannseder,* Der Unternehmensanwalt im Strafrecht und die Lösung von Interessenkonflikten, NJW 2011, 881; *Spöhr,* Belehrungspflicht des Sachverständigen?, NZV 1993, 334; *Störmer,* Beurteilungsspielräume im Strafverfahren, ZStW 108 (1996), 494; *Streck,* Der Beschluß des Bundesverfassungsgerichts zum strafrechtlichen Verwertungsverbot bei Aussagen des Gemeinschuldners und seine Auswirkungen im Steuerstrafrecht, StV 1981, 362; *Streck,* Wahrheitsfindung und Verwertungsverbote im Spannungsverhältnis zwischen Steuerstrafverfahren und Besteuerungsverfahren (§ 393 AO), in: AG StrafR DAV, II. Strafverteidiger-Frühjahrssymposium 1988, Wahrheitsfindung und ihre Schranken, 1989, S. 59; *Stuckenberg,* Untersuchungen zur Unschuldsvermutung, 1998; *Stürner,* Strafrechtliche Selbstbelastung und verfahrensförmige Wahrheitsermittlung, NJW 1981, 1757; *Tetzlaff,* Unzugänglichmachung des Insolvenzeröffnungsgutachtens für die Staatsanwaltschaft? (Erwiderung auf Hohnel, NZI 2005, 152), NZI 2005, 316; *Theile,* „Internal Investigations" und Selbstbelastung, StV 2011, 381; *Theile,* Die Herausbildung normativer Orientierungsmuster für Internal Investigations – am Beispiel selbstbelastender Aussagen, ZIS 2013, 378 = FS Kühne, 2013, S. 489; *Trüg/Habetha,* Beweisverwertung trotz rechtswidriger Beweisgewinnung – insb. mit Blick auf die „Liechtensteiner Steueraffäre", NStZ 2008, 481; *Uhlenbruck,* Auskunfts- und Mitwirkungspflichten des Schuldners und seiner organschaftlichen Vertreter im Insolvenzverfahren, NZI 2002, 401; *Velten,* Justizentlastung durch Präklusion von Verfahrensrechten? FS Grünwald, 1999, S. 753; *Ventzke,* Strafverfolgung als Konsequenz der Asylantragsbegründung?, StV 1990, 279; *Verrel,* Nemo tenetur –

Rekonstruktion eines Verfahrensgrundsatzes, NStZ 1997, 361 (1. Teil), 415 (2. Teil); *Verrel,* Die Selbstbelastungsfreiheit im Strafverfahren – ein Beitrag zur Konturierung eines überdehnten Verfahrensgrundsatzes, 2001; *Volk,* Abschied von nemo tenetur? – Verteidigung gegen Unterlassen, FS ARGE Strafrecht DAV, 2009, S. 885; *Wegemer,* Vernehmungspraxis der Hilfsbeamten der Staatsanwaltschaft im Rahmen der Steuer- und Zollfahndung, NStZ 1981, 247; *Wehnert,* Die Verwertung unternehmensinterner Ermittlungen, StraFo 2012, 253; *Weichbrodt,* Der verbotene Beweis im Straf- und Zivilprozess – zur Rolle strafprozessualer Beweisverbote bei der Durchsetzung zivilrechtlicher Ansprüche, 2012; *Weiß,* Haben juristische Personen ein Aussageverweigerungsrecht?, JZ 1998, 289; *Weiß,* Der Schutz des Rechts auf Aussageverweigerung durch die EMRK, NJW 1999, 2236; *Weiß,* Selbstbezichtigungsfreiheit und vollstreckungsrechtliche Vermögensauskunft, NJW 2014, 503; *Weßlau,* Zwang, Täuschung und Heimlichkeit im Strafverfahren – über die Mitwirkungsfreiheit des Beschuldigten und deren Grenzen, ZStW 110 (1998), 1; *Weyand,* Zur „Verwendung" von Angaben des Schuldners für strafrechtliche Zwecke, ZInsO 2001, 108; *Wigmore,* Nemo tenetur seipsum prodere, Harvard Law Review 1891, 71; *Wohlers,* Fernwirkung – zur normativen Begrenzung der sachlichen Reichweite von Verwertungsverboten, FS Wolter, 2013, S. 1181; *H.A. Wolff,* Selbstbelastung und Verfahrenstrennung – Das Verbot des Zwangs zur aktiven Mitwirkung am eigenen Strafverfahren und seine Ausstrahlungswirkung auf die gesetzlichen Mitwirkungspflichten des Verwaltungsrechts, 1997; *Wolter,* Menschenwürde und Freiheit im Strafprozeß, GS Meyer, 1990, S. 493; *Wolter,* Beweisverbote und Umgehungsverbot zwischen Wahrheitserforschung und Ausforschung, FG BGH, 2000, Bd. 4 S. 963; *Wolter,* Wieder das systemlose Abwägungs-Strafprozessrecht – über den Niedergang von Gesetzgebung und Rechtsprechung im Strafverfahrensrecht, FS C. Roxin II, 2011, Bd. 2 S. 1245; *Wulf,* Steuererklärungspflicht und „nemo tenetur" – zur Strafbarkeit wegen Steuerhinterziehung bei Einkünften aus illegalem Verhalten, wistra 2006, 89.

Übersicht

I. Überblick über den zehnten Abschnitt

1. Themenkreis und Problem der Reichweite. Der zehnte Abschnitt mit den 1
§§ 133-136a befasst sich mit der **Vernehmung des Beschuldigten.** Die Vorschriften sind

jeweils für richterliche Vernehmungen im Ermittlungsverfahren formuliert, haben indes erheblich **darüber hinausgehende Bedeutung.** Diese beruht teils auf gesetzlicher Anordnung, ist iÜ aber vielfach umstritten.

2 Die **§§ 133–135** enthalten Regelungen zur Vorbereitung der Vernehmung und ggf. zwangsweisen Vorführung des zu Vernehmenden. Wegen des Gesetzesvorbehalts für Grundrechtseingriffe und des förmlichen Charakters der Regelungen bedarf ihre Erstreckung auf vom Wortlaut nicht mehr erfasste Situationen grds. einer gesetzlichen Anordnung. **§ 136** formuliert förmliche und inhaltliche Anforderungen, va Belehrungsgebote. Im Vordergrund steht dabei die Sicherung der Position des Beschuldigten. Die in ihr enthaltenen subjektiven Rechte normiert § 136 jedoch nicht, sondern setzt sie voraus. Ihre Reichweite ist von vornherein nicht auf § 136 beschränkt. **§ 136a** betrifft nach seiner Stellung im Gesetz ebenfalls die richterliche Beschuldigtenvernehmung im Vorverfahren. Das Rechtsstaatsprinzip, die Menschenwürde des Beschuldigten und seine Menschenrechte (ua – je nach konkreter Fallgestaltung – diverse in Art. 3 und 6 EMRK geschützte Rechte) verbieten aber vielfach auch sonst, die Freiheit der Willensbildung des Beschuldigten zu beeinträchtigen. Zu Recht formuliert daher schon der Wortlaut von § 136a keine entspr. Einschränkung (→ Rn. 37).

3 Die Frage nach dem Anwendungsbereich der §§ 136, 136a führt daher leicht auf Irrwege. Sie positivieren die Rechtslage nur partiell, so dass der jeweilige **Geltungsbereich** der positiven Norm und die **Reichweite der Regelungen**, die in ihr ausgedrückt oder zumindest explizit vorausgesetzt werden, **auseinanderfallen.**[1] Das bedarf näherer Betrachtung:

4 **2. Positiver Regelungsgehalt, nicht-positivierte Beschuldigtenrechte und verfassungsrechtliche Mindeststandards. a) Ungeschriebene Rechtsstellung des Beschuldigten.** Aus den §§ 136, 136a ergibt sich ein positiv-rechtlicher Beleg für die in ihrer Gesamtheit **nicht** (förmlich) **positivierten Rechte** des Beschuldigten.[2] Das belegen insbes. die folgenden Beispiele:

5 Die §§ 136, 136a sind der wohl wichtigste positiv-rechtliche Anknüpfungspunkt für die strafprozessuale **Aussagefreiheit** des Beschuldigten (bzw. den ***nemo-tenetur***-Grundsatz). Mit der Freistellung, „sich zu der Beschuldigung zu äußern oder nicht zur Sache auszusagen" (§ 136 Abs. 1 S. 2 Hs. 1), und dem Schutz der „Freiheit der Willensentschließung und der Willensbetätigung" (§ 136a passim) positivieren sie wichtige Teile der Aussagefreiheit. Schon diese Aspekte sind aber nicht aufeinander abgestimmt, und etliche für die Reichweite der Aussagefreiheit wesentliche Fragen – etwa ihr Verhältnis zu Offenbarungspflichten in anderen Rechtsgebieten – bleiben ausgeblendet.

6 Ähnlich wird das Recht auf Wahl eines Verteidigers schon vor der ersten Vernehmung in § 136 Abs. 1 S. 2 Hs. 2 positiviert (und die §§ 137 ff. enthalten zahlreiche weitere Bestimmungen über die Verteidigung), das dahinter stehende (und insbes. in Art. 6 Abs. 3 lit. c EMRK anerkannte[3]) Recht auf konkrete und **effektive Verteidigung durch einen Rechtsbeistand** wird dadurch indes nur partiell ausgestaltet.[4] Selbst das Recht, **Beweiserhebungen** bzw. Ermittlungen zu **beantragen** bzw. anzuregen, das § 136 Abs. 1 S. 3 Hs. 1 implizit konstatiert (und die §§ 244–246 für die Beweisaufnahme in der Hauptverhandlung näher regeln), bleibt für das Ermittlungs- und Zwischenverfahren vage (s. §§ 160 ff., §§ 201 f.).

---

[1] Zur „Lückenhaftigkeit" der Regelung vgl. auch *Verrel* NStZ 1997, 361 (364); *Rogall,* Der Beschuldigte als Beweismittel gegen sich selbst, 1977, S. 104 ff.

[2] Vgl. zB BGH 26.7.2007 – 3 StR 104/07, BGHSt 52, 11 (15 Rn. 15 ff.) = NJW 2007, 3138 (3139) zu einem Beweisverwertungsverbot wegen Verstoßes gegen die Selbstbelastungsfreiheit, das sich ausdrücklich weder auf § 136 noch auf § 136a stützt.

[3] Vgl. EGMR 13.5.1980 – 6694/74, Series A Nr. 37, § 33 f., EGMR-E 1, 480 (485 ff.) = EuGRZ 1980, 662 (664 f.) – *Artico ./. I;* EGMR 9.4.1984 – 8966/80, Series A Nr. 76, §§ 27, 30, 35, EGMR-E 2, 366 (370 f., 373) = EuGRZ 1985, 234 (236 f.) – *Goddi ./. I; Gaede,* Fairness als Teilhabe, 2007, S. 255 ff.

[4] S. dazu → Einl. D Rn. 320; → § 137 Rn. 3 sowie die Kommentierung zu Art. 6 Abs. 3 lit. c EMRK.

Eine Strafprozessordnung, die die subjektiven Rechte und Achtungsansprüche des Beschuldigten selbständig formuliert, wäre durchaus vorstellbar und grds. wünschenswert.[5] Die gegenwärtige Entwicklung des Strafprozessrechts ist aber noch nicht so weit gediehen, und voreilige Positivierungen würden die Gefahr in sich bergen, zu kurz zu greifen und damit mehr Schaden als Nutzen zu bewirken.[6] Derzeit und bis auf Weiteres ist deshalb einerseits gewiss, dass es **im geltenden Strafprozessrecht** Normen geben muss, die die Rechtsstellung des Beschuldigten konkret ausgestalten,[7] andererseits bleiben diese Normen vielfach apokryph. Ihr Inhalt und ihre Reichweite (und damit die Rechtsstellung des Beschuldigten) sind erst noch **weiter herauszuarbeiten.** 7

Eine am positiven, in der StPO gesetzten Recht ansetzende Methodik kann nur das interpretieren, was in den Normen gesagt wurde. Solange die Rechte des Beschuldigten nicht detaillierter entwickelt und die dabei zu Tage tretenden Interessenkonflikte nicht vom Gesetzgeber grund- und menschenrechtskonform per Gesetz entschieden sind, **geht** eine rein **gesetzesinterpretatorische Herangehensweise** oft **ins Leere.** Den Regelungen der StPO sind derzeit zwar verbindlich festgeschriebene Teile der Rechtsstellung des Beschuldigten zu entnehmen. Umgekehrt kann aus dem Fehlen einer ausdrücklichen Regelung aber nicht darauf geschlossen werden, dem Beschuldigten komme ein bestimmtes Recht nicht zu. 8

b) Höherrangiges Recht. Aus dem **Verfassungsrecht,** den **Menschenrechten** (→ Rn. 75) und der darauf bezogenen Rechtsprechung ergeben sich oft detailliertere Vorgaben als aus dem positiven Strafprozessrecht. Sie zu unterschreiten wäre verfassungswidrig bzw. eine Verletzung von Menschenrechten, die dem Staat und damit auch dem Strafprozessrecht vorgegeben sind (auch wenn die EMRK innerstaatlich nur im Rang eines einfachen, indes immerhin völkerrechtsfreundlich zu berücksichtigenden Gesetzes steht).[8] Aus der Verfassung und aus Menschenrechtsverbürgungen können sich deshalb starke Argumente für eine bestimmte Position des Beschuldigten ergeben. 9

Diese Vorgaben sind aber nur **Mindestanforderungen.** Das Strafverfahrensrecht kann dem Beschuldigten eine weitergehende Rechtsstellung einräumen. Dabei ist es auch nicht an die Form des Parlamentsgesetzes gebunden. Verfassungsrechtlich oder menschenrechtlich – insbes. in der Rechtsprechung des BVerfG, EGMR und künftig wohl zunehmend des EuGH[9] – gezogene Grenzen der Beschuldigtenrechte lassen es daher meist offen, ob im **einfachen Strafverfahrensrecht** eine **umfassendere Rechtsposition** des Beschuldigten besteht (→ Rn. 90).[10] 10

c) Konsequenzen für die Rechtsanwendung. Die §§ 133–136a besitzen also einerseits einen eigenen **positiv-rechtlichen Regelungsgehalt** und stehen unter Vorgaben höherrangigen Rechts, die beide durch Auslegung zu ermitteln sind. Andererseits setzen sie Rechte des Beschuldigten explizit voraus, **verzichten** jedoch **gezielt** darauf, diese auszuformulieren. An die Interpretation bzw. Darlegung dieser Rechte rechtspositivistisch heranzugehen, wäre nicht nur unergiebig, sondern eine Missachtung der Regelungsintention. 11

Eine Ausarbeitung des Inhalts und der Reichweite dieser Rechte kann nur im Zuge der anwaltlichen, gerichtlichen und wissenschaftlichen Auseinandersetzung erfolgen und 12

---

[5] Vgl. auch [allg. zu Beweisverboten] *Rogall* ZStW 91 (1979), 1 (43).

[6] Vgl. [wiederum zu Beweisverboten und rechtsvergleichend mit CH und USA] *Rogall* JZ 2008, 818 (830).

[7] Vgl. dazu → Einl. D Rn. 282; SK-StPO/*Rogall* Vor § 133 Rn. 59 ff.; KMR/*Lesch* Vor § 133 Rn. 12 ff.; *Kindhäuser* § 6 Rn. 13 ff.

[8] Vgl. dazu BVerfG 14.10.2004 – 2 BvR 1481/04, Rn. 30 ff., BVerfGE 111, 307 (315 ff.) = NJW 2004, 3407 (3408 ff.) – EGMR-Entscheidungen; BVerfG 4.5.2011 – 2 BvR 2365/09 ua Rn. 86 ff., BVerfGE 128, 326 (366 ff.) = NJW 2011, 1931 (1935 f.) – EGMR Sicherungsverwahrung.

[9] Zur absehbaren europarechtlichen Überformung s. → Einl. K Rn. 369 mN.

[10] Eingehend *Bosch,* Aspekte des nemo-tenetur-Prinzips, 1998, S. 27 ff. (107). S. auch [zu EGMR und EMRK] → § 136 Rn. 58.

verlangt von den Akteuren, sich zu positionieren. Dabei kommt solchen Positionen besonderes Gewicht zu, deren – notwendigerweise außergesetzliche – **Annahmen** möglichst weitgehend offengelegt und begründet werden, deren Begründung sich auf rechtlich möglichst anerkannte Interessen und Regelungsziele stützt und die systematisch auf ihre innere Widerspruchsfreiheit und Konsistenz mit höherrangigem Recht und den ausdrücklichen Regelungen der StPO überprüft wurden.

13 Anders als dort, wo eine bestehende Regelung als änderungsbedürftig kritisiert wird, geht es hier um Thesen darüber, was aktuell **bereits als Recht gilt.**[11] Ob man diesen Regelungsgehalt den aktuellen §§ 136, 136a zuschreiben oder betonen sollte, dass die §§ 136, 136a diese gleichwohl geltende Regelung nicht beinhalten, ist eine Frage der Rhetorik. Indem der Gesetzgeber sich jüngst auf den Standpunkt gestellt hat, die in der RL 2012/13/EU[12] vorgesehenen Rechtsbelehrungen ohne Festnahme seien mit § 136 nF abgedeckt, hat er dafür votiert, zumindest den Bezug der Vorschrift auf die Beschuldigtenvernehmung zu lockern.[13]

14 **3. Systematische Grundlagen des zehnten Abschnitts. a) Zentralbegriffe.** Die **Aussagefreiheit** liegt den §§ 136 und 136a gleichermaßen zugrunde, ohne dort (oder an anderer Stelle) umfassend ausgestaltet zu werden. Mehrere Detailfragen der Vorschriften erfordern, dass Inhalt und Begründung der Aussagefreiheit zuvor abgesteckt werden (→ Rn. 62 ff.).

15 **„Beschuldigter"** und **„Vernehmung des Beschuldigten"** sind zentrale Begriffe des zehnten Abschnitts; es bietet sich an, eine einheitliche Interpretation zu versuchen (→ Rn. 20 ff. bzw. 36 ff.), auch wenn die skizzierten allgemeinen Begriffsinhalte jeweils durch Besonderheiten einzelner Vorschriften überlagert werden können.[14] Zugleich ist ihre Stellung problematisch, denn sie steuern den Anwendungsbereich der §§ 133–136a, ohne dabei die Reichweite der §§ 136, 136a abzugrenzen (→ Rn. 4 ff.). Das legt die Annahme nahe, dass ein strafprozessuales System der Beteiligtenrechte sich besser auf andere Begriffe stützen würde, was im Rahmen der vorliegenden Kommentierung aber nicht zu vertiefen ist.

16 **b) Systembildende Zusammenhänge.** Der Entwicklung eines Systems kann eine zu starke Fixierung auf Begriffe ohnehin abträglich sein. Von eher größerer Bedeutung sind die einschlägigen **Rechtsfragen,** ihre zusammenfassende Typisierung und logische Abhängigkeiten. Für die §§ 133–136a und hinter diesen stehende Regelungen sind die folgenden Fragetypen von vorrangiger Bedeutung:

- Zu welchem Verhalten sind die Strafverfolgungsorgane im Verfahrensablauf verpflichtet (zB Inkulpation, Belehrungen, Unterlassung von Täuschungen)?
- Zu welchem Verhalten ist der Beschuldigte (bzw. ein Zeuge) jeweils verpflichtet (zB zum Termin zu erscheinen, zur Person bzw. – als Zeuge – zur Sache auszusagen, eine Gegenüberstellung zu dulden)?
- Ist eine erlangte Information im Verfahren verwendbar (als verwertbares Beweismittel, als Gegenstand einer indirekten Beweisführung, als Ansatzpunkt für weitere Ermittlungen)?
- Wie ist die Information im Urteil zu würdigen?
- An welche Voraussetzungen sind die Erfolgsaussichten von Rechtsmitteln geknüpft?

Sämtliche dieser Fragen werden

- von der Frage nach den anwendbaren Normen überlagert.

---

[11] Zur Rechtsfindung „extra legem, sed intra ius" vgl. *Kudlich,* Allgemeines Mißbrauchsverbot, 1998, S. 89 ff.

[12] RL 2012/13/EU des Europäischen Parlaments und des Rates v. 22.5.2012, ABl. 2012 L 142/1.

[13] → § 136 Rn. 7 und 12.

[14] Näher dazu *Roxin,* FS Schöch, 2010, 823 (827, 837). Zu einer Gegenüberstellung der noch stärker an einzelnen Vorschriften orientierten Rspr. des RG mit der Rspr. des BGH zum Beschuldigtenbegriff s. *A. Schumann* GA 2010, 699 (702 ff.); speziell zu §§ 81e, 81a *Satzger* JZ 2001, 639 (643). Vgl. auch *Rieß* JA 1980, 293 (297 f.).

Zwischen diesen Fragetypen bestehen **logische Abhängigkeiten:** (Zu d:) Verwertbare Beweisergebnisse dürfen dem Urteil zugrunde gelegt werden und sind vom Gericht pflichtgemäß „frei" iSd § 261 zu würdigen. (Zu e:) Außer der strafprozessualen Berufung haben Rechtsmittel nur dann Aussichten auf Erfolg, wenn mit ihnen fehlerhafte Verfahrensabläufe bzw. Entscheidungen angegriffen werden. Im hier interessierenden Zusammenhang müssen Entscheidungen auf Fehlern zu (a) bis (d) beruhen. 17

Die logischen Abhängigkeiten bestehen aber **nicht durchgängig;** werden sie irrtümlich angenommen, drohen Fehlschlüsse. (Zu c:) Pflichtverletzungen der Strafverfolgungsorgane können Verwertungsverbote auslösen, das geschieht indes nicht immer. Umgekehrt können sich Beschränkungen der Verwendbarkeit aber auch ohne Verfahrensfehler ergeben (zB nach § 97 Abs. 1 S. 3 InsO, → Rn. 106[15]). Aus dem Fehlen einer Pflichtverletzung darf daher nicht unmittelbar auf die Verwendbarkeit der erlangten Information geschlossen werden. (Zu a und b:) Die Pflichten eines Beteiligten folgen nicht logisch aus denen der anderen; sie beziehen sich nur teilweise aufeinander. (Zu f:) Die §§ 133 ff. betreffen meist mehrere (und teils alle) dieser Fragen gleichzeitig, behandeln sie indes nie abschließend (→ Rn. 4 ff.). Beleg für beides sind die von der Rspr. (zu Recht) praeter legem konstruierten qualifizierten Belehrungspflichten.[16] 18

Besondere Bedeutung für diverse Diskussionen um die Reichweite der §§ 136 und 136a hat zudem folgender Zusammenhang zwischen den Fragetypen (c) und (d): Die §§ 136, 136a behandeln Situationen, in denen erlangte Informationen mit teils erheblichen, typischen Unsicherheiten behaftet sind (→ Rn. 77 f.). Darauf gibt es grds. zwei Reaktionsmuster: Erstens kann zum Schutz des Beschuldigten vor falscher Verurteilung und zur Absicherung der prozessual gefundenen Wahrheit **vorsorglich** die **Verwertung** der Information **verboten** werden. Ein solches Verwertungsverbot ersetzt dann letztlich eine feste Beweisregel (in einer mit § 261 konsistenten Weise). Für diesen Weg steht nicht nur § 136a Abs. 3, sondern (zumindest in Teilen) auch § 136. Zweitens können stattdessen die Beweismittel zugelassen und die Lösung der praktischen Probleme dem Richter in der **Beweiswürdigung** überantwortet werden. Er hat dann im jeweiligen Einzelfall konkrete Anhaltspunkte für die Unsicherheiten auszuloten, erhält dabei aber keine besondere rechtliche Hilfestellung. Dass weder (zu c) ein Verwertungsverbot besteht, noch (zu d) das Gericht Unsicherheiten sorgfältig berücksichtigen muss, ist – nach § 261 – von vornherein ausgeschlossen.[17] Im **Streit um die Reichweite der §§ 136, 136a** muss daher Position bezogen werden, ob der Umgang mit unzuverlässiger Information eher allgemeinen Regeln folgen oder eher ad hoc in Kenntnis des Einzelfalls gehandhabt werden soll. 19

II. Der Beschuldigte

1. Beschuldigtenbegriff und Beschuldigtenstellung. Beschuldigter ist derjenige, gegen den sich das Strafverfahren richtet.[18] Die Bezeichnung kann vom Verfahrensstadium unabhängig verwendet werden. Im Zwischenverfahren wird der Beschuldigte zugleich **Angeschuldigter** genannt, im Hauptverfahren **Angeklagter** (§ 157). Das Vollstreckungsverfahren richtet sich gegen den (nicht mehr nur beschuldigten) Verurteilten. 20

Jede prozessuale Tat bildet hinsichtlich jedes mit ihr Beschuldigten grds. eine eigene Strafsache, zusammenhängende Strafsachen können aber nach Zweckmäßigkeitsgesichtspunkten miteinander verbunden werden (§§ 2 ff., 237). Bei mehreren Beteiligten an derselben Tat oder eng aufeinander bezogener Taten ist es daher die Regel, dass „ein" Strafverfah- 21

---

[15] Zu „selbständigen Beweisverwertungsverboten" vgl. *Grünwald* Beweisrecht S. 143; *Jahn* 67. DJT 2008, Gutachten C S. 36 ff.; zu „relativen Beweisverboten" s. *Wolter* FG BGH, 2000, Bd. 4 S. 963 (997 f.).

[16] → § 136 Rn. 29 und 32 sowie → § 136a Rn. 97.

[17] Vgl. KK-StPO/*Diemer* § 136a Rn. 3; KMR/*Lesch* § 136a Rn. 11.

[18] BGH 18.10.1956 – 4 StR 278/56, BGHSt 10, 8 (12) = NJW 1957, 230 (231), jüngst bespr. v. *A. Schumann* GA 2010, 699; *Roxin* JR 2008, 16 f.; *Grünwald* Beweisrecht S. 78. *Rogall,* Der Beschuldigte als Beweismittel gegen sich selbst, 1977, S. 20, 24. Vgl. auch → Einl. D Rn. 280.

ren gegen sie als **Mitbeschuldigte** geführt wird.[19] Die einzelnen miteinander verbundenen Strafsachen lassen sich zwar weiterhin unterscheiden (sie können zB wieder getrennt werden, und einem Mitbeschuldigten wird die Abwesenheit bei längeren Verhandlungsabschnitten zu ihn nicht betreffenden Verfahrensteilen regelmäßig zu gestatten sein), die Beschuldigtenrolle strahlt aber auf den gesamten Verbund aus. Insbes. darf ein Mitbeschuldigter auch gegenüber anderen Mitbeschuldigten nicht als Zeuge vernommen werden (beachte → Rn. 91, 94 und 127 ff.).[20]

22 Der Beschuldigte ist **Subjekt des Strafverfahrens.** Er ist zur aktiven Mitgestaltung befugt – sowohl zur Verteidigung gegen Vorwürfe als auch zur Aufklärung begründeter Vorwürfe –,[21] und das Verfahren wird (neben anderen Zwecken) auch um der Belange des Beschuldigten selbst willen geführt.[22] Aus Achtung vor der Menschenwürde des Beschuldigten (Art. 1 Abs. 1 GG) muss Letzteres in jedem Verfahrensabschnitt gelten, weshalb der Resozialisierungszweck und die positive Generalprävention aus dem Schuld- und Rechtsfolgenausspruch sowie der Vollstreckung von Strafe nicht hinweggedacht werden können.[23] Das rechtliche Instrumentarium zur Ausgestaltung der Subjektstellung und zur Sicherung der Achtung vor ihr wird zusammenfassend als **„Rechtsstellung des Beschuldigten"** bezeichnet (→ Rn. 4 ff.).

23 **2. Tatverdacht, Inkulpation und Inkulpationspflicht. a) Tatverdacht.** Die Strafverfolgungsbehörden dürfen und müssen bei Bestehen eines **Anfangsverdachts** – dh zureichenden tatsächlichen Anhaltspunkten für eine verfolgbare Straftat – strafrechtliche Ermittlungen aufnehmen (insbes. §§ 152 Abs. 2, 160 Abs. 1, 163 Abs. 1 S. 1). Umgekehrt setzen alle strafrechtlichen Ermittlungen einen Verdacht voraus. Selbst zur Klärung des Anfangsverdachts uU erforderliche Vorermittlungen bedürfen tatsächlicher Anhaltspunkte.[24] Der Eingang einer Strafanzeige vermag die Beschuldigteneigenschaft daher selbst dann noch nicht zu begründen, wenn die Aktenordnung die Eintragung eines Verfahrens gegen den Angezeigten vorsieht; kommt es mangels Anfangsverdachts zur sofortigen „Einstellung", war er zu keinem Zeitpunkt Beschuldigter.[25]

---

[19] Näher zur aA, die die Mitbeschuldigteneigenschaft (zumindest soweit sie sich auf die Anwendbarkeit der §§ 52, 55 auswirkt) statt anhand der Verfahrensverbindung materiell(straf)rechtlich bestimmen möchte, [krit.] *Schöneborn* ZStW 86 (1974), 921 (932 ff.) mN.

[20] Eingehend *Lenckner*, FS Peters, 1974, 333 (336 ff.).

[21] → Rn. 118 ff.; *Lesch* Kap. 3 Rn. 32 ff. Zum verfassungsrechtlichen Hintergrund → Rn. 74 ff. sowie BVerfG 26.5.1981 – 2 BvR 215/81, Rn. 64, BVerfGE 57, 250 (274 f.) = NJW 1981, 1719 (1722) – V-Mann; BVerfG 18.10.1983 – 2 BvR 462/82, Rn. 21, BVerfGE 65, 171 (177) = NJW 1984, 113 (114) – Abwesenheit des Verteidigers.

[22] Dies entspricht der zur Interpretation der grundgesetzlichen Menschenwürdegarantie herangezogenen „Objektformel"; dazu BVerfG 16.7.1969 – 1 BvL 19/63, Rn. 33, BVerfGE 27, 1 [6] = NJW 1969, 1707 – Mikrozensus; BVerfG 12.11.1997 – 1 BvR 479/92, 1 BvR 307/94, Rn. 65, BVerfGE 96, 375 [399 f.] = NJW 1998, 519 (521) – Kind als Schaden, speziell zum Strafrecht BVerfG 21.6.1977 – 1 BvL 14/76, Rn. 144 f., BVerfGE 45, 187 [228] = NJW 1977, 1525 (1526) – lebenslange Freiheitsstrafe; BVerfG 24.4.1986 – 2 BvR 1146/85, Rn. 38, BVerfGE 72, 105 [116] = NJW 1986, 2241 f. – Aussetzung lebenslanger Freiheitsstrafe, zu den Grenzen dieser Formel BVerfG 15.12.1970 – 2 BvF 1/69 ua, Rn. 101, BVerfGE 30, 1 [25 f.] = NJW 1971, 275 (279) – Abhörurteil; BVerfG 3.3.2004 – 1 BvR 2378/98, 1 BvR 1084/99, Rn. 117, BVerfGE 109, 279 [312 f.] = NJW 2004, 999 (1001 f.) – großer Lauschangriff; Maunz/Dürig/*Herdegen* Art. 1 Abs. 1 GG Rn. 28 ff. (36 ff.; insoweit 55. Lfg. 2009). Hinter ihr steht die „Zweck-Formel" des Kategorischen Imperativs (*Kant,* Grundlegung zur Metaphysik der Sitten, 1786, Akademie-Ausgabe [AA] Bd. IV, S. 429; *Kant,* Metaphysik der Sitten, 1797, Tugendlehre § 38, AA Bd. VI, S. 462). In der markanten Ausdrucksweise *Kants* (ebd., Einleitung zur Tugendlehre IV., AA Bd. VI, S. 385 ff.) geht es dabei nicht etwa darum, dass der Staat die „Vollkommenheit" des Verurteilten zu bezwecken hätte, sondern allein seine und der anderen Rechtsgenossen „Glückseligkeit" (bzw. Sicherung der je eigenen Rechte und ihres Wohlergehens; vgl. ebd. Rechtslehre § 41, AA Bd. VI, S. 305 ff.). Vgl. dazu [auch historisch] *Rüping* JR 1974, 135 (136).

[23] Vgl. auch AK/*Gundlach* Vor § 133 Rn. 11; eingehend *Hardwig* ZStW 66 (1954), 236 (zur innerrechtlichen Begründung dieser Stellung im Gegensatz zur Menschenwürde S. 241 f.; zur Achtung der Persönlichkeit S. 245; zur Bestimmung der Rechtsfolgen S. 248 ff.).

[24] Vgl. dazu → Einl. C Rn. 128 und → Einl. D Rn. 211; eingehend *G. Haas,* Vorermittlungen, 2003 (insbes. S. 61, 73). Gegen die Möglichkeit von Vorermittlungen *Hellmann,* FS Kühne, 2013, S. 235, 246 f. mwN.

[25] Vgl. Löwe/Rosenberg/*Erb* § 163a Rn. 12; Löwe/Rosenberg/*Gleß* § 136 Rn. 9; aA AK/*Gundlach* § 136 Rn. 9; *v. Gerlach* NJW 1969, 776 (778); s. auch Nr. 6 und 8 RiStBV.

Der Anfangsverdacht kann sich „gegen Unbekannt" richten. Ermittlungen gegen eine **bestimmte Person** setzen indes voraus, dass gerade diese einer **verfolgbaren Straftat** verdächtig ist,[26] denn alle Ermittlungsmaßnahmen müssen insbes. mit Blick auf die jeweils aktuell vorliegenden Verdachtsmomente verhältnismäßig sein. **Kinder** können daher (als nach § 19 StGB Strafunmündige) nicht im technischen Sinne tatverdächtig und damit auch nicht Beschuldigte werden.[27] Verkennen Ermittlungsorgane irrig, dass eine Person noch im Kindesalter ist, kann sich daraus eine auch für das weitere Verfahren relevante Verletzung von Zeugenrechten oder anderer subjektiver Rechte dieser Personen ergeben, entgegen der hM aber keine Verletzung von Beschuldigtenrechten.[28] Nehmen sie umgekehrt irrig an, dass eine Person noch im Kindesalter ist, kann daraus ein Vorenthalten der Beschuldigtenstellung (→ Rn. 28 ff.) resultieren. Im Zweifel ist daher zunächst die Annahme des Bestehens von Beschuldigtenrechten angeraten.[29] Zu Besonderheiten bei Jugendlichen → Rn. 56 ff. 24

b) Inkulpation. Das Kriterium des Tatverdachts liefert keine präzise, objektive Schwelle, die den Tatverdächtigen von Rechts wegen zugleich zum Beschuldigten machen könnte.[30] Der Rechtsbegriff involviert vielmehr einerseits Einschätzungen der ermittelten Umstände und andererseits nicht trennscharfe rechtliche Bewertungen und Abwägungen. Der StA (bzw. ihren Ermittlungspersonen sowie ggf. dem Ermittlungsrichter) stehen daher notwendig **Beurteilungs- und Ermessensspielräume** zu.[31] 25

Die Ermittler haben kontinuierlich zu prüfen und zu entscheiden, ob in die verfahrensgegenständlichen Vorgänge involvierte Personen bereits so verdächtig sind, dass es bei Abwägung aller bekannten Umstände angemessen erscheint, sie als Beschuldigte zu behandeln.[32] Eine bindende Entscheidung gegen die Begründung der Beschuldigtenstellung gibt es grds. nicht; die vorläufige Verneinung bleibt daher Behördeninternum. Nach außen tritt nur die positive Entscheidung, eine Person als Beschuldigten zu behandeln. Sie wird regelmäßig nicht explizit getroffen,[33] sondern **ergibt sich schlüssig** aus einer Maßnahme, die so nur gegenüber einem Beschuldigten zulässig ist[34] (zB nach §§ 81, 81a, 81b, 81g, 112 ff., 127 Abs. 2), einen eindeutigen Bezug zum Beschuldigten voraussetzt (zB §§ 99, 100a Abs. 3) bzw. erkennbar an einen Tatverdacht anknüpft und zu einem strafrechtlichen Vorgehen 26

[26] Vgl. BGH 19.10.2011 – 1 StR 476/11, NStZ-RR 2012, 49 (50); *Dingeldey* JA 1984, 407 (410); *Schlüchter* Rn. 85.

[27] Vgl. [entspr. auch für Schuldunfähige und Exterritoriale] SK-StPO/*Rogall* Vor § 133 Rn. 18; *Eisenberg* StV 1989, 554 (556); eingehend *Frehsee* ZStW 100 (1988), 290 ff. sowie [auch zu Problemen aus dem Ausland eingehender Rechtshilfeersuchen] *Mayer* GA 1990, 508 (509 ff.).

[28] AA SK-StPO/*Rogall* Vor § 133 Rn. 18; Löwe/Rosenberg/*Gleß* § 136 Rn. 7; *Meyer-Goßner* Einl. Rn. 76; HK-StPO/*Ahlbrecht* § 136 Rn. 8.

[29] AK/*Gundlach* § 136 Rn. 11.

[30] AA (sog „objektiver Beschuldigtenbegriff") *v. Heydebreck,* Die Begründung der Beschuldigteneigenschaft, 1974, S. 74; zur Abgrenzung vom „materiellen" Beschuldigtenbegriff und näher zu dessen Inhalt *Montenbruck* ZStW 89 (1977), 878 (886 ff.); zur Gegenüberstellung von „objektiver", „subjektiver" und „vermittelnder Theorie" s. *Geppert,* FS Oehler, 1985, 323 (327 f.) mwN, dazu, dass die Unterschiede begrifflich größer sind als praktisch, → Rn. 26 aE.

[31] Betätigt im sog „Verfolgungswillen" als „subjektivem Element" des Beschuldigtenbegriffs; dazu BGH 23.7.1986 – 3 StR 164/86, BGHSt 34, 138 (140) = NJW 1987, 1955; BGH 31.5.1990 – 4 StR 112/90, BGHSt 37, 48 (51 f.) = NJW 1990, 2633 (2634); BGH 27.2.1992 – 5 StR 190/91, BGHSt 38, 214 (228) = NJW 1992, 1463 (1466); BGH 28.2.1997 – StB 14/96, NStZ 1997, 398 mAnm *Rogall;* BGH 24.7.2003 – 3 StR 212/02, NJW 2003, 3142 (3143); *Grosjean,* Beschuldigteneigenschaft, 1999, S. 78, 133; einschr. [kein Ermessen] SK-StPO/*Rogall* Vor § 133 Rn. 17, 26 ff. mwN; AK/*Gundlach* § 136 Rn. 4; eingehend und krit. dazu *Störmer* ZStW 108 (1996), 494 (521 f.).

[32] BGH 18.12.2008 – 4 StR 455/08, BGHSt 53, 112 (114 Rn. 9 f.) = NStZ 2009, 281; BGH 27.5.2009 – 1 StR 99/09, NJW 2009, 2612 (2613).

[33] Zu einer Klassifikation der Inkulpationsformen in ausdrückliche, konkludente, faktische sowie [materielle] Verdachtsinkulpation mit zumindest teilw. abgrenzbaren Anwendungsfeldern s. *Roxin,* FS Schöch, 2010, 823 (828 ff.).

[34] Vgl. BGH 25.4.1990 – 3 StR 483/89, BGHR StGB § 78c Abs. 1 Nr. 1 Bekanntgabe 1 (= StV 1990, 405 f., nur Ls.); [zu § 146] OLG Karlsruhe 23.10.1985 – 1 Ws 216/85, Die Justiz 1986, 143 (144); zur Verbindung der verschiedenen Elemente des Beschuldigtenbegriffs vgl. KMR/*Lesch* Vor § 133 Rn. 4 ff.

gegen diese Person gehört (entspr. § 397 Abs. 1 AO)[35] – zB die Verfügung einer Eintragung als Beschuldigter ins Verfahrensregister (beachte → Rn. 23), die Belehrung nach § 136 bzw. § 163a Abs. 4 oder das Ersuchen des Ermittlungsrichters um Beschuldigtenvernehmung.[36] Hierin liegt die **Inkulpation** bzw. der **Inkulpationsakt** (→ Rn. 31)[37] und darin zugleich die Bekanntgabe der Entscheidung. Der Umfang des Verdachts muss für den Beschuldigten dabei zumindest ungefähr erkennbar werden.[38] Zum Schutz der Betroffenen muss die Interpretation des schlüssigen Verhaltens aus Perspektive eines objektiven Beobachters erfolgen; deshalb beruht die Inkulpation zwar regelmäßig auf einem bewussten Willensakt (der Ermessensausübung) der Strafverfolgungsbehörden, letztlich ist ein solcher aber (bei nur scheinbarer Ermessensausübung) nicht zwingend.[39]

27 Bereits vor der Inkulpation kann **rechtliches Gehör** gewährt werden; eine Verpflichtung dazu besteht jedoch nur, wenn dem Betroffenen bereits aus der Eröffnung des Ermittlungsverfahrens besondere Nachteile drohen und es ohne Gefährdung späterer Ermittlungen möglich ist, den Sach- und Rechtsstand mit ihm vorab zu erörtern. Das ist seltene Ausnahme, indes zB dann vorstellbar, wenn eine Anzeige einen bereits ausermittelten Fall präsentiert, der besondere rechtliche Schwierigkeiten aufweist. Regelmäßig ist rechtliches Gehör während des Verfahrens zu gewähren, das durch die Inkulpation für den Beschuldigten erst beginnt.

28 **c) Inkulpationspflicht.** Der Tatverdacht gegen eine bestimmte Person kann so stark sein, dass sich die Beurteilungs- und Ermessensspielräume „auf null" reduzieren. Dadurch **verdichtet** sich die (grds. nur auf unvertretbare Handhabung überprüfbare) **Pflicht zur ermessensfehlerfreien Entscheidung** zur uneingeschränkt justiziablen[40] Inkulpationspflicht.[41] Das ist **zB** der Fall, wenn ein als Unfallverursacher verdächtiger Fahrer zum Unfallgeschehen,[42] der allein im Auto befindliche Fahrer zum festgestellten Alkoholgeruch,[43] eine sich vom Unfallort entfernende Person oder der Halter des wahrscheinlichen Tatfahrzeugs zu ihrer Fahrereigenschaft[44] oder die als Fahrer verdächtige, einzige in Fahrzeugnähe anwesende alkoholisierte Person[45] befragt wird. Gleiches gilt, wenn bei einer Person Objekte beschlagnahmt werden, deren Besitz strafbar ist (zB entspr. Mengen BtM).[46] Auch offenkundige bzw. vom Befragenden erkannte Widersprüche oder Unwahrheiten in der Aussage können bei bereits anderweitig begründetem Verdacht eine Inkulpationspflicht auslösen.[47] Die gegen

[35] Vgl. BGH 3.7.2007 – 1 StR 3/07, BGHSt 51, 367 (370 ff. Rn. 17 ff.) = NJW 2007, 2706 (2707 ff.) mAnm *Mikolajczyk* ZIS 2007, 565; BGH 29.11.2006 – 1 StR 493/06, BGHSt 51, 150 (156 f.) = NJW 2007, 237 (239) mAnm *Eisele* JR 2007, 303; BGH 28.2.1997 – StB 14/96, NStZ 1997, 398 mAnm *Rogall;* näher *Rogall,* Der Beschuldigte als Beweismittel gegen sich selbst, 1977, S. 27 ff.; vgl. AK/*Gundlach* § 136 Rn. 5 f.

[36] BGH 16.7.1985 – 5 StR 409/85, StV 1985, 397 (398).

[37] Vgl. *Beulke* StV 1990, 180 (181 f.); eingehend *Rogall*, FS Frisch, 2013, 1199 (1219 ff.) sowie – insbes. auch zur Funktion, den Verfahrensgegenstand zu bestimmen – *Fincke* ZStW 95 (1983), 918 (919, 937 ff.).

[38] BGH 6.10.1981 – 1 StR 356/81, BGHSt 30, 215 (217 ff.) = NJW 1982, 291.

[39] Vgl. *v. Gerlach* NJW 1969, 776 (779); HK-StPO/*Ahlbrecht* § 136 Rn. 5, 7.

[40] Freilich eröffnet nur eine aus dem Verstoß resultierende Beschwer Rechtsmittel, und schon die Pflicht selbst hängt von einer möglichen Beschwer ab (→ Rn. 31); die gerichtliche Kontrolle findet daher jeweils inzident statt. → § 136 Rn. 83 ff.; SK-StPO/*Rogall* Vor § 133 Rn. 40 f.

[41] BGH 18.10.1956 – 4 StR 278/56, BGHSt 10, 8 (12) = NJW 1957, 230 (231); BGH 31.5.1990 – 4 StR 112/90, BGHSt 37, 48 (51 f.) = NJW 1990, 2633 (2634); BGH 18.12.2008 – 4 StR 455/08, BGHSt 53, 112 (114 Rn. 9 f.) = NStZ 2009, 281 (282); *Eisenberg* Beweisrecht Rn. 506 f.; *Beulke* StV 1990, 180 (181); eingehend *Fincke* ZStW 95 (1983), 918 (919 ff.).

[42] OLG Hamm 7.5.2009 – 3 Ss 85/08, NStZ-RR 2009, 283 (284 ff.).

[43] BayObLG 21.5.2003 – 2 ObOWi 219/03, NZV 2003, 435 m. abl. Anm. *Th. Heinrich* NZV 2004, 159; wie hier *Roxin*, FS Schöch, 2010, 823 (836); *Meyer-Goßner* Einl. Rn. 77; weitergehend [einziger Anwesender im Tatzimmer; abl. zu BGH 27.5.2009 – 1 StR 99/09, NJW 2009, 2612] HK-StPO/*Ahlbrecht* § 136 Rn. 6.

[44] BGH 27.2.1992 – 5 StR 190/91, BGHSt 38, 214 (216, 218) = NJW 1992, 1463 f. entspr. der Vorlage des OLG Celle 26.3.1991 – 1 Ss 2/91, NStZ 1991, 403 f.; OLG Nürnberg 4.7.2013 – 2 OLG Ss 113/13, bei *Burhoff* StRR 2014, 99 (105); *Geppert*, FS Schroeder, 2006, 675 (688).

[45] BayObLG 2.11.2004 – 1St RR 109/04, NStZ-RR 2005, 175.

[46] Vgl. Kotz/Rahlf/*Noltensmeier* BtMPrax Kap. 5 Rn. 469.

[47] *Fezer* JR 1992, 385 (387; Anm. zu BGH 27.2.1992 – 5 StR 190/91, BGHSt 38, 214 = NJW 1992, 1463.

eine Beschuldigung (insbes. nach § 113 StGB[48]) vorgebrachte Behauptung, der Polizist habe seinerseits eine Straftat begangen, zwingt hingegen noch nicht, diesen Polizisten als Beschuldigten zu behandeln.[49] Ist fraglich, ob das Verhalten der Ermittler als Inkulpation anzusehen ist, kann der Stärke des Verdachts indizielle Bedeutung zukommen; das Nichtbestehen einer Inkulpationspflicht hindert die Inkulpation indes in keiner Weise.

Es gibt keinen Grundsatz, nach dem eine möglichst **frühe Inkulpation** zu verlangen 29 oder auch nur nahezulegen wäre.[50] Die Beschuldigtenstellung bietet zwar einigen Schutz, gleichzeitig aber insbes. bei schwerwiegenden Delikten auch Nachteile.[51] Gerade die Aussagefreiheit lässt sich gegenüber einem tatverdächtigen Zeugen bereits auf andere Weise wahren: Die Pflicht des Zeugen, zur Sache auszusagen, besteht bislang[52] nur vor dem Gericht und der StA (§§ 48 Abs. 1 S. 1, 161a Abs. 1 mit Sanktionsbewehrung in §§ 51, 70, 161a Abs. 2),[53] hingegen nicht vor der Polizei.[54] Wenn Zeugen aussagen, genießen sie – vom Gesetzgeber ausdrücklich gewollt[55] – überall dieselben Rechte wie bei richterlichen Vernehmungen. Insbes. treffen auch die Polizei bei Zeugenvernehmungen zahlreiche Pflichten der §§ 48 ff., va ist die Polizei zur **Belehrung nach § 55 Abs. 2** verpflichtet (§ 163 Abs. 3 S. 1 [und ggü. Sachverständigen S. 4] – entspr. bereits § 163a Abs. 5 aF), sobald Anhaltspunkte für die Möglichkeit einer Selbstbelastung bestehen (im Zweifel zu Beginn der Vernehmung[56]). Obwohl die prozessuale Rolle des (noch) nicht inkulpierten „Tatverdächtigen" kein aliud gegenüber Zeugen- und Beschuldigtenstellung darstellt,[57] sondern Zeugenstellung bleibt, schafft das Gesetz selbst über die Rechte aus § 55 Abs. 1 und die Belehrungspflicht nach § 55 Abs. 2 einen besonderen Schutz tatverdächtiger Zeugen (beachte → Rn. 94 und → Rn. 128 f.). Der BGH betont zu Recht, dass der von hM und Rspr. verwendete „enge oder formale" Beschuldigtenbegriff nur deshalb bestehen kann, weil § 55 die Aussagefreiheit auch jenseits einer Beschuldigtenstellung schützt.[58]

Insbes. bei einer **größeren Zahl Tatverdächtiger** liegt es deshalb nahe, nicht voreilig 30 alle zu inkulpieren, sondern sie zunächst nur nach § 55 Abs. 2 zu belehren und informatorisch zu befragen.[59] Es ist aber zulässig – und kann uU sogar geboten sein –, auch mehrere Personen hinsichtlich derselben Tat zu inkulpieren, selbst wenn sie nicht gleichzeitig Täter gewesen sein können.[60] So dürfen Anwesende am Unfallort grds. zunächst informatorisch befragt werden, während eine Person (ggf. auch zwei oder mehr), die sich als Fahrer des Tatfahrzeugs den Umständen nach besonders aufdrängt, aber gleich als Beschuldigte zu behandeln ist.[61]

---

[48] Zu Folgeproblemen einer Missachtung der Inkulpationspflicht für die Rechtmäßigkeit von Maßnahmen iSd § 113 StGB s. OLG Celle 23.7.2012 – 31 Ss 27/12, NJW-Spezial 2012, 600 f.

[49] *H.-W. Schünemann* DRiZ 1979, 101 (104); *Meyer-Goßner* Einl. Rn. 77.

[50] BGH 31.5.1990 – 4 StR 112/90, BGHSt 37, 48 (51 f.) = NJW 1990, 2633 (2634); BGH 15.9.2004 – 1 StR 304/04, NStZ-RR 2004, 368 f. m. abl. Anm. *Trüg* StraFo 2005, 202; aA *Hellmann,* FS Kühne, 2013, S. 235 ff.

[51] BGH 18.7.2007 – 1 StR 280/07, NStZ 2008, 48 (49).

[52] Beachte → § 133 Rn. 6.

[53] Auch vor der teils noch recht jungen ausdrücklichen Normierung war die Rechtslage im Wesentlichen gleich, vgl. BT-Drs. 16/12098, 11 f. (zu § 48 Abs. 1 S. 2).

[54] Krit. dazu – im Gesetzgebungsverfahren aber nicht erfolgreich – BR-Drs. 178/09, 6 f.

[55] BT-Drs. 16/12098, 26.

[56] Vgl. *Rogall,* Der Beschuldigte als Beweismittel gegen sich selbst, 1977, S. 189.

[57] Vgl. *v. Gerlach* NJW 1969, 776 (777); aA *Müller-Dietz* ZStW 93 (1981), 1177 (1220 ff.) mwN; näher dazu *A. Schumann* GA 2010, 699 (711) mN.

[58] BGH 26.5.1992 – 5 StR 122/92, BGHSt 38, 302 (306) = NJW 1992, 2304 (2305 f.); vgl. auch BGH 18.7.2007 – 1 StR 280/07, NStZ 2008, 48 (49) sowie BVerfG 8.10.1974 – 2 BvR 747/73, Rn. 18 ff., BVerfGE 38, 105 (113) = NJW 1975, 103 f. – Zeugenvertretung; entspr. *v. Gerlach* NJW 1969, 776 (777, 781); *Grünwald* Beweisrecht S. 78; s. auch *Rogall* MDR 1977, 978 (979); *Rogall,* Der Beschuldigte als Beweismittel gegen sich selbst, 1977, S. 61 ff., 150. Krit. zum Schutzumfang und für ein selbständiges Verwertungsverbot *Bosch,* Aspekte des nemo-tenetur-Prinzips, 1998, S. 251 ff. (259 ff.).

[59] Vgl. BGH 27.10.1982 – 3 StR 364/82, NStZ 1983, 86.

[60] *Meyer-Goßner* Einl. Rn. 78; *Kohlhaas* NJW 1965, 1254 (1255); *H.-W. Schünemann* DRiZ 1979, 101 (104); aA AK/*Gundlach* § 136 Rn. 8.

[61] OLG Oldenburg 29.11.1966 – 1 Ss 261/66, NJW 1967, 1096 (1097 f.); OLG Stuttgart 13.9.1976 – 3 Ss (8) 306/76, MDR 1977, 70.

31 Eine Pflicht zur Inkulpation besteht zudem erst, wenn konkretes Verhalten von der Beschuldigtenstellung abhängt (zB weil sie Belehrungspflichten auslöst und die Wahrheitspflicht als Zeuge beendet). Deshalb genügt es regelmäßig, wenn die Inkulpation im Zuge einer Maßnahme erfolgt, die sich gegen eine erst durch sie zum Beschuldigten werdende Person richtet (→ Rn. 26). Entsteht bzw. verfestigt sich der Tatverdacht während einer Maßnahme, ist darauf sofort zu reagieren. So ist die Fortsetzung einer **informatorischen Befragung** (→ Rn. 43) ab Entstehen der Inkulpationspflicht unzulässig, vielmehr muss nach § 136 bzw. § 163a Abs. 4 belehrt, also von der Zeugenvernehmung **zur Beschuldigtenvernehmung übergegangen** werden.[62]

32 **d) Zuständigkeit und Verbindlichkeit.** Für die Inkulpation zuständig – und ggf. zu ihr verpflichtet – ist jeweils derjenige, der über die konkret anstehende Maßnahme zu befinden hat. Das ist grds. die **StA** als Herrin des Ermittlungsverfahrens bzw. in ihrer Vertretung die Polizei. Im Rahmen von Maßnahmen, die er in eigener Verantwortung durchführt, ist auch der Ermittlungsrichter zur Inkulpation befugt – und ggf. verpflichtet – ; er hat insbes. während Zeugenvernehmungen nach eigener Einschätzung und eigenem Ermessen zur Beschuldigtenvernehmung überzugehen und gem. § 136 zu belehren.[63] Auch Maßregeln nach § 70 werden dadurch – unabhängig davon, ob die StA die Einschätzung des Richters teilt – unzulässig.[64]

33 Ist die Inkulpation erfolgt, begründet das die Beschuldigtenstellung für dieses Verfahren **grds. irreversibel und verbindlich.** So hat der Ermittlungsrichter, bei dem die StA eine Beschuldigtenvernehmung beantragt, den Tatverdacht insoweit (anders als zB bei einer Entscheidung über den Haftbefehl) nicht selbst einzuschätzen, darf also nicht auf eine Zeugenvernehmung ausweichen.[65] Lediglich dort, wo eine Beschuldigtenstellung willkürlich begründet wurde, dürfen an sie so lange keine dem Betroffenen rechtlich nachteiligen Maßnahmen oder Folgen geknüpft werden (wie die Ladung zur Beschuldigtenvernehmung, die die Pflicht zum Erscheinen auslöst), wie die Inkulpation sich nicht aus einem späteren Stand der Ermittlungen noch rechtfertigt.

34 **3. Ende der Beschuldigtenstellung.** Die Beschuldigtenstellung **endet** erst mit dem Abschluss der Strafsache gegen den Beschuldigten (bzw. seinem Tod), dh mit der Einstellung des Verfahrens (oder der Nichteröffnung des Hauptverfahrens) bzw. dem rechtskräftigen Freispruch oder der rechtskräftigen Verurteilung.[66] Die aus einem Verfahrensverbund resultierenden erweiterten Wirkungen der Beschuldigtenstellung (→ Rn. 94) lassen sich indes bereits durch Trennung der Verfahren teilweise aufheben (→ Rn. 127 ff.).

35 Der BGH spricht der Beschuldigtenstellung **Nachwirkungen** zu. So soll das Zeugnisverweigerungsrecht von Angehörigen (§ 52) auch dann noch bestehen, wenn sie zu keinem der aktuellen Beschuldigten des Verfahrens in einer der in § 52 Abs. 1 aufgeführten Beziehungen stehen, aber zu einem ehemaligen Mitbeschuldigten und dieser von der Aussage noch aktuell betroffen wäre.[67] Ferner → Rn. 130.

III. Die Vernehmung des Beschuldigten

36 **1. Begriff der Beschuldigtenvernehmung.** Die **Vernehmung** ist eine Befragung, bei der der Vernehmende beim Vernommenen **in offizieller Funktion Auskunft sucht**[68]

---

[62] Zu hier noch offenen Problemfeldern s. *Roxin* JR 2008, 16 f.

[63] Löwe/Rosenberg/*Gleß* § 136 Rn. 11; *Meyer-Goßner* § 136 Rn. 3; aA [Abbruch der Zeugenvernehmung, wenn Antrag der StA nicht bereits auf evtl. Fortsetzung als Beschuldigtenvernehmung gerichtet ist] Löwe/Rosenberg/*Erb* § 162 Rn. 34; AK/*Gundlach* § 136 Rn. 10; *Nehm*, FS Meyer-Goßner, 2001, 277 (283).

[64] BGH 28.2.1997 – StB 14/96, NStZ 1997, 398 f. mAnm *Rogall.*

[65] Löwe/Rosenberg/*Gleß* § 136 Rn. 11; *Meyer-Goßner* § 136 Rn. 3; *Nehm*, FS Meyer-Goßner, 2001, 277 (286).

[66] OLG Hamm 17.1.1974 – 4 Ws 350/73, NJW 1974, 914 (915); *Meyer-Goßner* Einl. Rn. 81; Eisenberg Beweisrecht Rn. 508; *Rogall,* Der Beschuldigte als Beweismittel gegen sich selbst, 1977, S. 24, 31.

[67] → § 52 Rn. 19 ff.; Löwe/Rosenberg/*Ignor/Bertheau* § 52 Rn. 19.

[68] BGH 13.5.1996 – GSSt 1/96, BGHSt 42, 139 (145 f.) = NJW 1996, 2940 (2941); BGH 26.7.2007 – 3 StR 104/07, BGHSt 52, 11 (15 Rn. 16) = NJW 2007, 3138 (3139) mAnm Meyer-Mews; BGH 31.3.2011 –

bzw. diesen anhört. Ein enger gefasster Begriff, der nur förmlich anberaumte Vernehmungen als solche bezeichnete und der („informatorischen") Befragung (→ Rn. 43) als aliud gegenüberstünde, wäre zwar für die §§ 133–135 weitgehend unschädlich, würde aber insbes. den Anwendungsbereich der gesetzlich geregelten Belehrungspflichten sinnwidrig verkürzen. Ein weiter verstandener Vernehmungsbegriff, der sämtliche Äußerungen erfasste, die ein Organ der Strafverfolgung (auch verdeckt oder indirekt) herbeigeführt hat (oder zumindest jede Befragung im Ermittlungsverfahren), könnte bzgl. der Aussagefreiheit brisante Situationen vielfach besser abdecken.[69] Gleichwohl ist der Rspr. zuzustimmen, dass der Begriff weder in der Allgemeinsprache noch in der StPO einen weiteren als den angegebenen Wortsinn hat.[70] Auch soweit bei Gelegenheit einer Beschuldigtenvernehmung zusätzliche Maßnahmen durchgeführt werden (zB eine Gegenüberstellung, vgl. § 58 Abs. 2, Nr. 18 RiStBV), sind diese nicht Teil der Vernehmung.[71]

Das Festhalten am überkommenen **Vernehmungsbegriff präjudiziert keine Grenzen der Beschuldigtenrechte;**[72] außerhalb von Vernehmungen können gleiche, den Beschuldigten bzw. Zeugen schützende Regeln gelten. Soweit die Rechtsstellung des Beschuldigten verfassungsrechtlich geschützt wird, können dahinter zurückbleibende Regeln der StPO ohnehin nicht abschließend sein. Doch auch jenseits des verfassungsrechtlichen Schutzes gestalten die positiven Normen der StPO die Rechtsposition des Beschuldigten nicht abschließend. Es ginge einseitig zu Lasten des Beschuldigten, wenn man seine Ansprüche auf das geschriebene Recht beschränken, den Strafverfolgungsorganen jenseits des geschriebenen Rechts aber die freie Entscheidung über ihr Vorgehen anheimstellen würde. Gerade weil der historische, insbes. noch nicht in heutiger Weise an verdeckte Ermittlungen denkende Gesetzgeber seine Regelungen für vollständiger hielt, als sie sich heute erweisen, bestehen unbeabsichtigte Gesetzeslücken, die einer ausgewogenen inhaltlichen Füllung bedürfen.[73] Dazu bedarf es indes keiner Dehnung des Vernehmungsbegriffs. 37

Im Strafverfahrensrecht sind – den beiden persönlichen Beweismitteln des Strengbeweisverfahrens entspr. – drei Arten von Vernehmungen zu unterscheiden: Die Vernehmung von Zeugen (va §§ 48 ff.), die von Sachverständigen (va §§ 72 ff.) sowie diejenige des Beschuldigten, der kein Beweismittel, aber als Subjekt des Verfahrens zu vernehmen ist (→ Rn. 63, 118). Während Zeugen- und Sachverständigenstellung miteinander vereinbar sind,[74] **darf der Beschuldigte nicht als Zeuge** und nicht als Sachverständiger vernommen werden. Das bedeutet nicht, dass seine Aussage grds. geringeres Gewicht hätte – das Gericht würdigt und gewichtet auch sie, ohne dabei an feste Regeln gebunden zu sein (§ 261).[75] Der Beschuldigte hat indes wesentlich umfänglichere Rechte (vgl. nur → Rn. 6, 79 ff.), und an deren Ausübung darf er nicht gehindert werden. Ebenso wenig dürfen sie ihm vorenthalten werden; das ist gerade der Inhalt der Inkulpationspflicht (→ Rn. 28).[76] 38

---

3 StR 400/10, NStZ 2011, 596 (567 Rn. 8); SK-StPO/*Rogall* § 136 Rn. 13 ff.; HK-GS/*Jäger* § 136 Rn. 4, 35. Vgl. auch → Einl. D Rn. 283.

[69] Zu verschiedenen Fassungen insbes. eines „funktionalen" bzw. „materiellen" Vernehmungsbegriffs" s. Löwe/Rosenberg/*Gleß* § 136 Rn. 12, 91 ff.; *Roxin* NStZ 1997, 18 (19); *Renzikowski* JZ 1997, 710 (713 ff.); [„Anhörung des Bürgers gegen seinen Willen aus strafprozessualen Gründen"] *Gusy* StV 1995, 449 (450; Anm. zu BGH 21.7.1994 – 1 StR 83/94, BGHSt 40, 211 = NJW 1994, 2904); HBStrVf/*Jahn* Kap. II Rn. 70.

[70] BGH 13.5.1996 – GSSt 1/96, BGHSt 42, 139 (145 f.) = NJW 1996, 2940 (2941).

[71] Vgl. *Roxin/Schünemann* § 25 Rn. 2.

[72] → Rn. 2 f., → § 136 Rn. 4 ff. und → § 136a Rn. 67 ff.; *Roxin* NStZ 1995, 465; *Bernsmann* StV 1997, 116 (118; Anm. zu BGH 13.5.1996 – GSSt 1/96, BGHSt 42, 139 = NJW 1996, 2940); *Dallmeyer* StV 1997, 606 ff.

[73] Näher zur Genese gerade von § 136 *Degener* GA 1992, 443 (455 ff.); zu historischer Entwicklung und Funktion der Vernehmung KMR/*Lesch* Vor § 133 Rn. 19 ff. mwN.

[74] Derselben Person können im selben Verfahren beide Rollen gleichzeitig oder nacheinander zukommen. Zum sachverständigen Zeugen → § 85 Rn. 2 ff. sowie → § 72 Rn. 17, 19 ff.

[75] Näher dazu die Kommentierung bei § 261; KK-StPO/*Schoreit* § 261 Rn. 29, 49.

[76] BGH 3.7.2007 – 1 StR 3/07, BGHSt 51, 367 (370 ff. Rn. 19 ff.) = NJW 2007, 2706 (2707 ff.) mAnm *Mikolajczyk* ZIS 2007, 565 (566 f.).

39 **Zweck** der Beschuldigtenvernehmung ist neben anderen die Aufklärung der verfahrensgegenständlichen Geschehnisse im Sinne einer Wahrheitsfindung.[77] Diesen Zweck teilt sie mit der Zeugenvernehmung, unterscheidet sich von dieser aber insoweit, als die Interessen des Beschuldigten diesem Ziel gegenüber sehr viel stärker zu gewichten sind als die Interessen von Zeugen. Vor allem dient die Beschuldigtenvernehmung der **Gewährung rechtlichen Gehörs;**[78] eng damit verbunden ist auch die Funktion der Vernehmung, dem Beschuldigten diverse Mitteilungen zu machen.[79] Dieses Ziel spielt bei Zeugenvernehmungen meist nur eine nachrangige oder gar keine Rolle.

40 Vernehmungen erfolgen **mündlich** und **persönlich.**[80] Der Beschuldigte darf sich zwar jederzeit auch schriftlich äußern[81] und über seinen Verteidiger zur Sache einlassen, beides fällt aber nicht unter den Vernehmungsbegriff.[82] Über die Aussage des Beschuldigten können uU – in der Hauptverhandlung nach § 254 – indirekte Beweise erhoben werden (insbes. durch Verlesung der Niederschrift oder durch Zeugenvernehmung der Vernehmungsperson), auch das sind indes keine Formen der Beschuldigtenvernehmung. Im Rahmen der Beschuldigtenvernehmung ist es hingegen möglich, dem Beschuldigten **Schriftstücke** – insbes. Niederschriften seiner früheren Vernehmungen – **vorzuhalten,** dh ihr Inhalt wird ihm mitgeteilt und er dazu befragt.[83] Inhalt der Aussage bzw. Gegenstand der Beweisaufnahme wird dabei aber nur die aktuelle Äußerung des Beschuldigten; der Inhalt der Schriftstücke wird nur insoweit aufgenommen, als die aktuelle Äußerung sich bestätigend darauf bezieht.[84] Ein Vorhalt ist erst sinnvoll, nachdem der Beschuldigte Gelegenheit zu einer zusammenhängenden Äußerung zum Gegenstand der Vernehmung hatte (→ Rn. 54) und bereits zum Inhalt des vorzuhaltenden Dokuments Stellung genommen hat.[85] Eigene Notizen darf der Beschuldigte hingegen von Anfang an verwenden und schriftlich vorbereitete Erklärungen vortragen.[86]

41 Gelegentlich ist **schriftliche Befragung** eine Alternative zur Vernehmung. Die Beschränkung des Vernehmungsbegriffs auf mündliche Interaktion bedeutet keine Einschränkung der in §§ 136, 136a aufgeführten Rechte und Pflichten, sondern zeigt lediglich, dass das Gesetz diese Rechte und Pflichten nur fragmentarisch statuiert.[87] § 136 Abs. 1 selbst spricht von der Möglichkeit schriftlicher Äußerungen erst nach der Belehrung über die Aussagefreiheit und das Recht zur Konsultation eines Verteidigers. Wenn der Beschuldigte zu schriftlichen Äußerungen aufgefordert wird oder sie ihm explizit anheimgestellt werden, ist er daher schriftlich entspr. § 136 Abs. 1 zu belehren, wenn er nicht bereits im Zuge

---

[77] *Meyer-Goßner* § 136 Rn. 14; [zur Hauptverhandlung] *G. Hammerstein,* FS Middendorff, 1986, 111 ff.; aA eingehend *Degener* GA 1992, 443 (455 ff., insbes. 462); ähnlich [Ermöglichung der Verteidigung als alleiniger Zweck] *Beckemper,* Durchsetzbarkeit des Verteidigerkonsultationsrechts, 2002, S. 117 ff.; *Eisenberg* Beweisrecht Rn. 510a.

[78] Zum Vorrang des Verteidigungsinteresses vor der Sachaufklärung s. auch Löwe/Rosenberg/*Gleß* § 136 Rn. 57; KK-StPO/*Diemer* § 136 Rn. 1; AK/*Gundlach* § 136 Rn. 29; *Rieß* JA 1980, 293 (297), zum in dieser Doppelfunktion liegenden kommunikativen Spannungsverhältnis *Kühne,* Kommunikationsproblem, 1978, S. 105 ff. Näher zur Vereinbarkeit beider Zwecke *Mahlstedt,* Die verdeckte Befragung des Beschuldigten im Auftrag der Polizei, 2011, S. 52 ff. Eingehend zur Diskussion um beide Funktionen [und dabei die Aussagefreiheit betonend] *Grünwald* Beweisrecht S. 60 ff. Vgl. auch HBStrVf/*Jahn* Kap. II Rn. 62 ff.

[79] → § 136 Rn. 10, 21, 23 f., 30, 45 sowie → § 133 Rn. 19. Näher dazu *Lesch* ZStW 111 (1999), 624 (625 ff.).

[80] Ausnahmen hiervon sieht § 186 GVG für hör- oder sprachbehinderte Personen vor. Zum geplanten Einsatz von Videokonferenztechnik bei polizeilichen Beschuldigtenvernehmungen (Entwurf von § 163a Abs. 1 S. 2 nF) s. BT-Drs. 17/1224.

[81] → § 136 Rn. 39.

[82] Vgl. BGH 27.2.2007 – 3 StR 38/07, NStZ 2007, 349; *Meyer-Goßner* § 136 Rn. 15; SK-StPO/*Rogall* § 136 Rn. 22; anders für Fälle des § 233 BayObLG 18.11.1982 – 1 Ob OWi 237/82, BayObLGSt 1982, 156 = JZ 1983, 34* (nur Ls.).

[83] Vgl. BGH 6.6.1952 – 1 StR 878/51, NJW 1952, 1027.

[84] Vgl. BGH 8.4.1954 – 3 StR 725/53, BGHSt 6, 279 (281 f.) = NJW 1954, 1496 (1497); BGH 23.11.1954 – 5 StR 301/54, BGHSt 7, 73 f. = NJW 1955, 191; SSW-StPO/*Kudlich/Schuhr* § 249 Rn. 31 ff.

[85] BGH 4.11.1986 – 5 StR 381/86, NStZ 1987, 85 (86). Zur Protokollierung → § 136 Rn. 53.

[86] Vgl. BGH 9.1.1953 – 1 StR 623/52, BGHSt 3, 368 f. = NJW 1953, 673.

[87] Vgl. dazu (mit Blick auf die Hauptverhandlung) *Eisenberg/Pincus* JZ 2003, 397 ff.

einer Vernehmung belehrt worden ist. Bzgl. § 136 Abs. 2 → § 136 Rn. 46. Richtigerweise ist auch § 136a auf schriftliche Korrespondenz anzuwenden,[88] was insbes. ein Täuschungsverbot beinhaltet.

2. Spontanäußerungen und informatorische Befragungen. Tritt jemand von sich aus an eine Ermittlungsperson (bzw. StA o. Richter) heran und teilt ihr ungefragt Informationen mit, liegt eine sog **Spontanäußerung** vor, die mangels offizieller Veranlassung nicht unter den Vernehmungsbegriff fällt. Pflichten aus §§ 133–135 und § 136a wären schon deshalb gegenstandslos, weil gerade keine Einwirkung auf die Beweisperson stattfindet; Pflichten aus § 136 bzw. § 163a Abs. 4 wären für die Ermittlungsperson regelmäßig unerfüllbar. Zur Verwertbarkeit erlangter Informationen → § 136 Rn. 66. Die Situation einer Spontanäußerung ist kurz; sie ist beendet, sobald Interaktionen zwischen einer Ermittlungsperson und der Beweisperson stattfinden.[89] Sie ist daher beim (bereits inkulpierten) Beschuldigten grds. nicht vorstellbar und hemmt keine bereits zuvor bestehende Inkulpationspflicht. 42

Solange noch keine Inkulpationspflicht besteht, muss der Tatverdächtige auch ohne Inkulpation offiziell befragt werden dürfen; die Ermittlungsbehörden könnten einen Tatverdacht sonst evtl. gar nicht prüfen (ferner → Rn. 27).[90] Eine solche sog **informatorische Befragung** ist nichts anderes als eine Vernehmung[91] (→ Rn. 36; der BGH spricht auch von „informatorischer Vernehmung"[92]), aber Zeugenvernehmung und nicht Beschuldigtenvernehmung.[93] Spätestens wenn der Tatverdacht sich in ihr so weit verdichtet, dass eine Inkulpationspflicht entsteht, ist zur Beschuldigtenvernehmung überzugehen und insbes. nach § 136 bzw. § 163a Abs. 4 zu belehren (→ Rn. 31).[94] Der Übergang findet indes nicht von selbst statt; ohne Inkulpation[95] wird die Zeugenvernehmung rechtswidrig (mit Folgewirkungen[96]), bleibt jedoch Zeugenvernehmung.[97] Zur Verwertbarkeit rechtmäßig erlangter Informationen → § 136 Rn. 66 f. 43

3. Modalitäten der Beschuldigtenvernehmung. a) Vernehmungspersonen. Im **Ermittlungsverfahren** ist die **StA** das primäre Vernehmungsorgan (§§ 160, 163a Abs. 1–3), die §§ 133–136a finden für sie entspr. Anwendung (§ 163a Abs. 3 S. 2). Praktisch – und der gesetzgeberischen Intention entspr. – werden Beschuldigte aber primär von **Polizeibeamten** als Ermittlungspersonen der StA vernommen (§ 152 Abs. 1 GVG). Hier gilt § 163a Abs. 4 mit Verweis auf § 136 Abs. 1 S. 2 bis 4, Abs. 2, 3 und § 136a. Auf Antrag der StA vernimmt der **Ermittlungsrichter** (§ 162; Nr. 10 RiStBV), für den §§ 133–136a unmittelbar anwendbar sind. Auf evtl. Beweiserhebungen im Zwischen- und Ermittlungen im Klageerzwingungsverfahren sind die §§ 133–136a über § 202 S. 1 bzw. § 173 Abs. 3 ebenfalls anzuwenden. 44

Die **Gerichtshilfe** – auch die Jugendgerichtshilfe (§ 38 JGG) – handelt im Rahmen von § 160 Abs. 3 S. 2 – ähnlich wie die Polizei – für die StA, kann daher vernehmen und muss 45

[88] → § 136a Rn. 76.

[89] Vgl. BGH 9.6.2009 – 4 StR 170/09, NJW 2009, 3589; *Fezer* StV 1990, 195 (krit. Anm. zu BGH 27.9.1989 – 3 StR 188/89, NJW 1990, 461).

[90] Vgl. BGH 27.10.1982 – 3 StR 364/82, NStZ 1983, 86; *Kohlhaas* NJW 1965, 1254 (1255).

[91] BGH 27.2.1992 – 5 StR 190/91, BGHSt 38, 214 (227) = NJW 1992, 1463 (1466); *Haubrich* NJW 1981, 803 f.; eingehend *Grosjean*, Beschuldigteneigenschaft, 1999, S. 93 ff.; anders zB BayObLG 19.7.1996 – 1 St RR 71/96, NJW 1997, 404 (405); *v. Gerlach* NJW 1969, 776 (778).

[92] BGH 23.5.2002 – 3 StR 53/02, BGHR StPO § 467 Abs. 3 Verschweigen 1.

[93] *Meyer-Goßner* Einl. Rn. 79; pointiert gegen eine Ausdehnung des Selbstbelastungsschutzes *Verrel*, Selbstbelastungsfreiheit, 2001, S. 137 ff. (145), 284 f. Eingehend *Beckemper*, Durchsetzbarkeit des Verteidigerkonsultationsrechts, 2002, S. 80 ff. (101 ff.).

[94] BGH 30.4.1968 – 1 StR 625/67, BGHSt 22, 129 (132) = NJW 1968, 1388 (1389).

[95] Dazu, dass diese sich indes gerade hier oft aus den Umständen ergeben wird, *Geppert*, FS Oehler, 1985, 323 (336 f.).

[96] Insbes. → § 136 Rn. 61 und → § 136a Rn. 44.

[97] *Lenckner*, FS Peters, 1974, 333 (341); anders zB *Salger*, Das Schweigerecht des Beschuldigten, 1998, S. 52.

§§ 136 Abs. 1, 136a befolgen.[98] Der **Bewährungshelfer** (§ 56d) hingegen nimmt keine Verfahrenshandlungen vor, vernimmt insbes. nicht.[99] Mit Blick auf mögliche künftige Verfahren gegen denselben Beschuldigten, die Aufgaben der Bewährungshilfe und das dabei förderliche Vertrauensverhältnis wäre auch viel eher an eine Erweiterung *(de lege ferenda)* von § 53 als an eine Anwendung der §§ 136, 136a zu denken.

46 **Sachverständige** vernehmen nicht (beachte indes → Rn. 50);[100] der Beschuldigte muss vor ihnen auch nicht erscheinen.[101] Gleichwohl treten sie dem Beschuldigten in offiziell beauftragter Funktion von Seiten der StA bzw. des Gerichts gegenüber. Soweit der Beschuldigte bereits anderweitig über seine Aussagefreiheit belehrt wurde, ihm der Gegenstand des vom Sachverständigen zu erstattenden Gutachtens bekannt ist und der Sachverständige nur Befundtatsachen erhebt, die über sein Gutachten in die Hauptverhandlung eingeführt werden, ist eine neuerliche Belehrung über die Aussagefreiheit vor dem Sachverständigen zwar nicht vorgeschrieben, aber gute Praxis.[102] Ferner bestehen aus § 136a keine kategorischen Vorgaben, die eine *lege artis* erfolgende Untersuchung mit standardisierten Testverfahren ausschließen würden, auch wenn etwa ein psychologischer Test Täuschungen beinhaltet; vielmehr ist die Zulässigkeit der Untersuchung jeweils in einer Gesamtbetrachtung zu beurteilen.[103] Soweit der Sachverständige indes Zusatztatsachen erhebt (und damit den Gegenstand seiner Untersuchung über den urspr. angekündigten Gegenstand hinaus ausdehnt), muss eine erneute Belehrung nach § 136 Abs. 1 erfolgen,[104] und der Beschuldigte darf über den Gegenstand der Untersuchung nicht im Unklaren gelassen werden.[105]

47 **b) Anwesenheitsrechte und Anwesenheitspflichten.** Die **Verteidiger** des Beschuldigten haben bei der Vernehmung ein Anwesenheits- und Mitwirkungsrecht (§ 168c Abs. 1 bzw. § 137; ebenso Beistände eines Jugendlichen nach § 69 Abs. 3 S. 2 JGG); ein Anwesenheitsrecht hat auch der (ggf. vorläufige) **Verletztenbeistand** (§ 406g Abs. 2 S. 2 und Abs. 4 S. 1). Gleiches gilt für die **StA** (bei richterlichen Vernehmungen aus § 168c Abs. 1, iÜ vernimmt sie selbst bzw. ist ggü. der Polizei weisungsbefugt). Alle zur Anwesenheit Berechtigten sind nach § 168c Abs. 5 S. 1 und 2 vom Termin zu benachrichtigen. Auch **ausländischen Vernehmungsbeamten** kann die Teilnahme und ggf. Mitwirkung gestattet werden.[106]

48 **Ehegatten,** Lebenspartner und – insbes. bei jugendlichen Beschuldigten – **gesetzliche Vertreter** können bereits im Vorverfahren als Beistand zugelassen werden (§ 149 Abs. 3). Gesetzliche Vertreter dürfen sich selbst wiederum eines Verteidigers bedienen (§ 137 Abs. 2). **Erziehungsberechtigte** des Beschuldigten haben nach § 67 JGG ein Anwesenheits- und Mitwirkungsrecht.[107]

---

98 *Meyer-Goßner* § 136 Rn. 2.

99 SK-StPO/*Rogall* § 136 Rn. 28; KK-StPO/*Diemer* § 136 Rn. 3; mit beachtlichen Gründen gleichwohl für eine Belehrungspflicht analog § 136 Abs. 1 S. 2 *Schipholt* NStZ 1993, 470 (472).

100 BGH 6.9.1968 – 4 StR 339/68, NJW 1968, 2297 m. insoweit abl. Anm. *Arzt* JZ 1969, 438 f.; BGH 20.7.1995 – 1 StR 338/95, NJW 1998, 838 (839) m. abl. Anm. *Eisenberg/Kopatsch* NStZ 1997, 297; HK-StPO/*Ahlbrecht* § 136 Rn. 4; *Pfeiffer* § 136 Rn. 1; aA [für intensive Befragung jenseits des Gutachtenauftrags] LG Oldenburg 6.7.1994 – SG 7/94, StV 1994, 646; [grds. Belehrung nötig] Löwe/Rosenberg/*Gleß* § 136 Rn. 3; HK-GS/*Jäger* § 136 Rn. 1; *Roxin/Schünemann* § 25 Rn. 12.

101 Beachte aber → § 133 Rn. 19.

102 Vgl. BGH 6.8.1987 – 4 StR 333/87, BGHSt 35, 32 (35) = NJW 1988, 1223 (1224) mAnm *Dörig* NStZ 1988, 142; Graf/*Monka* § 136 Rn. 3. Zur Pflicht des Sachverständigen, sich zu vergewissern, dass bereits eine Belehrung erfolgte, *Spöhr* NZV 1993, 334 (335).

103 → § 136a Rn. 12, 44 ff., 51 f., 76 f.

104 *Rieß* JA 1980, 293 (296); *Schmidt-Recla* NJW 1998, 800 (801); dies zumindest erwägend *Meyer-Goßner* § 136 Rn. 2; vgl. auch [Belehrungspflicht der Ermittler, nicht des Sachverständigen; die „ermittelten Indizien dürfen nur insoweit in den Prozeß eingeführt werden, als die den Auftraggeber verpflichtenden Formen eingehalten wurden"] *Fincke* ZStW 86 (1974), 656 (673); [stets Belehrungspflicht der Strafverfolgungsorgane, die uU durch den Sachverständigen erfüllt werden kann] *Rogall,* Der Beschuldigte als Beweismittel gegen sich selbst, 1977, S. 193 ff.

105 → § 136a Rn. 41 ff. sowie [für eine entspr. Anwendung der Regeln über Vernehmungen] *Weigend* JZ 1990, 48 (49; Anm. zu BGH 29.6.1989 – 4 StR 201/89, BGHSt 36, 217 = NJW 1989, 2762).

106 BGH 8.11.2006 – 1 StR 421/06, NStZ 2007, 344 mAnm *Lagodny* JR 2007, 260.

107 Löwe/Rosenberg/*Gleß* § 136 Rn. 73.

Die **Jugendgerichtshilfe** ist zwar im Verfahren gegen Jugendliche so früh wie möglich heranzuziehen (§ 38 Abs. 3 S. 1 und 2 JGG), ihre Anwesenheit bei polizeilichen, staatsanwaltschaftlichen oder richterlichen Vernehmungen ist aber grds. nicht erforderlich – sie kann indes auch zu ihnen eingeladen werden. **Mitbeschuldigte** haben kein Anwesenheitsrecht. Eine gemeinsame Vernehmung mehrerer Beschuldigter ist zwar nicht unzulässig, wird sich aber nur selten anbieten. 49

Sachverständige und Zeugen dürfen vom Richter[108] zur Vernehmung hinzugezogen werden. Sachverständigen können Fragen nach § 80 Abs. 2 gestattet werden. Mit Zeugen ist eine Gegenüberstellung unter den Voraussetzungen von § 58 Abs. 2 zulässig; entspr. gilt für Mitbeschuldigte. Mit Ausnahme von Gefahr im Verzug (§ 165) bestehen dabei jeweils die Antragserfordernisse und Einschränkungen des richterlichen Ermessens nach § 162. 50

Die Zuziehung eines Urkundsbeamten der Geschäftsstelle als **Protokollführer** ist für richterliche Vernehmungen gesetzliche Regel (§ 168 S. 2). Ist der Beschuldigte der deutschen Sprache nicht hinreichend mächtig, muss ein **Dolmetscher** hinzugezogen werden (§§ 185 ff., insbes. § 187 GVG, bzgl. hör- oder sprachbehinderten Personen § 186 Abs. 2 GVG).[109] Dies gilt auch im Ermittlungsverfahren.[110] 51

c) Zeitpunkt und Ablauf. § 163a Abs. 1 ordnet an, dass vor dem Abschluss des Ermittlungsverfahrens grds. eine Beschuldigtenvernehmung stattzufinden hat.[111] Über den **Zeitpunkt** und evtl. Wiederholungen und Ergänzungen der Vernehmung entscheidet die StA (bzw. in ihrer Vertretung ihre Ermittlungspersonen) im Vorverfahren nach eigenem Ermessen. Nr. 6 und 8 sowie 209 Abs. 1 RiStBV legen für Antragsdelikte und namenlose Anzeigen einen späten Vernehmungszeitpunkt nahe. Die mehrfache Vernehmung von Jugendlichen soll vermieden werden (vgl. Nr. 19 Abs. 1 RiStBV zu Zeugen). Zu Anforderungen an förmliche **Ladungen** → § 133 Rn. 7 ff. Der Verteidiger ist von ihnen zumindest zu unterrichten (§ 168c Abs. 5 S. 1, ferner Nr. 108 RiStBV). 52

Es ist kein für alle Vernehmungen gleichförmiger **Ablauf** vorgeschrieben. Im Regelfall beginnt die Vernehmung indes mit der Feststellung der Identität des Beschuldigten (Vernehmung zur Person[112]), daran schließen sich die erforderlichen (und ggf. weitere zweckmäßige) Belehrungen, Hinweise und Mitteilungen an,[113] schließlich erfolgt – beim aussagebereiten Beschuldigten – die eigentliche Vernehmung zur Sache (einschließlich der Vernehmung zu seinen persönlichen Verhältnissen).[114] Über die Vernehmung ist ein **Protokoll** anzufertigen (§ 168 ff.).[115] 53

§ 69 gilt nicht für die Beschuldigtenvernehmung.[116] Der Beschuldigte muss daher nicht zwingend erst aufgefordert werden, sich zum Gegenstand der Vernehmung im Zusammenhang erschöpfend zu äußern, ehe er mit Fragen konfrontiert werden darf.[117] In der Regel wird sich das aber – aus denselben Gründen wie bei der Zeugenvernehmung – anbieten[118] und der Beschuldigte ist dazu nach § 136 Abs. 2 berechtigt.[119] Jedenfalls muss der Beschuldigte irgend- 54

---

[108] Zu StA und Polizei s. bei § 161a bzw. § 163a.

[109] Vgl. auch Art. 2 Abs. 1 der RL 2010/64/EU des Europäischen Parlaments und des Rates v. 20.10.2010 über das Recht auf Dolmetschleistungen und Übersetzungen in Strafverfahren, ABl. 2010 L 280/1 sowie Erwägungsgrund 25 der RL 2012/13/EU (ABl. 2012 L 142/1). Näher Löwe/Rosenberg/*Gleß* § 136 Rn. 69. Zu fremdsprachigen Vernehmungen s. *V. Hoffmann/Mildeberger* StraFo 2004, 412 f.

[110] BVerfG 27.8.2003 – 2 BvR 2032/01, NStZ-RR 2004, 63 (64).

[111] Näher → § 133 Rn. 3 f., 15 und 19.

[112] → § 136 Rn. 15 f.

[113] → § 136 Rn. 20 bis 46.

[114] → § 136 Rn. 44 bis 51.

[115] → § 136 Rn. 52 f.

[116] *Meyer-Goßner* § 136 Rn. 17.

[117] AA SK-StPO/*Rogall* § 136 Rn. 31; *Wegemer* NStZ 1981, 247 (248); *Roxin/Schünemann* § 25 Rn. 8.

[118] Löwe/Rosenberg/*Gleß* § 136 Rn. 62; KK-StPO/*Diemer* § 136 Rn. 19; HK-StPO/*Ahlbrecht* § 136 Rn. 34; AK/*Gundlach* § 136 Rn. 29; *Wiesneth*, HdB für das ermittlungsrichterl. Verf., 2006, Rn. 479 (§ 48 IV); Kotz/Rahlf/*Noltensmeier* BtMPrax Kap. 5 Rn. 500; eingehend *Eisenberg* Beweisrecht Rn. 583 ff.

[119] OLG Schleswig 3.5.1972 – 1 Ss 85/72, bei *Ernesti/Jürgensen* SchlHA 1973, 180 (186); *Dahs* Revision Rn. 277.

wann im Rahmen der Vernehmung Gelegenheit zu einer **zusammenhängenden Stellungnahme** zur Anschuldigung erhalten[120] und darf dabei grds. selbst bestimmen, wie eingehend er sich mit den Anschuldigungen auseinandersetzt. IÜ verlangen der Respekt vor dem Beschuldigten und seinem Anspruch, als Subjekt am Verfahren mitwirken zu dürfen, ihn auch ansonsten nicht über Gebühr zu unterbrechen und in sinnvollem Zusammenhang zum aktuellen Thema stehende Ausführungen anzuhören, ernst zu nehmen und ggf. zu prüfen.[121]

55 **4. Rechtswirkungen.** Die Beschuldigtenvernehmung kann eigene Rechtswirkungen entfalten. So steht die Unterbrechung der **Verfolgungsverjährung** in den Fällen der § 78c Abs. 1 Nr. 1 bis 3 StGB in unmittelbarem Zusammenhang mit Vernehmungen des Beschuldigten.[122] In Ordnungswidrigkeitenverfahren begründet die Aktenzusendung an eine von mehreren gleichrangig zuständigen Verwaltungsbehörden nach Beschuldigtenvernehmung deren Vorzugszuständigkeit (§ 39 Abs. 1 S. 1 OWiG, entspr. Nr. 272 Abs. 3 RiStBV).

56 **5. Besondere inhaltliche Problemfelder.** Fragen der Vernehmungstaktik und **Vernehmungspsychologie** können hier grds. nicht abgedeckt werden.[123] Die folgenden praktischen Problemfelder, die den Themenkreis der §§ 136, 136a gerade im Vorfeld ihres Regelungsgehalts und jeweils mit besonderer Bedeutung für **Jugendliche**[124] beleuchten, seien aber zumindest angedeutet:

57 Um die Zwecke der Vernehmung (→ Rn. 39) zu erreichen, ist besonders sorgfältig auf die **Vermeidung von Missverständnissen** zwischen den Vernehmungspersonen und den Vernommenen zu achten. Schon die Pflicht zur Eröffnung des Tatvorwurfs (§ 136 Abs. 1 S. 1), das Täuschungsverbot (§ 136a Abs. 1 S. 1) und der Schutz des Einsichtsvermögens (§ 136a Abs. 2) zielen darauf ab. Wichtig sind zudem insbes. folgende Verhaltensmaximen:

58 **Verweise** auf andere Aussagen und Dokumente sind mit dem Vernommenen regelmäßig im Einzelnen durchzusprechen (vgl. für Angaben zur Person und BZR Nr. 13 Abs. 1 S. 3 und 4 RiStBV). Auch schwachen Anhaltspunkten für Missverständnisse ist nachzugehen. Zudem kann es für die Vernehmungsperson angezeigt sein, den Vernommenen um die Wiederholung von Mitteilungen und Fragen zu bitten und selbst eine Paraphrase seiner Antwort zu geben, um das richtige Verständnis zu prüfen (vgl. insbes. zu **hörbehinderten Personen** Nr. 21 RiStBV). In Verfahren gegen **Ausländer** sind deren Sprachkenntnisse und ihr Bedürfnis nach einem Dolmetscher zu ermitteln und aktenkundig zu machen (Nr. 181 Abs. 1 RiStBV).

59 Beschuldigte sind oft um ein baldiges Ende der als **unangenehm** empfundenen Vernehmung bemüht. Die StPO unterstellt stillschweigend gleichwohl ihre Fähigkeit, dieses Nahziel den Belangen der Verteidigung unterzuordnen. Besonderen Schutz bietet sie hier nur in Extremfällen (§ 136a schützt vor Folter etc). Die genannte Fähigkeit ist bei Menschen aber sehr unterschiedlich ausgeprägt. Je hilfloser und ausgelieferter der Beschuldigte sich fühlt, desto größer wird grds. die Gefahr selbstbelastender Falschaussagen.[125] Den gleichen Effekt kann es haben, wenn der Beschuldigte die **prozessuale Bedeutung** seiner Vernehmung **nicht überblickt,** was auch bei geschäfts- und verhandlungserfahrenen

---

[120] BGH 9.12.1959 – 2 StR 265/59, BGHSt 13, 358 (361) = NJW 1960, 349 (350); BGH 4.11.1986 – 5 StR 381/86, NStZ 1987, 85 (86).

[121] Vgl. *Dencker* StV 1994, 667 (675 f.); *Lesch* ZStW 111 (1999), 624 (645 f.).

[122] Beachte → § 133 Rn. 4.

[123] Zu Überblicken und wN (insbes. auf die wesentlich besser erforschte aber nur begrenzt übertragbare Situation beim Zeugen) s. *Eisenberg* Beweisrecht Rn. 587 ff.; ferner [jeweils unter weitgehender Ausblendung der Verteidigungsfunktion der Vernehmung] *Glatzel* StV 1982, 283 (284 f.) sowie *Geerds,* in: Die Psychologie des 20. Jahrhunderts, Bd. XIV, 1981, S. 747 ff. (Vernehmungstechnik) und S. 763 ff. (Psychologie des Strafverfahrens). Vgl. auch AK/*Gundlach* Vor § 133 Rn. 2, 13 ff. Zur empirischen Fundierung s. *Eisenberg* JZ 1984, 912 (914 ff.; zur Beurteilung des Wahrheitsgehalts 961 ff.).

[124] Eingehend jeweils *Eisenberg* NStZ 1999, 281 ff. mN empirischer Untersuchungen.

[125] Dazu zB [„Der Unschuldige hingegen redet häufig zu viel."] *Dahs* Rn. 248 und [mit Blick auf § 136a] *Maisch* StV 1990, 314 (315 ff.); s. auch *Radbruch,* FS Sauer, 1949, 121 unter Verweis auf *Goethe* Egmont IV. Aufzug.

Beschuldigten trotz Belehrung der Fall sein kann, solange sie die Ernsthaftigkeit des Tatvorwurfs und die Endgültigkeit strafrechtlicher Entscheidungen noch nicht erfasst haben.

Jeder Mensch konstruiert nachträglich Zusammenhänge, **überlagert Erinnerungen** und „baut sie um".[126] Daraus entsteht ua die Gefahr, dass der Vernehmende die Erinnerungen und Überzeugungen des Vernommenen durch seine Äußerungen (auch ungewollt) verändert. Das kann insbes. dazu führen, dass die Beteiligung an Tatserien in größerem Umfang zugestanden (und dann selbst geglaubt) wird, als sie tatsächlich erfolgte. Wie groß diese Gefahr ist, hängt insbes. von der Selbstsicherheit bzw. dem Misstrauen in die eigene Erinnerungsfähigkeit ab. 60

Diesen Effekten kann oft bereits dadurch **entgegen getreten** werden, dass – wie ohnehin geboten (→ Rn. 71 ff.) – der Beschuldigte respektvoll behandelt wird, man unnötige Drucksituationen vermeidet und die Transparenz des Verfahrens durch dazu nötige Erläuterungen erhöht.[127] Zudem sind Indizien für die genannten Problemfälle zu dokumentieren, damit sie zumindest bei der Interpretation und Würdigung des Ausgesagten berücksichtigt werden können. Nur so lässt sich neben der Aussage auch ihre Situation erfassen und eine Verzerrung möglichst vermeiden.[128] 61

IV. Die Aussage- bzw. Mitwirkungsfreiheit

1. Gründe der Aussage- bzw. Mitwirkungsfreiheit. a) Partielle Begründungen der negativen Aussagefreiheit. aa) Selbstschädigungsaspekt. Eine allgemeine Freiheit, keine **Handlungen zum eigenen Nachteil** vornehmen zu müssen, kann es in einem Gemeinwesen nicht geben. Für den Handelnden nachteiliges Verhalten ist typischer Inhalt von Pflichten. Das gilt für privatautonom begründete vertragliche Pflichten und im Hoheitsverhältnis gleichermaßen. Ähnlich wie im Vertrag die Parteien sich idR gegenseitig selbstschädigendes Verhalten versprechen, weil sie durch die Austauschbeziehung insg. Vorteile für beide Seiten erwarten, haben Bürger (auch der Beschuldigte) ein gemeinsames Interesse an einer effektiven und materiell richtigen Rechtspflege und darauf abzielenden rechtlichen Regeln. Allein unter dem Gesichtspunkt der Selbstschädigung ergibt sich daher keine tragende Begründung für die Aussagefreiheit.[129] Sie muss eine **spezifisch** auf das **Strafverfahren** (und ähnliche Verfahren, → Rn. 103) abstellende und ihre Reichweite darauf einschränkende Begründung haben.[130] 62

bb) Nemo testis in re sua. Die klassische Regel, dass vor Gericht niemand **Zeuge in eigener Sache** sein kann *(„nemo testis in propria causa/ in re sua")*,[131] gilt im heutigen Strafrecht nur sehr eingeschränkt und trägt die Aussagefreiheit schon deshalb nicht: Zwar unterscheidet das Verfahrensrecht Beschuldigte und Zeugen (bzw. Parteien und Zeugen), und beide Stellungen schließen einander aus. Erstens sind in den Gegenstand des Verfahrens involvierte Personen aber keineswegs als Zeugen ausgeschlossen. Die Fähigkeit, im Strafverfahren Zeuge zu sein, hängt vielmehr bloß vom verfahrensförmlichen Umstand ab, nicht Beschuldigter (und nicht dessen gesetzlicher Vertreter) zu sein. Zweitens – und vor allem – 63

---

[126] Einen Überblick über Erinnerungsfehler ü.Ä. geben *Bender/Nack/Treuer* Tatsachenfeststellung vor Gericht, 3. Aufl. 2007, S. 28–51 (Rn. 115 ff.); *Geipel,* Handbuch der Beweiswürdigung, 2008, § 23. Aus Perspektive der Begutachtung dazu *Jansen,* Zeuge und Aussagepsychologie, 2. Aufl. 2012, Rn. 480 ff.

[127] Zum Zusammenhang zwischen „asymmetrischer Beziehung während der Erstvernehmung" und Fragen der Vernehmungsfähigkeit (→ § 136a Rn. 18 f.) sowie der Rolle des Verteidigers, die Asymmetrie aufzuheben, s. *Glatzel* StV 1982, 283 (286 f.). Vgl. auch [zur Zeugenvernehmung] *Krack* NStZ 2002, 120 (122 f.). Ausf. zur Vernehmungslehre mN *Bender/Nack/Treuer* Tatsachenfeststellung vor Gericht, 3. Aufl. 2007, S. 185 (Rn. 705 ff.).

[128] Vgl. zur Bedeutung entspr. Zuverlässigkeit der Ermittlungsakten *Schünemann* StV 1998, 391 (394 f.); *Artkämper* Kriminalistik 2009, 417 (422 f.).

[129] Vgl. auch *Pawlik* GA 1998, 378 (379 ff.); ähnlich [und eingehend zu uU gleichwohl betroffenen Grundrechtspositionen] *Böse,* Wirtschaftsaufsicht und Strafverfolgung, 2005, S. 114 ff.

[130] Das schließt Ähnlichkeit zu Prinzipien in anderen Teilen der Rechtsordnung nicht aus, vgl. *Böse,* Wirtschaftsaufsicht und Strafverfolgung, 2005 S. 173 f.

[131] Vgl. Digesten 22.5.10 *(Pomponius); Lenckner,* FS Peters, 1974, 333.

hat eine Einlassung des Beschuldigten (auch ohne dass er förmliches Beweismittel wäre) ganz erhebliche Bedeutung für die Überzeugungsbildung des Gerichts (oft eine noch stärkere als die zivilprozessuale Parteivernehmung).[132] Es ist gerade der **positive Aspekt der Aussagefreiheit,** dass der Beschuldigte sich von sich aus einlassen darf und Anspruch auf eine ernsthafte Auseinandersetzung mit seiner Einlassung hat (→ Rn. 118 ff.).[133] Dieser Anspruch wird über die Unschuldsvermutung und indirekt über die Entscheidungsregel des Zweifelssatzes *(„in dubio pro reo")* noch gestärkt.[134] Ein Grundsatz, nach dem der Beschuldigte nicht in eigener Sache aussagen dürfte, ist dem Strafverfahren also fremd.

64 **cc) Zwang und Ermittlungsbeamte.** In gleicher Weise können alle anderen negativen Begründungsansätze, die idR auf eine **drohende Selbstbelastung oder Zwang** fokussieren, der positiven Freiheit des Beschuldigten, aussagen zu dürfen, und damit seiner Subjektstellung im Verfahren nicht genügend gerecht werden. Erst recht scheitern daran Begründungen, die unmittelbar beim **Verhalten der Ermittlungsbeamten** ansetzen. Eine zureichende Begründung der Aussagefreiheit muss primär die Rechts- und Pflichtenstellung des Beschuldigten erklären; Verhaltensregeln für Strafverfolgungsbehörden und Gerichte dürfen erst als Konsequenzen daraus abgeleitet werden.

65 **b) Tragende Gründe und systematische Stellung.** Die folgende Aufstellung tragender Gründe erhebt keinen Anspruch auf Vollständigkeit. Sie zeigt aber auch so bereits, dass die Aussagefreiheit von ganz **unterschiedlichen Regelungszusammenhängen** (insbes. dem Beweisrecht [sogleich aa], dem Strafzumessungsrecht [bb] und allgemeinen Lehren prozessualer Beteiligung sowie der Subjektstellung [cc]) **notwendig vorausgesetzt** wird.[135]

66 **aa) Unschuldsvermutung und Tatnachweis.** Für jedes Rechtssubjekt gilt die Unschuldsvermutung (vgl. Art. 6 Abs. 2 EMRK; Art. 48 Abs. 1 GRCh). Diese ist von vornherein widerleglich und die Kriterien, nach denen sie widerlegt werden kann, gehören zur elementaren Inhaltsbestimmung der Unschuldsvermutung. Ihre Widerlegung setzt voraus, dass die **Tat „dem Beschuldigten"** in einem justizförmigen Verfahren **nachgewiesen** wird.[136] Die Unschuldsvermutung und der zu ihr gehörende Standard ihrer Widerlegung im Einzelfall beinhalten eine argumentative Position des Beschuldigten, die es ihm gestattet, sich die Tat ohne aktive Unterstützung der Beweisführung nachweisen zu lassen.[137] Das ist der **negative Teil der Aussagefreiheit.**

---

[132] Eingehend zur „Beweisfunktion des Beschuldigten" *Rogall,* Der Beschuldigte als Beweismittel gegen sich selbst, 1977, S. 31 ff., 58 f. Ferner → Rn. 38 mwN sowie *Dencker* ZStW 102 (1990), 51 (54 f., 67 ff., 72 ff.).

[133] Zu beiden Aspekten vgl. BGH 14.5.1974 – 1 StR 366/73, BGHSt 25, 325 (331 f.) = NJW 1974, 1570 (1571 f.); *Eser* ZStW 79 (1967), 565 (571 ff., rechtsvergleichend 578 ff.); *G. Hammerstein,* FS Middendorff, 1986, 111 (insbes. 113); *Rogall,* Der Beschuldigte als Beweismittel gegen sich selbst, 1977, S. 59 f.; *Grünwald* Beweisrecht S. 59; *Böse,* Wirtschaftsaufsicht und Strafverfolgung, 2005 S. 166 ff. (169). Eingehend [passives und aktives Verteidigungsrecht] *Petry,* Beweisverbote, 1971, S. 37 ff., 54 ff.

[134] Dazu, dass er so bzgl. Unterlassungsvorwürfen bislang noch nicht hinreichend gestärkt wird, s. *Volk,* FS ARGE Strafrecht DAV, 2009, 885 ff.

[135] Zur historischen Genese s. *Rogall,* Der Beschuldigte als Beweismittel gegen sich selbst, 1977, S. 67 ff.; *Böse,* Wirtschaftsaufsicht und Strafverfolgung, 2005, S. 150 ff. Dazu, dass die Aussagefreiheit sich in ihrer Entwicklung weit von ihren Wurzeln gelöst haben mag [zu Unrecht krit.] *Wigmore* Harvard Law Review 1891, 71 (72 ff.).

[136] Deshalb ist sogar die Pflicht des Beschuldigten, bei entspr. Verdacht das Strafverfahren zu dulden, Ausfluss der Unschuldsvermutung.

[137] Vgl. EGMR (GK) 17.12.1996 – 19187/91, Rep. 1996-VI, § 68, ÖJZ 1998, 32 (33) – *Saunders ./. UK*; EGMR 21.12.2000 – 34720/97, Rep. 2000-XII, §§ 40, 59 – *Heaney & McGuinness ./. IRL*; EGMR 21.4.2009 – 19235/03, § 60 – *Marttinen ./. FIN*; EGMR 3.7.2012 – 6492/11, § 72 – *Lutsenko ./. UKR*; Grünbuch der Kommission der EU über die Unschuldsvermutung, KOM(2006), 174 endg., Ziff. 2.3 ff.; Karpenstein/Mayer/*Meyer* EMRK, 2012, Art. 6 Rn. 161 f.; *Safferling/Hartwig* ZIS 2009, 784 (787); *Rzepka,* Fairneß, 2000, S. 182; ausf. zu weiteren Rechtsfolgen *Stuckenberg,* Untersuchungen zur Unschuldsvermutung, 1998, S. 67 ff.; s. ferner – insbes. mit Bezug auf das Grünbuch über die Unschuldsvermutung KOM(2006) 174 endg. – *Meyer* GA 2007, 15 (17 f.) sowie *Esser* in: *Sieber/Brüner/Satzger/v. Heintschel-Heinegg* Europäisches Strafrecht, 2011, § 53 Rn. 15, 55. Einschr. *Rogall,* Der Beschuldigte als Beweismittel gegen sich selbst, 1977, S. 109 ff.; *Bosch,* Aspekte des nemo-tenetur-Prinzips, 1998, S. 93 ff.; *Böse,* Wirtschaftsaufsicht und Strafverfolgung, 2005 S. 174 ff. (176, 178).

Er ist **argumentationstheoretisch notwendig:** Entweder der Nachweis kann ohne Zutun des Beschuldigten geführt werden, dann ist sein Beitrag ohnehin entbehrlich. Oder der Nachweis lässt sich nur unter Mitwirkung des Beschuldigten führen (insbes. durch sein Geständnis), dann ließe sich vor dieser Mitwirkung indes gar nicht feststellen, welche konkrete Mitwirkung geboten wäre (zB welches Geständnis genau abzulegen wäre). Durch eine gleichwohl verlangte konkrete Mitwirkung würde die Beweisführung zirkulär; sie wäre *petitio principii* des Abverlangten. **67**

Während theoretisch-idealiter der Beschuldigte selbst durch die Beweisführung überzeugt werden müsste (dabei allerdings argumentativen Bindungen unterläge), muss reale Rechtspflege sich mit der Überzeugung eines unabhängigen (eben diesem Rationalitätsstandard unterliegenden) Gerichts begnügen. Für eine Einschränkung oder gar Ersetzung des Beschuldigten im die Entscheidung **vorbereitenden Dialog** (der Hauptverhandlung und ihren vorbereitenden Verfahren) besteht hingegen kein Grund. Daraus ergibt sich der **positive Teil der Aussagefreiheit.** **68**

Aus dieser Begründung ergeben sich wesentliche **Unterscheidungen:** In der Beweisführung darf der Beschuldigte nicht instrumentalisiert werden (negative Aussagefreiheit), sich aber freiwillig an ihr beteiligen (positive Aussagefreiheit).[138] Dabei geht es zwar nicht nur um Aussagen, aber stets um die (zutreffende oder unzutreffende) **Darstellung von Tatsachen** bzw. ihren Nachweis (dh „den Fall"). Der Beschuldigte darf an der Beweisaufnahme und im Verfahren indes auch in ganz anderer Weise mitwirken; er darf zB die vorgelegten Beweise hinterfragen, bezweifeln, interpretieren und auch sonst mit ihnen argumentieren. In dieser **argumentativen Mitwirkung** ist er nicht nur ebenso frei wie in seinem Aussageverhalten, sie ist auch von seiner Entscheidung, zur Sache auszusagen oder zu schweigen, unabhängig. Gemeinsam lassen sich diese Befugnisse als **Mitwirkungsfreiheit** bezeichnen (→ Rn. 79 ff. und 118 ff., insbes. → Rn. 91).[139] **69**

bb) Geständnisfähigkeit. Um Sanktionen (uU neben anderem zumindest auch) danach zuzumessen, welcher Einwirkung ein schuldiger Angeklagter zur Erreichung auf ihn bezogener Strafzwecke bedarf, ist seine Einstellung zur Tat von erheblicher Bedeutung (§§ 46, 46a StGB). Insbes. ein freiwilliges, reuegetragenes und va Anerkennung der Norm ausdrückendes Geständnis lässt darauf wesentliche Rückschlüsse zu.[140] Die positive Aussagefreiheit ist Voraussetzung dafür, dass es überhaupt ein Geständnis geben kann. Die negative Aussagefreiheit ist Voraussetzung dafür, dass dieses Geständnis etwas über den Täter aussagt, denn ein Bekenntnis (zur Tat) setzt **Bekenntnisfreiheit** voraus. Wenn Geständnissen im Strafverfahren eine Bedeutung zugeschrieben werden soll, muss also positive und negative Aussagefreiheit bestehen.[141] **70**

cc) Kommunikationsordnung. Der Beschuldigte ist als vollwertiges Mitglied der Rechtsgemeinschaft und insbes. als Kommunikationspartner zu respektieren (vgl. auch Nr. 4a RiStBV). Das Geschehene und die ggf. (erst noch) zu ziehenden strafrechtlichen Konsequenzen sind **mit** ihm zu erörtern. Dabei wird ihm (spätestens in der Anklage) ein Vorwurf gemacht und evtl. seiner Sicht der Tatsachen und der Rechtslage vehement widersprochen; das Strafverfahren findet **gegen** ihn statt. Wegen dieses Zielkonflikts bedarf **71**

---

138 Vgl. BGH 16.2.1954 – 1 StR 578/53, BGHSt 5, 332 (333 f.) = NJW 1954, 649 f.

139 Zum Ausdruck vgl. BGH 22.12.1999 – 3 StR 401/99, BGHSt 45, 363 (365) = NJW 2000, 1426 (1427).

140 Näher (auch zu den in diesem Schluss liegenden Problemen) *Dencker* ZStW 102 (1990), 51 (56 ff., 65 ff., 75 ff.). Demgegenüber zur Praxis des taktischen Geständnisses *D. Hammerstein* StV 2007, 48 ff.

141 Vgl. dazu BGH 30.10.1951 – 1 StR 363/51, BGHSt 1, 387 (388) = NJW 1952, 152; BGH 28.8.1997 – 4 StR 240/97, BGHSt 43, 195 (204) = NJW 1998, 86 (88); BGH 3.3.2005 – GSSt 1/04, BGHSt 50, 40 (47 ff.) = NJW 2005, 1440 (1441 f.); *Grünwald* NJW 1960, 1941 (1942); *Eb. Schmidt* JR 1961, 71 (72; Anm. zu BGH 1.4.1960 – 4 StR 36/60, BGHSt 14, 189 = NJW 1960, 1212); *H. Möller* JR 2005, 314 (319 f.); *Malek* StV 2011, 559 (565 f.); *Grünwald* Beweisrecht S. 67; rechtsvergleichend (auch zu weiteren Fragen der Rechtsstellung des Beschuldigten) mit Österreich *Seiler*, FS Peters, 1974, 447 (448 ff.); zu unautorisierten Geständnissen *König* NJW 2012, 1915 (1918 f.).

es einer besonderen **Kommunikationsordnung,** und die §§ 133 ff. sind wesentlicher Teil einer solchen.[142] Sie machen va der staatlichen Seite Vorschriften darüber, wie die Grundlagen gemeinsamer Kommunikation in der Rechtsgemeinschaft dem Beschuldigten jederzeit offenzuhalten sind, selbst wenn sie zugleich gegenüber einem sie missachtenden Beschuldigten verteidigt werden müssen.[143] Es geht also um Respekt vor der Position des Beschuldigten, ohne dabei die offizielle Position aufzugeben,[144] dh kommunikative Toleranz und die ernsthafte Bereitschaft, sich ggf. von einer begründeten Gegenposition überzeugen zu lassen.

72 Diese Kommunikationsordnung hat etliche weitere Teile. So schützen die §§ 52, 252; 53 professionelle und innerfamiliäre Vertrauens- und Nähebeziehungen. Erst recht muss es dem Beschuldigten möglich sein, sich seiner **eigenen Person gegenüber loyal** zu verhalten.[145] Einsicht in das Tatverhalten kann Selbstwertgefühl und Selbstvertrauen schmälern, Ziel des Strafverfahrens ist das aber nicht, und die offizielle Seite darf es nicht forcieren.[146] Dies sichert die Aussagefreiheit und ergänzt so die genannten Vorschriften.

73 Durch eine Verurteilung wird dem Angeklagten die Schuld an einer Tat und ihren Folgen zugeschrieben, deren Gründe und Hintergründe regelmäßig nicht nur ihm, sondern auch anderen Personen und nicht selten der Allgemeinheit anzulasten sind.[147] Die „Bekräftigung der Normgeltung" geht mit einer gewissen „Selbstgerechtigkeit der Rechtsgemeinschaft" einher, die die Augen vor eigenem Versagen gern verschließt. Wie weit dies (ebenso wie die Verfolgung gemeinschaftsbezogener Strafzwecke) als Buße für die Tat zumutbar ist, unterliegt keiner scharfen Grenzziehung, sondern bleibt immer problematisch. Deshalb gehört es notwendig zur Kommunikationsordnung des Strafverfahrens, dass der Beschuldigte sich dazu äußern und auch Fundamentalkritik an der jeweiligen Handhabung des Rechts üben darf. Diese **Artikulationsfreiheit** wird insbes. im letzten Wort des Angeklagten (§ 258 Abs. 2 Hs. 2, Abs. 3) gesichert. Auch sie gehört zur Mitwirkungsfreiheit.[148]

74 **c) Verfassungs- und menschenrechtliches Fundament. aa) Würde des Beschuldigten, Rechtsstaatlichkeit und faires Verfahren.** Die vorstehenden Überlegungen belegen, dass **Art. 2 Abs. 1** iVm **Art. 1 Abs. 1 GG** zu Recht als verfassungsrechtlicher Hintergrund der strafprozessualen Aussage- und Mitwirkungsfreiheit angesehen werden,[149] denn der Anspruch des Beschuldigten auf Achtung seiner Würde und Schonung seiner Handlungsfreiheit ist einerseits ein zentraler Bestandteil aller angeführten Begründungen, andererseits droht bei einer Verletzung der Aussage- oder Mitwirkungsfreiheit auch eine Verletzung dieses

---

[142] Vgl. Löwe/Rosenberg/*Gleß* § 136 Rn. 28 und § 136a Rn. 1. Zu deren linguistischer Analyse (Diskursbzw. Institutionsanalyse) s. *L. Hoffmann,* Kommunikation vor Gericht, 1983, passim (S. 363 ff.). Vgl. auch AK/*Gundlach* Vor § 133 Rn. 3 ff. sowie [Beweisrecht als Informationsordnung] *Müssig* GA 2004, 87 (94 ff.).

[143] Vgl. dazu *Pawlik* GA 1998, 378 (380 ff.); *Krack* NStZ 2002, 120 (122 ff.); *Kühne,* Kommunikationsproblem, 1978, S. 66 ff. (inkl. 74 ff.). Näher zu kontradiktorischer, gerade nicht auf Konsensfindung angelegter Kommunikation im Strafverfahren *B. Neuhaus* StraFo 2003, 121 ff.; zur Frage der Vereinbarkeit beider Modi [bejahend] *Jahn* GA 2004, 272 (286 f.); zu verschiedenen Schichten dieser Kommunikation (Suche nach Wahrheit, gerechter Strafe und Frieden innerhalb der Rechtsordnung) *Ostendorf* DRiZ 1999, 63 (64 ff.).

[144] Vgl. BGH 26.7.2007 – 3 StR 104/07, BGHSt 52, 11 (19 Rn. 27) = NJW 2007, 3138 (3140); *Lesch* ZStW 111 (1999), 624; *Bottke,* FS C. Roxin I, 2001, 1243 (1249, 1252 ff., 1258); *Kühne,* Kommunikationsproblem, 1978, S. 189 ff. (198, 207 f.). Zu Problemen konsens- und konflikttheoretischer Einordnung sowie Ambivalenzen der Subjektstellung des Beschuldigten *Müller-Dietz* ZStW 93 (1981), 1177 (1213 ff.). Zu Problemen, diesen Anforderungen auch nach gescheiterten Abspracheverhandlungen gerecht zu werden, s. statt vieler *Salditt* StV 2007, 275 f.

[145] Vgl. *H.-L. Günther* GA 1978, 193 (194).

[146] Vgl. [„Grundsatz des guten Gesprächs"] *Otto* GA 1970, 289 (297 f., 305).

[147] Dazu pointiert *Herdegen,* FS Richter II, 2006, 233 (240 ff.), dessen betont deterministische Überzeugung man nicht teilen muss, um dem angegebenen Befund zuzustimmen.

[148] Vgl. *Böse,* Wirtschaftsaufsicht und Strafverfolgung, 2005 S. 166 ff., 178 ff.

[149] Vgl. BVerfG 13.1.1981 – 1 BvR 116/77, Rn. 18, 23, BVerfGE 56, 37 (43, 47) = NJW 1981, 1431 f. – Gemeinschuldnerbeschluss mBespr. *Stürner* NJW 1981, 1757; BGH 16.2.1954 – 1 StR 578/53, BGHSt 5, 332 (333 f.) = NJW 1954, 649 f.; *Niese* ZStW 63 (1951), 199 (228); *Rogall,* Der Beschuldigte als Beweismittel gegen sich selbst, 1977, S. 52 (s. aber auch S. 124 ff., 139 ff.). AA *H.-L. Günther* GA 1978, 193 (195 ff.); differenzierend *Kühne,* Beweisverbote und Art. 1 I GG, 1970, S. 129 ff. Vor einer Überbetonung der „würderechtlichen Ableitung" warnt – nicht unberechtigt – *Verrel* NStZ 1997, 361 (364); vgl. auch *H. Möller* JR 2005, 314 (317 ff.).

Anspruchs. In entsprechender Weise ist das **Rechtsstaatsprinzip** des Grundgesetzes, das insbes. in **Art. 20 Abs. 3 GG** ausgedrückt wird, in die angeführten Begründungen involviert.[150]

Die Mitwirkungsfreiheit ist daher sowohl eine **subjektive Berechtigung** des Beschuldigten als auch ein **objektives Rechtsprinzip** des Strafverfahrens. Der erstere Aspekt wird oft in den Vordergrund gerückt. Das erklärt sich teilweise daraus, dass der Beschuldigte mit Rechtsmitteln seine eigene Verletzung rügt, weshalb diese Betrachtung obergerichtliche Entscheidungen dominiert. Zudem steht die subjektive Berechtigung im Mittelpunkt internationaler Menschenrechtsverbürgungen. Insbes. **Art. 14 Abs. 3 lit. g IPbpR** beinhaltet ein ausdrückliches Verbot des Selbstbelastungszwangs,[151] und **Art. 6 EMRK** garantiert die Mitwirkungsfreiheit als Teil des Anspruchs auf ein **faires Verfahren.**[152] 75

Diese Dominanz in Rechtstexten und der Entscheidungspraxis bedeutet indes nicht, dass die subjektive Berechtigung systematisch Priorität hätte. Im Gegenteil sind die Anforderungen der §§ 136, 136a geradezu **archetypische Ausprägungen des Rechtsstaatsprinzips** und die objektiv-rechtliche Seite der Aussage- und Mitwirkungsfreiheit nicht minder bedeutsam als ihre subjektive. Rechtspraktisch gehen objektive und subjektive Seite ohnehin ineinander über: Der EGMR verschränkt beide gezielt, indem er von menschenrechtlichen Ansprüchen auf rechtsstaatliche Verhältnisse ausgeht.[153] Gerade darauf läuft der nicht nur vom EGMR, sondern auch vom BVerfG formulierte Anspruch des Beschuldigten auf ein faires Verfahren hinaus. Der EGMR ordnet die Aussagefreiheit als **Kernstück des** von Art. 6 EMRK garantierten **fairen Verfahrens** ein,[154] welches das BVerfG als nach Art. 2 Abs. 1 iVm Art. 20 Abs. 3 GG geboten ansieht.[155] Zum Verhältnis der verfassungs- und menschenrechtlichen Vorgaben zum einfachen Recht → Rn. 9 f. Zu dadurch eröffneten **Rechtsbehelfen** → § 136a Rn. 7. 76

bb) Wahrheitsfindung. Aussagen, die unter Druck, Zwang oder Täuschung zustande kommen bzw. in dem Glauben gemacht werden, einer obrigkeitlichen Aufforderung, sich in bestimmter Weise zu erklären, Folge leisten zu müssen, sind in besonderer Weise **unzuverlässig.** In der Erinnerung an Hexenprozesse kann man sich dies eindringlich vor Augen führen.[156] Die Anforderungen an die justizförmige Weise des Zustandekommens von Beweismitteln und die Aussage- und Mitwirkungsfreiheit unterstützen daher auch die **prozessuale Wahrheitsfindung.**[157] Besonders unzuverlässiges Material soll als Grundlage 77

---

[150] Vgl. auch BGH 14.6.1960 – 1 StR 683/59, BGHSt 14, 358 (364) = NJW 1960, 1580 (1582); BGH 17.3.1983 – 4 StR 640/82, BGHSt 31, 304 (308) = NJW 1983, 1570 (1571); BGH 21.7.1998 – 5 StR 302/97, BGHSt 44, 129 (134) = NJW 1998, 3506 (3507). Krit. dazu [letztlich Recht auf informationelle Selbstbestimmung] *Nothhelfer,* Die Freiheit von Selbstbezichtigungszwang, 1989, S. 9 ff., 77 ff., 109; vgl. auch *Böse* GA 2002, 98 (118 ff., 127).

[151] S. dazu *Rogall,* Der Beschuldigte als Beweismittel gegen sich selbst, 1977, S. 116 ff.; zu den Grenzen der daraus gewinnbaren Argumente *Bosch,* Aspekte des nemo-tenetur-Prinzips, 1998, S. 24 ff.

[152] → § 136a Rn. 6; näher Karpenstein/Mayer/*Meyer* EMRK, 2012, Art. 6 Rn. 127 ff.; SK-StPO/*Rogall* Vor § 133 Rn. 101 ff.; *St. Frommel/Füger* StuW 1995, 58 (60 ff.); *Matt* GA 2006, 323 (326 f.); *Rzepka,* Fairneß, 2000, S. 82 f., 197, 387 ff., 417 ff.; *Gaede,* Fairness als Teilhabe, 2007, S. 290 ff., 312 ff. Zur Anerkennung des *nemo tenetur*-Grundsatzes im Unionsrecht und zur Stellung der Rechte der Verteidigung als fundamentale Grundsätze der Gemeinschaftsrechtsordnung s. EuGH 18.10.1989 – C-374/87, Rn. 29 ff. (insbes. 32), Slg. 1989, 3283 – *Orkem* mwN sowie Art. 48 Abs. 2 GRCh, s. dazu auch *Esser* in: *Sieber/Brüner/Satzger/v. Heintschel-Heinegg* Europäisches Strafrecht, 2011, § 53 Rn. 23 ff.

[153] Eingehend *Schuhr* NJW 2006, 3538 (3541).

[154] EGMR (GK) 8.2.1996 – 18731/91, Rep. 1996–I, § 45, EuGRZ 1996, 587 (590) – *John Murray ./. UK*; EGMR (GK) 17.12.1996 – 19187/91, Rep. 1996–VI, § 68, ÖJZ 1998, 32 (33) – *Saunders ./. UK*; EGMR 3.5.2001 – 31827/96, Rep. 2001–III, § 64, NJW 2002, 499 (501) – *J.B. ./. CH.* Vgl. dazu *Weichbrodt,* Der verbotene Beweis, 2012, S. 60 ff., 298 ff.; zurückhaltend *Rogall,* Der Beschuldigte als Beweismittel gegen sich selbst, 1977, S. 137 ff.; krit. *Heubel,* Der „fair trial", 1981, S. 32 ff., 141 ff.

[155] BVerfG 14.6.2007 – 2 BvR 1447/05, 2 BvR 136/05, Rn. 82, BVerfGE 118, 212 (231) = NJW 2007, 2977 (2979) – Strafzumessungsfehler; BVerfG 15.1.2009 – 2 BvR 2044/07, Rn. 66 ff., BVerfGE 122, 248 (270 ff.) = NJW 2009, 1469 (1473) – Rügeverkümmerung.Vgl. zu Österreich [insbes. materielles Anklageprinzip] *Müller* EuGRZ 2002, 546 (547 ff.).

[156] S. dazu *Scheller* NJW 2009, 705; *Lesch* Kap. 3 Rn. 48 ff.

[157] Vgl. BGH 16.2.1954 – 1 StR 578/53, BGHSt 5, 332 (333 f.) = NJW 1954, 649 f.; ferner BVerfG 19.10.1983 – 2 BvR 859/83, NJW 1984, 428; *H.-L. Günther* GA 1978, 193 (199 ff.); *Velten,* FS Grünwald,

richterlicher Überzeugungsbildung (§ 261) ausgeschlossen[158] und möglichst schon sein Zustandekommen verhindert werden; das Verwertungsverbot sichert dies ab (→ Rn. 19, 84, 88 und 97).

78 Dies ist Regelungsinhalt des „einfachen" Strafverfahrensrechts und zugleich verfassungsrechtlich geboten. Der Anspruch des Beschuldigten auf ein **faires Verfahren** gebietet nach der Rspr. des BVerfG, das Strafverfahren so auszugestalten, dass eine **„ungerechte Verurteilung"** möglichst ausgeschlossen wird.[159]

79 **2. Negativer Aspekt der Aussage- und Mitwirkungsfreiheit *(nemo tenetur).* a) Verbot von „Zwang" zu aktiver Mitwirkung.** Der Beschuldigte ist **nicht** verpflichtet, als **„Zeuge gegen sich selbst"** aufzutreten (*nemo tenetur se ipsum accusare* bzw. *prodere;* beachte indes → Rn. 63).[160] Das ist der wesentliche, namensgebende Inhalt der (negativen) Aussagefreiheit. Der Begriff kennzeichnet aber keine Grenzen der Berechtigung des Beschuldigten:

80 **aa) Zwangsverbot.** Nicht nur eine Pflicht zur Aussage besteht nicht. Von staatlicher Seite darf zur Erlangung einer Aussage auch kein **Zwang** gegen den Willen des Beschuldigten ausgeübt werden (vgl. § 343 StGB), und auf unter Verstoß gegen dieses Verbot erlangte Beweismittel darf im Tatnachweis grds. nicht zurückgegriffen werden.[161]

81 Die Rspr. geht bisweilen nur dann von einem Verstoß gegen die Aussagefreiheit aus, wenn **Zwangsmittel angewendet** wurden.[162] Das greift indes zu kurz. Schon wenn ein Gebot ausgesprochen wird, der Beschuldigte habe auszusagen, beinhaltet das eine Nötigung und damit Zwang in Form von vis compulsiva. Ein solches Gebot steht in unmittelbarem Widerspruch zum Grundsatz, dass der Beschuldigte nicht aussagen muss, und verletzt es in seinem Kern.[163] Dabei kommt es nicht darauf an, ob Zwangsmittel tatsächlich angewendet wurden, solange das Gebot **rechtsgültig** war[164] **oder** der Beschuldigte nach Lage der Dinge ernsthaft mit tatsächlichem (auch rechtswidrigem) Einsatz von Zwangsmitteln (bzw. Sanktionierung) **zu rechnen hatte.** Erst wenn dann in einer Entscheidung gegen den

---

1999, 753 (760); *Amelung,* GS Schlüchter, 2002, 417 (419 ff.); *Jahn* JuS 2005, 1057 (1058); *Eisenberg* JR 2011, 409 (411; Anm. zu BGH 31.3.2011 – 3 StR 400/10, NStZ 2011, 596); eingehend *Schilling,* Illegale Beweise, 2004, S. 106 ff. (111); differenzierend *Bosch,* Aspekte des nemo-tenetur-Prinzips, 1998, S. 108 ff. AA bzw. einschr. *Rogall* ZStW 91 (1979), 1 (16) und *Dencker,* Verwertungsverbote, 1977, S. 37 ff. (40, 46), der zutreffend betont, dass Anhaltspunkte für die Zuverlässigkeit eines Beweismittels ein Verwertungsverbot nicht außer Kraft setzen. Vgl. zum prozessualen Wahrheitsanspruch auch *Ostendorf* ZIS 2013, 172 (174 f.).

[158] Näher [insbes. zu § 136a] AK/*Gundlach* § 136a Rn. 3; *Joerden* JuS 1993, 927 f.; *Krack* NStZ 2002, 120 (121 f.); *Peters* S. 335; *Kühne* Rn. 890; [zu § 55 Abs. 2] *Rudolphi* MDR 1970, 93 (98); besonders pointiert *Lesch* ZStW 111 (1999), 624 (641).

[159] BVerfG 26.5.1981 – 2 BvR 215/81, Rn. 64, BVerfGE 57, 250 (275) = NJW 1981, 1719 (1722) – V-Mann; BVerfG 14.6.2007 – 2 BvR 1447/05, 2 BvR 136/05, Rn. 81 ff., BVerfGE 118, 212 (231) = NJW 2007, 2977 (2979) – Strafzumessungsfehler; BVerfG 15.1.2009 – 2 BvR 2044/07, Rn. 66, BVerfGE 122, 248 (270) = NJW 2009, 1469 (1473) – Rügeverkümmerung; ähnlich EGMR (GK) 8.2.1996 – 18731/91, Rep. 1996–I, § 45, EuGRZ 1996, 587 (590) – *John Murray ./. UK*; EGMR 20.10.1997 – 20225/92, Rep. 1997–VI, § 46, ÖJZ 1998, 629 (630) – *Servès ./. F*; EGMR 21.12.2000 – 34720/97, Rep. 2000–XII, § 40 – *Heaney & McGuinness ./. IRL*; EGMR 3.5.2001 – 31827/96, Rep. 2001–III, § 64, NJW 2002, 499 (501) – *J.B. ./. CH*; EGMR 21.4.2009 – 19235/03, § 60 – *Marttinen ./. FIN.* Zur Umkehrung dieses Arguments gegen den Beschuldigten s. [krit.] *Wolter,* GS Meyer, 1990, 493 (505 ff.). Zur Abhängigkeit der „Wahrheit" von Interpretation und Kommunikation und resultierenden Fairnessgesichtspunkten s. *Ransiek,* Rechte des Beschuldigten, 1990, S. 78 ff.

[160] BGH 14.5.1974 – 1 StR 366/73, BGHSt 25, 325 (331) = NJW 1974, 1570 (1571).

[161] EGMR (GK) 17.12.1996 – 19187/91, Rep. 1996–VI, § 68, ÖJZ 1998, 32 (33) – *Saunders ./. UK*; EGMR 20.10.1997 – 20225/92, Rep. 1997–VI, § 46, ÖJZ 1998, 629 (630) – *Servès ./. F*; EGMR 21.12.2000 – 34720/97, Rep. 2000–XII, §§ 40, 55 – *Heaney & McGuinness ./. IRL*; EGMR 3.5.2001 – 31827/96, Rep. 2001–III, § 64, NJW 2002, 499 (501) – *J.B. ./. CH*, EGMR (GK) 29.6.2007 – 15809/02 und 25624/02, Rep. 2007–III, §§ 40 [Parteivortrag], 46 ff., NJW 2008, 3549 (3550 f.) – *O'Halloran & Francis ./. UK.*

[162] Vgl. BVerfG 27.4.2010 – 2 BvL 13/07, wistra 2010, 341 (344 Rn. 58). Für Zwangsmittel oder Strafbarkeit auch *Verrel* NStZ 1997, 361 (362), 415 ff.

[163] EGMR 21.12.2000 – 34720/97, Rep. 2000–XII, §§ 48, 55, 58 – *Heaney & McGuinness ./. IRL.*

[164] Zu Bsp. → Rn. 105 ff.

Einsatz von Zwangsmitteln auch ein eindeutiger Dispens von allen Aussagegeboten liegt, ist die Aussagefreiheit nicht länger tangiert. Ansonsten müssen Pflichten, die die Aussagefreiheit beeinträchtigen, strafprozessual durch ein Verwendungsverbot kompensiert werden (→ Rn. 98 f., 106 f., 114 f.).

bb) Zurechnungsregeln, Täuschung und (private) Dritte. Das Zwangsverbot soll die ohne den Zwang bestehenden Handlungsalternativen und damit die **Willens-, Entscheidungs- bzw. Handlungsfreiheit** des Beschuldigten **sichern.**[165] Der **Zwangsbegriff** umfasst alle Maßnahmen mit dieser Wirkung.[166] Insbes. dürfen aus dem Schweigen des Beschuldigten grds. keine ihm nachteiligen Schlussfolgerungen gezogen werden (→ Rn. 120). Ferner können auch Täuschungen Zwangswirkung entfalten.[167] Die näheren Voraussetzungen und Gründe ergeben sich aus den folgenden Zurechnungsregeln, die später auch bzgl. der Begründung und Reichweite von Verwertungsverboten instruktiv sind (→ Rn. 97). 82

Nicht nur Prozesshandlungen müssen dem Beschuldigten zurechenbar sein, auch Mitteilungen können nur dann als seine (im Prozess oder zuvor gemachte) Aussage bzw. Äußerung angesehen und gewürdigt werden, wenn ihm ein entsprechender Entschluss und damit ein Kommunikationsakt **als Handlung zurechenbar** ist.[168] Resultiert das Verhalten (1) aus **unwiderstehlichem Zwang** – gab es zu ihm also keine Verhaltensalternative –, steht das grds. einer Zurechnung entgegen. Wem (2) die **Umstände** seines Verhaltens **unbekannt** sind, kann oft ebenso wenig final etwas Bestimmtes bewirken, wie wenn er unter unwiderstehlichem Zwang steht.[169] Insbes. wenn der Aussagende und der Vernehmende von unterschiedlichen Kontexten ihrer Äußerungen ausgehen, können sie sich dem anderen oft nicht verständlich machen. 83

§ 136a befasst sich in Abs. 1 und 2 mit beiderlei Zurechnungsausschlüssen: (Zu 1) Vor allem körperliche Eingriffe und Hypnose können ein bestimmtes Verhalten des Beschuldigten jeweils unwiderstehlich erzwingen. (Zu 2) **Täuschungen** und Beeinträchtigungen des Erinnerungs- und Einsichtsvermögens können die zur Steuerungsfähigkeit nötigen Vorstellungen und Kenntnisse hindern.[170] **§ 136** Abs. 1 S. 1 und Abs. 2 zielen ua darauf ab, ein Zurechnungshindernis, dass sich aus der Unkenntnis des Tatvorwurfs (und damit des Gegenstandes des Verfahrens und der Vernehmung) ergeben könnte, nach Möglichkeit zu verhindern. Dabei wird wiederum eine Zurechnungsregel des zweiten Typs vorausgesetzt. § 136a Abs. 3 S. 2 spricht die **Rechtsfolge** der Unzurechenbarkeit einer Äußerung aus: Sie ist nicht verwertbar (streng genommen nicht einmal eine Aussage).[171] § 136a Abs. 3 S. 1 zieht die Konsequenz daraus, dass Zurechnungsregeln **nicht disponibel** sind.[172] 84

---

[165] Vgl. dazu und zur Entwicklung dieser Sichtweise in der Rspr. des EGMR *Safferling/Hartwig* ZIS 2009, 784 (786 ff.).

[166] Einschr. und die folgenden Fälle als „zwangsfrei" einordnend *Verrel,* Selbstbelastungsfreiheit, 2001, insbes. S. 105 ff., 284 f.

[167] EGMR 5.11.2002 – 48539/99, Rep. 2002–IX, §§ 50 ff., JR 2004, 127 = StV 2003, 257 – *Allan ./. UK* mAnm *Gaede*; eingehend dazu *Esser* JR 2004, 98 ff.; *Engländer* ZIS 2008, 163 (164 ff.); *Renzikowski* JR 2008, 164 (165 ff.; Anm. zu BGH 26.7.2007 – 3 StR 104/07, BGHSt 52, 11 = NJW 2007, 3138; Karpenstein/Mayer/*Meyer* EMRK, 2012, Art. 6 Rn. 137 ff.; dazu, dass nicht jede Täuschung zwangsgleiche Wirkung entfaltet EGMR (GK) 10.3.2009 – 4378/02, Rep. 2009, §§ 101 ff., NJW 2010, 213 (216) – *Bykov ./. R*; grds. *Meurer,* FS C. Roxin I, 2001, 1281 (1288 f.); entspr. KMR/*Lesch* § 136 Rn. 17; *K. Bader* JZ 1951, 123; *Fezer* NStZ 1996, 289 (290; Anm. zu BGH 20.12.1995 – 5 StR 680/94, NStZ 1996, 200; *Rieß* NStZ 1996, 505 (Anm. zu BGH 13.5.1996 – GSSt 1/96, BGHSt 42, 139 = NJW 1996, 2940); *Roxin* NStZ 1997, 18 ff.; *Eidam,* Die strafprozessuale Selbstbelastungsfreiheit, 2007, S. 110 ff. sowie [noch vor Erlass von § 136a] *Niese* ZStW 63 (1951), 199 (220); aA SK-StPO/*Rogall* Vor § 133 Rn. 131, 141; *Rogall* NStZ 2008, 110 (112; Anm. zu BGH 26.7.2007 – 3 StR 104/07, BGHSt 52, 11 = NJW 2007, 3138; *Rogall* HRRS 2010, 289 (291); *Rogall,* Der Beschuldigte als Beweismittel gegen sich selbst, 1977, S. 180 ff.

[168] S. *Ransiek,* Rechte des Beschuldigten, 1990, S. 54 ff.; vgl. auch *Hassemer* in: Lüderssen, Aufgeklärte Kriminalpolitik, Bd. I, 1998, S. 350 (364 f.).

[169] S. dazu nachdrücklich *Bernsmann* StV 1997, 116 (118; Anm. zu BGH 13.5.1996 – GSSt 1/96 BGHSt 42, 139 = NJW 1996, 2940).

[170] Vgl. *Joerden* JuS 1993, 927 (929 f.).

[171] Vgl. *Kleinknecht* NJW 1966, 1537 (1543).

[172] Beachte dazu aber → § 136a Rn. 89 f., 97 sowie → § 136 Rn. 68 ff.

85 Zu beiden Ausschlussgründen der Zurechnung gibt es Varianten, die zwar nicht die Zurechnung als Handlung ausschließen, wohl aber die **Zurechnung von Verantwortung** für ihre Folgen. Dies sind einerseits (3) **psychische Zwangswirkungen,** welche die Auswahl unter bestehenden Verhaltensalternativen zwar nicht ausschließen, aber erheblich hemmen, andererseits (4) die **Unkenntnis maßgeblicher Regeln,** die ein regelkonformes Verhalten bzw. die Nutzung rechtlicher Möglichkeiten zwar nicht ausschließt, aber dem Zufall unterwirft, seine Steuerung also wiederum hemmt.[173] Ein faires Verfahren setzt hinreichende Möglichkeit zu voll zurechenbarer Mitwirkung des Beschuldigten voraus und darf ihn nur an von ihm verantworteten Folgen seines Verhaltens festhalten.[174]

86 Soweit **§ 136a** Abs. 1 und 2 nicht Gründe behandeln, die die Zurechnung des Beschuldigtenverhaltens als Handlung schlechthin ausschließen, befassen sie sich mit psychischen Zwangswirkungen (oben 3), die einer Zurechnung von Verantwortung entgegenstehen, und § 136a Abs. 3 zieht daraus dieselben Konsequenzen wie bei unmittelbarem Zwang. **§ 136** Abs. 1 S. 2 bis 4 beschäftigen sich (va) mit der Unkenntnis des Beschuldigten von rechtlichen Regeln (oben 4). Bestimmte Rechtsirrtümer und daraus resultierende Zurechnungsdefizite sollen möglichst vermieden werden.

87 Diese oder ähnliche Zurechnungsregeln[175] liegen letztlich jeder rechtlichen Anknüpfung an menschliches Verhalten und Verantwortung zugrunde (zB auch §§ 116 ff., 123 BGB). Im materiellen Recht ist das System derartiger Zurechnungsregeln weiter ausgearbeitet[176] als im Verfahrensrecht: Den Handlungsausschluss durch (1) unwiderstehlichen Zwang setzt das Gesetz ungeschrieben voraus, den (2) Tatsachenirrtum behandelt es insbes. in §§ 15, 16 StGB. Den Verantwortungsausschluss wegen (3) psychischen Zwangs betreffen va §§ 20, 33 und 35 StGB, denjenigen in Forlge von (4) Rechtsirrtümern schließlich § 17 StGB. Dabei wird auch deutlich, dass Zurechnungsregeln die jeweilige Handlung nicht allgemein, sondern mit Blick auf ein bestimmtes Ziel (bzw. Zweck) der Handlung betrachten;[177] so kann zB dasselbe Verhalten bzgl. eines Deliktstatbestands vorsätzlich und bzgl. eines anderen unvorsätzlich sein. (Ferner treten dort – soweit der Tatbestand einen Erfolgseintritt voraussetzt – Regeln über die „objektive" Zurechnung eines Ereignisses als vom Täter auf Grund seines zurechenbaren Verhaltens zu verantwortender Erfolg hinzu.[178]) Für Aussagen des Beschuldigten gibt es wegen seiner Aussagefreiheit zwar keine den Deliktstatbeständen entsprechenden Vorgaben. Auch hier wirken Zurechnungshindernisse aber **nicht pauschal.** Vielmehr ist zu prüfen, ob sie gerade dem vom Aussagenden angestrebten konkreten Ziel entgegenstanden oder ihn hinderten, sich ein solches Ziel selbstbestimmt zu setzen. Insbes. Täuschungen haben daher regelmäßig nur eine thematisch **begrenzte Wirkung.**[179]

88 Wenn die Beweisperson ihre Äußerung (oder anderes Verhalten) nicht zu verantworten hat, **fehlen die Grundlagen einer** rationalen Interpretation und **Würdigung**

---

[173] Vgl. BGH 14.5.1974 – 1 StR 366/73, BGHSt 25, 325 (331 f.) = NJW 1974, 1570 (1571 f.).

[174] Vgl. [„steht hinter der Aussage nicht mehr die ganze Persönlichkeit"] *Kleinknecht* NJW 1966, 1537 (1543). Dazu passend spricht die Rspr. – insbes. mit Bezug auf die spätere Verlesbarkeit einer Niederschrift und die Verjährungsunterbrechung nach § 78c Abs. 1 Nr. 1 StGB – von einer „verantwortlichen Vernehmung", deren Inhalt der Beschuldigte und deren Form der Vernehmende verantwortet; fehlt es daran, kann das Geschehen nur als Anhörung angesehen und ein Vermerk darüber aufgenommen werden (BGH 25.4.1990 – 3 StR 483/89, BGHR StGB § 78c Abs. 1 Nr. 1 Bekanntgabe 1; BGH 13.1.2009 – 4 StR 301/08, juris Rn. 20, 25; vgl. auch RG 2.3.1899 – 109/99, RGSt 32, 72 [74 ff.] sowie Nr. 181 Abs. 1 RiStBV).

[175] Eingehend und mit einem die Zurechnungsregeln weiter vereinheitlichenden Vorschlag *Pawlik,* Das Unrecht des Bürgers, 2012, S. 288–362. Zu Klassifikation und Kritik von Zurechnungsmodellen s. *Koriath,* Grundlagen strafrechtlicher Zurechnung, 1994, S. 98 ff. (und passim); vgl. auch *Hassemer* in: Lüderssen, Aufgeklärte Kriminalpolitik, Bd. I, 1998, S. 350 (354 f., 364, 370 ff.).

[176] S. zur dort bereits Jahrhunderte währenden Tradition und der hier gewählten Systematisierung *Hruschka* Rechtstheorie 22 (1991), 449 (451 ff.). Eingehend auch *Schaffstein,* Die Allgemeinen Lehren vom Verbrechen, 1930, § 4 S. 37 f., § 13 S. 86 ff., § 15 S. 97, § 17 S. 109 ff., § 19 S. 135 ff., § 20 S. 149 ff., § 21 S. 155 ff.

[177] Vgl. *Honig,* FS Frank, 1930, Bd. 1, 174 (184, 195 f.).

[178] Gerade darauf abstellend und daher zu eng *Beckemper,* Durchsetzbarkeit des Verteidigerkonsultationsrechts, 2002, S. 202 ff., 225 ff. Zur (auch hier zugrunde gelegten) Unterscheidung zwischen Zurechnungsfragen und anderen Rechtsfragen (insbes. der Frage der Rechtmäßigkeit) s. *Frisch,* FS C. Roxin I, 2001, 213 (235 f.).

[179] → § 136a Rn. 43.

(→ Rn. 77 f.), deshalb ist sie nicht als Beweismittel verwertbar.[180] Der Zurechnungsausschluss hängt allein davon ab, dass tatsächlich Handlungsalternativen fehlten, nicht erkannt wurden bzw. eine gezielte Handlungsentscheidung beträchtlich gehemmt war. Der Vernehmende muss dafür **nicht verantwortlich** gewesen sein, erst recht nicht der Staat. Der Zurechnungsausschluss kann sogar von **(privaten) Dritten** bewirkt worden sein.[181] Dass das Rechtsstaatsprinzip möglicherweise weniger tangiert ist, wenn Private handeln (ungeachtet der Frage, ob der Rechtsstaat auf „Vorarbeiten" zurückgreifen darf, die er nicht selbst hätte bewirken dürfen), steht dem nicht entgegen. Die Zurechnungsregeln sind zwar **keineswegs die einzigen Regeln** zum Schutz der Aussage- bzw. Mitwirkungsfreiheit (insbes. → Rn. 98 f.), der weitergehende Schutz schränkt die Zurechnungsregeln aber nicht ein. Neben der hier behandelten Zurechnung hat zudem eine ganz **andere Zurechnung** Bedeutung (die allerdings oft überbetont wird[182]): Dem Staat zurechenbares Verhalten unterliegt schärferen Regeln als reines Privatverhalten.[183]

Die Zurechnung wird nicht bereits dadurch gehindert, dass der Beschuldigte mit seinem Verhalten ein angestrebtes Ziel verfehlt, insbes. garantieren Zurechnungsregeln keinen taktischen Erfolg. Regeln, nach denen eine Zurechnung ausgeschlossen wird, gestatten ferner grds. **Ausnahmen,** wenn die Umstände, die zum Ausschluss der Zurechnung führen, vom Handelnden selbst zu verantworten sind (im materiellen Strafrecht kann etwa auf Fahrlässigkeit statt Vorsatz abgestellt werden, auf die Vermeidbarkeit eines Verbotsirrtums etc). Weil der Zurechnungsausschluss indes insbes. die **Wahrheitsfindung** schützt und eine Verantwortung des Täters für den Zurechnungsausschluss die Zweifel an der Verlässlichkeit der Äußerung regelmäßig nicht auszuräumen vermag, bleibt es in diesen Fällen bei der Unverwertbarkeit. **89**

Hier zeigt sich, dass die „einfachrechtliche Aussagefreiheit" einen größeren Umfang und ihre Beschränkung weitergehende Konsequenzen haben muss, als sich aus der **Verfassungsdogmatik** momentan ableiten ließe (→ Rn. 10). Die Zurechnungsregeln gehören zwar zum Kern der rechtlichen Erfassung des handelnden Subjekts und können deshalb ihrerseits als in Art. 1 Abs. 1 und Art. 2 Abs. 1 GG verankert angesehen werden, sind aber weder von der bislang ausgearbeiteten Grundrechtsdogmatik noch der Dogmatik des Rechtsstaatsprinzips und der Verfahrensfairness vollständig umfasst, sondern müssen – zumindest im einfachen Recht – zusätzlich einbezogen werden.[184] **90**

cc) (Negative) Mitwirkungsfreiheit. Die Bezeichnung „*Aussage*freiheit" knüpft nur an den Kern des von § 136 Abs. 1 S. 2 Hs. 1 vorausgesetzten Rechts an. Sie darf nicht dahingehend missverstanden werden, dass das Recht auf Aussagen beschränkt wäre. Hinter § 136a steht ein allgemeines **„Verbot des Selbstbelastungszwangs"** (in der gerade dargestellten weiten Bedeutung von „Zwang" als Mangel an Selbstbestimmtheit[185]). Der Beschuldigte ist – abgesehen von der Pflicht, auf Ladung vor der StA bzw. dem Gericht zu erscheinen[186] und im Zuge dessen Angaben zu seiner Person zu machen – grds. zu **keinen aktiven Handlungen** verpflichtet, die ihm strafprozessual zum Nachteil gereichen können.[187] So trifft ihn zB keine **91**

---

[180] Vgl. *Kleinknecht* StPO, 27. bis 36. Aufl., § 136a Rn. 2; *Kleinknecht* NJW 1966, 1537 (1543). Zur Unterscheidung von kompetenter (und daher interpretier- und rechtlich bewertbarer) Sinnsetzung und Sich-Ereignen von Natur (sei es auch durch Menschen) vgl. *Jakobs,* System der strafrechtlichen Zurechnung, 2012, S. 23 (ferner S. 20 ff., 59 ff., 90).

[181] → § 136a Rn. 81 ff.; vgl. auch *Rogall,* Der Beschuldigte als Beweismittel gegen sich selbst, 1977, S. 207 f., 210 f.

[182] → § 136a Rn. 25 f.

[183] → § 136a Rn. 86.

[184] Vgl. zum Verhältnis von Verfassungsrecht und Straf- bzw. Strafprozessrecht auch *Schuhr* RW 2012, 234 (235 ff.).

[185] Vgl. dazu *Mitsch* NJW 2008, 2295 (2299).

[186] → § 133 Rn. 5 sowie § 230.

[187] BGH 9.4.1986 – 3 StR 551/85, BGHSt 34, 39 (46) = NJW 1986, 2261 (2263); BGH 13.5.1996 – GSSt 1/96, BGHSt 42, 139 (152) = NJW 1996, 2940 (2942); BGH 26.7.2007 – 3 StR 104/07, BGHSt 52, 11 (17 ff. Rn. 22 ff.) = NJW 2007, 3138 (3140); Karpenstein/Mayer/*Meyer* EMRK, 2012, Art. 6 Rn. 129, 131 f.; *Rieß* JA 1980, 293 (294); *Weßlau* ZStW 110 (1998), 1; *Rogall,* Der Beschuldigte als Beweismittel gegen sich selbst, 1977, S. 54 ff., 63, 155 ff. (157 ff.), 191; *Beulke* Rn. 127 ff.; *Fezer* Fall 3 Rn. 3 und 8; krit. dazu

Herausgabepflicht nach § 95 Abs. 1,[188] und er muss nicht an einer Atemalkoholmessung teilnehmen.[189] Auch durch Täuschung über die strafprozessuale Bedeutsamkeit seines Verhaltens darf er nicht zu aktiver Mitwirkung bestimmt werden.[190]

92 **Passiven Duldungspflichten** (zB §§ 81a Abs. 1 S. 2, 102) steht die Aussagefreiheit grds. nicht entgegen,[191] selbst wenn sie mit der Pflicht zum Erscheinen kombiniert wirken (etwa bei einer Gegenüberstellung). Auch die Duldungspflichten gehören indes jeweils zu strafprozessualen Regeln bzw. Maßnahmen, die als Grundrechtseingriffe der verfassungsrechtlichen Rechtfertigung bedürfen. Ferner ist es nicht ausgeschlossen, dass die Durchsetzung der Pflicht in einer Weise erfolgt, die doch zugleich die Mitwirkungsfreiheit betrifft.[192]

93 Der EGMR sah es in seiner *Jalloh*-Entscheidung sogar als Verstoß gegen den *nemo-tenetur*-Grundsatz an, wenn der Beschuldigte zwangsweise veranlasst wird, Beweismittel zu erbrechen.[193] Ein solcher **unwiderstehlicher Zwang** schließt es bereits aus, dem Beschuldigten diesen Vorgang als Handlung zuzurechnen (→ Rn. 83), er wirkt also nicht aktiv mit, sondern erduldet. Dass solcher Zwang das Fairnessgebot verletzt und der konkrete Fall von § 136a Abs. 1 S. 1 als Verabreichung von Mitteln und körperlicher Eingriff erfasst wird, steht (heute) außer Frage. Entweder verletzt er dabei zugleich die Aussagefreiheit (bzw. Mitwirkungsfreiheit) oder – wenn die Aussagefreiheit auf das Verbot von nötigendem (bzw. auf rechtlichen Täuschungen beruhendem) Selbstbelastungszwang (→ Rn. 85) zu beschränken ist[194] – „nur" andere Menschen- und Grundrechte. Eine solche Unterscheidung betrifft indes nur die Abgrenzung der betroffenen Menschenrechte (insbes. aus Art. 3 und Art. 6 Abs. 1 S. 1 und Abs. 2 EMRK) voneinander sowie vom Rechtsstaatsprinzip, wirkt sich auf die Handhabung der §§ 136, 136a hingegen nicht aus.

94 **dd) Unabhängigkeit von drohender Belastung.** Der Beschuldigte muss nicht nur sich selbst nicht belasten, er muss auch keine Informationen offenbaren, die **Mitbeschuldigte oder Dritte** belasten. Die Aussage- bzw. Mitwirkungsfreiheit besteht nicht nur zu seinen eigenen Gunsten, sondern ohne persönliche Bindung und auch in solchen Teilen miteinander verbundener Verfahren, die nicht bzw. nicht mehr gegen ihn geführt werden und Taten zum Gegenstand haben, an denen er gänzlich **unbeteiligt** war.[195] Schon deshalb ist neben der Belehrung nach § 136 Abs. 1 S. 2 Hs. 1 keine zusätzliche nach § 52 Abs. 3 S. 1[196] oder gar § 55 Abs. 2 veranlasst. Obwohl es grds. um die Subjektstellung und Würde des Beschuldigten selbst geht (→ Rn. 74 f.), ist diese Weite des Privilegs erforderlich, weil zwischen Mitangeklagten regelmäßig diverse für den Ausgang des Prozesses erhebliche Abhängigkeiten bestehen. Insbes. können nach der Belastung eines Mitangeklagten „prozes-

---

KMR/*Lesch* § 136 Rn. 15 ff. (18); *Verrel,* Selbstbelastungsfreiheit, 2001, insbes. S. 181 ff. (284 f.) sowie rechtsvergleichend [Kriterium: „testimonial", USA] *Schlauri,* Das Verbot des Selbstbelastungszwangs, 2003, S. 178 ff.; einschränkend auch [auf Vorwurf bezogene Kommunikation nötig] *Böse* GA 2002, 98 (118 ff., 128).

[188] → § 95 Rn. 12; KK-StPO/*Nack* § 95 Rn. 2.

[189] Näher dazu *Cierniak/Herb* NZV 2012, 409 (410 f.).

[190] BGH 9.4.1986 – 3 StR 551/85, BGHSt 34, 39 (43 ff.) = NJW 1986, 2261 (2262 ff.) [heimliche Tonbandaufnahmen].

[191] Vgl. dazu BGH 17.3.1971 – 3 StR 189/70, BGHSt 24, 125 (129) = NJW 1971, 1097 sowie → § 136a Rn. 21; Karpenstein/Mayer/*Meyer* EMRK, 2012, Art. 6 Rn. 135 f.; *Dingeldey* JA 1984, 407 (412 f.); zu grds. Kritik daran *Neumann,* FS Wolff, 1998, 373 (376 ff.); [„Beweis als Herrschaftsausübung"] *Naucke,* FS Hamm, 2008, 497 (508); monografisch *Eisenhardt,* Grenze körperlicher Untersuchungen, 2007.

[192] → § 136a Rn. 76.

[193] EGMR (GK) 11.7.2006 – 54810/00, Rep. 2006–IX, §§ 100 ff., (insbes. §§ 112 ff.), EuGRZ 2007, 150 (161 ff.) = NJW 2006, 3117 (3123 f.) – *Jalloh ./. D* m. eher zust. Bespr. *K. Schumann* StV 2006, 661, *Schuhr* NJW 2006, 3538 und *Safferling* Jura 2008, 100.

[194] So noch EGMR (GK) 17.12.1996 – 19187/91, Rep. 1996–VI, § 69, ÖJZ 1998, 32 (33) – *Saunders ./. UK*; näher *Schuhr* NJW 2006, 3538 (3541); s. dazu auch *Eidam,* Die strafprozessuale Selbstbelastungsfreiheit, 2007, S. 123 ff. (158); *v. Arnim,* GS Blumenwitz, 2008, 265 (283 ff.).

[195] BGH 25.2.1964 – 1 StR 13/64, NJW 1964, 1034 mwN.

[196] Sie ist nicht einmal mit Blick auf eine mögliche spätere Trennung des Verfahrens sinnvoll, denn die Verlesung der Niederschrift bleibt selbst bei Belehrung unzulässig nach § 252, vgl. BGH 20.2.1997 – 4 StR 598/96, BGHSt 42, 391 (397) = NStZ 1997, 351 (353); SSW-StPO/*Kudlich/Schuhr* § 252 Rn. 22 mwN.

suale Vergeltungsaktionen" so nahe liegen, dass eine Aussagepflicht einem Selbstschädigungszwang nahe kommen und eine Prüfung, ob im Einzelfall tatsächlich eine Selbstschädigung droht, nur auf spekulative Abwege führen würde.

Es kommt überhaupt nicht darauf an, ob aus der Mitwirkung ein Nachteil droht. Insbes. **entlastende** Aussagen stehen ebenso unter dem Schutz der Aussagefreiheit wie belastende Aussagen.[197] Das liegt ua daran, dass *ex ante* oft gar nicht feststeht, ob eine Mitwirkung tatsächlich nur vorteilhafte Wirkungen entfalten wird (oder zB als falsche Behauptung auch die Glaubwürdigkeit anderer Behauptungen mindert); insbes. darf auch der unschuldige Angeklagte schweigen.[198] Die Bezeichnungen „Selbstbelastungsfreiheit", „Verbot des Selbstbelastungszwangs" etc sind daher insoweit irreführend, als es weder auf eine Selbst- noch auf eine Fremdbelastung oder andere Nachteile ankommt. Die negative Aussage- bzw. Mitwirkungsfreiheit beinhaltet ein **kategorisches Verbot** von Zwang (einschließlich wirkungsgleicher Täuschungen) gegenüber dem Beschuldigten. 95

ee) Verwertungs- und Verwendungsverbot. Verstöße gegen die §§ 136, 136a werfen regelmäßig die Frage auf, ob bzw. inwieweit sie zur Unzulässigkeit weiterer Beweiserhebungen und der Unverwertbarkeit bestimmter Beweismittel führen. Positivrechtlicher Anknüpfungspunkt dafür ist § 136a Abs. 3 S. 2, beinhaltet aber nur eine rudimentäre Regelung. Das Projekt einer allgemeinen Dogmatik der Beweisverbote erfährt derzeit zu Recht viel Aufmerksamkeit, ist indes noch heftig umstritten und oft werden statt konkreter inhaltlicher Regeln eher Ziele für künftige Rechtsentwicklungen und gesetzgeberische Entscheidungen (zB über konkrete staatliche Beweisführungs- bzw. individuelle Informationsbeherrschungsbefugnisse) formuliert, in formeller Weise an Verletzungen der jeweiligen Verfahrensvorschriften angeknüpft (und so die materielle Rechtfertigungslast und Systembildung indirekt ebenfalls auf den Gesetzgeber verschoben) oder Freiräume für gerichtliche Abwägungsentscheidungen abgesteckt.[199] Das hat – gerade wegen der angestrebten Allgemeinheit – jeweils durchaus seine Berechtigung. In konkreteren Themenbereich der §§ 136, 136a bzw. der Verletzung oder Beschränkung der Mitwirkungsfreiheit, lassen sich aber auch unmittelbar systematische Grundlinien angeben, die zur inhaltlichen Beantwortung von Detailfragen nach Voraussetzungen und Reichweite[200] von Verwertungs- bzw. Verwendungsverboten oft besser geeignet sind (und die zu Vorgaben führen, mit denen eine allg. Dogmatik der Beweisverbote und Gesetzgebung konsistent sein müssen[201]). Hier lassen sich die sogleich folgenden **drei Gründe** für Verwertungs- bzw. Verwendungsverbote voneinander **unterscheiden.**[202] Dabei sind (1.) und (2.) jeweils vollständige, zwingende Gründe für Verwertungs- bzw. Verwendungsverbote.[203] Sie betreffen unterschiedliche, einander indes 96

[197] EGMR *A. Zaichenko ./. RUS,* v. 18.2.2010 – 39660/02, § 54, [kurz] StRR 2011, 142.

[198] Vgl. EGMR (GK) 17.12.1996 – 19187/91, Rep. 1996–VI, § 71, ÖJZ 1998, 32 (33) – *Saunders ./. UK*; *Lesch* Kap. 3 Rn. 59.

[199] Zu Überblicken über Vorschläge zur Systematisierung der Beweisverbotsdogmatik s. mwN → Einl. F Rn. 449 ff.; HK-GS/*Jäger* Vor § 133 Rn. 4 ff.; *Rogall* ZStW 91 (1979), 1 (12 ff., 22 ff.); *Beulke* Jura 2008, 653 (654 ff.) sowie [mit betont positiver Einschätzung des Status Quo] *Rogall* JZ 2008, 818 (819). Zu einem detaillierten Vorschlag für eine künftige europäische Regelung s. *Wolter* FG BGH, 2000, Bd. 4 S. 963 (1002 ff.). Speziell zu Überblicken zur „Beweisbefugnislehre" s. *Jahn* StraFo 2011, 117 (125 ff.) mwN. Zur „Informationsbeherrschungslehre" s. *Amelung* NJW 1991, 2533 (2534) und *Amelung,* Prinzipien strafprozessualer Beweisverwertungsverbote, 2011, S. 11 ff. mwN sowie [abl.] *Ranft* Rn. 344 ff.; dazu, dass ein umfassendes „Datenrecht" (zu dem auch die konkreten Rechte zur Beherrschung von Information zählen würden) momentan nicht besteht und in absehbarer Zeit auch nicht damit zurechnen ist, s. *Schuhr* ZIS 2012, 441 (450 f., 455). Zur „beweisgegenständlichen Schutzzwecklehre" s. *Jäger,* Beweisverwertung und Beweisverwertungsverbote, 2003, S. 128 ff., 131 ff., 279 f. und passim. Zur „Abwägungslehre" → § 136 Rn. 57 f.

[200] Einen konzisen Überblick mN zu den hierzu grds. vertretenen Ansichten gibt *Mittag* JR 2005, 386 (387 ff.; Anm. zu BGH 13.1.2005 – 1 StR 531/04, NStZ 2005, 392).

[201] Vgl. auch *Rogall* ZStW 91 (1979), 1 (20 f.); *Kühne* Rn. 103.1.

[202] Zu einer in Teilen ähnlichen allg. Einteilung aller Beweisverwertungsverbote s. *Amelung*, GS Schlüchter, 2002, 417 (419 ff., 428 ff.). Mit guten Gründen sogar für eine Umkehrung der Argumentationslast *Kudlich,* FS Wolter, 2013, S. 995, 1000 ff.

[203] Zu bislang offenen Fragen, ob und wie solche Verbote durch weitere Verfahrensregeln flankiert werden müssen, s. *Löffelmann* JR 2009, 10 ff. sowie bereits [Besorgnis der Befangenheit nach Einführung unverwertbarer Beweismittel] *Grünwald* JZ 1966, 489 (500 f.).

beträchtlich überlappende Fallgestaltungen. Demgegenüber liefert (3.) nur Plausibilitätsargumente.

97 (1) Die (aktuell tatsächlich bestehende) Aussagefreiheit ist die Handlungsfreiheit des Aussagenden; die Zurechnungsregeln (→ Rn. 83 ff.) spezifizieren, wann diese aufgehoben oder so eingeschränkt wurde, dass die Äußerung nicht mehr als zweckgerichtete Mitteilung, als von der Beweisperson verantworteter Sprechakt, also nicht mehr als Aussage interpretiert und gewürdigt werden darf. Rechtsfolge der Unzurechenbarkeit der Äußerung ist ein **Verwertungsverbot** (→ Rn. 84, 88), das § 136a Abs. 3 S. 2 explizit ausspricht. Das Gesagte darf nicht nach § 261 gewürdigt und dem Urteil nicht zugrunde gelegt werden (→ Rn. 19). Daher darf auch weder eine Niederschrift verlesen noch eine Vernehmungsperson befragt noch anderweitig der Inhalt als Aussage des Beschuldigten eingeführt werden. Für die allgemeinere Mitwirkungsfreiheit und andere Mitwirkungsakte als Aussagen gilt Entsprechendes. Ob der Staat einen Mangel an Aussage- bzw. Mitwirkungsfreiheit zu verantworten hat, ist hier unerheblich (→ Rn. 88), das Verwertungsverbot reicht aber nur so weit, als es zumindest auch um die Betrachtung des Vorgangs als eigene Handlung des Beschuldigten geht. Deshalb können **Fernwirkungen**[204] aus dem Zurechnungssystem nicht abgeleitet werden. Sie ergeben sich indes teilweise aus anderen Gründen:[205]

98 (2) Die Rechtsordnung verlangt nicht nur, rückblickend (anhand der Zurechnungsregeln) zu prüfen, ob Mitwirkungsfreiheit tatsächlich bestanden hat, sie gebietet in gewissem Umfang auch, Mitwirkungsfreiheit herzustellen. Weil jeder Mensch zahlreichen Zwängen unterliegt, die der Staat gar nicht beeinflussen kann, kann dieses Gebot zwar keineswegs uneingeschränkt gelten. Es besteht aber zumindest insofern, als das Verbot, den Beschuldigten zur Mitwirkung zu zwingen, nicht durch ein entgegenstehendes **Mitwirkungsgebot** konterkariert werden darf (→ Rn. 81). Dies betrifft Mitwirkungsgebote in allgemein geltenden Rechtsnormen und offizielle Aufforderungen im Einzelfall gleichermaßen. Schon der plausible Anschein einer solchen Anordnung greift den Kern der Mitwirkungsfreiheit an, so dass es nicht darauf ankommen kann, dass die Mitwirkungsfreiheit letztlich obsiegt und die Anordnung sich bei näherer Prüfung als rechtlich unwirksam erweist. Weil die Rechtsstaatlichkeit des Verfahrens keinen Einschränkungen zu unterwerfen ist, muss der Beschuldigte im Strafverfahren jeweils so gestellt werden, wie er bei durchgängig unangefochtener Wirksamkeit der Mitwirkungsfreiheit gestanden hätte.

99 Ihre rechtlichen sowie dem Staat zurechenbare tatsächliche Einschränkungen müssen daher durch ein **Verwendungsverbot** (→ Rn. 105 ff.) kompensiert werden.[206] Ob man dieses seiner Wirkung nach als Verwertungsverbot mit **Fernwirkung** versteht oder wegen seiner selbständigen Begründung als Rechtsfolge eigener Art ansieht,[207] ist im Ergebnis ohne Auswirkung. Jedenfalls ist es weder dem Gesetzgeber vorbehalten noch seine Aufgabe, Verwendungsverbote jeweils in besonderen Regelungszusammenhängen anzuordnen, sie sind vielmehr gerade immer dann Inhalt der strafprozessualen Mitwirkungsfreiheit, wenn diese andernfalls untergehen würde. Verwendungsregeln formen allg. die Zweckbindung von Informationen[208] aus – einschließlich der Zulässigkeit bzw. Unzulässigkeit einer Umwidmung.[209] Um die Zulässigkeit einer Umwidmung und uU sogar Umdeutung geht es nicht nur bei Informationen aus anderen Verfahren, sondern ähnlich auch bei rechtswidrig

---

204 Vgl. dazu → Einl. F Rn. 488 ff.

205 Zu einer ähnlichen Differenzierung [Schutz der Wahrheitsfindung vs. andere Schutzrichtungen] *Grünwald* JZ 1966, 489 (500).

206 Zum Streitstand bzgl. Voraussetzungen und Reichweite bei §§ 136, 136a → § 136 Rn. 55 ff. bzw. → § 136a Rn. 98. Zum Begriff vgl. auch *Wolter*, FS C. Roxin II, 2011, Bd. 2, 1245 (1258). Rechtsvergleichend zum engeren aber nicht unähnlichen § 166 öStPO *Schmoller,* FS Kühne, 2013, S. 345, 356 ff.

207 So *Meyer-Goßner* Einl. Rn. 57d.

208 Zum „informationsrechtlichen" Bezug strafprozessualer Beweisverbote s. auch *Amelung*, FS C. Roxin I, 2001, 1259 (1276 ff.) mwN; eingehend zum grundrechtlich Hintergrund *Böse,* Wirtschaftsaufsicht und Strafverfolgung, 2005, S. 39 ff.

209 *Rogall,* FS Kohlmann, 2003, 465 (484). Vgl. auch den Gesetzesvorschlag von *Rogall,* Der Beschuldigte als Beweismittel gegen sich selbst, 1977, S. 258; ferner *Paeffgen*, FS Hilger, 2003, 153 (156).

erhobenen Informationen, denn sie wurden ebenfalls nicht regulär ins Verfahren eingeführt, haben einen – die Interpretation erschwerenden – atypischen Kontext und sind evtl. sogar inhaltlich fehlerbehaftet.

Weder aus dem Verwertungs- noch aus dem Verwendungsverbot ergibt sich eine generelle **Fortwirkung** des urspr. Fehlers, denn die unverwertbare Äußerung war nicht Anlass der Vernehmung; dieser bestand schon vor der fehlerhaften Vernehmung, sonst wäre es zu ihr gar nicht gekommen. Fortwirkungen müssen daher konkret festgestellt werden; sie bestehen zB, wenn der Aussagende die Unverwertbarkeit seiner vorherigen Äußerung nicht kennt und sich daher an sie gebunden fühlt.[210] Wird die Vernehmung hingegen nach qualifizierter Belehrung fehlerfrei wiederholt, entsteht eine verwertbare Aussage.[211] **100**

(3) Ist ein Verwendungsverbot nicht schon zur Kompensation des Eingriffs in die Mitwirkungsfreiheit zwingend, kann es gleichwohl geeignet sein, um ermittlungstaktische **Anreize** für die Verletzung der Mitwirkungsfreiheit **auszuschließen.**[212] Dann kompensiert das Verwendungsverbot keine eingetretene Verletzung, sondern wird um seiner allgemeinen präventiven Wirkung willen eingesetzt.[213] Regelmäßig sprechen zugleich andere Gesichtspunkte – insbes. Wahrheitsfindung und schuldangemessene Bestrafung – gegen einen solchen Einsatz.[214] Letztlich ist dann eine Zweckmäßigkeitsentscheidung zu treffen und im Wesentlichen daran zu orientieren, ob die Bekämpfung von Kriminalität oder die Bekämpfung rechtsstaatswidriger staatlicher Praktiken bzw. die Sicherung rechtsstaatlicher Unbedenklichkeit vorgelagerter (auch privater) Zuarbeit als vordringlich empfunden wird.[215] Je weniger stabil eine Rechtsordnung ist, desto wichtiger ist ihre Verteidigung im Hinblick auf Straftaten der Bürger; je stabiler sie ist, desto eher kann sie es sich leisten, einzelne Straftaten um der Selbsthygiene der Rechtspflege willen ungesühnt zu lassen. BVerfG und EGMR machen hier praktisch keine Vorgaben, die über ein Verwertungsverbot hinausgehen, der EGMR prüft aber in einer Gesamtschau die Fairness des Verfahrens.[216] Die Präferenzentscheidung steht dem demokratischen Gesetzgeber zu.[217] Nur solange eine solche Entscheidung fehlt, kann der Rechtsanwender aufgerufen sein, die Lücke zu schließen. **101**

Hier kann offenbleiben, ob es wünschenswert wäre, zwischen formeller und materieller Unverwertbarkeit zu unterscheiden und statt eines Freispruchs auch in der Hauptverhandlung das Verfahren einzustellen, wenn die Schuld des Täters wegen formeller Unverwertbarkeit eines (im Eröffnungsbeschluss noch für verwertbar gehaltenen) Beweismittels nicht **102**

---

[210] BGH 26.7.2007 – 3 StR 104/07, BGHSt 52, 11 (23 f. Rn. 37) = NJW 2007, 3138 (3142); *Joerden* JuS 1993, 927 (931); *R. Hamm,* Revision, 7. Aufl. 2010, Rn. 1010.

[211] → § 136 Rn. 68 f. und → § 136a Rn. 97.

[212] So nachdrücklich ua *Kohlhaas* JR 1960, 246 (248); [ua in Auseinandersetzung mit Löwe/Rosenberg/*Sarstedt*, 22. Aufl. 1971 und zuvor, § 136a Rn. 7] *Grünwald* JZ 1966, 489 (500) sowie *Grünwald* StV 1987, 470 (472; Anm. zu BGH 28.4.1987 – 5 StR 666/86, BGHSt 34, 362 = NJW 1987, 2525); *Otto* GA 1970, 289 (294 f.); *R. Neuhaus* NJW 1990, 1221 (1222). Vgl. auch [Verwertungsverbot bei bewusstem Rechtsbruch der Behörden] *Roxin* HRRS 2009, 186 sowie [Reflex der Verwertungsverbote] *Dencker,* Verwertungsverbote, 1977, S. 52 ff.

[213] Zur „fruit of the poisonous tree"-doctrine des U.S. Supreme Court s. *Silverthorne Lumber Co. ./. U.S.* (251 U.S. 385, 392 [1920], „The essence of a provision forbidding the acquisition of evidence in a certain way is that not merely evidence so acquired shall not be used before the Court but that it shall not be used at all.") sowie *Nardone ./. U.S.* (308 U.S. 338, 341 [1939]). Zur Anordnung der Fernwirkung in Art. 141 Abs. 4 der neuen Strafprozessordnung der Schweiz *Wohlers,* FS Wolter, 2013, S. 1181, 1192 ff.

[214] Näher dazu *Ranft,* FS Spendel, 1992, 719 (734 ff.); *Löffelmann,* Die normativen Grenzen der Wahrheitserforschung, 2008, S. 288 (und eingehend zuvor).

[215] Zurückhaltend [Disziplinierungswirkung nicht Funktion, sondern Reflex] auch *Rogall* ZStW 91 (1979), 1 (16).

[216] BVerfG 29.5.1996 – 2 BvR 66/96, StV 1997, 361 (363 f.); EGMR (GK) 25.3.1999 – 25444/94, Rep. 1999–II, §§ 46 ff., NJW 1999, 3545 f. – Pélissier & Sassi ./. F; EGMR (GK) 10.3.2009 – 4378/02, Rep. 2009, §§ 89 ff., NJW 2010, 213 (215 f.) – *Bykov ./. R*; EGMR (GK) 1.6.2010 – 22978/05, Rep. 2010, §§ 162 ff., EuGRZ 2010, 417 (436 f.) = NJW 2010, 3145 (3148) – *Gäfgen ./. D* m. krit. Anm. *Weigend* StV 2011, 325. S. dort auch zur Erforderlichkeit eines Verwertungsverbots für die unmittelbar konventionswidrig erlangten Beweismittel; dazu grundlegend EGMR (GK) 17.12.1996 – 19187/91, Rep. 1996–VI, §§ 74–76, ÖJZ 1998, 32 (33 f.) – *Saunders ./. UK.* Näher zur Gesamtbetrachtung des EGMR *Jäger* GA 2008, 473 (480 ff.).

[217] Vgl. *Grünwald* Beweisrecht S. 153 f.

nachgewiesen werden kann.[218] Es wäre eine tiefgreifende Änderung der Rechtslage, wenn man die Form der Entscheidung von der Qualität der Feststellungen abhängig machen würde, weshalb *de lege lata* ein **Freispruch** auch in der genannten Konstellation vorzugswürdig erscheint. Vor allem aber begründen die Unzurechenbarkeit (oben 1.) und wohl ebenfalls die Beeinträchtigung der Mitwirkungsfreiheit (oben 2.) die Unverwertbarkeit nicht nur formell, sondern auch materiell.

103 **b) „Kollision" mit Pflichten außerhalb des Strafverfahrens. aa) Fortbestand der „fremden" Pflichten.** Die strafprozessuale Mitwirkungsfreiheit besteht für das staatliche, repressive Verfahren und ist daran gebunden,[219] denn die Rechtsordnung enthält **keinen allgemeinen Grundsatz,** sich nicht selbst belasten zu müssen (→ Rn. 62).[220] Auch außerhalb des Strafverfahrens (und mit ihm verwandter Verfahren) können zwar selbständige Aussage- bzw. Mitwirkungsfreiheiten bestehen (so etwa im Arbeitsrecht beim Einstellungsgespräch bzgl. bestimmter Fragen, ferner zB § 59 GWB, § 4 Abs. 9 WpHG, § 24 Abs. 6 KWG, § 103 AO, § 24 Abs. 2 BtMG, § 52 Abs. 5 BImSchG, § 42 Abs. 2 BWaldG), aber auch Aussage- und Mitwirkungspflichten.[221] Beides ist oft nicht ausdrücklich geregelt, so zB nicht der (gleichwohl ähnlich zu § 55 StPO bestehende) Dispens von der beamtenrechtlichen Pflicht zur wahren dienstlichen Äußerung, wenn dadurch eine Selbstbelastung droht.[222]

104 Auch die Verhaltensnormen des **materiellen Strafrechts** (zB Hilfspflichten des Garanten aus Ingerenz trotz drohender Strafverfolgung, Vorstellungs- und Bleibepflicht bei Verkehrsunfällen nach § 142 StGB etc) werden durch die strafprozessuale Mitwirkungsfreiheit grds. nicht eingeschränkt;[223] bei der Bestimmung der Reichweite solcher Pflichten kann sie allerdings Zurückhaltung (enge Auslegung) gebieten.[224] Echte Einschränkungen sind nur dort nötig, wo das Strafrecht gerade den staatlichen Strafanspruch (in anderer Sache) sichert. Das ist vor allem bei der Strafvereitelung der Fall; dort sieht das Gesetz die Einschränkung aber auch ausdrücklich vor (§ 258 Abs. 5 StGB). Unter dem Gesichtspunkt der Aussagefreiheit ist es ebenfalls unproblematisch, wenn das StGB bisweilen sogar Qualifikationen an die Verdeckung von Straftaten knüpft.[225]

---

[218] So eingehend *Jäger,* Beweisverwertung und Beweisverwertungsverbote, 2003, S. 255 ff., 281; entspr. bereits *Peters* S. 339.

[219] Das umfasst – auch wenn im Folgenden pars pro toto vom Strafverfahren die Rede sein wird – insbes. Bußgeld- und Disziplinarverfahren (vgl. BVerfG 13.1.1981 – 1 BvR 116/77, Rn. 18, BVerfGE 56, 37 [43] = NJW 1981, 1431 f. – Gemeinschuldnerbeschluss; [bzgl. Strafgefangenen] BGH 9.4.1997 – 3 StR 2/97, NJW 1997, 2893 f.; [bzgl. Steuergeheimnis] VG Saarlouis 7.2.2008 – 7 K 131/07, bei *C. Wegner* PStR 2008, 182 f.). Zur Auswirkung der Selbstbelastungsfreiheit auf die §§ 153a ff. s. *Rogall,* Der Beschuldigte als Beweismittel gegen sich selbst, 1977, S. 182 ff.

[220] Vgl. auch EGMR 8.4.2004 – 38544/97, §§ 53–56, JR 2005, 423 (425) – *Weh ./. A* m. krit. Anm. *Gaede*; ferner [Verwertung durch Straßenverkehrsbehörde] BayVGH 9.5.2012 – 11 ZB 12.614, Rn. 3 und BayVGH 31.5.2012 – 11 CS 12.807 ua, Rn. 13, [nach § 138 ZPO gebotene Einlassung] OLG Celle 25.1.2013 – 7 W 7/13, BeckRS 2013, 2060 und LAG Hamm 10.5.2013 – 7 Ta 155/13, BeckRS 2013, 69504 sowie [enger als hier] *Lesch* ZStW 111 (1999), 624 (638).

[221] Dies führt *Metz* VersR 2010, 1265 ff. für versicherungsrechtliche Aufklärungspflichten des Versicherungsnehmers vor. S. dazu und zu Auskunftsverweigerungsrechten in nicht-repressiven öffentlich-rechtlichen Verfahren auch *Reiß* NJW 1982, 2540 f., va bzgl. Wirtschaftsverwaltungsverfahren *Bärlein/Pananis/Rehmsmeier* NJW 2002, 1825 (1826 ff.). Zum Problemfeld im ärztlichen Haftungs- und Strafrecht s. *Fündling/Rathgeber* ZGMR 2012, 88 (92 ff.).

[222] *H.-W. Schünemann* DRiZ 1979, 101 (104, dort auch – S. 107 – zur Vermeidung dienstlicher Äußerungen durch verletzte oder verdächtige Beamte). Für stärkere Ausstrahlungswirkungen auf andere Verfahren *H.A. Wolff,* Selbstbelastung und Verfahrenstrennung, 1997, S. 99 ff., 274 ff.

[223] Im Ausgangspunkt und teilw. iE [zB bzgl. § 142 StGB] aA *Rogall,* Der Beschuldigte als Beweismittel gegen sich selbst, 1977, S. 158 ff., vgl. aber auch *Rogall* NStZ 2006, 41 (42; Anm. zu BGH 12.1.2005 – 5 StR 191/04, NJW 2005, 763). Zu weiteren Zusammenhängen mit dem materiellen Strafrecht eingehend *Kölbel,* Selbstbelastungsfreiheiten, 2006, S. 321 ff.

[224] Vgl. OLG Nürnberg 24.1.2007 – 2 St OLG – Ss 300/06, NZV 2007, 535; ferner BGH 25.1.1955 – 2 StR 366/54, BGHSt 7, 112 (117) = NJW 1955, 472 (473); Schönke/Schröder/*Sternberg-Lieben* § 142 Rn. 29 f. mwN; für stärker einschränkende Wirkung *Roxin* NJW 1969, 2038 (2040); *Jahn* JuS 2000, 383 (387).

[225] Eingehend zur Systematisierung strafrechtlicher (vorteilhafter wie nachteiliger) Anknüpfung an selbstbegünstigendes Verhalten *H. Schneider,* Selbstbegünstigungsprinzip, 1991, S. 325 ff.

bb) Verwendungsverbot, Modellregelung im Insolvenzrecht. Eine andere Frage ist es, ob Selbstbelastungen des Täters, die in Erfüllung außerstrafprozessualer Pflichten erfolgt sind, strafprozessual verwendet werden dürfen. Zwar mag der Beschuldigte der Wahrheitsfindung dienliche Informationen verfügbar gemacht haben, seine Mitwirkungsfreiheit schränkt aber die Aufklärungspflicht des Gerichts und der Strafverfolgungsbehörden ein und begrenzt die strafprozessuale Wahrheitssuche. Auch wenn die strafprozessuale Mitwirkungsfreiheit ihr entgegenstehende Pflichten aus anderen Rechtsgebieten nicht zu hemmen vermag, lässt sich ihr Ziel innerprozessual weiterhin erreichen: Wird der Täter im Prozess so gestellt, als hätte er die (der Mitwirkungsfreiheit entgegen) pflichtigen Akte nie vorgenommen, dann gereicht ihm die pflichtgemäße Selbstbelastung strafprozessual nicht zum Nachteil.[226] Mehr noch: Steht die **Unverwendbarkeit** von vornherein fest, dann bewirkt die Pflicht zur Selbstbelastung keinen strafprozessualen Nachteil, insbes. keinen (rechtlichen) Zwang für den Beschuldigten, sich im repressiven Verfahren gegen sich selbst zu wenden. In diesem Sinne beseitigt die Verwendungslösung die Kollision im Vorfeld. Die Regelung muss indes klar und eindeutig sein, insbes. nicht von späteren Ermessensentscheidungen abhängen, und der Beschuldigte darf über die Rechtslage nicht widersprüchlich informiert werden.[227] 105

Eine entspr. Anordnung enthält **§ 97 Abs. 1 S. 3 InsO** – korrespondierend zur Pflicht des Schuldners, bestimmten Stellen über alle das Insolvenzverfahren betreffenden Verhältnisse Auskunft zu geben,[228] auch wenn sie geeignet sind, ein Straf- oder Ordnungswidrigkeitenverfahren gegen den Schuldner oder einen Angehörigen nach § 52 Abs. 1 zu veranlassen (§ 97 Abs. 1 S. 1 und 2 InsO). Danach besteht strafprozessual ein **Verwendungsverbot,** womit der Gesetzgeber jedwede unmittelbare wie mittelbare Verwendung in irgendeiner Phase des Strafverfahrens ausschließen wollte; die Informationen dürfen auch nicht als Ermittlungsansatz verwendet werden (s. auch § 160 Abs. 4).[229] Zuwiderhandlungen lösen ein Verfahrenshindernis aus.[230] 106

Verfassungsrechtlich hielt das BVerfG im Gemeinschuldnerbeschluss (zu den alten §§ 100, 101 Abs. 2, 75 KO ohne strafprozessuale Begleitregelung im Gesetz) ein weniger umfassendes Verwertungsverbot für ausreichend.[231] Die strafprozessrechtlich richtige Handhabung wird aber nicht durch den verfassungsrechtlichen Mindeststandard bestimmt, sie darf ihn nur nicht unterschreiten (→ Rn. 10 f.). Strafprozessual richtig ist es vielmehr, in Ermangelung einer gesetzlichen Regelung[232] auch bei Auskunftspflichten aus anderen Tei- 107

---

[226] Vgl. *Weigend* StV 2003, 436 (437 f.; Anm. zu LG Frankfurt 9.4.2003 – 5/22 Ks 3490 Js 230118/02, StV 2003, 325 – Gäfgen); ferner *Seebode* JA 1980, 493 (498).

[227] Vgl. EGMR 21.12.2000 – 34720/97, Rep. 2000–XII, §§ 52 ff. – *Heaney & McGuinness ./. IRL.*

[228] Zur Verwertbarkeit von Auskünften gegenüber anderen (im Fall einem Gutachter) und zur Abgrenzung der Auskunftspflicht von allgemeinen Mitwirkungspflichten nach § 97 Abs. 2 InsO (unter welche die Herausgabe von Unterlagen fällt), hinsichtlich derer kein Verwendungsverbot besteht, s. OLG Jena 12.8.2010 – 1 Ss 45/10, NJW 2010, 3673.

[229] BT-Drs. 12/7302, 166 (zu § 109 Abs. 1 des InsO-Entwurfs); LG Potsdam 24.4.2007 – 27 Ns 23/06, Rn. 11 ff.; LG Stuttgart 21.7.2000 – 11 Qs 46/2000, 11 Qs 46/00, NStZ-RR 2001, 282 (283) m. zust. Anm. *Richter* wistra 2000, 440, zust. auch *Rogall*, FS Kohlmann, 2003, 465 (479); *Uhlenbruck*/Hirte/Vallender, InsO, 13. Aufl. 2010, § 97 Rn. 8; *Richter* wistra 2000, 1 (3). Eine Auswertung der Insolvenzakten durch die StA bzgl. Informationen, die nicht originär auf den Auskünften nach § 97 Abs. 1 S. 3 InsO beruhen, bleibt hingegen unbenommen; s. dazu und zu den Schwierigkeiten, die Unabhängigkeit der Informationen zu ermitteln, *Bittmann/Rudolph* wistra 2001, 81 (84 f.). Einschr. ferner *Weyand* ZInsO 2001, 108 (109); *Hefendehl* wistra 2003, 1 (2 ff.); *Diversy* ZInsO 2005, 180 (181 ff.); *M. Bader* NZI 2009, 416 (419 f.). Das Verwendungsverbot gilt auch soweit statt des Schuldners Rechtsanwälte, Wirtschaftsprüfer oder Steuerberater Erklärungen abgegeben haben, OLG Hamburg 3.5.2002 – 2 Va 4/01, RIW 2002, 717 (718 f.) mAnm *Busse*. Zu einem allg. Konzept der „Frühwirkung" s. *Hengstenberg,* Die Frühwirkung, 2007, S. 21 und passim; *Meyer-Goßner* Einl. Rn. 57e; *Jahn* 67. DJT 2008, Gutachten C S. 95 ff.; *Rogall* JZ 2008, 818 (827 f.).

[230] LG Potsdam 24.4.2007 – 27 Ns 23/06, Rn. 5, 7 ff.; aA *Hefendehl* wistra 2003, 1 (6); tendenziell noch weiter gehend *Hohnel* NZI 2005, 152 ff.

[231] BVerfG 13.1.1981 – 1 BvR 116/77, Rn. 27 ff., BVerfGE 56, 37 (50 ff.) = NJW 1981, 1431 (1433) – Gemeinschuldnerbeschluss mAnm *Kühne* EuGRZ 1981, 313; *Dingeldey* NStZ 1984, 529 (530 ff.); *Verrel* NStZ 1997, 361 ff. Zur unmittelbaren Reichweite der Entscheidung *K. Schäfer*, FS Dünnebier, 1982, 11 (40 ff.).

[232] Vgl. (wenn auch nur mit mittelbarem Bezug zur Aussagefreiheit) etwa §§ 100d Abs. 5, 100i Abs. 2 S. 2, 101 Abs. 8 S. 3, 160a Abs. 1 S. 2, 161 Abs. 2 S. 1 und Abs. 3, 463a Abs. 4 S. 2, 477 Abs. 2 S. 2 und 3

len der Rechtsordnung von einem § 97 Abs. 1 S. 3 InsO **entsprechenden Verwendungsverbot** auszugehen, denn nur dieses stellt den Beschuldigten näherungsweise so, wie er nach § 136 ohne die spezielle Auskunftspflicht stehen soll (→ Rn. 81, 98 f.).[233]

108 Das Verwendungsverbot besteht grds. nur für **solche Informationen, zu deren Offenbarung** der Beschuldigte **verpflichtet** war.[234] Freiwillig (bzw. ggü. unzuständigen Dritten[235]) Mitgeteiltes und freiwillig übergebene Unterlagen unterfallen nicht der negativen Mitwirkungsfreiheit. Diese Einschränkung muss indes eng gehandhabt werden, denn Auskunftspflichten werden ineffizient, wenn man den Verpflichteten durch drohende Strafverfolgung veranlasst, um die Preisgabe jedes Details zu feilschen.[236] Zugleich unterminiert es die Mitwirkungsfreiheit, wenn für den Beschuldigten unkalkulierbare Grauzonen entstehen. Grauzonen führen auch dazu, dass der Ausgang des späteren Verfahrens besonders stark von früher anwaltlicher Beratung und dem Geschick der Anwälte abhängt, was bei rechtsstaatlicher Strafverfolgung aber möglichst wenig Ausschlag geben sollte. Richtigerweise ist das Verwendungsverbot daher auch für Zusatzinformationen anzunehmen, die in engem Zusammenhang mit aus Pflicht Offenbartem stehen und im gleichen Zuge preisgegeben wurden (sowie für Mitteilungen an im Lager des vorgesehenen Empfängers stehende Personen). Maßgeblich ist dabei – wie bei jeder Handlungspflicht – eine *ex ante*-Betrachtung aus Sicht des Adressaten, also des Beschuldigten.

109 Soweit gerade wegen der **Verletzung von Pflichten in einem anderen** (gerichtlichen oder behördlichen) **Verfahren** ermittelt wird (zB Insolvenzverschleppung, Steuerhinterziehung etc), ist bzgl. des Verwendungsverbots zu differenzieren: Das tatbestandsmäßige Verhalten ist keine Selbstbelastung durch Offenbarungen über die Tat – sondern die Tat selbst (beachte indes → Rn. 130) – und kann im Strafprozess untersucht werden, auch wenn es in einer Erklärung besteht. Der Täter muss sich nach der Tat jedoch wieder rechtskonform verhalten können, ohne sich dadurch strafprozessual zu belasten. Soweit im Ausgangsverfahren dem urspr. Fehlverhalten nachfolgende Offenbarungspflichten bestehen (zB zur Versteuerung von Gewinn aus der Tat), ist – wenn keine verfassungskonforme Spezialregelung besteht – insoweit grds. wieder von einem Verwendungsverbot auszugehen.

110 Zwischen der zulässigen Verwertung behördlicher Aufzeichnungen und Kenntnisse des Fehlverhaltens einerseits und der unzulässigen Verwendung späterer pflichtgemäßer

---

(ferner uU §§ 81g Abs. 2, 108 Abs. 2 und 3, 481, 489 Abs. 7 S. 2 und 3) StPO, in § 802c ZPO bzw. § 807 ZPO a.F. (dazu BVerfG 31.3.2008 – 2 BvR 467/08, WM 2008, 989; BGH 27.2.1991 – 5 StR 516/90, BGHSt 37, 340 [342 f.] = NJW 1991, 2844 [2845], *Weiß* NJW 2014, 503), in § 60 Abs. 1 S. 1 und 2 SGB I (dazu OLG Düsseldorf 1.3.2012 – III-3 RVs 31/12, wistra 2012, 357 [358]), in § 11 Abs. 6 Ges. über das Aufspüren von Gewinnen aus schweren Straftaten (GwG) sowie in §§ 4 Abs. 6, 7 Abs. 6, 8 Abs. 6 Ges. zur Beschränkung des Brief-, Post- und Fernmeldegeheimnisses (Art. 10–G), vgl. zu letzteren BGH 18.4.1980 – 2 StR 731/79, BGHSt 29, 244 (247) = NJW 1980, 1700 [noch zu § 7 Abs. 3 dieses Gesetzes idF v. 13.9.1978].

[233] Vgl. auch BVerfG 6.11.2000 – 1 BvR 1746/00, NJW 2001, 745 (746) mAnm *Marberth-Kubicki* StV 2001, 433; [zum Steuerstrafrecht] BGH 12.1.2005 – 5 StR 191/04, NJW 2005, 763 (764 f.); Maunz/Dürig/*Di Fabio* GG Art. 2 Rn. 187 f. (insoweit 39. Lfg. 2001); *Müssig* GA 1999, 119 (131 ff., 137); [auch näher zum Revisionsvortrag] *Schlothauer/Weider*, Verteidigung im Revisionsverfahren, 2. Aufl. 2013, Rn. 2004 ff. (Rüge 242); ähnlich [Schutz des Untersuchungsverweigerungsrechts als allg. Persönlichkeitsrecht] *Rogall* ZStW 91 (1979), 1 (17); [informationelle Abwehr- und Folgenbeseitigungsansprüche] *Amelung,* Informationsbeherrschungsrechte, 1990, S. 30 ff.; [allg. Gebot der Trennung unterschiedlicher Verfahrensarten] *H.A. Wolff,* Selbstbelastung und Verfahrenstrennung, 1997, S. 202 ff., 233 ff., 280 f.; vgl. auch [in Ermangelung einer gesetzlich angeordneten Kompensation Verfassungswidrigkeit der Regelungen] *Böse,* Wirtschaftsaufsicht und Strafverfolgung, 2005 S. 454 ff. (552).

[234] [Zur InsO] BVerfG 27.4.2010 – 2 BvL 13/07, wistra 2010, 341 (344 Rn. 57); [zu § 8 Abs. 2 AsylVfG] BGH 15.12.1989 – 2 StR 167/89, BGHSt 36, 328 (333 ff.) = NJW 1990, 1426 (1427 f.) m. abl. Bespr. *Ventzke* StV 1990, 279 (280 ff.). Zu aus diesem Zusammenhang resultierenden Problemen (anhand von LAG Hamm 3.3.2009 – 14 Sa 1689/08, zu § 60 HGB) vgl. auch *Schaefer* NJW-Spezial 2010, 120 f.; *Kölbel,* Selbstbelastungsfreiheiten, 2006, S. 485 ff.

[235] Sehr streng insoweit [zur Auskunft an einen gerichtlich bestellten Gutachter] OLG Jena 12.8.2010 – 1 Ss 45/10, NJW 2010, 3673 mit guten Gründen krit. dazu Anm. *Lenger* NZI 2011, 383. Im Fall waren zwar Pflichten ggü. diesem angeordnet worden, bezogen sich aber nur auf Vorlagepflichten iSd → Rn. 110. Entspr. nun OLG Celle 19.12.2012 – 32 Ss 164/12, wistra 2013, 247 f.

[236] Zudem kommt bei Unkenntnis vom Auskunftsverweigerungsrecht ein Verwertungsverbot in Betracht, s. dazu *Schlothauer,* FS Fezer, 2008, 267 (280 ff.).

Selbstoffenbarung des Täters andererseits stehen die Fälle, in denen der Täter einer Dokumentationspflicht (nebst Pflicht zur Vorlage der Dokumentation) unterliegt. Zwar muss er so auch belastendes Material aktiv beibringen, die Situation ähnelt gleichwohl der Verwendung behördeneigener Dokumentation, wenn schon vor der Tat eindeutig geregelt ist, welche Dokumentation zu erfolgen hat. Zu Recht sieht das BVerfG solche **Dokumentations- und Herausgabepflichten** daher als rechtfertigungsbedürftig an, hält eine gesetzliche Zulassung der Verwertung auch im Strafverfahren aber für statthaft, wenn wichtige Belange des Gemeinwohls dafür sprechen.[237] So bezieht sich zB das Verwendungsverbot aus § 97 Abs. 1 S. 3 InsO nur auf Auskünfte nach § 97 Abs. 1 S. 1 und 2 InsO, während die Mitwirkungspflichten nach § 97 Abs. 2 InsO Vorlagepflichten umfassen, für die kein korrespondierendes Verwendungsverbot besteht.[238] Wo das Gesetz hingegen keine entspr. Differenzierung vornimmt und die Verwendung nicht ausdrücklich gestattet, ist richtigerweise die Mitwirkungsfreiheit durch ein Verwendungsverbot zu rekonstruieren. Auch soweit pflichtige Dokumentation in einem aus anderem Anlass begonnenen Verfahren vorzulegen war, darf sie nur insoweit verwertet werden, wie ihre (hypothetische) Beschlagnahme beim Beschuldigten sich aus dem nun geführten Verfahren gerechtfertigt hätte;[239] die Beschlagnahme muss aber nicht tatsächlich angeordnet worden sein, denn ein solches Erfordernis würde die StA zur Beschlagnahme drängen und das Insolvenzverfahren stören, die Position des Beschuldigten jedoch nicht substanziell schützen.[240]

cc) Problemfeld im Steuerstrafrecht. Besondere Schwierigkeiten entstehen in der **Dreiecksbeziehung** von Besteuerungsverfahren, Steuerstrafverfahren[241] und sonstigen Strafverfahren.[242] §§ 90, 93, 200 AO und die einzelnen Steuergesetze enthalten umfassende Mitteilungs- (insbes. Erklärungs-)pflichten des Steuerschuldners im Besteuerungsverfahren unabhängig davon, ob der zugrundeliegende Sachverhalt **fremde oder eigene Straftaten** beinhaltet (§ 40 AO).[243] Eine dem *nemo-tenetur*-Grundsatz entsprechende geschriebene Ausnahme kennt die AO für das Besteuerungsverfahren grds. nicht. Nach § 393 Abs. 1 S. 2 ff. AO sind entspr. Pflichten bei drohender Selbstbelastung zwar grds. nicht mit Zwangsmitteln durchsetzbar,[244] in der Praxis wird die Unterlassung solcher Mitteilungen aber als Steuerstraftat nach §§ 370 ff. AO verfolgt (selbst dann, wenn sie eine mittelbare Selbstbelastung in einem bereits anhängigen Steuerstrafverfahren bedeuten würden).[245] Wer eine Straftat begangen hat, muss also zwar den Strafverfolgungsbehörden keine Auskunft darüber geben, ist aber bei Strafe verpflichtet, seine **illegalen Einnahmen** den Finanzbehörden zu offenbaren und zu versteuern. Diese Rechtslage entspricht dem in → Rn. 103 dargelegten Prin- 111

[237] BVerfG 22.10.1980 – 2 BvR 1172/79, 2 BvR 1238/79, Rn. 18, BVerfGE 55, 144 (151) = NJW 1981, 1087 (1088 – Binnenschiffsverkehr); BVerfG 14.11.1989 – 1 BvL 14/85, 1 BvR 1276/84, Rn. 84, BVerfGE 81, 70 (96 f.) = NJW 1990, 1349 (1352) – Rückkehrgebot für Mietwagen; BVerfG 7.12.1981 – 2 BvR 1172/81, Rn. 7, NJW 1982, 568 – Fahrtenbuchauflage.

[238] OLG Jena 12.8.2010 – 1 Ss 45/10, NJW 2010, 3673; LG Ulm 15.1.2007 – 2 Qs 2002/07 Wik, 2 Qs 2002/07, NJW 2007, 2056 (b) mAnm *Schork* sowie krit. Anm. *Menz* ZInsO 2007, 828 f.; zust. *M. Bader* NZI 2009, 416 (420); *Richter* wistra 2000, 1 (2, 4); krit. zur Rechtslage und praktischen Handhabung *Uhlenbruck* NZI 2002, 401 (405 f.).

[239] Vgl. EGMR (GK) 17.12.1996 – 19187/91, Rep. 1996–VI, §§ 69, 74 f., ÖJZ 1998, 32 (33 f.) – *Saunders ./. UK*.

[240] Vgl. *Tetzlaff* NZI 2005, 316 (317).

[241] Auf Basis von Art. 6 Abs. 1 EMRK abl. zur Differenzierung zwischen Besteuerungs- und Steuerstrafverfahren *St. Frommel/Füger* StuW 1995, 58 (70).

[242] S. dazu *Rüping/Kopp* NStZ 1997, 530 sowie ausf. zu den folgenden knappen Bemerkungen *Rogall*, FS Kohlmann, 2003, 465 ff.; *Engelhardt* und *Streck*, AG StrafR DAV, II. Frühjahrssymp. (1988), 1989, S. 40 ff. bzw. 59 ff. Vgl. ferner *K. Schäfer*, FS Dünnebier, 1982, 11 (18 ff., 49 f.); *Eidam*, Die strafprozessuale Selbstbelastungsfreiheit, 2007, S. 163 ff.

[243] Zum sog „Flankenschutz", der ohne Mitwirkungspflicht Überraschungseffekte nutzt, → § 136 Rn. 5.

[244] Zur Durchsetzbarkeit in Vorermittlungen, solange noch eine straflose Selbstanzeige möglich ist, BGH 1.2.2012 – VII B 134/11, wistra 2012, 278 f.

[245] BGH 12.1.2005 – 5 StR 191/04, NJW 2005, 763 mAnm *Lesch* JR 2005, 302 und *Rogall* NStZ 2006, 41.

zip,[246] solange die Informationen der Finanzbehörden weder in Steuerstrafverfahren noch in andere Strafverfahren gelangen. Der EGMR verfolgt hier allerdings eine strengere Linie: Er sieht Art. 6 Abs. 1 EMRK in seiner strafrechtlichen Variante verletzt, wenn belastendes Material vorgelegt werden muss, von dem die Strafverfolgungsbehörden nicht sicher wissen, dass es (noch) existiert, der Beschuldigte darüber verfügen kann und welchen Inhalt es hat.[247]

112 Gelangt der Inhalt der Steuerakten – zB durch behördliche Auskunft nach § 161 Abs. 1 S. 2 Hs. 2 – doch ins Strafverfahren, wird die strafprozessuale Mitwirkungsfreiheit ***de facto* entleert,** denn zu allen mit Einnahmen verbundenen Straftaten muss der Beschuldigte Informationen offenbaren. Die Steuerstraftat und die steuerrechtlichen Erklärungspflichten schaffen dann zusätzliche Sanktions- und Verfolgungswege, die zu denen der primären Straftat – unter Bedrohung der Mitwirkungsfreiheit – hinzutreten. Regelmäßig ergibt sich nicht einmal aus § 161 Abs. 2 eine Beschränkung der so erlangten Informationen. Das ist auch deshalb problematisch, weil die steuerpflichtigen Einnahmen erst aus der strafrechtlich verfolgten Rechtsverletzung entstehen, so dass das fiskalische Interesse erst aus der Tat erwächst und es gar nicht darum geht, ein vom Gegenstand des Strafverfahrens unabhängiges steuerrechtliches Interesse zu schützen.

113 Für einige Fallkonstellationen enthält § 4 Abs. 5 S. 1 Nr. 10 S. 3 EStG sogar Mitteilungspflichten der Finanzbehörden, die auf den ersten Blick die Gefahr einer Aushöhlung der Mitwirkungsfreiheit noch verstärken: Wenn Betriebsausgaben aus der **Zuwendung von Vorteilen** an Dritte entstehen, die einen Straf- oder Bußgeldtatbestand erfüllt, dürfen sie nicht gewinnmindernd berücksichtigt werden. Die Finanzbehörden haben Tatsachen, die den Verdacht einer solchermaßen rechtswidrigen Zuwendung begründen, der StA (bzw. bei Ordnungswidrigkeiten der zuständigen Verwaltungsbehörde) mitzuteilen. Gleichwohl entsteht daraus zunächst kein Selbstbelastungszwang, denn die Mitteilung von Betriebsausgaben geschieht im Eigeninteresse des Steuerpflichtigen, verpflichtet ist er dazu idR nicht. Bloß finanzielle Nachteile lassen die Mitwirkungsfreiheit grds. unberührt; in den Fällen des § 4 Abs. 5 S. 1 Nr. 10 EStG entstehen solche Nachteile nicht einmal, denn die betreffenden Betriebsausgaben sind ja gerade nicht berücksichtigungsfähig. Anders ist die Situation aber auf der **Empfängerseite:** Die Vorteile sind grds. zu versteuern, also den Finanzbehörden zu offenbaren. Je nachdem, wie umfassend die Mitteilungspflicht auf die näheren Umstände der Situation bezogen wird, bedroht das die Mitwirkungsfreiheit.[248]

114 § 393 AO trifft zum Verhältnis von Besteuerungsverfahren, Steuerstrafverfahren und sonstigen Strafverfahren eine facettenreiche Regelung, die insbes. auch die Offenbarungsbefugnis von Amtsträgern hinsichtlich im Besteuerungsverfahren erlangter Kenntnisse (als Ausnahme vom Steuergeheimnis, §§ 30 Abs. 4 und 5, 31a, 31b AO, § 4 Abs. 5 S. 1 Nr. 10 S. 3 EStG) und das Auskunftsverweigerungsrecht Dritter bei Gefahr einer Strafverfolgung (§ 103 AO) behandelt. Neben dem Verwertungs- und Datenabrufverbot aus § 30 Abs. 2 AO (das unmittelbar zum Steuergeheimnis gehört und für alle Amtsträger, also auch die erkennenden Richter gilt[249]) statuiert **§ 393 Abs. 2 S. 1 AO** ein strafprozessuales Verwendungsverbot, knüpft dieses aber an unklare Voraussetzungen, und S. 2 sieht per Verweis auf

[246] Dies gilt zumindest solange man nicht von einer Unbestimmtheit (iSd Art. 103 Abs. 2 GG) des § 370 AO ausgeht (zu Details uwN. s. MünchKomm-StGB/*Schmitz* AO § 370 Rn. 19 ff.), die sich hier sogar indirekt über eine unklare Reichweite des Zwangsverbots aus § 393 Abs. 1 S. 2 ff. AO ergeben kann. Gleichwohl für eine Lösung der folgende Probleme durch Reduktion von § 370 Abs. 1 AO *Reiter*, Steuerklärungspflicht, 2007, S. 208 ff. (284 ff.).

[247] EGMR 25.2.1993 – 10828/84, Series A Nr. 256–A, § 44, ÖJZ 1993, 532 (533) – *Funke ./. F*; EGMR 3.5.2001 – 31827/96, Rep. 2001–III, §§ 65 ff., NJW 2002, 499 (501 f.) – *J.B. ./. CH.* Dazu insbes. mit Blick auf § 370 Abs. 1 Nr. 1 und 2 AO *Meyer-Mews* DStR 2013, 161 (163 ff.).

[248] BGH 2.12.2005 – 5 StR 119/05, Rn. 82 ff., BGHSt 50, 299 (316 ff.) = NStZ 2006, 210 (214 dort als Rn. 38 ff.) möchte die Erklärungspflicht deshalb auf die betragsmäßige Angabe der Einnahmen beschränken. Ob die Finanzbehörden sich damit aber immer begnügen werden, ist zweifelhaft, und sogar diese knappe Angabe kann uU auf eine Selbstbelastung hinauslaufen; s. dazu [bezogen auf BGH 5.5.2004 – 5 StR 139/03, NStZ-RR 2004, 242] *Wulf* wistra 2006, 89 (93 ff.).

[249] VG Saarlouis 7.2.2008 – 7 K 131/07, bei *C. Wegner* PStR 2008, 182 f.

§ 30 Abs. 3 Nr. 5 AO eine drastische Einschränkung vor (Verwendung bei „zwingendem öffentlichen Interesse", zB „zur Richtigstellung in der Öffentlichkeit verbreiteter unwahrer Tatsachen, die geeignet sind, das Vertrauen in die Verwaltung erheblich zu erschüttern"). Insbes. das BVerfG erwägt in einem Kammerbeschluss, § 393 Abs. 2 S. 1 AO und damit zugleich die Ausnahme nach § 393 Abs. 2 S. 2 AO eng zu verstehen und für alle dann nicht mehr erfassten Fälle ein (unmittelbar aus Verfassungsrecht abgeleitetes) ungeschriebenes Verwendungsverbot (ohne Ausnahmen) neben das geschriebene zu stellen.[250] Eine die Mitwirkungsfreiheit sichernde Lösung erfordert indes für alle Fallkonstellationen mit Mitteilungspflicht des Steuerschuldners ein umfassendes Verwendungsverbot (→ Rn. 81, 98 f., 107).[251]

dd) Problemfeld im Arbeitsrecht; „Internal Investigations". Nicht nur Aussage- bzw. Mitteilungspflichten, die sich unmittelbar aus dem Gesetz ergeben, kollidieren mit der Mitwirkungsfreiheit; es genügt, dass die Rechtsordnung sie als durchsetzbare Pflichten anerkennt. Insbes. im Arbeitsrecht werden durch Privatverträge begründete **Aussagepflichten für interne Ermittlungen** sehr ernsthaft diskutiert,[252] allerdings mit guten – ua auf § 275 Abs. 3 bzw. 2 BGB, die Gemeinschuldner-Rechtsprechung sowie den Verhältnismäßigkeitsgrundsatz gestützten – Gründen auch bezweifelt.[253] Soweit die Rechtsordnung Aussagepflichten anerkennt, muss sie dies grds. auch hier mit einem **Verwendungsverbot** kompensieren (→ Rn. 81, 98 f., 105 ff.).[254] Anders als die private Ermittlung ist jede Verwendung von Informationen im Strafverfahren ein unmittelbar und vollständig an die Grundrechte und das Rechtsstaatsprinzip gebundener staatlicher Akt.[255] Die Unklarheit des heftig umstrittenen Bestehens und der ebenso umstrittenen Grenzen der Aussagepflicht darf dabei zumindest solange nicht zulasten des Beschuldigten gehen, wie die noch nicht abgeschlossene Fachdiskussion starke Anhaltspunkte für das Bestehen einer Pflicht in der jeweils konkreten Situation des (potentiellen) Beschuldigten liefert.[256] **115**

Der Inhalt des Verwendungsverbots ist im Zusammenhang mit privaten Ermittlungen indes problematisch. Die unmittelbaren (privaten) Empfänger der Aussage unterliegen dem **116**

---

[250] BVerfG 27.4.2010 – 2 BvL 13/07, wistra 2010, 341 (342 f. Rn. 40 ff.); vgl. auch *Jahn*, FS Stöckel, 2010, 259 (267 ff.) mwN.

[251] Vgl. [im Umfang offen gelassen] BGH 12.1.2005 – 5 StR 191/04, NJW 2005, 763 (764 f.) mAnm *Lesch* JR 2005, 302 und *Rogall* NStZ 2006, 41 (42 f.); Vorlagebeschluss des LG Göttingen 11.12.2007 – 8 KLs 1/07, wistra 2008, 231 ff. (vom BVerfG als unzulässig verworfen [27.4.2010 – 2 BvL 13/07, wistra 2010, 341 ff.]); *Streck* StV 1981, 362 (364); *Rogall,* Der Beschuldigte als Beweismittel gegen sich selbst, 1977, S. 172 ff.; Franzen/Gast/*Joecks* Steuerstrafrecht, 7. Aufl. 2009, AO § 393 Rn. 9. Zu Sonderfragen bei Selbstanzeige nach § 371 AO s. *Eidam* wistra 2004, 412, *Eidam* wistra 2006, 11 sowie *Döpfer*, FS *Streck*, 2011, 485 (489 ff.).

[252] Vgl. *Rübenstahl* WiJ 2012, 17 (20 ff.). S. ferner *Theile* StV 2011, 381 (383 ff.).

[253] *Jahn* StV 2009, 41 (43 f.); *Dann/Schmidt* NJW 2009, 1851 (1853); vgl. auch *Raum* StraFo 2012, 395, 397; *W. Bauer* StV 2012, 277 (278 f.; Anm. zu LG Hamburg 15.10.2010 – 608 Qs 18/10, NJW 2011, 942) mNw. bei *Schaub* (1992). Ein Auskunftsverweigerungsrecht (und die Unzulässigkeit einer außerordentlichen Kündigung) nimmt auch OLG München 25.3.2009 – 7 U 4774/08, OLGR München 2009, 469 ff. (B.II.1.c), juris-Rn. 63; Urteil nach Klagerücknahme wirkungslos) an.

[254] *Wehnert* StraFo 2012, 253 (258). Entspr. [und zu Fragen anwaltlicher Vertretung] *Gerst* CCZ 2012, 1 (3 ff.). Einschr. *Bittmann/Molkenbur* wistra 2009, 373 ff.; ähnlich [zur Beschlagnahme anwaltlicher Ermittlungsprotokolle] LG Mannheim 3.7.2012 – 24 Qs 1/12, ZWH 2012, 429 m. zust. Anm. *Michalke*; aA (vor Inkrafttreten von § 160a Abs. 1 nF) noch LG Hamburg 15.10.2010 – 608 Qs 18/10, NJW 2011, 942 (944) m. abl. Anm. *v. Galen* sowie *Jahn/Kirsch* StV 2011, 151, *Fritz* CCZ 2011, 156 und *Schuster* NZWiSt 2012, 28, zust. Anm. hingegen *W. Bauer* StV 2012, 277; vgl. dazu auch *Jahn* ZIS 2011, 453 sowie [Verstoß gegen Fairnessgebot, nicht Selbstbelastungsfreiheit] *Knauer/Buhlmann* AnwBl 2010, 387 (389 ff.) und *Knauer/Gaul* NStZ 2013, 192 (193).

[255] *Brunhöber* GA 2010, 571 (586); vgl. auch *Trüg/Habetha* NStZ 2008, 481 (488); *Reeb,* Internal Investigations, 2011, S. 130, 148 ff., 157 ff. Näher zur „Beweisbefugnislehre" *Jahn* StraFo 2011, 117 (125 ff.) mwN.

[256] Vgl. *Sidhu/v. Saucken/Ruhmannseder* NJW 2011, 881, [differenzierend zwischen *nemo tenetur* und *fair trial*] *Momsen* ZIS 2011, 508 (513 ff.). Zum hinter der Unklarheit stehenden Mangel an rechtlichen und selbstgesetzten Vorgaben für die Compliance-Organisation, interne Ermittlungen und den Schutz der Arbeitnehmer s. *Montiel* in: Kudlich/Kuhlen/Ortiz de Urbina, Compliance und Strafrecht, 2012, S. 185 (190 ff.) mN zur dt. und span. Diskussion.

Verwendungsverbot nicht, im Gegenteil bestünde eine Aussagepflicht ja gerade wegen ihres Interesses an der weiteren Verwendung der Information.[257] Werden Ermittlungsergebnisse zu einem späteren Zeitpunkt Ermittlungsbehörden vorgelegt,[258] wird es Letzteren aber evtl. gar nicht mehr möglich sein, nachzuvollziehen, durch welche Anhaltspunkte einzelne Ermittlungen motiviert worden waren und welche Rolle dabei die Aussage des späteren Beschuldigten spielte. Mehr noch: Die privaten Ermittler würden dadurch, wie umfangreich sie ermitteln und inwieweit sie sich dabei auf die pflichtigen Aussagen des Beschuldigten stützen, indirekt bestimmen, welche Beweismittel und Ermittlungsansätze für StA und Polizei überhaupt noch übrig bleiben. Umgekehrt würde eine Freigabe der privaten Ermittlungsergebnisse einen starken Anreiz schaffen, Ermittlungen gerade auch zur Umgehung der Aussage- und Mitwirkungsfreiheit zu privatisieren. Einen Ausweg bietet hier die **„hypothetical clean path doctrine“,**[259] dh eine Zulassung solcher Beweismittel, die auch ohne die Aussage des Beschuldigten mit hoher Wahrscheinlichkeit tatsächlich zu erlangen gewesen wären.

117 Unabhängig vom Bestehen einer Aussagepflicht dürfen aus den internen Ermittlungen nur solche Äußerungen des (späteren) Beschuldigten (auch mittelbar) in die Hauptverhandlung eingeführt werden, die diesem zurechenbar sind (→ Rn. 82 ff., 96 ff.). Weil es nicht darauf ankommt, ob ein Zurechnungsausschluss von offizieller oder privater Seite herbeigeführt wird (→ Rn. 88), machen **Zwang und Täuschung** im Rahmen privater Ermittlungen eine Aussage ebenso unverwertbar wie bei staatlichen Vernehmungen. Der Arbeitgeber darf einen bestehenden Aussageanspruch auch nicht selbst mit Zwang oder Täuschung durchsetzen, sondern muss den Rechtsweg beschreiten.

118 **3. Positiver Aspekt der Mitwirkungsfreiheit (Mitwirkungsbefugnisse). a) Äußerungs- und Antragsrechte.** Die Mitwirkungsfreiheit bestimmt sich keineswegs nur negativ daraus, dass der Beschuldigte im gegen ihn geführten Verfahren nicht zur Sache mitwirken muss. Seine Freiheit entsteht vielmehr dadurch, dass er gleichzeitig **positiv** das **Recht** hat, am Verfahren **aktiv mitzuwirken** und dabei als Subjekt des Verfahrens ernst genommen zu werden (→ Rn. 63, 69, 71 ff.).[260] § 136 Abs. 1 S. 1 Hs. 1 betont dies, indem er den Hinweis, dass es ihm „freistehe, sich zu der Beschuldigung zu äußern“, sogar vor „nicht zur Sache auszusagen“ benennt. § 136 Abs. 1 S. 3 Hs. 1, S. 4 und Abs. 2 sowie zahlreiche konkrete Mitwirkungsbefugnisse gestalten den positiven Anspruch näher aus. Dies ist aber nicht hier anhand der §§ 133–136a zu vertiefen, sondern bei den Äußerungs- und Antragsrechten des Beschuldigten. Entspr. ist die allg. positive Mitwirkungsfreiheit des Beschuldigten – die seine sonstigen Möglichkeiten, das Verfahren zu gestalten, mit umfasst – Gegenstand der Dogmatik der Prozesshandlungen[261] bzw. der einzelnen Gestaltungsrechte.

119 **b) Nachteile aus Schweigen, Teilschweigen und Änderung des Aussageverhaltens. aa) Grundsätze.** Der Beschuldigte ist frei, seine Aussage nur **teilweise** zu **verweigern.** Er kann von vornherein erklären, nur Fragen zu bestimmten Themen (bzw. Fragen

[257] Vgl. zur Durchsetzung dieser Interessen und der Diskussion um eine „Verfahrensordnung für interne Ermittlungen“ und die „BRAK-Thesen“ *Momsen/Grützner* DB 2011, 1792 ff. mwN. sowie insb. unter dem Aspekt der De-Etatisierung von Rech *Theile,* ZIS 2013, 378, 379 ff.

[258] Zur Frage, ob sogar eine Anzeigepflicht besteht, *Rübenstahl/Skoupil* WiJ 2012, 177 ff.

[259] Im allg. strafverfahrensrechtlichen Kontext dazu Löwe/Rosenberg/*G. Schäfer* Vor § 94 Rn. 157; AK/*Gundlach* § 136a Rn. 84 f.; *Grünwald* JZ 1966, 489 (500, 501); *Beulke* ZStW 103 (1991), 657 (669 ff.); *Rogall,* FS Grünwald, 1999, 523 (529 f.); *Jahn/Dallmeyer* NStZ 2005, 297 ff.; *Schröder,* Beweisverwertungsverbote und die Hypothese rechtmäßiger Beweiserlangung, 1992, S. 84 und passim; *Kelnhofer,* Hypothetische Ermittlungsverläufe, 1994, S. 145 ff., 301 ff.; grds. krit. dazu *Jäger,* Beweisverwertung und Beweisverwertungsverbote, 2003, S. 117 ff., 228 ff., 281. Zum amerikanischen Hintergrund vgl. U.S. Supreme Court *Silverthorne Lumber Co. ./. U.S.* (251 U.S. 385, 392 [1920]) und *Nix ./. Williams* (467 U.S. 431, 441 [1984]; „inevitable discovery“) sowie *Bloom* Am. J. Crim. L. 20 (1992), 79 ff. mwN. S. dazu *Rogall* Rudolphi-Symposium, 1995, S. 113 (132 f.); mit eingehender Begründung ablehnend *Löffelmann,* Die normativen Grenzen der Wahrheitserforschung, 2008, S. 140 ff., 217, 291.

[260] Vgl. BGH 5.5.1959 – 5 StR 92/59, BGHSt 13, 123 (124 ff.) = NJW 1959, 1330 f.; *Eser* Beiheft zur ZStW 1974, 136 (147); eingehend SK-StPO/*Rogall* Vor § 133 Rn. 85 ff.

[261] → Einl. D Rn. 331 ff.

zu bestimmten Themen nicht) beantworten zu wollen, und unabhängig davon jederzeit im Einzelfall Fragen zurückweisen.[262] Er bindet sich durch solche Entscheidungen auch nicht selbst, sondern kann sein Aussageverhalten **jederzeit ändern.**[263]

Die Aussage- und Mitwirkungsfreiheit wird durch den **beweisrechtlichen Grundsatz** flankiert, dass aus einem konsequenten Schweigen des Beschuldigten zur Sache **keine** ihm (oder einem Mitbeschuldigten) **nachteiligen Schlüsse** gezogen werden dürfen.[264] Was der Beschuldigte (über ein generelles Bestreiten der Tat hinaus) gesagt hat, muss das Gericht hingegen interpretieren, prüfen und mit den übrigen Feststellungen vergleichen. Schon zur Interpretation muss es neben ausdrücklich Gesagtem ggf. auch auffällig Nicht-Gesagtes würdigen. Die daraus entstehenden – und keineswegs prinzipiell zu Gunsten des Beschuldigten zu lösenden – Probleme der Beweiswürdigung betreffen insbes. einerseits die Fälle eines Wechsels des Aussageverhaltens hin zum Schweigen (nachdem er zuvor zur Sache etwas gesagt hat) sowie andererseits Fälle partieller Äußerungen zur Sache mit Schweigen zu anderen Aspekten (sog **Teilschweigen**).[265] 120

Auch soweit der Angeklagte durch sein Schweigen Informationen und **Beweismittel zurückhält,** die ihn entlasten oder zumindest der Beweisführung zugrundeliegende Annahmen erschüttern[266] würden, kann sich dies zu seinem Nachteil auswirken.[267] Zwar haben StA und Gericht ihre Untersuchungen auf entlastende Umstände ebenso zu erstrecken wie auf belastende Umstände (§§ 160 Abs. 2, 244 Abs. 2), dabei müssen sie aber nur dort weitere Nachforschungen anstellen, wo ihnen bereits bekannte Anhaltspunkte dies nahelegen. Bis zur Verkündung des Urteils in der letzten Tatsacheninstanz kann der Angeklagte entspr. Tatsachen vortragen und va eigene Beweisanträge stellen (§§ 244, 246 Abs. 1, 260 Abs. 1). Entlastende Umstände, die zu diesem Zeitpunkt dem Gericht weder bekannt noch von seiner Aufklärungspflicht erfasst waren, können danach hingegen auch keine Aufklärungsrüge mehr begründen.[268] Nach § 6 Abs. 1 Nr. 1 StrEG kann zudem ein Entschädigungsanspruch bei vorherigem Verschweigen wesentlicher Umstände versagt werden, wenn er sich zumindest teilweise zur Sache eingelassen hat.[269] 121

Schließlich bedeutet ein Schweigen des Angeklagten zur Sache, dass **kein Geständnis** von ihm vorliegt, das **strafmildernd** berücksichtigt werden könnte (→ Rn. 70). Auch dieser Zusammenhang bedeutet grds. keinen unzulässigen Druck auf den Angeklagten.[270] Zu einer Strafschärfung darf zulässiges Verteidigungsverhalten – insb. auch das Aufstellen vom Gericht für unzutreffend gehaltener Behauptungen – aber nicht führen.[271] 122

bb) Positive vs. negative Mitwirkungsfreiheit. Systematisch behandeln die gerade genannten Regeln und Folgerungen das Verhältnis von negativer und positiver Mitwirkungsfreiheit. Beide Aspekte der Mitwirkungsfreiheit bestehen zwar gleichzeitig, können 123

---

262 Vgl. BGH 16.2.1954 – 1 StR 578/53, BGHSt 5, 332 (334) = NJW 1954, 649; *Rogall,* Der Beschuldigte als Beweismittel gegen sich selbst, 1977, S. 45; *Salger,* Das Schweigerecht des Beschuldigten, 1998, S. 17 f.

263 KK-StPO/*Diemer* § 136 Rn. 12; *Eser* ZStW 79 (1967), 565 (576 ff.); vgl. auch *Rieß* JA 1980, 293 (295).

264 Näher BGH 19.1.2000 – 3 StR 531/99, BGHSt 45, 367 (368 ff.) = NJW 2000, 1962 (1963 f.) mwN; vgl. Kommentierung zu § 261. Auch ein Schweigen des Zeugen nach § 55 unterfällt grds. demselben Schutz, BGH 26.5.1992 – 5 StR 122/92, BGHSt 38, 302 (306) = NJW 1992, 2304 (2305 f.) m. zust. Bespr. *Dahs/Langkeit* NStZ 1993, 213. Gleiches gilt für die Nichtentbindung eines früheren Verteidigers von der Schweigepflicht (BGH 5.10.2010 – 3 StR 370/10, NStZ 2011, 357). Auch ein Bestreiten der Tat darf selbst nach rechtskräftigem Schuldspruch nicht zu seinem Nachteil berücksichtigt werden (BGH 15.5.2012 – 3 StR 121/12, NStZ 2012, 626). – Zum insoweit nur eingeschränkten Schutz durch die EMRK vgl. EGMR (GK) 8.2.1996 – 18731/91, Rep. 1996–I, §§ 44, 47 ff., 57 f., EuGRZ 1996, 587 (590 f.) – *John Murray ./. UK*; zu entspr. Regelungsbestrebungen in der EU s. *Meyer* GA 2007, 15 (19 ff.).

265 S. dazu die Kommentierung zu § 261; KK-StPO/*Schoreit* § 261 Rn. 39 ff. (insbes. → Rn. 41).

266 Näher zur Bedeutung solcher Verteidigung *Dencker* ZStW 102 (1990), 51 (72 ff.).

267 Vgl. BGH 30.10.1951 – 1 StR 363/51, BGHSt 1, 387 (388) = NJW 1952, 152.

268 BGH 10.11.1961 – 4 StR 407/61, BGHSt 16, 389 (391) = NJW 1962, 451 (452).

269 Anders bei gänzlichem Schweigen, §§ 5 Abs. 2 S. 2, 6 Abs. 1 Nr. 1 StrEG.

270 EGMR 3.11.2011 – 29090/06, insbes. § 38, NJW 2012, 3419 (3420) – *Litwin ./. D.*

271 BGH 8.11.1995 – 2 StR 527/95, NStZ 1996, 80; BGH 29.1.2013 – 4 StR 532/12, NStZ-RR 2013, 170 f.; BGH 22.5.2013 – 4 StR 151/13, StV 2013, 697. Vgl. dazu auch → § 136 Rn. 49.

aber (schon rein tatsächlich) **nur eingeschränkt gleichzeitig ausgeübt** werden. Ein Schweigen zur Sache steht einer anderweitigen aktiven Beteiligung am Verfahren in keiner Weise im Wege (→ Rn. 69). Der Beschuldigte kann bzgl. desselben Umstandes indes nicht gleichzeitig aussagen und schweigen, sondern muss sich entscheiden.[272]

124 Eine Änderung dieser Entscheidung steht ihm zwar ebenso frei, wie er seine Aussage jederzeit inhaltlich revidieren darf. Damit kann er **Verfahrensstoff,** der bereits eingeführt wurde, aber **nur** sehr **eingeschränkt wieder beseitigen.** Eine ausdrückliche Regelung hierzu beinhaltet § 254, wonach ordnungsgemäß aufgenommene Protokolle richterlicher Vernehmungen des Beschuldigten über den Gegenstand des aktuellen Verfahrens (auch soweit sie aus anderen Verfahren stammen und unabhängig davon, ob es sich damals bereits um Beschuldigtenvernehmungen handelte) in der Hauptverhandlung verlesen werden dürfen, auch wenn der Angeklagte dort zur Sache schweigt.[273] Die Rspr. geht indes (zweifelhaft) davon aus, dass zu nicht-richterlichen Vernehmungen zwar nicht das Protokoll als Urkunde verlesen, wohl aber der Vernehmungsbeamte als Zeuge gehört (und diesem das Protokoll vorgehalten) werden darf.[274] Was vom Angeklagten in einer ordnungsgemäß abgelaufenen Hauptverhandlung gesagt wurde, steht grds. stets zur Würdigung im Urteil zur Verfügung.

125 **c) „Kollision" mit Pflichten außerhalb des Strafverfahrens.** Auch die positive Mitwirkungsfreiheit **kollidiert** mit anderen Regelungen. Insbes. die **Amtsverschwiegenheit** kann ihr entgegenstehen. Der zur Verschwiegenheit verpflichtete Amtsträger darf nur dann aussagen, wenn ihm dies zuvor von der zuständigen Stelle genehmigt worden ist. Die positive Aussagefreiheit ist hier also zunächst durch ein Aussageverbot aufgehoben, letzteres steht aber unter Genehmigungsvorbehalt.[275]

126 Dem aussagebereiten Beschuldigten muss stets die Gelegenheit gegeben werden, eine Aussagegenehmigung einzuholen (RiStBV Nr. 44 Abs. 3 S. 2). Anders als beim Zeugen (vgl. RiStBV Nr. 66 Abs. 1) ist dies – wie die Entscheidung, überhaupt auszusagen – seine eigene Angelegenheit. Die Genehmigungsbehörde hat ihre Entscheidung danach auszurichten, dass das Recht auf Verteidigung beamtenrechtlich grds. nicht materiell eingeschränkt und schon gar nicht sein Kern berührt werden darf.[276] Das Gericht hat ihren Auflagen, die auf Maßnahmen nach §§ 172 Nr. 1 (und 2), 173 Abs. 2, 174 GVG zielen, idR zu entsprechen. Erforderlichenfalls muss es sich selbst mit einer Gegenvorstellung an die Genehmigungsbehörde und deren Aufsicht wenden, um den Antrag des Beschuldigten zu unterstützen. Der Beschuldigte kann eine Genehmigung verwaltungsgerichtlich einklagen, ist dazu aber nicht verpflichtet, und regelmäßig dürfen ihm keine Nachteile aus einem Absehen von der Klage erwachsen. Das Gericht kann schließlich das Justizministerium um Gegenvorstellung beim zuständigen Ministerium ersuchen. Dem Gericht fällt schließlich auch die **Letztverantwortung** dafür zu, dass dem Beschuldigten **keine materiellen Nachteile** aus einer verweigerten oder eingeschränkten Aussagegenehmigung entstehen; lassen solche sich nicht auf andere Weise vermeiden, begründet dies ein Verfahrenshindernis im zur Vermeidung bleibender Nachteile erforderlichen Umfang.[277]

127 **4. Zeitliche und persönliche Grenzen sowie Verfahrenstrennung.** Die umfassend ausgeprägte Aussage- bzw. Mitwirkungsfreiheit beschränkt sich auf das laufende Verfahren

---

[272] Ein Überblick über maßgebliche taktische Erwägungen gibt HBStrVf/*Jahn* Kap. II Rn. 89 ff.

[273] S. Kommentierung zu § 254; SSW-StPO/*Kudlich/Schuhr* § 254 Rn. 1, 5 ff.

[274] BGH 15.8.1952 – 3 StR 267/52, BGHSt 3, 149 (150) = NJW 1952, 1265 f.; BGH 31.5.1960 – 5 StR 168/60, BGHSt 14, 310 (312) = NJW 1960, 1630 (1631); BGH 31.5.1968 – 4 StR 19/68, BGHSt 22, 170 (171) = NJW 1968, 1838. Zur Kritik an dieser Auffassung s. SSW-StPO/*Kudlich/Schuhr* § 254 Rn. 10 mN.

[275] Entspr. gilt bereits für Auskünfte gegenüber dem Verteidiger des Beschuldigten, so dass sein Recht auf konkrete und effektive Verteidigung durch einen Rechtsbeistand (→ Rn. 6) gleichermaßen in die Kollision involviert ist, die Rechtsstellung des Beschuldigten also in zwei Kernpunkten intensiv betroffen wird.

[276] BGH 9.12.1988 – 2 StR 279/88, BGHSt 36, 44 (48 ff.) = NJW 1989, 1228 (1229) m. krit. Anm. *Salditt* NStZ 1989, 332.

[277] Eingehend zu diesen Stufen BGH 5.6.2007 – 5 StR 383/06, NJW 2007, 3010 (3012 f.).

und ist an die **Beschuldigtenstellung** geknüpft. Zum **Beginn** der Beschuldigtenstellung → Rn. 23 ff., zu ihrer pflichtwidrigen Verzögerung → Rn. 43.[278] Zum **Ende** der Beschuldigtenstellung → Rn. 34. Beginn und Ende der Beschuldigtenstellung sind nicht nur aus Perspektive der Person, sondern vor allem als Status in einem bestimmten Verfahren zu betrachten. So kann die (Mit-)Beschuldigtenstellung in einem Verfahren, an dem der Betroffene bislang nicht beteiligt war, durch **Verbindung** mit einem gegen ihn geführten Verfahren herbeigeführt und durch **Abtrennung** seines Verfahrens beendet werden (→ Rn. 21). Wer im jeweiligen Verfahren nicht Beschuldigter ist, kommt grds. als Zeuge in Betracht (→ Rn. 63).

Für **Zeugen** bestehen Aussage- bzw. Mitwirkungsfreiheit nur[279] in einer **schwächeren Form,** welche den Dispens von der Aussagepflicht an das Drohen einer Belastung ihrer selbst (**§ 55** Abs. 1 Var. 1) oder eines Angehörigen (§§ 52 sowie 55 Abs. 1 Var. 2) knüpft und von sonstigen Mitwirkungspflichten ebenfalls nur eingeschränkt befreit (vgl. §§ 81c Abs. 3 S. 1, 95 Abs. 2 S. 2, 97 Abs. 1 Nr. 1, Abs. 2).[280] Die Beendigung der Beschuldigtenstellung kann daher Aussage- und ggf. gar Eideszwang herbeiführen, während sich die Aussagefreiheit im Wesentlichen nur als Selbstbelastungsfreiheit im Auskunftsverweigerungsrecht nach § 55 fortsetzt. Dieses besteht grds. nur wenn und soweit eine wahrheitsgemäße Auskunft weiterhin die Gefahr strafprozessualer Nachteile (für sich oder einen Angehörigen) birgt. Das ist der Fall, wenn auch gegen den ehemaligen Beschuldigten dieses Verfahrens weiterhin ein thematisch verknüpftes Verfahren geführt wird (oder ohne Verstoß gegen Art. 103 Abs. 3 GG, *ne bis in idem,* fortgesetzt werden könnte[281]), wenn im Falle eines Geständnisses die Wiederaufnahme zuungunsten des Freigesprochenen (§ 362 Nr. 4) bzw. die Wiederaufnahme nach nicht mehr anfechtbarer Ablehnung der Eröffnung des Hauptverfahrens (§ 211) droht oder die Auskunft zu einer neuen Strafverfolgung in anderer Sache führen kann.[282] 128

Soweit hingegen eine **rechtskräftige Verurteilung** oder ein nicht behebbares Prozesshindernis der Verfolgung nach einer Selbstbelastung entgegenstehen, liegt kein Fall des § 55 vor, ebenso wenig, soweit nach einer Einstellung nach §§ 153 ff. die Auskunft sicher keine Gefahr der Fortsetzung des Verfahrens bewirken wird.[283] Der Verlust der Beschuldigtenstellung ist daher insbes. dann nachteilig,[284] wenn zu befürchten ist, dass nach einer Aussage gegen einen anderen Beschuldigten Letzterer seinerseits mit einer Belastung des Ersteren reagieren wird. Nur die Aussagefreiheit des Beschuldigten ermöglicht es, aus bloß taktischen Gründen zu schweigen (→ Rn. 94), während für den Zeugen insoweit nicht § 55 eingreift, sondern dieser zur wahren Aussage verpflichtet bleibt.[285] 129

Nach der Rspr. hat dies zur Konsequenz, dass ein die Tat zulässig bestreitender Angeklagter nach seiner Verurteilung in einem neuen Verfahren regelmäßig als **verpflichtet** angesehen wird, die **Tat zu gestehen,** wenn er als Zeuge vernommen wird.[286] Andernfalls droht ihm eine Bestrafung nach § 153 StGB[287] (und nicht selten sofortige U-Haft). Auch die nachträgliche aktive Bestätigung eines vom Verurteilten für falsch gehaltenen Schuldspruchs 130

---

[278] Dazu insbes. auch BGH 18.10.1956 – 4 StR 278/56, BGHSt 10, 8 (12) = NJW 1957, 230 (231).

[279] Ob die §§ 53, 53a und auf sie verweisende Vorschriften als Reflex der Aussage- und Mitwirkungsfreiheit des Beschuldigten anzusehen sind und welche Entscheidungsbefugnisse sich für ihn daraus ergeben, ist hier nicht zu vertiefen.

[280] Vgl. dazu *Rogall,* Der Beschuldigte als Beweismittel gegen sich selbst, 1977, S. 61 ff., 150 ff., 167 f.

[281] Dazu → Einl. B Rn. 78 ff.

[282] → § 55 Rn. 14 ff., 44, 46; *Meyer-Goßner* § 55 Rn. 8 f.

[283] → § 55 Rn. 34 ff.; *Meyer-Goßner* § 55 Rn. 8 f. Zum nur eingeschränkten Schutz vor weiterer Strafverfolgung nach der Verurteilung wegen eines Organisationsdelikts BGH 4.9.2009 – StB 44/09, NStZ 2010, 287 f.

[284] Zur Kritik an dieser Rechtslage *Geerds,* FS Stock, 1966, 171 (186 ff.).

[285] BGH 19.12.2006 – 1 StR 326/06, NStZ 2007, 278 (279); s. auch BVerfG 30.4.2003 – 2 BvR 281/03, BVerfGK 1, 156 = NJW 2003, 3045 (3046).

[286] Vgl. OLG Zweibrücken 16.8.1994 – 1 Ss 84/94, NJW 1995, 1301 (1302) sowie auch BVerfG 26.11.1984 – 2 BvR 1409/84, NStZ 1985, 277.

[287] Wegen § 60 Nr. 2 sollte regelmäßig kein Meineid (§ 154 StGB) im Raume stehen.

kann ihm aber nicht ohne einen unfairen Verstoß gegen seinen Achtungsanspruch (→ Rn. 71 ff., 74 ff.) abverlangt werden. Richtigerweise muss die Aussagefreiheit daher insoweit **Nachwirkung** (→ Rn. 35) haben, als vom ehemaligen Beschuldigten auch in späteren Verfahren (unabhängig von seiner Verfahrensrolle) nicht verlangt werden kann, sich ausdrücklich entgegen seinem früheren rechtmäßigen Aussageverhalten zu erklären.[288] Richtigerweise ergibt sich daraus ein § 55 ähnliches (indes in der angegebenen Weise weiter eingeschränktes) Auskunftsverweigerungsrecht und – wenn dieses im späteren Verfahren nicht anerkannt wurde – ein Strafausschlussgrund für §§ 153 ff. StGB.[289] Das Verbot, andere Straftaten vorzutäuschen und andere Personen unwahr zu belasten (insbes. §§ 145d, 164, 239 StGB), bleibt hingegen unberührt. Selbst wenn man hierin ein Problem sieht, ergäbe sich keine bessere Lösung dadurch, dass nur ehemalige Beschuldigte dieselben Rechte erhielten wie aktuelle Beschuldigte,[290] denn das würde zur Ungleichbehandlung derjenigen Zeugen führen, die nie Beschuldigte des Verfahrens waren, aber ebenfalls eine Belastung durch den Beschuldigten fürchten müssen. Hier zeigt sich eine Überlappung von Fragen der Aussagefreiheit des Beschuldigten mit Problemen der Reichweite der Zeugnispflicht; Änderungsvorschläge müssten sich primär auf Letztere beziehen, wenn sie nicht erhebliche systematische Verwerfungen riskieren wollten.

131 Gleichwohl birgt die bestehende Lage die **Gefahr eines Missbrauchs,** denn soweit ein Beschuldigter über die Tat eines Mitbeschuldigten vernommen werden soll, die Ersterem nicht zur Last zu legen ist, kommt es in Betracht, die Verfahren **vorübergehend** zu **trennen** – so den Beschuldigten in eine Zeugenstellung mit Aussagepflicht (§§ 48 Abs. 1 S. 2, 161a Abs. 1) zu bringen[291] – und nach seiner Aussage die Verfahren wieder zu verbinden.[292] Oft bestehen zwischen den verschiedenen Beschuldigten indes (bzgl. der gemeinsamen Gegenstände des Verfahrens) Konfliktsituationen und taktische Abhängigkeiten, so dass dem Beschuldigten durch die Pflicht zur Zeugenaussage Risiken aufgezwungen werden, welche das laufende Verfahren betreffen und über das allgemeine Risiko von Zeugen (dass der Angeklagte später gegen sie eigene strafrechtliche Ermittlungen veranlasst) beträchtlich hinausgehen können.[293] Die prozessuale Stellung der Beschuldigten im während der Abtrennungsdauer fortgesetzten Verfahren steht der Abtrennung zwar nicht entgegen,[294] die Abtrennung darf entgegen der wohl hM aber nicht gegen den Willen eines in dieser Phase als Zeugen aussagenden Beschuldigten der verbundenen Verfahren erfolgen.[295] Der bloße Wunsch nach einer Aussage und die richterliche Aufklärungspflicht aus § 244 Abs. 2 rechtfertigen es nicht, seine Aussagefreiheit im weiterhin verbunden geführten Verfahren durch zeitweilige Reduktion auf die Rechte aus § 55 nachhaltig zu konterkarieren.[296] Ist dieser Beschuldigte aussagewillig, steht seine Aussagefreiheit einer vorübergehenden Abtrennung zwar nicht im Wege, er wird auch dann aber meist besser als Beschuldigter

[288] Vgl. BGH 26.5.1992 – 5 StR 122/92, BGHSt 38, 302 (306) = NJW 1992, 2304 (2305 f.), wo der formelle Beschuldigtenbegriff gerade an ein über die Beschuldigtenstellung hinausgehendes Schweigerecht geknüpft wird (→ Rn. 29). Zu Grenzen der Wahrheitspflicht bereits bei weniger bloßstellenden Fragen (laufendes Ermittlungsverfahren) BGH 3.5.1991 – 3 StR 98/91, wistra 1991, 264 f.

[289] Zur ohnehin mangelnden Beweiseignung der Aussage KG 21.7.1983 – (4) Ss 75/83 (34/83), JR 1983, 479.

[290] Auch bei § 52 wird der ehemalige Beschuldigte dem aktuellen weitgehend gleichgestellt, vgl. BGH 16.3.1977 – 3 StR 327/76, BGHSt 27, 139 (141) = NJW 1977, 1161, → § 52 Rn. 20 f. jeweils mwN.

[291] Vgl. BGH 18.10.1956 – 4 StR 278/56, BGHSt 10, 8 (11) = NJW 1957, 230 (231); aA [Unerheblichkeit von Verbindung und Trennung] *Peters* 46. DJT 1966, Gutachten, Teil 3 A S. 136 f.; ähnlich [materielle Beschuldigtenstellung steht Anhörung als Zeuge entgegen] *Prittwitz*, Der Mitbeschuldigte im Strafprozeß, 1984, insbes. S. 139 f.

[292] Vgl. BGH 25.2.1964 – 1 StR 13/64, NJW 1964, 1034; *Meyer-Goßner* Vor § 48 Rn. 22.

[293] Anders, wenn der Beschuldigte selbst die Abtrennung durch Flucht veranlasst, vgl. BGH 16.3.1977 – 3 StR 327/76, BGHSt 27, 139 (141 ff.) = NJW 1977, 1161.

[294] BGH 25.2.1964 – 1 StR 13/64, NJW 1964, 1034 f.; teils aA LK-StGB/*Ruß* § 153 Rn. 10.

[295] Entspr. Schönke/Schröder/*Lenckner/Bosch* § 153 Rn. 4; vgl. auch Löwe/Rosenberg/*Ignor/Bertheau* Vor § 48 Rn. 34; jeweils mwN.

[296] Entspr. LG Frankfurt 3.10.1985 – 90 Js 13171/83, StV 1986, 470; *Lenckner*, FS Peters, 1974, 333 (336 ff.).

gehört. Eine entspr. Würdigung seiner Aussage muss ohnehin erfolgen, und man vermeidet das Risiko, dass das Urteil zum zeitweilig abgetrennten Verfahren auch durch Eindrücke und Erkenntnisse beeinflusst wird, die gar nicht Gegenstand seiner Hauptverhandlung (sondern nur der des anderen Verfahrens) waren (vgl. jeweils § 261).[297]

5. Juristische Personen. Träger der Mitwirkungsfreiheit ist grds. nur der Beschuldigte. **Andere Verfahrensbeteiligte** werden diesem allerdings uU nach § 433 Abs. 1 S. 1 (Einziehungsbeteiligter) – ggf. iVm § 440 Abs. 3 (selbständiges Anordnungsverfahren), § 442 Abs. 1 (Verfall etc) oder § 444 Abs. 2 S. 2 (Nebenbeteiligung juristischer Personen) – weitgehend gleichgestellt. Sie erlangen so jedenfalls entspr. rechtl. Mitwirkungsmöglichkeiten bzw. eine positive Mitwirkungsfreiheit. 132

Über die Erstreckung der übrigen Rechtsstellung des Beschuldigten sagen die Vorschriften hingegen nichts Eindeutiges aus. Die hM geht davon aus, dass jedenfalls der Einziehungsbeteiligte sie (in unmittelbarer Anwendung von § 433) nur teilweise erhält.[298] Umstritten ist va, ob der **juristischen Person** bzw. ihren Vertretern ein **Schweigerecht** zusteht. Verfassungsrechtlich vorgegeben ist ein solches nach aktueller Rspr. des BVerfG nicht,[299] nach zutreffender hL aber zu bejahen.[300] Für das Vorverfahren ergibt sich die Anwendbarkeit von §§ 136 Abs. 1, 163a Abs. 3 S. 2 aus §§ 444 Abs. 2 S. 2, 432 Abs. 2, und es gibt keinen Grund, dass sie im Hauptverfahren enden sollte.[301] Juristischen Personen die negative Mitwirkungsfreiheit generell vorzuenthalten, wäre auch strafprozessual systemwidrig. 133

Wie ihre Mitwirkungsfreiheit **konkret ausgestaltet** ist bzw. welche der regelmäßig zahlreichen involvierten Personen welche Rechte und Pflichten treffen, ist gesetzlich nicht geregelt, in wesentlichen Teilen **ungeklärt** und bedürfte einer Abstimmung insbes. mit dem Gesellschaftsrecht und materiellem Strafrecht. So kommen Mitarbeiter ohne Organstellung[302] und sogar ausgeschiedene Organmitglieder[303] als Zeugen in Betracht und müssten dann grds. aussagen.[304] Ob die juristische Person zumindest eine ihre Organmitglieder bindende Entscheidung über deren Aussageverhalten treffen kann oder diese in eigener Verantwortung (und insbes. nach Maßgabe von §§ 258, 266 StGB) darüber zu entscheiden haben,[305] ist ebenso ungewiss wie Konsequenzen aus evtl. Verstößen. Es steht nicht einmal fest, ob das materiell-strafrechtliche Selbstbegünstigungsprivileg aus § 258 Abs. 1 StGB („ein anderer") auch für Organmitglieder und deren Hilfspersonen gilt, die an der Vortat unbeteiligt waren.[306] Anders als bei natürlichen Personen, deren Handlungsspielräume durch die Mitwirkungsfreiheit nur erweitert bzw. gewahrt werden, kann die Mitwirkungsfreiheit einer juristischen Person, deren Entscheidungsprozesse an Verfahren und rechtliche Regeln gebunden sind und ihrerseits Risiken bergen, auch unmittelbar Nachteile bringen.[307] 134

---

[297] Vgl. BGH 25.2.1964 – 1 StR 13/64, NJW 1964, 1034 (1035).

[298] Vgl. Kommentierung zu § 433; KK-StPO/*Schmidt* § 433 Rn. 2; *Meyer-Goßner* § 433 Rn. 1.

[299] BVerfG 26.2.1997 – 1 BvR 2172/96, Rn. 84, BVerfGE 95, 220 (242) = NJW 1997, 1841 (1844) – Aufzeichnungspflicht m. abl. Bespr. *Weiß* JZ 1998, 289; teils noch aA BVerfG 26.2.1975 – 2 BvR 820/74, BB 1975, 1315. Für eine Ableitung aus Art. 6 Abs. 1 EMRK aber *Weiß* NJW 1999, 2236; *Minoggio* wistra 2003, 121 (125 ff.); SK-StPO/*Weßlau* § 444 Rn. 11, 14.

[300] *Schlüter* Strafbarkeit von Unternehmen, 2000, S. 119, 146, 157 f.; *Drope*, Verbandsstrafe 2002, S. 150 ff.; *Schuler* JR 2003, 265; *Pieth*, FS Eser, 2005, 599, 607; differenzierend *v. Freier* ZStW 122 (2010), 117 (139 ff.); eingehend *Eidam*, Die strafprozessuale Selbstbelastungsfreiheit, 2007, S. 5 ff. (58).

[301] KK-OWiG/*Rogall* § 30 Rn. 188; Löwe/Rosenberg/*Gössel* § 444 Rn. 25a; SSW-StPO/*Kudlich/Schuhr* § 444 Rn. 8; differenzierend *Böse*, Wirtschaftsaufsicht und Strafverfolgung, 2005 S. 195 ff.

[302] *Drope* Verbandsstrafe 2002, S. 238 f.; einschr. *Minoggio* wistra 2003, 121 (129); krit. *Mittelsdorf*, Unternehmensstrafrecht 2007, S. 238 f.

[303] BVerfG 26.2.1975 – 2 BvR 820/74, BB 1975, 1315 f.

[304] Zu Verwertungsverboten bei Dokumentations- und Auskunftspflichten der juristischen Person selbst → Rn. 110 und *Queck* Nemo tenetur zugunsten von Unternehmen 2005, S. 271 ff., 295, 304 f.; zur Schweigepflichtentbindung von Rechtsbeiständen *Beulke*, FS Achenbach, 2011, 39; *Beulke* FS Im. Roxin, 2012, 555, 557 ff.

[305] Dazu *v. Freier* ZStW 122 (2010), 117 (150 ff.).

[306] Dazu *Kapp/Schlump* BB 2008, 2478 (2482).

[307] *Arzt* JZ 2003, 456 (457 f., 459 f.).

§ 133 [Schriftliche Ladung]

(1) Der Beschuldigte ist zur Vernehmung schriftlich zu laden.

(2) Die Ladung kann unter der Androhung geschehen, daß im Falle des Ausbleibens seine Vorführung erfolgen werde.

RiStBV Nr. 44 (sowie 4 [Verhältnismäßigkeit], 181 Abs. 2 [Übersetzung], 197–199 [Diplomaten])

Schrifttum: *Enzian,* Das richterliche und das staatsanwaltschaftliche Vorführungsrecht – eine Analyse der neuen Prozeßrechtssituation, JR 1975, 277; *Geppert,* Vorläufige Festnahme, Verhaftung, Vorführung und andere Festnahmeakte, Jura 1991, 269; *Gössel,* Bespr. von Kleinknecht, StPO, 32. Aufl. 1975, GA 1976, 60; *G. Haas,* Der Beschuldigte als Augenscheinsobjekt, GA 1997, 368; *Eb. Kaiser,* Betrunkene Beschuldigte und Zeugen im Strafverfahren, NJW 1968, 185; *Krumm,* Terminierung, Verhinderung und Terminsverlegung, StV 2012, 177; *Nehm,* Umfang der Bindung des Ermittlungsrichters an Anträge der Staatsanwaltschaft, FS Meyer-Goßner, 2001, S. 277; *Rieß,* Die Vernehmung des Beschuldigten im Strafprozeß, JA 1980, 293; *Eb. Schmidt,* Der Vorführungsbefehl des Ermittlungsrichters – Androhung und Vollzug, JZ 1968, 354; *Eb. Schmidt,* Der Strafprozeß – Aktuelles und Zeitloses, NJW 1969, 1137.

Übersicht

I. Überblick und Anwendungsbereich

1 § 133 betrifft die Ladung – ggf. unter Androhung der Vorführung – des Beschuldigten[1] zur Vernehmung[2] durch **Richter und Staatsanwälte** gleichermaßen (§ 163a Abs. 3 S. 2).[3] Zur Polizei → Rn. 6. Die Vorschrift ist im **Vor- und Zwischenverfahren** (§ 202) sowie im Klageerzwingungsverfahren (§ 173 Abs. 3) anzuwenden. Im Hauptverfahren hingegen ist § 216 sowohl für die Ladung zur Hauptverhandlung als auch für die Ladung zu Vernehmungen nach § 233 Abs. 2 S. 1 maßgeblich.[4] § 133 hat dieselbe Fassung wie in der RStPO 1877.

2 §§ 133 ff. gelten im Bußgeldverfahren wegen **Ordnungswidrigkeiten** entsprechend (§ 46 Abs. 1 OWiG). Die Verfolgungsbehörde tritt dort an die Stelle der StA (§ 46 Abs. 2 OWiG), die Vorführungsanordnung bleibt aber dem Richter vorbehalten (§ 46 Abs. 5 S. 1 OWiG).

II. Ladung (Abs. 1)

3 **1. Entschließung zur Vernehmung.** Im Vorverfahren **entscheidet die StA** nach pflichtgemäßem Ermessen, wann eine Vernehmung durchzuführen ist und ob sie selbst vernimmt oder (insbes. mit Blick auf § 254) eine richterliche Vernehmung „aus besonderen Gründen für erforderlich erachtet“ (Nr. 10 RiStBV; vgl. § 162 Abs. 1 S. 1) und beantragt.[5]

---

[1] → Vor § 133 Rn. 20 ff.

[2] → Vor § 133 Rn. 36 ff.

[3] Vgl. SK-StPO/*Rogall* Rn. 1; *Geppert* Jura 1991, 269 (275).

[4] *Meyer-Goßner* Rn. 1.

[5] Vgl. *Nehm,* FS Meyer-Goßner, 2001, 277 (279); *Wiesneth,* HdB für das ermittlungsrichterl. Verf., 2006, Rn. 464 (§ 47 II). Zur Frage, ob der Beschuldigte ein Recht hat, auf seinen Antrag vom StA vernommen zu werden, s. [differenzierend] HBStrVf/*Jahn* Kap. II Rn. 84 f.; zutr. gegen einen Anspruch des Beschuldigten auf richterliche Vernehmung *Rieß* JA 1980, 293 (297); *Löffelmann/Walther*/Reitzenstein, Das strafproz. Ermittlungsverf., 2007, § 2 Rn. 29.

Manche Fallkonstellationen legen das besonders nahe (so Nr. 248 Abs. 1 RiStBV bzgl. Aussagen einer Prostituierten, die ihren Zuhälter belastet). Der Antrag bindet den Ermittlungsrichter (auch hinsichtlich des thematischen Umfangs der Vernehmung[6]); dieser darf nur seine Zulässigkeit prüfen, also kein eigenes **Ermessen** ausüben (§ 162 Abs. 2; Ausnahme: Ermittlungsrichter als Notstaatsanwalt nach § 165).[7] Die wesentlich grundrechtssensitivere Androhung und erst recht die Anordnung einer Vorführung sind hingegen keine Untersuchungshandlungen iSd § 162 Abs. 1 und 2; über sie entscheidet auch der Ermittlungsrichter ungebunden und übt eigenes Ermessen aus.[8]

Der Beschuldigte muss vor Abschluss der Ermittlungen vernommen werden (§ 163a Abs. 1), wenn das Verfahren nicht zur Einstellung führt und der Beschuldigte sich nicht bereits ausdrücklich geweigert hat (→ Rn. 15), im Ermittlungsverfahren zur Sache auszusagen. Er darf mehrfach vernommen und grds. auch dann geladen werden, wenn er bislang die Aussage verweigert.[9] Für Bagatellsachen gilt nichts prinzipiell anderes, gerade dort kann aber ein Vorgehen nach § 163a Abs. 1 S. 2 naheliegen. Die Schwelle zur **Unverhältnismäßigkeit** und damit Unzulässigkeit ist aber überschritten, wo von der richterlichen Vernehmung keine Förderung des Verfahrens erwartet werden kann, sondern sachfremde Ziele (zB nur eine Verjährungsunterbrechung) verfolgt werden.[10] 4

2. Pflicht zum Erscheinen. Die Pflicht des Beschuldigten, zu einer staatsanwaltschaftlichen Vernehmung zu erscheinen, ist in § 163a Abs. 3 S. 1 ausdrücklich formuliert. Bzgl. einer richterlichen Vernehmung ergibt sie sich aus den Zwangsbefugnissen der §§ 133–135. Sie besteht grds. nur für den in einer **ordnungsgemäßen Ladung** (→ Rn. 7 ff.) angegebenen Zeitpunkt und Ort. Auch Beschuldigte, die sich nicht zur Sache äußern möchten, müssen erscheinen – selbst wenn sie dies bereits angekündigt haben.[11] Es steht aber im pflichtgemäßen Ermessen des Ladenden – und wird oft naheliegen –, den Termin aufzuheben; § 163a Abs. 1 steht dem nicht entgegen (→ Rn. 15). Die Pflicht, zu erscheinen, besteht von vornherein nicht, wenn das Erscheinen in der Terminsmitteilung (die dann keine Ladung ieS mehr ist) ausdrücklich oder konkludent freigestellt wurde.[12] 5

Vor der **Polizei** besteht keine entspr. Pflicht des Beschuldigten, zu erscheinen, und die §§ 133–135 sind auf polizeiliche Vernehmungen nicht anwendbar (beachte aber §§ 127 und 163b),[13] sondern nur §§ 163 Abs. 1, 163a. Der Entwurf eines Gesetzes zur Verbesserung der Effektivität des Strafverfahrens[14] sieht zwar in einem neu zu erlassenden § 163a Abs. 5 weitere Pflichten des Beschuldigten und Befugnisse der Polizei hinsichtlich staatsanwaltschaftlich veranlasster polizeilicher Beschuldigtenvernehmungen vor, weiterhin aber keine Anwendbarkeit der §§ 133 ff. Zur Pflicht, an der Hauptverhandlung teilzunehmen, s. § 230. 6

3. Form der Ladung. § 133 Abs. 1 verlangt eine **schriftliche** Ladung zur Beschuldigtenvernehmung. RiStBV Nr. 44 Abs. 1 S. 3 sieht eine Ladung durch Brief, nicht durch Postkarte vor. Entsprechend sind auch ein Telefax oder EMail – obwohl sie grundsätzlich der schriftlichen Ladung gleichgestellt werden können[15] – nur dann zu verwenden, wenn keine Kenntnisnahme durch Dritte zu befürchten ist. Durch eine unzuständige Person – 7

---

[6] Vgl. *Nehm*, FS Meyer-Goßner, 2001, 277 (279, 281 f.).

[7] Zur Begründung einer Beschuldigtenstellung durch die Ladung → Vor § 133 Rn. 32.

[8] LG Mönchengladbach 29.4.1969 – 10 Qs 108/69 (4), JZ 1970, 192; *Wiesneth*, HdB für das ermittlungsrichterl. Verf., 2006, Rn. 465 (§ 47 III 1.).

[9] *Rieß* JA 1980, 293 (297).

[10] OLG Düsseldorf 5.6.1989 – OGs 12/89, NStZ 1990, 144 (145) – Ermittlungsrichter; *Sauer* NJW 1968, 167 (168) Anm. zu LG Nürnberg Fürth 5.6.1967 – 3 Qs 116/66, NJW 1967, 2126 (das dort auf S. 2127 zu Recht betont, dass eine darüber hinausgehende Zweckmäßigkeitsprüfung allein Sache der StA ist).

[11] BGH 4.1.1993 – StB 27/92, BGHSt 39, 96 (98 f.); LG Magdeburg 4.1.1996 – 24 Qs 10/95, juris; LG Hannover 12.12.1966 – 24 Qs 179/66, NJW 1967, 791.

[12] LG Köln 22.5.1967 – 37 Qs 68/67, NJW 1967, 1873; *Eb. Schmidt* JZ 1968, 354 (357); aA LG Aachen 27.1.1969 – 17 Qs 713/68, JMBlNW 1970, 57 (58).

[13] Vgl. BGH 23.2.1962 – 4 StR 511/61, NJW 1962, 1020 (1021) mwN.

[14] BT-Drs. 17/2166.

[15] *Pfeiffer* Rn. 2.

zB Beamte der Geschäftsstelle – angeordnete Ladungen sind unwirksam;[16] zuständig ist der Richter bzw. – in Fällen des § 163a Abs. 3 S. 2 – der StA. Für Auslandsladungen ist ein Rechtshilfeersuchen zu stellen.[17]

8 Die Vorschrift geht stillschweigend davon aus, dass der Beschuldigte bei der Entschließung zur Vernehmung nicht anwesend ist. Wird hingegen eine Vernehmung unterbrochen, darf der Fortsetzungstermin **gegenüber** dem **anwesenden Beschuldigten** auch mündlich bestimmt werden.[18] Gleiches gilt für zeitlich nahe Termine auch gegenüber einem aus anderen Gründen anwesenden Beschuldigten. Die förmliche Ladung ist iÜ nur Voraussetzung für die Pflicht des Beschuldigten, zur Vernehmung zu erscheinen (→ Rn. 5), und für Zwangsmaßnahmen im Falle der Verletzung dieser Pflicht (→ Rn. 17). Sie hat aber keinen Selbstzweck; erscheint der Beschuldigte auf eine mündliche Bitte hin, unaufgefordert etc, ist seine **Vernehmung** zulässig, **ohne** dass es noch einer förmlichen **Ladung** bedarf.[19]

9 **4. Inhalt der Ladung. Termin und Ort** der Vernehmung müssen in der Ladung so angegeben werden, dass auch ein ortsunkundiger Beschuldigter zu pünktlichem Erscheinen in der Lage ist; die Ladung sollte ggf. also Hinweise auf Sicherheitskontrollen, Wegzeiten in großen Justizgebäuden oder Parkplatzmangel beinhalten. Es ist klarzustellen, dass die Ladung eine Vernehmung **als Beschuldigten** betrifft (RiStBV Nr. 44 Abs. 1 S. 1; entspr. Nr. 64). Auch der **Gegenstand** der Beschuldigung soll kurz angegeben werden (RiStBV Nr. 44 Abs. 1 S. 2). Dass diese Angabe mit dem Zweck der Untersuchung unvereinbar wäre (dort Hs. 2), kann mit Blick auf die bei der Vernehmung ohnehin bestehende Pflicht, den Tatvorwurf zu eröffnen (§ 136 Abs. 1 S. 1), nur seltene Ausnahme sein; es müssten konkrete Anhaltspunkte dafür bestehen, dass die Angabe Flucht- oder Verdunklungsgefahr auslösen würde.[20] Ein Hinweis auf die Aussagefreiheit (§ 136 Abs. 1 S. 2 Hs. 1) oder die Möglichkeit, sich schriftlich zu äußern (§ 136 Abs. 1 S. 4 Hs. 1) kann, muss aber nicht aufgenommen werden;[21] dabei ist es auch zulässig, das Erscheinen zum Termin anheimzustellen (beachte → Rn. 17).[22]

10 Terminierung und Ladung sind keine Entscheidungen iSd § 33 ff. (weder Sachentscheidung noch erhebliche Gestaltung der prozessualen Lage), sondern **Organisationsakte.** Folglich gebietet die StPO keine vorherige Anhörung oder **Terminabstimmung.** Sie sieht auch keinen zeitlichen Mindestabstand der Ladung vor dem Termin **(Ladungsfrist)** vor. Jedenfalls die Einhaltung einer angemessenen Frist,[23] je nach Umständen des Einzelfalls aber auch Flexibilität bei Bitten um Terminverschiebungen und ggf. von vornherein eine Abstimmung des Termins sind als Ausdruck von Respekt sowohl ggü. der StA als auch ggü. Verteidigern sowie zeitlich beanspruchten Beschuldigten angeraten und grds. einer zügigen Verfahrensführung förderlich (→ Rn. 17).[24] Ein Anspruch darauf besteht indes nicht (§ 168c Abs. 5 S. 3).

11 **5. Bekanntmachung.** Eine **Zustellung** der Ladung verlangt die StPO ebensowenig, sie kann im Hinblick auf den Zugangsnachweis (→ Rn. 17) aber zweckmäßig sein. Eine Zustellung an den Verteidiger unterliegt den besonderen Voraussetzungen des § 145a Abs. 2. Alle zur Anwesenheit Berechtigten[25] sind nach § 168c Abs. 5 S. 1 und 2 vom Termin zu **benachrichtigen,** der Verteidiger gleichzeitig mit dem Beschuldigten (RiStBV Nr. 108).[26]

---

[16] StPO/*Rogall* Rn. 17.

[17] Vgl. → Einl. K Rn. 658. Näher dazu *Schomburg*/Lagodny/Gleß/*Hackner* IRG Vor § 68 Rn. 30; Löwe/Rosenberg/*Gleß* Rn. 11.

[18] KK-StPO/*Diemer* Rn. 7; vgl. auch *Meyer-Goßner* Rn. 5.

[19] *Meyer-Goßner* Rn. 3; AK/*Gundlach* Rn. 4.

[20] AK/*Gundlach* Rn. 8.

[21] *Pfeiffer* Rn. 2; zu Gründen dafür s. HBStrVf/*Jahn* Kap. II Rn. 76.

[22] Vgl. OLG Düsseldorf 18.6.1973 – 4 Ws 2/73, JZ 1974, 137 f.; *Eb. Schmidt* JZ 1968, 354 (357); aA LG Aachen 27.1.1969 – 17 Qs 713/68, JMBlNW 1970, 57 (58).

[23] Vgl. auch Löwe/Rosenberg/*Gleß* Rn. 5; HK-GS/*Jäger* Rn. 7.

[24] Vgl. *Eisenberg* Beweisrecht Rn. 533 sowie [zur Hauptverhandlung] *Krumm* StV 2012, 177 ff.

[25] → Vor § 133 Rn. 47 ff.

[26] Vgl. *Wiesneth,* HdB für das ermittlungsrichterl. Verf., 2006, Rn. 467 f. (§ 47 III 2.).

Ist bereits bekannt, dass der Beschuldigte die deutsche Sprache nicht hinreichend beherrscht, ist der Ladung eine **Übersetzung** in eine ihm verständliche Sprache beizufügen (RiStBV Nr. 181 Abs. 2). Sollen Beamte, Richter oder andere Personen des öffentlichen Dienstes über einen Gegenstand vernommen werden, der der Amtsverschwiegenheit unterliegen kann, ist bereits in der Ladung auf das Erfordernis einer Aussagegenehmigung hinzuweisen (RiStBV Nr. 44 Abs. 3 S. 1). Bei Abgeordneten sind Art. 46 GG, entspr. Vorschriften der Landesverfassungen sowie RiStBV Nr. 191 ff., gegenüber Diplomaten RiStBV Nr. 193 ff. (insbes. 197–199) zu beachten. 12

6. Gefangene. Inhaftierte Beschuldigte werden ebenfalls schriftlich geladen. Der Leiter der JVA erhält alle im Folgenden genannten Anordnungen zumindest nachrichtlich. In Fällen der **U-Haft** ist die Ladung unmittelbar (ohne vorherige Androhung nach Abs. 2) mit einem Vorführungsbefehl zu verbinden oder der Gefangene in der Anstalt zu vernehmen (vgl. Nr. 41 Abs. 1 UVollzO in der landesrechtlich geltenden Fassung bzw. abweichendes Landesrecht, etwa § 6 BW-JVollzGB II).[27] Der Vorführungsbefehl gehört zur Ladung und bedarf daher keiner Vollstreckung nach § 36 Abs. 2 durch die StA. Er ist formfrei, kann also von der Geschäftsstelle ausgefertigt werden, solange der Richter bzw. StA ihn selbst erlassen hat. Er ist an diejenige Stelle zu richten, die vor Ort für seine Durchführung zuständig ist (je nach lokalen Abmachungen der Leiter der JVA, der Vorführungsdienst in der Justiz oder die Polizei). Die Anwendung unmittelbaren Zwangs unterliegt den allgemeinen Bestimmungen für die jeweils zur Durchführung zuständige Stelle. Für **Strafgefangene** sehen die an die Stelle von § 36 Abs. 1 und 2 StVollzG getretenen landesrechtlichen Vorschriften (zB § 10 BW-JVollzGB III) grds. die Gewährung von Ausgang oder Hafturlaub, die Ausführung des Gefangenen bzw. – erforderlichenfalls – wiederum eine Vorführung vor. 13

III. Vorführung im Falle des Ausbleibens

1. Androhung der Vorführung (Abs. 2). Eine schriftliche Ladung (und nur eine solche[28]) kann mit einer Androhung der Vorführung[29] verbunden werden. Nach der Formulierung von Abs. 2 besteht sie darin, dem Beschuldigten die Vorführung für den Fall seines Ausbleibens **als sicher** („wird erfolgen") in Aussicht zu stellen. Sie **als möglich** („kann erfolgen") in Aussicht zu stellen, wird aber der rechtlichen Situation besser gerecht, denn trotz Androhung besteht im Falle unentschuldigten Ausbleibens weder eine Pflicht, den Vorführungsbefehl zu erlassen, noch ein rechtlicher Automatismus. Eine solche Formulierung entfaltet auch keine geringere Warnfunktion. Beiderlei Formulierungen ist daher die gleiche Rechtswirkung beizumessen,[30] die letztere ist vorzugswürdig. 14

Ob das Gericht[31] (bzw. – in Fällen des § 163a Abs. 3 S. 2 – die StA) eine Vorführungsandrohung in die Ladung des Beschuldigten[32] aufnimmt, liegt in seinem **Ermessen** (→ Rn. 3).[33] Sie ist nur selten unverhältnismäßig, denn auch die Vorführung selbst ist es nur in Ausnahmefällen (→ Rn. 18 f.).[34] Da die Pflicht der Ermittlungsbehörden zur Vernehmung des Beschuldigten (§ 163a Abs. 1 StPO) indes nur darauf gerichtet ist, ihm Gelegenheit zur Aussage zu geben,[35] bietet es sich oft an, nach seinem unentschuldigten 15

---

[27] Vgl. auch zu den folgenden Einzelheiten *Meyer-Goßner* Rn. 5a.

[28] KK-StPO/*Diemer* Rn. 6.

[29] Zum Begriff → § 135 Rn. 3.

[30] Wohl aA OLG Hamm 11.4.2000 – 2 Ws 105/2000, 2 Ws 105/00, dort fehlte es aber bereits an einer Ladung, weil noch nicht einmal ein konkreter Termin bestimmt wurde.

[31] Zum parlamentarischen Untersuchungsausschuss s. VG Hannover 12.1.1988 – 6 D 32/87, NJW 1988, 1928 sowie NJW 1989, 1568.

[32] In die Ladung von Zeugen hingegen müssen die Hinweise nach § 48 Abs. 2 aufgenommen werden. Dazu gehört auch ein Hinweis auf die Möglichkeit der Vorführung nach § 51 Abs. 1 S. 3.

[33] LG Mönchengladbach 29.4.1969 – 10 Qs 108/69 (4), JZ 1970, 192.

[34] Vgl. LG Mönchengladbach 29.4.1969 – 10 Qs 108/69 (4), JZ 1970, 192; KK-StPO/*Diemer* Rn. 13 f.; *Wiesneth,* HdB für das ermittlungsrichterl. Verf., 2006, Rn. 465 (§ 47 III 1.).

[35] S. dazu Löwe/Rosenberg/*Erb* § 163a Rn. 26 ff. (34); KK-StPO/*Griesbaum* § 163a Rn. 3 ff. sowie die Kommentierung zu § 163a.

Fernbleiben von weiteren Versuchen und Maßnahmen abzusehen.[36] Die Vorführung und ihre Androhung sind **entbehrlich,** wenn sie nicht zur Erfüllung von Mitteilungspflichten zur Sicherung eines fairen Verfahrens nötig ist,[37] die Aufklärungspflicht sie nicht auf Grund besonderer Umstände gebietet und der persönliche Eindruck vom Beschuldigten nicht erforderlich ist, um über Ermittlungsmaßnahmen zu entscheiden (zB zur Beurteilung von Verdunklungsgefahr). Steht bereits sicher fest, dass die Drohung nicht wahrgemacht werden soll, ist sie als Täuschung des Beschuldigten unstatthaft (vgl. RiStBV Nr. 44 Abs. 2).

16 In der schriftlichen Ladung muss auch die Androhung **schriftlich** erfolgen. Sie wirkt dann für einen nur mündlich anberaumten Fortsetzungstermin fort und kann für einen solchen sogar originär mündlich ausgesprochen werden (→ Rn. 8).[38]

17 **2. Vorführungsbefehl.** Zu Form und Inhalt des Vorführungsbefehls sowie zur Durchführung der Vorführung → § 134 Rn. 4 ff. und § 135. Ein Vorführungsbefehl **darf erlassen werden,** wenn erstens der Beschuldigte zum Termin ordnungsgemäß geladen wurde (→ Rn. 7 ff.) – insbes. muss sicher feststehen, dass ihm die Ladung tatsächlich zugegangen ist –, zweitens die Vorführung formgerecht angedroht wurde (→ Rn. 14, 16; zu Gefangenen beachte → Rn. 13) und drittens der Beschuldigte dem Termin unentschuldigt fernblieb.[39] Dem Fernbleiben steht dabei ein Erscheinen in selbstverschuldet vernehmungsunfähigem Zustand gleich.[40] Eine bloße Terminsmitteilung bzw. unechte Ladung, die dem Beschuldigten das Erscheinen anheimstellt (→ Rn. 5), genügt nicht.[41] Auch ein zeitlich unzumutbarer oder knapp bestimmter Termin entschuldigt das Ausbleiben.[42] Zu den alternativen Voraussetzungen einer sofortigen Vorführung → § 134 Rn. 2 f. Die Entscheidung über den Erlass des Vorführungsbefehls ist auf der Grundlage aller vorhandenen Informationen zu treffen; es kommt nicht darauf an, ob tatsächlich bestehende Hinderungsgründe angemessen vorgetragen wurden.[43]

18 Maßstab für die zu treffende **Ermessensentscheidung** (→ Rn. 3) über den Eingriff in die Freiheit des Beschuldigten ist (verfassungsrechtlich zwingend) der **Verhältnismäßigkeitsgrundsatz.**[44] Dabei sind die Intensität, Dauer und absehbare Folgeschäden des konkret zu erwartenden Eingriffs in die Freiheit des Beschuldigten gegen den im Einzelfall realistischerweise zu erwartenden Nutzen der Vernehmung abzuwägen. Wird die Vorführung angeordnet, müssen Zeit und Ort für die Vernehmung und die Vorführung so gewählt werden, dass die Freiheitsbeeinträchtigung für den Beschuldigten möglichst gering ausfällt und eine Einhaltung der Anforderungen des § 135 sicher zu erwarten ist.

19 Zur Gewährung rechtlichen Gehörs ist die Vorführung zwar meist nicht erforderlich (→ Rn. 15), wird aber auch durch die Ankündigung, vom **Schweigerecht** Gebrauch zu machen, nicht von vornherein unzulässig. Ein von der Sachaussage erhoffter Nutzen darf zwar nur dann in die Abwägung eingestellt werden, wenn es nicht gänzlich unwahrschein-

---

[36] Vgl. LG Köln 22.5.1967 – 37 Qs 68/67, NJW 1967, 1873; *Löffelmann/Walther*/Reitzenstein, Das strafproz. Ermittlungsverf., 2007, § 2 Rn. 27 f.

[37] → § 136 Rn. 10, 21, 23 f., 30 und insbes. 45 f.

[38] *Meyer-Goßner* Rn. 6.

[39] Vgl. *Wiesneth,* HdB für das ermittlungsrichterl. Verf., 2006, Rn. 469 (§ 47 III 3.).

[40] Vgl. dazu (dort aber verschuldensunabhängig) → § 136a Rn. 18 f.; *Eb. Kaiser* NJW 1968, 185 (188).

[41] LG Köln 22.5.1967 – 37 Qs 68/67, NJW 1967, 1873; *Eb. Schmidt* JZ 1968, 354 (357).

[42] Löwe/Rosenberg/*Gleß* Rn. 5; HK-StPO/*Ahlbrecht* Rn. 4.

[43] KK-StPO/*Diemer* Rn. 12; grds. für das Erfordernis einer Anhörung [§ 33 Abs. 4 idR nicht anwendbar] *Enzian* JR 1975, 277 (279).

[44] BGH 4.1.1993 – StB 27/92, BGHSt 39, 96 (98 f.); OLG Düsseldorf 5.6.1989 – OGs 12/89, NStZ 1990, 144 f. – Ermittlungsrichter; LG Hannover 12.12.1966 – 24 Qs 179/66, NJW 1967, 791 (792); LG Köln 22.5.1967 – 37 Qs 68/67, NJW 1967, 1873; *Meyer-Goßner* § 162 Rn. 14; einschränkend *Meyer-Goßner* Rn. 7; Löwe/Rosenberg/*Gleß* Rn. 14; nur im Grundsatz zustimmend *Eb. Schmidt* JZ 1968, 354 (359 ff.) sowie *Eb. Schmidt* NJW 1969, 1137 (1138 ff., 1141 f.), der die Grundrechte und den Verhältnismäßigkeitsgrundsatz letztlich so eng fasst, dass hier kein Anwendungsbereich verbleibt (ausdrücklich mit rechtspolitischem Blick einerseits auf studentische Protestbewegungen, andererseits auf die das Untersuchungsinteresse des Staates und das Freiheitsinteresse des Einzelnen ausgleichenden und die Wahrheitsfindung gegen Übereilung sichernden strengen, ohne richterliches Ermessen auskommenden prozessualen Formen).

lich ist, dass der Beschuldigte Angaben zur Sache machen wird; eine Vernehmung kann aber unabhängig vom zu erwartenden Aussageverhalten erforderlich und eine Vorführung gerechtfertigt sein. Dies ist zB der Fall, wenn ein persönlicher Eindruck vom Beschuldigten oder die Feststellung seiner Identität in der aktuellen Lage des Verfahrens erforderlich erscheinen (etwa um zu hören, ob er wirklich lispelt, falls Belastungszeugen dies angegeben haben; → Rn. 15) oder wenn er Zeugen gegenübergestellt oder einem Sachverständigen vorgestellt werden muss.[45] Zudem gehen die Aufgaben des Ermittlungsrichters (und auch der StA) nach § 136 weit über die Sachaufklärung hinaus. Wenn zur fairen Verfahrensführung sichergestellt werden muss, dass der Tatvorwurf dem Beschuldigten umfassend und verständlich eröffnet wurde, oder Rechtsfragen mit ihm zu erörtern sind, ist die Vorführung verhältnismäßig.[46] Selbst in Bagatellsachen oder bei schwacher Beweislage kann eine Vorführung daher zulässig sein.[47] Andererseits darf die Vorführung weder als Ordnungsmittel gegen die dem unentschuldigten Fernbleiben innewohnende Unbotmäßigkeit missbraucht werden,[48] noch zu einem unzulässigen Drängen, doch zur Sache auszusagen.[49] **IdR** ist die Vorführung **entbehrlich.**

Art. 104 GG steht einer Vorführungsanordnung der StA nicht entgegen, solange die Vorführung nur eine Freiheitsbeschränkung und keine Freiheitsentziehung ist und daher kein Richtervorbehalt nach Art. 104 Abs. 2 GG besteht. Zwar beinhaltet auch die Vorführung eine allseitige Freiheitsbeschränkung (und nicht nur die Hinderung, bestimmte Orte aufzusuchen). Zügige Vorführungen können aber in Umfang und Dauer unterhalb der Schwelle einer Freiheitsentziehung bleiben.[50] 20

Die zwangsweise Vorführung eines **Mitglieds des Deutschen Bundestags** bedarf der Genehmigung des Bundestags (Anl. 6 Abschn. A Nr. 14 lit. k BT-GeschO), nicht jedoch bereits ihre Androhung.[51] Hinsichtlich Abgeordneter anderer Parlamente siehe § 152a und die dortige Kommentierung. 21

IV. Rechtsbehelfe

Ausdrücklich regelt das Gesetz nur das Rechtsmittel **gegen** einen Vorführungsbefehl der **StA:** Statthaft ist ein Antrag auf gerichtliche (ihrerseits nicht mehr weiter anfechtbare) Entscheidung nach **§ 163a Abs. 3 S. 3 bis 5** (s. dort). Der Umkehrschluss, dass die Ladung und eine Vorführungsandrohung nicht anfechtbar wären, ist aber nicht haltbar (Art. 19 22

---

[45] Vgl. dazu BGH 4.1.1993 – StB 27/92, BGHSt 39, 96 (98 f.); aA Löwe/Rosenberg/*Gleß* Rn. 8; einschränkend *Fezer* Fall 3 Rn. 41; näher dazu *G. Haas* GA 1997, 368 ff.

[46] LG Magdeburg 4.1.1996 – 24 Qs 10/95, juris; LG Hannover 12.12.1966 – 24 Qs 179/66, NJW 1967, 791 (792); *Eb. Schmidt* JZ 1968, 354 (356 ff.); *Rieß* JA 1980, 293 (297). – Anders etwa, wenn nur eine sachverständige Exploration nach §§ 81, 81a angestrebt wird, der Beschuldigte die nötige Mitwirkung aber rechtmäßig verweigert (LG Hagen 11.2.2008 – 44 Qs 25/07, StraFo 2008, 157 f.; zur grds. Unzulässigkeit der Vorführung unmittelbar vor den Sachverständigen, aber Zulässigkeit einer Vorstellung vor den Sachverständigen beim Ermittlungsrichter und bei der StA LG Gera 29.8.1995 – 320 Js 8075/94 – 5 AR 37/95, StV 1995, 631 f.).

[47] LG Nürnberg-Fürth 5.6.1967 – 3 QS 116/66, NJW 1967, 2126 (2127) mAnm *Sauer* NJW 1968, 167 f.; LG Krefeld 28.8.1967 – 7 Qs 273/67, MDR 1968, 68 – Aber Unverhältnismäßigkeit zB bei Vorführung für ein ausländisches Rechtshilfeersuchen in einer geringfügigen Bußgeldsache (OLG Zweibrücken 3.4.1980 – 1 AR 4/80 (1), NJW 1981, 534 f.) und sogar Unzulässigkeit der richterlichen Vernehmung bei sicherer Annahme, dass Aussage auch vor dem Ermittlungsrichter verweigert würde, ohne positiven Grund für die Vernehmung (OLG Düsseldorf 5.6.1989 – OGs 12/89, NStZ 1990, 144 [145] – Ermittlungsrichter; entspr. bzgl. Androhung der Vorführung LG Köln 22.5.1967 – 37 Qs 68/67, NJW 1967, 1873).

[48] Vgl. *Geppert* Jura 1991, 269 (275); aA *Eb. Schmidt* NJW 1969, 1137 (1141).

[49] → § 136 Rn. 30 und → § 136a Rn. 58.

[50] Vgl. BGH 30.4.1987 – 4 StR 30/87, BGHSt 34, 365 (368) = NJW 1987, 2524 (2525); *Jarass*/Pieroth Art. 104 Rn. 11 f.; ferner *Rieß* JA 1980, 293 (298); aA Maunz/*Dürig* Art. 104 Rn. 12 (insoweit Stand des Grundwerks); v. Münch/*Kunig* Art. 104 Rn. 20 Stichworte „Vorführung" und „Staatsanwaltschaft" (dort zu § 161a). Zu dieser Schwelle s. BVerfG 15.5.2002 – 2 BvR 2292/00, BVerfGE 105, 239 Rn. 23 und 28. Anders für die Ingewahrsamnahme zur Vorführung vor den Haftrichter und Beantragung von Abschiebehaft den Kammerbeschluss des BVerfG 7.5.2009 – 2 BvR 2367/07, NVwZ 2009, 1033 f. (sowie demgegenüber v. selben Tage – 2 BvR 475/09, NVwZ 2009, 1034). → § 135 Rn. 2.

[51] KK-StPO/*Diemer* Rn. 16.

Abs. 4 GG), denn die Ladung beschwert bereits (→ Rn. 5). Sachgerecht ist es, § 163a Abs. 3 S. 3 ff. auch auf die bloße Ladung analog anzuwenden (das entspricht einer analogen Anwendung von § 98 Abs. 2 S. 2, ist aber die sachnähere Vorschrift).[52]

23 **Gegen** eine **gerichtliche** Ladung (aus demselben Grund auch dann, wenn sie ohne Vorführungsandrohung erfolgte[53]) bzw. eine Vorführungsandrohung, einen gerichtlichen Vorführungsbefehl bzw. – für die StA als Beschwerdeführerin (zB um ein nach § 254 Abs. 1 verlesbares Protokoll zu erreichen) – gegen die Ablehnung eines Antrags auf Ladung, auf Vorführungsandrohung[54] oder auf Erlass eines Vorführungsbefehls[55] durch das Gericht ist eine **Beschwerde** nach § 304 Abs. 1 statthaft.[56] Weil die Beschwerde den Vollzug nicht hemmt (§ 307 Abs. 1), ist sie, wenn sie sich gegen einen Vorführungsbefehl richtet, regelmäßig im Zeitpunkt des Eingangs beim Beschwerdegericht bereits **überholt,** so dass dann nur noch eine „Fortsetzungsfeststellungsbeschwerde" in Betracht kommt.[57] Nach § 310 Abs. 2 findet keine weitere Beschwerde statt. Das Beschwerdegericht kann zwar für seine Entscheidung notwendige ergänzende Ermittlungen selbst vornehmen (§ 308 Abs. 2), aber trotz § 309 Abs. 2 idR nicht selbst eine Ladung bzw. Vorführung verfügen, denn diese müssen stets auf die aktuelle Terminplanung abgestimmt sein.[58]

24 Ein auf die vorherige Androhung (§ 133 Abs. 2) gestützter, aber rechtswidriger Vorführungsbefehl kann **nicht nachträglich** auf **§ 134 Abs. 1** gestützt werden, denn diese Vorschrift intendiert nicht die Herstellung eines bestimmten Zustandes, sondern die Erweiterung der Handlungsoptionen bei der Entscheidung über U-Haft. Sie kann deshalb keine nachträgliche Wirksamkeit entfalten.

V. Revision

25 §§ 133–135 liefern **keine Revisionsgründe.** Die Vernehmung selbst wird durch Ladungs- oder Vorführungsfehler nicht fehlerhaft (→ Rn. 8). Soweit Umstände einer Vorführung mit Verletzungen von §§ 136, 136a in Zusammenhang stehen, sind diese Vorschriften maßgeblich; so zB kann eine rechtswidrige Freiheitsentziehung nach § 136a zu einem Verwertungsverbot für alle während ihrer Dauer gemachten Äußerungen führen.[59]

VI. Kosten und Entschädigung

26 Das unentschuldigte Ausbleiben nach ordnungsgemäßer Ladung und sogar die schuldhaft verspätete Mitteilung der Hinderungsgründe sind als **Säumnis iSd § 467 Abs. 2** anzusehen. Deshalb sind dem Beschuldigten nach dieser Vorschrift eventuelle abgrenzbare Kosten eines weiteren Vernehmungstermins und jedenfalls die Kosten einer Vorführung nach § 133 Abs. 2 aufzuerlegen (anders → § 134 Rn. 11).[60]

27 Die Vorführung nach § 133 Abs. 2 (auch hier anders → § 134 Rn. 11) ist **Zwangsmaßnahme gegen rechtswidriges Verhalten**. Eine Entschädigung für rechtmäßige Maßnah-

---

52 Vgl. *Gössel* GA 1976, 60 (62). Die bloße Ankündigung einer Ladung mit Vorführungsandrohung genügt hingegen nicht (OLG Hamm 11.4.2000 – 2 Ws 105/2000, 2 Ws 105/00, bzgl. Erscheinen vor Sachverständigem).

53 Entspr. in der Begründung bereits ausdrücklich LG Hannover 12.12.1966 – 24 Qs 179/66, NJW 1967, 791; SK-StPO/*Rogall* Rn. 17; *Pfeiffer* Rn. 5; *Eb. Schmidt* JZ 1968, 354 (362) – aA (Vorführungsersuchen an JVA mangels Eingriff nicht beschwerdefähig) OLG Hamm 6.4.1984 – 4 Ws 195/84, LS in juris; KK-StPO/*Diemer* Rn. 15; *Meyer-Goßner* Rn. 9.

54 LG Mönchengladbach 29.4.1969 – 10 Qs 108/69 (4), JZ 1970, 192 f.; HK-StPO/*Ahlbrecht* Rn. 9.

55 Vgl. LG Aachen 27.1.1969 – 17 Qs 713/68, JMBlNW 1970, 57 (58); LG Köln 22.5.1967 – 37 Qs 68/67, NJW 1967, 1873; AK/*Gundlach* Rn. 18.

56 HBStrVf/*Jahn* Kap. II Rn. 79, 172; *Rieß* JA 1980, 293 (298).

57 Vgl. → Einl. D Rn. 224; ferner BayVerfGH 11.6.1963 – Vf. 3-VI-62, Rechtspfleger 1963, 280.

58 Vgl. LG Mönchengladbach 29.4.1969 – 10 Qs 108/69 (4), JZ 1970, 192 (193); LG Nürnberg Fürth 5.6.1967 – 3 Qs 116/66, NJW 1967, 2126 (2128); HK-StPO/*Ahlbrecht* Rn. 9.

59 → § 136a Rn. 58.

60 Vgl. [jeweils zum Begriff der Säumnis] KK-StPO/*Gieg* § 467 Rn. 4; Löwe/Rosenberg/*Hilger* § 467 Rn. 24.

men ihres Vollzugs kommt daher auch im Falle eines späteren Freispruchs nicht in Betracht.[61]

§ 134 [Vorführung]

(1) Die sofortige Vorführung des Beschuldigten kann verfügt werden, wenn Gründe vorliegen, die den Erlaß eines Haftbefehls rechtfertigen würden.

(2) In dem Vorführungsbefehl ist der Beschuldigte genau zu bezeichnen und die ihm zur Last gelegte Straftat sowie der Grund der Vorführung anzugeben.

Schrifttum: *Enzian,* Wesen und Wirken des Vorführungsbefehls, NJW 1957, 450; *Enzian,* Das richterliche und das staatsanwaltschaftliche Vorführungsrecht – eine Analyse der neuen Prozeßrechtssituation, JR 1975, 277; *Eb. Kaiser,* Die Wohnung als Schranke bei der Vollstreckung von Haft- und Vorführungsbefehlen?, NJW 1964, 759; *Eb. Kaiser,* Die Zelle als Verwahrungsort für Vorgeführte, NJW 1965, 1216; *Lampe,* Grenzen des Festhalterechts gegenüber vorgeführten Beschuldigten und Zeugen im Ermittlungsverfahren, MDR 1974, 535; *Lemke,* Rechtmäßigkeitserfordernisse des strafrechtlichen Vorführungsbefehls, NJW 1980, 1494; *Rasehorn,* Probleme des Vorführungsbefehls, DRiZ 1956, 269.

Übersicht

I. Überblick

1 § 134 Abs. 1 sieht die Möglichkeit eines Vorführungsbefehls unter gegenüber § 133 Abs. 2 **alternativen Voraussetzungen** vor. § 134 Abs. 2 formuliert Anforderungen, die in beiden Fällen an den Vorführungsbefehl zu stellen sind. Die Vorschrift wurde gegenüber der RStPO 1877 lediglich im Sprachgebrauch leicht angepasst.

II. Voraussetzungen einer sofortigen Vorführung (Abs. 1)

2 Abweichend von den → § 133 Rn. 17 dargestellten Voraussetzungen darf die Vorführung des Beschuldigten nach § 134 Abs. 1 auch bereits mit der ersten Ladung zur Vernehmung (ohne dass bereits ein Vernehmungstermin gescheitert wäre und ohne dass die Vorführung zuvor angedroht wurde) angeordnet werden. § 134 Abs. 1 bindet dies an das Vorliegen eines Haftgrundes nach §§ 112, 112a **(U-Haft)** oder § 34 Abs. 1 IRG[1] (**Auslieferunghaft;** iVm § 77 Abs. 1 IRG) und ist auf § 126a **(einstweilige Unterbringung)** entspr.[2] anzuwenden. Zu den näheren Voraussetzungen, insbes. Verhältnismäßigkeitsfragen und Abgeordneten, s. jeweils dort sowie → § 133 Rn. 18 f.

3 Die Vorschrift hat das **Ziel,** dem Ermittlungsrichter (bzw. der StA) ein gegenüber der sofortigen Verhaftung **milderes Mittel** an die Hand zu geben und es zu ermöglichen, dass zunächst das Gespräch mit dem Beschuldigten gesucht wird.[3] Der Ermittlungsrichter macht von dieser Möglichkeit nach eigenem Ermessen Gebrauch und ist insoweit nicht an einen Haftbefehlsantrag der StA gebunden.[4]

---

[61] Vgl. *Kunz* § 2 Rn. 12 und § 5 Rn. 113.

[1] Dazu OLG Stuttgart 4.2.2003 – 3 Ausl. 113/01, NStZ-RR 2003, 277 f.; SK-StPO/*Rogall* Rn. 4 ff. und § 135 Rn. 10.

[2] Löwe/Rosenberg/*Gleß* Rn. 4; *Meyer-Goßner* Rn. 1; HK-StPO/*Ahlbrecht* Rn. 2.

[3] Wenn der zu Vernehmende sich (erneut) in den Zustand der Verhandlungsunfähigkeit zu versetzen droht, kann ebenfalls ein Haftbefehl angezeigt sein (OLG Düsseldorf 3.10.1989 – 3 Ws 704/89, NStZ 1990, 295 f.).

[4] → § 133 Rn. 3.

III. Vorführungsbefehl (Abs. 2)

4 **1. Zuständigkeit, Form und Inhalt.** Zum Erlass des Vorführungsbefehls **zuständig** ist der vernehmende Richter (§§ 162, 169 ggf. iVm § 165 sowie – in Fällen des § 134 Abs. 2 – §§ 125, 126) bzw. StA (in Fällen des § 163a Abs. 3 S. 2).[5] Es findet **keine** vorherige **Anhörung** statt (§ 33 Abs. 4).[6]

5 Der Vorführungsbefehl ist **schriftlich** zu erlassen. Er kann in Eilfällen aber auch zunächst fernmündlich oder durch Fernschreiben zur Vollstreckung übermittelt werden;[7] § 114a gilt entspr. (→ Rn. 8).[8] Im Vorführungsbefehl ist der **Beschuldigte** so **genau anzugeben,** dass Verwechslungen mit anderen Personen ausgeschlossen sind. **Zeit und Ort** der Vorführung sind der Ladung entspr. zu bestimmen (→ § 133 Rn. 9 f.). Die dem Beschuldigten zur Last gelegte Tat ist ihrer gesetzlichen Bezeichnung nach anzugeben.[9] Die Vernehmung ist als Zweck („Grund") der Vorführung zu benennen. Zur Begründung ist in Fällen des § 133 Abs. 2 auf die Ladung, das Ausbleiben und das Fehlen hinreichender Entschuldigungsgründe abzustellen. In Fällen des § 134 Abs. 1 ist der Haftgrund wie in einem Haftbefehl auszuführen (§ 114 Abs. 2 Nr. 3) und dabei der Tatvorwurf zumindest knapp zu schildern.[10]

6 **2. Bekanntmachung, Vollstreckung und Wirksamkeitsdauer.** Zur **Vollstreckung** ist der Vorführungsbefehl an die StA zu übergeben (§ 36 Abs. 2 S. 1), die seinen Vollzug durch die Polizei veranlasst.[11] Zu Gefangenen beachte → § 133 Rn. 13.

7 Zum Zwecke der **Ergreifung** darf die Polizei erforderlichen **unmittelbaren Zwang** anwenden.[12] Der richterliche Vorführungsbefehl gestattet es auch, die **Wohnung** des Beschuldigten zu betreten und nach ihm zu durchsuchen; er ordnet die Ergreifungsdurchsuchung (§ 102) „stillschweigend" an, so dass es keiner weiteren Anordnung nach § 105 bedarf.[13] Staatsanwaltschaftliche Vorführungsbefehle genügen dafür nur außerhalb des Anwendungsbereichs von Art. 13 Abs. 2 GG und § 105 Abs. 1 S. 1.[14] Eine Durchsuchung bei Dritten bedarf stets einer gesonderten Anordnung[15] oder der ausdrücklichen Zustimmung des Dritten nach Aufklärung über die Freiwilligkeit.[16] Auf die Frage, ob § 104 Anwendung findet,[17] kommt es letztlich nicht an, weil der Verhältnismäßigkeitsgrundsatz hinsichtlich einer bloßen Vorführung ohnehin regelmäßig engere Grenzen zieht (mit der nötigen Ausnahme bei Gefahr im Verzug, die wiederum auch § 104 vorsieht).[18]

8 **Bevor** unmittelbarer Zwang gegen die Person des Beschuldigten ausgeübt bzw. diese festgenommen wird, muss ihr der Vorführungsbefehl (einschließlich seines Zwecks, → Rn. 5) **bekannt gemacht** werden.[19] Grds. ist eine Zustellung nach § 35 Abs. 2 erforderlich, die unmittelbar zu Beginn der Vollstreckung erfolgen kann. Weil der Vorführungsbefehl weniger einschneidend ist als ein Haftbefehl, muss es aber auch genügen, wenn die

---

[5] KK-StPO/*Diemer* Rn. 4; wohl aA [nur Richter] Graf/*Monka* Rn. 3.
[6] KK-StPO/*Diemer* Rn. 3; etwas einschränkend *Enzian* JR 1975, 277 (278).
[7] Eingehend zu den insoweit bestehenden Unterschieden zu § 230 Abs. 2 *Lemke* NJW 1980, 1494 (1496).
[8] *Meyer-Goßner* Rn. 4.
[9] SK-StPO/*Rogall* Rn. 11; HK-StPO/*Ahlbrecht* Rn. 4.
[10] SK-StPO/*Rogall* Rn. 11; Löwe/Rosenberg/*Gleß* Rn. 6.
[11] Vgl. *Pfeiffer* Rn. 1.
[12] BGH 16.7.1980 – 2 StR 127/80, NStZ 1981, 22; HK-StPO/*Ahlbrecht* Rn. 6; *Eb. Kaiser* NJW 1965, 1216 (1217).
[13] *Meyer-Goßner* § 105 Rn. 6; AK/*Gundlach* Rn. 7. Entspr. (zum auf Freiheitsstrafe lautenden rechtskräftigen Urteil nebst Vollstreckungshaftbefehl) OLG Frankfurt a. M. 26.11.1963 – 3 Ws 62/63, NJW 1964, 785. Die Figur der „Nachschau" zur Vollstreckung eines Haft- oder Vorführungsbefehls in Wohnungen, die früher der Durchsuchung gegenübergestellt wurde, ist hingegen von der Entwicklung des Verfassungs- und Prozessrechts überholt (vgl. § 102 und *Eb. Kaiser* NJW 1964, 759).
[14] Vgl. KMR/*Lesch* Rn. 7.
[15] *Meyer-Goßner* Rn. 5; Radtke/Hohmann/*J. Kretschmer* Rn. 2; aA KK-StPO/*Diemer* Rn. 8.
[16] Vgl. dazu *Meyer-Goßner* § 105 Rn. 1.
[17] Wohl abl. *Meyer-Goßner* § 105 Rn. 6.
[18] → § 135 Rn. 2, 4 ff. S. dort auch zu Dauer und Art des Festhaltens.
[19] BGH 16.7.1980 – 2 StR 127/80, NStZ 1981, 22; OLG Stuttgart 24.5.1982 – 1 Ss 209/82, Justiz 1982, 339.

Anforderungen von § 114a eingehalten werden. Entgegen der wohl hM[20] ist es unzulässig, dem Beschuldigten trotz seines Verlangens selbst die nachträgliche Aushändigung einer Abschrift zu verweigern. Ist der Beschuldigte der deutschen Sprache nicht mächtig, hat er Anspruch auf eine Übersetzung.[21] Soweit ein Verteidiger des Beschuldigten bekannt ist, ist dieser von der Vorführung unverzüglich zu unterrichten (RiStBV Nr. 108).

Auch nach der eigentlichen Vorführung[22] darf der Vorgeführte festgehalten werden bis die Vernehmung abgeschlossen ist (beachte → § 136 Rn. 30) oder § 135, der Verhältnismäßigkeitsgrundsatz oder Art. 104 Abs. 1 GG die Freilassung gebieten.[23] Begrifflich und systematisch überzeugend wäre es, die Vorführung als vollständig ausgeführt anzusehen, sobald der Betroffene vor dem Richter (bzw. dem StA) steht, denn es geht nur um eine geschärfte Pflicht des Betroffenen, zu erscheinen.[24] Dann wäre das Festhalten aber lediglich bis zu diesem Zeitpunkt auf den Vorführungsbefehl zu stützen, während sich ein selbständiges richterliches (bzw. staatsanwaltliches) Festhalterecht daran anschließen müsste. Das aber findet weder eine § 231 Abs. 1 S. 2 entsprechende Grundlage[25] noch lässt das sitzungspolizeiliche Festhalterecht (§§ 176, 177 S. 1 GVG) ein Festhalten in der Sitzung zu. Zudem hätte es zur Konsequenz, dass sich an die Frist des § 135 S. 2 eine einfachgesetzlich nicht geregelte Periode (des selbständigen Festhalterechts) anschließen würde. § 135 S. 2 sieht aber erstens ein Festhalten auch noch nach Beginn der Vorführung vor und ist zweitens als absolute zeitliche Obergrenze des Gesamtgeschehens gemeint, so dass in der Sprechweise des § 135 S. 2 auch das gesamte Festhalten im Vorführungsbefehl gründet (obwohl es nicht mehr zur Vorführung ieS gehört). Erledigt ist der Vorführungsbefehl daher erst mit dem **Abschluss der Vernehmung** bzw. einer Unterbrechung der Vernehmung, die eine neuerliche Ladung erforderlich macht.[26] Wenn kein Haftbefehl erlassen wird, ist der Beschuldigte nach der Vernehmung zu entlassen. Für eine neue Ladung gilt der Vorführungsbefehl nicht fort.[27] 9

IV. Rechtsbehelfe und Revision

Zu Rechtsbehelfen und Revision s. die Kommentierung zu § 133. 10

V. Kosten und Entschädigung

Die Duldung der Vorführung nach § 134 Abs. 1 ist – wie die Duldung der U-Haft – **Sonderopfer** des Beschuldigten **für das gemeine Wohl,** so dass – anders als in Fällen des § 133 Abs. 2[28] – eine gesonderte Auferlegung ihrer Kosten idR nicht veranlasst ist. Im Falle eines späteren Freispruchs (etc) muss auch eine Entschädigung grds. möglich sein.[29] Die Verhaftung zur Vorführung nach § 134 Abs. 1 ist Vorstufe der U-Haft und richtigerweise unter diesen Begriff in § 2 Abs. 1 StrEG zu fassen.[30] Wird der Beschuldigte auf die Vorführung hin in U-Haft genommen, wirkt sich dieses erweiternde Begriffsverständnis wegen § 7 StrEG nur aus, wenn die Vorführung bereits am Vortag begann oder ein bestimmter Vermögensschaden gerade in ihren Zeitraum fiel. Es führt aber dazu, dass auch einem Beschuldigten, der auf freiem Fuß bleibt, für den Zeitraum des Festgehaltenwerdens 11

---

20 Vgl. nur Löwe/Rosenberg/*Gleß* Rn. 7; *Meyer-Goßner* Rn. 4.

21 → § 133 Rn. 12 sowie § 114a.

22 Zur Begrifflichkeit → § 135 Rn. 3.

23 → § 135 Rn. 3, 6 f.

24 *Enzian* NJW 1957, 450 (451).

25 Gegen ein Festhalterecht nach der eigentlichen Vorführung daher mit beachtlichen Gründen ua aus § 70 (bzgl. Zeugen), der ebenfalls kein Festhalten bei der Vernehmung gestattet, *Lampe* MDR 1974, 535 (538, 540).

26 Löwe/Rosenberg/*Gleß* Rn. 10; AK/*Gundlach* Rn. 9.

27 AA (zu § 230 Abs. 2) *Rasehorn* DRiZ 1956, 269.

28 → § 133 Rn. 27.

29 AA, mit einer nur auf Fälle des § 133 Abs. 2 zutreffenden Begründung, *Kunz* § 2 Rn. 12.

30 Dies muss erst recht gelten, wenn man berücksichtigt, dass § 2 Abs. 2 Nr. 2 StrEG auch die Fälle der vorläufigen Festnahme nach § 127 Abs. 2 einbezieht.

Ansprüche aus § 2 Abs. 1 StrEG zustehen können. Diese Gleichsetzung steht einer uneingeschränkten Anwendung der Ausschluss- und Versagungsgründe der §§ 5 Abs. 2 und 3, 6 StrEG nicht entgegen.

§ 135 [Sofortige Vernehmung]

[1]Der Beschuldigte ist unverzüglich dem Richter vorzuführen und von diesem zu vernehmen. [2]Er darf auf Grund des Vorführungsbefehls nicht länger festgehalten werden als bis zum Ende des Tages, der dem Beginn der Vorführung folgt.

Schrifttum: *Baumann,* Die Bedeutung des Artikels 2 GG für die Freiheitsbeschränkungen im Strafprozeß, FS Eb. Schmidt, 1961, S. 525; *Enzian,* Das richterliche und das staatsanwaltschaftliche Vorführungsrecht – eine Analyse der neuen Prozeßrechtssituation, JR 1975, 277; *Gottschalk,* Kann ein Haftbefehl zur Nachtzeit in der Wohnung des Beschuldigten vollstreckt werden?, NStZ 2002, 568; *Eb. Kaiser,* Die Zelle als Verwahrungsort für Vorgeführte, NJW 1965, 1216; *Lampe,* Grenzen des Festhalterechts gegenüber vorgeführten Beschuldigten und Zeugen im Ermittlungsverfahren, MDR 1974, 535; *Moritz,* Vereinbarkeit des Vorführungsrechts der Staatsanwaltschaft mit Art. 104 GG?, NJW 1977, 796; *Schnickmann,* Das Vorführungsrecht der Staatsanwaltschaft und seine Vereinbarkeit mit Art. 104 GG, MDR 1976, 363.

I. Überblick

1 § 135 bezieht sich auf Vorführungen nach § 133 und 134. Für die Vorführung von **Zeugen** ordnet § 51 Abs. 1 S. 3 Hs. 2 seine entspr. Geltung an.[1] Gleiches gilt nach §§ 163a Abs. 3 S. 2 bzw. 161a Abs. 2 S. 1 für staatsanwaltschaftlich veranlasste Vorführungen. Die §§ 115, 115a betreffen mit der Vorführung in Haftsachen einen anderen Fall. § 135 gilt nur im **Vor- und Zwischenverfahren,** ist auf Vorführungen nach §§ 230, 236 und 329 Abs. 4 also nicht anzuwenden. Die RStPO 1877 enthielt eine inhaltlich fast deckungsgleiche, teils aber sogar etwas enger formulierte Vorschrift.

2 Hinter § 135 steht der **Verhältnismäßigkeitsgrundsatz;** die Vorschrift ist eine konkrete Ausformung des **Beschleunigungsgebots.** Die in § 135 S. 2 formulierte Höchstdauer führt zu Spannungen mit **Art. 104 GG,** denn sie geht über den Bereich des nach Art. 104 Abs. 1 GG Tolerablen – der auch unter besonderen Umständen nach wenigen Stunden endet – hinaus.[2] Jenseits dessen besteht aber der Richtervorbehalt des Art. 104 Abs. 2 GG. Für staatsanwaltschaftlich angeordnete Vorführungen ist die maximal zulässige Festhaltedauer daher wesentlich knapper zu bemessen als nach § 135 S. 2. Da Vorführungsbefehle grds. keine Freiheitsentziehung intendieren, sollen auch richterlich angeordnete Vorführungen den Rahmen einer Freiheitsbeschränkung nach Art. 104 Abs. 1 GG nicht verlassen. In den meisten Fällen ergibt sich dies (bzw. eine noch enger bemessene Festhaltegrenze) auch aus dem Verhältnismäßigkeitsgrundsatz.

3 Die **Vorführung** erfolgt, indem die vorzuführende Person in den Gewahrsam des Vernehmenden übergeben wird (beachte aber → Rn. 7). Das setzt noch keine Anwesenheit des Letzteren voraus. Auch die Aufnahme in ein Gerichtsgefängnis bzw. das Verbringen ins Gerichtsgebäude unterfallen dem Begriff.[3] Erst der Begriff der **Vernehmung** setzt die Präsenz des Vernehmenden voraus. § 135 S. 1 spricht daher von beiden. **Festgehalten** wird der Beschuldigte (bzw. in Fällen des § 51 Abs. 1 S. 3 Hs. 2 der Zeuge) von seiner Festnahme (die in der Regel kurz nach Beginn der Vollstreckung erfolgt) bis zum Ende bzw. Abbruch der Vernehmung.[4]

---

[1] Er genießt keine Sonderstellung, *Eb. Kaiser* NJW 1965, 1216.

[2] → § 133 Rn. 20 mN [in der verfassungsrechtlichen Lit.] sowie *Baumann*, FS Eb. Schmidt, 1961, 525 (538 ff., 541); aA [Grenze des Art. 104 Abs. 1 GG weiter gezogen als hier] KK-StPO/*Diemer* Rn. 2; Löwe/Rosenberg/*Gleß* Rn. 2; SK-StPO/*Rogall* Rn. 2; *Enzian* JR 1975, 277 (280); [enger als hier] *Schnickmann* MDR 1976, 363 (366 f.); *Moritz* NJW 1977, 796.

[3] Löwe/Rosenberg/*Gleß* Rn. 4; AK/*Gundlach* Rn. 4.

[4] → § 134 Rn. 7, 9.

II. Unverzügliche Vorführung und Vernehmung (S. 1)

§ 135 S. 1 gebietet, die Freiheitsbeeinträchtigung für die vorgeführte Person **so gering wie** nach den Umständen **möglich** zu halten. Daher muss sowohl die Vorführung unverzüglich nach der Festnahme als auch die Vernehmung unverzüglich nach der Vorführung erfolgen. Verzögerungen dürfen sich nur aus rechtlichen Gründen und aus tatsächlichen Hindernissen ergeben, deren Vermeidung bzw. Umgehung nicht im Verantwortungsbereich der Justiz liegt.[5] In diesen Verantwortungsbereich fällt es insbes., den Zeitpunkt für die Vernehmung und Vorführung so zu wählen, dass die Beeinträchtigungen für den Vorgeführten im Rahmen gewöhnlicher Abläufe minimiert werden. Eine Rechtfertigung für Verzögerungen bilden zB unaufschiebbare Diensthandlungen des Vernehmenden – wenn sie zum Zeitpunkt der Vorführungsanordnung noch nicht absehbar waren und die Vorführung in dem Moment, in dem die Verhinderung des Vernehmenden sich abzeichnete, nicht mehr verschoben werden konnte –, sowie die Bitte des Vorgeführten, wegen Unwohlseins mit der Vernehmung etwas zu warten.[6] 4

Aus § 135 S. 1 ergibt sich **keine starre Grenze.** Grds. darf eine Ergreifung des Vorgeführten erst zu dem Zeitpunkt erfolgen, der sich aus dem geplanten Vernehmungstermin und regulären Wegzeiten dorthin ergibt. Eine frühere Ergreifung – insbes. bereits zur Nachtzeit oder in den frühen Morgenstunden – ist nur zulässig, wenn konkreter Anlass zur Annahme besteht, den Vorgeführten danach nicht mehr anzutreffen.[7] Im Einzelfall kann es aber sogar zulässig sein, eine Person bereits am Vorabend der Vernehmung festzunehmen, wenn sich nur so verhindern lässt, dass sie sich der Vorführung entzieht.[8] Dies muss – ebenso wie eine ausnahmsweise Ergreifung zur Nachtzeit – richterlich schriftlich angeordnet werden.[9] 5

III. Festhalten

1. Art des Festhaltens. Die Art und Weise des Festhaltens bestimmt das Gericht bzw. – in Fällen der §§ 163a Abs. 3 S. 2, 161a Abs. 2 S. 1 – der StA nach **Verhältnismäßigkeits- und** dh insbes. **Erforderlichkeitsgesichtspunkten.**[10] Soweit nötig, ist es zulässig, den Vorgeführten zu bewachen, in den Vernehmungsraum oder eine Arrestzelle einzuschließen oder gar in das Gerichtsgefängnis aufnehmen zu lassen. Auf die Erleichterungen nach **§ 119** hat aber auch er Anspruch. 6

2. Festhaltefrist (S. 2). Als zeitliche **absolute Obergrenze** setzt § 135 S. 2 24 Uhr an dem Tag nach Beginn der Vorführung. Dabei verwendet § 135 S. 2 keine einheitliche Begrifflichkeit. Die Frist kann nach Sinn und Zweck der Norm nicht erst mit der Vorführung iSv § 135 S. 1 beginnen. Gemeint ist vielmehr (entgegen der technischen Wortbedeutung, → Rn. 3) der Beginn des Ergreifens und schließt ein uU auf anderen Gründen beruhendes Festhalten schon wegen Art. 104 Abs. 2 GG mit ein.[11] Dass das Fristende auf einen Samstag, Sonntag, Feiertag, in Gerichtsferien etc fällt, hindert ihren Ablauf nicht. Auch wenn die Vernehmung noch nicht abgeschlossen ist oder nicht einmal begonnen werden konnte, ist der Vorgeführten freizulassen. Er kann der Fortsetzung der Vernehmung jedoch zustimmen bzw. freiwillig weiter auf die Vernehmung warten; zur Fortgeltung einer 7

---

[5] Vgl. Löwe/Rosenberg/*Gleß* Rn. 3; SK-StPO/*Rogall* Rn. 5; HK-StPO/*Ahlbrecht* Rn. 2; *Lampe* MDR 1974, 535 (537).

[6] Vgl. *Meyer-Goßner* Rn. 5.

[7] Vgl. OLG Köln 2.12.1892, GA 1893, 157; KK-StPO/*Diemer* Rn. 2; HK-GS/*Jäger* Rn. 2; *Eb. Kaiser* NJW 1965, 1216 (1217).

[8] BayVerfGH 5.5.1950 – Vf. 70–VI-49, BayVerfGH nF Bd. 3 Teil II S. 53 (63 f.); HK-StPO/*Ahlbrecht* Rn. 3.

[9] *Gottschalk* NStZ 2002, 568 (569).

[10] *Eb. Kaiser* NJW 1965, 1216 (1217); SK-StPO/*Rogall* Rn. 9.

[11] BGH 30.4.1987 – 4 StR 30/87, BGHSt 34, 365 (368 f.) = NJW 1987, 2524 (2525); Graf/*Monka* Rn. 3; *Lampe* MDR 1974, 535 (536). Zu weiteren begrifflichen Ungereimtheiten der Vorschrift bereits → § 134 Rn. 9.

Androhung der Vorführung, nicht aber der Vorführungsanordnung selbst → § 133 Rn. 16 bzw. → § 134 Rn. 9.

IV. Rechtsbehelfe und Revision

8 Zu Rechtsbehelfen bzgl. des Vorführungsbefehls und Revision s. die Kommentierung zu § 133. Hinsichtlich der **Art und Weise** des Vollzugs kann jederzeit formlos eine Entscheidung des zuständigen Verhörenden (→ Rn. 6) beantragt werden. Ist das der Richter, ist seine Entscheidung grds. beschwerdefähig (aber → § 133 Rn. 23). Ist das hingegen der StA, muss gegen dessen Entscheidung entspr. § 163a Abs. 3 S. 3 die Einholung einer gerichtlichen Entscheidung statthaft sein.[12]

V. Kosten und Entschädigung

9 Zur **unterschiedlichen** Kostenregelung und Entschädigungsmöglichkeiten in den Fällen von § 133 Abs. 2 einerseits und § 134 Abs. 1 andererseits → § 133 Rn. 26 f. bzw. → § 134 Rn. 11. Die Kostentragung des vorzuführenden Zeugen regelt § 51 Abs. 1 S. 1.

§ 136 [Erste Vernehmung]

(1) [1]Bei Beginn der ersten Vernehmung ist dem Beschuldigten zu eröffnen, welche Tat ihm zur Last gelegt wird und welche Strafvorschriften in Betracht kommen. [2]Er ist darauf hinzuweisen, daß es ihm nach dem Gesetz freistehe, sich zu der Beschuldigung zu äußern oder nicht zur Sache auszusagen und jederzeit, auch schon vor seiner Vernehmung, einen von ihm zu wählenden Verteidiger zu befragen. [3]Er ist ferner darüber zu belehren, daß er zu seiner Entlastung einzelne Beweiserhebungen beantragen und unter den Voraussetzungen des § 140 Absatz 1 und 2 die Bestellung eines Verteidigers nach Maßgabe des § 141 Absatz 1 und 3 beanspruchen kann. [4]In geeigneten Fällen soll der Beschuldigte auch darauf, dass er sich schriftlich äußern kann, sowie auf die Möglichkeit eines Täter-Opfer-Ausgleichs hingewiesen werden.

(2) Die Vernehmung soll dem Beschuldigten Gelegenheit geben, die gegen ihn vorliegenden Verdachtsgründe zu beseitigen und die zu seinen Gunsten sprechenden Tatsachen geltend zu machen.

(3) Bei der ersten Vernehmung des Beschuldigten ist zugleich auf die Ermittlung seiner persönlichen Verhältnisse Bedacht zu nehmen.

RiStBV Nr. 44, 45 (sowie 3 [Staatsanw. statt Polizei], 5 [Verhältnism.], 10 [Richter statt Staatsanw.], 13–15 [pers. Verh.], 19 [Jugendl.], 20 [Gefangene], 21 [Schwerhörigkeit und sonst. Beh.], 181 [Fremdsprachen], 197–199 [Diplomaten], 248 [Prostituierte])

Schrifttum: *Amelung,* Zum Streit über die Grundlagen der Lehre von den Beweisverwertungsverboten, FS C. Roxin I, 2001, S. 1259; *Anders,* Kontrollbesuche durch den „Flankenschutzfahnder", DStR 2012, 1779; *Artkämper,* Fehlerquellen der Beschuldigtenvernehmung – zur contraproduktiven Wirkung unterbliebener oder fehlerhafter Beschuldigtenbelehrungen, Kriminalistik 1996, 393; *Artkämper,* Wahrheitsfindung im Strafverfahren mit gängigen und innovativen Methoden, Kriminalistik 2009, 417 (2. Teil); *Artkämper,* Form, Dokumentation und Beweisrecht – Revolution des Freibeweisverfahrens durch das Bundesverfassungsgericht?, StRR 2012, 164; *Aselmann,* Die Selbstbelastungs- und Verteidigungsfreiheit, 2004; *W. Bauer,* Die „Angriffsrichtung" des Widerspruchs, StV 2011, 635; *Beckemper,* Durchsetzbarkeit des Verteidigerkonsultationsrechts und die Eigenverantwortlichkeit des Beschuldigten, 2002; *Bernsmann,* Verwertungsverbot bei fehlender und mangelhafter Belehrung, StraFo 1998, 73; *Beulke,* Hypothetische Kausalverläufe im Strafverfahren bei rechtswidrigem Vorgehen von Ermittlungsorganen, ZStW 103 (1991), 657; *Beulke,* Muß die Polizei dem Beschuldigten vor der Vernehmung „Erste Hilfe" bei der Verteidigerkonsultation leisten?, NStZ 1996, 257; *Beulke,* Beweiserhebungs- und Beweisverwertungsverbote im Spannungsfeld zwischen den Garantien des Rechtsstaates und der effektiven Bekämpfung von Kriminalität und Terrorismus, Jura 2008, 653; *Bockemühl,* Private Ermittlungen im Strafprozess – ein Beitrag zu der Lehre von den Beweisverboten, 1996; *Bosch,*

[12] → § 133 Rn. 22.

Aspekte des nemo-tenetur-Prinzips aus verfassungsrechtlicher und strafprozessualer Sicht – ein Beitrag zur funktionsorientierten Auslegung des Grundsatzes „nemo tenetur seipsum accusare", 1998; *Bosch,* Wiedergutmachung und Strafe – Vollstreckungshilfe und Privilegierung überschuldeter Straftäter durch § 46a StGB?, FS Otto, 2007, S. 845; *Böse,* Die Verwertung im Ausland gewonnener Beweismittel im deutschen Strafverfahren, ZStW 114 (2002), 148; *Brodowski,* Strafrechtsrelevante Entwicklungen in der Europäischen Union – ein Überblick, ZIS 2012, 558; *Brüssow,* Beweisverwertungsverbot in Verkehrsstrafsachen, StraFo 1998, 294; *Burhoff,* Praktische Fragen der „Widerspruchslösung", StraFo 2003, 267; *Cierniak/Herb,* Pflicht zur Belehrung über die Freiwilligkeit der Teilnahme an einer Atemalkoholmessung?, NZV 2012, 409; *Corell,* Muss ein Beschuldigter auf Strafverteidigernotdienste hingewiesen werden? – eine Untersuchung mit Blick auf Österreich und die Schweiz, StraFo 2011, 34; *Corell/Sidhu,* Das Recht auf Rechtsbeistand nach dem europäischen Fahrplan zur Stärkung der Verfahrensrechte in Strafverfahren, StV 2012, 246; *Dahs,* Die kleine Strafprozeßreform – zum Strafprozessänderungsgesetz vom 19.12.1964 (BGBl. 1964 I 1067), NJW 1965, 81; *Dahs,* Die Ausweitung des Widerspruchserfordernisses, StraFo 1998, 253; *Dahs,* Das Schweigen des Verteidigers zu tatrichterlichen Verfahrensfehlern und die Revision, NStZ 2007, 241; *Dallmeyer,* Beweisführung im Strengbeweisverfahren – Beweisbefugnisse als Voraussetzungen der Wahrheitserforschung im Strafprozess, 2002; *Decker,* Dokumentation im Strafverfahren, StraFo 2013, 133; *Degener,* § 136a StPO und die Aussagefreiheit des Beschuldigten, GA 1992, 443; *Dencker,* Über Heimlichkeit, Offenheit und Täuschung bei der Beweisgewinnung im Strafverfahren, StV 1994, 667; *Dingeldey,* Das Prinzip der Aussagefreiheit im Strafprozeßrecht, JA 1984, 407; *Dudel,* Das Widerspruchserfordernis bei Beweisverwertungsverboten – eine Untersuchung der vom BGH entwickelten Widerspruchslösung und ihrer dogmatischen Rechtfertigung, 1999; *Eisenberg,* IQ 37 – Verwertungsverbot polizeilicher Vernehmung ohne Verteidiger?, dargestellt anhand eines Einzelfalls, JA 2012, 452; *Ellbogen,* Die verdeckte Ermittlungstätigkeit der Strafverfolgungsbehörden durch die Zusammenarbeit mit V-Personen und Informanten, 2004; *Eser,* Aussagefreiheit und Beistand des Verteidigers im Ermittlungsverfahren, ZStW 79 (1967), 565; *Eser,* Der Schutz vor Selbstbezichtigung im deutschen Strafprozeßrecht, Beiheft zur ZStW 1974, S. 136; *Esser,* Rechtsfolgen eines Verstoßes gegen die Belehrungspflicht aus Artikel 36 WÜK – zugl. Anm. zu BGH 3 StR 318/07, JR 2008, 271; *Esser,* Initiativen der Europäischen Union zur Harmonisierung der Beschuldigtenrechte – Zugl eine kritische Analyse der Richtlinie 2012/13/EU zum Recht auf Belehrung und Unterrichtung in Strafverfahren, FS Wolter, 2013, S. 1329; *Fezer,* Grundfragen der Beweisverwertungsverbote, 1995; *Fezer,* Pragmatismus und Formalismus in der revisionsgerichtlichen Rechtsprechung, FS Hanack, 1999, S. 331; *Fincke,* Zum Begriff des Beschuldigten und den Verdachtsgraden, ZStW 95 (1983), 918; *Gaede,* Schlechtverteidigung – Tabus und Präklusionen zum Schutz vor dem Recht auf wirksame Verteidigung? – zugl. Bespr. zu BGH 1 StR 341/07 und 1 StR 273/07, HRRS 2007, 402; *Gatzweiler,* Die neuen EU-Richtlinien zur Stärkung der Verfahrensrechte (Mindestmaß) des Beschuldigten oder Angeklagten in Strafsachen, StraFo 2011, 293; *Geppert,* Notwendigkeit und rechtliche Grenzen der „informatorischen Befragung" im Strafverfahren, FS Oehler, 1985, S. 323; *Geppert,* Die „qualifizierte" Belehrung, GS Meyer, 1990, S. 93; *Geppert,* Nochmals, doch immer wieder: Zum Beginn der „Beschuldigten"-Eigenschaft, FS Schroeder, 2006, S. 675; *Geppert,* Zur Belehrung eines Beschuldigten über sein Recht zur Konsultation eines Verteidigers, FS Otto, 2007, S. 913; *Gleß,* Beweisverbote in Fällen mit Auslandsbezug, JR 2008, 317; *Gleß/A. Peters,* Verwertungsverbot bei Verletzung der Pflicht zur Belehrung nach Art. 36 WÜK?, StV 2011, 369; *Greco,* Die Regeln hinter der Ausnahme – Gedanken zur Folter in sog. ticking time bomb-Konstellationen, GA 2007, 628; *G. Haas,* Vernehmung, Aussage des Beschuldigten und vernehmungsähnliche Situation – zugl. ein Beitrag zur Auslegung des § 136 StPO, GA 1995, 230; *R. Hamm,* Staatliche Hilfe bei der Suche nach Verteidigern – Verteidigerhilfe zur Begründung von Verwertungsverboten, NJW 1996, 2185; *Hartwig,* Strafprozessuale Folgen des verspäteten Widerspruchs gegen eine unzulässige Beweisverwertung, JR 1998, 359; *Hassemer,* Unverfügbares im Strafprozeß, FS Maihofer, 1988, S. 183; *B. Heinrich,* Rügepflichten in der Hauptverhandlung und Disponibilität strafverfahrensrechtlicher Vorschriften – dargestellt anhand der Geltendmachung von Beweisverwertungsverboten, ZStW 112, (2000), 398; *Herdegen,* Die Beruhensfrage im strafprozessualen Revisionsrecht, NStZ 1990, 513; *Herdegen,* Das Beweisantragsrecht – zum Rechtsmissbrauch, NStZ 2000, 1 (Teil III); *Herrmann,* Das Recht des Beschuldigten, vor der polizeilichen Vernehmung einen Verteidiger zu befragen – der BGH spricht mit gespaltener Zunge, NStZ 1997, 209; *Hiebl,* Der praktische Fall, StraFo 1998, 412; *Hoven,* Die Vernehmung des Beschuldigten, JA 2013, 368; *Ignor,* Plädoyer für die Widerspruchslösung, FS Rieß, 2002, S. 185; *Ignor/Bertheau,* Der „Zwischenrechtsbehelf" des § 238 II StPO – ein zentrales Institut des Revisionsverfahrens?, NStZ 2013, 188; *Jäger,* Beweiserhebungs- und Beweisverwertungsverbote als prozessuale Regelungsinstrumente im strafverfolgenden Rechtsstaat [zum 67. DJT], GA 2008, 473; *Jahn,* Beweiserhebungs- und Beweisverwertungsverbote im Spannungsfeld zwischen den Garantien des Rechtsstaates und der effektiven Bekämpfung von Kriminalität und Terrorismus, 67. DJT Erfurt 2008, Gutachten C, 2008; *Jahn,* Strafverfolgung um jeden Preis? – die Verwertbarkeit rechtswidrig erlangter Beweismittel, StraFo 2011, 117; *Janicki,* Beweisverbote im deutschen und englischen Strafprozess – Auswirkungen auf die europäische Zusammenarbeit, 2002; *Jansen,* Zeuge und Aussagepsychologie, 2. Aufl. 2012; *Kasiske,* Widersprüchlichkeiten der Widerspruchslösung, NJW-Spezial 2011, 376; *Kiehl,* Neues Verwertungsverbot bei unverstandener Beschuldigtenbelehrung – und neue Tücken für die Verteidigung, NJW 1994, 1267; *Kindhäuser,* Rügepräklusion durch Schweigen im Strafverfahren, NStZ 1987, 529; *Kleinknecht,* Die Beweisverbote im Strafprozeß – Gedanken zu einem Thema des 46. DJT, NJW 1966, 1537; *Kohlhaas,* Vom ersten Zugriff zum Schlußgehör, NJW 1965, 1254; *Krekeler,* Der Beweiserhebungsanspruch des Beschuldigten im Ermittlungsverfahren, NStZ 1991, 367; *Kudlich,* Reden ist Silber, Schweigen ist Gold – zur „Mit-Hör-Fallen"-Entscheidung des Großen Strafsenats [BGH GSSt 1/96], JuS 1997, 696; *Kudlich,* Erfordert das

Beschleunigungsgebot eine Umgestaltung des Strafverfahrens?, 68. DJT 2010, Gutachten C, 2010; *Kudlich,* Wie weit reicht die Widerspruchslösung? Zugl. Gedanken zu OLG Frankfurt 3 Ss 285/10, HRRS 2011, 114; *Kühne,* Anwaltlicher Beistand und das Schweigerecht des Beschuldigten im Strafverfahren, EuGRZ 1996, 571; *Kutschera,* Verwertungsverbot bei unterbliebenem Hinweis auf einen Strafverteidigernotdienst, StraFo 2001, 262; *Leipold,* Form und Umfang des Erklärungsrechts nach § 257 StPO und seine Auswirkungen auf die Widerspruchslösung des Bundesgerichtshofes, StraFo 2001, 300; *Lesch,* Inquisition und rechtliches Gehör in der Beschuldigtenvernehmung, ZStW 111 (1999), 624; *Löffelmann,* Die Lehre von den Verwertungsverboten oder die Freude am Hindernislauf auf Umwegen, JR 2009, 10; *Mahlstedt,* Die verdeckte Befragung des Beschuldigten im Auftrag der Polizei – informelle Informationserhebung und Selbstbelastungsfreiheit, 2011; *Maiberg,* Zur Widerspruchsabhängigkeit von strafprozessualen Verwertungsverboten, 2003; *Matt,* Nemo tenetur se ipsum accusare – europäische Perspektiven, GA 2006, 323; *Maul/Eschelbach,* Zur „Widerspruchslösung" von Beweisverbotsproblemen in der Rechtsprechung, StraFo 1996, 66; *Meurer,* Informelle Ausforschung, FS C. Roxin I, 2001, S. 1281; *Meyer-Goßner/Appl,* Die Ausweitung des Widerspruchserfordernisses, StraFo 1998, 258; *Meyer-Mews,* Die ratio der Widerspruchslösung, StraFo 2009, 141; *Meyer-Mews,* Es gibt kein richtiges Urteil im falschen Verfahren: Das Strafverfahren aus der verfassungsrechtlichen Perspektive des Art. 104 Abs. 1 GG, StraFo 2012, 7; *Mitsch,* Strafprozessuale Beweisverbote im Spannungsfeld zwischen Jurisprudenz und realer Gefahr, NJW 2008, 2295; *O. Möller,* Führen Verstöße gegen § 67 I JGG bei polizeilichen Vernehmungen eines jugendlichen Beschuldigten zu einem Beweisverwertungsverbot?, NStZ 2012, 113; *Mosbacher,* Rügepräklusion mangels Rechtsschutzbedürfnis – zur Unzulässigkeit von Verfahrensrügen beim Unterlassen von Zwischenrechtsbehelfen, FS Widmaier, 2008, S. 339; *Mosbacher,* Aktuelles Strafprozessrecht, JuS 2008, 688; *Mosbacher,* Die Zukunft der Widerspruchslösung, FS Rissing-van Saan, 2011, S. 356; *Müssig,* Beweisverbote im Legitimationszusammenhang von Strafrechtstheorie und Strafverfahren, GA 1999, 119; *Nack,* Verwertung rechtswidriger Ermittlungen nur zu Gunsten des Beschuldigten?, StraFo 1998, 366; *Nack/Park/Brauneisen,* Gesetzesvorschlag der Bundesrechtsanwaltskammer zur Verbesserung der Wahrheitsfindung im Strafverfahren durch den verstärkten Einsatz von Bild- und Tontechnik, NStZ 2011, 310; *R. Neuhaus,* Ungeschriebene Belehrungspflichten im Rahmen des § 136 Abs. 1 S. 2 StPO und die Folgen ihrer Verletzung, StV 2010, 45; *Nothhelfer,* Die Freiheit von Selbstbezichtigungszwang – verfassungsrechtliche Grundlagen und einfachgesetzliche Ausformungen, 1989; *Paul,* Unselbständige Beweisverwertungsverbote in der Rechtsprechung, NStZ 2013, 489; *Radbruch,* Grenzen der Kriminalpolizei, FS Sauer, 1949, S. 121; *Ransiek,* Die Rechte des Beschuldigten in der Polizeivernehmung, 1990; *Ransiek,* Belehrung über Aussagefreiheit und Recht der Verteidigerkonsultation: Folgerungen für die Beschuldigtenvernehmung, StV 1994, 343; *Rieß,* Die Vernehmung des Beschuldigten im Strafprozeß, JA 1980, 293; *Rogall,* Der Beschuldigte als Beweismittel gegen sich selbst – ein Beitrag zur Geltung des Satzes „Nemo tenetur seipsum prodere" im Strafprozeß, 1977; *Rogall,* Gegenwärtiger Stand und Entwicklungstendenzen der Lehre von den strafprozessualen Beweisverboten, ZStW 91 (1979), 1; *Rogall,* Über die Folgen der rechtswidrigen Beschaffung des Zeugenbeweises im Strafprozeß, JZ 1996, 944; *Rogall,* „Abwägungen" im Recht der Beweisverbote, FS Hanack 1999, S. 293; *Rogall,* Zur Lehre von den Beweisverboten – Anmerkungen zum gegenwärtigen Diskussionsstand, FS Grünwald, 1999, S. 523; *Rogall,* Beweiserhebungs- und Beweisverwertungsverbote im Spannungsfeld zwischen den Garantien des Rechtsstaates und der effektiven Bekämpfung von Kriminalität und Terrorismus, JZ 2008, 818; *Rogall,* Grund und Grenzen der „qualifizierten" Belehrung im Strafprozess, FS Geppert, 2011, S. 519; *Roxin,* Nemo tenetur: die Rechtsprechung am Scheideweg, NStZ 1995, 465; *Roxin,* Zum Hörfallen-Beschluß des Großen Senats für Strafsachen, NStZ 1997, 18; *Roxin,* Das Recht des Beschuldigten zur Verteidigerkonsultation in der neuesten Rechtsprechung, JZ 1997, 343; *Roxin,* Gegenwart und Zukunft der Verteidigung im rechtsstaatlichen Strafverfahren, FS Hanack, 1999, S. 1; *Roxin,* Beschuldigtenstatus und qualifizierte Belehrung – zugl. eine Bespr. von BGH 1 StR 3/07, JR 2008, 16; *Roxin,* Für ein Beweisverwertungsverbot bei unterlassener qualifizierter Belehrung (Anm. zu BGH 4 StR 455/08), HRRS 2009, 186; *Roxin,* Zur Reichweite von Verwertungsverboten bei Beeinträchtigungen des Aussageverweigerungsrechts und der Verteidigung, FS Kühne 2013, S. 317; *Rüping,* Zur Mitwirkungspflicht des Beschuldigten und Angeklagten, JR 1974, 135; *Rüping,* Der Grundsatz des rechtlichen Gehörs und seine Bedeutung im Strafverfahren, 1976; *Salditt,* 25 Jahre Miranda – Rückblick auf ein höchstrichterliches Experiment, GA 1992, 51; *Salger,* Das Schweigerecht des Beschuldigten – Vergleich zwischen deutschem und US-amerikanischem Strafverfahrensrecht, 1998; *Schädler,* Nicht ohne das Opfer? Der Täter-Opfer-Ausgleich und die Rechtsprechung des BGH, NStZ 2005, 366; *H. Schäfer,* Das Recht des Beschuldigten auf Gehör im Ermittlungsverfahren, wistra 1987, 165; *Schilling,* Illegale Beweise – eine Untersuchung zum Beweisverfahren im Strafprozeß, 2004; *v. Schlieffen,* Neues von der Widerspruchslösung, FS ARGE Strafrecht DAV, 2009, S. 801; *Schlothauer,* Zur Bedeutung der Beweisverwertungsverbote im Ermittlungs- und Zwischenverfahren, FS Lüderssen, 2002, S. 761; *Schlothauer/Jahn,* Zustimmung statt Widerspruch bei Beweisverwertungsverboten im Strafverfahren, RuP 2012, 222; *Schröder,* Beweisverwertungsverbote und die Hypothese rechtmäßiger Beweiserlangung im Strafprozeß, 1992; *Schünemann,* Die Belehrungspflichten der §§ 243 IV, 136 n.F. StPO und der BGH, MDR 1969, 101; *Schwaben,* Die Rechtsprechung des BGH zwischen Aufklärungsrüge und Verwertungsverbot, NStZ 2002, 288; *Schwaben,* Die Personelle Reichweite von Beweisverwertungsverboten, 2005; *Schwabenbauer,* Der Zweifelssatz im Strafprozessrecht, 2012; *Seebode,* Schweigen des Beschuldigten zur Person, MDR 1970, 185; *Seebode,* Folterverbot und Beweisverbot, FS Otto, 2007, S. 999; *Soyer/St. Schumann,* Verteidigungsrechte im Vorverfahren – eine rechtstatsächliche Forschung über Voraussetzungen und Bedingungen einer Effektuierung anwaltlicher Notdienste, StV 2012, 495; *Strate/Ventzke,* Unbeachtlichkeit einer Verletzung des § 137 Abs. 1 S. 1 StPO im Ermittlungsverfahren?, StV 1986, 30; *Strate,* Rechtshistorische Fragen der Beweisverbote, in: AG StrafR

DAV, II. Strafverteidiger-Frühjahrssymposium 1988, Wahrheitsfindung und ihre Schranken, 1989, S. 9; *Strate,* Die Abschaffung des Revisionsrechts durch die Beweisverbotslehre – demonstriert am Beispiel des Falles Wilson Fernandes, HRRS 2008, 76; *Tepperwien,* „Schöpferische Rechtsfindung" in der neueren Rechtsprechung des Bundesgerichtshofs zum Strafverfahrensrecht, FS Widmaier, 2008, S. 583; *Tolksdorf,* Verwertungsverbot wegen unterlassener Beschuldigtenbelehrung nur bei Widerspruch?, FG Graßhof, 1998, S. 255; *Velten,* Justizentlastung durch Präklusion von Verfahrensrechten? FS Grünwald, 1999, S. 753; *Ventzke,* Die Widerspruchslösung des Bundesgerichtshofs – viel Getu um nichts?, StV 1997, 543; *Verrel,* Nemo tenetur – Rekonstruktion eines Verfahrensgrundsatzes, NStZ 1997, 415 (2. Teil); *Vetterli,* Kehrtwende in der bundesgerichtlichen Praxis zu den Verwertungsverboten – Überlegungen zu BGE 137 I 218 und gleichzeitig Denkanstösse zur Auslegung von Art. 141 StPO [Schweiz], ZStrR 2012, 447; *S. Walther,* Vorschläge zu §§ 136, 338 StPO anlässlich des Urteils des IGH vom 31. März 2004 im Fall Avena u. a. (Mexico v. United States of America), HRRS 2004, 126; *Wessels,* Schweigen und Leugnen im Strafverfahren, JuS 1966, 169; *Widmaier,* Mitwirkungspflicht des Verteidigers in der Hauptverhandlung und Rügeverlust(?), NStZ 1992, 519; *Wittmann,* „Miranda v. Arizona" (1966) und die effektive Garantie der Selbstbelastungsfreiheit – zwei Mythen des amerikanischen Verfassungsrechts?, JZ 2014, 105; *Wolter,* Beweisverbote und Umgehungsverbot zwischen Wahrheitserforschung und Ausforschung, FG BGH, 2000, Bd. 4 S. 963; *Wolter,* Wieder das systemlose Abwägungs-Strafprozessrecht – über den Niedergang von Gesetzgebung und Rechtsprechung im Strafverfahrensrecht, FS C. Roxin II, 2011, Bd. 2 S. 1245; *Yalçın,* Das Stigma des Finanzierungsvorbehalts – Stärkung der Beschuldigtenrechte im Strafverfahren, ZRP 2013, 104.

Übersicht

I. Überblick

1. Gegenstand der Norm und Anwendungsbereich. a) Gegenstand. § 136 formuliert Anforderungen an Vernehmungen bzw. „die erste" Vernehmung (→ Rn. 9 ff.) des Beschuldigten. Er umfasst – unterschiedlich intensive – **Mitteilungspflichten** (Abs. 1) und stellt **thematisch-inhaltliche Anforderungen** (Abs. 2). 1

Gegenüber der **RStPO 1877**[1] wurde Abs. 1 wesentlich umgestaltet und dabei ua um eine Belehrung über die Aussagefreiheit, das Recht zur Konsultation eines Verteidigers, das 2

[1] Zur Normgenese s. *Degener* GA 1992, 443 (455 ff.) mwN.

Recht, Beweiserhebungen zu beantragen, sowie den Hinweis auf die Möglichkeit eines Täter-Opfer-Ausgleichs[2] erweitert. Die ursprüngl. Fassung sah neben einer Eröffnung des Tatvorwurfs nur vor, den Beschuldigten zu befragen, ob er auf die Beschuldigung etwas erwidern wolle. Das Verbot, eine Aussage zu erpressen, stand indes damals schon außer Zweifel (vgl. § 343 RStGB 1872). Abs. 2 wurde geringfügig umformuliert; Abs. 3 ist unverändert.

3 Die **EU** hat jüngst Richtlinien über das Recht auf **Belehrung** und Unterrichtung im Strafverfahren[3] sowie das Recht auf Zugang zu einem Rechtsbeistand in Strafverfahren (etc.) sowie Benachrichtigung eines Dritten bei Freiheitsentzug und Kommunikation mit Dritten und mit Konsularbehörden erlassen.[4] Diese betreffen unmittelbar den Regelungsbereich von § 136 und sind in nationales Recht[5] umzusetzen und bei der Auslegung des nationalen Rechts zu berücksichtigen. § 136 Abs. 1 S. 3 Hs. 2 wurde aus Anlass der erstgenannten Richtlinie neu eingefügt (→ Rn. 37). Unter weiteren Änderungsvorschlägen sei ein Vorstoß der **BRAK** aus dem Jahr 2010 hervorgehoben, in neu anzufügenden Abs. 4 und 5 eine Aufzeichnung der Vernehmung auf **Bild-Ton-Träger** ausdrücklich zu gestatten und für Fälle von § 140 Abs. 1 oder 2 verbindlich vorzuschreiben.[6]

4 **b) Anwendungsbereich.** Der Anwendungsbereich von § 136 ist vom Geltungsbereich der hinter ihm stehenden Rechte bzw. der Rechtsstellung des Beschuldigten – insbes. der Aussagefreiheit – zu unterscheiden.[7] In persönlicher und zeitlicher Hinsicht ist er maßgeblich an die **Beschuldigtenstellung** (→ Vor § 133 Rn. 20 ff.) geknüpft, was zB Kinder vollständig aus dem Anwendungsbereich ausschließt. Zur Anwendbarkeit auf juristische Personen → Vor § 133 Rn. 132 ff.

5 Zur **informatorischen Befragung** und der Pflicht, ggf. zur Beschuldigtenvernehmung (mit voller Belehrung nach § 136) überzugehen, → Vor § 133 Rn. 31 f. und 43. Zur Pflicht, uU von vornherein nach § 55 zu belehren, → Vor § 133 Rn. 29. Sie besteht insbes. dann, wenn nur eine Person als Täter in Betracht kommt und es gerade darum geht, uneindeutigen Anhaltspunkten für das Vorliegen einer Tat nachzugehen[8] (zB beim sog „Flankenschutz" der Steuerfahndung); eine rechtsstaatswidrige „Überrumplung" des Betreffenden ist ggf. auch durch weitere Belehrungspflichten (bis hin zu einer erweiterten Anwendung von § 136[9]) zu verhindern[10] und kann eine – auch ggü. Zeugen verbotene – Täuschung iSv § 136a[11] darstellen. Zu Verwertungsfragen beachte → Rn. 61 und 66 f.

6 § 136 betrifft alle Vernehmungen des Beschuldigten **vor und außerhalb der Hauptverhandlung.** Sein primäres Anwendungsfeld ist das Vorverfahren. Im Zwischenverfahren gilt er für Beweiserhebungen nach § 202. Für das Hauptverfahren enthält § 243 eine eigene Regelung, verweist aber (in § 243 Abs. 5 S. 2) auf § 136 Abs. 2. Für den Fall der **Untersu-**

[2] Eingefügt mWv 1.9.2004 durch das OpferRRG v. 24.6.2004, BGBl. I 1354.

[3] RL 2012/13/EU des Europäischen Parlaments und des Rates v. 22.5.2012, ABl. 2012 L 142/1. Zur Kritik daran *Esser,* FS Wolter 2013, S. 1329, 1349 ff.

[4] RL 2013/48/EU des Europäischen Parlaments und des Rates v. 22.10.2013, ABl. 2013 L 294/1. Zu vorangehenden Beratungen s. *Brodowski* ZIS 2012, 558 (564 f.) und *Corell/Sidhu* StV 2012, 246 ff. jeweils mN; zu weiteren Zielen des Stockholmer Programms s. → Einl. K Rn. 639 und *Esser,* FS Wolter, 2013, S. 1329, 1336 ff. Vgl. auch HK-StPO/*Ahlbrecht* Rn. 27; *Gatzweiler* StraFo 2011, 293 ff. Zur Bindung der dt. Mitwirkung im europäischen Normsetzungsverfahren an den eigenen nationalen Standard *Matt* GA 2006, 323 (328).

[5] Eine Übersicht über den aktuellen Regelungsstand der Mitgliedstaaten der EU gibt das Europäische Justizportal (http://e-justice.europa.eu/) unter dem Menüpunkt „Rechte der Beschuldigten in Strafverfahren".

[6] S. http://www.brak.de/seiten/pdf/Stellungnahmen/2010/Stn1.pdf S. 9, 12 ff.; dazu grds. zust. *Nack/Park/Brauneisen* NStZ 2011, 310 ff.; thematisch verwandt dazu BT-Drs. 17/1224.

[7] → Vor § 133 Rn. 1 bis 13.

[8] Zu Anfangsverdacht und Vorermittlungen vgl. auch → Vor § 133 Rn. 23.

[9] → Vor § 133 Rn. 15, ferner *Radbruch,* FS Sauer, 1949, 121 (126).

[10] Gerade zum „Flankenschutzfahnder" s. BFH 3.5.2010 – VIII B 71/09, BB 2010, 2154 mAnm *Prowatke; Anders* DStR 2012, 1779 (1784) sowie das Editorial FD-StrafR 2012, 339492.

[11] → § 136a Rn. 27 f., 44.

chungshaft beinhalten §§ 114b, 115 Abs. 3 und 4 sowie § 115a Abs. 2 S. 2 und Abs. 3 ähnliche und weitergehende Belehrungspflichten.

Obwohl die Aussagefreiheit und die weiteren hinter den Mitteilungspflichten stehenden Rechte nicht auf Vernehmungen beschränkt sind und solche Pflichten auch außerhalb von Vernehmungen bestehen können,[12] befasst sich § 136 grds. nur mit **Vernehmungen.**[13] Wenn die Vorschrift aber als Umsetzung der RL 2012/13/EU ausreichen soll, wird dieser Bezug im Wege einer **europarechtskonformen Auslegung** zu lockern sein (→ Rn. 12). Zu schriftlichen Befragungen beachte ferner → Vor § 133 Rn. 41. Zu verdeckten Ermittlungen und „vernehmungsähnlichen Situationen" → § 136a Rn. 47, 75 ff., 81.[14] Vor sog **Spontanäußerungen** – die indes eng zu fassen sind –[15] zu erfüllende Mitteilungspflichten können schon deshalb nicht bestehen, weil sie regelmäßig (tatsächlich) Unerreichbares verlangen würden; zur Frage eines Verwertungsverbots von Spontanäußerungen → Rn. 66 f. 7

Die Vorschrift findet auf **richterliche** Vernehmungen sowie – über § 163a Abs. 3 S. 2 – auf **staatsanwaltschaftliche** Vernehmungen Anwendung. Für **polizeiliche** Vernehmungen gilt nach § 163a Abs. 4 nahezu dasselbe; lediglich die Angabe der in Betracht kommenden Strafvorschriften ist für die Polizei nicht vorgeschrieben. S. ergänzend – insbes. zu **Sachverständigen** – → Vor § 133 Rn. 44 ff. sowie – zum OWiG – → § 133 Rn. 2. 8

2. Erste Vernehmung, Belehrungszeitpunkt und Pflicht zu erneuter Belehrung. Zum Begriff der **Beschuldigtenvernehmung** → Vor § 133 Rn. 36 ff., zur Inkulpationspflicht und Kompetenzverteilung zwischen StA und Ermittlungsrichter auch → Vor § 133 Rn. 28 ff.). Zur schriftlichen Befragung beachte → Vor § 133 Rn. 41. § 136 Abs. 2 spricht von allen Vernehmungen des Beschuldigten. § 136 Abs. 1 und 3 sprechen hingegen jeweils einschränkend von „der ersten" Vernehmung. Damit ist indes **nicht nur die allererste** Vernehmung im gesamten Strafverfahren gemeint. Schon an § 243 Abs. 5 ist zu sehen, dass die StPO selbst davon ausgeht, dass in § 136 Vorgeschriebenes ggf. später wiederholt werden muss. 9

§ 136 Abs. 1 verlangt primär, dass der Vernehmende dem Beschuldigten bestimmte Informationen von sich aus geben muss. Diese Informationen stellen den Gegenstand der Vernehmung für alle Teilnehmer explizit klar, informieren den Beschuldigten über bestimmte Rechte und verlangen vom Vernehmenden, sich (durch die Mitteilung) ausdrücklich **zur Achtung dieser Rechte** zu **bekennen.**[16] Wegen des oft unterschiedlichen Eindrucks auf den Beschuldigten muss der **StA** unabhängig von einer vorangegangenen polizeilichen Belehrung selbst belehren, **ebenso** der **Richter** unabhängig von früheren polizeilichen oder staatsanwaltschaftlichen Belehrungen.[17] Ferner ist (dem Gedanken von § 243 Abs. 5 folgend) in jedem Verfahrensabschnitt grds. erneut zu belehren. 10

Die Einschränkung auf „die erste Vernehmung" ist dahingehend zu verstehen, dass in späteren Vernehmungen gleichen Typs und gleicher Verfahrenslage nicht ohne besonderen Anlass erneut belehrt werden muss. § 136 Abs. 1 S. 3 bis 4 ist aber die Wertung zu entnehmen, dass der Beschuldigte seine Rechte kennen soll, denn das rechtsstaatliche Strafverfahren wird gegen einen informiert (und nur deshalb selbstbestimmt) handelnden Beschuldigten geführt. Wenn **konkrete Zweifel** entstehen, ob der Beschuldigte sich seiner in § 136 Abs. 1 11

---

[12] Dazu näher anhand der Aussagefreiheit → Vor § 133 Rn. 2, 4 ff., 18 f., 37, 91 ff., 118 ff.

[13] BGH 18.5.2010 – 5 StR 51/10, BGHSt 55, 138 (143 Rn. 16) = NJW 2010, 3670 (3671); aA insbes. BGH 20.12.1995 – 5 StR 680/94, NStZ 1996, 200 (201) m. abl. Anm. *Seitz* NStZ 1995, 519 in der Vorlage zur dann entgegenstehend getroffenen Entscheidung BGH 13.5.1996 – GSSt 1/96, BGHSt 42, 139 (145 ff.) = NJW 1996, 2940 (2941); *Schlothauer/Weider,* Verteidigung im Revisionsverfahren, 2. Aufl. 2013, Rn. 1974 (Rüge 240 5.); vgl. dazu auch *Roxin* NStZ 1995, 465 (Bespr. des Anfragebeschlusses in derselben Sache, BGH 22.3.1995 – 5 StR 680/94, NStZ 1995, 410) und *Kudlich* JuS 1997, 696 (699, 700).

[14] Für eine Anwendung von § 136 zB Löwe/Rosenberg/*Gleß* Rn. 91 ff.; *Roxin* NStZ 1995, 465 (466 ff., 469); eingehend [grds. abl.] KMR/*Lesch* Rn. 30 ff.; *Ellbogen*, Verdeckte Ermittlungstätigkeit, 2004, S. 85 ff.; *Mahlstedt,* Die verdeckte Befragung des Beschuldigten im Auftrag der Polizei, 2011, S. 50 ff. (137).

[15] → Vor § 133 Rn. 42.

[16] → Rn. 26 sowie → Vor § 133 Rn. 71.

[17] Löwe/Rosenberg/*Gleß* Rn. 13; HK-StPO/*Ahlbrecht* Rn. 2, 20; Graf/*Monka* Rn. 8.

oder einer anderen Belehrungsvorschrift (zB § 114b) genannten Rechte bewusst ist, muss die betreffende **Belehrung wiederholt** und ggf. für ihn besser verständlich gefasst werden.[18] Dass ein Beschuldigter von seinem Recht keinen Gebrauch macht, begründet solche Zweifel allein noch nicht. Nach einer verstandenen Belehrung wird man innerhalb desselben Termins grds. keine erneute Belehrung verlangen können.

12 Nach § 136 Abs. 1 S. 1 soll der Beschuldigte stets wissen, in welcher Hinsicht gegen ihn ermittelt wird und welche Verfahrensrechte ihm zustehen. Die Vorschrift geht dabei von Mitteilungen und Belehrungen vor einer Vernehmung aus, denn sie regelt Modalitäten der Vernehmung. Aus Art. 2 Abs. 1 der RL 2012/13/EU[19] ergibt sich aber im Lichte von Erwägungsgrund 19 und 28 dieser RL, dass dies der **späteste Zeitpunkt** ist und jeder andere zur Kenntnis des Beschuldigten gelangende Inkulpationsakt[20] dieselben Pflichten auslöst (→ Rn. 7). Es ist auch nicht der einzige relevante Zeitpunkt. Vielmehr ist der Beschuldigte ggf. über wesentliche **Veränderungen des aktuellen Tatvorwurfs** bzw. des rechtlichen Gesichtspunkts zu unterrichten (→ Rn. 23 f.). Auch auf entspr. **Irrtümer** seinerseits muss mit einer Klarstellung reagiert werden. Wesentlich sind Veränderungen bzw. Irrtümer, wenn sich durch sie die Frage der Mitwirkung bzw. der Ausübung der sonstigen Rechte in anderer Weise stellt als zuvor.[21]

13 Nach **§ 136 Abs. 3** hat jeder Vernehmende jeweils bei seiner ersten Vernehmung des Beschuldigten zu prüfen, ob dessen persönliche Verhältnisse bereits ermittelt wurden. Ist das der Fall, muss er in dieser Hinsicht nichts Weiteres unternehmen.

II. Beginn der Vernehmung (Abs. 1)

14 Die folgende Darstellung (unter II. und III.) orientiert sich an einer üblichen Abfolge in der Vernehmung, ohne dass diese in jeder Hinsicht zwingend wäre.[22] Zu **Anwesenheitsrechten** und Anwesenheitspflichten → Vor § 133 Rn. 47 ff.

15 **1. Vernehmung zur Person. a) Identitätsfeststellung.** Die Feststellung der Identität des Vernommenen ist Teil der Prüfung seines Beschuldigtenstatus, von dem etliche Rechte und Pflichten des Vernommenen sowie Befugnisse und Pflichten der Vernehmenden abhängen. Deshalb steht sie am **Anfang** jeder Vernehmung. Personenverwechslungen sind auch deshalb besonders sorgfältig zu vermeiden, weil sonst Beeinträchtigungen Dritter zu besorgen wären und die Aussage einer falschen Person zugeordnet würde. Die Feststellung erfolgt primär durch die **Vernehmung zur Person.** Verweigert der Anwesende indes die nötigen Angaben oder bestehen Anhaltspunkte, an der Richtigkeit seiner Angaben zu zweifeln, liefert § 163b Befugnisse zur Feststellung seiner Identität.

16 Die in § 136 Abs. 3 genannten **„persönlichen Verhältnisse"** (→ Rn. 50 f.) betreffen hingegen die Zumessung der Sanktion und uU die Schuldfrage. Deshalb sind sie Gegenstand der Vernehmung zur Sache.

17 **b) Auskunftspflicht über die eigene Person?** Der Vernommene ist **grds. verpflichtet,** wahrheitsgemäße Angaben über seinen Vor-, Familien- und Geburtsnamen, den Ort und Tag seiner Geburt, seinen Wohnort und seine Anschrift, seine Staatsangehörigkeit, sowie ggf. seinen Familienstand und seinen Beruf zu machen.[23] Dies entspricht dem Katalog

---

[18] Vgl. Erwägungsgründe 25 ff. und 38 der RL 2012/13/EU (ABl. 2012 L 142/1); Löwe/Rosenberg/*Gleß* Rn. 13; weitergehend SK-StPO/*Rogall* Rn. 4.

[19] RL 2012/13/EU des Europäischen Parlaments und des Rates v. 22.5.2012, ABl. 2012 L 142/1.

[20] → Vor § 133 Rn. 26.

[21] Vgl. SK-StPO/*Rogall* Rn. 20; ähnlich *Eser* Beiheft zur ZStW 1974, 136 (150).

[22] Vgl. auch → Vor § 133 Rn. 52 ff.

[23] Vgl. BGH 10.11.1967 – 4 StR 512/66, BGHSt 21, 334 (364) = NJW 1968, 710 (714); BGH 29.8.1972 – 2 StR 190/72, BGHSt 25, 13 (17) = NJW 1972, 2004 (2005) jeweils noch zu § 360 Abs. 1 Nr. 8 StGB aF, der von § 111 Abs. 1 OWiG abgelöst wurde. Mit beachtlichen Gründen aA [ausdrückliche Verweigerung der Auskunft statthaft] *Seebode* MDR 1970, 185; *Dingeldey* JA 1984, 407 (411 ff.); *Rogall,* Der Beschuldigte als Beweismittel gegen sich selbst, 1977, S. 179; *Rüping* Rn. 101; entspr. Löwe/Rosenberg/*Gleß* Rn. 17.

von § 111 Abs. 1 OWiG. Der Vernehmende hat insbes. auf die richtige Schreibweise des Familien- und Geburtsnamens zu achten (RiStBV Nr. 13 Abs. 1 S. 1).

18 § 111 Abs. 1 OWiG enthält keine Befugnisnorm für ein Auskunftsverlangen und statuiert keine Auskunftsverpflichtung des Adressaten, sondern setzt beides (im Merkmal der Zuständigkeit) voraus.[24] Auch § 1 Abs. 1 S. 2 PAuswG ergänzt diese nur, wenn sie anderweitig bestehen (dann darf die Vorlage des Ausweises verlangt, er muss aber nicht bereits mitgeführt werden). § 163b statuiert zwar eine Befugnis zur Identitätsfeststellung, aber keine Mitwirkungspflicht des Betroffenen. Die Praxis entnimmt § 163b aber für StA und Polizei die Zuständigkeit iSd § 111 Abs. 1 OWiG und diesem eine **Auskunftspflicht des Tatverdächtigen,** soweit die in der Vorschrift genannten Informationen nicht ohnehin bereits vorliegen.[25] Sie werden als gerade noch ausreichende Rechtsgrundlage für den Eingriff in das Recht auf **informationelle Selbstbestimmung** ansehen, obwohl die wünschenswerte Normenklarheit bei weitem nicht erreicht wird.[26] Für richterliche und staatsanwaltschaftliche Vernehmungen ergibt sich die Pflicht, sich zu identifizieren, zudem als notwendiger Bestandteil der Pflicht des Beschuldigten, zu erscheinen,[27] denn als scheinbar nur zufällig anwesender Unbekannter würde er die Pflicht nicht erfüllen. Dafür spricht auch die in § 136 Abs. 1 S. 2 und § 243 Abs. 5 S. 1 ausgedrückte Beschränkung der Aussagefreiheit auf Angaben „zur Sache".[28]

19 Die Verpflichtung des Beschuldigten, Angaben zur eigenen Person zu machen, kollidiert mit seiner Aussagefreiheit, obwohl diese „nur" für die Schuldfrage relevante Umstände betrifft. Dabei ergibt sich stets eine allgemeine Kollision daraus, dass nur die Person des Täters schuldig sein kann; diese Kollision lässt sich nicht beheben, ohne jegliche Auskunftspflicht des Beschuldigten zur Person aufzugeben. Zu ihr können **tatbestandsspezifische Kollisionen** hinzutreten, wenn der Deliktstatbestand in der Person des Täters liegende Merkmale enthält (zB ergeben sich eine Amtsträgerschaft oder eine Vermögensbetreuungspflicht oft gerade aus dem Beruf). Inwieweit solche Kollisionen die Auskunftspflicht des Beschuldigten einschränken sollen, ist eine vom Gesetzgeber nach verfassungsrechtlichen Vorgaben zu treffende Präferenzentscheidung, dem bestehenden Gesetz aber nicht zu entnehmen. Eine hinreichende gesetzliche Eingriffsgrundlage lässt sich derzeit daher nur dann annehmen, wenn alle tatbestandsspezifischen Kollisionen von vornherein **zu Gunsten der Aussagefreiheit** gelöst werden.[29] Daher müssen grds. auch keine weiteren, außerhalb des Katalogs des § 111 Abs. 1 OWiG stehenden Angaben zur Person (wie **Religion,** Abstammung oder **politische Gesinnung**) gemacht werden, denn das Interesse an ihnen könnte sich stets nur aus den besonderen, regelmäßig auch für die Schuldfrage bedeutsamen Umständen des Falls ergeben (vgl. auch RiStBV Nr. 13 Abs. 5); zudem ist die Fragebefugnis staatlicher Behörden hier ohnehin eng begrenzt (Art. 140 GG iVm Art. 136 Abs. 3 WRV).

20 **2. Eröffnung des Tatvorwurfs (S. 1 Hs. 1) und Bezeichnung der Strafvorschriften (S. 1 Hs. 2). a) Ursprüngliche Mitteilung.** Der Tatvorwurf ist dem Beschuldigten zu eröffnen. Dies soll es ihm va ermöglichen, sich gegen den Vorwurf zu **verteidigen** bzw. gezielt an der Aufklärung der Tat mitzuwirken. Verpflichtet ist er dazu freilich nicht. Zur Art der Mitteilung → Rn. 27.

21 Der bislang **ermittelte Sachverhalt** bzw. Verdachtsmomente sind dem Beschuldigten soweit und so klar und detailliert **bekannt zu geben,** dass dadurch der Gegenstand des

---

[24] KK-OWiG/*Rogall* § 111 Rn. 3, 25 ff. mwN; *Bohnert* OWiG § 111 Rn. 1; aA *Meyer-Goßner* Rn. 5.

[25] Vgl. OLG Hamm 28.9.1987 – 4 Ss OWi 725/87, NJW 1988, 274; BayObLG 9.5.1988 – 3 Ob OWi 60/88, NStZ 1988, 466.

[26] BVerfG 7.3.1995 – 1 BvR 1564/92, Rn. 21 ff., BVerfGE 92, 191 (197 ff.) = NJW 1995, 3110 (3111) – Personalienfeststellung; vgl. ferner BVerfG 15.12.1983 – 1 BvR 209/83 ua, Rn. 157, 180, BVerfGE 65, 1 (44, 54) = NJW 1984, 419 (422, 424) – Volkszählung.

[27] → § 133 Rn. 5.

[28] *Rieß* JA 1980, 293 (294).

[29] Entspr. *Meyer-Goßner* Rn. 5; AK/*Gundlach* Rn. 13; Radtke/Hohmann/*J. Kretschmer* Rn. 12; *Eisenberg* Beweisrecht Rn. 540; *Wessels* JuS 1966, 169 (176); *Eser* ZStW 79 (1967), 565 (576); *Rüping* JR 1974, 135 (137); aA KK-StPO/*Diemer* Rn. 7. Eingehend *Rogall,* Der Beschuldigte als Beweismittel gegen sich selbst, 1977, S. 45 ff., 176 ff. (insbes. 178 f.); *Salger,* Das Schweigerecht des Beschuldigten, 1998, S. 18 ff. (insbes. 26).

Verfahrens bestimmt[30] und ihm die genannte Verteidigung und Mitwirkung im Verfahren tatsächlich möglich wird.[31] Inwieweit StA und Polizei darüber hinaus ihre aktuelle Beweissituation offenbaren müssen, ist eine Frage von § 136 Abs. 2 (→ Rn. 45 f.). Dem Vernehmenden ist ein Einschätzungsspielraum zuzugestehen, ermittlungstaktische Interessen entbinden aber nicht von der Mitteilungspflicht;[32] so muss zB dem Beschuldigten eines Gewaltdelikts der Tod des Opfers offenbart werden.[33] Ob Mitteilungen das Untersuchungsziel gefährden, kann aber bereits zuvor bei der Entscheidung berücksichtigt werden, wann der Beschuldigte vernommen wird. Ggf. kann eine Behandlung des Verfahrensgegenstands in mehreren, nacheinander stattfindenden Vernehmungen naheliegen, in denen jeweils die aktuell vernehmungsgegenständlichen Umstände mitzuteilen sind.[34] Bis zum Abschluss der Ermittlungen muss der Beschuldigte Gelegenheit gehabt haben, sich zum Tatvorwurf in vollem Umfang zu äußern (§ 163a Abs. 1). Zu Täuschungen durch unvollständige oder verzerrte Mitteilungen → § 136a Rn. 41, 44.

22 Neben dem tatsächlichen Hintergrund sind dem Beschuldigten auch die **Strafvorschriften** (sowie insbes. im zivil- bzw. verwaltungsrechtsakzessorischen Strafrecht die weiteren maßgeblichen rechtlichen Gesichtspunkte) anzugeben, unter denen die Tat beurteilt wird. Diese Angabe (und die gesetzliche Bezeichnung der Tat) ersetzt nicht die Schilderung der konkreten Tatsachen.[35]

23 **b) Spätere Veränderungen.** Ergibt sich **während der Vernehmung** eine bedeutsame Änderung des tatsächlichen Hintergrunds, die für den Beschuldigten nicht aus dem Gesagten offenkundig ist, so ist sie ihm ausdrücklich zu eröffnen.[36] Ändern sich rechtliche Gesichtspunkte, unter denen die Tat beurteilt wird, bzw. treten neue Gesichtspunkte hinzu, ist er darauf hinzuweisen;[37] der Rechtsgedanke von § 265 Abs. 1 und Abs. 2 ist grds. bereits im Vorverfahren einschlägig.

24 Ergeben sich **nach der Vernehmung** bedeutsame neue tatsächliche Erkenntnisse oder verändern die Ermittlungsbehörden ihre rechtliche Beurteilung, steht es im pflichtgemäßen Ermessen der Ermittlungsbehörden, den Beschuldigten erneut zu vernehmen (mit aktueller Belehrung), ihm die Veränderungen schriftlich mitzuteilen und ihn auf die Gelegenheit zu freiwilliger Erwiderung hinzuweisen oder von beidem Abstand zu nehmen. Der Anspruch auf rechtliches Gehör (entspr. Art. 103 Abs. 1 GG) besteht zwar bereits im Vorverfahren (vgl. § 163a Abs. 1), einen erscheinenspflichtigen Vernehmungstermin müssen die Ermittlungsbehörden gleichwohl nicht anberaumen.[38] Maßstab der behördlichen Mitteilungspflicht sind die Fairness des Verfahrens und die Ermöglichung einer wirksamen Ausübung der Verteidigungsrechte (Art. 6 Abs. 4 sowie Erwägungsgrund 29 der RL 2012/13/EU[39]). Weil der Beschuldigte im Zwischen- und Hauptverfahren noch umfassend Gelegenheit erhält, seine Position vorzutragen, ergibt sich die Mitteilungspflicht vor allem bei gravierenden Veränderungen, wenn dem Beschuldigten zur Vermeidung von Nachteilen aus der Anklageerhebung vorherige Gelegenheit zur Ausräumung der neuen Verdachtsgründe zu geben ist.[40]

---

[30] Eingehend zur Funktion als Inkulpation und ihrer Bedeutung *Fincke* ZStW 95 (1983), 918 (955 ff.).

[31] Vgl. BGH 6.10.1981 – 1 StR 356/81, BGHSt 30, 215 (217 ff.) = NJW 1982, 291. Eingehend *Eisenberg* Beweisrecht Rn. 541 ff.

[32] Vgl. Art. 6 Abs. 1 und 3 sowie Erwägungsgründe 27 f. der RL 2012/13/EU (ABl. 2012 L 142/1); aA *Meyer-Goßner* Rn. 6; *Eser* Beiheft zur ZStW 1974, 136 (151).

[33] BGH 6.3.2012 – 1 StR 623/11, NStZ 2012, 581 (582) m. insoweit zust. Anm. *Jäger* JA 2013, 155 (156 f.).

[34] Vgl. HK-StPO/*Ahlbrecht* Rn. 17.

[35] *Meyer-Goßner* Rn. 6; HK-GS/*Jäger* Rn. 13 ff.

[36] Zur Bedeutung dieser Mitteilung als Akt der Änderung des Prozessgegenstands *Fincke* ZStW 95 (1983), 918 (961).

[37] SK-StPO/*Rogall* Rn. 40; AK/*Gundlach* Rn. 15; *Pfeiffer* Rn. 3; *Löffelmann/Walther*/Reitzenstein, Das strafproz. Ermittlungsverf., 2007, § 2 Rn. 39; aA KK-StPO/*Diemer* Rn. 9.

[38] → § 133 Rn. 4 und 15. Grds. gegen eine Verpflichtung zu weiterer Vernehmung oder Mitteilung *Meyer-Goßner* Rn. 6; eingehend dazu *H. Schäfer* wistra 1987, 165 (168).

[39] RL 2012/13/EU des Europäischen Parlaments und des Rates v. 22.5.2012, ABl. 2012 L 142/1.

[40] Eine teilw. weitergehende Regelung des sog Schlussgehörs enthielt § 169b StPO aF, s. dazu *Dahs* NJW 1965, 81 (83 f.); *Kohlhaas* NJW 1965, 1254 (1255 ff.); *Eser* ZStW 79 (1967), 565 (577).

3. Belehrung über die Aussagefreiheit (S. 2 Hs. 1). § 136 Abs. 1 S. 2 Hs. 1 setzt die **Aussagefreiheit** voraus, ohne sie seinerseits zu konstituieren.[41] Zu Begründung, Inhalt und Umfang der Aussagefreiheit → Vor § 133 Rn. 62 ff. Die Belehrung über die Aussagefreiheit **folgt** der **Eröffnung des Tatvorwurfs nach.**[42] Das hilft zu vermeiden, dass der Beschuldigte durch Fragen zu sehr zu einer Aussage gedrängt wird. Vor dieser Belehrung sind Gespräche zur Sache (auch „formlose Vorgespräche") unzulässig.[43] 25

Primäres Ziel der Belehrung ist es, den Beschuldigten über die Rechtslage zu informieren. Es soll klargestellt werden, dass es ihm rechtlich freisteht, im gegen ihn gerichteten Verfahren auszusagen oder die Aussage zur Sache zu verweigern, obwohl ein Richter, StA oder Polizeibeamte offiziell Fragen an ihn richtet[44] und er ihren rechtmäßigen Anweisungen innerhalb der Sitzung iÜ grds. Folge zu leisten hat. Auch durch die Eindrücklichkeit und Aufregung der Situation begünstigte temporäre Unkenntnis bzw. aktuelle Irrtümer sollen nach Möglichkeit ausgeschlossen werden.[45] Zu den **erwünschten Nebeneffekten** der Belehrung zählt es, die Aussagefreiheit allen Anwesenden ins Gedächtnis zu rufen und den Respekt der Behörden bzw. des Gerichts vor diesem Rechtsgrundsatz auszudrücken (→ Rn. 56).[46] Die Belehrung ist deshalb vom Vernehmenden persönlich zu erteilen, und zwar **unabhängig davon,** ob der Beschuldigte seine **Rechte kennt.**[47] Sie ist zu wiederholen, wenn die letzte Belehrung schon längere Zeit zurückliegt.[48] 26

Die **Belehrung** muss nicht den Wortlaut des Gesetzes, aber seinen Inhalt für den Belehrten vollständig und unmissverständlich wiedergeben.[49] Sie ist so zu fassen, dass die Belehrten sie auch mit Blick auf ihr Alter und ihren geistigen bzw. körperlichen Zustand **gut verstehen** können.[50] Spricht oder versteht der Belehrte die Vernehmungssprache nicht, ist ihm ein Dolmetscher zur Verfügung zu stellen.[51] Rückfragen des Beschuldigten sind grds. wahrheitsgemäß zu beantworten. Eine Verpflichtung des Vernehmenden zu rechtlicher Beratung des Beschuldigten besteht aber nicht; er kann ihn insoweit jederzeit auf sein Recht, einen Verteidiger zu konsultieren, verweisen (→ Rn. 31). Der Beschuldigte muss in Person belehrt werden; eine Belehrung seines gesetzlichen Vertreters genügt nicht.[52] 27

An einer den Anforderungen des § 136 Abs. 1 S. 2 Hs. 1 genügenden **Belehrung fehlt es,** wenn sie gänzlich unterblieb oder ihr wesentlicher Inhalt falsch oder erheblich verzerrt mitgeteilt oder durch entgegenstehende Äußerungen konterkariert wurde. Das ist zB der Fall, wenn nahegelegt wurde, dass die Entscheidung des Beschuldigten für oder gegen eine 28

---

[41] → Vor § 133 Rn. 4 ff.

[42] Löwe/Rosenberg/*Gleß* Rn. 20; KK-StPO/*Diemer* Rn. 11; *Löffelmann/Walther*/Reitzenstein, Das strafproz. Ermittlungsverf., 2007, § 2 Rn. 39 f.

[43] Vgl. *Eisenberg* Beweisrecht Rn. 562. Zur Abgrenzung sowohl von Spontanäußerungen als auch von informatorischer Befragung → Rn. 4 ff. sowie → Vor § 133 Rn. 42 f.

[44] BGH 13.5.1996 – GSSt 1/96, BGHSt 42, 139 (147) = NJW 1996, 2940 (2941); KK-StPO/*Diemer* Rn. 11; *Verrel* NStZ 1997, 415 (416); rechtsvergleichend *Janicki,* Beweisverbote im deutschen und englischen Strafprozess, 2002, S. 272 ff.

[45] *Roxin* NStZ 1995, 465 (466); *Artkämper* Kriminalistik 1996, 393 (395); *Roxin* NStZ 1997, 18; *Kindhäuser* § 6 Rn. 33; vgl. EGMR *A. Zaichenko ./. RUS,* v. 18.2.201 – 39660/02, § 55, [kurz] StRR 2011, 142.

[46] S. dazu auch *Ransiek* StV 1994, 343 (344, 346); *Wohlers* NStZ 1995, 45 (46; Anm. zu BGH 10.8.1994 – 3 StR 53/94, NJW 1994, 3364); *Bernsmann* StraFo 1998, 73 (75); *Ransiek,* Rechte des Beschuldigten, 1990, S. 89.

[47] BGH 22.11.2001 – 1 StR 220/01, BGHSt 47, 172 (173) =NJW 2002, 975 f.; HK-GS/*Jäger* Rn. 18; *Pfeiffer* Rn. 4; *Geppert,* FS Schroeder, 2006, 675 (689 f.).

[48] BGH 22.11.2001 – 1 StR 220/01, BGHSt 47, 172 (175) =NJW 2002, 975 (976).

[49] BGH 5.4.1966 – 1 StR 26/66, NJW 1966, 1718 (1719); BGH 29.4.2010 – 3 StR 63/10, Rn. 13 f., BGHR StPO § 136 Belehrung 17; *Rogall,* Der Beschuldigte als Beweismittel gegen sich selbst, 1977, S. 190; *Wiesneth,* HdB für das ermittlungsrichterl. Verf., 2006, Rn. 476 (§ 48 III 1).

[50] Erwägungsgründe 26 und 38 der RL 2012/13/EU (ABl. 2012 L 142/1).

[51] Vgl. Art. 2 Abs. 1 der RL 2010/64/EU des Europäischen Parlaments und des Rates v. 20.10.2010 über das Recht auf Dolmetschleistungen und Übersetzungen in Strafverfahren, ABl. 2010 L 280/1 sowie Erwägungsgrund 25 der RL 2012/13/EU (ABl. 2012 L 142/1). Zu Problemen der Umsetzung dieser Vorgaben *Yalçın* ZRP 2013, 104 (106 f.).

[52] KK-StPO/*Diemer* Rn. 11; *Löffelmann/Walther*/Reitzenstein, Das strafproz. Ermittlungsverf., 2007, § 2 Rn. 40.

Aussage nicht respektiert werden würde, dass ein teilweises Schweigen oder Wechsel des Aussageverhaltens[53] unzulässig wäre oder dass Aussagen nachträglich wirksam widerrufen werden könnten. Dann ist der Fall indes auch anhand von § 136a zu prüfen.[54]

29 Ein **Unterlassen der Belehrungen** beendet die Belehrungspflicht ebenso wenig wie eine fehlerhafte Belehrung. Die Pflicht setzt sich vielmehr in einer **„qualifizierten" Belehrungspflicht** fort. Zusätzlich zur in Abs. 1 S. 2 formulierten Belehrung ist dann auch darüber zu belehren, dass die bisherige Aussage des Beschuldigten unverwertbar ist.[55] Die Unverwertbarkeit ist zwar grds. Voraussetzung der Pflicht zur qualifizierten Belehrung, weshalb sie durch eine (zulässige) informatorische Befragung[56] nicht ausgelöst werden kann.[57] Doch falls – mit der Rspr. – eine Verwertbarkeit der Aussage trotz Verletzung der Belehrungspflicht als möglich erachtet und an erst später bestehende Gegebenheiten geknüpft wird (wie eine Abwägung der im Moment der Urteilsfindung bekannten Umstände, → Rn. 57 f., oder das Ausbleiben eines Widerspruchs in der Hauptverhandlung, → Rn. 72 ff.) darf die Pflicht zur qualifizierten Belehrung davon gleichwohl nicht abhängig gemacht werden, denn ihr Bestehen wäre sonst im Ermittlungsverfahren unentscheidbar.[58] Eine zu Unrecht erfolgte qualifizierte Belehrung (weil die Aussage doch verwertbar ist) hebt die Verwertbarkeit der urspr. Aussage zwar grds. nicht auf, kann aber uU als (auch unvorsätzliche) Täuschung iSv § 136a[59] die spätere Aussage unverwertbar machen und außerhalb des Themenbereichs der §§ 136, 136a stehende Probleme der Zurechenbarkeit von Prozessverhalten[60] und Verfahrensfairness aufwerfen.

30 Eine **Verweigerung** der Aussage bedeutet noch nicht das Ende der Vernehmung; dieses bestimmt der Vernehmende, nicht der Beschuldigte.[61] Vor dem Abschluss der Vernehmung sind regelmäßig die weiteren Belehrungspflichten (etc) aus § 136 unabhängig davon zu erfüllen, ob der Beschuldigte zur Sache aussagen möchte (→ Rn. 45 f.). Zu weiteren Gründen für eine Fortsetzung der Vernehmung → § 133 Rn. 19. Zudem darf der Vernehmende sachlich versuchen, den Beschuldigten zu überzeugen, sich doch zur Aussage zu entschließen. Er darf ihm vor Augen führen, welche Nachteile eine Aussageverweigerung bzw. ein Verteidigungsverzicht rechtlich mit sich bringt, welche tatsächlichen Nachteile im konkreten Fall mit Wahrscheinlichkeit zu erwarten sind bzw. welche Entlastung in Betracht käme.[62] Der Vernehmende hat sich dabei aber jeder Beeinträchtigung einer autonomen Willensentschließung des Beschuldigten zu enthalten,[63] insbes. muss der Respekt vor der Entscheidung des Beschuldigten auch gegen eine Mitwirkung außer Frage bleiben. Nur im zu den genannten Zwecken erforderlichen Umfang ist die Fortsetzung der Vernehmung

---

[53] Näher → Vor § 133 Rn. 119 mN.

[54] → § 136a Rn. 41 sowie 54 ff.

[55] BGH 18.12.2008 – 4 StR 455/08, BGHSt 53, 112 (115 f. Rn. 13) = NStZ 2009, 281 m. insoweit zust. Anm. *Gleß/Wennekers* JR 2009, 383, *Roxin* HRRS 2009, 186 sowie *Kasiske* ZIS 2009, 319 (321, 323); angedeutet bereits in BGH 3.7.2007 – 1 StR 3/07, BGHSt 51, 367 (376 Rn. 29) = NJW 2007, 2706 (2709) mBespr. *Roxin* JR 2008, 16 (18 f.); LG Bad Kreuznach 17.3.1994 – 8 Js 3329/89 (W) KLs, StV 1994, 293 (294 f.); BGH 9.6.2009 – 4 StR 170/09, NJW 2009, 3589 f. mAnm *Ellbogen* NStZ 2010, 464; *Grünwald* JZ 1968, 752 (754; Anm. zu BGH 30.4.1968 – 1 StR 625/67, BGHSt 22, 129 = NJW 1968, 1388); *Schünemann* MDR 1969, 101 (102); *Grünwald* Beweisrecht S. 159 f.; *R. Neuhaus* NStZ 1997, 312 (314 f.; Anm. zu LG Darmstadt 19.8.1994 – Ks 9 Js 4/92, NStZ 1997, 356); eingehend *Geppert*, GS Meyer, 1990, 93 jeweils mwN; sowie mit Gesetzgebungsvorschlag *Mitsch* NJW 2008, 2295 (2300).

[56] → Vor § 133 Rn. 43.

[57] Näher und mN der Gegenansicht *Geppert*, FS Oehler, 1985, 323 (339 ff.).

[58] Vgl. *Rogall*, FS Geppert, 2011, 519 (532 ff., 536).

[59] → § 136a Rn. 23 ff., 38, 43 f.

[60] Vgl. → § 136a Rn. 80.

[61] BGH 9.6.2009 – 4 StR 170/09, NJW 2009, 3589 m. abl. Anm. *Meyer-Mews*. Anders auch *Bosch*, Aspekte des nemo-tenetur-Prinzips, 1998, S. 133, 145; Löffelmann/*Walther*/Reitzenstein, Das strafproz. Ermittlungsverf., 2007, § 5 Rn. 35 (vgl. dort aber Rn. 31).

[62] Vgl. zu diesen Nachteilen → Vor § 133 Rn. 120 ff.; zur Befugnis des Vernehmenden AK/*Gundlach* Rn. 20 f.; Graf/*Monka* Rn. 20; *Löffelmann*/*Walther*/Reitzenstein, Das strafproz. Ermittlungsverf., 2007, § 2 Rn. 41.

[63] BGH 27.6.2013 – 3 StR 435/12, BGHSt 58, 301 (304 Rn. 9) = NJW 2013, 2769 mAnm. *Wohlers* JR 2014, 131 und *Jäger* JA 2013, 793; *Meyer-Goßner* Rn. 8; *Eisenberg*, Beweisrecht Rn. 565.

zulässig; insbes. Überzeugungsversuche müssen kurz bleiben.[64] Eine weitere Fortsetzung der Vernehmung oder intensivere Einwirkungen können gegen § 136a Abs. 1 verstoßen.[65]

4. Belehrung über das Recht zur Verteidigerkonsultation (S. 2 Hs. 2). § 136 Abs. 1 S. 2 Hs. 2 setzt das **Recht zur jederzeitigen Verteidigerkonsultation** und damit indirekt auch den menschenrechtlichen Anspruch auf effektive Verteidigung durch einen Rechtsbeistand voraus.[66] Der Beschuldigte ist darüber zu belehren, dass es ihm freisteht, „jederzeit, auch schon vor seiner Vernehmung, einen von ihm zu wählenden Verteidiger zu befragen". Das zur Belehrung über die Aussagefreiheit Gesagte (→ Rn. 25 ff.) gilt grds. entspr.[67] Auch hier geht es nicht um die genaue Wiedergabe des Gesetzeswortlautes, aber die folgenden **Informationen** müssen in der Belehrung **enthalten** sein: Der Beschuldigte hat das Recht, sich zu verteidigen und sich dabei eines Rechtsbeistandes zu bedienen. Seinen Rechtsbeistand darf er selbst wählen. Er darf sich mit diesem beraten und von diesem beraten lassen. Dieses Recht besteht in allen seinen Teilen zu jeder Zeit. Insbes. ist der Beschuldigte darauf hinzuweisen, dass dieses Recht auch schon vor der Vernehmung besteht. Der Vernehmungsbeamte ist aber nicht gehalten, dem Beschuldigten positiv zur Konsultation eines Verteidigers zu raten.[68] Liegt ein Fall **notwendiger Verteidigung** (nach § 140 Abs. 1 oder 2) nahe, ist sicherzustellen, dass der Beschuldigte nicht irrig davon ausgeht, wegen Mittellosigkeit keinen Verteidiger beauftragen zu können (→ Rn. 37 f.);[69] soweit bereits im aktuellen Verfahrensstadium die Mitwirkung eines Verteidigers nach §§ 140, 141 (insbes. § 141 Abs. 3) erforderlich ist, darf die Vernehmung nicht ohne einen solchen fortgesetzt werden.[70] 31

Die Belehrung muss zusammen mit derjenigen über die Aussagefreiheit vor Beginn der Vernehmung zur Sache erteilt werden.[71] Wird dies unterlassen, beendet das die Pflicht nicht, sondern wandelt sie in eine entspr. Pflicht zur **„qualifizierten Belehrung"** um (→ Rn. 29).[72] Die Belehrung ist aber entbehrlich, wenn der Beschuldigte für das gegenständliche Verfahren **bereits** einen **Verteidiger hat** und sichergestellt ist, dass ihm bewusst ist, sich mit diesem jederzeit beraten zu dürfen.[73] 32

Lässt der Beschuldigte erkennen, dass er sich zunächst mit einem Verteidiger besprechen möchte, ist ihm dazu Gelegenheit zu geben und die **Vernehmung** so lange **aufzuschieben.** Der Vernehmende muss sicherstellen, dass der Beschuldigte sein Recht auf effektive Verteidigung durch einen Rechtsbeistand ausüben kann, andernfalls wird Art. 6 Abs. 1 iVm Abs. 3 lit. c EMRK verletzt (ggf. auch Art. 48 Abs. 2 GRCh).[74] Dabei ist dem Beschuldigten regel- 33

---

[64] Vgl. [zum Festhalten des vorgeführten Beschuldigten] AK/*Gundlach* § 135 Rn. 7.

[65] Insbes. → § 136a Rn. 58.

[66] → Vor § 133 Rn. 6, → § 148 Rn. 2 sowie die Kommentierung bei Art. 6 Abs. 3 lit. c EMRK und RL 2013/48/EU (→ Rn. 3). Rechtsvergleichend *Eser* ZStW 79 (1967), 565 (601 ff.); *Janicki,* Beweisverbote im deutschen und englischen Strafprozess, 2002, S. 291 ff.

[67] BGH 22.11.2001 – 1 StR 220/01, BGHSt 47, 172 (174) =NJW 2002, 975 (976).

[68] Vgl. *Meyer-Goßner* Rn. 10; *Wiesneth,* HdB für das ermittlungsrichterl. Verf., 2006, Rn. 477 (§ 48 III 2.); differenzierend *R. Hamm* NJW 1996, 2185 (2186).

[69] Hierzu bereits vor Erlass von § 136 Abs. 1 S. 3 Hs. 2 BGH 18.10.2005 – 1 StR 114/05, NStZ 2006, 236 (237); zu restriktiv BGH 19.10.2005 – 1 StR 117/05, NStZ-RR 2006, 181 (182); entspr. *Geppert,* FS Otto, 2007, 913 (923 ff.). Weitergehend *R. Neuhaus* StV 2010, 45 (47 ff.).

[70] EGMR 24.9.2009 – 7025/04, §§ 65 f., [kurz] StRR 2011, 142 – *Pishchalnikov ./. RUS*; BGH 5.2.2002 – 5 StR 588/01, BGHSt 47, 233 (236) = NJW 2002, 1279 (1280); *Wohlers* JR 2002, 294 (295; Anm. zu BGH 22.11.2001 – 1 StR 220/01, BGHSt 47, 172 = NJW 2002, 975).

[71] AK/*Gundlach* Rn. 25; empirisch zu Praxis und Wirkung der Belehrung in Deutschland und Österreich [insbes. mit Blick auf Notdienste und Pflichtverteidigung] *Soyer/St. Schumann* StV 2012, 495 (497 ff.).

[72] *Meyer-Goßner* Rn. 10; *Geppert,* FS Otto, 2007, 913 (929); *R. Neuhaus* StV 2010, 45 ff.

[73] SK-StPO/*Rogall* Rn. 46; Löwe/Rosenberg/*Gleß* Rn. 40; Graf/*Monka* Rn. 10; weitergehend [Vorhandensein eines Verteidigers genügt] KK-StPO/*Diemer* Rn. 14 und *Meyer-Goßner* Rn. 10; sowie [Äußerung, einen Verteidiger konsultieren zu wollen, genügt] *Schlothauer/Weider,* Verteidigung im Revisionsverfahren, 2. Aufl. 2013, Rn. 1997 (Rüge 241 II.4.).

[74] EGMR (GK) 8.2.1996 – 18731/91, Rep. 1996-I, §§ 66, 68, 70, EuGRZ 1996, 587 (592) – *John Murray ./. UK* m. Bespr. *Kühne* EuGRZ 1996, 571; EGMR (GK) 27.11.2008 – 36391/02, Rep. 2008, § 55, NJW 2009, 3707 (3708) – *Salduz ./. TR*; EGMR 13.10.2009 – 7377/03, § 31 – *Dayanan ./. TR*; vgl. auch

mäßig nicht ein bestimmter Verteidiger zu empfehlen, sondern idR eine Liste zur Auswahl vorzulegen (vgl. Nr. 106 RiStBV). Eine Selektion nach sachlichen Kriterien ist erlaubt, wenn der Fall besondere Qualifikationen wünschenswert erscheinen lässt oder eine vollständige Liste schlecht zu handhaben wäre. Dem Beschuldigten ist Gelegenheit zu geben, sich **telefonisch** mit dem von ihm gewählten Verteidiger in Verbindung zu setzen. Gelingt die Kontaktaufnahme nicht, darf er die Erreichbarkeit des gewählten Verteidigers abwarten oder versuchen, mit einem anderen Verteidiger seiner Wahl Kontakt aufzunehmen. Über einen neutralen Vorschlag hinaus darf er in keine dieser Richtungen gedrängt werden.[75]

34 Der Hinweis auf einen vor Ort bestehenden anwaltlichen **Verteidigernotdienst** ist stets zulässig. Soweit kein Wunsch ersichtlich wird, einen Verteidiger hinzuzuziehen, muss dieser Hinweis aber nicht zwingend erfolgen.[76] Ergeben sich Schwierigkeiten, einen Verteidiger zu erreichen, ist dieser Hinweis – ohne Drängen, davon Gebrauch zu machen – erforderlich.[77]

35 Hat der Beschuldigte einen Verteidiger gewählt und mit diesem die Verteidigung vereinbart oder ein Verteidiger die Bereitschaft zur Übernahme der Verteidigung (ggf. sogar noch ohne Wissen des Beschuldigten) erklärt, so darf die Vernehmung grds. **nicht ohne** diesen **Verteidiger fortgesetzt** werden.[78] Im Übrigen ist die weitere Entscheidung des Beschuldigten, ob er sich – mit oder ohne Verteidiger – zur Sache einlassen will, ohne Drängen abzuwarten und zu respektieren.[79] Ohne Verteidiger darf die Vernehmung nur dann fortgesetzt werden, wenn der Beschuldigte sich damit – unmittelbar nach dem ggf. neuerlichen Hinweis auf das Recht zur Konsultation eines Verteidigers – ausdrücklich einverstanden erklärt.[80] Solange der Wunsch des Beschuldigten nach Konsultation eines Verteidigers besteht – auch wenn er diesen selbst hinter den Wunsch nach Durchführung der Vernehmung zurückstellt – müssen einer Vernehmung ohne Verteidiger ernsthafte Bemühungen vorausgegangen sein, den Beschuldigten bei der Herstellung eines Kontakts zu einem Verteidiger seiner Wahl zu unterstützen.[81]

36 **5. Belehrung über das „Beweisantragsrecht" (S. 3 Hs. 1).** Dem Beschuldigten ist mitzuteilen, dass er während des Verfahrens jederzeit einzelne Beweiserhebungen beantra-

---

BGH 29.10.1992 – 4 StR 126/92, BGHSt 38, 372 (373) = NJW 1993, 338 (339) m. zust. Anm. *Rieß* JR 1993, 334 und *Roxin* JZ 1993, 426; [insbes. zu weiterer Rspr. des EGMR] HK-StPO/*Ahlbrecht* Rn. 25; *Lesch* Kap. 3 Rn. 60; dazu auch *Strate/Ventzke* StV 1986, 30 (31 ff.); *Tepperwien*, FS Widmaier, 2008, 583 (590). Eingehend zu den Hilfspflichten *Beckemper*, Durchsetzbarkeit des Verteidigerkonsultationsrechts, 2002, S. 265 ff.

[75] Vgl. [auch keine Nachfragen zu Spontanäußerungen] BGH 27.6.2013 – 3 StR 435/12 BGHSt 58, 301 (305 f. Rn. 11 ff.) = NJW 2013, 2769 mAnm. *Wohlers* JR 2014, 131 und *Britz* NStZ 2013, 607; [mit Checkliste] *Beulke* NStZ 1996, 257 (258 ff., 262); *Schwaben* NStZ 2002, 288 (290).

[76] BGH 5.2.2002 – 5 StR 588/01, BGHSt 47, 233 (234) = NJW 2002, 1279 mAnm *Roxin* JZ 2002, 898; krit. *R. Hamm* NJW 1996, 2185 (2186).

[77] Vgl. LG Schweinfurt 2.1.2013 – 1 Ks 11 Js 10919/2011, StraFo 2013, 207; *Kutschera* StraFo 2001, 262 (263); *Löffelmann/Walther*/Reitzenstein, Das strafproz. Ermittlungsverf., 2007, § 2 Rn. 42; *Hoven* JA 2013, 368 (371); eingehend auch zur Abdeckung und rechtsvergleichend (D, A und CH) *Corell* StraFo 2011, 34. Einschr. BGH 11.8.2005 – 5 StR 200/05, NStZ 2006, 114 (115) m. krit. Anm. *Beulke/Barisch* StV 2006, 570 sowie [insbes. zu den tatsächlichen Feststellungen und deren Interpretation durch den BGH] *Klein* StV 2007, 282.

[78] BGH 9.11.2005 – 1 StR 447/05, BGHSt 50, 272 (274 f.) = NJW 2006, 707; BGH 17.6.1997 – 4 StR 243/97, NStZ 1997, 502; BGH 11.7.2008 – 5 StR 202/08, NStZ 2008, 643; *Hiebl* StraFo 1998, 412 (413). S. zur Unterrichtung des Verteidigers auch Nr. 108 RiStBV.

[79] Vgl. BGH 10.1.2006 – 5 StR 341/05, NJW 2006, 1008 (1009 f.).

[80] BGH 12.1.1996 – 5 StR 756/94, BGHSt 42, 15 (19) = NJW 1996, 1547 (1548) m. grds. zust. Bespr. [das Erfordernis der Eindeutigkeit betonend] *Beulke* NStZ 1996, 257 (261 f.), *E. Müller* StV 1996, 358 sowie *Roxin* JZ 1997, 343. Eingehend zum Problem der Freiwilligkeit *Beckemper*, Durchsetzbarkeit des Verteidigerkonsultationsrechts, 2002, S. 142 ff.

[81] Vgl. BGH 12.1.1996 – 5 StR 756/94, BGHSt 42, 15 (19 ff.) = NJW 1996, 1547 (1548 f.) m. zust. Bespr. *Beulke* NStZ 1996, 257 (258 ff.); BGH 10.1.2013 – 1 StR 560/12, NStZ 2013, 299 mAnm *Trück* ZWH 2013, 167. Von vornherein aussichtslose Bemühungen – insbes. zu später Nachtzeit in Gegenden ohne Verteidigernotdienst oder wenn dieser bekanntermaßen nicht erreichbar ist – müssen nicht unternommen werden BGH 21.5.1996 – 1 StR 154/96, BGHSt 42, 170 (171 ff.) = NJW 1996, 2242 f.; kritisch dazu *Herrmann* NStZ 1997, 209 (210 ff.) und *Roxin* JZ 1997, 343 (344 ff.).

gen kann und diese insbes. den Zweck seiner Entlastung verfolgen dürfen. Der Begriff meint **kein förmliches Antragsrecht,** sondern die sich aus §§ 163a Abs. 2, 166 Abs. 1 ergebende Befugnis, Beweiserhebungen anzuregen, über die dann der umfassenden Aufklärungspflicht (§ 160) entspr. zu entscheiden ist.[82] Die Mitteilung ist grds. zusammen mit den übrigen Belehrungen vor der ersten Vernehmung zur Sache zu machen. Sie ist Teil der Pflicht zur Gewährung rechtlichen Gehörs. Der Hinweis ist auch dann erforderlich, wenn der Beschuldigte zur Sache schweigt, denn seine Beteiligungsrechte sind davon unabhängig.[83]

6. Belehrung über das Recht auf Beanspruchung einer Verteidigerbestellung (S. 3 Hs. 2). Die in Hs. 2 ausgesprochene Belehrungspflicht wurde mit Art. 2 Nr. 3 des Gesetzes zur Stärkung der Verfahrensrechte von Beschuldigten im Strafverfahren vom 2.7.2013[84] neu in den Text von § 136 aufgenommen. Die Vorschrift setzt Art. 3 Abs. 1 Buchst. b der RL 2012/13/EU[85] um.[86] Zu belehren ist daher über „den etwaigen Anspruch auf unentgeltliche Rechtsberatung und die Voraussetzungen für diese Rechtsberatung". Die Pflicht tritt deshalb nicht erst dann ein, wenn die Notwendigkeit einer Verteidigung im aktuellen Verfahrensstadium bereits feststeht. Der Belehrende hat auch nicht selbst die Notwendigkeit einer Verteidigung dem Beschuldigten gegenüber zu beurteilen. Die RL verlangt vielmehr, dass **grds. jeder Beschuldigte** über die **Voraussetzungen und** das **Verfahren einer Pflichtverteidigerbestellung** nach §§ 140, 141 belehrt, dh diese Vorschriften in den Grundzügen erläutert werden. Auch wenn die Voraussetzungen letztlich nicht erfüllt sind oder erst zu einem späteren Zeitpunkt eine Verteidigerbestellung vorsehen, dient diese Information einer selbstbestimmten Entscheidung des Beschuldigten über sein Prozessverhalten. Zudem trägt die Belehrungspflicht dazu bei, dass eine evtl. schon im Vorverfahren bestehende Notwendigkeit einer Verteidigerbestellung (§ 141 Abs. 3) nicht übersehen wird. Die Vorschrift soll sich gerade auch auf sämtliche Fälle des § 140 Abs. 2 beziehen.[87] Soweit diesem ein eigenes Antragsrecht des Beschuldigten entnommen wird, ermöglicht die Belehrung dessen Ausübung; soweit ein solches im Vorverfahren der StA vorbehalten bleibt, ermöglicht sie ihm zumindest, einen entspr. Antrag der StA anzuregen.[88] An den Voraussetzungen des § 141 Abs. 3 soll die Bestimmung nichts ändern,[89] eine Belehrung dahingehend, dass eine Pflichtverteidigerbestellung im Vorverfahren grds. nicht in Betracht käme oder vom Beschuldigten nicht zu begehren wäre, ist aber jedenfalls fehlerhaft. 37

Die Vorschrift geht etwas über die zuvor bestehende Handhabung von S. 2 Hs. 2 und dazu ergangene Rspr. hinaus (→ Rn. 31 aE). **Systematisch** geht es in ihr indes weiterhin um das **Recht auf Verteidigerkonsultation.** Daran ändert es nichts, dass sie aus sprachästhetischen Gründen nicht unmittelbar als Teil von § 136 Abs. 1 S. 2 Hs. 2 formuliert wurde und auch Art. 3 Abs. 1 der RL 2012/13/EU die Belehrung über das „Recht auf Hinzuziehung des Rechtsanwalts" (Buchst. a) und die hier einschlägige Belehrung über das Recht auf unentgeltliche Rechtsberatung (Buchst. b) nebeneinander nennt. Sowohl in der RL als auch in § 136 hat die Bestimmung nur **klarstellende Funktion:** Sie spezifiziert die Belehrung über bestimmte Modalitäten des Rechts auf Hinzuziehung eines Rechtsanwalts, enthält also streng genommen keine selbständige Pflicht. Das bedeutet aber zugleich, dass Fehler in der Belehrung 38

[82] *Wiesneth,* HdB für das ermittlungsrichterl. Verf., 2006, Rn. 478 (§ 48 III 3.); näher dazu *Eisenberg* Beweisrecht Rn. 553 ff. sowie [echter Beweiserhebungsanspruch] *Krekeler* NStZ 1991, 367 (368 ff.); HBStrVf/*Jahn* Kap. II Rn. 146 ff. (151).

[83] → Vor § 133 Rn. 69 und 123; Kotz/Rahlf/*Noltensmeier* BtMPrax Kap. 5 Rn. 511.

[84] BGBl. 2013 I 1938 (1939).

[85] RL 2012/13/EU des Europäischen Parlaments und des Rates v. 22. Mai 2012 über das Recht auf Belehrung und Unterrichtung in Strafverfahren, ABl. 2012 L 142/1.

[86] Vgl. BR-Drs. 816/12 v. 21.12.2012 S. 19 und BT-Drs. 17/12578.

[87] BR-Drs. 816/12, 19 und BT-Drs. 17/12578.

[88] Vgl. dazu BR-Drs. 816/1/12 R v. 22.1.2013 S. 3 sowie BR-Drs. 816/12 B v. 1.2.2013 S. 3 und BT-Drs. 17/13528, 4.

[89] BR-Drs. 816/12, 19.

als Verstöße gegen S. 2 Hs. 2 zu behandeln sind (→ Rn. 62 f.). Zugleich hebt die besondere Nennung die Möglichkeit einer Pflichtverteidigung im Vorverfahren hervor.

39 **7. Hinweis auf die Möglichkeit schriftlicher Äußerungen (S. 4 Hs. 1).** Ebenso, wie es dem Beschuldigten freisteht, sich überhaupt zur Sache zu äußern, steht ihm auch die Wahl der Form seiner Äußerung frei. Insbes. **darf** er sich **jederzeit schriftlich** an die Ermittlungsbehörden wenden – auch um eine mündliche Aussage zu ergänzen.[90] § 136 Abs. 1 S. 4 Hs. 1 sieht die Möglichkeit vor, den Beschuldigten hierauf hinzuweisen, räumt dem Vernehmenden aber ausdrücklich einen **Spielraum** zur Beurteilung ein, ob der Fall sich zur schriftlichen Äußerung eignet. Nur der Hinweis hängt von dieser Beurteilung ab, nicht hingegen das Recht zur schriftlichen Äußerung und die Verpflichtung der Ermittlungsbehörden, diese zur Kenntnis zu nehmen.

40 Vor allem wenn absehbar ist, dass der Beschuldigte sich in seiner Aussage auf **umfangreiche Unterlagen** beziehen wird und zur schriftlichen Äußerung in der Lage ist oder von einem Verteidiger unterstützt wird, kann ein Hinweis auf sein Recht, sich schriftlich zu äußern, naheliegen.[91] Gleiches kann sich in einer komplexen Fallgestaltung ergeben, wenn der Beschuldigte angekündigt hat, sich **nur zu bestimmten Fragen** äußern zu wollen. Ferner kann der Hinweis gerade gegenüber einem bislang nicht zur Aussage bereiten Beschuldigten angezeigt sein.

41 **8. Hinweis auf die Möglichkeit eines Täter-Opfer-Ausgleichs (S. 4 Hs. 2).** Ganz entspr. hat der Vernehmende zu beurteilen, ob ein Täter-Opfer-Ausgleich in Betracht kommt und ggf. auf dessen Möglichkeit hinzuweisen.[92] Eine Prüf- und Hinwirkungspflicht von StA und Gericht ergibt sich zudem aus **§ 155a.** Regelmäßig bedarf der Täter-Opfer-Ausgleich eines geständigen Beschuldigten und eines zum Ausgleich bereiten Opfers. Der Hinweis kann sich – entgg. der hM[93] – gleichwohl schon zuvor anbieten, auch um ein Eingeständnis einer (praktisch sicheren) Täterschaft (sachlich und neutral) zu motivieren und Bemühungen um die Bereitschaft des Opfers zur Annahme eines Ausgleichs anzuregen.[94]

42 **9. Weitere Hinweis- und Belehrungspflichten.** Aus dem Gesetz ebenso wie aus dem Anspruch auf rechtliches Gehör oder allg. aus dem Anspruch auf ein **faires Verfahren** können sich im Einzelfall weitere Hinweis- bzw. Belehrungspflichten ergeben.[95] Eine solche ergibt sich zB für jugendliche Beschuldigte bzgl. ihres Rechts aus § 67 Abs. 1 JGG, sich mit einem Erziehungsberechtigten zu besprechen,[96] und für inhaftierte ausländische Beschuldigte bzgl. **konsularischem Beistand** (meist neben §§ 114b Abs. 2 S. 3, 127 Abs. 4) aus Art. 36 Abs. 1 lit. b aE des Wiener Übereinkommens vom 24.4.1963 über konsularische Beziehungen (WÜK).[97] In BtM-Sachen kann

---

[90] Löwe/Rosenberg/*Gleß* Rn. 52; Graf/*Monka* Rn. 14.

[91] *Löffelmann/Walther*/Reitzenstein, Das strafproz. Ermittlungsverf., 2007, § 2 Rn. 44.

[92] HK-StPO/*Ahlbrecht* Rn. 30; eingehend (und krit.) *Bosch*, FS Otto, 2007, 845 (846 ff.).

[93] Vgl. Löwe/Rosenberg/*Gleß* Rn. 53; SK-StPO/*Rogall* Rn. 58; *Pfeiffer* Rn. 7.

[94] Zur beschränkten Möglichkeit eines Täter-Opfer-Ausgleichs auch ohne Mitwirkung des Opfers s. *Schädler* NStZ 2005, 366 (369 f.).

[95] Zu einer (Zeugen einschließenden) Aufstellung von Belehrungspflichten der StPO s. *Bernsmann* StraFo 1998, 73 (77 f.). Zur Frage einer Hinweispflicht auf die Freiwilligkeit der Teilnahme an Atemalkoholmessungen (→ Vor § 133 Rn. 91) s. *Cierniak/Herb* NZV 2012, 409 (411 ff.).

[96] [Unverwertbarkeit] OLG Celle 25.11.2009 – 32 Ss 41/09, StraFo 2010, 114; LG Saarbrücken 31.7.2009 – 3 Ns 20 Js 26/08 (32/09), NStZ 2012, 167; näher dazu *O. Möller* NStZ 2012, 113.

[97] BGBl. 1969 II 1585. BGH 7.6.2011 – 4 StR 643/10, StV 2011, 603 ff. (krit. dazu *Meyer-Mews* StraFo 2012, 7) verneint ein Verwertungsverbot, wenn dem Beschuldigten aus einem Belehrungsmangel kein Nachteil entstanden ist (noch stärker einschr. zuvor – jeweils im selben Verfahren – BGH 29.1.2003 – 5 StR 475/02, bei *Sander* NStZ-RR 2004, 1 [4; Rüge unzulässig], aufgehoben durch BVerfG 19.9.2006 – 2 BvR 2115/01 ua, EuGRZ 2006, 684 = NJW 2007, 499 [seinerseits berichtigt durch BVerfG v. 7.11.2006], sowie BGH 25.9.2007 – 5 StR 116/01, 5 StR 475/02, BGHSt 52, 48 [54 Rn. 23, kein Verwertungsverbot] = NJW 2008, 307 [309], wiederum aufgehoben durch BVerfG 8.7.2010 – 2 BvR 2485/07 ua, NJW 2011, 207 mBespr. *Gleß/A. Peters* StV 2011, 369 sowie – in anderer Sache – BGH 20.12.2007 – 3 StR 318/07, BGHSt 52, 110 [114 ff. Rn. 17 ff., kein Verwertungsverbot, aber Kompensationslösung] = NJW 2008, 1090 [1091 f.] m. eher zust. Bespr. *Esser*

auch eine Belehrung über die „kleine Kronzeugenregelung“ nach § 31 BtMG angezeigt sein.[98]

43 Auch diese Belehrungen sind – zur Ermöglichung gerichtlicher Kontrolle – aktenkundig zu machen.[99] Zu den **„qualifizierten“ Belehrungen** nach versäumter primärer Belehrung → Rn. 29 und 32.

III. Vernehmung zur Sache

44 **1. Mitteilung der Verdachtsgründe und Gelegenheit zur Entlastung (Abs. 2).** Mit der Vernehmung zur Sache gewähren die Ermittlungsbehörden dem Beschuldigten **rechtliches Gehör.**[100] § 136 Abs. 2 stellt heraus, dass dabei der **Zweck** zu verfolgen ist, dem Beschuldigten Gelegenheit zur eigenen **Entlastung** zu geben – sei es durch Zerstreuung oder Schwächung der vorliegenden Verdachtsgründe, sei es durch Geltendmachung von zu seinen Gunsten sprechenden Tatsachen. Ohne diesen Zweck einschränken zu dürfen, sind mit der Vernehmung auch andere Ziele zu verfolgen, insbes. objektive Aufklärung und ggf. Beweissicherung.[101] § 136 Abs. 2 ist in jeder Phase des Verfahrens für jede Beschuldigtenvernehmung anwendbar (→ Rn. 6).

45 Um dem Beschuldigten die genannte Entlastung in beiden Formen zu ermöglichen, müssen ihm die vorliegenden Verdachtsgründe **notwendig mitgeteilt** werden. Dies gilt gerade auch dann, wenn er bislang nicht bereit ist, sich zur Sache zu äußern.[102] Weil die Erfordernisse eines fairen Verfahrens nicht durch das Sachaufklärungsinteresse überwunden werden können (→ Rn. 57 f.), haben die Ermittlungsbehörden kein Recht, dem Beschuldigten aus ermittlungstaktischen Gründen die Mitteilung dauerhaft ganz oder teilweise vorzuenthalten.[103] Sie dürfen den Zeitpunkt der Mitteilung aber in gewissem Umfang nach ermittlungstaktischen Gesichtspunkten wählen: Sie sind nicht verpflichtet, ihren Kenntnisstand vor jeder Vernehmung vollständig zu offenbaren,[104] dürfen dem Beschuldigten aber auch kein grob falsches Bild vom Stand der Ermittlungen und der Beweissituation vermitteln.[105] Vor Ende der letzten Beschuldigtenvernehmung im Ermittlungsverfahren müssen dem Beschuldigten die gegen ihn vorliegenden Verdachtsmomente sowie deren Interpretation und Gewichtung durch die Ermittlungsbehörden so vollständig und genau bekannt sein, dass er sich bereits **gegen eine Anklageerhebung effektiv verteidigen** kann.[106]

JR 2008, 271): die neuerliche Verfassungsbeschwerde gegen diese Entscheidung wurde nicht zur Entscheidung angenommen (BVerfG 5.11.2013 – 2 BvR 1579/11, NJW 2014, 532). BGH 11.9.2007 – 1 StR 273/07, BGHSt 52, 38 (41 Rn. 15) = NJW 2007, 3587 (3588) erstreckt die Widerspruchslösung (→ Rn. 70 ff.) auch auf diese Fälle (krit. dazu *Gaede* HRRS 2007, 402 [403 ff.] und Anm. *Velten* ZJS 2008, 76). Zu Revisionsvorbringen und Beruhen vgl. BGH 26.8.2003 – 1 StR 284/03, NStZ-RR 2003, 375. Grundlegend zur früheren strafprozessualen Sicht BGH 7.11.2001 – 5 StR 116/01, NStZ 2002, 168, eingehend zur Kritik daran *Strate* HRRS 2008, 76; s. auch *Gleß* JR 2008, 317 (324 ff.). Einen Überblick über die divergente Rspr. gibt *Mosbacher* JuS 2008, 688 (691). Beachte dazu – immerhin von der BRD erstritten – auch IGH 27.6.2001 – *LaGrand* (D ./. USA), JZ 2002, 91 mAnm *Hillgruber,* der eine völkerrechtliche Pflicht des Staates, ggf. eine neue Verhandlung und Entscheidung zu ermöglichen, ausgesprochen hat; beachte auch IGH 31.3.2004 – Avena ua (Mexico ./. USA) HRRS 2004, Nr. 342 mBespr. S. *Walther* HRRS 2004, 126.

[98] Vgl. Kotz/Rahlf/*Noltensmeier* BtMPrax Kap. 5 Rn. 517 ff., 538; eingehend zu § 31 BtMG Kotz/Rahlf/*Oğlakcıoğlu* BtMPrax Kap. 6. Beachte → § 136a Rn. 63.

[99] BGH 18.11.2010 – V ZB 165/10, NVwZ 2011, 320 (nur Ls.). Zur Bedeutung der Belehrung vgl. auch BGH 6.5.2010 – V ZB 223/09, InfAuslR 2010, 364 (sowie zust. dazu BVerfG 4.10.2010 – 2 BvR 1825/08, NVwZ 2011, 161 [nur Ls.], Rn. 44).

[100] BGH 14.5.1974 – 1 StR 366/73, BGHSt 25, 325 (332) = NJW 1974, 1570 (1572); *Dencker* StV 1994, 667 (675); *Lesch* ZStW 111 (1999), 624. Eingehend *Rüping,* Der Grundsatz des rechtlichen Gehörs, 1976, insbes. S. 159 ff.

[101] → Vor § 133 Rn. 39.

[102] KK-StPO/*Diemer* Rn. 18.

[103] AK/*Gundlach* Rn. 28; aA SK-StPO/*Rogall* Rn. 65; *Meyer-Goßner* Rn. 13; AnwK-StPO/*Walther* Rn. 26.

[104] *Dencker* StV 1994, 667 (676); einschr. auch Löwe/Rosenberg/*Gleß* Rn. 56; *Pfeiffer* Rn. 7; für sehr weites Ermessen der StA *H. Schäfer* wistra 1987, 165 (167); aA *Lesch* ZStW 111 (1999), 624 (642).

[105] → § 136a Rn. 45.

[106] Vgl. KK-StPO/*Diemer* Rn. 8 (vgl. dort aber auch Rn. 18).

46 Die Mitteilung ist zwar grds. **nur entbehrlich,** wenn feststeht, dass der Beschuldigte die Verdachtsgründe und deren Würdigung durch die Ermittlungsbehörden bereits im Wesentlichen kennt (und nicht nur für möglich halten muss). Schon aus Gründen der Verhältnismäßigkeit bedeutet das aber nicht, dass ein nicht-inhaftierter Beschuldigter vorgeführt werden müsste, um die Mitteilungspflicht zu erfüllen.[107] Vielfach wird die Funktion dieser Mitteilung durch eine anwaltliche **Akteneinsicht nach § 147** (und die Möglichkeit zur Stellungnahme) übernommen. Beim nicht anwaltlich vertretenen Beschuldigten gewährt § 147 Abs. 7 aber nur eine beschränkte Kompensation; ihm gegenüber kann auch ohne Antrag eine schriftliche Mitteilung geboten sein.

47 **2. Wahrheitspflicht vs. Lügerecht.** Wahrheitspflicht oder Lügerecht[108] des Beschuldigten einander als vollständige Alternativen gegenüberzustellen, birgt die Gefahr in sich, Scheinfragen aufzuwerfen und rechtsförmlich durchsetzbare Normen mit moralischen Wertungen zu vermengen. Beides lässt sich vermeiden, indem die **Rechtsfolgen in den Blick** genommen werden:

48 Mit Behauptungen, die andere Straftaten vortäuschen oder andere Personen unwahr belasten, kann der Beschuldigte sich **nach allg. Regeln strafbar** machen (insbes. §§ 145d, 164, 239[109] StGB), ebenso mit unwahren entlastenden Behauptungen zu Gunsten Dritter, die nicht im Zusammenhang mit der gegen ihn erhobenen Anschuldigung oder ihm anderweitig drohender Strafverfolgung stehen (§ 258 StGB).[110] Die Grenzen zulässigen Verteidigungsverhaltens sind dabei aber weit zu stecken.[111] Bei der Annahme eines Beleidigungsdelikts (§§ 185 ff. StGB) durch Aussagen in der Beschuldigtenvernehmung ist besondere Zurückhaltung geboten;[112] auch liegt nicht schon darin, dass der Angeklagte dem Zeugen inhaltlich widerspricht, eine falsche Verdächtigung des Zeugen wegen eines Aussagedelikts.[113] Die bei einem Verzicht auf Verteidigung drohenden Nachteile[114] können sich indes erst recht aus unwahren Aussagen ergeben.[115]

49 Es gibt hingegen **keine strafprozessualen Sanktionen** für unwahre Behauptungen des Beschuldigten.[116] Er darf auch nicht im Duktus einer richterlichen Verfügung zur Wahrheit ermahnt werden.[117] Zulässig ist aber der Hinweis, dass nur bei wahren Aussagen mit einer strafmildernden Berücksichtigung zu rechnen ist.[118] Solange ein späterer Beschuldigter noch **als Zeuge** – bzw. ein Beschuldigter als Zeuge in einem anderen Verfahren – vernommen wird, ist hingegen nur (im Rahmen von § 55) die Aussagepflicht suspendiert, während die Wahrheitspflicht (soweit er aussagt) fortbesteht (strafbewehrt in §§ 153 ff. StGB). Gegen Art. 6 Abs. 1 EMRK verstößt dies auch dann nicht, wenn bereits absehbar ist, dass der Zeuge Beschuldigter eines anderen Verfahrens in derselben Angelegenheit werden wird.[119]

---

[107] → § 133 Rn. 15 und 19.

[108] Eingehend *Rogall,* Der Beschuldigte als Beweismittel gegen sich selbst, 1977, S. 52 ff. Zu wN s. Löwe/Rosenberg/*Gleß* Rn. 63 ff. sowie *Rüping* JR 1974, 135 (138 f.).

[109] Bzgl. finanzieller Sanktionen kommt hingegen keine Anwendung von § 263 StGB in Betracht, denn der staatliche Strafanspruch gehört nicht zum fiskalischen Vermögen, und nur dieses wird als Individualrechtsgut wie Privatvermögen geschützt (SSW-StGB/*Satzger* § 263 Rn. 99 mwN; Spickhoff/*Schuhr* Medizinrecht 2011, StGB § 263 Rn. 28). Auch bzgl. der Verfahrenskosten sperrt § 136 eine Anwendung von § 263 StGB ggü. einem schweigenden oder die Tat leugnenden Beschuldigten, vgl. AG Aachen 2.8.2011 – 450 Cs 315/10, wistra 2012, 322.

[110] Eingehend zur Strafbarkeit selbstbegünstigenden Prozessverhaltens *Aselmann,* Selbstbelastungs- und Verteidigungsfreiheit, 2004, S. 117 ff., 192 ff.

[111] [Behauptung einer Notwehrsituation] BGH 29.1.2013 – 4 StR 532/12, NStZ-RR 2013, 170, 171.

[112] BVerfG 16.3.1999 – 1 BvR 734/98, NJW 2000, 199 (200); BVerfG 29.2.2012 – 1 BvR 2883/11, NJW-RR 2012, 1002 (1003).

[113] Vgl. *Keller* JR 1986, 30 (31; Anm. zu BayObLG 21.5.1985 – RReg. l St 73/85).

[114] Dazu insbes. → Vor § 133 Rn. 121 f.

[115] Ferner uU Kostentragungspflichten, § 469 StPO, Nr. 92 RiStBV.

[116] BGH 15.8.1952 – 3 StR 267/52, BGHSt 3, 149 (152) = NJW 1952, 1265 (1266); BGH 17.3.2005 – 5 StR 328/04, NStZ 2005, 517 (518); *Rieß* JA 1980, 293 (296 f.).

[117] Löwe/Rosenberg/*Gleß* Rn. 66.

[118] Vgl. SK-StPO/*Rogall* Rn. 6. Ferner → Vor § 133 Rn. 122.

[119] EGMR 20.10.1997 – 20225/92, Rep. 1997-VI, § 47, ÖJZ 1998, 629 (630) – *Servès ./. F.*

3. Ermittlung der persönlichen Verhältnisse (Abs. 3). Möglichst bereits im Zuge der ersten Vernehmung sind die für die Schuldfrage oder die Zumessung von Rechtsfolgen relevanten persönlichen Verhältnisse des Beschuldigten festzustellen. **Dazu gehören** (je nach Umständen des Falles) 50
- noch nicht tilgungsreife Vorstrafen (Nr. 13 Abs. 1 RiStBV),
- eine Sozialleistungsberechtigung des Beschuldigten, besondere Verantwortlichkeit für Dritte (zB Betreuungen), besondere Erlaubnisse (zB Führerscheine, Waffenschein) und Ehrenämter (Nr. 13 Abs. 2 RiStBV),
- bei Soldaten Angaben zu Dienstgrad, Dienststelle etc (Nr. 13 Abs. 3 RiStBV),
- bei Fluchtgefahr der Besitz eines gültigen Passes oder Personalausweises (Nr. 13 Abs. 4 RiStBV),
- die Einkommens- und Vermögensverhältnisse, der Beruf und die Ausbildung des Beschuldigten sowie seines Ehegatten oder Lebenspartners (Nr. 14 RiStBV),
- durch die Tat entstandene wirtschaftliche Vorteile des Beschuldigten oder Dritter sowie alle weiteren für den Rechtsfolgenausspruch bedeutsamen Umstände (Nr. 15 RiStBV – entspr. aufzuklären sind dem Opfer oder der Allgemeinheit entstandene Schäden).

Die Erörterung dieser Umstände steht jeweils unter zwei Vorbehalten: Der jeweilige 51
Umstand muss für das weitere Verfahren tatsächlich **absehbar bedeutsam** sein und die Befragung des Beschuldigten darf kein – mit Blick auf die Schwere des Vorwurfs – unangemessenes Eindringen in seine **Privatsphäre** bedeuten.[120]

4. Niederschrift. Für richterliche Vernehmungen richten sich die Verpflichtung zur 52
Abfassung eines Protokolls und die Anforderungen daran nach **§§ 168, 168a,** für staatsanwaltschaftliche Vernehmungen nach **§ 168b Abs. 2.**[121] Auch polizeiliche Vernehmungen sind zu protokollieren;[122] § 168b Abs. 1 und 3 sehen das in Umsetzung von Art. 8 Abs. 1 der RL 2012/13/EU[123] nunmehr explizit vor. Die Erteilung einer Abschrift kann zumindest nach § 147 bei der StA beantragt werden, die diese nur in Ausnahmefällen zum Schutz besonderer Geheimhaltungsinteressen verweigern darf.[124]

Die Niederschrift darf zwar auf andere Schriftstücke, auch frühere – zB polizeiliche – 53
Beschuldigtenvernehmungen **verweisen,** sie muss aber den Inhalt der Aussage des Beschuldigten selbst vollständig wiedergeben.[125] Die Protokollierung der Belehrungen nach § 136 Abs. 1, 163a Abs. 3 S. 2 (→ Rn. 80) sowie Wortprotokolle von bedeutsamen Teilen der Vernehmung ordnet Nr. 45 RiStBV an.

IV. Rechtsbehelfe

Gegen die Art und Weise richterlicher Vernehmungen ist grds. die **Beschwerde** nach 54
§ 304 statthaft.[126] Im Falle staatsanwaltschaftlicher oder polizeilicher Vernehmungen ist ein **Antrag auf gerichtliche Entscheidung** analog § 98 Abs. 2 S. 2 statthaft. Oft wird bereits prozessuale Überholung eingetreten sein. Weil Verstöße gegen § 136 regelmäßig grundrechtssensibel sind, kann dann eine „Fortsetzungsfeststellungsbeschwerde" in Betracht kom-

---

[120] Vgl. KK-StPO/*Diemer* Rn. 22; AK/*Gundlach* Rn. 31; Graf/*Monka* Rn. 19.

[121] Zur vorläufigen Aufzeichnung beachte Nr. 5b RiStBV.

[122] *Eisenberg* Beweisrecht Rn. 610; *Dahs* Rn. 244 ff.

[123] RL 2012/13/EU des Europäischen Parlaments und des Rates v. 22.5.2012, ABl. 2012 L 142/1; s. dort auch Erwägungsgrund 35.

[124] HBStrVf/*Jahn* Kap. II Rn. 124; Kotz/Rahlf/*Noltensmeier* BtMPrax Kap. 5 Rn. 487 f.

[125] BGH 8.4.1954 – 3 StR 725/53, BGHSt 6, 279 (281 f.) = NJW 1954, 1496 (1497); BGH 23.11.1954 – 5 StR 301/54, BGHSt 7, 73 f. = NJW 1955, 191; BGH 4.11.1986 – 5 StR 381/86, NStZ 1987, 85 (86). S. auch → Vor § 133 Rn. 41. Näher zur Abfassung von Vernehmungsprotokollen AK/*Gundlach* Vor § 133 Rn. 30 ff.; *Eisenberg* Beweisrecht Rn. 610 ff.; *Bender/Nack/Treuer* Tatsachenfeststellung vor Gericht, 3. Aufl. 2007, S. 345 ff. (Rn. 1366 ff.); *Wiesneth,* HdB für das ermittlungsrichterl. Verf., 2006, Rn. 447 ff. (§ 46). S. hierzu auch [für audiovisuelle Aufzeichnungen] *Decker* StraFo 2013, 133 (134 ff.).

[126] Löwe/Rosenberg/*Gleß* Rn. 76.

men.[127] Auch Art. 8 Abs. 2 der RL 2012/13/EU[128] verlangt einen wirksamen Rechtsbehelf. Ist in der Urteilsbegründung ein Verwertungsverbot und damit auch der Verstoß darzulegen, kann dies indes das Rechtsschutzinteresse beseitigen. Vor allem bei Verstößen gegen § 136 Abs. 2 sind Fälle vorstellbar, in denen noch keine prozessuale Überholung eingetreten ist, sondern eine ordnungsgemäße Beschuldigtenvernehmung erstrebt wird. – Zur Revision → Rn. 83 ff.; zum darauf folgenden Rechtsschutz vor BVerfG, EGMR und EuGH → § 136a Rn. 7.

V. Verwertungsverbote

55 **1. Verstoß und Gefährdung der Rechtsstellung des Beschuldigten. a) Aussagefreiheit. aa) Fehlende, verspätete oder fehlerhafte Belehrung.** Praktisch **unbestritten** ist eine Aussage im Strafverfahren[129] **unverwertbar,** die in einer Beschuldigtenvernehmung[130] ohne vorherige Belehrung nach § 136 Abs. 1 S. 2 Hs. 1 (→ Rn. 28 f.) gemacht wurde, wenn der Vernommene sein Recht, die Aussage zu verweigern, dabei tatsächlich nicht gekannt hat (zur Zeugenvernehmung unter Verstoß gegen die Inkulpationspflicht → Rn. 61).[131] Dies ordnet § 136 zwar nicht ausdrücklich an, es ergibt sich aber aus den §§ 136, 136a zugrundeliegenden Zurechnungsregeln; der Beschuldigte hat jene Aussage nicht zu verantworten.[132] Die dies früher verneinende Rspr.[133] wurde aufgegeben. Zu Problemen verdeckter Ermittlungen und „vernehmungsähnlicher Situationen" → § 136a Rn. 47, 75 ff., 81. Umgekehrt steht ein früherer Belehrungsmangel der Verwertung einer Aussage insoweit nicht entgegen, wie der Beschuldigte später **qualifiziert belehrt** worden ist (→ Rn. 29) und es nur um Inhalte geht, die er danach **freiwillig wiederholt** hat (→ Rn. 68 ff.).

56 **Problematisch** sind die Fälle, in denen der Beschuldigte nicht bzw. fehlerhaft belehrt worden ist, seine **Rechte** aber **kannte.** Die **Rspr.** versagt hier ein Verwertungsverbot.[134] Entsprechendes gilt, wenn erst verspätet, aber nur einfach (nicht qualifiziert) belehrt worden ist, dem Beschuldigten jedoch bewusst war, dass er von seiner früheren Aussage noch abrücken konnte.[135] Beides wäre richtig, wenn man die §§ 136, 136a ausschließlich als Zurechnungssystem aufzufassen hätte, denn als Ausschlusstatbestand für die Zurechnung kommt hier nur ein Rechtsirrtum in Betracht, und der liegt gerade nicht vor. Die Belehrungspflicht soll dem Rechtsirrtum vorbeugen, liefert selbst aber kein Zurechnungserfordernis.[136] Das Zurechnungssystem erklärt zwar wichtige Inhalte von § 136, indes nicht alle. Der Beschuldigte soll seine Rechte nicht nur kennen, sie sollen ihm auch aktuell

---

[127] Vgl. SK-StPO/*Rogall* Rn. 74; ferner → § 133 Rn. 22 f.

[128] RL 2012/13/EU des Europäischen Parlaments und des Rates v. 22.5.2012, ABl. 2012 L 142/1; s. dort auch Erwägungsgrund 36.

[129] Zum Zivilprozess s. BGH 10.12.2002 – VI ZR 378/01, BGHZ 153, 165 (167 ff.) = NJW 2003, 1123 (1124).

[130] Zum Begriff des Beschuldigten → Vor § 133 Rn. 20 ff., zur Beschuldigtenvernehmung → Vor § 133 Rn. 36 ff.

[131] BGH 27.2.1992 – 5 StR 190/91, BGHSt 38, 214 (220 ff.) = NJW 1992, 1463 (1464 f.) mAnm *Roxin* JZ 1992, 923 und *Fezer* JR 1992, 385; zu den Bezügen zur Entscheidung des U.S. Supreme Court im Fall *Miranda ./. Arizona,* 384 U.S. 436 (1966) und der darauf folgenden Diskussion und Rspr. *Salditt* GA 1992, 51. Rechtsvergleichend auch *Eser* ZStW 79 (1967), 565 (618 ff.); eingehend zum Schweigerecht im US-amerikanischen Recht *Salger,* Das Schweigerecht des Beschuldigten, 1998, S. 87 ff.

[132] → Vor § 133 Rn. 82 ff., 97.

[133] BGH 7.6.1983 – 5 StR 409/81, BGHSt 31, 395 (399 ff.) = NJW 1983, 2205 (2206) m. abl. Anm. *Grünwald* JZ 1983, 717 und *Fezer* JR 1984, 341.

[134] BGH 27.2.1992 – 5 StR 190/91, BGHSt 38, 214 (224 f.) = NJW 1992, 1463 (1465 f.); BGH 13.1.2005 – 1 StR 531/04, NJW 2005, 1060 mAnm *Mittag* JR 2005, 386 und [abl. bei Zeugen- statt Beschuldigtenvernehmung] *Trüg* StraFo 2005, 202 (203); entspr. *Mitsch* NStZ 2008, 49 f. (Anm. zu BGH 3.7.2007 – 1 StR 3/07, BGHSt 51, 367 = NJW 2007, 2706); *Rogall,* Der Beschuldigte als Beweismittel gegen sich selbst, 1977, S. 217; eingehend [abl.] *Herdegen* NStZ 1990, 513 (518). Vgl. dazu auch U.S. Supreme Court v. 1.6.2010, *Berghuis v. Thompkins,* 560 U.S. (2010); *Wittmann* JZ 2014, 105 (108 ff.).

[135] BGH 18.12.2008 – 4 StR 455/08, BGHSt 53, 112 (116 f. Rn. 15) = NStZ 2009, 281 (282).

[136] → Vor § 133 Rn. 85 bis 88.

vor Augen geführt werden, und der Vernehmende soll sich zur Achtung dieser Rechte bekennen (→ Rn. 26).[137] Die **besseren Gründe** sprechen daher dafür, das Verwertungsverbot **unabhängig von Rechtskenntnis** bzw. Rechtsirrtum des Beschuldigten anzunehmen.[138]

Bei schweren Straftaten stützt die Rspr. eine Verwertbarkeit der Aussage gelegentlich auf eine **Abwägung** zwischen dem Gewicht des Verstoßes und dem Sachaufklärungsinteresse (bzw. der Schwere der Tat und Stärke des Verdachts).[139] Letzterem wäre aber nicht nur der Verstoß, sondern die Subjektstellung des Angeklagten im Verfahren (und damit letztlich seine Menschenwürde) sowie dessen Rechtsstaatlichkeit bzw. Fairness gegenüberzustellen.[140] Doch das Sachaufklärungsinteresse kann weder die Subjektstellung des Beschuldigten mindern noch die Behörden und Gerichte von den Anforderungen des Rechtsstaats dispensieren.[141] Beide dürfen nicht verdrängt werden, insbes. nicht im Wege einer Abwägung.[142] Gesetz und Verfassung haben hier die nötigen Wertungen **bereits verbindlich vorgegeben**[143] und eine **57**

---

[137] Zu den Hintergründen → Vor § 133 Rn. 71 ff.

[138] Vgl. zu den Grundlagen → Vor § 133 Rn. 101. Entspr. *Meyer-Goßner* Einl. Rn. 77; *Bernsmann* StraFo 1998, 73 (75 f.); *Geppert*, FS Schroeder, 2006, 675 (689 f.). Speziell zum Fehlen der qualifizierten Belehrung *R. Neuhaus* StV 2010, 45 (51); vgl. auch BGH 26.7.2007 – 3 StR 104/07, BGHSt 52, 11 (23 f. Rn. 37) = NJW 2007, 3138 (3142).

[139] BGH 27.2.1992 – 5 StR 190/91, BGHSt 38, 214 (219 f.) = NJW 1992, 1463 (1464) mAnm *Roxin* JZ 1992, 923; BGH 18.12.2008 – 4 StR 455/08, BGHSt 53, 112 (116 f. Rn. 14 f.) = NStZ 2009, 281 (282) m. insoweit abl. Anm. *Gleß/Wennekers* JR 2009, 383 (384) und *Kasiske* ZIS 2009, 319 (322 f.); BGH 9.6.2009 – 4 StR 170/09, NJW 2009, 3589 (3590) m. abl. Anm. *Meyer-Mews* und *Ellbogen* NStZ 2010, 464;vgl. auch BGH 13.5.1996 – GSSt 1/96, BGHSt 42, 139 (157); zur Verteidigerkonsultation BGH 21.5.1996 – 1 StR 154/96, BGHSt 42, 170 (174) = NJW 1996, 2242 (2243) m. abl. Anm. *Ventzke* StV 1996, 524 (525 f.); BGH 19.10.2005 – 1 StR 117/05, NStZ-RR 2006, 181 (182 f.). Grds. bestätigend BVerfG 8.7.2010 – 2 BvR 2485/07 ua, NJW 2011, 207 (210). Gar nur pauschal darauf abstellend „ob und inwieweit der […] Beschuldigte in besonderem Maße des Schutzes bedurfte" BGH 18.12.2003 – 1 StR 380/03, NStZ 2004, 450; ohne inhaltliche Angaben behauptend BGH 27.5.2009 – 1 StR 99/09, NJW 2009, 2612 (2613). – Einen Überblick über weitere regelmäßig eingestellte Faktoren geben *Jahn* StraFo 2011, 117 (118) und *Paul* NStZ 2013, 489, 491 ff.; dazu auch *Rogall* ZStW 91 (1979), 1 (30 f.) sowie *Rogall* JZ 2008, 818 (820 f.). Einen Überblick über Entscheidungsmaßstäbe gibt [krit.] *Wolter* FG BGH, 2000, Bd. 4 S. 963 (985 ff.). Zu Recht grds. gegen die einzelfallbezogene Auswahl entscheidungstragender Gesichtspunkte *Greco* GA 2007, 628 (633). Zur „Abwägungslehre" vgl. mwN *Meyer-Goßner* Einl. Rn. 55a; *Kleinknecht* NJW 1966, 1537 (1539 ff.); *Rogall* ZStW 91 (1979), 1 (29 ff.); *Nothhelfer,* Die Freiheit von Selbstbezichtigungszwang, 1989, S. 85 ff.; *Bockemühl,* Private Ermittlungen, 1996, S. 112 ff. Ähnlich [für eine „normative Fehlerfolgenlehre" und gegen Abwägung bzgl. qualifizierter Belehrung] SK-StPO/*Rogall* Vor § 133 Rn. 187, § 136 Rn. 87; *Rogall* JZ 1996, 944 (947 ff., 954 f.); *Rogall*, FS Grünwald, 1999, 523 (524 ff.). Eingehend krit. *Dallmeyer,* Beweisführung im Strengbeweisverfahren, 2002, S. 149 ff., 194 ff.; *Schilling,* Illegale Beweise, 2004, S. 87 ff., 139 ff. 211 ff., 237. Zum Vorgehen der Rspr. [zweifelnd, dass tatsächlich abgewogen wird] auch *Löffelmann* JR 2009, 10 mwN.

[140] Näher zu den hier relevanten Abhängigkeiten → Vor § 133 Rn. 76. Dies verkennt, wer die Beweisverbote nur als Ausfluss des Verhältnismäßigkeitsgrundsatzes in seiner Gestalt als Übermaßverbot rekonstruieren will (vgl. *Kleinknecht* NJW 1966, 1537 [1539]). Dazu, dass diverse öffentliche Interessen für ein Verwertungsverbot sprechen können, s. *Rogall*, FS Hanack, 1999, 293 (303); s. anhand schweizerischem Recht und Rspr. auch *Vetterli* ZStrR 2012, 447 (460 ff.).

[141] Vgl. BGH 26.7.2007 – 3 StR 104/07, BGHSt 52, 11 (17 Rn. 20) = NJW 2007, 3138 (3139 f.); entspr. *Müssig* GA 1999, 119 (139 ff.); *Meurer*, FS C. Roxin I, 2001, 1281 (1296); *Jahn* 67. DJT 2008, Gutachten C S. 50, 60 ff. (sowie [zur Beweisbefugnislehre] S. 66 ff.); *Wolter*, FS C. Roxin II, 2011, Bd. 2, 245 (insbes. 1265 ff.) sowie [bzgl. § 136a] *Seebode*, FS Otto, 2007, 999 (1010 ff.). Vgl. auch *Ventzke* StV 1996, 524 (526; abl. Anm. zu BGH 21.5.1996 – 1 StR 154/96, BGHSt 42, 170 = NJW 1996, 2242). Zur Gegenüberstellung von „Abwägungslehre" und „Schutzzwecklehre" sowie „verfassungsrechtlichen Verwertungsverboten" konzis *Fezer* JR 1992, 385 (386; Anm. zu BGH 27.2.1992 – 5 StR 190/91, BGHSt 38, 214 = NJW 1992, 1463 mN.

[142] Vgl. auch [zur Verhältnismäßigkeit einer Blutprobenentnahme] BVerfG 18.9.1995 – 2 BvR 103/92, NJW 1996, 771 (772 f.); *Beulke* ZStW 103 (1991), 657 (669); *Fezer,* Grundfragen, 1995, S. 26, 31 ff.; *Amelung,* FS C. Roxin I, 2001, 1259 (1274 ff.); *Weigend* StV 2003, 436 (439 ff.; Anm. zu LG Frankfurt 9.4.2003 – 5/22 Ks 3490 Js 230118/02, StV 2003, 325 – Gäfgen); *Jäger* GA 2008, 473 (479); *Beulke* Jura 2008, 653 (655); *Roxin* JR 2008, 16 (18); *Roxin* HRRS 2009, 186 (187 f.); *R. Neuhaus* StV 2010, 45 (52); *Ransiek,* Rechte des Beschuldigten, 1990, S. 77 f. sowie mit Gesetzgebungsvorschlag *Mitsch* NJW 2008, 2295 (2295, 2300). Eingehend *Hassemer*, FS Maihofer, 1988, 183 ff.

[143] Vgl. *Wohlers* JR 2002, 294 (295 f.; Anm. zu BGH 22.11.2001 – 1 StR 220/01, BGHSt 47, 172 = NJW 2002, 975). Zur darin bereits getroffenen – nicht vom Rechtsanwender abzuändernden – Abwägung *Bosch,* Aspekte des nemo-tenetur-Prinzips, 1998, insbes. S. 69.

abwägende Verhältnismäßigkeitsprüfung vermag Eingriffsbefugnisse ohnehin grds. nur zu beschränken, nicht aber zu erweitern.[144]

58 Tatsächlich betrachtet gerade der **EGMR** nicht nur den einzelnen Verfahrensfehler, sondern stellt eine Gesamtbetrachtung des ganzen Verfahrens an.[145] Diese rekonstruieren deutsche Gerichte oft als Abwägung. Dem EGMR geht es aber nur um die Bestimmung eines europaweit einheitlichen Minimalstandards. Diesen muss er einerseits gerade erst konkretisieren, während in den hier interessierenden Fällen die Verletzung deutschen Verfahrensrechts bereits feststeht. Andererseits würde eine Unterschreitung des Mindeststandards eine völkerrechtswidrige Menschenrechtsverletzung durch die Bundesrepublik bedeuten, im Übrigen sollen Strafverfahren sich aber nicht etwa am Mindeststandard orientieren, sondern **positiv** davon **absetzen.**[146]

59 **bb) Nicht verstandene Belehrung.** Kann ein Beschuldigter die Belehrung infolge seines **(psychischen) Zustandes** nicht verstehen, so ist er (schon zur Wahrung seiner positiven Mitwirkungsfreiheit) gleichwohl zu vernehmen, die Aussage ist aber **nur dann** zu seinen Lasten **verwertbar,** wenn er die Verwertung in der Hauptverhandlung gestattet (zu Zustimmung und Rügeerfordernis → Rn. 68 ff.).[147] Richtigerweise kommt es dabei auf die Erkennbarkeit für die Vernehmungsbeamten und ihr Verschulden nicht an.[148] Eine **sprachlich** für den Beschuldigten unverständliche Belehrung ist bereits als solche fehlerhaft (→ Rn. 27, 55 ff.).

60 **cc) Missachtung der Aussagefreiheit.** Die Folge von Belehrungsmängeln ist eine Gefährdung der Rechtsstellung des Beschuldigten. Wird seine Aussagefreiheit hingegen missachtet, verletzt das sogar die Rechtsstellung. Solche Fälle (zB die falsche Behauptung, der Vernommene sei zur Aussage verpflichtet) sind **primär** anhand von **§ 136a** zu beurteilen.

61 Wenn der Vernehmende aber seine **Inkulpationspflicht**[149] verkennt (vermeintliche informatorische Befragung) oder bewusst **verletzt** (und den Vernommenen auch objektiv nicht inkulpiert), unterbleiben regelmäßig auch die nach § 136 gebotenen Belehrungen. Der Vernommene ist dann mangels Inkulpation zwar weiterhin Zeuge, weshalb § 136 nicht unmittelbar anwendbar ist (anders bei sog „formlosen Vorgesprächen", → Rn. 25). Das Fehlen der Belehrung muss gleichwohl zu einem gleichartigen (bzw. weitergehenden, → Rn. 82) Verwertungsverbot führen,[150] denn ihm wohnt hier – über die allg. Voraussetzungen von § 136 hinaus – sogar eine Missachtung der Aussagefreiheit inne. In ihr kann zugleich ein Fall von § 136a liegen.[151]

62 **b) Verteidigerkonsultation.** Die zur Aussagefreiheit dargestellten **Grundsätze** gelten für das Recht zur Konsultation eines Verteidigers **entsprechend**. Belehrungsmängel füh-

---

[144] Vgl. *Strate,* AG StrafR DAV, II. Frühjahrssymp. (1988), 1989, S. 9 (20); zur in der allg. Beweisverbotslehre gleichwohl nötigen Differenzierung hinsichtlich grundrechtlicher, sich auch nicht mittelbar aus der StPO ergebender und nicht den Kernbereich von Menschenwürde oder Grundrechten betreffenden Verwertungsverboten s. *Schröder,* Beweisverwertungsverbote und die Hypothese rechtmäßiger Beweiserlangung, 1992, S. 71 (und zuvor).

[145] Nachweise → Vor § 133 Rn. 101.

[146] Vgl. auch → Vor § 133 Rn. 9 f.

[147] BGH 12.10.1993 – 1 StR 475/93, BGHSt 39, 349 (351 ff.) = NJW 1994, 333 (334) m. [bzgl. des Widerspruchszeitpunkts abl.] Anm. *Fezer* JZ 1994, 686 sowie zust. Bespr. [auch zu sprachlichen Verständnisdefiziten] *Kiehl* NJW 1994, 1267 f. Vgl. auch KK-StPO/*Diemer* Rn. 12 und 27; *Schlothauer/Weider,* Verteidigung im Revisionsverfahren, 2. Aufl. 2013, Rn. 1981 (Rüge 240 11.). Zu Zusammenhängen mit der Frage, ob schon vor der ersten polizeilichen Vernehmung ein Pflichtverteidiger zu bestellen ist, s. *Eisenberg* JA 2012, 452 ff.

[148] → Vor § 133 Rn. 88.

[149] → Vor § 133 Rn. 28, 43 sowie → § 136 Rn. 5.

[150] Entspr. [allerdings für unmittelbaren Verstoß gegen § 136] BGH 3.7.2007 – 1 StR 3/07, BGHSt 51, 367 (371 Rn. 19) = NJW 2007, 2706 (2708). Grds. für ein selbständiges Verwertungsverbot bzgl. informatorischer Befragungen *Bosch,* Aspekte des nemo-tenetur-Prinzips, 1998, S. 259 ff.

[151] Insbes. → § 136a Rn. 40, 43 f.

ren auch hier grds. zu einem Verwertungsverbot.[152] Die Rspr. verneint dies – letztlich nicht überzeugend –, wenn der Beschuldigte sein Recht kannte (→ Rn. 56).[153] Erst Recht besteht ein Verwertungsverbot, wenn das Recht dadurch verletzt wurde, dass der Vernehmende eine ausdrücklich gewünschte Rücksprache mit dem Verteidiger verweigert hat.[154]

c) Weitere Verstöße. Verstöße gegen § 136 **Abs. 1 S. 3 Hs. 2** (Beanspruchung einer Verteidigerbestellung) betreffen zugleich das Recht auf Verteidigerkonsultation (→ Rn. 38). Die Ausübung dieses Rechts können sie aber nur dann in kausaler Weise beeinträchtigt haben, wenn im konkreten Fall die Voraussetzungen von § 140 Abs. 1 oder 2 erfüllt sein konnten. Dies ist ex ante zum Zeitpunkt der unterbliebenen oder fehlerhaften Belehrung zu beurteilen. Nach dem Sinn der Vorschrift (→ Rn. 37) genügt für die → Rn. 62 dargestellten Rechtsfolgen, dass ein Fall der notwendigen Verteidigung realistischerweise möglich war, auch wenn erst in einem späteren Verfahrensabschnitt mit einer Verteidigerbestellung zu rechnen gewesen wäre.[155] 63

Verstöße gegen § 136 **Abs. 1 S. 3 Hs. 1 und S. 4** begründen hingegen grds. kein Verwertungsverbot,[156] denn sie wirken sich idR nicht inhaltlich auf die Aussage aus und betreffen die Rechtsstellung des Beschuldigten weniger intensiv; bzgl. § 136 Abs. 1 S. 3 Hs. 1 und S. 4 Hs. 1 mag es in besonderen Einzelfällen indes Ausnahmen geben. § 136 **Abs. 3** ist ermittlungstaktischer und organisatorischer Natur und kann deshalb kein Verwertungsverbot auslösen. Verstöße gegen § 136 **Abs. 1 S. 1 und Abs. 2** können zwar zu Irrtümern des Vernommenen führen (bzw. Fehlvorstellungen unzulässig aufrechterhalten), welche die Zurechenbarkeit der Aussage ausschließen. Die dabei nötige Grenzziehung fällt aber mit der Frage zusammen, ob eine Täuschung im Sinne von § 136a Abs. 1 S. 1 vorliegt,[157] weshalb hier für ein selbständiges Verwertungsverbot aus § 136 kein Raum bleibt. 64

Unterblieb gegenüber Jugendlichen der Hinweis auf ihr Recht zur Besprechung mit einem Erziehungsberechtigten **(§ 67 Abs. 1 JGG),** führt das zu einem Verwertungsverbot. S. hierzu und zu Folgen von Verstößen gegen **Art. 36 Abs. 1 lit. b WÜK** → Rn. 42 mN. 65

d) Spontanäußerungen und informatorische Befragungen. Bei Spontanäußerungen und rechtmäßigen (sonst Rn. 61) informatorischen Befragungen[158] besteht keine Belehrungspflicht aus § 136 (→ Rn. 5 und 7). Die **Rspr. verneint** auch ein **Verwertungsverbot**[159] im Ergebnis zu Recht: Ein solches könnte sich zwar auch ohne Belehrungsmangel ergeben.[160] Das geltende Strafverfahrensrecht enthält aber keinen Grundsatz, nach dem Äußerungen stets nur dann Gegenstand der Beweiserhebung sein dürfen, wenn ihnen Belehrungen nach § 136 vorausgegangen sind. Selbst über sog Hörensagen darf (Zeugen-)Beweis erhoben werden, auch wenn dadurch nur mit der gebotenen Vorsicht zu würdi- 66

[152] Vgl. Löwe/Rosenberg/*Gleß* Rn. 96 ff.; *Roxin* JZ 1993, 426 (427 f.; Anm. zu BGH 29.10.1992 – 4 StR 126/92, BGHSt 38, 372 = NJW 1993, 33); *Wollweber* StV 1999, 355 (356; Anm. zu BGH 20.6.1997 – 2 StR 130/97, NStZ 1997, 609).

[153] BGH 22.11.2001 – 1 StR 220/01, BGHSt 47, 172 (173 f.) = NJW 2002, 975 f. m. insoweit abl. Anm. *Wohlers* JR 2002, 294 f.

[154] BGH 29.10.1992 – 4 StR 126/92, BGHSt 38, 372 (373 ff.) = NJW 1993, 338 (339) m. zust. Anm. *Rieß* JR 1993, 334 sowie Anm. *Roxin* JZ 1993, 426; BGH 11.7.2008 – 5 StR 202/08, NStZ 2008, 643; einschr. mittels (kaum ausgeführter) Abwägung BGH 18.12.2003 – 1 StR 380/03, NStZ 2004, 450; *Roxin* JZ 1997, 343 (345 f.).

[155] Für die Bejahung eines Verwertungsverbots unter den hier angegebenen Voraussetzungen sprechen nicht zuletzt Art. 8 Abs. 2 und Erwägungsgrund 36 der RL 2012/13/EU (ABl. 2012 L 142/1).

[156] *Meyer-Goßner* Rn. 21.

[157] → § 136a Rn. 38 ff. (insbes. 41) und 44 f.

[158] Zu Begriff und Voraussetzungen s. jeweils → Vor § 133 Rn. 42 f.

[159] BGH 27.9.1989 – 3 StR 188/89, NJW 1990, 461 m. krit. Anm. *Fezer* StV 1990, 195; krit. auch *Meyer-Goßner* Rn. 20 mwN Teilw. einschr. und teilw. die Frage ausdrücklich offenlassend BGH 9.6.2009 – 4 StR 170/09, NJW 2009, 3589.

[160] → Rn. 61, → Vor § 133 Rn. 18 sowie die weiteren Verweise in Fn. 12, ferner *G. Haas* GA 1995, 230 f.

gende Indizien erlangt werden können.[161] Ebenso wenig gebieten die Fairness des Verfahrens oder Zurechnungsregeln hier ein Verwertungsverbot.[162]

67 Für ein Verwertungsverbot spräche der Gewinn an Rechtssicherheit, denn die Abgrenzung zwischen noch spontanen Äußerungen und dem Beginn der Vernehmung ist vage und kann Ermittler dazu verleiten, nicht ganz spontan gefallene Äußerungen als spontan darzustellen.[163] Die Grenzziehung ist nicht weiter zu schärfen, als dass die **Vernehmung beginnt, sobald** die Mitteilung nicht mehr einseitig ist, sondern **Interaktion** mit dem offiziellen Funktionsträger stattfindet.[164] Während der Gedanke der Prävention rechtsstaatlich bedenklicher Verhaltensmuster bei der Bestimmung der Reichweite bestehender Verwertungsverbote – also einer Auslegungsfrage – bedeutsam ist, vermag er aber kein neues Verwertungsverbot *praeter legem* zu begründen. Eine solche Anordnung müsste der Gesetzgeber treffen.

68 **e) „Heilung" und Rügeerfordernis. aa) Wiederholung der Aussage.** Nach anfänglich unterbliebener oder fehlerhafter Belehrung gemachte Aussagen werden verwertbar, wenn sie **nach qualifizierter Belehrung** (→ Rn. 29 bzw. 32) freiwillig wiederholt werden.[165] Dazu ist eine inhaltliche Bestätigung erforderlich; eine die frühere Aussage nur ergänzende Vernehmung genügt nicht.[166] Soweit daneben weitere Verstöße gegen § 136 vorlagen – insbes. eine Verteidigerkonsultation verwehrt wurde – müssen auch diese (für den Beschuldigten erkennbar) endgültig beendet worden sein.[167]

69 Darin liegt **keine Heilung** ieS.[168] Die fehlerhaft zustande gekommene Aussage ist dem Beschuldigten nicht voll zurechenbar,[169] und Zurechnungsdefizite sind weder heilbar noch disponibel. In der Sprechweise von einer Heilung des Fehlers setzt sich vielmehr die – der überholten Rspr.[170] zugrundeliegende – Vorstellung fort, § 136 sei lediglich eine Ordnungsvorschrift mit formalen Anforderungen.[171] Tatsächlich entsteht eine **neue Aussage,** die unter qualifizierten Anforderungen originär fehlerfrei und daher vom Beschuldigten zu verantworten ist. Gerade wegen der qualifizierten Belehrung wirkt der urspr. Fehler nicht fort, und weil die Aussage freiwillig erfolgen muss, kann sie auch nicht Fernwirkung des urspr. Fehlers sein. Soweit die neue Aussage inhaltlich mit der ursprünglichen Aussage übereinstimmt, entfällt auch der Grund, eine Beweiserhebung über diese zu sperren. Dann dürfen insbes. eine Frühzeitigkeit der ersten Aussage und die Konsistenz beider Aussagen in die Hauptverhandlung eingeführt und im Urteil berücksichtigt werden.

70 **bb) Zustimmung zur Verwertung.** Der Beschuldigte kann einer Verwertung der an sich unverwertbaren Aussage zustimmen.[172] Aus den gerade genannten Gründen liegt hierin

---

[161] Vgl. SSW-StPO/*Kudlich*/*Schuhr* § 250 Rn. 15 f. Zu Grenzen im Fall schwerer Manipulationen → § 136a Rn. 81 ff.

[162] AA LG Nürnberg-Fürth 13.10.1993 – 8 Ns 342 Js 4024/92, StV 1994, 123 (nur Ls.); [Bewusstsein der Beweisrelevanz nötig] *Bosch,* Aspekte des nemo-tenetur-Prinzips, 1998, S. 275 mwN; ähnlich *Eisenberg* Beweisrecht Rn. 509a.

[163] Zu solchen Begründungen von Verwertungs- bzw. Verwendungsverboten s. auch → Vor § 133 Rn. 101.

[164] Vgl. BGH 9.6.2009 – 4 StR 170/09, NJW 2009, 3589.

[165] Vgl. BGH 18.12.2008 – 4 StR 455/08, BGHSt 53, 112 (115 ff. Rn. 13 ff.) = NStZ 2009, 281 (282) m. insoweit zust. Anm. *Gleß/Wennekers* JR 2009, 383; sowie bereits BGH 30.4.1968 – 1 StR 625/67, BGHSt 22, 129 (133 ff.) = NJW 1968, 1388 (1389 f.) mAnm *Grünwald* JZ 1968, 752; *Geppert*, GS Meyer, 1990, 93 (118 f.).

[166] BGH 3.7.2007 – 1 StR 3/07, BGHSt 51, 367 (376 Rn. 29) = NJW 2007, 2706 (2709).

[167] BGH 29.10.1992 – 4 StR 126/92, BGHSt 38, 372 (375) = NJW 1993, 338 (339).

[168] Vgl. *Rogall* JZ 2008, 818 (826).

[169] → Vor § 133 Rn. 83 ff.

[170] → Rn. 55.

[171] So noch BGH 31.5.1968 – 4 StR 19/68, BGHSt 22, 170 (173); bereits in BGH 7.6.1983 – 5 StR 409/81, BGHSt 31, 395 (398 f.) = NJW 1983, 2205 (2206) ausdrücklich offen gelassen und seit BGH 27.2.1992 – 5 StR 190/91, BGHSt 38, 214 (220 ff.) mit der Rspr. (der Annahme eines Verwertungsverbots) unvereinbar.

[172] BGH 27.2.1992 – 5 StR 190/91, BGHSt 38, 214 (225 f.) = NJW 1992, 1463 (1466) m. insoweit zust. Anm. *Fezer* JR 1992, 385 (386); eingehend zur Disponibilität → Einl. F Rn. 491 ff. mN.

keine Heilung, die Zustimmung kann aber einer freiwilligen Wiederholung der urspr. Aussage nach qualifizierter Belehrung **gleichgestellt** werden (→ Rn. 68),[173] wenn der Beschuldigte dabei seine Rechte, das Beweisverbot und den Inhalt der Aussage kennt. Eine Zustimmung unter inhaltlicher Distanzierung macht die Aussage aber nicht verwertbar. Diese Voraussetzungen sind tendenziell enger als die von der Rspr. angenommene allgemeine Zustimmungsfähigkeit.

Die Zustimmung kann auf inhaltlich selbständige Teile beschränkt werden, dadurch entstehende Lückenhaftigkeit vernichtet aber uU den Beweiswert. Eine **Beschränkung der Zustimmung** dahingehend, dass die Aussage nur bei bestimmten Teilfragen des Verfahrens berücksichtigt werden dürfte, ist nicht möglich (beachte aber → Rn. 82). Soweit es um die Aussage einer anderen Person geht (→ Rn. 81), muss der zustimmende Beschuldigte auch eigene Kenntnis des zugrundeliegenden Sachverhalts haben. 71

cc) Rügeerfordernis. Die **Rspr.** knüpft das Verwertungsverbot beim verteidigten Angeklagten ferner daran, dass dieser bzw. sein Verteidiger der Verwertung der Aussage rechtzeitig, ausdrücklich und unter eindeutiger Benennung des Verfahrensverstoßes **widersprochen** hat.[174] Ohne einen solchen Widerspruch soll die Aussage – auch in einem eventuellen Berufungsverfahren und in einer neuen Hauptverhandlung nach einer aus anderen Gründen erfolgreichen Revision – verwertbar werden, ohne dass der Angeklagte sich dagegen später noch erfolgreich wenden könnte,[175] bzw. das Beweisverwertungsverbot erst durch den Widerspruch entstehen.[176] 72

Dem verteidigten Angeklagten wird ein **unverteidigter** Angeklagter gleichgestellt, der über die Möglichkeit des Widerspruchs und die Folgen eines unterbleibenden Widerspruchs belehrt wurde.[177] Nur ein vom Verstoß selbst betroffener Angeklagter kann wirksam widersprechen, das dadurch ausgelöste Verwertungsverbot wirkt dann aber grds. auch für seine Mitangeklagten, wenn die sich dem nicht – eigene Disposition ausübend – entgegenstellen (zur Differenzierung der Rspr. danach, ob der Mitangeklagte von diesem Verstoß auch betroffen ist, → Rn. 81).[178] **Rechtzeitig** soll der Widerspruch nur dann sein, wenn er spätestens in der Erklärung des Angeklagten nach der einzelnen Beweiserhebung (§ 257) erhoben wird.[179] Er wird nur in der Hauptverhandlung akzeptiert; ein vorheriger Widerspruch soll nicht genügen.[180] Wird die Hauptverhandlung später ausgesetzt, muss der Widerspruch nicht 73

---

[173] Sie muss als gestaltende Prozesshandlung im Ggf. zur bloßen Sachäußerung ausgesprochen werden, denn letztere darf nicht nur pauschal bestätigen (→ Rn. 68).

[174] BGH 27.2.1992 – 5 StR 190/91, BGHSt 38, 214 (225 f.) = NJW 1992, 1463 (1466) m. insoweit abl. Anm. *Fezer* JR 1992, 385 (386); BGH 12.1.1996 – 5 StR 756/94, BGHSt 42, 15 (22) = NJW 1996, 1547 (1549). S. ebenfalls dort sowie OLG Celle 18.5.1992 – 3 Ss 187/91, NJW 1993, 545 f. zur eingeschränkten Anwendbarkeit auf Altfälle (auch nach späteren Verschärfungen der Anforderungen), entspr. *Meyer-Goßner/Appl* StraFo 1998, 258 (263 f.). Zu Problemen der „Begründung" bzw. der Benennung der „Angriffsrichtung" des Widerspruchs *v. Schlieffen*, FS ARGE Strafrecht DAV, 2009, 801 (806 ff.); *W. Bauer* StV 2011, 635 ff.

[175] Zur Revision: BGH 9.11.2005 – 1 StR 447/05, BGHSt 50, 272 (274 f.) = NJW 2006, 707 m. abl. Anm. *Fezer* JZ 2006, 474 (476) sowie *Schlothauer* StV 2006, 397; zur Berufung: OLG Stuttgart 4.3.1997 – 4 Ss 1/97, NStZ 1997, 405 und [bzgl. § 81a Abs. 2] OLG Frankfurt a. M. 8.11.2010 – 3 Ss 285/10, NStZ-RR 2011, 46 (48) m. abl. Bespr. *Kudlich* HRRS 2011, 114 (117 ff.). Ablehnend auch *Hartwig* JR 1998, 359; *Herdegen* NStZ 2000, 1(5). Einen Überblick über verschiedene Begründungsansätze der Rspr. gibt *B. Heinrich* ZStW 112, (2000), 398 (409 ff.).

[176] Eine solche „Tatbestandsvoraussetzung" postulieren *Widmaier* NStZ 1992, 519 (521) und *Meyer-Goßner/Appl* StraFo 1998, 258 (261); vgl. auch *Maul/Eschelbach* StraFo 1996, 66 (67). Eingehend und krit. bzw. abl. *Maiberg*, Zur Widerspruchsabhängigkeit, 2003, passim (Erg. [„bedingtes Beweisverwertungsverbot"] S. 252 ff.).

[177] BGH 27.2.1992 – 5 StR 190/91, BGHSt 38, 214 (225 f.) = NJW 1992, 1463 (1466).

[178] *Meyer-Goßner* Rn. 25.

[179] Zu Recht macht *R. Hamm* NJW 1996, 2185 (2188) diese „Frist" davon abhängig, dass das Gericht die in § 257 Abs. 1 vorgesehene aktive Befragung tatsächlich durchgeführt hat. Mit guten Gründen grds. aA [Widerspruch beim letzten Wort genügt] *Meyer-Goßner/Appl* StraFo 1998, 258 (263).

[180] BGH 17.6.1997 – 4 StR 243/97, NStZ 1997, 502 (503); BGH 9.11.2005 – 1 StR 447/05, BGHSt 50, 272 (274 f.) = NJW 2006, 707; näher dazu OLG Hamm 22.12.2009 – 3 Ss 497/09, NStZ-RR 2010, 148 (149); OLG Frankfurt a. M. 26.8.2010 – 3 Ss 147/10, NStZ-RR 2011, 45; *Burhoff* StraFo 2003, 267

wiederholt werden.[181] Eine Rücknahme des Widerspruchs ist bis zum Ende der Beweisaufnahme möglich.[182] Er wird als wesentliche Förmlichkeit des Verfahrens nach § 273 protokolliert.[183] Auf den Widerspruch hin gerichtlichen Beschluss zu fassen, ist im Sinne einer fairen Verfahrensführung angeraten, nach der Rspr. aber nicht stets erforderlich.[184]

74 Eine **gesetzliche** (oder auch nur gesetzessystematische) **Grundlage** für diese Anforderungen **besteht nicht.**[185] Sie sind § 238 Abs. 2 nachgebildet, betreffen aber nicht dasselbe Thema.[186] § 257 passt ebenso wenig, denn die Vorschrift ermöglicht weder eine Verwertung fehlerhafter Beweismittel noch enthält sie eine Frist für § 238 Abs. 2.[187] Im Übrigen sind Präklusionsregeln dem Strafprozessrecht weitgehend fremd, und die §§ 136, 136a legen ein Rügeerfordernis alles andere als nahe. Zwar wurde das Verwertungsverbot zu § 136 insgesamt *praeter legem* entwickelt, die Gründe für dieses Verwertungsverbot sind aber bereits für sich genommen tragend und gewinnen nicht etwa an Überzeugungskraft, indem sie durch das Rügeerfordernis teilweise konterkariert werden.[188]

75 Stärkstes **Argument für die Widerspruchslösung** ist, dass sie das zivilrechtliche Modell aufgreift, in dem Zurechnungsmängel primär über Anfechtungs- bzw. Kondiktionsbefugnisse (die Aussage bei irriger Annahme einer Aussagepflicht hat Ähnlichkeit mit einer rechtsgrundlosen Leistung) behandelt werden. Sie weicht indes so stark davon ab, dass dieses Argument nur begrenzt trägt, das zivilrechtliche Dogma des grds. Bestehens und der bloßen Beseitigbarkeit einer (zumindest zunächst) nicht zurechenbaren Erklärung ist seinerseits angreifbar, und es gründet sich auf Belange des Verkehrsschutzes, die so im Strafverfahren nicht bestehen. Das Rügeerfordernis kann zwar dazu beitragen, dass Verfahrensfehler tendenziell frühzeitig gerügt, ggf. korrigiert und fehlerhafte Entscheidungen besser vermieden werden. Es begrenzt zudem taktische Spielräume, die sich aus seiner Befugnis ergeben, der Verwertung zuzustimmen, und wahrt gleichzeitig die Möglichkeit des Beschuldigten, seine Entscheidung darüber zumindest erst nach Teilen der Beweisaufnahme zu treffen.[189] Zugleich begünstigt es eine Professionalisierung der Strafrechtspflege.[190] Solche Überlegungen sprechen aber höchstens

---

(269 ff.); aA [Widerspruch im Vorverfahren genügt] *Meyer-Goßner/Appl* StraFo 1998, 258 (263); *Schlothauer*, FS Lüderssen, 2002, 761 (769 ff.); *Mosbacher*, FS Widmaier, 2008, 339 (343 f.); *Schlothauer* StV 2006, 397 f. (Anm. zu BGH 9.11.2005 – 1 StR 447/05, BGHSt 50, 272 = NJW 2006, 707); [de lege ferenda für Widerspruchserfordernis im Zwischenverfahren] *Maul/Eschelbach* StraFo 1996, 66 (70); differenzierend *Rogall*, FS Geppert, 2011, 519 (533 ff.). Ein vor der Beweisaufnahme erklärter „umfassender" bzw. „beweisthemenbezogener" Widerspruch genügt aber, BGH 3.12.2003 – 5 StR 307/03, NStZ 2004, 389.

181 OLG Stuttgart 27.3.2001 – 4 Ss 113/01, StV 2001, 388; HK-StPO/*Ahlbrecht* Rn. 40.

182 BGH 12.1.1996 – 5 StR 756/94, BGHSt 42, 15 (23) = NJW 1996, 1547 (1549).

183 *Meyer-Goßner* Rn. 25.

184 BVerfG 18.3.2009 – 2 BvR 2025/07, nv, Rn. 17; BGH 16.8.2007 – 1 StR 304/07, NStZ 2007, 719; aA [baldiger Beschluss stets erforderlich] *Meyer-Goßner/Appl* StraFo 1998, 258 (263); *v. Schlieffen*, FS ARGE Strafrecht DAV, 2009, 801 (812 ff.); *Mosbacher*, FS Rissing-van Saan, 2011, 356 (359); ähnlich *R. Hamm* NJW 1996, 2185 (2188); vgl. auch KMR/*Lesch* Rn. 25.

185 *Tepperwien*, FS Widmaier, 2008, 583 (591); *Ignor/Bertheau* NStZ 2013, 188 (189 ff.). Zu in der Rspr. schon zuvor aufgestellten entspr. Anforderungen bzgl. anderer Verfahrensfehler s. *Meyer-Goßner/Appl* StraFo 1998, 258 (259), zum Fehlen einer dogmatischen Begründung dafür s. *Fezer* JR 1992, 385 (386; Anm. zu BGH 27.2.1992 – 5 StR 190/91, BGHSt 38, 214 = NJW 1992, 1463 sowie *Fezer* StV 1997, 57 (58 f.; Anm. zu BGH 20.12.1995 – 5 StR 445/95, NStZ 1996, 290); *Gaede* HRRS 2007, 402 (405); *Kudlich* HRRS 2011, 114 (115). Eingehend *Dudel*, Das Widerspruchserfordernis bei Beweisverwertungsverboten, 1999.

186 AA Mosbacher, FS Rissing-van Saan, 2011, 356 (360 ff.).

187 Eine solche besteht nicht, vgl. Löwe/Rosenberg/*Becker* § 238 Rn. 29.

188 Zur Kritik am Rügeerfordernis s. auch *Bernsmann* StraFo 1998, 73 (76); *Dahs* StraFo 1998, 253; *B. Heinrich* ZStW 112, (2000), 398 (412 ff.); sowie [unter den allg. Gesichtspunkten tatrichterlicher Rechtsfehler und anwaltlicher Treue] *Dahs* NStZ 2007, 241. Speziell bzgl. Verletzungen des Rechts zur Verteidigerkonsultation *Roxin* JZ 1997, 343 (346 f.).

189 Vgl. *R. Hamm* NJW 1996, 2185 (2187, 2188); ferner Löwe/Rosenberg/*Gössel* Einl. L Rn. 170 (sowie 33 und 174 f.); zur krit. Hinterfragung dieser Vorteile *Ventzke* StV 1997, 543 ff.; *Velten* ZJS 2008, 76 (80 ff.; Anm. zu BGH 11.9.2007 – 1 StR 273/07, BGHSt 52, 38 = NJW 2007, 3587).

190 Zu Argumenten für das Rügeerfordernis vgl. auch [Stärkung der Verteidigung] *Widmaier* NStZ 1992, 519 ff. und *Ignor*, FS *Rieß*, 2002, 185 (194 ff.) – dazu ironisch [„Verteidiger als strafverfahrensrechtlicher Sachverständiger des Gerichts"] *Meyer-Mews* StraFo 2009, 141 (144) –; [Zwischenrechtsbehelf eigner Art und entfallendes Rechtsschutzbedürfnis] *Mosbacher* JR 2007, 387 (389; Anm. zu BGH 16.11.2006 – 3 StR 139/06, BGHSt 51,

für ein in seiner Wirkung auf die **Zulässigkeit der Revision** beschränktes[191] (und wohl eher auf den Zeitpunkt des § 258 Abs. 2 Hs. 2 bezogenes[192]) Rügeerfordernis. Ob ein solches besteht, ist eine Frage des Revisionsrechts und hier nicht zu klären.

Richtigerweise kann dem Ausbleiben eines Widerspruchs jedenfalls **kein materieller Einfluss** auf das Beweismittel zugesprochen werden. Mangels fehlerfreier Wiederholung und Zustimmung hat der Beschuldigte seine ursprüngliche Aussage weiterhin nicht zu verantworten;[193] sie ist keine geeignete Basis des Urteils und damit kein geeigneter Gegenstand der Beweisaufnahme.[194] Das erkennende Gericht ist verpflichtet, rechtsstaatlich zu verfahren und Verletzungen der Aussagefreiheit ohne nachteilige Auswirkung auf das Urteil zu lassen.[195] Dass die weiter reichende Widerspruchslösung der Rspr. evtl. keine justiziable Verletzung von Grund- und Menschenrechten beinhaltet,[196] hindert nicht, sie strafverfahrensrechtlich abzulehnen.[197] 76

f) Ausländische Vernehmungen. In Fällen internationaler Rechtshilfe gilt grds. ***forum regit actum,*** dh die ausländische Stelle (zB der um eine Vernehmung ersuchte Ermittlungsrichter) wendet ihr eigenes Verfahrensrecht an. Verfahrensrechte und Mitteilungspflichten bestimmen sich daher zunächst nach fremdem Recht. Das ist oft misslich, weil Inkonsistenzen zum im deutschen Verfahren anzuwendenden deutschen Recht drohen und unterschiedliche Regelungsinteressen den Zweck der Maßnahme (das deutsche Verfahren zu fördern) gefährden können.[198] 77

Wenn zwar die Vorgaben von § 136 nicht erfüllt wurden, die ausländ. Stelle aber ihr Verfahrensrecht eingehalten hat, **tendiert** die **Rspr.** eher **zur Ablehnung** des Verwertungsverbots.[199] Auf die Urteilsfindung ist von deutschen Strafgerichten indes stets deutsches Recht (wiederum als *lex fori*) anzuwenden, so dass sich insb. die Verwertbarkeit einer Aussage nach deutschem Recht bestimmt. Die Aussage muss dem Aussagenden daher nach deutschen Maßstäben zurechenbar sein.[200] Richtigerweise muss daher – unabhängig vom fremden Recht und der Frage, ob die Vernehmung danach fehlerhaft war – den Anforderungen des § 136 zumindest in ihren Grundzügen entsprochen worden sein; insb. dürfen die Aussagefreiheit und das Recht zur Verteidigerkonsultation nicht ausgehöhlt werden.[201] 78

---

144 = NJW 2007, 384) und *Mosbacher,* FS Widmaier, 2008, 339 (348 ff.).S. demgegenüber jeweils *Tolksdorf* FG Graßhof, 1998, S. 255 (258 ff.).

[191] So eingehend mit einer Erklärung über Obliegenheitsverletzungen *Kindhäuser* NStZ 1987, 529 (533 ff.); demgegenüber grds. gegen eine derartige Anknüpfung an das Verhalten der Verteidigung und entspr. Obliegenheiten *Herdegen* NStZ 2000, 1 (5 f.). S. dazu auch → Einl. F Rn. 480; *Tolksdorf* FG Graßhof, 1998, S. 255 (260); *Kudlich* 68. DJT 2010, Gutachten C S. 93 ff.

[192] S. *Leipold* StraFo 2001, 300 (302 f.).

[193] → Rn. 55 ff.; → Vor § 133 Rn. 83 ff. (ferner → Rn. 65 bis 78). Entspr. SK-StPO/*Rogall* Rn. 78. Zum Zusammenhang von Rüge und Zustimmung s. auch *Kiehl* NJW 1994, 1267 (1268) und *Schlothauer* StV 2006, 397 (398; Anm. zu BGH 9.11.2005 – 1 StR 447/05, BGHSt 50, 272 = NJW 2006, 707) sowie jeweils mit Gesetzesvorschlägen *Mitsch* NJW 2008, 2295 (2300) und *Jahn* StraFo 2011, 117 (123 f.). Zu deren Zusammenhang mit vorhergehenden echten Rechtsgesprächen in der Hauptverhandlung (die zu Unrecht vernachlässigt werden) *Ventzke* StV 1997, 543 (548). Zur Vorzugswürdigkeit einer reinen Zustimmungslösung vgl. *Kasiske* NJW-Spezial 2011, 376 f.; BRAK Stellungnahme Nr. 17 v. 24.4.2012, dazu *Schlothauer/Jahn* RuP 2012, 222 ff.

[194] Vgl. *Velten,* FS Grünwald, 1999, 753 (760).

[195] *Roxin,* FS Hanack, 1999, 1 (21); *Tepperwien,* FS Widmaier, 2008, 583 (591 ff.).

[196] Vgl. BVerfG 7.12.2011 – 2 BvR 2500/09, NJW 2012, 907 (911); beachte → Vor § 133 Rn. 101 sowie → Rn. 57 f.

[197] → Vor § 133 Rn. 10.

[198] Vgl. → Einl. K Rn. 618 f. Näher zu „verfahrenshemmenden Divergenzen" am Beispiel deutscher vs. englischer Beweisverbote *Janicki,* Beweisverbote im deutschen und englischen Strafprozess, 2002, S. 461 ff.

[199] Vgl. BGH 10.8.1994 – 3 StR 53/94, NJW 1994, 3364 (3365 f.) m. insoweit krit. Anm. *Wohlers* NStZ 1995, 45 und *Britz* NStZ 1995, 607; BGH 14.2.2001 – 3 StR 438/00, bei *Becker* NStZ-RR 2002, 65 (67); vgl. aber auch [Verwertungsverbot mit Blick auf §§ 52, 252] BGH 4.3.1992 – 3 StR 460/91, NStZ 1992, 394. Zur Verwertbarkeit in DDR-Altfällen s. BGH 1.4.1992 – 5 StR 457/91, BGHSt 38, 263 (265 ff.) = NJW 1992, 1637 ff.; krit. dazu Löwe/Rosenberg/*Gleß* Rn. 87.

[200] → Vor § 133 Rn. 84, 88.

[201] Vgl. [„Beeinträchtigung der freien Kommunikation"] *Böse* ZStW 114 (2002), 148 (169 ff.); *Roxin,* FS Kühne, 2013, S. 317, 323 f.

79 Im Anwendungsbereich von **Art. 4 Abs. 1 EU-RhÜbk** ist dieses Spannungsverhältnis deutlich entschärft: In Rechtshilfeersuchen an Mitgliedstaaten der EU ist anzugeben, auf welche Formvorschriften und Verfahren es nach deutschem Recht ankommt. Diese sind dann von der ausländischen Stelle bei der Durchführung der Maßnahme – bis auf einen *ordre public*-Vorbehalt – einzuhalten. Danach ist ggf. auch beim Ersuchen um eine Zeugenvernehmung (die ggü. ausländischen Beschuldigtenvernehmungen die praktisch größere Rolle spielen) anzugeben, dass bei Entstehen eines Tatverdachts gegen den Zeugen dieser umgehend entspr. § 136 Abs. 1 S. 1 und 2 zu belehren ist (und zuvor bereits uU entspr. § 55 Abs. 2). Fehlen solche Hinweise im Ersuchen, wird dadurch deutsches Recht verletzt, was unter den Voraussetzungen der → Rn. 55 ff. zu einem Verwertungsverbot führt.[202] Auch außerhalb des Geltungsbereichs des EU-RhÜbk kann uU die Befolgung dieser Vorschriften erbeten oder können eigene Hinweise an die Beteiligten gesendet werden.

80 **2. Nachweis des Verstoßes.** Über die Umstände der Vernehmung und die einen Verstoß begründenden Tatsachen ist **Freibeweis** zu erheben.[203] Bei **begründeten Zweifeln** (insbes. Fehlen verlässlicher Anhaltspunkte für eine Belehrung) ist zu Gunsten des Angeklagten zu entscheiden.[204] Ist die erforderliche Protokollierung (→ Rn. 52) der Belehrungen unterblieben, liefert das ein starkes Indiz – aber keinen zwingenden Nachweis – dafür, dass tatsächlich keine Belehrung erfolgte.[205] Umgekehrt liefern **formularmäßige Klauseln** und Textbausteine bzgl. der Belehrung, die dem Beschuldigten erst am Ende der Vernehmung als Teil der zu unterschreibenden Niederschrift vorgelegt werden, nur ein mäßiges Indiz für eine tatsächliche ordnungsgemäße Belehrung.[206]

81 **3. Umfang des Verwertungsverbots.** Die Rspr. beschränkt die Wirkung des Verwertungsverbots grds. auf den Beschuldigten und gegen ihn geführte Verfahren; sie lässt eine Verwertung zulasten von **Mitbeschuldigten,** gegenüber denen nicht derselbe Verfahrensfehler (in einer gemeinsamen Vernehmung) begangen wurde,[207] sowie in Verfahren, in

---

[202] Vgl. dazu BGH 15.3.2007 – 5 StR 53/07, NStZ 2007, 417 sowie KK-StPO/*Gmel* § 223 *Rn.* 25; SSW-StPO/*Kudlich/Schuhr* § 251 Rn. 31; ferner Radtke/Hohmann/*J. Kretschmer* Rn. 22 ff.

[203] BGH 27.2.1992 – 5 StR 190/91, BGHSt 38, 214 (224) = NJW 1992, 1463 (1465); *Eisenberg* Beweisrecht Rn. 567.

[204] BGH 8.11.2006 – 1 StR 454/06, NStZ-RR 2007, 80 (81) m. zust. Anm. *Wohlers* JR 2007, 126; Löwe/Rosenberg/*Gleß* Rn. 78 (und 112); *Meyer-Goßner* Rn. 20; *Roxin* JZ 1992, 923 f. (Anm. zu BGH 27.2.1992 – 5 StR 190/91, BGHSt 38, 214 = NJW 1992, 1463); *Jahn* StraFo 2011, 117 (124 f.); *Schwabenbauer,* Der Zweifelssatz im Strafprozessrecht, 2012, S. 151. Dazu, dass insbes. vom Angeklagten kein Nachweis der eigenen Unkenntnis seiner Rechte – wenn man darauf überhaupt abstellt (→ Rn. 56) – verlangt werden kann, *Bernsmann* StraFo 1998, 73 (75); *Weigend* StV 2003, 436 (439; Anm. zu LG Frankfurt 9.4.2003 – 5/22 Ks 3490 Js 230118/02, StV 2003, 325 – Gäfgen); *Rogall,* Der Beschuldigte als Beweismittel gegen sich selbst, 1977, S. 218 ff. Vgl. auch AK/*Gundlach* Rn. 39 f. Zu Aufklärungspflicht und Zweifelssatz vgl. auch BVerfG 5.3.2012 – 2 BvR 1464/11, NJW 2012, 1136 (1137 Rn. 23 ff.). Einschränkend für Zweifel an Verständnismangel wegen psychotischer Störung BGH 1.12.2011 – 3 StR 283/11, bei *Cierniak/Zimmermann* NStZ-RR 2014, 97 (99).

[205] BGH 20.6.1997 – 2 StR 130/97, NStZ 1997, 609 (610) mAnm *Kaufmann* NStZ 1998, 474 und [eingehend zur Widerleglichkeit] *Wollweber* StV 1999, 355 (356 f.); BGH 23.8.2011 – 1 StR 153/11, Rn. 13 ff. (insoweit nicht abgedr. in BGHSt 57, 1 und NJW 2011, 3314). Dazu, dass Zweifel, die auf einem staatlichen Verstoß gegen Dokumentationspflichten beruhen, nicht zulasten des Angeklagten gehen düfen, s. auch BVerfG 5.3.2012 – 2 BvR 1464/11, NJW 2012, 1136 (1137 Rn. 26); *Artkämper* StRR 2012, 164 (165).

[206] Vgl. *Artkämper* Kriminalistik 2009, 417 (422); *Jansen,* Zeuge und Aussagepsychologie, 2. Aufl. 2012, Rn. 279. – Deutlich macht dies auch ein gedanklicher Vergleich mit einem Chirurgen, der sich prä-operative Belehrungen nicht vor der Operation, sondern erst im Entlass-Formular unterzeichnen lässt.

[207] BGH 10.8.1994 – 3 StR 53/94, NJW 1994, 3364 (3365 f.) m. [zur „Rechtskreistheorie" grds.] krit. Anm. *Dencker* StV 1995, 232; BGH 20.3.2000 – 2 ARs 489/99, 2 AR 217/99, wistra 2000, 311 (313); BGH 5.2.2002 – 5 StR 588/01, BGHSt 47, 233 (234) = NJW 2002, 1279; ausdrücklich offen gelassen in BGH 18.12.2008 – 4 StR 455/08, NStZ 2009, 281 (282 Rn. 18) insoweit nicht abgedr. in BGHSt 53, 112, dazu Anm. *Gleß/Wennekers* JR 2009, 383 (384 f.); aA Löwe/Rosenberg/*Gleß* Rn. 90; *Brüssow* StraFo 1998, 294 (298); *R. Hamm* NJW 1996, 2185 (2189 f.); krit. auch *Meyer-Goßner* Einl. Rn. 57b. Eingehend dazu und [insbes. mit Blick auf die personelle Reichweite eines Widerspruchs] differenzierend *Nack* StraFo 1998, 366 (370 ff.); vgl. auch *Schwaben* Personelle Reichweite, 2005, S. 139 ff., 153 ff., 190.

denen die Auskunftsperson lediglich Zeuge ist,[208] also zu. Richtigerweise ist das einzuschränken: Gibt es konkrete Gründe, an der Zurechenbarkeit der Aussage zu zweifeln, macht das die Aussage – zum Schutz der prozessualen Wahrheitsfindung – auch insoweit unverwertbar, als sie andere Personen (im gleichen oder einem anderen Verfahren) belastet.[209] Gleiches ergibt sich daraus, dass die Aussagefreiheit des Beschuldigten von einer drohenden Selbstbelastung unabhängig ist und auch zu Gunsten von Mitbeschuldigten ausgeübt werden kann.[210]

Das Verwertungsverbot sperrt jede direkte und indirekte Beweiserhebung über die Aussage (sowie ggf. andere vom Beschuldigten herrührende und unmittelbar auf dem Fehler beruhende Beweismittel[211]). Nach der Rspr. sperrt es aber idR keine erst (indirekt) auf Grund von Hinweisen in der Aussage erlangten weiteren Beweismittel oder Ermittlungsansätze.[212] Eine solche **Fernwirkung** bzw. ein vollständiges **Verwendungsverbot** muss aber zumindest in solchen Fällen bestehen, in denen die Aussagefreiheit des Beschuldigten bzw. sein Recht zur Verteidigerkonsultation tatsächlich verletzt worden ist (→ Rn. 60 f. bzw. 62). Der Beschuldigte muss dann im Verfahren später so gestellt werden, als wäre keine Verletzung eingetreten (→ Vor § 133 Rn. 98 f.). Zu Sonderfragen einer **Verwertung** der Aussage **zu Gunsten** des Angeklagten → § 136a Rn. 90. 82

VI. Revision

Auf einem Verstoß gegen § 136 **beruht** das Urteil, wenn dieser zu einem Verwertungsverbot geführt hat, die Aussage – zB über eine Verlesung nach § 254 (oder auch § 251) oder die Vernehmung der Verhörsperson als Zeuge – dem Verwertungsverbot zuwider im Urteil verwendet worden ist und nicht ausgeschlossen werden kann, dass die Entscheidung sonst anders ausgefallen wäre.[213] Zu Entstehungs- und Ausschlussgründen eines Verwertungsverbots → Rn. 55 ff. Dass konsequenterweise zugleich von einem Verstoß gegen § 261 auszugehen ist, macht die Verfahrensrüge nicht entbehrlich.[214] 83

Die Revision muss den ursprünglichen Verstoß und die ggf. weiteren, das Verwertungsverbot begründenden Umstände **darlegen.**[215] Sie muss ebenso darlegen, dass keine dem Verwertungsverbot entgegenstehenden Umstände vorgelegen haben oder später eingetreten sind.[216] So verlangt die Rspr. zB den Vortrag, dass der Beschuldigte seine Rechte nicht kannte bzw. – bei verspäteter einfacher Belehrung – die Unverwertbarkeit der bisherigen Aussage nicht kannte[217] und dass die Vernehmung später nicht fehlerfrei wiederholt wurde 84

[208] BayObLG 1.12.1993 – 4 St RR 190/93, NJW 1994, 1296; abl. [zur Rechtskreistheorie i.A. und insbes. zur Überkreuzverwertung] *Dencker* StV 1995, 232 (Anm. zu BGH 10.8.1994 – 3 StR 53/94, NJW 1994, 3364); abl. [und zum Revisionsvortrag] auch *Schlothauer/Weider,* Verteidigung im Revisionsverfahren, 2. Aufl. 2013, Rn. 2031 f. bzw. 2034 ff. (Rügen 247 und 248).

[209] → Vor § 133 Rn. 88 (ferner → Rn. 84 und 96 ff.). Vgl. auch *Roxin,* FS Kühne, 2013, S. 317, 324 ff.

[210] → Vor § 133 Rn. 94. Vgl. auch Radtke/Hohmann/*J. Kretschmer* Rn. 26.

[211] Vgl. *Rogall,* Der Beschuldigte als Beweismittel gegen sich selbst, 1977, S. 227 ff. sowie → Vor § 133 Rn. 91 ff.

[212] Vgl. BGH 30.4.1968 – 1 StR 625/67, BGHSt 22, 129 (135) = NJW 1968, 1388 (1390) m. krit. Anm. *Grünwald* JZ 1968, 752; aA OLG Oldenburg 10.10.1994 – Ss 371/94, NStZ 1995, 412; offen gelassen bei *Meyer-Goßner* Rn. 22. Vgl. *Rogall,* Der Beschuldigte als Beweismittel gegen sich selbst, 1977, S. 221 ff. sowie [zu §§ 52, 55] 230 ff., 234 ff.

[213] *Meyer-Goßner* Rn. 24, 27. Vgl. BGH 3.7.2007 – 1 StR 3/07, NJW 2007, 2706 (2709 Rn. 31) insoweit nicht abgedr. in BGHSt 51, 367; [zur Verteidigerkonsultation] BGH 29.10.1992 – 4 StR 126/92, NJW 1993, 338 (340) insoweit nicht abgedr. in BGHSt 38, 372 ff.; [kein Beruhen] BGH 11.7.2008 – 5 StR 202/08, NStZ 2008, 643; [schon keine Aussage] BGH 18.12.2003 – 1 StR 380/03, NStZ 2004, 450 (451).

[214] → § 136a Rn. 102.

[215] Vgl. [zur fehlenden Belehrung über die Aussagefreiheit] BGH 16.2.1993 – 5 StR 463/92, NJW 1993, 2125 (2127); [zur Verweigerung der Verteidigerkonsultation] BGH 28.10.1998 – 5 StR 294/98, NStZ 1999, 154; BGH 16.9.2009 – 2 StR 299/09, NStZ 2010, 97 f.; ausf. [insbes. auch zur fehlenden Belehrung über das Recht zur Verteidigerkonsultation] *Schlothauer/Weider,* Verteidigung im Revisionsverfahren, 2. Aufl. 2013, Rn. 1994 ff. (Rüge 241, insb. Rn. 1997).

[216] AA [und zu Recht gegen ständig erweiterte Zulässigkeitshürden] *Fezer,* FS Hanack, 1999, 331 (347).

[217] OLG Hamm 7.5.2009 – 3 Ss 85/08, NStZ-RR 2009, 283 (284 f.); aA Löwe/Rosenberg/*Gleß* Rn. 111; AK/*Gundlach* Rn. 40; *Herdegen* NStZ 1990, 513 (518).

(s. wiederum → Rn. 55 ff.).[218] Sie muss ferner darlegen, welchen Inhalt die fehlerhaft zustande gekommene Aussage hatte sowie dass und wie sie im Urteil verwertet wurde. Schließlich ist nach der Rspr. zum rechtzeitig erhobenen Widerspruch (→ Rn. 72 ff.) vorzutragen.[219] Die Revision muss nicht vortragen, dass der Beschuldigte ohne den Belehrungsmangel nicht ausgesagt hätte; insbes., dass Schweigen keine geeignete Verteidigung gewesen wäre, hindert nicht das Beruhen des Urteils auf dem Verfahrensfehler.[220]

85 Ergänzend (insbes. zur **fehlerhaften Annahme eines Verwertungsverbots**) → § 136a Rn. 105 f.

§ 136a [Verbotene Vernehmungsmethoden]

(1) [1]Die Freiheit der Willensentschließung und der Willensbetätigung des Beschuldigten darf nicht beeinträchtigt werden durch Mißhandlung, durch Ermüdung, durch körperlichen Eingriff, durch Verabreichung von Mitteln, durch Quälerei, durch Täuschung oder durch Hypnose. [2]Zwang darf nur angewandt werden, soweit das Strafverfahrensrecht dies zuläßt. [3]Die Drohung mit einer nach seinen Vorschriften unzulässigen Maßnahme und das Versprechen eines gesetzlich nicht vorgesehenen Vorteils sind verboten.

(2) Maßnahmen, die das Erinnerungsvermögen oder die Einsichtsfähigkeit des Beschuldigten beeinträchtigen, sind nicht gestattet.

(3) [1]Das Verbot der Absätze 1 und 2 gilt ohne Rücksicht auf die Einwilligung des Beschuldigten. [2]Aussagen, die unter Verletzung dieses Verbots zustande gekommen sind, dürfen auch dann nicht verwertet werden, wenn der Beschuldigte der Verwertung zustimmt.

Schrifttum: *Altenhain/Haimerl,* Modelle konsensualer Erledigung des Hauptverfahrens (unter Berücksichtigung des Beschlusses des Großen Senats für Strafsachen vom 3.3.2005), GA 2005, 281; *Ambos,* Die transnationale Verwertung von Folterbeweisen, StV 2009, 151; *Ambos,* Beweisverwertungsverbote: Grundlagen und Kasuistik – internationale Bezüge – ausgewählte Probleme, 2010; *Amelung,* Prinzipien strafprozessualer Beweisverwertungsverbote, 2011; *Amelung,* „Rettungsfolter“ und Menschenwürde – Bemerkungen zum Urteil des LG Frankfurts a.M. über die Entschädigung des Mörders Gäfgen, JR 2012, 18; *Artkämper,* Wahrheitsfindung im Strafverfahren mit gängigen und innovativen Methoden, Kriminalistik 2009, 349 (1. Teil), 417 (2. Teil); *Artkämper,* Hypnose, StRR 2013, 254 (Teil 1), 338 (Teil 2); *K. Bader,* Zum neuen § 136a StPO, JZ 1951, 123; *Barczak,* Der verdeckte Einsatz ausländischer Polizisten in Deutschland – Rechtsrahmen, Rechtsprobleme und Reformbedarf, StV 2012, 182; *Baumann,* Sperrkraft der mit unzulässigen Mitteln herbeigeführten Aussage, GA 1959, 33; *Beck,* Unterstützung der Strafermittlung durch die Neurowissenschaften? – Einsatz von Verfahren funktioneller Bildgebung als „Lügendetektoren“ im Strafverfahren, JR 2006, 146; *Beulke,* Die Vernehmung des Beschuldigten – einige Anmerkungen aus der Sicht der Prozeßrechtswissenschaft, StV 1990, 180; *Beulke,* Hypothetische Kausalverläufe im Strafverfahren bei rechtswidrigem Vorgehen von Ermittlungsorganen, ZStW 103 (1991), 657; Bienert, Private Ermittlungen und ihre Bedeutung auf dem Gebiet der Beweisverwertungsverbote, 1997; *Bockemühl,* Private Ermittlungen im Strafprozess – ein Beitrag zu der Lehre von den Beweisverboten, 1996; *Bosch,* Aspekte des nemo-tenetur-Prinzips aus verfassungsrechtlicher und strafprozessualer Sicht – Ein Beitrag zur funktionsorientierten Auslegung des Grundsatzes „nemo tenetur seipsum accusare“, 1998; *Brunhöber,* Privatisierung des Ermittlungsverfahrens im Strafprozess, GA 2010, 571; *Brüssow,* Beweisverwertungsverbot in Verkehrsstrafsachen, StraFo 1998, 294; *Bung,* Objektiv unzulässiger oder intentionaler Zwang als Voraussetzung eines Beweisverwertungsverbots nach § 136a Abs. 3 S. 2 iVm. Abs. 1 S. 2 StPO, StV 2008, 495; *Coen,* Ankauf und Verwertung deliktisch beschaffter Beweismittel in Steuerstrafverfahren aus völkerrechtlicher Sicht, NStZ 2011, 433; *Dahle,* Noch erlaubt oder schon verboten? – Die Abgrenzung von erlaubter List und verbotener Täuschung im Ermittlungsverfahren, Kriminalistik 1990, 431; *Dahs/Wimmer,* Unzulässige Untersuchungsmethoden bei Alkoholverdacht, NJW 1960, 2217; *Dallmeyer,* Verletzt der zwangsweise Brechmitteleinsatz gegen Beschuldigte deren Persönlichkeitsrechte?, StV 1997, 606; *Degener,* § 136a StPO und die Aussagefreiheit des Beschuldigten,

[218] Näher *Schlothauer/Weider,* Verteidigung im Revisionsverfahren, 2. Aufl. 2013, Rn. 1971 f. (Rüge 240 4.) mN.

[219] BGH 9.4.1997 – 3 StR 2/97, NStZ 1997, 614 f. mAnm *Müller-Dietz.*

[220] BGH 27.2.1992 – 5 StR 190/91, BGHSt 38, 214 (225 f.) = NJW 1992, 1463 (1466); *Salger,* Das Schweigerecht des Beschuldigten, 1998, S. 75.

GA 1992, 443; *Dencker,* Verwertungsverbote im Strafprozeß – ein Beitrag zur Lehre von den Beweisverboten, 1977; *Dencker,* Über Heimlichkeit, Offenheit und Täuschung bei der Beweisgewinnung im Strafverfahren, StV 1994, 667; *Döhring,* Die Erforschung des Sachverhalts im Prozeß, 1964; *Duttge,* Strafprozessualer Einsatz von V-Personen und Vorbehalt des Gesetzes, JZ 1996, 556; *Eidam,* Die strafprozessuale Selbstbelastungsfreiheit am Beginn des 21. Jahrhunderts, 2007; *Ellbogen,* Die verdeckte Ermittlungstätigkeit der Strafverfolgungsbehörden durch die Zusammenarbeit mit V-Personen und Informanten, 2004; *Engländer,* Das nemotenetur-Prinzip als Schranke verdeckter Ermittlungen – eine Bespr. von BGH 3 StR 104/07, ZIS 2008, 163; *Erb,* Notwehr als Menschenrecht – Zugl. eine Kritik der Entscheidung des LG Frankfurt am Main im „Fall Daschner", NStZ 2005, 593; *Erb,* Verbotene Vernehmungsmethoden als staatlich veranlaßte Beeinträchtigungen der Willensfreiheit, FS Otto, 2007, S. 863; *Erbs,* Unzulässige Vernehmungsmethoden – Probleme des § 136a StPO, NJW 1951, 386; *Ernst/Sturm,* Nichtöffentlich geführte Selbstgespräche und der Schutz des Kernbereichs privater Lebensgestaltung – Bespr. zu BGH 2 StR 509/10, HRRS 2012, 374; *Eser,* Der Schutz vor Selbstbezichtigung im deutschen Strafprozeßrecht, Beiheft zur ZStW 1974, S. 136; *Esser,* Grenzen für verdeckte Ermittlungen gegen inhaftierte Beschuldigte aus dem europäischen nemo-teneturGrundsatz, JR 2004, 98; *Esser,* EGMR in Sachen Gäfgen v. Deutschland (22978/05), Urt. v. 30.6.2008, NStZ 2008, 657; *Esser/Gaede/Tsambikakis,* Übersicht zur Rechtsprechung des EGMR in den Jahren 2008 bis Mitte 2010, NStZ 2011, 78 (1. Teil); *Fahl,* Notwehr und Tabu, JR 2011, 338; *Fezer,* Pragmatismus und Formalismus in der revisionsgerichtlichen Rechtsprechung, FS Hanack, 1999, S. 331; *Fincke,* Die Pflicht des Sachverständigen zur Belehrung des Beschuldigten, ZStW 86 (1974), 656; *P. Frank,* Die Verwertbarkeit rechtswidriger Tonbandaufnahmen Privater – Überlegungen zu einem einheitlichen Schutz des Rechts am gesprochenen Wort im Straf- und Strafverfahrensrecht, 1996; *Gaede,* Das Verbot der Umgehung der EMRK durch den Einsatz von Privatpersonen bei der Strafverfolgung, StV 2004, 46; *Gaede/Buermeyer,* Beweisverwertungsverbote und „Beweislastumkehr" bei unzulässigen Tatprovokationen nach der jüngsten Rechtsprechung des EGMR, HRRS 2008, 279; *Gaede,* Beweisverbote zur Wahrung des fairen Strafverfahrens in der Rechtsprechung des EGMR insbesondere bei verdeckten Ermittlungen, JR 2009, 493; *Gallandi,* Gleichzeitige Verletzung der §§ 55 und 136a StPO, NStZ 1991, 119; *Glatzel,* Die Ermittlungsvernehmung aus psychologisch-psychopathologischer Sicht, StV 1982, 283; *Glatzel,* Zur Vernehmungsfähigkeit Drogenabhängiger, StV 1994, 46; *Gleß,* Truth or Due Process? The Use of Illegally Gathered Evidence in the Criminal Trial, in: Basedow/Kischel/Sieber: German national reports to the 18th International Congress of Comparative Law (Washington 2010), 2010, S. 676; *Godenzi,* Das strafprozessuale Verbot staatlicher Beweismittelhehlerei: Königsweg oder Luftschloss?, GA 2008, 499; *Götting,* Beweisverwertungsverbote in Fällen gesetzlich nicht geregelter Ermittlungstätigkeit durch V-Leute, Scheinaufkäufer und Privatleute, 2001; *Götz,* Das Urteil gegen Daschner im Lichte der Werteordnung des Grundgesetzes, NJW 2005, 953; *Grabenwarter,* Androhung von Folter und faires Verfahren – das (vorläufig) letzte Wort aus Straßburg, NJW 2010, 3128; *Greco,* Die Regeln hinter der Ausnahme – Gedanken zur Folter in sog. ticking time bomb-Konstellationen, GA 2007, 628; *Groth,* Unbewusste Äußerungen und das Verbot des Selbstbelastungszwangs, 2003; *Grünwald,* Zur Ankündigung von Strafmilderung für den Fall eines Geständnisses, NJW 1960, 1941; *Grünwald,* Beweisverbote und Verwertungsverbote im Strafverfahren, JZ 1966, 489; *Güntge,* Beweisverwertungsverbote zu Ungunsten eines (Mit-)Angeklagten?, StV 2005, 403; *H.-L. Günther,* Strafrichterliche Beweiswürdigung und schweigender Angeklagter, JR 1978, 89; *G. Haas,* Vernehmung, Aussage des Beschuldigten und vernehmungsähnliche Situation GA 1995, 230; *G. Haas,* Der Beschuldigte als Augenscheinsobjekt, GA 1997, 368; *R. Hamm,* Verwertung rechtswidriger Ermittlungen – nur zu Gunsten des Beschuldigten?, StraFo 1998, 361; *Heine,* Beweisverbote und Völkerrecht: Die Affäre Liechtenstein in der Praxis – zugl. Bespr. v. AG Bochum 64 Gs 1491/08 und 64 Gs-35 Js 220/07 – 1491/08 sowie LG Bochum 2 Qs 10/08 und 2 Qs 2/09, HRRS 2009, 540; *S. Heine,* Zur Verwertbarkeit von Aussagen im Ausland möglicherweise gefolterter Zeugen – Bespr. der El Haski-Entscheidung des EGMR, NStZ 2013, 680; *Henrichs/Steri,* Das deutsche Strafverfahren und der Begriff der Fairness gem. Art. 6 EMRK, Kriminalistik 2004, 629; *Herbst,* Die lebensrettende Aussageerzwingung, 2011; *Herdegen,* Die Beruhensfrage im strafprozessualen Revisionsrecht, NStZ 1990, 513; *Herzberg,* Folter und Menschenwürde, JZ 2005, 321; *Herzog/Roggan,* Zu einer Reform der Strafbarkeit wegen Aussageerpressung – § 343 StGB, GA 2008, 142; *Hilgendorf,* Folter im Rechtsstaat?, JZ 2004, 331; *Jäger,* Beweisverwertung und Beweisverwertungsverbote im Strafprozess, 2003; *Jäger,* Folter und Flugzeugabschuss – rechtsstaatliche Tabubrüche oder rechtsguterhaltende Notwendigkeiten? – zugl. ein Beitrag zur Entscheidung des EGMR im Fall Gäfgen gegen Deutschland, JA 2008, 678; *Jäger,* Prozessuale Gesamtbetrachtungs- und Kausalüberlegungen als Erosionserscheinungen in einem justizförmigen Strafverfahren, FS Wolter, 2013, S. 947; *Jahn,* Gute Folter – schlechte Folter? – Straf-, verfassungs- und völkerrechtliche Anmerkungen zum Begriff „Folter" im Spannungsfeld von Prävention und Repression, KritV 2004, 24; *Jahn,* Strafprozessrecht als geronnenes Verfassungsrecht – Hauptprobleme und Streitfragen des § 136a StPO, JuS 2005, 1057; *Jahn,* Beweiserhebungs- und Beweisverwertungsverbote im Spannungsfeld zwischen den Garantien des Rechtsstaates und der effektiven Bekämpfung von Kriminalität und Terrorismus, 67. DJT Erfurt 2008, Gutachten C, 2008; *Jahn,* Grundfragen und aktuelle Probleme der Beweisverwertung im Straf- und Steuerstrafverfahren – Zugl. ein Beitrag zur Fortentwicklung der Beweisbefugnislehre nach dem „Fall Liechtenstein", FS Stöckel 2010, S. 259; *Jahn,* Strafverfolgung um jeden Preis? – die Verwertbarkeit rechtswidrig erlangter Beweismittel, StraFo 2011, 117; *Jahn/Geck,* Tagebuchfall revisited – Der Bundesgerichtshof, die Gedankenfreiheit und ein Selbstgespräch im Auto, JZ 2012, 561; *Janicki,* Beweisverbote im deutschen und englischen Strafprozess – Auswirkungen auf die europäische Zusammenarbeit, 2002; *Jansen,* Zeuge und Aussagepsychologie, 2. Aufl. 2012; *Jaworski,* Polygraphische Untersuchungen in der polnischen Ermittlungspraxis NStZ 2008, 195; *Joerden,* Verbotene Vernehmungsmethoden – Grundfragen des § 136a StPO, JuS 1993, 927; *Joerden,* Folter, in: Stoecker/Raters/Neuhäuser (Hrsg.): Handbuch Angewandte Ethik, 2011, S. 381; *Kahlo,* Soll es dem Staat im Strafprozeß rechtlich erlaubt sein, Verdachtsklärung durch Täuschungshandlungen zu unternehmen?, FS Wolff, 1998, S. 153; *Kant,* Metaphysik der Sitten, 1797; *Kargl/Kirsch,* Zur Zulässigkeit eines untauglichen Beweismittels im Strafverfahren – BGHSt 44, 308, JuS 2000, 537; *Kaspar,* Strafprozessuale Verwertbarkeit nach rechtswidriger Beweisbeschaffung – Zugleich ein Beitrag zur Systematisierung der Beweisverbotslehre, GA 2013, 206; *Keiser,* Die verwerfliche Tat eines würdigen Täters – der Fall Daschner und die Verwarnung mit Strafvorbehalt als custodia honesta, GA 2009, 344; *Kleinknecht,* Die Beweisverbote im Strafprozeß, NJW 1966, 1537; *Köhler,* Prozeßrechtsverhältnis und Ermittlungseingriffe, ZStW 107 (1995), 10; *Kohlhaas,* Die neuen wissenschaftlichen Methoden der Verbrechensaufklärung und der Schutz der Rechte des Beschuldigten, JR 1960, 246; *Kölbel,* Zur Verwertbarkeit privatdeliktisch beschaffter Bankdaten – ein Kommentar zur causa „Kieber", NStZ 2008, 241; *König,* Das Geständnis im postmodernen, konsensualen Strafprozess, NJW 2012, 1915; *Krack,* Der Normzweck des § 136a StPO, NStZ 2002, 120; *Kramer,* Alkohol – Ein Vernehmungshindernis? – Analyse und Bewertung eines erstaunlichen richterlichen Urteils, Kriminalistik 1991, 309; *J. Kretschmer,* Schutz vor staatlich veranlasstem Zwang und inszenierter Täuschung – Anm. zu BGH 5 StR 51/10, HRRS 2010, 343; *Kudlich,* Reden ist Silber, Schweigen ist Gold – zur „Mit-Hör-Fallen"-Entscheidung des Großen Strafsenats [BGH GSSt 1/96], JuS 1997, 696; *Kühne,* Strafprozessuale Beweisverbote und Art. 1 I Grundgesetz, 1970; *Kühne,* Strafrechtliche und moralische Fragen beim staatlichen Ankauf von illegal erlangten Bankdaten, GA 2010, 275; *Kühne,* Die Verwertbarkeit von illegal erlangten Steuerdaten im Strafverfahren, FS C. Roxin II, 2011, Bd. 2 S. 1269; *Kühne,* Beschuldigtenangaben in vernehmungsähnlichen Situationen, FS Wolter, 2013, S. 1009; *Lagodny,* Verdeckte Ermittler und V-Leute im Spiegel von § 136a StPO als „angewandtem Verfassungsrecht" – zugl. eine Analyse neuerer BGH-Entscheidungen, StV 1996, 167; *Lesch,* Inquisition und rechtliches Gehör in der Beschuldigtenvernehmung, ZStW 111 (1999), 624; *Lesch,* „Hörfalle" und kein Ende – zur Verwertbarkeit von selbstbelastenden Angaben des Beschuldigten in der Untersuchungshaft, GA 2000, 355; *Lüderssen,* Verbrechensprophylaxe durch Verbrechensprovokation?, FS Peters, 1974, S. 349; *Mahlstedt,* Die verdeckte Befragung des Beschuldigten im Auftrag der Polizei – informelle Informationserhebung und Selbstbelastungsfreiheit, 2011; *Maisch,* Forensisch-psychologische Aspekte von Verstößen gegen § 136a StPO im Ermittlungsverfahren – ein empirischer Beitrag, StV 1990, 314; *Malek,* Abschied von der Wahrheitssuche, StV 2011, 559; *Mende,* Grenzen privater Ermittlungen durch den Verletzten einer Straftat, 2001; *Meyer-Mews,* Die „in dubio contra reo"-Rechtsprechungspraxis bei Aussage-gegen-Aussage-Delikten, NJW 2000, 916; *Mitsch,* Strafprozessuale Beweisverbote im Spannungsfeld zwischen Jurisprudenz und realer Gefahr, NJW 2008, 2295; *Mitsch,* Strafprozessual unantastbare „Kommunikation mit sich selbst", NJW 2012, 1486; *Mosbacher,* Aktuelles Strafprozessrecht, JuS 2011, 137; *W. Müller/Römer,* Legendierte Kontrollen – Die gezielte Suche nach dem Zufallsfund, NStZ 2012, 543; *Müssig,* Beweisverbote im Legitimationszusammenhang von Strafrechtstheorie und Strafverfahren, GA 1999, 119; *Müssig,* Grenzen der Beweisverwertung beim Einsatz „Verdeckter Ermittler" gegen den Verdächtigen, GA 2004, 87; *Nack,* Verwertung rechtswidriger Ermittlungen nur zu Gunsten des Beschuldigten?, StraFo 1998, 366; *Nagler,* Verteidigung gegen im Ausland gewonnene Ermittlungsergebnisse, StV 2013, 324; *Nelles,* Ein „kleines U-Haft-Recht" für Polizei und Staatsanwaltschaft?, StV 1992, 385; *Niese,* Narkoanalyse als doppelfunktionelle Prozeßhandlung, ZStW 63 (1951), 199; *Nitschke/Bielefeld* (Hrsg.), Rettungsfolter im modernen Rechtsstaat?, 2005; *Nix,* Vorläufige Festnahme und verbotene Vernehmungsmethoden gegenüber Kindern, Jugendlichen und Heranwachsenden im strafrechtlichen Ermittlungsverfahren, MSchrKrim 1993, 183; *Nowrousian,* Darf der Staat aktiv täuschen, um verdeckte Ermittlungsmaßnahmen geheim zu halten? – Anm. zu BGH 4 StR 436/09, Kriminalistik 2011, 370; *Ostendorf,* Gekaufte Strafverfolgung – Die Strafbarkeit des Erwerbs von „geklauten" Steuerdaten und ihre Beweisverwertung, ZIS 2010, 301; *Otto,* Die strafprozessuale Verwertbarkeit von Beweismitteln, die durch Eingriff in Rechte anderer von Privaten erlangt wurden, FS Kleinknecht, 1985, S. 319; *Otto,* Grenzen und Tragweite der Beweisverbote im Strafverfahren, GA 1970, 289; *Pawlik,* Verdeckte Ermittlungen und das Schweigerecht des Beschuldigten – zu den Anwendungsgrenzen der §§ 136 Abs. 1 S. 2 und 136a StPO, GA 1998, 378; *Pawlik,* Zur strafprozessualen Verwertbarkeit rechtswidrig erlangter ausländischer Bankdaten, JZ 2010, 693; *Peters,* Beweisverbote im deutschen Strafverfahren, Verhandlungen des 46. DJT Essen 1966, Bd. I (Gutachten), 1966, Teil 3 A S. 91; *Prasch,* Die List in der Vernehmung und Befragung des Beschuldigten, Diss. Köln 2002; *Puppe,* List im Verhör des Beschuldigten, GA 1978, 289; *Putzke/Scheinfeld/Klein/Undeutsch,* Polygraphische Untersuchungen im Strafprozess, ZStW 121 (2009), 607; *Putzke/Scheinfeld,* Entlastungsbeweis: polygraphische Untersuchung – Taktisches zur Beweiserhebung im Strafverfahren, StraFo 2010, 58; *Ranft,* Bemerkungen zu den Beweisverboten im Strafprozeß, FS Spendel, 1992, S. 719; *Ransiek,* Die Rechte des Beschuldigten in der Polizeivernehmung, 1990; *Ransiek,* Belehrung über Aussagefreiheit und Recht der Verteidigerkonsultation: Folgerungen für die Beschuldigtenvernehmung, StV 1994, 343; *Reeb,* Internal Investigations – Neue Tendenzen privater Ermittlungen, 2011; *Reemtsma,* Folter im Rechtsstaat?, 2005; *Rehbein,* Die Verwertbarkeit von nachrichtendienstlichen Erkenntnissen aus dem In- und Ausland im deutschen Strafprozess, 2011; *Reiß,* Gesetzliche Auskunftsverweigerungsrechte bei Gefahr der Strafverfolgung in öffentlichrechtlichen Verfahren, NJW 1982, 2540; *Renzikowski,* Die förmliche Vernehmung des Beschuldigten und ihre Umgehung, JZ 1997, 710; *Rick,* „An die Hunde verfüttert" – Prozessbericht zu einem Justizirrtum, StraFo 2012, 400; *Rieß,* Die Vernehmung des Beschuldigten im Strafprozeß, JA 1980, 293; *Rogall,* Der Beschuldigte als Beweismittel gegen sich selbst – ein Beitrag zur Geltung des Satzes „Nemo tenetur seipsum prodere" im Strafprozeß, 1977; *Rogall,* Gegenwärtiger Stand und Entwicklungstendezen der Lehre von den strafprozessualen Beweisverboten, ZStW 91 (1979), 1; *Rogall,* Über die Folgen der rechtswidrigen Beschaffung des Zeugenbeweises im Strafprozeß, JZ 1996, 944; *Rogall,* Zur Zulässigkeit einer heimlichen akustischen Überwachung von Ehegattengesprächen in der Untersuchungshaft – zugl. Bespr. von BGHSt 53, 294, HRRS 2010, 289; *Rogall,* Grund und Grenzen der „qualifizierten" Belehrung im Strafprozess, FS Geppert, 2011, S. 519; *Rosengarten/Römer,* Der „virtuelle verdeckte Ermittler" in sozialen Netzwerken und Internetboards, NJW 2012, 1764; *Roxin,* Nemo tenetur: die Rechtsprechung am Scheideweg, NStZ 1995, 465; *Roxin,* Zum Hörfallen-Beschluß des Großen Senats für Strafsachen, NStZ 1997, 18; *Roxin/G. Schäfer/Widmaier,* Die Mühlenteichtheorie – Überlegungen zur Ambivalenz von Verwertungsverboten, StV 2006, 655; *Roxin,* Für ein Beweisverwertungsverbot bei unterlassener qualifizierter Belehrung (Anm. zu BGH 4 StR 455/08), HRRS 2009, 186; *Roxin,* Aushorchungen in der Untersuchungshaft als Überführungsmittel, FS Geppert, 2011, S. 549; *Safferling,* Die zwangsweise Verabreichung von Brechmittel: Die StPO auf dem menschenrechtlichen Prüfstand, Jura 2008, 100; *Salger,* Das Schweigerecht des Beschuldigten – Vergleich zwischen deutschem und US-amerikanischem Strafverfahrensrecht, 1998; *Saliger,* Absolutes im Strafprozeß? – Über das Folterverbot, seine Verletzung und die Folgen seiner Verletzung, ZStW 116 (2004), 35; *Sauer,* Völkerrechtliche Folgenbeseitigung im Strafverfahren – zugl. Bespr. von EGMR, Urteil v. 1.6.2010 – Gäfgen v. Germany, JZ 2011, 23; *Schilling,* Illegale Beweise – eine Untersuchung zum Beweisverfahren im Strafprozeß, 2004; *Eb. Schmidt,* Zur Lehre von den strafprozessualen Zwangsmaßnahmen, NJW 1962, 664; *Eb. Schmidt,* Der Strafprozeß – Aktuelles und Zeitloses, NJW 1969, 1137; *H. Schneider,* Überlegungen zur Zulässigkeit des Aushorchens von Inhaftierten durch V-Leute unter Einsatz technischer Hilfsmittel, JR 1996, 401; *H. Schneider,* Überlegungen zur strafprozessualen Zulässigkeit heimlich durchgeführter Stimmvergleiche, GA 1997, 371; *H. Schneider,* Verdeckte Ermittlungen in Haftanstalten, NStZ 2001, 8; *Schoreit,* Verbotene Vernehmungsmethoden unter besonderer Berücksichtigung der Fernwirkungsproblematik (§ 136a StPO), in: AG StrafR DAV, II. Strafverteidiger-Frühjahrssymposium 1988, Wahrheitsfindung und ihre Schranken, 1989, S. 159; *Schuhr,* Brechmitteleinsatz als unmenschliche und erniedrigende Behandlung, NJW 2006, 3538; *Schuhr,* Zur Vertretbarkeit einer rechtlichen Aussage, JZ 2008, 603; *K. Schumann,* „Brechmitteleinsatz ist Folter?" – die Rechtsprechung des EGMR zum Brechmitteleinsatz im Strafverfahren, StV 2006, 661; *Schünemann,* Der polizeiliche Lockspitzel – Kontroverse ohne Ende? – krit. Anm. zum Vorlagebeschl. [BGH 2 StR 13/85], StV 1985, 424; *Schünemann,* Absprachen im Strafverfahren? – Grundlagen, Gegenstände und Grenzen, 58. DJT München 1990, Gutachten B, 1990; *Schünemann,* Der deutsche Strafprozeß im Spannungsfeld von Zeugenschutz und materieller Wahrheit – kritische Anmerkungen zum Thema des 62. DJT 1998, StV 1998, 391; *Schünemann,* Kommentar zur Abhandlung von Luís Greco, GA 2007, 644; *Schünemann,* Die Liechtensteiner Steueraffäre als Menetekel des Rechtsstaats, NStZ 2008, 305; *Schüssler,* Polygraphie im deutschen Strafverfahren, 2002; *Schüssler,* Das endgültige Aus oder neue Hoffnung für den „Lügendetektor"?, JR 2003, 188; *Schuster,* Verwertbarkeit im Ausland gewonnener Beweise im deutschen Strafprozess, 2006; *Schwabenbauer,* Der Zweifelssatz im Strafprozessrecht, 2012; *Seebode,* Folterverbot und Beweisverbot, FS Otto, 2007, S. 999; *Sieber,* Ermittlungen in Sachen Liechtenstein – Fragen und erste Antworten, NJW 2008, 881; *Simson,* Lehren der schwedischen Strafrechtspflege, MDR 1950, 281; *Soiné,* Kriminalistische List im Ermittlungsverfahren, NStZ 2010, 596; *Sowada,* Beweisverwertungsverbote im Spannungsfeld zwischen nemo-tenetur-Grundsatz und fair-trial-Prinzip, FS Geppert, 2011, S. 689; *Spatscheck,* Wird Gauner, wer mit Gaunern dealt? – Erkenntnisgewinnung und -verwertung in den Liechtenstein-Fällen 2008, FS Volk, 2009, S. 771; *Spendel,* Beweisverbote im Strafprozess, NJW 1966, 1102; *Sternberg-Lieben,* Die „Hörfalle" – eine Falle für die rechtsstaatliche Strafverfolgung? – Gedanken zu BGHSt 39, 335, Jura 1995, 299; *Stübinger,* Lügendetektor ante portas – zu möglichen Auswirkungen neurowissenschaftlicher Erkenntnisse auf den Strafprozess, ZIS 2008, 538; *Trüg/Habetha,* Beweisverwertung trotz rechtswidriger Beweisgewinnung – insb. mit Blick auf die „Liechtensteiner Steueraffäre", NStZ 2008, 481; *Trüg,* Steuerdaten-CDs und die Verwertung im Strafprozess, StV 2011, 111; *Velten,* Die Rückabwicklung unzulässiger Absprachen – Kritik der aktuellen Rechtsprechung zur Reichweite der §§ 257c Abs. 4 S. 3, 136a StPO – zugl. eine Anm. zu BGH 1 StR 60/11, StV 2012, 172; *Verrel,* Nemo tenetur – Rekonstruktion eines Verfahrensgrundsatzes, NStZ 1997, 361 (1. Teil), 415 (2. Teil); *Volk,* Kronzeugen praeter legem? Vernehmungspraxis, Vorteilsversprechen, Verdunkelungsgefahr, NJW 1996, 879; *Wagenländer,* Zur strafrechtlichen Beurteilung der Rettungsfolter, 2006; *Warg,* Anmerkungen zum Kernbereich privater Lebensgestaltung – zugl. Bespr. von BGH 2 StR 509/10, NStZ 2012, 237; *Weigend,* Abgesprochene Gerechtigkeit – Effizienz durch Kooperation im Strafverfahren?, JZ 1990, 774; *Weiler,* Irreparable Verletzung des Rechts des Beschuldigten auf ein faires rechtsstaatliches Strafverfahren als Verfahrenshindernis, GA 1994, 561; *Weiler,* Befragung von Beschuldigten oder aussageverweigerungsberechtigten Zeugen im Ermittlungsverfahren durch V-Leute, GA 1996, 101; *Weilert,* Grundlagen und Grenzen des Folterverbotes in verschiedenen Rechtskreisen – eine Analyse anhand der deutschen, israelischen und pakistanischen Rechtsvorschriften vor dem Hintergrund des jeweiligen historisch-kulturell bedingten Verständnisses von Menschenwürde, 2009; *Wesemann/A. Müller,* Das gem. § 136a Abs. 3 StPO unverwertbare Geständnis und seine Bedeutung im Rahmen der Strafzumessung, StraFo 1998, 113; *Wessels,* Schweigen und Leugnen im Strafverfahren, JuS 1966, 169; *Weßlau,* Vorfeldermittlungen – Probleme der Legalisierung „vorbeugender Verbrechensbekämpfung" aus strafprozeßrechtlicher Sicht, 1989; *Weßlau,* Zwang, Täuschung und Heimlichkeit im Strafverfahren – über die Mitwirkungsfreiheit des Beschuldigten und deren Grenzen, ZStW 110 (1998), 1; *Wölfl,* Heimliche private Tonaufnahmen im Strafverfahren, StraFo 1999, 74; *Wolter,* Menschenwürde und Freiheit im Strafprozeß, GS Meyer, 1990, S. 493; *Wolter,* Beweisverbote und Umgehungsverbot zwischen Wahrheitserforschung und Ausforschung, FG BGH, 2000, Bd. 4 S. 963; *Wolter*, Staatlich gesteuerte Selbstbelastungsprovokation mit Umgehung des Schweigerechts – zur objektiven Zurechnung im Strafprozessrecht, ZIS 2012, 238.

Übersicht

I. Überblick

1 **1. Normzweck und Entstehung.** Die Aussagefreiheit des Beschuldigten spricht die StPO seit ihrem Inkrafttreten in § 136 Abs. 1 S. 2 an.[1] Flankierend stellt § 343 StGB die Aussageerpressung unter Strafe. Auch soweit § 136a eine über den Anwendungsbereich dieser beiden Vorschriften hinausgehende Wahrung der **Subjektstellung** des Beschuldigten gebietet und die rechtsstaatlichen Anforderungen an das Verfahren präzisiert, bedeutete seine Einführung mit dem Rechtsvereinheitlichungsgesetz vom 12.9.1950[2] inhaltlich keine Rechtsänderung.[3] Er liefert vielmehr als Verschriftlichung schon zuvor geltender Grundsätze[4] eine Klarstellung, die einerseits durch schwerste Verletzungen dieser und weiterer Prinzipien des Rechtsstaats und betreffender Menschenrechte im Dritten Reich angezeigt

[1] Vgl. zur früher deutlich anderen Formulierung → § 136 Rn. 2.
[2] BGBl. 1950 I 455 (484 f.).
[3] Vgl. SK-StPO/*Rogall* Rn. 2; Löwe/Rosenberg/*Gleß* Rn. 2; *Grünwald* Beweisrecht S. 68 f.
[4] Näher zum Verhältnis von ungeschriebenem und geschriebenem Verfahrensrecht sowie menschen- und verfassungsrechtlichen Vorgaben → Vor § 133 Rn. 4 ff., speziell zur Aussagefreiheit auch → Vor § 133 Rn. 74 ff. und 82 ff.

erschien.[5] Andererseits sollte die vorbehaltlose Geltung der **Vorgaben des Grundgesetzes** im Strafprozessrecht dokumentiert werden.[6] Schließlich sollte mit der Vorschrift unmissverständlich verboten werden, bei Vernehmungen ein „Wahrheitsserum" zu verabreichen; zuvor war dies auch unter dem Grundgesetz ernsthaft erwogen worden.[7] Ihre Formulierung geht namentlich auf ein schwedisches Vorbild zurück.[8]

§ 136a setzt – wie insbes. auch § 136 Abs. 1 S. 2 Hs. 1 – die **Aussagefreiheit** (→ Vor 2 § 133 Rn. 62 ff.) voraus und regelt sie nicht, schützt sie aber in spezifischer Weise:[9] Die Möglichkeit zu autonomer Willensentschließung und Willensbetätigung (auf der Grundlage eines manipulationsfreien Erinnerungs- und Einsichtsvermögens) ist Voraussetzung dafür, dass der Beschuldigte seine Aussage- bzw. Mitwirkungsfreiheit[10] ausüben kann. § 136a schützt diese Möglichkeit, wenn auch weder vollständig noch lückenlos (vgl. insbes. → Rn. 19 ff.). Die Aussage- bzw. Mitwirkungsfreiheit ist eine spezifische Handlungsfreiheit, so dass sich bei ihrer Ausübung gleichartige **Zurechnungsfragen** stellen wie auch sonst bei der Anknüpfung an Handeln und Verantwortung eines Rechtssubjekts. § 136a soll diese Zurechenbarkeit (zumindest partiell) schützen und so notwendige Bedingungen für eine praktisch reale Aussage- und Mitwirkungsfreiheit des Beschuldigten garantieren.[11]

2. Subjektive Rechtspositionen. a) Subjektstellung und Abwägungsresistenz. 3
Die in § 136a benannten Rechtsgüter (→ Rn. 10 und 16) gehören zum Kernbestand der **Subjektstellung** des Beschuldigten im Strafverfahren. § 136a ist deshalb eine strafprozessuale Ausformung von Art. 1 Abs. 1 GG,[12] der den Achtungsanspruch des Beschuldigten als Mensch verbürgt.[13]

Dieser verfassungsrechtliche Zusammenhang steht einer Abwägung und Relativierung 4 von Positionen aus § 136a zugunsten des Sachaufklärungs- oder Strafverfolgungsinteresses entgegen.[14] Auf die – zB in der Diskussion über **„Rettungsfolter"**[15] – umstrittene Frage, ob die Menschenwürde absolut abwägungsresistent ist oder zumindest in Extremfällen doch die Kollision der Menschenwürde verschiedener Personen eine Präferenzentscheidung erfordern kann, kommt es hier nicht an. § 136a betrifft nur Verfahren für repressive Maßnahmen, die – anders als präventive Maßnahmen – niemals zum Schutz der Menschenwürde Dritter vor akuter Gefahr erforderlich sind. Für die Verbote der Willensbeeinträchtigung (§ 136a Abs. 1 und 2) gilt das **Abwägungsverbot** deshalb uneingeschränkt; auch besondere Umstände des Einzelfalls können sie nicht relativieren. Ihr Schutzumfang ist allgemein und anhand von Kriterien zu bestimmen, die sich aus der Subjektstellung des Beschuldigten (bzw. Zeugen, → Rn. 14 f.) ergeben.[16] Soweit § 136a über den Schutz der Menschen-

---

[5] Vgl. BT Stenographische Berichte Bd. 4, S. 2882 *(Greve);* s. auch BGH 30.10.1951 – 1 StR 363/51, BGHSt 1, 387 = NJW 1952, 152.

[6] SK-StPO/*Rogall* Rn. 2 mN.

[7] Zum damaligen Streit s. *Niese* ZStW 63 (1951), 199 (210 ff., 226 ff.) mN.

[8] Kap. 23 § 12 des Prozessgesetzes vom 1.1.1948, zit. nach *Simson* MDR 1950, 281 (282). Rechtsvergleichend ggü. England s. *Janicki,* Beweisverbote im deutschen und englischen Strafprozess, 2002, S. 224 ff., 241 ff., 314 ff.

[9] Vgl. *Döhring,* Erforschung des Sachverhalts, 1964, S. 199 ff.

[10] Näher → Vor § 133 Rn. 62 ff.

[11] Näher → Vor § 133 Rn. 82 ff. Vgl. auch AK/*Gundlach* Rn. 16.

[12] BGH 16.2.1954 – 1 StR 578/53, BGHSt 5, 332 (333) = NJW 1954, 649; BGH 14.6.1960 – 1 StR 683/59, BGHSt 14, 358 (364) = NJW 1960, 1580 (1582); BGH 17.12.1998 – 1 StR 156/98, BGHSt 44, 308 (309, 317) = NJW 1999, 657 (657, 659); SK-StPO/*Rogall* Rn. 3; HK-GS/*Jäger* Rn. 1; eingehend *Kühne,* Beweisverbote und Art. 1 I GG, 1970, S. 89 ff., 129 f. Zu den Grenzen dieses Ableitungszusammenhangs s. *Verrel* NStZ 1997, 361 (364); *Krack* NStZ 2002, 120 (120 f., 124).

[13] → Vor § 133 Rn. 22, 74 f.

[14] → § 136 Rn. 57 f. sowie *Schuhr* NJW 2006, 3538 (3540).

[15] Dazu ua *Hilgendorf* JZ 2004, 331; *Jahn* KritV 2004, 24; *Herzberg* JZ 2005, 321; *Erb* NStZ 2005, 593; *Greco* GA 2007, 628; *Schünemann* GA 2007, 644; *Herzog/Roggan* GA 2008, 142; *Jäger* JA 2008, 678; *Fahl* JR 2011, 338; *Amelung* JR 2012, 18 (19 f.); monographisch *Reemtsma,* Folter im Rechtsstaat?, 2005; *Wagenländer,* Beurteilung der Rettungsfolter, 2006; *Herbst,* Lebensrettende Aussageerzwingung, 2011 sowie den Sammelband *Nitschke/Bielefeld* Rettungsfolter im modernen Rechtsstaat?, 2005.

[16] Vgl. – indes unter betonter Verengung der Menschenwürde – *Wolter,* GS Meyer, 1990, 493 (510 ff.).

würde hinausgeht, ergibt sich dasselbe aus den Anforderungen des Rechtsstaatsprinzips und der Fairness des Verfahrens (→ Rn. 8 f.).

5 **b) Menschen- und Grundrechte, Folgen für Rechtsbehelfe.** § 136a kann verletzt werden, ohne dass darin immer eine Verletzung von Art. 1 Abs. 1 GG liegen muss.[17] Je nach Angriffsrichtung bedeuten solche Verletzungen von § 136a indes Eingriffe in den Schutzbereich eines oder **mehrerer Grund- und Menschenrechte,** die ihrerseits als die Subjektstellung konkretisierende Ausformungen der Menschenwürde aufzufassen sind.[18] Das Pathos der Normhierarchie behebt nicht die Schwierigkeiten bei der konkreten Ausarbeitung der Vorgaben. § 136a dient aber der dogmatischen Entwicklung der Rechtsstellung des Beschuldigten (und Zeugen) insofern, als er einfach-rechtlicher Bezugspunkt[19] mannigfaltiger **Rechtspositionen** ist und sie thematisch **„bündelt".**

6 Hinter § 136a stehen insbesondere das Recht auf Leben und **körperliche Unversehrtheit** (Art. 2 Abs. 2 S. 1, Art. 104 Abs. 1 S. 2 GG; Art. 2, 8[20] EMRK; Art. 2 Abs. 1, 3 Abs. 1 GRCh), das Verbot von **Folter** und unmenschlicher sowie erniedrigender Behandlung (Art. 3 EMRK, Art. 4 GRCh, Art. 7 IPbpR),[21] ferner die Unverletzlichkeit der persönlichen Freiheit (Art. 2 Abs. 2 S. 2, Art. 104 GG; Art. 5 EMRK; Art. 6 GRCh) sowie die Gleichheitssätze des Art. 3 GG (Art. 20 ff. GRCh). In Spezialfällen können praktisch alle Grund- und Menschenrechte involviert sein.[22] Regelmäßig mitbetroffen ist das allgemeine Persönlichkeitsrecht einschließlich der **Selbstbelastungsfreiheit** (Art. 2 Abs. 1 iVm Art. 1 Abs. 1 GG; Art. 6 Abs. 1 und 2 EMRK).[23] Gleiches gilt für das sich aus Art. 2 Abs. 1 GG iVm dem Rechtsstaatsprinzip des Grundgesetzes (insbes. Art. 20 Abs. 3 GG) ergebende (subjektive) **Recht auf ein faires Verfahren** (auch Art. 6 EMRK; Art. 47 UAbs. 2, 48 Abs. 2 GRCh).[24] Zu diesem gehören namentlich die Prinzipien der Waffengleichheit, des rechtlichen Gehörs (Art. 103 Abs. 1 GG, Art. 6 Abs. 1 EMRK), der Rechtssicherheit, des Schutzes vor Willkür sowie die Unschuldsvermutung (Art. 6 Abs. 2 EMRK, Art. 48 Abs. 1 GRCh).[25] Zum Verhältnis dieser Rechte zueinander und zur Aussagefreiheit → Vor § 133 Rn. 66 ff. und 74 ff.

7 Dieser rechtliche Hintergrund hat erhebliche prozesstaktische Bedeutung. Verstöße gegen § 136a lassen sich uU – bei grds. auf jeder Stufe enger werdendem Beurteilungsmaßstab[26] – zunächst in einer **Revision,** danach in einer **Verfassungsbeschwerde** zum BVerfG[27] und dann in einer **Individualbeschwerde beim EGMR** (Art. 34 EMRK) rügen. Daran kann sich auf Antrag der Bundesrepublik Deutschland (als Vertragsstaat und Beschwerdegegner) noch ein Verfahren vor der Großen Kammer des EGMR anschließen (Art. 43 Abs. 1 EMRK). Wenn unionsrechtliche Bezüge bestehen und eine Verletzung der

---

17 Vgl. KMR/*Lesch* Rn. 4 ff.; SK-StPO/*Rogall* Rn. 3 mwN.

18 Vgl. AK/*Gundlach* Rn. 1 f.

19 Zum Verhältnis von „einfachem Recht" und Verfassungsrecht → Vor § 133 Rn. 9 ff.

20 EGMR 29.4.2002 – 2346/02, Rep. 2002-III, § 61, NJW 2002, 2851 – *Pretty ./. UK* mwN; *Meyer-Ladewig* Art. 8 Rn. 9, 11.

21 Einen etwas ausführlicheren Überblick über die Bezüge zu EMRK, IPbpR und UN-Anti-Folterkonvention gibt HK-StPO/*Ahlbrecht* Rn. 10 ff.

22 Vgl. SK-StPO/*Rogall* Rn. 3.

23 S. mN einzelner Grundsatzentscheidungen EGMR 5.11.2002 – 48539/99, Rep. 2002-IX, § 44, JR 2004, 127 = StV 2003, 257 – *Allan ./. UK* mAnm *Gaede* sowie *Esser* JR 2004, 98 ff. Dazu SK-StPO/*Rogall* Rn. 3 und → Vor § 133 Rn. 130 ff.

24 Vgl. BVerfG 19.10.1977 – 2 BvR 462/77, BVerfGE 46, 202 (208, 210) = NJW 1978, 151 – Pflichtverteidiger; BVerfG 18.10.1983 – 2 BvR 462/82, Rn. 13, BVerfGE 65, 171 (174) = NJW 1984, 113 – Abwesenheit des Verteidigers; BVerfG 19.10.1983 – 2 BvR 859/83, NJW 1984, 428. → Vor § 133 Rn. 75 f. und SK-StPO/*Rogall* Rn. 3 und Vor § 133 Rn. 101 ff., ferner *Beulke* Rn. 28.

25 SK-StPO/*Rogall* Vor § 133 Rn. 106 ff.; KK-StPO/*Schädler* MRK Art. 6 Rn. 18; Graf/*Valerius* EMRK Art. 6 Rn. 9 ff.

26 Vgl. BVerfG 14.12.2004 – 2 BvR 1249/04, NJW 2005, 656 (657) – Gäfgen.

27 Exemplarisch zu Zulässigkeitshürden BVerfG 27.4.2000 – 2 BvR 1990/96, [nach BGH 20.12.1995 – 5 StR 680/94, NStZ 1996, 200 bzw. BGH 13.5.1996 – GSSt 1/96, BGHSt 42, 139 = NJW 1996, 2940] NJW 2000, 3556 f. m. insoweit krit. Anm. *Franke* JR 2000, 468. Näher dazu *Jahn/Krehl/Löffelmann/Güntge,* Die Verfassungsbeschwerde in Strafsachen, 2011, insbes. Teil 5 (Rn. 599 ff.; *Löffelmann*).

Europäischen Grundrechtscharta (iVm Art. 6 Abs. 1 EUV)[28] im Raum steht, kommt während der nationalen Verfahren zudem eine gerichtliche Vorlage im Vorabentscheidungsverfahren (Art. 267 AEUV) vor dem **EuGH** in Betracht; unterbleibt eine solche Vorlage willkürlich, kann das wiederum eine Verfassungsbeschwerde aus Art. 101 Abs. 1 GG begründen. Ferner → Rn. 106.

3. Objektives Recht. Die Vorgaben aus höherrangigem Recht bzw. Völkerrecht betreffen nicht nur die subjektive Rechtsposition des Beschuldigten. Schon im Schutz der Menschenwürde und in Menschenrechten verbinden sich individuelle Ansprüche mit fest vorgegebenen, **„unverletzlichen und unveräußerlichen"** (Art. 1 Abs. 2 GG) und in diesem Sinne „objektiven" Vorgaben über den Umgang mit Menschen. Vorgedacht und klassisch bezeichnet wurden sie als „Recht der Menschheit in unserer eigenen Person".[29] § 136a Abs. 3 knüpft daran unmittelbar an, indem er eine Einwilligung in die verbotenen Methoden und eine Zustimmung zur Verwertung der so erlangten Aussagen für unwirksam erklärt.[30] 8

§ 136a ist aber vor allem eine archetypische Ausprägung des objektiven **Rechtsstaatsprinzips;**[31] der Gegenstand des Strafverfahrens darf nicht mit allen Mitteln untersucht – und auch die Wahrheit nicht um jeden Preis erforscht – werden, sondern nur auf „justizförmige", rechtsstaatlich geordnete Weise.[32] Die Vorschrift steht der prozessualen **Wahrheitsfindung** dabei keineswegs entgegen, sondern dient ihr.[33] Zugleich schützt sie die **Kommunikation** mit dem Beschuldigten und wahrt so die Verbindung der Rechtsgemeinschaft zu ihm.[34] 9

4. Struktur der Regelung. § 136a formuliert in **Abs. 1 und 2** Verhaltensnormen, die sich nach nur vordergründig unterschiedlichen Rechtsgütern und Angriffsarten gliedern. Beide Absätze bilden eine **einheitliche Regelung** mit einheitlichem Schutzziel (→ Rn. 16). Die Unterscheidungen haben daher nur darstellungstechnische, aber keine inhaltlich einschränkende Bedeutung; die Aufzählung ist nicht abschließend (→ Rn. 27). Jeder Verstoß setzt voraus, dass tatsächlich eine Beeinträchtigung der Willensbildung (→ Rn. 16 ff.) der Beweisperson (→ Rn. 14) entsteht. 10

In **Abs. 3** formuliert § 136a ein **Verwertungsverbot** und eine **Einwilligungssperre.** Darin ist nicht etwa eine Sanktion für Verstöße gegen Abs. 1 bzw. 2 zu sehen (Sanktionen ergeben sich zB aus § 343 StGB). Hinter der Regelung stehen va **Zurechnungsnormen,** die festlegen, welches Verhalten (insbes. welche Aussagen) die Beweisperson inhaltlich so zu verantworten hat, dass es im Urteil gewürdigt und ihm zugrunde gelegt werden darf.[35] Zum Zusammenhang zwischen Verstoß, Zurechnungsdefizit und Verwertungsverbot → Rn. 25, 91 ff., 95 ff., ferner 81 ff. Im Vergleich mit einer Regel, die zum Schutz der Aussagefreiheit Geständnisse vor der Polizei grds. für im Hauptverfahren unverwertbar erklärt,[36] bietet das an enge Voraussetzungen gebundene Verwertungsverbot einen wesentlich **schwächeren Schutz.** Darin muss keine gesetzgeberische Grundsatzentscheidung gesehen werden, denn § 254 lässt sich – mit einem großen Teil der Lit., die entgegen stRspr bzgl. nicht-richterlicher Vernehmungen keine Befragung der Vernehmungsperson zulässt – gerade in entspr. Weise 11

---

[28] Ferner insbes. Art. 2 und Art. 6 Abs. 2 und 3 EUV.

[29] *Kant,* Metaphysik der Sitten, 1797, Rechtslehre § 22, Akademie-Ausgabe Bd. VI, S. 276 (s. dort auch S. 240 und 390); vgl. *Niese* ZStW 63 (1951), 199 (228).

[30] Vgl. dazu Löwe/Rosenberg/*Gleß* Rn. 3; *Ranft,* FS Spendel, 1992, 719 (725).

[31] Näher → Vor § 133 Rn. 74 ff.

[32] BVerfG 19.10.1983 – 2 BvR 859/83, NJW 1984, 428 (429); BGH 14.6.1960 – 1 StR 683/59, BGHSt 14, 358 (364 f.) = NJW 1960, 1580 (1582); *Niese* ZStW 63 (1951), 199 (213); *Kleinknecht* NJW 1966, 1537; *Spendel* NJW 1966, 1102 (1107); *Eb. Schmidt* NJW 1969, 1137 (1138 ff.); *Gleß* in: Basedow/Kischel/Sieber: German national reports, 2010, S. 676 ff.; näher dazu *Peters* 46. DJT 1966, Gutachten, Teil 3 A S. 93 f.

[33] Näher → Vor § 133 Rn. 77 f. mN; nachdrücklich auch AK/*Gundlach* Rn. 3; *Eisenberg* Beweisrecht Rn. 625; *Lesch* Kap. 3 Rn. 85; *Döhring,* Erforschung des Sachverhalts, 1964, S. 202.

[34] Näher → Vor § 133 Rn. 71 ff. mN.

[35] → Rn. 2 sowie → Vor § 133 Rn. 82 ff. (insbes. → Rn. 84, 88).

[36] Vgl. dazu *Döhring,* Erforschung des Sachverhalts, 1964, S. 208 f.

verstehen.[37] Dieser Hintergrund spricht dafür, an den Nachweis der Voraussetzungen des Verwertungsverbots nur moderate Anforderungen zu stellen (→ Rn. 95, 99 f.).

II. Verbotenes Verhalten nach Abs. 1 und 2

12 **1. Allgemeine Voraussetzungen. a) Primäre Anwendungssituation und Adressaten.** Nach ihrer Stellung im Gesetz betreffen die Verhaltensregeln (bzw. „Beweismethodenverbote") der Abs. 1 und 2 die Situation der **Beschuldigtenvernehmung** (→ Vor § 133 Rn. 36 ff.) bzw. Zeugenvernehmung (→ Rn. 14 f.). Sie richten sich primär an Strafverfolgungsorgane, die mit den Ermittlungen gegen den Beschuldigten offiziell befasst sind.[38] Dazu gehören **Ermittlungsrichter,** das Gericht im Zwischenverfahren,[39] **Staatsanwälte** (§ 163a Abs. 3 S. 2) sowie offen ermittelnde **Polizisten** (§ 163a Abs. 4 S. 2). § 136a Abs. 1 und 2 verbieten ihnen nicht nur eine eigenhändige Anwendung der dort genannten Methoden, sondern untersagen es ihnen ebenso, sich Dritter **zur Durchführung** – auch außerhalb der förmlichen Vernehmungen – zu **bedienen** (→ Rn. 26).[40] Zudem ist in der Rspr. anerkannt, dass § 136a bei Vernehmungen für alle Personen gilt, die in offizieller Funktion auf Seiten des Staates am Strafverfahren beteiligt sind, auch wenn sie keinen eigenen Strafverfolgungsauftrag haben. Dazu gehören insbes. hinzugezogene **Sachverständige** (→ Vor § 133 Rn. 50).[41] Für das Verhalten der Verteidigung kann nichts anderes gelten.[42] Für präventiv-polizeiliche Tätigkeit verweisen § 22 Abs. 4 S. 1 BPolG und einige Landesgesetze ebenfalls auf § 136a.[43] S. ergänzend → Vor § 133 Rn. 44 ff. sowie – zum OWiG – → § 133 Rn. 2.

13 Problematisch ist demgegenüber, inwieweit § 136a – insbes. das Beweisverwertungsverbot nach Abs. 3 – auf Fälle jenseits dieses Bereichs (ggf. entspr.) anzuwenden ist. **Umstritten** ist insbes. eine Anwendung im Rahmen verdeckter Ermittlungen, allg. eine Anwendung **außerhalb von Vernehmungen** (zB bei Verhandlungen über eine Verfahrensabsprache) und eine Anwendung auf **Dritte.** → Rn. 67 ff.

14 **b) Geschützte Personen.** § 136a schützt unmittelbar den **Beschuldigten** (→ Vor § 133 Rn. 20 ff.). Er ist für **Zeugen** aber entspr. anwendbar (§ 69 Abs. 3, ggf. iVm § 161a Abs. 1 S. 2 [StA] bzw. § 163 Abs. 3 S. 1 [Polizei]). **Sachverständige** werden ebenso als Beweispersonen geschützt (§ 72).

15 Das objektive Rechtsstaatsprinzip, der Schutz der Wahrheitsfindung und die Ordnung der Kommunikation (→ Rn. 9) sind auf das Verfahren gerichtet und wirken daher für Zeugen und Beschuldigte grds. gleich. Bzgl. ihrer Menschenwürde werden beide zwar ebenfalls gleichermaßen geschützt, die Beeinträchtigungen bzw. Gefahren, denen der Beschuldigte im Strafverfahren ausgesetzt ist, und sein daraus resultierender Schutzbedarf sind idR aber umfassender als beim Zeugen. Das findet seinen Niederschlag darin, dass dem Zeugen nicht die weitgehende Mitwirkungsfreiheit des Beschuldigten zukommt, sondern er grds. unter Aussagepflicht steht und diese nach Maßgabe von § 70 mit Zwangsmitteln

---

[37] S. dazu die Kommentierung bei § 254 sowie SSW-StPO/*Kudlich*/*Schuhr* § 254 Rn. 10 f.

[38] BGH 21.7.1998 – 5 StR 302/97, BGHSt 44, 129 (134) = NJW 1998, 3506 (3507); *Meyer-Goßner* Rn. 2.

[39] → § 136 Rn. 6.

[40] Vgl. SK-StPO/*Rogall* Rn. 7; HK-GS/*Jäger* Rn. 3; AK/*Gundlach* Rn. 5, 7; *Kohlhaas* JR 1960, 246 (249); *Ambos,* Beweisverwertungsverbote, 2010, S. 106; gerade zu „Gehilfen" der Strafverfolgungsorgane (etwa Augenscheinsgehilfen) s. Löwe/Rosenberg/*Gleß* Rn. 8; *Meyer-Goßner* Rn. 2; *Eb. Schmidt* NJW 1962, 664 (665). Zur grds. Zweifelhaftigkeit eines „Spitzelsystems" im Rechtsstaat *Roxin* StV 2012, 131 (132; Anm. zu BGH 31.3.2011 – 3 StR 400/10, NStZ 2011, 596).

[41] BGH 4.3.1958 – 5 StR 7/58, BGHSt 11, 211 (212) = NJW 1958, 679; BGH 6.9.1968 – 4 StR 339/68, NJW 1968, 2297 (2298) mAnm *Arzt* JZ 1969, 438; KK-StPO/*Diemer* Rn. 5; *Pfeiffer* Rn. 2; HK-StPO/*Ahlbrecht* Rn. 4; *Dencker* StV 1994, 667 (671); aA [aber ggf. gleichwohl Unverwertbarkeit] SK-StPO/*Rogall* Rn. 8; AK/*Gundlach* Rn. 8 ff.; *Eisenberg* Beweisrecht Rn. 629 sowie [den Verstoß gegen § 136a begeht der Auftraggeber] *Fincke* ZStW 86 (1974), 656 (660).

[42] S. [zu § 240 Abs. 2] *Erbs* NJW 1951, 386 (389).

[43] Einen Überblick gibt HBStrVf/*Jahn* Kap. II Rn. 261.

durchgesetzt werden darf.[44] An die Stelle der Aussage- und Mitwirkungsfreiheit des Beschuldigten als wesentlichem Schutzgut von § 136a tritt bei der entspr. Anwendung auf den Zeugen daher sein Vermögen, die ihm zukommenden **Entscheidungen** (zB über berechtigte Aussage- oder Auskunftsverweigerung, aber auch über die Art und Details seiner Aussage) **autonom** zu treffen.[45]

c) Beeinträchtigung der Willensbildung (und Vernehmungsfähigkeit). aa) Schutzgut Willensbildung. § 136a Abs. 1 und Abs. 2 schützen in allen ihren Varianten die Willensbildung des Beschuldigten, dh sein Vermögen, eigenverantwortliche Handlungsentscheidungen (über seine Mitwirkung) zu treffen.[46] Dazu gehört auch die Willensbetätigung.[47] Abs. 1 betrifft unmittelbar die Willensentschließung und –betätigung, während Abs. 2 mit dem Erinnerungsvermögen und der Einsichtsfähigkeit notwendige Voraussetzungen dafür schützt. Die Tatbestände sollen dem Beschuldigten sowohl die Möglichkeit einer aktiven, **selbstbestimmten Teilnahme am Strafverfahren** (positive Mitwirkungsfreiheit) als auch die Möglichkeit einer selbstbestimmten Entscheidung gegen die aktive Teilnahme (negative Mitwirkungsfreiheit, insbes. *nemo tenetur se ipsum accusare*) sichern.[48] 16

bb) Vernehmungsfähigkeit und Selbstbeeinträchtigung. Die Beeinträchtigung der Willensbildung muss nicht „von außen" erfolgen. Ihrer Formulierung nach schützen § 136a Abs. 1 und 2 zwar die Beweisperson vor Beeinträchtigungen durch andere Personen (insbes. den Vernehmenden). Würde man das wörtlich nehmen, könnte § 136a zB der Vernehmung eines Beschuldigten nicht entgegenstehen, der sich völlig **eigenverantwortlich** durch das Einnehmen von Drogen seiner Fähigkeit zur Willensentschließung und Willensbetätigung selbst beraubt hat. Zu Recht gehen Rspr. und Lehre aber (über den Wortlaut von § 136a hinaus) grds. von weiterreichenden Anforderungen an Vernehmungen aus. Die dogmatische Konstruktion (insbes. weite Auslegung und unmittelbare Anwendung von § 136a vs. entspr. Anwendung von § 136a vs. unmittelbar aus dem *nemo tenetur*-Grundsatz abgeleitete Regel) ist noch nicht abschließend geklärt (→ Rn. 28). Neben dem Verbot, die Willensbildung von Beweispersonen in einer von § 136a Abs. 1 oder 2 erfassten Weise zu beeinträchtigen, ist jedenfalls durch die Ermüdungs-Variante das weitere **Verbot,** eine derart in ihrer Willensbildung beeinträchtigte Person **zu vernehmen,** auch im Wortlaut von § 136a bereits angelegt (→ Rn. 35 f.; zu Spontanäußerungen beachte → Rn. 73).[49] 17

Eine Beweisperson darf nur dann vernommen werden, wenn sie **Mindestanforderungen** an die Fähigkeit, sich einen Willen zu bilden und diesen zu betätigen, erfüllt; andernfalls ist die Aussage ihr nicht zurechenbar. Diese Anforderungen bestimmen einen wesentlichen Teil der **Vernehmungsfähigkeit**[50] und setzen voraus, dass der Vernommene nicht nur die Fragen verstehen und antworten kann, sondern zudem in der Lage ist, die prozessuale Situation aktuell zu erfassen, seine eigenen Interessen zu erkennen und diese vernünftig wahrzuneh- 18

[44] Vgl. dazu auch → Vor § 133 Rn. 94.

[45] Vgl. dazu *Dencker* StV 1994, 667 (675 f.) sowie AK/*Gundlach* Rn. 16.

[46] Vgl. BGH 17.3.1971 – 3 StR 189/70, BGHSt 24, 125 (129) = NJW 1971, 1097; *Meyer-Goßner* Rn. 5; HK-StPO/*Ahlbrecht* Rn. 2; näher *Ransiek,* Rechte des Beschuldigten, 1990, S. 62 f.

[47] Weil Wille und Wunsch bzw. Plan strikt zu unterscheiden sind, gibt es streng genommen gar keinen unbetätigten Willen; Wille und Handlung sind terminologisch untrennbar verbunden. Dies entspricht der klassischen moralphilosophischen Wortbedeutung, wie sie im materiellen Strafrecht ua auch beim Vorsatzbegriff verwendet wird. Dass Wille und Handlung sich gegenseitig voraussetzen, zeigt sich dort darin, dass der maßgebliche Moment für das Vorliegen von Vorsatz (bzw. eines Tatentschlusses) erst der Tatzeitpunkt (bzw. der Moment des unmittelbaren Ansetzens) ist.

[48] Näher → Vor § 133 Rn. 79 ff. bzw. 118 ff.; *Peters* 46. DJT 1966, Gutachten, Teil 3 A S. 156.

[49] BGH 30.10.1951 – 1 StR 393/51, BGHSt 1, 376 (379) = NJW 1952, 152 f.; BGH 15.5.1992 – 3 StR 419/91, BGHSt 38, 291 (293) = NJW 1992, 2903 (2904) mwN; einschr. [gegen Vernehmungs- aber für Verwertungsverbot] *Schoreit,* AG StrafR DAV II. Frühj.-Symp. 1988 (1989), S. 159 (163).

[50] BGH 31.5.1968 – 4 StR 19/68, NJW 1968, 1838 (1839; insoweit nicht abgedr. in BGHSt 22, 170) sieht sie nicht in § 136a geschützt, erkennt sie aber als Teil der Verhandlungsfähigkeit und damit ebenfalls als von Amts wegen zu prüfende Voraussetzung an. BGH 5.10.1983 – 2 StR 281/83, StV 1984, 61 (62; insoweit nicht abgedr. in NStZ 1984, 178) wendet § 136a an, wenn der Vernehmende die Vernehmungsunfähigkeit erkannt hat (→ Rn. 19, 23 ff.). Vgl. auch AK/*Gundlach* Rn. 31a.

men.[51] Gerade aus den letzteren Merkmalen ergibt sich, dass **für Beschuldigte** deutlich **höhere Anforderungen** an die Vernehmungsfähigkeit zu stellen sind als für Zeugen.[52] Sie hängen aber nicht von der jeweils vernommenen Person ab und sind in diesem Sinne „objektiv". Aus den Merkmalen resultieren auch Anforderungen an das Erinnerungsvermögen und die Einsichtsfähigkeit. Ob bzw. inwieweit der Vernommene sich gerade an das erinnert, worüber er befragt wird, ist hingegen Gegenstand der Vernehmung und nicht ihre Voraussetzung; erkennbare Defizite hindern die Vernehmung nicht, sind aber zu dokumentieren, damit die Aussage später sachgerecht gewürdigt werden kann. Die zweite Grundvoraussetzung für Vernehmungsfähigkeit ist, dass die Vernehmung dem Vernommenen in der aktuellen Situation zumutbar und insbes. nicht mit erheblichen gesundheitlichen Risiken verbunden ist;[53] sie beruht auf dem Verhältnismäßigkeitsgrundsatz und ist hier nicht zu vertiefen.

19 Eine unter Verstoß gegen das Vernehmungsverbot vernehmungsunfähiger Personen erlangte Aussage ist unverwertbar.[54] Wie es zur Vernehmungsunfähigkeit kam, ist hier ohne Bedeutung.[55] Der Vernehmende muss den Zustand der Beweisperson nicht einmal erkannt haben (→ Rn. 23 f.). Aus den in § 136a Abs. 1 und 2 aufgeführten Beeinträchtigungen ergibt sich, welche Ereignisse bei **besonders intensiver Wirkung** zur Vernehmungsunfähigkeit führen können.

20 **cc) Erforderliches Maß.** Gegenüber offiziellen Funktionsträgern (→ Rn. 12; zu privaten Dritten → Rn. 83 f.) greift der Schutz nicht erst, wenn die Beweisperson vernehmungsunfähig wird. Verhindert werden soll bereits, dass der Beschuldigte „nicht mehr er selbst" ist; es soll außer Frage stehen, dass er sich mit seinem Verhalten später identifizieren kann. Damit wird aber keineswegs jede Beeinflussung des Beschuldigten in der Vernehmung verboten. Fast jedes Strafverfahren hat unvermeidlich negativen Einfluss auf die in § 136a geschützten Rechtsgüter (→ Rn. 10 und 16).[56] Deshalb sind **Grenzziehungen erforderlich,** die die Rechtsstellung des Beschuldigten und die rechtsstaatlichen Vorgaben abstecken und so ein faires Verfahren sichern,[57] ohne dabei Unmögliches oder Utopisches zu verlangen.

21 Neben den Anforderungen der einzelnen Beeinträchtigungen (→ Rn. 29 ff., beachte → Rn. 27) setzt § 136a stets – gewissermaßen als „tatbestandlichen Erfolg" – voraus, dass **tatsächlich** eine Beeinträchtigung der Willensbildung der Beweisperson **entstand bzw. vorlag.** Diese muss so intensiv gewesen sein, dass sie sich **auf** das **Prozessverhalten** tatsächlich **ausgewirkt** hat. Wird gegenüber der Beweisperson *vis absoluta* ausgeübt, sie also zur rein **passiven Erduldung** einer Maßnahme gezwungen (zB Brechmitteleinsatz),[58] müssen dadurch ihre prozessualen Handlungsmöglichkeiten eingeschränkt worden sein. Fehlt es an diesen Voraussetzungen, kann statt eines Falls von § 136a eine unmittelbare Verletzung des Rechts auf ein faires Verfahren (→ Rn. 6) in Betracht kommen.

22 Die Beeinträchtigung der Willensbildung muss ein **erhebliches Ausmaß** erreicht haben.[59] Die in § 136a Abs. 1 S. 1 verbotenen körperlich wirkenden Beeinträchtigungen skizzieren,

---

[51] Vgl. BGH 4.12.1979 – 1 StR 581/79, juris; BGH 5.10.1983 – 2 StR 281/83, NStZ 1984, 178 (179); Widmaier/*Deckers* MAH Strafverteidigung § 44 Rn. 102 ff.; *Fezer* JZ 1994, 686 (687; Anm. zu BGH 12.10.1993 – 1 StR 475/93, BGHSt 39, 349 = NJW 1994, 333); *R. Neuhaus* NStZ 1997, 312 (312 f.; Anm. zu LG Darmstadt 19.8.1994 – Ks 9 Js 4/92, NStZ 1997, 356); *Grünwald* Beweisrecht S. 63 f.; eingehend *Glatzel* StV 1982, 283 (285 f.); *Artkämper* Kriminalistik 2009, 349 (352 ff.); weitergehend [„im Besitz seiner normalen körperlichen und geistigen Fähigkeiten"] *Dahs/Wimmer* NJW 1960, 2217 (2218, 2220).

[52] Vgl. *Glatzel* StV 1994, 46 f.

[53] Vgl. dazu BGH 12.6.2002 – 2 StR 107/02, StV 2002, 635 (636 f.); BGH 3.10.1972 – 1 StR 352/72 (B.I.1.), juris.

[54] Eingehend LG Mannheim 24.10.1975 – 3 KLs 22/75, NJW 1977, 346 f.; [zu BtM] Kotz/Rahlf/*Noltensmeier* BtMPrax Kap. 5 Rn. 568 ff.; aA *Kramer* Kriminalistik 1991, 309.

[55] Beachte aber → § 133 Rn. 17.

[56] BGH 18.9.1979 – 1 StR 399/79, juris formuliert: „Die ‚bedrängende Situation' […] ist jeder Vernehmung eines Beschuldigten, zumal bei schweren Vorwürfen, eigen […]". Vgl. auch AK/*Gundlach* Rn. 16 ff.

[57] Zum Verhältnis dieser Konzepte → Vor § 133 Rn. 75 f.

[58] → Vor § 133 Rn. 92 f. sowie hier → Rn. 76.

[59] Löwe/Rosenberg/*Gleß* Rn. 18; KMR/*Lesch* Rn. 15 ff.; HBStrVf/*Jahn* Kap. II Rn. 273; mit guten Gründen krit. zu dieser üblichen Sprechweise AK/*Gundlach* Rn. 17.

welche Eingriffsschwere ausgeschlossen sein soll. Dieser **exemplarisch angegebene Maßstab** ist entspr. zu übertragen sowohl auf die psychisch wirkenden Beeinträchtigungen (die weniger genau spezifiziert werden) als auch auf unbenannte (→ Rn. 27) sowie anderweitig von § 136a erfasste Beeinträchtigungen (→ Rn. 76; Besonderheiten bei → Rn. 81 ff.).[60] Die Erheblichkeitsschwelle führt bei den weit gefassten Varianten des § 136a Abs. 1 S. 1 (insbes. der Täuschung) zu einer sachlich gebotenen Begrenzung des Tatbestands. Das Kriterium einer erheblichen Beeinträchtigung der Willensbildung ergibt sich ausschließlich aus der Subjektstellung der Beweisperson; andere Umstände oder Ziele des Strafverfahrens sind in ihr nicht – auch nicht im Wege einer Abwägung – zu berücksichtigen (→ Rn. 4).[61]

d) Vorwerfbarkeit vs. objektive Betrachtung. Ein vorwerfbarer Verstoß gegen Abs. 1 oder 2 müsste persönlich zurechenbar sein. Bisweilen wird sogar ein Vorsatzerfordernis angenommen und werden Verbote aus § 136a Abs. 1 und 2 auf vorsätzlich begangene Willensbeeinträchtigungen beschränkt (→ Rn. 40). Das greift schon deshalb zu kurz, weil sich aus Abs. 1 und 2 auch Sorgfaltspflichten ergeben, die dort behandelten Beeinträchtigungen zu vermeiden, so dass eine **fahrlässig** herbeigeführte Beeinträchtigung der vorsätzlich bewirkten gleichstehen muss.[62] 23

Den Verstoß selbst an seine Vorwerfbarkeit zu knüpfen, wäre aber ohnehin zirkulär. Erst die weiteren Folgen des Verstoßes – insbes. ein Verwertungsverbot nach Abs. 3 S. 2 – können (müssen aber nicht) von Vorwerfbarkeit abhängen.[63] Die Formulierung „Verletzung des Verbots" (Abs. 3 S. 2) kann man in dieser Weise verstehen. Die besseren Gründe sprechen aber dafür, sowohl im Rahmen der Abs. 1 und 2 als auch für das Verwertungsverbot allein an eine **objektive Willensbeeinträchtigung** anzuknüpfen:[64] 24

Weder die Beeinträchtigung der Beweisperson und ihr subjektiv-rechtlicher Nachteil noch die objektive Rechtsstaatswidrigkeit hängen von den Vorstellungen desjenigen ab, der die Beeinträchtigung verursacht. Gerade für das letztlich interessierende Verwertungsverbot wäre die persönliche Zurechenbarkeit des Verstoßes ein sachfremdes Erfordernis, denn dort geht es um die Frage, ob die Aussage dem Aussagenden zugerechnet werden kann, also eine ganz andere Zurechnung.[65] Die Willensbeeinträchtigung aus Abs. 1 und 2 ist das Kriterium für den Ausschluss der Zurechnung. Zurechnungskriterien dürfen aber grds. nur an in der betroffenen Person liegende oder äußere Umstände anknüpfen, nicht an innere Umstände eines Dritten (des Vernehmenden). Richtigerweise bestimmen Abs. 1 und 2 **Typ und Maß der Willensbeeinträchtigung,** die es ausschließt, die Aussage dem Aussagenden zuzurechnen.[66] Das aber ist eine rein objektive Frage (nicht einmal eine Tatsachenfrage, sondern eine Rechtsfrage). Gerade weil die „Verletzung des Verbots" der Abs. 1 und 2 entspr. objektiv zu verstehen ist, fügen sich die Regeln über die Vernehmungsunfähigkeit (→ Rn. 18 f.) nahtlos in § 136a ein. Wenn die Beweisperson zB unter der Einwirkung von Mitteln steht, die ihre Willensbildung stören, kommt es allein auf deren Intensität an, während es unerheblich bleibt, ob der Vernehmende die Beeinträchtigung bewirkt hat, ausnutzte, erkannt hat bzw. erkennen konnte.[67] 25

---

[60] Vgl. [Täuschung durch Dritte] BGH 13.5.1996 – GSSt 1/96, BGHSt 42, 139 (149) = NJW 1996, 2940 (2942) m. insoweit zust. Bespr. *Renzikowski* JZ 1997, 710 (712); entspr. *Brunhöber* GA 2010, 571 (577); [verdeckte Ermittlungen] BGH 26.7.2007 – 3 StR 104/07, BGHSt 52, 11 (16 Rn. 17) = NJW 2007, 3138 (3139) mAnm *Renzikowski* JR 2008, 164; [zur Täuschung] BGH 31.3.2011 – 3 StR 400/10, NStZ 2011, 596 (597 Rn. 10); [allg.] AK/*Gundlach* Rn. 21.

[61] → § 136 Rn. 57 f.

[62] Vgl. *Jahn* JuS 2005, 1057 (1060, 1061). Anders für fahrlässige Täuschungen zB BGH 21.5.2004 – 1 StR 170/04, NStZ 2004, 631 (Rn. 1); abl. dazu Löwe/Rosenberg/*Gleß* Rn. 49 f.

[63] Angenommen zB in BGH 21.5.2004 – 1 StR 170/04, NStZ 2004, 631 (Rn. 1).

[64] → Vor § 133 Rn. 88; *Erbs* NJW 1951, 386 (390); *Rogall* ZStW 91 (1979), 1 (15 f.); einschr. bzgl. Abs. 1 S. 2 und 3 AK/*Gundlach* Rn. 18 f.; KMR/*Lesch* Rn. 17.

[65] Vgl. auch *Ransiek* StV 1994, 343 (346); *Bung* StV 2008, 495.

[66] LG Mannheim 24.10.1975 – 3 KLs 22/75, NJW 1977, 346 f.; *Kleinknecht* StPO, 27. bis 36. Aufl., Rn. 2; *Kleinknecht* NJW 1966, 1537 (1543).

[67] Vgl. OLG Frankfurt a. M. 3.7.1968 – 2 Ss 505/68, OLGSt § 136a S. 1 = VRS 36 (1969), 366; OLG Köln 25.10.1988 – Ss 567/88, StV 1989, 520 f.; LG Marburg 15.1.1993 – 1 a KLs 7 (8) Js 5923/89, StV 1993, 238 (juris-Rn. 28); *Achenbach* StV 1989, 515 (517 f.; Anm. zu BGH 16.3.1989 – 1 StR 608/88, StV 1989,

26 Auf Fahrlässigkeit, Vorsatz oder gar Schuldvorwurf käme es nur an, wenn das Verwertungsverbot Sanktion für den Verstoß oder sonstiger Haftungsinhalt wäre, das aber ist es gerade nicht (→ Rn. 11). Nur soweit es um eine – außerhalb des Themenkreises von § 136a stehende – Haftung des Vernehmenden[68] geht (zB strafrechtlich aus §§ 223, 343 StGB[69]), muss der Verstoß ihm persönlich zurechenbar sein. Für eine Anwendung von § 136a genügt hingegen jedenfalls (→ Rn. 68 ff.), dass das Verhalten **dem Staat zurechenbar** ist, weil ein offizieller Funktionsträger tatsächlich mitgewirkt oder es pflichtwidrig unterlassen hat, die Beeinträchtigung zu verhindern (letzteres kommt va dann in Betracht, wenn Rechtsgüter der Beweisperson in besonderer Weise exponiert werden, etwa in der U-Haft, → Rn. 70).[70] Auch diese Zurechnung beinhaltet keinen persönlichen Vorwurf, sondern ist Ausdruck der Gesamtverantwortung des Staates für das Strafverfahren. Deshalb ist auch für sie nur die äußere Situation entscheidend.

27 **2. Unbenannte Beeinträchtigungen, unmittelbare vs. entspr. Anwendung.** Die in § 136a Abs. 1 und 2 aufgezählten Beeinträchtigungsweisen sind nicht so zu verstehen, dass ein streng durch den Wortlaut beschränkter fragmentarischer Schutz der Subjektstellung des Beschuldigten angeordnet würde. Sonst liefe die Vorschrift auf eine Schwächung der verfassungsrechtlich verbürgten Rechte des Beschuldigten hinaus,[71] was spätestens im Wege verfassungskonformer Auslegung zu korrigieren wäre. § 136a steckt nur einen **Mindestumfang** des Schutzes der Willensbildung (→ Rn. 16 ff.) der Beweisperson (→ Rn. 14 f.) ab. Der Normzweck (→ Rn. 2) gebietet es, die Regelung auf alle Manipulationsformen zu erstrecken, die die Mitwirkungsfreiheit des Beschuldigten in gleicher Weise bedrohen, wie die in der Vorschrift aufgezählten. Letztere sind gewissermaßen als **„Regelbeispiele"** zu verstehen.[72]

28 Deshalb und weil zudem die §§ 136 und 136a kein positiv-rechtliches Abbild der Aussage- bzw. Mitwirkungsfreiheit des Beschuldigten liefern, sondern einerseits nur eine fragmentarische Regelung wichtiger Aspekte beinhalten, andererseits auch andere Aspekte der Rechtsstellung des Beschuldigten behandeln,[73] ist es inhaltlich meist **wenig ergiebig** und oft aussichtslos, einen **unmittelbaren Anwendungsbereich** der Vorschrift von einem Bereich ihrer entspr. Anwendung, ihrer Erstreckung auf weitere Fälle, zu § 136a ähnlichen Regelungen, unmittelbaren Verstößen gegen den nemo-tenetur-Grundsatz etc **abzugrenzen.**[74] Weil solche Unterscheidungen zudem meist ohne praktische Konsequenz sind und ein gedankliches Abrücken von § 136a die Gefahr unbegründeter Einschränkungen in sich birgt, wird hier weitgehend auf sie verzichtet. Systematisch bedeutsam ist regelmäßig allein die Unterscheidung zwischen – in den Bereich des § 136a fallenden – Beeinträchtigungen der Willensbildung (→ Rn. 16) und sonstigen Verletzungen des Rechts auf ein faires Verfahren (→ Rn. 21).

---

515); *Fezer* StV 1996, 77 (79; Anm. zu BGH 19.7.1995 – 2 StR 758/94, NJW 1995, 2933); Löwe/Rosenberg/*Gleß* Rn. 32 (sowie 24); einschr. OLG Celle 25.3.1971 – 1 Ss 19/71, VRS 41 (1971), 206 (207 f.); SK-StPO/*Rogall* Rn. 51 (sowie 44); → Rn. 34.

[68] Zur Amtshaftung vgl. OLG Frankfurt a. M. 10.10.2012 – 1 U 201/11, NJW 2013, 75 (76 ff.) – Gäfgen; LG Frankfurt 4.8.2011 – 2-04 O 521/05, JR 2012, 36 (38 ff.) – Gäfgen; dazu *Amelung* JR 2012, 18.

[69] Näher *Saliger* ZStW 116 (2004), 35 (61 ff.). S. dazu auch LG Frankfurt 20.12.2004 – 5/27 KLs 7570 Js 203814/03 (4/04), NJW 2005, 692 – Daschner m. Bespr. *Götz* NJW 2005, 953, *Kudlich* JuS 2005, 376 sowie *Keiser* GA 2009, 344.

[70] Näher dazu *Erb*, FS Otto, 2007, 863 ff.; *Mahlstedt,* Die verdeckte Befragung des Beschuldigten im Auftrag der Polizei, 2011, S. 156 ff.; restriktiv *Kaspar* GA 2013, 206 (213 ff., 225).

[71] Vgl. *Grünwald* Beweisrecht S. 69 f.

[72] Vgl. BGH 16.2.1954 – 1 StR 578/53, BGHSt 5, 332 (334) = NJW 1954, 649 f.; BayObLG 8.11.1978 – RReg. 3 St 267/78, NJW 1979, 2624; HK-GS/*Jäger* Rn. 9; *Kohlhaas* JR 1960, 246 (247); *Dahs/Wimmer* NJW 1960, 2217 (2220); *Rieß* JA 1980, 293 (296); *Rogall,* Der Beschuldigte als Beweismittel gegen sich selbst, 1977, S. 51; *Schlüchter* Rn. 88.1; HBStrVf/*Jahn* Kap. II Rn. 270 f.

[73] → Vor § 133 Rn. 4 ff.; *Degener* GA 1992, 443 (462 ff.).

[74] → Vor § 133 Rn. 13; ferner *Rogall* NStZ 2008, 110 (111; Anm. zu BGH 26.7.2007 – 3 StR 104/07, BGHSt 52, 11 = NJW 2007, 3138); *Kühne* Rn. 904 ff.

3. Verbotene Mittel (Abs. 1 S. 1). Die in Abs. 1 aufgezählten Varianten überlappen einander teilweise und sind nicht systematisch geordnet. Die im Folgenden zugrunde gelegte **Gliederung** in (zunächst) körperlich wirkende und (sodann) psychisch wirkende Beeinträchtigungen[75] ist insofern hilfreich, als die ersteren einander besonders stark überlappen und ein besseres Bild von der erforderlichen Wirkungsintensität geben (→ Rn. 22). Als generelle Regel lässt sich aber angeben, dass staatliche Einwirkungen auf den **seelischen Zustand** des Beschuldigten nur zulässig sind, wenn sie heilenden oder schmerzstillenden Zwecken dienen, hingegen unzulässig, wenn sie zur Preisgabe innerer Vorgänge führen.[76] 29

a) Körperlicher Eingriff, Misshandlung und Verabreichung von Mitteln. 30
aa) Körperlicher Eingriff. Der Begriff des körperlichen Eingriffs ist nicht eng in dem Sinne zu verstehen, dass der Handelnde mit einem Körperteil oder Instrument ins Körperinnere der Beweisperson gelangen müsste. Es genügt, dass das Verhalten unmittelbare Auswirkung auf den Körper der Beweisperson hat. Bestimmte klinische Auswirkungen oder Schmerzen sind nicht erforderlich; eine **körperliche Beeinträchtigung** reicht aus.[77] Die Wendung ist als weiter Oberbegriff zu verstehen, unter den auch die Misshandlung, das Verabreichen von Mitteln und ggf. sogar die Ermüdung gefasst werden können. Das Merkmal überschneidet sich teilweise mit § 81a. Auch Eingriffe mit absoluter Zwangswirkung werden erfasst (zB Brechmitteleinsatz, → Rn. 21).[78]

Konturierung erfährt das Merkmal durch das Erfordernis einer erheblichen Willensbeeinträchtigung (→ Rn. 16, 20 ff.). Die nötige Intensität ist an den weiteren, konkret genannten Eingriffsformen (→ Rn. 32 ff.) zu orientieren. Zugleich ist zu berücksichtigen, dass körperliche Einwirkungen idR vermeidbar und rechtfertigungsbedürftig sind. Das Merkmal ist daher nicht besonders eng zu handhaben. 31

bb) Misshandlung. Misshandlungen sind Beeinträchtigungen des körperlichen Wohlbefindens oder der körperlichen Unversehrtheit durch Tun oder Unterlassen.[79] Wie in § 223 Abs. 1 StGB werden unerhebliche Beeinträchtigungen dabei nicht erfasst, umgekehrt ist **Folter**[80] nur der Extremfall. Bei der Beurteilung der Erheblichkeit kann im Verhalten ausgedrückte soziale Missachtung mitberücksichtigt werden. Um die Begriffe zu konturieren ist es – obwohl zB Art. 104 Abs. 1 S. 2 GG auch von seelischer Misshandlung spricht – vorzugswürdig, einen nicht ganz unerheblichen physischen Effekt zu verlangen und rein aus der sozialen Bedeutung eines Verhaltens oder seiner psychischen Wirkung keine Misshandlungsqualität abzuleiten,[81] sondern solche Fälle als Quälerei (→ Rn. 37) zu prüfen. **Typische Beispiele** für Misshandlungen sind Fußtritte und Schläge.[82] Misshandlungen können ferner in körperlichen Verletzungen, simuliertem Ersticken bzw. Ertränken („Waterboarding"), besonders intensiver bzw. greller (bzw. besonders unangenehm gerade auf die Beweisperson gerichteter) Beleuchtung oder Beschallung, besonders unangenehmen Temperaturen und – va bei inhaftierten Beweispersonen – erheblichen Störungen des Schlafs, Hunger oder in Lichtentzug liegen.[83] 32

---

[75] Vgl. *Kohlhaas* JR 1960, 246 (247).

[76] *Kohlhaas* JR 1960, 246 (247).

[77] AK/*Gundlach* Rn. 29; Graf/*Monka* Rn. 12; HK-StPO/*Ahlbrecht* Rn. 26; *Eisenberg* Beweisrecht Rn. 648.

[78] EGMR (GK) 11.7.2006 – 54810/00, Rep. 2006-IX, §§ 100 ff. (insbes. §§ 112 ff.), EuGRZ 2007, 150 (161 ff.) = NJW 2006, 3117 (3123 f.) – *Jalloh ./. D* m. grds. zust. Bespr. *Schuhr* NJW 2006, 3538 und *Safferling* Jura 2008, 100 sowie insoweit teils krit. Bespr. *K. Schumann* StV 2006, 661 (663 ff.). S.a. – mwN – bereits *Dallmeyer* StV 1997, 606 und *Zaczyk* StV 2002, 125 (127, Anm. zu KG 8.5.2001 – (4) 1 Ss 180/99, StV 2002, 122). → Vor § 133 Rn. 93.

[79] Eisenberg Beweisrecht Rn. 645.

[80] Zu begrifflichen Hintergründen *Joerden,* in: Stoecker/Raters/Neuhäuser: Handbuch Angewandte Ethik, 2011, S. 381 ff.

[81] Evtl. aA LG Frankfurt 9.4.2003 – 5/22 Ks 3490 Js 230118/02, StV 2003, 327 – Gäfgen.

[82] Vgl. auch BGH 14.9.2010 – 3 StR 573/09, BGHSt 55, 314 (315 Rn. 4; insoweit nicht abgedr. in NJW 2011, 1523).

[83] S. dazu *Meyer-Goßner* Rn. 6.; Löwe/Rosenberg/*Gleß* Rn. 22; AK/*Gundlach* Rn. 23; *Jahn* JuS 2005, 1057 (1059).

33 **cc) Verabreichung von Mitteln.** Als Verabreichung von Mitteln wird jedes Einführen von Stoffen in den menschlichen Körper erfasst. Der Aggregatzustand des Stoffs ist ebenso unerheblich wie die Form seiner Darreichung und der Weg, auf dem er in den Körper gelangt.[84] Entscheidend ist, dass er die Willensbildung der Beweisperson beeinflusst,[85] im Extremfall gar die Willensbetätigung in strafprozessual relevanter Hinsicht ausschließt (zB Brechmittel, → Rn. 21, 30). Verhindert werden soll insbes. eine durch Psychopharmaka, Narkotika oder Rauschmittel (zB **Alkohol**[86]) manipulierte Beweisaufnahme. Betäubende bzw. einschläfernde Mittel werden ebenso erfasst wie hemmungslösende (zB Wahrheitssera, **Narkoanalyse**) bzw. Weckmittel.[87] Nahrungsmittel in üblicher Dosierung fallen nicht unter den Begriff, auch wenn sie – wie zB Traubenzucker – gerade der Förderung von Konzentration und Ausdauer dienen. Allgemein gebräuchliche Genussmittel – wie Kaffee, Tee und Tabakwaren – dürfen der Beweisperson angeboten oder verweigert werden, solange daraus nicht ausnahmsweise eine Drucksituation (insbes. → Rn. 61 ff.) entsteht.[88] Entspr. gilt für medizinisch indizierte Medikation, deren Nebenwirkungen können aber uU Vernehmungsunfähigkeit begründen.[89]

34 Eine **vernehmungsunfähige** (→ Rn. 18 f.) Person darf nicht vernommen werden, auch wenn sie sich selbst in diesen Zustand gebracht hat, der Zustand (zB wegen besonderer individueller Disposition) durch Mittel entstand, die grds. verabreicht werden dürfen, oder der Zustand gerade darauf beruht, dass ihr bestimmte Mittel – ggf. zu Recht – vorenthalten werden (Entzug[90]).[91] Von der Erkennbarkeit für den Vernehmenden hängt ein späteres Verwertungsverbot nicht ab (→ Rn. 24 ff.).

35 **b) Ermüdung.** Die Ermüdungsvariante dokumentiert, dass nicht nur vom Vernehmenden bewirkte Beeinträchtigungen erfasst werden sollen, denn Müdigkeit der Beweisperson kann der Vernehmende ausnutzen, fördern oder gar forcieren, nicht aber selbst hervorbringen. **Untersagt** wird die **Vernehmung** (beachte → Rn. 73 ff.) einer übermüdeten[92] Beweisperson. Angeknüpft wird also nicht nur an das Beeinträchtigen der Willensbildung, sondern vor allem an das Durchführen der Ermittlungsmaßnahme trotz der Beeinträchtigung.[93]

36 Gerade weil die Beweisperson hier idR nicht aktiv beeinflusst wird, spricht auch kein erster Anschein für Verwerflichkeit bzw. Rechtsstaatswidrigkeit. „Normale" Müdigkeit steht einer Vernehmung nicht im Wege, ohne besondere Disposition des Vernommenen auch nicht die Anstrengungen einer längeren oder zur Nachtzeit erfolgenden Vernehmung.[94] Erforderlich ist vielmehr, dass die Beweisperson in ihrer **Willensbildung erheblich beeinträchtigt** ist.[95] Das ist zwar regelmäßig erst bei besonderer Müdigkeit der Fall,

[84] *Meyer-Goßner* Rn. 10; *Erbs* NJW 1951, 386 (387); *Jahn* JuS 2005, 1057 (1059).

[85] Das kann bei einer trinkgewohnten Person bei 2 ‰ BAK noch zu verneinen sein, BGH 7.10.1969 – 1 StR 194/69, bei *Dallinger* MDR 1970, 12 (14).

[86] Krit. zu den in der Praxis verwendeten Promillegrenzen *Brüssow* StraFo 1998, 294 (297).

[87] BGH 4.3.1958 – 5 StR 7/58, BGHSt 11, 211 (212 f.) = NJW 1958, 679; *Kühne,* Beweisverbote und Art. 1 I GG, 1970, S. 29 ff., 129. Vor Erlass von § 136a war das umstritten, vgl. *Niese* ZStW 63 (1951), 199 (210 ff., 226 ff.) mN.

[88] Vgl. BGH 7.5.1953 – 5 StR 934/52, BGHSt 5, 290 (291) = NJW 1953, 1114 (1115).

[89] Vgl. AK/*Gundlach* Rn. 34; *Eisenberg* Beweisrecht Rn. 649a.

[90] Vgl. BGH 5.10.1983 – 2 StR 281/83, NStZ 1984, 178 (179); OLG Hamm 26.11.1998 – 3 Ss 1117/98, StV 1999, 360 (361, 363); AK/*Gundlach* Rn. 25. Eingehend insbes. zu Fragen der Drogensubstitution *Artkämper* Kriminalistik 2009, 349 (353 f.).

[91] Vgl. HBStrVf/*Jahn* Kap. II Rn. 282 f. sowie anhand von BtM Kotz/Rahlf/*Noltensmeier* BtMPrax Kap. 5 Rn. 568 ff.

[92] Vgl. [krit. zur Umdeutung des gesetzlichen Wortlauts] *R. Hamm,* Revision, 7. Aufl. 2010, Rn. 1014.

[93] Vgl. BGH 30.10.1951 – 1 StR 393/51, BGHSt 1, 376 (379) = NJW 1952, 152 f.; BGH 16.1.1959 – 4 StR 468/58, BGHSt 12, 332 = NJW 1959, 899 mAnm *Hanack* JZ 1971, 168 (170); BGH 24.3.1959 – 5 StR 27/59, BGHSt 13, 60 (61) = NJW 1959, 1142; HBStrVf/*Jahn* Kap. II Rn. 278 f.; aA SK-StPO/*Rogall* Rn. 44; grds. krit. zu diesem Merkmal *K. Bader* JZ 1951, 123.

[94] BGH 30.10.1951 – 1 StR 393/51, BGHSt 1, 376 (378 f.) = NJW 1952, 152; HK-StPO/*Ahlbrecht* Rn. 23.

[95] BGH 15.5.1992 – 3 StR 419/91, BGHSt 38, 291 (293 f.) = NJW 1992, 2903 (2904); BGH 13.1.1993 – 3 StR 403/92, BGHR StPO § 136a Abs. 1 Ermüdung 2; *Lesch* Kap. 3 Rn. 88; recht weit geht [halbstündliche Zellkontrolle mit Licht] BGH 13.8.1999 – 3 StR 166/99, NStZ 1999, 630.

es genügt aber bereits eine müdigkeitsbedingte Tendenz zu unüberlegtem Handeln. So wurden 24 Stunden Schlaflosigkeit einer Nachtschichten gewohnten Person noch als unschädlich,[96] im Fall einer impulsiven Person 30 Stunden ohne Schlaf hingegen als Verstoß[97] angesehen. Symptome wie Kopfschmerzen, Übelkeit und unwillkürlich zufallende Augen sind indiziell.[98]

c) Quälerei. Quälerei besteht in der Zufügung intensiven, häufiger wiederholten oder länger andauernden **seelischen Leids.** Es kann körperlich (etwa durch Schläge) oder sonst äußerlich (etwa mittels Dunkelhaft) bewirkt werden, aber ebenso verbal (zB durch fortwährende Beschimpfungen), optisch (zB durch Bilder), örtlich (zB durch Hinführen zur Leiche[99]) oder auf andere, auch subtile Art und Weise (zB durch Erzeugen von Angst und Hoffnungslosigkeit, etwa die Behauptung, geliebte Personen seien nun unversogt, hätten einen Selbstmord versucht, würden sich scheiden lassen etc).[100] Zur Beurteilung, ob eine besonders unangenehme Situation das Ausmaß von Quälerei erreicht, ist eine wertende Betrachtung anzustellen. Maßnahmen, die für die Ermittlungen oder eine effektive Verteidigung nach Art und Ausmaß zwingend erforderlich oder zumindest verhältnismäßig sind (ggf. zB auch die Vorlage von Lichtbildern des Opfers), erfüllen das Merkmal nicht.[101] Steht ein Vorgehen nicht in sachlichem Zusammenhang zur Strafverfolgung, erfüllt es das Merkmal wesentlich eher. 37

d) Täuschung. aa) Tatsachen- und Rechtsirrtümer. Kennt die Beweisperson ihre Mitwirkungsfreiheit nicht (Rechtsirrtum, ggf. kombiniert mit Tatsachenirrtümern) oder verkennt sie die aktuelle prozessuale Situation (Tatsachenirrtum, ggf. kombiniert mit Rechtsirrtümern), ist sie an einer selbstbestimmten Entscheidung über ihre Mitwirkung ebenso – in diversen möglichen Graduationsstufen – gehindert, wie wenn äußere Umstände ihrer **autonomen Willensbildung entgegenstehen.**[102] Während das materielle Strafrecht der Ähnlichkeit der Wirkungen von *vis absoluta* bzw. *vis compulsiva* (zwingender bzw. nötigender Gewalt) einerseits und einer *ignorantia facti* bzw. *ignorantia iuris* (Tatsachen- bzw. Rechtsirrtum) andererseits in den §§ 15, 16 bzw. 17 differenzierter Rechnung trägt, erfasst der Begriff der Täuschung in § 136a Abs. 1 S. 1 falsche, pflichtwidrig unvollständige oder unterlassene **Erklärungen zur Rechtslage** ebenso wie entspr. **Tatsachenbehauptungen.**[103] 38

bb) Grenzziehungsproblem. Ebenso, wie menschliche Willensbildung praktisch nie – und erst recht nicht im Strafverfahren – ohne äußere Zwänge erfolgt, verfügt der Handelnde auch praktisch nie über eine vollständige und gänzlich fehlerfreie Tatsachen- und Rechtskenntnis. Auch Missverständnisse, die der Vernehmende durch seine Äußerungen mitverursacht, sind nichts Ungewöhnliches. Das **Grenzziehungsproblem** (→ Rn. 20 ff.) stellt sich in der Täuschungsvariante daher mit besonderer Schärfe.[104] 39

---

[96] BGH 26.4.1983 – 5 StR 72/83, bei *Pfeiffer/Miebach* NStZ 1984, 15 (Nr. 5).

[97] BGH 24.3.1959 – 5 StR 27/59, BGHSt 13, 60 (61) = NJW 1959, 1142; *Jahn* JuS 2005, 1057 (1059).

[98] Ausführlich zu empirischen Befunden und Indikatoren *Maisch* StV 1990, 314 (319 ff.).

[99] Vgl. BGH 7.10.1960 – 4 StR 342/60, BGHSt 15, 187 (190 f.) = NJW 1961, 84; BGH 13.7.1962 – 4 StR 70/62, BGHSt 17, 364 ff. = NJW 1962, 1972 ff.

[100] Löwe/Rosenberg/*Gleß* Rn. 37 f.; *Eisenberg* Beweisrecht Rn. 651; Radtke/Hohmann/*J. Kretschmer* Rn. 12; *Lesch* Kap. 3 Rn. 92 [aA bzgl. Bildern].

[101] *Meyer-Goßner* Rn. 11 unter Verweis auf BGH 27.7.1979 – 5 StR 19/79, n.v.; AK/*Gundlach* Rn. 36; HK-StPO/*Ahlbrecht* Rn. 30.

[102] Vgl. dazu EGMR 5.11.2002 – 48539/99, Rep. 2002-IX, §§ 50 ff., JR 2004, 127 = StV 2003, 257 – *Allan ./. UK* mAnm *Gaede* sowie *Esser* JR 2004, 98 ff. S. auch *Renzikowski* JR 2008, 164 ff. (Anm. zu BGH 26.7.2007 – 3 StR 104/07, BGHSt 52, 11 = NJW 2007, 3138). Zu den zugrunde liegenden Zurechnungsstrukturen → Vor § 133 Rn. 82 ff.; vertiefend *Kahlo*, FS *Wolff*, 1998, 153 (157 ff.).

[103] OLG Bremen 30.8.1967 – Ss 71/67, NJW 1967, 2022 (2023); Löwe/Rosenberg/*Gleß* Rn. 40; *Meyer-Goßner* Rn. 13; AK/*Gundlach* Rn. 40; HK-StPO/*Ahlbrecht* Rn. 32; *Jahn* JuS 2005, 1057 (1060).

[104] Vgl. BGH 13.5.1996 – GSSt 1/96, BGHSt 42, 139 (149) = NJW 1996, 2940 (2942); anders AK/*Gundlach* Rn. 41; *Grünwald* Beweisrecht S. 70 f.; *Eisenberg* Beweisrecht Rn. 655; *Bernsmann* StV 1997, 116 (117 f.; Anm. zu BGH 13.5.1996 – GSSt 1/96, BGHSt 42, 139 = NJW 1996, 2940); *Lesch* ZStW 111 (1999), 624 (643 ff.).

40 Nicht selten wird versucht, dahingehend abzugrenzen, dass **„unbeabsichtigte Irreführungen"** bzgl. Tatsachen[105] und **„kriminalistische List"**[106] aus dem Begriff ausgeklammert werden. Beides trifft nicht den Sinn der Vorschrift. Einerseits kommt es auf die Absicht des Vernehmenden nicht an (→ Rn. 23 ff.). Andererseits dürfen Ermittler nicht – auch nicht trickreich – verhindern, dass der Beschuldigte seine Aussage- bzw. Mitwirkungsfreiheit ausübt.[107] Ebenso wenig führt hier die vom EGMR zur Feststellung der Unfairness des Verfahrens herangezogene **Gesamtbetrachtung** der späteren Verteidigungsmöglichkeiten weiter, denn § 136a befasst sich gerade mit der jeweiligen Vernehmungs- bzw. Prozesssituation; der deutsche Gesetzgeber hat sich für einen höheren Standard entschieden, als die EMRK vorschreibt.[108]

41 **cc) Aufklärungspflichten (und Unterlassen).** Aufschluss darüber, welche Irrtümer und Fehlvorstellungen des Beschuldigten (bzgl. Zeugen beachte → Rn. 15) ausgeschlossen werden sollen, gibt zunächst **§ 136.**[109] Danach bestehen positive Mitteilungspflichten, deren Verletzung zur **Täuschung durch Unterlassen** bzw. zur täuschungsgleichen **Ausnutzung eines bestehenden Irrtums** führen kann.[110] Auch wenn man die Anwendbarkeit von § 136a außerhalb von Vernehmungen und auf Dritte bejaht (→ Rn. 67 ff.), beschränken diese Mitteilungspflichten sich auf förmliche Vernehmungssituationen und gelten nur für offizielle Funktionsträger.[111] Sie haben die Pflicht, den Beschuldigten – in rechtlicher Hinsicht – über seine Aussagefreiheit (§ 136 Abs. 1 S. 2 Hs. 1) und sein Recht zur Verteidigerkonsultation (§ 136 Abs. 1 S. 2 Hs. 2) aufzuklären.[112] Diese Pflicht verbietet es zugleich, erkennbare Fehlvorstellungen des Beschuldigten stillschweigend auszunutzen,[113] gebietet aber keine über den Gegenstand des § 136 hinausgehende Aufklärung von Irrtümern über das Beweisrecht.[114] In tatsächlicher Hinsicht ist der Vernehmende verpflichtet, dem Beschuldigten den Tatvorwurf offenzulegen (§ 136 Abs. 1 S. 1);[115] auch insoweit dürfen keine bestehenden Irrtümer ausgenutzt werden.[116] Die darüber hinausgehende Pflicht zur Offenlegung der Verdachtsgründe nach § 136 Abs. 2 besteht hingegen nicht unbedingt von Anfang an.[117]

42 Auch die Verletzung **weiterer Mitteilungspflichten** jenseits von § 136 (zB aus § 201 StGB bzgl. der Aufzeichnung einer [praktisch immer] nicht-öffentlichen Vernehmung auf

---

105 Vgl. BGH 16.3.1989 – 1 StR 608/88, StV 1989, 515 m. abl. Anm. *Achenbach*; [unter Vermengung von Sprecherintention und Empfängerhorizont] BGH 17.3.2005 – 5 StR 328/04, NStZ 2005, 517 (518); Graf/*Monka* Rn. 16; [„finales Moment"] SK-StPO/*Rogall* Rn. 59; [maßgeblich ist Empfängerhorizont] AK/*Gundlach* Rn. 38.

106 S. zB BGH 7.1.1997 – 1 StR 666/96, NStZ 1997, 251 mwN und abl. Anm. *Wollweber* NStZ 1998, 311; KK-StPO/*Diemer* Rn. 20; *Dahle* Kriminalistik 1990, 431; eingehend [letztlich für ein neben § 136a stehendes Verbot der Geständniserschleichung] *Puppe* GA 1978, 289 (304 ff.); zur Praxis *Soiné* NStZ 2010, 596. Instruktive Bsp. gibt *Döhring,* Erforschung des Sachverhalts, 1964, S. 205 f. Zu einer Diskussion von Vernehmungstaktiken vgl. *Eisenberg* Beweisrecht Rn. 594 ff.

107 Vgl. Löwe/Rosenberg/*Gleß* Rn. 39; *Dencker* StV 1994, 667 (676); *Rogall,* Der Beschuldigte als Beweismittel gegen sich selbst, 1977, S. 209 f.; *Lesch* Kap. 3 Rn. 93.

108 S. dazu (insbes. zur Rspr. des EGMR) → Vor § 133 Rn. 101 sowie § 136 Rn. 58. Krit. zur Zurückhaltung des EGMR in Täuschungsfällen *Gaede* JR 2009, 493 (497 ff.).

109 Vgl. AK/*Gundlach* Rn. 39; *Grünwald* Beweisrecht S. 71 (und S. 59 ff.); s. auch *Ransiek* StV 1994, 343 (344 ff.).

110 Vgl. OLG Bremen 30.8.1967 – Ss 71/67, NJW 1967, 2022 (2023); *Eisenberg* Beweisrecht Rn. 570; *Prasch,* Die List in der Vernehmung, Diss. Köln 2002, S. 166 ff. (insbes. S. 173 f.; anders allerdings S. 96 f.); *Kühl* StV 1986, 187 (189 ff.; Anm. zu BGH 9.5.1985 – 1 StR 63/85, BGHSt 33, 217 = NJW 1986, 390); *Krack* NStZ 2002, 120 (123 f.); aA *Meyer-Goßner* Rn. 16; einschr. auch KK-StPO/*Diemer* Rn. 21 f.; *Verrel* NStZ 1997, 415 (416); offengelassen in BGH 31.5.1968 – 4 StR 19/68, BGHSt 22, 170 (175 f.) = NJW 1968, 1838 (1839).

111 → § 136 Rn. 4 ff.

112 → § 136 Rn. 25 ff. bzw. 31 ff.

113 → § 136 Rn. 11; Löwe/Rosenberg/*Gleß* Rn. 46 ff.; *Eb. Schmidt* JR 1961, 71 f. (Anm. zu BGH 1.4.1960 – 4 StR 36/60, BGHSt 14, 189 = NJW 1960, 1212). Zu eng BGH 19.10.2005 – 1 StR 117/05, NStZ-RR 2006, 181 (182 f.).

114 BGH 7.1.1997 – 1 StR 666/96, NStZ 1997, 251 f. m. abl. Anm. *Wollweber* NStZ 1998, 311.

115 → § 136 Rn. 20 ff.

116 Dazu, dass die Ausnutzung von Irrtümern iÜ zulässig ist, BGH 21.4.1986 – 2 StR 661/85, StV 1988, 419 (421) m. bzgl. der Subsumtion im Einzelfall zu Recht krit. Anm. *H.-L. Günther.*

117 → § 136 Rn. 45 f.

Tonband[118]) kann Täuschungscharakter haben.[119] Unmittelbar aus § 136a ergeben sich hingegen keine Mitteilungspflichten, weshalb insbes. das Ausnutzen vorhandener Irrtümer den Tatbestand nicht ohne Weiteres verletzt, sondern erst dann, wenn dabei schutzwürdiges Vertrauen des Beschuldigten in eine tatsächlich nicht bestehende Sachlage enttäuscht wird, insbes. wenn täuschend erwirkt wird, was der Beschuldigte zuvor rechtmäßig verweigert hat (beachte aber → Rn. 81).[120]

dd) Aktive Täuschungen. Aktive Fehlinformation – dh bereits als solche falsche oder die Sach- bzw. Rechtslage in sinnentstellender Weise unvollständig wiedergebende Information – wird von § 136a hingegen grds. untersagt.[121] Während die körperlichen Beeinträchtigungen, Quälerei und Hypnose die Willensbildung aber generell beeinträchtigen, haben Täuschungen eine enger **begrenzte Wirkung,** die sich oft nur auf thematisch mit ihr zusammenhängende Äußerungen (bzw. sonstige Mitwirkungen) bezieht.[122] Dass eine Täuschung die Aussage- bzw. Mitwirkungsfreiheit des Beschuldigten beeinträchtigt, kann daher nicht allgemein unterstellt werden, sondern ist jeweils als Tatbestandsvoraussetzung zu prüfen (→ Rn. 20 ff.), insbes. liegt in Täuschungen nicht *eo ipso* eine Verletzung der Menschenwürde oder des Rechtsstaatsprinzips.[123] **43**

Danach **liegt** eine verbotene Täuschung **vor,** wenn die Fehlinformation geeignet ist zu bewirken, dass der Beschuldigte das Bestehen seiner **Aussage- bzw. Mitwirkungsfreiheit** oder für sie rechtlich relevante Umstände **verkennt.**[124] Dies kann zB geschehen, indem ihm suggeriert wird, sein Verhalten wäre strafprozessual gar nicht erheblich, insbes. gehe es nicht darum, seine Äußerungen später einer strafrechtlichen Entscheidung zugrundezulegen[125] (so auch bei der heimlichen Aufzeichnung privater Selbstgespräche[126]). Ebenso, wenn fälschlich behauptet wird, er werde als Zeuge statt als Beschuldigter oder nur zur **44**

---

[118] S. dazu BGH 14.6.1960 – 1 StR 683/59, BGHSt 14, 358 (364 f.) = NJW 1960, 1580 (1582); *Meyer-Goßner* Rn. 18 sowie [Verwertbarkeit bei Zustimmung zur Aufnahme] BGH 14.6.1960 – 1 StR 73/60, BGHSt 14, 339 (341) = NJW 1960, 1582 (1583); BGH 8.7.1985 – 3 StR 69/85, StV 1985, 397, [nach § 100c zulässiger Mitschnitt im Besuchsraum bei U-Haft] BGH 24.7.1998 – 3 StR 78/98, BGHSt 44, 138 (140 ff.) = NJW 1998, 3284 (3285 f.), [unzulässiger Mitschnitt im Besuchsraum bei U-Haft] BGH 29.4.2009 – 1 StR 701/08, BGHSt 53, 294 (299 Rn. 14 ff.) = NJW 2009, 2463 (2464 ff.) m. iE zust. Anm. *Engländer* JZ 2009, 1179 und *Zuck* JR 2010, 17 sowie abl. Bespr. *Rogall* HRRS 2010, 289, [Unverwertbarkeit einer heimlichen Stimmprobe] BGH 9.4.1986 – 3 StR 551/85, BGHSt 34, 39 (43 ff.) = NJW 1986, 2261 (2262 ff.), [Zulässigkeit einer Stimmprobe] BGH 24.2.1994 – 4 StR 317/93, BGHSt 40, 66 (71 ff.) = NJW 1994, 1807 (1808 f.) m. abl. Anm. *Achenbach/Perschke* StV 1994, 577 und [auch Mitschnitt durch Beschuldigten nur zulässig zum Beweis von Verstößen gegen §§ 136, 136a] OLG Frankfurt a. M. 28.3.1977 – 2 Ss 2/77, NJW 1977, 1547 mAnm *Arzt* JR 1978, 170. Zur heimlichen Stimmvergleichen s. *H. Schneider* GA 1997, 371. AA [kein Fall des § 136a] *Peters* 46. DJT 1966, Gutachten, Teil 3 A S. 157.

[119] Vgl. *Eisenberg* Beweisrecht Rn. 668 ff.; *Jahn* JuS 2005, 1057 (1060 f.); *Schlüchter* Rn. 95 f.

[120] BGH 8.10.1993 – 2 StR 400/93, BGHSt 39, 335 (349) = NJW 1994, 596 (599 f.) m. zust. Bespr. *Sternberg-Lieben* Jura 1995, 299 (307 f.); BGH 24.2.1994 – 4 StR 317/93, BGHSt 40, 66 (72 f.) = NJW 1994, 1807 (1808 f.); *Döhring,* Erforschung des Sachverhalts, 1964, S. 205.

[121] Vgl. *Beulke* StV 1990, 180 (182 f.).

[122] Vgl. zu den Hintergründen in der Zurechnungslehre → Vor § 133 Rn. 87.

[123] S. dazu *Otto* GA 1970, 289 (294); *Renzikowski* JR 2008, 164 (166; Anm. zu BGH 26.7.2007 – 3 StR 104/07, BGHSt 52, 11 = NJW 2007, 3138); HBStrVf/*Jahn* Kap. II Rn. 286. Vgl. auch [Desinteresse des Vernommenen] BGH 21.7.1994 – 1 StR 83/94, NJW 1994, 2904 (2906; insoweit nicht abgedr. in BGHSt 40, 211) sowie [zur Anwendbarkeit von § 136a auf Verstöße gegen § 136] BGH 31.5.1968 – 4 StR 19/68, BGHSt 22, 170 (175 f.) = NJW 1968, 1838 (1839).

[124] Eingehend *Ransiek,* Rechte des Beschuldigten, 1990, S. 67 ff.

[125] [Suggestion unverwertbarer Vorgespräche] BGH 10.1.2006 – 5 StR 341/05, NJW 2006, 1008 (1009); vgl. *Gallandi* NStZ 1991, 119 f.; *Beulke* Rn. 138.

[126] Für diese besteht sogar ohne Täuschung ein selbständiges Verwertungsverbot aus Art. 2 Abs. 1 iVm Art. 1 Abs. 1 GG, BGH 10.8.2005 – 1 StR 140/05, BGHSt 50, 205 (210 ff.) = NJW 2005, 3295 (3296 ff.) sowie BGH 22.12.2011 – 2 StR 509/10, BGHSt 57, 71 (74 ff. Rn. 13 ff.) = NJW 2012, 945 ff. m. [bzgl. der Verneinung von Verwertbarkeit bzw. Disponibilität zug. des Angekl.] zu Recht krit. Bespr. *Warg* NStZ 2012, 237 (241) und *Ladiges* StV 2012, 517 sowie [primär die Zuordnung zum Kernbereich hinterfragend] *Wohlers* JR 2012, 389 und *Ernst/Sturm* HRRS 2012, 374; vgl. dazu auch *Roxin,* FS Geppert, 2011, 549 (565 f.); *Mitsch* NJW 2012, 1486; *Jahn/Geck* JZ 2012, 561. Zur Löschpflicht bei mitgeschnittenem Telefonat mit dem Verteidiger BGH 18.2.2014 – StB 8/13, NJW 2014, 1314.

Person vernommen bzw. ihm stehe kein Schweigerecht zu,[127] Schweigen beweise seine Schuld,[128] auf seine Äußerung komme es im Prozess gar nicht an, mit einer anderen als der ihm angesonnenen Äußerung würden sich die Strafverfolgungsorgane ohnehin nicht ernsthaft auseinandersetzen, eine Äußerung wirke nur zu seinen Gunsten,[129] ein Geständnis würde sich vorteilhafter auf die Rechtsfolge auswirken, als dies tatsächlich der Fall ist, ohne Geständnis drohe ihm eine Bestrafung, die tatsächlich nicht droht bzw. offenbar unangemessen hoch wäre, etc. Auch über innere Tatsachen – etwa die angeblich fest gefasste Absicht der Ermittlungsperson, sich in bestimmter Weise zu verhalten –, und durch **schlüssiges Verhalten** – wenn ihm ein eindeutiger und bestimmter Erklärungsgehalt zukommt – kann getäuscht werden; das Vorspiegeln von Wohlwollen und äußerlich freundliches Verhalten genügen dafür aber nicht.[130] Ein Fall des § 136a kann auch darin liegen, dass die Beweisperson durch eine Behauptung so sehr verstört wird, dass dies ihre Freiheit zur Willensbildung erheblich beeinträchtigt (→ Rn. 37).[131]

45 Zudem kann eine verbotene Täuschung in einer den aktuellen **Sachstand erheblich verzerrenden** Äußerung liegen (→ Rn. 41); dies gilt für Über- und Untertreibungen gleichermaßen (zB Bezeichnung der Ermittlungen wegen eines Tötungsdelikts als „Vermisstensache",[132] Ankündigung eines Haftbefehls solange dringender Tatverdacht noch fernliegt,[133] unwahre Behauptung, die Leiche des Opfers sei aufgefunden worden[134]). Meist bestehen dabei aber **Einschätzungsspielräume** und die Umstände betreffen die Aussage- bzw. Mitwirkungsfreiheit nur indirekt, indem sie **taktisch** bedeutsam sind (so insbes. die Stärke der bisherigen Verdachtsmomente). Eine Täuschung iSd § 136a erfordert dann, dass sie in besonderer Weise, die bei neutraler Betrachtung in keiner Weise nachvollziehbar ist, entstellt werden (etwa, wenn dem bisherigen Sachstand eindeutig zuwider das Vorliegen einer erdrückenden Beweiskette[135] oder eine belastende Aussage einer anderen Person[136] behauptet wird). § 136a untersagt es Ermittlern hingegen nicht (§ 136 verlangt es indirekt sogar), Hypothesen über das Fallgeschehen aufzustellen und den Beschuldigten – zur Überprüfung dieser Hypothesen – mit ihnen zu konfrontieren.[137]

46 **Fangfragen** (dh Fragen, die erkennbar so auf unausgesprochenen Voraussetzungen oder verdeckten Widersprüchen beruhen, dass die Antwort sich diesen Mängeln stellen muss und eindeutige Rückschlüsse auf weiteres Wissen des Täters zulässt) dürfen grds. gestellt werden.[138] Unzulässig sind aber **Suggestivfragen** und **mehrdeutige Äußerungen,** welche die **Vorstellung** des Befragten **vom** Gegenstand seiner Aussage (va dem **Tatgeschehen**) manipulieren oder eine besondere Gefahr von Fehlinterpretationen in sich bergen.[139]

---

[127] Vgl. OLG Oldenburg 29.11.1966 – 1 Ss 261/66, NJW 1967, 1096 (1098); OLG Hamburg 12.2.1976 – 1 Ss 162/75, MDR 1976, 601; AK/*Gundlach* § 136 Rn. 34; *Köhler* ZStW 107 (1995), 10 (25). Weitergehend [Belehrung durch Sachverständigen über Schweigerecht und angebliche Wahrheitspflicht] LG Regensburg 10.2.1012 – NSV 121 Js 17270/1998 jug., StV 2012, 332.

[128] *Wessels* JuS 1966, 169 (171) insbes. unter Bezug auf den Hamburger „Mariotti-Prozess".

[129] *Meyer-Goßner* Rn. 14 mwN.

[130] BGH 7.5.1953 – 5 StR 934/52, NJW 1953, 1114 (insoweit nicht abgedr. in BGHSt 5, 290); *Meyer-Goßner* Rn. 14; AK/*Gundlach* Rn. 40; *Schlüchter* Rn. 95.

[131] Insbes. zu Kindern und Jugendlichen *Nix* MSchrKrim 1993, 183 (184, 190).

[132] BGH 31.5.1990 – 4 StR 112/90, BGHSt 37, 48 (52 f.) = NJW 1990, 2633 (2634).

[133] OLG Frankfurt a. M. 25.11.1997 – 1 Ws 165/97, StV 1998, 119 (120 f.).

[134] BGH 20.12.1995 – 5 StR 445/95, NStZ 1996, 290 (291).

[135] BGH 24.8.1988 – 3 StR 129/88, BGHSt 35, 328 (330 f.) = NJW 1989, 842 (843); OLG Frankfurt a. M. 25.11.1997 – 1 Ws 165/97, StV 1998, 119 (120 f.); AK/*Gundlach* Rn. 42.

[136] LG Freiburg 17.10.2003 – 10 Ns 61 Js 6476/03 – AK 33/03, StV 2004, 647; *Roxin* NStZ 1995, 465 f.; *Döhring,* Erforschung des Sachverhalts, 1964, S. 203 mwN.

[137] Vgl. *Lesch* ZStW 111 (1999), 624; ferner *Eisenberg* Beweisrecht Rn. 582. Zu Gefahren einer ungenügenden Überprüfung der Hypothesen s. *Schünemann* StV 1998, 391 (396); *Rick* StraFo 2012, 400. Zu einem konzisen Überblick über hypothesengeleitete Überzeugungsbildung (allerdings bezogen auf aussagenpsychologische Begutachtung) s. *Jansen,* Zeuge und Aussagepsychologie, 2. Aufl. 2012, Rn. 357 ff.

[138] KK-StPO/*Diemer* Rn. 20; HBStrVf/*Jahn* Kap. II Rn. 291; aA [gestützt auf § 136 Abs. 2] *Grünwald* Beweisrecht S. 60 f.

[139] Vgl. HK-GS/*Jäger* Rn. 16; *Erbs* NJW 1951, 386 (389); *Artkämper* Kriminalistik 2009, 417 (419). Näher zur Fehlerquellenanalyse suggestiver Befragungen *Jansen,* Zeuge und Aussagepsychologie, 2. Aufl. 2012,

Deshalb gefährden letztere die Wahrheitsfindung und die Ausübung der Mitwirkungsrechte des Beschuldigten und unterfallen zumindest in nicht nur unerheblichen Fällen dem Verbot des § 136a,[140] wobei die individuellen Fähigkeiten und Eigenschaften des Beschuldigten (insbes. seine Sprachkompetenz und ggf. sein Alter) zu berücksichtigen sind.[141]

Die vorstehenden Kriterien gelten grds. auch für **verdeckte Ermittler** einschließlich sog „legendierter Kontrollen";[142] bestimmte legendenbedingte Täuschungen werden aber durch §§ 110a ff. gerechtfertigt (→ Rn. 77).[143] Insbes. die gerade in → Rn. 46 genannten Anforderungen bestehen indes fort. 47

ee) Dritte. Wenn ein Dritter statt einer offiziellen Vernehmungsperson getäuscht hat, sein Verhalten aber **offiziellen Stellen zugerechnet** werden kann (→ Rn. 26, ferner → Rn. 12),[144] gilt das → Rn. 40 ff. Gesagte. Ein von Dritten bewirkter Irrtum darf auch nicht ausgenutzt werden, wenn ein offizieller Funktionsträger zu wahrer Mitteilung oder Aufklärung verpflichtet gewesen wäre. Dies gilt insbes. für **„Hörfallen"** und **„vernehmungsähnliche Situationen"** (entgegen der Rspr. unabhängig von einer vorherigen Aussageverweigerung, → Rn. 69 und 81). 48

Soweit man eine Anwendbarkeit von § 136a auf das Verhalten Dritter auch darüber hinaus bejaht (→ Rn. 81 ff.), ist zu berücksichtigen, dass **kein allgemeines Lügeverbot** besteht.[145] Wo die Lüge ein eigenes Delikt (etwa einen Betrug) oder ein in mittelbarer Täterschaft begangenes Delikt (kraft „Irrtumsherrschaft") darstellt, oder Aufklärungspflichten verletzt werden, die eine Garantenstellung begründen, liegt aber ein Pflichtverstoß des Dritten vor. Besonders deutlich ist das in Fällen, in denen der Dritte sich als Berufsgeheimnisträger ausgibt und so vertrauliche Informationen erschleicht.[146] Ein Beweisverwertungsverbot entsteht daraus, wenn der Dritte zum Zwecke der Strafverfolgung gehandelt hat (→ Rn. 81 f.). 49

e) Hypnose. Bei einer Hypnose wird die bewusste Selbststeuerung des Hypnotisierten gehemmt und der Hypnotiseur steuert seine Vorstellungsrichtung.[147] § 136a **verbietet jeden Einsatz** von (dem angegebenen Begriff unterfallender) Hypnose im Strafverfahren.[148] Eine Beweisperson darf sich lediglich außerhalb des Verfahrens hypnotisieren lassen – zB in der Hoffnung, dadurch Erinnerungen zu reaktivieren. Auch dann sind die unter Hypnose gemachten Äußerungen nicht zurechenbar und dürfen als solche nicht Gegenstand der Beweisaufnahme sein. Über ggf. reaktivierte Erinnerungen darf aber vernommen wer- 50

Rn. 616 ff. (zu anderen suggestiven Beeinflussungen Rn. 598 ff.); zur Empirie suggestiver Befragung *Maisch* StV 1990, 314 (318 f.). Differenzierend AK/*Gundlach* Vor § 133 Rn. 25, § 136a Rn. 42; *Eisenberg* Beweisrecht Rn. 589 und 672 f. Eingehend *Döhring,* Erforschung des Sachverhalts, 1964, S. 54 ff.

[140] Vgl. dazu auch *Erb,* FS Otto, 2007, 863 (876); *Kühne* Rn. 906; Kotz/Rahlf/*Noltensmeier* BtMPrax Kap. 5 Rn. 501.

[141] S. hierzu auch → Vor § 133 Rn. 57 ff.

[142] Näher zu unterschiedlichen Konstellationen *W. Müller/Römer* NStZ 2012, 543 ff. und *Rosengarten/Römer* NJW 2012, 1764 ff.

[143] Zur Unzulässigkeit sonstiger aktiver Täuschungen auch zur Geheimhaltung der Ermittlungen vgl. BGH 11.2.2010 – 4 StR 436/09, NStZ 2010, 294 mAnm *Nowrousian* Kriminalistik 2011, 370. Vgl. auch *Beulke* StV 1990, 180 (182 ff.). Grds. gegen verdeckte Befragungen *Dencker* StV 1994, 667 (676, 681 ff.). Zur Verfügbarkeit des Täuschungsverbots für den Gesetzgeber krit. *Weßlau* ZStW 110 (1998), 1 (22, 37).

[144] Vgl. BGH 21.7.1998 – 5 StR 302/97, BGHSt 44, 129 (134) = NJW 1998, 3506 (3507); eingehend *Mahlstedt,* Die verdeckte Befragung des Beschuldigten im Auftrag der Polizei, 2011, S. 160 ff. (195), 231 ff. (243).

[145] Vgl. *Puppe* GA 1978, 289 (300).

[146] *Pawlik* GA 1998, 378 (385); ähnlich zum Handeln unter Verstoß gegen § 203 StGB *Ranft,* FS Spendel, 1992, 719 (732 ff.); *Rogall* JZ 1996, 944 (951 f., 955).

[147] Vgl. *Eisenberg* Beweisrecht Rn. 678; *Jahn* JuS 2005, 1057 (1061). Eingehend und differenziert zum Begriff *Artkämper* Kriminalistik 2009, 417 ff.

[148] *Pfeiffer* Rn. 9; *Erbs* NJW 1951, 386 (388); in Teilen mit guten Gründen einschr. (nämlich soweit auch nicht-suggestive Beeinflussung – Entspannung und Förderung der Konzentration, solange sie die Steuerungsfähigkeit und das Reflektionsvermögen nicht hemmen – unter den Hypnosebegriff gefasst wird) *Artkämper* Kriminalistik 2009, 417 (419 ff.) sowie *Artkämper* StRR 2013, 254 ff. und 338 ff.; ferner einschr. für Beseitigung post-hypnotischer Hemmungen AK/*Gundlach* Rn. 44 ff.; SK-StPO/*Rogall* Rn. 70.

den, wobei ein (unter Wahrheitspflicht stehender) Zeuge die hypnotische Beeinflussung idR offenzulegen haben wird, um eine entspr. Würdigung zu ermöglichen.

51 **f) Weitere Spezialfälle.** Der Einsatz eines **Polygraphen** (Lügendetektors) wurde in der Rspr. früher als Verstoß gegen § 136a angesehen.[149] Im Erfolgsfall führt der Einsatz dazu, dass der Beschuldigte ein Beweismittel herstellt, dessen Inhalt nicht seiner willentlichen Steuerung unterliegt und insoweit der Hypnose ähnelt. Anders als dort behält er aber die uneingeschränkte Fähigkeit, sein Verhalten zu steuern und kann insbes. auch den Test jederzeit abbrechen. Daher ist es überzeugend, dass der BGH § 136a heute nicht mehr auf Polygraphen-Fälle anwendet.[150] Eine andere Frage ist, ob dies zur Zulässigkeit des Polygraphen-Einsatzes und der Verwertbarkeit daraus erlangter Beweismittel führt. Der BGH spricht ihnen mit guten Gründen hinreichende Zuverlässigkeit und damit die **Beweiseignung** ab; letztlich ist das aber eine Tatsachenfrage und kann sich mit methodischem Fortschritt ändern.[151] Dass es dem Beschuldigten auch dann freistehen muss, einen Polygraphen-Test abzulehnen, steht außer Frage. Ob bzw. inwieweit es zum Schutz dieses Rechts erforderlich sein wird, auch den freiwilligen Polygraphen-Einsatz Beschränkungen zu unterwerfen, wird dann zu klären sein. Je umfassendere Einblicke in die gedanklichen und psychischen Abläufe im Beschuldigten künftige Entwicklungen ermöglichen, desto eher kann aber auch das ursprüngliche Argument des BGH (und des BVerfG[152]) wieder an Bedeutung gewinnen: Ein „unverzichtbarer seelischer Eigenraum" muss im Strafverfahren unantastbar bleiben.[153]

52 Entspr. Probleme stellen sich hinsichtlich Phallograph,[154] umfassender Exploration bzw. Totalbeobachtung,[155] **projektiven Tests**[156] sowie Analyse von Mikroexpressionen und Gehirnaktivität.[157] Letztere können nach heutigem Stand aber uU Ermittlungsansätze und so indirekt geeignete Beweismittel liefern.

53 **4. Verbotene Modi (Abs. 1 S. 2 und 3): Zwang, Drohung und Versprechen. a) Regelungsgehalt.** „Quer" zur Aufzählung verbotener Mittel nennen die § 136a Abs. 1 S. 2 und 3 verbotene Anwendungsweisen, die sich auf grds. beliebige Mittel (ua die in S. 1 aufgezählten) beziehen, so dass systematische Überlappungen entstehen (zB Drohung mit Folter[158] oder Quälerei[159]). Abs. 1 S. 2 und 3 stellen einen Zusammenhang zwischen dem

---

[149] BGH 16.2.1954 – 1 StR 578/53, BGHSt 5, 332 (333 ff.) = NJW 1954, 649 f.; offengelassen in BGH 14.10.1998 – 3 StR 236/98, NJW 1999, 662 f.; s. ferner die N. zu Rspr., Diskussionsstand und Rechtsvergleichung in BGH 17.12.1998 – 1 StR 156/98, BGHSt 44, 308 (309 ff.) = NJW 1999, 657 f.

[150] BGH 17.12.1998 – 1 StR 156/98, BGHSt 44, 308 (312 ff.) = NJW 1999, 657 (658 ff.) m. ausf. N. zu Streitstand und früherer Rspr., dazu zust. Anm. *Amelung* JR 1999, 382. Eingehend zur Problematik aus der neueren Literatur SK-StPO/*Rogall* Rn. 86 ff.; *Eisenberg* Beweisrecht Rn. 693 ff.; *Schüssler* JR 2003, 188; *Schüssler* Polygraphie im deutschen Strafverfahren, 2002; *Groth*, Unbewusste Äußerungen, 2003, S. 43 ff., 63, 120, 139 ff.; *Kargl/Kirsch* JuS 2000, 537. S. auch *Grünwald* Beweisrecht S. 71 f.

[151] Vgl. dazu *Meyer-Mews* NJW 2000, 916 (917 ff.); *Putzke/Scheinfeld/Klein/Undeutsch* ZStW 121 (2009), 607 (610 ff.); *Artkämper* Kriminalistik 2009, 349 (355); *Putzke/Scheinfeld* StraFo 2010, 58 (62). Zur Praxis in Polen *Jaworski* NStZ 2008, 195 ff.

[152] BVerfG 14.9.1989 – 2 BvR 1062/87, Rn. 27 ff., 44 ff., BVerfGE 80, 367 (374 f., 381 ff.) = NJW 1990, 563 (563 ff.) – Tagebuch.

[153] BGH 16.2.1954 – 1 StR 578/53, BGHSt 5, 332 (335) = NJW 1954, 649 (650); *Stübinger* ZIS 2008, 538 (553 ff.).

[154] AK/*Gundlach* Rn. 59 ff.; *Eisenberg* Beweisrecht Rn. 702 f.

[155] BVerfG 9.10.2001 – 2 BvR 1523/01, NJW 2002, 283 (284); *G. Haas* GA 1997, 368 (370).

[156] Dazu BGH 30.7.1999 – 1 StR 618/98, BGHSt 45, 164 (175) = NJW 1999, 2746 (2749); Löwe/Rosenberg/*Gleß* Rn. 54; AK/*Gundlach* Rn. 62 ff.; *Eisenberg* Beweisrecht Rn. 680; *Kühne,* Beweisverbote und Art. 1 I GG, 1970, S. 56 ff., 130; *Grünwald* Beweisrecht S. 74; *Groth*, Unbewusste Äußerungen, 2003, S. 47 ff., 142 ff. Zu einer knappen Erläuterung typischer Testverfahren s. *Jansen,* Zeuge und Aussagepsychologie, 2. Aufl. 2012, Rn. 553 ff.

[157] Dazu *Beck* JR 2006, 146 (150); *Artkämper* Kriminalistik 2009, 417 (421 f.).

[158] Vgl. EGMR (GK) 1.6.2010 – 22978/05, Rep. 2010, §§ 107 ff., EuGRZ 2010, 417 (428 ff.) = NJW 2010, 3145 (3146 ff.) – *Gäfgen ./. D* mBespr. *Grabenwarter* NJW 2010, 3128 und *Esser/Gaede/Tsambikakis* NStZ 2011, 78; s. auch (noch zur Kammerentscheidung) *Esser* NStZ 2008, 657.

[159] So in BGH 13.7.1962 – 4 StR 70/62, BGHSt 17, 364 ff. = NJW 1962, 1972 ff.

Legalitätsprinzip und der Aussage- bzw. Mitwirkungsfreiheit des Beschuldigten (zu anderen Beweispersonen → Rn. 14 f.) klar: Erstens dürfen die **Regeln des Strafverfahrensrechts** weder zum Nachteil noch zum Vorteil des Beschuldigten verletzt werden. Zweitens dürfen bestehende **Ermessensspielräume** nur durch die Anwendung sachgerechter Kriterien genutzt werden. Beispiel sachfremder Erwägungen ist das Abstellen auf eigene Vorteile für die offiziellen Funktionsträger wie die Vermeidung von prozessual vorgesehener Arbeit. Insbes. Erledigungen durch „Deals" mögen vom Gesetzgeber bis zu einem gewissen Grad sogar erwünscht und in Referatszuschnitte bereits (nach Erfahrungswerten) eingerechnet sein; das ist aber nur eine statistische Betrachtung, die es nicht erlaubt, konsensuale Arbeitserleichterung auch im einzelnen Fall zu „forcieren".[160]

Beiderlei rechtliche Bindung besteht unabhängig von § 136a. Sie wird nicht dadurch eingeschränkt, dass Kooperation des Beschuldigten wünschenswert wäre; seine **Aussage- bzw. Mitwirkungsfreiheit** darf nicht eingeschränkt werden (→ Rn. 1 f., 20 ff.). Sonst entsteht **zusätzlich** zum primären Rechtsverstoß (der ggf. eigene Rechtsfolgen hat) gleichzeitig eine **Verletzung von § 136a** Abs. 1 S. 2 oder 3.[161] 54

Bereits in der **Ankündigung von unzulässigem Verhalten** kann eine unzulässige Beeinflussung der Willensbildung des Beschuldigten liegen. Dies stellt § 136a Abs. 1 S. 3 (Drohungs- und Versprechensvariante) klar. Die Begriffe der Drohung und des Versprechens sollten **nicht allzu eng** verstanden werden, weil dadurch nur unnötig „unbenannte Begehungsvarianten" (→ Rn. 27) entstünden. Entscheidend ist vielmehr, dass das angekündigte Verhalten – *per se* oder wegen seiner Beeinflussung des Aussageverhaltens bzw. sonstiger Mitwirkungshandlungen[162] – rechtswidrig (dh verbotswidrig, ein nicht gesetzlich gerechtfertigter Grundrechtseingriff oder ermessensfehlerhaft) wäre[163] und damit bereits die Ankündigung unzulässig ist. Zudem muss die Ankündigung geeignet sein, die autonome Willensbildung der Beweisperson mit Bezug auf strafprozessual relevantes und zulässiges Verhalten zu beeinträchtigen.[164] 55

Ob die Verletzung der rechtlichen Regeln zum **Vorteil oder** zum **Nachteil** des Beschuldigten erfolgt, ist grds. ohne Bedeutung. Die Zwangs- und die Drohungsvariante (§ 136a Abs. 1 S. 2 und S. 3 Hs. 1) erfassen das Zufügen von Nachteilen, die Versprechensvariante (§ 136a Abs. 1 S. 3 Hs. 2) erfasst manipulative Vorteile. Ein Unterschied besteht zwischen beiden aber insoweit, als die zugrunde liegenden Regeln meist deutlich größere Spielräume eröffnen, dem Beschuldigten entgegenzukommen, als ihm nachteilige Entscheidungen zu treffen (dies ist ua Folge der Unschuldsvermutung und des Verhältnismäßigkeitsgrundsatzes).[165] § 136a setzt „Deals" jedweder Form also Grenzen, belässt aber durchaus auch Spielräume.[166] 56

§ 136a Abs. 1 S. 2 und 3 beinhalten also die **Tautologie,** dass Verbotenes verboten ist. Dass der Einsatz von Zwang einer besonderen gesetzlichen Ermächtigung bedarf, ergibt sich aus dem Gesetzesvorbehalt und den Lehren der Grundrechtsdogmatik zur Rechtfertigung von Eingriffen. Weil bereits die Drohung mit einem Eingriff ein Eingriff ist, unterliegt auch sie dem Gesetzesvorbehalt. Das führt regelmäßig zur Rechtswidrigkeit von Drohungen mit unzulässigen Maßnahmen. Rechtlich nicht vorgesehene Vorteile und entspr. Versprechungen verletzen idR den allgemeinen Gleichheitssatz (Art. 3 Abs. 1 GG) und ggf. den 57

---

[160] Vgl. dazu KK-StPO/*Diemer* Rn. 7; *Malek* StV 2011, 559 (565); *König* NJW 2012, 1915 (1917); nachdrücklich [bzgl. Versprechen und Täuschung aber zu weitgehend] *Erbs* NJW 1951, 386 (388 f.); *Grünwald* NJW 1960, 1941 f.; [insbes. bzgl. Drohung] *Weigend* JZ 1990, 774 (778 f.); sowie *Eidam,* Die strafprozessuale Selbstbelastungsfreiheit, 2007, S. 247 ff.

[161] Vgl. [zum Zwang] BGH 19.7.1995 – 2 StR 758/94, NJW 1995, 2933 (2936) = NStZ 1995, 605 (606; dort unzutreffend v. 21.6.1995); *Meyer-Goßner* Rn. 20.

[162] AK/*Gundlach* Rn. 47 f.; *Erbs* NJW 1951, 386 (388 f.).

[163] Vgl. *[„nulla coacio sine lege"] Eb. Schmidt* NJW 1962, 664 (665); *Döhring,* Erforschung des Sachverhalts, 1964, S. 207.

[164] Vgl. [zur Drohung] BGH 30.10.1951 – 1 StR 363/51, BGHSt 1, 387 (388) = NJW 1952, 152.

[165] Vgl. HK-StPO/*Ahlbrecht* Rn. 44 f.; ferner [zu Absprachen] AK/*Gundlach* Rn. 51a; eingehend krit. dazu *Ransiek,* Rechte des Beschuldigten, 1990, S. 64 ff.

[166] Vgl. dazu [Problem einer Konsensmaxime] → Einl. C Rn. 172 ff. mwN; *Beulke* Rn. 140.

Verfolgungszwang (§ 152 Abs. 2). Zugleich liegt in den genannten Verstößen jeweils eine Verletzung der Gesetzesbindung aller staatlicher Stellen und ggf. (va) eine Verletzung der jeweils einschlägigen Sachnormen. Die **eigentliche Regelung** besteht – im Zusammenspiel mit Abs. 3 S. 2 – in der Anordnung des **Verwertungsverbots.**[167] Darauf bezieht sich auch die konturierende Auslegung der einzelnen Modi, während sie die zugrunde liegenden Verhaltensnormen nicht betreffen kann.

58 **b) Einzelheiten. aa) Zwang (Abs. 1 S. 2).** Für das Entstehen von Zwang genügt weder ein bloß subjektives Empfinden einer Zwangslage noch die irrige Annahme einer solchen.[168] Allerdings ist richtigerweise **nicht** erforderlich, dass der Zwang **gezielt** zur Herbeiführung einer Aussage eingesetzt wurde (→ Rn. 55).[169] Die Rspr. formuliert zwar bisweilen das Gegenteil,[170] hat aber auch anerkannt, dass während einer (zB wegen verspäteter Vorführung vor den Richter) rechtswidrigen Freiheitsentziehung gemachte Äußerungen einem Verwertungsverbot unterfallen, wenn plausibel ist, dass sie auf dem Verstoß beruhen können.[171] Insbes. gilt dies bei einer **Festnahme** ohne konkreten Tatverdacht.[172] Umgekehrt verstößt selbst zur Herbeiführung einer Aussage eingesetzter Zwang gegenüber aussagepflichtigen Zeugen nicht gegen § 136a, soweit er sich im gesetzlich vorgesehenen Rahmen bewegt.[173]

59 **bb) Drohung (Abs. 1 S. 3 Hs. 1).** Zur Drohung gehört, dass der Androhende eigenen Einfluss auf das Ereignis behauptet.[174] Die **Unzulässigkeit** einer Maßnahme kann sich schon aus sachfremden Erwägungen bei der Ermessensausübung ergeben (→ Rn. 53); eine zulässige Warnung muss ggf. klarstellen, dass den Umständen nach zu besorgende sachfremde Erwägungen nicht maßgeblich sein werden.[175] Erfasst wird zB, wenn der Vernehmende für den Fall, dass kein Geständnis abgelegt wird, ankündigt, sexuelle Neigungen des Beschuldigten zu offenbaren,[176] den Vater zur Betrachtung der Leiche des Sohnes zu zwingen,[177] einen Haftbefehl (ohne zureichenden Grund) zu erwirken bzw. in Vollzug zu setzen,[178] eine „Sanktionsschere" anzuwenden[179] etc. Gleiches gilt für die psychische Erzwingung einer Aussage durch Androhung von Schmerzzufügung.[180] Auch gesetzlich angeordnete Umstände (zB die Öffentlichkeit der Hauptverhandlung) können als angedrohtes Übel in Betracht kommen, wenn es unvertretbar ist, ihre Voraussetzungen anzunehmen

---

[167] Vgl. AK/*Gundlach* Rn. 22, 46.

[168] *Pfeiffer* Rn. 11.

[169] KMR/*Lesch* Rn. 34; Radtke/Hohmann/*J. Kretschmer* Rn. 28; *Jahn* JuS 2005, 1057 (1061); *Bung* StV 2008, 495 (499).

[170] BGH 17.11.1989 – 2 StR 418/89, NJW 1990, 1188 f.; BGH 19.7.1995 – 2 StR 758/94, NJW 1995, 2933 (2936) = NStZ 1995, 605 (606; dort unzutreffend v. 21.6.1995) m. abl. Anm. *Fezer* StV 1996, 77 und *Paeffgen* NStZ 1997, 115 (119); BGH 18.9.2012 – 3 StR 348/12, StraFo 2012, 499 (500).

[171] BGH 30.4.1987 – 4 StR 30/87, BGHSt 34, 365 (368) = NJW 1987, 2524 (2525). Eine (unzulässige) Befragung vor der Vorführung nach § 128 Abs. 1 S. 1 begründet aber nicht automatisch einen Fall des § 136a, vgl. BGH 17.11.1989 – 2 StR 418/89, NJW 1990, 1188 f. m. [bereits bzgl. der Rechtmäßigkeit der Festnahme] abl. Anm. *Fezer* JR 1991, 85 sowie *Nelles* StV 1992, 385 (390 ff.).

[172] LG Bremen 23.6.1995 – 21 Ks 11 Js 19071/94, StV 1995, 515 (516).

[173] Vgl. BGH 28.12.2011 – 2 StR 195/11, NStZ 2012, 523.

[174] *Eisenberg* Beweisrecht Rn. 682; HBStrVf/*Jahn* Kap. II Rn. 311.

[175] *Meyer-Goßner* Rn. 22; Graf/*Monka* Rn. 24; *Lesch* Kap. 3 Rn. 96.

[176] OLG Naumburg 25.11.2003 – 2 b Js 50/02 – 2-2 StE 8/03-2, StV 2004, 529 (530).

[177] BGH 13.7.1962 – 4 StR 70/62, BGHSt 17, 364 ff. = NJW 1962, 1972 ff.

[178] BGH 14.10.1970 – 2 StR 239/70, bei *Dallinger* MDR 1971, 15 (18); BGH 16.9.2004 – 4 StR 84/04, NStZ 2005, 279 (280) mAnm *Eidam* StV 2005, 201; restriktiv BGH 20.12.2012 – 4 StR 55/12, JR 2013, 224 m. zu Recht krit. Anm. *Eisenberg;* eingehend *Eidam,* Die strafprozessuale Selbstbelastungsfreiheit, 2007, S. 303 ff. (insbes. S. 308 ff.).

[179] BGH 11.9.2002 – 1 StR 171/02, StV 2002, 637 (639) mAnm *Salditt* StraFo 2003, 98; BGH 12.1.2005 – 3 StR 411/04, NStZ 2005, 393 (beachte dazu BVerfG 8.12.2005 – 2 BvR 449/05, StV 2006, 57 – Revisionsrüge); BGH 14.8.2007 – 3 StR 266/07, NStZ 2008, 170 (171); eingehend zur Verneinung einer Sanktionsschere BGH 27.4.2007 – 2 StR 523/06, NStZ 2007, 655 f.; zur Sicherungsverwahrung BGH 8.2.2005 – 3 StR 452/04, NStZ 2005, 526 (Rn. 3); vgl. auch BGH 22.3.2012 – 1 StR 618/11, wistra 2012, 271 (Rn. 5) sowie die Kommentierung zu § 257c; KK-StPO/*Diemer* Rn. 30; *Altenhain/Haimerl* GA 2005, 281 (289 ff.).

[180] LG Frankfurt 9.4.2003 – 5/22 Ks 3490 Js 230118/02, StV 2003, 325 (326) – Gäfgen.

(im Bsp. kein zur Eröffnung des Hauptverfahrens hinreichender Tatverdacht angenommen werden kann), dies aber gleichwohl für den Fall der Verweigerung einer gewünschten Mitwirkung in Aussicht gestellt wird.

Demgegenüber **fallen** sachlich veranlasste Warnungen, Hinweise und Belehrungen des Beschuldigten hinsichtlich zulässiger Maßnahmen bzw. der Berücksichtigung des Nachtatverhaltens bei der Strafzumessung regelmäßig **nicht unter die Vorschrift.**[181] Ausnahmsweise können indes auch sachlich begründbare Hinweise – zB ggü. Zeugen der Hinweis auf die Möglichkeit einer Verhaftung wegen Verdachts der Falschaussage und Verdunklungsgefahr, wenn das bisherige Ermittlungsergebnis nicht vor Gericht bestätigt wird – derart auf die Willensbildung einwirken und die Wahrheitsfindung gefährden, dass sie im unmittelbaren Bezug zur Aussage ebenso verboten sein müssen. Wird die Mitwirkungsfreiheit nicht beeinträchtigt, liegt kein Fall des § 136a vor (→ Rn. 54 f.). Erst recht begründen privatrechtliche Obliegenheiten und aus ihrer Verletzung drohende Nachteile (zB Verlust des Versicherungsanspruchs, wenn Mitteilung zur Vermeidung einer Selbstbezichtigung unterbleibt) weder Drohung noch Zwang iSd § 136a.[182] 60

cc) Versprechen (Abs. 1 S. 3 Hs. 2). Bindende Zusagen sind Versprechen.[183] Richtigerweise sind ihnen aber sonstige **vorteilhafte Ankündigungen,** von denen eine Beeinflussung des Prozessverhaltens des Beschuldigten zu erwarten ist, grds. gleichzustellen, denn gerade die Widerrechtlichkeit wird der Bindungswirkung des Versprechens regelmäßig entgegenstehen.[184] Zudem besteht kein Anlass, eine Umgehung der Regelung durch vagere Äußerungen zu ermöglichen, zumal solche der Rechtssicherheit, der Fairness des Verfahrens und einer effizienten Verhandlungsführung meist abträglich sind. IdR ergibt sich die unzulässige Einflussnahme daraus, dass die Äußerung ein **Do-ut-des-Verhältnis** zwischen dem Vorteil und einem erwünschten prozessualen Verhalten, zB einer Aussage bestimmten Inhalts, herstellt.[185] Ausführungen, die **bloß** die Rechtslage **erläutern,** sind schon kein Versprechen; sie dürfen eine Stellungnahme zu Auslegungs- und Ermessensfragen beinhalten, wenn klargestellt wird, dass es sich um eine persönliche Einschätzung handelt, und wer letztlich zur Entscheidung zuständig sein wird.[186] Auch der inhaltlich neutrale Hinweis auf eine vom Geschädigten ausgesetzte Belohnung für die Aufklärung des Falles fällt nicht unter § 136a.[187] 61

Obwohl die in Abs. 1 S. 3 Hs. 2 für den **Maßstab** gewählte Formulierung („gesetzlich nicht vorgesehen[]") tendenziell strenger ist als in der Zwangs- und der Drohungsvariante (dort: Zulässigkeit nach Strafverfahrensrecht bzw. seinen Vorschriften), ist damit kein inhaltlicher Unterschied gemeint. Eine Beschränkung auf formelle Parlamentsgesetze wäre schon deshalb verfehlt, weil der Verhältnismäßigkeitsgrundsatz die Anwendung im Gesetz nicht ausdrücklich benannter milderer Mittel uU sogar gebietet. Zudem muss das Versprechen einen Vorteil gerade an eine Mitwirkungshandlung (insbes. eine Aussage) knüpfen und diese Verknüpfung rechtswidrig sein,[188] was sich nur bei verbotswidrigen Vorteilen unmittelbar aus der jeweiligen Vorschrift ergibt, während iÜ insbes. Bagatell- 62

---

[181] BGH 30.10.1951 – 1 StR 363/51, BGHSt 1, 387 (388) = NJW 1952, 152; [eindringliche Zeugenbelehrung] BayObLG 8.11.1978 – RReg. 3 St 267/78, NJW 1979, 2624 (2625).

[182] OLG Celle 19.9.1984 – 3 Ss 116/84, NJW 1985, 640 f. – *de lege ferenda* könnte man indes an ein Verwertungsverbot zugunsten des Versicherungsnehmers und seiner Angehörigen denken, vgl. *Reiß* NJW 1982, 2540 (2541).

[183] BGH 1.4.1960 – 4 StR 36/60, BGHSt 14, 189 (191) = NJW 1960, 1212 (1213); *Pfeiffer* Rn. 10.

[184] Vgl. Löwe/Rosenberg/*Gleß* Rn. 58; *Schlüchter* Rn. 93; HBStrVf/*Jahn* Kap. II Rn. 314; *Erbs* NJW 1951, 386 (389); aA KK-StPO/*Diemer* Rn. 32; Graf/*Monka* Rn. 25.

[185] Vgl. BVerfG 19.10.1983 – 2 BvR 859/83, NJW 1984, 428 (429); *Döhring,* Erforschung des Sachverhalts, 1964, S. 213 f.

[186] Vgl. BGH 30.10.1951 – 1 StR 363/51, BGHSt 1, 387 (388) = NJW 1952, 152; BGH 1.4.1960 – 4 StR 36/60, BGHSt 14, 189 (191) = NJW 1960, 1212 f. m. abl. Anm. *Hanack* JZ 1971, 168 (170) und [Täuschung statt Versprechen] *Eb. Schmidt* JR 1961, 71. Entspr. KK-StPO/*Diemer* Rn. 33.

[187] BGH 19.5.1988 – 2 StR 22/88, NStZ 1988, 420 (421).

[188] BVerfG 19.10.1983 – 2 BvR 859/83, NJW 1984, 428 f.

vorteile (zB eine Raucherlaubnis)[189] und die Kompensation von durch die Mitwirkungshandlung entstehenden Aufwendungen (zB die Übernahme der Anwaltskosten von Belastungszeugen[190]) regelmäßig trotz Konnexität nicht in den Anwendungsbereich von § 136a fallen.

63 **Zulässig** ist es zB, für den Fall eines qualifizierten Geständnisses die Beendigung von auf Verdunkelungsgefahr beruhender Untersuchungshaft zuzusagen.[191] Entspr. sind sachlich begründete (und später einzuhaltende) Ankündigungen zur Ausübung eigenen Ermessens insbes. bzgl. der strafmildernden Berücksichtigung eines Geständnisses,[192] einem Vorgehen nach §§ 153 ff.,[193] nach § 31 BtMG[194] oder hinsichtlich einer möglichen Abschiebung[195] zulässig. Gleiches gilt bei der Vernehmung von Zeugen (→ Rn. 14 f.), die sich mit ihrer Aussage zugleich selbst zu belasten drohen;[196] eine gesetzlich unzulässige Durchbrechung des Legalitätsprinzips darf aber nicht angekündigt werden. Soweit die letztlich zu treffende Entscheidung in fremdem Ermessen steht, darf insoweit auch keine Ankündigung erfolgen. Polizei und StA dürfen daher den Beschuldigten zB über die Regelung des § 31 BtMG informieren, müssen aber klarstellen, dass allein der Tatrichter über die Anwendung der Vorschrift entscheiden wird.[197]

64 Demgegenüber ist es zB **unzulässig,** einem UHäftling vor einer Vernehmung die Freilassung in Aussicht zu stellen, wenn der Haftbefehl auf Fluchtgefahr beruht und nicht zu erwarten ist, dass die Aussage an dieser etwas ändert.[198] Gleiches gilt für „Geschäfte" der Form Aussage gegen Unterlassung eines Haftbefehlsantrags, wenn ein solcher nach Lage der Dinge geboten wäre.[199] Ebenso unzulässig ist es, eine unvertretbare rechtliche Würdigung der Tat oder eine mit Blick auf Tat und Schuld unangemessen niedrige Bestrafung in Aussicht zu stellen.[200] Das gilt auch gegenüber „Kronzeugen", denen nach dem ZSHG Zulässiges oder anderweitig gesetzlich Vorgesehenes (insbes. § 46b StGB; § 153b) aber zugesagt werden darf.[201] Sind die gesetzlichen Voraussetzungen des Versprochenen noch zweifelhaft oder liegt ihr Wegfall noch im Bereich des ernsthaft Möglichen, ist das Versprechen ebenfalls unzulässig (zB kann beim Versprechen, eine bestimmte Person nicht zu vernehmen, in späterem Ermittlungsstadium die Aufklärungspflicht ihre Vernehmung gebieten).[202]

---

189 BGH 7.5.1953 – 5 StR 934/52, BGHSt 5, 290 (291) = NJW 1953, 1114 (1115); Graf/*Monka* Rn. 25; ferner Rn. 33.

190 BVerfG 19.10.1983 – 2 BvR 859/83, NJW 1984, 428 f.

191 BGH 6.6.1952 – 1 StR 878/51, bei *Dallinger* MDR 1952, 530 (532); *Meyer-Goßner* Rn. 23; HK-StPO/*Ahlbrecht* Rn. 45.

192 S. dazu eingehend die Kommentierung von § 257c, zu verfassungsrechtlichen Anforderungen BVerfG 19.3.2013 – 2 BvR 2628/10 ua, NJW 2013, 1058 (insbes. → Rn. 99 und 112 f.) m. krit. Anm. ua von *Stuckenberg* ZIS 2013, 212 (217); vgl. auch BGH 8.3.1990 – 2 StR 367/89, NJW 1990, 1921 f.

193 AK/*Gundlach* Rn. 51a; [zu § 154] BGH 10.3.1980 – 3 StR 56/80 sowie 9.9.1986 – 5 StR 306/86, jeweils bei *Pfeiffer/Miebach* NStZ 1987, 217 (Nr. 2); anders, wenn das Vorliegen der gesetzlichen Voraussetzungen ungewiss ist oder das Versprechen nicht eingehalten wird, OLG Hamm 20.8.1984 – 6 Ws 266/84, StV 1984, 456 f.; zu resultierenden Grenzziehungsproblemen *Volk* NJW 1996, 879 (insbes. 881 zu unzulässiger „Bestrafung von Teilgeständnissen").

194 BGH 9.9.1986 – 5 StR 306/86, bei *Pfeiffer/Miebach* NStZ 1987, 217 (Nr. 2 Abs. 2); KMR/*Lesch* Rn. 38.

195 BGH 21.3.1979 – 2 StR 453/78, bei *Holtz* MDR 1979, 634 (637); Graf/*Monka* Rn. 25.

196 BGH 10.3.1980 – 3 StR 56/80 sowie 9.9.1986 – 5 StR 306/86, jeweils bei *Pfeiffer/Miebach* NStZ 1987, 217 (Nr. 2).

197 Näher Kotz/Rahlf/*Noltensmeier* BtMPrax Kap. 5 Rn. 542 ff. mN.

198 BGH 14.9.1965 – 5 StR 307/65, BGHSt 20, 268 f. = NJW 1965, 2262; s. auch LG Aachen 4.5.1977 – 21 – 135/77, NJW 1978, 2256; HBStrVf/*Jahn* Kap. II Rn. 314.

199 OLG Köln 24.6.2013 – 2 Ws 264/13, NStZ 2014, 172.

200 S. Nachw. bei „Deal" in → Rn. 77 sowie „Sanktionsschere" in → Rn. 59. Zum Begriff der Vertretbarkeit *Schuhr* JZ 2008, 603. Zurückhaltend im Anwendungsbereich von § 257c [keine Bemerkung zu § 136a trotz ungeklärter Bandenmäßigkeit] BGH 16.3.2011 – 1 StR 60/11, StV 2012, 134 f. m. abl. Bespr. *Velten* StV 2012, 172 ff.

201 Löwe/Rosenberg/*Gleß* Rn. 61; SK-StPO/*Rogall* Rn. 82; *Meyer-Goßner* Rn. 23.

202 Vgl. *Döhring,* Erforschung des Sachverhalts, 1964, S. 214 ff.; *Schünemann* 58. DJT 1990, Gutachten B S. 104 f.

5. Verbotene Maßnahmen nach Abs. 2. Das **Erinnerungsvermögen** ist die Fähigkeit, sich vergangene Ereignisse (insbes. Tatgeschehen) in die aktuelle Vorstellung zurückzurufen. **Einsichtsfähigkeit** ist das Vermögen, die Bedeutung von Tatsachen und Regeln sowie Wertungen zu verstehen, dh nachzuvollziehen und selbst zu setzen bzw. vorzunehmen.[203] Insbes. gehört dazu das Vermögen, sich eigener Verantwortung und ggf. Schuld bewusst zu werden.[204] § 136a Abs. 2 stellt klar, dass diese als wesentliche Voraussetzungen autonomer Willensbildung vom Schutz der Vorschrift umfasst werden, dieser sich also nicht allein auf den eigentlichen Akt der Willensbildung und -betätigung beschränkt. 65

Die Regelung hat kaum selbständige **Anwendungsfälle,** kann aber bedeutsam werden, wenn zu entscheiden ist, ob eine nicht in § 136a aufgeführte Beeinträchtigung den dortigen Fällen hinreichend ähnlich und die Vorschrift daher auch auf sie anzuwenden ist (→ Rn. 27). Fangfragen, Suggestivfragen und rein sprachliche Manipulationen verstoßen nicht gegen Abs. 2,[205] sind aber teilweise aus anderen Gründen unzulässig (→ Rn. 46). 66

III. Anwendung außerhalb von Vernehmungen und auf das Verhalten Dritter

Während die Frage der Anwendbarkeit von § 136a außerhalb von Vernehmungen auch **Abs. 1 und 2** betrifft, geht es bei der Frage, ob bzw. wann auch an das Verhalten Dritter anzuknüpfen ist, praktisch nur um den Anwendungsbereich des Verwertungsverbots nach **Abs. 3 S. 2** (→ Rn. 83 f.). Zwischen beiden Fragen bestehen aber – im Folgenden darzustellende – enge Zusammenhänge. Zum Verhältnis von unmittelbarer und entspr. Anwendung von § 136a sowie verwandter Grundsätze beachte → Rn. 28. 67

1. Grundlinien der Rechtsprechung. Die **Rspr.** ist mit einer Erstreckung von § 136a über seinen primären Anwendungsbereich (→ Rn. 12) hinaus zurückhaltend. Weitgehend gesichert dürfte seien, dass Belehrungspflichten (insbes. §§ 136 Abs. 1 S. 2, 163a Abs. 2 S. 2) nicht gezielt umgangen werden dürfen, auch nicht mittels Drittpersonen.[206] 68

Zu Fällen der sog **„Hörfalle“**, in denen eine Privatperson den Beschuldigten (oder zumindest Tatverdächtigen) auf Veranlassung von Strafverfolgungsbehörden[207] zum Gegenstand des Verfahrens befragt, ohne dabei den Zusammenhang dieses Gesprächs zum Strafverfahren zu offenbaren, und dabei ggf. eine weitere Person mithört, hat der **GSSt** des BGH entschieden, dass die im Gespräch erlangten Informationen (per Zeugenbeweis) zumindest dann verwertbar sind, wenn sie der Aufklärung einer Straftat von erheblicher Bedeutung (orientiert an §§ 98a, 100c, 110a) dienen und der Einsatz anderer Methoden wesentlich weniger erfolgversprechend oder wesentlich erschwert gewesen wäre.[208] Unverwertbar sind sie nach Entscheidungen von EGMR und BGH indes dann, wenn 69

---

[203] Zu beidem *Peters* 46. DJT 1966, Gutachten, Teil 3 A S. 156.

[204] Vgl. zu diesen Definitionen Löwe/Rosenberg/*Gleß* Rn. 66 f.; *Meyer-Goßner* Rn. 25; *Erbs* NJW 1951, 386 (389).

[205] HK-StPO/*Ahlbrecht* Rn. 47; *Schlüchter* Rn. 97.

[206] BGH 9.6.2009 – 4 StR 170/09, NJW 2009, 3589 mAnm *Meyer-Mews* sowie Anm. *Ellbogen* NStZ 2010, 464.

[207] Bei Eigeninitiative verneint der BGH 31.3.2011 – 3 StR 400/10, NStZ 2011, 596 (597 f.) ein Verwertungsverbot; abl. Anm. *A. Schumann* JZ 2012, 265 (267), *Eisenberg* JR 2011, 409 und *Roxin* StV 2012, 131 (133). Für grds. Unzulässigkeit, eine von Privatpersonen oder verdeckt arbeitenden Polizeibeamten veranlasste Aussage über Abhörvorrichtungen zu erfassen, *Kühne,* FS Wolter, 2013, S. 1009, 1014 ff.

[208] [Gezielte telefonische Befragung durch V-Mann über abgeschlossene Tat (schwerer Raub) von Dolmetscher am Zweithörer mitgehört] BGH 13.5.1996 – GSSt 1/96, BGHSt 42, 139 (145 ff.) = NJW 1996, 2940 (2941) m. abl. Bespr. *Renzikowski* JZ 1997, 710, *Roxin* NStZ 1997, 18, *Bernsmann* StV 1997, 116, *Derksen* JR 1997, 167 und krit. Anm. *Rieß* NStZ 1996, 505 sowie [zust. bzgl. § 136, abl. bzgl. § 136a] *M. Popp* NStZ 1998, 95; aA [Beweisverwertungsverbot nicht aus § 136a Abs. 3, aber entspr. § 136] der Vorlagebeschl. BGH 20.12.1995 – 5 StR 680/94, NStZ 1996, 200 (201) m. abl. Anm. *Seitz* NStZ 1995, 519 und [für noch umfassenderes Verständnis der Selbstbelastungsfreiheit] *Fezer* NStZ 1996, 289; für enge Grenzen der Unverwertbarkeit auch [„wohnungsähnliche Tabusphären“] *H. Schneider* JR 1996, 401 (403 ff.). Dem GS entspr. Graf/*Monka* Rn. 5; krit. *R. Hamm,* Revision, 7. Aufl. 2010, Rn. 1015; vertiefend HK-GS/*Jäger* Rn. 6 und 22 f.; *Ranft* Rn. 364 ff.

der Beschuldigte sich bereits auf sein Aussageverweigerungsrecht berufen hat (→ Rn. 48 und 81 ff.) und seine Äußerung danach mittels Täuschung oder beharrlichem Drängen veranlasst wird.[209]

70 Für Beschuldigte unter der besonderen Zwangswirkung der **U-Haft** ist entschieden, dass es – unabhängig davon, ob sie sich bereits ausdrücklich auf das Schweigerecht berufen haben – unzulässig ist, sie gezielt mit einem anderen Häftling (oder scheinbaren Häftling) zum Zwecke der Ausforschung durch diesen zusammenzusperren; so erlangte Informationen sind ebenfalls unverwertbar, eine Fernwirkung des Verwertungsverbots wird aber verneint.[210] Offenbart sich der Beschuldigte hingegen einem Mithäftling, der ihn aus eigenem Antrieb zur Tat befragt, sieht die Rspr. die Äußerung idR als verwertbar an, auch wenn die Strafverfolgungsbehörden Kenntnis von der Befragung hatten.[211]

71 Die Verwertbarkeit von **privat oder** durch **ausländische** (→ Rn. 93) Ermittler **rechtswidrig erlangten Beweismitteln** wird verneint, wenn sie auf besonders einschneidende Verstöße gegen die Menschenwürde (wie Folter) zurückgehen,[212] im Übrigen entscheidet die Rspr. über die Verwertbarkeit oft anhand einer Abwägung zwischen der Bedenklichkeit des Beweismittels und dem Strafverfolgungsinteresse.[213] Auf dieser Grundlage werden zB steuerrechtlich relevante Daten, die von einer Privatperson rechtswidrig erlangt bzw. rechtswidrig an die BRD oder eines ihrer Länder verkauft wurden („Steuer-CDs"), grds. verwertet und die Verwertung auch angekündigt, um die Beschuldigten zu einer Erklärung zu bewegen.[214]

---

[209] EGMR 5.11.2002 – 48539/99, Rep. 2002-IX, §§ 50 ff., JR 2004, 127 = StV 2003, 257 – *Allan ./. UK* mAnm *Gaede*; näher dazu *Esser* JR 2004, 98; BGH 26.7.2007 – 3 StR 104/07, BGHSt 52, 11 (15 Rn. 15 ff.) = NJW 2007, 3138 (3139) mAnm *Meyer-Mews, Duttge* JZ 2008, 261 und *Renzikowski* JR 2008, 164; vgl. auch BGH 27.1.2009 – 4 StR 296/08, NStZ 2009, 343 (344) mAnm *W. Bauer* StV 2010, 120; zust. *Sowada,* FS Geppert, 2011, S. 689, 71 ff.; grds. *Pawlik* GA 1998, 378 (386 ff.). Diese Rspr. steht BGH 13.5.1996 – GSSt 1/96, BGHSt 42, 139 (155) = NJW 1996, 2940 (2943) ausdrücklich nicht entgegen. S. hierzu auch BGH 17.3.1983 – 4 StR 640/82, BGHSt 31, 304 (308 f.) = NJW 1983, 1570 (1571 f.); eingehend *Wolter* ZIS 2012, 238.

[210] EGMR 5.11.2002 – 48539/99, Rep. 2002-IX, §§ 50 ff., JR 2004, 127 = StV 2003, 257 – *Allan ./. UK* m. Bespr. *Esser* JR 2004, 98; BGH 28.4.1987 – 5 StR 666/86, BGHSt 34, 362 (363 ff.) = NJW 1987, 2525 (2526) m. [bzgl. Begründung und Ablehnung einer Fernwirkung] krit. Anm. ua von *Fezer* JZ 1987, 137, *Grünwald* StV 1987, 470, *Seebode* JR 1988, 427 und *Wagner* NStZ 1989, 34; BGH 21.7.1998 – 5 StR 302/97, BGHSt 44, 129 (132 ff.) = NJW 1998, 3506 ff. m. [bzgl. der Einschränkungen] krit. Anm. *Hanack* JR 1999, 348 und *Roxin* NStZ 1999, 149; vgl. auch *Köhler* ZStW 107 (1995), 10 (25); *Ranft* Rn. 369 ff.

[211] BGH 27.9.1988 – 1 StR 187/88, NJW 1989, 843 (844); ebenfalls dafür, verdeckte Ermittlungen in Haftanstalten zu ermöglichen und ihre Ergebnisse idR zu verwerten, *H. Schneider* NStZ 2001, 8. Zu einer gemeinsamen Bespr. von BGH 28.4.1987 – 5 StR 666/86 BGHSt 34, 362 = NJW 1987, 2525 sowie 27.9.1988 – 1 StR 187/88, NJW 1989, 843 und 21.7.1998 – 5 StR 302/97 BGHSt 44, 129 = NJW 1998, 3506 s. *Lesch* GA 2000, 355.

[212] OLG Hamburg 14.6.2005 – IV-1/04, NJW 2005, 2326 (2329) – El Motassadeq m. zust. Bespr. *Mosbacher* JuS 2011, 137 (140 f.); einschr. BGH 15.5.2008 – StB 4 und 5/08, NStZ 2008, 643 (644); für DDR-Altfälle geht BGH 1.4.1992 – 5 StR 457/91, BGHSt 38, 263 (268 ff.) = NJW 1992, 1637 (1638) zu Recht unmittelbar vom Maßstab des § 136a aus; auf Auslandsfälle wird dies oft zu übertragen sein. Vgl. *Meyer-Goßner* Rn. 27; SK-StPO/*Rogall* Rn. 10 ff.; nachdrücklich *Seebode*, FS Otto, 2007, 999 ff.; eingehend *Ambos* StV 2009, 151 sowie [zu geheimdienstlicher Zusammenarbeit] *Rehbein*, Verwertbarkeit von nachrichtendienstlichen Erkenntnissen, 2011, insbes. S. 63 ff., 367 ff., 411 ff. Rechtsvergleichend zur Reichweite des Folterverbots *Weilert*, Grundlagen und Grenzen des Folterverbotes in verschiedenen Rechtskreisen, 2009.

[213] BGH 13.5.1996 – GSSt 1/96, BGHSt 42, 139 (157) = NJW 1996, 2940 (2944); zu Recht anders BGH 26.7.2007 – 3 StR 104/07, BGHSt 52, 11 (17 Rn. 20) = NJW 2007, 3138 (3139 f.); zur Kritik daran → Rn. 4 und → § 136 Rn. 57 f.

[214] LG Bochum 7.8.2009 – 2 Qs 2/09, NStZ 2010, 351 f. m. abl. Bespr. *Heine* HRRS 2009, 540; LG Düsseldorf 17.9.2010 – 14 Qs 60/10, wistra 2011, 37 (38 f.); LG Düsseldorf 11.10.2010 – 4 Qs 50/10, NStZ-RR 2011, 84 f.; nicht beanstandet von BVerfG 9.11.2010 – 2 BvR 2101/09, NJW 2011, 2417 ff. – Steuer-CD m. abl. Bespr. *Kühne*, FS C. Roxin II, 2011, Bd. 2, 1269 und *Trüg* StV 2011, 111. Grds. zust. *Kölbel* NStZ 2008, 241 ff. Krit. dazu *Schünemann* NStZ 2008, 305 (309 f.); *Sieber* NJW 2008, 881 (886); *Trüg/Habetha* NStZ 2008, 481 (489 ff.); *Spatscheck*, FS Volk, 2009, 771 (788); *Ambos,* Beweisverwertungsverbote, 2010, S. 111 ff.; *Kühne* GA 2010, 275 (281 ff.); *Ostendorf* ZIS 2010, 301 (307 f.); *Jahn*, FS Stöckel, 2010, 259 (278 ff.); *Kudlich* ZWH 2011, 35 (Anm. zu FG Köln 15.12.2010 – 14 V 2484/10, ZWH 2011, 33); systematisch und rechtspolitisch vertiefend *Pawlik* JZ 2010, 693 ff. Zust. mit Blick auf Völkerrecht *Coen* NStZ 2011, 433 ff.

Die bisherige Rspr. ist mit der Annahme einer **„Drittwirkung“** – dh einer Anwendung von § 136a auf unabhängig von den Strafverfolgungsbehörden handelnde Personen – besonders zurückhaltend.[215] Verneint wurde sie für Konsularbeamte,[216] außerhalb ihres Auftrags handelnde Dolmetscher[217] und **Verteidiger**.[218] Wegen der zunehmenden Verlagerung von Polizeifunktionen ua auf Compliance-Abteilungen von Unternehmen und der zunehmenden Bedeutung von Wirtschaftsstrafsachen auch im Wettbewerb zwischen Unternehmen ist aber eine fortschreitende **Privatisierung** traditionell staatlicher Ermittlungstätigkeit zu beobachten.[219] Ihr korrespondiert ein zunehmendes Schutzbedürfnis des Tatverdächtigen und des Rechtsstaats, so dass insbes. der Rückgriff auf ältere Entscheidungen nicht unproblematisch ist. 72

2. Anwendung außerhalb von Vernehmungen. a) Grundpositionen. In der **Rspr.** wird zwar immer wieder betont, dass eine Anwendung von § 136a außerhalb von Vernehmungen nicht angezeigt sei.[220] Bereits die gerade skizzierten Entscheidungen zeigen aber, dass dies rhetorischer Topos und **kein eherner Grundsatz** ist. Die über den unmittelbaren Anwendungsbereich von § 136a hinausgehenden Regeln behandelt auch die Rspr. nicht als extra-systematische Ausnahmen, sondern widmet ausführliche Überlegungen ihrer systematischen Einordnung (oft allerdings neben § 136a). Dass in vernehmungsunfähigem Zustand (→ Rn. 18 f.) getätigte Äußerungen der Beweisperson nicht zurechenbar sind, hängt ohnehin nicht von der Vernehmungssituation ab und muss insbes. auch in einem solchen Zustand gefallene Spontanäußerungen unverwertbar machen.[221] Speziell zur sog informatorischen Befragung → Vor § 133 Rn. 43. 73

Die **Literatur** plädiert vielfach für eine noch weiter gehende Erstreckung und Systematisierung. Ihre Vorschläge orientieren sich zB an grundrechtlicher Drittwirkung,[222] daran, dass die Aussagefreiheit durch die Einwirkung außerhalb von Vernehmungen bzw. durch Private ebenso beeinträchtigt werden kann,[223] gehen von einer generellen Erfassung auch verdeckter Ermittlungstätigkeit aus (ggf. mit Rechtfertigung nach §§ 100a, 110a ff.)[224] oder stellen auf einen staatlich veranlassten Vertrauensmissbrauch[225] ab. Gegen eine Verdrängung der Mitwirkungsfreiheit durch Abwägungen bestehen durchgreifende Bedenken.[226] Richtigerweise ist die Erstreckung der Norm anhand folgender Überlegungen abzustecken: 74

b) Keine Beschränkung auf Vernehmungen. Die **Mitwirkungsfreiheit** des Beschuldigten gilt im gesamten Strafverfahren,[227] und Aussagen umfassen ohnehin tatsächliches 75

---

[215] Tendenziell zust., aber auf die „beweisgegenständliche Brauchbarkeit“ abstellend *Jäger*, Beweisverwertung und Beweisverwertungsverbote, 2003, S. 222 ff. (223), 280. Zu dabei möglicherweise verletzten Vorgaben der EMRK *Gaede* StV 2004, 46.

[216] BGH 14.9.2010 – 3 StR 573/09, BGHSt 55, 314 (317 Rn. 8; beachte dort aber Rn. 14) = NJW 2011, 1523 (1524) mAnm *Norouzi*.

[217] *Meyer-Goßner* Rn. 3 unter Verweis auf BGH 21.4.1978 – 2 StR 712/77, n.v.; AK/*Gundlach* Rn. 12.

[218] BGH 1.4.1960 – 4 StR 36/60, BGHSt 14, 189 (192) = NJW 1960, 1212 (1213) m. [zumindest in dieser Allgemeinheit] abl. Anm. *Eb. Schmidt* JR 1961, 71; SK-StPO/*Rogall* Rn. 9.

[219] S. dazu *Brunhöber* GA 2010, 571; *Reeb,* Internal Investigations, 2011, S. 41 ff. jeweils mwN.

[220] Vgl. BGH 30.4.1987 – 4 StR 30/87, BGHSt 34, 365 (370) = NJW 1987, 2524 (2525); BGH 26.7.2007 – 3 StR 104/07, BGHSt 52, 11 (15 Rn. 17) = NJW 2007, 3138 (3139) mAnm *Meyer-Mews* und insoweit abl. *Duttge* JZ 2008, 261 (263 f.).

[221] AA OLG Stuttgart 28.4.2009 – 2 Ss 747/08, juris.

[222] *Rogall* NStZ 2008, 110 (111; Anm. zu BGH 26.7.2007 – 3 StR 104/07, BGHSt 52, 11 = NJW 2007, 3138); *Rogall,* Der Beschuldigte als Beweismittel gegen sich selbst, 1977, S. 153 f.; HBStrVf/*Jahn* Kap. II Rn. 269.

[223] *Dallmeyer* StV 1997, 606 ff.

[224] Vgl. *Roxin* NStZ 1995, 465 (468); [nemo tenetur] *Müssig* GA 2004, 87 (99 ff.); zur grds. Unterschieden der rechtfertigenden Wirkung von §§ 110a ff. ggü. §§ 100a ff. s. *Dencker* StV 1994, 667 (681 f.).

[225] *Roxin*, FS Geppert, 2011, 549 (558 ff.); *Roxin* StV 2012, 131 (133; Anm. zu BGH 31.3.2011 – 3 StR 400/10, NStZ 2011, 596).

[226] → Rn. 4 und → § 136 Rn. 57 f.

[227] → Vor § 133 Rn. 91.

Verhalten mit Erklärungswert.[228] Dass § 136a sich nach seiner Stellung im Gesetz und den Verweisungen in §§ 69 Abs. 3, 163a Abs. 3 und 4 gleichwohl gerade auf Vernehmungen bezieht, rechtfertigt sich daraus, dass Vernehmungen die praktisch wichtigste Kontaktsituation zwischen dem Beschuldigten und Ermittlungspersonen darstellen und daher auch historisch immer wieder besonders anfällig für rechtswidrige Übergriffe waren. Als das klassische Vernehmungskonzept entwickelt wurde, traf dies noch stärker zu als heute, da verdeckte Ermittlungen wesentlich an Bedeutung gewonnen haben. Deshalb löst der Vernehmungsbegriff das Abgrenzungsproblem nicht etwa terminologisch, sondern befasst sich gar nicht mit ihm.[229] Zu Recht verwendet der Gesetzestext den Vernehmungsbegriff in § 136a gar nicht erst. Während die Belehrungspflichten nach § 136 Abs. 1 an Vernehmungssituationen gebunden sind, weil sie den besonderen Eindruck offizieller Aufforderungen[230] kompensieren sollen, können die Manipulationsformen des § 136a auch ohne offizielles Auftreten des Fragenden gleichermaßen gefährlich sein.

76 Es gibt keinen Grundsatz, den Beschuldigten vor Übergriffen der in § 136a bezeichneten Art allg. schutzlos zu stellen und nur in Vernehmungen ausnahmsweise zu schützen. Die Rechtsstellung des Beschuldigten, das Rechtsstaatsprinzip und die Anforderungen an ein faires Verfahren gebieten vielmehr einen entspr. Schutz **im gesamten Strafverfahren.**[231] § 136a ist daher auf Übergriffe bei körperlichen Untersuchungen (§ 81a), Durchsuchungen (§ 102), Verhandlungen über einen „Deal" (§§ 160b, 202a, 212, 257c) etc nicht generell unanwendbar. Zu beachten ist indes, dass § 136a rein passives Erdulden einer Maßnahme (zB nach §§ 81a, 102) nur eingeschränkt erfasst (→ Rn. 21).[232]

77 Zudem kann sich aus Kompetenznormen eine **Rechtfertigung** der jeweiligen Maßnahme ergeben. So rechtfertigen etwa § 81a und § 102 zur Durchführung der Untersuchung bzw. Durchsuchung erforderlichen Zwang (was § 136a Abs. 1 S. 2 ausdrücklich anerkennt). § 100a rechtfertigt es, Telefonate an überwachten Anschlüssen zu veranlassen, auch wenn dabei implizit über die Manipulationsfreiheit des Anschlusses getäuscht werden sollte.[233] Soweit schulmedizinisch bzw. -psychologisch oder -psychiatrisch anerkannte und erforderliche Tests Täuschungen involvieren, kommt wiederum eine Rechtfertigung aus §§ 80 ff. in Betracht. Auch auf **verdeckte Ermittlungen** sind die Regeln des § 136a grds. anwendbar,[234] die §§ 110a ff. rechtfertigen aber bestimmte Täuschungen unter Verwendung der Legende iSv § 110a Abs. 2 S. 1.[235] Im Gegensatz dazu begründen die Regelungen über

---

[228] *G. Haas* GA 1995, 230 (233).

[229] Dazu, dass ihm umgekehrt auch kein generelles Gebot stets offener Ermittlungen zu entnehmen ist, *Bosch,* Aspekte des nemo-tenetur-Prinzips, 1998, S. 84 ff.

[230] → Vor § 133 Rn. 36.

[231] → Vor § 133 Rn. 2 und 37; AK/*Gundlach* Rn. 7; *Rogall* NStZ 2008, 110 (111; Anm. zu BGH 26.7.2007 – 3 StR 104/07, BGHSt 52, 11 = NJW 2007, 3138); ferner *Prasch,* Die List in der Vernehmung, Diss. Köln 2002, S. 82 sowie [bzgl. Täuschungen] zur Unterscheidung des von persönlicher Mitwirkung unabhängigem Sachbeweises von anderen Beweismitteln (insbes. dem Personalbeweis) *Dencker* StV 1994, 667 (678 ff. bzw. 676). Eingehend zur Anwendbarkeit von § 136a (insbes. bzgl. Täuschungen) bei Vorfeldermittlungen *Weßlau,* Vorfeldermittlungen, 1989, S. 214 ff.

[232] Vgl. BGH 17.3.1971 – 3 StR 189/70, BGHSt 24, 125 (129) = NJW 1971, 1097 m. abl. Anm. *Wedemeyer* NJW 1971, 1902, wo vom BGH die Anwendung von § 136a auf Fälle des § 81a zwar in dieser Allgemeinheit zu weit gehend, für die meisten Konstellationen aber zu Recht abgelehnt wird.

[233] Vgl. dazu BGH 9.5.1985 – 1 StR 63/85, BGHSt 33, 217 (223) = NJW 1986, 390 (391 f.) m. krit. Anm. *Kühl* StV 1986, 187, wo ein Verwertungsverbot für den Fall zu Recht verneint wird, die Frage für den Einsatz sonstiger nach § 136a verbotener Mittel aber ausdrücklich nicht entschieden wird (und ggf. zu bejahen wäre).

[234] So – allerdings nicht unmittelbar auf § 136a gestützt, sondern auf das Fairnessgebot – für nötigenden Zwang BGH 18.5.2010 – 5 StR 51/10, BGHSt 55, 138 (144 ff. Rn. 20 ff.) = NJW 2010, 3670 (3671 f.) m. zust. Bespr. *J. Kretschmer* HRRS 2010, 343 (346 f.). Entspr. *Lagodny* StV 1996, 167 (170 ff.) und [inkl. § 136] *Roxin* NStZ 1995, 465 (468). Krit. *Verrel* NStZ 1997, 361 (362 f.). Auf das Fairnessgebot bezogen auch *Henrichs/Steri* Kriminalistik 2004, 629 (631 ff.).

[235] *Meyer-Goßner* Rn. 4b sowie § 110c Rn. 3; *Lagodny* StV 1996, 167 (170 ff.); *Weiler* GA 1996, 101 (114); vgl. dazu auch BGH 21.7.1994 – 1 StR 83/94, BGHSt 40, 211 (214 ff.) = NJW 1994, 2904 f. m. zust. Anm. *Schlüchter/J. Radbruch* NStZ 1995, 354 sowie [zu Vernehmungsbegriff und Umgehungsproblem] *Widmaier* StV 1995, 621 (622); BGH 13.5.1996 – GSSt 1/96, BGHSt 42, 139 (146) = NJW 1996, 2940 (2941) m. krit. Bespr. *Renzikowski* JZ 1997, 710 (716); BGH 26.7.2007 – 3 StR 104/07, BGHSt 52, 11 (14 f., 22

„Deals" (§§ 160b, 202a, 212, 257c) grds. keine Einschränkungen von § 136a (insbes. → Rn. 53 ff.).[236]

78 Aus dieser Systematik ergibt sich zweierlei: Einerseits ist der Anwendungsbereich von § 136a **nicht** allein nach der **Rolle der Personen** zu bestimmen, die auf den Beschuldigten einwirken, **sondern** auch nach dem **Bezug** ihres Verhaltens **zum Strafverfahren.** Andererseits regelt § 136a die Rechtmäßigkeit dieses Verhaltens nicht abschließend, sondern erkennt Rechtfertigungen an, die die hinter § 136a stehenden **menschen- und verfassungsrechtlichen Anforderungen** freilich nicht einschränken dürfen.

79 **c) Grenzen des Anwendungsbereichs.** Aus dem Anwendungsbereich auszugrenzen sind hiernach alle Vorgänge, die bereits zur Begehung der Tat gehören. Das Tatgeschehen ist nicht Teil des Verfahrens, sondern sein Gegenstand. Entspr. kann über **vor und bei der Tat** gemachte Äußerungen des Beschuldigten stets ohne Beschränkungen nach § 136a Beweis erhoben werden. Setzt zB ein **agent provocateur** Täuschungen ein, richten sich deren Auswirkungen primär nach den Regeln des materiellen Strafrechts (zB § 16 Abs. 1 StGB bzgl. resultierender Irrtümer).[237]

80 Zudem ist § 136a auf inhaltl. Mitteilungen über die Tat ausgerichtet. Obwohl sich bei **verfahrensgestaltenden Prozesshandlungen** bisweilen ähnl. Zurechnungsfragen stellen wie hier und sie unmittelbaren Bezug zur (positiven) Mitwirkungsfreiheit haben,[238] geht die Frage, ob dort eine gleichartige Regel gilt, über den Themenkreis von § 136a hinaus.[239]

81 **3. Vernehmungsähnliche Situationen und private Dritte. a) Vernehmungsähnliche Privatgespräche.** Zu klären ist va die Anwendbarkeit von § 136a auf private (außerhalb des Strafverfahrens stattfindende und dem Staat nicht zurechenbare, → Rn. 12, 26) **Gespräche über die Tat.**[240] Jeder Mensch unterliegt diversen Zwängen und Irrtümern. Sie machen Äußerungen (und sonstige Beweismittel) nicht unverwertbar; ihre Berücksichtigung ist Ziel der Beweiswürdigung.[241] Wenn der Beschuldigte allerdings verdeckt (insbes. von verdeckten Ermittlern und privaten Dritten) und **gezielt zum Zwecke der Strafverfolgung** befragt wird, verfolgen der Fragende und er in dem Gespräch regelmäßig ganz unterschiedliche Ziele. Das macht die Kommunikation (selbst ohne Zwang und Täuschung) in besonderer Weise fehleranfällig, zumal die eigentliche Beweisgewinnung regelmäßig erst vor Gericht in der Vernehmung des urspr. Fragenden als Zeuge erfolgt.[242] Die Gefahr von Missverständnissen, Fehlinformationen und Instrumentalisierung des Beschuldigten setzt sich dort fort, denn in der Beweisaufnahme wird die Kommunikationsrolle des urspr. befrag-

---

Rn. 14, 34) = NJW 2007, 3138 (3139, 3141). Näher (und krit.) zur einschlägigen Rspr. des EGMR (insbes. *Allan ./. UK* und *Bykov ./. R) Gaede* JR 2009, 493 und *Jäger,* FS Wolter, 2013, S. 947. Abl. zu verdeckten Befragungen *Fezer* NStZ 1996, 289 (290; Anm. zu BGH 20.12.1995 – 5 StR 680/94, NStZ 1996, 200); *A. Schumann* JZ 2012, 265 (267 f.; Anm. zu BGH 31.3.2011 – 3 StR 400/10, NStZ 2011, 596).

[236] Entspr. bereits BGH 28.8.1997 – 4 StR 240/97, BGHSt 43, 195 (204) = NJW 1998, 86 (88); BGH 24.7.2003 – 3 StR 368/02 u. 3 StR 415/02, NJW 2003, 3426 (3427); BGH 14.8.2007 – 3 StR 266/07, NStZ 2008, 170 f.; KK-StPO/*Diemer* Rn. 7; *Ambos,* Beweisverwertungsverbote, 2010, S. 27 ff.; Eingehend zu Zusammenhängen zwischen „Deal" und Untersuchungshaft *Eidam* StV 2005, 201 (Anm. zu BGH 16.9.2004 – 4 StR 84/04, NStZ 2005, 279).

[237] Vgl. dazu BGH 10.6.1975 – 1 StR 165/75, GA 1975, 333 f.; BGH 23.5.1984 – 1 StR 148/84, BGHSt 32, 345 (346 ff.) = NJW 1984, 2300 ff. mwN; [kein Verwertungsverbot aber mildere Strafe] BGH 11.12.2013 – 5 StR 240/13, NStZ 2014, 277; *Schünemann* StV 1985, 424 (430); *Schoreit,* AG StrafR DAV II. Frühj.-Symp. 1988 (1989), S. 159 (164 ff.); vgl. auch SK-StPO/*Rogall* Rn. 68; aA Löwe/Rosenberg/*Gleß* Rn. 4; *Lüderssen,* FS Peters, 1974, 349 (359 ff.), dem aber zuzustimmen ist, dass die Zulässigkeit solchen Verhaltens auch eine strafprozessuale Frage darstellen kann.

[238] Vgl. BGH 6.12.1961 – 2 StR 485/60, BGHSt 17, 14 (18 ff.) = NJW 1962, 598 f.; BGH 16.9.2004 – 4 StR 84/04, NStZ 2005, 279 (280); OLG Frankfurt a. M. 19.10.1970 – 3 Ws 301/70, NJW 1971, 949(950 f.); Löwe/Rosenberg/*Gleß* Rn. 17; KK-StPO/*Diemer* Rn. 7; AK/*Gundlach* Rn. 5; sowie → Vor § 133 Rn. 118.

[239] S. dazu KMR/*Lesch* Rn. 12; vgl. auch → Einl. D Rn. 335, 339.

[240] Speziell zu heimlichen privaten Tonaufnahmen eingehend *Wölfl* StraFo 1999, 74; *P. Frank,* Verwertbarkeit rechtswidriger Tonbandaufnahmen Privater, 1996, insbes. S. 127 ff.

[241] Vgl. auch → Vor § 133 Rn. 19.

[242] Vgl. KMR/*Lesch* Rn. 10 f.; *Grünwald* Beweisrecht S. 162 f.

ten Beschuldigten dann kaum mehr abgebildet.[243] Gerade um solche Schwierigkeiten im Strafverfahren zu vermeiden bzw. zu kompensieren gibt es die §§ 136, 136a. Man kann solche Konstellationen deshalb als **„vernehmungsähnliche Situationen"** bezeichnen.[244] Für eine Einschränkung auf Fälle, in denen der Beschuldigte schon zuvor erklärt hat, zur Sache schweigen zu wollen (so teilw. die Rspr., → Rn. 69), besteht dabei kein Anlass.[245] Dem Gericht abzuverlangen, auch hier „durch Würdigung" die inhaltliche Zuverlässigkeit der Aussage, des aus zweiter Hand Geschilderten und ein insgesamt faires, die Mitwirkungsfreiheit des Beschuldigten achtendes Verfahren zu sichern, übersteigt dabei leicht die Grenzen des Möglichen. Die Sicherung einer nachvollziehbaren, rechtsstaatlichen Regeln folgenden Wahrheitsfindung und Kommunikation mit dem Beschuldigten[246] sprechen dann **für ein Beweisverwertungsverbot** (beachte → Rn. 84 f.).[247]

82 Soweit ein Gespräch über die Tat unter Privaten hingegen **ohne Bezug zur Strafverfolgung** stattfindet und der Fragende auch nicht insgeheim darauf abzielt, ist die Kommunikationssituation mit der des § 136a weit weniger vergleichbar und betreffen Beeinträchtigungen der Willensbildung regelmäßig nicht die prozessuale Mitwirkungsfreiheit. Die Vorgänge sind der Beweisaufnahme dann grds. nicht zu entziehen.

83 **b) Anwendbarkeit von § 136a und Anforderungen.** Während die Erstreckung von § 136a für offizielle Funktionsträger über Vernehmungen hinaus auf das ganze Strafverfahren (→ Rn. 76 ff.) schlicht auf der *ratio legis* basiert und alle drei Absätze gleichermaßen betrifft, liegen der Erstreckung auf private Dritte in vernehmungsähnlichen Situationen (→ Rn. 81) Zurechnungsmängel der Aussage des Beschuldigten zugrunde, weshalb sie sich zunächst nur auf das Beweisverwertungsverbot nach Abs. 3 S. 2 bezieht. **Private Dritte** unterliegen – obwohl § 136a keinerlei institutionelle Beschränkungen formuliert[248] – grds. nicht den Anforderungen der StPO, auch **nicht** den Verhaltensnormen der **Abs. 1 und 2.**[249] Aus den allgemeinen Regeln der §§ 223, 239 und 240 **StGB** ergeben sich aber auch für Privatpersonen ähnliche Vorgaben. Über die Verwerflichkeitsklausel des § 240 Abs. 2 StGB können sogar Wertungen der §§ 136, 136a StPO in die Jedermannspflichten einfließen[250] und die Abs. 1 und 2 indirekt in gewissem Umfang auch die Pflichten Privater beeinflussen.

84 Dies führt dazu, dass für ein an Privatverhalten anknüpfendes **Verwertungsverbot erhöhte Anforderungen** bestehen: In § 136a Abs. 1 S. 2 und 3 wird die Schwelle verbotener Einwirkungen niedriger angesetzt als im allg. Strafrecht (beachte zudem → Rn. 49). Ein Beweisverwertungsverbot kann zwar auch ohne vorwerfbaren Verstoß gegen eine Verhaltensnorm entstehen,[251] die einschlägigen Verhaltensnormen haben aber Maßstabsfunktion dafür, ob eine (objektive) Beeinträchtigung der Willensbildung so stark war, dass sie die Zurechenbarkeit der Aussage ausschließt (→ Rn. 24 f.). Dies spricht dafür, ein Verwer-

---

243 Vgl. [Sperre der unmittelbar erlangten Informationen, aber Verwertbarkeit indirekt daraus erlangter Beweise; heimliches Vorgehen eines Privaten in Absprache mit Behörden] EGMR (GK) 10.3.2009 – 4378/02, Rep. 2009, § 103, NJW 2010, 213 (216) – *Bykov ./. R.*

244 Vgl. zu dieser Ähnlichkeit und ihren Grenzen auch BGH 8.10.1993 – 2 StR 400/93, BGHSt 39, 335 (347 ff.) = NJW 1994, 596 (599 f.); Radtke/Hohmann/*J. Kretschmer* Rn. 9, 47. Zu begründeter Kritik am Begriff *G. Haas* GA 1995, 230 (234 f.). Teils wird dieser Begriff enger gefasst und zB nur auf „amtlich gesteuertes" Verhalten bezogen, s. dazu *Renzikowski* JZ 1997, 710 (717).

245 *Engländer* ZIS 2008, 163 (166 f.).

246 → Vor § 133 Rn. 77 bzw. 71 ff.

247 Vgl. auch → Vor § 133 Rn. 84, 88 und 97; *Joerden* JuS 1993, 927 (928 f.); *Schilling,* Illegale Beweise, 2004, insbes. S. 89; *Eidam,* Die strafprozessuale Selbstbelastungsfreiheit, 2007, S. 59 ff. (103, 118 ff.); ähnlich [Missbrauchsverbot] *Kudlich* JuS 1997, 696 (698, 700); einschr. *Ellbogen,* Verdeckte Ermittlungstätigkeit, 2004, S. 78 ff. (96).

248 Vgl. *Eser* Beiheft zur ZStW 1974, 136 (158).

249 AA [horizontale Drittwirkung] HBStrVf/*Jahn* Kap. II Rn. 269; vgl. auch *Jahn* 67. DJT 2008, Gutachten C S. 102 ff. mwN. Eingehend zu rechtlichen Schranken privater Ermittlungen *Bockemühl,* Private Ermittlungen, 1996, S. 49 ff.

250 So auch für arbeitsrechtliche Auskunftsverweigerungsrechte OLG München 25.3.2009 – 7 U 4774/08, OLGR München 2009, 469 ff. (B.II.1.c), juris-Rn. 63; Urteil nach Klagerücknahme wirkungslos).

251 → Vor § 133 Rn. 18 und 88.

tungsverbot erst dann auf (dem Staat nicht zurechenbares) Privatverhalten zu stützen, wenn dieses **nach** Vorschriften des **allgemeinen Strafrechts** (objektiv) tatbestandsmäßig und rechtswidrig war und eine nach § 136a relevante Beeinträchtigung der Willensbildung (→ Rn. 16 ff.) bewirkte.[252] Teilweise ergibt sich das schon daraus, dass die Verwertung oder die Einführung in die Hauptverhandlung selbst eine Straftat wäre (zB § 201 Abs. 1 Nr. 2 StGB).[253] Für die Untersuchung jener Straftat in einem anderen Verfahren – in dem indes insofern Zurückhaltung geboten ist, als Vorwürfe durch den Beschuldigten des Ausgangsverfahren gerade ein Verwertungsverbot anstreben können – gilt das Verwertungsverbot nicht (→ Rn. 79). Für andere Beweismittel (bzw. Informationen) als die Aussage des Beschuldigten aber gilt es gleichermaßen.

c) Eingeschränkte Wirkung. Wenn man dem Verwertungsverbot grds. **Fernwirkung** zuspricht (→ Rn. 98), können auch insoweit Einschränkungen bei Privatverhalten bestehen. Hier liegt dem Verwertungsverbot regelmäßig „nur" der Zurechnungsmangel zugrunde, aber keine rechtliche Einschränkung der Aussage- bzw. Mitwirkungsfreiheit. Auch Präventionsziele können eine Fernwirkung hier kaum rechtfertigen.[254] Zu **internen Ermittlungen** in Unternehmen beachte → Vor § 133 Rn. 115 ff. 85

4. Systematischer Überblick. Insgesamt ergibt sich damit ein dreistufiges Schutz- und Anforderungssystem zu § 136a:[255] **Vernehmungsunfähigkeit** (→ Rn. 18 f.) ist vom Verursacher der Willensbeeinträchtigung unabhängig, liegt aber erst bei einer besonders starken Beeinträchtigung der Willensbildung vor. Ihr Maßstab ist objektiv und für jedermann gleich. Demgegenüber muss im primären Anwendungsfall von § 136a Abs. 1 und 2 die **Beeinträchtigung dem Staat zurechenbar** sein (→ Rn. 12, 26).[256] Die Anforderungen an die Willensbeeinträchtigung sind dabei aber am geringsten. Der Maßstab ist hier objektiv-individuell, denn die Beeinträchtigung wird jeweils im Vergleich mit den persönlichen „normalen" Fähigkeiten bestimmt. Eine Mittelstellung nehmen die Regeln über dem Staat nicht zurechenbare **Beeinträchtigungen durch Dritte** (→ Rn. 81 ff.) ein. Die Beeinträchtigung muss hier im Hinblick auf das Strafverfahren hervorgerufen worden sein, und die Beweisperson darf sie nicht selbst hervorgerufen haben. Der Maßstab zur Annahme eines Verwertungsverbots ist wiederum objektiv-individuell, die Schwelle liegt aber höher als bei offiziellen Funktionsträgern. In allen drei Fällen besteht insofern ein **einheitliches Verwertungsverbot,** als es im Wesentlichen auf derselben Zurechnungsnorm beruht: Die Unzurechenbarkeit ergibt sich aus einer Unterschreitung des rechtlichen Mindeststandards 86

[252] Entspr. *Müssig* GA 1999, 119 (138 f.); *Lesch* GA 2000, 355 (370); ähnlich *Godenzi* GA 2008, 499 (507 ff., 514 f.) mN; *Götting,* Gesetzlich nicht geregelte Ermittlungstätigkeit, 2001, S. 303; *Trüg/Habetha* NStZ 2008, 481 (488). Für ein entspr. System mit dem Kriterium der Verletzung der Menschenwürde bzw. schwerer Grundrechtsverletzungen [bei der Informationsgewinnung] Löwe/Rosenberg/*Gleß* Rn. 12; *Kohlhaas* JR 1960, 246 (249); *Otto* GA 1970, 289 (305); *Ranft,* FS Spendel, 1992, 719 (736); *H. Schneider* NStZ 2001, 8 (11 ff.); [bei der Informationsverwertung] *Bockemühl,* Private Ermittlungen, 1996, S. 89 ff. (120, 130 f.). Bei jedem rechtswidrigen Vorgehen eines Privaten für Unverwertbarkeit ggü. dem dabei Verletzten *Grünwald* Beweisrecht S. 163; ähnlich *Mende,* Grenzen privater Ermittlungen durch den Verletzten einer Straftat, 2001, S. 200 ff. (219), 220 ff., 245 f. sowie [mit Abwägung] *Bienert,* Private Ermittlungen, 1997, S. 113 ff. (144, 166) und [differenzierend nach Eingriffsart, Rechtfertigung und besonderen Verboten] *Otto,* FS Kleinknecht, 1985, 319 (322 ff., 340). Für unmittelbare Drittwirkung soweit § 136a mit dem Verbot des Selbstbelastungszwangs übereinstimmt *Rogall,* Der Beschuldigte als Beweismittel gegen sich selbst, 1977, S. 210 f. (sowie S. 153 f., 207 f.), ähnlich [Unverwertbarkeit bei jeder § 136a entspr. Verhaltensweise] AK/*Gundlach* Rn. 13. Für ein abgestuftes System *Wolter* FG BGH, 2000, Bd. 4 S. 963 (1008). Vgl. auch *Jahn* 67. DJT 2008, Gutachten C S. 102 ff. Eingehend krit. hierzu *Kaspar* GA 2013, 206 (210 ff., 225).

[253] Vgl. dazu und zu einer evtl. Rechtfertigung aus § 34 StGB *Brunhöber* GA 2010, 571 (586). Grds. zu Beweis- und Verwertungsverboten zum Schutz von Drittinteressen *Grünwald* JZ 1966, 489 (497 ff., 501).

[254] Näher zu diesen Gründen → Vor § 133 Rn. 96 ff.

[255] Vgl. zum laufenden Prozess der Ausarbeitung der Rechtsstellung des Beschuldigten → Vor § 133 Rn. 11 ff. Zu einem teilw. ähnlichen, aber vierstufigen und auf Gedanken der objektiven Zurechnung (im Ggf. zur hier zugrunde liegenden Handlungs- und Verantwortungszurechnung) beruhenden Anforderungssystem s. *Wolter* ZIS 2012, 238 (240 ff.).

[256] Für diese Zurechenbarkeit als letztlich insg. zentrales Kriterium *Erb,* FS Otto, 2007, 863 ff. Zur Frage besonderer Regelungsbedürftigkeit des Einsatzes von V-Leuten s. *Duttge* JZ 1996, 556 (557 ff.).

für die autonome Willensbildung der Beweisperson; nur dieser Mindeststandard ist nach den angegebenen Fallgruppen abgestuft.

IV. Unverfügbarkeit und Unverwertbarkeit nach Abs. 3

87 **1. Einwilligungssperre, Abs. 3 S. 1.** § 136a Abs. 3 S. 1 **entzieht** die Verbote der Abs. 1 und 2 **der Disposition** der Beweisperson sowie ihrer anwaltlichen und gesetzlichen Vertreter.[257] Die Regelung erklärt sich einerseits aus dem objektiv-rechtlichen Hintergrund der Vorschrift (→ Rn. 8 ff.),[258] andererseits dient sie – trotz ihrer paternalistischen Züge – auch dem Schutz der Würde des Beschuldigten und seiner Rechtsstellung, denn allzu leicht ließe sich eine Einwilligung forcieren. Die Vorschrift betrifft nicht die Zustimmung zur Verwertung (→ Rn. 89 f.).

88 In ihrer Bezugnahme auf **§ 136a Abs. 1 S. 2** ist die Einwilligungssperre teleologisch zu reduzieren: Zahlreiche strafprozessuale Maßnahmen dürfen unter bestimmten gesetzlichen Voraussetzungen als Zwangsmaßnahmen erfolgen (Bsp.: Beschlagnahme) oder alternativ mit Zustimmung des Betroffenen (Bsp.: einvernehmliche Sicherstellung). Dem soll die Einwilligungssperre nicht entgegenstehen. Terminologisch lässt sich das dadurch abbilden, dass Maßnahmen, die mit wirksamer Zustimmung des Betroffenen erfolgen, schon nicht als Zwang eingeordnet werden.

89 **2. Verwertungsverbot, Abs. 3 S. 2. a) Zustimmungssperre.** § 136a Abs. 3 S. 2 befasst sich mit einem Verwertungsverbot, erweitert aber streng genommen nur die Einwilligungssperre (→ Rn. 87) dahingehend, dass Beweismittel, die entgegen dem Verbot der Abs. 1 und 2 erlangt worden sind, (später) selbst durch Zustimmung nicht verwertbar werden.[259] Derartige Beweismittel sollen im Strafverfahren grds. **als nicht existent behandelt** werden.[260] Die Wiederholung der Aussage bleibt hingegen zulässig (→ Rn. 97), weshalb die Sperre sich letztlich va auf die Verwertung der Aussage von Zeugen und den Nachweis von Aussagekonstanz auswirkt.

90 Die Sperre kann bei **entlastenden Beweismitteln** problematisch werden, soweit sich nicht schon aus ihrem Inhalt ergibt, dass der Verstoß für sie gar nicht kausal wurde (und folglich kein Verwertungsverbot entsteht, → Rn. 95, zB weil ein Geständnis erzwungen werden sollte, der Beschuldigte die Tat aber bestritten hat)[261] und umgekehrt der Verstoß ihre Zuverlässigkeit nicht so sehr in Frage stellt, dass ihnen jeglicher Beweiswert abgeht.[262] Zwar wird daran festzuhalten sein, dass mit unverwertbaren Beweismitteln schlechterdings kein positiver Nachweis zu führen ist. Richtigerweise müssen sie aber noch die Überzeugungskraft anderer (belastender) Beweismittel erschüttern können.[263] Das Schutzziel von § 136a beruht ganz wesentlich auf der Unschuldsvermutung,[264] so dass diese durch die Vorschrift keinesfalls konterkariert werden darf. Das Verwertungsverbot ändert auch nichts am Verbot der Verfolgung Unschuldiger (§ 344 StGB).[265]

---

[257] *Meyer-Goßner* Rn. 26; HK-StPO/*Ahlbrecht* Rn. 48.

[258] AK/*Gundlach* Rn. 72.

[259] Vgl. dazu OLG Hamburg 14.6.2005 – IV-1/04, NJW 2005, 2326 (2329) – El Motassadeq; *Grünwald* JZ 1983, 717 (719; Anm. zu BGH 7.6.1983 – 5 StR 409/81, BGHSt 31, 395 = NJW 1983, 2205).

[260] *Kleinknecht* NJW 1966, 1537 (1543).

[261] AK/*Gundlach* Rn. 75.

[262] Näher dazu und für Verwertbarkeit *Erbs* NJW 1951, 386 (389); *Rogall* ZStW 91 (1979), 1 (38); [„Mühlenteichtheorie"] *Roxin/G. Schäfer/Widmaier* StV 2006, 655 (659, 660 f.); *Jahn* 67. DJT 2008, Gutachten C S. 112 ff.; *Dencker,* Verwertungsverbote, 1977, S. 73 ff.; *Jäger,* Beweisverwertung und Beweisverwertungsverbote, 2003, S. 274 ff.; vgl. auch *Otto* GA 1970, 289 (305); [Wahrung der Menschenwürde durch Verwertung] *Otto,* FS Kleinknecht, 1985, 319 (330 ff., 340); speziell zu Mitangeklagten *Güntge* StV 2005, 403 (404 ff.) und → Rn. 97.

[263] Vgl. *R. Hamm* StraFo 1998, 361 (366). Ausdrücklich offen gelassen in BGH 5.8.2008 – 3 StR 45/08, NStZ 2008, 706 (707) m. krit. Anm. [stets für Entlastungsbeweis] *Roxin* StV 2009, 113 (115); aA Löwe/Rosenberg/*Gleß* Rn. 71; *Meyer-Goßner* Rn. 27.

[264] → Vor § 133 Rn. 66 ff.

[265] *Amelung,* Prinzipien strafprozessualer Beweisverwertungsverbote, 2011, S. 17.

b) Geltungsbereich und Voraussetzungen. Die Vorschrift ordnet das Verwertungsverbot zwar nicht an (→ Rn. 89), setzt es aber ausdrücklich voraus. Art. 15 der UN-Antifolterkonvention[266] verpflichtet die Mitgliedstaaten zur Anerkennung eines Verwertungsverbots, beschränkt sich aber auf erfolterte Aussagen. Die Voraussetzungen des Verwertungsverbots sind nicht nur bzgl. Einzelheiten ihrer Reichweite, sondern auch grds. hinsichtlich der Art der Anforderungen und ihrem systematischen Zusammenhang ungeklärt. So wird regelmäßig als Ausgangspunkt formuliert, das Verwertungsverbot setze einen Verstoß gegen Abs. 1 bzw. 2 voraus,[267] und nicht selten wird gar ein vorsätzlicher, oft zumindest ein **vorwerfbarer Verstoß** gefordert (→ Rn. 23 ff.). Gleichzeitig sind Fälle der selbst hervorgerufenen Vernehmungsunfähigkeit anerkannt (insbes. für unter Drogeneinfluss stehende Befragte), für die dasselbe oder zumindest ein gleichartiges Verwertungsverbot angenommen wird (→ Rn. 17 ff.). Ein konsistentes System von Anforderungen muss solche Widersprüche beheben. 91

Das Verwertungsverbot ist primär die Rechtsfolge einer Zurechnungsnorm, nach der die Aussage (sowie ggf. weiteres Prozessverhalten außerhalb von Vernehmungen, → Rn. 73 ff.) dem Aussagenden wegen der Beeinträchtigung seiner Aussage- bzw. Mitwirkungsfreiheit nicht zugerechnet werden kann (→ Rn. 2).[268] Innerhalb des Verfahrens bewirken sowohl ein **objektiver** – nicht notwendig vorwerfbarer – **Verstoß** (→ Rn. 24 f.) gegen Abs. 1 bzw. 2 (→ Rn. 27 ff.) als auch **Vernehmungsunfähigkeit** (→ Rn. 18 f.) ein Zurechnungshindernis und lösen das Verwertungsverbot aus. Beides ist als „Verletzung dieses Verbots" iSv Abs. 3 S. 2 anzusehen, denn es geht darum, dass die Fähigkeit der Beweisperson, ihren Willen autonom zu bilden, den rechtlichen Mindeststandard unterschreitet (→ Rn. 86); Handlungsunrecht des Vernehmenden ist dazu nicht erforderlich.[269] Unter besonderen, den von der Rspr. anerkannten Bereich aber etwas erweiternden Voraussetzungen kann zudem an das Verhalten privater Dritter angeknüpft werden (→ Rn. 81 ff.). 92

Im **Ausland** erwirkte Beweise müssen zumindest an den für Dritte geltenden Kriterien gemessen werden.[270] Insbes. im Ausland durch Folter erlangte Beweismittel sind daher stets unverwertbar (→ Rn. 71). Es genügt das „reale Risiko", dass sie auf einer derartigen Rechtsverletzung beruhen.[271] Soweit inländische Strafverfolgungsorgane einen ausländischen Verstoß gegen § 136a veranlasst haben, ist dieser auch dem deutschen Staat zuzurechnen und § 136a vollumfänglich anwendbar (→ Rn. 12).[272] 93

Das Verwertungsverbot gilt gleichermaßen für **richtige wie** für **falsche** Aussagen.[273] Dem steht nicht entgegen, dass es auch die Wahrheitsfindung schützt. Es sperrt unzuverlässige Informationen und sichert so die Qualität der Urteilsgrundlage.[274] Hinge dies von der Richtigkeit der Informationen ab, entstünde ein logischer Zirkel. 94

c) Reichweite. Gesperrt werden „die unter Verletzung dieses Verbots" zustande gekommenen Aussagen bzw. (in den Fällen → Rn. 73 ff.) vom Beschuldigten hervorgebrachte oder von ihm ins Verfahren eingeführte Beweismittel.[275] Zu entlastenden Beweismitteln 95

---

[266] United Nations Convention against Torture and Other Cruel, Inhuman or Degrading Treatment or Punishment v. 10.12.1984 (New York), UN Treaty Series vol. 1465, S. 85, in Kraft seit 26.6.1987, D beigetreten mWv 31.10.1990, BGBl. II 246 (1993, 715), ferner [Änderung] BGBl. 1996 II 282; [Fakultativprotokoll] BGBl. 2008 II 854 (2009, 536).

[267] Statt vieler *Meyer-Goßner* Rn. 27.

[268] Grds. zur Begründung des Verwertungsverbots und seiner Reichweite → Vor § 133 Rn. 96 ff.

[269] Vgl. *Schuster,* Verwertbarkeit im Ausland gewonnener Beweise, 2006, S. 221, 224.

[270] Vgl. SK-StPO/*Rogall* Rn. 18; mit guten Gründen für einen strengeren Maßstab Löwe/Rosenberg/*Gleß* Rn. 72 und [letztlich Unverwertbarkeit nach selbem Maßstab wie in § 136a] *Schuster,* Verwertbarkeit im Ausland gewonnener Beweise, 2006, S. 219 ff. (220, 224). S. auch *Nagler* StV 2013, 324 (327).

[271] EGMR 25.9.2012 – 649/08, §§ 96 ff. – *El Haski ./. BE,* m. zust. Bespr. *S. Heine* NStZ 2013, 680 und Anm. *Schüller* ZIS 2013, 245.

[272] Vgl. *Barczak* StV 2012, 182 (188).

[273] BGH 7.5.1953 – 5 StR 934/52, BGHSt 5, 290 f. = NJW 1953, 1114 (1115).

[274] Entspr. *Eisenberg* JR 2011, 409 (411; Anm. zu BGH 31.3.2011 – 3 StR 400/10, NStZ 2011, 596).

[275] [Erbrochene Drogenpäckchen] EGMR (GK) 11.7.2006 – 54810/00, Rep. 2006-IX, §§ 100 ff., (insbes. §§ 112 ff.), EuGRZ 2007, 150 (161 ff.) = NJW 2006, 3117 (3123 f.) – *Jalloh ./. D;* [Stimmprobe] BGH

→ Rn. 90. Dabei wird **widerleglich vermutet,** dass die Verletzung des Verbots zu einer Beeinträchtigung der Willensbildung geführt hat und diese für die Aussage (zumindest mit) **kausal** war (s. zu Täuschungen aber → Rn. 43, zum Zweifelssatz → Rn. 100).[276] Wirkte sich die Beeinträchtigung der Willensbildung nur auf einen inhaltl. abtrennbaren **Teil** der Aussage aus, beschränkt sich das Verwertungsverbot auf diesen;[277] insb. in der Art der Fragestellung liegende Täuschungen (→ Rn. 46) betreffen uU letztlich nur einzelne Sätze.

96 Die Aussage (bzw. das Beweismittel) darf **weder unmittelbar noch mittelbar** verwertet werden,[278] auch nicht strafmildernd als Eingeständnis bzw. Reue (zur Entlastung beachte aber → Rn. 90).[279] Niederschriften und Aufzeichnungen der Vernehmung dürfen weder verlesen noch vorgehalten,[280] Vernehmungspersonen bzw. -zeugen dürfen zum Inhalt der Aussage nicht gehört werden.[281] Ein auf der unverwertbaren Aussage (bzw. unverwertbaren Anknüpfungstatsachen) beruhendes Sachverständigengutachten ist unverwertbar.[282] Nur zur Verfolgung einer in der Einwirkung selbst liegenden Straftat ist die Aussage verwertbar (entspr. Art. 15 UN-Antifolterkonvention).[283]

97 Wird die Aussage **später** in zurechenbarer Weise **wiederholt,** ist die neue Aussage verwertbar.[284] Erforderlich ist dazu, dass die Beweisperson im Moment der neuen Aussage keiner verbotenen Beeinträchtigung ihres Willens mehr unterliegt, insbes. die alte Beeinträchtigung **nicht** mehr **fortwirkt,** sondern vollständig aufgehoben ist (zB die verabreichten Mittel keine Wirkung mehr entfalten, auf der Täuschung beruhende Irrtümer aufgeklärt wurden, Drohungen glaubhaft zurückgenommen sind etc).[285] Die Beweisperson darf sich auch nicht an ihre ursprüngliche Aussage gebunden fühlen.[286] Daher ist vor der neuen Aussage eine **qualifizierte Belehrung** dahingehend erforderlich, dass die ursprüngliche Aussage unverwertbar ist.[287] Es kommt nicht darauf an, ob die neue Aussage ohne den

---

24.2.1994 – 4 StR 317/93, BGHSt 40, 66 (72 f.) = NJW 1994, 1807 (1808 f.). Entspr. für – soweit überhaupt verwertbar – erzwungenes Schweigen, *H.-L. Günther* JR 1978, 89 (90).

[276] Vgl. BGH 7.5.1953 – 5 StR 934/52, BGHSt 5, 290 f. = NJW 1953, 1114 (1115); BGH 30.4.1987 – 4 StR 30/87, BGHSt 34, 365 (369) = NJW 1987, 2524 (2525); [keine Kausalität bei mehrtägigem Abstand] BGH 18.9.2012 – 3 StR 348/12, StraFo 2012, 499 (500); eingehend [anhand der Unterscheidung zwischen Verfahrensfehler und – hier betroffenem – Beruhen] *Herdegen* NStZ 1990, 513 (518); vgl. auch HK-StPO/*Ahlbrecht* Rn. 50; *Salger,* Das Schweigerecht des Beschuldigten, 1998, S. 39; *Schlüchter* Rn. 88.2 sowie [Verstoß indiziell] AK/*Gundlach* Rn. 19, 75.

[277] *Meyer-Goßner* Rn. 28; AnwK-StPO/*Walther* Rn. 48; vgl. auch BGH 31.5.1990 – 4 StR 112/90, BGHSt 37, 48 (53 f.) = NJW 1990, 2633 (2634).

[278] *Rogall* JZ 1996, 944 (950); *Schlothauer/Weider,* Verteidigung im Revisionsverfahren, 2. Aufl. 2013, Rn. 2076 (zu Rüge 256).

[279] *Meyer-Goßner* Rn. 29; aA *Wesemann/A. Müller* StraFo 1998, 113 (115 f.); *Seebode,* FS Otto, 2007, 999 (1005).

[280] BGH 20.2.1973 – 5 StR 557/72, bei *Dallinger* MDR 1973, 369 (371); AK/*Gundlach* Rn. 81.

[281] OLG Naumburg 25.11.2003 – 2 b Js 50/02 – 2-2 StE 8/03-2, StV 2004, 529 (530); *Baumann* GA 1959, 33 (43 f.); *Rogall,* Der Beschuldigte als Beweismittel gegen sich selbst, 1977, S. 211.

[282] BGH 9.4.1986 – 3 StR 551/85, BGHSt 34, 39 (52) = NJW 1986, 2261 (2264).

[283] AK/*Gundlach* Rn. 74.

[284] BGH 31.5.1990 – 4 StR 112/90, BGHSt 37, 48 (53) = NJW 1990, 2633 (2634); BGH 10.5.2001 – 3 StR 80/01, NStZ 2001, 551; BGH 21.5.2004 – 1 StR 170/04, NStZ 2004, 631 (Rn. 1); *Baumann* GA 1959, 33 (39).

[285] Vgl. BGH 13.7.1962 – 4 StR 70/62, BGHSt 17, 364 (367) = NJW 1962, 1972 (1973); BGH 24.4.1979 – 5 StR 513/78, bei *Pfeiffer* NStZ 1981, 295 (298); ferner LG Aachen 4.5.1977 – 21 – 135/77, NJW 1978, 2256 (2257) sowie [zu §§ 100a, 100b] BGH 6.8.1987 – 4 StR 333/87, BGHSt 35, 32 (34) = NJW 1988, 1223 (1224). Einschr. [regelmäßige Fortwirkung insbes. bei erfolterten Geständnissen] *Seebode,* FS Otto, 2007, 999 (1001 ff.).

[286] BGH 27.4.1988 – 3 StR 499/87, NStZ 1988, 419 f.; BGH 24.8.1988 – 3 StR 129/88, BGHSt 35, 328 (332) = NJW 1989, 842 (843) mwN; eingehend *Rogall,* FS Geppert, 2011, 519 (538).

[287] BGH 20.12.1995 – 5 StR 445/95, NStZ 1996, 290 (291) mBespr. *Roxin* HRRS 2009, 186; LG Frankfurt 9.4.2003 – 5/22 Ks 3490 Js 230118/02, StV 2003, 325 (326) – Gäfgen mAnm *Weigend* StV 2003, 436 (438 f.); *R. Neuhaus* NStZ 1997, 312 (314 f.; Anm. zu LG Darmstadt 19.8.1994 – Ks 9 Js 4/92, NStZ 1997, 356); HK-GS/*Jäger* Rn. 46; HK-StPO/*Ahlbrecht* Rn. 52; *Lesch* Kap. 3 Rn. 103 sowie mit Gesetzgebungsvorschlag *Mitsch* NJW 2008, 2295 (2300). – Offen gelassen in BGH 18.12.2008 – 4 StR 455/08, BGHSt 53, 112 (116 Rn. 13) = NStZ 2009, 281 (282) mAnm [für Pflicht zur qualifizierten Belehrung] *Kasiske* ZIS 2009, 319 (321); anders noch BGH 31.5.1990 – 4 StR 112/90, BGHSt 37, 48 (53) = NJW 1990, 2633 (2634).

früheren Verstoß aus anderen Gründen unterblieben wäre.[288] Die Aussage muss inhaltlich wiederholt bzw. neu gemacht werden, eine bloß pauschale Bestätigung der alten Aussage (und erst recht bloßes Schweigen) genügen nicht.[289] → § 136 Rn. 68 ff. sowie – zur Wirkung auf Mitangeklagte[290] – → § 136 Rn. 81.

Eine **Fernwirkung** des Verwertungsverbots wird in der Rspr. bisweilen grds. verneint, 98
bisweilen wird sie allerdings vom Ergebnis einer Abwägung zwischen der Schwere der begangenen Rechtsverletzung und der Schwere des Tatvorwurfs sowie der bestehenden Verdachtsmomente abhängig gemacht.[291] Zur Kritik daran → Rn. 4 und → § 136 Rn. 57 f. Große Teile die Literatur plädieren zu Recht für eine weitergehende Fernwirkung.[292] Eine dem Staat zurechenbare Aufhebung oder Beeinträchtigung der Aussage- bzw. Mitwirkungsfreiheit (und damit Verletzung von Rechtsstaatsprinzip und Fairnessgebot und uU der Menschenwürde) muss durch ein umfassendes **Verwendungsverbot** kompensiert werden.[293] Soweit das Verwertungsverbot hingegen ausschließlich auf Zurechnungsregeln beruht[294] – dh bei Vernehmungsunfähigkeit und Anknüpfung an das Verhalten privater Dritter –, ist lediglich die unzurechenbare Aussage selbst (direkt und indirekt) unverwertbar, während inhaltlich selbständige, lediglich durch sie vermittelte Beweismittel von dieser Sperre nicht erfasst werden.[295]

3. Ermittlung der Voraussetzungen. Auf entspr. Anhaltspunkte hin ist das Vorliegen 99
von Umständen, die ein Verwertungsverbot auslösen, **von Amts wegen** zu prüfen.[296] Dies darf schon in der Tatsacheninstanz im **Freibeweisverfahren,**[297] darf aber auch im Strengbeweisverfahren geschehen; letzteres ist ohnehin erforderlich, wenn die Aussage verwertet und im Rahmen ihrer Würdigung (zur Schuldfrage) auch auf die hier gegenständlichen Umstände abgestellt wird.[298] Das Gericht kann – insbes. zwecks qualifizierter Belehrung – das Bestehen eines Verwertungsverbots sowie seine Reichweite und Tatsachenbasis vor oder während der Hauptverhandlung durch Beschluss feststellen.[299]

Entgegen der hM[300] muss zur Sicherung von Rechtsstaatlichkeit und Verfahrensfairness 100
zumindest ein abgeschwächter **Zweifelssatz** gelten (→ Rn. 11 und 95): Hält das Gericht

[288] Vgl. Löwe/Rosenberg/*Gleß* Rn. 74; *Peters* S. 338.

[289] BGH 9.3.1995 – 4 StR 77/95, NJW 1995, 2047; *Eisenberg* Beweisrecht Rn. 711; *Erbs* NJW 1951, 386 (389); einschr. *Pfeiffer* Rn. 14.

[290] Dazu auch AK/*Gundlach* Rn. 73; HK-GS/*Jäger* Rn. 43; *Nack* StraFo 1998, 366 (368 ff.); *Güntge* StV 2005, 403 (404 ff.).

[291] BGH 28.4.1987 – 5 StR 666/86, BGHSt 34, 362 (364) = NJW 1987, 2525 (2526) m. insoweit abl. Anm. *Fezer* JZ 1987, 137 (938 f.), *Grünwald* StV 1987, 470 (472 f.) und *Seebode* JR 1988, 427 (430 ff.); BGH 14.9.2010 – 3 StR 573/09, BGHSt 55, 314 (319 Rn. 13) = NJW 2011, 1523 (1524) m. krit. Anm. *Heghmanns* ZJS 2011, 98 (99). Vgl. → Einl. F Rn. 489.

[292] S. HK-GS/*Jäger* Rn. 47; *Beulke* ZStW 103 (1991), 657 (669); *Müssig* GA 1999, 119 (137); eingehend *Eisenberg* Beweisrecht Rn. 714 ff.; SK-StPO/*Rogall* Rn. 108 ff. jeweils mwN. Entspr. LG Hannover 18.9.1986 – KLs 82 Js 49848/85-33 a 43/86, 33 a 43/86, StV 1986, 521 (522).

[293] → Vor § 133 Rn. 98 f. sowie → § 136 Rn. 82; *Weigend* StV 2003, 436 (440 f.; Anm. zu LG Frankfurt 9.4.2003 – 5/22 Ks 3490 Js 230118/02, StV 2003, 325 – Gäfgen); *Seebode*, FS Otto, 2007, 999 (1009 ff.).

[294] Zur Unterscheidung → Vor § 133 Rn. 96 ff.

[295] Entspr. BGH 14.9.2010 – 3 StR 573/09, BGHSt 55, 314 (318 f. Rn. 11 ff.) = NJW 2011, 1523 (1524) mAnm *Norouzi*; zu einem abgestuften System der Fernwirkung vgl. auch *Jäger*, Beweisverwertung und Beweisverwertungsverbote, 2003, S. 226 ff., 281.

[296] BGH 6.9.1951 – 3 StR 503/51, bei *Dallinger* MDR 1951, 656 (658 f.); *Peters* 46. DJT 1966, Gutachten, Teil 3 A S. 158.

[297] BGH 28.6.1961 – 2 StR 154/61, BGHSt 16, 164 (166) = NJW 1961, 1979 (1980); BGH 13.1.1993 – 3 StR 403/92, BGHR StPO § 136a Abs. 1 Ermüdung 2; KK-StPO/*Diemer* Rn. 38; KMR/*Lesch* Rn. 50; aA: Strengbeweisverfahren *Peters* S. 339; [wegen Untrennbarkeit von der Schuldfrage] Löwe/Rosenberg/*Gleß* Rn. 77; [wegen Bedeutung der Norm und Funktion des Revisionsgerichts] *Eisenberg* Beweisrecht Rn. 707.

[298] Näher dazu – aber etwas restriktiver als hier [freibeweisliche Feststellungen können die Annahme eines Verwertungsverbots tragen, während tatsächliche Zweifel an der Verwertbarkeit nur im Strengbeweisverfahren auszuräumen sind] – *Fezer* JZ 1989, 348 (349; Anm. zu BGH 24.8.1988 – 3 StR 129/88, BGHSt 35, 328 = NJW 1989, 842).

[299] So LG Frankfurt 9.4.2003 – 5/22 Ks 3490 Js 230118/02, StV 2003, 325 – Gäfgen.

[300] BGH 28.6.1961 – 2 StR 154/61, BGHSt 16, 164 (167) = NJW 1961, 1979 (1980) m. insoweit krit. Anm. *Hanack* JZ 1971, 168 (170 f.); *Kleinknecht* NJW 1966, 1537 (1544); SK-StPO/*Rogall* Rn. 101.

das Vorliegen der Voraussetzungen aufgrund konkreter Anhaltspunkte für nicht unwahrscheinlich, kann sich letztlich aber nicht davon überzeugen, so sind die betroffenen, dem Angeklagten ungünstigen Beweismittel nicht zu verwerten (→ Rn. 95).[301]

V. Weitere Rechtsfolgen

101 Durch einen Verstoß gegen § 136a werden weder der materielle staatliche Strafanspruch noch das Recht zur Verfolgung der Tat verwirkt. Er führt daher **nicht** zu einem **Verfahrenshindernis.**[302] Neben dem Verwertungsverbot kann er Schadensersatzansprüche auslösen und wird regelmäßig selbst strafrechtlich zu verfolgen sein (→ Rn. 26).

VI. Revision und weitere Rechtsbehelfe

102 **1. Verletzung von § 136a.** Verstöße – gerade auch gegen das Verwertungsverbot – sind mit der **Verfahrensrüge** einer Verletzung von § 136a geltend zu machen.[303] Es kann sich empfehlen, zudem außergesetzliche Rechtsverletzungen – insbes. einen Verstoß gegen das Gebot der fairen Verfahrensführung – zu rügen (→ Rn. 5 ff., 28).[304] Obwohl aus dem Verstoß idR ein sachlicher Fehler bei der Gewinnung der Feststellungen resultiert, genügt die Sachrüge nicht, denn die darin liegende Verletzung von § 261 kann nicht isoliert geprüft werden, sondern hängt vom Verfahrensfehler ab.[305] Der verurteilte Angeklagte ist auch dann beschwert und zur Rüge befugt, wenn seiner Verurteilung entgegen einem Verwertungsverbot Aussagen von Zeugen, Sachverständigen oder Mitangeklagten zu Grunde gelegt werden.[306]

103 Die Revision muss sämtliche **Tatsachen vortragen,**[307] aus denen sich die Entstehung des Verwertungsverbots, die verbotswidrige Verwertung sowie das Beruhen der Verurteilung auf dieser Verwertung ergeben; liegen dem Verbot Ereignisse aus dem Ermittlungsverfahren zugrunde, können die jeweiligen Bezugszeitpunkte dabei erheblich auseinanderfallen.[308] Zum Tatsachenvortrag zur Entstehung des Verwertungsverbots gehören alle Umstände des Verstoßes gegen § 136a (bzw. der Vernehmungsunfähigkeit oder des Drittverhaltens) und alle Umstände, die den Ursachenzusammenhang plausibel[309] machen (sowie – zumindest aus Gründen anwaltlicher Vorsicht – die Abwesenheit von gegen die Ursächlichkeit sprechenden Umständen).[310] So sind zB bzgl. eines „Verständigungsgesprächs" insbes. die Teilnehmer und

---

[301] In diese Richtung EGMR (GK) 5.2.2008 – 74420/01, Rep. 2008, § 70, NJW 2009, 3565 (3568) – *Ramanauskas ./. LT* mBespr. *Gaede/Buermeyer* HRRS 2008, 279 (286 f.). Entspr. BGH 24.3.1959 – 5 StR 27/59, BGHSt 13, 60 (61) = NJW 1959, 1142; LG Mannheim 24.10.1975 – 3 KLs 22/75, NJW 1977, 346 f.; Löwe/Rosenberg/*Gleß* Rn. 78; AK/*Gundlach* Rn. 78; KMR/*Lesch* Rn. 50; *R. Neuhaus* NStZ 1997, 312 (315; Anm. zu LG Darmstadt 19.8.1994 – Ks 9 Js 4/92, NStZ 1997, 356); *Jahn* StraFo 2011, 117 (124 f.); *Schwabenbauer,* Der Zweifelssatz im Strafprozessrecht, 2012, S. 148; *Peters* S. 339; *Fezer* Fall 3 Rn. 39.

[302] BGH 15.11.1993 – 5 StR 639/93, StV 1994, 62 (63); LG Frankfurt 9.4.2003 – 5/22 Ks 3490 Js 230118/02, StV 2003, 327 f. – Gäfgen m. insoweit krit. Anm. *Weigend* StV 2003, 436 ff.; KK-StPO/*Diemer* Rn. 38 und 43; *Meyer-Goßner* § 136a Rn. 33; vgl. auch BVerfG 14.12.2004 – 2 BvR 1249/04, NJW 2005, 656 (657) – Gäfgen; differenzierend *Saliger* ZStW 116 (2004), 35 (57 ff.) sowie *Weiler* GA 1994, 561 (582 ff.).

[303] BGH 30.10.1987 – 3 StR 414/87, wistra 1988, 70; *Grünwald* JZ 1966, 489 (501); entspr., aber andeutend, dass evtl. besser alle Grundrechtsverletzungen von Amts wegen berücksichtigt würden, *Otto* GA 1970, 289 (305) mwN; aA [Berücksichtigung von Amts wegen] *Peters* 46. DJT 1966, Gutachten, Teil 3 A S. 97.

[304] Vgl. *Rogall,* Der Beschuldigte als Beweismittel gegen sich selbst, 1977, S. 168 f.

[305] AA Löwe/Rosenberg/*Gleß* Rn. 83; *Pfeiffer* Rn. 15 mwN.

[306] Vgl. BGH 14.10.1970 – 2 StR 239/70, bei *Dallinger* MDR 1971, 15 (18); *Rogall* JZ 1996, 944 (950, 954 f.); *Schlothauer/Weider,* Verteidigung im Revisionsverfahren, 2. Aufl. 2013, Rn. 2076 (zu Rüge 256).

[307] Ausf. zu den einzelnen Anforderungen *Schlothauer/Weider,* Verteidigung im Revisionsverfahren, 2. Aufl. 2013, Rn. 2079 ff. (Rüge 256 II.), 2087 (Rüge 257 II). Zur Abgrenzung zwischen statthaften und überspannten Anforderungen an die Begründung einer auf § 136a gestützten Verfahrensrüge s. BVerfG 8.12.2005 – 2 BvR 449/05, Rn. 21 ff., StV 2006, 57 (58 f.) – Revisionsrüge. S. dazu auch [mit guten Gründen jeweils wesentlich kritischer] *Herdegen* NStZ 1990, 513 (518) und *Fezer,* FS Hanack, 1999, 331 (348 ff.).

[308] Entspr. [zur Verfassungsbeschwerde] BVerfG 21.1.2002 – 2 BvR 1225/01, NStZ 2002, 487 (488).

[309] Aber → Rn. 95.

[310] BGH 10.5.2001 – 3 StR 80/01, NStZ 2001, 551. Dabei kann die Wiedergabe von Anklageschrift und Beweismitteln dienlich sein, BGH 16.9.2004 – 4 StR 84/04, NStZ 2005, 279 (280).

sowohl Sprecher als auch konkreter Inhalt der den Verstoß bergenden Äußerungen anzugeben; Wendungen wie „das Gericht" habe „vortragen lassen" bzw. „in Aussicht gestellt" betrachtet der BGH dabei als Indikator für unpräzise oder unvollständige Angaben.[311] Wird eine Fortwirkung des Verstoßes (→ Rn. 97) behauptet, ist der gesamte maßgebliche Verfahrensablauf seit dem Verstoß sowie ggf. das Fehlen einer qualifizierten Belehrung darzulegen.[312] Hinsichtlich der Verwertung und des Beruhens des Urteils auf dem Fehler verlangt die Rspr. praktisch die vollständige Mitteilung des Inhalts einschlägiger Sitzungs- bzw. Vernehmungsniederschriften,[313] nicht aber die wörtliche Wiederholung einer längeren, bereits zu einer anderen Rüge wiedergegebenen Niederschrift.[314]

Ein **Widerspruch**[315] gegen die Verwertung ist **nicht erforderlich,**[316] kann aber uU angeraten sein. Soweit der Verstoß schon gegenüber dem Tatgericht gerügt wurde, ist dies ggf. einschließlich des zurückweisenden Gerichtsbeschlusses im Wortlaut mitzuteilen.[317] Wenn die Revision nicht unmittelbar auf § 136a, sondern einen Verstoß gegen den Grundsatz des fairen Verfahrens gestützt wird, zieht der BGH ein Widerspruchserfordernis in Betracht und erachtet ggf. einen Ablehnungsantrag in der Tatsacheninstanz (dessen fehlerhafte Zurückweisung einen absoluten Revisionsgrund nach § 338 Nr. 3 StPO darstellen würde) als vorrangig.[318] Die Feststellungen zum Verfahrensfehler und ggf. zu den Umständen der Verwertung trifft das Revisionsgericht im **Freibeweisverfahren** und grds. ohne Bindung an die tatsächlichen Feststellungen des Tatgerichts.[319] Die Anwendbarkeit des Zweifelssatzes (→ Rn. 100) verneint die Rspr. auch im Rahmen der Revision zu Unrecht.[320] 104

2. Zu Unrecht unterlassene Verwertung. Der umgekehrte Fehler, dass das Gericht zu Unrecht ein Verwertungsverbot angenommen und die Erhebung bzw. Verwertung eines Beweises unterlassen hat, ist als **Verletzung der gerichtlichen Aufklärungspflicht** (§§ 244 Abs. 2) zu rügen.[321] Dabei ist ggf. auch darzulegen, weshalb ein Verstoß gegen § 136a nicht fortgewirkt hat.[322] 105

---

[311] BGH 2.2.2010 – 4 StR 620/09, NStZ 2010, 293, wo auch dringend zu Widerspruch und Protokollierung bzw. Ablehnungsgesuch geraten wird.

[312] BGH 24.4.1979 – 5 StR 513/78, bei *Pfeiffer* NStZ 1981, 295 (298); BGH 27.4.1988 – 3 StR 499/87, NStZ 1988, 419 (420); BGH 15.11.1993 – 5 StR 639/93, StV 1994, 62 (63); BGH 20.12.1995 – 5 StR 445/95, NStZ 1996, 290 (291); zust. *Rogall,* FS Geppert, 2011, 519 (545); zu Einschränkungen *Weigend* StV 2003, 436 (438 f.; Anm. zu LG Frankfurt 9.4.2003 – 5/22 Ks 3490 Js 230118/02, StV 2003, 325 – Gäfgen).

[313] BGH 7.11.2002 – 4 StR 247/02, NStZ-RR 2003, 144; BGH 9.3.1995 – 4 StR 77/95, NJW 1995, 2047.

[314] BGH 18.2.2010 – 3 StR 486/09, StV 2010, 676.

[315] S. dazu grds. → § 136 Rn. 72 ff.

[316] *Meyer-Goßner* Rn. 33 unter Verweis auf BGH 22.8.1995 – 1 StR 458/95, n.v.; *Schlothauer/Weider,* Verteidigung im Revisionsverfahren, 2. Aufl. 2013, Rn. 2078 (Rüge 256 I.); bei zweifelhafter Fortwirkung ein Widerspruchserfordernis erwägend BGH 20.12.1995 – 5 StR 445/95, NStZ 1996, 290 (291) m. abl. Anm. *Fezer* StV 1997, 57; dagegen ua auch *Rogall,* FS Geppert, 2011, 519 (545, Fn. 160).

[317] *R. Hamm,* Revision, 7. Aufl. 2010, Rn. 1022.

[318] [Jeweils zu Druck bei Gesprächen über die einvernehmliche Verfahrensbeendigung] BGH 8.2.2005 – 3 StR 452/04, NStZ 2005, 526 (Rn. 3) sowie BGH 28.10.2008 – 3 StR 431/08, NStZ 2009, 168. Vgl. dazu auch [grds. bestätigend, aber die unmittelbar auf § 136a gestützte Rüge offen haltend] BVerfG 8.12.2005 – 2 BvR 799/05, Rn. 10 ff., BVerfGK 7, 83 – effektiver Rechtsschutz.

[319] BGH 1.4.1960 – 4 StR 36/60, BGHSt 14, 189 (191) = NJW 1960, 1212 (1213); BGH 28.6.1961 – 2 StR 154/61, BGHSt 16, 164 (166 f.) = NJW 1961, 1979 (1980); BGH 15.5.1992 – 3 StR 419/91, BGHSt 38, 291 (293) = NJW 1992, 2903 (2904); BGH 21.7.1994 – 1 StR 83/94, NJW 1994, 2904 (2905; insoweit nicht abgedr. in BGHSt 40, 211); *R. Hamm,* Revision, 7. Aufl. 2010, Rn. 1024; einschr. [Bindung soweit Feststellungen im Strengbeweisverfahren erfolgten] *Fezer* JZ 1989, 348 (349; Anm. zu BGH 24.8.1988 – 3 StR 129/88, BGHSt 35, 328 = NJW 1989, 842); aA [eigene Feststellungen des Revisionsgerichts nur soweit Tatsacheninstanz keine traf] *Peters* 46. DJT 1966, Gutachten, Teil 3 A S. 158.

[320] BGH 28.6.1961 – 2 StR 154/61, BGHSt 16, 164 (167) = NJW 1961, 1979 (1980); *Meyer-Goßner* Rn. 33; zutr. aA Löwe/Rosenberg/*Gleß* Rn. 80; HK-GS/*Jäger* Rn. 49. Zu wN → Rn. 100.

[321] BGH 9.3.1995 – 4 StR 77/95, NJW 1995, 2047; s. dazu auch [bzgl. § 136] BGH 18.12.2008 – 4 StR 455/08, BGHSt 53, 112 (117 f. Rn. 16 f.) = NStZ 2009, 281 (282). Vgl. [zugleich Rüge der Verkennung der Reichweise des § 136a Abs. 3] *R. Hamm,* Revision, 7. Aufl. 2010, Rn. 1023. Dazu, dass uU eine „Darstellungsrüge" in ähnlicher Angriffsrichtung bessere Aussichten auf Erfolg hat, *Fezer,* FS Hanack, 1999, 331 (351).

[322] BGH 9.3.1995 – 4 StR 77/95, NJW 1995, 2047.

106 **3. Weitere Rechtsbehelfe.** Zur Möglichkeit einer Beschwerde (vor der Revision) → § 136 Rn. 54. Zu Rechtsbehelfen nach der Revision → Rn. 7. Spricht das **BVerfG** (idR auf eine Verfassungsbeschwerde gegen die letztinstanzliche Entscheidung hin) den Verstoß bzw. die Unverwertbarkeit eines Beweismittels aus, hat es das Verfahren zugleich in den Zustand vor der (in der Gerichtsentscheidung liegenden) Grundrechtsverletzung zurückzuversetzen (§ 95 Abs. 2 BVerfGG). Für Wiederaufnahmeverfahren Dritter nach §§ 79 Abs. 1, 95 Abs. 3 S. 3 BVerfGG ist selten Raum.[323] Stellt erst der **EGMR** (auf eine Individualbeschwerde hin) eine Verletzung der EMRK fest, kommt eine **Wiederaufnahme** des Strafverfahrens zugunsten des Verurteilten[324] nach § 359 Nr. 6 StPO in Betracht. Diese kann abgelehnt werden, wenn die Verurteilung nicht auf der Verletzung der EMRK beruhte, zB weil nicht die ursprüngliche Aussage, sondern ein fehlerfrei wiederholtes Geständnis (→ Rn. 97) verwertet wurde.[325]

---

[323] Zur grds. Möglichkeit und Voraussetzungen solcher Anträge s. [bzgl. überdehnender Auslegung von § 266 StGB] KG 18.4.2012 – 3 WS 231/12 – 141 AR 190/12, NJW 2012, 2985.

[324] Ob darunter auch Dritte fallen, ist umstritten; ablehnend zB *Meyer-Goßner* § 359 Rn. 52.

[325] OLG Frankfurt a. M. 29.6.2012 – 1 Ws 3/12, LS bei *Jahn* JuS 2013, 27 nach EGMR (GK) 1.6.2010 – 22978/05, Rep. 2010, §§ 107 ff., EuGRZ 2010, 417 (428 ff.) = NJW 2010, 3145 (3146 ff.) – *Gäfgen ./. D* m. krit. Bespr. [insbes. für Wiederaufnahme] *Sauer* JZ 2011, 23 sowie *Weigend* StV 2011, 325.

Elfter Abschnitt. Verteidigung

§ 137 [Wahl eines Verteidigers]

(1) [1]Der Beschuldigte kann sich in jeder Lage des Verfahrens des Beistandes eines Verteidigers bedienen. [2]Die Zahl der gewählten Verteidiger darf drei nicht übersteigen.

(2) [1]Hat der Beschuldigte einen gesetzlichen Vertreter, so kann auch dieser selbständig einen Verteidiger wählen. [2]Absatz 1 Satz 2 gilt entsprechend.

Schrifttum: *Albrecht/Stern,* Verteidigung in Jugendstrafsachen, StV 1988, 410; *Beckemper,* Der Antrag auf Bestellung eines Pflichtverteidigers im Ermittlungsverfahren, NStZ 1999, 221; *Beckemper,* Der Antrag auf Bestellung eines Pflichtverteidigers im Ermittlungsverfahren, NStZ 1999, 221; *Beulke,* Muß die Polizei dem Beschuldigten vor der Vernehmung „Erste Hilfe" bei der Verteidigerkonsultation leisten?, NStZ 1996, 257; *Däubler-Gmelin,* Überlegungen zur Reform des Strafprozesses, StV 2001, 359; *Deckers,* Reform des Strafprozesses – Unverzichtbares aus der Sicht der Verteidigung, StraFo 2006, 269; *Demko,* Die gerichtliche Fürsorgepflicht zur Wahrung einer tatsächlichen und wirksamen Verteidigung im Rahmen des Art. 6 Abs. 3 lit. c EMRK, HRRS 2006, 250; *DJT,* Die Beschlüsse des 65. Deutschen Juristentags Bonn 2004, NJW 2004, 3241; *Dölling/Feltes,* Dauer von Strafverfahren, StV 2000, 174; *DRB/DAV,* Für Streitkultur im Strafrecht, DRiZ 1997, 491; *Dünnebier,* Ausschließung von Verteidigern und Beschränkung der Verteidigung, NJW 1976, 1; *Eisenberg,* Anm. zu BGH v. 21.7.2009 – 5 StR 235/09, JR 2011, 121; *ders.,* Der Verteidiger im Jugendstrafverfahren, NJW 1984, 2913; *Eser,* Verteidigung in der internationalen Strafsgerichtsbarkeit, FS Widmaier 2008, S. 147; *Fahl,* Rechtsmißbrauch im Strafprozeß, 2004; *Gössel,* Die Stellung des Verteidigers im rechtsstaatlichen Strafverfahren, ZStW 94 (1982), 5; *Gusy,* Grundrechtsschutz der Strafverteidigung, AnwBl 1984, 225; *Herrmann,* Strafprozeßrecht, ZStW 89 (1977), 754; *Jahn,* Das partizipatorische Ermittlungsverfahren im deutschen Strafprozess: Theoretische Grundlagen und praktische Ausgestaltung, ZStW 115 (2003), 815; *Kaiser,* Die Verteidigervollmacht und ihre Tücken, NJW 1982, 1367; *Knell-Saller,* Der Sicherungsverteidiger, Diss. Passau 1995; *Kortz,* Die Notwendigkeit der Verteidigung im Strafverfahren, Diss. Bonn 2009; *Krause,* Einzelfragen zum Anwesenheitsrecht des Verteidigers im Strafverfahren, StV 1984, 169; *Kropp,* Zur Überprüfung von Terminsbestimmungen des Vorsitzenden in Strafsachen, NStZ 2004, 668; *Malek,* Verteidigung in der Hauptverhandlung, 2012; *Michalke,* Wenn der Staatsanwalt klingelt – Verhalten bei Durchsuchung und Beschlagnahme, NJW 2008, 1490; *Moos,* Anm. zu OLG Karlsruhe 4.5.1982 – 4 Ws 64/82, StV 1982, 561; *E. Müller,* Terminsanberaumung, Terminsverlegung und Strafverteidigung, FS Widmaier, 2008, S. 357; *ders.,* Gedanken zur Vernehmung des Angeklagten in der Hauptverhandlung und zum sog. Opening-Statemant des Verteidgers, FS Hanack, 1999, S. 63; *Münchhalffen,* Bedeutung der Sitzordnung für eine ungehinderte Verteidigung, StraFo 1996, 18; *Neuhaus,* Beruhensfrage (§ 337 I StPO) und unzureichende Verteidigerleistung, StV 2002, 43; *Odenthal,* Die Gegenüberstellung zum Zwecke des Wiedererkennens, NStZ 1985, 433; *Paulus,* Dogmatik der Verteidigung, NStZ 1992, 305; *Pauly,* Das Wiedererkennen im Straf- und Bußgeldverfahren, StraFo 1998, 41; *Rau,* Anm. zu OLG München v. 5.11.2002 – 2 Ws 672/02, NStZ 2003, 502; *Regierungskoaliation SPD/DIE GRÜNEN,* Eckpunktepapier einer Reform des Strafverfahrens, StV 2001, 314; *Rengier,* Praktische Fragen bei Durchsuchungen, insbesondere in Wirtschaftsstrafsachen, NStZ 1981, 372; *Renzikowski,* Das Recht auf Beistand eines Verteidigers im Lichte von Art. 6 Abs. 3 lit c EMRK und des 6th Amendments zur US-Verfassung, FS Roxin, 2011, S. 1341; *Rieß,* Prolegomena zu einer Gesamtreform des Strafverfahrensrechts, FS Schäfer, 1980, S. 155; *Rzepka,* Zur Fairness im deutschen Strafverfahren, 2000; *Satzger,* Braucht der Strafprozess Reformen?, StraFo 2006, 45; *Schmidt-Leichner,* Strafverfahrensrecht 1975 – Fortschritt oder Rückschritt, NJW 1975, 417; *Schmuck,* § 137 Abs. 1 S. 2 StPO in der täglichen Praxis, PVR 2002, 352; *Skuhr,* Anwesenheitsrecht des Verteidigers im Ermittlungsverfahren, NJW 1966, 1350; *Sommer,* Effektive Strafverteidigung, 2011; *ders.,* Verteidigung und Dolmetscher, StraFo 1995, 45; *ders.,* Maßnahmen des Strafverteidigers in der Hauptverhandlung, ZAP 1994, 101; *Weihrauch/Bosbach,* Verteidigung im Ermittlungsverfahren, 2011; *Widmaier,* Höchstzahl von drei Strafverteidigern (§ 137 StPO) – nicht in der Justizvollzugsanstalt,StraFo 2011, 390; *Wohlers,* Anm. zu BGH v. 5.6.2007 – 5 StR 383/06, JR 2008, 127; *Zieger,* Verteidigung in Jugendstrafsachen, 2008; *ders.,* Vernachlässigte Tätigkeitsfelder der Verteidigung, insbesondere Vollstreckung und Vollzug, StV 2006, 375; *ders.,* Verteidiger in Jugendstrafsachen – Erfahrungen und Empfehlungen, StV 1982, 305.

Übersicht

A. Überblick

1 Der seit Einführung der RStPO im Wortlaut unveränderte Abs. 1 S. 1 normiert das grundlegende Recht des Beschuldigten auf formelle Verteidigung. Abs. 1 S. 2 beschränkt seit 1975 die Möglichkeit, mehrere Verteidiger zu wählen (→ Rn. 29 ff.); Abs. 2 erg. die Regelung, indem auch den gesetzlichen Vertretern von Beschuldigten ein Recht auf Verteidigerwahl gegeben wird (→ Rn. 35 ff.).

2 Reformen, mit denen die Befugnisse des Verteidigers konkreter ausgestaltet werden sollten (→ Rn. 4), wurden nicht umgesetzt.[1] Insbes. Erweiterungen der Verteidigungsbefugnisse im Ermittlungsverfahren (→ Rn. 18 f.) werden seit langem diskutiert.[2] Auch eine Reform zur tatsächlichen Ermöglichung des Rechts auf Verteidigung für mittellose Beschuldigte steht aus.[3]

B. Recht auf Beistand des Walverteidigers – Abs. 1 S. 1

I. Höherrechtliche Grundlagen

3 **Art. 6 Abs. 3 lit. c EMRK** normiert das Recht auf einen Verteidiger des Vertrauens als Bestandteil des fairen Verfahrens.[4] Der EGMR betont, *„dass die Konvention nicht den Zweck hat, theoretische oder illusorische Rechte zu gewährleisten, sondern Rechte, die praktisch und effektiv sind. Dies gilt insbesondere für Rechte der Verteidigung im Hinblick auf die herausragende Stellung, die das Recht auf ein faires Gerichtsverfahren in einer demokratischen Gesellschaft einnimmt, von dem jene Rechte abgeleitet sind."*[5] Neben dem spezielleren lit. c gewährt lit. b ein Recht auf Kontaktmöglichkeit zu einem Verteidiger, da dies die Voraussetzung zur Vorbereitung einer sachgerechten Verteidigung ist.[6]

4 Nach allgM ist das Recht auf Verteidigerbeistand im **Grundgesetz** verankert; str. ist lediglich, welches Grundrecht hier zugrundezulegen ist. In dem Entwurf war das Grund-

[1] Löwe/Rosenberg/*Lüderssen/Jahn* Rn. 1.

[2] Löwe/Rosenberg/*Lüderssen/Jahn* Rn. 18 ff.; *Däubler-Gmelin* StV 2001, 359; *Deckers* StraFo 2006, 269; *Jahn* ZStW 115 (2003), 815 (832); *65. DJT,* NJW 2004, 3241 (3244); Eckpunktepapier der Regierungskoalition StV 2001, 314.

[3] Ausf. *Kortz,* Diss. Bonn 2009, S. 188 f., 193 ff.; § 140 Rn. 3; *Gössel* ZStW 94 (1982), 5 (34 f.); *Kühne* Rn. 197 ff.; *Roxin/Schünemann* § 19 Rn. 44.

[4] EGMR 19.12.1989 – 9783/82, EGMR-E 4, 450 (468) – Kamasinski ./. Österreich; stRspr des BGH ua: BGH 12.1.1996 – 5 StR 756/94, BGHSt 42, 15 (20 f.) = NJW 1996, 1547 (1548 f.).

[5] EGMR 13.5.1980 – 6694/74, EGMR-E 1, 480 (485) – Artico ./. Italien; vgl. auch EGMR 19.12.1989 – 9783/82, EGMR-E 4, 450 (469) – Kamasinski ./. Österreich; EGMR 21.1.1999 – 26103/95, NJW 1999, 2353 – Geyseghem ./. Belgien; BGH 6.4.2000 – 1 StR 502/99, BGHSt 46, 36 (44 f.) = NJW 2000, 2217 (2219) mwN, ausf. dazu *Demko* HRRS 2006, 250.

[6] SK-StPO/*Paeffgen* EMRK Art. 6 Rn. 131.

recht auf Beistand eines Verteidigers explizit genannt, wurde aber zu Gunsten einer konkreteren, einfachrechtlichen Ausgestaltung nicht umgesetzt.[7] Das Recht auf einen Verteidiger gehört unstr. *„zu den fundamentalen Attributen menschlicher Würde und zu den grundlegenden Prinzipien des Rechtsstaats“.*[8] und wird ganz überwiegend als Teil des **Rechts auf ein faires Verfahren**[9] und somit (neben Art. 6 EMRK) im Rechtsstaatsprinzip[10] bzw. in **Art. 2 Abs. 1 GG iVm dem Rechtsstaatsprinzip**[11] verortet. Das Recht auf Verteidigerbeistand soll die Subjektstellung des Beschuldigten durch eine größere Einflussmöglichkeit auf das Verfahren und eine Stärkung der Unabhängigkeit bewahren;[12] durch die Unterstützung eines Verteidigers ist der Beschuldigte weniger davon abhängig, dass Gericht und StA – wie vorgesehen – seine Rechte schützen und Beteiligungsmöglichkeiten gewähren.[13] Daher ist auch eine Garantie durch **Art. 1 Abs. 1 GG** naheliegend; eine Beschränkung, die das Recht auf Verteidigung *„in seinem Wesensgehalt antastet, kann als Verstoß gegen die Grundnorm des Art. 1 Abs. 1 GG von Verfassungs wegen nicht hingenommen werden“.*[14] (erg. Rn. 6). Auch aus dem **Recht auf rechtliches Gehör, Art. 103 Abs. 1 GG** wird das Recht auf Verteidigerbeistand abgeleitet, da ein Laie das Recht nicht effektiv wahrnehmen kann und somit das rechtliche Gehör indirekt versagt wird;[15] nach dem BVerfG gewährleistet Art. 103 Abs. 1 GG *„nicht rechtliches Gehör gerade durch Vermittlung eines Anwalts“.*[16] Nach diff. Ansicht beinhaltet Art. 103 Abs. 1 GG das Recht auf Verteidigerbeistand, wenn das rechtliche Gehör ohne Verteidiger nicht angemessen wahrgenommen werden kann, zB wenn der Beschuldigte mit Beistand eines Verteidigers rechnen durfte und daher unvorbereitet ist.[17] Die Herleitung aus Art. 103 Abs. 1 GG wird dadurch gestützt, dass rechtliches Gehör ausreichende Information voraussetzt, die nach § 147 dem Beschuldigten in geringerem Maße zur Verfügung steht als dem Verteidiger.

II. Beschuldigter

Trotz des Wortlautes besteht das Recht nicht nur für den Beschuldigten iSd § 157, sondern – wie insg. im 11. Abschnitt – für jeden Tatverdächtigten und auch Verurteilten (erg. Rn. 12); auch vor einem formellen Beschuldigtenstatus, zB bei Vorermittlungen oder Personen, die vermuten, zu Beschuldigten zu werden.[18] Im Hinblick auf ein faires Verfahren und die Belastungen durch ein Ermittlungsverfahren muss die Inanspruchnahme eines Verteidigers zur Überprüfung der Rechtmäßigkeit von Ermittlungsmaßnahmen und seine Hilfe zum möglichst baldigen Ausscheiden aus dem Kreis potentieller Beschuldigter möglich 5

[7] Löwe/Rosenberg/*Lüderssen/Jahn* Rn. 3; *Knell-Saller,* Diss. Passau 1995, S. 34.

[8] BGH 5.6.2007 – 5 StR 383/06, NJW 2007, 3010 (3012); BGH 9.12.1988 – 2 StR 279/88, BGHSt 36, 44 (48) = NJW 1989, 1228 (1229); vgl. auch BVerfG 30.3.2004 – 2 BvR 1520/01, BVerfGE 110, 253 (261 ff.) = NJW 2004, 1305 (1307) mwN; BGH 12.1.1996 – 5 StR 756/94, BGHSt 42, 15 (21 f.) = NJW 1996, 1547 (1548 f.); BGH 29.10.1992 – 4 StR 126/92, BGHSt 38, 372 (374) = NJW 1993, 338 (339).

[9] Statt aller BVerfG 14.12.1983 – 2 BvR 1724/82, NJW 1984, 862; krit. *Neuhaus* StV 2002, 43 (46).

[10] BGH 6.11.1991 – 4 StR 515/91, StV 1992, 53; HK/*Julius* Rn. 1; *Paulus* NStZ 1992, 305 (310).

[11] BVerfG 30.3.2004 – 2 BvR 1520/01, BVerfGE 110, 226 (253) = NJW 2004, 1305 (1308) mwN.

[12] BVerfG 3.6.1969 – 1 BvL 7/68, BVerfGE 26, 66 (71); VerfGH Rhl.-Pf. 11.5.2006 – VGH B 6/06, NJW 2006, 3341.

[13] BVerfG 8.10.1974 – 2 BvR 747/73, BVerfGE 38, 105 (111 f.) = NJW 1975, 103.

[14] BGH 9.12.1988 – 2 StR 279/88, BGHSt 36, 44 (48) = NJW 1989, 1228 (1229).

[15] AnwK/*Krekeler/Werner* Rn. 1; *Gusy* AnwBl 1984, 225; *Neuhaus* StV 2002, 43 (46 f.); *Eser,* FS Widmaier, 2008, 147 (153); OLG Koblenz 10.9.2009 – 2 SsRs 54/09, StV 2010, 476; aA BayObLG 29.3.1995 – 2 Ob OWi 61/95, NJW 1995, 3134.

[16] BVerfG 14.12.1983 – 2 BvR 1724/82, NStZ 1984, 176; BVerfG 11.3.1975 – 2 BvR 135/75, BVerfGE 39, 156 (168) = NJW 1975, 1013; BVerfG 8.10.1974 – 2 BvR 747/73, BVerfGE 38, 105 (118) = NJW 1975, 103; ausf. *Kortz,* Diss. Bonn 2009, S. 45 ff.

[17] BayObLG 19.1.1988 – 1 Ob OWi 282/87, BayObLGSt 88, 3 = NStZ 1988, 281; *Paulus* NStZ 1992, 305 (Fn. 105); *Knell-Saller,* Diss. Passau 1995, S. 34.

[18] BGH 3.10.1979 – 3 StR 264/79 (S), BGHSt 29, 99 (105) = NJW 1980, 64 (65); AK/*Stern* Rn. 21; SK-StPO/*Wohlers* Rn. 7.

sein.[19] Unter Beachtung der §§ 138, 139 StGB kann ein Verteidigungsverhältnis auch bei noch nicht entdeckten, noch andauernden oder bevorstehenden Taten begründet werden.[20]

III. Beistand eines Verteidigers

6 **1. „sich bedienen" – Verteidiger seiner Wahl.** Unstr. beinhaltet das Recht auf ein faires Verfahren nicht nur das Recht auf Verteidigung (→ Rn. 3 f.), sondern explizit das Recht, sich *„von einem gewählten Verteidiger* ***seines Vertrauens*** *verteidigen zu lassen".*[21] Das Vertrauen zwischen Verteidiger und Mandant ist eine grundlegende Voraussetzung für eine wirksame Verteidigung und somit auch für die Subjektstellung des Beschuldigten.[22] Dieses muss bei der Verfahrensgestaltung beachtet werden;[23] im Widerspruch dazu stehen zahlreiche Entscheidungen zur Terminierung der Hauptverhandlung (→ Rn. 22 ff.). Dies ist insbes. bedenklich, wenn das Beschleunigungsgebot, welches den Beschuldigten schützen soll, als Argument zur Einschränkung seiner Wahlfreiheit dient.[24] Welcher Verteidiger ein solcher „des Vertrauens" ist, bestimmt sich subjektiv,[25] daher kann es bei der Beurteilung der Relevanz im Rahmen einer Abwägung nicht ausschließlich auf objektive Kriterien wie die Dauer des Verteidigungsverhältnisses ankommen.[26] *„Der Angeklagte und nicht das Gericht bestimmt die Person des Wahlverteidigers."*[27] Der Hinweis auf die anderweitige Gewährleistung einer „ordnungsgemäßen Verteidigung" (sog **aufgezwungene Pflichtverteidigung**)[28] ignoriert das Recht auf einen Verteidiger des Vertrauens, dh das Recht, eigenständig zu entscheiden, durch wen sich der Beschuldigte „ausreichend" verteidigt sieht, und ist mit Abs. 1 S. 1 und Art. 6 Abs. 3 lit. c EMRK nicht vereinbar.[29] Die sich aus Abs. 1 S. 1 ergebenden Rechte dürfen nicht mit Verweis auf eine bestehende Pflichtverteidigung eingeschränkt werden,[30] und im Hinblick auf S. 2 auch nicht durch eine weitere Wahlverteidigung.[31]

7 Wer Verteidiger sein kann, richtet sich nach § 138. Es liegt in der **Verantwortung des Beschuldigten,** einen Verteidiger zu finden;[32] eine Hilfspflicht der Behörden besteht nur beim inhaftierten Beschuldigten (erg. Rn. 18, § 141 Rn. 24). Wenn zzt. der Mandatierung bereits die Hauptverhandlung terminiert ist, beinhaltet dies die Verantwortung, einen Verteidiger zu finden, der den Termin wahrnehmen kann;[33] anders jedoch bei (unabhängig vom konkreten Verfahren) bereits bestehendem Vertrauensverhältnis – auf dieses ist bei Terminierung Rücksicht zu nehmen. Wenn der Richter erkennbar keine Rücksicht auf

[19] Zum Speicheltest: BGH 19.1.2000 – 3 StR 531/99, BGHSt 45, 367 (372) = NJW 2000, 1962 (1964); KMR/*Hiebl* Rn. 2 ff.

[20] AK/*Stern* Rn. 21; HK-StPO/*Julius* Rn. 4.

[21] BVerfG 11.3.1975 – 2 BvR 135/75 (ua); BVerfGE 39, 156 (163) = NJW 1975, 1013 (1014); BGH 12.1.1996 – 5 StR 756/94, BGHSt 42, 15 (20 f.) = NJW 1996, 1547 (1548 f.) jeweils mwN.

[22] BVerfG 12.8.2002 – 2 BvR 932/02, StV 2002, 578 (580); OLG Dresden 4.4.2012 – 1 Ws 66/12, NStZ-RR 2012, 213; *Gusy* AnwBl 1984, 225 (226); *Kühne* Rn. 183.

[23] BVerfG 12.8.2002 – 2 BvR 932/02, StV 2002, 578 (580); BGH 6.7.1999 – 1 StR 142/99, NStZ 1999, 527.

[24] So zB BGH 29.8.2006 – 1 StR 285/06, NStZ 2007, 163 (164); dazu *Beukelmann* NJW-Spezial 2007, 279.

[25] OLG Köln 22.10.2004 – 8 Ss OWi 48/04, DAR 2005, 576 (577).

[26] OLG Dresden 28.6.2004 – 1 Ws 121/04, NJW 2004, 3196 (3197).

[27] OLG Karlsruhe 27.7.2009 – 1 Ss 102/09, StV 2010, 477.

[28] BGH 29.8.2006 – 1 StR 285/06, NStZ 2007, 163 (164 ff.); BGH 20.6.2006 – 1 StR 169/06, NStZ 2006, 513 (514); BGH 19.1.2006 – 1 StR 409/05, NStZ-RR 2006, 272; BGH 18.12.1997 – 1 StR 483/97, NStZ 1998, 311 (312).

[29] Vgl. BGH 6.7.1999 – 1 StR 142/99, NStZ 1999, 527; BGH 11.9.1986 – 1 StR 472/86, NStZ 1987, 34 (ua mit Bezug auf § 143); § 141 Rn. 6.

[30] BVerfG 28.3.1984 – 2 BvR 275/83, BVerfGE 66, 313 = NJW 1984, 2403; BGH 6.7.1999 – 1 StR 142/99, NStZ 1999, 527.

[31] BGH 23.8.2004 – 1 StR 199/04, NStZ 2005, 114.

[32] BayObLG 24.9.2001 – 5St RR 248/01, BayObLGSt 2001, 111 (114); OLG Düsseldorf 26.9.1978 – 5 Ss 181/78 – 42/78 V, GA 1979, 226 (227).

[33] BayObLG 24.9.2001 – 5 St RR 248/01, BayObLGSt 2001, 111 (114);OLG Düsseldorf 26.9.1978 – 5 Ss 181/78 – 42/78 V, GA 1979, 226 (227).

Wunsch nach einem Verteidiger des Vertrauens nimmt, kann dies ein **Befangenheitsgrund** sein.[34] Um die freie Wahl zu ermöglichen, muss das Anbahnungsgespräch vom Schutz des § 148 erfasst werden.[35] Erg. zur Verteidigerwahl durch **nicht oder eingeschränkt geschäftsfähige Beschuldigte** Rn. 38.

„Der gewählte Verteidiger erlangt seine Rechtsstellung mit dem Abschluß des Verteidigervertrags. Einer zusätzlichen schriftlichen Bevollmächtigung bedarf es nicht. Die **‚Verteidigervollmacht'** dient lediglich zum Nachweis, daß ein Verteidigervertrag besteht."[36] Wenn sich ein Verteidiger bei Gericht meldet, Prozesshandlungen vornimmt oder bei einem Termin erscheint, wird seine **Verteidigerstellung vermutet.**[37] Eines Nachweises bedarf es nur bei Anhaltspunkten, die der Vermutung widersprechen;[38] gleiches gilt für den Unterbevollmächtigten.[39] Zum Nachweis reicht eine anwaltliche Versicherung;[40] auch ein Auftreten in der Hauptverhandlung in Anwesenheit des Angekl. steht in der Eindeutigkeit einer schriftlichen Vollmacht gleich.[41] Da der Nachweis nicht konstitutiv für die Verteidigerstellung ist, ist eine Handlung auch bei einem nachträglichen Nachweis wirksam, soweit der Vertrag zzt. der Handlung bestand.[42] Eine erteilte Vollmacht muss sich auf eine oder mehrere konkrete Rechtssachen beziehen.[43] 8

Durch die **Beendigung** des Vertrages wird die Verteidigerstellung beendet, im Regelfall besteht das Mandat bis zur rechtskräftigen Verfahrensbeendigung (inklusive des Kostenfestsetzungsverfahrens). Wenn es nicht auf einzelne Verfahrensabschnitte beschränkt ist, besteht es auch im Strafvollstreckungs-[44] bzw. Strafvollzugsverfahren und im Wiederaufnahme-[45] und Gnadenverfahren fort.[46] Der Vertrag kann unabhängig vom Verfahrensstand durch Kündigung beendet werden – seitens des Verteidigers jedoch nicht „zur Unzeit" (§ 627 Abs. 2 BGB; → § 145 Rn. 22). Ein anderer Verteidiger kann gegenüber dem Gericht nur bei Bestehen einer Vertretungsvollmacht die Beendigung des Mandatsverhältnisses des Mitverteidigers anzeigen.[47] Das Wahlverteidigungsverhältnis endet auch mit der Beiordnung nach § 141;[48] wegen des höchstpersönlichen Charakters des Strafverfahrens auch mit dem Tod des Beschuldigten.[49] 9

2. Beistand. Dass sich der Beschuldigte des Beistandes eines Verteidigers bedienen kann, bedeutet, dass der Verteidiger **nicht Vertreter** des Beschuldigten ist, sondern ihm im Rahmen seiner Verteidigung professionell zu Seite stehen soll. Nach üA ergibt sich daraus, dass der Verteidiger unabhängig vom Beschuldigten ist und daher auch gegen den Willen des Beschuldigten handeln darf –[50] was jedoch der Beistandsfunktion wiederspricht (→ Rn. 4).[51] 10

---

[34] BayObLG 1.12.1978 – RReg 4 St 253/87, StV 1988, 97.
[35] § 148 Rn. 7 f.
[36] BGH 9.10.1989 – 2 StR 352/89, BGHSt 36, 259 (260) = NJW 1990, 586 (587).
[37] BGH 7.7.1997 – 5 StR 307/97, NStZ-RR 1998, 18; LG Ellwangen 19.11.2002 – 1 Qs 152/02, NStZ 2003, 33; *Kaiser* NJW 1982, 1367 (1368).
[38] St. Rsp. ua LG Bonn 27.12.2000 – 37 Qs 59/00, AnwBl 2001, 300; SK-StPO/*Wohlers* Rn. 8.
[39] OLG Düsseldorf 5.3.1998 – 1 Ws 120/98, StraFo 1998, 227; HK-StPO/*Julius* Rn. 6.
[40] OLG Nürnberg 10.4.2007 – 2 St OLG Ss 10/07, NJW 2007, 1767.
[41] OLG Karlsruhe 24.9.1983 – 3 Ss 111/82, NJW 1983, 895.
[42] OLG Nürnberg 10.4.2007 – 2 St OLG Ss 10/07, NJW 2007, 1767.
[43] LG Bonn 27.12.2000 – 37 Qs 59/00, AnwBl 2001, 300.
[44] OLG Hamm 22.2.1955 – 2 Ws 39/55, NJW 1955, 1201.
[45] OLG Düsseldorf 20.12.1989 – 1 Ws 1144/89, wistra 1990, 168.
[46] AK/*Stern* Rn. 9; HK-StPO/*Julius* Rn. 5; SK-StPO/*Wohlers* Rn. 10; aA Dölling/Duttge/Rössner/*Weiler* Rn. 9 mit Bezug auf §§ 364, 364b.
[47] BGH 13.12.2005 – 5 StR 494/05, NStZ 2006, 461.
[48] OLG München 14.7.2010 – 4 St RR 93/10, NJW-Spezial 2010, 538; → § 141 Rn. 14 mwN.
[49] OLG Hamburg 8.9.2003 – 2 Ws 217/03, NStZ 2004, 280; OLG München 5.11.2002 – 2 Ws 672/02, NStZ 2003, 501 mAnm *Rau*; aA OLG Celle 28.5.2002 – 1 Ws 132/02, NJW 2002, 3720; SK-StPO/*Wohlers* Rn. 12.
[50] BGH 30.10.1959 – 1 StR 418/59, BGHSt 13, 337 (343); BGH 30.1.1959 – 1 StR 510/58, BGHSt 12, 367 (369) = NJW 1959, 731; *Kühne* Rn. 178.
[51] Löwe/Rosenberg/*Lüderssen/Jahn* Rn. 29 ff.

11 Das Beistandleisten des Verteidigers setzt die **tatsächliche Möglichkeit** des Beistandes voraus. Beistand geht schon begrifflich über die bloß formelle Existenz einer Verteidigung hinaus.[52] Dazu muss der Verteidiger zum einen die Funktion eines einseitigen **Interessenvertreters** des Beschuldigten innehaben und zum anderen über ausreichende Anwesenheits- und Beteiligungsmöglichkeiten verfügen. Daher sind die in der StPO normierten Befugnisse in konventionengerechter Auslegung als nicht abschließend anzusehen (erg. Rn. 14 ff.).[53] Neben der rechtlichen Einflussmöglichkeit ist der psychische Beistand in jeder Lage des Verfahrens eine wichtige Funktion des Verteidigers.[54] Auch fehlende Informationen des Beschuldigten über das Recht aus Abs. 1 S. 1 verhindern einen effektiven Beistand. Unantastbarer Wesensgehalt des Rechts auf Verteidigung ist das **offene Gespräch** zwischen Verteidiger und Mandant. Ein Verstoß liegt vor, wenn dies zB durch eine fehlende Aussagegenehmigung für beschuldigte Beamte behindert wird[55] oder wenn eine fehlende Schweigerechtsentbindung des Verteidigers negativ ausgelegt wird.[56] Ebenso darf das Hinzuziehen eines Verteidigers (im Ermittlungsverfahren) nicht negativ ausgelegt werden.[57] Zur effektiven Umsetzung des Beistandrechts gehört auch nach Art. 6 Abs. 3 lit. e EMRK die endgültig[58] unentgeltliche Tätigkeit eines **Dolmetschers** für die mündliche und schriftliche Kommunikation mit dem Verteidiger[59] ab dem Ermittlungsverfahren.[60] Angesichts des S. 2 gilt dies auch für mehrere Verteidiger[61] und auch bei einer Wahlverteidigung neben bestehender Pflichtverteidigung.[62] Es bedarf – wegen der Verzögerung – keines vorherigen Gerichtsbeschl.[63] Ein Antrag auf Beiordnung nach § 187 Abs. 1 GVG ist aber möglich.[64]

IV. In jeder Lage des Verfahrens

12 Umfasst ist das gesamte Strafverfahren inklusive der Vollstreckung; dh das Recht aus Abs. 1 S. 1 besteht spätestens mit Beginn des Ermittlungsverfahrens durch alle Instanzen bis zum **Wiederaufnahmeverfahren, im Rahmen von Strafvollstreckungsentscheidungen,**[65] Verfahren zur **Sicherungsverwahrung,**[66] **Entschädigungsverfahren** nach dem StrEG[67] und dem **Gnadenverfahren** (allgM). Das Beistandsrecht und somit auch ein Teilnahmerecht an Terminen besteht auch innerhalb des **Strafvollzugs,** so bei Disziplinarverfahren.[68] Werden **Vorermittlungen** vor der formellen Eröffnung eines Ermittlungsverfahrens geführt, ist auch zu diesem Zeitpunkt ein Beistandsrecht gegeben (→ Rn. 5).[69]

---

[52] EGMR 13.5.1980 – 6694/74, Artico ./. Italien EGMR – E 1, 480 (485 f.).
[53] SK-StPO/*Wohlers* Rn. 3.
[54] *Barton* Einführung § 2 Rn. 9.
[55] BGH 5.6.2007 – 5 StR 383/06, NJW 2007, 3010 (3012).
[56] BGH 19.1.2000 – 3 StR 531/99, BGHSt 45, 367 (371) = NJW 2000, 1962 (1963 f.).
[57] BGH 19.1.2000 – 3 StR 531/99, BGHSt 45, 367 (372) = NJW 2000, 1962 (1964).
[58] EGMR 19.12.1989 – 9783/82, Kamasinski ./. Österreich EGMR-E 4, 450 (475); EGMR 28.11.1978 – 6210/73, 6877/75, 7132/75, NJW 1979, 1091.
[59] BVerfG 27.8.2003 – 2 BvR 2032/01, NJW 2004, 50 (51); BGH 26.10.2000 – 3 StR 6/00, BGHSt 46, 178 (185 f.) = NJW 2001, 309 (311); OLG Celle 9.3.2011 – 1 Ws 102/11, StraFo 2011, 186.
[60] EGMR 19.12.1989 – 9783/82, Kamasinski ./. Österreich, EGMR-E 4, 450 (472); OLG Brandenburg 27.7.2005 – 1 Ws 83/05, StV 2006, 28 (29).
[61] LG Bielefeld 15.4.2011 – Qs 208/11, StraFo 2011, 217.
[62] OLG Karlsruhe 9.9.2009 – 2 Ws 305/09, StraFo 2009, 527; OLG Brandenburg 27.7.2005 – 1 Ws 83/05, StV 2006, 28.
[63] BVerfG 27.8.2003 – 2 BvR 2032/01, NJW 2004, 50 (51); OLG Brandenburg 27.7.2005 – 1 Ws 83/05, StV 2006, 28 (29); *Sommer* StraFo 1995, 45 (49).
[64] OLG Celle 9.3.2011 – 1 Ws 102/11, StraFo 2011, 186.
[65] Mündliche Anhörung zur Strafrestaussetzung: BVerfG 11.2.1993 – 2 BvR 710/91, NJW 1993, 2301; OLG Saarbrücken 23.9.2010 – 1 Ws 137/10, NStZ 2011, 478; Vollstreckungsverfahren insg. OLG Koblenz 4.4.2006 – 2 Ws 48/06, StV 2007, 420; Strafvollzug: OLG Bamberg 3.5.2010 – 1 Ws 145/10, StV 2010, 647; OLG Nürnberg 24.11.1983 – Ws 1003/83, NStZ 1984, 191; nicht bei Vollzugsplankonferenz BVerfG 11.6.2001 – 2 BvR 598/01, NStZ-RR 2002, 25; ausf. *Zieger* StV 2006, 375.
[66] BGH 8.3.1995 – 5 StR 434/94, BGHSt 41, 69 = NStZ 1995, 393.
[67] OLG Düsseldorf 12.12.2001 – 2 Ws 349/01, NStZ-RR 2002, 109.
[68] OLG Nürnberg 6.7.2011 – 2 Ws 57/11, StraFo 2011, 367.
[69] Dölling/Duttge/Rössner/*Weiler* Rn. 1; KK/*Laufhütte* Rn. 1; KMR/*Hiebl* Rn. 5 ff.

„In jeder Lage" bedeutet zugleich, dass innerhalb der Verfahrensstadien **jederzeitiger** Beistand möglich sein muss; dies ist insbes. bei der Auslegung des § 148 zu beachten.[70] Neben der (zeitlichen) Anwesenheitsmöglichkeit des Verteidigers muss bei Terminen ausreichend Zeit und Gelegenheit zur Vorbereitung und Vorbesprechung gegeben sein;[71] dies insbes. bei für den Betroffenen bedeutenden Terminen wie einer mündlichen Anhörung im Vollstreckungsverfahren.[72] Hinsichtlich der Hauptverhandlung existiert eine umfangreiche Rspr. (→ Rn. 22 ff.); diese lässt sich entspr. auf andere Termine beziehen. 13

1. Ermittlungsverfahren. Die Wahrnehmung des Rechts im Ermittlungsverfahren setzt die Kenntnis über das Verfahren voraus. Wenn keine Ermittlungserfordernisse zwingend entgegenstehen, ist – unabhängig von § 136 Abs. 1, also bereits vor dem ersten Zugriff – frühzeitig eine formelle **Mitteilung über die Verdächtigung** zu machen.[73] Das Beistandsrecht besteht nicht nur bei offenen Maßnahmen, sondern im gesamten Ermittlungsverfahren und kann vielfältige Tätigkeiten beinhalten: psychologischer Beistand durch Anwesenheit; jederzeitige Information und Beratung; Stellungnahmen gegenüber Strafverfolgungsbehörden; Ermittlungs- und Beweisanregungen; eigene Ermittlungen; Anfechtung von Entscheidungen. 14

Aufgrund der **prägenden Bedeutung des Ermittlungsverfahrens** für das Gesamtverfahren[74] wird seit langem die gesetzliche Verankerung von Mitwirkungsmöglichkeiten – insbes. Anwesenheits- und Beweisantragsrecht – der Verteidigung angemahnt.[75] De lege lata müssen die Strafverfolgungsbehörden in verfassungs- und konventionenkonformer Umsetzung des Abs. 1 S. 1 auf eine effektive Wirkung hinwirken, ua durch Informationen über das Recht auf Verteidigung und die Möglichkeit der Beiordnung nach § 142;[76] § 136 Abs. 1 S. 2 stellt insoweit lediglich eine Klarstellung dar. Wegen der psychologischen Ausnahmesituation bestehen beim ersten Zugriff besondere Fürsorgepflichten der Strafverfolgungsbehörden zur **effektiven Hilfe bei der Verteidigerwahl;**[77] die Rspr. zur Hilfeleistung bei polizeilichen Vernehmungen ist insoweit auf andere Zugriffsmaßnahmen zu übertragen (→ Rn. 18).[78] Bei allen offenen Ermittlungsmaßnahmen gegen den Beschuldigten ist die **Anwesenheit** des Verteidigers nicht nur zu gestatten, sondern zu ermöglichen; dh das Eintreffen des Verteidigers ist ggf. abzuwarten bzw. Terminabsprachen sind zu treffen.[79] 15

a) Einzelne Ermittlungsmaßnahmen. Nach allgM muss dem Verteidiger nicht die Anwesenheit bei **Durchsuchungen** ermöglicht werden; allerdings kann dies nicht untersagt werden, soweit der Hausrechtsinhaber die Anwesenheit gestattet.[80] Soweit durch Abwarten kein Beweisverlust droht, gibt es keine Rechtfertigung dafür, dem Beschuldigten das Beistandsrecht zu verweigern.[81] Unstr. darf während der Durchsuchung das Telefonieren mit dem Verteidiger nicht untersagt werden.[82] 16

---

[70] → § 148 Rn. 1, 12, 15.

[71] SK-StPO/*Paeffgen* EMRK Art. 6 Rn. 140; SK-StPO/*Wohlers* Rn. 35.

[72] BVerfG 11.2.1993 – 2 BvR 710/91, NJW 1993, 2301; OLG Brandenburg 19.3.2009 – 2 Ws 34/09, StraFo 2009, 250.

[73] HK-StPO/*Julius* Rn. 2; Löwe/Rosenberg/*Lüderssen/Jahn* Rn. 2b; SK-StPO/*Wohlers* Rn. 18; in Bezug auf EMRK *Frister* StV 1998, 159 (161).

[74] *Beckemper* NStZ 1999, 221; *Satzger* StraFo 2006, 45 (46); *Peters* Fehlerquellen I S. 195; Widmaier/*Schlothauer* MAH Strafverteidigung Rn. 1 ff.; *Kühne* Rn. 105.1, 175; *Rieß*, FS Schäfer, 1980, 155 (108).

[75] Löwe/Rosenberg/*Lüderssen/Jahn* Rn. 18 f.; *Deckers* StraFo 2006, 269 (271); *Däubler-Gmelin* StV 2001, 359 (361); *Satzger* StraFo 2006, 45 (46).

[76] BGH 12.1.1996 – 5 StR 756/94, BGHSt 42, 15 (21); Löwe/Rosenberg/*Lüderssen/Jahn* Rn. 66, 69; aA zur Beiordnung BGH 14.12.2003 – 5 StR 501/03, NStZ 2004, 390.

[77] Ua BGH 12.1.1996 – 5 StR 756/94, BGHSt 42, 15 (21); Löwe/Rosenberg/*Lüderssen/Jahn* Rn. 66; zur weiteren Rspr. vgl. § 136.

[78] Löwe/Rosenberg/*Lüderssen/Jahn* Rn. 69; SK-StPO/*Wohlers* Rn. 33.

[79] SK-StPO/*Wohlers* Rn. 3.

[80] *Rengier* NStZ 1981, 372 (375); Widmaier/*Schlothauer* MAH Strafverteidigung Rn. 64.

[81] HK-StPO/*Gercke* § 106 Rn. 8; vgl. Umkehrschluss aus OLG Stuttgart 27.8.1984 – 4 VAs 24/84, NStZ 1984, 574; Löwe/Rosenberg/*Schäfer* § 106 Rn. 13 *„aus atmosphärischen Gründen"*.

[82] *Rengier* NStZ 1981, 372 (375); *Michalke* NJW 2008, 1490 (1492); *Weihrauch/Bosbach* Rn. 342.

17 Der BGH geht von einer Mitteilungspflicht und dem Bemühen um reale Teilnahmemöglichkeit bei polizeilicher **Gegenüberstellung,** die vom Gericht in Auftrag gegeben wurde, aus.[83] Für eine Gegenüberstellung im Ermittlungsverfahren kann insoweit nichts anderes gelten.[84] Auch die Anwendung des § 163a Abs. 3 auf Gegenüberstellungen führt zu einem Anwesenheitsrecht und einer Benachrichtigungspflicht in entspr. Anwendung des § 168c Abs. 1, Abs. 5;[85] und somit auch zur Übertragung der Rspr. zu Beweisverwertungsverboten bei Vernehmungen.[86] Auch bei **körperlichen Untersuchungen** und **ED-Maßnahmen** nach §§ 81a, b und c hat der Verteidiger ein Anwesenheitsrecht;[87] genauso bei Maßnahmen zur **Identitätsfeststellung** nach §§ 163b, 163c.[88] Trotz der Ähnlichkeit zur Vernehmung soll bei einer **Sachverständigenexploration** demgegenüber kein Anwesenheitsrecht bestehen.[89]

18 **b) Vernehmungen des Beschuldigten.** Das Anwesenheitsrecht bei **polizeilichen Vernehmungen** ist umstr. Jedenfalls muss vor einer Vernehmung Kontakt und Beratung durch Verteidiger möglich sein; dh eine laufende Vernehmung muss unterbrochen[90] und Termine dem Beschuldigten so zeitig mitgeteilt werden, dass Zeit zur Vorbereitung und Besprechung gegeben ist.[91] Dieses sich aus Abs. 1 S. 1 ergebende Recht wird durch die in § 136 Abs. 1 S. 2 normierte Belehrung erg.[92] Unstr. kann die Polizei die Anwesenheit gestatten und der Beschuldigte kann auf eine Gestattung durch die Ankündigung, ansonsten keine Angaben zu machen, hinwirken. Dies ist angesichts der hohen Relevanz und mangelnden Revidierbarkeit der Vernehmung unzureichend; ein Anwesenheitsrecht ist de lege ferenda festzuschreiben[93] und ergibt sich de lege lata bereits aus einer konventionenkonformen Auslegung des Abs. 1 S. 1.[94] „Beistand" bedeutet eben nicht nur eine vorherige rechtliche Beratung,[95] sondern den aktiven Beistand zu jedem Zeitpunkt des Verfahrens;[96] insbes. in psychologischen Belastungssituationen, in denen der Beschuldigte den geschulten Vernehmungsbeamten oft hilflos gegenübersteht.[97] Dass das Anwesenheitsrecht des Verteidigers zT speziell normiert ist, steht dem nicht entgegen,[98] da diese Regelungen das Recht aus Abs. 1 S. 1 konkretisieren und nicht einschränken.[99] Zur **effektiven Umsetzung** muss eine reale Möglichkeit des Verteidigers zur Anwesenheit bestehen – ua Rücksichtnahme

---

[83] BGH 21.7.2009 – 5 StR 235/09, NStZ 2010, 53 (54).

[84] Vgl. Löwe/Rosenberg/*Ignor/Bertheau* § 58 Rn. 14; Löwe/Rosenberg/*Lüderssen/Jahn* Rn. 69; *Eisenberg* JR 2011, 121 (123); *Odenthal* NStZ 1985, 433 (435); *Pauly* StraFo 1998, 41 (42); *Burhoff* EV Rn. 868.

[85] *Pauly* StraFo 1998, 41 (42); *Burhoff* EV Rn. 868.

[86] Löwe/Rosenberg/*Ignor/Bertheau* § 58 Rn. 25; *Eisenberg* JR 2011, 121 (123).

[87] *Weihrauch/Bosbach* Rn. 488; Speichelprobe beim Nichtbeschuldigten BGH 19.1.2000 – St 3 StR 531/99, BGHSt 45, 367 (372) = NJW 2000, 1962 (1964); körperliche Untersuchung in Sozialgerichtsverfahren LSG Rhl.-Pf. 23.2.2006 – L 4 B 33/06 SB, NJW 2006, 1547 (1548).

[88] *Krause* StV 1984, 169 (171).

[89] BGH 12.9.2007 – 1 StR 407/07, NStZ 2008, 229; BGH 8.8.2002 – 3 StR 239/02, NStZ 2003, 101; vgl. aber LSG Rhl.-Pf. 23.2.2006 – L 4 B 33/06 SB, NJW 2006, 1547 (1548).

[90] BGH 12.1.1996 – 5 StR 756/94, BGHSt 42, 15 (19) = NJW 1996, 1547 (1548); *Beulke* NStZ 1996, 257 (262).

[91] VerfGH Rhl.-Pf. 11.5.2006 – VGH B 6/06, NJW 2006, 3341 (3343); *Sommer* Rn. 316.

[92] BGH 29.10.1992 – 4 StR 126/92, BGHSt 38, 372 (373).

[93] Löwe/Rosenberg/*Lüderssen/Jahn* Rn. 20, 73; Meyer-Goßner/*Schmitt* § 163 Rn. 16; *65. DJT,* NJW 2004, 3241 (3244); *Deckers* StraFo 2006, 269 (271); *Krause* StV 1984, 169 (174); vgl. auch *Däubler-Gmelin* StV 2001, 359 (361).

[94] AK/*Stern* Rn. 25; SK-StPO/*Wohlers* Rn. 3; SK-StPO/*Paeffgen* EMRK Art. 6 Rn. 138; *Gössel* ZStW 94 (1982), 5 (35); *Skuhr* NJW 1966, 1350; *Renzikowski*, FS Roxin, 2011, 1341 (1346); vgl. auch *Kühne* Rn. 225.

[95] So KK/*Griesbaum* § 163 Rn. 19.

[96] *Skuhr* NJW 1966, 1350.

[97] SK-StPO/*Paeffgen* EMRK Art. 6 Rn. 138; *Deckers* StraFo 2006, 269 (272); *Kühne* Rn. 106; *Zieger* Rn. 111; vgl. BGH 12.1.1996 – 5 StR 756/94, BGHSt 42, 15 (19) = NJW 1996, 1547 (1548); BGH 29.10.1992 – 4 StR 126/92, BGHSt 38, 372 (375) = NJW 1993, 338 (339).

[98] So aber Löwe/Rosenberg/*Lüderssen/Jahn* Rn. 73; Meyer-Goßner/*Schmitt* § 163 Rn. 16; *Krause* StV 1984, 169 (174).

[99] *Jahn* ZStW 115 (2003), 815 (832).

auf Anreisezeit und Termine –; der Beschuldigte muß die tatsächliche Möglichkeit einer rechtzeitigen Kontaktaufnahme (bei Festgenommenen mit entspr. Pflicht zur Hilfeleistung durch die Polizeibeamten) haben.[100] Erg. Rn. 25.

19 Die Anwesenheit des Verteidigers bei **staatsanwaltschaftlichen und richterlichen Vernehmungen** ist in §§ 168c Abs. 1, 163a Abs. 3 S. 2 normiert. Im Hinblick auf Abs. 1 S. 1 ist die Einschränkung des Anwesenheitsrechts in § 168c Abs. 5 bedenklich.[101] Ein Anspruch auf Terminabsprache besteht nach allgA nicht; jedoch sollte zur konventionenkonformen effektiven Umsetzung des Beistandsrechts eine Teilnahme durch Terminabsprache ermöglicht werden. Auf einen angekündigten Verteidiger ist zu warten, insbes. wenn sich daraus keine wesentliche Verzögerung ergibt.[102] Bei der Anhörung vor Erlass eines **Haftbefehls nach § 128** und der **Vorführung nach § 115 Abs. 1** besteht sowohl ein Recht auf Beistand im Termin als auch ein Recht auf die reale Möglichkeit einer vorherigen Beratung.[103] Solange die Frist des § 115 Abs. 2 eingehalten werden kann, ist daher auf das Eintreffen des angekündigten Verteidigers zu warten.[104] Der Verstoß gegen das Recht auf Beistand bei der Haftbefehlsanhörung wird nicht dadurch obsolet, dass der Beschuldigte die Aussage verweigert, da das Beistandsrecht die vorherige Beratung über eine Entscheidung zur Aussageverweigerung mit dem Verteidiger beinhaltet.[105] Seit 2010 liegt in diesen Fällen zudem eine notwendige Verteidigung nach § 140 Abs. 1 Nr. 4 vor.[106]

20 **c) Vernehmungen Dritter.** Für **Vernehmungen von Zeugen und Sachverständigen** durch einen Richter gilt § 168c Abs. 2 (erg. Rn. 19). De lege lata hat der Verteidiger bei Vernehmungen durch Polizei oder StA kein Anwesenheitsrecht, aber es besteht auch kein Anwesenheitsverbot.[107] Geplante Normierungen eines Anwesenheitsrechts wurden nicht umgesetzt;[108] werden jedoch zu Recht weiter gefordert.[109] Gleiches gilt für die polizeiliche und staatsanwaltschaftliche Vernehmung eines **Mitbeschuldigten.**[110] Für die richterliche Vernehmung wird ein Anwesenheitsrecht zu Recht aus einer analogen Anwendung des § 168c bzw. dem Recht auf ein faires Verfahren abgeleitet.[111]

21 **2. Hauptverhandlung.** Beistand in der Hauptverhandlung beinhaltet, sich jederzeit mit dem Verteidiger **beraten** zu können und Entscheidungen nach **Rücksprache** zu treffen. Ein ohne diese Möglichkeit abgegebener Rechtsmittelverzicht ist unwirksam.[112] Auf Wunsch des Angekl. oder des Verteidigers muss pausiert werden. Auch während der laufenden Sitzung muss die Gelegenheit zur Besprechung gegeben sein; die **Sitzordnung** muss eine direkte und ungestörte Kommunikation zwischen (inhaftiertem)[113] Angekl. und Verteidiger ermöglichen.[114] Die Ablehnung entspr. Anträge kann ein Befangenheitsgrund sein.[115] Zur Beratung während der Verhandlung und in den Pausen muss ein **Dolmet-**

[100] BGH 12.1.1996 – 5 StR 756/94, BGHSt 42, 15 = NJW 1996, 1547; zusammenfassend *Renzikowski*, FS Roxin, 2011, 1341 (1343 f.); *Beulke* NStZ 1996, 257; erg. § 136.
[101] Löwe/Rosenberg/*Lüderssen/Jahn* Rn. 74a; *Rzepka* S. 406.
[102] VerfGH Rhl.-Pf. 11.5.2006 – VGH B 6/06, NJW 2006, 3341 (3343).
[103] VerfGH Rhl.-Pf. 11.5.2006 – VGH B 6/06, NJW 2006, 3341 (3343).
[104] VerfGH Rhl.-Pf. 11.5.2006 – VGH B 6/06, NJW 2006, 3341 (3343).
[105] BbgVerfG 19.12.2002 – VfGBbg – 104/02, NJW 2003, 2009 (2010).
[106] § 140 Rn. 16.
[107] *Burhoff* EV Rn. 1877 f.; Widmaier/*Schlothauer* MAH Strafverteidigung Rn. 56.
[108] Eckpunktepapier der Regierungskoalition StV 2001, 314 (315).
[109] Ua *65. DJT,* NJW 2004, 3241 (3244).
[110] *Däubler-Gmelin* StV 2001, 359 (361); Eckpunktepapier der Regierungskoalition StV 2001, 314 (315).
[111] SK-StPO/*Wohlers* Rn. 3; *Krause* StV 1984, 169 (171); *Burhoff* EV Rn. 1859 ff. mwN, aA BGH 20.2.1997 – 4 StR 598/96, BGHSt 42, 391 = NJW 1997, 1790.
[112] BGH 23.8.2004 – 1 StR 199/04, NStZ 2005, 114; BGH 12.2.1963 – 1 StR 561/62, BGHSt 18, 257 (260) = NJW 1963, 963 (964); OLG Köln 29.9.2009 – 83 Ss 74/09, StV 2010, 67; OLG Frankfurt a. M. 5.3.1991 – 3 Ws 67/91, StV 1991, 296.
[113] Brüssow/Gatzweiler/Krekeler/Mehle/*Gatzweiler/Mehle* § 9 Rn. 137.
[114] OLG Köln 13.6.1979 – 3 Ss 1069/78, NJW 1980, 302 (303); *Sommer* ZAP 1994, 101 (104).
[115] *Münchhalffen* StraFo 1996, 18 (19); Brüssow/Gatzweiler/Krekeler/Mehle/*Gatzweiler/Mehle* § 9 Rn. 140.

scher zur Verfügung stehen (→ Rn. 11); diesem muss ein Platz beim Verteidiger und Angekl. zugewiesen werden. Die Anwesenheit eines gerichtlichen Dolmetschers reicht nicht aus.[116] Darüber hinaus setzt die Beistandsfunktion entspr. **Mitwirkungsbefugnisse** voraus; soweit Mitwirkungsrechte des Angekl. normiert sind, stehen diese auch der Verteidigung zu;[117] dabei ist str., ob der Verteidiger an den Willen des Angekl. gebunden ist (→ Rn. 10). Auch ungeregelte Verteidigertätigkeiten sind zuzulassen; so zB eine Eröffnungserklärung (sog **Opening Statement**).[118] Verfahrensverzögerungen werden dadurch kaum verursacht und müssten auch zu Gunsten eines wirksamen Beistandsrechts zurückstehen.[119]

22 Der Beistand in der Hauptverhandlung setzt die **Anwesenheit des Verteidigers** voraus. Dieses zu den *„grundlegendsten Elementen des fairen Verfahrens"*[120] zählende Recht wird angesichts von Terminüberlastungen häufig missachtet, wie die Vielzahl der Rspr. zur Terminierung deutlich illustriert. Nach stRspr besteht kein unbedingter Anspruch auf eine Terminierung, die die Teilnahme des Verteidigers ermöglicht.[121] Das Recht auf den Verteidiger des Vertrauens – nicht nur auf einen Verteidiger – ist jedoch bei der **Terminierung** zu beachten;[122] somit muss sich der Vorsitzende ernsthaft und frühzeitig um Terminabsprachen bemühen[123] bzw. begründete Verlegungsanträge beachten.[124] Er hat zwar ein Ermessen bei der Terminierung (vgl. §§ 213, 228);[125] dieses wird jedoch durch das Recht auf den gewählten Verteidiger eingeschränkt.[126] **Anerkannte Verhinderungsgründe** sind: Urlaub[127] (auch bei Verhandlung kurz nach dem Urlaub hinsichtlich der Vorbereitung),[128] kollidierende Hauptverhandlungstermine,[129] Anreisezeiten,[130] Verpflichtungen als Hochschullehrer.[131] Bei der Ausübung des Ermessens ist auch zu beachten, ob das Verteidigungsverhältnis schon länger besteht.[132] Daneben ist zu berücksichtigen, ob dem Angekl. eine Verhandlung ohne (oder mit einem neuen) Verteidiger zuzumuten ist. Dies bemisst sich nach der Strafer-

---

116 *Sommer* StraFo 1995, 45 (49); vgl. auch OLG Frankfurt a. M. 20.6.1995 – 4 – 2 StE 5/94-23/94, StV 1996, 166.

117 Löwe/Rosenberg/*Lüderssen/Jahn* Rn. 29.

118 *DRB/DAV* DRiZ 1997, 491 (492); *Malek* Rn. 166; vgl. Löwe/Rosenberg/*Lüderssen/Jahn* Rn. 24; vgl. auch Eckpunktepapier StV 2001, 314 (315 f.); aA *E. Müller*, FS Hanack, 1999, 63 (75) mwN.

119 HK-StPO/*Julius* Vor § 137 Rn. 1; *Däubler-Gmelin* StV 2001, 359; vgl. EGMR bei → Rn. 3.

120 EGRM 21.1.1999 – Geyseghem ./. Belgien in *Sommer* StraFo 1999, 402 (403).

121 BVerfG 14.12.1983 – 2 BvR 1724/82, NJW 1984, 862 (863).

122 BVerfG 12.8.2002 – 2 BvR 932/02, StV 2002, 578 (580); BGH 14.7.2010 – 1 StR 123/10, NStZ-RR 2010, 312; BGH 24.6.2009 – 5 StR 181/09, NStZ 2009, 650 (651); BGH 6.11.1991 – 4 StR 515/91, NJW 1992, 849; BGH 8.1.1988 – 2 StR 449/87, NJW 1988, 3273; OLG Karlsruhe 27.7.2009 – 1 Ss 102/09, StV 2010, 477; OLG Dresden 23.3.2009 – 3 Ws 22/09, StV 2010, 476; SK-StPO/*Paeffgen* EMRK Art. 6 Rn. 140; SK-StPO/*Wohlers* Rn. 36.

123 BGH 6.7.1999 – 1 StR 142/99, NStZ 1999, 527; OLG Hamburg 29.6.2006 – 3 Ws 100/06, NJW 2006, 2792; OLG Braunschweig 17.3.2008 – Ss 33/08, StV 2008, 293 (294); OLG Frankfurt a. M. 24.10.2000 – 3 Ws 1101/00, StV 2001, 157 (158); KK/*Laufhütte* Rn. 1; vgl. auch OLG Hamm 4.5.2006 – 2 Ws 111/06, NJW 2006, 2788 (2791); Kritik an § 213 und Reformvorschlag: *E. Müller*, FS Widmaier, 2008, 357.

124 Vgl. BGH 14.7.2010 – 1 StR 123/10, NStZ-RR 2010, 312; BGH 24.6.2009 – 5 StR 181/09, NStZ 2009, 650 (651); BGH 2.2.2000 – 1 StR 537/99, NJW 2000, 1350; Löwe/Rosenberg/*Lüderssen/Jahn* Rn. 27a.

125 BGH 29.8.2006 – 1 StR 285/06, NStZ 2007, 163 (164).

126 Vgl. BGH 14.7.2010 – 1 StR 123/10, NStZ-RR 2010, 312; BGH 24.6.2009 – 5 StR 181/09, NStZ 2009, 650 (651); BGH 2.2.2000 – 1 StR 537/99, NJW 2000, 1350; Löwe/Rosenberg/*Lüderssen/Jahn* Rn. 27a.

127 OLG Köln 22.10.2004 – 8 Ss OWi 48/04, DAR 2005, 576 (577); OLG Dresden 28.6.2004 – 1 Ws 121/04, NJW 2004, 3196 (3197).

128 BayObLG 24.9.2001 – 5 St RR 248/01, BayObLGSt 2001, 111 (114).

129 OLG Karlsruhe 27.7.2009 – 1 Ss 102/09, StV 2010, 477; OLG Braunschweig 17.3.2008 – Ss 33/08, StV 2008, 293; OLG Dresden 28.6.2004 – 1 Ws 121/04, NJW 2004, 3196 (3197); OLG Frankfurt a. M. 24.10.2000 – 3 Ws 1101/00, StV 2001, 157 (158).

130 OLG Bamberg 10.10.2005 – 2 Ss OWi 269/05, NJW 2006, 2341.

131 BGH 14.7.2010 – 1 StR 123/10, NStZ-RR 2010, 312.

132 BGH 6.11.1991 – 4 StR 515/91, NJW 1992, 849; OLG Dresden 28.6.2004 – 1 Ws 121/04, NJW 2004, 3196 (3197); OLG Frankfurt a. M. 24.10.2000 – 3 Ws 1101/00, StV 2001, 157 (158); OLG Frankfurt a. M. 28.4.1997 – 3 Ws 315/97, StV 1997, 402 (403).

wartung (zB mehrere Jahre Haft,[133] kurzzeitiges Fahrverbot[134]), Schwierigkeit der Rechts- und Sachlage,[135] insbes. schwierige Beweislage,[136] Bestreiten der Tat,[137] divergierende Interessen mehrerer Angekl.[138] Im Zweifel ist Rücksicht auf die terminlichen Belange der Verteidigung zu nehmen,[139] da bei der Entscheidung über Verlegungsanträge nicht Terminwünsche des Verteidigers, sondern das Recht auf den Verteidiger des Vertrauens im Vordergrund stehen.[140] Keinesfalls darf der Beistand an rein organisatorischen Fragen scheitern;[141] daher darf der Hinweis auf die Terminlage des Gerichts kein Routinegrund zur Ablehnung von Verlegungsanträgen sein.[142] Die unbegründete Ablehnung eines Terminantrags oder einseitig ausgeübtes Ermessen ist ein **Befangenheitsgrund.**[143] Ein **vor der Hauptverhandlung** abgelehnter Antrag muss zur Vorbereitung einer Revision in der Hauptverhandlung wiederholt werden.

Neben der Anwesenheitsmöglichkeit des Verteidigers muss die Terminierung die zur sachgerechten Verteidigung nötige **Vorbereitung** und somit ausreichend Zeit zum Aktenstudium, Besprechungen zwischen Angekl. und Verteidiger[144] und anderen Verteidigungsvorbereitungen ermöglichen.[145] Die dafür nötige Zeit bemisst sich nach Umfang und Schwierigkeit der Sache, insbes. Beweislage und Umfang der Akten; Schwere des Vorwurfs und Höhe der Straferwartung; Kommunikationsschwierigkeiten mit dem Angekl. (Haft; Sprachschwierigkeiten).[146] Wenn der Verteidiger zu Beginn erklärt, dass die Vorbereitungszeit nicht ausgereicht hat, liegt eine Ermessensreduktion auf Null hinsichtlich einer Aussetzung nach **§ 265 Abs. 4** vor, da der Verteidiger als unabhängiges Organ der Rechtspflege seine eigene Vorbereitung beurteilen muss und nicht das Gericht.[147] Bei Ablehnung kann ein Revisionsgrund bestehen.[148] Bei **Wechsel des Verteidigers** während der Hauptverhandlung kann nicht nur unter Berufung auf nicht ausreichende Vorbereitungszeit, sondern ggf. auch wegen fehlender Teilhabe an der bisherigen Beweisaufnahme Aussetzung nach § 265 Abs. 4 begehrt werden.[149] **23**

Auch die **unerwartete Abwesenheit** des Verteidigers ist eine veränderte Sachlage iSd § 265 Abs. 4. Dabei sind die gleichen Ermessensaspekte wie bei der Terminierung und bei Terminanträgen zu beachten (→ Rn. 22) unter der Prämisse, dass aufgrund der Unerwartetheit eine unvorbereitete Verhandlung ohne Verteidiger selbst bei nur geringer zu erwartender Strafe idR nicht zumutbar ist, wenn der Angekl. auf die Anwesenheit des **24**

[133] OLG Frankfurt a. M. 24.10.2000 – 3 Ws 1101/00, StV 2001, 157 (158).

[134] OLG Braunschweig 27.2.2009 – Ss (OWi) 37/09, StRR 2009, 432 (insoweit nicht abgedr.); OLG Hamm 21.1.2008 – 4 Ss OWi 741/07, SVR 2008, 387.

[135] OLG Köln 22.10.2004 – 8 Ss OWi 48/04, DAR 2005, 576; OLG Frankfurt a. M. 24.10.2000 – 3 Ws 1101/00, StV 2001, 157 (158).

[136] OLG Frankfurt a. M. 28.4.1997 – 3 Ws 315/97, StV 1997, 402 (403).

[137] OLG Hamm 21.1.2008 – 4 Ss OWi 741/07, SVR 2008, 387.

[138] OLG Frankfurt a. M. 24.10.2000 – 3 Ws 1101/00, StV 2001, 157 (158).

[139] OLG Braunschweig 27.2.2009 – Ss (OWi) 37/09, StRR 2009, 432; OLG Hamm 21.1.2008 – 4 Ss OWi 741/07, SVR 2008, 387; OLG Bamberg 10.10.2005 – 2 Ss OWi 269/05, NJW 2006, 2341 (2342); BayObLG 24.7.2001 – 1St RR 97/01, BayObLGSt 2001, 101 = NStZ-RR 2002, 79; KMR/*Hiebl* Rn. 31.

[140] BGH 24.6.2009 – 5 StR 181/09, NStZ 2009, 650 (651); Löwe/Rosenberg/*Lüderssen/Jahn* Rn. 27a; SK-StPO/*Wohlers* Rn. 36.

[141] OLG Bamberg 4.3.2011 – 2 Ss OWi 209/2011, StraFo 2011, 232; OLG Köln 22.10.2004 – 8 Ss OWi 48/04, DAR 2005, 576 (577); vgl. OLG Bamberg 10.10.2005 – 2 Ss OWi 269/05, NJW 2006, 2341 (2342).

[142] OLG Braunschweig 17.3.2008 – Ss 33/08, StV 2008, 293 (294).

[143] LG Mönchengladbach 12.3.1998 – 12 Ns 28/97, StV 1998, 533; KMR/*Hiebl* Rn. 32.

[144] EGMR 9.6.1998 – Twalib ./. Grichenland ÖJZ 1999, 390; BGH 14.1.2004 – 2 StR 315/03, NStZ 2004, 637; SK-StPO/*Paeffgen* EMRK Art. 6 Rn. 140.

[145] EGMR 9.4.1984 – Goddi ./. Italien EGMR-E 2, 366 (372); BGH 24.6.2009 – 5 StR 181/09, NStZ 2009, 650 (651); vgl. BGH 30.10.1959 – 1 StR 418/59, BGHSt 13, 337 (343 f.); § 145 Rn. 12 mwN.

[146] BGH 26.1.1983 – 3 StR 431/82, NStZ 1983, 281; BayObLG 24.9.2001 – 5St RR 248/01, BayObLGSt 2001, 111 (114).

[147] BGH 24.6.2009 – 5 StR 181/09, NStZ 2009, 650.

[148] BGH 24.6.2009 – 5 StR 181/09, NStZ 2009, 650.

[149] BGH 25.6.2000 – 5 StR 60/02, NStZ-RR 2002, 270; BGH 2.2.2000 – 1 StR 537/99, NJW 2000, 1350.

Verteidigers vertrauen durfte.[150] Zur **Glaubhaftmachung der Gründe** reicht eine anwaltliche Versicherung per Fax.[151] Auch bei einer **kurzfristigen Ablehnung einer Verlegung** trotz rechtszeitigen Antrags ist sowohl die Verhandlung ohne Verteidiger als auch der kurzfristige Wechsel des Verteidigers unzumutbar.[152] Bei bloßer **Verspätung** des Verteidigers kommt hinzu, dass die Verhandlung nicht vertagt, sondern nur später begonnen werden muss. Kündigt der Verteidiger sein Kommen an, ist vom seinem Erscheinen auszugehen und mind. 15 Minuten zu warten;[153] insbes. bei auswärtigen Verteidigern ist eine längere Wartezeit angemessen,[154] ebenso wenn die Verspätung durch Verzögerung eines anderen Verfahrens oder Verschiebung dieses Verfahrens ausgelöst wird.[155] Auch wenn der Verteidiger mitteilt, wann er ungefähr eintreffen wird, verlängert sich die Wartepflicht.[156] Ist er im Hause in anderer Verhandlung, muss gewartet und nachgefragt werden.[157]

V. Rechtsfolgen

25 Ein **Beweisverwertungsverbot** kommt bei allen Verstößen gegen das Anwesenheitsrecht und bei Verhinderung der effektiven Umsetzung des Abs. 1 S. 1 im Ermittlungsverfahren in Betracht.[158] Da die Möglichkeit, sich des Beistandes eines Verteidigers zu bedienen, zu den wichtigsten Rechten des Beschuldigten gehört, bleibt *„bei der Verletzung des Rechts auf den Zugang zum Verteidiger"* kein Raum für eine Abwägung[159] bzw. die Möglichkeit, *„nach den Umständen und dem Inhalt der Aussage zwischen Fällen verschiedenen Gewichtes zu unterscheiden"*.[160] Die Rspr. zum Verwertungsverbot bei fehlender Belehrung kann insg. hinsichtlich des Konsultationsrechts eines Verteidigers angewendet werden.[161] Wird das Recht auf Verteidigung in seinem Wesensgehalt angegriffen, kann ein **Verfahrenshindernis** bestehen, wenn der Eingriff nicht mehr ausgeglichen werden kann.[162] Aus der Missachtung des Rechts auf Verteidigung kann sich ein **Befangenheitsgrund** ergeben (→ Rn. 7, 21, 22).

VI. Rechtsmittel

26 Da Abs. 1 S. 1 eine Konkretisierung von Grundrechten und Garantien der EMRK ist (→ Rn. 3 f.), sind Einschränkungen auch mit einer **Verfassungsbeschwerde**[163] oder Beschwerde vor dem EGMR angreifbar; bei Einschränkungen im Ermittlungsverfahren ausnahmsweise schon vor dem Abschluss des Verfahrens.[164]

27 Trotz § 305 S. 1 kann bei einer Einschränkung des Rechts aus Abs. 1 S. 1 eine **Beschwerde** statthaft sein.[165] Eine selbstständige Beschwer liegt etwa bei einer rechtswidri-

---

[150] OLG Koblenz 10.9.2009 – 2 SsRs 54/09, StV 2010, 476.
[151] OLG Koblenz 10.9.2009 – 2 SsRs 54/09, StV 2010, 476.
[152] OLG Karlsruhe 27.7.2009 – 1 Ss 102/09, StV 2010, 477.
[153] OLG Köln 29.9.2009 – 83 Ss 74/09, StV 2010, 67; OLG Düsseldorf 26.11.1983 – 2 Ss (OWi) 581/83 – 245/83 III, NStZ 1984, 320.
[154] SK-StPO/*Paeffgen* EMRK Art. 6 Rn. 140.
[155] OLG Köln 27.10.1989 – Ss 148/89, StV 1990, 257; OLG Hamm 8.1.1969 – 4 Ss 1511/68, NJW 1969, 943.
[156] KMR/*Hiebl* Rn. 34.
[157] OLG Köln 27.10.1989 – Ss 148/89, StV 1990, 257.
[158] Gegenüberstellung Löwe/Rosenberg/*Ignor/Bertheau* § 58 Rn. 25; Hilfeleistung SK-StPO/*Wohlers* Rn. 34.
[159] BGH 29.10.1992 – 4 StR 126/92, BGHSt 38, 372 (374) = NJW 1993, 338; vgl. auch Löwe/Rosenberg/*Lüderssen/Jahn* Rn. 78.
[160] BGH 12.1.1996 – 5 StR 756/94, BGHSt 42, 15 (21 f.) = NJW 1996, 1547 (1549).
[161] *Renzikowski*, FS Roxin, 2011, 1341 (1345).
[162] BGH 5.6.2007 – 5 StR 383/06, NJW 2007, 3010 (3011 f.) m. krit. Anm. *Wohlers* JR 2008, 127 (129).
[163] Bei Verhandlung in Abwesenheit des Verteidigers: AK/*Stern* Rn. 55.
[164] SK-StPO/*Paeffgen* EMRK Art. 6 Rn. 141.
[165] OLG Frankfurt a. M. 24.10.2000 – 3 Ws 1101/00, StV 2001, 157 mwN.

gen Ablehnung eines Terminierungsantrags vor.[166] Nach aA widerspricht dem, dass die Ablehnung eines Verlegungsantrags Revisionsgrund sein kann.[167]

28 Eine Verwertung von Beweisen, die unter Verstoß gegen Abs. 1 S. 1 gewonnen wurden (→ Rn. 25) – trotz Widerspruchs in der Hauptverhandlung – kann **Revisionsgrund** sein.[168] Die Missachtung des Rechts auf einen bestimmten (gewählten) Verteidiger kann ebenfalls Revisionsgrund sein, weil ein Beruhen des Urteils auf der **Abwesenheit eines bestimmten Verteidigers** nicht auszuschließen ist,[169] so etwa bei Abwesenheit des Wahlverteidigers und Anwesenheit des Pflichtverteidigers,[170] oder bei Abwesenheit eines (von mehreren) Wahlverteidigers.[171] Auf der Abwesenheit des einzigen Verteidigers – so bei einer rechtswidrigen Ablehnung eines Terminantrags – kann das Urteil in jedem Fall beruhen.[172] Wird in der Hauptverhandlung ein Antrag auf Aussetzung oder Unterbrechung, der die Anwesenheit eines Verteidigers oder die sachgemäße Vorbereitung eines Verteidigers ermöglichen soll, abgelehnt, liegt ein Revisionsgrund gem. **§ 338 Nr. 8** vor.[173] Die Erforderlichkeit einer Unterbrechung oder Aussetzung kann sich auch aus Fürsorgepflicht des Gerichts ergeben, so dass ein Rechtsfehler iSd § 337 auch bei Abwesenheit eines Antrags vorliegen kann.[174] Ein rechtswidrig abgelehnter Antrag zur Sitzordnung (→ Rn. 21) unterfällt § 338 Nr. 8;[175] ebenfalls eine Nichtaussetzung trotz Verteidigerwechsels, wenn die Beweisaufnahme schon fortgeschritten ist.[176]

C. Zahlenmäßige Beschränkung – Abs. 1 S. 2

I. Zweck und Rechtsfolge

29 Die Beschränkung der Anzahl der Verteidiger wurde mit dem ErgG zum 1. StVRG zum 1.1.1975 eingefügt.[177] Die Begrenzung soll verhindern, dass die Möglichkeit der Mitwirkung mehrerer Verteidiger zum **Zweck** der Prozessverschleppung oder -vereitelung missbraucht wird.[178] Die Einschränkung wurde vom BVerfG als sach- und zweckgemäß beurteilt.[179] Ohne dass die Strafverfahrenspraxis nachweisbar dieser **Einschränkung** der freien Verteidigerwahl bedürfte,[180] kann bei umfassender bzw. komplizierter Materie die Beteiligung von mehr als drei Verteidigern sachgemäß und für eine ordnungsgemäße Vertei-

---

[166] OLG Dresden 28.6.2004 – 1 Ws 121/04, NJW 2004, 3196; OLG Frankfurt a. M. 24.10.2000 – 3 Ws 1101/00, StV 2001, 157; LG Dortmund 20.10.1997 – 14 (XI) Qs 71/97, StV 1998, 14; LG Oldenburg 18.5.1990 – IV Qs 90/90, StV 1990, 299; KMR/*Hiebl* Rn. 29, vgl. auch LG Koblenz 20.5.1999 – 9 Qs 130/99, StV 1999, 593.

[167] OLG Hamm 22.9.1988 – 4 Ws 436/88, NStZ 1989, 133; OLG Celle 2.1.1984 – 1 Ws 6/84, NStZ 1984, 282; OLG Karlsruhe 4.5.1982 – 4 Ws 64/82, StV 1982, 560 mAnm *Moos;* OLG Stuttgart 29.5.1980 – 1 Ws 160/80, MDR 1980, 954; OLG Stuttgart 6.2.1976 – 3 Ws 30/76, NJW 1976, 1647; *Kropp* NStZ 2004, 668 (669).

[168] SK-StPO/*Wohlers* Rn. 28; vgl. § 136; § 168c.

[169] BGH 15.1.2003 – 5 StR 251/02, BGHSt 48, 170 = NJW 2003, 1331; BGH 9.10.1989 – 2 StR 352/89, BGHSt 36, 259 (262) = NJW 1990, 586 (587).

[170] BGH 11.9.1986 – 1 StR 472/86, NStZ 1987, 34 (35).

[171] BGH 23.8.2004 – 1 StR 199/04, NStZ 2005, 114.

[172] OLG Braunschweig 17.3.2008 – Ss 33/08, StV 2008, 293 (294); OLG Stuttgart 19.11.1987 – 3 Ss 633/87, NStZ 1988, 240; AK/*Stern* Rn. 51.

[173] BVerfG 22.11.2001 – 2 BvQ 46/01, NStZ-RR 2002, 113; BGH 14.1.2004 – 2 StR 315/03, NStZ 2004, 637; OLG Braunschweig 17.3.2008 – Ss 33/08, StV 2008, 293.

[174] OLG Frankfurt a. M. 27.10.1997 – 3 Ss 286/97, StV 1998, 13.

[175] OLG Köln 13.6.1979 – 3 Ss 1069/78, NJW 1980, 302 (303); *Sommer* ZAP 1994, 101 (104).

[176] BGH 2.2.2000 – 1 StR 537/99, NJW 2000, 1350.

[177] BGBl. 1974 I 3686.

[178] BT-Drs. 7/2526, 30; BVerfG 11.3.1975 – 2 BvR 135/75 (ua), BVerfGE 39, 156 (163) = NJW 1975, 1013; BGH 16.2.1977 – 3 StR 500/76, BGHSt 27, 124 (127) = NJW 1977, 910; OLG Zweibrücken 24.9.2009 – 1 Ws 227/09, StraFo 2009, 516; Meyer-Goßner/*Schmitt* Rn. 4; SK-StPO/*Wohlers* Rn. 22.

[179] BVerfG 11.3.1975 – 2 BvR 135/75 (ua), BVerfGE 39, 156 = NJW 1975, 1013.

[180] Vgl. *Dölling/Feltes* StV 2000, 174 (175); *Schmidt-Leichner* NJW 1975, 417 (418 f.); *Kühne* Rn. 184.1.

digung notwendig sein, sowie durchaus auch der Verfahrensbeschleunigung dienen.[181] Die Regelung lässt jedoch kein Raum für Ausnahmen (aber → Rn. 31).[182] Ein weiteres Problem ist das Ungleichgewicht zwischen Verteidigung und Staatsanwaltschaft als Folge der nur einseitigen Beschränkung.[183]

Die **Rechtsfolgen** einer Bevollmächtigung, die gegen Abs. 1 S. 2 verstößt, waren zunächst umstr., sind aber nun in **§ 146a** eindeutig geregelt.

II. Sachlicher Anwendungsbereich

30 Die Beschränkung bezieht sich nicht auf die Gesamtzahl der an einem Verfahren beteiligten Verteidiger eines Beschuldigten, sondern nur auf die gleichzeitige Beteiligung, dh ein Wechsel der Verteidiger ist möglich (allgM). Die Beschränkung bezieht sich auch nicht auf die Person des Beschuldigten, sondern auf das konkrete Verfahren; ein Inhaftierter, gegen den mehrere Verfahren anhängig sind, hat also das Recht auf die ungestörte Kommunikation mit mehr als drei Wahlverteidigern.[184]

III. Personeller Anwendungsbereich

31 Da die Stellung als Verteidiger (erg. Rn. 8) entscheidend ist, sind alle **Verteidiger nach § 138 Abs. 1** – nicht nur Rechtsanwälte – mitzuzählen. Rechtsanwälte und Referendare können jedoch – ohne Verteidiger zu sein – als **Mitarbeiter** der Verteidigung tätig sein. Sie haben das Recht, in der Hauptverhandlung anwesend zu sein und die Verteidiger zu unterstützen; lediglich ein eigenes Fragerecht oder die Möglichkeit, Erklärungen abzugeben, besteht nicht.[185] Ebenfalls kann der Beschuldigte sich neben drei Verteidigern noch von einem weiteren Anwalt beraten lassen, solange dieser nicht gegenüber StA oder Gericht als Verteidiger tätig wird.[186] Die sog **Sockelverteidigung** führt nicht zum Verteidigungsverhältnis aller beteiligten Verteidiger mit allen Beschuldigten.[187]

32 Dem Wortlaut und der Stellung innerhalb des § 137 ist zu entnehmen, dass sich die Begrenzung nicht auf **Verteidiger nach § 141** bezieht.[188] Wurde ein Verteidiger beigeordnet, können (zusätzlich) noch drei nach § 137 gewählt werden; ebenso kann bei drei bestehenden Wahlverteidigungen noch eine Beiordnung erfolgen – auch die des zuvor wegen Abs. 1 S. 2 zurückgewiesenen Verteidigers.[189]

33 Auch der **Unterbevollmächtigte** unterfällt Abs. 1 S. 2, wenn er neben dem Verteidiger und nicht nur an dessen Stelle tätig wird.[190] IdR wird er jedoch nur als Vertretung tätig; so bspw., wenn nur der Unterbevollmächtigte anwesend ist oder wenn nur von diesem ein Schriftsatz eingereicht wird.[191] Der nach **§ 139** tätige **Referendar** wird nicht selbstständig, sondern im Rahmen seiner Ausbildung tätig; der Verteidiger ist zur Überwachung der

---

[181] HK-StPO/*Julius* Rn. 3; KMR/*Hiebl* Rn. 18; Löwe/Rosenberg/*Lüderssen/Jahn* Rn. 80; SK-StPO/*Wohlers* Rn. 23; *Schmidt-Leichner* NJW 1975, 417; *Roxin/Schünemann* § 19 Rn. 45; aA Rechtsausschuss BT-Drs. 7/2989, 4; BVerfG 11.3.1975 – 2 BvR 135/75, BVerfGE 39, 156 (163).

[182] Bzgl. der Vereinfachung evtl. Vertretung innerhalb der Sozietät: BayObLG 12.1.1976 – 1 Ob OWi 449/75, NJW 1976, 861 (862); Löwe/Rosenberg/*Lüderssen/Jahn* Rn. 80.

[183] BT-Drs. 7/2526, 30; KMR/*Hiebl* Rn. 19.

[184] *Widmaier* StraFo 2011, 390; → § 148 Rn. 6.

[185] *Kühne* Rn. 184.1.

[186] Zur Möglichkeit für den Inhaftierten *Widmaier* StraFo 2011, 390.

[187] § 146 Rn. 13.

[188] KK/*Laufhütte* Rn. 6; Meyer-Goßner/*Schmitt* Rn. 5; *Pfeiffer* Rn. 2; *Dünnebier* NJW 1976, 1; aA HK/*Julius* Rn. 3; Löwe/Rosenberg/*Lüderssen/Jahn* Rn. 81; diff. *Fahl* S. 234; *Kühne* Rn. 184.

[189] BayObLG 1.12.1978 – RReg 4 St 253/87, StV 1988, 97.

[190] BGH 1.9.1977 – 2 StR 19/77, MDR [H] 1978, 111; OLG Zweibrücken 24.9.2009 – 1 Ws 227/09, StraFo 2009, 516; AnwK/*Krekeler/Werner* Rn. 2; KK/*Laufhütte* Vor § 137 Rn. 14; Löwe/Rosenberg/*Lüderssen/Jahn* Rn. 81; Meyer-Goßner/*Schmitt* Rn. 4; SK-StPO/*Wohlers* Rn. 27; aA *Schmidt-Leichner* NJW 1975, 417 (420); offen KMR/*Hiebl* Rn. 21.

[191] BGH 1.9.1977 – 2 StR 19/77, MDR [H] 1978, 111; SK-StPO/*Wohlers* Rn. 27; *Schmuck* PVR 2002, 352 (354); *Kühne* Rn. 184.1 Fn. 61.

Tätigkeit verpflichtet. Daher ist seine Tätigkeit nicht mit der eines unterbevollmächtigten RA gleichzusetzen und nicht von Abs. 1 S. 2 erfasst.[192]

Eine **Sozietät** kann nicht Verteidiger sein, sondern nur der einzelne Anwalt.[193] Demnach ist für Abs. 1 S. 2 entscheidend, welche Mitglieder der Sozietät eine Verteidigerstellung erlangt haben. Dazu kommt es nicht auf die Nennung im Briefkopf oder der Vollmacht an,[194] sondern nur darauf, wer konkret als Verteidiger tätig wird, sich also explizit oder konkludent durch Tätigwerden gegenüber dem Gericht als Verteidiger meldet.[195] Auch die Bezeichnung eines Rechtsanwalts als „Sachbearbeiter" reicht aus, bzw. eine Meldung beim Gericht als für die Kanzlei handelnd.[196] Die Rspr. zur Sozietät gilt gleichermaßen für andere Anwaltsgemeinschaften wie eine GmbH.[197] 34

D. Wahlrecht des gesetzlichen Vertreters – Abs. 2

Nach Abs. 2 – der wie Abs. 1 S. 1 im Wortlaut unverändert ist – hat auch der gesetzliche Vertreter des Beschuldigten die Möglichkeit, einen Verteidiger zu wählen. Verfahrenssubjekt bleibt jedoch der Beschuldigte; der Vertreter soll in seinem Interesse handeln und mögliche Autonomiedefizite und Unerfahrenheit ausgleichen.[198] 35

I. Gesetzlicher Vertreter

Wer **gesetzlicher Vertreter** ist, richtet sich nach dem BGB, also sorgeberechtigte Eltern (§ 1626 ff., 1629 Abs. 1 BGB), der Vormund (§§ 1773, 1793 Abs. 1 BGB), Betreuer (§§ 1896, 1902 BGB) und uU der Pfleger (§ 1909 BGB)[199] oder eine Pflegeperson nach § 1630 Abs. 3 BGB.[200] Hat ein Beschuldigter mehrere gesetzliche Vertreter, bestimmt sich deren Möglichkeit, alleine zu entscheiden, nach dem BGB.[201] Die Befugnis zur Verteidigerwahl aus § 67 Abs. 3 JGG besteht von dem Wahlrecht des Abs. 2 S. 1 unabhängig;[202] idR sind jedoch die identischen Personen nach beiden Normen berechtigt. **Andere Personen** können einen Verteidiger nur im Namen des Beschuldigten beauftragen, als Bote oder Vertreter qua Vollmacht (§§ 164 ff. BGB). Ansonsten liegt lediglich eine Bitte gegenüber dem potentiellen Verteidiger vor, sich um eine Bevollmächtigung zu bemühen, zB den Beschuldigten in der JVA aufzusuchen. 36

II. Freie Wahl des Beschuldigten und des Vertreters

Der **Vertreter** kann seine Wahl **„selbstständig"**, also unabhängig und auch gegen den Willen des Beschuldigten treffen; und zwar sowohl hinsichtlich der Beauftragung eines Verteidigers als auch der Person des Verteidigers (allgM). Dies kann jedoch für eine Vertrauensstellung des Verteidigers zum Beschuldigten problematisch sein (→ Rn. 35, 39). 37

Durch den Wortlaut „auch" ist klargestellt, dass der nicht oder eingeschränkt geschäftsfähige **Beschuldigte** unbeschadet der Wahl des Vertreters selbstständig und frei die Rechte aus 38

---

192 AA KK/*Laufhütte* § 139 Rn. 4; Löwe/Rosenberg/*Lüderssen/Jahn* § 139 Rn. 12.

193 BVerfG 28.10.1976 – 2 BvR 23/76, BVerfGE 43, 79 (91) = NJW 1977, 99 (mwN).

194 BGH 16.2.1977 – 3 StR 500/76, BGHSt 27, 124 (127) = NJW 1977, 910; OLG Hamm 14.5.1979 – 2 Ss OWi 1886/79, MDR 1980, 513.

195 BVerfG 28.10.1976 – 2 BvR 23/76, BVerfGE 43, 79 (94) = NJW 1977, 99 (100); OLG Hamm 14.5.1979 – 2 Ss OWi 1886/79, MDR 1980, 513; weiterführend: *Schmuck* PVR 2002, 352.

196 LG Bonn 2.11.2001 – 37 Qs 62/01, AnwBl 2004, 727; KK/*Laufhütte* Rn. 2.

197 LG Bonn 2.11.2001 – 37 Qs 62/01, AnwBl 2004, 727; LG Bonn 27.12.2000 – 37 Qs 59/00, AnwBl 2001, 300; AnwK/*Krekeler/Werner* Rn. 2.

198 Vgl. BVerfG 16.1.2003 – 2 BvR 716/01, BVerfGE 107, 104 = NJW 2003, 2004.

199 MünchKommBGB/*Schwab* vor § 1909 Rn. 5 f.; Prütting/Wegen/Weinreich/*Bauer* § 1909 Rn. 3.

200 AA KMR/*Hiebl* Rn. 41.

201 Vgl. BGH 6.7.1993 – 1 StR 299/93, BGHR StGB § 77b Abs. 2 S. 1 Eltern 1 (bzgl. Strafantrag).

202 Radtke/Hohmann/*Reinhart* Rn. 25; SK-StPO/*Wohlers* Rn. 15; *Eisenberg* JGG § 67 Rn. 12.

Abs. 1 S. 1 wahrnehmen kann.[203] Nach verbreiteter Ansicht kann er jedoch ohne Mitwirkung des Vertreters keinen wirksamen **Verteidigervertrag** schließen;[204] somit wäre die freie Verteidigerwahl faktisch unmöglich.[205] Wer Angekl. sein kann, ist im vollen Umfang verfahrensmündig; dies beinhaltet das Recht, einen Verteidiger nicht nur zu wählen, sondern auch zu beauftragen.[206] Daher kann nach zu bevorzugender Ansicht der Beschuldigte lediglich eine Honorarvereinbarung nicht wirksam ohne Mitwirkung des Vertreters eingehen.[207] Die Unterzeichnung einer Vollmachtsurkunde ist jedoch keinesfalls von der Wirksamkeit einer Verpflichtung zur Honorarzahlung abhängig. Die Wahl und Bevollmächtigung eines Verteidigers setzt demnach keine Geschäftsfähigkeit des Beschuldigten voraus.[208]

III. Verhältnis des Verteidigers nach Abs. 2 zum Beschuldigten

39 Der nach Abs. 2 gewählte Verteidiger ist Beistand des Beschuldigten und nicht des Vertreters; er ist den Interessen seines Mandanten – also des Beschuldigten – verpflichtet. In Bezug auf das Verteidigungsverhältnis ist der gesetzliche Vertreter ein Dritter; so zB in Bezug auf die Schweigepflicht des Verteidigers. Wurde der Verteidiger gegen den Willen des Beschuldigten gewählt und genießt er nicht das Vertrauen des Beschuldigten,[209] sollte im Fall der notwendigen Verteidigung dem Beschuldigten zusätzlich ein von ihm benannter Verteidiger beigeordnet werden.[210]

IV. Zahlenmäßige Beschränkung des Abs. 2 S. 2

40 Im Verhältnis von Abs. 2 zu Abs. 1 ist str., ob der Beschuldigte und der Vertreter jeweils bis zu drei Verteidiger wählen können[211] oder die Zahl insg. auf drei beschränkt ist.[212] Kaum ein Geschäftsunfähiger wird in der Praxis die Möglichkeit haben, drei Verteidiger zu beauftragen.[213] Etwa Jugendstrafverfahren sind vielmehr eher durch die Nichtexistenz von Wahlverteidigern geprägt.[214] Dies führt jedoch nicht zu einer Irrelevanz der Streitfrage, da durch die enge Auslegung – Auffassung, nach welcher insgesamt lediglich drei Wahlverteidiger tätig werden können – stark in das Recht auf Verteidigung eingegriffen wird. Die geringe Anzahl von Streitfällen in der Praxis macht jedenfalls deutlich, dass der Schutz der Funktionsfähigkeit der Rechtspflege keiner Einschränkung der freien Verteidigerwahl über den eindeutigen Wortlaut[215] hinaus bedarf.[216] Die Vertreter der engeren Auslegung sehen

---

[203] OLG Koblenz 4.4.2006 – 2 Ws 48/06, StV 2007, 420; OLG Schleswig 9.9.1980 – 1 Ws 270/80, NJW 1981, 1681; allgLit.

[204] OLG Koblenz 4.4.2006 – 2 Ws 48/06, 2 Ws 218/06, StV 2007, 420; AnwK/*Krekeler/Werner* Rn. 3; HK-StPO/*Julius* Rn. 17; KMR/*Hiebl* Rn. 43; Löwe/Rosenberg/*Lüderssen/Jahn* Rn. 76; Radtke/Hohmann/*Reinhart* Rn. 26.

[205] Löwe/Rosenberg/*Lüderssen/Jahn* Rn. 76; Radtke/Hohmann/*Reinhart* Rn. 26; *Eisenberg* JGG § 68 Rn. 18; *Zieger* StV 1982, 305 (Fn. 11); vgl. EGMR 13.5.1980 – 6694/74, Artico ./. Italien EGMR-E 1, 480 (485).

[206] *Zieger* StV 1982, 305 (Fn. 11); *Zieger* Rn. 110; Widmaier/*Böttcher/Müller* MAH Strafverteidigung Rn. 110.

[207] *Zieger* StV 1982, 305 (Fn. 11); *Zieger* Rn. 164; Hamm/Leipold/*Tondorf/Tondorf* 2.2.; Widmaier/*Böttcher/Müller* MAH Strafverteidigung Rn. 111.

[208] OLG Koblenz 4.4.2006 – 2 Ws 48/06, StV 2007, 420; OLG Schleswig 9.9.1980 – 1 Ws 270/80, NJW 1981, 1681; KK/*Laufhütte* Rn. 4; *Kaiser* NJW 1982, 1367 (1368); Brüssow/Gatzweiler/Krekeler/Mehle/*Schlag* § 21 Rn. 46.

[209] Vgl. *Eisenberg* NJW 1984, 2913 (2916); *Zieger* Rn. 165; Widmaier/*Böttcher/Müller* MAH Strafverteidigung Rn. 119.

[210] AnwK/*Krekeler/Werner Rn. 3*; Radtke/Hohmann/*Reinhart* Rn. 26; *Eisenberg* NJW 1984, 2913 (2916); Widmaier/*Böttcher/Müller* MAH Strafverteidigung Rn. 119.

[211] HK-StPO/*Julius* Rn. 11; Löwe/Rosenberg/*Lüderssen/Jahn* Rn. 79; SK-StPO/*Wohlers* Rn. 26; *Herrmann* ZStW 89 (1977), 754 (755).

[212] AnwK/Krekeler/*Werner* Rn. 3; KK/*Laufhütte* Rn. 5; Meyer-Goßner/*Schmitt* Rn. 10; *Pfeiffer* Rn. 2; *Fahl* S. 234.

[213] Vgl. *Joecks* Rn. 7; Löwe/Rosenberg/*Lüderssen/Jahn* Rn. 76; *Albrecht/Stern* StV 1988, 410.

[214] AK/*Stern* Vor § 137 Rn. 92; *Albrecht/Stern* StV 1988, 410; *Barton* § 2 Rn. 25; Brüssow/Gatzweiler/Krekeler/Mehle/*Schlag* § 21 Rn. 1 ff.

[215] *Joecks* Rn. 7; KMR/*Hiebl* Rn. 44; Löwe/Rosenberg/*Lüderssen/Jahn* Rn. 79; *Dünnebier* NJW 1976, 1.

[216] *Joecks* Rn. 7; SK-StPO/*Wohlers* Rn. 26; vgl. auch BT-Drs. 7/2989, 3.

zumeist die Notwendigkeit, dass der Beschuldigte die Möglichkeit haben muss, wenigstens einen Verteidiger selbst zu wählen.[217] Die als Konsequenz dieser Auffassung erforderlich werdenden Ausnahmen zur klaren Regelung des § 146a machen deutlich, wie mühsam die durch die enge Auslegung erst herbeigeführte Beschränkung der Wahlfreiheit des Beschuldigten wieder revidiert werden muss.[218] Nach vorzugswürdiger Auffassung können der Beschuldigte und der Vertreter mithin jeweils bis zu drei Verteidiger wählen.

§ 138 [Wahlverteidiger]

(1) Zu Verteidigern können Rechtsanwälte sowie die Rechtslehrer an deutschen Hochschulen im Sinne des Hochschulrahmengesetzes mit Befähigung zum Richteramt gewählt werden.

(2) [1]Andere Personen können nur mit Genehmigung des Gerichts gewählt werden. [2]Gehört die gewählte Person im Fall der notwendigen Verteidigung nicht zu den Personen, die zu Verteidigern bestellt werden dürfen, kann sie zudem nur in Gemeinschaft mit einer solchen als Wahlverteidiger zugelassen werden.

(3) Können sich Zeugen, Privatkläger, Nebenkläger, Nebenklagebefugte und Verletzte eines Rechtsanwalts als Beistand bedienen oder sich durch einen solchen vertreten lassen, können sie nach Maßgabe der Absätze 1 und 2 Satz 1 auch die übrigen dort genannten Personen wählen.

Übersicht

I. Anwendungsbereich

1 Die Abs. 1 und 2 betreffen den **gewählten Verteidiger,** nicht den Pflichtverteidiger.[1] Der am 1.10.2009 in Kraft getretene Abs. 3[2] erweitert den **Kreis möglicher Beistände** von Zeugen, Privatklägern, Nebenklägern, Nebenklagebefugten und Verletzten, indem er nicht nur – die bereits zuvor als Beistand in Betracht kommenden – Rechtsanwälte, sondern auch Rechtslehrer an deutschen Hochschulen iSd HRG und die von Abs. 2 S. 1 umfassten Personen für wählbar erklärt.[3]

II. Frei wählbare Verteidiger – Abs. 1

2 Abs. 1 bestimmt, dass Rechtsanwälte und Rechtslehrer an deutschen Hochschulen als Verteidiger frei wählbar sind; ihre Hinzuziehung bedarf – anderes gilt hinsichtlich der von Abs. 2 umfassten Personen (→ Rn. 14) – keiner Genehmigung des Gerichts.

---

[217] AnwK/*Krekeler/Werner* Rn. 3; KK/*Laufhütte* Rn. 5; Meyer-Goßner/*Schmitt* Rn. 10; *Pfeiffer* Rn. 2.
[218] *Joecks* Rn. 7; KMR/*Hiebl* Rn. 47; Radtke/Hohmann/*Reinhart* Rn. 27; SK-StPO/*Wohlers* Rn. 26.
[1] KK/*Laufhütte* Rn. 1; Radtke/Hohmann/*Reinhart* Rn. 1.
[2] Eingefügt durch das 2. Opferrechtsreformgesetz vom 29.7.2009 (BGBl. I 2280).
[3] Radtke/Hohmann/*Reinhart* Rn. 1.

3 **1. Rechtsanwälte.** Rechtsanwälte iSd Vorschrift sind solche, die **bei einem deutschen Gericht zugelassen** sind (im Folgenden: „deutsche Rechtsanwälte“).[4] Im Ausland zugelassene Rechtsanwälte dürfen grds. nur unter den Voraussetzungen des Abs. 2 als Verteidiger auftreten.[5] **Rechtsanwälte aus EU-Mitgliedsstaaten,** anderen Vertragsstaaten des Abkommens über den europäischen Wirtschaftsraum und der Schweiz (europäische Rechtsanwälte) genießen Sonderrechte; diese sind nach den Vorschriften des EuRAG (Gesetz über die Tätigkeit europäischer Rechtsanwälte in Deutschland)[6] berechtigt, auch in Deutschland als Rechtsanwälte tätig zu sein.

4 **a) Deutsche Rechtsanwälte.** Grds. kann jeder deutsche Rechtsanwalt zum Verteidiger gewählt werden. Deutsche Rechtsanwälte dürfen **vor sämtlichen Gerichten der Bundesrepublik** – anders als in Zivilsachen auch vor dem BGH – als Verteidiger auftreten; unterliegen mithin weder örtlichen noch sachlichen Beschränkungen. Lediglich für die **beim BGH in Zivilsachen zugelassenen Rechtsanwälte** bestehen Restriktionen; sie dürfen grds. nur vor dem BGH, den anderen obersten Gerichtshöfen des Bundes, dem Gemeinsamen Senat der obersten Gerichtshöfe und dem BVerfG auftreten (§ 172 Abs. 1 BRAO). Da die Revisionseinlegung, die Revisionsbegründung sowie die Stellung von Revisionsanträgen bereits zur Verteidigung vor dem BGH gehören, können diese Tätigkeiten – obwohl entsprechende Schriftsätze nicht beim BGH einzureichen sind (§§ 341 Abs. 1, 345 Abs. 1) – auch von einem beim BGH zugelassen Rechtsanwalt vorgenommen werden.[7]

5 **Nicht mehr zugelassene Rechtsanwälte** können nur unter den Voraussetzungen des Abs. 2 zu Verteidigern gewählt werden;[8] tritt ein nicht mehr zugelassener Rechtsanwalt gleichwohl als ein nach Abs. 1 gewählter Verteidiger auf (sog Scheinverteidiger), sind die von ihm vorgenommenen Prozesshandlungen unwirksam.[9] Zwar noch zugelassene, aber mit einem **Vertretungs- bzw. Berufsverbot** (§ 132a, § 70 StGB, §§ 114 Abs. 1 S. 4, 150, 161a BRAO) belegte Rechtsanwälte, sind gem. § 146a Abs. 1 analog zurückzuweisen; ihre vor der Zurückweisung vorgenommenen Handlungen bleiben in entspr. Anwendung des § 146a Abs. 2 jedoch wirksam.[10]

6 Ein **angeklagter Rechtsanwalt** darf nicht zum Verteidiger eines Mitangekl. gewählt werden; dies ergibt sich bereits aus den unterschiedlichen Verfahrensrollen des Verteidigers und des Angekl.[11] Wird er dennoch gewählt, ist er durch Beschl. entspr. § 146a zurückzuweisen; eine Ausschließung gem. § 138a kommt nicht in Betracht.[12] Gleiches gilt grds. auch für das Ermittlungsverfahren: Ein Rechtsanwalt, der Beschuldigter ist, darf jedenfalls dann nicht als Verteidiger eines Mitbeschuldigten tätig werden, wenn die Beschuldigungen dieselbe Tat betreffen.[13] Ferner kann ein beschuldigter Rechtsanwalt **nicht sich selbst** als Verteidiger wählen; der Status des Verteidigers – unabhängiges, mit eigenen Rechten und

---

[4] KK/*Laufhütte* Rn. 3; Radtke/Hohmann/*Reinhart* Rn. 2.

[5] BGH 26.11.1986 – 3 StR 316/86, BGHR StPO § 138 Abs. 2 Genehmigung 1; KK/*Laufhütte* Rn. 13.

[6] Gesetz zur Umsetzung von Richtlinien der Europäischen Gemeinschaft auf dem Gebiet des Berufsrechts des Rechtsanwalts vom 9.3.2000 (BGBl. I 182), zuletzt geändert durch Art. 2 G. v. 30.7.2009 (BGBl. I 2449).

[7] KK/*Laufhütte* Rn. 3; KMR/*Hiebl* Rn. 3.

[8] KK/*Laufhütte* Rn. 4.

[9] BGH 5.2.2002 – 5 StR 617/01, BGHSt 47, 238 = NJW 2002, 1436 mAnm *Beulke/Angerer* NStZ 2002, 443 (nach Beratung durch sog Scheinverteidiger erklärter Rechtsmittelverzicht ist unwirksam; Angekl. kann Wiedereinsetzung in den vorherigen Stand erlangen).

[10] Vgl. OLG Celle 18.6.1997 – 1 Ws 196/97, NStZ 1989, 41 mAnm *Feuerich* NStZ 1989, 338; KK/*Laufhütte* Rn. 4; KMR/*Hiebl* Rn. 4; Meyer-Goßner/*Schmitt* Rn. 2; Radtke/Hohmann/*Reinhart* Rn. 2.

[11] BGH 26.1.1996 – 2 ARs 441/95, StV 1996, 469; OLG Celle 4.7.2001 – 3 ARs 25/01, NJW 2001, 3564.

[12] BGH 26.1.1996 – 2 ARs 441/95, StV 1996, 469; entgegen OLG Stuttgart 18.11.1986 – 4 Ws 339/86, Justiz 1987, 80; OLG Celle 4.7.2001 – 3 ARs 25/01, NJW 2001, 3564.

[13] OLG Celle 4.7.2001 – 3 ARs 25/01, NJW 2001, 3564 (3565); dagegen OLG Hamm 1.4.2008 – 2 Ws 343/07, NStZ-RR 2008, 252 f.: Ein Verteidiger, der Mitbeschuldigter im selben Ermittlungsverfahren ist, könne nicht entspr. §§ 146, 146a zurückgewiesen werden, in Betracht komme aber eine Ausschließung nach § 138a.

Pflichten versehenes Organ der Rechtspflege – und die Stellung des Beschuldigten sind miteinander offensichtlich unvereinbar.[14]

7 Dagegen steht die Vernehmung eines Verteidigers als **Zeuge** seiner Verteidigerstellung grds. nicht entgegen; das ergibt sich bereits aus § 53 Abs. 1 Nr. 2.[15] Da er aber während seiner Vernehmung an der Ausübung seiner Verteidigerbefugnisse gehindert ist, ist in Fällen der notwendigen Verteidigung ein anderer Verteidiger für die Dauer der Vernehmung zu bestellen.[16] Wenn der Verteidiger durch seine Zeugenaussage den eigenen Mandanten belastet, verstößt eine anschließende Fortsetzung des Mandats gegen Berufsrecht – prozessual zulässig ist eine Mandatsfortführung dennoch.[17]

8 Soweit ein **Syndikusanwalt** außerhalb seines Dienstverhältnisses handelt, kann er nach Abs. 1 zum Verteidiger gewählt werden.[18] Zwar verbietet ihm § 46 BRAO, für seinen Arbeitgeber (sowie für dessen gesetzlichen Vertreter)[19] in seiner Eigenschaft als Rechtsanwalt vor Gerichten tätig zu werden, jedoch hat diese berufsrechtliche Einschränkung keine Auswirkung auf § 138, so dass ein Syndikusanwalt – aus Sicht des Prozessrechts – auch unter Verstoß gegen § 46 BRAO als Verteidiger gewählt werden kann.[20] Ein ständiger anwaltlicher Berater ist auch in Wirtschafts- und Steuerstrafverfahren befugt, die Verteidigung zu übernehmen.[21]

9 **b) Europäische Rechtsanwälte.** Das EuRAG unterscheidet zwischen **niedergelassenen** europäischen Rechtsanwälten (§§ 2 ff. EuRAG) und **dienstleistenden** europäischen Rechtsanwälten (§§ 25 ff. EuRAG). Erstere sind deutschen Rechtsanwälten gleichgestellt und können daher uneingeschränkt als Verteidiger gewählt werden. Grds. gilt dies auch für letztere. In Fällen der notwendigen Verteidigung gem. § 140 dürfen dienstleistende europäische Rechtsanwälte jedoch nur im **Einvernehmen** mit einem Rechtsanwalt, der zur Vertretung oder Verteidigung bei dem Gericht oder der Behörde befugt ist (Einvernehmensanwalt), als Verteidiger handeln.[22] Gem. § 29 Abs. 1 EuRAG ist das Einvernehmen bei der ersten Handlung gegenüber dem Gericht oder der Behörde schriftlich nachzuweisen. Liegt der Nachweis im Zeitpunkt der Handlungsvornahme nicht vor, ist sie gem. § 29 Abs. 3 EuRAG unwirksam. Das Einvernehmen kann gem. § 29 Abs. 2 EuRAG für die Zukunft widerrufen werden. Ferner bedürfen dienstleistende europäische Rechtsanwälte grds. der Mitwirkung eines Einvernehmensanwalts, wenn sie mit einem nicht auf freiem Fuß befindlichen Mandanten in Kontakt treten möchten, dh ihn besuchen oder mit ihm schriftlich verkehren wollen (§ 30 Abs. 1 BRAO); nach § 30 Abs. 2 EuRAG ist eine Befreiung von diesem Mitwirkungserfordernis möglich.

10 **2. Rechtslehrer an deutschen Hochschulen.** Ebenso wie Rechtsanwälte können auch Rechtslehrer an deutschen Hochschulen iSd HRG zu Verteidigern gewählt werden. Rechtslehrer an Hochschulen sind alle ordentlichen und außerordentlichen – auch emeritierte – **Professoren, Juniorprofessoren, Honorarprofessoren** sowie **Privatdozenten,** die an einer deutschen Universität oder einer gleichrangigen Hochschule rechtswissenschaftliche –

[14] BVerfG 26.2.1980 – 2 BvR 752/78, BVerfGE 53, 207 (214) = NJW 1980, 1677; BVerfG 26.2.1988 – 2 BvR 287/87, NStZ 1988, 282; BVerfG 19.3.1998 – 2 BvR 291/98, NStZ 1998, 363 (364); OLG Karlsruhe 28.2.1997 – 2 Ss 42/97, Justiz 1997, 378; OLG Hamm 29.1.2004 – 3 Ss 15/04, StraFo 2004, 170.

[15] BGH 19.5.1953 – 2 StR 116/53, NJW 1953, 1600: nur in Einzelfällen sei die Stellung des Verteidigers mit der des Zeugen unvereinbar; AK/*Stern* Rn. 3; HK-StPO/*Julius* Rn. 6; eingehend Löwe/Rosenberg/*Ignor/Bertheau* Vor § 48 Rn. 44.

[16] BGH 19.5.1953 – 2 StR 116/53, NJW 1953, 1600 (1601); BGH 26.6.1985 – 3 StR 145/85, NJW 1986, 78; AK/*Stern* Rn. 3; HK-StPO/*Julius* Rn. 6; Löwe/Rosenberg/*Ignor/Bertheau* Vor § 48 Rn. 45; SK-StPO/*Wohlers* Rn. 13.

[17] HK-StPO/*Julius* Rn. 6; Löwe/Rosenberg/*Ignor/Bertheau* Vor § 48 Rn. 45; SK-StPO/*Wohlers* Rn. 13.

[18] *Kramer* AnwBl 2001, 140; Meyer-Goßner/*Schmitt* Rn. 2b; SK-StPO/*Wohlers* Rn. 10.

[19] *Kramer* AnwBl 2001, 140 (142); SK-StPO/*Wohlers* Rn. 10.

[20] *Kramer* AnwBl 2001, 140 (141); Radtke/Hohmann/*Reinhart* Rn. 2; aA wohl SK-StPO/*Wohlers* Rn. 10.

[21] Meyer-Goßner/*Schmitt* Rn. 2b; aA *Birkenstock* wistra 1997, 47 (51 f.).

[22] Dazu im einzelnen *Werner* StraFo 2001, 221 (222).

nicht unbedingt straf- bzw. strafprozessrechtliche – Vorlesungen halten.[23] Die Mitgliedschaft in einer juristischen Fakultät ist nach dem Wortlaut nicht erforderlich.[24] Mit dem am 1.9.2004 durch das 1. JuMoG in Abs. 1 eingefügten Verweis auf das HRG steht nunmehr fest, dass auch **Fachhochschullehrer** mit Befähigung zum Richteramt als Verteidiger gewählt werden können.[25] Rechtslehrer an privaten Hochschulen, auch wenn diese staatlich anerkannt sind (§ 1 S. 2 HRG), fallen indes nicht unter Abs. 1.[26] Aus § 42 HRG ergibt sich, dass **Lehrbeauftragte** und **Wissenschaftliche Assistenten/Mitarbeiter** keine Hochschullehrer sind.[27] Wechselt der Hochschullehrer zu einer Hochschule eines ausländischen Staates, verliert er zwar die Berechtigung, neue Mandate anzunehmen, seine Verteidigerstellung in laufenden Verfahren bleibt jedoch unberührt.[28] Der auf einem Mangel in der Amtsführung beruhende Verlust der Lehrbefugnis führt zum Verlust der Verteidigerfähigkeit;[29] ebenso wie ein nicht mehr zugelassener Rechtsanwalt wird er zum sog Scheinverteidiger (→ Rn. 5).[30]

11 In Bezug auf die **Vergütung** des zum Verteidiger gewählten Rechtslehrers finden die Regelungen des RVG sinngemäß – soweit dies möglich ist – Anwendung.[31] **Zustellungen** gem. § 37 Abs. 1 können in entspr. Anwendung des § 174 ZPO auch an einen Rechtslehrer durch Empfangsbekenntnis bewirkt werden.[32]

Ein die Verteidigung übernehmender Rechtslehrer unterliegt denselben **Sorgfaltspflichten** wie ein die Verteidigung führender Rechtsanwalt.[33]

12 **3. Erweiterter Personenkreis im Steuerstrafverfahren.** Im Steuerstrafverfahren wird der Kreis möglicher Wahlverteidiger durch **§ 392 Abs. 1 AO** erweitert. Danach können auch Steuerberater, Steuerbevollmächtigte, Wirtschaftsprüfer und vereidigte Buchprüfer zu Verteidigern gewählt werden, soweit die Finanzbehörde das Verfahren gem. § 386 Abs. 2 AO selbständig durchführt. Im staatsanwaltlichen Ermittlungsverfahren und im gerichtlichen Verfahren können sie die Verteidigung jedoch **nur in Gemeinschaft** mit einem Verteidiger iSd Abs. 1 führen (§ 392 Abs. 1 Hs. 2 AO).[34] Sind sowohl Steuerstraftaten als auch andere – nicht unter § 386 Abs. 2 Nr. 2 AO fallende – Straftaten Gegenstand des Verfahrens, sind die in § 392 Abs. 1 AO genannten Personen nur hinsichtlich der Steuerstraftaten gem. § 392 Abs. 1 Hs. 2 AO berechtigt; im Hinblick auf die anderen Straftaten gilt Abs. 2, der nach § 392 Abs. 2 AO unberührt bleibt.[35]

---

[23] AK/*Stern* Rn. 13; KK/*Laufhütte* Rn. 5; KMR/*Hiebl* Rn. 18; Löwe/Rosenberg/*Lüderssen/Jahn* Rn. 9; Meyer-Goßner/*Schmitt* Rn. 4; SK-StPO/*Wohlers* Rn. 16; vgl. auch BVerwG 16.10.1970 – II C 50.68, NJW 1970, 2314.

[24] Vgl. KK/*Laufhütte* Rn. 5; *Peters* JZ 1956, 289 (290); SK-StPO/*Wohlers* Rn. 16; Löwe/Rosenberg/*Lüderssen/Jahn* Rn. 9; aA ohne Begr. Graf/*Wessing* Rn. 4; HK-StPO/*Julius* Rn. 5; wohl auch Meyer-Goßner/*Schmitt* Rn. 4.

[25] Vgl. zum früheren Meinungsstreit: bejahend: BGHSt 48, 350 (354) = NJW 2003, 3573; OLG Dresden 3.5.2000 – 1 Ws 94/00, StraFo 2000, 338; ablehnend: OLG Brandenburg 3.6.2003 – 1 Ss 20/03, NStZ-RR 2004, 85 (86); AK/*Stern* Rn. 14 mwN.

[26] Löwe/Rosenberg/*Lüderssen/Jahn* Rn. 9; Radtke/Hohmann/*Reinhart* Rn. 4.

[27] KG 4.11.1955 – 1 AR 1164/55 – 1 Ws 711/55, JZ 1956, 288 mit abl. Anm. *Peters*; BerlVerfGH 20.4.1994 – 75/93, NJW 1995, 1212; AK/*Stern* Rn. 13; Graf/*Wessing* Rn. 4; Löwe/Rosenberg/*Lüderssen/Jahn* Rn. 9; Meyer-Goßner/*Schmitt* Rn. 4; SK-StPO/*Wohlers* Rn. 18; *Kühne* Rn. 167, der mit Verweis auf den Ausnahmecharakter der Vorschrift eine restriktive Auslegung befürwortet; aA für selbstständig lehrende Lehrbeauftragte: OLG Jena 5.5.1999 – 1 Ws 121/99, StraFo 1999, 349 mit zust. Anm. *Deumeland*; KK/*Laufhütte* Rn. 5; KMR/*Hiebl* Rn. 20; Radtke/Hohmann/*Reinhart* Rn. 4.

[28] OLG Koblenz 11.2.1981 – 1 Ws 59/81, NStZ 1981, 403; Meyer-Goßner/*Schmitt* Rn. 4; aA *Bergmann* MDR 1982, 97.

[29] OLG Koblenz 11.2.1981 – 1 Ws 59/81, NStZ 1981, 403; Meyer-Goßner/*Schmitt* Rn. 4; Radtke/Hohmann/*Reinhart* Rn. 4; SK-StPO/*Wohlers* Rn. 19.

[30] Radtke/Hohmann/*Reinhart* Rn. 4; SK-StPO/*Wohlers* Rn. 19.

[31] OLG Düsseldorf 27.9.1994 – 1 Ws 637/94, NStZ 1996, 99 mAnm *Deumeland*; KK/*Laufhütte* Rn. 5; KMR/*Hiebl* Rn. 23; SK-StPO/*Wohlers* Rn. 21; aA LG Gießen 10.12.1986 – 1 S 290/86, AnwBl 1987, 499 mit abl. Anm. *Herrmann*.

[32] BGH 22.10.1996 – 5 StR 277/96, NStZ 1997, 145; KK/*Laufhütte* Rn. 5; SK-StPO/*Wohlers* Rn. 22.

[33] KMR/*Hiebl* Rn. 23; SK-StPO/*Wohlers* Rn. 22; vgl. in Bezug auf Fristenüberwachung BGH 22.10.1996 – 5 StR 277/96, NStZ 1997, 145.

[34] Dazu im einzelnen *Bornheim* wistra 1997, 217, 257; KK/*Laufhütte* Rn. 6.

[35] Vgl. LG Hildesheim 18.2.2010 – 25 KLs 5101 Js 76196/06, DStR 2010, 1592.

III. Andere Personen – Abs. 2

Abs. 2 eröffnet dem Beschuldigten die Möglichkeit, auch andere als die in Abs. 1 genannten Personen als Verteidiger zu wählen. Wie sich aus der Entstehungsgeschichte ergibt, dient Abs. 2 dem Interesse des Beschuldigten, sich von einer **Person seines Vertrauens** verteidigen zu lassen; die Vorschrift ist daher **nicht restriktiv auszulegen,**[36] sondern vielmehr als Erweiterung des Kreises potenzieller Verteidiger zu verstehen.[37] Allerdings sind nur **natürliche, geschäftsfähige**[38] Personen wählbar.[39] In Betracht kommen insbes. im Ausland zugelassene Rechtsanwälte, sofern sie nicht bereits nach den Vorschriften des EuRAG berechtigt sind (→ Rn. 9),[40] Assessoren,[41] Angehörige steuerberatender Berufe, soweit sie nicht schon gem. § 392 Abs. 1 AO zugelassen sind,[42] Rechtsbeistände, die gem. § 209 BRAO Mitglied der Rechtsanwaltskammer sind,[43] Lehrbeauftragte,[44] Familienangehörige[45] sowie Freunde und Bekannte.[46] 13

Im Gegensatz zu den in Abs. 1 genannten Personen können die nach Abs. 2 gewählten Personen nur dann als Verteidiger fungieren, wenn das Gericht ihre Wahl genehmigt; erst durch die **Genehmigung** kommt ein wirksames Verteidigungsverhältnis zustande.[47] Vor Erteilung der Genehmigung vorgenommene Prozesshandlungen sind schwebend unwirksam.[48] 14

Art. 1 §§ 1, 8 RBerG, der der Zulassung anderer Personen iSd Abs. 2 als Verteidiger bei geschäftsmäßiger Übernahme der Verteidigung entgegenstehen konnte, ist mit dem Inkrafttreten des Rechtsdienstleistungsgesetz (RDG) aufgehoben worden; das RDG hingegen lässt Regelungen in anderen Gesetzen über die Befugnis, Rechtsdienstleistungen zu erbringen – somit auch in § 138 Abs. 2 –, unberührt (§ 1 Abs. 2 RDG).[49] 15

1. Genehmigungsverfahren. Der Genehmigung muss ein **Antrag,** der auch konkludent – etwa durch Einlegung eines Rechtsmittels[50] – gestellt werden kann, vorausgehen. Über den Antrag entscheidet das Gericht nach Anhörung der StA (§ 33 Abs. 2) durch **Beschl.,** der gem. § 34 stets zu begründen ist.[51] Daher und aus Gründen der Rechtssicherheit ist es bedenklich, wenn das Gericht die Genehmigung stillschweigend erteilt; dennoch ist diese Möglichkeit sowohl von der Rspr. als auch in der Lit. grds. anerkannt.[52] 16

---

[36] So aber OLG Karlsruhe 8.5.1987 – 1 Ws 32/87, NJW 1988, 2549 (2550); wohl auch OLG Düsseldorf 9.11.1987 – 1 Ws 918/87, NStZ 1988, 91 (92).

[37] OLG Bremen 14.12.1950 – Ws 91/50, NJW 1951, 123; KG 4.11.1955 – 1 AR 1164/55 – 1 Ws 711/55, JZ 1956, 288 (289) mit zust. Anm. *Peters* jeweils mit Nachw. zur Entstehungsgeschichte; OLG Hamm 12.1.2006 – 2 Ws 9-11/06, NStZ 2007, 238 (239); AK/*Stern* Rn. 17; HK-StPO/*Julius* Rn. 2; KMR/*Hiebl* Rn. 27; Löwe/Rosenberg/*Lüderssen/Jahn* Rn. 24; SK-StPO/*Wohlers* Rn. 25; *Hilla* NJW 1988, 2525.

[38] KK/*Laufhütte* Rn. 8; Meyer-Goßner/*Schmitt* Rn. 8; SK-StPO/*Wohlers* Rn. 36.

[39] BVerfG 28.10.1976 – 2 BvR 23/76, BVerfGE 43, 79 (91) = NJW 1977, 99; BayObLG 17.12.1952 – Beschw(W)Reg. 1 St. 73/52, NJW 1953, 354; OLG Neustadt 1.4.1953 – Ws 6/53, NJW 1953, 1606.

[40] BGH 26.11.1986 – 3 StR 316/86, BGHR StPO § 138 Abs. 2 Genehmigung 1; vgl. aber OLG Stuttgart 9.1.2009 – 6-2 StE 8/07, NStZ-RR 2009, 113: Leistet ein im Ausland tätiger Rechtsanwalt in diesem Land lediglich Aufklärungshilfe, ist er nicht als Verteidiger gem. § 138 Abs. 2 zuzulassen.

[41] BVerfG 30.10.2002 – 2 BvR 786/02, NJW 2003, 882; OLG Celle 10.5.2011 – 1 Ws 170/11, NStZ 2011, 598.

[42] LG Hildesheim 18.2.2010 – 25 KLs 5101 Js 76196/06, DStR 2010, 1592.

[43] BGH 28.3.1984 – 3 StR 95/84, BGHSt 32, 326 (329) = NJW 1984, 2480; vgl. auch OLG Koblenz 16.12.1981 – 1 Ausl 13/81, NJW 1982, 1955.

[44] Vgl. KG 4.11.1955 – 1 AR 1164/55 – 1 Ws 711/55, JZ 1956, 288 (289) mit zust. Anm. *Peters.*

[45] OLG Hamm 9.12.1977 – 1 Ss OWi 1406/77, MDR 1978, 509.

[46] AK/*Stern* Rn. 18; Graf/*Wessing* Rn. 9; Meyer-Goßner/*Schmitt* Rn. 8.

[47] OLG Karlsruhe 8.5.1987 – 1 Ws 32/87, NJW 1988, 2549 (2550).

[48] AK/*Stern* Rn. 24; KK/*Laufhütte* Rn. 8; *Kaiser* NJW 1982, 1367 (1369).

[49] Meyer-Goßner/*Schmitt* Rn. 9; Radtke/Hohmann/*Reinhart* Rn. 7; vgl. zur früheren Problematik bei der geschäftsmäßigen Verteidigung durch andere Personen iSd Abs. 2: KMR/*Hiebl* Rn. 48.

[50] RG 7.1.1921 – IV 164/20, RGSt 55, 213.

[51] Radtke/Hohmann/*Reinhart* Rn. 9; aA OLG Zweibrücken 31.3.1993 – 1 Ss 73/93, NVZ 1993, 493; Löwe/Rosenberg/*Lüderssen/Jahn* Rn. 27; Meyer-Goßner/*Schmitt* Rn. 12, die eine Begründungspflicht nur für den Fall einer ablehnenden Entscheidung annehmen.

[52] BGH 23.10.1992 – 5 StR 364/92, BGHR StPO § 138 Abs. 2 Zulassung 1; RG 7.1.1921 – IV 164/20, RGSt 55, 213 (214); OLG Düsseldorf 24.8.2000 – 2a Ss (OWi) 242/00 – (OWi) 85/00 II, StraFo 2001,

17 **Zuständig** für die Genehmigung ist das Gericht, bei dem das Verfahren anhängig ist.[53] Es entscheidet in der Besetzung, die im Zeitpunkt der Antragstellung vorgeschrieben ist; wird der Antrag etwa in der Hauptverhandlung gestellt, so haben die Schöffen bei der Entscheidung mitzuwirken.[54] Im **Ermittlungsverfahren** entscheidet nach allgA gem. § 141 Abs. 4 analog das Gericht (nicht lediglich der Vorsitzende), das für das Hauptverfahren zuständig wäre. Bei **Eilbedürftigkeit** kann ausnahmsweise auch die Zuständigkeit des Ermittlungsrichters gegeben sein, wobei die Genehmigung dann auf die Mitwirkung bei einer richterlichen Untersuchungshandlung nach § 162 zu beschränken ist.[55] Im **Rechtsmittelverfahren** geht die Zuständigkeit erst mit Vorlage der Akten gem. §§ 321 S. 2, 347 Abs. 2 auf das Rechtsmittelgericht über; bis dahin bleibt das Ausgangsgericht zuständig.[56] Das Rechtsmittelgericht ist an eine Versagung der Genehmigung durch das Ausgangsgericht nicht gebunden; dies gilt auch dann, wenn eine dagegen eingelegte Beschwerde erfolglos war.[57]

18 Die Genehmigung kann auch **nachträglich** erteilt werden – vorausgesetzt, dass das Gericht mit der Sache noch befasst ist und der Verfahrensabschnitt, in dem die Prozesshandlung wirken soll, andauert.[58] Die nachträgliche Genehmigung wirkt ex tunc, so dass zuvor vorgenommene Prozesshandlungen mit Erteilung der Genehmigung wirksam werden.[59]

19 **2. Genehmigungskriterien.** Das Gericht entscheidet **nach pflichtgemäßem Ermessen** unter Abwägung des Interesses des Beschuldigten, sich von einer Person seines Vertrauens verteidigen zu lassen, und den Belangen der Strafrechtspflege.[60] Mit Blick auf den Zweck der Vorschrift (→ Rn. 13) darf die Genehmigung nicht nur auf besondere Ausnahmefälle beschränkt werden; sie ist vielmehr zu erteilen, *„wenn die gewählte Person das* ***Vertrauen des Beschuldigten/Angekl.*** *hat, sie* ***genügend sachkundig*** *und* ***vertrauenswürdig*** *erscheint und* ***sonst keine Bedenken*** *gegen ihr Auftreten als Verteidiger bestehen"*.[61] Das Verlangen einer besonderen Sachkunde, die weiter reicht als die üblichen Kenntnisse eines Volljuristen,[62] widerspricht dem Telos der Vorschrift und ist daher abzulehnen.[63] Dass ein Volljurist genügend Sachkunde besitzt, steht außer Frage; daher ist ihm – sofern er vertrauenswürdig erscheint und sonst keine Bedenken bestehen – die Genehmigung zu erteilen.[64] Allerdings ist das Ablegen juristischer Staatsexamina – auch nicht des ersten Staatsexamens – nicht zwingend erforderlich; auch Nichtjuristen soll dem Zweck des Abs. 2 entspr. die Übernahme der Verteidigung nicht von vornherein verwehrt sein.[65] Hinsichtlich der Vertrauenswürdigkeit der gewählten Person und der Frage, ob sonstige Bedenken gegen ihr Auftreten

---

270; Löwe/Rosenberg/*Lüderssen/Jahn* Rn. 30; Meyer-Goßner/*Schmitt* Rn. 16; SK-StPO/*Wohlers* Rn. 31; lediglich Radtke/Hohmann/*Reinhart* Rn. 9 empfiehlt mit Blick auf die aus § 34 folgende Begründungspflicht „stets ausdrücklich über den Antrag" zu entscheiden.

[53] Löwe/Rosenberg/*Lüderssen/Jahn* Rn. 30; Meyer-Goßner/*Schmitt* Rn. 16.

[54] KK/*Laufhütte* Rn. 10; Radtke/Hohmann/*Reinhart* Rn. 9; SK-StPO/*Wohlers* Rn. 29.

[55] BGH 23.1.1992 – 5 StR 364/92, BGHR StPO § 138 Abs. 2 Zulassung 1.

[56] RG 12.7.1928 – II 626/28, RGSt 62, 250 (251); Löwe/Rosenberg/*Lüderssen/Jahn* Rn. 30; Meyer-Goßner/*Schmitt* Rn. 16; SK-StPO/*Wohlers* Rn. 31.

[57] BayObLG 13.3.1978 – 1 Ob OWi 749/77, VRS 55, 190 (192); Meyer-Goßner/*Schmitt* Rn. 16; SK-StPO/*Wohlers* Rn. 31.

[58] RG 7.1.1921 – IV 164/20, RGSt 55, 213 (214); BayObLG 13.3.1978 – 1 Ob OWi 749/77, VRS 55, 190 (191); Meyer-Goßner/*Schmitt* Rn. 17; SK-StPO/*Wohlers* Rn. 44.

[59] BayObLG 13.3.1978 – 1 Ob OWi 749/77, VRS 55, 190 (191); OLG Hamm 31.5.1951 – 2 Ss 187/51, MDR 1951, 503; Löwe/Rosenberg/*Lüderssen/Jahn* Rn. 29; Meyer-Goßner/*Schmitt* Rn. 17.

[60] AllgM; OLG Koblenz 29.11.2007 – 1 Ws 605/07, NStZ-RR 2008, 179.

[61] OLG Hamm 12.1.2006 – 2 Ws 9-11/06, NStZ 2007, 238 (239); OLG Düsseldorf 15.7.1999 – 1 Ws 517/99, NStZ 1999, 586 (587); vgl. auch BVerfG 27.2.2006 – 2 BvR 413/06, NJW 2006, 1503; BayObLG 13.3.1978 – 1 Ob OWi 749/77, MDR 1978, 862; Meyer-Goßner/*Schmitt* Rn. 13.

[62] So aber – jedenfalls für die Verteidigung in einem Schwurgerichtsverfahren – OLG Karlsruhe 8.5.1987 – 1 Ws 32/87, NJW 1988, 2549 (2550); vgl. auch OLG Düsseldorf 9.11.1987 – 1 Ws 918/87, NStZ 1988, 91 (92).

[63] OLG Hamm 12.1.2006 – 2 Ws 9-11/06, NStZ 2007, 238 (239); vgl. *Hilla* NJW 1988, 2525.

[64] Vgl. *Hilla* NJW 1988, 2525 (2526).

[65] OLG Hamm 12.1.2006 – 2 Ws 9-11/06, NStZ 2007, 238 (239); Meyer-Goßner/*Schmitt* Rn. 13; Radtke/Hohmann/*Reinhart* Rn. 10; aA OLG Düsseldorf 15.7.1999 – 1 Ws 517/99, NStZ 1999, 586 (587).

als Verteidiger bestehen, bieten die §§ 7[66] und 43a[67] BRAO einen geeigneten Orientierungsmaßstab.[68] Bedenken bestehen insbes. dann, wenn die gewählte Person das Gebot der Sachlichkeit erheblich verletzt – etwa durch Schmähkritik an Justizbehörden.[69] Verwandtschaftliche oder freundschaftliche Beziehungen der gewählten Person zum Beschuldigten/ Angekl. und ein offensichtliches Interesse am Ausgang des Verfahrens stellen für sich allein keine Gründe für die Versagung der Genehmigung dar.[70]

3. Geltungsdauer der Genehmigung. Die Genehmigung wirkt grds. bis zum **rechtskräftigen Abschluss des Verfahrens;** sie kann aber auf einzelne Verfahrensabschnitte oder -handlungen beschränkt werden.[71] Die **Rücknahme der Genehmigung** ist zulässig, wenn sich herausstellt, dass die Voraussetzungen im Zeitpunkt ihrer Erteilung nicht vorlagen oder nachträglich entfallen sind.[72] Da die Rücknahme lediglich ex nunc wirkt, bleiben bereits vorgenommene Verfahrenshandlungen wirksam.[73] Zuständig für die Rücknahme, die durch zu begründenden (§ 34) Beschl. erfolgt,[74] ist das Gericht, das im Rücknahmezeitpunkt für die Erteilung der Genehmigung zuständig wäre.[75] Die Rücknahme ist unzulässig, wenn Ausschließungsgründe gem. §§ 138a, 138b vorliegen; in diesen Fällen ist das Ausschließungsverfahren nach §§ 138c, 138d zu betreiben.[76] 20

4. Restriktionen in Fällen der notwendigen Verteidigung – Abs. 2 S. 2. In Fällen der **notwendigen Verteidigung** untersagt Abs. 2 S. 2 Personen, die weder zu den nach Abs. 1 frei wählbaren noch zu den nach § 142 Abs. 2 bestellbaren Verteidigern gehören, die Verteidigung allein zu führen; das Gericht kann sie **nur in Gemeinschaft** mit einem frei wählbaren oder bestellbaren Verteidiger (Hauptverteidiger) zulassen.[77] Daher hat das Gericht die Genehmigung zu verweigern bzw. zurückzunehmen, wenn der Beschuldigte keinen Hauptverteidiger hat bzw. dessen Mandat endet.[78] *„Durch diese Regelung soll gewährleistet werden, daß der Beschuldigte in den schwerwiegenden Fällen der notwendigen Verteidigung den rechtskundigen Beistand erhält, der den prozeßordnungsgemäßen Ablauf des Verfahrens sicherstellt."*[79] 21

Neben dieser Zulassungsbeschränkung folgen aus Abs. 2 S. 2 auch **inhaltliche Restriktionen.** Dem Verteidiger nach Abs. 2 stehen grds. sämtliche Verteidigerrechte zu, jedoch müssen aufgrund des Gemeinschaftlichkeitserfordernisses **Prozesshandlungen** von dem Hauptverteidiger **mitverantwortet** werden; bei fehlender Übereinstimmung ist die Erklärung des Hauptverteidigers maßgeblich.[80] Solange eine Prozesshandlung noch zurückgenommen werden kann, ist der Hauptverteidiger befugt, Erklärungen bzw. Anträge des nach 22

---

[66] *Hilla* NJW 1988, 2525.

[67] BVerfG 27.2.2006 – 2 BvR 413/06, NJW 2006, 1503.

[68] Eingehend OLG Hamm 12.1.2006 – 2 Ws 9-11/06, NStZ 2007, 238 (239 f.); vgl. auch OLG Koblenz 29.11.2007 – 1 Ws 605/07, NStZ-RR 2008, 179.

[69] OLG Koblenz 29.11.2007 – 1 Ws 605/07, NStZ-RR 2008, 179 f.; vgl. auch OLG Hamm 12.1.2006 – 2 Ws 9-11/06, NStZ 2007, 238 (240).

[70] OLG Hamm 9.12.1977 – 1 Ss OWi 1406/77, MDR 1978, 509; OLG Zweibrücken 31.3.1993 – 1 Ss 73/93, NVZ 1993, 493.

[71] BGH 23.10.1992 – 5 StR 364/92, BGHR StPO § 138 Abs. 2 Zulassung 1; OLG Düsseldorf 24.8.2000 – 2a Ss (OWi) 242/00 – (OWi) 85/00 II, StraFo 2001, 270; Graf/*Wessing* Rn. 15; Meyer-Goßner/*Schmitt* Rn. 14; Radtke/Hohmann/*Reinhart* Rn. 11.

[72] BayObLG 29.1.1953 – BeschwReg. 1 St. 247/52, NJW 1953, 755; KMR/*Hiebl* Rn. 42; Meyer-Goßner/*Schmitt* Rn. 17; Radtke/Hohmann/*Reinhart* Rn. 11; SK-StPO/*Wohlers* Rn. 43.

[73] KMR/*Hiebl* Rn. 42; Löwe/Rosenberg/*Lüderssen/Jahn* Rn. 29; Radtke/Hohmann/*Reinhart* Rn. 11.

[74] Löwe/Rosenberg/*Lüderssen/Jahn* Rn. 29; Radtke/Hohmann/*Reinhart* Rn. 11.

[75] KK/*Laufhütte* Rn. 11; Meyer-Goßner/*Schmitt* Rn. 17; SK-StPO/*Wohlers* Rn. 44.

[76] AK/*Stern* Rn. 27; KK/*Laufhütte* Rn. 11; Meyer-Goßner/*Schmitt* Rn. 17; aA *Ulsenheimer* GA 1975, 103 (109).

[77] BayObLG 11.1.1991 – RReg 1 St 337/90, NJW 1991, 2434; AK/*Stern* Rn. 30; Löwe/Rosenberg/*Lüderssen/Jahn* Rn. 37; Meyer-Goßner/*Schmitt* Rn. 18; SK-StPO/*Wohlers* Rn. 45.

[78] AK/*Stern* Rn. 30.

[79] KG 19.2.1988 – 4 Ws 37/88, JR 1988, 391; vgl. BayObLG 11.1.1991 – RReg 1 St 337/90, NJW 1991, 2434; KG 16.1.1974 – 2 Ws 248/73, NJW 1974, 916.

[80] AK/*Stern* Rn. 31 f.; KK/*Laufhütte* Rn. 12; KMR/*Hiebl* Rn. 45; Meyer-Goßner/*Schmitt* Rn. 19; SK-StPO/*Wohlers* Rn. 47; *Hammerstein* JR 1988, 391 (392).

Abs. 2 zugelassen Verteidigers zu widerrufen bzw. zurückzunehmen.[81] Ferner ist mit Blick auf den Zweck der Regelung erforderlich, dass der Hauptverteidiger bei wesentlichen Teilen der **Hauptverhandlung** – nicht aber bei der Urteilsverkündung[82] – anwesend ist.[83] Auch **Rechtsmittelerklärungen** müssen gemeinschaftlich erfolgen, so ist etwa die Revisionsbegr. nur wirksam, wenn der Hauptverteidiger sie mitunterschreibt.[84]

23 **Keine Restriktionen** bestehen hinsichtlich des Akteneinsichtsrechts, des Rechts auf eigenständigen mündlichen und schriftlichen Verkehr mit dem Beschuldigten sowie des Rechts auf Zeugen- und Sachverständigenbefragung; diese stehen dem nach Abs. 2 zugelassenen Verteidiger auch ohne Absprache mit dem Hauptverteidiger zu.[85]

IV. Wählbare Beistände – Abs. 3

24 Zur sachgerechten Erweiterung der Rechte von Zeugen und Opfern hat der Gesetzgeber in Abs. 3 die Befugnisse der Opfer von Straftaten bei der Wahl eines Beistands an die des Beschuldigten bei der Wahl eines Verteidigers angeglichen.[86] Das Recht, sich eines Rechtsanwalts als Beistand zu bedienen, folgt für **Zeugen** aus § 68b, für **Privatkläger** aus § 378, für **Nebenkläger** aus § 397a, für **Nebenklageberechtigte** aus § 406g und für **Verletzte** aus § 406 f. Durch Einfügung des Abs. 3 ist es den dort genannten Personen darüber hinaus möglich, Rechtslehrer an deutschen Hochschulen (Abs. 3 iVm Abs. 1, → Rn. 10), mit Genehmigung des Gerichts auch andere Personen als Beistand zu wählen (Abs. 3 iVm Abs. 2 S. 1, → Rn. 13).

V. Rechtsmittel

25 **1. Beschwerde.** Sowohl gegen den **Beschl.,** der einen Verteidiger **gem. § 146a analog** zurückweist, als auch **gegen** die Erteilung, Versagung oder Rücknahme der **Genehmigung** nach Abs. 2 ist die Beschwerde nach § 304 ff. zulässig; § 305 S. 1 steht dem nicht entgegen.[87] **Beschwerdeberechtigt** ist neben dem Beschuldigten auch der zurückgewiesene[88] bzw. nicht nach Abs. 2 zugelassene[89] Verteidiger und im Falle der Erteilung der Genehmigung auch die StA.[90] Nicht beschwerdeberechtigt ist jedoch der Hauptverteidiger, wenn die Genehmigung nach Abs. 2 S. 2 versagt oder zurückgenommen wird.[91] Entscheidungen hinsichtlich der Genehmigung überprüft das Beschwerdegericht nur auf Ermessensfehler.[92]

26 **2. Revision.** Entgegen verbreiteter Ansicht[93] führt nicht nur die willkürliche, sondern jede **ungerechtfertige Zurückweisung** zu einer den Angekl. belastenden Beschränkung

---

[81] Meyer-Goßner/*Schmitt* Rn. 18; KK/*Laufhütte* Rn. 12.

[82] OLG Bremen 16.3.1983 – Ss 140/82, VRS 65, 36 (37).

[83] BayObLG 11.1.1991 – RReg 1 St 337/90, NJW 1991, 2434.

[84] BGH 28.3.1984 – 3 StR 95/84, BGHSt 32, 326 (328) = NJW 1984, 2480 f.; KG 16.1.1974 – 2 Ws 248/73, NJW 1974, 916; Meyer-Goßner/*Schmitt* Rn. 20.

[85] KG 19.2.1988 – 4 Ws 37/88, JR 1988, 391 mAnm *Hammerstein*; KK/*Laufhütte* Rn. 12; KMR/*Hiebl* Rn. 47; Meyer-Goßner/*Schmitt* Rn. 19; Radtke/Hohmann/*Reinhart* Rn. 11.

[86] BT-Drs. 16/12098, 1, 20.

[87] Vgl. bzgl. Zurückweisungsbeschl. gem. § 146a: LG Frankfurt 4.4.2008 – 5/26 Qs 9/08, NStZ-RR 2008, 205; OLG Karlsruhe 26.8.1988 – 3 Ws 205/88, Justiz 1988, 435; § 146a Rn. 15; bzgl. der Genehmigung: OLG Hamm 12.1.2006 – 2 Ws 9-11/06, NStZ 2007, 238 (239); OLG Düsseldorf 9.11.1987 – 1 Ws 918/87, NStZ 1988, 91; Meyer-Goßner/*Schmitt* Rn. 22 f.

[88] → § 146a Rn. 15.

[89] OLG Hamm 12.1.2006 – 2 Ws 9-11/06, NStZ 2007, 238 (239); BayObLG 29.1.1953 – BeschwReg. 1 St. 247/52, NJW 1953, 755; KK/*Laufhütte* Rn. 17; Löwe/Rosenberg/*Lüderssen/Jahn* Rn. 32; Meyer-Goßner/*Schmitt* Rn. 23.

[90] KK/*Laufhütte* Rn. 17; KMR/*Hiebl* Rn. 53; Meyer-Goßner/*Schmitt* Rn. 23; Löwe/Rosenberg/*Lüderssen/Jahn* Rn. 32; aA AK/*Stern* Rn. 37.

[91] OLG Hamm 12.1.2006 – 2 Ws 9-11/06, NStZ 2007, 238 f.; HK-StPO/*Julius* Rn. 11.

[92] OLG Koblenz 29.11.2007 – 1 Ws 605/07, NStZ-RR 2008, 179; Meyer-Goßner/*Schmitt* Rn. 23 mwN.

[93] Ober dictum zu § 146: BGH 23.3.1977 – 1 BJs 55/75, StB 52/77, BGHSt 27, 154 (159) = NJW 1977, 1208 (1209); Graf/*Wessing* Rn. 7; KK/*Laufhütte* § 137 Rn. 9; KMR/*Müller* Rn. 12; Löwe/Rosenberg/*Lüderssen/Jahn* § 137 Rn. 78a; Meyer-Goßner/*Schmitt* Rn. 9; eingeschr. *Pfeiffer* Rn. 4.

der Verteidigung iSd **§ 338 Nr. 8** – dies gilt selbst dann, wenn er anderweitig ordnungsgemäß verteidigt ist.[94] Dasselbe muss folgerichtig bei **fehlerhafter Versagung** oder **Rücknahme** der Genehmigung nach Abs. 2 gelten. Darüber hinaus liegt eine Verletzung des **§ 338 Nr. 5** vor, wenn in Fällen der notwendigen Verteidigung bei wesentlichen Teilen der Hauptverhandlung lediglich der nach Abs. 2 gewählte Verteidiger anwesend ist.[95]

§ 138a [Ausschließung des Verteidigers]

(1) Ein Verteidiger ist von der Mitwirkung in einem Verfahren auszuschließen, wenn er dringend oder in einem die Eröffnung des Hauptverfahrens rechtfertigenden Grade verdächtig ist, daß er
1. an der Tat, die den Gegenstand der Untersuchung bildet, beteiligt ist,
2. den Verkehr mit dem nicht auf freiem Fuß befindlichen Beschuldigten dazu mißbraucht, Straftaten zu begehen oder die Sicherheit einer Vollzugsanstalt erheblich zu gefährden, oder
3. eine Handlung begangen hat, die für den Fall der Verurteilung des Beschuldigten Begünstigung, Strafvereitelung oder Hehlerei wäre.

(2) Von der Mitwirkung in einem Verfahren, das eine Straftat nach § 129a, auch in Verbindung mit § 129b Abs. 1, des Strafgesetzbuches zum Gegenstand hat, ist ein Verteidiger auch auszuschließen, wenn bestimmte Tatsachen den Verdacht begründen, daß er eine der in Absatz 1 Nr. 1 und 2 bezeichneten Handlungen begangen hat oder begeht.

(3) [1]Die Ausschließung ist aufzuheben,
1. sobald ihre Voraussetzungen nicht mehr vorliegen, jedoch nicht allein deshalb, weil der Beschuldigte auf freien Fuß gesetzt worden ist,
2. wenn der Verteidiger in einem wegen des Sachverhalts, der zur Ausschließung geführt hat, eröffneten Hauptverfahren freigesprochen oder wenn in einem Urteil des Ehren- oder Berufsgerichts eine schuldhafte Verletzung der Berufspflichten im Hinblick auf diesen Sachverhalt nicht festgestellt wird,
3. wenn nicht spätestens ein Jahr nach der Ausschließung wegen des Sachverhalts, der zur Ausschließung geführt hat, das Hauptverfahren im Strafverfahren oder im ehren- oder berufsgerichtlichen Verfahren eröffnet oder ein Strafbefehl erlassen worden ist.

[2]Eine Ausschließung, die nach Nummer 3 aufzuheben ist, kann befristet, längstens jedoch insgesamt für die Dauer eines weiteren Jahres, aufrechterhalten werden, wenn die besondere Schwierigkeit oder der besondere Umfang der Sache oder ein anderer wichtiger Grund die Entscheidung über die Eröffnung des Hauptverfahrens noch nicht zulässt.

(4) [1]Solange ein Verteidiger ausgeschlossen ist, kann er den Beschuldigten auch in anderen gesetzlich geordneten Verfahren nicht verteidigen. [2]In sonstigen Angelegenheiten darf er den Beschuldigten, der sich nicht auf freiem Fuß befindet, nicht aufsuchen.

(5) [1]Andere Beschuldigte kann ein Verteidiger, solange er ausgeschlossen ist, in demselben Verfahren nicht verteidigen, in anderen Verfahren dann nicht, wenn diese eine Straftat nach § 129a, auch in Verbindung mit § 129b Abs. 1, des Strafgesetzbuches zum Gegenstand haben und die Ausschließung in einem Verfahren erfolgt ist, das ebenfalls eine solche Straftat zum Gegenstand hat. [2]Absatz 4 gilt entsprechend.

---

[94] → § 146a Rn. 18; SK-StPO/*Wohlers* § 138 Rn. 54; § 146 Rn. 37.
[95] BayObLG 11.1.1991 – RReg 1 St 337/90, NJW 1991, 2434; Graf/*Wessing* Rn. 21; KMR/*Hiebl* Rn. 55; SK-StPO/*Wohlers* § 138 Rn. 55.

Übersicht

I. Allgemeines

1 Die §§ 138a ff. regeln die Ausschließung eines Verteidigers.[1] Die Einführung dieser Vorschriften war notwendig, da das BVerfG durch Beschl. vom 14.2.1973 den Ausschluss eines Verteidigers ohne gesetzliche Grundlage wegen ungerechtfertigten Eingriffs in die Berufsfreiheit (Art. 12 Abs. 1 GG) für verfassungswidrig erklärt hat.[2] Seitdem sind in den §§ 138a Abs. 1 und 2, 138b die Ausschließungsgründe abschließend[3] und in verfassungsgemäßer Weise[4] normiert. Das Ausschließungsverfahren ist in §§ 138c, 138d geregelt. Ferner ergibt sich aus § 138a Abs. 4 und 5, welche Wirkungen der Ausschluss eines Verteidigers entfaltet und § 138a Abs. 3 bestimmt, unter welchen Voraussetzungen ein solcher aufzuheben ist.

II. Anwendungsbereich

2 Die Vorschrift betrifft **alle Verteidiger;** nicht nur Wahlverteidiger iSd § 138 Abs. 1 und 2 (einschließlich Unterbevollmächtigter)[5] und die nach § 392 AO in Steuerstrafsachen zu Verteidigern gewählten Personen können ausgeschlossen werden,[6] sondern nach hA auch die gem. § 141 bestellten Verteidiger.[7] Die GgA,[8] die statt der Ausschließung nach § 138a ff. die Rücknahme der Pflichtverteidigerbestellung gem. § 143 (analog) befürwortet, wird insbes. dadurch entkräftet, dass durch das StVÄG 1987 die verfahrensrechtliche Stellung des Pflichtverteidigers derjenigen des Wahlverteidigers weitgehend angeglichen wurde;[9] für eine Ungleichbehandlung besteht insoweit kein sachlicher Grund.[10]

3 In **zeitlicher Hinsicht** gelten die §§ 138a ff. **in jeder Lage des Verfahrens,**[11] mithin vom Beginn des Ermittlungsverfahrens bis zum Abschluss des Strafvollzugs und auch im

---

[1] Eingeführt durch das Gesetz zur Ergänzung des Ersten Gesetzes zur Reform des Strafverfahrensrechts vom 20.12.1974 (BGBl. I 3686).

[2] BVerfG 14.2.1973 – 2 BvR 667/72, BVerfGE 34, 293 = NJW 1973, 696.

[3] AllgM: vgl. BT-Drs. 7/2526, 11; Meyer-Goßner/*Schmitt* Rn. 1.

[4] BVerfG 4.7.1975 – 2 BvR 482/75, NJW 1975, 2341.

[5] *Rieß* NStZ 1981, 328 (331).

[6] OLG Karlsruhe 14.3.1975 – 2 ARs 5/75, NJW 1975, 943 (944).

[7] BGH 20.3.1996 – 2 ARs 20/96, BGHSt 42, 94 = NStZ 1997, 46 mAnm *Weigend*; OLG Frankfurt a. M. 13.3.1992 – 3 Ws 136/92, StV 1992, 360 (361); OLG Düsseldorf 10.2.1988 – 3 Ws 72/88, NStZ 1988, 519; OLG Braunschweig 30.8.1983 – Ws 255/83, StV 1984, 500 (501); KK/*Laufhütte* Rn. 2; KMR/*Haizmann* Rn. 5; Löwe/Rosenberg/*Lüderssen/Jahn* Rn. 3; Meyer-Goßner/*Schmitt* Rn. 3; SK-StPO/*Wohlers* Rn. 4.

[8] BVerfG 8.4.1975 – 2 BvR 207/75, BVerfGE 39, 238 = NJW 1975, 1015; OLG Köln 24.7.1981 – 2 Ws 378/81, NStZ 1982, 129; OLG Koblenz 6.6.1978 – 1 Ausschl. 1/78, NJW 1978, 2521; *Beulke* Rn. 169.

[9] KK/*Laufhütte* Rn. 2; Meyer-Goßner/*Schmitt* Rn. 3; *Parigger* FG Koch, 1989, 199 (204).

[10] BGH 20.3.1996 – 2 ARs 20/96, BGHSt 42, 94 = NStZ 1997, 46; eingehend zum Streit Löwe/Rosenberg/*Lüderssen/Jahn* Rn. 3 ff.

[11] → § 137 Rn. 12.

Wiederaufnahme- und Gnadenverfahren.[12] In **sachlicher Hinsicht** finden die Vorschriften auch im **anwaltsgerichtlichen Verfahren** (§ 116 Abs. 1 BRAO)[13] sowie nach hA auch im **Bußgeldverfahren** (§ 46 Abs. 1 OWiG)[14] Anwendung, wenngleich angesichts des schwerwiegenden Eingriffs in die Berufsfreiheit und des Rechts auf freie Verteidigerwahl der Ausschließung eines Verteidigers im Bußgeldverfahren regelmäßig der Verhältnismäßigkeitsgrundsatz entgegenstehen dürfte.[15] Die §§ 138a ff. sind **nicht anwendbar,** wenn ein mitangeklagter oder ein in demselben Ermittlungsverfahren mitbeschuldigter Rechtsanwalt zum Verteidiger gewählt wird; er ist gem. § 146a analog zurückzuweisen.[16]

III. Ausschließungsgründe nach Abs. 1 und 2

Die in Abs. 1 und 2 (sowie in § 138b) normierten Ausschließungsgründe sind nicht nur **abschließend,**[17] sondern auch **zwingend.**[18] 4

1. Verdachtsgrad nach Abs. 1. Die Ausschließung eines Verteidigers nach Abs. 1 setzt voraus, dass er dringend (vgl. § 112) oder in einem die Eröffnung des Hauptverfahrens rechtfertigenden Grade (vgl. § 203) verdächtig ist, einen der in Nr. 1 bis 3 normierten Ausschlusstatbestände verwirklicht zu haben. Im Gegensatz zum **dringenden Verdacht,** der **stets** für eine Ausschließung **ausreicht,** erfordert der auf einen **hinreichenden Verdacht** gestützte Ausschluss eines Verteidigers, dass ein **bereits durchgeführtes Ermittlungsverfahren bis zur Anklagereife gediehen ist;** nur auf Grundlage eines derartigen Normverständnisses ist das Nebeneinander der beiden Verdachtsalternativen sachgerecht.[19] 5

2. Tatbeteiligung – Abs. 1 Nr. 1. Ein Verteidiger ist nach Abs. 1 Nr. 1 auszuschließen, wenn er verdächtig ist, an der verfahrensgegenständlichen Tat iSd § 264 beteiligt zu sein.[20] Zu prüfen ist, ob das seinem Mandanten zur Last gelegte Tatgeschehen als Straftat zu qualifizieren und die Beteiligung dem Verteidiger vorwerfbar ist.[21] Der **Begriff der Beteiligung** ist enger auszulegen als in § 60 Nr. 2; er knüpft ausschließlich an die **Täterschafts- und Teilnahmeformen der §§ 25 ff. StGB** an.[22] Der strafbare Versuch der Beteiligung reicht aus.[23] Eine Beteiligung iSd Abs. 1 Nr. 1 liegt auch dann vor, wenn der Verteidiger der Haupttäter und der Beschuldigte Teilnehmer der verfahrensgegenständlichen Tat ist.[24] 6

Entgegen der in Rspr. und Literatur vertretenen Ansicht[25] setzt ein Ausschluss nach Abs. 1 Nr. 1 voraus, dass der Verteidiger wegen des ihm zur Last gelegten Verhaltens 7

---

[12] KK/*Laufhütte* Rn. 4; Löwe/Rosenberg/*Lüderssen/Jahn* Rn. 11; Radtke/Hohmann/*Reinhart* Rn. 1.

[13] BGH 27.5.1991 – AnwSt (B) 2/91, BGHSt 37, 395 (396 f.) = NJW 1991, 2780; SK-StPO/*Wohlers* Rn. 5.

[14] BGH 6.5.1992 – 2 ARs 3/92, wistra 1992, 228; AK/*Stern* Rn. 4; KK/*Laufhütte* Rn. 4; KMR/*Haizmann* Rn. 6; Meyer-Goßner/*Schmitt* Rn. 2; Radtke/Hohmann/*Reinhart* Rn. 1.

[15] OLG München 18.8.1976 – 1 Ws 1085/76, bei *Rieß* NStZ 1981, 328 (331); HK-StPO/*Julius* Rn. 4; SK-StPO/*Wohlers* Rn. 10; eingehend *Parigger* FG Koch, 1989, 199 (210 f.).

[16] Vgl. Ausführungen zu § 138 Rn. 6 mwN zur uneinheitlichen Rspr.

[17] BT-Drs. 7/2526, 11.

[18] BGH 27.5.1991 – AnwSt (B) 2/91, BGHSt 37, 395 (396 f.) = NJW 1991, 2780.

[19] BGH 20.11.1986 – 2 ARs 287/86, BGHR StPO § 138a Abs. 1 Nr. 3 Begünstigung 1; BGH 8.8.1979 – 2 ARs 231/79, AnwBl 1981, 115 (116); HK-StPO/*Julius* Rn. 5; KK/*Laufhütte* Rn. 6; SK-StPO/*Wohlers* Rn. 9; *Mehle* NStZ 1990, 92; *Scholderer* StV 1993, 228 (231 f.); vgl. auch BT-Drs. 7/2526, 21; aA BGH 20.3.1996 – 2 ARs 20/96, BGHSt 42, 94 (insoweit nicht abgedruckt) = NStZ 1997, 46 (47); BGH 3.3.1989 – 2 ARs 54/89, BGHSt 36, 133 = NJW 1989, 1813; Graf/*Wessing* Rn. 1; Meyer-Goßner/*Schmitt* Rn. 14.

[20] HK-StPO/*Julius* Rn. 4; Löwe/Rosenberg/*Lüderssen/Jahn* Rn. 24; Radtke/Hohmann/*Reinhart* Rn. 3.

[21] BGH 8.8.1985 – 2 ARs 223/85, NStZ 1986, 37 mAnm *Hammerstein*; Löwe/Rosenberg/*Lüderssen/Jahn* Rn. 25; Meyer-Goßner/*Schmitt* Rn. 5; aA *Milzer* MDR 1990, 587.

[22] OLG Hamm 19.10.1998 – 2 Ws 481/98, NStZ-RR 1999, 50 (51); OLG Zweibrücken 6.3.1995 – 1 AR 88/94 – 1, wistra 1995, 319; KK/*Laufhütte* Rn. 7; Meyer-Goßner/*Schmitt* Rn. 5 mwN; SK-StPO/*Wohlers* Rn. 10; aA *Schlüchter* Das Strafverfahren Rn. 125 Fn. 392; vgl. auch BGH 22.7.1977 – 2 ARs 241/77, MDR [H] 1977, 984, der zwar nicht abschließend Stellung nimmt, aber wohl zur GgA tendiert.

[23] KK/*Laufhütte* Rn. 7; KMR/*Haizmann* Rn. 8; Löwe/Rosenberg/*Lüderssen/Jahn* Rn. 23.

[24] Löwe/Rosenberg/*Lüderssen/Jahn* Rn. 23; Meyer-Goßner/*Schmitt* Rn. 5; SK-StPO/*Wohlers* Rn. 10.

[25] BGH 20.3.2000 – 2 ARs 489/99 – 2 AR 217/99, wistra 2000, 311 (314); BGH 25.8.1983 – 2 ARs 262/83, NJW 1984, 316; OLG Hamburg 4.5.1983 – 3 Ausschl. 1/83, NStZ 1983, 426; AK/*Stern* Rn. 27; KK/

strafgerichtlich verfolgt werden kann. Wenn dem Verteidiger keine strafrechtlichen Konsequenzen drohen, ist auch nicht zu befürchten, dass er wegen eines sonst bestehenden Interessenkonflikts seine Beistandsfunktion nicht sachgerecht wahrnehmen kann. Dass das vorgeworfene Verhalten möglicherweise in einem **ehren- oder berufsgerichtlichen Verfahren** geahndet werden kann, kann eine Ausschließung nicht rechtfertigen.[26] Auch andere Fälle standeswidrigen Verhaltens – etwa die Übernahme der Verteidigung durch einen Syndikusanwalt unter Verstoß gegen § 46 Abs. 1 BRAO, obwohl auch in einer derartigen Konstellation die notwendige Unabhängigkeit des Verteidigers gefährdet ist und anwaltsgerichtliche Maßnahmen drohen – tangieren die prozessuale Zulässigkeit der Verteidigung nicht. Jedenfalls für die Ausschließung der nach § 138 Abs. 2 gewählten Verteidiger sowie der nicht dem beamtenrechtlichen Disziplinarrecht unterliegenden Rechtslehrer ist die strafrechtliche Verfolgbarkeit des ihnen zur Last gelegten Verhaltens erforderlich, da diesen Verteidigern kein ehren- oder berufsgerichtliches Verfahren drohen kann.

8 **3. Missbrauch des Verkehrs mit dem Beschuldigten – Abs. 1 Nr. 2.** Ein Verteidiger ist gem. Abs. 1 Nr. 2 auszuschließen, wenn er verdächtig ist, das ihm durch **§ 148** eingeräumte Recht auf freien Verkehr mit dem sich nicht auf freiem Fuß befindenden Beschuldigten zu **missbrauchen,** also dieses bewusst dazu auszunutzen,[27] Straftaten zu begehen oder die Sicherheit einer Vollzugsanstalt erheblich zu gefährden. **Nicht auf freiem Fuß** befindet sich der Beschuldigte, wenn ihm die Freiheit durch richterliche oder behördliche Anordnung gegen seinen Willen oder den seines gesetzlichen Vertreters oder Vormunds unmittelbar entzogen wurde.[28]

9 **a) Zur Begehung von Straftaten.** Der Verteidiger muss verdächtig sein, unter Ausnutzung seiner Rechte aus § 148 als **Täter oder Teilnehmer**[29] vorwerfbar eine Straftat begangen oder jedenfalls in strafbarer Weise (auch iSd § 30 StGB)[30] mit ihrer Begehung begonnen zu haben. Der Verdacht, er werde in Zukunft konkrete Straftaten begehen, ist nicht erforderlich,[31] aber auch nicht ausreichend. Aus dem Begriff „missbraucht" folgt, dass **nur Vorsatzdelikte** in Betracht kommen.[32] **Bagatelldelikte** können in Ansehung eines ansonsten unverhältnismäßigen Eingriffs in die Rechte des Beschuldigten sowie des Verteidigers eine Ausschließung nach Abs. 1 Nr. 2 nicht rechtfertigen.[33] Im Falle von **Antragsdelikten** ist eine Ausschließung jedenfalls dann unverhältnismäßig, wenn es an einem Strafantrag fehlt und mit einem solchen auch nicht zu rechnen ist.[34]

10 **b) Zur Gefährdung der Sicherheit einer Vollzugsanstalt.** Erforderlich ist eine **konkrete Gefährdung von Personen und Sachen** (Gebäude und Einrichtungen) in der Anstalt oder des **Zwecks einer Vollzugsanstalt,** etwa durch Einschmuggeln von Waffen, Sprengstoff, Ausbruchs- oder Meutereiinstrumenten.[35] Ein Störungseintritt ist nicht erfor-

---

Laufhütte Rn. 7; KMR/*Haizmann* Rn. 8; Löwe/Rosenberg/*Lüderssen/Jahn* Rn. 25; Meyer-Goßner/*Schmitt* Rn. 5; SK-StPO/*Wohlers* Rn. 11.

[26] IErg wie hier, aber am Verdachtsgrad festmachend Radtke/Hohmann/*Reinhart* Rn. 6.

[27] KK/*Laufhütte* Rn. 9; Radtke/Hohmann/*Reinhart* Rn. 4.

[28] Löwe/Rosenberg/*Lüderssen/Jahn* Rn. 92; weiter (jede Freiheitsentziehung iwS): BGH 30.6.1959 – 2 ARs 158/58, BGHSt 13, 209 (212) = NJW 1959, 1834 (1835); BGH 24.6.1953 – GSSt 1/53, BGHSt 4, 308 (309); vgl. auch *Meyer-Goßner* § 35 Rn. 13.

[29] Löwe/Rosenberg/*Lüderssen/Jahn* Rn. 94; Meyer-Goßner/*Schmitt* Rn. 7; Radtke/Hohmann/*Reinhart* Rn. 4.

[30] KK/*Laufhütte* Rn. 10; Radtke/Hohmann/*Reinhart* Rn. 4; SK-StPO/*Wohlers* Rn. 16.

[31] KK/*Laufhütte* Rn. 10; Meyer-Goßner/*Schmitt* Rn. 7; Radtke/Hohmann/*Reinhart* Rn. 4; SK-StPO/*Wohlers* Rn. 16; aA Löwe/Rosenberg/*Lüderssen/Jahn* Rn. 95; AK/*Stern* Rn. 31 f.

[32] HK-StPO/*Julius* Rn. 4; KMR/*Haizmann* Rn. 11.

[33] AK/*Stern* Rn. 30; Graf/*Wessing* Rn. 5; KK/*Laufhütte* Rn. 10; KMR/*Haizmann* Rn. 11; SK-StPO/*Wohlers* Rn. 15; aA – allerdings zu einem Ausschluss nach Abs. 1 Nr. 1 – BGH 27.5.1991 – AnwSt (B) 2/91, BGHSt 37, 395 (396 f.) = NJW 1991, 2780.

[34] AK/*Stern* Rn. 31; KK/*Laufhütte* Rn. 10; Löwe/Rosenberg/*Lüderssen/Jahn* Rn. 98; Meyer-Goßner/*Schmitt* Rn. 7; SK-StPO/*Wohlers* Rn. 15.

[35] AK/*Stern* Rn. 33; KK/*Laufhütte* Rn. 11; Löwe/Rosenberg/*Lüderssen/Jahn* Rn. 101; Meyer-Goßner/*Schmitt* Rn. 8; Radtke/Hohmann/*Reinhart* Rn. 4; SK-StPO/*Wohlers* Rn. 18.

derlich; es genügt die **naheliegende Wahrscheinlichkeit einer Störung.**[36] Es muss der Verdacht vorliegen, dass der Verteidiger die Gefährdungshandlung bereits ausgeführt oder jedenfalls mit Ihrer Durchführung begonnen hat.[37] Die Gefährdung muss nach ihrer Art, Wirkung oder Dauer **erheblich** sein.[38]

4. Begünstigung, Strafvereitelung oder Hehlerei – Abs. 1 Nr. 3. Der Verteidiger muss verdächtig sein, in Bezug auf die den Gegenstand der Untersuchung bildende Tat (§ 264)[39] des Beschuldigten eine Begünstigung (§ 257 StGB), Strafvereitelung (§ 258 StGB) oder Hehlerei (§§ 259-260a StGB) begangen zu haben, wobei der strafbare Versuch ausreicht.[40] Nach dem insofern eindeutigen Wortlaut hat das Gericht zunächst zu **unterstellen,** dass der Beschuldige **alle Tatbestandsmerkmale der Haupttat erfüllt hat** und seiner Verurteilung **kein Verfahrenshindernis** entgegensteht; folglich braucht es nur zu prüfen, ob der Verteidiger – unter Zugrundelegung dieser Unterstellung – einer Straftat nach §§ 257 ff. StGB verdächtig ist.[41] Dies bestimmt sich nach dem materiellen Strafrecht, wobei insbes. bei der Strafvereitelung zu berücksichtigen ist, dass prozessual zulässiges Verteidigerverhalten nicht strafbar sein kann.[42] 11

5. Verfahren wegen §§ 129a f. StGB – Abs. 2. Anders als Abs. 1 erfordert die Ausschließung eines Verteidigers nach Abs. 2 weder dringenden noch hinreichenden Tatverdacht. Es genügt, wenn bestimmte Tatsachen den Verdacht begründen, dass der Verteidiger eine der in Abs. 1 Nr. 1 und 2 bezeichneten Handlungen begangen hat oder begeht. Jedoch geht die Herabstufung der Verdachtsschwelle nicht so weit, dass schon der zur Einleitung eines Ermittlungsverfahrens führende Anfangsverdacht (§ 152 Abs. 2) ausreicht,[43] vielmehr muss der **Verdacht wie bei § 100a mehr als nur unerheblich sein.**[44] 12

Voraussetzung für die Ausschließung eines Verteidigers nach Abs. 2 ist, dass **gegen seinen Mandanten** ein Verfahren wenigstens auch wegen des **Verdachts einer Straftat nach §§ 129a f. StGB** geführt wird.[45] Bzgl. dieses Vorwurfs ist kein gesteigerter Verdachtsgrad erforderlich, so dass auch ein gegen den Mandanten bestehender Haftbefehl nicht auf § 129a StGB gestützt zu sein braucht.[46] Allerdings kann die willkürliche Annahme der Staatsanwaltschaft, dass eine Straftat nach §§ 129a f. StGB gegeben sein könnte, eine Ausschließung nach Abs. 2 nicht begründen.[47] Abs. 2 ist **nicht anwendbar,** wenn das **Verfahren hinsichtlich der §§ 129a f. StGB** – etwa als Folge einer Verfahrenseinstellung, rechtskräftigen Verurteilung oder Verfolgungsbeschränkung nach § 154a – **nicht mehr betrieben wird.**[48] 13

---

[36] Meyer-Goßner/*Schmitt* Rn. 8; SK-StPO/*Wohlers* Rn. 18; *Parigger* FG Koch, 1989, 199 (206).

[37] KK/*Laufhütte* Rn. 11; Radtke/Hohmann/*Reinhart* Rn. 4.

[38] Meyer-Goßner/*Schmitt* Rn. 8; Radtke/Hohmann/*Reinhart* Rn. 4.

[39] KK/*Laufhütte* Rn. 12; Meyer-Goßner/*Schmitt* Rn. 9; Radtke/Hohmann/*Reinhart* Rn. 5.

[40] BGH 4.5.1979 – 2 ARs 88/79, MDR [H] 1979, 806; OLG Frankfurt a. M. 13.3.1992 – 3 Ws 136/92, StV 1992, 360; AK/*Stern* Rn. 36; KK/*Laufhütte* Rn. 12; Radtke/Hohmann/*Reinhart* Rn. 5; SK-StPO/*Wohlers* Rn. 20.

[41] OLG Braunschweig 30.8.1983 – Ws 255/83, StV 1984, 500 (501); OLG Bremen 4.12.1980 – BL 337/80, NJW 1981, 2711; Meyer-Goßner/*Schmitt* Rn. 10.

[42] AllgM: KK/*Laufhütte* Rn. 12 mwN; vgl. zur bisweilen schwierigen Abgrenzung zwischen strafbarem Versuch und strafloser Vorbereitungshandlung bei der Strafvereitelung: BGH 16.5.1983 – 2 ARs 129/83, NJW 1983, 2712; BGH 17.3.1982 – 2 StR 314/81, BGHSt 31, 10 = NStZ 1982, 329 mAnm *Beulke*; OLG Köln 14.10.2002 – 2 Ws 508 – 509/02, StV 2003, 15.

[43] So aber Löwe/Rosenberg/*Lüderssen/Jahn* Rn. 104; SK-StPO/*Wohlers* Rn. 21.

[44] KG 8.6.1978 – (2) 1 StE 2/77 (46/78), NJW 1978, 1538; Graf/*Wessing* Rn. 9; KMR/*Haizmann* Rn. 26; Meyer-Goßner/*Schmitt* Rn. 15; vgl. BGH 16.2.1995 – 4 StR 729/94, BGHSt 41, 30 (33) = NJW 1995, 1974.

[45] AK/*Stern* Rn. 24; SK-StPO/*Wohlers* Rn. 22; aA Löwe/Rosenberg/*Lüderssen/Jahn* Rn. 122.

[46] KK/*Laufhütte* Rn. 14; Meyer-Goßner/*Schmitt* Rn. 9; Radtke/Hohmann/*Reinhart* Rn. 8.

[47] K/*Laufhütte* Rn. 14; vgl. BGH 16.3.1979 – 1 BJs 176/78, AK 5/79, BGHSt 28, 355 (356) = NJW 1979, 1419.

[48] KK/*Laufhütte* Rn. 15; Meyer-Goßner/*Schmitt* Rn. 15; Radtke/Hohmann/*Reinhart* Rn. 8; vgl. auch BGH 26.9.1980 – 1 BJs 202/79 – 5 StB 32/80, BGHSt 29, 341 = NStZ 1981, 151 mAnm *Dünnebier.*

IV. Aufhebung der Ausschließung – Abs. 3

14 Abs. 3 bestimmt, unter welchen Voraussetzungen die Ausschließung eines Verteidigers aufzuheben ist. Liegen die dort genannten Voraussetzungen vor, ist die Aufhebung der Ausschließung **zwingend;** im Fall des Abs. 3 S. 1 Nr. 3 ist jedoch die begrenzte Möglichkeit der Ausschließungsverlängerung nach Abs. 3 S. 2 zu beachten.[49]

15 Die Aufhebung erfolgt nicht ipso jure, sondern **durch Beschl.** des in diesem Zeitpunkt nach § 138c Abs. 1 zuständigen Gerichts.[50] **Antragsbefugt** sind der Beschuldigte, der ausgeschlossene Verteidiger (auch dann, wenn das Verteidigungsverhältnis unabhängig von der Ausschließung geendet hat, da ein Rehabilitationsinteresse besteht, aufgrund dessen eine gerichtliche Feststellung gem. § 138c Abs. 5 analog möglich sein muss[51]) sowie die Staatsanwaltschaft und das vorlegende Gericht; letztere haben ihren Antrag bzw. Vorlagebeschl. zu **begründen.**[52] Das Gericht kann auch **ohne mündliche Verhandlung** entscheiden.[53] Lehnt es die Aufhebung der Ausschließung ab, ist gem. § 138d Abs. 6 analog die **sofortige Beschwerde** zulässig.[54]

16 **1. Wegfall der Ausschließungsvoraussetzungen – Abs. 3 S. 1 Nr. 1.** Die Ausschließung eines Verteidigers ist nach Abs. 3 S. 1 Nr. 1 aufzuheben, wenn die Voraussetzungen für den Ausschluss nicht mehr vorliegen, so etwa, wenn der **Verdacht** gegen den ausgeschlossenen Verteidiger **entfallen** ist oder der erforderliche **Verdachtsgrad nicht mehr besteht.**[55] Die Aufhebung nach Abs. 3 Nr. 1 muss auch dann erfolgen, wenn in dem Verfahren **sämtliche Beschuldigte** rechtskräftig **freigesprochen** wurden, die Eröffnung des Hauptverfahrens **insg. abgelehnt** oder das Verfahren gegen alle Beschuldigten **endgültig eingestellt** wurde.[56]

17 **2. Freispruch des Verteidigers – Abs. 3 S. 1 Nr. 2.** Wird der ausgeschlossene Verteidiger in einem Strafverfahren, das den den Ausschluss begründenden Sachverhalt zum Gegenstand hatte, **freigesprochen** oder ergeht im Hinblick auf diesen Sachverhalt in einem ehren- oder berufsgerichtlichen Verfahren eine dem Freispruch entspr. Entscheidung, so ist die Ausschließung des Verteidigers gem. Abs. 3 S. 1 Nr. 2 aufzuheben; auch dann, wenn die jeweilige Entscheidung noch nicht in **Rechtskraft** erwachsen ist.[57] Gleiches gilt, wenn bereits das Ermittlungsverfahren gegen den ausgeschlossenen Verteidiger **gem. § 170 Abs. 2 eingestellt** oder die **Eröffnung des Hauptverfahrens gegen ihn gem. § 204 abgelehnt** wird.[58] Die Einstellung wegen eines Prozesshindernisses führt zu einer Aufhebung nach Abs. 3 S. 1 Nr. 1.[59]

18 **3. Verfahrensverzögerung – Abs. 3 S. 1 Nr. 3.** Der Aufhebungsgrund nach Abs. 3 S. 1 Nr. 3 dient der **Wahrung des Verhältnismäßigkeitsgrundsatzes.**[60] Die Regelung soll sicherstellen, dass der Vorwurf, der zur Ausschließung des Verteidigers geführt hat,

---

[49] Meyer-Goßner/*Schmitt* Rn. 16; Radtke/Hohmann/*Reinhart* Rn. 10.

[50] OLG Karlsruhe 10.7.1981 – 4 Ws 50/81, Justiz 1981, 446; KK/*Laufhütte* Rn. 16; KMR/*Haizmann* Rn. 28; Meyer-Goßner/*Schmitt* Rn. 20; → § 138c Rn. 20.

[51] AA OLG Frankfurt a. M. 15.2.2011 – 3 Ws 65/11, NStZ-RR 2011, 149; Meyer-Goßner/*Schmitt* Rn. 16.

[52] AK/*Stern* Rn. 39; Meyer-Goßner/*Schmitt* Rn. 20.

[53] BGH 20.1.1984 – 2 ARs 387/83, BGHSt 32, 231 = NJW 1984, 935; AK/*Stern* Rn. 40.

[54] KK/*Laufhütte* § 138d Rn. 17; → § 138d Rn. 8; aA BGH 20.1.1984 – 2 ARs 387/83, BGHSt 32, 231 (232) = NJW 1984, 935; AK/*Stern* Rn. 40.

[55] Löwe/Rosenberg/*Lüderssen/Jahn* Rn. 149; SK-StPO/*Wohlers* Rn. 31.

[56] KMR/*Haizmann* Rn. 29; Löwe/Rosenberg/*Lüderssen/Jahn* Rn. 151 ff.; SK-StPO/*Wohlers* Rn. 31.

[57] OLG Stuttgart 18.11.1986 – 4 Ws 339/86, Justiz 1987, 80; KK/*Laufhütte* Rn. 18; KMR/*Haizmann* Rn. 30; SK-StPO/*Wohlers* Rn. 33.

[58] AK/*Stern* Rn. 42; KMR/*Haizmann* Rn. 30; Radtke/Hohmann/*Reinhart* Rn. 12; SK-StPO/*Wohlers* Rn. 33; vgl. OLG Frankfurt a. M. 1.10.1987 – 3 Ws 490/87, StV 1988, 516; aA Meyer-Goßner/*Schmitt* Rn. 18.

[59] Vgl. AK/*Stern* Rn. 42.

[60] BT-Drs. 8/976, 38; AK/*Stern* Rn. 43; KK/*Laufhütte* Rn. 19; KMR/*Haizmann* Rn. 31.

innerhalb einer angemessen Frist in einem gerichtlichen Verfahren überprüft wird.[61] Die mit der wirksamen Ausschließung beginnende und mit dem Erlass des Eröffnungsbeschl. oder des Strafbefehls endende Jahresfrist kann gem. **Abs. 3 S. 2** unter den dort genannten – an § 121 anknüpfenden – Voraussetzungen um maximal ein weiteres Jahr verlängert werden.[62]

V. Wirkung der Ausschließung – Abs. 4 und 5

Die Ausschließung eines Verteidigers wird **mit Rechtskraft des Ausschließungsbeschlusses** wirksam.[63] Allerdings kann das Gericht, bei dem das Verfahren anhängig ist, gem. § 138c Abs. 3 S. 1 vor Erlass der Ausschließungsentscheidung das **Ruhen der Verteidigerrechte** aus §§ 147, 148 anordnen.[64] 19

Mit seiner wirksamen Ausschließung ist dem Verteidiger **jegliches Mitwirken** in dem anhängigen Verfahren bis zu dessen vollständiger Beendigung – dh ggf. bis zum Abschluss des Strafvollzugs oder eines Wiederaufnahme- oder Gnadenverfahrens – untersagt.[65] Dieses Verbot umfasst auch das Auftreten in Untervollmacht[66] sowie solche Prozesshandlungen, die ein Bevollmächtigter, ohne Verteidiger zu sein, vornehmen könnte.[67] 20

Das Mitwirkungsverbot erstreckt sich aber nicht nur auf das anhängige Verfahren, vielmehr darf der ausgeschlossene Verteidiger gem. Abs. 4 S. 1 den Beschuldigten **auch in anderen gesetzlich geordneten Verfahren** nicht verteidigen. Erfasst sind alle Verfahren, in denen der Mandant des Verteidigers beschuldigt wird, mithin **Bußgeldverfahren, Ehren- und Berufsgerichtsverfahren** sowie sonstige rechtlich geregelte **Disziplinarverfahren** und andere **Strafverfahren** (auch DNA-Identitätsfeststellungsverfahren).[68] Nicht umfasst sind indes zivil-, arbeits-, verwaltungs- sowie verbandsgerichtliche Verfahren.[69] 21

In **sonstigen** – nicht unter Abs. 4 S. 1 fallenden – **Angelegenheiten** ist dem ausgeschlossenen Verteidiger die **Mitwirkung nicht verwehrt.** Gem. **Abs. 4 S. 2** ist dem Verteidiger aber das Aufsuchen seines Mandaten untersagt, wenn dieser sich **nicht auf freiem Fuß** befindet; die Möglichkeit der schriftlichen oder telefonischen Kommunikation bleibt hingegen unberührt.[70] 22

Nach **Abs. 5 S. 1 Hs. 1** darf der ausgeschlossene Verteidiger auch **Mitbeschuldigte** in dem anhängigen Verfahren nicht verteidigen. Ferner darf er Mitbeschuldigte gem. **Abs. 5 S. 2 iVm Abs. 4** auch in anderen gesetzlich geordneten Verfahren nicht verteidigen und – sofern sie sich nicht auf freiem Fuß befinden – in sonstigen Angelegenheiten nicht besuchen.[71] 23

Personen, gegen die das anhängige Verfahren nicht geführt wird, die aber **Beschuldigte eines anderen Verfahrens** sind, darf der ausgeschlossene Verteidiger grds. verteidigen, es sei denn, dass sowohl dieses als auch das anhängige Verfahren eine Straftat nach § 129a f. StGB zum Gegenstand haben **(Abs. 5 S. 1 Hs. 2);** dies soll selbst dann gelten, wenn jeweils unterschiedliche terroristische Vereinigungen in Rede stehen.[72] 24

---

[61] BT-Drs. 8/976, 38; AK/*Stern* Rn. 43; Löwe/Rosenberg/*Lüderssen/Jahn* Rn. 158; SK-StPO/*Wohlers* Rn. 34.

[62] Meyer-Goßner/*Schmitt* Rn. 19; KMR/*Haizmann* Rn. 31; Radtke/Hohmann/*Reinhart* Rn. 13.

[63] AK/*Stern* Rn. 44; Meyer-Goßner/*Schmitt* Rn. 23; SK-StPO/*Wohlers* Rn. 24; differenzierend Löwe/Rosenberg/*Lüderssen/Jahn* Rn. 146.

[64] → § 138c Rn. 12.

[65] Meyer-Goßner/*Schmitt* Rn. 22; Radtke/Hohmann/*Reinhart* Rn. 14; SK-StPO/*Wohlers* Rn. 25.

[66] KMR/*Haizmann* Rn. 33; Meyer-Goßner/*Schmitt* Rn. 22; SK-StPO/*Wohlers* Rn. 25.

[67] OLG Karlsruhe 10.7.1981 – 4 Ws 50/81, Justiz 1981, 446; KK/*Laufhütte* Rn. 5.

[68] BVerfG 14.8.2007 – 2 BvR 1186/07, NStZ 2008, 226.

[69] KK/*Laufhütte* Rn. 22; Radtke/Hohmann/*Reinhart* Rn. 15; SK-StPO/*Wohlers* Rn. 26.

[70] KMR/*Haizmann* Rn. 34; Löwe/Rosenberg/*Lüderssen/Jahn* Rn. 138; SK-StPO/*Wohlers* Rn. 28.

[71] AK/*Stern* Rn. 46; KMR/*Haizmann* Rn. 36; Löwe/Rosenberg/*Lüderssen/Jahn* Rn. 143 f.

[72] KK/*Laufhütte* Rn. 25; Löwe/Rosenberg/*Lüderssen/Jahn* Rn. 136a; Meyer-Goßner/*Schmitt* Rn. 27; Radtke/Hohmann/*Reinhart* Rn. 17.

25 Nimmt der ausgeschlossene Verteidiger in dem anhängigen Verfahren dennoch **Prozesshandlungen** vor, sind diese ipso jure unwirksam.[73] Beachtet der ausgeschlossene Verteidiger die aus Abs. 4 und 5 folgenden Verbote nicht, hat dies jedoch nicht ohne Weiteres die Unwirksamkeit seiner Prozesshandlungen zur Folge; diese tritt erst mit einer **nach § 146a analog ausgesprochenen Zurückweisung** des Verteidigers ein.[74]

§ 138b [Ausschließung bei Gefahr für die Sicherheit der Bundesrepublik]

[1]Von der Mitwirkung in einem Verfahren, das eine der in § 74a Abs. 1 Nr. 3 und § 120 Abs. 1 Nr. 3 des Gerichtsverfassungsgesetzes genannten Straftaten oder die Nichterfüllung der Pflichten nach § 138 des Strafgesetzbuches hinsichtlich der Straftaten des Landesverrates oder einer Gefährdung der äußeren Sicherheit nach den §§ 94 bis 96, 97 a und 100 des Strafgesetzbuches zum Gegenstand hat, ist ein Verteidiger auch dann auszuschließen, wenn auf Grund bestimmter Tatsachen die Annahme begründet ist, dass seine Mitwirkung eine Gefahr für die Sicherheit der Bundesrepublik Deutschland herbeiführen würde. [2]§ 138a Abs. 3 Satz 1 Nr. 1 gilt entsprechend.

I. Allgemeines

1 § 138b normiert – neben den in § 138a genannten Gründen – einen weiteren **Ausschließungsgrund in Staatsschutzsachen** gem. §§ 74a Abs. 1 Nr. 3 und 120 Abs. 1 Nr. 3, 7 GVG. Zweck des § 138b ist es, die Sicherheit des Staates vor der *„objektive[n] Gefahr der Preisgabe von wichtigen geheimhaltungsbedürftigen Sachverhalten"* zu schützen.[1] Hinsichtlich des Anwendungsbereichs gelten im Übrigen die Erläuterungen zu § 138a entspr.[2]

II. Voraussetzungen

2 Die Ausschließung eines Verteidigers nach § 138b setzt die auf Grund bestimmter Tatsachen begründete Annahme voraus, dass seine Mitwirkung eine Gefahr für die Sicherheit der Bundesrepublik Deutschland herbeiführen würde. Unter **Sicherheit der Bundesrepublik Deutschland** ist – entspr. § 92 Abs. 3 Nr. 2 StGB – die Fähigkeit zu verstehen, sich nach innen und außen gegen gewaltsame Störungen zur Wehr zu setzen.[3] Diese Sicherheit ist gefährdet, wenn nach den konkreten Umständen die naheliegende Möglichkeit eines Schadenseintritts besteht.[4]

3 An die auf Grund bestimmter Tatsachen begründete **Annahme einer Gefahr** sind inhaltlich – trotz des unterschiedlichen Wortlauts – dieselben Anforderungen geknüpft wie an den Verdachtsgrad nach § 138a Abs. 2.[5] Demnach reichen bloße Vermutungen nicht aus;[6] eine extreme politische Gesinnung des Verteidigers kann für sich genommen die Annahme einer Gefahr nicht begründen.[7]

---

[73] KK/*Laufhütte* Rn. 5; Löwe/Rosenberg/*Lüderssen/Jahn* Rn. 14; Meyer-Goßner/*Schmitt* Rn. 24; Radtke/Hohmann/*Reinhart* Rn. 14; SK-StPO/*Wohlers* Rn. 25.

[74] KK/*Laufhütte* Rn. 27; Löwe/Rosenberg/*Lüderssen/Jahn* Rn. 148; Radtke/Hohmann/*Reinhart* Rn. 14; aA KMR/*Haizmann* Rn. 37: Zurückweisung habe nur deklaratorische Wirkung; wohl auch Meyer-Goßner/*Schmitt* Rn. 28.

[1] BT-Drs. 7/2526, 21.

[2] AK/*Stern* Rn. 1; HK-StPO/*Julius* Rn. 1; KMR/*Haizmann* Rn. 1; → § 138a Rn. 2f.

[3] AK/*Stern* Rn. 2; KK/*Laufhütte* Rn. 2; Löwe/Rosenberg/*Lüderssen/Jahn* Rn. 3; SK-StPO/*Wohlers* Rn. 2; vgl. BGH 28.2.1979 – 3 StR 14/79 (S), BGHSt 28, 312 (316 f.) = NJW 1979, 1556 (1557).

[4] KK/*Laufhütte* Rn. 2; Meyer-Goßner/*Schmitt* Rn. 2; Löwe/Rosenberg/*Lüderssen/Jahn* Rn. 3.

[5] KK/*Laufhütte* Rn. 3; SK-StPO/*Wohlers* Rn. 3; *Parigger,* FG Koch, 1989, 199 (209).

[6] KK/*Laufhütte* Rn. 3; KMR/*Haizmann* Rn. 4; Radtke/Hohmann/*Reinhart* Rn. 3.

[7] BT-Drs. 7/2526, 21.

III. Wirkung der Ausschließung

Hinsichtlich des Ausschließungsverfahrens gelten die Erläuterungen zu § 138a entspr.[8] Auf andere Verfahren hat die Ausschließung nach § 138b hingegen keine Auswirkung; § 138a Abs. 4 und 5 sind nicht entspr. anwendbar.[9] 4

IV. Aufhebung der Ausschließung

Nach S. 2 iVm § 138a Abs. 3 S. 1 Nr. 1 ist die Ausschließung zwingend aufzuheben, wenn die Voraussetzungen des S. 1 nicht (mehr) vorliegen; mithin, wenn nach Überzeugung des Gerichts neue Erkenntnisse oder eine andere Beurteilung der bisherigen Tatsachengrundlage die Annahme einer Gefahr für die Sicherheit der Bundesrepublik Deutschland nicht (mehr) rechtfertigen.[10] 5

§ 138c [Zuständigkeit für die Ausschließung; Anordnungen des Gerichts]

(1) [1]Die Entscheidungen nach den §§ 138a und 138b trifft das Oberlandesgericht. [2]Werden im vorbereitenden Verfahren die Ermittlungen vom Generalbundesanwalt geführt oder ist das Verfahren vor dem Bundesgerichtshof anhängig, so entscheidet der Bundesgerichtshof. [3]Ist das Verfahren vor einem Senat eines Oberlandesgerichtes oder des Bundesgerichtshofes anhängig, so entscheidet ein anderer Senat.

(2) [1]Das nach Absatz 1 zuständige Gericht entscheidet nach Erhebung der öffentlichen Klage bis zum rechtskräftigen Abschluß des Verfahrens auf Vorlage des Gerichts, bei dem das Verfahren anhängig ist, sonst auf Antrag der Staatsanwaltschaft. [2]Die Vorlage erfolgt auf Antrag der Staatsanwaltschaft oder von Amts wegen durch Vermittlung der Staatsanwaltschaft. [3]Soll ein Verteidiger ausgeschlossen werden, der Mitglied einer Rechtsanwaltskammer ist, so ist eine Abschrift des Antrages der Staatsanwaltschaft nach Satz 1 oder die Vorlage des Gerichts dem Vorstand der zuständigen Rechtsanwaltskammer mitzuteilen. [4]Dieser kann sich im Verfahren äußern.

(3) [1]Das Gericht, bei dem das Verfahren anhängig ist, kann anordnen, daß die Rechte des Verteidigers aus den §§ 147 und 148 bis zur Entscheidung des nach Absatz 1 zuständigen Gerichts über die Ausschließung ruhen; es kann das Ruhen dieser Rechte auch für die in § 138a Abs. 4 und 5 bezeichneten Fälle anordnen. [2]Vor Erhebung der öffentlichen Klage und nach rechtskräftigem Abschluß des Verfahrens trifft die Anordnung nach Satz 1 das Gericht, das über die Ausschließung des Verteidigers zu entscheiden hat. [3]Die Anordnung ergeht durch unanfechtbaren Beschluß. [4]Für die Dauer der Anordnung hat das Gericht zur Wahrnehmung der Rechte aus den §§ 147 und 148 einen anderen Verteidiger zu bestellen. [5]§ 142 gilt entsprechend.

(4) [1]Legt das Gericht, bei dem das Verfahren anhängig ist, gemäß Absatz 2 während der Hauptverhandlung vor, so hat es zugleich mit der Vorlage die Hauptverhandlung bis zur Entscheidung durch das nach Absatz 1 zuständige Gericht zu unterbrechen oder auszusetzen. [2]Die Hauptverhandlung kann bis zu dreißig Tagen unterbrochen werden.

(5) [1]Scheidet der Verteidiger aus eigenem Entschluß oder auf Veranlassung des Beschuldigten von der Mitwirkung in einem Verfahren aus, nachdem gemäß Absatz 2 der Antrag auf Ausschließung gegen ihn gestellt oder die Sache dem zur Entscheidung

[8] Vgl. KMR/*Haizmann* Rn. 5; § 138a Rn. 20, 25.
[9] KK/*Laufhütte* Rn. 4; KMR/*Haizmann* Rn. 6; Radtke/Hohmann/*Reinhart* Rn. 4.
[10] KK/*Laufhütte* Rn. 4; Löwe/Rosenberg/*Lüderssen/Jahn* Rn. 8; SK-StPO/*Wohlers* Rn. 4.

zuständigen Gericht vorgelegt worden ist, so kann dieses Gericht das Ausschließungsverfahren weiterführen mit dem Ziel der Feststellung, ob die Mitwirkung des ausgeschiedenen Verteidigers in dem Verfahren zulässig ist. [2]Die Feststellung der Unzulässigkeit steht im Sinne der §§ 138a, 138b, 138d der Ausschließung gleich.

(6) [1]Ist der Verteidiger von der Mitwirkung in dem Verfahren ausgeschlossen worden, so können ihm die durch die Aussetzung verursachten Kosten auferlegt werden. [2]Die Entscheidung hierüber trifft das Gericht, bei dem das Verfahren anhängig ist.

Übersicht

I. Zuständigkeit – Abs. 1

1 **1. Sachliche Zuständigkeit.** Die Entscheidung über die Ausschließung des Verteidigers nach den §§ 138a f. trifft gem. Abs. 1 S. 1 das OLG. Der BGH ist gem. Abs. 1 S. 2 lediglich in den Fällen zuständig, in denen der GBA die Ermittlungen führt oder das Verfahren nach Revisionseinlegung beim BGH anhängig ist. Da Abs. 1 S. 2 als Ausnahmevorschrift eng auszulegen ist, bleibt das OLG auch dann zuständig, wenn der GBA Vollstreckungsbehörde ist.[1] Ist das Verfahren vor dem OLG oder dem BGH anhängig, so entscheidet ein anderer Senat (Abs. 1 S. 3).

2 **2. Örtliche Zuständigkeit.** In nicht vom GBA geführten Ermittlungsverfahren ist in entspr. Anwendung des § 141 Abs. 4 das OLG örtlich zuständig, das dem für ein etwaiges Hauptverfahren zuständigen Gericht übergeordnet ist.[2] Erfolgt die Vorlage durch das Gericht der Hauptsache, so ist das diesem Gericht übergeordnete OLG zuständig.[3] Nach rechtskräftigem Abschluss des Hauptsacheverfahrens ist das OLG zuständig, in dessen Bezirk die antragstellende StA ihren Sitz hat; es sei denn, der GBA ist Vollstreckungsbehörde, dann entscheidet das OLG, das mit der Hauptsache befasst war.[4] Im Wiederaufnahmeverfahren bzw. in der Vorbereitung zu diesem (§ 367) entscheidet das dem Wiederaufnahmegericht übergeordnete OLG.[5]

3 **3. Gerichtsbesetzung.** Das OLG entscheidet in der Besetzung von 3 Berufsrichtern (§ 122 Abs. 1 GVG); der BGH entscheidet in der Besetzung von 5 Berufsrichtern (§ 139 Abs. 1 GVG).

II. Vorlegungs- und Antragsverfahren – Abs. 2

4 Das nach Abs. 1 zuständige Gericht wird nicht von Amts wegen tätig. Ob es auf **Vorlage** des Gerichts (Vorlageverfahren) oder auf **Antrag der StA** (Antragsverfahren) entscheidet, hängt von dem Stand des Verfahrens ab, in dem die Ausschließung erfolgen soll.

---

[1] BGH 2.8.1991 – 3 ARs 19/91, BGHSt 38, 52 = NJW 1991, 2917; KK/*Laufhütte* Rn. 1; KMR/*Haizmann* Rn. 3; Meyer-Goßner/*Schmitt* Rn. 1; aA Löwe/Rosenberg/*Lüderssen/Jahn* Rn. 6.

[2] KK/*Laufhütte* Rn. 2; Löwe/Rosenberg/*Lüderssen/Jahn* Rn. 4; Radtke/Hohmann/*Reinhart* Rn. 2.

[3] AK/*Stern* Rn. 4; KK/*Laufhütte* Rn. 2; Meyer-Goßner/*Schmitt* Rn. 2; SK-StPO/*Wohlers* Rn. 5.

[4] AK/*Stern* Rn. 4; HK-StPO/*Julius* Rn. 3; KK/*Laufhütte* Rn. 2; SK-StPO/*Wohlers* Rn. 6.

[5] AK/*Stern* Rn. 4; Meyer-Goßner/*Schmitt* Rn. 2; Radtke/Hohmann/*Reinhart* Rn. 2.

1. Vorlageverfahren. Soll die Ausschließung **nach Erhebung der öffentlichen Klage** und **vor dem rechtskräftigen Abschluss des Verfahrens** erfolgen, so ist die Sache im Wege des Vorlageverfahrens zuzuleiten (Abs. 2 S. 1). Die in Form eines Gerichtsbeschl. ergehende Vorlage des mit der Sache befassten Gerichts erfolgt entweder auf Antrag der StA oder von Amts wegen (Abs. 2 S. 2). 5

Beantragt die StA die Vorlage, so ist das mit der Sache befasste Gericht – ohne eigene Prüfungskompetenz – zur Vorlage verpflichtet.[6] Daher genügt zur Begr. des insoweit lediglich aus formalen Gründen ergehenden Vorlagebeschl. eine Bezugnahme auf den Antrag der StA.[7] Das Gericht soll aber seine ggf. abweichende Auffassung zum Antrag der StA darlegen.[8] Ein auf Antrag der StA ergangener Vorlagebeschl. kann mit Zustimmung der StA zurückgenommen werden.[9] 6

Erlässt das mit der Sache befasste Gericht den Vorlagebeschl. **von Amts wegen,** so hat es diesen zu begründen (vgl. hinsichtlich der inhaltlichen Anforderungen Rn. 8) und durch Vermittlung der StA an das nach Abs. 1 zuständige Gericht zuzuleiten.[10] Die StA erhält dadurch die Möglichkeit, zum Vorlagebeschl. Stellung zu nehmen.[11] 7

Der von Amts wegen ergehende Vorlagebeschl. bzw. der zur Vorlage führende Antrag der StA muss **inhaltlichen Mindestanforderungen** genügen; neben den Beweismitteln müssen diejenigen Tatsachen schlüssig dargelegt sein, aus denen sich der Ausschlussgrund ergeben soll;[12] Bezugnahmen auf andere Schriftstücke oder Beiakten genügen nicht.[13] Eine diesen Mindestanforderungen nicht genügende und daher unzulässige Vorlage kann jedoch formgerecht wiederholt werden.[14] 8

Außerhalb der Hauptverhandlung beschließt das Gericht die Vorlage in der nach §§ 30 Abs. 2, 76 Abs. 1 S. 2, 122 Abs. 1 GVG vorgesehenen Besetzung; **innerhalb** der Hauptverhandlung sind die §§ 30 Abs. 1, 76 Abs. 2, 122 Abs. 2 GVG maßgeblich. Während einer Unterbrechung der Hauptverhandlung darf das Gericht nicht in der außerhalb der Hauptverhandlung vorgesehenen Besetzung entscheiden, da sonst die Möglichkeit bestünde, den Vorlagebeschl. unter bewusster Ausschaltung der Schöffen zu erlassen.[15] 9

2. Antragsverfahren. Soll der Ausschluss eines Verteidigers **vor Erhebung der öffentlichen Klage** oder **nach Rechtskraft des Urteils** erfolgen, so entscheidet das nach Abs. 1 zuständige Gericht auf **Antrag der StA** (Abs. 2 S. 1 aE „sonst"). Zu den Anforderungen an den Antrag → Rn. 8.[16] Vor Erhebung der öffentlichen Klage ist die das Ermittlungsverfahren führende StA antragsbefugt, nach Rechtskraft ist antragsbefugt die für das Vollstreckungsverfahren zuständige StA (§ 451). Sofern in Steuerstrafverfahren die Finanzbehörde das Ermittlungsverfahren selbstständig führt (§ 386 Abs. 2 AO), ist sie antragsberechtigt.[17] In einem ggf. durchzuführenden Wiederaufnahmeverfahren ist die StA des für dieses Verfahren zuständigen Gerichts (§ 376, § 140a GVG) antragsbefugt.[18] 10

---

[6] BT-Drs. 7/2526, 22; OLG Düsseldorf 9.7.1997 – 1 Ws 518/97, StV 1998, 65 (66); OLG Karlsruhe 18.11.1982 – 3 Ws 272/82, NStZ 1983, 281 m. zust. Anm. *Bohnert*; Löwe/Rosenberg/*Lüderssen/Jahn* Rn. 11 f.; SK-StPO/*Wohlers* Rn. 9 mwN.

[7] *Fyre* NStZ 2005, 50; Meyer-Goßner/*Schmitt* Rn. 7; aA OLG Jena 14.10.2002 – 1 Ws 351/02, NStZ 2005, 49.

[8] BT-Drs. 7/2526, 22.

[9] Meyer-Goßner/*Schmitt* Rn. 6; SK-StPO/*Wohlers* Rn. 13.

[10] KK/*Laufhütte* Rn. 6 f.

[11] BT-Drs. 7/2526, 22; KK/*Laufhütte* Rn. 7; SK-StPO/*Wohlers* Rn. 13; *Fyre* wistra 2005, 86 (89).

[12] OLG Brandenburg 12.7.2007 – 2 AR 49/06, StV 2008, 66 (67); OLG Hamm 19.10.1998 – 2 Ws 481–98, NStZ-RR 1999, 50; OLG Düsseldorf 23.12.1997 – 1 Ws 988/97, StV 1999, 531; OLG Düsseldorf 29.8.1991 – 1 Ws 769/91, VRS 82 (1992), 35; OLG Karlsruhe 14.3.1975 – 2 ARs 5/75, NJW 1975, 943.

[13] KG 3.6.2005 – 2 AR 63/05-5 ARs 31/05, NJW 2006, 1537; OLG Hamm 19.10.1998 – 2 Ws 481–98, NStZ-RR 1999, 50.

[14] OLG Düsseldorf 1.7.1998 – 1 Ws 378/98, NStZ-RR 1998, 336; KK/*Laufhütte* Rn. 4.

[15] SK-StPO/*Wohlers* Rn. 8; vgl. Löwe/Rosenberg/*Lüderssen/Jahn* Rn. 14; *Dünnebier* NJW 1976, 1 (3); aA AK/*Stern* Rn. 10; Meyer-Goßner/*Schmitt* Rn. 8; einschr. KK/*Laufhütte* Rn. 8.

[16] Meyer-Goßner/*Schmitt* Rn. 5.

[17] OLG Karlsruhe 14.3.1975 – 2 ARs 5/75, NJW 1975, 943.

[18] KK/*Laufhütte* Rn. 11; Meyer-Goßner/*Schmitt* Rn. 5.

11 **3. Mitteilungspflichten.** Soll ein Verteidiger, der Mitglied einer RAK ist, ausgeschlossen werden, so ist dem **Vorstand der RAK** eine Abschrift des Vorlagebeschl. bzw. des Ausschließungsantrags der StA mitzuteilen (Abs. 2 S. 3); der Vorstand kann hierzu Stellung nehmen (Abs. 2 S. 4). Die **Mitteilung an den betroffenen Verteidiger** und dessen **Mandanten** ist nicht geregelt, jedoch zur Gewährung rechtlichen Gehörs (Art. 103 Abs. 1 GG) notwendig.[19] Entgegen der hM[20] haben die Mitteilungen nicht erst durch das entscheidende Gericht zu erfolgen, sondern bereits durch das vorlegende Gericht oder die beantragende StA.[21] Mit Blick auf die kurzen Ladungsfristen (§ 138d Abs. 2 S. 2) gebietet die Verfahrensfairness eine **schnellstmögliche Mitteilung.**

III. Vorläufige Maßnahmen des Gerichts – Abs. 3

12 Vor der Entscheidung über die Ausschließung des Verteidigers können nach Abs. 3 vorläufige Maßnahmen angeordnet werden. Gem. Abs. 3 S. 1 kann zwischen Klageerhebung und rechtskräftigem Abschluss des Verfahrens das mit der Sache befasste Gericht das **Ruhen des Akteneinsichtsrechts gem. § 147 sowie des Verkehrsrechts mit dem nicht auf freiem Fuß befindlichen Beschuldigten gem. § 148** anordnen. Ist die Sache noch nicht oder nicht mehr bei Gericht anhängig, so kann das nach Abs. 1 zuständige Gericht diese Anordnung treffen (Abs. 3 S. 2). Das Gesetz stellt die Anordnung in das **Ermessen des Gerichts.**[22] Da eine entsprechende Anordnung einen erheblichen Eingriff in die Verteidigungsrechte des Beschuldigten und die Berufsfreiheit des Verteidigers darstellt, ist von der Ermessensvorschrift restriktiv Gebrauch zu machen. Eine Anordnung ist unter Beachtung des Übermaßverbots **nur dann zulässig,** wenn konkrete Anhaltspunkte dafür bestehen, dass es zu einem Missbrauch der genannten Verteidigerrechte kommen werde.[23] Vor der Anordnung ist die StA zu hören (§ 33 Abs. 2); sofern kein Fall des § 33 Abs. 4 vorliegt, ebenso der betroffene Verteidiger (ggf. auch dessen Verteidiger) sowie dessen Mandant (§ 33 Abs. 3).[24] Die Anordnung erfolgt durch unanfechtbaren **Beschl.** (Abs. 3 S. 3), der entgegen § 34 **zu begründen** ist, da er die Rechte des Verteidigers erheblich einschränkt.[25] Gem. Abs. 3 S. 1 Hs. 2 kann das Gericht das Ruhen der Verteidigerrechte auch für Verfahren anordnen, in denen ein Verteidigerausschluss die Verteidigungsverbote gem. § 138a Abs. 4 und 5 auslösen würde.[26] Jedoch treten die Wirkungen der Anordnung in den jeweiligen Verfahren erst dann ein, wenn das dort zuständige Gericht dies ausdrücklich festgestellt hat.[27]

13 Selbst wenn der Beschuldigte noch andere Verteidiger hat oder die Verteidigung nicht nach § 140 notwendig ist, hat das Gericht gem. Abs. 3 S. 4 **für die Dauer der Anordnung** zur Wahrnehmung der Rechte aus §§ 147, 148 einen **anderen Verteidiger zu bestellen.**[28] Aus dem Verweis des Abs. 3 S. 5 auf § 142 ergibt sich, dass die Bestellung durch den Vorsitzenden des Gerichts erfolgt und dem Beschuldigten ein Wahlrecht des zu bestellenden

---

[19] Löwe/Rosenberg/*Lüderssen/Jahn* Rn. 17; Radtke/Hohmann/*Reinhart* Rn. 10.

[20] KK/*Laufhütte* Rn. 13; Meyer-Goßner/*Schmitt* Rn. 10; SK-StPO/*Wohlers* Rn. 16; Löwe/Rosenberg/*Lüderssen/Jahn* Rn. 17 und Radtke/Hohmann/*Reinhart* Rn. 11 weisen jedoch ausdrücklich darauf hin, dass die Mitteilungen nicht erst zusammen mit der Terminsladung erfolgen sollten.

[21] Hinsichtlich der Mitteilung des Vorlagebeschlusses – wohl nicht aber des Ausschließungsantrags der StA – wie hier KMR/*Haizmann* Rn. 15 f.

[22] Löwe/Rosenberg/*Lüderssen/Jahn* Rn. 25; SK-StPO/*Wohlers* Rn. 20.

[23] Vgl. OLG Stuttgart 27.3.1975 – 2 ARs 90/75, AnwBl 1975, 170; OLG Stuttgart 12.3.1975 – 2 ARs 81/75, AnwBl 1975, 170; Löwe/Rosenberg/*Lüderssen/Jahn* Rn. 25; Radtke/Hohmann/*Reinhart* Rn. 12.

[24] Löwe/Rosenberg/*Lüderssen/Jahn* Rn. 29; Radtke/Hohmann/*Reinhart* Rn. 12; SK-StPO/*Wohlers* Rn. 21.

[25] KK/*Laufhütte* Rn. 19; KMR/*Haizmann* Rn. 22; Löwe/Rosenberg/*Lüderssen/Jahn* Rn. 30; aA Meyer Goßner/*Schmitt* Rn. 12; Radtke/Hohmann/*Reinhart* Rn. 12.

[26] KK/*Laufhütte* Rn. 20; SK-StPO/*Wohlers* Rn. 18.

[27] KK/*Laufhütte* Rn. 20; Radtke/Hohmann/*Reinhart* Rn. 13.

[28] KK/*Laufhütte* Rn. 17; Meyer-Goßner/*Schmitt* Rn. 13; SK-StPO/*Wohlers* Rn. 22, *Lampe* MDR 1975, 529 (530).

Verteidigers zusteht.[29] Entgegen der sich eng am Wortlaut orientierenden Ansicht[30] beschränkt sich die **Aufgabe des zu bestellenden Verteidigers** nicht allein auf die Wahrnehmung der ruhenden Verteidigerrechte nach §§ 147, 148.[31] Nimmt man einem Verteidiger die elementaren Rechte aus §§ 147, 148, ist seine Verteidigerstellung weitgehend entwertet.[32] Ein in seinen Befugnissen eingeschränkter Pflichtverteidiger kann diesen mit der Ruhensanordnung einhergehenden Eingriff in die Rechte des Beschuldigten nicht adäquat kompensieren.[33] Um eine effektive Verteidigung zu gewährleisten, ist daher ein **unbeschränkt handlungsfähiger Verteidiger** zu bestellen.[34]

IV. Unterbrechung oder Aussetzung der Hauptverhandlung – Abs. 4

Hat das Gericht während der Hauptverhandlung einen Vorlagebeschl. erlassen, muss es gem. Abs. 4 S. 1 zugleich die Hauptverhandlung bis zur rechtskräftigen Entscheidung durch das nach Abs. 1 zuständige Gericht unterbrechen oder aussetzen; auch dann, wenn der Angekl. noch andere Verteidiger hat.[35] Wird die **Ausschließung** des Verteidigers während der Unterbrechung, die maximal 30 Tage andauern darf (Abs. 4 S. 2), **rechtskräftig abgelehnt,** kann die Hauptverhandlung fortgeführt werden;[36] **nach rechtskräftigem Ausschluss** des Verteidigers ist eine Fortsetzung der Hauptverhandlung nur dann zulässig, wenn ein neuer Verteidiger eingearbeitet und somit in der Lage ist, die Verteidigung ordnungsgemäß zu führen.[37] Ist eine Einarbeitung des Verteidigers innerhalb des Unterbrechungszeitraums nicht möglich, hat das Gericht die Hauptverhandlung auszusetzen.[38] Eine sofortige Aussetzung hat auch dann nicht zu erfolgen, wenn das Gericht bereits bei Erlass des Vorlagebeschl. damit rechnet, dass die rechtzeitige Einarbeitung eines neuen Verteidigers nicht möglich sein wird,[39] andernfalls könnte das Verfahren auch bei Ablehnung des Verteidigerausschlusses nicht fortgesetzt werden. 14

V. Feststellungsverfahren – Abs. 5

Sofern der Verteidiger nach der Vorlage bzw. Antragstellung gem. Abs. 2 **aus eigenem Entschluss** oder **auf Veranlassung des Beschuldigten** aus dem Verfahren ausscheidet, eröffnet Abs. 5 dem zuständigen Gericht die Möglichkeit, ein Feststellungsverfahren durchzuführen. Dadurch soll eine **Umgehung der Verteidigungsverbote** des § 138a Abs. 4 und 5 verhindert werden.[40] 15

Vorgelegt ist die Sache bereits mit Verkündung des Vorlagebeschl; ergeht der Vorlagebeschl. außerhalb der Hauptverhandlung, kommt es auf den Zeitpunkt an, in dem der Beschl. den Geschäftsbereich des Gerichts verlässt.[41] Letzterem entspr. ist der Ausschließungsantrag der StA bereits mit dessen Herausgabe durch die Geschäftsstelle gestellt.[42] 16

---

[29] Löwe/Rosenberg/*Lüderssen/Jahn* Rn. 33; Radtke/Hohmann/*Reinhart* Rn. 14; vgl. BT-Drs. 7/2526, 23; aA KK/*Laufhütte* Rn. 17.

[30] Graf/*Wessing* Rn. 9; Meyer-Goßner/*Schmitt* Rn. 13; trotz Bedenken auch HK-StPO/*Julius* Rn. 2, 7.

[31] AK/*Stern* Rn. 21; eingehend KMR/*Haizmann* Rn. 25 und Löwe/Rosenberg/*Lüderssen/Jahn* Rn. 34 ff.; wohl auch SK-StPO/*Wohlers* Rn. 23; vgl. auch KK/*Laufhütte* Rn. 18; Radtke/Hohmann/*Reinhart* Rn. 14.

[32] KMR/*Haizmann* Rn. 25; Löwe/Rosenberg/*Lüderssen/Jahn* Rn. 35.

[33] Vgl. Löwe/Rosenberg/*Lüderssen/Jahn* Rn. 34 f.

[34] KMR/*Haizmann* Rn. 25; Löwe/Rosenberg/*Lüderssen/Jahn* Rn. 35; einschr. KK/*Laufhütte* Rn. 18; Radtke/Hohmann/*Reinhart* Rn. 14, die dem zu bestellenden Verteidiger die Befugnis zur Vornahme unaufschiebbarer Prozesshandlungen zusprechen.

[35] Graf/*Wessing* Rn. 10; Löwe/Rosenberg/*Lüderssen/Jahn* Rn. 20; Meyer-Goßner/*Schmitt* Rn. 14.

[36] KMR/*Haizmann* Rn. 26; Meyer-Goßner/*Schmitt* Rn. 14; Radtke/Hohmann/*Reinhart* Rn. 15.

[37] KMR/*Haizmann* Rn. 26; Löwe/Rosenberg/*Lüderssen/Jahn* Rn. 20.

[38] KMR/*Haizmann* Rn. 26; Löwe/Rosenberg/*Lüderssen/Jahn* Rn. 21; SK-StPO/*Wohlers* Rn. 25.

[39] AA Löwe/Rosenberg/*Lüderssen/Jahn* Rn. 21; SK-StPO/*Wohlers* Rn. 25.

[40] BT-Drs. 7/5401, 7; OLG Koblenz 3.12.1979 – 1 Ausschl 2/79, JR 1980, 477 (478) mAnm *Rieß*; Löwe/Rosenberg/*Lüderssen/Jahn* Rn. 38; Meyer-Goßner/*Schmitt* Rn. 15.

[41] KK/*Laufhütte* Rn. 26; Meyer-Goßner/*Schmitt* Rn. 15.

[42] KK/*Laufhütte* Rn. 26; Meyer-Goßner/*Schmitt* Rn. 15.

Scheidet der Verteidiger vor dem insofern maßgeblichen Zeitpunkt aus dem Verfahren aus, ist ein Feststellungsverfahren unzulässig.[43]

17 Das Gericht trifft die Entscheidung darüber, ob das Ausschließungsverfahren fortgesetzt werden soll, nach **pflichtgemäßem Ermessen.**[44] Bevor es die Entscheidung trifft, die in Form eines Beschl. ergeht,[45] hat das Gericht die StA, den Verteidiger sowie dessen Mandanten zu hören.[46] Mit Blick auf den erheblichen Eingriff in die Berufsfreiheit des Verteidigers kommt eine **Weiterführung des Verfahrens** nur in Betracht, wenn nach den Umständen des Falls Konflikte zu erwarten sind, denen durch die Verteidigungsverbote des § 138a Abs. 4 und 5 begegnet werden muss[47] oder konkrete Anhaltspunkte dafür bestehen, dass der Verteidiger später erneut die Übernahme der Verteidigung beabsichtigt.[48] Sofern dies nicht der Fall ist, ist das Ausschließungsverfahren durch Einstellung zu beenden.[49] Die Feststellung, dass die Mitwirkung des ausgeschiedenen Verteidigers unzulässig ist, steht der Ausschließung gleich (Abs. 5 S. 2).

VI. Kostenauferlegung – Abs. 6

18 Gem. Abs. 6 S. 1 können einem ausgeschlossenen Verteidiger die durch die Aussetzung entstandenen Kosten auferlegt werden. Die Vorschrift gilt nur für das Ausschließungsverfahren, betrifft also weder das Feststellungs- noch das Aufhebungsverfahren.[50] **Voraussetzung** für eine Kostenauferlegung ist, dass der Verteidiger die Ausschließung verschuldet hat, die Hauptverhandlung ausgesetzt – nicht nur unterbrochen – wurde und es unangemessen wäre, die Staatskasse oder den Angekl. mit den Kosten zu belasten.[51] **Zuständig** für die Kostenauferlegung ist das Gericht, bei dem das Verfahren anhängig ist (Abs. 6 S. 2).

VII. Beschwerde

19 Gegen die **Ablehnung des Vorlageantrags** kann die StA Beschwerde nach § 304 Abs. 1 und 2 einlegen.[52] Auch die **Kostenentscheidung** (→ Rn. 18) ist mit der Beschwerde anfechtbar, sofern sie nicht vom erstinstanzlichen OLG erlassen wurde (§ 304 Abs. 4)[53] und der Wert des Beschwerdegegenstands 200 Euro übersteigt (§ 304 Abs. 3). Beschwerdeberechtigt sind die StA, der mit den Kosten belastete Verteidiger und, sofern dem Verteidiger die Kosten nicht auferlegt wurden, der Angekl.[54]

VIII. Aufhebungsverfahren

20 Für das Aufhebungsverfahren gilt **§ 138c entspr.**[55] Demnach ist das OLG bzw. der BGH auch für die Entscheidung über die Aufhebung der Ausschließung zuständig, jedoch ist die Sache nicht zwangsläufig dem Gericht vorzulegen, das auch die Ausschließungsentscheidung getroffen hat, sondern dem Gericht, das zum Zeitpunkt der Vorlage für die

---

[43] OLG Düsseldorf 14.6.1994 – 1 Ws 365-366/94, NStZ 1994, 450; KK/*Laufhütte* Rn. 26.
[44] OLG Koblenz 3.12.1979 – 1 Ausschl 2/79, JR 1980, 477; Meyer-Goßner/*Schmitt* Rn. 15.
[45] KK/*Laufhütte* Rn. 28; Meyer-Goßner/*Schmitt* Rn. 17.
[46] KK/*Laufhütte* Rn. 28; KMR/*Haizmann* Rn. 29.
[47] OLG Koblenz 3.12.1979 – 1 Ausschl 2/79, JR 1980, 477 (478) mAnm *Rieß*; Löwe/Rosenberg/*Lüderssen/Jahn* Rn. 42; vgl. auch BGH 26.8.1992 – 2 ARs 349/92 (KG), NJW 1992, 3048.
[48] BGH 8.1.1993 – 2 ARs 540/92, NStZ [K] 1994, 23; *Rieß* JR 1980, 479.
[49] BGH 26.8.1992 – 2 ARs 349/92 (KG), NJW 1992, 3048; OLG Düsseldorf 24.1.1995 – 1 Ws 1003/94, NJW 1995, 739; *Rieß* JR 1980, 479.
[50] KK/*Laufhütte* Rn. 33; Meyer-Goßner/*Schmitt* Rn. 18.
[51] AK/*Stern* Rn. 26; KK/*Laufhütte* Rn. 33; Meyer-Goßner/*Schmitt* Rn. 18; Radtke/Hohmann/*Reinhart* Rn. 19.
[52] OLG Karlsruhe 18.11.1982 – 3 Ws 272/82, NStZ 1983, 281 m. zust. Anm. *Bohnert*; Meyer-Goßner/*Schmitt* Rn. 19.
[53] Löwe/Rosenberg/*Lüderssen/Jahn* Rn. 47; SK-StPO/*Wohlers* Rn. 34.
[54] KK/*Laufhütte* Rn. 34;Meyer-Goßner/*Schmitt* Rn. 19; SK-StPO/*Wohlers* Rn. 34.
[55] AK/*Stern* Rn. 28; KK/*Laufhütte* Rn. 29; eingehend Löwe/Rosenberg/*Lüderssen/Jahn* Rn. 52 ff.; SK-StPO/*Wohlers* Rn. 35.

Ausschließung zuständig wäre.[56] Das Gericht entscheidet im schriftlichen Verfahren, da das Aufhebungsverfahren anders als das Ausschließungsverfahren (§ 138d Abs. 1) **keine mündliche Verhandlung** erfordert.[57] Den **Antrag auf Aufhebung** kann sowohl der Beschuldigte als auch der ausgeschlossene Verteidiger stellen; er muss nicht bei dem Gericht gestellt werden, bei dem das Verfahren anhängig ist; vielmehr kann er auch unmittelbar bei dem Gericht angebracht werden, das über die Aufhebung entscheidet.[58]

§ 138d [Verfahren bei Ausschließung des Verteidigers]

(1) Über die Ausschließung des Verteidigers wird nach mündlicher Verhandlung entschieden.

(2) [1]Der Verteidiger ist zu dem Termin der mündlichen Verhandlung zu laden. [2]Die Ladungsfrist beträgt eine Woche; sie kann auf drei Tage verkürzt werden. [3]Die Staatsanwaltschaft, der Beschuldigte und in den Fällen des § 138c Abs. 2 Satz 3 der Vorstand der Rechtsanwaltskammer sind von dem Termin zur mündlichen Verhandlung zu benachrichtigen.

(3) Die mündliche Verhandlung kann ohne den Verteidiger durchgeführt werden, wenn er ordnungsgemäß geladen und in der Ladung darauf hingewiesen worden ist, daß in seiner Abwesenheit verhandelt werden kann.

(4) [1]In der mündlichen Verhandlung sind die anwesenden Beteiligten zu hören. [2]Für die Anhörung des Vorstands der Rechtsanwaltskammer gilt § 247a Absatz 2 Satz 1 entsprechend. [3]Den Umfang der Beweisaufnahme bestimmt das Gericht nach pflichtgemäßem Ermessen. [4]Über die Verhandlung ist eine Niederschrift aufzunehmen; die §§ 271 bis 273 gelten entsprechend.

(5) [1]Die Entscheidung ist am Schluß der mündlichen Verhandlung zu verkünden. [2]Ist dies nicht möglich, so ist die Entscheidung spätestens binnen einer Woche zu erlassen.

(6) [1]Gegen die Entscheidung, durch die ein Verteidiger aus den in § 138a genannten Gründen ausgeschlossen wird oder die einen Fall des § 138b betrifft, ist sofortige Beschwerde zulässig. [2]Dem Vorstand der Rechtsanwaltskammer steht ein Beschwerderecht nicht zu. [3]Eine die Ausschließung des Verteidigers nach § 138a ablehnende Entscheidung ist nicht anfechtbar.

I. Mündliche Verhandlung – Abs. 1

Abs. 1 schreibt die Durchführung einer **mündlichen Verhandlung** vor. Sie soll insb. einer zügigen Durchführung des Ausschließungsverfahrens dienen; zudem ist sie besser als ein schriftliches Verfahren dazu geeignet, die den Verteidiger prima facie belastenden Umstände zu hinterfragen und ggf. zu entkräften.[1] Sie ist **nicht öffentlich,** da sie außerhalb der Hauptverhandlung – mithin nicht vor dem erkennenden Gericht iS des § 169 GVG – durchgeführt wird.[2] Hinsichtlich der **Gerichtsbesetzung** s. § 138c Rn. 3. Einer mündlichen Verhandlung bedarf es ausnahmsweise dann nicht, wenn der Ausschließungsantrag bzw. der Vorlagebeschl. unzulässig – etwa wegen Unzuständigkeit des Gerichts[3] oder man- 1

---

[56] AK/*Stern* Rn. 28; KK/*Laufhütte* Rn. 29; Löwe/Rosenberg/*Lüderssen/Jahn* Rn. 53.
[57] BGH 20.1.1984 – 2 ARs 387/83, BGHSt 32, 231 (232) = NJW 1984, 935; KK/*Laufhütte* Rn. 29.
[58] Löwe/Rosenberg/*Lüderssen/Jahn* Rn. 56; SK-StPO/*Wohlers* Rn. 36.
[1] BT-Drucks. 7/2526 S. 23.
[2] BGH v. 4.5.1979 – 2 ARs 88/79, NStZ [Pf] 1981, 93 (95); OLG Stuttgart v. 9.4.1975 – 1 ARs 25/75, NJW 1975, 1669; KK/*Laufhütte* Rn. 3; *Lampe* MDR 1975, 529.
[3] BGH v. 2.8.1991 – 3 ARs 19/91, BGHSt 38, 52 = NJW 1991, 2917.

gels Einhaltung der inhaltlichen Mindestanforderungen[4] – oder offensichtlich unbegründet ist.[5]

II. Stellung des Verteidigers

2 Die Stellung des von der Ausschließung bedrohten Verteidigers ähnelt der eines Beschuldigten, so dass ihm **entspr. § 137** das Recht auf **Beistand eines Verteidigers** einzuräumen ist;[6] die aA,[7] nach der er sich nur eines auf die Rechte eines Zeugenbeistands beschränkten RAs bedienen könne, erscheint nicht sachgerecht.[8]

III. Ladung und Benachrichtigungen – Abs. 2 und 3

3 Der Verteidiger ist unter Beachtung der Ladungsfrist (Abs. 2 S. 2) zur mündlichen Verhandlung zu **laden** (Abs. 2 S. 1). Die StA, der Beschuldigte und ggf. der Vorstand der RAK sind formlos zu **benachrichtigen** (Abs. 2 S. 3); gleiches gilt – trotz fehlender Erwähnung in der Vorschrift – für einen ggf. vorhandenen Verteidiger des von der Ausschließung bedrohten Verteidigers (vgl. Rn. 2).[9] Befindet sich der Beschuldigte in Haft, ist er auf Wunsch vorzuführen.[10] Die Verhandlung kann in **Abwesenheit des Verteidigers** durchgeführt werden, wenn er ordnungsgemäß geladen und in der Ladung auf diese Möglichkeit hingewiesen worden ist (Abs. 3);[11] jedoch nicht bei nachweislich unverschuldetem Fernbleiben, etwa wegen Erkrankung. Im Falle anderweitiger Terminkollisionen ist zwischen dem Interesse des Verteidigers an Teilnahme an der Verhandlung und dem öffentlichen Interesse an zügiger Durchführung des Ausschließungsverfahrens abzuwägen.[12]

IV. Anhörung, Beweisaufnahme, Protokoll – Abs. 4

4 Die **Beteiligten**, also neben dem Verteidiger und ggf. dessen Verteidiger (Rn. 2) die StA, der Beschuldigte sowie ggf. der Vorstand der RAK, sind in der mündlichen Verhandlung **anzuhören** (Abs. 4 S. 1). Durch das Gesetz betreffend die Videokonferenztechnik vom 25.4.2013 (BGBl. I S. 935) wurde der heutige Satz 2 in die Norm eingefügt, der für die Anhörung des Vorstands der Rechtsanwaltskammer auf § 247a Abs. 2 S. 1 verweist. Die hierdurch geregelte Option einer Teilnahme und Anhörung des Kammervorstands mittels Videokonferenztechnik ist zu begrüßen. Sie dürfte dazu führen, dass Kammervorstände häufiger als in der Vergangenheit von ihrem Teilnahme- und Äußerungsrecht Gebrauch machen. Ein unmittelbarer Eindruck von der Anhörungssituation (vor Ort im Gerichtssaal) dürfte für den Kammervorstand in der Tat entbehrlich sein. Das Gericht bestimmt den **Umfang der Beweisaufnahme** nach pflichtgemäßem Ermessen (Abs. 4 S. 3). Da es nicht Aufgabe des Gerichts ist, den in dem Vorlagebeschl. bzw. Ausschließungsantrag bezeichneten Sachverhalt durch weitere Ermittlungen zu ergänzen, beschränkt sich die Aufklärungspflicht auf den dort vorgetragenen Sachverhalt.[13] Auf Grund des erheblichen Eingriffs in

---

[4] OLG Düsseldorf v. 1.12.1982 – 1 Ws 953/82, NStZ 1983, 185; OLG Karlsruhe v. 14.3.1975 – 2 ARs 5/75, NJW 1975, 943; vgl. § 138c Rn. 8.

[5] KG v. 4.7.2007 – (5 (A)) 4 AR 116/01 (2/07), StraFo 2008, 242; OLG Düsseldorf v. 10.12.1990 – 1 Ws 1096/90, NJW 1991, 996; OLG Stuttgart v. 18.12.1986 – 1 Ausschl. 3/86, NJW 1987, 2883; OLG Bremen v. 4.12.1980 – BL 337/80, NJW 1981, 2711; eingehend Löwe/Rosenberg/*Lüderssen/Jahn* Rn. 3 f. mwN; aA *Fezer*, GedS Meyer, 1990, S. 81 (91).

[6] HK-StPO/*Julius* Rn. 2; KMR/*Haizmann* Rn. 2; Löwe/Rosenberg/*Lüderssen/Jahn* Rn. 6; Radtke/Hohmann/*Reinhart* Rn. 6; SK-StPO/*Wohlers* Rn. 8.

[7] KG v. 1.9.1980 – 4 Ws 24/80, AnwBl 1981, 116 m. abl. Anm. *Schmidt*; KK/*Laufhütte* Rn. 6; Meyer-Goßner/*Schmitt* Rn. 5.

[8] HK-StPO/*Julius* Rn. 2.

[9] Löwe/Rosenberg/*Lüderssen/Jahn* Rn. 6.

[10] KK/*Laufhütte* Rn. 4; Radtke/Hohmann/*Reinhart* Rn. 4; SK-StPO/*Wohlers* Rn. 7.

[11] Löwe/Rosenberg/*Lüderssen/Jahn* Rn. 2.

[12] KMR/*Haizmann* Rn. 3; Löwe/Rosenberg/*Lüderssen/Jahn* Rn. 2; SK-StPO/*Wohlers* Rn. 6; vgl. AK/*Stern* Rn. 7; Meyer-Goßner/*Schmitt* Rn. 4.

[13] BGH v. 27.5.1991 – AnwSt (B) 2/91, NJW 1991, 2780 (2781); OLG Karlsruhe v. 14.3.1975 – 2 ARs 5/75, NJW 1975, 943 (945); Meyer-Goßner/*Schmitt* Rn. 6; SK-StPO/*Wohlers* Rn. 9 mwN.

die Berufsfreiheit des Verteidigers durch einen möglichen Ausschluss und einer andernfalls bestehenden Schlechterstellung des betroffenen Verteidigers gegenüber einem Beschuldigten, erfolgt die Beweisaufnahme entgegen der hM[14] nicht im Freibeweis- sondern im **Strengbeweisverfahren.**[15]

Um dem Beschwerdegericht die Nachprüfung der Entscheidungsgrundlagen zu ermöglichen, bestimmt Abs. 4 S. 4, dass ein den §§ 271 bis 273 entspr. **Protokoll** über die mündliche Verhandlung aufzunehmen ist.[16] Vor diesem Hintergrund sind auch die **wesentlichen Ergebnisse** der Verhandlung zu protokollieren.[17] 5

V. Entscheidung – Abs. 5

Die Entscheidung ergeht durch einen gem. § 34 mit Gründen zu versehenen **Beschl.,** der grds. am Ende der Verhandlung zu verkünden ist; andernfalls ist er spätestens binnen einer Woche nach der Verhandlung schriftlich zu erlassen (Abs. 5 S. 2) und im Falle der Ausschließung dem Verteidiger sowie dem Beschuldigten nebst Belehrung über die nach Abs. 6 zulässigen Rechtsmittel zuzustellen (§§ 35 Abs. 2 S. 1, 35a); im Übrigen genügt eine formlose Mitteilung (§ 35 Abs. 2 S. 2). Die **Kosten** des Ausschließungsverfahrens sind stets der Staatskasse aufzuerlegen. Für den Fall einer Ablehnung der Ausschließung ergibt sich dies aus einer entspr. Anwendung des § 467 Abs. 1, im Falle der Ausschließung mangels gesetzlicher Anordnung einer Kostentragungspflicht für den ausgeschlossenen Verteidiger – eine analoge Anwendung des § 465 Abs. 1 kommt nicht in Betracht.[18] Bei Nichtausschließung sind auch die Kosten für die Hinzuziehung eines Verteidigers aus der Staatskasse zu erstatten.[19] 6

VI. Rechtskraft der Entscheidung

Die Ausschließung wird mit **Rechtskraft des Beschl.** wirksam.[20] Ab diesem Zeitpunkt ist dem Beschuldigten gem. § 140 Abs. 1 Nr. 8 ein Pflichtverteidiger zu bestellen.[21] Die Rechtskraft des Beschl. ist **beschränkt:**[22] Eine Aufhebung der Ausschließung ist unter den Voraussetzungen des § 138a Abs. 3 stets möglich.[23] Zulässig ist auch die erneute Einleitung eines Ausschließungsverfahrens, jedoch nur bei Vorliegen neuer Tatsachen oder Beweise.[24] 7

VII. Anfechtung – Abs. 6

Gegen den vom OLG erlassenen Ausschließungsbeschl. können der betroffene Verteidiger, der Beschuldigte (für diesen auch der betroffene Verteidiger)[25] sowie die StA **sofortige Beschwerde** einlegen (Abs. 6 S. 1); der Vorstand der RAK ist nicht beschwerdeberechtigt (Abs. 6 S. 2). Eine Beschwerde gegen die **Ablehnung der Ausschließung** ist nur in Fällen 8

---

[14] BGH v. 24.8.1978 – 2 ARs 245/78, BGHSt 28, 116 = NJW 1979, 115; KK/*Laufhütte* Rn. 7; Meyer-Goßner/*Schmitt* Rn. 7; Radtke/Hohmann/*Reinhart* Rn. 7; SK-StPO/*Wohlers* Rn. 10 mwN.

[15] HK-StPO/*Julius* Rn. 3; KMR/*Haizmann* Rn. 6; Löwe/Rosenberg/*Lüderssen/Jahn* Rn. 8; *Bottke* JR 1984, 300 (301 f.); *Dünnebier* NJW 1976, 1 (3).

[16] BT-Drucks. 7/2526 S. 24.

[17] AK/*Stern* Rn. 10; Löwe/Rosenberg/*Lüderssen/Jahn* Rn. 9; *Dünnebier* NJW 1976, 1 (4); aA Meyer-Goßner/*Schmitt* Rn. 8.

[18] *Rieß* JR 1980, 479 (480); *ders.* NStZ 1981, 328 (332); HK-StPO/*Julius* Rn. 4; SK-StPO/*Wohlers* Rn. 15; aA OLG Köln v. 2.3.1983-2 Ws 109/83, OLGSt § 258 StGB Nr.1 S. 5; AK/*Stern* Rn. 12; Meyer-Goßner/*Schmitt* Rn. 10; Radtke/Hohmann/*Reinhart* Rn. 9.

[19] AK/*Stern* Rn. 12; HK-StPO/*Julius* Rn. 4; Löwe/Rosenberg/*Lüderssen/Jahn* Rn. 6; SK-StPO/*Wohlers* Rn. 11, 15; aA KG v. 1.9.1980 – 4 Ws 24/80, AnwBl 1981, 116 m. abl. Anm. *Schmidt*; Meyer-Goßner/*Schmitt* Rn. 10.

[20] Vgl. § 138a Rn. 19.

[21] Vgl. § 140 Rn. 25.

[22] Meyer-Goßner/*Schmitt* Rn. 15; Radtke/Hohmann/*Reinhart* Rn. 14; *Frye* wistra 2005, 86 (91).

[23] Vgl. § 138a Rn. 14 f.

[24] Meyer-Goßner/*Schmitt* Rn. 15; Radtke/Hohmann/*Reinhart* Rn. 14; *Frye* wistra 2005, 86 (91).

[25] AK/*Stern* Rn. 14; KK/*Laufhütte* Rn. 14; Löwe/Rosenberg/*Lüderssen/Jahn* Rn. 13; Meyer-Goßner/*Schmitt* Rn. 12; vgl. auch BGH v. 27.2.1976 – 1 BJs 25/75 – StB 8/76, BGHSt 26, 291 (295).

des § 138b möglich (vgl. Abs. 6 S. 3), Gleiches gilt für die **Aufhebung der Ausschließung.**[26] Wird die Aufhebung der Ausschließung abgelehnt, ist auch hiergegen gem. Abs. 6 analog sofortige Beschwerde zulässig.[27] Über die sofortige Beschwerde entscheidet der BGH (§ 135 Abs. 2 GVG) ohne mündliche Verhandlung (§ 309 Abs. 1) in der Besetzung von drei Berufsrichtern (§139 Abs. 2 GVG).

9 Der Beschl. ist **nicht mit der Revision** anfechtbar (§ 336 S. 2). Jedoch kann bei Verstoß gegen § 140 Abs. 1 Nr. 8 eine Revision auf § 338 Nr. 5 gestützt werden.[28]

§ 139 [Übertragung auf Referendar]

Der als Verteidiger gewählte Rechtsanwalt kann mit Zustimmung dessen, der ihn gewählt hat, die Verteidigung einem Rechtskundigen, der die erste Prüfung für den Justizdienst bestanden hat und darin seit mindestens einem Jahr und drei Monaten beschäftigt ist, übertragen.

I. Allgemeines

1 Die Vorschrift bezweckte urspr., den Mangel an verteidigenden RAen zu kompensieren; heute dient sie allenfalls noch der **Ermöglichung einer praxisnahen Ausbildung.**[1] Gem. § 387 Abs. 2 gilt die Regelung auch für den Anwalt des Privatklägers; für den Anwalt des Nebenklägers (§ 397) sowie des Verletzten (§§ 406f, 406g) gilt § 139 entsprechend.[2]

II. Übertragung durch gewählten RA auf einen Referendar

2 Zur Übertragung der Verteidigung auf einen Referendar ist nur der **als Verteidiger gewählte RA** berechtigt, also nicht der Pflichtverteidiger[3] oder ein anderer Wahlverteidiger.[4] Der **Referendar** – nur dieser ist nach allgA. mit Rechtskundiger gemeint – muss sich seit mindestens einem Jahr und drei Monaten im Vorbereitungsdienst (§ 5b DRiG) befinden. Nicht notwendig ist, dass der Referendar gerade dem die Verteidigung übertragenden RA zur Ausbildung zugewiesen ist.[5] **Assessoren** werden von der Vorschrift nicht umfasst;[6] ihnen bleibt aber die Möglichkeit, nach § 138 Abs. 2[7] oder als bestellter Vertreter eines RA gem. § 53 Abs. 4 S. 2 BRAO die Verteidigung zu übernehmen.

3 Seit Neufassung der Vorschrift durch das StVÄG 1987 ist unstr., dass die Übertragung **in jedem Verfahrensstadium** möglich ist.[8] Sie wird durch Unterbevollmächtigung bewirkt.[9] Die Übertragung ist unzulässig, wenn sie der Verteidigung in eigener Sache dienen soll.[10]

---

[26] KK/*Laufhütte* Rn. 17; Löwe/Rosenberg/*Lüderssen/Jahn* Rn. 24; Radtke/Hohmann/*Reinhart* Rn. 10; SK-StPO/*Wohlers* Rn. 21.

[27] KK/*Laufhütte* Rn. 17; Löwe/Rosenberg/*Lüderssen/Jahn* Rn. 24; Radtke/Hohmann/*Reinhart* Rn. 10; SK-StPO/*Wohlers* Rn. 21; aA BGH v. 20.1.1984 – 2 ARs 387/83, BGHSt 32, 231 (232) = NJW 1984, 935; KMR/*Haizmann* Rn. 16; Meyer-Goßner/*Schmitt* Rn. 13.

[28] HK-StPO/*Julius* Rn. 7; vgl. § 140 Rn. 59.

[1] HK-StPO/*Julius* Rn. 1; Löwe/Rosenberg/*Lüderssen/Jahn* Rn. 1; vgl. BGH 30.3.1976 – 1 StR 30/76, BGHSt 26, 319 = NJW 1976, 1221.

[2] AK/*Stern* Rn. 4; Löwe/Rosenberg/*Lüderssen/Jahn* Rn. 8.

[3] BGH 13.7.1989 – 4 StR 315/89, StV 1989, 465; BGH 26.6.1958 – 5 StR 235/58, NJW 1958, 1308.

[4] KK/*Laufhütte* Rn. 1; Meyer-Goßner/*Schmitt* Rn. 1; SK-StPO/*Wohlers* Rn. 5 mwN.

[5] AK/*Stern* Rn. 3; Löwe/Rosenberg/*Lüderssen/Jahn* Rn. 14; SK-StPO/*Wohlers* Rn. 6.

[6] BGH 30.3.1976 – 1 StR 30/76, BGHSt 26, 319 = NJW 1976, 1221; BayObLG 11.1.1991 – RReg. 1 St 337/90, NJW 1991, 2434.

[7] → § 138 Rn. 13.

[8] Löwe/Rosenberg/*Lüderssen/Jahn* Rn. 13 f.; SK-StPO/*Wohlers* Rn. 3; vgl. zur früheren Streitfrage, ob eine Übertragung bereits vor Eröffnung des Hauptverfahrens zulässig ist BGH 26.10.1972 – 1 BJs 6/71 – III BGs 62/72, NJW 1973, 64.

[9] Löwe/Rosenberg/*Lüderssen/Jahn* Rn. 12; Meyer-Goßner/*Schmitt* Rn. 2.

[10] OLG Karlsruhe 27.7.1970 – 1 Ss 295/70, MDR 1971, 320.

III. Zustimmung des Beschuldigten

Die Übertragung der Verteidigung setzt die **Zustimmung des Beschuldigten** voraus.[11] 4
Ihre Erteilung ist bereits in der allgemeinen Vollmachtsurkunde möglich.[12] Erfolgt die Wahl des Verteidigers durch den gesetzlichen Vertreter (§ 137 Abs. 2) oder den Erziehungsberechtigten (§ 67 Abs. 3 JGG), bedarf es zusätzlich dessen Zustimmung.[13] Ein Widerruf der Zustimmung ist jederzeit möglich.[14]

IV. Folgen der Übertragung

In Folge der Übertragung ist der Referendar befugt, **alle Verteidigerrechte** wahrzuneh- 5
men;[15] seine Prozesshandlungen sind wirksam, Zustellungen (§ 145a) können über die Kanzlei des RA an ihn gerichtet werden.[16] Er kann anstelle des RA[17] oder auch neben ihm auftreten.[18] Der RA bleibt jedoch auch nach Übertragung der Verteidigung stets verpflichtet, die Tätigkeit des Referendars zu überwachen.[19] Sofern der Referendar neben dem RA auftritt, zählt er daher entgegen der ganz hM[20] nicht zu den gewählten Verteidigern im Sinne des § 137 Abs. 1 S. 2 – neben dem Referendar dürfen mithin drei Verteidiger gewählt werden.[21]

V. Revision

Wird ein Referendar trotz ordnungsgemäßer Übertragung der Verteidigung nicht zuge- 6
lassen, kann die Revision auf **§ 338 Nr. 8** – bei notwendiger Verteidigung auch auf § 338 Nr. 5 – gestützt werden.[22] Führt im Falle einer notwendigen Verteidigung der Referendar bei wesentlichen Teilen der Hauptverhandlung die Verteidigung allein, obwohl ihm diese nicht wirksam übertragen wurde, begründet dies die Rüge nach **§ 338 Nr. 5.**[23]

§ 140 [Notwendige Verteidigung]

(1) Die Mitwirkung eines Verteidigers ist notwendig, wenn
1. **die Hauptverhandlung im ersten Rechtszug vor dem Oberlandesgericht oder dem Landgericht stattfindet;**
2. **dem Beschuldigten ein Verbrechen zur Last gelegt wird;**
3. **das Verfahren zu einem Berufsverbot führen kann;**
4. **gegen einen Beschuldigten Untersuchungshaft nach den §§ 112, 112a oder einstweilige Unterbringung nach § 126a oder § 275a Absatz 6 vollstreckt wird;**
5. **der Beschuldigte sich mindestens drei Monate auf Grund richterlicher Anordnung oder mit richterlicher Genehmigung in einer Anstalt befunden hat und nicht mindestens zwei Wochen vor Beginn der Hauptverhandlung entlassen wird;**

---

[11] AK/*Stern* Rn. 5; KK/*Laufhütte* Rn. 2.
[12] KK/*Laufhütte* Rn. 2; Löwe/Rosenberg/*Lüderssen/Jahn* Rn. 10; Meyer-Goßner/*Schmitt* Rn. 2; aA KG 25.11.1971 – 2 Ws 171/71, JR 1972, 206; HK-StPO/*Julius* Rn. 4; offen BGH 27.7.2006 – 1 StR 147/06, StraFo 2006, 454 (455).
[13] AK/*Stern* Rn. 5; KMR/*Haizmann* Rn. 4; SK-StPO/*Wohlers* Rn. 8; aA Löwe/Rosenberg/*Lüderssen/Jahn* Rn. 11.
[14] AK/*Stern* Rn. 5; KK/*Laufhütte* Rn. 2; SK-StPO/*Wohlers* Rn. 7.
[15] Löwe/Rosenberg/*Lüderssen/Jahn* Rn. 12; Meyer-Goßner/*Schmitt* Rn. 6.
[16] Graf/*Wessing* Rn. 4; KK/*Laufhütte* Rn. 4; Löwe/Rosenberg/*Lüderssen/Jahn* Rn. 12; Meyer-Goßner/*Schmitt* Rn. 6.
[17] OLG Oldenburg 24.8.2005 – Ss 213/05 (II 147), DAR 2005, 701; Meyer-Goßner/*Schmitt* Rn. 6.
[18] AK/*Stern* Rn. 7; KK/*Laufhütte* Rn. 4; Löwe/Rosenberg/*Lüderssen/Jahn* Rn. 12; SK-StPO/*Wohlers* Rn. 9.
[19] KK/*Laufhütte* Rn. 4; KMR/*Haizmann* Rn. 7;Löwe/Rosenberg/*Lüderssen/Jahn* Rn. 12; SK-StPO/*Wohlers* Rn. 9.
[20] AK/*Stern* Rn. 7; HK-StPO/*Julius* Rn. 5; KK/*Laufhütte* Rn. 4; Löwe/Rosenberg/*Lüderssen/Jahn* Rn. 12; SK-StPO/*Wohlers* Rn. 9.
[21] → § 137 Rn. 33.
[22] Löwe/Rosenberg/*Lüderssen/Jahn* Rn. 15; Radtke/Hohmann/*Reinhart* Rn. 9.
[23] SK-StPO/*Wohlers* Rn. 13.

6. **zur Vorbereitung eines Gutachtens über den psychischen Zustand des Beschuldigten seine Unterbringung nach § 81 in Frage kommt;**
7. **ein Sicherungsverfahren durchgeführt wird;**
8. **der bisherige Verteidiger durch eine Entscheidung von der Mitwirkung in dem Verfahren ausgeschlossen ist;**
9. **dem Verletzten nach den §§ 397a und 406g Absatz 3 und 4 ein Rechtsanwalt beigeordnet worden ist.**

(2) [1]In anderen Fällen bestellt der Vorsitzende auf Antrag oder von Amts wegen einen Verteidiger, wenn wegen der Schwere der Tat oder wegen der Schwierigkeit der Sach- oder Rechtslage die Mitwirkung eines Verteidigers geboten erscheint oder wenn ersichtlich ist, dass sich der Beschuldigte nicht selbst verteidigen kann. [2]Dem Antrag eines hör- oder sprachbehinderten Beschuldigten ist zu entsprechen.

(3) [1]Die Bestellung eines Verteidigers nach Absatz 1 Nr. 5 kann aufgehoben werden, wenn der Beschuldigte mindestens zwei Wochen vor Beginn der Hauptverhandlung aus der Anstalt entlassen wird. [2]Die Bestellung des Verteidigers nach Absatz 1 Nr. 4 bleibt unter den in Absatz 1 Nr. 5 bezeichneten Voraussetzungen für das weitere Verfahren wirksam, wenn nicht ein anderer Verteidiger bestellt wird.

Schrifttum: *35. Strafverteidigertag,* Ergebnisse der Arbeitsgruppen. Berlin 2011, StV 2011, 321; *Balbier,* Der Pflichtverteidiger in der Revisionsinstanz – Eine (kritische) Bestandsaufnahme, FS Müller, 2008, S. 15; *Barton,* Einführung in die Strafverteidigung, 2007; *Bernsmann,* Pflichtverteidigerbestellung vor Anordnung einer (weiteren) Unterbringung?, StV 1993, 90; *Beulke,* Gesamtreform der StPO-Vorschriften über „Verteidigung" – notwendig und wünschenswert?, StV 2010, 442; *Beulke,* Die notwendige Verteidigung im Jugendstrafverfahren – Land in Sicht?, FS Böhm, 1999, S. 647; *BRAK,* Thesen zur Praxis der Verteidigerbestellung nach §§ 140 Abs. 1 Ziff. 4, 141 Abs. 3 Satz 4 StPO, StV 2010, 544; *Brocke/Heller,* Das neue Untersuchungshaftrecht aus Sicht der Praxis – Zwischenbilanz nach einem Jahr, StraFo 2011, 1; *Burgard,* Notwendige Verteidigung wegen hoher Straferwartung durch Änderungen der Verfahrenssituation in der Hauptverhandlung, NStZ 2000, 242; *Busse,* Frühe Strafverteidigung und Untersuchungshaft, Diss. 2008 Göttingen; *Dahs,* Anm. zu OLG Oldenburg v. 17.5.1984 – 2 Ws 209/84, NStZ 1984, 523, JR 1985, 257; *ders.,* Anm. zu OLG Hamm v. 5.2.1981 – 1 Ws 15/81, NStZ 1982, 345; *Deckers,* Einige Bemerkungen zum Gesetz zur Änderung des Untersuchungshaftrechts vom 29.7.2009, StraFo 2009, 441; *DVJJ,* „Kölner Richtlinien" zur notwendigen Verteidigung in Jugendstrafverfahren, NJW 1989, 1024; *Eisenberg,* Aspekte der Rechtsstellung des Strafverteidigers, NJW 1991, 1257; *Ernst,* Die notwendige Verteidigung im beschleunigten Verfahren vor dem Amtsgericht, StV 2001, 367; *Gau,* Drohende Jugendstrafe – ein Fall notwendiger Verteidigung?, StraFo 2007, 315; *Graalmann-Scheerer,* Zur Reform des Rechts der notwendigen Verteidigung, StV 2011, 696; *Hamm,* Notwendige Verteidigung bei behinderten Beschuldigten, NJW 1988, 1820; *Hammerstein,* Verteidigung ohne Verteidiger, JR 1985, 140; *Herrmann,* Anm. zu OLG Düsseldorf v. 16.3.2011 – III-4 Ws 127/11, NJW 2011, 1618, StV 2011, 652; *ders.,* Aktuelles zur Pflichtverteidigung, StraFo 2011, 133; *ders.,* Überlegungen zur Reform der notwendigen Verteidigung, StV 1996, 396; *Herzig,* Notwendige Verteidigung bei fahrlässiger Tötung im Straßenverkehr?, NJW 1980, 164; *Jahn,* Untersuchungshaft und frühe Strafverteidigung im zweiten Jahrzehnt des 21. Jahrhunderts, FS Rissing-van Saan, 2011, S. 276; *Jung,* Ausländerrechtliche Folgen bei der Verurteilung von ausländischen Staatsangehörigen, StV 2004, 567; *Kappe,* Ist die Entscheidung über die Bestellung eines Pflichtverteidigers gemäß § 140 Abs. 2 eine Ermessensentscheidung?, GA 1960, 357; *Lehmann,* Notwendige Verteidigung bei ambulanter psychiatrischer Begutachtung?, StV 2003, 356; *Lüderssen,* Die Pflichtverteidigung, NJW 1986, 2742; *Michalke,* Reform der Untersuchungshaft – Chance vertan?, NJW 2010, 17; *Molketin,* Die Rechtsprechung zu § 140 Abs. 2 Satz 1 StPO in den Jahren 2004-2007, StraFo 2008, 365; *ders.,* Die Rechtsprechung zu § 140 Abs. 2 Satz 1 StPO in den Jahren 1998-2003, StraFo 2005, 52; *ders.,* Anm. zu LG Itzehoe v. 19.2.2001 – 9 Qs 22/01 I, StraFo 2003, 421; *ders.,* Rechtsprechungsübersicht zu § 140 Abs 2 Satz 1 StPO in den Jahren 1992/93, AnwBl. 1995, 527; *ders.,* Die notwendige Verteidigung des Angeklagten nach § 140 Abs 2 StPO, Jura 1992, 120; *ders.,* Die notwendige Verteidigung bei Verkehrsdelikten, NZV 1989, 93; *ders.,* Anm. zu OLG Zweibrücken v. 28.1.1986 – 1 Ss 30/86, NStZ 1987, 89; *ders.,* Anm. zu OLG Zweibrücken v. 14.2.1985 – 1 Ss 259/84, NStZ 1986, 136; *ders.,* Zur Anwendung des § 140 Abs 2 StPO in Wirtschaftsstrafsachen, wistra 1986, 97; *ders.,* Die Schutzfunktion des § 140 Absatz 2 StPO zugunsten des Beschuldigten im Strafverfahren unter besonderer Berücksichtigung der neueren Rechtsprechung, Diss. Köln 1986; *ders.,* Anm. zu OLG Stuttgart v. 12.8.1981 – 1 Ss. 615/81, NStZ 1981, 490, AnwBl. 1982, 32; *ders.,* Zur Auslegung und Anwendung des § 140 Abs 2 StPO, insbesondere bei nicht der deutschen Gerichtssprache kundigen Beschuldigten, AnwBl. 1980, 442; *Münchhalffen,* Behinderung der Verteidigung bei Untersuchungshaft, StraFo 2003, 150; *dies.,* Rechtliche und tatsächliche Benachteiligungen des Pflichtverteidigers gegenüber dem Wahlverteidiger, StraFo 1997, 230; *Nix,* Anm. zu LG Gießen v. 8.12.1990 – 2 Qs 400/90, StV 1991, 204; *Oellerich,* Voraussetzungen einer notwendigen Verteidigung und Zeitpunkt der Pflichtverteidigerbestellung, StV 1981, 434; *Ostendorf,* Das deutsche Erziehungsstrafrecht – zwischen Erziehung und Repression, StV 1998, 297; *Rieß,* Pflichtverteidigung – Zwangsverteidigung – Ersatzverteidigung Reform der notwendigen Verteidigung, StV 1981, 460; *Rogall,* Anm. zu BGH v. 21.2.1985 – 1 StR 7/85, StV 1985, 354; *Rotthaus,* Die Pflichtverteidigung im Verfahren zur Strafrestaussetzung, NStZ 2000, 350; *Roxin,* Anm. zu BGH v. 5.2.2002 – 5 StR 588/01, BGHSt 47, 233, JZ 2002, 900; *Sättele,* Anm. zu LG Hamburg v. 17.2.1997 – 617 Qs 7/57, StV 1998, 328; *Schlothauer,* Pflichtverteidigerbeiordnung nach Inhaftierung, FS Samson, 2010, S. 709; *Schmidt-Hieber,* Absprachen im Strafprozeß – Privileg des Wohlstandskriminellen?, NJW 1990, 1884; *Schmitz-Justen,* „Überflüssige Verteidigung im Jugendstrafrecht?", FS ARGE Strafrecht, 2009, S. 819; *ders.,* Notwendige Verteidigung in Jugendstrafverfahren, StraFo 1997, 307; *Schöch,* Kurze Untersuchungshaft durch frühe Strafverteidigung?, StV 1997, 323; *Schünemann,* Wohin treibt der deutsche Strafprozess?, ZStW 114 (2002), 1; *Spahn,* Die notwendige Verteidigung in Jugendstrafsachen, StraFo 2004, 82; *Staudinger,* Dolmetscherzuziehung und/oder Verteidigerbeiordnung bei ausländischen Beschuldigten, StV 2002, 327; *Strate,* Pflichtverteidigung bei Ausländern, StV 1981, 46; *Temming,* Anm. zu OLG Frankfurt v. 29.10.1991 – 2 Ss 344/91, StV 1992, 221; *Theiß,* Notwendige Verteidigung in Verfahren gegen Heranwachsenden, StV 2005, 58; *Weider,* Pflichtverteidigung vor dem Schöffengericht, StV 1995, 220; *Werner,* Neuregelung der notwendigen Verteidigung für taube, stumme und blinde Beschuldigte, NStZ 1988, 346; *Wohlers,* Die „unverzügliche" Beiordnung eines Pflichtverteidigers: Gefährdung des Anspruchs auf effektive Verteidigung?, StV 2010, 151; *Ziegler,* „Waffengleichheit im Revisionsverfahren?", FS ARGE Strafrecht, 2009, S. 930.

Übersicht

I. Inhalt und Zweck der Norm

1 § 140 normiert, wann die Mitwirkung eines Verteidigers notwendig ist. Der notwendige Verteidiger ist nicht gleichbedeutend mit dem bestellten Verteidiger – dem sog Pflichtverteidiger. Auch bei der notwendigen Verteidigung reicht die Mitwirkung eines nach § 137 gewählten Verteidigers. Wahlverteidiger und bestellter Verteidiger sind rechtlich weitestgehend gleichgestellt;[1] umstr. ist dies beim sog Sicherungsverteidiger.[2]

Abs. 1 beinhaltet einen Katalog von zwingenden Gründen der notwendigen Verteidigung; Abs. 2 enthält erg. eine Generalklausel mit unbestimmten Rechtsbegriffen, Abs. 3 regelt die ausnahmsweise mögliche Rücknahme einer erfolgten Bestellung. Nach Abs. 1 und Abs. 2 ist die Verteidigung notwendig, wenn das Verfahren für den Beschuldigten wegen seiner (möglichen) Folgen eine besondere Bedeutung hat[3] oder eine Selbstverteidigung nicht sachgerecht erscheint, entweder weil das Verfahren besondere Schwierigkeiten beinhaltet oder weil die Selbstverteidigungsmöglichkeiten des Beschuldigten im Vergleich zum durchschnittlichen Laien gemindert sind.

[1] Zu den Ausnahmen: § 141 Rn. 14.
[2] § 141 Rn. 6; AK/*Stern* Vor § 140 Rn. 21.
[3] Löwe/Rosenberg/*Lüderssen/Jahn* Rn. 22.

2 Die Norm dient der Konkretisierung des Rechts auf ein **faires Verfahren** bzw. des Rechtstaatsprinzips und der Umsetzung des Rechts auf wirksame Verteidigung aus Art. 6 Abs. 3 EMRK.[4] Die Verteidigung dient der **Waffengleichheit**[5] und sichert den **Subjektstatus** des Beschuldigten, indem dieser durch den Beistand eines Verteidigers handlungsfähiger wird und dem Verfahren nicht als bloßes Objekt ausgeliefert ist.[6] Im Hinblick auf den mittellosen Beschuldigten ist zur tatsächlichen Umsetzung dieser Rechte **Art. 3 Abs. 1 GG** bei der Auslegung zu beachten, da § 137 dem mittellosen Beschuldigten eine effektive Verteidigung nicht ermöglicht.[7] Nach der Rspr. ist auch das Interesse an einem **prozessordnungsgemäßen Verfahren** Zweck des § 140 und somit eine Bestellung auch gegen den Willen des Beschuldigten möglich.[8] Der Verteidiger ist gleichwohl allein Beistand des Beschuldigten und kann daher auch ausschließlich dessen Interessen verpflichtet sein, so dass § 140 stets mit Blick auf die Interessen des Beschuldigten auszulegen ist.[9]

3 Wenn der Beschuldigte nicht verteidigt werden möchte, ist § 140 unter Beachtung des Rechts auf Selbstverteidigung gemäß Art. 6 Abs. 3 lit. c eng **auszulegen.**[10] In diesem Kontext kommt dem Recht auf den Verteidiger des Vertrauens, also dem Auswahlrecht, besonderes Gewicht zu.[11] Aufgrund der fehlenden Effektivität des Rechts auf Verteidigung aus § 137 ist de lege lata § 140 im Falle eines Antrags des Beschuldigten auf Bestellung eines Verteidigers weit auszulegen;[12] im Interesse einer effektiven Rechtswahrnehmung sind Beschuldigte auf die Möglichkeit einer Verteidigerbestellung (und deren Beantragung) hinzuweisen.[13] Zur Verwirklichung des Rechts auf ein faires Verfahren ist de lege ferenda eine an die PKH angelehnte Regelung zu schaffen.[14] Dass die Sach- und Rechtslage für einen juristischen Laien im Strafverfahren jemals nicht schwierig sein könnte, ist eine Fiktion; bereits aus der psychischen Belastungssituation einer Hauptverhandlung ergibt sich regelmäßig eine Überforderung des unverteidigten Beschuldigten.[15] Diesem Befund widerspricht (noch immer) die gerichtliche und staatsanwaltschaftliche Praxis, die sich in der Zahl der unverteidigten Angekl. – noch zahlreicher die unverteidigten Beschuldigten – und der gleichbleibend hohen Anzahl der Beschwerde- und Revisionsentscheidungen hinsichtlich einer fehlenden Bestellung manifestiert.[16]

II. Anwendungsbereich

4 Die Norm ist auch auf die Verteidigung rechtskundiger Beschuldigter anwendbar; ebenso im Hinblick auf nach § 138 wählbare Personen, da diese sich nicht selbst zu Verteidigern wählen können.[17]

---

[4] EGMR 9.4.1984 – Goddi ./. Italien, StV 1985, 441; BVerfG 19.10.1977 – 2 BvR 462/77, BVerfGE 46, 202 (210) = NJW 1978, 151.

[5] BVerfG 2.5.2002 – 2 BvR 613/02, NJW 2002, 2773 (2774); OLG Zweibrücken 13.12.2001 – 1 Ss 222/01, NStZ-RR 2002, 112.

[6] BVerfG 19.10.1977 – 2 BvR 462/77, BVerfGE 46, 202 (210) = NJW 1978, 151; BVerfG 8.4.1975 – 2 BvR 207/75, BVerfGE 39, 238 (243) = NJW 1975, 1015; vertiefend § 137 Rn. 4.

[7] BVerfG 25.9.2001 – 2 BvR 1152/01, NJW 2001, 3695; AK/*Stern* Vor § 140 Rn. 5 f.

[8] BVerfG 18.10.1983 – 2 BvR 462/82, BVerfGE 65, 171 (174) = NJW 1984, 113; BGH 11.12.1952 – 3 StR 396/51, BGHSt 3, 395 (398); OLG Bamberg 15.10.2007 – 1 Ws 675/07, NJW 2007, 3796 (3797).

[9] OLG Hamm 26.10.2010 – 5 Ws 374/10, NStZ 2011, 235 (236); KMR/*Haizmann* Rn. 5; Löwe/Rosenberg/*Lüderssen/Jahn* Rn. 15; SK-StPO/*Wohlers* Rn. 3; auch historisch bedenklich, vgl. *Münchhalffen* StraFo 1997, 230 (231).

[10] HK-StPO/*Julius* Rn. 1; Löwe/Rosenberg/*Lüderssen/Jahn* Rn. 7, 10; *Herrmann* StV 1996, 396 (397 ff.).

[11] § 137 Rn. 6; § 142 Rn. 1, 3; § 143 Rn. 1, 8.

[12] AK/*Stern* Vor § 140 Rn. 5 f.; Löwe/Rosenberg/*Lüderssen/Jahn* Rn. 6.

[13] BGH 18.10.2005 – 1 StR 114/05, NStZ 2006, 236 (237); *Roxin* JZ 2002, 898 (900).

[14] *Beulke* StV 2010, 442 (447); *Hammerstein* JR 1985, 140; *Herrmann* StV 1996, 396 (399 f.); *Rieß* StV 1981, 460 (461); *Schünemann* ZStW 114 (2002), 1 (50).

[15] *Hirsch* in BVerfG 5.2.1981 – 2 BvR 1304/80, BVerfGE 56, 185 (188 f.) = NJW 1981, 1034 (1035 f.); *Hammerstein* JR 1985, 140 (141 f.); *Lehmann* StV 2003, 356 (358).

[16] *Gau* StraFo 2007, 315 (316); *Eisenberg* NJW 1991, 1257 (1261).

[17] BVerfG 19.3.1998 – 2 BvR 291/98, NJW 1998, 2205; BGH 1.6.1954 – 1 StR 140/54, MDR 1954, 564; OLG Hamm 29.1.2004 – 3 Ss 15/04, StraFo 2004, 170; → § 138 Rn. 6.

1. Dauer und Umfang. Wenn die Verteidigung notwendig ist, ist sie dies im gesamten Verfahren, und nicht nur für einzelne Verfahrensabschnitte.[18] Dies gilt bis zur **Rechtskraft,** wenn die Voraussetzungen des § 140 zu einem (beliebigen) Zeitpunkt vorgelegen haben.[19] Nach hM muss die Notwendigkeit der Verteidigung für die Revisionshauptverhandlung indes gesondert festgestellt werden.[20] Aus Abs. 3 ergibt sich, dass eine **Rücknahme** der Bestellung nur in den Fällen des Abs. 1 Nr. 4 und 5 möglich ist. Unerheblich ist, ob die Gründe für eine Verteidigerbestellung später wegfallen oder sich die Beurteilung des Gerichts ändert.[21] Ausnahmefälle bei wesentlichen Änderungen werden von der Rspr. zwar nicht ausgeschlossen, wurden bislang aber nur für Abs. 1 Nr. 1 (→ Rn. 12) und im Falle *„fehlenden Verteidigungswillens"*[22] angenommen. In rechtlich besonders schwierigen bzw. tatsächlich außergewöhnlich umfangreichen Verfahren kann auch die Mitwirkung **mehrerer Verteidiger** geboten sein.[23] 5

2. Spezielle Verfahrensarten. § 140 ist auch im **Privatklageverfahren**[24] und bei Vernehmungen im Rahmen der internationalen Rechtshilfe (§§ 59, 77 IRG) anzuwenden.[25] Durch § 68 Nr. 1 JGG wird § 140 ergänzt und findet auch im **Jugendstrafverfahren** Anwendung. Auch die §§ 231a Abs. 4, 350 Abs. 3, 463 Abs. 3 S. 5, 364a f., 408b S. 1, 418 Abs. 4 und § 34 Abs. 3 Nr. 1 EGGVG ergänzen § 140. Dieser bleibt daneben anwendbar.[26] Hinsichtlich des Wiederaufnahmeverfahrens ist bislang ungeklärt, ob die speziellen Wiederaufnahmevorschriften eine Anwendung des § 140 ausschließen.[27] Anerkannt ist mittlerweile das Weiterwirken einer Bestellung für das **Strafbefehlsverfahren** gem. § 408b S. 1 im nachfolgenden Hauptverfahren.[28] 6

Im **Strafvollstreckungsverfahren** ist Abs. 2 entspr. anzuwenden.[29] Nach hM wird nur die konkret bevorstehende Vollstreckungsentscheidung betrachtet.[30] Die Notwendigkeit einer Verteidigung muss insbes. bei Überprüfungen der weiteren Unterbringung nach § 67e StGB und bei Entscheidungen gem. § 57 geprüft werden; bei § 67e StGB ist sie idR notwendig.[31] Eine Entscheidung über die Aussetzung einer hohen oder unbegrenzten Freiheitsstrafe ist iSd Abs. 2 von hohem Gewicht.[32] Bei Entscheidungen über einen Bewährungswiderruf gelten für die Frage der Notwendigkeit einer Verteidigung mit Blick auf drohende Inhaftierungszeiten dieselben Maßstäbe wie im Erkenntnisverfahren (→ Rn. 29).[33] Nach stRspr 7

---

[18] OLG Hamburg 29.1.2010 – 2 – 64/09 (REV) – 1 Ss 9/09, StV 2011, 655 (656); KG 23.12.1982 – (4) Ss 101/82 (45/82), StV 1983, 186.

[19] BGH 17.4.1952 – 5 StR 349/52, NJW 1952, 797; vgl. RG 22.9.1936 – 4 D 699/36, RGSt 70, 317 (320); OLG Düsseldorf 9.11.2010 – 4 Ws 615/10, NStZ 2011, 653.

[20] § 141 Rn. 16.

[21] RG 22.9.1936 – 4 D 699/36, RGSt 70, 317 (320); OLG Düsseldorf 9.11.2010 – 4 Ws 615/10, NStZ 2011, 653; Änderung der Beurteilung: BGH 16.11.1954 – 5 StR 299/54, BGHSt 7, 69 (71) = NJW 1955, 231 (232).

[22] OLG Köln 19.9.2005 – 2 Ws 443 – 444/05, NJW 2006, 76 (77).

[23] § 141 Rn. 5.

[24] BVerfG 12.4.1983 – 2 BvR 1304/80, 2 BvR 432/81, BVerfGE 63, 380 = NJW 1983, 1599; BVerfG 5.2.1981 – 2 BvR 1304/80, BVerfGE 56, 185 (186 f.) = NJW 1981, 1034; Meyer/Goßner/*Schmitt* Rn. 1.

[25] LG Hamburg 5.11.2010 – 601 Qs 96/10, StV 2011, 430; LG Koblenz 8.7.1988 – 1 Qs 234/88, NJW 1989, 677.

[26] KG 14.3.2002 – 1 AR 263/02, 5 Ws 145/02, NStZ-RR 2002, 242; *Ernst* StV 2001, 367.

[27] § 141 Rn. 5.

[28] Ausf. OLG Celle 17.5.2011 – 2 Ws 97, 98/11, StV 2011, 661; OLG Köln 11.9.2009 – 2 Ws 386/09, StV 2010, 68 jeweils mwN zum Streit.

[29] BVerfG 25.11.2005 – 2 Ws 76/05, BVerfGK 6, 330.

[30] → § 141 Rn. 18.

[31] EGMR 12.5.1992 – 63/1992/315/386, StV 1993, 90 m. zust. Anm. *Bernsmann*; OLG Nürnberg 25.7.2007 – 2 Ws 452/07, NStZ-RR 2008, 253; OLG Köln 10.12.2004 – 2 Ws 538/04, NStZ 2005, 466; einschr. BVerfG 6.7.2009 – 2 BvR 703/09, NJW 2009, 3153 (Ls.); OLG Frankfurt a. M. 2.2.2010 – 3 Ws 81/10, NStZ-RR 2010, 126.

[32] BVerfG 13.11.2005 – 2 BvR 792/05, BVerfGK 6, 332; BVerfG 3.6.1992 – 2 BvR 1041/88, BVerfGE 86, 288 (339) = NJW 1992, 2947; OLG Brandenburg 27.12.2005 – 1 Ws 194/05, StV 2007, 95; ausf. *Rotthaus* NStZ 2000, 350.

[33] OLG Celle 19.1.2007 – 1 WS 6/07, NStZ-RR 2008, 80.

sind die Varianten des Abs. 2 zwar eng auszulegen;[34] allerdings ist eine schwierige Rechtlage zu bejahen, wenn *„in tatsächlicher und rechtlicher Hinsicht Fragen auf[treten], die Aktenkenntnis erfordern und über die regelmäßig auftretenden Probleme hinausgehen"*.[35] Eine komplizierte Sach- und Rechtslage kann insbes. im Falle der Einholung von Sachverständigengutachten gegeben sein;[36] im Interesse der sog Waffengleichheit kann eine Verteidigung auch im Falle einer Teilnahme der StA an mündlichen Terminen geboten sein.[37]

Die Norm ist entspr. auf **Vorfeldmaßnahmen** der Strafverfolgung wie §§ 81a, 81g anzuwenden, um ein rechtsstaatliches Verfahren zu gewährleisten.[38] Im **Strafvollzug** verbleibt wegen § 120 Abs. 2 StVollzG kein Raum für eine Analogie.[39]

III. Mitwirkung

8 Ist die Verteidigung notwendig, umfasst dies die Mitwirkung eines Verteidigers an dem **gesamten Verfahren** und bzgl. aller Tatvorwürfe – nicht nur bzgl. des Verfahrensteils, der die Anwendung von § 140 auslöst.[40] Die Mitwirkung eines Referendars, der als Unterbevollmächtigter auftritt, ist für die Gewährleistung einer notwendigen Verteidigung nicht ausreichend.[41] Allein die Bestellung eines Verteidigers reicht zur Gewährleistung einer notwendigen Verteidigung nicht aus; es ist die **tatsächliche Mitwirkung** des Verteidigers erforderlich. Eine solche ist nur gegeben, wenn der Verteidiger ausreichend vorbereitet – informiert und eingearbeitet – ist. Daher liegt im Falle einer „Flurbestellung" kurz vor Beginn der Hauptverhandlung idR keine Mitwirkung eines Verteidigers vor.[42] Trotz körperlicher Anwesenheit nicht mitwirkend ist ein verteidigungsunfähiger, abgelenkter oder schlafender Verteidiger;[43] gleichermaßen ein Verteidiger, der zwar anwesend ist, aber die Verteidigung offensichtlich nicht führt (zB im Zuschauerbereich sitzt).[44] Gleiches muss für einen Verteidiger gelten, der als Zeuge aussagt.[45]

9 Für den Revisionsgrund nach § 338 Nr. 5 ist die Mitwirkung an allen **wesentlichen Teilen der Hauptverhandlung** entscheidend. Wesentlich ist alles, was auf die richterliche Überzeugungsbildung Einfluss haben könnte.[46] Dazu gehören ua die Verlesung der Anklage bzw. des Bußgeldbescheides,[47] die Vernehmung zur Person[48] – auch der Mitangekl. –[49] inklusive der Erörterung von Vorstrafen.[50] Ferner die Angaben aller Angekl. zur

---

[34] BVerfG 2.5.2002 – 2 BvR 613/02, NJW, 2002, 2773.

[35] Ua KG 2.8.2006 – 5 Ws 412/06, StV 2007, 96.

[36] OLG Schleswig 24.10.2007 – 2 Ws 450, 244/07, NStZ-RR 2008, 253 (Ls.); OLG Celle 19.1.2007 – 1 WS 6/07, NStZ-RR 2008, 80; OLG Brandenburg 27.12.2005 – 1 Ws 194/05, StV 2007, 95; KG 14.9.2005 – 5 Ws 399/05, NStZ-RR 2006, 211.

[37] KG 10.2.2006 – 5 Ws 61/06, StV 2007, 94.

[38] BVerfG 14.12.2000 – 2 BvR 1741/99, 276/00, 2061/00, BVerfGE 103, 21 (41) = NJW 2001, 879 (882).

[39] OLG Zweibrücken 18.3.2009 – 1 Ws 365/08, MedR 2010, 28; OLG Saarbrücken 18.1.1973 – Ws 385/72, NJW 1973, 1010 (1012).

[40] BGH 30.8.1956 – 1 StR 226/56, NJW 1956, 1766 (1767); RG 22.9.1936 – 4 D 699/36, RGSt 70, 317 (318); OLG Hamburg 29.1.2010 – 1 Ss 9/09, StV 2011, 655 (656).

[41] BGH 13.7.1989 – 4 StR 315/89, MDR [H] 1989, 1053.

[42] BGH 30.10.1959 – 1 StR 418/59, BGHSt 13, 337 (343) = NJW 1960, 253 (255); aA KK/*Laufhütte* Rn. 27: nur Behinderung der Verteidigung iSd § 338 Nr. 8.

[43] BGH 26.8.1993 – 4 StR 364/93, BGHSt 39, 310 (313) = NJW 1993, 3275; RG 24.11.1939 – 4 D 798/39, nach *Barton* S. 131; AK/*Stern* Rn. 94; KK/*Laufhütte* Rn. 27; SK-StPO/*Wohlers* Rn. 66; *Barton* S. 171 ff. mwN.

[44] OLG Köln 3.12.2010 – III-1 RVs 213/10, StraFo 2011, 49; SK-StPO/*Wohlers* Rn. 66.

[45] Vgl. BGH 26.6.1985 – 3 StR 145/85, NJW 1986, 78; aA BGH 18.10.1966 – 5 StR 477/66, NJW 1967, 404.

[46] OLG Zweibrücken 6.11.1985 – 2 Ss 198/85, StV 1986, 240 (241).

[47] Vgl. BGH 29.6.1956 – 2 StR 252/56, BGHSt 9, 243 (244) = NJW 1956, 1366; OLG Bremen 14.7.2009 – SS BS 15/09, DAR 2009, 710.

[48] BGH 30.3.1983 – 2 StR 173/82, NStZ 1983, 375; BGH 29.6.1956 – 2 StR 252/56, BGHSt 9, 243 (244) = NJW 1956, 1366; OLG Hamm 11.8.1988 – 4 Ss 716/88, StV 1989, 56.

[49] AK/*Stern* Rn. 90; aA BGH 30.3.1983 – 2 StR 173/82, NStZ 1983, 375.

[50] Vgl. BGH 16.8.1972 – 2 StR 98/72, BGHSt 25, 4 (5) = NJW 1972, 2006.

Sache[51] sowie die gesamte Beweisaufnahme einschließlich Stellung und Ablehnung von Anträgen,[52] Ortsbesichtigungen,[53] Verlesung von Vernehmungsniederschriften,[54] in den Urteilsgründen nicht genannte Zeugenaussagen,[55] Angaben des Zeugen zu seiner Person[56] und Verhandlungen über Vereidigung von Zeugen.[57] Ebenfalls zu den wesentlichen Teilen der Hauptverhandlung gehören Erörterungen zur Anordnung, Fortsetzung oder Aufhebung der U-Haft des Angekl.[58] sowie das letzte Wort aller Angekl. und die Plädoyers aller Beteiligten.[59] Auch während der Urteilsverkündung, die aus Verlesung der Urteilsformel und mündlicher Urteilsbegr. besteht, ist die Anwesenheit des Verteidigers notwendig.[60] Der Verteidiger muss – zumindest beratend – an dem Verzicht oder der Rücknahme eines **Rechtsmittels** mitwirken, andernfalls ist der Verzicht bzw. die Rücknahme unwirksam.[61] Bei der **Berufung** sind zusätzlich der Vortrag des Berichterstatters und die Verlesung des erstinstanzlichen Urteils wesentliche Bestandteile der Hauptverhandlung.[62] Auch in der **Revisionsinstanz** muss der Verteidiger an der mündlichen Verhandlung teilnehmen, und zwar unabhängig davon, ob die Verteidigung nach § 140 oder § 350 Abs. 3 notwendig ist.[63] Innerhalb der Hauptverhandlung sind lediglich der Aufruf von Zeugen und Sachverständigen,[64] die Erörterung von Haftfragen der Mitangekl.[65] und die Verhandlung zu Tatvorwürfen, die nicht einmal mittelbar den Angekl. betreffen,[66] als **nicht sachentscheidungsrelevant** eingestuft worden.

Die Norm des § 140 findet im gesamten Verfahren Anwendung, daher muss der Verteidiger auch im **Ermittlungs- und Zwischenverfahren** mitwirken. Trotz der enormen Relevanz des Ermittlungsverfahrens für das gesamte Verfahren[67] findet dieser Umstand bislang in Literatur und Rechtsprechung noch zu wenig Beachtung. Aus der fehlenden Mitwirkung eines Verteidigers kann sich ein Verwertungsverbot ergeben (→ Rn. 57). Mitwirken muss der Verteidiger im Ermittlungs- und Zwischenverfahren zumindest bei allen Terminen, welche in Anwesenheit des Beschuldigten stattfinden.[68] Im Rahmen der **Belehrung** nach § 136 Abs. 1 ist der Beschuldigte auf die Möglichkeit der Verteidigerbestellung hinzuweisen, wenn ein Fall des § 140 vorliegt oder zu erwarten ist.[69] Nach der **10**

[51] BGH 29.6.1956 – 2 StR 252/56, BGHSt 9, 243 (244) = NJW 1956, 1366; RG 22.9.1936 – 4 D 699/36, RGSt 70, 317 (318).

[52] OLG Hamburg 29.1.2010 – 2 – 64/09 (REV), 1 Ss 9/09, StV 2011, 655 (656).

[53] BGH 13.7.1989 – 4 StR 315/89, StV 1989, 465.

[54] BGH 24.1.1961 – 1 StR 132/60, BGHSt 15, 306 = NJW 1961, 740.

[55] BGH 19.10.1982 – 5 StR 670/82, NStZ 1983, 36.

[56] OLG Hamm 28.4.1992 – 4 Ss 262/92, NJW 1992, 3252.

[57] BGH 17.2.1988 – 2 StR 624/87, NStZ 1988, 469.

[58] AK/*Stern* Rn. 90.

[59] BGH 5.10.1982 – 1 StR 174/82, NStZ 1983, 34; OLG Hamburg 29.1.2010 – 2 – 64/09 (REV) – 1 Ss 9/09, StV 2011, 655 (656); AK/*Stern* Rn. 90.

[60] BGH 26.11.1997 – 5 StR 561/97, NStZ 1998, 209; BGH 8.1.1991 – 1 StR 704/90, StV 1991, 197; RG 14.9.1929 – I 943/29, RGSt 63, 248 (249 f.); OLG Hamburg 29.1.2010 – 1 Ss 9/09, StV 2011, 655 (656); OLG Oldenburg 27.12.1994 – Ss 547/94, StV 1995, 345; KG 9.7.1991 – (3) 1 Ss 104/91, StV 1992, 315 (Ls.); *Molketin* AnwBl 1983, 254; vgl. auch BGH 5.2.1992 – 5 StR 673/91, NStZ 1992, 248; aA zu Urteilsgründen: BGH 2.12.1960 – 4 StR 433/60, BGHSt 15, 263 = NJW 1961, 419.

[61] Ua OLG Hamm 26.3.2009 – 5 Ws 91/09, StV 2010, 67; OLG Köln 24.11.2003 – 2 WS 645/03, StV 2004, 68; OLG Düsseldorf 6.7.1994 – 5 Ss 232/94 – 77/94 I, NStZ 1995, 147; SK-StPO/*Wohlers* Rn. 69; einschr. OLG Naumburg 12.2.2001 – 1 Ws 23/01, NJW 2001, 2190; OLG Hamburg 31.1.1996 – 1 Ws 29/96, NStZ 1997, 53 („*gerichtserfahrener*" Angekl.).

[62] OLG Düsseldorf 27.1.1999 – 2 Ss 463–98 – 1–99 II, NStZ-RR 1999, 144; OLG Hamm 11.8.1988 – 4 Ss 716/88, StV 1989, 56; OLG Zweibrücken 6.11.1985 – 2 Ss 198/85, StV 1986, 240 (241); aA bzgl. der Urteilsverlesung beim EhrGer: BGH 29.9.1986 – AnwSt (R) 17/86, NStZ 1987, 135.

[63] BVerfG 18.10.1983 – 2 BvR 462/82, BVerfGE 65, 171 = NJW 1984, 113.

[64] RG 13.5.1924 – IV 987/23, RGSt 58, 180.

[65] BGH 30.3.1983 – 2 StR 173/82, NStZ 1983, 375.

[66] BGH 8.10.1986 – 2 StR 488/86, StV 1987, 53; BGH 9.10.1985 – 3 StR 473/84, wistra 1986, 72; BGH 2.12.1966 – 4 StR 201/66, BGHSt 21, 180 (182 f.) = NJW 1967, 580 (582); SK-StPO/*Wohlers* Rn. 67.

[67] § 137 Rn. 15 mwN.

[68] Radke/Hohmann/*Reinhart* Rn. 6; offen: BGH 5.2.2002 – 5 StR 588/01, BGHSt 47, 233 (236) = NJW 2002, 1279 (1280).

[69] BGH 18.10.2005 – 1 StR 114/05, NStZ 2006, 236 (237); *Roxin* JZ 2002, 898 (900).

Rspr. ist ein **Eröffnungsbeschl.** ohne vorherige Verteidigerbestellung wirksam, hierzu[70] erg. § 141 Abs. 3 Rn. 20 ff.

IV. Katalog des Abs. 1

11 Liegen die Voraussetzungen einer der Nr. 1-8 des Abs. 1 vor, ist die Verteidigung zwingend notwendig. Aus einem Umkehrschluss in Ansehung des Wortlauts der Nr. 1 ergibt sich, dass die Nr. 2-8 in sämtlichen Verfahrensstadien (→ Rn. 5) anzuwenden sind.[71]

12 **1. Nr. 1 – Landgericht oder Oberlandesgericht.** Nach allgM ist die tatsächliche Verhandlung bzw. der Anklageadressat und nicht die formelle Zuständigkeit für die erste Instanz entscheidend. Spätestens mit Anklageerhebung bei einem LG oder OLG ist zwingend ein Verteidiger zu bestellen. Sachlich einschlägig ist Nr. 1 indes bereits, wenn wegen eines Vorwurfs ermittelt wird, der zu einer entsprechenden Zuständigkeit bei Anklageerhebung führen würde (§ 141 Abs. 3 S. 2).[72] Im Falle der Eröffnung des Verfahrens vor einem Gericht niederer Ordnung nach § 209 Abs. 1 soll nach hM ausnahmsweise die Rücknahme der Bestellung möglich sein.[73] Im Falle einer Anklage zum **Schöffengericht** ist Abs. 2 zwingend anzuwenden (→ Rn. 29).

13 **2. Nr. 2 – Verbrechen.** Unstr. ist die Verteidigung notwendig, wenn dem Beschuldigten **förmlich,** also in der Anklageschrift, dem Eröffnungsbeschl. oder einer Nachtragsanklage ein Verbrechen iSd § 12 StGB „zur Last gelegt wird" oder wenn – auch in der zweiten Instanz – ein entspr. rechtlicher Hinweis nach § 265 Abs. 1 erteilt wird;[74] gleichermaßen bei einem solchen Tatvorwurf im Haftbefehl.[75] Nach § 12 Abs. 3 StGB bleiben dabei Strafrahmenverschiebungen nach § 49 Abs. 2 StGB und somit Beteiligungs- und Begehungsformen oder andere Milderungsgründe außer Betracht. Dem Beschuldigten wird jedoch auch „ein Verbrechen zur Last gelegt", wenn wegen eines solchen (lediglich) **ermittelt** wird[76] oder wenn sich nach dem Sachvortrag der Anklageschrift ein entspr. Eröffnungsbeschl. oder Hinweis nach § 265 Abs. 1 aufdrängt.[77] Wird die Tat nach förmlicher Einordnung als Verbrechen im Laufe des weiteren Verfahrens anders beurteilt, bleibt die Verteidigung nach allgM gleichwohl notwendig. Anderes gilt lediglich, wenn rechtlich eine Verurteilung wegen eines Verbrechens nicht mehr möglich ist; etwa wenn ein Rechtmittel wirksam auf das Strafmaß beschränkt wurde oder eine bestandskräftige Teileinstellung erfolgt ist.[78] In diesem Fall kann die Verteidigung unter dem Gesichtspunkt des Rechts auf ein faires Verfahren gleichwohl notwendig sein, wenn der Angekl. auf den Beistand des (zunächst) bestellten Verteidigers vertrauen durfte.[79] Erfolgt die Beschränkung der Verfolgung erst während der Hauptverhandlung, war (jedenfalls) bis zu diesem Zeitpunkt die Mitwirkung notwendig.[80]

---

[70] OLG Düsseldorf 25.9.1991 – 5 Ss 361/91 – 118/91 I, StV 1992, 120.

[71] AA KK/*Laufhütte* Rn. 7.

[72] Graf/*Wessing* Rn. 3; SK-StPO/*Wohlers* Rn. 6.

[73] Ua OLG Stuttgart 10.1.2001 – 4 Ws 1/01, StV 2001, 329 (330); OLG Düsseldorf 8.6.1994 – 3 Ws 273/94, StV 1995, 117; allgLit.; aA LG Freiburg 9.11.1987 – II Qs 131/87, StV 1989, 57 (Ls.).

[74] RG 28.5.1900 – 1918/00, RGSt 33, 302 (303); zur Berufungsverhandlung: RG 26.3.1931 – III 113/31, RGSt 65, 246; OLG Düsseldorf 1.3.1984 – 5 Ss 63/84 – 59/84 I, StV 1984, 369 f.

[75] OLG Bremen 3.11.1983 – Ss 74/83, StV 1984, 13; LG Hamburg 19.1.2005 – 624 Qs 4/05, StV 2005, 207; Löwe/Rosenberg/*Lüderssen/Jahn* Rn. 23; aA BGH 17.12.2003 – 5 StR 501/03, NStZ 2004, 390.

[76] Graf/*Wessing* Rn. 4; SK-StPO/*Wohlers* Rn. 7; vgl. OLG Bremen 3.11.1983 – Ss 74/83, StV 1984, 13; *Eisenberg* NJW 1991, 1257 (1261); aA *Burgard* NStZ 2000, 242 (244).

[77] OLG Bremen 3.11.1983 – Ss 74/83, StV 1984, 13; Graf/*Wessing* Rn. 4; HK-StPO/*Julius* Rn. 6; vgl. auch KMR/*Haizmann* Rn. 10; einschr. KK/*Laufhütte* Rn. 9 (Nr. 2 liegt nicht vor, aber idR Abs. 2); aA KG 14.2.1985 – (4) I Ss 269/84, StV 1985, 184 (mind. ab Eröffnungsbeschl. nur wenn rechtlicher Hinweis erteilt wurde); *Burgard* NStZ 2000, 242 (244).

[78] OLG Oldenburg 27.12.1994 – Ss 547/94, StV 1995, 345; BayObLG 28.9.1993 – 1St RR 154/93, BayObLGSt 1993, 173 = NJW 1994, 1887 (Ls.); allg. Lit.

[79] Graf/*Wessing* Rn. 4; KK/*Laufhütte* Rn. 9; SK-StPO/*Wohlers* Rn. 8.

[80] BayObLG 28.9.1993 – 1St RR 154/93, BayObLGSt 1993, 173 (175) = NZV 1994, 204.

3. Nr. 3 – Berufsverbot. Ein Verfahren kann zu einem Berufsverbot iSd § 70 StGB führen, wenn diese Maßnahme der Besserung und Sicherung in Anklageschrift, Eröffnungsbeschl. oder Nachtragsanklage genannt wird oder ein Hinweis nach § 265 Abs. 2 erfolgt.[81] Ferner unstr. auch dann – dies ergibt sich aus dem im Vergleich zur Nr. 2 weiteren Wortlaut –, wenn der Sachverhalt die spätere Anordnung eines Berufsverbots auch ohne ausdrückliche Nennung dieser Maßnahme nahelegt,[82] ein anderer konkreter Anlass besteht oder sich im Laufe der Hauptverhandlung ergibt.[83] Beantragt die StA einen Hinweis nach § 265 Abs. 2 oder im Plädoyer die Anordnung eines Berufsverbots, so belegt dies, dass die Verhängung (bereits) während der Hauptverhandlung zu erwarten war.[84] Dass das Gericht ggf. anderer Ansicht ist, steht dem nicht entgegen; eine Anordnung kann im Raume stehen und das Gericht letztlich davon absehen – es liegt so oder so ein Fall notwendiger Verteidigung vor.[85] Dies gilt gleichermaßen im Falle von Umständen, die bereits im Ermittlungsverfahren eine spätere Anordnung wahrscheinlich erscheinen lassen oder bereits zu einer vorläufigen Anordnung nach § 132a geführt haben.[86] 14

Bis 1974 waren weitere Maßregeln in Nr. 3 genannt. Daher kommt heutzutage – soweit nicht bereits Nr. 1 oder Nr. 7 einschlägig sind – **keine analoge Anwendung** der Vorschrift mehr in Betracht; es dürfte im Falle drohender (anderer) Maßregeln aber in der Regel ein Fall des Abs. 2 vorliegen (→ Rn. 32).[87] Nr. 3 ist anzuwenden, wenn in einem Disziplinarverfahren die Feststellung der Unwürdigkeit zur Ausübung eines Heilberufs in Betracht kommt.[88] 15

4. Nr. 4 – U-Haft oder einstweilige Unterbringung. Seit dem 1.1.2010 ist bei der Vollstreckung von U-Haft oder der einstweiligen Unterbringung unverzüglich (§ 141 Abs. 3 S. 4) ein Verteidiger zu bestellen. Die zuvor in § 117 Abs. 4 geregelte Bestellung eines Verteidigers nach drei Monaten wurde dem erheblichen Eingriff in die Grundrechte im Falle von U-Haft nicht gerecht.[89] Neben enormen Einschränkungen der Verteidigungsfähigkeit zeitigt U-Haft immense soziale und psychologische Auswirkungen auf den Betroffenen.[90] **Hauptverhandlungs- und Sicherungshaft** wurde vom Gesetzgeber nicht als gleichermaßen gewichtig für die Verteidigungsfrage anerkannt.[91] Die Differenzierung erscheint sachlich kaum begründbar und ist daher bedenklich.[92] Das AG Aschersleben wendet die Norm bereits bei Vorliegen von Haftgründen nach § 112 (analog) an.[93] 16

Notwendig ist die Verteidigung nur bei **vollstreckter U-Haft;** also nicht, wenn sie außer Vollzug gesetzt ist.[94] **Überhaft** ist eine Vollstreckung iSd Norm.[95] Die Vollstreckung **beginnt** – ua nach dem Wortlaut der §§ 115 Abs. 4, 115a Abs. 2 S. 4 – mit der Festnahme 17

---

[81] RG 16.11.1934 – 4 D 1273/34, RGSt 68, 397; vgl. auch BGH 23.7.1953 – 3 StR 312/53, BGHSt 4, 320 (322) = NJW 1953, 1481.
[82] BGH 1.6.1954 – 1 StR 140/54, MDR 1954, 564.
[83] OLG Celle 31.10.1963 – 1 Ss 322/63, NJW 1964, 877; vgl. BGH 23.7.1953 – 3 StR 312/53, BGHSt 4, 320 (322) = NJW 1953, 1481.
[84] RG 22.9.1936 – 4 D 699/36, RGSt 70, 317 (318); KK/*Laufhütte* Rn. 10; Meyer-Goßner/*Schmitt* Rn. 13.
[85] RG 22.9.1936 – 4 D 699/36, RGSt 70, 317 (318 ff.).
[86] HK-StPO/*Julius* Rn. 7; KMR/*Haizmann* Rn. 12.
[87] HK-StPO/*Julius* Rn. 7; KK/*Laufhütte* Rn. 10; KMR/*Haizmann* Rn. 12; Löwe/Rosenberg/*Lüderssen/Jahn* Rn. 30.
[88] VG Münster 22.4.1991 – 1 T 33/90, MedR 1991, 365; Löwe/Rosenberg/*Lüderssen/Jahn* Rn. 30.
[89] BT-Drs. 16/13097, 18.
[90] *Jahn*, FS Rissing-van Saan, 2011, 276 (279); *Schlothauer*, FS Samson, 2010, 709; zur Auswirkung der Verteidigung: *Schöch* StV 1997, 323 (325 ff.); *Busse*, Diss. 2008 Göttingen, insbes. S. 227, 271 f.
[91] BT-Drs. 16/13097, 19.
[92] KMR/*Haizmann* Rn. 14; SK-StPO/*Wohlers* Rn. 10; *Herrmann* StraFo 2011, 133 (136); *Schlothauer/Weider* Rn. 201.
[93] AG Aschersleben 19.4.2010 – 6 VR Js 23/10, StV 2010, 493.
[94] BT-Drs. 16/13097, 19.
[95] LG Berlin 5.12.2011 – 533 Qs 87/11, BeckRS 2012, 00615 einschr. bzgl. Strafhaft: *Brocke/Heller* StraFo 2011, 1 (8).

aufgrund eines Haftbefehls.[96] Wegen der besonderen Bedeutung der frühen Verteidigung und der psychischen Ausnahmesituation sollte de lege ferenda auch im Falle einer vorläufigen Festnahme bei der ersten Vernehmung und dem Vorführtermin nach §§ 115, 115a ein Verteidiger anwesend sein.[97] Bereits nach geltendem Recht ist dies aus Gleichbehandlungsgründen empfehlenswert.[98] Zu den Problemen bei der Bestellung: § 142 Rn. 6, 8.

18 Die Verteidigung ist **in allen gegen den Beschuldigten anhängigen Verfahren** notwendig – unabhängig von der Frage, in welchem dieser Verfahren U-Haft vollstreckt wird.[99] Eine Abweichung von der stRspr zu Nr. 5 (→ Rn. 19) hätte in Wortlaut oder Gesetzgebungsmaterialien zum Ausdruck kommen müssen.[100] Im Unterschied zum grds. Weiterbestehen der Bestellung bei Wegfall des Bestellungsgrunds normiert **Abs. 3 S. 2** ein Entfallen der Notwendigkeit der Verteidigung, wenn die Haft kürzer als 3 Monate andauerte. Greifen die Voraussetzungen der Nr. 5, so besteht die Notwendigkeit auch nach Haftentlassung weiter; eine **Rücknahme** der Bestellung ist idR nicht begründet (→ Rn. 22).[101] Im Interesse der Rechtssicherheit hat nach Haftentlassung ein entsprechender Beschluss zu ergehen, sofern die Beiordnung wegfallen sollte.[102] Abs. 3 S. 2 aE ermöglicht auf Antrag des Beschuldigten einen **Verteidigerwechsel** für das gerichtliche Verfahren.[103]

19 **5. Nr. 5 – Anstaltsunterbringung.** Die Verteidigung ist in Fällen der Nr. 5 notwendig, weil Freiheitsentzug die Möglichkeiten, die eigene Verteidigung zu betreiben und vorzubereiten, erheblich einschränkt.[104] Daher kommt es nicht darauf an, ob die Unterbringung mit dem Strafverfahren in einem Zusammenhang steht.[105] Diese weite Fassung von Nr. 5 ist seit dem 1.1.1975 in Kraft.

20 **a) Anstaltsunterbringungen.** sind insbes. alle Inhaftierungen, die nicht bereits von Nr. 4 erfasst sind (Strafhaft, Ersatzfreiheitsstrafe, Beugehaft, Abschiebehaft, Wehrstrafarrest, Auslieferungshaft, Sicherheitsverwahrung, Jugendstrafe und -arrest) bzw. die Unterbringung in einem psychiatrischem Krankenhaus oder einer Entziehungsanstalt nach §§ 63, 64 StGB oder eine Unterbringung nach den Unterbringungsgesetzen der Länder oder nach §§ 1631b, 1800 BGB.[106] Ebenfalls eine Unterbringung iSd Nr. 5 sind Aufenthalte im Rahmen von Haftvermeidung oder als Bewährungsauflage (stationäre Therapie nach § 35 BtMG; Entziehung in einer Klinik; Erziehungseinrichtung mit vergleichbaren Einschränkungen der Freiheit).[107] Bei **freiwilligem Aufenthalt** in den genannten Anstalten, der mit entsprechenden

---

[96] *BRAK* StV 2010, 544 (546); *Deckers* StraFo 2009, 441 (443); *Herrmann* StV 2011, 652; aA *Brocke/Heller* StraFo 2011, 1 (7); *Wohlers* StV 2010, 151 (152).

[97] BT-Drs. 16/13097, 16; KMR/*Haizmann* Rn. 16; *Herrmann* StraFo 2011, 133 (135); *Michalke* NJW 2010, 17; *35. Strafverteidigertag* StV 2011, 321 (323); *Wohlers* StV 2010, 151 (153); *Schlothauer/Weider* Rn. 282; *Jahn*, FS Rissing-van Saan, 2011, 276 (279).

[98] Vgl. *Deckers* StraFo 2009, 441 (444); *Herrmann* StV 2011, 652 (653).

[99] OLG Frankfurt a. M. 22.4.2010 – 3 Ws 351/10, NStZ-RR 2011, 19; LG Stade 30.3.2011 – 11c Qs 123 Js 23051/10 (55/11), StV 2011, 663; LG Köln 28.12.2010 – 105 Qs 342/10, StV 2011, 663; LG Itzehoe 7.6.2010 – 1 Qs 95/10, NStZ 2011, 56; KMR/*Haizmann* Rn. 15; Meyer-Goßner/*Schmitt* Rn. 14; *Herrmann* StraFo 2011, 133 (136); vgl. auch LG Berlin 25.7.2005 – 509 Qs 33/05, NStZ 2007, 47; einschr. LG Bonn 28.9.2011 – 21 Qs-223 Js 317/11-58/11, NStZ-RR 2012, 15 (16); aA LG Saarbrücken 16.6.2010 – 3 Qs 28/10, StRR 2010, 308 mit abl. Anm. *Burhoff*; AG Wuppertal 10.3.2011 – 12 Gs 622 Js 7201/10 – 35/11, NStZ 2011, 720; *Busch* NStZ 2011, 663; *Peters/Krawinkel* StRR 2011, 4.

[100] OLG Frankfurt a. M. 22.4.2010 – 3 Ws 351/10, NStZ-RR 2011, 19; *Jahn*, FS Rissing-van Saan, 2011, 276 (282 f.).

[101] *Schlothauer/Weider* Rn. 285.

[102] *Herrmann* StV 2011, 655; aA wohl OLG Düsseldorf 16.3.2011 – 4 Ws 127/11, NJW 2011, 1618.

[103] LG Heilbronn 25.1.2011 – 3 KLs 12 Js 32930/10, StV 2011, 222.

[104] Zu den Schwierigkeiten der Verteidigung in Haft: *Münchhalffen* StraFo 2003, 150.

[105] Vgl. BVerfG 22.5.1975 – 2 BvR 300/75, BVerfGE 40, 1; OLG Düsseldorf 30.8.1999 – 1 Ws 411/99, StV 2001, 609; LG Magdeburg 20.5.2003 – 22 Qs 816 Js 77022/01 (38/03), StraFo 2003, 420; KK/*Laufhütte* Rn. 12; Löwe/Rosenberg/*Lüderssen/Jahn* Rn. 32;SK-StPO/*Wohlers* Rn. 14.

[106] Vgl. OLG Celle 14.6.1965 – 4 Ws 180/65, NJW 1965, 2069.

[107] LG Münster 3.3.2000 – 9 Qs 4/00, StraFo 2000, 195; LG München I 22.4.1999 – 19 Qs 15/99, StV 1999, 421; LG Traunstein 8.2.1994 – 6 Qs 17/94, StV 1995, 126; LG Kiel 12.2.1988 – 37 Qs 25/88, StV

Einschränkungen verbunden ist, ist Nr. 5 entspr. anzuwenden.[108] Auch **Freigänger** sind aufgrund der bestehenden Freiheitsbeschränkungen iSd Nr. 5 inhaftiert; ungeklärt ist dies für den Hafturlaub.[109] Ob die Unterbringung in Deutschland erfolgt bzw. die Anordnung durch ein deutsches Gericht erfolgte, ist irrelevant.[110]

b) Drei Monate. dauert die Unterbringung auch an, wenn sie aus **unterschiedlichen Anlässen** durchgeführt wird.[111] Addierte Unterbringungszeiten sind nur dann unbeachtlich, wenn die **Unterbrechungen** im Vergleich zur Inhaftierung und Verfahrensdauer so lang sind, dass hinsichtlich der Einschränkungen kein Unterschied zum Nichtinhaftierten besteht.[112] Der Zeitraum beginnt nach allgM beim bereits Inhaftierten mit Erlangung des **Beschuldigtenstatus** bzw. sobald die materiellen Voraussetzungen für einen Beschuldigtenstatus vorliegen.[113] Es gibt keinen Anlass, diesen Grundsatz für das **Strafbefehlsverfahren** einzuschränken;[114] der Einspruch ist nur für den Zeitpunkt des § 141 Abs. 1 relevant.[115] 21

Die Verteidigung ist auch notwendig, wenn die Voraussetzungen der Nr. 5 nach der ersten Instanz eintreten (→ Rn. 5);[116] entgegen der hM auch in der **Revisionsinstanz,** da die sich aus derUnterbringung ergebenden Einschränkungen nicht nur Auswirkungen auf die Verteidigung in der Tatsacheninstanz haben;[117] zumind. die Anwendung von Abs. 2 ist in der Revisionsinstanz geboten.[118] Nach drei Monaten ist eine Bestellung zwingend, auch wenn eine Entlassung bereits zu erwarten ist.[119] Andersherum ist ein Verteidiger schon zu bestellen, wenn anzunehmen ist, dass die Voraussetzungen der Nr. 5 im Laufe des Verfahrens eintreten werden; die StA ist verpflichtet, einen entspr. Antrag **frühzeitig** zu stellen.[120] Die Ablehnung eines Antrags des Beschuldigten ist ermessensmissbräuchlich und ein Verstoß gegen das faire Verfahren, wenn eine längere Inhaftierung zu erwarten ist.[121] Findet die Entlassung mindestens zwei Wochen vor der Hauptverhandlung ohne vorherige Verteidigerbestellung statt, ist Nr. 5 nicht anwendbar – gleichwohl ist eine Bestellung nach Abs. 2 unter Beachtung der Grundsätze des Abs. 3 S. 1 (→ Rn. 22) zu prüfen.[122]

1988, 337; LG Hagen 10.10.1985 – 43 Qs 294/85, StV 1986, 146; LG Braunschweig 11.2.1985 – 32 Qs 14/85, StV 1986, 472.

[108] LG Duisburg 14.5.1999 – 50 Qs 66/99, StV 1999, 421; LG Gießen 8.12.1990 – 2 Qs 400/90, StV 1991, 204 mit zust. Anm. *Nix,* der auch eine ambulante Drogentherapie nach § 35 BtMG mit Einschränkungen der Freizügigkeit erfasst; allgLit.; mittlerweile auch KMR/*Haizmann* Rn. 17; aA LG Kleve 11.10.1985 – Qs 181/85, StV 1986, 246, welches aber Abs. 2 bejaht.

[109] KG 3.3.1980 – 4 Ws 43/80, JR 1980, 348.

[110] OLG Koblenz 30.5.1984 – 1 Ws 411/84, NStZ 1984, 522.

[111] AllgM; ausf. LG Frankfurt 30.8.1991 – 5/29 Qs 39/91, NStZ 1991, 600 mwN; aA OLG Hamburg 9.1.1973 – 2 Ss 193/72, MDR 1973, 336; Meyer-Goßner/*Schmitt* Rn. 15.

[112] Unterbrechung von 7 Monaten: LG Frankfurt 30.8.1991 – 5/29 Qs 39/91, NStZ 1991, 600 (601).

[113] LG Osnabrück 8.11.2004 – 2 Qs 96/04, StraFo 2005, 27; *Oellerich* StV 1981, 434 (436); krit. bzgl. der Einflussmöglichkeit der Behörden: *Eisenberg* NJW 1991, 1257 (1261).

[114] Vgl. AG Biedenkopf 18.10.2010 – 41 Cs 3 Js 15197/09 (offengelassen); aA LG Hildesheim 13.1.2003 – 12 Qs 6/0, NStZ-RR 2003, 115 (ohne Begr.); LG Münster 27.7.1979 – 7 Qs 498/79 VII, MDR 1980, 335; Löwe/Rosenberg/*Lüderssen/Jahn* Rn. 42.

[115] LG Bremen 30.7.2002 – 11 Qs 236/02, StraFo 2002, 329.

[116] Ua OLG Düsseldorf 11.11.1999 – 1 Ws 919 – 920/99, StV 2000, 408; HK-StPO/*Julius* Rn. 8; Löwe/Rosenberg/*Lüderssen/Jahn* Rn. 33; aA Graf/*Wessing* Rn. 6 (mit Arg. aus Nr. 1); KK/*Laufhütte* Rn. 11.

[117] AA OLG Düsseldorf 6.1.1988 – 2 Ws 567/87, MDR 1988, 695; OLG Oldenburg 17.5.1984 – 2 Ws 209/84, NStZ 1984, 523 m. abl. Anm. *Dahs* JR 1985, 257; KK/*Laufhütte* Rn. 13; Löwe/Rosenberg/*Lüderssen/Jahn* Rn. 40; Meyer-Goßner/*Schmitt* Rn. 15; beim Wiedereinsetzungsantrag: OLG Karlsruhe 31.7.1980 – 3 Ws 177/80, Justiz 1980, 448.

[118] KK/*Laufhütte* Rn. 13; Löwe/Rosenberg/*Lüderssen/Jahn* Rn. 40; Meyer-Goßner/*Schmitt* Rn. 15.

[119] LG Bremen 30.7.2002 – 11 Qs 236/02, StraFo 2002, 329; SK-StPO/*Wohlers* Rn. 17.

[120] Vgl. OLG Stuttgart 10.1.2001 – 4 Ws 1/2001, StV 2001, 329; OLG Nürnberg 14.1.1987 – Ws 58/87, StV 1987, 191; LG Münster 27.7.1979 – 7 Qs 498/79 VII, MDR 1980, 335; KK/*Laufhütte* Rn. 14; SK-StPO/*Wohlers* Rn. 17; → § 141 Rn. 22.

[121] Löwe/Rosenberg/*Lüderssen/Jahn* Rn. 40; Meyer-Goßner/*Schmitt* Rn. 15; krit. zur Bestellungspraxis vor Einführung von Nr. 4: *Wohlers* StV 2010, 151.

[122] Graf/*Wessing* Rn. 6; KK/*Laufhütte* Rn. 13.

22 **c) Abs. 3 S. 1.** normiert die Möglichkeit der **Rücknahme der Bestellung** bei einer Entlassung mindestens zwei Wochen vor der Hauptverhandlung; dies kann auch die Berufungshauptverhandlung sein.[123] Die Bestellung ist im Rahmen pflichtgemäßen **Ermessens** unter Beachtung der Fürsorgepflicht nur zurückzunehmen, wenn die Auswirkungen der Beschränkung aufgrund der Inhaftierung nicht mehr fortbestehen. Dies ist nach stRspr **idR nicht gegeben,** so dass das Gericht das ausnahmsweise Entfallen der Fortwirkung – im Falle der Rücknahme einer Bestellung – sorgfältig darlegen muss.[124] Der Zeitraum bis zur Hauptverhandlung muss zur angemessenen Vorbereitung des Beschuldigten bzw. eines Wahlverteidigers ausreichen.[125] Unter Gesichtspunkten des Vertrauensschutzes darf eine Rücknahme nicht überraschend erfolgen.[126] Vor einer Rücknahme sind andere Varianten des § 140, insbes. Abs. 2, zu prüfen.[127] Dem OLG Hamburg ist darin zuzustimmen, dass bei Flucht aus der Haft die Voraussetzungen einer Rücknahme nicht vorliegen.[128] Ist der Zeitraum von zwei Wochen unterschritten, ist kein Ermessensspielraum gegeben.[129] **Zuständig** für die Rücknahme ist wie für die Bestellung der Vorsitzende; Rechtsmittel gegen die Rücknahme ist die Beschwerde: § 141 Rn. 32 ff.

23 **6. Nr. 6 – Unterbringung nach § 81.** Eine Unterbringung kommt spätestens in Frage, wenn ein entspr. Antrag vorliegt – auch ein (ernst gemeinter) Antrag des Beschuldigten selbst.[130] Der Verteidiger ist dann zwingend unverzüglich zu bestellen, da eine Mitwirkung bei der Entscheidung über die Unterbringung nach § 81 Abs. 1 S. 1 nötig ist. Auf die Ablehnung des Antrags kommt es nicht an, da nicht die Unterbringung die Notwendigkeit der Verteidigung auslöst; bereits die mögliche Unterbringung nach § 81 indiziert eine Verteidigungsunfähigkeit.[131] Die Verteidigung bleibt nach Beendigung der Unterbringung oder der Ablehnung des Antrags notwendig.[132] Bei ambulanten Gutachten ist Abs. 2 anzuwenden (→ Rn. 38 f., 49).[133]

24 **7. Nr. 7 – Sicherungsverfahren.** Bei einem Sicherungsverfahren nach §§ 413 ff., das eine Unterbringung in einer Entziehungsanstalt gem. § 64 StGB oder die Entziehung der Fahrerlaubnis gem. § 69 StGB zum Ziel hat, ist die Verteidigung gem. Nr. 7 notwendig. Andere mögliche Maßregeln sind bereits von Nr. 1 und Nr. 3 erfasst.

25 **8. Nr. 8 – Ausschließung des Wahlverteidigers.** Die Verteidigung ist auch notwendig, wenn der Wahlverteidiger nach §§ 138a ff. rechtskräftig ausgeschlossen worden ist. Während des Verfahrens zur Ausschließung kann nach § 138c Abs. 4 S. 4 vorübergehend ein anderer Verteidiger bestellt werden. Nach allgM ist eine Bestellung nur notwendig, wenn der einzige oder alle Wahlverteidiger ausgeschlossen wurden. Dies überzeugt nicht, da die Verteidigerbestellung den Eingriff in die Entscheidung des Beschuldigten, dass er einen – oder eben mehrere – Verteidiger für notwendig erachtete, ausgleichen soll.[134]

25a **9. Nr. 9 – Opferbeistand.** Ein spezieller Fall der Verteidigungsunfähigkeit wurde durch das OpferSchG vom 18.12.1986 eingeführt. Danach galt die Verteidigung des Beschuldigten idR eingeschränkt, wenn er im Gegensatz zum **Verletzten oder Nebenkläger** ohne

---

[123] OLG Düsseldorf 11.11.1999 – 1 Ws 919 – 920/99, StV 2000, 408.

[124] OLG Düsseldorf 9.11.2010 – 4 Ws 615/10, NStZ 2011, 653; OLG Celle 29.7.2010 – 1 Ws 392/10, StV 2011, 84 mwN; OLG Celle 12.12.1991 – Ws 303/91, StV 1992, 151 (ein Monat nicht ausreichend); allg. Lit.

[125] OLG Bremen 9.8.2000 – Ws 102/00, StraFo 2002, 231.

[126] OLG Celle 29.7.2010 – 1 Ws 392/10, StV 2011, 84; OLG Bremen 9.8.2000 – Ws 102/00, StraFo 2002, 231.

[127] OLG Frankfurt a. M. 23.3.1995 – 3 Ws 211/95, StV 1997, 573 (574).

[128] OLG Hamburg 1.2.1994 – 1 Ws 30/94, StV 1994, 176.

[129] BayObLG 28.9.2000 – 5St RR 302/00, BeckRS 2000, 15088.

[130] BGH 17.4.1952 – 5 StR 349/52, NJW 1952, 797.

[131] RG 26.6.1933 – II 701/33, RGSt 67, 259 (261).

[132] BGH 17.4.1952 – 5 StR 349/52, NJW 1952, 797; RG 26.6.1933 – II 701/33, RGSt 67, 259 (261 f.).

[133] Ausf. *Lehmann* StV 2003, 356.

[134] Vgl. *Eisenberg* NJW 1991, 1257 (1261).

fachkundigen Beistand ist. Durch das Gesetz zur Stärkung der Rechte von Opfern sexuellen Missbrauchs (StORMG) vom 26.6.2013 wurde der Opferbeistand in den Katalog des Abs. 1 aufgenommen. Vormals war die Bestellung nicht zwingend; indes galt auch damals schon, dass aber das Vorliegen der Voraussetzungen zu vermuten, eine Ablehnung der Bestellung also nur in Ausnahmefällen möglich war.[135] Auch im Übrigen sind die zu Abs. 2 S. 1 aE (a.F.) formulierten Überlegungen auf den Abs. 1 Nr. 9 zu übertragen. Somit gilt auch nach der Gesetzesänderung, dass der Grund der Bestellung des Verletzten-/Nebenklägerbeistands (nach § 397a oder 406g) unerheblich ist.[136] Im Interesse einer Gewährleistung von Waffengleichheit und des Rechts auf ein faires Verfahren ist die Notwendigkeit einer Verteidigung nach Nr. 9 auch anzunehmen, wenn sich der Verletzte oder Nebenkläger **eines nicht beigeordneten Rechtsanwalts bedient** und der Beschuldigte aus finanziellen Gründen nicht über einen Verteidiger verfügt.[137] Zuletzt ist die Regelung entspr. anzuwenden, wenn der Verletzte einen Zeugenbeistand hinzuzieht oder sofern der Quasi-Nebenkläger im Jugendverfahren anwaltlich vertreten ist.[138] Auch im Privatklageverfahren müsste dieser Rechtsgedanke Anwendung finden.[139]

V. Generalklausel des Abs. 2

Abs. 2 enthält als Ergänzung zum Katalog des Abs. 1 eine Generalklausel, die drei Varianten 26
der notwendigen Verteidigung benennt. Angesichts der Regelungen des Abs. 1 Nr. 1 u. 2 ist die Generalklausel nur für Verfahren wegen Vergehen vor dem AG und in Berufungsverfahren relevant. Die Schwere der Tat, die Schwierigkeit der Sach- und Rechtslage sowie eine eingeschränkte Verteidigungsfähigkeit des Beschuldigten können jeweils alleine die Anwendung von Abs. 2 begründen. Die Notwendigkeit einer Verteidigung kann sich aber auch aus einer **Kombination der Kriterien** ergeben.[140] Bei Erfülltsein einer der Varianten ist die Verteidigung zwingend und nicht durch andere Kriterien wie etwa besondere Verteidigungsfähigkeit oder Minderschwere der Taten zu relativieren.[141] Würde ohne Verteidigung das Recht auf ein faires Verfahren verletzt, ist Abs. 2 über den Wortlaut hinaus anzuwenden.[142]

Der Vorsitzende ist **zu jedem Zeitpunkt** des Verfahrens verpflichtet, **von Amts** wegen 27
das Vorliegen der Voraussetzungen des Abs. 2 zu prüfen, insbes. zu Beginn der Hauptverhandlung und auch noch während der Berufungshauptverhandlung.[143] Liegen Anhaltspunkte für Abs. 2 vor, ist die Prüfung zu dokumentieren, ansonsten ist von einem Prüfungsdefizit und somit einem Verstoß gegen Abs. 2 auszugehen.[144] Die Lit. geht mittlerweile weitgehend von einem **Beurteilungsspielraum** des Vorsitzenden hinsichtlich der unbe-

---

135 BT-Drs. 10/6124, 13 (kein *„engherziger Gebrauch"*); noch zu Abs. 2 S. 1 a.F.: OLG Jena 15.3.2011 – 1 Ss 1/11, StRR 2011, 126 (Ls.); OLG Hamm 8.9.1998 – 2 SS 1075/98, StV 1999, 11.

136 Noch zu Abs. 2 S. 1. a.F.: OLG Düsseldorf 7.2.2000 – 2a Ss 357/99 – 75/99 III, StV 2000, 408 (Ls.).

137 Noch zu Abs. 2 S. 1 a.F.: OLG Köln 3.12.2010 – III-1 RVs 213/10, StraFo 2011, 49 mwN; OLG Stuttgart 7.7.2008 – 2 Ss (29) 209/08, NStZ-RR 2008, 312; OLG Saarbrücken 20.3.2006 – Ss 15/05 (25/05), NStZ 2006, 718; algLit.; vgl. BT-Drs. 10/6124, 13; aA LG Halle 16.4.2009 – 9 Ns 7/09, BeckRS 2009, 13215.

138 Zeugenbeistand: OLG Celle 20.8.2009 – 23 SS 50/99, StV 2000, 70 (Ls.); *Molketin* StraFo 2008, 365 (368); Jugendverfahren: OLG Hamm 19.11.2007 – 2 Ss 322/07, StV 2009, 85; KMR/*Haizmann* Rn. 38

139 Noch zu Abs. 2 S. 1 a.F.: SK-StPO/*Wohlers* Rn. 52; noch anders nach altem Recht: BVerfG 12.4.1983 – 2 BvR 1304/80, BVerfGE 63, 380 = NJW 1983, 1599; aA Meyer-Goßner/*Schmitt* Rn. 32.

140 OLG Köln 29.4.2003 – Ss 151/03, StraFo 2003, 420 (421); KG 16.7.1985 – 4 Ws 170/85, StV 1985, 448 (449); LG Berlin 11.1.1983 – 503 Qs 2/83, StV 1983, 99.

141 Vgl. BGH 1.6.1954 – 1 StR 140/54, MDR 1954, 564; OLG Karlsruhe 24.5.2005 – 2 Ws 121/05, DAR 2005, 573; OLG Hamm 29.1.2004 – 3 Ss 15/04, StraFo 2004, 170; Graf/*Wessing* Rn. 14; HK-StPO/*Julius* Rn. 13; Löwe/Rosenberg/*Lüderssen/Jahn* Rn. 60; offen: BayObLG 11.10.1989 – RReg 1 St 276/89, NStZ 1990, 142 (143); aA OLG Karlsruhe 23.5.1991 – 3 Ss 65/91, NStZ 1991, 505; OLG Stuttgart 12.8.1981 – 1 Ss. 615/81, NStZ 1981, 490 mit abl. Anm. *Molketin* AnwBl 1982, 32.

142 BVerfG 12.4.1983 – 2 BvR 1304/80, 2 BvR 432/81, BVerfGE 63, 380 (391) = NJW 1983, 1599; BVerfG 19.10.1977 – 2 BvR 462/77, BVerfGE 46, 202 (210 f.) = NJW 1978, 151.

143 BGH 27.1.1955 – 3 StR 404/54, JR 1955, 189; OLG Bremen 8.6.1955 – Ss 29/55, NJW 1955, 1529.

144 RG 7.10.1940 – 2 D 471/40, RGSt 74, 304 (306); RG 23.1.1934 – 1 D 1412/33, RGSt 68, 35 (36).

stimmten Rechtsbegriffe in Abs. 2 aus.[145] In der Rspr. wird zT vom Beurteilungsspielraum, zumeist jedoch von einer **Ermessensentscheidung** gesprochen.[146] Gleichwohl ist bei Vorliegen der Voraussetzungen die Mitwirkung eines Verteidigers zwingend; die Entscheidung des Vorsitzenden ist uneingeschränkt überprüfbar.[147] Wenn die Verteidigung notwendig ist, ist nach § 141 ein Verteidiger zu bestellen. Es ist nicht erkennbar, warum dies bei Abs. 2 **zeitlich beschränkbar** sein sollte (→ Rn. 5, § 141 Rn. 16).[148] Die Ansicht, nach welcher die Bestellung auf einzelne Verfahrensteile oder Termine beschränkbar sein soll,[149] überzeugt daher nicht.[150]

28 **1. Schwere der Tat.** Entscheidend ist die Bedeutung des Verfahrens für den Beschuldigten;[151] daher ist die Schwere der Tat hauptsächlich nach den zu **erwartenden Rechtsfolgen** zu bestimmen.[152] Dies können neben einer zu erwartenden Freiheitsstrafe (→ Rn. 30 f.) auch Maßregeln der Sicherung und Besserung (→ Rn. 33), Nebenfolgen oder mittelbare Nachteile (→ Rn. 34) sein – auch ein Zusammentreffen derartiger Folgen.

29 Im Falle eines erstinstanzlichen Verfahrens vor dem **Schöffengericht** liegt stets eine notwendige Verteidigung vor,[153] da bei einer zu erwartenden Freiheitsstrafe von zwei Jahren – Strafmaß, welches die Zuständigkeit des Schöffengerichts begründet (§ 25 Nr. 2 GVG) – unstr. eine schwere Tat vorliegt. Von einer schweren Tat wird mittlerweile regelmäßig bereits ab **einem Jahr Freiheitsstrafe** ausgegangen;[154] angesichts der Nr. 2 ist dies systematisch überzeugend.[155] ZT wird dies auf die Freiheitsstrafe ohne Bewährung beschränkt;[156] allerdings kann es auf die Entscheidung über eine Strafaussetzung nicht ankommen, ua weil der Schuldausspruch und die Entscheidung nach § 56 StGB nicht zusammenhängen. Ferner beinhaltet die Strafaussetzung stets auch die Möglichkeit einer späteren Verbüßung nach Bewährungswiderruf.[157]

---

[145] Ausf. *Kappe* GA 1960, 357; Graf/*Wessing* Rn. 13; KMR/*Haizmann* Rn. 25; Meyer-Goßner/*Schmitt* Rn. 22; SK-StPO/*Wohlers* Rn. 30; *Oellerich* StV 1981, 434 (436); aA KK/*Laufhütte* Rn. 20.

[146] BayObLG 11.10.1989 – RReg 1 St 276/89, NStZ 1990, 142; Beurteilungsspielraum ua: OLG Hamm 26.9.1996 – 3 Ss 1079/96, NStZ-RR 1997, 78; OLG Karlsruhe 4.3.1991 – 3 Ss 201/90, NStZ 1991, 505; OLG Zweibrücken 14.2.1985 – 1 Ss 259/84, NStZ 1986, 135; OLG Hamm 10.2.1982 – 3 Ss 183/82, NStZ 1982, 298.

[147] OLG Zweibrücken 6.11.1985 – 2 Ss 198/85, StV 1986, 240 (241); OLG Hamm 10.2.1982 – 3 Ss 183/82, NStZ 1982, 298; Graf/*Wessing* Rn. 14; KMR/*Haizmann* Rn. 25; Löwe/Rosenberg/*Lüderssen/Jahn* Rn. 47; SK-StPO/*Wohlers* Rn. 30, 68; *Kappe* GA 1960, 357; *Oellerich* StV 1981, 434 (436).

[148] Vgl. RG 26.2.1907 – V 993/06, RGSt 40, 4 (6); KG 23.12.1982 – (4) Ss 101/82 (45/82), StV 1983, 186; Anwendbarkeit des Abs. 2 im Revisionsverfahren: OLG Oldenburg 17.5.1984 – 2 Ws 209/84, NStZ 1984, 523.

[149] OLG Koblenz 31.1.1983 – 1 Ws 57/83, wistra 1983, 122 (Rechtsmittelbegr.); OLG Hamm 4.6.1976 – 3 Ws 201/76, MDR 76, 1038; KK/*Laufhütte* Rn. 20; Meyer-Goßner/*Schmitt* Rn. 6 f.; *Pfeiffer* Rn. 2.

[150] SK-StPO/*Wohlers* Rn. 31.

[151] BVerfG 19.10.1977 – 2 BvR 462/77, BVerfGE 46, 202 (210) = NJW 1978, 151; Löwe/Rosenberg/*Lüderssen/Jahn* Rn. 51; *Oellerich* StV 1981, 434 (436).

[152] Vgl. BGH 29.6.1954 – 5 StR 207/54, BGHSt 6, 199 (200 f.); OLG Hamburg 15.2.1984 – 1 Ss 84/83, NStZ 1984, 281; OLG Stuttgart 12.8.1981 – 1 Ss 615/81, NStZ 1981, 490; *Oellerich* StV 1981, 434 (436).

[153] OLG Hamm 22.7.1999 – 5 Ss 677/99, StV 1999, 641 (642); allgLit.; vgl. auch BGH 29.6.1954 – 5 StR 207/54, BGHSt 6, 199 (200 f.); Vorschlag in Abs. 1 Nr. 1: *Graalmann-Scheerer* StV 2011, 696 (698).

[154] Ua OLG Hamm 29.1.2004 – 3 Ss 15/04, StraFo 2004, 170; OLG Hamm 20.11.2003 – 2 Ws 279/03, StV 2004, 586; OLG Frankfurt a. M. 11.7.2003 – 3 Ws 805/03, StraFo 2003, 420; OLG Karlsruhe 4.3.1991 – 3 Ss 201/90, NStZ 1991, 505 mwN; OLG Zweibrücken 14.2.1985 – 1 Ss 259/84, NStZ 1986, 135 mwN; KMR/*Haizmann* Rn. 26 mwN; Löwe/Rosenberg/*Lüderssen/Jahn* Rn. 57; *Molketin* StraFo 2008, 365 (366); einschr. OLG Rostock 24.6.2002 – I Ws 273/02, BeckRS 2002, 17722; OLG Düsseldorf 15.5.2000 – 1 Ws 279/00, StraFo 2000, 414 (415); OLG Stuttgart 18.4.2000 – 4 Ss 172/00, StraFo 2001, 205; aA OLG Düsseldorf 11.10.2000 – 2 Ws 282/00, NStZ-RR 2001, 52.

[155] *Weider* StV 1995, 220.

[156] OLG München 15.12.2005 – 3 StR 281/04, NJW 2006, 789; OLG Düsseldorf 15.5.2000 – 1 Ws 279/00, StraFo 2000, 414 (obiter dictum); OLG Brandenburg 11.4.2000 – 2 Ss 19/00, StV 2000, 607; OLG Hamm 22.7.1999 – 5 Ss 677/99, StV 1999, 641; offen: OLG Brandenburg 24.1.2011 – (1) 53 Ss 187/10 (4/11), BeckRS 2011, 08096; OLG Brandenburg 9.8.2004 – 1 Ss 65/04, NJW 2005, 521; OLG Hamm 26.9.1996 – 3 Ss 1079/96, NStZ-RR 1997, 78; OLG Düsseldorf 6.7.1994 – 5 Ss 232/94, NStZ 1995, 147.

[157] OLG Frankfurt a. M. 9.6.2000 – 1 Ss 134/00, StV 2001, 106 (107); LG Essen 27.10.1986 – 23a 121/86, NStZ 1987, 184; HK-StPO/*Julius* Rn. 13; KMR/*Haizmann* Rn. 26; *Eisenberg* NJW 1991, 1257 (1261);

Angesichts des gravierenden Eingriffs in die persönliche Freiheit bzw. der sozialen Folgen im Falle einer Inhaftierung sollte bei **zu erwartender Freiheitsstrafe unabhängig von deren voraussichtlicher Dauer** von einer Schwere der Tat iSd Abs. 2 auszugehen sein.[158] Zumindest die individuelle Bedeutung der Inhaftierung für den Beschuldigten hat bei der Bewertung der Tatschwere Beachtung zu finden (→ Rn. 55);[159] vereinzelt wird eine 6-Monats-Grenze befürwortet.[160] Nach allg. Ansicht ist eine Freiheitsstrafe von **unter einem Jahr** jedenfalls relevant; diese kann in Kombination mit anderen Varianten des Abs. 2 zur Notwendigkeit der Verteidigung führen.[161] 30

Bei der **Feststellung der zu erwartenden Strafhöhe** ist nicht auf Einzelstrafen, sondern auf die Gesamtstrafe[162] bzw. Einheitsjugendstrafe[163] oder Einbeziehung nach § 31 Abs. 2 JGG[164] abzustellen. Dies gilt auch für eine nachträgliche Gesamtstrafenbildung, soweit das anhängige Verfahren die Strafe nicht nur unwesentlich beeinflusst;[165] auch eine mögliche nachträgliche Gesamtstrafenbildung in Folgeverfahren ist zu beachten.[166] Die Einschätzung einer Straferwartung beinhaltet notwendigerweise große Bewertungsunsicherheiten; von einer zu erwartenden relevanten Strafe kann jedenfalls im Falle eines entspr. Strafantrags der StA ausgegangen werden.[167] Das erstinstanzliche Urteil ist ebenfalls ein Anhaltspunkt dafür, welche Strafe vorher zu erwarten war bzw. in der Rechtsmittelinstanz zu erwarten ist.[168] Ergibt sich eine entspr. Straferwartung erst in der Urteilsberatung, muss wieder in die Hauptverhandlung eingetreten und ein Verteidiger bestellt werden, da die Urteilsverkündung wesentlicher Bestandteil der Hauptverhandlung ist (→ Rn. 9).[169] Während der Hauptverhandlung kann sich eine neue Straferwartung sowohl durch einen Hinweis nach § 265 Abs. 1 ergeben als auch durch neue Erkenntnisse zum Tat- und Schuldvorwurf. Das Verschlechterungsverbot bei einer **einseitigen Berufung** lässt im Falle der vorherigen Verurteilung zu mehr als einem Jahr die Notwendigkeit der Verteidigung nicht entfallen.[170] 31

Bei einer möglichen Unterbringung nach § 64 StGB liegt unabhängig von anderen Folgen immer eine Schwere der Tat iSd Abs. 2 vor.[171] Bei anderen **Maßregeln**, die nicht 32

---

so iErg OLG Hamm NStZ-RR 2001, 373; OLG Hamm 29.1.2004 – 3 Ss 15/04, StraFo 2004, 170; LG Essen 21.2.2000 – 27 Qs 13/00, StV 2000 414 (Ls.); LG Gera 19.7.1999 – 210 Js 37758/98 – 4 Ns 50/99, StraFo 1999, 308.

[158] AK/*Stern* Rn. 27; SK-StPO/*Wohlers* Rn. 33; *Herrmann* StV 1996, 396 (400); *Oellerich* StV 1981, 434 (437); *Temming* StV 1992, 221; *Beulke* Rn. 167; *Peters* S. 205; *Zipf* S. 55; vgl. auch BayObLG 10.8.1989 – 4 Ws 182/89, NStZ 1990, 142; dagegen mit Zirkelschluss: BayObLG 26.8.1994 – 2St RR 155/94, BayObLGSt 94, 169 (171); zur Jugendstrafe Rn. 55.

[159] OLG Hamm 19.11.2007 – 2 Ss 322/07, StV 2009, 85 (psychisch belastet); OLG Brandenburg 28.11.2001 – 1 Ss 46/01, NStZ-RR 2002, 184 (Abschlussschuljahr); LG Essen 27.10.1986 – 23a 121/86, NStZ 1987, 184.

[160] OLG Hamm 20.11.1992 – 4 Ss 1121/92, StV 1993 180; OLG Köln 1.4.1986 – Ss 168/86, StV 1986, 238; Roxin/*Schünemann* § 19 Rn. 20.

[161] Ua OLG Hamm 26.4.2004 – 2 Ss 54/04, StV 2005, 57 mAnm *Theiß*; OLG Köln 29.4.2003 – Ss 151/03, StraFo 2003, 420 (421); OLG Karlsruhe 23.5.1991 – 3 Ss 65/91, NStZ 1991, 504; KG 16.7.1985 – 4 Ws 170/85, StV 1985, 448; OLG Zweibrücken 14.2.1985 – 1 Ss 259/84, NStZ 1986, 135; KK/*Laufhütte* Rn. 21; KMR/*Haizmann* Rn. 27; Meyer-Goßner/*Schmitt* Rn. 24.

[162] AllgM; ua OLG Stuttgart 18.4.2000 – 4 Ss 172/00, StraFo 2001, 205.

[163] OLG Köln 29.4.2003 – Ss 151/03, StraFo 2003, 420 (421).

[164] OLG Rostock 6.1.1998 – 1 Ss 291/97, StV 1998, 325; OLG Hamm 26.9.1996 – 3 Ss 1079/96, NStZ-RR 1997, 78.

[165] OLG Stuttgart 2.3.2012 – 2 Ws 37/12, NStZ-RR 2012, 214; LG Frankfurt 22.2.2011 – 5/26 Qs 4/11, NStZ-RR 2011, 183.

[166] BVerfG 15.1.2009 – VfGBbg 63/07, BeckRS 2009, 30733; OLG Hamm 20.11.2003 – 2 WS 279/03, StV 2004, 586; Graf/*Wessing* Rn. 15; KK/*Laufhütte* Rn. 21.

[167] LG Braunschweig 2.2.2004 – 3 Qs 10/04, StV 2005, 62; LG Bremen 8.10.1987 – 13 Qs 512/87, StV 1988, 101; LG Freiburg 28.8.1987 – IV Qs 107/87, StV 1988 102; Löwe/Rosenberg/*Lüderssen*/*Jahn* Rn. 51; *Burgard* NStZ 2000, 242 (244 f.); aA KK/*Laufhütte* Rn. 20.

[168] OLG Stuttgart 12.8.1981 – 1 Ss 615/81, NStZ 1981, 490.

[169] *Burgard* NStZ 2000, 242 (245).

[170] OLG Stuttgart 10.1.2001 – 4 Ws 1/01, StV 2001, 329; OLG München 6.3.1992 – 1 Ws 161/92, StV 1993, 65; BayObLG 11.10.1989 – RReg. 1 St 276/89, NStZ 1990, 142.

[171] OLG Düsseldorf 27.10.1982 – 2 Es 13/82, StV 1983, 11 (12); LG Bremen 31.10.1989 – 23 Qs 415/89, StV 1990, 400 (Ls.); KK/*Laufhütte* Rn. 21; KMR/*Haizmann* Rn. 27; Meyer-Goßner/*Schmitt* Rn. 25;

bereits unter Abs. 1 fallen, ist dies stets zu prüfen; dabei ist die Auswirkung der Maßregel auf das Leben des Beschuldigten besonders zu würdigen. So ist Abs. 2 bei einer Entziehung der Fahrerlaubnis, die zum Verlust des Arbeitsplatzes führt, zu bejahen.[172] Bei Nichtberufskraftfahrern ist dies erst bei einer unbefristeten Sperre anzunehmen.[173] Auch die Einziehung wertvoller Gegenstände ist im Rahmen der Gesamtfolgen eines Verfahrens zu beachten.[174]

33 Die Schwere der Tat kann sich auch aus **mittelbaren Folgen** des Verfahrens ergeben. Neben dem Verlust des Arbeitsplatzes als Folge einer Maßregel kann ein **Arbeitsplatzverlust** mittelbare Folge einer Bestrafung sein; so bei Beamten ab einem Jahr Freiheitsstrafe unabhängig von einer etwaigen Strafaussetzung (§ 24 BeamtStG).[175] Einzubeziehen sind auch disziplinarrechtliche Folgen, da in Disziplinarverfahren häufig auf ein Strafurteil Bezug genommen wird.[176] Erhebliche andere Auswirkungen auf die Erwerbstätigkeit wie ein Entzug der Gewerbeerlaubnis bzw. Verlust oder Beschränkung der Zulassung zu freien Berufen kommen ebenfalls in Betracht.[177] Drohen bei einer Verurteilung aufenthaltsrechtliche Konsequenzen, liegt wegen der Bedeutung für den Beschuldigten evident eine Schwere der Tat vor;[178] so wenn im Falle einer Verurteilung §§ 53, 54 AufenthG erfüllt wären: Auch sonstige Auswirkungen auf das **Aufenthaltsrecht** sind zu berücksichtigen. Es reicht aus, wenn der Einfluss eines Strafverfahrens auf eine Ermessensentscheidung der Ausländerbehörde den Aufenthaltsstatus gefährdet.[179] Dabei sind die gängige Praxis der Behörden sowie Verwaltungsrichtlinien zu beachten.[180] Schwere Folgen sind etwa bei Asylbewerbern auch dann zu bejahen, wenn sie erst nach Abschluss des Asylverfahrens virulent werden.[181] Als mittelbare Folge, die eine Schwere der in Rede stehenden Tat auslöst, kommt auch ein **Bewährungswiderruf** in anderer Sache in Betracht; die hieraus drohende Strafverbüßung ist nach stRspr bei der Höhe der Straferwartung des laufenden Verfahrens einzuberechnen;[182] gleichermaßen ein drohender Widerruf der Zurückstellung nach § 35 BtMG.[183]

---

offen: OLG Bremen 4.12.1995 – Ws 173/95, StraFo 1996, 61; OLG Karlsruhe 16.10.1992 – 2 Ws 188/92, NZV 1993, 165.

[172] LG Köln 9.12.2009 – 105 Qs OWi 382/09, VRR 2010, 3; ausf. zur Fahrerlaubnis: *Molketin* NZV 1989, 93; KK/*Laufhütte* Rn. 21; Meyer-Goßner/*Schmitt* Rn. 25; KMR/*Haizmann* Rn. 27.

[173] OLG Koblenz 21.5.1985 – 1 WS 304/85, VRS 69 (1985) 293 (verneint bei 3 Jahren ohne Berufsverlust); aA LG Berlin 14.9.2006 – 526 Qs 254/06, VRS 111 (2006), 421; KK/*Laufhütte* Rn. 21; SK-StPO/*Wohlers* Rn. 34; *Molketin* StraFo 2008, 365 (367).

[174] KG 2.12.1996 – (3) 1 Ss 285/96 (101/96), VRS 95 (1998), 113; KK/*Laufhütte* Rn. 21; SK-StPO/*Wohlers* Rn. 34.

[175] OLG Hamburg 6.1.1984 – 1 VAs 12/84, NStZ 1984, 281; KG 23.12.1982 – (4) Ss 101/82 (45/82), StV 1983, 186.

[176] LG Bochum 19.2.1986 – Qs 25/86, StV 1987, 383; KK/*Laufhütte* Rn. 21; aA da Fernwirkung zu unklar: OLG Hamburg 15.2.1984 – 1 Ss 84/83, NStZ 1984, 281; ausf. zu den Folgen: Widmaier/*Bracher* MAH Strafverteidigung § 34 Rn. 1 ff.

[177] OLG Hamm 29.1.2004 – 3 Ss 15/04, StraFo 2004, 170; LG Mainz 6.4.2009 – 1 Qs 49/09, NZV 2009, 404 (auch bei Bagatelldelikt, wenn durch Führerscheinverlust Arbeitsplatzverlust bei 61jährigem); HK-StPO/*Julius* Rn. 13; *Molketin* StraFo 2005, 52 (54); ausf. zu den Folgen Widmaier/*Bracher* MAH Strafverteidigung § 34 Rn. 32 ff.

[178] LG Heilbronn 15.2.2002 – 3 Qs 27/02, NStZ-RR 2002, 269; KMR/*Haizmann* Rn. 28; Meyer-Goßner/*Schmitt* Rn. 25; auch bei geringen BtM-Verstößen: AG Hamburg 19.12.1996 – 123aI-253/96, StV 1998, 326 m. zust. Anm. Sättele; bei Verstößen gegen das AufenthG: LG Berlin 4.3.2003 – 516 Qs 45/03, StV 2005, 15; LG Hannover 20.12.2000 – 46 Qs 282/00, StV 2002, 300; zu eng AG Hamburg 19.12.1996 – 123a I – 253/96, StV 1998, 327 mit abl. Anm. *Sättele*.

[179] KG 9.11.2001 – 4 Ws 190/01; LG Heilbronn 7.5.2002 – 3 Qs 27/02, NStZ-RR 2002, 269.

[180] OLG Stuttgart 20.5.2010 – 2 Ws 76/10, BeckRS 2010, 23396; AG Hamburg 19.12.1996 – 123aI-253/96, StV 1998, 326; ausf. *Jung* StV 2004, 567; *Lüderssen* NJW 1986, 2742; *Strate* StV 1981, 46 (47); Widmaier/*Paff* MAH Strafverteidigung § 32.

[181] BayObLG 26.11.1992 – 4St RR 210/92, StV 1993, 180; AG Lüneburg 3.1.1992 – 18 Ds 14 Js 22288/91, StV 1992, 223; aA *Staudinger* StV 2002, 327 (331).

[182] Ausf. OLG Karlsruhe 4.3.1991 – 3 Ss 201/90, NStZ 1991, 505 (506); OLG Celle 30.8.2005 – 22 Ss 59/05, StV 2006, 686; OLG Jena 26.8.2005 – 1 AR (S) 51/05, StraFo 2005, 200; OLG Dresden 1.7.2005 – 2 Ss 173/05, NStZ-RR 2005, 318.

[183] AllgM; ua: OLG Hamburg 9.7.1998 – 1 Ws 123/98, StV 1999, 420.

Als mittelbare Nachteile kommen ferner ua haftungsrechtliche Folgen[184] und Nachteile in Gnadenverfahren[185] in Betracht.

Neben zu erwartenden erheblichen Folgen eines Urteils kann bereits die **Art des Vorwurfs** eine Schwere der Tat begründen, weil die Feststellung einer entsprechenden Schuld unabhängig von den rechtlichen Folgen besonders relevant ist; so bei § 222 StGB und anderen gewichtigen Rechtsgutsverletzungen.[186] 34

2. Schwierigkeit der Sach- oder Rechtslage. Die Verteidigung kann wegen der Schwierigkeit der Sach- oder Rechtslage notwendig sein; dabei sind die Voraussetzungen eher niedrig anzusetzen, da es auf die (Laien)Sichtweise des Beschuldigten ankommt;[187] auch (sprachliche) Einschränkungen des Beschuldigten unterhalb der Schwelle der dritten Bestellungsvariante (→ Rn. 51) sind relevant.[188] Wenn der Beschuldigte juristisch gebildet ist, kann dies die Schwierigkeit der Rechtslage entfallen lassen;[189] hinsichtlich der Sachlage ist er gewissermaßen „befangen".[190] Eine Schwierigkeit entfällt nicht, weil der Beschuldigte versiert genug ist, sich sachgemäß zu äußern; es kann bei ihm trotzdem an juristischen Kenntnissen mangeln.[191] Häufig ergibt sich die Notwendigkeit einer Verteidigung aus einem Zusammenspiel von Sach- und Rechtslage;[192] ausreichen kann aber auch das Erfülltsein einer der beiden Varianten bzw. eine Gesamtwürdigung sämtlicher Varianten des Abs. 2 S. 1. Beurteilungserheblich ist stets das Gesamtverfahren; nicht einzelne Abschnitte, dh auch bereits erfolgte Zeugenvernehmungen sind einzubeziehen.[193] 35

Eine schwierige Sach- und Rechtlage liegt bei Verhandlungen vor Spezialkammern – zB **Wirtschaftsstrafkammer** – vor.[194] Fachkundiger Beistand ist ferner in Verfahren, in denen eine **Absprache** angedacht ist, notwendig.[195] Bei einer Anklage im Wege der **Wahlfeststellung** liegt besondere Schwierigkeit nahe, da die Sach- und Rechtlage in zwei Varianten (gleichzeitig) zu verhandeln und zu beurteilen ist;[196] rechtliche Hinweise nach § 265 können einen vergleichbaren Effekt haben.[197] 36

a) Sachlage. Bewertungserheblich sind die Umstände **zur Zeit der Beurteilung** bzw. zu dem Zeitpunkt, in dem das Gericht hätte entscheiden müssen – zB auf Antrag.[198] 37

---

[184] OLG Hamm 12.1.2004 – 2 Ws 326/03, StraFo 2004, 170; OLG Hamm 11.8.1988 – 4 Ss 716/88, StV 1989, 56; LG Koblenz 13.5.2008 – 3 Qs 23/08, StV 2009, 237; ausf. zu zivil- und familienrechtl. Folgen: Widmaier/*Hiebl*/*Becker* MAH Strafverteidigung § 30; *Molketin* StraFo 2008, 365 (366).

[185] LG Lübeck 18.5.2010 – 2b Qs 63/10, StraFo 2010, 293; Graf/*Wessing* Rn. 15.

[186] OLG Hamburg 15.2.1984 – 1 Ss 84/83, NStZ 1984, 281; OLG Hamm 16.7.1957 – 1 Ss 719/57, NJW 1957, 1530; LG Bayreuth 16.10.1992 – 1 Qs 71/92, StV 1993, 181; HK-StPO/*Julius* Rn. 13; KK/*Laufhütte* Rn. 21; KMR/*Haizmann* Rn. 29; Löwe/Rosenberg/*Lüderssen*/*Jahn* Rn. 66; *Herzig* NJW 1980, 164 (165); *Oellerich* StV 1981, 434 (437); *Roxin*/*Schünemann* § 19 Rn. 20.

[187] OLG Köln 15.11.1988 – Ss 628/88, NStE Nr. 17 zu § 140; OLG Düsseldorf 28.9.1983 – 5 Ss 372/83 – 309/83 I, AnwBl 1984, 262 (263); KMR/*Haizmann* Rn. 30; Löwe/Rosenberg/*Lüderssen*/*Jahn* Rn. 68; SK-StPO/*Wohlers* Rn. 37; *Molketin* NStZ 1986, 136 (137); *Oellerich* StV 1981, 434 (437).

[188] BVerfG 17.5.1983 – 2 BvR 731/80, BVerfGE 64, 135 (149 f.) = NJW 1983, 2762 mwN; BGH 26.10.2000 – 3 StR 6/00, BGHSt 46, 178 (180) = NJW 2001, 309; OLG Frankfurt a. M. 10.1.2008 – 2 Ss 383/07, StV 2008, 291; OLG Düsseldorf 7.2.2000 – 3 Ws 605/99, StV 2000, 409 (*„gerichtsunerfahren"*); OLG Schleswig 25.10.1988 – 2 Ws 400/88, StV 1990 12 (*„rechtsunkundiger Ausländer"*); LG Hamburg 10.2.2010 – 601 Qs 9/10, StV 2010, 514; LG Osnabrück 3.4.1997 – 10 Qs 33/97, StV 1999, 249; AK/*Stern* Rn. 37; Graf/*Wessing* Rn. 16.

[189] OLG Celle 31.10.1963 – 1 Ss 322/63, NJW 1964, 877.

[190] SK-StPO/*Wohlers* Rn. 37.

[191] OLG Celle 20.12.1985 – 1 Ss 461/85, StV 1986, 142 (143).

[192] KG 30.7.2008 – 2 Ws 363/08, NJW 2008, 3449.

[193] OLG Hamburg 29.1.2010 – 1 Ss 9/09, StV 2011, 655 (656).

[194] OLG Düsseldorf 28.9.1983 – 5 Ss 372/83 – 309/83 I, AnwBl 1984, 262; LG Kaiserslautern 16.7.1986 – 15 Gs 2140/86, StV 1988, 521 (Ls.); Meyer-Goßner/*Schmitt* Rn. 28; *Molketin* wistra 1986, 97 (99).

[195] AK/*Stern* Rn. 38; Reformvorschlag: *Graalmann-Scheerer* StV 2011, 696 (698); *Schmidt-Hieber* NJW 1990, 1884 (1887).

[196] AG Lübeck 5.1.2012 – 61 Ds 750 Js 20501/11 (186/11), BeckRS 2012, 01439.

[197] OLG Oldenburg 6.4.1977 – 1 Ss 372/76, nach *Molketin* NZV 1989, 93 (95).

[198] OLG Jena 15.11.2005 – 1 Ws 417/05, StraFo 2006, 71 (spätere Rechtsmittelbeschränkung unerheblich); Graf/*Wessing* Rn. 16; KK/*Laufhütte* Rn. 22.

38 Für Verfahren vor dem **erweiterten Schöffengericht** nach § 29 Abs. 2 GVG ist eine schwierige Sachlage anzunehmen;[199] allerdings auch die Schwere der in Rede stehenden Tat (→ Rn. 29). Wenn der Richter sich sachkundiger Hilfe bedienen muss, ist aus Sicht eines Laien die Sachlage erst recht schwierig.[200] Enthält die Akte **Sachverständigengutachten,** insbes. psychologische/psychiatrische Gutachten,[201] wird ein solches oder die Aussage eines Sachverständigen in der Hauptverhandlung eingeführt, ist die Verteidigung notwendig.[202] Des Weiteren kann die Sachlage aufgrund des **Umfangs** schwierig sein; so bei mehreren Angekl.,[203] mehreren Zeugen,[204] einem erheblichen Aktenumfang,[205] mehreren Hauptverhandlungstagen bzw. umfangreicher Beweisaufnahme[206] oder einer Vielzahl von Tatvorwürfen.[207]

39 **Zeugenbefragungen** sind insbes. schwierig, wenn sich Zeugenaussagen widersprechen, einzelne Zeugen im Laufe des Verfahrens widersprüchliche Angaben machen[208] oder wenn die Glaubwürdigkeit eines Zeugen, zB eines Kindes, zu beurteilen ist.[209] Ebenfalls, wenn der entscheidungserhebliche Belastungszeuge der Einlassung des Angekl. widerspricht[210] oder die Angekl. sich wechselseitig belasten,[211] bzw. die Aussage des Mitangekl. von Bedeutung ist;[212] ebenso bei Belastungszeugen vom Hörensagen.[213] Eine schwierige Sachlage kann sich ferner aus der **Beweisaufnahme** oder **Beweiswürdigung**[214] ergeben, wenn Unterlagen zu Betriebsführung, Buchhaltung und Bilanzierung als Beweismittel eingeführt werden,[215] bei Interessengegensätzen der Angekl.,[216] hinsichtlich der Feststellungen zu subjektiven Tatsa-

---

[199] OLG Düsseldorf 28.9.1983 – 5 Ss 372/83 – 309/83 I, AnwBl 1984, 262; OLG Bremen 8.6.1955 – Ss 29/55, NJW 1955, 1529; LG Hagen 8.12.1986 – 43 Qs 336/86, StV 1987, 193; AK/*Stern* Rn. 38; KK/*Laufhütte* Rn. 22.

[200] AK/*Stern* Rn. 37; HK-StPO/*Julius* Rn. 15; Löwe/Rosenberg/*Lüderssen/Jahn* Rn. 68; *Lehmann* StV 2003, 356 (357).

[201] KG 10.2.2006 – 5 Ws 61/06, StV 2007, 94; OLG Zweibrücken 13.12.2001 – 1 Ss 222/01, NStZ-RR 2002, 112; zwingend bei Gutachten zur Schuldfähigkeit: OLG Hamm 10.12.1986 – 4 Ss 1434/86, StV 1987, 192; ausf. *Lehmann* StV 2003, 356 (358) mwN.

[202] OLG Hamm 22.4.2002 – 2 Ws 88/02, StraFo 2002, 293 (294) (Beurteilung der Qualifikation und Methoden des Sachverständigen durch Jugendlichen); LG Braunschweig 7.8.2002 – 33 Qs 26/02, StraFo 2002, 398 (DNA-Gutachten); LG Arnsberg 19.11.2001 – 2 Ws 172/01, StV 2002, 648 (rechtsmedizinisches Gutachten); LG Bochum 19.2.1986 – Qs 25/86, StV 1987, 383 (Schriftgutachten); Graf/*Wessing* Rn. 16; KK/*Laufhütte* Rn. 22; offen: OLG Frankfurt a. M. 11.7.2003 – 3 Ws 805/03, StraFo 2003, 420; einschr. OLG Koblenz 1.4.1976 – MDR 1976, 776; Meyer-Goßner/*Schmitt* Rn. 26a.

[203] LG Düsseldorf 25.6.1997 – VII Qs 41-44/97, StV 1999, 309.

[204] OLG Hamm 19.11.2007 – 2 Ss 322/07, StV 2009, 85 (8 Zeugen); OLG Düsseldorf 7.2.2000 – 2a Ss 357/99-75/99 III, AnwBl 2002, 122 (10 Zeugen); LG Osnabrück 3.4.1998 – 10 Qs 33/97, StV 1999, 249 (9 Zeugen).

[205] AK/*Stern* Rn. 38; Graf/*Wessing* Rn. 16; *Molketin*, Diss. Köln 1986, S. 90 mwN.

[206] BGH 24.1.1961 – 1 StR 132/60, BGHSt 15, 306 (307) = NJW 1961, 740; OLG Koblenz 29.4.1993 – 1 Ss 72/93, StV 1993, 461 (vier Tage); OLG Stuttgart 8.9.1986 – 1 Ws 264/86, StV 1987, 8; LG Düsseldorf 25.6.1997 – VII Qs 41-44/97, StV 1999, 309; allgLit.; einschr. Meyer-Goßner/*Schmitt* Rn. 26a; aA bei 11 Tagen, wenn Tatsachenlage übersichtlich: OLG Hamburg 29.1.2010 – 1 Ss 9/09, StV 2011, 655 (insoweit nicht abgedr.).

[207] BGH 24.1.1961 – 1 StR 132/60, BGHSt 15, 306 (307) = NJW 1961, 740; OLG Frankfurt a. M. 15.7.1982 – 43 Js 17906/81, StV 1983, 69.

[208] OLG Karlsruhe 28.6.2005 – 2 Ws 166/05, StV 2005, 656; LG Berlin 11.5.2009 – 525 Qs 63/09, StV 2010, 69; KK/*Laufhütte* Rn. 22; SK-StPO/*Wohlers* Rn. 40.

[209] OLG Zweibrücken 13.12.2001 – 1 Ss 222/01, NStZ-RR 2002, 112; KK/*Laufhütte* Rn. 22; einschr. mit Sachverständigem: OLG Koblenz 1.4.1976 – 1 Ss 102/76, MDR 1976, 776; Meyer-Goßner/*Schmitt* Rn. 26a.

[210] OLG Celle 16.10.2008 – 1 Ws 517/08, NStZ 2009, 175; OLG Koblenz 11.2.1999 – 1 Ws 43/99, NStZ-RR 2000, 176; LG Hamburg 10.2.2010 – 601 Qs 9/10, StV 2010, 514; KMR/*Haizmann* Rn. 32; SK-StPO/*Wohlers* Rn. 40; *Molketin* StraFo 2005, 52 (57); einschr. OLG Frankfurt a. M. 31.3.2009 – 3 Ws 271/09, NStZ-RR 2009, 207 (208) mwN.

[211] LG Freiburg 28.5.2009 – 3 Qs 73/09, StraFo 2009, 384; LG Kiel 10.10.2008 – 32 QS 146/08, StV 2009, 236.

[212] LG Essen 9.5.2011 – 56 Qs 25/11, StV 2011, 663 (664).

[213] OLG Frankfurt a. M. 10.1.2008 – 2 Ss 383/07, StV 2008, 291.

[214] OLG Hamm 14.11.2000 – 2 Ss 1013/2000, NStZ-RR 2001, 107 (108).

[215] LG Hildesheim 17.5.1989 – 15 Qs 34/89, wistra 1989, 320; LG Kaiserslautern 22.9.1987 – 6 Qs 204/87, StV 1988, 521 (Ls.).

[216] KK/*Laufhütte* Rn. 22.

chen[217] oder zur Schuldfähigkeit[218] oder wenn ausschließlich Indizien zu Verfügung stehen.[219] Die Beweisaufnahme ist auch schwierig, wenn inzident weitere Sachverhalte geprüft werden müssen, so bei einem Vorwurf nach § 164 StGB oder Aussagedelikten.[220]

Trotz Einführung des § 147 Abs. 7 kann sich die Notwendigkeit des Verteidigerbeistands weiterhin aus der Notwendigkeit einer **Akteneinsicht** ergeben.[221] Nur der Verteidiger bekommt umfassende Akteneinsicht, und zur Durchsetzung des Rechts bzw. der Begr. eines Einsichts- / Auskunftsersuchens bedarf es wiederum juristischer Kenntnisse.[222] Nach allgM liegt ein Fall des Abs. 2 vor, wenn die Vorbereitung der Hauptverhandlung ohne Akteneinsicht unzureichend ist.[223] Dies ist jedoch grds. anzunehmen,[224] so dass bis auf wenige Ausnahmen die Verteidigung bereits unter dem Gesichtspunkt der Akteneinsicht notwendig sein dürfte.[225] Akteneinsicht ist zur sachgemäßen Vorbereitung der Verteidigung jedenfalls erforderlich, wenn Zeugen in der Hauptverhandlung befragt werden, deren vorherige Aussage sich bei den Akten befindet (→ Rn. 39)[226] bzw. wenn deren Glaubwürdigkeit zu hinterfragen ist;[227] bei notwendigen Inzidentprüfungen (→ Rn. 39),[228] Sachverständigengutachten,[229] Videos[230] oder Urkunden[231] als Aktenbestandteilen, der Notwendigkeit, die Rechtmäßigkeit von Polizeimaßnahmen wie Wahllichtbildvorlagen,[232] Observationen[233] oder Filmaufnahmen[234] zu überprüfen und zur Überprüfung von Verfahrensformalia.[235] Selbst bei Aktenkenntnis des Beschuldigten kann eine Verteidigung zur Ermöglichung einer sachgemäßen Auswertung der Akte und darauf basierender Verteidigung notwendig sein.[236] 40

---

[217] LG Hamburg 7.6.1985 – 40 Qs 15/85, StV 1985, 453; AK/*Stern* Rn. 37; Meyer-Goßner/*Schmitt* Rn. 26a.

[218] KG 15.3.1990 – 1 AR 153/90 – 4 Ws 42/90, StV 1990, 298; LG Hamburg 15.3.1990 – 4 Ws 42/90, StV 1983, 99; Meyer-Goßner/*Schmitt* Rn. 26a; *Lehmann* StV 2003, 356.

[219] AK/*Stern* Rn. 39; SK-StPO/*Wohlers* Rn. 40; *Eisenberg* NJW 1991, 1257 (Fn. 56); einschr. LG Braunschweig 7.8.2002 – 33 Qs 26/02, StraFo 2002, 398; *Oellrich* StV 1981, 434 (438); aA OLG Koblenz 13.4.1978 – 1 Ss 129/78, GA 1979, 276 (Ls.).

[220] LG Essen 9.5.2011 – 56 Qs 25/11, StV 2011, 663.

[221] OLG Köln 12.9.2011 – III-2 Ws 566/11, StraFo 2011, 508; OLG Frankfurt a. M. 31.3.2009 – 3 Ws 271/09, NStZ-RR 2009, 207 (208); LG Essen 9.5.2011 – 56 Qs 25/11, StV 2011, 663 (664); *Molketin* StraFo 2003, 421 (422).

[222] LG Essen 9.5.2011 – 56 Qs 25/11, StV 2011, 663 (664); OLG Jena 23.10.2003 – 1 SS 232/03, StV 2004, 585; *Lehmann* StV 2003, 356 (358); bzgl. Beiakten: LG Hamburg 10.2.2010 – 601 Qs 9/10, StV 2010, 514.

[223] BGH 1.3.1955 – 5 StR 34/55, JR 1955, 189 (190); OLG Jena 15.11.2005 – 1 Ws 417/05, StraFo 2006, 71; OLG Koblenz 11.2.1999 – 1 Ws 43/99, NStZ-RR 2000, 176 mwN.

[224] *Barton* Mindeststandards S. 326; vgl. BGH 3.10.1979 – 3 StR 264/79 (S), BGHSt 29, 99 (102) = NJW 1980, 64;erg. § 147 Rn. 1.

[225] Wohl auch KMR/*Haizmann* Rn. 33.

[226] Ua OLG Köln 12.9.2011 – III-2 Ws 566/11, StraFo 2011, 508; OLG Celle 16.10.2008 – 1 Ws 517/08, NStZ 2009, 175; OLG Hamm 14.11.2000 – 2 Ss 1013/2000, NStZ-RR 2001, 107; OLG Düsseldorf 15.9.1999 – 1 Ws 713/99, StV 2000, 409; LG Berlin 11.5.2009 – 525 Qs 63/09, NStZ 2010, 536.

[227] BGH 1.3.1955 – 5 StR 34/55, JR 1955, 189 (190); OLG Koblenz 11.2.1999 – 1 Ws 43/99, NStZ-RR 2000, 176; OLG Köln 26.3.1991 – 2 Ws 141/91, StV 1991, 294.

[228] OLG Jena 23.10.2003 – 1 Ss 232/03, StV 2004, 585 (Zivilverfahren); LG Essen 9.5.2011 – 56 Qs 25/11, StV 2011, 663.

[229] Ua BGH 1.3.1955 – 5 StR 34/55, JR 1955, 189 (190); OLG Hamm 22.4.2002 – 2 Ws 88/02, StraFo 2002, 293 (294); OLG Karlsruhe 25.2.1991 – 2 Ss 13/91, StV 1991, 199; LG Essen 8.8.1986 – 7 Qs 207/86, StV 1986, 427 (insbes. bei Indizienprozess); AK/*Stern* Rn. 41; KMR/*Haizmann* Rn. 34; Meyer-Goßner/*Schmitt* Rn. 27; *Molketin* StraFo 2008, 365 (368).

[230] LG Kiel 13.10.2006 – 31 Qs 87/06, StraFo 2007 28; LG Amberg 3.10.1986 – 3 Qs 183/86, StV 1986, 522; AK/*Stern* Rn. 41; Graf/*Wessing* Rn. 16.

[231] OLG Koblenz 29.4.1993 – 1 Ss 72/93, StV 1993, 461; KMR/*Haizmann* Rn. 34.

[232] LG Amberg 3.11.2010 – 52 Qs 88/10, StRR 2010, 442; LG Magdeburg 21.1.1998 – 28 QS 63 Js 84884/95, StV 1999, 532; unabhängig von Akteneinsicht: SK-StPO/*Wohlers* Rn. 40.

[233] LG Lübeck 10.11.2010 – 4 Qs 118/10, StV 2011, 664.

[234] SK-StPO/*Wohlers* Rn. 40.

[235] OLG Düsseldorf 23.1.1991 – 3 Ws 57/91, VRS 83 (1992), 193 (Zustellung).

[236] OLG Hamm 22.4.2002 – 2 Ws 88/02, StraFo 2002, 293 (294); Löwe/Rosenberg/*Lüderssen/Jahn* Rn. 76; SK-StPO/*Wohlers* Rn. 40.

41 Sind zwei Justizorgane hinsichtlich der Sachverhaltsermittlung uneinig, ist die Sachlage für einen Laien schwierig,[237] so nach stRspr, wenn die StA die Sachlage anders bewertet oder eine abweichende Beweiswürdigung vornimmt und daher **Berufung** einlegt.[238] Gleiches gilt bei divergierender Bewertung der Rechtsfolgenerwartung oder hinsichtlich einer Strafaussetzung zur Bewährung.[239] Darüber hinaus entsteht in der Berufungsinstanz (auch bei Einlegung durch den Beschuldigten) häufig eine schwierige Sachlage durch erneute und evtl. widersprüchliche Zeugenvernehmung (→ Rn. 39 f.).[240]

42 **b) Rechtslage.** Zur Schwierigkeit der Rechtslage existiert eine **umfangreiche Kasuistik** zu einzelnen Normen des StGB und besonders des Nebenstraf- bzw. OWi-Rechts, die kaum zu systematisieren ist. Der Begriff der schwierigen Rechtslage ist **weit auszulegen,** da entscheidend ist, ob die Rechtslage für einen Laien schwierig ist. Dies ist sie mindestens, wenn eine Rechtsfrage in Rspr. und Lit. str. ist oder wenn sie Abgrenzungs- oder Subsumtionsprobleme bereitet,[241] so bei **ungeklärten Fragen** des materiellen oder formellen Rechts; insbes. wenn sie diskutiert werden oder abweichende Rspr. existiert.[242] In diesen Fällen kann eine zusätzliche Schwierigkeit bei Vorliegen von Irrtumsproblematiken entstehen.[243] Es reicht aus, wenn eine hM existiert, diese aber umstr. ist.[244] Die Rechtslage ist auch schwierig, wenn transnationales Recht zu beachten ist,[245] so bei der Prüfung von Implikationen einer europäischen Richtlinie.[246]

43 Auch nicht umstr. rechtliche Fragen können schwierig sein, so die Anwendung von Normen mit einer umfangreichen Kasuistik,[247] zB § 56 StGB;[248] die Feststellung der Schadenshöhe bei Vermögensdelikten[249] oder die inzidente Prüfung zivilrechtlicher Ansprüche.[250] Eine **problematische Subsumtion** kann besonders bei schwierigen Abgrenzungen wie Versuch/Vollendung,[251] Rücktritt,[252] Prüfung einer Garantenstellung[253] oder Rechtsbegriffen wie „öffentliche Urkunde" entstehen.[254] Auch mittelbare Rechtsfolgen eines Urteils können, zB im Aufenthaltsrecht oder gemäß § 35 BtMG, auf eine Schwierigkeit der Rechtslage hindeuten (→ Rn. 33).[255]

44 Im prozessualen Recht sind ua Fragen der **Beweisverwertung** schwierig.[256] Schon die Voraussetzungen anerkannter (spezieller) Beweisverwertungsverbote sind häufig schwer zu

---

[237] OLG Düsseldorf 15.9.1999 – 1 Ws 713/99, StV 2000, 409; OLG Bremen 8.6.1955 – Ss 29/55, NJW 1955, 1529 (1530); AK/*Stern* Rn. 39; Meyer-Goßner/*Schmitt* Rn. 26a; *Molketin* StraFo 2008, 365 (367).

[238] OLG Köln 20.3.2001 – 1 Ss 259/00, StV 2004, 587 mwN; OLG Hamm 11.8.1988 – 4 Ss 716/88, StV 1989, 56; einschr. OLG Karlsruhe 24.5.2005 – 2 Ws 121/05, DAR 2005, 573.

[239] Rechtfolgen: OLG Düsseldorf 16.12.1987 – 3 Ws 732/87, StV 1988, 290; Meyer-Goßner/*Schmitt* Rn. 26a; Bewährung: OLG Frankfurt a. M. 29.10.1991 – 2 Ss 344/91, StV 1992, 220 mAnm *Temming*; KMR/*Haizmann* Rn. 33; aA zur Bewährung OLG Dresden 1.7.2005 – 2 Ss 173/05, NStZ-RR 2005, 318.

[240] OLG Köln 20.5.2003 – 2 Ws 309/03, StV 2004, 587; OLG Hamburg 13.1.1989 – 1 Ss 190/88, StV 1990, 12; OLG Hamm 5.11.1984 – I Ws 273/84, StV 1985, 447; AK/*Stern* Rn. 42.

[241] Bsp. bei *Molketin* StraFo 2003, 421.

[242] OLG Hamburg 29.1.2010 – 1 Ss 9/09, StV 2011, 655 (656); KG 30.7.2008 – 2 Ws 363/08, NJW 2008, 3449; OLG Stuttgart 8.11.2001 – 3 Ss 251/01, StV 2002, 298.

[243] KG 30.7.2008 – 2 Ws 363/08, NJW 2008, 3449.

[244] OLG Hamburg 29.1.2010 – 1 Ss 9/09, StV 2011, 655.

[245] LG Zweibrücken 2.12.2008 – QS 136/08, VRS 115 (2008), 360.

[246] LG Ellwangen 15.2.2010 – 1 Qs 14/10, StV 2011, 664 (665).

[247] SK-StPO/*Wohlers* Rn. 42.

[248] *Molketin* NStZ 1986, 136 (137).

[249] Vgl. *Molketin* StraFo 2003, 421 (422).

[250] OLG Hamburg 29.1.2010 – 1 Ss 9/09, StV 2011, 655.

[251] KK/*Laufhütte* Rn. 23.

[252] BayObLG 7.11.1990 – RReg 5 St 70/90, StV 1991, 294; AK/*Stern* Rn. 43.

[253] OLG Hamm 11.8.1988 – 4 Ss 716/88, StV 1989, 56.

[254] OLG Stuttgart 20.8.2007 – 2 Qs 31/07, StV 2007, 631; *Molketin* StraFo 2008, 365 (367).

[255] *Molketin* StraFo 2008, 365 (367).

[256] OLG Düsseldorf 7.2.2000 – a Ss 357/99 – 75/99 III, AnwBl 2002, 122; LG Aachen 4.3.1992 – 63 Qs 47/92, StV 1992, 371.

prüfen;[257] darüber hinaus können die Voraussetzungen oder das Verwertungsverbot selbst umstr. sein; so etwa der Richtervorbehalt bei § 81a StGB.[258]

Bei **divergierenden Rechtsmeinungen** bzw. Bewertungen zweier Instanzen oder Justizorgane ist die Rechtslage evident nicht eindeutig und somit für den Laien schwierig.[259] Daher ist die Verteidigung nach stRspr notwendig, wenn die StA Rechtmittel wegen anderer rechtlicher Bewertung (auch hinsichtlich der Bewährungsfrage) oder Ansicht etwa zum Vorliegen von Verfahrenshindernissen einlegt (→ Rn. 41),[260] bei einer Verfahrenseröffnung erst nach Beschwerde gem. § 210[261] oder in anderen Fällen unterschiedlicher Rechtsansichten zweier Gerichtsinstanzen.[262] 45

Die Verteidigung ist ferner notwendig, wenn **Verfahrenssituationen** eintreten (können), die mit der Rechtskenntnis eines Laien – ua in Ansehung von Formvorschriften – kaum zu bewältigen sind; zB wenn die Stellung von Beweisanträgen voraussichtlich nötig ist,[263] ein Wiedereinsetzungsantrag gestellt[264] oder eine Befangenheitsrüge erhoben werden muss.[265] Dies gilt wegen der schon für Juristen schwer zu erfüllenden formellen Anforderungen insbes. für die Begr. einer Sach- oder Verfahrensrüge in der **Revision**[266] und in gleichem Maße für die Prüfung der Erfolgsaussichten eines Rechtsmittels.[267] Die Gegenmeinung ist angesichts dessen, dass ein Laie schon bei der Differenzierung zwischen Berufung und Revision überfordert sein dürfte, abzulehnen.[268] Die Möglichkeit der Erklärung und Begründung eines Rechtsmittels zu Protokoll der Geschäftsstelle gleicht die Schwierigkeit der Rechtslage nicht aus; der Urkundsbeamte kann den Beschuldigten nicht beraten.[269] Nach aA ist entscheidend, ob die Rechtslage den Urkundsbeamten überfordert oder Akteneinsicht nötig ist.[270] Für **Annahmeberufungsbegr.** gelten dieselben Maßstäbe wie für die Revision.[271] Schwierig ist die Rechtslage auch, wenn verschiedene prozessuale Möglichkei- 46

---

[257] LG Koblenz 27.6.1990 – 1 Qs 233/90, StV 1990, 489; SK-StPO/*Wohlers* Rn. 43.

[258] Ua OLG Brandenburg 26.1.2009 – 1 Ws 7/09, NJW 2009, 1287; OLG Bremen 14.7.2009 – SsBs 15/09, NStZ-RR 2009, 353 (Ls.) = DAR 2009, 710.

[259] OLG Karlsruhe 20.3.2001 – 1 Ss 259/00, NStZ-RR 2002, 336 (337); HK-StPO/*Julius* Rn. 14.

[260] Ua OLG Jena 15.3.2011 – 1 Ss 1/11, StRR 2011, 126 (Ls.); OLG Karlsruhe 20.3.2001 – 1 Ss 259/00, NStZ-RR 2002, 336 jeweils mwN; KMR/*Haizmann* Rn. 33; SK-StPO/*Wohlers* Rn. 44; einschr. OLG Köln 2.2.2012 – 2 Ws 91/12, NStZ-RR 2012, 215 (Ls.); OLG Karlsruhe 24.5.2005 – 2 WS 121/05, DAR 2005, 573; aA KK/*Laufhütte* Rn. 23; vgl. auch BVerfG 30.10.2002 – 2 BvR 786/02, NJW 2003, 882.

[261] OLG Bremen 7.11.1956 – Ss 102/56, NJW 1957, 151; LG Koblenz 27.6.1990 – 1 Qs 233/90, StV 1990, 489; AK/*Stern* Rn. 43; SK-StPO/*Wohlers* Rn. 44.

[262] OLG Karlsruhe 20.3.2001 – 1 Ss 259/00, NStZ-RR 2002, 336 (337); BayObLG 11.10.1989 – RReg. 1 St 276/89, NStZ 1990, 142 (143); aA OLG Dresden 1.7.2005 – 2 Ss 173/05, NStZ-RR 2005, 318; KK/*Laufhütte* Rn. 23.

[263] OLG Hamm 14.11.2000 – 2 Ss 1013/2000, NStZ-RR 2001, 107 (108); OLG Zweibrücken 7.10.1981 – I Ws 301, 302/81, StV 1982, 128 (129); KMR/*Haizmann* Rn. 37.

[264] OLG Zweibrücken 7.10.1981 – I Ws 301, 302/81, StV 1982, 128 (129); KMR/*Haizmann* Rn. 37.

[265] LG Bremen 30.11.2004 – 12 Qs 474/04, StV 2005, 81; KMR/*Haizmann* Rn. 37; aA KK/*Laufhütte* Rn. 24.

[266] Ausf. OLG Saarbrücken 13.1.2009 – 1 Ws 212/08, StraFo 2009, 518 mN zur aA; OLG Düsseldorf 19.11.1985 – 1 Ws 1010/85, StV 1986, 143; ausf. *Balbier*, FS *Müller*, 2008, 15 (18 ff.); AK/*Stern* Rn. 48; Graf/*Wessing* Rn. 18; SK-StPO/*Wohlers* Rn. 45; *Dahs* NStZ 1982, 345; *Molketin* Jura 1992, 120 (123); Ziegler, FS ARGE Strafrecht, 2009, 930 (933); vgl. auch EGMR 25.9.1992 – PHOAM Hoang ./. Frankreich, EuGRZ 1992, 472 (473); nur Verfahrensrüge: OLG Koblenz 20.12.2006 – 2 Ws 801/06, StraFo 2007, 117; OLG Schleswig 25.10.1988 – 2 Ws 400/88, StV 1990, 12; einschr. KK/*Laufhütte* Rn. 5; aA OLG Karlsruhe 18.9.2006 – 3 Ws 351/06, StraFo 2006, 497; OLG Koblenz 31.1.1983 – 1 Ws 57/83, wistra 1983, 122; Meyer-Goßner/*Schmitt* Rn. 29.

[267] OLG Saarbrücken 13.1.2009 – 1 Ws 212/08, StraFo 2009, 518; AK/*Stern* Rn. 49; *Dahs* NStZ 1982, 345; *Ziegler*, FS ARGE Strafrecht, 2009, 930 (933); offen: KG 8.8.2006 – 5 Ws 284, 348–355/06, NStZ 2007, 663; aA zum Auffinden von Verfahrensfehlern: OLG Koblenz 20.12.2006 – 2 Ws 801/06, StraFo 2007, 117; OLG Schleswig 19.10.1993 – 1 Ws 389/93, SchlHA 1995, 6; OLG Köln 11.8.1989 – 1 Ws 22/89, VRS 78 (1990), 119; Meyer-Goßner/*Schmitt* Rn. 29.

[268] OLG Saarbrücken 13.1.2009 – 1 Ws 212/08, StraFo 2009, 518; *Balbier*, FS Müller, 2008, 15 (17 f.).

[269] Balbier, FS Müller, 2008, 15 (20 f.).

[270] KG 8.8.2006 – 5 Ws 284, 348–355/06, NStZ 2007, 663; OLG Hamm 5.2.1981 – 1 Ws 15/81, NStZ 1982, 345 mit abl. Anm. *Dahs*; HK-StPO/*Julius* Rn. 14; Meyer-Goßner/*Schmitt* Rn. 29.

[271] KMR/*Haizmann* Rn. 37; Meyer-Goßner/*Schmitt* Rn. 29a.

ten – Abschluss einer Verständigung; Zustimmung zu Verfahrenseinstellungen – abgewogen werden müssen.[272]

47 **3. Unfähigkeit zur Selbstverteidigung.** Die Verteidigung ist notwendig, wenn zu bezweifeln ist, dass der Beschuldigte seine Interessen selbst wahren und inner- und außerhalb der Hauptverhandlung alle zur Verteidigung erforderlichen Handlungen selbst vornehmen kann. **Zweifel** können aufgrund seiner **individuellen Fähigkeiten, Einschränkungen** aufgrund seiner speziellen **Situation** bestehen. Die Möglichkeit, der Verhandlung zu folgen und sich sachgemäß zu äußern, schließt die Einschränkung der Verteidigungsfähigkeit nicht aus, da Verteidigung mehr beinhaltet.[273] Eine gänzliche Verteidigungsunfähigkeit muss für ein Erfülltsein der Bestellungsvoraussetzungen nicht vorliegen.

48 Der Beschuldigte kann im Falle einer Inhaftierung – jenseits der Voraussetzungen des Abs. 1 – in seiner Selbstverteidigungsfähigkeit eingeschränkt sein;[274] ebenfalls bei Verhandlungen oder Terminen in Abwesenheit des Beschuldigten jenseits des § 231a.[275] Im Falle **verteidigter Mitangeklagter** befindet sich der unverteidigte Beschuldigte angesichts der strukturellen Unterlegenheit des Unverteidigten ebenfalls in einer Lage, die die Verteidigung notwendig machen kann;[276] zwingend ist dies der Fall, wenn dem Mitangeklagten ein Verteidiger bestellt wurde[277] oder die Möglichkeit gegenseitiger Belastungen besteht.[278]

49 Wenn die **Schuldfähigkeit** in Frage steht, ist stets eine Verteidigungsunfähigkeit des Beschuldigten anzunehmen;[279] Ausnahmen ergeben sich nur bei eingeschränkter Schuldfähigkeit wegen Alkohol- oder Drogeneinfluss zur Tatzeit ohne Abhängigkeit. Gleichfalls ist die Verteidigungsfähigkeit regelmäßig durch eine **Suchterkrankung** im Zeitpunkt des Verfahrens oder bei suchtbedingten Folgebeeinträchtigungen eingeschränkt.[280] Dies gilt wegen des strafrechtlichen Bezugs insbes. bei BtM-Abhängigkeit.[281] Lernschwierigkeiten und andere **kognitive Einschränkungen** legen die Annahme des Abs. 2 ebenfalls nahe.[282] Die Beeinträchtigung muss sich dabei nicht im pathologischen Bereich bewegen; Anhaltspunkt kann eine fehlende oder niedrige Schulbildung oder eine bestehende Betreuung sein.[283] Die Betreuung durch einen Rechtsanwalt lässt wegen dessen eingeschränkten Aufgabenkreises die Notwendigkeit der Verteidigung nicht entfallen.[284] Bei **psychischen Beeinträchtigungen** ist die Art und der Grad der Beeinträchtigung entscheidend; zu bejahen ua bei einer dissozialen Persönlichkeitsstörung[285] oder Schizophrenie.[286] Die Fest-

[272] LG Essen 8.2.1988 – 6/6 Qs 69/87, StV 1988, 381; SK-StPO/*Wohlers* Rn. 43.

[273] OLG Hamm 23.6.2005 – 4 Ws 267/05, StraFo 2005, 391; OLG Celle 20.12.1985 – 1 Ss 461/85, StV 1986, 142 (143).

[274] AK/*Stern* Rn. 56; HK-StPO/*Julius* Rn. 16.

[275] OLG Zweibrücken 28.1.1986 – 1 Ss 30/86, NStZ 1987, 89 m. zust. Anm. *Molketin*; AK/*Stern* Rn. 55; SK-StPO/*Wohlers* Rn. 48; *Molketin* AnwBl 1995, 527 (532).

[276] OLG Hamm 24.4.2008 – 2 Ss 164/08, StV 2009, 85; OLG Celle 30.8.2005 – 22 Ss 59/05, StV 2006, 686 (687); LG Magdeburg 29.9.2010 – 21 Qs 805 Js 70914/10, StV 2011, 664; insbes. bei Jugendlichen: AG Saalfeld 29.1.2002 – 611 Js 42389/00 2 Ds jug., NStZ-RR 2002, 119; KK/*Laufhütte* Rn. 24; KMR/*Haizmann* Rn. 38; Reformvorschlag zu Abs. 1: *Graalmann-Scheerer* StV 2011, 696 (698).

[277] LG Kassel 11.2.2010 – 3 Qs 27/10, StRR 2010, 347.

[278] LG Freiburg 28.5.2009 – 3 Qs 73/09, StraFo 2009, 384; LG Kiel 10.10.2008 – 32 QS 146/08, StV 2009, 236.

[279] OLG Nürnberg 25.7.2007 – 2 Ws 452/07, NStZ-RR 2008, 253; OLG Celle 19.1.2007 – 1 Ws 6/07, StV 2007, 375; OLG Hamm 23.11.1983 – 1 Ws 172/83, StV 1984, 66; Graf/*Wessing* Rn. 20; SK-StPO/*Wohlers* Rn. 47.

[280] OLG Düsseldorf 22.11.2000 – 2 a Ss 332/00-83/00 II, StV 2002, 236; OLG Düsseldorf 6.7.1994 – 5 Ss 232/94 – 77/94 I, NStZ 1995, 147 (148); LG Berlin 13.4.2011 – 528 Qs 43 und 44/11, StraFo 2012, 15; LG Heilbronn 3.5.1983 – I Qs 305/83, StV 1983, 277; HK-StPO/*Julius* Rn. 20; KMR/*Haizmann* Rn. 39.

[281] KG 15.3.1990 – 4 Ws 42/90, StV 1990, 298; LG Hamburg 7.6.1985 – 40 Qs 15/85, StV 1985, 453.

[282] OLG Nürnberg 25.7.2007 – 2 Ws 452/07, NStZ-RR 2008, 253; OLG Köln 29.4.2003 – Ss 151/03, StraFo 2003, 420; LG Berlin 11.1.1983 – 503 Qs 2/83, StV 1983, 99.

[283] OLG Hamm 14.8.2003 – 2 Ss 439/03, NJW 2003, 3286; OLG Köln 29.4.2003 – Ss 151/03, StraFo 2003, 420; OLG Köln 21.11.1989 – Ss 572/89, StV 1991, 151.

[284] OLG Nürnberg 25.7.2007 – 2 Ws 452/07, NStZ-RR 2008, 253.

[285] OLG Hamm 5.11.1999 – 2 Ws 325, 326/99, NStZ-RR 2000, 113.

[286] KG 9.3.2006 – 5 Ws 563/05, StV 2007, 372 (375); LG Bochum 20.6.2003 – 10 Qs 28/03, ZfSch 2003, 470.

stellung eingeschränkter Verteidigungsfähigkeit kann sich auch aus dem **Prozessverhalten** ergeben, wenn darin ein Mangel eigener Interessenswahrnehmung zum Ausdruck kommt – zB im Falle unverständlichen und zugleich nachteiligen Prozessverhaltens,[287] bzw. bei offensichtlicher Verkennung der prozessualen Situation.[288] Maßstab muss dabei das Verteidigungsziel des Beschuldigten sein; es kommt auf seine subjektiven Interessen und nicht auf eine objektiv-paternalistische Bestimmung an.[289]

Auch **körperliche Einschränkungen,** ua Einschränkungen der Sehfähigkeit, können unter diese Alternative fallen;[290] eine speziellere Regelung findet sich in S. 2 (→ Rn. 53). Mehr noch als in anderen Fällen des Abs. 2 ist hier zur Vermeidung einer Bevormundung auf eine aufgezwungene Verteidigung zu verzichten.[291] Entscheidungen, nach denen eine Angekl. wegen ihrer wahrnehmbaren Schwangerschaft in ihrer Verteidigung gehemmt sein soll, dürften veraltet sein;[292] eine psychische Belastung als Folge körperlicher Zustände ist jedoch zu beachten.[293] 50

Die Verteidigungsfähigkeit ist auch durch fehlende **Sprachbeherrschung** bzw. fehlende oder eingeschränkte **Lese- und Schreibfähigkeiten** eingeschränkt.[294] Dabei kommt es nicht nur auf die Verteidigung in der mündlichen Hauptverhandlung, sondern auch auf vorherige Verfahrensstadien und die Vorbereitung der Hauptverhandlung an. Die Sprachkenntnisse müssen nicht nur ausreichen, zu verstehen und sich zu äußern, sondern auch zur sachgerechten Verteidigung.[295] 51

Bei Personen, die nicht ausreichend der **deutschen Sprache** mächtig sind, ist fraglich, wann die Hinzuziehung eines **Dolmetschers** die Einschränkung ausgleicht. Nach neuerer Rspr. ist die Beiordnung nicht mehr für die Erstattung der Dolmetscherkosten notwendig (Art. 6 Abs. 3 lit. e EMRK).[296] Zur sachgerechten Verteidigung bedarf es trotzdem zusätzlich häufig eines Verteidigers;[297] insbes. zur Befragung von Zeugen und Würdigung der Aussagen.[298] Die Verteidigung ist stets notwendig, wenn Anhaltspunkte für andere Varianten des Abs. 2 vorliegen, ohne dass diese alleine ausreichen,[299] oder wenn kein Dolmetscher in der Muttersprache des Beschuldigten verfügbar ist.[300] Auch Gründe, die in der Person des Beschuldigten liegen, können in der Kombination mit Sprachschwierigkeiten zur Verteidigungsunfähigkeit führen, etwa im Falle einer geringen Schulbildung[301] oder fehlender Kenntnisse der deutschen Rechtskultur;[302] ebenso die sozial und finanziell schwierige Situation eines Asylbewerbers.[303] Bei einem Ausgewiesenen ist die Verteidigung notwendig, weil 52

---

[287] OLG Zweibrücken 14.2.1985 – 1 Ss 259/84, NStZ 1986, 135 mAnm *Molketin* (Schweigen zu bewährungsrelevanten Umständen, wenn Berufung mit dem Ziel der Bewährung eingelegt wurde); OLG Frankfurt a. M. 17.4.1984 – 2 Ss 82/84, StV 1984, 370.

[288] OLG Celle 12.11.1996 – 1 Ss 270/96, StV 1997, 624; Meyer-Goßner/*Schmitt* Rn. 30.

[289] Graf/*Wessing* Rn. 19; SK-StPO/*Wohlers* Rn. 47.

[290] RG 7.10.1940 – 2 D 471/40, RGSt 74, 304 (306).

[291] Vgl. *Werner* NStZ 1988, 346 (347).

[292] So OLG Düsseldorf 17.10.1963 – (1) Ss 656/63, NJW 1964, 877.

[293] LG Düsseldorf 27.3.1996 – XII Qs 65/96, StraFo 1996, 126; *Dencker* StV 1992, 125 (132).

[294] LG Schweinfurt 30.1.2009 – 1 Qs 11/09, StraFo 2009, 105; Legastheniker: LG Hildesheim 9.11.2007 – 12 Qs 57/07, StraFo 2008, 75; OLG Celle 14.2.1983 – 3 Ws 45/83, StV 1983, 187; OLG Celle 1.9.1992 – 1 Ss 256/92, StV 1994, 8; einschr. LG Verden 29.3.2011 – 1 Qs 34/11, VRR 2011, 163.

[295] Vgl. KG 16.7.1985 – 4 Ws 170/85, StV 1985, 448 (449).

[296] BGH 26.10.2000 – 3 StR 6/00, BGHSt 46, 178 = NJW 2001, 309; § 137 Rn. 11 mwN.

[297] KMR/*Haizmann* Rn. 40; *Molketin* StraFo 2003, 421 (423) mwN; *Sättele* StV 1998, 328 (329).

[298] OLG Frankfurt a. M. 10.1.2008 – 2 Ss 383/07, StV 2008, 291; OLG Karlsruhe 28.6.2005 – 2 Ws 166/05, StV 2005, 656; OLG Frankfurt a. M. 23.3.1995 – 3 Ws 211/95, StV 1997, 573 (574); LG Hamburg 10.2.2010 – 601 Qs 9/10, StV 2010, 514; KK/*Laufhütte* Rn. 24.

[299] Ua AG Offenbach 18.8.2000 – 29 XIV 461/00, InfAuslR 2001, 349.

[300] OLG Celle 4.8.1987 – 3 Ws 309/87, NStZ 1987, 521; LG Verden 19.6.1989 – 1 Qs 120/89, StV 1990, 60; LG Flensburg 4.4.1989 – I Qs 25/89, StV 1990, 59; *Sättele* StV 1998, 328 (329); vgl. auch OLG Stuttgart 10.1.2001 – 4 Ws 1/01, StV 2001, 329 (330).

[301] OLG Karlsruhe 28.6.2005 – 2 Ws 166/05, StV 2005, 656.

[302] OLG Karlsruhe 30.9.2002 – 2 SS 141/02, StraFo 2002, 193 (194); OLG Karlsruhe 23.5.1991 – 3 Ss 65/91, NStZ 1991, 504; OLG Köln 1.4.1986 – Ss 168/86, StV 1986, 238.

[303] OLG Karlsruhe 23.5.1991 – 3 Ss 65/91, NStZ 1991, 504.

die Rechtslage hinsichtlich der Einreise zur Prozessteilnahme schwierig ist.[304] Bedenklich erscheint die Rspr., nach der die fehlende Übersetzung der Anklageschrift im Zwischenverfahren unter Verstoß gegen Art. 6 Abs. 3 lit. a EMRK durch eine Verteidigerbeiordnung ausgeglichen werden kann.[305]

53 **4. S. 2 – Hör- und sprachbeeinträchtigte Beschuldigte.** S. 2 wurde 1988 als Ersatz der zugleich gestrichenen Nr. 4 des Abs. 1 eingefügt und 2002 in seinen heutigen Wortlaut reformiert.[306] Aufgrund der Kritik von Betroffenenverbänden an der alten Gesetzeslage ist nunmehr der Antrag des Beschuldigten entscheidend und keine generelle Verteidigungsunfähigkeit zu vermuten.[307] Liegt ein Antrag nach S. 2 vor, muss ein Verteidiger bestellt werden; ohne Antrag ist weiterhin eine Prüfung von Amts wegen vorzunehmen,[308] wobei die gesetzgeberische Wertung des S. 2 zu beachten ist. Der Beschuldigte ist auf die Antragsmöglichkeit frühzeitig hinzuweisen. Auch dem Antrag einer blinden oder stark seheingeschränkten Person ist idR zu entsprechen.[309] Die Wahlmöglichkeit der Verständigungsform für Personen mit Hör- oder Sprachhandicap ist in § 186 GVG, das Recht auf eine Zugänglichkeit der Schriftstücke für blinde und sehbehinderte Personen in § 191a GVG geregelt.

54 **5. Jugendliche und Heranwachsende.** Nach § 68 Nr. 1 JGG gilt § 140 auch für Jugendliche und ist nach hM **extensiv** auszulegen, da Jugendliche wegen der Bedeutung des Verfahrens für ihre Entwicklung besonders schutzbedürftig und aufgrund geringerer Handlungskompetenz weniger zur Interessenswahrnehmung in der Lage sind.[310] Eine extensive Auslegung ist zu befürworten, wobei bei sorgfältiger Anwendung der Kriterien des Abs. 2 bei Jugendlichen und Heranwachsenden ohnehin die Verteidigung idR notwendig sein dürfte.[311]

55 Die speziellen Regelungen des JGG können zu einer schwierigen **Sach- und Rechtslage** führen, insbes. mit Blick auf die §§ 3, 105 JGG und die Rechtsmittelbeschränkungen des Jugendrechts.[312] Als Folge der geringen Lebenserfahrung und dem sprachlich-intellektuellen Entwicklungsstand der beschuldigten Jugendlichen und Heranwachsenden dürfte eine angemessene Selbstverteidigung auch in einfach gelagerten Verfahren zumeist ausgeschlossen sein.[313] Bei unter 16jährigen kann nicht von einer grds. uneingeschränkten **Verteidigungsfähigkeit** ausgegangen werden.[314] Eine **Schwere der Tat** ist bereits bei der möglichen Verhängung von Jugendstrafe gegeben, da einer Freiheitsstrafe für den weiteren Lebensweg erhebliche Auswirkungen zukommen.[315] Wenn Anhaltspunkte für eine Variante des Abs. 2 vorliegen, muss das jugendliche Alter stets als **zusätzlicher Gesichtspunkt**

---

[304] OLG Stuttgart 3.8.2004 – 1 Ss 132/04, NStZ-RR 2004, 338; Meyer-Goßner/*Schmitt* Rn. 30a.

[305] OLG Frankfurt a. M. 10.1.2008 – 2 Ss 383/07, StV 2008, 291; OLG Karlsruhe 28.6.2005 – 2 Ws 166/05, StV 2005, 655 (656) (*„Bestellung geboten"*); OLG Karlsruhe 17.10.2002 – 3 Ss 102/00, StV 2002, 299; KK/*Laufhütte* Rn. 24; Meyer-Goßner/*Schmitt* Rn. 30a.

[306] BGBl. 1988 I 606; BGBl. 2002 I 2850.

[307] BT-Drs. 11/1933; *Werner* NStZ 1988, 346.

[308] OLG Düsseldorf 8.9.1997 – 5 Ss 276/97 – 81/97 I, StraFo 1997, 335.

[309] AK/*Stern* Rn. 59; HK-StPO/*Julius* Rn. 16; KK/*Laufhütte* Rn. 11; *Hamm* NJW 1988, 1820 (1822).

[310] Ausf. LG Bremen 22.10.2003 – 15 Qs 329/03, NJW 2003, 3646; OLG Schleswig 18.4.2008 – 2 Ss 32/08, StV 2009, 86; OLG Hamm 26.4.2004 – 2 Ss 54/04, StV 2005, 57 mAnm *Theiß* mwN; OLG Brandenburg 28.11.2001 – 1 Ss 46/01, NStZ-RR 2002, 184; *Spahn* StraFo 2004, 82 (83); *Beulke*, FS Böhm, 1999, 647; aA OLG Hamm 14.5.2003 – 3 Ss 1163/02, NJW 2004, 1338.

[311] *Theiß* StV 2005, 58 (59).

[312] Ausf. LG Bremen 22.10.2003 – 15 Qs 329/03, NJW 2003, 3646; OLG Saarbrücken 3.5.2006 – 1 Ws 87/06, StV 2007, 9 (10); OLG Hamm 26.4.2004 – 2 Ss 54/04, StV 2005, 57 (58); *Eisenberg* JGG § 68 Rn. 23; *Gau* StraFo 2007, 315 (317); *Schaffstein/Beulke* S. 218; zwingend, wenn §§ 3 od. 105 JGG fraglich: *Spahn* StraFo 2004, 82 (83).

[313] *Gau* StraFo 2007, 315 (317).

[314] AK/*Stern* Rn. 72; *Schaffstein/Beulke* S. 219.

[315] LG Gera 24.7.1998 – 671 Js 18603/97-4 Ns, StV 1999, 655; LG Gera 25.5.1998 – 651 JS 40638/97-4 Ns, StV 1999, 654; ausf. *Gau* StraFo 2007, 315 mwN; Kölner Richtlinien NJW 1989, 1024 (1026); AK/*Stern* Rn. 74; KMR/*Haizmann* Rn. 47; *Eisenberg* JGG § 68 Rn. 24; *Spahn* StraFo 2004, 82 (83); *Beulke*, FS

mitbeachtet werden.[316] Nach alldem müsste in gerichtlichen Entscheidungen eher das Absehen von einer Verteidigerbestellung besonders begründet werden als die Bestellung eines Verteidigers.[317] Demgegenüber findet eine weitaus größere Zahl der Verfahren nach dem JGG – im Vergleich zu Erwachsenenverfahren – ohne Verteidiger statt.[318] Die **JGH** ist kein Ersatz für eine Verteidigung;[319] ein Fehlen ihrer Mitwirkung kann jedoch zusätzlich für die Bestellung eines Verteidigers sprechen.[320] Wurde nach § 137 Abs. 2 ein Verteidiger gewählt, der nicht das Vertrauen des Beschuldigten genießt, ist die Mitwirkung eines weiteren Verteidigers notwendig.[321]

VI. Rechtsfolgen

Zur Beschwerde und Verfassungsbeschwerde gegen die Verneinung der Voraussetzungen 56
des § 140 oder die Rücknahme einer Beiordnung: § 141 Rn. 31 ff.

1. Verwertungsverbote. Verzichtet der Beschuldigte wegen Mittellosigkeit auf den 57
Beistand eines Verteidigers und wird er im Rahmen des **§ 136 Abs. 1** nicht über die Möglichkeit der Verteidigerbestellung belehrt, liegt darin ein Verstoß gegen die effektive Umsetzung des Rechts auf Beistand und ist entspr. zu behandeln wie die Verhinderung einer Kontaktaufnahme zum Verteidiger.[322] Die Abwesenheit des notwendigen Verteidigers bei Terminen im **Ermittlungsverfahren** kann zu Beweisverwertungsverboten führen.[323]

2. Revision. Erwägt der Vorsitzende das Vorliegen einer notwendigen Verteidigung 58
und kommt er zu einem negativen Erg., ist dieses im Interesse einer **Überprüfbarkeit** der Prozessordnungsgemäßheit des Verfahrens in der Akte bzw. im Protokoll festzuhalten.[324] Das Vorliegen der unbestimmten Rechtsbegriffe des Abs. 2 ist für das Revisionsgericht vollumfänglich überprüfbar (→ Rn. 27).

Ist die Verteidigung notwendig, liegt der absolute Revisionsgrund des **§ 338 Nr. 5** vor, 59
wenn wesentliche Bestandteile der Hauptverhandlung (→ Rn. 9) ohne Verteidiger stattfinden.[325] Sofern ein Hauptverhandlungsbestandteil wesentlich ist, ist die Dauer der Abwesenheit des Verteidigers irrelevant; ausreichend ist bereits die Abwesenheit von einer Minute.[326] Es kommt nicht darauf an, ob der bestellte Verteidiger fernbleibt, kein Verteidiger bestellt wurde oder ob der Wahlverteidiger fernbleibt.[327] Der Revisionsgrund liegt nur vor, wenn kein Verteidiger anwesend ist; bei Fehlen eines von mehreren Verteidigern können jedoch **§ 338 Nr. 8** oder **§ 337** eingreifen. Wurde ein Verteidiger bestellt, steht damit bis zu einer Rücknahme der Bestellung unwiderleglich fest, dass die Verteidigung notwendig ist.[328]

Böhm, 1999, 647 (652); *Schmitz-Justen*, FS ARGE Strafrecht, 2009, 819 (823); offen: OLG Hamm 26.3.2009 – 5 Ws 91/09, StV 2010, 67; OLG Hamm 19.11.2007 – 2 Ss 322/07, StV 2009, 85 (86); OLG Hamm 26.4.2004 – 2 Ss 54/04, StV 2005, 57 mAnm *Theiß* mwN; aA OLG Saarbrücken 3.5.2006 – 1 Ws 87/06, StV 2007, 9 (10); OLG Hamm 14.5.2003 – 3 Ss 1163/02, NJW 2004, 1338.

[316] OLG Karlsruhe 18.9.2006 – 3 Ws 351/06, StraFo 2006, 497.

[317] LG Bremen 22.10.2003 – 15 Qs 329/03, NJW 2003, 3646; Kölner Richtlinien NJW 1989, 1024 (1025); *Schmitz-Justen*, FS ARGE Strafrecht, 2009, 819 (823).

[318] *Gau* StraFo 2007, 315 (316); *Schmitz-Justen* StraFo 1997, 307: *Ostendorf* StV 1998, 297 (301 f.); *Beulke*, FS Böhm, 1999, 647 (649).

[319] LG Bremen 22.10.2003 – 15 Qs 329/03, NJW 2003, 3646; OLG Oldenburg VRS 78 (1990), 292; Kölner Richtlinien NJW 1989, 1024 (1025).

[320] LG Bremen 22.10.2003 – 15 Qs 329/03, NJW 2003, 3646; *Eisenberg* JGG § 68 Rn. 26.

[321] § 137 Rn. 37, 39; AK/*Stern* Rn. 76; *Eisenberg* JGG § 68 Rn. 20; *Schaffstein/Beulke* S. 219.

[322] Abwägung: BGH 18.10.2005 – 1 StR 114/05, NStZ 2006, 236 (237); BGH 22.11.2001 – 1 StR 220/01, BGHSt 47, 172 = NJW 2002, 975; → § 137 Rn. 15.

[323] SK-StPO/*Wohlers* § 141 Rn. 36; offen: BGH 18.10.2005 – 1 StR 114/05, NStZ 2006, 236 (237).

[324] Radke/Hohmann/*Reinhart* Rn. 7; *Burgard* NStZ 2000, 242 (245).

[325] BGH 24.1.1961 – 1 StR 132/60, BGHSt 15, 306 = NJW 1961, 740; BGH 30.3.1983 – 2 StR 173/82, NStZ 1983, 375.

[326] OLG Bremen 14.7.2009 – Ss Bs 15/09, DAR 2009, 710.

[327] BGH 24.1.1961 – 1 StR 132/60, BGHSt 15, 306 (308) = NJW 1961, 740; OLG Hamm 20.11.1992 – 4 Ss 1121/92, StV 1993, 180.

[328] BVerfG 18.10.1983 – 2 BvR 462/82, BVerfGE 65, 171 = NJW 1984, 113 (114).

Bei allen wesentlichen Teilen der Hauptverhandlung ist ein Beruhen des Urteils auf der Abwesenheit des Verteidigers denkgesetzlich nicht ausgeschlossen; dies gilt selbst für die Urteilsverkündung.[329] Ein Revisionsgrund liegt jedoch nicht vor, wenn die Verlesung des BZR-Auszugs in Abwesenheit des Verteidigers stattfand und nur zu Gunsten des Angekl. im Urteil verwertet wird.[330]

60 Die Anwesenheit des Verteidigers ist weder für den Angekl. noch für den Verteidiger **disponibel.**[331] Geheilt werden kann eine Abwesenheit von der Hauptverhandlung nur durch Wiederholung der in Rede stehenden Teile; eine Unterrichtung des Verteidigers über den Inhalt der versäumten Teile genügt nicht.[332] Auch ein Verzicht auf die Wiederholung bewirkt keine Heilung.[333] Dementspr. kann das Rügerecht nicht verwirkt werden; weder durch Verzicht noch durch anderes Verteidigerverhalten.[334] Auch eine Beurlaubung nach **§ 231c** lässt den Verstoß nicht entfallen; § 231c hebt § 140 nicht auf.[335] Erst recht besteht ein Revisionsgrund, wenn während der Abwesenheit Verfahrensteile stattfinden, die nicht im Beurlaubungsbeschl. genannt sind – auch wenn diese nur Mitangekl. betreffen.[336]

61 Der Verstoß gegen § 140 muss mit den entspr. **Darlegungen** gerügt werden.[337] Es muss dargelegt werden, welche Verfahrensbestandteile ohne Verteidiger stattgefunden haben,[338] und es müssen Angaben zur Notwendigkeit der Verteidigung gemacht werden.[339] Da § 140 von Amts wegen beachtet werden muss, kommt es nicht auf das Vorliegen eines Antrags auf Bestellung oder Anwesenheit des Verteidigers an; mangels Zuständigkeit des Kollegialspruchkörpers bei der Beiordnung auch nicht auf einen Antrag nach § 238 Abs. 2.[340] Ausreichend ist, wenn die Tatsachen, aus denen sich die Notwendigkeit der Verteidigung ergibt, mitgeteilt werden;[341] dies sollte im Interesse der Überprüfbarkeit einer Entscheidung nach Abs. 2 möglichst detailliert geschehen.[342] Die Abwesenheit des Verteidigers in der Hauptverhandlung ergibt sich unwiderleglich aus dem Protokoll.[343] Erhebt der Angekl. die Revision **zu Protokoll der Geschäftsstelle,** sind an das Rügevorbringen keine allzu hohen Anforderungen zu stellen, da genau in der Verteidigung ohne rechtlichen Beistand seine Beschwer liegt. In diesem Fall reicht die Angabe, dass kein Verteidiger beigeordnet wurde, wenn die sachlichen und persönlichen Gründe, aus denen sich die Notwendigkeit der Verteidigung ergibt, deutlich werden.[344]

62 Das Urteil ist **insgesamt aufzuheben,** wenn die Verteidigung wegen einzelner Verfahrensbestandteile notwendig war (→ Rn. 5).[345] Betrifft das Urteil mehrere Tatvorwürfe,

---

[329] OLG Oldenburg 27.12.1994 – Ss 547/94, StV 1995, 345 (346).

[330] BGH 31.7.1992 – 4 StR 250/92, BGHR StPO § 338 Beruhen 1.

[331] BayObLG 8.2.1990 – RReg. 3 St 11/90, NStZ 1990, 250; OLG Hamm 4.3.1998 – 2 Ss 201/98, NStZ-RR 1998, 243; KK/*Laufhütte* Rn. 4; *Pfeiffer* Rn. 2; SK-StPO/*Wohlers* Rn. 67.

[332] BGH 1.4.1981 – 2 StR 791/80, BGHSt 30, 74 (76) = NJW 1981, 1568; BGH 29.6.1956 – 2 StR 252/56, BGHSt 9, 243 (244) = NJW 1956, 1366; RG 23.11.1905 – 1476/05, RGSt 38, 216 (217 f.); SK-StPO/*Wohlers* Rn. 67 mwN.

[333] Vgl. OLG Köln 25.3.1999 – SS 125/99, StV 2001, 330; OLG Zweibrücken 6.11.1985 – 2 Ss 198/85, StV 1986, 240 (241); AK/*Stern* Rn. 92.

[334] OLG Zweibrücken 11.10.2004 – 1 SS 171/04, StV 2005, 491; OLG Köln 25.3.1999 – SS 125/99, StV 2001, 330; AK/*Stern* Rn. 92; vgl. auch BGH 17.12.1987 – 4 StR 440/87, BGHSt 35, 164 (165) = NJW 1988, 1333; offen zu *„missbräuchlichem Verhalten"*: BGH 10.12.1997 – 3 StR 441/97, NStZ 1998, 267; OLG Hamburg 29.1.2010 – 1 Ss 9/09, StV 2011, 655 (656); aA BGH 26.11.1997 – 5 StR 561/97, NStZ 1998, 209 (obiter dictum).

[335] BGH 5.10.1982 – 1 StR 174/82, NStZ 1983, 34.

[336] BGH 21.2.1985 – 1 StR 7/85, StV 1985, 354 mAnm *Rogall.*

[337] AK/*Stern* Rn. 89.

[338] Vgl. BGH 19.10.1982 – 5 StR 670/82, NStZ 1983, 36.

[339] OLG Bremen 14.7.2009 – Ss Bs 15/09, DAR 2009, 710.

[340] AK/*Stern* Rn. 92.

[341] OLG Köln 15.11.1988 – Ss 628/88, NStE Nr. 17 zu § 140; *Pfeiffer* Rn. 9.

[342] Vgl. OLG Köln 30.5.1997 – Ss 219/97, NStZ-RR 1997, 336.

[343] BGH 11.8.2004 – 3 StR 202/04, NStZ 2005, 46; BGH 9.10.1985 – 3 StR 473/84, wistra 1986, 72; BGH 30.3.1983 – 2 StR 173/82, NStZ 1983, 375.

[344] BGH 1.3.1955 – 5 StR 34/55, JR 1955, 189 (190).

[345] RG 16.11.1934 – 4 D 1273/34, RGSt 68, 397 (398).

kann eine Teilaufhebung erfolgen, wenn die Abwesenheit des Verteidigers nur Verfahrensbestandteile betraf, die lediglich für einzelne Tatvorwürfe von Relevanz sind.[346]

Bei fehlender Verteidigung **außerhalb der Hauptverhandlung,** die sich auf die Hauptverhandlung auswirkt, kann **§ 338 Nr. 8** vorliegen; ebenso, wenn aufgrund einer Terminentscheidung ein konkreter Verteidiger nicht anwesend sein kann.[347] Über den Wortlaut des § 338 Nr. 8 hinaus sind dabei (beschränkende) Entscheidungen des Vorsitzenden ausreichend.[348] Wurde keine Verfahrensrüge hinsichtlich § 338 Nr. 5 erhoben, kann das Urteil nach **§ 337** iVm §§ 140 ff. aufgehoben werden, da nicht auszuschließen ist, dass das Urteil bei Mitwirkung eines Verteidigers anders ausgefallen wäre.[349] Ebenfalls kann ein Beruhen des Urteils auf einem Verstoß gegen § 140 außerhalb der Hauptverhandlung nicht ausgeschlossen werden, da der Gang des Ermittlungs- und Zwischenverfahrens in der Hauptverhandlung regelmäßig fortwirkt.[350] 63

§ 141 [Bestellung eines Verteidigers]

(1) In den Fällen des § 140 Abs. 1 Nr. 1 bis 3, 5 bis 9 und Abs. 2 wird dem Angeschuldigten, der noch keinen Verteidiger hat, ein Verteidiger bestellt, sobald er gemäß § 201 zur Erklärung über die Anklageschrift aufgefordert worden ist.

(2) Ergibt sich erst später, dass ein Verteidiger notwendig ist, so wird er sofort bestellt.

(3) [1]Der Verteidiger kann auch schon während des Vorverfahrens bestellt werden. [2]Die Staatsanwaltschaft beantragt dies, wenn nach ihrer Auffassung in dem gerichtlichen Verfahren die Mitwirkung eines Verteidigers nach § 140 Abs. 1 oder 2 notwendig sein wird. [3]Nach dem Abschluß der Ermittlungen (§ 169a) ist er auf Antrag der Staatsanwaltschaft zu bestellen. [4]Im Fall des § 140 Abs. 1 Nr. 4 wird der Verteidiger unverzüglich nach Beginn der Vollstreckung bestellt.

(4) Über die Bestellung entscheidet der Vorsitzende des Gerichts, das für das Hauptverfahren zuständig oder bei dem das Verfahren anhängig ist, oder das Gericht, das für eine von der Staatsanwaltschaft gemäß § 162 Absatz 1 Satz 1 oder Satz 3 beantragte richterliche Vernehmung zuständig ist, wenn die Staatsanwaltschaft dies zur Beschleunigung des Verfahrens für erforderlich hält; im Fall des § 140 Absatz 1 Nummer 4 entscheidet das nach § 126 oder § 275a Absatz 6 zuständige Gericht.

Schrifttum: *Ambos,* Europarechtliche Vorgaben für das (deutsche) Strafverfahren – Teil II, NStZ 2003, 14; *Beckemper,* Der Antrag auf Bestellung eines Pflichtverteidigers im Ermittlungsverfahren, NStZ 1999, 221; *Beulke,* Anm. zu OLG Zweibrücken v. 13.10.1989 – 1 Ws 417/89, StV 1990, 364; *Bockemühl,* Anm. zu OLG Düsseldorf v. 18.9.2002 – 2 Ws 242/02, StV 2004, 63; *Braum,* Anm. zu OLG Karlsruhe v. 11.4.2000 – 2 Ws 102/00, StV 2001, 558; *Busch,* Zur Geltung des § 140 I Nr. 4 StPO in Fällen der Überhaft und der sog. Verfahrenskumulation, NStZ 2011, 663; *DAV,* Reform des strafrechtlichen Ermittlungsverfahrens, AnwBl. 2006, 24; *Deckers,* Reform des Strafprozesses – Unverzichtbares aus der Sicht der Verteidigung, StraFo 2006, 269; *ders.,* Anm. zu OLG Düsseldorf v. 19.10.1989 – VI 13/89, StV 1990, 254; *Ehrlicher,* Anm. zu BGH v. 16.12.1994 – 2 StR 461/94, NStZ 1995, 357; *Eisele,* Die Berücksichtigung der Beschuldigtenrechte der EMRK im deutschen Strafprozess aus dem Blickwinkel des Revisionsrechts, JR 2004, 12; *Fezer,* Anm. zu BGH v. 25.7.2000 – 1 StR 169/00, BGHSt 46, 93, JZ 2001, 363; *Gleß,* Zur „Beweiswürdigungs-Lösung" des BGH, NJW 2001, 3606; *Hamm,* Die (notwendige) Verteidigung während des Vorverfahrens im Lichte der Vertragstheorie und der neueren Rechtsprechung, FS Lüderssen, 2002, S. 717; *Heydenreich,* Die unverzügliche Beiordnung – Fluch oder Segen?, StraFo 2011, 263; *ders.,* Die Beiordnung des notwendigen Verteidigers

[346] BGH 9.10.1985 – 3 StR 473/84, wistra 1986, 72.

[347] → § 137 Rn. 28; § 142 Rn. 24; § 143 Rn. 19; AK/*Stern* Rn. 93; SK-StPO/*Wohlers* Rn. 65.

[348] BGH 17.7.1997 – 1 StR 781/96, BGHSt 43, 153 (154) = NJW 1997, 3385; Radke/Hohmann/*Reinhart* Rn. 35.

[349] BGH 29.6.1954 – 5 StR 207/54, BGHSt 6, 199 (202) = NJW 1954, 1415; § 137 Rn. 28; SK-StPO/*Wohlers* Rn. 65.

[350] § 137 Rn. 15 mwN.

nach dem neuen Recht, StRR 2009, 444; *Jahn,* Anm. zu OLG Düsseldorf v. 23.6.1998 – 24 U 161/97, StV 2000, 431; *ders.,* Das Zivilrecht der Pflichtverteidigung, JR 1999, 1; *Klemke,* Unterlassene Pflichtverteidigerbestellung im Ermittlungsverfahren und ihre Konsequenzen, StV 2003, 413; *ders.,* Anm. zu LG Cottbus v. 6.2.2002 – 23 Qs 26/01, StV 2002, 414; *Kortz,* Die Notwendigkeit der Verteidigung im Strafverfahren, Diss. Bonn 2009; *Köster,* Anm. zu OLG Oldenburg v. 12.11.1992 – 1 VAs 4/92, StV 1993, 512; *Krehl,* LG Frankfurt v. 7.5.1986 – 5/6 Qs 23/86, StV 1987, 158; *Kunert,* Anm. zu BGH v. 25.7.2000 – 1 StR 169/00, BGHSt 46, 93, NStZ 2001, 217; *Lam/Meyer-Mews,* Die gestörte Verteidigung – Möglichkeiten und Grenzen des Widerrufs der Pflichtverteidigerbestellung, NJW 2012, 177; *Lüderssen,* Anm. zu BGH v. 25.10.2000 – 5 StR 408/00, NJW 2001, 237, NStZ 2001, 606; *Mehle,* Zeitpunkt und Umfang notwendiger Verteidigung im Ermittlungsverfahren, Diss. München 2005; *Meyer-Lohkamp,* Anm. zu AG Hamburg v. 2.10.2003 – 141 B-395/01, StV 2004, 13; *Neuhaus,* Notwendige Verteidigung im Erkenntnisverfahren, ZAP 1995, 147; *Neumann,* Die Kostentragungspflicht des verurteilten Angeklagten hinsichtlich der Gebühren und Auslagen des „Zwangsverteidigers", NJW 1991, 264; *Römer,* Pflichtverteidiger neben Wahlverteidiger?, ZRP 1977, 92; *Rudolph,* Die jüngsten Änderungen des Strafprozessrechts und Probleme der Pflichtverteidigung, FS Schmidt-Leichner, 1977, S. 159; *Schlothauer,* Die Flucht aus der Justizförmigkeit durch die europäische Hintertür, StV 2001, 127; *Schmidt-Leichner,* Strafverfahrensrecht 1975 – Fortschritt oder Rückschritt, NJW 1975, 417; *Schnarr,* Das Schicksal der Vollmacht nach Beiordnung des gewählten Verteidigers, NStZ 1986, 488; *Schneider,* Probleme der Auswahl des Pflichtverteidigers und sog Ersatzverteidigers, ZRP 1985, 209; *Sowada,* Zur Notwendigkeit der Verteidigerbeiordnung im Ermittlungsverfahren, NStZ 2005, 1; *Stalinski,* Pflichtverteidiger am Sonntag, StV 2008, 500; *Strafverteidigervereinigungen,* Gemeinsame Empfehlungen zur Strafverteidigerbeiordnung nach Inhaftierung, StV 2010, 109; *Tachau,* Anm. zu LG Itzehoe v. 7.6.2010, 1 Qs 95/10, StV 2010, 563; *Teuter,* Die Beiordnung eines Pflichtverteidigers im Ermittlungsverfahren, speziell in Haftsachen, StV 2005, 233; *Vogel,* Strafverfahrensrecht und Terrorismus, eine Bilanz, NJW 1978, 1217; *Vogtherr,* Rechtswirklichkeit und Effizienz der Strafverteidigung, Diss. Göttingen 1991, S. 232; *Wasserburg,* Anm. zu LG Koblenz v. 5.1.1994 – 103 Js 51.358/92 – 11 KLs, NStZ 1995, 250; *Weider,* Pflichtverteidigerbestellung im Ermittlungsverfahren und Opferschutzgesetz, StV 1987, 317; *Weihrauch,* Anm. zu OLG München v. 14.7.2006 – 2 WS 684/06, StV 2007, 28; *Welp,* Der Verteidiger als Anwalt des Vertrauens, ZStW 90 (1978), 101; *Wohlers,* Die rückwirkende Beiordnung eines Pflichtverteidigers: zur Umsetzung des Anspruchs auf Verteidigung in den Fällen erbetener Verteidigung, StV 2007, 376; *ders.,* Notwendige Verteidigung im Ermittlungsverfahren – die Bedeutung des Rechts auf konkrete und wirksame Verteidigung i. S. d. Art. 6 Abs. 3 lit c) EMRK als Maßstab für die Auslegung des § 141 Abs. 3 StPO, FS Rudolphi, 2004, S. 717; *ders.,* Anm. zu BGH v. 22.11.2001-1 StR 220/0, BGHSt 47, 172, JR 2002, 294; weiteres Schrifttum bei § 140.

Übersicht

I. Überblick

1 § 141 ergänzt § 140 durch die formelle Regelung der Beiordnung eines Verteidigers, wenn in den Fällen der notwendigen Mitwirkung eines Verteidigers (noch) kein Verteidigungsverhältnis nach § 137 besteht. Ebenfalls anerkannt und überaus häufig ist die Beiordnung des bisherigen Wahlverteidigers (Statuswechsel).

2 Mit Ausnahme der Fälle notwendiger Verteidigung aufgrund vollstreckter U-Haft (§ 140 Abs. 1 Nr. 4) erfolgt die Beiordnung immer durch den Vorsitzenden des später für die Hauptsache zuständigen Gerichts (Abs. 4, Rn. 10 f.). Mit der Beiordnung entsteht ein geschütztes Verteidigungsverhältnis, die entspr. Beistandspflicht und ein Gebührenanspruch des Verteidi-

gers (→ Rn. 14 f.). Die Norm unterscheidet zwischen einer Beiordnung vor Abschluss der Ermittlungen, nach Abschluss der Ermittlungen und ab Zustellung der Anklageschrift. Nach Abs. 1 und 2 ist der Vorsitzende ab Zustellung der Anklageschrift (einhellige Meinung) von Amts wegen zur Beiordnung verpflichtet; der Beschuldigte kann einen entspr. Antrag stellen. Während des Vorverfahrens ist dies umstr. (→ Rn. 21). Das Vorverfahren ist in Abs. 3 geregelt – hierfür gilt nach noch hM ein Antragsmonopol der StA. Diese ist nach S. 2 zur Antragstellung verpflichtet. Nach Abschluss der Ermittlungen muss der Vorsitzende einem Antrag der StA entsprechen; zuvor hat er ein eigenes Prüfungsrecht (Abs. 3 S. 3).

II. Die Bestellung

1. Voraussetzungen. a) Notwendigkeit der Verteidigung. Die Bestellung setzt einen Fall der notwendigen Verteidigung nach § 140 voraus. Es reicht aus, wenn die Voraussetzungen des § 140 bei Antragstellung vorlagen; eine verzögerte Bearbeitung des Antrags darf nicht zu Lasten des Beschuldigten gehen.[1] Die finanzielle Lage des Beschuldigten ist unerheblich. 3

b) „noch kein Verteidiger". Weitere Voraussetzung ist, dass der Beschuldigte keinen Verteidiger hat. Ausreichend ist, wenn der Wahlverteidigers im Moment der Bestellung sein Wahlmandat niederlegt. In seinem Antrag auf Beiordnung ist idR die Ankündigung der **Niederlegung** des Wahlmandats für den Fall der Beiordnung zu sehen.[2] 4

Ausnahmsweise kann in rechtlich besonders schwierigen bzw. tatsächlich umfangreichen Verfahren die Bestellung mehrerer Pflichtverteidiger notwendig sein.[3] Dies ist gesetzlich nicht vorgesehen, aber – sofern ein Antrag des Beschuldigten vorliegt – allg. anerkannt.[4] Dass zwei Sitzungsvertreter der StA auftreten, ist kein ausreichender Grund.[5] Nicht zulässig ist die zeitweise Vertretung durch einen zweiten Pflichtverteidiger, da dies einer sachgemäßen Verteidigung widerspricht; der zweite Verteidiger ist vollwertiger Verteidiger und darf nicht nur der Verfahrenssicherung bei Terminkollisionen dienen.[6] Daher muss auch dieser Verteidiger der Wahl und des Vertrauens sein.[7] 5

Problematisch ist die Bestellung eines sog **Sicherungsverteidigers** (früher: Zwangsverteidiger) neben einer bestehenden Verteidigung gegen den Willen des Beschuldigten. Nach hM ist eine solche Bestellung zulässig,[8] wenn sich die Gefahr abzeichnet, dass der gewählte Verteidiger die zur reibungslosen Durchführung der Hauptverhandlung erforderlichen Maßnahmen nicht treffen kann oder will,[9] bzw. wenn das Verfahren so langwierig und umfangreich ist, 6

---

[1] OLG Jena 15.11.2005 – 1 Ws 417/05, StraFo 2006, 71.

[2] Ua OLG Jena 26.11.2008 – 1 Ws 497/08, NJW 2009, 1430 (1431); OLG Jena 15.11.2005 – 1 Ws 417/05, StraFo 2006, 71; OLG München 6.3.1992 – 1 Ws 161/92, wistra 1992, 237; LG Osnabrück 8.12.2000 – 1 Qs 167/00, StV 2001, 447.

[3] OLG Hamm 26.10.2010 – III-5 Ws 374/10, NStZ 2011, 235; OLG Karlsruhe 5.5.2009 – 2 Ws 160/09, StraFo 2009, 517; OLG Rostock 10.5.2002 – I Ws 199/02, StraFo 2002, 230; OLG Karlsruhe 16.4.1993 – 3 Ws 66/93, wistra 1993, 279; OLG Frankfurt a. M. 19.4.1991 – 3 Ws 276/91, StV 1993, 348; OLG Celle 26.5.1988 – 3 Ws 158/88, StV 1988, 379; LG Gera 29.7.2003 – 1 Qs 196/03, StV 2005, 84 (FA für Steuerrecht neben Strafverteidiger); AK/*Stern* Vor § 140 Rn. 42 mwN; *Roxin/Schünemann* § 19 Rn. 18.

[4] Vgl. BVerfG 28.3.1984 – 2 BvR 275/83, BVerfGE 66, 313 (321) = NJW 1984, 2403 (2404).

[5] OLG Frankfurt a. M. 11.5.2007 – 3 Ws 470/07, NStZ-RR 2007, 244.

[6] OLG Hamm 26.10.2010 – III-5 Ws 374/10, NStZ 2011, 235 (236); OLG Hamburg 17.2.1997 – 2 Ws 26-27/97, StV 2000, 409 mAnm *Sieg*; OLG Frankfurt a. M. 5.5.1994 – 3 Ws 319/94, StV 1995, 68; vgl. auch OLG Karlsruhe 5.5.2009 – 2 Ws 160/09, StraFo 2009, 517.

[7] BVerfG 25.9.2001 – 2 BvR 1152/01, NJW 2001, 3695 (3698 f.); OLG Düsseldorf 6.9.1999 – 1 Ws 708/99, StV 2000, 412; OLG Frankfurt a. M. 14.5.1990 – 3 Ws 95/90, StV 1991, 9; AK/*Stern* Vor § 140 Rn. 55 ff. mwN.

[8] EGMR 25.9.1992 – 62/1991/314/385, „Croissant" EuGRZ 1992, 542 (545); BVerfG 28.3.1984 – 2 BvR 275/83, BVerfGE 66, 313 (321) = NJW 1984, 2403 (2404); BGH 24.1.1961 – 1 StR 132/60, BGHSt 15, 306 = NJW 1961, 740 (741); OLG Düsseldorf 18.9.2002 – 2 WS 242/02, StV 2004, 62 m. abl. Anm. *Bockemühl;* KK/*Laufhütte* Rn. 8; Meyer-Goßner/*Schmitt* Rn. 1a; aA ua *Römer* ZRP 1977, 92; *Schmidt-Leichner* NJW 1975, 417 (421 ff.).

[9] OLG Bamberg 8.8.2003 – Ws 509/03, StraFo 2003, 419; OLG Schleswig 27.9.2002 – 2 Ws 323/02 (198/02), SchlHA 2003, 190; OLG Frankfurt a. M. 9.10.1985 – 3 Ws 867/85, StV 1986, 144; KK/*Laufhütte* Rn. 8; krit. *Braum* StV 2001, 558 (559).

dass zu befürchten ist, dass das Verfahren nicht alleine durch den Wahlverteidiger zu führen sein wird.[10] Die Bestellung eines (weiteren) Verteidigers jenseits des Wortlauts der Norm und in Widerspruch zur Subjektstellung des Beschuldigten, die auch die Selbstbestimmung des Beschuldigten hinsichtlich der Verteidigungsstrategie umfasst, ist jedoch **abzulehnen** und kollidiert mit dem Rechtsgedanken des § 143.[11] Eine Zwangsverteidigung ist mit Art. 6 Abs. 3 lit. c EMRK unvereinbar,[12] ferner kann sie die Verteidigung des Beschuldigten durch divergierende Verteidigungsstrategien beeinträchtigen.[13] Das Interesse an einem „reibungslosen Verfahren" kann nicht über dem Interesse einer effektiven Strafverteidigung – ausgerichtet an dem (subjektiven) Interesse des Beschuldigten – stehen.[14] Dem Verteidiger als Organ der Rechtspflege einen weiteren Verteidiger „zwangsweise" beizuordnen, erscheint als Misstrauensvotum und als Maßnahme der Disziplinierung.[15] Demnach ist die Praxis der Bestellung von Sicherungsverteidigern zu überdenken – sie sollte zumindest **restriktiv angewendet** werden.[16] Es muss die begründete Besorgnis dargelegt werden, dass der Verteidiger *„seine Verteidigeraufgabe nicht ordnungsgemäß wahrnehmen oder seine Stellung als Organ der Rechtspflege missbrauchen [werde], um die Durchführung eines ordnungsgemäßen Verfahrens zu erschweren oder zu verhindern"*.[17] **Terminschwierigkeiten,** die durch Terminabsprachen gelöst werden können, sind nicht ausreichend.[18] Der Vorsitzende ist verpflichtet, sich ernsthaft und rechtzeitig um entspr. Terminabsprachen zu bemühen.[19] Ansonsten würde der Sicherungsverteidiger – in mit dem Recht auf freie Verteidigerwahl nicht vereinbarer Weise – faktisch nicht zusätzlich, sondern anstatt des Verteidigers bestellt.[20] Eine ad-hoc-Bestellung, wenn der Wahlverteidiger für einen einzelnen Termin ausfällt, ist schon wegen des Verstoßes gegen das Recht auf effektive Verteidigung unzulässig;[21] ebenso bei einem Terminverlegungsantrag, der auf unzureichender Vorbereitungszeit beruht.[22] Eine Bestellung ist nicht zulässig, wenn der Verteidiger verspätet ist,[23] die Hauptverhandlung begründet verlässt[24] oder nur wegen seiner Bekleidung nicht akzeptiert wird.[25] Ebenso, wenn der Ausfall des Verteidigers in einer viertägigen Hauptverhandlung befürchtet wird[26] oder dem Verteidiger wegen „Konfliktverteidigung" in ande-

---

[10] OLG Hamm 23.6.1978 – 6 Ws 338/78, NJW 1978, 1986; OLG Frankfurt a. M. 9.10.1985 – 3 Ws 867/85, StV 1986, 144.

[11] *Neumann* NJW 1991, 264 (265); *Römer* ZRP 1977, 92 (94).

[12] HK-StPO/*Julius* Rn. 2, Vor § 140 Rn. 2.

[13] OLG Bamberg 8.8.2003 – Ws 509/03, StraFo 2003, 419; OLG Düsseldorf 6.9.1999 – 1 Ws 708/99, StV 2000, 412 (413); OLG Frankfurt a. M. 22.6.1972 – 3 Ws 222/72, NJW 1972, 2055 (2056); AK/*Stern* Vor § 140 Rn. 49; HK-StPO/*Julius* Rn. 8; *Neumann* NJW 1991, 264 (266); *Römer* ZRP 1977, 92 (93); *Welp* ZStW 90 (1978), 101 (125); *Rudolph*, FS Schmidt-Leichner, 1977, 159 (168).

[14] HK-StPO/*Julius* Rn. 8; KMR/*Müller* Rn. 5; *Neumann* NJW 1991, 264 (266); so aber: BVerfG 28.3.1984 – 2 BvR 275/83, BVerfGE 66, 313 (321) = NJW 1984, 2403 (2404); BGH 24.1.1961 – 1 StR 132/60, BGHSt 15, 306 = NJW 1961, 740 (741).

[15] AK/*Stern* Vor § 140 Rn. 50; HK-StPO/*Julius* Rn. 8; *Römer* ZRP 1977, 92 (93); vgl. OLG Köln 3.11.2006 – 2 Ws 550/06, StraFo 2007, 28.

[16] KMR/*Müller* Rn. 5; Löwe/Rosenberg/*Lüderssen*/*Jahn* Rn. 39 ff.; *Wasserburg* NStZ 1995, 250; vgl. OLG Frankfurt a. M. 24.11.1993 – 3 Ws 646/93, StV 1994, 288.

[17] OLG Düsseldorf 9.11.2000 – 1 Ws 568/00, StraFo 2001, 241.

[18] OLG Dresden 23.3.2009 – 3 Ws 22/09, StV 2010, 476; OLG Düsseldorf 6.9.1999 – 1 Ws 708/99, StV 2000, 412 (413); OLG Köln 2.1.1997 – 2 Ws 697/96, StraFo 1998, 267; OLG Frankfurt a. M. 24.3.1994 – 3 Ws 223/94, StV 1995, 68; KK/*Laufhütte* Rn. 8; SK-StPO/*Wohlers* § 140 Rn. 62; → § 137 Rn. 22; aA OLG Karlsruhe 11.4.2000 – 2 Ws 102/00, StV 2001, 557 m. abl. Anm. *Braum*; LG Heidelberg 30.7.1999 – 1 Qs 72/99, StraFo 1999, 417.

[19] Vgl. BGH 14.7.2010 – 1 StR 123/10, NStZ-RR 2010, 312; BGH 24.6.2009 – 5 StR 181/09, NStZ 2009, 650 (651); erg. § 137 Rn. 22.

[20] BGH 6.11.1991 – 4 StR 515/91, NJW 1992, 849.

[21] BGH 6.3.2008 – 5 StR 617/07, NStZ 2008, 351; → § 140 Rn. 8.

[22] AA OLG Düsseldorf 18.9.2002 – 2 WS 242/02, StV 2004, 62 m. abl. Anm. *Bockemühl.*

[23] OLG Bamberg 8.8.2003 – Ws 509/03, StraFo 2003, 419; KK/*Laufhütte* Rn. 8.

[24] KK/*Laufhütte* Rn. 8; vgl. BGH 15.12.1980 – AnwSt (R) 14/80, StV 1981, 133 (135).

[25] OLG Zweibrücken 7.12.1987 – 1 Ws 576 – 577/87, NStZ 1988, 144; KK/*Laufhütte* Rn. 8; vgl. BGH 9.8.1988 – 4 StR 222/88, NStZ 1988, 510; aA OLG München 14.7.2006 – 2 WS 684/06, StV 2007, 27 m. abl. Anm. *Weihrauch*.

[26] OLG Frankfurt a. M. 9.10.1985 – 3 Ws 867/85, StV 1986, 144.

ren Verfahren die Unfähigkeit zur ordnungsgemäßen Wahrnehmung der Verteidigung unterstellt wird.[27] Wenn zwei Wahlverteidiger mitwirken, besteht auch bei einer längeren Verhandlung kein Sicherungsbedürfnis.[28] Anhaltspunkt für die Notwendigkeit eines Sicherungsverteidigers soll nach der Rspr. ein häufiger und unmotiviert erscheinender Verteidigerwechsel im Vorverfahren,[29] bzw. häufige Niederlegungen durch den Verteidiger in anderen Verfahren sein;[30] ebenso die Möglichkeit eines späteren Ausschlusses nach §§ 138a ff.[31] Auch wenn der Sicherungsverteidiger gegen den Willen des Beschuldigten bestellt wird, besteht das Recht des Beschuldigten aus **§ 142 Abs. 1 S. 1.**[32] Unabhängig vom Verfahrensausgang trifft den Beschuldigten keine **Kostentragungslast** aus der Beiordnung des Sicherungsverteidigers.[33] Ein rechtlich eingeschränkter Verteidiger ist in der StPO nicht vorgesehen, daher ist auch der Sicherungsverteidiger prozessual voll handlungsfähig.[34] Wie jeder andere Verteidiger hat er ein Handeln gegen den Willen des Beschuldigten zu unterlassen, da er sein Beistand ist; er soll dem Beschuldigten zu einer erweiterten Handlungskompetenz im Verfahren verhelfen und diese nicht einschränken.[35] De lege ferenda wird ein an § 192 GVG angelehnter Ergänzungsverteidiger gefordert.[36]

2. Gerichtliche Entscheidung. Die Bestellung ist eine richterliche Verfügung, die einem begünstigenden Verwaltungsakt ähnelt.[37] Eine Form ist nicht vorgeschrieben, so dass die Beiordnung auch (fern)mündlich erfolgen kann.[38] Zur Rechtsklarheit sollte außer in Eilfällen die Schriftform gewahrt werden; während der Hauptverhandlung durch Aufnahme ins Protokoll. Die Entscheidung ist nach § 35 bekannt zu machen und wird mit Absendung, aber auch mit mündlicher Zusage der Bestellung, ex nunc wirksam.[39] Zur ausnahmsweise eintretenden Rückwirkung: Rn. 9. 7

a) Stillschweigende Bestellung. Nach hM kann die Bestellung auch konkludent erfolgen. Eine Beiordnung muss jedoch ausreichend eindeutig sein und kann nicht unterstellt werden.[40] Sie kann angenommen werden, wenn der Vorsitzende – im Irrtum über eine notwendige Schriftform – eine Bestellung mündlich zusichert,[41] Dienstfahrten des Verteidigers genehmigt,[42] oder im Falle der Verbindung von Verfahren bei vorheriger Beiordnung für eines der Verfahren.[43] In diesen Fällen ist erkennbar, dass 8

---

[27] OLG Köln 3.11.2006 – 2 Ws 550/06, StraFo 2007, 28.

[28] KG 29.10.1991 – 5 Ws 343/91, StV 1992, 58.

[29] LG Koblenz 5.1.1994 – 103 Js 51.358/92 – 11 KLs, NStZ 1995, 250 m. krit. Anm. *Wasserburg.*

[30] OLG Düsseldorf 11.12.1985 – 1 Ws 1123/85, NStZ 1986, 137.

[31] OLG Frankfurt a. M. 22.6.1972 – 3 Ws 222/72, NJW 1972, 2055 (2056).

[32] Ua KG 3.12.2008 – 1 AR 1744/08 – 4 Ws 119/08, StV 2010, 63; OLG Frankfurt a. M. 17.3.2009 – 3 Ws 223/09, StV 2009, 402; OLG Düsseldorf 6.9.1999 – 1 Ws 708/99, StV 2000, 412 (413); OLG Frankfurt a. M. 14.5.1990 – 3 Ws 95/90, StV 1991, 9; OLG Stuttgart 9.11.1989 – 1 Ws 441/89, StV 1990, 55; AK/*Stern* Vor § 140 Rn. 450 f.; SK-StPO/*Wohlers* § 140 Rn. 63; *Braum* StV 2001, 558 (560); einschr. OLG Bamberg 8.8.2003 – Ws 509/03, StraFo 2003, 419; aA OLG Düsseldorf 19.10.1989 – VI 13/89, NStZ 1990, 47 = StV 1990, 254 mAnm *Deckers.*

[33] *Neumann* NJW 1991, 264 (266 ff.) mwN; einschr. AK/*Stern* Vor § 140 Rn. 55 ff.; zum Freispruch: BVerfG 28.3.1984 – 2 BvR 275/83, BVerfGE 66, 313 = NJW 1984, 2403; KG 21.1.1980 – 4 Ws 336/79, JR 1980, 436; KK/*Laufhütte* Rn. 8; aA OLG Zweibrücken 13.10.1989 – 1 Ws 417/89, StV 1990, 363 m. abl. Anm. *Beulke.*

[34] Meyer-Goßner/*Schmitt* Rn. 1a; *Römer* ZRP 1977, 92 (93).

[35] § 137 Rn. 4, 10; vgl. AK/*Stern* Vor § 140 Rn. 49, 53.

[36] AK/*Stern* Vor § 140 Rn. 52; *Römer* ZRP 1977, 92 (100); *Schneider* ZRP 1985, 209 (211 f.); *Vogel* NJW 1978, 1217 (1224); *Rudolph*, FS Schmidt-Leichner, 1977, 159 (169); krit. *Welp* ZStW 90 (1978), 101 (126).

[37] BVerfG 8.4.1975 – 2 BvR 207/75, BVerfGE 39, 238 (244); erg. Rn. 14 ff.

[38] OLG Koblenz 13.3.1997 – 2 Ws 148/97, NStZ-RR 1997, 384; LG Koblenz 9.2.2004 – 2 Qs 118/03, NJW 2004, 962; HK-StPO/*Julius* Rn. 13; SK-StPO/*Wohlers* Rn. 16.

[39] OLG Jena 15.11.2005 – 1 Ws 417/05, StraFo 2006, 71; LG Heilbronn 7.7.2005 – 1 Qs 96/05, StraFo 2005, 424; LG Berlin 6.2.1990 – (508) 4 Op Js 723/88 KLs (40/89), StV 1990, 366; SK-StPO/*Wohlers* Rn. 13.

[40] OLG Jena 13.1.2010 – 1 Ws 546/09, BeckRS 2010, 05953.

[41] LG Koblenz 9.2.2004 – 2 Qs 118/03, NJW 2004, 962.

[42] BGH 24.7.2007 – 4 StR 236/07, StraFo 2007, 474.

[43] OLG Saarbrücken 22.1.1999 – 1 Ws 2/99, NStZ-RR 1999, 288; LG Landau 8.5.2001 – 3 OS 77/01, PVR 2001, 290; LG Saarbrücken 8.5.1979 – 2 Qs 65/79 I, AnwBl 1979, 280.

der Vorsitzende die Verteidigung als notwendig ansah. Soweit eine stillschweigende Beiordnung für Fälle des unwidersprochenen Verteidigermitwirkens nach Stellung eines Beiordnungsantrags angenommen wird,[44] widerspricht dies der Rechtsklarheit und kollidiert zudem mit der Vermutung der Bevollmächtigung bei Auftreten eines Verteidigers.[45] Nach hM kommt eine konkludent Beiordnung – statt der Rückwirkung der Bestellung (→ Rn. 9) – in Betracht, wenn nie eine Wahlverteidigung vorlag bzw. wenn diese eindeutig niedergelegt wurde[46] und der Verteidiger nach Terminsmitteilung an ihn an der (Revisions)Hauptverhandlung oder anderen Terminen mitwirkt,[47] Terminabsprachen getroffen werden;[48] ihm Akteneinsicht gewährt und die Anklage zugestellt wird.[49]

9 **b) Rückwirkende Bestellung.** Eine rückwirkende Bestellung wird von der **höhergerichtlichen Rspr.** nach Verfahrensabschluss für unzulässig gehalten, da eine Beiordnung weder dem Kosteninteresse des Verteidigers noch des Beschuldigten dienen soll, sondern lediglich dem ordnungsgemäßem Verfahrensablauf.[50] Eine Beschwerde gegen die Ablehnung der Beiordnung nach Abschluss des Verfahrens sei unzulässig, da eine Beschwer *„auf Grund prozessualer Überholung entfallen"* sei.[51] Zu Recht wendet sich hiergegen die überwiegende **Rspr. der Landgerichte,** nach der eine rückwirkende Bestellung nach Verfahrensabschluss möglich ist, wenn trotz rechtzeitigen Antrags (auch an die StA)[52] über die Bestellung nicht vor Verfahrensabschluss entschieden wurde.[53] Dem steht es gleich, wenn das Verfahren vor einer Entscheidung über die bereits eingelegte Beschwerde gegen eine Beiordnungsablehnung abgeschlossen wird.[54] Der Hinweis, dass die §§ 140 ff. weder dem Kosteninteresse des Verteidigers noch des Beschuldigten dienen, übergeht Art. 6 Abs. 3 lit. c EMRK, der ausdrücklich den mittellosen Beschuldigten erwähnt und somit auch das Kosteninteresse des Beschuldigten in seinen Schutzzweck aufnimmt.[55] Zudem würde die Versagung einer rückwirkenden Bestellung trotz rechtzeitigen Beiordnungsantrags dazu führen, dass der mittellose Beschuldigte auf Verteidigung – trotz Vorliegens der Voraussetzungen

[44] OLG Jena 26.7.2006 – 1 Ws 257/06, NJW 2007, 1476; OLG Saarbrücken 29.11.2006 – Ss (B) 44/2006 (57/06), NJW 2007, 309; OLG Oldenburg 8.9.2003 – 1 WS 377/03, StV 2004, 587.

[45] → § 137 Rn. 8; Löwe/Rosenberg/*Lüderssen*/*Jahn* Rn. 27.

[46] OLG Koblenz 13.3.1997 – 2 Ws 148/97, NStZ-RR 1997, 384; HK-StPO/*Julius* Rn. 13.

[47] BGH 20.7.2009 – 1 StR 344/08, NStZ-RR 2009, 348; BGH 4.9.2006 – 1 StR 113/06, StraFo 2006, 455 (456); BGH 19.12.1996 – 1 StR 76/96, NStZ 1997, 299; OLG Hamburg 17.11.1997 – 2 Ws 255/97, NJW 1998, 621; OLG Düsseldorf 9.9.1983 – 1 Ws 757/83, NStZ 1984, 43 (44).

[48] OLG Hamburg 17.11.1997 – 2 Ws 255/97, NJW 1998, 621.

[49] LG Saarbrücken 8.5.1979 – 2 Qs 65/79 I, AnwBl 1979, 280.

[50] Ausf. KG 9.3.2006 – 5 Ws 563/05, StV 2007, 372 mwN; BGH 19.12.1996 – 1 StR 76/96, NStZ 1997, 299; OLG Hamm 10.7.2008 – 4 Ws 181/08, NStZ-RR 2009, 113; OLG Bamberg 15.10.2007 – 1 Ws 675/07, NJW 2007, 3796; OLG Oldenburg 8.9.2003 – 1 WS 377/03, StV 2004, 587; offen: OLG Stuttgart 28.6.2010 – 4 Ss 313/10, StraFo 2010, 465 (466).

[51] OLG Köln 28.1.2011 – 2 Ws 74/11, NStZ-RR 2011, 325; aA *Wohlers* StV 2007, 376 (379).

[52] LG Hamburg 19.1.2005 – 624 QS 4/05, StV 2005, 207; LG Heilbronn 16.10.2001 – 1 QS 461/01, StV 2002, 246.

[53] LG Dortmund 5.1.2009 – 39 Qs 218 Js 1737/08 – 238/08, StraFo 2009, 106; LG Stuttgart 18.7.2008 – 7 Qs 64/08, Justiz 2009, 15; LG Bonn 2.7.2008 – 21 Qs 330 Js 42/08 – 80/08, StraFo 2009, 106; LG Erfurt 21.12.2005 – 3 Qs 59/05, StV 2007, 346; LG Potsdam 25.8.2004 – 24 QS 90/03, StV 2005, 83; LG Berlin 28.1.2004 – 504 QS 8/04, StV 2005, 83; LG Bremen 12.1.2004 – 27 Qs 197/03, NStZ-RR 2004, 113 (115) (beide ausf.); LG Aachen 6.1.2004 – 62 Qs 1/04, StraFo 2004, 96; LG Magdeburg 8.8.2003 – Ws 509/03, StraFo 2003, 420; LG Osnabrück 8.12.2000 – 1 Qs 167/00, StV 2001, 447; HK-StPO/*Julius* Rn. 13; *Joecks* Rn. 8; SK-StPO/*Wohlers* Rn. 27; *Wohlers* StV 2007, 376 (379); einschr. LG Halle 28.12.2009 – 6 Qs 69/09, StV 2011, 667; LG Hildesheim 13.1.2003 – 12 Qs 6/03, NStZ-RR 2003, 115; aA LG Zweibrücken 20.5.2010 – QS 32/10, VRS 119 (2010), 234; LG Bremen 30.7.2002 – 11 Qs 236/02, StraFo 2002, 329.

[54] LG Verden 4.4.2011 – 1 Qs 260/10, StraFo 2011, 225; LG Düsseldorf 12.1.2009 – 11 Qs – 90 Js 6448/07-2/09, NStZ 2010, 296; LG Saarbrücken 26.2.2004 – 4 Qs 10/04, StV 2005, 82; LG Braunschweig 28.12.2000 – 43 Qs 52/00, StV 2001, 447; HK-StPO/*Julius* Rn. 13; SK-StPO/*Wohlers* Rn. 27; *Wohlers* StV 2007, 376 (379).

[55] LG Stuttgart 18.7.2008 – 7 Qs 64/08, Justiz 2009, 15; LG Bremen 12.1.2004 – 27 Qs 197/03, NStZ-RR 2004, 113 (115); HK-StPO/*Julius* Rn. 13; *Wohlers* StV 2007, 376 (378 f.).

notwendiger Verteidigung – verzichten müsste, also nicht nur auf Kostenerstattung, da Rechtsanwälte in Kenntnis einer Versagung rückwirkender Bestellungen in der Endphase eines Verfahrens nicht mehr zur Übernahme der Verteidigung mittelloser Beschuldigter bereit wären.[56] Die in zeitlicher Hinsicht unsachgemäße Behandlung eines Antrags auf Beiordnung durch die Gerichte würde somit massiv zu Lasten des Beschuldigten gehen.[57] Daher sind rückwirkende Bestellungen im Falle rechtzeitig gestellter Beiordnungsanträge schon zur Verwirklichung des Rechts auf ein faires Verfahren geboten.[58] Auch ein Vergleich des Beiordnungsrechts mit der für Nebenkläger vorgesehenen PKH spricht für eine Zulassung rückwirkender Beiordnungsentscheidungen, sofern der Beiordnungsantrag vor Verfahrensabschluss gestellt wurde.[59]

c) Zuständigkeit. aa) Abs. 4 Hs. 1. regelt die Zuständigkeit. Ab **Anklageerhebung** ist der Einzelrichter oder Vorsitzende des Gerichts, bei dem Anklage erhoben wurde, zuständig. Der Vorsitzende des **Berufungs- oder Revisionsgerichts** wird ab Vorlage der Akten zuständig;[60] bis zu diesem Zeitpunkt bleibt der Vorsitzende der Vorinstanz zuständig[61] mit Ausnahme der Beiordnung für die Revisionsverhandlung (→ Rn. 16). Im **Vorverfahren** ist die spätere Gerichtszuständigkeit nach dem GVG entscheidend; im Zweifel ist maßgeblich die Erklärung der StA, wo sie Anklage zu erheben beabsichtigt.[62] § 209 ist nicht anwendbar; erst nach Abgabe des Verfahrens ändert sich die Zuständigkeit.[63] Bei von der StA nach § 162 Abs. 1 S. 1 oder S. 3 beantragten richterlichen Vernehmungen entscheidet der Ermittlungsrichter über die Bestellung, wenn die StA dies zur Beschleunigung für erforderlich hält. Hierdurch soll Verzögerungen vorgebeugt werden, die durch die Befassung des für die Hauptverhandlung zuständigen Vorsitzenden eintreten könnten. 10

Auch in laufender **Hauptverhandlung** ist ausschließlich der Vorsitzende zuständig.[64] Eine Beiordnung durch das unzuständige Kollegialgericht ist gleichwohl wirksam;[65] sie ist jedoch wg. Art. 101 Abs. 1 S. 2 GG auf eine Beschwerde hin durch die Entscheidung des Beschwerdegerichts zu ersetzen.[66] 11

bb) Abs. 4 Hs. 2. normiert eine Ausnahme für die Beiordnung aufgrund vollstreckter **U-Haft** nach § 140 Abs. 1 Nr. 4. Demnach ist der Haftrichter für die Beiordnung zuständig. Für eine Verteidigerbeiordnung in Verfahren, in denen der vollstreckte U-Haftbefehl nicht ergangen ist, verbleibt es jedoch bei der Zuständigkeitsregelung des S. 1.[67] Neben der Zuständigkeit nach Hs. 2 ist bei Vorliegen weiterer Beiordnungsgründe des § 140 (Kumulationsfälle) auch die Zuständigkeit nach Hs. 1 eröffnet.[68] 12

---

[56] Vgl. LG Itzehoe 7.6.2010 – 1 Qs 95/10, NStZ 2011, 56; LG Stuttgart 18.7.2008 – 7 Qs 64/08, Justiz 2009, 15; LG Bonn 2.7.2008 – 21 Qs 330 Js 42/08 – 80/08, StraFo 2009, 106.

[57] LG Itzehoe 7.6.2010 – 1 Qs 95/10, NStZ 2011, 56; LG Stuttgart 18.7.2008 – 7 Qs 64/08, Justiz 2009, 15; LG Erfurt 21.12.2005 – 3 Qs 59/05, StV 2007, 346.

[58] LG Dresden 6.1.2011 – 3 Qs 174/10, StV 2011, 666; vgl. auch OLG Stuttgart 28.6.2010 – 4 Ss 313/10, StraFo 2010, 465.

[59] LG Stuttgart 18.7.2008 – 7 Qs 64/08, Justiz 2009, 15; LG Bremen 12.1.2004 – 27 Qs 197/03, NStZ-RR 2004, 113 (115).

[60] BGH 11.7.1996 – 1 StR 352/96, NStZ 1997, 48 (49); OLG Rostock 5.8.2010 – 1 Ss 61/10 I 60/10, NStZ-RR 2010, 342; aA OLG Stuttgart 5.5.1999 – 1 Ss 190/99, StV 2000, 413 (Zuständigkeit verbleibt beim Tatgericht).

[61] BGH 8.4.1997 – 4 StR 154/97, DAR [Tolksdorf] 1998, 175; OLG Hamm 5.3.1963 – 3 Ws 51/63, NJW 1963, 1513.

[62] KK/*Laufhütte* Rn. 12; KMR/*Müller* Rn. 8.

[63] Döllinger/Duttge/*Weiler* Rn. 7; SK-StPO/*Wohlers* Rn. 13; aA Löwe/Rosenberg/*Lüderssen*/*Jahn* Rn. 16.

[64] OLG Frankfurt a. M. 11.5.2007 – 3 Ws 470/07, NStZ-RR 2007, 244; OLG Stuttgart 25.11.1997 – 4 Ws 256/97, NStZ-RR 1998, 110.

[65] Vgl. BGH 18.11.2003 – 1 StR 481/03, NStZ 2004, 632 (633); KK/*Laufhütte* Rn. 12.

[66] OLG Karlsruhe 16.10.1973 – 2 Ws 212/73, NJW 1974, 110; SK-StPO/*Wohlers* Rn. 17; aA OLG Düsseldorf 21.8.2002 – 1 Ws (OWi) 296/02, JMBlNW 1998, 22 (Zurückverweisen).

[67] *Busch* NStZ 2011, 663 f.; *Tachau* StV 2010, 563; vgl. BT-Drs. 16/13097, 19.

[68] Vgl. *Jahn*, FS Rissing-van Saan, 2011, 276 (283); aA Meyer-Goßner/*Schmitt* Rn. 6a.

13 **d) Ablehnung eines Antrags.** Die Ablehnung ist nach §§ 34, 35 mit Gründen zu versehen und bekannt zu machen. Auch das **Beschwerdegericht** kann eine Beiordnung verfügen; dies gilt auch im Falle der Erhebung einer Untätigkeitsbeschwerde;[69] → Rn. 33.

14 **3. Wirkung.** Der beigeordnete RA ist **verpflichtet,** die Verteidigung zu übernehmen und tatsächlich zu führen, § 49 BRAO.[70] Nur in Ausnahmefällen kann er nach § 48 Abs. 2 BRAO die Aufhebung der Beiordnung beantragen.[71] Dies gilt nicht für den Rechtslehrer.[72] Durch die Beiordnung entsteht ein Verteidigungsverhältnis, welches hinsichtlich der Verpflichtung zum einseitigen Beistand **keine Unterschiede zum Wahlmandat** aufweist.[73] Die rechtliche Einordnung der Beiordnung und des Verteidigungsverhältnisses ist dennoch ungeklärt.[74] Der bestellte Verteidiger kann jedenfalls nicht weitergehend als der Wahlverteidiger verpflichtet sein, zugunsten der Strafrechtspflege einen ordnungsgemäßen Ablauf des Verfahrens zu sichern.[75] Er hat – verglichen mit dem Wahlverteidiger – dieselben standesrechtlichen Verpflichtungen zu erfüllen und dieselben Rechte nach der StPO.[76] Unterschiede bestehen lediglich dahingehend, dass der beigeordnete Verteidiger verpflichtet ist, an der Hauptverhandlung teilzunehmen, und dass ihm die Befugnis fehlt, Aufgaben an einen **Unterbevollmächtigten** zu übertragen.[77] Dies bedeutet jedoch keinesfalls, dass bei der Terminierung keine Rücksicht auf den bestellten Verteidiger zu nehmen wäre – das Gegenteil ist der Fall. Termine sind daher nach Möglichkeit abzustimmen.[78] Mit Zustimmung des Beschuldigten darf vorübergehend der bestellte Vertreter nach § 53 BRAO an Stelle des nach § 141 bestellten Verteidigers tätig werden.[79] Der Referendar kann, unter Aufsicht des ausbildenden Verteidigers und mit Zustimmung des Beschuldigten und des Vorsitzenden, tätig werden.[80] Die unterschiedlichen Gebührenhöhen bei Wahlverteidigung und Pflichtverteidigung verstoßen nicht gegen die prozessuale Gleichstellung von gewähltem und beigeordnetem Verteidiger.[81] Bei Wahlverteidigern, die ihrem Mandanten beigeordnet werden (sog **Statuswechsler**), erlischt durch die Beiordnung das urspr. Wahlmandatsverhältnis.[82]

15 Mit der Bestellung entsteht ein **Kostenanspruch** des Verteidigers nach §§ 45 Abs. 3, 46, 51 f. RVG gegen den Staat und den Beschuldigten[83] bzw. auf Vorschuss nach § 47 Abs. 1 RVG. Eine Einschränkung des Vergütungsanspruchs bei der Bestellung ist unwirksam;

---

[69] LG Magdeburg 6.8.2008 – 24 Qs 72/08, NStZ-RR 2009, 87.

[70] BVerfG 24.11.2000 – 2 BvR 813/99, NJW 2001, 1269; vgl. auch BVerfG 8.4.1975 – 2 BvR 207/75, BVerfGE 39, 238 (241) = NJW 1975, 1015 (1016).

[71] Ausf. Löwe/Rosenberg/*Lüderssen/Jahn* § 142 Rn. 30 ff.

[72] § 142 Rn. 21.

[73] BVerfG 24.11.2000 – 2 BvR 813/99, NJW 2001, 1269; OLG Frankfurt a. M. 19.12.1996 – 3 Ws 1035/96, NStZ-RR 1997, 77; SK-StPO/*Wohlers* Rn. 19; AK/*Stern* Vor § 140 Rn. 22.

[74] OLG Düsseldorf 23.6.1998 – 24 U 161/97, StV 2000, 430 (Schadensersatzansprüche) mAnm *Jahn*; AK/*Stern* Vor § 140 Rn. 23 f.; Löwe/Rosenberg/*Lüderssen/Jahn* Rn. 1 ff.; *Jahn* JR 1999, 1.

[75] SK-StPO/*Wohlers* Rn. 19; bedenkl. BVerfG 30.3.2004 – 2 BvR 1520/01, BVerfGE 110, 226 (261) = NJW 2004, 1305 (1310); KK/*Laufhütte* Rn. 2.

[76] BVerfG 6.11.1984 – 2 BvL 16/83, BVerfGE 68, 237 (253 f.) = NJW 1985, 727 (728); OLG Frankfurt a. M. NStZ-RR 1997, 77; SK-StPO/*Wohlers* Rn. 19.

[77] BVerfG 24.11.2000 – 2 BvR 813/99, NJW 2001, 1269; SK-StPO/*Wohlers* Rn. 20 Fn. 77 mwN; inkonsequent bzgl. der Vollmacht: BGH 16.12.1994 – 2 StR 461/94, NStZ 1995, 356 (357) mAnm *Ehrlicher*; aA zur Untervollmacht: Löwe/Rosenberg/*Lüderssen/Jahn* § 142 Rn. 35.

[78] → § 137 Rn. 22; § 142 Rn. 13.

[79] BGH 5.2.1992 – 5 StR 673/91, NStZ 1992, 248; AK/*Stern* § 142 Rn. 30; HK-StPO/*Julius* § 142 Rn. 13; SK-StPO/*Wohlers* Rn. 21 mwN.

[80] BGH 26.6.1958 – 5 StR 235/58, JR 1958, 387; SK-StPO/*Wohlers* Rn. 22; vgl. BGH 13.7.1989 – 4 StR 315/89, StV 1989, 465.

[81] BVerfG 24.11.2000 – 2 BvR 813/99, BVerfGE 68, 237 = NJW 2001, 1269; ausf. zum Vergleich Wahl- und Pflichtverteidiger: *Münchhalffen* StraFo 1997, 230.

[82] BGH 8.11.1990 – 4 StR 457/90, NStZ 1991, 94; HK-StPO/*Julius* Rn. 16; aA AK/*Stern* Vor § 140 Rn. 30 f.; *Schnarr* NStZ 1986, 488.

[83] Vgl. BGH 4.5.2009 – 1 BvR 2251/08, NJW 2009, 2735.

so etwa die Anordnung, bei zwei Verteidigern nur eine Gebühr zu erstatten,[84] oder die Beschränkung eines auswärtigen Verteidigers auf die Vergütung eines ortsansässigen Verteidigers.[85] Umstr., aber zu bejahen, ist die Erstreckung der Beiordnung auch auf das **Adhäsionsverfahren.**[86]

Die Bestellung gilt für die Dauer des gesamten Verfahrens **bis zum rechtskräftigen Abschluss** einschließlich der Einlegung und Begr. von Rechtsmitteln sowie der Abgabe von Erklärungen nach § 349 Abs. 3 S. 2. Die Bestellung durch den erstinstanzlichen Richter wirkt in den späteren Instanzen fort.[87] Nach hM stellt wg. § 350 Abs. 3 die **Revisionshauptverhandlung** eine Ausnahme dar; für diese entscheidet der Vorsitzende des Revisionsgerichts über die Beiordnung;[88] dies unter Anwendung des § 140.[89] Nach Wortlaut und Ratio des § 350 erscheint dies freilich nicht zwingend.[90] Abgesehen von Fällen, in denen der Beschuldigte ausdrücklich Beiordnung eines anderen Verteidigers beantragt, besteht kein Grund dafür, einen eingearbeiteten Verteidiger für die Revisionshauptverhandlung zu ersetzten.[91] Nach hM wirkt – wie bereits ausgeführt – eine zuvor erfolgte Bestellung auch während der Revisionsinstanz fort;[92] sie wirkt auch fort für eine weitere Tatsacheninstanz im Falle einer Zurückverweisung durch das Revisionsgericht.[93] Die **Verfassungsbeschwerde** ist kein ordentliches Rechtmittel und somit nicht vom Umfang der Beiordnung umfasst.[94] Trotz Rechtskraft eines Urteils erstreckt sich die Beiordnung auf eine **nachträgliche** Gesamtstrafenbildung (§ 460) und eine nachträgliche Entscheidung über die Aussetzung zur Bewährung nach § 57 JGG.[95] Wegen der zeitlichen Unbegrenztheit erstreckt sich eine Beiordnung jedoch nicht auf das **Wiederaufnahmeverfahren.**[96] Zur Bestellung im **Strafbefehlsverfahren:** § 140 Rn. 6. 16

Bei **Verfahrenseinstellung** ist zu unterscheiden, ob aufgrund der Vorläufigkeit der Maßnahme noch Raum für künftiges Verteidigungshandeln besteht – so etwa bei § 205 oder § 153a; bei § 154 ist dies nur der Fall, soweit das Bezugsverfahren noch nicht abge- 17

[84] OLG Frankfurt a. M. 9.1.1980 – 3 Ws 13/80, NJW 1980, 1703 sieht die Bestellung insg. als unwirksam an; so auch LG Frankfurt 7.5.1986 – 5/6 Qs 23/86, StV 1987, 158 m. abl. Anm. *Krehl.*

[85] OLG Düsseldorf 25.3.2009 – III-4 Ws 62/09, NStZ-RR 2009, 348 (349); OLG Brandenburg 7.12.2006 – 1 Ws 253/06, StV 2007, 484; SK-StPO/*Wohlers* Rn. 30; erg. zum Gebührenverzicht: § 143 Rn. 12.

[86] OLG Rostock 15.6.2011 – I Ws 166/11, StV 2011, 656 mwN auch zur aA; OLG Hamburg 29.7.2005 – 1 Ws 92/05, NStZ-RR 2006, 347 (349); OLG Köln 29.6.2005 – 2 Ws 254/05, StraFo 2005, 394; OLG Hamm 31.5.2001 – 2 (s) Sbd 6 – 87/01, StraFo 2001, 361; allg. Lit.; offen BGH 30.3.2001 – 3 StR 25/01, NJW 2001, 2486 (2487); aA KG 24.6.2010 – 1 Ws 22/09, RVGreport 2011, 142; OLG Hamburg 14.6.2010 – 3 Ws 73/10, NStZ 2010, 652; OLG Oldenburg 22.4.2010 – 1 Ws 178/10, StraFo 2010, 306; OLG Stuttgart 6.4.2009 – 1 Ws 38/09, Justiz 2009, 201; OLG Bamberg 22.10.2008 – 1 Ws 576/08, NStZ-RR 2009, 114 (Ls.); OLG Jena 14.4.2008 – 1 Ws 51/08, Rpfleger 2008, 529; OLG Celle 6.11.2007 – 2 Ws 143/07, NStZ-RR 2008, 190; OLG Zweibrücken 11.9.2006 – 1 Ws 347/06, JurBüro 2006, 643; LG Potsdam 15.11.2010 – 24 Qs 208/10, JurBüro 2011, 135.

[87] AllgM; ua RG 26.2.1907 – V 993/06, RGSt 40, 4 (6); OLG Düsseldorf 9.11.2010 – 4 Ws 615/10, StV 2011, 658; OWi-Verfahren: OLG Saarbrücken 29.11.2006 – Ss (B) 44/2006 (57/06), NJW 2007, 309.

[88] BGH 3.3.1964 – 5 StR 54/64, BGHSt 19, 258 = NJW 1964, 1035; OLG Oldenburg 11.8.1992 – Ss 290/92, StV 1992, 558.

[89] BVerfG 18.10.1983 – 2 BvR 462/82, BVerfGE 65, 171 = NJW 1984, 113; nur Abs. 2: BVerfG 19.10.1977 – 2 BvR 462/77, BVerfGE 46, 202 (209) = NJW 1978, 151; OLG Oldenburg 17.5.1984 – 2 Ws 209/84, JR 1985, 256 mit abl. Anm. *Dahs.*

[90] HK-StPO/*Julius* Rn. 15.

[91] AK/*Stern* § 140 Rn. 8.

[92] BGH 25.10.2011 – 1 StR 254/10, NJW 2012, 167; BGH 28.3.1984 – 3 StR 95/84, NJW 1984, 2480 (2481).

[93] KK/*Laufhütte* Rn. 10; SK-StPO/*Wohlers* Rn. 25.

[94] OLG Rostock 2.6.2010 – 1 Ws 127/10, StRR 2010, 479 mAnm *Burhoff.*

[95] KG 12.10.2010 – 2 Ws 521/10 – 1 AR 1312/10, NStZ-RR 2011, 86; OLG Köln 22.3.2010 – 2 Ws 168/10, NStZ-RR 2010, 283 (Ls.); OLG Jena 13.10.2005 – 1 Ws 378/05, StV 2007, 96; OLG Karlsruhe 24.3.1998 – 3 Ws 53/98, StV 1998, 348; aA SK-StPO/*Wohlers* Rn. 26.

[96] OLG Oldenburg 15.4.2009 – 1 Ws 205/09, NStZ-RR 2009, 208 mwN zur aA; KK/*Laufhütte* Rn. 10; SK-StPO/*Wohlers* Rn. 26; aA RG 26.2.1907 – V 993/06, RGSt 40, 4 (5); OLG Celle 17.5.1984 – 1 Ws 161/84, NStZ 1985, 519; OLG Saarbrücken 18.1.1973 – Ws 385/72, NJW 1973, 1010 (1012); HK-StPO/*Julius* Rn. 15; Meyer-Goßner/*Schmitt* Rn. 33.

schlossen ist. Andernfalls kann die Bestellung durch Beschl. zurückgenommen werden;[97] sie endet aber, solange keine Rechtskraft vorliegt, nicht automatisch.[98] Bei **Tod** des Beschuldigten endet die Bestellung erst mit rechtskräftiger Einstellungsverfügung; daher kann der Verteidiger etwa hinsichtlich der Auslagenentscheidung noch tätig werden.[99]

18 Nach hM ist im **Vollstreckungsverfahren** die Bestellung für jede einzelne Vollstreckungsentscheidung gesondert vorzunehmen.[100] Dies überzeugt angesichts der sachlichen Notwendigkeit, Vollstreckungsentscheidungen mit dem Verurteilten langfristig vorzubereiten, jedoch nicht. Eine Beiordnung sollte daher jedenfalls rechtzeitig und langfristig erfolgen.[101]

III. Zeitpunkt der Bestellung

19 Ein Anspruch auf Beiordnung besteht, solange die Verteidigung notwendig ist – also bis zur **Rechtskraft,** ggf. auch nach Abgabe einer Rechtsmittelbegr.[102] Dies gilt auch im Falle einer vorläufigen Einstellung nach § 153a (→ Rn. 16).[103] Wortlaut und Systematik der Vorschrift suggerieren eine notwendige Beiordnung erst ab dem Zwischenverfahren; aus dem Recht auf **effektive Verteidigung** – die Vorschrift des § 141 ist verfassungs- und konventionskonform auszulegen – ergibt sich indes ein Beiordnungsanspruch bereits in früheren Verfahrensstadien. Dass Abs. 1 die Anklageerhebung als relevanten Zeitpunkt nennt, hat seinen Grund in der ursprüngl. – und heute überholten[104] – Konzeption der StPO, welche das Ermittlungsverfahren lediglich als (wenig bedeutende) Vorbereitung der entscheidenden Hauptverhandlung betrachtete.[105]

20 **1. Ermittlungsverfahren – Abs. 3.** Nach Abs. 3 kann die Beiordnung bereits im Ermittlungsverfahren erfolgen. Wegen der Bedeutung des Ermittlungsverfahrens und des Rechts auf eine effektive Umsetzung der Rechte aus Art. 6 Abs. 3 EMRK ist eine Beiordnung möglichst frühzeitig vorzunehmen.[106] Sie ist zwingend, wenn ein Vorliegen der Voraussetzungen des § 140 im Hauptverfahren erwartet werden kann.[107] Dem steht der Praxisbefund gegenüber, dass lediglich 12 % aller Beiordnungen im Vorverfahren erfolgen.[108] De lege ferenda sollte die Beiordnung bereits im Ermittlungsverfahren – sofern die Voraussetzungen notwendiger Verteidigung erkennbar sind – daher eindeutig normiert werden.[109]

---

[97] § 205: LG Heilbronn 23.4.1992 – 2 Qs 224/92, StV 1992, 509; SK-StPO/*Wohlers* Rn. 7; KK/*Laufhütte* § 140 Rn. 4; § 154: LG Köln 28.12.2010 – 105 Qs 342/10, StV 2011, 663; LG Zweibrücken 20.5.2010 – Qs 32/10, VRS 119 (2010), 234.

[98] RG 3.1.1891 – 3630/90, RGSt 21, 266.

[99] KG 14.11.2007 – 1 AR 447/05 – 1 Ws 235/07, StraFo 2008, 90; OLG Karlsruhe 3.2.2003 – 3 Ws 248/02, NStZ-RR 2003, 286; SK-StPO/*Wohlers* Rn. 28.

[100] OLG Zweibrücken 28.1.2010 – 1 Ws 17/10, NStZ 2010, 470; OLG München 15.10.2009 – 1 Ws 943/09, StraFo 2009, 527; OLG Frankfurt a. M. 26.5.2003 – 3 Ws 618/03, NStZ-RR 2003, 252; KG 3.8.2001 – 5 Ws 380/01, NStZ-RR 2002, 63.

[101] OLG Zweibrücken 8.8.2006 – 1 Ws 313/06, NStZ-RR 2006, 355; OLG Stuttgart 23.5.2000 – 2 Ws 96/00, NJW 2000, 3367; Meyer-Goßner/*Schmitt* § 140 Rn. 33a, *Rotthaus* NStZ 2000, 350.

[102] KG 15.3.1990 – 1 AR 153/90 – 4 Ws 42/90, StV 1990, 298; OLG Hamm 23.11.1983 – 1 Ws 172/83, StV 1984, 66; OLG Hamburg 1.6.1966 – 2 Ws 241/66, NJW 1966, 2323 (2324); § 140 Rn. 5; AK/*Stern* § 140 Rn. 3; KK/*Laufhütte* § 140 Rn. 5; Meyer-Goßner/*Schmitt* § 140 Rn. 8.

[103] OLG Hamm 7.10.2011 – 3 Ws 321/11, NStZ-RR 2012, 82 (Ls.); LG Hof 9.3.2005 – 1 Qs 52/05, StraFo 2005, 247.

[104] → § 137 Rn. 15 mwN.

[105] Motive bei *Hahn* Bd. I, S. 143.

[106] Zusammenfassend: *Jahn*, FS Rissing-van Saan, 2011, 276 (279 ff.) mwN.

[107] BGH 25.7.2000 – 1 StR 169/00, BGHSt 46, 93 (98) = NJW 2000, 3505; KK/*Laufhütte* Rn. 3; SK-StPO/*Wohlers* Rn. 3; *Sowada* NStZ 2005, 1 (5); offen: BGH 22.11.2001 – 1 StR 220/01, BGHSt 47, 172 = JR 2002, 290 m. abl. Anm. *Wohlers*; einschr. BGH 5.2.2002 – 5 StR 588/01, BGHSt 47, 233 (236 f.) = JZ 2002, 897 mAnm *Roxin;* aA BGH 17.12.2003 – 5 StR 501/03, NStZ 2004, 390; BGH 2.5.1979 – 2 StR 99/79, BGHSt 29, 1 (5) = NJW 1980, 1056; Meyer-Goßner/*Schmitt* Rn. 5.

[108] *Vogtherr*, Diss. Göttingen 1991, S. 232.

[109] OLG Karlsruhe 22.12.1997 – 2 VAs 41/97, NStZ 1998, 315 (316); HK-StPO/*Julius* Rn. 5; SK-StPO/*Wohlers* Rn. 8; *Beulke* StV 2010, 442 (445); *DAV* AnwBl 2006, 24 (25, 27); *Deckers* StraFo 2006, 269 (271); *Herrmann* StV 1996, 396 (401); *Teuter* StV 2005, 233 (240); *Hamm*, FS Lüderssen, 2002, 717(725); Reformvorhaben: StV 2004, 228; ausf. *Mehle*, Diss. München 2005, S. 348 ff.

a) S. 1. Nach S. 1 kann ein Verteidiger auch auf **Antrag des Beschuldigten** bestellt werden.[110] Die hM schließt aus S. 2 hingegen ein Antragsmonopol der StA;[111] der offene Wortlaut des S. 1 rechtfertigt jedoch keine Abweichung vom ungenannten Antragsrecht in Abs. 1.[112] Mit dem Recht auf ein faires Verfahren wäre es angesichts der Bedeutung des Vorverfahrens nicht vereinbar, eine richterliche Entscheidung über die Beiordnung im Ermittlungsverfahren ohne Antrag der StA nicht zu vorzusehen. Soweit ein Antragsrecht des Beschuldigten gleichwohl abgelehnt wird, ist ein Antrag jedenfalls in eine Anregung eines Antrags der StA umzudeuten, den diese zu bescheiden hat;[113] zT werden Rechtmittel (§ 98 Abs. 2 S. 2 analog oder § 23 EGGVG) für zulässig gehalten,[114] zT zumindest eine Überprüfung willkürlicher Entscheidungen.[115] Auch in **Abwesenheit eines Antrags** ist – da S. 2 keine Einschränkung des S. 1 regelt – das Gericht (vgl. Art. 20 Abs. 3 GG) zur Beiordnung verpflichtet, sofern ein Fall notwendiger Verteidigung vorliegt.[116] 21

b) S. 2. Die StA ist zur **Antragstellung verpflichtet,** sobald absehbar ist, dass ein Fall notwendiger Verteidigung vorliegen wird.[117] Ein ermittlungstaktisches Abwarten ist nicht zulässig. Der Beurteilungsspielraum der Staatsanwaltschaft bezieht sich nur auf die Feststellung der Voraussetzungen des § 140;[118] nach Auffassung des BGH darf die StA etwa zunächst abklären, ob sich ein Anfangsverdacht bestätigen lässt.[119] Wenn etwa dringender Tatverdacht eines Verbrechens bejaht wird, besteht für die StA keinerlei Ermessenspielraum;[120] ebenso wenig in anderen eindeutigen Fällen des § 140 Abs. 1,[121] sowie – auch unabhängig von der Auslegung des § 140 Abs. 1 Nr. 4 – im Falle der Beantragung eines Haftbefehls.[122] Spätester Zeitpunkt ist die Vornahme von Ermittlungsmaßnahmen mit Teilnahmerecht 22

---

[110] OLG Jena 29.7.2005 – 1 Ws 92/05, NJW 2009, 1430 (1431); LG Bremen 25.6.1998 – 27 AR 55/98, StV 1999, 532 (Ls.); AK/*Stern* Rn. 7 ff.; Löwe/Rosenberg/*Lüderssen/Jahn* Rn. 24; *Pfeiffer* Rn. 2; *Eb. Schmidt* Nachtragsband I Rn. 5; SK-StPO/*Wohlers* Rn. 5; ausf. *Beckemper* NStZ 1999, 221 (226); ausf. *Klemke* StV 2003, 413; *Köster* StV 1993, 512; *Sowada* NStZ 2005, 1 (6); *Stalinski* StV 2008, 500; *Teuter* StV 2005, 233 (238); *Mehle*, Diss. München 2005, S. 292 ff.; *Hamm*, FS Lüderssen, 2002, 717(726); *Wohlers*, FS Rudolphi, 2004, 717 (731).

[111] Ua OLG Oldenburg 20.4.2009 – Ws 235/09, NJW 2009, 3044; Meyer-Goßner/*Schmitt* Rn. 5; *Beulke* Rn. 171; offen gelassen: OLG Karlsruhe 22.12.1997 – 2 VAs 41/97, NStZ 1998, 315 (316).

[112] Vgl. zur Entwicklung des Abs. 3: BGH 25.7.2000 – 1 StR 169/00, BGHSt 46, 106 = NJW 2000, 3505.

[113] LG Heilbronn 16.10.2001 – 1 QS 461/01, StV 2002, 246; KK/*Laufhütte* Rn. 6; Meyer-Goßner/*Schmitt* Rn. 5.

[114] *Klemke* StV 2003, 413 (414); aA KK/*Laufhütte* Rn. 6; Meyer-Goßner/*Schmitt* Rn. 5; § 23 EGGVG: *Weider* StV 1987, 317 (319); einschr. bei bestehender Wahlverteidigung: OLG Karlsruhe 22.12.1997 – 2 VAs 41/97, NStZ 1998, 315 m. ausf. abl. Anm. *Beckemper* NStZ 1999, 221; aA OLG Oldenburg 12.11.1992 – 1 VAs 4/92, StV 1993, 511 m. krit. Anm. *Köster*; § 98 Abs. 2 S. 2 analog: *Neuhaus* ZAP 1995, 147 (156 f.); *Köster* StV 1993, 512 (513); *Sowada* NStZ 2005, 1 (6); *Burhoff* EV Rn. 1337; aA LG Cottbus 6.2.2002 – 23 Qs 26/01, StV 2002, 414 m. abl. Anm. *Klemke*.

[115] Offen: LG Cottbus 6.2.2002 – 23 Qs 26/01, StV 2002, 414 mAnm *Klemke*.

[116] BGH 10.10.2007 – 1 StR 458/07, NStZ-RR 2008, 49 (50); BGH 5.2.2002 – 5 StR 588/01, BGHSt 47, 22 (26 f.) = NJW 2002, 1279; BGH 25.7.2000 – 1 StR 169/00, BGHSt 46, 93 (99) = NJW 2000, 3505; SK-StPO/*Wohlers* Rn. 6; *Meyer-Lohkamp* StV 2004, 13; *Stalinski* StV 2008, 500; *Teuter* StV 2005, 233 (240); *Mehle*, Diss. München 2005, S. 302 f.; einschr. *Schlothauer* StV 2001, 127 (129); aA KK/*Laufhütte* Rn. 3.

[117] BGH 5.2.2002 – 5 StR 588/01, BGHSt 47, 22 (26) = NJW 2002, 1279; BGH 25.7.2000 – 1 StR 169/00, BGHSt 46, 93 (99) = NStZ 2001, 212 mAnm *Kunert* und *Fezer* JZ 2001, 363; AG Hamburg 2.10.2003 – 141 B-395/01, StV 2004, 11 (12); *Sowada* NStZ 2005, 1 (5); *Teuter* StV 2005, 233; *Weider* StV 1987, 317 (319); *Wohlers* JR 2002, 294 (295); *Kortz*, Diss. Bonn 2009, S. 131 ff.; *Beulke* Rn. 171; *Hamm*, FS Lüderssen, 2002, 717 (725); vgl. BT-Drs. 7/551, 69; einschr. Meyer-Goßner/*Schmitt* Rn. 5; SK-StPO/*Wohlers* Rn. 8.

[118] LG Heilbronn 16.10.2001 – 1 QS 461/01, StV 2002, 246; *Sowada* NStZ 2005, 1 (4); *Stalinski* StV 2008, 500; *Teuter* StV 2005, 233.

[119] BGH 22.11.2001 – 1 StR 220/01, BGHSt 47, 172 (176) = NJW 2002, 975.

[120] BGH 22.11.2001 – 1 StR 220/01, BGHSt 47, 172 (176 f.) = NJW 2002, 975; LG Hamburg 19.1.2005 – 624 QS 4/05, StV 2005, 207; *Teuter* StV 2005, 233 (235); aA BGH 17.12.2003 – 5 StR 501/03, NStZ 2004, 390.

[121] *Wohlers* JR 2002, 294 (295).

[122] Vgl. *Herrmann* StraFo 2011, 133 (135); § 140 Rn. 17.

für Verteidiger, bzw. solche, die eine Hauptverhandlung vorwegnehmen;[123] insbes. die richterliche Zeugenvernehmung und insbes., wenn der Beschuldigte selbst nicht teilnehmen kann.[124] Ist der Beschuldigte ausgeschlossen, erfordert das Recht aus Art. 6 Abs. 3 lit. d zwingend eine Beiordnung.[125] Zur effektiven Umsetzung des Rechts auf jederzeitigen Rechtsbeistand muss eine Beiordnung bereits zur ersten – häufig entscheidenden – Vernehmung vorgenommen werden, wenn der Beschuldigte sein Recht aus § 137 nur aus finanziellen Gründen nicht wahrnimmt.[126]

23 **c) S. 3.** Nach **Abschluss der Ermittlungen** muss der Richter auf Antrag der StA die Beiordnung vornehmen, auch wenn er die Voraussetzungen nicht für gegeben hält;[127] anders jedoch bei Unkenntnis der StA über eine bereits bestehende Wahlverteidigung.[128] Die StA kann einen gestellten Antrag nicht zurücknehmen.[129] Ein Antrag der StA iSd S. 3 liegt auch vor, wenn die StA diesen aufgrund eines Antrags des Beschuldigten stellt.[130]

24 **d) S. 4 – U-Haft.** Nach Abs. 3 S. 4 ist ein Verteidiger „unverzüglich" nach Beginn der Vollstreckung der U-Haft (§ 140 Abs. 1 Nr. 4) zu bestellen. „Unverzüglich" bedeutet ohne sachlich unbegründete Verzögerung,[131] somit ist weiterhin § 142 Abs. 1 S. 1 zu beachten.[132] Für eine effektive Verteidigung ist der Termin nach § 115 Abs. 1 und besonders die Vernehmung nach § 115 Abs. 2 relevant;[133] daher ist der Beschuldigte bereits bei der Festnahme und nicht erst im Termin zu belehren;[134] wenn er einen Verteidiger benennt oder ernstlich und eindeutig auf eine Frist zur Benennung verzichtet, ist bereits zum Termin ein Verteidiger zu bestellen,[135] in der Literatur wird zum Teil unabhängig hiervon die Bestellung eines „Notanwalts" befürwortet.[136] Wird ein Verteidiger ohne oder nach zu kurzer Auswahlfristsetzung vom Gericht ausgewählt, ist die Bestellung eines später benannten Verteidigers ohne Angabe von Gründen und Gebührenverzicht vorzunehmen;[137] ebenso, wenn die

---

123 *Fezer* JZ 2001, 363 (364); *Schlothauer* StV 2001, 127 (128).

124 BGH 25.7.2000 – 1 StR 169/00, BGHSt 46, 93 (99) = NStZ 2001, 212 mAnm *Kunert*; AK/*Stern* Rn. 6; Meyer-Goßner/*Schmitt* Rn. 5; SK-StPO/*Wohlers* Rn. 7 f.

125 BGH 25.7.2000 – 1 StR 169/00, BGHSt 46, 93 = NJW 2000, 3505; BGH 10.10.2007 – 1 StR 458/07, NStZ-RR 2008, 49; AG Hamburg 2.10.2003 – 141 B-395/01, StV 2004, 11 (12) mAnm *Meyer-Lohkamp*; *Ambos* NStZ 2003, 14 (17); *Sowada* NStZ 2005, 1 (2).

126 *Beulke* StV 2010, 442 (445); *35. Strafverteidigertag* StV 2011, 321 (323); vgl. Kölner Richtlinien NJW 1989, 1024 (1025); offen gelassen BGH 29.7.2005 – 1 Ws 92/05, NStZ 2004, 450; aA BGH 11.5.2001 – 3 StR 549/00, BGHSt 47, 22 (27) = NJW 2001, 2560.

127 LG Oldenburg 4.6.2010 – 4 Qs 182/10, StV 2011, 90; LG Braunschweig 17.4.2007 – 3 Qs 32/07, StV 2007, 522; KK/*Laufhütte* Rn. 6.

128 OLG Jena 26.11.2008 – 1 Ws 497/08, NJW 2009, 1430.

129 LG Braunschweig 17.4.2007 – 3 Qs 32/07, StV 2007, 522; LG Stuttgart 22.2.2007 – 3 Qs 11/07, StV 2008, 132 (Ls.); Meyer-Goßner/*Schmitt* Rn. 5.

130 LG Dresden 3.5.2011 – 4 Qs 56/11, StraFo 2011, 277.

131 BT-Drs. 16/13097.

132 OLG Dresden 4.4.2012 – 1 Ws 66/12, NStZ-RR 2012, 213; OLG Düsseldorf 16.3.2011 – III-4 Ws 127/11, NJW 2011, 1618; OLG Koblenz 2.2.2011 – 2 Ws 50/11, StV 2011, 349 (350); OLG Düsseldorf 16.4.2010 – III-4 Ws 163/10, StV 2010, 350; OLG Frankfurt a. M. 26.2.2010 – 21 Qs 18/10, StV 2010, 235; AG Stuttgart 4.8.2010 – 27 Gs 1527/10, StV 2010, 677; Graf/*Wessing* Rn. 5; *Wohlers* StV 2010, 151 (153); *Jahn*, FS Rissing-van Saan, 2011, 276 (285 f., 289 f.); einschr. hinsichtlich Frist: Schlothauer/Weider/*Schlothauer* U-Haft Rn. 296 ff.; *Schlothauer*, FS Samson, 2010, 709 (713 ff.).

133 → § 140 Rn. 17.

134 *BRAK* StV 2010, 544 (545); *Herrmann* StraFo 2011, 133 (135); *Heydenreich* StRR 2009, 444 (446 f.); *Wohlers* StV 2010, 151 (154).

135 OLG Düsseldorf 16.3.2011 – III-4 Ws 127/11, NJW 2011, 1618; LG Krefeld 13.7.2010 – 21 Qs 8 Js 353/10 – 190/10, NStZ 2010, 591; Meyer-Goßner/*Schmitt* Rn. 3a; *BRAK* StV 2010, 544 (545); *Heydenreich* StraFo 2011, 263 (268); *Strafverteidigervereinigungen* StV 2010, 109 (110); vgl. OLG Koblenz 2.2.2011 – 2 Ws 50/11, StV 2011, 349 (351).

136 *BRAK* StV 2010, 544 (545); *Herrmann* StraFo 2011, 133 (136 f.); *Schlothauer*, FS Samson, 2010, 709 (714 f.), de lege ferenda: *Heydenreich* StRR 2009, 444 (448).

137 OLG Dresden 4.4.2012 – 1 Ws 66/12, NStZ-RR 2012, 213; OLG Koblenz 2.2.2011 – 2 Ws 50/11, StV 2011, 349; LG Dresden 11.11.2011 – 4 Qs 163/11, StraFo 2012, 14; LG Bochum 1.12.2010 – II-21 KLs – 36 Js 370/10 – 25/10, StV 2011, 155 (Ls.); LG Krefeld 13.7.2010 – 21 Qs 8 Js 353/10, NStZ 2010, 591; Meyer-Goßner/*Schmitt* Rn. 3a; SK-StPO/*Wohlers* Rn. 10; Schlothauer/Weider/*Schlothauer* U-Haft Rn. 299.

Benennung oder der Verzicht auf eine Benennung eine übereilte Entscheidung des Beschuldigten war.[138] Wird zu den Terminen nach §§ 115 f. keine Beiordnung vorgenommen, ist dem Beschuldigten ausreichend Zeit zur Nennung eines Verteidigers zu gewähren – in der Regel zwei Wochen (zT wird eine Woche für ausreichend gehalten)[139] – unter Beachtung etwaiger „Verschubungszeiten".[140] Dem Beschuldigten ist eine informierte Verteidigerbenennung zu ermöglichen, was sowohl Informationsrechte als auch Kontaktmöglichkeiten zu mehreren RAen voraussetzt.[141] Wird ein Verteidiger benannt, ist dieser auch vor Fristablauf beizuordnen.[142] Beschuldigten- und richterliche Zeugenvernehmung sind während des Laufs der Frist nach Möglichkeit zu unterlassen;[143] andernfalls ist nach Anhörung des Beschuldigten ein Verteidiger – vorbehaltlich einer späteren Benennung eines anderen Verteidigers – zu bestellen.[144]

2. Zwischen- und Hauptverfahren. Hinsichtlich eines **Antrags der StA** im Zwischen- oder Hauptverfahren gilt Abs. 3 S. 3 (→ Rn. 23).[145] 25

a) Abs. 1. Besteht bei **Anklageerhebung** noch kein Verteidigungsverhältnis, muss der Vorsitzende die Beiordnung – nach Anhörung des Beschuldigten zur Auswahl des Verteidigers – so vornehmen, dass der Verteidiger noch vor dem Eröffnungsbeschl. zur Anklage Stellung nehmen kann. Dh der Angeschuldigte soll mit der Anklageschrift zur Erklärung nach § 201 und zur Benennung eines Verteidigers aufgefordert werden, wobei unterschiedliche Fristen zu setzen und die vorrangige Erklärung zur Verteidigung deutlich werden muss.[146] Eine Aufforderung zur Verteidigerbenennung ohne Mitteilung der Anklage ist unzweckmäßig.[147] Liegen die Voraussetzungen des § 140 bei Zustellung der Anklage vor, ist jedes weitere **Abwarten unzulässig,**[148] auch wenn das Gericht eine Einstellung in Betracht zieht.[149] Keinesfalls darf die Beiordnung erst in der Hauptverhandlung oder mit der Terminierung erfolgen.[150] Im Strafbefehlsverfahren steht der Einspruch gegen den Strafbefehl dem Zeitpunkt des § 201 gleich.[151] 26

b) Abs. 2. Die Voraussetzungen des §§ 140, 141 sind jederzeit – auch vor Beginn der Hauptverhandlung – von Amts wegen zu prüfen und eine Beiordnung ist bei Erfülltsein 27

---

[138] Ermittlungsrichter beim BGH 1.3.2010 – 2 BGs 73/10, StV [Weider] 2010, 390; LG Heilbronn 25.1.2011 – 3 KLs 12 Js 32930/10, StV 2011, 222; SK-StPO/*Wohlers* § 142 Rn. 9; *Lam/Meyer-Mews* NJW 2012, 177 (180); *Strafverteidigervereinigungen* StV 2010, 109 (110); Schlothauer/Weider/*Schlothauer* U-Haft Rn. 327; aA OLG Dresden 1.6.2005 – 3 Ws 30/05, OLG-NL 2005, 188.

[139] Meyer-Goßner/*Schmitt* Rn. 3a; *BRAK* StV 2010, 544 (545); *Brocke/Heller* StraFo 2011, 1 (7); *Jahn*, FS Rissing-van Saan, 2011, 276 (291); differenziert: Schlothauer/Weider/*Weider* U-Haft Rn. 305 ff.

[140] OLG Koblenz 2.2.2011 – 2 Ws 50/11, StV 2011, 349 (351); OLG Frankfurt a. M. 26.2.2010 – 21 Qs 18/10, StV 2010, 235; LG Krefeld 13.7.2010 – 21 Qs 8 Js 353/10 – 190/10, NStZ 2010, 591; SK-StPO/*Wohlers* Rn. 10; *Heydenreich* StraFo 2011, 263 (265); *Strafverteidigervereinigungen* StV 2010, 109; *Wohlers* StV 2010, 151 (153); aA Schlothauer/Weider/*Schlothauer* U-Haft Rn. 296 ff.; *Schlothauer*, FS Samson, 2010, 709 (713 ff.).

[141] SK-StPO/*Wohlers* Rn. 10; *BRAK* StV 2010, 544 (548); *Herrmann* StraFo 2011, 133 (138 ff.); *Heydenreich* StraFo 2011, 263 (265); *Strafverteidigervereinigungen* StV 2010, 109 (110); *Wohlers* StV 2010, 151 (154).

[142] *BRAK* StV 2010, 544 (545); *Strafverteidigervereinigungen* StV 2010, 109 (110).

[143] *Strafverteidigervereinigungen* StV 2010, 109; *Wohlers* StV 2010, 151 (156).

[144] Meyer-Goßner/*Schmitt* Rn. 3a; SK-StPO/*Wohlers* Rn. 10; *BRAK* StV 2010, 544 (548); *Heydenreich* StraFo 2011, 263 (267); *Wohlers* StV 2010, 151 (154); Schlothauer/Weider/*Weider* U-Haft Rn. 306; *Jahn*, FS Rissing-van Saan, 2011, 276 (285 f., 289 f.).

[145] LG Dresden 3.5.2011 – 4 Qs 56/11, StraFo 2011, 277.

[146] BT-Drs. 10/1313, 20; Meyer-Goßner/*Schmitt* Rn. 3; *Oellrich* StV 1981, 434 (441); erg. § 142 Rn. 4 ff.

[147] So aber SK-StPO/*Wohlers* Rn. 11; *Eisenberg* NJW 1991, 1257 (1261 f.); wohl auch Löwe/Rosenberg/*Lüderssen/Jahn* Rn. 19.

[148] Löwe/Rosenberg/*Lüderssen/Jahn* § 140 Rn. 29; aA LG Meiningen 20.5.1997 – 3 Qs 24/97, NStZ-RR 1997, 337.

[149] OLG Jena 15.11.2005 – 1 Ws 417/05, StraFo 2006, 71 (71); LG Bremen 12.1.2004 – 27 Qs 197/03, NStZ-RR 2004, 113; SK-StPO/*Wohlers* Rn. 3.

[150] OLG Düsseldorf 22.3.1991 – 2 Ws 121/91, StV 1992, 100; LG Saarbrücken 26.2.2004 – 4 Qs 10/04, StV 2005, 82; SK-StPO/*Wohlers* Rn. 3, 12.

[151] LG Bremen 30.7.2002 – 11 Qs 236/02, StraFo 2002, 329.

vorzunehmen; insbes. bei Beendigung des Wahlmandats bzw. Ausbleiben des Wahlverteidigers in der Hauptverhandlung. Werden die Voraussetzungen während der Hauptverhandlung festgestellt, ist diese zu unterbrechen;[152] auch nach dem letzten Wort des Beschuldigten oder dem Beginn der Urteilsverkündung.[153] Nachträglich kann sich eine Notwendigkeit der Verteidigung ua aus einer Nachtragsanklage oder einem rechtlichen Hinweis ergeben, auch Anzeichen für eine eingeschränkte Verteidigungsfähigkeit können sich erst im Laufe des Verfahren ergeben; dies gilt auch für Strafzumessungsgründe, aus denen sich eine Schwere der Tat iSd § 140 Abs. 2 ergeben kann. Anträge des Beschuldigten sind zeitnah zu bescheiden; eine verzögerte Entscheidung oder gar ein Aufschieben bis zum Verfahrensabschluss stellen einen Verstoß gegen das faire Verfahren dar;[154] auch ein **Befangenheitsgrund** kann sich hieraus ergeben.[155]

28 **3. Revisionseinlegung.** Ein Antrag des Beschuldigten muss rechtzeitig vor Ablauf der **Revisionsbegründungsfrist** beschieden werden, so dass Zeit zur Begr. oder zur Beauftragung eines Wahlverteidigers verbleibt. Der Angekl. darf hierauf vertrauen; daher ist der Verwerfungsbeschl. auf eine verspätete Revisionsbegründung aufzuheben und Wiedereinsetzung zu gewähren, wenn zu spät entschieden wird;[156] anders jedoch, wenn eine Wahlverteidigung besteht.[157]

Zum Wechsel des Pflichtverteidigers § 143 Rn. 8, 11; zur Zuständigkeit: Rn. 10.

IV. Rechtsfolgen

29 Eine rechtswidrig unterlassene oder iSd § 142 fehlerhafte Beiordnung kann **Revisionsgrund** sein (→ Rn. 36, erg. § 140 Rn. 59, 63). Eine erheblich verzögerte Beiordnung oder willkürliche Ablehnung des Verteidigers des Vertrauens kann zudem einen **Befangenheitsgrund** darstellen.[158] Der BGH sieht für den Fall fehlender Mitwirkung eines Verteidigers im Vorverfahren lediglich eine kritische **Beweiswürdigung** vor.[159] Diese – in Widerspruch etwa zur Rspr. zur unterbliebenen Mitteilung nach § 168c Abs. 5 stehende – Ansicht,[160] wird überwiegend zu Recht abgelehnt.[161] Insbes. dann, wenn die „verteidigungslose" Beweisermittlung im Vorverfahren eine Hauptverhandlung partiell vorwegnimmt – wie etwa bei der Beschuldigten- und der richterlichen Zeugenvernehmung -, muss sich aus einem Verstoß gegen Abs. 3 ein **Verwertungsverbot** ergeben.[162]

V. Rechtmittel

30 Eine Anrufung des Gerichts nach § 238 Abs. 2 ist nicht möglich, da die Bestellung originärer Zuständigkeitsbereich des Vorsitzenden ist.[163]

[152] Erg. § 140 Rn. 60; § 145 Rn. 11.

[153] § 140 Rn. 9; nach dem letzten Wort: OLG Braunschweig 9.2.2005 – 1 Ss (S) 5/05, StV 2005, 493.

[154] Deutlich OLG Stuttgart 28.6.2010 – 4 Ss 313/10, StraFo 2010, 465.

[155] AG Hameln 10.12.2003 – 14 LS 97/03, StV 2004, 127; SK-StPO/*Wohlers* Rn. 12.

[156] OLG Hamm 19.10.2010 – 3 RVs 87/10, NStZ-RR 2011, 86; OLG Koblenz 2.11.2006 – 1 Ss 225/06, NStZ-RR 2008, 80; KK/*Laufhütte* Rn. 5; Meyer-Goßner/*Schmitt* Rn. 29.

[157] OLG Stuttgart 3.2.2004 – 4 Ss 3/04, NStZ-RR 2004, 211.

[158] AG Hameln 10.12.2003 – 14 LS 97/03, StV 2004, 127; erg. § 142 Rn. 22.

[159] BGH 25.7.2000 – 1 StR 169/00, BGHSt 46, 93 (103) = NStZ 2001, 212 (216 f.); BGH 22.11.2001 – 1 StR 220/01, BGHSt 47, 172 (175 f.) = NJW 2002, 975 (976 f.); BGH 18.12.2003 – 1 StR 380/03, NStZ 2004, 450.

[160] AG Hamburg 2.10.2003 – 141 B-395/01, StV 2004, 11 (12); vgl. BGH 11.5.1976 – 1 StR 166/76, BGHSt 26, 332 = NJW 1976, 1546.

[161] Ua *Ambos* NStZ 2003, 14 (17); *Eisele* JR 2004, 12 (17); *Fezer* JZ 2001, 363; *Gleß* NJW 2001, 3606; *Klemke* StV 2003, 413 (415); *Kunert* NStZ 2001, 217; *Sowada* NStZ 2005, 1; *35. Strafverteidigertag* StV 2011, 321 (323); *Wohlers* JR 2002, 294 (295 f.); *Beulke* Rn. 171; *Kühne* Rn. 190.

[162] AG Hamburg 2.10.2003 – 141 B-395/01, StV 2004, 11 m. zust. Anm. *Meyer-Lohkamp*; *BRAK* StV 2010, 544 (546); *Sowada* NStZ 2005, 1 (7); wenn Beschuldigter inhaftiert: *Schlothauer/Weider* U-Haft Rn. 320 ff.

[163] OLG Frankfurt a. M. 11.5.2007 – 3 Ws 470/07, NStZ-RR 2007, 244; OLG Jena 26.2.2004 – 1 Ws 64/04, NStZ-RR 2004, 306 (Ls.); OLG Stuttgart 25.11.1997 – 4 Ws 256/97, NStZ-RR 1998, 110; AK/*Stern* Rn. 26; KK/*Laufhütte* Rn. 12; SK-StPO/*Wohlers* Rn. 15; aA Döllinger/Duttge/*Weiler* Rn. 10.

1. Beschwerde. Nach § 309 Abs. 2 muss das Beschwerdegericht nicht zurückverweisen, sondern nimmt die Beiordnung selbst vor.[164] Entspr. gilt bei einer Beschwerde gegen die Rücknahme einer Bestellung. Eine Zurückverweisung würde eine unsachgemäße Verzögerung der Beiordnung bewirken.[165] Mit diesem Argument wird zT auch eine Rückwirkung der Beiordnung durch das Beschwerdegericht auf den Zeitpunkt der Antragstellung angenommen (→ Rn. 9).[166] 31

a) Der Verteidiger. selbst hat keine Rechtsmittel nach der StPO; weder gegen die Bestellung[167] noch gegen die Ablehnung[168] oder Rücknahme der Bestellung.[169] Möglich ist lediglich ein Antrag auf Aufhebung der Bestellung nach § 49 iVm § 48 Abs. 2 BRAO. Eine Ausnahme besteht im Falle einer Beiordnung unter unzulässiger Gebührenbeschränkung.[170] Im Zweifel ist eine Beschwerde des Verteidigers als Beschwerde im Namen des Beschuldigten auszulegen,[171] auch wenn der Wahlverteidiger zuvor sein Mandat niedergelegt hat, soweit ersichtlich ist, dass dies nur zwecks Beiordnung erfolgte.[172] 32

b) Der Beschuldigte. kann gegen die **Ablehnung einer Bestellung** Beschwerde nach § 304 einlegen,[173] auch wenn die Entscheidung in der Hauptverhandlung getroffen wird.[174] Auch eine unzulässigerweise durch das Kollegialgericht getroffene Entscheidung ist der Beschwerde zugänglich.[175] Hinsichtlich eines Antrags auf Beiordnung eines zweiten Verteidigers bestehen keine Unterschiede (→ Rn. 5).[176] Zulässig ist auch eine **Untätigkeitsbeschwerde,** da das Unterlassen einer Entscheidung in seiner Wirkung der Ablehnung gleichsteht.[177] Auch gegen die **Rücknahme** einer Bestellung ist die Beschwerde zulässig und kann trotz Rücknahme der Bestellung vom Pflichtverteidiger im Namen des Angekl. eingelegt 33

---

[164] BGH 17.7.1997 – 1 StR 781/96, BGHSt 43, 153 (155 f.) = NJW 1997, 3385; OLG Jena 26.11.2008 – 1 Ws 497/08, NJW 2009, 1430 (1431); OLG Rostock 17.3.2003 – I Ws 64/03, StV 2003, 373 (375); OLG Stuttgart 25.11.1997 – 4 Ws 256/97, NStZ-RR 1998, 110 (111); LG Magdeburg 6.8.2008 – 24 Qs 72/08, NStZ-RR 2009, 87; Graf/*Wessing* Rn. 12; KK/*Engelhardt* § 309 Rn. 6 ff.; Löwe/Rosenberg/*Lüderssen/Jahn* Rn. 53; SK-StPO/*Wohlers* Rn. 17, 34; einschr. beim zweiten Verteidiger: OLG Köln 1.2.2010 – 2 Ws 55 – 58/10, NStZ 2010, 653 (654) einschr. OLG München 6.3.1992 – 1 Ws 161/92, wistra 1992, 237; aA OLG Düsseldorf 8.6.1994 – 3 Ws 273/94, StV 1995, 117 (118); OLG Bremen 4.12.1995 – Ws 173/95, NZV 1996, 250; OLG Zweibrücken 7.10.1981 – I Ws 301, 302/81, StV 1982, 128 (129); KK/*Laufhütte* Rn. 13.

[165] LG Magdeburg 6.8.2008 – 24 Qs 72/08, NStZ-RR 2009, 87.

[166] LG Arnsberg 19.11.2001 – 2 Qs 172/01, StV 2002, 648; LG Frankfurt 1.4.1992 – 5/6 Qs 51/91, StV 1992, 315; SK-StPO/*Wohlers* Rn. 27; *Burhoff* EV Rn. 1308; vgl. zu Gebühren OLG Hamm 24.1.1997 – 2 (s) Sbd. 5-241/96, StV 1997, 426.

[167] OLG Köln 1.2.2010 – 2 Ws 55-58/10, NStZ 2010, 653.

[168] Vgl. BVerfG 8.4.1975 – 2 BvR 207/75, BVerfGE 39, 238 (243) = NJW 1975, 1015; KG 9.3.2006 – 5 Ws 563/05, StV 2007, 372 (373); OLG Jena 15.11.2005 – 1 Ws 417/05, StraFo 2006, 71; SK-StPO/*Wohlers* Rn. 32.

[169] Vgl. BVerfG 8.4.1975 – 2 BvR 207/75, BVerfGE 39, 238 (241 f.) = NJW 1975, 1015.

[170] OLG Düsseldorf 25.3.2009 – III-4 Ws 62/09, NStZ-RR 2009, 348; OLG Frankfurt a. M. 9.1.1980 – 3 Ws 13/80, NJW 1980, 1703; OLG Hamm 21.11.1967 – 4 Ws 254, 257/67, NJW 1968, 854; AK/*Stern* Rn. 30; SK-StPO/*Wohlers* Rn. 30.

[171] OLG Saarbrücken 13.1.2009 – 1 Ws 212/08, StraFo 2009, 519; OLG Jena 15.11.2005 – 1 Ws 417/05, StraFo 2006, 71; vgl. KG 9.3.2006 – 1 AR 1407/05 – 5 Ws 563/05, StV 2007, 372 (373); OLG Düsseldorf 15.9.1999 – 1 Ws 713/99, StraFo 1999, 415.

[172] OLG Düsseldorf 30.8.1999 – 1 Ws 411/99, StV 2001, 609.

[173] Ua BayObLG 23.9.2004 – 6St ObWs 003/04 (11), StV 2006, 6; OLG Düsseldorf 30.8.1999 – 1 Ws 411/99, StV 2001, 609; ausf. OLG Celle 17.5.1984 – 1 Ws 161/84, NStZ 1985, 519 mwN zum ehem. Streitstand.

[174] Ausf. OLG Stuttgart 25.11.1997 – 4 Ws 256/97, NStZ-RR 1998, 110; OLG Frankfurt a. M. 11.5.2007 – 3 Ws 470/07, NStZ-RR 2007, 244; ausf. SK-StPO/*Wohlers* Rn. 33 mwN; KK/*Laufhütte* Rn. 13; aA OLG Koblenz 31.1.1996 – 2 Ws 70/96, NStZ-RR 1996, 206 mwN; OLG Naumburg 1.2.1995 – 1 Ws 3/95, NStZ-RR 1996, 41 mwN; Döllinger/Duttge/*Weiler* Rn. 10; *Pfeiffer* Rn. 4.

[175] BayObLG 29.8.2005 – 3 WS 371/05, StV 2006, 6.

[176] Ua OLG Frankfurt a. M. 11.5.2007 – 3 Ws 470/07, NStZ-RR 2007, 244; OLG Karlsruhe 16.4.1993 – 3 Ws 66/93, wistra 1993, 279; OLG Frankfurt a. M. 19.4.1991 – 3 Ws 276/91, StV 1993, 348; AK/*Stern* Rn. 35; HK-StPO/*Julius* Rn. 14; SK-StPO/*Wohlers* Rn. 32; aA OLG Celle 6.7.1998 – 3 Ws 151/98, NStZ 1998, 637; Meyer-Goßner/*Schmitt* Rn. 9; *Pfeiffer* Rn. 1.

[177] LG Halle 28.12.2009 – 6 Qs 69/09, StV 2011, 667; LG Magdeburg 6.8.2008 – 24 Qs 72/08, NStZ-RR 2009, 87; LG Köln 15.12.1999 – 107 QS 719/99, StV 2001, 344; AK/*Stern* Rn. 35; KK/*Laufhütte* Rn. 13; SK-StPO/*Wohlers* Rn. 32.

werden.[178] Eine Beschwer besteht auch im Falle der Rücknahme der Bestellung eines zweiten Pflichtverteidigers.[179]

34 Dagegen soll es im Falle der **Bestellung eines Verteidigers** an einer Beschwer des Beschuldigten fehlen und somit keine Beschwerde möglich sein;[180] dies ist wegen des Rechts auf Selbstverteidigung aus Art. 6 Abs. 3 lit. c bedenklich. Hinsichtlich der Bestellung eines **Sicherungsverteidigers** gegen den Willen des Beschuldigten ist das Beschwerderecht weitgehend anerkannt;[181] ebenso bei der Nichtrücknahme einer Bestellung trotz Antrags.[182] Gegen die Bestellung eines bestimmten Rechtsanwalts, also gegen die **Auswahlentscheidung,** ist eine Beschwerde möglich; § 142 Rn. 32. Die Einlegung eines Rechtsmittels durch den Wahlverteidiger hindert nicht dessen Bestellung, da in der Beschwerde gegen die Ablehnung einer Beiordnung konkludent die Niederlegung des Wahlmandats für den Fall einer Bestellung zum Ausdruck kommt (→ Rn. 4).[183]

35 **c) Die Staatsanwaltschaft.** ist aufgrund ihrer Verfahrensrolle sowohl bei Ablehnung einer Bestellung als auch für den Fall einer Bestellung beschwerdeberechtigt.[184] Diese Berechtigung ist zugunsten des Vertrauensschutzes verwirkt, wenn die StA zunächst die Mitwirkung des bestellten Verteidigers akzeptiert hat.[185]

36 **2. Revision.** Das Fehlen eines notwendigen Verteidigers ist nach **§ 338 Nr. 5** iVm § 140 ein absoluter Revisionsgrund. Darüber hinaus kann aus der Entscheidung nach §§ 141 f. unbeschadet der Zuständigkeit des Vorsitzenden ein absoluter Revisionsgrund des **§ 338 Nr. 8** entstehen.[186] Dies gilt auch für den Fall einer Versagung der Hauptverhandlungsaussetzung oder angemessenen Unterbrechung zur Vorbereitung eines erst in laufender Hauptverhandlung bestellten Verteidigers[187] oder bei Fortführung der Hauptverhandlung in Abwesenheit des Verteidigers des Vertrauens bei gleichzeitiger (rechtswidriger) Bestellung eines Sicherungsverteidigers.[188]

37 Auch die Entscheidung des Vorsitzenden **vor der Hauptverhandlung** geht dem Urteil iSd § 336 voraus.[189] Soweit ein Ermessen des Vorsitzenden nicht auf Null reduziert war (→ § 142 Rn. 9 ff.), ist nur die fehlerfreie Ermessensausübung durch das Revisionsgericht überprüfbar.[190] Die Rüge setzt weder die erfolglose Beschreitung des **Beschwerdewegs** voraus, noch wird sie durch eine erfolglose Beschwerde gehindert.[191] Eine Ausnahme besteht hinsichtlich der Rüge der Bestellung – oder der abgelehnten Entpflichtung – eines Sicherungsverteidigers. Hier muss

---

[178] OLG Frankfurt a. M. 23.3.1995 – 3 Ws 211/95, StV 1997, 573 (574).

[179] OLG Jena 10.8.1994 – 2 Ss 203/94, StV 1995, 346 (Ls.); OLG Frankfurt a. M. 14.5.1990 – 3 Ws 95/90, StV 1991, 9.

[180] BVerfG 19.3.1998 – 2 BvR 291–98, NJW 1998, 2205; aA Döllinger/Duttge/*Weiler* Rn. 10; SK-StPO/*Wohlers* Rn. 29.

[181] OLG Köln 1.2.2010 – 2 Ws 55 – 58/10, NStZ 2010, 653; OLG Düsseldorf 18.9.2002 – 2 Ws 242/02, StV 2004, 62; OLG Frankfurt a. M. 24.1.2000 – 3 Ws 31/00, StV 2001, 610; OLG Düsseldorf 6.9.1999 – 1 Ws 708/99, StV 2000, 412 (413); OLG Celle 17.9.1987 – 3 Ws 239/87, NStZ 1988, 39; OLG Frankfurt a. M. 22.6.1972 – 3 Ws 222/72, NJW 1972, 2055 (2056); Graf/*Wessing* Rn. 10; KK/*Laufhütte* Rn. 13; *Pfeiffer* Rn. 4; vgl. auch OLG Oldenburg 4.7.2006 – 1 Ws 343/06, StV 2008, 129 (130); einschr. AK/*Stern* Rn. 35 f.; aA KMR/*Müller* Rn. 10.

[182] OLG Düsseldorf 9.11.2000 – StraFo 2001, 241.

[183] OLG Düsseldorf 30.8.1999 – 1 Ws 411/99, StV 2001, 609 (610).

[184] OLG Celle 29.7.2008 – 1 Ws 339/08, NStZ 2009, 56; OLG Bremen 29.11.1988 – Ws 191/88, NStZ 1989, 286; OLG Saarbrücken 18.1.1973 – Ws 385/72, NJW 1973, 1010 (1011); Meyer-Goßner/*Schmitt* Rn. 9; nur zu Gunsten des Beschuldigten: AK/*Stern* Rn. 29; SK-StPO/*Wohlers* Rn. 31 f.; offen: LG Essen 22.11.1990 – 29 Qs 134/90, NJW 1991, 856; nur gegen Bestellung: Radke/Hohmann/*Reinhart* Rn. 16.

[185] LG Essen 22.11.1990 – 29 Qs 134/90, NJW 1991, 856; aA Meyer-Goßner/*Schmitt* Rn. 9.

[186] BGH 17.7.1997 – 1 StR 781/96, BGHSt 43, 153 (154) = NJW 1997, 3385; Löwe/Rosenberg/*Lüderssen/Jahn* Rn. 57; *Lüderssen* NStZ 2001, 606.

[187] § 140 Rn. 8; § 145 Rn. 26; SK-StPO/*Wohlers* Rn. 36.

[188] BGH 6.11.1991 – 4 StR 515/91, NStZ 1992, 247.

[189] BGH 17.7.1997 – 1 StR 781/96, BGHSt 43, 153 (154) = NJW 1997, 3385; BGH 25.2.1992 – 5 StR 483/91, NStZ 1992, 292.

[190] Vgl. SK-StPO/*Wohlers* Rn. 37.

[191] BVerfG 25.9.2001 – 2 BvR 1152/01, NJW 2001, 3695 (3696); BGH 12.12.2000 – 1 StR 184/00, NJW 2001, 624 (625); KK/*Laufhütte* Rn. 14; SK-StPO/*Wohlers* Rn. 35.

sich aus dem **Rügevorbringen** die Beiordnung gegen den erklärten Willen des Beschuldigten – möglichst geäußert durch Erhebung einer Beschwerde – ergeben.[192]

3. Verfassungsbeschwerde. Die Ablehnung einer Verteidigerbestellung ist als Zwischenentscheidung grundsätzlich nicht durch eine Verfassungsbeschwerde angreifbar.[193] Ein Abwarten der Revisionsinstanz kann jedoch im Hinblick auf den Beschleunigungsgrundsatz in Haftsachen unzumutbar sein; nach erfolgloser Beschwerde kann in diesen Fällen daher ausnahmsweise die unmittelbare Erhebung einer Verfassungsbeschwerde zulässig sein.[194] **38**

§ 142 [Auswahl des Verteidigers]

(1) [1]Vor der Bestellung eines Verteidigers soll dem Beschuldigten Gelegenheit gegeben werden, innerhalb einer zu bestimmenden Frist einen Verteidiger seiner Wahl zu bezeichnen. [2]Der Vorsitzende bestellt diesen, wenn dem kein wichtiger Grund entgegensteht.

(2) In den Fällen des § 140 Abs. 1 Nr. 2, 5 und 9 sowie des § 140 Abs. 2 können auch Rechtskundige, welche die vorgeschriebene erste Prüfung für den Justizdienst bestanden haben und darin seit mindestens einem Jahr und drei Monaten beschäftigt sind, für den ersten Rechtszug als Verteidiger bestellt werden, jedoch nicht bei dem Gericht, dessen Richter sie zur Ausbildung überwiesen sind.

Schrifttum: *Barton,* Anm. zu BGH v. 3.12.1991 – 1 StR 456/91 und BGH v. 25.2.1992, StV 1992, 407; *ders.,* Anm. zu BGH v. 19.5.1988 – 2 StR 22/88, StV 1988, 469, StV 1989, 45; *Beukelmann,* Beschleunigungsgebot versus freie Verteidigerwahl, NJW-Spezial 2007, 279; *Bringewat,* Die sogenannte Pflichtverteidigung – Strafverteidigung zweiter Klasse?, ZRP 1979, 248; *Burhoff,* Aktive Verteidigung – Widerstreit im Strafprozess?, StraFo 2008, 62; *Gaede,* Schlechtverteidigung – Tabus und Präklusionen zum Schutz vor dem Recht auf wirksame Verteidigung?, HRRS 2007, 402; *Gusy,* Grundrechtsschutz der Strafverteidigung, AnwBl. 1984, 225; *Hilbers/Lam,* Anm. zu BVerfG v. 3.8.2004 – 1 BvR 135/00, NJW 2004, 2725, StraFo 2005, 70; *Hilgendorf,* Die Aufhebung der Pflichtverteidigerbestellung gem. § 143 StPO, NStZ 1996, 1; *Lantzke,* Anm. zu KG v. 2.11.1973 – 3 Ws 215/73, JR 1974, 434; *Lehmann,* Zur Beiordnung des auswärtigen Verteidigers, NStZ 2012, 188; *Lüderssen,* Anm. zu BVerfG v. 14.10.1997 – 2 BvQ 32/97, StV 1998, 357; *Paeffgen,* Übersicht über die (ober-)gerichtliche Rechtsprechung in Haft-Sachen – Teil I –, NStZ 2007, 79; *Park,* Anm. zu BGH v. 11.12.1997 – 4 StR 323/97, StV 1998, 417; *Rogat,* Anm. zu BGH v. 25.2.1997 – 01 StR 600/96, JR 1998, 252; *Schlothauer,* Anm. zu KG v. 6.10.2008 – 3 Ws 341/08, StV 2009, 578; *ders.,* Die Auswahl des Pflichtverteidigers, StV 1981, 443; *Staechelin,* Anm. zu OLG Düsseldorf v. 17.1.2000 – 1 Ws 337/99, StV 2001, 607; *Thielmann,* Ein Plädoyer für die Transparenz bei der Pflichtverteidigerbeiordnung, HRRS 2009, 452; *ders.,* Die Auswahl des Pflichtverteidigers, StraFo 2006, 358; *Wasserburg,* Anm. zu OLG Köln v. 21.8.1990 – 2 Ws 401/90, NStZ 1991, 250; *Wenske,* Die Beiordnung des „Pflichtverteidigers" (§§ 141 IV, 142 StPO) – Alte Fragen im neuen Gewand?, NStZ 2010, 479; weiteres Schrifttum bei §§ 140, 141.

Übersicht

[192] Vgl. BGH 12.10.1999 – 4 StR 391/99, NStZ-RR 2000, 289.
[193] BVerfG 14.8.2007 – 2 BvR 1246/07, NJW 2007, 3563 (Ls.).
[194] BVerfG 25.9.2001 – 2 BvR 1152/01, NJW 2001, 3695 (3696).

I. Überblick

1 **1. Norminhalt und -zweck.** Die Auswahl eines beizuordnenden Verteidigers bestimmt sich nach § 142. Die Regelung ergänzt damit die in § 141 normierte Beiordnung des iSd § 140 notwendigen Verteidigers.

Der Verteidiger soll eine eingeschränkte eigene Verteidigungsfähigkeit des Beschuldigten ausgleichen;[1] eine Stärkung der Subjektstellung des Angekl. ist jedoch nur möglich, wenn ein Vertrauensverhältnis zwischen Verteidiger und Beschuldigtem besteht.[2] Daher ist der Grundsatz des verfassungsmäßigen Rechts auf einen Verteidiger der Wahl auch bei der Beiordnung zu beachten.[3] Soweit der Beschuldigte einen Verteidiger seiner Wahl benennt (Abs. 1 S. 1), verfügt der Vorsitzende nicht mehr über ein Auswahlermessen. Er hat lediglich noch eine Prüfung dahingehend vorzunehmen, ob wichtige Gründe einer Bestellung entgegenstehen (Abs. 1 S. 2). Abs. 2 regelt die ausnahmeweise Beiordnung von Referendaren.

2 **2. Entwicklung.** Bereits nach dem urspr. Wortlaut der Vorschrift war anerkannt, dass dem Beschuldigten möglichst ein Verteidiger seiner Wahl beizuordnen ist.[4] Mit dem StVÄG 1987 wurde dieses Recht zum 1.4.1987 mit den heutigen S. 1 und 2 explizit in den Wortlaut der Norm aufgenommen.[5] Zum 1.10.2009 wurde der Vorrang des Vertrauensanwalts durch die Streichung der Begrenzung auf ortsansässige Anwälte (S. 1 aF) noch einmal bekräftigt.[6] Angesichts erhöhter Mobilität wurde die ursprüngliche Begrenzung als nicht mehr sachgemäß beurteilt. Ortsnähe kann nur eines unter mehreren gleichrangigen Kriterien sein und keinen Vorrang vor dem Wahlrecht des Beschuldigten haben.[7]

II. Auswahlrecht des Beschuldigten – Abs. 1 S. 1

3 Die Anhörung des Beschuldigten und die weitgehende Beachtung seiner Wahl (→ Rn. 9) ist Ausfluss des Rechts auf ein faires Verfahren und verfolgt das Anliegen einer Gleichstellung des mittellosen Beschuldigten mit dem Beschuldigten, der einen Verteidiger nach § 137 wählen kann (Art. 3 Abs. 1 GG; Art. 6 Abs. 3 lit. c EMRK).[8]

4 **1. Anhörungspflicht.** Die Anhörung des Beschuldigten liegt trotz des Wortlauts („soll") nicht im Ermessen des Vorsitzenden; es besteht vielmehr eine **Anhörungspflicht.**[9] Diese ergibt sich neben den schon genannten Grundrechten aus dem Anspruch auf rechtliches Gehör (Art. 103 Abs. 1 GG).[10] Zu diesem Zweck teilt der Vorsitzende dem Beschuldigten mit, dass er innerhalb einer Frist einen Verteidiger benennen kann, und dass der Vorsitzende bei fehlender Benennung einen Verteidiger auswählen wird. Die **Aufforderung** muss eindeutig sein und die Möglichkeit und das Recht auf Auswahl erkennen lassen.[11] Auf die

---

[1] → § 137 Rn. 4.

[2] BVerfG 12.8.2002 – 2 BvR 932/02, StV 2002, 578; BVerfG 11.3.1975 – 2 BvR 135/75 (ua), BVerfGE 39, 156 (163) = NJW 1975, 1013; SK-StPO/*Wohlers* Rn. 14; *Gusy* AnwBl 1984, 225 (226); *Kühne* Rn. 183.

[3] BVerfG 25.9.2001 – 2 BvR 1152/01, NJW 2001, 3695 (3696); BT-Drs. 10/1313, 21.

[4] BVerfG 6.12.1958 – 1 BvR 449/55, BVerfGE 9, 36 = NJW 1959, 571.

[5] Vgl. OLG Hamm 13.8.1987 – 1 Ws 235/87, StV 1987, 478; zur vorherigen Rechtslage: *Schlothauer* StV 1981, 443.

[6] 2. Opferrechtsreformgesetz 29.7.2009, BGBl. I 2280.

[7] BT-Drs. 16/12098, 20; BT-Drs. 16/12812, 19.

[8] BVerfG 26.10.2006 – 2 BvR 426/06, 2 BvR 1620/06, BeckRS 2006, 27503 BVerfG 25.9.2001 – 2 BvR 1152/01, NJW 2001, 3695 (3696 f.); BGH 17.7.1997 – 1 StR 781/96, BGHSt 43, 153 (156 f.) = NJW 1997, 3385; BGH 6.11.1991 – 4 StR 515/91, NJW 1992, 849; HK-StPO/*Julius* Vor § 140 Rn. 3; *Schlothauer* StV 1981, 443 (450).

[9] BVerfG 25.9.2001 – 2 BvR 1152/01, NJW 2001, 3695 (3697); KG 3.12.2008 – 4 Ws 119/08, StV 2010, 63 (64); KG 27.9.1993 – 4 Ws 249/93, StV 1993, 628; SK-StPO/*Wohlers* Rn. 3; *Wohlers* StV 2010, 151 (153); aA OLG Karlsruhe 11.4.2000 – 2 Ws 102/00, StV 2001, 557 (558) m. abl. Anm. *Braum*.

[10] BVerfG 25.9.2001 – 2 BvR 1152/01, NJW 2001, 3695 (3697); HK-StPO/*Julius* Rn. 4.

[11] OLG Dresden 4.4.2012 – 1 Ws 66/12, NStZ-RR 2012, 213; OLG Düsseldorf 16.4.2010 – 4 Ws 163/10, StV 2010, 350; OLG Frankfurt a. M. 17.3.2009 – 3 Ws 223/09, StV 2009, 402 (403); KG 29.8.2005 – 3 Ws 371/05, wistra 2006, 74; OLG Hamm 13.8.1987 – 1 Ws 235/87, StV 1987, 478; AK/*Stern* Rn. 2; HK-StPO/*Julius* Rn. 4.

Frist oder die Benennung **verzichten** kann der Beschuldigte nur in Kenntnis seines Rechts.[12] Wenn der Beschuldigte eine Beiordnung beantragt, ohne einen konkreten Verteidiger zu benennen, bedeutet dies nicht, dass er auf sein Auswahlrecht verzichtet.[13] Eine Befragung des Wahlverteidigers reicht nicht aus, da das Wahlrecht allein dem Beschuldigten zusteht.[14] Das Recht steht auch demjenigen Beschuldigten zu, der unter Betreuung mit Einwilligungsvorbehalt steht.[15] Ausnahmen von der Anhörungspflicht sind nicht vorgesehen; in Eilfällen kommt zwar die Setzung einer sehr kurzen Frist in Betracht – es verbleibt jedoch bei einer Anhörung (→ Rn. 6, 8).[16] Von der Anhörung kann lediglich abgesehen werden, wenn der Beschuldigte bereits einen Wunsch geäußert hat, zB bei Antragstellung und sofern offensichtlich ist, dass er daran festhalten will.[17] Zur tatsächlichen Umsetzung des Wahlrechts müssen dem Inhaftierten Informationen und Kommunikationsmöglichkeiten verfügbar gemacht werden.[18]

2. Fristsetzung. Dem Beschuldigten ist eine **angemessene und eindeutige Frist** zur Benennung eines Verteidigers zu setzten. Eindeutig ist eine Frist, wenn sie für Laien berechenbar ist.[19] IdR ist der Beschuldigte **schriftlich** zu benachrichtigen; in Eilfällen – insbes. hinsichtl. der Postlaufzeiten einer JVA – ist eine **(fern-)mündliche** Befragung zulässig,[20] auch diese muss dem Beschuldigten aber ausreichend Entscheidungsraum belassen.[21] Der Fristlauf beginnt mit Zustellung der Anhörung,[22] fehlgeschlagene oder verspätete Zustellung darf nicht zu Lasten des Beschuldigten gehen.[23] Bei dem inhaftierten Beschuldigten genügt die Versendung eines Anhörungsschreibens an die Meldeadresse nicht.[24] 5

Die **Länge der Frist** muss so bemessen sein, dass der Beschuldigte Kontakt mit mehreren Anwälten aufnehmen, eine Entscheidung treffen und auf die Anhörung antworten kann.[25] Aufgrund der Bedeutung der Wahl aus Sicht des Beschuldigten und der Fortwirkung der Entscheidung für das gesamte Verfahren[26] sollte die Frist idR vier Wochen betragen.[27] Dabei ist auf die konkrete Situation des Beschuldigten Rücksicht zu nehmen; insbes. bei Inhaftierten sind Postlaufzeiten, Kommunikationsschwierigkeiten und – bei Neuinhaftierten – Verschubungszeiten zu berücksichtigen.[28] Das Beschleunigungsgebot ist grds. kein Argument zur Fristverkürzung – es soll dem Schutz des Beschuldigten vor Verzögerungen durch die Justiz dienen und nicht seine Rechte verkürzen;[29] zudem hat der Beschuldigte 6

---

12 HK-StPO/*Julius* Rn. 4; aA endgültiger Verzicht nie möglich: *Lam/Meyer-Mews* NJW 2012, 177 (180).

13 BGH 25.10.2000 – 5 StR 408/00, NJW 2001, 237 (238); OLG Frankfurt a. M. 2.5.1996 – 3 Ws 352/96, NStZ-RR 1996, 271; LG Frankfurt 26.2.2010 – 21 Qs 18/10, StV 2010, 235 (236).

14 OLG Stuttgart 18.2.1988 – 3 Ws 36/88, StV 1989, 521 (522); AK/*Stern* Rn. 25; HK-StPO/*Julius* Rn. 4; SK-StPO/*Wohlers* Rn. 3.

15 OLG Koblenz 4.4.2006 – 2 Ws 48, 218/06, StV 2007, 420; SK-StPO/*Wohlers* Rn. 3; → § 137 Rn. 38.

16 KG 3.12.2008 – 4 Ws 119/08, StV 2010, 63 (64); aA BGH 25.2.1997 – 1 StR 600/96, NStZ 1997, 401 = JR 1998, 252 m. krit. Anm. *Rogat*; OLG Karlsruhe 11.4.2000 – 2 Ws 102/00, StV 2001, 557 (558) m. abl. Anm. *Braum*; OLG Düsseldorf 17.1.2000 – 1 Ws 337/99, StV 2001, 606 m. krit. Anm. *Staechelin*.

17 SK-StPO/*Wohlers* Rn. 7.

18 *Heydenreich* StraFo 2011, 263 (265); *Wohlers* StV 2010, 151 (154); → § 141 Rn. 24; § 148 Rn. 7 f.

19 OLG Düsseldorf 16.4.2010 – 4 Ws 163/10, StV 2010, 350 (351).

20 OLG Düsseldorf 18.9.2002 – 2 WS 242/02, StV 2004, 62; LG Halle 20.11.2009 – 2 b Qs 252/09, StV 2010, 69 (Ls.); HK-StPO/*Julius* Rn. 4.

21 LG Celle 18.11.2002 – 26 Qs 479/02, StV 2006, 687; AK/*Stern* Rn. 26; SK-StPO/*Wohlers* Rn. 6.

22 OLG Celle 18.11.2011 – 1 Ws 453/11, NJW 2012, 246.

23 LG Erfurt 11.4.2011 – 7 Qs 59/11, StV 2011, 665; Graf/*Wessing* Rn. 8.

24 KG 31.5.1999 – 1 AR 614/99 – 4 Ws 140/99, BeckRS 1999, 16120; LG Magdeburg 10.7.2008 – 25 Qs 99/08, StV 2008, 630.

25 Vgl. LG Berlin 29.9.2008 – 515 Qs 171/08, StV 2009, 405; AK/*Stern* Rn. 26; Graf/*Wessing* Rn. 8; *Heydenreich* StraFo 2011, 263 (265).

26 → § 143 Rn. 7 f.

27 Vgl. LG Berlin 29.9.2008 – 515 Qs 171/08, StV 2009, 405 (4 Tage zu kurz); OLG Düsseldorf 1.12.1989 – Ss 63/89, StV 1990, 536; AK/*Stern* Rn. 26 (mind. 1 Woche); SK-StPO/*Wohlers* Rn. 5 (1-2 Wochen); *Heydenreich* StraFo 2011, 263 (265 f.) (mind. zwei Wochen) mwN.

28 OLG Frankfurt a. M. 26.2.2010 – 21 Qs 18/10, StV 2010, 235.

29 Vgl. *Burhoff* StraFo 2008, 62 (68); *Schlothauer* StV 2009, 578.

durch Benennung vor Ablauf der Frist eine zeitnahe Beiordnung selbst in der Hand.[30] Eine besondere **Eilbedürftigkeit** liegt daher nur bei unaufschiebbaren Ermittlungshandlungen[31] oder einer Beschleunigung zu Gunsten inhaftierter Mitbeschuldigter vor. Die Auswahlfrist darf in diesen Fällen nur verkürzt werden; dem Beschuldigen darf nicht die reale Möglichkeit einer Benennung genommen werden[32] – unzulässig ist daher etwa ein Anhörungsfax in die JVA mit Fristsetzung bis zum Nachmittag desselben Tages.[33] Erg. § 141 Rn. 24.

7 **3. Wahl des Beschuldigten.** Die bloße Nennung eines Verteidigers durch den Beschuldigten genügt – Gründe für die Wahl müssen nicht angegeben werden.[34] In Eilfällen reicht die Angabe unvollständiger Personalien, solange die Person des Verteidigers für das Gericht feststellbar ist.[35] Meldet sich ein Verteidiger für den Beschuldigten, so ist zu vermuten, dass er im Auftrag des Beschuldigten handelt.[36] Bei Zweifeln ist nachzufragen.[37] Eine Wahl des Beschuldigten ist auch nach **Fristablauf** zu beachten, solange die bereits unternommene anderweitige Beiordnung noch keine Außenwirkung erlangt hat.[38] Im Ermittlungsverfahren genügt zur Fristwahrung eine Mitteilung an die StA, da diese Herrin des Ermittlungsverfahrens und somit Adressat von Erklärungen ist, auch im Falle der Beiordnung nach § 140 Abs. 1 Nr. 4.[39]

8 **4. Sonderfälle.** Das Recht des Beschuldigten aus S. 1 gilt ausnahmslos,[40] auch für die Bestellung eines **zweiten Verteidigers;**[41] sowohl auf Antrag des Beschuldigten als auch bei sog Sicherungsverteidigung;[42] ebenfalls bei einer Auswechselung des Pflichtverteidigers.[43] Im Falle der Beiordnung nach **§ 140 Abs. 1 Nr. 4** ist dies noch str.[44] Wurde eine Eilentscheidung ohne Anhörung getroffen, muss die Anhörung unabhängig davon nachgeholt werden, ob der Beschuldigte Beschwerde gegen die Bestellung erhoben hat.[45]

III. Gerichtliche Entscheidung

9 **1. Nach der Wahl des Beschuldigten – Abs. 1 S. 2.** Wenn der Beschuldigte einen Verteidiger benannt hat, muss der zuständige Richter diesen bestellen, wenn kein wichtiger Grund entgegensteht.[46] Ob schon kein Ermessen eingeräumt ist oder dieses auf Null reduziert ist, ist str., jedoch iErg unerheblich.[47] *„Der verfassungsrechtliche Rang der Verteidigung durch den Anwalt des Vertrauens des Beschuldigten ist mithin der entscheidende Maßstab für die*

---

[30] *Heydenreich* StRR 2009, 444 (446).

[31] OLG Dresden 1.6.2005 – 3 Ws 30/05, OLG-NL 2005, 188; § 141 Rn. 24.

[32] OLG Düsseldorf 5.6.1990 – 3 Ws 434 – 435/90, StV 1990, 536.

[33] OLG Düsseldorf 18.9.2002 – 2 Ws 242/02, StV 2004, 62.

[34] Löwe/Rosenberg/*Lüderssen/Jahn* Rn. 13; vgl. aber *Lehmann* NStZ 2012, 188 (190).

[35] Vgl. LG Bochum 27.3.2012 – 9 Ds 446/11.

[36] BayObLG 23.9.2004 – 6St ObWs 003/04 (11), StV 2006, 6.

[37] Vgl. OLG Stuttgart 18.2.1988 – 3 Ws 36/88, StV 1989, 521 (522).

[38] OLG Braunschweig 24.11.2011 – Ausl. 14/11, StV 2012, 401; LG Magdeburg 13.2.2013 – 22 Qs 11/12, StRR; LG Braunschweig 21.9.2009 – 7 Qs 280/09, StraFo 2009, 520; SK-StPO/*Wohlers* Rn. 9; erg. § 141 Rn. 7.

[39] LG Bonn 28.1.2010 – 21 Qs 7/10, StV 2010, 181.

[40] AK/*Stern* Rn. 17; HK-StPO/*Julius* Rn. 4; SK-StPO/*Wohlers* Rn. 4; zu § 140 Abs. 1 Nr. 4: OLG Düsseldorf 16.4.2010 – 4 Ws 163/10, StV 2010, 350; aA KK/*Laufhütte* Rn. 8; Meyer-Goßner/*Schmitt* Rn. 10.

[41] BVerfG 25.9.2001 – 2 BvR 1152/01, NJW 2001, 3695 (3698 f.); KG 29.8.2005 – 3 Ws 371/05, wistra 2006, 74; LG Cottbus 18.11.2002 – 26 Qs 479/02, StV 2006, 687; KK/*Laufhütte* Rn. 5.

[42] § 141 Rn. 5 f. mwN.

[43] KG 31.5.1999 – 1 AR 614/99 – 4 Ws 140/99, BeckRS 1999, 16120; KG 15.6.1987 – 1 AR 631/87, StV 1987, 428.

[44] § 141 Rn. 24.

[45] Vgl. SK-StPO/*Wohlers* Rn. 8; → § 141 Rn. 24; aA OLG Stuttgart 25.11.1997 – 4 Ws 256/97, NStZ-RR 1998, 110.

[46] Bereits BVerfG 31.1.1952 – 1 BvR 68/51, BVerfGE 1, 109; BGH 25.10.2000 – 5 StR 408/00, NJW 2001, 237 (238).

[47] BGH 6.11.1991 – 4 StR 515/91, NJW 1992, 849; HK-StPO/*Julius* Rn. 1; Ermessensreduzierung: OLG Düsseldorf 16.4.2010 – 4 Ws 163/10, StV 2010, 350 (351); BayObLG 29.8.2005 – 3 WS 371/05, StV 2006, 6; Graf/*Wessing* Rn. 6; kein Ermessen: SK-StPO/*Wohlers* Rn. 15; *Barton* StV 1992, 407.

Auswahl eines Pflichtverteidigers, dem sich das Auswahlrecht des Gerichtsvorsitzenden, das seine Berechtigung aus einer Vorschrift einfachen Gesetzesrechts herleitet, unterzuordnen hat.“[48] Soweit sich der Verteidiger nicht für den Beschuldigten bei Gericht meldet, sollte der Verteidiger vor Beiordnung zu der Frage gehört werden, ob Gründe einer Beiordnung entgegenstehen.[49]

Bezeichnet der Beschuldigte **mehrere Personen,** so muss der Vorsitzende nach pflicht- 10
gemäßem Ermessen (→ Rn. 17 ff.) unter diesen auswählen.[50] Melden sich für den Beschuldigten mehrere Verteidiger, ist zunächst der Beschuldigte anzuhören;[51] Auswahlermessen besteht nur, wenn dieser sich nicht äußert.[52]

In welchen Fallkonstellationen ein **wichtiger Grund iSd S. 2** vorliegt, hat der Gesetzge- 11
ber bewusst offen gelassen.[53] Wegen des verfassungsmäßig garantierten Vorrangs der subjektiven Wahl des Beschuldigten kann dies nicht jeder sachliche Grund sein; es kommen lediglich der Ausübung der Verteidigung elementar widersprechende Gründe in Betracht.[54] Der **Zweck der Verteidigung** muss – aus der Perspektive des Beschuldigten – ernsthaft gefährdet sein.[55] Dabei ist zu beachten, dass die Subjektstellung des Beschuldigten das Recht auf Wahl des eigenen Verteidigers beinhaltet und kaum Platz für einen Fürsorgegedanken belässt.[56] Liegt ein Grund vor, hat der Vorsitzende diesen gegen das Wahlrecht des Beschuldigten **abzuwägen** und dabei auch den Hintergrund der Wahl des Beschuldigten und ein bereits bestehendes Vertrauensverhältnis mit einzubeziehen.[57] Zu diesem Zweck hat er den Beschuldigten erneut anzuhören.[58] Die Abwägung und ihr Ergebnis sind in der Entscheidung darzulegen und zu begründen.[59] Bereits bestehender Wahlverteidigung ist ein Vertrauensverhältnis inhärent;[60] insbes. wenn bereits in anderen Verfahren ein Verteidigungsverhältnis bestand oder im anhängigen Verfahren schon länger besteht.[61] Auch Kenntnisse der Muttersprache des Beschuldigten können das Vertrauensverhältnis verstärken. Im Falle der **Ablehnung** einer Beiordnung des benannten Verteidigers hat der Vorsitzende dem Beschuldigten unter Belehrung über sein nochmals auszuübendes Wahlrecht erneut Gehör zu gewähren.[62] Die Entscheidung ist gem. § 34 zu begründen.

Dass der Verteidiger nicht am **Ort des zuständigen Gerichts** niedergelassen ist, war 12
bereits vor der Reform in 2009 nur in Ausnahmefällen ein ausreichender Ablehnungsgrund.[63] Nach nF kommt dies überhaupt nicht mehr in Betracht.[64]

---

[48] Noch zum alten Wortlaut BVerfG 25.9.2001 – 2 BvR 1152/01, NJW 2001, 3695 (3696).

[49] *Schlothauer/Weider* U-Haft Rn. 290; *Schlothauer,* FS Samson, 2010, 709 (713 f.).

[50] BT-Drs. 10/1313, 21.

[51] SK-StPO/*Wohlers* Rn. 7; vgl. OLG Stuttgart 18.2.1988 – 3 Ws 36/88, StV 1989, 521.

[52] AA OLG Oldenburg 30.12.2003 – 1 Ws 588/03, NStZ-RR 2004, 115 (zur aF); KK/*Laufhütte* Rn. 7.

[53] BT-Drs. 10/1313, 21.

[54] BVerfG 25.9.2001 – 2 BvR 1152/01, NJW 2001, 3695 (3696); HK-StPO/*Julius* Rn. 6; Löwe/Rosenberg/*Lüderssen/Jahn* Rn. 20; SK-StPO/*Wohlers* Rn. 17.

[55] OLG Köln 21.8.1990 – 2 Ws 401/90, NStZ 1991, 248 m. zust. Anm. *Wasserburg;* Löwe/Rosenberg/*Lüderssen/Jahn* Rn. 20; SK-StPO/*Wohlers* Rn. 17; vgl. OLG Bremen 13.10.2010 – Ws 145/10, StraFo 2011, 93.

[56] *Schneider* ZRP 1985, 209 (210).

[57] BT-Drs. 16/12098, 20; KMR/*Müller* Rn. 13; ausf. *Lehmann* NStZ 2012, 188.

[58] OLG Jena 26.11.2008 – 1 Ws 497/08, NJW 2009, 1430 (1431); OLG Hamm 20.7.1993 – 1 Ws 323/93, StV 1994, 8; Löwe/Rosenberg/Lüderssen/Jahn Rn. 15; *Lehmann* NStZ 2012, 188 (191).

[59] HK-StPO/*Julius* Rn. 9.

[60] BayObLG 23.9.2004 – 6St ObWs 003/04 (11), StV 2006, 6 (7); OLG Koblenz 21.4.1994 – 3 Ws 278/94, StV 1995, 118; OLG Köln 20.12.1988 – 2 Ws 642/88, StV 1990, 395; aA OLG Naumburg 13.11.2008 – 1 Ws 638/08, NStZ-RR 2009, 114.

[61] BGH 17.7.1997 – 1 StR 781/96, BGHSt 43, 153 (156) = NJW 1997, 3385; OLG Rostock 29.1.2008 – 1 Ws 1/08, StV 2008, 531; OLG Frankfurt a. M. 9.5.1985 – 3 Ws 410/85, StV 1985, 315.

[62] OLG Jena 26.11.2008 – 1 Ws 497/08, NJW 2009, 1430 (1431); OLG Hamm 20.7.1993 – 1 Ws 323/93, StV 1994, 8; AK/*Stern* Rn. 27; HK-StPO/*Julius* Rn. 11; Löwe/Rosenberg/*Lüderssen/Jahn* Rn. 16; SK-StPO/*Wohlers* § 141 Rn. 10; *BRAK* StV 2010, 544 (547); aA Meyer-Goßner/*Schmitt* Rn. 10.

[63] OLG München 15.10.2009 – 1 Ws 943/09, StraFo 2009, 527; OLG Jena 26.11.2008 – 1 Ws 497/08, NJW 2009, 1430; OLG Rostock 29.1.2008 – 1 Ws 1/08, StV 2008, 531; SK-StPO/*Wohlers* Rn. 24 mwN.

[64] BT-Drs. 16/12812; SK-StPO/*Wohlers* Rn. 24 f.; aA OLG Köln 21.9.2010 – 2 Ws 594/10, NStZ-RR 2011, 49; Meyer-Goßner/*Schmitt* Rn. 12; *Lehmann* NStZ 2012, 188.

13 Ein wichtiger Grund liegt vor, wenn der Verteidiger nicht zur **sachgemäßen Verteidigung bereit oder in der Lage** ist. Um dies auszuschließen, ist eine Rückfrage vor der Beiordnung beim Verteidiger – wenn dieser sich nicht für den Beschuldigten bei Gericht gemeldet hat – sachgemäß. Da nur zugelassene Rechtsanwälte und Rechtslehrer wählbar sind (→ Rn. 21), kann in der **Person des Verteidigers,** der nach hM Organ der Rechtspflege ist, kein Ablehnungsgrund liegen.[65] Der Vorsitzende kann auch nicht die **Qualifikation** anzweifeln – auch wenn aus objektiver Sicht die Wahl eines Spezialisten naheliegen könnte.[66] Die Ablehnung einer Bestellung kommt etwa in Betracht, wenn der Verteidiger wegen erheblicher terminlicher Überlastung oder Arbeitsunfähigkeit auf absehbare Zeit **nachhaltig verhindert** ist.[67] **Terminschwierigkeiten,** die mittels rechtzeitiger Terminabstimmung gelöst werden können, stellen keinen wichtigen Grund dar.[68] Der Beschleunigungsgrundsatz kann Rechte des Beschuldigten nur beschränken, soweit inhaftierte Mitbeschuldigte betroffen sind;[69] auch im Falle mehrerer Beschuldigter muss der Vorsitzende sich ernstlich bemühen, so zu terminieren, dass alle Beschuldigten vom Verteidiger ihres Vertrauens verteidigt werden können.[70] Nach dem BVerfG ist eine erhebliche Verzögerung um mehrere Monate bei vollzogener **U-Haft** des Beschuldigten ein wichtiger Grund dafür, von der Bestellung des benannten Verteidigers abzusehen.[71] Die Ankündigung eines begründeten Antrags auf Aussetzung der Hauptverhandlung zur sachgemäßen Vorbereitung derselben zeugt vom Gegenteil einer Verteidigungsunfähigkeit auf Seiten des benannten Verteidigers und kann keinesfalls ein Ablehnungsgrund sein.[72]

14 Ob ein möglicher **Interessenkonflikt** die sachgemäße Verteidigung beeinträchtigt, muss der Beurteilung des Beschuldigten und des Verteidigers überlassen bleiben.[73] Im Zweifel ist der Beschuldigte hierzu anzuhören.[74] Die (bloße) Nähe zu einer Situation des § 146 genügt nicht; § 146 darf im Interesse einer Gleichbehandlung von Pflicht- und Wahlverteidigung nicht über § 142 Abs. 1 S. 2 ausgeweitet werden;[75] gleiches gilt für §§ 138a ff.[76] Das

---

[65] AK/*Stern* Rn. 24; Löwe/Rosenberg/*Lüderssen/Jahn* Rn. 2; *Wasserburg* NStZ 1991, 250 (252); aA KG 4.6.1987 – 4 Ws 155/87, JR 1987, 524.

[66] AK/*Stern* Rn. 24; aA BT-Drs. 10/1313, 21; *Eisenberg* NJW 1991, 1257 (1262).

[67] OLG Hamm 4.5.2006 – 2 Ws 111/06, NJW 2006, 2788 (2790 f.); OLG Köln 12.11.1991 – 2 Ws 501/91, StV 1992, 9; HK-StPO/*Julius* Rn. 6; SK-StPO/*Wohlers* Rn. 20.

[68] BGH 18.8.2009 – 4 StR 280/09, StV 2010, 170 (ober dictum); OLG Celle 18.11.2011 – 1 Ws 453/11, NJW 2012, 246; OLG Hamm 4.5.2006 – 2 Ws 111/06, NJW 2006, 2788 (2790); OLG Karlsruhe 11.8.1999 – 2 HEs 220/99, StraFo 1999, 430 (431); KG 2.11.1992 – 4 Ws 211/92, StV 1993, 236; OLG Köln 20.12.1988 – 2 Ws 642/88, StV 1990, 395; LG Berlin 13.4.2011 – 528 Qs 43 und 44/11, StraFo 2012, 15; AK/*Stern* Rn. 23; SK-StPO/*Wohlers* Rn. 20; andernfalls muss das Gericht die Unlösbarkeit der Terminierung darlegen: *Paeffgen* NStZ 2007, 79 Fn. 4; aA beim Sicherungsverteidiger HK-StPO/*Julius* Rn. 6.

[69] HK-StPO/*Julius* Rn. 8 mwN; HK-StPO/*Julius* Vor § 140 Rn. 3; SK-StPO/*Wohlers* Rn. 20; einschr. BVerfG 4.4.2006 – 2 BvR 523/06, StV 2006, 251; OLG Celle 20.5.2008 – 2 Ws 175/08, NStZ 2008, 583; OLG Jena 9.5.2008 – 1 Ws 165-166/08, NStZ-RR 2009, 114; vgl. *Burhoff* StraFo 2008, 62 (68); *Schlothauer* StV 2009, 578; aA auch bei Haft des Beschuldigten: BGH 9.1.2007 – 3 StR 465/06, NStZ-RR 2007, 149 (Ls.); OLG Hamm 26.10.2010 – 5 Ws 374/10, StV 2011, 660 (661); OLG Naumburg 13.11.2008 – 1 Ws 638/08, NStZ-RR 2009, 114 (zum auswärtigen Verteidiger nach aF).

[70] OLG Hamburg 29.6.2006 – 3 Ws 100/06, NJW 2006, 2792; HK-StPO/*Julius* Rn. 8 mwN; *Schlothauer* StV 2009, 578, vgl. *Beukelmann* NJW-Spezial 2007, 279; erg. § 137 Rn. 22.

[71] BVerfG 15.2.2007 – 2 BvR 2563/06, NStZ-RR 2007, 311 (314).

[72] BGH 24.6.1998 – 5 StR 120/98, NStZ 1998, 530 (531); aA OLG Düsseldorf 5.1.1999 – 3 Ws 685/98, StraFo 1999, 124; → § 145 Rn. 12 f.

[73] BGH 25.2.1992 – 5 StR 483/91, NJW 1992, 1841; OLG Rostock 17.3.2003 – I Ws 64/03, StV 2003, 373; OLG Frankfurt a. M. 28.1.1999 – 3 Ws 53 u. 54–99, NJW 1999, 1414 (1415); OLG Braunschweig 11.5.1995 – Ws 89/95, StV 1996, 6; HK-StPO/*Julius* Rn. 6.

[74] BGH 15.11.2005 – 3 StR 327/05, NStZ 2006, 404; SK-StPO/*Wohlers* Rn. 19; Beschuldigten und Verteidiger anhören: BGH 15.1.2003 – 5 StR 251/02, BGHSt 48, 170 = NJW 2003, 1331 (1332); Löwe/Rosenberg/*Lüderssen/Jahn* Rn. 21a.

[75] SK-StPO/*Wohlers* Rn. 18; einschr. Meyer-Goßner/*Schmitt* § 146 Rn. 8.

[76] Löwe/Rosenberg/*Lüderssen/Jahn* Rn. 4; SK-StPO/*Wohlers* Rn. 21; aA KK/*Laufhütte* Rn. 7; *Rieß* JR 1979, 37 (40); vgl. *Dencker* NJW 1979, 2176.

förmliche Ausschlussverfahren nach §§ 138a ff. darf nicht umgangen werden.[77] Unstr. liegt ein wichtiger Grund nicht bereits dann vor, wenn innerhalb einer Sozietät mehrere Beschuldigte verteidigt werden,[78] zumindest nicht ohne konkrete Anhaltspunkte für einen tatsächlich vorliegenden Interessenkonflikt.[79] Gleiches gilt für die sukzessive Mehrfachverteidigung.[80] Interessenkonflikte, die Bereiche außerhalb des Verfahrens betreffen, können ebenfalls nicht einbezogen werden.[81] Dass der Verteidiger Vormund oder Betreuer des Beschuldigten ist, steht einer Beiordnung ebenfalls nicht entgegen.[82]

Auch soweit sich die §§ 138a ff. auf Verhalten des Verteidigers jenseits von Interessenkon- **15**
flikten beziehen, sind die genannten Regelungen innerhalb der StPO abschließend.[83] Reaktion auf standeswidriges Verhalten ist dem Berufsrecht vorbehalten. Soweit sich eine Ablehnung auf **Verhalten des Verteidigers** in anderen Verfahren bezieht, liegt kein wichtiger Grund vor.[84] Die Wahl des Verteidigers erfolgt durch den Beschuldigten, nicht durch das Gericht.[85] *„Angesichts der Aufgabe des Verteidigers, die Interessen des Beschuldigten zu vertreten und ihm Beistand zu leisten, versteht es sich von selbst, dass die Erwartung, der Verteidiger werde – im Rahmen seiner gesetzlichen Befugnisse – die Interessen des Beschuldigten besonders energisch vertreten, keinen wichtigen Grund für die Nichtbestellung darstellen darf.“*[86] Daher ist aus Sicht des Gerichts störendes, ärgerliches oder nicht sachdienliches Verhalten hinzunehmen.[87] In der Rspr. wird angenommen, die konkrete Wiederholungsgefahr eines prozessordnungswidrigen Verhaltens, das gegenüber dem Beschuldigten pflichtwidrig wäre, sei ein wichtiger Grund;[88] ebenso gelte dies für andauernde, massive Störungen der Hauptverhandlung,[89] nicht jedoch für ein – auch objektiv unzweckmäßiges oder ordnungswidriges –[90] Verhalten, welches den Fortgang der Verhandlung zeitweise hemmt.[91]

Nach abzulehnender Rspr. ist auch eine **vorherige Wahlverteidigung,** die zur Ent- **16**
pflichtung eines anderen Verteidigers nach § 143 führte, ein wichtiger Grund.[92] Für die Annahme eines wichtigen Grundes fehlt es hierbei jedoch an einer massiven Gefährdung der sachgemäßen Verteidigung oder des ordnungsgemäßen Verfahrens. Die (übliche) erneute Beiordnung des urspr. Pflichtverteidigers verstößt gegen das Recht auf einen Verteidiger der Wahl.[93] Widersprach schon die urspr. Beiordnung dem Abs. 1 oder wurde der urspr.

---

[77] AK/*Stern* Rn. 21; Löwe/Rosenberg/*Lüderssen/Jahn* Rn. 4; SK-StPO/*Wohlers* Rn. 21; aA OLG Köln 12.5.2006 – 2 Ws 188/06, StV 2007, 288 (289); KMR/*Müller* Rn. 15; Radke/Hohmann/*Reinhart* Rn. 7.

[78] HK-StPO/*Julius* Rn. 6; vgl. OLG Frankfurt a. M. 28.1.1999 – 3 Ws 53 u. 54–99, NJW 1999, 1414; aA LG Frankfurt 11.12.1997 – 5/12 KLs 87 Js 20588.4/97, StV 1998, 358, wohl auch BVerfG 14.10.1997 – 2 BvQ 32/97, StV 1998, 356 mAnm *Lüderssen.*

[79] OLG Stuttgart 17.5.2011 – 2 Ws 97, 98/11, Justiz 2011, 294 = StV 2011, 661 (Ls.); OLG Hamm 1.6.2004 – 2 WS 156/04, StV 2004, 641; OLG Rostock 17.3.2003 – I Ws 64/03, StV 2003, 373; OLG Frankfurt a. M. 2.7.1999 – 3 Ws 591–99, NStZ-RR 1999, 333.

[80] BGH 15.1.2003 – 5 StR 251/02, BGHSt 48, 170 = NJW 2003, 1331; BGH 15.1.1998 – 1 StR 734/97, NStZ 1998, 263; auch wenn ehem. Mitangekl. Zeuge ist: LG Dessau-Roßlau 30.10.2007 – 2 Qs 255/07, StraFo 2008, 74.

[81] OLG Bremen 13.10.2010 – Ws 145/10, StraFo 2011, 93 (Behandlungserfolg bei Untergebrachten).

[82] OLG Düsseldorf 13.10.1989 – 1 Ws 909/89, NJW 1990, 528; AK/*Stern* Rn. 24; KK/*Laufhütte* Rn. 4; SK-StPO/*Wohlers* Rn. 18.

[83] HK-StPO/*Julius* Rn. 6; SK-StPO/*Wohlers* Rn. 21.

[84] AK/*Stern* Rn. 24; HK-StPO/*Julius* Rn. 6; Löwe/Rosenberg/*Lüderssen/Jahn* Rn. 2; SK-StPO/*Wohlers* Rn. 21.

[85] *„Offene Feindschaft“* zwischen Gericht und Verteidiger kein wichtiger Grund: OLG Köln 21.8.1990 – 2 Ws 401/90, NStZ 1991, 248 (250) mAnm *Wasserburg.*

[86] BT-Drs. 10/1313, 21.

[87] OLG Köln 12.5.2006 – 2 Ws 188/06, StV 2007, 288.

[88] Ua OLG Köln 12.5.2006 – 2 Ws 188/06, StV 2007, 288 (289); Meyer-Goßner/*Schmitt* Rn. 13; *Eisenberg* NJW 1991, 1257 (1261), aA AK/*Stern* Rn. 24; HK-StPO/*Julius* Rn. 6; SK-StPO/*Wohlers* Rn. 21.

[89] KG 9.2.2011 – 4 Ws 16/11, StRR 2011, 195.

[90] KG 2.11.1992 – 4 Ws 211/92, StV 1993, 236.

[91] OLG Köln 21.8.1990 – 2 Ws 401/90, NStZ 1991, 248 (250) mAnm *Wasserburg.*

[92] Ua BGH 17.9.2008 – 1 StR 496/08, StraFo 2008, 505; Meyer-Goßner/*Schmitt* Rn. 7.

[93] Löwe/Rosenberg/*Lüderssen/Jahn* Rn. 22; so aber ua BGH 17.9.2008 – 1 StR 496/08, StraFo 2008, 505; OLG Koblenz 17.9.1985 – M 1165/85, MDR 1986, 604 (aus fiskalischen Gründen); KG 2.11.1973 – 3 Ws 215/73, JR 1974, 433 m. abl. Anm. *Lantzke*; Graf/*Wessing* Rn. 4; Meyer-Goßner/*Schmitt* Rn. 7.

Verteidiger nicht vom Beschuldigten, sondern von dem Gericht ausgewählt, ist eine erneute Beiordnung des ehemaligen Verteidigers keinesfalls zulässig.[94] Erg. § 143 Rn. 5.

17 **2. Auswahl des Vorsitzenden.** Wenn der Beschuldigte innerhalb der Frist keinen Verteidiger benennt oder schon zuvor auf dieses Recht – ernsthaft und eindeutig – verzichtet,[95] muss der Vorsitzende einen geeigneten Verteidiger auswählen und beiordnen. **Äußerungen des Beschuldigten,** die er jenseits einer konkreten Benennung vorgenommen hat, sind zu beachten.[96] Wenn der Beschuldigte bereits früher einen Verteidiger benannt bzw. gewählt hat und keine Anhaltspunkte dafür vorliegen, dass er diesen Verteidiger mittlerweile ablehnt, ist dieser beizuordnen.[97] Entgegenstehende Anhaltspunkte sind etwa **Entzug der Mandatierung** in der Vergangenheit oder Niederlegung seitens des Verteidigers (erg. zum ehemaligen Pflichtverteidiger Rn. 16).[98] Nach aA ist die Beiordnung des entlassenen Wahlverteidigers nur unzulässig, wenn ein gestörtes Vertrauensverhältnis, welches eine ordnungsgemäße Verteidigung behindern würde, dargelegt wurde.[99]

18 **Maßstab** bei der Auswahl sind die Interessen des Beschuldigten hinsichtlich einer wirksamen Verteidigung.[100] Da – zumindest aus Sicht des Beschuldigten – die Auswahl durch die „Gegenseite" erfolgt und die Gefahr einer für die Arbeit des Gerichts vorteilhaften Auswahl befürchten lässt,[101] wurde vielfach eine geänderte Zuständigkeit für die Auswahl vorgeschlagen.[102] De lege lata ist die Orientierung der Auswahlentscheidung an **sachlichen Kriterien** einzufordern. Zu diesem Zweck wird vermehrt die Beiordnung anhand von Pflichtverteidigerlisten befürwortet.[103] Derartige Listen können jedoch eine sachgemäße Auswahl mit Rücksicht auf den konkreten Fall nicht ersetzen.[104] Ein Vorschlag der StA darf aufgegriffen und umgesetzt werden.[105]

19 Auch nach der Reform des Abs. 1 kann die Ortsansässigkeit noch **Auswahlkriterium** sein; neben dem Gerichtsort auch der Wohnort und insbes. die JVA bzw. der Unterbringungsort.[106] Nach dem Willen des Gesetzgebers kommen diese Kriterien jedoch nur noch als ein Kriterium neben anderen in Betracht.[107] Weitere Kriterien sind ua: bei Beschuldigten mit eingeschränkten Deutschkenntnissen die Sprachkenntnisse des Anwalts,[108] darüber hinaus Fachkenntnisse bzw. Spezialisierungen auf Strafverteidigung, U-Haft, Jugendrecht

---

[94] LG Gera 24.2.2000 – 600 Js 22005/99-1 Ks 1/99, StV 2001, 443 (444); KG 15.6.1987 – 1 AR 631/87, StV 1987, 428; AK/*Stern* Rn. 20; KMR/*Müller* Rn. 17; *Münchhalffen* StraFo 1997, 230 (235).

[95] OLG Düsseldorf 16.3.2011 – 4 Ws 127/11, NJW 2011, 1618 m. insoweit zust. Anm. *Hermann* StV 2011, 652 (653); OLG Koblenz 2.2.2011 – 2 Ws 50/11, StV 2011, 349; Graf/*Wessing* Rn. 8.

[96] *Wohlers* StV 2010, 151 (155); *Jahn*, FS Rissing-van Saan, 2011, 276 (297).

[97] LG Berlin 29.9.2008 – 515 Qs 171/08, StV 2009, 405; LG Hagen 21.7.1987 – 43 Qs 202/87, StV 1987, 432; SK-StPO/*Wohlers* Rn. 9.

[98] BVerfG 25.9.2001 – 2 BvR 1152/01, NJW 2001, 3695 (3696 f.).

[99] BGH 1.2.2000 – 4 StR 635/99, NStZ 2000, 326; BGH 25.2.1997 – 1 StR 600/96, NStZ 1997, 401 = JR 1998, 252 mAnm *Rogat*; BGH 26.8.1993 – 4 StR 364/93, BGHSt 39, 310 = NJW 1993, 3275 (3276 f.); BGH 19.5.1988 – 2 StR 22/88, NStZ 1988, 420 m. krit. Anm. *Barton* StV 1989, 45; Graf/*Wessing* Rn. 4; Meyer-Goßner/*Schmitt* Rn. 7.

[100] *Wohlers* StV 2010, 151 (155); *Schlothauer*, FS Samson, 2010, 709 (717).

[101] *Bringewat* ZRP 1979, 248 (252); *Heydenreich* StraFo 2011, 263 (269); *Heydenreich* StRR 2009, 444 (445); *Lam/Meyer-Mews* NJW 2012, 177 (180); *Thielmann* HRRS 2009, 452; *Thielmann* StraFo 2006, 358; *Wenske* NStZ 2010, 479 (480); *Rudolph*, FS Schmidt-Leichner, 1977, 159 (163 f.).

[102] *Bringewat* ZRP 1979, 248 (253); *Schneider* ZRP 1985, 209 (211); *Schlothauer* StV 1981, 443 (452); *Wenske* NStZ 2010, 479 (483 f.); *Rudolph*, FS Schmidt-Leichner, 1977, 159 (164 f., 166).

[103] Erg. *Thielmann* StraFo 2006, 358 (362); Schlothauer/*Weider* U-Haft Rn. 312 ff.; *Schlothauer*, FS Samson, 2010, 709 (719 ff.); krit. *Wohlers* StV 2010, 151 (156).

[104] *Brocke/Heller* StraFo 2011, 1 (7); *BRAK* StV 2010, 544 (547); *Thielmann* StraFo 2006, 358 (362); *Schlothauer*, FS Samson, 2010, 709 (717); aA *Hilbers/Lam* StraFo 2005, 70 (71).

[105] BGH 15.8.2007 – 1 StR 341/07, NStZ 2008, 231; KK/*Laufhütte* § 140 Rn. 6; SK-StPO/*Wohlers* Rn. 15; krit. *Gaede* HRRS 2007, 402 (413).

[106] *Wohlers* StV 2010, 151 (155); *Schlothauer*, FS Samson, 2010, 709 (717).

[107] BT-Drs. 16/12098, 20; OLG Zweibrücken 28.1.2010 – 1 Ws 17/10, NStZ 2010, 470 (471).

[108] BT-Drs. 16/12098, 20; OLG Hamm 17.2.2011 – III – 5 Ws 57 und 58/11, BeckRS 2011, 07190; SK-StPO/*Wohlers* Rn. 29; *Wohlers* StV 2010, 151 (155).

oder spezielle Deliktsgruppen bzw. Gebiete des Nebenrechts.[109] Ein Fachanwaltstitel ist nicht Voraussetzung einer Beiordnung.[110]

IV. Auswählbare Personen

Sowohl für den Beschuldigten als auch für den Vorsitzenden sind nur Personen nach § 138 Abs. 1 auswählbar.[111] Nach geändertem Wortlaut sind unstr. auch **Rechtslehrer** wählbar.[112] Diese sind mangels Übernahmepflicht nur mit ihrer Zustimmung beizuordnen. Dies gilt auch für **Referendare.** Diese können nur unter den Voraussetzungen des Abs. 2 beigeordnet werden, dh mangels Nennung in § 140 Abs. 1 Nr. 1 nur für Verfahren, die in erster Instanz vor dem AG verhandelt werden. Nach hM bezieht sich diese Einschränkung auch auf die weiteren Instanzen.[113] Hinsichtlich des Ausbildungsstandes entsprechen die Voraussetzungen denen des § 139. Eine Bestellung kommt nicht bei dem Gericht in Betracht, dem die Referendare zur Ausbildung überwiesen sind. Diese Einschränkung bezieht sich jedoch nur auf den jeweiligen Spruchkörper.[114] Angesichts der geringeren Qualifikation sollte der Referendar nur auf Wunsch des Beschuldigten – in Kenntnis des Ausbildungsstandes – beigeordnet werden.[115] Wenn der Beschuldigte einen Referendar benennt, ist dieser nur unter der Bedingung des Abs. 1 S. 2 abzulehnen, jedoch kann der Vorsitzende die Qualifikation im konkreten Fall in die Abwägung einbeziehen (→ Rn. 13).[116] Eine weitergehende Tätigkeit des Referendars im Rahmen der Ausbildung unter Aufsicht wird durch Abs. 2 nicht ausgeschlossen;[117] Abs. 2 bezieht sich nur Referendare. Andere Personen, die im Justizdienst tätig sind und die erste juristische Staatsprüfung bestanden haben, sind nicht erfasst.[118] 20

V. Rechtsfolgen bei Verstößen

In der Missachtung des Wahlrechts des Beschuldigten kann ein **Befangenheitsgrund** 21 liegen;[119] dies gilt auch für eine Missachtung der Anhörungspflicht.[120] Wird – zB bei Eilentscheidungen – ein Verteidiger ohne Anhörung oder nach zu kurzer Frist beigeordnet, ist die Anhörung **nachzuholen.** Nutzt der Beschuldigte diese Anhörung für die Benennung eines anderen Verteidigers, ist die urspr. Beiordnung aufzuheben und der Gewählte beizuordnen.[121] Gründe für den Wechsel müssen nicht vorgebracht werden (→ Rn. 8). Erg. § 143 Rn. 13.

VI. Rechtsmittel

1. Beschwerde. Die Beschwerde nach § 304 Abs. 1 ist für den Beschuldigten gegen die 22 **Ablehnung** des benannten Verteidigers und gegen die Bestellung ohne Anhörung bzw. nach zu kurzer Frist möglich.[122] Auch die **Auswahl** des Vorsitzenden ist der Beschwerde zugäng-

[109] BT-Drs. 16/12098, 20; OLG Rostock 18.12.2001 – I Ws 548/01, StraFo 2002, 85 (86); LG Freiburg 15.11.1988 – II Qs 128/88, StV 1989, 117; SK-StPO/*Wohlers* Rn. 29; *Wohlers* StV 2010, 151 (155); *Schlothauer*, FS Samson, 2010, 709 (717); vgl. OLG München 6.5.1986 – 2 Ws 484/86, StV 1986, 422.

[110] BGH 15.8.2007 – 1 StR 341/07, NStZ-RR [Cierniak/Zimmermann] 2010, 68; erg. *Thielmann* StraFo 2006, 358 (362); aA *Wohlers* StV 2010, 151 (155).

[111] AK/*Stern* Rn. 2; KK/*Laufhütte* Rn. 2; SK-StPO/*Wohlers* Rn. 12 f.; aA Löwe/Rosenberg/*Lüderssen/Jahn* Rn. 17.

[112] BT-Drs. 16/12098, 20.

[113] Vgl. RiStBV 107.

[114] AllgM; Löwe/Rosenberg/*Lüderssen/Jahn* Rn. 11.

[115] Löwe/Rosenberg/*Lüderssen/Jahn* Rn. 34; vgl. AK/*Stern* Rn. 3.

[116] KG 28.7.1999 – 534 Qs 90/99, NStZ 2000, 51; Graf/*Wessing* Rn. 12.

[117] § 141 Rn. 14.

[118] BGH 17.11.1964 – 1 StR 442/64, BGHSt 20, 95 (96) = NJW 1965, 116.

[119] BayObLG 1.12.1987 – 4 St 253/87, StV 1988, 97; AG Offenbach 12.9.1984 – 42 Js 66091/84 – 26 Ds, StV 1986, 14; AK/*Stern* Rn. 31; HK-StPO/*Julius* Rn. 17; SK-StPO/*Wohlers* Rn. 10.

[120] HK-StPO/*Julius* Rn. 17; aA BGH 11.12.1997 – 4 StR 323/97, StV 1998, 416 m. abl. Anm. *Park*.

[121] KG 31.5.1999 – 1 AR 614/99 – 4 Ws 140/99, BeckRS 1999, 16120 aA OLG Dresden 1.6.2005 – 3 Ws 30/05, OLG-NL 2005, 188.

[122] OLG Düsseldorf 16.4.2010 – 4 Ws 163/10, StV 2010, 350; LG Erfurt 11.4.2011 – 7 Qs 59/11, StV 2011, 665; LG Berlin 29.9.2008 – 515 Qs 171/08, StV 2009, 405; SK-StPO/*Wohlers* Rn. 5; einschr. KK/*Laufhütte* Rnm 11; ausf. zum früheren Streit: *Wasserburg* NStZ 1991, 250.

lich.[123] Die rechtswidrige Bestellung ist aufzuheben und der gewünschte Verteidiger – nach Maßgabe des Abs. 1 S. 2 – durch das Beschwerdegericht beizuordnen.[124] Eine Beschwerde wegen Verstoßes gegen **Abs. 1 S. 1** bedarf keiner Darlegung von Gründen, die für den benannten oder gegen den beigeordneten Verteidiger sprechen;[125] ansonsten würde der Gedanke des Abs. 1 – Wahlfreiheit – in sein Gegenteil verkehrt.[126] Aus diesem Grund kann es auch nicht auf den Zeitpunkt der Beschwerde ankommen;[127] nach aA wird der Verstoß durch eine längere Zusammenarbeit mit dem Verteidiger geheilt.[128] Die Rechtmäßigkeit der Beiordnung bemisst sich nach der **objektiven Lage;** dh eine etwaige Unkenntnis des Vorsitzenden – zB hinsichtlich der Wahl des Beschuldigten – ist unbeachtlich.[129] Erg. § 141 Rn. 31 ff.

23 **2. Revision.** § 338 Nr. 5 ist nicht einschlägig;[130] es liegt jedoch der Revisionsgrund des § 338 Nr. 8 vor. Ein Beruhen des Urteils auf der **Mitwirkung des konkreten Verteidigers** und somit auf der rechtswidrigen Ablehnung eines benannten Verteidigers[131] oder der ermessensfehlerhaften Auswahl[132] kann idR nicht ausgeschlossen werden. Gleiches gilt für die Beiordnung trotz Vorliegens eines wichtigen Grundes iSd Abs. 1 S. 2.[133] Die **unterbliebene Anhörung** ist zumindest dann ein Revisionsgrund, wenn ein im Nachgang der unterbliebenen Anhörung beantragter Verteidigerwechsel abgelehnt wurde.[134] Wenn dem Beschuldigten nicht bekannt ist, dass ihm als Folge einer unterbliebenen Anhörung ein (nachträgliches) Benennungsrecht zusteht, liegt ein Verstoß gegen das Recht auf ein faires Verfahren und Art. 103 Abs. 1 GG vor, auf welchem das Urteil auch beruht.[135]

24 Wurde der Verteidiger des Vertrauens wegen **Terminkollisionen** abgelehnt, muss die Revision die Art der Termine darlegen, um dem Revisionsgericht eine Überprüfung der Abwägung des Vorsitzenden zu ermöglichen.[136] Zur Feststellung von Ermessensfehlern bei der Auswahl muss die Revisionsrüge den Kenntnisstand des Vorsitzenden erkennen lassen.[137]

§ 143 [Zurücknahme der Bestellung]

Die Bestellung ist zurückzunehmen, wenn demnächst ein anderer Verteidiger gewählt wird und dieser die Wahl annimmt.

---

[123] BVerfG 25.9.2001 – 2 BvR 1152/01, NJW 2001, 3695 (3696).

[124] OLG Düsseldorf 16.4.2010 – 4 Ws 163/10, StV 2010, 350; OLG Naumburg 18.11.2004 – 1 Ws 550/04, StV 2005, 120 (Ls.); LG Erfurt 11.4.2011 – 7 Qs 59/11, StV 2011, 665; SK-StPO/*Wohlers* Rn. 5, 32; *Hilgendorf* NStZ 1996, 1 (3).

[125] OLG Koblenz 2.2.2011 – 2 Ws 50/11, StV 2011, 349 (351 f.); KG 27.9.1993 – 4 Ws 249/93, StV 1993, 628; LG Krefeld 13.7.2010 – 21 Qs 8 Js 353/10, NStZ 2010, 591; LG Frankfurt 26.2.2010 – 21 Qs 18/10, StV 2010, 235; LG Berlin 29.9.2008 – 515 Qs 171/08, StV 2009, 405; vgl. auch AG Stuttgart 4.8.2010 – 27 Gs 1527/10, StV 2010, 677; aA OLG Düsseldorf 17.1.2000 – 1 Ws 337/99, StV 2001, 606 mAnm *Staechelin.*

[126] KG 27.9.1993 – 4 Ws 249/93, StV 1993, 628; vgl. *Barton* StV 1992, 407 (409).

[127] SK-StPO/*Wohlers* Rn. 7; *Barton* StV 1992, 407 (409).

[128] OLG München 17.12.2009 – 2 Ws 1101/09, NJW 2010, 1766; OLG Köln 7.10.2005 – 2 Ws 469/05, NJW 2006, 389; Meyer-Goßner/*Schmitt* Rn. 19.

[129] OLG Celle 18.11.2011 – 1 Ws 453/11, NJW 2012, 246; LG Bonn 28.1.2010 – 21 Qs 7/10, StV 2010, 180.

[130] BGH 19.5.1988 – 2 StR 22/88, StV 1988, 469 m. krit. Anm. *Barton* StV 1989, 45; vgl. aber *Lüderssen* NStZ 2001, 606 (607 f.).

[131] BGH 18.8.2009 – 4 StR 280/09, StraFo 2009, 519; BGH 24.6.1998 – 5 StR 120/98, NStZ 1998, 530; BGH 17.7.1997 – 1 StR 781/96, BGHSt 43, 153 (157 f.) = NJW 1997, 3385.

[132] BGH 25.2.1992 – 5 StR 483/91, NStZ 1992, 292.

[133] BGH 15.11.2005 – 3 StR 327/05, NStZ 2006, 404 (405); BGH 15.1.2003 – 5 StR 251/02, BGHSt 48, 170 = NJW 2003, 1331; Meyer-Goßner/*Schmitt* Rn. 20.

[134] BGH 25.10.2000 – 5 StR 408/00, NJW 2001, 237 (238) mAnm *Lüderssen* NStZ 2001, 606; aA BGH 3.12.1991 – 1 StR 456/91, StV 1992, 406 m. abl. Anm. *Barton.*

[135] HK-StPO/*Julius* Rn. 20.

[136] BGH 18.12.1997 – 1 StR 483/97, NStZ 1998, 311 (312).

[137] *Barton* StV 1989, 45 (47).

Übersicht

I. Überblick

1 Nach dem **Wortlaut** besteht ein geringer Anwendungsbereich, der lediglich § 141 dahin ergänzt, dass eine Pflichtverteidigung nur in Fällen fehlender Verteidigung nach § 137 möglich ist. Für den mittellosen Beschuldigten geht es – statt der Rücknahme der Bestellung zu Gunsten eines Verteidigers nach § 137 – vorrangig um eine **Auswechslung** des beigeordneten Verteidigers (→ Rn. 7 ff.). Darüber hinaus wird **§ 143 analog** auf die Auswechslung des Verteidigers gegen den Willen des Beschuldigten angewendet (→ Rn. 14 ff.).

2 Auch bei der Rücknahme der Verteidigerbestellung ist der verfassungsmäßige Grundsatz des Rechts auf einen **Verteidiger des Vertrauens** zu beachten.[1] Im Hinblick darauf erscheint es sehr bedenklich, dass in der Praxis zum einen ein gewünschter Verteidigerwechsel häufig blockiert wird,[2] und dass zum anderen eine Rücknahme der Bestellung gegen den Willen des Beschuldigten entgegen des Wortlauts vorgenommen wird.[3]

II. Allgemeines

3 Die **Zuständigkeit** für die Bestellungsrücknahme bestimmt sich nach § 141. Die Entscheidung ist von Amts wegen vorzunehmen und gem. §§ 34, 35 zu begründen und bekannt zu machen. Zuvor ist dem Beschuldigten **rechtliches Gehör** unter Bekanntmachung aller entscheidungsrelevanten Informationen zu gewähren;[4] dies gilt auch im Rahmen von Eilentscheidungen.[5] Neben § 143 kann der Verteidiger nach **§§ 49, 48 Abs. 2 BRAO** die Rücknahme seiner Beiordnung beantragen.[6]

III. Rücknahme auf Wunsch des Beschuldigten

4 **1. Beauftragung eines Verteidigers nach § 137 Abs. 1 S. 1.** Nach allgM ist abweichend vom Wortlaut nach dem Sinn und Zweck der Norm die Beiordnung zurückzunehmen, wenn ein **Verteidigungsverhältnis nach § 137** zustande gekommen ist, und nicht, wenn es „demnächst" zustande kommt. Dem steht es gleich, wenn schon vor der Beiordnung ein Verteidigungsverhältnis bestand, das dem Gericht nachträglich bekannt wird.[7] Die Rücknahme darf jedoch nicht zu **Unzeit,** dh nicht während laufender Prozesshandlungen erfolgen.[8] Der gewählte Verteidiger muss eine Person iSd § 138 Abs. 1 sein oder ein Referendar iSd § 142 Abs. 2. Letzterer bedarf zuvor der Genehmigung durch das Gericht (§ 139 Abs. 2 S. 2).

---

[1] OLG Naumburg 10.11.2004 – 1 Ws 546/04, StraFo 2005, 73; OLG Hamburg 2.6.1972 – 2 Ws 195/72, MDR 1972, 799.
[2] *Barton* StV 1997, 576 (577).
[3] *Weigend* NStZ 1997, 47.
[4] BVerfG 31.8.1993 – 2 BvR 843/93, StV 1994, 3 (Ls.); KG 28.11.2008 – 3 Ws 379/08, NStZ-RR 2009, 209.
[5] KG 2.2.2007 – (4) 1 Ss 332/06 (176/06), StV 2008, 68 (69).
[6] Gründe: *Lam/Meyer-Mews* NJW 2012, 177 (181 f.).
[7] OLG Karlruhe 14.1.2010 – 3 Ws 13/10, StV 2010, 179 (Ls.); *Hilgendorf* NStZ 1996, 1.
[8] BGH 9.12.1952 – 1 StR 518/52, BGHSt 3, 327 (329).

Nach dem Wortlaut ist eine Anwendung der Norm zwingend, sofern deren Voraussetzungen vorliegen.[9] Nach der Rspr. bestehen diesbezüglich jedoch zwei **Ausnahmen:**

5 **a) Sog Herausdrängen.** Das Herausdrängen des bisherigen Pflichtverteidigers hat nach stRspr die Nichtanwendbarkeit der Norm zur Folge. Demnach kann die Beiordnung aufrechterhalten werden, wenn davon auszugehen ist, dass der neue Verteidiger – zumeist wegen Mittellosigkeit des Beschuldigten – demnächst seine Beiordnung unter Niederlegung des Wahlmandats beantragen wird.[10] Die Auswechslung des Pflichtverteidigers durch eine Beauftragung nach § 137 ist jedoch nach den Regelungen der StPO zulässig und weder nach § 143 noch nach § 142 Abs. 1 S. 2 ein Ausnahmegrund.[11] Konkurrenz von Anwälten untereinander ist – wenn überhaupt – über das Berufsrecht zu regeln und nicht durch Auslegung der StPO.[12] Rein fiskalische Erwägungen und den Regeln der StPO entspr. Verfahrensverzögerungen können grundlegende Rechte des Beschuldigten nicht verdrängen.[13]

6 **b) Sog Sicherungsverteidigung.** Diese ermöglicht nach stRspr ebenfalls ein Abweichen vom Wortlaut, wenn zu befürchten ist, dass der gewählte Verteidiger den ordnungsgemäßen Verfahrensablauf nicht sichern kann, jedoch nicht schon bei Verhinderung des Wahlverteidigers an einzelnen Terminen.[14] Die Situation entspricht der der Bestellung eines zweiten Pflichtverteidigers; vgl. daher zu Einzelheiten und Bedenken § 141 Rn. 6.[15] Von einer Bestellungsrücknahme ist dagegen nicht abzusehen, wenn die Mandatsübernahme des Wahlverteidigers eine Hauptverhandlungsaussetzung zum Zwecke einer Einarbeitung des neuen Verteidigers erfordert.[16] Eine Aufrechterhaltung der Bestellung kommt ebensowenig in Betracht, wenn die Beiordnung unter Verstoß gegen § 142 Abs. 1 erfolgte.[17]

7 **2. Auswechslung auf Antrag des Beschuldigten**[18]**.** Nach stRspr ist ein Wechsel des beigeordneten Verteidigers auf Antrag des Beschuldigten nur möglich, wenn der Wechsel Verfahrensverzögerungen nicht nach sich zieht, gebührenneutral ist und mit Einverständnis beider Verteidiger stattfindet (→ Rn. 12), oder wenn der **sachgemäße Beistand ernsthaft gefährdet** ist. Dies ist der Fall, wenn der Verteidiger, zB als Folge längerer Krankheit, **nicht verfügbar** ist oder wenn Gründe vorliegen, wegen derer der Vorsitzende einen Verteidiger nach **§ 142** nicht auswählen dürfte, zB Interessenskonflikte.[19] Die sachgemäße Verteidigung kann auch durch **divergierende Verteidigungskonzepte** zweier Verteidiger gefährdet sein;[20] ebenso bei einem nachhaltig gestörtem Vertrauensverhältnis (→ Rn. 9 ff.).

8 Diese Einschränkungen eines Wechsels auf Antrag des Beschuldigten sind in Ansehung des Ziels einer Gleichstellung desjenigen Beschuldigten, dem ein Verteidiger bestellt wird,

---

[9] KG 3.12.2008 – 4 Ws 119/08, StV 2010, 63 (64).

[10] BGH 18.11.2003 – 1 StR 481/03, NStZ 2004, 632 (633); OLG Celle 19.8.2010 – 1 Ws 419/10, NStZ-RR 2010, 381 (382); OLG München 17.12.2009 – 2 Ws 1101/09, NJW 2010, 1766 (1767); KG 3.12.2008 – 4 Ws 119/08, StV 2010, 63 (64); OLG Oldenburg 18.11.2008 – 1 Ws 743/08, NStZ-RR 2009, 115; 2009, 115; OLG Köln 7.10.2005 – 2 Ws 469/05, NJW 2006, 389; OLG Düsseldorf 18.3.1997 – 1 Ws 182/96, StV 1997, 576 m. abl. Anm. *Barton*.

[11] § 142 Rn. 16; Löwe/Rosenberg/*Lüderssen/Jahn* Rn. 6; *Eisenberg* NJW 1991, 1257 (1262); *Molketin* MDR 1989, 503; *Münchhalffen* StraFo 1997, 230 (234 f.).

[12] OLG Frankfurt a. M. 8.8.1996 – 3 Ws 633/96, StV 1997, 575; Löwe/Rosenberg/*Lüderssen/Jahn* § 142 Rn. 22.

[13] *Lam/Meyer-Mews* NJW 2012, 177 (183); so aber: OLG Celle 19.8.2010 – 1 Ws 419/10, NStZ-RR 2010, 381 (382); OLG Düsseldorf 22.3.2000 – 1 Ws 219/00, VRS 99 (2000), 57; OLG Düsseldorf 18.3.1997 – 1 Ws 182/96, StV 1997, 576 m. abl. Anm. *Barton*; KG 20.11.1992 – 4 Ws 228/92, NStZ 1993, 201 (202).

[14] OLG Frankfurt a. M. 24.1.2000 – 3 Ws 31/00, StV 2001, 610; OLG Frankfurt a. M. 8.8.1996 – 3 Ws 633/96, StV 1997, 575; aA OLG Frankfurt a. M. 31.1.1985 – 3 Ws 45/85, StV 1985, 450 m. abl. Anm. *Sieg*; → § 142 Rn. 13.

[15] Vgl. zu Bedenken: BGH 1.9.1986 – 1 StR 472/86, NStZ 1987, 34; OLG Frankfurt a. M. 8.8.1996 – 3 Ws 633/96, StV 1997, 575.

[16] BGH 9.12.1952 – 1 StR 518/52, BGHSt 3, 327 (328) = NJW 1953, 232.

[17] KG 3.12.2008 – 4 Ws 119/08, StV 2010, 63 (64 f.).

[18] Überblick: *Hellwig/Zebisch* NStZ 2010, 602; *Lam/Meyer-Mews* NJW 2012, 177.

[19] BGH 12.12.2000 – 1 StR 184/00, NJW 2001, 624 (626); *Seier*, FS Hirsch, 1999, 977 (981).

[20] OLG Hamm 23.6.1978 – 6 Ws 338/78, NJW 1978, 1986.

mit demjenigen, der nach § 137 wählen kann, sowie mit dem Recht auf freie Verteidigerwahl nicht mehr vereinbar.[21] Dementspr. werden nach neuerer Rspr. diese Einschränkungen zT nur auf eine Auswechslung des (ursprünglich) vom Beschuldigten selbst benannten Verteidigers angewendet; für den Fall einer Ursprungsauswahl durch den Vorsitzenden wird ein Wechsel ohne Bedingungen ermöglicht (erg. Rn. 13).[22] Eine großzügige Handhabung ist auch zwischen den Instanzen sachgemäß, da keine Verfahrensverzögerung eintritt und insbes. für die Revision spezielle Kenntnisse nötig sind; aA der BGH, wenn bereits eine umfangreiche, rechtlich schwierige Revisionsbegr. geschrieben wurde.[23]

a) Gestörtes Vertrauensverhältnis. Dieses muss nach hM **substantiiert nachgewiesen** werden, um einen beantragten Wechsel zu begründen. Die sachgemäße Verteidigung muss durch das nachhaltig zerstörte Vertrauensverhältnis ernsthaft gefährdet sein.[24] Schon die Kopplung der Auswechslung an Voraussetzungen widerspricht indes dem Recht auf einen Verteidiger des Vertrauens – denn wer dies ist, bestimmt sich allein aus der subjektiven Sicht des Beschuldigten.[25] Ferner stellt ein Zwang, das gestörte Vertrauensverhältnis substantiiert darzulegen, einen nicht zu rechtfertigenden **Eingriff in die effektive Verteidigung** dar.[26] Eine Darlegung würde häufig die Bekanntgabe von Verteidigungsinterna, insbes. von Verteidigungsstrategien, erfordern. Diese Problematik verstärkt sich, soweit Erklärungen des beigeordneten Verteidigers verlangt werden.[27] Noch stärker in die Subjektstellung des Beschuldigten greift die Ansicht ein, nach welcher ein Handeln des Verteidigers gegen den Willen des Beschuldigten keine Störung des Vertrauensverhältnisses begründen soll.[28] 9

Maßstab für die Beurteilung soll die Sicht eines verständigen Beschuldigten sein.[29] Eine Störung kann sich insbes. aus **groben Pflichtverletzungen** des Verteidigers, namentlich der Nichteinhaltung unverzichtbarer Mindeststandards ergeben.[30] Dies ist regelmäßig bei **unzureichender Kontaktaufnahme** mit inhaftierten oder untergebrachten Beschuldigten der Fall[31] – zB erstmaliger Kontakt nach zwei Monaten,[32] keine Besuche während des Zwischenverfahrens,[33] erster Kontakt (erst) unmittelbar vor der Hauptverhandlung. Dabei kommt es nicht nur auf die objektive Sicht, sondern vor allem auf die Sicht des inhaftierten Beschuldigten an.[34] Im Falle einer Beiordnung nach § 140 Abs. 1 Nr. 4 dürfte ein kritischer Zeitraum der „Funkstille" bereits nach zwei Wochen erreicht sein.[35] Auch sonstige **Untä-** 10

[21] Vgl. LG Köln 19.4.2001 – 108 QS 17/01, StV 2001, 442; *Eisenberg* NJW 1991, 1257 (1263); *Seier*, FS Hirsch, 1999, 977 (987, 992); aber: BVerfG 25.9.2001 – 2 BvR 1152/01, NJW 2001, 3695 (3697).

[22] Vgl. BVerfG 1.7.2004 – 2 BvR 1167/04, BeckRS 2004, 23356; BVerfG 25.9.2001 – 2 BvR 1152/01, NJW 2001, 3695 (3697); KK/*Laufhütte* Rn. 3.

[23] BGH 19.8.2010 – 1 Ws 419/10, NStZ-RR 2010, 381; vgl. auch BGH 2.2.2012 – 4 StR 541/11, StRR 2012, 82 (Ls.).

[24] BVerfG 26.10.2006 – 2 BvR 426/06, 2 BvR 1620/06, BeckRS 2006, 27503; BGH 26.8.1993 – 4 StR 364/93, BGHSt 39, 310 (314) = NJW 1993, 3275 (3277); OLG München 17.12.2009 – 2 Ws 1101/09, NJW 2010, 1766 (1767); OLG Köln 7.10.2005 – 2 Ws 469/05, NJW 2006, 389; aA zur Darlegungspflicht: LG München I 19.10.2010 – 2 KLs 100 Js 3535/10, StV 2011, 667.

[25] *Seier*, FS Hirsch, 1999, 977 (992).

[26] OLG Karlsruhe 12.2.1988 – 2 Ws 23/88, NStZ 1988, 239 m. zust. Anm. *Molketin* NStZ 1989, 87; *Hellwig/Zebisch* NStZ 2010, 602 (604).

[27] So BGH 18.11.2003 – 1 StR 481/03, NStZ 2004, 632 (633); BGH 16.2.2000 – 1 StR 5/00, NStZ 2000, 326.

[28] So OLG Köln 7.10.2005 – 2 Ws 469/05, NJW 2006, 389.

[29] BGH 18.11.2003 – 1 StR 481/03, NStZ 2004, 632 (633); LG Magdeburg 10.7.2008 – 25 Qs 99/08, StV 2008, 630; *Müller* JR 1996, 124 (126).

[30] BGH 30.9.2008 – 5 StR 251/08, NStZ 2009, 465.

[31] BGH 30.9.2008 – 5 StR 251/08, NStZ 2009, 465; LG Berlin 26.7.2011 – 539 Qs 39/11, StV 2011, 665; LG Magdeburg 10.7.2008 – 25 Qs 99/08, StV 2008, 630; AG München 17.6.2011 – 843 Ls 245 Js 129057/11, StV 2011, 668.

[32] OLG Düsseldorf 11.11.2010 – 1 Ws 290/10, NStZ-RR 2011, 48.

[33] OLG Köln 2.2.2007 – 2 Ws 51/07, StraFo 2007, 157; OLG Hamburg 2.6.1972 – 2 Ws 195/72, MDR 1972, 799.

[34] LG Aachen 12.4.2005 – 66 KLs 901 Js 10/05, StraFo 2005, 246.

[35] LG Osnabrück 18.5.2010 – 1 Qs 31/10, StV 2010, 563 (bei nichtdeutschsprachigem Beschuldigten).

tigkeit kann zu einem gestörten Vertrauensverhältnis führen;[36] ebenso die Mitwirkung an einer grob sachwidrigen **Verständigung** zum Nachteil des Beschuldigten.[37]

11 **Weitere Gründe** können **Meinungsverschiedenheiten** über das grundlegende Verteidigungskonzept sein,[38] die Ablehnung des Betreibens der Revision aus zeitlichen oder anderen Gründen, die nicht in der sachgemäßen Beurteilung der Revision als aussichtslos bestehen,[39] oder eine Strafanzeige des Verteidigers gegen den Beschuldigten.[40] Abzulehnen ist die Ansicht, Handlungen gegen den Willen des Beschuldigten oder das Unterlassen von gewünschten Prozesshandlungen könnten nicht zu einem Vertrauensverlust führen, da der Verteidiger unabhängiger Beistand und nicht Vertreter des Beschuldigten sei;[41] dies weicht vom Beurteilungsmaßstab eines verständigen Angekl. allzu sehr ab. Ausreichend ist etwa der Vortrag, der Verteidiger habe entlastende Umstände nicht eingebracht.[42] Es genügt ferner, dass der Verteidiger den bestreitenden Angekl. für schuldig hält.[43] Die Untersagung weiterer Fragen an eine Zeugin soll keinen Vertrauensverlust bewirken,[44] auch nicht *„haltlose Versprechungen"*.[45] Wenn ein Konflikt **absichtlich herbeigeführt** wurde, kann dies den Anspruch auf einen Wechsel entfallen lassen.[46] Alle Gründe, die nach der Rspr. eine Auswechslung gegen den Willen des Beschuldigten denkbar erscheinen lassen (→ Rn. 15 f.), machen einen beantragten Wechsel zwingend; ebenso Gründe entspr. des Richterausschlusses gem. §§ 22, 24.[47]

12 **b) Wechsel ohne Angabe von Gründen.** Einem Verteidigerwechsel steht nichts entgegen, wenn der **bisherige Pflichtverteidiger einverstanden** ist und keine maßgeblichen Verfahrensverzögerungen und Mehrkosten für den Staat entstehen.[48] Im Zweifel ist der bisherige Verteidiger vom Gericht zu befragen.[49] Kostenneutralität kann etwa durch eine Gebührenübernahme durch den Beschuldigten erreicht werden.[50] Einwände bestehen ebenfalls nicht, wenn der Wechsel mit dem Übergang zu einem neuen Verfahrensabschnitt zusammenfällt.[51] Umstr. ist, ob ein Gebührenverzicht gegen § 49b Abs. 1 BRAO verstößt.[52]

13 Im Falle der Beiordnung nach **§ 140 Abs. 1 Nr. 4** ergibt sich die Möglichkeit des Wechsel für das gerichtliche Verfahren bereits aus § 140 Abs. 3 S. 2.[53] Da die Wahl des Beschuldigten

---

[36] LG Berlin 26.7.2011 – 539 Qs 39/11, StV 2011, 665; *Lam/Meyer-Mews* NJW 2012, 177 (178).

[37] BGH 22.6.2011 – 5 StR 226/11, StraFo 2011, 356.

[38] BGH 8.2.1995 – 3 StR 586/94, NStZ 1995, 296; KG 10.1.1990 – 4 Ws 298/89, StV 1990, 347; OLG Hamm 13.9.1982 – I Ws 302/82, StV 1982, 510; *Lam/Meyer-Mews* NJW 2012, 177 (178 f.); *Müller* JR 1996, 124 (127); aA OLG Köln 31.1.2011 – 2 Ws 79/11, StV 2011, 659.

[39] *Lam/Meyer-Mews* NJW 2012, 177 (179); zeitlich: OLG Stuttgart 12.2.2002 – 1 WS 21/02, StV 2002, 473 (474); OLG Frankfurt a. M. 1.2.1985 – 3 Ws 106/85, StV 1985, 225; andere Gründe: KG 24.7.2008 – 2 Ws 362/08, NJW 2008, 3652; OLG Karlsruhe 30.4.2003 – 3 SS 95/02, StV 2005, 77 (Ls.); vgl. BGH 11.7.1996 – 1 StR 352/96, NStZ 1997, 48.

[40] BGH 26.8.1993 – 4 StR 364/93, BGHSt 39, 310 (315 f.) = NJW 1993, 3275 (3277).

[41] BGH 26.8.1993 – 4 StR 364/93, BGHSt 39, 310 (313) = NJW 1993, 3275 (3276); vgl. aber LG München I 19.10.2010 – 2 KLs 100 Js 3535/10, StV 2011, 667; aA bzgl. Unterlassen: *Lam/Meyer-Mews* NJW 2012, 177 (179).

[42] OLG Karlsruhe 12.2.1988 – 2 Ws 23/88, NStZ 1988, 239 m. zust. Anm. *Molketin* NStZ 1989, 87.

[43] OLG Düsseldorf 15.7.1992 – 2 Ws 295/92, StV 1993, 6.

[44] BGH 8.2.1995 – 3 StR 586/94, NStZ 1995, 296 mAnm *Müller* JR 1996, 124.

[45] OLG Köln 7.10.2005 – 2 Ws 469/05, NJW 2006, 389.

[46] BGH 10.12.1997 – 3 StR 441/97, NStZ 1998, 267; BGH 26.8.1993 – 4 StR 364/93, BGHSt 39, 310 (316) = NJW 1993, 3275 (3277).

[47] *Hilgendorf* NStZ 1996, 1 (4).

[48] OLG Oldenburg 21.4.2010 – 1 Ws 194/10, StV 2010, 351 mwN; OLG Düsseldorf 7.2.2007 – III-3 Ws 48 – 50/07, StraFo 2007, 156; OLG Naumburg 10.11.2004 – 1 Ws 546/04, StraFo 2005, 73.

[49] OLG Oldenburg 21.4.2010 – 1 Ws 194/10, StV 2010, 351.

[50] OLG Naumburg 14.4.2010 – 2 Ws 52/10, OLGSt StPO § 142 Nr. 8.

[51] KG 20.11.1992 – 4 Ws 228/92, NStZ 1993, 201 (202); LG Köln 19.4.2001 – 108 Qs 17/01, StV 2001, 442; aA OLG Naumburg 14.4.2010 – 2 Ws 52/10, OLGSt StPO § 142 Nr. 8; OLG Jena 29.11.2005 – 1 Ws 440/05, JurBüro 2006, 365.

[52] *Hellwig/Zebisch* NStZ 2010, 602 (604 f.); Verzicht möglich: OLG Oldenburg 21.4.2010 – 1 Ws 194/10, StV 2010, 351 mwN; OLG Naumburg 14.4.2010 – 2 Ws 52/10, OLGSt StPO § 142 Nr. 8; OLG Frankfurt a. M. 3.12.2007 – 3 Ws 1205/07, NStZ-RR 2008, 47; OLG Bamberg 18.8.2005 – Ws 626/05, NJW 2006, 1536; aA OLG Köln 31.1.2011 – 2 Ws 79/11, StV 2011, 659.

[53] LG Heilbronn 25.1.2011 – 3 KLs 12 Js 32930/10, StV 2011, 222; *Schlothauer/Weider* U-Haft Rn. 325.

in diesem Fall eine Eilentscheidung ist, ist ohne Vorliegen weiterer Gründe ein Wechsel zu ermöglichen.[54] Gleiches muss unabhängig vom Verfahrensstadium gelten, wenn der Beschuldigte ohne Fristsetzung einen Verteidiger benannt oder die Auswahl dem Vorsitzenden überlassen hatte.[55] Unstr. ist bei **unterbliebener Anhörung** gem. § 142 Abs. 1 S. 1 bzw. fehlender oder zu kurzer Frist ein Wechsel ohne Angabe von Gründen möglich; sowohl bei § 140 Abs. 1 Nr. 4 als auch bei anderen Fällen der notwendigen Verteidigung.[56] Erg. § 141 Rn. 24.

IV. Analoge Anwendung

Nach hM kann eine Rücknahme entgegen dem Wortlaut auch ohne Mitwirkung des Beschuldigten aus **wichtigem Grund** erfolgen.[57] Wichtige Gründe sind Umstände, die *„den Zweck der Pflichtverteidigung, dem Beschuldigten einen geeigneten Beistand zu sichern und den ordnungsgemäßen Verfahrensablauf zu gewährleisten, ernsthaft gefährden"*.[58] Ein derart starker Eingriff in die Unabhängigkeit der Verteidigung und das Recht auf die freie Verteidigerwahl bedarf indes einer – de lege lata fehlenden – expliziten **gesetzgeberischen Entscheidung;** zumal hiermit eine richterliche Überwachung der Verteidigertätigkeit einherginge.[59] Eine Abberufung gegen den Willen des Beschuldigten kann ferner nicht auf eine **Fürsorgepflicht** gegenüber dem Beschuldigten gestützt werden, da dies dem Subjektstatus des Beschuldigten und somit dem Zweck der Verteidigung und der Gleichstellung eklatant widerspräche.[60] Zur Gewährleistung des ordnungsgemäßen Verfahrens durch den Verteidiger[61] → § 141 Rn. 6. 14

Die Rspr. orientiert sich an den **Gründen des § 142 Abs. 1 S. 2;** allerdings bedürfen diese im Falle eines Eingriffs in ein bereits bestehendes Verteidigungsverhältnis einer **restriktiven Auslegung.**[62] Die Interessen des Beschuldigten müssen bei der Beurteilung im Vordergrund stehen.[63] Der Verteidiger ist eigenständiges Organ der Rechtspflege; das Gericht muss die Verteidigungstaktik nicht verstehen und darf sie nicht beurteilen.[64] Die Feststellung von standeswidrigem Verhalten ist nicht ausreichend;[65] gleiches gilt für Bekleidungsfragen.[66] Auch objektiv unzweckmäßiges und prozessordnungswidriges Verhalten, welches das Verfahren hemmt, ist kein Grund, solange keine **grobe Pflichtwidrigkeit** vorliegt.[67] Darüber hinaus 15

---

[54] LG Heilbronn 25.1.2011 – 3 KLs 12 Js 32930/10, StV 2011, 222.

[55] Ermittlungsrichter beim BGH 1.3.2010 – 2 BGs 73/10, StV [Weider] 2010, 390; LG Gera 24.2.2000 – 600 Js 22005/99-1 Ks 1/99, StV 2001, 443; SK-StPO/*Wohlers* § 142 Rn. 9; *Deckers* StraFo 2009, 441 (444); *Lam/Meyer-Mews* NJW 2012, 177 (180); Strafverteidigervereinigungen StV 2010, 109 (110); *Schlothauer/Weider* U-Haft Rn. 327; *Jahn*, FS Rissing-van Saan, 2011, 276 (289); vgl. OLG Düsseldorf 16.3.2011 – 4 Ws 127/11, StV 2011, 651 mAnm *Herrmann*; aA OLG Celle 19.8.2010 – 1 Ws 419/10, NStZ-RR 2010, 381 (382); vgl. OLG Dresden 1.6.2005 – 3 Ws 30/05, OLG-NL 2005, 188.

[56] BGH 25.10.2000 – 5 StR 408/00, NJW 2001, 237; OLG Dresden 4.4.2012 – 1 Ws 66/12, NStZ-RR 2012, 213; OLG Jena 23.8.2011 – 1 Ws 381/11, StraFo 2012, 139 (140); KG 3.12.2008 – 4 Ws 119/08, StV 2010, 63 (65); LG Berlin 29.9.2008 – 515 Qs 171/08, StV 2009, 405; AG Stuttgart 4.8.2010 – 27 GS 1527/10, StV 2010, 677; § 141 Rn. 24 mwN; aA OLG Düsseldorf 17.1.2000 – 1 Ws 337/99, StV 2001, 606 m. abl. Anm. *Staechelin;* OLG Stuttgart 25.11.1997 – 4 Ws 256/97, Justiz 1998, 83.

[57] BVerfG 8.4.1975 – 2 BvR 207/75, BVerfG 39, 238 (244); KG 28.11.2008 – 3 Ws 379/08, StV 2009, 573 (573); OLG Stuttgart 12.2.2002 – 1 Ws 21/02, StV 2002, 473 (473), welches aber § 141 zur Rücknahme anwendet; Meyer-Goßner/*Schmitt* Rn. 3; aA SK-StPO/Wohlers Rn. 11; *Müller* JR 1996, 124 (125); *Münchhalffen* StraFo 1997, 230 (236).

[58] BVerfG 8.4.1975 – 2 BvR 207/75, BVerfGE 39, 238 (244); vgl. BGH 31.1.1990 – 2 StR 449/89, NJW 1990, 1373 (1374).

[59] *Müller* JR 1996, 124 (125); *Weigend* NStZ 1997, 47.

[60] *Weigend* StV 2009, 573 (576); *Seier*, FS Hirsch, 1999, 977 (991 f.); vgl. *Schneider* ZRP 1985, 209 (210).

[61] *Kett-Straub* NStZ 2006, 361 (366); *Weigend* StV 2009, 573 (574).

[62] *Eisenberg* NJW 1991, 1257 (1262).

[63] OLG Nürnberg 9.5.1995 – Ws 461/95, StV 1995, 287 (290) mAnm *Barton.*

[64] KG 28.11.2008 – 3 Ws 379/08, NStZ-RR 2009, 209; OLG Frankfurt a. M. 1.9.1995 – 1 Ws 198/94, NStZ 1996, 236; OLG Nürnberg 9.5.1995 – Ws 461/95, StV 1995, 287 (289) mAnm *Barton;* KG 19.4.1982 – 2 Ws 85/82, JR 1982, 349.

[65] OLG Frankfurt a. M. 1.9.1995 – 1 Ws 198/94, NStZ 1996, 236.

[66] BGH 9.8.1988 – 4 StR 222/88, StV 1988, 418.

[67] OLG Frankfurt a. M. 1.9.1995 – 1 Ws 198/94, NStZ 1996, 236; OLG Nürnberg 9.5.1995 – Ws 461/95, StV 1995, 287 (289) mAnm *Barton;* zu weit: KG 28.11.2008 – 3 Ws 379/08, StV 2009, 572 (573) m. abl. Anm. *Weigend.*

muss eine Wiederholungsgefahr bestehen,[68] die bei einem situationsgebundenen Verhalten grds. nicht vorliegt.[69] Keinesfalls genügen Verfahrensverzögerungen als Folge einer Wahrnehmung von Verteidigerrechten;[70] dies gilt auch für eine dem Verteidiger schon vor Beiordnung bewusste Notwendigkeit der Aussetzung zur Vorbereitung.[71] Das formelle Verfahren der §§ 138a ff. darf nicht umgangen werden;[72] so darf insbes. über den Vorwurf des Missbrauchs prozessualer Mittel ein beigeordneter Verteidiger nicht für Verhalten ausgeschlossen oder diszipliniert werden, welches beim Verteidiger nach § 137 als „Konfliktverteidigung" zwangsläufig akzeptiert werden muss.[73]

16 Eine Abberufung wegen **Terminproblemen** ist nur bei vollstreckter U-Haft von Mitangekl. zulässig;[74] sie setzt vorherige, erfolglose Bemühungen um Terminabsprachen voraus.[75] Bei möglichen Interessenkonflikten besteht kein Unterschied zu § 142 Abs. 1 S. 2.[76] Eine grobe Pflichtverletzung liegt im Falle einer definitiven Weigerung, die Verteidigung zu führen, vor,[77] nicht jedoch bei einer sachlich begründeten Verspätung[78] – hier steht bereits § 145 einer analogen Anwendung entgegen.[79]

V. Rechtsfolgen

17 Wird die Beiordnung entgegen dem Wortlaut nicht zurückgenommen, sind die **Kosten** beider Verteidiger im Fall des Freispruchs erstattungsfähig.[80] Wegen der abschließenden Regelung der §§ 138a ff. kann der Verteidiger, dessen Beiordnung zurückgenommen wurde, an dem Verfahren weiterhin als **Verteidiger nach § 137** mitwirken.[81] Der Anschein der **Befangenheit** besteht, wenn durch die Rücknahme ohne wichtigen Grund der Eindruck entstehen kann, der Richter nehme das Recht auf einen Verteidiger des Vertrauens nicht ernst[82] bzw. habe Vorbehalte gegen eine unbequeme Verteidigung.[83]

VI. Rechtsmittel

18 **1. Beschwerde.** Dem Beschuldigten steht die Beschwerde nach § 304 sowohl gegen die Nichtrücknahme[84] als auch gegen die ungewollte Rücknahme offen.[85] Der Verteidiger

---

[68] *Weigend* StV 2009, 573 (575).

[69] OLG Frankfurt a. M. 24.11.1993 – 3 Ws 646/93, StV 1994, 288.

[70] KG 2.2.2007 – (4) 1 Ss 332/06, StV 2008, 68 mAnm *Dallmeyer*; LG Berlin 29.7.1988 – 512 Qs 57/88, StV 1990, 15.

[71] OLG Düsseldorf 22.3.1991 – 2 Ws 121/91, StV 1992, 100.

[72] *Hilgendorf* NStZ 1996, 1 (4); *Münchhalffen* StraFo 1997, 230 (236); *Weigend* StV 2009, 573 (574); *Seier*, FS Hirsch, 1999, 977 (988 f., 990 f.); offen gelassen: BGH 25.7.2000 – 1 StR 169/00, BGHSt 46, 94 = NStZ 1997, 46 (47) mAnm *Weigend*; §§ 138a ff.

[73] *Weigend* StV 2009, 573 (575); *Seier*, FS Hirsch, 1999, 977 (989); vgl. LG Bremen 29.12.1988 – II Qs 454/88, StV 1989, 475; probl. OLG Hamburg 17.11.1997 – 2 Ws 255–97, NStZ 1998, 586 mAnm *Kudlich* und *Kühne* NJW 1998, 3017.

[74] BVerfG 24.7.2008 – 2 BvR 1146/08, BayVBl 2009, 185; LG Lüneburg 15.11.1991 – VI 14/89, StV 1992, 509.

[75] OLG Stuttgart 17.5.2011 – 2 Ws 97, 98/11, Justiz 2011, 294 (ober dictum); *Müller* JR 1996, 124 (125) mwN; aA OLG Jena 9.5.2008 – 1 Ws 165, 166/08, StV 2009, 576 mAnm*Schlothauer*.

[76] OLG Köln 11.3.2002 – 2 Ws 146/02, StraFo 2002, 205; OLG Frankfurt a. M. 28.1.1999 – 3 Ws 53 u. 54–99, NJW 1999, 1414; § 142 Rn. 14.

[77] OLG Frankfurt a. M. 19.12.1996 – 3 Ws 1035/96, NStZ-RR 1997, 77.

[78] LG Bremen 29.12.1988 – II Qs 454/88, StV 1989, 475.

[79] Vgl. *Klett-Straub* NStZ 2006, 361 (364).

[80] OLG Schleswig 20.1.2011 – 2 Ws 20/11, SchlHA 2011, 207; einschr. OLG Oldenburg 22.10.2009 – 1 Ws 576/09, NStZ-RR 2010, 63.

[81] BVerfG 8.4.1975 – 2 BvR 207/75, BVerfGE 39, 238 (241 f.) = NJW 1975, 1015.

[82] BGH 31.1.1990 – 2 StR 449/89, NJW 1990, 1373; BGH 9.8.1988 – 4 StR 222/88, StV 1988, 418; AK/*Stern* § 142 Rn. 31.

[83] BGH 31.1.1990 – 2 StR 449/89, NJW 1990, 1373 (1374); KG 2.2.2007 – (4) 1 Ss 332/06 (176/06), StV 2008, 68.

[84] OLG Frankfurt a. M. 24.1.2000 – 3 Ws 31/00, StV 2001, 610; → § 141 Rn. 34.

[85] Ausf. KG 3.12.2008 – 4 Ws 119/08, StV 2010, 63; erg. § 141 Rn. 33.

ist durch die Entpflichtung nicht beschwert und hat daher kein Rechtmittel.[86] Erg. § 141 Rn. 32 ff.

19 **2. Revision.** Wird trotz Vorliegens eines wichtigen Grundes keine Entpflichtung vorgenommen, besteht ein Revisionsgrund wegen Verstoßes gegen das Recht auf wirksame Verteidigung und ein faires Verfahren aus **Art. 6 EMRK.**[87] Die Rüge ist nicht von einer vorherigen Beschwerde abhängig.[88] **§ 338 Nr. 5** ist nicht einschlägig. Eine unzulässige Beschränkung der Verteidigung iSd **§ 338 Nr. 8** liegt vor, wenn die Rücknahme zur „Unzeit" erfolgt (→ Rn. 4).[89] § 338 Nr. 8 ist auch erfüllt, wenn die Beiordnung trotz bestehender Wahlverteidigung nicht zurückgenommen wird und dies zur Verhandlung in Abwesenheit des Wahlverteidigers führt.[90]

20 Die **Tatsachen,** aus denen sich die Rücknahmegründe ergeben, zB die ein gestörtes Vertrauensverhältnis begründenden Umstände, müssen aus dem Revisionsvorbringen zu entnehmen sein, soweit sie sich nicht unmittelbar aus dem Hauptverhandlungsprotokoll ergeben. Für die Rüge der Nichtabberufung trotz gestörten Vertrauens soll entspr. der dienstlichen Erklärung beim Vorwurf der Befangenheit des Richters eine Erklärung des Verteidigers zu den Vorwürfen eingebracht werden.[91]

§ 144 (weggefallen)

§ 145 [Ausbleiben des Verteidigers]

(1) [1]Wenn in einem Falle, in dem die Verteidigung notwendig ist, der Verteidiger in der Hauptverhandlung ausbleibt, sich unzeitig entfernt oder sich weigert, die Verteidigung zu führen, so hat der Vorsitzende dem Angeklagten sogleich einen anderen Verteidiger zu bestellen. [2]Das Gericht kann jedoch auch eine Aussetzung der Verhandlung beschließen.

(2) Wird der notwendige Verteidiger gemäß § 141 Abs. 2 erst im Laufe der Hauptverhandlung bestellt, so kann das Gericht eine Aussetzung der Verhandlung beschließen.

(3) Erklärt der neu bestellte Verteidiger, daß ihm die zur Vorbereitung der Verteidigung erforderliche Zeit nicht verbleiben würde, so ist die Verhandlung zu unterbrechen oder auszusetzen.

(4) Wird durch die Schuld des Verteidigers eine Aussetzung erforderlich, so sind ihm die hierdurch verursachten Kosten aufzuerlegen.

Übersicht

[86] BVerfG 14.10.1997 – 2 BvQ 32/97, NJW 1998, 444; BVerfG 8.4.1975 – 2 BvR 207/75, BVerfGE 39, 238; aA *Hellwig/Zebisch* NStZ 2010, 602 (606), erg. § 141 Rn. 32.
[87] BGH 26.8.1993 – 4 StR 364/93, BGHSt 39, 310 (314) = NJW 1993, 3275 (3277); erg. § 142 Rn. 24.
[88] BGH 8.2.1995 – 3 StR 586/94, NStZ 1995, 296.
[89] BGH 9.12.1952 – 1 StR 518/52, BGHSt 3, 327.
[90] BGH 11.9.1986 – 1 StR 472/86, NStZ 1987, 34.
[91] BGH 18.11.2003 – 1 StR 481/03, NStZ 2004, 632 (633).

I. Überblick

1 Ist die Verteidigung notwendig, muss in der Hauptverhandlung mindestens ein Verteidiger des Beschuldigten anwesend sein und die Verteidigung vorbereitet führen. Dies ergibt sich bereits aus § 140 – die Vorschrift des § 145 stellt eine Ergänzung des § 140 dar, welche die Handlungsoptionen des Gerichts bei Abwesenheit des Verteidigers erweitert und der Verfahrenssicherung dient.[1] Somit schränkt § 145 das Recht auf den gewählten Verteidiger ein; dieses grundlegende Beschuldigtenrecht ist bei Auslegung und Anwendung der Norm indes zu beachten.[2]

2 Abs. 1 ermöglicht dem Gericht im Falle einer Abwesenheit des notwendigen Verteidigers in der Hauptverhandlung die Aussetzung der Hauptverhandlung oder die Bestellung eines anderen Verteidigers. Auch eine Unterbrechung der Hauptverhandlung ist möglich (→ Rn. 10). Aus den Grundsätzen des Rechts auf effektive Verteidigung und der freien Verteidigerwahl sowie aus dem Beschleunigungsgebot folgt ein Vorrang der Unterbrechung oder Aussetzung der Hauptverhandlung gegenüber der Bestellung eines neuen Verteidigers (→ Rn. 7). Nach Abs. 3 kann der neu bestellte Verteidiger zum Zwecke seiner Vorbereitung eine Unterbrechung oder Aussetzung der Hauptverhandlung verlangen (→ Rn. 12 ff.). Abs. 4 normiert eine Kostenfolge für den Verteidiger, wenn er durch ein in Abs. 1 genanntes Verhalten eine Aussetzung verschuldet (→ Rn. 16 ff.). Abs. 2 regelt die Aussetzung der Hauptverhandlung für den Fall, dass die Notwendigkeit der Verteidigung erst in der Hauptverhandlung entsteht oder festgestellt wird (→ Rn. 11).

II. Ausbleiben in der Hauptverhandlung – Abs. 1

3 **1. Voraussetzungen – S. 1 Hs. 1.** Die **Notwendigkeit der Verteidigung** bestimmt sich nach § 140. Wurde sie einmal richterlich festgestellt, bleibt die Verteidigung grds. bis zum rechtskräftigen Verfahrensende notwendig.[3] Abs. 1 ist auf Verteidigungsverhältnisse nach § 137 und § 141 anwendbar. Hat der Beschuldigte **mehrere Verteidiger,** genügt die Anwesenheit bzw. Tätigkeit eines Verteidigers (vgl. § 227; erg. Rn. 18),[4] soweit dieser alleine als notwendiger Verteidiger tätig sein kann.[5] Die **Gründe** für das Verhalten des Verteidigers sind für das Vorliegen der Voraussetzungen des Abs. 1 unerheblich; für die Rechtsfolgen nach Abs. 1 (→ Rn. 7) und Abs. 4 (→ Rn. 20 ff.) sind sie hingegen relevant; eine Ausnahme stellt nach allgA die Beurlaubung nach § 231c dar.

4 **a) Ausbleiben.** Ein Ausbleiben liegt vor, wenn der Verteidiger trotz ordnungsgemäßer Ladung nicht zur Hauptverhandlung erscheint.[6] Schickt der Verteidiger in zulässiger Weise einen **Vertreter** oder erscheint er – innerhalb der Wartefrist oder angekündigt – **verspätet,** ist dies kein Ausbleiben iSd Abs. 1;[7] auch ein längeres Warten ist dem Gericht zur Vermei-

---

[1] BVerfG 15.2.2007 – 2 BvR 2563/06, NStZ-RR 2007, 311 (314); SK-StPO/*Wohlers* Rn. 1; aA allgLit.

[2] HK-StPO/*Julius* Vor § 140 Rn. 4; vgl. BVerfG 15.2.2007 – 2 BvR 2563/06, NStZ-RR 2007, 311 (314); OLG Hamburg 29.6.2006 – 3 Ws 100/06, NJW 2006, 2792.

[3] § 140 Rn. 5.

[4] Weiter Löwe/Rosenberg/*Lüderssen/Jahn* Rn. 7.

[5] → § 138 Rn. 21.

[6] RG 30.5.1919 – II 152/19, RGSt 53, 264; Graf/*Wessing* Rn. 2; KK/*Laufhütte* Rn. 3; Meyer-Goßner/*Schmitt* Rn. 5; einschr. bei Verstoß gegen Ladungsfrist HK-StPO/*Julius* Rn. 3; Löwe/Rosenberg/*Lüderssen/Jahn* Rn. 13; SK-StPO/*Wohlers* Rn. 8.

[7] OLG Bamberg 8.8.2003 – Ws 509/03, StraFo 2003, 419; Graf/*Wessing* Rn. 2; HK-StPO/*Julius* Rn. 3; Meyer-Goßner/*Schmitt* Rn. 5; *Milger* NStZ 2006, 121 (125 f.); → § 137 Rn. 24.

dung einer Aussetzung zuzumuten.[8] Die Vertretung eines Wahlverteidigers kann durch einen Unterbevollmächtigten erfolgen; ein bestellter Verteidiger kann durch den nach § 53 BRAO bestellten Vertreter vertreten werden[9] – jedoch jeweils nur mit Einwilligung des Beschuldigten.[10] Auch der **verhandlungsunfähige** Verteidiger ist abwesend.[11] Der aus Sicht des Gerichts unangemessen gekleidete Verteidiger ist hingegen nicht abwesend.[12]

b) Unzeitig entfernt. Der Verteidiger hat sich unzeitig entfernt, wenn er die laufende Hauptverhandlung verlässt oder nach einer Verhandlungsunterbrechung nicht in den Sitzungssaal zurückkehrt. Wenn der Verteidiger nach Ende der Unterbrechung im Gerichtsgebäude erreichbar ist, liegt jedoch kein Entfernen vor;[13] ebenso wenig, wenn er wegen der Ausformulierung eines Antrags verspätet in den Sitzungssaal zurückkehrt.[14] **Unzeitig** ist das Entfernen ferner nur, wenn die Mitwirkung des Verteidigers nach § 140 nötig wäre.[15] 5

c) Weigerung, die Verteidigung zu führen. Diese kann ausdrücklich oder konkludent erklärt werden.[16] Eine ausdrückliche Erklärung liegt ua vor, wenn der Verteidiger feststellt, er sei zur Verteidigung außerstande.[17] Eine konkludente Erklärung muss eindeutig sein; bloße **Untätigkeit** reicht idR nicht aus. Auch wenn objektiv eine Verteidigungsaktivität geboten wäre, kann das Unterlassen einer Verteidigungsstrategie entsprechen.[18] Bleibt der Verteidiger gegen den Willen des Angekl. untätig, ist auf Antrag des Angekl. nach § 143 ein neuer Verteidiger zu bestellen.[19] **Eindeutig** ist die Weigerung, wenn der Verteidiger einen Antrag auf Entbindung und Aussetzung stellt und anschließend nicht mehr tätig wird, zB nicht plädiert.[20] Das bloße Unterlassen des Plädoyers reicht dagegen nicht,[21] solange der Verteidiger nicht erklärt, er sei dazu außerstande, zB mangels Vorbereitung.[22] Das Ablegen der Robe und eine sich anschließende Platznahme im Zuschauerbereich kann sowohl als Entfernung als auch als Weigerungserklärung angesehen werden.[23] Aus Sicht des Gerichts störendes Verhalten des Verteidigers kann nicht Abs. 1 unterfallen.[24] Gleiches gilt für Bekleidungsfragen (erg. Rn. 4). 6

2. Folgen. Liegen die Voraussetzungen des S. 1 vor, kann das Gericht nach S. 1 aE einen neuen Verteidiger bestellen oder nach S. 2 die Verhandlung aussetzen; unstr. ist statt der Aussetzung auch die Unterbrechung möglich. Bei der **Auswahl** der Maßnahme ist das Recht auf den **Verteidiger des Vertrauens** und effektive Verteidigung zu beachten.[25] Im Interesse 7

---

[8] OLG Düsseldorf 14.3.1984 – 1 Ws 232/84, StV 1984, 372.

[9] OLG Bamberg 27.10.1988 – Ws 513/88, StV 1989, 470 (471); AK-StPO/*Stern* Rn. 7; vgl. auch LG Berlin 28.7.1999 – 534 Qs 90/99, NStZ 2000, 51.

[10] OLG Frankfurt a. M. 29.12.1987 – 3 Ws 1186/87, StV 1988, 195; LG Duisburg 9.2.2005 – 31 Qs 9/05, StV 2005, 600 m. krit. Anm. *Jahn/Klett-Straub*; Referendar: KG 25.11.1971 – 2 Ws 171/71, GA 1972, 211; vgl. aber BGH 27.7.2006 – 1 StR 147/06, StraFo 2006, 454 (455); aA Löwe/Rosenberg/*Lüderssen/Jahn* Rn. 13 f.

[11] AllgLit.; → § 140 Rn. 8.

[12] Löwe/Rosenberg/*Lüderssen/Jahn* Rn. 18; → § 141 Rn. 6; § 143 Rn. 15.

[13] Vgl. OLG Koblenz 28.8.1981 – 1 Ws 489/81, NStZ 1982, 43.

[14] Vgl. OLG Schleswig 1.2.1996 – 3 M 89/95, SchlHA 1996, 94.

[15] → § 140 Rn. 8 f.; Löwe/Rosenberg/*Lüderssen/Jahn* Rn. 5; Meyer-Goßner/*Schmitt* Rn. 6; vgl. auch RG 14.9.1929 – I 943/29, RGSt 63, 248 (249); OLG Koblenz 28.8.1981 – 1 Ws 489/81, NStZ 1982, 43; HK-StPO/*Julius* Rn. 4.

[16] Ausf. *Barton* Mindeststandards S. 173 ff.

[17] BGH 14.5.1992 – 4 StR 202/92, NJW 1993, 340 (341).

[18] AllgLit.

[19] § 143 Rn. 10 f.; weiter AK/*Stern* Rn. 11.

[20] BGH 14.5.1992 – 4 StR 202/92, NJW 1993, 340 (341); OLG Karlsruhe 5.9.2002 – 2 Ss 131/02, StV 2003, 152; allgLit.; vgl. BGH 18.8.1993 – 2 StR 413/93, StV 1993, 566.

[21] BGH 27.11.1979 – S StR 496/79, NStZ 1981, 95 [Pf.].

[22] OLG Karlsruhe 5.9.2002 – 2 Ss 131/02, StV 2003, 152.

[23] BGH 18.8.1993 – 2 StR 413/93, StV 1993, 566.

[24] OLG Nürnberg 9.5.1995 – Ws 461/95, StV 1995, 287 mAnm *Barton*; AK/*Stern* Rn. 12; Löwe/Rosenberg/*Lüderssen/Jahn* Rn. 18; Meyer-Goßner/*Schmitt* Rn. 7; SK-StPO/*Wohlers* Rn. 11; *Milger* NStZ 2006, 121 (126).

[25] OLG Hamm 12.2.2010 – 3 Ws 51/10, NStZ-RR 2010, 245; → § 137 Rn. 3, 6.

der Einheit und Geschlossenheit der Verteidigung ist ein Verteidigerwechsel bzw. ein „Ersatzverteidiger" für einzelne Termine zu vermeiden.[26] Daher kommt eine neue Verteidigerbestellung gegen den Willen des Angekl. nur in Betracht, wenn das Verfahren nicht in absehbarer Zeit mit dem bisherigen Verteidiger fortgesetzt werden kann.[27] Das **Beschleunigungsgebot** überwiegt nicht gegenüber den Verteidigungsinteressen,[28] zumal auch bei einem Verteidigerwechsel idR eine Unterbrechung oder Aussetzung zur Wahrnehmung der Beschuldigtenrechte aus § 142 Abs. 1 S. 1 und zur sachgemäßen Einarbeitung notwendig ist[29] bzw. ggf. Teile der Hauptverhandlung wiederholt werden müssen (→ Rn. 9, 15). Ist der Grund der Verteidigerabwesenheit unklar, ist zunächst eine Unterbrechung zur Abklärung der Möglichkeit einer Fortsetzung sachgemäß.[30] Beruht die Verteidigerabwesenheit auf Terminkollisionen auf Seiten des Verteidigers, ist der Vorsitzende zu ernsthaften Bemühungen um eine **Terminabsprache** verpflichtet; Terminierungsprobleme können nur in Ausnahmefällen einen Eingriff in das Recht auf freie Verteidigerwahl rechtfertigen.[31] Bei der Entscheidung, welche Maßnahme zu treffen ist, ist auch der Grund des Ausbleibens zu beachten. Liegen keine Anhaltspunkte dafür vor, dass der Verteidiger erneut nicht erscheinen würde, verbleibt kein Raum für die Bestellung eines anderen Verteidigers.[32] Daher sollte der Verteidiger die voraussichtliche Dauer einer Erkrankung mitteilen.[33] Legt der Wahlverteidiger das Wahlmandat nieder und ist mit Zustimmung des Angekl. bereit, als Pflichtverteidiger tätig zu werden, besteht kein Anlass für eine Aussetzung.[34]

8 **a) Neuer Verteidiger – S. 1 Hs. 2.** „Sogleich" iSd S. 1 Hs. 2 stellt keine zeitliche Einschränkung dar, sondern postuliert die Vornahme der Bestellung, bevor (weiter) zur Sache verhandelt wird.[35] Eine vorherige Unterbrechung bzw. Aussetzung ist daher möglich und idR nötig; ua um die Notwendigkeit der Neubestellung zu prüfen und bei der Bestellung das Auswahlrecht inkl. der Fristsetzung des § 142 Abs. 1 S. 1 zu beachten.[36] Wenn der Angekl. zuvor einen (neuen) Wahlverteidiger benennt, verbleibt kein Raum für eine Beiordnung.[37] Eine schon zuvor bestehende Beiordnung endet nicht automatisch, sondern kann nur unter den Voraussetzungen des § 143 zurückgenommen werden. Soweit die hM die Bestellung eines Verteidigers neben einer bestehenden Verteidigung nach § 141 für zulässig hält **(Sicherungsverteidiger),** müssen auch hier die Beiordnungen nebeneinander bestehen können.[38]

9 Aus Abs. 3 und § 227 ergibt sich, dass die Verhandlung ohne **Wiederholung** mit dem neuen Verteidiger fortgesetzt werden kann. Dies gilt jedoch nur, wenn die nachträgliche Information über den bisherigen Verlauf der Verhandlung ausreicht, um eine sachgemäße Verteidigung zu ermöglichen;[39] im Zweifel sind insbes. bei rechtlich oder tatsächlich

---

[26] → § 141 Rn. 6.

[27] LG Dresden 29.12.2006 – 3 Qs 155/06, BeckRS 2007, 05159; Löwe/Rosenberg/*Lüderssen/Jahn* Rn. 19; SK-StPO/*Wohlers* Rn. 13, 17; *Braum* StV 2001, 558 (560); *Milger* NStZ 2006, 121 (126); vgl. auch OLG Stuttgart 4.11.2008 – 1 Ws 301/08, NStZ-RR 2009, 243 (245); OLG Bamberg 8.8.2003 – Ws 509/03, StraFo 2003, 419 (419).

[28] → § 142 Rn. 13; *Schlothauer* StV 2009, 578 (580).

[29] OLG Hamm 12.2.2010 – 3 Ws 51/10, NStZ-RR 2010, 245; § 140 Rn. 8; HK-StPO/*Julius* Rn. 8; *Schlothauer* StV 2009, 578 (580).

[30] HK-StPO/*Julius* Rn. 7; Löwe/Rosenberg/*Lüderssen/Jahn* Rn. 20.

[31] HK-StPO/*Julius* Rn. 6; *Braum* StV 2001, 558 (560); → § 141 Rn. 6; § 142 Rn. 13.

[32] LG Dresden 29.12.2006 – 3 Qs 155/06, BeckRS 2007, 05159; HK-StPO/*Julius* Rn. 6, 8; Löwe/Rosenberg/*Lüderssen/Jahn* Rn. 19.

[33] BGH 12.10.1999 – 4 StR 391/99, NStZ-RR 2000, 289 [K]; AK/*Stern* Rn. 29.

[34] Löwe/Rosenberg/*Lüderssen/Jahn* Rn. 21.

[35] RG 28.6.1910 – V 536/10, RGSt 44, 16 (17); Löwe/Rosenberg/*Lüderssen/Jahn* Rn. 22; Meyer-Goßner/*Schmitt* Rn. 3; SK-StPO/*Wohlers* Rn. 12.

[36] Graf/*Wessing* Rn. 6; HK-StPO/*Julius* Rn. 8; Löwe/Rosenberg/*Lüderssen/Jahn* Rn. 23; SK-StPO/*Wohlers* Rn. 14; *Rogat* JR 1998, 252.

[37] OLG Karlsruhe 25.2.1991 – 2 Ss 13/91, StV 1991, 199 (200); allgLit.

[38] *Braum* StV 2001, 558 (560); *Peters* JR 1974, 248; vgl. auch OLG Bamberg 8.8.2003 – Ws 509/03, StraFo 2003, 419; § 143 Rn. 6; aA *Kett-Straub* NStZ 2006, 361 (362).

[39] Vgl. BGH 30.10.1959 – 1 StR 418/59, BGHSt 13, 337 (340); § 141 Rn. 5.

schwierig gelagerten Fällen die wesentlichen Teile der Beweisaufnahme zu wiederholen.[40] Das Fragerecht darf nicht beschnitten werden, so dass Anträgen auf erneute Zeugenvernehmung idR zu entsprechen ist.[41] Neben Abs. 3 kann auch § 265 Abs. 4 zu einer Aussetzung der Hauptverhandlung führen (→ Rn. 14).

b) Aussetzung oder Unterbrechung – S. 2. Wegen der Belastung eines vollständigen Neubeginns der Hauptverhandlung für alle Beteiligten und wegen des Beschleunigungsgrundsatzes ist die Unterbrechung, die *a maiore ad minus* im S. 2 enthalten ist, der Aussetzung vorzuziehen. Ist fraglich, wann mit dem Verteidiger weiterverhandelt werden kann, ist zunächst zu unterbrechen.[42] **10**

III. Bestellung in der Hauptverhandlung – Abs. 2

Wird während der Hauptverhandlung die Notwendigkeit der Verteidigung gem. § 140 festgestellt, muss vor Fortsetzung der Verhandlung ein Verteidiger bestellt werden.[43] Nach Abs. 2 steht eine Aussetzung im Ermessen des Gerichts. Bei der Entscheidung ist die nach § 142 Abs. 1 S. 1 notwendige Benennungsfrist und eine sachgemäße Vorbereitungszeit zu beachten; zudem, dass wesentliche Teile der Beweisaufnahme in Anwesenheit des Verteidigers zu wiederholen sind, wenn die Verhandlung nicht ausgesetzt wird.[44] Ist eine Wiederholung nicht möglich, muss die Verhandlung ausgesetzt werden.[45] **11**

IV. Aussetzung oder Unterbrechung zur Vorbereitung – Abs. 3

Abs. 3 stellt klar, dass die bloße Anwesenheit eines Verteidigers nicht ausreicht, sondern dass dem Recht auf eine wirksame Verteidigung nur dann Rechnung getragen wird, wenn der Verteidiger ausreichend Zeit hatte zur Vorbereitung.[46] Nur der Verteidiger, der den Verfahrensstoff beherrscht, kann iSd § 140 mitwirken.[47] Dies setzt die Kenntnis der Akten und des Verfahrensstands, die Besprechung mit dem Angekl. sowie die Erarbeitung einer Verteidigungsstrategie voraus.[48] Der **Anwendungsbereich** des Abs. 3 umfasst Beiordnungen in den Fällen des Abs. 1 S. 1, des Abs. 2 und Beiordnungen, die vor der Hauptverhandlung, aber nach Beginn der Ladungsfrist erfolgen. Die Regelung ist gleichermaßen anzuwenden, wenn ein **Wahlverteidiger** beauftragt wird – sowohl anstatt einer Beiordnung nach Abs. 1 S. 1 oder Abs. 2 als auch, weil das Gericht nicht von einem Fall des § 140 ausging.[49] **12**

Entscheidend ist die **Erklärung des Verteidigers,** er sei nicht ausreichend vorbereitet. Eine **Überprüfung** durch das Gericht – auch auf Missbräuchlichkeit – erfolgt nicht;[50] eine Darlegung der Gründe ist weder für den Antrag nach Abs. 3 noch für die Revision erforderlich.[51] Dass der Verteidiger sich einem Antrag des Angekl. anschließt, reicht nicht aus.[52] Die Erklärung muss erfolgen, bevor die Verteidigung in der Hauptverhandlung **13**

---

[40] Löwe/Rosenberg/*Lüderssen/Jahn* Rn. 20, 27 f.; SK-StPO/*Wohlers* Rn. 15 mwN.
[41] BGH 30.10.1959 – 1 StR 418/59, BGHSt 13, 337 (345).
[42] SK-StPO/*Wohlers* Rn. 16.
[43] § 141 Rn. 27.
[44] § 140 Rn. 60; vgl. KK/*Laufhütte* Rn. 8; Löwe/Rosenberg/*Lüderssen/Jahn* Rn. 24; Meyer-Goßner/*Schmitt* Rn. 10; SK-StPO/*Wohlers* Rn. 31.
[45] KK/*Laufhütte* Rn. 8; Meyer-Goßner/*Schmitt* Rn. 10; SK-StPO/*Wohlers* Rn. 31.
[46] BGH 24.11.1999 – 3 StR 390/99, NStZ 2000, 212 (213) mAnm *Hammerstein* NStZ 2000, 327 und *Stern* StV 2000, 404.
[47] BGH 30.10.1959 – 1 StR 418/59, BGHSt 13, 337 (343 f.).
[48] BGH 24.11.1999 – 3 StR 390/99, NStZ 2000, 212 (213) mAnm *Hammerstein* NStZ 2000, 327 und *Stern* StV 2000, 404; RG 16.7.1943 – 1 C 158/43, RGSt 77, 153 (155); 137 Rn. 23 mwN.
[49] OLG Karlsruhe 25.2.1991 – 2 Ss 13/91, StV 1991, 199 (200); allgLit. vgl. auch BGH 12.3.1963 – 1 StR 36/63, NJW 1963, 1114 (1115).
[50] AllgA; ua BGH 24.11.1999 – 3 StR 390/99, NStZ 2000, 212 (213); Löwe/Rosenberg/*Lüderssen/Jahn* Rn. 26; aA bei offensichtlichem Missbrauch BGH 25.6.1965 – 4 StR 309/65, NJW 1965, 2164 (2165).
[51] Vgl. zu § 265 Abs. 4 BGH 24.6.2009 – 5 StR 181/09, NStZ 2009, 650.
[52] BGH 17.7.1973 – 1 StR 61/73, NJW 1973, 1985 (1986).

aufgenommen wird;[53] erfolgt also die Beiordnung außerhalb der Hauptverhandlung, muss der Verteidiger die Erklärung nicht sofort abgeben, sondern kann sich zunächst einen Überblick über die Verfahrenslage verschaffen. Wurde bereits verhandelt, ist eine Erklärung nach Abs. 3 **verspätet** (erg. Rn. 14).[54] Dass der Verteidiger vor Beiordnung eine Erklärung nach Abs. 3 ankündigt, darf nicht Grund für eine Nichtbeiordnung sein.[55]

14 Abs. 3 ergänzt das Recht auf eine effektive und somit ausreichend vorbereitete Verteidigung; dh Abs. 3 schließt eine **Aussetzung nach § 265 Abs. 4** zur Einarbeitung eines Verteidigers nicht aus. Eine solche ist insbes. zu prüfen, wenn der Angekl. einen unzulässigen Antrag nach Abs. 3 stellt[56] oder wenn aufgrund des tatsächlichen Umfangs und/oder der rechtlichen Schwierigkeit naheliegt, dass die Vorbereitungszeit für den Verteidiger nicht ausreichend war.[57] Beantragt der Verteidiger außerhalb des Abs. 3 die Aussetzung wegen fehlender Vorbereitung – etwa weil er den Umfang erst zu spät überblickt oder wegen des Ausfalls eines von mehreren Verteidigern –, ist der Rechtsgedanke des Abs. 3 entspr. anzuwenden und die Erklärung mangelnder Vorbereitungszeit nicht gerichtlich zu überprüfen.[58]

15 Nach verbreiteter Ansicht steht nach einer Erklärung iSd Abs. 3 die Auswahl zwischen **Aussetzung und Unterbrechung** – und deren Dauer – im Ermessen des Gerichts.[59] Eine umfassende Abwägung kann das Gericht in Unkenntnis der Verteidigungsinterna jedoch nicht vornehmen, so dass der Antrag des Verteidigers entscheidend zu sein hat;[60] unabhängig von der Frage des Bestehens eines Ermessensspielraums des Gerichts ist die Einschätzung des Verteidigers jedenfalls von großer Bedeutung für die Entscheidung.[61] Auch nach der insoweit aA wird idR nur eine Aussetzung sachgerecht sein,[62] da zumindest in umfangreichen Verfahren die Vorbereitungszeit ansonsten nicht ausreichen kann und gesichert sein muss, dass der neue Verteidiger durch den bisherigen Verteidiger in ausreichender Weise über den bisherigen Verlauf und die Beweisaufnahme informiert wird; im Zweifel müssen die wesentlichen Teile der Hauptverhandlung wiederholt werden.[63] Ein Antrag auf Aussetzung beinhaltet (konkludent) einen Hilfsantrag auf Unterbrechung.[64]

V. Kostentragung durch den Verteidiger – Abs. 4

16 Wird das Verfahren nach Abs. 1 rechtmäßig ausgesetzt (→ Rn. 7), können dem Verteidiger die Kosten auferlegt werden. Dies gilt auch, wenn das Gericht nach Abs. 1 einen neuen Verteidiger bestellt und es im Rahmen der Beiordnung, etwa durch Abs. 3, zu einer Aussetzung kommt. Dagegen greift Abs. 4 nicht bei einer Unterbre-

---

[53] OLG Zweibrücken 7.7.2003 – 1 Ss 76/03, BeckRS 2003 30322699; Graf/*Wessing* Rn. 9.

[54] BGH 17.7.1973 – 1 StR 61/73, NJW 1973, 1985 (1986); allgLit.; offen BGH 30.10.1959 – 1 StR 418/59, BGHSt 13, 337 (339 f.).

[55] § 143 Rn. 13.

[56] BGH 5.5.1998 – 1 StR 140/98, NStZ 1998, 530 (531); BGH 21.1.1981 – 2 StR 461/80, NStZ 1981, 231; BGH 17.7.1973 – 1 StR 61/73, NJW 1973, 1985 (1986) = JR 1974, 247 mAnm *Peters*; AK/*Stern* Rn. 17; SK-StPO/*Wohlers* Rn. 20.

[57] BGH 25.6.1965 – 4 StR 309/65, NJW 1965, 2164 mAnm *Schmidt-Leichner*; EGMR 9.4.1984 – I/1983/57/87 – Goddi ./. Italien, StV 1985, 441 (442); RG 16.7.1943 – 1 C 158/43, RGSt 77, 153 (155 f.); KK/*Laufhütte* Rn. 9; Löwe/Rosenberg/*Lüderssen/Jahn* Rn. 29; *Rogat* JR 1998, 254; *Stern* StV 2000, 404; vgl. aber BGH 2.11.1976 – 1 StR 590/76, MDR 1977, 767 m. abl. Anm. *Sieg*.

[58] BGH 17.7.1973 – 1 StR 61/73, NJW 1973, 1985 (1986); Löwe/Rosenberg/*Lüderssen/Jahn* Rn. 7.

[59] BGH 24.11.1999 – 3 StR 390/99, NStZ 2000, 212 (213); BGH 30.10.1959 – 1 StR 418/59, BGHSt 13, 377 (342 f.); Graf/*Wessing* Rn. 10; Meyer-Goßner/*Schmitt* Rn. 12.

[60] Löwe/Rosenberg/*Lüderssen/Jahn* Rn. 26 f.; SK-StPO/*Wohlers* Rn. 19; *Peters* JR 1974, 248 (249).

[61] Löwe/Rosenberg/*Lüderssen/Jahn* Rn. 26; AK/*Stern* Rn. 22.

[62] HK-StPO/*Julius* Rn. 18; Löwe/Rosenberg/*Lüderssen/Jahn* Rn. 28; *Eisenberg* NJW 1991, 1257 (1263); *Zwiehoff* JR 2006, 505 (506); vgl. BGH 30.10.1959 – 1 StR 418/59, BGHSt 13, 337 (344.).

[63] BGH 30.10.1959 – 1 StR 418/59, BGHSt 13, 337 (344.); KK/*Laufhütte* Rn. 9; Meyer-Goßner/*Schmitt* Rn. 12.

[64] BGH 24.11.1999 – 3 StR 390/99, NStZ 2000, 212 (213).

chung oder der Aufhebung eines Termins.[65] Die Voraussetzungen des Abs. 4 sind als Ausnahmevorschrift **eng auszulegen,**[66] da die Gefahr der Instrumentalisierung der Kostendrohung in Terminstreitigkeiten bzw. zur Beeinflussung des Verteidigerverhaltens besteht.[67] Eine Anwendung jenseits des Abs. 1 ist unabhängig von der Feststellung des Verschuldens unzulässig;[68] so etwa, wenn der Verteidiger mangels ausreichender Vorbereitung die Aussetzung beantragt[69] oder die Aussetzung auf dem durch Verteidigerverhalten verursachten Widerruf nach § 143 beruht.[70] **Voraussetzung** der Kostenentscheidung ist ein Verschulden des Verteidigers (→ Rn. 20 ff.), welches die Kenntnis von der Notwendigkeit der Verteidigung voraussetzt (→ Rn. 19); ferner muss die Aussetzung auf dem Verschulden des Verteidigers beruhen (→ Rn. 18). Hinsichtlich der Kenntnis des Verteidigers genügt auch fahrlässige Unkenntnis von der Notwendigkeit der Verteidigung.[71]

Die **Kosten** iSd Abs. 4 sind die durch die Aussetzung bedingten Kosten nach § 464a, 17
also Gebühren und Auslagen des Gerichts sowie notwendige Auslagen der Beteiligten – wie sie seitens des Angekl. bei Verurteilung zu leisten wären (erg. Rn. 23).[72]

1. Beruhen. Die Aussetzung muss alleine auf dem Verhalten des Verteidigers beru- 18
hen;[73] hätte auch bei seiner Anwesenheit nicht verhandelt werden können, fehlt es an einem Beruhen.[74] Ebenso entfällt das Beruhen, wenn man die Störung des Verhandlungsablaufs ohne Aussetzung hätte verhindern können.[75] Das Beruhen kann insbes. bei **mehreren Verteidigern** fraglich sein. Es genügt grds., wenn von mehreren Verteidigern ein Verteidiger anwesend ist; tritt trotzdem ein Fall des Abs. 1 ein, sind die Voraussetzungen des Abs. 4 für jeden Verteidiger einzeln festzustellen.[76] Die Rspr. prüft jedoch nicht das Beruhen, sondern ausschließlich die Frage des Verschuldens.[77] Ein Verschulden des Verteidigers ist auszuschließen, wenn er auf das Erscheinen eines anderen Verteidigers vertrauen durfte; dies insbes. dann, wenn dies abgesprochen oder das Erscheinen des Mitverteidigers anderweitig angekündigt war. Auch der Pflichtverteidiger kann auf eine solche Ankündigung vertrauen.[78] Der Wahlverteidiger kann – sofern er keine gegenteilige Kenntnis hat – ohne weitere Absprache darauf vertrauen, dass der Pflichtverteidiger erscheint.[79]

2. Wissen um notwendige Verteidigung. Der Verteidiger muss Kenntnis von der 19
Notwendigkeit der Verteidigung gehabt haben; bei dem Wahlverteidiger wird diese Kennt-

[65] BGH 27.2.1984 – 3 StR 396/83 Rn. 36, BGHSt 32, 275 = NJW 1984, 2048 (insoweit nicht abgedr.); OLG Celle 1.3.1979 – 1 Ws 39/79, MDR 1979, 864; OLG Nürnberg 20.8.1970 – Ws 270/70, AnwBl 1971, 25; allgLit; zu abgelehnter Reform: BR-Drs. 633/1/95, 3.

[66] OLG Celle 1.3.1979 – 1 Ws 39/79, MDR 1979, 864; OLG Nürnberg 20.8.1970 – Ws 270/70, AnwBl 1971, 25.

[67] AK/*Stern* Rn. 23; HK-StPO/*Julius* Rn. 2; SK-StPO/*Wohlers* Rn. 25; *Thielmann* ZRP 2005, 123; *Zwiehoff* JR 2006, 505.

[68] OLG Jena 22.1.2003 – 1 Ws 18/03, StV 2003, 432; OLG Köln 22.8.2000 – 2 Ws 405/00, StV 2001, 389 (390) mwN; KG 15.12.1999 – 4 Ws 257/99, NStZ-RR 2000, 189 mwN; OLG Bamberg 27.10.1988 – Ws 513/88, StV 1989, 470; AK/*Stern* Rn. 23, 30; Graf/*Wessing* Rn. 12; HK-StPO/*Julius* Rn. 2, 11 f.; KK/*Laufhütte* Rn. 12; Meyer-Goßner/*Schmitt* Rn. 17 f.; SK-StPO/*Wohlers* Rn. 24; aA LG Berlin 12.11.2002 – 511 Qs 94/02, NStZ 2003, 280; OLG Hamburg 19.10.1981 – 1 Ws 358/81, NStZ 1982, 171; LG Frankfurt a. M. 26.11.1976 – 2 Ws 143/76, NJW 1977, 913.

[69] OLG Nürnberg 12.8.1998 – Ws 817/98, StV 1998, 584.

[70] OLG Köln 22.8.2000 – 2 Ws 405/00, StV 2001, 389.

[71] KG 28.9.2001 – 2 AR 141/01 – 4 Ws 153/01, ZAP EN-Nr. 427/2002.

[72] OLG Karlsruhe 18.12.1979 – 4 Ws 171/79, NJW 1980, 951 (952).

[73] OLG Hamm 14.1.1988 – 4 Ws 9/88, NStZ 1988, 240; AK/*Stern* Rn. 24; KK/*Laufhütte* Rn. 12; SK-StPO/*Wohlers* Rn. 24.

[74] OLG Stuttgart 4.11.2008 – 1 Ws 301/08, NStZ-RR 2009, 243 (245).

[75] AK/*Stern* Rn. 24; Löwe/Rosenberg/*Lüderssen/Jahn* Rn. 34; *Zwiehoff* JR 2006, 505 (508).

[76] Vgl. OLG Jena 22.1.2003 – 1 Ws 18/03, StV 2003, 432.

[77] Vgl. KG 16.5.2000 – 4 Ws 93/00, StV 2000, 406; OLG Köln 25.6.1996 – 2 Ws 298/96, StV 1997, 122.

[78] KG 16.5.2000 – 4 Ws 93/00, StV 2000, 406; Löwe/Rosenberg/*Lüderssen/Jahn* Rn. 37.

[79] OLG Köln 25.6.1996 – 2 Ws 298/96, StV 1997, 122.

nis nach hM bei der notwendigen Verteidigung nach § 140 Abs. 1 angenommen. Bei § 140 Abs. 2 bedarf es hingegen einer Feststellung der Notwendigkeit der Verteidigung durch den Vorsitzenden.[80] Die Mitteilung wird zT für entbehrlich gehalten, wenn das Vorliegen von § 140 Abs. 2 offensichtlich ist.[81]

20 **3. Verschulden.** Neben einer Kenntnis von der Notwendigkeit der Verteidigung setzt das Verschulden ein pflichtwidriges Verhalten des Verteidigers voraus. Demnach kann bei prozessual zulässigem Verhalten bzw. der Verweigerung von prozesswidrigem Verhalten kein Verschulden vorliegen.[82] Gleiches gilt, wenn der Verteidiger die Mitwirkung verweigert, weil er das Vorgehen für rechtswidrig hält und die entspr. Rechtsfrage noch ungeklärt ist.[83] Das Herbeiführen der Situation des Abs. 1 kann dabei selbstverständlich nur dann letztes Mittel der Abwehr von Verfahrenssituationen[84] sein, die die Rechte des Angekl. bzw. der Verteidigung erheblich verletzen, wenn der Verteidiger zuvor entspr. Anträge gestellt hat.[85] Gerechtfertigt ist ein Verlassen der Hauptverhandlung, wenn keine sachgemäße Verteidigung möglich ist, ua wegen unzureichender Vorbereitung und nach Ablehnung eines Antrags nach Abs. 3,[86] nach Verweigerung eines notwendigen Gesprächs mit dem Angekl., bei Beeinträchtigung der Verteidigungsfähigkeit wegen Krankheit oder überlanger Verhandlungsdauer.[87] Ebenso, wenn Gelegenheit zur Prüfung der Gerichtsbesetzung[88] oder das letzte Wort nicht gewährt wurde.[89]

21 Die dem Gericht mitgeteilte, begründete **Verspätung** führt nie zu einem Verschulden iSd Abs. 4.[90] Gleiches gilt im Falle einer Verspätung, in Bezug auf welche von einem Zuwarten des Gerichts ausgegangen werden durfte.[91] Bleibt der Verteidiger nach Stellung eines **Terminverlegungsantrags** fern, liegt kein Verschulden vor, wenn er von einer antragsgemäßen Verlegung ausgehen durfte[92] oder der Antrag ermessensfehlerhaft abgelehnt wurde.[93] Dies gilt insbes. in Bezug auf kurzfristige Terminierungen ohne vorherige Terminabsprache.[94] Die Mitteilung des Angekl. ggü. seinem Verteidiger, er habe begründet um Terminverschiebung gebeten, rechtfertigt ein entsprechendes Vertrauen des Verteidigers indes nicht.[95] Die Aussetzung beruht nicht auf einem Verschulden des Verteidigers, wenn er eine Terminkollision mitteilt und der Vorsitzende daraufhin nichts unternimmt.[96] Andersherum liegt Verschulden vor, wenn der Verteidiger eine Verhinderung oder unzurei-

---

[80] LG Berlin 24.1.2008 – 510 Qs 1/08, BeckRS 2008, 10239; SK-StPO/*Wohlers* Rn. 27; vgl. OLG München 12.3.1979 – 3 Ws 11/79, MDR 1979, 779; weiter HK-StPO/*Julius* Rn. 11.

[81] OLG Brandenburg 1.9.2011 – 1 Ws 135/11, StRR 2012, 42 (insoweit nicht abgedr.); LG Berlin 20.2.2004 – 511 Qs 18/04; KK/*Laufhütte* Rn. 11; Meyer-Goßner/*Schmitt* Rn. 20.

[82] BGH 8.2.1957 – 1 StR 375/56, BGHSt 10, 202, 207 = NJW 1957, 881; allgLit.; vgl. BGH 15.12.1980 – AnwSt (R) 14/80, StV 1981, 133.

[83] BayObLG 18.1.1956 – BReg 3 St 175/55, NJW 1956, 390 (391); SK-StPO/*Wohlers* Rn. 28 f.; vgl. BGH 15.12.1980 – AnwSt (R) 14/80, StV 1981, 133.

[84] AnwGH NRW 1.7.2005 – (2) 6 EVY 7/04, NJW-RR 2006, 1491 (1493); OLG Schleswig 13.1.1977 – 1 Ws 510/76, SchlHA 1977, 61 = MDR 1977, 775; ausf. *Zwiehoff* JR 2006, 505; HK-StPO/*Julius* Rn. 4, 13; offen OLG Köln 15.7.2005 – 2 Ws 237 – 240/05, NJW 2005, 3588 (3589); aA Graf/*Wessing* Rn. 3; Meyer-Goßner/*Schmitt* Rn. 6; Radke/Hohmann/*Reinhart* Rn. 4.

[85] Vgl. BGH 15.12.1980 – AnwSt (R) 14/80, StV 1981, 133 (135); OLG Hamm 28.10.1966 – 4 Ws 436/65, JMBlNW 1967, 105 = NJW 1967, 897.

[86] *Stern* StV 2000, 404 (405 f.); *Burhoff* HV Rn. 152.

[87] Vgl. BGH 15.12.1980 – AnwSt (R) 14/80, StV 1981, 133 (135) mwN; OLG Frankfurt a. M. 24.11.1993 – 3 Ws 646/93, StV 1994, 288.

[88] RAK Frankfurt StV 1981, 210; aA OLG Frankfurt a. M. 10.2.1981 – 2 Ws 21/81, StV 1981, 289.

[89] BGH 17.12.1954, StV 1981, 133 (135).

[90] OLG Düsseldorf 16.4.1984 – 1 Ws 384/84, StV 1984, 372; Meyer-Goßner/*Schmitt* Rn. 21.

[91] HK-StPO/*Julius* Rn. 13.

[92] OLG Stuttgart 4.11.2008 – 1 Ws 301/08, NStZ-RR 2009, 243 (245).

[93] OLG Hamm 13.7.1995 – 2 Ws 358/95, StV 1995, 514.

[94] § 137 Rn. 22 mwN; SK-StPO/*Wohlers* Rn. 28; → § 141 Rn. 6; § 143 Rn. 13 jeweils mwN.

[95] OLG Düsseldorf 25.7.1989 – 1 Ws 687/89, wistra 1990, 79.

[96] OLG Frankfurt a. M. 11.9.1986 – 2 Ws 206/86, StV 1987, 8; HK-StPO/*Julius* Rn. 13; KK/*Laufhütte* Rn. 11; SK-StPO/*Wohlers* Rn. 28; → § 137 Rn. 22 mwN.

chende Vorbereitungszeit nicht rechtzeitig mitteilt, obwohl ihm dies möglich wäre;[97] gleiches soll gelten, wenn er einen drohenden Zulassungswiderruf nicht mitteilt.[98]

22 Im Falle einer **Niederlegung** des Mandats rechtzeitig vor Beginn der Hauptverhandlung liegt schon kein Fall des Abs. 1 vor;[99] ebenso im Falle der Berufungsverhandlung, wenn das Mandat von Beginn an nur für eine Instanz begründet worden war.[100] Eine Mandatsniederlegung löst dann kein Verschulden iSd Abs. 4 aus, wenn sie begründet ist und die Gründe nicht vom Verteidiger verschuldet sind; dies gilt auch, wenn die Niederlegung aufgrund neuer Umstände aus Gewissensgründen erfolgt.[101] Zum Schutze des internen Verteidigungsverhältnisses kann keine ausf. Begr. verlangt werden, so dass idR von einer begründeten Niederlegung auszugehen ist.[102] Eine Niederlegung wegen ausbleibender Honorarzahlung ist grds. berechtigt; der Verteidiger muss eine solche unmittelbar vor Beginn der Hauptverhandlung jedoch soweit wie möglich vermeiden.[103] Lässt sich der Verteidiger vertreten (→ Rn. 4), liegt trotz Aussetzung kein Verschulden vor, wenn er dazu grds. bevollmächtigt war bzw. der gesetzliche **Vertreter** auftritt.[104]

VI. Verfahren und Zuständigkeit

23 In der Hauptverhandlung ist das Gericht für die Entscheidung nach Abs. 1 und Abs. 4 **zuständig**.[105] Wird vorerst zum Zwecke der Sachverhaltsklärung unterbrochen, kann außerhalb der Hauptverhandlung entschieden werden; dann ist das Gericht nach Maßgabe des § 76 GVG zuständig.[106] Die Beiordnung richtet sich nach § 142; somit ist der Vorsitzende zuständig. Wird gegen mehrere Angekl. verhandelt, können die Entscheidungen gem. § 29 auch nach einem Ablehnungsantrag ergehen.[107] Grds. ist der Verteidiger vor der **Kostenentscheidung** anzuhören;[108] wird die Entscheidung in der Hauptverhandlung ohne seine Anwesenheit getroffen, ist § 51 Abs. 2 entspr. anzuwenden.[109] Nach aA genügt die Nachholung des **rechtlichen Gehörs** im Beschwerdeverfahren.[110] Die Entscheidung nach Abs. 4 kann nicht bis zur Entscheidung nach § 464 aufgeschoben werden; die Höhe der Kosten wird jedoch erst im Verfahren nach § 464b festgesetzt (erg. Rn. 17).

VII. Rechtsmittel

24 **1. Beschwerde.** Eine Beschwerde gegen die Entscheidung nach Abs. 1 ist sowohl hinsichtlich der Feststellung der Voraussetzungen des **Abs. 1** als auch hinsichtlich der Auswahl

[97] OLG Düsseldorf 10.12.1980 – 1 Ws 721/80, AnwBl 1981, 201.
[98] LG Dortmund 2.7.2008 – 44 KLs 3/08, BRAK-Mitt. 2008, 240; bestätigt durch BVerfG 25.2.2009 – 2 BvR 2542/08, NJW 2009, 1582 (1583).
[99] Vgl. OLG Bamberg 27.10.1988 – Ws 513/88, StV 1989, 470.
[100] AA OLG Brandenburg 1.9.2011 – 1 Ws 135/11, StRR 2012, 42.
[101] BGH 15.12.1980 – AnwSt (R) 14/80, StV 1981, 133 (135); OLG Celle 17.1.1975 – 2 Ws 185 – 186/74, AnwBl 1975, 248; OLG Celle 4.2.1959 – 1 Ws 2/59, NdsRpflege 1961, 137; SK-StPO/*Wohlers* Rn. 28.
[102] → § 143 Rn. 9; aA SK-StPO/*Wohlers* Rn. 28; veraltet: OLG Saarbrücken 11.3.1988 – 1 Ws 76/88, StV 1989, 5.
[103] OLG Koblenz 8.4.1975 – 1 Ws 198/75, MDR 1975, 773; OLG Düsseldorf 27.8.1971 – 2 Ws 445/71, AnwBl 1972, 63; AK/*Stern* Rn. 27.
[104] OLG Bamberg 27.10.1988 – Ws 513/88, StV 1989, 470 (471); KK /*Laufhütte* Rn. 11; SK-StPO/*Wohlers* Rn. 29; vgl. auch BGH 27.7.2006 – 1 StR 147/06, StraFo 2006, 454 (455); aA KG 25.11.1971 – 2 Ws 171/71, GA 1972, 211; LG Duisburg 9.2.2005 – 31 Qs 9/05, StV 2005, 600 m. krit. Anm. *Jahn/Klett-Straub*.
[105] OLG Köln 25.6.1996 – 2 Ws 298/96, StV 1997, 122; OLG Hamm 13.7.1995 – 2 Ws 358/95, StV 1995, 514; Meyer-Goßner/*Schmitt* Rn. 22; SK-StPO/*Wohlers* Rn. 24; *Molketin* AnwBl 1998, 175 (181).
[106] BVerfG 25.2.2009 – 2 BvR 2542/08, NJW 2009, 1582 (1584); OLG Stuttgart 4.11.2008 – 1 Ws 301/08, NStZ-RR 2009, 243.
[107] OLG Köln 15.7.2005 – 2 Ws 237-240/05, NJW 2005, 3588.
[108] SK-StPO/*Wohlers* Rn. 24; aA HK-StPO/*Julius* Rn. 14.
[109] HK-StPO/*Julius* Rn. 13; vgl. OLG Düsseldorf 6.9.1983 – 1 Ws 753/83, StV 1984, 8.
[110] OLG Köln 15.7.2005 – 2 Ws 237 – 240/05, NJW 2005, 3588 (3589); Meyer-Goßner/*Schmitt* Rn. 23.

der Folgen möglich.[111] Wird ein neuer Verteidiger beigeordnet, ist neben der Beiordnung an sich auch die Auswahl der Beschwerde zugänglich;[112] ebenso eine Entpflichtung des bisherigen Verteidigers.[113] Eine Einschränkung durch § 305 S. 1 wird zT bei der Ablehnung der Unterbrechung oder Aussetzung gesehen.[114]

25 Soweit die Kostengrenze des § 304 Abs. 3 überschritten ist, ist auch die Kostenauferlegung nach **Abs. 4** mit der Beschwerde angreifbar;[115] wobei ein Vortrag zur Kostengrenze entbehrlich ist, wenn dies offensichtlich ist.[116] In entspr. Anwendung des § 51 Abs. 2 S. 3 sind dabei auch nachträgliche Entschuldigungen des Verteidigers einzubeziehen.[117]

26 **2. Revision.** Liegen die Voraussetzungen des Abs. 1 – auch in der Var. 3[118] – vor und das Gericht unternimmt nichts, besteht ein Revisionsgrund nach **§ 338 Nr. 5.**[119] Nach stRspr trifft dies nicht auf einen **Verstoß gegen Abs. 3** zu, weil der unvorbereitete Verteidiger (immerhin) anwesend ist.[120] In diesem Fall ist jedoch **§ 338 Nr. 8** einschlägig;[121] allerdings setzt dieser nach stRspr entgegen der Systematik ein Beruhen iSd § 337 voraus.[122] Bei einer (zeitweisen) Verhandlung mit einem „*Scheinverteidiger*"[123] kann jedoch das Beruhen idR nicht ausgeschlossen werden.[124] Dies gilt auch, wenn das Gericht nach Abs. 3 zwar unterbricht, jedoch eine Aussetzung erforderlich gewesen wäre bzw. eine längere Unterbrechung.[125] Auch ein Verhandeln in **Abwesenheit des urspr. Verteidigers** gem. Abs. 1 S. 1 kann die Revision nach § 338 Nr. 8 begründen.[126] Gleiches gilt bei einer zulässigen Auswechslung des Verteidigers, wenn die wesentlichen Teile der Hauptverhandlung nicht **wiederholt** wurden, obwohl die Information über den bisherigen Verfahrensablauf nicht ausreichend war (→ Rn. 9, 15).[127]

§ 145a [Zustellungen an den Verteidiger]

(1) Der gewählte Verteidiger, dessen Vollmacht sich bei den Akten befindet, sowie der bestellte Verteidiger gelten als ermächtigt, Zustellungen und sonstige Mitteilungen für den Beschuldigten in Empfang zu nehmen.

---

[111] OLG Schleswig 1.2.1996 – 3 M 89/95, SchlHA 1996, 94; OLG Frankfurt a. M. 29.12.1987 – 3 Ws 1186, 1187/87, StV 1988, 195; Graf/*Wessing* Rn. 16; HK-StPO/*Julius* Rn. 16; KK/*Laufhütte* Rn. 13; Löwe/Rosenberg/*Lüderssen/Jahn* Rn. 40; SK-StPO/*Wohlers* Rn. 21; einschr. Meyer-Goßner/*Schmitt* Rn. 25 (keine Beschwerde gegen Maßnahmen nach Abs. 1 S. 2).

[112] § 142 Rn. 23.

[113] § 143 Rn. 18; HK-StPO/*Julius* Rn. 16.

[114] KK/*Laufhütte* Rn. 13; Löwe/Rosenberg/*Lüderssen/Jahn* Rn. 39.

[115] AllgA; ausf. OLG Köln 22.8.2000 – 2 Ws 405/00, StV 2001, 389 (insoweit nicht abgedr.).

[116] KG 15.12.1999 – 1 AR 1178/9 – 4 Ws 257/99, NStZ-RR 2000, 189.

[117] OLG Düsseldorf 6.9.1983 – 1 Ws 753/83, StV 1984, 8; Graf/*Wessing* Rn. 17; HK-StPO/*Julius* Rn. 20; SK-StPO/*Wohlers* Rn. 24; offen: OLG Hamm 31.10.1996 – 1 Ws 212/96, StraFo 1997, 79.

[118] BGH 18.8.1993 – 2 StR 413/93, StV 1993, 566; offen BGH 14.5.1992 – 4 StR 202/92, NJW 1993, 340 (341); aA OLG Karlsruhe 5.9.2002 – 2 Ss 131/02, StV 2003, 152.

[119] § 140 Rn. 59 f.

[120] BGH 24.11.1999 – 3 StR 390/99, NStZ 2000, 212 (213) m. krit. Anm. Hammerstein NStZ 2000, 327 und krit., aber zustimm. Anm. *Stern* StV 2000, 404; SK-StPO/*Wohlers* Rn. 22; aber → § 140 Rn. 8; § 141 Rn. 36.

[121] BGH 26.1.1983 – 3 StR 431/82, NStZ 1983, 281; OLG Karlsruhe 18.11.1982 – 3 Ws 272/82, StV 1991, 199 (200); HK-StPO/*Julius* Rn. 21; KK/*Laufhütte* Rn. 15; SK-StPO/*Wohlers* Rn. 22.

[122] BGH 24.11.1999 – 3 StR 390/99, NStZ 2000, 212 (213) m. krit. Anm. *Hammerstein* NStZ 2000, 327 und *Stern* StV 2000, 404; vgl. aber BGH 24.6.1998 – 5 StR 120/98, NStZ 1998, 530 (531); § 147 Rn. 64.

[123] *Stern* StV 2000, 404 (405).

[124] RG 16.7.1943 – 1 C 158/43, RGSt 77, 153 (156.); *Stern* StV 2000, 404 (405 f.); Meyer-Goßner/*Schmitt* Rn. 26; vgl. auch BGH 19.6.1958 – 4 StR 725/57, NJW 1958, 1736 (1738).

[125] BGH 26.1.1983 – 3 StR 431/82, NStZ 1983, 281; KK/*Laufhütte* Rn. 15; vgl. BGH 25.6.1965 – 4 StR 309/65, NJW 1965, 2164 mAnm *Schmidt-Leichner.*

[126] BGH 6.11.1991 – 4 StR 515/91, NJW 1992, 849; § 137 Rn. 28; § 142 Rn. 24; HK-StPO/*Julius* Rn. 21; SK-StPO/*Wohlers* Rn. 22; → § 143 Rn. 19; vgl. aber BGH 21.1.1981 – 2 StR 461/80, NStZ 1981, 231.

[127] SK-StPO/*Wohlers* Rn. 22; → § 140 Rn. 60.

(2) [1]Eine Ladung des Beschuldigten darf an den Verteidiger nur zugestellt werden, wenn er in einer bei den Akten befindlichen Vollmacht ausdrücklich zur Empfangnahme von Ladungen ermächtigt ist. [2]§ 116a Abs. 3 bleibt unberührt.

(3) [1]Wird eine Entscheidung dem Verteidiger nach Absatz 1 zugestellt, so wird der Beschuldigte hiervon unterrichtet; zugleich erhält er formlos eine Abschrift der Entscheidung. [2]Wird eine Entscheidung dem Beschuldigten zugestellt, so wird der Verteidiger hiervon zugleich unterrichtet, auch wenn eine schriftliche Vollmacht bei den Akten nicht vorliegt; dabei erhält er formlos eine Abschrift der Entscheidung.

Schrifttum: *Bockemühl,* Anm. zu OLG München v. 26.3.2009 – 2 Ws 229/09, StV 2011, 87; *Dünnebier,* Fristberechnung bei mehrfacher Zustellung (§ 37 Abs 2 StPO), JZ 1969, 94; *Fahl,* Anm. zu OLG Düsseldorf v. 17.4.2008 – 2 Ss (OWi) 191, 101/07, JR 2008, 524; *Kaiser,* Die Verteidigervollmacht und ihre Tücken, NJW 1982, 1367; *Metzger,* Anm. zu BayObLG v. 20.5.2003 – 2 OB OWI 210/03, DAR 2003, 381; *Meyer-Lohkamp/Venn,* Vom (Un-)Sinn der schriftlichen „Strafprozessvollmacht", StraFo 2009, 265; *Meyer-Mews,* Anm. zu EGMR v. 9.5.2007 – 12788/04, Homann ./. Deutschland, NJW 2008, 2322; *Schnarr,* Die Zustellung an einen Verteidiger mit Zustellungs-, aber ohne Verteidigervollmacht – ein Beitrag zu § 145a StPO, NStZ 1997, 15; *Wendisch,* Anm. zu BayObLG v. 4.10.1987 – 1 St 230/87, JR 1988, 304.

Übersicht

I. Allgemeines

1 Der Verteidiger ist grds. Beistand und nicht Vertreter des Beschuldigten und somit nicht für diesen empfangsberechtigt. Dies wurde 1964 durch die Normierung einer unaufhebbaren Fiktion einer Zustellungsvollmacht zum Zwecke der Prozessförderung und Arbeitserleichterung der Justiz geändert.[1] Relevanz erlangt die Regelung vor allem in Gestalt ihrer Auswirkungen auf den Lauf von Fristen. Problematisch erscheint die fehlende Möglichkeit des Beschuldigten, Einfluss auf den Zustellungsadressaten zu nehmen. Dies und die möglichen Nachteile für den Beschuldigten im Zusammenhang mit den Auswirkungen auf Fristläufe erfordern eine enge Auslegung der Norm.[2] Ein weiterer Normzweck ist die Sicherstellung der Information des Verteidigers;[3] diese wäre jedoch auch durch eine zusätzliche – anstelle einer ersetzenden – Zustellung an den Verteidiger zu erreichen, ohne dass dem Verteidiger die Verantwortung für die Erreichbarkeit des Beschuldigten übertragen werden müsste.[4] Die Norm ist nach der Rspr. des EGMR mit der EMRK vereinbar.[5]

2 Die Fiktion der Zustellungsvollmacht in Abs. 1 wird in Abs. 3 durch die Pflicht zur Benachrichtigung des Beschuldigten bzw. des Verteidigers, an den nicht zugestellt wurde, ergänzt. Abs. 2 nimmt Ladungen von der Regelung des Abs. 1 aus. Mit dem StVÄG 1987

---

[1] BGBl. I 1067, 1073; BT-Drs. 10/1313, 21; BGH 8.4.1992 – 2 StR 240/91, BGHSt 38, 271 (273 f.) = NJW 1992, 2039; HK-StPO/*Julius* Rn. 1; Löwe/Rosenberg/*Lüderssen/Jahn* Rn. 1; SK-StPO/*Wohlers* Rn. 1; *Schnarr* NStZ 1997, 15.

[2] OLG Hamm 5.10.2004 – 4 Ss OWi 524/04, NZV 2005, 386; HK-StPO/*Julius* Rn. 1; vgl. BGH 24.10.1995 – 1 StR 474/95, BGHSt 41, 303 (304) = NJW 1996, 406, aA zur nachteiligen Wirkung: *Dünnebier* JZ 1969, 94 (97).

[3] BT-Drs. 10/1313, 21; allgLit.

[4] Vgl. *Kaiser* NJW 1982, 1367 (1368); *Meyer-Lohkamp/Venn* StraFo 2009, 265 (270); OLG Karlsruhe 16.4.1980 – 3 Ss 66/80, MDR 1980, 687 (688).

[5] EGMR 9.5.2007 – 12788/04, NJW 2008, 2320 – Homann ./. Deutschland m. krit. Anm. *Meyer-Mews.*

wurde der Anwendungsbereich durch den Wegfall von Einschränkungen und die Erstreckung auf formlose Mitteilungen ausgeweitet (→ Rn. 6).[6]

II. Zustellungen – Abs. 1

3 **1. Voraussetzungen des Abs. 1. a) Wahlverteidiger.** werden als zustellungsberechtigt angesehen, wenn eine **Verteidigervollmacht aktenkundig** ist. Dies ist der Fall, wenn eine (Kopie der)[7] Vollmacht in der Akte enthalten ist oder eine mündliche Bevollmächtigung im Hauptverhandlungsprotokoll festgehalten wurde.[8] Im Gegensatz zu anderen Normen[9] ist für die Eröffnung des Anwendungsbereichs des § 145a zu Gunsten der Rechtsklarheit und des Beschuldigten **im Zweifel** nicht vom Vorliegen einer Vollmacht auszugehen;[10] etwa dann nicht, wenn die Vollmacht Bevollmächtigten, Beschuldigten oder Verfahren nicht eindeutig konkretisiert.[11] (Zusätzliche) Erklärungen des Verteidigers oder eine konkludente Bevollmächtigung, zB durch Auftreten in der Hauptverhandlung, genügen nicht;[12] somit auch nicht die auf eine Kanzlei ausgestellte Vollmacht, wenn der Verteidiger zusätzlich seine persönliche Bevollmächtigung mitteilt.[13] Ebenfalls nicht ausreichend ist eine **außergerichtliche Vollmacht,** mit der sich der Anwalt gegenüber einer Behörde legitimiert hat.[14] Bei Verteidigern nach **§ 138 Abs. 2** müssen Vollmacht und gerichtliche Genehmigung vorliegen.[15]

4 Die Zustellung muss auf Grundlage der Vollmacht angeordnet werden; die Vollmacht müsste also bereits im **Zeitpunkt** der Zustellungsanordnung aktenkundig sein. Allg. wird dagegen als ausreichend angesehen, dass die Vollmacht vor bewirkter Zustellung in die Akte gelangt.[16] Die Möglichkeit der Zustellung an den Verteidiger endet mit **Ende** des Verteidigungsverhältnisses; nach der (zu kritisierenden) Rspr. aber erst, wenn das Ende des Verteidigungsverhältnisses aktenkundig gemacht wurde;[17] dies kann jedoch konkludent geschehen.[18] Wird etwa ein Antrag auf **Wiederaufnahme** des Verfahrens von einem neuen Verteidiger gestellt, ist von der Beendigung des alten Verteidigungsverhältnisses auszugehen.[19] Wurde die Beendigung des Mandatsverhältnisses mitgeteilt, muss bei Wie-

---

[6] BT-Drs. 10/1313, 21.

[7] OLG Köln 2.4.2004 – Ss 126/04 Z – 68 Z, NJW 2004, 3196; BayObLG 13.1.1982 – 1 Ob OWi 498/81, DAR [R] 1983, 252.

[8] BGH 24.10.1995 – 1 StR 474/95, BGHSt 41, 303 = NJW 1996, 406; OLG Celle 14.11.1983 – 2 Ss (OWi) 81/83, NJW 1984, 444 mwN.

[9] → § 137 Rn. 8.

[10] HK-StPO/*Julius* Rn. 1, 5; vgl. BGH 24.10.1995 – 1 StR 474/95, BGHSt 41, 303 (304) = NJW 1996, 406.

[11] Vgl. OLG Braunschweig 26.2.2009 – Ss (OWi) 16/09, OLGSt OWiG § 51 Nr. 4; OLG Rostock 20.5.2003 – 2 Ss (OWi) 15/03 I 72/03, NStZ-RR 2003, 336.

[12] BGH 3.12.2008 – 2 StR 500/08, NStZ-RR 2009, 144; BGH 24.10.1995 – 1 StR 474/95, BGHSt 41, 303 (304) = NJW 1996, 406; OLG Karlsruhe 14.3.1996 – 3 Ss 11/96, NStZ-RR 1996, 237; HK-StPO/*Julius* Rn. 5; KK/*Laufhütte* Rn. 1; Meyer-Goßner/*Schmitt* Rn. 9; SK-StPO/*Wohlers* Rn. 8; aA noch OLG Düsseldorf 26.2.1985 – 5 Ss (OWi) 64/85 – 51/85 I, VRS 68 (1985), 461; OLG Karlsruhe 24.9.1982 – 3 Ss 111/82, NJW 1983, 895; Löwe/Rosenberg/*Lüderssen/Jahn* Rn. 4.

[13] OLG Stuttgart 21.2.2000 – 3 Ss 87/2000, NStZ-RR 2001, 24; HK-StPO/*Julius* Rn. 5; KK/*Laufhütte* Rn. 1; Meyer-Goßner/*Schmitt* Rn. 8; SK-StPO/*Wohlers* Rn. 7; krit. OLG Brandenburg 20.9.2009 – 2 Ss (OWi) 129 B/09, VRS 117 (2009), 305; aA OLG Hamm 27.2.2012 – III – 3 RBs 386/11, NZV 2013, 153.

[14] KG 9.12.2005 – 2 Ss 281/05 – 3 Ws (B) 637/05, VRS 112 (2007), 475; OLG Brandburg 23.5.2005 – 2 Ss (OWi) 58B/05, ZfSch 2005, 571; OLG Hamm 27.11.2003 – 2 Ss 647/03, StraFo 2004, 96; aA OLG Düsseldorf 17.4.2008 – 2 Ss (OWi) 191, 101/07, JR 2008, 522 m. ausf. Anm. *Fahl.*

[15] OLG Düsseldorf 30.3.1988 – 2 Ss 105/88 – 73/88 II, NStZ 1988, 327; SK-StPO/*Wohlers* Rn. 10; Löwe/Rosenberg/*Lüderssen/Jahn* Rn. 5.

[16] Ua OLG Schleswig 25.10.1988 – 2 Ws 400/88, StV 1990, 12; Meyer-Goßner/*Schmitt* Rn. 8.

[17] OLG Stuttgart 14.6.2002 – 5 Ss 191/2002, NStZ-RR 2002, 369; OLG Düsseldorf 5.3.1998 – 1 Ws 120/98, StraFo 1998, 227 (228); Graf/*Wessing* Rn. 4; HK-StPO/*Julius* Rn. 7; Meyer-Goßner/*Schmitt* Rn. 11.

[18] BGH 13.12.2005 – 5 StR 494/05, NStZ 2006, 461; SK-StPO/*Wohlers* 9.

[19] OLG Düsseldorf 17.2.1993 – 1 Ws 116/93, NStZ 1993, 403; KK/*Laufhütte* Rn. 3; Meyer-Goßner/*Schmitt* Rn. 11; SK-StPO/*Wohlers* Rn. 9.

derauflеben eine neue Vollmacht eingereicht werden.[20] Die Fiktion des Abs. 1 endet auch im Falle einer Mitteilung des Beschuldigten oder des Verteidigers an das Gericht darüber, dass die Vollmacht unter Fortbestehen des Verteidigungsverhältnisses widerrufen wird.[21]

b) Pflichtverteidiger. gelten iSd Abs. 1 als zustellungsbevollmächtigt, sobald die Beiordnung nach § 141 wirksam und aktenkundig ist.[22] Die Fiktion endet mit Erlöschen der Beiordnung durch rechtswirksames Verfahrensende oder Rücknahme nach § 143.[23] Im Wiederaufnahmeverfahren besteht die gleiche Rechtslage wie bei der Wahlverteidigung (→ Rn. 4),[24] da idR die Beiordnung nicht bis in das Wiederaufnahmeverfahren wirkt.[25] Eine zuvor erteilte Wahlverteidigervollmacht erlischt mit Beiordnung.[26] 5

2. Anwendung und Wirkungen. Soweit die Voraussetzung des Abs. 1 vorliegen, können weder der Beschuldigte noch der Verteidiger die Fiktion beenden; eine explizite **Beschränkung der Vollmacht** ist nicht möglich.[27] Jedoch kann die aktenkundige Vollmacht trotz Aufrechterhaltens des Verteidigungsverhältnisses widerrufen werden (→ Rn. 4). Es sind sämtliche Zustellungen und formlose Mitteilungen erfasst, die grds. dem Beschuldigten zuzustellen sind, etwa nach § 35 Abs. 2 oder § 201. Umfasst ist auch die telefonische Mitteilung an den Verteidiger über eine Terminverlegung (→ Rn. 10).[28] 6

Nach Abs. 1 hat der Vorsitzende (§ 36 Abs. 1)[29] die **Wahlmöglichkeit** zwischen einer Zustellung an den Verteidiger, den Beschuldigten oder an beide.[30] Ergänzt wird dies durch die Pflicht aus Abs. 3 (→ Rn. 11 f.). Nach allgA soll ua wegen der Fristenkontrolle idR an den Verteidiger zugestellt werden. Im Hinblick auf das Recht auf ein faires Verfahren unvertretbar,[31] aber nach der Rspr. wirksam,[32] ist eine Zustellung an den Beschuldigten trotz vorheriger Bitte, nur an den Verteidiger zuzustellen (vgl. RiStBV Nr. 154; erg. Rn. 8). Ergeht die Anordnung, an beide zuzustellen, richten sich die Folgen nach § 37 Abs. 2. Die öffentliche Zustellung ist nicht zulässig.[33] 7

Bei **mehreren Verteidigern** genügt die Zustellung an einen Verteidiger;[34] Abs. 3 gilt entspr.[35] Bei der Zustellung an mehrere Verteidiger ist § 37 Abs. 2 zu beachten.[36] Besteht 8

---

[20] OLG Hamm 4.3.2008 – 4 Ss 77/08, NStZ-RR 2009, 144; OLG Stuttgart 14.6.2002 – 5 Ss 191/2002, NStZ-RR 2002, 369; Graf/*Wessing* Rn. 4; HK-StPO/*Julius* Rn. 7; Meyer-Goßner/*Schmitt* Rn. 11; SK-StPO/*Wohlers* Rn. 9.

[21] KG 29.8.2008 – 2 Ws 436/08 Rn. 7; OLG Hamm 23.1.1991 – 3 Ss 1418/90, NJW 1991, 1317; HK-StPO/*Julius* Rn. 7; Meyer-Goßner/*Schmitt* Rn. 2; aA wohl Löwe/Rosenberg/*Lüderssen/Jahn* Rn. 6.

[22] → § 141 Rn. 7.

[23] KG 3.3.2009 – 2 Ws 66/09, 2 Ws 80/09, VRS 117 (2009), 166 (168); → § 141 Rn. 16 f.

[24] AA SK-StPO/*Wohlers* Rn. 11; sogar bei Wiederaufnahmeantrag durch anderen Verteidiger: OLG Düsseldorf 18.3.1994 – 1 Ws 43/94, MDR 1994, 936; Meyer-Goßner/*Schmitt* Rn. 11.

[25] § 141 Rn. 16.

[26] OLG Köln 20.7.1999 – Ss 283–99, NStZ-RR 1999, 334; OLG Düsseldorf 3.11.1981 – 2 Ss 570/81, StV 1982, 127; aA SK-StPO/*Wohlers* Rn. 11.

[27] OLG Dresden 10.5.2005 – Ss (OWi) 309/05, NStZ-RR 2005, 244; OLG Köln 2.4.2004 – Ss 126/04 Z – 68 Z, NJW 2004, 3196; OLG Jena 6.6.2001 – 1 Ss 126/01, NJW 2001, 3204; vgl. aber OLG Hamm 23.1.1991 – 3 Ss 1418/90, NJW 1991, 1317.

[28] BGH 8.4.1992 – 2 StR 240/91, BGHSt 38, 271 = NJW 1992, 2039.

[29] OLG Düsseldorf 7.2.1996 – 1 Ws 730 – 733/95, StV 1997, 121; OLG Koblenz 3.9.1991 – 1 Ws 424/91, NStZ 1992, 194.

[30] AllgA; ua OLG München 27.10.2008 – 5St RR 200/08, NJW 2008, 3797; OLG Karlsruhe 30.9.2002 – 2 Ss 141/02, VRS 105 (2003), 348 mwN; LG Aurich 4.7.2011 – 12 Qs 49/11, VRR 2011, 352.

[31] Vgl. AG Offenbach 12.4.1989 – 29 Cs 44 Js 76 306/88, DAR 1990, 151.

[32] OLG Stuttgart 30.3.2009 – 2 Ss 139/09, NStZ-RR 2009, 254 (Ls.).

[33] KG 19.9.2011 – (2) 1 Ss 361/11 (53/11), NJW 2012, 245; KG 12.10.2010 – 2 Ws 521/10, NStZ-RR 2011, 86; SK-StPO/*Wohlers* Rn. 23; aA OLG Hamm 4.11.2008 – 2 Ws 328/08, BeckRS 2009, 07179 Rn. 12.

[34] BVerfG 20.3.2001 – 2 BvR 2058/00, NJW 2001, 2532; BGH 17.9.2008 – 1 StR 436/08, StraFo 2008, 509; BGH 12.8.1997 – 4 StR 329/97, NStZ-RR 1997, 364; allgLit.

[35] OLG Nürnberg 30.3.2010 – 2 Ws 500/09, 2 Ws 90/10, NJW-Spezial 2010, 345; KK/*Laufhütte* Rn. 3; Radke/Hohmann/*Reinhart* Rn. 5.

[36] BGH 30.7.1968 – 1 StR 77/68, BGHSt 22, 221 = NJW 1968, 2019.

neben der Wahlverteidigung eine aufgedrängte Verteidigung, widerspricht es dem Recht auf ein faires Verfahren, an den Sicherungsverteidiger zuzustellen.[37] Gleiches gilt in Bezug auf den Unterbevollmächtigten, wenn dieser nicht als gleichrangiger Verteidiger tätig ist, sondern nur einzelne Aufgaben wahrnimmt.[38]

9 Unabhängig von Abs. 1 kann der Beschuldigte dem Verteidiger eine **rechtsgeschäftliche Zustellungsvollmacht** erteilen. Bei Vorliegen einer solchen kann auch jenseits der Voraussetzungen des Abs. 1 – also auch im Falle späteren Eingangs der Vollmacht oder entsprechender anwaltlicher Versicherung – wirksam an den Verteidiger zugestellt werden.[39] Allerdings darf eine rechtsgeschäftliche Zustellungsvollmacht nicht vermutet werden – anderenfalls würde Abs. 1 umgangen;[40] die Unterschrift unter ein Empfangsbekenntnis genügt daher nicht.[41] Die Vollmacht kann auch Dritten – und somit im Falle des § 138 Abs. 2 bereits vor gerichtlicher Genehmigung der Verteidigung – wirksam erteilt werden.

III. Ladungen – Abs. 2

10 Die nach Abs. 1 fingierte Zustellungsvollmacht erstreckt sich nicht auf den Empfang von Ladungen des Beschuldigten. Hierfür muss der Verteidiger **ausdrücklich und eindeutig** vom Beschuldigten ermächtigt sein.[42] Eine allgemeine Zustellungsvollmacht genügt nicht;[43] beides kann jedoch in einem Schriftstück enthalten sein.[44] Auch Abs. 2 ist zugunsten des Beschuldigten eng auszulegen; im Zweifel liegt eine Bevollmächtigung nicht vor.[45] Die Vollmacht – nicht eine bloße Erklärung des Verteidigers – muss bei Anordnung der Zustellung in der Akte enthalten sein (→ Rn. 3 f.).[46] Der Beschuldigte – nicht das Gericht – kann auch dem **Pflichtverteidiger** eine entsprechende Vollmacht erteilen.[47] Durch die Beiordnung wird jedoch eine zuvor rechtsgeschäftlich erteilte Vollmacht wirkungslos.[48] Ladungen iSd Abs. 2 sind nur förmliche Ladungen; andere Ladungen – etwa zu Fortsetzungsterminen oder gem. § 224 Abs. 1 – werden von Abs. 1 erfasst.[49]

IV. Benachrichtigung – Abs. 3

11 Erfolgt die Zustellung nur an den Verteidiger oder den Beschuldigten, ist der jeweils andere über diese Zustellung durch **gleichzeitige Zusendung** einer formlosen Abschrift zu benachrichtigen.[50] Dies gilt auch, wenn aufgrund einer rechtsgeschäftlichen Zustellungs-

---

[37] SK-StPO/*Wohlers* Rn. 16.

[38] Vgl. BGH 17.9.2008 – 1 StR 436/08, StraFo 2008, 509.

[39] BGH 15.1.2008 – 3 StR 450/07, StraFo 2010, 339; BGH 18.2.1997 – 1 StR 772/96, NStZ 1997, 293; BayObLG 20.5.2003 – 2 OB OWI 210/03, DAR 2003, 380 mAnm *Metzger;* OLG Jena 15.5.2006 – 1 Ss 99/06, VRS 111 (2006), 200; OLG Rostock 20.5.2003 – 2 Ss (OWi) 15/03 I 72/03, NStZ-RR 2003, 336; OLG Stuttgart 12.12.2002 – 4 Ss 549/02, Justiz 2003, ausf. *Schnarr* NStZ 1997, 15 (17 f.).

[40] BayObLG 14.1.2004 – 2 St RR 188/03, NJW 2004, 1263; zu weit: Meyer-Goßner/*Schmitt* Rn. 2a.

[41] BayObLG 4.10.1987 – 1 St 230/87, JR 1988, 304 mAnm *Wendisch*; aA Meyer-Goßner/*Schmitt* Rn. 2a.

[42] OLG Düsseldorf 5.6.1990 – 3 Ws 434 – 435/90, StV 1990, 536; OLG Köln 20.7.1999 – Ss 283/99, NStZ-RR 1999, 334; OLG Köln 31.3.1993 – Ss 119/93, StV 1993, 402.

[43] OLG Köln 3.4.1998 – 2 Ws 177/98, NStZ-RR 1998, 240; OLG Karlsruhe 16.4.1980 – 3 Ss 66/80, MDR 1980, 687; Löwe/Rosenberg/*Lüderssen/Jahn* Rn. 10; SK-StPO/*Wohlers* Rn. 20.

[44] HK-StPO/*Julius* Rn. 8; KK/*Laufhütte* Rn. 5; Meyer-Goßner/*Schmitt* Rn. 12.

[45] OLG Köln 3.4.1998 – 2 Ws 177/98, NStZ-RR 1998, 240; OLG Düsseldorf 5.6.1990 – 3 Ws 434 – 435/90, StV 1990, 536; HK-StPO/*Julius* Rn. 8; SK-StPO/*Wohlers* Rn. 19; *Kaiser* NJW 1982, 1367 (1368).

[46] OLG Köln 3.4.1998 – 2 Ws 177/98, NStZ-RR 1998, 240; aA OLG Celle 6.5.1994 – 1 Ws 118/94, NdsRpfl 1994, 314.

[47] OLG Köln 20.7.1999 – Ss 283/99, NStZ-RR 1999, 334; HK-StPO/*Julius* Rn. 9; SK-StPO/*Wohlers* Rn. 18; vgl. OLG Karlsruhe 16.8.2011 – 2 (6) Ss 423/11, StraFo 2011, 509.

[48] OLG Köln 3.4.1998 – 2 Ws 177/98, NStZ-RR 1998, 240; OLG Düsseldorf 3.11.1981 – 2 Ss 570/81, StV 1982, 127; Radke/Hohmann/*Reinhart* Rn. 8; einschr. KG 19.9.2011 – (2) 1 Ss 361/11 (53/11), NJW 2012, 245; Meyer-Goßner/*Schmitt* Rn. 12; aA HK-StPO/*Julius* Rn. 9.

[49] BGH 8.4.1992 – 2 StR 240/91, BGHSt 38, 271 (273 f.) = NJW 1992, 2039; HK-StPO/*Julius* Rn. 8; KK/*Laufhütte* Rn. 5; SK-StPO/*Wohlers* Rn. 19.

[50] LG Aurich 4.7.2011 – 12 Qs 49/11, VRR 2011, 283.

vollmacht (→ Rn. 9) an den Verteidiger zugestellt wird;[51] ebenso nach S. 2 aE, wenn an den Beschuldigten zugestellt wird, weil keine Vollmacht vorliegt. Da es auf die Vollmacht nicht ankommt, erstreckt sich die Benachrichtigungspflicht bei mehreren zusammenhängenden Ermittlungsverfahren gegen den Beschuldigten auf alle Verfahren, wenn sich der Verteidiger in einem Verfahren bestellt hat.[52] Eine fehlende Benachrichtigung lässt die **Wirksamkeit der Zustellung** nach Abs. 1 oder 2 nicht entfallen und hat keinen Einfluss auf den Lauf von Fristen;[53] sie begründet jedoch regelmäßig die Wiedereinsetzung in den vorherigen Stand (→ Rn. 15 f.).

Die Regelung soll sicherstellen, dass der Verteidiger die nötigen Maßnahmen treffen kann – vor allem Fristenkontrolle –, ohne dass der Beschuldigte ihn benachrichtigt. Zugleich kann andersherum der Beschuldigte als Verfahrenssubjekt nicht über den Fortgang des Verfahrens im Unklaren gelassen werden; er muss die Möglichkeit haben, eigenständig zu reagieren, zB Rechtsmittel einzulegen.[54] Daher ist der Begriff „Entscheidungen" weit auszulegen; erfasst sind die **Zustellungen des Abs. 1,** insbes. solche, die Reaktionen der Verteidigung erfordern oder nahelegen.[55] Unstr. sind Anklageschriften erfasst; nach abzulehnender allgA jedoch nicht der Antrag der StA auf Revisionsverwerfung.[56] Ein Gesetzesvorhaben zur ausdrücklichen Erfassung von Ladungen wurde nicht umgesetzt.[57] Um dem Zweck der Regelung gerecht zu werden, ist der Benachrichtigung des Beschuldigten eine **Rechtsmittelbelehrung** beizufügen.[58] 12

V. Rechtsbehelfe

1. Beschwerde. Gegen die Entscheidung des Vorsitzenden, die eine unwirksame Zustellung zur Folge hat, kann die StA Beschwerde einlegen.[59] 13

2. Wiedereinsetzung. Ein Grund zur Wiedereinsetzung in den vorigen Stand gem. § 44 kann sich durch eine **unwirksame Zustellung** bzw. Ladung – Verstoß gegen Abs. 1 oder 2 – ergeben; so zB bei Verwerfung der Berufung wegen Nichterscheinens des Beschuldigten.[60] 14

Des Weiteren ist regelmäßig Wiedereinsetzung zu gewähren, wenn eine **Mitteilung nach Abs. 3** unterblieben ist.[61] Die Beteiligten dürfen darauf vertrauen, dass das Gericht auch Ordnungsvorschriften beachtet.[62] Insbes. darf der Beschuldigte darauf vertrauen, dass der **Verteidiger benachrichtigt** wird und fristgemäß die erforderlichen Maßnahmen ergreift,[63] solange keine besonderen Umstände dagegen sprechen.[64] Eingeschr. wird dies 15

[51] Löwe/Rosenberg/*Lüderssen/Jahn* Rn. 13; *Schnarr* NStZ 1997, 15 (18).
[52] LG Köln 12.11.2004 – 105 Qs 287/04, StraFo 2005, 247.
[53] BVerfG 20.12.2001 – 2 BvR 1356/01, NJW 2002, 1640; BGH 1.6.2010 – 4 StR 79/10, NStZ 2010, 584; BGH 13.1.1977 – 4 StR 679/76, NJW 1977, 640.
[54] Vgl. BGH 31.1.2006 – 4 StR 403/05, NStZ-RR 2006, 211.
[55] Vgl. Löwe/Rosenberg/*Lüderssen/Jahn* Rn. 14; KK/*Laufhütte* Rn. 8; SK-StPO/*Wohlers* Rn. 24; enger: HK-StPO/*Julius* Rn. 10; aA für den Revisionsverwerfungsantrag der GBA: BGH 3.12.2002 – 1 StR 327/02, StraFo 2003, 172: aA Meyer-Goßner/*Schmitt* Rn. 13.
[56] So ua BGH 22.10.2001 – 5 StR 278/01, NStZ-RR [B] 2002, 257; Meyer-Goßner/*Schmitt* Rn. 5; BGH 25.9.1979 – S StR 354/79, NStZ [Pf.] 1981, 95.
[57] Vgl. BT-Drs. 10/1313, 4.
[58] AA EGMR 9.5.2007 – 12788/04, Homann ./. Deutschland, NJW 2008, 2320 m. krit. Anm. *Meyer-Mews;* OLG Karlsruhe 20.10.1988 – 3 Ws 274/88, Justiz 1989, 68; Löwe/Rosenberg/*Lüderssen/Jahn* Rn. 13; SK-StPO/*Wohlers* Rn. 25.
[59] OLG Düsseldorf 22.10.1996 – 5 Ss (OWi) 80/96-143/96 I, wistra 1997, 116 (117).
[60] OLG Köln 3.4.1998 – 2 Ws 177/98, NStZ-RR 1998, 240.
[61] KK/*Laufhütte* Rn. 6; Meyer-Goßner/*Schmitt* Rn. 14.
[62] KG 3.3.2009 – 2 Ws 66, 80/09, VRS 117 (2010), 166 (167).
[63] OLG Köln 10.6.2011 – III-2 Ws 308/11, StRR 2011, 406; KG 20.11.2001 – 5 Ws 702/01, StV 2003, 343; OLG Karlsruhe 30.9.2002 – 2 Ss 141/02, VRS 105 (2003), 348 (350); OLG Düsseldorf 3.6.1996 – 1 Ws 450 – 451/96, JMBlNW 1996, 222 = StV 1997, 121 (Ls.).
[64] KG 3.5.2006 – 1 AR 371/06 – 5 Ws 233/06, NJ 2007, 233 (Ls.) (faktisches Ausscheiden der Verteidigerin aus dem Verfahren).

zT bei Rechtmitteleinlegungen,[65] wenn der Verteidiger nicht bereits mit der Einlegung beauftragt war.[66] Übermittelt der Beschuldigte dem Verteidiger den Inhalt eines Schreibens falsch, so ist auch dies kein Verschulden des Beschuldigten; die Fehlinformation beruht auf dem Verstoß gegen Abs. 3.[67] Insbes. bei nichtdeutschsprachigen Beschuldigten liegt im Verstoß gegen Abs. 3 ein Wiedereinsetzungsgrund.[68] Der Beschuldigte darf auch auf die normgerechte Benachrichtigung **weiterer Verteidiger** durch das Gericht vertrauen.[69] Die Wiedereinsetzung ist idR auch zu gewähren, wenn die Benachrichtigung zwar erfolgt ist, aber als Folge einer Zustellung an den Beschuldigten ein **Fristfehler** unterlaufen ist.[70] Da der Verstoß gegen Abs. 3 aus den Akten hervorgeht, ist bei rechtzeitiger Nachholung der erforderlichen Handlung Wiedereinsetzung von Amts wegen zu gewähren, ohne dass spezielle Gründe vorgetragen werden müssen.[71]

16 Auch wenn der **Beschuldigte nicht benachrichtigt** wird, liegt idR ein Wiedereinsetzungsgrund vor;[72] insbes. wenn an einen Verteidiger zugestellt wird, der nicht das Vertrauen des Beschuldigten genießt. Ebenso, wenn er zwar benachrichtigt wird, aber der Benachrichtigung keine Rechtsmittelbelehrung beigefügt ist.[73] Verschuldet ist die Fristversäumung hingegen, wenn der Beschuldigte für die Behörden unerreichbar ist und auch keinen Kontakt zum Verteidiger hält.[74]

17 **3. Revision.** Auf einem Verstoß gegen Abs. 2 beruht das Urteil nicht, wenn feststeht, dass der Beschuldigte unabhängig von der Ladung nicht erschienen wäre.[75] Die fehlende Mitteilung nach Abs. 3 stellt zwar (lediglich) einen Verstoß gegen eine Ordnungsvorschrift dar, kann aber dennoch als Verletzung des Rechts auf ein faires Verfahren die Revision begründen, wenn nicht auszuschließen ist, dass die Benachrichtigung des Verteidigers absichtlich unterblieb, um Verteidigungsaktivität zu vermeiden.[76]

§ 146 [Gemeinschaftlicher Verteidiger]

[1]Ein Verteidiger kann nicht gleichzeitig mehrere derselben Tat Beschuldigte verteidigen. [2]In einem Verfahren kann er auch nicht gleichzeitig mehrere verschiedener Taten Beschuldigte verteidigen.

Schrifttum: *Axster,* Anm. zu BVerfG v. 21.6.1977 – 2 BvR 70/75, 2 BvR 361/75, BVerfGE 45, 272, GRUR 1977, 738; *Beulke,*Anm. zu OLG Düsseldorf v. 20.8.2002 – 1 Ws 318/02, JR 2003, 347; *ders.,* Verbot der gemeinschaftlichen Verteidigung nur bei konkreter Interessenkollision?, NStZ 1985, 289; *Bringewat,* Bewährungshilfe und Strafverteidigung – ein Rollenkonflikt?, MDR 1988, 617; *Dietenmaier,* Das Verbot der gemeinschaftlichen Verteidigung § 146 StPO, Diss. Tübingen 1999; *Dünnebier,* Über Änderungen im Recht der Verteidigung, FS Pfeiffer, 1988, S. 265; *Eylmann,* Die Interessenkollision im Strafverfahren, StraFo 1998, 145; *Fezer,* Anm. zu OLG Stuttgart v. 23.3.1992 – 2 StE 5/91 – 5, StV 1993, 255; *Franke,* Verbot der Mehrfachverteidigung im Ordnungswidrigkeitenverfahren?, JZ 1978, 264; *Gillmeister,* Anm. zu BGH v. 25.6.2008 – 5 StR 109/07, BGHSt 52, 307, NJW 2008, 2726; *Günther,* Zur strafprozessualen Problematik der sog. sukzessiven Verteidigung mehrerer Beschuldigter durch einen Verteidiger, JZ 1981, 816; *Hassemer,* Anm. zu KG v. 3.12.1984 – ER 92/84, StV 1985, 405; *Heinicke,* Das Gemeinsame beim „gemeinschaftlichen

---

[65] OLG München 26.3.2009 – 2 Ws 229/09, StV 2011, 86 (87) m. abl. Anm. *Bockemühl*; BayObLG 28.7.1992 – 2 ObOWi 198/92, NJW 1993, 150.

[66] OLG Nürnberg 30.12.1998 – Ws 1400–98, NStZ-RR 1999, 114 (115); OLG Köln 29.10.2001 – Ss 437/01 Z, Ss 437/01, StraFo 2002, 17.

[67] OLG Stuttgart 13.7.2009 – 4 Ws 127/09, StV 2011, 85.

[68] OLG Celle 16.9.1992 – 2 Ss 283/92, StV 1994, 7.

[69] OLG Nürnberg 30.3.2010 – 2 Ws 500/09, 2 Ws 90/10, NJW-Spezial 2010, 345.

[70] BayObLG 3.11.1999 – 2 St RR 190/99, NStZ-RR 2000, 110.

[71] OLG München 27.10.2008 – 5 St RR 200/08, NJW 2008, 3797 (3798).

[72] BGH 31.1.2006 – 4 StR 403/05, NStZ-RR 2006, 211.

[73] Vgl. EGMR 9.5.2007 – 12788/04, NJW 2008, 2320 (2321) – Homann ./. Deutschland m. krit. Anm. *Meyer-Mews*.

[74] BGH 1.6.2010 – 4 StR 79/10, NStZ 2010, 584; BGH 13.1.1977 – 4 StR 679/76, NJW 1977, 640.

[75] OLG Stuttgart 8.6.2005 – 1 Ss 210/05, NStZ-RR 2005, 319 (320).

[76] OLG Frankfurt a. M. 10.7.1990 – 2 Ws (B) 248/90 OWiG, NStZ 1990, 556; allgLit.

Verteidiger" iS des § 146 StPO, NJW 1978, 1497; *Kleine-Cosack,* Verteidigung mehrerer Beschuldigter durch Mitglieder einer Sozietät, StraFo 1998, 149; *Kolhmann,* Steuerstrafrecht in der Bewährung, wistra 1982, 2; *Krämer,* Anm. zu BVerfG v. 8.2.1977 – 2 BvR 74/77, AnwBl. 1977, 224; *Lüderssen,* Anm. zu BVerfG v. 14.10.1997 – 2 BvQ 32/97, StV 1998, 357; *Eckhart Müller,* Die Sockelverteidigung, StV 2001, 649; *W. Müller,* Zum Begriff der Tatidentität im Sinne des § 146 StPO bei der Verteidigung mehrerer Beschuldigter in getrennten Verfahren, StV 1981, 196; *Müssig,* Anm. zu BGH v. 25.6.2008 – 5 StR 109/07, BGHSt 52, 307, NStZ 2009, 421; *Nestler-Tremel,* Die durch das StVÄG 1987 gebotene Neuorientierung beim Verbot der Mehrfachverteidigung gemäß §§ 146, 146a StPO, NStZ 1988, 103; *ders.,* Das Verbot der Mehrfachverteidigung gemäß § 146 StPO in aktuellen Verfahren wegen Mitgliedschaft in einer terroristischen Vereinigung, NStZ 1986, 534; *Nester-Temel/Prittwitz,* Anm. zu OLG Celle v. 25.7.1985 – 3 Ws 339/85, StV 1986, 109; *Paulus,* Anm. zu OLG Frankfurt v. 18.1.1983 – 3 Ws 30 und 31/83, NStZ 1983, 473; *Pellkofer,* Sockelverteidigung und Strafvereitelung, Diss. München 1999; *Rebmann,* Das Verbot der Mehrfachverteidigung nach § 146 StPO – Anwendung und Grenzen -, NStZ 1981, 41; *Richter II,* Sockelverteidigung – Voraussetzung, Inhalte und Grenzen der Zusammenarbeit von Verteidigern verschiedener Beschuldigter, NJW 1993, 2152; *Rieß/Hilgers,* Das neue Strafverfahrensrecht – Opferschutzgesetz und Strafverfahrensänderungsgesetz 1987 – NStZ 1987, 145; *Sannwald,* Verfassungsrechtsprechung zu § 146 StPO, AnwBl. 1980, 10; *Stark,* OLG Karlsruhe v. 22.10.1998 – 2 Ws 243–98, NStZ 1999, 213; *Stoffers,* Einführung eines „Krisenmanagements" bei Unternehmen im Hinblick auf mögliche Strafverfahren, wistra 2009, 379; *Streck,* Steueranwaltliche Beratung in Fällen des illegalen Datenhandels – Handwerkszeug und Probleme, NJW 2010, 1326; *Zuck,* Einige verfassungsrechtliche Bemerkungen zum Grundsatz „ein Verteidiger – ein Beschuldigter" (§ 146 StPO nF), NJW 1975, 434.

Übersicht

I. Überblick

1. Entstehungsgeschichte. Ursprünglich – und für knapp 100 Jahre – war eine Mehrfachverteidigung zulässig, solange keine widerstreitenden Interessen verteidigt wurden.[1] Erst vor dem Hintergrund des sog Stammheim-Prozesses[2] wurde das Verbot der Mehrfachverteidigung durch das 1. StVRErgG vom 20.12.1974 normiert. Im damaligen Wortlaut hieß es: „*Die Verteidigung mehrerer Beschuldigter durch einen gemeinschaftlichen Verteidiger ist unzulässig.*" Neben dem Verbot der Mehrfachverteidigung wurde durch das 1. StVRErgG parallel die Ausschlussmöglichkeit der §§ 138a ff. und die Beschränkung der Verteidigerzahl in § 137 Abs. 1 S. 2 geregelt. Mit dem **StVÄG 1987** wurde der Wortlaut zur heutigen Fassung präzisiert; durch die Überarbeitung wurde ua die sukzessive Mehrfachverteidigung vom Verbot wieder ausgenommen (→ Rn. 14) und somit entgegen der zuvor extensiven Auslegung der Rspr. der Anwendungsbereich stark begrenzt;[3] zugleich kam es mit dem StVÄG 1987 zu einer Weitung der Verbotsnorm, da deren Anwendbarkeit auch auf Fälle reiner Verfahrensidentität ohne Tatidentität festgeschrieben wurde (→ Rn. 17); parallel wurden in dieser letzten Novelle mit § 146a erstmals die Rechtsfolgen entsprechender Verstöße geregelt. 1

2. Zweck der Norm; Kritik. Das Verbot der Mehrfachverteidigung soll den **strikt einseitigen Beistand** des Verteidigers für den Beschuldigten schützen, während zugleich die entspr. Funktion des Verteidigers zugunsten der Strafrechtspflege gesichert 2

[1] Die veröffentlichte Rspr. zur urspr. Fassung beschränkt sich auf ein Urteil des RG: RG 11.4.1902 – 309/02, RGSt 35, 189.

[2] Zum Verdacht eines Maßnahmengesetzes bzgl. des „Stammheimprozesses" *Dünnebier,* FS Pfeiffer, 1988, 265 (271 ff. mN aus dem Gesetzgebungsverfahren, 283 ff. mwN).

[3] BT-Drs. 10/1313, 21.

werden soll.[4] Letzterer Umstand begründet auch, dass der Beschuldigte keine Dispositionsbefugnis hinsichtlich einer gemeinschaftlichen Verteidigung hat.[5] Darüber hinaus soll das generelle Verbot Rechtssicherheit schaffen.[6] Nach der Rspr. des BVerfG ist diese Beschränkung **verfassungsmäßig,** da sie umfassender als eine punktuelle Regelung (wie früher: nur ein konkretes Verbot der Verteidigung bei Interessenkollisionen) auch gegen unerkannte oder spät auftretende Konflikte schützt.[7] Die befürchteten Konflikte und Beeinträchtigungen der Beistandsfunktion beziehen sich hauptsächlich auf gegenseitige Belastungen der Angekl.;[8] auch denkbar sind sich strategisch widersprechende Rechtsmitteleinlegungen.[9]

3 **Bedenklich** ist, dass die damalige Gesetzesbegründung, wonach Interessenkonflikte „*in der Regel*" bestehen würden,[10] keinen Beleg in der praktischen Anwendung und Rspr. zur Vorgängerregelung von vor 1974 findet.[11] Warum Beschuldigte vor sich selbst geschützt werden müssen, wenn sie bewusst einen gemeinsamen Verteidiger haben wollen, ist nicht ersichtlich;[12] dies gilt insbesondere vor dem Hintergrund, dass die Entscheidung, ob überhaupt ein Verteidiger mandatiert wird, dem Beschuldigten und seinen finanziellen Möglichkeiten überlassen ist. Da das Verteidigungsziel der Autonomie des Beschuldigten unterfällt und eine Kündigung des Mandats jederzeit möglich ist, ist bei gewollter Mehrfachverteidigung der **Interessenkonflikt eine Fiktion.**[13] Auch die umfangreiche Rspr. von 1974 bis zur Einschränkung 1987 belegt, dass sich eine Vielzahl von Beschuldigten nicht geschützt, sondern eingeschränkt sah.[14] Insbesondere sprechen auch finanzielle und organisatorische Gesichtspunkte (Einarbeitung, Überblick über das Gesamtverfahren, Terminprobleme in Großverfahren) für einen gemeinsamen Verteidiger; weiter gilt es zu beachten, dass gerade in Massenverfahren bzw. bei Spezialgebieten mitunter Probleme bestehen, einen geeigneten Verteidiger zu finden.[15] Ferner schafft das Verbot die Gefahr, dass es (erst) durch Verfahrensverbindungen zu einem Verstoß und damit zur Notwendigkeit von **Verfahrensunterbrechungen** kommt.[16]

II. Anwendungsbereich

4 Nach dem heutigen Wortlaut ist eindeutig, dass eine zeitlich aufeinanderfolgende Verteidigung (Sukzessivverteidigung) zulässig ist (→ Rn. 14). Vom Verbot erfasst wird dagegen sowohl die gleichzeitige Verteidigung bei Tatidentität (S. 1) (→ Rn. 15 f.) als auch in einem gemeinsamen Verfahren trotz getrennter Taten (S. 2) (→ Rn. 17 ff.).

---

[4] BT-Drs. 10/1313, 22; BGH 23.3.1977 – 1 BJs 55/75 StB 52/77, BGHSt 27, 154 (156) = NJW 1977, 1208.

[5] BT-Drs. 10/1313, 22.

[6] BT-Drs. 10/1313, 21; BGH 13.10.1976 – 3 StR 100/76, BGHSt 27, 22 (23) = NJW 1977, 115.

[7] BVerfG 11.3.1975 – 2 BvR 135/75, BVerfGE 39, 156 (165) = NJW 1975, 1013 (1014); BT-Drs. 10/1313, 22; BT-Drs. 7/2526, 25.

[8] BVerfG 11.3.1975 – 2 BvR 135/75, BVerfGE 39, 156 (164) = NJW 1975, 1013 (1014); So auch der einzige Fall des RG 11.4.1902 – 309/02, RGSt 35, 189 (191) zur Fassung vor 1974, von diesem als „Schulbeispiel" bezeichnet.

[9] BGH 13.5.1997 – 1 StR 142/97, NStZ 1997, 560.

[10] BT-Drs. 7/2526, 25.

[11] Löwe/Rosenberg/*Lüderssen/Jahn* Rn. 3; *Dünnebier,* FS Pfeiffer, 1988, 265 (271 ff., 283 ff.).

[12] *Dünnebier,* FS Pfeiffer, 1988, 265 (275); *Dietenmaier,* Diss. Tübingen 1999, S. 29; einschr. (bei fehlendem Interessenkonflikt § 146 zu weit; bei bestehendem Interessenkonflikt außerhalb des Anwendungsbereichs zu eng): HK-StPO/*Julius* Rn. 1; KMR/*Müller* Rn. 2; Radtke/Hohmann/*Reinhart* Rn. 2.

[13] So *Dünnebier,* FS Pfeiffer, 1988, 265 (275); ua Löwe/Rosenberg/*Lüderssen/Jahn* Rn. 9; *Nestler-Tremel* NStZ 1988, 103 (108); für eine entspr. Reform: HK-StPO/*Julius* Rn. 1; Roxin § 19 Rn. 37.

[14] Löwe/Rosenberg/*Lüderssen/Jahn* Rn. 3; *Nestler-Tremel* NStZ 1986, 534: Die Anwendung in RAF-Verfahren verhinderte eher effektive Verteidigung, als sie zu schützen.

[15] BT-Drs. 10/1313, 21; bzgl. Kartellverfahren: BVerfG 21.6.1977 – 2 BvR 70, 361/75, BVerfGE 45, 272 = NJW 1977, 1629; Löwe/Rosenberg/*Lüderssen/Jahn* Rn. 5; *Axster* GRUR 1977, 738; *Beulke* NStZ 1985, 289 f.; *Nestler-Tremel* NStZ 1986, 534 (353); *Zuck* NJW 1975, 434 (435); *Dietenmaier,* Diss. Tübingen 1999, S. 29 (Verfahrensverzögerungen durch eine Vielzahl von Verteidigern).

[16] Reformbegr. BT-Drs. 10/1313, 21; *Beulke* NStZ 1985, 289 (290).

Die Norm soll nicht jegliche Art von Interessenkonflikten präventiv verhindern, sondern nur solche, die sich aus der aktuellen Beistandsfunktion des Strafverteidigers ergeben; andere Konflikte hinsichtlich der Treuepflicht des Beistands fallen ggf. in den Bereich des Berufsrechts.[17] Daher, und wegen des Eingriffs in die freie Verteidigung, ist die Vorschrift **eng auszulegen** und **nicht analogiefähig;**[18] dies gilt sowohl für den personellen[19] (→ Rn. 6) als auch den sachlichen (→ Rn. 7) Anwendungsbereich der Verbotsnorm. In Anbetracht dessen unterfällt dem Anwendungsbereich insbesondere nicht die Konstellation, in der der Verteidiger von Dritten bezahlt wird. 5

1. Personeller Geltungsbereich. Nach Wortlaut und Systematik gilt das Verbot für **Wahl- und Pflichtverteidiger**[20] und gleichermaßen auch für **Unterbevollmächtigte,**[21] Verteidiger nach § 138 Abs. 1 und § 139 und Vertreter nach **§ 53 BRAO**.[22] Dagegen ist der intern **mitarbeitende Rechtsanwalt** kein Verteidiger;[23] ebenfalls nicht erfasst ist der mitbeschuldigte Rechtsanwalt, der bereits kein Verteidiger sein kann.[24] Auch der **Zeugenbeistand**[25] sowie der Vertreter der **Nebenklage** sind keine Verteidiger.[26] Bei den konkurrierenden Mandatsverhältnissen muss es sich um Verteidigungen handeln (→ Rn. 5);[27] wegen § 433 findet das Verbot jedoch auch Anwendung, soweit ein Beschuldigter und eine juristische Person als **Einziehungsbeteiligte** vertreten werden.[28] Die Vorschrift ist nicht analog anwendbar auf Personen, die nicht als Verteidiger, sondern **als Vertreter** tätig werden.[29] Ebenso ist eine Verteidigung durch den Vormund zulässig.[30] 6

2. Sachlicher Geltungsbereich. Das Verbot gilt im gesamten **Erkenntnisverfahren** inklusive des Ermittlungsverfahrens. Ebenso gilt das Verbot im **Privatklage-**[31] und **OWi-**Verfahren,[32] da hier ebenfalls eine Verteidigung wegen des Vorwurfs einer Tat stattfindet. Die Vertretung des Klägers im Privatklageverfahren ist dagegen keine Verteidigung und 7

---

[17] BT-Drs. 10/1313, 22; BT-Drs. 7/2526, 11; BGH 22.3.1977 – 1 BJs 20/75 StB 41/77, BGHSt 27, 148 (151) = NJW 1977, 1206 (1207); KK/*Laufhütte* Rn. 5.

[18] BT-Drs. 7/2526, 11; BGH 22.3.1977 – 1 BJs 20/75 StB 41/77, BGHSt 27, 148 (152) = NJW 1977, 1206 (1207); OLG Düsseldorf 7.3.1991 – 4 Ws 51/91, NStZ 1991, 352; OLG Karlsruhe 23.12.1977 – 3 Ws 220/77, Justiz 1978, 442; HK-StPO/*Julius* Rn. 1; KK/*Laufhütte* Rn. 5; Löwe/Rosenberg/*Lüderssen/Jahn* Rn. 10a, 31; SK-StPO/*Wohlers* Rn. 4; *Beulke/Schünemann* § 19 Rn. 37; aA bzgl. des Pflichtverteidigers bei konkretem Interessenkonflikt: OLG Koblenz 10.12.1979 – 2 Ss 611/79, NJW 1980, 1058 (Ehefrau im Scheidungsverfahren).

[19] AA KK/*Laufhütte* Rn. 4.

[20] Zum Pflichtverteidiger: BGH 22.11.1977 – 4 StR 395/77, NJW 1978, 384.

[21] AllgM; ua BVerfG 26.11.1975 – 2 BvR 883/75, NJW 1976, 231; OLG Hamburg 27.5.1977 – Ws 216/77, MDR 1977, 776; OLG München 28.11.1975 – 1 Ws 1304/75, NJW 1976, 252 (254); § 137 Rn. 33; aA OLG Frankfurt a. M. 18.1.1983 – 3 Ws 30, 31/83, NStZ 1983, 472 (473), wenn der Unterbevollmächtigte nur formell handelt.

[22] AllgM; BGH 23.3.1977 – 1 BJs 55/75 StB 52/77, BGHSt 27, 154 (158) = NJW 1977, 1208.

[23] Vgl. BGH 31.1.1991 – III ZR 150/88, NJW 1991, 3095 (3097); § 137 Rn. 31; HK-StPO/*Julius* Rn. 4; SK-StPO/*Wohlers* Rn. 29.

[24] § 138 Rn. 6.

[25] Vgl. BVerfG 17.4.2000 – 1 BvR 1331/99, NJW 2000, 2660 (2661); OLG Düsseldorf 7.3.1991 – 4 Ws 51/91, NStZ 1991, 352; BT-Drs. 10/1313, 22; allg. Lit.

[26] OLG Düsseldorf 10.8.1999 – 3 Ws 393/99, Streit 2000, 75; Radtke/Hohmann/*Reinhart* Rn. 7; *Rebmann* NStZ 1981, 41 (45); aA KK/*Laufhütte* Rn. 4.

[27] Vgl. zu Vertretung in Zivilverfahren: BGH 15.3.1976 – AnwSt (R) 6/75, BGHSt 26, 304; *Rebmann* NStZ 1981, 41 (45).

[28] OLG Düsseldorf 4.2.1988 – 2 Ws 128/87, NStZ 1988, 289 (290); Radtke/Hohmann/*Reinhart* Rn. 7; SK-StPO/*Wohlers* Rn. 27.

[29] So aber OLG Düsseldorf 10.2.1987 – 5 Ws 82/86, NStZ 1987, 340 m. abl. Anm. *Bringewat* MDR 1988, 617 (Bewährungshelfer, der in Vertretung Rechtmittel einlegt, analog ausgeschlossen).

[30] OLG Düsseldorf 13.10.1989 – 1 Ws 909/89, NStZ 1990, 98.

[31] HM; ua BVerfG 8.2.1977 – 2 BvR 74/77, AnwBl 1977, 223 mit krit. Anm. *Krämer* mit dem Hinweis, dass § 387 vom Anwalt und nicht vom Verteidiger des Angekl. spricht; OLG Karlsruhe 24.10.1977 – 2 Ws 159/77, Justiz 1978, 114.

[32] BVerfG 21.6.1977 – 2 BvR 70, 361/75, BVerfGE 45, 272 = NJW 1977, 1629; ua OLG Köln 29.3.1983 – 3 Ss 191-192/83 (B), NStZ 1983, 560 (561); aA *Franke* JZ 1978, 264.

unterfällt nicht der Verbotsnorm;[33] ebenfalls keine Anwendung findet die Norm bei der Verteidigung eines Beschuldigten und einer von § 30 OWiG betroffenen Personengesellschaft.[34]

8 Da die Vorschrift die Verteidigung gegen den Vorwurf einer Tat voraussetzt, findet sie nach Rechtskraft keine Anwendung;[35] sie gilt somit auch nicht in der **Strafvollstreckung;** die entgegenstehende Rspr. bezieht sich auf die (überholte) Fassung von 1974. Zwar kann nicht ausgeschlossen werden, dass ein Rechtsbeistand im Strafvollstreckungsverfahren Informationen erlangen könnte, die sich auch auf ein Erkenntnisverfahren beziehen und dass dies einen Interessenkonflikt auslösen könnte;[36] entsprechendes kann jedoch auch bei der – erlaubten – sukzessiven Verteidigung geschehen. Im Übrigen gilt, dass die Verbotsnorm eng auszulegen ist und ohnehin nach dem Willen des Gesetzgebers nicht alle theoretisch denkbaren Konflikte erfassen soll (→ Rn. 5).[37] Eine Anwendbarkeit des Verbots kommt dagegen bei einer Entscheidung nach **§ 453** in Betracht, sofern diese eine noch nicht abgeurteilte Tat einbezieht.[38] Hinsichtlich abgeurteilter Taten sind alle Beteiligten an die Feststellungen des Tatgerichts gebunden.[39] Gleichermaßen ist die Norm im **Strafvollzug** nicht anwendbar;[40] auch soweit ein Tatbeteiligter im Rahmen des Strafvollzugs vertreten wird und ein anderer im Strafverfahren.[41] Postuliert wird die Anwendbarkeit des Verbots dementgegen jedoch für Verfahren im Strafvollzug, die dem Strafverfahren gleichen[42] bzw. für Verfahren nach §§ 23 ff. EGGVG und §§ 109 ff. StVollzG.[43] Keinesfalls vom Wortlaut der Verbotsnorm erfasst ist die Vertretung zweier Inhaftierter, die wegen derselben Tat verurteilt wurden,[44] oder von Inhaftierten mit den gleichen Haftbedingungen[45], ohne dass ein gemeinsames Verfahren bzw. ein gemeinsamer Vorwurf existiert.

9 AllgM war bisher die Nichtanwendbarkeit im **Auslieferungsverfahren** nach §§ 2 ff. IRG, da die Auslieferung kein inländisches Strafverfahren darstellt.[46] Mit der problematischen Argumentation (→ Rn. 5), dass zwar keine Verteidigung, aber ein vergleichbarer Interessenkonflikt gegeben ist, wird eine Anwendbarkeit des Verbots mittlerweile vom OLG Rostock bejaht.[47] Im Erg. ist dem wegen § 40 Abs. 3 IRG zuzustimmen.[48] Ebenfalls entgegen dem unter → Rn. 5 Festgestellten wurde das Mehrfachvertretungsverbot von

---

[33] HM; aA KK/*Laufhütte* Rn. 4.

[34] BVerfG 21.6.1977 – 2 BvR 70, 361/75, BVerfGE 45, 272 (288) = NJW 1977, 1629; BGH 14.10.1976 – KRB 1/76, NJW 1977, 156 (157) (ober dictum); OLG Karlsruhe 13.1.1983 – 4 Ss 258/82, Justiz 1983, 163.

[35] KMR/*Müller* Rn. 3; KK/*Laufhütte* Rn. 3; *Bringewat* MDR 1988, 617 (620) (*„Strafverteidigung im eigentlichen Sinne"*); aA OLG München 11.12.1979 – 2 Ws 908/79, NJW 1980, 1477; OLG Schleswig 7.9.1984 – 1 Ws 687 + 688/84, SchlHA 1985, 131; Meyer-Goßner/*Schmitt* Rn. 10; *Pfeiffer* Rn. 3.

[36] Radtke/Hohmann/*Reinhart* Rn. 6.

[37] Löwe/Rosenberg/*Lüderssen/Jahn* Rn. 35; *Günther* JZ 1981, 816 (820); *Nestler-Tremel* NStZ 1988, 103 (105);.

[38] So OLG Düsseldorf 14.6.1985 – 4 Ws 93/85, NStZ 1985, 521; AK/*Stern* Rn. 19; allenfalls dann HK-StPO/*Julius* Rn. 4; Löwe/Rosenberg/*Lüderssen/Jahn* Rn. 36; *Nestler-Tremel* NStZ 1988, 103 (105); aA zur Entscheidungen über Reststrafenaussetzung nach Fassung 1974: OLG Schleswig 7.9.1984 – 1 Ws 687 + 688/84, SchlHA 1985, 131; OLG München 11.12.1979 – 2 Ws 908/79, NJW 1980, 1477.

[39] Vgl. OLG Celle 24.5.1985 – 1 Ws 126/85, NStZ 1986, 456 (457); AK/*Stern* Rn. 19; Löwe/Rosenberg/*Lüderssen/Jahn* Rn. 34; *Nestler-Tremel* NStZ 1988, 103 (105).

[40] *Nester-Temel/Prittwitz* StV 1986, 109; KMR/*Müller* Rn. 3; aA BVerfG 14.10.1985 – 2 BvR 1076/85, NJW 1986, 1161; OLG Celle 25.7.1985 – 3 Ws 339/85, StV 1986, 108 (beide zur Fassung von 1974).

[41] KK/*Laufhütte* Rn. 3; aA ausf. zur Fassung 1974: OLG München 23.4.1985 – 1 Ws 1100/84, NStZ 1985, 383; Radtke/Hohmann/*Reinhart* Rn. 6.

[42] AK/*Stern* Rn. 20; Löwe/Rosenberg/*Lüderssen/Jahn* Rn. 37; SK-StPO/*Wohlers* Rn. 12.

[43] Meyer-Goßner/*Schmitt* Rn. 11; *Pfeiffer* Rn. 3; Kritik: *Nester-Tremel/Prittwitz* StV 1986, 109.

[44] Löwe/Rosenberg/*Lüderssen/Jahn* Rn. 38.

[45] So aber zur Fassung 1974: BVerfG 14.10.1985 – 2 BvR 1076/85, NJW 1986, 1161; OLG Celle 25.7.1985 – 3 Ws 339/85, StV 1986, 108 (beide zu Hochsicherheitstrakt) m. abl. Anm. *Nestler-Tremel/Prittwitz* und *Nester-Tremel* NStZ 1986, 534 (535 f.).

[46] BGH 12.8.1980 – II BGs 135/80 (ER), bei *Rebmann* NStZ 1981, 41 (45).

[47] OLG Rostock 2.6.2010 – 2 Ausl. 19/10 I 14/10, 2 Ausl. 20/10 I 15/10.

[48] Schomburg/Lagodny/Gleß/Hackner/*Lagodny/Schomburg/Hackner* IRG § 40 Rn. 28.

der Rspr. auch im Hinblick auf **berufsrechtliche Disziplinarverfahren** für anwendbar erklärt.[49] Die Beratung im Hinblick auf eine Selbstanzeige im **Steuerrecht** vor Abgabe der Berichtigungserklärung stellt eine Steuerberatung dar und keine Strafverteidigung; sie unterfällt somit nicht dem Verbot.[50]

III. Die konkrete Regelung

1. Allgemeines. a) Verteidigung iS des § 146. Der Begriff der Verteidigung iS der Norm setzt eine aktuell bestehende Beistandspflicht für einen Beschuldigten im Rahmen der prozessualen Verteidigertätigkeit voraus;[51] eine solche entsteht im Ermittlungsverfahren erst ab dem Bestehen der Beschuldigteneigenschaft.[52] Überdies muss hierzu eine formelle Verteidigerbevollmächtigung (→ Rn. 11) vorliegen (nicht lediglich interne Mitarbeit, Rn. 6)[53] und die Annahme des Auftrags durch den Verteidiger. Eine bloße Bevollmächtigung, der keine Tätigkeit nachfolgt, reicht nicht aus.[54] Verteidigungshandlungen sind alle prozessualen Handlungen, ohne dass es auf deren Umfang ankommt;[55] ausreichend sind etwa: Wahrnehmung eines Haftprüfungstermins als Unterbevollmächtigter,[56] Sachstandsanfrage bei Gericht oder StA, Einlegung eines Rechtsmittels.[57] Eine Ausnahme hierzu ist nach dem Zweck des Gesetzes denkbar für den unterbevollmächtigten Sozius, der lediglich formelle Handlungen ohne eigene Entscheidungen oder inhaltliche Befassung vornimmt;[58] mit dem absoluten Charakter der Norm ist eine solche Restriktion jedoch nicht vereinbar. Davon zu unterscheiden sind tatsächliche Handlungen, die außerhalb eines Verteidigungsverhältnisses erfolgen (können);[59] bspw. (Beratungs-)Gespräche und Kontaktvermittlungen zu anderen Rechtsanwälten bzw. die Überbringung von Mitteilungen.[60] Zu weit daher OLG München mit der Ansicht, die Auswahl eines Verteidigers für den Mitangekl. sei bereits Verteidigung.[61] Gleichermaßen nicht erfasst sind versehentlich für den Mitbeschuldigten vorgenommene Handlungen (etwa: Unterzeichnung eines EB).[62] 10

Ein Gespräch, welches erst zur Aufnahme eines Verteidigungsverhältnisses führen soll **(Anbahnungsgespräch),** ist keine formelle Verteidigung;[63] eine Anbahnung ist zwar 11

---

[49] Wehrdisziplinarverfahren: BVerwG 10.8.1993 – 2 WDB 5/93, 2 WDB 6/93, NZWehrr 1994, 33 = NJW 1994, 1019 Ls.; BDO: BVerwG 14.12.1984 – 1 D 93/84, BVerwGE 76, 308 = NJW 1985, 1180 Ls.; Heilberufe: OVG Berlin-Bbg. 4.3.2010 – OVG 91 HB 1.08; offengelassen bzgl. BNotO: OLG Celle 30.10.2008 – Not 9/08.

[50] *Streck* NJW 2010, 1326 (1331); einschr. Franzen/Gast/Joecks/*Joecks* AO § 371 Rn. 246; krit. insg. zur Anwendbarkeit auf Steuerberater: *Kolhmann* wistra 1982, 2 (6 ff.).

[51] BT-Drs. 10/1313, 22; HK-StPO/*Julius* Rn. 4.

[52] OLG Karlsruhe 23.10.1985 – 1 Ws 216/85, MDR 1986, 605; Meyer-Goßner/*Schmitt* Rn. 10; vgl. zum Betroffenen bei OWi: OLG Koblenz 6.11.1986 – 1 Ss 440/86, VRS 72 (1987), 191.

[53] OLG Frankfurt a. M. 22.11.1977 – 3 Ws 735 u. 736/77, NJW 1978, 333; *Beulke* JR 2003, 347.

[54] OLG Karlsruhe 31.3.1977 – 1 Ws 57/77, MDR 1977, 777; KMR/*Müller* Rn. 7; Meyer-Goßner/*Schmitt* Rn. 7, 20; *Rebmann* NStZ 1981, 41 (45).

[55] BGH 21.6.1978 – 1 BJs 126/77; StB 132/78, BGHSt 28, 67 (68) = NJW 1978, 1815 (1816); BGH 23.3.1977 – 1 BJs 55/75; StB 52/77, BGHSt 27, 154 (158) = NJW 1977, 1208 f.; KMR/*Müller* Rn. 8; Meyer-Goßner/*Schmitt* Rn. 20; SK-StPO/*Wohlers* Rn. 14; *Beulke* NStZ 1985, 289 (292).

[56] BGH 1.9.1977 – 4 StR 395/77, NStZ [Pf.] 1984, 15; OLG Hamburg 27.5.1977 – Ws 216/77, MDR 1977, 776.

[57] OLG Düsseldorf 7.1.1983 – 2 Ss 398/82 – 402/82 II, NStZ 1983, 471.

[58] OLG Frankfurt a. M. 18.1.1983 – 3 Ws 30 und 31/83, NStZ 1983, 472 (473) m. abl. Anm. *Paulus*.

[59] OLG Frankfurt a. M. 22.11.1977 – 3 Ws 735 u. 736/77, NJW 1978, 333.

[60] OLG Jena 13.9.2007 – 1 Ws 360/07, NJW 2008, 311 (ober dictum); OLG Düsseldorf 20.8.2002 – 1 Ws 318/02, NJW 2002, 3267; LG Bremen 7.11.1984 – 13 Qs 687/84, StV 1985, 143; KMR/*Müller* Rn. 7; Löwe/Rosenberg/*Lüderssen*/*Jahn* Rn. 11; aA Meyer-Goßner/*Schmitt* Rn. 7.

[61] OLG München 29.4.1983 – 2 Ws 440/83 K, NJW 1983, 1688.

[62] OLG Düsseldorf 28.6.1983 – 2 Ws 332/83, StV 1984, 106.

[63] Vgl. BVerfG 26.11.1975 – 2 BvR 883/75, NJW 1976, 231 (nach Fassung 1974, daher Gespräch bei bestehender Verteidigung trotzdem unzulässig, da auf unzulässigen Erfolg ausgerichtet); hM; aA im Hinblick auf § 148 BGH 21.6.1978 – 1 BJs 126/77; StB 132/78, BGHSt 28, 67 (68) = NJW 1978, 1815 (1816); Graf/*Wessing* Rn. 6.

bereits von § 148 erfasst, es besteht jedoch noch keine Beistandspflicht iS des § 146.[64] Folglich unterfällt die Anbahnung nicht der Verbotsnorm, dh es sind Gespräche mit mehreren Beschuldigten möglich;[65] nach der nF gilt dies unproblematisch sogar dann, wenn bereits ein Verteidigungsverhältnis besteht, da dieses niedergelegt werden kann (→ Rn. 14).[66] Praktische Relevanz erlangt dieser Umstand insbes., weil nach der früheren Rspr. zur Fassung von 1974 der potentielle Verteidiger nicht einmal ein Gespräch führen durfte, um die Frage zu klären, ob überhaupt Tatidentität vorliegt.[67]

12 Innerhalb einer **Sozietät** ist nur der konkrete Anwalt Verteidiger; mehrere Angehörige einer Sozietät können jeweils einen Beschuldigten vertreten (allgM).[68] Dass die Vollmacht auf die gesamte Sozietät ausgestellt ist, hindert dies nicht; im Zweifel kann eine Klarstellung der Zuordnung erfolgen.[69] Dem widerspricht auch § 3 Abs. 2 BORA nicht;[70] der Gesetzgeber hat die Regelung von Interessenkonflikten außerhalb des Wortlauts explizit dem Berufsrecht überlassen.[71] Grds. gilt dies auch für die **notwendige Verteidigung;** wegen der Gleichbehandlung zur Wahlverteidigung kann nicht generell ein wichtiger Grund iS des § 142 Abs. 1 S. 2 angenommen werden.[72] Ein solcher kann – dann aber nicht wegen § 146 – bei Anhaltspunkten für einen konkreten Konflikt vorliegen.[73]

13 Auch die (enge) Absprache zwischen mehreren Verteidigern und Beschuldigten führt nicht dazu, dass jeder Verteidiger zum Verteidiger aller Beschuldigten wird. Nach allgM ist somit die sog **Sockel- oder Blockverteidigung** kein Fall der Mehrfachverteidigung;[74] dies gilt auch dann, wenn sie innerhalb einer Sozietät stattfindet.[75] Welche Verteidigungsstrategie gewählt wird und wann die Grenzen der Zusammenarbeit erreicht sind, ist Teil der Verteidigungsautonomie der Beschuldigten und im Zweifel Frage des Berufsrechts.[76] Die gesetzliche Vermutung eines Interessenkonflikts darf nicht darüber hinwegtäuschen, dass häufig eine Interessensübereinstimmung vorliegt und Zusammenarbeit deshalb vielfach eine sachgerechte Verteidigung darstellt.[77] Explizit zulässig sind: gemeinsame (Mandanten)Gespräche;[78] auch Gespräch mit dem Mitangekl.;[79] Fragen oder Erklärungen in der Hauptverhandlung, die Mitangekl. zugutekommen;[80] übereinstimmende bzw. gemeinsame

---

[64] OLG Düsseldorf 5.10.1983 – V 5/83, StV 1984, 106; dagegen KG 3.12.1984 – ER 92/84, StV 1985, 405 m. abl. Anm. *Hassemer*; HK-StPO/*Julius* Rn. 4; *Nester-Tremel* NStZ 1988, 103 (104); vgl. BT-Drs. 10/1313, 22.

[65] OLG Düsseldorf 5.10.1983 – V 5/83, StV 1984, 106; Löwe/Rosenberg/*Lüderssen*/*Jahn* Rn. 13 f.; Radtke/Hohmann/*Reinhart* Rn. 6; *Roxin*/*Schünemann* § 19 Rn. 37.

[66] AK/*Stern* Rn. 9; *Dietenmaier*, Diss. Tübingen 1999, S. 50 f.; aA Graf/*Wessing* Rn. 6 (ohne Begr. mit Verweis auf Rspr. zur Fassung 1974); *Fezer* StV 1993, 255 (256).

[67] BVerfG 26.11.1975 – 2 BvR 883/75, NJW 1976, 231; dazu: *Nester-Tremel* NStZ 1988, 103 (104).

[68] BVerfG 28.10.1976 – 2 BvR 23/76, BVerfGE 43, 79 = NJW 1977, 99; OLG Düsseldorf 20.8.2002 – 1 Ws 318/02, NJW 2002, 3267; OLG Karlsruhe 22.10.1998 – 2 Ws 243–98, NStZ 1999, 212 mit krit. Anm. *Stark*; LG Frankfurt 4.4.2008 – 5/26 Qs 9/08, NStZ-RR 2008, 205; krit. *Eylmann* StraFo 1998, 145.

[69] § 146a Rn. 10; → § 137 Rn. 34.

[70] OLG Karlsruhe 22.10.1998 – 2 Ws 243–98, NStZ 1999, 212 (213) mit krit. Anm. *Stark*; Graf/*Wessing* Rn. 4; *Kleine-Cosack* StraFo 1998, 149 (153); vgl. auch *Lüderssen* StV 1998, 357; offen gelassen von Löwe/Rosenberg/*Lüderssen*/*Jahn* 15; krit. *Eylmann* StraFo 1998, 145.

[71] BT-Drs. 7/2526, 11.

[72] OLG Stuttgart 17.5.2011 – 2 Ws 97-98/11, NStZ-RR 2011, 279; OLG Hamm 1.6.2004 – 2 Ws 156/04, StV 2004, 641; *Lüderssen* StV 1998, 357.

[73] OLG Frankfurt a. M. 28.1.1999 – 3 Ws 53 u. 54–99, NJW 1999, 1414; § 142 Rn. 14, 20; *Pfeiffer* Rn. 1.

[74] OLG Düsseldorf 20.8.2002 – 1 Ws 318/02, NJW 2002, 3267 mit zust. Anm. *Beulke* JR 2003, 347; ausf. *Richter II* NJW 1993, 2152; *Müller* StV 2001, 649; *Stoffers* wistra 2009, 379 (zum koordinierenden Unternehmensanwalt); *Pellkofer*, Diss. München 1999, S. 177 ff.

[75] LG Frankfurt 4.4.2008 – 5/26 Qs 9/08, NStZ-RR 2008, 205.

[76] LG Frankfurt 4.4.2008 – 5/26 Qs 9/08, NStZ-RR 2008, 205; zu § 258 StGB: *Pellkofer*, Diss. München 1999, S. 183 ff.

[77] KG 17.1.2002 – 5 Ws 582/01, StraFo 2003, 147 (Reisekostenerstattung, da Sockelverteidigung nicht nur ratsam, sondern notwendig); OLG Düsseldorf 20.8.2002 – 1 Ws 318/02, NJW 2002, 3267.

[78] OLG Düsseldorf 20.8.2002 – 1 Ws 318/02, NJW 2002, 3267; KG 17.1.2002 – 5 Ws 582/01, StraFo 2003, 147.

[79] *Beulke* JR 2003, 347 (348).

[80] BGH 8.10.1981 – 3 StR 449/450/81, MDR [H] 1982, 449; *Richter II* NJW 1993, 2152 (2155 f.).

Erklärungen, auch wenn zunächst nur durch einen Verteidiger unterschrieben;[81] Abstimmung der Einlassungen.[82]

b) Gleichzeitig. Der klare Wortlaut erfasst nur die gleichzeitige Verteidigung; die **sukzessive Verteidigung** mehrerer Beschuldigter ist somit erlaubt: Diese gesetzgeberische Entscheidung muss auch bei der Bestellung eines Verteidigers beachtet werden.[83] Bei einem Wechsel der Mandate sind zwar straf- und berufsrechtliche Regeln zu beachten (§ 356 StGB; keine Niederlegung zur Unzeit),[84] strafprozessual ist jedoch selbst ein **mehrfacher Wechsel** zulässig. Ebenfalls zulässig ist ein Wechsel während einer Hauptverhandlung.[85] Entscheidend ist das formelle Bestehen eines Verteidigungsverhältnisses („*rechtlich nicht mehr in der Lage […] Verteidigertätigkeit zu entfalten*").[86] Das maßgebliche Verteidigungsverhältnis endet bei Wahlverteidigern mit Niederlegung bzw. Entzug des Mandats und bei Pflichtverteidigern mit der Rücknahme der Bestellung bzw. jeweils auch mit Versterben des Mandanten. Eine Übereinstimmung mit dem Verfahrensende ist nicht zwingend. Das Mandat oder die Bestellung kann auf bestimmte Verfahrensabschnitte oder Termine (zB kurzfristige Vertretung des Hauptverteidigers)[87] beschränkt sein und somit eo ipso enden;[88] dies kann sich auch aus den Umständen ergeben.[89] Nach einem rechtskräftigen Urteil oder einer endgültigen Einstellung kommt eine Mehrfachverteidigung nicht mehr in Betracht (→ Rn. 8);[90] anders verhält es sich bei einer Einstellung nach § 170 Abs. 2. Bei Flucht besteht das Mandat grds. weiter.[91] Nach einer mitunter vertretenen Auffassung ist es erforderlich, dass das Mandatsende stets dem Gericht mitgeteilt wird.[92] Im Ergebnis bestehen zu der hier vertretenen Betrachtungsweise jedoch keine maßgeblichen Unterschiede, da eine Mitteilung auch noch im Zurückweisungsverfahren erfolgen kann.[93] 14

2. Satz 1 – Tatidentität. Der Begriff der Tatidentität ergibt sich aus der Formulierung „derselben Tat"; hiermit gemeint ist ein **prozessualer Tatbegriff.**[94] Der Tatbegriff aus §§ 155, 264 ist jedoch nur als Anhaltspunkt zu verwenden; Differenzen ergeben sich daraus, dass S. 1 insbes. vor Anklageerhebung und bei getrennten Verfahren zum Tragen kommt;[95] zudem zielt die Begriffsbestimmung bei § 264 vor allem auf das Verhalten eines Angekl.[96] Wegen der Unschärfe des Tatbegriffs nach § 264 und der Vermeidung unnötiger Eingriffe in die freie Verteidigerwahl ist der Begriff iRd. S. 1 **eng auszulegen.**[97] Nach nF ist ein gemeinsamer Tatkomplex und auch ein Zusammenhang iS des § 3 nicht ausreichend; eben- 15

[81] LG Frankfurt 4.4.2008 – 5/26 Qs 9/08, NStZ-RR 2008, 205.
[82] Vgl. OLG Frankfurt a. M. 10.11.1980 – (2) 3 Ws 800/80, NStZ 1981, 144; *Beulke* JR 2003, 347 (348).
[83] LG Dessau-Roßlau 30.10.2007 – 2 Qs 255/07, StraFo 2008, 74; § 142 Rn. 14; zu weit: BGH 15.1.1998 – 1 StR 734/97, NStZ 1998, 263.
[84] Zum Parteiverrat: BGH 25.6.2008 – 5 StR 109/07, BGHSt 52, 307 = NJW 2008, 2723 mAnm *Gillmeister* und *Müssig* NStZ 2009, 421.
[85] KMR/*Müller* Rn. 10; *Rieß/Hilgers* NStZ 1987, 145 (147); *Dietenmaier*, Diss. Tübingen 1999, S. 53.
[86] BT-Drs. 10/1313, 23.
[87] BGH 22.8.2001 – 1 StR 354/01, NStZ-RR 2002, 12.
[88] Löwe/Rosenberg/*Lüderssen/Jahn* Rn. 23; zur Pflichtverteidigung § 141 Rn. 16.
[89] OLG Jena 13.9.2007 – 1 Ws 360/07, NJW 2008, 311.
[90] BGH 22.6.1994 – 2 StR 180/94, NStZ 1994, 500; LG Dessau-Roßlau 30.10.2007 – 2 Qs 255/07, StraFo 2008, 74; Einstellung nach § 154a: BGH 22.3.1977 – 1 BJs 20/75; StB 41/77, BGHSt 27, 148 (150) = NJW 1977, 1206 (1207); schon nach Fassung 1974: OLG Frankfurt a. M. 11.8.1986 – 1StE 2/86, StV 1986, 517; einschr. Meyer-Goßner/*Schmitt* Rn. 18; Radtke/Hohmann/*Reinhart* Rn. 10.
[91] BGH 22.3.1977 – 1 BJs 20/75; StB 41/77, BGHSt 27, 148 (150) = NJW 1977, 1206 (1207).
[92] BT-Drs. 10/1313, 23; OLG Celle 3.1.1989 – 3 Ws 394/88, StV 1989, 471; KMR/*Müller* Rn. 10; Meyer-Goßner/*Schmitt* Rn. 19.
[93] § 146a Rn. 10.
[94] BT-Drs. 10/1313, 23.
[95] Löwe/Rosenberg/*Lüderssen/Jahn* Rn. 18.
[96] LG Verden 19.11.1990 – 2 Qs 115/90, NdsRpfl 1991, 31; LG Hamburg 1.3.1990 – 603 Qs 189/90, NZV 1990, 325 (326) = MDR 1990, 652.
[97] LG Hamburg 1.3.1990 – 603 Qs 189/90, NZV 1990, 325 (326) = MDR 1990, 652; HK-StPO/*Julius* Rn. 6; Löwe/Rosenberg/*Lüderssen/Jahn* Rn. 18; *W. Müller* StV 1981, 196 (198); für eine materiellrechtliche Auslegung: OLG Bremen 30.12.1977 – Ws 31/78, StV 1981, 201; *Dietenmaier*, Diss. Tübingen 1999, S. 66 ff.

falls nicht erfasst sind Anschlusstaten gem. §§ 257 ff. StGB.[98] Insbes. bei Ordnungswidrigkeiten ist von sehr kurzen prozessualen Einheiten auszugehen.[99] Demnach sind mehrere Autofahrten im Rahmen eines Auftrags einzelne Taten.[100] Ebenfalls **keine Tateinheit** besteht bei: Zulassen des Fahrens und dem Fahren ohne Führerschein;[101] Überlassen und Führen eines verkehrsunsicheren PKWs;[102] Abgabe von verschiedenen Steuererklärungen;[103] auch Lohn- und Einkommensteuererklärungen auf Grundlage desselben Scheinvertrags.[104] Irrelevant ist, ob Täterschaft oder Teilnahme vorliegt.[105] Sofern Tatidentität zugleich mit einer Verfahrensidentität nach S. 2 (→ Rn. 17) vorliegt, kommt es wegen der größeren Bestimmtheit der Verfahrensidentität auf das Vorliegen von Tatidentität zumeist nicht an.

16 Durch das Verbot sukzessiver Verteidigung bestand nach der Fassung von 1974 eine spezielle Problematik bei **Organisationsdelikten nach §§ 129 ff. StGB.**[106] Um eine ausufernde Anwendung zu verhindern, muss in diesem Zusammenhang unstr. gefordert werden, dass mindestens eine zeitlich überschneidende Mitgliedschaft vorliegt; häufig wird über die Mitgliedschaft hinaus auch die Beteiligung an einem gemeinsamen Tatkomplex verlangt.[107] Das Unterstützen oder Werben ist keine Tateinheit zur Mitgliedschaft, zu anderen Unterstützungshandlungen oder zu konkreten Taten der Gruppe.[108] Ebenfalls nicht erfasst sind einerseits Mitgliedschaft und andererseits eine Tat, die im Kontext der Gruppierung ohne Mitgliedschaft begangen wird.[109]

17 **3. Satz 2 – Verfahrensidentität.** Ob und in welchen Fällen ein gemeinsames Verfahren ohne Tatidentität für die Anwendung des Verbots ausreicht, war nach der Fassung von 1974 umstr.[110] Dies ist nun zwar eindeutig geregelt, aber nunmehr dennoch **inhaltlich umstritten.** Selbst die Gesetzesbegr. sieht die Gefahr von rein prozessualen Interessenkonflikten als geringer an;[111] es liegt daher nahe, das generelle Verbot als unverhältnismäßig anzusehen.[112] Denkbare Konflikte betreffen die (terminliche) Verfahrensgestaltung und die Haltung hinsichtlich involvierter Personen (Richterablehnung, Sachverständigenauswahl, Beweisantrag auf Zeugenvernehmung).[113] Ein pragmatischer Vorteil liegt darin, dass das Vorliegen von Verfahrensidentität die mitunter schwierige Beantwortung Frage der Tatidentität erspart.[114]

---

[98] LG Verden 19.11.1990 – 2 Qs 115/90, NdsRpfl 1991, 31; HK-StPO/*Julius* Rn. 6; KMR/*Müller* Rn. 13; Meyer-Goßner/*Schmitt* Rn. 14; SK-StPO/*Wohlers* Rn. 21; *Nestler-Tremel* NStZ 1988, 103 (104); wohl auch *Roxin* § 19 Rn. 38.

[99] LG Waldshut-Tiengen 29.11.2001 – 4 Qs 104/01, NStZ 2002, 156; vgl. *OLG Jena* 12.7.1999 – 1 Ss 71/99, NStZ 1999, 516 (517).

[100] LG Waldshut-Tiengen 29.11.2001 – 4 Qs 104/01, NStZ 2002, 156.

[101] LG Hamburg 1.3.1990 – 603 Qs 189/90, NZV 1990, 325 = MDR 1990, 652.

[102] LG Berlin 1.11.2001 – 519 Qs 276/01, DAR 2002, 91; LG Verden 19.11.1990 – 2 Qs 115/90, NdsRpfl 1991, 31.

[103] OLG Schleswig 5.10.1992 – 3 Ws 350/92, SchlHA 1993, 226.

[104] OLG Zweibrücken 29.4.2005 – 4220 E – 1/04, PStR 2005, 207.

[105] BVerfG 16.5.2011 – 2 BvR 1230/10.

[106] *Nestler-Tremel* NStZ 1986, 534 (535, 537 ff.); ähnlich bei Demonstrationsgeschehen: *W. Müller* StV 1981, 196 (198).

[107] *„enger zeitlicher und räumlicher Zusammenhang":* BGH 15.3.1979 – II BGs 293/79 (ER), bei *Rebmann* NStZ 1981, 41 (44); BGH 23.3.1977 – 1 BJs 55/75; StB 52/77, BGHSt 27, 154 (155) = NJW 1977, 1208; *Pfeiffer* Rn. 2; Radtke/Hohmann/*Reinhart* Rn. 11; SK-StPO/*Wohlers* Rn. 22; *Nestler-Tremel* StV 1986, 517 (518 f.) in Bezug auf OLG Frankfurt a. M. 9.7.1986 – 1 StE 2/86, StV 1986, 516.

[108] Vgl. BGH 21.12.1977 – 1 BJs 95/77 – StB 254/77, BGHSt 27, 315 (316) = NJW 1978, 434; KG 27.8.1980 – (5) 2 OJs 13/80 (1/80), NStZ 1981, 75; OLG Karlsruhe 23.12.1977 – 3 Ws 220/77, Justiz 1978, 442; SK-StPO/*Wohlers* Rn. 22; Löwe/Rosenberg/*Lüderssen/Jahn* Rn. 20; *Rebmann* NStZ 1981, 41 (45).

[109] OLG Frankfurt a. M. 24.7.1995 – 4 – 2 StE 5/94, StV 1996, 84; OLG Karlsruhe 23.12.1977 – 3 Ws 220/77, Justiz 1978, 442.

[110] Löwe/Rosenberg/*Lüderssen/Jahn* Rn. 80; *Nestler-Tremel* NStZ 1988, 103 jeweils mwN.

[111] BT-Drs. 10/1313, 22.

[112] Löwe/Rosenberg/*Lüderssen/Jahn* Rn. 27; SK-StPO/*Wohlers* Rn. 24; *Heinicke* NJW 1978, 1497 (1502); *Dietenmaier,* Diss. Tübingen 1999, S. 80 ff., 138 ff.

[113] BVerfG 21.6.1977 – 2 BvR 804/76, BVerfGE 45, 354 (359) = NJW 1977, 1767; *Heinicke* NJW 1978, 1497 (1501 f.).

[114] BT-Drs. 10/1313, 23.

Im **Ermittlungsverfahren** entsteht ein gemeinsames Verfahren durch ausdrückliche Verbindungserklärung der StA oder durch das Vorliegen eines gemeinsamen Vorgangs (konkludente Verbindungserklärung).[115] Die bloße Gleichzeitigkeit der Ermittlungen oder faktisch einheitlich geführte Ermittlungen bieten keine ausreichende Rechtssicherheit und gerichtliche Entscheidungsgrundlage zur Bejahung von Identität im Sinne des S. 2.[116] Im **Zwischenverfahren** ist das Vorliegen einer gemeinsamen Anklageschrift ausschlaggebend.[117] Ein gemeinsames **gerichtliches Verfahren** ist neben der gemeinsamen Anklageschrift bei verbundenen Verfahren gegeben; sowohl unter den Voraussetzungen des § 3 als auch bei Verbindungen nach § 237.[118] Im Falle des § 237 bleiben die Verfahren zwar selbstständig, doch S. 2 soll ausdrücklich Konflikte prozessualer Interessen, die in einer gemeinsamen Hauptverhandlung entstehen können, vermeiden. Eine differenzierte Lösung mit einem möglichen Interessenkonflikt als Voraussetzung widerspräche der Konzeption des § 146.[119] 18

Die Möglichkeiten von StA und Gericht zur Verbindung von Verfahren müssen jedoch, im Hinblick auf das Recht freier Verteidigerwahl, eingeschränkt ausgelegt werden.[120] Demnach sind prozessökonomische Verfahrensverbindungen, durch die ein Beschuldigter seinen Wahlverteidiger verlieren würde, idR **unzulässig.**[121] Prozessökonomische Aspekte haben keinen Vorrang vor § 137 Abs. 1 S. 1; zudem gilt es zu beachten, dass durch einen Verteidigerwechsel Verfahrensverzögerungen zu erwarten sind.[122] Eine solche Restriktion der Möglichkeit einer Verfahrensverbindung entspricht auch dem Zweck des generellen Verbots der Mehrfachverteidigung, welches gerade einen Verlust des Verteidigers mitten im Verfahren ausschließen soll;[123] dieser Aspekt muss also zumindest gewichtig in die Entscheidung einfließen.[124] Wird ein Verteidiger nach ermessensfehlerhafter Verbindung ausgeschlossen, ist dies ein Revisionsgrund nach § 338 Nr. 8.[125] 19

Die Unzulässigkeit einer Mehrfachverteidigung wegen Verfahrensidentität endet automatisch mit Verfahrenstrennung;[126] im Falle des § 237 endet eine so entstandene Mehrfachverteidigung mit dem Ende der Hauptverhandlung. 20

IV. Rechtsfolgen und Rechtsmittel

Die Rechtsfolgen der Mehrfachverteidigung sind in § 146a geregelt. 21

§ 146a [Zurückweisung eines Wahlverteidigers]

(1) [1]Ist jemand als Verteidiger gewählt worden, obwohl die Voraussetzungen des § 137 Abs. 1 Satz 2 oder des § 146 vorliegen, so ist er als Verteidiger zurückzu-

---

[115] BGH 23.7.1986 – 3 StR 164/86, BGHSt 34, 138 = NJW 1987, 1955; Radtke/Hohmann/*Reinhart* Rn. 12; ob letzteres ausreicht, offen gelassen bzgl. § 52: BGH 8.5.1985 – 3 StR 100/85, NStZ 1985, 419; dagegen: AK/*Stern* Rn. 17.

[116] Vgl. BGH 23.7.1986 – 3 StR 164/86, BGHSt 34, 138 (139 f., 140) = NJW 1987, 1955; BGH 8.5.1985 – 3 StR 100/85, NStZ 1985, 419; Graf/*Wessing* Rn. 8; KMR/*Müller* Rn. 15; Radtke/Hohmann/*Reinhart* Rn. 12; SK-StPO/*Wohlers* Rn. 25.

[117] Löwe/Rosenberg/*Lüderssen/Jahn* Rn. 30.

[118] KK/*Laufhütte* Rn. 8; SK-StPO/*Wohlers* Rn. 26; aA Graf/*Wessing* Rn. 9; Meyer-Goßner/*Schmitt* Rn. 17; Radtke/Hohmann/*Reinhart* Rn. 12.

[119] So aber OLG Celle 16.9.2010 – 2 Ws 312/10, NStZ 2011, 236; *Sannwald* AnwBl 1980, 10 (14).

[120] BVerfG 12.8.2002 – 2 BvR 932/02, StV 2002, 578; BVerfG 21.6.1977 – 2 BvR 804/76, BVerfGE 45, 354 (359 f.) = NJW 1977, 1767 (offen gelassen); *Nestler-Tremel* NStZ 1988, 103 (106): *„regelmäßig ermessensmißbräuchlich"*.

[121] AK/*Stern* Rn. 17; HK-StPO/*Julius* Rn. 7; Löwe/Rosenberg/*Lüderssen/Jahn* Rn. 28; *Nestler-Tremel* NStZ 1988, 103 (105 f.).

[122] *Nestler-Tremel* NStZ 1988, 103 (106).

[123] BT-Drs. 10/1313, 23; AK/*Stern* Rn. 17.

[124] Ob Verbindung verfassungswidrig, konnte vom BVerfG 12.8.2002 – 2 BvR 932/02, StV 2002, 578 (580 f.) offengelassen werden.

[125] HK-StPO/*Julius* Rn. 9; → § 137 Rn. 28; § 146a Rn. 18.

[126] BT-Drs. 10/1313, 23.

weisen, sobald dies erkennbar wird; gleiches gilt, wenn die Voraussetzungen des § 146 nach der Wahl eintreten. [2]Zeigen in den Fällen des § 137 Abs. 1 Satz 2 mehrere Verteidiger gleichzeitig ihre Wahl an und wird dadurch die Höchstzahl der wählbaren Verteidiger überschritten, so sind sie alle zurückzuweisen. [3]Über die Zurückweisung entscheidet das Gericht, bei dem das Verfahren anhängig ist oder das für das Hauptverfahren zuständig wäre.

(2) Handlungen, die ein Verteidiger vor der Zurückweisung vorgenommen hat, sind nicht deshalb unwirksam, weil die Voraussetzungen des § 137 Abs. 1 Satz 2 oder des § 146 vorlagen.

Übersicht

I. Überblick

1 Die Vorschrift wurde durch das StVÄG 1987 zum 1.4.1987 – gleichzeitig mit der Reform des § 146 – eingeführt.[1] Die Novellierung verfolgte das Ziel, die vom Gesetzgeber als sachgerecht eingeordnete Rspr. des BGH zur damaligen Gesetzeslage positivrechtlich zu verankern.[2] Vom Gesetzgeber abgelehnt – und deshalb nicht kodifiziert – wurde lediglich die in der Rspr. vorgenommene teilw. Rückwirkung der Zurückweisung auf vorherige Handlungen des Verteidigers (→ Rn. 12). Zuvor war vor allem umstr., ob bei Verstößen gegen § 137 Abs. 1 S. 2 und § 146 Rechtsfolgen kraft Gesetz eintreten oder es hierfür eines Gerichtsbeschlusses bedarf.[3]

Abs. 1 regelt nun die gerichtliche Zurückweisung; Abs. 2 stellt klar, dass ein Verstoß gegen § 137 Abs. 1 S. 2 oder § 146 ohne gerichtlichen Beschl. keine rechtlichen Auswirkungen hat.

II. Anwendungsbereich

2 Die Zurückweisung nach § 146a ist nur gegenüber **Verteidigern nach § 137** anzuwenden. Liegt bei einem bestellten Verteidiger eine Mehrfachverteidigung iS des § 146 vor, ist die Bestellung vom Gericht nach § 143 analog zurückzunehmen.[4] Ein Verstoß gegen § 137 Abs. 1 S. 2 kommt nicht in Betracht.[5] Um Rechtssicherheit zu schaffen, sind Rechtsanwälte mit Vertretungs- bzw. Berufsverbot und Verteidiger, die zugleich Mitangekl. sind, in **analoger Anwendung** zurückzuweisen.[6]

---

[1] § 146 Rn. 1; Entwurf und Begr. E StVÄG 1984, BT-Drs. 10/1313, 4 f., 23.

[2] BT-Drs. 10/1313, 23; BGH 27.2.1976 – 1 BJs 25/75 – StB 8/76, BGHSt 26, 291 (294) = NJW 1976, 1106 (1107).

[3] Zum damaligen Streitstand: BGH 30.6.1976 – 2 StR 44/76, NJW 1976, 1902 (1903); *Dietenmaier*, Diss. Tübingen 1999, S. 99 ff.

[4] BT-Drs. 10/1313, 23.

[5] § 137 Rn. 32.

[6] § 138 Rn. 6.

Der Anwendungsbereich der Norm umfasst **alle Verfahrensstadien** einschließlich Rechtsmittelverfahren,[7] auch soweit § 137 Abs. 1 S. 1 oder § 146 außerhalb des Strafprozesses Anwendung finden.[8] 3

III. Zurückweisung des Verteidigers – Abs. 1

1. „ist als Verteidiger zurückzuweisen" – S. 1 Hs. 1. Bei der Zurückweisung hat das Gericht **keinen Ermessensspielraum;** liegen die Voraussetzungen nach § 146a vor, ist der Verteidiger auch zurückzuweisen.[9] Ein Zurückweisungsbeschl. ist entbehrlich, wenn die Revision, die durch einen zurückzuweisenden Verteidiger eingelegt wurde; nach § 349 Abs. 1 oder Abs. 2 verworfen wird.[10] Ebenfalls steht dem Gericht bei der Zurückweisung **kein Auswahlermessen** hinsichtlich der Person des Verteidigers (§ 137 Abs. 1 S. 1) oder des Verteidigungsverhältnisses (§ 146) zu; im Einzelnen: Rn. 5, 8, 10.[11] 4

2. Verstoß gegen § 146. a) Allgemein. Als Folge der Zulässigkeit der sukzessiven Verteidigung[12] kann ein Verstoß gegen § 146 durch Niederlegung eines Mandats beendet werden; dabei ist es strafprozessual unerheblich, welches Verteidigungsverhältnis beendet wird. Insofern muss vor einer Zurückweisung die Möglichkeit zur **Ordnung der Verteidigungsverhältnisse** gegeben werden (→ Rn. 10); dies gilt auch für den bestellten Verteidiger. Wird der Verstoß nicht beendet, ist bei einem **gemeinsamen Verfahren** die später begründete Verteidigung, die den Verstoß ausgelöst hat, zurückzuweisen.[13] Die Auffassung, dass alle Verteidigungsverhältnisse zu beenden seien,[14] ist als unvertretbar zurückzuweisen; eine solche Forderung ist nach § 146 nF unnötig, würde mithin einen unverhältnismäßigen Eingriff in die Verteidigung (§ 137) darstellen.[15] Gegen eine Gesamtzurückweisung spricht auch das arg e contrario aus S. 2, in dem diese Rechtsfolge speziell angeordnet wird: Lässt sich der Zeitpunkt nicht feststellen (→ Rn. 11) oder liegt Gleichzeitigkeit vor, sind alle Verteidiger zurückzuweisen.[16] Bei **getrennten Verfahren** stellt sich dem Gericht ohnehin keine Auswahlmöglichkeit.[17] 5

b) Verstoß gegen § 146 nach der Wahl – S. 1 Hs. 2. Unabhängig von der Wahl der Beschuldigten kann durch Verfahrensverbindungen eine Mehrfachverteidigung (§ 146 S. 2) entstehen.[18] In diesem Fall entsteht bei allen Verteidigungsverhältnissen gleichzeitig ein Verstoß gegen § 146 S. 2; somit sind – sofern der Verteidiger nicht ein Mandat niederlegt (→ Rn. 5) – auch alle Verteidigungsverhältnisse zurückzuweisen.[19] 6

3. Verstoß gegen § 137 Abs. 1 S. 2. Liegt eine Überschreitung des § 137 Abs. 1 S. 2 vor, so sind diejenigen Verteidiger zurückzuweisen, die gewählt wurden, als bereits drei Verteidigungsverhältnisse bestanden.[20] 7

Dabei stellt **S. 2** klar, dass das Gericht keine Auswahl zwischen Verteidigern treffen kann. Dagegen hat der Beschuldigte noch zu diesem Zeitpunkt die Möglichkeit; seine 8

---

[7] *Dünnebier,* FS Pfeiffer, 1988, 265 (281 f.).
[8] § 146 Rn. 8 f.
[9] AllgM; Vgl. BGH (vor Einführung der Vorschrift) 27.2.1976 – 1 BJs 25/75 – StB 8/76, BGHSt 26, 291 (294) = NJW 1976, 1106 (1107).
[10] AllgM; zu § 137: BGH 16.2.1977 – 3 StR 500/76, BGHSt 27, 124 (132) = NJW 1977, 910 (911).
[11] BT-Drs. 10/1313, 23; ausf. Löwe/Rosenberg/*Lüderssen/Jahn* Rn. 6 ff.
[12] § 146 Rn. 1, 14.
[13] BGH 22.3.1977 – 1 BJs 20/75, StB 41/77, BGHSt 27, 148 (150) = NJW 1977, 1206 (1207); SK-StPO/*Wohlers* § 146 Rn. 35; *Nestler-Tremel* NStZ 1988, 103 (107).
[14] AK/*Stern* Rn. 5; HK-StPO/*Julius* Rn. 3; Löwe/Rosenberg/*Lüderssen/Jahn* Rn. 9.
[15] So schon zu § 146 aF: BGH 22.3.1977 – 1 BJs 20/75, StB 41/77, BGHSt 27, 148 (152) = NJW 1977, 1206 (1207).
[16] Zu § 146 aF OLG Hamm 17.9.1979 – 4 Ss 1594/79, NJW 1980, 1059 (1060); SK-StPO/*Wohlers* § 146 Rn. 35.
[17] Löwe/Rosenberg/*Lüderssen/Jahn* Rn. 9.
[18] Zur Zulässigkeit solcher Verbindungen: § 146 Rn. 19.
[19] KK/*Laufhütte* Rn. 3.
[20] KG 30.8.1976 – 2 Ws 232/76, NJW 1977, 912 (913).

Verteidigungsverhältnisse so zu regeln, dass sich ein Zurückweisungsbeschl. erübrigt (→ Rn. 10).[21] Eine gleichzeitige Wahl mehrerer Verteidiger kann insbes. bei der Bevollmächtigung einer **Sozietät** eintreten; bei genauer Betrachtung wird aber zumeist von einer zulässigen Einzelbevollmächtigung auszugehen sein.[22] Das Gericht darf nicht vorschnell zurückweisen, sondern muss sich um **Aufklärung** bemühen (→ Rn. 11); dies gilt auch bzgl. des Vorliegens von Gleichzeitigkeit bei mehreren Einzelvollmachten bzw. hinsichtlich der Reihenfolge der Mandatsbegründungen. Gleichzeitigkeit liegt auch vor, wenn sich die Zahl der Verteidiger durch eine **Verfahrensverbindung** erhöht.[23]

9 **4. Gerichtlicher Beschluss – S. 3. a) Zuständigkeit.** Zuständig für den Zurückweisungsbeschl. ist nicht der Vorsitzende, sondern das Gericht. Die StA kann einen entspr. Antrag stellen.[24] Andere Stellen, wie zB die JVA, sind mangels Zuständigkeit für ein konkretes Verfahren zur Prüfung nicht berechtigt.[25] Im **Vorverfahren** ist in Fällen des §§ 24 Abs. 1 Nr. 2; 25 Nr. 2 GVG das Gericht zuständig, bei dem die StA die Anklageerhebung beabsichtigt. Ein Gericht höherer Ordnung kann die Entscheidung entspr. § 209 übertragen. Das Rechtsmittelgericht ist zuständig, sobald das Verfahren bei diesem „anhängig" ist, also ab Vorlage der Akten (§ 321 S. 2, § 347 Abs. 2).[26]

10 **b) Verfahren.** Der Beschl. ist nach § 34 mit Gründen zu versehen. Vor Beschlussfassung sind gem. § 33 die StA, der betroffene Verteidiger sowie die betroffenen Beschuldigten zu hören. Damit einhergehend ist den Beteiligten eine **angemessene Frist** zu setzten, um die Verteidigungsverhältnisse so zu gestalten, dass der Verstoß entfällt.[27] Dabei sind berufs- und strafrechtliche Normen durch den Verteidiger zu beachten. Die Frist muss so bemessen sein, dass eine Rücksprache zwischen allen betroffenen Verteidigern und Beschuldigten möglich ist. Bei einer Rechtsmitteleinlegung durch den betroffenen Verteidiger genügt die Erklärung in der mündlichen Verhandlung, dass ein anderes Verteidigungsverhältnis beendet wurde.[28]

11 Die Verteidigungsverhältnisse sind durch das Gericht im **Freibeweis** aufzuklären.[29] Eine unterlassene Aufklärung vor einer fehlerhaften Zurückweisung kann die Besorgnis der Befangenheit begründen.[30] Soweit es auf die **Reihenfolge** oder Gleichzeitigkeit ankommt, ist nach dem Wortlaut der maßgebliche Zeitpunkt nicht der Vertragsschluss, sondern die Kommunikation des Verteidigungsverhältnisses nach außen, also eine schriftliche Vollmacht[31] oder die Meldung des Verteidigers zu den Akten.

IV. Keine Rückwirkung – Abs. 2

12 Die Zurückweisung wirkt **ex nunc;** alle vorherigen Handlungen des zurückgewiesenen Verteidigers sind wirksam, auch die Einlegung von **Rechtsmitteln** und Revisionsbegr.[32] Die frühere Rspr.[33] hinsichtlich der ‚Anlasshandlung' ist nach dem Wortlaut und der Gesetzesbegr. nicht mehr vertretbar (→ Rn. 1).[34] Die Verteidigerstellung entfällt mit der

[21] BT-Drs. 10/1313, 24; OLG Zweibrücken 24.9.2009 – 1 Ws 227/09, StraFo 2009, 516.

[22] § 137 Rn. 34.

[23] KK/*Laufhütte* Rn. 3; SK-StPO/*Wohlers* Rn. 10.

[24] BT-Drs. 10/1313, 23.

[25] *Widmaier* StraFo 2011, 390.

[26] AllgM; aA ab Einlegung der Revision: AK-*Stern* Rn. 8; HK-StPO/*Julius* Rn. 2.

[27] BT-Drs. 10/1313, 24; OLG Zweibrücken 24.9.2009 – 1 Ws 227/09, StraFo 2009, 516.

[28] KK/*Laufhütte* Rn. 6.

[29] OLG Zweibrücken 24.9.2009 – 1 Ws 227/09, StraFo 2009, 516.

[30] LG Düsseldorf 24.4.1991 – I Qs 28/91, StV 1991, 410.

[31] OLG Hamm 17.9.1979 – 4 Ss 1594/79, NJW 1980, 1059 (1060); OLG Koblenz 8.8.1978 – 1 Ss 394/78, NJW 1978, 2609.

[32] OLG Hamm 21.4.1978 – 6 Ws 152/78, NJW 1978, 1538.

[33] Zu § 146: BGH 30.6.1976 – 2 StR 44/76, BGHSt 26, 367 (372) = NJW 1976, 1902 (1903); Zu § 137 Abs. 1 S. 2: BGH 16.2.1977 – 3 StR 500/76, BGHSt 27, 124 (130 f.) = NJW 1977, 910 (911).

[34] BT-Drs. 10/1313, 23; krit. KMR/*Müller* Rn. 8; *Foth* NStZ 1987, 441; zur Kritik: *Nester-Tremel* NStZ 1988, 103 (107).

Bekanntmachung des Beschlusses gem. § 35. Auf die Unanfechtbarkeit kann es nicht ankommen,[35] da andernfalls – wegen der fehlenden Fristgebundenheit der Beschwerde – ein andauernder Schwebezustand entstünde;[36] diesbzgl. könnte ein gesetzgeberischer Verweis auf § 311 Abhilfe schaffen.[37]

Da ohne Zurückweisung uneingeschränkt alle Verteidigungshandlungen vorgenommen werden können, ist auch der **Verteidigervertrag** nicht etwa nach § 134 BGB unwirksam; weder der Verstoß noch die spätere Zurückweisung hat einen Einfluss auf vorher entstandene **Honoraransprüche.**[38] Eine (mittelbare) Reduzierung des Honoraranspruchs ist denkbar, wenn durch die Zurückweisung und dadurch verursachte neue Verteidigerbeauftragung höhere Kosten entstehen als bei einem durchgängigen Mandat und dem zurückgewiesenen Verteidiger mindestens Fahrlässigkeit vorzuwerfen ist;[39] dies setzt allerdings weiterhin voraus, dass dem Mandanten bei der Bevollmächtigung der Verstoß nicht bewusst war.[40] Die vereinzelt vertretene aA müsste konsequent entgegen Abs. 2 zugleich mit der Unwirksamkeit der Bevollmächtigung die Unwirksamkeit der Handlungen ex tunc annehmen; zudem führt sie nicht zu einheitlichen Lösungen aller Konstellationen.[41] 13

Ein zurückgewiesener Verteidiger kann **erneut gewählt** oder bestellt werden, wenn die Voraussetzungen des Verstoßes entfallen sind.[42] Bei einem Verstoß gegen § 137 Abs. 1 S. 2 kann der Wahlverteidiger sofort gerichtlich bestellt werden.[43] 14

V. Rechtsbehelfe

1. Beschwerde. Der Beschl. kann mit einer Beschwerde nach § 304 Abs. 1 angegriffen werden; § 305 S. 1 steht dem nicht entgegen.[44] Dies gilt auch für während der Hauptverhandlung ergangene Beschlüsse.[45] Gegen Zurückweisungen durch ein OLG oder den BGH ist keine Beschwerde zulässig (§ 304 Abs. 4); lediglich eine Gegenvorstellung ist möglich. Eine analoge Anwendung von § 138d Abs. 6 S. 1 kommt nicht in Betracht, da keine planwidrige Regelungslücke besteht.[46] Neben dem Beschuldigtem und der StA kann der zurückgewiesene Verteidiger auch im eigenen Namen[47] oder namens des Beschuldigten[48] 15

---

[35] So aber LG Flensburg 30.12.1987 – II Qs 287/87, JurBüro 1988, 653; Meyer-Goßner/*Schmitt* Rn. 1; SK-StPO/*Wohlers* Rn. 4.

[36] HK-StPO/*Julius* Rn. 4; KK/*Laufhütte* Rn. 2; KMR/*Müller* Rn. 2.

[37] HK-StPO/*Julius* Rn. 4.

[38] LG Braunschweig 22.5.1989 – 32 Qs 77/89, NdsRpfl. 1989, 182; LG Bamberg 10.10.1988 – Qs 207/88, NStZ 1989, 387; LG Flensburg 30.12.1987 – II Qs 287/87, JurBüro 1988 mit abl. Anm. Mümmler; AK/*Stern* Rn. 7; HK-StPO/Julius Rn. 4; KK/*Laufhütte* Rn. 5; Löwe/Rosenberg/*Lüderssen/Jahn* Rn. 14; *Pfeiffer* Rn. 2; Radke/Hohmann/*Reinhart* Rn. 6; SK-StPO/*Wohlers* Rn. 14; *Dietenmaier*, Diss. Tübingen 1999, S. 107 ff.; aA LG Koblenz 1.10.1997 – 4 Qs 51/97, MDR 1998, 309; AG Arnsberg 21.1.1998 – 3 C 522–97, NJW-RR 1999, 63; GStA Zweibrücken NStZ-RR 2004, 191; Löwe/Rosenberg/*Hilgers* § 464a Rn. 33; *Wasmuth* NStZ 1989, 348; offengelassen BGH 31.1.1991 – III ZR 150/88, NJW 1991, 3095 (3097).

[39] LG Flensburg 30.12.1987 – II Qs 287/87, JurBüro 1988, 653.

[40] *Dietenmaier*, Diss. Tübingen 1999, S. 114.

[41] *Dietenmaier*, Diss. Tübingen 1999, S. 197 ff.; vgl. Löwe/Rosenberg/*Hilgers* § 464a Rn. 33; *Wasmuth* NStZ 1989, 348 (349 ff.).

[42] KMR/*Müller* Rn. 9; Löwe/Rosenberg/*Lüderssen/Jahn* Rn. 8.

[43] BayObLG 1.12.1978 – RReg 4 St 253/87, StV 1988, 97.

[44] OLG Karlsruhe 26.8.1988 – 3 Ws 205/88, Justiz 1988, 435; LG Frankfurt 4.4.2008 – 5/26 Qs 9/08, NStZ-RR 2008, 205; KK/*Laufhütte* Rn. 7; Meyer-Goßner/*Schmitt* Rn. 8; SK-StPO/*Wohlers* Rn. 15; aA OLG Hamm 10.6.1987 – 4 Ws 288/87, NStZ 1987, 476 (477).

[45] Vgl. OLG Celle 17.5.1984 – 1 Ws 161/84, NStZ 1985, 519 mit abl. Anm. Paulus; AK/*Stern* Rn. 10; aA HK-StPO/*Julius* Rn. 5; KMR/*Müller* Rn. 11.

[46] BGH 14.10.1976 – KRB 1/76, NJW 1977, 156 (167).

[47] Vgl. BVerfG 11.3.1975 – 2 BvR 135/75, BVerfGE 39, 156 = NJW 1975, 1013; BGH 27.2.1976 – 1 BJs 25/75 – StB 8/76, BGHSt 26, 291 f. = NJW 1976, 1106; OLG München 10.2.1976 – 1 Ws 131, 132/76, NJW 1976, 863; LG Regensburg 13.6.2005 – 2 Qs 77/05, NJW 2005, 2245; KK/*Laufhütte* Rn. 7; Meyer-Goßner/*Schmitt* Rn. 8; *Pfeiffer* Rn. 3; SK-StPO/*Wohlers* Rn. 16; aA KMR/*Müller* Rn. 11; Löwe/Rosenberg/*Lüderssen/Jahn* Rn. 15.

[48] BGH 27.2.1976 – 1 BJs 25/75 – StB 8/76, BGHSt 26, 291 f. = NJW 1976, 1106; LG Regensburg 13.6.2005 – 2 Qs 77/05, NJW 2005, 2245; KMR/*Müller* Rn. 9; Meyer-Goßner/*Schmitt* Rn. 8; *Pfeiffer* Rn. 3.

Beschwerde einlegen. Die StA kann auch eine Ablehnung der beantragten Zurückweisung anfechten.

16 **2. Revision. a) Nichterfolgte Zurückweisung. aa) Verstoß gegen § 146.** Bei einem Verstoß gegen § 146 setzt eine Revision nach allgM voraus, dass aufgrund eines tatsächlichen Interessenkonflikts die Aufgabenerfüllung des Verteidigers eingeschränkt war und die Revisionsbegr. die Tatsachen, aus denen sich dies ergibt, vorbringt.[49] Dem Tatgericht muss der Verstoß nicht bekannt gewesen sein. Ein Revisionsgrund des § 338 Nr. 5 ist nicht anzunehmen, da dies eine Wirkung kraft Gesetzes voraussetzen würde.[50] Für die Revision (und der sich hier stellenden Beruhensfrage) ist in diesem Zusammenhang zu beachten, dass § 146 auf der Wertung beruht, dass bei jeder Mehrfachverteidigung ein **Interessenkonflikt vermutet** wird, der Verteidiger somit seine einseitige Beistandsaufgabe nicht erfüllen kann.[51] Insofern erschiene es inkonsequent, beim Ausschluss des vom Angekl. gewählten Verteidigers generell einen Konflikt zu vermuten, bei der Revision einen solchen Interessenkonflikt (und ein korrespondierendes Beruhen) zu Ungunsten des Angekl. jedoch zu verneinen. Somit ist in der Regel bei einem Verstoß gegen § 146 auch eine tatsächliche Einschränkung der Verteidigung anzunehmen.

Für den **Mitangeklagten** liegt kein Revisionsgrund vor, da die Zurückweisung nur dem Schutz des entgegen § 146 verteidigten Angekl. dienen soll.[52]

17 **bb) Verstoß gegen § 137 Abs. 1 S. 2.** Bei einem solchen Verstoß ist nach allgA kein Revisionsgrund gegeben, da ein Urteil nicht auf der Mitwirkung von mehr als drei Verteidigern beruhen kann. Nach aA kann das Urteil auf der Nichtzurückweisung beruhen, da jeder mitwirkende Verteidiger die Verteidigungsstrategie und deren Umsetzung beeinflusst.[53] Diese durchaus plausible Überlegung findet eine Stütze im Übrigen auch in der Rspr. des BGH, welcher einen Einfluss auf das Urteil durch die **personelle Zusammensetzung** der Verteidigung nicht ausschließt.[54] Speziell im Fall der **notwendigen Verteidigung** kann das Urteil auf der Nichtzurückweisung beruhen, wenn lediglich der vierte Wahlverteidiger in der Hauptverhandlung anwesend war.[55]

18 **b) Rechtswidrige Zurückweisung.** Nach verbreiteter Ansicht führt eine ungerechtfertigte, aber nicht willkürliche Zurückweisung nicht zu einer den Angekl. belastenden Beschränkung der Verteidigung, wenn er anderweitig ordnungsgemäß verteidigt ist.[56] Auf eine „ordnungsgemäße" Verteidigung kann es jedoch nicht ankommen, da zumindest ein beachtlicher Verstoß gegen § 137 Abs. 1 S. 1 vorliegt, der nicht nur das Recht auf Verteidigung, sondern auch das Recht auf den **Verteidiger des Vertrauens** garantiert.[57] Da dies ein grundlegender Bestandteil des in Art. 6 Abs. 3 lit. c EMRK verankerten Rechts auf Verteidigung ist, liegt ein Revisionsgrund nach **§ 338 Nr. 8** vor.[58] Auch ein **Beruhen** kann nicht ausgeschlossen werden, da die Verteidigung Einfluss auf das Urteil haben kann und die **personelle Zusammensetzung** der Verteidigung sich (→ Rn. 17) durchaus auf die Art und Zielrichtung der Verteidigung auswirken kann.[59] Entspr. gilt für die Zurückwei-

---

[49] Statt aller: BGH 13.10.1976 – 3 StR 100/76, BGHSt 27, 22 = JR 1977, 211 mit krit. Anm. *Meyer*; Löwe/Rosenberg/*Lüderssen/Jahn* Rn. 18; aA *Dünnebier*, FS Pfeiffer, 1988, 265 (278).

[50] Löwe/Rosenberg/*Hanack* § 338 Rn. 93; *Nester-Tremel* NStZ 1988, 103 (107).

[51] § 146 Rn. 2 f.

[52] BGH 3.10.1984 – 3 StR 358/84, StV 1984, 493.

[53] *Neuhaus* StV 2002, 43 (49 f.).

[54] BGH 23.8.2004 – 1 StR 199/04, NStZ 2005, 114; BGH 9.10.1989 – 2 StR 352/89, BGHSt 36, 259 (262) = NJW 1990, 586 (587); BGH 11.9.1986 – 1 StR 472/86, NStZ 1987, 34 (35).

[55] *Neuhaus* StV 2002, 43 (50).

[56] Ober dictum zu § 146: BGH 23.3.1977 – 1 BJs 55/75, StB 52/77, BGHSt 27, 154 (159) = NJW 1977, 1208 (1209); KK/*Laufhütte* § 137 Rn. 9; KMR/*Müller* Rn. 12; Löwe/Rosenberg/*Lüderssen/Jahn* § 137 Rn. 78a; Meyer-Goßner/*Schmitt* Rn. 9.

[57] § 137 Rn. 6.

[58] SK-StPO/*Wohlers* § 137 Rn. 42; § 146 Rn. 37.

[59] BGH 6.7.1999 – 1 StR 142/99, NStZ 1999, 527; BGH 9.10.1989 – 2 StR 352/89, BGHSt 36, 259 (262) = NJW 1990, 586 (587); *Neuhaus* StV 2002, 43 (49 f.); einschr. *Pfeiffer* Rn. 4.

sung des einzigen Verteidigers; zusätzlich ist hierbei die Verteidigung iS des § 338 Nr. 8 beeinträchtigt, wenn der Beschuldigte nach der Zurückweisung nicht **ausreichend Zeit** hatte, einen neuen Verteidiger zu wählen.[60]

§ 147 [Akteneinsicht des Verteidigers]

(1) Der Verteidiger ist befugt, die Akten, die dem Gericht vorliegen oder diesem im Falle der Erhebung der Anklage vorzulegen wären, einzusehen sowie amtlich verwahrte Beweisstücke zu besichtigen.

(2) [1]Ist der Abschluss der Ermittlungen noch nicht in den Akten vermerkt, kann dem Verteidiger die Einsicht in die Akten oder einzelne Aktenteile sowie die Besichtigung von amtlich verwahrten Beweisgegenständen versagt werden, soweit dies den Untersuchungszweck gefährden kann. [2]Liegen die Voraussetzungen von Satz 1 vor und befindet sich der Beschuldigte in Untersuchungshaft oder ist diese im Fall der vorläufigen Festnahme beantragt, sind dem Verteidiger die für die Beurteilung der Rechtmäßigkeit der Freiheitsentziehung wesentlichen Informationen in geeigneter Weise zugänglich zu machen; in der Regel ist insoweit Akteneinsicht zu gewähren.

(3) Die Einsicht in die Niederschriften über die Vernehmung des Beschuldigten und über solche richterlichen Untersuchungshandlungen, bei denen dem Verteidiger die Anwesenheit gestattet worden ist oder hätte gestattet werden müssen, sowie in die Gutachten von Sachverständigen darf dem Verteidiger in keiner Lage des Verfahrens versagt werden.

(4) [1]Auf Antrag sollen dem Verteidiger, soweit nicht wichtige Gründe entgegenstehen, die Akten mit Ausnahme der Beweisstücke zur Einsichtnahme in seine Geschäftsräume oder in seine Wohnung mitgegeben werden. [2]Die Entscheidung ist nicht anfechtbar.

(5) [1]Über die Gewährung der Akteneinsicht entscheidet im vorbereitenden Verfahren und nach rechtskräftigem Abschluss des Verfahrens die Staatsanwaltschaft, im Übrigen der Vorsitzende des mit der Sache befassten Gerichts. [2]Versagt die Staatsanwaltschaft die Akteneinsicht, nachdem sie den Abschluss der Ermittlungen in den Akten vermerkt hat, versagt sie die Einsicht nach Absatz 3 oder befindet sich der Beschuldigte nicht auf freiem Fuß, so kann gerichtliche Entscheidung durch das nach § 162 zuständige Gericht beantragt werden. [3]Die §§ 297 bis 300, 302, 306 bis 309, 311a und 473a gelten entsprechend. [4]Diese Entscheidungen werden nicht mit Gründen versehen, soweit durch deren Offenlegung der Untersuchungszweck gefährdet werden könnte.

(6) [1]Ist der Grund für die Versagung der Akteneinsicht nicht vorher entfallen, so hebt die Staatsanwaltschaft die Anordnung spätestens mit dem Abschluß der Ermittlungen auf. [2]Dem Verteidiger ist Mitteilung zu machen, sobald das Recht zur Akteneinsicht wieder uneingeschränkt besteht.

(7) [1]Dem Beschuldigten, der keinen Verteidiger hat, sind auf seinen Antrag Auskünfte und Abschriften aus den Akten zu erteilen, soweit dies zu einer angemessenen Verteidigung erforderlich ist, der Untersuchungszweck, auch in einem anderen Strafverfahren, nicht gefährdet werden kann und nicht überwiegende schutzwürdige Interessen Dritter entgegenstehen. [2]Absatz 2 Satz 2 erster Halbsatz, Absatz 5 und § 477 Abs. 5 gelten entsprechend.

[60] § 137 Rn. 23 f., 28.

Übersicht

I. Überblick

1 **1. Zweck.** Das Recht auf Einsicht in die Akten und Beweismittel konkretisiert ua den Anspruch auf rechtliches Gehör **(Art. 103 Abs. 1 GG),** indem es die informationelle Grundlage für eine sachgemäße Wahrnehmung dieses Rechts schafft.[1] Aus der Natur als Einsichtsrecht folgt, dass es nur einen Anspruch auf Kenntnis derjenigen Akten vermittelt, auf die sich die Behörden in ihren Entscheidungen und Entscheidungsprozessen beziehen – es vermittelt hingegen kein Recht auf Hinzuziehung weiterer Akten oder Informationen.[2] Das Bestehen eines umfassenden Akteneinsichtsrechts ist zur Verwirklichung der Rechte aus **Art. 6 EMRK** und aus dem **Rechtsstaatsprinzip** zwingend erforderlich und geboten;[3] die Akteneinsicht ist unverzichtbare Voraussetzung einer effektiven Verteidigung.[4] Im Übrigen sichert der Anspruch die Subjektstellung des Beschuldigten und den sinnvollen Gebrauch weiterer Verteidigungsrechte und ist somit auch Kernelement eines **fairen Verfahrens.**[5] Auch das aus denselben Grundrechten folgende Prinzip der **„Waffengleichheit“**

---

[1] BVerfG 19.1.2006 – 2 BvR 1075/05, NJW 2006, 1048; BVerfG 5.5.2004 – 2 BvR 1012/02, NJW 2004, 2443; BVerfG 11.7.1994 – 2 BvR 777/94, NJW 1994, 3219 (3220); BVerfG 9.3.1965 – 2 BvR 176/63, BVerfGE 18, 399 = NJW 1965, 1171; *Wohlers/Schlegel* NStZ 2010, 486 (487); *Kempf* StraFo 2004, 299 (301).

[2] BVerfG 12.1.1983 – 2 BvR 864/81, BVerfGE 63, 45 (59 f.) = NJW 1983, 1043, vgl. *Kleinknecht,* FS Dreher, 1977, 721 (726).

[3] EGMR 22.7.2003 – 39647/98, StraFo 2003, 360 (362) – Edwards and Lewis / UK mAnm *Sommer*; *Gaede* HRRS 2004, 44 (45 ff.); → § 137 Rn. 3 f.; *EGMR* 19.6.2001 –, StraFo 2002, 52 – Atlan ua / UK mAnm *Sommer.*

[4] BGH 10.10.1990 – 1 StE 8/89 StB 14/90, BGHSt 37, 204 = NJW 1991, 435; BGH 3.10.1979 – 3 StR 264/79 (S), BGHSt 29, 99 (102 f.) = NJW 1980, 64 m. zust. Anm. *Kuckuck* NJW 1980, 298 und *Müller-Dietz* JR 1981, 76; *Wohlers/Schlegel* NStZ 2010, 486 (487).

[5] BVerfG 5.5.2004 – 2 BvR 1012/02, NJW 2004, 2443; BVerfG 12.1.1983 – 2 BvR 864/81, BVerfGE 63, 45 (61) = NStZ 1983, 273 mAnm *Peters*; BGH 29.11.1989 – 2 StR 264/89, BGHSt 36, 305 (309) = NJW 1990, 584 (585); OLG Brandenburg 20.9.1995 – 2 Ws 174/95, NJW 1996, 67 (68); *Schlegel* HRRS 2004, 411 (411 f.); *Welp,* FS Peters, 1984, 309.

setzt eine gleichrangige Informationsbasis voraus.[6] Zur tatsächlichen Umsetzung dieser Prinzipien bedarf es neben eines umfassenden Einsichtsrechts zusätzlich des Grundsatzes der Aktenwahrheit und -vollständigkeit (→ Rn. 12).[7]

2. Regelungsgehalt. Abs. 1 enthält den Grundsatz, dass ein Recht auf vollständige Einsicht in die Akten und Beweisstücke im gesamten Verlauf des Strafverfahrens besteht. Für das Ermittlungsverfahren wird dieser Grundsatz durch Abs. 2 eingeschränkt, wobei Abs. 3 sog privilegierte Aktenbestandteile benennt, die der Verteidigung zu keinem Zeitpunkt vorenthalten werden können. Abs. 6 regelt das zeitliche Ende der Beschränkungen aus Abs. 2. Die Modalitäten der Einsichtnahme werden in Abs. 4, die Zuständigkeit und die Rechtsmittel im Ermittlungsverfahren in Abs. 5 geregelt. Abs. 7 wurde mit dem StVÄndG 1999 zur Umsetzung der europäischen Rspr. bzgl. der Rechte des unverteidigten Beschuldigten eingefügt.[8] 2

3. Entwicklung. Bis 1964 bestand lediglich ein Recht zur Einsichtnahme nach Abschluss des Ermittlungsverfahrens.[9] Im Jahr 2000 erfolgte eine erneute **Stärkung des Normzwecks,** indem in Abs. 5 S. 2 zumindest für bestimmte Fälle Rechtsmittel gegen die Versagung der Einsicht durch die StA festgelegt wurden und Abs. 7 hinzugefügt wurde. Heutzutage ist sowohl hinsichtlich der Einsicht in Akten als auch in Beweisstücke bei der **Auslegung** zu beachten, dass sich die Möglichkeiten der **Reproduzierbarkeit** von Schriftstücken und Daten beachtlich erweitert haben, so dass Einschränkungen bei der Einsicht kaum noch zu rechtfertigen sind. 3

II. Einsichtsrecht – Abs. 1

Das Recht auf Einsicht in die Akten kann – jenseits des Abs. 2 – weder versagt noch eingeschränkt werden.[10] Insbesondere kann dem Recht auf Akteneinsicht nicht eine Gefährdung der Ermittlungen entgegengehalten werden.[11] Einem Missbrauch des Rechts auf Akteneinsicht kann ausschließlich über einen Ausschluss des Verteidigers nach §§ 138a ff. und die vorherige Anordnung des vorläufigen Ruhens des Rechts gem. § 138c Abs. 3 begegnet werden.[12] Die Einsichtnahme kann auch nicht unter die Zusicherung einer eingeschränkten Verwendung gestellt werden (→ Rn. 45). Das Einsichtsrecht kann nicht durch andere datenbezogene Gesetze zum Schutz Dritter – zB Urheberrecht (erg. Rn. 21),[13] Schutz von Geschäftsgeheimnissen – eingeschränkt[14] oder über einen Informationsauskunftsanspruch ausgeweitet werden.[15] Der Anspruch auf Akteneinsicht beinhaltet nur Einsicht in Vorhandenes und muss ggf. durch Beweisanträge ergänzt werden; so kann zB die Anfertigung von Übersetzungen nicht über das Akteneinsichtsrecht verlangt werden.[16] Das 4

---

[6] BGH 29.11.1989 – 2 StR 264/89, BGHSt 36, 305 (309-310) = NJW 1990, 584 (585); OLG Brandenburg 20.9.1995 – 2 Ws 174/95, NJW 1996, 67 (68); *Wohlers/Schlegel* NStZ 2010, 486 (487).

[7] BGH 10.10.1990 – 1 StE 8/89 StB 14/90, BGHSt 37, 204 = NJW 1991, 435; SK-StPO/*Wohlers* Rn. 1.

[8] BGBl. 2000 I 1253.

[9] StPÄndG 1964; ausf. zur Geschichte: *Rieß,* FS Peters, 1984, 113 (115 ff.).

[10] BVerfG 12.1.1983 – 2 BvR 864/81, BVerfGE 63, 45 (62) = NJW 1983, 1043; BVerfG 7.12.1982 – 2 BvR 900/82, BVerfGE 62, 338 (343 ff.) = NJW 1983, 1046.

[11] OLG Hamburg 19.9.1991 – 1 Ws 237/91, NStZ 1992, 50; LG Köln 4.9.1985 – 117 – 7/84, StV 1987, 381.

[12] OLG Hamburg 19.9.1991 – 1 Ws 237/91, NStZ 1992, 50; AK/*Stern* Rn. 48; SK-StPO/*Wohlers* Rn. 9.

[13] AG Lüdinghausen 9.2.2012 – 19 OWi 19/12, DAR 2012, 156.

[14] BGH 4.10.2007 – KRB 59/07, BGHSt 52, 58 (64) = NJW 2007, 3652; LG Frankfurt 29.6.2005 – 5/2 AR 3/2005, StraFo 2005, 379 (Schutz des Anzeigenerstatters); AG Schwelm 13.4.2010 – 64 OWi 18/10 (b), VRR 2010, 236; vgl. *Groß/Fünfsinn* NStZ 1992, 105 (108); *Wessing* WuW 2010, 1019 (1024).

[15] VG Düsseldorf 4.8.2010 – 26 L 1223/10, ZUM-RD 2011, 265 (266 f.); Meyer-Goßner/*Schmitt* Rn. 2; *Burhoff* EV Rn. 59a; vgl. zur Steuerakte: *Polenz* NJW 2009, 1921 (1924 f.).

[16] BGH 4.12.2007 – 3 StR 404/07, NStZ 2008, 230 (231); OLG Koblenz 30.6.1995 – 1 Ws 322/95, NStZ 1995, 611; Löwe/Rosenberg/*Lüderssen/Jahn* Rn. 112; Meyer-Goßner/*Schmitt* Rn. 19; *Wohlers/Schlegel* NStZ 2010, 486 (488).

Einsichtsrecht gilt gleichermaßen für Akten und Beweisstücke; Unterschiede ergeben sich nur für die Modalitäten der Einsichtnahme.[17]

5 **1. Befugte Personen.** S. 1 spricht von der Befugnis des Verteidigers; das Akteneinsichtsrecht ist jedoch ein Recht des Beschuldigten (→ Rn. 1), welches durch den Verteidiger wahrgenommen wird.[18] Erg. Rn. 45, 52. Verteidiger im Sinne der Norm sind alle Personen gem. §§ 138 Abs. 1 und 2 und § 139. Grds. muss ein Verteidigungsverhältnis bestehen; einer schriftlichen Vollmacht bedarf es jedoch – außer bei berechtigten Zweifeln – nicht.[19] Nach allgA kann das Recht von Personen iS des § 138 Abs. 1 bereits im Stadium des Anbahnungsverhältnisses ausgeübt werden, sofern der Beschuldigte das Mandat angetragen hat. Nach erfolgter Einstellung des Verfahrens (→ Rn. 9) muss die Akteneinsicht auch dem bevollmächtigten Rechtsanwalt, der nicht Verteidiger ist, gewährt werden.[20]

6 Bei mehreren Verteidigern steht das Akteneinsichtsrecht gleichermaßen allen zu.[21] Auch das Recht eines zugleich als Zeuge benannten Verteidigers kann nicht beschränkt werden.[22] Zur Wahrung der Waffengleichheit kann die Befugnis zwecks Arbeitsteilung auf juristische Mitarbeiter – zB Referendare – übertragen werden, ohne diesen Untervollmacht erteilen zu müssen.[23]

7 **2. Zeitlich.** Das Einsichtsrecht besteht zu **jedem Zeitpunkt** des Verfahrens; auch während der Hauptverhandlung (erg. Rn. 35).[24] Voraussetzung ist lediglich, dass ein Ermittlungsverfahren – oder auch Vorermittlungen –[25] geführt wird, und dass ein Verteidigungsverhältnis besteht (erg. Rn. 5). Zur – durch die EMRK garantierten –[26] effektiven Verteidigung bedarf es einer **möglichst frühen** Akteneinsicht, um eine angemessene Vorbereitung der Hauptverhandlung inkl. eigener Ermittlungen zu ermöglichen.[27] Dies gilt auch für die Besichtigung von Beweismitteln,[28] insbes. bei umfangreichen Unterlagen.[29] Konnte die Einsichtnahme nicht rechtzeitig vor der Hauptverhandlung erfolgen, besteht ein Anspruch auf Vertagung; wird einem entsprechenden Gesuch nicht nachgekommen und findet die Hauptverhandlung dennoch statt, liegt hierin ein Revisionsgrund.[30] Wann eine Einsichtnahme noch rechtzeitig ist, bestimmt sich nach dem Umfang der Akten sowie

---

[17] *Rieß,* FS Peters, 1984, 113; *Schlag,* FS Koch, 1989, 229 (323 f.).

[18] BVerfG 7.12.1982 – 2 BvR 900/82, BVerfGE 62, 338 (343 f.) = NJW 1983, 1046; OLG Zweibrücken 8.10.1976 – Ws 186/76, NJW 1977, 1699; HK-StPO/*Julius* Rn. 2; SK-StPO/*Wohlers* Rn. 5.

[19] OLG Jena 28.10.2004 – 1 Ss 65/04, VRS 2005, 276; LG Chemnitz 5.2.2009 – 2 Qs 117/08, StraFo 2009, 207; LG Cottbus 28.3.2002 – 26 Qs 63/02, StraFo 2002, 233; LG Oldenburg 18.10.1989 – IV Qs 128/89, StV 1990, 59; allg. Lit.; erg. § 137 Rn. 8.

[20] OLG Hamburg 3.9.1997 – 1 VAs 6/97, NJW 1997, 3255 (3256).

[21] BGH 16.10.1984 – 5 StR 643/84, NStZ 1985, 87; Meyer-Goßner/*Schmitt* Rn. 9; SK-StPO/*Wohlers* Rn. 7; vgl. OLG Köln 11.12.2009 – 2 Ws 496/09, StraFo 2010, 131; einschr. OLG Naumburg 21.1.2011 – 1 Ws 52/11, NStZ 2011, 599.

[22] OLG Celle 3.10.1960 – 3 WVs 2/60, NdsRpfl 1960, 259; Meyer-Goßner/*Schmitt* Rn. 9; Radke/*Hohmann* Rn. 3.

[23] Ausf. OLG Brandenburg 20.9.1995 – 2 Ws 174/95, NJW 1996, 67 (69) mAnm. *Krack* JR 1996, 172 und *Hiebl* StraFo 1996, 24; HK-StPO/*Julius* Rn. 9; Löwe/Rosenberg/*Lüderssen/Jahn* Rn. 19; Meyer-Goßner/*Schmitt* Rn. 9; Radke/*Hohmann* Rn. 4; einschr. SK-StPO/*Wohlers* Rn. 60.

[24] AK/*Stern* Rn. 34; Löwe/Rosenberg/*Lüderssen/Jahn* Rn. 100; SK-StPO/*Wohlers*; Heghmanns/Scheffler/*Dallmeyer* Rn. 323; einschr. OLG Stuttgart 28.4.1978 – 3 Ss (3) 73/78, NJW 1979, 559 (560); Meyer-Goßner/*Schmitt* Rn. 10.

[25] BGH 22.1.2009 – StB 29/08, NStZ-RR 2009, 145; Löwe/Rosenberg/*Lüderssen/Jahn* Rn. 120; Meyer-Goßner/*Schmitt* Rn. 10; *Krause,* FS Strauda, 2006, 351 (359); aA *Senge,* FS Hamm, 2008, 701 (712).

[26] § 137 Rn. 3.

[27] EGMR 12.3.2003 –, EuGRZ 2003, 472 (481) – Öcalan / Türkei; BVerfG 12.1.1983 – 2 BvR 864/81, BVerfGE 63, 45 (62) = NJW 1983, 1043 m. zust. Anm. *Amelung* StV 1983, 181; OLG Hamburg 16.12.1965 – 2b Ss 23/65, JR 1966, 274; SK-StPO/*Wohlers* Rn. 20; *Schneider* Jura 1995, 337 (338).

[28] KG 29.4.1988 – 2 AR 86/87 – 4 Ws 74/88, StV 1989, 8 (9) mAnm *Danckert.*

[29] EGMR 12.3.2003 –, EuGRZ 2003, 472 (481) – Öcalan / Türkei.

[30] BGH 16.10.1984 – 5 StR 643/84, NStZ 1985, 87; OLG Düsseldorf 22.3.1991 – 2 Ws 121/91, StV 1992, 100; OLG Hamm 6.12.1974 – 5 Ss OWi 936/74, VRS 49, 113; HK-StPO/*Julius* Rn. 11; *Krack* JR 1996, 172 (173); einschr. OLG Stuttgart 28.4.1978 – 3 Ss (3) 73/78, NJW 79, 559 (560).

der Sach- und Rechtslage des Verfahrens und unterliegt der Beurteilung des Verteidigers als Organ der Rechtspflege.[31] Keinesfalls rechtzeitig ist die erstmalige Einsichtnahmemöglichkeit am Tage der Hauptverhandlung.[32]

Effektive Verteidigung beinhaltet jedoch nicht nur die Vorbereitung der Hauptverhandlung; wegen der Bedeutung des **Ermittlungsverfahrens** muss es der Verteidigung möglich sein, schon in dieser Phase Einfluss auf das Verfahren zu nehmen.[33] Daher ist es nicht zulässig, die Einsichtnahme dadurch zu verzögern, dass die Akten erst nach Abschluss der polizeilichen Ermittlungen an die StA weitergeleitet (erg. Rn. 41) bzw. von der StA ohne Einsichtnahmemöglichkeit wieder versendet werden.[34] Die Akteneinsicht muss während des Ermittlungsverfahrens – soweit Abs. 2 S. 1 nicht greift (→ Rn. 24) – tatsächlich und zeitnah gewährt werden; die Strafverfolgungsbehörden haben dies organisatorisch zu gewährleisten.[35] 8

Das Einsichtsrecht besteht auch nach einer **Einstellung** des Verfahrens gem. § 170 Abs. 2 oder §§ 153 ff. fort, solange eine Wiederaufnahme möglich ist.[36] Zum Teil wird hierfür zwar ein berechtigtes Interesse gefordert;[37] in Ansehung der Möglichkeit einer Wiederaufnahme der Ermittlungen liegt ein solches indes evident vor.[38] Im Übrigen kann sich ein derartiges Interesse auch aus etwaigen mittelbaren Auswirkungen des Verfahrens ergeben.[39] Gem. Abs. 5 S. 1 ist auch nach **rechtskräftigem Verfahrensabschluss** die Einsichtnahme zu gewähren;[40] nach allgM gilt dies jedoch nur, wenn noch Raum für Verteidigungshandeln besteht, so ua bei Bewährungsentscheidungen oder (beabsichtigten) Wiederaufnahme- oder Gnadenanträgen.[41] 9

Das Einsichtsrecht kann – ohne Begründung – **mehrfach** ausgeübt werden.[42] Insbes. bei neuen Aktenbestandteilen oder Verteidigungssituationen muss eine dadurch entstehende Einschränkung der Arbeit der Strafverfolgungsbehörden hingenommen werden.[43] Auch während der **Hauptverhandlung** muss eine erneute Akteneinsicht möglich sein (erg. Rn. 35).[44] Bei Hinzukommen neuer Aktenbestandteile besteht ein Anspruch auf Unterbrechung oder Aussetzung der Hauptverhandlung, wenn dies zu einer sachgemäßen Verteidigung erforderlich ist.[45] Aus dem Grundsatz des fairen Verfahrens ist das Gericht verpflichtet, 10

---

[31] OLG Hamburg 16.12.1965 – 2b Ss 23/65, JR 1966, 274 (275); *Burkhard* DStR 2002, 1794 (1798).

[32] AG Bremervörde 6.9.2011 – 11 OWi 91/11, VRR 2011, 363.

[33] *Kempf* StraFo 2004, 299 (301); *Satzger* StraFo 2006, 45 (47); Dahs Rn. 284; vgl. BGHSt 18, 369 = NJW 1963, 1462 m. zust. Anm. *Arndt* JZ 1963, 609; § 137 Rn. 15 mwN.

[34] Vgl. AK/*Stern* Rn. 32; Löwe/Rosenberg/*Lüderssen/Jahn* Rn. 132; *Dahs* NJW 1985, 1113 (1115); *Donath/Mehle* NJW 2009, 1399; *Kühne* Rn. 221; Bsp. bei OLG Naumburg 12.11.2010 – 1 Ws 680/10, NStZ-RR 2011, 250 Ls. = BeckRS 2011, 07669 Rn. 2 f.

[35] EGMR Schöps / BRD 13.2.2001 – 23541/94, StV 2001, 203 (204) mAnm *Kempf*; vgl. EGMR Artico / Italien EGMR-E 1, 480 (485).

[36] LG Frankfurt 29.6.2005 – 5/2 AR 3/2005, StraFo 2005, 379; AK/*Stern* Rn. 33; Graf/*Wessing* Rn. 3; Löwe/Rosenberg/*Lüderssen/Jahn* Rn. 124 f.; SK-StPO/*Wohlers* Rn. 22; *Dahs* Rn. 269; Heghmanns/Scheffler/*Dallmeyer* Rn. 324; aA bzgl. der Rechtsgrundlage: OLG Karlsruhe 30.11.1995 – 2 VAs 21/95, Justiz 1996, 145 = NStZ 1996, 151 Ls.

[37] *Roxin/Schünemann* § 19 Rn. 73.

[38] LG Oldenburg 11.3.1992 – V Qs 33/92, NStZ 1992, 555; HK-StPO/*Julius* Rn. 17; KK/*Laufhütte* Rn. 21; Löwe/Rosenberg/*Lüderssen/Jahn* Rn. 124; vgl. Hamburg 3.9.1997 – 1 VAs 6/97, NJW 1997, 3255 (3256).

[39] OLG Hamm 5.5.1983 – 7 VAs 16/82, NJW 1984, 880 m. abl. Anm. *H.Schäfer* MDR 1984, 455.

[40] Graf/*Wessing* Rn. 4; KK/*Laufhütte* Rn. 22.

[41] AK/*Stern* Rn. 35; HK-StPO/*Julius* Rn. 19; KK/*Laufhütte* Rn. 22; Meyer-Goßner/*Schmitt* Rn. 11; SK-StPO/*Wohlers* Rn. 23.

[42] OLG Hamm 15.8.2002 – 2 Ws 354/02, StraFo 2002, 355 (356); OLG Hamm 2.12.1971 – 4 Ss 1055/71, NJW 1972, 1096 (1097); AK/*Stern* Rn. 29; Löwe/Rosenberg/*Lüderssen/Jahn* Rn. 99 (100); *Danckert* StV 1989, 10.

[43] OLG Hamm 6.12.1974 – 5 Ss OWi 936/74, VRS 49, 113; AK/*Stern* Rn. 30; Graf/*Wessing* Rn. 16; erg. Rn. 36.

[44] BGH 29.11.1989 – 2 StR 264/89, BGHSt 36, 305 = NJW 1990, 584; AK/*Stern* Rn. 34; Graf/*Wessing* Rn. 17; Löwe/Rosenberg/*Lüderssen/Jahn* Rn. 100; SK-StPO/*Wohlers* Rn. 68; einschr. OLG Hamm 10.10.2003 – 2 Ss OWi 598/03, NJW 2004, 381; KK/*Laufhütte* Rn. 20; Meyer-Goßner/*Schmitt* Rn. 10.

[45] KG 29.4.1988 – 4 Ws 74/88, StV 1989, 8 (9) mAnm *Danckert*; SK-StPO/*Wohlers* Rn. 67; einschr. BGH 24.8.1999 – 1 StR 672/98, NStZ 2000, 46 (Die StA hatte versichert, alle relevanten Akten vorher vorgelegt zu haben, in der HV wurden 250 Ordner ergänzend hinzugezogen).

die Verteidigung zu informieren, wenn nach dem Erlass des Eröffnungsbeschl. ergänzende Ermittlungen unternommen werden oder anderweitig neue Beweismittel zu den Akten gelangen; dies gilt unabhängig davon, ob das Gericht dieses Material später auch tatsächlich einführen will oder nicht.[46] Das **Protokoll** der Verhandlung wird erst mit Fertigstellung durch die Unterschrift des Vorsitzenden und des Protokollführers Aktenbestandteil.[47] Wenn bei einer mehrtägigen Hauptverhandlung das Protokoll als Grundlage für Prozesshandlungen benötigt wird, besteht Anspruch auf eine Abschrift.[48]

11 **3. Begriff der Akte.** Das Einsichtsrecht umfasst die gesamte Akte, ohne dass StA oder Gericht einzelne Bestandteile auswählen oder ausnehmen dürften. Akten sind unstr. sämtliche vom ersten Zugriff der Polizei (bzw. Steuerfahndung) an gesammelten Unterlagen, die im Rahmen von Ermittlungen und Verhandlungen gegen den Beschuldigten entstanden sind. Vom Aktenbegriff umfasst sind weiterhin herangezogene Beiakten[49] sowie nach Abschluss der Ermittlungen entstandene Bestandteile, Sonderbände und Beiakten.[50] Auf die Form kommt es nicht an; erfasst ist die Papierakte sowie auch elektronisch gespeicherte Dateien,[51] Bild- und Tonaufnahmen und deren Verschriftlichung (erg. Rn. 23).[52] Dateien müssen ggf. als Ausdrucke eingeheftet werden.[53] Beweismittelordner sind auch dann Akten, wenn sie lediglich Kopien von Urkunden enthalten.[54]

12 Zentral für die effektive Umsetzung des Rechts auf Akteneinsicht ist die **Aktenwahrheit und -vollständigkeit.** Die Geheimhaltung der Ermittlungen wird ausschließlich über Abs. 2 geschützt (→ Rn. 24). Jenseits der dortigen Beschränkungsmöglichkeiten darf nichts aus der Akte entfernt oder bewusst in Nebenakten geführt werden.[55] Die Akten müssen nicht nur die Ermittlungsergebnisse, sondern umfassend den gesamten Ermittlungsverlauf dokumentieren.[56] Nur eine vollständige Akte ermöglicht es der Verteidigung, eigene Schlüsse zu ziehen, einseitige Ermittlungen zu hinterfragen und ggf. ergänzend eigene Ermittlungen vorzunehmen bzw. Beweisanträge zu stellen. Zur Überprüfung der Ermittlungen und Ermittlungsergebnisse der Strafverfolgungsbehörden muss dem Verteidiger alles vorliegen, was üblicherweise einem Sachverständigen vorgelegt würde.[57] Auch die Bezugnahme auf polizeiliche Vorannahmen muss überprüfbar sein, etwa die polizeiliche Speicherung von Daten betreffend die Beschuldigten.[58]

13 Die Unterscheidung zwischen **materiellem und formellem Aktenbegriff** wirkt sich vor allem bei den Spurenakten (→ Rn. 20) aus. Materiell umfassen die Akten alles, was

---

[46] BGH 10.8.2005 – 1 StR 271/05, NStZ 2006, 115 (116); BGH 21.9.2000 – 1 StR 634/99, StV 2001, 4; BGH 29.11.1989 – 2 StR 264/89, BGHSt 36, 305 = NJW 1990, 584; nur während Hauptverhandlung: OLG Hamm 10.10.2003 – 2 Ss OWi 598/03, NJW 2004, 381.

[47] BGH 29.10.1980 – StB 43/80, BGHSt 29, 394 = NJW 1981, 411; BGH 15.4.1975 – 5 StR 508/74, MDR [D] 1975, 725; bedenklich weit: OLG Karlsruhe 15.9.1981 – 4 Ws 79/81, NStZ 1982, 299; krit. HK-StPO/*Julius* Rn. 6.

[48] Löwe/Rosenberg/*Lüderssen/Jahn* Rn. 15; SK-StPO/*Wohlers* Rn. 69 mwN.

[49] BVerfG 12.1.1983 – 2 BvR 864/81, BVerfGE 63, 45 (62) = NStZ 1983, 273 mAnm *Peters*.

[50] BGH 29.11.1989 – 2 StR 264/89, BGHSt 36, 305 (310) = NJW 1990, 584 (585); BGH 24.11.1987 – 4 StR 586/87, StV 1988, 193 (194); LG Nürnberg-Fürth 12.1.2011 – 7 Qs 96/10, StraFo 2011, 225 (226).

[51] *Burkhard* DStR 2002, 1794; *Dahs* Rn. 258; *Kühne* Rn. 217; Löwe/Rosenberg/*Lüderssen/Jahn* Rn. 29; *Fetzer* StV 1991, 142; *Schäfer* NStZ 1984, 203 (205); aA Meyer-Goßner/*Schmitt* Rn. 18a; Heghmanns/Scheffler/*Dallmeyer* Rn. 325.

[52] BGH 18.6.2009 – 3 StR 89/09, StV 2010, 228 (229) mAnm *Stuckenberg*; SK-StPO/*Wohlers* Rn. 25; Aufnahmen: OLG Stuttgart 12.11.2002 – 4 Ws 267/02, StV 2003, 17; *Köllner* StraFo 1995, 50 (51); offen OLG Schleswig 3.10.1979 – 1 Ss 313/79, NJW 1980, 352 (353); OLG Koblenz 10.7.2003 – 1 Ws 425/03, StV 2003, 608; vgl. OLG Köln 21.1.2008 – 2 Ws 715/07, NJW 2008, 1330.

[53] Heghmanns/Scheffler/*Dallmeyer* Rn. 325.

[54] OLG Köln 14.9.1984 – 2 Ws 368/84, NJW 1985, 336 (337); HK-StPO/*Julius* Vorb. § 147 Rn. 2; Meyer-Goßner/*Schmitt* Rn. 17; SK-StPO/*Wohlers* Rn. 25.

[55] LG Frankfurt 29.6.2005 – 5/2 AR 3/2005, StraFo 2005, 379; LG Itzehoe 9.11.1989 – 9 Ks 3/88 V – 315 Js 20198/86, StV 1991, 555; AK/*Stern* Rn. 2; Graf/*Wessing* Rn. 15a; Meyer-Goßner/*Schmitt* Rn. 14.

[56] Graf/*Wessing* Rn. 15a; Löwe/Rosenberg/*Lüderssen/Jahn* Rn. 25; Widmaier/*Schlothauer* MAH Strafverteidigung § 3 Rn. 35; *Wohlers/Schlegel* NStZ 2010, 486 (487); *Kleinknecht*, FS Dreher, 1977, 721 (722 f.).

[57] AG Senftenberg 26.4.2011 – 59 OWi 93/11, DAR 2011, 422.

[58] *Stern* KritV 1988, 178.

zur Beurteilung der Schuld- oder Rechtsfolgenfrage relevant ist; formell sind dies alle dem Gericht vorzulegenden oder vorliegenden Akten, unabhängig davon, ob sie von der Polizei, der StA, anderen Behörden oder dem Gericht selber angelegt wurden.[59] Unstr. vom Recht auf Akteneinsicht erfasst sind somit alle Unterlagen, die dem Gericht vorliegen bzw. in Bezug auf welche die StA beabsichtigt, sie dem Gericht vorzulegen.[60] Streitpunkte können zum einen vor Anklageerhebung entstehen, zum anderen bzgl. Unterlagen, die nicht nach § 199 vorgelegt wurden. Sind Unterlagen oder Beiakten im Ermittlungsverfahren zur Akte gelangt, sind diese auch Teile der Akte iS von § 147.[61] Die StA – nicht die Polizei – hat zwar nach der Rspr. im Rahmen des § 199 eine Auswahlkompetenz.[62] Ungeachtet dessen muss das Einsichtsrecht der Verteidigung jedoch darüber hinausgehend möglich sein; denn nur die Verteidigung kann und darf entscheiden, ob weitere im Verfahren entstandene Unterlagen für sie relevant sind.[63] Um dies zu gewährleisten, muss iS des materiellen Aktenbegriffs alles umfasst sein, was im Rahmen der Ermittlungen aus Anlass der zu beurteilenden (präsumtiven) Tat entstanden ist.[64] Im Übrigen ist auch hinsichtl. der Grundlage der gerichtlichen Entscheidungen eine nur eingeschränkte Vorlage nach § 199 überaus problematisch.[65]

a) Mehrere Beschuldigte – abgetrennte Verfahren. Das Einsichtsrecht bezieht sich 14
auf die Akten des **gesamten Verfahrens.** Umfasst sind auch Aktenbestandteile, die nur Mitbeschuldigte bzw. Taten einzelner Beschuldigter betreffen; selbst wenn diese in getrennten Bänden geführt werden.[66] Auch bei einer **Verfahrenstrennung** – bzgl. einzelner Beteiligter oder Taten – dürfen keine Bestandteile der Akte entfernt werden.[67] Jedenfalls soweit die abgetrennten Verfahren sich auf gemeinsame Taten bzw. Tatkomplexe beziehen, müssen die Akten der abgetrennten Verfahren vollständig der Verteidigung zugänglich sein;[68] auch in der Rspr. des BGH wird ein derartiger Anspruch zumindest dann bejaht, wenn die Akten der Parallelverfahren sowohl der StA als auch dem Gericht anderweitig vorliegen.[69]

b) Bei- und Nebenakten. Sämtliche dem Gericht vorgelegte, nachgereichte oder von 15
diesem beigezogene Akten anderer Verfahren oder Behörden sind Teil der Akte iS von § 147,[70]

---

[59] BGH 10.10.1990 – 1 StE 8/89 StB 14/90, BGHSt 37, 204 (205) = NJW 1991, 435 m. krit. Anm. *Foth* StV 1991, 337.

[60] BVerfG 12.1.1983 – 2 BvR 864/81, BVerfGE 63, 45 (62) = NJW 1983, 1043; BGH 24.11.1987 – 4 StR 586/87, StV 1988, 193 (194).

[61] BVerfG 7.12.1982 – 2 BvR 900/82, BVerfGE 62, 338 (343 f.) = NJW 1983, 1046; *Wohlers/Schlegel* NStZ 2010, 486 (487).

[62] BVerfG 12.1.1983 – 2 BvR 864/81, BVerfGE 63, 45 (63 f.) = NStZ 1983, 273 m. krit. Anm. *Peters* und *Amelung* StV 1983, 181; aA Löwe/Rosenberg/*Lüderssen/Jahn* Rn. 28; *Beulke,* FS Dünnebier, 1982, 285 (290 f.).

[63] BVerfG 12.1.1983 – 2 BvR 864/81, BVerfGE 63, 45 (66) = NStZ 1983, 273 mAnm. *Peters* und *Amelung* StV 1983, 181; BGH 18.6.2009 – 3 StR 89/09, StV 2010, 228 mAnm *Stuckenberg*; BGH 4.10.2007 – KRB 59/07, BGHSt 52, 58 (63 f.) = NJW 2007, 3652; BGH 10.10.1990 – 1 StE 8/89 StB 14/90, BGHSt 37, 204 (206) = NJW 1991, 435; BGH 29.11.1989 – 2 StR 264/89, BGHSt 36, 305 (311 f.) = NJW 1990, 584 (586); Heghmanns/Scheffler/*Dallmeyer* Rn. 325; *Meyer-Goßner* NStZ 1982, 353; *Welp,* FS Peters, 1984, 209 (310); vgl. BGH 21.9.2000 – 1 StR 634/99, StV 2001, 4 (5); *Wohlers/Schlegel* NStZ 2010, 486 (487-491); vgl. aber BGH 24.8.1999 – 1 StR 672/98, NStZ 2000, 46.

[64] SK-StPO/*Wohlers* Rn. 27 f.; *Wohlers/Schlegel* NStZ 2010, 486 (487 ff.); *Danckert* StV 1989, 10; *Beulke* Rn. 160; *Beulke,* FS Dünnebier, 1982, 285 (290).

[65] SK-StPO/*Wohlers* Rn. 27; vgl. EGMR 24.6.2003 –, HRRS 2003, 171 – Dowsett / Großbritannien.

[66] BGH 4.10.2007 – KRB 59/07, BGHSt 52, 58 (59 ff.) = NJW 2007, 3652; OLG Hamm 21.11.1991 – 1 VAs 31/91, StV 1993, 299 (300 f.).

[67] OLG Bremen 29.4.1993 – BL 86/93, StV 1993, 377; OLG Hamm 21.11.1991 – 1 VAs 31/91, StV 1993, 299 (300 f.); OLG Karlsruhe 21.5.1980 – 2 Ss 91/79, Justiz 1980, 417 = AnwBl 1981, 18; allgLit.

[68] Graf/*Wessing* Rn. 15b; HK-StPO/*Julius* Rn. 8; Löwe/Rosenberg/*Lüderssen/Jahn* Rn. 72; vgl. *Danckert* StV 1989, 10; weiter KK/*Laufhütte* Rn. 5; offen: BGH 23.2.2010 – 4 StR 599/09, NStZ 2010, 530 (531); vgl. aber OLG Hamm 21.11.1991 – 1 VAs 31/91, StV 1993, 299 (301); für Teilnahmestrafbarkeit: *Schäfer* NStZ 1984, 203 (206), für Kartellverfahren: *Wessing* WuW 2010, 1019 (1026); aA Meyer-Goßner/*Schmitt* Rn. 16; SK-StPO/*Wohlers* Rn. 52.

[69] BGH 4.10.2007 – KRB 59/07, BGHSt 52, 58 (63 f.) = NJW 2007, 3652.

[70] AllgA; ua BVerfG 7.12.1982 – 2 BvR 900/82, BVerfGE 62, 338 (343 f.) = NJW 1983, 1046; BGH 26.5.1981 – 1 StR 48/81, BGHSt 30, 131 (138) = NJW 1981, 2267; aA *Schäfer* NStZ 1984, 203 (206).

auch wenn diese als StA-Akten bezeichnet werden.[71] Beiakten sind Aktenbestandteil und nicht Beweismittel.[72] Auch Nebenakten des Verfahrens, zB die U-Haft oder Fahndung betreffend, sind Teil der Akte.[73] Befinden sich Unterlagen, die für Schuld oder Rechtsfolge relevant sein könnten, nicht in der Ermittlungsakte, sind diese beizuziehen bzw. nachzureichen;[74] dabei ist iS des Rechts auf effektive Verteidigung großzügig zu entscheiden.[75] Selbiges muss, insbes. vor Anklageerhebung, für von der StA beigezogene Akten gelten.[76]

16 Sind **Ermittlungsakten** anderer Verfahren beigezogen, kann die Einsicht nicht nach **Abs. 2** verweigert werden, wenn im vorliegenden Verfahren die Voraussetzungen von Abs. 2 nicht (mehr) vorliegen.[77] Auch das Unterlassen der Beiziehung kann entgegen der Rspr. des BGH nicht mit Abs. 2 begründet werden.[78] Richtigerweise ermöglicht Abs. 2 nur einen temporären Wissensvorsprung der StA im Ermittlungsverfahren; keinesfalls können hierdurch Akten einem Verfahren gänzlich vorenthalten werden.[79] Soweit relevante Akten gleichwohl nicht beigezogen werden, ist das Verfahren nach § 265 Abs. 4 auszusetzen.[80]

17 **c) Innerdienstliche Akten.** Persönliche **Notizen,** innerbehördlicher Schriftverkehr und **Entwürfe** von Schriftstücken[81] sind materiell nicht Teil der Akte. Entsprechende Unterlagen sind jedoch dann nicht mehr intern, wenn in anderen Schriftstücken, zB in Anträgen oder Begr. von Zwangsmitteln auf sie Bezug genommen wird.[82] Sind interne Unterlagen zur Akte gelangt, sind sie vom Einsichtsrecht erfasst; eine Ausnahme gilt hinsichtlich versehentlich in die Akte gelangter Notizen des erkennenden Richters.[83] Welche Schriftstücke intern sind, ist im Hinblick auf den Grundsatz der Aktenvollständigkeit, welcher eine umfassende Dokumentation des Verlaufs der Ermittlungen und des Verfahren verlangt, restriktiv zu beurteilen. Alles, was dem Gericht zu Verfügung steht, muss Aktenbestandteil sein, so auch Notizen des ehemal. Richters einer ausgesetzten Verhandlung.[84] Rein innerdienstliche Akten sind die Handakte der StA[85] und das Senatsheft des Revisionsgerichts;[86] in diesen Akten dürfen sich indes lediglich Kopien der Hauptakte und oben genannte interne Unterlagen befinden.[87] Steuerakten und Fallhefte

[71] LG Nürnberg-Fürth 12.1.2011 – 7 Qs 96/10, StraFo 2011, 225 (226); vgl. auch BGH 23.10.1997 – 5 StR 317/97, NStZ 1998, 97.

[72] KG 28.6.1991 – 5 Ws 165/91 REHA, JR 1992, 123 (124); SK-StPO/*Wohlers* Rn. 31.

[73] U-Haft: BGH 10.10.1990 – 1 StE 8/89 StB 14/90, BGHSt 37, 204 = NJW 1991, 435; Fahndung: OLG Hamburg 19.9.1991 – 1 Ws 237/91, NStZ 1992, 50.

[74] AG Senftenberg 26.4.2011 – 59 OWI 93/11, DAR 2011, 422.

[75] LG Nürnberg-Fürth 12.1.2011 – 7 Qs 96/10, StraFo 2011, 225 (226).

[76] SK-StPO/*Wohlers* Rn. 30; vgl. BGH 23.10.1997 – 5 StR 317/97, NStZ 1998, 97; LG Frankfurt 29.6.2005 – 5/2 AR 3/2005, StraFo 2005, 379.

[77] OLG Schleswig 10.1.1989 – 1 Ws 22/89, StV 1989, 95; HK-StPO/*Julius* Rn. 6; Heghmanns/Scheffler/*Dallmeyer* Rn. 349.

[78] So aber BGH 11.11.2004 – 5 StR 299/03, BGHSt 49, 317 (329 f.) = NStZ 2005, 569 (571) mAnm. *Pananis, Vogel* JR 2005, 123 und *Senge,* FS Strauda, 2006, 459 (464 f.) (im Erg. zust.; Anwendung von Abs. 2 verneinend); Meyer-Goßner/*Schmitt* Rn. 16; einschr. BGH 26.8.2005 – 2 StR 225/05, BGHSt 50, 224 (228 f.).

[79] *Pananis* NStZ 2005, 572 (573).

[80] *Tsambikakis,* FS Richter II, 2006, 529 (534 ff.).

[81] BGH 29.10.1980 – StB 43/80, BGHSt 29, 394 = NJW 1981, 411; KK/*Laufhütte* Rn. 8; Meyer-Goßner/*Schmitt* Rn. 13.

[82] *Wohlers/Schlegel* NStZ 2010, 486 (489).

[83] BVerfG 21.3.2001 – 2 BvR 403/01; HK-StPO/*Julius* Rn. 6; KK/*Laufhütte* Rn. 8; *Wohlers/Schlegel* NStZ 2010, 486 (489); *Fischer* StraFo 2004, 420; problematisch einschr. OLG Karlsruhe 15.9.1981 – 4 Ws 79/81, NStZ 1982, 299.

[84] SK-StPO/*Wohlers* Rn. 33; aA OLG Hamm 5.8.2004 – 2 Ws 200/04, StraFo 2004, 419 m. abl. Anm. *Fischer.*

[85] BGH 27.4.2001 – 3 StR 112/01, NStZ 2001, 551 (ober dictum); KK/*Laufhütte* Rn. 8; Löwe/Rosenberg/*Lüderssen/Jahn* Rn. 31; Meyer-Goßner/*Schmitt* Rn. 13; ausf. *Kleinknecht,* FS Dreher, 1977, 721; krit. AK/*Stern* Rn. 16; HK-StPO/*Julius* Rn. 7; SK-StPO/*Wohlers* Rn. 32; *Burkhard* DStR 2002, 1794 (1795); *Eisenberg* NJW 1991, 1257 (1259); aA Burkhard StV 2000, 526 (528 f.).

[86] BGH 17.8.2004 – 3 StR 24/04, StraFo 2005, 28 (29); BGH 27.4.2001 – 3 StR 112/01, NStZ 2001, 551 (ober dictum); KK/*Laufhütte* Rn. 8; Meyer-Goßner/*Schmitt* Rn. 13; krit. *Kühne* Rn. 218.

[87] Krit. zu fehlendem Rechtsschutz: SK-StPO/*Wohlers* Rn. 32.

von Betriebsprüfern sind Teil der Akten.[88] Hinsichtlich vorläufiger **Protokollaufzeichnungen:** Rn. 10, 34.

Auswertungen von Beweismitteln sind keine internen Arbeitsmittel, sondern Teil der Akte; anderes gilt für Bewertungen der Beweise und Einschätzungen der bisherigen Ermittlungsergebnisse, die ggfs auch polizeiinterne Vermerke sein können.[89] Beispielsweise sind zusammenfassende Inhaltsangaben und Kurzübersetzungen abgehörter Telefongespräche keine internen Arbeitsmittel; dies gilt auch, wenn diese als nicht relevant eingestuft wurden.[90] Soweit Aus- und Bewertungen vermischt sind, unterfällt das Schriftstück der Akteneinsicht.[91] 18

d) Vertrauliche Behördendokumente. Was dem Gericht vorliegt, ist einsehbare Akte, unabhängig davon, ob von StA, anderen Behörden oder Gerichten zum Gericht gelangt.[92] Sperrvermerke, Kennzeichnung als „streng geheim", Erklärungen nach Abs. 2 oder Bitten um Vertraulichkeit sind unbeachtlich.[93] Gem. § 96 kann die Beiziehung von Schriftstücken unterbunden werden, nicht aber die Einsicht in bereits durch StA oder Gericht beigezogene Unterlagen; dies auch dann nicht, wenn diese an die StA mit Bitte um Vertraulichkeit übersandt wurden.[94] Unterlagen, die im Rahmen der Ermittlungen durch Polizei oder StA erlangt wurden, können nicht nach § 96 gesperrt werden[95]; möglich ist dies nur aufgrund spezieller Normen wie §§ 68 Abs. 3, 101 Abs. 5, 110b Abs. 3.[96] Werden Unterlagen, die Bedeutung für die Beurteilung der Schuld- oder Rechtsfolgenfrage haben könnten, wegen einer Sperrerklärung gem. § 96 nicht Teil der Akten, muss ein effektiver Rechtschutz der Verteidigung möglich sein (→ Rn. 54).[97] 19

e) Spurenakten. Spurenakten sind Akten, die im Zuge der Ermittlungen zu der in Rede stehenden Tat entstanden sind, aber von den Strafverfolgungsbehörden als nicht relevant eingestuft wurden. Sie enthalten zB Ermittlungen in Bezug auf Personen, die vorübergehend mit der Tat in Verbindung gebracht wurden sowie Spurensammlungen und Auswertungen.[98] Unstr. muss die Akte alle Ermittlungsverläufe und -ergebnisse enthalten, die für das Verfahren relevant sind[99] bzw. sein könnten.[100] Richtigerweise sind Akten iS der Norm daher auch **alle** Aufzeichnungen, die im Rahmen der Ermittlungen entstanden sind, also auch die sog Spurenakten.[101] Tatsächlich ist für die Bewertung der Ermittlungser- 20

---

88 *Burkhard* StV 2000, 526; aA OLG Frankfurt a. M. 10.6.2003 – 2 Ws 01/03, NStZ 2003, 566.

89 BGH 18.6.2009 – 3 StR 89/09, StV 2010, 228 (229 f.) mAnm *Stuckenberg*; SK-StPO/*Wohlers* Rn. 28, 32.

90 BGH 18.6.2009 – 3 StR 89/09, StV 2010, 228 mAnm *Stuckenberg*.

91 SK-StPO/*Wohlers* Rn. 32; *Wohlers/Schlegel* NStZ 2010, 486 (489).

92 BGH 11.2.2000 – 3 StR 377/99, NJW 2000, 1661 (1662); BGH 2.9.1997 – 5 StR 433/97, NStZ 1998, 97.

93 BGH 7.3.1996 – 1 StR 688/95, BGHSt 42, 71 = NStZ 1997, 43 mAnm *Gillmeister*; BGH 29.5.1963 – 6 BJs 497/62 – StB 5/63, BGHSt 18, 369 = NJW 1963, 1462 m. zust. Anm. *Arndt* JZ 1963, 609; OLG Schleswig 10.1.1989 – 1 Ws 22/89, StV 1989, 95; HK-StPO/*Julius* Rn. 6, 18; KK/*Laufhütte* Rn. 9; SK-StPO/*Wohlers* Rn. 46 ff.; vgl. BGH 23.10.1997 – 5 StR 317/97, NStZ 1998, 97; aA Meyer-Goßner/*Schmitt* Rn. 16.

94 AK/*Stern* Rn. 21; HK-StPO/*Julius* Rn. 7; KK/*Laufhütte* Rn. 13; Löwe/Rosenberg/*Lüderssen/Jahn* Rn. 59 ff.; SK-StPO/*Wohlers* Rn. 46; vgl. BGH 23.10.1997 – 5 StR 317/97, NStZ 1998, 97; OLG Hamm 5.5.1983 – 7 VAs 16/82, NJW 1984, 880; *Gillmeister* NStZ 1997, 44.

95 OLG Hamburg 7.12.1983 – VAs 15/83, StV 1984, 11 (12); AK/*Stern* Rn. 21; KK/*Laufhütte* Rn. 20; weiter: HK-StPO/*Julius* Rn. 7; Löwe/Rosenberg/*Lüderssen/Jahn* Rn. 52, 60; einschr. SK-StPO/*Wohlers* Rn. 41 ff.; aA BVerfG 12.1.1983 – 2 BvR 864/81, BVerfGE 63, 45 (65) = NJW 1983, 1043; bei Einstellung des Verfahrens nach § 170 Abs. 2 OLG Hamm 5.5.1983 – 7 VAs 16/82, NJW 1984, 880.

96 Ausf. KK/*Laufhütte* Rn. 9.

97 OLG Hamburg 7.12.1983 – VAs 15/83, StV 1984, 11 (12); SK-StPO/*Wohlers* Rn. 44; 119; *Gaede* HRRS 2004, 44; *Sommer* StraFo 2002, 52.

98 BGH 18.6.2009 – 3 StR 89/09, StV 2010, 228 (229 f.).

99 Meyer-Goßner/*Schmitt* Rn. 18 mwN. zum Streit.

100 KK/*Laufhütte* Rn. 7; Heghmanns/Scheffler/*Dallmeyer* Rn. 328.

101 OLG Koblenz 12.3.1981 – 1 Ws 64/81, NJW 1981, 1570; AK/*Stern* Rn. 20; HK-StPO/*Julius* Rn. 7; Löwe/Rosenberg/*Lüderssen/Jahn* Rn. 50; SK-StPO/*Wohlers* Rn. 38; *Dünnebier* StV 1981, 504; *Wohlers/Schle-*

gebnisse der gesamte Verlauf der Ermittlungen relevant; auch nicht (weiter)verfolgte Spuren etc sind ggfs von Gewicht;[102] die Relevanz für die Verteidigung muss von dieser selbst bewertet werden.[103] Interessen Dritter können das Akteneinsichtsrecht nicht einschränken.[104] Dagegen wird in der Rspr. ein umfassendes Einsichtsrecht unter Hinweis darauf abgelehnt, dass sich der formelle Aktenbegriff durch die Tat und den konkreten Beschuldigten bestimme.[105] Zumindest der Verlauf der Ermittlungen muss jedoch vollständig dokumentiert sein.[106] Nach der Rspr. kann die Verteidigung Beweisanträge sowie einen Antrag auf Einsicht bei der StA als Nichtbeteiligte stellen.[107] Dafür muss die Verteidigung jedoch zumindest umfassende Kenntnis von der Existenz der Spurenakten sowie von deren ungefähren Inhalt erlangen.[108]

21 **f) Straßenverkehrsdelikte.** Bei Verfahren wegen Straßenverkehrsdelikten sind von dem Einsichtsrecht explizit auch die Bedienungsanleitung des Messgeräts,[109] Eichunterlagen,[110] Ton- und Bildaufnahmen (in digitaler Kopie)[111] und der gesamte Messfilm[112] umfasst;[113] auch wenn die Unterlagen nicht in der Papierakte enthalten, sondern allgemeine Unterlagen der Behörde sind. In diesem Fall ist Einsicht vor Ort zu gewähren; an auswärtige Verteidiger ist eine Kopie zu versenden.[114] Das Urheberrecht steht dem nicht entgegen.[115] Soweit eine sog „Lebensakte" technischer Geräte geführt wird, betrifft das Einsichtsrecht auch diese.[116]

22 **g) Sonstiges.** Der Bericht der **Jugendgerichtshilfe** ist Aktenbestandteil.[117] Kein Anspruch auf Einsicht besteht nach hM in die Arbeitsunterlagen des **Sachverständigen**;

---

gel NStZ 2010, 486 (487 ff.); *Danckert* StV 1989, 10; *Beulke,* FS Dünnebier, 1982, 285; aA *Pfeiffer,* FS Odersky, 1996, 459 (456).

[102] AK/*Stern* Rn. 20; SK-StPO/*Wohlers* Rn. 35, 38; vgl. BGH 11.3.2003 – 3 StR 28/03, NStZ 2003, 666.

[103] Ausf. *Bender/Nack* ZRP 1983, 1; *Wohlers/Schlegel* NStZ 2010, 486 (489 ff.); *Welp,* FS Peters, 1984, 209 (310 f.); vgl. *EGMR* 22.7.2003 – StraFo 2003, 360 – Edwards and Lewis / UK mAnm *Sommer;* BGH 25.1.1983 – 5 StR 782/82, NStZ 1983, 228; OLG Hamm 9.1.1984 – 1 VAs 1/84, NStZ 1984, 423, mAnm *Meyer-Goßner.*

[104] HK-StPO/*Julius* Rn. 7; *Bender/Nack* ZRP 1983, 1 (5); *Welp,* FS Peters, 1984, 209 (311).

[105] BGH 18.6.2009 – 3 StR 89/09, StV 2010, 228 (229 f.); BGH 26.5.1981 – 1 StR 48/81, BGHSt 30, 131 (138 f.) = StV 1981, 500 m. abl. Anm. *Dünnebier;* verfassungsgemäß: BVerfG 12.1.1983 – 2 BvR 864/81, BVerfGE 63, 45 (59 f.) = NStZ 1983, 275 m. krit. Anm. *Peters* und *Amelung* StV 1983, 181.

[106] KK/*Laufhütte* Rn. 7.

[107] BVerfG 12.1.1983 – 2 BvR 864/81, BVerfGE 63, 45 = NStZ 1983, 273 mAnm. *Peters* und *Amelung* StV 1983, 181; weiter *Meyer-Goßner* NStZ 1982, 353 (357).

[108] *Wohlers/Schlegel* NStZ 2010, 486 (491 f.); vgl. BGH 11.3.2003 – 3 StR 28/03, NStZ 2003, 666; OLG Hamm 9.1.1984 – 1 VAs 1/84, NStZ 1984, 423 (424) mAnm *Meyer-Goßner.*

[109] Ua LG Wiesbaden 11.8.2011 – Js-OWi 32284/10-76 OWi bei Bock DAR 2011, 606 (Fn. 4); LG Ellwangen 14.12.2009 – 1 Qs 166/09, DAR 2011, 418 mAnm *Bölck;* AG Lüdinghausen 9.2.2012 – 19 OWi 19/12, DAR 2012, 156.

[110] AG Heidelberg 5.1.2012 – 3 OWi 731/11, VRR 2012, 43.

[111] OLG Celle 13.1.2012 – 322 SsRs 420/11, DAR 2012, 216.

[112] AG Stuttgart 29.12.2011 – 16 OWi 3433/11, VRR 2012, 83; AG Senftenberg 26.4.2011 – 59 OWi 93/11, DAR 2011, 422 (vollständige Messserie); offen: OLG Celle 13.1.2012 – 322 SsRs 420/11, DAR 2012, 216.

[113] Übersicht der Rspr. bei *Bock* DAR 2011, 606.

[114] LG Ellwangen 14.12.2009 – 1 Qs 166/09, DAR 2011, 418 mAnm *Bölck;* AG Bremervörde 6.9.2011 – 11 OWi 91/11, VRR 2011, 363; einschr. AG Hamm 18.5.2011 – 12 OWi 283/11, VRR 2011, 275; aA wg Urheberrecht: AG Gelnhausen 14.9.2010 – 44 OWi – 2945 Js 13251/10, DAR 2011, 421.

[115] Ua LG Lübeck 25.7.2011 – 4 Qs 136/11, DAR 2011, 713; LG Dresden-Roßlau 24.5.2011 – 6 Qs 393 Js 23360/10 (101/11), VRR 2011, 275; AG Heidelberg 5.1.2012 – 3 OWi 731/11, VRR 2012, 43; AG Stuttgart 29.12.2011 – 16 OWi 3433/11, VRR 2012, 83; AG Hildesheim 18.5.2011 – 12 OWi 283/11, VRR 2012, 76.

[116] AG Erfurt 25.3.2010 – 64 OWi 624/10, DAR 2010, 713 mAnm *Miller,* vgl. AG Heidelberg 5.1.2012 – 3 OWi 731/11, VRR 2012, 43; aA LG Lübeck 25.7.2011 – 4 Qs 136/11, DAR 2011, 713; AG Aachen 24.2.2011 – 449 OWi 41/11, Verkehrsrecht aktuell 2011, 86; AG Schwelm 13.4.2010 – 64 OWi 18/10 (b), VRR 2010, 236.

[117] SK-StPO/*Wohlers* Rn. 53.

jedoch ist die diesbezügliche Aufklärungspflicht des Gerichts zu beachten.[118] Wird statt oder neben der Polizeibehörde und der StA zugleich auch die **Steuerfahndung** tätig, muss diese denselben Pflichten zur Aktenvollständigkeit und -wahrheit gerecht werden.[119] Zur Vorbereitung von gerichtlichen Entscheidungen im Rahmen des **Strafvollzugs** besteht neben dem Recht des Inhaftierten aus § 185 StVollzG das weitergehende, umfassende Akteneinsichtsrecht in die **Gefangenenakte;**[120] dies umfasst jedoch nicht die Einsicht in vorbereitende Entwürfe, die noch nicht Teil der Akte geworden sind (→ Rn. 17).[121] Auch in die **Krankenakte im Maßregelvollzug** besteht vollständiges Einsichtsrecht, welches sich nicht nur auf die Dokumentation objektiver Behandlungsfakten, sondern auch auf subjektive Berichte und Einschätzungen bezieht.[122]

4. Beweisstücke. Beweisstücke iS des Abs. 1 sind alle beschlagnahmten und sichergestellten Augenscheinsobjekte iS des § 94.[123] Ebenfalls als Beweisstück iS des Abs. 1 sind alle nach § 111b sichergestellten Gegenstände anzusehen, die als Beweismittel in Betracht kommen, sowie sämtliche potentiellen Augenscheinsobjekte oder Gegenstände, die im Rahmen eines Sachverständigengutachtens oder zum Vorhalt bei Vernehmungen benutzt werden.[124] Auf die **Art der Verwahrung** kommt es, trotz des Wortlauts in Abs. 1, wegen Sinn und Zweck der Norm nicht an;[125] ebenso für das Besichtigungsrecht irrelevant sind auch mögliche **Beweisverwertungsverbote.**[126] **Urkunden** sind nur insoweit Beweismittel, als sie Augenscheinsobjekte sind, andernfalls stellen sie originäre Aktenbestandteile dar.[127] Auch hinsichtlich vervielfältigungsfähiger **Datenträger,** etwa **Videoaufnahmen,** wird danach unterschieden, ob es nur auf deren Inhalt (dann Akte) oder auch auf die Beschaffenheit ankommt. Ton- und Bildaufnahmen von Zeugenvernehmungen oder TÜ-Mitschnitte sind somit Aktenbestandteil,[128] da keine Gefahr des Beweismittelverlusts und keine Gefahr für die Beweismittelintegrität besteht.[129] Lediglich Originale von Bild- oder Tonaufnahmen, die nicht im Ermittlungsverfahren erstellt wurden, sind Beweisstücke;[130] dies gilt jedoch nicht für deren Kopien; zum Anspruch auf die Erstellung von Kopien: Rn. 38 f. Im Zusammenhang mit der **Durchsicht** nach § 110 ist zu bemerken, dass vorläufig sichergestellte Unterlagen noch keine Beweisstücke sind;[131] jedoch ist dem Verteidiger die Einsichtnahme bzw. Anwesenheit bei der Durchsicht zu gestatten, wenn es sich um Unterlagen des Beschuldigten handelt bzw. wenn der Berechtigte einverstanden ist.[132] 23

[118] Meyer-Goßner/*Schmitt* Rn. 18b; vgl. BGH 14.7.1995 – 3 StR 355/94, StV 1995, 565; *Lehmann* GA 2005, 639.

[119] HK-StPO/*Julius* Vor § 147 Rn. 3; *Polenz* NJW 2009, 1921 (1924 f.); ausf. *Burkhard* DStR 2002, 1794; *Burkhard* StV 2000, 526.

[120] OLG Nürnberg 27.10.2011 – 2 Ws 456/11, StV 2012, 168; OLG Nürnberg 1.12.2003 – Ws 1030/03, NStZ-RR 2004, 318 (319); HK-StPO/*Julius* Rn. 19; KK/*Laufhütte* Rn. 6 mwN; SK-StPO/*Wohlers* Rn. 57; einschr. Löwe/Rosenberg/*Lüderssen/Jahn* Rn. 85; vgl. aber OLG Hamm 22.12.1992 – 1 Vollz (Ws) 89/92, NStZ 1993, 255.

[121] Vgl. KG 9.9.2010 – 2 Ws 390/10 Vollz, StRR 2011, 117.

[122] HK-StPO/*Julius* Rn. 19; vgl. BVerfG 9.1.2006 – 2 BvR 443/02, StV 2007, 421 mwN mAnm. *Peter* und *Klatt* JZ 2007, 95; zu eng: OLG Jena 7.11.2011 – 1 Ws 409/11.

[123] *Schlag*, FS Koch, 1989, 229 (230); mwN.

[124] SK-StPO/*Wohlers* Rn. 85.

[125] AllgA.

[126] HK-StPO/*Julius* Rn. 24; Löwe/Rosenberg/*Lüderssen/Jahn* Rn. 109; Meyer-Goßner/*Schmitt* Rn. 19; SK-StPO/*Wohlers* Rn. 88; Rieß, FS Peters, 1984, 113 (Fn. 44); vgl. StA Frankenthal StraFo 2005, 425; aA *Schäfer* NStZ 1984, 203 (208).

[127] KG 28.6.1991 – 5 Ws 165/91 REHA, JR 1992, 123 (124); AK/*Stern* Rn. 23; SK-StPO/*Wohlers* Rn. 86; *Rieß*, FS Peters, 1984, 113 (122); aA *Schäfer* NStZ 1984, 203 (204).

[128] OLG Stuttgart 12.11.2002 – 4 Ws 267/02, StV 2003, 17; AK/*Stern* Rn. 23; HK-StPO/*Julius* Rn. 5; *Stuckenberg* StV 2010, 231; *Rieß* NJW 1998, 3240 (3241); Heghmanns/Scheffler/*Dallmeyer* Rn. 330 f.; aA OLG Karlsruhe 29.5.2012 – 2 Ws 146/12, NJW-Spezial 2012, 442.

[129] OLG Stuttgart 12.11.2002 – 4 Ws 267/02, NJW 2003, 767; Löwe/Rosenberg/*Lüderssen/Jahn* Rn. 107; SK-StPO/*Wohlers* Rn. 73.

[130] SK-StPO/*Wohlers* Rn. 86.

[131] OLG Jena 20.11.2000 – 1 Ws 313/00, NJW 2001, 1290 (1294).

[132] Vgl. OLG Jena 20.11.2000 – 1 Ws 313/00, NJW 2001, 1290 (1294).

III. Vor Abschluss der Ermittlungen

24 **1. Beschränkung zum Schutz der Ermittlungen.** Das Einsichtsrecht ist so früh wie möglich, also **regelmäßig** vor Abschluss der Ermittlungen zu gewähren.[133] Nach dem – mit Art. 6 EMRK[134] und dem GG vereinbaren – **Abs. 2 S. 1** können jedoch Aktenteile oder temporär die gesamte Akte zurückgehalten werden; gleiches gilt für Beweisstücke.[135] Abs. 2 S. 1 berechtigt indes nur zur Zurückhaltung von Informationen; keinesfalls dürfen Ermittlungen durch falsche Angaben in den Akten geschützt werden.[136] Sind die Akten zu Gericht gelangt, besteht das Einsichtsrecht unbedingt, auch wenn die StA zuvor eine Sperrung nach Abs. 2 erklärt hat.[137] Voraussetzung einer Zurückhaltung nach Abs. 2 S. 1 ist eine Gefährdung des Untersuchungszwecks; dh eine wahrscheinliche **Gefährdung des Ermittlungserfolgs** durch die beantragte Akteneinsicht. Dabei ist zu beachten, dass Verzögerungen der Ermittlungen durch eine Einsicht (erg. Rn. 10, 35) sowie ein rechtmäßiges Verteidigungshandeln (auch des Beschuldigten) keine Gefährdung in diesem Sinne darstellt.[138] Hinsichtlich einer Gefährdung, die durch die Person des Verteidigers droht, sind §§ 138a ff. abschließend.[139] Die Akteneinsicht ist nur dann nach Abs. 2 S. 1 zu versagen, wenn konkret davon auszugehen ist, dass der Beschuldigte aufgrund der Informationen aus der Akte Verdunklungshandlungen vornehmen wird oder wenn geplante Ermittlungsmaßnahmen voraussetzen, dass sie unbemerkt bzw. überraschend vorgenommen werden können; so etwa bei Anträgen auf Erlass eines Durchsuchungsbeschlusses bzw. unvollstreckten Durchsuchungsbeschlüssen in der Akte.[140] Hat der Beschuldigte anderweitig von Haft- oder Durchsuchungsanordnungen Kenntnis erlangt, kann die Akteneinsicht nicht mehr zu einer Gefährdung des Ermittlungserfolgs führen;[141] allenfalls kommt eine Gefährdung noch hinsichtl. solcher Aktenteile in Betracht, die Kenntnisse hinsichtlich der konkreten Ausgestaltung der geplanten Ermittlungsmaßnahme vermitteln.[142] Nicht ausreichend für die Bejahung einer Gefährdung ist die möglicherweise drohende Weitergabe von Informationen aus der Akte an andere Bandenmitglieder;[143] die Gefährdung muss sich nämlich – im Umkehrschluss zu Abs. 7 S. 1 und § 406e Abs. 2 S. 2 – auf das vorliegende Verfahren beziehen.[144]

25 In Gänze kann die Akteneinsicht nur versagt werden, wenn die Gefährdung des Untersuchungszwecks nicht durch die Zurückhaltung einzelner Bestandteile ausreichend verhindert werden kann.[145] Ob die Einsicht versagt wird, ist eine **Ermessensentscheidung** der StA.

---

133 BVerfG 12.1.1983 – 2 BvR 864/81, BVerfGE 63, 45 (62) = NJW 1983, 1043; BGH 11.11.2004 – 5 StR 299/03, BGHSt 49, 317 (330) = NJW 2005, 300; AK/*Stern* Rn. 49; *Walischewski* StV 2001, 243.

134 EGMR 13.12.2007 – 11364/03, StV 2008, 475 (482) – Mooren / BRD; *EGMR* 19.6.2001 – StraFo 2002, 52 – Atlan ua / Vereinigtes Königreich; EGMR 13.2.2001 – 23541/94, StV 2001, 201 (202) – Lietzow / BRD; EGMR 13.2.2001 – 23541/94, StV 2001, 205 (206) – Alva/ BRD.

135 BVerfG 11.7.1994 – 2 BvR 777/94, NJW 1994, 3219 (3220); BVerfG 15.1.2004 – 2 BvR 1895/03, wistra 2004, 179 m. krit. Anm. *Kempf* StraFo 2004, 299.

136 BGH 11.2.2010 – 4 StR 436/09, NStZ 2010, 294.

137 LG Nürnberg-Fürth 12.1.2011 – 7 Qs 96/10, StraFo 2011, 225 (226).

138 Löwe/Rosenberg/*Lüderssen/Jahn* Rn. 133; SK-StPO/*Wohlers* Rn. 96; *Deckers* NJW 1994, 2261 (2263); *Schlothauer* StV 2001, 192 (194).

139 AK/*Stern* Rn. 48; Löwe/Rosenberg/*Lüderssen/Jahn* Rn. 134; SK-StPO/*Wohlers* Rn. 96.

140 Meyer-Goßner/*Schmitt* Rn. 25; vgl. BGH 3.10.1979 – 3 StR 264/79, BGHSt 29, 99 (103) = NJW 1980, 64; m. zust. Anm. *Kuckuck* NJW 1980, 298 und *Müller-Dietz* JR 1981, 76; SK-StPO/*Wohlers* Rn. 96; *Dahs* Rn. 261; krit. zum Überraschungseffekt: *Burkard* DStR 2002, 1794 (1796).

141 LG Aschenburg 14.3.1997 – Qs 35/97, StV 1997, 644; Graf/*Wessing* Rn. 5; *Beulke/Witzigmann* NStZ 2011, 254 (257); *Schlothauer* StV 2001, 192 (1935); vgl. LG Berlin 18.2.2010 – 536 Qs 1/10, StV 2010, 352 (353 f.); *Walischewski* StV 2001, 243 (248); aA KG 6.7.2011 – 4 Ws 57/11, StraFo 2012, 15 mAnm. *Herrmann* und *Peglau* JR 2012, 231; OLG München 27.8.2008 – 2 Ws 763/08, StV 2009, 538. m. abl. Anm. *Wohlers*; OLG Hamm 30.1.2001 – 1 Ws 438/00, NStZ-RR 2001, 254.

142 Vgl. KG 6.7.2011 – 4 Ws 57/11, StraFo 2012, 15 mAnm *Herrmann*.

143 LG Regensburg 17.12.2003 – 2 Qs 167/03, StV 2004, 369.

144 AK/*Stern* Rn. 47; HK/*Julius* Rn. 14; SK-StPO/*Wohlers* Rn. 96; aA BGH 26.1.2011 – 4 BGs 1/11, NStZ 2012, 223; Meyer-Goßner/*Schmitt* Rn. 25; *Senge*, FS Strauda, 2006, 459 (464).

145 Heghmanns/Scheffler/*Dallmeyer* Rn. 350; *Kühne* Rn. 216; vgl. SK-StPO/*Wohlers* Rn. 97; *Burkard* DStR 2002, 1794 (1796).

Ein Ermessensspielraum besteht jedoch nicht hinsichtlich der Annahme des Vorliegens einer Gefährdung; diese muss in konkreter Art und Weise aufgrund **konkreter Anhaltspunkte** erwartbar sein.[146] In der Regel ist dies nur zu Beginn der Ermittlungen gegeben.[147] Das Vorliegen der Gefährdung und die darauf folgende Ermessensausübung der StA sind **gerichtlich überprüfbar.**[148] Die StA muss sich bei der Zurückhaltung ausdrücklich auf Abs. 2 berufen;[149] Abs. 5 S. 3 rechtfertigt nicht die unterlassene Mitteilung der Versagung.[150] Im Falle einer Teilversagung ist die Entnahme von Aktenteilen kenntlich zu machen.[151] Die Begr. der Entscheidung ist zur Ermöglichung einer gerichtlichen Überprüfung aktenkundig zu machen.[152]

Sobald der **Abschluss der Ermittlungen** gem. § 169a in den Akten vermerkt ist, muss unverzüglich vollständige Einsicht gewährt werden; nach richtiger allgA gilt dies auch dann, wenn die Ermittlungen zu einem späteren Zeitpunkt wieder aufgenommen werden. Wurde die Einsicht beschränkt oder verwehrt, ist der Verteidiger gem. **Abs. 6 S. 2** ohne sein Zutun sofort zu unterrichten, wenn die Beschränkungsgründe entfallen sind; dies ist spätestens mit Abschluss der Ermittlungen der Fall. In der Regel ist die Akte statt der Mitteilung ohne weiteren Antrag unverzüglich zu übersenden.[153] Nach Gewährung vollständiger Akteneinsicht muss vor Anklageerhebung eine angemessene Frist zur Abgabe einer Stellungnahme gewährt werden.[154] Bei **eingestellten Verfahren** (→ Rn. 9) kann Abs. 2 einer Einsicht nicht entgegenstehen, da die Ermittlungen beendet sind –[155] eine Ausnahme besteht lediglich im Falle einer Einstellung nach § 153c.[156] Das uneingeschränkte Einsichtsrecht besteht dann auch hinsichtlich Beiakten aus **anderen Verfahren**, in denen die Ermittlungen noch nicht abgeschlossen sind.[157] 26

2. Einschränkung der Einschränkung. a) Haftsachen – Abs. 2 S. 2. Bei dem inhaftierten Beschuldigten dürfte es zumeist schon an den Voraussetzungen einer Versagung nach Abs. 2 S. 1 mangeln (→ Rn. 24). Soweit jedoch der Versagungsgrund nach Abs. 2 S. 1 ausnahmsweise vorliegt, ist die Möglichkeit einer Versagung der Akteneinsicht durch Abs. 2 S. 2 weiter eingeschränkt. Die Regelung in Abs. 2 S. 2 wurde zur Umsetzung der Rspr. des EGMR 2009 eingefügt 27

Demnach sind bei (vorläufiger) Inhaftierung die Unterlagen von einer Versagung nach Abs. 2 S. 1 ausgenommen, auf denen der Haftbefehl bzw. seine Beantragung beruht, dh sowohl die Aktenbestandteile und Beweisstücke, aus denen sich der Haftgrund ergibt, als auch die Teile, aus denen sich der dringende Tatverdacht ergibt. Um eine effektive Verteidigung – die eine eigenständige Be- und Verwertung von Ermittlungsergebnissen beinhaltet – zu ermöglichen, ist dieser Katalog „versagungsfreier" Aktenteile weit auszule-

---

[146] AK/*Stern* Rn. 46; Graf/*Wessing* Rn. 5; HK/*Julius* Rn. 14; Löwe/Rosenberg/*Lüderssen/Jahn* Rn. 135; SK-StPO/*Wohlers* Rn. 97; Radke/*Hohmann* Rn. 15; *Ambos* ZStW 115 (2003), 583 (630); *Burkhard* DStR 2002, 1794 (1796); *Burkhart* wistra 1996, 171 (173); *Deckers* NJW 1994, 2261 (2263); *Eisenberg* NJW 1991, 1257 (1260); *Kempf* StraFo 2004, 299 (300); vgl. BGH 3.10.1979 – 3 StR 264/79 (S), BGHSt 29, 99 (103) = NJW 1980, 64 m. zust. Anm. *Kuckuck* NJW 1980, 298 und *Müller-Dietz* JR 1981, 76; LG Regensburg 17.12.2003 – 2 Qs 167/03, StV 2004, 369 (*„vage und entfernte Möglichkeiten reichen nicht"*); aA Meyer-Goßner/*Schmitt* Rn. 25; KK/*Laufhütte* Rn. 15.

[147] HK/*Julius* Rn. 14.

[148] LG Regensburg, StV 2004, 369; LG Landau 16.7.2001 – 3 QS 109/01, StV 2001, 613 mAnm *Schlothauer*; *Schlothauer* StV 2001, 192 (195); Graf/*Wessing* Rn. 5; SK-StPO/*Wohlers* Rn. 97.

[149] AK/*Stern* Rn. 44; vgl. *Dahs* NJW 1985, 1113 (1115).

[150] Heghmanns/Scheffler/*Dallmeyer* Rn. 353.

[151] Börner NStZ 2010, 417 (421).

[152] *Welp*, FS Peters, 1984, 309 (330).

[153] Vgl. EGMR 13.2.2001 – 25116/94, StV 2001, 203 (204 f.) – Schöps / BRD mAnm *Kempf*.

[154] AK/*Stern* Rn. 55 f.; Löwe/Rosenberg/*Lüderssen/Jahn* Rn. 139; anders wohl BGH 23.2.2010 – 4 StR 599/09, NStZ 2010, 530 (531).

[155] OLG Hamburg 3.9.1997 – 1 VAs 6/97, NJW 1997, 3255 (3256); HK-StPO/*Julius* Rn. 17.

[156] BGH 26.1.2011 – 4 BGs 1/11, NStZ 2012, 223.

[157] OLG Schleswig 10.1.1989 – 1 Ws 22/89, StV 1989, 95; Graf/*Wessing* Rn. 5; vgl. aber BGH 11.11.2004 – 5 StR 299/03, BGHSt 49, 317 (329 ff.) = NJW 2005, 300; SK-StPO/*Wohlers* Rn. 96.

gen.[158] Nach konventionengerechter Auslegung umfasst dies keinesfalls nur die Unterlagen, auf die der Haftbefehl gestützt wird;[159] Vielmehr bedarf es zur Beurteilung des Tatverdachts in der Regel einer **vollständigen Akteneinsicht.**[160] Unstr. ist in jedem Fall mindestens Einsicht in die Akten zu gewähren, die die StA dem Gericht vorlegt.[161] Ist eine Akteneinsicht ausnahmsweise nicht möglich, sind zumindest Abschriften der Aktenbestandteile herauszugeben. Trotz S. 2 aE ist eine anderweitige Information nicht ausreichend; insbes. nicht eine zusammenfassende (mündliche oder schriftliche)[162] Schilderung der Strafverfolgungsbehörden.[163] Auf Aktenbestandteile, die gleichwohl zurückgehalten werden, kann eine gerichtliche Entscheidung – auch eine solche nach § 121 Abs. 1 –[164] nicht gestützt werden. Der Haftbefehl ist aufzuheben, wenn überhaupt keine Akteneinsicht gewährt wird.[165] Die Entscheidung über die Anordnung oder Aufrechterhaltung von U-Haft ist ein kontradiktorisches Verfahren, welches nur bei gleichem Informationsstand dem Erfordernis eines *fair Trial* genügt – Art. 5 Abs. 4 iVm Art. 6 **EMRK.**[166] Insofern kann und darf die Verteidigung nicht auf Schlussfolgerungen des Gerichts aufgrund ihr selbst unbekannter Beweismittel verwiesen werden.[167] Der Wahlverteidiger kann – unter Gesichtspunkten der Waffengleichheit – auch nicht darauf verwiesen werden, dass der Pflichtverteidiger bereits Akteneinsicht erhalten hat, die dem Beschuldigten – und hierüber auch dem Wahlverteidiger – zuzurechnen sei.[168] Das Einsichtsrecht besteht während der gesamten U-Haft; Abs. 2 S. 2 gilt nicht nur im Kontext einzelner Entscheidungen.[169] Das Einsichtsrecht bezieht sich indes nur auf dasjenige Verfahren, in dem die Untersuchungshaft vollstreckt wird.[170]

28 Str. ist die Anwendung des Abs. 2 S. 2 beim erlassenen, aber noch **nicht vollstreckten Haftbefehl.** Auch der nur offene Haftbefehl stellt bereits einen Eingriff dar; zur Beschwerde ist die Aktenkenntnis nötig. Schon vor Einführung des S. 2 durfte sich die Entscheidung

[158] LG Kiel 14.6.2006 – 46 Qs 42/06, NStZ 2007, 424; BT-Drs. 16/13097, 17; Heghmanns/Scheffler/*Dallmeyer* Rn. 355; vgl. LG Ravensburg 27.11.2006 – 2 Qs 160/06, NStZ-RR 2007, 114 (115); krit. *Roxin/Schünemann* § 19 Rn. 67.

[159] BT-Drs. 16/13097, 17; *Hilger* GA 2006, 294 (297); *Kempf* StV 2001, 206 (207).

[160] LG Kiel 14.6.2006 – 46 Qs 42/06, NStZ 2007, 424; AG Halberstadt 8.4.2004 – 3 Gs 12/04, StV 2004, 549; HK/*Julius* Rn. 15; *Ambos* NStZ 2003, 14; *Borggräfe/Schütt* StraFo 2006, 133 (136); *Deckers* StV 2002, 319 (320); *Kühne/Esser* StV 2002, 383 (391); *Pauly* StV 2010, 492; *Püschel* StraFo 2009, 134 (135); *Kieschke/Osterwald* NJW 2002, 2003; Heghmanns/Scheffler/*Dallmeyer* Rn. 354; Heghmanns/Scheffler/*Meinen* Rn. 165 f.; Roxin/Schünemann § 19 Rn. 67; vgl. auch LG Ravensburg 27.11.2006 – 2 Qs 160/06, NStZ-RR 2007, 114 (115); einschr. bzgl. Beweisstücken EGMR 11.3.2008 – 41077/04, NStZ 2009, 164 – Falk / BRD m. zust. Anm. *Strafner*; einschr. bzgl. trennbarer Vorwürfe: *Peglau* JR 2012, 231 (232 f.); aA OLG Köln 29.5.2001 – 2 Ws 215/01, NStZ 2002, 659; Graf/Wessing Rn. 6.

[161] SK/*Wohlers* Rn. 65; *Beulke/Witzigmann* NStZ 2011, 254 (259 f.); *Börner* NStZ 2010, 417 (421); *Marberth-Kubicki* StraFo 2003, 366 (368); *Pauly* StV 2010, 492; *Rau* StraFo 20008, 9 (12).

[162] EGMR 13.12.2007 – 11364/03, StV 2008, 475 (481) mAnm *Hagmann* und *Pauly* mwN; SK/*Wohlers* Rn. 64; *Beulke/Witzigmann* NStZ 2011, 254 (257); *Rau* StraFo 2008, 9 (12); *Weider* StV 2010, 102 (105).

[163] BT-Drs. 16/11644, 33; EGMR 9.7.2009 – 11364/03, StV 2010, 490 mAnm. *Pauly* StV 2010, 492; EGMR 13.2.2001 – 24479/94, StV 2001, 201 (202) – Lietzow / BRD; EGMR 13.2.2001 – 25116/94, StV 2001, 203 (204) – Schöps. /. BRD; EGMR 13.2.2001 – 23541/94, StV 2001, 205 (206) – Alva/ BRD jeweils mAnm. *Kempf und Kieschke/Osterwald* NJW 2002, 2003; *Hilger* GA 2006, 294 (297); einschr. *Peglau* JR 2012, 231 (234).

[164] OLG Hamm 13.2.2002 – 2 BL 7/02, StV 2002, 318 mAnm *Deckers*; aA Meyer-Goßner/*Schmitt* Rn. 25a; nach aF OLG Hamm 20.12.2007 – 3 Ws 676/07, wistra 2008, 195.

[165] BT-Drs. 16/11644, 33; HK/*Julius* Rn. 15; SK/*Wohlers* Rn. 65; *Beulke/Witzigmann* NStZ 2011, 254 (259); schon nach aF: BVerfG 11.7.1994 – 2 BvR 777/94, NJW 1994, 3219 (3220); BGH 28.9.1995 – StB 54/95, NJW 1996, 734; OLG Köln 29.5.2001 – 2 Ws 215/01, NStZ 2002, 659; *Ambos* NStZ 2003, 14 (15); *Kühne/Esser* StV 2002, 383 (392); *Pauly* StV 2008, 484 (486); weiter: AG Halberstadt 8.4.2004 – 3 Gs 12/04, StV 2004, 549.

[166] EGMR 9.7.2009 – 11364/03, StV 2010, 490 mAnm. *Pauly* StV 2010, 492; EGMR 13.12.2007 – 11364/03, StV 2008, 475 (481 f.) mAnm *Hagmann* und *Pauly* mwN; EGMR 13.2.2001 – 24479/94, StV 2001, 201 (202) – Lietzow / BRD; EGMR 13.2.2001 – 25116/94, StV 2001, 203 – Schöps / BRD jeweils mAnm *Kempf;* zu § 115a: *Weider* StV 2010, 102 (105 f.); *Schlothauer/Weider* U-Haft Rn. 361 f.

[167] EGMR 13.2.2001 – 24479/94, StV 2001, 201 (202) – Lietzow / BRD mAnm *Kempf.*

[168] So aber: OLG Naumburg 21.1.2011 – 1 Ws 52/11, NStZ 2011, 599.

[169] *Peglau* JR 2012, 231 (232).

[170] BGH 26.1.2011 – 4 BGs 1/11, NStZ 2012, 223.

des Gerichts nur auf bekannte Aktenbestandteile stützen. Demnach sind diese entscheidungsrelevanten Aktenteile auch im Falle des Vorhandenseins eines nichtvollzogenen Haftbefehls zur Verfügung zu stellen.[171] Im Übrigen ist auch jenseits des Abs. 2 S. 2 das Informationsrecht des in U-Haft befindlichen Beschuldigten bei der Entscheidung der StA nach Abs. 2 S. 1 in gesteigertem Maße zu berücksichtigen, da der Beschuldigte bereits durch den Freiheitsentzug im Ermittlungsverfahren einem gravierenden Eingriff in seine grundrechtlich geschützten Positionen ausgesetzt ist.[172]

b) Andere Zwangsmaßnahmen. Die Grundsätze der Akteneinsicht bei U-Haft (→ Rn. 27) sind auch auf andere Ermittlungsmaßnahmen, die in die Grundrechte des Beschuldigten eingreifen, wie dinglicher Arrest,[173] Durchsuchungen,[174] Beschlagnahme[175] und Telefonüberwachung[176] zu übertragen.[177] In konsequenter Anwendung von Art. 103 Abs. 1 gilt dies für jede richterl. Entscheidung zu Ermittlungsmaßnahmen.[178] Spätestens zur Beschwerdebegr. – als nachträgliche Wahrnehmung rechtlichen Gehörs (§ 33 Abs. 4) – muss der Verteidiger die Akten einsehen können.[179] Lagen die entscheidungserheblichen Aktenteile der Verteidigung nicht vor, ist der Beschwerde stattzugeben.[180] Nur bei erledigten Eingriffen kann alternativ die gerichtliche Entscheidung bis zur Gewährung von umfassender Akteneinsicht aufgeschoben werden.[181] Umgekehrt hat bereits die **StA** die vorstehend dargelegten Grundsätze zu beachten, so dass Maßnahmen zu unterlassen sind, wenn die StA nicht beabsichtigt, entspr. Akteneinsicht zu gewähren.[182] 29

c) Privilegierte Aktenbestandteile – Abs. 3. Bei einer rechtmäßigen Beschränkung des Einsichtsrechts nach Abs. 2 S. 1 müssen die in Abs. 3 genannten Aktenteile – Originale oder Kopien – der Verteidigung gleichwohl zugänglich gemacht werden. Darüber hinaus ist der Verteidiger durch die StA iS des § 136 Abs. 1 S. 1 über den Tatvorwurf zu informieren, wenn dem Beschuldigten diese Informationen noch nicht vorliegen. 30

Niederschriften über **Vernehmungen des Beschuldigten** iS des Abs. 3 sind alle polizeilichen, staatsanwaltschaftlichen und richterlichen Protokolle, unabhängig vom Status des 31

[171] OLG Köln 13.3.1998 – 2 Ws 115/98, StV 1998, 269; LG Berlin 18.2.2010 – 536 Qs 1/10, StV 2010, 352; LG Aschenburg 14.3.1997 – Qs 35/97, StV 1997, 644; SK/*Wohlers* Rn. 66; *Beulke/Witzigmann* NStZ 2011, 254 (258); *Herrmann* StraFo 2012, 17 (18 f.); aA BVerfG 27.10.1997 – 2 BvR 1769/97, NStZ-RR 1998, 108; KG 6.7.2011 – 4 Ws 57/11, StraFo 2012, 15 m. abl. Anm. *Herrmann*; OLG München 27.8.2008 – 2 Ws 763/08, StV 2009, 538 m. abl. Anm. *Wohlers*; Graf/*Wessing* Rn. 6; *Peglau* JR 2012, 231 (236); Heghmanns/Scheffler/*Dallmeyer* Rn. 355.

[172] Vgl. BVerfG 11.7.1994 – 2 BvR 777/94, NJW 1994, 3219 (3220); HK/Julius Rn. 15; *Beulke/Witzigmann* NStZ 2011, 254 (256, 258).

[173] BVerfG 19.1.2006 – 2 BvR 1075/05, NJW 2006, 1048; BVerfG 5.5.2004 – 2 BvR 1012/02, NJW 2004, 2443 m. zust. Anm. *Kempf* StraFo 2004, 299; *Borggräfe/Schütt* StraFo 2006, 133.

[174] BVerfG 4.12.2006 – 2 BvR 1290/05, NStZ 2007, 274; OLG Naumburg 12.11.2010 – 1 Ws 680/10, NStZ-RR 2011, 250 Ls. = BeckRS 2011, 07669; aA LG Saarbrücken NStZ-RR 2006, 80.

[175] Vgl. BVerfG 9.3.1965 – 2 BvR 176/63, BVerfGE 18, 399 (404) = NJW 1965, 1171; aA LG Berlin 16.12.2005 – 505 Qs 217/05, NStZ 2006, 472; LG Saarbrücken NStZ-RR 2006, 80.

[176] BVerfG 7.9.2007 – 2 BvR 1009/07, NStZ-RR 2008, 16.

[177] LG Berlin 18.2.2010 – 536 Qs 1/10, StV 2010, 352 (353); LG Neubrandenburg 16.8.2007 – 9 Qs 107/07, NStZ 2008, 655 (656); LG Ravensburg 27.11.2006 – 2 Qs 160/06, NStZ-RR 2007, 114; LG Kiel 14.6.2006 – 46 Qs 42/06, NStZ 2007, 424; SK/*Wohlers* Rn. 66a; *Beulke/Witzigmann* NStZ 2011, 254 (260); *Kempf* StraFo 2004, 299; *Walischewski* StV 2001, 243 (246).

[178] *Börner* NStZ 2010, 417 (418); *Börner* NStZ 2007, 680 (681); *Park* StV 2009, 276.

[179] BVerfG 7.9.2007 – 2 BvR 1009/07, NStZ-RR 2008, 16; BVerfG 5.5.2004 – 2 BvR 1012/02, NJW 2004, 2443 m. zust. Anm. *Kempf* StraFo 2004, 299.

[180] BVerfG 19.1.2006 – 2 BvR 1075/05, NJW 2006, 1048 (1049); LG Neubrandenburg 16.8.2007 – 9 Qs 107/07, NStZ 2008, 655; LG Kiel 14.6.2006 – 46 Qs 42/06, NStZ 2007, 424; *Börner* NStZ 2010, 417.

[181] BVerfG 4.12.2006 – 2 BvR 1290/05, NStZ 2007, 274 (275); OLG Naumburg 12.11.2010 – 1 Ws 680/10, NStZ-RR 2011, 250 Ls.; SK/*Wohlers* Rn. 66a; *Börner* NStZ 2010, 417 (421); vgl. BVerfG 7.9.2007 – 2 BvR 1009/07, NStZ-RR 2008, 16 (17) m. abl. Anm. *Rau* StraFo 2008, 9 (14).

[182] BVerfG 4.12.2006 – 2 BvR 1290/05, NStZ 2007, 274 (275); *BVerfG* 19.1.2006 – 2 BvR 1075/05, NJW 2006, 1048 (1049); *Borggräfe/Schütt* StraFo 2006, 133 (135); *Börner* NStZ 2007, 680 (681); zur Praxis der Bundesanwaltschaft: *Senge*, FS Strauda, 2006, 459 (468).

Beschuldigten zum Zeitpunkt der Aussage.[183] Schriftliche Äußerungen des Beschuldigten sind wie Vernehmungsniederschriften zu behandeln;[184] ebenso schriftliche und mündliche Äußerungen des Beschuldigten gegenüber anderen Behörden.[185] Von den Niederschriften **richterlicher Untersuchungshandlungen** sind auch polizeiliche Protokolle erfasst, soweit im richterlichen Protokoll auf diese Bezug genommen wird.[186] Eine Ausnahme von Abs. 3 ist für die Kontaktsperre nach § 34 Abs. 3 Nr. 2 S. 3 EGGVG normiert.

32 Mangels einer Differenzierung im Wortlaut des Abs. 3 sind alle **Sachverständigengutachten,** gleich welchen Inhalts, einsehbar;[187] mithin auch solche, die aus übersetzten Dokumenten bestehen.[188] Irrelevant ist auch, ob das Gutachten Teil der Hauptakte oder einer Spurenakte ist bzw. ob es sich mit deren Auswertung beschäftigt.[189] Auch mündliche Äußerungen eines Gutachters gegenüber den Strafverfolgungsbehörden sind als Gutachten iS des Abs. 3 anzusehen; sie sind durch Vermerke in der Akte zu dokumentieren.[190]

IV. Verfahren der Einsichtnahme

33 **1. Art der Einsichtnahme – Abs. 4. a) Akten.** Abs. 4 S. 1 normiert einen **Anspruch auf Mitnahme** der Akten in die Kanzlei oder Wohnung des Verteidigers (vgl. Nr. 187 Abs. 2 RiStBV).[191] Die **Rückgabefrist** muss nach den Umständen des Einzelfalls so bemessen sein, dass eine sachgemäße Bearbeitung unter Berücksichtigung anderweitiger Verpflichtungen möglich ist.[192] Ein Anspruch auf **Zusendung** der Akten in die Kanzlei besteht nicht,[193] jedoch muss die Einsichtnahme unter zumutbaren Bedingungen erfolgen können.[194] Daher ist die Akte zumindest dem auswärtigen Verteidiger zuzusenden;[195] alternativ ist die Abholung am Gericht des Kanzleiortes zu ermöglichen.[196] Wird explizit eine Einsicht durch Übersendung beantragt und wird dies abgelehnt, ist gleichwohl Einsicht auf andere Weise zu gewähren.[197] Sofern eine Übersendung der Akte erfolgt, kann – sofort oder mit Abschluss des Verfahrens –[198] eine **Versendungspauschale** erhoben werden;[199] deren

[183] OLG Hamm 21.2.1995 – 1 VAs 104/94, StV 1995, 571 mAnm *Mehle/Hiebl*; allgLit.

[184] AllgA.

[185] Vgl. OLG Hamm 21.2.1995 – 1 VAs 104/94, StV 1995, 571 mAnm *Mehle/Hiebl*; KK/*Laufhütte* Rn. 18; aA SK-StPO/*Wohlers* Rn. 100.

[186] OLG Hamm 27.8.1987 – 1 VAs 37/87, NStZ 1987, 572; allgA.

[187] OLG Karlsruhe 9.11.1995 – 2 VAs 18/95, StraFo 1996, 56.

[188] HK-StPO/*Julius* Rn. 13; Löwe/Rosenberg/*Lüderssen/Jahn* Rn. 129; SK-StPO/*Wohlers* Rn. 102; *Welp* StV 1986, 446 (450 f.); vgl. BGH 28.11.1950 – 2 StR 50/50, BGHSt 1, 4 (7); offen gelassen OLG Hamburg 1.11.1985 – V As 13/85, StV 1986, 422 (423); aA Meyer-Goßner/*Schmitt* Rn. 26; KK/*Laufhütte* Rn. 19.

[189] HK-StPO/*Julius* Rn. 13; Meyer-Goßner NStZ 1982, 353 (357).

[190] Graf/*Wessing* Rn. 12.

[191] AK/*Stern* Rn. 57; HK-StPO/*Julius* Rn. 10; Löwe/Rosenberg/*Lüderssen/Jahn* Rn. 141; SK-StPO/*Wohlers* Rn. 70; *Eisenberg* NJW 1991, 1257 (1259); *Dahs* Rn. 266; Heghmanns/Scheffler/*Dallmeyer* Rn. 336; *Rieß*, FS Peters, 1984, 113 (Fn. 66); aA BGH 25.9.2007 – 1 StR 350/07, NStZ-RR 2008, 48 Ls.; BGH 24.8.1999 – 1 StR 672/98, NStZ 2000, 46; BGH 12.1.1984 – 4 StR 762/83, NStZ 1985, 13 [Pf./Miebach]; KK/*Laufhütte* Rn. 11; Meyer-Goßner/*Schmitt* Rn. 28; offen gelassen BVerfG 14.9.2011 – 2 BvR 449/11, NJW 2012, 141 (142).

[192] BGH 21.7.2005 – 1 StR 78/05, JR 2006, 297 (298) mAnm *Cirener/Sander*; OLG Hamburg 16.12.1965 – 2b Ss 23/65, JR 1966, 274; SK-StPO/*Wohlers* Rn. 71; *Burkhard* DStR 2002, 1794 (1798).

[193] BVerfG 6.3.1996 – 2 BvR 386/96, NJW 1996, 2222; KG 19.12.2001 – 3 Ws 649/01, NZV 2002, 334; aA AG Oldenburg 25.9.1995 – 27 Gs 145/95, StV 1995, 652; HK-StPO/*Julius* Rn. 10.

[194] OLG Hamm 2.12.1971 – 4 Ss 1055/71, NJW 1972, 1096 (1097).

[195] *Eisenberg* NJW 1991, 1257 (1259).

[196] OLG Frankfurt a. M. 1.12.1980 – 1 Ws (B) 269/80 OWiG, NStZ 1981, 191; Graf/*Wessing* Rn. 24; Löwe/Rosenberg/*Lüderssen/Jahn* Rn. 141; SK-StPO/*Wohlers* Rn. 71; einschr. bzgl. erg. Akteneinsicht KG 17.12.2001 – 3 Ws (B) 626/01, NZV 2002, 334; aA OLG Stuttgart 28.4.1978 – 3 Ss (3) 73/78, NJW 1979, 559 (560).

[197] Vgl. BGH 16.10.1984 – 5 StR 643/84, NStZ 85, 87; aA OLG Stuttgart 28.4.1978 – 3 Ss (3) 73/78, NJW 1979, 559 (560).

[198] OLG Koblenz 23.10.1995 – 1 Ws 555/95, NStZ-RR 1996, 96; aA erst nach Abschluss AG Soest 28.12.1994 – 8 AR 134/94, StV 1995, 652.

[199] AllgM; aA Oldenburg 25.9.1995 – 27 Gs 145/95, StV 1995, 652.

Schuldner ist der Verteidiger.[200] Im Übrigen sind die Rücksendungskosten als notwendige Auslagen des Verteidigers anzusehen.[201]

34 Ein Anspruch auf **Überlassung von Kopien** besteht nur, wenn dies die einzige Möglichkeit der Einsichtnahme ist;[202] sachgemäß (obgleich umstr.) ist dies insbesondere bzgl. vorläufiger und fertiggestellter Sitzungsprotokolle.[203] Entsprechendes gilt auch für Ton- und Bildaufnahmen und andere **Datenträger,**[204] die als Aktenbestandteile – vorbehaltlich des spezielleren § 58a Abs. 3 – dem Mitnahmerecht unterfallen (erg. Rn. 23). Sofern spezielle Geräte oder Software zum Betrachten erforderlich sind, besteht ein Anspruch auf Ausdruck der Daten oder ggf. auf Ermöglichung einer mehrfachen Einsichtnahme bei den Strafverfolgungsbehörden.[205]

35 Die Mitnahme nach Abs. 4 darf nur bei Vorliegen eng auszulegender **wichtiger Gründe** versagt werden.[206] **Verfahrensverzögerungen** durch die Einsicht sind hinzunehmen und können nur in Ausnahmefällen einen derartigen wichtigen Grund darstellen;[207] grds. sind zur Vermeidung von Verfahrensverzögerungen Aktendoppel zu fertigen.[208] Im Falle ergänzender Akteneinsicht während oder kurz vor der **Hauptverhandlung** darf diese auf eine Einsichtnahme bei Gericht beschränkt werden,[209] sofern die Menge der neuen Aktenbestandteile übersichtlich ist.[210] **Keine wichtigen Gründe** (und insofern einer Mitnahme nach Abs. 4 nicht entgegenstehend) sind insbes. das Fehlen einer schriftlichen Vollmacht (→ Rn. 5),[211] der Umfang der Akten[212] oder Gründe des Datenschutzes.[213] Von einem ordnungsgemäßen Umgang des Verteidigers unter Wahrung der Vertraulichkeit und Integrität der Akten ist auszugehen. Daher kann auch der Verdacht der Einsichtnahme Dritter kein wichtiger Grund iS des Abs. 4 sein.[214] Bzgl. der Daten Dritter oder zum Zwecke des Schutzes von Verschlusssachen ist die Beschränkung der Einsichtnahme schon nicht zweckmäßig, weil die Informationen dadurch nicht geschützt werden;[215] der Verteidiger könnte nur an einer Mitnahme, nicht jedoch an einer Einsichtnahme gehindert werden. Der Verteidiger hat im Falle der Versagung einer Mitnahme nach Abs. 4 einen Anspruch auf Ermöglichung einer Fertigung von Ablichtungen.[216] Soweit technisch die Anfertigung

---

[200] BVerfG 6.3.1996 – 2 BvR 386/96, NJW 1996, 2222; OLG Koblenz 23.10.1995 – 1 Ws 555/95, NStZ-RR 1996, 96; LG Koblenz 10.2.2000 – 2101 Js 40395/96 – 3 Ks, StraFo 2001, 147; aA zum Schuldner ua AG Tecklenburg 21.12.1995 – 1 Gs 411/95, StV 1996, 167 Ls.; AG Beckum 23.8.1995 – 4 Gs 333/95, StraFo 1996, 29 m. zust. Anm. *Brüssow*; AG Soest 28.12.1994 – 8 AR 134/94, StV 1995, 652; HK-StPO/*Julius* Rn. 31.

[201] OLG Hamm 19.12.2005 – 2 Ws 300/05, NJW 2006, 1076; *Büttner* NJW 2005, 3108 mwN.

[202] BGH 27.10.1972 – 2 StR 105/70, MDR [D] 1973, 371; OLG Hamburg 4.1.1963 – 1 Ws 467/62, NJW 1963, 1024 (1025); Löwe/Rosenberg/*Lüderssen/Jahn* Rn. 13 f.; Meyer-Goßner/*Schmitt* Rn. 6 mwN; StPO/*Wohlers* Rn. 59; krit. HK-StPO/*Julius* Rn. 10.

[203] AK/*Stern* Rn. 5; HK-StPO/*Julius* Rn. 10; Löwe/Rosenberg/*Lüderssen/Jahn* Rn. 16; aA BVerfG 13.6.1983 – 2 BvR 601/83, AnwBl 1984, 261 m. abl. Anm. *Schmidt*; BGH 12.1.1984 – 4 StR 762/83, NStZ 1985, 13 [Pf./Miebach]; BGH 15.4.1975 – 5 StR 508/74, MDR [D] 1975, 725.

[204] OLG Schleswig 3.10.1979 – 1 Ss 313/79, NJW 1980, 352 (353).

[205] SK-StPO/*Wohlers* Rn. 74; *Köllner* StraFo 1995, 50.

[206] Graf/*Wessing* Rn. 24.

[207] BGH 21.7.2005 – 1 StR 78/05, JR 2006, 297; SK-StPO/*Wohlers* Rn. 61; vgl. *Donath/Mehle* NJW 2009, 1399; aA BGH 3.7.1990 – 4 StR 263/90, DRiZ 1990, 455.

[208] EGMR 13.2.2001 – 25116/94, StV 2001, 203 (204) – Schöps / BRD mAnm *Kempf*; OLG Dresden 17.7.2009 – 1 Ss 347/09, StV 2010, 475 (476); OLG Stuttgart 29.10.1982 – 1 HEs 126/82, StV 1983, 70; HK-StPO/*Julius* Rn. 10; Löwe/Rosenberg/*Lüderssen/Jahn* Rn. 99; SK-StPO/*Wohlers* Rn. 61.

[209] Vgl. OLG Stuttgart 22.12.1995 – 1 Ws 227/95, NJW 1996, 1908; OLG Stuttgart 28.4.1978 – 3 Ss (3) 73/78, NJW 1979, 559.

[210] OLG Hamm 2.12.1971 – 4 Ss 1055/71, NJW 1972, 1096 (1097).

[211] BVerfGE 14.9.2011 – 2 BvR 449/11, NJW 2012, 141.

[212] Heghmanns/Scheffler/*Dallmeyer* Rn. 336; *Dahs* Rn. 266.

[213] HK-StPO/*Julius* Rn. 10; Meyer-Goßner/*Schmitt* Rn. 29; SK-StPO/*Wohlers* Rn. 75; *Groß/Fünfsinn* NStZ 1992, 105 (108).

[214] AA AK/*Stern* Rn. 57; Meyer-Goßner/*Schmitt* Rn. 29; SK-StPO/*Wohlers* Rn. 75; *Groß/Fünfsinn* NStZ 1992, 105 (108).

[215] Bzgl. Datenschutz: SK-StPO/*Wohlers* Rn. 75; vgl. auch BGH 9.5.1963 – 3 StR 6/63, BGHSt 18, 369 = NJW 1963, 1462 m. zust. Anm. *Arndt* JZ 1963, 609; aA bzgl. Verschlusssachen SK-StPO/*Wohlers* Rn. 75; Meyer-Goßner/*Schmitt* Rn. 29; HK-StPO/*Julius* Rn. 10; Heghmanns/Scheffler/*Dallmeyer* Rn. 336.

[216] KK/*Laufhütte* Rn. 12; SK-StPO/*Wohlers* Rn. 75.

von Kopien möglich ist, dürfte auch die Ansicht, ein vorläufiges Protokoll gem. § 168a Abs. 2 wäre von der Mitnahme ausgeschlossen, veraltet sein.[217] Die Durchführung eines beschleunigten Verfahrens ist nur dann als ein wichtiger Grund anzusehen, wenn auch die Fertigung von Aktendoppeln nicht ausreicht, um den Fortgang des Verfahrens zu gewährleisten.[218]

36 Lediglich im Falle **erneuter Akteneinsicht** darf die Einsicht zwar nicht verweigert, aber zugunsten des Beschleunigungsgrundsatzes verschoben werden, soweit keine neuen Akteninhalte hinzugefügt wurden und keine neue Verfahrens- (und somit auch Verteidigungs-) situation eingetreten ist.[219] Ansonsten ist Akteneinsicht **sofort** zu gewähren.[220] Wenn vor einer gerichtlichen Entscheidung erneute Akteneinsicht beantragt wird, muss diese gewährt werden – andernfalls wird das Recht auf rechtliches Gehör verletzt.[221]

37 **b) Beweismittel.** Im Unterschied zur Akte hat der Verteidiger bzgl. der Beweisstücke nur ein Recht auf Einsichtnahme am Ort der Verwahrung bzw. in den entsprechenden behördlichen Räumen.[222] Sind Beweismittel Bestandteile der Akte, dürfen sie vor Mitgabe der Akte entfernt werden. Indes ist die Entnahme dem Verteidiger mitzuteilen; möglichst sind Kopien oder Fotografien ergänzend der Akte hinzuzufügen.[223] Hintergrund für die Beschränkung des Einsichtsrechts ist die Gefahr des Verlusts eines Beweisstücks bzw. dessen Beweiswerts.[224] Richtigerweise sind daher Einschränkungen der Verteidigung nur dann zulässig, wenn sie diesem Zweck auch tatsächlich genügen.[225] Schriftstücke und Datenträger, die einer unkomplizierten Vervielfältigung zugänglich sind, sind in Kopie mitzugeben.[226] Bei der Einsichtnahme in die Beweismittel kann der Verteidiger den **Beschuldigten** und ggf. einen Dolmetscher oder **Sachverständigen** einbeziehen.[227] Dies ist auch zu ermöglichen, wenn sich der Beschuldigte in Haft befindet.[228] Wie bei der Akteneinsicht kann sich der Verteidiger auch bei der Besichtigung der Beweisstücke der Hilfe juristischer oder sachverständiger **Mitarbeiter** bedienen und diesen die Einsicht auch ohne seine Aufsicht übertragen.[229] Er kann die Einsichtnahme auch an einen Sachverständigen delegieren.[230] Sind die Beweisstücke für ein Sachverständigengutachten unverzichtbar und ist eine Bearbeitung vor Ort nicht möglich, müssen die Beweisstücke ausnahmsweise dem Sachverständigen ausgehändigt werden, soweit

---

217 So noch: *Kurth* NJW 1978, 2481 (2484), zitiert von SK-StPO/*Wohlers* Rn. 75; Meyer-Goßner/*Schmitt* Rn. 29.

218 Löwe/Rosenberg/*Lüderssen/Jahn* Rn. 146.

219 HK-StPO/*Julius* Rn. 18; Löwe/Rosenberg/*Lüderssen/Jahn* Rn. 99; SK-StPO/*Wohlers* Rn. 62 mwN.

220 EGMR 13.2.2001 – 25116/94, StV 2001, 203 (204) – Schöps / BRD mAnm *Kempf*; OLG Jena 7.11.2011 – 1 Ss Bs 147/11, VRS 122, 142; *Donath/Mehle* NJW 2009, 1399.

221 OLG Hamm 15.8.2002 – 2 Ws 354/02, StraFo 2002, 355 (356).

222 BGH 24.4.1979 – S StR 513/78, NStZ [Pf.]1981, 93 (95); Löwe/Rosenberg/*Lüderssen/Jahn* Rn. 111, 114; ausf. zur Normgeschichte: *Rieß,* FS Peters, 1984, 113.

223 Löwe/Rosenberg/*Lüderssen/Jahn* Rn. 114; SK-StPO/*Wohlers* Rn. 71, 92.

224 Substanzschutz: *Rieß,* FS Peters, 1984, 113 (120); krit. *Schlag,* FS Koch, 1989, 229.

225 LG Bonn 9.10.1995 – 31 Qs 118/95, StV 1995, 632; HK-StPO/*Julius* Rn. 24.

226 *Stuckenberg* StV 2010, 231; *Rieß,* FS Peters, 1984, 113 (126 f.); vgl. *Köllner* StraFo 1996, 26 (27).

227 OLG Frankfurt a. M. 24.1.2000 – 3 Ws 31/00, StV 2001, 611; OLG Köln 2.10.1998 – 2 Ws 512/98, StV 1999, 12; OLG Köln 30.9.1994 – 2 Ws 400/94, StV 1995, 12; HK-StPO/*Julius* Rn. 24; KK/*Laufhütte* Rn. 10; Löwe/Rosenberg/*Lüderssen/Jahn* Rn. 112; SK-StPO/*Wohlers* Rn. 60, 91; *Schlag,* FS Koch, 1989, 229 (323 ff.); Einbeziehung des Beschuldigten: EGMR 12.3.2003 –, EuGRZ 2003, 472 – Öcalan / Türkei; OLG Zweibrücken 8.10.1976 – Ws 186/76, NJW 1977, 1699; ausf. *Wesemann,* DAV FS, 2009, 891; einschr. Meyer-Goßner/*Schmitt* Rn. 19; Sachverständiger: AK/*Stern* Rn. 25; *Rieß,* FS Peters, 1984, 113 (124).

228 LG Düsseldorf 17.1.2008 – 11 KLs 60 Js 1789/07 – 28/07, StraFo 2008, 505; Graf/*Wessing* Rn. 18; *Wesemann,* DAV FS, 2009, 891 (903).

229 OLG Brandenburg 20.9.1995 – 2 Ws 174/95, NJW 1996, 67 (68) mAnm. *Krack* JR 1996, 172 und *Hiebl* StraFo 1996, 24.

230 OLG Brandenburg 20.9.1995 – 2 Ws 174/95, NJW 1996, 67 mAnm. *Krack* JR 1996, 172 und *Hiebl* StraFo 1996, 24; ausf. *Schlag,* FS Koch, 1989, 229; AG Senftenberg 26.4.2011 – 59 OWi 93/11, DAR 2011, 422.

dadurch der Beweiswert nicht gefährdet wird;[231] dies gilt uU selbst dann, wenn die Substanz beeinträchtigt wird.[232]

38 Die Besichtigung der Beweismittel muss **rechtzeitig**[233] vor der Hauptverhandlung und unter **zumutbaren Bedingungen** möglich sein. Zugang zu den Beweismitteln ist in zeitlich ausreichendem Umfang – ggf. mehrfach – zu gewähren.[234] Die Ausstattung der Räume, in denen die Besichtigung erfolgt, muss ein längeres Arbeiten ermöglichen; technische Geräte zum Abspielen von Datenträgern müssen vorhanden sein, sofern Datenträger zu den Beweisstücken zählen.[235] Bei größeren Materialmengen, wie zB TÜ-Mitschnitten, müssen diese gezielt aus- und anwählbar sein.[236] Der Verteidiger (und seine Hilfskräfte) dürfen Fotografien und Kopien anfertigen; dies ist technisch zu ermöglichen.[237] Ist die Einsichtnahme vor Ort – zB als Folge der Menge der Unterlagen oder Tonaufzeichnungen – nicht geeignet, um eine effektive Sichtung der Beweismittel und so letztlich eine effektive Verteidigungsarbeit zu ermöglichen, besteht ein Anspruch auf Überlassung von **Kopien.**[238] Ermöglicht die Behörde ausschließlich eine Kenntnisnahme der Unterlagen in Kopie, muss sie auch die Kosten der Vervielfältigung tragen.[239] Existieren bereits Kopien, sind diese dem Verteidiger im Rahmen der Akteneinsicht auszuhändigen (→ Rn. 23).[240]

39 Dem **auswärtigen** Verteidiger kann Einsicht bei dem Gericht seines Kanzleisitzes gewährt werden.[241] Ist die Herstellung einer Kopie der Beweismittel möglich, ist dem auswärtigen Verteidiger (ggf. nach Bereitstellung eines leeren Datenträgers)[242] eine solche zuzusenden, wenn der Aufwand des Verteidigers für eine Besichtigung der Beweisstücke ansonsten unverhältnismäßig wäre.[243] Anspruch auf ein bestimmtes (Datei)Format besteht nicht, solange die Speicherung in einem gängigen Format erfolgt.[244] Bei Fotos, die zur Identifizierung dienen sollen, ist eine Papierkopie nicht ausreichend, vielmehr ist eine digitale Kopie zu übersenden.[245]

40 **Die Entscheidung über die Mitgabe** und deren Modalitäten (Zusendung, Ort der Abholung) richtet sich nach der Zuständigkeit gem. Abs. 5 (→ Rn. 41 f.). Gegen die Ent-

---

[231] AG Senftenberg 26.4.2011 – 59 OWi 93/11, DAR 2011, 422; AK/*Stern* Rn. 25; Löwe/Rosenberg/*Lüderssen/Jahn* 115; SK-StPO/*Wohlers* Rn. 92; *Eisenberg* NJW 1991, 1257 (1260); vgl. aber BGH 1.7.1994 – 2 StR 51/94, StraFo 1995, 52.

[232] *Schlag*, FS Koch, 1989, 229 (326); aA *Rieß*, FS Peters, 1984, 113 (125).

[233] KG 29.4.1988 – 2 AR 86/87 – 4 Ws 74/88, StV 1989, 8 (9); *Rieß*, FS Peters, 1984, 113 (121); *Schlag*, FS Koch, 1989, 229 (338).

[234] OLG Frankfurt a. M. 24.1.2000 – 3 Ws 31/00, StV 2001, 611; LG Düsseldorf 17.1.2008 – 11 KLs 60 Js 1789/07 – 28/07, StraFo 2008, 505; Löwe/Rosenberg/*Lüderssen/Jahn* Rn. 112; SK-StPO/*Wohlers* Rn. 90.

[235] LG Düsseldorf 17.1.2008 – 11 KLs 60 Js 1789/07 – 28/07, StraFo 2008, 505 (506); OLG Frankfurt a. M. 24.1.2000 – 3 Ws 31/00, StV 2001, 611 (612); Löwe/Rosenberg/*Lüderssen/Jahn* Rn. 112a; SK-StPO/*Wohlers* Rn. 90; *Köllner* StraFo 1995, 50 (52).

[236] LG Düsseldorf 17.1.2008 – 11 KLs 60 Js 1789/07 – 28/07, StraFo 2008, 505 (506); SK-StPO/*Wohlers* Rn. 90.

[237] OLG Frankfurt a. M. 27.2.2003 – 3 Ws 234/03, StV 2004, 362; HK-StPO/*Julius* Rn. 24; Löwe/Rosenberg/*Lüderssen/Jahn* 113; Meyer-Goßner/*Schmitt* Rn. 19; SK-StPO/*Wohlers* Rn. 9; *Rieß*, FS Peters, 1984, 113 (124, 128).

[238] OLG Frankfurt a. M. 13.9.2001 – 3 Ws 853/01, StV 2001, 611 (612); LG Bonn 9.10.1995 – 31 Qs 118/95, StV 1995, 632 m. zust. Anm. *Köllner* StraFo 1996, 26; Löwe/Rosenberg/*Lüderssen/Jahn* Rn. 112, 117 f.; *Rieß*, FS Peters, 1984, 113 (126 f.); aA OLG Karlsruhe 29.5.2012 – 2 Ws 146/12, NJW-Spezial 2012, 442.

[239] SK-StPO/*Wohlers* Rn. 93; weiter: Löwe/Rosenberg/*Lüderssen/Jahn* Rn. 118; *Köllner* StraFo 1995, 50 (52); aA *Rieß*, FS Peters, 1984, 113 (128).

[240] LG Bonn 9.10.1995 – 31 Qs 118/95, StV 1995, 632 m. zust. Anm. *Köllner* StraFo 1996, 26.

[241] LG Heilbronn 23.2.1988 – 1 Qs 101/88, StV 1988, 293; allgLit.

[242] OLG Koblenz 17.1.2000 – 2 Ss 4/00, NStZ-RR 2000, 311; AG Lemgo 14.4.2011 – 22 OWi 62/11, RR 2011, 276.

[243] BayObLG 27.11.1990 – 2 Ob OWi 279/90, NJW 1991, 1070; AG Lüdinghausen 9.2.2012 – 19 OWI 19/12 B, DAR 2012, 156 (157); KK/*Laufhütte* Rn. 10; Löwe/Rosenberg/*Lüderssen/Jahn* Rn. 112a.

[244] AG Peine 13.3.2008 – 2 OWi 2/08, VRR 2008, 275 mAnm *Burhoff.*

[245] AG Lemgo 14.4.2011 – 22 OWi 62/11, VRR 2011, 276.

scheidung der Mitgabe der Akte oder einzelner Bestandteile steht der StA nach S. 2 kein Beschwerderecht zu;[246] ebensowenig hat die Verteidigung ein Beschwerderecht gegen eine Verweigerung der Mitgabe oder der Zusendung;[247] dennoch muss die Ablehnung eines entspr. Antrags gem. § 34 Var. 2 begründet werden.[248] Im Falle einer willkürlichen Entscheidung der StA kann eine Dienstaufsichtsbeschwerde erhoben werden; eine willkürliche richterliche Entscheidung kann die Besorgnis der Befangenheit begründen, sofern der Eindruck entsteht, die Verteidigungsinteressen würden nicht ernstgenommen.[249] S. 2 schließt eine erneute Antragstellung, etwa nach Zuständigkeitswechsel, nicht aus.

41 **2. Entscheidung über die Einsicht – Abs. 5.** Im **Ermittlungsverfahren** ist ausschließlich die StA zuständig; trotzdem kann die ermittelnde Polizeibehörde bei Vernehmungen Vorhalte aus der Akte machen;[250] auch die Herausgabe der Vernehmungsniederschrift durch die Polizeibehörde ist zulässig.[251] Die Polizei ist als aktenbesitzende Stelle verpflichtet, etwaige Einsichtsanträge an die StA weiterzuleiten.[252] Nach der nF des Abs. 5 ist nun unstr., dass die Zuständigkeit im Ermittlungsverfahren auch bei Vorlage der Akten an das **Gericht** bei der StA verbleibt.[253] Soweit das Gericht zugleich für einen Antrag nach Abs. 5 S. 2 zuständig wäre, kann es zur Verkürzung des Verfahrens direkt und selbst über die Einsicht entscheiden;[254] dies muss auch bei Zwangsmaßnahmen gegen den nichtinhaftierten Beschuldigten gelten (→ Rn. 29, 59).[255] Die Mitteilung des Haftbefehls und seiner Begr. ist keine Akteneinsicht; sie kann gem. § 33 Abs. 4 durch das Gericht erfolgen.[256]

42 Ab **Anklageerhebung** bzw. Strafbefehlsantrag ist der Vorsitzende des mit der Sache befassten Gerichts zuständig.[257] Auch während der Hauptverhandlung besteht eine alleinige Zuständigkeit des Vorsitzenden. Im weiteren Instanzenzug wird der Vorsitzende des Rechtsmittelgerichts mit Eingang der Akten zuständig. Nach **rechtskräftigem Urteil** ist die StA zuständig. Endet das Verfahren mit einer **Einstellung,** bleibt die StA zuständig bzw. wird wieder zuständig. Abweichend davon ist der Vorsitzende des sachentscheidenden Gerichts zuständig, wenn Akteneinsicht in einem laufenden Vollstreckungs-, Gnaden- oder Wiederaufnahmeverfahren beantragt wird.[258] Die jeweiligen Zuständigkeiten gelten auch, wenn die Einsicht außerhalb des Verfahrens beantragt wird.[259]

43 Eine **Ablehnung** der Einsicht durch die StA oder das Gericht erfolgt durch zu begründenden Bescheid,[260] soweit dadurch der Ermittlungserfolg nicht gefährdet wird, Abs. 5 S. 4 (vgl. zur Gefährdung Rn. 24). Auch bei kurzfristiger (!) (→ Rn. 8, 36) Nichtverfügbarkeit der Akten ist dem Verteidiger Mitteilung zu machen.

---

[246] OLG Stuttgart 12.11.2002 – 4 Ws 267/02, NJW 2003, 767.

[247] OLG Hamm 11.3.1993 – 3 Ws 123/93, MDR 1993, 788; KK/*Laufhütte* Rn. 11; vgl. BGH 10.8.1977 – StB 153/77, BGHSt 27, 244 (245) = NJW 1977, 2086.

[248] SK-StPO/*Wohlers* Rn. 76; aA OLG Karlsruhe 7.6.1979 – 4 Ws 77/79, Justiz 1979, 341; Meyer-Goßner/*Schmitt* Rn. 32.

[249] OLG Dresden 17.7.2009 – 1 Ss 347/09, StV 2010, 475 (476).

[250] AK/*Stern* Rn. 58; *Pfeiffer,* FS Odersky, 1996, 453 (461).

[251] AK/*Stern* Rn. 58; *Dahs* Rn. 293; *Pfeiffer,* FS Odersky, 1996, 453 (461).

[252] Heghmanns/Scheffler/*Dallmeyer* Rn. 332; Reformvorschlag: *Buschbell/Janker* ZRP 1996, 475.

[253] OLG Naumburg 12.11.2010 – 1 Ws 680/10, NStZ-RR 2011, 250 Ls.; LG Berlin 18.2.2010 – 536 Qs 1/10, StV 2010, 352 (354); Heghmanns/Scheffler/*Meinen* Rn. 162; Meyer-Goßner/*Schmitt* Rn. 34; Löwe/Rosenberg/*Lüderssen/Jahn* Rn. 148; SK-StPO/*Wohlers* Rn. 106; *Beulke/Witzigmann* NStZ 2011, 254 (260); *Börner* NStZ 2010, 417; *Kühne/Esser* StV 2002, 383 (391).

[254] BGH 4.3.2010 – StB 46/09, NStZ-RR 2010, 246 (247); *Peglau* JR 2012, 231 (236); OLG Hamm 20.12.2007 – 3 Ws 676/07, wistra 2008, 195 (198).

[255] BVerfG 19.1.2006 – 2 BvR 1075/05, NJW 2006, 1048 (1049); LG Ravensburg 27.11.2006 – 2 Qs 160/06, NStZ-RR 2007, 114 (115); vgl. AK/*Stern* Rn. 52; weiter; *Rau* StraFo 2008, 9 (11 f.).

[256] KG 10.5.1993 – 1 AR 453/93 – 4 Ws 151/93, StV 1993, 370; OLG Stuttgart 19.1.1990 – 3 Ws 248/89, NStZ 1990, 247; SK-StPO/*Wohlers* Rn. 106; KK/*Laufhütte* Rn. 23.

[257] AllgM; ua Löwe/Rosenberg/*Lüderssen/Jahn* Rn. 149; *Welp,* FS Peters, 1984, 309 (324).

[258] SK-StPO/Wohlers Rn. 108; vgl. *Pfeiffer,* FS Odersky, 1996, 453 (462); weiter: Löwe/Rosenberg/*Lüderssen/Jahn* Rn. 152.

[259] OLG Hamburg 27.5.1982 – 1 Ws 216/82, NStZ 1982, 482; *Pfeiffer,* FS Odersky, 1996, 453 (461).

[260] *Burkhard* wistra 1996, 171 (173).

V. Verwendung der Akten

Die Akte darf ausschließlich zu **Verteidigungszwecken** verwendet werden. Umgekehrt muss jede Verwendung zulässig sein, die für eine sachgemäße Verteidigung notwendig ist. Dabei sind jedoch die Gebote von Aktenintegrität und Vertraulichkeit bzgl. Daten Dritter zu beachten. So hat der Verteidiger alle mit der Akte oder Inhalten der Akte in Berührung kommende Personen (→ Rn. 45) auf Verwendungszweck und Vertraulichkeit hinzuweisen.[261] Zur sachgemäßen Verteidigung gehört auch die Wahrung der Interessen des Beschuldigten gegenüber der **Presse** und somit ggf. eine Information der Presse über den Akteninhalt[262] sowie die Nutzung der Akte in **anderen Verfahren** mit ähnlicher Zielrichtung gegen den Beschuldigten – zB Verwaltungs-, Disziplinar- und Zivilverfahren.[263] 44

Der Verteidiger kann sich für die Bearbeitung verschiedener **Mitarbeiter** bedienen und diesen auch die Originalakte überlassen (erg. Rn. 46; → Rn. 6, 37).[264] Zur sachgemäßen Verteidigung kann auch die Einsicht des Beschuldigten oder eines Sachverständigen in die Originalakte gehören (→ Rn. 37).[265] Dem **Beschuldigten** ist zum Schutz der Aktenintegrität nur in Anwesenheit des Verteidigers Einsicht zu gewähren.[266] Eine Kopie der Akte inkl. Datenträger[267] kann dem Beschuldigten[268] (endgültig)[269] überlassen werden; dasselbe gilt – soweit notwendig – auch für Dritte wie **Sachverständige** oder **Dolmetscher.**[270] Eine Bearbeitung ist auch dem inhaftierten Beschuldigten zu ermöglichen;[271] mithin kann der Verteidiger den Beschuldigten **uneingeschränkt** über eigene Erkenntnisse aus den Akten informieren.[272] Der Verteidiger ist zu einseitigem und umfassendem Beistand verpflichtet; das entsprechende Vertrauensverhältnis hindert das Vorenthalten relevanter Informationen.[273] Weil dem Beschuldigten als Prozesssubjekt ein umfassendes Informationsrecht zusteht, zu dessen Erfüllung auch die Akteneinsicht beitragen soll,[274] kann eine Einschränkung (auch durch den Verteidiger) nicht mit dem (vermeintlichen) Schutz des Beschuldigten begründet werden.[275] Insbesondere setzt effektive Vertei- 45

---

[261] *Donath/Mehle* NJW 2009, 1399; vgl. Meyer-Goßner/*Schmitt* Rn. 23; SK-StPO/*Wohlers.*

[262] Meyer-Goßner/*Schmitt* Rn. 7; *Dahs* Rn. 280; SK-StPO/*Wohlers* Rn. 84; vgl. *Burhoff* EV Rn. 183; einschr. AK/*Stern* Rn. 41; aA Graf/*Wessing* Rn. 21; Löwe/Rosenberg/*Lüderssen/Jahn* Rn. 129.

[263] AK/*Stern* Rn. 41; Graf/*Wessing* Rn. 21; Löwe/Rosenberg/*Lüderssen/Jahn* Rn. 130; SK-StPO/*Wohlers* Rn. 84; Donath/Mehle NJW 2009, 1399; *Dahs* Rn. 276.

[264] Radke/*Hohmann* Rn. 4; *Dahs* Rn. 277; *Hiebl* StraFo 1996, 24 (26); aA Graf/*Wessing* Rn. 21 (nur Kopien).

[265] Radke/*Hohmann* Rn. 4; aA Graf/*Wessing* Rn. 20; Meyer-Goßner/*Schmitt* Rn. 31; *Donath/Mehle* NJW 2009, 1399; *Dahs* Rn. 277.

[266] OLG Zweibrücken 8.10.1976 – Ws 186/76, NJW 1977, 1699; *Dahs* Rn. 277; vgl. *Welp,* FS Peters, 1984, 209 (323) mwN.

[267] OLG Köln 21.1.2008 – 2 Ws 715/07, NJW 2008, 1330.

[268] BGH 26.4.1968 – 4 StR 34/68, MDR [D] 1968, 728; BGH 26.4.1968 – 4 StR 34/68, GA 1968, 307; LG Landshut 25.8.2003 – 4 Qs 209/03, StV 2004, 32 mAnm *Heimann*; AK/*Stern* Rn. 36; Graf/*Wessing* Rn. 20; HK-StPO/*Julius* Rn. 20; *Kühne* Rn. 220; SK-StPO/*Wohlers* Rn. 80 f.; *Donath/Mehle* NJW 2009, 1399; *Marberth-Kubicki* StraFo 2003, 366 (371); Roxin/*Schünemann* § 19 Rn. 68; *Welp,* FS Peters, 1984, 209 (316); auch schon *Alsberg* JW 1926, 2726; *Lobe* JW 1926, 2725 (2726); vgl. BGH 3.10.1979 – 3 StR 264/79 (S), BGHSt 29, 99 (102 ff.) = NJW 1980, 64. m. zust. Anm. *Kuckuck* NJW 1980, 298 und *Müller-Dietz* JR 1981, 76.

[269] Löwe/Rosenberg/*Lüderssen/Jahn* Rn. 128; SK-StPO/*Wohlers* Rn. 80; *Dahs* Rn. 275; einschr. Meyer-Goßner/*Schmitt* Rn. 20, 23.

[270] OLG Brandenburg 20.9.1995 – 2 Ws 174/95, NJW 1996, 67 (68); allgLit. ua *Dahs* Rn. 278; *Detter,* FS Salger, 1995, 234 (238 f.).

[271] *Wesemann* DAV FS, 2009, 891 (902 f.).

[272] BGH 3.10.1979 – 3 StR 264/79 (S), BGHSt 29, 99 (102 f.) = NJW 1980, 64 m. zust. Anm. *Kuckuck* NJW 1980, 298 und *Müller-Dietz* JR 1981, 76; OLG Frankfurt a. M. 10.11.1980 – NStZ 1981, 144 (145); *Dahs* Rn. 275; Roxin/*Schünemann* § 19 Rn. 68; *Welp,* FS Peters, 1984, 209 (316); auch schon *Lobe* JW 1926, 2725 (2726); einschr. Meyer-Goßner/*Schmitt* Rn. 20 ff.

[273] AK/*Stern* Rn. 36; HK-StPO/*Julius* Rn. 20; Meyer-Goßner/*Schmitt* Rn. 20; SK-StPO/*Wohlers* Rn. 82f; *Welp,* FS Peters, 1984, 209 (316, 322); so schon: *Alsberg* JW 1926, 2726; *Lobe* JW 1926, 2725 (2726).

[274] HK-StPO/*Julius* Rn. 20; *Welp,* FS Peters, 1984, 209 (315, 317).

[275] Bzgl. psychiatrischer Gutachten AK/*Stern* Rn. 43; BVerwG 27.4.1989 – 3 C 4/86, BVerwGE 82, 45 = NJW 1989, 2960; aA *Tzschaschel* NJW 1990, 750.

digung einen ungehinderten Informationsfluss voraus; ggf. kann der Beschuldigte nämlich andere Erkenntnisse aus dem Akteninhalt ziehen als der Verteidiger.[276] Auch der Zeugenbeistand kann Vernehmungsniederschriften aushändigen, wenn er dies als materielle Verteidigung begreift, weil die Erwartung besteht, dass der Zeuge zum Beschuldigten werden wird.[277] Erg. Rn. 52. Soweit der Verteidiger durch rechtmäßige Akteneinsicht Kenntnisse erlangt hat, ist die Weitergabe nicht durch eine **Gefährdung der Ermittlungen** beschränkt; diese werden ausschließlich und abschließend durch Abs. 2 geschützt.[278] Der Gesetzgeber – dies belegt Abs. 2 – unterstellt evident eine umfassende und vollständige Unterrichtung des Beschuldigten durch den Verteidiger über den Akteninhalt.[279] Selbst ein schwerwiegender Verdacht dahingehend, dass der Beschuldigte die Aktenkenntnis zu einer objektiv falschen Einlassung oder anderweitig zur Verschleierung nutzen wird, führt nicht dazu, dass die Überlassung von Kopien unzulässig würde.[280] Gegenteilige Absprachen mit der StA würden dem Verteidigungsverhältnis gravierend widersprechen.[281]

46 Zu den vorgenannten Zwecken darf der Verteidiger **Kopien** anfertigen (lassen) – auch von Daten, Ton- und Bildaufnahmen.[282] Nach hM kann er sich dabei gem. § 19 Abs. 1 BORA nur der Hilfe eigener **Mitarbeiter** – Büropersonal, Auszubildende, Referendare,[283] juristische Mitarbeiter, auch wenn es sich um freie Mitarbeiter handelt – bedienen.[284] Jedoch muss zur effektiven Bearbeitung ggf. auch ein Vervielfältigen außerhalb der Kanzlei und unter Zuhilfenahme Dritter möglich sein, soweit auch dabei die Vertraulichkeit und Integrität der Akten gewährleistet ist.[285] Die Kosten der Kopien – auch mehrfache Vervielfältigungen (ua für den Beschuldigten) – sind notwendige Auslagen des Verteidigers.[286]

47 Die Möglichkeit, **Kopien** anzufertigen oder den Beschuldigten zu informieren, bezieht sich auf die **gesamte Akte**[287] und kann ohne gesetzliche Grundlage **nicht eingeschränkt**

---

276 *Welp,* FS Peters, 1984, 209 (315); *Wesemann,* FS DAV, 2009, 891; vgl. AK/*Stern* Rn. 42.

277 BGH 3.10.1979 – 3 StR 264/79 (S), BGHSt 29, 99 (105) = NJW 1980, 64 m. zust. Anm. *Kuckuck* NJW 1980, 298 und *Müller-Dietz* JR 1981, 76.

278 OLG Hamburg 19.9.1991 – 1 Ws 237/91, NStZ 1992, 50; AK/*Stern* Rn. 40; *Dahs* Rn. 275; Graf/*Wessing* Rn. 5; SK-StPO/*Wohlers* Rn. 83; *Alsberg* JW 1926, 2726 (2727); *Dedy* StraFo 2001, 149 (152); *Donath/Mehle* NJW 2009, 1399; *Tondorf* StV 1983, 257; *Welp,* FS Peters, 1984, 209 (319 ff.); vgl. AG Köln 9.6.1987 – 612 Ls 196/86, StV 1988, 256; einschr. KK/*Laufhütte* Rn. 14; aA BGH 3.10.1979 – 3 StR 264/79 (S), BGHSt 29, 99 (102 f.) = NJW 1980, 64 m. zust. Anm. *Kuckuck* NJW 1980, 298 und *Müller-Dietz* JR 1981, 76; BGH 26.4.1968 – 4 StR 34/68, GA 1968, 307; KG 5.7.1982 – 1 AR 460/82, NStZ 1983, 556 m. abl. Anm. *Mehle*; *Beulke* Rn. 160; Büchting/Heussen/*Roxin* Rn. 46; Meyer-Goßner/*Schmitt* Rn. 21.

279 *Alsberg* JW 1926, 2726 (2727); *Welp,* FS Peters, 1984, 209 (321 f.) mwN; krit. *Eisenberg* NJW 1991, 1257 (1260).

280 BGH 3.10.1979 – 3 StR 264/79 (S), BGHSt 29, 99 (103 ff.) = NJW 1980, 64 m. zust. Anm. *Kuckuck* NJW 1980, 298 und *Müller-Dietz* JR 1981, 76; HK-StPO/*Julius* Rn. 20; aA wenn sicher von unzulässiger Verwendung der Kopien auszugehen ist: *Donath/Mehle* NJW 2009, 1399 (1400).

281 SK-StPO/*Wohlers* Rn. 82; vgl. aber LG Ravensburg 27.11.2006 – 2 Qs 160/06, NStZ-RR 2007, 114 (115); KK/*Laufhütte* Rn. 15.

282 *Alsberg* JW 1926, 2726; Kopien: BGH 29.5.1963 – 6 BJs 497/62 – StB 5/63, BGHSt 18, 369 = NJW 1963, 1462 m. zust. Anm. *Arndt* JZ 1963, 609; BGH 15.11.1955 – StB 44/55 – 2 BJs 241/55, BGHSt 8, 194 (197); auch schon *Lobe* JW 1926, 2725 (2726); Mitarbeiter: OLG Hamburg 4.1.1963 – 1 Ws 467/62, NJW 1963, 1024; KK/*Laufhütte* Rn. 12; SK-StPO/*Wohlers* Rn. 77; vgl. OLG Schleswig 3.10.1979 – 1 Ss 313/79, NJW 1980, 352 (353).

283 *Dahns* NJW-Spezial 2011, 510.

284 Vgl. Stellungnahme der Vereinigung Berliner Strafverteidiger 3.11.2010.

285 SK-StPO/*Wohlers* Rn. 77; Stellungnahme der Vereinigung Berliner Strafverteidiger 3.11.2010; einschr. *Dahs* Rn. 271; aA KK/*Laufhütte* Rn. 12; Meyer-Goßner/*Schmitt* Rn. 7; *Dahs* NJW-Spezial 2011, 510.

286 LG Landshut 25.8.2003 – 4 Qs 209/03, StV 2004, 32 m. zust. Anm. *Heimann*; SK-StPO/*Wohlers* Rn. 81; einschr. bzgl. Kopien für den Beschuldigten: OLG Saarland 5.9.1997 – 1 Ws 121/97, StV 1998, 91; aA OLG Frankfurt a. M. 13.11.2001 – 2 Ws 131/01, NStZ 2002, 164.

287 BGH 29.5.1963 – 6 BJs 497/62 – StB 5/63, BGHSt 18, 369 = NJW 1963, 1462 m. zust. Anm. *Arndt* JZ 1963, 609 (auch als „Streng geheim" gekennzeichnete Bestandteile); vgl. OLG Hamburg 4.1.1963 – 1 Ws 467/62, NJW 1963, 1024.

werden.[288] Eine derartige Restriktion wurde bisher nur in § 174 Abs. 3 GVG normiert, welcher jedoch nicht auf die Akteneinsicht anwendbar ist.[289] Insbes. ist der Verteidiger nicht Adressat des § 101 Abs. 8, so dass die Akteneinsicht nicht von der Zusicherung abhängig gemacht werden kann, bestimmte Aktenbestandteile nicht zu kopieren bzw. Kopien zu einem späteren Zeitpunkt zu vernichten.[290] Bei Verschlusssachen ist es möglich, Auflagen zur Verwahrung und Einsicht Dritter zu machen (vgl. § 19 Abs. 2 S. 2 BORA);[291] jedoch dürfen auch diese Einschränkungen die Verteidigung nicht behindern – dem Verteidiger kann eine Besprechung mit Beschuldigten, Sachverständigen und Mitverteidigern nicht untersagt werden.[292]

Aus der StPO lassen sich keine Konsequenzen für einen **unsachgemäßen Umgang** oder **fehlende Rückgabe** der Akten ableiten.[293] Neben dem Berufsrecht kommen in Gestalt von §§ 93 ff., 258, 353d StGB jedoch **strafrechtliche Konsequenzen** in Betracht.[294] 48

VI. Akteneinsicht des Beschuldigten – Abs. 7

Ein Verbot der Gewährung einer Einsicht iS des Abs. 1 lässt sich Abs. 7 nicht entnehmen;[295] insbes. steht die Entscheidung des BVerfG vom 26.2.1980[296] einer Gewährung von Akteneinsicht nicht entgegen.[297] Neben den Verteidigungsrechten (→ Rn. 1) hat der Beschuldigte als Ausfluss des Grundrechts auf informationelle Selbstbestimmung ein Informationsrecht hinsichtlich der Kenntnisse, die Dritte über ihn sowie über seine Handlungen haben; mithin hat der Beschuldigte auch ein Akteneinsichtsrecht.[298] Trotz Schaffung des Abs. 7 steht eine umfassende Normierung des Akteneinsichtsrechts des Beschuldigten noch aus.[299] 49

1. Unverteidigter Beschuldigter. Der zum 1.11.2000[300] eingefügte und zum 1.1.2010[301] nochmals verstärkte [aF „können"; nF „sind"] Abs. 7 soll die Rspr. des EGMR umsetzen.[302] Der Wortlaut der Norm wird jedoch auch in der neueren Fassung den Anforderungen der **Art. 6 Abs. 1, 3 EMRK** und Art. 103 Abs. 1 GG nicht gerecht und ist daher entsprechend (extensiv) auszulegen.[303] Mithin ist dem unverteidigten Beschuldigten zur sachgerechten Verteidigung eine **vollständige Aktenkopie** zu überlassen; alternativ ist ihm die Einsichtnahme bei Gericht inkl. der dortigen Fertigung von Kopien zu ermöglichen sowie ihm die Besichtigung von Beweismitteln unter Aufsicht zu gestat- 50

[288] KG 27.4.1992 – 4 Ws 68 – 69/92, StV 1997, 624; HK-StPO/*Julius* Rn. 20; *Wessing* WuW 2010, 1019 (1027); *Zieger* StV 1995, 107 (108); aA KK/*Laufhütte* Rn. 13.

[289] KG 27.4.1992 – 4 Ws 68 – 69/92, StV 1997, 624 (625); *Zieger* StV 1995, 107 (108); aA KK/*Laufhütte* Rn. 13.

[290] OLG Köln 27.3.2009 – 2 Ws 125/09, StV 2009, 686 Ls.

[291] BGH 29.5.1963 – 6 BJs 497/62 – StB 5/63, BGHSt 18, 369 (373) = NJW 1963, 1462.

[292] BGH 29.5.1963 – 6 BJs 497/62 – StB 5/63, BGHSt 18, 369 (372) = NJW 1963, 1462 m. zust. Anm. *Arndt* JZ 1963, 609; KK/*Laufhütte* Rn. 13; SK-StPO/*Wohlers* Rn. 78.

[293] BGH 21.7.2005 – 1 StR 78/05, JR 2006, 297 (298) mAnm *Cirener/Sander*.

[294] § 258 StGB durch Nichtrückgabe: *Erb* JR 2006, 526.

[295] OLG Zweibrücken 8.10.1976 – Ws 186/76, NJW 1977, 1699; Löwe/Rosenberg/*Lüderssen/Jahn* Rn. 9; SK-StPO/*Wohlers* Rn. 10; weiter *Frohn* GA 1984, 554 (564); vgl. aber BT-Drs. 14/1484, 22; aA nach aF LG Mainz 22.10.1998 – 1 Qs 225/98, NJW 1999, 1271 mAnm. *Haass* NStZ 1999, 442 und *Böse* StraFo 1999, 293.

[296] BVerfG 26.2.1980 – 1 Qs 225/98, BVerfGE 53, 207 = NJW 1980, 1677.

[297] *Haass* NStZ 1999, 442.

[298] BVerfG 9.1.2006 – 2 BvR 443/02, StV 2007, 421 mwN mAnm *Peter*.

[299] HK-StPO/*Julius* Rn. 2; bereits 1983 Gesetzesentwurf dokumentiert bei: *Frohn* GA 1984, 554 (565); auch *Welp*, FS Peters, 1984, 309 (314 f.).

[300] StVÄG 1999, BGBl. I 1253.

[301] G zur Änderung des Untersuchungshaftrechts v. 29.7.2009, BGBl. I 2274.

[302] BT-Drs. 16/11644, 34.

[303] KK/*Laufhütte* Rn. 2; SK-StPO/*Wohlers* Rn. 11; *Kühne* Rn. 220; Krit. LG Mainz 22.10.1998 – 1 Qs 225/98, NJW 1999, 1271 mAnm. *Haass* NStZ 1999, 442 und *Böse* StraFo 1999, 293.

ten.[304] Hierfür spricht nicht zuletzt, dass das Akteneinsichtsrecht dem Beschuldigten zusteht und nur zum Schutze der Aktenintegrität durch seinen Verteidiger ausgeübt wird;[305] andere sachliche Beschränkungsgründe bestehen nicht.[306] Der unverteidigte Beschuldigte wäre ohne vollständige Einsicht lediglich Objekt und nicht Subjekt des Verfahrens.[307] Das Einsichtsrecht muss zwingend vollumfänglich sein, da der Beschuldigte ohne Aktenkenntnis bestimmte Aktenbestandteile, die er begehrt, nicht benennen kann;[308] eine Auswahl durch StA oder Gericht steht einer effektiven Verteidigung entgegen (→ Rn. 13, 20).[309] Mündliche Auskünfte oder schriftliche Zusammenfassungen genügen nicht (→ Rn. 27);[310] ohnehin kann eine Beschränkung des Einsichtsrechts des Beschuldigten in Anbetracht des Fortschritts der Reproduktionstechnik seit Einführung der StPO sachlich nicht mehr begründet werden.[311]

51 Die Möglichkeit einer Einschränkung der Akteneinsicht für den Beschuldigten nach Abs. 7 wird in dessen Wortlaut im Vergleich zu Abs. 2 ausgeweitet, indem auch eine **Gefährdung der Ermittlungen** in anderen Verfahren für Restriktionen genügt. Da kein sachlicher Grund für diese Schlechterstellung des unverteidigten Beschuldigten ersichtlich ist, ist diese Einschränkung eng auszulegen, so dass im Falle einer Gefährdung eine weitestmögliche Teileinsicht zu ermöglichen ist.[312] Die Voraussetzungen einer Einschränkung sind im Übrigen die gleichen wie in Abs. 2 (→ Rn. 24 f.); auch hier gilt, dass nach Abschluss der Ermittlungen diese auch nicht mehr gefährdet sein können.[313] Nach dem oben Gesagten kann die Einsicht zum Schutz der **Interessen Dritter** nur partiell bzgl. der persönlichen Daten schutzwürdiger Zeugen beschränkt werden; andere überwiegende Interessen sind nicht erkennbar, da Aussagen und andere Unterlagen zum Zweck der Verteidigung zwangsläufig zur Verfügung stehen müssen.[314] Nach dem Gesetzgeber ist in diesem Zusammenhang an *„die Wahrung der Intimsphäre Dritter, an den Schutz gefährdeter Zeugen und an den Schutz von Geschäfts- und Betriebsgeheimnissen zu denken."*[315] Dies überzeugt indes schon mit (vergleichendem) Blick auf die Rechtsposition des verteidigten Beschuldigten nicht.[316] Das Recht auf Erteilung von **Abschriften nach Abs. 3** wird durch den Verweis auf Abs. 5 einbezogen.[317] Auch **Abs. 6** findet zur Ergänzung entspr. Anwendung.[318] Nach hM unterfällt auch der **beschuldigte Rechtsanwalt** diesen Einschränkungen; in Bagatellfällen ist eine Zusendung der Originalakte sachgemäß.[319]

---

304 EGMR 17.2.1997 – 10/1996/629/812, NStZ 1998, 429 – Foucher / Frankreich mAnm *Deumeland;* KK/*Laufhütte* Rn. 2; SK-StPO/*Wohlers* Rn. 11; *Frohn* GA 1984, 554 (564); *Schlegel* HRRS 2004, 411; *Roxin/Schünemann* § 19 Rn. 68; *Wesemann,* FS DAV, 2009, 891 (902); entweder vollständige Einsicht oder Verteidiger nach § 140 Abs. 2: Graf/*Wessing* Rn. 2; Meyer-Goßner/*Schmitt* Rn. 4; *Böse* StraFo 1999, 293 (296 f.); vgl. LG Stralsund 28.4.2005 – 22 Qs 91/05, NStZ-RR 2006, 143; LG Hildesheim 9.11.2007 – 12 Qs 57/07, StV 2008, 132.

305 LG Hamburg 11.8.1993 – 603 Qs 548/93, NJW 1993, 3152; OLG Zweibrücken 8.10.1976 – Ws 186/76, NJW 1977, 1699; *Alsberg* JW 1926, 2726; *Frohn* GA 1984, 554 (564); *Lobe* JW 1926, 2725 (2726); *Welp,* FS Peters, 1984, 309 (312); *Hahn* Mat. I S. 966, Mat. II S. 1298.

306 HK-StPO/*Julius* Rn. 2; *Frohn* GA 1984, 554 (564 f.); vgl. BT-Drs. 16/11644, 34; *Deumeland* NStZ 1998, 429.

307 *Welp,* FS Peters, 1984, 309 (313); vgl. *Schlegel* HRRS 2004, 411.

308 KG 10.9.2010 – 3 Ws 454/10, StRR 2011, 102; vgl. LG Essen 9.5.2011 – 56 Qs 25/11, StV 2011, 663.

309 *Welp,* FS Peters, 1984, 309 (313 f.).

310 SK-StPO/*Wohlers* Rn. 11; *Schlegel* HRRS 2004, 411 (416).

311 HK-StPO/*Julius* Rn. 2; Löwe/Rosenberg/*Lüderssen/Jahn* Rn. 8; SK-StPO/*Wohlers* Rn. 6; *Schlegel* HRRS 2004, 411 (412); vgl. LG Mainz 22.10.1998 – 1 Qs 225/98, NJW 1999, 1271 mAnm. *Haass* NStZ 1999, 442; zur Historie: *Lobe* JW 1926, 2725; *Hahn* Mat. I S. 966, Mat. II S. 1298.

312 Vgl. SK-StPO/*Wohlers* Rn. 14.

313 *Schlegel* HRRS 2004, 411 (415).

314 Weiter: SK-StPO/*Wohlers* Rn. 14; vgl. auch *Böse* StraFo 1999, 293 (296).

315 BT-Drs. 14/1484, 22.

316 *Schlegel* HRRS 2004, 411 (415); vgl. auch *Dedy* StraFo 2001, 19 (153).

317 SK-StPO/*Wohlers* Rn. 15; *Schlegel* HRRS 2004, 411 (415 f.).

318 SK-StPO/*Wohlers* Rn. 15; *Schlegel* HRRS 2004, 411 (416).

319 LG Hamburg 11.8.1993 – 603 Qs 548/93, NJW 1993, 3152.

52 **2. Verteidigter Beschuldigter.** Auch der verteidigte Beschuldigte hat aus der EMRK und Art. 103 Abs. 1 GG ein Recht auf vollständige Akteneinsicht in Form einer vollständigen Kopie oder der Einsichtnahme bei Gericht mit Kopiermöglichkeit.[320] Zur sachgerechten Verteidigung kann die Einsicht gemeinsam mit dem Verteidiger notwendig sein (→ Rn. 45); das Recht besteht aber auch in Abwesenheit[321] des Verteidigers bzw. unabhängig vom Verteidiger.[322] Der Wortlaut wurde nur aus ökonomischen Gründen auf den unverteidigten Beschuldigten beschränkt;[323] dies wird dem in EMRK und GG verankerten Anspruch nicht gerecht.[324]

VII. Rechtsfolgen eines Verstoßes gegen das Einsichtsrecht

53 Wird eine gerichtliche Entscheidung ohne rechtzeitige, umfängliche Gewährung der vorher beantragten Akteneinsicht getroffen, muss auf Antrag eine **Wiedereinsetzung in den vorigen Stand** erfolgen; § 33a.[325] Dies gilt auch für eine Einsicht vor Rechtsmitteleinlegung oder -begründung.[326] Erhebliche Verstöße gegen Aktenvollständigkeit und -wahrheit können eine unheilbare Verletzung des fairen Verfahrens und dadurch ein **Verfahrenshindernis** bewirken. **Befangenheitsgründe** können sich ggf. aus einer rechtswidrigen Nichtgewährung der vollständigen Einsicht,[327] einer fehlenden Unterrichtung über neue Aktenbestandteile (→ Rn. 10)[328] oder aus den die Verteidigung behindernden Modalitäten der Einsichtnahme ergeben.[329]

VIII. Rechtsmittel

54 Sind die Akten aus Sicht der Verteidigung nicht vollständig, kann neben der Beschwerde (→ Rn. 60) ein **Beweisantrag** gestellt werden.[330] Ist die Beiziehung von Akten str., kann die Verteidigung Antrag auf Einsicht auch bei der aktenführenden Behörde stellen (→ Rn. 20).[331] Gegen eine **Sperrerklärung** nach § 96 ist der Verwaltungsrechtsweg zulässig. Wurde eine vollständige Akteneinsicht nicht rechtzeitig vor Beginn der Hauptverhandlung ermöglicht, ist die Verhandlung auf Antrag gem. **§ 265 Abs. 4** auszusetzen (→ Rn. 7, 16).[332]

55 Mit den zulässigen Rechtsmitteln gegen die Versagung der Akteneinsicht (→ Rn. 57 ff.) kann auch die Frage einer Klärung zugeführt werden, was im jeweiligen Verfahren Aktenbestandteil ist.[333] Auch hinsichtlich der Art und Weise der Einsichtnahme können entsprechende Entscheidungen erwirkt werden, sofern die in Rede stehenden Fragen über reine **Modalitäten** iS des Abs. 4 hinausgehen und eine Einsichtnahme faktisch verhindert oder unverhältnismäßig erschwert wird.[334]

---

[320] EGMR 12.3.2003 – EuGRZ 2003, 472 – Öcalan / Türkei m. zust. Anm. *Kühne* JZ 2003, 670 (672); LG Stralsund 28.4.2005 – 22 Qs 91/05, NStZ-RR 2006, 143; *Roxin/Schünemann* § 19 Rn. 69.

[321] LG Düsseldorf 17.1.2008 – 11 KLs 60 Js 1789/07 – 28/07, StraFo 2008, 505; *Wesemann*, FS DAV, 2009, 891 (902 f.).

[322] LG Stralsund 28.4.2005 – 22 Qs 91/05, NStZ-RR 2006, 143; aA OLG Frankfurt a.M 10.7.2001 – 3 Ws 656/01, NStZ-RR 2001, 374; OLG Zweibrücken 8.10.1976 – Ws 186/76, NJW 1977, 1699.

[323] BT-Drs. 14/1484, 22.

[324] AA EGMR 19.12.1989 – Nr. 9783/82, EGMRE 4, 450 (476) – Kaminski / Österreich; OLG Frankfurt a. M. 10.7.2001 – 3 Ws 656/01, NStZ-RR 2001, 374.

[325] KG 10.9.2010 – 3 Ws 454/10, StRR 2011, 102.

[326] OLG Jena 7.11.2011 – 1 Ss Bs 147/11, VRS 122, 142.

[327] LG Köln 4.9.1985 – 117 – 7/84, StV 1987, 381.

[328] BGH 26.1.2006 – 5 StR 500/05, NJW 2006, 854.

[329] OLG Dresden 17.7.2009 – 1 Ss 347/09, StV 2010, 475 (476).

[330] OLG Saarbrücken 30.4.2004 – 1 Ws 72/04, NStZ 2005, 344.

[331] Ausf. *Marberth-Kubicki* StraFo 2003, 366.

[332] OLG Karlsruhe 28.10.2009 – 1 Ss 126/08, NStZ-RR 2010, 287.

[333] BGH 4.10.2007 – KRB 59/07, BGHSt 52, 58 (60) = NJW 2007, 3652.

[334] OLG Brandenburg 20.9.1995 – 2 Ws 174/95, NJW 1996, 67 m. abl. Anm. *Krack* (ausf.).

56 **1. Ermittlungsverfahren (Entscheidungen der StA).** Faktisch ist das Recht aus Abs. 1 im Ermittlungsverfahren nicht durchsetzbar. Eine neue Regelung der Rechtsmittel ist daher zur effektiven Umsetzung der Verteidigungsrechte dringend geboten.[335]

57 **a) Abs. 5 S. 2.** Seit dem StVÄndG 1999 ist gegen die Versagung der Akteneinsicht für drei Fälle in Abs. 5 S. 2 eine gerichtliche Entscheidung vorgesehen; zuvor wurde über die Anfechtungsmöglichkeit nach § 23 EGGVG gestritten.[336] Die **Zuständigkeit** richtet sich nach § 162, das formelle Verfahren nach den in S. 3 genannten Normen. Eine Frist besteht nicht. Gegen die gerichtliche Entscheidung ist die Beschwerde zulässig.[337] Soweit der Beschl. nach **S. 4** in Ausnahmefällen nicht mit Gründen versehen wird,[338] sind diese in der Akte festzuhalten, um die Beschränkung der Verteidigung einer Revision zugänglich zu machen. Um einen effektiven Rechtsschutz zu gewährleisten, muss eine gerichtliche Entscheidung auch bei **faktischer bzw. konkludenter Versagung** der Akteneinsicht möglich sein, um Umgehungen des Rechts aus Abs. 1 oder Abs. 3 zu verhindern.[339] Bei einer verweigerten Auskunft nach § 491 ist dies nicht zulässig.[340]

58 **Nicht auf freiem Fuß** iS des Abs. 5 S. 2 ist der Beschuldigte, der aufgrund des Verfahrens, in dem Akteneinsicht beantragt wird, inhaftiert oder untergebracht ist;[341] ausreichend ist Überhaft oder ein Haftbefehl, der auch auf Erkenntnisse aus dem in Rede stehenden Verfahren gestützt wird.[342] Die 1. Var. des S. 2 ist angesichts des Zuständigkeitswechsels ab Anklageerhebung kaum relevant, bietet aber Rechtsschutz im Falle der **Einstellung.**[343] Erg. Rn. 25.

59 **b) Andere Fälle.** Nach allgM ist nach Einführung des Abs. 5 S. 2 auch in anderen Fällen die abdrängende Sonderzuweisung des **§ 23 EGGVG nicht** anwendbar; zum Teil wird eine begrenzte Ausnahme im Falle einer versagten Einsicht in Spurenakten vertreten.[344] Mitunter wird vertreten, dass sich aus Abs. 5 S. 2 e contrario ergebe, dass außer in den genannten Fällen überhaupt kein Rechtsmittel vorhanden sei.[345] Gegen eine solche Auffassung spricht jedoch, dass der Gesetzgeber dies explizit offengelassen hat.[346] Zudem würde diese Ansicht mit der effektiven Umsetzung des Rechts aus Abs. 1 sowie mit dem Recht auf effektiven Rechtsschutz aus Art. 19 Abs. 4 GG kollidieren.[347] In der Praxis droht das Einsichtsrecht im Ermittlungsverfahren ohne Rechtsmittel ins Leere zu Laufen; Abs. 2 wird zum Regel- statt zum Ausnahmefall.[348] Solange keine gesetzliche Regelung besteht, ist zum Zwecke der Einheitlichkeit der Rechtsmittel bei Entscheidungen der StA **Abs. 5 S. 2 entsprechend** anzuwenden.[349] Ansonsten wäre der Beschuldigte gegenüber dem Verletzten schlechter gestellt (vgl. § 406e Abs. 4

---

[335] Vgl. ua *Beulke/Witzigmann* NStZ 2011, 254 (260); *Dedy* StraFo 2001, 149; *Hassemer* JuS 1991, 516 (517); *Welp,* FS Peters, 1984, 209 (325).

[336] Vgl. BVerfG 26.10.1993 – 2 BvR 2295/93, NJW 1994, 573.

[337] BT-Drs. 16/12098, 21.

[338] Krit. dazu *Kühne* Rn. 216.2.

[339] BGH 22.1.2009 – 3 StB 22/08, NStZ-RR 2009, 145; OLG Frankfurt a. M. 13.9.2001 – 3 Ws 853/01, StV 2001, 611; Löwe/Rosenberg/*Lüderssen/Jahn* Rn. 163a; SK-StPO/*Wohlers* Rn. 111; *Schlothauer* StV 2001, 192 (194); einschr. LG Landau 16.7.2001 – 3 Qs 109/01, StV 2001, 613 m. abl. Anm. *Schlothauer.*

[340] BGH 22.1.2009 – StB 29/08, NStZ-RR 2009, 145.

[341] BGH 26.1.2011 – 4 BGs 1/11, NStZ 2012, 223; LG Mannheim 16.7.2001 – 3 Qs 109/01, StV 2001, 613 m. abl. Anm. *Schlothauer*; aA LG München I 26.2.2004 – 5 Qs 13/04, StV 2006, 11; Löwe/Rosenberg/*Lüderssen/Jahn* Rn. 160b; Meyer-Goßner/*Schmitt* Rn. 39; SK-StPO/*Wohlers* Rn. 110; *Peglau* JR 2012, 231 (Fn. 6) (Wortlautvergleich zu Abs. 2); *Schlothauer* StV 2001, 192 (194); *Tsambikakis,* FS Richter II, 2006, 529 (531).

[342] LG Regensburg 17.12.2003 – 2 Qs 167/03, StV 2004, 369; KK/*Laufhütte* Rn. 26.

[343] *Schlothauer* StV 2001, 192 (193).

[344] OLG Stuttgart 10.3.2006 – 4 VAs 1/06, NJW 2006, 2565 (2567); nach aF: BVerfG 12.1.1983 – 2 BvR 864/81, BVerfGE 63, 45 = NJW 1983, 1043; OLG Hamm 9.1.1984 – 1 VAs 1/84, NStZ 1984, 423, Löwe/Rosenberg/*Lüderssen/Jahn* Rn. 162; Meyer-Goßner/*Schmitt* Rn. 40.

[345] *Roxin/Schünemann* § 19 Rn. 66.

[346] BT-Drs. 14/1484, 22.

[347] Graf/*Wessing* Rn. 26; SK-StPO/*Wohlers* Rn. 112; vgl. EGMR 24.6.2003 – Nr. 39482/98, HRRS 2003, 171 – Dowsett / Großbritannien.

[348] *Satzger* StraFo 2006, 45 (47).

[349] HK-StPO/*Julius* Rn. 26; SK-StPO/*Wohlers* Rn. 112; *Börner* NStZ 2010, 417 (421); vgl. OLG Saarbrücken 20.9.2007 – VAs 5/07, NStZ-RR 2008, 48 (insoweit nicht abgedr.); aA Meyer-Goßner/*Schmitt* Rn. 40.

S. 2). Gänzlich unvertretbar wäre eine Versagung dieser Möglichkeit eines Rechtsmittels bei Zwangsmaßnahmen, die in Grundrechte eingreifen (→ Rn. 29),[350] bei willkürlicher Verweigerung der Einsicht[351] bzw. bei Versagung der Einsicht gegenüber dem Beschuldigten und gleichzeitiger Gewährung der Einsicht an Verletzte oder Mitbeschuldigte.[352]

2. Zwischen- und Hauptverfahren (Entscheidungen des Gerichts). Gegen eine Entscheidung des Vorsitzenden zur Akteneinsicht ist in jeder Lage des Verfahrens die **Beschwerde** nach § 304 zulässig. § 305 S. 1 ist auch nach Eröffnungsbeschl. und während der Hauptverhandlung nicht einschlägig.[353] Entscheidungen des **OLG** sind gem. § 304 Abs. 4 Nr. 4 der Beschwerde zugänglich; nach Ansicht des BGH soll dies jedoch nicht für Entscheidungen zu den Modalitäten der Einsichtnahme gelten (→ Rn. 55).[354] Wegen der Zuständigkeit nach Abs. 5 S. 1 bedarf es keiner vorherigen Entscheidung nach § 238 Abs. 2.[355] Die zeitliche Verschiebung einer gerichtlichen Entscheidung wegen einer Sperrung der Akten nach Abs. 2 S. 1 ist eine selbstständige Entscheidung, die mit der Beschwerde angreifbar ist.[356] Auch gegen die gerichtliche Entscheidung gem. Abs. 5 S. 2 ist die Beschwerde zulässig.[357] **60**

3. Nach Beendigung des Verfahrens. Weitgehend unstr. ist die Anwendbarkeit von Abs. 5 S. 2 nach rechtskräftigem Verfahrensende sowie nach einer Einstellung, da diese dem Abschluss der Ermittlungen gleichkommt.[358] Eine Ausnahme kann bei § 153c bestehen.[359] **61**

4. Revision. Die unzulässige (Teil-)Versagung der Akteneinsicht ist eine **wesentliche Beschränkung** der Verteidigung iS des **§ 338 Nr. 8.**[360] Wird die Akteneinsicht nicht rechtzeitig vor Beginn der Hauptverhandlung gewährt und ein darauf bezogener Unterbrechungs- oder Aussetzungsantrag abgelehnt, liegt auch darin ein Revisionsgrund nach § 338 Nr. 8.[361] Finden während der Hauptverhandlung Nachermittlungen statt, kann das Urteil auch auf der fehlenden Mitteilung neuer Aktenbestandteile beruhen (→ Rn. 10).[362] Im Übrigen schafft die Ausgestaltung der Akteneinsicht bzw. Beweismittelbesichtigung grds. keinen Revisionsgrund;[363] im Einzelfall kann die Verteidigung jedoch durch die Modalitäten der Einsicht wesentlich behindert worden sein.[364] Wegen der Zuständigkeit nach Abs. 5 S. 1 kommt es nicht auf eine Beanstandung nach § 238 Abs. 2 an. **62**

---

[350] OLG Stuttgart 10.3.2006 – 4 VAs 1/06, NJW 2006, 2565; *Börner* NStZ 2007, 680 (682 ff.); aA LG Berlin 18.2.2010 – 536 Qs 1/10, StV 2010, 352 (354); LG Neubrandenburg 16.8.2007 – 9 Qs 107/07, NStZ 2008, 655; vgl. auch BGH 26.1.2011 – 4 BGs 1/11, NStZ 2012, 223.

[351] OLG Frankfurt a. M. 19.8.2005 – 3 VAs 36/05, NStZ-RR 2005, 376; HK-StPO/*Julius* Rn. 26.

[352] *Börner* NStZ 2007, 680 (684); vgl. KK/*Laufhütte* Rn. 25.

[353] OLG Köln 2.10.1998 – 2 Ws 512/98, StV 1999, 12; OLG Brandenburg 20.9.1995 – 2 Ws 174/95, NJW 1996, 67 mwN; KK/*Laufhütte* Rn. 28; Löwe/Rosenberg/*Lüderssen/Jahn* Rn. 167; SK-StPO/*Wohlers* Rn. 115; offen: OLG Frankfurt a. M. 13.9.2001 – 3 Ws 853/01, StV 2001, 611 (612); einschr. HK-StPO/*Julius* Rn. 27; aA in HV OLG Naumburg 29.9.2009 – 1 Ws 602/09, NStZ-RR 2010, 151 Ls.; OLG Koblenz 10.7.2003 – 1 Ws 425/03, StV 2003, 608; bereits Eröffnung: LG Limburg 30.8.2011 – 1 Qs 116/11, NStZ-RR 2011, 378; OLG Hamm 5.8.2004 – 2 Ws 200/04, StraFo 2004, 419 m. abl. Anm. *Fischer*; OLG Frankfurt a. M. 27.2.2003 – 3 Ws 234/03, StV 2004, 362 m. abl. Anm. *Lüderssen*.

[354] BGH 29.10.1980 – 1 StE 4/78 – 1 StB 43/80, NJW 1981, 411; BGH 10.8.1977 – 6 StE 1/77, StB 153/77, BGHSt 27, 244 (245) = NJW 1977, 2086.

[355] OLG Koblenz 30.6.1995 – 1 Ws 322/95, NStZ 1995, 611.

[356] OLG Naumburg 12.11.2010 – 1 Ws 680/10, NStZ-RR 2011, 250 Ls. = BeckRS 2011, 07669 Rn. 8.

[357] BT-Drs. 16/12098, 21.

[358] OLG Hamm 17.10.2002 – 1 VAs 65/02, NJW 2003, 768; allgLit. nach aF nach § 23 EGGVG: OLG Hamburg 3.9.1997 – 1 VAs 6/97, NJW 1997, 3255; OLG Hamm 5.5.1983 – 7 VAs 16/82, NJW 1984, 880.

[359] BGH 26.1.2011 – 4 BGs 1/11, NStZ 2012, 223 (224).

[360] BGH 24.11.1987 – 4 StR 586/87, StV 1988, 193 (194); BayObLG 22.4.1992 – 4St RR 65/92, NJW 1992, 2242; OLG Karlsruhe 21.5.1980 – 2 Ss 91/79, Justiz 1980, 417 = AnwBl 1981, 18; HK-StPO/*Julius* Rn. 30; Löwe/Rosenberg/*Lüderssen/Jahn* Rn. 172; aA Meyer-Goßner/*Schmitt* Rn. 42.

[361] BGH 16.10.1984 – 5 StR 643/84, NStZ 1985, 87; OLG Düsseldorf 22.3.1991 – 2 Ws 121/91, StV 1992, 100; *Tsambikakis,* FS Richter II, 2006, 529 (537).

[362] BGH 29.11.1989 – 2 StR 264/89, BGHSt 36, 305 (312 f.) = NJW 1990, 584 (586).

[363] BGH 25.9.2007 – 1 StR 350/07, NStZ-RR 2008, 48 Ls.; BGH 24.8.1999 – 1 StR 672/98, NStZ 2000, 46; OLG Stuttgart 28.4.1978 – 3 Ss (3) 73/78, NJW 1979, 559 (560); Meyer-Goßner/*Schmitt* Rn. 42.

[364] Löwe/Rosenberg/*Lüderssen/Jahn* Rn. 174; SK-StPO/*Wohlers* Rn. 121; vgl. BGH 26.4.1968 – 4 StR 34/68, GA 1968, 307.

63 Soweit die **Einsicht durch die StA** verweigert wurde und keine gerichtliche Entscheidung nach Abs. 5 S. 2 vorliegt, kann bei Fortwirkung der Einschränkung auf die Hauptverhandlung ein Revisionsgrund nach **§ 337** gegeben sein.[365] Das gesamte Verteidigungsverhalten bestimmt sich nach der Akteneinsicht, so dass idR auch von einem **Beruhen** ausgegangen werden kann.[366] Soweit auch für eine gerichtliche Akteneinsichtsentscheidung ein Beruhen verlangt wird, widerspricht dies dem Charakter des § 338 Nr. 8.[367]

64 Die **Revisionsrüge** muss Angaben darüber enthalten, wann Akteneinsicht beantragt, mit welcher Begr. von wem abgelehnt wurde und ob zulässige Rechtsmittel gegen die Versagung eingelegt wurden.[368] Wenn (Teil)Akteneinsicht erfolgte, muss soweit wie möglich dargelegt werden, welche Aktenbestandteile fehlten bzw. wann und wie lange die Einsicht gewährt wurde[369] und warum keine erneute, vollständige Einsicht rechtzeitig vor Beginn der Hauptverhandlung möglich war.[370] Liegt die vollständige Akte bei Revisionsbegr. trotz – vorzutragender –[371] Bemühungen des Verteidigers immer noch nicht vor,[372] kann schon aus faktischen Gründen keine ausführliche Darlegung der fehlenden Aktenteile verlangt werden,[373] wohl aber die Angabe von Anhaltspunkten.[374] Gleiches gilt in diesem Fall für die Darlegung des Beruhens.[375] Liegen die Akten vor, wird nach hA eine Darlegung anderer Verteidigungsmöglichkeiten (Einlassungsverhalten; Zeugenbefragungen, Beweisanträge) unter Nennung der konkreten Aktenstellen, aus denen sich dies ergibt, verlangt.[376] § 338 Nr. 8 ist – anders die st. Praxis[377] – ein absoluter Revisionsgrund,[378] so dass es auf die Darlegung anderer Verteidigungsmöglichkeiten nicht ankommen kann. Die Akteneinsicht ist als Teil des fairen Verfahrens stets ein wesentlicher Bestandteil der Verteidigung.[379]

§ 148 [Verkehr mit dem Beschuldigten]

(1) Dem Beschuldigten ist, auch wenn er sich nicht auf freiem Fuß befindet, schriftlicher und mündlicher Verkehr mit dem Verteidiger gestattet.

(2) [1]Ist ein nicht auf freiem Fuß befindlicher Beschuldigter einer Tat nach § 129a, auch in Verbindung mit § 129b Abs. 1, des Strafgesetzbuches dringend verdächtig, soll das Gericht anordnen, dass im Verkehr mit Verteidigern Schriftstücke und andere Gegenstände zurückzuweisen sind, sofern sich der Absender nicht damit einverstanden erklärt, dass sie zunächst dem nach § 148a zuständigen Gericht vorgelegt werden. [2]Besteht kein Haftbefehl wegen einer Straftat nach

[365] OLG Hamm 2.12.1971 – 4 Ss 1055/71, NJW 1972, 1096; nur bei späterem Aussetzungsantrag revisibel: HK-StPO/*Julius* Rn. 30.
[366] Ausnahmefälle: SK-StPO/*Wohlers* Rn. 121.
[367] *Gillmeister* NStZ 1997, 44 Anm. zu BGH 7.3.1996 – 1 StR 688/95, BGHSt 42, 71 (73) = NStZ 1997, 43; *Tsambikakis,* FS Richter II, 2006, 529 (538); aA OLG Hamm 25.5.2005 – 2 Ss OWi 261/05, StraFo 2005, 468.
[368] BayObLG 22.4.1992 – 4St RR 65/92, NJW 1992, 2242; SK-StPO/*Wohlers* Rn. 123.
[369] BGH 30.10.2003 – 5 StR 274/03, wistra 2004, 63; SK-StPO/*Wohlers* Rn. 123.
[370] OLG Hamm 10.10.2003 – 2 Ss OWi 598/03, NJW 2004, 381.
[371] BGH 23.2.2010 – 4 StR 599/09, NStZ 2010, 530.
[372] BGH 11.11.2004 – 5 StR 299/03, BGHSt 49, 317 (328) = JR 2005, 114 (118) m. jeweils abl. Anm. *Vogel* JR 2005, 123 (127) und *Pananis* NStZ 2005, 572; krit. *Tsambikakis,* FS Richter II, 2006, 529 (537).
[373] *Dünnebier* StV 1981, 504; *Gillmeister* NStZ 1997, 44; *Tsambikakis,* FS Richter II, 2006, 529 (537).
[374] BayObLG 22.4.1992 – 4St RR 65/92, NJW 1992, 2242.
[375] BGH 23.2.2010 – 4 StR 599/09, NStZ 2010, 530; *Dünnebier* StV 1981, 504.
[376] BGH 23.2.2010 – 4 StR 599/09, NStZ 2010, 530 (531); BGH 11.11.2004 – 5 StR 299/03, BGHSt 49, 317 (327 f.) = JR 2005, 114 (118) m. jeweils abl. Anm. *Vogel* (127) und *Pananis* NStZ 2005, 572; OLG Hamm 25.5.2005 – 2 Ss OWi 261/05, StraFo 2005, 468; SK-StPO/*Wohlers* Rn. 123.
[377] Vgl. BGH 23.2.2010 – 4 StR 599/09, NStZ 2010, 530 (531); BGH 11.11.2004 – 5 StR 299/03, BGHSt 49, 317 (329 ff.) = JR 2005, 114 (118) m. jeweils abl. Anm. *Vogel* (127) und *Pananis* NStZ 2005, 572; OLG Hamm 22.3.2007 – 2 Ss OWi 202/07, NStZ-RR 2007, 209; diff. BGH 11.3.1998 – 3 StR 43/98, NStZ 1998, 369.
[378] AA BGH 26.5.1981 – 1 StR 48/81, BGHSt 30, 131 (135) = NJW 1981, 2267.
[379] *Gillmeister* NStZ 1997, 44.

§ 129a, auch in Verbindung mit § 129b Abs. 1, des Strafgesetzbuches, trifft die Entscheidung das Gericht, das für den Erlass eines Haftbefehls zuständig wäre. [3]Ist der schriftliche Verkehr nach Satz 1 zu überwachen, sind für Gespräche mit Verteidigern Vorrichtungen vorzusehen, die die Übergabe von Schriftstücken und anderen Gegenständen ausschließen.

Übersicht

I. Regelungsgehalt

1 Abs. 1 schützt als Grundlage effektiver Verteidigung das Recht auf unüberwachte Kommunikation zwischen Beschuldigtem und Verteidiger sowie das Recht des inhaftieren oder untergebrachten Beschuldigten auf jederzeitigen – unverzögerten und unbehinderten – Verteidigerkontakt.[1] Beschränkungen dieser Rechte in Terrorismusverfahren wurden mit Abs. 2 im Jahr 1976 eingefügt.[2]

2 Die in Abs. 1 garantierten Rechte sind elementare Grundlage jeglicher Verteidigung – ohne eine ungestörte Kommunikation kann es kein ernstzunehmendes Verteidigungsverhältnis geben. Das Recht auf Verkehr mit dem Verteidiger ist Ausfluss des Rechts auf ein **faires Verfahren** und sichert die Menschenwürde[3] bzw die Selbstbelastungsfreiheit[4] des Beschuldigten; entsprechend sind diese Rechte auch durch **Art. 6 Abs. 3 lit. c EMRK** garantiert.[5] Die schriftliche Kommunikation unterfällt überdies dem Schutz des **Art. 8 Abs. 1 EMRK.**[6] Die Kommunikationsrechte sind für jeglichen Beschuldigten unverzichtbar, für den inhaftierten Beschuldigten sind sie aber von noch weiter gesteigerter, geradezu herausragender Bedeutung.[7] Aus Sicht der Verteidigung unterfallen die Kommunikationsrechte des Abs. 1 auch dem Schutzbereich des **Art. 12** GG, da sie für den Verteidiger elementare Grundlage seiner Tätigkeit sind.[8]

II. Verkehr mit dem Beschuldigten – Abs. 1

3 Die Regelung des Abs. 1 hat eine doppelte Dimension: Geschützt ist sowohl die Kontaktaufnahme des Beschuldigten mit dem Verteidiger, wie auch umgekehrt die des Verteidigers

[1] Vgl. BGH 18.7.1973 – 1 BJs 6/71/StB 29/73, NJW 1973, 1656 (1657); *Welp*, FS Gallas, 1973, 391 (417).
[2] Zum 20.9.1976 mit dem StGBuaÄndG.
[3] BVerfG 7.3.2012 – 2 BvR 988/10, StraFo 2012, 129 (130); BVerfG 18.4.2007 – 2 BvR 2094/05, NJW 2007, 2749 (2750); BVerfG 3.3.2004 – 1 BvR 2378/98 u. 1 BvR 1084/99, BVerfGE 109, 279 (322)= NJW 2004, 999 (1004); BT-Drs. 16/5846, 35.
[4] *Dahs*, GS Meyer, 1990, 61 (66 f.).
[5] EGMR 12.3.2003 – 46221/99, EuGRZ 3003, 472 (478) – Öcalan / Türkei; EGMR 28.11.1991 – 48/1990/239/309-310, NJW 1992, 3090; EGMR 12.7.1984 – Nr. 9300/81, NJW 1987, 563 – Can / Österreich m. Verweisen auf weitere europäische Rechte Inhaftierter.
[6] EGMR 19.12.2006 – 14385/04, NJW 2007, 3409 (3411) – Oferta Plus SRL ./. Moldau; EGMR 5.7.2001 – 38321/97, NJW 2003, 1439.
[7] *Welp* GA 1977, 127 (132 f.).
[8] BVerfG 30.4.2007 – 2 BvR 2151/06, NJW 2007, 2752 (2753); BVerfG 4.7.2006 – 2 BvR 950/05, NJW 2006, 2974 (2975); *König* StV 2011, 704 (706); vgl. BVerfG 13.10.2009 – 2 BvR 256/09, NJW 2010, 1740; einschr. BVerfG 1.8.1978 – 2 BvR 1013/77, BVerfGE 49, 24 (47) = NJW 1978, 2235.

mit dem Beschuldigten. Eine Beschränkung dieser Rechte findet sich zum einen in Abs. 2. Eine weitere Einschränkung ergibt sich aus den **abschließenden Regelungen** über die Kontaktsperre in §§ 31 – 38a EGGVG, die im Kontext der Schleyer-Entführung 1977 durch das Kontaktsperregesetz eingeführt wurden.[9] Dagegen sind die Kommunikationsbeschränkungen bei der Untersuchungshaft nach § 119 nicht auf die Verteidigerkommunikation nach § 148 anwendbar; dies ergibt sich auch unmittelbar aus § 119 Abs. 4 S. 1.[10] Insbes. ist von einem ordnungsgemäßen Verhalten des Verteidigers auszugehen; die §§ 138a ff. sind insoweit abschließend.[11] Daher müssen Normen, die Ermittlungsermächtigungen enthalten, entspr. einschränkend ausgelegt werden (→ Rn. 16, 19). Das Überwachungsverbot soll *„den unbefangenen Verkehr zwischen dem Gefangenen und seinem Verteidiger, das heißt ihren freien, vor jeder auch nur bloßen Möglichkeit einer Kenntnisnahme des Kommunikationsinhaltes durch Dritte geschützten Gedankenaustausch auf schriftlichem Wege […] gewährleisten."*[12]

4 **1. Personeller Geltungsbereich.** Das Recht aus Abs. 1 ist sowohl ein eigenes Recht des Beschuldigten als auch des Verteidigers und kann daher von keinem von beiden dispensiert werden.[13]

5 **a) Beschuldigter.** Die Rechte des Abs. 1 gelten für alle **Beschuldigten;** besonders schutzbedürftig ist jedoch der inhaftierte oder untergebrachte Beschuldigte, wobei es nicht darauf ankommt, ob das betreffende Verfahren und die Inhaftierung oder Unterbringung in einem Zusammenhang stehen;[14] mithin ist auch die Auslieferungshaft erfasst.[15] Unerheblich ist auch, ob ein formeller Beschuldigtenstatus vorliegt. Schon vor Einleitung eines Ermittlungsverfahrens muss es möglich sein, sich des Beistands eines Verteidigers für ein erwartetes Verfahren zu bedienen; entspr. unterfällt auch diese Kommunikation dem Schutzbereich des Abs. 1.[16]

6 **b) Verteidiger.** Unproblematisch ist die Anwendung des § 148 bei bestehenden **Verteidigungsverhältnissen** nach § 137 oder § 141; auch Unterbevollmächtigte sind erfasst.[17] Grds. ist zur Begründung eines Verteidigungsverhältnisses keine schriftliche Vollmacht erforderlich;[18] gegenüber der JVA ist jedoch eine Vollmacht, eine gerichtliche Bestellung oder ein Sprechschein vorzulegen.[19] Soweit nur der Sprechschein anerkannt wird,[20] ist dies eine unverhältnismäßige und dem Status des Verteidigers nicht angemessene organisatorische Hürde. Die Vollmacht muss sich nicht auf ein konkretes Verfahren beziehen; schon die Bezeichnung des Verfahrens als Rahmen des Mandats ist gegen Kenntnisnahme geschützt.[21]

---

[9] Vgl. dazu ua BVerfG 1.8.1978 – 2 BvR 1013/77, BVerfGE 49, 24 = NJW 1978, 2235; BGH 13.10.1977 – 3 ARs 27/77, BGHSt 27, 276 = NJW 1977, 2173; SK-StPO/Wohlers Fn. 9 mwN.

[10] BT-Drs. 16/11644, 28; BVerfG 7.3.2012 – 2 BvR 988/10, StraFo 2012, 129 (132); BGH 15.12.2003 – 2 BGs 315/03, NJW 2004, 457; zum Verhältnis § 148 zu § 119: *Nibbeling* StV 1997, 202 (204).

[11] Löwe/Rosenberg/*Lüderssen/Jahn* Rn. 19.

[12] OLG Dresden 28.7.2006 – 2 Ws 624/05, NStZ 2007, 707 (708); OLG Frankfurt a. M. 23.10.2004 – 3 Ws 599-615/04, NStZ-RR 2005, 61 (62).

[13] BGH 5.11.1985 – 2 StR 279/85, BGHSt 33, 347 (349 f.) = NJW 1986, 1183; OLG Hamm 29.12.2009 – 3 Ws 504/09, NStZ 2010, 471; OLG Dresden 28.7.2006 – 2 Ws 624/05, NStZ 2007, 707 (708); HK-StPO/*Julius* Rn. 1; Meyer-Goßner/*Schmitt* Rn. 2; Löwe/Rosenberg/*Lüderssen/Jahn* Rn. 18; *König* StV 2011, 704 (705); einschr. SK-StPO/*Wohlers* Rn. 2; vgl. *Beulke,* FS Lüderssen, 2002, 693 (706).

[14] OLG Celle 18.11.2002 – 1 Ws 341/02, StV 2003, 62; AllgLit.

[15] VerfGH Berlin 8.9.2011 – 159/07; OLG Koblenz 2.3.1982 – I Ausl. 8/80, StV 1982, 427.

[16] LG Gießen 25.6.2012 – 7 Qs 100/12; LG Frankfurt 27.4.2004 – 5/2 Qs 1/04, StraFo 2004, 239 (240); § 137 Rn. 5; HK-StPO/*Julius* Rn. 8; SK-StPO/*Wohlers* Rn. 5; Taschke StV 1990, 436 (437 f.); *G. Schäfer,* FS Hanack, 1999, 77 (81 f.); vgl. OLG München 30.11.2004 – 3 Ws 720-722/04, NStZ 2006, 300 (301).

[17] *Schlothauer/Weider* U-Haft Rn. 52.

[18] BVerfG 18.4.2007 – 2 BvR 2094/05, NJW 2007, 2749 (2751); § 137 Rn. 8; Graf/*Wessing* Rn. 1.

[19] Graf/*Wessing* Rn. 1; HK-StPO/*Julius* Rn. 11; KK/*Laufhütte* Rn. 6; Löwe/Rosenberg/*Lüderssen/Jahn* Rn. 12; SK-StPO/*Wohlers* Rn. 9; *Schlothauer/Weider* U-Haft Rn. 69.

[20] LG Würzburg 19.4.1972 – Qs 117/72, NJW 1972, 1824; KK/*Laufhütte* Rn. 6; einschr. Meyer-Goßner/*Schmitt* Rn. 11; aA AG Aachen 26.1.2010 – 621 Gs 901 Js 212/09 – 120/10, BeckRS 2010, 06476; Löwe/Rosenberg/*Lüderssen/Jahn* Rn. 12.

[21] *Grube* JR 2009, 362 (363).

Der Schutz des Abs. 1 erstreckt sich auch schon auf die Phase der Begründung des Verteidigungsverhältnisses, die sog **Anbahnung.**[22] Zum Zeitpunkt des Anbahnungsverhältnisses muss gegenüber der JVA eine anwaltliche Versicherung ausreichen.[23] Schon zum Anbahnungszeitpunkt besteht die evidente Notwendigkeit eines unüberwachten Kontakts;[24] ein Normverständnis, wonach nur zum Zweck des Anbahnungsgesprächs ein Verteidigungsverhältnis begründet werden müsste, wäre nicht sachgemäß: Im Falle der Beiordnung nach § 141 besteht schon keine Möglichkeit hierzu; gleichwohl muss der Beschuldigte eine fundierte Verteidigerauswahl treffen können.[25] Umgekehrt muss auch der potentielle Verteidiger die Möglichkeit haben, vor Eingehung eines Verteidigungsverhältnisses dessen Grundlagen festzustellen, zB um Interessenkonflikte auszuschließen. Überdies widerspricht das Bestehen einer uneingeschränkten Beistandspflicht als Folge auch einer Bevollmächtigung nach § 137 der bereits vorherigen Begründung eines Verteidigungsverhältnisses. 7

Dem inhaftierten Beschuldigten muss zur Anbahnung – neben unüberwachten Gesprächen – die unüberwachte telefonische und schriftliche **Kontaktaufnahme** zur Antragung eines Verteidigungsverhältnisses ermöglicht werden;[26] ggf. auch zu mehreren potentiellen Verteidigern; da nur so § 137 Abs. 1 S. 2 und dem Wahlrecht aus § 142 Abs. 1 genügt werden kann.[27] Neben der Möglichkeit, potentielle Verteidiger zu kontaktieren, muss deren **Besuch ohne Hürden** ermöglicht werden. Dies gilt sowohl für eine Kontaktaufnahme durch den Beschuldigten selbst wie auch für die **Bitte um eine Kontaktaufnahme** durch Angehörige oder andere dem Lager des Beschuldigten zurechenbare Personen.[28] Die Strafverfolgungsbehörden sind verpflichtet, zur Umsetzung des Rechts aus § 137 und des Wahlrechts aus § 142 Abs. 1 effektive Hilfe zu leisten und die Einschränkungen aufgrund der Inhaftierung auszugleichen.[29] Daher muss es zugelassen werden, dass fehlende eigene Handlungsmöglichkeiten durch Dritte kompensiert werden.[30] Im Rahmen des § 136 Abs. 1 S. 1 ist bereits anerkannt, dass die Polizei den Beschuldigten informieren muss, wenn ein möglicher Verteidiger sich meldet;[31] gleiches muss auch in der JVA gelten.[32] Die sog **Anbiederungsfälle**[33] sollen nicht von § 148 erfasst werden; nach richtiger Ansicht sind Anbiede- 8

[22] OLG Düsseldorf 5.10.1983 – V 5/83, StV 1984, 106; AK/*Stern* Rn. 7; Graf/*Wessing* Rn. 1; HK-StPO/*Julius* Rn. 7; KK/*Laufhütte* Rn. 5; Löwe/Rosenberg/*Lüderssen/Jahn* Rn. 7; *Hanack* JR 1986, 35; *Schmitz* NJW 2009, 40; *G. Schäfer,* FS Hanack, 1999, 77 (82); ausf. *Schlothauer/Weider* U-Haft Rn. 66 ff.; vgl. auch OLG München 30.11.2004 – 3 Ws 720-722/04, NStZ 2006, 300 (301); *Danckert* StV 1986, 171; einschr. KG 28.3.1991 – 4 Ws 60/91, StV 1991, 307; SK-StPO/*Wohlers* Rn. 7; aA KG 26.8.1991 – 5 Ws 259/81, StV 1991, 524; OLG Stuttgart 23.3.1992 – 2 StE 5/91 – 5, StV 1993, 255 mit abl. Anm. Fezer; KG 3.12.1984 – ER 92/84, StV 1985, 405 m. abl. Anm. *Hassemer*; KG 28.6.1978 – ER 145/78, JR 1979, 40; Meyer-Goßner/*Schmitt* Rn. 4.

[23] AK/*Stern* Rn. 8; SK-StPO/*Wohlers* Rn. 13; weiter: Erklärung des Beschuldigten: *G. Schäfer,* FS Hanack, 1999, 77 (82).

[24] Vgl. OLG Düsseldorf 5.10.1983 – V 5/83, StV 1984, 106; *Bung* StV 2010, 587 (588); *Fezer* StV 1993, 255; *Hassemer* StV 1985, 405 (406); vgl. auch den Sachverhalt bei LG Mannheim 26.3.1976 – III Qs 1/76, AnwBl 1976, 357.

[25] § 141 Rn. 1, 4.

[26] OLG Düsseldorf 5.10.1983 – V 5/83, StV 1984, 106; LG Darmstadt 30.5.2003 – 3 Qs 348/03, StV 2003, 628; Graf/*Wessing* Rn. 1; HK-StPO/*Julius* Rn. 7; Löwe/Rosenberg/*Lüderssen/Jahn* Rn. 8; SK-StPO/*Wohlers* Rn. 22; *Grube* JR 2009, 362 (363); Hassemer StV 1985, 405 (407); aA LG Mannheim 26.3.1976 – III Qs 1/76, AnwBl 1976, 357.

[27] BGH 23.8.2004 – 1 StR 199/04, NStZ 2005, 114; *Bung* StV 2010, 587 (588, 590); vgl. auch SK-StPO/*Wohlers* Rn. 8.

[28] AG Aachen 26.1.2010 – 621 Gs 901 Js 212/09 – 120/10, AK/*Stern* Rn. 8; Graf/*Wessing* Rn. 1; *Widmaier/König* MAH Strafverteidigung § 4 Rn. 109; *König* StV 2011, 704; BeckRS 2010, 06476; vgl. auch *Fezer* StV 1993, 255 (256); einschr. HK-StPO/*Julius* Rn. 7; aA OLG Hamm 29.12.2009 – 3 Ws 504/09, NStZ 2010, 471 m. abl. Anm. *Bung* StV 2010, 587; Löwe/Rosenberg/*Lüderssen/Jahn* Rn. 8; zur Realität vgl. *Heydenreich* StV 2011, 700 (703).

[29] § 142 Rn. 1, 4.

[30] *Bung* StV 2010, 587 (590); *Schlothauer/Weider* U-Haft Rn. 72.

[31] BGH 17.6.1997 – 4 StR 243/97, NStZ 1997, 502.

[32] *Schlothauer/Weider* U-Haft Rn. 72.

[33] Zur Kritik des Begriffes: *Hassemer* StV 1985, 405.

rungsfälle jedoch nur Kontaktaufnahmen von Seiten potentieller Verteidiger aus eigener Initiative.[34] Ohnehin ist auch bei diesen fraglich, warum sie unterbunden werden sollten;[35] insbes. in der U-Haft dürfen dem Beschuldigten nur unvermeidliche Einschränkungen auferlegt werden.[36] Soweit Kontaktbitten von Angehörigen oder anderen nahestehenden Personen ebenfalls als Anbiederungsfall angesehen werden sollten,[37] ist zu beachten, dass der Beschuldigte einen Verteidiger auch durch Dritte beauftragen bzw. ihm den Auftrag durch Dritte antragen kann.

9 Auch der **Unternehmensanwalt** am Verfahren beteiligter Unternehmen (Einziehungs-, Verfallsachen, Kartellverfahren; § 30 OWiG) ist vom Schutzbereich des Abs. 1 erfasst[38]; auch Verteidiger in **ausländischen Strafverfahren** unterfallen Abs. 1, wenn sie nicht in Deutschland zugelassen sind[39], es können allenfalls erhöhte Anforderungen an den Nachweis des Verteidigungsverhältnisses bestehen.[40] Nach **§ 138 Abs. 2 S. 2** tätige Verteidiger können die Kommunikationsrechte auch alleine wahrnehmen.[41]

10 Nach **rechtskräftigem Verfahrensabschluss** kann ein „nachbearbeitendes" Kommunikationsbedürfnis bestehen, daher ist auch dieser Zeitraum vom Schutz der Norm umfasst.[42] Insbes. kann das Verteidigungsverhältnis für die anschließende Vollstreckung weiterbestehen. Auch die Kommunikation nach **Kündigung des Verteidigungsverhältnisses** kann dem Schutzbereich unterfallen, wenn sich die Kommunikation auf die Abwicklung des Verfahrens bezieht.[43] Dies gilt insbes. bei einer Kündigung im laufenden Verfahren, wenn noch kein neues Verteidigungsverhältnis besteht. Die vorher erfolgte Kommunikation muss zur effektiven Umsetzung auch nach Beendigung des Verteidigungsverhältnisses vom Schutz des Abs. 1 weiterhin erfasst bleiben.[44]

11 **2. Sachlicher Geltungsbereich.** Abs. 1 gilt für alle in- und ausländischen[45] Strafverfahren inkl. Gnaden- und Wiederaufnahmeverfahren;[46] ebenso für Vollstreckungs- und Strafvollzugssachen.[47] Andere Rechtsangelegenheiten sind grds. nicht erfasst,[48] können aber die Verteidigung mitbetreffen.[49] Exemplarisch gilt, dass etwa die Ordnung der Lebensverhältnisse, Klärung zivilrechtlicher Fragen etc für das Vorliegen eines Haftgrundes und die Strafzumessung bzw. Strafvollzugsentscheidungen relevant und deshalb auch für die Vertei-

---

[34] *Hassemer* StV 1985, 405 (407); offen: LG Darmstadt 30.5.2003 – 3 Qs 348/03, StV 2003, 628.

[35] AK/*Stern* Rn. 8, 10; *Fezer* StV 1993, 255; *König* StV 2011, 704 (705 ff.); Widmaier/*König* MAH Strafverteidigung § 4 Rn. 110; vgl. auch *Schlothauer/Weider* U-Haft Rn. 76.

[36] Vgl. KG 28.3.1991 – 4 Ws 60/91, StV 1991, 307.

[37] LG Darmstadt 30.5.2003 – 3 Qs 348/03, StV 2003, 628; § 137 Rn. 36; Löwe/Rosenberg/*Lüderssen/Jahn* Rn. 8; differenzierend: OLG Hamm 29.12.2009 – 3 Ws 504/09, NStZ 2010, 471 die einen „Anbiederungsfall" jedenfalls dann bejahen, wenn der Beschuldigte *„von alledem gar nichts weiß"*.

[38] Graf/*Wessing* Rn. 1a; *Wessing*, FS Mehle, 2009, 665 (678 ff.).

[39] OLG Celle 18.11.2002 – 1 Ws 341/02, StV 2003, 62 (63); Graf/*Wessing* Rn. 2; Meyer-Goßner/*Schmitt* Rn. 5; SK-StPO/*Wohlers* Rn. 4; aA OLG Köln 12.8.2010 – 2 Ws 498/10, NStZ 2011, 55.

[40] OLG Celle 18.11.2002 – 1 Ws 341/02, StV 2003, 62 (63).

[41] KG 19.2.1988 – 4 Ws 37/88, JR 1988, 391 mit Anm *Hammerstein*.

[42] HK-StPO/*Julius* Rn. 7; bei § 154: OLG Bamberg 12.11.1991 – Ws 540/91, MDR 1992, 507; *Grube* JR 2009, 362 (363).

[43] AG Koblenz 17.3.2006 – 30 Gs II 225/06, StV 2006, 650 m. ausf. Anm. *Wilhelm*; Graf/*Wessing* Rn. 1; HK-StPO/*Julius* Rn. 7; Löwe/Rosenberg/*Lüderssen/Jahn* Rn. 9; *Grube* JR 2009, 362 (363), offen: OLG Rostock 16.1.2003 – 2 Ws 8/02; aA Meyer-Goßner/*Schmitt* Rn. 4; SK-StPO/*Wohlers* Rn. 6.

[44] Vgl. *Beulke*, FS Fezer, 2008, 3 (13 f.).

[45] OLG Celle 18.11.2002 – 1 Ws 341/02, StV 2003, 62; aA OLG Köln 12.8.2010 – 2 Ws 498/10, NStZ 2011, 55.

[46] BGH 28.6.2001 – 1 StR 198/01, NJW 2001, 3793 (3794); OLG Hamm 7.9.1979 – 1 Vollz (Ws) 21, 22/79, NJW 1980, 1404.

[47] OLG Hamm 7.9.1979 – 1 Vollz (Ws) 21, 22/79, NJW 1980, 1404; OLG München 9.12.1977 – 1 Ws 1257/77, NJW 1978, 654; ausf. zu Vollstreckungssachen: Löwe/Rosenberg/*Lüderssen/Jahn* Rn. 10; AK/*Stern* Rn. 11.

[48] BVerfG 1.8.1978 – 2 BvR 1013/77, BVerfGE 49, 24 (48) = NJW 1978, 2235; BVerfG 4.10.1977 – 2 BvQ 8/77, BVerfGE 46, 1, (12); BGH 13.8.1973 – 1 BJs 6/71/StB 34/73, NJW 1973, 2035 (2036) mAnm. *Specht* NJW 1974, 65; krit. AK/*Stern* Rn. 5.

[49] LG München I 26.7.2000 – 5 Qs 80/00, NStZ 2001, 612.

digung erheblich sind.[50] In den Schutzbereich von Abs. 1 fällt auch die Tätigkeit des Verteidigers für den Beschuldigten als Zeugenbeistand in einem anderen Verfahren, sofern derselbe Tatkomplex betroffen ist.[51] Hingegen sind Disziplinarverfahren nicht erfasst.[52]

3. Mündliche Kommunikation. a) Inhaftierter oder untergebrachter Beschuldigter. Gespräche in der JVA oder anderen Anstalten dürfen weder akustisch noch optisch überwacht werden (vgl. § 27 Abs. 3 StVollzG).[53] Dazu muss ein Raum zu Verfügung stehen, der ein Gespräch in normaler Lautstärke ohne die Gefahr des Mithörens ermöglicht.[54] Die Anzahl und Dauer der Gespräche darf nicht begrenzt werden;[55] entspr. räumliche und personelle Voraussetzungen sind vom Staat zu gewährleisten.[56] Eine organisatorische Begrenzung auf bestimmte „Öffnungszeiten" der JVA ist zulässig,[57] sofern diese angemessen sind und die Kommunikation nicht unnötig erschweren;[58] zulässig sind etwa die üblichen Bürozeiten.[59] In dringenden Fällen – insbes. nach einer Festnahme – oder in besonders komplexen Fällen, müssen Gespräche auch außerhalb dieser Zeiten möglich sein.[60] Arbeitsmittel wie Laptop (ohne Netzwerkkarte), Diktiergerät und Unterlagen können mitgeführt werden.[61] E contrario zu Abs. 2 S. 1 ist auch das Mitführen von Augenscheinsobjekten zulässig.[62] Die Teilnahme eines **Dolmetschers** und ggf. von weiteren Hilfspersonen wie Schreibkräften oder Referendaren ist möglich;[63] ebenfalls das Hinzuziehen eines Sachverständigen.[64] Eine Beschränkung auf allg. vereidigte oder anderweitig einer Zuverlässigkeitsprüfung unterzogene Dolmetscher ist zulässig.[65] Wegen der abschließenden Regelung in Abs. 2 sind **Trennscheiben** in allen anderen Fällen unzulässig.[66] Zur Rechtslage bei Tatverdacht gegen den Verteidiger: Rn. 16. 12

---

[50] HK-StPO/*Julius* Rn. 8; Löwe/Rosenberg/*Lüderssen/Jahn* Rn. 17; SK-StPO/*Wohlers* Rn. 9; Widmaier/*König* MAH Strafverteidigung § 4 Rn. 128; vgl. auch EGMR 12.7.1984 – 9300/81, NJW 1987, 563 *„materielle Verteidigung"*; *Schlothauer/Weider* U-Haft Rn. 98 f.; aA BVerfG 13.10.2009 – 2 BvR 256/09, NJW 2010, 1740 (1741) = StV 2010, 144 m. krit. Anm. *Weider*; BGH 15.3.1976 – AnwSt (R) 6/75, BGHSt 26, 304 = NJW 1976, 1700.

[51] BGH 28.6.2001 – 1 StR 198/01, NJW 2001, 3793.

[52] LG Koblenz 24.9.1980 – 105 Js (Wi) 21 389/80 ua, MDR 1981, 72; HK-StPO/*Julius* Rn. 8; Meyer-Goßner/*Schmitt* Rn. 3.

[53] AllgA; ua EGMR 12.7.1984 – 9300/81, NJW 1987, 563 (564); VerfGH Berlin 8.9.2011 - 159/07, BeckRS 2011, 54436.

[54] OLG Hamm 19.11.1984 – 1 Vollz (Ws) 195/84, StV 1985, 241.; Graf/*Wessing* Rn. 11; KK/*Laufhütte* Rn. 4; Meyer-Goßner/*Schmitt* Rn. 14; Löwe/Rosenberg/*Lüderssen/Jahn* Rn. 13; SK-StPO/*Wohlers* Rn. 15.

[55] OLG Celle 18.11.2002 – 1 Ws 341/02, StV 2003, 62; OLG Hamm 4.3.1985 – 1 VAs 11/85, NStZ 1985, 432; OLG Zweibrücken 12.3.1997 – 1 VAs 2/97, StV 1997, 313 (314); Graf/*Wessing* Rn. 11; Meyer-Goßner/*Schmitt* Rn. 9; Löwe/Rosenberg/*Lüderssen/Jahn* Rn. 13.; SK-StPO/*Wohlers* Rn. 12; vgl. EGMR 12.3.2003 – 46221/99, EuGRZ 3003, 472 (478) – Öcalan ./. Türkei; OLG Stuttgart 23.9.1997 – 4 VAs 15/97, NStZ 1998, 212 (214); BT-Drs. 7/3998, 14; aA OLG Karlsruhe 25.4.1997 – 2 VAs 8/97, NStZ 1997, 407 m. abl. Anm. *Schriever* NStZ 1998, 159.

[56] *Schlothauer/Weider* U-Haft Rn. 79 ff.

[57] OLG Hamm 4.10.2011 – 1 VAs 42/11, NStZ-RR 2012, 62; OLG Hamm 4.3.1985 – 1 VAs 11/85, NStZ 1985, 432; Meyer-Goßner/*Schmitt* Rn. 10; Löwe/Rosenberg/*Lüderssen/Jahn* Rn. 13; krit. SK-StPO/*Wohlers* Rn. 12.

[58] OLG Stuttgart 23.9.1997 – 4 VAs 15/97, NStZ 1998, 212 (214); LG Karlsruhe 22.11.1984 – StVK 448/84, StV 1985, 381 (382); allgLit.

[59] OLG Zweibrücken 12.3.1997 – 1 VAs 2/97, StV 1997, 313 (314); LG Karlsruhe 22.11.1984 – StVK 448/84, StV 1985, 381, (382); vgl. OLG Hamm 4.3.1985 – 1 VAs 11/85, NStZ 1985, 432.

[60] OLG Zweibrücken 12.3.1997 – 1 VAs 2/97, StV 1997, 313 (314); Löwe/Rosenberg/*Lüderssen/Jahn* Rn. 13; SK-StPO/*Wohlers* Rn. 12; KK/*Laufhütte* Rn. 7; BT-Drs. 7/3998, 15.

[61] BGH 15.12.2003 – 2 BGs 315/03, NJW 2004, 457; OLG Frankfurt a. M. 17.3.1980 – 3 Ws 170/80, AnwBl 1980, 307; Löwe/Rosenberg/*Lüderssen/Jahn* Rn. 13; SK-StPO/*Wohlers* Rn. 18.

[62] Löwe/Rosenberg/*Lüderssen/Jahn* Rn. 15; SK-StPO/*Wohlers* Rn. 18; *G. Schäfer*, FS Hanack, 1999, 77 (83).

[63] LG Frankfurt 16.5.1989 – 89 Js 26329/88, StV 1989, 350; AK/*Stern* Rn. 20; Löwe/Rosenberg/*Lüderssen/Jahn* Rn. 13; SK-StPO/*Wohlers* Rn. 17; *Schlothauer/Weider* U-Haft Rn. 52; einschr. Meyer-Goßner/*Schmitt* Rn. 13.

[64] *Schlothauer/Weider* U-Haft Rn. 113.

[65] LG Köln 16.12.1982 – 107 Qs 1064/82, NStZ 1983, 237; KK/*Laufhütte* Rn. 4; Meyer-Goßner/Schmitt Rn. 13; aA Löwe/Rosenberg/*Lüderssen/Jahn* Rn. 13; SK-StPO/*Wohlers* Rn. 17.

[66] BGH 17.2.1981 – 5 AR (Vs) 43/80, BGHSt 30, 37 = StV 81, 241 mAnm *Wächtler*; OLG Nürnberg 20.6.2000 – WS 604/00, StV 2001, 39; vgl. EGMR 19.12.2006 – 14385/04, NJW 2007, 3409 (3411) –

13 Mitgeführte **Unterlagen** (in Papier- oder digitaler Form) dürfen nicht durchsucht werden; denn schon eine grobe Durchsicht ermöglicht die Kenntnisnahme der geschützten Verteidigungsunterlagen.[67] Die Unterlagen dürfen unkontrolliert übergeben werden (Arg. Rn. 17 f.).[68] **Kontrollen** des Verteidigers auf das Mitführen von Waffen und Ausbruchsgegenständen sind grds. zulässig, soweit sie verhältnismäßig sind.[69]

14 Ob der Beschuldigte zu einem Gespräch bereit und in der Lage ist, kann nur dieser selbst entscheiden.[70] Gemeinsame Gespräche mit Mitverteidigern und -beschuldigten zur zulässigen **Sockelverteidigung**[71] müssen möglich sein; jenseits der U-Haft stehen dem keine Bedenken entgegen. Auch bei U-Haft ist ein unüberwachter Informationsaustausch zu Verteidigungsbelangen möglich (→ Rn. 17); somit kann auch die Gefahr der Verdunkelung dem nicht entgegenstehen.[72]

15 Auch die **Telekommunikation** zwischen Verteidiger und Beschuldigten ist von dem Schutzbereich erfasst und somit unüberwacht zu ermöglichen.[73] Eine zwingende Notwendigkeit besteht insbes. im Falle des Erfordernisses kurzfristiger Kommunikation oder wenn ein Besuch wegen der Entfernung nicht möglich ist.[74] Insbesondere kann Schriftverkehr den mündlichen Dialog nicht ersetzen.[75] Eine Darlegungslast (gegenüber der JVA) zur Notwendigkeit einer Telekommunikation kann schon wegen der Vertraulichkeit des internen Verteidigungsverhältnisses nicht bestehen.[76] Der Verweis auf einen ortsnahen Verteidiger als Alternative widerspricht dem Recht auf freie Verteidigerwahl.[77] Auch Bedenken hinsichtlich der Identitätsüberprüfung des Gesprächspartners können dem Recht aus Abs. 1 nicht entgegengehalten werden; die Feststellung des „richtigen" Anschlusses des Gesprächspartners muss genügen.[78] Zur Umsetzung des Rechts auf unbeschränkte und unüberwachte Kommunikation muss die JVA Telefoneinrichtungen in hinreichendem Maße gewährleisten; ebenso wie die direkte Kommunikation darf auch

---

Oferta Plus SRL / Moldau; vgl. aber BT-Drs. 8/1482, 13; aA OLG Hamm 7.9.1979 – 1 Vollz (Ws) 21, 22/79, NJW 1980, 1404; zum Schutz des Verteidigers BGH 3.2.2004 – 5 ARs (Vollz) 78/03, BGHSt 49, 61 = NJW 2004, 1398 m. krit. Anm. *Beulke/Swoboda* NStZ 2005, 67; OLG Karlsruhe 12.8.2003 – 1 Ws 14/03, Justiz 2004, 129; KK/*Laufhütte* Rn. 12; Meyer-Goßner/*Schmitt* Rn. 17.

[67] BGH 18.7.1973 – 1 BJs 6/71/StB 29/73, NJW 1973, 1656 (1657); OLG Nürnberg 13.1.2004 – Ws 678/03, NStZ-RR 2004, 187 (188); Graf/*Wessing* Rn. 12; Löwe/Rosenberg/*Lüderssen/Jahn* Rn. 15; Meyer-Goßner/*Schmitt* Rn. 12 f.; einschr. BGH 15.12.2003 – 2 BGs 315/03, NJW 2004, 457.

[68] BGH 15.3.1976 – AnwSt (R) 6/75, BGHSt 26, 304 (307 f.) = NJW 1976, 1700 (1701); OLG Hamm 7.9.1979 – 1 Vollz (Ws) 21, 22/79, NJW 1980, 1404.

[69] BVerfG 2.7.1974 – 2 BvR 805/72, BVerfGE 38, 26 (30) = MDR 1975, 29; BGH 15.12.2003 – 2 BGs 315/03, NJW 2004, 457; BGH 18.7.1973 – 1 BJs 6/71/StB 29/73, NJW 1973, 1656 (1657); OLG Nürnberg 7.6.2001 – VAs 567/01, NJW 2002, 694 m. krit. Anm. Fahl JA 2003, 368; OLG Celle 21.5.1986 – 3 Ws 241/86, NStZ 1988, 526; KG 8.10.1976 – 2 VAs 37/76, JR 1977, 213 (214); einschr. OLG Nürnberg 13.1.2004 – Ws 678/03, NStZ-RR 2004, 187; nur in Ausnahmen zulässig: OLG Saarbrücken 28.2.1978 – V As 4/78, NJW 1978, 1446; LG Hannover 13.8.2004 – 80 StVK 32/04, 80 StVK 58/04, NdsRpfl. 2004, 320 (321); AK/*Stern* Rn. 25; Löwe/Rosenberg/*Lüderssen/Jahn* Rn. 20; Meyer-Goßner/*Schmitt* Rn. 12; SK-StPO/*Wohlers* Rn. 14; Widmaier/*König* MAH Strafverteidigung § 4 Rn. 120; *Schlothauer/Weider* U-Haft Rn. 87; nie zulässig: KG 26.8.1991 – 5 Ws 259/81, StV 1991, 524 aE; Calliess StV 2002, 677.

[70] VerfGH Berlin 8.9.2011 – 159/07.

[71] § 146 Rn. 13.

[72] Schlothauer/*Weider* Rn. 114; aA OLG Schleswig 6.12.2001 – 1 Ws 461/01, SchlHA 2002, 152; Meyer-Goßner/*Schmitt* Rn. 2.

[73] HK-StPO/*Julius* Rn. 9; KK/*Laufhütte* Rn. 7; SK-StPO/*Wohlers* Rn. 32, 36; *Welp* NStZ 86, 294; *Schlothauer/Weider* U-Haft Rn. 111.

[74] BVerfG 7.3.2012 – 2 BvR 988/10, StraFo 2012, 129; BGH 17.5.2011 – 1 StR 208/11, NStZ 2011, 592; LG Dresden 6.9.2011 – 5 Qs 110/11 -, StraFo 2011, 393; Graf/*Wessing* Rn. 11; einschr. hinsichtl. Überwachung BGH 15.7.1998 – 2 BGs 185/98, StV 1999, 39 m. abl. Anm. *Lüderssen* StV 1999, 490.

[75] OLG Stuttgart 21.9.1994 – 1 Ws 197/94, StV 1995, 260; vgl. LG Dresden 6.9.2011 – 5 Qs 110/11, StraFo 2011, 393.

[76] LG Dresden 6.9.2011 – 5 Qs 110/11, StraFo 2011, 393; vgl. BVerfG 7.3.2012 – 2 BvR 988/10, StraFo 2012, 129 (131); aA OLG Köln 12.8.2010 – 2 Ws 498/10, NStZ 2011, 55 (56).

[77] Vgl. BVerfG 7.3.2012 – 2 BvR 988/10, StraFo 2012, 129 (131).

[78] LG Dresden 6.9.2011 – 5 Qs 110/11, StraFo 2011, 393; vgl. BVerfG 7.3.2012 – 2 BvR 988/10, StraFo 2012, 129 (131); BGH 17.5.2011 – 1 StR 208/11, NStZ 2011, 592; aA OLG Köln 12.8.2010 – 2 Ws 498/10, NStZ 2011, 55.

die Telekommunikation mit dem Verteidiger nicht aufgrund organisatorischer Probleme eingeschränkt werden.[79]

b) Nichtinhaftierter Beschuldigter. Bei dem nichtinhaftierten Beschuldigten kommt Abs. 1 vor allem hinsichtlich **Maßnahmen gem. §§ 100a, 100c** Bedeutung zu. Wird ein Telefonanschluss oder Raum überwacht, muss die akustische Überwachung bei Verteidigergesprächen unterbrochen[80] bzw. entsprechende Aufzeichnungen müssen gelöscht werden.[81] Es besteht ein Verwertungsverbot,[82] das auch Fernwirkung entfaltet.[83] Dabei genügt es, wenn faktische Anhaltspunkte für ein Verteidigungsverhältnis vorliegen; auf eine Anzeige des Verteidigungsverhältnisses bei den Behörden kommt es nicht an.[84] Eine Abhörmaßnahme gegen den Verteidiger aufgrund der Strafverfolgung gegen den Mandanten ist verfassungswidrig[85] und auch beim Verdacht von Anschlussdelikten unzulässig.[86] Eine solche Maßnahme verletzt nicht nur die Rechte des Beschuldigten, sondern stellt auch einen Verstoß gegen Art. 12 GG dar.[87] Hinsichtlich des Verdachts der Mittäterschaft oder Teilnahme sind §§ 138a ff. abschließend; eine Überwachung (des Anschlusses und konkreter Verteidigungsgespräche) während des bestehenden Verteidigungsverhältnisses ist also unzulässig.[88] Auch § 160a Abs. 4 führt nicht zu einer Einschränkung des Schutzbereiches.[89] Auch beim nichtinhaftierten Beschuldigten können Gespräche mit Dritten als Verteidigungsgespräche anzusehen sein, so zB wenn der Dritte dem Beschuldigten Informationen übermitteln soll.[90] Zur Überwachung von Gesprächen bei Ermittlungsverfahren gegen den Verteidiger: Schlothauer/Weider U-Haft Rn. 94. 16

4. Schriftliche Kommunikation. Die Verteidigung betreffende schriftliche Kommunikation zwischen Beschuldigtem und Verteidiger darf weder dem **Umfang** noch dem **Inhalt** nach beschränkt werden. Erfasst ist jegliches Schriftgut wie Briefe, Faxe, Telegramme, elektronische Speicher- oder Kommunikationsmedien[91] und auch Pakete.[92] Die geschützte Kommunikation umfasst das Übersenden von Unterlagen, Aktenbestandteilen etc.[93] Erfasst sind auch noch nicht abgesandte Schriftstücke, Noti- 17

---

[79] *Lüderssen* StV 1999, 490 (491); vgl. BGH 5.11.1985 – 2 StR 279/85, BGHSt 33, 347 (350) = NJW 1986, 1183; SK-StPO/*Wohlers* Rn. 36; offen: BVerfG 7.3.2012 – 2 BvR 988/10, StraFo 2012, 129 (130 f.); aA KG 2.11.2001 – 1 AR 1192/00.

[80] BGH 10.3.2005 – 3 StR 233/04, NJW 2005, 1668 (1669); BT-Drs. 16/5846, 35; HK-StPO/*Gercke* § 100a Rn. 29; Meyer-Goßner/Schmitt § 100a Rn. 21; SK-StPO/*Wohlers* Rn. 32; *Welp* NStZ 1986, 294 (299); aA StA Frankenthal StraFo 2005, 425 (426).

[81] StA Frankenthal StraFo 2005, 425 (426); BT-Drs. 16/5846, 36; SK-StPO/*Wohlers* Rn. 32.

[82] BGH 10.3.2005 – 3 StR 233/04, NJW 2005, 1668 (1669); BGH 11.5.1988 – 3 StR 563/87, NStZ 1988, 562 mAnm. *Taschke* StV 1990, 436; BT-Drs. 16/5846, 35; HK-StPO/*Gercke* § 100a Rn. 29; Meyer-Goßner/*Schmitt* § 100a Rn. 21; SK-StPO/*Wohlers* Rn. 32; *Rieß* JR 1987, 77; *Welp* NStZ 1986, 294.

[83] SK-StPO/*Wohlers* Rn. 33.

[84] BVerfG 18.4.2007 – 2 BvR 2094/05, NJW 2007, 2749 (2751); § 137 Rn. 8.

[85] BVerfG 18.4.2007 – 2 BvR 2094/05, NJW 2007, 2749 (2750); Löwe/Rosenberg/*Lüderssen/Jahn* Rn. 14a; Meyer-Goßner/*Schmitt* Rn. 2; vgl. auch BVerfG 30.4.2007 – 2 BvR 2151/06, NJW 2007, 2752.

[86] BGH 5.11.1985 – 2 StR 279/85, BGHSt 33, 347 (350 f.) = NJW 1986, 1183 m. zust. Anm. *Welp* NStZ 1986, 294 und *Rieß* JR 1987, 77; Meyer-Goßner/*Schmitt* § 100a Rn. 21.

[87] BVerfG 11.5.1988 – 3 StR 563/87, NJW 2007, 2749 (2750 f.).

[88] HK-StPO/*Gercke* § 100a Rn. 29mwN; Löwe/Rosenberg/*Lüderssen/Jahn* Rn. 14a; SK-StPO/*Wohlers* Rn. 33; *Welp* GA 2002, 535 (551); *Schlothauer/Weider* Rn. 2095; *G. Schäfer,* FS Hanack, 1999, 77 (100); aA BGH 5.11.1985 – 2 StR 279/85, BGHSt 33, 347 = NJW 1986, 1183; BGH 5.11.1985 – 2 StR 279/85 m. abl. Anm. *Welp* NStZ 1986, 294; Meyer-Goßner/*Schmitt* § 100a Rn. 21; vgl. auch BVerfG 4.7.2006 – 2 BvR 950/05, NJW 2006, 2974.

[89] *Beulke,* FS Fezer, 2008, 3 (8 f.).

[90] Löwe/Rosenberg/*Lüderssen/Jahn* Rn. 14a; SK-StPO/*Wohlers* Rn. 34; vgl. BGH 11.5.1988 – 3 StR 563/87, NStZ 1988, 562 mAnm. *Taschke* StV 1990, 436.

[91] OLG Hamm 21.11.1995 – 3 Ws 451/95, StV 1997, 199 (200) mAnm. *Niebbeling*; HK-StPO/*Julius* Rn. 9; SK-StPO/*Wohlers* Rn. 20; *Beulke,* FS Lüderssen, 2002, 693 (695); vgl. BVerfG 30.1.2002 – 2 BvR 2248/00, NJW 2002, 1410.

[92] OLG Stuttgart 9.4.1991 – 4 WS 17/91, NJW 1992, 61; Graf/*Wessing* Rn. 5; Löwe/Rosenberg/*Jahn/Lüderssen* Rn. 16; SK-StPO/*Wohlers* Rn. 20; aA Meyer-Goßner/*Schmitt* Rn. 6.

[93] AllgA; ua LG Fulda 12.10.1999 – 2 Qs 51/99, StV 2000, 548 (550).

zen und Entwürfe;[94] auch solche, die der Beschuldigte vor Begründung des Verteidigungsverhältnisses oder vor Beginn der Beschuldigteneigenschaft zu Verteidigungszwecken erstellt.[95] Schreiben **Dritter** an den Verteidiger oder den Beschuldigten oder von diesen an Dritte sind nicht geschützt, auch wenn sie sachlich der Verteidigung dienen.[96] Allerdings sind die Verteidigung betreffende Schreiben Dritter, die der Verteidiger dem Beschuldigten übergibt – oder andersherum – Kommunikation zwischen Beschuldigtem und Verteidiger.[97] Der Verteidiger kann daher dem Beschuldigten Einlassungen anderer (inhaftierter) Beschuldigter zugänglich machen.[98]

18 Der ein- und ausgehende Schriftverkehr untergebrachter oder **inhaftierter Beschuldigter** ist vom Absender als Verteidigerpost zu kennzeichnen. Auch andere Schriftstücke, die anhand des Empfängers, Absenders oder weiterer Merkmale als Verteidigungsschriftstücke erkenntlich sind, dürfen nicht bzw. nur ohne Öffnung darauf **kontrolliert** werden, ob es sich um Verteidigerpost handelt.[99] Eine Öffnung der Post ist jenseits des Abs. 2 keinesfalls – auch nicht bei Missbrauchsverdacht oder fehlender Vollmacht – gestattet.[100] Nach der Rspr. sind bei konkreten, begründeten Zweifeln Rückfragen beim Verteidiger möglich; ebenso eine "Einlagenkontrolle", wenn sicher ausgeschlossen werden kann, dass dabei die Inhalte des Schreibens (wenn auch nur bruchstückhaft) wahrgenommen werden können.[101] Solange keine gegenteiligen Anhaltspunkte vorliegen, ist keine Vollmacht oder andere Bestätigung der Verteidigerstellung nötig.[102] Auch eine unnötige Verzögerung der Postweitergabe – zB durch generelle Rückfragen – widerspricht Abs. 1.[103]

19 Durch Abs. 1 wird der Schutzbereich des § 97 erweitert; alle Schriftstücke, die von Abs. 1 umfasst sind, unterfallen auch dem **Beschlagnahmeverbot des § 97.**[104] Auf die Gewahrsamsverhältnisse kommt es nicht an; erfasst sind auch Schriftstücke, die bei Dritten aufgefunden werden.[105] § 97 Abs. 2 S. 3 normiert eine Ausnahme für den Fall, dass der Verteidiger der **Teilnahme oder Anschlussdelikten** verdächtig ist; hier ist nach der Rspr. des BGH eine Durchsicht der Unterlagen gestattet, eine Verwertung von Verteidigungsunterlagen hingegen ausgeschlossen.[106] Da dies zunächst eine inhaltliche Erfassung der Unterlagen und somit einen eklatanten Verstoß gegen Abs. 1 voraussetzt, kann dem nicht gefolgt werden; die §§ 138a ff.

---

[94] LG Tübingen 14.2.2007 – 1 KLs 42 Js 13000/06, NStZ 2008, 653; AG Frankfurt 14.4.1988 – 91 Js 32948/86 – 931 Gs, StV 1988, 482; Graf/*Wessing* Rn. 9; SK-StPO/*Wohlers* Rn. 28; vgl. aber BVerfG 30.1.2002 – 2 BvR 2248/00, NJW 2002, 1410.

[95] OLG München 30.11.2004 – 3 Ws 720-722/04, NStZ 2006, 300; LG Gießen 25.6.2012 – 7 Qs 100/12; Löwe/Rosenberg/*Lüderssen/Jahn* 20a; SK-StPO/*Wohlers* Rn. 30; vgl. aber *Dahs*, GS Meyer, 1990, 61 (70).

[96] AllgLit.; vgl. aber *Dahs*, GS Meyer, 1990, 61.

[97] KK/*Laufhütte* Rn. 8; *Welp* GA 1977, 129 (141); vgl. BGH 15.3.1976 – Anw. St (R) 4/75, BGHSt 26, 304 = NJW 1976, 1700; OLG Dresden 17.6.1998 – 2 Ss (OWi) 134/98, NStZ 1998, 535; weiter SK-StPO/*Wohlers* Rn. 19.

[98] OLG Schleswig 6.12.2001 – 1 Ws 461/01, SchlHA 2002, 152.

[99] AllgLit. ua OLG Karlsruhe 25.10.2004 – 1 Ws 374/04, NStZ-RR 2005, 60.

[100] OLG Bremen 19.5.2006 – Ws 81/06, StV 2006, 650; OLG Rostock 16.1.2003 – 2 Ws 8/02; OLG Karlsruhe 12.1.1987 – 1 Ws 264/85, NStZ 1987, 189; OLG Koblenz 30.1.1986 – 2 Vollz (Ws) 118/85, NStZ 1986, 332; LG München 22.2.2005 – 12 QS 01/05, StV 2006, 28; KK/*Laufhütte* Rn. 8; Meyer-Goßner/*Schmitt* Rn. 6 f.; Löwe/Rosenberg/*Lüderssen/Jahn* Rn. 18 f.; SK-StPO/*Wohlers* Rn. 25; aA LG Tübingen 14.2.2007 – 1 KLs 42 Js 13000/06, NStZ 2008, 653 (654 f.); Graf/*Wessing* Rn. 10.

[101] OLG Frankfurt a. M. 12.11.2004 – 3 VAs 20/04, StraFo 2005, 73; OLG Frankfurt a. M. 23.10.2004 – 3 Ws 599-615/04, NStZ-RR 2005, 61; OLG Karlsruhe 12.1.1987 – 1 Ws 264/85, NStZ 1987, 188; vgl. OLG Frankfurt a. M. 13.5.2003 – 3 Ws 292/03, NStZ-RR 2003, 254 mwN.

[102] OLG Dresden 28.7.2006 – 2 Ws 624/05, NStZ 2007, 707 (708); aA OLG Frankfurt a. M. 10.8.2004 – 3 Ws 662, 663/04, StV 2005, 228.

[103] Ua OLG Frankfurt a. M. 12.11.2004 – 3 VAs 20, 23, 24/04, StV 2005, 226 (227); OLG Düsseldorf 4.6.1982 – 3 Ws 219/82, NJW 1983, 186; SK-StPO/*Wohlers* Rn. 26.

[104] AllgA; ua LG Fulda 12.10.1999 – 2 Qs 51/99, StV 2000, 549 (550); *Dahs,* GS Meyer, 1990, 61.

[105] BGH 25.2.1998 – 3 StR 490/97, BGHSt 44, 46 (50) = NJW 1998, 1963; BGH 13.8.1973 – 1 BJs 6/71/StB 34/73, NJW 1973, 2035; LG Tübingen 14.2.2007 – 1 KLs 42 Js 13000/06, NStZ 2008, 653; *Beulke,* FS Lüderssen, 2002, 693 (715).

[106] BGH 13.8.1973 – 1 BJs 6/71, StB 34/73, NJW 1973, 2035 m. krit. Anm. *Specht*, NJW 1974, 65; Meyer-Goßner/*Schmitt* Rn. 8.

sind auch hier abschließend.[107] In dem Verfahren gegen den Mandanten besteht unstr. ein **Verwertungsverbot.**[108] Ebenso können Verteidigungsschreiben nicht im Verfahren gegen den Verteidiger (zB wegen Beleidigung) verwendet werden,[109] da der Schutz der Kommunikation nur dann eine effektive Wirkung entfalten kann, wenn er umfassend ist.[110]

Nach der Rspr. soll der **Insolvenzverwalter** als Folge der Spezialität des § 99 InsO 20
Verteidigerpost lesen dürfen; diese darf sodann aber nach § 97 InsO nicht im Strafverfahren verwertet werden.[111] Diese Auffassung kann allenfalls akzeptiert werden, wenn zugleich die Regelung zivilrechtlicher Angelegenheiten unter den Schutz des Abs. 1 fällt (→ Rn. 11) und eine absolute Fernwirkung des Verwertungsverbots in § 97 InsO anerkannt wird.[112]

III. Beschränkungen des Abs. 2

Abs. 2 eröffnet die Möglichkeit, die Rechte aus Abs. 1 von inhaftierten oder unterge- 21
brachten Beschuldigten, gegen die ein **Ermittlungsverfahren** wegen §§ 129a, b geführt wird, einzuschränken. **Zweck** der Regelung ist die Unterbindung des Weiterführens bzw. Teilhabens an der Organisation während der U-Haft.[113] Die Regelung geht zurück auf die Verfahren gegen Mitglieder der RAF[114] und begegnet vielfältigen Bedenken,[115] genügt nach Rspr. des EGMR jedoch den Ansprüchen der EMRK.[116] Aus richterlicher Sicht ist die Überwachung weitgehend effektlos;[117] inwieweit dies aus Verteidiger- und Beschuldigtensicht bestätigt werden kann oder ob es nicht vielmehr zu einer (unbewussten) „Selbstzensur" beim Verfassen der Schreiben und damit uU zu einer Einschränkung der Verteidigung kommt, ist bislang nicht untersucht.

Die Regelung des Abs. 2 ist **abschließend,** mithin keiner analogen Auslegung zugäng- 22
lich[118] und muss restriktiv ausgelegt werden.[119] Es muss kein **Haftbefehl** wegen §§ 129a, b StGB vorliegen, wohl aber dessen **Voraussetzung** gem. § 112.[120] Die Beschränkung nach Abs. 2 ist somit auch bei Strafhaft und parallelen Ermittlungsverfahren oder U-Haft wegen anderweitiger Haftbefehle möglich.[121] Die Vollstreckung eines Urteils wegen §§ 129a, b StGB

---

[107] *Schlothauer/Weider* Rn. 2095; *Beulke,* FS Lüderssen, 2002, 693 (707 ff.); *G. Schäfer,* FS Hanack, 1999, 77 (100) vgl. auch *Rieß* JR 1987, 77; aA BGH 24.3.1982 – 3 StR 28/82 (S), NJW 1982, 2508; KK/*Nack* § 97 Rn. 39.

[108] *Beulke,* FS Lüderssen, 2002, 693 (707).

[109] Löwe/Rosenberg/*Schäfer* § 97 Rn. 96; aA BGH 27.3.2009 – 2 StR 302/08, BGHSt 53, 257 = NJW 2009, 2690 mAnm. *Wohlers,* JR 2009, 523; zust. Anm. *Ruhmannseder* NJW 2009, 2647 und *Gössel* NStZ 2010, 288; krit. Anm. *Norouzi* StV 2010, 670 und *Barton* JZ 2010, 102; bestätigt von BVerfG 20.5.2010 – 2 BvR 1413/09, NJW 2010, 2937; Graf/*Wessing* Rn. 3; Meyer-Goßner/*Schmitt* Rn. 8; *Beulke,* FS Lüderssen, 2002, 693 (706 f.).

[110] Vgl. Norouzi StV 2010, 670.

[111] BVerfG 6.11.2000 – 1 BvR 1746/00, NJW 2001, 745 m. abl. Anm. *Marberth-Kubicki* StV 2001, 433; AG Duisburg 3.5.2004 – 62 IN 345/03, ZVI 2004, 353; Graf/*Wessing* Rn. 8; KK/*Laufhütte* Rn. 8; krit. HK-StPO/*Julius* Rn. 5.

[112] Löwe/Rosenberg/*Lüderssen/Jahn* Rn. 17a; SK-StPO/*Wohlers* Rn. 24.

[113] BT-Drs. 7/4005, 12; BGH 14.12.1983 – 2 ARs 374/83, NStZ 1984, 177.

[114] Ausf. zur Gesetzgebungshistorie: Löwe/Rosenberg/*Lüderssen/Jahn* Rn. 22 ff.

[115] Graf/*Wessing* Rn. 15; HK-StPO/*Julius* Rn. 4; Löwe/Rosenberg/*Lüderssen/Jahn* Rn. 27 ff.; SK-StPO/*Wohlers* Rn. 38 mwN; *Dahs* NJW 1976, 2145; *Welp* GA 1977, 129 (140); *Gohl,* FS Rebmann, 1989, 199. vgl. BT-Drs. 14/ 2860; Schnorr/Wissing ZRP 2001, 239.

[116] EGMR 5.7.2001 – 38321/97, NJW 2003, 1439.

[117] *Gohl,* FS Rebmann, 1989, 199.

[118] BGH 17.2.1981 – 5 AR (Vs) 43/80, BGHSt 30, 37 = StV 1981, 241 mAnm *Wächtler,* OLG Nürnberg 20.6.2000 – WS 604/00, StV 2001, 39; OLG Stuttgart 9.4.1991 – 4 WS 17/91, NJW 1992, 61; allgLit.

[119] BVerfG 7.3.2012 – 2 BvR 988/10, StraFo 2012, 129 (130 f.); BGH 23.5.1989 – 1 BGs 151/89, BGHSt 36, 205 (208 f.) = NJW 1989, 2827 (2828) mAnm. *Müller-Dietz* JZ 1989, 961.

[120] KK/*Laufhütte* Rn. 11; vgl. BGH 29.3.1989 – 1 BJs 33/89-6, NJW 1989, 2002; BGH 14.12.1983 – 2 ARs 374/83, NStZ 1984, 177 (178); Löwe/Rosenberg/*Lüderssen/Jahn* Rn. 40; zu weit: OLG Stuttgart 9.6.1995 – 5 – 2 StE 2/95, NStZ-RR 1996, 142.

[121] BT-Drs. 16/11644, 34; Graf/*Wessing* Rn. 16; KK/*Laufhütte* Rn. 11; Meyer-Goßner/*Schmitt* Rn. 18; nach aF OLG Celle 19.9.1979 – 2 Ws 140/79, NJW 1980, 1118.

ohne laufendes Ermittlungsverfahren ist nicht erfasst.[122] Von den Einschränkungen betroffen ist auch der Verteidiger, der den Beschuldigten in anderer Sache verteidigt.[123]

23 Die Anordnung der Einschränkungen des Abs. 2 setzt – nach dem seit dem 1.1.2010 geltenden Wortlaut *„soll"* – eine gerichtliche **Ermessensentscheidung** voraus.[124] Diese Anforderung ist ernst zu nehmen; die Einschränkungen nach Abs. 2 sind nur dann anzuordnen, wenn die Gefahren, die mit der Ausnahmevorschrift vermieden werden sollen (→ Rn. 21), auch tatsächlich bestehen und die Einschränkungen zudem geeignet sind, diese Gefahren abzuwenden.[125] **Zuständig** für Anordnung und Aufhebung ist der Haftrichter; wenn kein Haftbefehl wegen §§ 129a, b StGB besteht, ist der Richter zuständig, der für den Haftbefehlserlass zuständig wäre (S. 2). Nach Anklageerhebung ist das mit der Sache befasste Gericht zuständig (vgl. § 126 Abs. 2).[126] Der Richter entscheidet von Amts wegen; die Beteiligten sind vorher zu hören.[127]

24 Die **Durchführung** der Überwachung ist in § 148a geregelt. Wurde die Beschränkung angeordnet, muss der Absender – Verteidiger oder Beschuldigter – sein Einverständnis mit einer Kontrolle nach § 148a erklären; entweder generell oder für das konkrete Schriftstück. Andernfalls ist die Sendung an den Absender zurückzusenden. Die Menge der Sendungen darf nicht beschränkt werden.[128]

25 Zur Ergänzung der angeordneten Überwachung des Schriftverkehrs trifft **S. 3** Regelungen zu **Besuchen** des Verteidigers.[129] Nur wenn auch diese Beschränkungen angeordnet wurden, darf der Verteidigerbesuchsraum zur Verhinderung der Übergabe von Schriftstücken mit **Trennscheiben** ausgestattet sein (→ Rn. 12).[130] Andere Beschränkungen oder eine optische Überwachung der Besuche legitimiert S. 3 nicht; so ist weder die Anwesenheit eines Beamten, noch die Durchsuchung mitgeführter Unterlagen zulässig.

IV. Rechtsfolgen bei Verstößen

26 Einschränkungen des Abs. 1 stellen einen Verstoß gegen den Grundsatz des **fairen Verfahrens** dar.[131] Bei Brieföffnungen entgegen Abs. 1 kann auch eine Strafbarkeit nach **§ 202 StGB** einschlägig werden.[132] Erkenntnisse aus einem Verstoß unterliegen einem umfassenden **Verwertungsverbot;**[133] dies gilt insbes. bei Eingriffen durch eine Beschlagnahme oder bei akustischer Überwachung.[134] Soweit Verwertungen im Verfahren gegen den Verteidiger als zulässig angesehen werden (→ Rn. 16, 19), besteht im Verfahren gegen dessen Mandanten weiterhin ein Verwertungsverbot; dies gilt insbes., wenn der Verdacht gegen den Verteidiger wieder entfallen ist.[135] Das Verwertungsverbot bezieht sich auf alle Verfahren des Mandanten.[136] In Anbetracht der überragenden rechtsstaatlichen Bedeutung des § 148 erstreckt sich dieses Verwertungsverbot zugunsten einer umfassenden Wirkung des Abs. 1 auch auf Verfahren gegen Dritte.[137]

27 Ein Verstoß gegen die Beschränkung des unüberwachten Verkehrs auf Verteidigungsangelegenheiten durch den Verteidiger kann eine Pflichtverletzung iS von **§ 43 BRAO**[138]

---

[122] Meyer-Goßner/*Schmitt* Rn. 17; SK-StPO/*Wohlers* Rn. 41; aA HK-StPO/*Julius* 17.
[123] BT-Drs. 16/11644, 34; Meyer-Goßner/*Schmitt* Rn. 20.
[124] BT-Drs. 16/11644, 14, 34.
[125] KG 12.1.2011 – (1) 2 StE 6/10 – 4 (6/10), StV 2011, 296; vgl. Löwe/Rosenberg/*Lüderssen/Jahn* Rn. 35.
[126] KG 12.1.2011 – (1) 2 StE 6/10 – 4 (6/10), StV 2011, 296; KK/*Laufhütte* Rn. 18.
[127] Löwe/Rosenberg/*Lüderssen/Jahn* Rn. 46 f.
[128] LG Stuttgart 27.9.1984 – 16 Qs 193-196/894, StV 1985, 67; Löwe/Rosenberg/*Lüderssen/Jahn* Rn. 16.
[129] BT-Drs. 8/1482, 13.
[130] BGH 17.2.1981 – 5 AR (Vs) 43/80, BGHSt 30, 37 = StV 1981, 241 mAnm *Wächtler.*
[131] BVerfG 7.3.2012 – 2 BvR 988/10, StraFo 2012, 129 (130).
[132] *Grube* JR 2009, 362 (365); *Wilhelm* StV 2006, 651.
[133] Postkontrolle: LG München 22.2.2005 – 12 QS 01/05, StV 2006, 28.
[134] *G. Schäfer,* FS Hanack, 1999, 77 (83).
[135] *G. Schäfer,* FS Hanack, 1999, 77 (101).
[136] *Schlothauer/Weider* Rn. 2094.
[137] *Taschke* StV 1990, 436 (437); Schlothauer/*Weider* Rn. 2097.
[138] AGH SchlH 19.6.1998 – 2 AGH 4–98, NJW-RR 1999, 209.

und eine Ordnungswidrigkeit gem. **§ 115 Abs. 1 Nr. 1 OWiG** darstellen.[139] Des Weiteren kann der Missbrauch des Kommunikationsrechts – je nach Inhalt der Kommunikation – einen Ausschlussgrund nach **§ 138a Abs. 1 Nr. 2** darstellen. Es ist jedoch in jedem Einzelfall sorgfältig zu prüfen, ob der in Rede stehende Kommunikationsinhalt nicht doch eine Verteidigungsangelegenheit darstellte; die Abgrenzung kann schwierig sein.

V. Rechtsbehelfe

1. Rechtsschutz bei Abs. 1. Gegen Entscheidungen des **Haftrichters** können der Beschuldigte und der Verteidiger Beschwerde nach § 304 einlegen. Die Beschwerde gegen eine Versagung der Besuchserlaubnis ist sowohl im Namen des Beschuldigten als auch im Namen des (potentiellen) Verteidigers zulässig – dies gilt auch im Anbahnungsstadium.[140] Auch die Untätigkeitsbeschwerde ist statthaft.[141] 28

Gegen Einschränkungen in der **U-Haft** durch StA, Anstaltsleitung oder Entscheidungen des OLG bzw. des Ermittlungsrichters am BGH ist der Antrag auf Entscheidung des Haftrichters nach **§ 119 Abs. 5** (haftgrundbezogene Maßnahmen), **§ 119a** (haftvollzugsbezogene Maßnahmen) statthaft. Ergibt sich die Einschränkung aus generellen Regelungen der Anstalt oder Weisungen des Ministeriums, ist der Rechtsweg nach **§ 23 EGGVG** eröffnet.[142] Bestehen generelle Anordnungen, ist stets ein Fortsetzungsfeststellungsinteresse gegeben.[143] Dies gilt gleichermaßen für den für die Strafhaft maßgeblichen Rechtsmittelweg nach **§§ 108 ff. StVollzG.** Bei Entscheidungen einzelner JVA-Bediensteter muss vor Einlegung eines Rechtsmittels die Entscheidung der Anstaltsleitung eingeholt werden.[144] 29

2. Rechtsschutz bei Abs. 2. Entscheidungen nach Abs. 2 sind wegen der Zuständigkeit für §§ 129a, b-Verfahren generell solche des Ermittlungsrichters bei dem OLG oder dem BGH. Wegen § 304 Abs. 5 entfallen insofern in problematischer Weise jegliche Rechtsschutzmöglichkeiten. Lediglich bzgl. der konkreten Ausgestaltung der Vorrichtung nach Abs. 2 S. 3 durch die JVA ist ein Antrag nach § 23 EGGVG statthaft.[145] 30

3. Revision. Revisionsgründe können sich aus einer Beweisverwertung entgegen Abs. 1 ergeben (→ Rn. 16, 19 f., 26).[146] Dazu ist nach der Rspr. des BGH entgegen des Systems der StPO ein Widerspruch gegen die Verwertung in der Hauptverhandlung notwendig.[147] Des Weiteren kann mit der Revision die Einschränkung der Verteidigung durch ungerechtfertigte Beschränkungen der freien Kommunikation gerügt werden. Ein Urteil beruht indes nur dann auf dieser Verletzung, wenn dargelegt werden kann, dass sich die Einschränkung der Verteidigung bis in die Hauptverhandlung auswirkte. § 338 Nr. 8 ist einschlägig, soweit die Kommunikation betreffende Anträge in der Hauptverhandlung abgelehnt worden sind.[148] 31

§ 148a [Durchführung von Überwachungsmaßnahmen]

(1) [1]Für die Durchführung von Überwachungsmaßnahmen nach § 148 Abs. 2 ist der Richter bei dem Amtsgericht zuständig, in dessen Bezirk die Vollzugsan-

[139] OLG Dresden 17.6.1998 – 2 Ss (OWi) 134/98, NStZ 1998, 535.
[140] OLG Hamm 29.12.2009 – 3 Ws 504/09, NStZ 2010, 471; *König* StV 2011, 704 (706 f.).
[141] LG München I 7.3.2000 – 8 Qs 8/00, StV 2000, 517.
[142] OLG Hamm 4.10.2011 – 1 VAs 42/11, NStZ-RR 2012, 62; OLG Frankfurt a. M. 12.11.2004 – 3 VAs 20/04, StV 2005, 226 (227); OLG Nürnberg 7.6.2001 – VAs 567/01, NJW 2002, 694; OLG Karlsruhe 25.4.1997 – 2 VAs 8/97, NStZ 1997, 407 m. krit. Anm. *Schriever* NStZ 1998, 159; *Grube* JR 2009, 362 (365); aA § 119a: Schlothauer/*Weider* U-Haft Rn. 83.
[143] OLG Dresden 28.7.2006 – 2 Ws 624/05, NStZ 2007, 707.
[144] OLG Hamm 4.10.2011 – 1 VAs 42/11, NStZ-RR 2012, 62.
[145] Meyer-Goßner/*Schmitt* Rn. 25; SK-StPO/*Wohlers* Rn. 54.
[146] Ausf. *Schlothauer/Weider* Rn. 2082 ff.
[147] Vgl. BGH 25.2.1998 – 3 StR 490/97, BGHSt 44, 46 (47) = NJW 1998, 246.
[148] BGH 17.5.2011 – 1 StR 208/11, NStZ 2011, 592.

stalt liegt. [2]Ist eine Anzeige nach § 138 des Strafgesetzbuches zu erstatten, so sind Schriftstücke oder andere Gegenstände, aus denen sich die Verpflichtung zur Anzeige ergibt, vorläufig in Verwahrung zu nehmen; die Vorschriften über die Beschlagnahme bleiben unberührt.

(2) [1]Der Richter, der mit Überwachungsmaßnahmen betraut ist, darf mit dem Gegenstand der Untersuchung weder befaßt sein noch befaßt werden. [2]Der Richter hat über Kenntnisse, die er bei der Überwachung erlangt, Verschwiegenheit zu bewahren; § 138 des Strafgesetzbuches bleibt unberührt.

I. Übersicht

1 Die Norm wurde zum 20.9.1976 mit dem StGBuaÄndG zur Regelung der aufgrund § 148 Abs. 2 angeordneten Überwachung des Verteidigerschriftverkehrs von Inhaftieren in §§ 129a, b-Verfahren eingefügt. Anwendungsbereich der Norm ist nur die Durchführung der Überwachung des schriftlichen Verkehrs nach § 148 Abs. 2 S. 1; Maßnahmen nach § 148 Abs. 2 S. 3 sind vom Haftrichter anzuordnen und von der JVA umzusetzen. Abs. 1 und Abs. 2 dienen dem Ziel, die Vertraulichkeit der Kommunikation zwischen Verteidiger und Beschuldigtem und somit die effektive Verteidigung in möglichst geringem Maß zu beeinträchtigen. Nach Angaben der beteiligten Richter führen entsprechende Maßnahmen zu einer Verzögerung des Postweges und somit uU zu einer Verzögerung des Verfahrens.[1]

II. Durchführung der Überwachung

2 Wurde die Beschränkung des Schriftverkehrs nach § 148 Abs. 2 angeordnet, sind dem nach Abs. 1 zuständigen Richter (→ Rn. 3) alle Schriftstücke und Gegenstände, die der Beschuldigte und sein Verteidiger austauschen wollen, mit deren Einverständnis vorzulegen.[2] Der Verteidiger kann die Schriftstücke zur Beschleunigung auch direkt dem zuständigen Richter vorlegen.

3 **1. Zuständigkeit und Ausschluss.** Der **zuständige Richter** (sog Überwachungs- oder Leserichter) bestimmt sich nach dem AG-Bezirk, in dem der Beschuldigte tatsächlich inhaftiert ist.[3] Der Leserichter darf in keiner Weise mit der Untersuchung iS des – weit auszulegenden – § 264 befasst sein; auch nicht als Haftrichter gem. § 126 Abs. 1 S. 1. Da die Überwachung nach § 148 Abs. 2 alle Verfahren des Beschuldigten betrifft, muss dies für sämtliche gegen den Beschuldigten geführten Verfahren gelten; gleichermaßen für Verfahren gegen andere Personen wegen derselben Tat.[4] Die Tätigkeit als Leserichter ist für alle folgenden Befassungen mit der Sache ein **Ausschlussgrund;** dies gilt auch, wenn die Tätigkeit bereits beendet wurde. Umkehrt hindert die **vorherige Befassung** mit der Sache nicht die Tätigkeit als Leserichter; ebenso die Tätigkeit als Leserichter nicht weitere gleichzeitige oder spätere Tätigkeiten nach § 148a.[5] Nach der Rspr. bezieht sich der Ausschlussgrund des Abs. 2 S. 1 nicht auf den Richter, der im Rahmen einer Beschwerde mit der Überwachungsmaßnahme befasst ist;[6] unstr. können Kenntnisse aus dem Beschwerdeverfahren jedoch zur Befangenheit führen. Die Kenntnisse aus der Tätigkeit als Überwachungsrichter führen nach allgA auch zur Unvereinbarkeit mit der **Tätigkeit als StA.**[7] Dagegen

[1] *Gohl,* FS Rebmann, 1989, 199; vgl. auch *Welp* GA 1977, 129 (142); § 148 Rn. 21.

[2] → § 148 Rn. 24.

[3] Ausf. Löwe/Rosenberg/*Lüderssen/Jahn* Rn. 2; vgl. BGH 30.1.1980 – 3 ARs 2/80, BGHSt 29, 196 (198) = NJW 1980, 1174.

[4] Graf/*Wessing* Rn. 5; KK/*Laufhütte* Rn. 6; Meyer-Goßner/*Schmitt* Rn. 9.

[5] AK/*Stern* Rn. 10; KK/*Laufhütte* Rn. 5; SK-StPO/*Wohlers* Rn. 4; einschr. Löwe/Rosenberg/*Lüderssen/Jahn* Rn. 18.

[6] KG 26.10.1978 – 1 StE 2/77 (130/77), NJW 1979, 771; bestätigt von BGH 23.12.1981 – 3 StR 345/81(S), NStZ [Pf./M] 1983, 208; KK/*Laufhütte* Rn. 12; Meyer-Goßner/*Schmitt* Rn. 9; aA Löwe/Rosenberg/*Lüderssen/Jahn* Rn. 17; SK-StPO/*Wohlers* Rn. 18; vgl. auch BGH 30.1.1980 – 3 ARs 2/80, BGHSt 29, 196 (199) = NJW 1980, 1174.

[7] Meyer-Goßner/*Schmitt* Rn. 9.

ist die Auffassung, wonach auch eine anschließende Mitwirkung als Verteidiger durch Abs. 2 versagt ist,[8] abzulehnen. Zwar mögen bei der Tätigkeit als Wahlverteidiger Bedenken bestehen, soweit Kenntnisse über Mitbeschuldigte erlangt wurden;[9] jedoch ist der Ausschluss des **Verteidigers** an anderer Stelle abschließend geregelt.

2. Konkrete Durchführung. Eine Durchsicht der Papiere erfolgt lediglich im Hinblick 4 auf etwaige Katalog(straf)taten nach § 138 StGB (→ Rn. 5 f.). Um den Eingriff in die freie Verteidigerkommunikation gering zu halten, besteht ein Recht auf **unverzügliche** Bearbeitung und Weitersendung. Das Gesetz erlaubt – in bewusster Entscheidung – nur die Kenntnisnahme durch den Richter. Jedoch wird die Zuhilfenahme eines **Dolmetschers** für zulässig zu erachten sein;[10] dies gilt jedoch nicht generell bei fremdsprachigen Schriften, sondern nur, wenn dies dem Richter für die konkrete Schrift notwendig erscheint.[11] Eindeutig vermeidbar – und unter keinen Umständen von der gesetzlichen Ermächtigung gedeckt – ist die Kenntnisnahme weiterer **Hilfskräfte;**[12] dementsprechend ist die Tätigkeit des Leserichters auch so zu organisieren, dass dies ausgeschlossen werden kann.[13]

3. Kompetenzen des Leserichters. Nach **Abs. 1 S. 2** kann der Richter Schriftstücke 5 oder Gegenstände, aus denen sich der Verdacht einer Katalogtat iS des § 138 StGB ergibt, vorläufig in Verwahrung nehmen, und diesen Verdacht anzeigen. Als Vorraussetzung dieser Durchbrechung der Schweigepflicht (→ Rn. 7) müssen konkrete Anhaltspunkte vorliegen; lediglich vage Vermutungen genügen nicht.[14] Obwohl die Regelung präventiven Zwecken dient, können diese Schriftstücke – in Durchbrechung des § 148 Abs. 1 – beschlagnahmt und im Strafverfahren verwendet werden.[15] Die Beschlagnahme kann nur durch Beschl. des zuständigen Richters gem. § 98 erfolgen (S. 2 aE); ergeht kein entspr. Beschl., muss der Leserichter die Ingewahrsamnahme aufheben.[16] Abs. 1 S. 2 gilt wegen der präventiven Ausrichtung nur für **bevorstehende und unbekannte Taten** iS des § 138 StGB.[17] Eine Ausdehnung auf bereits anhängige Ermittlungsverfahren wegen Dauerstraftaten wie § 129a StGB würde den engen Regelungen des Abs. 1 S. 2 und § 148 Abs. 1 widersprechen.[18] Zudem muss beachtet werden, dass zulässiges Verteidigerverhalten, welches indirekt der in Rede stehenden terroristischen Vereinigung nutzt, weiterhin zulässiges und privilegiertes Verteidigerverhalten bleibt.[19]

Abseits einer Anzeige nach § 138 StGB enthält Abs. 1 **keine weiteren Eingriffskompetenzen** des Richters. Dies ist nach dem Zweck der Einschränkung des § 148 Abs. 2 sachgerecht. Entgegen Zweck und Wortlaut der Regelung wird zuweilen ein Eingriffsrecht bei klarem Missbrauch der Kommunikationsfreiheit zu verteidigungsfremden Zwecken angenommen.[20] Dabei ist zu beachten, dass der Richter das Verteidigungskonzept nicht bewerten kann; bei der insofern gebotenen zurückhaltenden Beurteilung wird der Leserichter generell 6

[8] Löwe/Rosenberg/*Lüderssen/Jahn* Rn. 16; Meyer-Goßner/*Schmitt* Rn. 9.

[9] SK-StPO/*Wohlers* Rn. 17; weiter: AK/*Stern* Rn. 9; KK/*Laufhütte* Rn. 6; Löwe/Rosenberg/*Lüderssen/Jahn* Rn. 16; Meyer-Goßner/*Schmitt* Rn. 19; aA KMR/*Müller* Rn. 8.

[10] LG Köln 3.5.1988 – 107 Qs 225/88, StV 1988, 536; AK/*Stern* Rn. 11; KK/*Laufhütte* 8; Meyer-Goßner/*Schmitt* Rn. 11; SK-StPO/*Wohlers* Rn. 12; krit. HK-StPO/*Julius* § 148 Rn. 21; aA *Kreitner* NStZ 1989, 5.

[11] LG Baden-Baden 4.11.1981 – Qs 273/81, NStZ 1982, 81.

[12] So aber OLG Stuttgart 24.3.1983 – 5 – 1 StE 2/82, NStZ 1983, 384; AK/*Stern* Rn. 11; KK/*Laufhütte* Rn. 8; Löwe/Rosenberg/*Lüderssen/Jahn* Rn. 12; krit. HK-StPO/*Julius* Rn. 3; vgl. auch KK/*Laufhütte* Rn. 10.

[13] Vgl. Löwe/Rosenberg/*Lüderssen/Jahn* Rn. 12.

[14] *Welp* GA 1977, 129 (135).

[15] BGH 13.11.1989 – 1 BJs 33/89, StV 1990, 146 (146) m. krit. Anm. *Nester-Tremel.*

[16] KK/*Laufhütte* Rn. 9; Meyer-Goßner/*Schmitt* Rn. 5; SK-StPO/*Wohlers* Rn. 7.

[17] BGH v. 11.1989 – 1 BJs 33/89, StV 1990, 146 mAnm *Nester-Tremel; Welp* GA 1977, 129 (135); vgl. BT-Drs. 7/5401, 6; BT-Drs. 7/4005, 10; aA KK/*Laufhütte* Rn. 9.

[18] AK/*Stern* Rn. 4; HK-StPO/*Julius* Rn. 1; SK-StPO/*Wohlers* Rn. 8; vgl. auch *Welp* GA 1977, 129 (135 ff.); BT-Drs. 7/5401, 6; aA BGH v. 11.1989 – 1 BJs 33/89, StV 1990, 146 (146 f.) m. abl. Anm. *Nester-Tremel;* LG Köln 19.1.1979 – 37 Qs 27-28/79, NJW 1979, 1173; Meyer-Goßner/*Schmitt* Rn. 5.

[19] BGH 3.10.1979 – 3 StR 264/79 (S), BGHSt 29, 99 = NJW 1980, 64; SK-StPO/*Wohlers* Rn. 6.

[20] Ausf. OLG Hamburg 13.2.1979 – 5 Ws 1/79, NJW 1979, 1724; LG Frankfurt a. M. 25.8.1995 – 5/1 Qs 9/95, StV 1995, 645; LG Berlin 5.4.1988 – 1 Qs 32/88, StV 1988, 538; LG Baden-Baden 2.10.1981 – Qs 237/81, NStZ 1982, 81; KK/*Laufhütte* Rn. 8; Meyer-Goßner/*Schmitt* Rn. 3; offen: BayObLG 23.5.1979

von einem Verteidigungszweck der Sendungen ausgehen müssen.[21] Im Falle der Beanstandung ist die Sendung zurückzusenden; dieser Schritt ist zudem zu begründen.[22] Im Falle einer Zurücksendung ist dem Verteidiger rechtliches Gehör zu gewähren. ZT wird eine Zurückweisungskompetenz auch bei einer Gefährdung der Sicherheit der Anstalt bzw bei Anhaltspunkten für Verdunkelung oder Flucht[23] oder für die Vorbereitung von Straftaten, die nicht unter § 138 StGB fallen,[24] angenommen. Dagegen spricht jedoch, dass hierin ein Eingriff in die auch grundrechtlich geschützte Verteidigerkommunikation liegen würde, der nicht von einer ausdrücklichen gesetzlichen Ermächtigungsgrundlage getragen ist.[25]

III. Verschwiegenheitspflicht – Abs. 2 S. 2

7 Nach Abs. 2 S. 2 besteht für den Richter nicht nur ein Aussageverweigerungsrecht sondern auch eine entsprechende Pflicht. Die Verschwiegenheitspflicht umfasst die gesamte Tätigkeit, also auch Wahrnehmungen hinsichtlich Anzahl und äußerer Umstände der vorgelegten Sendungen.[26] Ausgenommen ist alleine die Anzeige nach § 138 StGB; also ist – soweit überhaupt zulässig (→ Rn. 6) – auch der Umstand einer Zurückweisung von Sendungen von der Schweigepflicht erfasst.[27] Soweit Hilfskräfte in die Überwachung einbezogen werden (was ohnehin unzulässig ist), unterliegen diese nach allgM denselben Verpflichtungen.

IV. Rechtsbehelfe

8 Gegen die Anordnung der Überwachung sind keine Rechtsmittel möglich.[28] Gegen Zurückweisungen und Ingewahrsamnahmen können Beschuldigter und Verteidiger Beschwerde einlegen;[29] eine Beschwerde kann auch auf das Vorbringen gestützt werden, es läge kein Verdacht iS des § 138 StGB vor. Die StA wird im Beschwerdeverfahren wegen der Verschwiegenheitspflicht des Leserichters nicht gehört.[30]

V. Revision

9 Die **Mitwirkung** des Leserichters als erkennender Richter oder Ersatzrichter ist ein Revisionsgrund nach **§ 338 Nr. 2.** Die Mitwirkung des Leserichters außerhalb der Hauptverhandlung oder in einer anderen Verfahrensrolle (→ Rn. 3) begründet die Revision nach § 337.[31] Wenn Erkenntnisse entgegen **Abs. 2 S. 2** in das Verfahren eingeflossen sind, liegt ebenfalls ein Revisionsgrund vor.[32] Dies gilt auch dann, wenn die StA Erkenntnisse über eine Anzeige

---

– 1 St ObWs 1/79, BayObLGSt 1979, 65 = MDR 1979, 862 (864); krit. LG Regensburg 5.4.1988 – 1 Qs 32/88, StV 1988, 538; LG Stuttgart 10.4.1987 – 6 Qs 10/87, StV 1987, 540; SK-StPO/*Wohlers* Rn. 9; aA LG Köln 19.1.1979 – 37 Qs 27-28/79, NJW 1979, 1173; Graf/*Wessing* Rn. 3; HK-StPO/*Julius* Rn. 3; Löwe/Rosenberg/*Lüderssen/Jahn* Rn. 5; *Welp* GA 1977, 129 (141).

[21] BayObLG 23.5.1979 – 1 St ObWs 1/79, BayObLGSt 1979, 65 = MDR 1979, 862 (864); LG Regensburg 5.4.1988 – 1 Qs 32/88, StV 1988, 538; LG Stuttgart 10.4.1987 – 6 Qs 10/87, StV 1987, 540; LG Stuttgart 27.9.1984 – 16 Qs 193/84, StV 1985, 67; LG Baden-Baden 2.10.1981 – Qs 237/81, NStZ 1982, 81; Löwe/Rosenberg/*Lüderssen/Jahn* Rn. 6; vgl. KK/*Laufhütte* Rn. 8.

[22] Graf/*Wessing* Rn. 4; Löwe/Rosenberg/*Lüderssen/Jahn* Rn. 8; SK-StPO/*Wohlers* Rn. 10.

[23] OLG Stuttgart 24.3.1983 – 5 – 1 StE 2/82, NStZ 1983, 384; LG Stuttgart 27.9.1984 – 16 Qs 193-196/894, StV 1985, 67 (68); Graf/*Wessing* Rn. 3; Meyer-Goßner/*Schmitt* Rn. 3.

[24] SK-StPO/*Wohlers* Rn. 9.

[25] LG Köln 19.1.1979 – 37 Qs 27-28/79, NJW 1979, 1173; Löwe/Rosenberg/*Lüderssen/Jahn* Rn. 5; *Welp* GA 1977, 129 (141).

[26] Graf/*Wessing* Rn. 6; HK-StPO/*Julius* Rn. 5; SK-StPO/*Wohlers* Rn. 14; aA KK/*Laufhütte* Rn. 10; Meyer-Goßner/*Schmitt* Rn. 10.

[27] KK/*Laufhütte* Rn. 10; Löwe/Rosenberg/*Lüderssen/Jahn* Rn. 8, 12; SK-StPO/*Wohlers* Rn. 10.

[28] § 148 Rn. 30; vgl. aber Löwe/Rosenberg/*Lüderssen/Jahn* Rn. 20.

[29] BGH 29.1.1980 – 1 StR 683/79, BGHSt 29, 196 = NJW 1980, 1174; allgM; ausf. SK-StPO/*Wohlers* Rn. 20.

[30] BayObLG 3.10.1979 – 3 StR 264/79 (S), BayObLGSt 1979, 65 = MDR 1979, 862 (863); Meyer-Goßner/*Schmitt* Rn. 12; SK-StPO/*Wohlers* Rn. 21.

[31] SK-StPO/*Wohlers* Rn. 22.

[32] AK/*Stern* Rn. 13; HK-StPO/*Julius* 7; KK/*Laufhütte* Rn. 13; Löwe/Rosenberg/*Lüderssen/Jahn* Rn. 22; SK-StPO/*Wohlers* Rn. 23.

nach § 138 StGB erlangt hat, das betreffende Verfahren aber eingestellt wurde.[33] Ebenso ist eine Rüge nach § 337 möglich, wenn sich Entscheidungen des Leserichters bis in die Hauptverhandlung ausgewirkt haben.

§ 149 [Zulassung von Beiständen]

(1) [1]Der Ehegatte oder Lebenspartner eines Angeklagten ist in der Hauptverhandlung als Beistand zuzulassen und auf sein Verlangen zu hören. [2]Zeit und Ort der Hauptverhandlung sollen ihm rechtzeitig mitgeteilt werden.

(2) Dasselbe gilt von dem gesetzlichen Vertreter eines Angeklagten.

(3) Im Vorverfahren unterliegt die Zulassung solcher Beistände dem richterlichen Ermessen.

I. Allgemeines

Der Beistand ersetzt nicht das Institut der Verteidigung, sondern ergänzt es.[1] Die Norm 1
entstammt in ihren Ursprüngen einer patriarchalen Gesellschaftsordnung, die den Ehemann als Fürsprecher seiner unmündigen Frau ansah.[2] Seit 1950 ist die Norm geschlechtsneutral formuliert.[3] In zeitgemäßer Auslegung ermöglicht die Norm den Beistand einer nahestehenden Person jenseits der formellen Verteidigung.[4]

II. Zulassung – Abs. 1 S. 1

Die Zulassung setzt einen **Antrag** voraus.[5] Die Antragstellung kann auch durch den 2
Verteidiger erfolgen.[6] Zur Ermöglichung der Rechtswahrnehmung sollte ein entspr. Hinweis des Gerichts an in der Hauptverhandlung anwesende Personen des Abs. 1 S. 1 oder Abs. 2 ergehen.[7] Eine Zulassung von Amts wegen erfolgt auch beim Beistand nach Abs. 2 nicht.[8] Nach einer überkommenen Auffassung soll nur der mögliche Beistand **antragsberechtigt** sein.[9] Entgegen der Rspr. folgt dies nicht aus dem Wortlaut der Norm;[10] richtigerweise entscheidet der geschäftsfähige Beschuldigte als Subjekt des Verfahrens autonom darüber, wer ihm Beistand leisten soll; die Gegenauffassung entspringt einem veralteten Rollenverständnis von Mann und Frau (→ Rn. 1). Daher ist mindestens die widerrufliche **Zustimmung** des Beschuldigten erforderlich.[11]

---

[33] Graf/*Wessing* Rn. 8; Löwe/Rosenberg/*Lüderssen/Jahn* Rn. 22; SK-StPO/*Wohlers* Rn. 23.

[1] Vgl. BGH 8.5.1953 – 2 StR 690/52, BGHSt 4, 205 = NJW 1953, 1233; vgl. aber *Kaum*, Diss. München 1992, S. 44 ff.

[2] OLG Düsseldorf 2.11.1978 – 5 Ss (OWi) 536, 600/78 I, NJW 1979, 938; HK-StPO/*Julius* Rn. 1; Löwe/Rosenberg/*Lüderssen/Jahn* Rn. 4; vgl. RG 6.11.1891 – 2486/91, RGSt 22, 198 (199); *Köhler* FamRZ 1955, 239 (241).

[3] BGBl. I 455; vgl. *Köhler* FamRZ 1955, 239.

[4] Vgl. *Wollweber* NJW 1999, 620.

[5] RG 5.6.1908 – IV 426/08, RGSt 41, 348; allgA.

[6] BGH 8.5.1953 – 2 StR 690/52, BGHSt 4, 205 = NJW 1953, 1233.

[7] Vgl. Löwe/Rosenberg/*Lüderssen/Jahn* Rn. 17; SK-StPO/*Wohlers* Rn. 6.

[8] KG 21.1.2005 – (5) 1 Ss 475/04, FamRZ 2005, 1776 Ls.; Löwe/Rosenberg/*Lüderssen/Jahn* Rn. 8; Meyer-Goßner/*Schmitt* Rn. 1.

[9] So OLG Düsseldorf 2.11.1978 – 5 Ss (OWi) 536, 600/78 I, NJW 1979, 938; Graf/*Wessing* Rn. 2; HK-StPO/*Julius* Rn. 4; Meyer-Goßner/*Schmitt* Rn. 1; *Kaum*, Diss. München 1992, S. 53; aA AK/*Stern* Rn. 1; Löwe/Rosenberg/*Lüderssen/Jahn* Rn. 17; SK-StPO/*Wohlers* Rn. 6.

[10] *Kaum*, Diss. München 1992, S. 53.

[11] Graf/*Wessing* Rn. 3; HK-StPO/*Julius* Rn. 1, 3; Löwe/Rosenberg/*Lüderssen/Jahn* Rn. 4; SK-StPO/*Wohlers* Rn. 7; vgl. auch ausf. *Köhler* FamRZ 1955, 239; aA RG 31.5.1905 – 3835/04, RGSt 38, 106; KK/*Laufhütte* Rn. 1; Meyer-Goßner/*Schmitt* Rn. 1; *Kaum*, Diss. München 1992, S. 54.

3 Nach Anklageerhebung besteht kein Ermessen, sondern ein **Rechtsanspruch** auf **sofortige** Zulassung durch den Vorsitzenden.[12] Eine weitere Verfahrensrolle als Mitangekl. oder Zeuge steht dem nicht im Wege.[13] Im **Ermittlungsverfahren** ist der Antrag über die StA zu stellen; die Zulassung erfolgt durch Ermessensentscheidung des Vorsitzenden des voraussichtlich für die Hauptsache zuständigen Gerichts, vgl. § 141 Abs. 4.[14] IdR entspricht nur die Zulassung des Beistands dem pflichtgemäßen Ermessen.[15] Entfallen die Voraussetzungen der Zulassung, ist diese zu **widerrufen.**[16]

III. Mitteilungspflicht – Abs. 1 S. 2

4 Der Termin muss dem zugelassen Beistand (→ Rn. 2) rechtzeitig – in Orientierung an §§ 217 f. – mitgeteilt werden; eine förmliche Ladung ist nicht vorgesehen.[17] Die Mitteilungspflicht wird bereits ausgelöst durch die vorherige Ankündigung in der Hauptverhandlung, die Zulassung als Beistand beantragen zu wollen.[18] Dass eine Mitteilung nur nach Tätigwerden des potentiellen Beistands erfolgt, ist bei bestehender Betreuung für den Bereich „Vertretung vor Behörden und Gerichten" problematisch.[19]

IV. Rechte des Beistands

5 Der Beistand hat ein **Anwesenheitsrecht** in der Hauptverhandlung; dieses ist jedoch bei gleichzeitiger Zeugeneigenschaft durch § 58 Abs. 1 beschränkt.[20] In diesem Fall besteht ein Recht auf eine möglichst frühe Vernehmung.[21] Das Anwesenheitsrecht besteht unabhängig von dem des Angekl., also auch bei dessen Ausschluss oder Abwesenheit.[22] Der Ausschluss des Beistands ist in entspr. Anwendung des § 247 möglich.[23]

6 Neben der Anwesenheit beschränkt sich sein Recht auf die Beratung des Angekl. und die tatsächliche und rechtliche **Stellungnahme zur Sache;**[24] dazu zählen Erklärungen iS des § 257, das Recht aus § 258 Abs. 1, 3 und Befragungen des Zeugen.[25] Weitere **prozessuale Rechte** stehen dem Beistand nach hM nicht zu;[26] allerdings wird man ihm zur Wahrnehmung seiner Rechte ein dem Beschuldigten entspr. Akteneinsichtsrecht zugestehen müssen.[27] Der Beistand kann keine prozessualen Rechte des Beschuldigten wahrneh-

[12] BGH 27.6.2001 – 3 StR 29/01, BGHSt 47, 62 (63); BGH 8.5.1953 – 2 StR 690/52, BGHSt 4, 205 = NJW 1953, 1233; OLG Köln 13.2.1990 – Ss 66/90 (Z), VRS 79, 53; für das Zwischenverfahren diff. Löwe/Rosenberg/*Lüderssen/Jahn* Rn. 12; SK-StPO/*Wohlers* Rn. 13.

[13] BGH 8.5.1953 – 2 StR 690/52, BGHSt 4, 205 = NJW 1953, 1233; RG 6.11.1891 – 2486/91, RGSt 22, 198 (199); allgLit.

[14] Ausf. Löwe/Rosenberg/*Lüderssen/Jahn* Rn. 13; HK-StPO/*Julius* Rn. 4; Meyer-Goßner/*Schmitt* Rn. 2; SK-StPO/*Wohlers* Rn. 10; → § 141 Rn. 10.

[15] Vgl. *Kaum*, Diss. München 1992, S. 58.

[16] Löwe/Rosenberg/*Lüderssen/Jahn* Rn. 19: nur deklaratorisch: SK-StPO/*Wohlers* Rn. 4.

[17] BGH 23.4.1998 – 4 StR 57/98, BGHSt 44, 82 (84) = NJW 1998, 2296; KG 21.1.2005 – (5) 1 Ss 475/04 (73/04), FamRZ 2005, 1776 Ls.

[18] Löwe/Rosenberg/*Lüderssen/Jahn* Rn. 8; SK-StPO/*Wohlers* Rn. 14.

[19] Vgl. KG 21.1.2005 – (5) 1 Ss 475/04 (73/04), FamRZ 2005, 1776 Ls.

[20] BGH 27.6.2001 – 3 StR 29/01, BGHSt 47, 62 (64) = NJW 2001, 3349 (3350); RG 6.11.1891 – 2486/91, RGSt 22, 198 (199); allgLit.

[21] Vgl. BGH 8.5.1953 – 2 StR 690/52, BGHSt 4, 205 = NJW 1953, 1233; HK-StPO/*Julius* Rn. 7; Löwe/Rosenberg/*Lüderssen/Jahn* Rn. 16; SK-StPO/*Wohlers* Rn. 17.

[22] HK-StPO/*Julius* Rn. 5; Löwe/Rosenberg/*Lüderssen/Jahn* Rn. 3.

[23] BGH 27.6.2001 – 3 StR 29/01, BGHSt 47, 62 (65) = NJW 2001, 3349 (3350 f.); ausf. Löwe/Rosenberg/*Lüderssen/Jahn* Rn. 21b; SK-StPO/*Wohlers* Rn. 16.

[24] OLG Düsseldorf 6.5.1997 – 3 Ws 221-222/97 ua, NJW 1997, 2533; Meyer-Goßner/*Schmitt* Rn. 3.

[25] BGH 27.6.2001 – 3 StR 29/01, BGHSt 47, 62 (63) = NJW 2001, 3349; BGH 23.4.1998 – 4 StR 57/98, BGHSt 44, 82 (86) = NJW 1998, 2296; Graf/*Wessing* Rn. 4; HK-StPO/*Julius* Rn. 5; KK/*Laufhütte* Rn. 6; Löwe/Rosenberg/*Lüderssen/Jahn* Rn. 6; SK-StPO/*Wohlers* Rn. 19; *Meyer-Goßner* § 240 Rn. 3; *Kaum*, Diss. München 1992, S. 65 f.; aA BayObLG 15.12.1997 – 2St RR 244/97, BayObLG 97, 165 = NJW 1998, 1655 m. abl. Anm. *Wollweber* NJW 1999, 620; SK-StPO/*Frister* § 240 Rn. 9.

[26] AllgA; aA *Kaum*, Diss. München 1992, S. 66 ff.

[27] *Kaum*, Diss. München 1992, S. 68 ff.

men, insbes. keine Rechtsmittel einlegen;[28] allerdings ergibt sich dieses Recht für den gesetzlichen Vertreter aus § 298 Abs. 1. Der Beistand kann sich des Beistands eines Rechtsanwalts bedienen.[29] Einen Anspruch auf Kostenerstattung hat er nicht.[30]

Zur **Beratung des Angeklagten** muss die Möglichkeit akustisch unüberwachter Gespräche bestehen; dies entspricht auch der Garantie des Art. 6 Abs. 3 lit. c EMRK.[31] Auch wenn solche abgelehnt werden, darf der Beistand keinesfalls auf die Besuchsregelungen der U-Haft verwiesen werden.[32] Des Weiteren ergibt sich aus der Beratungsfunktion das Recht auf entsprechende Gelegenheiten im Rahmen der Hauptverhandlung.[33] 7

V. Gesetzlicher Vertreter – Abs. 2

Die gesetzlichen Vertreter von Minderjährigen werden zwar von Abs. 2 umfasst, indes sind ihre Rechte in §§ 67, 69 JGG weitergehend geregelt. Relevant ist Abs. 2 daher vor allem für den Betreuer, der nach §§ 1896 Abs. 2 S. 2, 1902 BGB im Rahmen seines Aufgabenfeldes gesetzlicher Vertreter ist.[34] 8

VI. Rechtsmittel

Dem potentiellen Beistand, dem Beschuldigten und der StA steht ein eigenes **Beschwerderecht** gegen die Nichtzulassung zu.[35] Gegen eine erfolgte Zulassung können StA und Beschuldigter Beschwerde einlegen.[36] 9

Die Nichtzulassung stellt eine **Verletzung des rechtlichen Gehörs** iS des § 80 Abs. 1 Nr. 2 OWiG dar.[37] Ein **Revisionsgrund** gem. § 338 Nr. 2 ergibt sich daraus jedoch nicht.[38] Allerdings kann das Urteil auf der fehlenden oder verspäteten Zulassung beruhen;[39] ebenso auf anderen Beschränkungen der Rechte des Beistands, wie dem Unterlassen der Mitteilung nach Abs. 1 S. 2.[40] Auch Entscheidungen vor der Hauptverhandlung können nach § 337 gerügt werden.[41] 10

§ 150 (weggefallen)

---

[28] OLG Düsseldorf 6.5.1997 – 3 Ws 221-222/97 ua, NJW 1997, 2533.

[29] BGH 23.4.1998 – 4 StR 57/98, BGHSt 44, 82 (85) = NJW 1998, 2296 (2297); HK-StPO/*Julius* Rn. 5; KK/*Laufhütte* Rn. 2; Löwe/Rosenberg/*Lüderssen/Jahn* Rn. 5; Meyer-Goßner/*Schmitt* Rn. 3; weiter SK-StPO/*Wohlers* Rn. 23.

[30] OLG Köln v. 21.4.1987 – 2 Ws 173/87; LG Offenburg 6.6.2007 – 8 KLs 14 Js 15196/06, Rpfleger 2007, 625.

[31] HK-StPO/*Julius* Rn. 2, 5; einschr. BGH 23.4.1998 – 4 StR 57/98, BGHSt 44, 82 (86 ff.) = NJW 1998, 2296 (2297 f.); Meyer-Goßner/*Schmitt* Rn. 3; SK-StPO/*Wohlers* Rn. 20.

[32] Vgl. *Kaum*, Diss. München 1992, S. 80.

[33] Vgl. BayObLG 15.12.1997 – 2St RR 244/97, BayObLG 97, 165 = NJW 1998, 1655.

[34] KG 21.1.2005 – (5) 1 Ss 475/04, FamRZ 2005, 1776 Ls.; ausf. *Elzer* BtPrax 2000, 139; Löwe/Rosenberg/*Lüderssen/Jahn* Rn. 1; Meyer-Goßner/*Schmitt* Rn. 1; einschr. SK-StPO/*Wohlers* Rn. 3; offen BGH 7.5.1996 – 5 StR 169/96, NStZ 1996, 610; aA BGH 23.4.2008 – 1 StR 165/08, NStZ 2008, 524; Graf/*Wessing* Rn. 1; HK-StPO/*Julius* Rn. 3.

[35] OLG Düsseldorf 6.5.1997 – 3 Ws 221-222/97 ua, NJW 1997, 2533; allgLit.

[36] HK-StPO/*Julius* Rn. 6; KK/*Laufhütte* Rn. 7; Meyer-Goßner/*Schmitt* Rn. 5; SK-StPO/*Wohlers* Rn. 24.

[37] OLG Köln 13.2.1990 – Ss 66/90 (Z), VRS 79, 53.

[38] BGH 27.6.2001 – 3 StR 29/01, BGHSt 47, 62 (67 f.) = NJW 2001, 3349.

[39] BGH 8.5.1953 – 2 StR 690/52, BGHSt 4, 205 = NJW 1953, 1233 (1234); HK-StPO/*Julius* Rn. 8; Meyer-Goßner/*Schmitt* Rn. 5; SK-StPO/*Wohlers* Rn. 26.

[40] HK-StPO/*Julius* Rn. 8; Meyer-Goßner/*Schmitt* Rn. 5; SK-StPO/*Wohlers* Rn. 26; weiter: Löwe/Rosenberg/*Lüderssen/Jahn* Rn. 20 ff.; offen: BGH 23.4.1998 – 4 StR 57/98, BGHSt 44, 82 (84 f.) = NJW 1998, 2296; KG 21.1.2005 – (5) 1 Ss 475/04, FamRZ 2005, 1776 Ls.

[41] KK/*Laufhütte* Rn. 8.

Sachverzeichnis

Bei den fettgedruckten Zahlen handelt es sich um den jeweiligen Paragraph, die mager gedruckten Zahlen weisen die Randnummern aus.

Sachverzeichnis